ISBN 978-0-364-44188-6
PIBN 11025971

Meyer's

neues

Konversations-Lexikon,

zweite Auflage.

Elfter Band.

Macedonien — Nickelgelb.

Meyer's
Konversations-
Lexikon
11
Macedon. –
Nickelgelb

26 i

Neues

Konversations-Lexikon,

ein Wörterbuch des allgemeinen Wissens.

Unter der Redaktion von H. Krause herausgegeben

von

Hermann J. Meyer.

Zweite, gänzlich umgearbeitete Auflage,

mit geographischen Karten, wissenschaftlichen und technischen Illustrationen.

Elfter Band.

Macedonien — Nickelgelb.

Hildburghausen.
Druck und Verlag vom Bibliographischen Institut.
1865.

Meyer's Neues Konversations-Lexikon

Zweite Auflage.

M.

Macedonien (lat. **Macedonia**), vor Herodot Emathia genannt, umfaßte ursprünglich nur das Land zwischen dem Olymp und dem kambunischen Gebirge im Süden, die es von Thessalien und Epirus trennten, dem Fluß Strymon im Osten, der die Grenze gegen Thracien bildete, und Päonien u. Illyrien im Norden u. Westen, wozu durch Philipp II., den Vater Alexanders des Großen, im Norden ganz Päonien kam, so daß nun die Gebirge Scordus und Orbelus die Grenze gegen Mösien bildeten, während im Osten sich das Land durch einen Theil von Thracien (bis zum Flusse Nestus) erweiterte, im Süden die Halbinsel Chalcidice hinzugefügt und im Westen ein Stück von Illyrien bis zum See Lichnidus dem Reiche einverleibt wurde. Der Flächeninhalt des Landes in dieser Ausdehnung betrug ungefähr 1200 QMeilen. Als die Römer sich M.s bemächtigt hatten, theilten sie es in 4 von einander ganz abgesonderte Distrikte, deren Hauptstädte Amphipolis, Thessalonice, Pella und Pelagonia waren. Als aber 146 v. Chr. M. zugleich mit Achaja dem römischen Reiche völlig und förmlich einverleibt wurde, ward es mit Illyrien und Thessalien zu einer Provinz vereinigt, während die östlich vom Nestus gelegenen Küstenstriche wieder zu Thracien kamen. Daher verstehen die Schriftsteller der römischen Kaiserzeit unter M. das Land vom ägäischen bis zum adriatischen Meere und südlich bis zur Grenze von Achaja. Anfangs war es eine senatorische Provinz, Tiberius machte es zu einer kaiserlichen, Claudius gab es zugleich mit Achaja dem Volke zurück. Unter Diocletian und Konstantin zerfiel das alte M., welches nebst ganz Griechenland unter dem Namen Macedonia die eine Diöces der Präfektur Illyricum bildete, in zwei kleinere Provinzen: Macedonia prima, alle Küstenstriche vom Flusse Nestus bis zum Peneus und die westlichen Berggegenden nach Illyrien hin umfassend, mit der Hauptstadt Thessalonice, und Macedonia secunda, aus dem alten Päonien und Pelagonien mit der Hauptstadt Stobi bestehend. Gegenwärtig gehört M. zum türkischen Paschalik Rumelien. Das Land bildet eine große, auf drei Seiten von hohen Gebirgen umschlossene Ebene, mit weiten, von der Küste her bis in das Innere des Landes sich hereinziehenden ungemein fruchtbaren Thälern. Die Gebirgsgegenden sind kalt und rauh; viele wilde Thiere, selbst Löwen, sollen in früher Zeit auf ihnen gehaust haben. Doch waren sie zur Viehzucht gut geeignet, und in ihrem Innern bargen sie reiche Schätze: Metalle aller Art, hauptsächlich auch Gold und Silber (im Pangäus, in der Gegend von Philippi und am Berge Dysorus waren reiche Gruben, die selbst Diamanten enthalten haben sollen) wurden in großer Menge gewonnen. Die Gebirge des Landes waren der Scordus an der nordwestlichen Grenze gegen Illyrien und Dardanien und der Scomius östlich nach dem Hämus hin; von ihm aus zog sich südöstlich der Rhodope herab u. machte die Grenze gegen Thracien. Von diesen Grenzgebirgen aus verbreiteten sich verschiedene Aeste und Zweige in südlicher Richtung durch das Land hindurch, so der Barnus (jetzt Nitje), von dem nach Süden hin die kanaluvischen oder kandarischen Berge eine Fortsetzung sind, während von seiner Mitte aus der Bermius (jetzt Turla u. Dhora) in südöstlicher Richtung sich hinzog. Das Gebirge Cercine zwischen dem Arius und Strymon setzte sich südöstlich bis zu dem strymonischen Busen in dem Dysorus fort. Noch weiter gegen Südosten auf der Landspitze Acte erhob sich der Athos. Zwischen dem Strymon und dem Nestus zog sich der Orbelus von Nordwesten nach Südosten hin; weiter nach der Küste zu, östlich vom See Prasias der Pangäus. Die Südgrenze bildete die kambunische Gebirgsreihe (jetzt Volutza), deren östlicher Gipfel der Olympus ist. Von den Vorgebirgen sind die bekanntesten: das nymphäische, Ampelus, das kanasträische (jetzt Kap Paliuri), die Südspitze von Pallene (jetzt Kap Apanomi) und das äneische Vorgebirg. Als Flüsse werden genannt: der Nestus, der Strymon, der Echedorus (jetzt Galliko), der Arius als Hauptstrom, mit den Nebenflüssen Astycus (jetzt Branitza) und Erigon (jetzt Tjerna), der Haliacmon (jetzt Vistritza). Als die größten Landseen M.s sind der Prasias und der Bolbe (jetzt Beschik) zu bemerken. Die vier großen Meerbusen, welche das ägäische Meer bildet, hießen der strymonische, syngetische, toronäische und thermäische (jetzt Meerbusen von Salonichi). Schon von Philipp II. wurde M. in zwei Haupttheile getheilt: in Obermacedonien, welches die Landschaften

Pelagonia, Lyncestis, Orestis und Elimea, und in Niedermacedonien, welches die Ebenen um den thermäischen Meerbusen und oberhalb Chalcidice umfaßte. Die Landschaft Pelagonia, später Päonia genannt, erstreckte sich östlich über den Arius hinaus bis zum Strymon. Die alte Residenz der Könige war Bylazora am Astycus. Die Landschaft Lyncestis (Lyncus) lag südlich von Pelagonia längs der Grenze Illyriens; die Hauptstadt war Heraclea. Südöstlich davon lag der bis zum Haliacmon reichende Gau Cordäa, mit der Hauptstadt Cordäa (jetzt Filorina); um die Quellen des Haliacmon der Distrikt Orestis; südöstlich davon die Landschaft Elimiotis (Elimea). Oestlich von Lyncestis und Cordäa breitete sich die Landschaft Emathia aus. Sie wurde vom Fluß Lydias durchströmt, und in ihr lagen Edessa, die Residenz der alten macedonischen Könige (jetzt Vodina am Karasmak), Beröa (jetzt Veria), Citium, Atalanta &c. Südöstlich von Emathia findet sich der Distrikt Bottiäis oder Bottiäa, mit der alten Stadt Pella, der spätern Residenz der macedonischen Könige, Geburtsort Philipps II. u. Alexanders des Großen. Südöstlich von diesem Gau breitete sich längs der Westküste des thermäischen Meerbusens die Landschaft Pieria aus, wo die Musen ihren Wohnsitz und die musischen Künste ihre ursprüngliche Heimat hatten, wo der Sage nach Orpheus durch seine Töne Natur und Menschen bezauberte und Linus, Eumolpus und Thamyris &c. durch ihre Gesänge nicht bloß ergötzten, sondern auch Kultur verbreiteten. Von den Städten dieses Distrikts sind zu bemerken: Methone, Pydna, Citrus (jetzt Kitro), Heracleum (jetzt Platamona), Pimpleia &c. Zwischen dem Arius und Strymon in der Richtung von Süden nach Norden lag die Halbinsel Chalcidice mit ihren 3 Landspitzen Acte, Sithonia und Pallene und den Städten Scione, Potidäa, Olynthus, Torone, Stagira (Geburtsort des Aristoteles, jetzt Stavro) u. a. Nordwestlich von Chalcidice lag Mygdonia, mit der Stadt Thessalonice, früher Therme (jetzt Salonichi) und den Orten Cissus, Artemisium, Apollonia (jetzt Polina) &c.; östlich davon Bisaltia, nordwestlich Crestonia mit der Hauptstadt Creston und östlich Sintice mit der Hauptstadt Heraclea Sintica. Nordöstlich von Crestonia breitete sich der östlich vom Arius gelegene Theil von Päonia aus mit den Städten Doberus, Tauriana (jetzt Doiran oder Doghiran), Astibon (jetzt Istib) &c. Der Distrikt Mädica, mit den Städten Jamphorina (jetzt Jvorina), Petra und Desudaba lag nördlicher auf den Grenzgebirgen. Weiter östlich fanden sich die Sitze der Bessi. Oestlich vom Strymon lag im Norden um das Gebirge Orbelus der Distrikt Odomantice; gegen Südosten zwischen Strymon und Nestus die Landschaft Edonis, mit den Städten Philippi, Gasorus, Amphipolis, Pergamus, Tragilus, Neapolis.

Zu Bewohnern hatte M. ursprünglich eine Anzahl nicht hellenischer Völkerschaften, die theils dem thracischen, theils dem illyrischen Volksstamme (so die Päones, das alte Hauptvolk des Landes) angehörten. Zu ihnen aber wanderten schon frühzeitig nach der Sage unter Anführung der 3 Söhne des Herakliden Temenus, Gauanes, Aeropus und Perdiccas, hellenische Stämme ein, die sich zuerst in Emathia am Fuß des Gebirgs Bermius niedergelassen haben sollen. Der Name M., früher Maketia, wird abgeleitet von dem alten König Macedo, einem Sohne des Zeus und der Thyia, oder des Osiris, der aus Aegypten einwanderte, nach Anderen von dem samnitischen Worte makod, was herrliches Land bedeutet. Um 730 v. Chr. soll der jüngste jener 3 Brüder, Perdiccas I., nach Andern aber Caranus, ebenfalls ein Heraklide aus Argos, Stifter des hellenisch-macedonischen Reichs geworden sein. Dasselbe war anfangs noch sehr klein; Thracier und Illyrier hinderten das Wachsthum des jungen Staats. Bis auf Amyntas I. werden als Könige aufgezählt Argäus, Philipp I., Aeropus, Alcetes. Mit Amyntas I. (507—480 v. Chr.) und besonders mit dessen Sohn, Alexander I. (480—454) kam M. in Abhängigkeit von Persien. Um jene Zeit begannen auch die Athener Kolonien in M. zu gründen. Perdiccas II. regierte anfangs, seit 454, wahrscheinlich mit seinen Brüdern Alcitas und Philippus gemeinschaftlich, seit 436 aber allein. Er schloß sich zuerst eng an die Athener an, ward sodann aber, da dieselben auch die griechischen Städte auf der chalcidisch-thracischen Halbinsel und Orte an M.s Küste in ihren großen Bund aufnahmen, eifersüchtig auf sie, unterstützte im peloponnesischen Kriege die Lacedämonier u. suchte Olynthus in Chalcidice zu einer Vormauer gegen Athen zu machen. Als Hauptrichtung der macedonischen Politik erscheint von dieser Zeit an Entfernung der Hauptmächte Griechenlands von den thracischen Küsten, besonders von Chalcidice, und Erhaltung der Unabhängigkeit der griechischen Städte; sodann Vernichtung der barbarischen Könige im obern Lande. Archelaus I. (413 v. Chr.), des Perdiccas natürlicher Sohn und Nachfolger, beförderte Handel und Ackerbau, Künste und Wissenschaften und legte Straßen und Städte an. Nach seiner Ermordung (399) zerrütteten Thronstreitigkeiten das Reich u. Griechen u. Barbaren wußten diese Wirren auszubeuten. Amyntas II. behauptete zwar endlich (393) den Thron, sein Nachfolger Alexander II. (370) mußte aber den Frieden von den Illyriern erkaufen u. ward nach dreijähriger Regierung von einem Thronräuber, dem Ptolemäus Alorites, ermordet. Die in jenen Wirren zu Hülfe gerufenen Thebaner vertrieben auch diesen u. erhoben 365 Alexanders II. Bruder, Perdiccas III., auf den Thron. In einem Kriege mit Illyrien ward Perdiccas mit einem großen Theile seines Heeres erschlagen (360) und hinterließ einen fünfjährigen Sohn, Amyntas III. Philipp, dessen Oheim, der jüngste Sohn des Amyntas II., übernahm die Vormundschaft über ihn, fand den von den Thraciern unterstützten Kronprätendenten Pausanias mit Geld ab, entledigte sich des von den Athenern aufgestellten Prätendenten Argäus durch Abtretung von Amphipolis an Athen, kämpfte glücklich gegen die Illyrier und erweiterte das Reich im Nordwesten bis zum See Lychnidus. Im Jahre 359 bestieg er selbst als Philipp II. den Thron, um M. zu weltgeschichtlicher Bedeutung zu verhelfen. Im Innern des Landes waren in dieser ersten Periode mannichfache Veränderungen vorgegangen. Durch die Vertilgung der Könige des obern Landes war eine größere Gesammtkraft, sowie eine feste Naturgrenze durch das kandurische Gebirge gegen das Anstürmen der illyrischen Barbaren gewonnen worden. Griechische Sitte, Bildung und Kunst hatten in M. bereits

Eingang gefunden. Die Freiheit war hier mit dem Königthum verbunden. Zuerst scheint das macedonische Königthum beschränkt gewesen zu sein durch Adel und Volk; der König war Feldherr, Oberpriester, Oberrichter seines Volks, aber in den Angelegenheiten des gemeinen Wohles an die Zustimmung seines Adels gebunden, und das Volk theilte mit ihm die richterliche Gewalt. Wenn nun auch das Königthum seit dem Beginn der eigentlichen Geschichte des Reichs sich mehr und mehr zu absoluter Machtfülle erhob, so bewahrte sich das Volk doch immer eine freie Gesinnung, in der es seinen Königen entgegenstand; Einfachheit, kriegerische Kraft und eine gewisse kräftige Rohheit charakterisirten das Volk. Auf welche Weise sich M. unter der Regierung Philipps vergrößerte, wie es eingriff in die Angelegenheiten der Hellenen und deren Spaltungen ausbeutend seinen Einfluß mehr und mehr steigerte, wie endlich Griechenland unter die Hegemonie M.s sich beugen mußte, wie nach Philipps I. Tode Alexander die gesammte hellenische Macht gegen den Orient, hauptsächlich gegen das Perserreich, koncentrirte, wie er von Sieg zu Sieg vorwärts stürmte, mit kühnem Geistesfluge Orient u. Occident zu vereinigen u. neue Gestaltungen daraus zu schaffen unternahm, wie aber seine Pläne an der Unmöglichkeit dieses Unternehmens scheiterten, darüber s. Philipp 2) und Alexander 1). Während des letztern Abwesenheit war Antipater Verweser von M. gewesen. Der sterbende König übergab seinen Siegelring einem seiner Feldherren, Perdiccas, mit den Worten: Der Würdigste sei mein Nachfolger. Unter Denen, welche Anspruch darauf machten, zu den tüchtigsten Feldherren Alexanders zu gehören, besaßen Leonnatus, Perdiccas und Ptolemäus, sowie Antipater und Craterus, später Eumenes, Antigonus und Seleucus das meiste Ansehen bei dem Heere. Im Ganzen standen aber 13 Rivalen einander gegenüber. Dieselben schlossen einen Vergleich, der dahin lautete, daß Alexanders Halbbruder Arrhidäus und, wenn Alexanders schwangere Gemahlin Roxane einen Sohn gebäre, dieser mit jenem König sein sollte; Perdiccas aber wurde zum Reichsverweser ernannt u. die Verwaltung der Provinzen unter die Feldherren vertheilt. Die Verwaltung von M. u. Griechenland erhielten Antipater und Craterus, u. zwar so, daß jener Feldherr war, dieser die eigentlichen Verwaltungsgeschäfte besorgte. Unterdessen hatte Roxane einen Sohn geboren, der den Namen Alexander erhielt und unter Vormundschaft des Perdiccas als König anerkannt wurde. Die Geschichte M.s in der nächsten Zeit bietet nur das Bild von Intriguen und Kämpfen zwischen den verschiedenen Statthaltern mit dem Reichsverweser dar. In diesen Kriegen fiel Craterus in Kleinasien, und Perdiccas ward in Aegypten, nachdem er glücklich gegen Ptolemäus gekämpft, von seinen eigenen Soldaten ermordet (320). Antipater ward hierauf Reichsverweser und wählte 319 bei seinem Tode mit Uebergehung seines Sohnes Cassander den Polysperchon zu seinem Nachfolger. Mit diesem deshalb in Krieg verwickelt, setzte sich Cassander nach mehrjährigem Kampfe, von Ptolemäus und Antigonus unterstützt, in den Besitz M.s und des größten Theils von Griechenland. Arrhidäus wurde 317 ermordet. Den jungen Alexander ließ Cassander ins Gefängniß werfen und vermählte sich mit dessen Halbschwester Thessalonice, 310 ließ er jenen sammt seiner Mutter Roxane ermorden. Auf Cassander, der Epirus, einen Theil Griechenlands und Karien mit M. verbunden hatte, folgte 298 sein Sohn Philipp III., nach dessen 297 erfolgtem Tode seine Brüder Antipater I. u. Alexander V. um den Thron stritten. Als der erste geflohen und der zweite vergiftet worden war, nahm Demetrius Poliorcetes das Reich für sich in Besitz (294), mußte aber 287 dem Lysimachus von Thracien weichen. Derselbe fiel in dem Kampfe gegen Seleucus von Syrien, und dieser bestieg nun den Thron M.s, wurde aber 280 von Ptolemäus Ceraunus ermordet, der ihm sodann in der Herrschaft folgte. Nachdem dieser 278 gegen die Gallier geblieben war, die das Land verheerten, folgte ihm sein Bruder Meleager u. auf diesen nach 2 Monaten Antipater II. Im Jahre 276 trat Antigonus I. Gonatas, Sohn des Demetrius Poliorcetes, als Regent auf, vertrieb die Gallier, besetzte Athen und Korinth und suchte die Verhältnisse seines Reiches zu ordnen. Er starb 240. Auf seinen Sohn Demetrius II. folgte 232 Antigonus II. Doson, des Antigonus Enkel, der sich mit der Wittwe des Demetrius vermählte, dem achäischen Bunde zu Hülfe zog, Mantinea und Sparta eroberte u. die Illyrier bekämpfte; er starb 221. Sein Nachfolger, Philipp IV., wurde als Bundesgenosse der Achäer in Kriege mit den Aetolern und Illyriern und Attalus von Pergamum verwickelt. Im Jahre 215 schloß er mit Hannibal ein Bündniß gegen die Römer, wurde aber durch eine Flotte an der Ueberfahrt nach Italien g-hindert, bei Apollonia geschlagen und seit 211 durch den Krieg gegen die Aetoler, die Verbündeten Roms, in seinem eigenen Lande beschäftigt, bis 204 die Römer unter Vermittelung der Epiroten Frieden schlossen. Doch dauerte derselbe nicht lange. Die Schlacht bei Cynoscephalä, im Herbst 197 von T. Quinctius Flaminius gewonnen, zwang den König zur Flucht nach Larissa und zum Frieden, in welchem die Hegemonie über Griechenland den Macedoniern genommen, die Armee derselben bis auf 500 Hopliten vermindert und eine Zahlung von 1000 Talenten ihnen auferlegt wurde. Nach Philipps Tode (179) bestieg sein Sohn Perseus den Thron. Von gleichem Römerhaß beseelt, zog er zwar die Könige Syriens, Bithyniens, Illyriens, Thraciens, die Epiroten und Thessaller in sein Interesse, konnte sie aber nicht zu einer dauernden Vereinigung bewegen. Gerüstet mit einer Armee von 39,000 Mann Fußvolk und 4000 Reitern, erklärte er 171 an die Römer den Krieg und behauptete sich anfangs in dem Gebirgslande von Thessalien; aber durch seinen Geiz machte er seine Bundesgenossen von sich abwendig. Der römische Konsul Aemilius Paulus besiegte ihn am 22. Juni 168 in der Schlacht bei Pydna und stürzte so den Thron der macedonischen Könige. Perseus mußte den Triumph des Siegers in Rom mit verherrlichen und wurde in dem Gefängniß zu Alba zu Tode gemartert. Ein Senatsbeschluß erklärte zwar M. für frei unter Roms Oberherrschaft, theilte es aber in vier Distrikte, die kein Commercium und Connubium unter einander hatten, und bestimmte die Hälfte der bisherigen Abgaben als Tribut. Das Volk folgte daher gern dem Rufe eines Sklaven Andriscus, der sich für den Sohn des Perseus ausgab (der sogenannte Pseudo-Philippus), und kämpfte anfangs glücklich gegen die Römer, bis endlich der Sieg des Q. Cäcilius Metellus bei Pydna 145 M.s Schicksal entschied. Der gefangene Andriscus folgte dem Triumphwagen des Metellus, der den Beinamen Macedonicus erhielt. Nicht glücklicher war ein anderer Usurpator, der unter dem Namen Alexander als ein Sohn des Perseus (Pseudo-Perseus) das Volk zu einer neuen Erhebung aufrief, aber bei der Annäherung eines römischen Heeres entfloh. M. erhielt nun römische Provinzialeintheilung u. mit Illyrien Eine Verwaltung. Ueber die Theilung des Landes unter Konstantin dem Großen s. oben. Bei der Theilung des römischen Reichs fiel M. an das oströmische Reich und nach dessen Sturz an die Türken. Vergl. Müller, Ueber die Wohnsitze, die Abstammung und die ältere Geschichte des macedonischen Volks, Berlin 1825; Flathe, Geschichte M.s, Leipzig 1832—34, 2 Bde.; Abel, M. vor König Philipp, Leipzig 1847.

Macedonische Kaiser, s. Oströmisches Reich.

Macellum (lat.), der Viktualienmarkt im alten Rom.

Macer, 1) Aemilius, römischer Dichter, Freund des Ovid, dichtete ein „Bellum trojanum" und „Posthomerica".

2) Aemilius, römischer Dichter, aus Verona, † 17 v. Chr. in Asien, gilt für den Verfasser einer Ornithogonie, Theriaca und von Annalen, die sämmtlich verloren gegangen sind. Das ihm zugeschriebene Gedicht „De viribus herbarum" (herausgegeben von Choulart, Leipzig 1832) rührt wahrscheinlich aus dem karolingischen Zeitalter her. Vergl. Unger, De Aemilio Macro, Friedberg 1843.

Macerata, italienische Provinz, bis 1860 päpstliche Delegation, zu den Marken gehörig, 42,1 □Meilen groß mit 190,637 Einwohnern. Das Land, früher ein Theil der Mark Ancona, bildet eine reizende Gebirgslandschaft, die bis auf die Höhen mit reicher Vegetation bedeckt ist. Zahlreiche Waldbäche bewässern die Thäler und Ebenen, welche mit reichen Wein- und Obstpflanzungen besetzt sind. Fruchttragende Hecken begrenzen die gesegneten Felder. Die Provinz ist eine der bestangebauten und ergiebigsten von ganz Italien. Die gleichnamige Stadt liegt auf einem Hügel im alten Picenum, in herrlicher Gegend nahe der Potenza, von Weinbergen, Obstgärten, Weizen- und Maisfeldern umgeben. Sie hat feste Mauern, eine Kathedrale im modernen Styl, eine Universität zweiter Klasse, eine Akademie (dei Catenati), ansehnliche Paläste und an 10,000 Einw. In der Nähe die Ruinen des alten Recina.

Maceriren (v. Lat.), chemisch-technische Operation, besteht darin, daß man eine Substanz längere Zeit bei gewöhnlicher Temperatur mit einer Flüssigkeit, Wasser, Weingeist, Essig, Säure &c., in Berührung läßt, um in ihr enthaltene lösliche Stoffe auszuziehen. Man macerirt besonders solche Substanzen, die bei höherer Temperatur, also beim Digeriren, Zersetzungen erleiden oder flüchtige Bestandtheile verlieren.

Macgregor, John, britischer Statistiker und Nationalökonom, 1797 zu Stornaway in der schottischen Grafschaft Roß geboren, arbeitete in einem Handelshause in Canada, erhielt unter dem Ministerium Melbourne mehre handelspolitische Missionen nach Deutschland, Paris und Neapel, wirkte als Sekretär des Handelsbureau's seit 1840 für den Freihandel, legte aber sein Amt bald nieder und trat im Juli 1847 für Glasgow in das Parlament. Der Bankerott der Royal british bank, deren Direktion er führte, zwang ihn 1856 zur Flucht nach Frankreich, wo er den 23. April 1857 zu Boulogne †. Von seinen Werken sind hervorzuheben: „The progress of America" (Lond. 1847, 2 Bde.), „The commercial statistics" (das. 1848—50, 4 Bde.) und „History of the british empire from the ascension of James I" (das. 1852, 2 Bde.).

Machanaim, Stadt im alten Palästina, jenseits des Jordan, auf der Grenze der Stämme Gad und Manasse, war unter Isboseth Sitz der königlichen Regierung.

Machaon, in der griechischen Sagengeschichte Sohn des Asclepius, Bruder des Podalirius, nahm mit diesem am trojanischen Kriege Theil. Beide waren als Wundärzte im hellenischen Heere berühmt. M. ward vor Ilium durch Eurypylus getödtet, doch brachte Nestor seine Gebeine in die Heimat. In Gerenia in Messene, wo sich sein Grabmal und Heiligthum befanden, wurde M. göttlich verehrt.

Machetik (v. Griech.), Gefechtslehre, Kampftheorie.

Machicotiren (v. Franz.), einen Vers mit verschiedenen Läufern und musikalischen Zierrathen singen.

Machina (lat.), Maschine.

Machol (Michol, hebr.), ein althebräisches Saiteninstrument.

Machsor (hebr.), s. v. a. Cyklus, das Gebetbuch, welches die in der Synagoge üblichen Sabbaths- u. Festtagsgebete enthält.

Machtspruch, Entscheidung eines Rechtshandels, welche unmittelbar von der obersten Staatsgewalt unter Abweichung vom regelmäßigen gesetzlichen Verfahren gegeben wird. Machtsprüche, welche Verfassungsangelegenheiten betreffen, nehmen meist den Charakter von Staatsstreichen an. Sie lassen sich nur in Fällen der höchsten Noth, wo es sich um die Existenz des Staats handelt, entschuldigen. M. nennt man auch die Entscheidung einer strafrechtlichen Sache durch die landesherrliche Machtvollkommenheit und mit Umgehung der gerichtlichen Formen, die aber nur den Zweck hat, eine Strafmilderung eintreten zu lassen.

Machtvollkommenheit, die Summe aller Hoheitsrechte des Regenten.

Machynlleth, Stadt im englischen Fürstenthum Wales, Grafschaft Montgomery, links von Dovey u. am Fuße des Plynlimmon, hat ein Stadthaus, 5 Kirchen, Fabriken für grobes Tuch u. Flanell, Gerbereien, Schieferbrüche und 1650 Einw.

Macias, galicischer Troubadour, war in der ersten Hälfte des 15. Jahrhunderts Page im Dienste des Marquis Enrique de Villena u. wurde wegen seiner Liebe zu einer Dame am Hof desselben von dem eifersüchtigen Gemahl getödtet. Von seinen Gesängen sind nur wenige auf uns gekommen (im „Cancionero de Baena"); im Druck ist bis jetzt nur ein einziger vollständig erschienen (deutsch in Bellermann, Die alten Liederbücher der Portugiesen, Berlin 1840).

Maciejowski, Waclaw Alexander, polnischer Geschichtsforscher, geboren 1792 zu Kalvarien in Polen, studirte in Breslau, Berlin und Göttingen die Rechte, wurde 1818 Professor der alten Literatur an dem Lyceum in Warschau, im nächsten Jahr Professor des römischen Rechts an der dortigen

Universität und 1831 Tribunalrichter am Civilgericht in Warschau. Durch seine Betheiligung an der legislativen Kommission wurde er zu Untersuchungen über die slavische und polnische Rechtsgeschichte veranlaßt und hat darin Bedeutendes geleistet. Er schrieb: „Historya prawodawstw Slowianski“ („Slavische Rechtsgeschichte“, Warschau 1832—35, 4 Bde.; deutsch von Buß u. Nawrocki, Stuttgart 1835—39, 4 Bde.); „Pamietniki o dziejach pismiennictwie i prawodawstwie Slowian“ („Beiträge zur Geschichte der Slaven, ihres Schriftwesens und ihres Rechtes“, Warschau 1838, 2 Bde.); ferner eine polnische Literaturgeschichte des 15. u. 16. Jahrhunderts u. „Polska“ (Petersburg 1842, 4 Bde.), Sittenschilderungen der Polen bis in das 17. Jahrhundert.

Macies (lat.), Magerkeit, Abzehrung.

Macigno, fukoïdenreiche Mergelkalk- und Sandsteinschichten an der mittelmeerischen Küste Italiens (Alberese und M.).

Macisblüthen, s. Myristica.

Mack, Karl, Freiherr von M. Leiberich, österreichischer Feldzeugmeister, den 25. August 1752 zu Neuslingen in Franken geboren, trat früh als Fourier in österreichische Dienste, focht als Lieutenant mit Auszeichnung im Türkenkriege und ward 1790 zum Chef eines Generalstabs ernannt. Im Jahre 1793—94 diente er in den Niederlanden bei dem Heer des Prinzen Josias von Koburg. Als dieser den Oberbefehl niedergelegt hatte, lebte M. eine Zeitlang in Böhmen und ward dann als Feldmarschall zur Rheinarmee versetzt. Nach dem Frieden von Campo-Formio im Oktober 1798 erhielt er vom König von Neapel den Oberbefehl über die neapolitanischen Truppen gegen die Franzosen, warf noch im Nov. die Franzosen unter Championnet zurück und besetzte Rom, doch zwang ihn die in der Engelsburg zurückgebliebene französische Besatzung bald wieder zum Rückzug. Da er hierauf mit dem französischen General einen Waffenstillstand schloß, dem zufolge binnen 14 Tagen 10½ Millionen Franken an die Franzosen gezahlt werden sollten, brach in der Hauptstadt ein Aufruhr der Lazzaroni aus, und M. sah sich genöthigt, in dem französischen Lager Sicherheit zu suchen. Er wurde als Kriegsgefangener nach Paris gebracht, wußte aber von dort 1800 heimlich zu entkommen. Im Jahre 1804 mit dem Oberbefehl über die sämmtlichen Truppen in Tyrol, Dalmatien und Italien betraut, drang er 1805 mit 80,000 Mann Oesterreichern rasch nach dem südwestlichen Deutschland vor, ward aber am 14. und 15. Oktober an der Iller geschlagen und warf sich mit der Hauptarmee in die Stadt Ulm. Vergeblich drangen die Generale, namentlich der Erzherzog Ferdinand und der Fürst Schwarzenberg, in ihn, durch einen raschen Abzug der sonst unvermeidlichen völligen Einschließung zu entgehen. M. befand sich in der Täuschung, daß Napoleon I. wegen eines in Frankreich ausgebrochenen Aufstandes im vollen Rückzuge sei, und als nun die Stadt völlig cernirt war, schloß er ungeachtet des Drängens der ganzen Besatzung auf standhafte und hartnäckige Vertheidigung schon den 17. Okt. eine Kapitulation ab, durch welche er die Stadt sammt seiner 20,000 Mann starken Armee übergab. Auf sein Ehrenwort entlassen, kehrte er nach Oesterreich zurück, ward aber hier vor ein Kriegsgericht gestellt und zur Todesstrafe verurtheilt, die der Kaiser jedoch auf Dienstentsetzung u. zwanzigjährige Festungshaft milderte. Durch die Vermittelung des Erzherzogs Karl wurde er jedoch 1808 aus der Haft entlassen u. 1819 völlig begnadigt. Er † den 22. Okt. 1828 in St. Pölten.

Mackau, Ange René Armand, Baron von, französischer Admiral, den 19. Febr. 1788 zu Paris geboren, trat früh in die Marine und zeichnete sich besonders durch das Gefecht aus, welches er 1811 als Befehlshaber der Brigg „l'Abeille“ gegen die englische Brigg „Alacrity“ bestand. Unter der Restauration ward er mit mehren Entdeckungsreisen und verschiedenen diplomatischen Missionen, unter anderen auch nach Madagaskar und Hayti, beauftragt. Bis zum Contreadmiral aufgerückt, erhielt er 1843 das Portefeuille des Kriegs, das er bis zum 8. Mai 1847 führte. Hierauf ward er am 23. December 1847 zum Viceadmiral und 1851 von Ludwig Napoleon zum Senator ernannt; er † am 15. Mai 1855.

Mackeldey, Ferdinand, ausgezeichneter Lehrer des römischen Rechts, geboren den 3. Nov. 1784 zu Braunschweig, studirte zu Helmstädt die Rechte, ward 1808 außerordentlicher Professor der Rechte zu Helmstädt, 1811 ordentlicher Professor der Rechtswissenschaft und Beisitzer des Spruchkollegiums an der Universität Marburg u. endlich 1818 erster Professor der Rechte an der neu gegründeten Universität Bonn. Im Jahre 1821 erhielt er hier den Vorsitz im Spruchkollegium, den er aber 1828 wieder aufgab, u. 1824 den Titel eines geheimen Justizraths. Er † den 20. Okt. 1834. Sein Hauptwerk ist das „Lehrbuch der Institutionen des heutigen römischen Rechts“ (Gießen 1814), welchem er bei der 2. Auflage den Titel „Lehrbuch des heutigen römischen Rechts“ (Gießen 1818; 10. Aufl. 1833, 2 Bde.; 14. Aufl. von Fritz, Wien 1862, 2 Bde.) gab. Außerdem schrieb er noch eine „Theorie der Erbfolgeordnung nach Napoleons Gesetzbuche“ (Marb. 1811).

Mackenzie, Fluß im britischen Nordamerika, entspringt mit seinem südlichsten Arme, dem Athabasca, aus einem Gebirgssee inmitten der Rocky-Mountains und ergießt sich in den Athabascasee, aus welchem er unter dem Namen des Sklavenflusses (Slave-River) in den großen Sklavensee strömt. Bei seinem Ausfluß aus diesem erhält er den Namen M., unter welchem er auch in das nördliche Eismeer mündet. Der Fluß hat im Ganzen eine Länge von 425 Meilen und nimmt fast alle Gewässer des Beckens auf, welches er durchströmt, unter anderen mehre, welche im Westen der Rocky-Mountains entspringen und diese Gebirgskette in engen Thälern durchbrechen, wie den Friedensfluß (Peace-River) und den Turnagain od. Mountain-River (Rivière aux Liards).

Mackenzie, 1) Henry, englischer Belletrist, geboren 1745 in Edinburg, studirte eine Zeitlang die Rechte, wendete sich aber dann der schönen Literatur zu u. erhielt, da er in seinen mit Witz u. Humor geschriebenen Zeitschriften „The miror“ u. „The lounger“, sowie durch mehre Flugschriften einzelne Maßregeln des Gouvernements unterstützte, 1804 die Stelle eines Generalkontroleurs der Abgaben in Schottland. Er † den 14. Jan. 1831. Seine gesammelten Werke erschienen zu London 1818 in 8 Bänden. Sein Leben beschrieb Walter Scott in den „Lives of the novelists“. Sein Sohn, Joshua Henry, Lord M., geboren 1777, erhielt 1824 das Amt eines Richters an der Court of justitiary zu Edinburg, womit der persönliche Lordstitel verbunden ist, und † zu Belmont bei Edinburg den 17. Nov. 1851.

2) **William Forbes**, englischer Staatsmann, den 18. April 1807 geboren, trat 1837 für die Grafschaft Peebles ins Unterhaus und war eines der thätigsten Mitglieder der Protektionistenpartei. Im April 1845 ward er zum Lord des Schatzes ernannt, nahm aber, als Peel seinen Entschluß kundgab, die Korngesetze aufzuheben, seine Entlassung und schloß sich der Opposition an, welche den Sturz des Ministeriums herbeiführte. Unter dem Ministerium Derby war er vom 2. Febr. bis Dec. 1852 Sekretär des Schatzamts. Er † den 24. Sept. 1862.

Mackintosh, Sir James, einer der hervorragendsten Parlamentsredner Englands, geboren den 24. Okt. 1765 zu Aldouriehouse in der schottischen Grafschaft Inverneß, studirte zu Edinburg Medicin, beschäftigte sich aber vorwiegend mit Geschichte, Philosophie und Politik. Durch seine „Vindiciae Gallicae or defense of the french revolution" (Lond. 1791) erwarb er sich zwar den Titel eines französischen Bürgers, verlor jedoch bald seine Sympathien für die Principien der französischen Revolution. Nachdem er noch in Lincolnsinn die Rechte studirt, trat er 1795 als Sachwalter auf, machte sich durch seine Vertheidigung Peltiers, der wegen eines gegen Bonaparte gerichteten Pamphlets vor Gericht gezogen worden war, bekannt und wurde, nachdem er kurze Zeit Professor der Politik und Gesetzgebung in Heartford gewesen war, 1803 zum Ritter u. Direktor des Oberkriminalgerichts in Bombay ernannt. In dieser Stellung erwarb er sich durch die Verbesserung der indischen Kriminalgesetzgebung und durch die Stiftung der Literary Society Verdienste. Im Jahre 1811 nach England zurückgekehrt, wurde er von der Grafschaft Nairn in Schottland und seit 1813 von dem Flecken Knavesborough in Yorkshire in das Unterhaus gewählt. Er sprach hier für die Reform der Kriminalgesetzgebung, sowie für religiöse Duldung, für die Unterdrückung des Sklavenhandels, für das Recht der Kolonien auf eigene Verwaltung ihrer Angelegenheiten, für die Unabhängigkeit Griechenlands und 1831 für die Reformbill. Im Jahre 1822 und 1823 ward er zum Rektor der Universität Edinburg, 1827 zum Geheimerath und 1830 zum Mitglied der Kommission für die ostindischen Angelegenheiten ernannt. Er † den 30. Mai 1832. Unter seinen Schriften sind seine „Dissertation on the progress of ethical philosophy" (London 1830) und die „History of England" (das. 1830, 3 Bde.), sowie die aus seinen Manuskripten herausgegebene „History of the revolution in England in 1688" (das. 1834) hervorzuheben.

2) **Charles**, schottischer Chemiker, 1766 zu Glasgow geboren, unternahm in seiner chemischen Fabrik zu Crossbacket bei Glasgow um 1820 zuerst die Darstellung des Bleizuckers im Großen, verbesserte 1825 die Berlinerblaufabrikation und erfand in demselben Jahre die Stahlbereitung durch Glühen des Eisens in Kohlenwasserstoffgas, sowie einen nach ihm benannten wasserdichten Kleiderstoff. Er † den 25. Juli 1843 zu Dunhattan bei Glasgow.

Mackintosh, durch Kautschukzwischenlage wasserdicht gemachter Ueberrock (Ueberzieher) ohne Taille, aber mit Aermeln, wurde zuerst von der Fabrik wasserdichter Zeuche von Mackintosh [s. d. 2)] in London als Ersatz der Regenschirme eingeführt, konnte sich aber in der ursprünglichen Form nicht erhalten u. kam erst nach Einführung der neueren Verarbeitungsmethoden des Kautschuks mehr in Aufnahme, ohne aber allgemein Eingang zu finden. Vergl. Kautschuk.

Maclise, Daniel, namhafter englischer Historienmaler, den 25. Januar 1811 zu Cork in Irland geboren, war bis 1830 hauptsächlich als Skizzen- und Karrikaturenzeichner für „Fraser's Magazine" beschäftigt und lieferte sodann zahllose, sehr geschätzte Genrebilder, wandte sich aber in neuerer Zeit ausschließlich der Geschichtsmalerei zu. Auf der londoner Kunstausstellung 1856 sah man eine ganze Gallerie ziemlich ausgeführter Skizzen aus der Geschichte der normannischen Eroberung Englands von M.'s Hand. Sein namhaftestes Werk ist die Begegnung Blüchers und Wellingtons am Abend von Belle-Alliance, an den Korridorwänden, zwischen den Sitzungssälen des Ober- und Unterhauses, 10 Fuß hoch und 48 Fuß lang.

Mac Mahon, Marie Edme Patrice Maurice, Herzog von Magenta, Marschall von Frankreich, den 13. Juni 1808 zu Sully bei Autun geboren, trat 1825 in die Kriegsschule von St.-Cyr, ging dann mit einem Regiment nach Algier, kehrte aber nach der Julirevolution nach Frankreich zurück und wohnte der Belagerung von Antwerpen bei. Als Hauptmann wieder nach Afrika versetzt, zeichnete er sich bei dem Sturm auf Konstantine aus und wurde, nachdem er ein Bataillon Jäger zu Fuß und später ein Regiment der Fremdenlegion befehligt hatte, 1845 zum Oberst und 1848 zum Brigadegeneral ernannt, in welcher Eigenschaft er die Verwaltung der Provinz Oran und später die der Provinz Konstantine übernahm. Seit 1852 Divisionsgeneral, kehrte er 1855 nach Paris zurück und traf mit seiner Division zeitig genug vor Sebastopol ein, um am Sturm auf den Malakowthurm am 8. September Theil zu nehmen, worauf er die Senatorswürde erhielt. Er war der einzige Senator, der sich gegen das sogenannte Sicherheitsgesetz erhob. Nachdem er 1857 als Divisionschef gegen die Kabylen gefochten, befehligte er im italienischen Kriege das zweite Armeecorps und gab mit demselben bei Magenta (4. Juni 1859) durch einen rechtzeitigen Flankenangriff auf die Oesterreicher den siegreichen Ausschlag. Noch auf dem Schlachtfelde ward er zum Marschall und zum Herzog von Magenta ernannt. Auch an der Schlacht bei Solferino (24. Juni 1859) hatte er rühmlichen Antheil. Seitdem kommandirt er die zweite große Armeedivision zu Lille.

Maçon (franz.), Maurer, besonders Freimaurer.

Mâcon, Hauptstadt des französischen Departements Saone-Loire, in einer fruchtbaren, angenehmen Gegend, an der Saone, über die eine alte steinerne Brücke führt, die von Cäsar herrühren soll, ist Sitz der Departementsbehörden, eines Gerichtshofs und eines Handelsgerichts, im Ganzen unregelmäßig und eng gebaut, hat seit Beseitigung der Festungswälle schöne Promenaden, Kais und einen Flußhafen, mehre ansehnliche Paläste, darunter das Stadthaus, ehemals Residenz des Bischofs, 5 Kirchen (die alte Kathedrale St. Vincent liegt jetzt in Trümmern), ein Lyceum, Lehrerseminar, eine Zeichenschule, öffentliche Bibliothek, 2 Hospitäler und 18,000 Einwohner, die Eisen-, Kupfer- und Messinggeräthe, Wollzeuche, Leinwand, Sammt und Plüsch, Leder, Konfitüren und eingemachte Früchte, Uhren, Fayence verfertigen und beträchtlichen Weinbau (von Thories, Pouilly ꝛc.) und Weinhandel, Handel mit getrockneten Früchten ꝛc. betreiben. M. ist Geburtsort des Dichters Lamartine. Es ist das alte Matisco, eine Stadt der Aeduer, ward frühzeitig Bisthum u. war 585 Versammlungsort eines Koncils. Seit dem 10. Jahrhundert bildete es mit seinem Gebiete, der Landschaft Maconnais, eine eigene Grafschaft. Im Jahre 1238 ward die Stadt an Ludwig IX. verkauft und blieb seitdem Eigenthum der Krone, bis sie 1435 an den Herzog von Burgund fiel; nachdem sie aber von Ludwig XI. 1476 wieder erobert worden, blieb sie mit Frankreich vereinigt. Aus der Römerzeit finden sich noch Reste eines Triumphbogens und eines Janustempels.

Maçonnerie (franz.), Maurerhandwerk; Freimaurerei.

Macpherson, James, britischer Schriftsteller, 1738 zu Kingussie in der schottischen Grafschaft Inverneß geboren, studirte zu Aberdeen und Edinburg Theologie, errichtete darauf zu Ruthven eine Schule und ward 1759 Hauslehrer in der Familie Graham von Balgowan. Das Aufsehen, welches seine 1760 herausgegebenen „Fragments of ancient poetry, translated from the Gaelic or Erse language" machten, veranlaßten ihn, 1762—63 noch mit andern, angeblich ossianschen Gedichten („Fingal" und „Temora") hervorzutreten (s. Ossian). Nachdem er kurze Zeit bei dem Gouverneur von Florida die Stelle eines Sekretärs bekleidet hatte, kehrte er nach England zurück und wurde Vertheidiger der Regierung in Flugschriften gegen die Klagen der Amerikaner. Seine übrigen Werke, sowie seine Thätigkeit im Unterhause, in das er 1780 eintrat, sind ohne Bedeutung. Er † den 17. Februar 1796 auf seinem Landgut Belleville in Schottland.

Macquarie, 1) Fluß in Neuholland, Neusüdwales, entsteht in der Bathurstebene durch die Vereinigung des Fish-River und Campbells-River, fließt nach Nordwesten und verliert sich unterhalb des Harrisberges in Sumpf. — 2) Inselgruppe daselbst im südlichen großen Ocean, südwestlich von Neuseeland, schwer zugänglich, gebirgig, 1811 entdeckt.

Macready, William Charles, berühmter englischer Schauspieler, den 3. März 1793 zu London geboren, betrat 1810 in Birmingham die Bühne, spielte bis 1814 in der Truppe seines Vaters in den Hauptorten des mittlern und nördlichen Englands, ging dann nach Dublin und Edinburg und erschien am 16. September 1816 auf dem Coventgardentheater zu London als Orestes in einer englischen Uebersetzung von Racine's „Andromache". Nachdem er 1826 Amerika und 1828 Paris besucht, übernahm er die Leitung des Haymarkettheaters, in der Absicht, das in Verfall gerathene klassische Drama wieder zu beleben. Er reinigte die Dramen Shakspeare's von den mancherlei Aenderungen, durch die sie besonders seit Garrick entstellt worden waren, und stellte die großen Charaktere dieser Dramen mit großer Wahrheit dar. Nachdem er wegen pekuniärer Verlegenheiten seine Direktion hatte abgeben müssen, ging er 1849 zum zweiten Male nach Newyork, wo sein Auftreten auf dem Astortheater einen von den Freunden des amerikanischen Tragöden Forrest angestifteten blutigen Pöbelaufstand veranlaßte. M. kehrte hierauf nach England zurück und begann eine Reihe von Gastrollen auf dem Drurylanetheater, nahm aber am 26. Febr. 1851 Abschied von der Bühne.

Macrianus, Marcus Fulvius, römischer Kaiser, bestieg nach Valerians Gefangennehmung 262 in Gemeinschaft mit seinen Söhnen C. Fulvius und Quintus, die schon von Valerian zu Tribunen ernannt worden waren, den Thron, zog an der Spitze von 45,000 Mann gegen seinen Nebenbuhler Gallienus, wurde aber in Illyrien von Aureolus und Domitianus geschlagen und nebst seinem Sohne C. Fulvius getödtet. Dasselbe Schicksal hatte später Quintus.

Macrinus, römischer Kaiser, gebürtig aus dem numidischen Cäsarea, von niedriger Herkunft, hatte sich zum Praefectus praetorio aufgeschwungen, stiftete 217 in Edessa die Ermordung Caracalla's an, weil dieser ihm nach dem Leben getrachtet, u. wurde von den Garden zum Kaiser ausgerufen und vom Senat bestätigt. Er nahm den Titel Marcus Opelius Severus M. Pius Felix an, ließ seinen neunjährigen Sohn Diadumenianus zu seinem Nachfolger erklären und ernannte ihn später sogar zu seinem Mitregenten. Ein Zug gegen die Parther endigte mit einem schimpflichen Frieden. Das hierdurch, sowie durch seine Strenge erbitterte Heer ließ sich durch die Mutterschwester Caracalla's, Mäsa, und deren Töchter, Soämis und Mammäa, leicht für Bassianus (Heliogabalus) gewinnen; M. entfloh, ward aber gefangen genommen und am 8. Juni 217 (nach Andern den 2. Jan. 218) in Kappadocien von seinen Soldaten getödtet.

Macrobii, äthiopische Völkerschaft am südlichen Ocean, die für die Vorfahren der heutigen Somâlis im Lande Szomal zwischen der Straße Bab-el-Mandeb und dem Kap Guardafui angesehen werden.

Macrobius, Aurelius Ambrosius Theodorus, römischer Grammatiker und Philosoph, lebte wahrscheinlich in der ersten Hälfte des 5. Jahrhunderts n. Chr. und war von Geburt ein Grieche. Seine „Commentariorum in somnium Scipionis libri II" enthalten Betrachtungen astronomisch-mathematischen, physikalischen und philosophischen Inhalts im Geist der neuplatonischen Philosophie. Die ebenfalls an seinen Sohn Eustathius gerichteten „Saturnalium conviviorum libri VII" behandeln eine Reihe der verschiedenartigsten Gegenstände aus dem Gebiete des klassischen Alterthums. Eine dritte Schrift: „De differentiis et societatibus graeci latinique verbi", ist nur in einem Auszug vorhanden, welcher, zur Zeit Karls des Großen veranstaltet, dem Johannes Scotus Erigena beigelegt wurde. Die besten Ausgaben von M.' sämmtlichen Schriften lieferten nach der Editio princeps (Vened. 1472) Gronov (Leyden 1670, Lond. 1694) und Jan (Quedlinburg 1848—52, 2 Bde.).

Macrocnemum *L.* (Stengelblume), Pflanzengattung aus der Familie der Rubiaceen, charakterisirt durch den fast glockenförmigen, undeutlich 5zähnigen Kelch, die trichterförmige Korolle mit am Schlunde befestigten, hervorragenden Staubgefäßen, die 2klappige Narbe und die 2fächerige Kapsel mit undeutlich gerändertem Samen, Sträucher in Brasilien, Caracas und auf den Molukken, von denen sich als Zierpflanze auszeichnet: M. speciosum *Jacq.*, Mussaenda speciosa *Poir.*, ein schöner, 8—10 Fuß hoher Strauch in Caracas. Die Blüthen sind rispenständig, zahlreich, prächtig, rosenroth, 1 Zoll lang. Der Strauch gehört ins Warmhaus bei 12—15° Wärme.

Macsin (Matschin), Stadt im europäisch-türkischen Ejalet Rumelien, Sandschak Silistria, Ibrail gegenüber, an der Donau, hat 2 Forts, eine Moschee, ein Bad und 3000 Einw. Hier Gefecht zwischen den Russen und Türken den 6. April 1791.

Macula (lat.), Fleck; *M. hepatica*, s. v. a. Leberfleck.

Maculatus (lat.), gefleckt.

Madagaskar, von den portugiesischen Entdeckern Isla de S. Lourenço, bei den Eingebornen Nossindambo (d. i. Land der wilden Schweine) genannt, aber schon Marco Polo als Magastar oder Madugascar bekannt, eine der größten Inseln der Erde, ist von der fast parallel laufenden Ostküste von Afrika durch den breiten Kanal von Mozambique getrennt, aber nach ihrer gesammten organischen Schöpfung ein so selbstständiges Glied Afrika's, daß es eher als eigener Kontinent aufgeführt zu werden verdiente, denn als ein Theil des ihm so heterogenen, einförmigen und massenhaften Afrika. M. hat vom Kap Ambre unter 11° 57′ südl. Br. von Norden nach Süden bis zum Kap Ste. Marie unter 25° 45′ südl. Br. eine Länge von 215 Meilen und wird vom Wendekreise des Steinbocks geschnitten; zwischen 62° und 69° 55′ östl. L. (von Ferro) liegend, ist es in der Mitte 78 geographische Meilen breit. Der Flächenraum wird auf ungefähr 11,000 □M. geschätzt. Der Küstensaum, namentlich an der Nordwestseite, ist durch zahlreiche, tief einschneidende Baien ausgezeichnet, als: die Passandavabai (mit der vorgelagerten französischen Insel Nossi-Bé), die Nareenda-, Majambo-, Bembatookabai; im südlichen Theil die St. Augustinesbai, beide letztere sind die besuchtesten. Auf der Ostseite ist die Antongilbai die bedeutendste, von welcher südlich die an 17 □M. große französische Insel St. Mary liegt; noch südlicher sind Foul-Pointe und Tamatawe die am häufigsten besuchten Orte, indeß bloße Rheden, wie denn im Ganzen von hier ab die Küste nach Süden flach und durch zahlreiche Küstenseen (*étangs*) charakterisirt ist, so weit man sie wenigstens kennt. Ueberhaupt sind die Küsten meist flach und von einer 2—20 Meilen breiten Ebene umsäumt, ausgenommen an der Nord- und Südostseite. Nach dem Innern steigt das Land zu Hochebenen und Gebirgen auf, und zwar im Osten fast mauerartig, im Westen in Terrassen. Es trägt waldlose, grasreiche Hochebenen von 3—4000 Fuß. Auf ihrem rothen Thonboden erheben sich dann höhere Aufsätze, wie das auf 10,000 F. Höhe geschätzte Ambohitsmenagebirge; andere Gebirgszüge überragen 6000 F. Als höchster Gipfel wird der auf 12,000 F. geschätzte Ankaratra, im Südwesten der Hauptstadt, genannt. Er scheint am Strande des 7 Meilen langen Imeriplateau's zu liegen, welches die 600—1200 F. hohen Granithügel des Ankovagebirges einschließt, und in dessen Centrum auf einem 500 F. über die Ebene aufsteigenden Hügel in 3600 F. Seehöhe die Hauptstadt der Insel M. liegt. Dieses Plateau besteht aus Granit, Gneis und Glimmerschiefer und wird von einzelnen, nicht sehr tiefen Thälern durchschnitten, welche Hügel von einander trennen, die auf ihrer Höhe eine mächtige Granitmasse tragen. Die höchsten Bergspitzen der Insel sind im Winter mit Schnee bedeckt. Die geognostische Beschaffenheit der Insel ist sehr mannichfaltig, doch noch wenig erforscht. Bestimmt ist das Auftreten der erwähnten großen Granitmassen mit riesigen Exemplaren des reinsten Bergkrystalls, häufigen Turmalinen und Rosenquarzen, Syenit, blauem vortrefflichen Thonschiefer, Kalkstein, Sandsteinen verschiedener Art, ausgedehnten Eisenerzmassen und Kohlenlagern; endlich beweisen die ausgedehnten Ablagerungen von Lava und Basalt am nordwestlichen Theil von M., nebst dem Vorkommen von Tangoury, einem erloschenen Krater, das einstige Vorhandensein vulkanischer Thätigkeit. Warme Mineralquellen finden sich namentlich im südöstlichen Theil der Insel, in der Provinz Anosy; die bekanntesten derselben, Schwefel- oder Stahlthermen, entspringen mit 50 bis 60° Wärme zwischen Tamatare und Tananariva im östlichen Theil von M. Das Klima ist auf dem Binnenplateau von Ankova, dem der Betsileos und Antsianaka und in den Gebirgen des Innern gemäßigt und gesund; auf den Hochebenen steigt die Temperatur selten (im Januar und Februar) über 23° R., und auf den Berggipfeln findet sich bisweilen Eis; die Küstenebenen sind sehr heiß und ungesund. Auf der Nordwestseite herrscht die den Europäern fast absolut tödtliche, unter dem Namen des „madegassischen Fiebers“ bekannte Gallenkrankheit, welche die oft wiederholten Niederlassungsversuche der Europäer auf der Insel stets vereitelt hat. Die Höhe des Binnenlandes veranlaßt sehr häufige, starke Regenbildungen und erklärt dadurch den außerordentlichen Reichthum der Insel an fließenden Gewässern. Vom September bis März wüthen häufig heftige Gewitter. Zu den größten Flüssen gehören der Ikopa, in dessen Gebiet die Hauptstadt liegt, und der als Mantao in der Mitte der Westseite mündet; ferner der Manangara und Manguru (jeder 50—60 Meilen lang) und der Ambongo. Reich ist die Insel auch an großen und schönen Seen, worunter der See von Nossi-Bé von 5—6 Meilen Länge, der Nossi-Bola in Antsianaka, der Ihotry im Norden, der Ima (an 7 M. lang und über 3 M. breit); alle Seen sind sehr fischreich und wimmeln, sowie die Flüsse, von Krokodilen. Die Vegetation ist überaus üppig, es kommen tropische Kulturpflanzen, palmenreiche Wälder vor; überhaupt ist M. ein Verbindungsglied zwischen der afrikanischen und indischen Tropenvegetation; die der Insel eigenthümliche Flora u. Fauna bilden eine eigene Region. Das Nilpferd und den Strauß abgerechnet hat M. nicht die hervortretenden Bildungen der Thierwelt, keine Elephanten, auch keine Giraffen, Nashörner, Löwen, Hyänen, Antilopen, Affen, dagegen mehre Arten Makis, eine eigene Katzenart, den Antambu ꝛc. Diese Verhältnisse sind für die Frage von Wichtigkeit, ob M. mit dem afrikanischen Kontinent Zusammenhang gehabt oder nicht. Die Comoroinseln könnten Trümmer einer Landbrücke sein. Ein großer Theil der Insel ist dicht bewaldet; unter andern kostbaren Holzarten finden sich Ebenholz und Mahagoni; auf dem Centralplateau sind indeß die Wälder großentheils ausgerodet. Einer der merkwürdigsten Bäume ist die eigenthümliche *Urania speciosa* oder „Kanivala“ (der Baum der Reisenden). Am untern Ende der Blattstiele derselben sammelt sich nämlich in einer Höhlung eine Fülle des reinsten Wassers, das herausfließt, wenn man die Hülle durchsticht; die

Blätter werden auf der ganzen Ostseite der Insel zum Dachdecken gebraucht, aus den Blattstielen baut man die Wände, mit der harten Außenrinde, die weich geklopft wird, deckt man den Fußboden (jedes einzelne Blatt ist $1\frac{1}{2}$ Fuß breit und 20—30 Fuß lang); das grüne Blatt benutzt man zum Emballiren, als Tischtuch, als Teller, zusammengelegt als Trinkgeschirr, Löffel u. dgl. Auf der Westseite ist der Baobab allgemein. An der Küste sind Akazien, Casuarinen und Pandanus sehr häufig; die prächtigsten u. üppigsten Orchideen bedecken die Stämme, z. B. die Strychnosbäume, neben denen herrliche Baumfarrn prangen. Andere werthvolle Bäume sind der Ampaly, mit dessen harten Blättern man Holz polirt; die Avoha, aus welcher man grobes Papier macht; die Tapia edulis, welche die einheimische Seidenraupe nährt; die Tamarinde, die Dracäna, Bambus u. a.; aus dem Stamm der Azaina werden Canoes verfertigt, zugleich gibt sie einen gelben Leim (Kitsygummi); aus der Voahena gewinnt man reichlich Gummi elastikum. M. erzeugt viel Reis, die Hauptnahrung des Volks, dann Tabak, Zucker, Baumwolle, Indigo und Gewürze, Kokosnüsse, Brodfrucht, Bananen, Yams, Ananas, Orangen, Pfirsiche und eine Menge anderer Früchte der tropischen und gemäßigten Zone. Der eingeführte Kaffeebaum gedeiht gut. Geflügel zieht man überall; auch wilde und zahme Rinder sind in großer Anzahl vorhanden. In den Wäldern leben wilde Schweine (davon die einheimische Benennung der Insel), wilde Hunde, Lemuren, Füchse, Eichhörnchen; dagegen fehlen die großen und wilden Vierfüßer Afrika's. Das seltene Aye-Aye (Chiromys madagascariensis) betrachten die Eingebornen mit abergläubischer Furcht. Auch die bereits erwähnten Krokodile werden verehrt; große Schlangen sind vorhanden, aber wenig giftige. Zahlreiche Vögel mit dem schönsten Gefieder, namentlich Kolibri's, prächtige Schmetterlinge, phosphorescirende Fliegen u. a. bevölkern die Wälder und die Luft.

Die Zahl der **Einwohner**, die sich selbst **Malagasi** nennen (woraus die Europäer **Madegassen** oder **Malegaschen** gemacht haben), wird auf beiläufig $4\frac{1}{2}$ Millionen angenommen, die Basis zu einer sichern Schätzung fehlt aber noch vollständig. Die Bewohner gehören offenbar zwei verschiedenen Hauptvölkern, aber vielfachen Mengungen derselben an. Das eine Hauptvolk ist olivenfarbig, schön gebildet, mit schlichtem oder krausem Haar, den Malayen nahe verwandt, bewohnt hauptsächlich die Ostküste und scheint von Sumatra eingewandert zu sein; das andere gleicht den Negern u. Kaffern auf der gegenüberliegenden Küste Afrika's, bewohnt die Westseite von M. u. ist schwarz, viel kräftiger, mit wollichtem Haar. Man unterscheidet vier große Abtheilungen der Bevölkerung: die **Howas** (gegen 800,000), **Sakalawas** (1,200,000), **Betsileos** (1,500,000) und **Betsimisarakas** (1,000,000). Die kriegerischen Howas unterwarfen sich seit 1813 die ganze Insel. Noch zu Ende des vorigen Jahrhunderts zerfielen die Bewohner in mehr als 50 Stämme, die unter ebenso vielen Häuptlingen standen; seitdem hat sich eine große Vermengung der Stämme vollzogen. Die Sakalawas bewohnen den größten Theil der westlichen Abdachung; die Betsileos die Mitte, südlich vom Centralplateau, das die Hauptprovinz der olivenfarbigen Howas, Ankova, bildet; auf der östlichen Abdachung wohnen die Betanimena, auch diese sind olivenfarbig, nur dunkler gefärbt, und ihr Haar ist oft wollig. Die Madegassen sind sanft und äußerst gastfrei, aber auch träge, abergläubisch, sorglos und rachsüchtig, dabei meist sehr tapfer und freiheitsliebend, wie sie überhaupt eine Menge der glänzendsten Eigenschaften und der größten Laster in sich vereinigen; Kindermord ist bei ihnen sehr gewöhnlich und Vielweiberei erlaubt, nur der König aber darf 12 Weiber haben. Die Beschneidung gilt gleichsam als Einweihung zum Mann und zum Staatsbürger. Die Sklaverei besteht seit alten Zeiten; die Sklaven sind theils Kriegsgefangene und deren Nachkommen, theils solche, die sich selbst verkauft haben, theils solche, die es durch Richterspruch geworden sind, und zwar mit Weib u. Kindern. Mancher Vornehme besitzt Hunderte von Sklaven. Zwischen dem Freien und dem Sklaven stehen die königlichen Arbeiter, welche, wie ihre Söhne, zeitlebens ohne Lohn für den König arbeiten und daneben für den Unterhalt ihrer Familien zu sorgen haben; dies sind namentlich einige tausend Holzhauer in den Wäldern, Lastträger im Osten (zwischen der Küste und der Hauptstadt), Eisenarbeiter, Gewehr- und Speermacher, Zimmerleute, Schneider ꝛc. Außer dem Reis sind Mais und Mehlwurzeln die gewöhnliche Nahrung; auch gekochte Heuschrecken und die Puppen der Seidenraupe werden gegessen. Trunkenheit ist fast ganz unbekannt. Tabak wird viel gebaut, aber nicht geraucht; das zerkleinerte Kraut, mit andern Kräutern gemischt, wird in Prisen nicht in die Nase, sondern in den Mund gesteckt. Den Hanf raucht man aus Rohrpfeifen. Die Madegassen sind große Liebhaber der Musik, obwohl ihre Leistungen darin sehr gering sind. Die Kleidung besteht aus zwei oder drei Gewändern, deren Stoff Hanf, Baumwolle oder Pflanzenbast ist, wohl auch Seide, europäisches feines Wollgewebe u. dgl., welches sodann um den Körper geschlungen wird. Der Haupttheil ist der Lamba (Mantel), 9—12 Fuß lang, 6—9 Fuß breit; der königliche Mantel besteht aus feinem englischen Scharlachtuch mit reicher Einfassung von Goldstickerei; ganz in Scharlach gekleidet und mit einem scharlachrothen Schirm darf nur der König gehen. Die Madegassen handeln und feilschen gern. Ausländische Waaren erhalten sie schon längst von Maskat und Ostindien, von Mauritius und dem Kap, sowie von Amerika. Die Sprache der Howas gilt als die am meisten ausgebildete; sie hat ganz den grammatischen Charakter der malayischen Sprachen Asiens. Die heidnischen Madegassen anerkennen ein höchstes Wesen, zugleich aber auch ein böses Princip und verehren die Sonne als befruchtende Kraft. Das Volk betet 12 oder 15 Hauptgötzen an, Schutzgötter verschiedener Klassen, und einen Himmelsfürsten. Tempel und Priester gibt es nicht. Wahrsagerei u. Zauberei spielen eine wichtige Rolle. Als Gottesurtheil gilt das erfolgende oder ausbleibende Erbrechen nach dem Genusse einer bestimmten Dosis eines Giftes. Die Madegassen sind meist Landbauer, zum Theil auch Hirten; einige Stämme zeichnen sich in gewerblichen Manufakten aus, z. B. in Anfertigung ausgezeichneter Eisenwaaren, zierlicher silberner Ketten, auch feiner Seiden- und Wollenwebereien, namentlich Teppiche. Früher betrieb M. einen sehr bedeutenden Sklavenhandel, der jedoch seit den Verträgen des Königs Radama († 1828) mit den Engländern auf Mauritius schon 1817 gänzlich eingestellt wurde. Ausfuhrartikel sind: Reis, indisches Korn, Schlachtvieh, grobe Stoffe (nach Bourbon u. Mauritius); wogegen man Waffen, Munition, eiserne Töpfe, Fayence, Salz, Seife, Spirituosen, englische und französische Fabrikwaaren bezieht. Die Regierung ist völlig despotisch; der Herrscher empfängt den Zehnten in Naturalien. Namentlich ist durch die Eroberung der Howas ein sehr komplicirtes, umfassendes und für die unterworfenen Stämme sehr drückendes Regierungssystem eingeführt worden, dessen Aufrechthaltung auf der ganzen Insel durch befestigte Posten und Besatzungen durchgeführt wird. Die Regierung ist erblich in der Familie. Gewöhnlich wohnen 12 Mitglieder der königlichen Familie und Vornehme, welche Richter sind, in der Hauptstadt. Die Offiziere bilden eine mächtige Aristokratie und haben 13 verschiedene Ehrengrade. Die große, gut bewaffnete Armee ist vielfach in europäischer Weise disciplinirt. Die Staatseinnahmen sind nicht groß, aber das Kroneigenthum ist bedeutend. M. ist ein Königreich, das in 22 Provinzen getheilt ist, die (ehemals besondern Staaten) größer oder kleiner (bisweilen eine einzige Stadt) sind. Die wichtigsten sind: Bohimarina (im Norden), sehr gebirgig u. wegen des schlechten Bodens dünn bevölkert; im Westen: Iboina oder Boueni, flach, sumpfig und ungesund, aber fruchtbar, mit schönen Baien und reich an Vieh, aber durch die steten Kämpfe ihrer Bewohner (der Sakalawas) mit den Howas verwüstet und sehr entvölkert, mit der Hauptstadt Madshonga, 1824 auf den Ruinen der einst blühenden arabischen Handelsstadt Mazangaya erbaut; Ambongo, gleichfalls sumpfig und schwer zugänglich, aber fruchtbar, von Sakalawas bewohnt; Menabé, reich an Bauholz, Indigo, Baumwolle, Seide, Schlachtvieh, Wachs u. Eisenerzen, aber sehr entvölkert, mit dem befestigten Hauptort Andrefoutza; Fiarenana od. Firegul, im südwestlichen Theile der Insel, eine der reichsten Provinzen mit der St. Augustins- od. Toliabai, wenig bekannt, dünn bevölkert, aber reich an Vieh, Baumwolle, Indigo, Seide, Wachs, Gummi; Mahafaly, die südwestlichste Provinz, mit einer sandigen, aber waldreichen Oberfläche und einer barbarischen Bevölkerung, sehr reich an wildem Hornvieh; im Süden: Androy, mit dem Kap Ste. Marie, waldig, reich an Schafen; Anosy, mit hoher Küste, gut kultivirt, mit mildem, aber äußerst ungesundem Klima, hat heiße Quellen, ist reich an Zucker, Kaffee, Reis und Maniok; hier sind auch die Ruinen des ehemaligen französischen Forts St. Dauphine; Betanimena (von dem rothen Thonboden das „rothe Land“ genannt), an der Küste, theils sehr flach, doch fruchtbar, theils waldreich, sumpfig, ungesund, mit viel Wiesengrund, hat große Rinderheerden; Hauptort ist Tamatawe, der beste Hafen und Haupthandelsplatz an der Ostküste; Mahavelona, höchst ungesund (auch für die Einheimischen) mit dem wichtigen Handelsplatz der Franzosen Foue Pointe; Ivongo, gebirgig, aber fruchtbar, mit viel Reis und Schlachtvieh; Maroa, sehr gebirgig, doch auch sehr fruchtbar, erzeugt die vorzüglichsten Bananen in riesenartiger Größe. Im Innern der Insel: Antsianaka („Land der Freien“), eine offene, ausgedehnte Provinz mit 2 großen Seen, reich an Rindvieh- und Schafheerden, Seide, feiner Wolle und der schönsten Baumwolle der Insel, mit der alten Hauptstadt Rahidronou; Ankova, eine waldlose Hochebene, von allen Seiten mit Aesten der großen Gebirgskette umschlossen, worin die höchsten Punkte der Insel liegen, mit sehr gesundem Klima, wenig produktiv, aber reich an Eisenerzen; die Heimat der Howas, die sich viel mit Weberei und Metallverarbeitung beschäftigen. Die Residenz und Grabstätte der Howasherrscher, also die Hauptstadt der Insel ist Tananariva (oder Antananariva), eigentlich ein Haufen kleiner Dörfer, die zwischen Baumgruppen zerstreut liegen. Ihre Einwohnerzahl wird auf 25,000 (von Andern auf 80,000) angegeben. Diese „Stadt von hundert Städten“ besteht aus Holzhäusern, deren hohes schmales Dach mit Gras gedeckt ist u. die auf künstlichen Terrassen stehen. Auf dem höchsten Theile des Hügels, auf u. an welchem Tananariva steht, erhebt sich der in europäischem Styl gebaute und gezierte Palast des Königs, mit steilem Dach, in dessen Mitte ein vergoldeter Adler mit ausgebreiteten Flügeln weithin sichtbar ist. Daneben stehen die Häuser anderer Mitglieder der königlichen Familie. Ein Deutscher (Hülsenberg aus Erfurt) sah im königlichen Palast Oelgemälde und Kupferstiche in Glasrahmen an den Wänden, große Wandspiegel ringsum in vergoldeten Einfassungen, Wand- u. Armleuchter von Gold, Kronleuchter, Fußteppiche, Statuen von Alabaster in den Nischen &c. Ueber die dortigen socialen und politischen Zustände gab die muthige Reisende Ida Pfeiffer (1857) eine schmucklose, aber lebensfrische Schilderung, insbesondere in ihren Briefen an K. Ritter. Die Provinz Betsiles ist eine theils baumlose, unfruchtbare, aber grasreiche Hochebene, theils gebirgig, mit romantischen Berg- und Waldpartien, bewohnt von einer gewerbfleißigen Bevölkerung (einem Zweige der Howas) mit dem Hauptort Ambatsumena; Ankay, eine langgestreckte, fruchtbare Provinz, ist stark bevölkert durch den schönen und friedfertigen Stamm der Bezonzons. An dem Nordwestrande M.'s liegen folgende kleinere, seit 1841 durch Verträge mit den inländischen Häuptlingen allmählig von den Franzosen besetzte Inseln, die seitdem als Zufluchtsort der Sakalawas, die sich vor dem Joche der Howas unter den Schutz Frankreichs flüchteten, wichtig geworden sind: Nossi-Bé, die größte, ist gebirgig, bewaldet und von reizendem Anblick, mit etwa 16–20,000 Einwohnern; das Klima ist gesund, der Boden fruchtbar an Maniok, Bananen, Reis, Mais, Bataten. Die Insel hat einen Freihafen, der Handel ist aufblühend. Nossi-Cumba, durch einen ½ Stunde breiten Kanal von der früher genannten getrennt, ist felsig, hat in den Thälern üppige Vegetation und ungefähr 1000 Einw. Nossi-Mitsin, fruchtbar, waldreich, mit 3000 Einw.; Nossi-Fali hat beiläufig ebenso viele Bewohner und producirt sehr viel Reis. An der Ostküste liegt die seit 1643 von den Franzosen besetzte Insel Ste. Marie (Nossi-Ibrahim), 1854 zählte sie 5560 Einw.; Hafenstadt ist Port Louis. Die Insel ist von allen Seiten mit einem Korallenriff umgeben, ziemlich gut bewässert, gebirgig, sumpfig, wenig fruchtbar, reich an Schiffbauholz.

M., von den Arabern Dschesira-el-Komr, d. h. Mondinsel, genannt, wird schon von Marco Polo in der zweiten Hälfte des 13. Jahrhunderts unter dem

Namen Magastar od. Madacgascar erwähnt, wurde aber erst 1506 von den Portugiesen Ruy Pereira u. Tristan d'Acunha wieder aufgefunden u. nach dem Heiligen des Entdeckungstags Lorenzinsel oder Insel St. Laurentii genannt. Später richteten die Franzosen ihr Augenmerk auf M., und auf Betreiben des Kardinals Richelieu erklärte König Ludwig XIII. am 24. Juni 1642 die Insel für ein Besitzthum Frankreichs. Auf diesen vorgeblichen „Rechtstitel" gründet Frankreich noch gegenwärtig seine Ansprüche auf die Insel. Es wurden darauf von den Franzosen einige Häfen an der Küste okkupirt, zeitweilig wieder aufgegeben und dann gelegentlich abermals in Besitz genommen. Die Eindringlinge erbitterten aber durch ihre Ausschweifungen die Eingebornen in dem Grade, daß dieselben unter den Kolonisten drei Blutbäder anrichteten, 1652 zu Manghifia, 1670 auf dem Fort Dauphine u. 1754 auf der Insel Ste. Marie. Eine Zeitlang war ein Ueberrest der gefürchteten Flibustier, die an den Küsten Seeraub trieben und die Sklaverei einführten, das einzige europäische Element auf M. Die französische Regierung ließ zwar 1746 und 1785 wieder einige Versuche machen, die Insel zu kolonisiren; da diese aber mißlangen, so begnügte sie sich damit, mehre Faktoreien anzulegen, um die benachbarten Inseln Mauritius und Bourbon mit den nöthigen Lebensmitteln zu versorgen. Diese Besitzungen gingen in den Revolutionskriegen an England verloren, wurden jedoch durch die wiener Verträge von 1814 und 1815 den Franzosen wieder zurückgegeben. Ein um so größeres Interesse hatte England fortan an der Aufrechterhaltung der Selbstständigkeit der Insel, und es erkannte den damaligen König der Howas, Radama I., gegen das feierliche Versprechen, mit keinem Sklavenhändler mehr in Verbindung zu treten, als König von M. an. Gleichzeitig sandte es Missionäre nach M., die bis 1828 einige Buchdruckereien angelegt und schon 100 Schulen gestiftet hatten, in denen 5000 Kinder christlich unterrichtet wurden. Englische Offiziere organisirten Radama's Heer. Hierdurch gelang es diesem, sich einen Stamm nach dem andern zu unterwerfen, bis er zuletzt auch die französische Besatzung im Fort Dauphine angriff und vertrieb; den Engländern wurden dagegen alle Häfen eröffnet, und sie waren im faktischen Besitz des Landes. Umsonst versuchten die Franzosen durch Unterhändler dem König Mißtrauen gegen die Engländer einzuflößen; im Allgemeinen blieb Radama bis zu seinem Tode (1828) den Engländern treu. Da er keinen zur Thronfolge berechtigten Sohn hinterließ, so ernannte die große Volksversammlung (Kabar) die Wadi Be Ranovalo, seine Gemahlin ersten Rangs, zur Königin, welcher am 3. Aug. 1828 das Scepter übergeben ward. Die Königin Ranovalo, welche man wohl als einen Caligula im Weiberrocke bezeichnet hat, sollte ihren Gemahl vergiftet haben u. räumte auch dessen Mutter und Schwester aus dem Wege. Sie war den Fremden abgeneigt und brach den mit den Engländern angeknüpften Handelsverkehr wieder ab. Auch haßte sie das Christenthum u. ließ 1835 viele Christen hinrichten, od. vertrieb sie wenigstens von ihren Besitzungen in die Wälder, wo sie umkamen, und legte dem Handel Europa's mit M. viele Hemmnisse in den Weg. Die Franzosen versuchten zwar 1829 an zwei Punkten zu landen, wurden aber bei Foulpointe geschlagen u. mußten die Insel verlassen. Im Jahre 1839 flüchtete die Königin Tsiumeik, deren kleines Fürstenthum Bueni im Norden der Insel liegt, nach Nossi-Bé u. erbat sich gegen die Bedrückungen der Howas französischen Schutz, wogegen sie ihre Besitzungen förmlich an Frankreich abtrat. Dasselbe that im folgenden Jahre Tsimiar, König von Ankara. Auch der Sohn der Königin Tsiumeik schwur 1843 den Franzosen den Unterthaneneid. Da England M. wegen seiner benachbarten Inseln, die von da aus mit Lebensmitteln versehen werden, ebenso wenig entbehren konnte als Frankreich, so vereinigten sich beide Mächte 1845 zu einer gemeinschaftlichen Expedition. Es erschienen ein englisches und zwei französische Schiffe vor dem Hafen von Tamatawe u. schossen die Stadt in Brand, mußten sich aber nach einem unglücklichen Sturm auf das Fort mit Verlust auf ihre Schiffe zurückziehen. Die Folge waren nun blutige Christenverfolgungen auf der Insel. Nachdem jedoch der Kronprinz Radama II. u. andere Prinzen 1846 offen zur christlichen Kirche übergetreten waren, erlangten englische Missionäre, namentlich seit 1853, wieder Eingang auf M. und erwirkten auch die Freigebung des Handels. Im Jahre 1855 erhielt ein Franzose, Lambert, von der Königin Erlaubniß, nach der Hauptstadt zu kommen. Derselbe begab sich denn auch, nachdem er sich in Paris von Napoleon III. Instruktionen geholt hatte, nach Antananariva, doch mit der Absicht, mit Hülfe der schon früher unter den Howasedelleuten von der Oppositionspartei angeknüpften Verbindungen die Königin zu beseitigen u. einen andern Herrscher auf den Thron zu bringen, der dann einen Freundschaftsvertrag mit Frankreich schließen sollte. Der Plan ward jedoch der Königin verrathen u. die Verschworenen sämmtlich gefangen genommen; die einheimischen wurden hingerichtet, die europäischen ausgewiesen. Erst mit ihrem Tode u. der Thronbesteigung ihres Sohnes Radama II. (16. Aug. 1861) gestalteten sich die Verhältnisse günstiger für die Europäer. Radama II. trat als Reformer auf, öffnete den Fremden bereitwillig sein Land, schaffte alte barbarische Gebräuche ab und suchte die Bildung seines Volks zu befördern. Durch die Rücksichtslosigkeit aber, mit welcher er Fremde bevorzugte und den Wünschen der einheimischen Edelleute und Priester entgegentrat, erregte er deren Unzufriedenheit, und es ward eine Verschwörung gegen ihn angezettelt, als deren Opfer er am 12. Mai 1863 fiel. Vier der angesehensten Edelleute legten darauf der Königin ein schriftliches Dokument vor, welches die Grundzüge der Bestimmungen enthielt, welche fortan für die Regierung maßgebend sein sollten. Ihr Hauptinhalt ist folgender: Das Wort des Herrschers allein ist nicht Gesetz, sondern die Edelleute, die Vorsteher des Volks und die Königin geben die Gesetze gemeinschaftlich. Allen Ausländern, welche den Landesgesetzen gehorsam sind, wird volle Freiheit und Schutz gewährleistet. Handel und Civilisation sollen gefördert werden. Den einheimischen Christen wird Freiheit u. Schutz in Ausübung ihres Gottesdienstes u. Ausbreitung ihrer Religion gewährleistet; doch soll derselbe Schutz und dieselbe Freiheit auch allen Nichtchristen gewährleistet sein. Die Sklaverei besteht zwar fort, doch soll es den Besitzern von Sklaven frei stehen, dieselben zu entlassen. Ein Todesurtheil kann nur vollzogen werden, wenn 12 Männer einen Angeklagten für schuldig eines Verbrechens, auf welchem Todesstrafe steht, erklärt haben. Die Königin erkannte diese Bestimmungen bereitwilligst an und zeigte darauf ihre Thronbesteigung der Königin von England und dem Kaiser der Franzosen an. Da die vornehmen Howas aber auf Aufhebung der mit Frankreich und England abgeschlossenen Handelsverträge drangen, so entstanden bald neue Differenzen mit den Fremden. Doch auch diese waren unter sich keineswegs einig, sondern intriguirten vielmehr gegen einander. Die französischen Berichte legten alle Verwirrung auf M. den englischen Missionären zur Last, die Engländer dagegen behaupteten, die habsüchtigen französischen Abenteurer seien es, welchen der ermordete König sein Mißgeschick zu verdanken habe, und welche nun, ihre Interessen mit denen der napoleonischen Politik verflechtend, M. in einen Krieg zu verwickeln suchten, um dasselbe dann zu einer französischen Besitzung machen zu können. Die Königin verlor bald ihr Ansehen völlig und befand sich ganz in der Gewalt ihres Premierministers, dem sie unkluger Weise u. zum Verdrusse des Volks ihre Hand gereicht hatte. Am 19. Aug. 1864 brach eine Art Revolution aus, in Folge deren der Premierminister abdanken und seinem Bruder Platz machen mußte. Die Königin bewies sich nach wie vor den Fremden, namentlich den Franzosen abgeneigt, indem sie das Schicksal ihres Gemahls fürchtete. Sie legte einen Zoll von 10 Procent auf ein- u. ausgehende Waaren und verbot das Schürfen auf Steinkohlen und edle Metalle bei Todesstrafe. Die letzten Nachrichten (Aug. 1864) brachten Kunde von bedenklichen Reibungen zwischen Madegassen und Franzosen. Vgl. Ackermann, L'histoire des révolutions de M. depuis 1642 jusqu' à nos jours, Paris 1822; Ellis, History of M., London 1838; Leguével de Lacombe, Voyage à M. et aux îles Comores, Paris 1841, 2 Bde.; Mace Descartes, Histoire et géographie de M., das. 1846; M. past and present by a resident, London 1847; Ellis, Three visits to M., das. 1859, 2 Bde.

Madai, Karl Otto von, namhafter Rechtsgelehrter, den 29. Mai 1809 in Zschaken bei Halle geboren, studirte in Halle u. Berlin die Rechte, habilitirte sich 1832 an letzterer Universität, ward 1835 Professor daselbst, 1837 in Dorpat u. 1843 Privatsekretär der Herzogin Elisabeth von Nassau, in welcher Stellung er zugleich zu legislativen Arbeiten des Herzogthums verwandt wurde. Im Jahre 1845 folgte er einem Ruf als Professor der Rechte in Kiel, wo er sich an den literarischen Fehden über die Successions- u. Inkorporationsfrage Holsteins u. Schleswigs betheiligte. Nachdem er 1848 am Vorparlament Theil genommen hatte, wurde er Gesandter der provisorischen Regierung Schleswig-Holsteins bei dem deutschen Bunde, folgte aber noch in demselben Jahre einem Ruf als Professor der Rechte in Freiburg, von wo er 1849 in gleicher Eigenschaft nach Gießen ging. Hier † er den 2. Juni 1850. Von seinen Schriften sind hervorzuheben: „Die Lehre von der Mora“ (Halle 1837) u. „Beiträge zur Dogmengeschichte des gemeinen Civilrechts“. Sein Leben beschrieb Preller (Leipz. 1850).

Madalinski, A. von, Haupturheber des polnischen Aufstandes von 1794, war Brigadier einer Kavallerieabtheilung, mit welcher als er von Rußland den Befehl erhielt, dieselbe zu entwaffnen, von seinem Garnisonsorte Pultusk aufbrach u. sich zu Krakau mit Kosciuszko vereinigte. Während der zweiten Belagerung von Warschau befehligte er ein besonderes Corps, mit welchem er in Großpolen gegen die Preußen agirte, mußte sich aber, als Polen von Rußland und Preußen gemeinschaftlich angegriffen ward, nach Warschau zurückziehen. Nach der Uebergabe der Stadt an Suwarow entwich er mit einigen Truppen in die Gegend von Nowemiasto, ward im December von den Preußen gefangen und erst nach der gänzlichen Unterwerfung Polens in Freiheit gesetzt. Seitdem lebte er zurückgezogen auf seinen Gütern und † 1804 zu Borow.

Madame (v. Franz.), am französischen Hofe zur Zeit der Bourbons Prädikat der Gemahlinnen der Brüder des Königs, sowie der Tanten und der verheiratheten Töchter, endlich auch der ältesten Tochter desselben, wenn diese nämlich vor dem Dauphin geboren war, schon vor ihrer Vermählung; in Frankreich in der Konversationssprache Prädikat einer jeden Frau von einiger Bildung, in Deutschland der verheiratheten Frauen vom Mittelstande, besonders wenn deren Gatten eines amtlichen Titels entbehren.

Madara, Dorf in der europäisch-türkischen Provinz Bulgarien, Ejalet Silistria, östlich von Schumla, eine Kolonie von Frauen, welche hier verschiedener Uebertretungen wegen eine Zuflucht suchten. Hier Schlacht zwischen den Russen unter Diebitsch und den Türken unter Reschid Pascha den 13. Juni 1829, in welcher letztere eine vollständige Niederlage erlitten.

Maddaloni, Stadt in der neapolitanischen Provinz Caserta, hat 6 Kirchen, ein Hospital, eine große Wasserleitung, Weinbau, Handel und 16,500 Einw.

Madegassen, die Einwohner von Madagaskar (s. d.).

Madeira (portug., s. v. a. Holz, span. Madera), eine den Portugiesen gehörige westafrikanische Insel im atlantischen Ocean, unter 32° 37′—32° 49′ nördl. Br. u. 0° 44′ östl. L., 90 Meilen südwestlich von Lissabon, ebenso weit südöstlich von den Azoren, ist 8 Meilen lang, fast 2—2½ Meilen breit, von unregelmäßig viereckiger Gestalt u. hat einen Flächenraum von 15,75 QM. Fast senkrecht steigen die Ufer ringsum in die Höhe, einige Häfen und Baien offen lassend, an der Nordseite an einzelnen Stellen bis zu 1000 und 2000 Fuß Höhe, ein weißer Ring schäumender Wellen umgibt das grüne Eiland, und ohne Aufhören tobt die Brandung gegen die schwarzen Klippen. Ein dichter Wolkenschleier lagert gewöhnlich über dem Centrum der Insel, nur am Abend und am frühen Morgen erblickt man die höchsten Kuppen des Gebirges, die in zackigen Felsgipfeln, dem Pico Ruivo bis zu 6053 F. (engl.), dem Saline bis zu 5438 F., dem Pic Arriero bis zu 5298 F., sich erheben. Aufgebaut aus Lavaströmen, aus vulkanischen Aschen- und Schlackenschichten u. bis ins Innerste zerrissen von Schluchten und Abgründen, bietet die Insel einen großen Reichthum mannichfaltiger Bodengestaltung, eine Abwechslung großartiger Naturscenerie, einen Gegensatz von Hoch und Tief dar, der außerordentlich überrascht. Die tiefste Schlucht ist der große Curral das Freiras (Nonnenpark), ein kolossaler, kesselartiger Abgrund im Centrum der Insel. An nackten Felswänden, welche vom Boden des Kessels sich 3000—4000 Fuß hoch zu den höchsten Spitzen der Insel erheben, sind die großartigsten geologischen Durchschnitte bloßgelegt. Aus dem Kessel des Currals führt eine enge Felsschlucht, durch welche brausend und schäumend ein Gebirgsbach strömt, südlich zum Meere; über dem Abgrund des Currals erhebt sich Spitze neben Spitze, unmittelbar neben dem tiefsten Thal steigen die höchsten Gipfel der Insel empor. Der vorherrschend basaltische Boden zeigt stellenweise Trachyttuff, lose Schlacken und vulkanische, auf tertiärem Kalk ruhende Tuffe; auch geht der dichte Basalt häufig in schlackigen u. porösen über, der zuweilen auch auf vulkanischem Tuff ruht. Deutliche Krater u. neuere Lavaströme fehlen, daher die vulkanische Thätigkeit längst erstorben sein muß, wiewohl sich noch zuweilen Erdbeben ereignen. Am Nordrande der Insel finden sich Lignite vom Ansehen vorweltlichen Torfs. Das **Klima** ist heiß, aber sehr konstant u. gesund; M. ist einer der wichtigsten klimatischen Kurorte für Brustkranke, und zwar hauptsächlich wegen der geringen Temperaturschwankungen u. der gleichmäßigen Vertheilung der Wärme auf die verschiedenen Jahreszeiten, auf die einzelnen Monate, auf Tag u. Nacht. Die mittlere Jahrestemperatur steht zwischen + 15 und + 16° R., die Temperatur der kältesten Monats (Januar u. Februar) steht auf + 14° R., jene der wärmsten (August und September) auf + 19,5° R.; die größte Differenz beträgt also ungefähr nur 4½ Grade. Nur wenn der heiße trockene Südwind von Afrika herüber weht (was übrigens äußerst selten eintritt), steigt die Temperatur bis + 28° R.; doch ist das Meer mit seinen Seewinden ein vorzüglicher Wärmeregulator. Der Himmel ist meist klar, nur von Oktober bis Januar treten häufige Regen ein. Des Morgens u. Abends sind die Berge in Folge der ungleichen Abkühlung des Meeres und des Inselbodens mit Nebel umhüllt, der zahlreichen, in Kaskaden von den felsigen Bergen herabstürzenden Bächen Nahrung gibt. Die jährliche Menge des Niederschlages beträgt durchschnittlich 746,88, vertheilt auf 94 Tage. Der Unterschied von Hoch und Tief prägt sich am anschaulichsten in den eigenthümlichen **Vegetationszonen** aus, die von Stufe zu Stufe über einander liegend die Insel umgürten; es dürfte kaum einen Punkt der Erde geben, von wo diese Verhältnisse charakteristischer wie auf einem Bilde sich überschauen ließen, als die Hochgipfel von M. Unten vom Meeresufer an beginnt zunächst ein breiter, lichtgrüner Gürtel bis zu 2000 oder 3000 F. Höhe, die eigentliche Kulturzone von M., wo die ursprüngliche Vegetation den verschiedenartigsten Kulturpflanzen Platz gemacht hat. Wie im 15. Jahrhundert ist auch gegenwärtig, seitdem die Traubenkrankheit (seit 1852) die jährlichen Weinernten beinahe vernichtet, fast die ganze Kulturfläche an der Südseite mit Zuckerrohr bepflanzt, u. zahlreiche Fabriken arbeiten mit reichlichem Gewinn. Die ehemals so wichtige Weinkultur, welche in guten Jahren an 200,000 österreichische Eimer (30,000 Pipen) lieferte, darunter die köstlichen Sorten Tinto, Sercial, Malvasia, Dry Madeira u. a. m., hat nämlich in Folge jener Krankheit fast ganz aufgehört; auch die Einführung neuer Rebsorten gab kein günstiges Resultat. Der genannten untern Zone gehören außerdem noch an: Kastanienwälder, dann Felder mit Mais, Weizen, Gerste, Kartoffeln, Bataten u. Yams. Dann folgt die Mittelregion (3000—4000 F.) der Gebüsche u. Lorbeerwälder, die Matoregion. Die maderensische Heidelbeere, Spartium, Genista- und Ulexarten, Eriken, über mannshoch werdend, verdrängen wuchernd jede andere Pflanze. Im Juni sieht wegen der Blüthe des Ginster diese Region goldgelb aus, u. von diesem Goldgelb hebt sich das Schwarzgrün der Lorbeerwälder in den schattigen Schluchten scharf ab. Ueber 4000 F. wächst die Erica arborea zu hohen Bäumen mit knorrigen Stämmen empor bis zum Gipfel des Pico Ruivo emporsteigend, der nur in den kältesten Wintermonaten auf kurze Zeit mit etwas Schnee bedeckt ist. Den Schmuck der Gärten u. Anlagen bilden Bignonien, Bougainvillea, baumartige Daturen, prachtvolle Fuchsien, Aloës, Opuntien, rankende Kakteen, mächtige Kamellien, Hortensien, Rosen u. die meisten Zierpflanzen Brasiliens u. Westindiens. Bataten, Inhame (Colocasia antiquorum), Feigen, Bananen, Cactusfrüchte dienen dem ärmeren Theile der Bevölkerung als Hauptnahrung. Die Thierwelt ist arm; ursprünglich fand sich auf der Insel kaum ein Säugethier; jetzt sind Kaninchen, Ratten u. Mäuse überall verbreitet. Kanarienvögel sind einheimisch. Auch finden sich viele Eidechsen, aber keine Schlangen. Das einzige giftige Thier ist eine große Spinne. Die Cochenille ist seit einigen Jahren eingeführt, doch ist der Ertrag kaum lohnend. Das Meer ist reich an trefflichen Seefischen, Schildkröten und Sepien. Maulthiere u. Esel werden als Lastthiere gezüchtet. Die Bevölkerung, vorherrschend portugiesischer Abkunft, hat in den letzten Jahrzehnten der Zahl nach bedeutend abgenommen. Bis zum Jahre 1855 sollen in Folge drückenden Mangels nicht weniger als 40,000 Menschen nach Brasilien u. Westindien ausgewandert sein; dazu raffte 1856 die Cholera an 9000 Menschen hin, so daß M. gegenwärtig höchstens noch 100,000 Einwohner zählt. Was aber die Armuth anbelangt, ist der Zustand um nichts besser geworden. Seit zu allen früheren Uebeln noch die Traubenkrankheit hinzu gekommen, ist Elend und Noth vielmehr doppelt drückend. Diese reiche Insel muß Getreide importiren. Daß ein großer Theil der Schuld dieses armseligen Zustandes der portugiesischen Regierung zur Last fällt, ist nicht zu leugnen; namentlich sind die vielen Hindernisse, welche dem Verkehr dieser so überaus günstig gelegenen Insel in den Weg gelegt werden, ihrem Aufschwung sehr hinderlich. Da bis jetzt nur etwa der vierte Theil der Oberfläche der Insel bebaut ist, so könnten noch bedeutende, bis jetzt öde, aber fruchtbare Strecken für die Kultur gewonnen werden. Der Madeirer akklimatisirt sich leicht u. ist als fleißiger, ehrlicher, intelligenter Arbeiter auf den westindischen Inseln sehr gesucht. Hauptexportartikel war früher Wein, der besonders nach England ging. Jetzt wird besonders Kaffee ausgeführt. Als Umgangssprache gewinnt die englische immer mehr an Ausbreitung. Wägen mit Rädern sieht man fast gar nicht, denn sie wären bei den steil bergauf u. bergab führenden Wegen u. auf dem glatten Basaltpflaster nicht brauchbar; man fährt in Schlitten; vornehme Damen fahren in der Hauptstadt Funchal zum Ball oder zur Kirche in einem Ochsenschlitten (caro). Auf Schlitten bringt der Bauer seine Produkte zur Stadt, auf Schlitten macht man Spazierfahrten. Erst in neuester Zeit ist eine ebene Straße (New Road, von Funchal nach Camera dos Lobos) zwei Stunden weit, dem Meeresufer entlang, angelegt worden, auf welcher jetzt

Pelagonia, Lyncestis, Orestis und Elimea, und in Niedermacedonien, welches die Ebenen um den thermäischen Meerbusen und oberhalb Chalcidice umfaßte. Die Landschaft Pelagonia, später Päonia genannt, erstreckte sich östlich über den Arius hinaus bis zum Strymon. Die alte Residenz der Könige war Bylazora am Asticus. Die Landschaft Lyncestis (Lyncus) lag südlich von Pelagonia längs der Grenze Illyriens; die Hauptstadt war Heraclea. Südöstlich davon lag der bis zum Haliacmon reichende Gau Cordäa, mit der Hauptstadt Cordäa (jetzt Filorina); um die Quellen des Haliacmon der Distrikt Orestis; südöstlich davon die Landschaft Elimiotis (Elimea). Oestlich von Lyncestis und Cordäa breitete sich die Landschaft Emathia aus. Sie wurde vom Fluß Lydias durchströmt, und in ihr lagen Edessa, die Residenz der alten macedonischen Könige (jetzt Vodina am Karasmak), Beröa (jetzt Veria), Citium, Atalanta 2c. Südöstlich von Emathia findet sich der Distrikt Bottiäis oder Bottiäa, mit der alten Stadt Pella, der spätern Resideuz der macedonischen Könige, Geburtsort Philipps II. u. Alexanders des Großen. Südöstlich von diesem Gau breitete sich längs der Westküste des thermäischen Meerbusens die Landschaft Pieria aus, wo die Musen ihren Wohnsitz und die musischen Künste ihre ursprüngliche Heimat hatten, wo der Sage nach Orpheus durch seine Töne Natur und Menschen bezauberte und Linus, Eumolpus und Thamyris 2c. durch ihre Gesänge nicht bloß ergötzten, sondern auch Kultur verbreiteten. Von den Städten dieses Distrikts sind zu bemerken: Methone, Pydna, Citrus (jetzt Kitro), Heracleum (jetzt Platamona), Pimpleia 2c. Zwischen dem Arius und Strymon in der Richtung von Süden nach Norden lag die Halbinsel Chalcidice mit ihren 3 Landspitzen Acte, Sithonia und Pallene und den Städten Scione, Potidäa, Olynthus, Torone, Stagira (Geburtsort des Aristoteles, jetzt Stavro) u. a. Nordwestlich von Chalcidice lag Mygdonia, mit der Stadt Thessalonice, früher Therme (jetzt Salonichi) und den Orten Cissus, Artemisium, Apollonia (jetzt Polina) 2c.; östlich davon Bisaltia, nordwestlich Crestonia mit der Hauptstadt Creston und östlich Sintice mit der Hauptstadt Heraclea Sintica. Nordöstlich von Crestonia breitete sich der östlich vom Arius gelegene Theil von Päonia aus mit den Städten Doberus, Tauriana (jetzt Doiran oder Doghiran), Astiben (jetzt Istib) 2c. Der Distrikt Mädica, mit den Städten Jamphorina (jetzt Ivorina), Petra und Desudaba lag nördlicher auf den Grenzgebirgen. Weiter östlich fanden sich die Sitze der Bessi. Oestlich vom Strymon lag im Norden um das Gebirge Orbelus der Distrikt Odomantice; gegen Südosten zwischen Strymon und Nestus die Landschaft Edonis, mit den Städten Philirpi, Gasorus, Amphipolis, Pergamus, Tragilus, Neapolis.

Zu Bewohnern hatte M. ursprünglich eine Anzahl nicht hellenischer Völkerschaften, die theils dem thracischen, theils dem illyrischen Volksstamme (so die Päones, das alte Hauptvolk des Landes) angehörten. Zu ihnen aber wanderten schon frühzeitig nach der Sage unter Anführung der 3 Söhne des Herakliden Temenus, Gauanes, Aeropus und Perdiccas, hellenische Stämme ein, die sich zuerst in Emathia am Fuß des Gebirgs Permius niedergelassen haben sollen. Der Name M., früher Maketia, wird abgeleitet von dem alten König Macedo, einem Sohne des Zeus und der Thyia, oder des Osiris, der aus Aegypten einwanderte, nach Anderen von dem samnitischen Worte maked, was herrliches Land bedeutet. Um 730 v. Chr. soll der jüngste jener 3 Brüder, Perdiccas I., nach Andern aber Caranus, ebenfalls ein Heraklide aus Argos, Stifter des hellenisch-macedonischen Reichs geworden sein. Dasselbe war anfangs noch sehr klein; Thracier und Illyrier hinderten das Wachsthum des jungen Staats. Bis auf Amyntas I. werden als Könige aufgezählt Argäus, Philipp I., Aeropus, Alcetes. Mit Amyntas I. (507—480 v. Chr.) und besonders mit dessen Sohn, Alexander I. (480—454) kam M. in Abhängigkeit von Persien. Um jene Zeit begannen auch die Athener Kolonien in M. zu gründen. Perdiccas II. regierte anfangs, seit 454, wahrscheinlich mit seinen Brüdern Alcitas und Philippus gemeinschaftlich, seit 436 aber allein. Er schloß sich zuerst eng an die Athener an, ward sodann aber, da dieselben auch die griechischen Städte auf der chalcidisch-thracischen Halbinsel und Orte an M.s Küste in ihren großen Bund aufnahmen, eifersüchtig auf sie, unterstützte im peloponnesischen Kriege die Lacedämonier u. suchte Olynthus in Chalcidice zu einer Vormauer gegen Athen zu machen. Als Hauptrichtung der macedonischen Politik erscheint von dieser Zeit an Entfernung der Hauptmächte Griechenlands von den thracischen Küsten, besonders von Chalcidice, und Erhaltung der Unabhängigkeit der griechischen Städte; sodann Vernichtung der barbarischen Könige im obern Lande. Archelaus I. (413 v. Chr.), des Perdiccas natürlicher Sohn und Nachfolger, beförderte Handel und Ackerbau, Künste und Wissenschaften und legte Straßen und Städte an. Nach seiner Ermordung (399) zerrütteten Thronstreitigkeiten das Reich u. Griechen u. Barbaren wußten diese Wirren auszubeuten. Amyntas II. behauptete zwar endlich (393) den Thron, sein Nachfolger Alexander II. (370) mußte aber den Frieden von den Illyriern erkaufen u. ward nach dreijähriger Regierung von einem Thronräuber, dem Ptolemäus Alorites, ermordet. Die in jenen Wirren zu Hülfe gerufenen Thebaner vertrieben auch diesen u. erhoben 365 Alexanders II. Bruder, Perdiccas III., auf den Thron. In einem Kriege mit Illyrien ward Perdiccas mit einem großen Theile seines Heeres erschlagen (360) und hinterließ einen fünfjährigen Sohn, Amyntas III. Philipp, dessen Oheim, der jüngste Sohn des Amyntas II., übernahm die Vormundschaft über ihn, fand den von den Thraciern unterstützten Kronprätendenten Pausanias mit Geld ab, entledigte sich des von den Athenern aufgestellten Prätendenten Argäus durch Abtretung von Amphipolis an Athen, kämpfte glücklich gegen die Illyrier und erweiterte das Reich im Nordwesten bis zum See Lychnidus. Im Jahre 359 bestieg er selbst als Philipp II. den Thron, um M. zu weltgeschichtlicher Bedeutung zu verhelfen. Im Innern des Landes waren in dieser ersten Periode mannichfache Veränderungen vorgegangen. Durch die Vertilgung der Könige des obern Landes war eine größere Gesammtkraft, sowie eine feste Naturgrenze durch das kandurische Gebirge gegen das Anstürmen der illyrischen Barbaren gewonnen worden. Griechische Sitte, Bildung und Kunst hatten in M. bereits

Eingang gefunden. Die Freiheit war hier mit dem Königthum verbunden. Zuerst scheint das macedonische Königthum beschränkt gewesen zu sein durch Adel und Volk; der König war Feldherr, Oberpriester, Oberrichter seines Volks, aber in den Angelegenheiten des gemeinen Wohles an die Zustimmung seines Adels gebunden, und das Volk theilte mit ihm die richterliche Gewalt. Wenn nun auch das Königthum seit dem Beginn der eigentlichen Geschichte des Reichs sich mehr und mehr zu absoluter Machtfülle erhob, so bewahrte sich das Volk doch immer eine freie Gesinnung, in der es seinen Königen entgegenstand; Einfachheit, kriegerische Kraft und eine gewisse kräftige Rohheit charakterisirten das Volk. Auf welche Weise sich M. unter der Regierung Philipps vergrößerte, wie es eingriff in die Angelegenheiten der Hellenen und deren Spaltungen ausbeutend seinen Einfluß mehr und mehr steigerte, wie endlich Griechenland unter die Hegemonie M.s sich beugen mußte, wie nach Philipps I. Tode Alexander die gesammte hellenische Macht gegen den Orient, hauptsächlich gegen das Perserreich, koncentrirte, wie er von Sieg zu Sieg vorwärts stürmte, mit kühnem Geistesfluge Orient u. Occident zu vereinigen u. neue Gestaltungen daraus zu schaffen unternahm, wie aber seine Pläne an der Unmöglichkeit dieses Unternehmens scheiterten, darüber s. Philipp 2) und Alexander 1). Während des letztern Abwesenheit war Antipater Verweser von M. gewesen. Der sterbende König übergab seinen Siegelring einem seiner Feldherren, Perdiccas, mit den Worten: Der Würdigste sei mein Nachfolger. Unter Denen, welche Anspruch darauf machten, zu den tüchtigsten Feldherren Alexanders zu gehören, besaßen Leonnatus, Perdiccas und Ptolemäus, sowie Antipater und Craterus, später Eumenes, Antigonus und Seleucus das meiste Ansehen bei dem Heere. Im Ganzen standen aber 13 Rivalen einander gegenüber. Dieselben schlossen einen Vergleich, der dahin lautete, daß Alexanders Halbbruder Arrhidäus und, wenn Alexanders schwangere Gemahlin Roxane einen Sohn gebäre, dieser mit jenem König sein sollte; Perdiccas aber wurde zum Reichsverweser ernannt u. die Verwaltung der Provinzen unter die Feldherren vertheilt. Die Verwaltung von M. u. Griechenland erhielten Antipater und Craterus, u. zwar so, daß jener Feldherr war, dieser die eigentlichen Verwaltungsgeschäfte besorgte. Unterdessen hatte Roxane einen Sohn geboren, der den Namen Alexander erhielt und unter Vormundschaft des Perdiccas als König anerkannt wurde. Die Geschichte M.s in der nächsten Zeit bietet nur das Bild von Intriguen und Kämpfen zwischen den verschiedenen Statthaltern mit dem Reichsverweser dar. In diesen Kriegen fiel Craterus in Kleinasien, und Perdiccas ward in Aegypten, nachdem er glücklich gegen Ptolemäus gekämpft, von seinen eigenen Soldaten ermordet (320). Antipater ward hierauf Reichsverweser und wählte 319 bei seinem Tode mit Uebergehung seines Sohnes Cassander den Polysperchon zu seinem Nachfolger. Mit diesem deshalb in Krieg verwickelt, setzte sich Cassander nach mehrjährigem Kampfe, von Ptolemäus und Antigonus unterstützt, in den Besitz M.s und des größten Theils von Griechenland. Arrhidäus wurde 317 ermordet. Den jungen Alexander ließ Cassander ins Gefängniß werfen und vermählte sich mit dessen Halbschwester Thessalonice, 310 ließ er jenen sammt seiner Mutter Roxane ermorden. Auf Cassander, der Epirus, einen Theil Griechenlands und Karien mit M. verbunden hatte, folgte 298 sein Sohn Philipp III., nach dessen 297 erfolgtem Tode seine Brüder Antipater I. u. Alexander V. um den Thron stritten. Als der erste geflohen und der zweite vergiftet worden war, nahm Demetrius Poliorcetes das Reich für sich in Besitz (294), mußte aber 287 dem Lysimachus von Thracien weichen. Derselbe fiel in dem Kampfe gegen Seleucus von Syrien, und dieser bestieg nun den Thron M.s, wurde aber 280 von Ptolemäus Ceraunus ermordet, der ihm sodann in der Herrschaft folgte. Nachdem dieser 278 gegen die Gallier geblieben war, die das Land verheerten, folgte ihm sein Bruder Meleager u. auf diesen nach 2 Monaten Antipater II. Im Jahre 276 trat Antigonus I. Gonatas, Sohn des Demetrius Poliorcetes, als Regent auf, vertrieb die Gallier, besetzte Athen und Korinth und suchte die Verhältnisse seines Reiches zu ordnen. Er starb 240. Auf seinen Sohn Demetrius II. folgte 232 Antigonus II. Doson, des Antigonus Enkel, der sich mit der Wittwe des Demetrius vermählte, dem achäischen Bunde zu Hülfe zog, Mantinea und Sparta eroberte u. die Illyrier bekämpfte; er starb 221. Sein Nachfolger, Philipp IV., wurde als Bundesgenosse der Achäer in Kriege mit den Aetolern und Illyriern und Attalus von Pergamum verwickelt. Im Jahre 215 schloß er mit Hannibal ein Bündniß gegen die Römer, wurde aber durch eine Flotte an der Ueberfahrt nach Italien gehindert, bei Apollonia geschlagen und seit 211 durch den Krieg gegen die Aetoler, die Verbündeten Roms, in seinem eigenen Lande beschäftigt, bis 204 die Römer unter Vermittelung der Epiroten Frieden schlossen. Doch dauerte derselbe nicht lange. Die Schlacht bei Cynoscephalä, im Herbst 197 von T. Quinctius Flaminius gewonnen, zwang den König zur Flucht nach Larissa und zum Frieden, in welchem die Hegemonie über Griechenland den Macedoniern genommen, die Armee derselben bis auf 500 Hopliten vermindert und eine Zahlung von 1000 Talenten ihnen auferlegt wurde. Nach Philipps Tode (179) bestieg sein Sohn Perseus den Thron. Von gleichem Römerhaß beseelt, zog er zwar die Könige Syriens, Bithyniens, Illyriens, Thraciens, die Epiroten und Thessalier in sein Interesse, konnte sie aber nicht zu einer dauernden Vereinigung bewegen. Gerüstet mit einer Armee von 39,000 Mann Fußvolk und 4000 Reitern, erklärte er 171 an die Römer den Krieg und behauptete sich anfangs in dem Gebirgslande von Thessalien; aber durch seinen Geiz machte er seine Bundesgenossen von sich abwendig. Der römische Konsul Aemilius Paulus besiegte ihn am 22. Juni 168 in der Schlacht bei Pydna und stürzte so den Thron der macedonischen Könige. Perseus mußte den Triumph des Siegers in Rom mit verherrlichen und wurde in dem Gefängniß zu Alba zu Tode gemartert. Ein Senatsbeschluß erklärte zwar M. für frei unter Roms Oberherrschaft, theilte es aber in vier Distrikte, die kein Commercium und Connubium unter einander hatten, und bestimmte die Hälfte der bisherigen Abgaben als Tribut. Das Volk folgte daher gern dem Rufe eines Sklaven Andriscus, der sich für den Sohn des Perseus ausgab (der sogenannte Pseudo-Philippus), und kämpfte anfangs glücklich gegen

Pelagonia, Lyncestis, Orestis und Elimea, und in Niedermacedonien, welches die Ebenen um den thermäischen Meerbusen und oberhalb Chalcidice umfaßte. Die Landschaft Pelagonia, später Päonia genannt, erstreckte sich östlich über den Arius hinaus bis zum Strymon. Die alte Residenz der Könige war Bylazora am Astycus. Die Landschaft Lyncestis (Lyncus) lag südlich von Pelagonia längs der Grenze Illyriens; die Hauptstadt war Heraclea. Südöstlich davon lag der bis zum Haliacmon reichende Gau Cordäa, mit der Hauptstadt Cordäa (jetzt Filorina); um die Quellen des Haliacmon der Distrikt Orestis; südöstlich davon die Landschaft Elimiotis (Elimea). Oestlich von Lyncestis und Cordäa breitete sich die Landschaft Emathia aus. Sie wurde vom Fluß Lydias durchströmt, und in ihr lagen Edessa, die Residenz der alten macedonischen Könige (jetzt Vodina am Karasmak), Beröa (jetzt Veria), Citium, Atalanta 2c. Südöstlich von Emathia findet sich der Distrikt Bottiäis oder Bottiäa, mit der alten Stadt Pella, der spätern Residenz der macedonischen Könige, Geburtsort Philipps II. u. Alexanders des Großen. Südöstlich von diesem Gau breitete sich längs der Westküste des thermäischen Meerbusens die Landschaft Pieria aus, wo die Musen ihren Wohnsitz und die musischen Künste ihre ursprüngliche Heimat hatten, wo der Sage nach Orpheus durch seine Töne Natur und Menschen bezauberte und Linus, Eumolpus und Thamyris 2c. durch ihre Gesänge nicht bloß ergötzten, sondern auch Kultur verbreiteten. • Von den Städten dieses Distrikts sind zu bemerken: Methone, Pydna, Citrus (jetzt Kitro), Heracleum (jetzt Platamona), Pimpleia 2c. Zwischen dem Arius und Strymon in der Richtung von Süden nach Norden lag die Halbinsel Chalcidice mit ihren 3 Landspitzen Acte, Sithonia und Pallene und den Städten Scione, Potidäa, Olynthus, Torone, Stagira (Geburtsort des Aristoteles, jetzt Stavro) u. a. Nordwestlich von Chalcidice lag Mygdonia, mit der Stadt Thessalonice, früher Therme (jetzt Salonichi) und den Orten Cissus, Artemisium, Apollonia (jetzt Polina) 2c.; östlich davon Bisaltia, nordwestlich Crestonia mit der Hauptstadt Creston und östlich Sintice mit der Hauptstadt Heraclea Sintica. Nordöstlich von Crestonia breitete sich der östlich vom Arius gelegene Theil von Päonia aus mit den Städten Doberus, Tauriana (jetzt Doiran oder Doghiran), Astibon (jetzt Istib) 2c. Der Distrikt Mädica, mit den Städten Jamphorina (jetzt Ivorina), Petra und Desudaba lag nördlicher auf den Grenzgebirgen. Weiter östlich fanden sich die Sitze der Bessi. Oestlich vom Strymon lag im Norden um das Gebirge Orbelus der Distrikt Odomantice; gegen Südosten zwischen Strymon und Nestus die Landschaft Edonis, mit den Städten Philippi, Gasorus, Amphipolis, Pergamus, Tragilus, Neapolis.

Zu Bewohnern hatte M. ursprünglich eine Anzahl nicht hellenischer Völkerschaften, die theils dem thracischen, theils dem illyrischen Volksstamme (so die Päones, das alte Hauptvolk des Landes) angehörten. Zu ihnen aber wanderten schon frühzeitig nach der Sage unter Anführung der 3 Söhne des Herakliden Temenus, Gauanes, Aeropus und Perdiccas, hellenische Stämme ein, die sich zuerst in Emathia am Fuß des Gebirgs Bermius niedergelassen haben sollen. Der Name M., früher Maketia, wird abgeleitet von dem alten König Macedo, einem Sohne des Zeus und der Thyia, oder des Osiris, der aus Aegypten einwanderte, nach Anderen von dem samnitischen Worte maked, was herrliches Land bedeutet. Um 730 v. Chr. soll der jüngste jener 3 Brüder, Perdiccas I., nach Andern aber Caranus, ebenfalls ein Heraklide aus Argos, Stifter des hellenisch-macedonischen Reichs geworden sein. Dasselbe war anfangs noch sehr klein; Thracier und Illyrier hinderten das Wachsthum des jungen Staats. Bis auf Amyntas I. werden als Könige aufgezählt Argäus, Philipp I., Aeropus, Alcetes. Mit Amyntas I. (507—480 v. Chr.) und besonders mit dessen Sohn, Alexander I. (480—454) kam M. in Abhängigkeit von Persien. Um jene Zeit begannen auch die Athener Kolonien in M. zu gründen. Perdiccas II. regierte anfangs, seit 454, wahrscheinlich mit seinen Brüdern Alcitas und Philippus gemeinschaftlich, seit 436 aber allein. Er schloß sich zuerst eng an die Athener an, ward sodann aber, da dieselben auch die griechischen Städte auf der chalcidisch-thracischen Halbinsel und Orte an M.s Küste in ihren großen Bund aufnahmen, eifersüchtig auf sie, unterstützte im peloponnesischen Kriege die Lacedämonier u. suchte Olynthus in Chalcidice zu einer Vormauer gegen Athen zu machen. Als Hauptrichtung der macedonischen Politik erscheint von dieser Zeit an Entfernung der Hauptmächte Griechenlands von den thracischen Küsten, besonders von Chalcidice, und Erhaltung der Unabhängigkeit der griechischen Städte; sodann Vernichtung der barbarischen Könige im obern Lande. Archelaus I. (413 v. Chr.), des Perdiccas natürlicher Sohn und Nachfolger, beförderte Handel und Ackerbau, Künste und Wissenschaften und legte Straßen und Städte an. Nach seiner Ermordung (399) zerrütteten Thronstreitigkeiten das Reich u. Griechen u. Barbaren wußten diese Wirren auszubeuten. Amyntas II. behauptete zwar endlich (393) den Thron, sein Nachfolger Alexander II. (370) mußte aber den Frieden von den Illyriern erkaufen u. ward nach dreijähriger Regierung von einem Thronräuber, dem Ptolemäus Alorites, ermordet. Die in jenen Wirren zu Hülfe gerufenen Thebaner vertrieben auch diesen u. erhoben 365 Alexanders II. Bruder, Perdiccas III., auf den Thron. In einem Kriege mit Illyrien ward Perdiccas mit einem großen Theile seines Heeres erschlagen (360) und hinterließ einen fünfjährigen Sohn, Amyntas III. Philipp, dessen Oheim, der jüngste Sohn des Amyntas II., übernahm die Vormundschaft über ihn, fand den von den Thraciern unterstützten Kronprätendenten Pausanias mit Geld ab, entledigte sich des von den Athenern aufgestellten Prätendenten Argäus durch Abtretung von Amphipolis an Athen, kämpfte glücklich gegen die Illyrier und erweiterte das Reich im Nordwesten bis zum See Lychnidus. Im Jahre 359 bestieg er selbst als Philipp II. den Thron, um M. zu weltgeschichtlicher Bedeutung zu verhelfen. Im Innern des Landes waren in dieser ersten Periode mannichfache Veränderungen vorgegangen. Durch die Vertilgung der Könige des obern Landes war eine größere Gesammtkraft, sowie eine feste Naturgrenze durch das kandurische Gebirge gegen das Anstürmen der illyrischen Barbaren gewonnen worden. Griechische Sitte, Bildung und Kunst hatten in M. bereits

Eingang gefunden. Die Freiheit war hier mit dem Königthum verbunden. Zuerst scheint das macedonische Königthum beschränkt gewesen zu sein durch Adel und Volk; der König war Feldherr, Oberpriester, Oberrichter seines Volks, aber in den Angelegenheiten des gemeinen Wohles an die Zustimmung seines Adels gebunden, und das Volk theilte mit ihm die richterliche Gewalt. Wenn nun auch das Königthum seit dem Beginn der eigentlichen Geschichte des Reichs sich mehr und mehr zu absoluter Machtfülle erhob, so bewahrte sich das Volk doch immer eine freie Gesinnung, in der es seinen Königen entgegenstand; Einfachheit, kriegerische Kraft und eine gewisse kräftige Rohheit charakterisirten das Volk. Auf welche Weise sich M. unter der Regierung Philipps vergrößerte, wie es eingriff in die Angelegenheiten der Hellenen und deren Spaltungen ausbeutend seinen Einfluß mehr und mehr steigerte, wie endlich Griechenland unter die Hegemonie M.s sich beugen mußte, wie nach Philipps I. Tode Alexander die gesammte hellenische Macht gegen den Orient, hauptsächlich gegen das Perserreich, koncentrirte, wie er von Sieg zu Sieg vorwärts stürmte, mit kühnem Geistesfluge Orient u. Occident zu vereinigen u. neue Gestaltungen daraus zu schaffen unternahm, wie aber seine Pläne an der Unmöglichkeit dieses Unternehmens scheiterten, darüber s. Philipp 2) und Alexander 1). Während des letztern Abwesenheit war Antipater Verweser von M. gewesen. Der sterbende König übergab seinen Siegelring einem seiner Feldherren, Perdiccas, mit den Worten: Der Würdigste sei mein Nachfolger. Unter Denen, welche Anspruch darauf machten, zu den tüchtigsten Feldherren Alexanders zu gehören, besaßen Leonnatus, Perdiccas und Ptolemäus, sowie Antipater und Craterus, später Eumenes, Antigonus und Seleucus das meiste Ansehen bei dem Heere. Im Ganzen standen aber 13 Rivalen einander gegenüber. Dieselben schlossen einen Vergleich, der dahin lautete, daß Alexanders Halbbruder Arrhidäus und, wenn Alexanders schwangere Gemahlin Roxane einen Sohn gebäre, dieser mit jenem König sein sollte; Perdiccas aber wurde zum Reichsverweser ernannt u. die Verwaltung der Provinzen unter die Feldherren vertheilt. Die Verwaltung von M. u. Griechenland erhielten Antipater und Craterus, u. zwar so, daß jener Feldherr war, dieser die eigentlichen Verwaltungsgeschäfte besorgte. Unterdessen hatte Roxane einen Sohn geboren, der den Namen Alexander erhielt und unter Vormundschaft des Perdiccas als König anerkannt wurde. Die Geschichte M.s in der nächsten Zeit bietet nur das Bild von Intriguen und Kämpfen zwischen den verschiedenen Statthaltern mit dem Reichsverweser dar. In diesen Kriegen fiel Craterus in Kleinasien, und Perdiccas ward in Aegypten, nachdem er glücklich gegen Ptolemäus gekämpft, von seinen eigenen Soldaten ermordet (320). Antipater ward hierauf Reichsverweser und wählte 319 bei seinem Tode mit Uebergehung seines Sohnes Cassander den Polysperchon zu seinem Nachfolger. Mit diesem deshalb in Krieg verwickelt, setzte sich Cassander nach mehrjährigem Kampfe, von Ptolemäus und Antigonus unterstützt, in den Besitz M.s und des größten Theils von Griechenland. Arrhidäus wurde 317 ermordet. Den jungen Alexander ließ Cassander ins Gefängniß werfen und vermählte sich mit dessen Halbschwester Thessalonice, 310 ließ er jenen sammt seiner Mutter Roxane ermorden. Auf Cassander, der Epirus, einen Theil Griechenlands und Karien mit M. verbunden hatte, folgte 298 sein Sohn Philipp III., nach dessen 297 erfolgtem Tode seine Brüder Antipater I. u. Alexander V. um den Thron stritten. Als der erste geflohen und der zweite vergiftet worden war, nahm Demetrius Poliorcetes das Reich für sich in Besitz (294), mußte aber 287 dem Lysimachus von Thracien weichen. Derselbe fiel in dem Kampfe gegen Seleucus von Syrien, und dieser bestieg nun den Thron M.s, wurde aber 280 von Ptolemäus Ceraunus ermordet, der ihm sodann in der Herrschaft folgte. Nachdem dieser 278 gegen die Gallier geblieben war, die das Land verheerten, folgte ihm sein Bruder Meleager u. auf diesen nach 2 Monaten Antipater II. Im Jahre 276 trat Antigonus I. Gonatas, Sohn des Demetrius Poliorcetes, als Regent auf, vertrieb die Gallier, besetzte Athen und Korinth und suchte die Verhältnisse seines Reiches zu ordnen. Er starb 240. Auf seinen Sohn Demetrius II. folgte 232 Antigonus II. Doson, des Antigonus Enkel, der sich mit der Wittwe des Demetrius vermählte, dem achäischen Bunde zu Hülfe zog, Mantinea und Sparta eroberte u. die Illyrier bekämpfte; er starb 221. Sein Nachfolger, Philipp IV., wurde als Bundesgenosse der Achäer in Kriege mit den Aetolern und Illyriern und Attalus von Pergamum verwickelt. Im Jahre 215 schloß er mit Hannibal ein Bündniß gegen die Römer, wurde aber durch eine Flotte an der Ueberfahrt nach Italien gehindert, bei Apollonia geschlagen und seit 211 durch den Krieg gegen die Aetoler, die Verbündeten Roms, in seinem eigenen Lande beschäftigt, bis 204 die Römer unter Vermittelung der Epiroten Frieden schlossen. Doch dauerte derselbe nicht lange. Die Schlacht bei Cynoscephalä, im Herbst 197 von T. Quinctius Flaminius gewonnen, zwang den König zur Flucht nach Larissa und zum Frieden, in welchem die Hegemonie über Griechenland den Macedoniern genommen, die Armee derselben bis auf 500 Hopliten vermindert und eine Zahlung von 1000 Talenten ihnen auferlegt wurde. Nach Philipps Tode (179) bestieg sein Sohn Perseus den Thron. Von gleichem Römerhaß beseelt, zog er zwar die Könige Syriens, Bithyniens, Illyriens, Thraciens, die Epiroten und Thessalier in sein Interesse, konnte sie aber nicht zu einer dauernden Vereinigung bewegen. Gerüstet mit einer Armee von 39,000 Mann Fußvolk und 4000 Reitern, erklärte er 171 an die Römer den Krieg und behauptete sich anfangs in dem Gebirgslande von Thessalien; aber durch seinen Geiz machte er seine Bundesgenossen von sich abwendig. Der römische Konsul Aemilius Paulus besiegte ihn am 22. Juni 168 in der Schlacht bei Pydna und stürzte so den Thron der macedonischen Könige. Perseus mußte den Triumph des Siegers in Rom mit verherrlichen und wurde in dem Gefängniß zu Alba zu Tode gemartert. Ein Senatsbeschluß erklärte zwar M. für frei unter Roms Oberherrschaft, theilte es aber in vier Distrikte, die kein Commercium und Connubium unter einander hatten, und bestimmte die Hälfte der bisherigen Abgaben als Tribut. Das Volk folgte daher gern dem Rufe eines Sklaven Andriscus, der sich für den Sohn des Perseus ausgab (der sogenannte Pseudo-Philippus), und kämpfte anfangs glücklich gegen

Pelagonia, Lyncestis, Orestis und Elimea, und in **Niedermacedonien**, welches die Ebenen um den thermäischen Meerbusen und oberhalb Chalcidice umfaßte. Die Landschaft **Pelagonia**, später **Päonia** genannt, erstreckte sich östlich über den Arius hinaus bis zum Strymon. Die alte Residenz der Könige war Bylazora am Astycus. Die Landschaft **Lyncestis** (**Lyncus**) lag südlich von Pelagonia längs der Grenze Illyriens; die Hauptstadt war Heraclea. Südöstlich davon lag der bis zum Haliacmon reichende Gau **Cordäa**, mit der Hauptstadt Cordäa (jetzt Filorina); um die Quellen des Haliacmon der Distrikt **Orestis**; südöstlich davon die Landschaft **Elimiotis** (Elimea). Oestlich von Lyncestis und Cordäa breitete sich die Landschaft **Emathia** aus. Sie wurde vom Fluß Lydias durchströmt, und in ihr lagen Edessa, die Residenz der alten macedonischen Könige (jetzt Vodina am Karasmak), Beröa (jetzt Veria), Eltium, Atalanta ꝛc. Südöstlich von Emathia findet sich der Distrikt **Bottiäis** oder **Bottiäa**, mit der alten Stadt Pella, der spätern Residenz der macedonischen Könige, Geburtsort Philipps II. u. Alexanders des Großen. Südöstlich von diesem Gau breitete sich längs der Westküste des thermäischen Meerbusens die Landschaft **Pieria** aus, wo die Musen ihren Wohnsitz und die musischen Künste ihre ursprüngliche Heimat hatten, wo der Sage nach Orpheus durch seine Töne Natur und Menschen bezauberte und Linus, Eumolpus und Thamyris ꝛc. durch ihre Gesänge nicht bloß ergötzten, sondern auch Kultur verbreiteten. Von den Städten dieses Distrikts sind zu bemerken: Methone, Pydna, Citrus (jetzt Kitro), Heracleum (jetzt Platamona), Pimpleia ꝛc. Zwischen dem Arius und Strymon in der Richtung von Süden nach Norden lag die Halbinsel **Chalcidice** mit ihren 3 Landspitzen Acte, Sithonia und Pallene und den Städten Scione, Potidäa, Olynthus, Torone, Stagira (Geburtsort des Aristoteles, jetzt Stavro) u. a. Nordwestlich von Chalcidice lag **Mygdonia**, mit der Stadt Thessalonice, früher Therme (jetzt Salonichi) und den Orten Cissus, Artemisium, Apollonia (jetzt Polina) ꝛc.; östlich davon **Bisaltia**, nordwestlich **Crestonia** mit der Hauptstadt Creston und östlich **Sintice** mit der Hauptstadt Heraclea Sintica. Nordöstlich von Crestonia breitete sich der östlich vom Arius gelegene Theil von Päonia aus mit den Städten Doberus, Tauriana (jetzt Doiran oder Doghiran), Astibon (jetzt Istib) ꝛc. Der Distrikt **Mädica**, mit den Städten Iamphorina (jetzt Ivorina), Petra und Desudaba lag nördlicher auf den Grenzgebirgen. Weiter östlich fanden sich die Sitze der Bessi. Oestlich vom Strymon lag im Norden um das Gebirge Orbelus der Distrikt **Odomantice**; gegen Südosten zwischen Strymon und Nestus die Landschaft **Edonis**, mit den Städten Philippi, Gasorus, Amphipolis, Pergamus, Tragilus, Neapolis.

Zu Bewohnern hatte M. ursprünglich eine Anzahl nicht hellenischer Völkerschaften, die theils dem thracischen, theils dem illyrischen Volksstamme (so die **Päones**, das alte Hauptvolk des Landes) angehörten. Zu ihnen aber wanderten schon frühzeitig nach der Sage unter Anführung der 3 Söhne des Herakliden Temenus, Gauanes, Aeropus und Perdiccas, hellenische Stämme ein, die sich zuerst in Emathia am Fuß des Gebirgs Bermius niedergelassen haben sollen. Der Name M., früher Maketia, wird abgeleitet von dem alten König Macedo, einem Sohne des Zeus und der Thyia, oder des Osiris, der aus Aegypten einwanderte, nach Anderen von dem samnitischen Worte makod, was herrliches Land bedeutet. Um 730 v. Chr. soll der jüngste jener 3 Brüder, **Perdiccas I.**, nach Andern aber **Caranus**, ebenfalls ein Heraklide aus Argos, Stifter des hellenisch-macedonischen Reichs geworden sein. Dasselbe war anfangs noch sehr klein; Thracier und Illyrier hinderten das Wachsthum des jungen Staats. Bis auf Amyntas I. werden als Könige aufgezählt Argäus, Philipp I., Aeropus, Alcetes. Mit **Amyntas** I. (507—480 v. Chr.) und besonders mit dessen Sohn, **Alexander I.** (480—454) kam M. in Abhängigkeit von Persien. Um jene Zeit begannen auch die Athener Kolonien in M. zu gründen. **Perdiccas** II. regierte anfangs, seit 454, wahrscheinlich mit seinen Brüdern Alcitas und Philippus gemeinschaftlich, seit 436 aber allein. Er schloß sich zuerst eng an die Athener an, ward sodann aber, da dieselben auch die griechischen Städte auf der chalcidisch-thracischen Halbinsel und Orte an M.s Küste in ihren großen Bund aufnahmen, eifersüchtig auf sie, unterstützte im peloponnesischen Kriege die Lacedämonier u. suchte Olynthus in Chalcidice zu einer Vormauer gegen Athen zu machen. Als Hauptrichtung der macedonischen Politik erscheint von dieser Zeit an Entfernung der Hauptmächte Griechenlands von den thracischen Küsten, besonders von Chalcidice, und Erhaltung der Unabhängigkeit der griechischen Städte; sodann Vernichtung der barbarischen Könige im obern Lande. **Archelaus** I. (413 v. Chr.), des Perdiccas natürlicher Sohn und Nachfolger, beförderte Handel und Ackerbau, Künste und Wissenschaften und legte Straßen und Städte an. Nach seiner Ermordung (399) zerrütteten Thronstreitigkeiten das Reich u. Griechen u. Barbaren wußten diese Wirren auszubeuten. **Amyntas** II. behauptete zwar endlich (393) den Thron, sein Nachfolger **Alexander** II. (370) mußte aber den Frieden von den Illyriern erkaufen u. ward nach dreijähriger Regierung von einem Thronräuber, dem Ptolemäus Alorites, ermordet. Die in jenen Wirren zu Hülfe gerufenen Thebaner vertrieben auch diesen u. erhoben 365 Alexanders II. Bruder, **Perdiccas** III., auf den Thron. In einem Kriege mit Illyrien ward Perdiccas mit einem großen Theile seines Heeres erschlagen (360) und hinterließ einen fünfjährigen Sohn, **Amyntas** III. **Philipp**, dessen Oheim, der jüngste Sohn des Amyntas II., übernahm die Vormundschaft über ihn, fand den von den Thraciern unterstützten Kronprätendenten Pausanias mit Geld ab, entledigte sich des von den Athenern aufgestellten Prätendenten Argäus durch Abtretung von Amphipolis an Athen, kämpfte glücklich gegen die Illyrier und erweiterte das Reich im Nordwesten bis zum See Lychnidus. Im Jahre 359 bestieg er selbst als Philipp II. den Thron, um M. zu weltgeschichtlicher Bedeutung zu verhelfen. Im Innern des Landes waren in dieser ersten Periode mannichfache Veränderungen vorgegangen. Durch die Vertilgung der Könige des obern Landes war eine größere Gesammtkraft, sowie eine feste Naturgrenze durch das kandurische Gebirge gegen das Anstürmen der illyrischen Barbaren gewonnen worden. Griechische Sitte, Bildung und Kunst hatten in M. bereits

Eingang gefunden. Die Freiheit war hier mit dem Königthum verbunden. Zuerst scheint das macedonische Königthum beschränkt gewesen zu sein durch Adel und Volk; der König war Feldherr, Oberpriester, Oberrichter seines Volks, aber in den Angelegenheiten des gemeinen Wohles an die Zustimmung seines Adels gebunden, und das Volk theilte mit ihm die richterliche Gewalt. Wenn nun auch das Königthum seit dem Beginn der eigentlichen Geschichte des Reichs sich mehr und mehr zu absoluter Machtfülle erhob, so bewahrte sich das Volk doch immer eine freie Gesinnung, in der es seinen Königen entgegenstand; Einfachheit, kriegerische Kraft und eine gewisse kräftige Rohheit charakterisirten das Volk. Auf welche Weise sich M. unter der Regierung Philipps vergrößerte, wie es eingriff in die Angelegenheiten der Hellenen und deren Spaltungen ausbeutend seinen Einfluß mehr und mehr steigerte, wie endlich Griechenland unter die Hegemonie M.s sich beugen mußte, wie nach Philipps I. Tode Alexander die gesammte hellenische Macht gegen den Orient, hauptsächlich gegen das Perserreich, koncentrirte, wie er von Sieg zu Sieg vorwärts stürmte, mit kühnem Geistesfluge Orient u. Occident zu vereinigen u. neue Gestaltungen daraus zu schaffen unternahm, wie aber seine Pläne an der Unmöglichkeit dieses Unternehmens scheiterten, darüber s. Philipp 2) und Alexander 1). Während des letztern Abwesenheit war Antipater Verweser von M. gewesen. Der sterbende König übergab seinen Siegelring einem seiner Feldherren, Perdiccas, mit den Worten: Der Würdigste sei mein Nachfolger. Unter Denen, welche Anspruch darauf machten, zu den tüchtigsten Feldherren Alexanders zu gehören, besaßen Leonnatus, Perdiccas und Ptolemäus, sowie Antipater und Craterus, später Eumenes, Antigonus und Seleucus das meiste Ansehen bei dem Heere. Im Ganzen standen aber 13 Rivalen einander gegenüber. Dieselben schlossen einen Vergleich, der dahin lautete, daß Alexanders Halbbruder Arrhidäus und, wenn Alexanders schwangere Gemahlin Roxane einen Sohn gebäre, dieser mit jenem König sein sollte; Perdiccas aber wurde zum Reichsverweser ernannt u. die Verwaltung der Provinzen unter die Feldherren vertheilt. Die Verwaltung von M. u. Griechenland erhielten Antipater und Craterus, u. zwar so, daß jener Feldherr war, dieser die eigentlichen Verwaltungsgeschäfte besorgte. Unterdessen hatte Roxane einen Sohn geboren, der den Namen Alexander erhielt und unter Vormundschaft des Perdiccas als König anerkannt wurde. Die Geschichte M.s in der nächsten Zeit bietet nur das Bild von Intriguen und Kämpfen zwischen den verschiedenen Statthaltern mit dem Reichsverweser dar. In diesen Kriegen fiel Craterus in Kleinasien, und Perdiccas ward in Aegypten, nachdem er glücklich gegen Ptolemäus gekämpft, von seinen eigenen Soldaten ermordet (320). Antipater ward hierauf Reichsverweser und wählte 319 bei seinem Tode mit Uebergehung seines Sohnes Cassander den Polysperchon zu seinem Nachfolger. Mit diesem deshalb in Krieg verwickelt, setzte sich Cassander nach mehrjährigem Kampfe, von Ptolemäus und Antigonus unterstützt, in den Besitz M.s und des größten Theils von Griechenland. Arrhidäus wurde 317 ermordet. Den jungen Alexander ließ Cassander ins Gefängniß werfen und vermählte sich mit dessen Halbschwester Thessalonice, 310 ließ er jenen sammt seiner Mutter Roxane ermorden. Auf Cassander, der Epirus, einen Theil Griechenlands und Karien mit M. verbunden hatte, folgte 298 sein Sohn Philipp III., nach dessen 297 erfolgtem Tode seine Brüder Antipater I. u. Alexander V. um den Thron stritten. Als der erste geflohen und der zweite vergiftet worden war, nahm Demetrius Poliorcetes das Reich für sich in Besitz (294), mußte aber 287 dem Lysimachus von Thracien weichen. Derselbe fiel in dem Kampfe gegen Seleucus von Syrien, und dieser bestieg nun den Thran M.s, wurde aber 280 von Ptolemäus Ceraunus ermordet, der ihm sodann in der Herrschaft folgte. Nachdem dieser 278 gegen die Gallier geblieben war, die das Land verheerten, folgte ihm sein Bruder Meleager u. auf diesen nach 2 Monaten Antipater II. Im Jahre 276 trat Antigonus I. Gonatas, Sohn des Demetrius Poliorcetes, als Regent auf, vertrieb die Gallier, besetzte Athen und Korinth und suchte die Verhältnisse seines Reiches zu ordnen. Er starb 240. Auf seinen Sohn Demetrius II. folgte 232 Antigonus II. Doson, des Antigonus Enkel, der sich mit der Wittwe des Demetrius vermählte, dem achäischen Bunde zu Hülfe zog, Mantinea und Sparta eroberte u. die Illyrier bekämpfte; er starb 221. Sein Nachfolger, Philipp IV., wurde als Bundesgenosse der Achäer in Kriege mit den Aetolern und Illyriern und Attalus von Pergamum verwickelt. Im Jahre 215 schloß er mit Hannibal ein Bündniß gegen die Römer, wurde aber durch eine Flotte an der Ueberfahrt nach Italien g-hindert, bei Apollonia geschlagen und seit 211 durch den Krieg gegen die Aetoler, die Verbündeten Roms, in seinem eigenen Lande beschäftigt, bis 204 die Römer unter Vermittelung der Epiroten Frieden schlossen. Doch dauerte derselbe nicht lange. Die Schlacht bei Cynoscephalä, im Herbst 197 von T. Quinctius Flaminius gewonnen, zwang den König zur Flucht nach Larissa und zum Frieden, in welchem die Hegemonie über Griechenland den Macedoniern genommen, die Armee derselben bis auf 500 Hopliten vermindert und eine Zahlung von 1000 Talenten ihnen auferlegt wurde. Nach Philipps Tode (179) bestieg sein Sohn Perseus den Thron. Von gleichem Römerhaß beseelt, zog er zwar die Könige Syriens, Bithyniens, Illyriens, Thraciens, die Epiroten und Thessaler in sein Interesse, konnte sie aber nicht zu einer dauernden Vereinigung bewegen. Gerüstet mit einer Armee von 39,000 Mann Fußvolk und 4000 Reitern, erklärte er 171 an die Römer den Krieg und behauptete sich anfangs in dem Gebirgslande von Thessalien; aber durch seinen Geiz machte er seine Bundesgenossen von sich abwendig. Der römische Konsul Aemilius Paulus besiegte ihn am 22. Juni 168 in der Schlacht bei Pydna und stürzte so den Thron der macedonischen Könige. Perseus mußte den Triumph des Siegers in Rom mit verherrlichen und wurde in dem Gefängniß zu Alba zu Tode gemartert. Ein Senatsbeschluß erklärte zwar M. für frei unter Roms Oberherrschaft, theilte es aber in vier Distrikte, die kein Commercium und Connubium unter einander hatten, und bestimmte die Hälfte der bisherigen Abgaben als Tribut. Das Volk folgte daher gern dem Rufe eines Sklaven Andriscus, der sich für den Sohn des Perseus ausgab (der sogenannte Pseudo-Philippus), und kämpfte anfangs glücklich gegen

Pelagonia, Lyncestis, Orestis und Elimea, und in **Niedermacedonien**, welches die Ebenen um den thermäischen Meerbusen und oberhalb Chalcidice umfaßte. Die Landschaft **Pelagonia**, später **Päonia** genannt, erstreckte sich östlich über den Arius hinaus bis zum Strymon. Die alte Residenz der Könige war Bylazora am Astycus. Die Landschaft **Lyncestis** (**Lyncus**) lag südlich von Pelagonia längs der Grenze Illyriens; die Hauptstadt war Heraclea. Südöstlich davon lag der bis zum Haliacmon reichende Gau **Cordäa**, mit der Hauptstadt Cordäa (jetzt Filorina); um die Quellen des Haliacmon der Distrikt **Orestis**; südöstlich davon die Landschaft **Elimiotis** (Elimea). Oestlich von Lyncestis und Cordäa breitete sich die Landschaft **Emathia** aus. Sie wurde vom Fluß Lydias durchströmt, und in ihr lagen Edessa, die Residenz der alten macedonischen Könige (jetzt Vodina am Karasmak), Beröa (jetzt Veria), Citium, Atalanta 2c. Südöstlich von Emathia findet sich der Distrikt **Bottiäis** oder **Bottiäa**, mit der alten Stadt Pella, der spätern Residenz der macedonischen Könige, Geburtsort Philipps II. u. Alexanders des Großen. Südöstlich von diesem Gau breitete sich längs der Westküste des thermäischen Meerbusens die Landschaft **Pieria** aus, wo die Musen ihren Wohnsitz und die musischen Künste ihre ursprüngliche Heimat hatten, wo der Sage nach Orpheus durch seine Töne Natur und Menschen bezauberte und Linus, Eumolpus und Thamyris 2c. durch ihre Gesänge nicht bloß ergötzten, sondern auch Kultur verbreiteten. Von den Städten dieses Distrikts sind zu bemerken: Methone, Pydna, Citrus (jetzt Kitro), Heracleum (jetzt Platamona), Pimpleia 2c. Zwischen dem Arius und Strymon in der Richtung von Süden nach Norden lag die Halbinsel **Chalcidice** mit ihren 3 Landspitzen Acte, Sithonia und Pallene und den Städten Scione, Potidäa, Olynthus, Torone, Stagira (Geburtsort des Aristoteles, jetzt Stavro) u. a. Nordwestlich von Chalcidice lag **Mygdonia**, mit der Stadt Thessalonice, früher Therme (jetzt Salonichi) und den Orten Cissus, Artemisium, Apollonia (jetzt Polina) 2c.; östlich davon **Bisaltia**, nordwestlich **Crestonia** mit der Hauptstadt Creston und östlich **Sintice** mit der Hauptstadt Heraclea Sintica. Nordöstlich von Crestonia breitete sich der östlich vom Arius gelegene Theil von Päonia aus mit den Städten Doberus, Tauriana (jetzt Doiran oder Doghiran), Astibon (jetzt Istib) 2c. Der Distrikt **Mädica**, mit den Städten Jamphorina (jetzt Jvorina), Petra und Desudaba lag nördlicher auf den Grenzgebirgen. Weiter östlich fanden sich die Sitze der Bessi. Oestlich vom Strymon lag im Norden um das Gebirge Orbelus der Distrikt **Odomantice**; gegen Südosten zwischen Strymon und Nestus die Landschaft **Edonis**, mit den Städten Philippi, Gasorus, Amphipolis, Pergamus, Tragilus, Neapolis.

Zu Bewohnern hatte M. ursprünglich eine Anzahl nicht hellenischer Völkerschaften, die theils dem thracischen, theils dem illyrischen Volksstamme (so die **Päones**, das alte Hauptvolk des Landes) angehörten. Zu ihnen aber wanderten schon frühzeitig nach der Sage unter Anführung der 3 Söhne des Herakliden Temenus, Gauanes, Aeropus und Perdiccas, hellenische Stämme ein, die sich zuerst in Emathia am Fuß des Gebirgs Bermius niedergelassen haben sollen. Der Name M., früher Maketia, wird abgeleitet von dem alten König Macedo, einem Sohne des Zeus und der Thyia, oder des Osiris, der aus Aegypten einwanderte, nach Anderen von dem samnitischen Worte makod, was herrliches Land bedeutet. Um 730 v. Chr. soll der jüngste jener 3 Brüder, **Perdiccas I.**, nach Andern aber **Caranus**, ebenfalls ein Heraklide aus Argos, Stifter des hellenisch-macedonischen Reichs geworden sein. Dasselbe war anfangs noch sehr klein; Thracier und Illyrier hinderten das Wachsthum des jungen Staats. Bis auf Amyntas I. werden als Könige aufgezählt Argäus, Philipp I., Aeropus, Alcetes. Mit **Amyntas I.** (507—480 v. Chr.) und besonders mit dessen Sohn, **Alexander I.** (480—454) kam M. in Abhängigkeit von Persien. Um jene Zeit begannen auch die Athener Kolonien in M. zu gründen. **Perdiccas II.** regierte anfangs, seit 454, wahrscheinlich mit seinen Brüdern Alcitas und Philippus gemeinschaftlich, seit 436 aber allein. Er schloß sich zuerst eng an die Athener an, ward sodann aber, da dieselben auch die griechischen Städte auf der chalcidisch-thracischen Halbinsel und Orte an M.s Küste in ihren großen Bund aufnahmen, eifersüchtig auf sie, unterstützte im peloponnesischen Kriege die Lacedämonier u. suchte Olynthus in Chalcidice zu einer Vormauer gegen Athen zu machen. Als Hauptrichtung der macedonischen Politik erscheint von dieser Zeit an Entfernung der Hauptmächte Griechenlands von den thracischen Küsten, besonders von Chalcidice, und Erhaltung der Unabhängigkeit der griechischen Städte; sodann Vernichtung der barbarischen Könige im obern Lande. **Archelaus I.** (413 v. Chr.), des Perdiccas natürlicher Sohn und Nachfolger, beförderte Handel und Ackerbau, Künste und Wissenschaften und legte Straßen und Städte an. Nach seiner Ermordung (399) zerrütteten Thronstreitigkeiten das Reich u. Griechen u. Barbaren wußten diese Wirren auszubeuten. **Amyntas II.** behauptete zwar endlich (393) den Thron, sein Nachfolger **Alexander II.** (370) mußte aber den Frieden von den Illyriern erkaufen u. ward nach dreijähriger Regierung von einem Thronräuber, dem Ptolemäus Alorites, ermordet. Die in jenen Wirren zu Hülfe gerufenen Thebaner vertrieben auch diesen u. erhoben 365 Alexanders II. Bruder, **Perdiccas III.**, auf den Thron. In einem Kriege mit Illyrien ward Perdiccas mit einem großen Theile seines Heeres erschlagen (360) und hinterließ einen fünfjährigen Sohn, **Amyntas III.** **Philipp**, dessen Oheim, der jüngste Sohn des Amyntas II., übernahm die Vormundschaft über ihn, fand den von den Thraciern unterstützten Kronprätendenten Pausanias mit Geld ab, entledigte sich des von den Athenern aufgestellten Prätendenten Argäus durch Abtretung von Amphipolis an Athen, kämpfte glücklich gegen die Illyrier und erweiterte das Reich im Nordwesten bis zum See Lychnidus. Im Jahre 359 bestieg er selbst als Philipp II. den Thron, um M. zu weltgeschichtlicher Bedeutung zu verhelfen. Im Innern des Landes waren in dieser ersten Periode mannichfache Veränderungen vorgegangen. Durch die Vertilgung der Könige des obern Landes war eine größere Gesammtkraft, sowie eine feste Naturgrenze durch das kandurische Gebirge gegen das Anstürmen der illyrischen Barbaren gewonnen worden. Griechische Sitte, Bildung und Kunst hatten in M. bereits

Eingang gefunden. Die Freiheit war hier mit dem Königthum verbunden. Zuerst scheint das macedonische Königthum beschränkt gewesen zu sein durch Adel und Volk; der König war Feldherr, Oberpriester, Oberrichter seines Volks, aber in den Angelegenheiten des gemeinen Wohles an die Zustimmung seines Adels gebunden, und das Volk theilte mit ihm die richterliche Gewalt. Wenn nun auch das Königthum seit dem Beginn der eigentlichen Geschichte des Reichs sich mehr und mehr zu absoluter Machtfülle erhob, so bewahrte sich das Volk doch immer eine freie Gesinnung, in der es seinen Königen entgegenstand; Einfachheit, kriegerische Kraft und eine gewisse kräftige Rohheit charakterisirten das Volk. Auf welche Weise sich M. unter der Regierung Philipps vergrößerte, wie es eingriff in die Angelegenheiten der Hellenen und deren Spaltungen ausbeutend seinen Einfluß mehr und mehr steigerte, wie endlich Griechenland unter die Hegemonie M.s sich beugen mußte, wie nach Philipps I. Tode Alexander die gesammte hellenische Macht gegen den Orient, hauptsächlich gegen das Perserreich, koncentrirte, wie er von Sieg zu Sieg vorwärts stürmte, mit kühnem Geistesfluge Orient u. Occident zu vereinigen u. neue Gestaltungen daraus zu schaffen unternahm, wie aber seine Pläne an der Unmöglichkeit dieses Unternehmens scheiterten, darüber s. Philipp 2) und Alexander 1). Während des letztern Abwesenheit war Antipater Verweser von M. gewesen. Der sterbende König übergab seinen Siegelring einem seiner Feldherren, Perdiccas, mit den Worten: Der Würdigste sei mein Nachfolger. Unter Denen, welche Anspruch darauf machten, zu den tüchtigsten Feldherren Alexanders zu gehören, besaßen Leonnatus, Perdiccas und Ptolemäus, sowie Antipater und Craterus, später Eumenes, Antigonus und Seleucus das meiste Ansehen bei dem Heere. Im Ganzen standen aber 13 Rivalen einander gegenüber. Dieselben schlossen einen Vergleich, der dahin lautete, daß Alexanders Halbbruder Arrhidäus und, wenn Alexanders schwangere Gemahlin Roxane einen Sohn gebäre, dieser mit jenem König sein sollte; Perdiccas aber wurde zum Reichsverweser ernannt u. die Verwaltung der Provinzen unter die Feldherren vertheilt. Die Verwaltung von M. u. Griechenland erhielten Antipater und Craterus, u. zwar so, daß jener Feldherr war, dieser die eigentlichen Verwaltungsgeschäfte besorgte. Unterdessen hatte Roxane einen Sohn geboren, der den Namen Alexander erhielt und unter Vormundschaft des Perdiccas als König anerkannt wurde. Die Geschichte M.s in der nächsten Zeit bietet nur das Bild von Intriguen und Kämpfen zwischen den verschiedenen Statthaltern mit dem Reichsverweser dar. In diesen Kriegen fiel Craterus in Kleinasien, und Perdiccas ward in Aegypten, nachdem er glücklich gegen Ptolemäus gekämpft, von seinen eigenen Soldaten ermordet (320). Antipater ward hierauf Reichsverweser und wählte 319 bei seinem Tode mit Uebergehung seines Sohnes Cassander den Polysperchon zu seinem Nachfolger. Mit diesem deshalb in Krieg verwickelt, setzte sich Cassander nach mehrjährigem Kampfe, von Ptolemäus und Antigonus unterstützt, in den Besitz M.s und des größten Theils von Griechenland. Arrhidäus wurde 317 ermordet. Den jungen Alexander ließ Cassander ins Gefängniß werfen und vermählte sich mit dessen Halbschwester Thessalonice, 310 ließ er jenen sammt seiner Mutter Roxane ermorden. Auf Cassander, der Epirus, einen Theil Griechenlands und Karien mit M. verbunden hatte, folgte 298 sein Sohn Philipp III., nach dessen 297 erfolgtem Tode seine Brüder Antipater I. u. Alexander V. um den Thron stritten. Als der erste geflohen und der zweite vergiftet worden war, nahm Demetrius Poliorcetes das Reich für sich in Besitz (294), mußte aber 287 dem Lysimachus von Thracien weichen. Derselbe fiel in dem Kampfe gegen Seleucus von Syrien, und dieser bestieg nun den Thron M.s, wurde aber 280 von Ptolemäus Ceraunus ermordet, der ihm sodann in der Herrschaft folgte. Nachdem dieser 278 gegen die Gallier geblieben war, die das Land verheerten, folgte ihm sein Bruder Meleager u. auf diesen nach 2 Monaten Antipater II. Im Jahre 276 trat Antigonus I. Gonatas, Sohn des Demetrius Poliorcetes, als Regent auf, vertrieb die Gallier, besetzte Athen und Korinth und suchte die Verhältnisse seines Reiches zu ordnen. Er starb 240. Auf seinen Sohn Demetrius II. folgte 232 Antigonus II. Doson, des Antigonus Enkel, der sich mit der Wittwe des Demetrius vermählte, dem achäischen Bunde zu Hülfe zog, Mantinea und Sparta eroberte u. die Illyrier bekämpfte; er starb 221. Sein Nachfolger, Philipp IV., wurde als Bundesgenosse der Achäer in Kriege mit den Aetolern und Illyriern und Attalus von Pergamum verwickelt. Im Jahre 215 schloß er mit Hannibal ein Bündniß gegen die Römer, wurde aber durch eine Flotte an der Ueberfahrt nach Italien gehindert, bei Apollonia geschlagen und seit 211 durch den Krieg gegen die Aetoler, die Verbündeten Roms, in seinem eigenen Lande beschäftigt, bis 204 die Römer unter Vermittelung der Epiroten Frieden schlossen. Doch dauerte derselbe nicht lange. Die Schlacht bei Cynoscephalä, im Herbst 197 von T. Quinctius Flaminius gewonnen, zwang den König zur Flucht nach Larissa und zum Frieden, in welchem die Hegemonie über Griechenland den Macedoniern genommen, die Armee derselben bis auf 500 Hopliten vermindert und eine Zahlung von 1000 Talenten ihnen auferlegt wurde. Nach Philipps Tode (179) bestieg sein Sohn Perseus den Thron. Von gleichem Römerhaß beseelt, zog er zwar die Könige Syriens, Bithyniens, Illyriens, Thraciens, die Epiroten und Thessaller in sein Interesse, konnte sie aber nicht zu einer dauernden Vereinigung bewegen. Gerüstet mit einer Armee von 39,000 Mann Fußvolk und 4000 Reitern, erklärte er 171 an die Römer den Krieg und behauptete sich anfangs in dem Gebirgslande von Thessalien; aber durch seinen Geiz machte er seine Bundesgenossen von sich abwendig. Der römische Konsul Aemilius Paulus besiegte ihn am 22. Juni 168 in der Schlacht bei Pydna und stürzte so den Thron der macedonischen Könige. Perseus mußte den Triumph des Siegers in Rom mit verherrlichen und wurde in dem Gefängniß zu Alba zu Tode gemartert. Ein Senatsbeschluß erklärte zwar M. für frei unter Roms Oberherrschaft, theilte es aber in vier Distrikte, die kein Commercium und Connubium unter einander hatten, und bestimmte die Hälfte der bisherigen Abgaben als Tribut. Das Volk folgte daher gern dem Rufe eines Sklaven Andriscus, der sich für den Sohn des Perseus ausgab (der sogenannte Pseudo-Philippus), und kämpfte anfangs glücklich gegen

Pelagonia, Lyncestis, Orestis und Elimea, und in **Niedermacedonien**, welches die Ebenen um den thermäischen Meerbusen und oberhalb Chalcidice umfaßte. Die Landschaft **Pelagonia**, später **Päonia** genannt, erstreckte sich östlich über den Arius hinaus bis zum Strymon. Die alte Residenz der Könige war Bylazora am Astycus. Die Landschaft **Lyncestis** (**Lyncus**) lag südlich von Pelagonia längs der Grenze Illyriens; die Hauptstadt war Heraclea. Südöstlich davon lag der bis zum Haliacmon reichende Gau **Cordäa**, mit der Hauptstadt Cordäa (jetzt Filorina); um die Quellen des Haliacmon der Distrikt **Orestis**; südöstlich davon die Landschaft **Elimiotis** (Elimea). Oestlich von Lyncestis und Cordäa breitete sich die Landschaft **Emathia** aus. Sie wurde vom Fluß Lydias durchströmt, und in ihr lagen Edessa, die Residenz der alten macedonischen Könige (jetzt Vodina am Karasmak), Beröa (jetzt Veria), Citium, Atalanta 2c. Südöstlich von Emathia findet sich der Distrikt **Bottiäis** oder **Bottiäa**, mit der alten Stadt Pella, der spätern Residenz der macedonischen Könige, Geburtsort Philipps II. u. Alexanders des Großen. Südöstlich von diesem Gau breitete sich längs der Westküste des thermäischen Meerbusens die Landschaft **Pieria** aus, wo die Musen ihren Wohnsitz und die musischen Künste ihre ursprüngliche Heimat hatten, wo der Sage nach Orpheus durch seine Töne Natur und Menschen bezauberte und Linus, Eumolpus und Thamyris 2c. durch ihre Gesänge nicht bloß ergötzten, sondern auch Kultur verbreiteten. Von den Städten dieses Distrikts sind zu bemerken: Methone, Pydna, Citrus (jetzt Kitro), Heracleum (jetzt Platamona), Pimpleia 2c. Zwischen dem Arius und Strymon in der Richtung von Süden nach Norden lag die Halbinsel **Chalcidice** mit ihren 3 Landspitzen Acte, Sithonia und Pallene und den Städten Scione, Potidäa, Olynthus, Torone, Stagira (Geburtsort des Aristoteles, jetzt Stavro) u. a. Nordwestlich von Chalcidice lag **Mygdonia**, mit der Stadt Thessalonice, früher Therme (jetzt Salonichi) und den Orten Cissus, Artemisium, Apollonia (jetzt Polina) 2c.; östlich davon **Bisaltia**, nordwestlich **Crestonia** mit der Hauptstadt Creston und östlich **Sintice** mit der Hauptstadt Heraclea Sintica. Nordöstlich von Crestonia breitete sich der östlich vom Arius gelegene Theil von Päonia aus mit den Städten Doberus, Tauriana (jetzt Doiran oder Doghiran), Astibon (jetzt Istib) 2c. Der Distrikt **Mädica**, mit den Städten Jamphorina (jetzt Ivorina), Petra und Desudaba lag nördlicher auf den Grenzgebirgen. Weiter östlich fanden sich die Sitze der Bessi. Oestlich vom Strymon lag im Norden um das Gebirge Orbelus der Distrikt **Odomantice**; gegen Südosten zwischen Strymon und Nestus die Landschaft **Edonis**, mit den Städten Philippi, Gasorus, Amphipolis, Pergamus, Tragilus, Neapolis.

Zu Bewohnern hatte M. ursprünglich eine Anzahl nicht hellenischer Völkerschaften, die theils dem thracischen, theils dem illyrischen Volksstamme (so die **Päones**, das alte Hauptvolk des Landes) angehörten. Zu ihnen aber wanderten schon frühzeitig nach der Sage unter Anführung der 3 Söhne des Herakliden Temenus, Gauanes, Aeropus und Perdiccas, hellenische Stämme ein, die sich zuerst in Emathia am Fuß des Gebirgs Bermius niedergelassen haben sollen. Der Name M., früher Maketia, wird abgeleitet von dem alten König Macedo, einem Sohne des Zeus und der Thyia, oder des Osiris, der aus Aegypten einwanderte, nach Anderen von dem samnitischen Worte maked, was herrliches Land bedeutet. Um 730 v. Chr. soll der jüngste jener 3 Brüder, **Perdiccas I.**, nach Andern aber **Caranus**, ebenfalls ein Heraklide aus Argos, Stifter des hellenisch-macedonischen Reichs geworden sein. Dasselbe war anfangs noch sehr klein; Thracier und Illyrier hinderten das Wachsthum des jungen Staats. Bis auf Amyntas I. werden als Könige aufgezählt Argäus, Philipp I., Aeropus, Alcetes. Mit **Amyntas I.** (507—480 v. Chr.) und besonders mit dessen Sohn, **Alexander I.** (480—454) kam M. in Abhängigkeit von Persien. Um jene Zeit begannen auch die Athener Kolonien in M. zu gründen. **Perdiccas II.** regierte anfangs, seit 454, wahrscheinlich mit seinen Brüdern Alcitas und Philippus gemeinschaftlich, seit 436 aber allein. Er schloß sich zuerst eng an die Athener an, ward sodann aber, da dieselben auch die griechischen Städte auf der chalcidisch-thracischen Halbinsel und Orte an M.s Küste in ihren großen Bund aufnahmen, eifersüchtig auf sie, unterstützte im peloponnesischen Kriege die Lacedämonier u. suchte Olynthus in Chalcidice zu einer Vormauer gegen Athen zu machen. Als Hauptrichtung der macedonischen Politik erscheint von dieser Zeit an Entfernung der Hauptmächte Griechenlands von den thracischen Küsten, besonders von Chalcidice, und Erhaltung der Unabhängigkeit der griechischen Städte; sodann Vernichtung der barbarischen Könige im obern Lande. **Archelaus I.** (413 v. Chr.), des Perdiccas natürlicher Sohn und Nachfolger, beförderte Handel und Ackerbau, Künste und Wissenschaften und legte Straßen und Städte an. Nach seiner Ermordung (399) zerrütteten Thronstreitigkeiten das Reich u. Griechen u. Barbaren wußten diese Wirren auszubeuten. **Amyntas II.** behauptete zwar endlich (393) den Thron, sein Nachfolger **Alexander II.** (370) mußte aber den Frieden von den Illyriern erkaufen u. ward nach dreijähriger Regierung von einem Thronräuber, dem Ptolemäus Alorites, ermordet. Die in jenen Wirren zu Hülfe gerufenen Thebaner vertrieben auch diesen u. erhoben 365 Alexanders II. Bruder, **Perdiccas III.**, auf den Thron. In einem Kriege mit Illyrien ward Perdiccas mit einem großen Theile seines Heeres erschlagen (360) und hinterließ einen fünfjährigen Sohn, **Amyntas III.** **Philipp**, dessen Oheim, der jüngste Sohn des Amyntas II., übernahm die Vormundschaft über ihn, fand den von den Thraciern unterstützten Kronprätendenten Pausanias mit Geld ab, entledigte sich des von den Athenern aufgestellten Prätendenten Argäus durch Abtretung von Amphipolis an Athen, kämpfte glücklich gegen die Illyrier und erweiterte das Reich im Nordwesten bis zum See Lychnidus. Im Jahre 359 bestieg er selbst als Philipp II. den Thron, um M. zu weltgeschichtlicher Bedeutung zu verhelfen. Im Innern des Landes waren in dieser ersten Periode mannichfache Veränderungen vorgegangen. Durch die Vertilgung der Könige des obern Landes war eine größere Gesammtkraft, sowie eine feste Naturgrenze durch das kandurische Gebirge gegen das Anstürmen der illyrischen Barbaren gewonnen worden. Griechische Sitte, Bildung und Kunst hatten in M. bereits

Eingang gefunden. Die Freiheit war hier mit dem Königthum verbunden. Zuerst scheint das macedonische Königthum beschränkt gewesen zu sein durch Adel und Volk; der König war Feldherr, Oberpriester, Oberrichter seines Volks, aber in den Angelegenheiten des gemeinen Wohles an die Zustimmung seines Adels gebunden, und das Volk theilte mit ihm die richterliche Gewalt. Wenn nun auch das Königthum seit dem Beginn der eigentlichen Geschichte des Reichs sich mehr und mehr zu absoluter Machtfülle erhob, so bewahrte sich das Volk doch immer eine freie Gesinnung, in der es seinen Königen entgegenstand; Einfachheit, kriegerische Kraft und eine gewisse kräftige Rohheit charakterisirten das Volk. Auf welche Weise sich M. unter der Regierung Philipps vergrößerte, wie es eingriff in die Angelegenheiten der Hellenen und deren Spaltungen ausbeutend seinen Einfluß mehr und mehr steigerte, wie endlich Griechenland unter die Hegemonie M.s sich beugen mußte, wie nach Philipps I. Tode Alexander die gesammte hellenische Macht gegen den Orient, hauptsächlich gegen das Perserreich, koncentrirte, wie er von Sieg zu Sieg vorwärts stürmte, mit kühnem Geistesfluge Orient u. Occident zu vereinigen u. neue Gestaltungen daraus zu schaffen unternahm, wie aber seine Pläne an der Unmöglichkeit dieses Unternehmens scheiterten, darüber s. Philipp 2) und Alexander 1). Während des letztern Abwesenheit war Antipater Verweser von M. gewesen. Der sterbende König übergab seinen Siegelring einem seiner Feldherren, Perdiccas, mit den Worten: Der Würdigste sei mein Nachfolger. Unter Denen, welche Anspruch darauf machten, zu den tüchtigsten Feldherren Alexanders zu gehören, besaßen Leonnatus, Perdiccas und Ptolemäus, sowie Antipater und Craterus, später Eumenes, Antigonus und Seleucus das meiste Ansehen bei dem Heere. Im Ganzen standen aber 13 Rivalen einander gegenüber. Dieselben schlossen einen Vergleich, der dahin lautete, daß Alexanders Halbbruder Arrhidäus und, wenn Alexanders schwangere Gemahlin Roxane einen Sohn gebäre, dieser mit jenem König sein sollte; Perdiccas aber wurde zum Reichsverweser ernannt u. die Verwaltung der Provinzen unter die Feldherren vertheilt. Die Verwaltung von M. u. Griechenland erhielten Antipater und Craterus, u. zwar so, daß jener Feldherr war, dieser die eigentlichen Verwaltungsgeschäfte besorgte. Unterdessen hatte Roxane einen Sohn geboren, der den Namen Alexander erhielt und unter Vormundschaft des Perdiccas als König anerkannt wurde. Die Geschichte M.s in der nächsten Zeit bietet nur das Bild von Intriguen und Kämpfen zwischen den verschiedenen Statthaltern mit dem Reichsverweser dar. In diesen Kriegen fiel Craterus in Kleinasien, und Perdiccas ward in Aegypten, nachdem er glücklich gegen Ptolemäus gekämpft, von seinen eigenen Soldaten ermordet (320). Antipater ward hierauf Reichsverweser und wählte 319 bei seinem Tode mit Uebergehung seines Sohnes Cassander den Polysperchon zu seinem Nachfolger. Mit diesem deshalb in Krieg verwickelt, setzte sich Cassander nach mehrjährigem Kampfe, von Ptolemäus und Antigonus unterstützt, in den Besitz M.s und des größten Theils von Griechenland. Arrhidäus wurde 317 ermordet. Den jungen Alexander ließ Cassander ins Gefängniß werfen und vermählte sich mit dessen Halbschwester Thessalonice, 310 ließ er jenen sammt seiner Mutter Roxane ermorden. Auf Cassander, der Epirus, einen Theil Griechenlands und Karien mit M. verbunden hatte, folgte 298 sein Sohn Philipp III., nach dessen 297 erfolgtem Tode seine Brüder Antipater I. u. Alexander V. um den Thron stritten. Als der erste geflohen und der zweite vergiftet worden war, nahm Demetrius Polioreetes das Reich für sich in Besitz (294), mußte aber 287 dem Lysimachus von Thracien weichen. Derselbe fiel in dem Kampfe gegen Seleucus von Syrien, und dieser bestieg nun den Thron M.s, wurde aber 280 von Ptolemäus Ceraunus ermordet, der ihm sodann in der Herrschaft folgte. Nachdem dieser 278 gegen die Gallier geblieben war, die das Land verheerten, folgte ihm sein Bruder Meleager u. auf diesen nach 2 Monaten Antipater II. Im Jahre 276 trat Antigonus I. Gonatas, Sohn des Demetrius Poliorcetes, als Regent auf, vertrieb die Gallier, besetzte Athen und Korinth und suchte die Verhältnisse seines Reiches zu ordnen. Er starb 240. Auf seinen Sohn Demetrius II. folgte 232 Antigonus II. Doson, des Antigonus Enkel, der sich mit der Wittwe des Demetrius vermählte, dem achäischen Bunde zu Hülfe zog, Mantinea und Sparta eroberte u. die Illyrier bekämpfte; er starb 221. Sein Nachfolger, Philipp IV., wurde als Bundesgenosse der Achäer in Kriege mit den Aetolern und Illyriern und Attalus von Pergamum verwickelt. Im Jahre 215 schloß er mit Hannibal ein Bündniß gegen die Römer, wurde aber durch eine Flotte an der Ueberfahrt nach Italien g-hindert, bei Apollonia geschlagen und seit 211 durch den Krieg gegen die Aetoler, die Verbündeten Roms, in seinem eigenen Lande beschäftigt, bis 204 die Römer unter Vermittelung der Epiroten Frieden schlossen. Doch dauerte derselbe nicht lange. Die Schlacht bei Cynoscephalä, im Herbst 197 von T. Quinctius Flaminius gewonnen, zwang den König zur Flucht nach Larissa und zum Frieden, in welchem die Hegemonie über Griechenland den Macedoniern genommen, die Armee derselben bis auf 500 Hopliten vermindert und eine Zahlung von 1000 Talenten ihnen auferlegt wurde. Nach Philipps Tode (179) bestieg sein Sohn Perseus den Thron. Von gleichem Römerhaß beseelt, zog er zwar die Könige Syriens, Bithyniens, Illyriens, Thraciens, die Epiroten und Thessaller in sein Interesse, konnte sie aber nicht zu einer dauernden Vereinigung bewegen. Gerüstet mit einer Armee von 39,000 Mann Fußvolk und 4000 Reitern, erklärte er 171 an die Römer den Krieg und behauptete sich anfangs in dem Gebirgslande von Thessalien; aber durch seinen Geiz machte er seine Bundesgenossen von sich abwendig. Der römische Konsul Aemilius Paulus besiegte ihn am 22. Juni 168 in der Schlacht bei Pydna und stürzte so den Thron der macedonischen Könige. Perseus mußte den Triumph des Siegers in Rom mit verherrlichen und wurde in dem Gefängniß zu Alba zu Tode gemartert. Ein Senatsbeschluß erklärte zwar M. für frei unter Roms Oberherrschaft, theilte es aber in vier Distrikte, die kein Commercium und Connubium unter einander hatten, und bestimmte die Hälfte der bisherigen Abgaben als Tribut. Das Volk folgte daher gern dem Rufe eines Sklaven Andriscus, der sich für den Sohn des Perseus ausgab (der sogenannte Pseudo-Philippus), und kämpfte anfangs glücklich gegen

Pelagonia, Lyncestis, Orestis und Elimea, und in Niedermacedonien, welches die Ebenen um den thermäischen Meerbusen und oberhalb Chalcidice umfaßte. Die Landschaft Pelagonia, später Päonia genannt, erstreckte sich östlich über den Arius hinaus bis zum Strymon. Die alte Residenz der Könige war Bylazora am Astycus. Die Landschaft Lyncestis (Lyncus) lag südlich von Pelagonia längs der Grenze Illyriens; die Hauptstadt war Heraclea. Südöstlich davon lag der bis zum Haliacmon reichende Gau Cordäa, mit der Hauptstadt Cordäa (jetzt Filorina); um die Quellen des Haliacmon der Distrikt Orestis; südöstlich davon die Landschaft Elimiotis (Elimea). Oestlich von Lyncestis und Cordäa breitete sich die Landschaft Emathia aus. Sie wurde vom Fluß Lydias durchströmt, und in ihr lagen Edessa, die Residenz der alten macedonischen Könige (jetzt Bodina am Karasmak), Beröa (jetzt Veria), Citium, Atalanta ꝛc. Südöstlich von Emathia findet sich der Distrikt Bottiäis oder Bottiäa, mit der alten Stadt Pella, der spätern Residenz der macedonischen Könige, Geburtsort Philipps II. u. Alexanders des Großen. Südöstlich von diesem Gau breitete sich längs der Westküste des thermäischen Meerbusens die Landschaft Pieria aus, wo die Musen ihren Wohnsitz und die musischen Künste ihre ursprüngliche Heimat hatten, wo der Sage nach Orpheus durch seine Töne Natur und Menschen bezauberte und Linus, Eumolpus und Thamyris ꝛc. durch ihre Gesänge nicht bloß ergötzten, sondern auch Kultur verbreiteten. Von den Städten dieses Distrikts sind zu bemerken: Methone, Pydna, Citrus (jetzt Kitro), Heracleum (jetzt Platamona), Pimpleia ꝛc. Zwischen dem Arius und Strymon in der Richtung von Süden nach Norden lag die Halbinsel Chalcidice mit ihren 3 Landspitzen Acte, Sithonia und Pallene und den Städten Scione, Potidäa, Olynthus, Torone, Stagira (Geburtsort des Aristoteles, jetzt Stavro) u. a. Nordwestlich von Chalcidice lag Mygdonia, mit der Stadt Thessalonice, früher Therme (jetzt Salonichi) und den Orten Cissus, Artemisium, Apollonia (jetzt Polina) ꝛc.; östlich davon Bisaltia, nordwestlich Crestonia mit der Hauptstadt Creston und östlich Sintice mit der Hauptstadt Heraclea Sintica. Nordöstlich von Crestonia breitete sich der östlich vom Arius gelegene Theil von Päonia aus mit den Städten Doberus, Tauriana (jetzt Doiran oder Doghiran), Astibon (jetzt Istib) ꝛc. Der Distrikt Mädica, mit den Städten Jamphorina (jetzt Ivorina), Petra und Desudaba lag nördlicher auf den Grenzgebirgen. Weiter östlich fanden sich die Sitze der Bessi. Oestlich vom Strymon lag im Norden um das Gebirge Orbelus der Distrikt Odomantice; gegen Südosten zwischen Strymon und Nestus die Landschaft Edonis, mit den Städten Philippi, Gasorus, Amphipolis, Pergamus, Tragilus, Neapolis.

Zu Bewohnern hatte M. ursprünglich eine Anzahl nicht hellenischer Völkerschaften, die theils dem thracischen, theils dem illyrischen Volksstamme (so die Päones, das alte Hauptvolk des Landes) angehörten. Zu ihnen aber wanderten schon frühzeitig nach der Sage unter Anführung der 3 Söhne des Herakliden Temenus, Gauanes, Aeropus und Perdiccas, hellenische Stämme ein, die sich zuerst in Emathia am Fuß des Gebirgs Bermius niedergelassen haben sollen. Der Name M., früher Maketia, wird abgeleitet von dem alten König Macedo, einem Sohne des Zeus und der Thyia, oder des Osiris, der aus Aegypten einwanderte, nach Anderen von dem samnitischen Worte makod, was herrliches Land bedeutet. Um 730 v. Chr. soll der jüngste jener 3 Brüder, Perdiccas I., nach Andern aber Caranus, ebenfalls ein Heraklide aus Argos, Stifter des hellenisch-macedonischen Reichs geworden sein. Dasselbe war anfangs noch sehr klein; Thracier und Illyrier hinderten das Wachsthum des jungen Staats. Bis auf Amyntas I. werden als Könige aufgezählt Argäus, Philipp I., Aeropus, Alcetes. Mit Amyntas I. (507—480 v. Chr.) und besonders mit dessen Sohn, Alexander I. (480—454) kam M. in Abhängigkeit von Persien. Um jene Zeit begannen auch die Athener Kolonien in M. zu gründen. Perdiccas II. regierte anfangs, seit 454, wahrscheinlich mit seinen Brüdern Alcitas und Philippus gemeinschaftlich, seit 436 aber allein. Er schloß sich zuerst eng an die Athener an, ward sodann aber, da dieselben auch die griechischen Städte auf der chalcidisch-thracischen Halbinsel und Orte an M.s Küste in ihren großen Bund aufnahmen, eifersüchtig auf sie, unterstützte im peloponnesischen Kriege die Lacedämonier u. suchte Olynthus in Chalcidice zu einer Vormauer gegen Athen zu machen. Als Hauptrichtung der macedonischen Politik erscheint von dieser Zeit an Entfernung der Hauptmächte Griechenlands von den thracischen Küsten, besonders von Chalcidice, und Erhaltung der Unabhängigkeit der griechischen Städte; sodann Vernichtung der barbarischen Könige im obern Lande. Archelaus I. (413 v. Chr.), des Perdiccas natürlicher Sohn und Nachfolger, beförderte Handel und Ackerbau, Künste und Wissenschaften und legte Straßen und Städte an. Nach seiner Ermordung (399) zerrütteten Thronstreitigkeiten das Reich u. Griechen u. Barbaren wußten diese Wirren auszubeuten. Amyntas II. behauptete zwar endlich (393) den Thron, sein Nachfolger Alexander II. (370) mußte aber den Frieden von den Illyriern erkaufen u. ward nach dreijähriger Regierung von einem Thronräuber, dem Ptolemäus Alorites, ermordet. Die in jenen Wirren zu Hülfe gerufenen Thebaner vertrieben auch diesen u. erhoben 365 Alexanders II. Bruder, Perdiccas III., auf den Thron. In einem Kriege mit Illyrien ward Perdiccas mit einem großen Theile seines Heeres erschlagen (360) und hinterließ einen fünfjährigen Sohn, Amyntas III. Philipp, dessen Oheim, der jüngste Sohn des Amyntas II., übernahm die Vormundschaft über ihn, fand den von den Thraciern unterstützten Kronprätendenten Pausanias mit Geld ab, entledigte sich des von den Athenern aufgestellten Prätendenten Argäus durch Abtretung von Amphipolis an Athen, kämpfte glücklich gegen die Illyrier und erweiterte das Reich im Nordwesten bis zum See Lychnidus. Im Jahre 359 bestieg er selbst als Philipp II. den Thron, um M. zu weltgeschichtlicher Bedeutung zu verhelfen. Im Innern des Landes waren in dieser ersten Periode mannichfache Veränderungen vorgegangen. Durch die Vertilgung der Könige des obern Landes war eine größere Gesammtkraft, sowie eine feste Naturgrenze durch das kandurische Gebirge gegen das Anstürmen der illyrischen Barbaren gewonnen worden. Griechische Sitte, Bildung und Kunst hatten in M. bereits

Eingang gefunden. Die Freiheit war hier mit dem Königthum verbunden. Zuerst scheint das macedonische Königthum beschränkt gewesen zu sein durch Adel und Volk; der König war Feldherr, Oberpriester, Oberrichter seines Volks, aber in den Angelegenheiten des gemeinen Wohles an die Zustimmung seines Adels gebunden, und das Volk theilte mit ihm die richterliche Gewalt. Wenn nun auch das Königthum seit dem Beginn der eigentlichen Geschichte des Reichs sich mehr und mehr zu absoluter Machtfülle erhob, so bewahrte sich das Volk doch immer eine freie Gesinnung, in der es seinen Königen entgegenstand; Einfachheit, kriegerische Kraft und eine gewisse kräftige Rohheit charakterisirten das Volk. Auf welche Weise sich M. unter der Regierung Philipps vergrößerte, wie es eingriff in die Angelegenheiten der Hellenen und deren Spaltungen ausbeutend seinen Einfluß mehr und mehr steigerte, wie endlich Griechenland unter die Hegemonie M.s sich beugen mußte, wie nach Philipps I. Tode Alexander die gesammte hellenische Macht gegen den Orient, hauptsächlich gegen das Perserreich, koncentrirte, wie er von Sieg zu Sieg vorwärts stürmte, mit kühnem Geistesfluge Orient u. Occident zu vereinigen u. neue Gestaltungen daraus zu schaffen unternahm, wie aber seine Pläne an der Unmöglichkeit dieses Unternehmens scheiterten, darüber s. Philipp 2) und Alexander 1). Während des letztern Abwesenheit war Antipater Verweser von M. gewesen. Der sterbende König übergab seinen Siegelring einem seiner Feldherren, Perdiccas, mit den Worten: Der Würdigste sei mein Nachfolger. Unter Denen, welche Anspruch darauf machten, zu den tüchtigsten Feldherren Alexanders zu gehören, besaßen Leonnatus, Perdiccas und Ptolemäus, sowie Antipater und Craterus, später Eumenes, Antigonus und Seleucus das meiste Ansehen bei dem Heere. Im Ganzen standen aber 13 Rivalen einander gegenüber. Dieselben schlossen einen Vergleich, der dahin lautete, daß Alexanders Halbbruder Arrhidäus und, wenn Alexanders schwangere Gemahlin Roxane einen Sohn gebäre, dieser mit jenem König sein sollte; Perdiccas aber wurde zum Reichsverweser ernannt u. die Verwaltung der Provinzen unter die Feldherren vertheilt. Die Verwaltung von M. u. Griechenland erhielten Antipater und Craterus, u. zwar so, daß jener Feldherr war, dieser die eigentlichen Verwaltungsgeschäfte besorgte. Unterdessen hatte Roxane einen Sohn geboren, der den Namen Alexander erhielt und unter Vormundschaft des Perdiccas als König anerkannt wurde. Die Geschichte M.s in der nächsten Zeit bietet nur das Bild von Intriguen und Kämpfen zwischen den verschiedenen Statthaltern mit dem Reichsverweser dar. In diesen Kriegen fiel Craterus in Kleinasien, und Perdiccas ward in Aegypten, nachdem er glücklich gegen Ptolemäus gekämpft, von seinen eigenen Soldaten ermordet (320). Antipater ward hierauf Reichsverweser und wählte 319 bei seinem Tode mit Uebergehung seines Sohnes Cassander den Polysperchon zu seinem Nachfolger. Mit diesem deshalb in Krieg verwickelt, setzte sich Cassander nach mehrjährigem Kampfe, von Ptolemäus und Antigonus unterstützt, in den Besitz M.s und des größten Theils von Griechenland. Arrhidäus wurde 317 ermordet. Den jungen Alexander ließ Cassander ins Gefängniß werfen und vermählte sich mit dessen Halbschwester Thessalonice, 310 ließ er jenen sammt seiner Mutter Roxane ermorden. Auf Cassander, der Epirus, einen Theil Griechenlands und Karien mit M. verbunden hatte, folgte 298 sein Sohn Philipp III., nach dessen 297 erfolgtem Tode seine Brüder Antipater I. u. Alexander V. um den Thron stritten. Als der erste geflohen und der zweite vergiftet worden war, nahm Demetrius Poliorcetes das Reich für sich in Besitz (294), mußte aber 287 dem Lysimachus von Thracien weichen. Derselbe fiel in dem Kampfe gegen Seleucus von Syrien, und dieser bestieg nun den Thron M.s, wurde aber 280 von Ptolemäus Ceraunus ermordet, der ihm sodann in der Herrschaft folgte. Nachdem dieser 278 gegen die Gallier geblieben war, die das Land verheerten, folgte ihm sein Bruder Meleager u. auf diesen nach 2 Monaten Antipater II. Im Jahre 276 trat Antigonus I. Gonatas, Sohn des Demetrius Poliorcetes, als Regent auf, vertrieb die Gallier, besetzte Athen und Korinth und suchte die Verhältnisse seines Reiches zu ordnen. Er starb 240. Auf seinen Sohn Demetrius II. folgte 232 Antigonus II. Doson, des Antigonus Enkel, der sich mit der Wittwe des Demetrius vermählte, dem achäischen Bunde zu Hülfe zog, Mantinea und Sparta eroberte u. die Illyrier bekämpfte; er starb 221. Sein Nachfolger, Philipp IV., wurde als Bundesgenosse der Achäer in Kriege mit den Aetolern und Illyriern und Attalus von Pergamum verwickelt. Im Jahre 215 schloß er mit Hannibal ein Bündniß gegen die Römer, wurde aber durch eine Flotte an der Ueberfahrt nach Italien gehindert, bei Apollonia geschlagen und seit 211 durch den Krieg gegen die Aetoler, die Verbündeten Roms, in seinem eigenen Lande beschäftigt, bis 204 die Römer unter Vermittelung der Epiroten Frieden schlossen. Doch dauerte derselbe nicht lange. Die Schlacht bei Cynoscephalä, im Herbst 197 von T. Quinctius Flaminius gewonnen, zwang den König zur Flucht nach Larissa und zum Frieden, in welchem die Hegemonie über Griechenland den Macedoniern genommen, die Armee derselben bis auf 500 Hopliten vermindert und eine Zahlung von 1000 Talenten ihnen auferlegt wurde. Nach Philipps Tode (179) bestieg sein Sohn Perseus den Thron. Von gleichem Römerhaß beseelt, zog er zwar die Könige Syriens, Bithyniens, Illyriens, Thraciens, die Epiroten und Thessaller in sein Interesse, konnte sie aber nicht zu einer dauernden Vereinigung bewegen. Gerüstet mit einer Armee von 39,000 Mann Fußvolk und 4000 Reitern, erklärte er 171 an die Römer den Krieg und behauptete sich anfangs in dem Gebirgslande von Thessalien; aber durch seinen Geiz machte er seine Bundesgenossen von sich abwendig. Der römische Konsul Aemilius Paulus besiegte ihn am 22. Juni 168 in der Schlacht bei Pydna und stürzte so den Thron der macedonischen Könige. Perseus mußte den Triumph des Siegers in Rom mit verherrlichen und wurde in dem Gefängniß zu Alba zu Tode gemartert. Ein Senatsbeschluß erklärte zwar M. für frei unter Roms Oberherrschaft, theilte es aber in vier Distrikte, die kein Commercium und Connubium unter einander hatten, und bestimmte die Hälfte der bisherigen Abgaben als Tribut. Das Volk folgte daher gern dem Rufe eines Sklaven Andriscus, der sich für den Sohn des Perseus ausgab (der sogenannte Pseudo-Philippus), und kämpfte anfangs glücklich gegen

Pelagonia, Lyncestis, Orestis und Elimea, und in Niedermacedonien, welches die Ebenen um den thermäischen Meerbusen und oberhalb Chalcidice umfaßte. Die Landschaft Pelagonia, später Päonia genannt, erstreckte sich östlich über den Arius hinaus bis zum Strymon. Die alte Residenz der Könige war Bylazora am Astycus. Die Landschaft Lyncestis (Lyncus) lag südlich von Pelagonia längs der Grenze Illyriens; die Hauptstadt war Heraclea. Südöstlich davon lag der bis zum Haliacmon reichende Gau Cordäa, mit der Hauptstadt Cordäa (jetzt Filorina); um die Quellen des Haliacmon der Distrikt Orestis; südöstlich davon die Landschaft Elimiotis (Elimea). Oestlich von Lyncestis und Cordäa breitete sich die Landschaft Emathia aus. Sie wurde vom Fluß Lydias durchströmt, und in ihr lagen Edessa, die Residenz der alten macedonischen Könige (jetzt Vodina am Karasmak), Berda (jetzt Veria), Citium, Atalanta 2c. Südöstlich von Emathia findet sich der Distrikt Bottiäis oder Bottiäa, mit der alten Stadt Pella, der spätern Residenz der macedonischen Könige, Geburtsort Philipps II. u. Alexanders des Großen. Südöstlich von diesem Gau breitete sich längs der Westküste des thermäischen Meerbusens die Landschaft Pieria aus, wo die Musen ihren Wohnsitz und die musischen Künste ihre ursprüngliche Heimat hatten, wo der Sage nach Orpheus durch seine Töne Natur und Menschen bezauberte und Linus, Eumolpus und Thamyris 2c. durch ihre Gesänge nicht bloß ergötzten, sondern auch Kultur verbreiteten. Von den Städten dieses Distrikts sind zu bemerken: Methone, Pydna, Citrus (jetzt Kitro), Heracleum (jetzt Platamona), Pimpleia 2c. Zwischen dem Arius und Strymon in der Richtung von Süden nach Norden lag die Halbinsel Chalcidice mit ihren 3 Landspitzen Acte, Sithonia und Pallene und den Städten Scione, Potidäa, Olynthus, Torone, Stagira (Geburtsort des Aristoteles, jetzt Stavro) u. a. Nordwestlich von Chalcidice lag Mygbonia, mit der Stadt Thessalonice, früher Therme (jetzt Salonichi) und den Orten Cissus, Artemisium, Apollonia (jetzt Polina) 2c.; östlich davon Bisaltia, nordwestlich Crestonia mit der Hauptstadt Creston und östlich Sintice mit der Hauptstadt Heraclea Sintica. Nordöstlich von Crestonia breitete sich der östlich vom Arius gelegene Theil von Päonia aus mit den Städten Doberus, Tauriana (jetzt Doiran oder Doghiran), Astibon (jetzt Istib) 2c. Der Distrikt Mädica, mit den Städten Iamphorina (jetzt Ivorina), Petra und Desudaba lag nördlicher auf den Grenzgebirgen. Weiter östlich fanden sich die Sitze der Bessi. Oestlich vom Strymon lag im Norden um das Gebirge Orbelus der Distrikt Odomantice; gegen Südosten zwischen Strymon und Nestus die Landschaft Edonis, mit den Städten Philippi, Gasorus, Amphipolis, Pergamus, Tragilus, Neapolis.

Zu Bewohnern hatte M. ursprünglich eine Anzahl nicht hellenischer Völkerschaften, die theils dem thracischen, theils dem illyrischen Volksstamme (so die Päones, das alte Hauptvolk des Landes) angehörten. Zu ihnen aber wanderten schon frühzeitig nach der Sage unter Anführung der 3 Söhne des Herakliden Temenus, Gauanes, Aeropus und Perdiccas, hellenische Stämme ein, die sich zuerst in Emathia am Fuß des Gebirgs Bermius niedergelassen haben sollen. Der Name M., früher Maketia, wird abgeleitet von dem alten König Macedo, einem Sohne des Zeus und der Thyia, oder des Osiris, der aus Aegypten einwanderte, nach Anderen von dem samnitischen Worte makod, was herrliches Land bedeutet. Um 730 v. Chr. soll der jüngste jener 3 Brüder, Perdiccas I., nach Andern aber Caranus, ebenfalls ein Heraklide aus Argos, Stifter des hellenisch-macedonischen Reichs geworden sein. Dasselbe war anfangs noch sehr klein; Thracier und Illyrier hinderten das Wachsthum des jungen Staats. Bis auf Amyntas I. werden als Könige aufgezählt Argäus, Philipp I., Aeropus, Alcetes. Mit Amyntas I. (507—480 v. Chr.) und besonders mit dessen Sohn, Alexander I. (480—454) kam M. in Abhängigkeit von Persien. Um jene Zeit begannen auch die Athener Kolonien in M. zu gründen. Perdiccas II. regierte anfangs, seit 454, wahrscheinlich mit seinen Brüdern Alcitas und Philippus gemeinschaftlich, seit 436 aber allein. Er schloß sich zuerst eng an die Athener an, ward sodann aber, da dieselben auch die griechischen Städte auf der chalcidisch-thracischen Halbinsel und Orte an M.s Küste in ihren großen Bund aufnahmen, eifersüchtig auf sie, unterstützte im peloponnesischen Kriege die Lacedämonier u. suchte Olynthus in Chalcidice zu einer Vormauer gegen Athen zu machen. Als Hauptrichtung der macedonischen Politik erscheint von dieser Zeit an Entfernung der Hauptmächte Griechenlands von den thracischen Küsten, besonders von Chalcidice, und Erhaltung der Unabhängigkeit der griechischen Städte; sodann Vernichtung der barbarischen Könige im obern Lande. Archelaus I. (413 v. Chr.), des Perdiccas natürlicher Sohn und Nachfolger, beförderte Handel und Ackerbau, Künste und Wissenschaften und legte Straßen und Städte an. Nach seiner Ermordung (399) zerrütteten Thronstreitigkeiten das Reich u. Griechen u. Barbaren wußten diese Wirren auszubeuten. Amyntas II. behauptete zwar endlich (393) den Thron, sein Nachfolger Alexander II. (370) mußte aber den Frieden von den Illyriern erkaufen u. ward nach dreijähriger Regierung von einem Thronräuber, dem Ptolemäus Alorites, ermordet. Die in jenen Wirren zu Hülfe gerufenen Thebaner vertrieben auch diesen u. erhoben 365 Alexanders II. Bruder, Perdiccas III., auf den Thron. In einem Kriege mit Illyrien ward Perdiccas mit einem großen Theile seines Heeres erschlagen (360) und hinterließ einen fünfjährigen Sohn, Amyntas III. Philipp, dessen Oheim, der jüngste Sohn des Amyntas II., übernahm die Vormundschaft über ihn, fand den von den Thraciern unterstützten Kronprätendenten Pausanias mit Geld ab, entledigte sich des von den Athenern aufgestellten Prätendenten Argäus durch Abtretung von Amphipolis an Athen, kämpfte glücklich gegen die Illyrier und erweiterte das Reich im Nordwesten bis zum See Lychnidus. Im Jahre 359 bestieg er selbst als Philipp II. den Thron, um M. zu weltgeschichtlicher Bedeutung zu verhelfen. Im Innern des Landes waren in dieser ersten Periode mannichfache Veränderungen vorgegangen. Durch die Vertilgung der Könige des obern Landes war eine größere Gesammtkraft, sowie eine feste Naturgrenze durch das kandurische Gebirge gegen das Anstürmen der illyrischen Barbaren gewonnen worden. Griechische Sitte, Bildung und Kunst hatten in M. bereits

Eingang gefunden. Die Freiheit war hier mit dem Königthum verbunden. Zuerst scheint das macedonische Königthum beschränkt gewesen zu sein durch Adel und Volk; der König war Feldherr, Oberpriester, Oberrichter seines Volks, aber in den Angelegenheiten des gemeinen Wohles an die Zustimmung seines Adels gebunden, und das Volk theilte mit ihm die richterliche Gewalt. Wenn nun auch das Königthum seit dem Beginn der eigentlichen Geschichte des Reichs sich mehr und mehr zu absoluter Machtfülle erhob, so bewahrte sich das Volk doch immer eine freie Gesinnung, in der es seinen Königen entgegenstand; Einfachheit, kriegerische Kraft und eine gewisse kräftige Rohheit charakterisirten das Volk. Auf welche Weise sich M. unter der Regierung Philipps vergrößerte, wie es eingriff in die Angelegenheiten der Hellenen und deren Spaltungen ausbeutend seinen Einfluß mehr und mehr steigerte, wie endlich Griechenland unter die Hegemonie M.s sich beugen mußte, wie nach Philipps I. Tode Alexander die gesammte hellenische Macht gegen den Orient, hauptsächlich gegen das Perserreich, koncentrirte, wie er von Sieg zu Sieg vorwärts stürmte, mit kühnem Geistesfluge Orient u. Occident zu vereinigen u. neue Gestaltungen daraus zu schaffen unternahm, wie aber seine Pläne an der Unmöglichkeit dieses Unternehmens scheiterten, darüber s. Philipp 2) und Alexander 1). Während des letztern Abwesenheit war Antipater Verweser von M. gewesen. Der sterbende König übergab seinen Siegelring einem seiner Feldherren, Perdiccas, mit den Worten: Der Würdigste sei mein Nachfolger. Unter Denen, welche Anspruch darauf machten, zu den tüchtigsten Feldherren Alexanders zu gehören, besaßen Leonnatus, Perdiccas und Ptolemäus, sowie Antipater und Craterus, später Eumenes, Antigonus und Seleucus das meiste Ansehen bei dem Heere. Im Ganzen standen aber 13 Rivalen einander gegenüber. Dieselben schlossen einen Vergleich, der dahin lautete, daß Alexanders Halbbruder Arrhidäus und, wenn Alexanders schwangere Gemahlin Roxane einen Sohn gebäre, dieser mit jenem König sein sollte; Perdiccas aber wurde zum Reichsverweser ernannt u. die Verwaltung der Provinzen unter die Feldherren vertheilt. Die Verwaltung von M. u. Griechenland erhielten Antipater und Craterus, u. zwar so, daß jener Feldherr war, dieser die eigentlichen Verwaltungsgeschäfte besorgte. Unterdessen hatte Roxane einen Sohn geboren, der den Namen Alexander erhielt und unter Vormundschaft des Perdiccas als König anerkannt wurde. Die Geschichte M.s in der nächsten Zeit bietet nur das Bild von Intriguen und Kämpfen zwischen den verschiedenen Statthaltern mit dem Reichsverweser dar. In diesen Kriegen fiel Craterus in Kleinasien, und Perdiccas ward in Aegypten, nachdem er glücklich gegen Ptolemäus gekämpft, von seinen eigenen Soldaten ermordet (320). Antipater ward hierauf Reichsverweser und wählte 319 bei seinem Tode mit Uebergehung seines Sohnes Cassander den Polysperchon zu seinem Nachfolger. Mit diesem deshalb in Krieg verwickelt, setzte sich Cassander nach mehrjährigem Kampfe, von Ptolemäus und Antigonus unterstützt, in den Besitz M.s und des größten Theils von Griechenland. Arrhidäus wurde 317 ermordet. Den jungen Alexander ließ Cassander ins Gefängniß werfen und vermählte sich mit dessen Halbschwester Thessalonice, 310 ließ er jenen sammt seiner Mutter Roxane ermorden. Auf Cassander, der Epirus, einen Theil Griechenlands und Karien mit M. verbunden hatte, folgte 298 sein Sohn Philipp III., nach dessen 297 erfolgtem Tode seine Brüder Antipater I. u. Alexander V. um den Thron stritten. Als der erste geflohen und der zweite vergiftet worden war, nahm Demetrius Poliorcetes das Reich für sich in Besitz (294), mußte aber 287 dem Lysimachus von Thracien weichen. Derselbe fiel in dem Kampfe gegen Seleucus von Syrien, und dieser bestieg nun den Thron M.s, wurde aber 280 von Ptolemäus Ceraunus ermordet, der ihm sodann in der Herrschaft folgte. Nachdem dieser 278 gegen die Gallier geblieben war, die das Land verheerten, folgte ihm sein Bruder Meleager u. auf diesen nach 2 Monaten Antipater II. Im Jahre 276 trat Antigonus I. Gonatas, Sohn des Demetrius Poliorcetes, als Regent auf, vertrieb die Gallier, besetzte Athen und Korinth und suchte die Verhältnisse seines Reiches zu ordnen. Er starb 240. Auf seinen Sohn Demetrius II. folgte 232 Antigonus II. Doson, des Antigonus Enkel, der sich mit der Wittwe des Demetrius vermählte, dem achäischen Bunde zu Hülfe zog, Mantinea und Sparta eroberte u. die Illyrier bekämpfte; er starb 221. Sein Nachfolger, Philipp IV., wurde als Bundesgenosse der Achäer in Kriege mit den Aetolern und Illyriern und Attalus von Pergamum verwickelt. Im Jahre 215 schloß er mit Hannibal ein Bündniß gegen die Römer, wurde aber durch eine Flotte an der Ueberfahrt nach Italien gehindert, bei Apollonia geschlagen und seit 211 durch den Krieg gegen die Aetoler, die Verbündeten Roms, in seinem eigenen Lande beschäftigt, bis 204 die Römer unter Vermittelung der Epiroten Frieden schlossen. Doch dauerte derselbe nicht lange. Die Schlacht bei Cynoscephalä, im Herbst 197 von T. Quinctius Flaminius gewonnen, zwang den König zur Flucht nach Larissa und zum Frieden, in welchem die Hegemonie über Griechenland den Macedoniern genommen, die Armee derselben bis auf 500 Hopliten vermindert und eine Zahlung von 1000 Talenten ihnen auferlegt wurde. Nach Philipps Tode (179) bestieg sein Sohn Perseus den Thron. Von gleichem Römerhaß beseelt, zog er zwar die Könige Syriens, Bithyniens, Illyriens, Thraciens, die Epiroten und Thessaler in sein Interesse, konnte sie aber nicht zu einer dauernden Vereinigung bewegen. Gerüstet mit einer Armee von 39,000 Mann Fußvolk und 4000 Reitern, erklärte er 171 an die Römer den Krieg und behauptete sich anfangs in dem Gebirgslande von Thessalien; aber durch seinen Geiz machte er seine Bundesgenossen von sich abwendig. Der römische Konsul Aemilius Paulus besiegte ihn am 22. Juni 168 in der Schlacht bei Pydna und stürzte so den Thron der macedonischen Könige. Perseus mußte den Triumph des Siegers in Rom mit verherrlichen und wurde in dem Gefängniß zu Alba zu Tode gemartert. Ein Senatsbeschluß erklärte zwar M. für frei unter Roms Oberherrschaft, theilte es aber in vier Distrikte, die kein Commercium und Connubium unter einander hatten, und bestimmte die Hälfte der bisherigen Abgaben als Tribut. Das Volk folgte daher gern dem Rufe eines Sklaven Andriscus, der sich für den Sohn des Perseus ausgab (der sogenannte Pseudo-Philippus), und kämpfte anfangs glücklich gegen

Pelagonia, Lyncestis, Orestis und Elimea, und in Niedermacedonien, welches die Ebenen um den thermäischen Meerbusen und oberhalb Chalcidice umfaßte. Die Landschaft Pelagonia, später Päonia genannt, erstreckte sich östlich über den Arius hinaus bis zum Strymon. Die alte Residenz der Könige war Bylazora am Astycus. Die Landschaft Lyncestis (Lyncus) lag südlich von Pelagonia längs der Grenze Illyriens; die Hauptstadt war Heraclea. Südöstlich davon lag der bis zum Haliacmon reichende Gau Cordäa, mit der Hauptstadt Cordäa (jetzt Filorina); um die Quellen des Haliacmon der Distrikt Orestis; südöstlich davon die Landschaft Elimiotis (Elimea). Oestlich von Lyncestis und Cordäa breitete sich die Landschaft Emathia aus. Sie wurde vom Fluß Lydias durchströmt, und in ihr lagen Edessa, die Residenz der alten macedonischen Könige (jetzt Vodina am Karasmak), Beröa (jetzt Veria), Citium, Atalanta ꝛc. Südöstlich von Emathia findet sich der Distrikt Bottiäis oder Bottiäa, mit der alten Stadt Pella, der spätern Resideuz der macedonischen Könige, Geburtsort Philipps II. u. Alexanders des Großen. Südöstlich von diesem Gau breitete sich längs der Westküste des thermäischen Meerbusens die Landschaft Pieria aus, wo die Musen ihren Wohnsitz und die musischen Künste ihre ursprüngliche Heimat hatten, wo der Sage nach Orpheus durch seine Töne Natur und Menschen bezauberte und Linus, Eumolpus und Thamyris ꝛc. durch ihre Gesänge nicht bloß ergötzten, sondern auch Kultur verbreiteten. Von den Städten dieses Distrikts sind zu bemerken: Methone, Pydna, Citrus (jetzt Kitro), Heracleum (jetzt Platamona), Pimpleia ꝛc. Zwischen dem Arius und Strymon in der Richtung von Süden nach Norden lag die Halbinsel Chalcidice mit ihren 3 Landspitzen Acte, Sithonia und Pallene und den Städten Scione, Potidäa, Olynthus, Torone, Stagira (Geburtsort des Aristoteles, jetzt Stavro) u. a. Nordwestlich von Chalcidice lag Mygdonia, mit der Stadt Thessalonice, früher Therme (jetzt Salonichi) und den Orten Cissus, Artemisium, Apollonia (jetzt Polina) ꝛc.; östlich davon Bisaltia, nordwestlich Crestonia mit der Hauptstadt Creston und östlich Sintice mit der Hauptstadt Heraclea Sintica. Nordöstlich von Crestonia breitete sich der östlich vom Arius gelegene Theil von Päonia aus mit den Städten Doberus, Tauriana (jetzt Doiran oder Doghiran), Astiben (jetzt Istib) ꝛc. Der Distrikt Mädica, mit den Städten Jamphorina (jetzt Ivorina), Petra und Desudaba lag nördlicher auf den Grenzgebirgen. Weiter östlich fanden sich die Sitze der Bessi. Oestlich vom Strymon lag im Norden um das Gebirge Orbelus der Distrikt Odomantice; gegen Südosten zwischen Strymon und Nestus die Landschaft Edonis, mit den Städten Philippi, Gasorus, Amphipolis, Pergamus, Tragilus, Neapolis.

Zu Bewohnern hatte M. ursprünglich eine Anzahl nicht hellenischer Völkerschaften, die theils dem thracischen, theils dem illyrischen Volksstamme (so die Päones, das alte Hauptvolk des Landes) angehörten. Zu ihnen aber wanderten schon frühzeitig nach der Sage unter Anführung der 3 Söhne des Herakliden Temenus, Gauanes, Aeropus und Perdiccas, hellenische Stämme ein, die sich zuerst in Emathia am Fuß des Gebirgs Bermius niedergelassen haben sollen. Der Name M., früher Maketia, wird abgeleitet von dem alten König Macedo, einem Sohne des Zeus und der Thyia, oder des Osiris, der aus Aegypten einwanderte, nach Anderen von dem samnitischen Worte maked, was herrliches Land bedeutet. Um 730 v. Chr. soll der jüngste jener 3 Brüder, Perdiccas I., nach Andern aber Caranus, ebenfalls ein Heraklide aus Argos, Stifter des hellenisch-macedonischen Reichs geworden sein. Dasselbe war anfangs noch sehr klein; Thracier und Illyrier hinderten das Wachsthum des jungen Staats. Bis auf Amyntas I. werden als Könige aufgezählt Argäus, Philipp I., Aeropus, Alcetes. Mit Amyntas I. (507—480 v. Chr.) und besonders mit dessen Sohn, Alexander I. (480—454) kam M. in Abhängigkeit von Persien. Um jene Zeit begannen auch die Athener Kolonien in M. zu gründen. Perdiccas II. regierte anfangs, seit 454, wahrscheinlich mit seinen Brüdern Alcitas und Philippus gemeinschaftlich, seit 436 aber allein. Er schloß sich zuerst eng an die Athener an, ward sodann aber, da dieselben auch die griechischen Städte auf der chalcidisch-thracischen Halbinsel und Orte an M.s Küste in ihren großen Bund aufnahmen, eifersüchtig auf sie, unterstützte im peloponnesischen Kriege die Lacedämonier u. suchte Olynthus in Chalcidice zu einer Vormauer gegen Athen zu machen. Als Hauptrichtung der macedonischen Politik erscheint von dieser Zeit an Entfernung der Hauptmächte Griechenlands von den thracischen Küsten, besonders von Chalcidice, und Erhaltung der Unabhängigkeit der griechischen Städte; sodann Vernichtung der barbarischen Könige im obern Lande. Archelaus I. (413 v. Chr.), des Perdiccas natürlicher Sohn und Nachfolger, beförderte Handel und Ackerbau, Künste und Wissenschaften und legte Straßen und Städte an. Nach seiner Ermordung (399) zerrütteten Thronstreitigkeiten das Reich u. Griechen u. Barbaren wußten diese Wirren auszubeuten. Amyntas II. behauptete zwar endlich (393) den Thron, sein Nachfolger Alexander II. (370) mußte aber den Frieden von den Illyriern erkaufen u. ward nach dreijähriger Regierung von einem Thronräuber, dem Ptolemäus Alorites, ermordet. Die in jenen Wirren zu Hülfe gerufenen Thebaner vertrieben auch diesen u. erhoben 365 Alexanders II. Bruder, Perdiccas III., auf den Thron. In einem Kriege mit Illyrien ward Perdiccas mit einem großen Theile seines Heeres erschlagen (360) und hinterließ einen fünfjährigen Sohn, Amyntas III. Philipp, dessen Oheim, der jüngste Sohn des Amyntas II., übernahm die Vormundschaft über ihn, fand den von den Thraciern unterstützten Kronprätendenten Pausanias mit Geld ab, entledigte sich des von den Athenern aufgestellten Prätendenten Argäus durch Abtretung von Amphipolis an Athen, kämpfte glücklich gegen die Illyrier und erweiterte das Reich im Nordwesten bis zum See Lychnidus. Im Jahre 359 bestieg er selbst als Philipp II. den Thron, um M. zu weltgeschichtlicher Bedeutung zu verhelfen. Im Innern des Landes waren in dieser ersten Periode mannichfache Veränderungen vorgegangen. Durch die Vertilgung der Könige des obern Landes war eine größere Gesammtkraft, sowie eine feste Naturgrenze durch das kandurische Gebirge gegen das Anstürmen der illyrischen Barbaren gewonnen worden. Griechische Sitte, Bildung und Kunst hatten in M. bereits

Eingang gefunden. Die Freiheit war hier mit dem Königthum verbunden. Zuerst scheint das macedonische Königthum beschränkt gewesen zu sein durch Adel und Volk; der König war Feldherr, Oberpriester, Oberrichter seines Volks, aber in den Angelegenheiten des gemeinen Wohles an die Zustimmung seines Adels gebunden, und das Volk theilte mit ihm die richterliche Gewalt. Wenn nun auch das Königthum seit dem Beginn der eigentlichen Geschichte des Reichs sich mehr und mehr zu absoluter Machtfülle erhob, so bewahrte sich das Volk doch immer eine freie Gesinnung, in der es seinen Königen entgegenstand; Einfachheit, kriegerische Kraft und eine gewisse kräftige Rohheit charakterisirten das Volk. Auf welche Weise sich M. unter der Regierung Philipps vergrößerte, wie es eingriff in die Angelegenheiten der Hellenen und deren Spaltungen ausbeutend seinen Einfluß mehr und mehr steigerte, wie endlich Griechenland unter die Hegemonie M.s sich beugen mußte, wie nach Philipps I. Tode Alexander die gesammte hellenische Macht gegen den Orient, hauptsächlich gegen das Perserreich, koncentrirte, wie er von Sieg zu Sieg vorwärts stürmte, mit kühnem Geistesfluge Orient u. Occident zu vereinigen u. neue Gestaltungen daraus zu schaffen unternahm, wie aber seine Pläne an der Unmöglichkeit dieses Unternehmens scheiterten, darüber s. Philipp 2) und Alexander 1). Während des letztern Abwesenheit war Antipater Verweser von M. gewesen. Der sterbende König übergab seinen Siegelring einem seiner Feldherren, Perdiccas, mit den Worten: Der Würdigste sei mein Nachfolger. Unter Denen, welche Anspruch darauf machten, zu den tüchtigsten Feldherren Alexanders zu gehören, besaßen Leonnatus, Perdiccas und Ptolemäus, sowie Antipater und Craterus, später Eumenes, Antigonus und Seleucus das meiste Ansehen bei dem Heere. Im Ganzen standen aber 13 Rivalen einander gegenüber. Dieselben schlossen einen Vergleich, der dahin lautete, daß Alexanders Halbbruder Arrhidäus und, wenn Alexanders schwangere Gemahlin Roxane einen Sohn gebäre, dieser mit jenem König sein sollte; Perdiccas aber wurde zum Reichsverweser ernannt u. die Verwaltung der Provinzen unter die Feldherren vertheilt. Die Verwaltung von M. u. Griechenland erhielten Antipater und Craterus, u. zwar so, daß jener Feldherr war, dieser die eigentlichen Verwaltungsgeschäfte besorgte. Unterdessen hatte Roxane einen Sohn geboren, der den Namen Alexander erhielt und unter Vormundschaft des Perdiccas als König anerkannt wurde. Die Geschichte M.s in der nächsten Zeit bietet nur das Bild von Intriguen und Kämpfen zwischen den verschiedenen Statthaltern mit dem Reichsverweser dar. In diesen Kriegen fiel Craterus in Kleinasien, und Perdiccas ward in Aegypten, nachdem er glücklich gegen Ptolemäus gekämpft, von seinen eigenen Soldaten ermordet (320). Antipater ward hierauf Reichsverweser und wählte 319 bei seinem Tode mit Uebergehung seines Sohnes Cassander den Polysperchon zu seinem Nachfolger. Mit diesem deshalb in Krieg verwickelt, setzte sich Cassander nach mehrjährigem Kampfe, von Ptolemäus und Antigonus unterstützt, in den Besitz M.s und des größten Theils von Griechenland. Arrhidäus wurde 317 ermordet. Den jungen Alexander ließ Cassander ins Gefängniß werfen und vermählte sich mit dessen Halbschwester Thessalonice, 310 ließ er jenen sammt seiner Mutter Roxane ermorden. Auf Cassander, der Epirus, einen Theil Griechenlands und Karien mit M. verbunden hatte, folgte 298 sein Sohn Philipp III., nach dessen 297 erfolgtem Tode seine Brüder Antipater I. u. Alexander V. um den Thron stritten. Als der erste geflohen und der zweite vergiftet worden war, nahm Demetrius Poliorcetes das Reich für sich in Besitz (294), mußte aber 287 dem Lysimachus von Thracien weichen. Derselbe fiel in dem Kampfe gegen Seleucus von Syrien, und dieser bestieg nun den Thron M.s, wurde aber 280 von Ptolemäus Ceraunus ermordet, der ihm sodann in der Herrschaft folgte. Nachdem dieser 278 gegen die Gallier geblieben war, die das Land verheerten, folgte ihm sein Bruder Meleager u. auf diesen nach 2 Monaten Antipater II. Im Jahre 276 trat Antigonus I. Gonatas, Sohn des Demetrius Poliorcetes, als Regent auf, vertrieb die Gallier, besetzte Athen und Korinth und suchte die Verhältnisse seines Reiches zu ordnen. Er starb 240. Auf seinen Sohn Demetrius II. folgte 232 Antigonus II. Doson, des Antigonus Enkel, der sich mit der Wittwe des Demetrius vermählte, dem achäischen Bunde zu Hülfe zog, Mantinea und Sparta eroberte u. die Illyrier bekämpfte; er starb 221. Sein Nachfolger, Philipp IV., wurde als Bundesgenosse der Achäer in Kriege mit den Aetolern und Illyriern und Attalus von Pergamum verwickelt. Im Jahre 215 schloß er mit Hannibal ein Bündniß gegen die Römer, wurde aber durch eine Flotte an der Ueberfahrt nach Italien gehindert, bei Apollonia geschlagen und seit 211 durch den Krieg gegen die Aetoler, die Verbündeten Roms, in seinem eigenen Lande beschäftigt, bis 204 die Römer unter Vermittelung der Epiroten Frieden schlossen. Doch dauerte derselbe nicht lange. Die Schlacht bei Cynoscephalä, im Herbst 197 von T. Quinctius Flaminius gewonnen, zwang den König zur Flucht nach Larissa und zum Frieden, in welchem die Hegemonie über Griechenland den Macedoniern genommen, die Armee derselben bis auf 500 Hopliten vermindert und eine Zahlung von 1000 Talenten ihnen auferlegt wurde. Nach Philipps Tode (179) bestieg sein Sohn Perseus den Thron. Von gleichem Römerhaß beseelt, zog er zwar die Könige Syriens, Bithyniens, Illyriens, Thraciens, die Epiroten und Thessaller in sein Interesse, konnte sie aber nicht zu einer dauernden Vereinigung bewegen. Gerüstet mit einer Armee von 39,000 Mann Fußvolk und 4000 Reitern, erklärte er 171 an die Römer den Krieg und behauptete sich anfangs in dem Gebirgslande von Thessalien; aber durch seinen Geiz machte er seine Bundesgenossen von sich abwendig. Der römische Konsul Aemilius Paulus besiegte ihn am 22. Juni 168 in der Schlacht bei Pydna und stürzte so den Thron der macedonischen Könige. Perseus mußte den Triumph des Siegers in Rom mit verherrlichen und wurde in dem Gefängniß zu Alba zu Tode gemartert. Ein Senatsbeschluß erklärte zwar M. für frei unter Roms Oberherrschaft, theilte es aber in vier Distrikte, die kein Commercium und Connubium unter einander hatten, und bestimmte die Hälfte der bisherigen Abgaben als Tribut. Das Volk folgte daher gern dem Rufe eines Sklaven Andriscus, der sich für den Sohn des Perseus ausgab (der sogenannte Pseudo-Philippus), und kämpfte anfangs glücklich gegen

Pelagonia, Lyncestis, Orestis und Elimea, und in **Niedermacedonien**, welches die Ebenen um den thermäischen Meerbusen und oberhalb Chalcidice umfaßte. Die Landschaft **Pelagonia**, später **Päonia** genannt, erstreckte sich östlich über den Arius hinaus bis zum Strymon. Die alte Residenz der Könige war Bylazora am Astycus. Die Landschaft **Lyncestis** (**Lyncus**) lag südlich von Pelagonia längs der Grenze Illyriens; die Hauptstadt war Heraclea. Südöstlich davon lag der bis zum Haliacmon reichende Gau **Cordäa**, mit der Hauptstadt Cordäa (jetzt Filorina); um die Quellen des Haliacmon der Distrikt **Orestis**; südöstlich davon die Landschaft **Elimiotis** (Elimea). Oestlich von Lyncestis und Cordäa breitete sich die Landschaft **Emathia** aus. Sie wurde vom Fluß Lydias durchströmt, und in ihr lagen Edessa, die Residenz der alten macedonischen Könige (jetzt Vodina am Karasmak), Beröa (jetzt Veria), Citium, Atalanta ꝛc. Südöstlich von Emathia findet sich der Distrikt **Bottiäis** oder **Bottiäa**, mit der alten Stadt Pella, der spätern Residenz der macedonischen Könige, Geburtsort Philipps II. u. Alexanders des Großen. Südöstlich von diesem Gau breitete sich längs der Westküste des thermäischen Meerbusens die Landschaft **Pieria** aus, wo die Musen ihren Wohnsitz und die musischen Künste ihre ursprüngliche Heimat hatten, wo der Sage nach Orpheus durch seine Töne Natur und Menschen bezauberte und Linus, Eumolpus und Thamyris ꝛc. durch ihre Gesänge nicht bloß ergötzten, sondern auch Kultur verbreiteten. Von den Städten dieses Distrikts sind zu bemerken: Methone, Pydna, Citrus (jetzt Kitro), Heracleum (jetzt Platamona), Pimpleia ꝛc. Zwischen dem Arius und Strymon in der Richtung von Süden nach Norden lag die Halbinsel **Chalcidice** mit ihren 3 Landspitzen Acte, Sithonia und Pallene und den Städten Scione, Potidäa, Olynthus, Torone, Stagira (Geburtsort des Aristoteles, jetzt Stavro) u. a. Nordwestlich von Chalcidice lag **Mygdonia**, mit der Stadt Thessalonice, früher Therme (jetzt Salonichi) und den Orten Cissus, Artemisium, Apollonia (jetzt Polina) ꝛc.; östlich davon **Bisaltia**, nordwestlich **Crestonia** mit der Hauptstadt Creston und östlich **Sintice** mit der Hauptstadt Heraclea Sintica. Nordöstlich von Crestonia breitete sich der östlich vom Arius gelegene Theil von Päonia aus mit den Städten Doberus, Tauriana (jetzt Doiran oder Doghiran), Astibon (jetzt Istib) ꝛc. Der Distrikt **Mädica**, mit den Städten Iamphorina (jetzt Ivorina), Petra und Desudaba lag nördlicher auf den Grenzgebirgen. Weiter östlich fanden sich die Sitze der Bessi. Oestlich vom Strymon lag im Norden um das Gebirge Orbelus der Distrikt **Odomantice**; gegen Südosten zwischen Strymon und Nestus die Landschaft **Edonis**, mit den Städten Philippi, Gasorus, Amphipolis, Pergamus, Tragilus, Neapolis.

Zu Bewohnern hatte M. ursprünglich eine Anzahl nicht hellenischer Völkerschaften, die theils dem thracischen, theils dem illyrischen Volksstamme (so die **Päones**, das alte Hauptvolk des Landes) angehörten. Zu ihnen aber wanderten schon frühzeitig nach der Sage unter Anführung der 3 Söhne des Herakliden Temenus, Gauanes, Aeropus und Perdiccas, hellenische Stämme ein, die sich zuerst in Emathia am Fuß des Gebirgs Bermius niedergelassen haben sollen. Der Name M., früher Maketia, wird abgeleitet von dem alten König Macedo, einem Sohne des Zeus und der Thyia, oder des Osiris, der aus Aegypten einwanderte, nach Anderen von dem samnitischen Worte maked, was herrliches Land bedeutet. Um 730 v. Chr. soll der jüngste jener 3 Brüder, **Perdiccas I.**, nach Andern aber **Caranus**, ebenfalls ein Heraklide aus Argos, Stifter des hellenisch-macedonischen Reichs geworden sein. Dasselbe war anfangs noch sehr klein; Thracier und Illyrier hinderten das Wachsthum des jungen Staats. Bis auf Amyntas I. werden als Könige aufgezählt Argäus, Philipp I., Aeropus, Alcetes. Mit **Amyntas I.** (507—480 v. Chr.) und besonders mit dessen Sohn, **Alexander I.** (480—454) kam M. in Abhängigkeit von Persien. Um jene Zeit begannen auch die Athener Kolonien in M. zu gründen. **Perdiccas II.** regierte anfangs, seit 454, wahrscheinlich mit seinen Brüdern Alcitas und Philippus gemeinschaftlich, seit 436 aber allein. Er schloß sich zuerst eng an die Athener an, ward sodann aber, da dieselben auch die griechischen Städte auf der chalcidisch-thracischen Halbinsel und Orte an M.s Küste in ihren großen Bund aufnahmen, eifersüchtig auf sie, unterstützte im peloponnesischen Kriege die Lacedämonier u. suchte Olynthus in Chalcidice zu einer Vormauer gegen Athen zu machen. Als Hauptrichtung der macedonischen Politik erscheint von dieser Zeit an Entfernung der Hauptmächte Griechenlands von den thracischen Küsten, besonders von Chalcidice, und Erhaltung der Unabhängigkeit der griechischen Städte; sodann Vernichtung der barbarischen Könige im obern Lande. **Archelaus I.** (413 v. Chr.), des Perdiccas natürlicher Sohn und Nachfolger, beförderte Handel und Ackerbau, Künste und Wissenschaften und legte Straßen und Städte an. Nach seiner Ermordung (399) zerrütteten Thronstreitigkeiten das Reich u. Griechen u. Barbaren wußten diese Wirren auszubeuten. **Amyntas II.** behauptete zwar endlich (393) den Thron, sein Nachfolger **Alexander II.** (370) mußte aber den Frieden von den Illyriern erkaufen u. ward nach dreijähriger Regierung von einem Thronräuber, dem Ptolemäus Alorites, ermordet. Die in jenen Wirren zu Hülfe gerufenen Thebaner vertrieben auch diesen u. erhoben 365 Alexanders II. Bruder, **Perdiccas III.**, auf den Thron. In einem Kriege mit Illyrien ward Perdiccas mit einem großen Theile seines Heeres erschlagen (360) und hinterließ einen fünfjährigen Sohn, **Amyntas III.** **Philipp**, dessen Oheim, der jüngste Sohn des Amyntas II., übernahm die Vormundschaft über ihn, fand den von den Thraciern unterstützten Kronprätendenten Pausanias mit Geld ab, entledigte sich des von den Athenern aufgestellten Prätendenten Argäus durch Abtretung von Amphipolis an Athen, kämpfte glücklich gegen die Illyrier und erweiterte das Reich im Nordwesten bis zum See Lychnidus. Im Jahre 359 bestieg er selbst als Philipp II. den Thron, um M. zu weltgeschichtlicher Bedeutung zu verhelfen. Im Innern des Landes waren in dieser ersten Periode mannichfache Veränderungen vorgegangen. Durch die Vertilgung der Könige des obern Landes war eine größere Gesammtkraft, sowie eine feste Naturgrenze durch das kandurische Gebirge gegen das Anstürmen der illyrischen Barbaren gewonnen worden. Griechische Sitte, Bildung und Kunst hatten in M. bereits

Eingang gefunden. Die Freiheit war hier mit dem Königthum verbunden. Zuerst scheint das macedonische Königthum beschränkt gewesen zu sein durch Adel und Volk; der König war Feldherr, Oberpriester, Oberrichter seines Volks, aber in den Angelegenheiten des gemeinen Wohles an die Zustimmung seines Adels gebunden, und das Volk theilte mit ihm die richterliche Gewalt. Wenn nun auch das Königthum seit dem Beginn der eigentlichen Geschichte des Reichs sich mehr und mehr zu absoluter Machtfülle erhob, so bewahrte sich das Volk doch immer eine freie Gesinnung, in der es seinen Königen entgegenstand; Einfachheit, kriegerische Kraft und eine gewisse kräftige Rohheit charakterisirten das Volk. Auf welche Weise sich M. unter der Regierung Philipps vergrößerte, wie es eingriff in die Angelegenheiten der Hellenen und deren Spaltungen ausbeutend seinen Einfluß mehr und mehr steigerte, wie endlich Griechenland unter die Hegemonie M.s sich beugen mußte, wie nach Philipps I. Tode Alexander die gesammte hellenische Macht gegen den Orient, hauptsächlich gegen das Perserreich, koncentrirte, wie er von Sieg zu Sieg vorwärts stürmte, mit kühnem Geistesfluge Orient u. Occident zu vereinigen u. neue Gestaltungen daraus zu schaffen unternahm, wie aber seine Pläne an der Unmöglichkeit dieses Unternehmens scheiterten, darüber s. Philipp 2) und Alexander 1). Während des letztern Abwesenheit war Antipater Verweser von M. gewesen. Der sterbende König übergab seinen Siegelring einem seiner Feldherren, Perdiccas, mit den Worten: Der Würdigste sei mein Nachfolger. Unter Denen, welche Anspruch darauf machten, zu den tüchtigsten Feldherren Alexanders zu gehören, besaßen Leonnatus, Perdiccas und Ptolemäus, sowie Antipater und Craterus, später Eumenes, Antigonus und Seleucus das meiste Ansehen bei dem Heere. Im Ganzen standen aber 13 Rivalen einander gegenüber. Dieselben schlossen einen Vergleich, der dahin lautete, daß Alexanders Halbbruder Arrhidäus und, wenn Alexanders schwangere Gemahlin Roxane einen Sohn gebäre, dieser mit jenem König sein sollte; Perdiccas aber wurde zum Reichsverweser ernannt u. die Verwaltung der Provinzen unter die Feldherren vertheilt. Die Verwaltung von M. u. Griechenland erhielten Antipater und Craterus, u. zwar so, daß jener Feldherr war, dieser die eigentlichen Verwaltungsgeschäfte besorgte. Unterdessen hatte Roxane einen Sohn geboren, der den Namen Alexander erhielt und unter Vormundschaft des Perdiccas als König anerkannt wurde. Die Geschichte M.s in der nächsten Zeit bietet nur das Bild von Intriguen und Kämpfen zwischen den verschiedenen Statthaltern mit dem Reichsverweser dar. In diesen Kriegen fiel Craterus in Kleinasien, und Perdiccas ward in Aegypten, nachdem er glücklich gegen Ptolemäus gekämpft, von seinen eigenen Soldaten ermordet (320). Antipater ward hierauf Reichsverweser und wählte 319 bei seinem Tode mit Uebergehung seines Sohnes Cassander den Polysperchon zu seinem Nachfolger. Mit diesem deshalb in Krieg verwickelt, setzte sich Cassander nach mehrjährigem Kampfe, von Ptolemäus und Antigonus unterstützt, in den Besitz M.s und des größten Theils von Griechenland. Arrhidäus wurde 317 ermordet. Den jungen Alexander ließ Cassander ins Gefängniß werfen und vermählte sich mit dessen Halbschwester Thessalonice, 310 ließ er jenen sammt seiner Mutter Roxane ermorden. Auf Cassander, der Epirus, einen Theil Griechenlands und Karien mit M. verbunden hatte, folgte 298 sein Sohn Philipp III., nach dessen 297 erfolgtem Tode seine Brüder Antipater I. u. Alexander V. um den Thron stritten. Als der erste geflohen und der zweite vergiftet worden war, nahm Demetrius Poliorcetes das Reich für sich in Besitz (294), mußte aber 287 dem Lysimachus von Thracien weichen. Derselbe fiel in dem Kampfe gegen Seleucus von Syrien, und dieser bestieg nun den Thron M.s, wurde aber 280 von Ptolemäus Ceraunus ermordet, der ihm sodann in der Herrschaft folgte. Nachdem dieser 278 gegen die Gallier geblieben war, die das Land verheerten, folgte ihm sein Bruder Meleager u. auf diesen nach 2 Monaten Antipater II. Im Jahre 276 trat Antigonus I. Gonatas, Sohn des Demetrius Poliorcetes, als Regent auf, vertrieb die Gallier, besetzte Athen und Korinth und suchte die Verhältnisse seines Reiches zu ordnen. Er starb 240. Auf seinen Sohn Demetrius II. folgte 232 Antigonus II. Doson, des Antigonus Enkel, der sich mit der Wittwe des Demetrius vermählte, dem achäischen Bunde zu Hülfe zog, Mantinea und Sparta eroberte u. die Illyrier bekämpfte; er starb 221. Sein Nachfolger, Philipp IV., wurde als Bundesgenosse der Achäer in Kriege mit den Aetolern und Illyriern und Attalus von Pergamum verwickelt. Im Jahre 215 schloß er mit Hannibal ein Bündniß gegen die Römer, wurde aber durch eine Flotte an der Ueberfahrt nach Italien gehindert, bei Apollonia geschlagen und seit 211 durch den Krieg gegen die Aetoler, die Verbündeten Roms, in seinem eigenen Lande beschäftigt, bis 204 die Römer unter Vermittelung der Epiroten Frieden schlossen. Doch dauerte derselbe nicht lange. Die Schlacht bei Cynoscephalä, im Herbst 197 von T. Quinctius Flaminius gewonnen, zwang den König zur Flucht nach Larissa und zum Frieden, in welchem die Hegemonie über Griechenland den Macedoniern genommen, die Armee derselben bis auf 500 Hopliten vermindert und eine Zahlung von 1000 Talenten ihnen auferlegt wurde. Nach Philipps Tode (179) bestieg sein Sohn Perseus den Thron. Von gleichem Römerhaß beseelt, zog er zwar die Könige Syriens, Bithyniens, Illyriens, Thraciens, die Epiroten und Thessaler in sein Interesse, konnte sie aber nicht zu einer dauernden Vereinigung bewegen. Gerüstet mit einer Armee von 39,000 Mann Fußvolk und 4000 Reitern, erklärte er 171 an die Römer den Krieg und behauptete sich anfangs in dem Gebirgslande von Thessalien; aber durch seinen Geiz machte er seine Bundesgenossen von sich abwendig. Der römische Konsul Aemilius Paulus besiegte ihn am 22. Juni 168 in der Schlacht bei Pydna und stürzte so den Thron der macedonischen Könige. Perseus mußte den Triumph des Siegers in Rom mit verherrlichen und wurde in dem Gefängniß zu Alba zu Tode gemartert. Ein Senatsbeschluß erklärte zwar M. für frei unter Roms Oberherrschaft, theilte es aber in vier Distrikte, die kein Commercium und Connubium unter einander hatten, und bestimmte die Hälfte der bisherigen Abgaben als Tribut. Das Volk folgte daher gern dem Rufe eines Sklaven Andriscus, der sich für den Sohn des Perseus ausgab (der sogenannte Pseudo-Philippus), und kämpfte anfangs glücklich gegen

Pelagonia, Lyncestis, Orestis und Elimea, und in **Niedermacedonien**, welches die Ebenen um den thermäischen Meerbusen und oberhalb Chalcidice umfaßte. Die Landschaft **Pelagonia**, später **Päonia** genannt, erstreckte sich östlich über den Arius hinaus bis zum Strymon. Die alte Residenz der Könige war Bylazora am Astycus. Die Landschaft **Lyncestis** (**Lyncus**) lag südlich von Pelagonia längs der Grenze Illyriens; die Hauptstadt war Heraclea. Südöstlich davon lag der bis zum Haliacmon reichende Gau **Cordäa**, mit der Hauptstadt Cordäa (jetzt Filorina); um die Quellen des Haliacmon der Distrikt **Orestis**; südöstlich davon die Landschaft **Elimiotis** (Elimea). Oestlich von Lyncestis und Cordäa breitete sich die Landschaft **Emathia** aus. Sie wurde vom Fluß Lydias durchströmt, und in ihr lagen Edessa, die Residenz der alten macedonischen Könige (jetzt Vodina am Karasmak), Beröa (jetzt Veria), Citium, Atalanta 2c. Südöstlich von Emathia findet sich der Distrikt **Bottiäis** oder **Bottiäa**, mit der alten Stadt Pella, der spätern Residenz der macedonischen Könige, Geburtsort Philipps II. u. Alexanders des Großen. Südöstlich von diesem Gau breitete sich längs der Westküste des thermäischen Meerbusens die Landschaft **Pieria** aus, wo die Musen ihren Wohnsitz und die musischen Künste ihre ursprüngliche Heimat hatten, wo der Sage nach Orpheus durch seine Töne Natur und Menschen bezauberte und Linus, Eumolpus und Thamyris 2c. durch ihre Gesänge nicht bloß ergötzten, sondern auch Kultur verbreiteten. Von den Städten dieses Distrikts sind zu bemerken: Methone, Pydna, Citrus (jetzt Kitro), Heracleum (jetzt Platamona), Pimpleia 2c. Zwischen dem Arius und Strymon in der Richtung von Süden nach Norden lag die Halbinsel **Chalcidice** mit ihren 3 Landspitzen Acte, Sithonia und Pallene und den Städten Scione, Potidäa, Olynthus, Torone, Stagira (Geburtsort des Aristoteles, jetzt Stavro) u. a. Nordwestlich von Chalcidice lag **Mygdonia**, mit der Stadt Thessalonice, früher Therme (jetzt Salonichi) und den Orten Cissus, Artemisium, Apollonia (jetzt Polina) 2c.; östlich davon **Bisaltia**, nordwestlich **Crestonia** mit der Hauptstadt Creston und östlich **Sintice** mit der Hauptstadt Heraclea Sintica. Nordöstlich von Crestonia breitete sich der östlich vom Arius gelegene Theil von Päonia aus mit den Städten Doberus, Tauriana (jetzt Doiran oder Doghiran), Astibon (jetzt Istib) 2c. Der Distrikt **Mädica**, mit den Städten Jamphorina (jetzt Jvorina), Petra und Desudaba lag nördlicher auf den Grenzgebirgen. Weiter östlich fanden sich die Sitze der Bessi. Oestlich vom Strymon lag im Norden um das Gebirge Orbelus der Distrikt **Odomantice**; gegen Südosten zwischen Strymon und Nestus die Landschaft **Edonis**, mit den Städten Philippi, Gasorus, Amphipolis, Pergamus, Tragilus, Neapolis.

Zu Bewohnern hatte M. ursprünglich eine Anzahl nicht hellenischer Völkerschaften, die theils dem thracischen, theils dem illyrischen Volksstamme (so die **Päones**, das alte Hauptvolk des Landes) angehörten. Zu ihnen aber wanderten schon frühzeitig nach der Sage unter Anführung der 3 Söhne des Herakliden Temenus, Gauanes, Aeropus und Perdiccas, hellenische Stämme ein, die sich zuerst in Emathia am Fuß des Gebirgs Bermius niedergelassen haben sollen. Der Name M., früher Maketia, wird abgeleitet von dem alten König Macedo, einem Sohne des Zeus und der Thyia, oder des Osiris, der aus Aegypten einwanderte, nach Anderen von dem sammitischen Worte makod, was herrliches Land bedeutet. Um 730 v. Chr. soll der jüngste jener 3 Brüder, **Perdiccas I.**, nach Andern aber **Caranus**, ebenfalls ein Heraklide aus Argos, Stifter des hellenisch-macedonischen Reichs geworden sein. Dasselbe war anfangs noch sehr klein; Thracier und Illyrier hinderten das Wachsthum des jungen Staats. Bis auf Amyntas I. werden als Könige aufgezählt Argäus, Philipp I., Aeropus, Alcetes. Mit **Amyntas** I. (507—480 v. Chr.) und besonders mit dessen Sohn, **Alexander I.** (480—454) kam M. in Abhängigkeit von Persien. Um jene Zeit begannen auch die Athener Kolonien in M. zu gründen. **Perdiccas II.** regierte anfangs, seit 454, wahrscheinlich mit seinen Brüdern Alcitas und Philippus gemeinschaftlich, seit 436 aber allein. Er schloß sich zuerst eng an die Athener an, ward sodann aber, da dieselben auch die griechischen Städte auf der chalcidisch-thracischen Halbinsel und Orte an M.s Küste in ihren großen Bund aufnahmen, eifersüchtig auf sie, unterstützte im peloponnesischen Kriege die Lacedämonier u. suchte Olynthus in Chalcidice zu einer Vormauer gegen Athen zu machen. Als Hauptrichtung der macedonischen Politik erscheint von dieser Zeit an Entfernung der Hauptmächte Griechenlands von den thracischen Küsten, besonders von Chalcidice, und Erhaltung der Unabhängigkeit der griechischen Städte; sodann Vernichtung der barbarischen Könige im obern Lande. **Archelaus I.** (413 v. Chr.), des Perdiccas natürlicher Sohn und Nachfolger, beförderte Handel und Ackerbau, Künste und Wissenschaften und legte Straßen und Städte an. Nach seiner Ermordung (399) zerrütteten Thronstreitigkeiten das Reich u. Griechen u. Barbaren wußten diese Wirren auszubeuten. **Amyntas II.** behauptete zwar endlich (393) den Thron, sein Nachfolger **Alexander II.** (370) mußte aber den Frieden von den Illyriern erkaufen u. ward nach dreijähriger Regierung von einem Thronräuber, dem Ptolemäus Alorites, ermordet. Die in jenen Wirren zu Hülfe gerufenen Thebaner vertrieben auch diesen u. erhoben 365 Alexanders II. Bruder, **Perdiccas III.**, auf den Thron. In einem Kriege mit Illyrien ward Perdiccas mit einem großen Theile seines Heeres erschlagen (360) und hinterließ einen fünfjährigen Sohn, **Amyntas III.** **Philipp**, dessen Oheim, der jüngste Sohn des Amyntas II., übernahm die Vormundschaft über ihn, fand den von den Thraciern unterstützten Kronprätendenten Pausanias mit Geld ab, entledigte sich des von den Athenern aufgestellten Prätendenten Argäus durch Abtretung von Amphipolis an Athen, kämpfte glücklich gegen die Illyrier und erweiterte das Reich im Nordwesten bis zum See Lychnidus. Im Jahre 359 bestieg er selbst als Philipp II. den Thron, um M. zu weltgeschichtlicher Bedeutung zu verhelfen. Im Innern des Landes waren in dieser ersten Periode mannichfache Veränderungen vorgegangen. Durch die Vertilgung der Könige des obern Landes war eine größere Gesammtkraft, sowie eine feste Naturgrenze durch das kandurische Gebirge gegen das Anstürmen der illyrischen Barbaren gewonnen worden. Griechische Sitte, Bildung und Kunst hatten in M. bereits

Eingang gefunden. Die Freiheit war hier mit dem Königthum verbunden. Zuerst scheint das macedonische Königthum beschränkt gewesen zu sein durch Adel und Volk; der König war Feldherr, Oberpriester, Oberrichter seines Volks, aber in den Angelegenheiten des gemeinen Wohles an die Zustimmung seines Adels gebunden, und das Volk theilte mit ihm die richterliche Gewalt. Wenn nun auch das Königthum seit dem Beginn der eigentlichen Geschichte des Reichs sich mehr und mehr zu absoluter Machtfülle erhob, so bewahrte sich das Volk doch immer eine freie Gesinnung, in der es seinen Königen entgegenstand; Einfachheit, kriegerische Kraft und eine gewisse kräftige Rohheit charakterisirten das Volk. Auf welche Weise sich M. unter der Regierung Philipps vergrößerte, wie es eingriff in die Angelegenheiten der Hellenen und deren Spaltungen ausbeutend seinen Einfluß mehr und mehr steigerte, wie endlich Griechenland unter die Hegemonie M.s sich beugen mußte, wie nach Philipps I. Tode Alexander die gesammte hellenische Macht gegen den Orient, hauptsächlich gegen das Perserreich, koncentrirte, wie er von Sieg zu Sieg vorwärts stürmte, mit kühnem Geistesfluge Orient u. Occident zu vereinigen u. neue Gestaltungen daraus zu schaffen unternahm, wie aber seine Pläne an der Unmöglichkeit dieses Unternehmens scheiterten, darüber s. Philipp 2) und Alexander 1). Während des letztern Abwesenheit war Antipater Verweser von M. gewesen. Der sterbende König übergab seinen Siegelring einem seiner Feldherren, Perdiccas, mit den Worten: Der Würdigste sei mein Nachfolger. Unter Denen, welche Anspruch darauf machten, zu den tüchtigsten Feldherren Alexanders zu gehören, besaßen Leonnatus, Perdiccas und Ptolemäus, sowie Antipater und Craterus, später Eumenes, Antigonus und Seleucus das meiste Ansehen bei dem Heere. Im Ganzen standen aber 13 Rivalen einander gegenüber. Dieselben schlossen einen Vergleich, der dahin lautete, daß Alexanders Halbbruder Arrhidäus und, wenn Alexanders schwangere Gemahlin Roxane einen Sohn gebäre, dieser mit jenem König sein sollte; Perdiccas aber wurde zum Reichsverweser ernannt u. die Verwaltung der Provinzen unter die Feldherren vertheilt. Die Verwaltung von M. u. Griechenland erhielten Antipater und Craterus, u. zwar so, daß jener Feldherr war, dieser die eigentlichen Verwaltungsgeschäfte besorgte. Unterdessen hatte Roxane einen Sohn geboren, der den Namen Alexander erhielt und unter Vormundschaft des Perdiccas als König anerkannt wurde. Die Geschichte M.s in der nächsten Zeit bietet nur das Bild von Intriguen und Kämpfen zwischen den verschiedenen Statthaltern mit dem Reichsverweser dar. In diesen Kriegen fiel Craterus in Kleinasien, und Perdiccas ward in Aegypten, nachdem er glücklich gegen Ptolemäus gekämpft, von seinen eigenen Soldaten ermordet (320). Antipater ward hierauf Reichsverweser und wählte 319 bei seinem Tode mit Uebergehung seines Sohnes Cassander den Polysperchon zu seinem Nachfolger. Mit diesem deshalb in Krieg verwickelt, setzte sich Cassander nach mehrjährigem Kampfe, von Ptolemäus und Antigonus unterstützt, in den Besitz M.s und des größten Theils von Griechenland. Arrhidäus wurde 317 ermordet. Den jungen Alexander ließ Cassander ins Gefängniß werfen und vermählte sich mit dessen Halbschwester Thessalonice, 310 ließ er jenen sammt seiner Mutter Roxane ermorden. Auf Cassander, der Epirus, einen Theil Griechenlands und Karien mit M. verbunden hatte, folgte 298 sein Sohn Philipp III., nach dessen 297 erfolgtem Tode seine Brüder Antipater I. u. Alexander V. um den Thron stritten. Als der erste geflohen und der zweite vergiftet worden war, nahm Demetrius Poliorcetes das Reich für sich in Besitz (294), mußte aber 287 dem Lysimachus von Thracien weichen. Derselbe fiel in dem Kampfe gegen Seleucus von Syrien, und dieser bestieg nun den Thron M.s, wurde aber 280 von Ptolemäus Ceraunus ermordet, der ihm sodann in der Herrschaft folgte. Nachdem dieser 278 gegen die Gallier geblieben war, die das Land verheerten, folgte ihm sein Bruder Meleager u. auf diesen nach 2 Monaten Antipater II. Im Jahre 276 trat Antigonus I. Gonatas, Sohn des Demetrius Poliorcetes, als Regent auf, vertrieb die Gallier, besetzte Athen und Korinth und suchte die Verhältnisse seines Reiches zu ordnen. Er starb 240. Auf seinen Sohn Demetrius II. folgte 232 Antigonus II. Doson, des Antigonus Enkel, der sich mit der Witwe des Demetrius vermählte, dem achäischen Bunde zu Hülfe zog, Mantinea und Sparta eroberte u. die Illyrier bekämpfte; er starb 221. Sein Nachfolger, Philipp IV., wurde als Bundesgenosse der Achäer in Kriege mit den Aetolern und Illyriern und Attalus von Pergamum verwickelt. Im Jahre 215 schloß er mit Hannibal ein Bündniß gegen die Römer, wurde aber durch eine Flotte an der Ueberfahrt nach Italien gehindert, bei Apollonia geschlagen und seit 211 durch den Krieg gegen die Aetoler, die Verbündeten Roms, in seinem eigenen Lande beschäftigt, bis 204 die Römer unter Vermittelung der Epiroten Frieden schlossen. Doch dauerte derselbe nicht lange. Die Schlacht bei Cynoscephalä, im Herbst 197 von T. Quinctius Flaminius gewonnen, zwang den König zur Flucht nach Larissa und zum Frieden, in welchem die Hegemonie über Griechenland den Macedoniern genommen, die Armee derselben bis auf 500 Hopliten vermindert und eine Zahlung von 1000 Talenten ihnen auferlegt wurde. Nach Philipps Tode (179) bestieg sein Sohn Perseus den Thron. Von gleichem Römerhaß beseelt, zog er zwar die Könige Syriens, Bithyniens, Illyriens, Thraciens, die Epiroten und Thessaller in sein Interesse, konnte sie aber nicht zu einer dauernden Vereinigung bewegen. Gerüstet mit einer Armee von 39,000 Mann Fußvolk und 4000 Reitern, erklärte er 171 an die Römer den Krieg und behauptete sich anfangs in dem Gebirgslande von Thessalien; aber durch seinen Geiz machte er seine Bundesgenossen von sich abwendig. Der römische Konsul Aemilius Paulus besiegte ihn am 22. Juni 168 in der Schlacht bei Pydna und stürzte so den Thron der macedonischen Könige. Perseus mußte den Triumph des Siegers in Rom mit verherrlichen und wurde in dem Gefängniß zu Alba zu Tode gemartert. Ein Senatsbeschluß erklärte zwar M. für frei unter Roms Oberherrschaft, theilte es aber in vier Distrikte, die kein Commercium und Connubium unter einander hatten, und bestimmte die Hälfte der bisherigen Abgaben als Tribut. Das Volk folgte daher gern dem Rufe eines Sklaven Andriscus, der sich für den Sohn des Perseus ausgab (der sogenannte Pseudo-Philippus), und kämpfte anfangs glücklich gegen

Pelagonia, Lyncestis, Orestis und Elimea, und in Niedermacedonien, welches die Ebenen um den thermäischen Meerbusen und oberhalb Chalcidice umfaßte. Die Landschaft Pelagonia, später Päonia genannt, erstreckte sich östlich über den Arius hinaus bis zum Strymon. Die alte Residenz der Könige war Bylazora am Astycus. Die Landschaft Lyncestis (Lyncus) lag südlich von Pelagonia längs der Grenze Illyriens; die Hauptstadt war Heraclea. Südöstlich davon lag der bis zum Haliacmon reichende Gau Cordäa, mit der Hauptstadt Cordäa (jetzt Filorina); um die Quellen des Haliacmon der Distrikt Orestis; südöstlich davon die Landschaft Elimiotis (Elimea). Oestlich von Lyncestis und Cordäa breitete sich die Landschaft Emathia aus. Sie wurde vom Fluß Lydias durchströmt, und in ihr lagen Edessa, die Residenz der alten macedonischen Könige (jetzt Vodina am Karasmak), Berda (jetzt Veria), Citium, Atalanta &c. Südöstlich von Emathia findet sich der Distrikt Bottiäis oder Bottiäa, mit der alten Stadt Pella, der spätern Residenz der macedonischen Könige, Geburtsort Philipps II. u. Alexanders des Großen. Südöstlich von diesem Gau breitete sich längs der Westküste des thermäischen Meerbusens die Landschaft Pieria aus, wo die Musen ihren Wohnsitz und die musischen Künste ihre ursprüngliche Heimat hatten, wo der Sage nach Orpheus durch seine Töne Natur und Menschen bezauberte und Linus, Eumolpus und Thamyris &c. durch ihre Gesänge nicht bloß ergötzten, sondern auch Kultur verbreiteten. Von den Städten dieses Distrikts sind zu bemerken: Methone, Pydna, Citrus (jetzt Kitro), Heracleum (jetzt Platamona), Pimpleia &c. Zwischen dem Arius und Strymon in der Richtung von Süden nach Norden lag die Halbinsel Chalcidice mit ihren 3 Landspitzen Acte, Sithonia und Pallene und den Städten Scione, Potidäa, Olynthus, Torone, Stagira (Geburtsort des Aristoteles, jetzt Stavro) u. a. Nordwestlich von Chalcidice lag Mygdonia, mit der Stadt Thessalonice, früher Therme (jetzt Salonichi) und den Orten Cissus, Artemisium, Apollonia (jetzt Polina) &c.; östlich davon Bisaltia, nordwestlich Crestonia mit der Hauptstadt Creston und östlich Sintice mit der Hauptstadt Heraclea Sintica. Nordöstlich von Crestonia breitete sich der östlich vom Arius gelegene Theil von Päonia aus mit den Städten Doberus, Tauriana (jetzt Doiran oder Doghiran), Astibon (jetzt Istib) &c. Der Distrikt Mädica, mit den Städten Jamphorina (jetzt Jvorina), Petra und Desudaba lag nördlicher auf den Grenzgebirgen. Weiter östlich fanden sich die Sitze der Bessi. Oestlich vom Strymon lag im Norden um das Gebirge Orbelus der Distrikt Odomantice; gegen Südosten zwischen Strymon und Nestus die Landschaft Edonis, mit den Städten Philippi, Gasorus, Amphipolis, Pergamus, Tragilus, Neapolis.

Zu Bewohnern hatte M. ursprünglich eine Anzahl nicht hellenischer Völkerschaften, die theils dem thracischen, theils dem illyrischen Volksstamme (so die Päones, das alte Hauptvolk des Landes) angehörten. Zu ihnen aber wanderten schon frühzeitig nach der Sage unter Anführung der 3 Söhne des Herakliden Temenus, Gauanes, Aeropus und Perdiccas, hellenische Stämme ein, die sich zuerst in Emathia am Fuß des Gebirgs Bermius niedergelassen haben sollen. Der Name M., früher Maketia, wird abgeleitet von dem alten König Macedo, einem Sohne des Zeus und der Thyia, oder des Osiris, der aus Aegypten einwanderte, nach Anderen von dem sammitischen Worte makod, was herrliches Land bedeutet. Um 730 v. Chr. soll der jüngste jener 3 Brüder, Perdiccas I., nach Andern aber Caranus, ebenfalls ein Heraklide aus Argos, Stifter des hellenisch-macedonischen Reichs geworden sein. Dasselbe war anfangs noch sehr klein; Thracier und Illyrier hinderten das Wachsthum des jungen Staats. Bis auf Amyntas I. werden als Könige aufgezählt Argäus, Philipp I., Aeropus, Alcetes. Mit Amyntas I. (507—480 v. Chr.) und besonders mit dessen Sohn, Alexander I. (480—454) kam M. in Abhängigkeit von Persien. Um jene Zeit begannen auch die Athener Kolonien in M. zu gründen. Perdiccas II. regierte anfangs, seit 454, wahrscheinlich mit seinen Brüdern Alcitas und Philippus gemeinschaftlich, seit 436 aber allein. Er schloß sich zuerst eng an die Athener an, ward sodann aber, da dieselben auch die griechischen Städte auf der chalcidisch-thracischen Halbinsel und Orte an M.s Küste in ihren großen Bund aufnahmen, eifersüchtig auf sie, unterstützte im peloponnesischen Kriege die Lacedämonier u. suchte Olynthus in Chalcidice zu einer Vormauer gegen Athen zu machen. Als Hauptrichtung der macedonischen Politik erscheint von dieser Zeit an Entfernung der Hauptmächte Griechenlands von den thracischen Küsten, besonders von Chalcidice, und Erhaltung der Unabhängigkeit der griechischen Städte; sodann Vernichtung der barbarischen Könige im obern Lande. Archelaus I. (413 v. Chr.), des Perdiccas natürlicher Sohn und Nachfolger, beförderte Handel und Ackerbau, Künste und Wissenschaften und legte Straßen und Städte an. Nach seiner Ermordung (399) zerrütteten Thronstreitigkeiten das Reich u. Griechen u. Barbaren wußten diese Wirren auszubeuten. Amyntas II. behauptete zwar endlich (393) den Thron, sein Nachfolger Alexander II. (370) mußte aber den Frieden von den Illyriern erkaufen u. ward nach dreijähriger Regierung von einem Thronräuber, dem Ptolemäus Alorites, ermordet. Die in jenen Wirren zu Hülfe gerufenen Thebaner vertrieben auch diesen u. erhoben 365 Alexanders II. Bruder, Perdiccas III., auf den Thron. In einem Kriege mit Illyrien ward Perdiccas mit einem großen Theile seines Heeres erschlagen (360) und hinterließ einen fünfjährigen Sohn, Amyntas III. Philipp, dessen Oheim, der jüngste Sohn des Amyntas II., übernahm die Vormundschaft über ihn, fand den von den Thraciern unterstützten Kronprätendenten Pausanias mit Geld ab, entledigte sich des von den Athenern aufgestellten Prätendenten Argäus durch Abtretung von Amphipolis an Athen, kämpfte glücklich gegen die Illyrier und erweiterte das Reich im Nordwesten bis zum See Lychnidus. Im Jahre 359 bestieg er selbst als Philipp II. den Thron, um M. zu weltgeschichtlicher Bedeutung zu verhelfen. Im Innern des Landes waren in dieser ersten Periode mannichfache Veränderungen vorgegangen. Durch die Vertilgung der Könige des obern Landes war eine größere Gesammtkraft, sowie eine feste Naturgrenze durch das kandurische Gebirge gegen das Anstürmen der illyrischen Barbaren gewonnen worden. Griechische Sitte, Bildung und Kunst hatten in M. bereits

Eingang gefunden. Die Freiheit war hier mit dem Königthum verbunden. Zuerst scheint das macedonische Königthum beschränkt gewesen zu sein durch Adel und Volk; der König war Feldherr, Oberpriester, Oberrichter seines Volks, aber in den Angelegenheiten des gemeinen Wohles an die Zustimmung seines Adels gebunden, und das Volk theilte mit ihm die richterliche Gewalt. Wenn nun auch das Königthum seit dem Beginn der eigentlichen Geschichte des Reichs sich mehr und mehr zu absoluter Machtfülle erhob, so bewahrte sich das Volk doch immer eine freie Gesinnung, in der es seinen Königen entgegenstand; Einfachheit, kriegerische Kraft und eine gewisse kräftige Rohheit charakterisirten das Volk. Auf welche Weise sich M. unter der Regierung Philipps vergrößerte, wie es eingriff in die Angelegenheiten der Hellenen und deren Spaltungen ausbeutend seinen Einfluß mehr und mehr steigerte, wie endlich Griechenland unter die Hegemonie M.s sich beugen mußte, wie nach Philipps I. Tode Alexander die gesammte hellenische Macht gegen den Orient, hauptsächlich gegen das Perserreich, koncentrirte, wie er von Sieg zu Sieg vorwärts stürmte, mit kühnem Geistesfluge Orient u. Occident zu vereinigen u. neue Gestaltungen daraus zu schaffen unternahm, wie aber seine Pläne an der Unmöglichkeit dieses Unternehmens scheiterten, darüber s. Philipp 2) und Alexander 1). Während des letztern Abwesenheit war Antipater Verweser von M. gewesen. Der sterbende König übergab seinen Siegelring einem seiner Feldherren, Perdiccas, mit den Worten: Der Würdigste sei mein Nachfolger. Unter Denen, welche Anspruch darauf machten, zu den tüchtigsten Feldherren Alexanders zu gehören, besaßen Leonnatus, Perdiccas und Ptolemäus, sowie Antipater und Craterus, später Eumenes, Antigonus und Seleucus das meiste Ansehen bei dem Heere. Im Ganzen standen aber 13 Rivalen einander gegenüber. Dieselben schlossen einen Vergleich, der dahin lautete, daß Alexanders Halbbruder Arrhidäus und, wenn Alexanders schwangere Gemahlin Roxane einen Sohn gebäre, dieser mit jenem König sein sollte; Perdiccas aber wurde zum Reichsverweser ernannt u. die Verwaltung der Provinzen unter die Feldherren vertheilt. Die Verwaltung von M. u. Griechenland erhielten Antipater und Craterus, u. zwar so, daß jener Feldherr war, dieser die eigentlichen Verwaltungsgeschäfte besorgte. Unterdessen hatte Roxane einen Sohn geboren, der den Namen Alexander erhielt und unter Vormundschaft des Perdiccas als König anerkannt wurde. Die Geschichte M.s in der nächsten Zeit bietet nur das Bild von Intriguen und Kämpfen zwischen den verschiedenen Statthaltern mit dem Reichsverweser dar. In diesen Kriegen fiel Craterus in Kleinasien, und Perdiccas ward in Aegypten, nachdem er glücklich gegen Ptolemäus gekämpft, von seinen eigenen Soldaten ermordet (320). Antipater ward hierauf Reichsverweser und wählte 319 bei seinem Tode mit Uebergehung seines Sohnes Cassander den Polysperchon zu seinem Nachfolger. Mit diesem deshalb in Krieg verwickelt, setzte sich Cassander nach mehrjährigem Kampfe, von Ptolemäus und Antigonus unterstützt, in den Besitz M.s und des größten Theils von Griechenland. Arrhidäus wurde 317 ermordet. Den jungen Alexander ließ Cassander ins Gefängniß werfen und vermählte sich mit dessen Halbschwester Thessalonice, 310 ließ er jenen sammt seiner Mutter Roxane ermorden. Auf Cassander, der Epirus, einen Theil Griechenlands und Karien mit M. verbunden hatte, folgte 298 sein Sohn Philipp III., nach dessen 297 erfolgtem Tode seine Brüder Antipater I. u. Alexander V. um den Thron stritten. Als der erste geflohen und der zweite vergiftet worden war, nahm Demetrius Poliorcetes das Reich für sich in Besitz (294), mußte aber 287 dem Lysimachus von Thracien weichen. Derselbe fiel in dem Kampfe gegen Seleucus von Syrien, und dieser bestieg nun den Thron M.s, wurde aber 280 von Ptolemäus Ceraunus ermordet, der ihm sodann in der Herrschaft folgte. Nachdem dieser 278 gegen die Gallier geblieben war, die das Land verheerten, folgte ihm sein Bruder Meleager u. auf diesen nach 2 Monaten Antipater II. Im Jahre 276 trat Antigonus I. Gonatas, Sohn des Demetrius Poliorcetes, als Regent auf, vertrieb die Gallier, besetzte Athen und Korinth und suchte die Verhältnisse seines Reiches zu ordnen. Er starb 240. Auf seinen Sohn Demetrius II. folgte 232 Antigonus II. Doson, des Antigonus Enkel, der sich mit der Wittwe des Demetrius vermählte, dem achäischen Bunde zu Hülfe zog, Mantinea und Sparta eroberte u. die Illyrier bekämpfte; er starb 221. Sein Nachfolger, Philipp IV., wurde als Bundesgenosse der Achäer in Kriege mit den Aetolern und Illyriern und Attalus von Pergamum verwickelt. Im Jahre 215 schloß er mit Hannibal ein Bündniß gegen die Römer, wurde aber durch eine Flotte an der Ueberfahrt nach Italien gehindert, bei Apollonia geschlagen und seit 211 durch den Krieg gegen die Aetoler, die Verbündeten Roms, in seinem eigenen Lande beschäftigt, bis 204 die Römer unter Vermittelung der Epiroten Frieden schlossen. Doch dauerte derselbe nicht lange. Die Schlacht bei Cynoscephalä, im Herbst 197 von T. Quinctius Flaminius gewonnen, zwang den König zur Flucht nach Larissa und zum Frieden, in welchem die Hegemonie über Griechenland den Macedoniern genommen, die Armee derselben bis auf 500 Hopliten vermindert und eine Zahlung von 1000 Talenten ihnen auferlegt wurde. Nach Philipps Tode (179) bestieg sein Sohn Perseus den Thron. Von gleichem Römerhaß beseelt, zog er zwar die Könige Syriens, Bithyniens, Illyriens, Thraciens, die Epiroten und Thessaller in sein Interesse, konnte sie aber nicht zu einer dauernden Vereinigung bewegen. Gerüstet mit einer Armee von 39,000 Mann Fußvolk und 4000 Reitern, erklärte er 171 an die Römer den Krieg und behauptete sich anfangs in dem Gebirgslande von Thessalien; aber durch seinen Geiz machte er seine Bundesgenossen von sich abwendig. Der römische Konsul Aemilius Paulus besiegte ihn am 22. Juni 168 in der Schlacht bei Pydna und stürzte so den Thron der macedonischen Könige. Perseus mußte den Triumph des Siegers in Rom mit verherrlichen und wurde in dem Gefängniß zu Alba zu Tode gemartert. Ein Senatsbeschluß erklärte zwar M. für frei unter Roms Oberherrschaft, theilte es aber in vier Distrikte, die kein Commercium und Connubium unter einander hatten, und bestimmte die Hälfte der bisherigen Abgaben als Tribut. Das Volk folgte daher gern dem Rufe eines Sklaven Andriscus, der sich für den Sohn des Perseus ausgab (der sogenannte Pseudo-Philippus), und kämpfte anfangs glücklich gegen

Pelagonia, Lyncestis, Orestis und Elimea, und in **Niedermacedonien**, welches die Ebenen um den thermäischen Meerbusen und oberhalb Chalcidice umfaßte. Die Landschaft **Pelagonia**, später **Päonia** genannt, erstreckte sich östlich über den Arius hinaus bis zum Strymon. Die alte Residenz der Könige war Bylazora am Astycus. Die Landschaft **Lyncestis** (**Lyncus**) lag südlich von Pelagonia längs der Grenze Illyriens; die Hauptstadt war Heraclea. Südöstlich davon lag der bis zum Haliacmon reichende Gau **Cordäa**, mit der Hauptstadt Cordäa (jetzt Filorina); um die Quellen des Haliacmon der Distrikt **Orestis**; südöstlich davon die Landschaft **Elimiotis** (Elimea). Oestlich von Lyncestis und Cordäa breitete sich die Landschaft **Emathia** aus. Sie wurde vom Fluß Lydias durchströmt, und in ihr lagen Edessa, die Residenz der alten macedonischen Könige (jetzt Vodina am Karasmak), Beröa (jetzt Veria), Citium, Atalanta &c. Südöstlich von Emathia findet sich der Distrikt **Bottiäis** oder **Bottiäa**, mit der alten Stadt Pella, der spätern Residenz der macedonischen Könige, Geburtsort Philipps II. u. Alexanders des Großen. Südöstlich von diesem Gau breitete sich längs der Westküste des thermäischen Meerbusens die Landschaft **Pieria** aus, wo die Musen ihren Wohnsitz und die musischen Künste ihre ursprüngliche Heimat hatten, wo der Sage nach Orpheus durch seine Töne Natur und Menschen bezauberte und Linus, Eumolpus und Thamyris &c. durch ihre Gesänge nicht bloß ergötzten, sondern auch Kultur verbreiteten. Von den Städten dieses Distrikts sind zu bemerken: Methone, Pydna, Citrus (jetzt Kitro), Heracleum (jetzt Platamona), Pimpleia &c. Zwischen dem Arius und Strymon in der Richtung von Süden nach Norden lag die Halbinsel **Chalcidice** mit ihren 3 Landspitzen Acte, Sithonia und Pallene und den Städten Scione, Potidäa, Olynthus, Torone, Stagira (Geburtsort des Aristoteles, jetzt Stavro) u. a. Nordwestlich von Chalcidice lag **Mygdonia**, mit der Stadt Thessalonice, früher Therme (jetzt Salonichi) und den Orten Cissus, Artemisium, Apollonia (jetzt Polina) &c.; östlich davon **Bisaltia**, nordwestlich **Crestonia** mit der Hauptstadt Creston und östlich **Sintice** mit der Hauptstadt Heraclea Sintica. Nordöstlich von Crestonia breitete sich der östlich vom Arius gelegene Theil von Päonia aus mit den Städten Doberus, Tauriana (jetzt Doiran oder Doghiran), Astibon (jetzt Istib) &c. Der Distrikt **Mädica**, mit den Städten Jamphorina (jetzt Ivorina), Petra und Desudaba lag nördlicher auf den Grenzgebirgen. Weiter östlich fanden sich die Sitze der Bessi. Oestlich vom Strymon lag im Norden um das Gebirge Orbelus der Distrikt **Odomantice**; gegen Südosten zwischen Strymon und Nestus die Landschaft **Edonis**, mit den Städten Philippi, Gasorus, Amphipolis, Pergamus, Tragilus, Neapolis.

Zu Bewohnern hatte M. ursprünglich eine Anzahl nicht hellenischer Völkerschaften, die theils dem thracischen, theils dem illyrischen Volksstamme (so die **Päones**, das alte Hauptvolk des Landes) angehörten. Zu ihnen aber wanderten schon frühzeitig nach der Sage unter Anführung der 3 Söhne des Herakliden Temenus, Gauanes, Aeropus und Perdiccas, hellenische Stämme ein, die sich zuerst in Emathia am Fuß des Gebirgs Bermius niedergelassen haben sollen. Der Name M., früher Maketia, wird abgeleitet von dem alten König Macedo, einem Sohne des Zeus und der Thyia, oder des Osiris, der aus Aegypten einwanderte, nach Anderen von dem samnitischen Worte makod, was herrliches Land bedeutet. Um 730 v. Chr. soll der jüngste jener 3 Brüder, **Perdiccas I.**, nach Andern aber **Caranus**, ebenfalls ein Heraklide aus Argos, Stifter des hellenisch-macedonischen Reichs geworden sein. Dasselbe war anfangs noch sehr klein; Thracier und Illyrier hinderten das Wachsthum des jungen Staats. Bis auf Amyntas I. werden als Könige aufgezählt Argäus, Philipp I., Aeropus, Alcetes. Mit **Amyntas I.** (507—480 v. Chr.) und besonders mit dessen Sohn, **Alexander I.** (480—454) kam M. in Abhängigkeit von Persien. Um jene Zeit begannen auch die Athener Kolonien in M. zu gründen. **Perdiccas II.** regierte anfangs, seit 454, wahrscheinlich mit seinen Brüdern Alcitas und Philippus gemeinschaftlich, seit 436 aber allein. Er schloß sich zuerst eng an die Athener an, ward sodann aber, da dieselben auch die griechischen Städte auf der chalcidisch-thracischen Halbinsel und Orte an M.s Küste in ihren großen Bund aufnahmen, eifersüchtig auf sie, unterstützte im peloponnesischen Kriege die Lacedämonier u. suchte Olynthus in Chalcidice zu einer Vormauer gegen Athen zu machen. Als Hauptrichtung der macedonischen Politik erscheint von dieser Zeit an Entfernung der Hauptmächte Griechenlands von den thracischen Küsten, besonders von Chalcidice, und Erhaltung der Unabhängigkeit der griechischen Städte; sodann Vernichtung der barbarischen Könige im obern Lande. **Archelaus I.** (413 v. Chr.), des Perdiccas natürlicher Sohn und Nachfolger, beförderte Handel und Ackerbau, Künste und Wissenschaften und legte Straßen und Städte an. Nach seiner Ermordung (399) zerrütteten Thronstreitigkeiten das Reich u. Griechen u. Barbaren wußten diese Wirren auszubeuten. **Amyntas II.** behauptete zwar endlich (393) den Thron, sein Nachfolger **Alexander II.** (370) mußte aber den Frieden von den Illyriern erkaufen u. ward nach dreijähriger Regierung von einem Thronräuber, dem Ptolemäus Alorites, ermordet. Die in jenen Wirren zu Hülfe gerufenen Thebaner vertrieben auch diesen u. erhoben 365 Alexanders II. Bruder, **Perdiccas III.**, auf den Thron. In einem Kriege mit Illyrien ward Perdiccas mit einem großen Theile seines Heeres erschlagen (360) und hinterließ einen fünfjährigen Sohn, **Amyntas III.** **Philipp**, dessen Oheim, der jüngste Sohn des Amyntas II., übernahm die Vormundschaft über ihn, fand den von den Thraciern unterstützten Kronprätendenten Pausanias mit Geld ab, entledigte sich des von den Athenern aufgestellten Prätendenten Argäus durch Abtretung von Amphipolis an Athen, kämpfte glücklich gegen die Illyrier und erweiterte das Reich im Nordwesten bis zum See Lychnidus. Im Jahre 359 bestieg er selbst als Philipp II. den Thron, um M. zu weltgeschichtlicher Bedeutung zu verhelfen. Im Innern des Landes waren in dieser ersten Periode mannichfache Veränderungen vorgegangen. Durch die Vertilgung der Könige des obern Landes war eine größere Gesammtkraft, sowie eine feste Naturgrenze durch das kandurische Gebirge gegen das Anstürmen der illyrischen Barbaren gewonnen worden. Griechische Sitte, Bildung und Kunst hatten in M. bereits

Eingang gefunden. Die Freiheit war hier mit dem Königthum verbunden. Zuerst scheint das macedonische Königthum beschränkt gewesen zu sein durch Adel und Volk; der König war Feldherr, Oberpriester, Oberrichter seines Volks, aber in den Angelegenheiten des gemeinen Wohles an die Zustimmung seines Adels gebunden, und das Volk theilte mit ihm die richterliche Gewalt. Wenn nun auch das Königthum seit dem Beginn der eigentlichen Geschichte des Reichs sich mehr und mehr zu absoluter Machtfülle erhob, so bewahrte sich das Volk doch immer eine freie Gesinnung, in der es seinen Königen entgegenstand; Einfachheit, kriegerische Kraft und eine gewisse kräftige Rohheit charakterisirten das Volk. Auf welche Weise sich M. unter der Regierung Philipps vergrößerte, wie es eingriff in die Angelegenheiten der Hellenen und deren Spaltungen ausbeutend seinen Einfluß mehr und mehr steigerte, wie endlich Griechenland unter die Hegemonie M.s sich beugen mußte, wie nach Philipps I. Tode Alexander die gesammte hellenische Macht gegen den Orient, hauptsächlich gegen das Perserreich, koncentrirte, wie er von Sieg zu Sieg vorwärts stürmte, mit kühnem Geistesfluge Orient u. Occident zu vereinigen u. neue Gestaltungen daraus zu schaffen unternahm, wie aber seine Pläne an der Unmöglichkeit dieses Unternehmens scheiterten, darüber s. Philipp 2) und Alexander 1). Während des letztern Abwesenheit war Antipater Verweser von M. gewesen. Der sterbende König übergab seinen Siegelring einem seiner Feldherren, Perdiccas, mit den Worten: Der Würdigste sei mein Nachfolger. Unter Denen, welche Anspruch darauf machten, zu den tüchtigsten Feldherren Alexanders zu gehören, besaßen Leonnatus, Perdiccas und Ptolemäus, sowie Antipater und Craterus, später Eumenes, Antigonus und Seleucus das meiste Ansehen bei dem Heere. Im Ganzen standen aber 13 Rivalen einander gegenüber. Dieselben schlossen einen Vergleich, der dahin lautete, daß Alexanders Halbbruder Arrhidäus und, wenn Alexanders schwangere Gemahlin Roxane einen Sohn gebäre, dieser mit jenem König sein sollte; Perdiccas aber wurde zum Reichsverweser ernannt u. die Verwaltung der Provinzen unter die Feldherren vertheilt. Die Verwaltung von M. u. Griechenland erhielten Antipater und Craterus, u. zwar so, daß jener Feldherr war, dieser die eigentlichen Verwaltungsgeschäfte besorgte. Unterdessen hatte Roxane einen Sohn geboren, der den Namen Alexander erhielt und unter Vormundschaft des Perdiccas als König anerkannt wurde. Die Geschichte M.s in der nächsten Zeit bietet nur das Bild von Intriguen und Kämpfen zwischen den verschiedenen Statthaltern mit dem Reichsverweser dar. In diesen Kriegen fiel Craterus in Kleinasien, und Perdiccas ward in Aegypten, nachdem er glücklich gegen Ptolemäus gekämpft, von seinen eigenen Soldaten ermordet (320). Antipater ward hierauf Reichsverweser und wählte 319 bei seinem Tode mit Uebergehung seines Sohnes Cassander den Polysperchon zu seinem Nachfolger. Mit diesem deshalb in Krieg verwickelt, setzte sich Cassander nach mehrjährigem Kampfe, von Ptolemäus und Antigonus unterstützt, in den Besitz M.s und des größten Theils von Griechenland. Arrhidäus wurde 317 ermordet. Den jungen Alexander ließ Cassander ins Gefängniß werfen und vermählte sich mit dessen Halbschwester Thessalonice, 310 ließ er jenen sammt seiner Mutter Roxane ermorden. Auf Cassander, der Epirus, einen Theil Griechenlands und Karien mit M. verbunden hatte, folgte 298 sein Sohn Philipp III., nach dessen 297 erfolgtem Tode seine Brüder Antipater I. u. Alexander V. um den Thron stritten. Als der erste geflohen und der zweite vergiftet worden war, nahm Demetrius Poliorcetes das Reich für sich in Besitz (294), mußte aber 287 dem Lysimachus von Thracien weichen. Derselbe fiel in dem Kampfe gegen Seleucus von Syrien, und dieser bestieg nun den Thron M.s, wurde aber 280 von Ptolemäus Ceraunus ermordet, der ihm sodann in der Herrschaft folgte. Nachdem dieser 278 gegen die Gallier geblieben war, die das Land verheerten, folgte ihm sein Bruder Meleager u. auf diesen nach 2 Monaten Antipater II. Im Jahre 276 trat Antigonus I. Gonatas, Sohn des Demetrius Poliorcetes, als Regent auf, vertrieb die Gallier, besetzte Athen und Korinth und suchte die Verhältnisse seines Reiches zu ordnen. Er starb 240. Auf seinen Sohn Demetrius II. folgte 232 Antigonus II. Doson, des Antigonus Enkel, der sich mit der Wittwe des Demetrius vermählte, dem achäischen Bunde zu Hülfe zog, Mantinea und Sparta eroberte u. die Illyrier bekämpfte; er starb 221. Sein Nachfolger, Philipp IV., wurde als Bundesgenosse der Achäer in Kriege mit den Aetolern und Illyriern und Attalus von Pergamum verwickelt. Im Jahre 215 schloß er mit Hannibal ein Bündniß gegen die Römer, wurde aber durch eine Flotte an der Ueberfahrt nach Italien gehindert, bei Apollonia geschlagen und seit 211 durch den Krieg gegen die Aetoler, die Verbündeten Roms, in seinem eigenen Lande beschäftigt, bis 204 die Römer unter Vermittelung der Epiroten Frieden schlossen. Doch dauerte derselbe nicht lange. Die Schlacht bei Cynoscephalä, im Herbst 197 von T. Quinctius Flaminius gewonnen, zwang den König zur Flucht nach Larissa und zum Frieden, in welchem die Hegemonie über Griechenland den Macedoniern genommen, die Armee derselben bis auf 500 Hopliten vermindert und eine Zahlung von 1000 Talenten ihnen auferlegt wurde. Nach Philipps Tode (179) bestieg sein Sohn Perseus den Thron. Von gleichem Römerhaß beseelt, zog er zwar die Könige Syriens, Bithyniens, Illyriens, Thraciens, die Epiroten und Thessaler in sein Interesse, konnte sie aber nicht zu einer dauernden Vereinigung bewegen. Gerüstet mit einer Armee von 39,000 Mann Fußvolk und 4000 Reitern, erklärte er 171 an die Römer den Krieg und behauptete sich anfangs in dem Gebirgslande von Thessalien; aber durch seinen Geiz machte er seine Bundesgenossen von sich abwendig. Der römische Konsul Aemilius Paulus besiegte ihn am 22. Juni 168 in der Schlacht bei Pydna und stürzte so den Thron der macedonischen Könige. Perseus mußte den Triumph des Siegers in Rom mit verherrlichen und wurde in dem Gefängniß zu Alba zu Tode gemartert. Ein Senatsbeschluß erklärte zwar M. für frei unter Roms Oberherrschaft, theilte es aber in vier Distrikte, die kein Commercium und Connubium unter einander hatten, und bestimmte die Hälfte der bisherigen Abgaben als Tribut. Das Volk folgte daher gern dem Rufe eines Sklaven Andriscus, der sich für den Sohn des Perseus ausgab (der sogenannte Pseudo-Philippus), und kämpfte anfangs glücklich gegen

Pelagonia, Lyncestis, Orestis und Elimea, und in Niedermacedonien, welches die Ebenen um den thermäischen Meerbusen und oberhalb Chalcidice umfaßte. Die Landschaft Pelagonia, später Päonia genannt, erstreckte sich östlich über den Arius hinaus bis zum Strymon. Die alte Residenz der Könige war Bylazora am Astycus. Die Landschaft Lyncestis (Lyncus) lag südlich von Pelagonia längs der Grenze Illyriens; die Hauptstadt war Heraclea. Südöstlich davon lag der bis zum Haliacmon reichende Gau Cordäa, mit der Hauptstadt Cordäa (jetzt Filorina); um die Quellen des Haliacmon der Distrikt Orestis; südöstlich davon die Landschaft Elimiotis (Elimea). Oestlich von Lyncestis und Cordäa breitete sich die Landschaft Emathia aus. Sie wurde vom Fluß Lydias durchströmt, und in ihr lagen Edessa, die Residenz der alten macedonischen Könige (jetzt Vodina am Karasmak), Beröa (jetzt Veria), Citium, Atalanta &c. Südöstlich von Emathia findet sich der Distrikt Bottiäis oder Bottiäa, mit der alten Stadt Pella, der spätern Residenz der macedonischen Könige, Geburtsort Philipps II. u. Alexanders des Großen. Südöstlich von diesem Gau breitete sich längs der Westküste des thermäischen Meerbusens die Landschaft Pieria aus, wo die Musen ihren Wohnsitz und die musischen Künste ihre ursprüngliche Heimat hatten, wo der Sage nach Orpheus durch seine Töne Natur und Menschen bezauberte und Linus, Eumolpus und Thamyris &c. durch ihre Gesänge nicht bloß ergötzten, sondern auch Kultur verbreiteten. Von den Städten dieses Distrikts sind zu bemerken: Methone, Pydna, Citrus (jetzt Kitro), Heracleum (jetzt Platamona), Pimpleia &c. Zwischen dem Arius und Strymon in der Richtung von Süden nach Norden lag die Halbinsel Chalcidice mit ihren 3 Landspitzen Acte, Sithonia und Pallene und den Städten Scione, Potidäa, Olynthus, Torone, Stagira (Geburtsort des Aristoteles, jetzt Stavro) u. a. Nordwestlich von Chalcidice lag Mygdonia, mit der Stadt Thessalonice, früher Therme (jetzt Salonichi) und den Orten Cissus, Artemisium, Apollonia (jetzt Polina) &c.; östlich davon Bisaltia, nordwestlich Crestonia mit der Hauptstadt Creston und östlich Sintice mit der Hauptstadt Heraclea Sintica. Nordöstlich von Crestonia breitete sich der östlich vom Arius gelegene Theil von Päonia aus mit den Städten Doberus, Tauriana (jetzt Doiran oder Doghiran), Astibon (jetzt Istib) &c. Der Distrikt Mädica, mit den Städten Jamphorina (jetzt Jvorina), Petra und Desudaba lag nördlicher auf den Grenzgebirgen. Weiter östlich fanden sich die Sitze der Bessi. Oestlich vom Strymon lag im Norden um das Gebirge Orbelus der Distrikt Odomantice; gegen Südosten zwischen Strymon und Nestus die Landschaft Edonis, mit den Städten Philippi, Gasorus, Amphipolis, Pergamus, Tragilus, Neapolis.

Zu Bewohnern hatte M. ursprünglich eine Anzahl nicht hellenischer Völkerschaften, die theils dem thracischen, theils dem illyrischen Volksstamme (so die Päones, das alte Hauptvolk des Landes) angehörten. Zu ihnen aber wanderten schon frühzeitig nach der Sage unter Anführung der 3 Söhne des Herakliden Temenus, Gauanes, Aeropus und Perdiccas, hellenische Stämme ein, die sich zuerst in Emathia am Fuß des Gebirgs Bermius niedergelassen haben sollen. Der Name M., früher Maketia, wird abgeleitet von dem alten König Macedo, einem Sohne des Zeus und der Thyia, oder des Osiris, der aus Aegypten einwanderte, nach Anderen von dem samnitischen Worte makod, was herrliches Land bedeutet. Um 730 v. Chr. soll der jüngste jener 3 Brüder, Perdiccas I., nach Andern aber Caranus, ebenfalls ein Heraklide aus Argos, Stifter des hellenisch-macedonischen Reichs geworden sein. Dasselbe war anfangs noch sehr klein; Thracier und Illyrier hinderten das Wachsthum des jungen Staats. Bis auf Amyntas I. werden als Könige aufgezählt Argäus, Philipp I., Aeropus, Alcetes. Mit Amyntas I. (507—480 v. Chr.) und besonders mit dessen Sohn, Alexander I. (480—454) kam M. in Abhängigkeit von Persien. Um jene Zeit begannen auch die Athener Kolonien in M. zu gründen. Perdiccas II. regierte anfangs, seit 454, wahrscheinlich mit seinen Brüdern Alcitas und Philippus gemeinschaftlich, seit 436 aber allein. Er schloß sich zuerst eng an die Athener an, ward sodann aber, da dieselben auch die griechischen Städte auf der chalcidisch-thracischen Halbinsel und Orte an M.s Küste in ihren großen Bund aufnahmen, eifersüchtig auf sie, unterstützte im peloponnesischen Kriege die Lacedämonier u. suchte Olynthus in Chalcidice zu einer Vormauer gegen Athen zu machen. Als Hauptrichtung der macedonischen Politik erscheint von dieser Zeit an Entfernung der Hauptmächte Griechenlands von den thracischen Küsten, besonders von Chalcidice, und Erhaltung der Unabhängigkeit der griechischen Städte; sodann Vernichtung der barbarischen Könige im obern Lande. Archelaus I. (413 v. Chr.), des Perdiccas natürlicher Sohn und Nachfolger, beförderte Handel und Ackerbau, Künste und Wissenschaften und legte Straßen und Städte an. Nach seiner Ermordung (399) zerrütteten Thronstreitigkeiten das Reich u. Griechen u. Barbaren wußten diese Wirren auszubeuten. Amyntas II. behauptete zwar endlich (393) den Thron, sein Nachfolger Alexander II. (370) mußte aber den Frieden von den Illyriern erkaufen u. ward nach dreijähriger Regierung von einem Thronräuber, dem Ptolemäus Alorites, ermordet. Die in jenen Wirren zu Hülfe gerufenen Thebaner vertrieben auch diesen u. erhoben 365 Alexanders II. Bruder, Perdiccas III., auf den Thron. In einem Kriege mit Illyrien ward Perdiccas mit einem großen Theile seines Heeres erschlagen (360) und hinterließ einen fünfjährigen Sohn, Amyntas III. Philipp, dessen Oheim, der jüngste Sohn des Amyntas II., übernahm die Vormundschaft über ihn, fand den von den Thraciern unterstützten Kronprätendenten Pausanias mit Geld ab, entledigte sich des von den Athenern aufgestellten Prätendenten Argäus durch Abtretung von Amphipolis an Athen, kämpfte glücklich gegen die Illyrier und erweiterte das Reich im Nordwesten bis zum See Lychnidus. Im Jahre 359 bestieg er selbst als Philipp II. den Thron, um M. zu weltgeschichtlicher Bedeutung zu verhelfen. Im Innern des Landes waren in dieser ersten Periode mannichfache Veränderungen vorgegangen. Durch die Vertilgung der Könige des obern Landes war eine größere Gesammtkraft, sowie eine feste Naturgrenze durch das kandurische Gebirge gegen das Anstürmen der illyrischen Barbaren gewonnen worden. Griechische Sitte, Bildung und Kunst hatten in M. bereits

Eingang gefunden. Die Freiheit war hier mit dem Königthum verbunden. Zuerst scheint das macedonische Königthum beschränkt gewesen zu sein durch Adel und Volk; der König war Feldherr, Oberpriester, Oberrichter seines Volks, aber in den Angelegenheiten des gemeinen Wohles an die Zustimmung seines Adels gebunden, und das Volk theilte mit ihm die richterliche Gewalt. Wenn nun auch das Königthum seit dem Beginn der eigentlichen Geschichte des Reichs sich mehr und mehr zu absoluter Machtfülle erhob, so bewahrte sich das Volk doch immer eine freie Gesinnung, in der es seinen Königen entgegenstand; Einfachheit, kriegerische Kraft und eine gewisse kräftige Rohheit charakterisirten das Volk. Auf welche Weise sich M. unter der Regierung Philipps vergrößerte, wie es eingriff in die Angelegenheiten der Hellenen und deren Spaltungen ausbeutend seinen Einfluß mehr und mehr steigerte, wie endlich Griechenland unter die Hegemonie M.s sich beugen mußte, wie nach Philipps I. Tode Alexander die gesammte hellenische Macht gegen den Orient, hauptsächlich gegen das Perserreich, koncentrirte, wie er von Sieg zu Sieg vorwärts stürmte, mit kühnem Geistesfluge Orient u. Occident zu vereinigen u. neue Gestaltungen daraus zu schaffen unternahm, wie aber seine Pläne an der Unmöglichkeit dieses Unternehmens scheiterten, darüber s. Philipp 2) und Alexander 1). Während des letztern Abwesenheit war Antipater Verweser von M. gewesen. Der sterbende König übergab seinen Siegelring einem seiner Feldherren, Perdiccas, mit den Worten: Der Würdigste sei mein Nachfolger. Unter Denen, welche Anspruch darauf machten, zu den tüchtigsten Feldherren Alexanders zu gehören, besaßen Leonnatus, Perdiccas und Ptolemäus, sowie Antipater und Craterus, später Eumenes, Antigonus und Seleucus das meiste Ansehen bei dem Heere. Im Ganzen standen aber 13 Rivalen einander gegenüber. Dieselben schlossen einen Vergleich, der dahin lautete, daß Alexanders Halbbruder Arrhidäus und, wenn Alexanders schwangere Gemahlin Roxane einen Sohn gebäre, dieser mit jenem König sein sollte; Perdiccas aber wurde zum Reichsverweser ernannt u. die Verwaltung der Provinzen unter die Feldherren vertheilt. Die Verwaltung von M. u. Griechenland erhielten Antipater und Craterus, u. zwar so, daß jener Feldherr war, dieser die eigentlichen Verwaltungsgeschäfte besorgte. Unterdessen hatte Roxane einen Sohn geboren, der den Namen Alexander erhielt und unter Vormundschaft des Perdiccas als König anerkannt wurde. Die Geschichte M.s in der nächsten Zeit bietet nur das Bild von Intriguen und Kämpfen zwischen den verschiedenen Statthaltern mit dem Reichsverweser dar. In diesen Kriegen fiel Craterus in Kleinasien, und Perdiccas ward in Aegypten, nachdem er glücklich gegen Ptolemäus gekämpft, von seinen eigenen Soldaten ermordet (320). Antipater ward hierauf Reichsverweser und wählte 319 bei seinem Tode mit Uebergehung seines Sohnes Cassander den Polysperchon zu seinem Nachfolger. Mit diesem deshalb in Krieg verwickelt, setzte sich Cassander nach mehrjährigem Kampfe, von Ptolemäus und Antigonus unterstützt, in den Besitz M.s und des größten Theils von Griechenland. Arrhidäus wurde 317 ermordet. Den jungen Alexander ließ Cassander ins Gefängniß werfen und vermählte sich mit dessen Halbschwester Thessalonice, 310 ließ er jenen sammt seiner Mutter Roxane ermorden. Auf Cassander, der Epirus, einen Theil Griechenlands und Karien mit M. verbunden hatte, folgte 298 sein Sohn Philipp III., nach dessen 297 erfolgtem Tode seine Brüder Antipater I. u. Alexander V. um den Thron stritten. Als der erste geflohen und der zweite vergiftet worden war, nahm Demetrius Poliorcetes das Reich für sich in Besitz (294), mußte aber 287 dem Lysimachus von Thracien weichen. Derselbe fiel in dem Kampfe gegen Seleucus von Syrien, und dieser bestieg nun den Thron M.s, wurde aber 280 von Ptolemäus Ceraunus ermordet, der ihm sodann in der Herrschaft folgte. Nachdem dieser 278 gegen die Gallier geblieben war, die das Land verheerten, folgte ihm sein Bruder Meleager u. auf diesen nach 2 Monaten Antipater II. Im Jahre 276 trat Antigonus I. Gonatas, Sohn des Demetrius Poliorcetes, als Regent auf, vertrieb die Gallier, besetzte Athen und Korinth und suchte die Verhältnisse seines Reiches zu ordnen. Er starb 240. Auf seinen Sohn Demetrius II. folgte 232 Antigonus II. Doson, des Antigonus Enkel, der sich mit der Wittwe des Demetrius vermählte, dem achäischen Bunde zu Hülfe zog, Mantinea und Sparta eroberte u. die Illyrier bekämpfte; er starb 221. Sein Nachfolger, Philipp IV., wurde als Bundesgenosse der Achäer in Kriege mit den Aetolern und Illyriern und Attalus von Pergamum verwickelt. Im Jahre 215 schloß er mit Hannibal ein Bündniß gegen die Römer, wurde aber durch eine Flotte an der Ueberfahrt nach Italien gehindert, bei Apollonia geschlagen und seit 211 durch den Krieg gegen die Aetoler, die Verbündeten Roms, in seinem eigenen Lande beschäftigt, bis 204 die Römer unter Vermittelung der Epiroten Frieden schlossen. Doch dauerte derselbe nicht lange. Die Schlacht bei Cynoscephalä, im Herbst 197 von T. Quinctius Flaminius gewonnen, zwang den König zur Flucht nach Larissa und zum Frieden, in welchem die Hegemonie über Griechenland den Macedoniern genommen, die Armee derselben bis auf 500 Hopliten vermindert und eine Zahlung von 1000 Talenten ihnen auferlegt wurde. Nach Philipps Tode (179) bestieg sein Sohn Perseus den Thron. Von gleichem Römerhaß beseelt, zog er zwar die Könige Syriens, Bithyniens, Illyriens, Thraciens, die Epiroten und Thessalier in sein Interesse, konnte sie aber nicht zu einer dauernden Vereinigung bewegen. Gerüstet mit einer Armee von 39,000 Mann Fußvolk und 4000 Reitern, erklärte er 171 an die Römer den Krieg und behauptete sich anfangs in dem Gebirgslande von Thessalien; aber durch seinen Geiz machte er seine Bundesgenossen von sich abwendig. Der römische Konsul Aemilius Paulus besiegte ihn am 22. Juni 168 in der Schlacht bei Pydna und stürzte so den Thron der macedonischen Könige. Perseus mußte den Triumph des Siegers in Rom mit verherrlichen und wurde in dem Gefängniß zu Alba zu Tode gemartert. Ein Senatsbeschluß erklärte zwar M. für frei unter Roms Oberherrschaft, theilte es aber in vier Distrikte, die kein Commercium und Connubium unter einander hatten, und bestimmte die Hälfte der bisherigen Abgaben als Tribut. Das Volk folgte daher gern dem Rufe eines Sklaven Andriscus, der sich für den Sohn des Perseus ausgab (der sogenannte Pseudo-Philippus), und kämpfte anfangs glücklich gegen

Pelagonia, Lyncestis, Orestis und Elimea, und in **Niedermacedonien**, welches die Ebenen um den thermäischen Meerbusen und oberhalb Chalcidice umfaßte. Die Landschaft **Pelagonia**, später **Päonia** genannt, erstreckte sich östlich über den Arius hinaus bis zum Strymon. Die alte Residenz der Könige war Bylazora am Astycus. Die Landschaft **Lyncestis** (**Lyncus**) lag südlich von Pelagonia längs der Grenze Illyriens; die Hauptstadt war Heraclea. Südöstlich davon lag der bis zum Haliacmon reichende Gau **Cordäa**, mit der Hauptstadt Cordäa (jetzt Filorina); um die Quellen des Haliacmon der Distrikt **Orestis**; südöstlich davon die Landschaft **Elimiotis** (Elimea). Oestlich von Lyncestis und Cordäa breitete sich die Landschaft **Emathia** aus. Sie wurde vom Fluß Lydias durchströmt, und in ihr lagen Edessa, die Residenz der alten macedonischen Könige (jetzt Vodina am Karasmak), Berða (jetzt Veria), Citium, Atalanta ꝛc. Südöstlich von Emathia findet sich der Distrikt **Bottiäis** oder **Bottiäa**, mit der alten Stadt Pella, der spätern Residenz der macedonischen Könige, Geburtsort Philipps II. u. Alexanders des Großen. Südöstlich von diesem Gau breitete sich längs der Westküste des thermäischen Meerbusens die Landschaft **Pieria** aus, wo die Musen ihren Wohnsitz und die musischen Künste ihre ursprüngliche Heimat hatten, wo der Sage nach Orpheus durch seine Töne Natur und Menschen bezauberte und Linus, Eumolpus und Thamyris ꝛc. durch ihre Gesänge nicht bloß ergötzten, sondern auch Kultur verbreiteten. Von den Städten dieses Distrikts sind zu bemerken: Methone, Pydna, Citrus (jetzt Kitro), Heracleum (jetzt Platamona), Pimpleia ꝛc. Zwischen dem Arius und Strymon in der Richtung von Süden nach Norden lag die Halbinsel **Chalcidice** mit ihren 3 Landspitzen Acte, Sithonia und Pallene und den Städten Scione, Potidäa, Olynthus, Torone, Stagira (Geburtsort des Aristoteles, jetzt Stavro) u. a. Nordwestlich von Chalcidice lag **Mygdonia**, mit der Stadt Thessalonice, früher Therme (jetzt Salonichi) und den Orten Cissus, Artemisium, Apollonia (jetzt Polina) ꝛc.; östlich davon **Bisaltia**, nordwestlich **Crestonia** mit der Hauptstadt Creston und östlich **Sintice** mit der Hauptstadt Heraclea Sintica. Nordöstlich von Crestonia breitete sich der östlich vom Arius gelegene Theil von Päonia aus mit den Städten Doberus, Tauriana (jetzt Doiran oder Doghiran), Astibon (jetzt Istib) ꝛc. Der Distrikt **Mädica**, mit den Städten Iamphorina (jetzt Ivorina), Petra und Desudaba lag nördlicher auf den Grenzgebirgen. Weiter östlich fanden sich die Sitze der Bessi. Oestlich vom Strymon lag im Norden um das Gebirge Orbelus der Distrikt **Odomantice**; gegen Südosten zwischen Strymon und Nestus die Landschaft **Edonis**, mit den Städten Philippi, Gasorus, Amphipolis, Pergamus, Tragilus, Neapolis.

Zu Bewohnern hatte M. ursprünglich eine Anzahl nicht hellenischer Völkerschaften, die theils dem thracischen, theils dem illyrischen Volksstamme (so die **Päones**, das alte Hauptvolk des Landes) angehörten. Zu ihnen aber wanderten schon frühzeitig nach der Sage unter Anführung der 3 Söhne des Herakliden Temenus, Gauanes, Aeropus und Perdiccas, hellenische Stämme ein, die sich zuerst in Emathia am Fuß des Gebirgs Bermius niedergelassen haben sollen. Der Name M., früher Maketia, wird abgeleitet von dem alten König Macedo, einem Sohne des Zeus und der Thyia, oder des Osiris, der aus Aegypten einwanderte, nach Anderen von dem samnitischen Worte maked, was herrliches Land bedeutet. Um 730 v. Chr. soll der jüngste jener 3 Brüder, **Perdiccas I.**, nach Andern aber **Caranus**, ebenfalls ein Heraklide aus Argos, Stifter des hellenisch-macedonischen Reichs geworden sein. Dasselbe war anfangs noch sehr klein; Thracier und Illyrier hinderten das Wachsthum des jungen Staats. Bis auf Amyntas I. werden als Könige aufgezählt Argäus, Philipp I., Aeropus, Alcetes. Mit **Amyntas I.** (507—480 v. Chr.) und besonders mit dessen Sohn, **Alexander I.** (480—454) kam M. in Abhängigkeit von Persien. Um jene Zeit begannen auch die Athener Kolonien in M. zu gründen. **Perdiccas II.** regierte anfangs, seit 454, wahrscheinlich mit seinen Brüdern Alcitas und Philippus gemeinschaftlich, seit 436 aber allein. Er schloß sich zuerst eng an die Athener an, ward sodann aber, da dieselben auch die griechischen Städte auf der chalcidisch-thracischen Halbinsel und Orte an M.s Küste in ihren großen Bund aufnahmen, eifersüchtig auf sie, unterstützte im peloponnesischen Kriege die Lacedämonier u. suchte Olynthus in Chalcidice zu einer Vormauer gegen Athen zu machen. Als Hauptrichtung der macedonischen Politik erscheint von dieser Zeit an Entfernung der Hauptmächte Griechenlands von den thracischen Küsten, besonders von Chalcidice, und Erhaltung der Unabhängigkeit der griechischen Städte; sodann Vernichtung der barbarischen Könige im obern Lande. **Archelaus I.** (413 v. Chr.), des Perdiccas natürlicher Sohn und Nachfolger, beförderte Handel und Ackerbau, Künste und Wissenschaften und legte Straßen und Städte an. Nach seiner Ermordung (399) zerrütteten Thronstreitigkeiten das Reich u. Griechen u. Barbaren wußten diese Wirren auszubeuten. **Amyntas II.** behauptete zwar endlich (393) den Thron, sein Nachfolger **Alexander II.** (370) mußte aber den Frieden von den Illyriern erkaufen u. ward nach dreijähriger Regierung von einem Thronräuber, dem Ptolemäus Alorites, ermordet. Die in jenen Wirren zu Hülfe gerufenen Thebaner vertrieben auch diesen u. erhoben 365 Alexanders II. Bruder, **Perdiccas III.**, auf den Thron. In einem Kriege mit Illyrien ward Perdiccas mit einem großen Theile seines Heeres erschlagen (360) und hinterließ einen fünfjährigen Sohn, **Amyntas III.** **Philipp**, dessen Oheim, der jüngste Sohn des Amyntas II., übernahm die Vormundschaft über ihn, fand den von den Thraciern unterstützten Kronprätendenten Pausanias mit Geld ab, entledigte sich des von den Athenern aufgestellten Prätendenten Argäus durch Abtretung von Amphipolis an Athen, kämpfte glücklich gegen die Illyrier und erweiterte das Reich im Nordwesten bis zum See Lychnidus. Im Jahre 359 bestieg er selbst als Philipp II. den Thron, um M. zu weltgeschichtlicher Bedeutung zu verhelfen. Im Innern des Landes waren in dieser ersten Periode mannichfache Veränderungen vorgegangen. Durch die Vertilgung der Könige des obern Landes war eine größere Gesammtkraft, sowie eine feste Naturgrenze durch das kandurische Gebirge gegen das Anstürmen der illyrischen Barbaren gewonnen worden. Griechische Sitte, Bildung und Kunst hatten in M. bereits

Eingang gefunden. Die Freiheit war hier mit dem Königthum verbunden. Zuerst scheint das macedonische Königthum beschränkt gewesen zu sein durch Adel und Volk; der König war Feldherr, Oberpriester, Oberrichter seines Volks, aber in den Angelegenheiten des gemeinen Wohles an die Zustimmung seines Adels gebunden, und das Volk theilte mit ihm die richterliche Gewalt. Wenn nun auch das Königthum seit dem Beginn der eigentlichen Geschichte des Reichs sich mehr und mehr zu absoluter Machtfülle erhob, so bewahrte sich das Volk doch immer eine freie Gesinnung, in der es seinen Königen entgegenstand; Einfachheit, kriegerische Kraft und eine gewisse kräftige Rohheit charakterisirten das Volk. Auf welche Weise sich M. unter der Regierung Philipps vergrößerte, wie es eingriff in die Angelegenheiten der Hellenen und deren Spaltungen ausbeutend seinen Einfluß mehr und mehr steigerte, wie endlich Griechenland unter die Hegemonie M.s sich beugen mußte, wie nach Philipps I. Tode Alexander die gesammte hellenische Macht gegen den Orient, hauptsächlich gegen das Perserreich, koncentrirte, wie er von Sieg zu Sieg vorwärts stürmte, mit kühnem Geistesfluge Orient u. Occident zu vereinigen u. neue Gestaltungen daraus zu schaffen unternahm, wie aber seine Pläne an der Unmöglichkeit dieses Unternehmens scheiterten, darüber s. Philipp 2) und Alexander 1). Während des letztern Abwesenheit war Antipater Verweser von M. gewesen. Der sterbende König übergab seinen Siegelring einem seiner Feldherren, Perdiccas, mit den Worten: Der Würdigste sei mein Nachfolger. Unter Denen, welche Anspruch darauf machten, zu den tüchtigsten Feldherren Alexanders zu gehören, besaßen Leonnatus, Perdiccas und Ptolemäus, sowie Antipater und Craterus, später Eumenes, Antigonus und Seleucus das meiste Ansehen bei dem Heere. Im Ganzen standen aber 13 Rivalen einander gegenüber. Dieselben schlossen einen Vergleich, der dahin lautete, daß Alexanders Halbbruder Arrhidäus und, wenn Alexanders schwangere Gemahlin Roxane einen Sohn gebäre, dieser mit jenem König sein sollte; Perdiccas aber wurde zum Reichsverweser ernannt u. die Verwaltung der Provinzen unter die Feldherren vertheilt. Die Verwaltung von M. u. Griechenland erhielten Antipater und Craterus, u. zwar so, daß jener Feldherr war, dieser die eigentlichen Verwaltungsgeschäfte besorgte. Unterdessen hatte Roxane einen Sohn geboren, der den Namen Alexander erhielt und unter Vormundschaft des Perdiccas als König anerkannt wurde. Die Geschichte M.s in der nächsten Zeit bietet nur das Bild von Intriguen und Kämpfen zwischen den verschiedenen Statthaltern mit dem Reichsverweser dar. In diesen Kriegen fiel Craterus in Kleinasien, und Perdiccas ward in Aegypten, nachdem er glücklich gegen Ptolemäus gekämpft, von seinen eigenen Soldaten ermordet (320). Antipater ward hierauf Reichsverweser und wählte 319 bei seinem Tode mit Uebergehung seines Sohnes Cassander den Polysperchon zu seinem Nachfolger. Mit diesem deshalb in Krieg verwickelt, setzte sich Cassander nach mehrjährigem Kampfe, von Ptolemäus und Antigonus unterstützt, in den Besitz M.s und des größten Theils von Griechenland. Arrhidäus wurde 317 ermordet. Den jungen Alexander ließ Cassander ins Gefängniß werfen und vermählte sich mit dessen Halbschwester Thessalonice, 310 ließ er jenen sammt seiner Mutter Roxane ermorden. Auf Cassander, der Epirus, einen Theil Griechenlands und Karien mit M. verbunden hatte, folgte 298 sein Sohn Philipp III., nach dessen 297 erfolgtem Tode seine Brüder Antipater I. u. Alexander V. um den Thron stritten. Als der erste geflohen und der zweite vergiftet worden war, nahm Demetrius Poliorcetes das Reich für sich in Besitz (294), mußte aber 287 dem Lysimachus von Thracien weichen. Derselbe fiel in dem Kampfe gegen Seleucus von Syrien, und dieser bestieg nun den Thron M.s, wurde aber 280 von Ptolemäus Ceraunus ermordet, der ihm sodann in der Herrschaft folgte. Nachdem dieser 278 gegen die Gallier geblieben war, die das Land verheerten, folgte ihm sein Bruder Meleager u. auf diesen nach 2 Monaten Antipater II. Im Jahre 276 trat Antigonus I. Gonatas, Sohn des Demetrius Poliorcetes, als Regent auf, vertrieb die Gallier, besetzte Athen und Korinth und suchte die Verhältnisse seines Reiches zu ordnen. Er starb 240. Auf seinen Sohn Demetrius II. folgte 232 Antigonus II. Doson, des Antigonus Enkel, der sich mit der Wittwe des Demetrius vermählte, dem achäischen Bunde zu Hülfe zog, Mantinea und Sparta eroberte u. die Illyrier bekämpfte; er starb 221. Sein Nachfolger, Philipp IV., wurde als Bundesgenosse der Achäer in Kriege mit den Aetolern und Illyriern und Attalus von Pergamum verwickelt. Im Jahre 215 schloß er mit Hannibal ein Bündniß gegen die Römer, wurde aber durch eine Flotte an der Ueberfahrt nach Italien gehindert, bei Apollonia geschlagen und seit 211 durch den Krieg gegen die Aetoler, die Verbündeten Roms, in seinem eigenen Lande beschäftigt, bis 204 die Römer unter Vermittelung der Epiroten Frieden schlossen. Doch dauerte derselbe nicht lange. Die Schlacht bei Cynoscephalä, im Herbst 197 von T. Quinctius Flaminius gewonnen, zwang den König zur Flucht nach Larissa und zum Frieden, in welchem die Hegemonie über Griechenland den Macedoniern genommen, die Armee derselben bis auf 500 Hopliten vermindert und eine Zahlung von 1000 Talenten ihnen auferlegt wurde. Nach Philipps Tode (179) bestieg sein Sohn Perseus den Thron. Von gleichem Römerhaß beseelt, zog er zwar die Könige Syriens, Bithyniens, Illyriens, Thraciens, die Epiroten und Thessalier in sein Interesse, konnte sie aber nicht zu einer dauernden Vereinigung bewegen. Gerüstet mit einer Armee von 39,000 Mann Fußvolk und 4000 Reitern, erklärte er 171 an die Römer den Krieg und behauptete sich anfangs in dem Gebirgslande von Thessalien; aber durch seinen Geiz machte er seine Bundesgenossen von sich abwendig. Der römische Konsul Aemilius Paulus besiegte ihn am 22. Juni 168 in der Schlacht bei Pydna und stürzte so den Thron der macedonischen Könige. Perseus mußte den Triumph des Siegers in Rom mit verherrlichen und wurde in dem Gefängniß zu Alba zu Tode gemartert. Ein Senatsbeschluß erklärte zwar M. für frei unter Roms Oberherrschaft, theilte es aber in vier Distrikte, die kein Commercium und Connubium unter einander hatten, und bestimmte die Hälfte der bisherigen Abgaben als Tribut. Das Volk folgte daher gern dem Rufe eines Sklaven Andriscus, der sich für den Sohn des Perseus ausgab (der sogenannte Pseudo-Philippus), und kämpfte anfangs glücklich gegen

Pelagonia, Lyncestis, Orestis und Elimea, und in Niedermacedonien, welches die Ebenen um den thermäischen Meerbusen und oberhalb Chalcidice umfaßte. Die Landschaft Pelagonia, später Päonia genannt, erstreckte sich östlich über den Arius hinaus bis zum Strymon. Die alte Residenz der Könige war Bylazora am Astycus. Die Landschaft Lyncestis (Lyncus) lag südlich von Pelagonia längs der Grenze Illyriens; die Hauptstadt war Heraclea. Südöstlich davon lag der bis zum Haliacmon reichende Gau Cordäa, mit der Hauptstadt Cordäa (jetzt Filorina); um die Quellen des Haliacmon der Distrikt Orestis; südöstlich davon die Landschaft Elimiotis (Elimea). Oestlich von Lyncestis und Cordäa breitete sich die Landschaft Emathia aus. Sie wurde vom Fluß Lydias durchströmt, und in ihr lagen Edessa, die Residenz der alten macedonischen Könige (jetzt Vodina am Karasmak), Berda (jetzt Veria), Citium, Atalanta ꝛc. Südöstlich von Emathia findet sich der Distrikt Bottiäis oder Bottiäa, mit der alten Stadt Pella, der spätern Residenz der macedonischen Könige, Geburtsort Philipps II. u. Alexanders des Großen. Südöstlich von diesem Gau breitete sich längs der Westküste des thermäischen Meerbusens die Landschaft Pieria aus, wo die Musen ihren Wohnsitz und die musischen Künste ihre ursprüngliche Heimat hatten, wo der Sage nach Orpheus durch seine Töne Natur und Menschen bezauberte und Linus, Eumolpus und Thamyris ꝛc. durch ihre Gesänge nicht bloß ergötzten, sondern auch Kultur verbreiteten. Von den Städten dieses Distrikts sind zu bemerken: Methone, Pydna, Citrus (jetzt Kitro), Heracleum (jetzt Platamona), Pimpleia ꝛc. Zwischen dem Arius und Strymon in der Richtung von Süden nach Norden lag die Halbinsel Chalcidice mit ihren 3 Landspitzen Acte, Sithonia und Pallene und den Städten Scione, Potidäa, Olynthus, Torone, Stagira (Geburtsort des Aristoteles, jetzt Stavro) u. a. Nordwestlich von Chalcidice lag Mygdonia, mit der Stadt Thessalonice, früher Therme (jetzt Salonichi) und den Orten Cissus, Artemisium, Apollonia (jetzt Polina) ꝛc.; östlich davon Bisaltia, nordwestlich Crestonia mit der Hauptstadt Creston und östlich Sintice mit der Hauptstadt Heraclea Sintica. Nordöstlich von Crestonia breitete sich der östlich vom Arius gelegene Theil von Päonia aus mit den Städten Doberus, Tauriana (jetzt Doiran oder Doghiran), Astibon (jetzt Istib) ꝛc. Der Distrikt Mädica, mit den Städten Jamphorina (jetzt Ivorina), Petra und Desudaba lag nördlicher auf den Grenzgebirgen. Weiter östlich fanden sich die Sitze der Bessi. Oestlich vom Strymon lag im Norden um das Gebirge Orbelus der Distrikt Odomantice; gegen Südosten zwischen Strymon und Nestus die Landschaft Edonis, mit den Städten Philippi, Gasorus, Amphipolis, Pergamus, Tragilus, Neapolis.

Zu Bewohnern hatte M. ursprünglich eine Anzahl nicht hellenischer Völkerschaften, die theils dem thracischen, theils dem illyrischen Volksstamme (so die Päones, das alte Hauptvolk des Landes) angehörten. Zu ihnen aber wanderten schon frühzeitig nach der Sage unter Anführung der 3 Söhne des Herakliden Temenus, Gauanes, Aeropus und Perdiccas, hellenische Stämme ein, die sich zuerst in Emathia am Fuß des Gebirgs Bermius niedergelassen haben sollen. Der Name M., früher Maketia, wird abgeleitet von dem alten König Macedo, einem Sohne des Zeus und der Thyia, oder des Osiris, der aus Aegypten einwanderte, nach Anderen von dem samnitischen Worte maked, was herrliches Land bedeutet. Um 730 v. Chr. soll der jüngste jener 3 Brüder, Perdiccas I., nach Andern aber Caranus, ebenfalls ein Heraklide aus Argos, Stifter des hellenisch-macedonischen Reichs geworden sein. Dasselbe war anfangs noch sehr klein; Thracier und Illyrier hinderten das Wachsthum des jungen Staats. Bis auf Amyntas I. werden als Könige aufgezählt Argäus, Philipp I., Aeropus, Alcetes. Mit Amyntas I. (507—480 v. Chr.) und besonders mit dessen Sohn, Alexander I. (480—454) kam M. in Abhängigkeit von Persien. Um jene Zeit begannen auch die Athener Kolonien in M. zu gründen. Perdiccas II. regierte anfangs, seit 454, wahrscheinlich mit seinen Brüdern Alcitas und Philippus gemeinschaftlich, seit 436 aber allein. Er schloß sich zuerst eng an die Athener an, ward sodann aber, da dieselben auch die griechischen Städte auf der chalcidisch-thracischen Halbinsel und Orte an M.s Küste in ihren großen Bund aufnahmen, eifersüchtig auf sie, unterstützte im peloponnesischen Kriege die Lacedämonier u. suchte Olynthus in Chalcidice zu einer Vormauer gegen Athen zu machen. Als Hauptrichtung der macedonischen Politik erscheint von dieser Zeit an Entfernung der Hauptmächte Griechenlands von den thracischen Küsten, besonders von Chalcidice, und Erhaltung der Unabhängigkeit der griechischen Städte; sodann Vernichtung der barbarischen Könige im obern Lande. Archelaus I. (413 v. Chr.), des Perdiccas natürlicher Sohn und Nachfolger, beförderte Handel und Ackerbau, Künste und Wissenschaften und legte Straßen und Städte an. Nach seiner Ermordung (399) zerrütteten Thronstreitigkeiten das Reich u. Griechen u. Barbaren wußten diese Wirren auszubeuten. Amyntas II. behauptete zwar endlich (393) den Thron, sein Nachfolger Alexander II. (370) mußte aber den Frieden von den Illyriern erkaufen u. ward nach dreijähriger Regierung von einem Thronräuber, dem Ptolemäus Alorites, ermordet. Die in jenen Wirren zu Hülfe gerufenen Thebaner vertrieben auch diesen u. erhoben 365 Alexanders II. Bruder, Perdiccas III., auf den Thron. In einem Kriege mit Illyrien ward Perdiccas mit einem großen Theile seines Heeres erschlagen (360) und hinterließ einen fünfjährigen Sohn, Amyntas III. Philipp, dessen Oheim, der jüngste Sohn des Amyntas II., übernahm die Vormundschaft über ihn, fand den von den Thraciern unterstützten Kronprätendenten Pausanias mit Geld ab, entledigte sich des von den Athenern aufgestellten Prätendenten Argäus durch Abtretung von Amphipolis an Athen, kämpfte glücklich gegen die Illyrier und erweiterte das Reich im Nordwesten bis zum See Lychnidus. Im Jahre 359 bestieg er selbst als Philipp II. den Thron, um M. zu weltgeschichtlicher Bedeutung zu verhelfen. Im Innern des Landes waren in dieser ersten Periode mannichfache Veränderungen vorgegangen. Durch die Vertilgung der Könige des obern Landes war eine größere Gesammtkraft, sowie eine feste Naturgrenze durch das kandurische Gebirge gegen das Anstürmen der illyrischen Barbaren gewonnen worden. Griechische Sitte, Bildung und Kunst hatten in M. bereits

Eingang gefunden. Die Freiheit war hier mit dem Königthum verbunden. Zuerst scheint das macedonische Königthum beschränkt gewesen zu sein durch Adel und Volk; der König war Feldherr, Oberpriester, Oberrichter seines Volks, aber in den Angelegenheiten des gemeinen Wohles an die Zustimmung seines Adels gebunden, und das Volk theilte mit ihm die richterliche Gewalt. Wenn nun auch das Königthum seit dem Beginn der eigentlichen Geschichte des Reichs sich mehr und mehr zu absoluter Machtfülle erhob, so bewahrte sich das Volk doch immer eine freie Gesinnung, in der es seinen Königen entgegenstand; Einfachheit, kriegerische Kraft und eine gewisse kräftige Rohheit charakterisirten das Volk. Auf welche Weise sich M. unter der Regierung Philipps vergrößerte, wie es eingriff in die Angelegenheiten der Hellenen und deren Spaltungen ausbeutend seinen Einfluß mehr und mehr steigerte, wie endlich Griechenland unter die Hegemonie M.s sich beugen mußte, wie nach Philipps I. Tode Alexander die gesammte hellenische Macht gegen den Orient, hauptsächlich gegen das Perserreich, koncentrirte, wie er von Sieg zu Sieg vorwärts stürmte, mit kühnem Geistesfluge Orient u. Occident zu vereinigen u. neue Gestaltungen daraus zu schaffen unternahm, wie aber seine Pläne an der Unmöglichkeit dieses Unternehmens scheiterten, darüber s. Philipp 2) und Alexander 1). Während des letztern Abwesenheit war Antipater Verweser von M. gewesen. Der sterbende König übergab seinen Siegelring einem seiner Feldherren, Perdiccas, mit den Worten: Der Würdigste sei mein Nachfolger. Unter Denen, welche Anspruch darauf machten, zu den tüchtigsten Feldherren Alexanders zu gehören, besaßen Leonnatus, Perdiccas und Ptolemäus, sowie Antipater und Craterus, später Eumenes, Antigonus und Seleucus das meiste Ansehen bei dem Heere. Im Ganzen standen aber 13 Rivalen einander gegenüber. Dieselben schlossen einen Vergleich, der dahin lautete, daß Alexanders Halbbruder Arrhidäus und, wenn Alexanders schwangere Gemahlin Roxane einen Sohn gebäre, dieser mit jenem König sein sollte; Perdiccas aber wurde zum Reichsverweser ernannt u. die Verwaltung der Provinzen unter die Feldherren vertheilt. Die Verwaltung von M. u. Griechenland erhielten Antipater und Craterus, u. zwar so, daß jener Feldherr war, dieser die eigentlichen Verwaltungsgeschäfte besorgte. Unterdessen hatte Roxane einen Sohn geboren, der den Namen Alexander erhielt und unter Vormundschaft des Perdiccas als König anerkannt wurde. Die Geschichte M.s in der nächsten Zeit bietet nur das Bild von Intriguen und Kämpfen zwischen den verschiedenen Statthaltern mit dem Reichsverweser dar. In diesen Kriegen fiel Craterus in Kleinasien, und Perdiccas ward in Aegypten, nachdem er glücklich gegen Ptolemäus gekämpft, von seinen eigenen Soldaten ermordet (320). Antipater ward hierauf Reichsverweser und wählte 319 bei seinem Tode mit Uebergehung seines Sohnes Cassander den Polysperchon zu seinem Nachfolger. Mit diesem deshalb in Krieg verwickelt, setzte sich Cassander nach mehrjährigem Kampfe, von Ptolemäus und Antigonus unterstützt, in den Besitz M.s und des größten Theils von Griechenland. Arrhidäus wurde 317 ermordet. Den jungen Alexander ließ Cassander ins Gefängniß werfen und vermählte sich mit dessen Halbschwester Thessalonice, 310 ließ er jenen sammt seiner Mutter Roxane ermorden. Auf Cassander, der Epirus, einen Theil Griechenlands und Karien mit M. verbunden hatte, folgte 298 sein Sohn Philipp III., nach dessen 297 erfolgtem Tode seine Brüder Antipater I. u. Alexander V. um den Thron stritten. Als der erste geflohen und der zweite vergiftet worden war, nahm Demetrius Poliorcetes das Reich für sich in Besitz (294), mußte aber 287 dem Lysimachus von Thracien weichen. Derselbe fiel in dem Kampfe gegen Seleucus von Syrien, und dieser bestieg nun den Thran M.s, wurde aber 280 von Ptolemäus Ceraunus ermordet, der ihm sodann in der Herrschaft folgte. Nachdem dieser 278 gegen die Gallier geblieben war, die das Land verheerten, folgte ihm sein Bruder Meleager u. auf diesen nach 2 Monaten Antipater II. Im Jahre 276 trat Antigonus I. Gonatas, Sohn des Demetrius Poliorcetes, als Regent auf, vertrieb die Gallier, besetzte Athen und Korinth und suchte die Verhältnisse seines Reiches zu ordnen. Er starb 240. Auf seinen Sohn Demetrius II. folgte 232 Antigonus II. Doson, des Antigonus Enkel, der sich mit der Wittwe des Demetrius vermählte, dem achäischen Bunde zu Hülfe zog, Mantinea und Sparta eroberte u. die Illyrier bekämpfte; er starb 221. Sein Nachfolger, Philipp IV., wurde als Bundesgenosse der Achäer in Kriege mit den Aetolern und Illyriern und Attalus von Pergamum verwickelt. Im Jahre 215 schloß er mit Hannibal ein Bündniß gegen die Römer, wurde aber durch eine Flotte an der Ueberfahrt nach Italien gehindert, bei Apollonia geschlagen und seit 211 durch den Krieg gegen die Aetoler, die Verbündeten Roms, in seinem eigenen Lande beschäftigt, bis 204 die Römer unter Vermittelung der Epiroten Frieden schlossen. Doch dauerte derselbe nicht lange. Die Schlacht bei Cynoscephalä, im Herbst 197 von T. Quinctius Flaminius gewonnen, zwang den König zur Flucht nach Larissa und zum Frieden, in welchem die Hegemonie über Griechenland den Macedoniern genommen, die Armee derselben bis auf 500 Hopliten vermindert und eine Zahlung von 1000 Talenten ihnen auferlegt wurde. Nach Philipps Tode (179) bestieg sein Sohn Perseus den Thron. Von gleichem Römerhaß beseelt, zog er zwar die Könige Syriens, Bithyniens, Illyriens, Thraciens, die Epiroten und Thessalier in sein Interesse, konnte sie aber nicht zu einer dauernden Vereinigung bewegen. Gerüstet mit einer Armee von 39,000 Mann Fußvolk und 4000 Reitern, erklärte er 171 an die Römer den Krieg und behauptete sich anfangs in dem Gebirgslande von Thessalien; aber durch seinen Geiz machte er seine Bundesgenossen von sich abwendig. Der römische Konsul Aemilius Paulus besiegte ihn am 22. Juni 168 in der Schlacht bei Pydna und stürzte so den Thron der macedonischen Könige. Perseus mußte den Triumph des Siegers in Rom mit verherrlichen und wurde in dem Gefängniß zu Alba zu Tode gemartert. Ein Senatsbeschluß erklärte zwar M. für frei unter Roms Oberherrschaft, theilte es aber in vier Distrikte, die kein Commercium und Connubium unter einander hatten, und bestimmte die Hälfte der bisherigen Abgaben als Tribut. Das Volk folgte daher gern dem Rufe eines Sklaven Andriscus, der sich für den Sohn des Perseus ausgab (der sogenannte Pseudo-Philippus), und kämpfte anfangs glücklich gegen

Pelagonia, Lyncestis, Orestis und Elimea, und in Niedermacedonien, welches die Ebenen um den thermäischen Meerbusen und oberhalb Chalcidice umfaßte. Die Landschaft Pelagonia, später Päonia genannt, erstreckte sich östlich über den Arius hinaus bis zum Strymon. Die alte Residenz der Könige war Bylazora am Astycus. Die Landschaft Lyncestis (Lyncus) lag südlich von Pelagonia längs der Grenze Illyriens; die Hauptstadt war Heraclea. Südöstlich davon lag der bis zum Haliacmon reichende Gau Cordäa, mit der Hauptstadt Cordäa (jetzt Filorina); um die Quellen des Haliacmon der Distrikt Orestis; südöstlich davon die Landschaft Elimiotis (Elimea). Oestlich von Lyncestis und Cordäa breitete sich die Landschaft Emathia aus. Sie wurde vom Fluß Lydias durchströmt, und in ihr lagen Edessa, die Residenz der alten macedonischen Könige (jetzt Bodina am Karasmak), Beröa (jetzt Veria), Citium, Atalanta rc. Südöstlich von Emathia findet sich der Distrikt Bottiäis oder Bottiäa, mit der alten Stadt Pella, der spätern Resideuz der macedonischen Könige, Geburtsort Philipps II. u. Alexanders des Großen. Südöstlich von diesem Gau breitete sich längs der Westküste des thermäischen Meerbusens die Landschaft Pieria aus, wo die Musen ihren Wohnsitz und die musischen Künste ihre ursprüngliche Heimat hatten, wo der Sage nach Orpheus durch seine Töne Natur und Menschen bezauberte und Linus, Eumolpus und Thamyris rc. durch ihre Gesänge nicht bloß ergötzten, sondern auch Kultur verbreiteten. Von den Städten dieses Distrikts sind zu bemerken: Methone, Pydna, Citrus (jetzt Kitro), Heracleum (jetzt Platamona), Pimpleia rc. Zwischen dem Arius und Strymon in der Richtung von Süden nach Norden lag die Halbinsel Chalcidice mit ihren 3 Landspitzen Acte, Sithonia und Pallene und den Städten Scione, Potidäa, Olynthus, Torone, Stagira (Geburtsort des Aristoteles, jetzt Stavro) u. a. Nordwestlich von Chalcidice lag Mygdonia, mit der Stadt Thessalonice, früher Therme (jetzt Salonichi) und den Orten Cissus, Artemisium, Apollonia (jetzt Polina) rc.; östlich davon Bisaltia, nordwestlich Crestonia mit der Hauptstadt Creston und östlich Sintice mit der Hauptstadt Heraclea Sintica. Nordöstlich von Crestonia breitete sich der östlich vom Arius gelegene Theil von Päonia aus mit den Städten Doberus, Tauriana (jetzt Doiran oder Doghiran), Astibon (jetzt Istib) rc. Der Distrikt Mädica, mit den Städten Jamphorina (jetzt Jvorina), Petra und Desudaba lag nördlicher auf den Grenzgebirgen. Weiter östlich fanden sich die Sitze der Bessi. Oestlich vom Strymon lag im Norden um das Gebirge Orbelus der Distrikt Odomantice; gegen Südosten zwischen Strymon und Nestus die Landschaft Edonis, mit den Städten Philippi, Gasorus, Amphipolis, Pergamus, Tragilus, Neapolis.

Zu Bewohnern hatte M. ursprünglich eine Anzahl nicht hellenischer Völkerschaften, die theils dem thracischen, theils dem illyrischen Volksstamme (so die Päones, das alte Hauptvolk des Landes) angehörten. Zu ihnen aber wanderten schon frühzeitig nach der Sage unter Anführung der 3 Söhne des Herakliden Temenus, Gauanes, Aeropus und Perdiccas, hellenische Stämme ein, die sich zuerst in Emathia am Fuß des Gebirgs Bermius niedergelassen haben sollen. Der Name M., früher Maketia, wird abgeleitet von dem alten König Macedo, einem Sohne des Zeus und der Thyia, oder des Osiris, der aus Aegypten einwanderte, nach Anderen von dem samnitischen Worte maked, was herrliches Land bedeutet. Um 730 v. Chr. soll der jüngste jener 3 Brüder, Perdiccas I., nach Andern aber Caranus, ebenfalls ein Heraklide aus Argos, Stifter des hellenisch-macedonischen Reichs geworden sein. Dasselbe war anfangs noch sehr klein; Thracier und Illyrier hinderten das Wachsthum des jungen Staats. Bis auf Amyntas I. werden als Könige aufgezählt Argäus, Philipp I., Aeropus, Alcetes. Mit Amyntas I. (507—480 v. Chr.) und besonders mit dessen Sohn, Alexander I. (480—454) kam M. in Abhängigkeit von Persien. Um jene Zeit begannen auch die Athener Kolonien in M. zu gründen. Perdiccas II. regierte anfangs, seit 454, wahrscheinlich mit seinen Brüdern Alcitas und Philippus gemeinschaftlich, seit 436 aber allein. Er schloß sich zuerst eng an die Athener an, ward sodann aber, da dieselben auch die griechischen Städte auf der chalcidisch-thracischen Halbinsel und Orte an M.s Küste in ihren großen Bund aufnahmen, eifersüchtig auf sie, unterstützte im peloponnesischen Kriege die Lacedämonier u. suchte Olynthus in Chalcidice zu einer Vormauer gegen Athen zu machen. Als Hauptrichtung der macedonischen Politik erscheint von dieser Zeit an Entfernung der Hauptmächte Griechenlands von den thracischen Küsten, besonders von Chalcidice, und Erhaltung der Unabhängigkeit der griechischen Städte; sodann Vernichtung der barbarischen Könige im obern Lande. Archelaus I. (413 v. Chr.), des Perdiccas natürlicher Sohn und Nachfolger, beförderte Handel und Ackerbau, Künste und Wissenschaften und legte Straßen und Städte an. Nach seiner Ermordung (399) zerrütteten Thronstreitigkeiten das Reich u. Griechen u. Barbaren wußten diese Wirren auszubeuten. Amyntas II. behauptete zwar endlich (393) den Thron, sein Nachfolger Alexander II. (370) mußte aber den Frieden von den Illyriern erkaufen u. ward nach dreijähriger Regierung von einem Thronräuber, dem Ptolemäus Alorites, ermordet. Die in jenen Wirren zu Hülfe gerufenen Thebaner vertrieben auch diesen u. erhoben 365 Alexanders II. Bruder, Perdiccas III., auf den Thron. In einem Kriege mit Illyrien ward Perdiccas mit einem großen Theile seines Heeres erschlagen (360) und hinterließ einen fünfjährigen Sohn, Amyntas III. Philipp, dessen Oheim, der jüngste Sohn des Amyntas II., übernahm die Vormundschaft über ihn, fand den von den Thraciern unterstützten Kronprätendenten Pausanias mit Geld ab, entledigte sich des von den Athenern aufgestellten Prätendenten Argäus durch Abtretung von Amphipolis an Athen, kämpfte glücklich gegen die Illyrier und erweiterte das Reich im Nordwesten bis zum See Lychnibus. Im Jahre 359 bestieg er selbst als Philipp II. den Thron, um M. zu weltgeschichtlicher Bedeutung zu verhelfen. Im Innern des Landes waren in dieser ersten Periode mannichfache Veränderungen vorgegangen. Durch die Vertilgung der Könige des obern Landes war eine größere Gesammtkraft, sowie eine feste Naturgrenze durch das kandurische Gebirge gegen das Anstürmen der illyrischen Barbaren gewonnen worden. Griechische Sitte, Bildung und Kunst hatten in M. bereits

Eingang gefunden. Die Freiheit war hier mit dem Königthum verbunden. Zuerst scheint das macedonische Königthum beschränkt gewesen zu sein durch Adel und Volk; der König war Feldherr, Oberpriester, Oberrichter seines Volks, aber in den Angelegenheiten des gemeinen Wohles an die Zustimmung seines Adels gebunden, und das Volk theilte mit ihm die richterliche Gewalt. Wenn nun auch das Königthum seit dem Beginn der eigentlichen Geschichte des Reichs sich mehr und mehr zu absoluter Machtfülle erhob, so bewahrte sich das Volk doch immer eine freie Gesinnung, in der es seinen Königen entgegenstand; Einfachheit, kriegerische Kraft und eine gewisse kräftige Rohheit charakterisirten das Volk. Auf welche Weise sich M. unter der Regierung Philipps vergrößerte, wie es eingriff in die Angelegenheiten der Hellenen und deren Spaltungen ausbeutend seinen Einfluß mehr und mehr steigerte, wie endlich Griechenland unter die Hegemonie M.s sich beugen mußte, wie nach Philipps I. Tode Alexander die gesammte hellenische Macht gegen den Orient, hauptsächlich gegen das Perserreich, koncentrirte, wie er von Sieg zu Sieg vorwärts stürmte, mit kühnem Geistesfluge Orient u. Occident zu vereinigen u. neue Gestaltungen daraus zu schaffen unternahm, wie aber seine Pläne an der Unmöglichkeit dieses Unternehmens scheiterten, darüber s. Philipp 2) und Alexander 1). Während des letztern Abwesenheit war Antipater Verweser von M. gewesen. Der sterbende König übergab seinen Siegelring einem seiner Feldherren, Perdiccas, mit den Worten: Der Würdigste sei mein Nachfolger. Unter Denen, welche Anspruch darauf machten, zu den tüchtigsten Feldherren Alexanders zu gehören, besaßen Leonnatus, Perdiccas und Ptolemäus, sowie Antipater und Craterus, später Eumenes, Antigonus und Seleucus das meiste Ansehen bei dem Heere. Im Ganzen standen aber 13 Rivalen einander gegenüber. Dieselben schlossen einen Vergleich, der dahin lautete, daß Alexanders Halbbruder Arrhidäus und, wenn Alexanders schwangere Gemahlin Roxane einen Sohn gebäre, dieser mit jenem König sein sollte; Perdiccas aber wurde zum Reichsverweser ernannt u. die Verwaltung der Provinzen unter die Feldherren vertheilt. Die Verwaltung von M. u. Griechenland erhielten Antipater und Craterus, u. zwar so, daß jener Feldherr war, dieser die eigentlichen Verwaltungsgeschäfte besorgte. Unterdessen hatte Roxane einen Sohn geboren, der den Namen Alexander erhielt und unter Vormundschaft des Perdiccas als König anerkannt wurde. Die Geschichte M.s in der nächsten Zeit bietet nur das Bild von Intriguen und Kämpfen zwischen den verschiedenen Statthaltern mit dem Reichsverweser dar. In diesen Kriegen fiel Craterus in Kleinasien, und Perdiccas ward in Aegypten, nachdem er glücklich gegen Ptolemäus gekämpft, von seinen eigenen Soldaten ermordet (320). Antipater ward hierauf Reichsverweser und wählte 319 bei seinem Tode mit Uebergehung seines Sohnes Cassander den Polysperchon zu seinem Nachfolger. Mit diesem deshalb in Krieg verwickelt, setzte sich Cassander nach mehrjährigem Kampfe, von Ptolemäus und Antigonus unterstützt, in den Besitz M.s und des größten Theils von Griechenland. Arrhidäus wurde 317 ermordet. Den jungen Alexander ließ Cassander ins Gefängniß werfen und vermählte sich mit dessen Halbschwester Thessalonice, 310 ließ er jenen sammt seiner Mutter Roxane ermorden. Auf Cassander, der Epirus, einen Theil Griechenlands und Karien mit M. verbunden hatte, folgte 298 sein Sohn Philipp III., nach dessen 297 erfolgtem Tode seine Brüder Antipater I. u. Alexander V. um den Thron stritten. Als der erste geflohen und der zweite vergiftet worden war, nahm Demetrius Poliorcetes das Reich für sich in Besitz (294), mußte aber 287 dem Lysimachus von Thracien weichen. Derselbe fiel in dem Kampfe gegen Seleucus von Syrien, und dieser bestieg nun den Thron M.s, wurde aber 280 von Ptolemäus Ceraunus ermordet, der ihm sodann in der Herrschaft folgte. Nachdem dieser 278 gegen die Gallier geblieben war, die das Land verheerten, folgte ihm sein Bruder Meleager u. auf diesen nach 2 Monaten Antipater II. Im Jahre 276 trat Antigonus I. Gonatas, Sohn des Demetrius Poliorcetes, als Regent auf, vertrieb die Gallier, besetzte Athen und Korinth und suchte die Verhältnisse seines Reiches zu ordnen. Er starb 240. Auf seinen Sohn Demetrius II. folgte 232 Antigonus II. Doson, des Antigonus Enkel, der sich mit der Wittwe des Demetrius vermählte, dem achäischen Bunde zu Hülfe zog, Mantinea und Sparta eroberte u. die Illyrier bekämpfte; er starb 221. Sein Nachfolger, Philipp IV., wurde als Bundesgenosse der Achäer in Kriege mit den Aetolern und Illyriern und Attalus von Pergamum verwickelt. Im Jahre 215 schloß er mit Hannibal ein Bündniß gegen die Römer, wurde aber durch eine Flotte an der Ueberfahrt nach Italien gehindert, bei Apollonia geschlagen und seit 211 durch den Krieg gegen die Aetoler, die Verbündeten Roms, in seinem eigenen Lande beschäftigt, bis 204 die Römer unter Vermittelung der Epiroten Frieden schlossen. Doch dauerte derselbe nicht lange. Die Schlacht bei Cynoscephalä, im Herbst 197 von T. Quinctius Flaminius gewonnen, zwang den König zur Flucht nach Larissa und zum Frieden, in welchem die Hegemonie über Griechenland den Macedoniern genommen, die Armee derselben bis auf 500 Hopliten vermindert und eine Zahlung von 1000 Talenten ihnen auferlegt wurde. Nach Philipps Tode (179) bestieg sein Sohn Perseus den Thron. Von gleichem Römerhaß beseelt, zog er zwar die Könige Syriens, Bithyniens, Illyriens, Thraciens, die Epiroten und Thessalier in sein Interesse, konnte sie aber nicht zu einer dauernden Vereinigung bewegen. Gerüstet mit einer Armee von 39,000 Mann Fußvolk und 4000 Reitern, erklärte er 171 an die Römer den Krieg und behauptete sich anfangs in dem Gebirgslande von Thessalien; aber durch seinen Geiz machte er seine Bundesgenossen von sich abwendig. Der römische Konsul Aemilius Paulus besiegte ihn am 22. Juni 168 in der Schlacht bei Pydna und stürzte so den Thron der macedonischen Könige. Perseus mußte den Triumph des Siegers in Rom mit verherrlichen und wurde in dem Gefängniß zu Alba zu Tode gemartert. Ein Senatsbeschluß erklärte zwar M. für frei unter Roms Oberherrschaft, theilte es aber in vier Distrikte, die kein Commercium und Connubium unter einander hatten, und bestimmte die Hälfte der bisherigen Abgaben als Tribut. Das Volk folgte daher gern dem Rufe eines Sklaven Andriscus, der sich für den Sohn des Perseus ausgab (der sogenannte Pseudo-Philippus), und kämpfte anfangs glücklich gegen

Pelagonia, Lyncestis, Orestis und Elimea, und in **Niedermacedonien**, welches die Ebenen um den thermäischen Meerbusen und oberhalb Chalcidice umfaßte. Die Landschaft **Pelagonia**, später **Päonia** genannt, erstreckte sich östlich über den Arius hinaus bis zum Strymon. Die alte Residenz der Könige war Bylazora am Astycus. Die Landschaft **Lyncestis** (**Lyncus**) lag südlich von Pelagonia längs der Grenze Illyriens; die Hauptstadt war Heraclea. Südöstlich davon lag der bis zum Haliacmon reichende Gau **Cordäa**, mit der Hauptstadt Cordäa (jetzt Filorina); um die Quellen des Haliacmon der Distrikt **Orestis**; südöstlich davon die Landschaft **Elimiotis** (Elimea). Oestlich von Lyncestis und Cordäa breitete sich die Landschaft **Emathia** aus. Sie wurde vom Fluß Lydias durchströmt, und in ihr lagen Edessa, die Residenz der alten macedonischen Könige (jetzt Vodina am Karasmak), Veröa (jetzt Veria), Citium, Atalanta rc. Südöstlich von Emathia findet sich der Distrikt **Bottiäis** oder **Bottiäa**, mit der alten Stadt Pella, der spätern Residenz der macedonischen Könige, Geburtsort Philipps II. u. Alexanders des Großen. Südöstlich von diesem Gau breitete sich längs der Westküste des thermäischen Meerbusens die Landschaft **Pieria** aus, wo die Musen ihren Wohnsitz und die musischen Künste ihre ursprüngliche Heimat hatten, wo der Sage nach Orpheus durch seine Töne Natur und Menschen bezauberte und Linus, Eumolpus und Thamyris rc. durch ihre Gesänge nicht bloß ergötzten, sondern auch Kultur verbreiteten. Von den Städten dieses Distrikts sind zu bemerken: Methone, Pydna, Citrus (jetzt Kitro), Heracleum (jetzt Platamona), Pimpleia rc. Zwischen dem Arius und Strymon in der Richtung von Süden nach Norden lag die Halbinsel **Chalcidice** mit ihren 3 Landspitzen Acte, Sithonia und Pallene und den Städten Scione, Potidäa, Olynthus, Torone, Stagira (Geburtsort des Aristoteles, jetzt Stavro) u. a. Nordwestlich von Chalcidice lag **Mygdonia**, mit der Stadt Thessalonice, früher Therme (jetzt Salonichi) und den Orten Cissus, Artemisium, Apollonia (jetzt Polina) rc.; östlich davon **Bisaltia**, nordwestlich **Crestonia** mit der Hauptstadt Creston und östlich **Sintice** mit der Hauptstadt Heraclea Sintica. Nordöstlich von Crestonia breitete sich der östlich vom Arius gelegene Theil von Päonia aus mit den Städten Doberus, Tauriana (jetzt Doiran oder Doghiran), Astibon (jetzt Istib) rc. Der Distrikt **Mädica**, mit den Städten Iamphorina (jetzt Ivorina), Petra und Desudaba lag nördlicher auf den Grenzgebirgen. Weiter östlich fanden sich die Sitze der Bessi. Oestlich vom Strymon lag im Norden um das Gebirge Orbelus der Distrikt **Odomantice**; gegen Südosten zwischen Strymon und Nestus die Landschaft **Edonis**, mit den Städten Philippi, Gasorus, Amphipolis, Pergamus, Tragilus, Neapolis.

Zu Bewohnern hatte M. ursprünglich eine Anzahl nicht hellenischer Völkerschaften, die theils dem thracischen, theils dem illyrischen Volksstamme (so die **Päones**, das alte Hauptvolk des Landes) angehörten. Zu ihnen aber wanderten schon frühzeitig nach der Sage unter Anführung der 3 Söhne des Herakliden Temenus, Gauanes, Aeropus und Perdiccas, hellenische Stämme ein, die sich zuerst in Emathia am Fuß des Gebirgs Bermius niedergelassen haben sollen. Der Name M., früher Maketia, wird abgeleitet von dem alten König Macedo, einem Sohne des Zeus und der Thyia, oder des Osiris, der aus Aegypten einwanderte, nach Anderen von dem samnitischen Worte makod, was herrliches Land bedeutet. Um 730 v. Chr. soll der jüngste jener 3 Brüder, **Perdiccas I.**, nach Andern aber **Caranus**, ebenfalls ein Heraklide aus Argos, Stifter des hellenisch-macedonischen Reichs geworden sein. Dasselbe war anfangs noch sehr klein; Thracier und Illyrier hinderten das Wachsthum des jungen Staats. Bis auf Amyntas I. werden als Könige aufgezählt Argäus, Philipp I., Aeropus, Alcetes. Mit **Amyntas I.** (507—480 v. Chr.) und besonders mit dessen Sohn, **Alexander I.** (480—454) kam M. in Abhängigkeit von Persien. Um jene Zeit begannen auch die Athener Kolonien in M. zu gründen. **Perdiccas II.** regierte anfangs, seit 454, wahrscheinlich mit seinen Brüdern Alcitas und Philippus gemeinschaftlich, seit 436 aber allein. Er schloß sich zuerst eng an die Athener an, ward sodann aber, da dieselben auch die griechischen Städte auf der chalcidisch-thracischen Halbinsel und Orte an M.s Küste in ihren großen Bund aufnahmen, eifersüchtig auf sie, unterstützte im peloponnesischen Kriege die Lacedämonier u. suchte Olynthus in Chalcidice zu einer Vormauer gegen Athen zu machen. Als Hauptrichtung der macedonischen Politik erscheint von dieser Zeit an Entfernung der Hauptmächte Griechenlands von den thracischen Küsten, besonders von Chalcidice, und Erhaltung der Unabhängigkeit der griechischen Städte; sodann Vernichtung der barbarischen Könige im obern Lande. **Archelaus I.** (413 v. Chr.), des Perdiccas natürlicher Sohn und Nachfolger, beförderte Handel und Ackerbau, Künste und Wissenschaften und legte Straßen und Städte an. Nach seiner Ermordung (399) zerrütteten Thronstreitigkeiten das Reich u. Griechen u. Barbaren wußten diese Wirren auszubeuten. **Amyntas II.** behauptete zwar endlich (393) den Thron, sein Nachfolger **Alexander II.** (370) mußte aber den Frieden von den Illyriern erkaufen u. ward nach dreijähriger Regierung von einem Thronräuber, dem Ptolemäus Alorites, ermordet. Die in jenen Wirren zu Hülfe gerufenen Thebaner vertrieben auch diesen u. erhoben 365 Alexanders II. Bruder, **Perdiccas III.**, auf den Thron. In einem Kriege mit Illyrien ward Perdiccas mit einem großen Theile seines Heeres erschlagen (360) und hinterließ einen fünfjährigen Sohn, **Amyntas III.** **Philipp**, dessen Oheim, der jüngste Sohn des Amyntas II., übernahm die Vormundschaft über ihn, fand den von den Thraciern unterstützten Kronprätendenten Pausanias mit Geld ab, entledigte sich des von den Athenern aufgestellten Prätendenten Argäus durch Abtretung von Amphipolis an Athen, kämpfte glücklich gegen die Illyrier und erweiterte das Reich im Nordwesten bis zum See Lychnidus. Im Jahre 359 bestieg er selbst als Philipp II. den Thron, um M. zu weltgeschichtlicher Bedeutung zu verhelfen. Im Innern des Landes waren in dieser ersten Periode mannichfache Veränderungen vorgegangen. Durch die Vertilgung der Könige des obern Landes war eine größere Gesammtkraft, sowie eine feste Naturgrenze durch das kandurische Gebirge gegen das Anstürmen der illyrischen Barbaren gewonnen worden. Griechische Sitte, Bildung und Kunst hatten in M. bereits

Eingang gefunden. Die Freiheit war hier mit dem Königthum verbunden. Zuerst scheint das macedonische Königthum beschränkt gewesen zu sein durch Adel und Volk; der König war Feldherr, Oberpriester, Oberrichter seines Volks, aber in den Angelegenheiten des gemeinen Wohles an die Zustimmung seines Adels gebunden, und das Volk theilte mit ihm die richterliche Gewalt. Wenn nun auch das Königthum seit dem Beginn der eigentlichen Geschichte des Reichs sich mehr und mehr zu absoluter Machtfülle erhob, so bewahrte sich das Volk doch immer eine freie Gesinnung, in der es seinen Königen entgegenstand; Einfachheit, kriegerische Kraft und eine gewisse kräftige Rohheit charakterisirten das Volk. Auf welche Weise sich M. unter der Regierung Philipps vergrößerte, wie es eingriff in die Angelegenheiten der Hellenen und deren Spaltungen ausbeutend seinen Einfluß mehr und mehr steigerte, wie endlich Griechenland unter die Hegemonie M.s sich beugen mußte, wie nach Philipps I. Tode Alexander die gesammte hellenische Macht gegen den Orient, hauptsächlich gegen das Perserreich, koncentrirte, wie er von Sieg zu Sieg vorwärts stürmte, mit kühnem Geistesfluge Orient u. Occident zu vereinigen u. neue Gestaltungen daraus zu schaffen unternahm, wie aber seine Pläne an der Unmöglichkeit dieses Unternehmens scheiterten, darüber s. Philipp 2) und Alexander 1). Während des letztern Abwesenheit war Antipater Verweser von M. gewesen. Der sterbende König übergab seinen Siegelring einem seiner Feldherren, Perdiccas, mit den Worten: Der Würdigste sei mein Nachfolger. Unter Denen, welche Anspruch darauf machten, zu den tüchtigsten Feldherren Alexanders zu gehören, besaßen Leonnatus, Perdiccas und Ptolemäus, sowie Antipater und Craterus, später Eumenes, Antigonus und Seleucus das meiste Ansehen bei dem Heere. Im Ganzen standen aber 13 Rivalen einander gegenüber. Dieselben schlossen einen Vergleich, der dahin lautete, daß Alexanders Halbbruder Arrhidäus und, wenn Alexanders schwangere Gemahlin Roxane einen Sohn gebäre, dieser mit jenem König sein sollte; Perdiccas aber wurde zum Reichsverweser ernannt u. die Verwaltung der Provinzen unter die Feldherren vertheilt. Die Verwaltung von M. u. Griechenland erhielten Antipater und Craterus, u. zwar so, daß jener Feldherr war, dieser die eigentlichen Verwaltungsgeschäfte besorgte. Unterdessen hatte Roxane einen Sohn geboren, der den Namen Alexander erhielt und unter Vormundschaft des Perdiccas als König anerkannt wurde. Die Geschichte M.s in der nächsten Zeit bietet nur das Bild von Intriguen und Kämpfen zwischen den verschiedenen Statthaltern mit dem Reichsverweser dar. In diesen Kriegen fiel Craterus in Kleinasien, und Perdiccas ward in Aegypten, nachdem er glücklich gegen Ptolemäus gekämpft, von seinen eigenen Soldaten ermordet (320). Antipater ward hierauf Reichsverweser und wählte 319 bei seinem Tode mit Uebergehung seines Sohnes Cassander den Polysperchon zu seinem Nachfolger. Mit diesem deshalb in Krieg verwickelt, setzte sich Cassander nach mehrjährigem Kampfe, von Ptolemäus und Antigonus unterstützt, in den Besitz M.s und des größten Theils von Griechenland. Arrhidäus wurde 317 ermordet. Den jungen Alexander ließ Cassander ins Gefängniß werfen und vermählte sich mit dessen Halbschwester Thessalonice, 310 ließ er jenen sammt seiner Mutter Roxane ermorden. Auf Cassander, der Epirus, einen Theil Griechenlands und Karien mit M. verbunden hatte, folgte 298 sein Sohn Philipp III., nach dessen 297 erfolgtem Tode seine Brüder Antipater I. u. Alexander V. um den Thron stritten. Als der erste geflohen und der zweite vergiftet worden war, nahm Demetrius Poliorcetes das Reich für sich in Besitz (294), mußte aber 287 dem Lysimachus von Thracien weichen. Derselbe fiel in dem Kampfe gegen Seleucus von Syrien, und dieser bestieg nun den Thron M.s, wurde aber 280 von Ptolemäus Ceraunus ermordet, der ihm sodann in der Herrschaft folgte. Nachdem dieser 278 gegen die Gallier geblieben war, die das Land verheerten, folgte ihm sein Bruder Meleager u. auf diesen nach 2 Monaten Antipater II. Im Jahre 276 trat Antigonus I. Gonatas, Sohn des Demetrius Poliorcetes, als Regent auf, vertrieb die Gallier, besetzte Athen und Korinth und suchte die Verhältnisse seines Reiches zu ordnen. Er starb 240. Auf seinen Sohn Demetrius II. folgte 232 Antigonus II. Doson, des Antigonus Enkel, der sich mit der Wittwe des Demetrius vermählte, dem achäischen Bunde zu Hülfe zog, Mantinea und Sparta eroberte u. die Illyrier bekämpfte; er starb 221. Sein Nachfolger, Philipp IV., wurde als Bundesgenosse der Achäer in Kriege mit den Aetolern und Illyriern und Attalus von Pergamum verwickelt. Im Jahre 215 schloß er mit Hannibal ein Bündniß gegen die Römer, wurde aber durch eine Flotte an der Ueberfahrt nach Italien gehindert, bei Apollonia geschlagen und seit 211 durch den Krieg gegen die Aetoler, die Verbündeten Roms, in seinem eigenen Lande beschäftigt, bis 204 die Römer unter Vermittelung der Epiroten Frieden schlossen. Doch dauerte derselbe nicht lange. Die Schlacht bei Cynoscephalä, im Herbst 197 von T. Quinctius Flaminius gewonnen, zwang den König zur Flucht nach Larissa und zum Frieden, in welchem die Hegemonie über Griechenland den Macedoniern genommen, die Armee derselben bis auf 500 Hopliten vermindert und eine Zahlung von 1000 Talenten ihnen auferlegt wurde. Nach Philipps Tode (179) bestieg sein Sohn Perseus den Thron. Von gleichem Römerhaß beseelt, zog er zwar die Könige Syriens, Bithyniens, Illyriens, Thraciens, die Epiroten und Thessaler in sein Interesse, konnte sie aber nicht zu einer dauernden Vereinigung bewegen. Gerüstet mit einer Armee von 39,000 Mann Fußvolk und 4000 Reitern, erklärte er 171 an die Römer den Krieg und behauptete sich anfangs in dem Gebirgslande von Thessalien; aber durch seinen Geiz machte er seine Bundesgenossen von sich abwendig. Der römische Konsul Aemilius Paulus besiegte ihn am 22. Juni 168 in der Schlacht bei Pydna und stürzte so den Thron der macedonischen Könige. Perseus mußte den Triumph des Siegers in Rom mit verherrlichen und wurde in dem Gefängniß zu Alba zu Tode gemartert. Ein Senatsbeschluß erklärte zwar M. für frei unter Roms Oberherrschaft, theilte es aber in vier Distrikte, die kein Commercium und Connubium unter einander hatten, und bestimmte die Hälfte der bisherigen Abgaben als Tribut. Das Volk folgte daher gern dem Rufe eines Sklaven Andriscus, der sich für den Sohn des Perseus ausgab (der sogenannte Pseudo-Philippus), und kämpfte anfangs glücklich gegen

die Römer, bis endlich der Sieg des Q. Cäcilius Metellus bei Pydna 145 M.s Schicksal entschied. Der gefangene Andriscus folgte dem Triumphwagen des Metellus, der den Beinamen Macedonicus erhielt. Nicht glücklicher war ein anderer Usurpator, der unter dem Namen Alexander als ein Sohn des Perseus (Pseudo-Perseus) das Volk zu einer neuen Erhebung aufrief, aber bei der Annäherung eines römischen Heeres entfloh. M. erhielt nun römische Provinzialeintheilung u. mit Illyrien Eine Verwaltung. Ueber die Theilung des Landes unter Konstantin dem Großen s. oben. Bei der Theilung des römischen Reichs fiel M. an das oströmische Reich und nach dessen Sturz an die Türken. Vergl. Müller, Ueber die Wohnsitze, die Abstammung und die ältere Geschichte des macedonischen Volks, Berlin 1825; Flathe, Geschichte M.s, Leipzig 1832—34, 2 Bde.; Abel, M. vor König Philipp, Leipzig 1847.

Macedonische Kaiser, s. Oströmisches Reich.

Macellum (lat.), der Viktualienmarkt im alten Rom.

Macer, 1) Aemilius, römischer Dichter, Freund des Ovid, dichtete ein „Bellum trojanum" und „Posthomerica".

2) Aemilius, römischer Dichter, aus Verona, † 17 v. Chr. in Asien, gilt für den Verfasser einer Ornithogonie, Theriaca und von Annalen, die sämmtlich verloren gegangen sind. Das ihm zugeschriebene Gedicht „De viribus herbarum" (herausgegeben von Choulart, Leipzig 1832) rührt wahrscheinlich aus dem karolingischen Zeitalter her. Vergl. Unger, De Aemilio Macro, Friedberg 1843.

Macerata, italienische Provinz, bis 1860 päpstliche Delegation, zu den Marken gehörig, 42,1 QMeilen groß mit 190,637 Einwohnern. Das Land, früher ein Theil der Mark Ancona, bildet eine reizende Gebirgslandschaft, die bis auf die Höhen mit reicher Vegetation bedeckt ist. Zahlreiche Waldbäche bewässern die Thäler und Ebenen, welche mit reichen Wein- und Obstpflanzungen besetzt sind. Fruchttragende Hecken begrenzen die gesegneten Felder. Die Provinz ist eine der bestangebauten und ergiebigsten von ganz Italien. Die gleichnamige Stadt liegt auf einem Hügel im alten Picenum, in herrlicher Gegend nahe der Potenza, von Weinbergen, Obstgärten, Weizen- und Maisfeldern umgeben. Sie hat feste Mauern, eine Kathedrale im modernen Styl, eine Universität zweiter Klasse, eine Akademie (dei Catenati), ansehnliche Paläste und an 10,000 Einw. In der Nähe die Ruinen des alten Recina.

Maceriren (v. Lat.), chemisch-technische Operation, besteht darin, daß man eine Substanz längere Zeit bei gewöhnlicher Temperatur mit einer Flüssigkeit, Wasser, Weingeist, Essig, Säure rc., in Berührung läßt, um in ihr enthaltene lösliche Stoffe auszuziehen. Man macerirt besonders solche Substanzen, die bei höherer Temperatur, also beim Digeriren, Zersetzungen erleiden oder flüchtige Bestandtheile verlieren.

Macgregor, John, britischer Statistiker und Nationalökonom, 1797 zu Stornaway in der schottischen Grafschaft Roß geboren, arbeitete in einem Handelshause in Canada, erhielt unter dem Ministerium Melbourne mehre handelspolitische Missionen nach Deutschland, Paris und Neapel, wirkte als Sekretär des Handelsbureau's seit 1840 für den Freihandel, legte aber sein Amt bald nieder und trat im Juli 1847 für Glasgow in das Parlament. Der Bankerott der Royal british bank, deren Direktion er führte, zwang ihn 1856 zur Flucht nach Frankreich, wo er den 23. April 1857 zu Boulogne †. Von seinen Werken sind hervorzuheben: „The progress of America" (Lond. 1847, 2 Bde.), „The commercial statistics" (das. 1848—50, 4 Bde.) und „History of the british empire from the ascension of James I" (das. 1852, 2 Bde.).

Machanaim, Stadt im alten Palästina, jenseits des Jordan, auf der Grenze der Stämme Gad und Manasse, war unter Isboseth Sitz der königlichen Regierung.

Machaon, in der griechischen Sagengeschichte Sohn des Asclepius, Bruder des Podalirius, nahm mit diesem am trojanischen Kriege Theil. Beide waren als Wundärzte im hellenischen Heere berühmt. M. ward vor Ilium durch Eurypylus getödtet, doch brachte Nestor seine Gebeine in die Heimat. In Gerenia in Messene, wo sich sein Grabmal und Heiligthum befanden, wurde M. göttlich verehrt.

Machetik (v. Griech.), Gefechtslehre, Kampftheorie.

Machicotiren (v. Franz.), einen Vers mit verschiedenen Läufern und musikalischen Zierrathen singen.

Machina (lat.), Maschine.

Machol (Michol, hebr.), ein althebräisches Saiteninstrument.

Machsor (hebr.), s. v. a. Cyklus, das Gebetbuch, welches die in der Synagoge üblichen Sabbaths- u. Festtagsgebete enthält.

Machtspruch, Entscheidung eines Rechtshandels, welche unmittelbar von der obersten Staatsgewalt unter Abweichung vom regelmäßigen gesetzlichen Verfahren gegeben wird. Machtsprüche, welche Verfassungsangelegenheiten betreffen, nehmen meist den Charakter von Staatsstreichen an. Sie lassen sich nur in Fällen der höchsten Noth, wo es sich um die Existenz des Staats handelt, entschuldigen. M. nennt man auch die Entscheidung einer strafrechtlichen Sache durch die landesherrliche Machtvollkommenheit und mit Umgehung der gerichtlichen Formen, die aber nur den Zweck hat, eine Strafmilderung eintreten zu lassen.

Machtvollkommenheit, die Summe aller Hoheitsrechte des Regenten.

Machynlleth, Stadt im englischen Fürstenthum Wales, Grafschaft Montgomery, links von Dovey u. am Fuße des Plynlimmon, hat ein Stadthaus, 5 Kirchen, Fabriken für grobes Tuch u. Flanell, Gerbereien, Schieferbrüche und 1650 Einw.

Macias, galicischer Troubadour, war in der ersten Hälfte des 15. Jahrhunderts Page im Dienste des Marquis Enrique de Villena u. wurde wegen seiner Liebe zu einer Dame am Hof desselben von dem eifersüchtigen Gemahl getödtet. Von seinen Gesängen sind nur wenige auf uns gekommen (im „Cancionero de Baena"); im Druck ist bis jetzt nur ein einziger vollständig erschienen (deutsch in Bellermann, Die alten Liederbücher der Portugiesen, Berlin 1840).

Maciejowski, Waclaw Alexander, polnischer Geschichtsforscher, geboren 1792 zu Kalvarien in Polen, studirte in Breslau, Berlin und Göttingen die Rechte, wurde 1818 Professor der alten Literatur an dem Lyceum in Warschau, im nächsten Jahr Professor des römischen Rechts an der dortigen

Universität und 1831 Tribunalrichter am Civilgericht in Warschau. Durch seine Betheiligung an der legislativen Kommission wurde er zu Untersuchungen über die slavische und polnische Rechtsgeschichte veranlaßt und hat darin Bedeutendes geleistet. Er schrieb: „Historya prawodawstw Slowianski" („Slavische Rechtsgeschichte", Warschau 1832—35, 4 Bde.; deutsch von Buß u. Nawrocki, Stuttgart 1835—39, 4 Bde.); „Pamietniki o dziejach pismiennictwie i prawodawstwie Slowian" („Beiträge zur Geschichte der Slaven, ihres Schriftwesens und ihres Rechtes", Warschau 1838, 2 Bde.); ferner eine polnische Literaturgeschichte des 15. u. 16. Jahrhunderts u. „Polska" (Petersburg 1842, 4 Bde.), Sittenschilderungen der Polen bis in das 17. Jahrhundert.

Macies (lat.), Magerkeit, Abzehrung.

Macigno, fukoïdenreiche Mergelkalk- und Sandsteinschichten an der mittelmeerischen Küste Italiens (Alberese und M.).

Macisblüthen, s. Myristica.

Mack, Karl, Freiherr von M. Leiberich, österreichischer Feldzeugmeister, den 25. August 1752 zu Neuslingen in Franken geboren, trat früh als Fourier in österreichische Dienste, focht als Lieutenant mit Auszeichnung im Türkenkriege und ward 1790 zum Chef eines Generalstabs ernannt. Im Jahre 1793—94 diente er in den Niederlanden bei dem Heer des Prinzen Josias von Koburg. Als dieser den Oberbefehl niedergelegt hatte, lebte M. eine Zeitlang in Böhmen und ward dann als Feldmarschall zur Rheinarmee versetzt. Nach dem Frieden von Campo-Formio im Oktober 1798 erhielt er vom König von Neapel den Oberbefehl über die neapolitanischen Truppen gegen die Franzosen, warf noch im Nov. die Franzosen unter Championnet zurück und besetzte Rom, doch zwang ihn die in der Engelsburg zurückgebliebene französische Besatzung bald wieder zum Rückzug. Da er hierauf mit dem französischen General einen Waffenstillstand schloß, dem zufolge binnen 14 Tagen 10½ Millionen Franken an die Franzosen gezahlt werden sollten, brach in der Hauptstadt ein Aufruhr der Lazzaroni aus, und M. sah sich genöthigt, in dem französischen Lager Sicherheit zu suchen. Er wurde als Kriegsgefangener nach Paris gebracht, wußte aber von dort 1800 heimlich zu entkommen. Im Jahre 1804 mit dem Oberbefehl über die sämmtlichen Truppen in Tyrol, Dalmatien und Italien betraut, drang er 1805 mit 80,000 Mann Oesterreichern rasch nach dem südwestlichen Deutschland vor, ward aber am 14. und 15. Oktober an der Iller geschlagen und warf sich mit der Hauptarmee in die Stadt Ulm. Vergeblich drangen die Generale, namentlich der Erzherzog Ferdinand und der Fürst Schwarzenberg, in ihn, durch einen raschen Abzug der sonst unvermeidlichen völligen Einschließung zu entgehen. M. befand sich in der Täuschung, daß Napoleon I. wegen eines in Frankreich ausgebrochenen Aufstandes im vollen Rückzuge sei, und als nun die Stadt völlig cernirt war, schloß er ungeachtet des Drängens der ganzen Besatzung auf standhafte und hartnäckige Vertheidigung schon den 17. Okt. eine Kapitulation ab, durch welche er die Stadt sammt seiner 20,000 Mann starken Armee übergab. Auf sein Ehrenwort entlassen, kehrte er nach Oesterreich zurück, ward aber hier vor ein Kriegsgericht gestellt und zur Todesstrafe verurtheilt, die der Kaiser jedoch auf Dienstentsetzung u. zwanzigjährige Festungshaft milderte. Durch die Vermittelung des Erzherzogs Karl wurde er jedoch 1808 aus der Haft entlassen u. 1819 völlig begnadigt. Er † den 22. Okt. 1828 in St. Pölten.

Mackau, Ange René Armand, Baron von, französischer Admiral, den 19. Febr. 1788 zu Paris geboren, trat früh in die Marine und zeichnete sich besonders durch das Gefecht aus, welches er 1811 als Befehlshaber der Brigg „l'Abeille" gegen die englische Brigg „Alacrity" bestand. Unter der Restauration ward er mit mehren Entdeckungsreisen und verschiedenen diplomatischen Missionen, unter anderen auch nach Madagaskar und Hayti, beauftragt. Bis zum Contreadmiral aufgerückt, erhielt er 1843 das Portefeuille des Kriegs, das er bis zum 8. Mai 1847 führte. Hierauf ward er am 23. December 1847 zum Viceadmiral und 1851 von Ludwig Napoleon zum Senator ernannt; er † am 15. Mai 1855.

Mackeldey, Ferdinand, ausgezeichneter Lehrer des römischen Rechts, geboren den 3. Nov. 1784 zu Braunschweig, studirte zu Helmstädt die Rechte, ward 1808 außerordentlicher Professor der Rechte zu Helmstädt, 1811 ordentlicher Professor der Rechtswissenschaft und Beisitzer des Spruchkollegiums an der Universität Marburg u. endlich 1818 erster Professor der Rechte an der neu gegründeten Universität Bonn. Im Jahre 1821 erhielt er hier den Vorsitz im Spruchkollegium, den er aber 1828 wieder aufgab, u. 1824 den Titel eines geheimen Justizraths. Er † den 20. Okt. 1834. Sein Hauptwerk ist das „Lehrbuch der Institutionen des heutigen römischen Rechts" (Gießen 1814), welchem er bei der 2. Auflage den Titel „Lehrbuch des heutigen römischen Rechts" (Gießen 1818; 10. Aufl. 1833, 2 Bde.; 14. Aufl. von Fritz, Wien 1862, 2 Bde.) gab. Außerdem schrieb er noch eine „Theorie der Erbfolgeordnung nach Napoleons Gesetzbuche" (Marb. 1811).

Mackenzie, Fluß im britischen Nordamerika, entspringt mit seinem südlichsten Arme, dem Athabasca, aus einem Gebirgssee inmitten der Rocky-Mountains und ergießt sich in den Athabascasee, aus welchem er unter dem Namen des Sklavenflusses (Slave-River) in den großen Sklavensee strömt. Bei seinem Ausfluß aus diesem erhält er den Namen M., unter welchem er auch in das nördliche Eismeer mündet. Der Fluß hat im Ganzen eine Länge von 425 Meilen und nimmt fast alle Gewässer des Beckens auf, welches er durchströmt, unter anderen mehre, welche im Westen der Rocky-Mountains entspringen und diese Gebirgskette in engen Thälern durchbrechen, wie den Friedensfluß (Peace-River) und den Turnagain od. Mountain-River (Rivière aux Liards).

Mackenzie, 1) Henry, englischer Belletrist, geboren 1745 in Edinburg, studirte eine Zeitlang die Rechte, wendete sich aber dann der schönen Literatur zu u. erhielt, da er in seinen mit Witz u. Humor geschriebenen Zeitschriften „The miror" u. „The lounger", sowie durch mehre Flugschriften einzelne Maßregeln des Gouvernements unterstützte, 1804 die Stelle eines Generalkontroleurs der Abgaben in Schottland. Er † den 14. Jan. 1831. Seine gesammelten Werke erschienen zu London 1818 in 8 Bänden. Sein Leben beschrieb Walter Scott in den „Lives of the novelists". Sein Sohn, Joshua Henry, Lord M., geboren 1777, erhielt 1824 das Amt eines Richters an der Court of justitiary zu Edinburg, womit der persönliche Lordstitel verbunden ist, und † zu Belmont bei Edinburg den 17. Nov. 1851.

2) William Forbes, englischer Staatsmann, den 18. April 1807 geboren, trat 1837 für die Grafschaft Peebles ins Unterhaus und war eines der thätigsten Mitglieder der Protektionistenpartei. Im April 1845 ward er zum Lord des Schatzes ernannt, nahm aber, als Peel seinen Entschluß kundgab, die Korngesetze aufzuheben, seine Entlassung und schloß sich der Opposition an, welche den Sturz des Ministeriums herbeiführte. Unter dem Ministerium Derby war er vom 2. Febr. bis Dec. 1852 Sekretär des Schatzamts. Er † den 24. Sept. 1862.

Mackintosh, Sir James, einer der hervorragendsten Parlamentsredner Englands, geboren den 24. Okt. 1765 zu Aldourieheuse in der schottischen Grafschaft Inverneß, studirte zu Edinburg Medicin, beschäftigte sich aber vorwiegend mit Geschichte, Philosophie und Politik. Durch seine „Vindiciae Gallicae or defense of the french revolution“ (Lond. 1791) erwarb er sich zwar den Titel eines französischen Bürgers, verlor jedoch bald seine Sympathien für die Principien der französischen Revolution. Nachdem er noch in Lincolnsinn die Rechte studirt, trat er 1795 als Sachwalter auf, machte sich durch seine Vertheidigung Peltiers, der wegen eines gegen Bonaparte gerichteten Pamphlets vor Gericht gezogen worden war, bekannt und wurde, nachdem er kurze Zeit Professor der Politik und Gesetzgebung in Heartford gewesen war, 1803 zum Ritter u. Direktor des Oberkriminalgerichts in Bombay ernannt. In dieser Stellung erwarb er sich durch die Verbesserung der indischen Kriminalgesetzgebung und durch die Stiftung der Literary Society Verdienste. Im Jahre 1811 nach England zurückgekehrt, wurde er von der Grafschaft Nairn in Schottland und seit 1813 von dem Flecken Knavesborough in Yorkshire in das Unterhaus gewählt. Er sprach hier für die Reform der Kriminalgesetzgebung, sowie für religiöse Duldung, für die Unterdrückung des Sklavenhandels, für das Recht der Kolonien auf eigene Verwaltung ihrer Angelegenheiten, für die Unabhängigkeit Griechenlands und 1831 für die Reformbill. Im Jahre 1822 und 1823 ward er zum Rektor der Universität Edinburg, 1827 zum Geheimerath. und 1830 zum Mitglied der Kommission für die ostindischen Angelegenheiten ernannt. Er † den 30. Mai 1832. Unter seinen Schriften sind seine „Dissertation on the progress of ethical philosophy“ (London 1830) und die „History of England“ (das. 1830, 3 Bde.), sowie die aus seinen Manuskripten herausgegebene „History of the revolution in England in 1688“ (das. 1834) hervorzuheben.

2) Charles, schottischer Chemiker, 1766 zu Glasgow geboren, unternahm in seiner chemischen Fabrik zu Crossbacket bei Glasgow um 1820 zuerst die Darstellung des Bleizuckers im Großen, verbesserte 1825 die Berlinerblaufabrikation und erfand in demselben Jahre die Stahlbereitung durch Glühen des Eisens in Kohlenwasserstoffgas, sowie einen nach ihm benannten wasserdichten Kleiderstoff. Er † den 25. Juli 1843 zu Dunhattan bei Glasgow.

Mackintosh, durch Kautschukzwischenlage wasserdicht gemachter Ueberrock (Ueberzieher) ohne Taille, aber mit Aermeln, wurde zuerst von der Fabrik wasserdichter Zeuche von Mackintosh [s. d. 2)] in London als Ersatz der Regenschirme eingeführt, konnte sich aber in der ursprünglichen Form nicht erhalten u. kam erst nach Einführung der neueren Verarbeitungsmethoden des Kautschuks mehr in Aufnahme, ohne aber allgemein Eingang zu finden. Vergl. Kautschuk.

Maclise, Daniel, namhafter englischer Historienmaler, den 25. Januar 1811 zu Cork in Irland geboren, war bis 1830 hauptsächlich als Skizzen- und Karrikaturenzeichner für „Fraser's Magazine“ beschäftigt und lieferte sodann zahllose, sehr geschätzte Genrebilder, wandte sich aber in neuerer Zeit ausschließlich der Geschichtsmalerei zu. Auf der londoner Kunstausstellung 1856 sah man eine ganze Gallerie ziemlich ausgeführter Skizzen aus der Geschichte der normannischen Eroberung Englands von M.'s Hand. Sein namhaftestes Werk ist die Begegnung Blüchers und Wellingtons am Abend von Belle-Alliance, an den Korridorwänden, zwischen den Sitzungssälen des Ober- und Unterhauses, 10 Fuß hoch und 48 Fuß lang.

Mac Mahon, Marie Edme Patrice Maurice, Herzog von Magenta, Marschall von Frankreich, den 13. Juni 1808 zu Sully bei Autun geboren, trat 1825 in die Kriegsschule von St.-Cyr, ging dann mit einem Regiment nach Algier, kehrte aber nach der Julirevolution nach Frankreich zurück und wohnte der Belagerung von Antwerpen bei Als Hauptmann wieder nach Afrika versetzt, zeichnete er sich bei dem Sturm auf Konstantine aus und wurde, nachdem er ein Bataillon Jäger zu Fuß und später ein Regiment der Fremdenlegion befehligt hatte, 1845 zum Oberst und 1848 zum Brigadegeneral ernannt, in welcher Eigenschaft er die Verwaltung der Provinz Oran und später die der Provinz Konstantine übernahm. Seit 1852 Divisionsgeneral, kehrte er 1855 nach Paris zurück und traf mit seiner Division zeitig genug vor Sebastopol ein, um am Sturm auf den Malakowthurm am 8. September Theil zu nehmen, worauf er die Senatorswürde erhielt. Er war der einzige Senator, der sich gegen das sogenannte Sicherheitsgesetz erhob. Nachdem er 1857 als Divisionschef gegen die Kabylen gefochten, befehligte er im italienischen Kriege das zweite Armeecorps und gab mit demselben bei Magenta (4. Juni 1859) durch einen rechtzeitigen Flankenangriff auf die Oesterreicher den siegreichen Ausschlag. Noch auf dem Schlachtfelde ward er zum Marschall und zum Herzog von Magenta ernannt. Auch an der Schlacht bei Solferino (24. Juni 1859) hatte er rühmlichen Antheil. Seitdem kommandirt er die zweite große Armeedivision zu Lille.

Maçon (franz.), Maurer, besonders Freimaurer.

Mâcon, Hauptstadt des französischen Departements Saone-Loire, in einer fruchtbaren, angenehmen Gegend, an der Saone, über die eine alte steinerne Brücke führt, die von Cäsar herrühren soll, ist Sitz der Departementsbehörden, eines Gerichtshofs und eines Handelsgerichts, im Ganzen unregelmäßig und eng gebaut, hat seit Beseitigung der Festungswälle schöne Promenaden, Kais und einen Flußhafen, mehre ansehnliche Paläste, darunter das Stadthaus, ehemals Residenz des Bischofs, 5 Kirchen (die alte Kathedrale St. Vincent liegt jetzt in Trümmern), ein Lyceum, Lehrerseminar, eine Zeichenschule, öffentliche Bibliothek, 2 Hospitäler und 18,000 Einwohner, die Eisen-, Kupfer- und Messinggeräthe, Wollzeuche, Leinwand, Sammt und Plüsch, Leder, Konfitüren und eingemachte Früchte, Uhren, Fayence verfertigen und beträchtlichen Weinbau (von Thories, Pouilly ꝛc.) und Weinhandel, Handel mit getrockneten Früchten ꝛc. betreiben. M. ist Geburtsort des Dichters Lamartine. Es ist das alte Matisco, eine Stadt der Aeduer, ward frühzeitig Bisthum u. war 585 Versammlungsort eines Koncils. Seit dem 10. Jahrhundert bildete es mit seinem Gebiete, der Landschaft Maconnais, eine eigene Grafschaft. Im Jahre 1238 ward die Stadt an Ludwig IX. verkauft und blieb seitdem Eigenthum der Krone, bis sie 1435 an den Herzog von Burgund fiel; nachdem sie aber von Ludwig XI. 1476 wieder erobert worden, blieb sie mit Frankreich vereinigt. Aus der Römerzeit finden sich noch Reste eines Triumphbogens und eines Janustempels.

Maçonnerie (franz.), Maurerhandwerk; Freimaurerei.

Macpherson, James, britischer Schriftsteller, 1738 zu Kingussie in der schottischen Grafschaft Inverneß geboren, studirte zu Aberdeen und Edinburg Theologie, errichtete darauf zu Ruthven eine Schule und ward 1759 Hauslehrer in der Familie Graham von Balgowan. Das Aufsehen, welches seine 1760 herausgegebenen „Fragments of ancient poetry, translated from the Gaelic or Erse language" machten, veranlaßten ihn, 1762—63 noch mit andern, angeblich ossianschen Gedichten („Fingal" und „Temora") hervorzutreten (s. Ossian). Nachdem er kurze Zeit bei dem Gouverneur von Florida die Stelle eines Sekretärs bekleidet hatte, kehrte er nach England zurück und wurde Vertheidiger der Regierung in Flugschriften gegen die Klagen der Amerikaner. Seine übrigen Werke, sowie seine Thätigkeit im Unterhause, in das er 1780 eintrat, sind ohne Bedeutung. Er † den 17. Februar 1796 auf seinem Landgut Belleville in Schottland.

Macquarie, 1) Fluß in Neuholland, Neusüdwales, entsteht in der Bathurstebene durch die Vereinigung des Fish-River und Campbells-River, fließt nach Nordwesten und verliert sich unterhalb des Harrisberges in Sumpf. — 2) Inselgruppe daselbst im südlichen großen Ocean, südwestlich von Neuseeland, schwer zugänglich, gebirgig, 1811 entdeckt.

Macready, William Charles, berühmter englischer Schauspieler, den 3. März 1793 zu London geboren, betrat 1810 in Birmingham die Bühne, spielte bis 1814 in der Truppe seines Vaters in den Hauptorten des mittlern und nördlichen Englands, ging dann nach Dublin und Edinburg und erschien am 16. September 1816 auf dem Coventgardentheater zu London als Orestes in einer englischen Uebersetzung von Racine's „Andromache". Nachdem er 1826 Amerika und 1828 Paris besucht, übernahm er die Leitung des Haymarkettheaters, in der Absicht, das in Verfall gerathene klassische Drama wieder zu beleben. Er reinigte die Dramen Shakspeare's von den mancherlei Aenderungen, durch die sie besonders seit Garrick entstellt worden waren, und stellte die großen Charaktere dieser Dramen mit großer Wahrheit dar. Nachdem er wegen pekuniärer Verlegenheiten seine Direktion hatte abgeben müssen, ging er 1849 zum zweiten Male nach Newyork, wo sein Auftreten auf dem Astortheater einen von den Freunden des amerikanischen Tragöden Forrest angestifteten blutigen Pöbelaufstand veranlaßte. M. kehrte hierauf nach England zurück und begann eine Reihe von Gastrollen auf dem Drurylanetheater, nahm aber am 26. Febr. 1851 Abschied von der Bühne.

Macrianus, Marcus Fulvius, römischer Kaiser, bestieg nach Valerians Gefangennehmung 262 in Gemeinschaft mit seinen Söhnen C. Fulvius und Quintus, die schon von Valerian zu Tribunen ernannt worden waren, den Thron, zog an der Spitze von 45,000 Mann gegen seinen Nebenbuhler Gallienus, wurde aber in Illyrien von Aureolus und Domitianus geschlagen und nebst seinem Sohne C. Fulvius getödtet. Dasselbe Schicksal hatte später Quintus.

Macrinus, römischer Kaiser, gebürtig aus dem numidischen Cäsarea, von niedriger Herkunft, hatte sich zum Praefectus praetorio aufgeschwungen, stiftete 217 in Edessa die Ermordung Caracalla's an, weil dieser ihm nach dem Leben getrachtet, u. wurde von den Garden zum Kaiser ausgerufen und vom Senat bestätigt. Er nahm den Titel Marcus Opelius Severus M. Pius Felix an, ließ seinen neunjährigen Sohn Diadumenianus zu seinem Nachfolger erklären und ernannte ihn später sogar zu seinem Mitregenten. Ein Zug gegen die Parther endigte mit einem schimpflichen Frieden. Das hierdurch, sowie durch seine Strenge erbitterte Heer ließ sich durch die Mutterschwester Caracalla's, Mäsa, und deren Töchter, Soämis und Mammäa, leicht für Bassianus (Heliogabalus) gewinnen; M. entfloh, ward aber gefangen genommen und am 8. Juni 217 (nach Andern den 2. Jan. 218) in Kappadocien von seinen Soldaten getödtet.

Macrobii, äthiopische Völkerschaft am südlichen Ocean, die für die Vorfahren der heutigen Somâlis im Lande Szomal zwischen der Straße Bab-el-Mandeb und dem Kap Guardafui angesehen werden.

Macrobius, Aurelius Ambrosius Theodorus, römischer Grammatiker und Philosoph, lebte wahrscheinlich in der ersten Hälfte des 5. Jahrhunderts n. Chr. und war von Geburt ein Grieche. Seine „Commentariorum in somnium Scipionis libri II" enthalten Betrachtungen astronomisch-mathematischen, physikalischen und philosophischen Inhalts im Geist der neuplatonischen Philosophie. Die ebenfalls an seinen Sohn Eustathius gerichteten „Saturnalium conviviorum libri VII" behandeln eine Reihe der verschiedenartigsten Gegenstände aus dem Gebiete des klassischen Alterthums. Eine dritte Schrift: „De differentiis et societatibus graeci latinique verbi", ist nur in einem Auszug vorhanden, welcher, zur Zeit Karls des Großen veranstaltet, dem Johannes Scotus Erigena beigelegt wurde. Die besten Ausgaben von M.' sämmtlichen Schriften lieferten nach der Editio princeps (Vened. 1472) Gronov (Leyden 1670, Lond. 1694) und Jan (Quedlinburg 1848—52, 2 Bde.).

Macrocnemum *L.* (Stengelblume), Pflanzengattung aus der Familie der Rubiaceen, charakterisirt durch den fast glockenförmigen, undeutlich 5zähnigen Kelch, die trichterförmige Korolle mit am Schlunde befestigten, hervorragenden Staubgefäßen, die 2klappige Narbe und die 2fächerige Kapsel mit undeutlich gerändertem Samen, Sträucher in Brasilien, Caracas und auf den Molukken, von denen sich als Zierpflanze auszeichnet: M. speciosum *Jacq.*, Mussaenda speciosa *Poir.*, ein schöner, 8—10 Fuß hoher Strauch in Caracas. Die Blüthen sind rispenständig, zahlreich, prächtig, rosenroth, 1 Zoll lang. Der Strauch gehört ins Warmhaus bei 12—15° Wärme.

Macſin (*Matſchin*), Stadt im europäiſch-türkiſchen Ejalet Rumelien, Sandſchak Siliſtria, Ibrail gegenüber, an der Donau, hat 2 Forts, eine Moſchee, ein Bad und 3000 Einw. Hier *Gefecht* zwiſchen den Ruſſen und Türken den 6. April 1791.

Macula (lat.), Fleck; *M. hepatica*, ſ. v. a. Leberfleck.

Maculatus (lat.), gefleckt.

Madagaskar, von den portugieſiſchen Entdeckern *Isla de S. Lourenço*, bei den Eingebornen *Noſſindambo* (d. i. Land der wilden Schweine) genannt, aber ſchon Marco Polo als *Magaſtar* oder *Madugascar* bekannt, eine der größten Inſeln der Erde, iſt von der faſt parallel laufenden Oſtküſte von Afrika durch den breiten Kanal von Mozambique getrennt, aber nach ihrer geſammten organiſchen Schöpfung ein ſo ſelbſtſtändiges Glied Afrika's, daß es eher als eigener Kontinent aufgeführt zu werden verdiente, denn als ein Theil des ihm ſo heterogenen, einförmigen und maſſenhaften Afrika. M. hat vom Kap Ambre unter 11° 57′ ſüdl. Br. von Norden nach Süden bis zum Kap Ste. Marie unter 25° 45′ ſüdl. Br. eine Länge von 215 Meilen und wird vom Wendekreiſe des Steinbocks geſchnitten; zwiſchen 62° und 69° 55′ öſtl. L. (von Ferro) liegend, iſt es in der Mitte 78 geographiſche Meilen breit. Der Flächenraum wird auf ungefähr 11,000 □M. geſchätzt. Der Küſtenſaum, namentlich an der Nordweſtſeite, iſt durch zahlreiche, tief einſchneidende *Baien* ausgezeichnet, als: die Paſſandavabai (mit der vorgelagerten franzöſiſchen Inſel Noſſi-Bé), die Nareenda-, Majambo-, Bembatookabai; im ſüdlichen Theil die St. Auguſtinesbai, beide letztere ſind die beſuchteſten. Auf der Oſtſeite iſt die Antongilbai die bedeutendſte, von welcher ſüdlich die an 17 □M. große franzöſiſche Inſel St. Mary liegt; noch ſüdlicher ſind Foul-Pointe und Tamatawe die am häufigſten beſuchten Orte, indeß bloße Rheden, wie denn im Ganzen von hier ab die Küſte nach Süden flach und durch zahlreiche Küſtenſeen (étangs) charakteriſirt iſt, ſo weit man ſie wenigſtens kennt. Ueberhaupt ſind die Küſten meiſt flach und von einer 2—20 Meilen breiten Ebene umſäumt, ausgenommen an der Nord- und Südoſtſeite. Nach dem Innern ſteigt das Land zu *Hochebenen* und *Gebirgen* auf, und zwar im Oſten faſt mauerartig, im Weſten in Terraſſen. Es trägt waldloſe, grasreiche Hochebenen von 3—4000 Fuß. Auf ihrem rothen Thonboden erheben ſich dann höhere Aufſätze, wie das auf 10,000 F. Höhe geſchätzte Ambohitsmenagebirge; andere Gebirgszüge überragen 6000 F. Als höchſter Gipfel wird der auf 12,000 F. geſchätzte Ankaratra, im Südweſten der Hauptſtadt, genannt. Er ſcheint am Strande des 7 Meilen langen Imeriplateau's zu liegen, welches die 600—1200 F. hohen Granithügel des Ankovagebirges einſchließt, und in deſſen Centrum auf einem 500 F. über die Ebene aufſteigenden Hügel in 3600 F. Seehöhe die Hauptſtadt der Inſel M. liegt. Dieſes Plateau beſteht aus Granit, Gneis und Glimmerſchiefer und wird von einzelnen, nicht ſehr tiefen Thälern durchſchnitten, welche Hügel von einander trennen, die auf ihrer Höhe eine mächtige Granitmaſſe tragen. Die höchſten Bergſpitzen der Inſel ſind im Winter mit Schnee bedeckt. Die *geognoſtiſche* Beſchaffenheit der Inſel iſt ſehr mannichfaltig, doch noch wenig erforſcht. Beſtimmt iſt das Auftreten der erwähnten großen Granitmaſſen mit rieſigen Exemplaren des reinſten Bergkryſtalls, häufigen Turmalinen und Roſenquarzen, Syenit, blauem vortrefflichen Thonſchiefer, Kalkſtein, Sandſteinen verſchiedener Art, ausgedehnten Eiſenerzmaſſen und Kohlenlagern; endlich beweiſen die ausgedehnten Ablagerungen von Lava und Baſalt am nordweſtlichen Theil von M., nebſt dem Vorkommen von Tangoury, einem erloſchenen Krater, das einſtige Vorhandenſein vulkaniſcher Thätigkeit. Warme Mineralquellen finden ſich namentlich im ſüdöſtlichen Theil der Inſel, in der Provinz Anoſy; die bekannteſten derſelben, Schwefel- oder Stahlthermen, entſpringen mit 50 bis 60° Wärme zwiſchen Tamatare und Tananariva im öſtlichen Theil von M. Das *Klima* iſt auf dem Binnenplateau von Ankova, dem der Betſileos und Antſianaka und in den Gebirgen des Innern gemäßigt und geſund; auf den Hochebenen ſteigt die Temperatur ſelten (im Januar und Februar) über 23° R., und auf den Berggipfeln findet ſich bisweilen Eis; die Küſtenebenen ſind ſehr heiß und ungeſund. Auf der Nordweſtſeite herrſcht die den Europäern faſt abſolut tödtliche, unter dem Namen des „madegaſſiſchen Fiebers“ bekannte Gallenkrankheit, welche die oft wiederholten Niederlaſſungsverſuche der Europäer auf der Inſel ſtets vereitelt hat. Die Höhe des Binnenlandes veranlaßt ſehr häufige, ſtarke Regenbildungen und erklärt dadurch den außerordentlichen Reichthum der Inſel an fließenden Gewäſſern. Vom September bis März wüthen häufig heftige Gewitter. Zu den größten *Flüſſen* gehören der Ikopa, in deſſen Gebiet die Hauptſtadt liegt, und der als Mantao in der Mitte der Weſtſeite mündet; ferner der Manangara und Manguru (jeder 50—60 Meilen lang) und der Ambongo. Reich iſt die Inſel auch an großen und ſchönen Seen, worunter der See von Noſſi-Bé von 5—6 Meilen Länge, der Noſſi-Vola in Antſianaka, der Ihotry im Norden, der Ima (an 7 M. lang und über 3 M. breit); alle Seen ſind ſehr fiſchreich und wimmeln, ſowie die Flüſſe, von Krokodilen. Die *Vegetation* iſt überaus üppig, es kommen tropiſche Kulturpflanzen, palmenreiche Wälder vor; überhaupt iſt M. ein Verbindungsglied zwiſchen der afrikaniſchen und indiſchen Tropenvegetation; die der Inſel eigenthümliche Flora u. Fauna bilden eine eigene Region. Das Nilpferd und den Strauß abgerechnet hat M. nicht die hervortretenden Bildungen der Thierwelt, keine Elephanten, auch keine Giraffen, Nashörner, Löwen, Hyänen, Antilopen, Affen, dagegen mehre Arten Makis, eine eigene Katzenart, den Antambu ꝛc. Dieſe Verhältniſſe ſind für die Frage von Wichtigkeit, ob M. mit dem afrikaniſchen Kontinent Zuſammenhang gehabt oder nicht. Die Comoroinſeln könnten Trümmer einer Landbrücke ſein. Ein großer Theil der Inſel iſt dicht bewaldet; unter andern koſtbaren Holzarten finden ſich Ebenholz und Mahagoni; auf dem Centralplateau ſind indeß die Wälder großentheils ausgerodet. Einer der merkwürdigſten Bäume iſt die eigenthümliche *Urania speciosa* oder „*Ranivala*“ (der Baum der Reiſenden). Am untern Ende der Blattſtiele derſelben ſammelt ſich nämlich in einer Höhlung eine Fülle des reinſten Waſſers, das herausfließt, wenn man die Hülle durchſticht; die

Blätter werden auf der ganzen Ostseite der Insel zum Dachdecken gebraucht, aus den Blattstielen baut man die Wände, mit der harten Außenrinde, die weich geklopft wird, deckt man den Fußboden (jedes einzelne Blatt ist 1½ Fuß breit und 20—30 Fuß lang); das grüne Blatt benutzt man zum Emballiren, als Tischtuch, als Teller, zusammengelegt als Trinkgeschirr, Löffel u. dgl. Auf der Westseite ist der Baobab allgemein. An der Küste sind Akazien, Casuarinen und Pandanus sehr häufig; die prächtigsten u. üppigsten Orchideen bedecken die Stämme, z. B. die Strychnosbäume, neben denen herrliche Baumfarrn prangen. Andere werthvolle Bäume sind der Ampaly, mit dessen harten Blättern man Holz polirt; die Avoha, aus welcher man grobes Papier macht; die Tapia edulis, welche die einheimische Seidenraupe nährt; die Tamarinde, die Dracäna, Bambus u. a.; aus dem Stamm der Azaina werden Canoes verfertigt, zugleich gibt sie einen gelben Leim (Kitsygummi); aus der Boahena gewinnt man reichlich Gummi elastikum. M. erzeugt viel Reis, die Hauptnahrung des Volks, dann Tabak, Zucker, Baumwolle, Indigo und Gewürze, Kokosnüsse, Brodfrucht, Bananen, Yams, Ananas, Orangen, Pfirsiche und eine Menge anderer Früchte der tropischen und gemäßigten Zone. Der eingeführte Kaffeebaum gedeiht gut. Geflügel zieht man überall; auch wilde und zahme Rinder sind in großer Anzahl vorhanden. In den Wäldern leben wilde Schweine (davon die einheimische Benennung der Insel), wilde Hunde, Lemuren, Füchse, Eichhörnchen; dagegen fehlen die großen und wilden Vierfüßer Afrika's. Das seltene Aye-Aye (Chiromys madagascariensis) betrachten die Eingebornen mit abergläubischer Furcht. Auch die bereits erwähnten Krokodile werden verehrt; große Schlangen sind vorhanden, aber wenig giftige. Zahlreiche Vögel mit dem schönsten Gefieder, namentlich Kolibri's, prächtige Schmetterlinge, phosphorescirende Fliegen u. a. bevölkern die Wälder und die Luft.

Die Zahl der **Einwohner**, die sich selbst **Malagasi** nennen (woraus die Europäer **Madegassen** oder **Malegaschen** gemacht haben), wird auf beiläufig 4½ Millionen angenommen, die Basis zu einer sichern Schätzung fehlt aber noch vollständig. Die Bewohner gehören offenbar zwei verschiedenen Hauptvölkern, aber vielfachen Mengungen derselben an. Das eine Hauptvolk ist olivenfarbig, schön gebildet, mit schlichtem oder krausem Haar, den Malayen nahe verwandt, bewohnt hauptsächlich die Ostküste und scheint von Sumatra eingewandert zu sein; das andere gleicht den Negern u. Kaffern auf der gegenüberliegenden Küste Afrika's, bewohnt die Westseite von M. u. ist schwarz, viel kräftiger, mit wollichtem Haar. Man unterscheidet vier große Abtheilungen der Bevölkerung: die **Howas** (gegen 800,000), **Sakalawas** (1,200,000), **Betsileos** (1,500,000) und **Betsimisarakas** (1,000,000). Die kriegerischen Howas unterwarfen sich seit 1813 die ganze Insel. Noch zu Ende des vorigen Jahrhunderts zerfielen die Bewohner in mehr als 50 Stämme, die unter ebenso vielen Häuptlingen standen; seitdem hat sich eine große Vermengung der Stämme vollzogen. Die Sakalawas bewohnen den größten Theil der westlichen Abdachung; die Betsileos die Mitte, südlich vom Centralplateau, das die Hauptprovinz der olivenfarbigen Howas, Ankova, bildet; auf der östlichen Abdachung wohnen die Betanimena, auch diese sind olivenfarbig, nur dunkler gefärbt, und ihr Haar ist oft wollig. Die Madegassen sind sanft und äußerst gastfrei, aber auch träge, abergläubisch, sorglos und rachsüchtig, dabei meist sehr tapfer und freiheitsliebend, wie sie überhaupt eine Menge der glänzendsten Eigenschaften und der größten Laster in sich vereinigen; Kindermord ist bei ihnen sehr gewöhnlich und Vielweiberei erlaubt, nur der König aber darf 12 Weiber haben. Die Beschneidung gilt gleichsam als Einweihung zum Mann und zum Staatsbürger. Die Sklaverei besteht seit alten Zeiten; die Sklaven sind theils Kriegsgefangene und deren Nachkommen, theils solche, die sich selbst verkauft haben, theils solche, die es durch Richterspruch geworden sind, und zwar mit Weib u. Kindern. Mancher Vornehme besitzt Hunderte von Sklaven. Zwischen dem Freien und dem Sklaven stehen die königlichen Arbeiter, welche, wie ihre Söhne, zeitlebens ohne Lohn für den König arbeiten und daneben für den Unterhalt ihrer Familien zu sorgen haben; dies sind namentlich einige tausend Holzhauer in den Wäldern, Lastträger im Osten (zwischen der Küste und der Hauptstadt), Eisenarbeiter, Gewehr- und Speermacher, Zimmerleute, Schneider 2c. Außer dem Reis sind Mais und Mehlwurzeln die gewöhnliche Nahrung; auch gekochte Heuschrecken und die Puppen der Seidenraupe werden gegessen. Trunkenheit ist fast ganz unbekannt. Tabak wird viel gebaut, aber nicht geraucht; das zerkleinerte Kraut, mit andern Kräutern gemischt, wird in Prisen nicht in die Nase, sondern in den Mund gesteckt. Den Hanf raucht man aus Rohrpfeifen. Die Madegassen sind große Liebhaber der Musik, obwohl ihre Leistungen darin sehr gering sind. Die Kleidung besteht aus zwei oder drei Gewändern, deren Stoff Hanf, Baumwolle oder Pflanzenbast ist, wohl auch Seide, europäisches feines Wollgewebe u. dgl., welches sodann um den Körper geschlungen wird. Der Haupttheil ist der Lamba (Mantel), 9—12 Fuß lang, 6—9 Fuß breit; der königliche Mantel besteht aus feinem englischen Scharlachtuch mit reicher Einfassung von Goldstickerei; ganz in Scharlach gekleidet und mit einem scharlachrothen Schirm darf nur der König gehen. Die Madegassen handeln und feilschen gern. Ausländische Waaren erhalten sie schon längst von Maskat und Ostindien, von Mauritius und dem Kap, sowie von Amerika. Die Sprache der Howas gilt als die am meisten ausgebildete; sie hat ganz den grammatischen Charakter der malayischen Sprachen Asiens. Die heidnischen Madegassen anerkennen ein höchstes Wesen, zugleich aber auch ein böses Princip und verehren die Sonne als befruchtende Kraft. Das Volk betet 12 oder 15 Hauptgötzen an, Schutzgötter verschiedener Klassen, und einen Himmelsfürsten. Tempel und Priester gibt es nicht. Wahrsagerei u. Zauberei spielen eine wichtige Rolle. Als Gottesurtheil gilt das erfolgende oder ausbleibende Erbrechen nach dem Genusse einer bestimmten Dosis eines Giftes. Die Madegassen sind meist Landbauer, zum Theil auch Hirten; einige Stämme zeichnen sich in gewerblichen Manufakten aus, z. B. in Anfertigung ausgezeichneter Eisenwaaren, zierlicher silberner Ketten, auch feiner Seiden- und Wollenwebereien, namentlich Teppiche. Früher betrieb M. einen sehr bedeutenden Sklavenhandel, der jedoch seit den Verträgen des Königs Radama († 1828) mit den Engländern auf Mauritius schon 1817 gänzlich eingestellt wurde. Ausfuhrartikel sind: Reis, indisches Korn, Schlachtvieh, grobe Stoffe (nach Bourbon u. Mauritius); wogegen man Waffen, Munition, eiserne Töpfe, Fayence, Salz, Seife, Spirituosen, englische und französische Fabrikwaaren bezieht. Die Regierung ist völlig despotisch; der Herrscher empfängt den Zehnten in Naturalien. Namentlich ist durch die Eroberung der Howas ein sehr komplicirtes, umfassendes und für die unterworfenen Stämme sehr drückendes Regierungssystem eingeführt worden, dessen Aufrechthaltung auf der ganzen Insel durch befestigte Posten und Besatzungen durchgeführt wird. Die Regierung ist erblich in der Familie. Gewöhnlich wohnen 12 Mitglieder der königlichen Familie und Vornehme, welche Richter sind, in der Hauptstadt. Die Offiziere bilden eine mächtige Aristokratie und haben 13 verschiedene Ehrengrade. Die große, gut bewaffnete Armee ist vielfach in europäischer Weise disciplinirt. Die Staatseinnahmen sind nicht groß, aber das Kroneigenthum ist bedeutend. M. ist ein Königreich, das in 22 Provinzen getheilt ist, die (ehemals besondern Staaten) größer oder kleiner (bisweilen eine einzige Stadt) sind. Die wichtigsten sind: Bohimarina (im Norden), sehr gebirgig u. wegen des schlechten Bodens dünn bevölkert; im Westen: Iboina oder Boueni, flach, sumpfig und ungesund, aber fruchtbar, mit schönen Baien und reich an Vieh, aber durch die steten Kämpfe ihrer Bewohner (der Sakalawas) mit den Howas verwüstet und sehr entvölkert, mit der Hauptstadt Madshonga, 1824 auf den Ruinen der einst blühenden arabischen Handelsstadt Mazangaya erbaut; Ambongo, gleichfalls sumpfig und schwer zugänglich, aber fruchtbar, von Sakalawas bewohnt; Menabé, reich an Bauholz, Indigo, Baumwolle, Seide, Schlachtvieh, Wachs u. Eisenerzen, aber sehr entvölkert, mit dem befestigten Hauptort Andrefoutza; Fiarenana od. Firegul, im südwestlichen Theile der Insel, eine der reichsten Provinzen mit der St. Augustins- od. Toliabai, wenig bekannt, dünn bevölkert, aber reich an Vieh, Baumwolle, Indigo, Seide, Wachs, Gummi; Mahafaly, die südwestlichste Provinz, mit einer sandigen, aber waldreichen Oberfläche und einer barbarischen Bevölkerung, sehr reich an wildem Hornvieh; im Süden: Androy, mit dem Kap Ste. Marie, waldig, reich an Schafen; Anosy, mit hoher Küste, gut kultivirt, mit mildem, aber äußerst ungesundem Klima, hat heiße Quellen, ist reich an Zucker, Kaffee, Reis und Maniok; hier sind auch die Ruinen des ehemaligen französischen Forts St. Dauphine; Betanimena (von dem rothen Thonboden das „rothe Land" genannt), an der Küste, theils sehr flach, doch fruchtbar, theils waldreich, sumpfig, ungesund, mit viel Wiesengrund, hat große Rinderheerden; Hauptort ist Tamatawe, der beste Hafen und Haupthandelsplatz an der Ostküste; Mahavelona, höchst ungesund (auch für die Einheimischen) mit dem wichtigen Handelsplatz der Franzosen Foue Pointe; Ivongo, gebirgig, aber fruchtbar, mit viel Reis und Schlachtvieh; Maroa, sehr gebirgig, doch auch sehr fruchtbar, erzeugt die vorzüglichsten Bananen in riesenartiger Größe. Im Innern der Insel: Antsianaka („Land der Freien"), eine offene, ausgedehnte Provinz mit 2 großen Seen, reich an Rindvieh- und Schafheerden, Seide, feiner Wolle und der schönsten Baumwolle der Insel, mit der alten Hauptstadt Rahibronou; Ankova, eine waldlose Hochebene, von allen Seiten mit Aesten der großen Gebirgskette umschlossen, worin die höchsten Punkte der Insel liegen, mit sehr gesundem Klima, wenig produktiv, aber reich an Eisenerzen; die Heimat der Howas, die sich viel mit Weberei und Metallverarbeitung beschäftigen. Die Residenz und Grabstätte der Howasherrscher, also die Hauptstadt der Insel ist Tananariva (oder Antananariva), eigentlich ein Haufen kleiner Dörfer, die zwischen Baumgruppen zerstreut liegen. Ihre Einwohnerzahl wird auf 25,000 (von Andern auf 80,000) angegeben. Diese „Stadt von hundert Städten" besteht aus Holzhäusern, deren hohes schmales Dach mit Gras gedeckt ist u. die auf künstlichen Terrassen stehen. Auf dem höchsten Theile des Hügels, auf u. an welchem Tananariva steht, erhebt sich der im europäischem Styl gebaute und gezierte Palast des Königs, mit steilem Dach, in dessen Mitte ein vergoldeter Adler mit ausgebreiteten Flügeln weithin sichtbar ist. Daneben stehen die Häuser anderer Mitglieder der königlichen Familie. Ein Deutscher (Hülsenberg aus Erfurt) sah im königlichen Palast Oelgemälde und Kupferstiche in Glasrahmen an den Wänden, große Wandspiegel ringsum in vergoldeten Einfassungen, Wand- u. Armleuchter von Gold, Kronleuchter, Fußteppiche, Statuen von Alabaster in den Nischen ꝛc. Ueber die dortigen socialen und politischen Zustände gab die muthige Reisende Ida Pfeiffer (1857) eine schmucklose, aber lebensfrische Schilderung, insbesondere in ihren Briefen an K. Ritter. Die Provinz Betsiles ist eine theils baumlose, unfruchtbare, aber grasreiche Hochebene, theils gebirgig, mit romantischen Berg- und Waldpartien, bewohnt von einer gewerbfleißigen Bevölkerung (einem Zweige der Howas) mit dem Hauptort Ambatsumena; Ankay, eine langgestreckte, fruchtbare Provinz, ist stark bevölkert durch den schönen und friedfertigen Stamm der Bezonzons. An dem Nordwestrande M.s liegen folgende kleinere, seit 1841 durch Verträge mit den inländischen Häuptlingen allmählig von den Franzosen besetzte Inseln, die seitdem als Zufluchtsort der Sakalawas, die sich vor dem Joche der Howas unter den Schutz Frankreichs flüchteten, wichtig geworden sind: Nossi-Bé, die größte, ist gebirgig, bewaldet und von reizendem Anblick, mit etwa 16—20,000 Einwohnern; das Klima ist gesund, der Boden fruchtbar an Maniok, Bananen, Reis, Mais, Bataten. Die Insel hat einen Freihafen, der Handel ist aufblühend. Nossi-Cumba, durch einen ½ Stunde breiten Kanal von der früher genannten getrennt, ist felsig, hat in den Thälern üppige Vegetation und ungefähr 1000 Einw. Nossi-Mitsin, fruchtbar, waldreich, mit 3000 Einw.; Nossi-Fali hat beiläufig ebenso viele Bewohner und producirt sehr viel Reis. An der Ostküste liegt die seit 1643 von den Franzosen besetzte Insel Ste. Marie (Nossi-Ibrahim), 1854 zählte sie 5560 Einw.; Hafenstadt ist Port Louis. Die Insel ist von allen Seiten mit einem Korallenriff umgeben, ziemlich gut bewässert, gebirgig, sumpfig, wenig fruchtbar, reich an Schiffbauholz.

M., von den Arabern Dschesira-el-Komr, d. h. Mondinsel, genannt, wird schon von Marco Polo in der zweiten Hälfte des 13. Jahrhunderts unter dem

Namen Magastar od. Madacgascar erwähnt, wurde aber erst 1506 von den Portugiesen Ruy Pereira u. Tristan d'Acunha wieder aufgefunden u. nach dem Heiligen des Entdeckungstags Lorenzinsel oder Insel St. Laurentii genannt. Später richteten die Franzosen ihr Augenmerk auf M., und auf Betreiben des Kardinals Richelieu erklärte König Ludwig XIII. am 24. Juni 1642 die Insel für ein Besitzthum Frankreichs. Auf diesen vorgeblichen „Rechtstitel" gründet Frankreich noch gegenwärtig seine Ansprüche auf die Insel. Es wurden darauf von den Franzosen einige Häfen an der Küste okkupirt, zeitweilig wieder aufgegeben und dann gelegentlich abermals in Besitz genommen. Die Eindringlinge erbitterten aber durch ihre Ausschweifungen die Eingebornen in dem Grade, daß dieselben unter den Kolonisten drei Blutbäder anrichteten, 1652 zu Manghifia, 1670 auf dem Fort Dauphine u. 1754 auf der Insel Ste. Marie. Eine Zeitlang war ein Ueberrest der gefürchteten Flibustier, die an den Küsten Seeraub trieben und die Sklaverei einführten, das einzige europäische Element auf M. Die französische Regierung ließ zwar 1746 und 1785 wieder einige Versuche machen, die Insel zu kolonisiren; da diese aber mißlangen, so begnügte sie sich damit, mehre Faktoreien anzulegen, um die benachbarten Inseln Mauritius und Bourbon mit den nöthigen Lebensmitteln zu versorgen. Diese Besitzungen gingen in den Revolutionskriegen an England verloren, wurden jedoch durch die wiener Verträge von 1814 und 1815 den Franzosen wieder zurückgegeben. Ein um so größeres Interesse hatte England fortan an der Aufrechterhaltung der Selbstständigkeit der Insel, und es erkannte den damaligen König der Howas, Radama I., gegen das feierliche Versprechen, mit keinem Sklavenhändler mehr in Verbindung zu treten, als König von M. an. Gleichzeitig sandte es Missionäre nach M., die bis 1828 einige Buchdruckereien angelegt und schon 100 Schulen gestiftet hatten, in denen 5000 Kinder christlich unterrichtet wurden. Englische Offiziere organisirten Radama's Heer. Hierdurch gelang es diesem, sich einen Stamm nach dem andern zu unterwerfen, bis er zuletzt auch die französische Besatzung im Fort Dauphine angriff und vertrieb; den Engländern wurden dagegen alle Häfen eröffnet, und sie waren im faktischen Besitz des Landes. Umsonst versuchten die Franzosen durch Unterhändler dem König Mißtrauen gegen die Engländer einzuflößen; im Allgemeinen blieb Radama bis zu seinem Tode (1828) den Engländern treu. Da er keinen zur Thronfolge berechtigten Sohn hinterließ, so ernannte die große Volksversammlung (Kabar) die Wadi Be Ranovalo, seine Gemahlin ersten Rangs, zur Königin, welcher am 3. Aug. 1828 das Scepter übergeben ward. Die Königin Ranovalo, welche man wohl als einen Caligula im Weiberrocke bezeichnet hat, sollte ihren Gemahl vergiftet haben u. räumte auch dessen Mutter und Schwester aus dem Wege. Sie war den Fremden abgeneigt und brach den mit den Engländern angeknüpften Handelsverkehr wieder ab. Auch haßte sie das Christenthum u. ließ 1835 viele Christen hinrichten, od. vertrieb sie wenigstens von ihren Besitzungen in die Wälder, wo sie umkamen, und legte dem Handel Europa's mit M. viele Hemmnisse in den Weg. Die Franzosen versuchten zwar 1829 an zwei Punkten zu landen, wurden aber bei Foulpointe geschlagen u. mußten die Insel verlassen. Im Jahre 1839 flüchtete die Königin Tsiumeik, deren kleines Fürstenthum Bueni im Norden der Insel liegt, nach Nossi-Bé u. erbat sich gegen die Bedrückungen der Howas französischen Schutz, wogegen sie ihre Besitzungen förmlich an Frankreich abtrat. Dasselbe that im folgenden Jahre Tsimiar, König von Ankara. Auch der Sohn der Königin Tsiumeik schwur 1843 den Franzosen den Unterthaneneid. Da England M. wegen seiner benachbarten Inseln, die von da aus mit Lebensmitteln versehen werden, ebenso wenig entbehren konnte als Frankreich, so vereinigten sich beide Mächte 1845 zu einer gemeinschaftlichen Expedition. Es erschienen ein englisches und zwei französische Schiffe vor dem Hafen von Tamatawe u. schossen die Stadt in Brand, mußten sich aber nach einem unglücklichen Sturm auf das Fort mit Verlust auf ihre Schiffe zurückziehen. Die Folge waren nun blutige Christenverfolgungen auf der Insel. Nachdem jedoch der Kronprinz Radama II. u. andere Prinzen 1846 offen zur christlichen Kirche übergetreten waren, erlangten englische Missionäre, namentlich seit 1853, wieder Eingang auf M. und erwirkten auch die Freigebung des Handels. Im Jahre 1855 erhielt ein Franzose, Lambert, von der Königin Erlaubniß, nach der Hauptstadt zu kommen. Derselbe begab sich denn auch, nachdem er sich in Paris von Napoleon III. Instruktionen geholt hatte, nach Antananariva, doch mit der Absicht, mit Hülfe der schon früher unter den Howasedelleuten von der Oppositionspartei angeknüpften Verbindungen die Königin zu beseitigen u. einen andern Herrscher auf den Thron zu bringen, der dann einen Freundschaftsvertrag mit Frankreich schließen sollte. Der Plan ward jedoch der Königin verrathen u. die Verschworenen sämmtlich gefangen genommen; die einheimischen wurden hingerichtet, die europäischen ausgewiesen. Erst mit ihrem Tode u. der Thronbesteigung ihres Sohnes Radama II. (16. Aug. 1861) gestalteten sich die Verhältnisse günstiger für die Europäer. Radama II. trat als Reformer auf, öffnete den Fremden bereitwillig sein Land, schaffte alte barbarische Gebräuche ab und suchte die Bildung seines Volks zu befördern. Durch die Rücksichtslosigkeit aber, mit welcher er Fremde bevorzugte und den Wünschen der einheimischen Edelleute und Priester entgegentrat, erregte er deren Unzufriedenheit, und es ward eine Verschwörung gegen ihn angezettelt, als deren Opfer er am 12. Mai 1863 fiel. Vier der angesehensten Edelleute legten darauf der Königin ein schriftliches Dokument vor, welches die Grundzüge der Bestimmungen enthielt, welche fortan für die Regierung maßgebend sein sollten. Ihr Hauptinhalt ist folgender: Das Wort des Herrschers allein ist nicht Gesetz, sondern die Edelleute, die Vorsteher des Volks und die Königin geben die Gesetze gemeinschaftlich. Allen Ausländern, welche den Landesgesetzen gehorsam sind, wird volle Freiheit und Schutz gewährleistet. Handel und Civilisation sollen gefördert werden. Den einheimischen Christen wird Freiheit u. Schutz in Ausübung ihres Gottesdienstes u. Ausbreitung ihrer Religion gewährleistet; doch soll derselbe Schutz und dieselbe Freiheit auch allen Nichtchristen gewährleistet sein. Die Sklaverei besteht zwar fort, doch soll es den Besitzern von Sklaven frei stehen, dieselben zu entlassen. Ein Todesurtheil kann nur vollzogen werden, wenn 12 Männer einen Angeklagten für schuldig eines Verbrechens, auf welchem Todesstrafe steht, erklärt haben. Die Königin erkannte diese Bestimmungen bereitwilligst an und zeigte darauf ihre Thronbesteigung der Königin von England und dem Kaiser der Franzosen an. Da die vornehmen Howas aber auf Aufhebung der mit Frankreich und England abgeschlossenen Handelsverträge drangen, so entstanden bald neue Differenzen mit den Fremden. Doch auch diese waren unter sich keineswegs einig, sondern intriguirten vielmehr gegen einander. Die französischen Berichte legten alle Verwirrung auf M. den englischen Missionären zur Last, die Engländer dagegen behaupteten, die habsüchtigen französischen Abenteurer seien es, welchen der ermordete König sein Mißgeschick zu verdanken habe, und welche nun, ihre Interessen mit denen der napoleonischen Politik verflechtend, M. in einen Krieg zu verwickeln suchten, um dasselbe dann zu einer französischen Besitzung machen zu können. Die Königin verlor bald ihr Ansehen völlig und befand sich ganz in der Gewalt ihres Premierministers, dem sie unkluger Weise u. zum Verdrusse des Volks ihre Hand gereicht hatte. Am 19. Aug. 1864 brach eine Art Revolution aus, in Folge deren der Premierminister abdanken und seinem Bruder Platz machen mußte. Die Königin bewies sich nach wie vor den Fremden, namentlich den Franzosen abgeneigt, indem sie das Schicksal ihres Gemahls fürchtete. Sie legte einen Zoll von 10 Procent auf ein- u. ausgehende Waaren und verbot das Schürfen auf Steinkohlen und edle Metalle bei Todesstrafe. Die letzten Nachrichten (Aug. 1864) brachten Kunde von bedenklichen Reibungen zwischen Madegassen und Franzosen. Vgl. Ackermann, L'histoire des révolutions de M. depuis 1642 jusqu' à nos jours, Paris 1822; Ellis, History of M., London 1838; Leguével de Lacombe, Voyage à M. et aux iles Comores, Paris 1841, 2 Bde.; Mace Descartes, Histoire et géographie de M., das. 1846; M. past and present by a resident, London 1847; Ellis, Three visits to M., das. 1859, 2 Bde.

Mabai, Karl Otto von, namhafter Rechtsgelehrter, den 29. Mai 1809 in Zschaken bei Halle geboren, studirte in Halle u. Berlin die Rechte, habilitirte sich 1832 an letzterer Universität, ward 1835 Professor daselbst, 1837 in Dorpat u. 1843 Privatsekretär der Herzogin Elisabeth von Nassau, in welcher Stellung er zugleich zu legislativen Arbeiten des Herzogthums verwandt wurde. Im Jahre 1845 folgte er einem Ruf als Professor der Rechte in Kiel, wo er sich an den literarischen Fehden über die Successions- u. Inkorporationsfrage Holsteins u. Schleswigs betheiligte. Nachdem er 1848 am Vorparlament Theil genommen hatte, wurde er Gesandter der provisorischen Regierung Schleswig-Holsteins bei dem deutschen Bunde, folgte aber noch in demselben Jahre einem Ruf als Professor der Rechte in Freiburg, von wo er 1849 in gleicher Eigenschaft nach Gießen ging. Hier † er den 2. Juni 1850. Von seinen Schriften sind hervorzuheben: „Die Lehre von der Mora" (Halle 1837) u. „Beiträge zur Dogmengeschichte des gemeinen Civilrechts". Sein Leben beschrieb Preller (Leipz. 1850).

Madalinski, A. von, Haupturheber des polnischen Aufstandes von 1794, war Brigadier einer Kavallerieabtheilung, mit welcher er, als er von Rußland den Befehl erhielt, dieselbe zu entwaffnen, von seinem Garnisonsorte Pultusk aufbrach u. sich zu Krakau mit Kosciuszko vereinigte. Während der zweiten Belagerung von Warschau befehligte er ein besonderes Corps, mit welchem er in Großpolen gegen die Preußen agirte, mußte sich aber, als Polen von Rußland und Preußen gemeinschaftlich angegriffen ward, nach Warschau zurückziehen. Nach der Uebergabe der Stadt an Suwarow entwich er mit einigen Truppen in die Gegend von Nowemiasto, ward im December von den Preußen gefangen und erst nach der gänzlichen Unterwerfung Polens in Freiheit gesetzt. Seitdem lebte er zurückgezogen auf seinen Gütern und † 1804 zu Borow.

Madame (v. Franz.), am französischen Hofe zur Zeit der Bourbons Prädikat der Gemahlinnen der Brüder des Königs, sowie der Tanten und der verheiratheten Töchter, endlich auch der ältesten Tochter desselben, wenn diese nämlich vor dem Dauphin geboren war, schon vor ihrer Vermählung; in Frankreich in der Konversationssprache Prädikat einer jeden Frau von einiger Bildung, in Deutschland der verheiratheten Frauen vom Mittelstande, besonders wenn deren Gatten eines amtlichen Titels entbehren.

Madara, Dorf in der europäisch-türkischen Provinz Bulgarien, Ejalet Silistria, östlich von Schumla, eine Kolonie von Frauen, welche hier verschiedener Uebertretungen wegen eine Zuflucht suchten. Hier Schlacht zwischen den Russen unter Diebitsch und den Türken unter Reschid Pascha den 13. Juni 1829, in welcher letztere eine vollständige Niederlage erlitten.

Maddaloni, Stadt in der neapolitanischen Provinz Caserta, hat 6 Kirchen, ein Hospital, eine große Wasserleitung, Weinbau, Handel und 16,500 Einw.

Madegassen, die Einwohner von Madagaskar (s. d.).

Madeira (portug., s. v. a. Holz, span. Madera), eine den Portugiesen gehörige westafrikanische Insel im atlantischen Ocean, unter 32° 37′—32° 49′ nördl. Br. u. 0° 44′ östl. L., 90 Meilen südwestlich von Lissabon, ebenso weit südöstlich von den Azoren, ist 8 Meilen lang, fast 2—2½ Meilen breit, von unregelmäßig viereckiger Gestalt u. hat einen Flächenraum von 15,75 QM. Fast senkrecht steigen die Ufer ringsum in die Höhe, einige Häfen und Baien offen lassend, an der Nordseite an einzelnen Stellen bis zu 1000 und 2000 Fuß Höhe, ein weißer Ring schäumender Wellen umgibt das grüne Eiland, und ohne Aufhören tobt die Brandung gegen die schwarzen Klippen. Ein dichter Wolkenschleier lagert gewöhnlich über dem Centrum der Insel, nur am Abend und am frühen Morgen erblickt man die höchsten Kuppen des Gebirges, die in zackigen Felsgipfeln, dem Pico Ruivo bis zu 6053 F. (engl.), dem Saline bis zu 5438 F., dem Pic Arriero bis zu 5298 F., sich erheben. Aufgebaut aus Lavaströmen, aus vulkanischen Aschen- und Schlackenschichten u. bis ins Innerste zerrissen von Schluchten und Abgründen, bietet die Insel einen großen Reichthum mannichfaltiger Bodengestaltung, eine Abwechslung großartiger Natursceneric, einen Gegensatz von Hoch und Tief dar, der außerordentlich überrascht. Die tiefste Schlucht ist der große Curral das Freiras (Nonnenpark), ein kolossaler, kesselartiger Abgrund im Centrum der Insel. An nackten Felswänden, welche vom Boden des Kessels sich 3000—4000 Fuß hoch zu den höchsten Spitzen der Insel erheben, sind die großartigsten geologischen Durchschnitte bloßgelegt. Aus dem Kessel des Currals führt eine enge Felsschlucht, durch welche brausend und schäumend ein Gebirgsbach strömt, südlich zum Meere; über dem Abgrund des Currals erhebt sich Spitze neben Spitze, unmittelbar neben dem tiefsten Thal steigen die höchsten Gipfel der Insel empor. Der vorherrschend basaltische Boden zeigt stellenweise Trachyttuff, lose Schlacken und vulkanische, auf tertiärem Kalk ruhende Tuffe; auch geht der dichte Basalt häufig in schlackigen u. porösen über, der zuweilen auch auf vulkanischem Tuff ruht. Deutliche Krater u. neuere Lavaströme fehlen, daher die vulkanische Thätigkeit längst erstorben sein muß, wiewohl sich noch zuweilen Erdbeben ereignen. Am Nordrande der Insel finden sich Lignite vom Ansehen vorweltlichen Torfs. Das Klima ist heiß, aber sehr konstant u. gesund; M. ist einer der wichtigsten klimatischen Kurorte für Brustkranke, und zwar hauptsächlich wegen der geringen Temperaturschwankungen u. der gleichmäßigen Vertheilung der Wärme auf die verschiedenen Jahreszeiten, auf die einzelnen Monate, auf Tag u. Nacht. Die mittlere Jahrestemperatur steht zwischen + 15 und + 16° R., die Temperatur der kältesten Monate (Januar u. Februar) steht auf + 14° R., jene der wärmsten (August und September) auf + 19,5° R.; die größte Differenz beträgt also ungefähr nur 4½ Grade. Nur wenn der heiße trockene Südwind von Afrika herüber weht (was übrigens äußerst selten eintritt), steigt die Temperatur bis + 28° R.; doch ist das Meer mit seinen Seewinden ein vorzüglicher Wärmeregulator. Der Himmel ist meist klar, nur von Oktober bis Januar treten häufige Regen ein. Des Morgens u. Abends sind die Berge in Folge der ungleichen Abkühlung des Meeres und des Inselbodens mit Nebel umhüllt, der zahlreichen, in Kaskaden von den felsigen Bergen herabstürzenden Bächen Nahrung gibt. Die jährliche Menge des Niederschlages beträgt durchschnittlich 746,88, vertheilt auf 94 Tage. Der Unterschied von Hoch und Tief prägt sich am anschaulichsten in den eigenthümlichen Vegetationszonen aus, die von Stufe zu Stufe über einander liegend die Insel umgürten; es dürfte kaum einen Punkt der Erde geben, von wo diese Verhältnisse charakteristischer wie auf einem Bilde sich überschauen ließen, als die Hochgipfel von M. Unten vom Meeresufer an beginnt zunächst ein breiter, lichtgrüner Gürtel bis zu 2000 oder 3000 F. Höhe, die eigentliche Kulturzone von M., wo die ursprüngliche Vegetation den verschiedenartigsten Kulturpflanzen Platz gemacht hat. Wie im 15. Jahrhundert ist auch gegenwärtig, seitdem die Traubenkrankheit (seit 1852) die jährlichen Weinernten beinahe vernichtet, fast die ganze Kulturfläche an der Südseite mit Zuckerrohr bepflanzt, u. zahlreiche Fabriken arbeiten mit reichlichem Gewinn. Die ehemals so wichtige Weinkultur, welche in guten Jahren an 200,000 österreichische Eimer (30,000 Pipen) lieferte, darunter die köstlichen Sorten Tinto, Sercial, Malvasia, Dry Madeira u. a. m., hat nämlich in Folge jener Krankheit fast ganz aufgehört; auch die Einführung neuer Rebsorten gab kein günstiges Resultat. Der genannten untern Zone gehören außerdem noch an: Kastanienwälder, dann Felder mit Mais, Weizen, Gerste, Kartoffeln, Bataten u. Yams. Dann folgt die Mittelregion (3000—4000 F.) der Gebüsche u. Lorbeerwälder, die Matoregion. Die maderensische Heidelbeere, Spartium, Genista- und Ulexarten, Eriken, über mannshoch werdend, verdrängen wuchernd jede andere Pflanze. Im Juni steht wegen der Blüthe des Ginster diese Region goldgelb aus, u. von diesem Goldgelb hebt sich das Schwarzgrün der Lorbeerwälder in den schattigen Schluchten scharf ab. Ueber 4000 F. wächst die Erica arborea zu hohen Bäumen mit knorrigen Stämmen empor bis zum Gipfel des Pico Ruivo emporsteigend, der nur in den kältesten Wintermonaten auf kurze Zeit mit etwas Schnee bedeckt ist. Den Schmuck der Gärten u. Anlagen bilden Bignonien, Bougainvillea, baumartige Daturen, prachtvolle Fuchsien, Aloës, Opuntien, rankende Kakteen, mächtige Kamellien, Hortensien, Rosen u. die meisten Zierpflanzen Brasiliens u. Westindiens. Bataten, Inhame (Colocasia antiquorum), Feigen, Bananen, Cactusfrüchte dienen dem ärmeren Theile der Bevölkerung als Hauptnahrung. Die Thierwelt ist arm; ursprünglich fand sich auf der Insel kaum ein Säugethier; jetzt sind Kaninchen, Ratten u. Mäuse überall verbreitet. Kanarienvögel sind einheimisch. Auch finden sich viele Eidechsen, aber keine Schlangen. Das einzige giftige Thier ist eine große Spinne. Die Cochenille ist seit einigen Jahren eingeführt, doch ist der Ertrag kaum lohnend. Das Meer ist reich an trefflichen Seefischen, Schildkröten und Sepien. Maulthiere u. Esel werden als Lastthiere gezüchtet. Die Bevölkerung, vorherrschend portugiesischer Abkunft, hat in den letzten Jahrzehnten der Zahl nach bedeutend abgenommen. Bis zum Jahre 1855 sollen in Folge drückenden Mangels nicht weniger als 40,000 Menschen nach Brasilien u. Westindien ausgewandert sein; dazu raffte 1856 die Cholera an 9000 Menschen hin, so daß M. gegenwärtig höchstens noch 100,000 Einwohner zählt. Was aber die Armuth anbelangt, ist der Zustand um nichts besser geworden. Seit zu allen früheren Uebeln noch die Traubenkrankheit hinzu gekommen, ist Elend und Noth vielmehr doppelt drückend. Diese reiche Insel muß Getreide importiren. Daß ein großer Theil der Schuld dieses armseligen Zustandes der portugiesischen Regierung zur Last fällt, ist nicht zu leugnen; namentlich sind die vielen Hindernisse, welche dem Verkehr dieser so überaus günstig gelegenen Insel in den Weg gelegt werden, ihrem Aufschwung sehr hinderlich. Da bis jetzt nur etwa der vierte Theil der Oberfläche der Insel bebaut ist, so könnten noch bedeutende, bis jetzt öde, aber fruchtbare Strecken für die Kultur gewonnen werden. Der Madeirer akklimatisirt sich leicht u. ist als fleißiger, ehrlicher, intelligenter Arbeiter auf den westindischen Inseln sehr gesucht. Hauptexportartikel war früher Wein, der besonders nach England ging. Jetzt wird besonders Kaffee ausgeführt. Als Umgangssprache gewinnt die englische immer mehr an Ausbreitung. Wägen mit Rädern sieht man fast gar nicht, denn sie wären bei den steil bergauf u. bergab führenden Wegen u. auf dem glatten Basaltpflaster nicht brauchbar; man fährt in Schlitten; vornehme Damen fahren in der Hauptstadt Funchal zum Ball oder zur Kirche in einem Ochsenschlitten (caro). Auf Schlitten bringt der Bauer seine Produkte zur Stadt, auf Schlitten macht man Spazierfahrten. Erst in neuester Zeit ist eine ebene Straße (New Road, von Funchal nach Camera dos Lobos) zwei Stunden weit, dem Meeresufer entlang, angelegt worden, auf welcher jetzt

Räderfuhrwerke, meist von Engländern, in Verwendung kommen. Größere Exkursionen macht man reitend (die Reitpferde sind spanischer oder englischer Race), oder man läßt sich in Hängematten tragen. Im Allgemeinen ist der Maderense nüchtern, gutmüthig, mäßig u. äußerst genügsam, dabei stark u. von bewunderungswürdiger Ausdauer. In der Tracht ist nur Eines auffallend, die höchst eigenthümliche Kopfbedeckung, die Männern u. Frauen gemeinschaftlich ist, die Carapuça, ein kleines blaues Käppchen, das kaum den Scheitel bedeckt u. in eine lange Spitze ausläuft; ein Gegensatz zu allen Kopfbedeckungen in warmen Ländern. M. und Porto Santo bilden einen Verwaltungsbezirk mit 8 Distrikten, der unter keinem Generalgouverneur, sondern unmittelbar unter dem portugiesischen Ministerium steht. Die Zolleinnahmen beliefen sich 1850 auf nur 119,344 Dollars u. sind seitdem in steter Abnahme begriffen. Hauptstadt ist Funchal (s. d.).

M. wurde zu Anfang des 15. Jahrhunderts von portugiesischen Seefahrern entdeckt. Aus früheren Zeiten haben wir in Betreff der Insel nur sagenhafte Ueberlieferungen. Der portugiesische Infant Dom Henrico, bekannt als Protektor der Schifffahrt, sandte João Gonsalvo da Camara („Zargo", den Schielenden) u. Tristão Vaz Tereira auf Entdeckungsreisen aus. Durch Sturm verschlagen, landeten diese Seefahrer 1418 an einer kleinen Insel, welche sie Porto Santo nannten, u. 1419 auf einer zweiten Reise fanden sie die nahegelegene größere Waldinsel, von der sie im Namen König Johanns I. von Portugal Besitz ergriffen. Wenige Jahre später (1421) wurde sie von den ersten europäischen Ansiedlern bevölkert u. erhielt wegen des vortrefflichen Bau- u. Nutzholzes, welches die Urwälder lieferten, den Namen M. (s. oben). Die Kunde von der neuen Entdeckung der schönen, fruchtbaren Insel machte in Europa eine Zeitlang großes Aufsehen. Die Atlantis der Alten, oder wenigstens ein Stück derselben, war wieder gefunden. In den Tuffschichten der Insel M. findet man die Reste einer längst verschwundenen Vegetation. Der schweizerische Naturforscher Heer (Professor in Zürich) hat diese fossilen Pflanzen beschrieben und Unger (in Wien) hat entwickelt, wie diese Pflanzen einer Flora angehören, welche in der Tertiärzeit ein großes Festland bedeckte, das von Island bis zu den kap-verdschen Inseln Europa mit Afrika u. wahrscheinlich auch mit Amerika verband, u. von welchem die Inseln Island, M., die Azoren, kanarischen und kap-verdschen Inseln Trümmer sind.

Zur Madeiragruppe gehören folgende Inselgruppen: die Desertas oder wüsten Inseln, südöstlich von M., fast ohne Vegetation, bei hellem Wetter von Funchal aus sichtbar, u. zwar: Chão, mit dem Shiprock, die nördlichste Insel; Deserta grande (1600 englische Fuß der höchste Punkt), die mittlere Insel; Bugio (höchster Punkt 1349 F.) die südlichste; die Porto-Santo-Gruppe (nordöstlich von M.): Porto Santo (höchster Punkt 1660 F.), Ferro, Bairo, mit Kalksteinbrüchen für Funchal, Cima, Pescabor; die Salvages, eine Inselgruppe, 156 Seemeilen südlich von M., in der Nähe der Kanaren gelegen, bewohnt, aber selten besucht, weil schwer zugänglich: Grand Salvage, 1 Meile in der Ausdehnung, mit einer kleinen Bai an der Ostseite; die Pitons oder kleinen Salvages, mit dem Felsen L'enfant perdu. Vgl. Unger, Die versunkene Insel Atlantis, Wien 1860; Hochstetter, Madeira, das. 1861; Heer, Denkschriften der schweizerischen naturforschenden Gesellschaft, 1857; Mittermaier, M. und seine Bedeutung als Heilort, Heidelb. 1855; Karte von Ziegler, Physical map of the Island of Madeira, Winterthur 1856.

Madeira, Nebenfluß des Maranhon, entsteht aus dem Zusammenfluß verschiedener Gewässer, von deren der Mamore in der Landschaft Santa Cruz in Peru entspringt. Der obere Hauptstrom heißt Piray; derselbe nimmt rechts den von Cochabamba kommenden, dann parallel mit jenem fließenden Rio Grande oder Sara auf, darauf links den Mamore, der durch den Chimore und Chaparé verstärkt ist. Weiter mündet rechts der Itinez ein, gewöhnlich Guapore genannt, der als der Hauptstrom des M. zu betrachten ist und im Südosten durch seinen Zufluß Rio Alegre mit dem zum Paraguaysystem gehörigen Agapehy fast eine Bifurkation bildet. Weiter nördlich mündet der Beni ein, und nun erhält der Strom den Namen M., der auf seiner Wendung nach Nordosten 22 gefährliche Stromschnellen hat. Das Stromgebiet des M. wird auf 16,240 □Meilen berechnet. Er bildet ansehnliche Inseln, ist sehr reich an Fischen und Kaimans, und seine Ufer sind mit dichten Wäldern besetzt. Sein Gefälle ist so gering, daß es auf 4 geographische Meilen kaum 20 Fuß betragen mag. Er mündet nach 340 Meilen langem Lauf unweit Serpa in der brasilischen Provinz Altos-Amazonas in den Hauptfluß.

Madeirawein, Wein, der auf der Insel Madeira gebaut wird, ist stark und feurig u. von angenehmem Geschmack. Die besten Sorten sind der Malvasier u. der Dry-Madera. Der Malvasier, in England gewöhnlich Madeira-Malmsey genannt, ist süß, sehr fein und wird mit den Jahren immer lieblicher. Der Dry-Madera ist bernsteinfarbig, geistig, aromatisch, oft mit Nußgeschmack. Da er sich bedeutend verbessert, wenn er die Linie passirt, so senden ihn die Engländer häufig nach Ostindien und wieder zurück (East India Madeira). Man erreicht jedoch fast den nämlichen Zweck, wenn man ihn in geheizten Kammern liegen läßt, wodurch er in einigen Monaten so gut wird, als wenn er 5—6 Jahre gelegen hätte. Der Tinto ist roth von Farbe, sehr zusammenziehend und kann nicht ohne Nachtheil allein getrunken werden. Der M. ist sehr haltbar u. erhält erst mit dem Alter, nämlich nach 8—10 Jahren in Fässern und nach 16—20 Jahren in Flaschen, seine volle Güte. Der zur Ausfuhr bestimmte Wein wächst im Süden der Insel. Der nördliche Theil erzeugt leichtere Sorten, die weniger haltbar sind u. den Seetransport nicht vertragen. Die M.e gehören zu den an Säure armen, an Zucker u. Alkohol reichen Liqueurweinen. Da in Folge der Traubenkrankheit die Weinproduktion auf Madeira sehr abgenommen hat, so kommt jetzt viel verfälschter M., besonders von Frankreich her, in den Handel.

Madelon, französisches Diminutiv von Magdalena.

Madelonetten (v. Franz.), Freudenmädchen, die ihre Vergehungen in strenger Klosterzucht abbüßten; s. Tertiarier.

Mademoiselle (v. Franz.), am französischen Hofe zur Zeit der Bourbons Prädikat der Töchter, Enkelinnen und Nichten des Königs. Die erste Prinzessin von Geblüt hieß M. de France. Vergl. Demoiselle.

Maden, die fuß- und kopflosen Larven mehrer Insektengattungen, besonders der Fliegen.

Madia *Mol.* (Madie), Pflanzengattung aus der Familie der Kompositen, charakterisirt durch gestrahlte Blüthenkörbchen mit weiblichen zungenförmigen od. (auf monströse Weise) unregelmäßigen u. weitröhrigen Strahlenblüthchen, zwitterigen, röhrigen, 5zähnigen Scheibenblüthchen, den fast kugeligen Hüllkelch mit einreihigen, gekielten, die Früchtchen des Strahls einhüllenden Blättchen, das flache, zwischen dem Strahl und der Scheibe spreublättrige, in der Mitte nackte Blüthenlager und die zusammengedrückten, 4—5kantigen Früchte, einjährige, blätter- und blüthenreiche Kräuter in Chile, unter deren Arten als Oelpflanze bekannt ist: M. sativa *Mol.*, Oelmadie, in Chile Madi und Melosa, mit aufrechtem, wie die ganze Pflanze klebrigem, drüsenhaarigem Stengel, stengelumfassenden, ganzrandigen, 3nervigen Blättern, kurzgestielten, fast traubigen Köpfchen und gelben Blüthen, in ihrer Heimat schon seit undenklichen Zeiten als Oelpflanze kultivirt. Seit 1838 in Deutschland zum Anbau empfohlen, hat sie den von ihr gehegten großen Erwartungen nicht entsprochen und daher besser lohnenden Oelgewächsen wieder weichen müssen. Die Pflanze wird $1\frac{1}{2}$—2 Fuß hoch, verträgt jeden Fruchtwechsel u. gedeiht in jeder Bodenart, wenn solche nicht allzu feucht und bindend ist. Die Aussaat kann sowohl zu Ende Okt., als im Frühjahre vorgenommen werden. Durch den Frühlingsfrost leiden die jungen Pflanzen nicht, ebenso wenig werden dieselben durch Thiere oder Insekten beschädigt. Ist der Same reif, so werden bei günstiger Witterung die Pflanzen über dem Boden kurz abgeschnitten oder auch ausgerauft und hierauf zum Trocknen auf die Erde gelegt. Sind dieselben trocken, so werden sie gleich dem Reps eingeheimst. Die M. gibt ein gelbes Oel, welches bei 19° R. Kälte noch flüssig ist, daher zum Schmieren feiner Räderwerke sich vorzüglich eignet; man gewinnt auch eine feste, wohlschäumende Seife daraus und kann es, kalt geschlagen, als Speiseöl gebrauchen. Pro Morgen erntet man bis 7 Ctnr. Samen mit 26—39 Proc. Oel. Für Sandgegenden mag die M. noch empfehlenswerth sein, zumal sie wenig Anforderungen an den Boden macht und keine Feinde hat. Die Ernte ist aber sehr erschwert, u. die Müller mahlen die Körner nicht gern, der unangenehme Geruch schreckt auch selbst die Arbeiter ab.

Madison, James, Präsident der Vereinigten Staaten, geboren den 16. März 1758 in Virginien, widmete sich dem Advokatenberuf und ward 1787 in den konstituirenden Konvent und bald darauf in den Kongreß gewählt. Nachdem die neue Verfassung berathen und beschlossen worden war, bearbeitete er mit einigen Patrioten in Flugschriften, die nachher unter dem Titel „The federaliste“ erschienen, das Volk zur endlichen Annahme derselben. Durch Jefferson 1801 zum Staatssekretär ernannt, folgte er ihm 1809 in der Präsidentschaft. Auf die wenige Tage vor seinem Amtsantritt erlassene Nonintercourseakte gestützt, verbot er sofort allen Handel mit den kriegführenden Mächten Frankreich und England, so lange dieselben ihre für den Handel nachtheiligen Maßregeln nicht aufgehoben hätten, u. erklärte endlich an England, welches sich fortgesetzt feindselig zeigte, 1812 den Krieg. Die Amerikaner waren zu Land nicht glücklich, und der Präsident hatte in der öffentlichen Meinung die Schuld davon zu tragen. Gleichwohl gewann derselbe die Repräsentanten, die er gleich nach der Einäscherung Washingtons zusammenrief, für noch kräftigere militärische Maßregeln und wußte den Krieg zur See so glücklich zu führen, daß in dem Friedensschluß zu Gent den 24. Dec. 1814 der Zustand vor dem Krieg wieder hergestellt wurde. Fortan ging M.s Streben auf Heilung der vom Krieg den Vereinigten Staaten geschlagenen Wunden. Nachdem er noch die Navigationsakte unterzeichnet hatte, legte er am 4. März 1817 sein Amt nieder und zog sich nach Virginien zurück, wo er den 28. Juni 1836 als Friedensrichter †. Sein Nachfolger war James Monroe.

Madonna (ital.), meine Herrin, besonders von der Jungfrau Maria (s. d.) gebraucht.

Madoz, Pasquale, spanischer Staatsmann, geboren den 17. Mai 1806 zu Pampelona, wirkte erst als Advokat und Beamter zu Barcelona, wurde 1836 für Lerida in die Cortes gewählt, trat 1843 in Opposition gegen Espartero und ward am 9. Aug. 1854 zum Gouverneur von Barcelona, am 21. Jan. 1855 aber zum Finanzminister ernannt, in welcher Stellung er das berühmte Desamortisationsgesetz vor die Cortes brachte und seine Annahme durchsetzte. Schon im Juni desselben Jahres zurückgetreten, saß er in den Cortes auf der Linken, betheiligte sich sodann an der Revolution vom 14. Juli 1856 und begab sich hierauf ins Ausland. Sein Hauptwerk ist das „Diccionario geografico, estatistico y historico de España“ (Madrid 1848—50, 16 Bde.).

Madras, 1) eine der drei Präsidentschaften von Britisch-Indien, begrenzt im Norden von der Präsidentschaft Bombay, den Nizam- und Berargebieten und den kleinen Hindustaaten, an der südwestlichen Grenze von Bengalen, im Osten und Südosten von dem Meerbusen von Bengalen, im Süden vom indischen Ocean u. im Südwesten und Westen von dem arabischen Meere, erstreckt sich vom Kap Comorin unter 8° 4′ nördl. Br. bis zum nördlichen Ende des Distrikts Ganjam unter 20° 18′ nördl. Br. u. von Golamelly im Distrikte Nordcanara 74° 9′ bis Priaghy im Distrikt Ganjam 85° 15′ östl. L. von Greenwich und umfaßt einen Flächenraum von 132,090 englischen □Meilen mit einer Bevölkerung von etwa $22\frac{1}{2}$ Millionen Seelen. Die Präsidentschaft ist eingetheilt in die Distrikte Rajahmundry, Masulipatam, Gantoor, Nellore, Chingleput, Madras, Süd- und Nordarcot, Bellary, Cuddapah, Salem, Coimbatore, Trichinopoly, Tanjore, Madura, Tinnevally, Malabar, Canara, Ganjam, Vizagapatam, Kurnool und Coorg. Abhängig von der Oberhoheit der Präsidentschaft in politischer u. militärischer Beziehung sind noch die Hindustaaten Travancore und Cochin mit Zeypoor und Mysore für Militärzwecke. Das Land bildet in der Mitte eine Hochebene, welche nach der Küste zu allmählig abfällt. Drei Gebirge, die westlichen und östlichen Ghats und im Süden die Neilgherries, schließen die Präsidentschaft ein. Die drei großen Flüsse Godavery, Kistnah und Cauvery mit zahlreichen Nebenflüssen fließen von den westlichen Ghats in den Meerbusen von Bengalen. Andere große Flüsse kommen von dem Tafelland u. überschwemmen in der Regenzeit die flache Landschaft und ergießen sich in den Meerbusen von Bengalen.

Die bedeutendsten derselben sind der nördliche u. der südliche Penna u. der Palar. Die zahlreichen Flüsse im Westen der Präsidentschaft, welche in das arabische Meer münden, verflachen sich nach ihrer Mündung zu als weite und seichte Seen, wie der Cochin in einer Ausdehnung von 120 englischen Meilen. An der Küste, namentlich in Karnatik, ist der Boden meist leicht und sandig, im Innern häufig mit Salz geschwängert, doch kommen auch viele fruchtbare Stellen vor, und der Bezirk von Tanjore gilt insbesondere für die Kornkammer von Indien. Die ausgedehnten Waldungen, welche in verschiedenen Theilen der Präsidentschaft vorkommen, liefern Teak, Ebenholz und andere schätzbare Nutz- u. Bauhölzer. Die übrigen Erzeugnisse des Pflanzenreichs sind die gewöhnlichen Getreidearten Indiens, Zuckerrohr, Areca- und Kokosnüsse, Ingwer, Pfeffer, Tabak, Indigo u. Baumwolle, für die der Boden sehr günstig zu sein scheint. Bedeutend ist auch der Mineralreichthum der Präsidentschaft. Eisenerz wird in verschiedenen Distrikten gefunden, in großer Menge besonders in Malabar und Südarcot in der Nähe von Porto Novo, wo große Eisengießereien von einer britischen Gesellschaft errichtet wurden, Mangan in Mysore, Bellary und im Neilgherriesgebirge, Kupfererz in Nellore, in den östlichen Ghats und in Bellary, Antimonium in Mysore, Silbererz in Mysore und Madura, Blei in Mysore, Steinkohlen u. Anthracit in großer Menge an den Ufern des Godavery, bei Chinnore. Das Klima ist je nach der höheren oder tieferen Lage der einzelnen Strecken in der Präsidentschaft sehr verschieden. Das Tafelland in einer Höhe von 6—7000 Fuß über dem Meer hat die schöne milde Temperatur der gemäßigten Zone; an der Küste von Malabar und Canara wird die Hitze durch die Nähe der westlichen Ghats und die frischen Seewinde abgekühlt; an der Ostküste erreicht die Hitze zur ersten Sommerszeit einen sehr hohen Grad, ebenso in Karnatik, insbesondere in den Distrikten Arcot, Chlingleput und Nellore, u. als eine der heißesten Gegenden ist Masulipatam bekannt. Die Präsidentschaft hat Eisenbahnen theils vollendet, theils im Bau begriffen; die eine führt von der Stadt Madras über Bellary, Sholapore u. Poona nach Bombay; weiter südlich wird eine Linie von der Stadt M. nach Ponany die Ost- u. Westküsten der Halbinsel verbinden. Die Einkünfte der Präsidentschaft betrugen nach einer officiellen Angabe 1853—54 nahe an 5 Millionen Pfund Sterling. Für den großen Handelsverkehr bietet die Präsidentschaft keine Vortheile; die Küsten sind im Allgemeinen sehr ungünstig gestaltet und haben verhältnißmäßig nur wenige und nicht bequeme Häfen.

2) Hauptstadt der gleichnamigen Präsidentschaft und Seehafen an der Küste von Koromandel, unter 13° 4′ 1″ nördl. Br. u. 80° 14′ östl. L. von Greenwich (Sternwarte), liegt längs der Küste gegen 4 Stunden lang von Norden nach Süden, durchschnittlich 1¹/₄ Stunden breit. Ihre Bevölkerung wird auf mehr als 500,000 Seelen geschätzt und besteht größtentheils aus Hindus. M. ist im Allgemeinen gut gebaut u. eine schöne Stadt, Sitz der Regierungsbehörden für die Präsidentschaft des obersten Gerichtshofs, der Admiralität und eines englischen Bischofs. Die Citadelle, das Fort St. George, steht hart an der See und ist mit einer doppelten Linie von Befestigungswerken vertheidigt; durch eine weite Esplanade von dem Fort getrennt ist der Stadttheil „Black Tower" (die schwarze Stadt) mit 3 breiten Straßen, welche die Stadt in 4 fast gleiche Theile theilen. Diese ansehnlichen Straßen enthalten die vorzüglichsten europäischen Waarenlager. Parallel mit diesen Straßen läuft eine Linie von schönen öffentlichen Gebäuden, dem obersten Gerichtshof, dem Zollhaus, dem Marineamt und den Kontors und Verkaufsläden. der bedeutendsten europäischen Kaufleute. Andere bemerkenswerthe Gebäude sind: die Münze, die katholische Kathedrale, die Waisenschulen, das Gefängniß, die Missionskapelle, die schottische und armenische Kirche, das allgemeine Krankenhaus und die medicinische Schule. Die zahlreichen kleineren Straßen, von den Eingebornen bewohnt, sind unregelmäßig, eng und winkelig; im Westen und Süden von dem Fort, durch den Fluß Koom von der Stadt getrennt, ist Choultry Plain mit einigen großen Vorstädten, wo der Gouverneur und der Nabob von Karnatik wohnen und die Kathedrale St. George und eine schöne Moschee stehen. Der Stadttheil Royapooram liegt im Norden von der „schwarzen Stadt" und hat nur elende, von armen Fischern u. Schiffsleuten bewohnte Hütten. Im Westen von der „schwarzen Stadt" liegt der Theil Vepery mit gut gebauten u. reinlichen Hauptstraßen, aber engen u. schmutzigen Nebenstraßen. Rechts an einem Arm des Flusses liegen die Gärten des Gouvernements. Für Handelszwecke eignet sich die Lage von M. sehr wenig, denn es gibt hier keinen Hafen, u. die sandige offene Küste ist der furchtbaren Brandung der Bai von Bengalen ausgesetzt. Das Landen ist daher sehr gefährlich und geschieht mit Hülfe eigens dazu gebauter Boote der Eingebornen, Massulahboote genannt. Neben der Citadelle erhebt sich ein 126 Fuß hoher Leuchtthurm, den man bei hellerem Wetter zehn deutsche Meilen weit vom Meere erblickt. Die Rhede mit 7—8 Faden Wasser ist in hohem Grade unsicher. Vom Oktober bis Januar hausen Stürme und Orkane, die Typhons. Die Einfuhren von M. bestehen hauptsächlich in Baumwollenwaaren, Getreide, Wein, Spiritus, Metall, Zucker, Betelnüssen, Seide, Pferden, Juwelenarbeiten u. a., die Ausfuhren in roher Baumwolle, baumwollenen Geweben, Salpeter, Pfeffer u. a. m. M. hat eine auf Aktien gegründete Bank, Zweigbanken der Banken von Agra und der orientalischen Bank von London und eine Versicherungsgesellschaft. Die europäischen Konsuln wohnen in Villen, welche dicht mit Bäumen und Gebüschen umpflanzt sind, in den Vorstädten u. der Umgebung von M. Die Mount Road, von der Citadelle bis zum Militärkantonnement von St. Thomas führend, hat an 2³/₄ Stunden lang eine Reihe von Landhäusern auf beiden Seiten, mit schönen schattigen Bäumen bepflanzt. Außer den schon erwähnten Instituten hat M. noch eine Hochschule, viele religiöse und Wohlthätigkeitsvereine, eine Gesellschaft für Landwirthschaft und Gartenkunde, eine literarische Gesellschaft, ein polytechnisches Institut, eine Sternwarte und viele Zeitungen. Der Bau des Forts St. George wurde 1639 begonnen. Um dasselbe herum erstand bald eine Stadt. Im Jahre 1746 wurde das Fort von den Franzosen genommen, kam aber durch den aachener Frieden wieder an England zurück.

Madrastücher, baumwollene, buntgegitterte Tücher von der Küste von Koromandel, zeichnen sich durch schöne Farben und große Feinheit aus, kommen jetzt aber nicht mehr im europäischen Handel vor.

Madrazo y Agudo, Don José de, ausgezeichneter spanischer Maler, den 22. April 1781 zu Santander geboren, erhielt seine Bildung als Maler zuerst auf der Akademie in Madrid, dann unter Davids Leitung in Paris und endlich in Rom, wurde nach seiner Rückkehr in sein Vaterland zum königlichen Kammermaler und 1818 zum Direktor der Akademie von San Fernando ernannt und gewann durch seine Werke, sowie durch zahlreiche Schüler bedeutenden Einfluß auf die Kunstrichtung seines Vaterlandes. Er † den 8. Mai 1859 in Madrid. Zu seinen vorzüglichsten Leistungen rechnet man: Jesus in dem Hause des Hannas (im königlichen Museum Madrid); den Tod der Lucretia u. des Viriathus; Kampf der Griechen und Trojaner um die Leiche Patroclus (im Quirinal); den Triumph der göttlichen Liebe über die weltliche (im Museum in Madrid); eine Madonna mit dem Kinde, umgeben von Engeln; die Schlacht von Cerignola; die Einnahme von Breda, das heilige Herz Jesu mit der Glorie der Engel (in dem Kloster der Salesianerinnen in Madrid). Auch als Porträtmaler hat sich M. einen Namen gemacht. Ihm verdankt auch das königliche lithographische Institut in Madrid seine Gründung. Auch seine Söhne Don Frederico M. y Kunt und Luiz M. haben sich als Historien- und Porträtmaler bekannt gemacht; ersterer gründete mit dem Dichter Don Eugenio de Ochoa das Kunstblatt „El Artista“.

Madrepora, nach Lamarck eine Art vielästiger Korallenstöcke, aus welchen die von den Thierchen bewohnten Zellen überaus schief heraustreten und sich nicht selten noch in langen Röhren über den Hauptstamm erheben. Sie sind in den tropischen Meeren ungemein häufig, wachsen bis dicht unter den Wasserspiegel herauf und sind deshalb von den Schiffern sehr gefürchtet. Die fossilen Arten, besonders die älteren, sind von spätern Autoren unter andere Gattungen gebracht worden.

Madreporenkalk, der Korallenkalk (coral rag) des mittlern Jura (s. Oolithformation), auch jüngster Meereskalk, jüngster Korallenkalk, Parallelgebilde des Riffsteins (s. d.), aus lauter Madreporen bestehend, im Mittelmeer, im westindischen Meer, in der Südsee, im indischen Ocean, im rothen Meer noch fortwährend sich bildend.

Madrid, Hauptstadt des Königreichs Spanien u. der Provinz Madrid, liegt in der Mitte der großen Ebene von Neukastilien auf mehreren flachen Hügeln am linken Ufer des Manzanares, mehr als 2000 Fuß über dem Meeresspiegel. Ihr Anblick von außen bietet wenig Angenehmes: die lang hingestreckte Häusermasse, überragt von einer Menge pyramidaler Thurmspitzen und Kuppeln, ist von öder Landschaft und unfreundlichen Ortschaften, ohne Gärten und Villen, umgeben, aber im Innern ist M. eine der schönsten Städte von Europa, mit regelmäßigen breiten Straßen und Plätzen, gutem Pflaster, schön gebauten Häusern und prächtigen Promenaden. Nur der älteste Theil zwischen dem königlichen Schlosse und der Toledostraße besteht aus engen krummen Gassen u. kleinen winkeligen Plätzen. Die Stadt hat gegen 3 Stunden im Umfang, über 500 Gassen, 71 Plätze und zählt 381,470 Einwohner. Ihre schönsten Straßen sind die schnurgerade prachtvolle Calle de Alcala mit breiten Granittrottoirs und mit Akazienalleen geziert und von hohen Häusern mit vielen Balkonreihen eingefaßt, unter welchen sich namentlich das großartige Gebäude der Aduana nacional, die Academia de San Fernando und der von der Herzogin von Alba erbaute Palast de Buenavista auszeichnen, fernee die Calle de Montera, Calle mayor, Calle de Carretas und Carrera de S. Geronimo, welche alle nach dem Mittelpunkte der Stadt, dem berühmten Platze der Puerta del Sol, auslaufen. Auch die Calle Atocha, C. de Toledo und C. de Hortaleza gehören zu den schönen Straßen der Stadt. Die Hauptplätze M.s sind: die Plaza mayor, ein regelmäßiges Viereck, unter Philipp III. angelegt, umringt von Kolonnaden mit schönen, balkongezierten Gebäuden, wird namentlich auch zu großartigen Stiergefechten benutzt. Der Platz der Puerta del Sol ist der Sammelpunkt der feinen u. müßigen Welt und hat an einer Seite das Ministerium des Innern. Die Plaza de Oriente hat das Teatro de Oriente, die großartige Façade des Schlosses an seiner westlichen und den Palast der Biblioteca nacional an seiner südlichen Seite, u. im Mittelpunkte des Platzes steht die bronzene Reiterstatue Philipps IV., von einer Promenade umgeben, in deren äußerem Umfange die kolossalen Statuen von 44 Herrschern Spaniens stehen. Noch sind zu bemerken die Plaza de Isabel II mit der bronzenen Statue der jetzigen Königin und die kleine Plaza da las Cortes mit dem Cortespalast und der bronzenen Bildsäule von Cervantes. An der Ostseite der Stadt, am Ende der Straße von Alcala, liegt der Prado, eine von Ulmenalleen, die durch laufendes Wasser fortwährend erfrischt werden, durchschnittene u. mit 8 prächtigen Marmorfontänen gezierte Promenade von 9650 Fuß Länge. Eine Menge Erfrischungsbuden, elegante Kaffeehäuser, Eishallen u. dergl. liegen am Saume der Stadt, und einen großen Theil der östlichen Seite des Prado nimmt das in griechischem Styl erbaute Museo del Prado oder die königliche Gemäldegallerie ein. Der Mündung der Straße von Alcala gegenüber steht der prachtvolle Triumphbogen der Puerta de Alcala, aus 5 Portalen zusammengesetzt, deren Façaden mit je 10 jonischen Säulen aus weißem Marmor geschmückt sind. Unter den Gebäuden von M. ist das hervorragendste das königliche Schloß am westlichen Ende der Stadt auf einem ziemlich steil abfallenden Hügel am Manzanares, einer der größten Paläste, die es gibt, an der Stelle des alten, 1734 abgebrannten Alcazar von Philipp V. im Renaissancestyl erbaut, mit einem von Säulenhallen umgebenen und mit den Marmorstatuen der in Spanien gebornen Kaiser Roms, Trajanus, Arcadius, Honorius und Theodosius, gezierten Hof. Außerdem sind zu nennen der Cortespalast, das Zollhaus in der Alcalastraße, das schon erwähnte Museum der Künste am Prado, das königliche Theater, ein großes Sechseck mit prachtvollen Sälen und Hallen. Gegenüber der Straße de San Geronimo steht auf einer Anhöhe das Schloß Buen Retiro, zur Rechten desselben die große befestigte Artilleriekaserne und vor dieser, dicht am Prado, das Monument zum Andenken der am 2. Mai 1808 für die Unabhängigkeit der Nation Gefallenen. Buen Retiro ist ein Lustschloß u. von großartigen Gartenanlagen umgeben, die zugleich die besuchtesten Promenaden der eleganten Welt von

M. bilden. Unter den mehr als 30 Kirchen ist keine von besonderer Bedeutung. Die größte und am schönsten gebaute ist die von San Isidro el Real in der Toledostraße, die Kirche des ehemaligen Jesuitenkollegiums, mit einem berühmten Altargemälde der Dreieinigkeit von Raphael Mengs. Zu den schönsten Bauwerken M.s gehört noch das groß Nonnenkloster de las Salesas, von Ferdinand VI. und seiner Gemahlin zur Erziehung adeliger Fräulein gegründet, und San Francisco el Grande, 1777 gebaut, eine Rotunde mit großer Kuppel. Bemerkenswerth sind auch der große Kirchhof vor dem Atochathore, wo der Dichter Calderon de la Barca begraben liegt, u. der Circus oder die Plaza de Toros vor der Puerta de Alcala, bestimmt für die Abhaltung beliebter Volksfeste, namentlich der Stiergefechte, u. für 12,000 Zuschauer eingerichtet. Von öffentlichen Anstalten besitzt M. eine Universität, nach Aufhebung jener von Alcala de Henares 1836 gegründet, 4 öffentliche Bibliotheken, eine chirurgisch-medicinische Fakultät, ein Konservatorium der Musik, eine Bergschule, Taubstummenanstalt, 17 Spitäler u. zahlreiche Elementarschulen; ferner eine Maler- u. Bildhauerschule, die spanische Akademie zur Ausbildung der kastilianischen Sprache, Akademien der Geschichte, Rechtswissenschaft, der kirchlichen Wissenschaft, eine griechisch-lateinische, medicinische u. naturwissenschaftliche Akademie und ein Schullehrerseminar. Sehr reich ist M. an Kunstsammlungen. Die bedeutendste ist das Museo del Prado oder die königliche Gemälde- und Skulpturengallerie. Es sind hier fast 2000 Gemälde, fast lauter Meisterwerke, aufgestellt, u. Denkmäler der griechischen und römischen, sowie der modernen Bildnerei, antike Vasen und Kuriositäten aller Art. Das Museo nacional de la Trinidad hat gegen 900 Gemälde, fast alle von spanischen Meistern, und die Gallerie der Akademie von San Fernando in der Straße von Alcala ungefähr 300 Gemälde meist spanischer Künstler und eine werthvolle Sammlung von Gypsabgüssen. Nicht weniger bedeutend sind die wissenschaftlichen Sammlungen. Die Biblioteca nacional an der Plaza de Oriente enthält mehr als 140,000 Bände und in zwei besonderen Sälen reiche Münz- und Antiquitätensammlungen. Erstere besteht aus etwa 100,000 Münzen, sowie aus mehr als 300 kostbaren Gemmen u. 1520 geschnittenen Steinen; letztere umfaßt eine Menge ägyptischer, etrurischer, römischer, griechischer, gothischer, arabischer, chinesischer und amerikanischer Geräthschaften und Kunstwerke. Die Armeria real oder königliche Rüstkammer, von Philipp II. angelegt, bildet eines der schönsten historischen Museen von Europa; das naturhistorische Museum enthält unter anderen eine ausgezeichnete mineralogische Sammlung, eine Sammlung von Trachten und Erzeugnissen der Indianer Amerika's, Westindiens und der Philippinen und das vollständige Skelet des Megatherium americanum. Mit diesem Museum sind der botanische Garten, zugleich eine angenehme Promenade, und die Sternwarte in den Gärten des Buen Retiro verbunden. Noch hat M. viele wissenschaftliche Vereine, Privatunterrichts-, literarische und artistische Anstalten und 8 Theater. Die industrielle Thätigkeit der Hauptstadt ist nicht von großer Bedeutung; eine große Cigarren- u. Tabaksfabrik, sowie eine Teppichfabrik werden auf königliche Regie betrieben, eine Gold- und Silberwaarenfabrik ist am Prado, eine Fayence- und Porzellanfabrik bei la Moncha, einem nahen königlichen Lustschlosse, im Betrieb; seit 1831 besteht auch eine Handelsbörse. In der Umgegend von M. befinden sich einige königliche Schlösser, nämlich Casa del campo, am Manzanares, El Pardo mit Eichenwaldungen und Thiergarten, La Florida, Zarzuela und Villa Viciosa, wo 1759 Ferdinand VI. in Raserei starb. Viel bedeutender sind die unter dem Namen Sitios bekannten Schlösser San Ildefonso oder La Granja, Escorial und Aranjuez, wohin seit 1853 eine Eisenbahn führt.

In der Geschichte tritt die Stadt zuerst im Jahre 939 v. Chr. unter dem Namen Majerit auf, wo sie durch König Ramiro II. von Leon erstürmt wurde. So lange die Mauren die Halbinsel besetzt hielten, diente der Ort als Grenzbefestigung und wurde von den Mauren oft genommen, bis ihn 1086 Alfons VI., der Eroberer des maurischen Königthums von Toledo, besetzte. Heinrich III. von Kastilien wählte M. zu seiner Residenz während der Jagdzeit, vergrößerte die Stadt und machte den Alcazar oder das alte Schloß derselben zur Schatzkammer des Reichs. Einige Fürsten hielten hierauf längere Zeit in M. ihr Hoflager, und nach dem Tode Ferdinands des Katholischen wurde die Reichsregierung dahin verlegt. Kaiser Karl V. hielt sich meist in M. auf und ließ den Alcazar in einen königlichen Palast umwandeln; sein Sohn Philipp II. erklärte endlich 1560 M. wirklich für die Hauptstadt der Monarchie. Seit jener Zeit und durch jenen Monarchen entwickelte sich die Stadt zu ihrer jetzigen Größe und Bedeutung. M. ist durch eine ganze Reihe von Verträgen merkwürdig, die daselbst abgeschlossen wurden, namentlich durch den von 1526 zwischen Karl V. und Franz I. von Frankreich, von 1617 zwischen Spanien und Venedig und von 1800 zwischen Portugal und Spanien. Während des Erbfolgekriegs hielt es M. mit der französischen Partei. Bei der französischen Okkupation gab es durch einen Aufstand gegen Murat, den 2. Mai 1808, und durch einen Straßenkampf, bei dem über 1500 Bürger das Leben verloren, das Signal zur allgemeinen Erhebung, wofür der Stadt in der Anrede des Kanzleistyls die Bezeichnung „die heroische" beigelegt wurde. In den Jahren 1823 bis 1826 war M. von der französischen Invasionsarmee unter dem Herzog von Angoulème besetzt. In den karlistischen Kämpfen stand es immer auf Seite der Königin. Im Jahre 1743 erklärte es sich für Espartero und hielt bei seiner Partei bis zuletzt aus. Vergl. Alvarez y Baena, Hijos de M. etc., Madrid 1789—91, 4 Bde.; Fischer, Gemälde von M., Berlin 1802; de Mesonero Romanos, Manual de M. historico-topografico etc., Madrid 1831.

Madridejos, Stadt in der spanischen Provinz Toledo, mit Wollenzeuchweberei, Färberei und 6700 Einw.

Madrigal (ital. madrigale, madriale), kleines lyrisches Gedicht, dessen Gegenstand meist die Liebe, oder wenigstens eine andere zartere Empfindung ist. Das Versmaß desselben ist meist jambisch und die Anzahl der Zeilen gewöhnlich nicht unter 6 und nicht über 13. Seine Entstehung verdankt das M. den Provençalen, seine weitere Ausbildung aber den Italienern, von denen es dann auch nach Deutschland kam. Schon Kaspar Ziegler aus Leipzig († 1657) schrieb ein Büchlein „Von den deutschen M.en“, das der Chorführer aller der nachherigen M.e geworden ist. E. Stockmann in seiner „Madrigalischen Schriftlust“ (1660), J. G. Olearius (1664), Joh. Jakobi (1678) schlossen sich an ihn an. Die bedeutendsten Madrigalendichter sind: Petrarca, Tasso, von Montreuil, Lainez, Moncrif, von Hagedorn, Göz, Gotter, Voß, Manso, Goethe u. A. W. Schlegel. M. heißt auch ein jetzt ziemlich veraltetes lyrisches Tonstück, theils für Vokal-, theils für bloße Instrumentalmusik. Es soll der specielle Vorläufer unserer jetzigen Oper gewesen sein, ist aber fast das ausschließliche Eigenthum der Italiener geblieben.

Madschiko-Sima (eigentlich Moak-Sima, d. i. ferne Inseln), Inselgruppe zwischen der japanischen Insel Kiusiu und Formosa, besteht aus 10 Inseln, 5 hohen und 5 niedrigen oder halbniedrigen, zwischen denen Wasserwege hindurch führen, welche durch zahlreiche Risse dem Verkehr innerhalb der Gruppe große Schwierigkeiten entgegensetzen. Als Hauptinseln werden genannt Pa-Tschöng-San und Ku-Sön-San, beide mit guten Hafenplätzen; die wichtigste scheint aber die Insel Tai-Pin-San zu sein, theils wegen ihrer dichten Bevölkerung, die auf 6000 Köpfe geschätzt wird, theils weil sie der Mittelpunkt der Verwaltung ist, indem hierher die Beamten von Lutschu aus geschickt werden, zu welchem Inselreiche auch diese Inseln gehören. Man baut auf denselben Baumwolle, Reis, süße Kartoffeln, große Rettige, auch wohl Yams, Zucker und Weizen. Pferde zum Reiten und Ochsen zum Pflügen werden allgemein gehalten. Die Einwohner bekennen sich meist zum Buddhaismus und leben nach chinesischer Weise.

Madue, Landsee in der preußischen Provinz Pommern, Regierungsbezirk Stettin, 2 Meilen lang, ½ Meile breit, war bis 1770 größer, wo ein großer Theil abgelassen wurde. Er ist reich an Muränen und steht durch die Plöne mit dem Plönersee in Verbindung.

Madura, 1) Stadt im gleichnamigen Distrikt der britisch-vorderindischen Präsidentschaft Madras, Provinz Karnatik, rechts am Vaygaru, ist befestigt, mit Fort, hat großartige Ruinen des alten Königspalastes und einen prächtigen Sivatempel, eine lutherische Mission, Baumwollenweberei und 36,000 Einw. Die Stadt hatte früher eine hohe Bedeutung als Sitz indischer Gelehrsamkeit. — 2) Niederländische Insel im indischen Archipel, zu den Sundainseln gehörig, nordöstlich von Java und durch die gleichnamige Straße davon getrennt, Residentschaft; 97 QM. groß, mit 393,600 Einw., hat dichte Waldungen, ist fruchtbar, gesund und reich an allen Produkten Java's, besonders an Baumwolle. Die Insel zerfällt in 3 Distrikte: das eigentliche M. (56 QM. mit 107,250 Einw.), Pamekasan und Sumanap, welche unter einheimischen, aber die Oberhoheit der Niederländer anerkennenden Fürsten stehen. Der Resident wohnt in Bangkalang, dem Hauptorte. Die blühendste und größte Stadt ist aber Sumanap mit einem chinesischen, javanischen, arabischen u. europäischen Stadttheile.

Madvig, Johann Nikolai, dänischer Gelehrter und Staatsmann, geboren den 7. Aug. 1804 zu Svanneke auf der Insel Bornholm, besuchte das Gymnasium zu Frederiksborg, widmete sich sodann zu Kopenhagen dem Studium der Philologie, habilitirte sich 1826 an der Universität daselbst als Privatdocent und wurde 1828 Lektor und 1829 Professor der lateinischen Sprache und Literatur. Auf dem dänischen Reichstage vom Oktober 1848 gehörte er zum Centrum, u. im November 1848 übernahm er das Portefeuille des Kultus. Im Dec. 1851 trat er aus dem Ministerium in seine Professur u. sein früheres Amt als Oberschulinspektor zurück, entwickelte jedoch auch ferner im Volks- und Landesthing, sowie seit 1855 mehrfach als Präsident des Reichsraths, dessen Mitglied er auch gegenwärtig wieder ist, eine rege politische Thätigkeit. Auf rein dänischem Standpunkt stehend, kannte er keinerlei Sympathien für die Forderungen der Herzogthümer Schleswig-Holstein und Lauenburg. Durch seine Schriften über Cicero, wie „De Asconii Pediani commentariis in Ciceronis orationes“ (Kopenh. 1826), „Emendationes in Ciceronis libros philosophicos“ (das. 1826), „Epistola critica ad Orellium de orationibus Verrinis“ (das. 1828), seine kritischen Ausgaben von Cicero's Schriften „De finibus bonorum et malorum“ (das. 1839) und „Cato major et Laelius“ (das. 1835), die drei Recensionen von 12 ausgewählten Reden desselben (1830, 1841 und 1848), durch mehre kritische und exegetische Arbeiten über Lucretius und Juvenal, seine „Emendationes Livianae“ als kritische Einleitung einer zugleich mit Ussing besorgten trefflichen Ausgabe des Livius, sowie durch die Beweisführung, daß der von Mai und Osann herausgegebene Grammatiker Appulejus auf einer Mystifikation beruhe, erwarb er sich den Ruf eines scharfsinnigen und gründlichen Kritikers. Der neueren Behandlung der Grammatik brach er Bahn in der „Latinsk Sproglaere til Skolebrug“ (Kopenh. 1841; 3. Aufl. 1852; deutsch, Braunschw. 1844; 2. Aufl. 1847), sowie in der „Graesk Ordföiningslaere“ (Kopenh. 1846; 2. Aufl. 1857; deutsch, Braunschw. 1847). Seine akademischen Gelegenheitsschriften stellte er in „Opuscula academica“ (Kopenh. 1834—42, 2 Bde.) zusammen. Außerdem schrieb er: „Untersuchungen über die römischen Kolonialverhältnisse 2c.“ (1832); „Blick auf die Staatsverfassungen des Alterthums“ (1840); „Von dem Wesen, der Entwickelung und dem Leben der Sprache“ (1842) u. A.

Mäander, ein im Alterthum wegen seiner vielen Krümmungen berühmter Fluß in Kleinasien, entspringt unweit Celänä in Phrygien, durchströmt, zugleich als Grenzscheide, Karien und Lydien und mündet bei Miletus ins ikarische Meer. Der Fluß war überall sehr tief, aber nicht sehr breit und nur für kleinere Fahrzeuge schiffbar. Jetzt heißt er Meinder. Mit seinem Namen bezeichnete man auch in der Stickerei die künstlichen Windungen, besonders die in einander verschlungenen Purpureinfassungen an Gewändern, wohl auch auf Urnen und Gefäßen.

Mäcenas, Cajus Cilnius, Vertrauter des römischen Kaisers Augustus u. Gönner der Dichter Horaz u. Virgil, stammte aus der alten etruskischen Familie der Cilnier, hielt sich in den römischen Bürgerkriegen zu Octavianus und wurde von demselben zu mehren wichtigen Sendungen gebraucht. So war er unter den Abgesandten, die zu Brundusium eine Versöhnung zwischen Octavian und Antonius herbeiführen sollten, u. während des Kriegs mit S. Pompejus (36 v. Chr.) mußte er zweimal in Rom das Volk beruhigen. Auch an der Schlacht bei Pelorum nahm er Theil. Nach beendetem Kriege lebte er während

Octavians Abwesenheit in Rom und leitete, ohne ein öffentliches Amt zu bekleiden, die Angelegenheiten. Nach der Schlacht bei Actium (31 v. Chr.), zu der er den Octavian begleitet hatte, unterdrückte er, nach Rom zurückgekehrt, rechtzeitig den Anschlag des jungen Lepidus (s. d.). Er blieb fortan in der unmittelbaren Umgebung des Augustus. Ehrgeiz, Neid, Mißgunst waren ihm fremd; er schlug alle öffentlichen Ehren und Würden aus und blieb römischer Ritter. Sein Verhältniß zu Augustus benutzte er vielfach, dessen Leidenschaftlichkeit zu mäßigen und Andern zu nützen, stets machte er dem Kaiser gegenüber seine abweichende Ansicht mit Freimuth geltend. Die ersten Dichter seiner Zeit fanden bei ihm Anerkennung, Fürsorge, Schutz, und seine Verdienste um sie waren zugleich Verdienste um die Dichtkunst überhaupt. Dem Virgil schaffte er Hülfe gegen die Gewaltthat eines Centurionen und sorgte für die Zurückgabe des ihm entrissenen Landguts, wofür ihm die „Georgica“ gewidmet wurden; dem Horaz schenkte er sein sabinisches Landgut. Den Grundsätzen der epikureischen Philosophie huldigend, ergab sich M. übrigens dem Lebensgenuß in einem selbst dem damaligen Rom mißfälligen Grade. Er umgab sich mit einem Gefolge von Verschnittenen, führte die pantomimischen Tänze in Rom ein, wobei sein Verhältniß zu dem schönen Pantomimen Bathyllus besonders zu erwähnen ist, u. legte zuerst warme Schwimmbäder in Rom an. M. † 8 v. Chr. Von seinen Schriften haben sich nur Bruchstücke erhalten. Als Gönner der Künstler und Gelehrten ist sein Name sprüchwörtlich geworden. Vgl. **Lion**, Maecenatiana, Göttingen 1824; **Weber**, Ueber den Charakter des M., in Jahns „Jahrbüchern für Philologie und Pädagogik“ (Suppl. 9, Leipzig 1843); **Frandsen**, M., eine historische Untersuchung über dessen Leben und Wirken, Altona 1843.

Mächtigkeit, in der Geognosie die senkrechte Entfernung der obern und untern Begrenzungsfläche eines Ganges. Von $^1/_{10}$ Zoll bis 20—30 Fuß „mächtig“ finden sich Schichten der Gänge. Außerdem ist der Ausdruck auch gebräuchlich für die vertikale Verbreitung einer Gebirgsformation oder Gruppe.

Mädler, Johann Heinrich, berühmter Astronom, geboren den 29. Mai 1794 zu Berlin, war seit 1817 Lehrer an dem Schullehrerseminar daselbst und machte in dieser Stellung auf der von Wilhelm Beer errichteten Privatsternwarte seine ersten astronomischen Beobachtungen über den Mars, die 1830 erschienen. Nachdem er im Sommer 1833 auf der Insel Rügen für die russische Chronometerexpedition die Zeitbestimmungen geliefert hatte, erhielt er 1836 an der neu gegründeten königlichen Sternwarte in Berlin eine Anstellung und ging dann 1840 als Professor der Astronomie und Direktor der kaiserlichen Sternwarte nach Dorpat. Unter seinen vielen astronomischen Arbeiten sind hervorzuheben: „Allgemeine vergleichende Selenographie“ (mit Beer, Berlin 1837, 2 Bde.), mit einer Generalkarte des Mondes von 12 Zoll Durchmesser, der schon 1834—36 eine ebenfalls mit Beer bearbeitete große Mondkarte in 4 Blättern vorausgegangen war; „Kurzgefaßte Beschreibung des Mondes“ (das. 1838); „Populäre Astronomie“ (das. 1841; 5. Aufl. 1861—62); „Beobachtungen auf der Sternwarte Dorpat“ (Bd. 9 bis 13, Dorpat 1842—49); „Untersuchungen über die Fixsternsysteme“ (Mitau 1847—48, 2 Bde.); „Die Centralsonne“ (1. u. 2. Aufl., Dorpat 1846); „Leitfaden zur mathematischen und allgemeinen physischen Geographie“ (Stuttgart 1844); „Astronomische Briefe“ (Mitau 1844—47); „Der Fixsternhimmel“ (Leipzig 1858); „Ueber totale Sonnenfinsternisse, mit besonderer Berücksichtigung der Sonnenfinsterniß vom 18. Juli 1860“ (im 25. Bd. der Verhandlungen der kaiserlichen leopoldino-karolinischen Akademie, in deren Auftrag M. diese Finsterniß in Vittoria in Spanien beobachtet hatte); „Die Fixsternwelt“ (Berlin 1861). Zahlreiche Abhandlungen lieferte er in Schumachers „Astronomische Nachrichten“, sowie in die Zeitschriften „Gegenwart“ und „Belehrende Unterhaltungen“.

Mägdekrieg, s. Böhmischer Mägdekrieg.

Mägdesprung, Name einer schroffen Felsenklippe im Harzgebirge, im Herzogthum Anhalt-Bernburg, Amt Harzgerode, gelegen und den Mittelpunkt des Selkethals bildend. An ihrem Fuße liegt das gleichnamige herrschaftliche Hüttenwerk, wo zu Ehren des Herzogs Friedrich Albert († 1796) ein 58 Fuß hoher Obelisk von Gußeisen errichtet ist, mit 170 Einw., Kirche und Schule. In der Nähe Alexisbad.

Mähen, das Abnehmen des Getreides, Grases und anderer aufrecht stehenden od. liegenden Gewächse vermittelst Werkzeuge od. Maschinen; letztere sind in der jüngsten Zeit in den Vordergrund getreten und werden bald die Handarbeit ganz verdrängen. Zu dieser dienen die Sichel, die Sense und das Sichet. Die **Sichel** ist ein an kurzem Stiel befestigtes, halbmondförmig gekrümmtes, in der inneren Krümmung gezahntes oder mit scharfer Schneide versehenes Eisen; sie war schon den alten Aegyptiern bekannt. Der Arbeiter drückt entweder, das Getreide zur Linken habend, mit der linken Hand die Halme an und mäht mit der rechten Hand (anmähen), lehnt dann das Gemähte gegen das stehende Getreide und faßt es nach zwei- bis dreimaliger Wiederholung mit der Sichel, um es neben sich in Schwaden auf den Boden zu legen (Gras u. Futter werden ähnlich abgemacht, „gegrast“), oder er faßt, vorwärts gehend, die Halme mit der linken Hand, biegt sie in die Sichel, drückt sie über die Klinge, mit welcher er sie abschneidet und neben sich legt (schneiden). Auf diese Art fördert ein Mann $^1/_2$ Morgen täglich, eine Frau $^1/_4$—$^1/_2$ Morgen. Das Anmähen fördert rascher. Die **Sense** ist ein an längerem Stiel befestigtes, rechtwinkelig von diesem abstehendes, minder scharf gekrümmtes, längeres und breiteres eisernes Blatt, dessen Gestell oben und in der Mitte eine Handhabe hat. Der Arbeiter schneidet, in weitem Schwunge ausholend, die Halme tiefer als mit der Sichel über dem Boden ab; die Getreidesensen (Gestellsensen) haben noch einen besondern Bügel, Reff, damit die Halme nicht über die Sense weg nach dem noch stehenden Getreide fallen. Auch hier unterscheidet man das „Anhauen“, wobei der Mäher, das Getreide immer zur Linken habend, das abgemähte gegen das stehenbleibende anlehnt und ein ihm folgender Abraffer es in Schwaden rückwärts niederlegt, und das rascher fördernde „Schwadenhauen“, wobei der Mäher sich der Gestellsensen bedient und durch deren Einrichtung das Getreide selbst ablegen kann. Mit der Sense mäht ein Mann 1—2 Morgen Winterfrucht und 1—3 Morgen Sommerfrucht pro Tag.

von Hülsenfrüchten weniger. Es verhält sich die Arbeitsleistung der Sense zur Sichel wie 5 : 3, die Kosten der Arbeit aber wie 2 : 3, wogegen die Sichel den Vortheil reinlicherer Arbeit und geringeren Körnerausfalls bietet. Im Süden herrscht noch meist die Sichel, im Norden, wo Zeit mehr als Körnerverlust in Anschlag kommt, die Sense, welche allgemein zum Grasmähen dient. Dies geschieht am besten Morgens und Abends im Thau oder nach Regen. Beim Getreide ist Lagerfrucht oder durch Wind verwirrter Stand dem M. mit der Sense sehr hinderlich, für Wiese und Getreidefeld möglichst geebneter Boden Hauptbedingniß zu rascher Förderung. Während der Arbeit müssen die Sensen öfters geschärft, „gedengelt" werden, wozu man neuerdings besondere Dengelmaschinen mit auf das Feld nimmt. Das Sichet hält die Mitte zwischen Sichel und Sense und wird hauptsächlich in Belgien zur Ernte der Hülsenfrüchte gebraucht. Auf großen Gütern gibt man die Schnitternte gern in Akkord und zahlt nach der Fläche; in der Regel akkordirt man mit einem Vorschnitter, u. es müssen die Arbeiter alle vorkommenden Arbeiten bis zum Abfahren der Frucht verrichten. Je nach der Höhe des Taglohns muß für diese Arbeiten von $^1/_3$—$^1/_2$, selbst bis 1 Thaler und mehr pro Morgen bezahlt werden. Die Höhe dieser Kosten, mehr aber noch die bei ungünstiger Witterung so sehr in Betracht kommende Verzögerung der Erntearbeiten hatten schon seit Langem den Wunsch rege gemacht, diese den Maschinen zu überweisen, doch waren dieselben anfangs wenig geeignet, die Handarbeit zu ersetzen. Nach wie vor mußte der Landwirth an vielen Orten um deß willen ein größeres Personal halten oder den ihm zu Gebot stehenden Arbeitern auch im Winter durch Dreschen Arbeit geben, damit es ihm in der Erntezeit nicht an den erforderlichen Kräften fehle, u. oft sich die härtesten Bedingungen gefallen lassen. Gegenwärtig sind die Mähmaschinen sowohl für Getreide (s. Taf. III.), als auch für Gras (s. Taf. IV.) und Klee in solcher Vollkommenheit gefertigt, daß sie kaum noch etwas zu wünschen übrig lassen und schon auch für Handarbeit und für kleinere Flächen konstruirt werden, z. B. für Grasmähen in Ziergärten (durch 2 Personen). Auch die ursprünglich hohen Preise sind wesentlich verringert worden, und es sind gute Grasmähmaschinen schon für 120, Getreidemähmaschinen für 180 Thaler zu haben. In Nordamerika rechnete man für die Ernte von 1864 schon 90,000 Mähmaschinen mit einer durchschnittlichen Ersparniß von 5 Mann à Maschine, in Summa die Arbeit von 450,000 Menschen versehend. Wie allen Neuerungen stand auch der Einführung der Mähmaschinen neben der ursprünglichen Unvollkommenheit vielfach Vorurtheil entgegen; zumal für bergige Lage sollten sie sich nicht eignen, auf steinigem Boden zu leicht sich schädigen, die Frucht nicht gleichmäßig abschneiden, zu hohe Stoppeln lassen u. dgl. m. Das Urtheil hat sich jetzt allgemein dahin geklärt, daß die Handarbeit der der Maschine nicht gleichkommen kann; freilich muß die Frucht gut stehen u. das Feld gut zubereitet sein. Der erste Versuch in neuerer Zeit, die Erntearbeit der Maschine zu überweisen, ist 1799 von J. Boyce gemacht worden (ein Kranz von Sensen wirkte gegen das Getreide), besser von J. Smith 1807, neuerdings zuerst erfolgreich durch die Amerikaner M.'Cormick und Hussey, deren Maschinen in neuester Zeit mehr und mehr vervollkommnet wurden. Hamm (Die landwirthschaftlichen Geräthe und Maschinen Englands, Braunschweig 1858) theilt die Mähmaschinen in folgende Systeme: 1) Horizontal rotirende Sensen od. scharfe Scheiben schneiden beim Fortbewegen die entgegenstehenden Halme ab; Systeme von Smith, Boyce, Chitroff u. A. 2) Der Schneideapparat besteht aus scharfförmigen Klingen, welche über einander hinlaufend die dazwischen tretenden Gegenstände durchschneiden; System von Bell u. Loureiers. 3) Eine aus dreieckigen gezahnten Messern bestehende Säge wird mittelst eines Schlittens zwischen gußeisernen Fingern, die das Getreide ergreifen, rasch hin- und herbewegt und trennt die Halme sägend von der Stoppel; System von M. Cormick. 4) Die Messer sind spiralisch um einen Cylinder gewunden, nach Art der Tuchscheermaschinen oder Thondrusen, und schürfen die dazwischen gerathenden Pflanzen ab; dergleichen Maschinen sind nur zum Abbringen kurzen Grases in den Parks geeignet; System von Budding. Die wesentlichste Vervollkommnung erhielten diese Maschinen jedoch erst durch die selbstthätigen Ablegevorrichtungen, welche zuerst der Amerikaner Atkins in sehr komplicirter Weise durch seine Automaten gab. Später brachten Burgeß und Cey in London die jetzt allgemein gebräuchliche Vorrichtung an, die aus drei hinter einander liegenden archimedischen Schrauben besteht, welche das Getreide vollkommen glatt in regelrechten Gelegen ablegen lassen. Auf der großen Ausstellung in Paris lieferten nach Hamm die besseren Maschinen folgende Resultate: Es brauchten:

M'Cormick	mit	2	Pferden	und	2	Arbeitern	pro	Hektare	1	Stunde	25	Minuten,
Wright	〃	2	〃	〃	1	Arbeiter	〃	〃	3	Stunden	7	〃
Manny	〃	2	〃	〃	2	Arbeitern	〃	〃	1	Stunde	56	〃
Loureiro	〃	1	Pferd	〃	2	〃	〃	〃	4	Stunden	45	〃
Davy	〃	2	Pferden	〃	6	〃	〃	〃	3	〃	30	〃

Ohne Zweifel bedingen die Mähmaschinen einen der bedeutendsten Kulturfortschritte, indem sie die Produktion der unentbehrlichsten Nahrungsmittel nicht nur vereinfachen, sondern auch dem Verluste von Körnern, sowie durch vorzugsweise Benutzung der günstigen Erntetage der Verringerung der Güte der Körner vorbeugen. Als beste Grasmähmaschine wird besonders die von Wood empfohlen, welche 2 Pferde und 1 Mann erfordert, in 12 Stunden 18—20 Morgen fördert und auch für Klee, Luzerne und anderes Futter sich eignet (s. Abbildung).

Mähne, bei einigen Thieren, z. B. Löwen, Pferden, die langen Haare, welche über den Dornfortsätzen, gewöhnlich vom Hinterkopfe bis zum Widerriste, stehen.

Mähren, Markgrafschaft u. Kronland der österreichischen Monarchie, zum deutschen Bunde gehörig, wird nördlich von der preußischen Provinz Schlesien und Oesterreichisch-Schlesien, östlich von Galizien und Ungarn, südlich von Ungarn und dem Erzherzogthum Oesterreich, westlich von Böhmen begrenzt und umfaßt 403,87 □Meilen mit 1,960,000 Einw. Das Land ist im Allgemeinen ein welliges Plateau, welches im Westen, Norden und Osten von größeren Bodenerhebungen eingeschlossen ist; die Hauptabdachung ist eine südliche. Von Westen her reicht das böhmisch-mährische Plateau (häufig, doch fälschlich als böhmisch-mährisches „Scheidegebirge“ bezeichnet) bis zum Thale der March, an deren Ursprung (im Nordwesten des Landes) das Adlergebirge mit dem Gesenke (verdorben aus dem slavischen Jessenik, Eschengebirge) zusammentrifft, welches vom spieglitzer Schneeberge zum Altvater (4700 Fuß) streicht und an der Nordgrenze M.s sich bis zur Oder fortsetzt. Das südöstliche Hügelland heißt das Odergebirge. Im Osten des Landes erheben sich die mährischen Karpathen, durch das Betschwathal in zwei Theile geschieden: in die kleinen Karpathen, zwischen den Flußthälern der March und Waag, mit einer mittleren Kammhöhe von 2000 Fuß u. Kuppen von 3000 F. (die Jaworzina 3060 F.), und die Beskiden (von Bjeskyd, Gebirgskamm), zwischen der Betschwa u. den Zuflüssen der Oder (Knitschin 3960 F., Kladoscht 3550 F.). Das Innere des Landes ist größtentheils Hügelland, strichweise auch Ebene. Unter den Thälern sind die bedeutendsten: das Marchthal, das Oderthal (oder „Kuhländchen“), die fruchtbare weite Hanna südlich von Olmütz, endlich das milde Thal der Thaya mit ihren Zuflüssen. M. hat überdies großartige Erdfälle, wie die Mazocha, ein enges und tiefes, von allen Seiten ganz von schroffen Wänden eingeschlossenes Felsthal. Auch bedeutende Höhlen bieten die genannten Gebirge dar. Der größte Theil des Landes (an $^{9}/_{10}$) gehört dem Gebiete der March und somit dem Donaugebiete an. Der wichtigste Fluß ist die March, welche ihre Quellbäche bei Niklos sammelt, das Hochgebirge bei Eisenberg verläßt und nach einem Laufe von 40 Meilen (davon 31 in M.) in die Donau mündet. Die wichtigeren Nebenflüsse sind rechts: Sasawa, Hanna u. vorzüglich die Thaya, welche den ganzen Süden des Landes durchzieht und die (durch die Iglawa und Zwittawa verstärkte) Schwarzawa aufnimmt, links: die Teß, Betschwa, Olsawa. Die Oder sammelt ihre Quellbäche am schlesischen Gesenke bei Kleinglockersdorf und verläßt nach einem Laufe von $12^{1}/_{2}$ Meilen M., nachdem sie über 30 größere und kleinere Zuflüsse aufgenommen, unter denen die Ostrowizza der bedeutendste ist. Seen hat M. keine, aber ziemlich viele Teiche. Die Sümpfe an der March, Hanna u. Ostrowizza sind größtentheils schon ausgetrocknet worden. Von den Mineralquellen sind beachtenswerth: die Schwefelquelle zu Ullersdorf im romantischen Teßthale und die alkalischen Quellen von Luhatschowiz. Das Klima ist im Allgemeinen mild, doch besteht zwischen dem gebirgigeren Norden und dem Süden ein bedeutender klimatischer Unterschied; während hier bis zu 49,3° nördl. Br. der Wein noch ganz gut gedeiht und Mais lohnend gebaut wird, kommt dort nicht selten der Hafer kaum zur Reife, u. Flachs u. Kartoffeln werden öfters verschneit. Die mittlere Jahrestemperatur beträgt zu Brünn 9° C., zu Olmütz 8,6°, zu Iglau 9,5°, die größte Wärme zu Brünn 34,4°, zu Olmütz 37°, zu Iglau 13,7°, die größte Kälte zu Brünn — 21°, zu Olmütz — 17,5°, zu Iglau — 16,9° C. Die jährliche Menge des Niederschlags sinkt von Südwesten nach Nordosten von 28″ bis 18″; die Zahl der Regentage ist 142 (davon 32 Schneetage), die Zahl der Hagel 3, der Gewitter 21. Die Winde wechseln schnell, der herrschende Wind ist der Nordwest. Auch nach den einzelnen Gegenden ist das Klima sehr verschieden, rauh u. kalt in den Sudeten und Karpathen, gemäßigter im Hochlande des olmützer Kreises, mild im mittleren Theile des Landes, im Thal der March ꝛc. Der Unterschied in der Erntezeit beträgt bei einer Entfernung von kaum 20 Meilen oft 4—5 Wochen. Der Boden ist zur Hälfte Ackerland, $^{1}/_{4}$ ist Wald, $^{1}/_{10}$ Weide, $^{1}/_{12}$ nehmen Wiesen und Gärten ein, $^{1}/_{25}$ ist unproduktiv; kein anderes Kronland hat ein gleiches Areal Ackerboden. Am meisten wird Roggen und Hafer gebaut, nächstdem Gerste und Weizen; auch Kartoffeln gibt es in Menge, und neuerlich breitet sich der Runkelrübenbau immer mehr aus; Klee baut man als Futterkraut und behufs der Samengewinnung; andere landwirthschaftliche Erzeugnisse sind Süßholz, Rhabarber, Kümmel, Fenchel, Anis, Weberkarden, Senf (sogenannten Kremser, von Znaym) und Mohn. Die Gärten liefern treffliche Gemüse (berühmt ist der Spargel von Eibenschütz). Auch die Obstbaumzucht ist bedeutend, namentlich im Kuhländchen an der oberen Oder von reichem Ertrage; getrocknete Zwetschen kommen in Menge zur Ausfuhr; auch gewinnt man viele Kirschen und im mittleren Theile des Landes selbst gute Kastanien. Guten Wein, aber in geringer Quantität, baut man an den Hügeln von Znaym bis zur March hin, besonders um Bisenz. Die fruchtbarsten Strecken sind die Niederungen um Kremsier, Olmütz und Proßnitz. Um letzteren Ort baut man auch viel Hirse, um Olmütz viel Hanf. Im Gebirge ist Flachs Haupterzeugniß des Ackerbau's. Die niedrigen Bergzüge an der March, Thaya, Schwarzawa, Zwittawa und Iglawa sind mit Laubholz, die höheren mit Nadelholz bestanden; beides gibt einen wichtigen Handelsartikel ab, der besonders nach Oesterreich geht. Die Weiden sind für Schafzucht sehr geeignet; im Gesenke und in den Beskiden wird selbst eine Art Almwirthschaft mit veredelten Schafen u. Küben getrieben. Die mährische Wolle ist fein u. sehr gesucht, u. aus Schafmilch bereiteter, sogenannter Brinsenkäse ist Ausfuhrartikel. Die Hanna, das Land nordwestlich um Kremsier, hat bedeutende Pferde- und Gänsezucht. Hühner werden im ganzen Lande in großer Menge gehalten. Die Bienenzucht liefert außer Honig vorzügliches Wachs. Die Produkte des Mineralreichs beschränken sich auf Kohlen und Eisen, nebst Graphit und Alaun. Ein schmales, bei 20 Meilen langes Kohlenlager ist westlich von Brünn, ein anderes im östlichen Theile des Landes im Betriebe. An Steinkohlen werden im Jahresdurchschnitt über 6 Millionen Centner gewonnen (zu Rosiz, Mährisch-Ostrau, Oslavan, Cejtsch ꝛc.), an Roheisen ungefähr $2^{3}/_{4}$, an Gußeisen $^{1}/_{7}$ Million, an Graphit bei 20,000 Ctnr.; Lignit u. Braunkohlen finden sich reichlich um Gaya u. Moschtienitz u. nördlicher bis über Trübau hinaus; Graphit wird zu Hafnerluben und Böttau, bei Lissitz u. Muglitz, Alaunerde bei Boskowitz gewonnen. Elf Eisenwerke sind im Gange. Im nordöstlichen Theile des Landes sind reiche Schieferbrüche. Die Einwohner sind größtentheils slavischer Abkunft (Mähren u. Slowaken), doch zählte man 1857 über 500,000 Deutsche (in den Kreisen Olmütz, Neutitschein und Znaym über 20 Procent der Bevölkerung). Nach der Religion waren 1,784,593 Katholiken, 34,677 Reformirte, 17,188 Lutherische und 41,529 Juden im Lande. Deutsche leben an den Grenzen gegen Niederösterreich u. Schlesien, sonst in verschiedenen Sprachinseln (um Iglau, Zwittau) und in allen Städten; die „Kuhländler“ im Oderthale (um Neutitschein) sprechen eine eigenthümliche deutsche Mundart. Die Slaven (Czechen oder Moravci) theilt man in Hannaken, welche ein schöner, kräftiger Menschenschlag mit eigenthümlicher, malerischer Tracht sind, in Slowaken, Walachen, Podhoraken 2c., doch sind dies zumeist lokale Bezeichnungen, indem doch sämmtliche dem czechischen Stamme angehören. M. hat 89 Städte, 191 Marktflecken und 3027 Dörfer. Die Industrie steht in M. auf einer hohen Stufe. An Mannichfaltigkeit der Produkte steht sie zwar der böhmischen nach, doch ist der Werth der Produktion relativ größer. Die wichtigsten Artikel sind Tuch, Leinen und Rübenzucker. Der Hauptsitz des Gewerbfleißes ist die Landeshauptstadt Brünn (mit 60,000 Einwohnern). In Schafwollwaaren nimmt M. sowohl hinsichtlich der Menge, als der Mannichfaltigkeit der Erzeugnisse, von den ordinärsten bis zu den feinsten Qualitäten, den ersten Rang in Oesterreich ein; der Werth der Jahreserzeugung beträgt über 25 Millionen Gulden. Die bedeutendsten Orte für diesen Industriezweig sind Brünn, Iglau, Zwittau, Namiescht, Teltsch, Großmeseritsch u. a. Die Leinenindustrie blüht im Gesenke und auf dem böhmisch-mährischen Plateau; Hauptsitz dafür ist Schönberg, dann Großmeseritsch mit seinen Flachsspinnschulen, Sternberg, Letowiz (Bobbinetfabrikation), Brünn. Die Industrie in Baumwoll- und Halbwollstoffen schließt sich an die Leinenindustrie an, ist in rascher Zunahme begriffen und wird nur von der böhmischen übertroffen. Sie liefert hauptsächlich Barchents, Kannefaß, Sack- und Kopftücher („Tücheln“); am schwunghaftesten ist sie in und um Sternberg, dann in Proßnitz, Zwittau, Trebitsch, Mistetsch u. a. O. Die Rübenzuckerfabrikation ist im Steigen begriffen, insbesondere stehen darin Selowiz, Doloplas, Grußbach (nebst mehren andern) voran. An Eisenwaaren liefern Blansko Gußwaaren und Maschinen, Friedland und Witkowiz Maschinenbestandtheile, Zöptau Eisenbahnschienen. Wichtig sind endlich die Lederfabrikation in Brünn, Trebitsch, Iglau, Znaym, die Rosoglio- u. Branntweinbrennereien, die Bierbrauerei, die Steingutfabrikation; minder wichtige Fabrikationsartikel sind Papier und Glas. Der Handel ist bedeutend, denn es werden sowohl Rohprodukte, als auch Manufakte exportirt; Salz, Kolonialwaaren, Roh- und Hülfsstoffe der Industrie werden importirt. Besonders wichtig sind die brünner Märkte, welche zu den besuchtesten in Oesterreich gehören. Dem Mangel an Wasserstraßen helfen gute Landstraßen und die Eisenbahnen ab, welche M. mit der Residenz, den umliegenden Kronländern und mit Deutschland in direkten Verkehr setzen. Die Markgrafschaft M. wird in Landesangelegenheiten vom Landtage vertreten, welcher aus 100 Mitgliedern besteht, nämlich dem Fürsterzbischof von Olmütz und dem Bischof von Brünn, 30 Abgeordneten des großen Grundbesitzes, 31 der Städte, 6 der Handelskammern (Brünn und Olmütz je 3) und 31 Abgeordneten der Landgemeinden. An der Spitze des Landtags steht der Landeshauptmann. In das Haus der Abgeordneten des österreichischen Reichsraths sendet der mährische Landtag 22 Vertreter. An der Spitze der Landesverwaltung steht die Statthalterei, welcher die Bezirksämter unterstehen; die ehemalige Eintheilung in Kreise ist bei der letzten politisch-administrativen Organisation beseitigt worden. Der Sitz der Statthalterei und des Landtags ist die Landeshauptstadt Brünn, eine der wichtigsten Industrie- und Handelsstädte des Kaiserreichs. Behufs der Rechtspflege ist das Land in 6 Sprengel von Gerichtshöfen erster Instanz (welche gleichzeitig Handelsgerichte sind, wie das olmützer Kreisgericht auch zugleich Berggericht für M. und Schlesien ist); behufs der Finanzverwaltung in 4 Bezirke eingetheilt. Die Berghauptmannschaft für das Kronland hat ihren Sitz in Olmütz. Das Land bildet ferner 4 Ergänzungsbezirke für das Heer, 2 katholische Diöcesen (Erzbisthum Olmütz und Bisthum Brünn). An wissenschaftlichen Bildungsanstalten bestehen eine Universität, 12 katholische Gymnasien u. ein protestantisches, eine theologische Lehranstalt zu Brünn, 2 bischöfliche Alumnate u. Seminare, eine technische Lehranstalt u. eine Kadetenschule. Außer einer Normalhauptschule bestehen zahlreiche (an 1600) Elementar- und Volksschulen. Auch besitzt M. eine mit einer historisch-statistischen Sektion bereicherte Gesellschaft zur Beförderung des Ackerbaues, der Natur- und Landeskunde, ein vaterländisches Museum und einen Kunstverein zu Brünn, mehre Bibliotheken und andere Sammlungen. Hauptstadt des Landes und Sitz des Landesstatthalters ist Brünn (s. d.).

Geschichte. Die frühesten Bewohner M.s waren Bojer, Quaden und Markomannen, welche später von den Sciren, Rugiern und Herulern verdrängt wurden. Diese machten sodann den Longobarden Platz, u. diese im 6. Jahrhundert wieder den Slaven, die das Land nach dem Morawefluß Moravia nannten. Die Avaren störten die Slaven in dem Besitz des Landes, doch gelang es Samo, die Moravier von dem Avarenjoche zu befreien und einen Slavenstaat (Großmähren) zu errichten, der sich östlich bis zum Tatragebirge erstreckte. Gegen das Ende des 8. Jahrhunderts machte Karl der Große mit Hülfe der mährischen Slaven unter ihrem Anführer Wonomir (Woimar) der Avarenherrschaft in Europa ein Ende u. gab das eroberte Land der beiden Manhartsviertel und in Ungarn bis an die Theiß den mährischen Fürsten zu Lehen. Wonomir folgte Woimar I., der mit vielen seines Volks zur christlichen Kirche übertrat. Da er dem Kaiser Ludwig dem Deutschen verdächtigt wurde, als erstrebe er Unabhängigkeit, überzog ihn dieser mit Krieg, setzte ihn ab und erhob 846 dessen Neffen Radislaw (Rastizes) zum Herzog von M. Dieser aber machte sich sowohl in politischer, wie religiöser Beziehung von dem fränkischen Reiche völlig unabhängig, indem er Bündnisse mit den oströmischen Kaisern und mit den Bulgaren einging u. sich vom griechischen Kaiser Michael Missionäre erbat. Dieser sandte ihm 860 die Mönche Methodius und Cyrillus, welche die mährischen Landesapostel wurden. Vom fränkischen Kaiser vielfach bekriegt, nahm Radislaw seinen Neffen Swatopluk zum Mitregenten in dem neutraer Gebiet an. Dieser schloß jedoch ein Bündniß mit Karlmann, nahm seinen Oheim durch List gefangen u. lieferte ihn an jenen aus, der ihn sodann in ein Kloster verbannte. Swatopluk wurde nun Lehnsherzog von M., bald indeß selbst des Treubruchs angeklagt und von Karlmann verhaftet. Als jedoch der Priester Svalumar, von den Mähren zu ihrem Fürsten erwählt, einen Vertilgungskrieg gegen die deutschen Besatzungen im Lande begann, gab Karlmann jenen wieder frei, und derselbe drängte mit Hülfe eines deutschen Heeres Svalumar bis vor Welehrad zurück, ergriff die Zügel der Regierung wieder, überfiel das im Lager zurückgelassene deutsche Heer und brachte ihm eine gänzliche Niederlage bei. So ward M. von dem deutschen Kaiser wieder unabhängig und unter seinem Befreier noch durch weitere Eroberungen vergrößert, so daß endlich das großmährische Reich zu Stande kam. Bald darauf ward Swatopluk im Krieg mit Kaiser Arnulf verwickelt, doch kämpfte M. bis zu des ersteren Tod (894) u. auch noch unter dessen Söhnen Moimar II. und Swatopluk dem Jüngern mit Glück. In dem hierauf zwischen den letzteren entbrannten Kampfe um die Herrschaft nahm sich Arnulf Swatopluks an und setzte den Kampf gegen Moimar II. auch nach Arnulfs Tode noch fort, bis zu Regensburg 901 ein Frieden zwischen den Deutschen und Mähren abgeschlossen ward. Die Magyaren, von Arnulf mehrmals gegen M. zu Hülfe gerufen, setzten jedoch den Krieg gegen dieses nun auf eigne Faust fort; einige Male schlug sie Moimar glücklich zurück, aber bald gewannen sie die Oberhand, das vereinigte deutsche und mährische Heer ward bei Preßburg (907) gänzlich geschlagen, und Moimar II. selbst fiel hier. Der größte Theil des großmährischen Reichs wurde eine Beute der Magyaren, der westliche Theil bis an das rechte Marchufer kam an Böhmen. Schon Herzog Boleslaw I. von Böhmen entriß jedoch den Magyaren nach ihrer Niederlage am Lech (955) das jenseit der March gelegene Land wieder, das sein Sohn Boleslaw II. durch Eroberungen noch erweiterte. Allein unter Boleslaw III. ward M. eine Beute der Polen, die es bis 1025 behielten. Um diese Zeit begann der böhmische Herzog Adalrich die Wiedereroberung des Landes, die sein Sohn Brzetislaw I. 1028 vollendete, so daß M. schon damals im Ganzen seinen jetzigen Umfang erhielt. Seitdem blieb M. mit Böhmen verbunden, ward jedoch öfters an nachgeborne Söhne oder Verwandte der regierenden Familie als Lehn überlassen, öfters auch getheilt. Dies geschah zuerst unter dem Herzog Brzetislaw I. († 1055), welcher seinem zweiten Sohne, Wratislaw, Olmütz, dem dritten, Otto, Brünn, und dem vierten, Konrad, Znaym zuwies. Konrad Otto von Znaym nahm, um gegen den böhmischen Herzog Friedrich einen mächtigen Beschützer zu gewinnen, M. vom Kaiser Friedrich I. als eine Markgrafschaft zu Lehen (1182), ward aber vom böhmischen Herzog besiegt, und in der Konstitution der Markgrafschaft M. vom 6. Dec. 1197 wurde bestimmt, daß dieselbe dem Königreich Böhmen lehnspflichtig sein sollte. Nachdem Böhmen an das Haus Luxemburg gefallen war, belehnte Kaiser Karl IV. als König von Böhmen seinen Bruder Johann Heinrich mit der Markgrafschaft M., und diesem folgte 1375 sein Sohn Jodocus (Jost), dessen Brüder Johann und Procopius mit dem Titel Markgrafen von M. einzelne Herrschaften des Landes zugewiesen erhielten. Jodocus brachte indeß die Antheile seiner Brüder durch Vertrag an sich und beherrschte darnach die ganze Markgrafschaft. Später erbte er von seinem Oheim Johann von Görlitz die Lausitz und ward kurz vor seinem Tode (1411) zum deutschen Kaiser gewählt. Nach seinem Tode ging M. als böhmisches Kronlehn an König Wenzel IV. und nach dessen kinderlosem Ableben an seinen Bruder Sigmund, König von Ungarn, über, der es 1423 seinem Schwiegersohne, dem Herzog Albrecht von Oesterreich, überließ. Darauf ward es vom König Matthias Corvinus von Ungarn erobert, der auch den Titel Markgraf von M. annahm und sich durch Herstellung der Ruhe und Ordnung im Lande, sowie durch Erhaltung der alten Gesetze und Freiheiten des Landes Verdienste um dasselbe erwarb. Nach seinem Tode fiel es an Böhmen zurück und mit diesem Lande nach Ludwigs II. von Ungarn Tode 1526 an Oesterreich. Seit der Regierung des Kaisers Matthias hat es keine besondern Markgrafen mehr gehabt. Durch die Reichsverfassung von 1849 wurde M. für unmittelbares Kronland der Monarchie erklärt und das Herzogthum Schlesien, das bis dahin administrativ mit M. vereinigt war, davon abgelöst. Vgl. Wolny, Taschenbuch für die Geschichte M.s und Schlesiens, Brünn 1826—27, 2 Bde.; Codex diplomaticus et epistolaris Moraviae, herausgegeben von Boczek, dann von Chlumetzky u. Chutyl, Brünn 1836—58, 7 Bde.; Wolny, Allgemeine Topographie M.s, das. 1835; Die Landtafel des Markgrafenthums M., herausgegeben von Chlumetzky u. A., das. 1854 ff.; Chlumetzky, Regesten der mährischen Archive, das. 1856; Koristka, Die Markgrafschaft M. und das Herzogthum Schlesien, Wien u. Olmütz 1860; Dadik, Allgemeine Geschichte M.s, Bd. 1 u. 2, das. 1860—63, u. die Schriften der historisch-statistischen Sektion der k. k. mährisch-schlesischen Gesellschaft.

Mährische Brüder, christliche Sekte, aus der später die Brüdergemeinde (s. d.) hervorgegangen ist. Die sogenannten böhmischen und mährischen Brüder waren die Ueberreste der Taboriten (s. Hussiten), die sich, mißmuthig über die dem Katholicismus gemachten Zugeständnisse, seit 1450 von den Kalixtinern getrennt hatten. Sie siedelten sich unter Podiebrads Regierung besonders an den östlichen Grenzen Böhmens an, verstärkten sich trotz vielfacher Verfolgungen von Seiten der Katholiken noch durch Gleichgesinnte aus Böhmen, Mähren, Polen und Deutschland und nannten sich hierauf Vereinigte Brüder (Fratres Unitatis). Ihre ersten Bischöfe wurden von den Waldenserbischöfen geweiht. Von dem fanatischen Geist der Taboriten sich fernhaltend, arm und friedfertig, begnügten sie sich mit dem geringsten Maß von Duldung, hielten aber unerschütterlich an ihrem Bibelglauben fest. Es bestand unter ihnen eine Stufenfolge von Anfängern, Fortschreitenden und Vollkommenen. Sie verwarfen alle hierarchischen Institute, bewahrten aber mittelst einer strengen Kirchenzucht ein sittlich reines, inniges, frommes, wenn auch materiell u. geistig beschränktes Leben. Luther erklärte ihre Lehre für evangelisch, weniger war er mit ihren kirchlichen Einrichtungen, namentlich ihrer strengen Kirchenzucht, einverstanden. Da sie sich im schmalkaldischen Kriege weigerten, gegen ihre protestantischen Brüder Kriegsdienste zu thun, wurden sie von Neuem verfolgt, ihrer Kirchen beraubt und vertrieben. Damals fanden ihrer viele in Preußen und Polen Zuflucht. In letzterem Lande vereinigten sie sich mit den Reformirten und

Lutheranern 1570 auf einer zu Sendomir abgehaltenen Synode und verloren sich allmählig unter ihnen. Die in Böhmen u. Mähren Zurückgebliebenen, die ihren Hauptsitz zu Fulneck in Mähren hatten, genossen unter Maximilian II. Duldung, allein die verhängnißvolle Schlacht auf dem weißen Berge brachte auch ihnen neue Trübsal. Hunderte von Familien wanderten nach Schlesien, Sachsen, Polen, Ungarn, in die Niederlande ꝛc. aus, wo sie sich den evangelischen Gemeinden anschlossen; die Zurückbleibenden wurden zur Rückkehr zum Katholicismus gezwungen, oder an jeder religiösen Lebensäußerung gehindert. Gleichwohl bestanden die m.n B. bis in die ersten Jahrzehnte des 18. Jahrhunderts hinein fort, bis endlich der Graf Zinzendorf ihrem Gemeindeleben einen neuen Aufschwung gab, welcher zur Stiftung der sogenannten erneuerten Brüderunität der Herrnhuter führte, welcher sich die ältern m.n B. größtentheils anschlossen. Das Weitere s. Brüdergemeinde. Vergl. Lochner, Entstehung und erste Schicksale der Brüdergemeinde in Böhmen und Mähren, Nürnb. 1832.

Mährisches Gebirg, Gebirg, welches sich theils an der Grenze von Böhmen und Mähren (böhmisch-m. G., mit dem Jägerberg 3608 Fuß), theils an der Grenze von Mähren und Schlesien (mährisch-schlesisches Gesenke, mit dem Altvater 4820 F.) hinzieht. Seine Richtung geht vom Dreisesselberg aus erst östlich, dann nordöstlich. Es ist ein breiter, wenig ausgezeichneter Rücken mit abgerundeten und abgeplatteten Erhebungen und Querthälern, hat eine Länge von etwa 36 Meilen und fällt gegen Süden und Südosten steiler ab als gegen Norden. Er besteht aus Granit, Gneis, Syenit, Quadersandstein, Grobkalk. Vgl. Mähren und Böhmen.

Mährische Walachei, s. Meseritsch.

Mäkler (Makler, Sensal, engl. broker, franz. courtier, holländ. makelaar, ital. sensale), Unterhändler, dessen Beruf in der Einleitung und Vermittelung von Handelsgeschäften u. kaufmännischen Verträgen jeder Art besteht. Das Aufsuchen des auf denselben Gegenstand gerichteten Anbietens und Nachfragens und die Verabredung zwischen beiden Parteien, welche meist nicht sofort beim ersten Anlaufe zu dem gewünschten Resultat führt und daher wiederholt in Angriff genommen werden muß, wird durch das Eingreifen einer Mittelsperson, welche sich diesem Geschäft berufsmäßig widmet, für beide Theile sehr erleichtert. Daher ist das Mäklerwesen auch außerhalb des Bereichs der eigentlichen Handelsgeschäfte in Aufnahme gekommen, z. B. für den An- und Verkauf von Immobilien, für An- und Ausleihungen, für Vermittelung von Anstellungen, für Gesindebingung, selbst für Heirathen. Die M. rekrutiren sich vornehmlich aus dem Handelsstande, denn Derjenige, welcher kaufmännische Geschäfte zweckentsprechend vermitteln soll, muß den Gegenstand derselben u. die üblichen Verkehrsformen genau kennen. Vom Agenten unterscheidet sich der M. besonders insofern, als seine Thätigkeit allen Häusern seines Platzes, aber ohne bleibende Bindung an seine Vermittelung gewidmet ist, während jener nur für einzelne bestimmte Häuser fremder Plätze vermittelt. Die Geschäfte, bei denen man sich der Sensale vorzugsweise bedient, sind der Ein- u. Verkauf von Waaren, Wechseln, Staatspapieren und Aktien, der Abschluß von Geldanleihen, Fracht- u. Assekuranzverträgen ꝛc. Hiernach erhalten diejenigen M., welche sich einem oder dem andern Geschäftszweige ausschließlich unterziehen, besondere Namen, als: Waarenmäkler, Geld-, Wechsel- u. Fondsmäkler, Frachtmäkler, Schiffsmäkler, Assekuranzmäkler ꝛc. An vielen Orten haben sich die Waarenmäkler noch weiter geschieden in Getreide- od. Produktenmäkler, Gewürz- u. Spezereimäkler, Holz-, Wein-, Tabaks-, Tuchmäkler ꝛc. Die rechtliche Stellung der M., die Abgrenzung ihrer Befugnisse, ihrer Pflichten und Rechte bilden einen besondern Abschnitt der Handelsgesetzbücher, und wo handeltreibende Staaten derselben noch entbehren, behelfen sie sich mit den sogenannten Mäklerordnungen, welche aber in der Regel nur für Einen Handelsplatz volle Geltung haben. Auch in Staaten, welche Handelsgesetzgebung haben, z. B. in Preußen und Sachsen, bestehen oft daneben noch Mäklerordnungen, weil die örtlichen Verhältnisse, die sich verschieden gestalten, dies erheischen. Hier und da, wie in Oesterreich, sind auch die Mäklerordnungen mit den Börsenordnungen vereinigt. Das Allgemeine deutsche Handelsgesetzbuch behält die Ergänzung seiner einschlägigen Vorschriften nach Maßgabe örtlicher Bedürfnisse den Landesgesetzen ausdrücklich vor, wie es auch die Bestimmungen über die Anstellung der M. den Landesgesetzen überläßt (Bd. I, Tit. 7, Art. 84). Diese Anstellung erfolgt in Preußen an den Orten, für welche kaufmännische Korporationen oder Handelskammern bestehen, durch diese unter Bestätigung von Seiten der Regierung, an anderen Orten durch die letztere; in beiden Fällen unterliegt die Zahl der anzustellenden M. der Genehmigung des Handelsministers. In Oesterreich werden die Waarenmäkler durch die Handelskammer des betreffenden Bezirks nach Maßgabe des Bedarfs unter Bestätigung von Seiten der politischen Landesstelle ernannt; in Bayern erfolgt ihre Ernennung auf Vorschlag der Kaufmannschaft durch den König. In den meisten andern Staaten wirken bei ihrer Anstellung die Kaufmannschaft und die Obrigkeit zusammen. In Frankreich werden sie an allen Börsenplätzen durch den Kaiser ernannt, welcher auch ihre Zahl bestimmt. In London erfolgt die Anstellung der M. durch den Lordmayor und die Aldermen. In einigen Ländern und Orten müssen die M. eine Kaution stellen. Die Mäklerordnungen pflegen die Anstellung von dem Bestehen einer besonders auf die Kenntniß des speciellen Fachs zu richtenden Prüfung abhängig zu machen. Die amtlich bestellten M. werden gewöhnlich vereidigt und führen einen eigenen amtlichen Stempel. Zeugnisse und Bescheinigungen solcher vereidigten M. haben Beweiskraft, und an vielen Orten haben nur solche M. in der Börse Zutritt. Nach dem neuen Deutschen Handelsgesetzbuch (Art. 84) kann den in Pflicht genommenen Handelsmäklern das ausschließliche Recht zur Vermittelung von Handelsgeschäften durch die Landesgesetze gewährt werden. Die hierauf bezüglichen bisher erschienenen Gesetze (von Preußen, Sachsen, Bayern, Würtemberg ꝛc.) sprechen aber dasselbe dem vereidigten M. nicht zu, sondern legen nur seinen Zeugnissen gesetzliche Beweiskraft bei. Außer den vereidigten M.n gibt es aber fast überall sogenannte Winkelmäkler (Beiläufer oder Bönhasen, d. h. Pfuscher, in Frankreich marrons, an der Fondsbörse auch coulissiers genannt), die jedoch, wo ihr Gewerbe kein unerlaubtes ist, ihren Beruf meist mit nicht geringerer Tüchtigkeit und Gewissenhaftigkeit erfüllen, als ihre bevorzugten Kollegen und in Folge mäßigerer Courtageansprüche mit ihnen in erfolgreiche Mitwerbung treten. Die Verpflichtungen des M.s gehen vorzüglich dahin, jedem Kaufmann, der sich in geschäftlichen Beziehungen an ihn wendet, seine Dienste u leisten u. dabei auf alle ihm zu Gebote stehende Weise den Vortheil seines Beauftragers zu fördern. Insbesondere darf er keinen der beiden Kontrahenten den Namen des andern eher wissen lassen, als bis man über das betreffende Geschäft völlig einig ist. Ist ein M. nur für einen oder einige einzelne Handelszweige vereidet, so darf er keine Geschäfte anderer Art vermitteln. In Plätzen, wo Börsen und andere öffentliche Versammlungsorte des Handelsstandes bestehen, muß der M. während der Börsezeit daselbst anwesend sein; er muß aber auch unaufgefordert von Zeit zu Zeit auf das Geschäftszimmer der Kaufleute sich begeben und ist hier und da gesetzlich verpflichtet, die Waaren-, Geld- und Wechselpreise zu gewissen Tagen drucken zu lassen u. auszugeben. Es liegt ihm ferner ob, ein Tagebuch, das sogenannte Mäklerjournal, zu führen und darin jedes durch ihn abgeschlossene Geschäft einzeln und mit Genauigkeit zu verzeichnen. Dies Tagebuch muß nach dem deutschen Handelsrechte vor dem Gebrauch Blatt für Blatt mit fortlaufenden Zahlen bezeichnet und der vorgesetzten Behörde zur Beglaubigung der Zahl der Blätter vorgelegt werden, wie überhaupt für dasselbe die Bestimmungen über Einrichtung der Handelsbücher gelten. Nach erfolgtem Abschluß eines Geschäfts muß der M. jeder Partei sofort einen von ihm unterzeichneten Schlußzettel (Schlußnote) zustellen, welcher die Namen der Kontrahenten, die Zeit der Abschließung, den Gegenstand und die Bedingungen (Preis, Lieferungszeit) enthält. Nach dem neuen Deutschen Handelsgesetzbuch (Art. 74) ist der M. auch verpflichtet, den Parteien zu jeder Zeit auf Verlangen beglaubigte Auszüge aus dem Tagebuch zu geben. Der amtlich angestellte M. ist verpflichtet, die in seinen Bereich fallenden Geschäfte für Jeden, der ihm Auftrag gibt, zu vermitteln. Nach dem neuen Deutschen Handelsgesetzbuch (Buch I, Tit. 7, Art. 69) darf er für eigene Rechnung keine Handelsgeschäfte machen, auch nicht als Kommissionär, auch sich nicht bei Handelsgesellschaften (mit Ausnahme von Aktienzeichnungen) betheiligen, zu keinem Kaufmann in dem Verhältniß eines Prokuristen, Handelsbevollmächtigten oder Handelsgehülfen stehen, sich nicht mit andern M.n zu gemeinschaftlichem Betriebe der Mäklergeschäfte oder eines Theils derselben vereinigen; endlich muß er seine amtlichen Funktionen in Person verrichten, wodurch aber das Halten von Kontorgehülfen natürlich nicht ausgeschlossen ist. In Frankfurt a. M. hat man diese die freie Thätigkeit der M. sehr beschränkenden Bestimmungen außer Geltung gesetzt. Für seine Bemühung ist der M. berechtigt, nach Abschluß des ihm übertragenen Geschäfts eine angemessene Vergütung, den sogenannten Mäklerlohn oder die Mäklergebühr (franz. courtage, engl. brokerage, ital. sensoria) zu fordern, welche in Procenten od. Promille vom Geldbelaufe der Einzelgeschäfte berechnet wird. Beim Kaufgeschäfte in Fonds und Aktien versteht sich die Courtage an manchen Plätzen vom Kaufbetrage (Kurswerth, so in London, Wien, Leipzig, Hamburg), an andern vom Nennwerthe der Papiere (so in Berlin, Frankfurt a. M., Amsterdam, Paris). An den einzelnen Orten sind für die verschiedenen Geschäftsgattungen gewisse feste Courtagegesetze üblich geworden, die zwischen $^1/_{10}$ und 1 Procent schwanken. Die Wechsel- oder Fondscourtage ist stets niedriger als der sonstige Mäklerlohn, meist $^1/_{10}$ Proc. (1 Promille) oder $^1/_8$ Proc. Die Stellung eines M.s kann unter Umständen, wenn in Folge ausgedehnter Spekulationen große Waarenquantitäten täglich mehrmals den Besitzer wechseln, eine überaus einträgliche werden. Man rechnete den Verdienst der 10 petersburger Fondsmäkler bei $^1/_8$ Proc. Courtage in den Jahren 1859—62 auf jährlich etwa 11 Millionen Rubel. Die Einnahme der pariser Wechselagenten auf Kauf- und Reportgeschäfte schätzt man auf etwa 80 Mill. Francs jährlich. Das Privilegium dieser Mäklerklasse ist neuerlich um $2^1/_2$ Mill. Francs vom Staat verkauft worden. Im Jahre 1822 zahlte man für die erste der seit 1816 wieder als käuflich erklärten Wechselagentenstellen 30,000 Frs., 1829 für eine solche Stelle 850,000 Frs., 1830 nach der Julirevolution nur 250,000 Frs., 1847 950,000 Frs., 1848 nach der Februarrevolution 400,000 Frs., 1859 2,200,000 Frs.

Schon das Alterthum kannte das Mäklerwesen. In Rom hieß der M. proxeneta, stand aber in geringem Ansehen. Von Italien verbreitete sich das Mäklergewerbe in die benachbarten Länder. Im Mittelalter bildeten die M. einen mit besondern Rechten und Pflichten ausgestatteten Stand unter dem Namen cursatores (franz. courratiers). In Frankreich erhob Karl IX. durch Edikt von 1572 die Wechselmäkler zu einem Amte, welches gekauft wurde. Später trat Kaution an die Stelle der Kaufsumme. Da in Deutschland das Mäklergewerbe früher vornehmlich in den Händen der Juden und heruntergekommener Juristen, bankerotter Kaufleute war, so stand es hier in zweideutigem Rufe. Gegenwärtig aber nehmen die M., namentlich in den großen Handelsplätzen, eine sehr geachtete Stellung in der Gesellschaft ein. Auch in uncivilisirten Ländern findet sich eine Art Mäklerwesen; so im größeren Verkehr Innerafrika's die Vermittelung des sogenannten Dilal, in Abessinien bei Kauf- und Darlehnsgeschäften die des Was, welcher zugleich als Bürge den Parteien für die Erfüllung verantwortlich ist. In den noch selbstständigen Staaten Ostindiens kauft und verkauft man im großen Verkehr gleichfalls gewöhnlich durch den M., den Dalale.

Mälar (Mälarsee), See in Schweden zwischen den Läns Stockholm, Upsala, Westerås und Nyköping, ist von Westen nach Osten 12 Meilen lang und bis 7 Meilen breit und bedeckt einen Flächenraum von cirka 25 □Meilen. Sein Spiegel liegt nur 6 F. über dem des Meeres. Durch den Norder- und Süderstrom u. den Kanal Södertelge hat er seinen Ausfluß in die Ostsee. Merkwürdigerweise strömt das Seewasser öfters in den See ein, welches Phänomen man aus der Verschiedenheit des atmosphärischen Druckes auf das Meer und den See zu erklären sucht. Der See ist durch seine wechselnde Breite, die ihn bald wie ein Fluß, bald wie ein weites Wasserbecken erscheinen läßt, durch die außerordentliche Mannichfaltigkeit seiner Ufer, durch die vielen Arme und Buchten, durch die wechselnde

Einfassung mit Klippen und Felsen, waldbekränzten Bergen und ebenen Fluren, durch seine zahlreichen (an 1300) Inseln, durch die Menge der an seinen Gestaden und auf seinen Inseln liegenden Schlösser und Landsitze, deren man an 200 zählt (darunter die königlichen Schlösser Gripsholm, Svartsiö, Drottningholm, Björke u. a.), der reizendste Schwedens. Die Inseln bilden allein 16 Kirchspiele mit 900 Bauernhöfen; die Ufer 90 Kirchspiele. Westlich von M. liegt der Hjelmar, 6 Meilen lang und bis 3 Meilen breit, der mit jenem durch den Torshallafluß und den Arbogakanal verbunden ist.

Maelstrom (Maalstrom, Moskoestrom), Meeresstrudel zwischen den norwegischen Inseln Moskoe und Moskoenäs, den beiden südlichsten großen Inseln der Gruppe der Lofoten. In Uebereinstimmung mit dem Wechsel von Ebbe und Fluth ist derselbe bei ersterer 6 Stunden lang von Norden nach Süden, bei letzterer ebenso lang von Süden nach Norden gerichtet. Wenn das offene Meer die halbe Fluthhöhe erreicht hat, richtet er sich nach Südsüdosten und nimmt, je mehr die Fluth steigt, mehr südliche Richtung an. Dann geht er allmählig in die westliche über, bis er zur Fluthzeit seine Drehung durch Nordwesten nach Norden vollendet hat. Hierauf tritt ein Stillstand ein, welcher ¾ Stunde dauert und im Laufe des Tages zweimal wiederkehrt. Während desselben kann der M. ohne Gefahr befahren werden. Am heftigsten ist die Bewegung beim Voll- und Neumond, sowie zur Zeit der Aequinoktien u. bei Sturm, u. die Schiffe müssen sich dann auf beiden Seiten 2, auch wohl 3 Meilen von ihm entfernt halten. Schon ¼ Meile vom festen Land oder 10 Meilen weit ist er an dem Zuge des Wassers wahrzunehmen.

Mänaden, s. v. a. Bacchantinen, s. Bacchus.

Mänalus, Gebirg im alten Arkadien, das als Lieblingsaufenthalt des Pan angesehen wurde; jetzt Roinon. Das umliegende Gefilde hieß nach dem Gebirg Mänalia.

Mäonien, früher allgemeiner Name für Lydien (s. d.).

Maeotis Palus (lat.), der Meerbusen, welcher nebst dem schwarzen Meer die taurische Halbinsel bildet, das heutige asowsche Meer. Den Namen hat er von dem an ihm wohnenden Volk der Mäotä; die einheimische Benennung war Temerinda, Mutter des Meeres, d. h. des Pontus, da er stets in diesen fluthet. Früher hielt man dieses Meer, wie das kaspische, für einen Busen des großen nördlichen Oceans, welche Meinung erst durch Alexanders Züge berichtigt wurde. Das Wasser desselben galt für süßer als das gewöhnliche Seewasser. Die M. P. war sehr reich an Fischen, und Fischfang bildete den Haupterwerbszweig der Uferbewohner.

Märchen, Unterart der epischen Poesie, deren allgemeines Merkmal darin besteht, daß die in ihr erzählten Begebenheiten von den Gesetzen und Bedingungen der wirklic en Welt völlig entbunden u. losgelöst erscheinen. Die Sphäre, in welcher sich das M. bewegt, ist eine phantastische, die zwar häufig genug mitten in das Gebiet der gemeinen Wirklichkeit hereingreift, immer aber Elemente in sich schließt, die der nüchternen Vernunft unmöglich und nur dem treuherzig kindlichen Sinn glaubhaft dünken. Mit der Sage, Mythe und Legende hat das M. regelmäßig gemein, daß die von ihm dargestellten Vorgänge sich unter der Einwirkung übersinnlicher Mächte entwickeln. Als unterscheidendes Kennzeichen gegenüber jenen epischen Arten finden wir aber im M., daß seine Wundergeschichten sich weder an bestimmte örtliche Verhältnisse, noch an bestimmte historische Vorgänge oder Persönlichkeiten (der profanen oder der heiligen Geschichte) zu knüpfen, sondern in fast völliger, zeitlicher und räumlicher Ungebundenheit sich zu ergehen pflegen. Das M. kann, wie sich die Brüder Grimm ausdrücken, „überall zu Hause sein". Der mehr historischen Sage gegenüber erscheint es poetischer, es ist „theils durch seine äußere Verbreitung, theils durch sein inneres Wesen bestimmt, den reinen Gedanken einer kindlichen Weltbetrachtung zur Erscheinung zu bringen, es nährt unmittelbar wie die Milch, mild und lieblich, oder wie der Honig, süß und sättigend, ohne irdische Schwere, wogegen die Sagen schon zu einer stärkeren Speise dienen, eine einfachere, aber desto entschiedenere Farbe tragen und mehr Ernst und Nachdenken fordern" (Jakob Grimm). Ein wahrhaft kindlicher, vollkommen naiver Sinn ist nicht nur für die Freude und den Genuß am M., sondern auch für die Fähigkeit, dasselbe dichterisch hervorzubringen, unerläßliche Bedingung, und daraus erklärt sich, daß fast alle ächte M. Erzeugnisse der Volkspoesie und daß solche den Kunstpoeten nur in sehr seltenen Ausnahmefällen gelungen sind. Sprachlich stammt unser Wort M. von dem altdeutschen maere, das zuerst die gewöhnlichste Benennung für erzählende Poesien überhaupt war, während der Begriff unseres M.s im Mittelalter gewöhnlich mit dem Ausdruck spel bezeichnet wurde. Als die Heimat der M. kann man den Orient ansehen, in demselben Sinn wie er die Heimat der Menschheit und der Sprache ist. Volkscharakter und Lebensweise der Völker im Osten bringen es mit sich, daß das M. bei ihnen noch heute besonders gepflegt wird. Irrthümlich hat man lange gemeint, ins Abendland sei das M. erst durch die Kreuzzüge gelangt. Vielmehr treffen wir seine Spuren im Occident in weit früherer Zeit: Stellen bei Aristophanes, Strabo, Plutarch, Quinctilian u. A. machen gewiß, daß dem klassischen Alterthum M. bekannt waren, gleicher Weise deuten Stellen in der altdeutschen Heldensage auf das Vorhandensein von M. bei den Germanen in uralter Zeit. Gesammelt begegnen uns (unter Erzählungen anderer Art) M. am frühesten in den „Tredeci piacevoli notti" des Straparola (Venedig 1550), im „Pentamerone" des Giambattista Basile († zu Neapel um 1637), in den „Gesta Romanorum" (Mitte des 14. Jahrhunderts) ꝛc. In Frankreich beginnen die eigentlichen Märchensammlungen erst zu Ende des 17. Jahrhunderts, Perrault eröffnete sie mit den als ächte Volksmärchen zu betrachtenden „Contes de ma mère l'Oye", 1704 folgte Gallands gute Uebersetzung der „Tausend und eine Nacht", jener berühmten, in der Mitte des 16. Jahrhunderts im Orient zusammengestellten Sammlung arabischer M. Besonderen Märchenreichthum haben England, Schottland und Irland aufzuweisen, vorzüglich die dortigen Nachkommen der celtischen Urbewohner. Die M. der skandinavischen Reiche zeigen nahe Verwandtschaft mit den deutschen. Reiche Fülle von M. findet sich bei den Slaven. In Deutschland treten Sammlungen von M. seit der Mitte des vorigen Jahrhunderts auf. Die „Volksmärchen" von Musäus (1782) und Benedikte Naubert sind novellistisch und romantisch verarbeitete Volkssagen. Die erste wahrhaft bedeutende, in Darstellung u. Fassung vollkommen ächte, an poetischem Werthe unschätzbare Sammlung deutscher M. sind die „Kinder- u. Hausmärchen“ der Brüder Grimm (1812—13; 8. Ausg. Göttingen 1864) in 2 Bänden, ein dritter, 1822 erschienener, 1856 neu aufgelegter Band enthält literarische Nachweise bezüglich der M. Unter den sonstigen deutschen Sammlungen, welche jedoch ohne Ausnahme der grimmschen an poetischem Werthe nicht gleichkommen, nennen wir als mehr oder minder trefflich: „M. und Jugenderinnerungen von E. M. Arndt“ (Berlin 1818); „Das Buch der M. für Kindheit und Jugend“ von J. A. C. Löhr (Leipz. 1818, 2 Bde.); „Deutsche M. und Sagen“, gesammelt von J. W. Wolf (das. 1845); „Deutsches Märchenbuch“, herausgegeben von L. Bechstein (das. 1845); „Deutsche Hausmärchen“, herausgegeben von J. W. Wolf (Gött. u. Leipz. 1851); „Kinder u. Hausmärchen“, gesammelt durch die Brüder Zingerle (1. Bd., Innsbruck 1852; 2. Bd., Regensb. 1854); „Deutsche Volksmärchen aus Schwaben, aus dem Munde des Volks gesammelt“ von E. Meier (Stuttgart 1852); „Kinder- und Volksmärchen“, gesammelt von H. Pröhle (Leipzig 1853) zc. M. des Auslands haben wir aus neuerer Zeit in Uebertragungen erhalten; hierher gehören: die Brüder Grimm: „Irische Elfenmärchen“ (Leipz. 1826); Graf Mailáth: „Magyarische Sagen u. M.“ (Brünn 1825); J. N. Vogl: „Slavonische M.“ (Wien 1837); Arthur u. Albert Schott: „Walachische M.“ (Stuttg. und Tübing. 1845); H. Bade: „Volksmärchen aus der Bretagne“ (Leipz. 1847); Iken: „Touti Nameh, eine Sammlung persischer M. von Nechschebi“ (Tübingen 1847) zc. Unter den Kunstpoeten haben sich in märchenhaften Erzählungen mit dem meisten Glück versucht: L. Tieck, Chamisso („Peter Schlemihl“), E. T. A. Hoffmann, Fouqué („Undine“), Kl. Brentano („Gockel, Hinckel u. Gackeleia“), der Däne Andersen u. a. m.

Märkische Konfession (confessio Brandenburgica), das auf Befehl des Markgrafen Joh. Sigmund von Brandenburg vornehmlich von M. Füssel in 16 Artikeln abgefaßte Glaubensbekenntniß. Nicht mit ihm zu verwechseln ist das zu Frankfurt a. d. O. 1614 auf Befehl desselben Markgrafen verabfaßte Glaubensbekenntniß der reformirt-evangelischen Kirchen in Deutschland, welches schon gegen Ende des 16. Jahrhunderts in Süddeutschland gedruckt worden sein soll.

Maerlant, Jakob von, der bedeutendste niederländische Dichter des 13. Jahrhunderts, geboren 1235 in Flandern, bekleidete die Stelle eines Rathsmitgliedes zu Damme bei Brügge, wo er 1300 †. Seine frühesten Gedichte, der nur in Bruchstücken erhaltene „Trojanische Krieg“, nach dem Französischen des Bénât de St.-Maure, u. der 1246 abgefaßte „Alexander“, nach dem Lateinischen des Gualterus de Castelfione, gehören zwar dem Stoffe nach noch ganz zu dem Kreise der ritterlichen Epik, stehen aber schon unter dem Einfluß einer historischen Kritik, und das lehrhafte Element wiegt in ihnen vor. Später empfahl M. nur historisch glaubhafte biblische, geistliche, oder weltliche Erzählungen und rein lehrhafte Darstellungen, von denen er selbst sehr umfängliche Muster aufstellte. Der Beifall, den diese Richtung fand, trug viel zum beschleunigten Untergange der ritterlichen Sagendichtung und zur Vernichtung der dahin gehörigen Handschriften bei. Zu den Gedichten aus M.s zweiter Periode gehören ein „Leben des heiligen Franciscus“, nach dem Lateinischen des Bonaventura (herausgegeben von Tideman, Leyden 1848), die „Heimelijkheid der heimelijkheden“, nach den „Secreta secretorum“ des Pseudoaristoteles (herausgegeben von Clarisse, Dortr. 1838), verschiedene strophische, zum Theil geistliche Gedichte, unter denen „Wapene Martyn“ (Antw. 1496 und Dortr. 1834) und „Drie garden“ (das. 1480 und 1550) die bemerkenswerthesten sind. Noch ungedruckt ist seine 1270 vollendete „Rymbibel“ (Brüssel 1858—60, 2 Bde.), sowie sein „Bestiaris“ oder „Der naturen bloeme“ (Brüssel 1857), eine gereimte Naturgeschichte in 13 Büchern, nach dem „Liber de rerum natura“ des Thomas Cantiprasis. Sein umfänglichstes und in keiner Handschrift vollständig erhaltenes Werk, der „Spieghel historiael“, 1283 begonnen, ist eine unbeendete gereimte Weltchronik nach dem „Speculum historiale“ des Vincentius Bellovacensis (herausgegeben von der Maatschappij voor nederlandsche Letterkunde“ (Bd. 1 u. 2, Leyden 1857—61). Fortgesetzt ward es als 5. Theil in 8 Büchern durch den brabantischen Priester Lodewijk von Velthem (herausgegeben von Le Long, Amst. 1717; das 3. Buch von Jonckbloet, Haag 1840). Mit Unrecht wird M. eine gereimte Bearbeitung der Geschichte von dem Stamme, der aus einem Zweige des im Paradiese gepflanzten Lebensbaumes erwachsen war und das Holz zum Kreuze Christi lieferte (herausgegeben von Tideman, Leyden 1844) zugeschrieben. Vgl. Serrure, M., Gent 1861.

Märtyrer (Martyrer, vom Griech., s. v. a. Zeuge), in der alten Kirche Diejenigen, welche unter den Christenverfolgungen als das Opfer ihrer Ueberzeugungstreue fielen, im Gegensatze zu den Konfessoren, welche den Christusglauben vor Gericht nur mit Todesgefahr bekannten, oder mit Verlust der Freiheit und des Vermögens büßten. Später ehrte man mit dem Namen eines M.s Jeden, welcher für seine Ueberzeugung mit Gut und Blut einstand, oder in freimüthiger Vertheidigung derselben das Leben aufs Spiel setzte. Die Kirche erwies den M.n die höchsten Ehrenbezeigungen. Man löste ihre Leichname von der heidnischen Obrigkeit ein und setzte sie feierlich bei, hielt gottesdienstliche Versammlungen an ihren Gräbern und schrieb ihren Reliquien (s. d.) Wunderkräfte zu. Ihre Aussprüche galten als letzte Vermächtnisse oder als untrügliche Wahrheiten. Ihr Tod sollte nicht nur für sie selbst eine alle Schuld ihres Lebens tilgende Kraft haben, sondern auch fremde Sünde sühnen, wie die Taufe, daher man den Märtyrertod auch als Bluttaufe (lavacrum sanguinis) bezeichnete. Ihr Todestag erschien als ein Tag ihrer Geburt für das ewige Leben (natalitia martyrum) und wurde mit Gebet und Agapen an ihren Gräbern oder Oertern, wo sie geweilt hatten, begangen. Ihre Namen und Lebensumstände wurden in die Diptychen eingetragen und auswärtigen Gemeinden mitgetheilt. Hieran schloß sich bald eine Art Kult an. Man rief sich ihre Aufopferung u. ihr Leben als Vorbild in die Erinnerung zurück, und es entstanden jene Wundererzählungen, wie wir sie in den Martyrologien (s. Martyrologium) lesen. Als mit Konstantin das Christenthum Staatsreligion wurde, baute man über den Gräbern der M. Altäre und Kirchen und brachte, da eine solche Kirche, Martyrion, besonders geweiht erschien, auch in andere Kirchen Ueberreste der M. Wie sich bald auch die Spekulation des Volksglaubens bemächtigte, beweist das Gesetz des Kaisers Theodosius von 386, daß Niemand den Körper eines M.s verkaufen solle. Endlich ward aus der dankbaren Verehrung der M. bald eine förmliche Anbetung (s. Heilige). Sichere Spuren von Märtyrerfesten finden sich schon im 2. Jahrhundert. Man wallfahrtete an ihnen zu den Gräbern der M., hielt Lobreden auf diese, erzählte ihre Thaten und Leiden, brachte Oblationen, betete und genoß das Abendmahl. Im 4. Jahrhundert war die Zahl der M., da sich auch Fanatiker zum Märtyrerthum drängten, so groß geworden, daß man das Fest aller M. einführte, von der griechischen Kirche in der Pfingstwoche oder am Trinitatisfest, von der römischen Kirche am 26. Dec., als dem Gedächtnißtag des ersten M.s, Stephanus (†36), gefeiert. Unter den in den Martyrologien u. Heiligenkalendern mit dem Namen der vierzig M. Bezeichneten sind 40 christliche Soldaten zu verstehen, die 320 zu Sebaste in Armenien, da sie den Göttern zu opfern sich weigerten, durch Kälte getödtet, sodann verbrannt worden sein sollen. Zweimal werden in den Martyrologien Zehntausend M. genannt, nämlich unter dem 18. März die nach der Legende unter Kaiser Diocletian zu Nicomedia in Bithynien Hingerichteten u. unter dem 22. Juni die unter Kaiser Hadrian auf dem Berg Ararat Gekreuzigten. Vgl. Ruinart, Acta martyrum, Amst. 1713; Chateaubriand, Les martyrs, Paris 1809, 3 Bde.

März (lat. Martius), der Lenzmonat oder Frühlingsmonat, im römischen Jahre der ältesten Zeit der 1., nach Numa's Verbesserung aber der 3. Monat, hatte seinen Namen von Mars, dem er geheiligt war. In ihm erwacht die lebendige Natur aus dem Winterschlafe. Der M. pflegt im Ganzen eine um $2\frac{1}{2}$—3 Grad höhere Temperatur mit sich zu führen als der Februar. In der Landwirthschaft wird in diesem Monat, sobald der Frost die Erde verlassen hat und die Aecker hinlänglich abgetrocknet sind, mit den Arbeiten des Pfluges der Anfang gemacht. Es beginnt das Eggen der Weizenfelder, die Aussaat des Kleesamens unter die Wintersaat, die Ausbesserung und Instandsetzung der Feldbefriedigungen 2c. Die Wiesen werden gesäubert, wiederholt gewässert und, wo es nöthig ist, besamt. Im Küchengarten säet und legt man alle Arten weißen und rothen Sommerkopfkohls, Wirsing, Kohlrabi, Spinat, Erbsen, große Bohnen, Schnittpetersilie, Körbel, Melde, Portulak, Kresse, Salbei, Möhren, Pastinaken, Sellerie, Petersilienwurzeln, Sommerzwiebeln 2c.; gepflanzt werden: Spargelpflanzen, Schalotten, Knoblauch; umgelegt: Erdbeeren, Dragun, Sauerampfer, Thymian 2c; zum Samentragen ausgesetzt: alle Kohlarten, Rüben, Möhren, Pastinaken, Zwiebeln 2c.; abgedeckt und abgeräumt: Artischocken-, Erdbeer- und Spargelbeete. Im Obstgarten ist die beste Zeit zum Pfropfen und Okuliren; die Reiser dazu müssen schon im Februar gebrochen sein. Man steckt Schnittlinge, macht Absenker, legt Obst- und Nußkerne. Die Kernreiser in der Edelschule werden versetzt, junge Obstbäume kommen an ihren künftigen Standort. Das Behacken, Reinigen, Ausputzen und Beschneiden der Bäume muß jetzt geschehen. In Weinbergen wird gehackt, beschnitten und gedüngt. Warme und trockene Witterung sagt der Vegetation am meisten zu, daher: „Märzstaub bringt Gras und Laub, Märzregen wenig Segen, Märzschnee thut den Saaten weh."

Märzblume, s. v. a. Schneeglöckchen, Galanthus nivalis *L.*

Märzfeld (Campus Martis), bei den Franken zur Zeit der merovingischen Könige Bezeichnung der Volksversammlungen, welche im März nach germanischer Sitte unter freiem Himmel gehalten zu werden pflegten. Es wurden in denselben Beschwerden angehört, Streitigkeiten geschlichtet, über Krieg und Frieden berathen und beschlossen, sowie allgemeine Heerschau abgehalten; Letzteres ward später Hauptsache. An diesen Versammlungen nahm ursprünglich das ganze Volk Theil, später nur noch die Repräsentanten der Stämme und Bezirksabtheilungen, die königlichen Lehnsleute, besonders die, welche Hof- und Staatsämter bekleideten, sowie die Bischöfe und Aebte. Pipin der Kleine verlegte die Versammlung 755 in den Mai, daher sie nun auch Maifeld (C. Majus od. Magicampus) genannt wurde. Unter Karl dem Großen und seinen Nachfolgern wurde alljährlich im Frühjahr in Verbindung mit dem März- od. Maifelde zur Berathung der Staatsangelegenheiten ein großer Reichstag abgehalten, auf welchem aber ausschließlich jene bevorzugten Stände erschienen. Daraus gingen später die Generalstände und Parlamente hervor.

Märzrevolution, die Bewegung von 1848, die in den deutschen Staaten meist im März ausbrach und allenthalben, wenigstens vorübergehend, große Veränderungen in Gesetz und Verfassung (Märzerrungenschaften) zur Folge hatte.

Märzverein, politischer Verein, der im Frühjahr 1849 von der gemäßigten Linken der frankfurter Nationalversammlung zur Aufrechthaltung der sogenannten Märzerrungenschaften auf gesetzlichem Wege gegründet wurde.

Maeseyk, Stadt in der belgischen Provinz Limburg, an der Maas, hat Fabriken für Leder, Hüte, Tabak, Papier, Thonpfeifen, Seilerwaaren, Brauereien, Brennereien und 4528 Einwohner.

Mäßigkeit (lat. temperantia), das Maßhalten in allen sinnlichen Genüssen, wie auch im Anstrengen der Kräfte, der geistigen sowohl als der körperlichen. In sofern jegliches Uebermaß nicht allein dem Wohlsein schädlich, sondern auch eines vernünftig-sittlichen Wesens unwürdig ist, gilt die M. mit Recht für eine Tugend; ja, die alten Philosophen rechneten sie zu den Kardinaltugenden. Die Tugend der M., die der sittliche Mensch als solche, also schon um ihrer selbst willen, abgesehen von ihren wohlthätigen Wirkungen, übt, besteht aber darin, daß jeglicher (sinnliche) Trieb, welcher zu stark zu werden und die ihm vom Sittengesetze gezogenen Schranken zu überschreiten droht, durch die Herrschaft der Vernunft gezügelt u. ihm mithin nur in soweit Befriedigung gestattet wird, als die höheren Lebenszwecke dadurch nicht beeinträchtigt werden. Bezieht sich die M. nur auf Affekte u. Leidenschaften, so daß diese dadurch in den gehörigen Schranken gehalten werden, so wird sie gewöhnlich Mäßigung genannt.

Mäßigkeitsvereine, Vereine, deren Mitglieder sich gegenseitig feierlich versprechen, im Genusse geistiger Getränke nicht auszuschweifen und besonders des Branntweins sich ganz oder bis zu einem gewissen Grade zu enthalten. Sie entstanden schon früh aus der Wahrnehmung, daß der übermäßige Genuß von Spirituosen den Menschen physisch und moralisch zu Grunde richte. Schon vor 1600 hatte der Landgraf Moritz von Hessen einen Mäßigkeitsverein errichtet, und 1517 gründete Sigmund von Dietrichstein zu Grätz in Steiermark den St. Christophsorden gegen den unmäßigen Genuß berauschender Getränke. Das Bedürfniß nach solchen Vereinen wuchs in demselben Maße, als, namentlich seit dem dreißigjährigen Kriege, der anfangs nur als Arzneimittel in den Apotheken ausgegebene Branntwein reißend schnell unter dem gemeinen Volk Eingang fand und auch andere alkoholhaltige, hitzige Getränke, wie Arrac, Cognac und Franzbranntwein, hinzukamen. Europäische Auswanderer verpflanzten die Liebe zu diesen Getränken auch nach Amerika, und schon zu Anfang dieses Jahrhunderts sollen von 5000 Verbrechern, welche von den Gerichtshöfen im Staate Newyork in Einem Jahre verurtheilt wurden, weit über die Hälfte durch Unmäßigkeit im Trinken zu ihren Verbrechen verleitet gewesen sein, ja man berechnete, daß in den Vereinigten Staaten damals alljährlich mehr als 30,000 Menschen ein Opfer der Trunksucht wurden. Diese Wahrnehmungen veranlaßten 1803 zu Boston die Gründung des ersten Vereins zur Unterdrückung der Unmäßigkeit. Im Jahre 1830 befanden sich in Nordamerika schon 18 Staats- oder Centralvereine und im Ganzen 2200 Gesellschaften mit 170,000 Mitgliedern, die sich die Aufgabe gestellt hatten, im Umfang des betreffenden Staats durch schriftliche und mündliche Belehrung das Volk über die Schädlichkeit gebrannter Getränke aufzuklären. Im Jahre 1833 wurde der Genuß des Branntweins im Landheer gesetzlich verboten. Im folgenden Jahre konstituirte sich aus den bereits in allen Staaten der Union ins Leben getretenen Staats- oder Centralvereinen unter dem Namen „Mäßigkeitsunion der Vereinigten Staaten" ein Gesammtverein. Bald entstanden auch in den englischen Besitzungen und den Indianerländern Amerika's, sowie in einzelnen Theilen Asiens und Australiens und im Kaplande Vereine mit ähnlichen Tendenzen. Am bedeutendsten aber wirkte Nordamerika's Beispiel auf die Länder, wo die Folgen der Unmäßigkeit, der Pauperismus und alle Arten von Verbrechen, immer bedenklicher hervortraten, nämlich Großbritannien und Irland. Im Jahre 1829 konstituirte sich zu Neuroß in Irland ein Mäßigkeitsverein, 1831 zu London unter der Protektion der Königin die „britische u. auswärtige Mäßigkeitsgesellschaft". Auch Enthaltsamkeitsvereine (Total Society, Total abstinence Society, New British and Foreign Temperance Society) entstanden, deren Mitglieder sich zur Enthaltung entweder von allen berauschenden oder doch von allen destillirten Getränken verpflichteten. Die großartigsten Erfolge aber begleiteten die Mäßigkeitsbestrebungen des Pater Theobald Mathew († 1856 zu Queenstown in Irland), der Jahrzehnte lang als Mäßigkeitsapostel Großbritannien und Irland durchzog. Auf dem europäischen Kontinent ging der erste Ruf zur Bildung von ähnlichen Vereinen von dem Prinzen Johann von Sachsen aus, der sich 1832 in England persönlich von den großartigen Resultaten der englischen Gesellschaften überzeugt hatte, doch fanden seine Bestrebungen noch geringe Theilnahme. Im Jahre 1835 erschien der Geistliche Baird als Gesandter der „amerikanischen Mäßigkeitsgesellschaft für Europa" und lenkte theils durch seine „Geschichte der Mäßigkeitsgesellschaften in Amerika", theils durch Reisen durch Dänemark, Rußland und Deutschland die Aufmerksamkeit auf Mäßigkeitsreformen; namentlich begeisterte sich König Friedrich Wilhelm III. von Preußen für dieselben. Bis 1840 waren in Folge dessen in Norddeutschland bereits 433 Vereine ins Leben getreten, deren 5000 Mitglieder durch ihre Unterschriften das Gelübde entweder völliger Enthaltsamkeit vom Genusse aller Arten von Branntwein, od. doch der Mäßigkeit darin abgelegt hatten. Doch hat es auch nicht an Reaktionen gegen diese Bestrebungen gefehlt, namentlich wo sich Uebertreibung und religiöse Parteisucht mit denselben verknüpften. Der ersprießlichste Theil der Thätigkeit der M. dürfte die Herausgabe von volksthümlichen Schriften zur Verbreitung richtiger Ansichten über die Mäßigkeit unter allen Volksklassen sein. Vgl. Baird, Geschichte der M. in den Vereinigten Staaten Nordamerika's (2. Aufl., Berlin 1838, auch in französischer, schwedischer und russischer Sprache erschienen); Böttcher, Geschichte der M. in den norddeutschen Bundesstaaten (Hannover 1847); Derselbe, Generalbericht über den Zustand der Mäßigkeitsreform (Leipz. 1854).

Mäßigung (lat. moderatio), s. Mäßigkeit.

Maëstoso (ital.), majestätisch, feierlich, prächtig, erhaben, mit Würde, dient in der Musik zur Bezeichnung einer Vortragsart und setzt ohne nähere Bezeichnung ein gemäßigtes Zeitmaß voraus.

Maëstro (ital.), Meister, Lehrmeister, Herr, Vorgesetzter, z. B. M. di capella, Kapellmeister.

Mästung, s. Mast.

Mäuse (Murina), Nagethierfamilie, die über die ganze Erde verbreitet ist und durch folgende charakteristische Merkmale sich auszeichnet: Die Augen sind mehr oder minder groß, aber immer sichtbar; die Ohren abgerundet. Die hinteren Extremitäten sind länger als die vorderen, die Vorderfüße vierzehig, mit einer Daumwarze, die Hinterfüße fünfzehig. Der Schwanz ist nackt oder schuppig oder ringsum gleichmäßig, aber wenig behaart. Die untern Vorderzähne sind zugespitzt. Die M. sind nächtliche Thiere und nähren sich aus beiden Reichen. Sie sind von den Tropenländern bis zu den Polen verbreitet und auch in Australien vertreten. Die Hauptgattung ist die Maus (s. d.).

Mäusegras (Mäuseschwanz), Pflanzengattung, s. v. a. Myosurus *L.*

Mäuseholz, s. v. a. Bittersüß, Solanum Dulcamara *L.*

Mäusekraut, Pflanzengattungen: s. v. a. Gnaphalium Stoechas *L.* und s. v. a. Verbascum nigrum *L.*

Mäuseöhrchen, Pflanzengattungen: s. v. a. Hieracium Pilosella *L.* u. s. v. a. Valerianella olitoria *Moench.* Rothes M., s. v. a. Gnaphalium dioicum *L.*

Mäuseohr, Pflanzengattung, s. v. a. Myosotis *L.*

Mäusepfeffer, Pflanzengattungen: s. v. a. Delphinium Staphisagria *L.* (s. Rittersporn) und s. v. a. Stachys sylvatica *L.*

Mäusethurm, s. Bingen.

Mävius, s. Bavius.

Maffei, 1) **Giovanni Pietro**, gelehrter Jesuit, 1536 zu Bergamo geboren, bildete sich in seiner Vaterstadt und in Rom, ward 1563 Professor der Beredisamkeit zu Genua und einige Jahre darauf Sekretär der Republik, trat aber 1566 zu Rom in den Jesuitenorden ein; er † den 20. Oktober 1603 zu Tivoli. Er schrieb: „Das Leben des Ignatius Loyola" (Venedig 1585) u. „Historiarum Indicarum libri XVI" (Florenz 1588, beste Ausgabe Köln 1593) wozu er die meisten Materialien in Portugal gesammelt hatte, und eine nicht beendete „Geschichte des Pontifikats Georgs XIII." (herausgegeben von Coquetines Rom 1743, 2 Bde.). Eine Gesammtausgabe seiner Werke ist in Bergamo erschienen (1747, 2 Bände).

2) **Alessandro, Marchese**, Feldmarschall, geboren zu Verona den 3. Okt. 1662, trat früh in bayerische Dienste, ward 1696 Oberst, später Feldmarschall und Statthalter von Namur und hatte großen Antheil an dem 1717 über die Türken erfochtenen Sieg bei Belgrad. Er † zu München 1730 und hinterließ für die damalige Zeitgeschichte wichtige Memoiren (Verona 1737; französisch, Haag 1740, 2 Bde.).

3) **Francesco Scipione, Marchese di M.**, italienischer Dramatiker, Bruder des Vorigen, geboren den 1. Juni 1675 zu Verona, machte seine ersten Studien im Jesuitenkollegium zu Parma und begab sich 1698 nach Rom, wo er Mitglied der Arkadierakademie wurde. Darauf machte er unter seinem Bruder einen Feldzug im spanischen Erbfolgekrieg mit und kehrte dann nach Rom zurück, ließ sich später aber in Verona nieder. Hier gab er in Verbindung mit Apostolo Zeno u. Vallisnieri eine kritisch-literarische Zeitschrift heraus, veranstaltete eine Auswahl der besten älteren italienischen Theaterstücke (Teatro Italiano, 1723, 3 Bde.) und dichtete selbst ein Trauerspiel „Merope" (Modena 1713), sowie ein Lustspiel „La ceremonia", die beide mit Beifall aufgenommen wurden. Um das Studium der griechischen Sprache zu fördern, gründete er 1725 in Verona eine gelehrte Gesellschaft. Sein Werk „Verona illustrata" (Verona 1731—32; neue Ausgabe, das. 1792—93, 8 Bde.) wurde durch mehre in der Domkirche zu Verona aufgefundene wichtige Handschriften hervorgerufen. Er † am 11. Febr. 1755. Seine sämmtlichen Werke erschienen in Venedig 1790 in 21 Bänden.

4) **Giuseppe, Ritter von M.**, Literarhistoriker, geboren den 27. Mai 1775 zu Cles bei Trient, besuchte die Lyceen zu Verona und Trient, studirte zu Salzburg Theologie, erhielt 1798 die Priesterweihe, wurde 1805 Professor der italienischen Literatur an der dortigen Universität und wirkt in gleicher Stellung seit 1826 zu München, wo er zugleich zum herzoglich bayerischen Hofkaplan ernannt wurde. Sein Hauptwerk ist die „Storia della letteratura italiana" (Mailand 1825, 3 Bde.; 3. Aufl., Florenz 1853, 4 Bde.); von seinen übrigen Schriften sind hervorzuheben: „Theoretisch-praktische italienische Sprachlehre" (2. Aufl., München 1837) und „Italienisches Lesebuch" (3. Aufl., das. 1838), sowie die ascetischen Schriften „Il vero cristiano" (Mailand und Venedig 1843, 5. Aufl. 1851) und „La famiglia di Erlau" (Brescia 1841) und Uebersetzungen von ifflandschen und kotzebue'schen Theaterstücken ins Italienische.

Maforium (lat.), im Mittelalter ein das Haupt verhüllendes Kleidungsstück; Kragen an der Mönchskutte, welcher Hals und Schulter bedeckt.

Mafra, Stadt in der portugiesischen Provinz Estremadura, Distrikt Lissabon, mit 3600 Einw. und berühmtem, von König Johann V. von 1717—31 erbautem Klosterpalast, dem portugiesischen Escorial. Derselbe liegt 714 Fuß über dem Meere und bildet ein kolossales Viereck von 760 Fuß Länge u. 670 F. Breite mit 5200 Fenstern und 866 Gemächern. Die die Mitte einnehmende, ganz aus Marmor erbaute Kirche ist 186 Fuß lang, im Kreuz 135 F. breit, von einer imposanten Kuppel überwölbt und an der Hauptfaçade mit zwei 216 Fuß hohen Glockenthürmen versehen, auch mit 58 Statuen aus carrarischem Marmor geziert und mit sonstigen Kunstgegenständen reich ausgestattet. Das eigentliche, früher dem Franciskanerorden gehörige Kloster enthält 300 gewölbte Zellen. Den rechten Flügel bildet der königliche Palast, der inwendig prachtvoll dekorirt und von schönen Parkanlagen und einem Jagdgehege umgeben ist. In einem Theile des kolossalen Gebäudes befindet sich gegenwärtig das Collegio militar, im Parke eine von König Ferdinand gegründete Musterwirthschaft. Der Bau hat über 20 Millionen Cruzados gekostet.

Mafrag, Fluß in der algerischen Provinz Konstantine, entspringt südöstlich von la Calle, durchbricht das Gebirg bei dem Dschebel Naora und mündet östlich von Bona in das Mittelmeer.

Magadis, griechisches Saiteninstrument, das nach Anacreon hinsichtlich seiner Gestalt und Spielart ein Psalter (s. d.) von 5—20 Saiten war. Das Spiel darauf war einstimmig, bei größerer Saitenzahl in Oktaven. M. hieß auch eine Art Flöte, die beim Anblasen immer zwei Töne hervorbrachte, die eine Oktave von einander entfernt waren.

Magalhães (Magalhaens), **Domingos José Gonçalves de**, brasilianischer Staatsmann, Philosoph und Dichter, geboren den 13. Aug. 1811 zu Rio de Janeiro, wurde brasilianischer Gesandter zu Turin, von wo er im August 1859 in gleicher Eigenschaft nach Wien ging. War er in seinen „Poesias" (Rio de Janeiro 1832) noch portugiesischen Vorbildern gefolgt, so schlug er in seinem „Suspiros poeticos" (Paris 1836, 2. Aufl. 1859) die Richtung ein, auf der fortschreitend er in der Folge zum Haupt der nationalen Dichterschule Brasiliens wurde. Von seinen Dramen machten am meisten Glück „Antonio José" (1839) und „Olgiato" (1841), von seinen Epen wurde am bekanntesten „A confederação dos Tamoyos" (Rio de Janeiro 1857). Sein „Factos do espirito humano" (Paris 1858) ist das erste von einem Brasilianer geschriebene philosophische Werk.

Magarri, in der Türkei christliche Sklavinnen, die durch Spiel, Gesang und Tanz den Frauen des großherrlichen Harems Unterhaltung verschaffen müssen.

Magazine (v. Franz.), Vorrathshäuser od. größere Aufbewahrungsbehältnisse, insbesondere zur Aufbewahrung landwirthschaftlicher Gegenstände und namentlich des Getreides. Die wenig vortheilhaften, aber noch sehr gebräuchlichen Gebäude oder Speicher mit mehren übereinander liegenden etwa 8 Fuß hohen Böden müssen an trockenen Orten, fern von allen Stätten, die Dünste und üble Gerüche verbreiten, und möglichst feuersicher angelegt werden. Gelegentlich auf andern Gebäuden angebrachte Schütt- oder Getreideböden sind billiger und erfüllen ihren Zweck ebenso gut wie die Speicher. Unter allen Umständen ist für gute Lüftung und Reinlichkeit zu sorgen. Das Getreide wird gewöhnlich direkt auf den sorgfältig gedielten u. sehr dichten Fußboden geschüttet, muß aber im Sommer alle 2, im Winter alle 4 Wochen umgeworfen werden, damit es nicht verdirbt. Hierzu ist Raum erforderlich, u. da außerdem Gänge frei bleiben müssen, das Getreide im Winter auch die Mauer nicht berühren darf, so kann man nur etwa den achten Theil des Kubikinhalts eines Getreidespeichers wirklich ausnutzen, und man rechnet gewöhnlich für 1 preußischen Scheffel etwa $1^1/_2$ Quadratfuß Bodenfläche. Das Umschaufeln ist wegen des dabei entstehenden Staubes eine höchst unangenehme Arbeit, welche nur durch sorgfältige Reinigung des gedroschenen Getreides erleichtert werden kann. Dem Bedürfniß der Eisenbahnen entsprechend hat Devaux ein System angegeben, welches auf den Westindiadocks in London und auch in Deutschland Eingang gefunden hat. Diese Speicher bestehen aus etwa 40 Fuß hohen Kästen mit quadratischer Grundfläche von 5—7 Fuß im Gevierte, deren jeder 500—1000 Metzen Getreide faßt und die in einem entsprechenden Gebäude so dicht neben einander aufgestellt sind, daß nur schmale Gänge zur Passage übrig bleiben. Die Kästen sind aus fein durchlöchertem Eisenblech konstruirt, in ihrer Mitte steht ein Rohr aus gleichem Material, welches an der Basis mit unterirdischen Luftkanälen kommunicirt. Ist der Kasten gefüllt und die Röhre oben mit einem Blechdeckel geschlossen, welcher noch mit einigen Metzen Getreide überstürzt wird, so kann die Luft in der Röhre und in den Wänden fortwährend durch das Getreide cirkuliren, welches sich in Folge dessen vollkommen gut erhält. Durch einen Ventilator kann der Luftzug blasend oder saugend verstärkt werden. Zur Füllung der Kästen dient ein Paternosterwerk, welches das Getreide vom Boden bis über die Kästen hebt und einer horizontal durch das ganze Gebäude fortlaufenden Schraube zuführt, welche dasselbe bis zu irgend einem beliebigen Kasten befördert. Das Ablassen des Getreides wird durch Oeffnen einer über dem Boden befindlichen Klappe bewirkt; das ausströmende Getreide wird durch ein endloses Band weiter getragen. Viel zweckmäßiger als die gewöhnlichen Getreideböden sind die Fruchtthürme, welche zuerst von Sinclair angegeben wurden. Ein solcher mit massiven Wänden erbauter Thurm hat über einem unteren leeren Raum einen großen, der Grundrißfläche des Thurmes entsprechenden Trichter, dessen untere Oeffnung mit einer leicht beweglichen Klappe versehen ist. Ueber dem großen Trichter sind zur Entlastung neun kleinere Trichter angebracht, und auf diesen lagert das Getreide. Durch letzteres hindurch gehen horizontale, aus zwei aneinanderstoßenden Bretern bestehende Rinnen, welche mit der offenen Seite nach unten liegen und mit Oeffnungen in Verbindung stehen, die durch die massiven Wände nach außen hin etwas geneigt abwärts führen und durch Drahtgitter leicht verschlossen sind. Unter den Rinnen bilden sich Luftkanäle, in welchen eine lebhafte Ventilation Statt findet. Der obere Theil des Thurmes bildet einen leeren Raum mit einer Winde zum Heben des Getreides. Oeffnet man an einem solchen Fruchtthurm die untere Trichterklappe, so strömt etwas Getreide heraus; so wenig dies aber auch ist, bewirkt es doch eine Bewegung der ganzen Masse, da jedes Körnchen, etwas sinkend, seine Lage verändert. Das abgelassene Getreide wird wieder oben aufgegeben, und man kann daher mit leichter Mühe immer neue Partien des Getreides dem Luftzuge aussetzen. Diese Thürme haben sich vorzüglich bewährt, sie sind besonders in Ungarn vielfach angewandt und durch Bujanovics von Agg-Telek wesentlich verbessert worden (vergl. dessen Schrift: Ueber die verschiedenen Methoden der Aufbewahrung des Getreides, Pesth 1846).

Während man in den gewöhnlichen Schüttböden und in den Fruchtthürmen das Getreide unter möglichst lebhafter Ventilation aufbewahrt, hat man schon seit alten Zeiten das entgegengesetzte Princip befolgt und das Getreide bei völligem Abschluß der Luft zu erhalten gesucht. Schon Alexander der Große traf auf seinen Zügen Fruchtgruben an, wie sie noch heute in allen südlichen Ländern im Gebrauch sind. Diese Silos werden gewöhnlich auf sandig-lehmigen Hügeln, wo kein Zutritt von Feuchtigkeit zu befürchten ist, angelegt. Man gräbt eine Grube von 2—$2^1/_2$ Klafter Tiefe in Form einer Flasche und mit einem 4—5 F. langen Halse von 15—18 Zoll Durchmesser, gibt der Grube einen Durchmesser von 8—10 Fuß und verbrennt in derselben einige Tage vor der Benutzung etwa 12—15 Stunden lang reichlich Stroh. Nach der Erkaltung wird die Grube gereinigt, mit frischem reinen Stroh am Boden und an den Seiten ausgekleidet und dann mit dem Getreide fest und sorgfältig gefüllt. Zum Verschluß wird der Hals fest mit Stroh gefüllt und das Ganze mit einem 2—3 Fuß hohen Erdhügel bedeckt, den man mit Rasen belegt. Auf großen Gütern legt man auch Silos an, die mehre hundert Metzen Getreide fassen, muß dieselben dann aber ausmauern und thut am besten, mehre Silos unterirdisch mit einander zu verbinden und über der ganzen Reihe ein magazinartiges Gebäude zu errichten, welches die Silos vor den Einflüssen der Witterung schützt. Die Silos sind unstreitig die billigsten Getreidemagazine, sie nehmen keinen Raum weg, sind feuersicher, leicht zu füllen und verhindern das Schwinden des Getreides, welches sich recht gut 2 Jahre in denselben hält. Dazu aber muß das Getreide beim Füllen völlig trocken gewesen sein. Ist nun diese Bedingung in den südlichen Gegenden leicht zu erfüllen, so bietet sie in nördlicheren Gegenden desto größere Schwierigkeiten, und die Silos werden umständlich und kostspielig, sobald man das Getreide vor dem Einfüllen noch besonders trocknen muß. Dazu kommen die Gefahren, welche Hamster, Ratten und Mäuse bereiten, indem sie nicht nur Getreide fortschleppen, sondern auch der Feuchtigkeit Zutritt zu den Silos bereiten. Das Getreide schwillt in den Silos an, aber es verliert an Trockengewicht, es erhält einen dumpfigen Geruch, der den Marktpreis herabdrückt, und wenn man denselben durch häufiges Umschaufeln beseitigen will, so schrumpft das Getreide so sehr zusammen, daß dadurch ein gleich großer Schaden entsteht. Endlich müssen die Silos, nachdem sie einmal angebrochen sind, gleich ganz entleert werden, weil das Getreide sonst sehr schnell verdirbt. Einige dieser Mängel werden durch Doyere's Methode vermieden, nach welcher man die Silos aus verzinktem

Eisenblech konstruirt, in diesem etwas gebrannten Kalk ausbreitet, darüber ein Tuch deckt und nun das Getreide einschüttet, indem man die Wände des Behälters mit Stroh auskleidet u. zwischen dieses und die Wandung wieder etwas Kalk schüttet. Als Decke dienen Stroh, Kalk u. zuletzt Spreu, die fest getreten wird. Schließlich versieht man diese großen Gefäße mit einem luftdicht schließenden Deckel, der mit einer Kautschukscheibe aufgeschraubt wird. In England hat man derartige Kessel oder Silos mit Hülfe von Luftpumpen luftleer gemacht und, indem man die Operation mehre Male wiederholt, einen bedeutenden Grad von Trockenheit erreicht. Doyere bringt in seine Behälter Chloroform oder Schwefelkohlenstoff und vertilgt dadurch alle Insektenbrut. Jedenfalls muß aber auch hier das Getreide vor dem Einfüllen sehr trocken sein. Oberirdische Silos aus Blech oder Mauerwerk sind jedenfalls zu verwerfen, ebenso solche Silos, die mit ihrem Deckel an der Oberfläche der Erde liegen, weil in allen diesen Fällen die Feuchtigkeit an einzelnen Stellen angehäuft werden kann und das Getreide sehr bald zu Grunde richtet. Vergl. Gall, Papiergeld durch Getreidevorräthe verbürgt, Trier 1825.

Magdala, Ort in Galiläa, unweit des See's von Tiberias, jetzt Madschdel, 1¼ Stunden von Tiberias, am westlichen Ufer des See's auf einer Reihe hoher Klippen, 2 Stunden nördlich vom Ausflusse des Jordans, Geburtsort der Maria Magdalena.

Magdalena, s. v. a. Maria Magdalena.

Magdalenerinnen, Schwestern von der Buße der St. Magdalena, weiße Frauen (wahrscheinlich von ihrer Kleidung so benannt), ein in der letzten Hälfte des 12. Jahrhunderts in Deutschland gestifteter Orden, welcher sich der Besserung gefallener Mädchen widmete, später aber auch unbescholtene Jungfrauen aufnahm, verbreitete sich in vielen katholischen Ländern, namentlich, durch Bertrand, in Frankreich und Italien. Die noch existirenden Magdalenenstifter in protestantischen Ländern widmen sich auch der Krankenpflege.

Magdalenenstrom (Rio Madalena), Fluß im südamerikanischen Staat Neugranada, entspringt auf dem Bergknoten de los Robles und des Parama de las Papas aus der Lagune del Buey, strömt von Süden nach Norden und ergießt sich nach einem Lauf von 190 Meilen in mehren Mündungen ins karaibische Meer. Ueber 20 Seemeilen hinaus vermischen sich seine ausströmenden Gewässer nicht mit dem Meereswasser, sondern bleiben süß und trinkbar. Der Strom ist so reißend, daß man von Honda bis zur Mündung, eine Strecke von 155 geographischen Meilen, welche aufwärts im leichten Cano und bei niedrigem Wasserstande im günstigsten Falle in 6 Wochen zurückgelegt werden kann, in 8—12, ja in 5 Tagen gelangen kann. Beladene Fahrzeuge brauchen aufwärts 3 Monate und mehr. Mit Dampfschiffen wird der Strom von der Mündung aufwärts bis Honda befahren. In seinem unteren Laufe theilt er sich in viele Arme, die zum Theil nur 30 Fuß breit, zum Theil aber auch seeartig erweitert sind und zahlreiche Inseln umschließen. Auf den vielen Sandbänken sonnen sich ganze Gesellschaften von Kaimans. Das Wasser des Stroms ist trüb und lehmig. Vorher breit, aber von geringer Tiefe, drängt er sich bei Honda durch eine Schlucht, wird aber bald darauf schiffbar, und Cano's können stromabwärts selbst die 11 Stromschnellen passiren, welche erst bei Badillo unter etwa 8° nördl. Br. endigen. Die Ufer des Stroms sind mit Urwald oder dichtem Gesträuch bedeckt. Angeschlämmte Baumstämme, welche im morastigen Boden stecken geblieben sind, treiben oft neue Zweige und werden von Rohrdickicht, kleinen dornigen Palmenarten u. Schlinggewächsen überwuchert. Weiter zurück vom Ufer erheben sich mächtige Theobromen, Euterpen u. Königspalmen. Auf der Westseite ergießt sich in den M. der Cauca [s. d. 2)], welcher aus der Lagune di S. Jago, 1½ Meilen vom M., entspringt; auf der Ostseite der Rio Bogota, welcher den 600—700 Fuß hohen Wasserfall von Tequendama bildet; der Suarez (Sarabita), welcher den See Fuequa bildet, und der Rio Cesare, der dem M. die Gewässer des 7½ Meilen langen, 6 Meilen breiten Zayatosasee's zuführt. Andere Nebenflüsse des M.s sind noch: der Chichamoco, Lebrija (Sogamoso), Fusayasuga und Auyamas. Das ganze Flußgebiet des M.s mißt 5000 □Meilen, die Tiefebene des Magdalena aber, welche längs der Küste westwärts bis zum Meerbusen von Darien, ostwärts bis zum Ufer des Golfs und See's von Maracaybo reicht, 6800 □Meilen. Nach dem M. ist der gleichnamige Staat der Konföderation von Neugranada, mit 73,000 Einw. und der Hauptstadt Santa Marta, benannt.

Magdeburg, vormaliges deutsches Erzbisthum, ward 962 aus Theilen des Stifts von Halberstadt errichtet und 967 bestätigt und erhielt von Papst Johann XIII. 968 das Primat von Deutschland und die Oberaufsicht über die Bisthümer Merseburg, Naumburg, Meißen, Havelberg, Brandenburg, Kammin und Lebus. Der Erzbischof, der in dem vom Kaiser Otto I. 937 gestifteten Benediktinerkloster zu M. residirte, hatte verschiedene Privilegien, z. B. das erzbischöfliche Pallium zu tragen, unter den Kardinalbischöfen zu sitzen, nach Art der Kirche zu Rom 12 Kardinalpresbyter, 7 Diakonen u. 24 Subdiakonen an seiner Kiche zu haben u. sich das Kreuz vortragen lassen zu dürfen. Der erste Erzbischof war Adalbert oder Albert I., der auf einer Visitationsreise 981 bei Merseburg starb. Sein Nachfolger, Giselar (Giseler), der zugleich auch Bischof von Merseburg war, besiegte die Wenden u. starb 1004. Unter dem Erzbischof Albrecht II., Grafen von Hallermünde (1205—33), wurde 1208 der Grund zu dem magdeburger Dom gelegt. Ueber seine Regierung s. Albrecht 9). Unter ihm kam es zum sogenannten magdeburger Krieg. Markgraf Otto II. von der Altmark hatte sich nämlich durch den Klerus zwingen lassen, seine in der Altmark befindlichen Allodialgüter in ein vom magdeburger Erzstift ausgehendes Lehn umzuwandeln. Albrecht II. nahm die Lehen der Altmark an, aber Otto's II. Nachfolger, Albrecht II., überzog den Erzbischof mit Krieg. Zwar schlug er das erzbischöfliche Heer bei Renkersleben, gleichwohl aber konnte er die Auflösung des verhaßten Lehnsverhältnisses nicht bewirken, und Alberts Nachfolger, Burkhard I., seit Januar 1234, setzte die Streitigkeiten fort, starb aber schon 1235 zu Konstantinopel auf einer Reise nach Jerusalem. Ihm folgte 1236 Alberts II. Bruder, Wilebrand, der von dem damaligen Markgrafen der Altmark, Johann I., geschlagen und gefangen wurde, worauf er die Lehnsherrschaft über die Altmark verlor. Hiermit endete 1244 der magdeburger Krieg.

Friedrich III., Graf von Beichlingen (1445—65), war der Erste, der sich in seinen Briefen und Urkunden Primas von Deutschland nannte. Ueber die Regierung von Albert V. († 1545), Sohn des Kurfürsten Johann von Brandenburg, s. Albrecht 10). Sigmund, Sohn des Kurfürsten Joachim II. von Brandenburg, seit 1552 Erzbischof von M., bekannte sich mit dem ganzen Domkapitel zur lutherischen Lehre und führte fast an allen Orten des Erzstifts die Reformation ein. Sein Nachfolger, Joachim Friedrich, Kurprinz von Brandenburg (seit 1566), trat ebenfalls offen zur evangelischen Kirche über. Als derselbe 1598 die Regierung Brandenburgs übernahm, setzte er seinen 11 Jahre alten Sohn Christian Wilhelm als Administrator des Erzbisthums M. ein, unter welchem das Land während des dreißigjährigen Kriegs viel zu leiden hatte. Er selbst ward, da er sich am Kriege betheiligte, 1628 vom Domkapitel entsetzt u. Herzog August von Sachsen gewählt. Gustav Adolf führte ihn zwar 1630 zurück, bei der Einnahme Magdeburgs aber ward er von Tilly gefangen und hierauf das Erzstift im prager Frieden 1635 dem Herzog August von Sachsen übergeben, sodann in Folge einer Bestimmung des westphälischen Friedens (1648) nach Augusts Tode säkularisirt und als ein erbliches Herzogthum dem Hause Brandenburg zum Ersatz für Pommern gegeben. Brandenburg empfing die Huldigung 1650, aber zum eigentlichen Besitz kam es erst nach des Administrators Tode am 4. Juni 1680. Die Würde des Primas von Deutschland kam an den Erzbischof von Salzburg. Das ganze Herzogthum, ohne die 1780 dazu geschlagene preußische Grafschaft Mansfeld, umfaßte 1773 auf 98 □Meilen 29 Städte, 7 Flecken und 418 Dörfer. Die Zahl der Einwohner belief sich auf 234,050, später 260,000, meist protestantischer Konfession. Die gesammten landesfürstlichen Einkünfte des Herzogthums betrugen jährlich 1,400,000 Reichsthaler. Das Wappen war ein mit Roth und Silber quer getheilter Schild. Das Herzogthum war in 4 Kreise getheilt: den Holzkreis, den jerichowschen Kreis, den Saalkreis und den ziesarschen Kreis. Vergl. Großfeld, De archiepiscopatus Magdeburgensis originibus, Münster 1856.

Ganz verschieden vom Erzbisthum und Herzogthum M. war die Burggrafschaft M. Schon zu Karls des Großen Zeit bestand die alte kaiserliche Statthalterschaft zu M.; es war daselbst eine Burg, welche der kaiserliche Graf bewohnte, der bisweilen auch der Graf von der Elbe genannt wird. Unter Kaiser Otto I. erhielt dieses Amt Bedeutung durch seine Verbindung mit der Vogtei über das neugegründete Erzbisthum. Nachdem mehre Mitglieder der Häuser Walbeck und Plötzke die Burggrafschaft besessen hatten, kam sie 1118 durch Vermittelung des Erzbischofs Adelgot an den Grafen Wiprecht von Groitzsch, der vermöge dieser für fürstlich geachteten Würde auch die Vogtei zu Halle (das halle'sche Grafengedinge) ausübte. Tausend Vasallen sollen damals zu der Burggrafschaft gehört und die Einkünfte derselben sich auf 500 Talente belaufen haben. Nach dem Tode von Wiprechts Sohn, Heinrich von Groitzsch, Markgrafen zur Lausitz, kam sie 1136 durch Vermittelung des Erzbischofs Konrad I. an dessen Bruder Burkhard, aus dem Hause Querfurt, bei welchem Dynastengeschlechte sie bis 1264 blieb. In diesem Jahre erkaufte Erzbischof Konrad II. das Burggrafenthum mit dem damit verbundenen magdeburgischen Erzschenkenamte von dem Gra n Burkhard zu Mansfeld und überließ es nebst den verschiedenen Vogteien den Herzögen Johann von Lauenburg und Albrecht II. von Wittenberg, Herzögen zu Sachsen, um die Summe von 12,000 Mark unter der Bedingung, daß sie solches von dem Erzstift zu Lehen haben sollten. Die Burggrafschaft umfaßte damals die burggräflichen Rechte zu Magdeburg und Halle, sowie die Aemter Gommern, Ranis, Elbenau und Gottau. Bald erscheint die wittenbergische Linie im ausschließenden Besitze der Burggrafschaft, und bereits 1294 verkaufte Herzog Albrecht II. sowohl das Burggrafenthum, als das Schultheißenamt zu M. wieder an das Erzstift für 900 Mark. In der Folge ward das Burggrafenthum kaiserliches Lehen. Als daher Markgraf Friedrich der Streitbare 1422 vom Kaiser mit dem Kurfürstenthum Sachsen beliehen wurde, ließ er sich auch das Burggrafenthum M. verleihen, welches nachher zwischen dem Hause Sachsen und dem Erzstift M. langwierige Streitigkeiten veranlaßt hat, die endlich am 10. Juni 1579 durch den magdeburger Permutationsreceß zu Eisleben od. den eislebenschen Tauschreceß, zwischen dem Kurfürsten August von Sachsen und dem Erzstift M., dahin entschieden wurden, daß das Erzstift an Kursachsen die Lehnsherrlichkeit und Landeshoheit über einen großen Theil der Grafschaft Mansfeld abtrat, wogegen das Kurhaus Sachsen Alles, was dessen Glieder als Burggrafen zu M. in den Städten M. und Halle und in dem ganzen Erzstift aus kaiserlicher Gnade gehabt und vom Reich zu Lehen getragen hatten, an das Erzstift übergab, aber sich und seinen Nachkommen den Titel und das Wappen des Burggrafenthums M. nebst den 4 obengenannten Aemtern vorbehielt.

Magdeburg, Hauptstadt des gleichnamigen preußischen Kreises und Regierungsbezirks, sowie der Provinz Sachsen, eine der wichtigsten Festungen des preußischen Staats, am linken Ufer der Elbe, die sich hier in 3 Arme theilt, besteht aus 4 durch die Elbarme getrennten Theilen oder Festungen, nämlich der Altstadt, der Sternschanze, der Citadelle und der Friedrichsstadt oder Thurmschanze am rechten Ufer der Elbe, und aus 2 Vorstädten, Neustadt und Sudenburg. Die Verbindung zwischen diesen Stadttheilen unterhalten 3 Brücken, nämlich die 274 Fuß lange Strombrücke über die neue Elbe, die 224 F. lange Zollbrücke über den mittleren Arm und die sogenannte lange Brücke von 814 F. Länge über die alte Elbe. Die eigentliche Stadt od. Altstadt liegt in Form eines Halbkreises am linken Ufer der Elbe u. ist durch einen hohen Hauptwall mit 3 angehängten und 8 abgerückten Bastionen und durch 10 kleine Ravelins und 8 Grabenscheeren nach alter Art befestigt. Durch 2 Defensionskasernen werden diese Befestigungen verstärkt und durch einzelne Lünetten und Kontregarden mit den äußeren Werken verbunden. Die breiteste westliche Seite wird noch durch ein System von 11 Bastionen geschützt. Dann folgt ein zweiter Hauptgraben und jenseits desselben ein bedeckter Weg mit geräumigen Waffenplätzen. Auf dem bedeckten Wege erhebt sich vor 4 Fronten eine Enveloppe und in den Waffenplätzen der übrigen Fronten Lünetten. An die Außenwerke der Altstadt stößt südlich dicht die Sternschanze an, ein tenaillirtes Viereck mit dreifacher Umwallung, Kasematten und Minensystem. Hier saß Trenck in einem besonderen aus Quadern gemauerten Kerker gefangen. Die Citadelle, auf einer von der neuen Elbe und der Zollelbe gebildeten Insel gelegen, ist ein unregelmäßiges kasemattirtes und bastionirtes Fünfeck ohne bedeutende Außenwerke. Die Thurmschanze endlich ist die Befestigung der Friedrichsstadt, eine Umwallung mit 3 ganzen und 2 halben abgerundeten Thürmen, vor welchen 3 ganze, 2 halbe Bastionen, 4 Grabenscheeren, 4 Ravelins und ein bedeckter Weg liegen. Die beiden Vorstädte, die nördlich gelegene Neustadt mit 13,452 Einw. u. die südwestlich gelegene Sudenburg mit 5242 Einw., die nebst dem ehemaligen Kloster Bergen 1813 durch die Franzosen zerstört wurden, sind seit 1818 theilweise wieder aufgebaut. Die eigentliche Stadt, bis 1807 in die Altstadt und den Neumarkt getheilt, hat 5 befestigte Thore, ein offenes Brückenthor u. 2 verschließbare Ausgänge auf der Wasserseite und zählt 131 Straßen, Gassen und Plätze. Erstere sind nicht besonders gerade und breit, ja vom alten Markt gegen die hohe Pforte hin eng und winkelig; nur der breite Weg, der die ganze Stadt der Länge nach vom Sudenburger- bis zum Krökenthor durchschneidet, ist eine schöne, geräumige Straße und daher Hauptader des Verkehrs. Von den Plätzen sind zu nennen: der alte Markt, auf welchem die schon 973 errichtete Bildsäule Otto's des Großen steht, und der neue Markt (Domplatz), von schönen u. ansehnlichen Gebäuden umgeben. Auf dem Platze bei der Hauptwache befindet sich die 1857 errichtete Bronzestatue des Oberbürgermeisters Franke (von Bläser). Die Friedrichsstadt hat 2 Thore und 7 Straßen, die Citadelle 3 Eingangsthore. Unter den Kirchen ist besonders der Dom am neuen Markt hervorzuheben, eins der schönsten Denkmäler gothischer Baukunst, 1268—1363 errichtet und in den Jahren 1825—35 gründlich restaurirt. Nur die ältesten Theile sind in Rundbogenstyl, alles Andere ist im reinsten gothischen Styl aufgeführt. Der Bau hat eine Länge von 350 Fuß und bedeckt einen Flächenraum von 46,000 □Fuß. Er hat ein reich verziertes Hauptportal und zwei 330 Fuß hohe, erst 1520 vollendete Thürme, von denen aber der südliche noch der Spitze entbehrt. In dem einen Thurm hängt eine 266 Centner schwere Glocke. Im Innern macht das 100 Fuß hohe, von 12 mächtigen Pfeilern getragene Mittelschiff einen imposanten Eindruck; die Seitenschiffe erscheinen etwas gedrückt. In der Kapelle unter den Thürmen ist das Grabdenkmal des Erzbischofs Ernst, 1495 von Peter Vischer in Erz gegossen, befindlich; im Chor rechts bezeichnet eine einfache Marmorplatte das Grab der Kaisers Otto I.; hinter dem Hochaltar ruht dessen Gemahlin Editha. Außer dem marmornen Hochaltar enthält das Innere noch zahlreiche kleinere Altäre. Noch sind bemerkenswerth die marmorne, mit schönen Skulpturen verzierte Kanzel und der große Taufstein von Porphyr. Rings um das Dach der Kirche führt ein mit steinerner Balustrade versehener Gang, von dem aus man eine schöne Aussicht auf die Stadt u. Umgegend genießt. Die übrigen, zum Theil ebenfalls sehenswerthen Kirchen M.s sind die katholische Marienkirche, die älteste der Stadt, früher Klosterkirche eines berühmten Prämonstratenserstifts (dessen Räumlichkeiten einem Gymnasium zugewiesen sind), die Johannis-, Heiligegeists-, Ulrichs-, Jakobi- und Katharinenkirche und die reformirte Kirche. Die ehemalige Nikolaistiftskirche dient jetzt als Arsenal; die Stiftskirche St. Sebastian, worin das Grabmal Otto's von Guericke, als städtisches Wollmagazin; die Gangolfskirche als Waarenspeicher. Von andern Gebäuden sind zu erwähnen: das 1691 erbaute Rathhaus am alten Markt mit der sehr bedeutenden Stadtbibliothek, die Dompropstei oder das Fürstenhaus, das Appellationsgericht, das Regierungsgebäude, das neue Oberpräsidialgebäude am Fürstenwall, das Theater, die Artilleriekasernen, das Zeughaus, die Wasserkunst mit einer Mahlmühle von Gußeisen ꝛc. M. ist der Sitz des Oberpräsidiums und des Konsistoriums der Provinz Sachsen und eines evangelischen Generalsuperintendenten, eines Provinzialschul- und Medicinalkollegiums, eines Appellationsgerichts und eines Stadt- und Kreisgerichts und vieler anderen Behörden, sowie des Generalkommando's des 4. Armeecorps. Von Bildungs- und sonstigen gemeinnützigen Anstalten sind hervorzuheben: 2 Gymnasien, eine höhere Bürger- und eine Handelsschule, viele Elementarschulen, eine Hebammenschule und Entbindungsanstalt, eine Kunst- und Baugewerkschule, ein evangelisches Domkapitel und 4 evangelische Kollegiatstifter mit bedeutendem Grundbesitz, eine Provinzialhülfskasse, ein Krankenhaus, ein Militärlazareth, ein Armenhaus, ein Theater, ein Kunstverein, verschiedene landwirthschaftliche Vereine, eine Rentenbank, eine Börse, eine Privatbank, eine Handelskompagnie, eine Aktienhandwerkerbank, eine vereinigte hamburg-magdeburger Dampfschifffahrtsgesellschaft, eine Wasserassekuranzkompagnie, eine Feuer-, Hagel- und Viehversicherungsgesellschaft u. 3 Eisenbahngesellschaften. Die Stadt zählte 1722 12,536, 1798 mit der Besatzung 37,450, 1850 55,079, 1858 ohne die 7606 Mann betragende Besatzung 82,671 Einwohner, worunter 3470 Katholiken, 1068 Dissidenten und 979 Israeliten. M. ist eine der ersten Fabrik- und Handelsstädte Norddeutschlands. Die äußerst zahlreichen industriellen Etablissements erzeugen Woll-, Leinen- u. Seidenzeuche, Strumpfwaaren, Bänder, Zwirn, Cichorien, Cigarren, Tabak, Runkelrübenzucker, Branntwein, Maschinen, Eisenwaaren ꝛc. Die Stadt ist Mittelpunkt von 4 nach allen Richtungen führenden Eisenbahnen (magdeburg-leipziger, magdeburg-braunschweiger, magdeburg-potsdam-berliner und magdeburg-wittenberg-hamburger); den Verkehr auf der Elbe vermitteln Dampfschiffe stromauf- und stromabwärts; die vereinigte hamburg-magdeburger Dampfschifffahrtskompagnie beförderte 1860 mit 6 Dampfern und 19 Schleppkähnen ein Güterquantum von 536,662 Centnern. Die Bedeutung des magdeburger Handels ergibt sich aus den Zahlen, welche den Verkehr auf dem Packhofe repräsentiren: es gingen 1860 zu Land ein 259,702 Centner, zu Wasser 367,366 Ctnr., Pulver 915 Ctnr., zusammen 627,983 Ctnr. (die Hälfte aus Hamburg); es gingen aus zu Land 2873 Ctnr., zu Wasser 360,366 Ctnr., zusammen 363,239 Centner. Besonders lebhaft ist der Handel mit Kolonialwaaren, sowie mit Häringen, Hanf, Oel, Talg, Thran, Theer, Seife, Salz, Wein, Essig, Getreide, Rübsamen, Holz, Leder, Tuch, Bergwerksprodukten, englischen und einheimischen Manufakturwaaren. Promenaden u. Anlagen sind der Fürstenwall, 600 Schritte lang, über Kasematten hinlaufend, die jetzt zu Eisenbahn- und Postzwecken dienen; der Friedrich-Wilhelmsgarten, am Glacis der Festung gelegen, an der Stelle des 937 gegründeten u. 1810 aufgehobenen Klosters Bergen gelegen, mit einem nach Schinkels Plan erbauten Gesellschaftshause; der Herrenkrug, ein großartiger, sehr besuchter Park auf dem rechten Elbufer, und der Werder, ein mit zahlreichen Koncertgärten, Tanz- und andern Vergnügungslokalen, auch einem Sommertheater ausgestatteter Stadttheil zwischen zwei Elbarmen. M. ist Geburtsort Otto's von Guericke, K. Zimmermanns und H. Zschokke's.

Im Jahre 805 wurde M., damals **Magadeburg**, in der Folge **Maideburg** genannt, von Karl dem Großen zu einem Handelsplatze bestimmt, über welchen die mit den Slaven, Wenden und Avaren handelnden Kaufleute nicht hinausgehen durften. Auch die Stapel- und Niederlagsgerechtigkeit der Stadt soll von Karl herrühren. In den Jahren 923 und 924 wurde M. bei einem Einfalle der mit den Ungarn vereinigten Wenden u. Slaven beinahe gänzlich zerstört, aber von der Kaiserin Editha, Gemahlin Otto's des Großen, wieder aufgebaut und mit Wällen und Mauern umgeben. Das von letzterem 937 hier gegründete Kloster wurde 967 in ein Erzbisthum verwandelt. Im Jahre 1135 hielt Lothar II. hier einen Reichstag, und schon unter den letzten sächsischen Kaisern ward M. als die Hauptstadt von Sachsen angesehen. In den Kriegen mit den Wenden und Polen war es fast immer der Sammel- und Waffenplatz für die kaiserlichen Truppen. Die erste Belagerung M.s ward (1314) vom Erzbischof Bernhard III. über die Stadt verhängt, mußte jedoch aufgehoben werden. Gegen das Ende des 15. Jahrhunderts erscheint M. fast unabhängig von den Erzbischöfen, die auch meist auswärts, besonders zu Halle, residirten. Auch gehörte M. zu den Hansestädten. Der schon frühzeitig errichtete Schöppenstuhl stand im Mittelalter in großem Ansehen, und das **magdeburger Recht**, eine Mischung von altsächsischen Gewohnheits- und magdeburger Lokalrechten, hatte weite Verbreitung und Gültigkeit. Seit 1524 fand in M. die Reformation besonders durch Amsdorfs Bemühungen mehr und mehr Eingang. Da die Stadt die Annahme des Interims verweigerte, wurde sie in die Acht erklärt und verlor ihr Stapelrecht, den Schöppenstuhl und andere Gerechtsame zu Gunsten Joachims II. von Brandenburg, der die Niederlage nach Tangermünde verlegte. Kaiser Karl V. hatte die Vollziehung der Acht dem Kurfürsten Moritz von Sachsen aufgetragen. Dieser vereinigte sich mit dem Herzog Georg von Mecklenburg und begann am 4. Okt. 1550 die eigentliche Belagerung, vermochte die Stadt aber erst im Oktober 1551 durch Kapitulation einzunehmen, wobei ihr freie Religionsübung gestattet wurde. Schon 1554, unter dem Administrator Christian Wilhelm aus dem brandenburgischen Hause, erhielt sie das Stapelrecht zurück. Im dreißigjährigen Krieg wurde sie 1626 kurze Zeit von Wallenstein besetzt, dann 1629 von demselben 28 Wochen lang vergebens eingeschlossen und 1631, weil sie ihren geächteten Administrator wieder aufgenommen hatte, von Neuem durch Tilly belagert. In der Hoffnung baldigen Entsatzes leisteten zwar die Bürger mit Hülfe einer kleinen schwedischen Besatzung mannhaften Widerstand; endlich aber wurden sie von allen ihren Posten vertrieben und die Stadt erstürmt und an vielen Stellen in Brand gesteckt. Nur 139 am Fischerufer gelegene kleine Hütten und der Dom blieben vom Feuer verschont. Erst am Abend des dritten Tags ließ Tilly allen noch Lebenden Pardon anbieten. Von sämmtlichen Bürgern der von 36,000 Menschen bevölkerten Stadt entgingen nur etwa 400 dem Tode. Tilly nannte diese Greuel die **magdeburger Hochzeit**. Nachdem 1632 die Kaiserlichen wieder abgezogen waren, besetzten die Schweden die Stadt. Sie erstand schnell wieder aus den Trümmern, ward aber 1635 schon wieder, und zwar von den brandenburgischen und weimarischen Truppen, eingeschlossen und 1636 von den Kaiserlichen und Sachsen belagert und durch Kapitulation genommen, worauf die schwedische Besatzung abzog. Im westphälischen Frieden (1648) wurde M. nebst dem Erzstift dem Hause Kurbrandenburg mit der Bestimmung einverleibt, daß Brandenburg das Erzstift nach Abgang des damaligen Administrators, Herzogs August zu Sachsen, als ewig währendes Lehn besitzen sollte. Lange sträubte sich M. dagegen, mußte aber schließlich im Vergleich zu Kloster Bergen am 28. Mai 1666 doch einwilligen. In der Folge ließen sich in M. viele der aus Frankreich vertriebenen Reformirten nieder. In dem Kriege Preußens mit Frankreich (1806) übergab der Kommandant von Kleist M. am 11. Nov. 1806 an die Franzosen unter Ney. Im tilsiter Frieden 1807 an Frankreich abgetreten und sodann zum Königreich Westphalen geschlagen, kam M. durch den pariser Frieden wieder an Preußen, nachdem es 1813—14 bloß von einem Corps unter Tauenzien eingeschlossen worden war. An der Gründung der deutsch-katholischen Kirche (1845) betheiligte sich M. lebhaft. Später veranlaßte die Berufung des Pastors Uhlich (s. d.) auch im Schooße der protestantischen Kirche Parteiungen und Dissidien mit dem Konsistorium. Vgl. **Rathmann**, Geschichte der Stadt M., Magdeburg 1800—17, 4 Bde.; **Lehmann**, Topographie der Stadt M., das. 1830, 2 Bde.; **Hoffmann**, Chronik der Stadt M., das. 1843—50, 3 Bde.; **Wolter**, Geschichte der Stadt M. von ihrem Ursprung bis auf die Gegenwart, das. 1845.

Magdeburger Börde, preußische Marschländer in der preußischen Provinz Sachsen, Regierungsbezirk Magdeburg, Kreis Magdeburg und Wollmirstädt, an der Elbe, sehr fruchtbar.

Magdeburgische Centurien, s. Centurien, magdeburgische.

Mage (**Magan**), Gesellschaft, Glieder einer solchen; Verwandte (**Schwert-** u. **Spillmagen**), daher **Magenschaft**, s. v. a. Verwandtschaft, **Magenscheid**, s. v. a. Erbvergleich.

Magelhaens (**Magalhaens**, **Magalhães**, franz. u. span. **Magellan**), **Fernando de**, berühmter Erdumsegler, um 1470 in Portugal geboren, hatte sich in portugiesischen Diensten unter Albuquerque bei der Eroberung von Malakka ausgezeichnet, trat sodann, sich zurückgesetzt glaubend, in spanische Dienste und erhielt von Kaiser Karl V., um einen neuen, westlichen Weg nach den Molukken aufzusuchen, 5 Schiffe mit 236 Mann Besatzung, mit welchen er am 20. September 1519 von San Lucar absegelte und am 12. Januae 1520 die Mündung des la Plata erreichte. Nachdem er in einem Hafen Patagoniens überwintert, erreichte er gegen Ende

Oktober 1520 das Vorgebirge am Eingange der Meerenge, das er de las Virgines nannte, u. drang dann durch die bis dahin noch ganz unbekannte Straße, die nachher den Namen Magelhaens-straße erhielt, nach der Südsee vor, die er am 27. November zuerst erblickte und wegen des anhaltend ruhigen Wasserspiegels den stillen Ocean nannte. Er durchschiffte denselben binnen 3 Monaten und 20 Tagen, und nahe daran, dem Mangel an Wasser und Lebensmitteln zu unterliegen, entdeckte er am 6. März 1521 den Archipel der Marianen oder Ladronen und bald darauf die Philippinen. Den Beherrscher von Zebu, einer dieser Inseln, bekehrte er zum Christenthum, fiel jedoch im Kampf gegen den Beherrscher der Insel Matan am 6. März 1521. Sein Geschwader ging von da nach den Molukken; aber nur eins der Schiffe, die „Victoria", kam unter Führung des Sebastian del Cano den 7. September 1522 nach Spanien zurück. Eine Beschreibung der Fahrt lieferte Amoretti (Mailand 1811), einen Auszug aus M.' Tagebuch Nuñez de Carvalho in den „Noticias para a historia e geografia das nacões ultramarinas" (Lissabon 1831, 6 Bde.). Vergl. Bürck, M., oder die erste Reise um die Welt, Leipzig 1844. Ein Urenkel M.', der Naturforscher Johann Hyacinth M., geboren 1723 zu Lissabon, † den 7. Februar 1790 zu Islington bei London, übersetzte mehre physikalische Werke und machte sich besonders durch seine Erfindung der Bereitung künstlicher Mineralwässer bekannt.

Magelhaensland, s. v. a. Patagonien.

Magelhaensstraße, eine mehr als 60 Meilen lange Meerenge, welche Südamerika von dem antarktischen Archipel scheidet. Ihr östlicher Eingang ist zwischen den Kaps de las Virgines und del Espirito, ihr westlicher Ausgang zwischen den Kaps Villar und Victory. In der Mitte erweitert sie sich seeartig, im östlichen Theile dagegen ist sie kaum ¼ Meile breit. In den großen Ocean führen zu beiden Seiten der Clarenceinsel zwei enge Straßen: der von Klippen freie Magdalenen- od. Cockburnkanal und der von Felsen erfüllte Barbarakanal. Heftiger Andrang der Fluth nach der Ebbe und stets herrschende Weststürme machen die Schiffahrt durch die Meerenge schwierig und gefährlich.

Magellan, s. Magelhaens.

Magelone (Maguelonne), die Heldin eines fast in alle europäischen Literaturen übergegangenen Ritterromans, war die Tochter eines Königs von Neapel und wurde von ihrem Geliebten, Peter, einem Sohne des Grafen von Provence, entführt. Während sie in einem Wald ermüdet auf seinem Schooß entschläft, findet dieser in einem aus ihrem Busen gezogenen Stück Zindel die 3 Ringe, die er ihr kurz zuvor geschenkt hatte. Ein Rabe raubt dieselben und läßt, von Peter verfolgt, sie ins Meer fallen. Der Ritter wirft sich in einen leichten Kahn, wird aber durch einen Sturm ins Meer hinaus getrieben und fällt in die Hände von Seeräubern, die ihn als Sklaven an den Sultan von Bagdad verkaufen. M. hatte, wieder erwacht, den Geliebten lange gesucht und sich sodann nach Rom und von da, ohne ihre Herkunft zu entdecken, nach einer Insel in dem Heidenport, an der Küste der Provence, begeben, wo sie von den aus Neapel mitgenommenen Schätzen dem St. Petrus ein kleines Kirchlein u. ein Hospital für Kranke erbaute. Weit und breit erscholl bald ihr Ruhm, und auch die Aeltern Peters kamen herbei, um ihre Hochachtung ihr zu bezeigen. Peter hatte unterdessen vom Sultan die Erlaubniß zur Rückkehr in sein Vaterland erhalten, erkrankte aber unterwegs und landete endlich auf der Insel in Heidenport, wo er in der dienenden Pilgerin, unter deren Pflege er bald genas, die Geliebte wieder erkannte und nun mit ihr vereint ward. In der Provence wird noch das Grab der M. gezeigt, und eine Insel in der Nähe von Marseille führt ihren Namen. Die Sage soll zuerst von Bernard de Treviers gegen 1180 in einem provençalischen Gedichte behandelt worden sein; dann wurde sie in einen französischen Prosaroman umgearbeitet, der zuerst 1457, zuletzt in der „Bibliothèque bleue" (1775) erschien, fast in alle Sprachen übersetzt und zum Volksbuch wurde. Die erste deutsche Bearbeitung von Veit Warbeck erschien 1535, sodann wieder abgedruckt in Simrocks und Marbachs „Deutschen Volksbüchern". In neuerer Zeit wurde das deutsche Volksbuch von Tieck in „Leberechts Volksmärchen" und von Schwab in dem „Buch der schönsten Geschichten" bearbeitet u. von Morgenroth zum Roman umgestaltet (Leipzig 1829). Auch anderweit wurde der Stoff poetisch bearbeitet.

Magen (ventriculus, stomachus, gaster), die sackförmige Erweiterung des Verdauungskanals, welche die Bestimmung hat, die verschluckten Nahrungsmittel längere Zeit zurückzuhalten und sie in innige Berührung mit dem Magensafte zu bringen, wodurch sie in gelösten Zustand versetzt und resorbirbar gemacht werden. Der M. hat seine Lage in dem obersten Theil der Bauchhöhle, und zwar in der Gegend, wo die untern Rippen unter einem Winkel vom Brustbein aus nach unten und hinten abgehen (sogenannte Magengrube). Von dieser Gegend aus erstreckt sich der M. in das rechte und linke Hypochondrium. Ein nicht allzu stark ausgedehnter M. ist ungefähr 34 Centimeter lang u. 12—15 Cent. breit. Er faßt bei Männern gegen 6, bei Frauen gegen 4 Pfund Flüssigkeit. Die Größe des M.s schwankt immerwährend und richtet sich wesentlich nach der Masse seines jedesmaligen Inhalts. Der M. grenzt nach oben an das Zwerchfell, nach unten an das Querstück des Grimmdarms, nach vorn an die Bauchwand und an den linken Leberlappen, nach hinten an die Bauchspeicheldrüse, nach rechts an die Leber, welche ihn zum Theil verdeckt, und endlich nach links an die Milz. Der Eingang des M.s, d. h. die Stelle, wo sich der weite Magenschlauch an die enge Speiseröhre ansetzt, heißt Cardia s. Ostium oesophageum und liegt gerade da, wo die Speiseröhre durch das Zwerchfell tritt. Das untere Ende des M.s, sein Ausgang od. Pförtner (pylorus s. ostium duodenale), schließt den M. gegen den Zwölffingerdarm hin ab. Nach unten und links von der Cardia liegt der weiteste Theil des M.s, der sogenannte Magengrund (fundus ventriculi), welcher sich blindsackförmig gegen die Milz ausbuchtet. Vom Magengrund an gegen den Pförtner hin verengert sich der M. mäßig und krümmt sich ungefähr 2 Zoll vor dem Pförtner etwas nach aufwärts. Der Pförtner selbst ist äußerlich als eine seichte Einschnürung zu erkennen. Die vordere und hintere Fläche des M.s stoßen am obern und untern Bogen des Magenschlauchs zusammen. Der obere Bogen (curvatura minor) ist konkav u. kleiner als der konvere untere Bogen (curvatura major). Ist der M. gefüllt, so wird die vordere Fläche desselben zur obern, die hintere zur untern; es steht dann die große Kurvatur nach vorn, die kleine nach hinten. Der M. ist von einer serösen Haut überzogen, welche einen integrirenden Theil des Bauchfellsackes bildet, und, indem sie vom M. auf die Nachbarorgane übergeht, zugleich ersteren in gewissem Grade in seiner Lage erhält. Diese Uebergangsstellen bilden sogenannte Bänder. Ein solches Band liegt zwischen Zwerchfell und Cardia (ligamentum phrenico-gastricum), ein anderes zwischen M. und Milz (l. gastro-lienale). Von der Pforte der Leber geht das kleine Netz (omentum minus s. hepato-gastricum) schief zur kleinen Kurvatur des M.s herab. Von der großen Kurvatur zieht das große Netz (omentum majus s. gastro-colicum) gegen die Beckenhöhle herab u. deckt wie eine Schürze die Dünndarmschlingen. Eigentlich verdient nur das Ligamentum phrenico-gastricum den Namen eines Haltbandes, denn die übrigen Bänder sind so schwach und sind selbst an so bewegliche Eingeweide angeheftet, daß sie den M. kaum fixiren können und er somit seine Lage im Zustand der Füllung ohne besondere Schwierigkeit zu ändern vermag. Die Wandung des M.s wird aus 3 koncentrischen Häuten gebildet; die Dicke der ganzen Magenwand beträgt im Normalzustand etwa 1 Linie. Die äußerste jener 3 Häute ist der zarte seröse Ueberzug, welcher einen Theil des Bauchfells bildet, und dem der M. seine glatte, feuchte, jede Bewegung verstattende Oberfläche verdankt. Der seröse Ueberzug ist fest mit der darunter liegenden Muskelhaut des M.s verwachsen. Letztere besteht aus längs und aus quer verlaufenden Fasern. Die Längsfasern der Muskelhaut bilden gewissermaßen die Fortsetzung von den Längsfasern der Speiseröhre. Sie sind an der kleinen Magenkurvatur viel dichter zusammengedrängt als an der großen. Unter den Längsfasern, mehr gegen die Höhle des M.s hin, liegen quer verlaufende Muskelfasern, welche sich mit jenen unter rechtem Winkel kreuzen. Ein stärkeres Bündel solcher Zirkelfasern erzeugt am Pförtner eine faltenartige Erhebung der Schleimhaut, die sogenannte Pförtnerklappe (valvula pylori). Das in dieser Falte eingeschlossene Muskelbündel verschließt während der Verdauung den Magenausgang vollkommen und heißt daher Schließmuskel des Pförtners (sphincter pylori). An dem Mageneingang befindet sich kein besonderer Schließmuskel. Die Bewegungen des M.s, welche durch die abwechselnde Zusammenziehung seiner Längs- und Querfasern bewerkstelligt werden und von der Cardia gegen den Pylorus wurmförmig fortschreiten, sind nur dazu da, nach und nach jedes Theilchen des Mageninhalts mit der Schleimhaut des M.s in Berührung zu bringen und die bereits gelösten Speisen in den Zwölffingerdarm hinüber zu drücken. Stärkerer Kraftäußerungen ist der menschliche M. nicht fähig. Die Kraft, mit welcher beim Erbrechen der Mageninhalt ausgeworfen wird, hängt nicht von der Stärke der Muskelhaut des M.s, sondern hauptsächlich vom Drucke der Bauchmuskeln ab. Ganz falsch ist die Vorstellung, als ob die Magenwände durch ihre Bewegung die Speisen zerreiben müßten. Die **Magenschleimhaut**, welche mit der äußerlich um sie herumliegenden Muskelhaut durch das submuköse Bindegewebe locker verbunden ist, ist sammtartig weich und je nach ihrem Blutgehalt von gelbgrauer bis graurödhlicher Farbe. An ihrer freien Fläche zeigen sich meist ganz flache, höchstens linsengroße Erhabenheiten, welche durch seichte Furchen von einander geschieden sind. Gegen den Pylorus hin finden sich kleine zottenartige Erhebungen, welche stellenweise zu niedrigen Fältchen zusammenfließen (plicae villosae). Die Magenschleimhaut ist mit einem Cylinderepithelium überzogen. An ihrer freien Fläche bemerkt man zahllose kleine Grübchen, die Ausmündungsstellen der Labdrüsen, in welche hinein sich das Epithel der Schleimhautfläche ein Stück weit fortsetzt. An der Magenschleimhaut lassen sich 3 Schichten unterscheiden, nämlich (von innen nach außen) die Drüsenschicht, die Muskelschicht und die Zellgewebsschicht. Die Drüsenschicht ist die bei weitem dickste Schicht der Schleimhaut; sie trägt an ihrer freien Fläche das Cylinderepithel und besteht zum größten Theil aus Labdrüsen, zum geringeren Theil aus der gefäßtragenden bindegewebigen Gerüstsubstanz, enthält aber außerdem noch Schleimdrüsen und Balgdrüsen. Die **Labdrüsen** (glandulae digestivae) sind einfache cylindrische Schläuche von etwa $1/_2$ Linie Länge und $1/_{60}$—$1/_{40}$ Linie Dicke, mit abgerundeten, schwach kolbenförmig sich erweiternden Enden, welche senkrecht zur Magenwand stehen und dicht gedrängt und pallisadenartig neben einander liegen. Gegen den Pylorus hin werden sie weniger häufig, und hier treten öfters mehre Schläuche zu einem gemeinschaftlichen Ausführungsgange zusammen. Die Labdrüsen erstrecken sich durch die ganze Dicke der Drüsenschicht hindurch. Die in dem submukösen Gewebe verlaufenden größeren Arterienäste lösen sich in feine Kapillaren auf, welche in zierlichen, engmaschigen Netzen die Wandung der Labdrüsen umspinnen. In der Nähe der Drüsenmündung vereinigen sich aber diese feinen Haargefäße zu stärkeren Gefäßen, und diese bilden gegen die freie Schleimhautfläche hin ein dichtes Netz von großen rundlichen Maschen. In jeder Masche liegt eine Drüsenmündung. Diese weiteren Kapillaren erst gehen in Venen über. Die Wandung der Labdrüsen, welche leichte Ausbuchtungen zeigt, besteht aus einer strukturlosen Membran. An ihrer freien Fläche ist dieselbe nur gegen die Mündung des Drüsenschlauches hin mit Cylinderepithelzellen, wie sie sich auch auf der freien Schleimhautfläche finden, ausgekleidet. Der übrige Theil des strukturlosen Drüsenschlauchs ist mit zelligen Elementen ausgefüllt. Letztere heißen **Labzellen**; sie sind rundlich oder polygonal, enthalten einen oder zwei Zellkerne u. einen feinkörnigen Inhalt. Außerdem finden sich, besonders gegen den Grund der Drüsenschläuche hin, freie Zellkerne mit Kernkörperchen, sowie eine feinkörnige Molekularmasse. Im Grunde der Drüsen findet eine fortwährende Neubildung von Zellen Statt, die Zellen werden dabei durch die Drüsenmündung auf die freie Schleimhautfläche vorgeschoben und zerfallen hier, wobei ihr Inhalt frei wird und den **Magensaft** darstellt, welcher durch seine lösende Eigenschaft die genossenen Speisen auflöst und zur Resorption vorbereitet. Das Nähere hierüber s. unter **Verdauung**. Bei jeder Mahlzeit findet die Bildung von Labzellen in verstärktem Maße Statt. Die Schleimhaut des M.s ist dabei stets stärker geröthet und etwas geschwollen. Im vollen M. ist die Schleimhaut übrigens glatt, im leeren dagegen in Falten gelegt. Außer den Labdrüsen kommen in der Schleimhaut des M.s auch Schleimdrüsen vor. Sie finden sich nur in dem Pförtnertheil des M.s und sind dadurch charakterisirt, daß sie aus einem gemeinsamen Ausführungsgange mit mehren schlauchartigen Enden bestehen, und daß alle diese Theile mit einem zusammenhängenden Cylinderepithel ausgekleidet sind. Das Innere dieser Drüsenschläuche enthält keine Zellen, sondern nur eine schleimige Masse. Auch Balgdrüsen oder geschlossene Follikel kommen in der Magenschleimhaut in sehr wechselnder Anzahl vor und gleichen ganz den solitären Follikeln des Darms. Die unter der Drüsenschicht der Magenschleimhaut liegende Muskelschicht derselben ist eine dünne Lage, welche aus glatten, spindelförmigen, zu Bündeln vereinigten Muskelfasern besteht. Am Pförtnertheil des M.s verlaufen dieselben ausschließlich in der Längsrichtung, im übrigen M. vorwiegend ringförmig. Die Zellgewebsschicht der Magenschleimhaut besteht aus lockerem fibrillaren Bindegewebe, welches die Muskelhaut des M.s mit der Schleimhaut desselben verbindet, u. dessen Elemente mit der zwischen den Labdrüsen befindlichen faserigen Grundsubstanz der Drüsenschicht zusammenhängen. Der M. ist an seiner großen und kleinen Kurvatur von arteriellen Gefäßen umgeben, welche Kranzarterien des M.s genannt werden. Sie stammen aus der Arteria coeliaca und Art. mesenterica superior. Die Venen des M.s begleiten die Arterien, sammeln sich in der Milzvene und obern Kranzvene des M.s und ergießen ihr Blut in die Pfortader. Die Saugadern des M.s bilden am Grunde der Labdrüsen über der Muskelschicht der Schleimhaut ein feineres und im submukösen Zellgewebe ein gröberes Netz, welches mit dem ersteren zusammenhängt. An der großen u. kleinen Kurvatur liegt eine Anzahl von Lymphdrüsen des M.s. Die Nerven, welche zum M. treten, stammen vom Lungenmagennerven (s. d.) und vom sympathischen Nerven ab. Ueber die sehr verschiedenartige Beschaffenheit des M.s bei den Thieren s. die den einzelnen Klassen u. Ordnungen der Thiere gewidmeten Artikel.

Magenblutung, s. Blutbrechen.

Magenbrei, s. v. a. Chymus.

Magenbrennen, s. Sodbrennen.

Magendie, François, namhafter französischer Physiolog, geboren den 15. Okt. 1783 in Bordeaux, studirte in Paris, ward dann Prosektor an der medicinischen Fakultät, darauf Arzt am Hôtel Dieu u. 1831 Professor am Collége de France. Er † den 7. Okt. 1855 zu Sannois bei Paris. Durch viele Versuche mit lebenden Thieren hat er für die Physiologie wichtige Resultate gewonnen. Von seinen Schriften sind hervorzuheben: „Précis élémentaire de physiologie“ (Paris 1816, 2 Bde.; 4. Aufl. 1836; deutsch von Heusinger, Eisenach 1834–36, 2 Bde., und von Elsässer, 3. Aufl., Tübingen 1834—36, 2 Bde.); „Formulaire pour l'emploi et la préparation de plusieurs nouveaux médicaments“ (Paris 1821; 9. Aufl. 1836; deutsch von Kunze, 6. Aufl., Leipzig 1831); „Leçons sur les phénomènes de la vie“ (Par. 1836—38, 4 Bde.; deutsch von Baswitz, Elberfeld und Köln 1837, 2 Bde., und Behrend, das. 1836 bis 1880); „Leçons sur les fonctions et les maladies du système nerveux“ (Paris 1839, 2 Bde.; deutsch von Krupp, Leipzig 1841); „Recherches philosophiques et cliniques sur le liquide céphalorhachitien ou cérébro-spinal“ (Par. 1842).

Magenentzündung (gastritis), eine der häufigsten Krankheiten, wenn man nämlich darunter auch die katarrhalischen Affektionen der Magenschleimhaut mit begreift. Versteht man aber unter M. nur einen solchen Prozeß, bei welchem ein croupöses od. diphtheritisches oder eitriges Exsudat gesetzt wird, od. bei welchem eine tiefere Zerstörung der Magenwände eintritt, so muß man die M. als eine sehr seltene Krankheit bezeichnen. Wenn nicht giftige Stoffe auf die Magenschleimhaut eingewirkt haben, so entsteht nur ganz selten eine Entzündung derselben, bei welcher auf und in die Schleimhaut ein faserstoffiges oder brandig zerfließendes Exsudat gesetzt wird. Manchmal geschieht dies bei Säuglingen durch Ueberhandnehmen eines bloßen Magenkatarrhs, in andern Fällen ist die M. eine sekundäre Erscheinung bei akuten Infektionskrankheiten, z. B. bei Typhus, Pocken und Blutzersetzungskrankheiten. Uebrigens wird diese Form der M. während des Lebens kaum jemals erkannt werden. Sie kann in Heilung übergehen; bei der diphtheritischen M. bleibt nach der Entfernung der brandigen Schleimhautpartien ein Substanzverlust zurück, welcher unter Bildung einer Narbe heilt. Auch diejenige Form der M. ist sehr selten, bei welcher es zur Bildung von Eiter in dem unter der Schleimhaut liegenden Bindegewebe kommt (gastritis phlegmonosa). Sie tritt entweder ohne nachweisbare Ursache bei vorher gesunden Leuten auf, oder sie begleitet den Typhus, die Sephthämie und andere schwere Krankheiten ähnlicher Art. Die wichtigsten Symptome der Krankheit sind heftiger Schmerz in der Magengrube, heftiges Erbrechen, große Angst, hohes Fieber. Bald stellen sich hierzu die Zeichen einer Unterleibsentzündung ein, der Kranke verfällt sehr schnell u. geht meist in wenigen Tagen zu Grunde. Die Zeichen der Krankheit sind jedoch so unbestimmt, daß man letztere selbst in der Regel nicht zu erkennen vermag, und es muß daher auch hier die Behandlung nur das Ziel verfolgen, die einzelnen Symptome der Affektion zu mildern. Am häufigsten ist die M. die Folge davon, daß giftige Substanzen, wie z. B. koncentrirte Mineralsäuren, ätzende Alkalien und manche Metallsalze, in den Magen gelangten (gastritis toxica). Die Veränderungen, welche der Magen durch jene Stoffe erleidet, beruhen darauf, daß die Gifte chemische Verbindungen mit den Geweben der Magenwand eingehen und dadurch die organische Struktur der Magenwand zerstört wird. Dagegen lassen sich die Veränderungen, welche die Magenschleimhaut bei Vergiftung mit Arsenik und mit scharfen thierischen und pflanzlichen Giften erfährt, nicht auf rein chemische Weise erklären. Durch Fahrlässigkeit werden am häufigsten Kupfersalze, Schwefelsäure u. vegetabilische Gifte in den Magen eingeführt, zu absichtlichen Vergiftungen am häufigsten Schwefelsäure, Arsenik und Phosphor verwandt. Gelangen Mineralsäuren in den Magen, so werden, wenn sie wenig koncentrirt waren, nur die Epithelien und die oberflächlichen Schleimhautschichten in einen weichen, bräunlichen od. schwarzen Schorf verwandelt. Sind aber größere Mengen koncentrirter Säure in den Magen gelangt, so werden alle Schichten des Magens in eine morsche, gallertartige, schwarze Masse umgewandelt, welche durch Aufnahme von blutig-wässeriger Flüssigkeit aus der Umgebung auf mehre Linien Dicke anschwellen kann. Manchmal geht die Magenwand in ihrer ganzen Dicke diese Veränderung ein, u. es kommt dann leicht zur Einreißung des Magens. Das Blut in den Gefäßen der Magenwand und oft selbst in den benachbarten großen Gefäßstämmen ist in eine schwarze, schmierige u. theerartige Substanz umgewandelt. Nur bei den leichteren Fällen kann Heilung eintreten, indem die zerstörten Partien abgestoßen u. die dadurch entstehenden Substanzverluste durch schwieliges Narbengewebe ersetzt werden. Ganz ähnliche Zerstörungen wie durch Mineralsäuren werden auch durch ätzende Alkalien im Magen hervorgerufen. Wenn Sublimat, Kupfer- u. andere Metallsalze in den Magen gelangen, so bilden sich schwarze Schorfe, um welche herum die Schleimhaut stark geröthet u. geschwollen ist. Aehnliche Veränderungen ruft der Phosphor hervor, doch kennt man zahlreiche Fälle von Phosphorvergiftung, bei welchen die Magenschleimhaut für das bloße Auge kein Anzeichen einer Entzündung darbot. Bei Arsenikvergiftung findet man auf der Magenschleimhaut eine oder mehre Stellen, denen eine pulverige weiße Substanz aufliegt, u. die zugleich aufgequollen, geröthet, weicher oder in einen mißfarbigen Schorf umgewandelt sind. Nach Einwirkung scharfer pflanzlicher u. thierischer Gifte zeigt der Magen die Veränderungen der katarrhalischen, croupösen oder diphtheritischen Schleimhautentzündung. Die Symptome der M. durch Vergiftung sind verschieden je nach dem eingeführten Gift. Doch gilt allgemein, daß auch in den Fällen, in welchen Gifte angewendet wurden, denen kein direkt lähmender Einfluß auf das Nervensystem zukommt, zu den örtlichen Erscheinungen der M. schnell eine allgemeine Depression und namentlich ein fast völliges Darniederliegen der Blutcirkulation sich hinzugesellt. Wird ein bisher gesunder Mensch plötzlich von heftigem Schmerz in der Magengegend u. im Unterleibe befallen, stellt sich Erbrechen ein, durch welches schleimige u. schleimig-blutige Massen entleert werden, treten Durchfälle hinzu, denen heftige Kolikschmerzen und Afterzwang vorhergehen, und durch welche ebenfalls schleimig-blutige Massen entleert werden, werden Hände u. Füße kalt, der Puls klein, die Haut mit klebrigem kalten Schweiße bedeckt, so liegt der Verdacht einer M. durch Vergiftung vor. Bei Einführung von Mineralsäuren oder Aetzalkalien finden sich fast immer Schorfe in der Umgebung des Mundes, die Mundschleimhaut selbst ist zerstört, es sind heftige Schmerzen im Munde und dem Schlunde vorhanden, das Schlingen ist äußerst beschwerlich oder ganz unmöglich. Bei der Vergiftung mit Metallsalzen u. Arsenik fehlen gewöhnlich die Zeichen vom Munde u. Schlunde, u. die Zeichen der M. treten erst einige Zeit nach Einführung des Giftes auf. Die genaue chemische Untersuchung der erbrochenen Massen gibt genaueren Aufschluß über das eingeführte Gift. In den schwersten Fällen von M. nach Vergiftung treten zwar Brechbewegungen ein, aber der schon gelähmte Magen vermag seinen Inhalt nicht zu entleeren; der ganze Körper wird eisig kalt, es tritt allgemeine Lähmung ein, und der Kranke stirbt nach wenigen Stunden. In leichteren Fällen tritt der Tod erst später ein, od. es verschwinden, besonders wenn das Gift durch Erbrechen größtentheils wieder entleert wurde, die Lähmungserscheinungen wieder, und die Cirkulation stellt sich wieder her. Die Genesung pflegt eine sehr langsame und fast nie eine vollständige zu sein. Die Gegengifte, welche in den einzelnen Fällen anzuwenden sind (s. Arsenik-, Phosphor-, Schwefelsäure-Vergiftung etc.), dürfen nur kurze Zeit (1—2 Stunden) nach stattgehabter Einführung von Säuren, Aetzalkalien oder Metallsalzen noch angewendet werden. Wurden jene Stoffe schon erbrochen oder haben sie die Magenwand schon zerstört, so können Gegengifte durch neue Reizung des Magens nur schaden. Dagegen ist bei Arsenik u. bei scharfen thierischen und vegetabilischen Giften, da sie langsamer, aber dauernd die Magenwand reizen, auch längere Zeit nach der Zufuhr des Giftes die Anwendung von Gegengiften geboten. Fehlt das Erbrechen oder ist es zu schwach, um den Magen gehörig zu entleeren, so kann in einzelnen Fällen ein Brechmittel von Nutzen sein. Außerdem bedecke man den Leib mit kalten Umschlägen und lasse den Kranken, wenn er es vermag, kleine Mengen Eiswasser oder kleine Eisstückchen verschlucken.

Magenerweichung (gastromalacia), derjenige Zustand des Magens, wobei die Wände desselben stellenweise oder in ihrer ganzen Ausdehnung, meist auch in ihrer ganzen Dicke in eine weiche, gallertartige, durchscheinend graue od. schwärzliche, sehr leicht zerreißliche Masse umgewandelt sind. Früher führte man die M. allgemein unter den Krankheiten des Magens auf. Seitdem jedoch Elsässer den Beweis geliefert hat, daß die M. niemals im Leben besteht, sondern nur eine Leichenerscheinung ist, hat dieselbe eigentlich nur noch ein pathologisch-anatomisches Interesse. Die M. findet man fast nur in den Leichen von Kindern, hauptsächlich in der heißen Jahreszeit. Die Entstehung der M. erklärt man sich gegenwärtig auf folgende Weise: Wenn ein Kind, welches in Folge einer abnormen Zersetzung der genossenen Nahrungsmittel, besonders einer abnormen Gährung der in den Magen eingeführten Milch, an Brechdurchfall (s. Magenkatarrh) gelitten hatte, stirbt und bei Eintritt des Todes noch gährende Substanzen im Magen vorhanden sind, so wird die Gährung bei der langsam eintretenden Abkühlung der Leiche nicht unterbrochen. Der Magen kann aber, sobald die Cirkulation des Blutes in ihm aufgehoben ist, der Gährung keinen Widerstand mehr leisten, er wird selbst in die Zersetzung hineingezogen und erweicht ganz in derselben Weise, wie ein ausgeschnittener Thiermagen erweicht, wenn er mit Milch gefüllt kurze Zeit an einem warmen Orte aufbewahrt wird. Es gibt zwar noch jetzt Aerzte, welche die M. für eine schon im Leben bestehende Krankheit ansehen, und die Sektion des fraglichen Leichnams scheint diese Ansicht durchaus zu bestätigen. Allein die Symptome, an welchen jene Aerzte die M. erkennen wollen, sind ganz dieselben wie bei Brechdurchfall. Daher können auch diejenigen Aerzte, welche die M. für eine bloße Leichenerscheinung halten, mit Sicherheit vorhersagen, daß sie sich vorfinden wird, wenn ein Kind an Brechdurchfall gestorben ist und kurze Zeit vor seinem Tode Milch oder andere leicht zersetzbare Substanzen genossen hat. Die M. wird aber auch manchmal bei leerem Magen beobachtet, und man erklärt sie sich dann dadurch, daß man annimmt, der in den Magen kurz vor dem Tode ergossene Magensaft habe die

Magenhäute nach dem Tode aufgelöst, so gut wie er andere häutige Gebilde aufzulösen im Stande sei (Selbstverdauung des Magens). Es ist viel für und wider diese Annahme vorgebracht worden; jedenfalls kann sie von vorn herein nicht zurückgewiesen werden. Da aber wahrscheinlich in den leeren Magen kein Magensaft ergossen wird, so liegt es näher, anzunehmen, daß eine Zersetzung des Magenschleims, welche gleichfalls Milchsäure liefern kann, denselben zerstörenden Einfluß wie gährende Nahrungsmittel auf die Magenwände ausübt. Vgl. Elsässer, Die M. der Säuglinge, 1846.

Magengegend, s. Bauch.

Magengeschwür, tritt in verschiedenen Formen auf und hat für die Gesundheit und das Leben des betreffenden Individuums eine sehr verschiedene Bedeutung. Kleine, flache Substanzverluste von Hanfkorngröße mit geröthetem Grunde, sogenannte hämorrhagische Erosionen, kommen häufig vor, haben durchaus keine größere Bedeutung und verheilen meist, ohne eine Spur zurückzulassen. Verschwärungen der geschlossenen Drüsenfollikel der Magenschleimhaut sind an sich selten und heilen mit Zurücklassung einer unbedeutenden Narbe, ohne dem Kranken auf längere Zeit belästigende Symptome zu verursachen. Eine sehr wichtige und schwere Form des M.s dagegen ist das sogenannte chronische, runde oder durchbohrende M. (ulcus ventriculi chronicum s. rotundum s. perforans), von welchem wir hier allein sprechen wollen. Die Art und Weise, wie das chronische M. entsteht, ist noch dunkel. Es ist vor allen andern Geschwüren durch seine außerordentlich scharfen Grenzen und dadurch ausgezeichnet, daß in seiner Umgebung stets die Zeichen der Entzündung und Eiterbildung fehlen, die doch sonst bei jedem Geschwür angetroffen werden. Nach der Ansicht von Virchow entsteht das M. dadurch, daß zunächst eine Verstopfung kranker arterieller Gefäße eintritt, daß in Folge dessen die Magenwand, so weit sie das kapillare Stromgebiet der verstopften Arterie bildet, brandig abstirbt, und daß der Magensaft die brandig gewordene Stelle, welcher seiner Einwirkung keinen Widerstand leisten kann, zur Erweichung und zum Zerfall bringt. Die Disposition für das chronische M. ist sehr verbreitet, denn die Statistik weist nach, daß unter 20 Leichen je eine mit einem M. oder mit der Narbe von einem solchen versehen ist. Das chronische M. kommt in jedem Alter vor, im reifen Alter aber häufiger als in der Kindheit, bei Personen weiblichen Geschlechts und schwächlichen Subjekten häufiger als bei Männern und kräftigen Individuen. Ueber die Gelegenheitsursachen des chronischen M.s weiß man nichts Bestimmtes. Häufig werden Diätfehler, Mißbrauch von Spirituosen, kalter Trunk bei erhitztem Körper, sogar Störungen des monatlichen Blutflusses als solche bezeichnet, doch ist es kaum möglich, darüber zu einiger Sicherheit zu gelangen. Das chronische M. hat seinen Sitz am häufigsten in der Pförtnerhälfte des Magens, häufiger an der hintern als an der vordern Magenwand und fast immer an dem kleinen Bogen des Magens oder in seiner Nähe. Selten kommt es im Magengrunde vor. Meist ist nur Ein Geschwür vorhanden, selten zwei oder mehre, welche sich dann gewöhnlich in verschiedenen Stadien befinden. In besonders ausgeprägten Fällen sieht man am Magen von außen her ein kreisrundes Loch mit scharfem Rande, als wäre ein rundes Stück aus der Magenwand mit einem scharfen Locheisen herausgeschlagen. Von innen her gesehen ist der Substanzverlust in der Schleimhaut größer als in der darunter liegenden Muskelhaut und in letzterer größer als in dem äußern serösen Ueberzug des Magens. Das Geschwür bildet gleichsam Terrassen und stellt einen flachen Trichter dar. Die Größe des M.s schwankt zwischen 1/4 Zoll im Durchmesser bis zur Größe eines Thalerstücks und darüber. Oft heilt das Geschwür, bevor es alle Magenhäute durchbrochen hat. Es bildet sich dabei eine Narbe in der Magenwand, welche gewöhnlich ein strahlenförmiges Aussehen hat. War das Geschwür sehr groß, so kann die Heilung desselben zu einer Verengerung des Magens führen, indem die anfangs weiche Narbe sich später stark zusammenzieht. Eine solche Verengerung des Magens bleibt ein unheilbares Hinderniß für den Uebertritt des Mageninhalts in den Zwölffingerdarm und pflegt seinen Inhaber in hohem Grade zu belästigen. Häufig wird ein M. durch das ihm zunächst benachbarte Organ (Bauchspeicheldrüse, Leber, Zwerchfell ꝛc.) gleichsam verlegt, so daß es nicht nach der Bauchhöhle durchbrechen kann. Es verwächst nämlich, bevor die Magenwand durchbohrt ist, letztere in Folge des Reizungszustandes, den das Geschwür verursacht, mit jenen Organen, u. es kann dann, wenn die Magenwand vom Geschwür durchbrochen ist, doch kein Mageninhalt in die Bauchhöhle austreten. Während das Geschwür um sich greift, werden durch dasselbe nicht selten größere oder kleinere Blutgefäße des Magens zerstört, und es kommt dann zu bedeutenden Blutergüssen in die Magenhöhle (s. Blutbrechen). Die Magenschleimhaut befindet sich übrigens bei Gegenwart eines chronischen M.s stets in dem Zustande des chronischen Magenkatarrhs (s. d.). In manchen Fällen von chronischen M.en sind nur so geringfügige Anzeichen einer Magenaffektion vorhanden, daß man die Krankheit ganz übersieht, bis plötzlich durch die Durchbohrung sämmtlicher Häute und durch Austritt des Mageninhalts in die Bauchhöhle eine tödtliche Unterleibsentzündung entsteht, oder bis durch Anfressung eines größern Blutgefäßes eine das Leben bedrohende Magenblutung entsteht. Merkwürdigerweise scheint es fast, als ob diese versteckten Fälle von chronischen M.en am allerhäufigsten zur Durchbohrung der Magenwand und dadurch zum Tode führten, während die mit schweren Symptomen einhergehenden M.e nach längerer Zeit gewöhnlich mit Heilung endeten. Uebrigens sind die chronischen M.e viel häufiger von quälenden Symptomen begleitet, als sie sich erst bemerklich machen, wenn sie bereits zur Perforation und zur Blutung geführt haben. Das gewöhnlichste Zeichen des M.s sind Schmerzen in der Magengegend. Diese Schmerzen sind andauernd, vermehren sich bei Druck, sind an Einer Stelle besonders heftig und steigern sich periodisch zu den heftigsten Anfällen, wobei sie in der Magengegend beginnen und nach dem Rücken hin ausstrahlen. Diese Anfälle pflegen fast immer kurze Zeit nach der Mahlzeit sich einzustellen und stehen mit der Schwerverdaulichkeit und der reizenden Eigenschaft der genossenen Speisen in geradem Verhältniß. Durch Erbrechen tritt Erleichterung ein, die Schmerzen dauern aber oft

Stunden lang fort, wenn sich kein Erbrechen einstellt. Je früher nach der Mahlzeit die Schmerzen eintreten, um so näher pflegt das M. an dem Magenmund zu sitzen, je später, um so mehr liegt es nach dem Pförtner zu. In einzelnen Ausnahmefällen, welche man sich nicht genügend erklären kann, treten die Schmerzen gerade bei leerem Magen auf und werden durch Zufuhr von Speisen erleichtert, od. die Kranken bleiben, wenn sie schwerverdauliche Speisen genossen, von Schmerzen verschont, während leichter verdauliche Speisen heftige Schmerzen hervorrufen. Ganz gewöhnlich kommt bei dem chronischen M. auch ein periodisches Erbrechen vor. Dasselbe pflegt durch dieselben Veranlassungen, welche die Schmerzanfälle bedingen, hervorgerufen zu werden. Es erfolgt bald kürzere, bald längere Zeit nach der Mahlzeit, je nachdem das Geschwür näher oder entfernter vom Magenmunde sitzt. Die Kranken brechen meist die genossenen Speisen mehr oder weniger verändert, mit Schleim u. saurer Flüssigkeit gemischt, wieder aus. Die Beschaffenheit des Erbrochenen hängt vorzugsweise von der Heftigkeit und Ausbreitung des chronischen Magenkatarrhs ab, welcher stets neben dem M. besteht. Wenn zu den heftigen Magenschmerzen und zu dem Erbrechen, welche regelmäßig nach der Mahlzeit eintreten, sich noch Blutbrechen hinzugesellt, so besteht über das Vorhandensein eines chronischen M.s kaum ein Zweifel. Hierzu gesellen sich die Zeichen des chronischen Magenkatarrhs. Manche Kranke leiden an Aufgetriebenheit der Magengegend, an häufigem Aufstoßen und heftigem Sodbrennen, ihr Appetit liegt gänzlich darnieder; andere befinden sich in den schmerzfreien Stunden verhältnißmäßig wohl, und selbst ihr Appetit ist kaum vermindert. Die Zunge der am chronischen M. Leidenden ist gewöhnlich mit einem dicken weißen Beleg versehen, manchmal auch roth u. rissig u. der Durst dabei ansehnlich vermehrt. Es ist fast stets eine habituelle Stuhlverstopfung vorhanden. Was das Allgemeinbefinden der Kranken anbetrifft, so kann das chronische M. frühzeitig die Ernährung untergraben, so daß der Kranke schnell abmagert und ein bleiches, kränkliches Aussehen bekommt. In andern Fällen leidet die Ernährung weniger oder fast gar nicht. Der Verlauf der Krankheit ist meist ein sehr langwieriger, wenn man von den Fällen absieht, wo die Magenblutung oder die Durchbohrung der Magenwand scheinbar das erste Symptom der Affektion ist. Das Uebel kann viele Jahre lang bestehen, während welcher die Beschwerden mannichfache Schwankungen darbieten Eine Zeitlang befinden sich die Kranken erträglich, dann folgen wieder die lästigsten Beschwerden. Nicht selten tritt mitten in der scheinbaren Genesung plötzlich Blutbrechen auf. Es können auch die Leiden mit aller Heftigkeit wieder zurückkehren, nachdem sie Jahre lang ganz verschwunden waren. Am häufigsten endet das chronische M. mit Genesung. Dieselbe kann vollständig sein, indem sich alle Beschwerden allmählig verlieren und ein guter Ernährungszustand eintritt. Häufig ist aber die Genesung auch unvollständig, wenn nämlich das M durch eine Narbe heilt, welche die Bewegungen des Magens an einer bestimmten Stelle hemmt, oder wenn der Magen in Folge des Geschwürs an ein benachbartes Organ angelöthet wurde und nun bei Bewegungen von der Verwachsungsstelle aus gezerrt wird. Solche Störungen bedingen die Fortdauer der Schmerzanfälle, welche zuweilen noch heftiger sind als zuvor. Wenn das chronische M. zum Tode führt, so geschieht dies entweder durch Perforation der Magenwände u. Austritt des Mageninhalts in die Bauchhöhle mit nachfolgender allgemeiner Unterleibsentzündung, od. es geschieht durch eine Magenblutung. Selten wird der Tod durch allmählige Erschöpfung verursacht, wenn eine Verengerung des Magens durch Narbenkontraktion entstanden ist. In letzterem Falle bestehen nicht nur die heftigsten Schmerzen fort, sondern es wird auch alles, was die Kranken genießen, wieder ausgebrochen. Dabei bleibt der Stuhlgang wochenlang aus, die Kranken magern zum Gerippe ab und sterben in Folge der unterbrochenen Nahrungszufuhr. Bei der **Behandlung** des M.s ist vor allen Dingen der daneben bestehende Magenkatarrh zu bekämpfen (s. **Magenkatarrh**). Ganz besonders empfehlen sich in dieser Hinsicht Milch- und Buttermilchkuren. Da reine Milch im Magen sofort zu festen Massen gerinnt, so ist zu empfehlen, der frischen Milch stets mehlhaltige Substanzen beizumischen. Sehr günstig wirkt der kurmäßige Gebrauch der kohlensauren Alkalien, namentlich die Brunnenkuren in Marienbad und Karlsbad. Reichen diese Mittel nicht aus, so kann man den Höllenstein u. das basisch-salpetersaure Wismuthoxyd anwenden, welche meist selbst in großen Dosen gut vertragen werden, der Erfolg bleibt aber freilich stets ein ganz unsicherer. Die Schmerzanfälle werden durch Narkotika meist leicht und sicher gemildert, man gibt kleine Dosen Morrhium ($^1/_{12}$—$^1/_6$ Gran) und hat nicht nöthig, dieselben zu steigern. Auch das Erbrechen wird durch Narkotika gehoben. Lassen diese aber im Stiche, so nützen zuweilen kleine Portionen Eiswasser oder Eispillen.

Magenkatarrh, im Allgemeinen jeder oberflächliche entzündliche Prozeß der Magenschleimhaut, welcher ohne gröbere anatomische Störung vorübergeht (s. **Magenentzündung**). Der M. tritt in den verschiedensten Graden und Formen, mit sehr wechselnden Symptomen auf, u. zwar richten sich die genannten Momente wesentlich nach der Dauer und den Ursachen der Krankheit, sowie nach dem Alter u. den sonstigen Verhältnissen des Patienten. Auch bei gesunden Leuten tritt nach jeder Mahlzeit, wo bekanntlich der verdauende Magensaft in größerer Menge abgeschieden wird, eine Röthung der Magenschleimhaut ein, welche mit reichlicherer Schleimabsonderung u. massenhafter Abstoßung des Epithels verbunden ist. Dieser ganz naturgemäße Vorgang ist mit einer geringen und schnell vorübergehenden Störung des Allgemeinbefindens, dem sogenannten Verdauungsfieber, verbunden. Wird dieser physiologische Zustand über die Grenze des normalen gesteigert, so stellt sich M. ein. Derselbe ist bald ein akuter, bald ein chronischer; beide Formen gehören, da sie meist von unzweckmäßiger Nahrungseinfuhr abhängen, zu den häufigsten Krankheiten, besonders der civilisirteren Menschen.

Die Disposition für den **akuten** M. (akute katarrhalische Entzündung der Magenschleimhaut) ist bei verschiedenen Menschen eine sehr verschiedene. Manche Menschen bekommen einen M. nach Schädlichkeiten, denen andere sich ungestraft aussetzen dürfen. Es scheint, als ob eine mangelhafte Absonderung von **Magensaft** die Disposition für den M.

erhöhe, weil dadurch die Bildung abnormer Zersetzungsprodukte im Magen, beiläufig gesagt die häufigste Ursache des M.s, begünstigt wird. So sehen wir z. B., daß alle Fieberkranke sehr zu M. neigen. Wenn daher Fieberkranke die Nahrungszufuhr nicht entsprechend der Verminderung des Magensaftes herabsetzen, so bekommen sie M. Auch bei heruntergekommenen und schlecht genährten Individuen, z. B. bei Rekonvalescenten, scheint die Neigung zu derartigen Erkrankungen in einer mangelhaften Absonderung jenes Verdauungssaftes ihren Grund zu haben. Weniger erklärlich ist es, warum Menschen, welche ihren Magen in übertriebener Weise schonen u. ihn sorgfältig vor allen abnormen Reizen bewahren, sehr leicht an M. erkranken. Hat Jemand wiederholt an M. gelitten, so wird er nur noch mehr zu ähnlichen Affektionen disponirt. Der akute M. wird hervorgerufen durch ungewöhnlich große Quantitäten von Speisen, auch wenn diese an sich leicht verdaulich sind. Der Magensaft reicht dann zur Verdauung nicht aus, u. es entstehen abnorme Zersetzungsprodukte. Der M. folgt auf eine solche Ueberladung des Magens gewöhnlich erst am folgenden Tage. Wird ein Theil des Mageninhalts erbrochen, und reicht der Magensaft hin, den Rest zu verdauen, so kommt es nicht zum M. Damit hängt es wahrscheinlich zusammen, daß die sogenannten „Speikinder", wie sich die Hebammen ausdrücken, gut gedeihen. M. kann auch durch mäßigen Genuß schwer verdaulicher Speisen hervorgerufen werden. Gewöhnlich sind es aber nicht die Speisen selbst, welche die Schleimhaut reizen, sondern die Zersetzungsprodukte, die sich aus den Speisen bilden, wenn sie theilweise unverdaut bleiben. Daher soll man die Speisen sorgfältig zerkauen, bevor man sie verschluckt. Zufuhr von Substanzen, welche schon in Zersetzung begriffen sind, ehe sie in den Magen gelangen, verursachen ebenfalls M. Besonders gilt dies von der Milch, mit welcher man im Sommer kleine Kinder künstlich aufzieht. Wird den Kindern der Mund nicht oft u. sorgfältig gereinigt, so kann sich selbst die Muttermilch schon im Munde des Kindes zersetzen. Der akute M. entsteht häufig auch in Folge von Reizung der Magenschleimhaut durch sehr heiße oder sehr kalte Speisen u. Getränke, durch manche Arzneien, durch spirituöse Getränke, durch scharfe Gewürze, wenn sie in größerer Menge genossen werden; auch Erkältungen können M. hervorrufen. Zu gewissen Zeiten treten endlich M.e ohne bekannte Veranlassungen epidemisch auf, so besonders der fieberhafte Magendarmkatarrh, die sogenannte Sommercholera od. Cholerine (cholera nostras). Da Erwachsene sehr selten während eines M.s sterben, so weiß man nicht viel über die anatomischen Störungen beim akuten M. zu sagen. Die Magenschleimhaut ist gleichmäßig oder fleckig geröthet, aufgelockert u. geschwollen, mit reichlichem zähen Schleim überzogen. Bei kleinen Kindern, welche häufig an M. zu Grunde gehen, findet man häufig gar nichts, häufig auch die sogenannte Magenerweichung, welche wahrscheinlich stets eine Leichenerscheinung ist. Tritt der M. nur in geringem Grade mit mäßigem Fieber auf, so geht er meist schnell vorüber. Meist ist er Folge eines Diätfehlers, und man spricht dann von verdorbenem Magen (status gastricus, gastricismus). Die Kranken fühlen sich matt, sind verdrießlich, klagen über Frösteln u. fliegende Hitze, haben einen heißen Kopf, kalte Hände und Füße, einen drückenden Stirnkopfschmerz, Flimmern vor den Augen, es ist ihnen, als ob der Kopf zerspringen wollte. Auch bei leerem Magen fühlt der Kranke Druck und Schmerz in der Magengegend, der Appetit fehlt, der Durst ist vermehrt, es ist Uebelkeit und Widerwille gegen Speisen vorhanden. Von Zeit zu Zeit werden übelriechende oder geruchlose Gase durch Aufstoßen entleert, oft gelangen dabei sauer oder ranzig schmeckende Flüssigkeiten in den Mund. Die Zunge ist schleimig belegt, der Geschmack fade und pappig, es pflegt ein übler Geruch aus dem Munde vorhanden zu sein. Hierzu gesellt sich Poltern im Leibe, von Zeit zu Zeit kneipender Bauchschmerz, welcher durch den Abgang übelriechender Blähungen erleichtert wird, endlich ein od. einige Male breiiger Stuhlgang. Damit ist die Krankheit selbst vorbei, der Kranke kann wieder schlafen, das Allgemeinbefinden ist wieder besser. Gewöhnlich zeigt sich mit Eintritt der Genesung der Harn gesättigt gefärbt u. im Nachtgeschirr ein ziegelmehlartiger Bodensatz. Ist der akute M. die Folge einer stärker einwirkenden Schädlichkeit, so tritt stärkere Uebelkeit ein, die sich zum Würgen und endlich zum Erbrechen steigert. Die genossenen Speisen werden mit reichlichem Schleim gemischt ausgebrochen und haben meist einen stark sauren Geruch und Geschmack. Das Erbrechen kann sich öfter wiederholen; je länger es dauert, um so mehr pflegen die erbrochenen Massen von der beigemischten Galle einen bittern Geschmack und grünliches Aussehen anzunehmen. Es treten hierzu heftige Durchfälle, durch welche wässerige, grün gefärbte Massen mit oder ohne Leibschmerzen entleert werden. Der Kranke fühlt sich fast immer durch das Brechen und Abführen erleichtert und ist nach 2—3 Tagen, wenn auch noch angegriffen, doch fast völlig hergestellt. Steigert sich Brechen und Durchfall zu sehr hohem Grade, so entsteht ein choleraartiger Zustand (s. Cholera). Ist der akute M. mit heftigem Fieber verbunden und nimmt er einen langsameren Verlauf, so stellt er eine schwere Erkrankung dar, welche man als gastrisches Fieber (febris gastrica, mucosa, biliosa) bezeichnet. Das gastrische Fiebee tritt seltener mit einem einmaligen, heftigen Frostanfall, häufiger mit wiederholtem, leichtem Frösteln auf. Der Puls steigt bis auf 100 Schläge in der Minute und höher, die Körpertemperatur kann um mehre Grade erhöht werden. Das Allgemeinbefinden ist in noch höherem Grade gestört als bei den oben beschriebenen Zuständen. Die Mattigkeit ist so groß, daß die Kranken im Bette bleiben, die Glieder und Gelenke schmerzen, als ob sie zerschlagen wären, der Kopfschmerz ist unerträglich, der Schlaf fehlt oder ist durch unruhige Träume gestört. Dagegen sind die mehr örtlichen Symptome nicht so entwickelt wie die des Allgemeinleidens. Das Fieber und das schlechte Allgemeinbefinden pflegt sich in den ersten Tagen der Krankheit zu steigern, das Fieber ist am Abend heftiger als am Morgen. Der Harn ist dunkel u. hat einen ziegelmehlartigen Bodensatz. Anfänglich ist Stuhlverstopfung, später wässeriger Durchfall vorhanden. Ist das Fieber sehr heftig, so kann die Zunge trocken, können die Sinne benommen sein; es können Delirien auftreten, und die Krankheit ist dann kaum von einem beginnenden Typhus zu unterscheiden. Indessen pflegt zu Ende der ersten oder Anfangs der zweiten Woche das Fieber nachzulassen; die früher trockene Haut wird dann feucht, der Durst mäßiger, die Zunge reiner, die Durchfälle werden seltener, endlich stellt sich auch Appetit ein, u. es beginnt die Genesung. Die Kranken erholen sich aber nur langsam, bleiben lange Zeit sehr reizbar u. bekommen leicht Rückfälle. Eine Modifikation des gastrischen Fiebers ist das sogenannte Schleimfieber (s. d.). Es wird charakterisirt durch die geringere Intensität des Fiebers, durch große Hartnäckigkeit, einen langwierigen Verlauf und durch massenhafte Bildung eines zähen Schleimes im Magen, Darme und Munde, manchmal auch in den Bronchien und den Harnwegen. Eine andere Modifikation des gastrischen Fiebers ist die Febris gastrica biliosa, wobei der M. durch massenhafte Ausscheidung von Galle komplicirt wird. In heißen Ländern sind diese Gallenfieber viel häufiger als bei uns u. scheinen dort meist die Folge einer Infektion des Blutes mit Malaria (s. d.) oder andern Miasmen zu sein. Beim Gallenfieber ist die Pulsfrequenz und die Körpertemperatur noch höher gesteigert als beim einfachen gastrischen Fieber; die Haut ist heiß und trocken, das Gesicht geröthet, die Zunge dicht und trocken belegt, der Kopfschmerz ist außerordentlich heftig. Die Kranken schlafen meist gar nicht und fangen schon frühzeitig an zu deliriren. Die zeitweilig durch Aufstoßen in den Mund gelangenden Substanzen haben einen sehr bittern Geschmack, durch häufig wiederkehrendes Erbrechen werden dunkelgrün gefärbte, scharf u. bitter schmeckende Massen entleert. Die Leber ist dabei schmerzhaft und geschwollen, es tritt leichte Gelbsucht ein. Die Krankheit pflegt unter steigender Heftigkeit länger als eine Woche zu bestehen u. dann mit dem Auftreten galliger Diarrhöen zu endigen. Als Cholerine, Brechdurchfall (cholera nostras) bezeichnet man diejenige Form des akuten M.s, welche sich auch auf den Darm ausbreitet und durch massenhafte Ausschwitzung einer wässerigen, eiweißarmen Flüssigkeit in den Magen und Darm charakterisirt ist (s. Cholera). Was die Thätigkeit des Arztes bei dem akuten M. anbetrifft, so ist die wichtigste Aufgabe desselben die, den M. zu verhüten. Vor allen Dingen muß die Diät, besonders bei Fieberkranken und Genesenden, bei Neugebornen und Säuglingen, überwacht werden. Man gebe den Kindern nur frische Milch u. reinige ihnen häufig den Mund. Die Kuhmilch muß im ersten Vierteljahr mit 2 Theilen Wasser, im zweiten Vierteljahr mit Einem Theile Wasser verdünnt werden. Wenn schädliche Ingesta oder in Zersetzung begriffene Nahrungsmittel den M. unterhalten, so ist ein Brechmittel (aus Ipecacuanha, Tartarus stibiatus) am Platze, ist dagegen der Magen leer, so sind Brechmittel zu vermeiden. Wenn der M. sich nicht auf den Darm fortsetzt, so sind Abführmittel nicht am Platze. Sind aber Kolikschmerzen, Blähungen 2c. vorhanden, so kann man Rhabarber, Sennesblätterabkochung u. dergl. anwenden. Bei abnormer Säurebildung ist gebrannte Magnesia in Wasser eingerührt ganz zweckmäßig. In gleicher Absicht reicht man die kohlensauren Alkalien, besonders das doppeltkohlensaure Natron, unter Umständen in der Form von Sodawasser. Bei kleinen Kindern thut ein Pulver von Magnesia mit Rhabarber sehr gute Dienste. Es ist durchaus nöthig, daß der Patient während der Dauer eines akuten M.s entweder ganz fastet, oder, wenn dies nicht angeht, doch nur milde Nahrungsmittel in flüssiger Form zu sich nimmt. Fleisch, Eier und überhaupt thierische Kost ist zu vermeiden, dagegen sind stärkmehlhaltige Nahrungsmittel, am besten einfache Wassersuppen, zu empfehlen. Bei dem Schleimfieber freilich muß man, um die Kräfte der Kranken zu schonen, stets etwas thierische Kost geben, u. es eignen sich hier am besten die koncentrirten Fleischbrühen. Um das übermäßige Erbrechen und den Durchfall zu stillen, läßt man den Kranken kleine Eisstückchen verschlucken u. gibt ihm Opiumpräparate. Bei choleraartigen Zuständen sind Reizmittel nöthig, und zwar sind innerlich Wein, Aether, Kaffee, äußerlich Senfteige anzuwenden.

Der chronische M. entwickelt sich bald aus dem akuten M., wenn dieser sich in die Länge zieht oder häufig Rückfälle macht, bald tritt er von Anfang an als chronische Erkrankung auf. Daher können alle die Schädlichkeiten, welche einen akuten M. hervorrufen, wenn sie lange anhalten od. sich häufig wiederholen, auch Ursachen des chronischen M.s werden. Dies gilt vor Allem von dem dauernden mißbräuchlichen Genuß spirituöser Getränke, der bei weitem häufigsten Ursache des chronischen M.s. Außerdem hängt der chronische M. häufig von Stauungen des Blutes in den Gefäßen des Magens ab, wie dies bei Krankheiten der Leber, des Herzens und der Lungen der Fall ist. Lungentuberkulose, andere chronische Krankheiten sind sehr häufig, Magenkrebs und andere Entartungen des Magens stets mit chronischem M. verbunden. Die Magenschleimhaut zeigt beim chronischen M. eine rothbraune bis schiefergraue Färbung, welche von kleinen kapillaren Blutaustritten und Umwandlung des Blutfarbstoffs in ein schwarzes körniges Pigment herrührt. Die gröbern Blutgefäße des Magens sind stärker geschlängelt, varikös erweitert, die Schleimhaut selbst ist verdickt, derber, sie hat an Masse zugenommen, ist in Falten zusammengelegt. Häufig zeigt sie ein flachwarziges Aussehen (état mamelonné), welches auf partieller Hypertrophie der Schleimhaut beruht. Die innere Oberfläche des Magens ist mit einem grauweißen, zähen und reichlichen, der Wand fest anhaftenden Schleim überzogen. Manchmal beschränkt sich die Hypertrophie nicht auf die Schleimhaut, sondern erstreckt sich auch auf die übrigen Magenhäute (s. Magenverhärtung). Bei dem chronischen M. klagen die Kranken meist über ein unangenehmes Gefühl von Druck und Vollsein in der Magengegend, welches nach dem Essen vermehrt wird, sich aber selten zum eigentlichen Schmerze steigert. Das Epigastrium ist dabei vorgewölbt, weil der Magen mit Gasen und mit den lange Zeit in ihm verweilenden Speisen erfüllt ist. Die Gase werden von Zeit zu Zeit durch Aufstoßen entleert, wobei auch geringe Mengen des Mageninhalts von saurem oder ranzigem Geschmack in den Mund gelangen. Häufig entsteht durch diese sauren Massen ein garstiges Gefühl im Schlunde u. Schlundkopfe, welches unter dem Namen des Sodbrennens bekannt ist. Verhältnißmäßig selten tritt zu den genannten Symptomen auch Erbrechen hinzu. Das Erbrochene ist gewöhnlich nur zäher Schleim, welcher nach langem Würgen entleert wird. In andern Fällen wird neben dem Schleim eine fade schmeckende Flüssigkeit ausgeworfen, welche verschluckter Speichel ist.

Diese Form des Erbrechens begleitet ganz gewöhnlich den chronischen M. der Säufer und stellt den berüchtigten Wasserkolk (vomitus matutinus) dar. In den erbrochenen Massen finden sich übrigens beim chronischen M. häufig eigenthümliche mikroskopische Gebilde, die Sarcina ventriculi, eine kleine Alge. Bei vielen Kranken ist das Hungergefühl, auch wenn sie schon abgemagert sind und der Körper dringend Ersatz bedarf, fast erloschen. Sie nehmen nur mit Widerwillen Speise zu sich, oder wenn sie Appetit empfanden, tritt sofort das Gefühl der Sättigung ein. In einzelnen Fällen, namentlich bei starker Säurebildung, entsteht zeitweise ein großes Hungergefühl, von schmerzhaften Empfindungen im Magen und Schlunde begleitet, der sogenannte Heißhunger. Die Zunge ist beim chronischen M. dick belegt, zeigt seitliche Eindrücke der Zähne, der Geschmack ist fade und pappig, der Geruch aus dem Munde mehr oder weniger widerwärtig und stinkend. Gewöhnlich gesellen sich zu den Symptomen des chronischen M.s auch noch die des chronischen Darmkatarrhs: hartnäckige Verstopfung abwechselnd mit dünnen Stuhlgängen, Blähungen, Aufgetriebenheit des Leibes, leichte Gelbsucht. Was das Allgemeinbefinden der Kranken beim chronischen M. anbetrifft, so fehlt gewöhnlich der heftige Kopfschmerz, die schmerzhafte Abgeschlagenheit der Glieder, wie dies beim akuten M. vorkommt, dagegen ist der chronische M. fast immer von psychischen Alterationen mit dem Charakter der Depression begleitet, welche man gewöhnlich als Hypochondrie bezeichnet. Diese Störungen äußern sich als allgemeine Muthlosigkeit, Unterschätzung seiner geistigen Kräfte, hochgradige Verstimmung und werden gewöhnlich mit Beseitigung des Katarrhs gehoben. Der chronische M. hat zur Folge eine schlechte Ernährung des Kranken; dieser magert ab, sein Fett verschwindet, die Muskeln werden schlaff, es tritt Neigung zu kapillaren Blutungen in verschiedenen Organen ein. Die beschriebenen Symptome des chronischen M.s können in größerer oder geringerer Heftigkeit und mit häufigen Schwankungen in ihrer Intensität Monate, selbst Jahre lang fortbestehen. Lassen sich die Ursachen des chronischen M.s beseitigen, so endet die Krankheit bei zweckmäßiger Behandlung gewöhnlich mit Genesung. Abgesehen von den Nachkrankheiten des chronischen M.s ist ein tödtlicher Ausgang desselben selten; doch gibt es Fälle, wo die Kranken marantisch und wassersüchtig zu Grunde gehen. Von den Nachkrankheiten sind besonders die Hypertrophie der Magenwände und die Verengerung des Pförtners zu nennen. Dem letztgenannten Leiden erliegen die Kranken stets, wenn auch erst spät, in Folge der aufgehobenen Ernährung. Die Behandlung des chronischen M.s erfordert vor allen Dingen die Beseitigung seiner Ursachen, worüber schon beim akuten M. gesprochen wurde. Nur selten ist ein Brechmittel erforderlich, da fast niemals im Magen schädliche Substanzen vorhanden sind, welche als fortwirkende Ursache der Krankheit angesehen werden könnten. Nothwendig ist das Verbot spirituöser Getränke, wenn der anhaltende Mißbrauch derselben die Krankheit hervorgerufen hat und unterhält. Bei den durch Erkältungen u. naßkaltes Klima entstandenen chronischen M.en ist die Anregung der Hautthätigkeit durch warme Bekleidung, warme Bäder u. ähnliche Maßregeln anzustreben. Die Speisen, welche der Kranke genießen soll, müssen mit der größten Sorgfalt ausgewählt werden, und der Kranke darf nichts Anderes, als was der Arzt bestimmt hat, genießen. Erlaubt ist mageres Fleisch, wogegen fettes Fleisch und der Genuß von Saucen zum Braten zu untersagen sind. Die Speisen müssen sehr gut gekaut und immer nur in kleinen Mengen auf einmal genossen werden. Eine Milchkur bekommt manchen Kranken vortrefflich, andern aber gar nicht. Besser als frische Milch bekommt vielen Kranken die Buttermilch. Von Medikamenten sind besonders die kohlensauren Alkalien von gutem Erfolg. Der Gebrauch des Sodawassers oder der natürlichen Natronsäuerlinge von Ems, Salzbrunn, Selters, Bilin &c. ist daher dem Kranken sehr zu empfehlen. Desgleichen sind die Wirkungen der karlsbader Wässer bei chronischem M. ganz außerordentlich günstig; in Karlsbad werden die weniger heißen Quellen (Schloß- und Theresienbrunnen) zu diesem Zwecke getrunken. Die Hauptsache bei diesen Brunnenkuren ist aber strenge Diät, und wenn man diese zu Hause hält, hat der kurmäßige Gebrauch von Sodawasser denselben Erfolg wie die karlsbader Thermen. Die günstige Wirkung des salpetersauren Wismuths u. des salpetersauren Silbers ist in zahlreichen Fällen von chronischem M. sicher konstatirt. Die meisten Kranken vertragen diese Mittel ganz gut. Im Verlaufe des chronischen M.s tritt zuweilen ein Zustand ein, wo die reizlose Kost wegen einer sogenannten Atonie der Magenschleimhaut mit einer mäßig reizenden vertauscht werden muß. Man muß dann zur Anwendung von Eisenpräparaten u. leichten Reizmitteln übergehen. In diesem Zustand werden der Franzensbrunnen in Eger, die Stahlquellen in Driburg, Pyrmont, Kudowa besser vertragen u. haben bessern Erfolg als die Quellen in Karlsbad u. Marienbad. Von Arzneimitteln passen bei Atonie der Magenschleimhaut die Ipecacuanha, Rheum, Quassia, Ingwer, Kalmus, welche aber stets nur in kleinen Dosen zu gebrauchen sind. Ist der chronische M. nur eine Theilerscheinung einer hochgradigen Unterleibsplethora, so hat das Ansetzen von Blutegeln an den After oft einen überraschend guten Erfolg. Die Stuhlverstopfung, welche beim chronischen M. fast immer vorhanden ist, muß durch Klystiere oder leichte Abführmittel beseitigt werden. In hartnäckigen Fällen ist die Anwendung von Aloë und Koloquinten angezeigt.

Magenkrampf (gastralgia, cardialgia), eine schmerzhafte Affektion des Magens, welche nicht von wahrnehmbaren Strukturveränderungen des Organs abhängt. Der M. ist also eine reine Neuralgie u. wird deshalb auch als nervöse Kardialgie bezeichnet. Nach dieser Definition sind die Magenschmerzen, welche bei dem chronischen Magengeschwür, dem Magenkrebs, Magenkatarrh &c. vorkommen, nicht zum M. zu rechnen. Man beobachtet den M. wie auch andere Formen der Neuralgie häufig bei blutarmen Individuen. So gehören leichtere und schwerere Anfälle von M. bei bleichsüchtigen Mädchen zu den gewöhnlichsten Erscheinungen, welche verschwinden, sobald die Bleichsucht gehoben wird. Krankheiten der Gebärmutter und der Eierstöcke gehen sehr häufig mit M. einher, und dieser ist eines der häufigsten Symptome der Hysterie (s. d.). In andern Fällen hängt der M. von gewissen Erkrankungen des Gehirns und Rückenmarks, sowie von substantiellen Veränderungen des Lungenmagennerven und des sympathischen Nerven ab, welche bekanntlich den Magen mit Nervenfäden versorgen. Der M. kann auch von Vergiftung des Blutes mit Malariagift, sowie von der gichtischen Dyskrasie des Blutes abhängen. Oft ist man auch nicht im Stande, weder während des Lebens, noch nach dem Tode bei der Sektion des Leichnams irgend einen Grund für heftige u. langwierige Magenkrämpfe zu finden. Der M. hat einen typischen Verlauf, indem auf schmerzfreie Zeiträume Anfälle der heftigsten Schmerzen folgen. Zuweilen wird der Typus regelmäßig, so daß die Schmerzanfälle täglich zu derselben Stunde, oder alle 2 oder 3 Tage eintreten. Bei dem Anfall befällt entweder plötzlich, oder nach vorangegangenem Gefühle von Druck den Patienten ein heftiger zusammenziehender Schmerz in der Magengrube, welcher sich bis zum Rücken verbreitet und mit Ohnmachtsgefühl, verfallenem Gesicht, Kälte der Hände und Füße und kleinem aussetzenden Pulse einhergeht. Der Schmerz steigt so, daß der Kranke laut aufschreit. Die Magengegend ist selten vorgetrieben, häufiger eingezogen, die Bauchdecken sind gespannt. Aeußerer Druck vermehrt die Schmerzen nicht, im Gegentheil fühlt sich der Kranke dadurch etwas erleichtert. Der Anfall dauert einige Minuten bis eine halbe Stunde. Dann nimmt der Schmerz allmählig ab und läßt große Erschöpfung zurück, oder er hört plötzlich auf mit Aufstoßen, Erbrechen, Ausbruch eines gelinden Schweißes und mit Entleerung eines röthlich gefärbten Harnes. Ein Druck von außen auf den Magen oder Zufuhr von Speise erleichtert den M., während der Schmerz beim Magengeschwür dadurch gesteigert wird. In den schmerzfreien Intervallen fehlen beim M. die Zeichen einer gestörten Verdauung, wie solche bei andern schmerzhaften Magenkrankheiten vorkommen. Ebenso leidet die Ernährung bei M. wenig, und wo nicht Blutarmuth die Ursache des M.s ist, können die davon Befallenen kräftig und blühend erscheinen. Die Anfälle beim M. werden durch unbekannte Veranlassung hervorgerufen und treten oft bei leerem Magen ein, während die Schmerzanfälle beim Magengeschwür fast immer auf eine Mahlzeit folgen. Die Prognose des M.s ist eine günstige, wenn dieser auf Blutarmuth, Gebärmutterleiden, Malariainfektion und Gicht beruht, sobald nur die Grundkrankheiten einer erfolgreichen Behandlung zugänglich sind. Schlechte Aussichten dagegen geben diejenigen Formen, welche auf Krankheiten des Gehirns und Rückenmarks beruhen, und diejenigen, welche unbekannten Ursachen ihre Entstehung verdanken. Bei den letzteren bleibt die Behandlung fast stets resultatlos. Die Behandlung des M.s besteht bei Bleichsüchtigen und blutarmen Subjekten in der Darreichung von Eisenpräparaten. Von vortrefflicher Wirkung ist der Gebrauch der eisenhaltigen Wasser in Pyrmont, Driburg u. Kudowa. Bei den von Gebärmutterkrankheiten verursachten Magenkrämpfen kann das Ansetzen von Blutegeln an den Scheidentheil der Gebärmutter, das Touchiren des letzteren mit Höllenstein und ähnliche Manipulationen oft von Vortheil sein. Die durch Malaria u. Gicht verursachten Magenkrämpfe erheischen die Behandlung des Grundleidens. Von Medikamenten sind besonders im Anfall die narkotischen Mittel, besonders Morphium, in ausgedehnte Anwendung zu ziehen. Auch die Präparate der Valeriana, der Nux vomica, Asa foetida und des Castoreums sind empfohlen worden. Die Wirkung der metallischen Mittel, besonders des salpetersauren Wismuths und Silbers, des blausauren Zinks, ist bei M. eine unsichere. Zur Unterstützung der Kur ist es zu empfehlen, die Magengegend mit einem Belladonna- oder ähnlichen Pflaster zu belegen

Magenkrebs (carcinoma ventriculi), von allen an inneren Organen vorkommenden krebsigen Entartungen die häufigste, entsteht gewöhnlich primär im Magen, seltener tritt M. sekundär nach Krebsbildung in andern Organen auf oder pflanzt sich von benachbarten Organen, z. B. der Leber, auf den Magen fort. Ueber die Ursachen des M.es ist man vollständig im Dunkeln, es scheint jedoch, als ob lang anhaltende Reize der Magenschleimhaut das Entstehen des M.es begünstigen. So kommt z. B. M. nicht selten nach Magengeschwüren, sogar in den Narben der letzteren selbst vor; so würde sich auch der Einfluß des Branntweingenusses auf das Entstehen des M.es erklären, wenn dieser wirklich so fest stehen sollte, als häufig angenommen wird. In manchen Familien scheint der M. erblich zu sein: Napoleon I. starb am M., ebenso sein Vater und seine Schwester. Im Ganzen erkranken Männer häufiger an M. als Frauen. Zwischen dem 40. und 60. Jahre ist die Krankheit am häufigsten, vor dem 40. selten, vor dem 30. nur ganz ausnahmsweise beobachtet worden. Kein Stand bleibt von dem M. verschont. Der M. beruht auf einer eigenthümlichen Gewebsneubildung, in welcher die eigentlichen Magengewebe mehr oder weniger untergehen. Er entwickelt sich am häufigsten in der Pförtnergegend, seltener in der Nähe des Mageneingangs oder an der kleinen Kurvatur, am seltensten im Magengrund und an der großen Kurvatur. Da der M. ein gewisses Bestreben zeigt, sich in die Quere auszubreiten, so entstehen leicht ringförmige krebsige Strikturen (Einschnürungen des Magens) am Pförtner und am Magenmund. Die M.e sind bald zellenreicher und weich (Markschwamm), bald zellenärmer und hart (Scirrhus), bald sind seine Zellen schleimig entartet, wodurch der sogenannte Alveolar- oder Gallertkrebs entsteht. Letzterer kommt am seltensten vor; übrigens bestehen zwischen den einzelnen Krebsformen oft an Einem Individuum alle möglichen Uebergangsstufen. Der M. beginnt wahrscheinlich in allen Fällen von dem unter der Schleimhaut gelegenen Bindegewebe aus. Hier entstehen bald kleine Knoten, bald mehr eine diffuse, nicht scharf umschriebene Verdickung; beide vergrößern sich, es entsteht eine grobhöckerige Geschwulst, in welche allmählig die Schleimhaut in ihrer ganzen Dicke, später auch die Muskelhaut und Serosa des Magens eingeht. Ist die Geschwulst zellenarm, so ist sie härtlich, oft von knorpelartiger Konsistenz, auf der Schnittfläche glatt, homogen, weißlichgelb. Ist die Geschwulst zellenreich, so ist sie weich, hirnmarkähnlich und entleert beim Strich des Messers über die Schnittfläche einen reichlichen milchigen Saft. Die weichen M.e breiten sich viel schneller aus als die harten. Beide wachsen, ohne eine Begrenzung zu finden, an ihrer Peripherie und zugleich in der Dicke fort, während ihre mittleren Partien sich schon dem Zerfall zuneigen. Hat nämlich die Geschwulst die freie Schleimhautfläche erreicht, so beginnt sie auf ihrer Oberfläche zu schwärzlichen, zottigen, weichen Massen zu zerfallen, die abgestoßen werden und unter sich ein kraterförmiges Geschwür zurücklassen, das von aufgeworfenen, nach außen umgestülpten, blumenkohlartigen Rändern wie von einem Wall umgeben ist. Von diesem Geschwür aus schreitet der Zerfall der Geschwulst peripherisch weiter, das Geschwür erreicht eine oft sehr ansehnliche Größe, bis zum Umfang zweier Hände, und dabei kann die krebsige Wucherung so bedeutend sein, daß die Höhle des Magens darmartig verengt ist. Der Gallertkrebs entsteht im Allgemeinen in derselben Weise wie der Markschwamm und Scirrhus, gewinnt aber gewöhnlich bald eine sehr bedeutende Ausbreitung. Die Magenwände erscheinen beim Gallertkrebs mehre Linien bis einen halben Zoll dick und lassen keine Spur ihrer ursprünglichen Struktur wahrnehmen; sie bestehen vielmehr fast durchweg aus unzähligen kleinen bis erbsengroßen Hohlräumen, welche mit einer gallertartigen weichen Masse erfüllt sind. Auch beim Gallertkrebs kommt es schließlich zum Zerfall an der innern Magenfläche, doch hat derselbe im Ganzen einen langsameren Verlauf als der Markschwamm. Häufig greift die krebsige Entartung des Magens auf die Nachbarorgane über, und durch Zerfall der Krebsmasse können abnorme Kommunikationen zwischen den Höhlen dieser Organe eintreten, z. B. der Höhle des Magens und Grimmdarms. Zerfällt der M. bis zu seinem Bauchfellüberzug, bevor letzterer mit andern Organen verklebt ist, so öffnet sich der Magen nach der Bauchhöhle hin und es entsteht eine tödtliche Unterleibsentzündung. Wenn die Krebsgeschwulst zur Verengerung des Pförtners führt, so wird der übrige Magen vor dem Pförtner stark ausgedehnt u. seine Wand einfach hypertrophisch. Ist dagegen Verengerung des Mageneingangs durch einen dort sitzenden Krebs vorhanden, so pflegt der ganze Magen zusammengezogen, seine Höhle verengt zu sein. Was die Symptome und den Verlauf des M.es anbelangt, so gibt es Fälle, wo man das Uebel im Leben gar nicht mit Sicherheit erkennen, höchstens vermuthen kann. Gewisse Magenkrebskranke erscheinen schon bis zum Gerippe abgemagert, sind gleichgültig u. theilnahmlos, führen keinerlei Klagen u. können über den frühern Verlauf ihrer Krankheit keinen Aufschluß geben. Die Magengegend ist bei ihnen nicht empfindlich gegen Druck, ihr Appetit ist gering, und sie brechen die genossenen Speisen wieder aus; man fühlt endlich beim Betasten des Leibes keine Geschwulst. In solchen Fällen läßt sich ein M. wohl vermuthen, aber nicht mit Sicherheit diagnosticiren. In den meisten Fällen ist der Symptomenkomplex, unter welchem der M. verläuft, so charakteristisch, daß das Uebel nicht verkannt werden kann. Der Kranke leidet zunächst an den Zeichen einer gestörten Verdauung; seine Ernährung kommt herab, er magert stark ab u. bekommt eine schmutzig gelbgraue Hautfarbe. Es stellt sich ein empfindlicher Schmerz in der Magengegend ein, welcher sich durch äußern Druck vermehrt u. nach dem Essen gesteigert wird. Meist gesellt sich hierzu Erbrechen, welches besonders dann nach jeder Mahlzeit eintritt, wenn der M. am Pylorus sitzt und diesen verengt. Bei Verengerung des Pylorus tritt das Erbrechen gewöhnlich erst mehre Stunden nach dem Essen, bei Verengerung des Mageneingangs während desselben oder unmittelbar nachher ein. Wenn das Erbrechen längere Zeit hindurch mit großer Regelmäßigkeit bestanden hatte, so verliert es sich manchmal erst allmählig u. dann gänzlich. Dies hat seinen Grund darin, daß die verengte Stelle des Magens, welche das Brechen hervorrief, durch Zerfall der Krebsgeschwulst wieder erweitert wird. Die erbrochenen Massen bestehen aus den genossenen, mit dickem Schleim umhüllten Speisen, welche mehr od. weniger verändert sind. Bei dem Zerfall der Krebsgeschwulst kommen gewöhnlich leichte kapillare Blutungen vor, das Blut vermischt sich mit dem Mageninhalt u. dieser wird dann als schwärzliche, krümliche, kaffeesatzähnliche Masse erbrochen. Seltener werden beim Zerfall des M.es größere Gefäße angefressen, u. dann kommt es zu reichlichen Magenblutungen mit oft tödtlichem Blutbrechen. Das sicherste Zeichen für das Vorhandensein eines M.ks ist das Auftreten einer Geschwulst in der Magengegend. Dieses Symptom fehlt jedoch in vielen Fällen von M., auch kommt es vor, daß man eine im obern Theil des Unterleibs vorhandene Geschwulst fälschlich auf ein anderes Organ, nicht auf einen M. bezieht. Die Größe der Geschwulst beim M. wechselt zwischen der eines Taubeneies und einer Faust; sie ist gewöhnlich etwas hervorgewölbt, auf der Oberfläche uneben u. höckerig. Der M. läßt in seinem Verlaufe meist eine stetige Verschlimmerung seiner Symptome bemerken. Ist die Neubildung ein weicher, zellenreicher Krebs, so ist der Verlauf meist in mehren Monaten abgeschlossen; der harte Krebs dagegen u. vor Allem der Gallertkrebs kann ein oder mehre Jahre lang bestehen. Der M. endigt niemals anders als mit dem Tode, welcher gewöhnlich unter den Zeichen allmähliger Erschöpfung eintritt, viel seltener nach Durchbohrung der Magenwand und schnell tödtlich verlaufender Unterleibsentzündung. Noch seltener rufen Magenblutungen den Tod herbei. Die Unterscheidung des M.es vom chronischen Magenkatarrh u. chronischen Magengeschwür ist in einzelnen Fällen außerordentlich schwierig und nimmt den ganzen Scharfsinn des Arztes in Anspruch. Bei der Behandlung des M.es muß man sich auf ein rein symptomatisches Verfahren beschränken, da man gegen die Krankheit an sich gar nichts thun kann. Die Diät muß dieselbe sein wie beim chronischen Magenkatarrh (s. d.). Die zweckmäßigste Nahrung für Kranke, welche an M. leiden, ist die Milch, welche leider nicht immer vertragen wird; man muß sie dann durch koncentrirte Fleischbrühen, Eigelb und andere nahrhafte Stoffe zu ersetzen suchen, diese aber immer in geringer Menge auf einmal u. wo möglich in flüssiger Form geben. Auch Wein, namentlich Rothwein, darf der Kranke nehmen. Eine abnorme Säurebildung im Magen suche man durch das Trinken von Sodawasser zu beseitigen. Gegen die bei M. fast immer bestehende hartnäckige Stuhlverstopfung werden Pillen aus Aloë und Koloquinten empfohlen; gegen Schlaflosigkeit u. heftige Schmerzen müssen Opiate, besonders Morphium, angewendet werden.

Magensaft, s. Magen.

Magenta, Marktflecken in der lombardischen Provinz Pavia, mit 5200 Einwohnern, bekannt durch die Schlacht am 4. u. 5. Juni 1859 zwischen den Oesterreichern und den vereinigten Franzosen und Sardiniern, in Folge deren die ersteren Mailand aufgaben und sich gegen den Mincio zurückzogen.

Magenverhärtung, an sich keine Krankheit, sondern nur ein Folgezustand gewisser Magenkrankheiten. Wenn man den Magenkrebs, bei welchem eine Verhärtung und Verdickung der Magenwände im höchsten Grade vorhanden ist, außer Acht läßt, so bleiben für die M. im engeren Sinn nur solche Verdickungen und Verhärtungen der Magenwand übrig, welche auf einer partiellen oder totalen Hypertrophie ihrer normalen Gewebe beruhen, wobei also die Schleimhaut wie die Muskelhaut des Magens an Masse zugenommen hat. Ein solcher Zustand ist häufig die Folge des chronischen Magenkatarrhs und tritt partiell besonders dann ein, wenn am Pylorus ein Hinderniß für den Uebergang von Speisen in den Zwölffingerdarm besteht, z. B. bei Stenose des Pylorus durch eine Krebsgeschwulst, eine Magengeschwürsnarbe. Diese Formen der M. sind der ärztlichen Kunst ganz unzugänglich. Manchmal kommt auch eine geschwulstförmige M. oder Hypertrophie der Magenwand vor, welche dann äußerlich mit einem festen, nicht verjauchenden Krebse einige Aehnlichkeit hat. Nach E. Wagner besitzt diese Geschwulst einen specifischen Bau und steht in Zusammenhang mit einer syphilitischen Allgemeinerkrankung, daher er sie auch als Magensyphilom bezeichnet. Die Akten über diesen Gegenstand sind noch nicht abgeschlossen.

Mager, Karl W. E., namhafter Schulmann und Schriftsteller, geboren den 1. Jan. 1810, war erst Lehrer in Genf, privatisirte sodann in Stuttgart, folgte 1850 einem Ruf als Realschuldirektor in Eisenach, legte aber schon 1852 dies Amt nieder und † den 10. Juni 1858 zu Wiesbaden. Von seinen Schriften sind hervorzuheben: „Versuch einer Geschichte und Charakteristik der französischen Nationalliteratur" (Stuttg. 1834—39, 5 Bde.); „Die deutsche Bürgerschule" (das. 1840); „Die moderne Philologie und die deutschen Schulen" (Zürich 1840—45, 3 Hefte); „Die Encyklopädie" (das. 1846). Auch redigirte er seit 1839 die „Pädogogische Revue".

Magerkeit (macies), derjenige Zustand eines lebenden Wesens, in welchem es weniger Körperfülle, Rundung der Formen und Fettansammlung unter der Haut zeigt, als bei Individuen seiner Art und seines Alters gewöhnlich sich findet. Die M. kann Folge einer Krankheit oder beschränkter Ernährung sein, aber auch ihren Grund in klimatischen, socialen, gemüthlichen und andern Verhältnissen haben, welche der Fettbildung hinderlich sind. Sie ist gewöhnlich ein minder gutes Zeichen, wenn sie nach vorheriger Körperfülle als Abmagerung eintritt.

Maggiolata (ital.), eigentlich ein Gedicht auf den Mai, Frühlingslied, besonders ein Liebeslied, ein Minnesang, den die jungen Männer in Italien der Geliebten unter ihrem Fenster brachten.

Maggiore (ital.), größer, höher, bezeichnet, wenn es in einem Musikstücke allein vorkommt, die größere oder höhere Terz und wird gebraucht, wenn in einem Tonstücke, das vorher die Molltonart hatte, die Durtonart eintreten soll. In dieser wird nun so lange fortgespielt, bis wieder minore, d. h. kleine Terz, steht, von wo an die Molltonart wieder eintritt.

Magie (ars magica), die vermeintliche Kunst, durch geheimnißvolle, übernatürliche Mittel wunderbare Wirkungen hervorzubringen, im Allgemeinen gleichbedeutend mit Zauberei. Den Namen der M. erhielt bei den Griechen und Römern jene Form der Zauberei, wie sie von den babylonischen Magiern zu den Medern, Persern und Parthern gekommen war und von da über den Orient und auch den Occident sich verbreitet hatte. Die M. fällt wohl in den allgemeinen Begriff des Aberglaubens hinein, doch ist ihr Begriff enger, sofern mit M. die Beziehung des Aberglaubens auf ein Handeln bezeichnet wird. Es glaubten die Magier (s. d.) durch Zauberei auf die Gottheit zu wirken, die Götter, die sie als Naturwesen dem Fatum u. den Naturgesetzen unterworfen dachten, dadurch zu ihrem Dienste zu zwingen, daß sie sich durch gewisse Formeln, Figuren, Ceremonien, eine bestimmte Art der Lebensweise u. dergl. in den Besitz geheimnißvoll wirkender Kräfte (Schicksalskräfte) setzten, die stärker als die Götter seien. Während sich also die Religion von der Gottheit abhängig fühlt, sucht die M. die Götter vom Menschen abhängig zu machen. Die M. ist somit Zauberei, citirt mit Zwang die Geister, unterstellt die Menschen Dämonen, oder schützt sie gegen deren Zauber durch Gegenzauber. Dergleichen Wahn findet sich bei den heidnischen Kulturvölkern, sowie auch bei den Wilden. Den indischen Brahmanen wird namentlich das Heilen von Krankheiten vermittelst zauberkräftiger Sprüche, das Beschwören von Schlangen, die Kunst, sich unsichtbar zu machen, &c. zugeschrieben. Bei den Persern waren Todtenbeschwörung, Schüssel- und Wasserweissagung heimisch. Die Chaldäer, die in besonderem Rufe magischer Kunst standen, haben besonders die Astrologie in den Dienst der M. gezogen; von ihnen kam letztere zugleich mit dem Sternenkultus zu den syrischen und phönicischen Volksstämmen. Als besondere Formen der M. finden wir bei denselben Kledonismus, Belomantie, Rhabdomantie, Nekromantie, Traumdeuterei, bei den Juden insbesondere den Glauben an Zaubergeister. Als der größte und weiseste Zauberer erscheint Salomo, dem besonders die Macht über viele Geister verliehen war. In Colchis und Phrygien stand die M. in engem Zusammenhang mit dem religiösen Kultus. In Aegypten trieb man Astrologie und stellte die Nativität; an Zauberkräutern war das Land besonders reich, daher hier die Medicin mit der M. eng verbunden war. Mag auch Vieles aus der orientalischen M. zu den Hellenen übergegangen sein, so sind doch diese fremden Einflüsse sicherlich nicht die Quelle der griechischen M. Schon bei Homer und in der Zeit bis zu den Perserkriegen sind bei den Griechen zahlreiche Erscheinungen, welche dem Gebiete der M. angehören, zu finden; so der Wundertrank der Helena, der Zaubergürtel der Aphrodite, der Zauberstab des Hermes, die Verwandlung des Odysseus und seiner Gefährten in Schweine, Löwen &c. durch den Stab und Zaubertrank der Circe, der Gegenzauber durch das Kraut Moly, die Beschwörung der Schatten und des in der Unterwelt weilenden Tiresias durch Odysseus &c. Auch bei den Griechen hängt die M. aufs innigste mit der Religion zusammen, deren erste Form durchaus zauberisch ist, wie dies besonders bei dem alten pelasgischen Kultus und den Orakeln mit ihren Höhlen, Erddämpfen, Quellen, geheimnißvoll rauschenden Bäumen &c. hervortritt. Die Natur wurde mit einer Unzahl dämonischer Wesen angefüllt und auch die Unterwelt durch dieselben bevölkert. Selbst die Philosophie war nicht frei von zauberhaften Anschauungen und Elementen. Neben Orpheus tritt Pythagoras als Zauberer auf, und die Bedeutung der Zahl als kosmischen Princips, die Vorstellung von der zehnsaitigen Weltlyra, die auf der Zahl beruhende dynamische Harmonie des Allgemeinen und Einzelnen sind Grundlagen der philosophischen M. Nach ihr war über die ganze Welt ein Netz von sympathischen und antipathischen Beziehungen ausgebreitet, daher von einem einzelnen Punkte aus beabsichtigte Wirkungen sich auf das Ganze erstrecken konnten. Die Lehre von der Seelenwanderung hat mystisch-magischen Charakter. Bei Plato erscheinen die Dämonen als höhere, mächtigere Mittelwesen, von denen Zauberwirkungen abgeleitet werden. Von magischen Mitteln, die so ziemlich den verschiedensten Völkern gemeinsam sind, sind zu nennen: zauberische Sprüche und Formeln, Zauberkräuter, Talismane und Amulete, Ringe, Zauberknoten, Gürtel, Kränze, Musik, magische Zahlen, animalische Stoffe ꝛc. Durch Zaubersprüche werden Regen und Sonnenschein, Blitz und Donner und Hagel, Fruchtbarkeit und Unfruchtbarkeit, Krankheiten und Heilung derselben hervorgebracht. Durch Zaubermittel kann man sich Stärke verleihen, unverwundbar machen, das Leben verlängern, Todte erwecken, Liebe und Haß einflößen ꝛc. Aus diesen Elementen bildete sich die theurgische M. der Neuplatoniker, welche sich selbst die Götter dienstbar zu machen meinte. Die Seele ist nach ihrer Ansicht ein Ausfluß des Absoluten und daher mit unendlicher Wirkungskraft ausgerüstet. Ihr sinnliches Leben ist ein Zustand der Verzauberung, die Körperwelt ein Komplex sympathischer und antipathischer Beziehungen und Verhältnisse, welche die Götter selbst den Menschen bekannt machen, die nun durch deren Kenntniß Kraft und Macht selbst über jene erhalten. Durch strenge Ascetik und genaue Befolgung der religiösen Ceremonien tritt die Seele mit den guten Göttern in Verbindung, ja sie wird eins mit dem Absoluten. Die Neuplatoniker unterschieden nun M. und Goetie u. betrachteten ihre magische Thätigkeit nicht als gewöhnlichen Zauber, obwohl sie ein gutes Theil der gewöhnlichen Zaubermittel anwendeten. Mit dem römischen Staatsorganismus war das Divinationswesen eng verbunden; dagegen blieb die Astrologie ein Rom fremdes Element. Im Mittelalter unterschied man höhere und niedere, weiße und schwarze M., je nachdem man den beabsichtigten Zauber durch himmlische oder irdische Kräfte zu erreichen, gute oder böse Geister dazu verwenden zu müssen glaubte. Von großem Einflusse darauf war der Glaube an den Teufel und die ihm untergebenen Geister, und die wichtigste und traurigste Folge dieses Wahns war das Hexenwesen. Auch die vorgebliche Kunst, unedle Metalle in Gold zu verwandeln, gehört hierher. Vorzüglich war es die mehr u. mehr ausgebildete Chemie, der man Lehrsätze, die auch für magische Vorgänge ein Erklärungsprincip abzugeben schienen, einfügen zu können glaubte. Hierher gehören die theosophistisch-chemiatrischen Lehrgebäude, zu denen Theophrastus Paracelsus den Grund legte. Vieles, was man früher in das Gebiet der geheimen Wissenschaft und der M. zog, hat jetzt durch die genauere Erkenntniß der Natur und ihrer Gesetze alles Wunderbare verloren, doch hält der Volksglaube noch an vielen magischen Wirkungen (z. B. sympathetische Mittel, Kartenschlagen, böser Blick ꝛc.) fest, während anderntheils namentlich die Lehre vom thierischen Magnetismus selbst in gebildeten Kreisen in der neuern und neuesten Zeit zu vielen Vorstellungen Anlaß gegeben haben, die in das Gebiet der M. zu verweisen sind. Unter natürlicher M. versteht man heut zu Tage die Kunst u. Geschicklichkeit, durch physikalische, mechanische und chemische Mittel Wirkungen hervorzubringen, die den Ununterrichteten in Erstaunen setzen. Vgl. Zauberei.

Magier (lat. magi), die Mitglieder der Priesterkaste bei den Medern und Persern. Das Institut der M. war ein sehr einflußreiches und bildete den Mittelpunkt des persischen Lebens und Kultus. Sie waren im Besitz der wissenschaftlichen Kenntnisse u. übten die heiligen Gebräuche der Religion, trieben aber auch Traumdeuterei und Mantik. Ihre Lehren nannte man Magismus und ihre Weisheit die Magie (s. d.). Sie genossen außerordentliches Ansehen, hatten entscheidenden Einfluß auf alle öffentlichen und Privatangelegenheiten und umgaben beständig die Person des Fürsten. Diese Priesterschaft war ursprünglich ein besonderer Stamm des Zendvolkes. Zoroaster reformirte mit dem Parsismus auch die M. und theilte sie in 3 Klassen: Lehrlinge (Herbeds), Meister (Mobeds) und vollendete Meister (Desturmobeds). Pasargadä, die Todtenstadt der persischen Könige, war auch die Priesterstadt des Reichs, wo die M. ihren Mittelpunkt hatten. Bei den Chaldäern erwähnt schon Jeremias einen Magierorden, dessen Mitglieder aus den Sternen, aus dem Fluge der Vögel und aus den Opferthieren weissagten; auch bei der Geburt Jesu werden M. erwähnt (s. Drei Könige). Später, im Zeitalter der Römer, hießen M. überhaupt die herumziehenden Astrologen, Wahrsager u. Gaukler Asiens, welche zugleich als Wundärzte und Traumdeuter in großem Ansehen standen, und noch gegenwärtig versteht man unter M. die sogenannten Zauberer und Taschenspieler. Vgl. Magie.

Magindanao, Philippineninsel, s. Mindanao.

Magister (vollständig M. artium liberalium, lat., Meister der freien Künste), akademische Würde der philosophischen Fakultät, die sich aus den ersten Zeiten des Universitätswesens herschreibt, wo sich der ganze Kreis der akademischen Thätigkeit auf die sogenannten sieben freien Künste beschränkte. Man nannte damals die Lehrer dieser freien Künste Artisten und diejenigen Studiosen, welche ihren Studienkurs absolvirt und in einer Prüfung die erforderlichen Kenntnisse nachgewiesen, auch bereits den Grad eines Baccalaureus (s. d.) erlangt hatten, Magistri artium. Schon im 12. Jahrhundert legte man diesem Prädikat, namentlich in Frankreich, einen hohen Werth bei. Nachdem das Fakultätswesen eingeführt war, büßte die Magisterwürde einen großen Theil ihres Ansehens ein, behauptete aber dessen ungeachtet auf den meisten Universitäten als die älteste akademische Auszeichnung unter den akademischen Graden noch den ersten Rang. Auf manchen Universitäten wird mit dem Prädikat M. zugleich das eines Doktors der Philosophie verliehen, während anderwärts letzteres Prädikat für sich und die Magisterwürde nur Denen ertheilt wird, welche nach öffentlicher Disputation die Erlaubniß erhalten haben, Vorlesungen zu halten (M. legens).

Magister auctionis s. bonorum (lat.), der von den Gläubigern eines insolventen Schuldners aus ihrer Mitte gewählte Geschäftsführer, welcher im Namen der andern den Vermögensverkauf des Schuldners zu besorgen hat.

Magister disciplinae (lat.), in der Kirchensprache Aufseher und Lehrer aller einem Kloster anvertrauten Eleven.

Magister equitum (lat.), Befehlshaber der Reiterei, in Rom der regelmäßige und nothwendige Gehülfe, resp. Stellvertreter des Diktators (s. d.).

Magisterium (lat.), Meisterstück, in der Medicin gewisse Zubereitungen, deren Darstellungsweise entweder für ein Meisterstück gehalten wurde, oder die eine sehr energische Wirkung auf den Organismus ausüben, und von deren Anwendung man sich sehr glücklichen Erfolg versprach. So hatte man ein M. bismuthi (basisch-salpetersaures Wismuthoxyd), ein M. jalapae (Jalapenharz), ein M. opii (unreines Morphium) ꝛc. Ueber das große und kleine M. s. Alchemie.

Magister libellorum (lat.), unter den römischen Kaisern Beamter, welcher die kaiserlichen Reskripte im Namen des Kaisers zu unterschreiben hatte.

Magister matheseos (lat.), s. v. a. Pythagoräischer Lehrsatz.

Magister militum s. militiae (auch M. armorum, lat.), Titel, welcher im 3. Jahrhundert der römischen Kaiserzeit den Generalen gegeben wurde, die vorher Consulares und Legati hießen. Unter Konstantin wurden die Magistri militum statt des früheren Praefectus praetorio zu Chefs der ganzen Militärverwaltung erhoben. Bei der Theilung des Reichs wurde ihre Zahl vermehrt. Unter ihrem Befehle standen die Duces und Comites. Sie gehörten zur ersten Rangklasse, daher sie auch Illustres, Magnifici, Excelsi betitelt wurden.

Magister morum (lat.), s. v. a. Censor.

Magister officiorum (lat.), in Rom Hofmarschall oder Minister des kaiserlichen Hauses, gehörte zur ersten Rangklasse, war Mitglied des Konsistoriums und hatte die Aufsicht und das Richteramt über alle zum Hofstaat gehörigen Personen.

Magister populi (lat.), s. v. a. Diktator.

Magister sacri palatii (lat.), der vom Papst mit der Büchercensur betraute Dominikanermönch in Rom.

Magister scholarum (lat.), der Oberaufseher einer Kloster- oder Kirchenschule, gewöhnlich zugleich Vorsänger (praecentor, primicerius); zu Paris jeder Lehrer, welcher Gesellschaften von Studirenden bildete.

Magistrale (lat.), in einer Festung die Linie, welche am innern Grabenrande herumgeht und dadurch die äußere Linie der Wälle bezeichnet. Man pflegt eine solche Linie bei Festungsumrissen zu Grunde zu legen, um die gegenseitige Lage der Werke und bestreichenden Linien zu bezeichnen.. An den Außenwerken wird dadurch nur die Frontlinie angegeben.

Magistrat (v. Lat.), in neuerer Zeit Bezeichnung der Gesammtheit städtischer Verwaltungsbehörden.

Magistratus (lat.), bei den Römern eben sowohl das obrigkeitliche Amt, als die dasselbe bekleidende Person. Die Macht, welche jedem Magistrat dem Wesen seines Amtes gemäß zukam, hieß Potestas; ein Imperium (s. d.) als höchste befehlende und ausführende Gewalt war nur mit den höchsten Magistraten verbunden. Wie schon in der ältesten Zeit (754—509) v. Chr. die Wahl des höchsten Magistrats, des Königs oder Rex, durch das Volk vollzogen und ihm danach ebenfalls von diesem das Imperium gewährt wurde, so galt es auch während der Republik (509—31 v. Chr.) als Grundsatz, daß dem in Komitien versammelten Volke, als von dem alle Staatsgewalt ausgehe, die Wahl aller wirklichen Magistrate zukomme, und daß diese ihre Gewalt von dem Volke empfingen, wenn auch die Uebertragung des Imperium als ein besonderer Akt allmählig bloße Formalität wurde. Mit der Entwickelung des Staats mehrte sich die Anzahl der Magistrate; schon 509 wurden Quästoren des Staatsschatzes erwählt, 493 plebejische Tribunen und Aedilen, 443 Censoren als eigener Magistrat, 367 der erste Prätor u. die ersten kurulischen Aedilen. Noch gehörten zu den ordentlichen Magistraten die Triumviri capitales u. monetales, die Decemviri litibus judicandis, die Quatuorviri zur Sorge für die städtischen, die Duumviri für die außerstädtischen Straßen und die 4 Praefecti, die in kampanische Städte für die Rechtspflege geschickt wurden, sämmtlich unter dem Namen Vigintiseviri, später, als die beiden letztgenannten Arten wegfielen, Vigintiviri begriffen. Außerordentliche Magistrate, wie sie besondere Verhältnisse des Staats oder die Sorge für vorübergehende Bedürfnisse nöthig machten, waren die Interreges, der Diktator und Magister equitum (zuerst 501 gewählt), die Triumviri reipublicae constituendae nach Cäsars Tode u. a. m. Die Römer unterschieden zwischen Magistratus populi und plebis; zu den letztern, den Tribunen und plebejischen Aedilen, blieb plebejischer Stand Erforderniß, auch nachdem die ersteren längst aufgehört hatten, patricisches Eigenthum zu sein; ferner zwischen Magistratus majores und minores, nach dem Gewicht, welches die Auspicien hatten, zu deren Anstellung sie berechtigt waren, wonach zu den erstern, abgesehen von den höhern außerordentlichen Magistraten, nur die Konsuln, Censoren und Prätoren gehörten. Endlich waren durch das Ehrenrecht des elfenbeinernen kurulischen Stuhls die Magistratus curules ausgezeichnet, zu denen die plebejischen Magistrate, die Quästoren ꝛc. nicht gehörten. Die Dauer der Amtsführung war bei allen ordentlichen Magistraten Ein Jahr, nur bei den Censoren erst fünf, dann anderthalb Jahre. Die Rechenschaft, die nach Niederlegung des Amts, nächst dem vor dem Volke zu leistenden Schwure, die Gesetze erfüllt zu haben, dem Senat abzulegen war, u. die Möglichkeit der Anklage eines abgegangenen Magistrats vor dem Volk gewährten Sicherung gegen willkürlichen Mißbrauch der Amtsgewalt. Dahin zielte auch die Einrichtung ab, daß die Verwaltung eines u. desselben M. immer zu gleicher Zeit mehren Personen zugetheilt war und diese Kollegen ein gegenseitiges hemmendes Einspruchsrecht (jus intercedendi) hatten, das auch, obwohl jeder Magistrat unabhängig von dem andern in seinem Amte verfuhr, dem höhern Magistrat gegen den niedern, den Tribunen der Plebs aber gegen alle Magistrate zustand. Dem einzelnen Bürger aber gab die Appellation an jene Tribunen und die durch diese leichter zu vermittelnde Provokation an das Volk einen Schutz gegen Ueberschreitungen der Magistrate. Besoldungen der Magistrate gab es nicht, aber der Staat sorgte für die Ausstattung des Magistrats mit dem Nöthigen, und die Verwaltung der Provinzen bot in der spätern

Zeit den abgegangenen höheren Magistraten, denen sie übertragen wurde, die Mittel reichlicher Entschädigung. In der Kaiserzeit war die höchste Staatsgewalt faktisch bei dem Kaiser, der jedoch selbst zunächst als oberster, lebenslänglicher Magistrat zu betrachten ist, indem theils in seiner Hand die Gewalten der republikanischen Magistrate, das Imperium der Konsuln und Prokonsuln und die Macht der Censoren und Tribunen vereinigt und ihm anfangs durch einzelne Gesetze, dann durch ein Senatuskonsult in Form eines Volksbeschlusses (die sogenannte Lex de imperio oder Lex regia) übertragen wurden, theils der Senat zu seiner Wahl berechtigt sein sollte, der darin freilich bald durch die dem Kaiser überlassene Designation seines Nachfolgers, sowie durch den Nachdruck, mit dem das Heer sein Verlangen zu unterstützen vermochte, beschränkt ward. Die übrigen Magistrate der Kaiserzeit schied man, da neben dem Princeps doch noch immer das eigentlich durch den Senat vertretene römische Volk (populus Romanus) als theilnehmend an der Regierungsgewalt angesehen wurde, als M. des römischen Volkes (populi Romani) u. M. des Kaisers (principis). Für die erstern blieben die altrepublikanischen Namen, ihre Wahl wurde aber dem Senat zugetheilt, und auch dieser durfte die vom Kaiser vorgeschlagenen Kandidaten nicht unberücksichtigt lassen und konnte sich selbst offenbarer Eingriffe des Kaisers in seine Befugnisse oft nicht erwehren; die Magistrate des Kaisers, der Praefectus urbi, die Praefecti praetorio, vigilum, annonae, aerarii, wurden von dem Kaiser unmittelbar ernannt. Seit Diocletian und Konstantin war der Kaiser auch der Form nach nicht mehr Magistrat, sondern unbeschränkter Herr, von dem eine große Zahl von Beamten abhing; die alten republikanischen Magistrate erhielten sich zwar dem Namen nach zum Theil noch lange, aber ohne eine eigentliche Bedeutung für den Staat.

Magliabecchi, Antonio, einer der größten Gelehrten seiner Zeit, den 28. Oktober 1633 zu Florenz geboren, war erst Goldschmied, studirte als Autodidakt Sprachen und Literatur, ward später Custos an der Bibliothek des Kardinals von Medici und † den 4. Juli 1714. Seine bedeutende Bibliothek u. sein übriges Vermögen, welches er zur Vermehrung der Bibliothek bestimmte, vermachte er dem Großherzog von Toskana. Diese sogenannte magliabecchi'sche Bibliothek wurde, durch neue Ankäufe bereichert, dem Publikum zur Benutzung eröffnet und ist noch heute durch viele Handschriften und durch alte Drucke von Bedeutung. M. selbst hat viele ältere Schriften herausgegeben. Eine Auswahl der an ihn gerichteten Briefe besorgte Targioni (Florenz 1745 ff.); sein Leben beschrieb Martini.

Magna charta (lat., engl. the great charter), in England der Staatsgrundvertrag, den 1215 Adel u. Geistlichkeit dem König Johann ohne Land abnöthigten, und der als die Grundlage der englischen Verfassung gilt. Die M. ch. enthält keineswegs ganz neue, der Krone abgedrungene Rechte, sie bestätigt und erweitert vielmehr meist nur früher gegebene. Schon Heinrich I. hatte, um sich die eigentlich seinem Bruder zukommende Krone zu sichern, 1100 der Nation einen Freiheitsbrief (charta libertatum) gegeben, der die Gesetze Edwards des Bekenners (common law) mit den Abänderungen, die sein Vater, Wilhelm der Eroberer, mit dem Rath der Barone vereinbart hatte, erneuerte, u. worin er also u. A. versprach, von seinen Lehensrechten keinen eigenmächtigen Gebrauch zu machen, erledigte Pfründen weder zu verkaufen, noch zum Vortheil der Schatzkammer zu benutzen, über minderjährige Besitzer der Kronlehen die Vormundschaft nicht zu führen, noch die Erbinnen derselben nach Gutdünken zu verheirathen u. keine neuen Steuern zu erheben. Auch die Könige Stephan von Blois u. Heinrich II., deren Rechte auf den Thron zweifelhaft waren, bestätigten diese Zugeständnisse 1135 und 1154 durch besondere Freiheitsbriefe. Nachher waren diese Vorrechte des Adels und der höhern Geistlichkeit von der Krone vielfach verletzt worden; die schmachvolle Regierung Johanns ohne Land veranlaßte aber den Adel und die Geistlichkeit, demselben die Bestätigung der Nationalfreiheiten mit Waffengewalt abzudringen. Diese Urkunde, die M. ch., wurde nach dreitägiger Unterhandlung den 19. Juni 1215 auf dem freien Platze Runingmede zwischen Windsor und Stains unterzeichnet; sie bestätigte in 60 Artikeln die Gesetze Eduards, die Veränderungen Wilhelms I., die Charta libertatum und bewilligte überdies zeitgemäße Erweiterungen und Reformen. Der Klerus gewann durch die Bestimmungen dieses Freiheitsbriefes die Zusicherung der Wahlfreiheit und aller bisher geübten Privilegien und Rechte. Für die Barone wurde die Abgabe bei der Belehnung auf bestimmte Summen festgesetzt. Außerdem sollten sie zur Entrichtung von Hülfsgeldern nur beim Ritterschlag des ältesten Sohnes des Königs, bei Verheirathung der ältesten Tochter desselben u. im Falle der Gefangenschaft des Königs selbst gehalten sein. Zu jeder außerordentlichen Gelderhebung bedurfte es der Einwilligung einer allgemeinen Reichsversammlung, zu welcher alle Erzbischöfe, Bischöfe, Aebte, Grafen, Barone und alle unmittelbaren Vasallen zu berufen sein sollten. Alle Vorrechte, die der König den Baronen bewilligt, sollten von ihnen auch den Untervasallen zugestanden werden. Die fremden Kaufleute sollten keinen willkürlichen Zöllen und Abgaben unterworfen sein, London, sowie alle Städte u. Flecken ihre alten Rechte und Gewohnheiten behalten. Die Gerichte sollten Jedermann offen stehen, die Gerechtigkeit nicht verzögert, verkauft oder verweigert werden. Kein freier Mann sollte gefangen gesetzt, seiner Güter beraubt, oder sonst beschädigt werden, wenn nicht vermittelst Urtheils von Richtern seines Gleichen und nach den Landesgesetzen. Der Gerichtshof für gemeinschaftliche Klagen (court of common pleas, common bench) sollte fortan nicht mehr der Person des Königs folgen, sondern stets an einem bestimmten Orte seine Sitzungen halten. Die Forsten u. Wasser sollten freigegeben werden. Ueber die Vollziehung dieser Charte sollte ein von den Baronen aus ihrer Mitte gewählter, beständiger, sich selbst ergänzender Ausschuß von 25 Mitgliedern wachen, dem das Land Gehorsam zu schwören u. auf erfolgtes Aufgebot Hülfe zu leisten hätte, um nöthigenfalls Eingriffen des Königs in die durch die M. ch. gewährleisteten Rechte des Volks mit bewaffneter Hand entgegenzutreten. König Johann schon trachtete den Vertrag kraft der Lossprechung des Papstes Innocenz III. zu brechen und starb darüber im Kampfe mit der Nation. Unter Heinrich III. wurde die M. ch. durch die Geldnoth, in welcher sich der König beständig befand, nicht weniger als siebenmal bestätigt; auch wurde unter ihm am 11 Febr. 1225 noch ein neuer Freiheitsbrief, die Charta de foresta, hinzugefügt, in welchem jedem Unterthan das Jagdrecht auf eigenem Grund und Boden zugesprochen und die höchste Strafe für Forst- und Jagdverbrechen auf ein Jahr Zuchthaus festgesetzt wurde. Durch die Bestimmung der M. ch., daß es zu jeder außerordentlichen Gelderhebung der Einwilligung einer allgemeinen Reichsversammlung bedürfe, gewann die Nation immer mehr Freiheiten. Eduard I. ertheilte auch den Grafschaften u. Städten das Recht, Abgeordnete zur allgemeinen Reichsversammlung zu senden, und diese Abgeordneten des dritten Standes, die Gemeinen, gewannen bald eine solche Bedeutung, daß von ihrer Zustimmung ganz besonders die Erhebung der Steuern abhängig gemacht und dies 1297 in einem besondern Zusatz zur M. ch. hinzugefügt wurde. Eduard III. mußte, um Geld zu erhalten, während seiner langen Regierung die M. ch. einige zwanzigmal bestätigen. Im Jahre 1300 wurde die viermalige Verlesung der M. ch. in jedem Jahre in allen Grafschaften, sowie 1341 die Verpflichtung der höheren Staatsbeamten auf dieselbe festgestellt. Verloren auch viele der in der M. ch. ausgesprochenen Freiheiten und Rechte im Laufe der Zeit durch die veränderten Verhältnisse ihre Bedeutung, so behielt doch das Steuerbewilligungsrecht seinen Werth. Die Verletzung desselben durch die Stuarts rief das Volk zum Kampf gegen König Karl I. auf und veranlaßte somit die große englische Revolution. Die wesentlichen Bestimmungen der M. ch. sind später in die Declaration of rights aufgenommen worden, welche vom Parlament 1688 dem König Wilhelm III. überreicht und von diesem bei seiner Thronbesteigung gewährleistet wurde. Der erste Druck der M. ch., die ursprünglich lateinisch geschrieben war, erschien 1507; die beste unter den vielen Ausgaben lieferte Blackstone in „The great charter and charter of the forest" (Oxford 1753) und in seinen „Tracts chiefly relating to antiquities and laws of England" (das. 1762, 2 Bde.). Vgl. Lau, Die Entstehung der M. ch. (Hamb. 1859).

Magnäanisches Institut, die durch ein Legat des gelehrten Isländers Arni Magnusson (Arnas Magnäus, geboren 1663 zu Kvennabrekka auf Island, † 1730 zu Kopenhagen) in Kopenhagen gegründete Stiftung zur Herausgabe isländischer Manuskripte. Magnusson hatte nämlich auf Island, wo er sich von 1702—12 als königlicher Kommissar aufhielt, eine sehr schätzbare Sammlung von 1800 isländischen Handschriften zusammengebracht, die noch jetzt, obwohl bei dem großen Brand Kopenhagens 1728 zwei Drittheile davon zu Grunde gingen, die größte derartige Sammlung ist, und die er nebst einem Kapital der kopenhagener Bibliothek vermachte. Jene Stiftung erhielt 1766 die königliche Konfirmation u. wird seit 1772 durch eine besondere Kommission verwaltet, die sich seit Stiftung der königlichen Alterthumsgesellschaft mit dieser verbunden hat und in der „Antiquarisk Tidsskrift" der letztern seit 1846 ein gemeinsames Organ ihrer Unternehmungen besitzt. Außer der großen Ausgabe der älteren Edda sind durch sie viele Sagen, kirchliche u. weltliche Gesetzbücher mit lateinischer Uebersetzung und Anmerkungen, Glossarien, Facsimilien &c. herausgegeben, auch Gelehrte in der Herausgabe ähnlicher Werke unterstützt worden.

Magna mater, s. Rhea.

Magna mora (lat.), große Frist, s. Frist.

Magnan, Bernard Pierre, französischer Marschall, am 7. Dec. 1791 zu Paris geboren, trat 1809 als Freiwilliger in die Armee, wohnte unter den Marschällen Ney und Masséna 1810 und 1811 den Feldzügen auf der pyrenäischen Halbinsel bei, focht auch unter den Generalen Reille und Soult 1812 und 1813 in Spanien und machte als Kapitän in der kaiserlichen Garde den Feldzug 1814 in Frankreich und 1815 in Belgien mit. Bei der neuen Formirung der Armee wurde er als Hauptmann und Adjutant in dem neu geschaffenen 6. Regimente der königlichen Garde angestellt und 1817 als Bataillonschef in das 34. Linienregiment versetzt. Den Feldzug nach Katalonien 1823 machte er als Oberstlieutenant unter Marschall Moncey mit. Seit 1827 Oberst des 49. Linienregiments, nahm er an dem Feldzuge in Afrika 1830 mit Auszeichnung Theil. Im Jahre 1832 wurde er nach Belgien gesendet, wo ihm mit dem Rang eines Generals das Kommando einer Brigade und später das der Avantgarde der Armee von Flandern übertragen wurde; 1835 erhielt er den Rang eines Maréchal de camp und 1839 den Oberbefehl über eine kombinirte Division. Nach siebenjähriger Dienstzeit in Belgien kehrte M. nach Frankreich zurück, kommandirte anfangs eine Brigade des Observationscorps in den Pyrenäen, dann im Departement du Nord und ward mit Unterdrückung der Arbeiterunruhen in Lille beauftragt. Obwohl er dem boulogner Attentat des Prinzen Ludwig Napoleon nicht ferngestanden, wußte er sich doch in der Pairskammer von jedem Verdacht zu reinigen, avancirte 1845 zum Divisionsgeneral und ging 1846 als Generalinspektor nach Algerien. Nach der Februarrevolution befehligte er eine Infanteriedivision der Alpenarmee. An der Spitze dieser Division rückte er am 3. Juli 1848 in Paris ein, bezog das Lager von St. Maur und bildete die Reserve der pariser Armee; doch riefen ihn die Ereignisse in Italien bald wieder in das Departement Ain. Nach Bugeauds Abreise nach Paris übernahm er interimistisch das Oberkommando über die Alpenarmee und unterdrückte im Juni 1849 einen Aufstandsversuch in Lyon. Im Sommer 1851 ward er Oberkommandeur der pariser Armee, mit welcher er den durch den Staatsstreich vom 2. December hervorgerufenen Aufstand niederschlug, wofür er 1852 zum Senator und 1853 zum Marschall ernannt wurde. Bei der Errichtung der Militärdivisionen erhielt er das Oberkommando des 1. Armeecorps zu Paris. Im Jan. 1862 ward er durch kaiserliches Dekret den französischen Freimaurern auf drei Jahre zum Großmeister oktroyirt. Er † den 29. Mai 1865 zu Paris.

Magnaten (lat. magno-nati), in Ungarn Bezeichnung der vornehmsten adeligen Geschlechter, der Reichsbarone, die nach der früheren, jetzt aufgehobenen Verfassung geborene Repräsentanten des Landes waren und eine besondere Kammer, die sogenannte Magnatentafel, bildeten. Zu ihnen gehörten der Palatin, der Reichs- und Hofrichter (judex curiae), der Banus von Kroatien, Slavonien u. Dalmatien, der Schatzmeister und die höchsten Hofbeamten, ferner alle Grafen und Freiherren (s. Ungarn). In Polen begreift man darunter die geistlichen u. weltlichen Senatoren oder Reichsräthe u. den hohen Adel.

Magne, Pierre, französischer Staatsmann, geboren den 3. Dec. 1806 zu Périgueux, war erst Schreiber auf der Präfektur seiner Vaterstadt, studirte zu Paris die Rechte u. ließ sich dann in Périgueux als Sachwalter nieder. Von den dortigen Wählern 1843 in die Deputirtenkammer gesendet, bewies er bei Verhandlungen über Finanzfragen ein hervorragendes Talent und gehörte bis zur Februarrevolution dem rechten Centrum an. Im Nov. 1849 ward er zum Unterstaatssekretär im Finanzministerium ernannt und trat in die ministerielle Kombination vom 10. April 1851 als Minister des öffentlichen Bauwesens. Bei Einsetzung des Kabinets vom 26. Okt. 1851 gab er sein Portefeuille an Lacrosse ab, erhielt aber dasselbe am 1. Dec. 1851 wieder und legte es erst am 22. Jan. 1852 in Folge der gegen die Grundbesitzungen des Hauses Orléans genommenen Maßregel nieder. Aber bald darauf ward er zum Senator, am 29. Juli 1852 wieder zum Minister der öffentlichen Bauten, im Juni 1853 zugleich zu dem des Ackerbaues und Handels ernannt, u. im Febr. 1855 vertauschte er diese drei Verwaltungszweige gegen das Ministerium der Finanzen. Seit 14. Nov. 1861 ist er Minister ohne Portefeuille.

Magnentius, römischer Kaiser, von Geburt ein Franke, aus Gallien, wurde von Kaiser Constans zum Anführer der kaiserlichen Leibgarden, der Jovianer und Herculianer, ernannt, stieß 350 in Augustodunum mit Hülfe des Marcellinus den verhaßt gewordenen Constans vom Throne und wurde von den Legionen in Gallien, Afrika und Italien als Kaiser anerkannt, aber am 28. Sept. 353 von Constantius, dem Bruder des Constans, bei Mursa geschlagen, worauf er sich in Lyon im August selbst das Leben nahm. Seine Gemahlin, Flavia Justina, vermählte sich später mit dem Kaiser Valentinian.

Magnesia, 1) östliche, größtentheils gebirgige Landschaft (Halbinsel) Thessaliens, mit der gleichnamigen Hauptstadt. Die Einwohner hießen Magnetes. — 2) Stadt in Lydien am nordwestlichen Abhang des Sipylus und am südlichen Ufer des Hermus, berühmt durch den Sieg der Römer über Antiochus (190 v. Chr.). Sie wurde durch das große Erdbeben unter Tiberius hart mitgenommen. Nach dem mithridatischen Kriege hatten ihr die Römer Immunität bewilligt. Jetzt Manissa od. Manaschir mit unbedeutenden Ruinen. — 3) Stadt in Karien, am nördlichen Ufer des Mäander und am südlichen Abhang des Thorax, gegründet von Kolonisten aus dem thessalischen M., war eine der drei Städte, welche Artaxerxes dem Themistocles schenkte, der sich gewöhnlich hier aufhielt. Berühmt war sie auch durch einen Tempel der Artemis Leucophryne, einen der größten und schönsten in ganz Kleinasien. Jetzt Güzulhissar mit den Trümmern eines Dianentempels.

Magnesia (Talkerde, Bittererde), chemische Verbindung, die einzige bekannte Orydationsstufe des Magnesiums, findet sich in der Natur an Säuren gebunden, und zwar als kieselsaure M. im Talk, Speckstein, Meerschaum, Serpentin, Asbest, in der Hornblende, im Augit und Olivin, als kohlensaure M. im Magnesit und mit kohlensaurem Kalk verbunden als Bitterspath und Dolomit. Mit noch mehr Kalk bildet die kohlensaure M. die Bitterkalke und dolomitischen Kalksteine. Chlormagnesium ist im Meerwasser, in den Salzsoolen und in manchen Steinsalzlagern, besonders in dem von Staßfurth, mit Chlorcalcium als Tachhydrit und mit Chlorkalium als Karnallit enthalten. Schwefelsaure M. kommt ebenfalls im Meerwasser und in den Salzsoolen, ferner als Auswitterung und rein als Kieserit, mit Gyps und schwefelsaurem Kali als Polyhalit in Staßfurth vor. Borsaure M. findet sich als Boracit, phosphorsaure M. mit Fluormagnesium als Wagnerit, Magnesiahydrat als Brucit, eisenoxydulhaltige M. als Periklas. Auch ein Magnesiaalaun ist als Mineral aufgefunden worden.

Das reine Magnesiumoxyd erhält man durch mäßiges Glühen der im Handel vorkommenden basisch-kohlensauren M. (Magnesia alba), und zwar in um so dichterem Zustande, je dichter das Rohmaterial war, oder je höher man die Temperatur steigerte. Die im Porzellanofen geglühte M. ist mikrokrystallinisch und hat ein specifisches Gewicht = 3,64. Nicht sehr stark gebrannte M. löscht sich mit Wasser langsam zu einem Hydrat u. gibt mit dem 25fachen Gewicht Wasser eine Gallerte. Das Hydrat kann auch mit Kalilauge aus löslichen Magnesiasalzen gefällt und bei 100° getrocknet werden. Die M. ist fast geschmacklos, denn sie löst sich äußerst schwer in Wasser (1 Theil bedarf dazu 55,000 Theile Wasser), die feuchte M. reagirt aber alkalisch und färbt einen blauen Kohlaufguß grün, an der Luft zieht die M. Wasser und Kohlensäure an. Die Magnesia usta der Apotheken darf nur schwach geglüht sein, damit sie sich in der Säure des Magens leicht auflöst. Die löslichen Magnesiasalze schmecken bitter, Kali fällt aus ihren Lösungen Magnesiahydrat, Potasche basisch-kohlensaure M. Ammoniak fällt ebenfalls Magnesiahydrat, wenn die Lösung aber viel Salzsäure enthielt, so bildet sich Salmiak, welcher die Fällung verhindert. In dieser ammoniakalischen Flüssigkeit erzeugt phosphorsaures Natron einen Niederschlag von phosphorsaurer Ammoniakmagnesia, oxalsaures Kali, welches den Kalk fällen würde, erzeugt keinen Niederschlag; kohlensaures Ammoniak fällt aus Magnesiasalzen erst nach längerer Zeit basisch-kohlensaures Salz. Schwefelsaure M., Bittersalz, ist der wesentliche Bestandtheil der Mineralwässer von Sedlitz, Saidschütz, Püllna u. Epsom u. bildet sich hier durch wechselseitige Zersetzung von Gyps u. kohlensaurer M. Diese beiden Substanzen finden sich in dem Mergel der drei ersten Orte, man gräbt Gruben in denselben und läßt darin Wasser sich sammeln; je länger dies mit dem Mergel in Berührung bleibt, um so reichhaltiger wird das Bitterwasser. Letzteres entsteht auf dieselbe Weise, wenn gypshaltiges Wasser durch Dolomit sickert. Kommt aber Bittersalz mit kohlensaurem Kalk bei 200° C. und unter einem Druck von 15 Atmosphären in Berührung, so findet die umgekehrte Zersetzung Statt und es entsteht Gyps und Dolomit. Das Bittersalz wird in großen Mengen als Arzneimittel verbraucht und deshalb fabrikmäßig dargestellt. Dies geschieht zum Theil aus den Mutterlaugen des Meerwassers, welche Chlor, Schwefelsäure, M. und Natron enthalten u. bei passenden Temperaturen schwefelsaure M. in Krystallen liefern. Dolomit und Schwefelsäure gibt gibt ebenfalls Bittersalz, welches vom gleichzeitig entstehenden Gyps leicht zu trennen ist. Aus gebranntem Dolomit kann man mit Salzsäure oder Holzessig den Kalk ausziehen und die zurückbleibende M. in Schwefelsäure lösen. Serpentin wird durch

Schwefelsäure leicht zersetzt; der Serpentin von Genua enthält Kupferkies und gibt nach dem Rösten schwefelsaures Kupferkies und Bittersalz; man fällt das Kupfer durch Eisen, Eisenoxyd durch Kalk und verdampft zur Krystallisation. In Mineralwasserfabriken entwickelt man Kohlensäure aus Magnesit und gewinnt sehr viel Bittersalz als Nebenprodukt. Brennt man Dolomit schwach, läßt die M. dann wieder Kohlensäure anziehen, mischt die Hälfte Gyps hinzu und laugt die Mischung nach einiger Zeit mit Wasser aus, so erhält man ein sehr reines Bittersalz. Nach längerem Liegen an der Luft bildet sich wieder Bittersalz, und das Auslaugen kann daher mehre Male wiederholt werden. Das Bittersalz krystallisirt in Säulen mit 7 Aequivalenten Wasser, ist isomorph mit schwefelsaurem Zinkoxyd, Nickeloxydul u. Eisenoxydul, hat ein specifisches Gewicht von 1,67 u. verwittert, wenn es ganz rein ist. 100 Theile Wasser von 0° lösen 53,8, bei mittlerer Temperatur 125 Theile Bittersalz. Beim Erhitzen schmilzt das Salz und verliert unter 150° C. 6 Aequivalente Wasser, während das letzte Aequivalent noch bei 200° festgehalten wird. Das wasserfreie Salz schmilzt in der Glühhitze und verliert erst in sehr hoher Temperatur etwas Schwefelsäure. Vom isomorphen Zinkvitriol unterscheidet sich das Bittersalz durch seine neutrale Reaktion, und Alkalien erkennt man durch Zusammenreiben mit kohlensaurem Baryt u. etwas Wasser; es entsteht dann schwefelsaurer Baryt und kohlensaures Alkali, welches sich im Filtrat durch die stark alkalische Reaktion zu erkennen gibt. Löst man gleiche Aequivalente Bittersalz und schwefelsaures Kali in Wasser, so krystallisirt ein Salz in großen harten Säulen, welches 6 Aequivalente Krystallwasser enthält und etwas schwerer löslich als Bittersalz ist. Diese *schwefelsaure Kalimagnesia* kann als Bittersalz betrachtet werden, in welchem 1 Aequivalent Krystallwasser (Halhydratwasser) durch schwefelsaures Kali ersetzt ist. Das 1 Aequivalent Wasser, welches von der schwefelsauren M. viel fester gebunden wird als die übrigen 6 Aequivalente, deutet auf ein solches Verhältniß hin. Dies Doppelsalz ist zugleich der Typus für eine Reihe isomorpher Salze, in denen die M. durch Zinkoxyd, Nickeloxydul oder Eisenoxydul und das Kali durch Ammoniak ersetzt wird. *Schwefligsaure* M. entsteht aus schwefligsaurem Baryt und schwefelsaurer M., krystallisirt mit 6 Aequivalenten Wasser, ist in etwa 20 Theilen kaltem Wasser löslich, verwandelt sich an der Luft in Bittersalz und gibt, bei Ausschluß der Luft geglüht, Bittersalz u. M. Kocht man schwefligsaure M. mit Schwefel, so entsteht *unterschwefligsaure* M., die mit 6 Aequivalenten Wasser krystallisirt. Wasserfreie *neutrale kohlensaure* M. findet sich in der Natur als Magnesit, besonders rein bei Frankenstein in Schlesien u. auf einigen Inseln des griechischen Archipels u. verliert die Kohlensäure noch nicht bei 300°, theilweise aber beim Kochen mit Wasser; Säuren greifen den Magnesit nur langsam an. Unter starkem Druck kann man aus doppeltkohlensaurer M. oder aus Bittersalz und doppeltkohlensaurem Natron ebenfalls das neutrale Salz erhalten. Aus löslichen Magnesiasalzen fällt Soda *basisch-kohlensaure* M., die sich in freier Kohlensäure löst. Aus dieser Lösung krystallisirt beim Stehen u. Erwärmen das neutrale Salz mit 3 Aequivalenten Wasser. Letzteres bildet sich auch, wenn der Niederschlag von basisch-kohlensaurer M. einige Tage mit der Mutterlauge in Berührung bleibt. Aus der gleich nach der Fällung abfiltrirten Mutterlauge krystallisirt dasselbe Salz heraus. Dieses entläßt bei 100° 2 Aequivalente Wasser, aber keine Kohlensäure, dagegen entweicht unter Wasser schon bei 75° etwas Kohlensäure und bei 300° bleibt fast reine M. zurück. Die **M. alba** des Handels, welche ein äußerst leichtes Pulver gibt, ist basisch-kohlensaure M. von verschiedener Zusammensetzung und wird durch Fällung eines löslichen Magnesiasalzes mit Potasche oder Soda erhalten. Das Präparat enthält um so weniger Kohlensäure und um so mehr Magnesiahydrat, je verdünnter und wärmer die Lösungen bei der Fällung waren, außerdem scheint darin noch Krystallwasser vorzukommen. Fällt man Bittersalz mit Soda, so enthält der Niederschlag stets 4 Aequivalente Kohlensäure auf 5 Aequivalente M., dieselbe Verbindung wird durch Potasche nur aus kalten Lösungen gefällt, aus warmen Lösungen fällt eine Verbindung von 4 Aequivalenten M. und 3 Aequivalenten Kohlensäure. Die mit Soda erzeugten Niederschläge bei 100° getrocknet enthalten stets 5 Aequivalente Wasser, bei 60° getrocknet enthalten die kalt erzeugten Niederschläge 9, die heiß erzeugten 6 Aequivalente Wasser, bei den an der Luft getrockneten findet man einerseits 12, andererseits 7 u. 8 Aequiv. Wasser. Die mit Potasche erzeugten Niederschläge haben bei 100° an der Luft getrocknet stets 6 Aequivalente Wasser; in der Verbindung von 4 Aequivalenten M. und 3 Aequivalenten Kohlensäure beträgt der geringste Wassergehalt 5 Aequivalente. In Böhmen fällt man auf $^1/_{30}$ eingedampftes saidschützer Bitterwasser mit auf $^1/_{90}$ eingedampftem Bilinerwasser, u. zwar, indem man 1 Volumen des letzteren von 40° mit 2 Vol. Bitterlauge mischt, durch Fässer mit Leinwandboden filtrirt und den Niederschlag erst mit kaltem, dann mit heißem Wasser auswäscht. Den Brei bringt man in Tröge mit Leinwandboden, stülpt ihn nach dem Abfließen des Wassers auf Breter und trocknet ihn erst bei gewöhnlicher und dann bei erhöhter Temperatur in Muffeln. Die **M. alba** ist mikrokrystallinisch, reagirt sehr schwach alkalisch und löst sich in 2500 Theilen kaltem und 9000 Theilen kochendem Wasser; bei 100° verliert sie endlich etwas Wasser und Kohlensäure, u. bei höherer Temperatur hinterbleibt reine M. In Newcastle behandelt man geglühten Dolomit mit Wasser u. Kohlensäure unter Druck und leitet durch die entstandene Lösung von doppeltkohlensaurer M. einen Dampfstrom. Das Präparat ist sehr locker. Mit kohlensaurem und zweifachkohlensaurem Kali bildet die kohlensaure M. krystallisirende Doppelsalze, die durch Wasser leicht zersetzt werden. Die kohlensaure M. krystallisirt mit dem isomorphen kohlensauren Kalk in wechselnden Mengen zusammen, sie bildet aber auch mit demselben Verbindungen nach sehr einfachen Verhältnissen, und diese sind es, die in der Natur als Dolomit und Bitterspath vorkommen. *Salpetersaure* M. krystallisirt mit 6 Aequivalenten Wasser, zerfließt an der Luft, ist auch in Alkohol löslich, verliert beim Erwärmen 5 Aequivalente Wasser, hält aber 1 Aequivalent noch bei ziemlich hoher Temperatur fest; erhitzt man noch stärker, so bleibt reine M. zurück. *Chlorsaure* M., mit Hülfe des Barytsalzes erhalten, ist krystallinisch, zerfließlich, in Alkohol löslich, verliert beim Erhitzen Wasser, Sauerstoff und Chlor und hinterläßt M. und Chlormagnesium. Unterchlorigsaure M. entsteht neben Chlormagnesium, wenn man Chlor in Wasser leitet, in welchem M. suspendirt ist. Diese Lösung wirkt bleichend. Neutrale c phosphorsaure M. scheidet sich beim Vermischen von c phosphorsaurem Natron u. Bittersalz in Krystallen mit 14 Aequivalenten Wasser aus, die in Wasser schwer löslich sind, an der Luft verwittern u. beim Kochen mit Wasser in saures und basisches Salz zerfallen. Ein Doppelsalz aus neutralem c phosphorsaurem Ammoniumoxyd und neutraler c phosphorsaurer M. mit 6 Aequivalenten Wasser entsteht beim Fällen von neutralem c phosphorsaurem Ammoniumoxyd mit Bittersalz. Dagegen erhält man beim Vermischen einer angesäuerten Bittersalzlösung mit einer Lösung von neutralem c phosphorsaurem Natron und Uebersättigen mit Ammoniak einen Niederschlag, der aus 2 Aequivalenten M., 1 Aequivalent Ammoniumoxyd, 1 Aequivalent c Phosphorsäure u. 12 Aequivalenten Wasser besteht. Diese phosphorsaure Ammoniakmagnesia löst sich in 15,300 Theilen Wasser, reichlicher in salmiakhaltigem, aber schwerer in ammoniakhaltigem Wasser, nämlich in 44,000 Theilen. Säuren lösen das Salz sehr leicht. Beim Erhitzen entweichen Wasser und Ammoniak, es tritt lebhaftes Erglühen ein, indem sich die c Phosphorsäure in b Phosphorsäure verwandelt, und es hinterbleibt paraphosphorsaure M. Die Bildung der phosphorsauren Ammoniakmagnesia ist das charakteristische Erkennungszeichen für die Gegenwart der M., und in der Form von paraphosphorsaurer M. wird diese gewöhnlich quantitativ bestimmt. Phosphorsaure M. findet sich reichlich im Samen der Getreide u. gelangt von da ins Bier u. in den Harn; Harnsteine bestehen besonders bei den kräuterfressenden Thieren aus phosphorsaurer Ammoniakmagnesia, und dies Salz wird auch durch Ammoniak aus Harn gefällt. Beim Wiederaufbau der Nikolaikirche in Hamburg hat man große Krystalle von phosphorsaurer Ammoniakmagnesia gefunden, die durch die Vermoderung einer Düngerlage entstanden war. Sie heißt als Mineralspecies Struvit. Zu technischen Zwecken und besonders zu künstlichem Dünger wird die phosphorsaure Ammoniakmagnesia im Großen dargestellt, sie entsteht, wenn man 1 Aequivalent phosphorsaures Ammoniak und 2 Aequivalente M. od. kohlensaure M. auf einander einwirken läßt, auch pyrophosphorsaure M. absorbirt Ammoniak. Borax fällt aus heißer Bittersalzlösung borsaure M., die sich beim Erkalten wieder löst. Nach längerem Kochen ist das Salz drittelborsaure M. Diese entsteht auch, wenn man Borsäure mit M. zusammenschmilzt u. bis zur Verflüchtigung der überschüssigen Borsäure erhitzt. Neutrales Salz erhält man, wenn man die Flüssigkeit, in welcher sich der Niederschlag von borsaurer M. gelöst hat, einige Zeit bei niedriger Temperatur stehen läßt. Boracit ist eine in der Natur vorkommende Verbindung von 3 Aequivalenten M. und 4 Aequivalenten Borsäure. Kieselsaure M. findet sich in der Natur in einer Reihe von Mineralien; 1 Aequivalent M. und 1 Aequivalent Kieselsäure ist Speckstein, dieselbe Verbindung mit 1 Aequivalent Wasser Meerschaum; 3 Aequivalente M., 2 Aequivalente Kieselsäure und 1 Aequivalent Wasser bilden Picrosmin, 1 Aequivalent M., 1 Aequivalent Eisenoxydul und 1 Aequivalent Kieselsäure Olivin, 3 Aequivalente Magnesiabihydrat und 2 Aequivalente einer Verbindung von 3 Aequivalenten M. und 2 Aequivalenten Kieselsäure Serpentin, 3 Aequivalente Magnesiakalk und 2 Aequivalente Kieselsäure den Augit und eine Verbindung von 3 Aequivalenten M., 2 Aequivalenten Kieselsäure und 1 Aequivalent kieselsaurem Kalk die Hornblende (Tremolit, Grammatit, Strahlstein), auch Asbest.

Magnesian limestone (engl.), Magnesiakalk, ein Gebilde, welches theils als Konglomerat (magnesian conglomerate) aus Trümmern von Bergkalk mit dolomitischem Bindemittel besteht, theils dolomitischen Kalkstein, Mergelschiefer, dichten Kalkstein und buntfarbigen Mergel als besondere Glieder unterscheiden läßt, in Nottinghamshire, Derbyshire, Yorkshire, Durham und Northumberland verbreitet.

Magnesiasalze, s. Magnesia.

Magnesit, ein dem Kalcit (Kalkspath u. Kalkstein) und dem Dolomit zunächst stehendes Mineral, aber kohlensaure Bittererde und daher in Säuren nur beim Erwärmen löslich. Es ist vor dem Löthrohr unschmelzbar, reagirt geglüht nur schwach alkalisch, färbt sich, mit Kobaltsolution befeuchtet, beim Glühen blaßroth. Meist nimmt aber die kohlensaure Bittererde kohlensaures Eisenoxydul, selbst Manganoxydul auf, und dann entstehen die Mineralien, welche Rammelsberg unter dem Namen Breunerit zusammenfaßt und vom M. im engern Sinne trennt; sie färben sich beim Erhitzen braun od. schwarz u. reagiren auf Eisen oder auch auf Mangan. Mit letzterem verbindet Rammelsberg dann auch das kohlensaure Bittererdeeisenoxydul oder den Mesetinspath (einschließlich Pissomesit). Sie finden sich krystallinisch oder dicht, im ersteren Fall sehr vollkommen spaltbar nach den Flächen eines Rhomboëders von 170° 10—30′, lebhaft glasglänzend, durchsichtig bis an den Kanten durchscheinend, farblos, weiß, gelblichweiß bis gelb (durch Eisen), graulichweiß bis schwarz (durch Kohle). Das specifische Gewicht ist etwas über 3 beim reineren M.; der eisenreichste, der Mesetinspath, hat bis 3,4 Flußspathhärte und etwas darüber. M. findet sich als Magnesitspath (Talkspath, Breunerit), krystallisirt mit meist eingewachsenen Krystallen, häufiger krystallinisch blättrig, körnig. Hierher gehören von reinem M. der weiße u. gelbe Serpentin von Snarum in Norwegen, Tragößthal in Steiermark, Roxburgh in Vermont, die fast reine kohlensaure Bittererde enthalten. Dagegen steigt in den von Rammelsberg als Breunerit abgeschiedenen Mineralien der Gehalt an Eisenoxydul von 5 bis 16, so in dem meist gelben M. der krystallinischen Schiefer, des Chlorit- u. Talkschiefers des Zillerthales, vom St. Gotthard, in dem dunklen des Steinsalzgebirges von Hall in Tyrol, von 24—35 Proc. im gelben Mesetinspath von Traversella in Piemont, dessen aufgewachsene Krystalle oft linsenförmig sind, u. im Pissomesit von Flachau im Salzburgischen. Als Gebirgsmasse tritt der meist grobblätterige M. mit nur 3 Proc. Eisengehalt stockförmig, einem Kalkeisenspath (Ankerit) ähnlich, im Grauwackegebirge von Oesterreich bei Gloggnitz, von Irdning in Steiermark, und weiß im krystallinischen Gebirge von Obersteiermark bei Kathrein auf. Man verwendet ihn hier zur Fertigung feuerfester Ziegel; der eisenreiche Pissomesit wird als Eisenerz verhüttet. **Dichter M.** (M. im engern Sinne) ist nierenförmig und derb, im Bruche muschelig, eben und uneben; die Härte sinkt zuweilen bis zu der des Kalkspaths, oder steigt durch Aufnahme von Kieselerde bis zu Apatithärte (Kieselmagnesit von Baldissero u. a. O.); das specifische Gewicht ist unter 3. Er ist reinweiß, aber auch graulich u. ins Gelbe spielend bis gelb; matt, aber der Strich oft glänzend, nur an den Kanten durchscheinend. Er findet sich im Serpentingebirge, so zu Frankenstein und Koseritz in Schlesien, Kraubat in Steiermark, Hrubschitz in Mähren, Baldissero in Piemont, im Ural, in Siebenbürgen u. a. O. Der M. eignet sich vor Allem zur Kohlensäure- u. Bittersalzgewinnung, wird aber auch in der Porzellanfabrikation und zur Darstellung von Magnesium benutzt.

Magnesium, chemisches Element, das Metall, welches in der Magnesia (Bittererde, Talkerde) enthalten ist, kann aus Chlormagnesium mit Hülfe des galvanischen Stromes gewonnen werden. Zu diesem Zweck taucht man die aus Kohlenmasse bestehenden Pole einer mäßig starken Batterie in geschmolzenes Chlorcalcium, trennt aber beide Pole durch eine bis zur halben Höhe des Gefäßes hinabreichende Scheidewand und versieht die Kohle am negativen Pol mit tiefen, abwärts gerichteten Einschnitten, damit das sich abscheidende Metall sich hier festsetze und nicht an die Oberfläche des Chlormagnesiums gelange, wo es alsbald verbrennen würde. Die Scheidewand trennt das am positiven Pol austretende Chlor von dem Metall. Größere Mengen von M. erhält man mit Hülfe von Natrium. Das zu diesem Zweck zu verwendende Chlormagnesium muß sehr rein sein, man bereitet es aus Magnesit, wie er sich auf einigen Inseln des griechischen Archipels und in Schlesien findet, aus Karnallit od. aus Bittersalz od. den Mutterlaugen der Kochsalz- und Seesalzgewinnung. Eisen und besonders Schwefelsäure muß sorgfältig entfernt werden. Letztere fällt man mit Chlorbaryum, und Kalk wird am besten mit wolframsaurem Natron in der Wärme abgeschieden. Die Chlormagnesiumlösung verdampft man mit Kochsalz oder besser mit Chlorkalium zur Trockne und schmilzt die Masse bei Rothgluth. Das vor Feuchtigkeit sorgfältig zu schützende zerstoßene Doppelsalz wird dann mit $^1/_5$ seines Gewichts Natrium geschichtet in einem gut verschlossenen eisernen Tiegel einer dunklen Rothgluth ausgesetzt. Die erkaltete Masse wird zerschlagen, das pulverige oder körnige M. gewaschen, getrocknet und gleich dem Zink destillirt. Das M. ist ein glänzendes silberweißes Metall, bei gewöhnlicher Temperatur etwas spröde, aber hämmerbar bei einer Hitze etwas unter der Rothgluth. Sein specifisches Gewicht ist 1,74 (etwas leichter als Elfenbein), seine Härte ist nahe die des Kalkspaths, das Aequivalent ist = 12, es schmilzt bei voller Rothgluth und verflüchtigt sich fast bei der gleichen Temperatur wie Zink. Geschmolzenes M. durchlöchert Platin sofort. In trockner Luft hält sich das M. unverändert, in feuchter Luft bedeckt es sich mit weißem Magnesiumoxydhydrat, kaltes Wasser zersetzt es langsam, Wasserdampf sofort; auf Salzsäure geworfen entzündet es sich augenblicklich; koncentrirte Schwefelsäure löst es nur schwierig, und eingemengt derselben mit rauchender Salpetersäure greift es in der Kälte gar nicht an. In Schwefeldampf, Chlor und Joddampf verbrennt es. Ausgezeichnet ist das M. durch die Leichtigkeit, mit welcher es sich entzündet, u. durch das intensive Licht, welches es bei der Verbrennung entwickelt. Man benutzt es daher in neuerer Zeit namentlich in der Photographie zur Beleuchtung an trüben Tagen und zur photographischen Aufnahme solcher Räumlichkeiten, die von der Sonne nicht erhellt werden, wie z. B. des Inneren der Pyramiden. Ein Draht von M. entzündet sich schon an einer Kerzenflamme, da er aber leicht erlischt, indem das brennende Ende mit dem daran hängenden Oxyd abbricht, so hat man eine Lampe konstruirt, in welcher ein oder mehre Drähte durch ein Uhrwerk regelmäßig in eine Spirituslampe geschoben werden. Die Verbrennung findet im Brennpunkt eines parabolischen Scheinwerfers Statt. Bei der prismatischen Untersuchung gibt das Magnesiumlicht ein Spektrum, in welchem alle Farben mit einem Ueberschuß der am meisten brechbaren Strahlen enthalten sind. Daher hat das Magnesiumlicht eine bläuliche Färbung u. eignet sich recht wohl zur Beleuchtung, wenn es auch das Gelb etwas leuchtender, das Roth violett macht und Blau und Grün verstärkt. Ein Draht von kaum $^1/_{100}$ Zoll Durchmesser gibt ein Licht = 75 Stearinkerzen, 5 auf 1 Pfund, u. verbraucht $2^1/_2$ Unzen M., während die 75 Kerzen 20 Pfd. Stearin verzehren. Die photometrische Leuchtkraft wurde im November bei klarem Himmel = $^1/_{525}$, die chemische Intensität aber = $^1/_{36}$ von derjenigen der Sonne gefunden. Sehr werthvoll ist der Umstand, daß der M. bei der Verbrennung nur wenig Wärme entwickelt, der Heizeffekt ist bei gleicher Leuchtkraft 265mal kleiner als der des Gases, auch ist beachtenswerth, daß bei einer Beleuchtung mit M. die Luft nicht wie durch alle andern Leuchtmaterialien durch Kohlensäure und Wasserdampf verunreinigt wird. Das Verbrennungsprodukt des M.s ist nur Magnesia, aber von dieser wird ein Theil als höchst feines Pulver abgeworfen, und dies durchdringt die Luft und macht sie bald unerträglich. Es ist indeß klar, daß durch eine einfache Filtration der Luft ein solcher Staub verhütet werden kann. Das M. hat in der Photographie nur die Konkurrenz des Sonnenlichts auszuhalten, dem elektrischen und dem Kalklicht gegenüber zeichnet es sich besonders dadurch aus, daß man es sofort u. ohne jede kostspielige Vorrichtung entzünden kann. Ausgedehnter Verbreitung steht augenblicklich noch der hohe Preis entgegen. Dieser wird bedingt durch die Anwendung des Natriums, doch ist alle Aussicht vorhanden, daß es gelingen wird, das M. bedeutend billiger herzustellen. Grant hat das Magnesiumlicht billiger gemacht durch Herstellung von Legirungen, die ein fast ebenso glänzendes Licht wie das reine Metall geben. Die Legirung aus 1 Theil Zink und 2 Th. Magnesium brennt leicht u. mit etwas bläulicher Flamme, 1 Th. Kupfer u. 1 Th. M. gibt ein grünes, 1 Th. Strontium und 2 Th. M. ein rothes Licht.

Magnet, Eisen oder eine eisenhaltige Masse, welche die Eigenschaft besitzt, andere eisenhaltige Massen anzuziehen, s. **Magnetismus**.

Magneteisenerz, s. **Eisenerze**.

Magnetelektrische Maschinen, Apparate, welche durch magnetische Induktion Elektricität erzeugen und dieselbe in einen ziemlich kontinuirlichen Strom verwandeln, um sie industriell od. zu andern Zwecken zu verwenden. Bekanntlich entstehen in kurzer Folge zwei elektrische Ströme von entgegengesetzter Richtung, wenn man einen Magnetpol schnell an einem von einer Induktionsrolle umgebenen Eisencylinder tangential vorbeiführt (s. Induktion). Selbstverständlich kann auch der weiche Eisenkern mit den Induktionsspiralen sich bewegen und der Magnet ruhen. Figur 5 der Tafel Magnetismus zeigt die störersche magnetelektrische Maschine. Zwischen den Schenkeln der Magnete liegt die Axe, welche rechts die Induktionsspirale A B mit den Eisenkernen trägt und links mit einer kleinen Rolle versehen ist. Um letztere schlingt sich die Schnur, welche andererseits über das Schwungrad geht und, wenn dieses mittelst einer Kurbel gedreht wird, die Axe in Rotation versetzt. Der Kommutator (Fig. 6—9) hat den Zweck, während der Rotation der Spiralen zwischen die freien Drahtenden derselben stets denjenigen Körper einzuschalten, durch welchen man die Induktionsströme hindurchsenden will. An den beiden Enden des Messingrohrs m sind 2 Stahlkämme 2 und 3 so angelöthet, daß sie sich genau gegenüber liegen und die Enden derselben sich etwas überragen. In m steckt ein schwaches Buchsbaumrohr und in diesem ein zweites Messingrohr n, welches an beiden Seiten über m hervorragt. Die Vorsprünge tragen die Ringe o, auf welche die Stahlkämme 1 und 4 den Stahlkämmen 3 und 2 korrespondirend aufgelöthet sind. Das eine Drahtende k der Spiralen führt zum Kamm 2, das andere h zum Kamm 1. Die Stahlfedern S und T drücken mit ihren vorderen geschlitzten Enden auf die Kämme, in den Klemmschrauben a u. b werden die Leitungsdrähte befestigt, welche den Strom schließen und durch irgend einen Körper hindurchführen. In den Figuren 6 und 9 schleift d auf 2, g auf 4, während c und f frei sind. Die positive Elektricität geht von h auf 1 nach 4, über g und b durch den eingeschalteten Leiter hindurch nach a, um über d und 2 zum negativen Drahtende k zu gelangen. Dreht sich die Axe für einen vorn stehenden Beschauer wie der Zeiger einer Uhr, so wird der Kamm 2 die Gabel d und der Kamm 4 die Gabel g verlassen, während c auf 1 und f auf 3 zu liegen kommt. Zugleich aber wechselt auch die Stromrichtung in den Spiralen, so daß nun k das positive u. h das negative Drahtende wird, und der Strom geht dann von k auf 2 und 3, von f nach b 2c., so daß der eingeschaltete Leiter auch jetzt noch in der Richtung b a von dem Strom durchlaufen wird. Die Rotation der Spiralen um die Magnete bringt es mit sich, daß die Polarität in den Eisenkernen allmählig ab- und zunimmt und mithin die Ströme langsamer verlaufen als die durch eine plötzliche Unterbrechung eines galvanischen Stroms inducirten. Dieselben sind deshalb auch wenig geeignet, kräftige physiologische Wirkungen hervorzubringen, während sie alle andern Effekte der gewöhnlichen galvanischen Ströme bewirken. Wie man aus den Abbildungen sieht, greifen nun aber die Kämme ein wenig über einander, und folglich müssen bei jeder halben Umdrehung einmal auf ganz kurze Zeit alle 4 Kämme des Kommutators an den Federn schleifen, so daß durch letztere der Strom direkt geschlossen wird, ohne daß er durch den zwischen a und b eingeschalteten Leiter hindurchgeht. Da aber dieser Strom keinen Leitungswiderstand im Schließungsbogen zu überwinden hat, so ist er ziemlich stark, und in dem Moment, wo 2 Kämme ihre Federn verlassen, wo also dieser direkte Strom unterbrochen wird, entsteht in den Spiralen ein Extrastrom, welcher in dem zwischen a und b eingeschalteten Körper einen heftigen Schlag hervorbringt. Letzterer wird bei jeder Umdrehung der Rotationsaxe zweimal hervorgebracht, und zugleich schlägt an der Unterbrechungsstelle ein kräftiger Funke über. Die Spiralen bildet man zu physiologischen Zwecken aus vielen Windungen eines dünnen Drahtes (Intensitätsinduktor), weil dann im Schließungsbogen ein großer Leitungswiderstand zu überwinden ist. Einen Strom von größerer Quantität erzeugt man dagegen mit wenigen Windungen aus dickerem Draht (Quantitätsinduktor). Mit denselben Spiralen kann man beide Zwecke erreichen, wenn man sie auf verschiedene Weise kombinirt. Da nämlich jede Spirale für sich einen Elektromotor bildet, so kann man beide wie zwei volta'sche Becher hinter einander zu einer Säule von zwei Elementen oder neben einander zu einem einzigen Element vereinigen, dessen Leitungswiderstand nur halb so groß ist als der einer einzelnen Spirale. Diese abwechselnde Verbindung der Spiralen geschieht durch den Pachytrop, welcher zwischen den Platten mit den Eisenkernen und dem Kommutator (Fig. 6) angebracht ist. Die 4 Kupferplättchen 1, 2, 3, 4 sind auf einer Holzplatte befestigt. 1 und 2, 3 und 4 sind mit den gleichnamigen Drahtenden der beiden Spiralen verbunden, so daß in dem Moment, wo 1 positiv ist, es auch 2 ist und 3 und 4 dann negativ sind. Die Elfenbeinscheibe mit ihrem Handgriff trägt nun 2 von einander isolirte kupferne Gabeln, welche die Spiralen schließen sollen. In der Zeichnung sind die Spiralen nicht geschlossen, und man erhält bei dieser Stellung auch keine Stromwirkung. Verbindet man aber 1 und 2 durch die eine, 3 und 4 durch die andere Gabel, so vereinigen sich die positiven Ströme beider Spiralen in 1 und theilen sich nachher wieder in 4, um direkt zu beiden Spiralen zurückzukehren. Verbindet man dagegen 2 und 3, so muß der Strom beide Spiralen hinter einander durchlaufen. Die erste Kombination wendet man an, um stärkere Ströme im Schließungsbogen von verhältnißmäßig geringem Widerstand zu erhalten, während man die zweite Kombination zur Erzeugung besonders starker physiologischer Wirkungen benutzt.

Eine besonders für telegraphische Zwecke sehr geeignete Magnetelektrisirmaschine, welche mit verhältnißmäßig kleinen Stahlmassen bedeutende Effekte liefert, haben Siemens und Halske konstruirt. Die größten derartigen Maschinen sind aber von der Gesellschaft l'Alliance in Paris und von Holmes u. Warner in Northfleet, Kent, erbaut worden. Die französische Maschine (Fig. 10) besteht aus einem starken gußeisernen Gestell, in dessen Mitte eine Axe liegt, die mit Hülfe eines Treibriemens von einer Dampfmaschine gedreht wird. Auf 8 horizontalen, mit der Axe parallelen Schienen sitzen rittlings hufeisenförmige Magnete von großer Kraft, die nach der Centralaxe des Gestells konvergiren und so geordnet sind, daß die Pole, die sich am nächsten oder in horizontaler Ebene einander gegenüber liegen, ungleichnamige sind. Zwischen den magnetischen Bündeln sind auf der Axe bronzene Scheiben angebracht, welche an ihrem Umfange ebenso viele Induktionsspiralen tragen, als Pole in jeder vertikalen Reihe magnetischer Bündel vorhanden sind. Jede Spirale besteht aus einem der Länge nach gespaltenen hohlen Cylinder von weichem Eisen, auf welchen 8 isolirte Kupferdrähte von zusammen 128 Meter Länge aufgewickelt sind. Jede Spirale erhält, indem sie vor einem Magnetpol vorbeigeht, einen doppelten Strom, nämlich einen direkten, wenn sie sich ihm nähert, und einen umgekehrten, wenn sie sich von ihm entfernt. Das Maximum der elektrischen Intensität wird bei 300 Umdrehungen in Einer Minute erzeugt. Der Nutzeffekt der Maschine hängt von der Gruppirung und Kombination der Spiralen ab. Wenn man die Drähte aller Spiralen mit ihren gleichnamigen Enden vereinigt, so muß jeder Strom die Gesammtlänge der Drähte durchlaufen u. so eine außerordentliche Spannung erzeugt werden; wenn man dagegen die Ströme aller Spiralen direkt in einem gemeinschaftlichen Leiter sammelt, so erhält man eine um so größere Quantität von Elektricität, je dicker der Draht der Spiralen ist. Behufs der Erzeugung von elektrischem Licht erhält man die erste Verbindungsart. Der Wechsel in der Stromesrichtung, welcher auch zwischen den Kohlenspitzen der Lampe Statt findet, hat zur Folge, daß beide Spitzen gleich stark abgenutzt werden und mit gleicher Geschwindigkeit gegen einander bewegt werden müssen. Die englische Maschine unterscheidet sich im Wesentlichen nur dadurch von der französischen, daß durch einen Kommutator die Richtung der alternirenden inducirten Ströme gleich gemacht wird. Die Kosten eines Lichts von der Stärke von 1300 Kerzen betragen bei der französischen Maschine pro Stunde etwa $1^3/_5$ Silbergroschen.

Magnetische Kuren, s. Magnetismus.

Magnetischer Indifferenzpunkt, der Punkt jedes Magneten, wo er gar keine magnetische Wirkung zeigt, in der Mitte zwischen beiden Polen; s. Magnetismus.

Magnetismus (v. Griech.). Manche Stücke des natürlich vorkommenden Eisenoxyduloxyds (Magneteisenstein) sind durch die Eigenschaft ausgezeichnet, im Eisen und wenigen anderen Körpern charakteristische Anziehungs- u. Abstoßungskräfte hervorzubringen, sie wirken magnetisch. Körper, welche diesem Einfluß unterliegen, d. h. von einem Magneten angezogen werden, heißen polarmagnetisch, alle andern unmagnetisch. Die bekanntesten polarmagnetischen Körper sind Eisen, Stahl, Nickel, Kobalt, Chrom, Eisenoxyduloxyd, Chromoxyduloxyd, Magnetkies ꝛc. Beachtenswerth ist, daß die magnetische Kraft durch fremde Körper, z. B. Papier, Holz u. dergl., nicht aufgehalten wird. Die Stücke Eisenerz, welche von Natur die Eigenschaft besitzen, Eisen anzuziehen (natürliche Magnete), können benutzt werden, um z. B. den Stahl bleibend magnetisch zu machen. Ein solcher künstlicher Magnet, in der Form eines Stabes, zeigt in seiner Längsrichtung charakteristische Differenzen der magnetischen Kraft; dieselbe erreicht an den beiden Enden des Stabes ihr Maximum u. ist in der Mitte = 0. Wälzt man einen solchen Stab in Eisenfeile, so bilden sich an seinen Enden Bärte, während in der Mitte keine Eisenfeile haftet. Die Maximalpunkte der magnetischen Kraft werden Pole, die Verbindungslinie derselben wird die Axe, der unmagnetische Punkt Indifferenzpunkt genannt. In symmetrisch gestalteten Körpern fällt die magnetische Axe mit der geometrischen zusammen. Nähert man 2 horizontale frei schwebende Magnetstäbe einander, so bemerkt man, daß je 2 Punkte sich abstoßen und anziehen. Diejenigen Pole, welche gegen einen und denselben Pol eines dritten Magneten gleiches Verhalten zeigen, also die gleichnamigen Pole zweier Magnete, stoßen sich ab, während sich die ungleichnamigen anziehen. Schwebt eine Magnetnadel frei in horizontaler Ebene und wird sie durch kein in der Nähe befindliches Eisen abgelenkt, so nimmt sie stets eine bestimmte Stellung an, der eine Pol (Nordpol) weist stets nach Norden, der andere aber (Südpol) nach Süden. Bringt man ein Stück Eisen mit einem Magnetpol in Berührung, so wirkt letzterer vertheilend in der Art, daß er in dem ihm zugekehrten Ende des Eisens den entgegengesetzten, in dem abgewendeten den gleichnamigen Magnetpol hervorruft, ohne selbst an Intensität zu verlieren (Influenz). Ein von einem Magnetpol angezogenes Eisenstäbchen wird also selbst zum Magneten und vermag ein zweites, drittes ꝛc. Eisenstäbchen zu tragen. So erklärt es sich, daß ein Magnet eine sehr große Menge Eisenfeile anzuziehen vermag. Nähert man einem Magnetpol, an welchem ein Stück Eisen hängt, den ungleichnamigen Pol eines andern Magneten, so wird das Eisen herabfallen. Weiches Eisen u. frisch gehärteter Stahl zeigen wesentlich verschiedenes Verhalten gegen den M. Ersteres wird, mit einem Pol in Berührung gebracht, sofort magnetisch und zieht mit dem andern Ende Eisenfeilspäne an, läßt diese aber auch sofort wieder fallen, wenn man die Berührung des Eisens mit dem Magneten aufhebt. Der Stahl wird nicht so schnell magnetisch, ist er es aber durch anhaltende Einwirkung eines Magneten geworden, so bleibt er magnetisch, auch wenn er von dem Magneten selbst getrennt wird. Die Kraft, welche der Magnetisirung des Stahls widersteht, nennt man Koërcitivkraft, sie ist es aber auch, welche den Stahl verhindert, den einmal aufgenommenen M. wieder zu verlieren. Die Koërcitivkraft ist sehr von der Härte des Stahls abhängig, der härteste und sprödeste Stahl nimmt den M. am schwierigsten auf, mit dem Anlassen nimmt die Koërcitivkraft gleichmäßig ab, und bis zum Rothglühen erhitzter und dann allmählig abgekühlter Stahl verhält sich wie weiches Eisen, nicht magnetischer Magneteisenstein verhält sich wie Stahl, das Magneteisen von Pfitsch in Tyrol wie weiches Eisen. Bei gleichem Gewicht nimmt ein kurzes, dickes Stück Magneteisenstein stärkeren M. an als ein ähnliches Stück Stahl, in langen und dünnen Stäben aber hat letzteres entschieden das Uebergewicht. Hellrothglühendes und abgelöschtes graues Gußeisen besitzt ebenfalls bedeutende Koërcitivkraft. Um Stahlstäbe zu magnetisiren, bestreicht man sie entweder ihrer ganzen Länge nach in derselben Richtung und mit demselben Pol eines kräftigen Magneten, oder von der Mitte aus nach dem einen Ende hin mit dem Nordpol, nach dem andern Ende mit dem Südpol eines Magneten. Zur Herstellung größerer Magnete legt man 2 starke Magnete so, daß die Axe des einen in die Verlängerung der Axe des andern zu liegen kommt, u. daß die entgegengesetzten Pole einander zugekehrt sind. Das zu magnetisirende Stäbchen legt man auf ein Holzstück so auf die Pole der beiden Magnete, daß seine Axe mit deren Axe zusammenfällt, nimmt dann 2 kräftige Magnete in beide Hände, setzt sie 25—30° gegen die Horizontale geneigt in der Mitte des Stäbchens auf, streicht zu gleicher Zeit gegen beide Enden des Stäbchens hin, hebt dann die Magnete ab, setzt sie wieder in der Mitte auf und wiederholt das Streichen. Dies Verfahren (Duhamels getrennter Strich) eignet sich besonders für Kompaßnadeln, während man Stäbe von mehr als 4—5 Millimeter Durchmesser mit dem Doppelstrich von Aepinus magnetisirt. Nach diesem Verfahren lagert man den Stab ebenso wie vorher, setzt aber die Streichmagnete geneigter auf u. fährt mit beiden gleichzeitig nach dem einen Ende u. dann zurück den ganzen Stab entlang nach dem andern Ende 2c. Zwischen den einander zugekehrten Enden der Streichmagnete muß ein Stückchen Holz liegen. Schließlich hebt man die Streichmagnete in der Mitte des Stäbchens ab, welches sich nun stark magnetisirt zeigt. Leider sind die Pole so hergestellter Magnete gewöhnlich ungleich stark, u. auch durch den ganzen Stab hindurch ist der M. ungleich vertheilt. Siebt man auf einen solchen Magneten Eisenfeilspäne, so sieht man dieselben an mehren Punkten in der Länge des Stabes besonders stark sich ansetzen. An dessen *Folgepunkten* wechselt die Polarität des Magneten, so daß sie als ebenso viele Pole zu betrachten sind. Um hufeisenförmige Stäbe zu magnetisiren, legt man an beide Enden eine Platte von weichem Eisen, setzt einen Hufeisenmagneten von gleicher Breite am Bogen auf und streicht gegen die Platte hin. Am besten wendet man den Kreisstrich an, d. h. man streicht mit einem und demselben Pol eines Streichmagneten vom Bogen aus immer im Kreise herum u. ohne Unterbrechung über die Platte hinweg bis zur genügenden Magnetisirung. Man kann dann auch 2 Hufeisen mit ihren Enden an einander legen u. erhält so gleich 2 Magnete. Sehr kräftige Magnete erzeugt man mit Hülfe des Elektromagnetismus, indem man einen kräftigen Strom in einer Drahtspirale cirkuliren läßt, den zu magnetisirenden Stab in die Rolle steckt u. ihn einige Male hin u. her zieht, endlich aber, wenn der Stab sich gerade wieder mit seinem mittleren Theil in der Rolle befindet, den Strom öffnet u. den Stab herausnimmt. Während des Magnetisirens versieht man den Stahlstab oben u. unten mit einem Stück weichen Eisens. Sehr harte u. dicke Stahlstäbe magnetisirt man am kräftigsten mit einem Elektromagneten, indem man in der Mitte anfangend mit der einen Hälfte des zu magnetisirenden Stabes oder Hufeisens 10—20mal über den Nordpol, mit der andern Hälfte ebenso oft über den Südpol des Elektromagneten hinstreicht. Natürlich erzeugt der Nordpol einen Südpol u. umgekehrt der Südpol einen Nordpol. Weiches Eisen wird durch den elektrischen Strom vorübergehend zum Elektromagneten (s. d.).

Der Erdmagnetismus wirkt unter gewissen Verhältnissen schwächend auf Magnete ein. Steht ein Magnetstab mit dem Südpol nach unten vertikal u. gibt man ihm in dieser Stellung mit einem Hammer mehre Schläge, so verliert er seinen M. fast ganz, u. endlich werden seine Pole umgekehrt. Um dies zu vermeiden u. um den M. von 2 Stäben noch zu stärken, legt man sie so in einiger Entfernung neben einander, daß die ungleichnamigen Pole nach derselben Richtung weisen, u. verbindet dieselben durch Stücke von weichem Eisen so, daß dadurch das Rechteck geschlossen wird. Die weichen Eisen (Armaturen) werden hierdurch selbst zu Magneten und wirken auf die Magnete selbst in der Weise zurück, daß dadurch deren Pole verstärkt werden. Magnetnadeln, die in horizontaler Ebene frei schweben, sind gleichsam durch den Erdmagnetismus armirt. Vereinigt man, um stärkere Wirkungen zu erzielen, mehre Magnetstäbe mit einander, so erhält man ein *magnetisches Magazin*. Zu einem solchen nimmt man gleich starke Magnetstäbe u. legt sie in gleichen Schichten auf einander, doch müssen die mittleren etwas länger sein u. an beiden Enden aus dem Bündel wenig hervorragen. Die Enden werden dann in passende Eisenstücken befestigt, welche als Armatur dienen. An solchem Magazin u. jedem Magnetstab kommt aber stets nur Ein Pol in Wirksamkeit, und man wendet deshalb, um starke Tragkraft zu erzielen, Magazine von Hufeisenmagneten an, die im Uebrigen ebenso konstruirt werden wie die geraden Magazine. Der Bogen des Magazins steckt in einer Hülse von Holz oder Messing, welche mit einem Ring oder Haken zum Aufhängen versehen ist; an den Polen werden die Magnete durch 2 Schrauben zusammengehalten. Der Anker berührt am besten nur den mittleren Magneten u. wird zu dem Zweck nach seiner Kante hin auf $\frac{1}{2}$—2 Linien verjüngt. An dem Anker befestigt man die Gewichte, welche der Magnet tragen soll. In Folge der Influenz, welche der M. des Magneten auf den Anker ausübt, vermag ein Hufeisenmagnet bedeutend mehr zu tragen als das Doppelte von dem, was ein Pol für sich tragen würde. Dagegen wächst die Tragkraft der Stahlmagnete keineswegs in gleichem Verhältniß wie ihre Masse. Hat man 2 Hufeisen, die je 10 Pfund tragen, so ist die Summe der Tragkräfte der vereinigten Magnete bedeutend geringer als 20 Pfd. Ein Magnet von 4 Loth trägt das 25fache seines Gewichts, ein 100pfündiger nicht einmal das 3fache u. ein 1972pfündiger nur noch sein eigenes Gewicht. Logemann u. Wetteren in Haarlem haben aber einpfündige Magnete dargestellt, die 25—26 Pfund tragen; ihr größter, aus 7 Lamellen bestehender Magnet wiegt 67 Kilogramm und trägt 275 Kilogramm. Durch Abreißen des Ankers vom Hufeisenmagneten wird des letzteren M. bedeutend geschwächt, u. schließlich bleibt nur ein Antheil zurück, den man als *konstante Tragkraft* bezeichnet; aber auch diese kann noch durch Stoßen, Fallenlassen 2c. bedeutend geschwächt werden.

Ein in horizontaler Ebene frei schwingender dünner Magnetstab (*Magnetnadel*) zeigt, wenn er zur Ruhe gelangt, mit seiner Axe stets nach denselben Punkten des Horizonts. Eine durch diese Axe gelegte vertikale Ebene ist der *magnetische Meridian*. Derselbe macht mit dem astronomischen Meridian eines Ortes einen Winkel, der östlich oder westlich vom astronomischen Meridian liegt, und den man daher die *östliche* oder *westliche Deklination* nennt. Ein Apparat zur Messung der Deklination heißt *Deklinationsboussole*. Diese besteht aus einem horizontalen getheilten Kreise, in dessen Mittelpunkt auf einer kurzen senkrechten Nadel eine Magnetnadel balancirt. Der Kreis ist um eine vertikale Axe drehbar, mit demselben aber ist ein horizontales Fernrohr verbunden, dessen Axe mit der Linie 0—180° auf dem getheilten Kreise parallel ist. Hat man nun den Kreisbogen so gestellt, daß die Nadel über 0—180° steht, so fällt die Axe des Fernrohrs mit dem magnetischen Meridian zusammen; stellt man aber das Fernrohr auf den astronomischen Meridian ein, so gibt die Nadel die Deklination an. Man kann natürlich auch das Fernrohr auf irgend einen Punkt auf der Erde einstellen und das Instrument zum Messen von Winkeln benutzen. Die Deklinationsboussole zum Schiffsgebrauch ist der *Kompaß* (s. d.). Fällt die magnetische Are der Magnetnadel nicht mit ihrer geometrischen Are zusammen, so ist natürlich die Angabe der Boussole mit einem konstanten Fehler behaftet, man versieht deßhalb die Nadel auf beiden Seiten mit Achathütchen u. kehrt sie nach der ersten Beobachtung um. Das Mittel aus der ersten u. zweiten Beobachtung ergibt dann den wahren Werth der Deklination.

Frei schwebende Magnetnadeln schwingen nur dann in horizontaler Ebene, wenn ihr Schwerpunkt unter dem Aufhängepunkt liegt; hängt man die Nadel in ihrem Schwerpunkt selbst auf, so macht sie einen Winkel mit der Horizontalen, u. dieser Winkel heißt *Inklination*. Inklinationsnadeln läßt man um horizontale Aren schwingen, die durch den Schwerpunkt der Nadel gehen (Fig. 3). Kann sich die Nadel zugleich um eine horizontale Are drehen, so stellt sie sich so, daß ihre Richtungslinie in den magnetischen Meridian fällt, das nach Norden gerichtete Ende der Nadel aber senkt sich. Um die Größe der Ablenkung zu messen, läßt man die Nadel in einem getheilten Kreise schwingen u. richtet letzteren so ein, daß seine Ebene genau in den magnetischen Meridian gestellt werden kann. Solche Apparate (Fig. 4) heißen *Inklinationsboussolen*. Die Inklination nimmt im Allgemeinen zu, je mehr man sich dem Norden nähert, u. unter 70° 5′ nördl. Br. u. 263° 14′ östlich von Greenwich fand Kapitän Roß die Inklination 90°. (Diese starke Inklination macht den Schiffskompaß in hohen Breiten unbrauchbar.) In der Aequatorialzone ist die Inklination = 0, jenseits des Aequators aber wächst sie wieder, jedoch nach der andern Seite, indem sich das nach Süden gerichtete Ende der Nadel senkt. So wie es einen *magnetischen Nordpol* gibt, eristiren auch ein *magnetischer Südpol* und ein *magnetischer Aequator*. Letzterer fällt nicht mit dem Erdäquator zusammen und bildet auch keinen größten Kreis um die Erde. Er erreicht die größte südliche Breite im atlantischen Ocean, ungefähr an der Küste von Brasilien (14° südl. Br.), berührt den Erdäquator 120° westlich von Paris, wendet sich abermals nach Süden und erreicht 160° westlich von Paris ein zweites südliches Marimum von 3° 75′. Im 174. Längengrade schneidet er den Erdäquator und bleibt auf der nördlichen Halbkugel, um 18° östlich von Paris den Erdäquator abermals zu schneiden. 62° östlich von Paris hat der magnetische Aequator eine nördliche Breite von 11° 47′, 150° östlich von Paris ist seine nördliche Breite 7° 44′ u. 130° östlich von Paris 8° 57′. Die Erde richtet die Magnetnadel, zieht sie aber nicht an, denn der magnetisirte Stahlstab ist nicht schwerer als der unmagnetisirte, und wenn man einen Magnetstab auf Kork auf Wasser schwimmen läßt, so richtet er sich, schwimmt aber nicht nach Norden hin. Dies hat seinen Grund darin, daß der magnetische Pol zugleich auf beide Pole der Nadel wirkt, auf den einen Pol anziehend, auf den andern abstoßend; da er aber im Verhältniß zur Länge der Nadel unendlich weit entfernt ist, so wird der eine Pol gerade so stark angezogen wie der andere abgestoßen, u. deßhalb schwimmt die Nadel nicht nach dem Pole hin. Bringt man einen künstlichen Magneten in ihre Nähe, so ist der Unterschied der Entfernung der beiden Pole von dem einen Pol des künstlichen Magneten beträchtlich, es wird die abstoßende oder die anziehende Kraft überwiegen u. folglich eine Fortbewegung Statt finden. Die Stellung, welche die freischwebende Magnetnadel einnimmt, ist das Resultat der Einwirkung beider magnetischen Pole der Erde auf beide Pole der Nadel. Die beiden Kräfte, welche den einen Pol der Nadel anziehen, sind den beiden auf den andern Pol wirkenden Kräften parallel, gleich u. entgegengesetzt, mithin müssen auch die nach dem Parallelogramm der Kräfte resultirenden parallel, gleich und entgegengesetzt sein, u. es wird eine Drehung der in ihrem Schwerpunkt aufgehängten Nadel um diesen letzteren Statt finden. Ganz rein tritt die Wirkung der magnetischen Kräfte der Erde auf die Nadel nur an der Inklinationsnadel hervor. Bei der Deklinationsnadel kommt in Folge ihrer Aufhängung nur die horizontale Komposante der richtenden magnetischen Erdkraft zur Wirkung, und da diese um so geringer sein muß, je mehr die Inklination wächst, so wird die Deklinationsnadel mit um so geringerer Kraft gerichtet, je weiter man sich vom magnetischen Aequator entfernt.

Nähert man dem Pol einer frei schwebenden Magnetnadel den gleichnamigen Pol eines künstlichen Magneten, so wird in einer gewissen Entfernung die richtende Kraft des Erdmagnetismus durch die Kraft des künstlichen Magneten vollständig aufgehoben und die Nadel verharrt in jeder beliebigen Stellung. Bei einem nur sehr geringen Ueberschuß der einen von beiden Kräften ist sie äußerst leicht beweglich und gehorcht jedem Impuls. Eine solche Nadel nennt man *astatisch*. Man erreicht dasselbe Resultat auch dann, wenn man 2 ziemlich gleich stark magnetisirte Nadeln so über einander befestigt, daß die ungleichnamigen Pole über einander liegen, und dies System dann frei schweben läßt. Die richtende Kraft der Erde ist dann gleich der Differenz der Kräfte, mit welchen der Erdmagnetismus auf jede einzelne Nadel wirkt, und wenn das magnetische Moment der beiden Nadeln vollkommen gleich ist, so ist die richtende Kraft, welche die Erde auf die astatischen Nadeln ausübt, = 0.

Eine Stange von weichem Eisen, welche man in die Richtung der Inklinationsnadel hängt, wird durch den Einfluß des Erdmagnetismus selbst magnetisch, und zwar wird ihr oberes Ende ein Südpol, ihr unteres Ende ein Nordpol. Kehrt man den Stab um, so sind sogleich auch seine Pole umgekehrt. Dieser Wirkung unterliegt jeder Eisenstab aber um so weniger, je größer der Winkel ist, welchen er mit der Inklinationsnadel macht. In gleicher Weise wie auf jeden Eisenstab wirkt der Erdmagnetismus inducirend überhaupt auf jede Eisenmasse. Schlägt man einen durch den Erdmagnetismus magnetisch gewordenen Eisenstab mit dem Hammer, so wird er zu einem bleibenden Magneten, und hieraus erklärt sich, daß fast alle Werkzeuge in der Werkstatt eines Schlossers Magnete sind. Auch chemische Veränderungen wirken firirend auf den M., und nicht bloß verrostete eiserne Kreuze von Kirchthürmen, sondern jedes angerostete Eisen ist ein mehr oder weniger starker Magnet. Befeuchtet man das an einem

Hufeisenmagneten hängende Bündel von Eisenfeilspänen und erhitzt es dann mit einem Löthrohr zum Glühen, so findet eine Oxydation zu Eisenoxydul-oxyd Statt, und die ziemlich kompakte Masse ist bleibend magnetisch. Wendet man feines Eisenpulver (limatura ferri) an, so kann man dasselbe mit einem Streichhölzchen entzünden; es brennt ohne Weiteres fort und gibt eine noch kompaktere bleibend magnetische Masse.

Um die **Stärke magnetischer Kräfte zu messen**, kann man sich zweier Methoden bedienen. Die schwingende Magnetnadel gehorcht ganz den Gesetzen des Pendels: sie sollte wie dieses immer fort schwingen, aber dieselben Kräfte, welche das Pendel endlich zur Ruhe bringen, bewirken dasselbe auch bei der Magnetnadel; beim Pendel verhalten sich die Schwingungsdauern umgekehrt wie die Quadratwurzeln aus der bewegenden Kraft, und auch für die Magnetnadel gilt dies Gesetz, nur daß wir statt der Schwere den M. (das Produkt aus dem Nadel- und dem Erdmagnetismus) zu setzen haben. Aus der Anzahl der Schwingungen, welche 2 ungleich starke Magnete in einer bestimmten Zeit machen, kann man also auf ihre Stärke schließen, ebenso kann man eine Nadel erst unter dem Einfluß des Erdmagnetismus, dann unter dem Einfluß eines genäherten künstlichen Magneten schwingen lassen u. aus dem Unterschied der Schwingungszahl in einer bestimmten Zeit auf die magnetischen Kräfte schließen. Nach einer andern Methode bestimmt man die Stärke magnetischer Kräfte durch die Torsion eines Drahtes. Wird ein Draht durch ein angehängtes Gewicht in Spannung gesetzt, so nimmt er eine bestimmte Gleichgewichtslage an, und er erleidet eine Torsion, wenn man ihn durch Dehnung aus dieser Lage herausbringt. Die Kraft, mit welcher der Draht in seine Gleichgewichtslage zurückzukehren strebt, ist der Größe der Torsion proportional. Hängt man nun einen Magnetstab horizontal in der Weise an einem Draht auf, daß letzterer sich zugleich mit dem Magnetstab in der Gleichgewichtslage befindet, so wird der Stab durch die richtende Kraft des Erdmagnetismus und den Draht in dieser Lage festgehalten. Dreht man den Draht um sich selbst, so würde ein gewöhnlicher Stab sofort folgen, weil der Draht den Stab stets in die Lage zu bringen sucht, in welcher er selbst ohne Torsion ist; der Erdmagnetismus aber sucht den Stab im magnetischen Meridian zurückzuhalten, und unter dem Einfluß dieser beiden Kräfte muß nun der Stab irgend eine Zwischenlage annehmen, welche von dem Verhältniß der beiden Kräfte abhängt. Die Torsion, welche man dem Draht gibt, mißt man durch eine Kreistheilung, welche mit demselben fest verbunden ist. Der zu diesen Untersuchungen benutzte Apparat ist die Drehwage (s. d.). Mit Hülfe derselben läßt sich leicht das **Gesetz der magnetischen Anziehungen u. Abstoßungen** finden, und es ergibt sich, daß die Intensität, mit welcher 2 Magnetpole sich gegenseitig anziehen oder abstoßen, dem Quadrat ihrer Entfernungen umgekehrt proportional ist. Dies Gesetz gilt eigentlich aber nur für den Fall, daß die beiden auf einander wirkenden Pole sehr nahe, die andern aber verhältnißmäßig weit entfernt sind, so daß sie die Einwirkung der erstern auf einander nicht stören. Ist nämlich die Entfernung der Magnete im Verhältniß zu ihren Dimensionen so groß, daß alle 4 Pole gegenseitig auf einander wirken, so verhalten sich die Totalwirkungen sehr nahe umgekehrt wie die dritten Potenzen der Entfernung.

Die Intensität des Erdmagnetismus an verschiedenen Orten kann offenbar durch die Schwingungszahl derselben Nadel in einer bestimmten Zeit verglichen werden, denn wenn eine und dieselbe Nadel an einem Ort etwa doppelt so schnell oscillirte als an einem anderen Ort, so wäre hier nach den Gesetzen des Pendels die magnetische Kraft viermal so groß als dort. Diese Methode setzt voraus, daß die magnetische Kraft der Nadel sich in der Zeit zwischen beiden Bestimmungen nicht geändert habe; da eine solche Veränderung aber sehr leicht eintreten kann, so bietet die Methode wenig Sicherheit dar. Nach absolutem Maß ist die Intensität des Erdmagnetismus von Gauß bestimmt worden. Der Hauptsache nach läßt sich sein Verfahren ungefähr so zusammenfassen. Bezeichnet M den Nadelmagnetismus und T den Erdmagnetismus, so sucht man zunächst aus den Schwingungen eines Magnetstabes das Produkt T M zu bestimmen; dann ermittelt man durch die gegenseitige Einwirkung zweier Stäbe das Verhältniß $\frac{T}{M}$. Diese beide Ausdrücke T M und $\frac{T}{M}$ liefern zwei Gleichungen, und aus diesen lassen sich die beiden unbekannten Größen T und M einzeln finden. So gelangt man zur gesonderten Bestimmung von T, d. h. der Intensität des Erdmagnetismus getrennt von der des Nadelmagnetismus. Zur Messung der Variationen in der Intensität des Erdmagnetismus hat Gauß das Bifilarmagnetometer konstruirt (s. **Magnetometer**).

Ein Stahlstab läßt sich nicht über eine gewisse Grenze hinaus mit M. beladen; magnetisirt man ihn mit kräftigen Streichmagneten, so kann er zu einem sehr starken Magneten werden, er wird dann aber gleich nach der Operation sehr schnell einen Theil seines M. verlieren und erst bei einem gewissen Punkt eine konstant bleibende Stärke erreichen. Dieser Punkt heißt der **Sättigungspunkt** und ist abhängig von der Koërcitivkraft des Stahlstabs, nicht von der Stärke der Streichmagnete; ob ein Stahlstab mit M. gesättigt ist, kann man nur durch empirische Versuche erkennen. Die Wärme übt einen großen Einfluß auf den M. aus. Erhitzt man eine Magnetnadel, so schwingt sie nach dem Erkalten langsamer, d. h. sie hat an M. verloren, u. zwar um so mehr, je stärker sie erhitzt worden war. Ein bei 20° magnetisirter Stab besaß bei einer Temperatur von 90° nur noch 0,633 seines M., nach dem Abkühlen auf 20° war der M. aber wieder auf 0,702 gestiegen. Auch muß der M. eine gewisse Zeit bei erhöhter Temperatur erhalten werden, wenn er so viel M. verlieren soll, als er bei diesem Temperaturgrad überhaupt verlieren kann. Ein bei erhöhter Temperatur magnetisirter, aber nicht gesättigter Stahlstab verliert sowohl bei weiterem Erhitzen, als auch beim Erkalten an M. Weißglühendes Eisen wird von einem Magneten nicht mehr angezogen, Kobalt dagegen zeigt sich noch in den höchsten Temperaturen magnetisch, für Chrom liegt die magnetische Grenze etwas unter der Dunkelrothgluth, für Nickel ungefähr bei 350°, für Braunstein bei + 20—25°. Ein bis zu heller Rothgluth erhitzter Magnet verliert seinen M. vollständig. Bedeckt man eine Stahlnadel zur Hälfte mit Papier, so wird sie unter dem Einfluß der violetten Strahlen des Spektrums oder auch unter blauen Gläsern magnetisch, und zwar wird der belichtete Theil zum Nordpol. Die blauen und grünen Strahlen erzeugen auch M., wiewohl langsamer, der ganze übrige Theil des Spektrums aber ist völlig wirkungslos. Dieser Einfluß des Lichts auf den M. wird übrigens von andern Forschern auf das entschiedenste in Abrede gestellt.

Die magnetische Wirkung der Erde an irgend einem Punkt ihrer Oberfläche ist durch Deklination, Inklination und Intensität charakterisirt. Nachdem auf magnetischen Observatorien und auf wissenschaftlichen Reisen diese magnetischen Konstanten für viele Orte festgesetzt worden sind, hat man die Resultate durch drei verschiedene Systeme von Kurven zusammengefaßt, welche man die *isogonischen*, die isoklinischen und isodynamischen nennt. Die isogonischen Linien sind diejenigen, für welche in allen Punkten die Deklination dieselbe ist; die so erhaltenen Deklinationskarten haben aber eigentlich immer nur für die Zeit Gültigkeit, für welche sie entworfen worden sind, da sich die Deklination an allen Orten fortwährend ändert. Eine Linie ohne Abweichung, d. h. eine solche Linie, auf welcher die Richtung der Deklinationsnadel überall mit dem astronomischen Meridian zusammenfällt, schneidet die östliche Spitze von Brasilien ab, läuft östlich von Westindien durch den atlantischen Ocean, um in der Gegend von Philadelphia in den Kontinent von Nordamerika einzutreten und durch die Hudsonsbai hindurchzulaufen. Dann passirt die Linie ohne Abweichung den magnetischen u. astronomischen Nordpol der Erde, tritt östlich vom weißen Meer in den Kontinent der alten Welt ein, geht durch das kaspische Meer, schneidet die Ostspitze von Arabien ab, wendet sich dann nach Neuholland, um endlich durch den magnetischen und astronomischen Südpol der Erde in sich selbst zurückzulaufen. Auf dem atlantischen Ocean, in Europa und Afrika ist die Deklination überall eine westliche, auf der andern, durch die beschriebene Linie bezeichneten Erdhälfte ist die Deklination östlich mit Ausnahme einer kleinen Strecke im östlichen Asien und dem angrenzenden Meer, wo eine zweite, in sich selbst zurücklaufende Linie ohne Deklination vorkommt; in dem durch diese Kurve eingeschlossenen Raum ist die Deklination wieder westlich. Auf den Deklinationskarten laufen die Kurven auch in den astronomischen Polen der Erde zusammen; dies kommt aber nur daher, weil sich in diesen Polen die astronomischen Meridiane schneiden und die Deklination also fortwährend sich ändert, während doch die Richtung der Magnetnadel stets dieselbe bleibt. Reist man, von irgend einem Ort ausgehend, in der Richtung, nach welcher das Nordende der Magnetnadel weist, und folgt man stets der Richtung der Deklination, so wird der Weg, den man zurücklegt, ein *magnetischer Erdmeridian* sein. Von Brüssel ausgehend, würde man auf diese Weise östlich von England, Schottland und Island vorbeikommen und durch Grönland nach Boothia Felix gelangen. Die magnetischen Meridiane geben unmittelbar die Richtung der Deklinationsnadel für diejenigen Orte an, durch welche sie laufen, sie schneiden sich sämmtlich in den magnetischen Polen der Erde. Die Kurven, welche das System der magnetischen Meridiane stets rechtwinklig schneiden, heißen *magnetische Parallelen*. Die *isoklinischen Linien* verändern sich natürlich ebenso wie die Deklinationslinien; es wurde schon erwähnt, daß die Linie, auf welcher die Inklination = 0 ist, der magnetische Aequator heißt. Die beiden magnetischen Pole, also die Orte, in denen die Inklinationsnadel senkrecht steht, liegen einander nicht diametral gegenüber, ihre Verbindungslinie bildet vielmehr eine Sehne, welche von dem durch die beiden Pole gelegten größten Kreise einen Bogen von 161° 13′ abschneidet. Die *isodynamischen Linien* ergeben, daß die Intensität auf der nördlichen Halbkugel in 2 Punkten ein Maximum erreicht, und zwar liegt der Ort des einen Maximums in Nordamerika etwas westlich von der Hudsonsbai, der des andern im nördlichen Asien. Man sieht also, daß das Intensitätsmaximum keineswegs mit dem Pol zusammentrifft, an den beiden bezeichneten Orten stellt sich die Inklinationsnadel *nicht* senkrecht.

Bei der Vergleichung magnetischer Karten aus verschiedenen Zeiten ergeben sich bedeutende Variationen des Erdmagnetismus, welche als *säkulare Schwankungen* bezeichnet werden. In Frankreich war die Deklination z. B. 1580 eine östliche, sie nahm beständig ab und wurde 1663 gleich Null; von jener Zeit an war die Deklination zu Paris westlich, und zwar stets zunehmend bis 1814, wo diese westliche Deklination ihr Maximum erreichte. Seit jener Zeit nimmt die westliche Deklination in Frankreich ab. In Deutschland nimmt die Deklination jährlich im Durchschnitt um $6\frac{1}{2}$ Minuten ab. In verschiedenen Gegenden ist der Gang der säkularen Variation der Deklination nicht derselbe. So erreichte z. B. die Deklination auf dem Kap erst 1843 ihr westliches Maximum, während auf St. Helena noch gegenwärtig die westliche Deklination ungefähr um 8′ jährlich zunimmt. Im Allgemeinen schreitet das Kurvensystem gegenwärtig nach Westen hin fort. Auch die Inklination zeigt säkulare Aenderungen, und in Deutschland nimmt sie jährlich ungefähr um 2,3 Minuten ab. Auf St. Helena nimmt die südliche Inklination ungefähr um 8 Minuten jährlich zu. Außer diesen säkularen Schwankungen bemerkt man auch eine *tägliche Periode* in den Variationen der Magnetnadel. Die Deklinationsnadel hat in Deutschland Morgens 8 Uhr im Durchschnitt ihre östlichste Stellung, ziemlich rasch bewegt sich nun ihr Nordende gegen Westen und erreicht zwischen 1 und 2 Uhr ein Maximum, um dann wieder nach Osten hin abzuweichen, und zwar in den Nachmittags- und Abendstunden schneller als in den Nachtstunden. Der Winkel zwischen dem östlichsten und westlichsten Stand der Magnetnadel ist veränderlich, und zwar ist er größer im Sommer, kleiner im Winter. Die täglichen Variationen werden um so schwächer, je mehr man sich dem magnetischen Aequator nähert. Auf diesem verschwinden sie fast ganz, um auf der südlichen Halbkugel im entgegengesetzten Sinn wieder aufzutreten. Dort bewegt sich das Südende der Nadel in denselben Tageszeiten nach Westen, in welchen auf der nördlichen Hemisphäre das Nordende der Nadel nach Westen geht. Die Inklination ist im Durchschnitt um 10 Uhr Morgens am größten und um 10 Uhr Abends am kleinsten, dagegen tritt das Maximum der Intensität Abends 10 Uhr und das Minimum Morgens 10 Uhr ein.

Der Gang der Magnetnadel an demselben Ort ist

keineswegs regelmäßig, sondern vielfachen **Störungen** unterworfen. Gleichzeitige Beobachtungen an verschiedenen Orten ergeben einen merkwürdigen Parallelismus in der Bewegung der Nadeln. Auf Humboldts Anregungen ist ein magnetischer Verein gegründet worden, dessen Mitglieder an verschiedenen Orten an vorausbestimmten Terminen 24 Stunden lang die Variationen der Deklinationsinstrumente von 5 zu 5 Minuten beobachten und dabei nach göttinger Zeit rechnen. Ueberall hat sich der angedeutete Parallelismus bestätigt. Die Störungen sind in der Regel von der Art, daß sie den mittleren täglichen Gang der Nadel noch deutlich hervorheben, sie sind aber an verschiedenen Tagen von sehr ungleicher Stärke und fallen im Allgemeinen um so bedeutender aus, je mehr man sich den Polargegenden nähert. Auf der südlichen Halbkugel stehen die Störungen in fast vollkommenem Gegensatz zu den Schwankungen, welche gleichzeitig an Orten der nördlichen Halbkugel Statt finden, die gleiche geographische Länge haben. Für Orte von nahezu gleicher Breite, aber verschiedener Länge zeigt sich gleichfalls ein Zusammenhang in den Störungen, aber in der Weise, daß sie nach Osten und Westen hin in gleicher Richtung, aber mit abnehmender Stärke auftreten; 90° östlich und 90° westlich von dem Ort, wo die Schwankung im Maximum auftritt, wird in demselben Moment gar keine oder nur eine unbedeutende Schwankung beobachtet, auf der andern Hälfte des Parallels aber haben die gleichzeitigen Störungsschwankungen eine entgegengesetzte Richtung, u. zwar zeigt sich ein östliches Maximum 180° von dem Punkt entfernt, wo gerade das westliche Maximum auftritt. In den Polargegenden hört die Uebereinstimmung in den Variationen auf, die Störungen sind dort außerordentlich groß und von gänzlich veränderter Gestalt. Uebrigens sind die Inklination und die Intensität ähnlichen Störungen unterworfen wie die Deklination.

Den Grund der säkularen Aenderungen der erdmagnetischen Konstanten kennt man gar nicht; von den Störungen weiß man, daß sie unabhängig sind von Gewittern, daß aber Erdbeben und vulkanische Ausbrüche in zweifellosem Zusammenhang mit ihnen stehen. In derselben Minute, in welcher in Griechenland ein heftiges Erdbeben Statt fand, wurde in Parma, München und Prag eine äußerst heftige Oscillation der Magnetnadel beobachtet. In sehr innigem Zusammenhang mit den Störungen stehen auch die Nordlichter (s. d.).

Legt man zwei gleich starke Magnete so auf einander, daß die ungleichnamigen Pole sich decken, so unterscheidet sich der doppelte Magnet in nichts von einem gewöhnlichen nicht magnetisirten Stab, und doch ist der M. vorhanden, denn wenn man die Magnete wieder von einander trennt, so zeigen sie ebenso starken M. wie vorher. Man kann mit einem Streichmagneten so viele Stahlstäbe magnetisiren, wie man will, ohne daß derselbe an Kraft verlöre. Es strömt also kein M. von dem Streichmagneten auf den Stahl über, sondern in diesem wird nur die Polarität geweckt; zerbricht man einen Magnetstab in der Mitte, also in dem unwirksamen Punkt, so ist jedes Bruchstück zu einem Magneten mit 2 Polen geworden, und diese Magnete kann man immer wieder zerbrechen und erhält doch stets Stücke, die 2 Pole besitzen. Man kann die Theilung vornehmen, wo man will, und sie außerordentlich weit treiben, ohne daß das Resultat ein anderes würde. Diese Thatsachen führen nun zu dem Schluß, daß die magnetischen Kräfte in den kleinsten Theilen, den Atomen des Eisens, vorhanden seien, und daß es gleichsam nur auf die Lagerung ankomme, ob ein Stahlstab magnetisch sei oder nicht. Man könnte annehmen, daß beim Magnetisiren diese Lagerung umgekehrt würde. Besitzt ein Atom Eisen beide magnetische Kräfte, so würde dies für gewöhnlich doch nicht wahrnehmbar sein, weil beide Pole eines jeden Atoms eine gleich große, aber entgegengesetzte Wirksamkeit besitzen und ihr Abstand, verglichen mit jeder meßbaren Entfernung, verschwindend klein ist. Eine nach außen fühlbare magnetische Wirksamkeit kommt erst dann zum Vorschein, wenn die Atome oder doch ein großer Theil derselben durch irgend welche äußere Einflüsse gedreht eine solche Richtung erhalten, daß sie sich mit ihren ungleichnamigen Polen an einander reihen, ganz so, wie man es beim Zerschneiden eines Magneten gefunden hat. Ist einmal ein Theil der Atome magnetisch vertheilt, so wirkt jeder dieser kleinen Magnete seinerseits wieder vertheilend gegen andere Eisentheile, die in der Richtung seiner Magnetaxe liegen, aber noch nicht magnetisch gerichtet sind, und hierauf beruht die zunehmende Stärke des freien M. nach den Enden der Eisen- und Stahlstäbe. Winkelrecht gegen die Längenrichtung der Stäbe wirken die Magnetpartikeln einander störend, indem ihre neben einander liegenden gleichartigen Pole sich abstoßen, die ungleichartigen sich anziehen. Aus beiden Gründen suchen die in demselben Querschnitt eines Magnetstabs liegenden und magnetisch gerichteten Theilchen sich wechselseitig aus ihren Lagen zu verdrängen, und so kommt es, daß die Stärke der magnetischen Entwickelung, die Größe des Moments, eines Magnetstabes mehr von der Länge als von der Größe seiner Masse abhängig ist. Die Koërcitivkraft würde den Widerstand bezeichnen, den die Atome einer Drehung entgegensetzen.

Eine andere Theorie des M. hat Ampère aufgestellt. Nachdem die Beziehungen zwischen Elektricität u. M. (s. **Elektromagnetismus**) bekannt geworden waren und Ampère erkannt hatte, daß der Magnet ebenso gut auf den Strom wirkt wie der Strom auf den Magneten, daß Ströme selbst nach ganz ähnlichen Gesetzen auf einander einwirken, und daß eine von Elektricität durchströmte Drahtspirale sich ganz wie ein Magnetstab verhält, ließ er den M. als besondere Kraft ganz fallen und betrachtete alle magnetischen Erscheinungen nur als Wirkungen elektrischer Ströme. Er nahm an, daß jedes Eisenatom von kleinen Kreisströmen umflossen werde, die bekanntlich jeder für sich einen Magneten darstellen, dessen Pole zu beiden Seiten des Kreisstroms in der Axe liegen, die man sich senkrecht durch die Mitte des Kreises gelegt denken kann. Die Ebenen dieser Kreisströme haben bei unmagnetischem Eisen die verschiedensten Lagen, während sie alle parallel laufen, wenn das Eisen magnetisch ist, und zwar stehen sie dann senkrecht auf der Richtung, welche die Pole des Magnetstabes verbindet. Die Ströme, welche die innern Atome des Eisens umkreisen, können nach außen keine bemerkbare magnetische Wirkung ausüben, weil in Bezug auf jeden solchen innern Kreisstrom alle benachbarten Ströme so laufen, daß sie die Wirkung desselben aufheben, vielmehr können nur die Ströme, welche die an der äußern Seite des Stabes liegenden Atome umkreisen, und zwar nur in den am äußern Umfang liegenden Theilen ihrer Bahn die vom Stab ausgehende magnetische Kraftäußerung verursachen. Diese Ströme kann man sich nun ersetzt denken durch Kreisströme, welche den ganzen Stab umlaufen, u. dann hat man im Magnetstab nichts Anderes als die von einem elektrischen Strom durchlaufene Drahtspirale. Dies Gesetz der Pole erklärt sich nun daraus, daß 2 elektrische Ströme sich parallel stellen, und parallele gleichgerichtete Ströme einander anziehen, ungleichgerichtete einander abstoßen. Man braucht sich nur zu erinnern, daß die Ströme von Süden her betrachtet stets ebenso laufen wie der Zeiger einer Uhr, um sogleich zu finden, daß das Bestreben der Ströme in 2 Magneten, sich parallel zu stellen, ganz den Erfolg hat, wie ihn das Gesetz der Pole vorschreibt. Ebenso erklärt sich die Ablenkung der Magnetnadel durch den elektrischen Strom, denn das Bestreben der Nadel, sich senkrecht auf die Richtung des Leitungsdrahts zu stellen, hat seinen Grund nur in dem Bestreben der sie umkreisenden Ströme, sich parallel mit dem Strom im Leitungsdraht zu stellen, und ebenso muß nun ein beweglich aufgehängter, stromdurchflossener Leitungsdraht sich unter dem Einfluß des Magneten richten und von demselben angezogen oder abgestoßen werden, denn die Ströme des Magneten werden den Strom im Draht mit sich parallel und gleichgerichtet zu stellen suchen. Auch der Erdmagnetismus ist nach dieser Theorie nichts weiter als die Wirkung von elektrischen Strömen, welche die Erde umkreisen und alle in ihrer Nähe befindlichen elektrischen Ströme, wie z. B. die eines aufgehängten Magnetstabes, mit sich parallel und gleich zu richten bestrebt sind. Diese Ströme umkreisen die Erde parallel mit dem magnetischen Aequator u. bewegen sich von Osten nach Westen, wie sich aus der Stellung ergibt, die ein beweglicher Leiter unter dem Einfluß des Erdmagnetismus annimmt. Statt mehrer Erdströme kann man sich für jeden Ort Einen denken, der die dort befindlichen Nadeln ebenso afficirt, wie erstere es thun würden, und diesen nennt man den mittleren Erdstrom. Seine Ebene ist parallel mit der auf die Richtung der Inklinationsnadel senkrechten Ebene. Wodurch die ampère'schen Erdströme entstehen, läßt sich noch nicht erklären, doch deutet Seebeck an, daß eine thermoelektrische Entstehungsweise die wahrscheinlichste sei. Erzgänge durchziehen in ihrem verschiedenen Streichen wärmere u. kältere Partien des Erdinnern, und ebenso sind die täglichen Variationen der Magnetnadel entschieden vom Stand der Sonne abhängig. Uebrigens erfordert die ganze ampère'sche Theorie die Annahme, daß die Elementarströmchen die Atome beständig umkreisen, u. daß sie auf diesem Wege keinen Leitungswiderstand zu überwinden haben, weil sie sonst ohne eine beständig wirkende elektromotorische Kraft nicht kontinuirlich sein könnten. Außerdem muß man noch annehmen, daß die Ströme frei um den Schwerpunkt ihrer Moleküle drehbar sind und hierin nur durch die Koërcitivkraft behindert werden.

Ganz absehend von allen Spekulationen über die Ursachen des Erdmagnetismus hat Gauß sich bemüht, aus den vorhandenen Beobachtungen die Verbreitung des M. über die Erde auf theoretischem Wege abzuleiten. Die Grundlage der gaußschen Theorie ist die Voraussetzung, daß die erdmagnetische Kraft die Gesammtwirkung der magnetisirten Theile des Erdkörpers ist. Die Entwickelung dieser Theorie läßt sich indeß ohne Hülfe höherer Rechnung nicht geben, u. wir müssen deshalb auf dieselbe hier verzichten.

Die Zahl der Körper, welche vom Magneten angezogen werden, ist nur gering, allein auch andere Körper unterliegen einer Veränderung in ihrem Molekularzustande, wenn man sie magnetisirenden Einflüssen aussetzt. Im Gegensatz zu den magnetischen Erscheinungen bezeichnet Faraday diese als diamagnetische. Befindet sich kieselborsaures Bleioxyd zwischen ungleichnamigen Polen zweier kräftigen Elektromagnete, so erleidet die Polarisationsebene eines durch dies Glasstück hindurchgegangenen linearpolarisirten Lichtstrahls durch den Einfluß der Magnetpole eine Drehung, und zwar in der Richtung, nach welcher der positive Strom in den Windungen der Elektromagnete kreist. Auch an andern durchsichtigen, festen u. flüssigen Körpern kann man eine solche Drehung der Polarisationsebene, wenn auch in geringerem Maße, beobachten. Ganz dieselben Resultate erhält man aber auch ohne Magnete, wenn man einen elektrischen Strom in Form eines Schraubendrahts um die durchsichtigen Körper herumleitet. Bei solchen Substanzen, welche schon von Natur ein Drehungsvermögen besitzen, addirt oder subtrahirt sich der Effekt des elektrischen Stroms zu dem ihrer eigenen Kraft, je nachdem der Strom die Polarisationsebene nach derselben oder nach der entgegengesetzten Richtung dreht, wie die Flüssigkeit selbst. Indessen besteht ein wesentlicher Unterschied zwischen der Drehung der Polarisationsebene in beiden Fällen. Geht nämlich ein Strahl durch ein diamagnetisches Mittel, welches von elektrischen Strömen umkreist wird, so wird die Polarisationsebene, wie erwähnt, nach der Richtung der Ströme gedreht, u. man erhält mithin eine Drehung nach rechts od. nach links, je nachdem der Strahl in den einen oder den andern Körper durch das Mittel hindurchgeht. Bei cirkularpolarisirenden Körpern erhält man dagegen stets eine Drehung in denselben, gleichgültig nach welcher Richtung man durch den Körper hindurchblickt. Wird nun der eindringende Strahl an der andern Seite des cirkumpolarisirenden Mittels so reflektirt, daß er auf demselben Wege zurückgehen muß, so ist das Resultat, daß man gar keine Drehung beobachtet, weil die beiden hinter einander erfolgten Drehungen, absolut genommen, entgegengesetzt waren. Bei der Drehung durch den Strom werden dagegen beide Drehungen, wieder absolut genommen, in gleichem Sinn erfolgen und der Effekt wird durch die Reflexion verdoppelt werden. Aus Untersuchungen über den Zusammenhang zwischen der Stärke des Stroms und der Drehung der Polarisationsebene ergibt sich, daß letztere der Intensität des Stroms oder der magnetisirenden Kraft proportional ist u. mit der Brechbarkeit der Strahlen zunimmt. Während im Magneten die einzelnen Theile noch eine Wirkung auf die benachbarten ausüben, ist dies in den diamagnetischen Körpern nicht der Fall, vielmehr ist die elektromagnetische Drehung der Polarisationsebene gleich der Summe der Drehungen, welche die magnetisirende Kraft unmittelbar in den einzelnen Schichten des Diamagnetismus hervorbringt. Bei gleicher magnetisirender Kraft ist die Drehung der Polarisationsebene in verschiedenen

Stoffen sehr verschieden; in Lösungen von Salzen mit diamagnetischem Radikal ist das Drehungsvermögen fast durchgängig größer als für Wasser, dagegen ist es kleiner als für Wasser in Lösungen von Salzen mit magnetischem Radikal, so daß letztern Salzen ein negatives Drehungsvermögen zukommt.

Bringt man einen Stab von schwerem Glase (kieselborsaurem Bleioxyd) oder Wismuth, welcher an einem Faden hängend in horizontaler Lage schwebt, zwischen die beiden Pole eines sehr kräftigen Elektromagneten, so stellt er sich stets rechtwinklig zu der Verbindungslinie der beiden Pole (äquatorial), während ein Eisenstab sich natürlich in die Richtung gestellt hätte, welche die Magnetpole verbindet (axial). In Bezug auf dies Verhalten lassen sich alle Körper in magnetische od. paramagnetische u. diamagnetische eintheilen, erstere stellen sich axial, letztere stets äquatorial. Zu den magnetischen gehören außer Eisen, Kobalt, Nickel u. Chrom noch Mangan, Cer, Titan, Palladium, Platin, Osmium, fast alle Eisenverbindungen und grünes Bouteillenglas. Die äquatoriale Einstellung diamagnetischer Stäbchen rührt offenbar von einer abstoßenden Wirkung her, welche die Magnetpole auf die Substanz derselben ausüben. Operirt man mit diamagnetischen Körpern, welche sehr wenig Eisen enthalten, so überwiegt zunächst die magnetische Eigenschaft des letztern. Wird aber der Strom stärker, so kann das Eisen keinen M. mehr aufnehmen, wohl aber wirkt letzterer auf die diamagnetische Substanz ein und bewirkt eine Abstoßung derselben. Flüssigkeiten, die in einem Uhrglas auf die einander stark genäherten Pole eines kräftigen Elektromagneten gestellt werden, bilden unebene Oberflächen, und zwar häufen sich magnetische Flüssigkeiten über den Kanten der Pole an und bilden kleine Hügel, während diamagnetische Flüssigkeiten sich nach der axialen Richtung ausdehnen und nach der äquatorialen zusammenziehen; in der Mitte zwischen den beiden Polen bildet sich zugleich statt des frühern Bergrückens ein in der Aequatorialebene sich hinziehendes Thal. Zur Theorie des Diamagnetismus ist es wichtig, daß z. B. eine Wismuthkugel sowohl vom Nordpol, als auch vom Südpol eines Magneten abgestoßen wird, daß aber ein Nordpol u. ein Südpol, von derselben Seite her einer Wismuthkugel genähert, sich in ihren abstoßenden Wirkungen neutralisiren, so daß gar keine Einwirkung Statt findet; ferner daß die Abstoßung im quadratischen Verhältniß der Stromstärke wächst. Hieraus geht hervor, daß die Abstoßung die Folge einer durch den Magnetpol im Wismuth erst hervorgerufenen Polarität ist, welche letztere derjenigen entgegengesetzt ist, die unter denselben Umständen ein Eisenstab angenommen haben würde. Schwebt ein Wismuthstäbchen horizontal in einer etwas kürzeren Magnetisirungsspirale, so wird es diamagnetisch erregt, sobald ein Strom durch die Spirale hindurchgeht. Befinden sich nun die Pole des Wismuthstäbchens zwischen den Polen von Elektromagneten, so findet Anziehung und Abstoßung nach den Gesetzen der ungleichnamigen Pole Statt. Das Wismuthstäbchen besitzt aber umgekehrte Polarität, wie ein Eisenstäbchen bei derselben Richtung des Stroms besitzen würde. Weber erklärt den Diamagnetismus auf folgende Weise: Nähert man einem Leiter, z. B. einem Kupferdraht, einen Magnetpol, so werden in ersterem Ströme gebildet, welche den ampère'schen Strömen des Magneten entgegengesetzt sind. Einem Nordpol gegenüber wird das genäherte Ende des Drahts ebenfalls zu einem Nordpol. Diese Ströme verschwinden aber sehr bald, wenn der Leiter ruhig in seiner Stellung gegen den Magneten verbleibt. Offenbar rührt dies daher, daß die strömende Elektricität beim Uebergang von einem Molekül zum andern einen Leitungswiderstand zu überwinden hat, wodurch ihre lebendige Kraft so schnell verzehrt wird, daß sie in einer unmeßbar kleinen Zeit zur Ruhe gelangen muß, wenn ihr der erlittene Verlust nicht durch fortdauernde elektromotorische Kräfte immer wieder ersetzt wird. Wären in den diamagnetischen Mitteln Molekularströme wie im Eisen vorhanden, so könnte der Magnet nur in der Weise einwirken, daß er diese Ströme seinen eigenen parallel stellte, mithin den betreffenden Körper selbst in einen Magneten in gleichem Sinne wie Eisen verwandelte. Da dies nicht geschieht, so müssen die Molekularströme in den diamagnetischen Mitteln durch den genäherten Magneten erst gebildet werden, und da diese Ströme sich stets nur um ein einziges Molekül herumbewegen, so verlieren sie nicht an lebendiger Kraft, sondern beharren ohne weitere elektromotorische Kraft in gleicher Intensität. Bei der Annäherung eines Magneten an einen diamagnetischen Körper entstehen also zweierlei Ströme, nämlich die gewöhnlichen Induktionsströme und die inducirten Molekularströme, welche letztere fortdauern, bis in Folge einer neuen entgegengesetzten Induktion neue entgegengesetzte Molekularströme entstehen, welche die älteren aufheben. Die inducirten Molekularströme können sich auch in Nichtleitern bilden, da ja auch schweres Glas von den Magnetpolen abgestoßen wird.

Aus den Untersuchungen mit Flammen ergibt sich, daß die Substanz derselben durch die Magnetpole abgestoßen wird, und daß diese Abstoßung hauptsächlich von der Axenlinie aus nach den Seiten erfolgt. Die Flammen sind diamagnetisch, und zwar in höherem Grade als die umgebende Luft. Von den verschiedenen Gasen sind Wasserstoff, Kohlensäure, Kohlenoxyd, Stickoxydul, ölbildendes Gas, Steinkohlengas, Chlorwasserstoff, Jodwasserstoff, Ammoniak, Chlor, Jod, Brom, Cyan und Stickstoff diamagnetisch. Sauerstoff ist weniger diamagnetisch als Luft. Strömen die Gase bei dem Versuch nicht in Luft, sondern in Kohlensäure aus, so verhält sich das Sauerstoffgas magnetisch gegen alle andern Gase. Bezeichnet man die magnetische Anziehung des metallischen Eisens mit 100,000, so ist die Anziehung, welche unter gleichen Umständen die gleiche Menge Eisen in verschiedenen Verbindungen erfährt, folgende: Oxyduloxyd 40,227, Oxyd 714, Eisenglanz 761, Eisenoxydhydrat 296, Lösung von salpetersaurem Eisenoxyd 410, Lösung von Eisenchlorür 490. Ist die Stärke des Diamagnetismus des Wassers 100, so ist bei gleichem Volumen die Stärke der diamagnetischen Abstoßung für Alkohol (specifisches Gewicht 0,813) 93, für Aether 93, Schwefelkohlenstoff 129, Schwefelsäure 64. Eine parallel mit der Axe geschliffene Turmalinplatte stellt sich zwischen den Polen des Elektromagneten axial, wenn die Axe senkrecht steht, dagegen äquatorial, wenn die Axe horizontal liegt. Aus Versuchen mit krystallisirtem Wismuth ergab sich, daß die Hauptspaltungsrichtung stets ein Bestreben zeigt, sich äquatorial zwischen die

Magnetpole zu stellen. Dies Bestreben macht sich in der Weise geltend, daß eine Säule von krystallisirtem Wismuth, deren Axe auf der Hauptspaltungsfläche senkrecht steht, sich selbst bei entschieden vorherrschenden Längendimensionen axial stellt. Faraday nennt die Richtung des krystallisirten Wismuths, welche sich axial zu stellen strebt, die **Magnetkrystallare.** Krystallisirt Wismuth langsam zwischen den Magnetpolen, so liegen die Ebenen der vollkommenen Spaltbarkeit nach dem Erkalten vorherrschend nach der äquatorialen Richtung.

Unter den praktischen Anwendungen, welche man vom M. gemacht hat, ist besonders der Kompaß zu erwähnen. Elektromagnete spielen bei den Telegraphen, bei elektrischen Uhren, Weckapparaten, Glockenzügen u. dergl. eine wichtige Rolle. Hierüber u. über die elektromagnetischen Kraftmaschinen s. die betreffenden Artikel. In neuerer Zeit ist der M. vielfach angewandt worden, um elektrische Ströme zu induciren, die dann technische Verwendung finden können. Lamé hat auch vorgeschlagen, den Erdmagnetismus als inducirendes Element zu benutzen, indem man die Radfelgen mit übersponnenen Draht umwickelt und das Schwungrad so aufstellt, daß der Erdmagnetismus in den Drahtspiralen einen Strom erzeugen muß. Auch zu metallurgischen Zwecken ist der M. empfohlen worden, und Respiratoren aus magnetischem Stahlgewebe hat man angewandt, um die Arbeiter vor dem feinen Metallstaub beim Zuspitzen der Nähnadeln u. dergl. zu schützen.

Der Magnetstein hat nach Lucrez seinen Namen von der Stadt Magnesia, wo ihn die Griechen zuerst gefunden haben sollen. Plinius erzählt von einem Hirten Magnes, der auf dem Berg Ida mit den eisernen Nägeln seiner Sohlen und der eisernen Spitze seines Hirtenstabes auf einem magnetischen Stein festgehalten wurde. Die Alten scheinen die Kunst verstanden zu haben, den natürlichen Magneten zu armiren und dadurch zu verstärken. Das Geheimnißvolle, welches in dem Stein liegt, wurde aber auch schon damals vielfach ausgenutzt, und viele Schriftsteller erzählen von Götterbildern, die durch Magnete in die Höhe gehoben worden seien. Es ist recht gut möglich, daß, wie Cassiodorus erzählt, in einem Tempel der Diana ein eiserner Cupido hing, ohne von einem Band gehalten zu werden, aber alle Erzählungen von Gegenständen, die frei in der Luft geschwebt hätten, gehören ins Reich der Fabeln. Starke Magnete sind jetzt nichts Seltenes mehr, Logemanns größter Magnet trägt, wie erwähnt, 275 Kilogramm, doch gibt es auch natürliche Magnete, die über 100 Kilogramm zu tragen vermögen. In den samothracischen Mysterien experimentirten die Priester mit Eisenfeilspänen und eisernen Ringen, die durch magnetische Kraft an einander aufgehängt wurden. In Theben trug man bei den Daphnephorien große eiserne Kugeln, an denen kleinere hingen. Die Richtkraft des Magneten war wenigstens den Chinesen schon sehr lange bekannt, sie benutzten magnetische Wagen, auf denen der magnetische Arm einer Menschengestalt unausgesetzt nach Süden wies, um sicher den Landweg durch die Grasebenen der Tatarei zu finden. Im dritten Jahrhundert nach unserer Zeitrechnung segelten schon chinesische Fahrzeuge im indischen Ocean nach magnetischer Südweisung. 400 Jahre vor Columbus kannten die Chinesen bereits die Deklination. In Europa wird der Magnetstein zuerst gegen Ende des 11. Jahrhunderts von Are Frode in seiner Geschichte von der Entdeckung Islands erwähnt, man scheint den natürlichen Magneten an einem Faden aufgehängt zu haben u. nannte ihn Leitstein (engl. leadstone). Gilbert erzählt, daß nach Flavius Blondus zuerst ums Jahr 1300 die Amalfitaner in Neapel den Schiffskompaß konstruirt u. angewendet hätten, und zwar nach der Anleitung des Johann Gioja, doch sei es wahrscheinlicher, daß die Kenntniß des Kompasses ums Jahr 1260 durch Paulus Venetus aus China nach Italien gebracht sei. Jedenfalls war der Seekompaß im südlichen Europa schon zu Anfang des 13. Jahrhunderts bekannt. Im Jahre 1266 kannte man auch in Norwegen die Magnetnadel, u. wenige Jahre später wußte man, daß ungleichnamige Pole sich anziehen. In einem Brief von Peter Adsiger wird ausführlich von der Deklination gesprochen, die später Columbus mit großer Bestürzung 200 Leguas von der Insel Ferro entfernt von Neuem entdeckte. Columbus war der Erste, welcher die Beobachtung machte, daß die Deklination an verschiedenen Orten ungleich stark ist. Genauere Bestimmungen der Deklination wurden erst um die Mitte des 16. Jahrhunderts gemacht, und 1543 entdeckte Georg Hartmann in Nürnberg die Inklination. Er fand auch das Gesetz der ungleichnamigen Pole u. das Magnetischwerden eines Eisenstäbchens unter dem Einfluß des Erdmagnetismus. Im Jahre 1590 beobachtete Cäsar in Rimini den M. einer auf einem Kirchthurm verrosteten Eisenstange. Um den M. zu erklären, hat man lange abenteuerliche Vorstellungen gehegt, und besonders glaubte man an nordische Magnetberge, denen kein Schiff sich nähern dürfe, ohne zu zerschellen, indem die Nägel durch den Magneten aus dem Holz herausgezogen würden. Erst Gilbert wies 1600 diese Vorstellungen ins Reich der Fabeln zurück. Daß die Deklination sich an demselben Ort mit der Zeit ändere, wurde in London u. Paris nachgewiesen, und 1722 entdeckte Graham auch die täglichen Variationen. Halley, der sich um die Theorie des M. sehr verdient gemacht hat, entwarf 1699 die isogonischen Linien, die übrigens schon Burrus gezogen haben soll. Die neueren Arbeiten über den M. knüpfen sich an die Namen Euler, Humboldt, Hansteen, Gauß, Weber, Lamont.

Magnetkies (**Pyrrhotin, rhomboëdrischer Eisenkies**), Erz aus der Klasse der Kiese, krystallisirt hexagonal in seltenen sechsseitigen Tafeln oder kurzen Säulen, an denen auch Dihexaëder als Abstumpfung der Endkanten auftreten. Er kommt meist derb oder eingesprengt vor, durch schalige Zusammenhäufung blätterig erscheinend, oder körnig, auch dicht. Der Bruch ist kleinmuschelig. Er ist undurchsichtig, metallglänzend, ausgezeichnet durch bronzegelbe Farbe im Innern, außen mit tombackbraunem Strich graulichschwarz angelaufen; spröde; die Härte ist über und unter der des Flußspaths ($3\frac{1}{2}-4\frac{1}{2}$); das specifische Gewicht bleibt unter $6\frac{1}{2}$. Der M. ist etwas schwefelreicher als Einfachschwefeleisen, daher in Salzsäure unter Ausscheidung von etwas Schwefel u. Entwickelung von Schwefelwasserstoff sich auflösend, im Kölbchen erhitzt keinen sublimirten Schwefel liefernd. Vor dem Löthrohr schmilzt er zu grauem magnetischen Korn und riecht dabei nach schwefeliger Säure. Die Analysen geben 38—43½ Procent Schwefel und 62 bis 56½ Proc. Eisen. M. findet sich häufig auf Erzlagern im krystallinischen Schiefergebirge, so auf den Kupferkieslagern Skandinaviens, aber auch mit Bleiglanz, Blende und andern Schwefelmetallen und Mineralien (Kupferberg, Breitenbrunn, Auerbach, Kongsberg), oder auch nur mit Schwefelkies (Walchern, Kallwang in Steiermark), zu Bodenmais mit Blende, Dichroït und Oligoklas u. a. O. in selbstständigen Lagern, auch auf Magneteisenlagern; ebenso auf Erzgängen im Gneis (Freiberg u. a. O. im Erzgebirge), im Urschiefer und im Uebergangsgebirge (Cornwall, Andreasberg am Harz); eingesprengt im Granit (Barrèges in den Pyrenäen), im Serpentin, Diorit ꝛc., in den Blasenräumen basaltischer Gesteine (Cyklopeninsel in Sicilien) und selbst in Meteorsteinen (Juvenas). Man benutzt den M. auf Eisenvitriol (so zu Bodenmais in der Oberpfalz).

Magnetometer (v. Griech.), Instrument zur Bestimmung der Richtung der horizontalen Magnetnadel mit astronomischer Genauigkeit, besteht im Wesentlichen aus einem an ungedrehten Seidenfäden aufgehängten Magnetstab, an welchem sich ein kleiner Spiegel befindet, dessen Ebene rechtwinkelig auf der magnetischen Axe des Magnetstabs steht. Dem Spiegel gegenüber und in einer Entfernung von 5—15 Fuß ist ein Theodolit aufgestellt, dessen Fernrohraxe etwas schräg von oben herab gegen die Mitte des Spiegels gerichtet ist. Am Stativ des Theodolits befindet sich eine 3 Fuß lange horizontale Millimeterskala, die nahezu parallel mit dem horizontalen Durchmesser des Spiegels ist. Derjenige Punkt der Skala, welcher mit der optischen Axe des Fernrohrs in einer Vertikalebene liegt, wird durch einen von der Mitte des Objektivs herabhängenden feinen Draht bezeichnet. Durch das Fernrohr sieht man das Bild eines Theils der Skala im Spiegel. Der ganze Apparat muß so stehen, daß die Vertikalebene der optischen Fernrohraxe u. die vertikale Drehungsaxe des Magnetstabs mit dem vorläufig annähernd genau bestimmten magnetischen Meridian zusammenfallen. So lange nun die Magnetaxe mit der Vertikalebene des Fernrohrs zusammenfällt, erscheint das Bild des vor der Mitte der Skala hängenden Fadens in der Axe des Fernrohrs, weicht aber der Magnetstab aus dieser Ebene ab, so erscheinen andere Theilstriche am vertikalen Faden des Fadenkreuzes im Fernrohr, und man kann mithin die Lage des wirklichen magnetischen Meridians mit der größten Genauigkeit bestimmen, da ein geübtes Auge noch sehr gut Zehntel eines Millimeters schätzen kann. Man erfährt so den Winkel, welchen der magnetische Meridian mit der Vertikalebene des Fernrohrs macht; ermittelt man nun den astronomischen Meridian und mißt den Winkel, welchen die Vertikalebene des Fernrohrs mit dem durch den Mittelpunkt des Theodolits gelegten astronomischen Meridian macht, so findet man den genauen Werth der magnetischen Deklination. Da die Ebene des Spiegels nicht absolut genau rechtwinkelig auf der magnetischen Axe des Stabs eingestellt werden kann, so ergibt sich in den Beobachtungen ein konstanter Fehler, den man durch die Methode des Umlegens korrigirt (s. Magnetismus). Der Magnet oscillirt in langsamen Schwingungen um seine Gleichgewichtslage, welche letztere also dadurch gefunden wird, daß man die Grenzen bestimmt, innerhalb welcher der Stab schwingt und zwischen diesen das Mittel nimmt. Die Oscillationen werden abgeschwächt durch ein möglichst massives kupfernes Gehäuse, welches den Magnetstab umgibt, und in welchen in Folge der Bewegung des letzteren elektrische Ströme inducirt werden. Für wissenschaftliche Reisen hat Lamont einen magnetischen Theodolit konstruirt, mit welchem in ähnlicher Weise die Deklination bestimmt werden kann. Die Inklination ist viel schwieriger zu bestimmen als die Deklination, doch geschieht es mit Sicherheit in der Weise, daß man den durch den Erdmagnetismus in weichem Eisen erregten M. bestimmt. Hält man nämlich einen weichen Eisenstab zuerst horizontal in der Richtung der Deklinationsnadel und dann vertikal, so wird er zwar in beiden Fällen durch den Einfluß der Erde magnetisch, aber im ersten Fall wirkt nur die horizontale, im zweiten nur die vertikale Komposante erregend auf ihn ein. Bringt man in beiden Stellungen neben dem einen seiner Pole eine Boussole an, so wird die Nadel derselben abgelenkt, und zwar im ersten Fall durch den Einfluß der horizontalen, im zweiten durch den der vertikalen Komposante. Aus der Größe dieser Ablenkungen läßt sich die relative Größe der beiden Komposanten der Erdkraft und aus deren Verhältniß die Inklination ermitteln. Das magnetische Moment, welches durch den Erdmagnetismus in einem Eisenstab hervorgerufen wird, ist nämlich dem Cosinus des Winkels proportional, welchen der Stab mit der Richtung der Inklinationsnadel macht. Das zur Messung der Variationen in der Intensität des Erdmagnetismus dienende Bifilarmagnetometer besteht wie das gewöhnliche M. aus einem horizontal schwebenden, mit einem Spiegel versehenen Magnetstab und wird wie dieses durch Fernrohr und Skala beobachtet. Dagegen hängt der Stab an zwei parallel neben einander herablaufenden und an seiner Mitte befestigten Fäden, welche so lange zusammengedreht werden, bis die Torsion den Magneten zwingt, gerade quer auf der gewöhnlichen Richtung der Magnetnadel stehen zu bleiben. Die Torsion bleibt stets gleich, da aber der Erdmagnetismus bald an Stärke ab-, bald wieder zunimmt, so wird bald die Torsion, bald der Erdmagnetismus überwiegen und den Stab nach der einen oder nach der andern Seite hin bewegen, aus welchen Oscillationen sich die jedesmalige Intensität des Erdmagnetismus ergibt.

Magnetsand, s. Magneteisenerz.

Magnificat (lat.), in der kirchlichen Sprache der mit den Worten „M. anima mea" anhebende Lobgesang der Maria im Hause des Zacharias (Luc. 1, 46—55). Verschiedene Kirchenkomponisten (Joh. Seb. Bach, Philipp Emanuel Bach, Durante, Klein, Neukomm u. A.) haben den Urtext als selbstständige Kantate in Musik gesetzt.

Magnificenz (lat. magnificentia), Herrlichkeit, Hoheit, zur Zeit der römischen Kaiser Titel des Praefectus praetorio, des Magister militum, des Magister officiorum, des Quästors, des Comes domesticorum u. anderer Würdenträger des Reichs; in neuerer Zeit Titel der Rektoren, Prorektoren und Kanzler der Universitäten, sowie auch der Generalsuperintendenten, der Oberhofprediger, Dombechanten, Dompröpste, endlich auch der Bürgermeister in den freien Städten und in Leipzig. Magnificentissimus ist Titel des Fürsten, in sofern er das Rektorat einer Universität führt.

Magnin, Charles, französischer Literarhistoriker, geboren den 4. Nov. 1793 zu Paris, ward Konservator an der Universität daselbst, machte sich seit 1815 durch einige Poesien u. eine Komödie „Racine, ou la troisième représentation des Plaideurs“ (Par. 1826) bekannt, war Mitarbeiter an mehren politischen und wissenschaftlichen Journalen u. entwickelte besonders ein sehr bedeutendes kritisches Talent. Von seinen übrigen Schriften sind hervorzuheben: „Les origines du théâtre moderne“ (Par. 1838), eine Geschichte der dramatischen Kunst bei den Nationen des Mittelalters; „Causeries et méditations historiques et littéraires“ (das. 1843, 2 Bde.), eine Auswahl aus seinen zerstreut erschienenen Abhandlungen, und „Histoire des marionnettes“ (das. 1852). Er † den 9. Okt. 1862.

Magnium, s. v. a. Magnesium.

Magnoferrit, nach Rammelsberg merkwürdige Verbindung der Magnesia mit Eisenoxyd, welche wie der Magneteisenstein im regulären Oktaëder krystallisirt, magnetisch ist, aber ein braunschwarzes Pulver liefert. Sie findet sich häufig mit den Eisenglanzkrystallen verwachsen, die sich in den Fumarolen des Vesuvs bilden.

Magnolia *L.* (Magnolie, Biberbaum), Pflanzengattung aus der Familie der Ranunculaceen (Magnoliaceen), charakterisirt durch den 3blätterigen Kelch, die 6—15blätterige Blumenkrone, die zahlreichen, bodenständigen Staubgefäße, die 2klappigen Kapseln u. beerenartigen Samen, die in der Reife an langen Fäden heraushängen, schöne Bäume in Amerika u. Ostindien, mit großen Blättern u. großen, prächtigen, wohlriechenden, end- oder achselständigen Blüthen. Mehre Arten sind als Zier- u. Arzneipflanzen zu nennen. M. conspicua *Salisb.*, M. Yulan *Desf.*, ist ein prächtiger, 30—40 Fuß hoher Baum in China, der 1780 zuerst nach England gebracht ward. Die Blätter sind verkehrt-eirund, stumpf, kurzzugespitzt; die Blüthen zahlreich, prächtig, groß, lilienförmig, weiß, wohlriechend. Die bitteren Samen sind ein wirksames Fiebermittel. M. fuscata *Andr.*, ein immergrüner Strauch in China von 4—6 Fuß Höhe, mit elliptisch länglichen, langgespitzten, glänzenden, glatten Blättern und schmutzig bräunlichgelben, am Rande purpurrothen, sehr wohlriechenden Blüthen. M. glauca *L.*, ein 20—30 Fuß hoher Baum in sumpfigen Wäldern Nordamerika's, kam 1688 nach Europa und gedeiht in geschützter Lage noch in Norddeutschland im Freien. Die Blätter sind elliptisch, stumpf, oben glänzend grün, unten bläulich-weißgrau, abfallend; die Blüthen schön weiß und wohlriechend. Durch Kultur sind mehre Varietäten entstanden. Die grauliche Rinde des Stammes, vorzüglich aber die Wurzel schmeckt aromatisch bitter u. riecht sassafrasartig. Sie wird in Nordamerika als tonisch wirkendes, reizendes und schweißtreibendes Mittel bei Verdauungsschwäche, Unterleibskrankheiten, Wechselfiebern und chronischen Rheumatismen angewendet. Die Biber fressen diese Rinde gern, daher der Name Biberbaum. Das Holz des Baumes ist schwammig. M. grandiflora *L.* ist mit den schönen, fast fußlangen, glänzenden, länglichen Blättern und großen, schneeweißen, wohlriechenden Blüthen einer der schönsten Bäume, 60—90 Fuß hoch, 2 Fuß dick, in Deutschland freilich kaum ein Fünftel so hoch. M. odoratissima *Reinw.* ist ein prächtiger, 15—18 Fuß hoher Strauch auf Java, mit gelben, sehr wohlriechenden Blüthen. M. Umbrella *Lam.* (Sonnenschirmbaum), in Nordamerika, mit 1—1½ F. langen, 4—6 Zoll breiten, lanzettförmigen, glatten, zugespitzten, abfallenden, am Ende der Aeste schirmförmig ausgebreiteten Blättern u. großen, weißen, wohlriechenden Blüthen, wird 30—40 Fuß hoch. Die meisten Magnolienarten dauern in England im Freien aus u. sind eine vortreffliche Zierde der dortigen Gärten. In Deutschland kann man solche Arten, die ihr Laub abwerfen, wenn sie von Jugend auf abgehärtet werden, an sehr geschätzten Standorten gleichfalls im Freien kultiviren; doch muß man den Boden über den Wurzeln gegen Frost hinreichend mit Laub bedecken und die Zweige umkleiden. Kann man sie nicht im freien Grunde eines Winterhauses kultiviren, so pflanzt man sie in große Töpfe oder Kübel, in eine Mischung aus 2 Theilen guter, lockerer Rasenerde, 1 Theil Moorerde, 1 Theil sehr milden, alten Lehm und 1 Theil Sand, durchwintert sie im Orangeriehause bei 1—5° Wärme und stellt sie im Frühling ins Freie an einen etwas beschatteten Ort. Die Vermehrung durch Ableger ist bei den meisten Arten langwierig, indem gewöhnlich mehre Jahre zur Bewurzelung erforderlich sind. Zum Absenken wählt man junge Zweige, welche man zuvor ringelt oder mit Draht umwickelt.

Magnoliaceen, Pflanzenfamilie, s. Ranunculaceen.

Magnus (lat), der Große, Beiname vieler Fürsten.

Magnus, 1) Eduard, namhafter Porträt- und Genremaler, den 7. Jan. 1799 zu Berlin geboren, bildete sich auf der Akademie der Künste daselbst, sodann in Italien, ward, nach seiner Heimat zurückgekehrt, 1837 Mitglied der Akademie und 1844 zum Professor ernannt. In den Jahren 1850—53 besuchte er Frankreich und Spanien. Von seinen Gemälden sind hervorzuheben: ein Drama mit der goldenen Kette, die Heimkehr des Piraten, der Abschied des Piraten, zwei Mädchen im Sonnenschein, zwei spielende Knaben (gestochen von Mandel), ein Landmädchen und ein Fischerknabe (gestochen von Trossin) von Nizza. Ausgezeichnete Bildnisse von seiner Hand sind: das der Gräfin Rossi, der Prinzessin von Preußen, sowie der meisten Mitglieder des preußischen Königshauses, des Großherzogs von Mecklenburg-Schwerin und seiner Gemahlin, Thorwaldsens im Kostüm eines Präsidenten der Akademie von S. Luca, Jenny Linds 2c. In allen Bildern dieses Künstlers athmet Leben und Bewegung; allenthalben ist von ihm die Natur mit charakteristischer Wahrheit, aber in ihrer edelsten Form aufgefaßt. Seine Färbung ist wahr und kräftig.

2) Heinrich Gustav, namhafter Chemiker und Physiker, den 2. Mai 1802 in Berlin geboren, wirkt gegenwärtig daselbst als Professor der Physik und Technologie und hat sich durch zahlreiche Arbeiten in Poggendorffs „Annalen“ bekannt gemacht.

Magnusen, Finn, ausgezeichneter nordischer Archäolog, am 27. August 1781 zu Skalholt auf Island geboren, widmete sich zu Kopenhagen dem Studium der Rechte, daneben dem der Poesie, Geschichte und Alterthumswissenschaft. Im Jahre 1803 nach Island zurückgekehrt war er als Advokat thätig, nahm aber 1812 zu Kopenhagen seine Studien von Neuem auf, wurde 1815 zum Professor ernannt und erhielt 1819 den Auftrag, an der Universität und der Akademie der schönen Künste Vorlesungen über die nordische Mythologie und Literatur zu halten. Als Deputirter Islands und der Faröer seit 1835 bekundete er stets Freimuth u. Vaterlandsliebe. Er † zu Kopenhagen den 24. Dec. 1847. Von seinen Schriften sind hervorzuheben: „Aussicht über die älteste Heimat und die Wanderungen des kaukasischen Menschenstamms" (Kopenh. 1818); seine Uebersetzung und Erklärung der „Aeldre Edda" (Kopenh. 1821—23, 4 Bde.); „Eddalären og dens Oprindelse" (das. 1824—26, 4 Bde.), eine vom Standpunkt der vergleichenden Mythologie aus unternommene Darstellung der gesammten Lehre der Edda; „Grönlands historeske Mindesmärker" (gemeinsam mit Rafn bearbeitet, das. 1838—42, 3 Bde.), eine für die nordamerikanische und nordische Archäologie wichtige Darstellung der geschichtlichen Denkmäler u. alterthümlichen Ueberreste auf Grönland; ein Glossar zu dem 2. Theil der von der magnäanischen Kommission veranstalteten Ausgabe der Edda, „Priscae veterum Borealium mythologiae lexicon" (Kopenh. 1828); auch lieferte er zahlreiche Abhandlungen in Zeitschriften und betheiligte sich an der Herausgabe der „Antiquités russes" (Bd. 1 und 2, Kopenhagen 1850—52).

Magnússon Arni, s. Magnäanisches Institut.

Mago, 1) karthagischer Suffet, Begründer der karthagischen Macht (550—500 v. Chr.), Vater des Hamilcar, schrieb in karthagischer Sprache ein Werk in 24 Büchern über den Landbau, das von Cassius Dionysius ins Griechische und in Folge eines Senatsbeschlusses auch ins Lateinische übersetzt und von Varro, Columella und Plinius benutzt wurde.

2) Sohn des Hamilcar Barcas, begleitete seinen Bruder Hannibal 218 v. Chr. nach Italien, nahm nach der Schlacht bei Cannä einzelne bruttische Städte und ging dann nach Karthago, um über die Fortführung des Krieges zu verhandeln. Trotz der Opposition Hanno's ertheilte ihm der Senat den Auftrag, in Spanien 20,000 Mann Fußvolk und 4000 Reiter zu werben und sie dem Hannibal zuzuführen. Ungefähr die Hälfte dieser Macht hatte M. von Spanien nach Karthago gebracht und war eben im Begriff, dieselbe nach Italien überzusetzen, als die Nachricht von der Niederlage Hasdrubals bei Himera und dem Abfall der spanischen Völkerschaften Veranlassung gab, den M. mit seinen Truppen nach Spanien zu senden, wo er bis 206 v. Chr. blieb. In diesem Jahre sollte er mit der vor Gades liegenden Flotte nach Italien segeln, dort Gallier und Ligurer werben und sich mit Hannibal vereinigen. Er überwinterte auf den balearischen Inseln und schiffte im Sommer 205 mit 12,000 Fußgängern und fast 2000 Reitern nach Italien, wo er zunächst Genua nahm. Dem Befehl des karthagischen Senats, schnell vor Rom zu rücken, nachzukommen hinderten ihn jedoch zwei römische Heere. Im Sommer 203 wurde er im Gebiet der insubrischen Gallier von dem Prätor Quinctilius Varus u. dem Prokonsul M. Cornelius nach tapferer Gegenwehr besiegt und erhielt dabei eine Wunde, an der er auf der Ueberfahrt nach Afrika an der Küste Sardiniens †.

Magog, s. Gog und Magog.

Magonia *St. Hil.*, Pflanzengattung aus der Familie der Sapindaceen, charakterisirt durch den 5theiligen, ungleichen Kelch, 5 Blumenblätter ohne Anhängsel, 8 innerhalb eines einfachen oder doppelten Ringes stehende, abwärts geneigte Staubgefäße, einen Griffel mit 3lappiger Narbe und die holzige, 3fächerige, 3klappige Kapsel mit zahlreichen, ringsum geflügelten Samen, mit der einzigen Art: M. pubescens *St. Hil.*, Phaeocarpus campestris *Mart.*, Baum in Brasilien mit giftigen Eigenschaften. Aus seinen Blüthen sammeln die Bienen giftigen Honig. Die Blätter benutzt man zum Betäuben der Fische.

Magontiacum, s. Mainz.

Magot, Affenart, s. Makako.

Magus im Norden, s. v. a. Hamann (Johann Georg).

Magyar, Ladislaus, ungarischer Reisender, 1817 in Theresiopol geboren, studirte zu Fiume die nautischen Wissenschaften, ging dann nach Amerika, wo er zunächst in Rio Janeiro als Flottenlieutenant angestellt wurde und darauf am Kampfe zwischen dem Diktator Rosas und der Republik Uruguay Antheil nahm. Im Jahre 1847 gelangte er an die Westküste Afrika's, wo er Oberkommandant des kalabarischen Negerkönigs wurde, kam von da nach den portugiesischen Besitzungen zu Benguela und Anfangs 1849 nach Bihe, wo er sich mit der Tochter des Negerhäuptlings verheirathete. Nachdem er mehre Sprachen und Dialekte der Neger erlernt, brach er im Februar 1850 mit einem zahlreichen Gefolge von Bihe auf und bereiste bis 1857 die Kimbunda-, Munganguella- und die Monbuellaländer zwischen 3—20° südl. Br. und 29—51° östl. L., bestimmte viele Länder, Ortschaften, Gebirge und Flüsse und entwarf eine Landkarte jener Gegenden. Hierauf trat er in die Dienste der portugiesischen Regierung mit Oberstlieutenantsrang und verpflichtete sich, derselben den besten Weg anzugeben, der die portugiesischen Besitzungen an der West- und Ostküste Afrika's in Verbindung setze. Ein Theil seiner durch Vermittelung der portugiesischen Regierung nach Ungarn gesandten u. daselbst auf Kosten der ungarischen Akademie gedruckten Reiseberichte erschienen bis jetzt in „Magyar Laszlo delafrikai levelei" (Pesth 1857) und in „Magyar Laszlo delafrikai utazasi" (Bd. 1, Pesth 1849, deutsch 1859). M.s Schilderungen sind einfach und augenscheinlich getreu, in den Schilderungen der Landschaften und Bewohner sehr detaillirt, dabei in populärer Weise gehalten.

Magyaren, s. Ungarn.

Magyar-Ovar, s. v. a. Ungarisch-Altenburg, s. Altenburg.

Mahabalipuram (Mavalipuram, Mamallapuram), Ort in der britisch-ostindischen Präsidentschaft Madras, Distrikt Chingleput, bekannt durch eine Gruppe alter Felsentempel, die sieben Pagoden genannt.

Mahâbhârata, eine der beiden großen indischen Nationalepopöen, s. Sanskrit.

Mahadewa, d. i. großer Gott, in Ostindien gewöhnliche Benennung des Schiwa.

Mahagonibaum, Pflanzengattung, s. Swietenia.

Mahalebkirsche, s. Kirschbaum.

Mahanuddy (Mahanaddy), Fluß in der britisch-ostindischen Präsidentschaft Bengalen, entspringt in den Gebirgen von Bundelkund, durchströmt Berar und Orissa und mündet, mit vielen Armen ein Delta bildend, in den Meerbusen von Bengalen, östlich von Kuttak. Er ist vom Juli bis Februar vom Meer 100 Meilen aufwärts schiffbar, obwohl er einige die Schifffahrt erschwerende Stromschnellen hat.

Maharadscha (d. i. großer König), Titel, den mehre Fürsten Indiens führen.

Maharatten, s. Mahratten.

Mahé, Stadt in der französisch-ostindischen Provinz Malabar, nordwestlich von Kalikut, am Omanmeer, mit Hafen, Ausfuhr von Pfeffer, Kardamomen, Kanell, Sandelholz 2c. und 6000 Einwohnern.

Maheinseln, s. Sechellen.

Mahernia *L.*, Pflanzengattung aus der Familie der Geraniaceen, charakterisirt durch den 5zähnigen Kelch, die 5 spiralförmig um einander liegenden Blumenblätter, 5 am Grunde verwachsene, an den Staubfäden sitzende Nektarien und die 5fächerige Kapsel, buschige, 1—2 Fuß hohe Halbsträucher auf dem Kap, von denen mehre Arten als Zierpflanzen bekannt sind, so M. diffusa *Jacq.*, mit weitschweifigem, niedergestrecktem Stempel, halbgefiederten Blättern und überhängenden rothen Blüthen; M. glabrata *Cavan.*, mit linealen Blättern und gelben hängenden Blüthen; M. grandiflora *Burch.*, mit keilförmigen Blättern und menniggziegelrothen Blüthen auf 1—3blüthigen Stielen. Die Mahernien werden bei 4—8° Wärme im luftigen Zimmer oder Glashause durchwintert und erhalten im Winter nur wenig Wasser. Im Sommer vertragen sie einen Standort im Freien und mehr Befeuchtung. Sie lieben lockere, nahrhafte, mit ⅓ Flußsand vermischte Lauberde; die Vermehrung geschieht durch Stecklinge im Mistbeete.

Mahl, s. v. a. Mahlzeit, besonders in Zusammensetzungen, wie Gastmahl, Abendmahl 2c. gebräuchlich; Volks- oder gerichtliche Versammlung, jetzt veraltet, davon Hägemahl, s. v. a. Hägegericht.

Mahlberg, Stadt im badischen Oberrheinkreis, Amt Ettenheim, auf einem Vorhügel des Schwarzwaldes, in einer der fruchtbarsten Gegenden des Großherzogthums, mit Schloß, Bürgerschule, Gewerbe, Wein- und Landbau und 1100 Einwohnern.

Mahlmann, Sigfried August, deutscher Dichter, geboren am 13. März 1771 in Leipzig, studirte in Leipzig die Rechte, begleitete sodann einen jungen livländischen Edelmann nach Göttingen, machte mit ihm eine Reise durch das nördliche Europa und ließ sich 1798 in seiner Vaterstadt nieder, wo er sich fortan der schönen Literatur widmete. Er redigirte seit 1805 die „Zeitung für die elegante Welt", von 1810—16 in Verbindung mit Meth. Müller, und nahm von 1810—18 die „Leipziger Zeitung" in Administration, die ihm 1813 von Seiten der Franzosen eine kurze Haft auf der Festung Erfurt zuzog. Später wendete er sich den Naturwissenschaften und der Oekonomie zu und ward zum Direktor der erneuerten leipziger ökonomischen Societät ernannt. Er † am 16. December 1826. M.s „Gedichte" (Halle 1825, 4. Aufl. 1845), von denen mehre von den vorzüglichsten Liederkomponisten in Musik gesetzt wurden, zeichnen sich durch gewandte Darstellung aus und tragen meist den Charakter sanfter Wehmuth. Manche seiner „Erzählungen und Märchen" (Leipzig 1802; neue Ausgabe 1812, 2 Bde.) sind gelungen zu nennen, weniger befriedigen seine größern Romane. Sein „Herodes vor Bethlehem oder der triumphirende Viertelsmeister" (Köln 1803, neue Ausgabe 1818) ist eine treffende Parodie der „Hussiten vor Naumburg" von Kotzebue und dieser ganzen thränenreichen Abart des Drama's. M.s sämmtliche Werke erschienen in 8 Bänden (Leipzig 1839—40).

Mahlschatz, bisweilen gleichbedeutend mit Brautschatz, Aussteuer, eigentlich s. v. a. Arrha (s. Angeld) bei Verlöbnissen. Nach römischem Recht ging der gegebene M., sowie das Brautgeschenk bei Trennung des Eheverlöbnisses für den schuldigen Theil verloren.

Mahlzeit, eigentlich die Zeit, zu der man ein Hauptessen (Mittagsmahlzeit, Abendmahlzeit) einzunehmen pflegt, dann ein solches Hauptessen selbst, mag man dasselbe nun allein, oder in Gesellschaft (Gastmahl) genießen. Schon bei den ältesten Völkern standen M.en und Gastmahle theils mit religiösen Festen und Bündnissen, theils mit Familienereignissen in Verbindung. So pflegten die Hebräer Gastmahle zu veranstalten bei Hochzeiten, an Geburtstagen, bei Entwöhnung der Kinder, beim Empfang und Abschied von Freunden oder sonst theuren Personen, bei der Schafschur, oder Weinlese, sowie auch bei Leichenbegängnissen, und zwar meist zur Abendzeit. Bei ihrer Ankunft küßte man die Gäste, ließ ihnen die Füße waschen, Haupt- und Barthaare, auch wohl Füße und Kleider salben, überreichte ihnen Blumenkränze, mit denen sie ihr Haupt schmückten, und wies ihnen nach Maßgabe ihres Ranges bestimmte Plätze an. Die Anordnung des Gastmahls hatte der Speisemeister, gewöhnlich ein Hausfreund, zu besorgen. Die Pracht eines Gastmahls zeigte sich theils in der Menge der Gäste, theils in der Kostbarkeit der Geschirre, theils und vornehmlich in der Mannichfaltigkeit und Güte der Speisen. Zur Unterhaltung dienten Musik, Scherzreden und Räthselspiele. Beim Abschiede pflegte man die Gäste besonders am Barte zu beräuchern. Bei Gastgelagen der Vornehmen waren die Frauen von der Gesellschaft der Männer abgesondert und speisten in einem besondern Zimmer. Während des Essens saßen die alten Hebräer, später aber fand die heidnische Sitte des Liegens auf Polstern und Divans Eingang. Die Tische waren wohl, wie noch heut zu Tage im Orient, niedrig. Fleisch und Zugemüse trug man, in Stücken zerschnitten, in großen Schüsseln auf, aus denen jeder Gast seinen Theil mit den Fingern auf den Brodkuchen brachte, der gewissermaßen als Teller diente; den Gebrauch von Messer u. Gabel kannte man nicht. Die M.en der Griechen zeichneten sich im Allgemeinen vor denen anderer Völker, besonders in der ältern Zeit, durch große Einfachheit aus. Bei Homer bietet die splendideste Tafel der Fürsten keine andere Auswahl von Speisen als Brod und Fleisch von Rindern, Schafen, Ziegen und Schweinen. In der Folge kamen zwar noch eine Menge anderer Gerichte hinzu, aber eigentliche Leckereien blieben bis in die spätere Zeit den griechischen M.en fremd. Natürlich herrschten unter den einzelnen Stämmen auch in dieser Beziehung verschiedene Sitten und Neigungen. Während die Spartaner bekanntlich Alles, was nur irgendwie an Luxus anstreifte, streng vermieden, legten die sinnlicheren Böotier auf reichliches und gutes Essen einen hohen Werth; durch das schwelgerischste Raffinement aber war vornehmlich die syrakusische Küste berühmt, und die sybaritischen M.en sind wegen ihrer erquisiten Leckereien sprüchwörtlich geworden. Von den ältesten Zeiten her pflegte man des Tags dreimal zu essen, und diese Gewohnheit dauerte bis in die spätern Zeiten fort. Zu Homers Zeiten saß man bei Tische, später lag man auf einer Art Bett oder Sopha, welche Sitte schon in der Zeit der Perserkriege allgemein in Aufnahme gekommen war. Ehe man sich lagerte, ließ man die Sandalen abnehmen und die Füße waschen, dann ward zunächst Wasser zum Händewaschen gereicht, worauf die Speisen aufgetragen wurden. Der Messer und Gabeln bediente man sich beim Essen nicht, sondern nur der Finger. Brühen und sonstige flüssige Speisen brachte man zum Munde mittelst eines Löffels, dessen Stelle jedoch sehr häufig ein ausgehöhltes Stück Brod vertrat. Auch Tischtücher und Servietten waren unbekannt. Ein eigentliches Nationalgericht der Griechen war die Maza, eine Art Brei aus Mehl. Als Zukost genoß man viel grünes Gemüse, besonders auch Zwiebeln und Hülsenfrüchte, wie Bohnen, Linsen, Lupinen und dergleichen. Von Fleischspeisen galten als besondere Leckerbissen Hasen, Wildpret, Krammetsvögel und anderes Geflügel. Die beliebteste Zukost aber waren Fische, die in späterer Zeit den Hauptgegenstand des Luxus auf der griechischen Tafel ausmachten. Die M. der Griechen, wenigstens jedes größere Mahl, bestand aus 2 Abtheilungen; die erste bildete Brod mit der eben genannten Zukost, die andere bestand aus Früchten, namentlich Oliven, Feigen, Mandeln, Nüssen rc., ferner Kuchen, Käse, besonders auch aus salzigen, zum Trinken reizenden Speisen, selbst bloßem Salze. Später kam noch ein Nachtisch hinzu, der gewissermaßen ein zweiter Gang der Tafel ward. Wein pflegte man während des Essens, vor dem Nachtisch, nicht zu trinken. Sobald man sich aber die Hände gewaschen, ward eine Schale mit ungemischtem Weine herumgereicht, aus der jeder, nachdem er etwas ausgegossen, ein wenig trank mit den Worten: dem guten Gotte. Diese Ceremonie ward von Flötenspiel begleitet und darauf ein Lobgesang auf die Gottheit angestimmt. Nun erst begann das eigentliche Trinken des gemischten Weins, das Symposion, bei dessen erstem Becher man die Formel „Zeus, dem Erhalter" sprach. Veranlassungen zu M.en gab es viele, wie die Geburt eines Kindes und die Feier des Namenstages, Hochzeiten, Bestattungsfeierlichkeiten, Abreise oder Wiederkunft von Freunden und Bekannten, Siegesfeste und dergleichen. Frauen nahmen, mit Ausnahme der Hetären, auch bei den Griechen nie an den Mahlen der Männer Antheil. Belebt durch heitere Gespräche und fröhlichen Scherz, durch muntere Spiele, Musik und Tanz galt das Symposion dem Hellenen der besseren Zeit, der auf das eigentliche Essen weniger Werth legte, als der wesentlichste Theil des Gastmahls. Gewöhnlich ward ein Vorsteher des Symposions gewählt, nach dessen Anordnung getrunken werden mußte. Auch herrschte bei den Hellenen die Sitte des Zutrinkens. Die M.en und Gastereien der Römer haben mit denen der Griechen Vieles gemeinsam; doch war das römische Mahl vorwiegend auf materiellen Genuß berechnet, und der Luxus der Tafel steigerte sich nach und nach unsinnigsten Schwelgerei. In der altrö- Zeit war die gewöhnliche Kost ein der griechischen Maza ähnlicher Brei aus Dinkel, und selbst das gebackene Brod soll erst später in Gebrauch gekommen sein. Daneben aß man Gemüse und Fleisch. Diese einfache Kost wich mit dem steigenden Wohlstande nach und nach einer besseren und mannichfaltigeren; aber erst nachdem die in Asien kämpfenden römischen Heere mit dem orientalischen Luxus bekannt geworden, fand dieser in Rom Eingang. Wiewohl nun an die Stelle der alten frugalen ganz andere, splendide Mahle traten, so blieb doch die althergebrachte Sitte, dreimal des Tages Nahrung zu sich zu nehmen, fortwährend in Geltung. Die Hauptmahlzeit war die dritte und letzte, die sogenannte Coena, die um die 9. oder 10. Stunde abgehalten zu werden pflegte und oft bis tief in die Nacht und selbst bis zum Morgen dauerte. Jede Coena bestand aus 3 Theilen: dem Voressen, das vornehmlich aus leichten, die Eßlust reizenden Speisen, als Austern, pikanten Brühen, Eiern, Lactuca und dergleichen, bestand, der eigentlichen Coena, welche jederzeit aus mehren Gängen bestand, und dem Nachtisch. Bei größeren Gastmahlen war das Hauptgericht gewöhnlich ein Eber, der ganz aufgetragen ward. Außerdem galten als besondere Leckerbissen: der in Italien seltenere Hase, der von Jungen noch nicht ausgesogene Schmerbauch (sumen) oder die Tasche (vulva) des Schweins u. der Siebenschläfer (glis), den man in besonderen Behältern mästete. Von Geflügel waren namentlich wilde Tauben, Drosseln, Krammetsvögel, Schnepfen, Flamingo's und vor allen der Pfau beliebt, den Hortensius zuerst auf die Tafel gebracht hatte. Wie die Griechen, so trieben auch die Römer mit Fischen einen großen Luxus; der Glattbutt (nach Andern der Steinbutt), die Makrele, der Rothbart und die Muräne wurden von den Feinschmeckern zu enormen Preisen gekauft. Der Nachtisch enthielt allerlei Näschereien, Früchte, Backwerk rc. Die Verschwendungssucht erfand zuletzt die monströsesten Gerichte, wie Schüsseln voll Pfauen- und Nachtigallenzungen, Flamingo- oder gar Straußengehirnen, Papageienköpfen, Kameelfersen und dergleichen. Auch bei den Römern war das Liegen bei Tische üblich. Nur die unerwachsene Jugend und die Frauen, die bei den Römern an den Gastmählern Theil nahmen, saßen des Anstandes wegen. Die Speisen eines jeden Ganges wurden auf einem die Tafel deckenden Aufsatze wohl geordnet aufgetragen. Die Anordnung der Schüsseln lag dem Structor ob, der auch die Speisen mit dem Messer zerlegte, und zwar oft nach dem Takt der Musik, tanzend und gestikulirend. Beim Essen gebrauchte man ebenfalls weder Messer, noch Gabel; man faßte die Speisen mit den bloßen Fingern. Nur des Löffels bediente man sich. Der Wein ward schon während des Essens getrunken; dennoch folgte auf die Mahlzeit oft noch ein eigentliches Trinkgelag, und man begab sich zu demselben auch wohl von der Coena hinweg an einen besondern Ort. Die M.en und Gastmähler des Mittelalters und der neueren Zeit bieten bei weitem nicht so interessante Seiten dar wie die der Griechen u Römer, sowie ihnen auch nicht im entferntesten die hohe Bedeutung zukommt, welche jene, wenigstens in der bessern Zeit, für die Kultur und das sociale Leben überhaupt hatten. Die gemeinschaftlichen M.en der alten Germanen lassen die Grazie, welche an den Gastmählern der Alten, trotz aller dabei vorkommenden Ausschweifungen, herrschte, völlig vermissen, und in den wüsten Zeiten der Völkerwanderung nahm das unbändige Trinken dermaßen überhand, daß mancher Held des Humpens noch an der Tafel seinen Sieg mit dem Leben bezahlte. Nicht die Schmackhaftigkeit und Feinheit der Speisen, sondern vornehmlich die Menge derselben war für die Kostbarkeit des Gastmahls entscheidend. Einen ähnlichen Charakter hatten die Banketts der Ritterzeit, die erst durch das Aufkommen des Minnegesangs veredelt und eines geistigen Moments theilhaftig wurden. Vornehmlich waren es die Franzosen, welche in neuerer Zeit zur Verfeinerung sowohl der materiellen Bestandtheile der Gastereien, als auch des Tones dabei viel beitrugen. Am wenigsten Kultur zeigen in dieser Beziehung die slavischen Völkerschaften. Im Orient, wo das Verbot des Weingenusses der Mäßigung zu Hülfe kommt, gehören zu großen Gastmählern außer einer reichen Fülle von Schüsseln vornehmlich üppige Tänze, die von dazu eigens gemietheten Personen aufgeführt werden. Dadurch wird die Unterhaltung der Gäste natürlicher Weise ganz passiv, und eine laute Fröhlichkeit kann schon deshalb nicht Platz greifen, weil meist an kleinen Tischen abtheilungsweise gespeist wird. Das Mittelalter kannte zwei Hauptmahlzeiten: man speiste nämlich um 11 Uhr zu Mittag und um 6 Uhr zu Abend, und zwar war die Abendmahlzeit die hauptsächlichste. Daneben pflegt man noch des Morgens ein Frühstück u. des Nachmittags ein Vesperbrod einzunehmen. Allmählig ward aber die Zeit des Mittagsmahles auf 12 Uhr und die des Abendtisches auf 7 Uhr verlegt. In größern Städten speist die vornehme Welt gewöhnlich erst um 2 oder 3 Uhr zu Mittag und um 9 Uhr zu Abend, und im nordwestlichen Deutschland, sowie in den deutschen Seestädten pflegt man um 10 Uhr ein sogenanntes Gabelfrühstück, das in leichten Speisen, Cotelettes u. dgl., besteht, und erst um 4 Uhr oder noch später die Hauptmahlzeit oder das Diner einzunehmen. Dies ist auch in Frankreich Sitte, während man in England in vornehmeren Familien und in großen Gasthäusern noch später, erst gegen 6 Uhr, zu diniren pflegt. Im Orient wird die Hauptmahlzeit des Abends gegen 7 Uhr und Morgens gegen 11 oder 12 Uhr eine Art von Frühstück eingenommen.

Mahmud II., Sultan der Osmanen, als zweiter Sohn des 1789 gestorbenen Sultans Abdul Hamid und einer Französin den 20. Juli 1785 geboren, wuchs im Serail auf und zeigte sich schon in seiner Jugend heftig und grausam. Sein älterer Bruder, Mustapha IV., hatte bei seiner Thronbesteigung schon den Befehl zu M.s Ermordung gegeben, als sich der Zahlmeister der Armee an der Spitze von 2000 Albanesen der Person des Prinzen bemächtigte, worauf Bairaktar, Pascha von Rustschuk, Mustapha IV. absetzte und M. auf den Thron (am 1. Aug. 1808) erhob. Auf den Rath Bairaktars ließ M. beim Antritt seiner Regierung den Mufti und den Großwessir ins Meer werfen und den Kislar Aga aufhängen, und um vor allen Thronbewerbern sicher zu sein, Mustapha IV., dessen Sohn und dessen Mutter erdrosseln und 4 schwangere Sultaninnen in Säcke genäht in den Bosporus werfen, so daß er noch der Einzige aus dem Stamme Osmans war. Sein Unternehmen, das Heer nach europäischer Weise zu organisiren, scheiterte an dem Widerstand der Janitscharen. Die Russen, von den Serbiern unterstützt, eroberten die Türkei bis an die Donau, bis endlich Napoleons I. Zug nach Rußland am 28. Mai 1812 den Frieden von Bucharest herbeiführte. M.s Vertrauteste wurden sein Barbier Berber-Baschi und dessen gleichfalls ungebildeter Freund Khalet-Efendi. Den europäischen Kabineten gegenüber bewies M. Festigkeit; dagegen hatte er im Innern fortwährend Aufstände zu bekämpfen und wurde dadurch von den mächtigen Statthaltern immer abhängiger. Den Serbiern gelang es, sich der Herrschaft des Pascha's zu entziehen; Mehemed Ali machte sich zum Herrn Aegyptens und ebenso der Pascha von Janina zum Herrn von Epirus; andere Provinzen setzten mit Gewalt den Wechsel ihrer Statthalter durch, und Griechenland erhob sich zum Kampf um seine Freiheit. Durch die Besiegung des Aufstandes in Konstantinopel und durch die Unterwerfung der meisten Provinzen wurde der Sinn M.s nur noch grausamer. Ali's Kinder u. Kindeskinder wurden sämmtlich aus dem Wege geräumt. Unbeugsam in dem gegen die Rajahs angenommenen Vertilgungssystem, gab M. den europäischen Mächten nur in einigen Dingen nach u. bewilligte die Räumung der Moldau u. Walachei erst nach dreijährigen Vermittelungsversuchen des englischen Gesandten (am 23. Juni 1824). Nach blutiger Vernichtung der seinen Reformplänen abgeneigten Janitscharen im April 1826 begann M. die neue Reorganisation des türkischen Heeres auf europäischem Fuß. Die mit Rußland über die Verhältnisse der Moldau, der Walachei und Serbiens, desgleichen über den Besitz einiger asiatischen Festungen obschwebenden Differenzen wurden nach längern Unterhandlungen zu Akjerman in Bessarabien am 6. Oktober 1826 meist zu Gunsten jener Macht beigelegt. Dagegen lehnte M. in einem Hattischerif vom 20. December 1827 jede Intervention der christlichen Mächte in der griechischen Frage entschieden ab. Darauf hin erklärte Rußland 1828 an die Pforte den Krieg, der am 14. September 1829 durch den Frieden von Adrianopel beendigt wurde. Nachdem nun durch Abtretung Griechenlands die Ruhe erkauft worden war, schritt M. von Neuem zur Umgestaltung des veralteten türkischen Staatswesens nach europäischer Weise, vermied aber dabei mit großer Klugheit den Schein, daß er auch auf Aenderung der Religion ausgehe. Dagegen erklärte er in einer allgemeinen Amnestie, die er im December 1829 erließ, alle Rajahs oder christlichen Unterthanen für ein von Gott ihm anvertrautes und von ihm zu schützendes Gut. Er öffnete europäischer Sitte und Kleidertracht Zugang durch Beispiel und Befehl, ließ sogar seit dem 5. November 1831 eine von einem Franzosen redigirte türkische Staatszeitung „Le Moniteur Ottoman", in türkischer und französischer Sprache erscheinen u. führte in den Schlössern am Bosporus einen ziemlich zwanglosen Hofhalt. Mehr noch als diese Neuerungen erbitterte das Volk, daß sich M. des Alleinhandels mit den asiatischen Waaren bemächtigte, die Zölle erhöhte und den Kaffeeschank für sein Monopol erklärte. Mehemed Ali, obgleich selbst mit diesen Neuerungen dem Sultan vorangegangen, schürte doch die Unzufriedenheit u. arbeitete mit andern Mißvergnügten an dem Plan, den Sultan zu entthronen und die alten Einrichtungen wieder herzustellen. Im März 1831 wurden diese Umtriebe jedoch entdeckt und blutig bestraft. Die

Mißstimmung in der Menge machte sich in der nächsten Zeit durch verschiedene Brandstiftungen bemerkbar. Auch während des Krieges der Pforte gegen Mehemed Ali von Aegypten ließ M. nicht ab, neue Verordnungen zu treffen. Mehre derselben zielten dahin ab, die Vorrechte der Volksstämme, der Körperschaften und der einzelnen mächtigen Familien zu beseitigen und Gewerbfleiß und Bildung unter der ganzen Bevölkerung zu verbreiten; andere schienen nur aus Launen zu entspringen. So erging 1835 der Befehl, daß kein Gläubiger anders, als in der vom Sultan vorgeschriebenen Kleidung auf der Straße erscheinen, daß Jeder das Haupthaar gerade so geschnitten wie der Sultan tragen sollte. Am 29. April 1837 unternahm M., was seit Jahrhunderten kein Sultan gethan hatte, eine Reise und ging bis nach Varna, überall sein Wohlwollen und die Versicherung des gleichen Schutzes und Rechtes auch an die christlichen Unterthanen aussprechend. Der Kampf gegen Mehemed Ali endete mit der Niederlage des großherrlichen Heeres am 24. Juni 1839 bei Nisib. M. erfuhr diesen Ausgang nicht mehr. Unmäßigkeit in geistigen Getränken u. aufregenden Leidenschaften u. die Regierungssorgen hatten seine Gesundheit längst untergraben; er soll schon früher verschieden sein, als sein Tod und der Regierungsantritt seines ältesten Sohnes, Abdul Medschid, am 1. Juli 1839 bekannt gemacht wurden.

Mahmudiehkanal, s. Alexandria.

Mahn, Karl August Friedrich, deutscher Schriftsteller, namentlich auf dem Gebiet der romanischen Philologie, geboren den 9. September 1802 in Zellerfeld, wirkt seit 1828 als Lehrer der fremden Sprachen in Berlin. Von seinen Werken sind außer Lehrbüchern der französischen, englischen, italienischen, lateinischen und griechischen Sprache hervorzuheben: „Die Werke der Troubadours" (Berl. 1846—56, 4 Bde.); „Etymologische Untersuchungen über geographische Namen" (das. 1848 ff.); „Biographien der Troubadours" (das. 1853); „Etymologische Untersuchungen auf dem Gebiet der romanischen Sprachen" (das. 1854—62); „Die Kunst, die Sprachen auf die leichteste Art zu erlernen" (das. 1855); „Gedichte der Troubadours" (das. 1856 bis 1862, 2 Bde.); „Denkmäler der baskischen Sprache" (das. 1856); auch veranstaltete er die 12. Ausgabe von Heyse's „Fremdwörterbuch" (Hannover 1859).

Mahomed, s. v. a. Mohammed.

Mahon (Port M.), Hafenstadt u. Festung ersten Ranges auf der spanischen Insel Minorca, liegt auf einer steilen Anhöhe am südlichen Ufer der Ria gleichen Namens, welche an der Ostküste der Insel sich öffnet und in westlicher Richtung tief in das Land einschneidet. Da die meisten Häuser von Engländern nach ihrer Weise erbaut und eingerichtet sind, so hat die Stadt kein spanisches Aussehen, sondern erinnert sehr an Gibraltar. Sie besitzt eine schöne Hauptkirche im gothischen Styl, 2 ehemalige Mönchsklöster, ein Nonnenkloster, einen großen schönen Platz (plaza de armas), einen großartigen Molo, an dem die größten Schiffe anlegen können, und 13,600 Einw. Der Hafen ist einer der geräumigsten und sichersten Spaniens, als Kriegshafen von hoher Bedeutung u. durch mehre Forts und Strandbatterien geschützt. Die alten Mauern, welche die Stadt umgeben, sind zum Theil eingestürzt, und die Stadt hat sich weit über dieselben hinaus vergrößert. Die im Westen der inneren Stadt gelegenen Straßen bilden die Vorstadt Arrabal Grao, die im Süden befindlichen die Vorstadt Arrabaleta. In der Ria von M. liegen mehre kleinere Inseln, die Isla del Lazareto oder de la Cuarentana, mit den Quarantäneanstalten, Isla del Rey, mit dem Marienhospital, u. Isleta de la Maquina, mit dem Arsenal. Zwei Stunden nördlich von M. liegen die Salzteiche las Albuferas, welche, vom Meer durch Salzdünen geschieden, zur Salzgewinnung benutzt werden. Ganz in der Nähe liegt an der Küste das Felseneiland Isla den colom (Tauheninsel), Aufenthaltsort zahlreicher wilder Tauben und Kaninchen, mit Eisen- und Kupfererzgängen. M. ist Station der französischen Dampfer der Linie Toulon-Algier u. ein gewöhnlicher Anlegeplatz englischer, französischer und spanischer Kriegsschiffe. Daher herrscht hier viel Leben und eine größere Kultur als in andern Städten der Baleareninseln. M., das alte Mago, soll von dem Karthager Mago gegründet worden sein. Anfangs ein unbedeutender Ort, ward es, nachdem sich die Engländer der Insel bemächtigt hatten (1708), zu einer wichtigen Festung erhoben und 1718 für einen Freihafen erklärt. Im Jahre 1756 eroberten es die Franzosen, mußten es aber im Frieden von 1762 an die Engländer zurückgeben. Seit 1782 ist es wieder im Besitz Spaniens.

Mahon, Philip Henry Stanhope, Viscount, englischer Staatsmann u. Geschichtschreiber, den 30. Januar 1805 auf Walmer-Castle geboren, der älteste Sohn des 4. Grafen Stanhope (s. d.) und der Großneffe Pitts, trat 1830 für den Flecken Wooton-Basset in das Parlament, bekleidete unter dem Ministerium Peel-Wellington vom December 1834 bis April 1835 das Amt eines Unterstaatssekretärs im auswärtigen Departement, ward im Juli 1845 Sekretär des indischen Amts, mußte aber beim Sturz des Ministeriums Peel im Juli 1846 zurücktreten und gehörte nun im Unterhause zur Partei der Peeliten. Am 2. März 1855 erbte er die Peerswürde seines Vaters und wirkte seitdem im Parlament, sowie in verschiedenen Staatsämtern. Von seinen Schriften sind hervorzuheben: „Life of Belisarius" (Lond. 1829, 2. Aufl. 1848); „History of the war of the succession in Spain" (das. 1834); „History of England from the treaty of Utrecht to the peace of Aix-la-Chapelle" (das. 1836, 2 Bde.; 3. Aufl. fortgesetzt bis zum Frieden von Versailles, das. 1853, 7 Bde.; auch in der Tauchnitz Edit. Leipz.); „Life of the Great Condé" (Lond. 1840), auch ins Französische übersetzt; „The Fortyfive" (das. 1851). Eine Auswahl seiner für „Quarterly review" gelieferten Artikel gab er unter dem Titel „Historical essays" (Lond. 1848). Er gab auch die „Letters of Philip Dormer Stanhope, Earl of Chesterfield" (Lond. 1845, 4 Bde.; 5. Bd., 1855) und „Memoirs by Sir Robert Peel" (das. 1856 ff.) heraus, u. die Veröffentlichung der hinterlassenen Papiere Wellingtons ist ihm testamentarisch übertragen.

Mahonia *Nutt.*, Pflanzengattung aus der Familie der Berberideen, charakterisirt durch den 6blätterigen, von 3 Schuppen unterstützten Kelch, die 6 drüsenlosen Kronenblätter und die 3—9samige Beere, Sträucher in Nordamerika u. Neapel, mit unpaarig-gefiederten

Blättern, buchtig-gezähnten Blättchen und zierlichen, gelben Blüthen, von deren Arten mehre als Zierpflanzen bemerkenswerth sind, so: M. fascicularis *Dec.*, mit vollständig gehäuften Blüthentrauben u. a. m.

Mahratten (Maharatten), Volk in Vorderindien, welches hauptsächlich die Länder der Präsidentschaft Bombay, namentlich die Gebiete von Aurengabad, Berar, Beyder, Gandwana, Guzerate und Matra bewohnt und von den Gebirgen von Berar aus sich über die benachbarte Gegend verbreitet hat. Sie haben ihren Namen von der Provinz Mahrat in Dekan. Andere aber lassen sie vor etwa 12,000 Jahren aus Persien eingewandert sein. Man schätzt sie auf 30 Millionen Köpfe; rein und unvermischt haben sie sich aber nur in den Küstenstrichen erhalten. Der Mahratte ist von kurzem, unansehnlichem Körperbau, aber von großer Ausdauer im Arbeiten und Ertragen von Strapazen. Seine Kleidung besteht aus engen Beinkleidern, einem über die Schulter geworfenen Tuch u. einem Turban, im Winter aus einer Jacke. Er bekundet viel kriegerischen Sinn und zeigt im Kampf im Angriff große Kühnheit, wendet sich aber, wenn er nachdrücklichen Widerstand findet, ebenso schnell zur Flucht. Falschheit, Tücke, Lügenhaftigkeit und Raubsucht gelten ihm als Hauptitugenden des Kriegers. Der kriegerische Geist der M. ist auch auf die Frauen übergegangen. Diese sind herrisch, verstehen sich gut auf Pferde, ertragen Ungemach mit leichtem Sinn, gehen unverschleiert und bewegen sich frei unter den Männern. Dabei sollen sich die den niedern Ständen angehörigen Frauen als treue Gattinnen beweisen, während die vornehmeren Frauen in dem Ruf großer Schamlosigkeit stehen. Die Sprache der M., das Mahratti, ein Dialekt des Sanskrit, erst im 17. Jahrhundert durch die Brahmanen zur Schriftsprache erhoben, wird mit einer Abart der Devanagarischrift geschrieben. Die mahrattische Literatur ist trotz ihres kurzen Bestehens reich an Volkspoesien und Kunstdichtungen, sowie an wissenschaftlichen Werken, aber in Europa noch wenig bekannt. Der gemeine Mahratte ist unwissend, nur der Brahmane kann lesen u. schreiben. Obwohl sie sich zur Brahmanenlehre bekennen, beobachten sie doch die Vorschriften derselben nur nachlässig und dulden Mohammedaner und Christen unter sich. Ihre Sprache ist im Norden bis zum obern Taptifluß, dann durch Khandesch bis zum Westmeere, von da über Bombay und Goa südwärts bis Sedascheghur zur Grenze von Nordcanara verbreitet. Die M. stehen gegenwärtig unter eignen Rajahs. Die Regierung ist militärisch und despotisch. Ihre Flagge ist blau mit einem goldenen Halbmond in der Mitte und mit einem breiten weißen Streif eingefaßt, durch den sich ein rother schlängelt. Die M. treten erst 1648 in der Geschichte auf, indem damals ihr Anführer, Siwadschi, als von Aurengzeb unabhängiger Ram-Radscha (Oberkönig, Großfürst) aller Mahrattenstämme auftrat. Er und seine Nachfolger, besonders sein Enkel Sahadschi (Schao oder Sahu Radscha), 1690 bis 1740, erweiterten durch Eroberungen, namentlich in dem Mongulreiche, das Gebiet der M. von Guzerate bis Orissa und von Agra bis Karnatik und Mysore, so daß es einen Flächenraum von 28,000 QM. umfaßte. Die Untüchtigkeit, die jedoch bald unter den Ram-Radscha's, die zu Sattarah residirten, einriß, bewirkte, daß der Peischwa (d. i. erste Minister) Badschi Rao, welcher die Reiterschaaren anführte, den Ram-Radscha gefangen setzte und sich des westlichen Theils des Mahrattenlandes bemächtigte, wo er in Punah einen unabhängigen Staat bildete, während sein Kollege Radschodschi den östlichen Theil nahm und den Staat der Berar-M. daselbst gründete. Badschi Rao, der 1750 starb, machte die Würde und den Titel als Peischwa in seiner Familie erblich. Die Großen und Statthalter wurden mit Vermehrung ihrer Einkünfte und ihrer Macht befriedigt; bald aber erhob sich eine Menge mehr oder weniger selbstständiger Häuptlinge u. Fürsten. Nach dem Aussterben der Dynastie der Ram-Radscha's (1777) ward das Reich durch einen aus 12 Brahmanen bestehenden Regierungsrath, der dem Peischwa die vollziehende Gewalt ließ, nothdürftig zusammengehalten. Im letzten Decennium des 18. Jahrhunderts brachen langjährige innere Kriege unter den Mahrattenfürsten aus, in die bald die englisch-ostindische Kompagnie verflochten wurde. Besonders heftig war der Streit zwischen Rao-Scindiah, Fürsten von Malwa, und Holkar, seinem ersten Minister. Scindiah suchte und fand rasche Hülfe bei den Briten, die ihn schon 1803 wieder in sein Reich einsetzten. Dennoch schloß er insgeheim mit Holkar u. dem Radscha von Berar gegen die Briten eine Alliance, um letztere aus Dekan zu vertreiben, während der französische General Perron um Delhi operiren sollte, doch ward dieser von Arthur Wellesley geschlagen. Die Briten besetzten darauf die wichtigsten Stellen und Pässe, besonders in Malwa und Bundelkund, dem Schlüssel zum Hochlande von Dekan, nahmen Besitz von den Landschaften um Dschaggernaut in Orissa, dem Sitz der einflußreichsten Brahmanen, schlossen im December 1804 mit Scindiah einen vortheilhaften Traktat, verfolgten siegreich den zu den Sikhs geflohenen Holkar in Ludiana am Setledsch und steckten dort das britische Banner auf. Holkar erhielt endlich seine früheren Besitzungen zu Mundisor im Westen des Chumbul in der Provinz Malwa zurück, Scindiahs Herrschaft aber wurde im Süden des Chumbul auf enge Grenzen beschränkt. Bald aber entbrannte wieder ein heftiger Kampf zwischen M. und Briten, während dessen Raubhorden das nördliche Plateau von Dekan arg heimsuchten. Diesem Unwesen machten die Briten 1817 ein Ende. Seit diesem glücklichen Kriege der Briten gegen die M. und dem Fall des Peischwa war die Macht der letztern gebrochen, die Mahrattenverbindung löste sich auf, u. nur der Scindiah blieb unabhängig, während die übrigen Fürsten zu Vasallen der Briten herabsanken. Nach Scindiahs Tode, in Folge dessen seine Wittwe einen Knaben als Sohn adoptirte, kam es wieder zu einem Kriege mit den Briten, welcher durch die beiden am 29. December 1843 gelieferten blutigen Schlachten von Maharadschpur und Puniar oder am Antripaß, beide auch die Schlachten von Hingolah genannt, beendigt wurde. Die Folge war, daß der Staat des Scindiah in die Reihe der Subsidiarstaaten der ostindischen Kompagnie eintreten mußte. Die bedeutendsten der den Engländern unterworfenen Mahrattenfürstenthümer sind: der Staat des Scindiah, der den Titel Maharadscha (Großkönig) führt und in Gwalior residirt;

der des Maharadscha von Sattarah; der des Guicowar, der seinen Sitz in der großen Stadt Baroda hat; der des Holkar, mit der Residenz Indur; der des Bunslah mit der Residenz Nagpur. Vgl. Ostindien.

Mai (lat. Majus), der Wiesen- oder Wonnemonat, im römischen Kalender anfangs der 3., dann der 5. Monat, ist der zweite Frühlingsmonat und hat 31 Tage. Einige leiten den Namen ab von a majoribus, wie den des Juni von a junioribus, Andere von der Göttin Maja. Der M. war der Venus heilig; gleichwohl hielt man Hochzeiten in demselben für unglücklich. Die Witterung ist im M. gewöhnlich weniger veränderlich als im April, heißeres Wetter wird gegen Ende des Monats meist vorherrschend, die Temperatur übertrifft im Mittel die des vorigen Monats um 4,2° R. Sie steigt gewöhnlich in den ersten 10 Tagen ziemlich schnell; von da findet aber einiger Stillstand und oft selbst ein Rückwärtsgehen der Wärme Statt, wodurch nicht selten schädliche Reife entstehen; gegen Ende des Monats steigt die Wärme gewöhnlich am schnellsten. Die Veränderungen des Barometers betragen im M. 8—9 Linien, die größte Veränderung in 24 Stunden ist gewöhnlich 4—5 Linien. Die atmosphärische Elektricität der unteren Luftschichten ist bei heiterem Himmel schwächer als im April, die Elektricität der Wolken u. Regen dagegen bedeutend stärker; vorzüglich kommen gegen Ende des Monats häufig Gewitter, oft mit Schloßen. Im Allgemeinen hat der M. mehr heitere, als trübe Witterung; doch sagt die Bauernregel: „Ist der M. kühl und naß, füllt er dem Bauer Scheun' u. Faß." Alle in den früheren Monaten begonnenen landwirthschaftlichen Arbeiten werden in diesem Monat fortgesetzt. Die Aussaat der großen Gerste, Legung der Kartoffeln u. Runkelkerne wird höchst dringend; dazu kommen nun Lein, Buchweizen, Hirse, Mohn. Man säet noch Kleesamen über aufgegangene Sommersaaten, bereitet Kohläcker vor ꝛc. Die Bewässerung und Berieselung, sowie die Entwässerung der Wiesen nimmt die stete Aufmerksamkeit des Landwirths in Anspruch. Ende M. fällt bei zweischürigen Schäfereien die Schur ein. Der Obstgärtner besichtigt seine veredelten Stämme, lüftet die Bänder u. drückt die überflüssigen Augen und Wasserloden ab. Im Küchengarten legt man noch Erbsen und Bohnen, Gurkenkerne und Vietsbohnen, pflanzt Kohl, hackt und behäufelt die jungen Gewächse und reinigt sie vom Unkraut. Für die Bienen ist der M. häufig seiner Kühle wegen wenig ersprießlich.

Mai (Majo), Angelo, italienischer Schriftsteller, am 7. März 1781 zu Schilpario in der Provinz Bergamo geboren, trat in den Jesuitenorden, wurde 1813 Aufseher an der ambrosianischen Bibliothek in Mailand, dann Bibliothekar an der vatikanischen zu Rom, 1825 apostolischer Protonotar, später Präfekt der Kongregation des Index und 1838 Kardinal. Er † den 9. September 1854 zu Albano bei Rom. M. verdankt seinen literarischen Ruf der Auffindung einer Anzahl von verloren gehaltenen Schriften des Alterthums in der ambrosianischen u. vatikanischen Bibliothek und der Veröffentlichung derselben aus Palimpsesten, die er zuerst durch chemische Mittel leserlich machte. Sie erschienen zum Theil erst einzeln, sodann zusammengestellt in den Sammelwerken: „Auctores classici e vaticanis codicibus editi" (Rom 1828—38, 10 Bde.); „Scriptorum veterum nova collectio e vaticanis codicibus edita" (das. 1825—38, 10 Bde.); „Spicilegium romanum" (das. 1839—44, 10 Bde.) und „Nova patrum bibliotheca" (das. 1852—53, 6 Bde.).

Maia, Stern im Bilde des Stiers.

Maiblume, s. Convallaria.

Maidan (arab.), s. v. a. Marktplatz.

Maidan-Pek, Erzrevier im serbischen Kreise Semendria, südwestlich vom Anfange des eisernen Thores, von Kalkbergen und kupferführenden, syenitischen Porphyren und granitischem Gestein mit goldhaltigen Quarzgängen umgeben, unter anderen ein Brauneisensteinlager von 2000—2500 Fuß Mächtigkeit, sowie Magnet- und Thonschichtenlager von seltener Ergiebigkeit enthaltend. An einem Zuflusse des Ipok liegt die gleichnamige Stadt, seit 1848 freie Bergstadt, wohin zum Behuf des Bergbaues seit 1856 viele Deutsche ausgewandert sind, namentlich aus Sachsen.

Maidenhead, Stadt in der englischen Grafschaft Berks, rechts an der Themse, ist eine hübsch gebaute Stadt mit Stadthaus, Gefängniß, Versorgungshaus, Brauerei, Handel mit Mehl und Holz und 3900 Einw.

Maidstone, Stadt in der englischen Grafschaft Kent, südöstlich von London, links am Medway, am Abhange eines Hügels gelegen und von Obstgärten und Gehölzen umgeben, mit gut gepflasterten und vielen ansehnlichen Gebäuden, hat einen Palast des Erzbischofs von Canterbury, 18 Kirchen, worunter die alterthümliche Allerheiligenkirche, ein Stadthaus, Grafschaftsgefängniß, Irrenhaus, 3 Freischulen, ein Theater, eine philosophische Gesellschaft, öffentliche Bibliothek und 23,000 Einw., welche sich mit Fabrikation von Filz- und Wolldecken, Brauerei, Branntweinbrennerei, Leinenweberei ꝛc. beschäftigen und lebhaften Handel mit Holz, Hopfen ꝛc. treiben. In der Umgegend viele Papiermühlen und Steinbrüche.

Maien, junge, im frischen Triebe abgeschnittene Birken, oder auch nur Aeste derselben, die man im Mai, besonders zu Pfingsten, an und in den Gebäuden in Wassergräben oder auch trocken aufzustellen pflegt.

Maienthal, Thal im schweizer Kanton Uri, öffnet sich bei dem Pfarrdorfe Wasen, erstreckt sich 3 Stunden weit nordwestlich, mit den Dörfern Maien und Fernigen und vielen zerstreuten Sennhütten. Kolossale und schroff abfallende Gebirgsstöcke im Norden und Süden, Gletscher und die Wasserfälle des Maienbaches (auch Maienreuß genannt) geben diesem den Lawinen sehr ausgesetzten Thale einen eigenthümlichen Charakter. Durch die Sustenscheideck wird es vom Kanton Bern getrennt.

Maier (v. lat. major), im Mittelalter der Vorsteher von Gutsunterthanen, namentlich unfreien, also s. v. a. Vogt; Verwalter eines Landguts, besonders eines Nebenguts oder Vorwerks, welches deshalb Maiergut oder Maierhof heißt; in Niedersachsen und Westphalen Besitzer eines Bauernguts (Maiergutes), welcher kein volles Eigenthumsrecht an seinem Gute hat, sondern dem Gutsherrn einen jährlichen Zins (Maierzins) zu entrichten verpflichtet ist, auch nach Ablauf einer Reihe von Jahren sich in seinem Besitz durch eine Art von

Lehnsnehmung bestätigen lassen muß, worüber ihm der Maierbrief ausgestellt wird.

Maifeld, s. Märzfeld.

Maikäfer (Laubkäfer, Melolontha *L.*), Käfergattung aus der Familie der blatthörnigen Käfer, wird besonders repräsentirt durch den gemeinen M. (M. vulgaris *L.*). Derselbe ist kurzhaarig, nur am Halsschild langhaarig; die Flügeldecken sind röthlichbraun, am Rande gleichfarbig, mit 4—5 erhabenen Längsrippen; Fühler und Beine sind röthlich gelbbraun; die Spitze des Steißes (Aftergriffel) wird allmählig schmäler; die Fühlerkeule ist beim Männchen 7blätterig, verlängert, beim Weibchen oval und 6blätterig. Der Käfer ist 12—13 Linien lang. Man findet nicht selten M. mit schwarzem (Mohren) oder rothbraunem Brustschild (Türken od. Kapuziner). Der M. ist über ganz Europa verbreitet. Er erscheint je nach der Witterung früher oder später, gewöhnlich im Mai, manchmal schon im April od. auch erst im Juni u. Juli, selbst erst im Herbst u. fliegt 3—6 Wochen lang. Die M. schwärmen besonders an warmen Abenden umher, auch wohl am heißen Mittag; je unfreundlicher und kälter die Witterung, desto weniger sind sie zum Fluge geneigt. Sie sind sehr gefräßig und verzehren die Blätter der verschiedensten Gewächse, namentlich der Eichen, Lärchen, der Apfel- und Zwetschenbäume, der Reben, der guten Kastanien, der Nußbäume u. der Rosengebüsche. Nur die lederzähen Blätter des Birnbaums lassen sie unberührt. In baumlosen Gegenden fressen sie oft den Raps ganz kahl. Wo sie gefressen haben, hinterlassen sie einen dunkelgrünen, oft ekelhaft nassen Koth. Bald nach der Begattung gräbt das Weibchen ein 4—8 Zoll tiefes Loch in die Erde, um darin 12—40 Eier abzulegen. Nach 4—6 Wochen kriechen die jungen Larven (Engerlinge) aus. Im ersten Jahre sind dieselben 8—9 Linien lang und sehr dünn und halten sich gesellig zusammen; im zweiten Jahr sollen sie sich zerstreuen. Sie sind weißlichgelb, stets halbkreisförmig gebogen, haben einen flachen, braungelben Kopf mit dunkelbraunen, scharfen, hervorstehenden Kiefern, ziemlich lange, dünne, behaarte Beine und einen keulenartig angeschwollenen Hinterleib, durch welchen man den dunkelgrünen oder schwärzlichen Darminhalt hindurchschimmern sieht. Sie sind sehr gefräßig und nähren sich besonders von Pflanzenwurzeln, außerdem wahrscheinlich auch von vegetabilisch-humoser Erde. Sie sind mit sehr kräftigen Kauwerkzeugen ausgerüstet, können daumendicke Wurzeln von Bäumen abfressen und selbst empfindlich kneipen. Ihre Lieblingsnahrung sind die Wurzeln des Salats, Kohls, der Rüben, Bohnen, Erdbeeren, des Hanfes, Flachses, Getreides. Auch durchfressen sie die Kartoffeln und benagen die Zwiebeln. Der Grasboden wird von ihnen nicht selten ganz unterhöhlt; auch auf Getreidefeldern richten sie durch Abfressen der Wurzeln oft großen Schaden an. Sie scheinen in jedem Jahre eine Häutung durchzumachen und dabei tiefer zu gehen, nach 4—6 Wochen aber mit neuer Freßlust gegen die Oberfläche heraufzukommen. Am Ende des vierten Sommers gehen sie 2—4 Fuß hinab und verpuppen sich in einem Erdklumpen. Nach 4—8 Wochen kriecht der Käfer aus, der anfangs weich und blaßgelblich ist, den Winter über in der Erde bleibt u. sich vom Februar und März an allmählig heraufarbeitet, wobei er sich selbst durch den festesten Boden durchgräbt. Da die Larve des M.s erst im vierten Sommer ausgewachsen ist und sich dann verpuppt, so erscheint immer nach 4 Jahren, also im fünften Sommer, der Käfer in größerer Menge, während er sich in der Zwischenzeit in weit geringerer Zahl einfindet. Ratzeburg nimmt deshalb eine 4jährige Generation an, die Schweizer und Rheinländer dagegen eine 3jährige, eine 4jährige bloß als Ausnahme betrachtend. Außerordentliche Umstände können bewirken, daß 4 Jahre nach einem starken Maikäferjahre doch nur wenige M. erscheinen, wie auch im Gegentheil in Folge günstiger Verhältnisse ein wenig zahlreicher Maikäferflug den Beginn einer neuen Reihe von Maikäferjahren begründen kann. Der M. gehört zu den schädlichsten Insekten, daher man sich seine Vertilgung angelegen sein läßt. Man hat Vieles versucht, um die M. abzuhalten, ihre Eier in den Boden zu legen, und die Engerlinge im Boden durch Bewässerung oder Frost zu tödten, aber vergeblich, denn der Käfer läßt sich durch Jauche, Asche, Gyps, Mist, Straßenstaub nicht abhalten, sich in den Boden zu graben und seine Eier darin abzulegen, und die Engerlinge gehen nicht zu Grunde, auch wenn die Wiesen wochenlang unter Wasser stehen, und sie leben wieder auf, wenn sie so steif gefroren sind, daß man sie zerbrechen kann. Es gibt nur zwei Mittel der Vertilgung: Schonung u. Hütung der Feinde des M.s zu diesem Zwecke und rechtzeitige und zweckentsprechende Thätigkeit des Menschen. Hauptfeind der Engerlinge ist der Maulwurf, der ihnen unermüdlich nachgeht. Auch die Raben, Elstern, Hühner, Enten und Schweine fressen gern die Engerlinge, welche durch die Pflugschar od. das Grabscheit herausbefördert werden. Feinde der M. sind besonders Fledermäuse, Eulen, Falken, Würger und andere kleine Raubvögel und Insektenfresser, auch Raben, Dohlen, Hühner, die man daher auf Wiesen und Aeckern ungestört gewähren lassen muß. Die menschliche Thätigkeit besteht nur im Sammeln der M. und in der Vernichtung derselben. Man schüttelt die Bäume und Sträucher am besten am frühen Morgen, wo die Käfer noch erstarrt sind und leicht herabfallen. An vielen Orten sind die Garten- und Feldbesitzer verpflichtet, in Maikäferjahren eine bestimmte Quantität einzuliefern. Die gesammelten M. werden nicht etwa in die Erde gegraben od. ins Wasser geworfen, sondern zerstampft, in welcher Gestalt sie einen trefflichen Zusatz zum Dünger abgeben. Die Hühner sollen, wenn sie M. fressen, fleißiger Eier legen, doch nehmen letztere davon einen unangenehmen Beigeschmack an. Der Roßkastanien-Maikäfer (M. Hippocastani *F.*) gleicht dem gemeinen, nur ist der Rand der Flügeldecken etwas dunkler, der Aftergriffel an der Basis mehr eingeschnürt, plötzlich verengt, kürzer und am Ende fast kreisrund; auch ist der Käfer etwas kleiner, 10—11 Linien lang und behaarter. Lebensweise u. Larvenzustand lassen ihn kaum von jenem unterscheiden. Gattungsverwandte sind noch der Julikäfer (M. Fullo *L.*), kastanienbraun, mit vielen aus weißen Haarschuppen bestehenden Flecken besprengt, 16 Linien lang, in Laub- und Nadelhölzern Schaden anrichtend, und der Junikäfer (M. [Rhizotrogus] solstitialis *L.*), schmutzig hellgelb, mit mehr oder weniger schwärzlichem Halsschild u. Bauch und zottig behaart, 7—8 Linien lang, im Juni an warmen Abenden oft in Masse umherfliegend.

Mail (franz.), im Mittelalter mit Bretern beschlagene Bahn zum Ball-, Kegel- und dergl. Spielen; jetzt Spiel, bei welchem auf einer von Bretern eingeschlossenen Bahn (**Mailbahn**), welche die Gestalt eines Hufeisens hat, mit hölzernem, an beiden Enden mit Eisen beschlagenem, biegsamem Kolben, dessen oberer Theil die Form eines Löffels hat, buchsbaumne Kugeln gefaßt und nach den Regeln des Spiels durch die Bahn geschoben werden.

Mailänder Gold, platter, nur auf der einen Seite vergoldeter Silberdraht, früher viel zu Stickereien gebraucht.

Mailand, ehemals selbstständiges Herzogthum in Oberitalien (s. **Mailand**, Stadt); dann bis zu dem Frieden von Villafranca (12. Juli 1859) ein Gouvernement des lombardisch-venetianischen Königreichs oder der Lombardei (s. d.).

Mailand (**Milano**, Mediolanum), Hauptstadt des ehemaligen Herzogthums M., dann des lombardisch-venetianischen Königreichs, jetzt der italienischen **Provinz** M. (948,320 Einw.), liegt in einer sehr fruchtbaren Ebene an dem Flüßchen Olona u. ist durch die Kanäle Naviglio Grande u. Martesana mit dem Ticino u. mit der Adda, durch einen 1819 vollendeten dritten Kanal mit Pavia u. in neuester Zeit durch eine Eisenbahn mit Venedig verbunden. Die Stadt M., zubenannt la Grande, ist trotz aller Unfälle der vergangenen Jahrhunderte und der Gegenwart die größte Stadt Oberitaliens, die Stadt des Luxus u. des Genusses u. hat einen Umfang von 12,348 Mètres oder etwa 2 deutschen Meilen. Sie bildet ein fast kreisförmiges Ganzes und ist von breiten Wällen umgeben, die mit Bäumen bepflanzt sind. Große, regelmäßige Plätze fehlen, und auch die Straßen sind zwar meist eng und krumm, aber reinlich, gut gepflastert und meist mit Trottoirs und Fahrgeleisen von Granitplatten versehen; nur die Hauptstraßen oder Corsi, die von den Thoren, nach denen sie führen, ihren Namen haben, sind lang u. breit. Die bedeutendste ist der Corso grande oder Corso di Porta Venezia (früher Borgo di Porta orientale), wo die schöne Welt gegen Abend lustwandelt, und wo Alles zur Schau u. zum Verkauf ausgestellt ist, was immer Glanz und Luxus erfordern. Die Häuser sind weiß angestrichen u. zeigen noch keine Spuren beginnenden Verfalls; die ansehnlicheren sind meist mit Portalen, Balkonen und hohen Fenstern ausgestattet. Unter den 11 Thoren ist das prachtvollste der von weißem Marmor erbaute, mit Basreliefs geschmückte und mit einer ehernen, auf einem von 6 Rossen gezogenen Wagen stehenden Friedensgöttin gezierte Triumphbogen am Ende der Piazza d'armi, den Napoleon I. als Arco del Sempione 1807 u. als ein Denkmal der Siege der französischen Armee in Italien zu bauen begann, der aber dann 1815—38 in eine Ehrenpforte zum Andenken des Siegs der Verbündeten über Napoleon I. umgewandelt u. Arco della Pace (Friedensbogen) genannt wurde. Ein kleinerer Friedensbogen steht am Südende der Stadt, an der Porta Ticinense, zur Zeit der Franzosen Thor von Marengo genannt, u. erhebt sich auf Säulen, von allen Seiten frei u. weit abstehend, in der Form der Vorhalle eines römischen Tempels. Außer diesen beiden prachtvollen Eingängen sind noch bemerkenswerth die Porta romana, südöstlich, 1548 erbaut, u. die Porta orientale, 1828 erbaut. Unter den 80 kirchlichen Gebäuden ist das hervorragendste der **Dom**, das „achte Wunder der Welt" genannt, nächst der Peterskirche die größte Kirche Europa's. Von weißem Marmor vom Monte Gandolia bei Ornavasso u. im gothischen Styl erbaut, zeichnet er sich ebenso durch seine kolossalen Dimensionen, als durch Klarheit der Anordnung u. Reichthum des Details aus. Vom Hauptportal bis in die Tiefe des Chors hat er eine Länge von 149½ Mètres oder 476 F. rheinisch und im Kreuz des Querschiffs eine Breite von 88½ Mètres od. 282 F. rhein. Die Höhe im Hauptschiff vom Fußboden bis zur Wölbung mißt 46,8 Mètres oder 149 F. rhein. u. vom Boden bis zum äußersten Punkte der auf der höchsten Thurmspitze stehenden Madonna 110 Mètres oder 350 F. rhein. Die Grundfläche des Riesenbaues ist um mehr als ⅓ größer als die des kölner Doms u. 2½ mal so groß als die der Stephanskirche zu Wien. Die von den Strebepfeilern auslaufenden u. am Dache, welches sich in Stufen erhebt u. ebenfalls aus weißem Marmor konstruirt ist, in Menge angebrachten gothischen Spitzsäulen bilden einen wahren Wald von kleineren u. größeren Thürmen, von denen jeder mit der lebensgroßen Statue eines Heiligen gekrönt ist. Die Spitze der Laterne oder des achteckigen, im Centrum des Schiffskreuzes sich erhebenden Thurmes trägt die vergoldete Kolossalstatue der heiligen Jungfrau, welche die Arme bittend zum Himmel emporhebt u. zu schweben scheint. Im Ganzen wird die Zahl der außen angebrachten Statuen auf mehr als 5000 angegeben. Das Innere macht mit seinen riesigen, in Dämmerlicht verhüllten 5schiffigen Hallen u. seinen 52 gewaltigen Pfeilern (jeder von 32 F. Umfang) einen überwältigenden Eindruck, zumal da es nicht durch feste Sitzreihen verunstaltet, sondern völlig frei ist. Die Plafondwölbung ist von Felix Albert, Sanquirico und Franz Gabetta mit Malereien in chiaroscuro versehen, die aufs täuschendste der brillantesten Bildhauerarbeit gleichen. Der Boden ist Mosaik; unweit des Haupteingangs bezeichnet ein in den Boden eingefügter Messingstreifen den von den Astronomen der Brera 1786 gezogenen Meridian. Die sehenswerthesten Monumente und Kunstwerke im Innern sind: im südlichen Kreuz das von Papst Pius IV. seinen Brüdern Joh. Jakob u. Gabriel gestiftete Medicidenkmal, nach der Zeichnung Michel Angelo's 1564 von Leo Leoni in Marmor und Erz ausgeführt; nahe dabei die berühmte Statue des geschundenen, seine Haut auf der Schulter tragenden heiligen Bartholomäus mit der Inschrift: „Non me Praxiteles sed Marcus finxit Agrates" (mich schuf nicht Praxiteles, sondern Marcus Agrates); zur Rechten der Sakristei die Mutter Gottes (Mariahilf) und die sitzende Statue des Papstes Martin V. von Giacopino di Tradate; ferner die Monumente Visconti (2 Säulen mit Sarkophag, auf welchem ein Bischof liegt) u. Caraccioli (von schwarzem Marmor mit liegender Figur von weißem Marmor); im Bogen des Chors 3 große Fenster mit Glasmalereien nach Zeichnungen Bertini's; an der nördlichen Seite des Schiffs ein treffliches Basrelief in Marmor von Prestarini, den Gekreuzigten mit den 3 weinenden Marien, dem heiligen Praxedes u. dem heiligen Karl darstellend. Leider hindert das in der Kirche herrschende Halbdunkel die genauere Betrachtung dieser und noch anderer Kunstwerke. Ausgezeichnet sind auch die 5 großen Glasgemälde über den 5 Thoren des Hauptportals. Berühmt ist auch der goldene Adler in der Krypta des heiligen Carlo Borromeo. Vom flachen Dache u. von der Laterne des Thurms, zu welcher 500 Stufen emporführen, erblickt man die Monterosagruppe und die berner Alpen, den Monte Viso, Mont Cenis und Montblanc, die Apenninen und einen großen Theil der weiten lombardischen Ebene. Der Bau des Doms wurde unter Joh. Galeazzo Visconti 1386 nach den Zeichnungen Brunelleschi's begonnen, im 16. Jahrhundert von Pellegrino Tibaldo weiter geführt, blieb dann lange unvollendet liegen und ist erst unter Napoleon I. und Franz I. von Oesterreich vollendet worden. Aber auch jetzt noch fehlt eine bedeutende Anzahl Statuen und anderer Bildwerke, für welche leere Stellen vorhanden sind. Vgl. Franchetti, Storia e descrizione del duomo di Milano, Mail. 1821; Rupp u. Bramati, Descrizione storico-critica del duomo di Milano, das. 1823. Unter den übrigen 78 Kirchen verdienen noch Erwähnung die von San Lorenzo, ein ehemaliger Herculestempel mit einem von 16 korinthischen Säulen getragenen Portikus; die sehr alte Kirche San Ambrogio mit berühmten Goldmosaiken, in welcher die deutschen Kaiser die eiserne Krone des lombardischen Königreichs empfingen; die Kirche San Bernardino della Osse, mit einer achteckigen Kapelle, die mit Todtenköpfen u. Knochen ausgeschmückt ist; die Kirche Fidele, die außer andern Archiven auch das Archiv dei notarie mit 100,000 Urkunden enthält. Die jüngste ist die 1838—51 erbaute Kirche San Carlo Borromeo, eine Nachbildung des Pantheons in Rom, mit Skulpturen von Marchesi. Von weltlichen Gebäuden ist besonders merkwürdig der Palazzo di Brera, das ehemalige Jesuitenkollegium, jetzt der Palast der Künste und Wissenschaften, in großartigem Styl erbaut, mit Sternwarte, botanischem Garten, Lehranstalten für Bildhauerkunst, Malerei, Architektur, Seminar, medicinisch-chirurgischer Schule, Konservatorium der Musik, Bibliothek von 200,000 Bänden u. Manuskripten, berühmter Gemäldegallerie, welche Werke der ersten Meister, Raphaels, Tizians, Domenichino's, Carracci's, P. Veronese's, Guido Reni's, Albani's, Guercino's, Mantegna's, Salvator Rosa's, Leonardo da Vinci's, Vandycks u. A. enthält, Sammlung von Gypsabdrücken von antiken Kunstwerken und neueren Bildhauerarbeiten u. Münzkabinet von 120,000 Stück. In dem ehemaligen Cistercienserkloster des heiligen Ambrosius befindet sich die durch ihre zahlreichen u. werthvollen Manuskripte, Autographen, Gemälde und Zeichnungen (Kartons zu Raphaels Schule von Athen) ausgezeichnete Bibliothek, die Ambrosiana, vom Kardinal Karl Friedrich Borromeo 1602 gegründet. Das aufgehobene Dominikanerkloster neben der Kirche Madonna della Grazie enthält im ehemaligen Refektorium das berühmte, leider jetzt fast unkenntlich gewordene Wandgemälde von Leonardo da Vinci: die Einsetzung des heiligen Abendmahls. Von Palästen sind noch zu nennen der Palazzo Busca mit schönen Basreliefs von Carabelli, Darstellungen aus den Kriegen Barbarossa's u. Gemälden von Tizian, Velasquez und Salvator Rosa; der Palozzo di Corte oder königliche Palast; der Palazzo Ciani mit den Reliefporträts Victor Emanuels, Garibaldi's, Napoleons III. u. A.; der Palazzo Saporiti; der Palazzo della Villa reale mit großem, den Parnaß darstellendem Freskobild von Appiani; der Palazzo civico, genannt Broletto; die Villa Belgiojoso mit schönem Park; der Palazzo Lita mit bedeutenden Kunstschätzen; der erzbischöfliche Palast, ein großes von Pellegrino aufgeführtes Gebäude von Quadern mit Gemäldesammlung; der Justiz- und Gouvernementspalast; die Münze rc. An Unterrichts- und Bildungsanstalten besitzt M. außer den erwähnten mehre Lyceen und Gymnasien, ein erzbischöfliches Seminar, eine Taubstummenanstalt, eine Thierarzneischule, ein Institut der Wissenschaften rc. Unter den Wohlthätigkeitsanstalten, deren es in M. viele gibt, nimmt das große Hospital oder allgemeine Krankenhaus (Ospedale Maggiore) den ersten Platz ein. Es gehört zu den größten und prächtigsten Gebäuden der Stadt und ist auf 3000 Kranke eingerichtet. Damit verbunden sind das Gebär- u. Findelhaus, Sta. Catarina alla Ruota, für 4000 Kinder, das Irrenhaus alla Senavra, das Versorgungshaus Trivulzi und mehre andere Anstalten, die sämmtlich unter der Oberaufsicht der Kongregation di Charita stehen. Unter den Theatern ist das della Scala am bemerkenswerthesten. Es ist 1778 von Piermarini erbaut und 1833 erneuert worden, hat 6 Logenreihen über einander, faßt 3600 Zuschauer und ist nächst dem von San Carlo in Neapel das größte Theater. Andere Theater sind: de la Canobiana (für komische Opern), Carcano, Fiando, Filodrammatico, Radegonda. Auf der Piazza d'Armi (Exercirplatz) steht das Castello, die ehemalige befestigte Residenz der Visconti u. Sforza, jetzt als Citadelle und Kaserne dienend, sowie eine von Napoleon I. nach dem Muster der altrömischen Amphitheater erbaute Arena von 750 F. Länge, 350 F. Breite u. mit Raum für 30,000 Zuschauer, zu Wettrennen, Kampfspielen rc. bestimmt. M. hat 182,000 Einw. u. ist das wichtigste Emporium des lombardischen Seidenhandels, wo auch die benachbarten Provinzen ihre Rohseide sowohl, als Organsin- und Tramseide absetzen. Wichtige Gegenstände der Fabrikation sind Sammt, Seidenstoffe, Bänder, Spitzen, Kattun, Teppiche, künstliche Blumen, Papier, Gold- und Bijouteriewaaren, Glas, Leder, irdene Waaren, Chokolade rc. Außer dem Seidenhandel ist besonders der mit Reis und Parmesankäse bedeutend. Auch hat M. nächst Venedig den bedeutendsten Buchhandel in Italien. Den Interessen des Handels dienen eine Börse, eine Handelskammer, eine Leihbank und verschiedene Handels- und Assekuranzgesellschaften. M. ist Geburtsort des Malers Leonardo da Vinci, des Rechtsgelehrten Beccaria, des Mathematikers Cavalieri, des Dichters Manzoni u. A. In der Nähe der Stadt liegt das durch sein 20—30faches Echo berühmte Landhaus Casa Simonetta, das aber jetzt sehr in Verfall gerathen ist.

M. soll um 580 v. Chr. von den unter Bellovesus in Italien einfallenden Celten gegründet worden sein und war sodann Residenz celtischer Häuptlinge und Sitz ihres Druidendienstes. Nach der Eroberung dieser Landschaft durch die Römer 222 v. Chr. wurde es römische Provinzialstadt, doch schlugen mehre der späteren Kaiser dort den Regierungssitz auf, um den Grenzen des Reiches näher zu sein. Bei den Einfällen der deutschen Völkerschaften in Italien hatte es viel zu leiden. Mehr über das alte M. s. Mediolanum. Im Jahre 539 n. Chr. wurde es nach langem Widerstande von Burgundern und Gothen unter Vitiges eingenommen, wobei angeblich 300,000 Einwohner umkamen, und nach Prokops Erzählung bis auf den Grund geschleift. Nach dem Abzug der Barbaren wurde die Stadt wieder aufgebaut. Im Jahre 570 besetzten sie die Longobarden, u. unter deren Herrschaft wurde M. die Hauptprovinz Italiens. Karl der Große vereinigte es sammt ganz Oberitalien mit dem fränkischen Reiche, und mehre seiner Nachfolger ließen sich dort mit der eisernen Krone krönen. Nachdem Otto I., der sich ebenfalls hier krönen ließ, Italien den Deutschen unterworfen hatte, wurde M. wie die andern lombardischen Städte durch kaiserliche Statthalter oder Präfekten regiert. Im Jahre 1037 ward die Stadt vom Kaiser Konrad II. belagert, da ihr Erzbischof von ihm abgefallen war. Als Haupt des lombardischen Städtebundes stand es den deutschen Kaisern stets feindlich gegenüber und hat hauptsächlich Veranlassung zu den wiederholten italienischen Feldzügen Friedrichs I. Barbarossa gegeben. Derselbe belagerte die Stadt, die damals über 60,000 Mann zu verfügen hatte, vom 6. Aug. bis 3. Sept. 1158 und zwang sie durch Hunger zur Uebergabe. Als er hierauf in M. wieder die alten Regalien und Kroneinkünfte einführen wollte, fiel die Stadt von Neuem von ihm ab, wurde aber nach langer Belagerung vom 29. März 1161 bis 4. März 1162 durch Hungersnoth und Krankheiten abermals zur Uebergabe gezwungen. Der Kaiser gebot allen Bürgern auszuziehen und sich an andern Orten anzubauen, und ließ die Stadt hierauf plündern und bis auf die Kirchen zerstören. Aber schon seit 1167 wurde sie wieder aufgebaut und blühte so rasch empor, daß sie bereits 1176 wieder an der Spitze der Lombarden dem Kaiser bei Legnano entgegen treten konnte. In dem konstanzer Frieden erkannte M. als freie Stadt den Kaiser als obersten Lehnsherrn und Richter an, verweigerte ihm aber die Einkünfte aus den Domänen für immer. Nachdem die äußere Ruhe hergestellt, entbrannte im Innern der Kampf um die Herrschaft zwischen den beiden Geschlechtern der (ghibellinischen) Visconti und (guelfischen) della Torre, von welchen das letztere zuletzt die Oberhand behielt. Pagano della Torre, Herr von Valsasina, hatte 1237 nach der unglücklichen Schlacht bei Corte Nuova die mailändischen Verbündeten unterstützt, das zerstreute mailändische Heer wieder gesammelt und es nach M. zurückgeführt, weshalb er von der guelfischen Partei zum Podesta von M. ernannt ward. Ihm folgte 1257 in derselben Würde sein Neffe Martino, nachdem die Gegenpartei mit ihrem Haupte, dem Erzbischof Leon Porego, und dem größten Theile des Adels aus der Stadt vertrieben worden war. In Folge des ambrosischen Friedens kehrten die Verbannten 1258 zwar zurück, doch nur um in Kurzem von Neuem vertrieben zu werden. Als aber 1263 Martino's Hauptgegner, Otto Visconti, den erzbischöflichen Stuhl von M. bestieg, entspannen sich blutige Parteikämpfe. Auf Martino folgte sein Bruder Philipp als Podesta, der M.s Herrschaft über Como, Vercelli und Bergamo ausdehnte. Sein Neffe u. Nachfolger, Napoleon, (seit 1165) unterstützte Karl von Anjou bei dessen Usurpation des neapolitanischen Thrones, gewann Brescia, verlor aber Vercelli wieder an die Ghibellinen und mußte auch Como frei geben. Obgleich 1273 Napoleon von Rudolf von Habsburg zum kaiserlichen Reichsvikar in M. ernannt ward, erneuerten sich doch die Zwistigkeiten zwischen ihm u. dem Erzbischof u. führten zu einer Fehde, in welcher Napoleon 1277 bei Desio besiegt und gefangen ward. M. öffnete dem Erzbischof darauf die Thore, und dieser erhob nun seinen Neffen Matteo Visconti zur Podestawürde und ließ ihn 1294 von Adolf von Nassau zum Reichsvikar ernennen. Aber nach Otto's Tode (1292) bemächtigte sich die Gegenpartei Bergamo's, Novara's und Vercelli's, und Matteo Visconti ward 1302 zum Rücktritt genöthigt. Hierauf wurde Guido della Torre, Sohn des 1283 im Kerker gestorbenen Napoleon, zum Podesta und dessen Bruder Gaston della Torre zum Erzbischof erhoben. Zwischen beiden Brüdern entstanden bald Zwistigkeiten, und als ersterer einen Aufstand gegen den Kaiser Heinrich VII. bei dessen Anwesenheit in M. 1310 erregte, ward er verjagt, worauf die Obergewalt an das Haus Visconti kam. Matteo Visconti war der erste kaiserliche Vikar aus diesem Hause. Er erweiterte sein Gebiet durch die Erwerbung von Como, Pavia, Bergamo, Piacenza, Parma, Verona, Mantua, Alessandria und Tortona und regierte mild. Ihm folgte 1322 sein Sohn Galeazzo I. Beim Kaiser Ludwig dem Bayer verdächtigt, mußte er kurze Zeit in Haft zubringen. Sein Sohn u. Nachfolger, Azzo, bemächtigte sich bis 1337 der ganzen Lombardei, mit Ausnahme von Cremona. Er starb 1339 kinderlos, u. sein Oheim Luchino, Sohn des Matteo Visconti, ward nun Reichsvikar, nach diesem 1340 dessen Bruder Giovanni, der auch zugleich Erzbischof war. Dieser erwarb Bologna und Genua und leistete den Venetianern, welche ihm deshalb den Krieg erklärten, und mehren lombardischen Häuptern glücklichen Widerstand. Nach seinem Ableben (1354) theilten seine Neffen Matteo II., Bernabo und Galeazzo II. seine Staaten. Der erste erhielt Bologna, Lodi, Piacenza, Parma, der dritte die Hälfte von M., nebst Como, Novara, Vercelli, Asti, Tortona und Alessandria; Bernabo die andere Hälfte von M., nebst Cremona, Crema, Brescia. Matteo starb 1355, worauf sich die Brüder in seinen Besitz theilten. Die ganze Regierung derselben war eine Kette von Streitigkeiten mit dem Papst und Kaiser und von Kriegen mit den ihrer maßlosen Bedrückung müden Städten. Endlich bot der Kaiser die Hand zum Frieden, in welchem er dem Bernabo das Reichsvikariat in M. und seinen andern Städten von Neuem bestätigte. Die Macht des visconti'schen Hauses stieg nun immer höher, u. die ersten Fürstengeschlechter Europa's verschwägerten sich mit ihm. Galeazzo hinterließ 1378 seinen Antheil an der Herrschaft seinem Sohne Giovanni Galeazzo. Dieser nahm seinen Oheim Bernabo, der ihn der ererbten Besitzungen zu berauben und ihn selbst zu verderben trachtete, gefangen und ließ ihn im Kerker vergiften, so daß er nun im alleinigen Besitz der ganzen mailändischen Herrschaft war. Er vertrieb Antonia della Scala aus Verona und Vicenza, dann Francesco Carrara aus der Mark Treviso und aus Padua und unterwarf später die Städte Pisa, Siena und Perugia. König Wenzel verkaufte ihm 1395 für eine Summe von 100,000 Goldgulden den Titel eines Herzogs von M. für ihn und seine Nachkommen mit allen Rechten der Herzöge des Reichs. Wenzels Nachfolger, der neuerwählte deutsche König Ruprecht, gedachte zwar M. dem Reich wieder unmittelbar zu unterwerfen, doch wurden seine Truppen an den Grenzen des Herzogthums M., in der Umgegend des Gardasee's, von Alberico da Barbiano, Galeazzo's Feldherrn, zerstreut (21. Okt. 1401). Im nächsten Jahre eroberte Galeazzo auch Bologna. Sterbend (1402) hatte er eine Theilung seiner Länder unter seine noch unmündigen Söhne, Giovanni Maria u. Philipp Maria, angeordnet, aber es war Niemand, der in ihrem Namen das Ansehen des Herrschers hätte behaupten können oder wollen. Der erstere wurde wegen seiner Grausamkeit 1312 ermordet, und Philipp Maria war nun Alleinherrscher. Er gewann durch List und durch die Tapferkeit seines Feldherrn, Francesco da Carmagnola, viele Städte wieder, die unter seines Vaters Botmäßigkeit gestanden hatten, aber während seiner Minderjährigkeit verloren gegangen waren, und selbst Genua begab sich unter seine Oberhoheit; als sich aber 1426 Florenz und Savoyen gegen ihn verbanden, sah er sich genöthigt, einen Frieden einzugehen, in welchem Venedig Forli und Brescia erhielt. Im Vertrauen auf das Glück der beiden berühmtesten Condottieri seiner Zeit, des Francesco Sforza und Niccolo Piccinino, ergriff er bald die Waffen von Neuem. Doch erlitten seine Heere bei Maccalo eine entscheidende Niederlage, und er mußte sich durch Abtretung von Bergamo u. einem Theil des Gebietes von Cremona einen neuen Frieden erkaufen. Wenige Jahre darauf erneuerte er jedoch den Krieg, schlug den Feind bei Soncio und vernichtete eine große venetianische Flotte auf dem Po. Doch fand Piccinino sodann einen ebenbürtigen Gegner an Francesco Sforza u. bot endlich selbst den Frieden an. Er starb wenige Jahre nachher (1447), ohne männliche Nachkommen zu hinterlassen. Kaiser Friedrich III. verabsäumte das erledigte Reichslehn einzuziehen, und unter andern Prätendenten erhob Franz Sforza als Schwiegersohn Filippo Maria's Ansprüche auf die Herrschaft in M. Sich dieselbe zu sichern, verbündete er sich 1450 mit Florenz, Neapel und Venedig und ward auch von M. als Herzog anerkannt, wiewohl ihm der deutsche Kaiser die Bestätigung versagte. Im Innern herrschte er mit Milde und gewann und bewahrte sich die Liebe seiner Unterthanen bis zu seinem Tode (1466). Anders sein Sohn und Nachfolger, Galeazzo Sforza, der durch Grausamkeit und Verschwendung seine Ermordung veranlaßte (1476). Sein Sohn Giovanni Galeazzo Maria, erst 8 Jahre alt, wurde als sein rechtmäßiger Nachfolger anerkannt. Aber dessen Oheim Lodovico Sforza, mit dem Beinamen Moro, benutzte des Neffen Jugend, die höchste Gewalt an sich zu reißen. Sonst milde und leutselig, Wissenschaften u. Künste fördernd, hielt Lodovico den jungen Herzog fast in förmlicher Haft und ließ ihn endlich 1494 vergiften, worauf er vom römischen König Maximilian, dem er die Hand seiner Nichte Blanca Maria nebst einer Mitgift von 400,000 Dukaten gab, die Belehnung mit dem Herzogthum erhielt. Aber Ludwig XII. von Frankreich, durch seine Großmutter Valentine mit den Visconti's verwandt, erhob Ansprüche auf M. und sandte im Sommer 1499 ein Heer über die Alpen, dem in 20 Tagen das ganze Land fast ohne Schwertstreich zufiel, so daß der König am 6. Okt. seinen Einzug in die Stadt halten konnte. Da jedoch nach dem Abzug Ludwigs XII. die Franzosen gewaltthätig verfuhren, ward es Lodovico leicht, an der Spitze eines aus Burgundern und Schweizern gebildeten Heeres im Februar 1500 jene aus M. wieder zu verdrängen. Aber König Ludwig XII. sandte ansehnliche Verstärkungen, u. der Herzog, von den Schweizern verrathen, ward gefangen und nach Frankreich gebracht. Im Jahre 1504 ertheilte Maximilian die kaiserliche Belehnung mit M. der französischen Krone. Als aber die Franzosen in dem durch die Ligue von Cambray herbeigeführten Kriege den vereinten Streitkräften der Italiener und Schweizer erlagen, wurde ihnen das Herzogthum M. wieder entrissen u. dem Sohne des Moro, dem Maximilian Sforza, verliehen. Zur Wiedereroberung desselben ging Franz I. im August 1515 mit 60,000 Mann über die Alpen und nöthigte den Herzog Maximilian, dem Sieger sein Land gegen ein Jahrgeld abzutreten. Unter dem deutschen Kaiser Karl V., der 1521 die Wiedereroberung seinem Feldherrn Colonna übertrug, ward M. den Franzosen wieder abgenommen und erhielt Franz II. Sforza zum Herzog. Da aber der Kanzler des Herzogs, Morone, ein Bündniß von italienischen Staaten gegen den Kaiser anzettelte, wurde die Stadt von einem kaiserlichen Heere umschlossen und nach langer Belagerung eingenommen (1525). Im Jahre 1529 setzte der Kaiser Franz Sforza wieder in sein Herzogthum ein, und nachdem dieser 1535 kinderlos gestorben, belehnte Karl seinen Sohn Philipp II. von Spanien damit, bei welcher Krone es nun bis zum spanischen Erbfolgekrieg blieb, in Folge dessen es 1713 an Oesterreich kam und mit Mantua die österreichische Lombardei bildete. In dem wiener Frieden von 1735 und in dem wormser Vertrage von 1743 wurden Stücke davon an Sardinien abgetreten. Nachdem am 15. Mai 1796 die Franzosen das Land besetzt hatten, wurde M. 1797 die Hauptstadt der cisalpinischen Republik. Die Citadelle wurde zwar den 24. Mai 1799 von den Oesterreichern unter Hohenzollern wieder erobert, aber am 2. Juni 1800 von den Franzosen wieder genommen. Im folgenden Jahre wurde M. die Hauptstadt der italienischen Republik und 1805 des Königreichs Italien. Bei der Auflösung desselben (1814) erhielt Sardinien den früher besessenen Antheil (146 □Meilen mit 600,000 Einw.) zurück; das Uebrige vereinigte Oesterreich unter dem Namen eines Gouvernements mit dem neugebildeten lombardisch-venetianischen Königreich. Bei der tiefen Abneigung, welche die Italiener überhaupt, die Mailänder aber insbesondere gegen Oesterreich hegten, konnte es nicht fehlen, daß die italienischen Bewegungen seit 1846 in M. einen starken Widerhall fanden. Unruhen und Aufläufe, die seit dem 1. Jan. 1848 Statt fanden, hatten am 22. Febr. die Verkündigung des Standrechts für M. und die Lombardei zur Folge, gleichwohl aber kam am 18. März ein blutiger Straßenkampf zum Ausbruch, und die Oesterreicher mußten in der Nacht vom 21. auf den 22. die Stadt verlassen. Der Sieg bei Custozza führte Radetzky schon am 4. August vor M. zurück, wohin sich Karl Albert gezogen hatte, und am 6. hielt der österreichische Feldherr seinen Einzug in die Stadt, die nun in Belagerungszustand erklärt wurde. Am 6. Aug. 1844 ward hier der Friede zwischen Sardinien und Oesterreich geschlossen. Neue Unruhen im März 1849 wurden mit leichter Mühe unterdrückt, desgleichen der Aufstand vom 6. Febr. 1853, der jedoch wieder den Belagerungszustand und andere scharfe

Maßregeln zur Folge hatte. In den italienischen Verwickelungen von 1859 offenbarte M. von Anfang an eine Oesterreich feindselige Haltung, die nach den ersten Unfällen der österreichischen Waffen eine immer bedrohlicher werdende Gestalt annahm. Nach der verlorenen Schlacht von Magenta (4. und 5. Juni) verließ die österreichische Besatzung die Stadt, in welche nach einigen Tagen Napoleon III. und König Victor Emanuel unter dem Jubel der Bevölkerung einzogen. Durch den Frieden von Villafranca fiel M. wie die übrige Lombardei an Piemont. Vergl. Argelati, Bibliotheca scriptorum Mediolanensium, Mailand 1745, 2 Bde.; de Giulini, Memorie spetanti alla storia e al governo di Milano, das. 1760—70, 10 Bde.; Verri, Storia di Milano, das. 1783, 2 Bde., neue Aufl., das. 1830, 4 Bde., fortgesetzt von Custodi, 1837, 4 Bde.; Rosmini, Istoria di Milano, das. 1820, 4 Bde.; Cantu, Milano e il suo territorio, das. 1844, 2 Bde.

Mailáth, Johann, Graf, österreichischer Geschichtschreiber u. Dichter, zu Pesth am 5. Okt. 1786 geboren, Sohn von Graf Joseph M., k. k. Staats- und Konferenzminister (geboren 1735, † 1810), studirte in Erlau Philosophie, in Raab die Rechte und trat bald in den Staatsdienst, den er aber nach 10 Jahren wegen eines Augenübels verlassen mußte. Wieder hergestellt, lebte er fortan meist in Wien ausschließlich der Literatur. Später ward er wieder in den Staatsdienst berufen und zum kaiserlichen Kämmerer, Hofrath der ungarischen Hofkanzlei u. Judex curiae zu Pesth ernannt, verlor aber die letzteren Stellen 1848 durch die ungarische Revolution. Er lebte seitdem erst in Wien, später in München und ertränkte sich mit seiner Tochter den 3. Januar 1855, angeblich aus Nahrungssorgen, im starnberger See. Von seinen Schriften sind hervorzuheben: „Koloczaer Codex altdeutscher Gedichte", mit Köffinger bearbeitet (Pesth 1817); „Altdeutsche Gedichte, neudeutsch bearbeitet" (Stuttgart 1819); „Gedichte" (Wien 1824); „Magyarische Sagen, Märchen und Erzählungen" (Brünn 1825; 2. Aufl., Stuttg. u. Tübingen 1837, 2 Bändchen); „Magyarische Gedichte ins Deusche übersetzt" (Stuttg. 1825); „Himfy's (d. h. Alex. von Kisfaludy's) auserlesene Liebeslieder aus dem Ungarischen übersetzt" (mit magyarischem Originaltext, Pesth 1829; 2. Aufl., ohne Originaltext, das. 1831); „Geschichte der Magyaren" (Wien 1828—31, 5 Bde.; 2. Aufl., Regensb. 1852—53); „Geschichte des österreichischen Kaiserstaats" (Hamburg 1834—50); „Neueste Geschichte der Magyaren" (1854, 2 Bde.); „Magyarische Sprachlehre" (Pesth 1830, 3. Aufl. 1838); „Der ungarische Reichstag von 1830" (das. 1831); „Leben der Sophie Müller" (Wien 1832); „Geschichte der Stadt Wien" (das. 1832); „Das ungarische Urbarialsystem" (Pesth 1838); „Mnemonik" (Wien 1842); „Die Religionswirren in Ungarn" (Regensb. 1845, 2 Bde.; Nachträge 1846); „Ueber den thierischen Magnetismus als Heilkraft" (das. 1852). Sein Sohn, Koloman, Graf M., den 1. Nov. 1815 geboren, schrieb „Ungarn und die Centralisation" (Leipzig 1850).

Mailcoach (engl.), Wägen der englischen Schnellposten, welche zugleich Briefpostpakete befördern.

Mailpost, s. v. a. Mallepost, s. Post.

Maimatschin (bei den Russen schlechtweg Kitaiskaja Sloboda, d. h. die Chinesenstadt), Stadt in der Khalkasmongolei, Handelsort und Grenzstadt gegen Rußland, wo die Russen mit den Chinesen Handel treiben, 230 Schritte von der russischen Stadt Kjächta, ist im Viereck erbaut, mit Palissaden umgeben und hat 3 Thore gegen Norden und eben so viele gegen Süden. Die Straßen laufen von den Thoren geradeaus und theilen die Stadt in regelmäßige Quadrate. Die beiden Hauptstraßen durchschneiden sich in der Mitte des Ortes, wo ein hölzerner Thurm steht, dessen Untermauern ein Viereck mit 4 Thoren bilden, durch welche beide Straßen gehen. Die Häuser sind einstockig, einförmig, von Holz oder schwachem Fachwerk, mit Lehm beworfen, reinlich angestrichen, mit platten Dächern, nach außen fast ohne Fenster. Die russische und chinesische Kaufmannschaft, wie die Beamten beider Grenzorte stehen hier mit einander auf gutem Fuß; mit dem russischen Zapfenstreich in Kjächta, sowie mit dem Schusse der Feuerkugel aus der Residenz des Sargutschei (Kommandanten von M.), die als Signal dient, werden die Thore zwischen beiden Orten und Reichen geschlossen, und die Chinesen kehren nach M., die Russen nach Kjächta zurück. Frauen dürfen nach dem Landesgesetz sich in M. nicht aufhalten. Außer der Wohnung des Sargutschei zeichnen sich unter den Gebäuden 2 prachtvolle Tempel aus. Der Ort ist mit Gärten umgeben, worin die Chinesen ihre unentbehrlichen Hülsenfrüchte ziehen.

Maimbourg, Louis, französischer Kirchenhistoriker, geboren 1610 in Nancy, trat früh in den Jesuitenorden, vollendete seine Bildung in Rom u. bekleidete sodann eine Zeitlang eine Professur in Rouen, wandte sich aber später ganz dem Predigtamte zu. Wegen seiner Sympathien für die gallikanischen Neuerungen 1682 aus dem Jesuitenorden ausgestoßen, zog er sich in die Abtei St. Victor zurück, wo er am 13. August 1686 †. Unter seinen Schriften sind die namhaftesten: „Geschichte des Wiclefismus, des Lutheranismus, Calvinismus 2c." (Par. 1686 bis 1687, 14 Bde.) u. sein „Traité historique sur les prérogatives et les pouvoirs de l'église de Rome et de ses évêques" (das. 1685, neueste Ausgabe, Nevers 1831).

Maimonides (eigentlich Moses Ben Maimon, Ben Joseph, arabisch Abu-Amran-Musa-ibn-Abdalla), einer der namhaftesten jüdischen Gelehrten, den 30. März 1135 zu Cordova geboren, studirte daselbst die damalige Wissenschaft der Juden und Araber und die griechische Philosophie, namentlich Aristoteles, hörte auch arabische Philosophen und beschäftigte sich daneben mit der Heilkunde. Während der Religionsverfolgungen der Almohaden gegen die Juden in Andalusien (seit 1148) entwich er noch vor 1160 nach Fez, reiste später nach Jerusalem und ließ sich endlich in Fostat bei Kairo als Juwelenhändler nieder, ward aber bald zum Leibarzt des Sultans von Aegypten u. Oberhaupt der jüdischen Gemeinde berufen. Er † den 13. Dec. 1204. Als Theolog u. Gesetzeslehrer hat M. einen bedeutenden Einfluß auf die Entwickelung des Judenthums gehabt. Seinen Reichthum verwandte er großentheils zur Beförderung wissenschaftlicher Bestrebungen. Seine Schule blühte in Aegypten (1210—50) unter seinem Sohn Abraham (bei den Arabern Ibrahim), 1184 geboren, † ebenfalls als Leibarzt des Sultans und Oberhaupt der jüdischen Gemeinde 1254, der in seinem Sohn David wiederum einen würdigen Nachfolger hatte. Abrahams Beleuchtung der Ansichten seines Vaters trug viel zu deren Verbreitung bei M.' „Kommentar zur Mischna" ward gegen 1298 von verschiedenen Gelehrten theilweise ins Rabbinische übersetzt u. findet sich in den Mischna- und Talmudausgaben (zuerst Neapel 1492, Mantua 1561 u. a.). Sein noch unübertroffenes Werk „Jad Chasakah" oder „Mischne Thorah", eine Systematik des talmudischen Judenthums, erschien u. A. mit den Erinnerungen des Gegners Abraham Ben David und mehren Kommentarien Venedig 1524, zweimal mit Joseph Caro's Erklärungen und andern Zusätzen 1574—76 in 4 Bänden und sehr schön ausgestattet Amsterdam 1702; noch schätzbarer für den Gebrauch ist die Ausgabe Jeßnitz 1740, 4 Bde. Samuel Ebn Tibbons hebräische Uebersetzung des arabisch geschriebenen „Moreh Nebuchim" („Führer der Verirrten"), einer philosophischen Begründung des jüdischen Gesetzes, erschien zuletzt arabisch Paris 1856, lateinisch als „Doctor perplexorum" Basel 1629, deutsch von Schreyer, Frankfurt 1838—39, 3 Bde. Außerdem schrieb M.: „De regimine sanitatis" (Florenz ohne Jahr, Augsb. 1518), ein Kompendium der Logik, eine Erläuterung der 613 mosaischen Gesetze, Gutachten u. Sendschreiben, Kommentare über des Hippocrates Aphorismen &c. Die Bibliotheken zu Paris, Rom &c. besitzen mehre ungedruckte Abhandlungen von seiner Hand; die Bibliothek des Escorial hat von ihm ein vollständiges Handbuch der Medicin, in arabischer Sprache abgefaßt und mit kufischen Schriftzeichen geschrieben. Vgl. Beer, Leben u. Wirken des Rabbi M., Prag 1834.

Main (bei den Römern Moenus, im Nibelungenlied Möna, bei den Schriftstellern des Mittelalters meist Moin oder Moino und Moenus), deutscher Nebenfluß des Rheins, der Hauptfluß des gesegneten Frankenlandes, entsteht aus 2 Quellflüssen, dem weißen und dem rothen M. Der weiße M. entspringt am östlichen Abhang des Ochsenkopfs an der Weißmannsleiter 2740 Fuß hoch, eine Viertelstunde von dem Fichtelsee, berührt in einem nach Süden gerichteten Bogen Berneck und fließt von da an in einem Wiesenthale in ruhigem Laufe seiner Vereinigung mit dem rothen M. entgegen. Letzterer entspringt in einer Höhe von 1500 Fuß unter dem Felsen des sogenannten Gottesfeldes in Verknotungen des Fichtelgebirges mit dem fränkischen Jura, tritt bald in ein breiteres und anmuthigeres Thal ein, als der weiße M. und berührt die Städte Kreußen und Baireuth (1019 F. hoch). Die Vereinigung beider Quellflüsse findet nach gewöhnlicher Annahme bei Kulmbach oder unter der Plassenburg, nach richtigerer Annahme aber eine Stunde weiter unten bei Schloß Steinhausen (913 F.) Statt. Analog mit anderen Flußläufen läßt sich der M. in den Obermain, bis zur Mündung der Rednitz, in den Mittelmain, bis zum Eintritt in die oberrheinische Ebene nach dem Durchbruch zwischen Spessart und Odenwald, und in den Untermain, bis zur Mündung, theilen. Von der Vereinigung der beiden Quellflüsse an fließt der M. in nach Westnordwesten gerichteter gleichmäßig breiter Thalsohle 4 Meilen weit fort. Erst nachdem er die ihm an Wassermenge gleiche Rodach von Norden her aufgenommen, verbreitert sich das Thal, und der Fluß wird schon für Flöße u. größere Barken fahrbar. Unweit der Einmündung der Rodach wendet er sich nach Süden, um den flachen Kessel von Bamberg, eine fruchtbare, wasserreiche Marsch, zu betreten. Von rechts her strömen ihm hier Itz und Baunach zu. Links mündet unterhalb Hallstadt in der Nähe von Bamberg die Regnitz ein. Der Mittelmain bildet einen der merkwürdigsten Flußläufe in Deutschland. Indem die Haßberge u. der Spessart sich sägezähneartig nach Süden vorstrecken und in ihre Zwischenräume der Steigerwald und Odenwald eindringen, lassen sie eine Rinne offen, in welcher der M. dahin strömt, bald von Norden, bald von Süden her einen Zufluß aufnehmend und 5—6 ziemlich gleich große Flußstücke bildend, von denen immer zwei unter mehr oder weniger spitzen oder rechten Winkeln an einander stoßen. Es lassen sich hier leicht unterscheiden die nach Nordwesten gerichtete Strecke Bamberg-Schweinfurt, das nach Norden offene Maindreieck Schweinfurt-Marktbreit-Gemünden u. das ebenfalls nach Norden offene Mainviereck Gemünden-Homburg-Miltenberg-Aschaffenburg. Die nach Nordwesten gerichtete Strecke hat die Haßberge und den Steigerwald zur Seite. Hier liegen Haßfurt und die Schlösser Theres und Mainberg an seinen sonst ziemlich einförmigen Ufern. Bei Schweinfurt (622 Fuß) beginnt das Dreieck. Hier liegen, von ununterbrochenen Weingeländen umgeben, am Flusse die Ortschaften Kitzingen (538 Fuß) und Sulzfeld, an der Dreieckspitze Marktbreit und Ochsenfurt (521 F.), dann Würzburg (500 F.), das der 350 F. breite Strom durchschneidet. Unweit der Dreieckspitze mündet rechts die kleine Wern. Bei Gemünden (450 F.), wo Dreieck und Viereck an einander stoßen, mündet der größte rechte Nebenfluß, die fränkische Saale, ein, der sich kurz vorher mit der Sinn vereinigt hat. Das Mainviereck umfaßt den Spessart, indem die westliche Seite zwischen diesem und dem Odenwald durchbricht. Auf der ziemlich gerade nach Süden gerichteten östlichen Seite des Vierecks liegen Lohr an der Mündung des gleichnamigen Flüßchens und die Schlösser Rothenfels u. Homburg. Die Südlinie des Vierecks ist das interessanteste Stück des ganzen Laufs. Hier liegen Wertheim, Prozelten, Freudenberg und an der südwestlichen Ecke des Vierecks Miltenberg. Die Westseite des Vierecks ist das geradeste Stück des ganzen Flußlaufs und endet bei Aschaffenburg. Der bedeutendste Nebenfluß des Mainvierecks ist die bei Wertheim von links her einmündende Tauber. Bei Miltenberg mündet auf derselben Seite die Mudau u. weiter unten der Mümling u. die Gersprenz, beide aus dem Odenwalde kommend; der Gersprenz gegenüber rechts die Aschaff. Der Untermain hat bis Hanau nordwestliche Richtung und nimmt dort von rechts her die Kinzig auf. Bei Hanau wendet sich der Fluß nach Westsüdwesten u. erhält rechts die Nidda vom Vogelsberg her. Das unterste Stück des Flußlaufs begleitet rechts der Taunus, dessen Fuß 1—2 Meilen vom Strom entfernt bleibt. Unter den am M. liegenden Ortschaften ist hier außer Offenbach u. Frankfurt besonders die Weinstadt Hochheim zu nennen. Mainz gegenüber ergießt der 880 Fuß breite M. seine braungelbe Fluth in die grünlichen des Rheins, doch läßt die verschiedene Färbung noch eine Strecke das unvermischte Wasser jedes der beiden Ströme erkennen. Der M. als Straße des Verkehrs bietet neben günstigen auch ungünstige Verhältnisse dar. Als von Osten nach Westen gerichtete Wasserstraße hat er wenige oder gar keine Konkurrenten. Abgesehen von seinen Quellgebieten und einzelnen Strecken seines Unterlaufs fließt er durch Länder, in denen dem Waaren- u. Personentransport nach allen Richtungen hin keine bedeutenden Hindernisse entgegenstehen. Der Fluß theilt sich auch fast gar nicht in Arme, bildet auch nirgends Seen und Wasserbecken, alles sehr günstige Umstände, die durch die Fürsorge der bayerischen Regierung und die Herabsetzung der Zölle (von 32 auf 3) noch gesteigert sind. Der Verkehr wird aber durch die ungenügende und zu wenig gleichmäßige Wasserfülle und die gewaltigen Krümmungen erschwert. Das ganze Maingebiet bietet übrigens die trefflichsten Verbindungen nach allen Himmelsgegenden und Flußgebieten dar. Durch den Ludwigskanal ist der M. mittelst der Altmühl mit der Donau in Verbindung gebracht. Die Dampfschifffahrt ist auf dem M. 1842 von der Maindampfschifffahrtsgesellschaft, welche ihren Sitz in Würzburg hat, eröffnet worden. Die Fahrten auf dem oberen M. zwischen Bamberg u. Schweinfurt wurden aber schon Ende 1846 eingestellt u. 1847 die Fahrten auf die Strecke von Würzburg nach Frankfurt und Mainz beschränkt. Auch diese haben nach Erbauung der Eisenbahn von Bamberg über Würzburg nach Frankfurt aufgehört.

Maina, der südliche Theil der Halbinsel Morea zwischen den Busen von Koron und Kolokythia, wird größtentheils von dem Mainagebirg (Monte di Maina), dem alten Taygetos oder Pentedaktylon, das in das Kap Matapan ausläuft, bedeckt. Das Land ist daher sehr gebirgig, mit Gipfeln bis zu 3700 Fuß Höhe, fast nur auf Fußsteigen zugänglich und besonders auf der Südseite von hohen Felsen umgeben. Es wird von den Mainoten bewohnt, welche sich für Abkömmlinge der alten Spartaner halten. Sie sind wohlgewachsen, freiheitsliebend, arbeitsam und gastfrei, aber auch raubgierig und unversöhnliche Feinde der Türken. In der Waffenführung sehr geübt, sind sie geschickte Jäger, treiben aber auch etwas Ackerbau, Viehzucht, sowie Handel mit Oel, Baumwollenwaaren, Galläpfeln, Wachs, Soda rc. und Schifffahrt. Die Mainoten, seit dem 10. Jahrhundert diesen Namen führend und noch geraume Zeit nach der Einführung des Christenthums im römischen Reiche dem Heidenthum ergeben, standen früher unter 8 erblichen Häuptlingen u. unter einem Rath von Alten, in welchem ein jährlich gewählter Protogeronte den Vorsitz führte. Später wählten sie einen Bei, der von dem türkischen Kapudan-Pascha investirt wurde. Im Jahre 1776 wurde M. vom Paschalik Morea getrennt und nebst den griechischen Inseln unter den Kapudan-Pascha gestellt. Beim Ausbruch der griechischen Revolution war Pietro Mauromichali Oberhaupt der Mainoten. Die wildesten unter diesen waren die den langen Küstenstrich bis zum Kap Matapan (Bassa Maina, Untermaina) bewohnenden Kakovunioten. Diese lebten seit Jahrhunderten fast ausschließlich vom Seeraube u. vom Fischfang. Da die Blutrache unter ihnen im ausgedehntesten Maße herrschte, so waren die Häuser Vesten. Auch längs der Küste waren Thürme errichtet. Jetzt sind dieselben größtentheils verfallen, und viele Mainoten sind in das reguläre Heer eingetreten, seit Pietro Mauromichali dem König Otto den Eid der Treue geleistet. Nach der gegenwärtigen Eintheilung Griechenlands bildet das Land der Mainoten zwei zu Lakonien gehörige Eparchien. Die Widersetzlichkeit der Mainoten gegen die neuen Einrichtungen führte 1834 eine Expedition der Bayern nach M. herbei, wobei die letzteren 8 jener Thürme zerstörten.

Mainau, Insel im Ueberlingersee (Bodensee), zum Amt Konstanz des badischen Seekreises gehörig, ist durch eine 570 Schritte lange Brücke mit dem Ufer in Verbindung gesetzt und hat ein Schloß (früher Sitz einer deutschen Ordenskomthurei), eine Kirche, Land- und Weinbau und 60 Einw.

Mainbernheim, Stadt im bayerischen Regierungsbezirk Unterfranken und Aschaffenburg, Bezirksamt Kitzingen, unweit des Mains, mit Armenhaus, Feldbau, Weinbau und 1560 Einw., worunter viele Juden.

Mainburg, Marktflecken in dem bayerischen Regierungsbezirk Niederbayern, Bezirksamt Rottenburg, an der Abens, mit Feldbau, Rindvieh-, Schaf-, Pferde- und besonders Schweinezucht, Obstbau, Bierbrauerei und 1390 Einw.

Main-Donau-Kanal, s. v. a. Ludwigskanal.

Maine, ehemalige französische Provinz, umfaßte, von der Bretagne, Normandie, Anjou und Vendomais begrenzt, ungefähr die heutigen Departements Sarthe u. Mayenne u. hatte zur Hauptstadt le Mans. Sie führte von den alten Cenomanen den Namen Cenomania. Von der römischen Herrschaft kam sie unter die fränkische, und ein merovingischer Fürst, Namens Rigomar, soll M. als ein kleines Königreich besessen haben, aber von Chlodowig ermordet worden sein. Von da an gehörte das Ländchen zur fränkischen Monarchie und ward von Gouverneuren verwaltet. Später bildete es einen Bestandtheil des Herzogthums Francien und stand unter erblichen Grafen. Um die Mitte des 11. Jahrhunderts kam es an die Herzöge von der Normandie, zu Anfang des 12. Jahrhunderts an Anjou und mit diesem 1164 an die Könige von England. Im Jahre 1204 nahm es König Philipp August von Frankreich den Engländern wieder ab, und 1246 gab es Ludwig der Heilige seinem Bruder Karl, dessen Nachkommen es mit Anjou zusammen besaßen, bis 1440 die Grafschaft durch Karl VII. an das Haus Anjou kam, nach dessen Aussterben 1481 sie an die Krone Frankreich zurückfiel. Franz I. verlieh sie 1516 nebst Anjou an seine Mutter Luise von Savoyen, nach deren Tode sie an die Krone zurückkam. Louis August, der natürliche Sohn Ludwigs XIV. von der Montespan, führte den Titel eines Herzogs von M.

Maine, ein aus der Mayenne und Sarthe gebildeter, nur $1\frac{1}{2}$ Meilen langer, schiffbarer Nebenfluß der Loire im westlichen Frankreich, nach welchem das Departement Maine-Loire benannt ist.

Maine, der nordöstlichste Staat der nordamerikanischen Union, zwischen 43° 5′ und 47° 20′ nördl. Br. und 66° 49′ und 71° 4′ westl. Länge gelegen, grenzt im Norden und Nordwesten an Untercanada, im Osten an Neubraunschweig, gegen welches der Fluß St. Croix größtentheils die Grenze bildet, im Süden und Südosten an den atlantischen Ocean u. umfaßt einen Flächeninhalt von 1411 deutschen □Meilen. Die Ausdehnung beträgt von Norden nach Süden 67,3, von Osten nach Westen 74 Meilen. Der Boden ist uneben, doch mehr von plateauartiger als gebirgiger Beschaffenheit. Im westlichen Theil des Staats ist ein Zug Hochlandes, welcher von den White-Mountains in Newhampshire ausgeht und, nach Osten sich hinziehend, an der Ostgrenze des Gebiets der Vereinigten Staaten in dem Mars Hill (1683 Fuß) endigt. Den höchsten Punkt in diesem Hochlande bildet der Kathadin zwischen dem östlichen und westlichen Zweige des Penobscot, 5335 F. hoch. Ein anderes Hochland geht in nordwestlicher Richtung von der nordwestlichen Quelle des Connecticutflusses aus und bildet, wahrscheinlich überall nicht unter 1400 F. hoch, die Wasserscheide zwischen dem Becken des St. Lorenz im Norden und dem atlantischen Meer im Süden. Zwischen diesem Hochland und dem obern, 15—20 Meilen breiten Küstensaum ist die Oberfläche hügelig, und hier ist der Boden am fruchtbarsten, vorzüglich in dem zwischen dem Kennebec und dem Penobscot gelegenen Landstriche. In der Küstenebene, die nach Südwesten an Breite zunimmt, ist der Boden durchgängig arm, aber noch weniger für den Ackerbau geeignet ist das Hochland, welches dagegen schönes Bauholz, besonders Nadelholz, liefert. Der Staat wird von zahlreichen Flüssen bewässert, die insbesondere für die Verschiffung von Bauholz von Wichtigkeit sind. Die bedeutendsten sind der Penobscot und Kennebec; der erstere, bis Bangor (52 englische Meilen) für große Schiffe zu befahren, fließt nach einem Laufe von etwa 200 englischen Meilen in den atlantischen Ocean. Die Fluth, 20—25 Fuß steigend, erstreckt sich bis Bangor, 30 englische Meilen von der Bai und 60 engl. Meilen von der offenen See entfernt. Der Kennebec kommt in verschiedenen Armen vom östlichen Abhange der Gebirgskette, welche M. von Canada trennt; diese Arme vereinigen sich im See Moosehead zu dem Hauptstrom, der sich nach einem Laufe von 180 engl. Meilen in der Kennebecbai mit dem Androscoggin vereinigt. Er ist 12 englische Meilen, bis Bath, für Schiffe, bis Augusta (50 engl. M.) für kleinere Fahrzeuge und bis Waterville (68 engl. M.) für Kielboote zu befahren. Der Androscoggin kommt aus dem Umbagogsee und verbindet sich nach vielen Windungen durch Newhampshire und M. mit dem Kennebec einige Meilen vom Meere. Im südlichen Theile des Staats sind der Piscataqua, Saco u. der Presumscot oder Casco zu bemerken; die beiden letzteren entspringen in den White-Mountains in Newhampshire und haben einen kurzen Lauf. Der St. Croixfluß oder Scodie bildet nach Osten die Grenzlinie zwischen den Vereinigten Staaten und dem britischen Neubraunschweig, der St. Joseph nach Norden auf etwa 70 englische Meilen. Die bedeutendsten Seen sind der Moosehead, 25 engl. M. lang, der Chesumcook, 24 engl. M. lang, Millinoket, Grand oder Chiputnaticook, Eagle, Umbagog, Sebago, Pamadumcook; auch die kleineren Flüsse, St. Johns River, Androscoggin, Saco Machias, St. Croix River u. a., werden zum Theil befahren. Die Seeküste, von ungefähr 210 Meilen Ausdehnung, bietet schöne Baien u. Hafenplätze dar, namentlich gehören die Penobscot- und Cascobai zu den sichersten Baien der Union. Erstere ist 30 M. lang und 18 M. breit, u. letztere greift 20 M. weit zwischen Cape Elizabeth und Cape Small Point ins Land ein. Die Küste ist durchgängig hoch und steil, reich an Fjorden und von zahlreichen Inseln umsäumt, von denen die größten Mount Desert in der Frenchmansbai, 15 M. lang und 12 M. breit, und Deer Island und die Fox-Islands an der westlichen Seite der Penobscotbai sind. Das **Klima** ist, obwohl große Gegensätze darbietend, im Allgemeinen gesund, weil weniger schnell wechselnd, als in vielen andern Ländern der Union. Der Winter ist sehr streng, eine Kälte von — 25° R. gewöhnlich, aber, da sie konstant zu sein pflegt, der Gesundheit nicht nachtheilig. Im Sommer steigt die Wärme häufig auf 29°, selbst auf 32° R., doch wird sie, wie auch die Kälte, besonders in den Küstengegenden, durch die Seeluft gemildert. Von Weihnachten bis Mitte März sind Seen und Flüsse mit Eis bedeckt und die Erde ist 2—3 Fuß tief gefroren. Aber schon Mitte April ist das Land mit grünem Teppich überzogen. Viele Einwohner erreichen ein Alter von 100 Jahren. Ackerbau und Viehzucht, an der Küste auch Fischerei sind Hauptnahrungszweige der Einwohner. Man baut allgemein Mais (dessen Ernten jedoch unsicher sind, weil nicht selten noch Mitte Juni Nachtfröste eintreten), Weizen, Roggen, Gerste, Hafer, Buchweizen, Kartoffeln, Erbsen, Flachs, Hanf. Natürliche Weiden findet man in allen Theilen des Landes. Die Mitte und den Norden bedecken große Waldungen; man findet mehre Fichtenarten, unter denen die weiße Fichte (Pinus strobus) das meiste Ausfuhrholz liefert. Auch Buchen, Eichen, Birken, Ahornbäume, Ulmen, Pappeln, Linden und Weiden sind einheimisch und bedecken große Strecken; der Lebensbaum gedeiht selbst auf den Marschen und Sümpfen, die sich in vielen Theilen des Landes ausbreiten. In den Wäldern gibt es Wild, auch Bären, Wölfe, Moosethiere 2c. Rinder und Pferde sind klein, aber ausdauernd, Schafe gedeihen gut, am besten aber Schweine, die in Menge gezogen werden. Die Mineralien M.'s sind nicht von Bedeutung, doch finden sich Eisen, Marmor, Dachschiefer, Kalk- und Bausteine in hinreichender, Blei in geringerer Menge; auch Turmaline, Granate und Berylle in Geschieben. Die Bevölkerung betrug 1840: 501,793, 1850: 583,188 (181,863 Weiße und 1325 Farbige), 1860: 628,276 Seelen. Die Zahl der Einwanderer betrug 1858 4245. Die Einwohner sind meist angloamerikanischer, englischer und irischer Abkunft u. erhielten erst in neuester Zeit einen Zuwachs von Einwanderern aus dem Kontinent von Europa. Industrie u. Handel sind nicht von Belang. Doch gab es 1850 gegen 3700 Fabriken, worunter 12 Baumwoll- u. 36 Wollwebereien, 26 Eisengießereien, Eisenhämmer und Hohöfen, 213 Gerbereien und viele Malz-, Liqueur- und Rumfabriken. Sehr bedeutend ist der Schiffbau u. die Verarbeitung des Bauholzes überhaupt. Die vielen Buchten u. Einschnitte an der Küste, die mehr gute Häfen bilden, als irgend ein Staat der Union hat, machen seine Lage für den Handel sehr günstig. Die wichtigsten Gegenstände der Ausfuhr sind Bau- u. Brennholz, Bausteine, besonders schöner Granit, u. die Erzeugnisse der Viehzucht u. Fischerei. Der Werth der Ausfuhr belief sich 1859 auf 3,240,000, der der Einfuhr auf 2,157,086 Doll. Es liefen in demselben Jahre Schiffe von 179,651 Tons ein und von 282,781 Tons aus. Die dem Staate angehörigen Schiffe enthielten 739,836 Tons. Für den inneren Verkehr sind im Staate über 500 englische Meilen Eisenbahnen in Betrieb. Seine erste Handelsstadt, Portland, steht mit Boston u. allen bedeutenden Zwischenplätzen in M., Newhampshire und Massachusetts in Verbindung. Eine Eisenbahnlinie geht von Portland nach Montreal, ferner nach Hallowell und Gardiner, nach St. Johns, Neubraunschweig u. Bangor. Der Cumberland-Orfordkanal bildet eine Schifffahrtslinie von 50 englischen Meilen und verbindet Portland mit dem See Sebago. In Bezug auf das Unterrichtswesen steht M. unter den Unionsstaaten in erster Reihe; 1850 gab es 4042 Volksschulen mit 192,815 Schülern, 131 Akademien und Privatschulen mit 6648 Schülern und 3 Colleges mit 282 Schülern. Auch bestanden 2 theologische Seminare (ein kongregationalistisches zu Bangor und ein wesleyanisches zu Redfield) und eine medicinische Schule. Kirchen zählte man 945, von denen 326 den Baptisten, 199 den Methodisten, 180 den Kongregationalisten, die übrigen den Universalisten, Quäkern, Unitariern, den römischen Katholiken (11), der freien Kirche ꝛc. gehörten. Oeffentliche Bibliotheken waren 236 vorhanden. Der Staat schickt 6 Repräsentanten zum Kongreß und 2 in den Senat nach Washington und hat 8 Stimmen bei der Wahl des Präsidenten der Union. Die **Konstitution** wurde am 29. Okt. 1819 von einer zu Portland versammelten Konvention angenommen und trat 1820 in Wirksamkeit, nachdem der Staat von Massachusetts getrennt worden. Sie erfuhr 1848 u. 1850 einige nicht unerhebliche Veränderungen. An der Spitze der Regierung steht ein Gouverneur, der jährlich von den wahlberechtigten Einwohnern des Staats auf ein Jahr gewählt wird, u. dem ein Staatsrath von 7 ebenfalls alljährlich gewählten Räthen zur Seite steht. Der Gouverneur hat ein beschränktes Veto. Die gesetzgebende Gewalt wird von einem Senat von 20—31 Mitgliedern und einem Repräsentantenhause von 100—200 Mitgliedern ausgeübt. Beide Häuser werden jährlich durch die Wahl neu gebildet. Dem Senat steht die Anklage und die Verurtheilung von Staatsbeamten wegen Dienstvergehen zu. Wahlberechtigt ist jeder 21 Jahre alte männliche Bewohner des Staats, der 3 Monate vorher Einwohner desselben gewesen ist. Ein Staatssekretär und ein Schatzmeister werden jährlich durch gemeinschaftliche Abstimmung beider Häuser gewählt. Alle Richter werden vom Gouverneur mit Beirath und Zustimmung des Staatsraths auf 7 Jahre ernannt. Für die **Rechtspflege** bestehen ein höchster Gerichtshof (supreme judicial court), 13 Gerichtshöfe und in den größeren Städten noch Municipal- und Polizeigerichtshöfe. Die Finanzen sind in blühendem Zustande. Das Budget für 1858 ergab 374,000 Dollars Einnahme, 48,000 Doll. Ueberschuß vom vorhergehenden Jahre und 346,000 Doll. Ausgabe. Der Schulfond betrug 300,000 Doll.; die Staatsschuld 1859 699,000 Doll. Der Staat ist in 13 Counties eingetheilt. Hauptstadt des Staats und Sitz der Regierung ist Augusta, die bedeutendste Stadt aber Portland.

Die erste europäische Ansiedelung fand 1607 in der Gegend der jetzigen Stadt Philippsburg Statt, wurde aber bald wieder aufgegeben. Seit 1625 kamen einzelne Ansiedler aus Newhampshire u. 1635 französische Kolonisten an. In demselben Jahre wurde das Land von der Plymouthkompagnie, der es von Jakob I. zugewiesen worden, an 2 Privatleute, Mason und Gorges, abgetreten und nach des letzteren Tode 1652 größtentheils an Massachusetts käuflich überlassen. Seitdem bildete es eine Provinz dieses Staats oder machte vielmehr durch Theilnahme an der Regierung und Gesetzgebung einen integrirenden Theil desselben aus. Schon 1792 verlangte die Provinz in die Union aufgenommen zu werden, bildet aber erst seit 1820 einen eignen Staat und nahm den Titel Common wealth of Maine an.

Maine, **Louis Auguste de Bourbon, Herzog von**, der natürliche Sohn Ludwigs XIV. von Frankreich und der Frau von Montespan, geboren am 30. März 1670 zu Versailles, wurde als Liebling des Königs schon in seinem 3. Jahr für legitim erklärt und erhielt die Frau von Maintenon zur Erzieherin. Im Jahre 1682 mit dem Fürstenthum Dombes belehnt, erhielt er später den Titel eines Herzogs von M. und wurde mit Anne Louise Bénédicte von Bourbon-Condé, der Enkelin des großen Condé, vermählt. Durch Vermittelung der Maintenon erhielten die beiden Prinzen 1694 den Rang unmittelbar nach den Prinzen von Geblüt u. wurden 1714 für successionsfähig erklärt, wenn die regierende Linie aussterben würde. Auch ward der Herzog von M. durch das Testament Ludwigs XIV. mit der Leitung der Erziehung Ludwigs XV., dem Oberbefehl über die Haustruppen und einer Stelle im Regentschaftsrath betraut. Da der Regent, der Herzog Philipp von Orléans, sogleich nach dem Tode des Königs diese Bestimmungen für nichtig erklärte, nahm der Herzog von M. an den von dem spanischen Minister Alberoni angezettelten Intriguen Theil, u. seine Gemahlin ließ sich mit den Jesuiten und der frühern Hofpartei in eine Verschwörung ein, deren Plan dahin ging, den Herzog von Orléans aufzuheben, sich des Königs zu bemächtigen u. die Reichsstände zusammen zu berufen, um eine neue Regentschaft zu Gunsten des Enkels Ludwigs XIV., Philipps V. von Spanien, einzusetzen. Die Umtriebe wurden jedoch im December 1719 durch den Minister Dubois entdeckt und der Herzog von M. nach dem Schloß Dourlans, seine Gemahlin nach Dijon und später nach Chalons in Haft gebracht. Der Herzog konnte aber der Betheiligung an der Verschwörung nicht überführt werden u. ward wieder frei gegeben, die Herzogin dagegen, die ein offenes Geständniß abgelegt hatte, wurde nach Sceaux verwiesen, wohin ihr sodann auch ihr Gemahl folgte, und wo sie ihr Haus zu einem Sammelpunkt geistreicher Männer und Frauen machten. Der Herzog † am 14. Mai 1736; seine Gemahlin den 23. Januar 1753. Mit ihren beiden Söhnen, **Louis Auguste de Bourbon, Prinz von Dombes**, u. **Louis Charles de Bourbon**, die beide 1755 starben, erlosch das Haus M.

Maine-Loire, französisches Departement, aus dem größten Theile der ehemaligen Provinz Anjou und dem westlichen von Touraine gebildet, zwischen den Departements Mayenne, Sarthe, Indre-Loire, Vienne, Deux-Sèvres, Vendée-inférieure, Ille-Vilaine im Flußgebiet der Loire gelegen, zählte 1861 auf 129,86 QM. 526,012 Einw. Es wird von der Loire von Osten nach Westen durchströmt u. außerdem im Norden von dem Authion, Maine und den 3 Armen dieses Flusses: dem Loir, der Sarthe und der Mayenne, ferner von dem Oudon, einem Nebenflusse der Mayenne, und von dem Erdre, im Süden von dem Thouet nebst der Dive, dem Layon, der Evre und der Sèvre mit deren Nebenflusse Moine bewässert. Es ist ein größtentheils ebenes, wenig hoch gelegenes, von zahlreichen flachen Thälern durchschnittenes, höchst fruchtbares Land, von dessen

712,563 Hektaren großem Areal 451,448 auf Aecker, 86,105 auf Wiesen, 30,508 auf Weinberge, 56,282 auf Wälder kommen. Hauptprodukte sind Getreide (Weizen) und Wein (durchschnittlich 493,512 Hektoliter, die besseren rothen von Neuille u. Champigne le Sec, die besseren weißen von Varains, Clos-Morin, Saumur, Rabelais, Faye, Bonnezeau). Andere Produkte sind: Hülsenfrüchte, Hanf, Flachs, Melonen, Mandeln u. andere Früchte; Rindvieh, Pferde, Schafe, akklimatisirte Kaschmirziegen, Marmor, Schiefer, Steinkohlen (1859 491,728 Centner). Die Einwohner unterhalten sehr vorgeschrittene Leinwand- und Wollzeuchfabrikation (Segeltuch, Tischzeuch, Flanell 2c.). Auch sind Gerbereien, Zucker- und Salpetersiedereien, Bleichen, Färbereien in blühendem Betriebe. Das Departement zerfällt in die Arrondissements Angers, Beaupréau, Saumur, Baugé, Segré. Hauptstadt ist Angers.

Mainland, die bedeutendste unter den Shetlandinseln, gebirgig u. mit sehr zerrissener, buchtenreicher Küste, ist 13½ Meilen lang, ½—4 Meilen breit. Die Hauptgebirgskette erstreckt sich von Norden nach Süden und ist meist von Heidekraut bedeckt, bietet aber auch Weideplätze und fruchtbare Thäler dar; die Küstenstriche sind zwar größtentheils sumpfig, doch ziemlich fruchtbar. Produkte sind: Rindvieh, Schafe, Schweine, kleine Pferde (Shetland ponies), wildes Geflügel, Fische, besonders Häringe; Schiefer, Eisen u. Kupfer. Das erzeugte Getreide reicht nicht für den Bedarf hin. Zur Ausfuhr kommen Vieh u. Fische. Die Industrie beschränkt sich auf Wollstrumpfstrickerei. Die Insel hat 18,000 Einw. Der Hauptort ist Lerwick, mit Fort, Versammlungsort der aus Holland u. England kommenden Häringsfischer.

Mainoten, griechischer Volksstamm, s. Maina.

Maintenon, Stadt im französischen Departement Eure-Loire, am Zusammenfluß der Voise u. Eure, in einem schönen Thale, hat ein schönes Schloß mit Park, Ueberreste der berühmten von Ludwig XIV. behufs der Bewässerung von Versailles erbauten Wasserleitung, Handel mit Tuch, Seilen, Hanf und rouener Waaren und 1880 Einw. Der Kanal von M. führt aus der Eure nach Versailles. Der Ort gehörte einst der Marquise Maintenon u. ward später Marquisat u. Eigenthum des Hauses Noailles. In der Umgegend finden sich viele druidische Denkmäler (pierres de Gargantuas).

Maintenon, Françoise d'Aubigné, Marquise von, Mätresse u. später heimliche Gemahlin Ludwigs XIV. von Frankreich, geboren am 27. Nov. 1635 im Gefängniß zu Niort aus einer protestantischen Adelsfamilie, ging früh mit ihren Aeltern nach Amerika, kehrte aber nach dem Tode des Vaters nach Frankreich zurück u. ward von einer Verwandten erzogen. In ihrem 14. Jahre kam sie als Gesellschafterin einer adeligen Dame nach Paris u. verheirathete sich hier 1651 mit dem komischen Dichter Scarron. Nach ihres Gemahls Tode 1660 übernahm sie die Pflege u. Aufsicht über die beiden Kinder der Marquise von Montespan von Ludwig XIV. Als der König in der Folge diese Kinder öffentlich anerkannte und an den Hof kommen ließ, erschien auch ihre Erzieherin daselbst. Obgleich nicht mehr schön, flößte sie doch durch ihr würdevolles und anmuthiges Benehmen und ihren Geist dem König ein ungewöhnlich hohes Interesse ein, und es gelang ihr, denselben immer mehr an ihren Umgang zu gewöhnen und die Montespan aus seiner Gunst zu verdrängen. Dabei suchte sie sein religiöses Gefühl zu erwecken, um in ihm Gewissensbisse über das unerlaubte Verhältniß zu ihr zu wecken, und erreichte wirklich, daß sich Ludwig 1685 in der Stille von dem Erzbischof von Paris mit ihr trauen ließ. Schon 1679 hatte sie nach der von ihr erkauften Herrschaft Maintenon diesen Namen angenommen. Bei allem Schein zurückgezogener Bescheidenheit hatte sie doch fortan auf den Gang der Staatsangelegenheiten den bedeutendsten Einfluß; sie leitete die Geschäfte, vertheilte die Aemter und bewilligte Auszeichnungen u. Gnadengeschenke. Auch soll sie den König zur Aufhebung des Edikts von Nantes bewogen haben. Nur auf die auswärtigen Angelegenheiten verstattete ihr Colbert keinen Einfluß. Große Summen kostete ihr auch ihre Mildthätigkeit. Nach Ludwigs Tode (1715) zog sie sich in die Abtei St. Cyr zurück, wo sie schon 1686 eine Erziehungsanstalt für 300 Töchter armer Edelleute gestiftet hatte, und † daselbst am 15. April 1719. Ihre „Mémoires" (Amsterdam 1755, 6 Bde.) sind ein Machwerk Beaumelle's; derselbe gab auch ihre Briefe (das. 1756, 9 Bde.; beste Ausgabe, Paris 1815, 3 Bde.) heraus, die für die Geschichte jener Zeit nicht ohne Werth sind. Außerdem erschienen noch „Lettres inédites de Madame de M. et de la princesse des Ursins" (Paris 1814 und 1826, 4 Bde.). Ihr Leben beschrieben Caraccioli (Paris 1786) und Frau von Genlis (das. 1806; deutsch, Leipz. 1807).

Mainz, ehemaliges deutsches Erzstift und Kurfürstenthum im nieder- oder kurrheinischen Kreis, am Rhein u. Main zwischen der Wetterau, Franken, der Grafschaft Sponheim u. Würtemberg gelegen. Sein Sprengel war zu verschiedenen Zeiten von geringerem oder größerem Umfang. So umfaßte es zur Zeit des lüneviller Friedens die Bisthümer Worms, Speyer, Straßburg, Konstanz, Augsburg, Chur, Würzburg, Eichstädt, Paderborn, Hildesheim und Fulda (früher auch Mähren, Magdeburg, Bamberg, Prag, Verden und Halberstadt), im Ganzen ein Areal von 150 □Meilen mit 41 Städten u. 21 Flecken und 209,000 Einwohnern. In dem eigentlichen Erzstift gab es keinen landsässigen Adel, da derselbe dem Körper der unmittelbaren Reichsritterschaft angehörte; auch gab es daselbst keine Landstände, sondern nur auf dem Eichsfeld. Der Erzbischof war Kurfürst und Erzkanzler des Reichs, erlangte diese Würde durch freie Wahl des Domkapitels und mußte eine Wahlkapitulation beschwören. Er war der Primas von Deutschland, führte das Direktorium auf dem Reichstag, im Kurfürstenkollegium und bei der Wahl und schrieb Deputations- u. Kurfürstentage aus. Die Geistlichkeit bestand aus dem Domkapitel, dem Ritterstift zu St. Alban in M., nebst 8 Kollegiatstiftern daselbst, u. aus den übrigen Klöstern. Nächst diesen zählte M. 14 Landdechaneien oder Kapitel, zu welchen überhaupt 288 Pfarreien gehörten. Zur Besorgung der erzbischöflichen Obliegenheiten dienten mehre geistliche Kollegien. Das höchste war das Generalvikariat, dessen Haupt der erzbischöfliche Generalvikar in geistlichen Angelegenheiten (Vicarius generalis in spiritualibus) war. Das Domkapitel bestand aus 5 Prälaten, die eine Inful tragen durften, aus 10 Kapitularherren, die nicht nothwendig Priester zu sein brauchten, u. aus verschiedenen Syndiken, zusammen 24 Personen.

Andere hohe Behörden waren: die geheime Kanzlei, der Hofrath oder das kurfürstliche Regierungskollegium, das Revisionsgericht, das Hofgericht, die Hofkammer, die Kriegskonferenz, das Kammeramt und Stadtgericht zu M., die Armenhauskommission und das Bauamt. Die kurfürstlichen Einkünfte beliefen sich auf 1,200,000 Gulden. Das Militär bestand aus der Leibgarde zu Pferde von 100 Mann, der Schweizergarde und einer Anzahl Dragoner, 3 Regimentern zu Fuß und 3 auf regelmäßigen Fuß gesetzten Landregimentern, von welchen eines im Eichsfeld stand. Als Unterrichtsanstalten bestanden, außer den niedern Schulen, die Universitäten zu Mainz u. Erfurt, eine Akademie der nützlichen Wissenschaften zu Erfurt u. früher auch Jesuitenkollegien zu Mainz, Erfurt, Aschaffenburg und Heiligenstadt. Das Wappen war ein silbernes Rad mit 6 Speichen in rothem Felde. Das Erzbisthum war eingetheilt: in die mainzischen Aemter: Mainz (Stadt u. Land), Höchst, Kronberg, Ohlm, Rheingau, Lohnstein, Steinheim, Dieburg, Freigericht, Haussen, Aschaffenburg, Klingenberg, Miltenberg, Amorbach, Bischofsheim, Krautheim, Starkenburg, Gernsheim, Neubaumberg, Amöneburg u. Fritzlar; die Stadt Erfurt mit dem dazu gehörigen Gebiet, nämlich den Aemtern Tonndorf, Atzmannsdorf, Mühlberg, Vargula, Gispersleben, Vippach, Sömmerda, Alach, Hospital, Isseroda; das Eichsfeld mit den Städten Heiligenstadt, Worbis, Duderstadt, den Aemtern Haarburg, Scharfenstein, Gleichenstein, Bischofstein, Greifenstein, Trefurt, Rusteuberg, Gieboldshausen, den 15 Dörfern (die ein Amt bildeten), Lindau und andern geistlichen Stiftern, Gerichten und Klöstern. Hauptstädte waren: Mainz, zugleich Festung des Landes mit Besatzung, und Erfurt, Festung mit kurfürstlich mainzischer und kaiserlicher Besatzung.

Nach der kirchlichen Sage soll ein Schüler des Apostels Paulus, Crescens, um 82 das Bisthum M. gegründet u. als Bischof 103 daselbst den Märtyrertod gestorben sein. Die Verzeichnisse seiner Nachfolger auf dem Bischofsstuhl bis ins 6. Jahrhundert sind ein Machwerk späterer Zeit. Bonifacius, der Apostel der Deutschen, verwandelte mit päpstlicher Zustimmung 745 das Bisthum in ein Erzbisthum u. unterstellte demselben die Bischöfe zu Tongern (nachher Lüttich), Köln, Worms, Speyer, Utrecht, Würzburg, Eichstädt, Buraburg (bei Fritzlar), Erfurt, Straßburg u. Konstanz. Im Jahre 753 übergab er das Erzbisthum seinem Schüler Lullus, der viele Kirchen und Klöster stiftete. Unter seinen Nachfolgern waren die berühmtesten Hrabanus Maurus (847—856), Hatto I. (891—913), der eine große Rolle in der Geschichte des deutschen Reichs unter Ludwig dem Kind und Konrad I. spielte, der durch die Sage vom Mäusethurme berüchtigte Hatto II. (968—969), Willigis (975—1011), der vom Papst das Pallium nebst dem Vorrecht erhielt, auf allen deutschen und französischen Koncilien zu präsidiren u. den deutschen König zu krönen, Arnold I. von Selenhoven (1153 bis 1160), der in heftige Zerwürfnisse mit der Stadt gerieth, da dieselbe die von ihm behufs Begleitung des Kaisers Friedrich I. auf dessen Römerzug verlangte Hülfssteuer verweigerte, und 1160 von den Bürgern ermordet wurde, Siegfried III. von Eppenstein (1231—1249), der als Feind Kaiser Friedrichs II. Heinrich Raspe, dann Wilhelm von Holland zu Kaisern wählte und dadurch, daß er die durch des ersteren Tod erledigten Lehen in Thüringen einziehen wollte, mit Landgraf Heinrich dem Erlauchten in einen siebenzehnjährigen Krieg verwickelt wurde, Gerhard II. von Eppenstein (1289 bis 1305), der u. A. 1294 vom Grafen Heinrich von Gleichen das ganze Eichsfeld erwarb, sich durch die Concordata Gerhardi Verdienste um die Herstellung der Ordnung im Reiche erwarb und aufs Neue den Titel eines Erzkanzlers von Deutschland, sowie 1298 den ersten Rang bei allen Vorfällen im Reiche für sich und seine Nachfolger zugesprochen erhielt, Heinrich III., Graf von Virnenburg, seit 1328, der in dem Erzbischof Balduin von Trier vom Kapitel einen Gegenbischof entgegengestellt erhielt und erst 1336 allgemein anerkannt wurde, aber schon 1346 wegen seiner Parteinahme für Kaiser Ludwig von Bayern vom Papst abgesetzt ward; gleichwohl verwaltete er das Erzbisthum bis an seinen Tod (1353). Zwischen Ludwig von Meißen, Sohn des Markgrafen Friedrich des Ernsthaften, der 1373 vom Papst und Kaiser eingesetzt war u. seine Residenz in Mainz hatte, und Adolf I. von Nassau, Bischof von Speyer, der vom Kapitel gewählt war u. in Erfurt residirte, kam es zum Krieg, der endlich 1380 zu einem Vergleich führte, nach welchem Adolf Erzbischof in Mainz blieb, Ludwig aber das Erzbisthum Magdeburg mit dem Titel eines Erzbischofs von M. erhielt. Adolfs Nachfolger, Konrad II. von Weinsberg (seit 1390), verfolgte die Waldenser, die sich in seiner Diöces verbreitet hatten, und nahm an einem Bündnisse gegen die Schlegeler Theil. Ihm folgte 1397 Johann II. von Nassau, gegen den, weil er den Mörder des zum Kaiser gewählten Herzogs Friedrich von Braunschweig schützte, Braunschweig und Hessen bis 1401 einen heftigen Verwüstungskrieg führten. Sein Nachfolger, Konrad III., Rheingraf von Stein, wurde 1422 vom Kaiser Sigmund auf 10 Jahre zum Reichsvikar ernannt, doch legte er diese Würde schon im folgenden Jahre wieder nieder, da sie ihm vom Pfalzgrafen von Heidelberg streitig gemacht wurde. Die Streitigkeiten der Mainzer mit dem Erzbischof über die von diesem beanspruchte Befreiung der Geistlichen von den städtischen Steuern wurden erst 1435 von Dietrich von Erbach beigelegt. Die ihrem wesentlichen Inhalte nach von letzterem herrührende mainzer pragmatische Sanktion, welche die Anerkennung des baseler Koncils, die Aufhebung der Annaten, der Reservaten u. der Exspektativen u. die Wiedereinführung der kanonischen Wahlen betraf, kam nicht zu Stande, im Gegentheil hob später das aschaffenburger Konkordat sämmtliche Bestimmungen der mainzer pragmatischen Sanktion auf. Sein Nachfolger, Dietrich II. (Diether), Graf von Isenburg, wurde, da er die Annaten (gewöhnlich 10,000 Gulden betragend) nicht entrichtet hatte, vom Papst abgesetzt und an seiner Stelle Adolf II. von Nassau zum Erzbischof ernannt. Dies ward Veranlassung zu einem für das Erzstift verderblichen Kriege, der endlich durch einen Vergleich zu Frankfurt geschlichtet wurde, nach welchem Dietrich der Verwaltung des verarmten Erzstifts entsagte. Nach Adolfs II. Tode (1475) wieder zum Erzbischof ernannt, gründete Dietrich II. 1477 die Universität zu Mainz. Albert IV. von Brandenburg (als Erzbischof von Magdeburg Albert V.), 1514—45, brachte, um sich Geld zu verschaffen, den Ablaßkram in Deutschland auf, nahm Theil an der Ligue gegen die protestantischen Fürsten, veranlaßte 1529 das wormser Edikt, wogegen die Lutherischen protestirten, er war es aber auch, der hauptsächlich an der Herstellung des nürnberger Religionsfriedens 1532 arbeitete. Unter Sebastian von Heusenstamm (1545—55) machte Albrecht Alcibiades von Brandenburg einen Einfall in das Erzbisthum, nahm in Abwesenheit des Kurfürsten die Stadt Mainz ein und ließ dieselbe dem König von Frankreich huldigen. Unter Johann Suikaro von Kronberg begannen die Drangsale des dreißigjährigen Kriegs das Erzstift heimzusuchen; besonders hausten hier Mansfeld und Christian von Braunschweig. Als der Erzbischof Anselm Kasimir von Umstadt die Annäherung Gustav Adolfs befürchtete, rief er spanische Truppen zu Hülfe, die Schweden aber nahmen 1631 Mainz ein, hielten die Diöces in Gemeinschaft mit den Franzosen bis 1635 besetzt u. hausten, wie auch die daselbst liegenden Kaiserlichen, schrecklich. Nach Abzug der Feinde kehrte der Erzbischof zurück, mußte aber, als 1644 die Franzosen abermals einrückten, sein Land wieder verlassen und schloß 1647 einen Vertrag mit Turenne, wonach M. vorläufig in den Händen der Franzosen blieb. Unter der Regierung seines Nachfolgers, Johann Philipps von Schönborn, seit 1647, war die Existenz des Erzstifts in Folge der von den Schweden bei Abschluß des westphälischen Friedens verlangten Säkularisirung desselben ernstlich bedroht, und nur dem Einspruche Kursachsens hatte es sein Fortbestehen zu verdanken, doch verlor es durch Exemtion die Bisthümer Verden und Halberstadt. Johann Philipp förderte mit Eifer den Wohlstand seines Landes, gab 1659 die mainzische Hofgerichtsordnung, befestigte u. verschönerte Mainz u. unterwarf Erfurt seiner Botmäßigkeit (1667). Der letzte Kurfürst war Friedrich Karl Joseph von Erthal; † den 25. Juli 1802 in Aschaffenburg. Durch Reichsdeputationsreceß vom 25. Febr. 1803 erfolgte die Säkularisation des Erzbisthums M. Frankreich erhielt von dem mainzer Gebiet die Distrikte am linken Rheinufer, Preußen erhielt Erfurt, das Eichsfeld, Trefurt zum dritten Theile u. die thüringischen Besitzungen; andere Theile fielen an Hessen-Darmstadt u. Hessen-Kassel; den Rest des Erzstifts M., die Fürstenthümer Aschaffenburg, Regensburg, die Grafschaft Wetzlar und mehre Aemter (zusammen 25 □Meilen mit 109,000 Einw.) erhielt der bisherige Koadjutor des letzten Erzbischofs, Karl Theodor von Dalberg, der 1806 zum souveränen Fürst-Primas des Rheinbundes, später zum Großherzog von Frankfurt ernannt wurde, 1813 aber auf alle seine Besitzungen als Landesherr verzichten mußte. Vgl. Latomaus, Geschichte der Bischöfe von M., im 3. Bd. von Mencke's „Scriptores rerum germanicarum"; Schepfer, Codex ecclesiasticus Moguntiae, Aschaff. 1803; Der Untergang des Kurfürstenthums M., Frankf. 1839.

Mainz (Moguntia, Moguntiacum), Hauptstadt der großherzoglich hessischen Rheinprovinz u. deutsche Bundesfestung, am linken Rheinufer, der Mainmündung schief gegenüber, etwa 800 Schritte unterhalb derselben, in einer der schönsten u. fruchtbarsten Gegenden Deutschlands, auf dem Abhange eines Hügels gelegen, hat mit den zahlreichen Außenwerken einen Umfang von fast 3 Stunden. Die Stadt zerfällt in 6 Distrikte u. hat 4 Thore nach der Landseite und 9 nach der Wasserseite. Ueber den Rhein führen eine den 14. Dec. 1862 eröffnete stehende Brücke u. eine Pontonbrücke. Das auf dem rechten Rheinufer liegende Städtchen Kastel ist in das Befestigungssystem eingeschlossen. M. ist Sitz eines katholischen Bischofs der oberrheinischen Provinz, eines Domkapitels, der Provinzialbehörden, eines Obergerichts, eines Handelsgerichts und anderer Behörden, sowie eines Bundesfestungsgouverneurs und Kommandanten. Im Allgemeinen ist M. eine gut gebaute Stadt. Der älteste und unregelmäßigste Stadttheil, das sogenannte Käſtrich, wurde am 18. Nov. 1857 durch eine furchtbare Pulverexplosion größtentheils zerstört und seitdem in moderner Weise wieder aufgebaut. Innerhalb der Festungswerke zählt man 188 Straßen und Gassen, 30 größere und kleinere Plätze. Bemerkenswerth sind: der Schloßplatz, der mit einer Granitsäule aus dem ingelheimer Palaste Karls des Großen gezierte Thiermarkt, der Ballplatz, der Gutenbergplatz mit der bronzenen Statue des Erfinders der Buchdruckerkunst von Thorwaldsen; ferner die Rheinstraße, in geringer Entfernung vom Rhein hinlaufend, die drei Bleichen, die Altmünster- und Emmeransgasse, die Schustergasse als die belebteste Handels- und Verkehrsstraße der Stadt 2c. M. zählt 9 katholische Kirchen, eine evangelische Kirche, 2 katholische Kapellen und eine Synagoge. Unter den ersteren sind hervorzuheben: der Dom, zum ersten Male von 975—1009 erbaut, dann dreimal durch Feuersbrunst zerstört und 1340 in seiner gegenwärtigen Form errichtet, ist ein imposantes Gebäude mit 6 Thürmen, deren höchster 280 Fuß hoch ist. Das Innere wird von 56 hohen Säulen gestützt und enthält zahlreiche Denkmäler u. Kunstschätze, so 2 schöne eherne Thorflügel aus dem 10. Jahrhundert, ein metallenes Taufbecken von 1328, das Denkmal der Fastrada, der dritten Gemahlin Karls des Großen, und die zum Theil prachtvollen Monumente verschiedener Erzbischöfe. In der anstoßenden Vorhalle des Kreuzganges ist unter verschiedenen anderen Monumenten das des Minnesängers Frauenlob († 1318), dem 1842 noch ein anderes, ein Werk Schwanthalers, errichtet ward, das sehenswertheste. Bei der Belagerung von 1793 und durch die nachherige Verwandlung in ein Magazin hat der Dom sehr gelitten, und erst in der neuesten Zeit ist er restaurirt und dem Schiff der Kirche ein hölzernes, mit Schiefer gedecktes Dach, sowie dem größern östlichen Thurm eine kunstvoll gearbeitete eiserne, 70 Fuß hohe Kuppel zur Bedeckung gegeben worden. Die Ignatiuskirche, von einfacher, schöner Architektur, enthält treffliche Deckengemälde. Die St. Stephanskirche von 1318, auf dem höchsten Punkt der Stadt gelegen, wurde bei der erwähnten Explosion sehr beschädigt, ist seitdem wieder hergestellt und mit schönen Glasmalereien ausgestattet worden u. enthält das Grabmal des Gründers des Doms, des Erzbischofs Willigis. Die St. Emmeranskirche hat über dem Hochaltar ein schönes Altarbild (von Maulperch), die Himmelfahrt Mariä darstellend. Die St. Peterskirche enthält Kuppelgemälde von Appiani und ein schönes Denkmal des Generals Wolkenstein. Außerdem sind zu nennen: die St. Quintinskirche mit prachtvollem Altar (von 1650) u. schönen Skulpturen, die St. Rochus-, die Augustiner- (Seminar-) und die Johanniskirche, sowie mehre ehemalige Klostergebäude. Andere hervorragende Gebäude sind: das großherzogliche Schloß, früher dem deutschen Orden gehörig, 1714—16 erbaut; das aus rothem Sandstein aufgeführte ehemalige kurfürstliche Schloß (1627—28 erbaut), jetzt zum Theil als Lagerhaus des Freihafens dienend, aber auch die Stadtbibliothek, eine Gemäldegallerie und Antiquitätensammlung enthaltend; das Zeughaus (von 1736) mit zahlreichen Waffen und Rüstungen; der Kommandantur-, Regierungs-, Justiz- und Gouvernementspalast; das Militärkrankenhaus (früher Nonnenkloster); das Theater; die großartige, 1839 aufgeführte Fruchthalle; mehre Kasernen; Gutenbergs Wohnhaus und mehre andere durch die Erfindung der Buchdruckerkunst merkwürdige Gebäude. Außer den schon genannten Denkmälern sind noch zu nennen: der Neu- und der Marktbrunnen und die im Okt. 1862 enthüllte Schillerstatue. An Unterrichts- und sonstigen Bildungsanstalten besitzt M. ein bischöfliches Priesterseminar, ein Gymasium, eine Real- und Handelsschule, eine Entbindungs- und Kleinkinderbewahranstalt, zahlreiche Elementar- und Privatschulen, einen Verein für Kunst und Literatur, einen alterthumsforschenden Verein, eine rheinische naturforschende Gesellschaft, einen Gartenbau- und einen Musikverein. Die 1477 hier errichtete Universität wurde 1790 aufgehoben. Von sonstigen gemeinnützigen Anstalten hat die Stadt eine Handelskammer, eine Gewerbehalle, ein Korrektions- und Arresthaus. Auch bestehen daselbst ein Filial der darmstädter Bank für Handel und Industrie, ein Dampfschleppschifffahrtsverein, eine Rheinschifffahrtsassekuranzgesellschaft 2c. Die Stadt hat (Ende 1861) 41,279 Einw., ohne die Garnison, welche im Frieden aus 8000 Mann preußischer, österreichischer u. hessischer Truppen, im Krieg aus 22,500 Mann besteht. Handel u. Verkehr sind von großer Bedeutung, ebenso die gewerbliche Industrie. Haupterzeugnisse der letzteren sind: Leder, Möbel, Holzwaaren, Fortepianos und andere musikalische Instrumente, Wägen, Korbwaaren, Maschinen, Silber- und Goldwaaren, chemische Produkte, Seife, Hüte, Etuis- und Portefeuillearbeiten, Tapeten und Spielkarten, Cigarren und Tabak, Baumwoll- u. Wollzeuche, Bier, moussirende Weine. Auch die Buch- und Kupferdruckereien sind von Bedeutung. Ausgeführt werden besonders Getreide, Mehl, Oel, Wein, Industrieerzeugnisse, lebhaft ist auch die Holzflößerei. Die Stadt ist von schönen Promenaden umgeben, an die sich beim Neuthor die „neue Anlage" anschließt, einer der besuchtesten Vergnügungsorte. Außerhalb des Gauthors sind die Ueberreste einer ehemals 3000 Fuß langen römischen Wasserleitung sehenswerth, von deren 500 Pfeilern noch 62 von 30 Fuß Höhe übrig sind. Die umfangreichen und starken Befestigungswerke, welche seit dem letzten französischen Krieg sehr in Verfall gerathen waren, sind neuerlich auf Bundeskosten wieder hergestellt und erweitert worden. Sie bestehen aus 13 Bastionen, einem Kronenwerk an der Südseite und einer in die Umwallung eingefügten Citadelle, welche ein bastionirtes Viereck bildet, und in welcher der sogenannte Eichelstein steht, angeblich das Grabmal des Drusus, dessen 42 Fuß hohe Spitze den schönsten Ueberblick über M. und die Umgegend darbietet. Sämmtliche Bastionen sind mit Ravelins und andern Außenwerken versehen. Oberhalb des städtischen Begräbnißplatzes erhebt sich (seit 1844) ein großer montalembertischer Thurm (der Bingenthurm) für etwa 30 Geschütze, und oberhalb des Dörfchens Zahlbach ein darnach genannter ähnlicher, etwas kleinerer Thurm für 20 Feuerschlünde. Die innern Festungswerke zu beiden Seiten des Gauthors sind mit neuen Kasematten versehen; auf dem hochgelegenen Platze der Eisgrube erhebt sich (seit 1844) die prächtige Defensionskaserne, deren Wallseite mit einem kleinen montalembertischen Thurm, einem gemauerten gedeckten Weg und mehr als 80 Kanonenscharten versehen ist. Ein ähnliches bombenfestes Gebäude erhebt sich am Schloßplatz. Auch der am rechten Ufer des Rheins gelegene Theil der Festung, das Städtchen Kastel, ist neuerlich beinahe gänzlich umgebaut worden. Die Festungswerke bestehen aus 6 Bastionen und 4 Ravelins zur Deckung der Schiffbrücke. Alle diese Werke sind aber vergrößert, verstärkt und mit den äußern Forts in genauere Verbindung gebracht. Auf der Mainspitze steht (ebenfalls seit 1844) ein großes Kasemattencorps mit runden montalembertischen Thürmen, im Ganzen für 50 Geschütze, welches den Main, den Rhein und die ganze obere Gegend bestreicht. Ein ähnlicher Bau befindet sich auf der Rheininsel Petersau, der nebst den südlich von Kastel von den Franzosen theils neu angelegten, theils verstärkten Forts Montebello und Mars die untere Gegend beherrscht. Desgleichen ist auch das rechte Ufer des Mains durch ein Werk befestigt und dadurch die gewaltige Vertheidigungskette geschlossen, welche die deutsche Bundesfestung M. zu einer der stärksten und wichtigsten in Europa macht. Die Stellen eines Gouverneurs, Vicegouverneurs u. Kommandanten wechseln alle 5 Jahre zwischen Oesterreich u. Preußen, so daß einmal der Gouverneur und Vicegouverneur von Oesterreich, der Festungskommandant von Preußen gestellt wird, und so umgekehrt. Die Artilleriedirektion ist immer österreichisch u. die Geniedirektion immer preußisch.

Auf der Stelle, wo jetzt M. liegt, hatten zuerst die Celten eine Niederlassung gegründet. Dieselbe ward von den Römern genommen und darauf von Martius Agrippa hier ein befestigtes Lager angelegt, welche 13. v. Chr. von der hier stationirten 14. römischen Legion unter Drusus Germanicus in ein Castrum verwandelt ward, das den Namen Moguntiacum erhielt; nach den 1631 aufgefundenen Spuren mag es aus einer 5 Fuß starken Mauer mit einem Umfang von 16,430 Fuß bestanden haben. Auch erbaute jene Legion, welche fast ein Jahrhundert hier lag u. dann durch die 22. ersetzt wurde, das kleine Castrum (Castrum Drusi) auf dem rechten Rheinufer, das jetzige Kastell. Kaiser Trajan soll auf dem rechten Rheinufer, südlich vom Main, wo später die Gustavsburg stand, ein neues Kastell (Castellum Trajani), das in der Folge den Namen Kufstein erhielt, erbaut und auch das Kastell links am Rhein mit dem Castrum Drusi durch eine Rheinbrücke verbunden haben. Hierzu kamen durch Hadrian das Castellum superius und das Castellum inferius im Osten und Westen vom Hauptkastell. Schon vor Kaiser Marc Aurel siedelten sich Germanen um diese Kastelle an, und auf diese Weise entstand eine Stadt, Civitas Moguntiaca oder M., welche die Römer nachher zur Metropole von Germania prima erhoben. In der Mitte des 4. Jahrhunderts eroberten die Alemannen, 406 die Vandalen, 451 die Hunnen die Stadt; letztere legten sie völlig in Asche. Erst der fränkische König Dagobert baute sie 612 wieder auf und erweiterte sie bis an den Rhein. Im Jahre 712 wurde M. vom Bischof Sigbert mit Mauern umgeben, 720 von den Burgundern belagert, aber von Karl

Martell entsetzt. Die erste Blüthezeit der Stadt begann um 750 mit Bonifacius. Karl der Große errichtete 830 eine neue hölzerne Brücke auf den Pfeilern der alten trajanischen, die aber 10 Jahre hernach wieder abbrannte. Auch die Erzbischöfe Hrabanus Maurus, Hatto I. und Willigis machten sich verdient um die Stadt. Von den hier abgehaltenen Kirchenversammlungen sind die namhaftesten: die von 813, von Karl dem Großen veranstaltet; die von 848, auf welcher der Mönch Gottschalk wegen seiner Prädestinationslehre verdammt wurde; die von 1075, wegen Einführung des Cölibats gehalten; die von 1080 u. 1085, von Gregor VII. wegen des über Heinrich IV. ausgesprochenen Bannfluchs anberaumt, auf deren letzterer der genannte Kaiser für abgesetzt erklärt wurde. Im Jahre 1104 wurde hier auf einem großen Reichstag Kaiser Heinrich IV. seiner Krone für verlustig erklärt. Auch Friedrich I. hielt in M. mehre Reichstage ab. Zu Anfang des 13. Jahrhunderts legte Arnold Saalmann der Waltbode hier den Grund zu der 1255 zur Erringung des Landfriedens und Sicherung des Handels errichteten rheinischen Hansa, an deren Spitze M. stand. Im Jahre 1440 ward in M. von Gutenberg die Buchdruckerkunst (s. d.) erfunden. In dem Streite zwischen dem abgesetzten Kurfürsten Dietrich II. von Isenburg und seinem Nebenbuhler Adolf II. von Nassau kam M. durch Eroberung des letztern 1462 an das Erzstift, welchem es der Kaiser Maximilian 1486 förmlich einverleibte. In den Zeiten der kirchlichen Unruhen des 16. Jahrh. und des dreißigjährigen Kriegs war M. manchen Bedrängnissen ausgesetzt. Vom 30. Juni bis 28. August 1552 hatte die Stadt Erpressungen u. Gewaltthätigkeiten jeder Art durch den Markgrafen Albrecht von Brandenburg-Kulmbach u. seine Schaaren zu erdulden, während der Kurfürst u. die Geistlichkeit die Stadt verlassen hatten, aus der sich Albrecht erst bei der Annäherung der kaiserlichen Völker zurückzog. Am 13. Dec. 1631 fiel die Stadt durch Kapitulation in die Hände Gustav Adolfs u. wurde nun der Mittelpunkt aller ferneren schwedischen Kriegsoperationen. Gustav Adolf ließ die Gustavsburg anlegen und die Festungswerke ausbessern und mit neuen Schanzen versehen. Erst 1635 ging M. nach einer dreimonatlichen tapfern Vertheidigung der schwedischen Besatzung an die Kaiserlichen unter Gallas über, welche die Stadt 1636 dem wiederkehrenden Kurfürsten zurückgaben. Kurfürst Johann Philipp suchte die Wunden, die der Krieg geschlagen, zu heilen u. ließ die Stadt durch den Italiener Spalla von Neuem befestigen; aber Kurfürst Anselm Franz übergab sie den Franzosen (1688), und 1689 wurde sie abermals von Bayern und Sachsen und von dem Herzog von Lothringen erobert. Als 1734 die Franzosen aufs Neue Miene machten, M. zu nehmen, legte der Prinz Eugen eine starke Besatzung hinein und erhielt zur Verbesserung der Festungswerke 1735 vom Reiche 2 Römermonate verwilligt. Am 17. Oktober 1792 erschien der französische General Custine mit einem beträchtlichen französischen Corps vor der Stadt, und dieselbe mußte, für eine Belagerung nicht gerüstet, schon am 21. kapituliren. Die Wiederoberung des für die Fortsetzung des Krieges gegen die französische Republik überaus wichtigen Platzes wurde nun von Seiten der Feldherren Oesterreichs u. Preußens für das nächste Ziel der Operationen zu Anfang des Feldzuges von 1793 gehalten u. die Einschließung am 31. März unter dem General Kalckreuth begonnen. Am 23. Juli erfolgte die Uebergabe, wobei die Besatzung, noch 18,000 Mann stark, mit kriegerischen Ehren abzog. Im Herbst 1794 erschien von Neuem ein französisches Heer unter den Generalen Ambert und Kleber vor der Stadt, wurde aber vom österreichischen Feldmarschall Clairfayt zurückgeschlagen, worauf die Stadt bis Ende 1797 von österreichischen Truppen besetzt blieb. Durch den Frieden zu Luneville 1801 kam M. ohne Schwertstreich in die Hände der Franzosen. Die Verwaltung des französischen Präfekten Jeanbon St. André war dem Wiederaufblühen der durch die Kriegswirren gesunkenen Stadt vielfach förderlich. In den ersten Tagen des November 1813 zogen die Reste des französischen Heeres über die Rheinbrücke ein, u. am 2. u. 3. Jan. 1814 nahm die Einschließung der Stadt durch die Allürten ihren Anfang. Auf Befehl des Königs Ludwig XVIII. übergab der Gouverneur den 4. Mai die Festung, und durch den pariser Frieden 1814 wurde M. Deutschland wieder einverleibt und im Juni 1816, nach einem Beschlusse des wiener Kongresses, dem Großherzog von Hessen-Darmstadt zur Entschädigung abgetreten, jedoch mit der Beschränkung, daß M. in militärischer Hinsicht als deutsche Bundesfestung betrachtet und als solche von österreichischen und preußischen Truppen besetzt werden soll (s. oben). In Folge der karlsbader Beschlüsse ward M. 1819 der Sitz der Centraluntersuchungskommission gegen die demagogischen Umtriebe, die am 20. März 1828 ohne ein nennenswerthes Ergebniß ihrer Bemühungen geschlossen ward. Im Sommer 1842 fand in M. eine große deutsche Industrieausstellung Statt. Nach mehren seit März 1848 vorausgegangenen Konflikten zwischen Besatzung und Civilisten entstand am 14. Mai ein Tumult wegen der Schleppschifffahrt, und am 21. Mai d. J. brach ein blutiger Straßenkampf zwischen den Bürgern und dem preußischen Militär aus, in Folge dessen die Stadt in Belagerungszustand erklärt wurde. Den 24. Mai traf eine Kommission von der Nationalversammlung zu Frankfurt ein, welche sich über die Sachlage unterrichten sollte, wobei der Belagerungszustand wieder aufgehoben wurde. Ein anderer Aufstand ward am 1. Juli 1850 durch eine Versammlung des Piusvereins veranlaßt. Durch die Explosion eines Pulverthurms auf dem alten Kästrich am 18. November 1857 wurde dieser Stadttheil fast völlig zerstört. Vergl. Werner, Der Dom von M. und seine Denkmäler 2c, Mainz 1827—29, 2 Bde.; Brühl, M., geschichtlich, topographisch und malerisch dargestellt, das. 1829; Schaab, Geschichte der Stadt M., das. 1841—44, 2 Bde.; Derselbe, Geschichte der Bundesfestung M., das. 1835; M. und seine Umgebung, Darmstadt 1843; Dilthey, Das römische M., in Künzels „Geschichte von Hessen“, Friedberg 1856.

Maipu (Mayppu), 1) Vulkan in den südamerikanischen Andes, in der chilenischen Provinz Santiago, 17,664 Fuß hoch. — 2) Fluß daselbst, bekannt durch den Sieg, welchen hier die Insurgenten von Chile unter O'Higgins über den spanischen General Osorio erfochten, und welcher Chile's Unabhängigkeit entschied.

Maira, 1) Fluß im Königreich Sardinien, entspringt am Col d'Argentiera, fließt östlich und fällt nördlich von Savigliano in den Po. — 2) Fluß im schweizerischen Kanton Graubünden, fällt in den See von Chiavenna.

Maire (franz.), in Frankreich der erste Kommunalbeamte oder Vorsteher eines Gemeindebezirks, wird zwar von der Gemeinde gewählt, bedarf aber der Bestätigung von Seiten des Regenten, welche in Gemeinden, die unter 2000 Einwohner haben, vom Departementspräfekten im Namen der Regierung vollzogen wird. Die amtlichen Befugnisse des M. sind sehr verschiedenartig. Er ist zuvörderst Richter und öffentlicher Ankläger in Polizeisachen, dann Regierungsbeamter, der die Gesetze, Verordnungen und Bescheide der Regierung der Gemeinde zur Kenntniß bringt, die Civilregister verwaltet, die Wohlfahrts- und Sicherheitspolizei ausübt und überhaupt die Interessen des Staats und der Regierung vertritt. Die von ihm ausgehenden Anordnungen bedürfen aber der Bestätigung von Seiten der Oberbehörde und haben daher nur provisorische Geltung. Auf der andern Seite ist der M. auch Kommunalbeamter und hat als solcher die Interessen der Kommune oder einzelner Mitglieder derselben dem Staate gegenüber zu vertreten, die vom Gemeinderath verwilligten Gelder ihrem Zwecke gemäß zu verwenden und darüber Rechnung abzulegen, das Kommunalvermögen zu verwalten, die Kommunalbauten zu beaufsichtigen und zu leiten und ist überhaupt der Beschützer und Rathgeber der ganzen Gemeinde, sowie jedes einzelnen Mitglieds derselben nach allen Seiten hin. Wo es die Größe der Bevölkerung nöthig macht, hat der M. einen oder mehre Adjunkte (Adjoints). Der M. steht unter dem Präfekten des Departements; seine Absetzung kann aber nur das Ministerium verfügen.

Mairia *Nees*, Pflanzengattung aus der Familie der Kompositen, charakterisirt durch das gestrahlte Blumenköpfchen, den nackten, etwas ausgehöhlten Fruchtboden, den aus wenigen Reihen fast dachziegeliger Schuppen bestehenden Kelch, die unten unbewehrten Antheren und die flachen, zusammengedrückten Samen mit federiger Krone, ausdauernde Kräuter und Halbsträucher auf dem Kap, deren bekannteste Art: M. crenata *Nees*, Aster crenatus *Less.*, mit 4—6 Zoll hohem, einblumigem Schaft und großer, schöner Blüthe, mit rosenrothen oder blaßrothen Strahlblümchen und gelber Scheibe, eine schöne Zierpflanze ist.

Mais (Zea *L.*), Pflanzengattung aus der Familie der Gramineen, charakterisirt durch die monöcischen Blüthen, u. zwar sind die männlichen endständig, traubig-rispig mit paarigen, gestielten, 2blüthigen Aehrchen, sitzenden Blüthchen u. länglichen, konvexen, grannenlosen Kelchspelzen, häutigen, ausgerandeten, ebenfalls grannenlosen Blüthenspelzen, etwas fleischigen, gestutzten Schüppchen u. 3 Staubgefäßen; die weiblichen Blüthen stehen in mehren Längsreihen auf einer fleischigen Spindel und bilden einen blattwinkelständigen, von den Blattscheiben umschlossenen Kolben; die Aehrchen bestehen aus 2 fruchtbaren Blüthen, unter welchen eine geschlechtslose befindlich ist, haben 2 breite, häutige, nerven- und grannenlose Kelchspelzen und 2 konvexe, häutige, ebenfalls nervenlose Blüthenspitzen und keine Schüppchen. Der Fruchtknoten ist kahl; der fadenförmige Griffel hängt als zierlicher Büschel aus den Blattscheiben heraus; die Narbe ist zart gewimpert. Die aus vielen Aehren gebildete männliche Blüthenrispe bildet als „Fahne" die Spitze der Pflanze, und die Kolben enthalten die Samenkörner in 8 paarweise geordneten Reihen; die Körner sind rund, nierenförmig, flach, eckig; der Halm ist dick und saftig und mit 2—3 Finger breiten herabhängenden Blättern besetzt. Die Wurzeln verbreiten sich mehr flach und seitlich; die untern Halmknoten haben die Fähigkeit, bei Bedeckung mit Erde stets neue Wurzeln zu bilden. Der M. ist auf beträchtliche Nährstoffmengen in nächster Nähe angewiesen, weshalb er nur in Reihenkultur gebaut wird und dadurch, sowie durch die reichliche Düngung, welche er erfordert, und die vollständige Beschattung bodenverbessernd wirkt. Der gemeine M. (Wälschkorn, türkischer Weizen, Kukuruz) bildet gegenwärtig für ganz Südeuropa, Nord- und Südamerika und einen großen Theil von Asien und Afrika die herrschende Brodfrucht. Er wird in einer unendlichen Menge von Spielarten angebaut, welche jedoch sehr leicht wieder ausarten und sich verbastardiren; man unterscheidet sie hauptsächlich nach der Farbe, Form und Anordnung der Körner, resp. der Zahl der Reihen im Kolben. Je nördlicher der M. gebaut werden soll, um so mehr muß man auf niedrige Saaten u. Zucht sehen, wenn man reife Körner haben will; als Futterpflanze aber haben die hohen, viel massigeren Saaten, z. B. der Riesenmais, der 10—14 F. hoch wird, den Vorzug. Niedriger Kolbenansatz wird durch öfteres Bedecken mit Erde erreicht. Die eigentliche Maisregion fällt mit der des Weins zusammen. Wärme, Lockerheit, Tiefgründigkeit u. mäßige Frische sind die Anforderungen, welche der M. an den Boden stellt; reichlichste (Mist-) Düngung verlangt und verträgt er. Der Boden muß aufs sorgsamste vorbereitet werden, daher der M. am besten auf Hackfrüchte folgt. Man säet nach der Frostzeit, in Reihen, welche öfters behackt werden müssen; alle reichlichst hervorkommenden Seitentriebe, welche ein gutes Futter liefern, sind auszubrechen; vielfach wird der M. auch nach vollendeter Befruchtung entfahnt, was jedoch besser unterlassen wird. Dem M. stellen viele Feinde nach, und besonders sind ihm die Raben gefährlich, auch leidet er an Brand. Als Grünfutter wird er am besten geschnitten, stets aber mit stickstoffhaltigen Futterstoffen im Gemisch gegeben, da er für sich allein als stickstoffarm kein genügendes Futter ist, wohl aber seine saftige Beschaffenheit und Süße dem Milchvieh und der milchsüße Kolben den Pferden sehr zusagt. Ueber die Benutzung der Maisstengel zur Zuckergewinnung s. Zucker. Die Körner enthalten nächst dem Reis die größte Menge von Stärkmehl unter den Cerealien, weshalb Maisschrot ebenfalls nur in Vermischung mit stickstoffreichen Substanzen, Bohnen, Kleie, Oelkuchen, zu voller Ausnutzung kommt, sich aber auch vorzüglich zur Destillation von Spiritus eignet. Die wenigen Procente Stickstoff hindern bis jetzt noch die Verarbeitung auf Stärkmehl. Für den Menschen genießbar sind schon die jungen, als überschüssig auszubrechenden Kolben, wie Gurken in Essig eingemacht das Mehl der reifen Körner wird hauptsächlich zu Puddings, Suppen, Nudeln (Maccaroni), aber auch (mit Roggen- od. Weizenmehl) zu Brod verarbeitet. Die Stengel werden als Brennmaterial, zum Dachdecken und zu Korbgeflechten benutzt, oder, klein geschnitten, mit Salz in Gruben u. Fässern zu Futter eingemacht; sie können bis in den Winter auf dem

Felde stehen bleiben. Die Fasern der Stengel und der Blätter geben ein haltbares Gespinnst, die zahlreichen, die Kolben umgebenden Blätter elastisches Polster für Sessel, Matratzen, Sättel u. dergl.; neuerdings hat man sie, besonders in Oesterreich, auch mit Nutzen zu Papier verarbeitet (s. Papier). Die Kolben müssen bei der Ernte künstlich, auf Darren od. in Lufthausen, getrocknet und durch besondere Maschinen enthülst werden. Die enthülsten Kolben liefern einen vortrefflichen Brennstoff. Nicht leicht gibt eine andere Pflanze so vielfache Nutzung in allen ihren Theilen und nicht leicht eine andere unter ihr überhaupt zusagenden Bedingungen so große Mengen von Viehfutter. Als Grünfutterpflanze gebaut liefert sie auf den preußischen Morgen bis 600 Ctnr.; als Körnerfrucht 10—16 Ctnr. Körner, 30—40 Ctnr. Stroh, 3—4 Ctnr. Deckblätter, 6—10 Ctnr. Kolben u. 5 bis 15 Ctnr. frische Seitentriebe zum Füttern. Man hat den M. noch nicht sicher wild gefunden. A. de St. Hilaire erhielt eine Abart mit langen Spelzen, welche er Z. M. tunicata nannte, und von welcher ein junger Guaranyindianer aus Paraguay behauptete, daß sie in den feuchten Wäldern seiner Heimat wild wachse. Bonafous nannte dieselbe Form Z. cryptospermum u. hielt sie für eine besondere Art. Der M. war zur Zeit der Entdeckung Amerika's dort so allgemein angebaut wie bei uns der Weizen und die Gerste. In mehren Varietäten wuchs er von Chile und Brasilien bis nach Virginien und Kalifornien. Durch Columbus nach Spanien gebracht, ward er um 1560 zuerst in Italien gebaut. Aus Amerika bezieht man noch gegenwärtig nur Abarten dieses höchst schätzbaren Getreides. Vgl. Bürger, Naturgeschichte und Kultur des M., Wien 1811; Duchesne, Ueber den M., deutsch von Schmidt, Ilmenau 1833; Lengerke, Anleitung zum Maisbau, Berlin 1850; Werner, Der M., Darmstadt 1857.

Maische, s. Branntwein.

Maisschwamm, s. v. a. Musseron, Tricholoma (Agaricus) graveolens *Pers.*

Maisfuselöl, farblose oder gelbliche brennbare Flüssigkeit, von eigenthümlichem, starkem, zum Husten reizendem Geruch, entsteht bei der Gährung der Maismaische, geht bei der Destillation mit dem Alkohol zugleich über und wird wie die übrigen Fuselöle benutzt.

Maisöl, fettes, in den Maiskörnern zu 6—9 Procent enthaltenes Oel, welches durch Pressen erhalten werden kann, sich aber auch beim Einmaischen abscheidet. Es ist goldgelb oder bräunlichgelb, riecht und schmeckt nicht unangenehm und wird zur Seifenbereitung, als Schmieröl und Leuchtmaterial benutzt.

Maison, Nicolas Joseph, Marquis, Pair und Marschall von Frankreich, geboren am 19. December 1770 zu Epinay bei St. Denis, trat 1792 in die Armee ein und machte die Schlacht bei Jemappes schon als Hauptmann mit. Hierauf in Paris in Anklagestand versetzt, aber freigesprochen, kehrte er zur Nordarmee zurück, nahm als Adjutant des Generals Goguet am Feldzug von 1794 Theil und wurde bei Fleurus stark verwundet. Im Jahre 1796 erwarb er sich bei der Eroberung der Brücke von Limburg den Rang eines Bataillonschef, focht hierauf unter Bernadotte in Franken und ging dann zur Armee nach Italien. Im Jahre 1799 wurde er Generaladjutant des Kriegsministers Bernadotte, focht im folgenden Jahre in Holland gegen die Engländer und Russen, begleitete dann seinen General zur Westarmee und wurde nach dem Frieden von Amiens zum Befehlshaber des Departements Tanaro ernannt. Bei Austerlitz bekundete er Muth und militärische Talente. An dem preußischen Feldzuge von 1806 nahm er als Brigadegeneral Theil, verfolgte nach der Schlacht bei Jena Blücher bis Lübeck, wurde Gouverneur dieser Stadt und im folgenden Jahre Chef des Generalstabs bei seinem Armeecorps. Im Jahre 1808 kämpfte er in Spanien unter General Victor, entschied den Sieg bei Espinosa de los Monteros, wurde aber bei der Einnahme von Madrid verwundet. Im Jahre 1809 machte er wieder unter Bernadotte den Feldzug nach Holland mit und befehligte in Rotterdam und dann im Lager bei Utrecht. Im russischen Feldzug von 1812 ernannte ihn Napoleon I. nach der Schlacht bei Polotsk zum Divisionsgeneral und auf dem Schlachtfelde an der Beresina zum Baron. An des verwundeten Oudinot Stelle mit dem Oberbefehl über das zweite Armeecorps betraut, deckte er den Rückzug des französischen Heeres nach der Weichsel. Im Feldzug von 1813 kämpfte er unter Lauriston, nahm Halle ein, besetzte Leipzig und trug viel zum Sieg bei Bautzen bei. Nach der Schlacht an der Katzbach deckte er den Rückzug und focht dann in der Schlacht bei Leipzig mit, wo er wieder gefährlich verwundet wurde. Gegen Ende 1813 wurde er beauftragt, als Oberbefehlshaber der Nordarmee den Rhein gegen die Alliirten zu behaupten. Vom Kaiser zum Großoffizier der Ehrenlegion und zum Grafen ernannt, schützte er 1814 Belgien vor dem Eindringen des Herzogs von Weimar und des Kronprinzen von Schweden, mußte sich aber später von Antwerpen auf Lille zurückziehen, bis er mit 5000 Mann die Verbindung mit ersterer Stadt wieder herstellte und die Schlacht bei Courtray gegen Thilemann und Wallmoden gewann. Nach der Abdankung Napoleons I. schloß er am 7. April einen Waffenstillstand ab und unterwarf sich Ludwig XVIII., der ihn zum Ludwigsritter und bald nachher zum Pair und Gouverneur der Hauptstadt ernannte. Als Napoleon I. von Elba zurückkehrte, erhielt M. unter den Befehlen des Herzogs von Berri das Kommando der vor den Mauern der Hauptstadt versammelten Truppen. Als das Offiziercorps des zu Napoleon I. übergegangenen Heeres ihn als Gefangenen zurückhalten wollte, ergriff er die Flucht und begleitete den König nach Belgien, der ihn nach der Restauration von Neuem zum Gouverneur der ersten Militärabtheilung ernannte. Da er als Mitglied des über den Marschall Ney bestellten Kriegsgerichts sich für inkompetent erklärte, verlor er seine Gouverneursstelle und wurde zur 8. Division nach Marseille versetzt. Indeß ward er bei der neuen Organisation der Pairskammer 1817 vom König zum Marquis ernannt, in welcher Stellung er sich, so oft Nationalfreiheiten zur Sprache kamen, durch Freimüthigkeit auszeichnete. Im Jahre 1828 kommandirte er die französische Division in Morea, zwang dort Ibrahim Pascha am 7. September zur Einschiffung, nahm Navarin, Koron und Patras ein und suchte die Halbinsel in Vertheidigungszustand zu setzen. Im Jahre 1829 kehrte er nach Frankreich zurück und erhielt den Marschallsstab. Bei der Revolution von 1830 erklärte er sich für die Dynastie Orléans, übernahm am 2. Nov.

auf einige Wochen das Ministerium des Auswärtigen und ging dann als Gesandter nach Wien und 1833 in derselben Stellung nach Petersburg. Vom März 1835 bis 19. September 1836 hatte er das Portefeuille des Kriegs inne, zog sich hierauf von allen Staatsgeschäften zurück und † am 13. Februar 1840.

Maistre, 1) Matthäus Le-M., namhafter Komponist in der Entwickelungszeit der evangelischen Tonkunst, von Geburt ein Flamländer, wirkte erst als Kapellmeister in Mailand, sodann von 1554 bis 1565 als Direktor der kurfürstlichen Kantorei in Dresden, wo er 1577 †. Seine Kompositionen waren zu ihrer Zeit sehr beliebt. Vergl. Kade, Matthäus Le-M. (Mainz 1862).

2) Joseph, Graf von M., französischer staatsphilosophischer Schriftsteller, einer der namhaftesten Vertreter des Absolutismus, geboren zu Chambéry den 1. April 1754, war seit 1787 piemontesischer Senator, wanderte aber nach der Besitznahme Savoyens durch die Franzosen 1792 aus, kehrte später ins Königreich Sardinien zurück und ward 1803 Gesandter in Petersburg. Von hier aus förderte er nach dem Sturze Napoleons I. die Reaktion der klerikalen Partei in Turin. Da er mit den Jesuiten in enger Verbindung stand, mußte er, als diese 1817 aus Rußland verwiesen wurden, seinen Posten in Petersburg aufgeben, trat aber dafür in Turin ins Ministerium ein und † den 25. Februar 1821 daselbst als Staatsminister und Vorsteher der Großkanzlei. In seinen Schriften: „Considérations sur la France“ (Par. 1796 u. öfter), „Essai sur le principe générateur des constitutions politiques“ (Petersburg 1810; neue Ausgabe, Paris 1814) u. „Du pape“ (Lyon 1820 u. öfter, 2 Bde.), erklärt er für das einzige Heilmittel aller Uebelstände die Zurückführung der Völker unter die alte Zucht und die alten Institutionen des mittelalterlichen päpstlichen Christenthums. Noch sind von seinen Werken zu erwähnen „Les soirées de St. Petersbourg“ (Paris 1822, 2 Bde.), „De l'église gallicane“ (das. 1821) und sein nachgelassenes „Examen critique de la philosophie de Bacon“ (das. 1831, 2 Bde.). Aus seinen hinterlassenen Manuskripten veröffentlichte sein Sohn, Graf Rudolf de M., „Lettres et opuscules inédits“ (Paris 1851, 2 Bde.). M.'s „Correspondance diplomatique“ gab Plank (Paris 1860, 2 Bde.) heraus.

3) Xavier de M., französischer Schriftsteller, Bruder des Vorigen, geboren zu Chambéry im Okt. 1764, diente anfangs im sardinischen Heer, folgte aber nach dem Feldzuge von 1799 dem Feldmarschall Suwarow nach Rußland, wo er ebenfalls in Militärdienst trat. Nachdem er seine Entlassung genommen, lebte er seit 1817 abwechselnd in Frankreich und in Petersburg, wo er den 12. Juni 1852 †. Von seinen Erzählungen sind hervorzuheben: „Les prisonniers du Caucase“, „Prascovie ou la jeune Sibérienne“, „Le lépreux de la cité d'Aoste“ (Paris 1811). In seiner anfangs anonym erschienenen „Voyage autour de ma chambre“ (Petersb. 1794; neue Aufl., Paris 1845) bekundete er nicht gewöhnliche satirische Begabung. Seine „Oeuvres“ erschienen Paris 1825 und öfter, 3 Bände.

Maitland, schottische Familie, s. Lauderdale.

Maitrank, beliebtes Getränk, welches aus leichtem, aber gutem Wein besteht, von dem man 4 Flaschen auf 1—2 Handvoll blühenden Waldmeisters (Asperula odorata), dem etwa 1/2 Handvoll Blätter von der schwarzen Johannisbeere (Ribes nigrum) und Pfeffermünze (Mentha piperita), nach Belieben auch Apfelsinenscheibchen beigemischt sind, gießt und mit 1/2 Pfund Zucker versüßt. Die Kräuter sammelt man am besten des Morgens und läßt sie 6 Stunden welken, vor dem Gebrauch aber wieder etwas anfrischen. Die Maitrankessenz ist entweder ein sehr starker Extrakt vom Waldmeister, oder ein künstliches Fabrikat.

Maitre (franz.), Meister, Lehrer; M. de plaisir, Hofbeamter, dem die Anordnung der Lustbarkeiten obliegt; M. de requêtes, s. v. a. Requetenmeister.

Maitresse (franz.), Gebieterin, Herrin; Geliebte, Kebsweib.

Maittaire, Michel, französischer Philolog und Bibliograph, geboren 1668 in Frankreich von protestantischen Aeltern, ging nach der Aufhebung des Edikts von Nantes nach England und studirte in Oxford. Im Jahre 1695 wurde er Lehrer an der Westminsterschule zu London, wo er am 18. Sept. 1747 †. Man verdankt ihm eine Folge von guten Ausgaben griechischer u. lateinischer Klassiker (London 1711—19, 18 Bde.), ferner die die Titel aller bis 1557 gedruckten Bücher enthaltenden „Annales typographici“ (Haag 1719—25, 5 Bde.), die von Denis mit einem Supplement (Wien 1789, 2 Bde.) bereichert und von Panzer in einer neuen, aber nur bis 1536 reichenden Bearbeitung (Nürnberg 1793 bis 1797, 5 Bde.) herausgegeben wurden. Von den übrigen Werken M.s sind hervorzuheben: „Graecae linguae dialecti“ (London 1706; neue Ausgabe von Sturz, Leipzig 1807) und „Opera et fragmenta veterum poetarum latinorum“ (London 1713, 2 Bde.), vorzüglich wegen typographischer Schönheit geschätzt.

Maiwurm (Oelkäfer, Meloë *L. Fabr.*), Käfergattung aus der Familie der Halskäfer, charakterisirt durch den freien, nach hinten halsartig abgeschnürten Kopf, die perlschnurartigen Fühler und die verkürzten, klaffenden, lederartig weichen Flügeldecken. Die Weibchen dieser Käfer legen im Frühjahr in Zwischenräumen von 2—3 Wochen ihre zahlreichen Eier in ein Erdloch, welches sie an einem sonnigen Orte graben. Nach 4—5 Wochen schlüpfen die jungen gelben, den Flöhen sehr ähnelnden Larven, die man früher als eigne Schmarotzerart (Triungulinus apium) beschrieb, aus u. kriechen in blühende Pflanzen, welche von Bienen und Grabwespen besucht werden, denen sie sich dann anhängen, um an ihnen zu saugen und sich in die Nester derselben tragen zu lassen, wo sie die Larven aufzehren. Die Käfer leben auf Grasplätzen. Bei der Berührung tritt aus den Gelenken der Beine ein gelber, zäher Saft, eine blasenziehende Substanz, hervor, weshalb diese Käfer auch in einigen Gegenden Spaniens statt der Kanthariden gebraucht oder ihnen beigemischt werden. Auch benutzte man sie früher bei Wassersucht als harntreibendes Mittel und glaubte selbst darin ein Prophylaktikum gegen die Wasserscheu erfunden zu haben, was sie aber keineswegs sind. Der blaue M. (M. proscarabaeus *L.*) ist gegen 1 Zoll lang, bläulich schwarz und kommt schon im April im Grase und an Wegen häufig vor. Er machte den Hauptbestandtheil des (unwirksamen) preußischen Geheimmittels gegen Wasserscheu aus. Der ächte M. (*M. majalis L.*) hat gleiche Eigenschaften, ist aber seltener als der vorige.

Maixent, St., alte Stadt im französischen Departement Deux-Sèvres, an der Sèvre-Niortaise, hat Fabriken für Tuch, gewirkte Stoffe, Strumpfwaaren, Rüböl, Weinstein, Papier ꝛc., Wollspinnerei, beträchtlichen Handel mit diesen Erzeugnissen, sowie mit Getreide und Senf, eine kaiserliche Stuterei, Pferde-, Esel- und Maulthierzucht und 3930 Einw. Die Stadt hat viel in den Revolutionskriegen und im Vendéekriege gelitten.

Mâjâ (d. i. Täuschung, Schein), in der indischen Mythologie das weibliche Princip der schaffenden Gottheit, die Mutter des schaffenden, erhaltenden und zerstörenden Princips (Brahma's, Vishnu's und Schiwa's), auch des Liebesgottes Kamadewa ꝛc. Wir finden diese große Weltmutter, welche dem männlichen oder dem liebenden Gotte die Bilder der zu schaffenden Dinge gleichsam vorhielt, um ihn dadurch zu veranlassen, ihnen wirkliche Existenz mitzutheilen, im Norden als Mutter des Dschakschiamuni, unter den Mongolen im Osten als Mutter des Fo, im Süden als Mutter des Buddha (Maya), welche drei identisch sind, und im Westen scheint sie von Persien aus in Phönicien und Griechenland als große Göttermutter (Ma) Eingang gefunden zu haben.

Maja, in der griechischen Mythologie die älteste der Töchter des Atlas und der Pleione, Geliebte des Jupiter, von dem sie in einer Höhle des Berges Cyllene den Merkur gebar, ward mit ihren Schwestern in das Sternbild der Plejaden versetzt. Ihr vertraute Jupiter seinen Sohn Arcas an, den er der sterbenden Callisto entrissen hatte. In der römischen Mythologie ist M. s. v. a. Majesta (s. d.).

Maja, Planetoïd, s. Planeten.

Majano, 1) Giuliano da M., italienischer Bildhauer und Baumeister, geboren zu Florenz gegen das Ende des 14. Jahrhunderts, ward nach Bruneleschi's Tode Werkführer des Bau's von Sta. Maria del Fiore u. verweilte in der letzten Zeit seines Lebens in Neapel, wo er im Schlosse Castello nuovo einige Basreliefs, sowie das schöne Thor und die Verzierung der Porta Capuana von weißem Marmor fertigte. In Rom baute er im ersten Hofe des Palastes von St. Peter die Loggien von Travertinstein mit drei Säulenreihen über einander. Sein Hauptwerk aber ist der große Palast, welchen er zugleich mit der Kirche des heiligen Marcus zu Rom unter Papst Paul II. errichtete. Zu Loretto stellte er das Schiff der Kirche wieder her (1464). Er soll zu Neapel nach 1471 gestorben sein.

2) Benedetto da M., neben Ghiberti und Donatello einer der Begründer der Entwickelungsperiode der Skulptur, auch Baumeister u. in seinen frühern Jahren ausgezeichneter Holzschnitzer, Verwandter des Vorigen, geboren 1424 zu Majano, † 1498. Von seinen Werken sind hervorzuheben: das Grabmal des Filippo Strozzi in einer Kapelle von Sta. Maria Novella zu Florenz, die Büste Giotto's im Dom zu Florenz, eine Verkündigung der Maria in Monte Oliveto u. die Marmorkanzel in Sta. Croce zu Florenz, mit 5 Bildern aus dem Leben des heiligen Franciscus. Auch die Säulenhalle an der Kirche della Grazia außerhalb Arezzo vor der Eingangsthür ist sein Werk. Bei seinem Landgute außerhalb Prato vor dem Thore, welches nach Florenz führt, baute er eine noch erhaltene schöne Kapelle, in deren Nische er eine aus Erde geformte Madonna anbrachte; als Altarbild stellte er den todten Christus, die Madonna und St. Johannes in Marmor dar.

Majella, Gebirgszug der südlichen Abruzzen, 12 Meilen lang, erhebt sich im Monte Amaro bis zu 8444 Fuß.

Majesta, in der altitalischen Mythologie eine Naturgöttin, wird bald als Gemahlin Vulkans, bald als Erde oder *Magna mater*, bald als identisch mit der *Bona Dea*, Fauna, Ops und Fatua bezeichnet. Man opferte ihr an den Kalenden des Mai ein trächtiges Schwein.

Majestät (v. lat. *majestas*, d. i. hervorragende Hoheit, Würde, Größe), Bezeichnung der höchsten Gewalt und Würde im Staate, in Monarchien demnach des Regenten, in Republiken der Gesammtheit des Volks oder der vornehmsten Repräsentanten desselben. Schon das römische Volk legte sich zur Zeit der Republik M. bei (*majestas populi Romani*) und konnte dies mit Recht, in sofern es an der Gesetzgebung Theil nahm, seine Magistrate selbst wählte und über Krieg und Frieden entschied. Nach dem Sturze der Republik ging mit der Gewalt auch der Name der M. auf die römischen Imperatoren (*Augusti*) und von diesen auf die germanisch-römischen Kaiser über. Den Königen ward das Prädikat M. erst weit später zugestanden; so wird dasselbe noch in dem Friedensvertrage von Cambray von 1529 nur dem Kaiser Karl V. zugetheilt. Aber bei den Friedensverhandlungen zu Crespy 1554 führte Karl V. den Titel „Kaiserliche M." und Franz I. „Königliche M.". In dem Friedensschlusse von Château-Cambresis von 1559 kommt zuerst der Titel „Allerchristlichste und Katholische M." als dem französischen König zustehend vor. In England legte sich zuerst Heinrich VIII. das Prädikat M. bei, und gegenwärtig wird dasselbe allen europäischen Königen, mit Ausnahme des türkischen Großsultans, welcher bloß den Titel „Hoheit" führt, zugetheilt. Es wird aber von dem bloßen Titel M. die Sache, d. i. die dem Regenten persönlich zukommende höchste Würde, unterschieden, indem letztere einem jeden souveränen Fürsten zusteht. Demgemäß wird auch den Herzögen und solchen fürstlichen Personen, welche im ceremoniellen Kanzleistyl das Prädikat M. nicht führen, persönliche M. zugetheilt, doch nur wenn sie wirkliche (erbliche oder gewählte) Monarchen, also nicht bloß die obersten Regierungsbeamten des Staats sind, wie der Präsident der Vereinigten Staaten ꝛc. Diese persönliche M. ist ein Ausfluß der Unverletzlichkeit des Regenten, vermöge welcher derselbe unverantwortlich ist und Beleidigungen seiner Person als Majestätsverbrechen (s. d.) angesehen werden. Der Titel M. wird in der Regel auch abtretenden Monarchen vorbehalten, während jene persönliche M. nur einem wirklich regierenden Fürsten zukommt.

Majestätsbrief, Name mehrer Urkunden deutscher Kaiser, welche den Unterthanen gewisse Rechte und Freiheiten verbrieften. Vorzüglich wichtig wurde der vom Kaiser Rudolf II. ertheilte M. vom 12. Juli 1609, worin den böhmischen Evangelischen gleiche Rechte mit den Katholischen eingeräumt wurden, u. dessen Aufhebung 1618 durch den Kaiser Matthias den Ausbruch des dreißigjährigen Kriegs (s. d.) veranlaßte. Nach der Schlacht am weißen Berge am 16. November 1620 ward sie vom Kaiser eigenhändig durchschnitten. Vgl. Barrot, Der M., böhmisch und deutsch, Görlitz 1803; Gindely, Geschichte und Ertheilung des M.s, Prag 1858.

Majestätsrechte, s. v. a. Hoheitsrechte, s. Regalien.

Majestätssymbole (lat. u. griech.), Insignien der Majestät, als Krone, Scepter, Reichsapfel etc.

Majestätsverbrechen (Verbrechen der beleidigten Majestät, lat. crimen laesae s. imminutae majestatis), jede rechtswidrige vorsätzliche Handlung oder Unterlassung, wodurch der Staat in seiner Hoheit, d. h. in seinem innern und äußern Rechtsbestand, beeinträchtigt wird. Die Ansichten vom M. und von den darunter fallenden Handlungen sind so verschieden wie Geist und Art der Staaten. Je schwächer die natürlichen Grundlagen der Staatsgewalt sind, desto ausgedehnter ist der Kreis der Handlungen, die sie mit oder ohne Grund fürchten und als M. verfolgen zu müssen glaubt. Besonders in Despotien ist der Begriff des M.s möglichst ausgedehnt und unbestimmt, die Strafe möglichst hart und abschreckend. Aber auch Republiken, wie Venedig, Frankreich, haben diese Neigung gezeigt. In Rom kommt in der älteren Zeit nur die Perduellio vor, d. h. eine Handlungsweise mit der Gesinnung eines Feindes (perduellis-hostis). Erst später bildete sich das M. weiter aus, u. die Perduellio ging nun als eine Gattung darin auf. Das erste Gesetz de majestate imminuta, das des Volkstribunen L. Appulejus Saturninus, wahrscheinlich um 100 v. Chr., war gegen die Störungen der Tribunen u. gegen Aufruhr gerichtet. Ausgedehnter wurde der Begriff des M.s durch ein Gesetz Sulla's (81 oder 80 v. Chr.), besonders aber durch die Lex Julia Majestatis von Cäsar. Neben der Verrätherei an dem auswärtigen Feind verbot sie unerlaubte Zusammenkünfte u. Vereine zu staatsgefährlichen Zwecken, Verschwörungen, Aufruhr, Eigenmacht der Beamten in Anwerben von Truppen, Verbleiben in der Provinz nach Ablauf der Amtszeit etc.; die Strafe war die Verbannung. In der Kaiserzeit galt die Verletzung der Person des Kaisers für eben so verbrecherisch als die Verletzung des Staats, ja es kam bald so weit, daß das erstere Vergehen für strafbarer gehalten wurde als das letztere. Der raffinirte Despotismus eines Tiberius, Caracalla, Domitian erfand eine Menge Handlungen, welche als M. anzusehen seien, so z. B. symbolische Injurien in Beziehung auf das kaiserliche Bildniß (Einschmelzen, Verkaufen, Beschädigen kaiserlicher Statuen), Meineid bei des Kaisers Namen, Anmaßung von kaiserlichen Ehren (z. B. das Tragen von Purpurkleidern) etc. Als Strafe wurde zwar die Verbannung noch immer auferlegt, allein viel häufiger war die Todesstrafe. Konfiskation des Vermögens erfolgte regelmäßig, oft auch Entziehung des ehrlichen Begräbnisses, Trauerverbot für die Hinterbliebenen, Ausstreichen des Namens in den Fasten und auf öffentlichen Inschriften etc. In den schwersten Fällen ging die Strafe der M. theilweise auch auf die Kinder über; die Söhne traf Vermögenslosigkeit, Verlust des Erbrechts und Infamie, die Töchter Verlust des väterlichen Erbes, dies gesetzlich erst seit Arcadius und Honorius. In Deutschland faßte man ursprünglich die staatsgefährlichen Handlungen aus dem Gesichtspunkt der Treulosigkeit und des Verraths auf. Bald aber fanden die Bestimmungen des römischen Rechts auch hier Anwendung, so weit sie auf die veränderten Verhältnisse passen wollten. Die Carolina erwähnt nur die Verrätherei an Land u. am Herrn (Art. 124), die Empörung (Art. 127), sowie den Mord an hohen u. trefflichen Personen (Art. 137). Im Allgemeinen blieb die ganze Lehre vom Hochverrath ohne feste Grundlage, und da ein fester Begriff fehlte, wurde das Verbrechen weit ausgedehnt. Vor Allem ist zu unterscheiden zwischen Hochverrath, Staatsverrath u. der Majestätsbeleidigung, M. im engeren Sinne. Hochverrath ist eine in feindseliger Absicht gegen die Existenz des Staats und seine Grundverfassung gerichtete Unternehmung. Wer daher auf die Selbstständigkeit eines Staats im Verhältniß zu anderen Staaten ein Attentat unternimmt, wer das Staatsgebiet schmälert, wer seine Verfassung auf gewaltsame, ungesetzliche Weise umändert, wer in einer Monarchie gegen den Regenten und die Rechte der Regentenfamilie in Bezug auf die Thronfolge Feindseliges unternimmt, der begeht das Verbrechen des Hochverraths. Der Thäter muß natürlich Unterthan desjenigen Staats sein, gegen welchen die hochverrätherische Unternehmung gerichtet ist. Staatsverrath dagegen ist jede andere nicht zum Hochverrath gehörige Handlung, durch welche Jemand mit Verletzung seiner Unterthanen- und Dienstpflicht verrätherisch einen fremden Staat zum Krieg gegen sein Vaterland auffordert, oder im Krieg den Feind begünstigt (durch Uebergabe von Festungen, Ueberlieferung von Mannschaft oder Munition, durch Dienste als Spion, Verrath von Kriegsoperationen, von anvertrauten Staatsgeheimnissen, durch Uebergang zum Feinde nach eingetretenem Kriegszustande, durch Kämpfen gegen sein Vaterland etc.). Ob ein Hochverrath gegen den deutschen Bund begangen werden könne, darüber ist gestritten worden. Zufolge eines Bundesbeschlusses vom 18. August 1836 soll ein gegen den Bund oder dessen Verfassung gerichteter Angriff zugleich einen Angriff auf jeden einzelnen Bundesstaat in sich begreifen, und es soll daher jedes Unternehmen gegen die Existenz, Integrität, Sicherheit oder Verfassung des deutschen Bundes in den einzelnen Bundesstaaten nach Maßgabe der in den letzteren bestehenden oder künftig in Wirksamkeit tretenden Gesetze, nach welchen eine gleiche, gegen den einzelnen Bundesstaat gerichtete Handlung als Hoch- oder Landesverrath zu betrachten wäre, zu bestrafen sein. M. im engeren Sinne oder Majestätsbeleidigung ist jede absichtliche Verletzung der Ehre des Regenten oder der demselben schuldigen Ehrerbietung. In den Gesetzen der einzelnen deutschen Staaten wird der Begriff und die Strafe der verschiedenen Arten der M. sehr verschieden bestimmt. In den schweren Fällen tritt Todesstrafe ein, außerdem zeitliche oder lebenslängliche Freiheitsstrafe. Häufig ist die Gesetzgebung über politische Verbrechen und deren Handhabung mehr von Furcht, Rachsucht und entflammtem Parteigeist als von Besonnenheit und Gerechtigkeit geleitet worden; auch hat es der siegreichen Gewalt nie an feilen Dienern gefehlt, die auch den gesetzlichen Widerstand zum Verbrechen stempelten, daher man in dem politischen Verbrecher mehr den unglücklichen Helden als den Schuldigen zu sehen geneigt ist. Indessen kann da, wo sonst der Thatbestand eines Staatsverbrechens vorliegt, auch die erwiesene Reinheit der Beweggründe weder nach den bestehenden Gesetzen, noch nach einer vernünftigen Ansicht um so weniger straffrei machen, je weitgreifender die Folgen solcher Unternehmungen zu sein pflegen. Vgl. Hepp, Politische Verbrechen nach gemeinem und würtembergischem Recht, 1844.

Majestas (lat.), s. Majestät.

Majolika, s. Steingut.

Major und **Minor** (lat.), d. i. größer und kleiner, wird in Beziehung auf das Alter (major natu, minor natu) gleichbedeutend mit älter und jünger gebraucht.

Major (v. Lat.), in den meisten europäischen Heeren Prädikat des untersten Stabsoffiziers, welcher zunächst über dem Hauptmann steht u. entweder ein Bataillon kommandirt, oder als zweiter Stabsoffizier die Richtung desselben besorgt. Die dienstlichen Obliegenheiten des M.s bestehen in der speciellen Aufsicht über ein Bataillon oder eine Kavalleriedivision. In einigen Armeen führen die M.e im alltäglichen Sprachgebrauch auch den Titel Oberstwachtmeister. Die französische Artillerie hat keine M., sondern es führen bei ihr die Bataillonskommandanten den Titel Chefs de bataillon. Gros Major war hier ehedem der Titel eines halb invaliden Offiziers, der das Depot des Regiments unter sich hatte.

Major, Georg, eigentlich Meier, hervorragender Theolog zur Reformationszeit, geboren den 25. April 1502 zu Nürnberg, war ein Schüler Luthers und Melanchthons zu Wittenberg, ging später als Rektor an die Schule zu Magdeburg, wurde 1535 Superintendent zu Eisleben und 1536 Professor der Theologie und Prediger zu Wittenberg, als welcher er Theil an dem regensburger Religionsgespräch 1541 nahm. Nach kurzem Wirken in Merseburg als Superintendent trat er 1547 in seine frühere Stellung in Wittenberg zurück und übernahm bald darauf das Inspektorat über die Kirchen in der Grafschaft Mansfeld. Sein Streit (majoristischer Streit) mit Nikolaus Amsdorf über das Verhältniß des Glaubens zu den guten Werken, deren Nothwendigkeit zur Seligkeit M. behauptete, ohne ihnen jedoch ein Verdienst beilegen zu wollen, während Amsdorf so weit ging, die guten Werke als schädlich zur Seligkeit hinzustellen, fand auf den Kollegien zu Eisenach (1556) u. Altenburg (20. Okt. 1568 bis 9. März 1569) keine Ausgleichung und währte bis zur Erscheinung der Konkordienformel, die beide Meinungen verwarf. An der Abfassung des leipziger Interims hatte M. Antheil. Als Ketzer seiner Superintendentur entsetzt, † er den 28. Nov. 1574. Seine Werke erschienen Wittenberg 1569 in 3 Bänden.

Majoran, Pflanzengattung, s. Origanum.

Majorano, Gaëtano, genannt Caffarelli, einer der berühmtesten Sopranisten Italiens (Kastrat), wurde 1703 in der neapolitanischen Provinz Bari geboren, erhielt seine Ausbildung zum Sänger von Porpora in Neapel, bereiste sodann unter dem oben angeführten angenommenen Namen fast halb Europa und erwarb sich dabei neben hohem Ruhm ein solches Vermögen, daß er sich die Herrschaft Santo Dorato kaufen konnte, welche früher ein Herzogthum war, und von der er den Titel Duca annahm, der später auf seinen Neffen überging. Er † den 1. Februar 1783 zu Neapel.

Majorat (v. Lat.), im weiteren Sinne jede Erbfolgeordnung, die sich nach der früheren Geburt bestimmt, daher auch die Primogenitur (s. d.) und das Seniorat (s. d.) umfassend; im engeren Sinne diejenige Erbfolge, welche unter den dem Grade nach gleich nahe Verwandten den Aeltesten zur Erbfolge beruft. Es ist eine in Stamm- und Familienfideikommißgütern und in manchen Gegenden bei den Bauerngütern vorkommende Erbordnung, bestimmt, die Theilung der Güter zu verhindern, sie bei der Familie zu erhalten u. dadurch deren Bestand u. Glanz zu sichern, läßt sich aber weder rechtlich, noch volkswirthschaftlich u. politisch rechtfertigen, da es künstlich die Ungleichheit des Vermögens erhält und steigert und, wo es mit der Stammgutseigenschaft verbunden ist, die freie, also die vortheilhafteste Benutzung des Vermögens seitens des Besitzers und das Abfließen desselben in die tüchtigste Hand verhindert. Häufig sucht man aber durch M. einen durch Unabhängigkeit und Reichthum zur vorzüglichen Theilnahme an den öffentlichen Angelegenheiten besonders befähigten konservativen Stand zu erzielen.

Majorca, spanische Provinz und Insel, s. Mallorca.

Major domus (Comes domus regiae, auch Palatii praefectus, lat., deutsch durch Haus- oder Hofmaier, französisch durch Maire du palais übersetzt), im fränkischen Reiche zur Zeit der Merovinger Titel des ersten Hof- und Staatsbeamten. Ursprünglich bestand das Amt des M. d. in der Verwaltung der königlichen Domänen und Einkünfte; da aber aus diesem der Dienstadel, die sogenannten Leudes oder Antrustionen (domestici), seine Beneficien und Lehen erhielt, so stand er zugleich an der Spitze dieses Dienstadels und führte im Kriege den Oberbefehl über denselben. Durch die steigende Bedeutung des Adels und die Schwäche einer ganzen Reihe von Königen seit Chlothar II. stieg jedoch ihre Macht allmählig so hoch, daß sie die faktischen Lenker des Reichs waren. Während der Theilung des Reichs bestand in jedem Theile ein M. d., und auch, als Chlothar II. alle jene Theile wieder unter seinem Scepter vereinigte, behielten die Hauptländerkomplexe des Reichs, nämlich Austrasien, Neustrien und Burgund, ihre besonderen M.es d. Nach Chlothars Tode jedoch wußte der austrasische M. d., Pipin von Landen, unter Dagobert I. und Sigbert III. seine Amtsgewalt über die ganze Monarchie auszudehnen. Der Versuch seines Sohnes Grimoald, seinen eigenen Sohn Childebert auf den Thron zu erheben, scheiterte jedoch. Der austrasische Adel rief den neustrischen König Chlodowig zu Hülfe, und dieser machte der Usurpation durch die Hinrichtung Grimoalds und die Einkerkerung Childeberts ein Ende. Auch in Neustrien wurden die Uebergriffe des M. d. Ebroin von den Großen des Reichs zurückgewiesen und dieser in ein Kloster verwiesen. Nach Childerichs II. Ermordung (673) ward er jedoch von dem durch ihn auf den Thron erhobenen König Dietrich III. wieder in sein Amt eingesetzt, und schon war er im Begriff, seine Macht auch über Austrasien auszudehnen, als der Karolinger Pipin von Heristall mit seinem Vetter Martin an die Spitze der Austrasier trat und nach Ebroins Ermordung (681) über dessen Nachfolger den entscheidenden Sieg bei Testri (687) davontrug, durch welchen er als beständiger M. d. und Dux et Princeps Francorum die

Regentengewalt über das ganze fränkische Reich erhielt. Nach seinem Tode (714) wählten die Neustrier wieder einen M. d., aber sein Sohn, der berühmte Karl Martell, errang durch den Sieg bei Vincy (717) wieder so unumschränkte Gewalt, daß er es sogar wagen konnte, von 737 an den fränkischen Thron unbesetzt zu lassen. Auch verfügte er vor seinem Tode über das ganze Reich, indem er Austrasien (741) seinem älteren Sohne, Karlmann, und dem jüngeren, Pipin, Neustrien und Burgund zertheilte. Jener zog sich 747 in ein Kloster zurück; dieser aber ließ 752 zu Soissons den letzten merovingischen König, Childerich III., absetzen und sich selbst auf den Thron der Franken erheben, womit das Amt des M. d. aufhörte. Vgl. Pertz, Geschichte der merovingischen Hausmaier, Hannover 1818; Zinkeisen, De Francorum majoribus domus, Jena 1826.

Majorennität (v. lat. major aetas, Mündigkeit, Volljährigkeit, Großjährigkeit), im Gegensatz zur Minorennität oder Minderjährigkeit diejenige Altersstufe, wo der Mensch gewisse bürgerliche Rechte und Pflichten übernimmt, die ihm bisher als Minderjährigem, Unmündigem entzogen waren. Das römische Recht unterschied zunächst, je nachdem das 25. Jahr vollendet war od. nicht, Volljährige (majores) u. Minderjährige (minores) u. unter den letzteren anfangs nach der individuellen Geschlechtsreife, später nach der Vollendung des 12. Jahres bei Mädchen, des 14. bei Knaben Mündige (puberes) und Unmündige (impuberes). Der Unmündige ist für sich allein handlungsunfähig; wenn er nicht in väterlicher Gewalt steht, muß er einen Tutor haben zur Verwaltung seines Vermögens, zur Fürsorge für seine Person und zur Ergänzung seiner Handlungsunfähigkeit durch das Vollwort (auctoritas), wo eine Vertretung nicht möglich ist. Mit der Mündigkeit endigt die Tutel. Der Mündige kann sofort selbst handeln, daher auch Testamente machen, sein Vermögen selbst verwalten; wegen des Mangels an Besonnenheit u. Erfahrung kann aber der Mündige unter 25 Jahren nachtheilige Geschäfte anfechten und zur Verwaltung seines Vermögens und zur Ertheilung der Zustimmung zu seinen Handlungen einen Kurator wählen und wurde später in manchen Fällen hierzu verpflichtet; zur Veräußerung unbeweglicher Güter bedarf er der Zustimmung der Obrigkeit. Uebrigens können Frauen, welche das 18., und Männer, welche das 20. Lebensjahr zurückgelegt haben und sich über einen ordentlichen Lebenswandel ausweisen, vom Landesherrn auf Nachsuchen für volljährig erklärt werden (Majorennitätserklärung, Jahrgebung, venia aetatis), bedürfen aber zur Veräußerung unbeweglichen Vermögens obervormundschaftlicher Erlaubniß. Das ältere deutsche Recht unterschied nur mündige und unmündige Personen, und zwar reichte die Unmündigkeit bis zu der Zeit, wo das Bedürfniß des Schutzes aufhörte, und war anfangs nicht durch Jahre, sondern durch die Wehrhaftmachung bestimmt. Der Mündigkeitstermin war meist das 12. Jahr; später rückten ihn manche Rechte weiter hinaus, meist auf das 18. Jahr, so die goldene Bulle für die Kurfürsten; andere, z. B. der Sachsenspiegel, bestimmten neben jenem Termin des 12. Jahres („zu seinen Tagen kommen") einen zweiten („zu seinen Jahren kommen") mit beschränkter Bedeutung. Nachmals kam das römische Recht in Deutschland zur Anwendung; indessen sollen nach der Reichspolizeiordnung alle Minderjährigen außer väterlicher Gewalt „Vormünder und Pfleger" haben; der Unterschied zwischen Tutoren u. Kuratoren verschwand in der Hauptsache, und der zwischen mündigen u. unmündigen Minderjährigen stellte sich dahin fest, daß jene handlungsfähig sind, aber über ihr Vermögen nicht verfügen können, der Dispositionsfähigkeit entbehren, die unmündigen aber auch außer reinen Erwerbungen nicht handeln können; die Volljährigkeit ward in Sachsen, Bayern, Baden auf das 21., in Oesterreich, Preußen, Oldenburg auf das 24. Jahr, die Fähigkeit zum Erwerb eines Lehns (Lehnsmündigkeit) in manchen Rechten auf 13 Jahre 6 Monate 3 Tage, die zur Eidesleistung auf das 16. od. 18., die zum selbstständigen Gewerbebetrieb in den sächsischen und anderen neuen Gewerbegesetzen auf das 24. Jahr gesetzt. Im Strafrecht wird die Zurechnungsfähigkeit vom römischen Recht bis zum 7. Jahr (infantia) und bei solchen älteren Unmündigen, die dieser Entwickelungsstufe noch gleich stehen (infantiae proximi), von den neueren Strafgesetzbüchern meist bis zum 12. Jahr ausgeschlossen, von diesen aber auch ein höheres jugendliches Alter, oft bis zum 18. Jahre, als Grund zur Strafmilderung und zum Ausschluß mancher Strafarten (Todes- und Zuchthausstrafe) angesehen. Zur Bekleidung von Staatsämtern, sowie zur Gewinnung des Staatsbürgerrechts und zur Ausübung des Wahlrechts, zur Theilnahme am Geschwornengericht, an Ständeversammlungen und zur Ausübung anderer politischen Rechte erfordern die Verfassungen, um eine Gewähr für größere Selbstständigkeit, Besonnenheit u. Erfahrung zu haben, meist ein höheres Alter (häufig 30 Jahre). Umgekehrt hat die Besorgniß vor den Schwierigkeiten und Nachtheilen einer vormundschaftlichen Regierung dahin geführt, daß für den Thronfolger zur Volljährigkeit meist ein niedrigeres Lebensalter bestimmt ist, das vollendete 13. Lebensjahr in Dänemark, das 18. in England, Holland, Belgien, Spanien, Portugal, Neapel, Bayern, im Königreich Sachsen, in Würtemberg, Kurhessen, Braunschweig und Hannover, das vollendete 19. in Schweden, das 20. in Norwegen, das 21. in den sächsischen Ländern ernestinischer Linie.

Majorianus (Majorinus), Julius Valerius, römischer Kaiser, Sohn eines römischen Finanzbeamten in Gallien, wurde von Ricimer nach des Avitus Absetzung 456 mit dem Oberbefehl über die Legionen in Italien betraut, schlug einen Haufen Alemannen, welcher über die Alpen vorgedrungen war, und übernahm auf den allgemeinen Wunsch der Römer zu Ravenna die Kaiserwürde. Er erließ zunächst sämmtliche Steuerrückstände, ordnete die Steuereinnahme auf sehr humane Weise, suchte den Wohlstand der Städte zu heben und erließ zweckmäßige Gesetze. Nachdem er die Legionen in Gallien zu seiner Anerkennung gezwungen, begab er sich nach Carthagena, um von da eine Expedition gegen die Vandalen in Afrika zu unternehmen. Nachdem aber diese seine im Hafen von Carthagena gesammelte Flotte größtentheils vernichtet hatten, gab er jenen Plan auf und kehrte nach Italien zurück. Hier aber ward er von Ricimer, der auf des M. Popularität eifersüchtig war, mit Hülfe der fremden Truppen gestürzt und bald darauf (461) ermordet.

Sidonius Apollinaris schrieb einen noch vorhandenen Panegyricus auf M.

Majoristischer Streit, s. Major.

Majorität (v. Lat.), die Mehrheit der Stimmen bei einer Wahl, Beschlußfassung &c. im Gegensatz zur Minorität.

Majos (span.), Bezeichnung der durch schlanken und kräftigen Wuchs ausgezeichneten Bewohner einiger Gebirgsthäler der spanischen Provinz Andalusien. Sie haben eine eigenthümliche bunte Kleidung und sind als allezeit kampffertige Raufer und Schläger gefürchtet. Die weiblichen Bewohner jener Gegenden (Majas) sind ebensowohl wegen ihrer Schönheit und Grazie, als wegen ihrer verführerischen Leichtfertigkeit bekannt.

Majotta, Insel, s. Mayotta.

Majuskel (v. Lat.), Bezeichnung der großen Anfangsbuchstaben einzelner Wörter, welche im Mittelalter gebräuchlich wurden, im Gegensatz zu den kleineren (Minuskeln).

Makako (Makak, Inuus *Cuv.*, Macacus *L.*), Affengattung aus der Familie der eigentlichen Affen, charakterisirt durch die untersetzte Gestalt, die gleichlangen, ziemlich starken Gliedmaßen, die stark vorspringende Schnauze, die 5zehigen Vorder- u. Hinterhände mit langem Daumen u. die weiche, lockere Behaarung. Der Schwanz ist bei einigen Arten nur ein Stummel, bei anderen von mittlerer Länge, bei noch anderen länger als der Leib. Die stummelschwänzigen Arten bewohnen Nordafrika und Japan, die langschwänzigen das Festland u. die Inseln Ostindiens. Die M.s bilden den Uebergang von den Pavianen zu den Meerkatzen, auch hinsichtlich ihrer Lebensweise, indem sie zum Theil, wie jene, auf Felsen, zum Theil, wie diese, in Wäldern leben. In der Jugend gelehrig und sanft, werden sie im Alter wild u. bösartig. Sie eignen sich trefflich für die Gefangenschaft, dauern am längsten in ihr aus und pflanzen sich am leichtesten in ihr fort. Der gemeine M. (M. sinicus *L.*, Munga, Hutaffe), in Malabar einheimisch, kommt bei uns häufig in Thierschaubuden vor. Er ist nur 1 Fuß lang und von ziemlich schmächtigem Bau; die Schnauze ist zusammengedrückt und vorstehend, das Scheitelhaar strahlig; der Schwanz 1½ F. lang; die Färbung des Pelzes fahl grünlichgrau, an der Unterseite weißlich; Hände und Ohren sind schwärzlich. Die Eingebornen von Malabar verehren ihn als heilig und lassen ihn in ihren Gärten und Pflanzungen ungestört schalten u. walten. Dieselbe Rücksicht lassen sie dem Bhunder oder Rhesus (M. Rhesus) angedeihen. Derselbe ist 1½ F. lang, mit ½ F. langem Schwanz, von kräftigem, untersetztem Körperbau, am Oberkörper reich, am Unterkörper spärlich behaart. Seine Haut ist schlaff und bildet am Halse, an der Brust u. am Bauche wammige Falten. Die Färbung ist oben grünlich oder fahlgrau, an den Schenkeln mit hellgelblichem Anflug, an der Unterseite weiß. Er ist in ganz Indien verbreitet und steigt bis 10,000 F. über das Meer empor. In der Gefangenschaft zeigt er sich sehr reizbar. Der Magot (M. ecaudatus *Geoffr.*, türkischer, gemeiner oder berberischer Affe) ist von schmächtigem Körperbau und hochbeinig, hat ein fast fleischfarbenes runzliges Gesicht mit dichtem, gelblichweißem Bart u. schwarzen Haarstreifen über den Augen, runde, denen des Menschen ähnelnde Ohren und einen kaum hervortretenden Stummelschwanz. Die Behaarung ist auf der Oberseite des Körpers reichlich, auf der Unterseite spärlich. Rücken u. Außenseite der vorderen Gliedmaßen sind grünlichbraun, die Außenseite der hinteren Gliedmaßen und die Hände röthlichgelb. Die Körperlänge beträgt etwa 2 F. Der Magot ist der gewöhnliche Begleiter der Kameel- u. Bärenführer. Im nordwestlichen Afrika einheimisch, wo er in großer Gesellschaft lebt, kommt er einzeln auch auf dem Felsen von Gibraltar vor. Er ist sehr listig, gewandt und kräftig u. hat ein scharfes Gebiß, mit welchem er sich trefflich zu vertheidigen weiß. Er frißt außer Früchten auch Kerbthiere und Würmer, selbst Skorpione. Der Schweinsaffe (M. Nemestrinus *L*) unterscheidet sich von seinen Gattungsverwandten besonders durch seine hohen Beine u. seinen dünnen, kurzen Schwanz, den er wie das Schwein eigenthümlich gekrümmt trägt. Die Färbung der oben reichlichen, unten spärlichen Behaarung ist an der Oberseite dunkelolivenbraun, an der Unterseite gelblich oder bräunlichweiß; die Unterseite des Schwanzes ist hellrostbräunlich gefärbt; Gesicht, Ohren, Hände und Gesäßschwielen sind nackt und schmutzig fleischfarben. Auf dem Scheitel gehen die Haare strahlenförmig auseinander. Die Länge des Körpers beträgt 1 Fuß 9 Zoll, die des Schwanzes 6 Z. Er lebt in den Wäldern von Sumatra, Borneo und der Halbinsel Malakka, ist lebhaft und behend, in der Jugend sanft und leicht zähmbar u. gelehrig. Die Malayen benutzen ihn als Hausthier, indem sie ihn dazu abrichten, die Kokospalmen zu erklettern und die Früchte herabzuwerfen. In der Gefangenschaft dauert er lange aus. Der schwarze Bartaffe (M. Silenus *L.*, Wanderu, Nilbandar) ähnelt einem gemähnten Pavian. Der Körper ist untersetzt, der Schwanz von mittlerer Länge; eine große Mähne umgibt Gesicht, Kopf und Schultern; der obere Theil des Körpers ist schwarz, die oberen und unteren Theile der Gliedmaßen sind lichtbräunlichgrau, wie die Mähne; Gesicht und Hände sind schwarz, die Gesäßschwielen röthlich. Die Länge des Körpers beträgt 2 F., die des Schwanzes 1 F. Er bewohnt vorzüglich Ceylon, und zwar ausschließlich die dichtesten Wälder, nährt sich von Früchten, Knospen und Blättern und richtet in den Gärten oft großen Schaden an. Er läßt sich zwar zähmen und abrichten, beweist sich aber in der Gefangenschaft sehr unverträglich.

Makame (arab.), ursprünglich s. v. a. Sitzung, dann Bezeichnung von literarischen Zusammenkünften der alten Araber, bei denen Einzelne durch geistreiche improvisirte Vorträge und Darstellungen, namentlich durch Stegreiferzählungen, die Zuhörer zu unterhalten pflegten. Für dergleichen Produkte bildete sich später ein besonderer Styl aus, wonach sie zwar in Prosa gehalten, aber nicht nur wirkliche Verse eingestreut sein, sondern auch die einzelnen prosaischen Redeglieder sich mit einander reimen mußten. Hamadani stellte zuerst 400 novellenartige Erzählungen unter dem Titel „Makâmât" zusammen und ward dadurch der Urheber der Makamendichtung. Bedeutenderes leistete aber Hariri (s. d.) in dieser Gattung. Im Mittelalter ahmten vornehmlich jüdische Dichter diese Kunstform nach. So übersetzte z. B. Alcharisi um die Mitte des 13. Jahrhunderts die M.n des Hariri in das Hebräische (Machberot Itiel) und schuf ein ähnliches poetisches Werk unter dem Titel „Tachkemoni“ (vergl. Kämpf, Die ersten M.n des Charisi, Berlin 1845). Auch sein Zeitgenosse Immanuel Rumi dichtete „Machberot“, die zu den bedeutenderen Produkten der neuhebräischen Poesie gehören. Meisterhaft hat die M.n des Hariri F. Rückert (Stuttg. 1844) im Deutschen nachgebildet.

Makariew, Kreisstadt im großrussischen Gouvernement Nishnei-Nowgorod, am linken Ufer der Wolga, mit 2500 Einwohnern und dem schönen, von hohen, bethürmten Mauern umgebenen gleichnamigen Kloster, zu welchem 5 Kirchen gehören, war 3 Jahrhunderte hindurch berühmt durch seine großartigen Messen, welche 1817 nach Nishnei-Nowgorod verlegt wurden.

Makassar, Reich auf der Südspitze der Insel Celebes, im ostindischen Archipel, war bis ins 17. Jahrhundert die erste Seemacht aller malayischen Staaten, bis es 1668 fast ganz in die Gewalt der Holländer fiel. Das noch jetzt sogenannte Reich M. unter eigenen Beherrschern ist nur ein kleiner Theil des großen makassarischen Reichs. Das Land wird von dem Gebirge Bonthain durchzogen. Die Makassaren sind ziemlich gebildete Malayen; fröhlich, aber reizbar und rachsüchtig. Als Reiter wie als Schützen sind sie ausgezeichnet. Das niederländische Gouvernement M. führt den officiellen Titel Gouvernement von Celebes (s. d.). Hauptort und Sitz des Gouverneurs ist die Stadt M. (eigentlich Mangkesser, sonst auch Blaardingen genannt), seit 1846 Freihafen, mit Mauern, festen Thoren, 3 Außenwerken, von denen Fort Vredenburg und Rotterdam die Rhede schützen, und 24,000 Einw. Zwischen den Inseln Celebes und Borneo ist die Straße von M., mit mehren Inselgruppen.

Maki (Fuchsaffe, Lemur *L.*), Affengattung aus der Familie der Halbaffen, charakterisirt durch die spitze, fuchsähnliche Schnauze (Fuchskopf), die kurzen, behaarten, abgerundeten Ohren, den dicht behaarten Körperbau und den buschigen, über körperlangen Schwanz, nächtlich lebende Thiere, welche bei flüchtiger Betrachtung eher kleinen Wachtelhündchen als Affen gleichen. Ihre Gestalt ist schmächtig, ihre Gliedmaßen sind von mittlerer Länge und stark, die hintern nicht viel länger als die vordern; die Hände sind kurz, der Zeigefinger der Vorderhände aber ist ziemlich lang. Die Behaarung ist fein und weich, mitunter auch wollig, ihre Färbung sehr bunt. Alle M.s sind Bewohner Madagaskars und der benachbarten Inseln. Man kennt etwa 10 Arten, deren Unterscheidung aber sehr schwierig ist und noch nicht feststeht. Ihre Bewegungen sind außerordentlich leicht und zierlich. Ihre Nahrung besteht in Früchten. Sie schlafen am Tage, und ihre Augen leuchten des Nachts. Jung eingefangen werden sie bald sehr zahm, friedlich und zutraulich, vergelten aber Beleidigungen mit scharfen Bissen. Zwar sind sie frostig, doch vertragen sie bei gehöriger Vorsorge unser Klima. Eine der schönsten Arten ist der Vari (L. Macaco *L.*, L. varius). Er ist 16 Zoll lang bei einer Schwanzlänge von 18 Zoll; der dichte, an Kopf u. Hals besonders verlängerte Pelz ist weiß, mit großen schwarzen Flecken unregelmäßig und ungleich gezeichnet, der Schwanz schwarz. Es gibt auch ganz weiße und ganz schwarze; bei manchen ist der ganze oder halbe Rücken weiß, der Bauch schwarz etc. Gesicht, Vorderglieder und Schwanz sind gewöhnlich schwarz; die Gegend um die Ohren ist weiß. Der Mokoko (L. Catta *L.*) ist nur 13 Zoll lang bei einer Schwanzlänge von 18—19 Zoll, hat einen sehr weichen, wolligen, oben aschgrauen, röthlich unterlaufenen, unten weißlichen Pelz und einen schwarzen, weißgeringelten Schwanz und lebt in Heerden von 30 bis 50 Stück auf Bäumen, wird aber sehr zahm und kurzweilig und ist nicht boshaft. Der Mongoz (L. Mongoz *L.*) ist 1 Fuß 5 Zoll lang bei einer Schwanzlänge von 1 Fuß 8 Zoll, oben dunkelaschgrau, unten leicht braungrau, am Oberkopf beinahe schwarz, an den Seiten des Unterhalses leicht grau, übrigens vielfach abändernd. Er ist wilder als der Mokoko, wird aber doch sehr zahm und zutraulich. Ueber den Flattermaki s. Pelzflatterer.

Makkabäer, in der jüdischen Geschichte überhaupt alle Abkömmlinge des Judas Makkabäus [s. Judas 1)], eines Sohns des Mattathias (s. d.), dessen Familie nach dem Urgroßvater des Mattathias den Beinamen Hasmonäer führte. Mattathias († 166) hinterließ nach seiner erfolgreichen Erhebung gegen die syrische Herrschaft in seinen 5 Söhnen der Sache der Freiheit die tüchtigsten Vertheidiger. Dem ältesten derselben, Judas Makkabäus, gelang es an der Spitze einer kleinen Schaar die syrischen Truppen auf die Festungen des Landes zu beschränken, doch fiel er schon 163 in einem Treffen gegen die feindliche Uebermacht. Der hierauf von den Juden zum Feldherrn erwählte Jonathan, der jüngste M., schloß ein Bündniß mit den Römern und erhielt während der Streitigkeiten um den syrischen Thron für die Unterstützung, die er dem von den Römern begünstigten Prätendenten, Alexander Balas, gewährte, den Fürstentitel u. die Hohepriesterwürde zugestanden, ward aber 143 von dem syrischen Feldherrn Trypho nach Ptolemais gelockt und ermordet. Da der zweitälteste, Eleasar, schon 163 gefallen war, übernahm der dritte Bruder, Simon, die Herrschaft, und es gelang ihm, begünstigt von den Wirren der Zeit, die Burg von Jerusalem, die bisher immer noch von den Syrern besetzt gehalten war, einzunehmen (141) u. seinem Volk, das die Hohepriesterwürde erblich an sein Geschlecht knüpfte, eine friedliche, auch von den Syrern anerkannte Selbstständigkeit zu verschaffen. Aber auch er fiel sammt zweien seiner Söhne durch Meuchelmord (131). Sein Sohn und Nachfolger, Johannes, Hyrcanus genannt, unterwarf auch Samarien und Galiläa, die kleineren Völker jenseit des Jordans und die Idumäer u. stellte das jüdische Reich fast in seinem Umfang zu Davids Zeit wieder her. Nach seinem Tode (106) brachen aber die Parteizwistigkeiten von Neuem aus, da sich sein Sohn Aristobul ganz der Leitung der Sadducäer überließ, die Pharisäer aber an seiner Gemahlin eine Stütze fanden. Aristobul ward durch sie zur Ermordung seines Bruders verleitet u. nahm sich sodann selbst das Leben. Sein Weib, Alexandra, vermählte sich hierauf mit seinem Bruder Alexander Jannäus, der bald über alles Land bis zum Euphrat gebot. Einen Aufstand der Pharisäer unterdrückte er mit Grausamkeit, wußte jedoch sterbend seiner Gemahlin Alexandra keinen andern Rath zu geben, als den Pharisäern die Herrschaft zu überlassen. Sein Sohn Hyrcan II. erhielt anfangs nur die Hohepriesterwürde, nach dem Tode seiner Mutter (69) aber auch die Krone.

Die Sadducäer stellten zwar den Bruder des Hyrcan, Aristobul, an ihre Spitze und vertrieben jenen, die Römer bestätigten jedoch diesen als Fürsten und Hohenpriester, während Aristobul in Rom den Triumph des Pompejus verherrlichen mußte. Später in sein Vaterland zurückgekehrt, ward er sammt seinem Sohn Alexander von den Römern abermals geschlagen und nach Rom gebracht. Der Hof des von den Römern begünstigten Hyrcan wurde bald der Schauplatz einer Reihe von blutigen Familienzwistigkeiten, indem sich dessen Rathgeber Antipas nebst seinen Söhnen Herodes und Phasael und ihr Gegner Malichus um die Herrschaft stritten. Herodes blieb endlich Sieger, u. Hyrcan mußte ihm seine Enkelin Mariamne zur Gemahlin geben. Nachdem aber Antonius, der Beschützer des Herodes, Asien verlassen, gelang es dem jüngsten Sohn Aristobuls, Antigonus, durch Unterstützung des parthischen Königs Bachorus seine Rechte geltend zu machen. Bei der Eroberung von Jerusalem wurde Hyrcan gefangen und mit abgeschnittenen Ohren von den Parthern nach Seleucia gebracht. Herodes, von den Römern mit dem königlichen Diadem geschmückt, zwang 37 den Antigonus zur Uebergabe und bewirkte bei Antonius dessen Enthauptung; Aristobul ließ er ertränken, Hyrcan und Mariamne hinrichten.

Die in der Bibel befindlichen zwei Bücher der M. gelten der evangelischen Kirche als apokryphische, der katholischen als kanonische Bücher. Das erste Buch umfaßt die Zeit von 175—135 v. Chr., und zwar in streng chronologischer Anordnung nach der seleucidischen Aera. Die Hauptquelle, woraus der Verfasser, wahrscheinlich ein palästinensischer Jude, schöpfte, war die noch im Volke lebende Tradition; doch weist Kap. 9, 12 auch auf schriftliche Quellen hin. Die Abfassung der Schrift möchte geraume Zeit nach Simons, vielleicht noch nach Hyrcans Tode anzunehmen sein. Ursprünglich hebräisch oder chaldäisch geschrieben, war das Buch frühzeitig ins Griechische und danach ins Syrische übersetzt worden. Das zweite Buch umfaßt den Zeitraum von 176—161, enthält aber viel entschieden Mythisches und ist wahrscheinlich ein von Mehren veranstalteter Auszug aus einem größern Geschichtswerk. Das am Ende der Septuaginta stehende, von der Vulgata nicht übersetzte und daher auch in unsern Bibeln fehlende dritte Buch der M., wahrscheinlich in Aegypten und erst nach Christus, und zwar in griechischer Sprache abgefaßt, erzählt einen vereitelten Frevel des ägyptischen Königs Ptolemäus IV. an dem Tempel und die deshalb von den Juden geübte Rache. Das vierte, in unsern Bibeln ebenfalls fehlende Buch hat einen gewissen Josephus zum Verfasser und erzählt den Märtyrertod des Eleasar und von 7 Brüdern und deren Mutter; es findet sich in den Ausgaben des Josephus und einigen Handschriften der Septuaginta. Das Fest der M. wurde seit dem 4. Jahrhundert zum Andenken an die Mutter und deren 7 Söhne, von welchen 2. Makk. 7 erzählt wird, am 1. August gefeiert, kam aber seit dem 12. und 13. Jahrhundert in Abnahme und wird jetzt nur noch hie und da bei dem Fest von Petri Kettenfeier nebenbei berücksichtigt.

Mako, Marktflecken und Hauptort des ungarischen Komitats Csanad, unweit der Maros, Sitz des Bischofs von Csanad, hat eine schöne Kaserne, starken Getreide-, Hanf- und Weinbau, bedeutende Obst- und Gemüsezucht und 25,600 Einw.

Makowiec, Dorf im russisch-polnischen Gouvernement Masovien, bekannt durch die Schlacht zwischen Polen u. Russen (1794), in welcher Kosciuszko gefangen ward.

Makran (Mekran), Landschaft in Beludschistan, am arabischen Meer, westlich von Persien begrenzt, ist 4720 □Meilen groß, aber nur schwach bevölkert. An der Ostgrenze liegt die Haragebirgskette, im Nordwesten eine beträchtliche Anzahl von Ketten, deren Gebiet als Kohistan (Bergland) bezeichnet wird; der Norden ist Wüste. Ackerbau wird nur in einigen bewässerten Thälern getrieben; in den heißesten Landstrichen dient die Dattel zur Nahrung. Hauptbeschäftigung ist Zucht von Schafen, Ziegen, Kameelen (aber keinen Rindern). Der Handel ist unbedeutend. Die Bevölkerung besteht hauptsächlich aus Nerwui und Beludschen; in Kohistan wohnen Kurden. Das Land zerfällt in verschiedene Gebiete unter eignen Häuptlingen, als deren Oberlehnsherrn sich der Khan von Kelat betrachtet.

Makrele (Scomber *L.*), Fischgattung aus der Ordnung der Brustflachelflosser, charakterisirt durch zwei weit von einander entfernt stehende Rückenflossen, von denen die hintere nach hinten in falsche Flossen verläuft, den mit sehr kleinen Schuppen bekleideten Körper, die kurze Schnauze und die leicht gekielten Seiten des Schwanzes, räuberische Meerfische, welche wegen ihres wohlschmeckenden Fleisches, ihrer starken Vermehrung u. regelmäßigen Wanderungen den Küstenbewohnern einen Hauptnahrungszweig und einen wichtigen Handelsartikel abgeben. Die gemeine M. (S. Scombrus *L.*, bei den Alten Lacerta und Colias), 1½ Fuß lang und darüber, oberseits stahlbau, unterseits silberweiß, auf dem Rücken mit zahlreichen, etwas wolkigen, nicht über die Seitenlinie hinabreichenden Querbinden, oben und unten mit 5 falschen Flossen, kommt vom März an an die Küsten Englands, des nördlichen Frankreichs und der Nordseeländer, um zu laichen, und zwar in so ungeheuren Schaaren, daß die Eier gleich Seifenschaum das Meer bedecken. Im Herbst werden die M.n zwar sehr fett, aber weniger schmackhaft, weshalb sie im Frühjahr noch einmal so theuer bezahlt werden als später. Ihr Fleisch ist weich und zart, jedoch etwas weichlich und wenig haltbar. Daher werden sie im Norden nur frisch gegessen, in Südeuropa aber auch eingesalzen und ins Innere versendet. Die sogleich im Schiff eingesalzenen, noch nicht in Fässer geschlagenen heißen im Handel Brackmakrelen. Der Makrelenhandel könnte ebenso bedeutend wie der Häringshandel sein, wenn sich diese Fische gesalzen länger hielten. Der früher zu dieser Gattung gezählte Thunfisch (s. d.), sowie die Sardelle (s. d.) bilden jetzt besondere Gattungen.

Makrobiotik (v. Griech., lat. macrobiotica), die Kunst, das Leben auf die höchste Dauer zu bringen, deren es vermöge der allgemein-menschlichen wie der individuellen Anlage fähig ist, also der Inbegriff aller derjenigen Kenntnisse u. Fertigkeiten, welche zum Schutze des Lebens, zur Abwehr der gefährdenden Einflüsse und zur Herbeiführung aller günstigen Momente für dasselbe durch die Physiologie gewonnen werden können. In diesem Sinne ist die M. in Deutschland besonders durch das berühmte Werk von Hufeland (Die Kunst das menschliche Leben zu verlängern, 6. Aufl., Berlin 1842) bearbeitet worden.

Makroglossie (v. Griech., griech. glossocele, lat. prolapsus linguae), die abnorme Vergrößerung der Zunge, ist meist angeboren, findet sich sehr häufig bei Cretins, kommt aber auch bei sonst wohlgebildeten Individuen vor. Der Umfang der Zunge ist bei M. so bedeutend, daß sie zwischen den Lippen hervorragt, ja bis zum Kinn herabhängt. Zuweilen entwickelt sich die M. erst während der ersten Lebensjahre; im höhern Kindesalter und bei Erwachsenen kommt sie sehr selten vor. Im ausgebildeten Zustande zeigt der aus der Mundhöhle hervorragende Theil der Zunge meist vergrößerte Geschmackswärzchen, verdickte, brockenartige und rissige Epithellagen, zuweilen aber auch eine platte rothe Oberfläche. Die Zahnränder der Kieferknochen werden von der vergrößerten Zunge nach vorn gedrängt und mit ihnen die Zähne, welche dann wie bei den Thieren eine schiefe Richtung annehmen. Die Lippen sind stark ausgedehnt und umschließen die vorgefallene Zunge oft sehr fest. Die M. beruht in den meisten Fällen auf einer Vermehrung des zwischen den Muskelfasern der Zunge liegenden Bindegewebes. Einige Beobachter sahen im Innern der Geschwulst ein kavernöses Balkenwerk, dessen Hohlräume nicht mit Blut, sondern mit einer Art Lymphe ausgefüllt waren. C. O. Weber in Bonn untersuchte einen Fall von M., bei welchem die Vergrößerung der Zunge von einer massenhaften Neubildung quergestreifter Muskelfasern herrührte. Die M. entwickelt sich bald langsam, bald rasch unter fieberhaften Erscheinungen. Manchmal hat der Vorgang einen entzündlichen Charakter. Die Heilung der M. ist nur durch einen operativen Eingriff zu ermöglichen.

Makrokosmos und **Mikrokosmos** (griech.), d. i. die große und die kleine Welt, in der Vorstellungsweise der Naturphilosophen des 16. Jahrhunderts, namentlich des Paracelsus, die Welt als ein menschlicher Organismus im Großen (Makrokosmos) u. der Mensch als eine Welt im Kleinen (Mikrokosmos), womit man den Glauben verband, daß die Bewegungen des Lebens der kleinen Welt den Bewegungen des Lebens der großen Welt immer genau entsprächen und dieselben wie im Abbilde darstellten, was nothwendig auf die Annahme eines Zusammenhanges der Bewegungen der Gestirne mit den Schicksalen der Menschen führen mußte (s. Astrologie; vergl. Welt).

Makronisi (Helena), lange u. schmale griechische Insel an der südlichen Küste von Livadien.

Makulatur (v. Lat.), ursprünglich und eigentlich die beim Druck eines Werks schadhaft gewordenen Bogen; dann die durch Unverkäuflichkeit oder neue Auflagen entwertheten Bücher oder andere Drucksachen, die bloß noch stofflichen Werth haben. Makuliren, zu M. machen.

Malabar (ursprünglich Kevala, bei den Eingebornen Malayawara), Küstenlandschaft in der britisch-ostindischen Präsidentschaft Madras, umfaßt den südlichsten Theil der Westküste des Dekan, vom Mount Dilly bei Kananor bis Kap Comorin, zerfällt in die Landschaft Cochin (s. d.), den südlichen Theil, und den britischen Distrikt M., den nördlichen Theil, u. nimmt eine Küstenausdehnung von 38 Meilen u. ein Areal von 286 □Meilen ein. Das Land wird von den äußerst steil nach Westen abfallenden Westghats durchzogen, deren Gipfel zu 5—600 Fuß aufsteigen und im Südosten, wo sie sich an die Westkette der Neilgherries anschließen, 7000 Fuß Höhe erreichen. Die Gebirge sind reich an Goldstaub und Eisenerz, besonders an mächtigen Wäldern der verschiedensten werthvollen Holzarten, besonders riesigen Tekbäumen. Die Küste ist reich an Häfen, aber fast überall niedrig, schlammig oder sandig; das Klima ist feucht und sehr heiß (16 bis 20° R.), jedoch nicht schädlich. Elephanten (in Heerden von 2—300 Stück), furchtbare Tiger, wilde Büffel, zahllose Affen, Hirsche bevölkern die Wälder, und außerdem finden sich wilde Schwäne, Leoparden, Bezoarziegen, schwarze Antilopen, große Krokodile, gefährliche Schlangen (z. B. die Cobra di capello), Schildkröten rc. Der Boden erzeugt in den tiefen u. feuchten Thälern trefflichen Pfeffer (die sogenannte Malabarmünze, das wichtigste Handelsprodukt), Kardamomen, Kokospalmen, Reis, Ananas, Ingwer, Kaffee, Zuckerrohr, Baumwolle, Tabak rc. Die Bevölkerung besteht aus mohammedanischen Moplahs (arabischer Abkunft), etwa 150,000 Christen (theilweise portugiesischen Ursprungs), nebst einigen hundert Juden, und aus den Malayala oder Malabaren, einem Volk dravidischen Stammes, das seine eigene Sprache und Literatur besitzt, sich zum Brahmanismus bekennt und in die verschiedenen Kasten der Hindus zerfällt, aber dabei manches Eigenthümliche in seinen gesellschaftlichen und kirchlichen Verhältnissen besitzt. Hauptstadt des Distrikts ist Kalikut.

Malachit (hemiprismatischer Habronemmalachit), wasserhaltiges, kohlensaures Kupferoxydsalz, von smaragd- bis spangrüner, doch auch schwärzlichgrüner Farbe und gras- bis apfelgrünem Strich. Die Krystalle sind selten deutlich, dann 2- und 1gliedrig, in rhomboëdrischer Säule von 103° 42′ und mit Schiefendflächen, welche in ein- und ausspringenden Kanten an den Enden der Zwillinge zusammenstoßen, mit deutlichen, blätterigen Brüchen. Häufiger sind nadel- und haarförmige Krystalle von excentrisch-strahliger Zusammenhäufung, auch Blättchen. Oft zeigt er auch Glaskopfstruktur, ist strahlig, faserig u. krummschalig abgesondert; auch kommt er dicht- oder strahlig-faserig in stalaktitischen, traubigen u. nierenförmigen Formen, sehr häufig auch erdig (Kupfergrün) vor. Nicht selten sind Afterkrystalle, so nach Rothkupfererz und Kupferlasur. Die Masse ist durchscheinend bis undurchsichtig; die Krystalle sind diamant- und glasglänzend, der faserige seidenglänzend (Atlaserz), der dichte und erdige matt. Das specifische Gewicht ist 3,6—4, die Härte zwischen der des Kalk- und Flußspaths ($3^1/_2$—4). In dem M. von Nishnei-Tagilsk fand Nordenskiöld nur 19,3 Kohlensäure, 72,10 Kupferoxyd und 8,95 Wasser. Vor dem Löthrohr erhitzt wird der M. rasch schwarz. Er ist ein gewöhnlicher Begleiter der übrigen Kupfererze, der erdige häufig auch auf Mergel- und anderen Gesteinen. Ausgezeichnete Fundorte sind Teruel in Spanien (Krystalle), Chessy bei Lyon, Cornwall, der Schwarzwald, Dillenburg, Saska u. Moldawa im Banat, Rezbanya in Siebenbürgen, die Schweiz und Tyrol, vor Allem aber Sibirien, der Ural, hier namentlich Nishnei-Tagilsk. Wegen seiner prachtvollen Farbe u. Politurfähigkeit wird der M. häufig zu Ring- u. Halsnadelsteinen u. Ohrgehängen verarbeitet, auch fournierartig zum Belegen anderer Steine, sowie zu Vasen, Tischplatten, Dosen ꝛc. benutzt. Man schneidet zu diesem Behuf die schönen Stellen aus größeren Malachitstücken heraus und schleift sie mit Smirgel auf einer bleiernen Scheibe, worauf man die Politur auf einer zinnernen Scheibe mit Tripel gibt. Das Pfund roher M. kostet, je nach der Schönheit und Gleichartigkeit des Steins, $^{1}/_{2}$—3 Thaler. Eine große Fabrik für Malachitwaaren ist in Petersburg. Große Malachitwasen finden sich in den Museen von Berlin u. München.

Malachowski, berühmtes polnisches Grafengeschlecht, von dessen Gliedern besonders folgende zu bemerken sind:

1) Stanislaw I., Graf M., Palatin von Posen, war Gesandter des Königs August II. von Polen bei dem Friedenskongresse zu Karlowitz 1699 und setzte durch, daß die Festung Kamieniec und das im Frieden von Zurawno an die Pforte abgetretene Gebiet an die polnische Republik zurückgegeben wurden. Sein Sohn, Johannes, war Krongroßkanzler von Polen.

2) Stanislaw II., Graf M., geboren den 24. August 1735, widmete sich der Rechtswissenschaft, ward zum Großreferendar der polnischen Krone und zum Marschall der Konföderation und des Reichstags von 1788—92 erwählt und war in dieser Stellung der Hauptgründer der Konstitution vom 3. Mai 1791. Begeistert für die Unabhängigkeit seines Vaterlandes, widersetzte er sich energisch der russischen Partei, an deren Spitze u. A. sein Bruder Hyacinth M. stand, unterzeichnete 1790 mit dem König von Preußen einen Allianzvertrag, dessen Zweck war, Polen vor jeder fremden Herrschaft zu schützen, und unterhandelte 1792 mit dem sächsischen Gesandten wegen der Succession der polnischen Krone. Da er jedoch trotz aller Anstrengung die targowiczer Konföderation nicht hintertreiben konnte, flüchtete er nach Wien, und bald darauf wurde er in die allgemeine Proskription mit aufgenommen. Im Jahre 1799 ward er in Warschau verhaftet und ein Jahr lang in Krakau als Staatsgefangener festgehalten, indem man ihm Schuld gab, den Plan zu einer Versammlung des polnischen Reichstags in Mailand während der Emigration geschmiedet zu haben. Nach seiner Freilassung lebte er auf seinen Gütern, bis er sich 1807 wieder dem öffentlichen Leben zuwandte. Nach Aufrichtung des Großherzogthums Warschau wurde er Präsident des Senats, † aber schon am 29. December 1809. Sein Bruder und politischer Gegner, Hyacinth, Graf M., früher Kronkanzler, später Justizminister, zog sich nach dem Ausbruch des Krieges von 1792 auf seine Güter zurück und lebte ganz den Wissenschaften; † am 27. März 1821 zu Bodzechow.

3) Gustav M., geboren 1797, schloß sich 1830 der polnischen Revolution an, ward Minister des Auswärtigen, trat im December zurück, aber im Januar 1831 von Neuem ein, war nach der Eroberung von Warschau unter den vom Kaiser Verurtheilten und † als Flüchtling zu Paris den 10. April 1835.

Malachowski, Kasimir, polnischer General, nicht zu der gräflichen Familie dieses Namens gehörig, am 27. Febr. 1765 zu Wisnewo in Lithauen geboren, trat 1786 als gemeiner Kanonier in die Armee u. wurde 1790 zum Lieutenant und nach der Schlacht bei Raclawice 1794 von Kosciuszko zum Major befördert. Bei der dritten Theilung Polens floh er nach Italien, trat dort 1797 in die polnische Legion, wurde an der Trebia verwundet, von den Oesterreichern gefangen genommen u. über ein Jahr zu Kleinzell bei Ofen festgehalten. Wieder frei, trat er abermals in französische Dienste, wurde Befehlshaber des 114. Linienregiments u. machte als solcher die Expedition nach St. Domingo mit, wo er durch die Kapitulation in die Hände der Engländer fiel, die ihn mehre Jahre in Jamaica festhielten. Nach Frankreich zurückgekehrt, erhielt er in der neuerrichteten polnischen Armee die Stelle eines Obersten. In dem russischen Feldzug von 1812 deckte er an der Beresina mit Umsicht den Rückzug der Franzosen, wofür er von Napoleon I. zum General ernannt wurde. In der Schlacht bei Leipzig von den Russen gefangen genommen, ward er gegen Ehrenwort, nicht gegen die Alliirten zu kämpfen, freigegeben. Im Jahre 1815 wurde er zum Gouverneur der Festung Modlin ernannt, legte aber diese Stelle schon 1818 nieder und zog sich auf seine Güter zurück. Im Jahre 1830 schloß er sich der Revolution an, organisirte im Januar 1831 die Truppen auf dem rechten Weichselufer und focht mit Auszeichnung bei Wawre, Bialolenka und Ostrolenka. Nachdem er schon einmal die ihm angetragene Stelle eines Oberfeldherrn abgelehnt hatte, nahm er dieselbe während der Belagerung von Warschau an, legte sie aber nach der Kapitulation der Hauptstadt sofort wieder nieder. Die russische Amnestie zurückweisend, lebte er fortan erst in Fontainebleau, später in Chantilly bei Paris, wo er am 5. Jan. 1845 †. Im Jahre 1846 ward ihm zu Chantilly ein Denkmal errichtet.

Malacie (v. Lat., Erweichung), medicinischer und besonders pathologisch-anatomischer Kunstausdruck, für welchen man keine scharfe und den damit verbundenen Begriff vollständig deckende Definition zu geben vermag. Man bezeichnet als M. ganz allgemein gewisse Arten der Konsistenzverminderung menschlicher Organe und Gewebe. Zu der Zeit, wo der Ausdruck M. aufkam, konnte man sich noch keine Rechenschaft über die histologischen und chemischen Vorgänge geben, auf welchen jene Verminderung der Konsistenz, die Erweichung, beruht. Es wurden daher Zustände als M. bezeichnet, welche aus ganz verschiedenartigen Prozessen hervorgehen, und welche eben nichts Anderes gemeinsam haben, als daß das betreffende Organ oder Gewebe weicher war als im Normalzustande. Man sprach z. B. von M. des Fettgewebes, welche, wie man jetzt weiß, auf einer Umwandlung des letztern in gewöhnliches Schleimgewebe beruht, also einen vitalen Prozeß darstellt; man spricht noch jetzt von M. des Magens (Gastromalacie), welche einfach auf Fäulniß desselben beruht, also einen Vorgang darstellt, der umgekehrt durch Aufhören des Lebens bedingt ist. Auch die Rhachitis oder sogenannte englische Krankheit rechnete man zur M., sie besteht aber im Wesentlichen nur in einer Verlangsamung des Verknöcherungsprozesses im wachsenden Knochen, nicht darin, daß ein harter Knochen weicher würde. Diejenigen Prozesse, welche auch die neuere pathologische Anatomie als M. bezeichnet, bestehen in einer sowohl histologisch wie chemisch noch wenig bekannten Veränderung normaler oder pathologischer Gewebe, wodurch letztere eine viel geringere Konsistenz erlangen, als sie bisher besachen. Diese Veränderung beruht theils auf Atrophie oder verminderter Ernährung der betreffenden Gewebe, theils stellt sie gewissermaßen eine Form des Brandes dar. Die M. betrifft am häufigsten die Grundsubstanzen der Gewebe, während die Zellen derselben meist andere Metamorphosen, am häufigsten die Fettmetamorphose, erleiden. Die M. kommt vor an Knochen bei äußerem Druck durch Geschwülste, bei Knochenvereiterung und Knochenbrand, sowie als Knochenerweichung im engern Sinne (Osteomalacie), welche darin beruht, daß die Kalksalze, welche dem Knochengewebe seine Härte und Starrheit verleihen, aus den Knochen verschwinden. An Knorpeln und am Bindegewebe, sowie an Nerven und Muskeln kommt die M. vorzüglich in Folge entzündlicher Prozesse vor. Die im Gehirn u. Rückenmark, sowie in Drüsen vorkommende M. ist ein Folgezustand der sogenannten parenchymatösen Entzündung dieser Organe. Eine M., welche dem Brande sehr nahe kommt, findet bei der Tuberkulose und bei den mit verkästem Eiter infiltrirten Geweben Statt (Erweichung der Lungen- und Lymphdrüsentuberkel). Der Tuberkel erweicht, weil er nicht ernährt wird. Aus diesen Angaben wird man den Schluß ziehen können, daß das Wert M. nicht immer denselben pathologisch-anatomischen Begriff bezeichnet, daß es daher möglichst zu vermeiden ist, und daß man besser thut, für jedes einzelne Organ und Gewebe den Prozeß genauer anzugeben, welcher im gegebenen Falle zur Erweichung führt.

Malactica (sc. remedia, lat.), s. Emollientia.

Malaczka, Stadt im ungarischen Komitat Preßburg, mit einem Schloß des Fürsten Palffy nebst Park, einem Franciskanerkloster und 3120 Einw.

Maladetta, großer Gebirgsstock in der südlichen Kette der Central- oder Hochpyrenäen, auf der Grenze von Frankreich und Spanien, ist furchtbar zerklüftet und ohne Alpenweiden und erhebt sich im Pico de Nethou, dem höchsten Pyrenäengipfel, zu 10,792 Fuß Höhe.

Mala fide (lat.), wider besseres Wissen und Gewissen, arglistig.

Malaga, Hauptstadt der gleichnamigen Provinz (123,7 QM. mit 415,406 Einw.) des spanischen Königreichs Granada, liegt reizend am Ausflusse des Guadalmedina ins Mittelmeer, im Hintergrund einer schönen Bai, dicht an der Küste, am Ostrande einer herrlichen Vega u. am Fuße eines steilen Hügels, der die maurische, noch jetzt als Citadelle dienende Veste Gibralfaro trägt und den letzten Vorsprung des bis 2000 Fuß anschwellenden, die Küsten 8 Meilen lang ostwärts umfassenden, mit Landhäusern und Winzerhäuschen besäeten Hügellandes bildet, das den berühmten Malagawein erzeugt. Die Stadt, ein Handels- und Hafenort ersten Rangs, zugleich Waffenplatz und Bischofssitz, ist uneben u. im älteren Theile unregelmäßig gebaut, mit winkeligen, finsteren Gassen und uralten Häusern, während sich die neuern Theile durch gerade breite Straßen und schöne, ja zum Theil prächtige, moderne Gebäude auszeichnen, so namentlich die prachtvolle, mit schönen Promenaden versehene Calla de la Alameda am Hafen, die Calla nueva, der Konstitutionsplatz ꝛc. Auch die Cortina de Muella oder der Hafenkai bietet vom Hafen aus wegen seiner langen Reihe hoher Gebäude mit Balkonen einen imponirenden Anblick dar. Von öffentlichen bemerkenswerthen Gebäuden besitzt M. nur eine geringe Anzahl. Das schönste ist die Kathedrale Maria de la Encarnacion, von der Königin Isabella gegründet und in schönem florentinischen Styl gebaut. Sie ist 306 Fuß lang und 123 Fuß hoch, hat 3 Schiffe und einen 267 F. hohen Glockenthurm mit schöngeformter Kuppel und insbesondere herrliche Holzbildnereien. Neben der Kathedrale befindet sich der bischöfliche Palast. Noch sind in M. zahlreiche maurische Bauwerke vorhanden und in der Stadt zerstreut maurische Thore, Thürme, Mauern, Häuser und Bruchstücke von Moscheen zu finden. Namentlich ist das maurische Kastell zu bemerken, 1279 auf einem Hügelabhang im Osten der Stadt erbaut. Es ist von großer Ausdehnung und in das untere, die Alcazaba, und das obere Kastell, Gibralfaro, getheilt. Die Alcazaba war früher ein stark befestigtes Schloß der Könige von Granada, ist aber jetzt verfallen und im Innern mit ärmlichen Hütten erfüllt. Gibralfaro, vormals eine der Hauptvesten des maurischen Reichs, dient, wie erwähnt, noch als Fort, u. von seinen Wällen aus genießt man eine reizende Aussicht über die Bai von M. u. die herrliche Landschaft. Die Stadt zählt im Ganzen 7 Kirchen, 10 Nonnen- u. 12 ehemalige Mönchsklöster, 2 Waisenhäuser, ein Findelhaus, mehre Kasernen, ein Theater, einen Circus für Stiergefechte, elegante Cafés u. Kaufläden und 94,300 Einw. Sie vergrößert und verschönert sich übrigens von Jahr zu Jahr und rivalisirt in merkantiler und industrieller Beziehung bereits mit Barcelona, während sie Cadix längst überflügelt hat. Der Hafen von M. ist schon nächst dem von Barcelona und Gibraltar der besuchteste der Mittelmeerküste; er faßt über 400 Schiffe und ist durch einen an 4000 Fuß langen Molo, an dessen äußerster Spitze sich ein hoher Leuchtthurm erhebt, gegen Stürme geschützt. An der entgegengesetzten Seite ist ein neuer Molo aufgeführt, und beide sind durch Batterien gut vertheidigt. Auch die Industrie von M. hat einen bedeutenden Aufschwung genommen. Man zählt 6 große Eisengießereien, 2 große Baumwollen- u. Leinengarnspinnfabriken, 10 Fabriken von Chemikalien, ferner Seifen-, Sodawasser-, Zündwaaren- und Hutfabriken, zahlreiche Woll- und Seidenwebereien und Färbereien, große Dampfschneidemühlen, 2 Bierbrauereien ꝛc. Die größten Fabriken arbeiten alle mit Dampf. Der Handel der Stadt ist neuerlich stark im Steigen begriffen und besteht für Ausfuhrgegenstände hauptsächlich in Wein, frischen Weintrauben, welche in ungeheurer Masse nach England und Nordamerika versendet werden, Rosinen, Orangen, Citronen und andern Südfrüchten, ferner in Oel, Fischen, namentlich Sardellen, und in Metall. Im Jahre 1860 betrug der Werth der Einfuhr $92\frac{1}{2}$ Millionen und der Ausfuhrwerth 130 Millionen Realen. Die Bewohner von M., Malagueños genannt, sind mit feiner Weltsitte wohl vertraut, die Frauen wegen ihrer Schönheit und Grazie berühmt. Auch für Bildung der Jugend und des Volks ist ziemlich gut gesorgt. Außer Elementarschulen und Colegios für beide Geschlechter gibt es ein Institut, ein Seminar, eine nautische Schule; ferner ein gutes literarisches Museum (circulo malagueño), eine philharmonische, eine ökonomische Gesellschaft, ein Theater und andere Vereine. M. ist mit einem heitern u. herrlichen Klima gesegnet u. hat einen meist klaren, unumwölkten Himmel. Die Stadt ist sehr alt und soll 8 oder 9 Jahrhunderte v. Chr. unter dem Namen Malcha von den Phöniciern gegründet worden sein. Sie war abwechselnd im Besitz der Karthager u. der Römer, welche sie Malaca nannten; dann der Gothen und Araber. In den ersten drei Jahrhunderten der Maurenherrschaft in Spanien war M. den Khalifen von Cordoba unterworfen; nach dem Verfall dieses Khalifats kam es in die Hände verschiedener kleiner Fürsten, bis es im Anfange des 14. Jahrhunderts mit dem Königreich Granada vereinigt wurde. Im Jahre 1487 wurde es durch Ferdinand u. Isabella den Mauren nach einer hartnäckigen Belagerung von 3 Monaten abgenommen. Die spätere Geschichte der Stadt bis auf die neueste Zeit ist ziemlich bedeutungslos. Seit 1834 hatte die Stadt viel von den Parteikämpfen zwischen den Karlisten und Christinos zu leiden. Erstere ließen 1838 hier 49 Anhänger der liberalen Partei erschießen. Zur Erinnerung an diese Opfer des Bürgerkriegs steht ein Obelisk auf dem Plazo del Riego unweit der Alcazaba.

Malagawein, süßer, liqueurartiger, feuriger spanischer Wein von vortrefflichem Geschmack, der auf den Bergen um die Stadt Malaga wächst und namentlich in Frankreich und Deutschland geschätzt ist. Man hat rothe und weiße M.e; von den letztern ist der vorzüglichste der Pedro Ximenez, welcher in der Gegend von Guadalcazar wächst; eine andere Sorte ist derjenige, welcher gewöhnlich unter dem Namen M. in den Handel kommt. Er ist in der Jugend dunkel bernsteinfarbig und sehr süß; mit dem Alter verliert er die Süßigkeit, wird fein, körperlich, geistig u. erhält ein sehr angenehmes Parfüm. Ein sehr dunkel gefärbter, süßer u. pikanter Wein wird Tinto genannt. Auch erzeugt man einen weißen Wein, welcher dem Xeres nahe kommt, sowie Muskatwein und Malvasier; von dem erstern, welcher gelblich von Farbe ist, unterscheidet man Malagamuskat und Tropf- oder Thränenmuskat (Lagrima de Malaga). Die meisten dieser Weine werden für den Export mit Alkohol versetzt, dessen Quantität im käuflichen M. durchschnittlich 12—16 Proc. beträgt. Der meiste bei uns als M. zum Verkauf kommende Wein ist ein Kunstprodukt aus leichtem Weißwein, Rosinen, Alkohol und färbenden Stoffen, häufig auch ohne allen Wein fabricirt. Aechter M. soll nach Volley zwischen 1,05 und 1,07 specifisches Gewicht haben, beim Abdampfen nicht weniger als 17 Proc. Extrakt hinterlassen, welches in Wasser und Weingeist klar löslich und von angenehm säuerlich-süßem Geschmack ist.

Malagma (griech.), erweichender Breiumschlag.

Malagrida, Gabriel, Jesuit, den 17. Sept. 1689 zu Menaplo am Comersee geboren, studirte zu Como und Mailand und trat dann zu Genua in den Jesuitenorden. Nachdem er fast 30 Jahre als Missionär in Brasilien gewirkt, begab er sich 1750 nach Portugal, um die Errichtung eines Seminars in Camuta zu betreiben, kehrte jedoch im folgenden Jahre nach Brasilien zurück und kam erst 1754 auf den Ruf der verwittweten Königin wieder nach Lissabon. Er zog sich jedoch den Haß des Ministers Pombal zu und ward in Folge dessen im Nov. 1756 nach Setuval verwiesen. Nach dem Attentat gegen den König Joseph im Januar 1759 ward er verhaftet, der Mitschuld an dem Mordversuch angeklagt und zugleich wegen ketzerischer Meinungen dem Inquisitionsgericht überliefert, das ihn nach dritthalb Jahre langer, schwerer Haft am 20. Sept. 1761 erdrosseln ließ. Sein Körper ward verbrannt und seine Asche in den Tajo geworfen. Ohne Zweifel fiel M. als Opfer eines Justizmordes.

Malaguti, Faustina Jovita, namhafter Chemiker, den 15. Febr. 1802 zu Bologna geboren, mußte 1831 wegen Theilnahme an politischen Umtrieben aus seinem Vaterlande fliehen, ging nach Frankreich und wirkt seit 1850 als Professor der Chemie zu Rennes. Er hat sich durch Lehrbücher, sowie durch zahlreiche Untersuchungen auf dem Gebiete der Chemie bekannt gemacht.

Malakka, hinterindische Halbinsel, bildet den schmalen, zungenartigen, gegen Süden und Südosten gerichteten Ausläufer der indischen Halbinsel jenseits des Ganges, der in seinem untern Ende mit der im Westen daneben liegenden und durch die Malakkastraße davon getrennten Insel Sumatra gleiche Richtung hält. Sie erstreckt sich von 13° 45′—1° 35′ nördl. Br., und zwar bis 8° 50′ gegen Süden, von da gegen Südosten; die Scheidung zwischen beiden Richtungen bezeichnet die Landenge Krah. Die Halbinsel ist Gebirgs- oder doch Hochland mit unbedeutenden Küstenniederungen bei einer durchschnittlichen Breite von 2—3°. Das Klima ist mild und gesund; der Boden ergiebig an Reis, Sago, Pfeffer, Holz, Früchten und Gemüsen. In den dichten Urwäldern des Innern hausen Elephanten, Tiger, Büffel u. a. Das Gebirge enthält Gold, Silber und Zinn. Die Bewohner sind mohammedanische Stämme malayischer Race, hie u. da Neger; im Innern leben wilde, zum Theil noch ganz unbekannte Stämme. Staatlich zerfällt M. in mehre theils unabhängige, theils von Siam abhängige Malayenstaaten. Unmittelbar zu Siam gehört die Stadt M., an der Straße von M., mit einem 48 □M. großen Gebiet, das von den Malayenstaaten Salangur, Rumbove, Dschohor begrenzt wird u. 1847 54,000 Einw. sehr vermischter Abkunft zählte. Die Stadt M., einst von großer Bedeutung, zählt 15,000 Einw., ist befestigt, gut gebaut und gewährt ein höchst malerisches Ansehen. Sie ist Sitz des englischen Gouverneurs und des Suffraganbischofs von Goa. Im Jahre 1509 wurde sie von den Portugiesen unter Albuquerque genommen; 1642 kam sie an die Holländer, 1795 an die Engländer; nachdem sie zweimal den Holländern wieder abgetreten worden, verblieb sie seit 1824 den Briten.

Malakow, s. Sebastopol.

Malakozoën (v. Griech.), Weichthiere.

Malamborinde (Melambofieberrinde, Cortex Malambo), eine seit 1814 durch Bonpland bekannt gewordene Rinde eines Baumes in den Provinzen Choco, Antioquia und Popayan des westlichen Kolumbiens, wo derselbe Arbor de Agi genannt wird. Er soll Drimys granatensis *L. fil.* sein. Es ist eine feste, dichte, schwere, wenig gebogene Rinde, außen gelblichgrau, auch mit rosenfarbenen Flecken versehen. Der Geruch ist aromatisch, besonders beim Zerstoßen pfefferartig und dem Kalmus ähnlich, der Geschmack gewürzhaft, scharf bitter, lange anhaltend. Man wendet sie in Kolumbien mit Erfolg an bei Krämpfen (Starrkrampf), Wunden, Entzündungen, Magenleiden, Durchfällen, Engbrüstigkeit, Rheumatismen 2c. Von Cartagena wird sie in großen Quantitäten nach Havana versandt.

Malamocca (Lido di M.), eine 2 Meilen lange

Landzunge, welche die Lagunen von Venedig vom adriatischen Meer trennt, und an welcher der ganzen Länge nach gegen die See ein 40—50 Fuß breiter, 30 Fuß hoher und 15 Fuß über das Meer hervorragender Damm aus Marmorquadern (die sogenannten Murazzi) errichtet ist. Auf der Landzunge liegt auch das Dorf M. mit 900 Einw.

Malandrino (ital.), ursprünglich eine Art Straßenräuber zur Zeit der Kreuzzüge, dann Schimpfwort, s. v. a. Schelm. Schiller nennt in „Turandot" die Malandrinen irriger Weise eine Völkerschaft.

Malapane, rechter Nebenfluß der Oder in Schlesien, entspringt in Polen, fließt nach Westen in breiter Niederung und mündet 50 Fuß breit, im Norden von Oppeln, bei Czarnowanz nach 16 M. langem Lauf. An derselben liegt (im Regierungsbezirk u. Kreis Oppeln) das Dorf M. mit dem größten königlichen Eisenwerk Schlesiens und 320 Einw.

Mala punica (lat.), Granatäpfel.

Malaria (v. Ital., wörtlich schlechte Luft, aria cattiva, Sumpfmiasma, Sumpfluft), die manchen sumpfigen Gegenden, besonders den Maremmen an der Seeküste von Italien u. den pontinischen Sümpfen bei Rom, eigene krankmachende Einwirkung auf lebende Organismen, die wahrscheinlich in der Luft theils durch in Wasser faulende Vegetabilien, theils durch thierische Stoffe erzeugt wird, wobei noch andere Momente mitwirken mögen, z. B. die Feuchtigkeit der Luft selbst, die in ihr schwebenden Luftinfusorien oder Pilzsporen, das Vorherrschen der negativen Elektricität, das Trinken des matten, gasarmen und mit organischen Bestandtheilen geschwängerten Wassers solcher Gegenden. Die Sumpfluft afficirt zunächst und hauptsächlich das sympathische Nervensystem, besonders dessen Unterleibsganglien, dann aber auch das Schleimhaut-, Lymph- und Drüsensystem, die Milz und die Leber, indem sie die Thätigkeit der genannten Gebilde erhöht. Dagegen wirkt sie schwächend auf die Respirationsorgane, auf das Muskel-, Spinal-, Sinnes- und Hirnnervensystem ein. Sie erzeugt daher Wechselfieber und nervöse adynamische Fieber mit remittirendem und anhaltendem Typus, biliös-gastrischem, fauligem und oft bösartigstem Charakter (Dschungelfieber, Sumpffieber). Ferner bringt sie hysterische Beschwerden, katarrhalische Zufälle der Lungen, der Augen, des Darmkanals, Dyspepsie, Schleimflüsse und Blennorrhöen der Verdauungswege, der Genitalien, der Augen (ägyptische Augenentzündung), chronische Entzündungen, Anschwellungen und Verhärtungen der Leber und Milz, Gelbsuchten, Blutbrechen und Ruhr hervor. Die aus fehlerhafter Assimilation und beschränkter Respiration entspringende unvollkommene Blutbildung hat Dyskrasien, Fallsucht, Skropheln, Bleichsucht, Wassersucht, Rhachitis, chronische Hautausschläge, Wasserkrebs der Lippen, Skorbut, Muskelschwäche zur Folge. Die schädliche Wirkung erfolgt bald augenblicklich, bald erst nach Stunden, Tagen, Wochen; bald ist sie endemisch und tritt nur in der unmittelbaren Nähe der Sümpfe hervor, bald aber erstreckt sie sich auch auf weitere Entfernungen, oder bekommt selbst in Verbindung mit andern, noch unbekannten tellurisch-kosmischen Potenzen einen epidemischen Charakter. Die Intensität der M. wird durch eine von hohen und dichten Wäldern umschlossene, oder von Bergen eingegrenzte, den Winden unzugängliche Lage der Sümpfe, durch einen schweren, moorigen Boden, durch Sonnenhitze, welche sie dem Vertrocknen nahe bringt, daher durch das tropische Klima und heiße Sommer, durch Seewasser und noch mehr durch die Vermischung des Seewassers mit süßem Wasser, sowie durch die Abend- und Nachtzeit vermehrt. In dieser hohen Steigerung seiner schädlichen Wirkung soll das Sumpfmiasma das gelbe Fieber und die indische Cholera erzeugen. Ein kaltes Klima, üppige Vegetation, besonders Saftpflanzen, immergrüne Wälder und Kultur des Bodens beschränken dagegen die nachtheilige Einwirkung der Sümpfe und können sie ganz aufheben. Auch wo der schädliche Einfluß der M. sich nicht in deutlich ausgeprägten Krankheitsformen verräth, macht er sich doch durch die unvollkommene Ausbildung und abnorme physische und psychische Entwickelung der Sumpfbewohner bemerklich. Sie besitzen geringe Geistesfähigkeiten, einen beschränkten Verstand und wenig Phantasie, sind apathisch und träg in ihren Körperbewegungen, klein, von unregelmäßigem Gliederbau, haben einen langen Hals, unförmlichen Kopf, aufgetriebenen Unterleib, ein ungesundes, kachektisches, blasses Aussehen, eine schwache Stimme u. ein ungemein geringes Zeugungsvermögen. Außer in den Maremmen und den pontinischen Sümpfen treten die Wirkungen der M. besonders in der Lombardei, wo der Reisbau eine jährliche Einwässerung der Felder nöthig macht, in Holland, Seeland, Walchern, auf dem Nildelta in Aegypten, dem Gangesdelta in Indien, in Sumatra, Surinam ganz besonders hervor. Uebrigens gibt es auch sumpflose Gegenden, wo ebenfalls eine sogenannte M. herrscht, z. B. Gibraltar, sogar Hochebenen in Italien und Peru. Alle Urwälderboden entwickeln, nachdem sie urbar gemacht worden, in den ersten Jahren ein fiebererzeugendes Princip, das den ersten Ansiedlern oft sehr verderblich wird. Die Indigobereitung, in Schiffsräumen faulender, mit Seewasser benetzter Kaffee, das Pumpenwasser ꝛc. entwickeln gleichfalls ein sehr gefährliches Sumpfmiasma. Ein solches scheint sich auch in Häusern zu bilden, welche von Ueberschwemmungen gelitten haben. Vgl. Steifensand, Das Malariasiechthum, Krefeld 1848.

Malatije (Melatiah, das alte Melitene), Stadt im kleinasiatischen Ejalet Charput, in einer großen Ebene, 5 Stunden vom Euphrat, hat 2 Moscheen und mit dem benachbarten Asbusu, wohin sich in der heißen Jahreszeit fast die ganze Bevölkerung zieht, 20,000 Einw. (darunter etwa 6000 Armenier).

Malaucène, Stadt im französischen Departement Vaucluse, am Grosseau, in einem schönen Thale gelegen, mit Seiden- und Wollspinnerei und Weberei, Leinwand- und Papierfabrikation, Metallgießerei, Bienenzucht und 3030 Einw.

Malaxation (Malaxiren, v. Lat.), das Weichkneten eines Stoffs, besonders der Pflaster- und Pillenmasse.

Malayen, Volk im Bereiche des indischen Oceans, das im Innern der Insel Sumatra, in der Umgebung des Vulkans Merapi, seinen Ursitz hat und sich nach der Tradition von hier aus nach den Küstenländern verbreitete. Der Name wird von Malaju, d. i. Auswanderer, Herumtreiber, abgeleitet und kam gegen Ende des 12. Jahrhunderts auf, um welche Zeit die M. den Staat Singapore gegründet hatten. Von hier verdrängt, wandten sie sich nordwärts und stifteten im 13. Jahrhundert Stadt und Reich von Malakka. Durch blühenden Handelsverkehr mit den Anwohnern des gesammten indischen Oceans wurden sie mit dem Islam bekannt, der raschen Eingang bei ihnen fand, wie man denn jetzt im allgemeineren Sinn M. die ganze Bevölkerung des indischen Oceans nennt, welche den Islam angenommen hat. Der Staat Malakka, von wo aus sich die M. in meist unabhängigen Kolonien über alle Inseln des Archipels verbreiteten, stand zu Anfang des 16. Jahrhunderts in der höchsten Blüthe, bis dieselbe durch die Portugiesen, seit 1512, vernichtet wurde. Letztere, wie auch ihre Nachfolger, die Holländer, verfolgten gegen die M. ein grausames Bedrückungs- und Verfolgungssystem, das den nachtheiligsten Einfluß auf den Nationalcharakter des Volks ausübte; die friedlichen Beschäftigungen verlassend, wendeten sich die M. seitdem der Seefahrt zu und haben sich namentlich durch Seeräuberei bis in die neueste Zeit sehr gefürchtet gemacht. Die Zahl der M. beträgt gegenwärtig auf Sumatra 1,630,000, die theils die unabhängigen Staaten Atschin und Siak bilden, theils den Holländern unterworfen sind (Menangkabau, Palembang ɾc.); ferner in Singapore u. Pulo-Penang etwa 230,000, in den Malayenstaaten der Halbinsel Malakka (daher auch malayische Halbinsel genannt) 911,000, im Archipel zerstreut eine Million. Die wichtigsten malayischen Staaten in letzterem sind die den Holländern unterworfenen Sultanate von Bandschermassing, Pontianak, Sambas und Ternate, Mindanao, Sulu und Illanos. Die M. sind im Allgemeinen von brauner Hautfarbe, durchschnittlich 4 Fuß 10 Zoll groß, haben ein Gesicht, das nicht viel länger als breit ist, hervortretende Backenknochen, breite Unterkiefer, platte Nase, sehr breite Nasenflügel, großen, breiten Mund mit wulstigen dicken Lippen, grobes und dickes schwarzes Haar, platten viereckigen Hinterkopf und schwachen Bart, den sie meist vollends ausrotten. Leidenschaftlich und ohne Selbstbeherrschung, sind sie wenig zuverlässig und unsteten Sinnes. Vor den übrigen Stämmen des indischen Archipels zeichnen sie sich durch regere Triebsamkeit und Empfänglichkeit aus; auch bekunden sie Freiheitssinn u. ein höheres Streben und halten, arbeitsscheu und gemächlich, wie sie sind, alles Arbeiten um Geld und Unterhalt für eine ihrer unwürdige Beschäftigung. In Diebstahl und Menschenraub dagegen finden sie nichts Bedenkliches; jede Beleidigung rächen sie auf der Stelle, und dabei sind sie nachtragend, falsch und hinterlistig; auch Vergiftungen kommen häufig vor. Leidenschaftlich sind sie dem Opiumrauchen, dem Genuß geistiger Getränke und Wetten beim Hahnenkampfe ergeben, wobei sie sich zuletzt mit ihrer persönlichen Freiheit aufs Spiel setzen. Die malayische Sprache (s. d.) bildet die Verkehrssprache im ganzen Archipel. Ihr Schriftschatz ist unbedeutend, doch ist Stegreifdichtung sehr beliebt. Religion der M. ist, wie erwähnt, der Islam, aber in etwas abgeschwächter Gestalt. Eine Sekte wilder Schwärmer (Padris), die seit Beginn des Jahrhunderts mit Feuer und Schwert ihr Bekehrungswerk auf Sumatra trieb, wurde 1838 von der niederländischen Regierung mit Waffengewalt unterdrückt. Die Kleidung der Männer besteht meist in halblangen, weiten Beinkleidern und einer Weste. Die Frauen tragen Mieder, den Sarong und einen Ueberwurf, der auch als Schleier dient; das Haar schmücken sie mit Blumen. Beide Geschlechter schwärzen die Zähne; Vornehme fassen sie in Goldblech. Die Wohnungen stehen auf Pfählen. Vielweiberei findet man nur in den Hauptorten und bei den Vornehmen. Die Heirath kann auf dreierlei Weise vollzogen werden. Einmal kauft der Mann die Frau, die nun sein Eigenthum wird und beim Todesfall des Mannes auf dessen nächsten Blutsverwandten erbt; eine zweite Art besteht darin, daß der Mann beim Schwiegervater als Sklave eintritt; die dritte beruht auf dem Fuß der Gleichheit, so daß beide Theile nach Verhältniß beisteuern. Die kleinen Kinder werden nicht auf dem Arme getragen, sondern sitzen, gehalten durch ein umgebundenes Tuch, mit gesperrten Beinen auf den Hüften der Mutter; ihre Wiegen hangen an der Decke. Die Beschneidung erfolgt zwischen dem 6. und 10. Jahre. Nach dem Tode des Vaters sind nicht die Kinder die Erben, sondern die Nachkommen der Schwestern des Verstorbenen in gerader Linie. Die Dörfer der M. liegen in Fruchtwaldungen und sind mit Bambuspflanzung als Mauer umzogen. Die M. auf Sumatra entwickeln auch nicht unbedeutende Betriebsamkeit, die, abgesehen vom Ackerbau, im Weben baumwollener Kleider, geschickter Goldarbeit mit sehr einfachen Werkzeugen u. in Verfertigung guter Luntengewehre besteht.

Malayische Sprache und Literatur. Die malayische Sprache, ursprünglich Landessprache auf der Halbinsel Malakka und auf den Inseln der Malakkastraße, sowie auf einem Theile der Halbinsel Sumatra, hat sich seit der Mitte des 13. Jahrhunderts durch Einwanderung von Malayen über einen großen Theil des indischen Archipels verbreitet und ist gegenwärtig allgemeine Verkehrs- u. Handelssprache für ganz Australasien. Unter indischem Einfluß frühzeitig zur Schriftsprache ausgebildet, nahm sie seit dem Eindringen des Islam viele fremde, namentlich arabische Bestandtheile in sich auf. Nur die eigentlichen malayischen Volksmundarten, wie sie in Menangkabau auf Sumatra u. den malayischen Territorien der Halbinsel Malakka gesprochen werden, haben sich von fremder Beimischung reiner erhalten. Von dem auf dem ganzen indischen Archipel verbreiteten Vulgärmalayischen lassen sich 3 Hauptmundarten unterscheiden: die an den Höfen, in den Regierungskreisen ɾc. herrschende; die an den Küsten der Halbinsel, in den englischen Besitzungen ɾc. gebräuchliche von Malakka und die in den niederländischen Besitzungen übliche batavische. Die malayische Sprache, welche von etwa 4 Millionen Menschen als Landessprache gesprochen wird, bedient sich der arabischen Schriftzeichen. Grammatiken derselben lieferten Werndly (Amsterd. 1736; neue Ausg. von Angelbeek, Batavia 1823, 1826), Marsden (Lond. 1812), Crawfurd (das. 1852), Roorda van Eysinga (Nieuwediep 1856), De Hollander (3. Aufl., Utrecht 1856); Wörterbücher: Houtman van Gouda (Amsterd. 1604, 1673), Haex (1631), Bowrey (Lond. 1701), Marsden (das. 1812), De Wilde (Amsterd. 1841), Roorda van Eysinga (10. Aufl., Haag 1852), Crawfurd (Lond. 1852). Die malayische Literatur ist ziemlich umfangreich und vielseitig. Unter den Werken der Kunstpoesie ist die Dichtung „Bidasari“ (herausgeg. von Hoëvell, Batavia 1843) die berühmteste und beliebteste. Auch die meisten javanischen Dichtungen

(s. Javanische Sprache u. Literatur), welche indische Stoffe behandeln, sind in malayischer Bearbeitung vorhanden, so die Geschichte des Rama (Sri Rama, herausgeg. von Roorda van Eysinga, Amsterd. 1843). Unter den romantischen Dichtungen, welche nationale Stoffe behandeln, sind hervorzuheben: die Dichtung „Kin-Tambuhan“; die Geschichte von Indra Laksana; die Geschichte des Sultans Ibrahim, Fürsten von Eirak (herausgeg. von Lenting, Breda 1846); die Geschichte des Sultans Abdul-Muluk von Ali Hadschi, Fürsten von Riouw (herausgeg. von Roorda van Eysinga, Batavia 1848), dessen Spruchgedichte Netscher (das. 1854) herausgab. Die weitverbreitete indische Fabelsammlung „Calila und Dimnah“ ist auch in malayischer Bearbeitung vorhanden, ebenso die Märchen der 1001 Nacht. Reich ist die Geschichte vertreten. Außer verschiedenen Werken über die Geschichte des malayischen Volkes überhaupt gibt es Chroniken aller malayischen Staaten, sowohl auf Sumatra und Malakka, wie auf den übrigen Inseln des Archipels, z. B. von Atschin (französisch von Dulaurier, Paris 1839), von Dschohor, Sambas und Sukadana (herausgeg. von Netscher in der „Tijdschrift voor Taal-, Land- en Volkenkunde van Nederlands Indie“, Bd. 1, Batavia 1853) ꝛc. Die Seerechte, von denen einige ins 12. Jahrhundert hinaufreichen, sind gesammelt von Raffles und dann von Dulaurier (Paris 1845). Das „Kitab Tupah“, das mohammedanische Gesetzbuch der Javanen, gab Keyzer (Haag 1852) heraus. In neuerer Zeit lieferten einzelne gebildetere Malayen Reiseberichte, geographische u. statistische Beschreibungen einzelner Länder und dergl. Die mohammedanisch-theologische Literatur besteht fast nur aus Uebersetzungen u. Auslegungen des Koran. Das Neue Testament wurde schon im 17. Jahrhundert von Brower ins Malayische übersetzt (Amsterd. 1668), das Alte Testament später (das. 1733). Seitdem erschienen mehre Uebersetzungen der ganzen Bibel (z. B. Batavia 1758, 5 Bde., herausgeg. von Willmet, Haarl. 1824, 3 Bde.). Das Neue Testament ist auch in vulgärmalayischer Uebersetzung vorhanden. Vgl. Dulaurier, Mémoires, lettres et rapports relatifs au cours de langues malaye et javanaise, Paris 1843.

Unter dem malayischen Sprachstamm pflegen die Linguisten alle Sprachen zusammenzufassen, welche auf den Inseln des indischen und des großen Oceans von Madagaskar im Westen bis zur Osterinsel gesprochen werden. Alle diese Sprachen sind zwar unter sich ungemein verschieden, stimmen aber in ihrem grammatischen Bau ebenso überein wie die europäischen Sprachen. In allen gibt es eine große Menge Wörter, die mehr oder minder fast allen gemein sind, und es ist in der That erstaunlich, wie weit diese Identität einzelner Wörter und Ausdrücke geht. Sie ist am stärksten unter den civilisirteren Nationen und (von Madagaskar abgesehen) nimmt ab, je weiter man von Sumatra und Java aus gegen Osten geht. Aus dieser Thatsache will Marsden den Schluß ziehen, daß alle Sprachen von Madagaskar bis zur Osterinsel, die Negritodialekte ausgenommen, ursprünglich eine einzige Sprache gewesen, und die Verschiedenheiten, die man jetzt entdeckt, nur eine Folge der Zerstreuung der verschiedenen Stämme seien. Andere Forscher dagegen behaupten, daß jede oceanische Sprache ihren eigenthümlichen Ursprung habe, und daß die Völker, von denen sie gesprochen werden, im Verhältniß der größern oder geringern Nachbarschaft oder des Verkehrs unter einander sich Wörter mittheilten, wobei die roheren und schwächeren Stämme gewöhnlich von den gebildeteren und mächtigeren entlehnten. Nach dieser Ansicht kann man die verschiedenen Sprachen in mehre Gruppen abtheilen und nach der Nation benennen, welche je den größten Einfluß ausübte. Die malayische Gruppe umfaßt Sumatra, die Halbinsel Malakka, die Ost- und Westküste von Borneo; die javanische Gruppe die Insel Java und die benachbarten Inseln Madura, Bali und Lombok; die Buggisgruppe, nach dem Namen der bedeutendsten Nation und Sprache auf Celebes benannt, breitete sich über die Inseln Bouton, Salayer, Sumbawa und einen Theil der Südküste von Borneo aus, wo die Buggis sich niederließen u. Staaten gründeten; die Philippinengruppe, wo die Tagalasprache den größten Einfluß hat, umfaßt den großen Archipel der Philippinen, nebst Magindanao, den Suluinseln, Palawan und einen kleinen Theil des südlichen Vorgebirges von Borneo; in der Molukkengruppe übte die Sprache des civilisirtesten Volkes, nämlich der Bewohner von Ternate, wahrscheinlich den größten Einfluß aus; eine weitere Gruppe umfaßt die von der gelben Race bewohnten Südseeinseln, deren Sprachen eine große Menge gemeinsamer Wörter besitzen, aber von den Sprachen der nördlichen und westlichen Nationen gänzlich verschieden sind; eine besondere Gruppe, kleiner als die vorhergehenden, bilden die Sprachen, die von Flores bis Timor von der Race gesprochen werden, die weder zur gelben, noch zur Negritorace gehört, sondern eine dritte oceanische Race bildet. Der Alphabete sind 7 oder 8, wenn man das verlorene Sundaalphabet von Java mit dazu rechnet; 4 davon finden sich auf Sumatra, eins auf Java, eins auf Celebes u. eins auf den Philippinen. Die Alphabete von Sumatra sind das Korintschi-, Lampong-, Redschang- und Battaalphabet. Marsden hat ziemlich überzeugend dargethan, daß das Korintschialphabet das Originalalphabet der Malayen vor Annahme der arabischen Schrift war, und damit eine lang bestrittene Frage aufgehellt. Das Alphabet auf Celebes ist das der Buggis, das der Philippinen heißt Tagala. Uebrigens bedienen sich seit etwa 700 Jahren die Malayen des arabischen Alphabets mit Hinzusetzung einiger ihnen nöthigen Konsonanten. Unter den Südsee- oder polynesischen Sprachen sind die bekanntesten die hawaiische auf den Sandwichinseln, die drei Fidschi-, Samoa- (Schiffer-), Tonga- (Freundschafts-), Tahiti- und Marquesasinseln, sowie die der Marianen- und Karolineninseln und Neuseelands. Ein umfassendes Werk über den malayischen Sprachstamm lieferte W. von Humboldt in „Ueber die Kawi-Sprache“ (Berlin 1836 ff., 3 Bde.). Bopp versuchte in seiner Schrift „Ueber die Verwandtschaft der malayisch-polynesischen Sprachen mit den indisch-europäischen Sprachen“ (Berlin 1841) die Verwandtschaft dieser beiden Sprachstämme nachzuweisen.

Malberg, im altdeutschen Recht s. v. a. Gerichtsstätte. Malbergsche Glosse, s. Salisches Gesetz.

Malchin, Stadt im mecklenburg-schwerinschen Herzogthum Güstrow, zwischen dem Malchiner- und Kumerowersee, von dem ersteren $1^1/_4$ Meilen lang und 1/4 Meile breit ist u. die ihn durchfließenden Quellbäche der Peene aufnimmt, mit schöner gothischer Kirche aus dem 14. Jahrhundert, mit 200 Fuß hohem Thurm, neuem, stattlichem Rathhaus, Bürger- und Gewerbschule, Bierbrauerei, Tabaksfabrikation und 4550 Einw. Die Umgebung wird „mecklenburgische Schweiz" genannt.

Malchow, Stadt im mecklenburg-schwerinschen Kreis Mecklenburg, zwischen Wasser u. dürren Landflächen auf einer Insel und dem westlichen Ufer des malchower See's, hat Tuch- und Leinweberei, Spinnerei, Fischerei, Schifffahrt und 3600 Einw.; war oft fürstliche Residenz. Dabei ein der Ritter- u. Landschaft gehöriges Jungfrauenkloster.

Malchus, Sklave des Hohenpriesters Kaiphas, dem Petrus das Ohr abhieb (Joh. 18, 10).

Malchus, Karl August, Freiherr von, Staatsmann und staatswissenschaftlicher Schriftsteller, geboren am 27. Sept. 1770 zu Mannheim, widmete sich zu Heidelberg und Göttingen dem Studium der Staatswissenschaften, wurde 1790 Sekretär des kurmainzischen Ministers, Grafen von Westphalen, 1791 österreichischer Gesandtschaftssekretär am kurtrierischen Hofe und trat 1799 als Domsekretär in die Dienste des Stifts Hildesheim. Als letzteres 1803 an Preußen fiel, wurde M. zum Mitglied der Organisationskommission und darauf zum Kriegs- und Domänenrath bei der halberstadt-hildesheimischen Kammer ernannt. Im Jahre 1807 wurde er in dem neuerrichteten Königreich Westphalen Staatsrath, dann Generaldirektor der Steuern, 1811 Finanzminister und 1813 mit dem Titel eines Grafen von Marienrode Minister des Innern. Nach der Auflösung des Königreichs Westphalen wurde seine Verwaltung von so vielen Seiten angegriffen, daß er sie in einer besondern Schrift „Ueber die Verwaltung des Königreichs Westphalen" (Stuttg. 1814) vertheidigen zu müssen glaubte. Er lebte hierauf in Heidelberg literarisch beschäftigt, bis ihn 1817 der König von Würtemberg zur Leitung des Finanzministeriums berief. Schon nach Jahresfrist legte er aber diese Stelle nieder und begab sich wieder nach Heidelberg, wo er am 24. Okt. 1840 †. Von seinen staatswissenschaftlichen Schriften sind zu nennen: „Der Organismus der innern Staatsverwaltung" (Heidelb. 1821, 2 Bde.), umgearbeitet unter dem Titel „Politik der innern Staatsverwaltung" (das. 1823, 3 Bde.); ferner „Statistik und Staatenkunde" (Stuttg. 1826); „Handbuch der Finanzwissenschaft und Finanzverwaltung" (das. 1830, 2 Bde.) und „Handbuch der Militärgeographie von Europa" (Heidelb. 1832, neue Aufl. 1834—35).

Malcolm, Sir John, englischer Staatsmann und Geschichtschreiber, geboren am 2. Mai 1769 zu Eskdale in Schottland, trat 1782 als Kadet in ein englisches Regiment, welches eben nach Indien abging, wo er 1792 sich bei der Belagerung von Seringapatam auszeichnete und in der Folge mit den wichtigsten diplomatischen Missionen betraut wurde. So brachte er 1800 ein Bündniß mit Persien gegen die Afghanen zu Stande, worauf er zum Sekretär des Generalgouverneurs Marquis von Wellesley und 1802 zum Obersten ernannt wurde. Noch dreimal (1802, 1808 und 1810) ging er an den persischen Hof, um dort dem französischen Einfluß das Gegengewicht zu halten, und erhielt von dem Schah die Würde eines Khans des Reiches. Im Jahre 1812 nach England zurückgekehrt, ward er hier zum Ritter erhoben. Im Jahre 1816 ging er von Neuem nach Indien und betheiligte sich am Kriege gegen die Maharatten und Pindarries mit solcher Auszeichnung, daß er zum Generalmajor und nach Beendigung des Krieges zum Civil- und Militärgouverneur der eroberten Landschaften in Mittelindien ernannt wurde. In dieser Stellung erwarb er sich durch seine Bemühungen um Herstellung einer gesetzlichen Ordnung in jenen Landstrichen große Verdienste, wofür er nach seiner Rückkehr nach England, wo er in dem „Memoir of central India" (Lond. 1823, 2 Bde.) von seiner Verwaltung Rechenschaft ablegte, von den Direktoren der ostindischen Kompagnie ein ansehnliches Jahrgehalt erhielt. Im Jahre 1827 zum Gouverneur der Präsidentschaft Bombay ernannt, traf er als solcher mehre treffliche Anordnungen, namentlich auch die, daß die Europäer Ländereien pachten durften. Nach seiner Rückkehr nach England (1831) wurde er ins Parlament gewählt u. nahm an den Verhandlungen über verschiedene Reformen lebhaften Antheil; auch gab er bei den Verhandlungen über die Erneuerung des Freibriefs der ostindischen Kompagnie unter dem Titel „The administration of british India" (Lond. 1832) eine aus amtlichen Papieren geschöpfte Darstellung der Verwaltungsverhältnisse in Indien heraus. Er † am 31. Mai 1833 in Windsor. Noch schrieb er: „History of Persia" (Lond. 1815, 2 Bde.; 2. Aufl. 1828; deutsch, Leipzig 1830, 2 Bde.); „Sketch of the political history of India" (Lond. 1811), die er darauf seiner „Political history of India from 1784 to 1823" (das. 1826, 2 Bde.) einverleibte; „Sketch of the Sikhs" (das. 1812); „Sketches of Persia" (das. 1827, 2 Bde.; deutsch, Dresden 1828). Vgl. Kaye, The life and correspondence of Sir John M. (Lond. 1856).

Malcolmia *R. Br.*, Pflanzengattung aus der Familie der Siliquosen, charakterisirt durch den fast geschlossenen Kelch und die stielrundliche, mit der langgespitzten Narbe gekrönte Schote, einjährige und ausdauernde Kräuter, meist in Südeuropa u. Nordafrika, deren bekannteste Art: M. maritima *R. Br.*, Cheiranthus maritimus *L.*, Meerstrandslevkoje, eine zierliche einjährige Pflanze an den Ufern des mittelländischen Meeres, mit rothen, später lillafarbigen und weißen Blüthen, häufig als Rabatteneinfassung in deutschen Gärten vorkommt.

Malczewski, Antoni, polnischer Dichter, geboren 1792 in Volhynien, besuchte das Lyceum zu Kremenetz und trat 1811 in die polnische Armee ein, in der er sich bald zum Ingenieuroffizier aufschwang, bis ein Beinbruch ihn 1816 zum Austritt nöthigte. Nachdem er auf Reisen, namentlich in Paris, sein Vermögen verschleudert, zog er sich auf ein kleines Landgut in seine Heimat zurück, doch zwangen ihn bald Liebeshändel zur Flucht; er begab sich nach Warschau, wo er mit Mangel kämpfend am 2. Mai 1826 †. Eine Gesammtausgabe seiner Dichtungen, unter denen namentlich die episch-lyrische Erzählung „Marja" (Warschau 1825, Leipzig 1844, Miniaturausgabe das. 1857; deutsch von Vogel das. 1845) hervorzuheben ist, veranstaltete Bielowski (Lemberg 1838).

Maldah, Stadt im gleichnamigen Distrikt der britisch-ostindischen Präsidentschaft Kalkutta, an einem Arm des Ganges, mit ehedem bedeutenden Baumwollenmanufakturen und 15,000 Einw.

Mal de Naples (franz.), früheste Bezeichnung der venerischen Krankheit.

Mal de Paris (franz.), Diarrhöe, von welcher die Fremden in Paris, wie man annimmt, in Folge des Genusses des Seinewassers, befallen zu werden pflegen.

Maldon, Stadt in der englischen Grafschaft Essex, am Einfluß des Chelmer in sein Blackwater genanntes Aestuar, mit Kaserne, lateinischer Schule, einem vielbesuchten Seebad, ansehnlichen Fabriken für Eisenwaaren, Segel, Fässer, Seife, einem Hafen, bedeutenden Fischfang, großen Salzwerken, Schiffbau und 4800 Einw.

Males, im Alterthum Name des Vorgebirgs Malia di S. Angelo, der Südostspitze des Peloponnes, mit einem Tempel des Zeus, der davon den Namen Maleäus führte.

Maleachi (Malachias, d. i. mein Bote, hebr.), seiner Stellung im Kanon u. auch wohl der Zeit nach (um 430 v. Chr.) der letzte der alttestamentlichen Propheten, von denen Schriften auf uns gekommen sind. Der Inhalt seiner Schrift, Strafreden gegen die Uebertretung der Kultusgesetze, die Ehe mit heidnischen Frauen, die Pflichtlässigkeit der Priester, das immer spärlichere Eingehen der Abgaben an den Tempel, weist auf die Zeit Nehemia's hin. Auch die Form der ihm zugelegten Schrift läßt auf eine späte Abfassung schließen; sie hat viel mehr Aehnlichkeit mit einer Abhandlung als mit der lebendigen Rede der Propheten. Nur der Schluß der Schrift erinnert an die Kraft und Erhabenheit der früheren Propheten. Die Lebensumstände M.'s sind nicht näher bekannt. In neuerer Zeit hat Hengstenberg die alte Ansicht einiger jüdischen Ausleger wieder verfochten, daß unter dem Namen eines „Boten", wie sich der Prophet nennt, Esra verborgen sei. Kommentare zu dem Buche M. lieferten u. A.: Hitzig 1838, 2. Aufl. 1852, Maurer 1841, Ewald 1841, Umbreit 1846, Schegg 1854, Reinke, Gießen 1856.

Malebranche, Nicolas, berühmter französischer Philosoph, geboren am 6. August 1638, studirte Philosophie in dem Collége de la Marche und Theologie in der Sorbonne und trat 1660 in die Kongregation des Oratoriums ein. Eine Abhandlung des Cartesius „De homine", die ihm 1664 in die Hände fiel, veranlaßte ihn zu mehrjährigem Studium der cartesianischen Principien, als deren Frucht sodann sein durch Originalität des Denkens und gewandte Darstellung ausgezeichnetes Werk „De la recherche de la vérité" (lat. „De inquirenda veritate", Paris 1674, 3 Bde.; beste Ausgabe, das. 1712, 4 Bde. und 2 Bde.; deutsch, Halle 1776—86, 4 Bde.) erschien. Er untersuchte darin die Beschaffenheit der menschlichen Vernunft und den richtigen Gebrauch derselben zur Vermeidung von Irrthümern in den Wissenschaften und führte dabei eine große Anzahl interessanter psychologischer Beobachtungen an. Wir erkennen nach ihm Alles, sowohl das Wesen des Geistes, wie das der Dinge in der Ausdehnung nur durch die davon in unserer Seele ruhenden Idee. Die Idee ist aber in Gott, und in sofern schauen wir alle Dinge in Gott (Vision en Dieu) als dem Urgrund alles Seins und Denkens. Mit diesen Ansichten bildet M. in der Geschichte der Philosophie den Uebergang von Cartesius zu Spinoza. Von seinen übrigen Schriften, in denen er sich bei aller analysirenden Schärfe des Denkens einer idealistischen Mystik zuneigt, sind hervorzuheben: „Conversations chrétiennes" (Paris 1676, Rotterdam 1685); „Traité de la nature et de la grace" (Amsterdam 1680, Rotterdam 1684); „Traité de la morale" (Rotterdam 1684, deutsch von Reidel, Heidelberg 1831); „Entretiens sur la métaphysique et la religion" (das. 1688); „Entretiens d'un philosophe chrétien et d'un philosophe chinois sur l'existence et la nature de Dieu" (Paris 1708); „Réflexions sur la prémotion physique" (das. 1715). M. wurde 1699 Ehrenmitglied der Akademie der Wissenschaften. Er † am 13. Oktober 1715. Seine „Oeuvres" erschienen Paris 1712, 11 Bde., und von Genoude und Lourdoueix gesammelt, das. 1837, 2 Bde.

Malediven, eine den Briten gehörige Kette zahlloser (12—15,000) kleiner Koralleninseln und Korallenriffe im indischen Meere, welche sich, südlich von den Lakediven, in einer Länge von 110 Meilen bei einer Breite von durchschnittlich 10 Meilen erstreckt und aus 17 natürlichen Gruppen (Atolls) oder ringförmigen Korallenriffen besteht, auf welchen sich die einzelnen, meist nicht über 20 Fuß hohen Inselchen erheben, und welche durch mehr oder weniger breite Kanäle getrennt sind. Das größte Atoll ist 19 Meilen lang und 4 Meilen breit. Die Inseln werden zum Theil von der Fluth überströmt und haben ein heißes Klima, das durch den glühenden Sonnenbrand und die kühlen Nächte sehr ungesund wird. Die Oberfläche bildet einen mehre Fuß dicken schwarzen leichten Boden und ist im Allgemeinen mit undurchdringlichen Dschungeln bedeckt, in welchen große Bäume, Banianen und Brodfrucht, auftreten. Einige Inseln erzeugen auch Bambus, Korn, Zuckerrohr, Baumwolle, besonders Kokos, mit sehr kleinen Früchten, aber feiner, langer und sehr starker Faser. Auf Maleatoll findet sich einiges Rindvieh, aber keine Schafe, Ziegen und kein anderes Hausgeflügel als das gewöhnliche Huhn. Die Ratte ist allgemein eine große Plage; der fliegende Fuchs sehr gemein; Fische sind im Ueberfluß vorhanden, ebenso Schildkröten und die in Ostindien als Münze geltenden Kaurimuscheln, die hauptsächlich von den M. kommen, und von deren kleineren Sorten in Ceylon eine Tonne 70—75 Pfund Sterling kostet. Die Einwohner, deren Zahl zu 150—200,000 angegeben wird, sind Mohammedaner, wahrscheinlich Mischlinge von Arabern und Singhalesen oder Tamulen. Sie sind tüchtige Seefahrer und im Handel zuverlässig und haben 2 Sprachen (die gemeine, wahrscheinlich dem Singhalesischen verwandt, und die arabische als erlernte) und ein besonderes Alphabet, das vom Sanskrit wie vom Arabischen abweicht. Das Oberhaupt, „Sultan der 13 Atolle und 12,000 Inseln", wohnt auf Maleatoll, läßt die entferntesten Gruppen durch Häuptlinge verwalten, schickt halbjährlich eine Gesandtschaft mit Geschenken an den britischen Gouverneur nach Ceylon u. empfängt Rückgeschenke.

Malefici (lat.), s. v. a. Zauberer, Giftmischer; astrologische Bezeichnung der Planeten Mars und Saturn.

Malefikant (v. Lat.), in der veralteten Gerichtssprache s. v. a. Inquisit, Inkulpat.

Malefiz (v. Lat.), wörtlich s. v. a. Missethat, Verbrechen, kommt in der ältern deutschen Rechtssprache häufig in Zusammensetzungen vor, wo jetzt das Wort

„Kriminal“ üblich ist, z. B. **Malefizgericht**, s. v. a. Kriminalgericht; **Malefizordnung**, in den alten Partikularrechten Bezeichnung des die strafrechtlichen Bestimmungen enthaltenden Abschnitts, besonders die Maximilians I. für Tyrol von 1499; **Malefizprokurator**, s. v. a. Fiskal; **Malefizräder**, die an Richtstätten, Gerichtshäusern ꝛc. zur Andeutung des der Gerichtsbehörde zustehenden Rechts über Leben und Tod aufgestellten Richträder; **Malefizrecht**, s. v. a. Kriminaljurisdiktion.

Maleïnsäure (Masursäure), Pflanzensäure, ist der Fumarsäure u. Akonitsäure isomer, bildet sich, wenn man Aepfel- oder Fumarsäure auf 157—200° erhitzt, geht bei deren trockener Destillation in weißen Dämpfen über, verdichtet sich in dem zugleich verdampfenden Wasser und kann aus diesem in farblosen Säulen erhalten werden. Diese schmecken scharf sauer mit widrigem Nachgeschmack, sind in Wasser leicht löslich, schmelzen bei 130° und gehen bei dieser Temperatur endlich wieder in Fumarsäure über. Bei 160° entsteht das Anhydrid der M., welches bei 57° schmilzt und bei 176° sublimirt. Das maleïnsaure Bleioxyd ist frisch gefällt käseartig, wird aber von selbst krystallinisch. Barytwasser gibt mit M. einen weißen Niederschlag, der bald krystallinisch wird und in Wasser ziemlich löslich ist. Die maleïnsauren Salze sind mit Ausnahme der Silber-, Blei- und Kupfersalze in Wasser löslich.

Malek (arab.), s. v. a. König; daher Beiname vieler Herrscher, auch anderer Personen.

Malerakademie, s. Kunstakademien.

Malerei, die dritte in der Reihe der bildenden Künste (s. Kunst), ist die Kunst, vermittelst Farben auf einer Fläche Gegenstände des menschlichen und Naturlebens in dem Schein körperlichen Daseins zur Darstellung und für das Auge zur Anschauung zu bringen. Es ist hierbei die ideelle, die praktische, die historische Seite zu unterscheiden. In erster Beziehung sind die Grenzen der M. und die organische Gliederung der einzelnen Fächer derselben nachzuweisen, in zweiter sind die Technik und die verschiedenen Arten der M. zu behandeln, in letzter die genetische Entwickelung der M. in Bezug auf die verschiedenen Schulen und Abtheilungen der M. darzulegen. Die ideelle Seite der M. betrifft nicht schlechthin das künstlerische Objekt, sondern speciell das malerische Objekt im Gegensatz zum plastischen ꝛc. Aeußerlich unterscheidet sich die M. von der Plastik dadurch, daß diese das Darstellungsobjekt körperlich als Form, mit Absehung von der natürlichen Farbe, veranschaulicht, während die M. dasselbe in seinem natürlichen Schein, als Farbe, mit Absehung von der natürlichen Form, darstellt. In beiden findet also eine Abstraktion Statt und, in sofern jede gerade von dem abstrahirt, was das Wesen der Darstellungsweise der andern ist, auch ein Gegensatz. Schon hieraus ergibt sich ein in dem besonderen Wesen jeder Kunst begründeter Unterschied über den Inhalt und den Umfang der Motive, ein Unterschied, welcher näher durch die Natur der jeseitigen Darstellungsmittel bestimmt wird. Was wir sehen, ist Farbe und Form; allein die Form wird für unser Auge ebenfalls nur durch die Unterschiede und Grenzen der Färbung erkennbar. Ein Beweis ist das Spiegelbild, welches, obgleich auf der Fläche erscheinend, doch die Formen mit derselben Treue wie das Original zur Anschauung bringt. Die Erkenntniß der Formen ergibt sich erst durch die Kombination der Erfahrungen des Tastsinns mit den Erfahrungen des Auges. Ein Blinder, welcher plötzlich sehend würde, wäre nicht im Stande, das Hintereinander der Gegenstände zu erkennen und würde Alles auf Einer Fläche sehen. Hieraus nun folgt, daß die Farbe, wie in der Natur das konkreteste Anschauungsmittel, so in der Kunst das konkreteste Darstellungsmittel ist, und daß folglich die M. die realste der bildenden, ja aller Künste ist; und weiter folgt, daß, da Gegenstand und Mittel der Darstellung in einem inneren Zusammenhang stehen, die Grenzen der M. gegen die abstrakten Darstellungsmotive hin enger zu ziehen sind als bei der Plastik, daß diese dagegen wieder in der Darstellung der realen Objekte beschränkt ist. Es ist dies ein wichtiger Punkt, der oft von den Künstlern vernachlässigt wird, obgleich instinktiv die Grenzen ziemlich fest bestimmt sind. Das Realste ist die materielle Natur, in der M. (als Stillleben) die niedrigste Stufe, aber doch immer noch als Darstellungsobjekt hineingehörig, während die Plastik selbst schon von der Landschaft abstrahiren muß. Umgekehrt ist die reine Allegorie, die Symbolik, von der M. auszuschließen, während sie für die abstraktere Plastik nicht ungeeignet ist. Es gründen sich diese Unterschiede eben darauf, daß die Farbe konkreter ist als die Form. Ganz vom künstlerischen Standpunkt entfernen sich diejenigen Darstellungen, in denen Farbe und Form vereinigt sind, wie z. B. in natürlich angemalten Wachsfiguren, farbigen Porträtbüsten ꝛc. Diese machen, und zwar gerade der beabsichtigten Naturtäuschung wegen, welche an Stelle des künstlerischen Scheins gesetzt wird, einen mehr gespenstigen als künstlerischen Eindruck. In dasselbe Gebiet gehören die landschaftlichen Naturanschauungen der Dioramen und Panoramen mit feuerspeienden Bergen, Regen, Donner und Blitz ꝛc., da sie ebenfalls statt des künstlerischen Scheins (worin das Schöne besteht) die Naturtäuschung (Illusion) bezwecken. Wenn aber die M. ihrem Wesen nach nur reale Objekte der menschlichen und natürlichen Welt in das Bereich ihrer Motive zu ziehen hat, so kann sie dies im künstlerischen Sinne doch nur, indem sie sie als Träger von Ideen zur Anschauung bringt. Aus diesem Verhältniß des ideellen Inhalts zur realen Erscheinung des malerischen Objekts (zwei Momente, die nie bei der malerischen Darstellung zu trennen sind, obschon sie in verschiedenem Gradverhältniß zu einander stehen können) entwickelt sich nun einerseits der Gegensatz zwischen Idealismus und Realismus, andererseits die Stufenfolge der malerischen Gebiete (Historie, Genre, Landschaft, Stillleben ꝛc.). Der Idealismus sowohl wie der Realismus sind in der M. berechtigt, und zwar durch die eben angedeutete Stufenfolge der malerischen Gebiete. Je höher das Objekt steht, d. h. je mehr es der rein ideellen Sphäre angehört, wie die Motive der religiösen und historischen M., desto mehr hat das realistische Moment vor dem idealistischen zurückzutreten; je mehr dagegen das Darstellungsobjekt der realen Sphäre angehört, desto mehr hat sich das realistische Moment geltend zu machen. Eine historische Figur ist daher anders, nämlich idealistischer, aufzufassen und darzustellen als eine Genrefigur, die religiöse M. anders zu behandeln als ein Stillleben. Diese Beziehung zwischen der Art der Behandlung und der Qualität des Inhalts ist jenes besondere Gepräge nicht nur jeder Gattung der M., sondern auch jedes einzelnen Bildes, welches man mit „*Styl*“ zu bezeichnen pflegt. Ist also ein wesentlich ideelles Objekt zu realistisch, oder ein wesentlich reales zu idealistisch zu behandeln, so ist die daraus entspringende Differenz zwischen Inhalt und Form *Styllosigkeit*. Die Extreme des an sich berechtigten Idealismus und Realismus nennt man *Spiritualismus* und *Naturalismus* (oder Materialismus). Beide sind in sofern abstrakt, als sie bloße Schemata der Darstellungsweisen sind, welche als solche nicht aus dem Inhalt hervorgehen und dadurch bedingt sind, sondern von diesem Inhalt und dessen mehr oder weniger ideeller oder realer Bedeutung abstrahiren. Nach diesem Grundprincip wird nun in der *Stufenfolge der malerischen Gattungen* eine derartige Verschiedenheit in der Mischung des idealistischen und realistischen Moments Statt finden müssen, daß auf der obersten Stufe das idealistische, auf der niedrigsten das realistische am meisten vorwaltet. Es sind schon oben die beiden Gebiete der menschlichen und der Naturwelt als diejenigen bezeichnet worden, denen die M. ihre Objekte entnimmt. Sie stehen einander gegenüber, jedoch so, daß das erstere in seiner besonderen Stufenfolge höher steht als das zweite Gebiet in der seinigen. Das erste umfaßt die *Historienmalerei*, die *Genremalerei* und das *Porträt*, das zweite die *Landschaftsmalerei*, die *Thiermalerei* und das *Stillleben*. Alle diese Hauptstufen zerfallen in weitere Unterabtheilungen, und zwar immer nach demselben Mischungsprincip des idealistischen und realistischen Moments. Die *Historienmalerei* begreift unter sich die *religiöse* M. und die *Historienmalerei im engeren Sinne* als Geschichtsmalerei. In der religiösen M. waltet das idealistische Moment als Stylform durchaus vor, so daß jede realistische Behandlung geradezu ein Fehler ist. Als faktisch vorhandene, aber ihrem Wesen nach unberechtigte Gattungen sind zu nennen die *Allegorie* und die *Symbolik*, welche solche Motive, die nur für die Zeichnung (Karton) oder die Plastik geeignet sind, auf die M. übertragen. Die *Geschichtsmalerei* hat sich mit geschichtlich bedeutsamen Thatsachen zu beschäftigen; sie faßt daher den Menschen nicht als Einzelperson in seiner Zufälligkeit, sondern als Träger einer historischen Idee auf und muß ihn als solchen von den unwesentlichen Zufälligkeiten entkleiden. Dies ist die negative Seite des Styls; die positive besteht in dem historischen Pathos, welches durch die Idee bedingt ist und sich nicht nur in Haltung, Bewegung und Gruppirung der Figuren ausspricht, sondern auch in der technischen Großartigkeit der M., sowohl was Lineament, als was Farbe betrifft. Den Uebergang von der Historienmalerei zum Genre bildet das sogenannte *historische Genre*, welches geschichtliche Personen oder Figuren, die ihrem Habitus nach einer bestimmten Geschichtsepoche angehören, in genrehafter Aktion zur Darstellung bringt. Das *Genre* im engeren Sinne hat es nur mit dem Menschen in seiner besonderen Existenz zu thun: Volksscenen, Familienidyllen und Einzelnsituationen liefern hier die Motive. Je nachdem der Ernst und der Humor, das sociale Leben oder das naive Fürsichsein darin vorwaltet, kann man das Genre eintheilen in *sociales Genre*, *Familiengenre*, *Volksgenre*, *naives Genre*, und bei allen diesen besondern Gattungen kann entweder die ernste (tragische oder rührende). oder die heitere Seite zur Darstellung gebracht werden. Im *Porträt*, welches zunächst allerdings auf treue Naturnachahmung tendirt, verbindet sich gleichwohl in Rücksicht auf Auffassung und Behandlung des Charakters das historische Element mit dem Genrehaften. Das Bildniß soll den Menschen auch nicht bloß in seiner zufälligen Existenz darstellen, sondern bei aller Naturtreue doch vielmehr die ideelle Seite des Charakters, d. h. den gewordenen Menschen, das geistige Lebensresultat seines Daseins, in die Erscheinung treten lassen. Es ist diese Behandlung des Porträts weniger ein Idealisiren in dem seichten Sinne einer äußerlichen Verschönerung, als vielmehr eine historische Charakteristik des betreffenden Originals, worin allerdings ein idealistisches Moment zur Geltung kommt. Die zweite Stufenfolge verbindet sich ebenfalls mit der ersten durch eine Zwischengattung, das sogenannte *landschaftliche Genre* oder die *Genrelandschaft*, in welcher nämlich die fast untergeordnete figürliche Staffage ein so großes Gewicht in räumlicher wie in aktioneller Beziehung erhält, daß sie fast zur Hauptsache wird. Dergleichen Zwischengattungen sind jedoch streng genommen als Zwittergattungen zu betrachten, denen die organische Einfachheit künstlerischen Lebens fehlt. Eine besondere Nebengattung ist die sogenannte „historische Landschaft“, worunter man entweder eine Landschaft mit historischer Staffage versteht, oder eine Landschaft im Styl der alten Landschaftsmaler. Die *Landschaftsmalerei* im eigentlichen Sinne zerfällt der künstlerischen Wirkung nach in *stylisirte Landschaft*, *Stimmungslandschaft*, *Effektlandschaft* u. *Vedute* (s. *Landschaftsmalerei*), dem Gegenstande nach in *Landschaft im engeren Sinne*, *Architektur* u. *Marine*; weiterhin kann man dann noch als besondere Untergattungen die *Mondschein-* und *Winterlandschaft*, das *architektonische Interieur* u. a. m. davon abzweigen. Die *Thiermalerei* entwickelt sich in sofern aus der Landschaftsmalerei, als die darin vorhandene Thierstaffage eine so vorwaltende Bedeutung gewinnt, daß dagegen der landschaftliche Hintergrund zur Staffage herabgesetzt wird. Auch in der Thiermalerei gibt es verschiedene Abstufungen: das Thierporträt, das Thiergenre, das Jagdstück ꝛc. Das *Stillleben* behandelt die Darstellung der todten Natur in Beziehung zum menschlichen Genießen; die Darstellung des todten Thiers, einer Jagdbeute ꝛc. lehnt sich an die Thiermalerei an; auch die Zubereitungsgegenstände und Räumlichkeiten (Küche) gehören dazu, sodann Früchte, endlich Blumen, untermischt mit Geräthen ꝛc. Alles dies ist, auch in künstlerischer Beziehung, auf unmittelbaren Genuß berechnet und muß daher auch in minutiöser Detaillirung ausgeführt werden, so daß die Naturnachahmung eine wesentliche Rolle darin spielt. Allen diesen verschiedenen Stufen kann man endlich noch die *ornamentale* M. (Arabasken- ꝛc. Malerei) anschließen, welche jedoch, wie schon ihr Name besagt, nicht für sich bestehende Kunstwerke schafft, sondern nur Werke eines andern Kunstgebiets, der Architektur vornehmlich, zu schmücken sucht. Auch auf Textillustration, z. B. in Randzeichnungen, Miniaturen, verzierten Initialen, leidet die ornamentale M. Anwendung, jedoch muß sie auch hier ihre ursprüngliche architektonische Bedeutung in der abstrakten Strenge des Styls festhalten.

Die praktische Seite der M. bezieht sich auf die technischen Requisiten der M., und zwar einerseits auf die Unterschiede der technischen Darstellungsmittel, aus denen verschiedene Arten der Malertechnik entspringen, andererseits auf gewisse Hülfswissenschaften. Benannt werden die verschiedenen Arten der Technik theils nach dem besonderen Material, *womit* gemalt wird, theils nach dem Material, *worauf* gemalt wird. Zu den ersteren gehört die *Oelmalerei*, die *Aquarellistik*, die *Temperamalerei*, die *Wachsmalerei*, die *Pastellmalerei*, die *Gouachemalerei*, die *Miniaturmalerei*; zu der zweiten die *Emailmalerei*, die *Enkaustik*, die *Glasmalerei*, die *Porzellanmalerei* ꝛc. Bei der *Freskomalerei* und *Stereochromie* kommt sowohl das eine wie das andere Material in Betracht; sie sind beide Wandmalerei, unterscheiden sich aber so, daß bei dem Fresko die Farben auf die nasse Kalkwand aufgetragen werden u. mit dieser trocknen, während bei der Stereochromie die Wand trocken ist und die Farben, welche aus durch Kieselsäure nicht lösbaren Substanzen bestehen, durch Anspritzen mit Wasserglas fixirt werden. Die *Hülfswissenschaften*, welche die M. zum großen Theil mit der Zeichenkunst gemeinsam hat, sind die Lehren von der *Perspektive* und von der *Proportion*, die *Anatomie*, die *Kostümkunde* und die Lehre von der *chemischen und optischen Natur der Farben*. Ueber die Eigenthümlichkeiten der einzelnen technischen Gattungen sowohl wie über die zur M. gehörigen Hülfswissenschaften sind die betreffenden Artikel nachzulesen. Hier sei nur so viel bemerkt, daß die Oelmalerei die eigentliche Hauptgattung der M., wenigstens der Staffeleimalerei, d. h. derjenigen M. ist, welche transportable Gemälde schafft.

Was die *historische Seite* der M. betrifft, so kommt dabei die Betrachtung der M. in ihrer geschichtlichen Genesis in Betracht, welche in ihren wesentlichen Punkten mit der ideellen (begrifflichen) Entwickelung der einzelnen Arten in sofern zusammenfällt, als die geschichtliche Reihenfolge der Entstehung und Ausbildung der einzelnen Arten mit ihrer qualitativen Stufenfolge zusammenfällt. Wenigstens was die mittelalterliche und moderne M. angeht, so beginnt dieselbe mit der höchsten ideellen Stufe, der religiösen M., u. schreitet dann zur Historie, resp. zur Landschaft ꝛc. fort, während Genre u. Stillleben zuletzt kommen, ehe sich der Fluß der künstlerischen Entwickelung im 18. Jahrhundert im Sande der Trivialität verliert, um dann im Ende des 18. Jahrhunderts und besonders im 19. Jahrhundert mit gleicher Berechtigung aller einzelnen Gattungen sich zu regeneriren. Als Vorstufe der Geschichte der M. ist die *orientalische* u. die *antike* M. zu betrachten, welche zum größten Theil sich als ornamentale M. an die Architektur anlehnen, und zwar mit vorwaltender doktrinär-religiöser Tendenz. In der *orientalischen* M. ist als am meisten unabhängig von der Architektur die *chinesische* und *japanesische* M. zu erwähnen. Es wurden in China vor langer Zeit ebenso wie jetzt nicht nur landschaftliche Motive, Darstellungen aus dem Thier- und Pflanzenreich, sondern auch Genredarstellungen, besonders mit vorwaltender humoristischer Tendenz aus dem gewöhnlichen Leben, zwar roh und ohne perspektivische Wahrheit, aber doch mit großer Naivetät und besonders mit viel Farbenschmelz gemalt. Außer dem Mangel an Perspektive leiden die chinesischen M.en auch an dem Fehler, daß sie fast schattenlos sind. Die *japanesische* M. hat im Ganzen denselben Charakter wie die chinesische, nur mit dem Unterschiede, daß sie sich meist auf Darstellungen aus dem Thierreich und der todten Natur beschränkt. Neben diesen Richtungen ist auch die religiöse M. zu erwähnen, welche jedoch, entsprechend dem barocken Kultus, fast nur in der Darstellung grotesker Phantastereien besteht. Die *indische* u. die *ägyptische* M. können gleichfalls zusammengefaßt werden, weil sie eine auf Verwandtschaft des Kultus begründete Aehnlichkeit der Darstellungen besitzen Leider fehlen aber der Natursinn und die Naivetät der Chinesen und Japanesen. Die indischen und ägyptischen Gemälde sind meist Wand- u. Säulenmalereien der groteskesten Art. Die buddhaistischen Grottentempel enthalten viel dergleichen Darstellungen, ebenso die altägyptischen Felsentempel. Die Aegypter bemalten auch die Mumiensärge, Bildhauerarbeiten und die Wände der Katakomben, meist untermischt mit hieroglyphischen Zeichen. Menschliche Figuren werden nur im Profil, aber mit unverkürzten Augen ꝛc. in verschiedenen Farben, die Götter grau, die Fürsten hellfarbig, die unterworfenen Völker braunschwarz und schwarz dargestellt, Kolorit also und Perspektive sind ihnen gänzlich unbekannt. Bei den *Hebräern*, *Phöniciern* ꝛc. findet sich fast gar keine M., außer in der Färbung von Gewandstoffen. Die *antike* M. der Griechen und Römer ist ebenfalls mit der späteren christlichen M. in keinen Vergleich zu stellen. Es ist eine durchaus falsche Vorstellung, wenn man an die Produkte der antiken M., selbst in der Zeit eines Apelles, den Maßstab unserer heutigen oder auch nur der mittelalterlichen M. anlegen will. Was die *griechische* M. betrifft, so entwickelte sich dieselbe zuerst in Kleinasien und trat erst später im eigentlichen Griechenland, etwa im 7. Jahrhundert, auf. Was wir davon wissen, beschränkt sich auf die erhaltenen Thongefäße und rücksichtlich der italienischen M. auf Ueberbleibsel der pompejanischen Wandgemälde, außerdem nur auf authentische Nachrichten der Zeitgenossen. Was die Gegenstände der antiken M. betrifft, so sind sie meist der religiösen Mythe und der Thierwelt entnommen, namentlich in den Wandgemälden. Genre u. Landschaft kannten sie nicht. Rücksichtlich der ideellen Auffassung charakterisiren sich die antiken M.en neben dem den Griechen eigenthümlichen gebildeten Formensinn und feinen Sicherheitsgefühl für linearische Anmuth durch einen konventionellen Typus der Gruppirung, welche eine selbstständige Entwickelung der M. ausschließt. Selbst später, als sich die M. über den archaistischen Vasenbilderstyl, der noch viel Aehnlichkeit mit der starren ägyptischen Manier der Formenbildung zeigt, zu einer freieren und reicheren Kompositionsweise emporgearbeitet hatte, nähert sich die Auffassung zwar der Naturwahrheit und unbefangenen Lebendigkeit, allein der Ausdruck der Innerlichkeit, Leidenschaft, Mannichfaltigkeit der Empfindung, überhaupt geistige Aktion fehlt durchaus. Also auch in ihrer M. kommt die Antike nicht über den Standpunkt der plastischen Schönheit hinaus (s. Kunst u. Plastik). Abgesehen von der Zweifelhaftigkeit jener Erzählungen, daß Apelles, Zeuris u. A. so schöne und naturwahre Trauben gemalt, daß die Vögel herbeigeflogen seien, um sie zu picken, ist dagegen noch zweierlei zu bemerken, nämlich daß erstens Thiere sehr leicht zu täuschen sind, indem sie eine ungefähre Aehnlichkeit leicht für Wahrheit nehmen — hierauf beruht z. B. das Princip des Angelns mit künstlichem Köder, — zweitens, daß die Naturnachahmung im Stillleben, wie oben nachgewiesen, die allerniedrigste Stufe der M. ist und deshalb keinen Maßstab für die Entwickelung und Ausbildung derselben abgeben kann. In Bezug auf die technische Seite der antiken M. ist zu bemerken, daß über die Staffeleimalerei nur wenig bekannt ist; erst in der Zeit des Pericles ist von Gemälden auf Fichtenholz, Elfenbein und Marmor die Rede, und das erste auf Leinwand gemalte Bild wird von Plinius erwähnt. Im Großen und Ganzen war die antike M. wesentlich Ornamentalmalerei, und zwar einerseits Wandmalerei al fresco oder in enkaustischer Manier (s. Enkaustik), andererseits Vasenmalerei, wobei die Farben eingebrannt wurden. Der Farbstoff war eine Art Tempera, die, mit Eiweiß und Leim vermischt, aufgetragen wurde, bestand übrigens nur aus wenigen Tönen, nämlich roth, schwarz, gelb und weiß, wobei natürlich von Naturkolorit, geschweige denn von Halbschatten und Lokaltönen nicht die Rede sein konnte. Auch von den Hülfswissenschaften hatten die Griechen nur eine sehr spärliche Kenntniß. Perspektive u. Schattenkonstruktion waren ihnen fremd, die Proportion und Anatomie übertrugen sie aus der Skulptur empirisch auf die M. In historischer Beziehung ist nur auf die zerstreuten Nachrichten der Schriftsteller und auf die pompejanischen Wandgemälde zu rekurriren, da andere Werke der M. — denn die Vasen sind wohl kaum dahin zu rechnen — nicht erhalten sind. Hiernach steht fest, daß vor Pericles nur monochromatische M., d. h. M. mit einfarbigen Figuren, entweder hell auf dunklem Grunde, oder umgekehrt, existirte, als deren Erfinder Cleophantus genannt wird. Unter Pericles wird Polygnotus (463 v. Chr.) genannt, dessen Bilder jedoch auch nur monochromatisch oder höchstens dichromatisch (zweifarbig) gewesen zu sein scheinen. Den Gegensatz zwischen Licht und Schatten soll zuerst Apollodorus gegen 400 v. Chr. angedeutet haben. In dieser Zeit scheint die stilllebenartige Naturnachahmung in Aufnahme gekommen zu sein, namentlich die Frucht- und Blumenmalerei, welche schon eine gewisse Mannichfaltigkeit des Kolorits (Polychromie) voraussetzt. Die Maler werden auch nach Schulen unterschieden; indessen ist diese Unterscheidung nicht in dem Sinn der christlichen M. zu nehmen und bezieht sich ohnedies mehr auf die allgemeine Kunstentwickelung überhaupt, deren wesentliche Grundlage immerhin die Plastik bildet. In diesem Sinne repräsentirten im 4. Jahrhundert v. Chr. die besonders durch anmuthige und treue Naturnachahmung angesehene jonische Schule die Maler Zeuris und Parrhasius, denen noch Timanthes, Eurenides u. A. angereiht werden. Neben der jonischen Schule machte sich die Schule von Sicyon geltend, als deren Begründer Eupompus und sein Schüler Pamphilus (der Lehrer des Apelles) genannt werden; etwas später (360 v. Chr.) Aristides und Pausias, der Blumenmaler. In der zweiten Hälfte des 4. Jahrhunderts erscheint als der berühmteste Apelles, welcher die Anmuth der jonischen Schule mit der Korrektheit u. Strenge der sicyonischen vereinigt haben soll. Er lebte von 356—308. Ihm schlossen sich an Protogenes, Melanthrus, Nicias, Theon, Antiphilus, Nicomachus u. A., über die Näheres nicht bekannt ist. Vom dritten Jahrhundert ab scheint die M. ihre kurze Blüthezeit hinter sich zu haben, wenigstens ist von ihr nicht mehr viel die Rede. Die Maler erhalten den Spottnamen „Rhyparographen", d. h. Leute, die sich mit der Darstellung von kleinlichen Dingen (im Gegensatz zu den „Megalographen" der früheren Zeit) beschäftigen, also vermuthlich die Spielereien des niederen Stilllebens kultivirten; ja Rhyparograph ist geradezu ein Synonym von Sudler, Farbenkleckser. Es wird uns sogar ein Name, Pyreicus, genannt, der in diesen Kleinigkeiten groß gewesen sein soll. Mit dieser Hinneigung zur spielerischen Behandlung der M. hängt auch die jetzt in Aufnahme kommende Mosaikmanier zusammen, welche sich besonders in der malerischen Behandlung der Fußböden durch Zusammensetzung von bunten Steinen hervorthat, und ebenso die ornamentale Wandmalerei, wie sie noch in den Ueberbleibseln der pompejanischen Häuser zu erkennen ist. Diese Verwendung der M. zeigt deutlich ein Herabsinken, und wie sehr wir auch den edlen Geschmack in der ornamentalen Anordnung und Ausschmückung der Wandflächen bewundern mögen, so deutet doch diese Anwendung selbst auf eine Unterordnung der Kunst unter den Modegeschmack. Die römische M. hat wie die römische Kunst überhaupt keine rein originale Bedeutung, sondern war griechische Ueberlieferung. Selbst die Etrusker haben eine M., welche in ihrem Styl und in ihrer Anwendung (Vasen) mit der älteren griechischen M. auffallende Aehnlichkeit hat. Außer den Vasenbildern gewähren die Katakombenmalereien des alten Tarquinii, des jetzigen Cornato, eine ziemlich deutliche Vorstellung von dem Standpunkt der etrurischen M. Sie stellen in einfach kolorirten Umrissen al fresco Sterbescenen und Leichenfeierlichkeiten, zuweilen symbolische Motive dar, in denen die Figuren meist halb lebensgroß erscheinen. Auch hier sind zwar die Gesetze der Proportion und plastischen Schönheit beobachtet, dagegen ist der Styl konventionell, unbeholfen, ausdruckslos. Die Römer hatten in der ersten Zeit zu viel mit ihrer staatlichen Entwickelung zu thun, als daß sich die Kunst überhaupt bei ihnen hätte entwickeln können; und selbst was sie später darin leisten, rührt entweder von eingewanderten Griechen her, oder beschränkt sich auf Nachahmungen griechischer Vorbilder. Aus der letzten Zeit der Republik wird der griechische Maler Timomaches aus Byzanz als in Rom thätig genannt; später macht Plinius die römischen Maler Fabius (Pictor), Pacuvius, Turpelius und den Q. Padius namhaft. Unter Augustus soll sich der Landschaftsmaler Ludius ausgezeichnet haben. In den Bädern des Titus, an der Pyramide des Cestius sind M.en aufgefunden worden, wovon die Reste aufbewahrt werden. Dergleichen findet man in den Palästen Farnese, Massimi, Berberini &c. Von anderen Völkern des Alterthums ist nicht bekannt, daß sie M. — wenigstens im höheren Sinn des Worts — gekannt haben; sonst könnte man die rohen Bemalungen der Indianer auch dahin rechnen.

Das Christenthum stellte sich zuerst in der vormittelalterlichen Zeit — also in den ersten Jahrhunderten nach Christi Geburt — schon aus Opposition gegen den mit der Kunst eng verbundenen antiken Kultus durchaus feindlich gegen alle künstlerische Thätigkeit, namentlich auch gegen die M. Die Darstellung heiliger Gegenstände und Motive war geradezu verpönt. Dennoch deuten Spuren darauf hin, daß die ersten Versuche der christlichen M. sich an die damals auf den allerniedrigsten Standpunkt ornamentaler Wandmalerei herabgesunkene antike M. anknüpfen. Man findet in den alten christlichen Katakomben nicht nur skulpturische, sondern auch rohe malerische Darstellungen aus dem Bereich der christlichen Tradition. Im 4. Jahrhundert beginnt die Heiligenbildermalerei, und zwar nicht nur für Privatgebrauch, sondern auch für Kirchen. Hierin liegt der erste Anstoß zu einer Wiedererweckung des Bedürfnisses nach malerischer Anschaulichkeit und zu der späteren mächtigen Entwickelung der M. In dieser Entwickelung lassen sich eine Reihe von Abschnitten (Epochen) unterscheiden, nämlich: die vormittelalterliche M. in ihrer besonderen Entwickelung zu Rom und Konstantinopel (vom 4. Jahrhundert bis 600); die byzantinische M. (600—1200); Aufschwung der M. in Italien, den Niederlanden, Deutschland u. Frankreich (1200—1500); Glanzperiode der M., Leonardo da Vinci, Raphael, Michel Angelo, Tizian &c.; Albrecht Dürer, Holbein &c. (1500—50); Stillstandsperiode (1550—1670), in Italien zum Theil Rückgang; die Akademiker und Naturalisten, die Carracci's und Caravaggio's; die Niederländer Rubens, Rembrandt, Vandyck &c.; die Spanier Ribera, Velasquez, Murillo; Rückgang (1670 1780), Genre- und Landschaftsmalerei (Franzosen); Reaktionsperiode als Uebergangsepoche zur neuesten M. (1780—1830), David, Carstens; Cornelius, Overbeck, Veit, Koch &c.; moderne M. (1830 bis auf die Gegenwart). Diese einzelnen Abschnitte lassen sich ihrem Charakter nach auch in größere Gruppen zusammenfassen, nämlich in die mittelalterliche M., die Renaissancemalerei und die moderne M., zu denen die vormittelalterliche M. gewissermaßen die Vorstufe bildet. Indessen charakterisiren diese Unterschiede mehr die nachantike Kunstentwickelung im Ganzen als die M. im Besondern, weshalb die Entwickelung der letzteren durch die Abscheidung in jene 9 Epochen deutlicher hervortritt.

Die vormittelalterliche M. läßt sich bis ins 4. Jahrhundert zurückverfolgen, und zwar in den Katakombendarstellungen, welche zum Theil symbolisch-konventioneller Art waren, indem die Symbole des Lammes, des Delphins, der Taube, der Weinlese und des Hirten, weiterhin dann auch alttestamentliche Gegenstände dargestellt wurden, sowie in den Heiligenbildern und Mosaiken. Mit der Anerkennung des Christenthums als Staatsreligion wandte man die M. auf die Ausschmückung der großen Basiliken an, und zwar einerseits durch Wandmalereien al fresco, oder in enkaustischer Manier, oder durch Mosaiken, welche in Zusammensetzung von bunten Steinen, Thonwürfeln u. Glasflüssen &c. bestanden und gleichfalls malerische Kompositionen darstellten, und zwar nicht bloß auf dem Fußboden, sondern auch als riesenhafte Wandbilder. Wenn nun diese ersten M.en in Styl und Technik, trotz der Verschiedenheit der Motive, an die Antike anknüpfen, so macht sich doch hier in dieser vormittelalterlichen Zeit ein Unterschied zwischen der abendländischen (römischen) und der morgenländischen (byzantinischen) M. geltend. Denkmäler der ersteren aus dem 5. Jahrhundert finden sich namentlich zu Rom und Ravenna. Das Baptisterium beim Dom zu Ravenna enthält vorzügliche Mosaiken, ebenso das Mittelschiff und der Triumphbogen von Sta. Maria Maggiore zu Rom. Auch die Miniaturmalerei kam schon in jener vormittelalterlichen Zeit in Aufnahme.

Die byzantinische M. (600—1200) bewahrte den ursprünglichen Typus der ältesten christlichen Darstellungen am längsten. Aeußerlich unterscheidet sich dieselbe von der römischen dadurch, daß sie nur auf Goldgrund malte und durchgängig langgestreckte Figuren zeigte, während die Figuren der italienischen M. kurz und untersetzt erscheinen. Unter den Nachfolgern Konstantins des Großen, besonders Justinian II., wurde viel für Beförderung der Kunst und insbesondere der M. gethan, welche freilich bald eine Hinneigung zu äußerlicher Pracht und dadurch zu konventioneller Starrheit des Innern zeigte. Der 726 ausbrechende Bilderstreit bedrohte fast die ganze M. mit Vernichtung, die Künstler selbst flüchteten nach Italien, bis das Koncil zu Nicäa (787) und die Synode zu Konstantinopel von 842 die Zulässigkeit der bildlichen Darstellung heiliger Gegenstände aussprachen, dagegen die Skulpturen verdammten. Bis ins 11. Jahrhundert bewahrte die byzantinische M. eine große traditionelle Kunstfertigkeit, verhärtete aber in der Auffassung der Formen zum unnatürlichsten Schematismus, der uns heutzutage einen barocken und lächerlichen Eindruck macht. Nach auswärts verpflanzte sich der byzantinische Styl besonders nach Armenien und später nach Rußland, wo noch heute der kirchliche Kultus ganz ähnliche Formen erfordert. Nach Italien drang er wenig vor, nur in Sicilien und Genua finden sich Spuren davon; die später so rasch zu hoher Blüthe sich entwickelnde italienische M. hinderte seine weitere Ausbreitung. Von den übrigen Ländern ist in dieser Periode besonders Irland hervorzuheben, wo sich in den Klöstern die Miniaturmalerei legendarischer Manuskripte zu einer besondern Kunstgattung entwickelte, die auch nach Deutschland (Aachen, wo Karl der Große eine Malerakademie gründete), der Schweiz (St. Gallen) und Oberitalien Eingang fand und sich hier, namentlich durch die Einwirkung Alcuins, zu dem sogenannten fränkischen Styl ausbildete. Eine Mischung des fränkischen Styls, antiker Anschauung u. byzantinischer Strenge zeigt sich in dem nach 1000 n. Chr. sich entwickelnden romanischen Styl, welcher sich jedoch in der Miniaturmalerei auf Oberitalien beschränkte, während der reine fränkische Styl in England, Frankreich, Deutschland festgehalten wurde und sich nicht nur in den Miniaturen, sondern auch in Mosaiken, Glas- und

Emailmalereien, Teppichwirkereien ꝛc. zur Geltung brachte.

In der **dritten** Periode (1200—1500) zeigt die **italienische** M., hervorgerufen von den durch die byzantinische Bilderstürmerei dorthin geflohenen oströmischen Künstlern, anfangs einen vorwaltend byzantinischen Charakter, wie namentlich die Mosaiken in der Schloßkapelle zu Palermo und in S. Marco von Benedig bezeugen; wogegen die in den Anfang des 13. Jahrhunderts fallenden Mosaiken im Dom von Torcello und in S. Marco zu Venedig, sowie die Wand- und Deckengemälde der Baptisterien zu Parma und Florenz bereits eine gewisse Freiheit der Bewegung und Lebendigkeit im Ausdruck der Figuren zeigen. Diejenigen Meister, welche diese neue Richtung zuerst in bedeutender Weise vertraten, waren **Cimabue** in Florenz (1240 bis 1303) u. **Buoninsegna** in Siena (1260 bis gegen 1330), der erstere in einer mehr dem Großartigen u. Erhabenen, der andere dem Anmuthigen u. Lieblichen zugewandten Weise. Doch vermochten sich Beide weder gänzlich von den Fesseln der Tradition und deren Typen loszumachen, noch waren sie bei dem Standpunkt der mangelhaften Technik jener Zeit im Stande, Werke zu schaffen, die unseren Ansprüchen in dieser Beziehung genügen. Erst **Giotto di Bondone** aus Vespignano bei Florenz (1276 bis 1336) durchbrach mit ursprünglicher Kraft, die auf die innere Wahrheit und äußerliche Freiheit der Bewegung gerichtet war, jene konventionelle Schranke und begründete dadurch die originelle italienische M. Unter seinen zahlreichen Schülern ist besonders zu nennen **Orcagna** (1329—89), der wie der Lehrer selbst sich der germanischen Stylrichtung an- und dadurch die italienische M. für immer gegen den byzantinischen Typus abschloß. Sie bilden so gewissermaßen die Vorschule zur eigentlichen italienischen M., deren wahre, selbstständige Entwickelung mit **Fra Angelico da Fiesole** (1387—1455) begann. Neben der florentinischen Schule bildeten sich jedoch in dieser Zeit, namentlich im 14. Jahrhundert, in verschiedenen Städten, wie **Siena**, **Bologna**, **Venedig**, **Verona**, **Mailand**, **Modena**, **Neapel**, Abzweigungen, welche der germanischen Stylrichtung gegenüber den früheren byzantinischen Schematismus kultivirten; ja es entstanden daselbst zunftmäßig konstituirte Künstlerschaften unter dem Patronat des heiligen Lucas, aus denen die späteren Akademien sich herausbildeten. Indessen ist von diesen Meistern zu wenig auf uns gekommen, als daß man über die Besonderheit ihrer Malweise Bestimmtes sagen könnte. Bevor die jetzt rasch und bedeutend sich entwickelnde italienische M. geschildert werden kann, müssen wir einen Blick auf die M. in den anderen Ländern werfen. Was **Fiesole** für Italien, das sind die Gebrüder **van Eyck** für Deutschland und die Niederlande. Die Miniaturmalerei hatte unter den Karolingern fast die ganze Kunstthätigkeit koncentrirt, u. zwar wurde dieselbe hauptsächlich in den Klöstern Oberbayerns geübt. Erst unter Heinrich I. und den Ottonen beginnt neben der Miniaturmalerei auch die Wandmalerei al fresco kultivirt zu werden, wovon namentlich die großen M.en im bamberger Dom um das Jahr 1000 einen gewichtigen Beleg liefern. Um diese Zeit wird auch die Technik der M. durch die Erfindung der **Glasmalerei** (s. d.) bereichert, welche bald sehr in Aufnahme kam. Hierzu kam die wahrscheinlich in den Anfang des 13. Jahrhunderts fallende Gründung der Malerzünfte und Bauhütten, welche der künstlerischen Disciplin einen segensreichen Vorschub leisteten, wenn sie auch in mancher Beziehung das Handwerk zu sehr förderten. Von den verschiedenen Malerschulen der ersten Zeit sind wenig Spuren zurückgeblieben, in **Böhmen** die merkwürdigen Wandmalereien auf dem Schloß Karlsberg bei Prag, in **Schwaben** einige Ueberreste im ulmer Münster, am meisten aber in **Köln**, wo der Bau des Doms eine Menge Künstler, und zwar nicht nur Architekten, sondern auch Bildhauer, Maler, Glasmaler ꝛc. vereinigte. Die kölner Malerschule, deren Hauptrepräsentant **Meister Wilhelm** (um 1380) ist, zeichnete sich durch Strenge und feierlichen Ernst des Styls und eine idealisirende Tendenz in der Formenbehandlung aus, zu welchen Vorzügen bald auch die eines tiefen und gesättigten Kolorits hinzutraten, wie sie das um 1410 geschaffene berühmte Dombild des **Meisters Stephan** darbietet. Köln gewann bald einen entschiedenen Einfluß auf die übrigen rheinischen und andern Schulen, unter denen namentlich die **westphälische Schule** einen großen Aufschwung nahm. Ihr bedeutendster Meister ist der sogenannte **liesborner Meister**. Später gewannen die niederländischen Schulen zu **Gent**, **Brügge** und **Antwerpen** einen bedeutenden Einfluß auf die rheinischen Schulen, namentlich als (von den Gebrüdern van Eyck) die **Oelmalerei** (s. d.) in der zweiten Hälfte des 15. Jahrhunderts eingeführt wurde. Die **brabantische Schule** in den genannten Städten hatte sich schon früh, gemäß der holländischen Natur, dem Realen und Naturwahren zugewandt, welches sie mit dem tiefsten Ernst christlich-mystischer Symbolik zu verbinden wußte. Ihr fehlt der Zug des Idealen, wie er in Fiesole und dem germanischen Styl vorwaltet, gänzlich. Die Gesichter der meist mageren Figuren machen den Eindruck von Porträts, die Gewandung erhält durch die faltigen Brüche etwas Manierirtes; dagegen wird das Detail mit stilllebenartiger, ja mikroskopischer Gewissenhaftigkeit durchgeführt, namentlich seitdem die Oelmalerei für die Entfaltung farbenfrischer Pracht die ausgiebigsten Mittel darbot. Ueber die älteren Meister dieser Schule ist wenig bekannt, obschon die erhaltenen Werke, wie das jüngste Gericht in **Beaume**, sowie das in **Danzig**, welches von Einigen dem **Hans Memling** oder **Hemling** zugeschrieben wird, die große Anbetung der Könige in München und andere Gemälde noch heute die Bewunderung aller Kenner erregen. Wie Fiesole in Italien, so waren es hier, wie bemerkt, die Gebrüder **Hubert** (1365—1426) u. **Jan van Eyck** († 1445), welche als die eigentlichen Begründer der altholländischen Schule betrachtet werden müssen. Ihnen folgten, zum Theil als Schüler, **Rogier von Brügge** und **Martin Schongauer**, genannt Schön, zu Colmar, um die Mitte des 15. Jahrhunderts, sowie **Hans Memling** in Brügge (um 1480) u. später **Rogier van der Weyde** (um 1530) u. A. An diese Schule schließt sich die deutsche Schule an, welche verschiedene Abzweigungen hat. Das, was diese Schule im Unterschiede zu der gleichzeitigen u. späteren italienischen charakterisirt, ist ein empfindungsvoller Zug kindlicher Naivetät, welchem die äußerliche

Anmuth und Schönheit freiwillig geopfert wird. Zwar verlieren die Gestalten ihre frühere schroffe Strenge und unangenehme Eckigkeit, die Gesichter ihre Leerheit und Ausdruckslosigkeit, und es breitet sich über beide eine Lieblichkeit und ein Empfindungsreiz rein geistiger Art aus; die geschmackvolle Auffassung des äußerlichen Habitus tritt dagegen in einer Weise zurück, daß unser modernes Gefühl oft dadurch verletzt wird. Dabei ist die Technik auch hier mit einer bis ins kleinste Detail gehenden Sauberkeit und stilllebenartigen Gewissenhaftigkeit behandelt, die zuweilen der lebendigen Totalwirkung Eintrag thut, weil sie nicht selten ans Peinliche und Kleinliche streift. Martin Schön bildet das Mittelglied zwischen der holländischen und deutschen M. in der zweiten Hälfte des 15. Jahrhunderts. An ihn schließt sich Hans Holbein der Aeltere in Augsburg an, während die nürnberger Schule, als deren Hauptvertreter in dieser Zeit der Vorläufer und Lehrer Dürers, Michael Wohlgemuth (1434—1519), dasteht, eine derbere u. freiere Weise der Behandlung mit einem liebevollen Eingehen in die Natur verband. Außerdem sind als hervorragende Meister der deutschen Schule zu nennen Barthol. Zeitblom zu Ulm (1468—1514), Hans Burgkmair in Augsburg (1473—1517), auf den schon Dürer Einfluß gewann, u. A., die bereits in die folgende Periode gehören. Was die französische M. betrifft, so treten in dieser Zeit (15. Jahrhundert) eigentliche Hauptmeister noch nicht hervor, auch besitzt die französische M. noch keinen originalen Charakter, lehnt sich vielmehr in ihrer Auffassung an die Italiener an. Der erste bedeutendere französische Maler, Roux de Roux, hatte sich bereits nach Michel Angelo gebildet. Die zu ihrer Zeit berühmte Schule von Fontainebleau, welcher Roux angehört, war durch Leonardo da Vinci gebildet, den Franz I. an den französischen Hof berufen hatte. Wir schlossen oben unsere Betrachtung der italienischen M. mit Fiesole. In der That bildet dieser Künstler einen bedeutungsvollen Abschnitt in der Geschichte der italienischen M. Seine tiefe Empfindung für den idealen Inhalt der christlichen Tradition, die keusche Frömmigkeit und reine Begeisterung, mit der er den Pinsel führte, fiel wie ein befruchtender Thau auf die konventionelle Starrheit der bisherigen Richtung und erweichte die traditionelle Stylstrenge zu lieblicher Innigkeit beseelter Formenschönheit. Zu der dadurch bewirkten Umwandlung des Stylgefühls trat eine wesentlich läuternde Hinneigung zur Antike und Natur, welche Momente zusammen die Anmuth u. Empfindungstiefe der in der zweiten Hälfte des 15. Jahrhunderts sich entwickelnden italienischen M. bilden und den Grundzug derselben bis ins 16. Jahrhundert herein ausmachen, obschon in den Nachfolgern Fiesole's hin und wieder das realistische Element vorwaltet. Namentlich war es neben Fiesole der Florentiner Masaccio di San Giovanni (1402 bis 1443), dessen Darstellungsweise eine Großartigkeit und Naturwahrheit offenbarte, welche lange als Vorbild diente. Ihm strebten nach Gozzoli und Ghirlandajo (1451—95), von denen namentlich der letztere die religiösen Motive aus dem Bereich abstrakter Idealität in das Gebiet menschlicher Anschauung herabzog u. durch eine im Detail nicht selten genrehafte Behandlung die religiöse M. zu popularisiren suchte. Mit diesem Streben nach Naturwahrheit u. Realwirkung stehen denn auch die wissenschaftlich-technischen Bestrebungen in Verbindung, welche, wie dies von Paolo Ucello geschah, die Gesetze der Perspektive u., wie dies Verrochio (1432—88) that, die der Anatomie des menschlichen Körpers untersuchten und für die Komposition anwendungsfähig zu machen suchten. An diese schließen sich ferner an Sandro Botticelli (1437—1515), Filippo Lippi (1412—69) und dessen Sohn Lippino und Luca Signorelli (1440—1521), im kompositionellen Styl der Vorläufer Michel Angelo's. Noch mehr als in der florentinischen Schule zeigt sich die Hinneigung zur Antike in der Schule von Padua, begründet von Francesco Squarcione (1394—1474). Ein Hauptmeister derselben war Andrea Mantegna (1431—1508), welcher sich später in Mantua niederließ, während durch seine Schüler eine neue Schule zu Ferrara gegründet wurde, die nicht ohne eine gewisse barocke Stylrichtung war. Zu derselben gehören unter Anderen Lorenzo Costa, später Dosso Dossi und Garofalo, denen sich die eklektische Schule der Bonone anschloß. In Venedig, wo sich die byzantinische Styltradition gemischt mit germanischen Einflüssen am längsten erhalten hatte, wurde in der ersten Hälfte des 15. Jahrhunderts durch die beiden Bellini der Geist der paduanischen Schule eingebürgert und die bis dahin vorwaltende Neigung zu Wärme des Kolorits durch eine strengere Zeichnung modificirt. Die Malerfamilien der Vivarini und Murano, welche schon vor dem paduanischen Einfluß in Venedig thätig waren, sowie namentlich Cima da Conegliano († um 1517), offenbarten in ihren Werken eine heitere Lebensfülle und glänzende Pracht, welche, zuerst auch auf die religiösen Motive übertragen, später sich auch unabhängig davon zur Geltung brachten. Die M. wendet sich allmählig dem wirklichen Leben zu und schöpft aus ihm die für Entfaltung malerischen Glanzes und plastischer Formenschönheit ausgiebigsten Motive; namentlich kultivirte sie auch das Porträt mit Vorliebe. Die lombardischen Schulen, namentlich die Schule von Mailand, haben einen weniger scharf ausgeprägten Charakter, wogegen die umbrische Schule, deren Hauptsitz zu Perugia sich befand, einen entschiedenen Gegensatz zu den Venetianern bildete. Denn während der letzteren Hauptstreben auf Kraft, Glanz und Lebenswahrheit der realen Gestaltung gerichtet war, wandte sich die umbrische Schule der Innerlichkeit zu und schilderte die Innigkeit religiöser Empfindung in Schmerz, Sehnsucht, Frömmigkeit und Demuth. Dabei suchte sie Reinheit der Form und Lieblichkeit des Ausdrucks, Anmuth der Haltung u. Einfachheit der Gruppirung zur Anschauung zu bringen. Die Farbe war ernst u. zurückhaltend, die Zeichnung besaß eine gewisse keusche Strenge u. Korrektheit, hin u. wieder bis zum Starren u. Nüchternen übertrieben. Der Hauptmeister war nach einigen unbedeutenderen Vorgängern Pietro Perugino (1466 bis 1526), der Lehrer des unsterblichen Raphael u. mehrer anderen Schüler, die bereits in die folgende Periode hineinreichen. In einer gewissen Konkurrenz mit der umbrischen Schule stand die Schule von Bologna, welche von Francesco Francia (1450—1517) begründet wurde, der ebenfalls eine große Innigkeit religiöser Empfindung besaß.

Zu seinen Schülern gehören Timoteo della Vite und Innocenzio da Imola, welche sich später Beide dem Raphael anschlossen. In Neapel endlich hatte in der ersten Hälfte des 15. Jahrhunderts Colantonio del Fiore († 1444) eine Schule gegründet, welche die Stylrichtung der van Eycks kultivirte; eine Richtung, die jedoch in der zweiten Hälfte des 15. Jahrhunderts durch den aus Venedig eingewanderten Antonio Solaro beseitigt wurde, welcher mehre Schüler bildete.

Nachdem wir die Geschichte der M. in allen Ländern bis zum Abschluß des 16. Jahrhunderts fortgeführt, ist jetzt die vierte Periode, die eigentliche Blüthe- und Glanzperiode der M., zu schildern, für welche die vorhergehenden Bestrebungen eigentlich nur als vorbereitende zu betrachten sind, namentlich in dem Sinne, daß das Bewußtsein über die wahren Ziele der Kunst ein klareres u. allgemeineres wurde. Während bisher in den verschiedenen Schulen ein fortwährendes Schwanken bald nach der Seite des abstrakten Idealismus, bald nach der einer realistischen Naturnachahmung hin Statt fand, koncentrirte sich jetzt nach dem Vorgang einiger Meister, welche für alle Zeiten als Kunstheroen gelten werden, der künstlerische Gestaltungstrieb auf den ideellen Inhalt der christlichen Tradition, vertiefte sich in die poetische Wahrheit derselben u. that allen Schematismus u. die letzte Spur konventioneller Typik ab. Diese Vertiefung hatte andererseits einen raschen Aufschwung in der Technik zur Folge, welche, gezeitigt durch das innere Feuer eines rein idealen Enthusiasmus, sich zu einer wunderbaren Höhe meisterhafter Vollendung ausbildete. Der Hauptherd dieses großartigen Kunstschaffens war Italien, wo kunstsinnige Päpste u. Fürsten die Pflege der Kunst und die Beschäftigung der hervorragenderen Künstler als eine Ehrenaufgabe ihres Lebens betrachteten. Zwei Florentiner besonders waren es, welche als die Haupt- u. Lehrmeister der ganzen jetzt beginnenden Glanzepoche der italienischen M. betrachtet werden können, Leonardo da Vinci und Michel Angelo Buonarotti. Die Ausführung der (jetzt nicht mehr vorhandenen) Kartons zur Geschichte des pisaner Krieges gaben den ersten Anstoß zu einer größeren Vertiefung in den ideellen Inhalt der Kunst und blieben lange Zeit für den nachstrebenden Künstler unerreichbare Vorbilder großartiger Komposition. Leonardo da Vinci (1452—1519) ist einer der vielseitigsten u. gelehrtesten Künstler, der sich namentlich auch um die wissenschaftliche Begründung der Kunsttechnik große Verdienste erworben. Zu seinen bekanntesten Werken gehört das berühmte Abendmahl, ein großartiges Wandgemälde, von dem jetzt aber nicht mehr viel übrig ist. In Michel Angelo kommt besonders das Element großartiger Formengestaltung und erhabenen Ideenreichthums zur Geltung. Unter den Schülern Leonardo's, deren Werke hauptsächlich in der Gallerie der Brera zu Mailand vertreten sind, ragen hervor: Bernardino Luini, Cesare da Sesto, Gaudenzio Vinci; von den Schülern u. Nachfolgern Michel Angelo's Daniele da Volterra, Marcello Venusti, Sebastiano del Piombo u. A. Neben den beiden Hauptmeistern schufen in Florenz noch Andrea del Sarto, ein Schüler Piero di Cosimo's, Fra Bartolomeo della Porta, Lorenzo di Credi u. A., welche ihren eigenen Weg gingen, während die späteren Nachfolger des Michel Angelo bald in Uebertreibung verfielen u. den großen Styl des Meisters, mit Aufopferung der Schönheit des Kolorits, outrirten. Dazu gehörten Vasari (1512—74), Salviati (1510—63) u. A. In Rom hatte sich keine selbstständige Schule ausgebildet, wenn es auch unter den kunstsinnigen Päpsten Julius II. (1503—13) u. Leo X. (1513—22) zu einem fruchtbaren Felde künstlerischer Produktion gemacht wurde. Auf diesem Felde bildete einer der größten Maler, welche je existirten, wenn nicht der größte unter allen, Raphael Sanzio von Urbino (1483—1520), Schüler Perugino's, den hervorragenden u. bestimmenden Mittelpunkt. Er vereinigte in seinen Werken die Vorzüge aller einzelnen Schulen, Strenge u. Adel der Zeichnung mit Schönheit der Farbe, Tiefe u. Zartheit der Empfindung mit Größe und Einfachheit der Anschauung. Was aber allen diesen großen Eigenschaften erst die wahrhafte künstlerische Weihe verlieh u. seine Werke zu unsterblichen Schöpfungen stempelte, war die aus ihnen hervorleuchtende ideale Begeisterung, u. diese allein war es auch, welche seine technische Meisterschaft begründete. Von seinen Schülern vermochten es nur wenige, einzelne Seiten dieser Meisterschaft sich anzueignen. Der belebende Athem des innern Gefühlsadels fehlte ihnen, u. so verfielen sie denn bald in eine Nachahmung der bloßen äußeren Schönheitsformen, denen aber die Seele fehlte. Neben Raphael arbeitete auch Michel Angelo, welcher, durch Julius II. nach Rom berufen, den Sebastiano del Piombo (1485—1547) nach sich zog und einen wesentlichen Einfluß auf Raphaels Kolorit und Komposition ausübte. Jener Manierismus, in den die Schüler Raphaels verfielen, zeigt sich schon in dem talentvollsten und berühmtesten derselben, Giulio Romano (1492—1546), welcher bei klassischem Kolorit u. großer Formengewandtheit doch dem Idealen sich abwandte u. theils in nüchterne Nachahmung, theils in sinnliche Lüsternheit verfiel. Von andern Schülern Raphaels sind zu nennen Primaticcio, Andrea Sabattini, Timoteo della Vite, Bagnacavallo, Giovanni da Udine. Um die Mitte des 16. Jahrhunderts trat der Verfall der Schule schon sehr sichtbar hervor. Die florentinische Schule Leonardo's setzte sich inzwischen theils in Mailand, theils in Parma fort, welche dann als lombardische Schule einen bestimmten Gesammtcharakter, gegenüber der venetianischen, annahm. Außer dem schon erwähnten Luini (1460—1530) sind hier zu nennen Boltraffio, il Sodoma u. (in Parma) vorzugsweise der Meister des Helldunkels, Antonio Allegri, genannt Correggio (1494—1534), welcher weniger die präcise Schönheit der Form als den in der Harmonie der Tonmischungen liegenden Zauber der Farbenschönheit kultivirte. Unter seinen Schülern zeichnen sich aus Parmegiarino, Rondano, Gatti, welche jedoch theils bereits ins Süßliche, theils ins Barocke, wie Barocci (daher der Name „barock") verfielen. Mehr eklektisch verfuhren später Schidone (1580—1615) u. Procaccini. Allen diesen Schulen steht die von Giovanni Bellini gegründete venetianische Schule in entschiedener Weise gegenüber, indem dieselbe, begünstigt durch den auf Sinnenreiz u. Lebensfreude gerichteten Geschmack der venetianischen Noblesse, den Kultus des schönen Fleisches, überhaupt des Stoffes, im üppigsten Farbenglanz offenbarte. Einer der ersten u. bedeutendsten ist **Giorgone** (1477—1511) mit seinen Schülern Giovanni da Udine u. Torbido, genannt il **Moro**; noch höher steht **Tiziano Vecellio** (1477—1576), in dessen Werken die venetianische M. sich zur höchsten Kraft u. Schönheit entfaltete. Aber durch die Entfernung vom idealen Inhalt der Kunst wurde auch der Grund zur späteren Entartung der M. gelegt. Neben Tizian u. zum Theil als seine Schüler arbeiteten **Palma Vecchio** (1480—1548), **Lorenzo Lotto**, **Pordenone** (1484—1539), **Paris Bordone** (1500—70), besonders aber **Paolo Veronese** (1528—88) und **Tintoretto** (Jacopo Robusti, 1512—94), endlich **Schiavone** (1522—82), welcher wie mehre andere sich auf Nachahmung Tizians beschränkte.

In **Deutschland** nahm die M. in dieser Periode eine ganz andere Richtung als in Italien. Vor der Reformation ward hier die Kunst, namentlich die Miniaturmalerei u. der Holzschnitt, gewerbsmäßig u. zünftig getrieben, und die daraus sich entwickelnde handwerksmäßige Trockenheit u. philisterhafte Nüchternheit waren nicht ohne Einfluß auch auf die M. geblieben. Dabei machte sich der Einfluß der brabantischen Schule in der Neigung zur Allegorie, was den Inhalt betrifft, zu Konventionalität, namentlich im Faltenwurf, was die Form betrifft, geltend. Die technische Behandlung war kleinlich und nicht ohne Manierirtheit. Der Schwung, in den die Geister durch die reformatorischen Bewegungen am Ende des 15. Jahrhunderts versetzt wurden, brachte indeß auch in die M. einiges Leben. Als die ersten bedeutenderen Maler, welche zum Theil in den Anfang dieser Periode hineinreichen, sind bereits oben erwähnt: aus der **schwäbischen** Schule Schongauer, die älteren Holbein, Burgkmair, Zeitblom u. a., namentlich aber **Hans Holbein** der Jüngere (1498—1554), besonders durch seine Todtentänze berühmt; aus der **fränkischen** Schule namentlich **Wohlgemuth**, dessen Schüler, **Albrecht Dürer** (1471—1528), der größte deutsche Meister im Anfang des 16. Jahrhunderts war, welcher nicht nur als Maler, sondern auch als Bildschnitzer, Kupferstecher, sowie als Zeichner für eine große Zahl vorzüglicher Holzschnittwerke thätig war und auch durch vielseitige wissenschaftliche Förderung der Technik (Anatomie und Proportionslehre) sich große Verdienste um die Kunst überhaupt erwarb. Wenn seine Kompositionen auch den in seiner Zeit begründeten Hang nach dem Phantastischen nicht gänzlich verleugnen, so besaß er doch andererseits eine Innigkeit der Empfindung und eine Strenge u. Größe des Styls, die ihn mit Recht als den „deutschen Raphael" hinstellen. Dürers bedeutendere Schüler sind **Hans von Kulmbach** († 1545), **Heinrich Aldegrever** (1502—54), **Schäuffelin** (1492—1540), **Barth. Beham** (1496 bis 1540) nebst dessen Bruder **Hans Sebald Beham** (1500—50), **Glockendon** (1492—1553), **Altdorfer** (1488—1538), **Georg Pensz** (1500 bis 1560) u. a. m. Die **obersächsische** Schule hat nur Einen bedeutenden Namen aufzuweisen, nämlich **Lucas Cranach**, Vater und Sohn; der erstere 1472—1553, der zweite 1515—86. Auch diese besitzen eine große Innigkeit des Gefühls, welche aber noch mehr wie bei der fränkischen Schule mit einer gewissen Magerkeit der Formen verbunden ist. In den **Niederlanden** gestaltete sich die M. hinsichtlich der Form nach den Traditionen der älteren Schulen, hinsichtlich des Inhalts auf besondere Weise. Nirgends hatte die Reformation einen tiefergehenden Einfluß auf die Kunstanschauung als hier, namentlich in sofern die früher fast allein die M. beherrschende Pietät des Madonnenkultus u. der Heiligenlegende aufhörte und an die Stelle der religiösen Motive solche des gewöhnlichen Lebens und der Natur traten. So entwickelten sich allmählig die Genre-, Landschafts- und Stilllebenmalerei und gelangten bald zu hoher Blüthe. Die **brabantische** Schule wurde am Ende des 15. und am Anfang des 16. Jahrhunderts besonders durch **Quintin Messys** (1450—1529) vertreten, dem sich sein Sohn **Johann** und **Leonhard Orley** (1499—1560) anschlossen. Die holländische Schule weist mehr bedeutende Künstler auf, namentlich **Lukas von Leyden** (1494 bis 1533), **Mabuse** (1500—62), **Schoreel** (1495 bis 1512), **Heemskerk** (1498—1574), **Jan Mostaert** (1499—1553) u. A. Zu den niederländischen Schulen können auch die niederrheinischen Meister gerechnet werden, weil sich in ihrer Auffassungs- u. Behandlungsweise entschieden ein niederländischer Einfluß kundgibt. Namentlich ist zu nennen **Jan van Kalkar** (Hans Stephanus), ferner die Meister der westphälischen Schule, wie **Ludger zum Ring** in Münster mit seinen Söhnen Hermann u. Ludger dem Jüngeren. In der zweiten Hälfte des 16. Jahrhunderts macht sich schon eine bedeutende Abnahme an künstlerischer Kraft bemerklich, auch trug die Bilderstürmerei dazu bei, die M. zu beschränken u. weltlich zu gestalten. Die meisten Maler gingen nach Italien und nahmen nachahmend den italienischen Styl an. Am meisten blühte die M. noch am bayerischen Hofe, wo **Joh. Rottenhammer** (1564—1622) im Styl Tintoretto's und einige andere arbeiteten. Auch bei den Niederländern fand die italienische Anschauungsweise Eingang, verdrängte den ursprünglichen Charakter der niederländischen Schule und gab ihr bei äußerlichem Haschen nach mythologisch-allegorischen Motiven das Gepräge einer großen Gefühlsleerheit und Gedankenarmuth. Nur im Kolorit behielten die Niederländer noch einigermaßen eine gewisse Originalität. Zu nennen sind aus dieser Zeit **Franz Floris** (1510—70), Anton von Montfort (1532—83), Peter de Witte, Heinrich Goltzius, Venius u. A. Dagegen zeigt sich der Einfluß der Italiener und namentlich der Venetianer auch im Kolorit bei **Martin de Vos** (1520—70) und dessen Schülern, **Heinrich von Balen** (1560—1632), **Cornelius Cornelis** (1562—1637) u. A. Diese gehören indeß schon in die folgende Periode. In **Spanien** beginnt die M. im 15. Jahrhundert, zuerst besonders durch niederländischen Einfluß, einen klassischen Anlauf zu nehmen. Aus früherer Zeit ist wenig davon bekannt; zu erwähnen sind die aus dem 14. Jahrhundert stammenden Deckengemälde in der Alhambra, welche theils maurische Geschichte, theils Jagden u. dergl. darstellen. Im 16. Jahrhundert aber gewann die italienische M. und besonders die der venetianischen Schule, deren sinnliche Kraft dem südlichen Geschmack der Spanier entsprach, einen großen Einfluß. Tiefe und Kraft der Farbe bei schon früh vorwaltender Neigung zu weißer u. schwarzer Grundbetonung charakterisiren die spanische M. um die Mitte des 16. Jahrhunderts. Zu nennen sind **Luis** de

Morales, dessen Formen noch hart sind, während seine Farbe mild und klar ist; Luis de Vargas (1505—68), der sich der römischen Schule zuneigte; ferner Alonso Sanchez Coello (1515—90) u. Fernandez Navarrete (1526—79). Von der französischen M. läßt sich eigentlich nichts bestimmt Charakterisirendes sagen, da sie verschiedene Schulen nachahmte und dabei über die Mittelmäßigkeit nicht hinauskam. Die von Leonardo da Vinci am Hofe Franz' I. gebildete Schule von Fontainebleau wurde durch Roux de Roux (1496—1541) u. Primaticcio (1504—70), sowie deren Schüler weiter gefördert; ihr eigentlicher Aufschwung fand aber erst unter Heinrich II. Statt; zu nennen sind unter den ihr angehörigen Künstlern Jean Cousin (1500—89), Jean Goujon († 1571) u. A. Doch blieb die Kunst eine Dienerin des ziemlich sittenlosen Hofes und vermochte darum nicht, sich zu einer gewissen Größe zu erheben.

Die fünfte Periode der M., in welche wir zum Theil schon eingetreten sind, ist eine Zeit einerseits des allmähligen Verfalls oder doch des Stillstandes und andererseits einer Nachblüthe der Kunst, welche durch die italienischen Akademiker (Carracci's) und die niederländischen Koloristen (Rubens, Rembrandt ꝛc.) bewirkt wurde, und reicht bis über die Mitte des 17. Jahrhunderts. In Italien zeigte sich der allmählige Verfall nicht sowohl in einer Abnahme an technischer Meisterschaft, im Gegentheil erhielt diese, namentlich rücksichtlich der Zeichnung, durch die Vermehrung der Bekanntschaft mit der Antike, sowie durch den Austausch der Kunstmittel der einzelnen Schulen noch eine größere Bedeutung; aber der innere Begeisterungstrieb, welcher, aus der Idee stammend, die alten Meister zu jener hohen, bewundernswürdigen Erhabenheit und Schönheit geführt, war erkaltet und hatte einer doktrinären Behandlung der Kunst Platz gemacht. Man nennt diese Richtung die akademische. Gegenüber dem bereits stark hervortretenden Manierismus der Italiener um die Mitte des 16. Jahrhunderts suchten die Carracci's, Lodovico (1555—1619) mit seinen beiden Neffen Agostino (1547—1602) und Annibale (1560—1609), in Bologna, auf Grund des Studiums der Antike die Stylreinheit der alten Meister wieder herzustellen. Ihre Bestrebungen waren gewiß verdienstlich, aber sie vergaßen, daß sich von außen her durch das bloße Studium der Kunstmittel nichts erreichen läßt, wenn man sich nicht in den Inhalt zu vertiefen im Stande ist. Die charakteristischen Unterschiede der einzelnen Schulen hörten mehr und mehr auf, indem man danach strebte, die großen Eigenschaften derselben zu vereinigen. Dies Streben führte zum Eklekticismus, der die Konsequenz des Akademismus der Carracci's war. Als Gegensatz dazu bildete sich nun eine andere Richtung, welche sich lediglich die Natur zum Vorbild nahm und deshalb Naturalismus zu nennen ist. Zu den bedeutendsten Eklektikern gehören Guido Reni (1575—1642) und dessen zahlreiche Schüler, Francesco Albani (1578—1660), welcher ebenfalls eine Menge Schüler hatte, Domenichino (1581 bis 1641), Guercino da Cento (1590—1666), Lanfranco (1581—1647), Sassoferrato. Die Carracci's, wenigstens Annibale, führten auch die Landschaftsmalerei in Italien ein; ihm folgte darin Grimaldi (1606—80) u. der Fruchtmaler Bonzi (il Gobbo de' Carracci). Neben dem bologneser Eklekticismus der Carracci's und ihrer Nachfolger bestand auch eine eklektische Schule zu Florenz, zu welcher Chimenti, M. Rosselli, Vanni u. A. gehören. Eine besondere, süßliche Richtung verfolgte Carlo Dolce mit seiner Tochter Agnese. Der Naturalismus entsprang zunächst aus einer Reaktion gegen die mit jedem Eklekticismus nothwendig verbundene Charakterlosigkeit u. Verflachung und mußte sich naturgemäß sowohl gegen die nur auf das Technische in den verschiedenen Theilen gerichtete Auswählerei, wie gegen die Schwächlichkeit in der Darstellung der Natur richten. So wurde er durch diese Opposition zum Gewaltsamen in der Auffassung und, was die Gegenstände und die Auffassung betrifft, zur rohen Naturnachahmung getrieben. Michel Angelo Amerighi (Caravaggio, 1569—1609) steht an der Spitze der Naturalisten, welche in ihrer Einseitigkeit ebenso weit gingen wie die römischen Manieristen, die das Ideale in bloßer schwächlicher Nachbildung der alten Formen suchten. Unter den Anhängern und Nachfolgern Caravaggio's sind zu nennen Simon Bouet aus Paris (1582—1641), Carlo Sarazeno (1585 bis 1625), vorzüglich aber Giuseppe Ribera, genannt Spagnoletto, aus Valencia (1588 bis 1656), welcher der Führer der neapolitanischen Naturalisten wurde, von denen jedoch viele nur bedingt diesen Namen verdienen. Bedeutende Naturalisten sind Jacques Courtois, genannt Bourguignon, (1621—78), Salvator Rosa (1615—73), dessen Landschaften, voll poetischer Wildheit und fast dämonischer Größe, bedeutender als seine Historiengemälde sind, ferner Bernini (1598—1680), Fiamingo (1594—1641), Rusconi u. A. m. Auch in Bologna wurde der Naturalismus durch Guercino da Cento (1591—1666) einheimisch. Unter den anderweitigen Richtungen der italienischen M. sei auch der Genremalerei erwähnt, welche sich in den römischen Bambocciaden, begründet durch Peter Laar, genannt il Bamboccio, zu Rom zur Geltung brachte; ferner nahm die dekorative Ausmalung großer Räume überhand, worin namentlich Lanfranco aus Parma, da Cortona, Ferri u. A. Bedeutendes leisteten, bis auch diese Manier durch handwerksmäßige Behandlung in Verfall gerieth. Die venetianische Schule war bereits ebenfalls auf einen niedrigen Standpunkt herabgekommen, so daß ihre Vertreter kaum noch nennenswerth sind. In Frankreich war die Schule von Fontainebleau verschwunden, geschulte Korrektheit u. etwas nüchterne Stylstrenge bildeten sich allmählig heraus, u. zwar merkwürdiger Weise auf der Basis des durch Simon Bouet übergesiedelten, allerdings durch ihn in milder Weise vertretenen Naturalismus. Hervorragende Künstler sind Nicolas Poussin (1594—1665) u. sein Schüler Ph. Champaigne (1602—74). Einen bedeutenden Anstoß erhielt die französische M. durch die Gemälde, welche Rubens (1620) im Palais Luxembourg ausführte. Ludwig XIV., welcher die Kunst als ein nothwendiges Requisit seines Herrscherglanzes betrachtete und auch eine Akademie begründete, ließ großartige Werke ausführen. Unter ihm arbeiteten außer Nic. Poussin, welcher der größte Landschaftsmaler seiner Zeit war, dessen Schwager u. Schüler Kaspar Dughet (genannt Poussin) aus Rom (1613—75), Claude Lorrain

(1600—82), Charles Lebrun (1619—90), das Haupt der sogenannten versailler Schule, sodann Nicolas Mignard (1608—68) mit seinem Bruder Pierre, genannt le Romain (1610—95), denen sich noch eine Reihe mehr oder weniger bedeutender Maler anschloß, welche alle eine gewisse heroische Manier zur Schau trugen. Gegen diese Gespreiztheit, welche dem leeren Pathos der ganzen Schule anhaftet, reagirte nun Jacques Callot (1594—1635), von dem jedoch fast nur Radirungen bekannt sind, im satirischen Styl Rabelais', ein Beweis, daß auch diese Schule ihrem Verfall entgegenging. In Spanien dagegen feierte während dieser Periode die M. ihre großartigsten Triumphe. Man unterscheidet 3 Schulen, die von Madrid, von Sevilla und von Valencia, welche jedoch nur wenig charakteristische Verschiedenheit besitzen. Denn es ist ihnen das eigenthümliche tiefe und kraftvolle Kolorit, die Kühnheit der Komposition, die edle naturalistische Auffassung gemeinsam. Bei äußerer scheinbarer Düsterheit, welche koloristisch in der Hinneigung zum schwärzlich- und weißlichgrauen Grunde begründet ist, besitzen die spanischen Meister doch einen großen Schmelz der Farbe und wirkungsvolle Effekte im Helldunkel. Zur Schule von Sevilla gehören Juan de las Roelas (1558—1625), Herrera der Aeltere (1576—1656) u. der Jüngere (1622—85), Francesco Zurbaran (1598 bis 1662), besonders aber Diego Velasquez de Silva (1599—1660), später als Hofmaler auch von wesentlichem Einfluß auf die Schule von Madrid, Alonso Cano (1601—67), endlich die Blüthe der spanischen M., Bartolomeo Esteban Murillo (1618—82), neben welchem noch einige weniger bedeutende arbeiteten. Die Schule von Madrid hat weniger hervorragende Meister aufzuweisen. Zu nennen sind Navarrete, Tristan, Antonio Pereda (1590—1669), Miranda, Coello u. A. In der Schule von Valencia zeichnet sich besonders aus François Ribalta (1551—1628), dessen Schüler Ribera in Neapel war. Nach der Berufung des sehr schwächlich wirkenden Luca Giordano, bekannt unter dem Namen des Schnellmalers (Fa presto), ging die spanische Schule gegen Ende des 17. Jahrhunderts ebenfalls rasch ihrem Verfall entgegen. In den Niederlanden tritt der Gegensatz zwischen der holländischen und brabanter Schule jetzt noch schärfer hervor, indem die Meister der ersteren sich hauptsächlich auf Genre, das Porträt und die Landschaft beschränken, wogegen die zweite durch Rubens eine Regeneration des großen historisch-kirchlichen Styls versuchte, aber nicht mit idealer, sondern mit materialistischer Tendenz, welche nicht selten bis zur Vulgarität und Gemeinheit der Form ausgedehnt wurde. Die brabanter (oder vlämische) Schule, durch Peter Paul Rubens (1577—1640), nicht nur einen der fruchtbarsten Maler, sondern auch der gewaltigsten Kompositeure aller Zeiten, begründet, zählt eine große Reihe ausgezeichneter Maler, worunter besonders der geistvolle Schüler Rubens', Ant. van Dyck (1569—1650), durch Feinheit, Tiefe und Noblesse des Kolorits hervorleuchtet. In der derberen, farbeglühenderen Manier des Rubens versuchten sich J. Jordaens (1594 bis 1678), van Dievenbeek u. A., während Seghers (1589—1651), de Crayer (1582—1669), J. van Ost rc. sich mehr den Italienern anschließen. Auch die Landschaft wurde durch Rubens auf einen hohen Standpunkt erhoben, namentlich durch seine Mitwirkung an den trefflichen Jagd- u. Viehstücken von Franz Snyders (1579—1657); ihm schließen sich an Johann Breughel (1569 bis 1625), Roland Savery (1576—1639) u. David Vinkebooms, Joh. Fyt (1625—1700) und Ruthardt (von 1666). Der poussinschen Richtung folgten Peter de Witte (1621—73), Jakob von Artois (1613—66), P. Rysbraek (1657 bis 1716) u. A. Gegen das Ende des 17. Jahrhunderts hatte die durch Rubens erweckte Blüthe der Kunst wieder ihr Ende erreicht, so daß im ganzen 18. Jahrhundert eigentlich von einer vlämischen Schule u. M. gar nicht die Rede sein kann. Viel lebenskräftiger war die holländische Schule, vielleicht weil sie sich vornehmlich auf das naturalistische Element beschränkte, und zwar nicht nur in der Landschafts- u. Stilllebenmalerei, sondern auch in der Darstellung von genrehaften Volksscenen und Porträts. Die von Cornelis (1595) gestiftete haarlemer Akademie gab zu dieser Reaktion gegen den verkommenen und manieristisch gewordenen Idealismus der Italiener den ersten Anstoß. Besonders verdankt die Schule dem Abraham Bloemaert (1567—1647) die gesunde Naturanschauung, welche Schlichtheit der Zeichnung mit kräftiger Lichtwirkung verband. Das Porträt wurde in derselben Weise kultivirt durch Mirewelt (1567—1641), Mornelze, Ravenstein, van Keulen († 1656), Franz Hals (1584—1666), Bartholomäus van der Helst (1613—70), besonders aber ragte Paul Rembrandt (1606—65) hervor durch die ungemeine Kraft seiner Lichtwirkung und die mächtige Wirkung seines Helldunkels. Zu seinen Schülern sind zu rechnen Gerbrandt van der Eckhout (1621—74), Flink, Ferd. Bol (1610 bis 1681), Maas u. A. Nach einer andern Richtung hin, besonders im kleineren Genre, zeichneten sich aus Gerhard Dow (1613—80) und Terbourg (1608—81), denen sich zum Theil in manieristischer Weise anschließen Metsu (1615—64), Kaspar Netscher (1639—84), Schalken (1643 bis 1706), Peter de Hooghe, Verkolje u. A. Mit satirisch-humoristischer Tendenz, aber zum Theil in vulgärer Form, kultivirten das niedere Genre die beiden David Teniers (1610—90), Adrian Brouwer (1588—1640) und deren Schüler Molenaer, Zorg, Tilburgh u. A. Eine selbstständigere Stellung, aber auf demselben Gebiet, nehmen ein Adrian und Isaak van Ostade (1610 bis 1685), Corn. Dusart und besonders Jan Steen (1639—89). Schlachten- und Jägerscenen malten Stevens, genannt Palamedes (1604 bis 1680), le Ducq, van der Meulen (1614 bis 1690), Huchtenburg, Pet. von Bloemen, Rugendas (1666—1742), während Honthorst (1592—1668) in der Manier des Caravaggio arbeitete; letzterem folgten von Sandrart (1606—88) u. Johann Kupetzky (aus Ungarn, 1666—1740). In der Landschaftsmalerei scheidet sich jetzt bestimmter als früher das Streben nach Styl von dem nach Stimmung. Die letztere, mehr naturalistische Richtung, welche besonders romantisch-wilde Motive mit entschiedener Beleuchtung wählte, ist repräsentirt zunächst durch Jakob Ruysdael (1635 bis 1681), einen der bedeutendsten, stimmungsvollsten

Landschafter; ihm schließen sich an sein Bruder Salomon Ruysdael (1613—70), Hobbema (1611 bis 1668), de Vries (um 1657) u. A. Neben ihnen arbeiteten in derselben od. doch in ähnlicher Richtung J. van Goyen (1596—1664), Wynants (1600 bis 1670), Artus van der Neer (1613—83), der sich besonders in der Mondscheinlandschaft auszeichnete, Ant. Waterloo († 1660), dessen Landschaften Weenix mit Figuren und Thieren staffirte, besonders aber Albert van Everdingen (1621 bis 1675). Die zweite, mehr auf Styl tendirende Richtung, die sich also Claude Lorrain, besonders aber Poussin zum Vorbild nahm, wird vertreten durch H. Sachtleven (1609—85), H. Swanewelt (1620—80), Pynacker, Peter Molyn, Jean Hackaert, Joh. Glauber (1646—1726) u. A., während Meyering (1645—1714), Isaak Moucheron und Huysmann (1648—1727) schon in Manierismus und Buntheit ausarten. Eine wichtige Stelle in der holländischen Landschaftsmalerei nimmt die Marinemalerei ein. Hier sind zu nennen Simon de Vlinger (um 1640) mit seinem Schüler Willem van der Velde (1633—1707), der namentlich die ruhige See meisterhaft behandelte, ferner Jak. Ruysdael, Lud. Backhuysen (1631—1709), welcher stark in Seestürmen war, mit seinen Schülern Madderstég (1659—1709), Vitringa u. A. Im Architekturfach sind als hervorragend zu erwähnen Steenwijk (1550—1604), Peter Neefs (1570—1651), Berkheyden (1643—93). Die Thiermalerei wird von den Holländern in vorzüglicher Weise kultivirt. A. Cuyp, Weenix (1621—60), Nik. Berghem (1624—83), du Jardin (1635—78) u. A. zeichnen sich hierin aus; ihnen folgen Ad. van der Velde (1639—72), dessen Thierstücke Meisterwerke ersten Ranges sind, Joh. H. Roos (1631—85) mit seinen Söhnen Phil. Peter, genannt Rosa di Tivoli (1657—1705), und J. Melchior Roos (1659—1731), besonders aber Paul Potter (1625 bis 1654). Todtes Vieh in stilllebenartiger Manier malten J. Weenix (1644—1719), Hondekoeter (1636—95), Adrian von Utrecht (1599—1651). Als Pferdemaler zeichneten sich aus Ph. Wouwerman (1620—68), dessen Bruder Peter auch vortreffliche Jagdstücke, Räuberscenen und dergleichen lieferte. Blumenstücke malten Daniel Seghers (1590—1660), Huysum (1682—1749), David de Heem (1600—74), von Schrieck, Rachel Ruysh (1664—1750), van Aelst (1620—79) u. A. m.

Aus der sechsten Periode, welche als die des Rückgangs u. endlichen Verfalls der Kunst zu bezeichnen ist und bis zum Ende des 18. Jahrhunderts dauert, ist wenig zu erwähnen. Schon gegen Ende des 17. Jahrhunderts ist eine Abnahme an Kraft u. Originalität überall zu spüren. Die große M. war ganz verschwunden; überhaupt wurde die M. durch kleinliches Spiel mit der Arabeske und in Bezug auf Technik durch die verblasene Pastellmalerei abgeschwächt. Zur Zeit der französischen Mätressenwirthschaft nahmen Unnatur u. Lüge in jeder Form überhand; Ziererei und Zopf traten an die Stelle des wahren Geschmacks. Namentlich sind in der M. die Schäferscenen und Parkspiele an der Tagesordnung, womit besonders Boucher (1704—70) großen Anklang fand. Erwähnenswerth sind noch Coypel (1661—1722), Ant. Watteau (1684 bis 1721), Vanloo (1684—1745), Nicol. Lancret (1690—1743) u. A. In Spanien gab es zwar noch einige Maler, wie Alonso de Tobar, Espinos (1721—84), doch sind dieselben ohne hervorragende Bedeutung. Nur in Deutschland, u. von hier aus angeregt auch hie und da in anderen Ländern, zeigen sich einige Maler, die gegen diese Verflachung und Entartung des französischen Geschmacks mit Ernst reagiren. Namentlich waren es Balthasar Denner in Hamburg (1681—1749), der gegen die Unnatur und frivole Künstelei des französischen Zopfgeschmacks durch Rückkehr zur Natur in seinen Porträts Opposition machte, und der talentvolle Eklektiker Christian Wilh. Ernst Dietrich aus Weimar (1712—74), welcher nach den verschiedensten Richtungen hin, in der Historie wie im Genre u. der Landschaft, den ernsten Styl der alten Meister mit ungemeiner Kräftigkeit u. Virtuosität nachahmte. Ferner sind zu nennen J. F. Weitsch (1723 bis 1803), J. Ph. Hackert (1738—88), Ferd. Kobell (1740—99) als tüchtige Landschafter; Elias Ridinger (1695—1767) als trefflicher Thier- u. Jagdmaler und Daniel Chodowiecki (1726—1801) als ausgezeichneter Charakterzeichner. Aus andern Ländern sind noch zu nennen Giuseppe Nogari in Venedig (1699—1763), Jos. Cano († 1784) in Spanien, Battista Tiepolo in Venedig (1693 bis 1770), Chardier in Paris (1699—1779) und J. Bapt. Greuze (1725—1805) und Longhi aus Venedig (1702—85); nach einer andern, mehr historischen Richtung hin Joseph Vernet aus Avignon (1712—89). Als einzelne künstlerische Talente sind zu bemerken die Vedutenmaler Antonio Canale in Dresden, aus Venedig (1697—1768), u. sein Schüler Bellotto, genannt Canaletto (1724—80), u. A.

In der siebenten Periode beginnt die bereits in den oben genannten Künstlern wirkende Reaktion gegen den französischen Ungeschmack eine festere Gestalt und durch Vertiefung in den Inhalt der alten Meisterwerke, namentlich auch durch die historisch-kritischen Studien Winckelmanns und Lessings angeregt und durch das Studium der in den Gallerien zu Dresden und Paris, sowie im Museum Clementinum zu Rom gesammelten Werke geläutert, ein klareres Bewußtsein über die wahren Ziele der Kunst zu gewinnen. Die neu beginnende Uebergangsepoche zur modernen M. ist eine der lehrreichsten u. interessantesten Entwickelungsphasen der Kunstgeschichte. Ihre wesentliche Bedeutung besteht in der Reaktion gegen die Inhaltslosigkeit und formale Unnatur des 17. und 18. Jahrhunderts. Das Gefühl des Abscheu's, welches sich allmählig gegen die Verschrobenheit des Zopfes in den Gemüthern festsetzte, u. welches durch die kritischen Bestrebungen Winckelmanns und Lessings zur Erkenntniß der Ursachen des allgemeinen Verderbnisses gelangte, mußte nothwendig dahin führen, auf die früheren großen Epochen der Kunst zurückzugreifen, namentlich auf die Antike und dann weiterhin auf die Kunst des 15. und 16. Jahrhunderts. Diese beiden Reaktionsbestrebungen, welche naturgemäß auf einander folgten, sind nämlich bestimmt von einander zu trennen, und gleichwohl sind sie durch einander bedingt. Bereits hatte Raphael Mengs (1728—79) sich theils die Antike, theils Raphael zum Muster genommen;

allein er war kein originaler Geist, welcher eine wirkliche Regeneration der Kunst anzubahnen im Stande gewesen. Seinen Bestrebungen schließen sich an J. H. Tischbein (1722—89), Bernh. Rode (1725 bis 1797), Anton Graff (1736—1813) u. Angelika Kauffmann (1742—1807). Allein eine bestimmte Richtung, eine streng auf die Idee gerichtete Tendenz ist in ihnen noch nicht zu erkennen. Anders gestaltete sich die Sache, als die französische Revolution durch ihren antikisirenden Formalismus auch der Kunst einen Anstoß und Stoff gab, denselben Weg einzuschlagen, obgleich selbst in dieser republikanischen Strenge der Form ein gut Stück Manier und Koketterie zum Vorschein kam. Der Begründer dieser sogenannten klassischen Schule der französischen M. ist Jacques Louis David (1749—1825). Aber schon seine Schüler zeigten, daß dieser Klassicismus nur ein Spiel mit antiken Formen war, dem jedes neuere Leben, jede organische Wahrheit fehlte. Unter seinen Schülern und Nebenbuhlern sind zu nennen Jean Gros (1771—1835), Louis Girardet (1767—1825), Guerin (1774—1833), J. Mery Blondel (1781). Aeußerer Pomp und nüchterne Gespreiztheit galten dieser Schule für antike Strenge und Klassicität, theatralische Effekthascherei für dramatische Kraft. Indessen liegt immerhin ein gegen die frühere Schwächlichkeit und Trivialität abstechender anerkennenswerther Zug von Großartigkeit schon in der Wahl ihrer Motive. Auch in andern Ländern fand die Schule Adepten; in den Niederlanden J. Palinck (1781—1825) u. A., in Italien A. Appiani (1745—1818), Camuccini (1773—1841) u. A. Ganz anders gestaltete sich die Entwickelung der M. in Deutschland. Unberührt von dem hohlen Pathos des französischen Klassicismus richtete sich der deutsche Klassicismus auf den lebendigen Inhalt der Antike selbst und erfüllte sich damit in einer keineswegs bloß äußerlichen Weise. Der Hauptvertreter dieser Richtung ist Asmus Carstens (1754 bis 1798), ein Künstler von tiefstem Schönheitsgefühl und idealem Schwung der Begeisterung, dessen Kompositionen von wahrhaft antikem Geist erfüllt sind. Ihm schließen sich an, u. zwar in Rom, wo sich ein ganzer Kreis von deutschen Künstlern bildete, die alle in demselben antiken Geist komponirten, Eberhardt von Wächter (1762—1852), Heinrich Füßli (1742—1824), Ant. Jos. Koch (1768—1839). Außerdem sind zu nennen H. Wilh. Tischbein der Jüngere (1751—1829), Fr. Georg Weitsch d. J. (1758—1828), von Kügelgen (1772—1820), Aug. Hartmann (1774—1824), Franz Catel (1778—1856) und Gottlieb Schick (1779—1816). Indessen blieb das Interesse der Nation diesen antikisirenden Bestrebungen, welche im Grunde auf einem Mißverständniß der winckelmannschen Forschungen beruhten, fremd, weil sie abstrakt waren. Statt das in der Antike lebende Schönheitsgefühl durch eine originale Neugestaltung des künstlerischen Lebens fruchtbar für die Gegenwart u. ihre Forderungen zu machen, lehnten sich jene Meister an fertige Formen und Ideen an, deren Berechtigung einer 2000 Jahre zurückliegenden Zeit angehörte. Ja bis in die neueste Zeit hinein pflanzt sich das Mißverständniß fort, wie denn Genelli in Weimar als der unmittelbare Nachfolger von Carstens angesehen werden kann. Es war daher erklärlich und nothwendig, daß gegen diese antikisirende Richtung als gegen eine antiquirte sich im Schooße des Kunstlebens selbst eine Opposition entwickelte. Nicht auf die Antike und deren Ideal, sondern auf das Mittelalter, besonders aber auf die christlich-religiöse M. des 15. und 16. Jahrhunderts müsse man zurückgreifen, denn darin sei das Höchste der nationalen Kunst erreicht worden. Peter von Cornelius, der in seinen Kompositionen zum trojanischen Krieg selbst in der Antike stand, aber schon hier eine ganz andere Auffassung zeigte als die mehr schematische der Klassicisten, gab mit Fr. Overbeck den Anstoß zu der neueren Richtung. Ihm schlossen sich die beiden Riepenhausen, Ph. Veit, Wilhelm Schadow u. A. an, welche in Rom einen gewaltig schöpferischen Kreis von Künstlern bildeten und in der Villa Massimi und andern Orten großartige M.en mit Motiven aus dem Alten und Neuen Testament ausführten, worin sich eine edle Größe des Styls und eine große Innigkeit der Empfindung offenbaren. Allein wenn auch die große Zeit der Cinquecentisten uns näher liegt als die Antike, welche ohnehin keine Motive für die M. darbietet, da die ihrer Anschauung zu Grunde liegende Form wesentlich plastischer Natur ist, so war doch auch in dieser cornelius-overbeckschen Richtung das Mißverständniß enthalten, als ob die religiöse M, welche sich in der Kulminationsepoche des 15. und 16. Jahrhunderts erschöpft hatte, von Neuem zu einem mehr künstlichen als künstlerischen Leben erweckt werden könnte. Etwas aber war doch damit gewonnen, was für die Entwickelung der modernen Kunst einen positiven Anhaltpunkt darbot, das Gefühl des Romantischen, dessen poetischer Funke jener großen Periode der M. immanent und so zu sagen darin latent war, nun aber als künstlerisches Objekt ins Bewußtsein trat. So schied sich nun aus dieser cornelius-overbeckschen Richtung die Romantik aus, der gegenüber der religiöse Rest als besondere Richtung unter dem Titel des Nazarenerthums noch in einzelnen Repräsentanten, wie den beiden Müller und Deger in Düsseldorf, Führich in Wien, Pfannenschmidt in Berlin etc., fortvegetirt, zum größten Theil aber in kleinliche Empfindelei und sentimentale Schwächlichkeit ausgeartet ist. Ehe wir zu der der neuesten Periode angehörigen romantischen Schule übergehen, müssen wir zuvor einen Blick auf die M. in den andern Ländern werfen. England blieb in allen Gebieten der Kunst sehr lange außerhalb einer Entwickelung. In früherer Zeit wurden fremde Künstler, wie Holbein, Rubens, Vandyck u. A., an den englischen Hof berufen. Erst unter der Regierung Karls II. werden einige Porträtisten genannt, wie Will. Dodson (1610—47), Jameson (1586 bis 1642), später Gibson (1615—90), Wright, Cooper u. A., welche sämmtlich im niederländischen Styl arbeiteten. Bedeutender war Kneller aus Lübeck (1648—1723), an den sich Jonathan Richardson (1665—1745) anschließt. Zu Anfang des 18. Jahrhunderts treten noch auf Thornhill (1678—1739) in Nachahmung der französischen M. u. Jos. Highmore (1700—80). Der erste wahrhaft originelle Künstler Englands aber ist in dieser Zeit Hogarth (1697—1764), dessen abstrakter Humor freilich in seinen satirischen Karrikaturen so viel Absichtlichkeit und moralische Tendenzpointirung zur Schau trägt, daß das künstlerische Element darin fast erstickt wird. Er hat zahlreiche, aber meist geistlose Nachahmer gefunden, jedoch keine eigentliche Schule gebildet. Wenn man heute von einer englischen Malerschule im nationalen Sinne sprechen kann, so ist als Begründer derselben Josua Reynolds (1723—92) zu betrachten, welcher namentlich das Kolorit zu großer Klarheit und Lokalwahrheit ausbildete. Ihm steht Benjamin West (1738 bis 1820) ebenbürtig zur Seite, neben welchem noch zu nennen sind James Barry (1741—1806), John Opie (1761—1807), Northcote, Stothart, Westall u. A. Da die in die neueste Periode fallenden Maler durchaus die Richtung ihrer Vorgänger innehielten und bei ihnen nicht wie in Deutschland, Frankreich und Belgien eine Krisis der Entwickelung Statt findet, so mögen die Namen der bedeutenderen Künstler der letzten vier Decennien hier sogleich Platz finden. Es sind Thom. Lawrence (1769—1830), Jackson, Davis als Porträtisten; Archer See, Howard, Charles Eastlake als Historienmaler, besonders aber Daniel Wilkie, das Haupt der englischen Genremalerei, welcher Naturwahrheit mit feinem Humor verbindet. Neben ihm sind zu nennen Leslie, Landseer, Mulready und als Karrikaturenzeichner Cruikshank. In der Landschaft zeichneten sich aus Gainsborough (1727—88), welchem Teruer, Calcott, Stonfield, Fielding, Prout u. A. folgten. In Italien ist der Einfluß des davidschen Klassicismus ebenfalls maßgebend, namentlich in den Werken Appiani's und seiner Schule; ihm gegenüber gibt es zwar eine Schule der Puristen, welche sich zum Theil an das Vorbild der alten Meister anlehnen, allein einen großen Aufschwung hat die national-italienische M. nicht genommen. Bemerkenswerth sind: Santi, Schiavoni und Liparini in Venedig, Camuccini, Agricola, Minardi u. A. in Rom. In Spanien ist das Verhältniß zum Klassicismus ein ähnliches. Bedeutendes ist nicht hervorzuheben. Als Porträtmaler sind zu erwähnen Esquivel, als Landschafter Perez und Villamil, als Historienmaler Carberera, Cavanna u. A.

Die achte Periode der M. umfaßt nur die neuesten modernen Richtungen derselben. Nachdem sich aus der heroisch-christlichen Reaktion der cornelius-overbeckschen Richtung gegen den abstrakten Klassicismus der davidschen Schule und gegen die Verflachung der Kunst überhaupt der Gegensatz des Romanticismus und des Nazarenismus, zweier Elemente, die beide in jener Richtung vereinigt sind, entwickelt hatte, bildete sich der erstere nach allen Gebieten der M. hin weiter aus, während der zweite in demselben Geleise blieb und bis auf den heutigen Tag in seinen verschiedenen Vertretern (s. oben) geblieben ist. Der Romanticismus, äußerlich gefördert durch das Studium der namentlich seitens der Gebrüder Boisserée angelegten Sammlungen, sowie durch die lebendige, stets rege Theilnahme des Königs Ludwig I. von Bayern, entwickelte sich dagegen mit frischer Lebenskraft. Namentlich pflegten ihn Düsseldorf, um dessen Kunstschule sich Wilhelm Schadow große Verdienste erworben, sodann Wien unter Führich u. Dresden unter Schnorr von Carolsfeld, während in Berlin durch Gottfr. Schadow theils eine strengere akademische Richtung innegehalten wurde, theils in dem allgemeinen Kunstleben ein gewisser Eklekticismus die Bildung einer eigentlichen Schule verhinderte. In München dagegen, wo Cornelius arbeitete, blieb sein Einfluß so lange vorherrschend, bis Kaulbach an seine Stelle trat, obschon dieser auf die Richtung der münchener Schule durchaus keinen Einfluß gewonnen hat. Der Begründer der romantischen Schule in Düsseldorf ist Karl Fr. Lessing, und zwar sowohl in der Historie, wie im Genre und in der Landschaft. Ihm schlossen sich an Theodor Hildebrandt, Karl Sohn u. A., ferner Ed. Bendemann und J. Hübner in Dresden und später Emanuel Leutze, sowie auch einige untergeordnetere Talente in Berlin, wie Stilke, Steinbrück, Nerenz, Pistorius &c. Allein die Romantik verflachte sich in diesen bald zu weichlicher Sentimentalität, bis den „trauernden Königspaaren", „trauernden Räubern" &c. gegenüber der geniale Ad. Schrödter seine „trauernden Lohgerber" malte und damit dieser ganzen traurigen Richtung ein Ende machte. Es kam nun ein frischeres Leben in die düsseldorfer M. Lessing freilich hatte seine lebenstiefe und lebenswahre Stellung behauptet und nie an jener Abschwächung des romantischen Geistes Theil genommen. Seine historischen Darstellungen aus dem Leben Huß', sowie seine tiefempfundenen Landschaften bleiben Meisterwerke für alle Zeiten. Neben ihm konnte der Humor sehr wohl bestehen, welcher sich in Ad. Schrödters Donquixotebildern offenbarte. Das neue Geschlecht war indessen herangewachsen. Rudolf Jordans, des genialen Fischergenremalers, Beispiel reizte zur Nacheiferung, es bildeten sich Talente wie Tidemand u. A., denen sich neuerdings eine ganze Reihe der ausgezeichnetsten Genremaler, wie Hiddemann, Salentin Vautier &c., anschließt. Auch in der Landschaft entwickelte sich die Schule zu hoher Blüthe. Neben Lessing war es besonders Joh. Wilh. Schirmer, welcher die Landschaft in tieferer Weise faßte, jener als Stimmungs-, dieser als Styllandschaft. Beide hatten viele Nachfolger, wie Scheurer, A. Weber, And. Achenbach, Kalkreuth, Leu u. A., und neben ihnen entwickelte sich eine dritte Form, die realistische Landschaft, welche durch Osw. Achenbach, Gude und deren Nachfolger, Flamm &c., vertreten ist und auch in andern Kunststädten Nacheiferung fand. In München blieb, wie bemerkt, die eigentliche Schule von dem Einfluß von Cornelius und Kaulbach unberührt. Die Historienmalerei fand in Karl Rahl, der später nach Wien übersiedelte, und darauf in Piloty würdige Repräsentanten, das Genre in Flüggen u. A., die Landschaftsmalerei zunächst in dem streng stylisirenden Karl Rottmann, sodann in Alb. und Rich. Zimmermann, Schleich u. A. Was Kaulbach und seine symbolisch-historische Richtung betrifft, welche besonders in den Wandgemälden der Pinakothek und den Fresken des Treppenhauses im Neuen Museum zu Berlin zur Geltung kam, so ist ihm ein bedeutendes Talent u. Sicherheitsgefühl nicht abzusprechen, allein seine kompositionellen Ziele liegen über die Grenzen der M. hinaus, da sie sich in abstrakten, philosophischen Kombinationen bewegen. Dresden, welches als Zweigschule Düsseldorfs betrachtet werden kann, zählt Schnorr von Carolsfeld, Hübner und Bendemann (jetzt Direktor in Düsseldorf) zu seinen Hauptvertretern, Wien außer Führich noch Kupelwieser, Rahl, Gauermann, Waldmüller, sowie eine Menge neuaufstrebender Talente; Berlin in der Historienmalerei Schrader und Ad. Menzel, welcher seine historischen Motive sehr genrehaft behandelt, in der Genremalerei Fr. Ed. Meyerheim, Meyer von Bremen, Knaus, Karl Becker, Hosemann u. eine Menge Anderer, in der Landschaft W. Schirmer, Karl Blecher, Biermann, Elsasser, Ed. Hildebrandt, Ch. Hoguet, Pape, Spangenberg &c., im Porträt Karl Begas, Ed. Magnus, Gustav Richter, Oskar Begas, in der Thiermalerei Fr. Krüger, K. Steffeck, Fr. Meyerheim &c. Außerdem sind noch die Landschafter Preller in Weimar, Kauffmann und Ruths in Homburg, Behrendsen und der Historienmaler Rosenfelder in Königsberg &c. zu nennen. Seit einigen Jahren sind neben den Kunstschulen in München, Düsseldorf, Berlin, Wien, Dresden &c. noch in Weimar und Karlsruhe dergleichen entstanden, die sich zum Theil aus hervorragenderen Mitgliedern der älteren Schulen (Lessing, Schirmer, Gude in Karlsruhe, Kalkreuth, Genelli in Weimar), theils aus dem Auslande rekrutirten. In Summa kann man sagen, daß die heutige deutsche M., obwohl sie in Umfang und technischem Können einen gewaltigen Aufschwung genommen, doch sich in sofern in einer Uebergangsepoche befindet, als der tiefere Ernst und die Begeisterung für den ideellen Inhalt der Kunst noch nicht zum Durchbruch gekommen sind, sondern sich fast das ganze Streben auf Bewältigung der technischen Mittel richtet. Diese Tendenz hat der M. im Allgemeinen das Gepräge einer gewissen Virtuosität verliehen, von dem sie sich erst wieder zu befreien hat, um für die tiefere ideelle Auffassung empfänglich zu werden. In Frankreich begann die Reaktion gegen den abstrakten Klassicismus der davidschen Schule mit Ingres, welcher Strenge des Styls als Haupterforderniß der Komposition hinstellte. Ihm schlossen sich Hippolyt Flandrin u. A. an. Nach der Seite des Realismus hin reagirten Horace Vernet, einer der bedeutendsten Maler Frankreichs, und Leopold Robert, ein ausgezeichneter Genremaler. Daneben traten Géricault und dessen Schüler Eugène Delacroix, Ary Scheffer († 1858), der sich mehr der deutschen Romantik zuneigte, Delaroche († 1856), Decamps, Hébert, Rob. Fleury, Coignet &c. auf. Als Landschafter zeichneten sich aus Watelet, Gudin, Calame (in Genf), Rousseau, Isabey, Lepoitevin u. A.; als Thiermaler Troyon, Rosa Bonheur. Verwandt mit der französischen Schule ist die belgische Schule, aus welcher zu nennen sind Wappers, de Bièfve, Gallait, de Keyser, Leys, welcher in der Manier der alten deutschen Meister malt, der Architekturmaler Bossuet u. A. Die holländische Schule hat sich an ihre Vorgänger angeschlossen u. leistet namentlich in der Landschaft, Marine- u. Thiermalerei Bedeutendes; zu nennen sind: Schelfhout, Schotel, Verboeckhoven &c. In Dänemark sind nur einzelne Maler ohne originelle Richtung zu erwähnen, wie Schleisner, Kierskow, Elisabeth Jerichau, Melby u. A.; ebenso in Norwegen u. Schweden, wie Breda, Hörberg, Sandberg, Södermark &c. Auch in Rußland gibt es einzelne Maler, wie Aiwasowsky. In Amerika steht die M. noch auf einem niederen Standpunkt; der Realismus und wohlfeile Effekthascherei herrschen vor. Vor einigen Jahren ist Emanuel Leutze von Düsseldorf nach Amerika übergesiedelt und hat dort eine Schule gebildet.

Literatur: Die ideelle Seite der M. ist in den zahlreichen, über die Theorie der M. handelnden Werken so gut wie gar nicht berücksichtigt. Die von uns gegebenen Grundzüge sind hier zum ersten Male angedeutet. Was die Geschichte der M. betrifft, so existiren über die Gesammtgeschichte mehre Werke, namentlich Fiorillo's „Geschichte der zeichnenden Künste &c." (Göttingen 1798—1808, 5 Bde.), besonders aber Kuglers „Handbuch der Geschichte der M." (Berl. 1837, 2 Bde.; 2. Aufl. von Burckhardt 1847). Detail- u. Einzelgeschichten sind vorhanden von Unger, Hotho, Waagen, Passavant &c. Ueber alte (antike) M. handeln Junius, De pictura veterum (Rotterdam 1694), Durand, Histoire de la peinture ancienne (London 1725), Turnbull, Treatise on ancient picture (das. 1740), Requeno, Saggi sul ristabilmento dell' antica arte de' Greci e dei Romani pittori (Parma 1787, 2 Bde.), Bötticher, Ideen zur Archäologie der M. (Bd. 1, Dresden 1811). Von deutscher und niederländischer M. handeln Förster, Geschichte der deutschen Kunst (Leipzig 1851—55, 3 Bde.), Hotho, Geschichte der deutschen und niederländischen M. (Berlin 1842—43), Graf Raczynski, Geschichte der neueren deutschen Kunst (das. 1836 bis 1841), Springer, Geschichte der bildenden Künste im 19. Jahrhundert (Leipz. 1858), Hagen, Die deutsche Kunst in unserm Jahrhundert (Berlin 1857, 2 Bde.); von italienischer M. Lanzi, Storia pittorica della Italia (Bass. 1815, 6 Bde.), Rosini, Storia della pittura italiana (2. Aufl., Pisa 1848—52, 7 Bde.); von der M. in Spanien Passavant, Die christliche Kunst in Spanien (Leipzig 1853). Was endlich die sogenannte Theorie der M. betrifft, welche sich aber lediglich auf die Technik bezieht, so sind schon von Leonardo da Vinci u. Raph. Mengs verschiedene Arbeiten darüber vorhanden; ferner von Watelet, Richardson, Lanzi, Rumohr u. A.

Malerfarben, diejenigen Substanzen, vermittelst deren die Maler die den Gegenständen ihrer Darstellung eigenthümliche Färbung wiedergeben. Sie sind verschieden, wie die Malerei selbst, denn jede Gattung der Malerei erfordert ihre eigenen Farben. Das Alterthum hielt bis auf Apelles die sogenannten vier Farben fest, welche als ebenso viele Hauptmateriale durch ihre Mischungsverhältnisse der Mannichfaltigkeit fähig waren. Diese Farben, strenge Farben (austeri colores) genannt, waren Weiß, eine Erde aus Melas, Roth, eine Erde aus Kappadocien, Gelb aus asiatischen Silberbergwerken und Schwarz aus verbrannten Pflanzen, z. B. Weintrebern. Später kamen daneben glänzendere Farben (floridi colores) auf, wie das Grün aus Kupferbergwerken, der Saft der Purpurschnecke, Indigo, die blaue Smalte (caeruleum) &c. Man brauchte diese Farben in Wasser aufgelöst mit einem Zusatz von Leim und Gummi. Die enkaustische Malerei ward mit Wachsfarben zu Stande gebracht. Bei der Vasenmalerei kam am meisten jene schwarzbraune, aus Eisenoxyd bereitete Farbe zur Anwendung. Vergl. Knirim, Die endlich entdeckte wahre Malertechnik des Alterthums und Mittelalters, Leipzig 1845. Die Farbstoffe, welche heut zu Tage im Allgemeinen in der Malerei Anwendung finden, liefern alle drei Naturreiche, s. Mineralfarben, Lasirfarben, Deckfarben und Pigmente. Ueber die zu den verschiedenen Arten der Malerei tauglichen Farben s. Freskomalerei, Glasmalerei, Oelmalerei und Porzellan (Porzellanmalerei), sowie die einzelnen Farben.

Malerisch, s. Pittoresk.

Malerkolik, s. v. a. Bleikolik.

Malerscheibe, s. Palette.

Malerschule, die Abtheilung für Malunterricht auf den Kunstschulen; eine Privatanstalt zum Unterricht für angehende Maler (Atelier); eine Anzahl von Künstlern, die dem Styl und der Richtung eines bestimmten Meisters sich anschließen und dieselbe ausbilden und fortpflanzen; ein ohne einen bestimmten Meister an einen bestimmten Ort gebundener Verein von Malern, deren Richtung ein bestimmtes Gepräge trägt.

Malerstaffelei, Sternbild am südlichen Himmel, zwischen dem Schwertfisch, fliegenden Fisch, Schiff, Taube, Grabstichel und der astronomischen Uhr, einen Stern 4., die übrigen 5. u. 6. Größe enthaltend.

Malesherbes, Chrétien Guillaume de Lamoignon de, Minister und Vertheidiger Ludwigs XVI. von Frankreich, am 6. December 1721 zu Paris geboren, wurde in einem Jesuitenkollegium erzogen, ward im 24. Jahre Parlamentsrath und 1750 Präsident bei der Steuerkammer, in welcher Stellung er Freimüthigkeit und Gerechtigkeitsliebe bekundete. Da er 1771 in einem öffentlichen Sendschreiben an Ludwig XV. um die Einberufung der Generalstaaten bat, wurde er auf seine Güter verbannt, erhielt jedoch unter Ludwig XVI. seine Stelle wieder und erhob nun um so lauter seine Stimme für Einberufung der Reichsstände und durchgreifende Reformen im Staatshaushalt. Im Jahre 1775 mit dem Ministerium des Innern betraut, versuchte er mit dem Finanzminister Turgot Beseitigung vieler Uebelstände durch Einführung gleicher Besteuerung, freien Handels und freier Gewerbe, nahm jedoch, als in Folge des von den dadurch Verletzten hervorgerufenen, unter dem Namen des Mehlkrieges bekannten Aufstandes Turgot seine Entlassung erhielt, schon am 12. Mai 1776 seinen Abschied und widmete nun seine Muße naturhistorischen Studien. Im Jahre 1787 ward er zwar wieder in den Staatsrath berufen, trat jedoch bald wieder aus demselben, da seine Vorschläge wenig Gehör fanden. Nach dem Ausbruch der Revolution ermahnte er die Nationalversammlung zu Mäßigung und den König zu Nationalsinn und Festigkeit. In dem Prozeß des letzteren erbot sich M. unaufgefordert zu seinem Vertheidiger und führte binnen 8 Tagen mit zwei vom König gewählten Gehülfen die Arbeit aus, die sämmtlichen Anklagepunkte und darauf bezüglichen Aktenstücke zu untersuchen und zu ordnen, sich mit dem Angeklagten darüber zu besprechen und darauf eine Vertheidigung zu gründen. Als der Konvent gleichwohl das Todesurtheil aussprach, erschien M. am 19. Januar 1793 nochmals vor den Schranken des Konvents und beschwor die Versammlung unter Thränen, vor der Vollziehung des Urtheils die Zustimmung der Nation einzuholen. Als alle Bemühung vergebens war, kehrte er auf seinen Landsitz zurück. Im December 1793 wurde er mit seiner ganzen Familie angeklagt, sich in eine Verschwörung gegen die Republik eingelassen zu haben, und am 22. April 1794 guillotinirt. Ludwig XVIII. ließ ihm 1826 im Justizpalaste zu Paris ein Denkmal setzen. Von M.' zahlreichen Schriften über Landbau, Botanik und Politik sind später mehre herausgegeben worden. Sein Leben beschrieb Dubois (3. Aufl., Paris 1806), Gaillard (das. 1805) und Boissy d'Anglas (das. 1818, 2 Bde.).

Malfilâtre, Jacques Charles Louis de Clinchamp de, französischer Dichter, geboren am 8. Oktober 1732 zu Caen, wurde im Jesuitenkollegium seiner Vaterstadt erzogen, machte sich zuerst durch seine Ode „Le soleil fixe au milieu des planètes“ bekannt und lebte meist in Paris, wo er am 6. März 1767 in großer Dürftigkeit †. Unter seinen lyrischen Gedichten zeichnet sich besonders „Narcisse dans l'île de Venus“ (Paris 1769; neue Ausgabe, mit Einleitung von Fontanes, 1790) durch reine, gewählte und wohltönende Sprache aus. Dasselbe gilt von seiner Uebersetzung der „Georgica“ des Virgil (neue Auflage, unter dem Titel „Le Génie de Virgile“, Paris 1810) und von Ovids Metamorphosen. Seine „Oeuvres choisies“ gab Auger (Paris 1805) heraus.

Malghera, Fort an den Lagunen von Venedig und der Eisenbahn, ward vom 4.—27. Mai 1849 von den Oesterreichern bombardirt.

Malgue, la, starkes Fort auf der Rhede von Toulon, 1848 auf kurze Zeit Aufenthaltsort Abd-el-Kaders und 1849 Cabrero's. Der daselbst wachsende rothe Malguewein gilt als magenstärkend.

Malherbe, François de, französischer Dichter, geboren 1555 zu Caen, studirte in seiner Vaterstadt, in Heidelberg und Basel die Rechte und ließ sich sodann in Aix in der Provence nieder. Obgleich er als eifriger Katholik unter der Ligue gedient hatte, nahm er doch von Heinrich IV. eine Kammerherrnstelle an mit einem bedeutenden Gehalt. Er † am 16. Okt. 1628 zu Paris. Sind auch seine Gedichte, Oden, Psalmen, Sonette und Sinngedichte nicht gerade reich an Gedanken, so wird er doch wegen seiner Verdienste um die Reinheit und den Rhythmus der französischen Sprache als der Schöpfer der klassischen französischen Poesie betrachtet. Die besten Ausgaben seiner „Oeuvres“ sind die von Lefèbre de St. Marc (Paris 1764, 4 Bde.) und von Didot (das. 1797). Vergl. Gournay, M., sa vie et ses oeuvres (Par. 1852).

Malibran, Maria Felicita, auch unter dem Namen Malibran-Garcia-Bériot bekannt, berühmte Sängerin, den 24. März 1808 zu Paris geboren, erhielt von ihrem an der großen Oper daselbst angestellten Vater, dem spanischen Tenoristen Manuel Garcia, ihre künstlerische Ausbildung und trat zuerst bei einem Musikfest in York auf, wo sie in den Gesängen Händels und Haydns gleich großen Beifall errang, als in der dramatischen Musik Mozart und Rossini's. Im Jahre 1825 ging sie mit ihrem Vater nach Newyork, wo derselbe eine italienische Oper gründen wollte. Das Unternehmen scheiterte jedoch, und Maria verheirathete sich dort mit einem alten reichen französischen Kaufmann, Namens M. Da dieser bald darauf bankerott ward, betrat sie die Bühne wieder und trennte sich endlich ganz von ihrem Manne, kehrte nach Europa zurück und trat Anfangs 1828 in Paris zum ersten Male in Rossini's „Semiramis" auf. Sie ward darauf bei der italienischen Oper engagirt und wußte ihren Ruf immer mehr zu befestigen; auch in London und Paris, in Neapel und Wien, in Mailand und Venedig erregte sie gleichen Enthusiasmus. Von den ungeheuern Summen, die sie erwarb, machte sie verschwenderisch-wohlthätigen Gebrauch. In den Jahren 1833—35 reiste sie mit Bériot, mit dem sie 1836 in Paris die zweite Ehe schloß, und begab sich im Frühjahre 1836 nach London. Sie † den 23. September 1836 zu Manchester. Ein Denkmal ward ihr 1838 in Brüssel errichtet. M. war eine der größten dramatischen Sängerinnen der neuern Zeit. Ihre Kunstfertigkeit war eminent und noch eminenter die Genialität, mit der sie jene in den verschiedenen Genres walten ließ. Jeden Styl, jeden Charakter machte sie sich unterthan; sie konnte eben so tief tragisch sein, wie sie durch Naivetät, Anmuth und Schalkhaftigkeit zu entzücken verstand, und die energischste Leidenschaftlichkeit stand ihr nicht weniger zu Gebote als die rührendste Sentimentalität. Auf der Bühne unterstützten sie reizende Persönlichkeit und meisterhafte Aktion in gleich hohem Grade; ihr durch und durch musikalisches Wesen aber und ihre feinste Meisterschaft kamen in den Koncerten am meisten zur Anschauung. Dabei ist zu bemerken, daß ihr Organ keineswegs von erster und untadelhafter Schönheit war; das Medium ihrer Stimme war sogar dumpf und unegal, dagegen an Umfang ihre Stimme so groß, daß sie Alt- wie hohe Sopranpartien durchzuführen vermochte.

Malkontenten (v. Franz.), Bezeichnung mißvergnügter Unterthanen überhaupt, besonders Name der mit der österreichischen Regierung unzufriedenen Partei in Ungarn unter Leopold I., Joseph I. und Karl VI. und der mit der Pacifikation von Gent 1576 unzufriedenen katholischen Bewohner der belgischen Provinzen Artois, Hennegau u. eines Theils von Flandern, welche gegen die zum Protestantismus übergetretenen Genter die Waffen ergriffen (1577 bis 1578).

Mall (Mahl), schablonenartiges Muster von dünnen Bretern, wonach die verschiedenen Formen der zum Bau eines Schiffs erforderlichen Holzstücke vorgezeichnet (Mallenzeichnung) und ausgearbeitet werden.

Malle (franz.), Reisekoffer, Felleisen.

Malleolus (lat.), Hämmerchen; junger Zweig eines Baumes oder Weinstocks (Rebschoß), der abgeschnitten worden ist, um in die Erde gepflanzt zu werden; der Knöchel am Schien- und Wadenbein; daher Malleolarbänder s. v. a. Knöchelbänder.

Mallepost, s. v. a. Brief- oder Felleisenpost.

Mallet, Claude François de, französischer General, geboren den 28. Juni 1754 zu Dôle in der Franche-Comté, trat 16 Jahre alt in die Leibgarde, stellte sich nach dem Ausbruch der Revolution in seiner Heimat an die Spitze der dort gebildeten Nationalgarde, kam später zu der Rheinarmee als Hauptmann, avancirte 1793 zum Generaladjutanten u. ward 1799 als Brigadegeneral zur Alpenarmee versetzt. Er focht unter Masséna mit Auszeichnung in Italien und ward 1805 Gouverneur von Pavia, erhielt aber wegen seiner republikanischen Grundsätze bald den Abschied und ward sogar wegen Theilnahme an mehren Komploten der Republikaner 1808 gefänglich eingezogen. Auf die weite Entfernung Napoleons I. in Rußland seine Hoffnung setzend, faßte er 1812 mit den Generälen Lahorie, früher Chef des Generalstabes Moreau's, und Guidal, und dem Abbé Lafon und anderen Staatsgefangenen den Plan, das Kaiserreich zu stürzen und die Republik wieder aufzurichten. Unter dem Vorgeben einer Krankheit ließ er sich in ein Krankenhaus bringen, entfloh von da in der Nacht vom 20. zum 21. Oktober 1812 und begab sich zu dem Obersten des 2. Regiments der pariser Nationalgarde, den er dadurch gewann, daß er ihm einredete, Napoleon sei den 7. Oktober in der Gegend von Moskau getödtet worden, und ihm ein untergeschobenes Dekret des interimistisch mit der Staatsverwaltung beauftragten Senats vorwies, worin M. zum Kommandanten von Paris ernannt ward. Auf gleiche Weise brachte er den Bataillonskommandanten Souillier, den Befehlshaber der 10. Kohorte, auf seine Seite und bewog denselben, das Stadthaus in M.s Namen zu besetzen. Auch den Präfekten von Paris, Grafen Frochot, überzeugte er von dem Tode des Kaisers. Darauf setzte er seine Genossen Guidal und Lahorie in Freiheit, u. während ersterer im Polizeigebäude den Polizeiminister Savary verhaftete und Lahorie an dessen Stelle setzte, begab er sich mit einem Haufen Bewaffneter zum Platzkommandanten Hullin u. schoß demselben, der sein Mißtrauen gegen die Kunde vom Tode Napoleons nicht verhehlte, eine Kugel durch den Leib. Auf diesen Schuß eilte der Adjutant Laborde herbei, und diesem gelang es, über M. u. dessen Genossen Herr zu werden. Schon am folgenden Tage wurden die Verschwornen vor ein Kriegsgericht gestellt und den 29. Oktober in der Ebene von Grenelle erschossen. Vgl. Lafon, Histoire de la conjuration de M., Par. 1814.

Mallet du Pan, Jacques, französischer Publicist, geboren 1749 zu Genf, erhielt durch die Vermittelung von Voltaire 1772 eine Anstellung zu Kassel als Professor der französischen Literatur, wandte sich aber schon nach einigen Monaten nach London, wo er sich bei der Redaktion der von Linguet herausgegebenen „Annales politiques" betheiligte. Im Jahre 1779 gründete er in Genf die periodische Schrift „Mémoires historiques, politiques et littéraires", sodann 1783 zu Paris mit dem Buchhändler Panckoucke das vielgelesene „Journal historique et politique"; dasselbe wurde 1788 mit dem „Mercure de France" vereinigt, u. M. übernahm die Redaktion des politischen Theils, die er in ächt konstitutionellem Geiste leitete. Während der Revolution vertrat sein Blatt die Sache des Königs gegen die Maßnahmen der Nationalversammlung, rügte die Unordnungen vom Juli und Oktober 1789 und bekämpfte unerschrocken die Revolution überhaupt. Im Mai 1792 ging er im Auftrag Ludwigs XVI. nach Frankfurt, um die deutschen Fürsten um eine Intervention in Frankreich zu ersuchen, doch wurden seine Bemühungen von den Ereignissen in Paris überholt. Als am 10. Aug. 1792 seine Wohnung zerstört und sein Journal verboten worden war, ging er nach Genf und von da nach Brüssel u. schrieb hier seine „Considération sur la révolution de France". Als die Franzosen Belgien besetzten, zog er sich nach Basel zurück, von wo aus er Berichte an die Höfe von

Wien, Berlin und London sandte. Wegen einiger Angriffe auf die Anordnungen Napoleons I. in Italien 1796 aus Basel verwiesen, begab er sich nach Zürich, später nach Freiburg im Breisgau u. 1799 nach London, wo er den „Mercure britannique" gründete. Er † zu Richmond am 11. Mai 1800.

Malleus (lat.), Hammer, Schlägel; s. Ohr.

Malleus maleficarum (lat.), s. v. a. Hexenhammer (s. Hexe).

Mallorca (Majorca), die größte der Balearen-inseln, liegt im mittelländischen Meere, ungefähr 20 Meilen von der spanischen Küste entfernt, zwischen 39° 20′ und 40° 5′ nördl. Br. und 2° 20′ u. 3° 20′ östl. L. von Greenwich und hat mit den beiden nahen Inseln Cabrera und Dragonera einen Flächenraum von 63,01 □Meilen mit 230,000 Einw. Die Insel bildet der Gestalt nach ein verschobenes Viereck, dessen Ecken im Nordwesten Kap Dragonera (mit vorgelagertem gleichnamigen Inselchen), gegen Nordosten Kap Formentor, südwestlich Kap Salinas und südöstlich Kap de Pera bilden. In die Westküste bringt der Golf von Palma, in die Ostküste Puerto menor und Puerto mayor ein. Die Ostküste hat auch einen Strandsee, der durch eine schmale Nehrung vom Meere geschieden ist. Das Innere der Insel umgürten zwei Bergzüge, von denen der im Norden die höhere ist. Ueber den 1800 F. hohen Kamm steigen einzelne Puigs (Piks) u. Sillas empor, z. B. die Silla de Torellas 4500 F., der Puig mayor 3450 F. hoch. Die Südkette erreicht nur 1650 F. Höhe im Puig Faruch. Zwischen den Ketten im Innern liegen weite Ebenen, welche, in Folge periodischer Regen überschwemmt, gutes Weideland abgeben. Bei Campos im Süden und bei Alcudia im Norden der Insel gibt es sumpfige Gegenden, welche gefährliches Sumpffieber erzeugen. Das Klima ist angenehm, der Winter mild, wenn auch mitunter stürmisch, und die Sommerhitze wird durch die Seeluft und das Gebirge gemäßigt. Der Boden zeichnet sich durch außerordentliche Fruchtbarkeit aus. Wald- und wilde Olivenbäume zieren die Bergabhänge, u. in den Thälern und flachen Landstrichen werden Getreide, Wein, Oliven und Südfrüchte in Ueberfluß gebaut. Besonders schön und fruchtbar ist das Thal von Soler mit prächtigen Orangen- und Citronenpflanzungen. Die Insel hat keinen Fluß von Bedeutung und ist im Allgemeinen schlecht bewässert. Der größte Fluß ist der Rierre, welcher bei Palma mündet, im Sommer ein fast trockenes Bett hat, aber in der Regenzeit stark anschwillt. Die Erzeugnisse der Landwirthschaft sind Weizen, Gerste und Hafer, Wein von vorzüglicher Güte, Olivenöl in großer Menge, Hopfen, Melonen, Orangen, Citronen, Mandeln, Datteln, Feigen, ferner Honig, Wolle, Hanf und Seide. Die Viehzucht liefert besonders Schafe, Ziegen, Esel und Maulesel, auch Rindvieh und Schweine, Federvieh und Wild, besonders Hasen, Kaninchen, Rebhühner, Schnepfen, Wachteln 2c. gibt es in Ueberfluß; dabei ist die Insel frei von Raubvögeln und giftigen Reptilien. Von Mineralien gibt es Granit, Porphyr, feinen Marmor von verschiedenen Farben, Sandsteine, Kalk, Salz in der Gegend von Campos. Die Bewohner beschäftigen sich nächst der Landwirthschaft und Viehzucht mit Weben von Leinenzeuchen, Seidenstoffen, Wollenwaaren, auch fertigen sie Tapeten und Korbwaaren aus Palmblättern u. treiben bedeutende Schifffahrt. Ausfuhrgegenstände sind Oel, frische und getrocknete Früchte, Wein, Branntwein, Käse u. Wollenwaaren, welche größtentheils nach Spanien, auch nach Sardinien, Malta, England, Holland, Frankreich und selbst nach Amerika gehen. Im Jahre 1860 belief sich der Werth der Einfuhr nach Palma auf $14^2/_3$ Millionen u. der der Ausfuhr von Palma auf $33^2/_3$ Mill. Realen. Die Bewohner sind bigott u. abergläubisch, aber gastfrei gegen Fremde, anhänglich an ihr Land und geben vortreffliche Soldaten und Matrosen ab. Die höheren und mittleren Klassen sprechen das kastilianische Spanisch, die niederen Klassen eine aus Kastilianischem, Katalonischem und Arabischem gemischte Mundart. Die Insel M. ward zuerst von den Phöniciern besiedelt und fiel dann zugleich mit Spanien in die Hände der Karthager und Römer. Im Jahre 123 v. Chr. wurde hier eine Kolonie von 3000 Römern von Spanien aus gegründet. Im Jahre 426 n. Chr. wurde die Insel von den Vandalen, 798 von den Arabern erobert. Nachdem aber 1299 König Jakob von Aragonien davon Besitz ergriffen, blieb sie mit Spanien vereinigt. Die Hauptstadt von M. ist Palma mit 43,000 Einw., andere Städte sind Manacor im Innern, Polenza an der Nordküste, Arta, Felanix, Soler, Campos, Santani, San Marcial, Banalbufar, Andraix (Andrache), Lluch Mayor.

Mallow, Marktflecken in der irischen Grafschaft Cork, am Blackwater und der cork-dubliner Eisenbahn, hat 5400 Einw. und besuchte Mineralquellen.

Malmaison, kleines Lustschloß im französischen Departement Seine und Oise, Arrondissement Versailles, $2^1/_2$ Stunden westlich von Paris, war anfangs ein einfacher Meierhof, Mala domus genannt, weil auf einem Platz stehend, wo die Normannen im 9. Jahrhundert gelandet waren, gehörte später dem Minister Richelieu u. wurde dann der Lieblingssitz der Kaiserin Josephine, die den Hof zu einer der reizendsten Anlagen in der Nähe von Paris umwandelte. Nach ihrem 1814 dort erfolgten Tode ging M. an ihren Sohn Eugen, Herzog von Leuchtenberg, über. Im Jahre 1815 wurde es von den Soldaten der Verbündeten größtentheils zerstört, und der prächtige Kunstschatz wanderte nach Petersburg. Im Jahre 1829 wurden endlich auch die Mobilien versteigert und von Engländern u. Freunden des Kaisers zu sehr hohen Preisen gekauft. Im Jahre 1842 brachte die Königin Maria Christine von Spanien M. käuflich an sich.

Malmedy, Kreisstadt in der preußischen Rheinprovinz, Regierungsbezirk Aachen, in einem wilden Bergkessel an der Warge, hat 2 katholische Kirchen, einen evangelischen Betsaal, ein Kloster der Töchter des heiligen Kreuzes, sehr bedeutende Gerbereien, die jährlich über 2 Millionen Pfund aller Sorten Leder liefern, Tuch-, Spitzen- u. Papierfabrikation, Woll-, Baumwoll- und Leinweberei, Leim- und Potaschesiederei und 3770 Einw. Die in der nächsten Umgebung der Stadt entspringenden Mineralquellen gehören zu den kräftigsten alkalisch-erdigen Eisenwässern Deutschlands und übertreffen durch ihren Reichthum an festen und flüchtigen Bestandtheilen die berühmten Eisenquellen zu Spaa. M. war früher eine reichsunmittelbare deutsche Benediktinermönchsabtei, die mit dem Fürstenthum Stablo und der Grafschaft Ligne unter einem Fürstabt stand, 675 von Remalcus, Bischof von Tongern, gegründet, verlor aber durch den lüneviller Frieden ihre Besitzungen an Frankreich, worauf dieselben 1815 theils an Preußen, theils an die Niederlande kamen.

Malmesbury, Stadt in der englischen Grafschaft Wiltshire, auf einer Anhöhe am Avon, mit Seidenfabrikation, Spitzenklöppelei und 2400 Einwohnern, Geburtsort des Philosophen Thomas Hobbes.

Malmesbury, 1) James Howard Harris, Graf von M., englischer Diplomat, den 9. April 1746 zu Salisbury geboren, Sohn des Sprachforschers James Harris, studirte zu Oxford u. Leyden, ward 1767 Legationssekretär in Madrid, 1771 Gesandter in Berlin, ging 1775 als bevollmächtigter Minister nach St. Petersburg, 1782 nach dem Haag u. 1793 wieder nach Deutschland, wo er die Heirath des Prinzen von Wales mit der Prinzessin Karoline von Braunschweig zu Stande brachte. In den Jahren 1796 und 1797 unterhandelte er erfolglos mit der französischen Republik in Paris u. Lille, mußte aber sodann wegen Taubheit der Diplomatie entsagen. Nachdem er schon 1788 zum Lord M. erhoben worden, erhielt er 1800 den Grafentitel. Er † den 21. Nov. 1820. Seine vom Folgenden herausgegebenen Memoiren (Diary and correspondence of James Harris, first Earl of M., London 1846, 2 Bde.) bieten für die Zeitgeschichte reichen Stoff.

2) James Howard Harris, Graf von M., britischer Staatsmann, am 26. März 1807 geboren, Enkel des Vorigen, heirathete 1830 die Tochter des Grafen von Tankerville und wurde Mitglied des Unterhauses. Nachdem er bisher den Titel eines Viscount Fitzharris geführt, folgte er 1841 seinem Vater als Graf von M. Um diese Zeit schloß er ein Freundschaftsbündniß mit dem als Verbannter in England lebenden Prinzen Ludwig Napoleon Bonaparte. In der literarischen und politischen Welt machte er sich besonders durch die Herausgabe der Denkwürdigkeiten seines Großvaters bekannt. Ein Anhänger der Protektionistenpartei, zeigte er sich doch in staatsmännischer Hinsicht ohne alle Erfahrung, als ihn Lord Derby bei Bildung seines Kabinets im Febr. 1852 zum Staatssekretär für das Auswärtige ernannte, und mußte schon im December desselben Jahres, bei Bildung des Ministeriums Aberdeen, dem Earl von Clarendon weichen. Seine Geschäftsführung hatte hauptsächlich Nachgiebigkeit gegen die fremden Regierungen gekennzeichnet. Im Toryministerium war er vom Febr. 1858 bis Juni 1859 abermals mit dem Ministerium des Aeußeren betraut. Im Oberhause gehörte M. stets zur Toryopposition.

Malmö (Malmöhuslän), schwedisches Län, umfaßt den südwestlichen, fruchtbarsten und bevölkertsten Theil der Landschaft Schonen am Kattegat, dem Oeresund und der Ostsee und enthält ein Areal von 85,25 QM. mit (1861) 284,430 Einw. Das Land bildet jetzt eine fast ganz waldlose Ebene, deren Bewohner außer dem sehr ergiebigen und rationell betriebenen Ackerbau u. der Viehzucht auch Fischerei und Schifffahrt treiben. Die Hauptstadt M., am Sund gelegen, ist gut gebaut, hat ein altes Schloß (Malmöhus), als einzigen Ueberrest der ehemaligen Befestigungen, 3 Kirchen und eine Kapelle, ein schönes Rathhaus mit dem großen Knutsaale, eine Navigationsschule, ein Theater, einen in der neuesten Zeit durch Kunst geschaffenen Hafen, an welchem auf ehemaligem Meeresboden der Bahnhof steht, lebhaften Handel und Industrie und 18,920 Einw. M. wird schon 1259 als Landungsstelle unter dem Namen Malmhauge, später als Malmöge oder Malmey (lat. Malmogia) erwähnt u. von den Deutschen im Mittelalter seiner Lage wegen oft genannt. Am 23. April 1523 wurde hier ein Friede zwischen den Dänen und Hanseaten u. ein Waffenstillstand der Dänen mit Gustav Wasa von Schweden geschlossen. Im 17. u. 18. Jahrhundert wurde M. von den Dänen öfters belagert und am 26. Aug. 1848 daselbst ein Waffenstillstand zwischen Dänemark und Preußen auf 7 Monate geschlossen.

Malo, St., befestigte Seestadt im französischen Departement Ille-Vilaine, liegt auf der Felseninsel Aren (Aron) in der Bai von St. Michel am Kanal, welche durch einen schmalen ½ Stunde langen Damm (Sillon) mit dem Festlande verbunden ist, hat einen mit einem Leuchtthurm versehenen bequemen und sicheren Hafen, dessen Eingang aber sehr eng und wegen seiner Klippen und Untiefen schwer zu befahren ist. Die im Westen der Stadt befindliche Rhede, in welche die Rance einmündet, wird durch 5 Forts vertheidigt, deren bedeutendste das von Vauban erbaute, Conchée, und das auf der Insel Harbour sind. Die Stadt ist von bollwerkartigen Mauern umgeben und in Nordwesten durch eine Veste geschützt. Sie hat ein Marinehospital, Arsenal, eine Hydrographieschule, öffentliche Bibliothek, ein Handelsgericht, eine Handelskammer, Badeanstalt, Fabriken für Segel, Seile, Winden u. getheertes Leder für die Marine, Schiffswerfte, Schmelzöfen für Eisen und Kupfer, Entrepot noch nicht verzollter Waaren, lebhaften Handel mit Wein, Branntwein, Tabak, eingesalzenem Fleisch, Hanf, Theer, Mastbäumen, bretagner Leinwand, Steinkohlen, Holz, Salz, Getreide (es laufen im dortigen Hafen jährlich gegen 400 Schiffe mit etwa 30,000 Tonnen Last ein u. 430 Schiffe mit über 5000 Tonnen Last aus) 2c., Austern- und Fischfang u. 10,900 Einwohner. In der Umgegend von M. wird viel Tabak gebaut. Gegen das 11. Jahrhundert zogen sich die meisten Bewohner von Aletum, dem heutigen St. Servan, das den Angriffen der Seeräuber fortwährend ausgesetzt war, auf den Felsen von Aron zurück, gründeten dort ein Städtchen und nannten es nach ihrem Bischof St. Malo. Am 29. November 1693 wurde die Stadt durch die Engländer bombardirt und dann durch einen Brander, welcher 200 Fässer Pulver, 400 Bomben, Eisenstangen, Ketten 2c. enthielt, theilweise zerstört. M. ist Geburtsort Cartiers, Maupertuis', Labourdonnaye's, Lamettrie's u. Broussais'. Chateaubriand ward hier beerdigt.

Malodezno, Dorf im russischen Gouvernement Minsk, westlich von Borissow, denkwürdig, weil hier am 3. Dec. 1812 Napoleon I. das Bulletin unterzeichnete, in welchem die Niederlage der großen Armee ausgesprochen wurde.

Maloja (Maloggia), Berggipfel der rhätischen Alpen in Graubünden, an der Quelle des Inn, über welchen ein 5593 F. hoher fahrbarer Paß aus dem Oberinnthale nach Chiavenna führt.

Malonsäure, Pflanzensäure, entsteht bei vorsichtiger Oxydation der Aepfelsäure mit rothem chromsauren Kali. Die M. krystallisirt in Rhomboëdern, löst sich leicht in Wasser und Alkohol, schmeckt stark sauer, schmilzt bei 140°, entwickelt bei 150° Kohlensäure, verflüchtigt sich ohne Rückstand und gibt ein Destillat, welches aus M. und Essigsäure besteht. Essigsaures Bleioxyd bringt in verdünnter M. einen pulverigen Niederschlag hervor, eine koncentrirte Lösung der M. fällt Kalk-, Baryt- und Silbersalze, doch lösen sich die Niederschläge in mehr Wasser auf. Die M. reducirt beim Erhitzen salpetersaures Quecksilberoxydul und Goldchlorid. Das neutrale malonsaure Ammoniak entfärbt Eisenchlorid fast vollständig, verhindert aber nicht dessen Fällung durch Ammoniak. Die neutralen Salze des Kali's u. Natrons sind zerfließlich, die sauren geben große Krystalle, das neutrale Kalk- und Barytsalz ist nadelig.

Malope *L.* (Herzpappel), Pflanzengattung aus der Familie der Malvaceen, charakterisirt durch den doppelten Kelch (äußerer 3blätterig, innerer 5spaltig) und die zahlreichen, einsamigen, zusammengeknäuelten Kapseln, einjährige Pflanzen in den Ländern am mittelländischen Meer, von deren Arten in Deutschland als Zierpflanzen vorkommt: M. malacoides *L.*, in Südfrankreich und Spanien auf Wiesen, mit länglichen, stumpfen, gekerbten Blättern und großen, purpurvioletten Blüthen. Blätter und Blüthen werden in der Heimat als schleimige Mittel wie bei uns die Malven angewendet. M. trifida *Cav.*, in Nordafrika und Andalusien, mit gestielten, glatten Blättern (die obern eiförmig, 3spaltig oder 3lappig) und schönen, großen, einzelnen, winkelständigen, hellpurpurrothen Blüthen mit dunklern Adern. Eine Varietät: M. trifida grandiflora, mit etwas größern, rothen oder weißen Blüthen, stammt aus den englischen Gärten.

Malorossen, s. v. a. Kleinrussen.

Malo-Rossinskaja, s. v. a. Kleinrußland.

Malortie, Karl Otto Unico Ernst von, Schriftsteller auf dem Gebiet der Specialgeschichte, geboren den 15. Nov. 1804 zu Linden bei Hannover, widmete sich zu Göttingen dem Studium der Rechte und ward, nachdem er verschiedene Verwaltungsämter bekleidet, 1836 zur Führung des Hofhalts des Herzogs von Cumberland in Berlin berufen. Nach dessen Tode zum Reisemarschall und Mitglied des Oberhofmarschallamts in Hannover ernannt, organisirte er den königlichen Hofhalt, übernahm daneben 1846 auch die Verwaltung des Departements der königlichen Gärten und Bauten, sowie der Privatvermögensangelegenheiten des Königs und der Königin u. ward 1850 zum Oberhofmarschall, Ende 1862 aber zum Minister des königlichen Hauses berufen. Von seinen Schriften sind hervorzuheben: „Der Hofmarschall“ (Hannover 1842; 3. Aufl. 1863); „Die Verwaltung der herrschaftlichen Bauten und Gärten“ (das. 1853); „Der Hof des Kurfürsten Ernst August“ (das. 1857); „Beiträge zur braunschweig-lüneburger Geschichte“ (das. 1860 ff.) und „Die Lebensbeschreibung König Ernst Augusts“ (das. 1861).

Malou, 1) Johann Baptist, belgischer theologischer Schriftsteller, geboren den 30. Juni 1809 zu Ypern, wirkte seit 1835 als Professor der Dogmatik zu Löwen, ward 1848 Bischof von Brügge und hat sich bekannt gemacht durch die Schriften: „La lecture de la Sainte Bible en langue vulgaire, jugée d'après l'écriture, la tradition et la saine raison“ (Löwen 1846, 2 Bde.; deutsch von Clarus, Regensburg 1848, und von Stövelen, Schaffhausen 1849) u. „Recherches sur le véritable auteur de l'Imitation de Jésus-Christ“ (Löwen 1848; 3. Aufl., Tournay 1858).

2) Julius, belgischer Staatsmann, Bruder des Vorigen, den 19. Mai 1810 zu Ypern geboren, ward 1836 Direktor des Justizministeriums u. wirkt seit 1841 als Mitglied der zweiten Kammer, wo er die Interessen der katholischen Partei vertritt. Im Jahre 1844 wurde er zum Gouverneur von Antwerpen u. am 30. Juli 1845 an der Seite des liberalen van de Weyer zum Finanzminister berufen. Bei der Ministerkrisis im März 1846 blieb er zwar im Amt, gab aber am 12. Aug. 1847 sein Portefeuille an Veydt ab. Im Jahre 1848 trat er aus der Kammer, ward jedoch 1850 wieder gewählt und gehört seitdem, eine der hervorragendsten parlamentarischen Persönlichkeiten Belgiens, zur schroffsten Oppositionspartei. Er ist auch einer der Direktoren der Société générale pour favoriser l'industrie nationale.

Malouinen, Inseln, s. v. a. Falklandsinseln.

Malpighi, Marcello, italienischer Anatom u. Physiolog, geboren am 10. März 1628 zu Crevalcuore bei Bologna, wirkte nach Vollendung seiner Studien als Professor der Medicin meist zu Bologna, dazwischen einige Jahre zu Pisa und Messina und folgte 1691 einem Ruf als päpstlicher Leibarzt und Kammerherr nach Rom, wo er am 29. November 1694 †. M. bediente sich zuerst des Mikroskops zur Untersuchung des Blutumlaufes und legte die damit gemachten Beobachtungen in 2 Briefen an Borelli „De pulmonibus“ (Bologna 1661) nieder. Auch über Gehirn, Netzhaut, Tastorgan, Bau der Eingeweide, Nerven &c., über den Seidenwurm, die Bildung des Jungen im Ei stellte er gründliche Beobachtungen an, deren Resultate er in zahllosen Abhandlungen niederlegte. Seine „Opera“ erschienen London 1686 in 2 Bänden (neue Aufl. 1688, auch Leyd. 1687), seine „Opera posthuma“ 1697 u. öfter, später vermehrt als „Opera medica et anatomica varia“ (Venedig 1734).

Malpighia *L.*, Pflanzengattung aus der Familie der Malpighiaceen, charakterisirt durch den 5theiligen Kelch, 5 längere gezähnelte Blumenblätter, 10 unten verwachsene Staubfäden und die fleischige Pflaume mit 3 einsamigen, etwas geflügelten Nüssen, Sträucher und Bäume im heißen Amerika mit dornigen oder borstigen und nesselnden Blättern und büschelförmigen Blüthen in Dolden, von deren Arten einige Arzneikräfte besitzen, andere als Zierpflanzen vorkommen. M. urens *L.* ist ein 15—18 Fuß hohes Bäumchen in Südamerika u. Westindien, mit länglich ovalen Blättern, unten voll brennender Borsten und blaß purpurrothen Blüthen. Die rothen, Kirschen ähnlichen Früchte schmecken etwas herb und werden häufig eingemacht gegessen, auch gegen Durchfall angewendet. Die Rinde ist kräftig zusammenziehend und deshalb bei Bauch-, Schleim- u. Blutflüssen, sowie bei Schlaffheit des Zahnfleisches in Anwendung. M. glabra *L.* ist ein Bäumchen von 15—20 Fuß Höhe, mit ovalen, ganzen, glatten Blättern u. purpurrothen Blüthen. Die Früchte schmecken angenehm u. werden häufig gegessen, sind aber auch bei entzündlichen und galligen Fiebern in Anwendung. Die Rinde wirkt adstringirend. M. punicaefolia *L.* ist ein strauchartiges Bäumchen in Cayenne und Südamerika, 12 Fuß hoch, mit einblüthigen Blüthenstielen und blaßrothen Blüthen. Die rothen

Früchte, Barbadoskirschen, sind schmackhaft. Aus der Rinde schwitzt Gummi, das man gegen Brustkrankheiten und Blasenbeschwerden anwendet. Die Rinde dient zum Gerben. Als Zierpflanzen dienen besonders: M. angustifolia *L.*, ästiger Strauch mit linien-lanzettförmigen Blättern und blaßrothen Blüthen, M. coccifera *L.*, Strauch mit zierlichen röthlichweißen Blüthen, M. fucata *Ker.*, 3—4 Fuß hoher Strauch mit elliptischen, glänzenden, ganzrandigen, unten mit Brennborsten besetzten Blättern u. zierlichen röthlichweißen Blüthen. Die Malpighien gedeihen am besten im Warmhause, lieben eine mäßige Feuchtigkeit, im Sommer bei heißem Wetter reichlich Schatten u. Luft und eine nahrhafte, lockere Erde. Die Vermehrung geschieht durch Stecklinge, Samen und Ableger.

Malpighiaceen, Pflanzenfamilie mit folgenden charakteristischen Merkmalen: Die Blätter sind gegenständig, selten abwechselnd, einfach, ganz und ganzrandig, mit kleinen Nebenblättern, die manchmal fehlen; die Blüthen sind zwitterig, fast regelmäßig, zu Trauben, Doldentrauben oder auch Dolden vereinigt, selten einzeln in den Blattachseln stehend; die Blüthenstielchen sind meist in der Mitte gegliedert und mit 2 Deckblättchen versehen; der Kelch ist 5theilig, gewöhnlich bleibend, meist außen mit 8—12 großen, gepaarten Drüsen besetzt; die Korolle ist 5blätterig, genagelt, mit 10 dem scheibenförmigen Torus eingefügten, freien oder am Grunde etwas verwachsenen Staubgefäßen; der Fruchtknoten besteht aus 3 verwachsenen oder fast freien Karpellen mit einzelnen aufgehängten Eichen u. trägt 3 gesonderte oder mit einander verwachsene Griffel; die Steinfrucht ist trocken oder beerenartig, bisweilen flügelfruchtartig, 3fächerig u. 3lappig, doch schlagen 1—2 Fächer nicht selten fehl; die Samen sind ohne Eiweiß, mit mehr oder weniger gekrümmtem Embryo und blattartigen oder dicklichen Samenlappen versehen. Man kennt gegen 350 Arten, von denen die meisten in der Rinde und andern Theilen Gerbstoff, einige im Holze einen rothen Farbstoff, viele in den Früchten außer Tannin Schleim und Zucker enthalten und deshalb arzneilichen Zwecken dienen.

Malpighi'sche Körperchen, s. Milz u. Nieren.

Malpighi'sche Pyramiden, s. Nieren.

Malpighi'sches Netz, s. Haut.

Malplaquet, Dorf im französischen Departement du Nord, Arrondissement Avesnes, mit 400 Einw., bekannt durch den Sieg der verbündeten Oesterreicher unter Eugen und der Engländer unter Marlborough über die Franzosen unter Villars am 12. Sept. 1709.

Mals, Marktflecken im tyroler Kreis Imst, an der Malserheide, 3074 Fuß über dem Meere, mit Pfarrei, Kapuzinerhospiz, Hospital, Post und 2000 Einw. Hier wurden 1499 die Tyroler von den Engadinern geschlagen.

Malsburg, Ernst Friedrich Georg Otto, Freiherr von der, bekannt geworden durch seine Uebersetzungen der Schauspiele Calderons, geboren am 23. Juni 1786 zu Hanau, widmete sich zu Marburg dem Studium der Rechte, ward 1806 Assessor zu Kassel, unter der westphälischen Regierung daselbst Auditor im Staatsrath, 1808 Legationssekretär in München und 1810 in Wien, 1814 Justizrath und 1817 Regierungsrath zu Kassel und bald darauf hessischer Gesandter am sächsischen Hofe. Er † am 20. September 1824 auf seinem Gute Escheberg bei Kassel. M. war als Dichter kein schöpferischer Genius, aber voll Empfänglichkeit für das Schöne in Kunst und Leben. In seinen meisten „Gedichten" (Kassel 1817 u. Leipzig 1821) spricht sich eine gewisse Wehmuth aus. Am bekanntesten wurde M. durch seine Verdeutschung des Calderon (Leipzig 1818—25, 6 Bde.) und durch die drei frei behandelten Dramen Lope de Vega's unter dem Titel „Stern, Scepter und Blume" (Dresden 1824, 2. Aufl. 1836). Eine Sammlung seiner zerstreuten späteren lyrischen Poesien erschien unter dem Titel „Poetischer Nachlaß und Umrisse aus M.s innerem Leben" (Kassel 1825).

Malsch, Pfarrdorf im badischen Mittelrheinkreis, Bezirksamt Ettlingen, mit Pfeifenthongruben und lebhaftem Kurzwaarenhandel, Weinbau, Viehzucht und 3240 meist katholischen Einw., bekannt durch die Schlacht am 9. Juli 1796 zwischen den Oesterreichern unter dem Erzherzog Karl und den auf dem Rückzug begriffenen Franzosen unter Moreau.

Malstrom, s. Maelstrom.

Malta, britische Insel im mittelländischen Meere, ungefähr 14 Meilen vom sicilianischen Kap Passaro und 44 Meilen vom afrikanischen Kap Demas entfernt, liegt mit den kleineren Inseln Gozzo, Comino und Cominotto zwischen 35° 49′ u. 36° nördl. Br. u. 14° 10′ u. 14° 36′ östl. L. von Greenw., hat einen Flächenraum von $6\frac{3}{4}$ □Meilen, wovon auf M. $4\frac{1}{2}$, auf Gozzo $1\frac{1}{4}$ kommen, und mit jenen Eilanden die überdichte Bevölkerung von 147,680 Einw. Die Oberfläche von M. bildet ein 1200 (550) Fuß hohes Kalkfelsplateau, das im Süden u. Südwesten eine geradlinige, ungegliederte Steilküste bildet, nach Nordosten zu sich allmählig zum Meere absenkt und von Buchten eingeschnitten ist. Die Insel hat weder Fluß, noch See u. nur wenige Quellen. Das Regenwasser wird daher für landwirthschaftliche Zwecke in sorgfältig ausgehöhlten Felsvertiefungen gesammelt, u. die Bewohner von Lavalette u. die Schiffe werden durch eine Wasserleitung mit Wasser versorgt, welche von den Quellen im südlichen Theil der Insel 2 Meilen weit nach Lavalette führt. Die ganze Südküste der Insel ist von Natur aus unzugänglich. Das Klima ist ungemein heiß und der Himmel den größten Theil des Jahres hindurch so klar, daß man oft bei Sonnenaufgang oder Untergang die Spitze des 30 Meilen entfernten Aetna sehen kann. Im Sommer herrscht hier eine fast tropische Hitze, welche auch während der Nächte anhält und durch keine regelmäßigen Land- und Seewinde abgekühlt wird. Der erste Regen fällt zu Ende des August oder Anfang September. Der Oktober und der erste Theil des November sind angenehm, die Luft ist dann durch die Regenschauer gekühlt und erfrischt. December, Januar und Februar, die eigentlichen Wintermonate, bringen Regengüsse von tropischer Stärke; vom Mai an fällt fast kein Tropfen Regen, und im Mai, Juni, Juli und August ist der Himmel stets wolkenlos. Den ganzen September hindurch weht der ermattende, ungesunde Scirocco des mittelländischen Meeres. Die mittlere Temperatur beträgt im Winter 11° 2 R., das Minimum 9° 4; das Mittel des Sommers 20°, das Maximum 32° 4 R. Ungefähr zwei Drittel des Bodens sind bebaut, der Rest besteht aus steilem Fels. Mit großer Sorgfalt wird ein Theil des Bodens durch Zerbröckeln von Fels gewonnen und in Lagen von selten mehr als 18 Zoll Tiefe bearbeitet. Auch ist fruchtbare Erde aus Sicilien herbeigeschafft worden. Der im Sommer fehlende Regen wird durch den Thau ersetzt, der während der Nächte fällt. Nur durch den Fleiß seiner Bewohner wurde M. zu einer fruchtbaren Insel gemacht, die häufig im Jahr doppelte Ernte gibt. Das Hauptprodukt der Landwirthschaft ist Baumwolle (400 Millionen Pfund jährlich), außerdem baut man Weizen, Gerste, Mais, Zuckerrohr, Farbepflanzen, Kartoffeln und Gras, das 4—5 Fuß hoch wächst. Das hier gebaute Getreide reicht für die Bewohner nur auf ungefähr 4 Monate, der übrige Bedarf wird von Sicilien und vom schwarzen Meere her eingeführt. Die Orange von M. übertrifft an Güte alle anderen Sorten, und auch Feigen, Melonen und Trauben sind hier von besonderer Güte. Pferde u. Rinder werden in geringer Anzahl gezogen; Ziegen, Schafe, Schweine u. Esel sind dagegen auf M. recht einheimisch. Schlangen gibt es auf M. nicht, wohl aber Skorpionen u. Moskitos. Die gewerbliche Thätigkeit der Einwohner liefert Leder, Seife, Maccaroni u. feine Juwelierarbeiten. Wichtiger als die Industrie ist der Handel von M. Der Werth der Einfuhr betrug 1859 nahe an $2^1/_2$ Millionen, der der Ausfuhr $1^2/_3$ Mill. Pfd. Sterl. Der große Hafen, östlich von Lavalette, dessen Eingang vom Fort Ricasoli, gegenüber dem Kastell St. Elmo, vertheidigt wird, ist einer der schönsten der Welt und äußerst frequent. Der westlich gelegene Hafen, der Marsamuscetto oder gewöhnlich Quarantänehafen genannt, wird bei seinem Eingange gegenüber dem Kastell St. Elmo vom kleinen, aber starken Fort Tigné geschützt und ist hauptsächlich für die Schiffe bestimmt, die aus der Levante kommen. Außer diesen Häfen gibt es noch einige Buchten, welche manchmal bei plötzlichen Wettern von den Schiffen aufgesucht werden, wie Massa Scirocco, St. Thomasbai, Massa Scala, südöstlich von Lavalette, St. Julien, St. Paul u. Melheba, nordwestlich. Durch ihre Lage im Centrum des Mittelmeeres, in der Nähe zweier Erdtheile, zwischen dem Abendland und der Levante ist M. sowohl als Hauptstation für die Dampfschifffahrt u. als Entrepot im Mittelmeer, als auch in strategischer Hinsicht von großer Wichtigkeit. Es bildet einen der Hauptstützpunkte der englischen Macht im Mittelmeer und ist daher durch die Engländer zu einer uneinnehmbaren Festung umgewandelt worden. Hauptstadt ist Lavalette. Die Malteser haben dunkle Gesichtsfarbe u. starken Körperbau. Die Männer sind hoch, kräftig u. rührig; die Weiber im Allgemeinen unter Mittelstatur, aber anmuthig, von regelmäßigen Gesichtszügen und feinem Körperbau. Im Allgemeinen sind die Malteser arbeitsam, mäßig und genügsam und als vorzügliche Seeleute in allen Häfen des mittelländischen Meeres geschätzt. Auch als Handwerker, besonders in Fertigung von Stein-, Gold- und Silberarbeiten, sind sie sehr geschickt. Die italienische Sprache ist im Allgemeinen die Umgangs- und Geschäftssprache; bei den niederen Volksklassen ist das Italienische mit arabischen Wörtern vermischt; in den Städten macht das Englische Fortschritte. Der Volksunterricht und die Volksbildung stehen noch auf sehr niedriger Stufe. Eine Universität, vom Großmeister Pinto gegründet, und ein Lyceum, mit dieser verbunden, zählen zusammen gegen 300 Studenten. Der Religion nach ist die Bevölkerung römisch-katholisch; die Geistlichkeit ist sehr zahlreich und besitzt die Renten von etwa einem Viertel des Landeigenthums der Insel. Ungefähr 5000 Protestanten leben größtentheils in der Stadt Lavalette und haben hier 4 Kapellen und eine Kirche. Als britische Kolonie hat M. einen königlichen Gouverneur, der in Sachen der Gesetzgebung 7 von der Krone ernannte Räthe als Beisitzer hat. Die Einnahmen der Kolonie betragen gegen 148,000, die Ausgaben gegen 143,000 Pfd. Sterl.

M. und Gozzo waren um 1500 v. Chr. Kolonien der Phönicier, von deren Bauten sich auf letzterer Insel noch Spuren finden. Zu jener Zeit hieß M. Ogygia. Manche halten M. für das Hyperia des Homer. Von den Griechen, welche die Insel 736 v. Chr. eroberten, erhielt sie den Namen Melite. M. erfreute sich um diese Zeit des Rufs, die feinsten Baumwollenwaaren zu liefern; auch die Rosen u. der Honig der Insel waren berühmt. Um 400 v. Chr. erfolgte die Okkupation der Insel durch die Karthager, die 216 n. Chr. wieder den Römern weichen mußten. Letztere ließen der Insel ihr Recht. Im Jahre 56 n. Chr. scheiterte an M. der Apostel Paulus und bekehrte mehre Insulaner zum Christenthum. Die Vandalen entrissen die Insel 454 den Römern, mußten sie aber 464 den Gothen räumen. Belisar vertrieb diese 533 und besetzte M. für das byzantinische Reich. Im Jahre 870 bemächtigten sich die Araber der Insel und änderten den Namen Melite in Maltache um (woraus später M. ward), doch mußten sie die Insel wieder jenen einräumen, eroberten sie aber 904 abermals. Die Normannen nahmen M. 1090 unter dem Grafen Roger, verbanden es mit Sicilien u. errichteten auf der Insel ein Marquisat. Im Jahre 1284 siegten hier die Aragonier unter Loria mit der sicilianischen Flotte in einer Seeschlacht über die Franzosen, die genöthigt wurden, M. zu verlassen. Kaiser Karl V. wies 1525 dem aus Rhodus vertriebenen Johanniterorden, da derselbe ohne festen Sitz war, auf dessen Bitte M. an, und nachdem eine päpstliche Bulle 1530 den Orden im Besitze der Insel bestätigt hatte, ließ sich dieser am 26. Okt. dieses Jahres hier nieder und nannte sich hierauf Malteserorden. Ein Angriff der Türken im darauffolgenden Jahre bewog den Großmeister des Ordens, Befestigungen auf M. anzulegen. Bei einem neuen Angriff der Türken 1565 mußten sich dieselben mit Verlust von 20,000 Mann zurückziehen. Um gegen fernere Angriffe gesichert zu sein, legte der damalige Großmeister des Ordens, Johann de la Valette, 1566 den Grundstein zur Stadt Lavalette. Durch später hinzugekommene verschiedene Fortifikationswerke wurde die Insel immer fester. Im Juni 1798 nahm Bonaparte auf seinem Zuge nach Aegypten durch Verrath französischer Ritter M. ohne Widerstand; aber schon im September 1800 mußte sich die französische Besatzung nach einer harten Blokade an die Engländer ergeben. Nach dem Frieden von Amiens (1802) sollte zwar M. an den Orden zurückfallen, aber England verweigerte die Zurückgabe, und im Frieden zu Paris (1814) wurde den Engländern der Besitz von M. vollständig zugestanden. Vgl. Boisgelin, Ancient and modern M., Lond. 1805, 2 Bde.; **Brès, M. antica illustrata, Rom 1816; Avalès, Tableau historique, politique, physique et moral de M. et de ses habitants, Paris 1830; Miège, Histoire de M., das. 1841, 3 Bde.;**

Tullack, M. under the Phoenicians, Knights and English, London 1861.

Maltebrun, 1) Konrad, eigentlich Malte Brunn, berühmter Geograph, geboren den 12. August 1775 zu Thisted in Jütland, studirte in Kopenhagen und widmete sich daneben der Poesie, nach dem Ausbruch der französischen Revolution aber fast ausschließlich der Politik. Sein „Katechismus der Aristokraten" (Kopenhagen 1795) zog ihm eine gerichtliche Untersuchung zu. Er entfloh nach Schweden, kehrte zwar nach 2 Jahren wieder in sein Vaterland zurück, mußte aber wegen maßloser Opposition gegen die Regierung abermals flüchtig werden und ward 1800 wegen der Stiftung einer geheimen Gesellschaft („die vereinigten Skandinaven"), welche die Vereinigung der drei nordischen Reiche in einen Republikenbund befördern wollte, auf Requisition Schwedens u. Rußlands in Kopenhagen in Haft gebracht und 1800 zu ewiger Verbannung verurtheilt. Nach Paris übergesiedelt, lieferte er hier 1804—7 mit dem französischen Geographen Mentelle eine große Erdbeschreibung in 16 Bänden, die trotz ihrer ungleichen und unförmlichen Behandlung doch lange in Frankreich als das beste Werk in diesem Fache galt. Seit 1806 war er einer der Hauptmitarbeiter an dem „Journal des débats", dem eifrigen Vertheidiger der kaiserlichen Politik; die darin von ihm herrührenden Aufsätze erschienen nach seinem Tode gesammelt unter dem Titel „Mélanges scientifiques et littéraires" (Paris 1828, 3 Bde.). Im Jahre 1808 begann er mit Andern die „Annales des voyages, de la géographie et de l'histoire", die bis 1814 (24 Bde.) reichen, und 1818 mit Eyries die „Nouvelles annales des voyages". Im Jahre 1815 wurde er Mitarbeiter an der ultraroyalistischen „La Quotidienne", u. bei der zweiten Abdankung Napoleons I. schrieb er eine Apologie Ludwigs XVIII. Später betheiligte er sich wieder am „Journal des débats". Er † am 14. Dec. 1826 zu Paris. Sein Hauptwerk ist das „Précis de la géographie universelle" (Paris 1824—28, 8 Bde., mit Atlas), von dem er selbst 6 Bände lieferte; die beiden letzten, die an Gründlichkeit nachstehen, sind von Huot hinzugefügt worden. An dem gediegenen „Dictionnaire de la géographie universelle" (Paris 1821 ff., 8 Bde.) war er Mitarbeiter. Die pariser geographische Gesellschaft, deren Sekretär er eine Zeitlang war, verdankt ihm ihre Entstehung.

2) Victor Adolphe, ebenfalls ausgezeichneter Geograph, Sohn des Vorigen, geboren 1816 zu Paris, machte sich bekannt durch die Fortsetzung der von seinem Vater begründeten „Annales des voyages", eine neue Bearbeitung von dessen „Précis de la géographie universelle" (Paris 1852—53, 8 Bde.) und das Werk „La France illustrée" (das. 1855—57, 3 Bde.).

Malter, Getreidemaß vieler deutschen Staaten u. der Schweiz von sehr abweichender Größe. In Preußen, wo jedoch das Maltermaß kein gesetzliches ist, begreift dasselbe 12 Scheffel oder $\frac{1}{2}$ Wispel = 659,538 französische Litres, in Sachsen ebenfalls 12 Scheffel oder $\frac{1}{2}$ Wispel = 1247,82 Litres, in Hannover 6 Himten = 186,91 Litres; das neue schweizerische M. von 10 Vierteln (Quarterons) und das badische M. von 10 Sester sind = 150 Litres oder 1$\frac{1}{2}$ Hectolitres.

Malterdingen, Marktflecken im badischen Oberrheinkreis, Oberamt Emmerdingen, hat eine Heilquelle mit Badeanstalten, Hanfbau und 1450 evangelische Einwohner.

Maltesererde (terra melitensis), Art weißer Thon, ward, gewöhnlich mit dem Bildniß des Apostels Paulus besiegelt, früher als Siegelerde gebraucht.

Malteserorden, s. Johanniterorden.

Malthus, Thomas Robert, namhafter englischer Nationalökonom, geboren am 14. Februar 1766 zu Rockery in der Grafschaft Surrey, studirte zu Cambridge Theologie und Philosophie, erhielt sodann eine Lehrerstelle und eine geistliche Pfründe und wirkte seit 1804 als Professor der Geschichte und politischen Oekonomie an dem Kollegium der ostindischen Kompagnie zu Haileybury; † am 29. Dec. 1834 zu Bath. Sein im „Essay on the principles of population" (London 1798; deutsch von Hegewisch, Altona 1807, 2 Bde.; neue Bearbeitung, 5. Aufl., London 1817, 3 Bde.) aufgestellter Grundsatz, der Staat müsse im Interesse des Ganzen das Wachsthum der Bevölkerung gewaltsam beschränken, damit sie in ein Verhältniß zu den Existenzmitteln trete, veranlaßte einen längeren literarischen Streit. Außerdem sind von M.' Schriften die „Principles of political economy" (London 1819—20, 3 Bde.) und die „Definitions in political economy" (das. 1827) zu erwähnen.

Maltitz, 1) Gotthilf August, Freiherr von M., deutscher Dichter, geboren am 9. Juli 1794 zu Königsberg in Preußen, widmete sich zu Tharand dem Forstfach, trat 1813 als Freiwilliger in das Heer ein, kehrte 1815 zum Forstfach zurück und erhielt 1821 eine Oberförsterstelle in Preußen. Schon im folgenden Jahre gab er diese Stellung auf, weil er durch eine Satire die Oberbehörde gegen sich aufgebracht hatte, und ließ sich in Berlin nieder, wo ihn seine geselligen Talente und sein freimüthiges Wesen zu einer beliebten Persönlichkeit in den höheren Kreisen machten. Als Dichter machte er sich zuerst durch die Fortsetzung von Witschels „Morgen- u. Abendopfer" auch in weiteren Kreisen bekannt. Aus Berlin ausgewiesen, da er bei der Aufführung seines dramatischen Versuchs „Der alte Student" 1828 die Schauspieler veranlaßt hatte, die Stellen, in denen sich warme Theilnahme für die polnische Nation aussprach und die von der Censur gestrichen waren, dennoch zu sprechen, ging er nach Hamburg und übernahm dort die Redaktion des Journals „Norddeutscher Courrier". Die französische Revolution von 1830 rief ihn nach Paris, doch kehrte er bald, theilweise enttäuscht, nach Deutschland zurück und ließ sich in Dresden nieder, wo er am 7. Juni 1837 †. M. war ein Mann von gesundem Witz, Offenheit und Biederkeit des Charakters und nicht unbedeutender Befähigung zur Dichtkunst, ermangelte aber einer gründlichen wissenschaftlichen Bildung. Am bekanntesten wurden seine humoristischen Arbeiten, wie „Ränzel und Wanderstab" (Berlin 1821—32, 2 Bde.), die „Humoristischen Raupen oder Späßchen für Forstmänner u. Jäger" (4. Aufl., das. 1843) und sein „Gelasius, der graue Wanderer im 19. Jahrhundert, ein Spiegelbild unserer Zeit" (Leipzig 1826). Der religiösen Erbauungsliteratur gehören an: „Sonnenblicke, Gesänge religiösen Inhalts" (Berl. 1830; 6. Aufl., Zittau 1834). Politische Tendenzen verfolgen seine „Jahresfrüchte der ernsten und heiteren Muse" (Leipzig 1834—35, 2 Bde.), namentlich aber seine „Pfefferkörner" (Hamb. 1831—34, 4 Hefte). Von seinen dramatischen Arbeiten fanden den meisten Beifall „Hans Kohlhas" (Berlin 1828) und „Die Leibrente", in Francks „Jahrbuch dramatischer Originalien". Noch veröffentlichte er „Balladen und Romanzen" (Leipzig 1832).

2) **Franz Friedrich, Freiherr von M.**, Diplomat und Dichter, 1794 geboren, Sohn des als russischer Gesandter in Lissabon, Stuttgart und Karlsruhe bekannten **Peter Friedrich von M.**, († 1826), wurde 1826 russischer Geschäftsträger bei den Vereinigten Staaten, 1828 Geschäftsträger am preußischen Hof mit dem Titel eines wirklichen Staatsraths und Legationsraths, 1837 außerordentlicher russischer Gesandter und bevollmächtigter Minister im Haag, wo er bis 1854 blieb. Er schrieb: eine Fortsetzung des „Demetrius" von Schiller (Karlsr. 1817); „Gedichte" (das. 1816); die Trauerspiele „Athalie" (nach Racine) und „Azire" (nach Voltaire); „Die Geister auf Yburg, eine Rittersage" und „Phantasiebilder, gesammelt am malerischen Ufer der Spree, von einem Unbekannten" (Berlin 1834).

3) **Apollonius, Freiherr von M.**, deutscher Dichter, Bruder des Vorigen, 1795 geboren, widmete sich der Diplomatie, war seit 1811 nach einander Attaché bei der russischen Gesandtschaft in Karlsruhe, Stuttgart, Wien, Berlin, Rio Janeiro, wurde 1836 Legationsrath u. Gesandtschaftssekretär in München und ist seit 1841 mit dem Titel Staatsrath russischer Geschäftsträger in Weimar. Seinen „Gedichten" (Karlsruhe 1817) folgten der humoristische Roman „Geständnisse eines Rappen mit Anmerkungen seines Kutschers" (Berlin 1826), dann eine neue Sammlung von „Gedichten" (München 1838, 2 Bde.), „Dramatische Einfälle" (das. 1838—43, 2 Bde.) und „Drei Fähnlein Sinngedichte" (Berlin 1844) M.' sämmtliche Dichtungen bekunden tiefes Gefühl und edle Gesinnung.

Malva *L.* (**Malve, Käsepappel**), Pflanzengattung aus der Familie der Malvaceen, charakterisirt durch den 3blätterigen äußeren und den 5spaltigen inneren Kelch, die aus 5 meist an der Spitze ausgerandeten Blumenblättern bestehende Korolle mit zahlreichen Staubgefäßen und über der Mitte des Rohrs getheilten Griffeln, die kreisrunde, vielfächerige Kapsel, deren Scheidewände von den eingebogenen Rändern der Klappe gebildet sind, und deren einsamige Fächer sich bei der Reife trennen, einjährige Pflanzen oder ausdauernde Kräuter und Halbsträucher, fast in allen Theilen der Erde, mit ganzen, eckigen oder gelappten Blättern. M. Alcea *L.*, **Augenpappel, Rosenpappel, Sigmarskraut, Wetterrose, Fellriß- oder Feltrißkraut**, krautartig, mit mehrjähriger Wurzel, aufgerichtetem, nach obenhin filzig-sternhaarigem, rundlichem Stengel, herz- nierenförmigen, eckigen oder gelappten Wurzelblättern und handförmigen, tief 5- oder mehrtheiligen Stengelblättern mit fast rautenförmigen, 3spaltigen, eingeschnitten-gezähnten oder fiederspaltigen Zipfeln, großen schön rosenrothen Blüthen und auf der Oberfläche fein gestreifter Frucht, wächst auf Hügeln, Bergen, Triften, an Zäunen und Wegen durch ganz Europa. Sonst waren Wurzel u. Kraut officinell, indem beide ihrer schleimigen Bestandtheile wegen dieselben Dienste wie der Eibisch (Althaea officinalis *L.*) leisten. M. crispa *L.*, **Kohlmalve, Kohlpappel**, mit aufrechtem Stengel, tief herz-, fast schildförmigen, meist 7lappigen, welligkrausen Blättern und wenig aus dem Kelch hervorragenden weißlichen, purpurn überlaufenen Blüthen, ist ein Sommergewächs in Syrien, in Deutschland gemeines Gartengewächs und auch verwildert vorkommend. Der faserige Stengel kann wie Hanf benutzt werden, und die krausen Blätter geben jung ein gesundes Gemüse. M. moschata *L.*, **Bisammalve, Moschusmalve**, mit aufrechtem Stengel, herzförmig-rundlichen, gelappten Wurzelblättern und 5theiligen Stengelblättern mit eingeschnitten- oder doppeltfiederspaltigen Zipfeln und kleinen weißen oder blaßrosenrothen, nach Moschus duftenden Blüthen, wächst hier und da in Deutschland an steinigen, unkultivirten Orten, auf Hügeln, Felsen, besonders auf Kalkboden. M. rotundifolia *L.*, **Käse-, Gänse- oder Hasenpappel**, ein- od. zweijährig, krautartig, mit gestrecktem, aufstrebendem Stengel, herzförmig-rundlichen, undeutlich 5—7lappigen Blättern und gehäuften kleinen, weißen, purpurroth geaderten Blüthen, wächst allenthalben an Wegen, Zäunen, Mauern, auf Schutt ꝛc. Die geruchlosen und fade schmeckenden Blätter und Blüthen enthalten viel Schleim und können als einhüllende und Schleimabsonderung befördernde Mittel dienen. M. sylvestris *L.*, **Waldmalve, Roßmalve, Roßpappel, Hanfpappel**, mit aufrechtem oder aufstrebendem Stengel, rauhhaarigen 5—7lappigen Blättern und Blüthenstielen und gehäuften blaßrothen, dunkler geaderten Blüthen, wächst ausdauernd durch ganz Europa an Zäunen, Wegen, auf Schutthaufen, um Dörfer. Die Blätter, häufiger aber die Blüthen, Herba et Flores Malvae sylvestris s. M. vulgaris s. M. majoris, sind officinell und haben mit denen der vorigen Art gleiche Anwendung. Die M.n sind durch neuere Modeblumen aus vielen Gärten verdrängt worden. Die strauchartigen M.n wachsen während des Sommers meist sehr üppig im freien Lande und lassen sich durch Stecklinge und Samen sehr leicht vermehren. Die in den Gärten häufig kultivirte hohe **Stockmalve**, die auch vielfach in medicinischem Gebrauch ist, gehört der Gattung Eibisch (s. Althäa) an.

Malvaceen (**Malvengewächse**), Pflanzenfamilie mit folgenden charakteristischen Merkmalen: Die Blätter stehen abwechselnd, sind fast immer kerb- oder sägerandig und entweder ganz oder handlappig bis handtheilig und mit sternförmigen Haaren besetzt und mit gepaarten Nebenblättern versehen; die Blüthen sind achsel- oder endständig und stehen einzeln oder gehäuft oder rispig, selten traubig; der Kelch ist bleibend, 5- (selten 3—4-) blätterig oder 5theilig, in der Knospenlage klappig, von einem äußern Kelch (Hülle) umgeben; die Blumenkrone ist 5blätterig, hypogynisch regelmäßig, am Grunde mit den zu einer Röhre vereinigten, zahlreichen Staubgefäßen verwachsen, in der Knospenlage über einander liegend und gedreht; die Antheren sind nierenförmig, einfächerig, 2klappig; der Fruchtknoten ist meist sitzend, 3- oder mehrfächerig, mit einem oder mehren Eichen in jedem Fache; die Frucht ist 3-, 5- od. mehrfächerig, an den Rückennähten aufspringend oder geschlossen bleibend, oft in mehre, meist in 2 Klappen sich öffnende Karpellen trennbar, ohne stehenbleibendes Mittelsäulchen; Griffel sind so viel wie Karpellen vorhanden, nach unten verwachsen; die Narben sind einfach fadig oder kopfig. Die Fruchtbildung ist sehr verschieden, beeren-, kapsel- oder nußartig; die Fächer sind meist mehrsamig; die nierenförmigen Samen sind außen rauh oder wollig, auch oft in Fruchtbrei gebettet, mit wenig fleischigem oder schleimigem Eiweiß und blattigen, faltig sich umhüllenden Samenlappen. Die meisten von den mehr als 1000 Arten finden sich in den Tropenländern und den angrenzenden Gegenden. Die M. stimmen wie in ihrem Habitus und dem Bau ihrer Organe, so auch hinsichtlich ihrer Bestandtheile, Wirksamkeit und Anwendung sehr mit einander überein. Fast sämmtliche Arten enthalten in Menge einen schleimigen Stoff, der aber bei den Arten mit ausdauernder Wurzel sich ganz vorzüglich in dieser findet. In dem Samen ist dieser Stoff mit einem fetten Oele verbunden. Durch diese Bestandtheile werden sie zu einhüllenden, Reiz mindernden und erweichenden Heilmitteln, in welcher Beziehung der Eibisch (Althaea officinalis *L.*) sämmtlichen übrigen Arten voransteht.

Malvasia, Stadt, s. v. a. Napoli di Malvasia.

Malvasier, ein von den Malvasierreben erzeugter edler, süßer und lieblicher Wein, der seinen Namen von der Stadt Napoli di Malvasia bekommen hat, wo er ehemals in Menge und von vorzüglicher Güte gewonnen wurde. Jetzt liefern ihn verschiedene Inseln im Archipelagus, die Insel Lipari, auch Sicilien, die Provence, Sardinien, Majorca u. Minorca. Es gibt weiße u. rothe Sorten.

Malvenblumen, die Blüthen von Althaea rosea *L.*, Farbedroguе, die in der Türkei u. als Ersatz des Indigo's auch in England seit längerer Zeit benutzt wird u. jetzt vielfach auch in Deutschland einen Gegenstand der Kultur bildet. Der Farbstoff der M. löst sich in Wasser, Alkohol, Holzgeist und koncentrirter Schwefelsäure, schwierig in Aether. Der wässerige Auszug der M. wird durch Alkalien grün, durch Säuren karmoisinroth. Die schönsten Nüancen erhält man mit der wässerigen Lösung des zur Trockne verdampften alkoholischen Ertrakts, und zwar auf Baumwolle mit starker Eisenbeize schwarz, mit schwacher Eisenbeize schwärzlichblau, mit essigsaurer Thonerde violettblau, und mit Zinnsalzen bläulichviolett; auf Wolle mit Zinnchlorid dunkelviolett, mit Eisensalzen bläulichschwarz oder in Grau stechendes Blau, mit Thonerdesalzen ein in Grau oder Violett stechendes Blau, mit Antimonsalzen ein bräunliches Violett; auf Seide mit den Zinnsalzen eine schöne violette Nüance. Der Farbstoff der M. widersteht dem Licht und der Luft besser als Blauholz, verändert sich aber auch mit der Zeit, ist gegen Säuren und Alkalien empfindlich und wird selbst von Seife angegriffen. Vergl. Dochnahl, Die Kultur der schwarzen Malve, Nürnberg 1856.

Malvernhills, Hügelkette in der englischen Grafschaft Worcester, am rechten Ufer der Severn, steigt bis zu 1356 Fuß Höhe an. Daran die Stadt Malvern mit besuchten Mineralbädern und 4480 Einwohnern.

Malversation (franz.), s. Unterschlagung.

Malwa, Landschaft in Vorderindien, Präsidentschaft Bombay, bildet ein unebenes, bis 2500 Fuß ansteigendes Inselland, zwischen den Arvalibergen, der Vindhyakette, dem Gangesthale im Nordosten und Bundelkund und umfaßt etwa 1850 □Meilen mit 5 Millionen Einwohnern. Das Land war ehemals ein mächtiges Königreich, das gegen Ende des 14. Jahrhunderts das Joch von Delhi abwarf, dann aber von Akbar wieder unterjocht wurde. Zu Anfang des 15. Jahrhunderts wurde Mandu der Regierungssitz, dessen Umfang mehr als 6 Meilen betrug. Durch die Mahratten und später durch die berüchtigten Räuberbanden der Pindaries zerfiel das Reich. Jetzt gehört es meist den unter britischer Hoheit stehenden Mahrattenfürsten von Gwalior, Indore und Bhopal.

Malz, s. Bier und Bierbrauerei und Branntweinbrennerei.

Malzbonbons (Brustbonbons), Zuckerpräparat der Konditoreien u. Apotheken, wird erhalten, wenn man eine koncentrirte Abkochung von $\frac{1}{2}$ Pfund Malz zu 6 Pfd. Raffinade, die mit Wasser zur Karamelprobe gekocht wurde, hinzusetzt und zur Bonbonkonsistenz einkocht, dann die Masse auf eine Marmorplatte ausgießt und wie gewöhnliche Bonbons zerschneidet.

Malzessig, s. v. a. Getreideessig, s. Essig.

Malzertrakt, zur Sirup- oder Honigkonsistenz eingedampfter wässeriger Auszug von Malz, enthält bei guter Bereitung Traubenzucker, Gummi und eiweißartige Körper u. bildet ein angenehm schmeckendes, leicht verdauliches und nahrhaftes Nahrungsmittel, besonders für Kinder. M. von geringerer Koncentration verdirbt leicht, geht in Gährung über und wird sauer. Der Handel mit Geheimmitteln hat in neuerer Zeit als M. Präparate in den Handel gebracht, die im Wesentlichen nichts Anderes sind als gehaltreiche Biere u. als solche einen gewissen Werth besitzen. Der Zusatz von Pflanzensubstanzen stempelt diese Biere zu Geheimmitteln; da aber kein Grund vorliegt, Substanzen zu wählen, die irgendwie scharf auf den menschlichen Körper einwirken, so kann der Genuß von M. nicht leicht schädlich werden. Wie alle Geheimmittel werden auch diese Präparate zu Preisen verkauft, die sehr weit über ihren reellen Werth hinausgehen.

Malzsirup, s. v. a. Dertrinsirup, s. Dertrin.

Malzteig, Nebenprodukt bei der Bereitung der Bierwürze, aus welcher es sich beim Stehen ablagert. Der M. enthält unzersetztes Stärkmehl, ist sehr kleberreich und eignet sich daher als wohlfeiler Zusatz zu solchem Mehl, das arm an Proteinstoffen ist, z. B. zu einer Mischung von Kartoffel- und Getreidemehl. Für sich allein gibt es kein poröses Brod, dagegen liefert es mit gleichen Theilen Getreidemehl verbacken sehr günstige Resultate.

Mamers, Arrondissementshauptstadt im französischen Departement Sarthe, an der Dive, hat ein Collège, einen Gerichtshof, ein Schiedsgericht für Arbeiter, Fabriken für Leinwand, Calicos, Serge u. Piqué, Handel mit Wein, Getreide und Vieh, besonders Schafen u. 5884 Einw.

Mamertiner (d. i. dem Mamers, wie in oscischer und sabinischer Sprache der römische Mars hieß, Geweihte), kampanische Samniter, hatten den Syrakusanern unter Agathocles gedient und bemächtigten sich nach dessen Tode (289 v. Chr.) der Stadt Messana, wo sie einen Räuberstaat (Mamertina civitas) bildeten. Von Hiero II. 265 v. Chr. bei Mylä besiegt, nahm eine Partei M. Karthager zum Schutze in die Stadt auf, während sich eine andere an die Römer wendete. Ein römisches Heer unter Appius Claudius vertrieb die Karthager aus der Stadt, die hierauf von diesen mit Hiero vereinigt belagert wurde, was Veranlassung zum ersten punischen Kriege gab.

Mamertus, Beiname des Mars, vollständig Mamertus Candaus oder Candäus.

Mamiani, Terenzio della Rovere, Graf, italienischer Gelehrter und Staatsmann, 1802 zu Pesaro in der Romagna geboren, ward bei der 1831 dort ausgebrochenen politischen Bewegung Mitglied der provisorischen Regierung zu Bologna und deshalb nach dem Siege der österreichischen Waffen aus dem Kirchenstaate verwiesen. Er begab sich nach Paris, wo er sich mit der Literatur und philosophischen Studien beschäftigte. In Folge des Amnestiedekrets Pius' IX. vom 17. Juli 1846 nach Italien zurückgekehrt, schloß er sich von Neuem der nationalen Bewegung an u. ging Anfang 1848 nach Rom, wo er bald einer der einflußreichsten Volksmänner wurde und im März den revolutionären Strom mit großer Anstrengung zurückzudrängen suchte. Nach Verleihung der Konstitution u. Berufung der Kammer ernannte ihn Pius IX. am 3. Mai zum Minister des Innern, in welcher Eigenschaft M. alle seine Kräfte aufbot, um den Papst zu stützen, dagegen Italien von dem österreichischen Einfluß zu befreien, doch trat er schon Anfangs August wieder aus, worauf die Auflösung des Kabinets erfolgte, und ging nach Turin, wo er mit Gioberti und Andern die Gesellschaft zur Vereinigung Italiens gründete und einer der drei Präsidenten derselben ward. Als Mitglied der Constituante kämpfte er für die päpstliche Macht und trat aus, als die Absetzung des Papstes in Anregung kam, übernahm aber doch nach der Ermordung Rossi's (15. November) in dem Ministerium Galetti das Portefeuille des Neußern. Nach der Flucht des Papstes verließ er Rom wieder und wandte sich nach Genua, wo er seitdem lebte. Im Jahre 1856 wählte ihn diese Stadt zum Abgeordneten des Parlaments in Turin, wo M. stets für die nationale Politik Italiens wirkte. Am 21. Januar 1860 übernahm er im Ministerium Cavour das Portefeuille des Unterrichts. Unter seinen Schriften sind außer seinen Poesien (Paris 1843, Florenz 1857) hervorzuheben: „Dialoghi di scienza prima" (Paris 1846), „Poeti dell' età media" (das. 1842, 2. Aufl. 1848), „Del papato" (das. 1851) und sein europäisches Völkerrecht. Eine Sammlung seiner „Scritti politici" erschien Florenz 1853. M. ist auch der Stifter einer philosophischen Akademie in Genua. Die von ihm herausgegebenen Denkschriften derselben enthalten von ihm viele theils rein philosophische, theils staatswissenschaftliche Abhandlungen.

Mamluken (Mamelucken, v. Arab., d. h. Sklaven), die stehende Miliz des Pascha's von Aegypten. Der Sultan Nodschmaddin von Aegypten kaufte nämlich im 13. Jahrhundert von dem Eroberer Dschingiskhan 12,000 Sklaven, zum Theil Mingrelier und Tscherkessen, meist aber Türken aus dem Kaptschak, und bildete hieraus das Corps der M., die wegen ihrer kriegerischen Tüchtigkeit bald allgemein gefürchtet waren, aber eben so oft auch ihren eigenen Herren durch ihre Einmischung in die Regierungsangelegenheiten und ihre Neigung zu Empörungen lästig wurden. Als Moattam III. Turan Schah 1250 mit dem Kreuzfahrerheer Ludwigs IX. von Frankreich einen Vertrag abschloß, ohne ihn vorher den M. zur Bestätigung vorgelegt zu haben, ermordeten ihn diese und wählten an seine Stelle aus ihrer Mitte Ibek Melik el Mois, womit die Herrschaft der M. in Aegypten begann. Der Dynastie der Bahariden folgte 1382 die der Bordschiten. Als 1517 Selim I. Aegypten eroberte, setzte er zwar einen Pascha über das Land, mußte aber auch die 24 Mamlukenbei's als Statthalter der verschiedenen Provinzen des Landes fortbestehen lassen, und diese rissen denn auch bald wieder die ganze Regierungsgewalt an sich. Seit der Mitte des 18. Jahrhunderts übten die M. durch ihre Anzahl und ihre Reichthümer ein solches Uebergewicht im Lande aus, daß der von der Pforte ernannte Pascha ganz von ihnen abhing, fast alle höheren Staatsämter in ihrem Besitze waren und ihre Bei's, besonders seit Ali Bei (1763—73), fast unumschränkte Beherrscher Aegyptens waren. Die Zahl der durch ganz Aegypten zerstreuten M. betrug ungefähr 10—12,000, und sie ergänzten sich meist durch kaukasische Sklaven. Erst Napoleons I. Feldzug nach Aegypten (1798—99) brach ihre Macht. Zwar wollten sie nach dem Abzuge der Franzosen ihre soldatische Herrschaft erneuern, der Pascha Mehemed Ali zwang sie jedoch zur Unterwerfung und ließ dann ihre Häupter, die er zu einer Feierlichkeit eingeladen hatte, 470 an der Zahl, treulos ermorden (1811).

Mamma (lat.), Brust, die fleischige Erhöhung auf beiden Seiten derselben, besonders beim weiblichen Geschlechte.

Mammea *L.* (Mammeibaum), Pflanzengattung aus der Familie der Guttiferen, charakterisirt durch den 2blätterigen, gefärbten Kelch, die 4blätterige Korolle mit zahlreichen, kurzen Staubgefäßen und die große, außen lederartige, innen fleischige Beere mit 4 großen Samen in je Einem Fache, Bäume in Amerika und Afrika, mit getrennten, fiederrippigen und getüpfelten Gegenblättern, ohne Nebenblätter und einzelnen Blüthen in Achseln. **M. americana** *L.* ist ein 60—70 Fuß hoher, schöner Baum Westindiens mit pyramidenförmiger, dichter Laubkrone, sehr kurz gestielten, ovalen, dunkelgrün glänzenden, fast fußlangen Blättern und großen, weißen oder hellrosafarbenen, sehr angenehm riechenden Blüthen. Die braungelben, 3—7 Zoll im Durchmesser haltenden Früchte sind die Aprikosen der Antillen und stehen auf den Märkten zum Verkauf. Unter der lederigen, bitter schmeckenden Haut enthalten sie ein gelbes, gewürzhaft wohlschmeckendes Fleisch und werden häufig als Kompot zubereitet, seltener roh gegessen. In Zucker eingemacht benutzt man sie als magenstärkendes Mittel. Weingeist mit den Blüthen destillirt gibt den **Liqueur aux Créoles**, den man in Westindien für das beste geistige Getränk hält. Das Holz wird zum Bauen und zu Schreinerarbeiten benutzt. In Afrika ißt man die großen Früchte der **Mammea africana** *Sabine*. Der Mammeibaum gedeiht in den Gewächshäusern gut bei 12—15° Wärme, wenn er in weite, mit Mistbeet-, Laub- und Moorerde zu gleichen Theilen mit etwas Sand angefüllte Kübel gepflanzt wird, im Sommer reichlich Wasser bekommt und bei großer Sonnenwärme mit Luft und Schatten versehen wird.

Mammillaria *Haworth* (Warzencactus,

Brustwarzendistel); Pflanzengattung aus der Familie der Kakteen, mit mehr oder minder rundem, keulen- oder säulenförmigem, fleischigem, häufig mit einem weißen Milchsafte versehenem, mit mehr oder minder erhabenen Warzen, die auf oder an der Spitze Wolle oder Stacheln tragen und in den Winkeln zwischen den Warzen die Blüthen produciren, besetztem Stamm. Wenn die Blüthen erscheinen wollen, erzeugt sich vorher ein Wollbüschel in den jungen Achseln der Warzen. Die Warzen stehen in zwei regelmäßigen Spirallinien am Stamme hinauf. Die Blumen sind in der Regel klein, einzeln oder in Kreisen um den Scheitel stehend; bei wenigen Arten sind sie größer, fast denen der Echinokakten ähnlich und in den Achseln stehend. Ihre Farbe ist meist rosenroth, dunkler oder heller, zum Theil auch blutroth, citronengelb, schwefelgelb, schmutzig weiß oder rein weiß; sie bestehen aus einer kurzen, dem Fruchtknoten angewachsenen Röhre, welche in kurze, schmale Kelchblätter übergeht, und in einer wechselnden Anzahl schmaler, spitzer Kronblätter. Staubfäden und Griffel sind fadenförmig mit 3—7 Narben. Die Beeren sind länglich, glatt, meist karminroth, seltener scharlachroth oder orangegelb; sie treten noch in demselben Jahre nach der Blüthe oder im folgenden Frühjahre hervor und enthalten viele feine, schwarze oder braungelbe Samen, die nach 8—14 Tagen leicht keimen. Die Gattung hat gegen 130 Arten, meist in Meriko, einige in Westindien einheimisch; in Brasilien, Peru und andern Ländern Südamerika's scheinen sie gänzlich zu fehlen. In den Gewächshäusern Deutschlands findet man gegen 70 Arten. Die Früchte der meisten Arten schmecken süßlich und werden in der Heimat gegessen. Auch zerquetscht man von mehren Arten den Stamm und benutzt ihn zu kühlenden, erweichenden und zertheilenden Umschlägen bei Entzündungen der Haut. Damit die Mammillarien ihre ursprünglichen Formen ausbilden oder nicht verlieren, ist es nothwendig, dieselben während des Sommers auf eine sonnige Stellage ins Freie zu stellen, woselbst man sie jedoch gegen heftigen und anhaltenden Regen schützen muß. Wenn man sie im Winter ziemlich trocken (doch niemals völlig trocken) hält, so gedeihen sie am besten bei einer Temperatur von 6—8—10° Wärme. Die Töpfe müssen klein und mehr flach als tief, unten mit einer starken Lage feinen Kalkschuttes versehen sein. Die Erde kann zum sechsten Theil mit fein zerstoßenen Kalkstückchen und Ziegelmehl gemischt werden und muß übrigens durchaus rein von rohen Stoffen sein. Die Vermehrung geschieht durch Samen, durch Einstecken der Sprößlinge und bei verschiedenen Arten durch ausgetrennte Warzen, die flach gesteckt und in der Wärme zum Bewurzeln gebracht werden. Nimmt man ältern Exemplaren die Spitze, so kann diese nach dem Abtheilen als Steckling dienen, und der Stamm treibt dann Nebensprossen, durch welche man die Pflanzen vermehren kann. Alle Arten müssen nur flach eingepflanzt werden.

Mammon (chaldäisch, s. v. a. Vermögen, Habe), im Neuen Testament der Reichthum, als Götze oder Personifikation gedacht.

Mammuth (Mammont), die fossilen Elephanten aus den unserer gegenwärtigen Erdperiode zunächst vorangegangenen, sogenannten diluvialen und jüngsttertiären Zeiten. Sie schließen sich in Zahn- und Skeletbau ganz an die lebenden Formen an. Ihre Stoß- wie Backenzähne finden sich insbesondere häufig in den diluvialen Lehm- u. Kieslagern, in Süßwasserkalken, selbst in Höhlen. Ihre kolossalen Knochen, die man schon längst, nicht selten in ganzen Skeleten beisammen liegend, gefunden hat, wurden lange für Knochen von Riesen gehalten, so die im 16. Jahrhundert in Air gefundenen für die Reste des Königs Teutoboch, Leibniz hielt das Skelet aus dem Siwekenberg bei Quedlinburg für das eines Einhorns; dagegen erklärte noch 1696 das Medicinalkollegium von Gotha die im Kalktuff von Burgtonna gefundenen Knochen eines Skelets für Naturspiele. Man unterscheidet verschiedene Arten; die verbreitetste ist der Elephas primigenius, das sibirische M. der Diluvialzeit, vom indischen Elephanten, dem es zunächst steht, auch hinsichtlich der linearen Schmelzplatten der zusammengesetzten Backenzähne gleicht, sich unterscheidend durch die aus der Ebene gebogenen, mächtigen Stoßzähne, die wohl bis 15 Fuß lang, bis 1 Fuß im Querschnitt am Grunde messend und bis 160 Pfund schwer gefunden wurden. In der Körpergröße übertraf es den lebenden indischen Elephanten nicht. Es war behaart. Von diesem M. wurde 1807 zuerst von tungusischen Fischern ein vollständig erhaltener Kadaver aufgefunden, der aus einem seit 1799 bloßgelegten Eisblock in der Mündung der Lena herausgeschmolzen war. Er war zwar schon sehr verstümmelt u. der Stoßzähne beraubt, doch fand man noch den Augapfel u. das Gehirn in den Höhlen, den Hals mit langer Mähne, den Körper mit steifen schwarzen Grannen- und weichen röthlichen Wollhaaren bedeckt. Der Kopf wog ohne Stoßzähne 400 Pfund. Das Thier war 10½ Fuß hoch; sein Skelet steht noch in der petersburger Sammlung. Später wurden noch mehre solche Kadaver im gefrorenen Boden Sibiriens aufgefunden. Die Knochen und Zähne dieses sibirischen M.s finden sich mit denen eines Rhinoceros (Rhinoceros tichorrhinus), des noch lebenden Moschusochsen (Bos moschatus), des Höhlenbären u. anderer Thiere über den ganzen Norden beider Hemisphären bis zu den Gestaden des Mittelmeers u. schwarzen Meers; nach Falconner sind sie jedoch in Europa nur bis zu den Alpen u. in Nordamerika bis in die mittleren Vereinigten Staaten verbreitet. In Nordsibirien, sowie im polaren Amerika (Eschscholtzbai) lagern sie im gefrorenen Boden, am häufigsten auf den Inseln des nördlichen Eismeers, in Neusibirien ꝛc. Die Eingebornen glauben, daß das Thier noch, wie ein Maulwurf, unter der Erde lebe; andererseits haben ihre Reste u. Stoßzähne, für Federspulen gehalten, Anlaß zur Sage vom Vogel Greif gegeben. Aber auch im mittlern Europa finden sie sich massenhaft zusammengehäuft, so sollen bei Cannstadt 1700 an 60 Stoßzähne ausgegraben worden sein. Bei Happisburgh in Norfolk sollen die Fischer beim Austernfischen in 13 Jahren 2000 Backenzähne heraufbefördert haben. Zwischen den Zähnen des gleichaltrigen Nashorns fand Brand noch die Reste von Pinuszweigen und Nadeln, die wahrscheinlich das Futter dieses nordischen Elephanten waren. Das Auffinden von Steinwaffen u. einem menschlichen Schädel in den oberflächlichen Schichten von Abbeville im Departement der Somme hat zur Behauptung geführt, daß dieses M. noch mit den ersten Menschen zusammen gelebt habe, aber die völlige Abwesenheit seiner Reste unter denen der ältesten Pfahlbauten, die Untersuchungen Lartets, der auch nicht Einen Mammuthrest aufgefunden hat mit Spuren von Bearbeitung seiner frischen Knochen durch den Menschen, machen es wahrscheinlich, daß jenes Zusammenvorkommen ein zufälliges ist. In Italien, wo das obere Arnothal vor Allem reich an solchen Ueberresten ist, fanden sich 3 M.e im Diluvium im pliocenen Tertiärgebirge, darunter 2 mit rautenförmigen Schmelzplatten der Zähne; in Ostindien unterscheidet man 6 solcher rüsseltragenden Dickhäuter, andere kennt man aus Meriko. Im polaren Klima hat sich das Elfenbein der Stoßzähne so wohl erhalten, daß sie einen wichtigen Ausfuhrartikel Sibiriens bilden. Das **Mastodon** (**Zitzenzahn**) bildete ein insbesondere durch den Bau seiner Backenzähne vom Elephanten unterschiedenes Geschlecht rüsseltragender Pachydermen. Seine Backenzähne besitzen Querhügel, über die sich kegelförmige oder zitzenförmige Zacken erheben, die sich nach und nach abnutzen, so daß endlich die Kauflächen in Eine zusammenfließen. Dabei ist die Anzahl der Backenzähne eine größere als beim Elephanten u. der Zahnwechsel ein anderer. Außer den oberen Stoßzähnen kommen beim Mastodon auch die untern zur Entwickelung; sie fallen aber bei den einen beide zeitig aus, bei andern erhält sich dagegen meist der rechte (Tricantodon), oder es erhalten sich längere Zeit selbst beide (Tetracantodon). Dies Geschlecht wurde zuerst in Nordamerika entdeckt (Mastodon ohioticum, giganteum). Auch hier wurden die 1705 zuerst am Hudson bei Newyork gefundenen Knochen für die von Riesen gehalten. Am massenhaftesten fand man sie später in einem sumpfigen Salzmoor, dem Big-bone-lick, in Kentucky, südlich und westlich von Cincinnati. Noch 1846 lebende Leute erinnerten sich, wie im dortigen Waldlande Büffel u. Hirsche in Menge dieser natürlichen Salzlecke nachgingen, wie es einst die Mastodonten gethan haben; wie viele dabei im tiefen morastigen Boden versunken sind, beweisen die zahlreich aus seiner Tiefe hervorgeholten Knochen vom Mastodon, dem sibirischen M., Megalonyx, Bison und dem ausgestorbenen nordamerikanischen Pferd. Einen mit Pflanzenresten, Nadeln der Hemlocktannen, erfüllten Sack, den man neben Mastodontenknochen in Newjersey gefunden, hat man für den Magen des Mastodon gehalten. Sicherlich war auch dieses ein Pflanzenfresser wie der lebende Elephant. Es wurde 11 Fuß hoch, 17 F. lang bis zur Schwanzwurzel u. hatte bis 11 F. lange, 8²/₃ F. breite hervorragende Stoßzähne. Man kennt das Ohiothier in Nordamerika bis zum 60.° nördl. Br. Andere sichere Arten wurden in Südamerika (Brasilien, Chile), Europa, Asien (Subhimalaya) gefunden. Wichtig für das europäische Tertiärgebirge sind das pliocene Mastodon angustidens *Cuv.* u. das miocene Mastodon arvernensis *Cr. J.*

Mammuthhöhle (**Mammoth Cave**), merkwürdige, weit ausgebreitete Stalaktitenhöhle im südwestlichen Theil des nordamerikanischen Staats Kentucky, Grafschaft Edmondson, am Fuß einer kuppenförmigen Anhöhe. Sie hat eine große Menge einzelner Abtheilungen und Kammern, zum Theil mit abenteuerlichen Gesteinsformen, und wird vielfach von größeren u. kleineren Gewässern durchströmt. Die Gesammtlänge und Ausdehnung aller ihrer verschiedenen Windungen wird auf 8—10 deutsche Meilen geschätzt, von denen bis jetzt erst über 2 Meilen erforscht sind. Sie stand früher, unbegründeter Weise, in dem Ruf einer besondern Heilkraft, die auf einer eigenthümlichen, der Lunge sehr zuträglichen Gasart beruhen sollte, wovon der Spekulationsgeist der Umgegend einige Zeit lang Nutzen zu ziehen wußte.

Mamore, Fluß im südamerikanischen Staat Bolivia, der Oberlauf des Madeira.

Mamre, Terebinthenhain in Palästina, unweit Hebron, Sitz Abrahams, mit der Höhle Machpelach, wo Sara, Abraham, Isaak und Jakob begraben wurden. Bei diesem Hain fand ein großer Markt Statt, und noch zu Konstantins des Großen Zeit befand sich daselbst ein Altar, an dessen Stelle der Kaiser eine Kirche erbauen ließ.

Man, englische Insel im irischen Meere, dem Solway Firth gegenüber, hat eine Länge von 6¹/₂ Meilen, eine ungefähre Breite von 2 M. und umfaßt ein Areal von 9,4 (nach Andern 13,2) QM. Die Insel wird der Länge nach (von Nordosten nach Südwesten) von einer Bergkette durchzogen, die durch 2 Einsenkungen in 3 Theile zerfällt und im Sneafield in der Mitte 2000 Fuß Höhe erreicht. Nur der nördliche Theil ist flacher, tertiärer Boden; im Uebrigen besteht die Insel aus silurischem Schiefer, Bergkalk und Trappfelsen. Die Küste ist an vielen Stellen steil. Das Mineralreich liefert Blei, Silber, Zink, Eisen und Kupfer, und die Ausbeute ist besonders an Blei ansehnlich. Das Klima ist feucht und mild; doch wird Ackerbau nur in dem südlichen und dem flacheren nördlichen Theile getrieben. Die Hügel im Innern bieten Weiden für Ponies, Ochsen und besonders für Schafe, die alle klein sind. Die Einwohner, 1861 52,470 Seelen, sind nicht Angloſachsen, sondern bilden das mit den Celten nah verwandte Volk der **Manx**, das noch jetzt einen celtischen Dialekt (ebenfalls Manx genannt) spricht, indessen auch Englisch versteht. Der größte Theil derselben ist in den Bergwerken und mit der ausgedehnten Häringsfischerei beschäftigt. Die Insel ist Sitz des Bischofs von „Sodor und M.“ (Sodoroys war früher Name der südlichen Hebriden, die ehemals auch zu M. gehörten), hat ihre eigne Verfassung, ihr eignes Landrecht, sowie Freiheit von allen Zöllen und Abgaben. Sie wird von einem Gouverneur verwaltet, den die Krone ernennt, und dem ein Oberhaus von 9 Mitgliedern und ein Haus der Gemeinen von 24 Mitgliedern mit gesetzgebender und richterlicher Gewalt zur Seite stehen. Noch jetzt werden die Gesetze alljährlich öffentlich auf dem Tynwaldhügel verlesen. Am Südwestende von M. liegen ein dazu gehöriges Felseninselchen, das **Menschenkalb**, mit Ruinen eines mächtigen Schlosses, und die Eilande **Kitterlings**. Hauptstadt und Sitz der Regierung ist Castleton. Die Insel war schon von Cäsar gekannt, der sie **Mona** nennt; später wurde sie von einem irischen Seekönig zum zweiten Male entdeckt. Im 10. Jahrhundert kam M. unter dänische, im 11. unter normannische Herrschaft und bildete mit den schottischen Inseln lange ein eigenes Königreich, das Regnum insularum. Im 13. Jahrhundert wurde M. von Schottland, im 14. von England erobert, und im 15. Jahrhundert wurden die Grafen von Derby mit dem „Königreich M.“ belehnt. Endlich kam M. an die Murrays, Herzöge von Athol, die ihre

Souveränetätsrechte über die Insel, die ein Hauptsitz des Schmuggelhandels war, 1765 für 70,000 Pfund Sterling an die Krone abtraten. Noch jetzt bildet M. nominell ein besonderes Königreich.

Manaar, Insel an der Nordküste der Insel Ceylon, $2^3/_5$ Meilen lang, $^1/_2$ Meile breit, von flacher Beschaffenheit, erzeugt Kokos, Baumwolle und zahlreiche schwarze Ziegen und Schafe. Hauptort ist die Stadt M. am Südostende, mit einem Fort. Nach der Insel M. wird der seichte Meerbusen benannt (Manaargolf), welcher Ceylon vom südlichen Karnatik trennt und nur von kleinen Schiffen befahren werden kann.

Managua, seit 1854 Hauptstadt des mittelamerikanischen Staates Nicaragua, am südlichen Ufer des See's M., der durch den Tipitapa mit dem Nicaraguasee in Verbindung steht, ist regelmäßig gebaut, aber ohne bemerkenswerthe öffentliche Gebäude, wie ohne Handels- und Gewerbeverkehr, und zählt 12—13,000 Einwohner.

Manasse, 1) erster Sohn des Patriarchen Joseph und der Priestertochter von Heliopolis, Asnath, in Aegypten geboren, älterer Bruder Ephraims, von Jakob an Sohnes Stelle angenommen, daher Ahnherr eines der 12 Stämme, welcher stets neben Ephraim genannt wird u. beim Auszug aus Aegypten 52,700 waffenfähige Männer zählte, auch bereits unter Moses Wohnsitze im ostjordanschen Gebiet erhielt. Da dies durch den Jabbok von Gad getrennte Terrain für den Stamm bald zu eng wurde, so blieb nur die eine Hälfte desselben, die Familie Machirs, des erstgebornen Sohnes M.'s, dort, während die andere Hälfte diesseits des Jordans neben den Ephraimiten ihr Stammgebiet angewiesen erhielt. Bei der Theilung des Reichs kamen M. u. Ephraim an das Reich Israel.

2) König von Juda, Sohn und Nachfolger des Hiskias, bestieg den Thron 695 als zwölfjähriger Knabe, regierte bis 641 und stellte alle Arten von Götzendienst her. M. selbst opferte seinen Sohn dem Moloch. Der Sage nach ließ er auch Jesaias tödten. Nach 2. Chron. 33, 1—20 soll er von den Assyrern gefangen fortgeführt, aber als man seine Unbedeutendheit erkannte, wieder freigegeben worden sein und nach seiner Rückkehr den Jehovahdienst wieder hergestellt haben. Das Gebet M.'s, eine apokryphische Schrift des Alten Testaments, enthält eine Bitte des Königs M. um Vergebung seiner Sünden. Es wurde von einem späteren Juden ursprünglich griechisch abgefaßt und gilt auch der katholischen Kirche nicht für kanonisch.

Manati (Manatus *Cuv.*, Lamantin), Säugethiergattung aus der Ordnung der Cetaceen oder Fischsäugethiere, charakterisirt durch den spindelförmig gestalteten, mit einzeln stehenden Haaren besetzten Fischleib, die abgestutzte sehr bewegliche Oberlippe, die mit dichtstehenden Borsten besetzte Schnauze, die mit 4 Nägeln ausgerüsteten Armflossen (Vorderglieder), die fehlenden Hinterglieder und die oval abgerundete Schwanzflosse. Nach den bisherigen Untersuchungen scheinen die hierher gehörigen Thiere nur 6 Halswirbel, 15—17 Rückenwirbel und 23 Schwanzwirbel zu haben. Schneidezähne finden sich nur bei jungen Thieren; da dieselben bald ausfallen, so haben die alten Thiere bloß Backenzähne, und auch diese nutzen sich durch den Gebrauch ab, fallen aus und werden von hinten her durch neue ersetzt. Die Gattung enthält gesellig im Wasser lebende Thiere, welche manchmal am Ufer umherkriechen. Sie sind auf den zwischen den Tropen liegenden Theil des atlantischen Oceans beschränkt. Ihr Fleisch ist genießbar; aus der Haut werden Riemen und Peitschen geschnitten; das Fett dient zum Brennen, auch zum Schmelzen von Speisen. Die bekannteste Art ist der schmalschnauzige Lamantin (M. australis *Tiles.*, Trichechus Manatus *L.*, Seekuh, Meerweibchen). Derselbe wird 9—10 F. lang, 2—$2^1/_2$ F. breit, über $1^1/_2$ F. hoch und 500—800 Pfund schwer; auch will man weit größere, 15—20 F. lange und 5—6 F. breite gesehen haben. Die nackte, nur mit etwa $^3/_4$ Zoll weit von einander entfernten Borsten besetzte Haut ist bläulichgrau, auf dem Rücken und an den Seiten etwas dunkler als auf der Unterseite. Die mit einer sehr zarten Haut bedeckte Oberlippe dient als Fühler zum Betasten. Die Zunge ist fast unbeweglich, doch befindet sich vor derselben an jeder Kinnlade ein fleischiger Knopf, der in eine mit sehr zarter Haut ausgekleidete Höhlung paßt. Die Lunge ist 3 F. lang, mit ungemein großen Zellen versehen und ungeheuren Schwimmblasen gleichend. Der Magen ist in Fächer getheilt, der Darm über 100 F. lang. Diese Thiere halten sich besonders in den Buchten der Antillen und der benachbarten südamerikanischen Küste auf; doch hat sich durch unablässige Verfolgung von Seiten des Menschen ihre Zahl schon sehr vermindert. Ihre Lebensweise gleicht der des Dugong (s. d.) und des Borkenthiers (s. d.). Das Fleisch ist schmackhaft, gilt aber für ungesund; eingesalzen und an der Sonne gedörrt hält es sich sehr lange.

Manayunk, Stadt im nordamerikanischen Staat Pennsylvanien, am linken Ufer des Schuylkill und der Philadelphia-Norristown-Eisenbahn, hat 6 protestantische und 2 katholische Kirchen und 7000 Einwohner.

Manbaza, Insel, s. Zanguebar.

Mancha (La Mancha), Landschaft in Spanien, der südlichste Theil des Königreichs Neukastilien, umfaßt 368 QM. mit 244,328 Einwohnern und war ehemals eine besondere Provinz, bildet aber gegenwärtig (seit 1822) den Hauptbestandtheil der Provinz Ciudad Real.

Manche (La Manche), die französische Bezeichnung des den atlantischen Ocean mit der Nordsee verbindenden Meeresarmes Kanal (s. d.), welcher Frankreich von England trennt. Nach ihm ist benannt das an denselben stoßende Departement M. an der Nordwestküste von Frankreich, aus dem westlichen Theil der ehemaligen Niedernormandie gebildet und die beiden Landschaften Avranchin (im Süden) und Cotentin (im Nordwesten) umfassend; es enthält 108,05 QMeilen Flächenraum mit (1861) 591,421 Einwohnern u. wird außer von dem oben genannten Kanal noch begrenzt von den Departements Calvados, Orne, Mayenne und Ille-Vilaine. Das Departement, dessen nördlicher Theil die Halbinsel des Cotentin bildet, ist an der Küste voller Dünen u. Klippen (Vorgebirge: La Hogue, Flamanville), hat aber theilweise auch sandige Ufer, mehre Buchten (Vauville, St. Germain, Fermanville und Gatteville), außer Cherbourg jedoch keinen guten Hafen. Im Uebrigen ist es ebenes, sandiges, zum Theil auch sumpfiges, aber weidenreiches Land, welches nur 2 Gruppen kleiner Berge hat, deren nördliche im Kap la Hogue ausläuft; es wird von einer Menge kleiner Küstenflüsse bewässert, wovon die bedeutendsten die Vire, Taute, Selune (mit der Sée) Sienne, Madeleine, Douve (mit der Merderet) und der Couesnon sind. Das Klima ist im Allgemeinen gemäßigt und feucht, aber ziemlich veränderlich, oft stürmisch; der Boden ist höchst ergiebig. Hauptprodukte sind Getreide aller Art, Hanf, Flachs, viel Obst, besonders Aepfel (jährlich über 1 Million Hektoliter), die zur Ciderbereitung verwandt werden, Oelpflanzen, Hülsenfrüchte und Färberröthe. Der Mineralreichthum ist gering; Erze sind wenig vorhanden (nur etwas Blei, Eisen und Zink), noch weniger Brennmaterial; doch finden sich mancherlei brauchbare Steine (Marmor, Schiefer 2c.) u. einige Mineralquellen. Landbau u. Viehzucht (besonders Pferde, Maulesel und Rindvieh mit bedeutendem Milch- u. Buttergewinn, auch Bienenzucht) sind sehr vorgeschritten u. bilden die Basis des Reichthums. Auch die Industrie ist von großer Wichtigkeit, sie umfaßt Wollen-, Baumwollen-, Leinen-, Eisen- und Thonwaaren, Glas, Porzellan, Spitzenklöppeln, Blonden- und Bänderfabrikation, Korbflechterei, Schiffbau und Sodabereitung. Dem entsprechend ist auch der Handel sehr ansehnlich; Hauptausfuhrartikel sind: die Boden- und Industrieerzeugnisse, frische und eingesalzene Fische, Butter, Honig, Cider, Rindvieh, Pferde, Maulesel 2c. Gute Straßen befördern den innern Verkehr; außerdem wird das Land noch von der von Caen nach Cherbourg führenden Eisenbahn durchschnitten. Das Departement wird eingetheilt in die 6 Arrondissements: St. Lô, Avranches, Cherbourg, Coutances, Mortain und Valognes; die Hauptstadt ist St. Lô.

Manchester, Stadt in der englischen Grafschaft Lancaster, liegt am Fuße des südlichen Abhangs einer Hügelkette, die sich von Oldham her zwischen die Thäler des Irwell und des Madlock drängt, u. deren letzte Spitze, Kersall-Moor, die Rennbahn der Stadt bildet. Das eigentliche M. liegt auf dem linken Ufer des Irwell, zwischen diesem Flusse und den beiden kleineren Jck und Madlock, die sich hier in den Irwell ergießen. Auf dem rechten Irwellufer und eingefaßt von einer starken Biegung dieses Flusses liegt Salford, weiter westlich Pendleton; nördlich vom Irwell Higher und Lower Broughton, nördlich vom Jck Cheetham Hill, südlich vom Madlock Hulme, weiter östlich Chorlton on Medlock, noch weiter, ziemlich im Osten von M., Ardwick. Der ganze Häuserkomplex wird im gewöhnlichen Leben M. genannt und umfaßt mehr als 460,000 Bewohner. Nächst London ist M. demnach die volkreichste Stadt von England. Es ist der Hauptort der bedeutenden Baumwollenindustrie von Lancashire und eine Fabrikstadt im großartigsten Maßstabe. Die Straßen sind im Allgemeinen unregelmäßig, eng und unbequem, in neuerer Zeit wurde jedoch viel zu ihrer Verschönerung gethan. Das Centrum mit seinen Hauptstraßen, wie Market Street, enthält den ausgedehnten kaufmännischen Bezirk, fast nur aus Kontoren und Waarenhäusern bestehend und mit den brillantesten Läden geziert; die Vorstädte, größtentheils von Arbeitern bewohnt, dehnen sich nach allen Richtungen aus und haben viele schöne Häuser, große Gärten der reichen Kaufleute und Fabrikanten, besonders in Chorlton und Ardwick und auf den Höhen von Cheetham Hill, Broughton und Pendleton. Die Straßen haben Abzugskanäle, und eine großartige, 1857 vollendete Wasserleitung liefert täglich 25 Millionen Gallonen Wasser. Unter 140 kirchlichen Gebäuden verdienen die protestantische Kathedrale am Irwell, im gothischen Styl und aus dem 15. Jahrhundert stammend, mit zahlreichen Denkmälern und einem der schönsten Chore in England, und die in neuerer Zeit vollendete katholische St. Johnskirche in Salford hervorgehoben zu werden. Von den übrigen öffentlichen Gebäuden sind noch von Bedeutung: das Athenäum, die Royal Institution mit Räumen für Gemäldeausstellungen und einem Saal für Vorlesungen; die Koncerthalle, die Halle der naturhistorischen Gesellschaft, das Unionsklubhaus, das königliche Theater. Zahlreiche Anstalten sorgen für Bildung und Belehrung des Volks, darunter eine Arzneischule, ein Seminar für Independenten (bei Withington), eine theologische Schule für Wesleyaner (bei Didsbury), eine lateinische Schule (College), 1524 gegründet, mit 400 Schülern, das in Verbindung mit der londoner Universität stehende Owens College, Cheethams College, eine Handelsschule, Zeichenschule u. a. Auch an öffentlichen Bibliotheken ist kein Mangel. Die Börsenbibliothek enthält 120,000 Bände, eine der Subskriptionsbibliotheken 80,000 Bände, die Porticobibliothek 14,000 Bände, eine Freibibliothek 21,000, Cheethams 25,000 und Newalls 20,000. Es bestehen ferner in M. eine Gesellschaft für Naturgeschichte mit Museum, geologische und statistische Gesellschaften, ein Kunstverein, mehre Handwerker- und Bildungsanstalten, ein Athenäum, 3 Lyceen für Belehrung und Erholung der arbeitenden Klassen, die Victoriagallerie für mechanische Ausstellungen; schöne öffentliche Parks zur Erholung der Bewohner und Verbesserung der Luft sind in der Nähe der Stadt eröffnet, der eine mit der Salford-Bibliothek und Museum. Auch die Deutschen hier haben ihre Anstalten, wie eine Schilleranstalt, einen Turn-, einen Gesangverein 2c. Ein großer botanischer Garten liegt außerhalb der Stadt. Unter den milden Stiftungen ist die wichtigste das große Krankenhaus mit 280 Betten (davor Standbilder Wellingtons, Peels, Daltons und Watts). Ferner gibt es 6 kleinere Krankenhäuser, ein Irrenhaus, eine Blindenanstalt, ein Taubstummeninstitut, mehre Versorgungshäuser, 10 öffentliche Badeanstalten 2c.. M. erfreut sich aller Vorzüge einer Seestadt, und obgleich nicht an der See gelegen, hat es sein eigenes Zollhaus. Die dem Handel gewidmeten Gebäude gehören unter die vorzüglichsten der Stadt, so namentlich die große Börse mit 185 Fuß langem, 82 Fuß breitem Saal, die 1837 erbaute Kornbörse, die 1856 eröffnete Freihandelshalle (Free Trade Hall), welche 7000 Menschen faßt, und in der alle Volksversammlungen abgehalten werden. M. ist Hauptsitz der Baumwollenindustrie; außer den Spinnereien sind die ausgedehntesten Webereien, Färbereien und Druckereien vorhanden. Die Fabrikation von Seidenwaaren jeder Art beschäftigt an 4000 Stühle. Manche der Fabriken, die entweder bloß spinnen, oder die fertige Waare vom Anfang an erzeugen, sind ungeheure Gebäude von 7 oder 8 Stockwerken; manche haben 600 Maschinenstühle in Bewegung, von denen jeder wöchentlich

15—20 Stück à 72 Ellen erzeugt. Nächst der Baumwolle ist die Maschinenfabrikation von Manchester sehr wichtig; man fertigt die feinsten Maschinen zur Verarbeitung der Baumwolle und Dampfmaschinen bis zu 400 Pferdekraft, sowie vortreffliches Werkzeug. Im Jahre 1860 gab es in M. 95 Baumwollenfabriken, 63 Maschinenfabriken, 60 Sägemühlen, 48 Gießereien, 37 Färbereien und Kattundruckereien, 16 Stahlwaarenfabriken, 15 Kornmühlen, 13 Seidenfabriken, 5 Bleifabriken, 5 Kattunfabriken, 3 Papiermühlen, 2 Worstedfabriken, 10 Hutfabriken und 11,281 Werkstätten verschiedener Art. Dazu kamen 1758 Waarenhäuser, 7833 Läden, 193 Brauereien u. Brennereien und 151 Schlachthäuser; 12 Markthallen, darunter der mit Glas gedecke Viehmarkt, versehen die Stadt mit Lebensmitteln, 11 Banken vermitteln den großen Geldverkehr und 8 Eisenbahnhöfe den ungeheuren Verkehr von Menschen und Gütern. Die Kanal- und Eisenbahnverbindung der Stadt ist nach allen Seiten gerichtet, so daß M. als der bedeutendste Eisenbahnpunkt in England gilt. M.s Haupthafen ist Liverpool. M., das Manucium od. Manduessedum der alten Römer, das im Laufe der Zeiten von Pikten, Skoten, Sachsen und Dänen in Besitz genommen wurde, kommt zur Zeit Wilhelms des Eroberers als Manigecaster vor, woraus dann M. ward. Im 10. Jahrhundert war es ein Dorf, wo König Eduard I. ein Schloß erbaute. Ein Normanne, Nigel, kommt schon unter Wilhelm dem Eroberer als Baron von M. vor, und nach ihm erhielt die Familie Grebley u. 1307 die Familie Delaware die Würde von Baronen von M. Schon im 14. und 15. Jahrhundert wird M. als eine gewerbfleißige Stadt geschildert, wo Leinen- und Wollenfabrikate mit großer Emsigkeit gefertigt wurden. Im Jahre 1719 hatte M. nur 8000 Einw., 1759 aber hatte es bereits 20,000, und seitdem ist die Bevölkerung (einschließlich von Salford), wie oben erwähnt, auf mehr als 460,000 gestiegen. M. sendet zwei, Salford aber nur Ein Mitglied ins Parlament.

2) Stadt im nordamerikanischen Staat New-hampshire, am linken Ufer des Merrimac und an der Vermont-Centraleisenbahn, ist regelmäßig gebaut, hat 12 Kirchen, eine Hochschule und verschiedene andere Schulen, ein Athenäum mit Lesezimmer und Bibliothek, 2 Grammarschools und zahlreiche andere Schulen, 3 Banken und (1860) 20,109 Einwohner. Die Stadt wurde erst 1838 angelegt und 1846 als City inkorporirt.

Manchester, Grafen u. Herzöge von, Peers von England, leiten ihre Herkunft von Drogo de Montacuto ab, der mit Wilhelm dem Eroberer aus der Normandie kam, und dessen Nachkommen in direkter Linie 1337 zu Grafen von Salisbury erhoben wurden. Der unmittelbare Stammvater der M. ist Sir Edward Montagu, der unter Heinrich VIII. Sprecher des Unterhauses und von 1539 bis 1545 Oberrichter der Kingsbench war. Die namhaftesten Sprößlinge des Geschlechts sind:

1) Sir Henry Montagu, Enkel des eben Genannten, zeichnete sich als Parlamentsmitglied für London aus, ward 1616 Oberrichter der Common pleas und 1620 Lordschatzmeister und zugleich als Lord Montagu von Kimbolton und Viscount Mandeville zum Peer und im Februar 1626 zum Grafen von M. erhoben. Auch das Amt eines Großsiegelbewahrers bekleidete er. Er † am 7. November 1642.

2) Edward, Sohn des Vorigen, gehörte als Mitglied des Unterhauses unter dem Namen Lord Kimbolton zu den thätigsten Führern der Opposition und wurde, nachdem er 1642 seinem Vater als Graf von M. gefolgt, zum General der Armee des Parlaments ernannt. Er schlug den Prinzen Rupert bei Marston-Moor (1644), zog sich nach der Hinrichtung des Königs von aller Theilnahme an der Politik zurück u. stimmte 1660 in der Versammlung der Peers für die Restauration Karls II. Er † am 5. Mai 1671.

3) Charles, 4. Graf von M., Enkel des Vorigen, war einer der Ersten, welche sich bei der Revolution von 1688 dem Prinzen von Oranien anschlossen. Er nahm Antheil an der Schlacht von Boyne und der Belagerung von Limerick, wurde 1696 zum Gesandten in Venedig, 1699 zum Botschafter in Paris und 1701 zum Staatssekretär ernannt. Im Jahre 1715 erklärte er sich mit Eifer für die Thronbesteigung des Hauses Hannover, weshalb ihn Georg I. 1719 zum Herzog von M. erhob. Als Staatsmann vertrat er stets die Grundsätze der Whigs. Er † am 20. Jan. 1722.

4) William Montagu, 5. Herzog von M., am 21. Oktober 1768 geboren, war Gouverneur von Jamaica, dann Generalpostmeister und † zu Rom am 18. März 1843.

5) George Montagu, 6. Herzog von M., Sohn des Vorigen, geboren am 9. Juli 1799, diente in seiner Jugend in der Marine, erhielt 1822 den Rang eines Kommandeurs, war hierauf bis 1837 Mitglied des Unterhauses u. † den 18. Aug. 1855. Er trat auch als Prediger auf u. hat mehre theologische Schriften herausgegeben.

6) William Drogo Montagu, 7. Herzog von M., ältester Sohn des Vorigen, geboren am 15. Oktober 1823, trat 1841 in die Armee, diente 1843 bis 1846 als Adjutant des Generals Maitland im Kapland u. ward dann zum Hauptmann im Gardegrenadierregement befördert, nahm aber 1850 seinen Abschied. Am April 1848 für Bewdley und später für die Grafschaft Huntingdon ins Parlament gewählt, schloß er sich der konservativen Partei an und war unter dem Ministerium Derby vom Februar 1852 bis Januar 1853 Kammerherr des Prinzen Albert. Im Jahre 1855 nahm er seinen Sitz im Oberhause ein.

Manchester (engl. manchester, velours cotton, fustian, franz. velours à côtes), aus Baumwolle angefertigter sammetartiger Stoff, welcher sich vom ächten Sammet dadurch unterscheidet, daß die haarige Decke (der Flor) durch den Eintrag und nicht durch eine besondere Kette hervorgebracht wird. Der Eintrag verbindet also im M. die Kettenfäden mit einander zu einem konsistenten, nur auf der Rückseite des Stoffes sichtbaren Grundgewebe, läuft aber auch zum Theil auf solche Art durch die Kette, daß er zu wenigstens drei Viertel auf der rechten Seite des Stoffs flott liegt und hier lauter parallele Längenstreifen, gleichsam sehr enge Schläuche bildet, welche unten das Grundgewebe, oben jene ungebundenen Theilchen des Eintrags zur Wand haben. Diese Schußfäden werden Polschuß, die anderen Grundschuß genannt. Das Gewebe legt man auf eine Tafel und schneidet (reißt) die flott liegenden Theile des Polschusses mit einem eigenthümlich konstruirten Messer auf; die Endchen werden hierauf mit einer Maschine aufgebürstet und zu völlig gleicher Länge abgesengt. Leichter gewebte Waare muß man vor dem Reißen auf der Rückseite mit Kleister bestreichen. Man unterscheidet besonders folgende Hauptsorten von M.: Sammtmanchester (Baumwollsammt), der vollständig gerissen ist. Die beste Sorte ist der Velve, geringer und schmaler ist der Velveteen. Gestreifter M., wird erhalten, indem man entweder die Pole streifenweise unaufgeschnitten läßt, oder die flott liegenden Polschußtheile so anordnet, daß sich auch nach vollständigem Reißen ein streifiges Ansehen ergibt. Die nach der letzten Methode dargestellten Gewebe heißen Kord. Unaufgeschnittener M., ist gar nicht gerissen und zeigt daher auch nichts Sammtartiges. Zuweilen webt man den M. mit zweierlei Eintrag, nämlich einem etwas gröberen zum Grunde und einem feineren zum Flor. Die Kette ist immer bedeutend gröber und fester gedreht als der Einschuß. Nach der Beschaffenheit des Grundgewebes, welches entweder leinwandartig, od. drei-, auch vierbindig geköpert ist, unterscheidet man glatten M. und Köpermanchester.

Manchester cottons (engl.), grobe baumwollene Zeuche, dergleichen Matrosen u. Negersklaven tragen.

Manchesterpartei (Manchesterschule), in England die aus der Opposition gegen die Korngesetze hervorgegangene politische Partei, deren Bestrebungen wesentlich auf die Entwickelung und Berücksichtigung der materiellen Interessen, namentlich auf Durchführung der Freihandelstheorie, gerichtet sind. Sie hat zu Manchester ein besonderes Gebäude, Free Trade Hall. Als ihr Haupt wird Cobden angesehen.

Mancini, 1) Hortense, durch Schönheit und Geist ausgezeichnete Frau, geboren 1646 in Rom, hatte König Karl II. und Herzog Amadeus von Savoyen zu Bewerbern um ihre Hand, ward aber von Mazarin gezwungen, Armand de la Porte zu heirathen, der des Kardinals Namen und Wappen erbte. Sie entfloh jedoch bald ihrem Gemahl und ließ sich nach manchem Abenteuer in London nieder, wo sie ihr Haus zu einem Sammelplatz von Dichtern und Gelehrten machte und 1699 †.

2) Laura Beatrice, geborene Oliva, italienische dramatische und lyrische Dichterin, 1823 zu Neapel geboren, erwarb sich eine umfassende, auch klassische Bildung und vermählte sich 1840 mit dem Rechtsgelehrten und Professor Pasquale M. in ihrer Vaterstadt. Ihrer Tragödie „Ines" (Florenz 1845), worin sie einen mit ihren eigenen Schicksalen verwandten Stoff aus der portugiesischen Hofgeschichte verarbeitete, folgten ein größeres Gedicht „Colombo al convento della Rabida" (Genua 1846) und „Poesie varie" (das. 1848). Nach den Ereignissen des 15. Mai 1848 zu Neapel, wo ihr Gatte damals Deputirter war, ging sie mit ihrer Familie nach Turin, wo sie unter Anderm „L'Italia sulla tomba di Vicenzo Gioberti" (Turin 1853) veröffentlichte. Sie ist Meisterin in der Form u. Feinheit des Sprachausdrucks und weiß ihren Poesien einen hohen idealen Schwung zu geben, in welchem reines, aber zu Schwermuth hinneigendes Gefühl u. Gedankenfülle glühendere Phantasie ersetzen.

Mancipatio (lat.), bei den Römern feierliches Geschäft in der Form eines Kaufs, wobei außer dem Käufer und dem Verkäufer 5 Zeugen und ein Libripens (Wagmann) vorkommen. Der Käufer ergriff die Sache mit feierlichen Worten (nuncupatio: hunc hominem ex jure Quiritium meum esse ajo isque mihi emtus est hoc aere aeneaque libra), schlug mit einem Stück Erz an die Wage u. übergab es dem Verkäufer, wobei die näheren Bestimmungen des Geschäfts ausgesprochen wurden. Dies Geschäft diente als Form der Testamentserrichtung, der Uebertragung des Eigenthums an Sklaven, Zug- und Lastthieren (quadrupedes quae collo dorsove domantur) und italischen Grundstücken und der Bestellung von Rustikalservituten an solche, welche Rechte daher res mancipi heißen, ferner um einen freien Menschen in die manus od. in das mancipium (s. d.) zu bringen. Man sieht in den 5 Zeugen die 5 Klassen der Centuriatkoncilien. Uebrigens sind die Ansichten über die Entstehung dieses Geschäfts sehr verschieden. Vgl. Ihering, Geist des römischen Rechts, Bd. 2, S. 564 ff.; Puchta, Kursus der Institutionen, Bd. 2, S. 238.

Mancipium (lat.), im römischen Recht das abhängige Verhältniß freier Personen, welche von ihrem Vater oder Ehemann kraft des dem Hausvater über Frau und Kind zustehenden Rechts des Verkaufs in die Gewalt eines Anderen durch mancipatio gekommen waren. Sie traten dadurch aus ihrer Familie und standen in der des Gewaltherrn wie Sklaven, erwarben nichts für sich und waren zu Dienstleistungen verpflichtet, hatten übrigens connubium und waren gegen Injurien gesichert. Das M. wurde durch Freilassung beendigt. In Justinians Recht ist das M. fast ganz verschwunden. Auch Der, welcher sich in diesem Verhältniß befindet, heißt M.

Manco (ital.), im Handel das Fehlende, der Abgang.

Mandal, Vogtei in Norwegen, s. Lister und Mandal. Die gleichnamige Stadt liegt an der Mündung des Flusses M., ist auf Pfählen u. Klippen erbaut, hat einen Hafen, Ladeplatz, Lachshandel und 4430 Einw.

Mandant (v. Lat.), s. Mandat.

Mandara, Reich im Binnenland von Nordafrika, an Bornu und Adamaua angrenzend, ist mit granitischen Gebirgsmassen bedeckt, die zwar nur etwa bis 2500 Fuß ansteigen, aber durch ihre steilen Gipfel und Vorsprünge dem Lande einen wildromantischen Charakter geben. Einer der höchsten Gipfel im Süden des Landes ist der Mendefy. Die tief eingeschnittenen Thäler sind mit der üppigsten Vegetation bekleidet. Riesenhafte Waldbäume, besonders Tamarinden, Mangos, feigenähnliche Bäume rc., bedecken ganze Strecken. Von Mineralien gibt es Eisenerze in Menge, doch werden fast nur die Eisenerze von Karua, einer südwestlich von M. gelegenen, aber noch dazu gehörigen Landschaft, verarbeitet, und zwar besonders zu Barren, Hacken u. Nägeln. Die hier gezogenen Pferde sind von der edelsten Race. Die Bewohner, Manda genannt, sind ihrer Sprache nach ein selbstständiges, von den Bornuern und Fellatas ganz verschiedenes Volk, das zwar eine robuste physische Entwickelung zeigt, aber im Rufe der Feigheit steht und nur durch die natürliche Festigkeit seines Landes bis jetzt der Unterjochung durch die Fellatas entging. Ein Theil derselben bekennt sich zum Islam und wohnt in der Hauptstadt Mora und in 7 anderen Städten, die sämmtlich in einem großen, von Gebirgsmassen umschlossenen Kesselthale liegen, wogegen die heidnischen Bewohner die Abhänge der hohen Berge einnehmen. M. wurde 1823 von Denham und 1851 von Barth besucht.

Mandarinen, der Beamtenadel in China.

Mandat (mandatum), im römischen Recht der Vertrag, in Folge dessen Jemand Geschäfte eines Anderen unentgeltlich übernimmt. Der Auftraggeber heißt bei den römischen Juristen Mandans (Mandant) oder Mandator bei den Neuern Dominus negotii, Principal, Kommittent; Derjenige, welcher den Auftrag erhält, bei den Römern Procurator, bei den Neuern Mandatar, Gewalthaber, Bevollmächtigter. Das M. wird durch bloße Uebereinkunft, ohne alle Förmlichkeiten abgeschlossen, kann daher auch stillschweigend eingegangen werden, z. B. wenn Jemand wissentlich seine Geschäfte von einem Andern besorgen läßt, ohne zu widersprechen. Der Mandatar hat das übernommene Geschäft nach den ihm ertheilten Vorschriften oder, wenn solche fehlen, auf die zweckmäßigste Weise auszurichten; er ist zu Anwendung des größten Fleißes verpflichtet und haftet für den Schaden, welcher durch sein Versehen den Mandanten trifft. Der Mandant hat dem Mandatar die Auslagen ohne Rücksicht auf den guten Ausgang des Geschäftes zu erstatten und den Schaden zu ersetzen, den durch seine Schuld der Mandatar in der Vollziehung des M.s erlitten hat. Das M. erlischt durch den Tod des Mandanten oder des Mandatars; auch können beide Theile das M. kündigen. Der Mandant kann nach heutigem Recht durch Handlungen seines Beauftragten unmittelbar Eigenthum und Forderungsrechte gegen Dritte erwerben, aber auch Dritten gegenüber verpflichtet werden. Handeln für Andere ohne Auftrag ist Geschäftsführung, negotiorum gestio. Annahme von Aufträgen gegen Lohn begründet die Dienstmiethe. Doch wird durch den Bezug eines Honorars das M. nicht ausgeschlossen. M. heißt ferner die richterliche Verfügung, durch welche auf des Klägers einseitiges Anbringen der Gegenpartei etwas anbefohlen oder verboten wird (s. Mandatsprozeß). In manchen Staaten wurden und werden zum Theil noch die allgemeinen landesherrlichen Verordnungen M.e genannt; auch hießen so die Konstitutionen der römischen Kaiser, welche Instruktionen für deren Stellvertreter, namentlich die Legaten und Prokuratoren, enthielten.

Mandatar (v. Lat.), s. Mandat.

Mandaten (v. Lat.), französisches Papiergeld, welches zur Zeit der Direktorialregierung 1795 u. 1796 in Kurs gesetzt ward, um die auf Null entwertheten Assignaten zu ersetzen. Solcher M. wurden für 2400 Millionen gemacht, sie erhielten aber so wenig Kredit, daß man sie sehr bald durch die Rescriptions métalliques ersetzen mußte.

Mandator (lat.), s. Mandat.

Mandatsprozeß (v. Lat.), eine Art der summarischen Prozesse (s. d.), dessen Eigenthümliches darin besteht, daß der Verklagte unter gewissen Voraussetzungen gewissermaßen verurtheilt wird, ohne vorher zur Vertheidigung aufgefordert worden zu sein (s. Mandat). Man unterscheidet zweierlei Arten von Mandaten, bedingte u. unbedingte. Bedingt nennt man das Mandat dann, wenn zwar dem Beklagten befohlen wird, den Kläger zu befriedigen, aber doch mit dem ausdrücklichen Zusatz, daß es ihm gestattet sein soll, binnen einer gewissen Frist seine Einwendungen anzubringen, falls er sich zur Befolgung des Mandats nicht für verpflichtet halten sollte. Unbedingt heißt das Mandat, wenn dieser ausdrückliche Zusatz fehlt. Die Entstehung des M.es ist wahrscheinlich durch das römische Recht veranlaßt worden; die Form aber, in der das gemeine Recht den M. gegenwärtig kennt, hat derselbe durch die deutschen Reichsgesetze und die darauf fortbauende Doktrin und Praxis erhalten.

Mandel, bei stückweise zum Verkauf kommenden Gegenständen s. v. a. 15 Stück.

Mandel, Eduard, namhafter Kupferstecher, den 15. Februar 1810 in Berlin geboren, besuchte seit 1826 das unter Buchhorns Leitung stehende Kupferstecherinstitut der Akademie und ward, da sein erster Stich: der Krieger und sein Sohn, nach Hildebrandt (1835), Beifall fand, vom preußischen Kunstverein mit dem Stich der begasschen Lorelei beauftragt. Schon 1837 ernannte ihn die berliner Akademie zu ihrem Mitgliede, u. die pariser Akademie sandte ihm die goldene Medaille, worauf er sich nach Paris begab, um Duponts Unterricht zu benutzen. Seit 1842 wirkt er als Professor der Kupferstecherschule in Berlin und übernahm 1857 die Direktion derselben. Zu seinen gelungensten Stichen zählen die Porträte Vandycks, nach diesem selbst, u. Tizians, ebenfalls nach demselben, letzteres im berliner Museum. Später erschienen die Porträte des Königs Friedrich Wilhelm IV. und der Königin Elisabeth von Preußen, Karls I. nach Vandyck, in der dresdener Gallerie (1851), die Madonna di Colonna von Raphael u. a. Sein neuestes u. bedeutendstes Werk ist der Stich der Madonna della Sedia von Raphael. Sein Sohn, Richard M., hat sich ebenfalls als Maler u. Kupferstecher bekannt gemacht.

Mandelahorn, Pflanzengattung, s. Caryocar.

Mandelbaum (Amygdalus *L.*), Pflanzengattung aus der Familie der Amygdaleen, charakterisirt durch den glockigen Kelch mit 5theiligem Saum, die genagelten, rundlichen, dem Schlunde des Kelchs eingefügten und mit den Abtheilungen des Saums wechselständigen Blumenblätter, die eine Art von Kranz bildenden Staubgefäße, den einfächerigen Fruchtknoten mit 2 hängenden, umgekehrten Samenknospen, den fadigen endständigen Griffel mit kopfiger Narbe, die bei der Reife mit lederartiger Haut umgebene Steinfrucht mit glattem oder löcherigem und runzeligem Steinkern, Bäume und Sträucher mit spiralig stehenden, ganzrandigen oder sägerandigen Blättern und paarig stehenden Blüthen. Als Obst-, Arznei- u. Zierpflanze wichtig ist der gemeine M. (A. communis *L.*), ein Baum, welcher 20—25 Fuß hoch wird und sich durch schönen schlanken Wuchs auszeichnet. Die starken, ziemlich langen Triebe sind auf der Lichtseite roth, auf der Schattenseite grün. Die Blätter sitzen an drüsigen Stielen, stehen wechselweise an den Zweigen und sind lanzettlich spitz zulaufend, fein gezähnt. Die Blüthen erscheinen vor den Blättern und stehen paarweise seitlich von den Blattknospen. Die rosafarbenen, elliptischen, ausgerandeten Blumenblätter ragen über die Abtheilungen des Kelchsaums hinaus und sind auch länger als die Staubgefäße. Die Steinfrucht ist länglich-eiförmig, ein wenig gedrückt, mit einer Längsfurche und mit Sammtzotten überzogen. Der Kern hat zwei stark hervortretende Nähte und ist runzelig u. löcherig. Der Same (die *Mandel*) ist länglich-eiförmig, gedrückt, am untern Ende spitz, mit einer dünnen braunen Schale umgeben. Man unterscheidet eine bittere Abart, bei der der Griffel die äußeren Staubgefäße an Länge übertrifft, der Steinkern ganz hart, der Same aber bitter ist, und eine süße, mit einem mit den äußern Staubgefäßen gleich langen Griffel, etwas weniger hartem Steinkern und süßem Samen. Aus dem Samen der bittern Abart, die man allein wild antrifft, gehen wieder bittere Mandeln hervor, während man durch Aussaat süßer Mandeln zum Theil bittere, zum Theil süße Mandeln erzielt. Erst nach mehrjähriger Kultur geben bittere Mandeln süße. Der M. ist gegenwärtig im ganzen Ländergebiet des mittelländischen Meeres eingebürgert. Ursprünglich einheimisch scheint er in Persien, Kleinasien, Syrien, auch in Algerien zu sein, wo man noch ganze Wälder von Mandelbäumen antrifft. Der M. verlangt eine geschützte, warme Lage und einen trockenen, warmen, mit Sand reichlich gemischten, tiefen Boden. Auf dem Pflaumenbaum veredelt gedeiht er in jedem Erdreich, das demselben zusagt. Der Baum trägt so reichlich, daß man in guten Jahren von einem Baum über 50 Pfund Mandeln erntet. Man kann den M. zwar durch Samen fortpflanzen, um aber eine Sorte sicher zu erhalten, muß man den Baum mittelst des Okulirens veredeln. Bei leichtem Boden veredelt man auf Aprikosen-, Pfirsich- oder Mandelwildlinge. Zur Aussaat nimmt man die Frucht des gemeinen M.s, indem diese die besten u. schönsten Bäume gibt. Die Mandeln werden entweder im Herbst mit ihren grünen Schalen, oder erst im Frühjahr, nachdem sie den Winter hindurch in feuchtem Sand aufbewahrt worden, auf den für sie bestimmten Platz 1—1½ Zoll tief und 10—12 Zoll weit von einander ausgelegt. Man kann sie auch in Töpfen ziehen und später mit den Erdballen verpflanzen. Die Bäumchen wachsen sehr stark, so daß man oft mit dem 3. Jahre schon die Kronenäste bilden kann, welche dann später im Frühjahr auf das treibende Auge, oder im August auf das schlafende Auge okulirt werden. Mit dem 2. und 3. Jahre trägt der Baum schon Früchte. Die neueren Pomologen unterscheiden gegen 36 *Mandelsorten*. Die größte Sorte ist die *große süße Steinmandel*, meist 2 Zoll lang und 1¾ Zoll breit. Sie ist mit einer hell- oder dunkelbraun gestreiften Haut überzogen und hat einen süßen, kräftigen Geschmack, reift Ende September und springt dann aus der Schale. Der Baum ist einer der größten und dauerhaftesten und verdient vor allen häufige Anpflanzung. Die gemeinste Sorte ist die *kleine süße Steinmandel*, fast um die Hälfte kleiner als die vorige, mit harter Schale und angenehm süß schmeckendem Kern. Der Baum wird groß und trägt reichlich, wird auch häufig angezogen, um gute Mandelsorten, Pfirsichen und Aprikosen darauf zu veredeln. Die *süße Krachmandel* (*Jordansmandel*) unterscheidet sich vorzüglich durch die mürbe Schale, welche sich leicht zwischen den Fingern zerdrücken läßt, und reift Ende September. Der Baum wird groß und trägt reichlich, blüht aber etwas später als die gemeine Mandel. Die *kleine süße Krachmandel* (*Sultansmandel*) unterscheidet sich von der vorigen bloß durch die kleinere Frucht. Die *Pfirsichmandel* bildet den Uebergang von den Pfirsichen zu den Mandeln, indem die große, etwas plattgedrückte Frucht, welche Ende August reift, ½ Zoll dickes, eßbares Fleisch enthält und die Steinschale, welche einen großen süßen Kern umschließt, sehr dick, hart und uneben ist. In gutem Boden gezogen ist die Frucht so groß wie ein Hühnerei und die Mandel meist 2 Zoll lang und 1 Zoll breit. Sie reift gegen Ende Oktober. Der Baum hat einen starken Trieb, wird groß und ist nicht so empfindlich gegen ungünstige Witterung wie der gewöhnliche M. Die Blüthe ist groß, prachtvoll, röthlichweiß. Die *große bittere Steinmandel* ist lang, schmal, hat eine weißgelbe starke Haut, die sich gut abziehen läßt, und ein zartes Fleisch von bitterem Geschmack. Die Frucht reift im Oktober. Der Baum wird groß, hat große, blaßrothe Blüthen und liefert die meisten bittern Mandeln in den Handel. Die *kleine bittere Steinmandel* (*indische Zwergmandel*) bildet kleine niedrige Büsche und Bäumchen, vermehrt sich durch Wurzelausläufer und ausfallende Samenkerne leicht von selbst, blüht sehr zeitig und reichlich, nimmt fast mit jedem Boden vorlieb und erträgt unsern strengsten Winter. Der M. *mit großer Blüthe* trägt Früchte von angenehmem, süßem Geschmack, hat einen schönen Wuchs und gewährt mit seinen großen weißen Blüthen einen schönen Anblick. Der M. *mit gefüllter Blüthe* verdient wegen seiner blutrothen Sommertriebe und seiner großen und prachtvollen, sehr gefüllten Blüthen vorzüglich in Lustgärten häufige Anpflanzung. Der *Zwergmandelbaum mit gefüllter Blüthe* ist noch zärtlicher u. kleiner als der vorige. Seine Blüthen, welche an jedem Blattwinkel hervorkommen, sind sehr stark gefüllt, blaßrosa und stehen so dicht, daß das ganze Bäumchen fast einen einzigen Blumenstrauß bildet. Er ist zärtlicher Natur, weshalb man ihn gegen die Winterfröste schützen muß. Er läßt sich durch Ableger, Zertheilung der Wurzeln rc. leicht fortpflanzen. Die Samen des M.s bilden einen gangbaren Handelsartikel, u. man unterscheidet mehre Sorten derselben. Die besten Mandeln sind die *spanischen*, von denen die langen aus Malaga, die breiten aus Valencia kommen. Die Mandeln von *Mallorca* sind nahezu ebenso gut wie die spanischen. Die portugiesischen Mandeln werden besonders von Faro und Lissabon aus versendet; besonders beliebt sind die in kleine runde Körbe verpackten *Pittmandeln* aus der Provinz Algarve. Von den *italienischen Mandeln* sind die florentinischen und die Ambrosiamandeln am meisten beliebt, auch Sicilien liefert gute Mandeln, besonders am Fuß des Aetna. Die *südfranzösischen*, *algierischen* u. *deutschen* Mandeln sind kleiner als alle übrigen. Hinsichtlich ihrer Beschaffenheit unterscheidet man *Krachmandeln*, d. h. süße Mandeln in dünner, leicht zerbrechlicher Schale, und *bittere* und *süße Mandeln*. Letztere Sorten sind kaum von einander zu unterscheiden, doch pflegen die bittern Mandeln etwas kleiner zu sein als die süßen. Die chemische Zusammensetzung der Mandeln variirt nach den Sorten. Süße Mandeln enthielten 54 Theile fettes Oel, 24 Th. Emulsin (s. d.), 6 Th. Zucker, 3 Th. Gummi, 9 Th. Holzfaser u. Schalen, 3,5 Th. Wasser; bittere Mandeln dagegen 28 Th. fettes Oel, 30 Th. Emulsin, 6,5 Th. Zucker, 3 Th. Gummi, 13,5 Th. Holzfaser und Schalen. Charakteristisch für die bitteren Mandeln ist der Gehalt von Amygdalin (s. d.), aus welchem sich durch die Einwirkung des Emulsins bei Gegenwart von Wasser Bittermandelöl und Blausäure bilden. Obgleich Emulsin u. Amygdalin zusammen in den bittern Mandeln enthalten sind, wirken sie doch in den unverletzten Samen nicht aufeinander. Die süßen Mandeln enthalten keine Spur von Amygdalin. Wegen der angegebenen Zersetzung des letzteren kann eine große Quantität bitterer Mandeln schädlich wirken. Man muß die Mandeln an kühlen trockenen Orten aufbewahren, doch halten sie sich nicht länger als 2—3 Jahre, da das Oel alsdann ranzig wird. Die meiste Anwendung finden die Mandeln zur Darstellung von Konditorwaaren, z. B. Marcipan, gebrannten Mandeln, Mandelkränzen ꝛc. Behufs solcher Benutzung werden die Mandeln stets geschält, was sehr leicht auszuführen ist, wenn man sie mit kochendem Wasser übergießt und in diesem erkalten läßt. Bei leisem Druck zwischen den Fingern springt alsdann der Same aus der Schale heraus. Aus zerstoßenen Mandeln preßt man das fette Mandelöl, und die zerstoßenen Preßkuchen geben die Mandelkleie, welche zu kosmetischen Zwecken u., wenn sie von bitteren Mandeln stammte, zur Bereitung des Bittermandelöls und des Bittermandelwassers (s. d.) benutzt wird. Süße Mandeln mit Wasser angestoßen geben die Mandelemulsion oder Mandelmilch (s. Emulsion). Auch die süßen Mandeln sind schwer verdaulich, und wenn sie ungeschält genossen werden, können sie Anschwellung des Gesichts und Nesselausschlag bewirken.

Mandelkrähe (Rake, Coracias *L.*), Vögelgattung aus der Ordnung der Klettervögel und der Familie der Eisvögel, charakterisirt durch den kräftigen, rabenartigen, gestreckt kegelförmigen, am Ende seitlich zusammengedrückten, an der Spitze etwas abwärts gekrümmten Schnabel, die kurzen Spaltfüße und die langen und spitzigen Flügel. Die hierher gehörigen Vögel zeichnen sich durch schöne, metallisch glänzende Färbung des Gefieders aus, leben bloß von Insekten und Würmern und gehören nur der alten Welt, namentlich den heißen Ländern (Ostindien), an. Die gemeine M. (Blaurake, C. Garrula *L.*) ist ein schöner Vogel, der auch in manchen Gegenden Deutschlands von Anfang Mai bis in die zweite Hälfte des August häufig angetroffen wird. In Italien findet sie sich von März bis September sehr häufig. In Malta und Sicilien wird sie von den Wildpreihändlern feilgeboten und der Turteltaube gleich geschätzt. Sie ist 12—13 Zoll lang. Männchen und alte Weibchen sind am Kopf, Hals, an der Unterseite und den Flügeldeckfedern hellblau-seegrünlich, am Rücken, an den Achseln, Schultern und am Bürzel kornblumenblau; die Füße sind röthlichbraun; der Schnabel ist braun und an der Spitze schwarz. Ihr rauhes und weittönendes Geschrei klingt „rak, rak!"

Mandeln (amygdalae), die Samen der Steinfrüchte des Mandelbaums (s. d.).

Mandeln (amygdalae, tonsillae), zwei drüsige, symmetrisch angeordnete Organe, welche im hintern Theil der Mundhöhle am Eingang in die Rachenhöhle liegen. Sie ragen mit ihrer freien Fläche in die Mundhöhle hervor und füllen den dreieckigen Raum aus, welchen die vom weichen Gaumen herabsteigenden Gaumenbögen (arcus glossopalatinus nach vorn u. arcus pharyngopalatinus nach hinten) mit dem seitlichen Theil der Zungenwurzel bilden. Ihre Namen tragen die M. von ihrer Gestalt, die allerdings in vielen Fällen mit derjenigen eines Mandelkernes übereinstimmt. Es sind plattrundliche drüsige Organe von sehr wechselnder Größe, durchschnittlich etwa so groß wie eine Haselnuß. An ihrer Mundoberfläche tragen sie eine verschieden große Anzahl (12—20) von rundlichen oder spaltförmigen Oeffnungen; letztere führen in taschenartige Räume, welche ebenso wie die Mandeloberfläche von Schleimhaut überkleidet sind. Die Schleimhaut besitzt dieselben Hautwärzchen u. dasselbe geschichtete Pflasterepithel wie die übrige Mundschleimhaut. Die Scheidewände zwischen den Taschen der Drüsen bestehen aus follikulärem Drüsengewebe, d. h. aus einem weichen, gefäßreichen Bindegewebe, in welchem vollständig geschlossene Follikel oder Balgdrüsen neben einander liegen. Diese Balgdrüsen bestehen aus einer Hülle von dichterem Bindegewebe, welche ein mit Bindegewebskörperchen reichlich versehenes Balkennetz umschließt. Die Maschen jenes Balkennetzes werden von lymphkörperartigen Elementen ausgefüllt. An ihrer der Mundhöhle abgekehrten Fläche ist die follikuläre Substanz der M. von einer gemeinsamen, dichten Bindegewebshülle umgeben, welche an dem wallförmigen Rande der Drüse in das submuköse Bindegewebe übergeht. Neuerdings ist die Ansicht ausgesprochen worden, daß die Follikel der M. eine Bildungsstätte der Lymphkörperchen seien, daß man also die M. als eine Art Lymphdrüsen anzusehen habe. Indessen hat man in den Balgdrüsen der M. selbst keine, wohl aber in ihrer Umgebung Lymphgefäße nachweisen können. Die Funktion der M. ist also noch nicht genügend bekannt, dagegen ist es ganz sicher, daß sie keine Schleimdrüsen sind, wie man früher annahm. Die M. sind bei dem Kinde, wenn es eben auf die Welt kommt, noch gar nicht vorhanden. In den ersten Lebensmonaten fangen sie erst an sich zu entwickeln und erreichen ungefähr im dritten Lebensjahr dieselbe relative Größe, die sie auch beim Erwachsenen haben. Die M. gehören zu denjenigen Organen, welche den häufigsten Erkrankungen unterworfen sind. Besonders werden Kinder und junge Leute von entzündlichen Mandelaffektionen aller Art heimgesucht. Diese Mandelentzündungen, welche meist mit entsprechenden Affektionen der Mundhöhlen- und Rachenschleimhaut einhergehen, führen im Allgemeinen den Namen Angina oder Bräune, und ist das Nähere darüber unter Bräune nachzulesen. Mandelentzündungen, welche sich bei demselben Individuum öfter wiederholen, führen beträchtliche Veränderungen in der anatomischen Struktur jener Drüsen herbei, und da Mandelentzündungen eben sehr häufig vorkommen, so kann man sich kaum darüber einigen, welche M. als normal und welche als pathologisch verändert zu betrachten sind. Die gewöhnlichsten Ausgänge der Mandelentzündung sind einerseits die Hypertrophie und Verhärtung der M., andererseits Atrophie und narbige Entartung derselben. Der letztere Zustand ist für das betreffende Individuum vollständig gleichgültig, der erstere aber pflegt mit manchen Unbequemlichkeiten einherzugehen, besonders mit Schlingbeschwerden und mit Beeinträchtigung der Stimme und Sprache. Daher werden die vergrößerten M. vom Arzte nicht selten mit dem Messer oder mit dem von Fahnenstock angegebenen sinnigen Instrument, welches Amygdalotom genannt wird, abgetragen. Geschieht diese Operation kunstgerecht, so ist sie nur von geringer Blutung und unbedeutendem Schmerz begleitet. Da vergrößerte M. der Stimme einen hohlen und gedämpften Charakter geben, so lassen sich Sänger zuweilen die M. operativ entfernen. Fedrigotti gewann durch diese Operation zwei Brusttöne mehr. Man hat auch durch Abtragen der M. das Gehör sich verbessern sehen. Dies erklärt sich daraus, daß die vergrößerten M. durch Hinaufdrängen des hintern Gaumenbogens den Zugang zur Rachenöffnung der eustachischen Ohrtrompete mechanisch verlegen kann. Letztere wird wieder zugängig, wenn die Mandel verkleinert wird.

Mandelöl, fettes Oel, welches aus den zerstoßenen bitteren oder süßen Mandeln ausgepreßt wird und in jedem Fall völlig frei von Blausäure ist. Am besten preßt man das Mandelmehl zuerst kalt, zerstößt die Preßkuchen, erwärmt sie in einem kupfernen Kessel und preßt sie zwischen erwärmten Platten zum zweiten, auch wohl zum dritten Mal. Das frisch gepreßte Oel ist etwas trübe und schleimig, klärt sich aber bald, besonders nach dem Filtriren, und ist dann etwas haltbarer. Es ist völlig geruchlos, von mildem süßlichen Geschmack, einem specifischen Gewicht = 0,917, wird leicht ranzig, löst sich in jedem Verhältniß in Aether, in 25 Theilen kaltem und 6 Th. heißem Alkohol, enthält wenig Margarin und erstarrt deshalb erst bei —10—12° C. Das M. wird in der Medicin zu Emulsionen und zarten Salben, ferner als Kosmetikum und wohl auch als Speiseöl benutzt. Das gewöhnliche M. des Handels ist häufig mit Baumöl verfälscht.

Mandelsäure, stickstofffreie chemische Verbindung, entsteht beim Abdampfen einer gesättigten Lösung von blausäurehaltigem Bittermandelöl in Wasser mit etwas Salzsäure. Aus dem Rückstand zieht Aether die M. aus, während Chlorammonium zurückbleibt. Die M. entsteht auch beim Verdampfen einer Lösung von Amygdalin mit Salzsäure und kann als ein mit Ameisensäure gepaartes Benzaldehyd betrachtet werden. Die M. bildet eine schuppig-krystallinische Masse, die kaum riecht, leicht schmilzt u. dann nach Hyacinthen riecht, bei höherer Temperatur aber Bittermandelöl liefert. Die M. löst sich leicht in Wasser, Alkohol und Aether, gibt in höherer Temperatur mit Salpetersäure Benzoësäure, mit Schwefelsäure Kohlenoxyd, in wässeriger Lösung mit Braunstein gekocht Kohlensäure und Bittermandelöl. Sie treibt Kohlensäure aus u. bildet mit den Alkalien leichtlösliche, mit den alkalischen Erden krystallisirende Salze. Beim Erhitzen des schwerlöslichen Bleisalzes in verschlossenen Gefäßen scheint reines Bittermandelöl überzugehen.

Mandelseife, mit Bittermandelöl parfümirte Talg- oder Kokosseife, oder aus Mandelöl bereitete und dann häufig zu einer schaumigen Masse verarbeitete Seife (s. Seife).

Mandelsteine (Amygdaloide), verschiedenartig gemengte Silikatgesteine, welche in ihrer eigenthümlichen Struktur übereinstimmen. Es sind mehr oder weniger blasige Gesteine, deren Hohlräume wenigstens zum Theil mit verschiedenen Varietäten des Quarzes, mit Kalkspath, Zeolithen oder Grünerde ausgefüllt sind. Oft besitzen sie außen eine Grünerde(Delessit-)umhüllung und lösen sich leicht aus dem Gestein heraus; sie sind bald rund, bald in die Länge gezogen und abgeplattet, mandelähnlich (daher der Name), zuweilen an dem einen Ende abgerundet, am andern spitz, birnförmig, auch unregelmäßig. Auch sind sie oft innen hohl und dann mit Krystallen ausgekleidet. Insbesondere bei Quarzausfüllung besitzen sie eine aus zahlreichen koncentrischen Schichten gebildete Rinde verschieden gefärbter Chalcedone (Achat) u. nach innen Quarz-, insbesondere Amethystkrystalle; oft besteht auch die ganze Ausfüllung aus Achat oder aus Zeolithen, namentlich Mesotyp, Stilbit, Analcim, Chabasit. Viele dieser M. sind durch Infiltration von Auflösungen in die Hohlräume eines blasigen Gesteins entstanden; Nöggerath hat bei vielen Mandeln von Oberstein noch die Infiltrationspunkte an angeschliffenen Exemplaren nachgewiesen. In diesem Falle waren die Hohlräume schon vorher vorhanden und entstanden durch Gasblasen, welche eine festwerdende Masse umschloß. Bunsen hat aber noch eine andere Entstehungsweise von Mandelsteinstruktur, zugleich mit Bildung wasserhaltiger Silikate in den Mandeln, auf trockenem Wege ohne Infiltration von Auflösungen, nachgewiesen. Indem Bunsen nämlich erbsengroße Stücke von Pelagonit und Pelagonittuff vor dem Löthrohr rasch erhitzte, bis sie äußerlich glühten, fand er unter der Lupe, daß sich die Gesteinsmasse in weiße, eisenfreie und dunkle eisenhaltige Silikate gespalten hatte, von denen erstere dabei häufig ächte Mandel- und Drusenräume bildeten mit Zeolithen, insbesondere Chabasit, in der dunklen Grundmasse. Mandelsteinstruktur findet sich vornehmlich bei basaltischen Gesteinen Grünstein und Melaphyr. Die Mandeln des letztern insbesondere werden technisch wichtig, indem sie vornehmlich die Achate liefern.

M. nennt man auch kleine kalkige Konkremente, welche sich in den taschenartigen Vertiefungen der Mandeln (s. d.) dadurch bilden, daß die abgestoßenen Epithelien in den Taschen liegen bleiben, verfetten, zerfallen und mit Kalksalzen imprägnirt werden. Von Zeit zu Zeit gelangen dann unter Schlingbewegungen diese Konkremente in die Mundhöhle und werden wegen ihres bräunlichgelben Aussehens, ihrer Festigkeit u. ihres üblen Geruchs nicht selten für Stückchen gehalten, welche von kariösen Zähnen abgebrochen sind. Die M. sind ohne alle gesundheitliche Bedeutung, können aber wegen ihrer Unbekanntschaft leicht zu unbegründeten Besorgnissen Dessen führen, der sie auswirft. Sie haben gewöhnlich die Größe eines Hanfkorns, sind rauh und von unregelmäßiger oder rundlicher Gestalt.

Manderscheid, Marktflecken in der preußischen Rheinprovinz, Regierungsbezirk Trier, Kreis Daun, in der Eifel und an der Lieser, mit 800 Einw. Dabei die schönen Ruinen der ehemaligen Cistercienserabtei Himmelrote. Das hiesige Schloß ist das Stammhaus der Reichsgrafen von M., die sich im Besitz der Grafschaft Gerolstein befanden, Mitglieder des westphälischen Reichsgrafenkollegiums waren und 1780 ausstarben.

Mandeville (Maundeville), John de, britischer Reisender, geboren um 1300 zu St. Albans, war erst Arzt, trat als solcher 1327 in die Dienste des Sultans von Aegypten, dann in die des Großkhans von Khatai, bereiste hierauf 34 Jahre lang einen großen Theil von Asien, Afrika und Europa und † den 17. Nov. 1362 zu Lüttich. Seine lateinische Reisebeschreibung wurde fast in alle europäischen Sprachen übersetzt, ins Deutsche von Michelfelser (zuerst 1481) und von Tiemeringen. Eine Ausgabe der englischen Uebersetzung besorgte Halliwell (London 1839).

Mandingos (Wangarawas, Wakore), großes, weitverbreitetes Negervolk Westafrika's, in Guinea u. in Senegambien, wo es neben den Tholoffs das zweite Hauptvolk bildet, stammt ursprünglich aus dem kleinen, 150 Meilen von der Küste entfernten Bergländchen Manding, wo noch jetzt viele M.s ansässig sind, von wo es aber im Laufe der Zeiten theils erobernd, theils durch friedliche Auswanderungen immer weiter gegen das Küstenland vorgedrungen ist, so daß man jetzt M. in Senegambien schon am Casamansa und Rio Grande, in Guinea sogar vom Ponga bis zum Kap Mesurado findet. Die M. gehören in jeder Hinsicht zu den ausgezeichnetsten Bewohnern des Kontinents. Sie zerfallen in zahlreiche Abtheilungen, unter denen in Guinea die zum Islam sich bekennenden Anwohner des Melacuri und des obern großen Scarcies den Stammcharakter am reinsten bewahrt haben und zugleich in der Gesittung am meisten vorgeschritten sind. Die Gesichtsbildung der M. ist regelmäßiger als bei den gewöhnlichen Negern, offen und einnehmend; die Nase bei einigen gekrümmt, bei andern platt, die Augen scharf, klein und tiefliegend, der Wuchs hoch, proportionirt und stattlich, das Haar jedoch ganz wollig, die Lippen dick, die Hautfarbe leicht ins Gelbe spielend. Ihr Gemüth erscheint als heiter und einfach und ihr Geist, besonders bei den mohammedanischen Stämmen, die sich in Senegambien wie in Guinea vortheilhaft vor den heidnischen auszeichnen, als ausgebildet und scharf. Sehr wenige Völker sollen so arbeitsam sein wie die M., dabei sind sie aber so kriegerisch als tapfer, und ihre Geschicklichkeit in Handarbeiten, ihre Zuverlässigkeit in Geschäften, ihre Reinlichkeit in Wohnung und Kleidung (sie gehen nie nackt) wie ihre gefälligen Manieren werden einstimmig von allen Reisenden gerühmt. Mehr abweichend von dem reinen Charakter sind in Guinea die Bullom, Timmani, Sousou und Bey. Die Zahl der M. schätzt Barth auf 2—3 Millionen.

Mandoline (ital. mandola, mandora), lautenartiges Instrument, das der Guitarre sehr ähnlich, nur durch einen kleineren Corpus, andern Bezug, kleinere Dimension, eine andere Stimmung und dadurch von derselben unterschieden ist, daß der untere Theil des Kastens, die untere Decke, muschelförmig gestaltet ist und nur die obere Decke, der Resonanzboden, sich flach über das Instrument ausdehnt. Man hat zweierlei Gattungen, die sogenannte neapolitanische und die mailändische M. Erstere ist zweichörig mit vier verschiedenen Saiten bezogen, die in $\bar{g}\bar{g}$, $\bar{d}\bar{d}$, $\bar{a}\bar{a}$ und $\bar{e}\bar{e}$ stimmen. Die mailändische M. hat 5 Chöre, welche in gg, $\bar{c}\bar{c}$, $\bar{a}\bar{a}$, $\bar{d}\bar{d}$ und $\bar{e}\bar{e}$ gestimmt sind. Es gibt auch M.n, die bloß einchörig bezogen sind. Beim Spiel werden die Saiten mit einem breiten Plectrum geschlagen. Die M. ist ein jetzt noch in Italien sehr beliebtes Instrument, das vorzüglich zum Accompagnement des Gesanges benutzt wird. Virtuosen tragen darauf auch reine Instrumentalstücke vor. Einer der berühmtesten war Vimercati.

Mandragora *T.* (Alraunpflanze), Pflanzengattung aus der Familie der Solaneen, charakterisirt durch den 5spaltigen Kelch mit gekielten Zipfeln, die glockige, tief 5spaltige Krone, die am erweiterten Grunde Büschel von Barthaaren tragenden Staubfäden, die durch Verschwinden der Scheidewände und Zunahme der Mittelpartie erst einfächerig werdende Beere, krautige Gewächse mit rübenförmiger Wurzel und runzeligen, wellenrandigen, länglichen, eine Rosette bildenden Blättern, zwischen denen die langgestielten Blüthen stehen. Die oft einer Menschengestalt gleichende Wurzel zog von Alters her die Aufmerksamkeit auf sich. Schon Pythagoras nannte deshalb die Pflanze ανθρωπομορφος. M. officinarum *L.* hat eine tief 5theilige weißlichgrüne Blüthe und dicht bewimperte, stumpfliche Kelchzipfel und blüht zu Anfang des Frühlings. Früher soll die Pflanze in Tyrol einheimisch gewesen sein, jetzt kommt sie besonders bei Ragusa u. in Dalmatien u. auf Kandia vor. M. auctumnalis *Spr.* (M. microcarpa *Bert.*) hat 5spaltige violette Blüthen von der doppelten Größe der vorigen und spitze, kaum wimperrandige Kelchzipfel und blüht schon im Januar. Sie wächst in Andalusien, auf Sardinien u. in Griechenland auf thonigem Boden. Wurzel und Blätter schmecken bitter mit scharfem Nachgeschmack. Die langen grünen, zuletzt gelben Beeren werden mit Essig, Oel und Pfeffer genossen. Die Blätter werden von einigen orientalischen Völkern wie Tabak geraucht. Die Wurzel ist von Alters her als narkotisch betäubend bekannt. Man gebrauchte sie als Einschläferungsmittel vor Operationen. Auch die Blätter legte man mit Mehl als schmerzstillend auf Wunden. Vornehmlich aber bemächtigte sich der Aberglaube der merkwürdig gestalteten Wurzel und legte ihr viele außerordentliche Kräfte bei. Man schnitzte daraus 1—1½ Fuß große Männchen (Gold-, Hecke-, Galgen-, Erd- od. Alraunmännchen, Alrunken), die unter dem Galgen aus dem Samen eines unschuldig Gehenkten entstanden sein sollten, putzte sie verschiedenartig heraus u. stellte sie in einem Kasten verwahrt an einen geheimen Ort des Hauses, von wo man sie zu magischem Gebrauch (um Schätze zu heben, wahrzusagen etc.) hervorholte. Man setzte ihnen auch wohl von jeder Mahlzeit etwas zu essen und zu trinken vor, wusch sie Sonnabends in Wein und Wasser, zog ihnen an Neumonden frische Kleider an etc. Sie galten als Talismane gegen Krankheiten, brachten Glück in Prozessen, den Frauen Fruchtbarkeit und leichte Niederkünfte etc. Daher ward ein ordentlicher Handel mit solchen Wurzeln getrieben und das Stück bisweilen mit 60 Thalern bezahlt. Auch verkaufte man betrügerischer Weise die häufigere Wurzel der Zaunrübe (Bryonia) statt der Alraunwurzel. Die Jungfrau von Orleans ward beschuldigt, mit Alraunmännchen Zauberei getrieben zu haben.

Mandrill, Affenart, s. Pavian.

Mandschurei (Land der Mandschu), eines der Nebenländer des chinesischen Reichs, umfaßt den nordöstlichen Abfall des hohen Hinterasien zwischen 42° u. 53° nördl. Br. u. wird im Westen von der Mongolei, im Norden und Osten von dem russischen Amurlande, im Südosten vom japanischen Meere (mit der Victoriabai oder dem Busen Peters des Großen), im Süden von der Halbinsel Korea und vom Meerbusen von Petschili umschlossen. Die neue Grenze gegen Rußland, bestimmt durch den Vertrag von Aigun (28. Mai 1858), läuft von der Vereinigung der Schilka und des Argun längs des Amur bis zur Mündung des Ussuri; von da bis zum See Hinkai folgt sie dem Ussuri und dem Songatscha; vom Ausfluß des letztern aus durchschneidet sie den Hinkaisee und läuft nach dem Flusse Belen Ho; von dessen Mündung aus folgt sie dem Gebirge bis zur Mündung des Huritu und dann der zwischen dem Flusse Khur Tschun und dem Meer gelegenen Bergkette bis zum Flusse Tsu-Men-Kiang. Durch diese Grenzbestimmung ist nahezu die Hälfte der eigentlichen M. an Rußland gefallen, und von den ehemaligen 32,500 QMeilen mögen noch kaum 18,000 QMeilen für China übrig geblieben sein. Die Grenze im Süden gegen Korea bildet das Schan-guin-alin-Gebirge oder Lange weiße Gebirge, das wohl bis 4000 F. ansteigt und Schneegipfel trägt; die gegen die Mongolei ein Theil des Chingangebirges, der Fluß Sira Muren und ein Theil des Palissadenwalles. Das ganze Gebiet ist ein Gebirgsland, gut bewässert, in den Thälern fruchtbar, hat aber nur eine schwache Bevölkerung. Im Allgemeinen ist es ein uns sehr unbekanntes Land, da nur wenige Striche von Europäern durchreist sind. Die Flüsse der M. gehören bis auf den Leaotung im äußersten Südwesten, der zur Bai von Petschili fließt, alle zum System des Amur. Der bedeutendste seiner Zuflüsse ist der Songari, der die Mitte des Landes in nordöstlicher Richtung durchfließt und unter andern den Non und den Hurcha aufnimmt. Der südlichste Theil der M., obwohl schon sehr uneben, hat noch ein günstiges Klima, ist fruchtbar und bebaut, ähnlich dem nördlichen China, und läßt noch Reis, sowie den besten Tabak des Kaiserreichs, außerdem Sesam, Hanf und Baumwolle gut gedeihen. Große und zahlreiche Viehheerden beleben diesen Theil des Landes. Weiter nördlich sind dagegen die Winter schon überaus kalt u. Wälder bedecken ungeheure Strecken. Wild ist hier in reicher Menge vorhanden, namentlich Dambirsche, Eber, Bären, Füchse, berühmte Zobel, Geier, Falken. Am Ussuri erscheinen im Mai zahlreiche Schwäne, Störche, Gänse, Enten, Krikenten. Man baut hier noch etwas Hirse, Hafer, eine Kornart, auch etwas Tabak; in den Wäldern gräbt man die wildwachsende Ginsengwurzel (Panax quinquefolium). Die Flüsse enthalten viele Fische, namentlich Störe, die getrocknet im Winter die einzige Nahrung der Einwohner sind. Die **Mandschu** gehören wahrscheinlich zu den Tungusen und zerfallen in verschiedene Stämme; der Südabhang des Landes wird von Chinesen bewohnt und angebaut. Den Mandschu entstammt die in China herrschende Dynastie. Einer der zahlreichen mandschurischen Stämme, welche einander bekämpfend das Land bewohnten und die schon seit alten Zeiten mit China in sofern in Beziehung standen, als schon vorhistorische Kaiser aus der südlichen M. stammten, hatte die Oberherrschaft errungen. Im Jahre 1616 nahm Tai-tsu, ein Kriegsheld seltener Art, dabei ein großer Gesetzgeber u. der Erfinder der mandschurischen Schriftsprache, der sich bereits mit den Ideen und Grundsätzen des chinesischen Hofes vertraut gemacht hatte, den Titel Khan an, gab seiner Regierung den Namen Tjan-min und unternahm 1635 einen Angriffskrieg gegen China. Unter seiner kühnen Leitung triumphirten die unter ihm vereinigten Stämme als ein frisches unternehmendes Volk bald über die zehnfache Kriegsmacht der Chinesen. Der Krieg endete 1645 mit der Eroberung Pekings durch die Mandschu, welche nun die noch gegenwärtig in China herrschende Mandschudynastie begründeten (s. **China**). Die **Sprache** der Mandschu ist der Grundlage nach ein abgeschliffener Dialekt des Tungusischen; sie haben eine eigene Schrift, die um 1600 aus der mongolischen gebildet wurde, u. eine Art Literatur, bestehend in Uebersetzungen mehrer chinesischen u. tibetanischen (buddhaistischen) Werke. Die Mandschu selbst vergessen in China ihre Sprache u. werden zu Chinesen. Ja auch in der M. soll die Mandschusprache in Folge des massenweisen Eindringens der Chinesen im Absterben begriffen sein u. die Nation der Mandschu selbst allmählig erlöschen. Ein Wörterbuch der Mandschusprache lieferte Amiot (herausgegeben von Langlès, Par. 1789), Grammatiken von der Gabelentz (Altenb. 1832) u. Kaulen (Regensb. 1856). Nur die Stämme **Sibo** u. die **Solon** haben noch ihre Mandschueigenthümlichkeiten treu bewahrt; sie wohnen unter Zelten, sind leidenschaftliche Jäger, wilde Reiter und treffliche Bogenschützen; sie liefern Krieger für des Kaisers Heer. Außerdem gibt es kaum eine Stadt oder ein Dorf, wo die Bewohner nicht beinahe ausschließlich chinesischer Abkunft wären. Die Zahl der gesammten Bevölkerung beläuft sich auf etwa 3,312,000 Köpfe; die der Mandschu allein (einschließlich aller durch ganz China als Soldaten oder Beamten vertheilten) auf 1,535,900. Das Land zerfällt in 3 Provinzen: **Sching-king** od. **Mukden** (ehedem Leao-tung) im Südwesten, **Girin** oder **Kirin** im Norden des weißen Gebirgs u. der Halbinsel Korea und **Kilung kiang** oder **Tsitsihar** im Nordwesten, großentheils das Thal des Non, meist unbewohnte Gebirgswüste. Eine oberste, über den 3 Provinzialregierungen stehende Regierung befindet sich zu Mukden. Sching king wird wie das übrige China verwaltet, die beiden andern Provinzen sind militärisch organisirt. Alle männlichen Kinder sind nach der Verfassung der Mandschu geborene Krieger; sie zerfallen in 8 Banner, die nach der Farbe ihrer Fahne unterschieden werden. Nach P. Hyakinth zählen diese 8 Banner, einschließlich der Mongolen- u. Chinesenabtheilungen darin, 338,200 Streiter von 16—60 Jahren. Die M. haben mehr oder minder die Religionen China's angenommen; doch haben sich auch noch Reste ihrer alten Religion, einer Art von Schamanismus, erhalten. Die meisten urbaren Ländereien gehören der Krone und verschiedenen Fürsten. Ueber das Vordringen der Russen am Amur s. **Amur**.

Manen (lat. Manes), bei den Römern u. altitalischen Völkerschaften die abgeschiedenen Seelen der Verstorbenen, besonders der wohlwollenden. Sie galten als Götter, daher die stehende Formel auf den römischen Grabsteinen: D. M., d. h. Diis Manibus (den Abgeschiedenen geweiht), welche Formel sogar die Christen beibehielten. Den Wohnort der M. dachte man sich unter der Erde, und der Sprachgebrauch nimmt das Wort Manes oft für die Unterwelt selbst. Sie wurden als gütige Geister gedacht, daher sie auch Dii propitii, die gütigen Götter, heißen. In der ältesten Zeit brachte man ihnen Menschenopfer, die später durch die Leichenspiele ersetzt wurden. Alljährlich, den 21. od. 17. Februar, wurde zu ihrer Versöhnung ein allgemeines Todtenfest (Ferialia) gefeiert; außerdem brachten ihnen Einzelne zu beliebig gewählten Zeiten Spenden von Wein, Honig ꝛc. dar, oder bekränzten das Grab mit Blumen.

Manes (Mani, Manichäus), Stifter der häretischen Sekte der Manichäer (s. d.), dessen Lebensgeschichte von den orientalischen und abendländischen Quellen abweichend erzählt wird. Nach den griechischen Schriftstellern war er ein Sklave Namens Corbicius oder Cubricus aus dem Distrikt Dschücha in Babylonien, den eine Wittwe in Babylon kaufte und erziehen ließ. Hier wurde er durch das Lesen der Bücher des Scythianus, eines ägyptischen Schwärmers, und dessen Schülers Terebinthus auf seine Welt- und Geisterlehren geführt. Er beerbte seine Herrin bei deren Tode, nannte sich nun M. und versuchte seit 240 auf den Grund jener Bücher ein neues Religionssystem zu gründen. An den Hof des Königs Sapor von Persien berufen, wurde er, als der Sohn desselben unter seiner ärztlichen Behandlung starb, ins Gefängniß geworfen u. später hingerichtet. Nach den orientalischen Nachrichten stammte M. aus einer vornehmen Magierfamilie, ging, in vielen Wissenschaften bewandert u. ausgestattet mit einer glühenden Phantasie und lebendiger mystischer Beredtsamkeit, zum Christenthum über und wurde Presbyter in der Stadt Ehwazi in der persischen Provinz Huzitis. Als solcher trat er um 270 mit der Idee hervor, Christenthum und Parsismus zu verschmelzen, und erklärte sich für den Paraklet, der die christliche Lehre von jüdischen Zusätzen zu reinigen und mit Hülfe einer Geheimlehre zu vollenden habe. Von den Christen exkommunicirt, von den Magiern verfolgt, irrte er in Kaschmir, Hindostan und Turkestan umher, bis er sich die Gunst des Königs Hormisdas erwarb. Unter dem Nachfolger desselben, Bahrâm, aber wurde er um 277 (nach Andern 274 od. 275) in der Burg Arabion hingerichtet, nach einigen Berichten lebendig geschunden. Seine Schriften u. Briefe sind nur in Fragmenten vorhanden bei Fabricius' „Bibliotheca graeca“, herausgegeben von Harleß (Bd. 8). Vgl. Flögel, M., seine Lehre und seine Schriften (Lpz. 1862).

Manessische Handschrift, s. Minnesänger.

Manethon (Manethos), aus Sebennytus in Aegypten, Oberpriester zu Heliopolis, schrieb zur Zeit der ersten Ptolemäer im 2. vorchristlichen Jahrhundert mit Benutzung der Tempelarchive von Memphis und Heliopolis in griechischer Sprache die Geschichte Aegyptens von den ältesten Zeiten an bis auf die macedonische Eroberung in 3 Büchern; doch kennen wir davon nur Excerpte chronologischer Art, welche durch die christlichen Chronographen, namentlich durch Julius Africanus und Eusebius, für ihre Zwecke gemacht worden waren und aus deren ebenfalls verlorenen Werken durch Syncellus (im 8. Jahrhundert v. Chr.) erhalten worden sind. Die beste Ausgabe der Fragmente des M. ist die von Fruin (Leyden 1847), welcher die von Müller im 2. Bande der „Fragmenta historicorum Graecorum“ (Par. 1848) folgte. Vgl. Lepsius, Ueber die manethonische Bestimmung des Umfangs der ägyptischen Geschichte, Berlin 1857. Unter dem Namen des M. besitzen wir auch noch ein Gedicht in 6 Büchern, welches von dem Einfluß der Gestirne auf die Geschicke der Menschen handelt (herausgegeben von Gronovius, Leyden 1698, verbesserter Abdruck von Axt und Rigler, Köln 1832; vergl. Rigler, De Manethone Astrologo commentatio, Köln 1828). Es stammt dieses Gedicht jedoch aus einer weit späteren Zeit, vielleicht aus dem 5. Jahrhundert n. Chr., u. ist aus verschiedenartigen Stücken zusammengesetzt. Vergl. Böckh, M. u. die Hundssternperiode, Berlin 1846.

Manettia *L.*, Pflanzengattung aus der Familie der Rubiaceen, charakterisirt durch den eine kreiselförmige Röhre mit lappigem Rande bildenden Kelch, die trichterige Korolle mit stielrunder Röhre, behaartem Schlunde und 4, selten 5 Randlappen, die im Schlunde aufsitzenden Antheren, die eiförmige, zusammengedrückte, mit einem Kelchlappen gekrönte Kapsel und die scheibenförmigen, am Rande häutigen Samen, Kräuter und Sträucher in Guyana, Brasilien und Peru, von denen mehre Arten als Zierpflanzen bekannt sind, so: M. coccinea *Willd.*, Nacibaea coccinea *Aubl.*, ein Schlingstrauch in Guyana, mit Blüthen mit weißer, rothpunktirter Röhre und zottigen, scharlachrothen Einschnitten; M. cordifolia *Mart.*, in Brasilien, krautartig, mit trompetenförmigen, scharlachrothen Blüthen u. holziger Wurzel, die als Ipecacuanha von Villa Rica bei Wassersuchten, Ruhren ꝛc. angewendet wird; M. glabra *Cham.* et *Schlecht.*, eine schöne Schlingpflanze an den Ufern des Rio Uruguay, mit langen, scharlachrothen, inwendig mit einer schneeweißen, zottigen Binde versehenen Blüthen.

Manfred, Fürst von Tarent und zuletzt König von Sicilien, geboren 1231 in Sicilien, ehelicher, aber nicht ebenbürtiger Sohn des Kaisers Friedrich II. von Blanca, der Tochter des Grafen Bonifacio Lanzia, erhielt von seinem Vater, der dem ritterlichen u. die Dichtkunst liebenden Sohn besonders zugethan war, 1250 das Fürstenthum Tarent und die Reichsverweserschaft in Italien hinterlassen und führte während der Abwesenheit seines Halbbruders Konrad IV. die Regierung ganz in der Weise seines Vaters, bald als kluger Regent, bald als Verschwender. Die Unruhen, die der Papst Innocenz IV. unter dem Vorwande, daß die italienischen Besitzungen des im Bann verstorbenen Kaisers ihm zugefallen seien, erregten, wußte M. mit Energie zu unterdrücken. Daher erhielt er nach Konrads IV. Tode auf den Wunsch der Vasallen die Regentschaft von Neapel für den unmündigen Konradin, und jene erkannten eidlich, im Fall Konradin kinderlos sterben würde, M.s Thronfolgerecht an. Allein der Papst erneuerte seine Ansprüche auf Apulien als ein zurückgefallenes Lehn der Kirche, und M. schloß am 27. September 1254 einen Vergleich mit demselben, wonach er von dem über ihn ausgesprochenen Kirchenbanne gelöst werden, seine Besitzungen nebst der Grafschaft Andria als ein unmittelbares Lehn der Kirche erhalten und außerdem noch Statthalter des Papstes diesseits der Meerenge bleiben sollte. Innocenz empfing selbst als Oberlehnsherr in Neapel von M. die Huldigung; als jedoch M. völlige Unterwerfung geloben sollte, brach er die Unterhandlungen ab, floh vor den päpstlichen Nachstellungen zu den Saracenen in Luceria und besiegte mit ihnen und deutschen Söldnern am 2. December 1254 das päpstliche Heer bei Foggia. Bald darauf starb Innocenz IV. M. setzte jedoch den Kampf fort und sah sich bald im Besitz des ganzen sicilischen Reichs diesseits und jenseits der Meeresenge, dessen Stände ihm nun selbst die Krone antrugen, die er sich auch 1254 zu Palermo aufsetzen ließ. Auf den vom Papst Alexander gegen ihn geschleuderten Bann antwortete er mit einem Einfall in das päpstliche Gebiet; er erzwang bedeutende Kontributionen und gewann nach dem Siege Siena's über Florenz bei Montaperto (am 4. September 1260) ganz Toskana für sich. Er erbaute Manfredonia, legte den Hafen von Salerno an, sorgte durch die Errichtung von Schulen für die Volksbildung und handhabte eine strenge Rechtspflege. Nach dem Tode seiner ersten Gemahlin, Beatrix von Savoyen, hatte er sich 1259 mit Helena, der Tochter Michaels von Aetolien und Epirus, vermählt. Sein Hof war der Sammelpunkt von Sängern, Dichtern und Künstlern. Seine Tochter erster Ehe, Konstanze, gab er Peter, dem Sohn Jakobs von Aragonien, zur Gemahlin. Gern hätte sich M. mit der Kirche ausgesöhnt, allein die Unterhandlungen blieben fruchtlos. Papst Urban IV. erneuerte sogar den Bann gegen M. und dessen Länder und ertheilte dieselben 1263 als päpstliches Lehn Karl von Anjou. Dieser kam auch alsbald mit einem Heer und ward von Urbans Nachfolger, Klemens IV., im Januar 1266 zu Rom als König von Sicilien gekrönt. M. war wohl gerüstet und hatte die Pässe bei Tagliacozzo und Ceperano besetzt. Aber Graf Richard von Caserta verließ verrätherisch die ersteren, die Franzosen erstürmten am 10. Februar San Germano, und am 26. Februar 1266 kam es zu der entscheidenden Schlacht bei Benevent, in welcher M. fiel. Da der Bann auf ihm ruhte, wurde sein mit Wunden bedeckter Leichnam nicht in geweihtem Boden, sondern bei der Brücke von Benevent und später, da der Erzbischof von Cosenza diesen Boden als kirchliches Eigenthum beanspruchte, in einem Felsenthal an der Grenze von Picenum, wo der Verde mit dem Tronto sich vereinigt, begraben. M.s Wittwe starb im Gefängniß. Ihre Tochter Beatrix wurde erst nach achtzehnjähriger Haft von Karl gegen einen seiner Söhne ausgeliefert, der in aragonische Gefangenschaft gerathen war. Die 3 Söhne M.s hielt Karl 31 Jahre in Fesseln. Auf die Vermählung der ältesten Tochter M.s an Peter III. von Aragonien gründeten sich die späteren Ansprüche dieses Hauses auf Neapel. Vgl. Cesare, Storia di Manfredi, Neapel 1837, 2 Bde.; Münch, König M., Stuttg. 1840. E. Raupach machte den unglücklichen König zum Helden eines Trauerspiels.

Manfredonia, Stadt in der neapolitanischen Provinz Capitanata (Foggia), am Golf von M. u. am Monte Gargano, Sitz eines Erzbischofs, mit befestigtem Hafen und 7460 Einw.

Mangalia (Menkalie), Stadt im türkischen Ejalet Silistria, am schwarzen Meere, hat eine wenig geschützte Rhede und 7000 Einw.

Mangalore, Stadt in der britisch-ostindischen Präsidentschaft Madras, Distrikt Südcanara, an der Mündung des Naitrawatti, mit Hafen und 11,500 Einw., früher wichtigster Seeplatz der Könige von Mysore, gegenwärtig Hauptdepot für das aus dem Innern kommende Sandelholz. Im Jahre 1547 von den Portugiesen zerstört, wurde die Stadt 1555 wieder aufgebaut und 1567 von jenen in Besitz genommen. Um die Mitte des 17. Jahrhunderts kam M. an den Radscha von Bednore, 1763 an Hyder Ali, 1798 definitiv an die ostindische Kompagnie. Die Stadt ist seit 1840 durch eine schöne Kunststraße mit Mercara verbunden.

Mangan (Braunsteinmetall, Braunsteinkönig, Manganesium), chemisch einfacher Körper, Metall, welches dem Eisen nahe steht, findet sich in der Natur sehr verbreitet u. bildet eine Gruppe ausgezeichneter Mineralien, die zum Theil bergmännisch gewonnen werden. Am häufigsten kommt es oxydirt vor, als Weichbraunstein (Pyrolusit) u. Hartbraunstein (Psilomelan), Manganit und Wad, auf Eisenlagerstätten und selbstständigen Erzgängen und Lagern; seltnere Mineralien sind Hausmannit und Braunit. Es bildet einen Bestandtheil mancher Ocher, so des schwarzen Erdkobalts. Mit Kupferoxyd und Wasser kommt es im seltenen Kupfermanganerz von Schlaggenwalde in Böhmen und Kamsdorf in Thüringen und im Crednerit von Friedrichroda vor. Selten sind seine Schwefelverbindungen: Manganblende oder Manganglanz, Einfachschwefelmangan und Hauerit, Doppelschwefelmangan von Altsohl. Mit Kieselerde bildet es rothen und schwarzen Mangankiesel u. kommt außerdem in gewissen Augiten, Hornblenden, Granaten, Epidoten als Bestandtheil vor. Das natürliche kohlensaure Manganoxydul, Manganspath, ist selten rein, um so häufiger in geringerer u. größerer Menge in Spatheisensteinen, Kalksteinen u. Braunspathen, auch in Zinkspath. Am häufigsten sind die oxydirten Erze, die theils gangförmig, am häufigsten mit Quarz und Rotheisenstein, so im Granit und Glimmerschiefer des Erzgebirgs (Schwarzenberg in Sachsen, Platten in Böhmen), mit Rotheisenstein, Schwer-, Braun- und Kalkspath im Granit des badischen Oberlandes, mit Schwer- und Kalkspath im quarzfreien Porphyr von Ilefeld am Harz und Oehrenstock am Thüringerwald, mit Quarz im quarzführenden Porphyr von Elgersburg, auch zu Huelva in Spanien, theils und zwar massenhafter, aber lagerförmig und butzenförmig im Dolomit u. auf den verschiedenen Gliedern des rheinischen Schiefergebirgs vorkommen, so zu Geisenheim, Braunfels u. a. O. in Nassau u. in Oberhessen. In geringen Mengen finden wir Manganerze auch sonst in den verschiedensten andern Gebirgsformationen verbreitet; viele Gesteine verdanken die Bildung von Dendriten auf Klüften, wie schwarze u. braune Verwitterungsränder, einem Mangangehalt, der auch schon in der Asche vieler Pflanzen u. im Blut u. in den Knochen der Thiere nachgewiesen ist.

Man erhält das M., indem man kohlensaures Manganoxydul erhitzt, wiederholt mit Oel tränkt und letzteres verkohlt und endlich die Reduktion bei der heftigsten Hitze des Gebläseofens ausführt. Der Regulus enthält noch Kohle und Kiesel und soll nach John nochmals im Kohlentiegel unter Zusatz von etwas Borax umgeschmolzen werden. Brunner schichtet 2 Theile Fluormangan mit 1 Theil Natrium im hessischen Tiegel, bedeckt die zusammengedrückte Masse mit wasserfreiem Kochsalz und Flußspath und erhitzt den bedeckten Tiegel im Gebläseofen. Der bei heller Rothgluth zusammengeschmolzene Regulus kann mit Kochsalz nochmals umgeschmolzen werden. Borax verändert nach Brunner das Metall. Vincent behandelt eine kalte wässerige Lösung von Manganchlorür mit Natriumamalgam, destillirt aus dem Manganamalgam das Quecksilber ab und erhält so das M. als Pulver. Das brunnersche M. gleicht in seiner Farbe gewissen Arten von Gußeisen, ist brüchig, widersteht nicht den Hammerschlägen, ist sehr hart u. wird von der Feile nicht angegriffen, ritzt vielmehr den besten gehärteten Stahl. Es nimmt die vollkommenste Politur an u. verändert sich bei gewöhnlicher Temperatur selbst nicht in feuchter Luft. Nach andern Angaben oxydirt sich das M. sehr leicht. Beim Erhitzen läuft es wie Stahl an u. bedeckt sich endlich mit braunem Oxyd. Das specifische Gewicht des M.s liegt zwischen 7,138 und 7,206. Das Aequivalent des M.s ist = 27,6. Säuren greifen das M. sehr lebhaft an, mit koncentrirter Schwefelsäure entwickelt es in der Kälte schwach Wasserstoff, beim Erwärmen entweicht schweflige Säure und das Metall löst sich; von verdünnter Schwefelsäure wird es bei gewöhnlicher Temperatur leicht gelöst, ebenso von Salpetersäure, Salzsäure u Essigsäure. Das M. wirkt bei der Darstellung des Eisens sehr günstig, es entfernt zwar nicht dessen Phosphorgehalt, wohl aber den Schwefel- und Siliciumgehalt bei gleichzeitigem Feinen bis auf geringe Mengen. Das M. bindet chemisch diejenige Kohle, welche sich als Graphit ausscheiden würde, und gestattet eine leichte Umwandlung des Eisens in Stahl. Eine geringe Menge M. genügt, um diese Wirkung hervorzubringen, u. wenn der Stahl mehr als $^{5}/_{1000}$ M. enthält, wird er hart und brüchig. Angemessener Mangangehalt macht auch diejenigen Stahlsorten schweißbar, die es vorher nicht waren. Die Praxis der Schmiedemeister, gewöhnliches Gußeisen und manganhaltiges mit einander zu affiniren, ist daher wohl begründet. Manganlegirungen werden von Prieger in Bonn im Großen dargestellt. Zur Gewinnung des Eisenmangans (Ferromangans) wird gepulvertes Manganoxyd mit Holzkohlenpulver und Eisenspänen in Graphittiegeln und unter einer Decke von Kohle, Flußspath, Kochsalz ꝛc. mehre Stunden der Weißgluth ausgesetzt. Die wichtigsten Manganeisenlegirungen sind die aus 2 Aequivalenten M. und 1 Aeq. Eisen und 4 Aeq M. und 1 Aeq Eisen bestehenden; beide sind härter als Stahl, nehmen eine ausgezeichnete Politur an, schmelzen bei Rothgluth, eignen sich gut zum Gießen, oxydiren sich an der Luft gar nicht und selbst in Wasser nur oberflächlich und besitzen eine Farbe, die zwischen der des Stahls und Silbers liegt. Die Kupfermanganlegirungen (Cupromangan) werden auf ganz analoge Weise wie Ferromangan gewonnen, sie ähneln der Bronze, sind aber viel härter und fester, ihre Legirungen mit Zinn sind leicht schmelzbar, sehr fest, leicht zu bearbeiten und an Farbe und Glanz feinem Silber ähnlich.

Man kennt sechs Oxydationsstufen des M.s, nämlich Manganoxydul (1 Aeq. M., 1 Aeq. Sauerstoff), Manganoxyduloxyd (3 Aeq. M., 4 Aeq. Sauerstoff), Manganoxyd (2 Aeq. M., 3 Aeq. Sauerstoff), Mangansuperoxyd (1 Aeq M., 2 Aeq Sauerstoff), Mangansäure (1 Aeq. M., 3 Aeq Sauerstoff) u. Uebermangansäure (2 Aeq. M., 7 Aeq. Sauerstoff). Das **Manganoxydul** entsteht, wenn man gleiche Theile Manganchlorür und kohlensaures Natron mit etwas Salmiak im Platintiegel schmelzt oder irgend ein feinvertheiltes höheres Oxyd des M.s in Wasserstoff glüht. Kohlensaures Manganoxydul bei Luftabschluß geglüht hinterläßt ebenfalls Manganoxydul. Leitet man über ein rothglühendes Oxyd des M.s Wasserstoff u. dann sehr wenig Chlorwasserstoff, so erhält man smaragdgrüne durchsichtige Oktaeder von Diamantglanz, die aus reinem Manganoxydul bestehen. Dieses ist ein grünliches Pulver, bei hoher Temperatur dargestellt beständig, im fein vertheilten Zustande sich leicht oxydirend. Es löst sich in Säuren und ist eine starke Basis. Aus der Lösung eines Manganoxydulsalzes fällt Alkali weißes **Manganoxydulhydrat**, welches sich sehr schnell in schwarzbraunes Manganoxydhydrat verwandelt. Chlorwasser verwandelt den Niederschlag in Mangansuperoxydhydrat, welches auch durch Chlorkalk aus Manganoxydulsalzlösungen gefällt wird. Ammoniak fällt das Manganoxydul nicht vollständig, Salmiak verhindert die Fällung gänzlich, doch läßt eine solche Lösung beim Stehen an der Luft Oxydhydrat fallen. Kohlensaure Alkalien fällen kohlensaures Manganoxydul, doppeltkohlensaure Salze fällen verdünnte Lösungen nicht. Schwefelammonium fällt fleischfarbenes Schwefelmangan, welches von verdünnter Essigsäure leicht gelöst wird. Gelbes Blutlaugensalz erzeugt einen weißen, rothes einen braunen Niederschlag. Kohlensaurer Baryt, bernsteinsaure und benzoësaure Alkalien fällen die Oxydulsalze nicht. In schwefelsaurem oder salpetersaurem Manganoxydul mit überschüssiger Säure erzeugt Bleisuperoxyd purpurrothes Manganoxydsalz (Uebermangansäure, empfindliche Reaktion). Mit Soda auf Platinblech geglüht geben die Manganoxydulsalze eine blaugrüne Masse von mangansaurem Natron (empfindliche Reaktion). **Schwefelsaures Manganoxydul** entsteht als Rückstand von der Sauerstoffbereitung, wenn man Mangansuperoxyd mit Schwefelsäure kocht. Die Lösung enthält Eisen, Gyps ꝛc. und liefert ein reines Präparat, wenn man sie zur Trockne verdampft, zur Zersetzung des schwefelsauren Eisenoxyds glüht und die Masse dann mit Wasser extrahirt. Braunstein mit $^{1}/_{10}$ seines Gewichts Steinkohlenklein geglüht gibt Manganoxydul, welches durch Schwefelsäure in Sulfat verwandelt wird. Behandelt man Braunstein mit schwefliger Säure, so erhält man eine eisenfreie Lösung von Sulfit, das leicht in Sulfat umgewandelt werden kann. Das schwefelsaure Manganoxydul krystallisirt nicht leicht. Unter 6° entstehen Krystalle mit 7 Aeq. Wasser, die dem Eisenvitriol isomorph sind, bis 20° bilden sich Krystalle mit 5 Aeq. Wasser, die dem Kupfervitriol isomorph sind, und bei noch höherer Temperatur entsteht das gewöhnlich auftretende Salz mit 4 Aeq. Wasser. Dieses entläßt bei 115° 3 Aeq. Wasser, hält aber das vierte Aeq. noch bei 200° fest. Das wasserfreie Salz löst sich in 2 Th. Wasser von 15°, in 1 Th. Wasser von 50°, in heißerem Wasser aber in geringerer Menge. In Alkohol ist es unlöslich. Mit schwefelsaurem Kali und schwefelsaurem Ammoniak erhitzen Doppelsalze mit 6 und 4 Aeq. Wasser. Der Manganvitriol findet in der Färberei Anwendung. **Schwefligsaures Manganoxydul** mit 2 Aeq. Wasser krystallisirend ist ein in Wasser und Alkohol unlösliches, in Säuren lösliches Pulver. **Unterschwefligsaures Manganoxydul** wird durch doppelte Zersetzung aus Barytsalz oder durch Auflösen von Schwefelmangan in schwefliger Säure erhalten, zersetzt sich aber beim Verdampfen vollständig. **Kohlensaures Manganoxydul** mit Manganoxydulhydrat wird durch kohlensaures Natron aus der Lösung eines Manganoxydulsalzes gefällt. Bei 150° verwandelt sich das Hydrat und bei 200° auch das Karbonat in Oxyd. Bleibt bei der Fällung das Mangansalz im Ueberschuß, so verändert sich der

Niederschlag nicht an der Luft. 1 Th. kohlensaures Manganoxydul löst sich in 2000 Th. kohlensäurehaltigem Wasser und kommt daher häufig im Brunnenwasser vor. Bei Ausschluß der Luft oder in Wasserstoff geglüht gibt es Manganoxydul, an der Luft erhitzt entsteht bei 300° ein Gemenge von 2 Aeq. Mangansuperoxyd und 1 Aeq. Manganoxydul, bei höherer Temperatur entweicht Sauerstoff und es bleibt Oxyduloxyd zurück (s. unten). Löst man das Karbonat in Salpetersäure, so erhält man *salpetersaures Manganoxydul*, welches schwierig mit 6 Aeq. Wasser krystallisirt, in Wasser und Alkohol leicht löslich ist. Beim Verdampfen der Lösung scheidet sich Superoxyd aus. Nach Schlösing beginnt die Zersetzung bei 150° und wird sehr lebhaft bei 193°. In Folge der Entwickelung der Dämpfe sinkt dann das Thermometer auf 180°, und bei dieser Temperatur verläuft die Zersetzung regelmäßig und vollständig. Der Rückstand enthält 93 Proc. Superoxyd, in den entwickelten Gasen findet sich weder Stickstoff, noch Stickstoffoxyd. Phosphorsaures Natron fällt aus schwefelsaurem Manganoxydul *basisch-phosphorsaures Manganoxydul* mit 7 Aeq. Wasser; ist das Sulfat mit Essigsäure angesäuert, so bildet sich auf phosphorsaurem Natron neutrales Phosphat. Aus der sauren Lösung des Phosphats fällt Ammoniak einen hydratischen Niederschlag, der sich im verschlossenen Gefäß bald in ein Doppelsalz aus 1 Aeq. Ammoniak, 2 Aeq. Manganoxydul, 1 Aeq. Phosphorsäure und 2 Aeq. Wasser verwandelt. *Borsaures Manganoxydul* fällt als weißes schwer lösliches Pulver beim Vermischen von Manganvitriol mit Borax. Es dient als Siccativ, da es die Oxydation (das Trocknen) des Leinöls sehr beschleunigt. Aehnlich wirken auch andere Manganoxydulsalze. So beschleunigt eine Spur des Sulfats die Oxydation wässeriger schwefliger Säure zu Schwefelsäure. Chromsäure und Uebermangansäure wirken nur dann in der Kälte schnell auf Oxalsäure ein, wenn eine Spur eines Manganoxydulsalzes zugegen ist.

Manganoxyd wird als Hydrat beim Fällen einer Manganoxydulsalzlösung unter dem Einfluß der Luft erhalten. Bei vorsichtigem Erhitzen verliert das Hydrat sein Wasser. Das Manganoxyd ist bräunlichschwarz, färbt Glas und Quarz violettroth (Amethyst), ist eine sehr schwache Base u. gibt mit Salpetersäure od. Schwefelsäure gekocht Oxydulsalz und Superoxyd. In kalter Salzsäure und mäßig erwärmter Schwefelsäure löst es sich ohne Zersetzung, doch verwandelt sich die Chloridlösung schon beim Erwärmen in Chlorür und das Sulfat wird durch desoxydirende Körper äußerst leicht zu Oxydulsalz reducirt. Beim Erwärmen und beim Verdünnen mit Wasser scheidet sich aus der Sulfatlösung braunes Oxyd aus, welches durch viel Schwefelsäure wieder gelöst wird. Die Sulfatlösung ist kirschroth wie Uebermangansäure, Kali fällt daraus braunes Oxydhydrat. Mit schwefelsaurem Kali bildet das Sulfat einen Alaun, der durch Wasser zersetzt wird. Künstliches Mangansuperoxyd gibt mit koncentrirter Schwefelsäure grünes wasserfreies Sulfat. Am beständigsten ist das *phosphorsaure Manganoxyd*. Dies entsteht, wenn man Manganoxyd mit Phosphorsäure eindampft und bis fast zum Glühen erhitzt. Die violette Masse löst sich zum Theil in Wasser mit kirschrother Farbe, theils bleibt ein pfirsichblüthrothes Pulver ungelöst zurück. Beim Eindampfen zersetzt sich die Lösung unter Ausscheidung von Superoxyd.

Manganoxyduloxyd (rothes Manganoxyd) bildet sich stets, wenn irgend ein Manganoxyd bei Zutritt der Luft heftig geglüht wird. Es ist deshalb die Form, in welcher man das M. stets bestimmt. 100 Theile zeigen 93 Th. Oxydul an. Salpetersäure zersetzt es in Oxydul, welches sich löst, und in Mangansuperoxydhydrat, welches zurückbleibt.

Mangansuperoxyd ist die wichtigste Oxydationsstufe des M.s u. findet als Braunstein (s. d.) vielfache Anwendung. Man erhält es künstlich durch Glühen von kohlensaurem Manganoxydul mit chlorsaurem Kali und durch Erhitzen des salpetersauren Manganoxyduls. Chemisch rein wird es erhalten, wenn man fein zerriebenes Manganchlorür mit filtrirter Chlorkalklösung kocht. Das Mangansuperoxyd bildet mehre Hydrate, in denen es bei der Zersetzung verschiedener Manganverbindungen auftritt. Beim Erhitzen entwickelt das Superoxyd Sauerstoff und geht zuerst in Oxyd, dann in Oxyduloxyd über. Mit Schwefelsäure gekocht bildet sich unter Sauerstoffentwickelung schwefelsaures Manganoxydul. Besonders leicht gibt das Superoxyd seinen Sauerstoff an desoxydirende und organische Stoffe ab. Mit Salzsäure bildet das Superoxyd eine Lösung von Manganchlorid, die sich unter Chlorentwickelung zersetzt. Glüht man Natronsalpeter mit Mangansuperoxyd, so entsteht reines Natronhydrat. Schüttelt man Mennige mit kalter koncentrirter Essigsäure und fällt man aus der Lösung das Bleioxyd mit Schwefelsäure, so erhält man eine Lösung von essigsaurem Bleisuperoxyd, die sich mit schwefelsaurem Manganoxydul zu schwefelsaurem Bleioxyd und *essigsaurem Mangansuperoxyd* zersetzt. Die tiefrothe Lösung ist bei gewöhnlicher Temperatur sehr beständig, läßt aber endlich, schneller beim Erhitzen, Mangansuperoxyd fallen und wirkt stark oxydirend. Nach Gorgeu ist Mangansuperoxyd als *manganige Säure* zu betrachten. Aus Manganoxyduloxyd mit koncentrirter Salpetersäure dargestellt und in Wasser aufgeschwemmt röthet es Lackmus ziemlich stark, absorbirt alkalische Lösungen und zersetzt kohlensauren Baryt und Kalk, indem es sich mit den Basen verbindet. Leitet man Kohlensäure in mangansaures Kali, so entsteht übermangansaures Kali und eine unlösliche Verbindung von 5 Aeq. Mangansuperoxyd mit 1 Aeq. Kali. Die entsprechende Kalkverbindung wird durch Chlorkalk aus salpetersaurem Manganoxyd gefällt. Die *Prüfung des natürlichen Mangansuperoxyds* (Braunsteins) kann auf verschiedene Weise geschehen. Eine abgewogene Menge sehr fein zerriebenen Braunsteins übergießt man in einer Flasche mit Wasser und Salzsäure und setzt so lange Eisenvitriol hinzu, bis ein herausgenommener Tropfen eben rothes Blutlaugensalz blau färbt. Das aus dem Braunstein sich entwickelnde Chlor oxydirt den Eisenvitriol, und das rothe Blutlaugensalz zeigt die erste Spur des Vitriols an, die hinzugesetzt wird, nachdem der letzte Rest des Chlors verbraucht ist. Aus der entwickelten Chlormenge kann man aber leicht auf den Sauerstoffgehalt des Braunsteins schließen. Nach Fresenius und Will bringt man Braunstein, neutrales oxalsaures Kali und etwas Wasser in einen Kolben und läßt Schwefelsäure hinzufließen. Die Oxalsäure wird hierbei zersetzt und es entweicht Kohlensäure. Letztere läßt man durch koncentrirte Schwefelsäure streichen, um sie zu trocknen. Der Gewichtsverlust des Apparats nach beendigter Reaktion ergibt die Menge der entwickelten Kohlensäure, aus welcher sich der Sauerstoffgehalt des Braunsteins berechnen läßt. Bei allen Untersuchungen muß der Braunstein getrocknet angewandt werden.

Mangansäure ist nicht im isolirten Zustande bekannt, da ihre Salze schon beim Behandeln mit Wasser in Uebermangansäure u. Mangansuperoxyd zerfallen. Mangansaures Kali entsteht neben einem niedrigeren Oxyd, wenn man Braunstein mit einem Ueberschuß von Kalihydrat glüht, reichlicher noch, wenn man zugleich Salpeter oder chlorsaures Kali anwendet. Die erhaltene dunkelgrüne Masse ist das schon lange bekannte *mineralische Chamäleon*. Eine ähnliche Masse entsteht auch beim Glühen von Braunstein mit Baryt oder Strontian. Das mangansaure Kali löst sich unzersetzt in Kalilauge, u. wenn man daher bei seiner Bereitung viel Kali anwandte und die Schmelze nur mit wenig Wasser extrahirte, so kann man im Vacuum über Schwefelsäure Krystalle von mangansaurem Kali erhalten, die mit schwefelsaurem Kali isomorph sind. Mangansaurer Baryt bleibt als grünes Pulver zurück, wenn man die Schmelze von salpetersaurem Baryt und Braunstein mit Wasser behandelt. In einem Ofen, in welchem Manganchlorür mit Kreide geglüht wurde, bemerkte Kuhlmann die Bildung von Hausmannit und ultramarinblauem mangansauren Kalk.

Uebermangansäure wird durch Zersetzung der Mangansäure erhalten. Man schmelzt in einem Tiegel aus Eisenblech 2 Th. Kalyhydrat und 1 Th. chlorsaures Kali, setzt 2 Th. gesiebten Braunstein hinzu und erhitzt unter Umrühren, bis die Masse trocken und hart geworden ist und die Tiegelwände einige Zeit in dunkler Rothgluth gestanden haben. Die zerstoßene Masse wird mit 40 Th. Wasser extrahirt, die Flüssigkeit ins Sieden gebracht und so lange ein Strom Kohlensäure hindurch geleitet, bis ein Tropfen auf Papier einen rothen Fleck ohne grünen Rand erzeugt. Hierauf läßt man erkalten, gießt die Flüssigkeit klar ab, filtrirt den Rest durch Schießbaumwolle und verdampft zur Krystallisation. Löst man das übermangansaure Kali in Schwefelsäure, die mit $^1/_2$ Aeq. Wasser verdünnt ist, so gibt die Flüssigkeit bei der Destillation im Wasserbade violette Dämpfe, die sich zu grünlichschwarzer, flüssiger Uebermangansäure verdichten. In dieser Gestalt scheidet sich die Säure auch aus, wenn die erwähnte Lösung ruhig stehen bleibt. Die Säure detonirt in größeren Mengen unter Abscheidung von Manganoxyd, sie zieht begierig Feuchtigkeit an, löst sich mit purpurrother Farbe in Wasser und detonirt beim raschen Erhitzen. Sie wirkt äußerst stark oxydirend, entzündet sofort Papier und Alkohol, letzteren unter Explosion und detonirt mit fetten Körpern unter weißer Lichterscheinung. Die wässerige Lösung hält sich einige Zeit, wenn sie vor Staub und organischen Stoffen geschützt wird, sie kann aber nicht durch Papier filtrirt werden. Hünefeld erhielt Krystalle von Uebermangansäure, als er übermangansauren Baryt mit Phosphorsäure zersetzte und die Flüssigkeit verdampfte. Mischt man 2 Th. staubtrockenes übermangansaures Kali mit 3 Th. Schwefelsäurehydrat, so entwickelt die Masse wochenlang, in Folge der Zersetzung entstandener Uebermangansäure, Ozon und wirkt überhaupt als eins der kräftigsten Oxydationsmittel, so daß es ätherische Oele entzündet und bei vielen selbst Explosion verursacht. Bei den durch Uebermangansäuresalze bewirkten Oxydationen entstehen entweder Manganoxydulsalze, oder es wird Mangansuperoxyd abgeschieden, wobei die Flüssigkeit farblos wird. Das übermangansaure Kali krystallisirt in dunkelpurpurrothen, fast schwarzen Krystallen, die sich in 16 Th. kaltem Wasser auflösen und sehr große Mengen Wasser roth färben. Beim Erhitzen verwandelt sich das Salz unter Sauerstoffentwickelung in mangansaures Kali, u. dieses entsteht auch, wenn man eine verdünnte Lösung des übermangansauren Kali's mit Kalihydrat versetzt. Tröpfelt man zu einer Lösung von Eisenvitriol übermangansaures Kali, so färbt sich die Flüssigkeit nicht eher roth, als bis die letzte Spur des Eisenvitriols oxydirt ist. Bei dem großen Färbevermögen der Uebermangansäure ist diese Reaktion sehr scharf und das übermangansaure Kali findet daher in der Maßanalyse ausgedehnte Anwendung. Da organische Stoffe schnell und vollständig von der Uebermangansäure oxydirt werden, so benutzt man sie auch zur Prüfung des Wassers, welches um so reiner ist, je schneller es beim Hinzutröpfeln einer Lösung der Säure roth gefärbt wird. Auch zur Reinigung des Wassers und als Desinfektionsmittel findet die Uebermangansäure Anwendung. Das Natronsalz ist so leicht löslich, daß es nicht krystallisirt erhalten werden kann. Bereitet man aus 2 Th. Kalihydrat und 1 Th. Braunstein eine Lösung von mangansaurem Kali und zersetzt dieselbe mit Chlorbaryum, so erhält man violettblauen mangansauren Baryt, welcher ausgewaschen werden kann und eine Lösung von übermangansaurem Baryt liefert, wenn man ihn in Wasser suspendirt, dieses zum Sieden erhitzt u. mit Kohlensäure behandelt. Die Lösung liefert im Vacuum über Schwefelsäure große Krystalle, mit Barythydrat versetzt liefert sie Krystalle von mangansaurem Baryt. Bei der Zersetzung von übermangansaurem Baryt mit schwefelsaurem Ammoniak erhält man eine Lösung, aus der beim Verdampfen übermangansaures Ammoniak krystallisirt. Vermischt man warme Lösungen von übermangansaurem Kali und salpetersaurem Silberoxyd, so krystallisirt beim Erkalten übermangansaures Silberoxyd, welches sich in 109 Th. kaltem Wasser löst.

M. verbindet sich nicht direkt mit Schwefel, dagegen liefern Manganoxyde mit Schwefel erhitzt grünes *Mangansulfuret*, welches sich an der Luft oxydirt und selbst von Essigsäure zersetzt wird. Das aus Manganoxydulsalzen gefällte hydratische Schwefelmangan zersetzt sich schon beim Trocknen. Schwefelsaures Manganoxydul, in Wasserstoff geglüht, gibt luftbeständiges hellgrünes Oxysulfuret. Manganchlorür, in Phosphorwasserstoff geglüht, gibt schwarzes, metallglänzendes *Phosphormangan*. Schmelzt man geglühten Braunstein, weißgebrannte Knochen, Sand und Kienruß, so erhält man einen Regulus, der aus mehren Phosphormanganverbindungen besteht. Ein Theil dieses Regulus wird durch Salzsäure unter Entwickelung von entzündlichem Phosphorwasserstoff zersetzt. *Manganchlorür* wird stets erhalten, wenn man irgend ein Manganoxyd in der Wärme mit Salzsäure behandelt, und findet sich daher in den Rückständen von der Chlorbereitung. Um es aus diesen rein zu erhalten, verdampft man dieselben zur Entfernung der freien Säure, verdünnt die Flüssigkeit mit Wasser und kocht sie mit kohlensaurem Manganoxydul. Hierdurch wird das Eisenoxyd abgeschieden und man erhält beim Verdunsten röthliche Krystalle mit 4 Aeq. Wasser, die leicht löslich sind. Wasserfreies Chlorür entsteht beim Entwässern der Krystalle in trockenem Salzsäuregas oder wenn man solches über kohlensaures Manganoxydul leitet; es bildet eine röthlichblättrige, leicht schmelzende, aber nicht flüchtige Masse, die beim Erhitzen durch die Feuchtigkeit der Luft in Oxyduloxyd verwandelt wird. 100 Th. Wasser lösen davon bei 10° 38,3 Th., bei 63° 55 Th., in höherer Temperatur aber weniger; auch in Alkohol ist das Chlorür löslich. Durch Chlor wird das Chlorür nicht verändert, ist aber Kali oder Natron zugegen, so daß sich unterchlorige Säure bilden kann, so wird Mangansuperoxyd gefällt. Die Rückstände von der Chlorbereitung werden zum Reinigen des Gäses benutzt, doch pflegt man in neuerer Zeit mehr u. mehr Mangansuperoxyd aus ihnen zu regeneriren. In Glasgow neutralisirt man die Flüssigkeit mit kohlensaurem Kalk u. fällt dadurch Eisenoxyd, Thonerde u. Kieselsäure. Die klare fast reine Lösung von Manganchlorür vermischt man mit gepulverter Kreide zu einer dicklichen Milch und behandelt diese unter fortwährendem Umrühren und unter einem Druck von 2 Atmosphären mit Dampf. Das dadurch gefällte kohlensaure Manganoxydul wird ausgewaschen, auf Haufen geschichtet und dann in einem Röstofen einer allmählig steigenden Temperatur bei Luftzutritt ausgesetzt, so daß es sich zum bei weitem größten Theil in Mangansuperoxyd verwandelt. Nach einer andern Methode bläst man durch siedende Kalkmilch einen Strom von heißer Luft und läßt die Manganchlorürlösung im Strahl zufließen. Das gefällte kohlensaure Manganoxydul trifft hierbei im Entstehungsmoment mit Sauerstoff zusammen und wird sofort oxydirt, so daß es nur noch ausgewaschen zu werden braucht. Vermischt man sirupdickes Manganchlorür mit salpetersaurem Natron, so entweicht bei gelinder Glühhitze salpetrige Säure u. es bleibt eine Verbindung zurück, die aus 3 Aeq. Manganoxyd und 1 Aeq. Chlorür besteht. **Manganchlorid** erhält man in dunkelbrauner Lösung, wenn man Manganoxyd mit Salzsäure übergießt. Die Flüssigkeit verliert besonders beim Erwärmen Chlor und hinterläßt Manganchlorür. **Mangansuperchlorid** entweicht als grünliches Gas, wenn man zu mangansaurem Kali und Schwefelsäure Chlorkalium hinzusetzt. Das Gas verdichtet sich bei 0° zu einer grünlichbraunen Flüssigkeit, die an der Luft Dämpfe von Uebermangansäure und Salzsäure ausstößt. Ganz ähnlich verhält sich ein **Mangansuperfluorid**. **Manganfluorür** bildet ein röthliches krystallinisches Pulver und wird beim Auflösen von kohlensaurem Manganoxydul in Flußsäure erhalten. Cyankalium fällt aus Manganoxydulsalzen graugelbes **Mangancyanür**, welches sich in Cyankalium zu **Kalium-Mangancyanür** löst. Dieses oxydirt sich theilweise an der Luft, läßt Oxydhydrat fallen und gibt Krystalle von **Kalium-Mangancyanid**, welches Eisenoxydulsalze hellblau, Bleisalze braun fällt.

Manganblende (Manganglanz, Alabandin), Schwefelmetall aus der Klasse der Blenden, krystallisirt selten im regulären Oktaëder und Würfel mit blättrigem Bruch nach dem letzteren, ist gewöhnlich derb, körnig u. eingesprengt, frisch halbmetallisch glänzend, eisengrau bis dunkelstahlgrau, häufig bräunlichschwarz angelaufen, von schmutziggrünem Strich. Seine Härte ist die des Flußspaths u. etwas darunter, sein specifisches Gewicht 3,9. Es findet sich auf Erzgängen in Ungarn und Siebenbürgen, so zu Kapnik, Nagyag u. Offenbanya, zu Gersdorf in Sachsen, in Brasilien u. an einigen andern Orten.

Mangankiesel (rother Mangankiesel, Rhodonit, Rothbraunsteinerz, diatomer Augitspath), kommt sehr selten krystallisirt vor, u. es ist zweifelhaft, ob er bi- oder triklinoëdrisch, 2- u. 1- od. 1- u. 1gliedrig ist, hat vollkommen blättrigen Bruch wie Augit nach einer rhombischen Säule von 87° 38, unvollkommen blättrigen nach den Flächen der oblongen Säule, ist meist derb feinkörnig od. dicht, spröde, von Apatithärte und darüber. Sein specifisches Gewicht beträgt 3,3—3,6; er ist durchscheinend, glasglänzend od. matt, von dunkelrosenrothen, bläulichrothen, wenn mit Quarz od. mit kohlensaurem Manganoxydul gemengt, dagegen von lichten Farben. Sein Strich ist weiß. Der M. ist kieselsaures Manganoxydul mit einem Gehalt von kieselsaurer Kalkerde. Vor dem Löthrohr zu einer schwarzen Kugel schmelzend, wird er von Salzsäure kaum angegriffen. Er kommt wie die beiden vorigen Manganverbindungen auf den Erzlagerstätten von Kapnik in Ungarn u. Nagyag in Siebenbürgen vor, auf dem Manganeisensteinlager von Langbanshytta u. Pjäsberg bei Philippstadt in Schweden u. zu Franklin in Newjersey (Jeffersonit); mit Mangangranat u. Manganepidot zu St. Marcel in Piemont; unrein, als sogenannter Allagit, Photicit, Hornmangan 2c. findet er sich im Kieselschiefer am Harz bei Elbingerode, Rübeland u. a. O.; höchst ausgezeichnet auf einem Lager im Thonschiefer bei Katharinenburg im Ural, wo er geschliffen wird. Durch frühere Oxydation scheint aus dem rothen der schwarze M. hervorgegangen zu sein.

Mangankupfer (Crednerit), blättrig-körniges, metallisch glänzendes, eisenschwarzes Erz von schwarzem Strich, dessen Härte Apatithärte u. darunter u. dessen specifisches Gewicht 5 ist, besteht aus 56,7 Manganoxyd u. 43,3 Kupferoxyd, ist sehr schwierig schmelzbar, liefert mit Borax ein dunkelviolettes, mit Phosphorsalz ein grünes, beim Abkühlen blau und in der Reduktionsflamme behandelt kupferroth werdendes Glas. Es löst sich in Salzsäure unter Chlorentwickelung mit grüner Farbe. Man findet es auf einem Braunsteingang bei Friedrichroda am Thüringerwald.

Manganschaum (Wad), s. Mangan und Braunstein.

Manganspath (Diallagit, Rhodochrosit, rother Braunstein, Himbeerspath), ein durch seine rosen- bis himbeerrothe Farbe ausgezeichnetes rhomboëdrisch-krystallisirendes Karbonat, welches sich nach einem Rhomboëder von 106° 51 bis 107° vollkommen spaltet. Die Krystalle sind oft sattel- oder linsenförmig verbogen; außerdem findet es sich in kugeligen und nierenförmigen Formen mit stängelicher Absonderung u. auch körnig zusammengehäuft, durchscheinend, auf dem blätterigen Bruch glas- bis permutterglänzend. Die Härte ist etwas unter u. über Flußspathhärte ($3^1/_2$—$4^1/_2$), das specifische Gewicht 3,3—3,6. Der M. ist ein kohlensaures Manganoxydul, im dunkelrothen von Vieille in den Pyrenäen mit nur 2,9 Proc. an Karbonaten der Kalk- u. Bittererde u. des Eisenoxyduls; in allen übrigen steigt die Menge dieser letztern Basen auf 20 bis 27 Proc., wodurch nicht allein die Farbe blässer wird, sondern auch Form und Gewicht sich ändern. Beim Erwärmen ist er leicht löslich in Salzsäure, vor dem Löthrohr unschmelzbar, beim Glühen zerspringend u. schwarz werdend. Außer obigem pyrenäischen ist der M. bekannt von Karnik in Ungarn und Nagyag in Siebenbürgen, Freiberg in Sachsen, Obernelsen bei Diez in Nassau, Elbingerode am Harz, Rheinbreitenbach, meist auf Erzgängen und Lagern vorkommend. Der **Manganokalcit** Breithaupts von Schemnitz in Ungarn verhält sich chemisch und in seinen sonstigen physikalischen Eigenschaften wie ein M., besitzt aber rhombische Krystallform ohne blätterigen Bruch und verhält sich daher zu jenem wie der Aragonit zum Kalkspath.

Mangarevainseln, s. **Gambierinseln**.

Mange (**Kalander**), s. **Walzenpresse**.

Mange, Wurfmaschine, welche im Mittelalter vor der Erfindung des Schießpulvers in Deutschland in Gebrauch war.

Mangfall, linker Nebenfluß des Inn in Oberbayern, fließt bei Gmund aus dem Tegernsee, verfolgt erst nördliche, dann, in spitzem Winkel umbiegend südöstliche Richtung u. mündet bei Rosenheim.

Mangifera *L.* (**Mangobaum**, **Mangostane**), Pflanzengattung aus der Familie der Terebinthaceen, charakterisirt durch die polygamischen Blüthen mit 5theiligem, abfälligem Kelch, 5 Blumenblättern und 5 Staubgefäßen, von denen aber in der Regel nur eins entwickelt ist, einem Fruchtknoten mit fädlichem Griffel und rundlicher Narbe u. durch die in der Außenschicht saftreiche Steinfrucht mit außen mit Fasern besetztem Kern, Bäume in Ostindien mit ganzen federnervigen, lederigen Blättern, weißlichen oder röthlichen kleinen Blüthen in großen endständigen Rispen und sehr wohlschmeckenden Früchten. M. indica *L.*, **gemeiner Mangobaum**, **ächte Mangostane**, ist ein Baum von 40 Fuß Höhe und einem manchmal 15 Fuß im Umfang haltenden Stamme, zahlreichen, sparrig ausgebreiteten Zweigen, wechselständigen, gestielten, länglich-lanzettlichen, zugespitzten, 6—9 Zoll langen, oberseits blaugrünen, unterseits hellgelbgrünen Blättern an bis 2 Zoll langen, geschwollenen Blattstielen und zahlreichen Blüthenrispen mit steifen, roth angeflogenen Axen. Deckblätter und Blüthen sind klein; der Kelch ist tief 5theilig, außen behaart, gespreizt; die Blumenblätter sind eiförmig, spitz, blaßgelb, mit 3 orangegelben, erhabenen Leisten, welche auf der Mitte einen Kamm bilden; die Staubgefäße stehen auf einer fleischigen, geschwollenen Scheibe um den schiefstehenden, ziemlich kugeligen, kahlen Fruchtknoten, der einen pfriemlichen Griffel mit stumpfer Narbe trägt. Von den zahlreichen Blüthen entwickeln sich die wenigsten zu Früchten. Diese sind von der Größe eines Gänseeies, schief und breit eiförmig, gedrückt, tief orangegelb mit nebenbleibendem Griffelgrunde, schief-ovalem, gedrücktem, mit zahlreichen Fäden umkleidetem Steinkern und großem, nierenförmigem Samen mit fleischigen Samenlappen u. sehr kleinem Würzelchen. Die Früchte der kultivirten Abarten sind ein sehr beliebtes Obst in den Tropenländern, erregen jedoch leicht Durchfälle u. bei zu reichlichem Genusse sogar Hautausschläge. Unreif werden sie zu Gelées, Kompots, Pickles etc. benutzt. Die bittern Samen sind wurmtreibend, werden aber auch, wie die Rinde, bei Durchfällen und Ruhren benutzt. Das aus der verwundeten Rinde ausschwitzende, wohlriechende Gummiharz wird bei Ruhren und Syphilis, und die jungen Blätter werden bei chronischem Husten und Asthma angewendet. Das Holz ist blaßgrau, porös und, wenn es trocken gehalten wird, von leidlicher Dauer, wird aber mehr zum Brennen denn als Nutz- oder Bauholz verwendet. Mit den Zweigen schmücken die Brahmanen an Festtagen ihre Hütten; mit den Blättern reibt u. putzt man die Zähne. Die Fortpflanzung geschieht durch Stecklinge u. Samen. Vom 7. bis zum 100. Jahre trägt der Baum Früchte, u. zwar vom August bis zum Oktober, bisweilen wieder im April u. Mai. Wahrscheinlich ist Ceylon die ursprüngliche Heimat dieses Baumes, der aber gegenwärtig auch in Brasilien, Cayenne, auf Jamaica, Mauritius gezogen wird. Es wachsen viele Farrenkräuter und andere Schmarotzerpflanzen auf demselben. In deutschen Gewächshäusern verlangt er einen Stand im Warmhause, nahrhafte Dammerde, die mit $1/_{6}$ Lehm und $1/_{3}$ Flußsand vermischt ist, und im Winter mäßige, im Sommer aber reichliche Befeuchtung. Als tragbarer Baum wird er bei guter Pflege bis 20 F. hoch.

Manglebaum, Pflanzengattung, s. v. a. Rhizophora *L.*

Mangobaum, Pflanzengattung, s. v. a. Mangifera *L.*

Mangold, Pflanzengattung, s. **Beta**.

Mangold, **Karl Amand**, namhafter Komponist, am 8. Okt. 1813 zu Darmstadt geboren, trat schon 1831 als Violinspieler in die großherzogliche Hofkapelle, besuchte von 1836—39 das Konservatorium zu Paris und ward nach seiner Rückkehr nach Darmstadt Direktor des Musikvereins für Dilettanten und später auch des Hoftheaters. Von seinen neueren Schöpfungen sind zu nennen: das Oratorium „Wittekind“, die Sinfoniekantate „Elysium“, die Opern „Das Köhlermädchen“, „Tannhäuser“ und „Gudrun“. Reichthum an Melodien und ein M. ganz eigenthümliches Gepräge des Orchesters charakterisiren diese Kompositionen.

Mangrol, Stadt auf der Halbinsel Kattywar in der ostindischen Landschaft Guzerate, mit 9—10,000 Einw. und besuchtem Hafen, Sitz eines kleinen mohammedanischen Fürsten, des Nawaub von M.

Manhartsberg, Bergzug im Erzherzogthum Oesterreich unter der Ens, der in nordsüdlicher Richtung von der Thaya zur Donau streicht und 1665 Fuß Höhe erreicht. Er scheidet die Kreise **Obermanhartsberg** (91,74 QM. mit 258,183 Einwohnern und der Hauptstadt Krems) und **Untermanhartsberg** (85,62 QM. mit 284,800 Einwohnern, mit der Hauptstadt Korneuburg).

Manhattan, Insel im nordamerikanischen Staat Newyork, vom Hudson, Harlem- und Eastriver gebildet; auf ihr liegt die Stadt Newyork.

Mani, s. **Manes**.

Mania, eine altitalische, ursprünglich wahrscheinlich etruskische furchtbare Gottheit der Unterwelt, die Mutter oder Großmutter der Laren, mit denen ihr gemeinschaftlich in Rom die Compitalia (Kreuzwegfeste) gefeiert wurden, wobei man zu ihrer Sühnung Knaben opferte. Diese Opfer wurden von Junius Brutus in Folge eines Orakelspruches des Apollo beseitigt und an ihrer Stelle Knoblauch und Mohnköpfe dargebracht. Identisch oder doch nahe verwandt mit M. ist die Mania Genita, Geburtsgöttin, der man einen Hund opferte.

Manica, Land, s. Sofala.

Manicaria *Gaertn.* (Netzpalme), Pflanzengattung aus der Familie der Palmen, charakterisirt durch die monöcischen, an einem u. demselben Kolben sitzenden Blüthen, die einfache, sackförmige und netzartige Scheide, die 3fächerige Pflaumenfrucht mit korkartiger, rauher Schale und krustenartiger Nuß mit gleichförmigem hohlen Eiweiß, Palmen mit dickem, narbigem Stamm, sehr großen ganzen Blättern und gelblichweißen Blüthen. Die einzige bekannte Art, M. saccifera *Gaertn.*, Pilophora testicularis *Jacq.*, in Brasilien Bussu genannt, hat einen krummen, 10 bis 15 Fuß hohen Stamm und 30 Fuß lange, 4—5 F. breite Blätter, die größten ganzen Blätter unter allen Palmen, und eine 4 Fuß lange Kolbenscheide, welche hinsichtlich der Gestalt u. des Gewebes einem unten spitz zulaufenden Sack gleicht. Sie besteht aus braunen, haarartigen, zähen, kreuzweise in einander verflochtenen Fasern und ist so dehnbar, daß man sie, obwohl sie kaum 4 Zoll dick ist, ohne Riß wie eine Mütze über den Kopf ziehen kann. In diesem Sack steckt der Kolben, welcher aus einfachen filzigen Zweigen besteht und mit mehr als 2000 weißen Staubblüthen bedeckt ist, worunter sich etwa 20 3fächerige wallnußgroße Pflaumen mit harter Nuß befinden. Diese Nüsse kommen als sogenanntes vegetabilisches Elfenbein auch nach Europa und werden zu Stockknöpfen 2c. verarbeitet. Die Blätter geben eine sehr solide Dachbedeckung, welche 10—12 Jahre hält. Die Scheide liefert ein dauerhaftes Zeuch. Der Baum wächst besonders in den der Ueberfluthung ausgesetzten Morästen des Amazonenstromes.

Manichäer, die Anhänger des Manes (s. d.), eine im 4. und 5. Jahrhundert besonders im Orient verbreitete, den Gnostikern verwandte Religionspartei. Das manichäische System (Manichäismus) nimmt 2 entgegengesetzte ewige Grundwesen an, das Gute, oder Gott im Reiche des Lichts, und das Böse, Hyle, oder den Teufel in der Finsterniß, der Materie, jenes verstärkt durch 2 Radien des göttlichen Lichtwesens, Sohn und Geist, und stärker als das Böse, beide von unzähligen von ihnen abhängigen Aeonen oder Elementarkräften umgeben, die in 5 Elementen oder über einander befindlichen Sphären wohnen, im Reiche der Guten Licht, klares Wasser, heitere Luft, mildes Feuer und reiner Aether, im Reiche der Bösen Dunkel, Schlamm, Sturm, verzehrendes Feuer und Rauch, aus deren jedem wieder ihm angemessene Geschöpfe hervorgingen. Das Reich der Finsterniß ragt von Süden her in das sich nach Norden ausbreitende Lichtreich. Zur Abwehr eines etwaigen Einbruchs des begehrlichen ersteren Reichs in das letztere sandte Gott die Weltseele (Mutter des Lebens), und diese ließ aus sich den Urmenschen hervorgehen, der, mit Licht, Wasser, Wind, Feuer und Licht bewaffnet, die Grenze gegen die Hyle zu bewachen hatte. Beide, der Urmensch und die Hyle, kamen in Kampf; der erstere wurde zwar durch den lebendigen Geist gerettet und in Sonne u. Mond versetzt, doch eroberte und verschlang die Hyle einen Theil der Weltseele. Die Seele in der Hyle schuf nun aus dieser das Firmament mit seinen Sternen, aus dem Rest, der Materie, bildete der in der Atmosphäre wohnende lebendige Geist die gegenwärtige Welt, an die gebunden die geraubte Seele sich nach Befreiung sehnt. Hieraus entwickelten die späteren M. die Idee des leidenden Menschensohnes, des Jesus patibilis. Die Natur des vom bösen Princip gebildeten Menschen besteht aus der guten Vernunftseele (Lichtstoff) und aus der bösen Körperseele: Vermöge jener sehnt sich nun der Mensch nach dem Licht. Der Sohn des ewigen Lichts, Christus, mußte daher in die Welt kommen, um die Lichtseelen zu besonnen. Die Erlösung geschieht nur durch den Unterricht, den Christus begann und den Manes als der Paraklet aus Christi Reden und aus selbst empfangenen Offenbarungen kund macht. Die M. verwerfen daher das Alte Testament ganz und gebrauchen das Neue Testament nur mit Auswahl und nach Manes' eigener Deutung. Das höchste Ansehen genossen die apokryphischen Schriften: Evangelium u. Acta Thomae. Nach dem Tode nahmen sie Reinigung der Seele durch Feuer und Wasser an, aber keine Auferstehung des Fleisches. Die Vollkommenen sollen in verschiedenen Stationen auf den Mond, von hier auf die Sonne und sodann in die Lichtsäule, endlich in die selige Lichterde bei Gott gelangen, die Unvollkommenen erst nach Wanderungen durch andere Menschen- und Thierkörper, die Unverbesserlichen aber sollen ewige Höllenstrafe erleiden. Auch die nicht belebte Schöpfung wird vom Licht des leidensfähigen Jesus durchdrungen, und der lebendige Geist reinigt auch die Vegetation, indem ihre Früchte durch den Genuß, den sie den Menschen geben, sich im Dienste des Lichts verzehren. Erzürnt über diesen Erfolg erregen jene teuflischen Kräfte Ungewitter und andere physische Uebel. Am Ende erfolgen ein allgemeiner Weltbrand und die Auflösung des Alls in die beiden ursprünglichen Reiche, das des Lichts und der Finsterniß. Die Sittenlehre der M. gebot die strengste Ascese, und zwar 3 signacula (Kennzeichen): das signaculum oris, wonach alle bösen Worte und der Genuß des solche hervorrufenden Weins und Fleisches verboten war; das signaculum manus, wonach Keiner stehlen, Thiere tödten od. Pflanzen beschädigen, ja nicht einmal arbeiten sollte, da hieraus Habsucht entstehe; das signaculum sinus wehrte insbesondere aller Geschlechtslust und verbot somit den ehelichen Stand. Dieser unausführbaren Moral kam theils eine laxe Bußtheorie entgegen, theils die Unterscheidung in Auserwählte (electi), oder Vollkommene (perfecti), welche die signacula streng bewahrten, und die Hörer (auditores), die es mit der Beachtung der 3 Kennzeichen weniger genau nahmen, im Ehestand lebten und durch ihre Arbeit die Auserwählten mit ernähren, wofür ihnen deren Fürbitte Vergebung ihrer Uebertretungen des Sittengesetzes erwirkte. Oberhaupt der Sekte war Manes, umgeben von 12 von ihm gewählten Lehrern (magistri). Den Gemeinden standen Bischöfe, deren Manes 72 geweiht hatte, Aelteste und Diakonen vor. Doch galten diese Geistlichen nur als Lehrer, da das Kirchenregiment von den Gemeinden demokratisch ausgeübt wurde. In den gottesdienstlichen Versammlungen verehrten sie Sonne und Mond als Sitze der höchsten Lichtnaturen. Der Gottesdienst war einfach; sie hatten weder Tempel, noch Altäre, noch Opfer. Die Hauptbestandtheile des Kultus waren Fasten und Gebete; doch wurden auch Vorträge gehalten. Von den christlichen Festen feierten sie die nicht, welche sich auf die Geburt Jesu bezogen. Auch der Charfreitag und Ostern galten ihnen nicht als große Feste. Ihr Hauptfest war im März der Todestag des Manes. Taufe und Abendmahl feierten sie nur als Mysterien der Auserwählten, was Veranlassung zum Vorwurf gab, daß sie geheimen Lastern fröhnten. Die M. wollten für Christen gehalten sein, mußten aber seit Mitte des 4. Jahrhunderts harte Verfolgungen erdulden. In Nordafrika, wo sie viele Gemeinden mit eigenen Bischöfen hatten, wurden sie im 5. und 6. Jahrhundert von den Vandalen ausgerottet; gleiches Schicksal hatten sie im römischen Reich, besonders in Italien, durch die Verfolgungswuth christlicher Kaiser u. die Bannflüche der Bischöfe. Endlich auch in Persien unterdrückt, zogen sie sich seit dem 6. Jahrhundert theils in das noch heidnische östliche Asien, wo sie auf die Ausbildung des Lamaismus Einfluß gehabt zu haben scheinen, theils in das Dunkel geheimer Verbrüderungen zurück und traten in späterer Zeit nur unter andern Namen wieder auf. Ueber ihren angeblichen Zusammenhang mit den Priscillianisten und Paulicianern, sowie den Katharern des Mittelalters s. die betreffenden Artikel. Im dogmatisch-polemischen Sprachgebrauche bezeichnet man als manichäisch überhaupt bald die Annahme eines Urbösen, bald die Auffassung des Bösen als Substanz, bald die Identificirung derselben mit der Materie und namentlich die Verlegung der Sünde in das körperliche Wesen des Menschen. Vergl. Baur, Das manichäische Religionssystem, Tübingen 1831.

Manichord (v. Lat. und Griech.), s. v. a. Klavier.

Manie (v. Griech.), im Allgemeinen eine durch Exaltation abnorme und auffällige Art zu denken u. zu handeln; in der Seelenheilkunde ein krankhafter Geisteszustand, eine Art Wahnsinn (s. d.), deren nähere Bezeichnung jedoch nach den von einander abweichenden Ansichten der Irrenärzte verschieden angegeben wird; im engern Sinne diejenige Geistesstörung, welche wir in ihren verschiedenen Abstufungen als Tollheit, Tobsucht, Raserei, Wuth bezeichnen. In Zusammensetzungen (Eratomanie, Monomanie, Kleptomanie, Pyromanie 2c.) bedeutet das Wort immer die mit übermäßiger Erregung auf einen Ideengang (z. B. Liebe, Stehlen, Brandstiftung 2c.) hingerichtete krankhafte Geistesthätigkeit, die man auch M. ohne Irresein (mania sine delirio) genannt hat. Der Sprachgebrauch nimmt das Wort M. theils im gleichen Sinne, theils aber auch in der Bedeutung einer auffallenden, übertrieben befolgten Geistesrichtung, die sich für ein besonderes Objekt ausspricht, wie dies der Fall ist bei der Gallomanie, Anglomanie, Gräcomanie 2c.

Manier (vom franz. manière), im Allgemeinen die Art und Weise, wie man etwas zu thun pflegt, besonders wenn damit den Forderungen der Wohlanständigkeit genügt wird; tadelnde Bezeichnung solcher Eigenschaften eines Kunstwerkes, welche nicht durch das Wesen des dargestellten Gegenstandes gegeben sind, sondern in sklavischer Nachahmung oder individueller Gewohnheit ihren Grund haben. So nennt man in der Malerei Manieristen Diejenigen, welche den Styl eines großen Meisters geistlos nachahmen; auch verfällt Derjenige in M., der eine von ihm eingeschlagene Richtung fortwährend wiederholt, so daß sie zuletzt ins Mechanische, Geistlose und Unnatürliche ausartet. Doch wird das Wort M. auch oft gleichbedeutend mit Styl (s. d.) genommen. In der Musik versteht man unter Manieren gewisse Verzierungen einfach melodischer Hauptnoten, welche theils von den Komponisten vorgeschrieben u. durch ein angenommenes Zeichen über den Noten od. zwischen denselben mittelst kleiner Noten bezeichnet werden, theils vom Tonsetzer hinsichtlich ihrer Erfindung wie Ausführung dem ausübenden Künstler völlig überlassen werden (franz. broderies). Dahin gehören Triller, Doppelschlag, Vorschlag, Nachschlag, Bebung 2c. In der Wahl und Anordnung dieser Verzierungen ist dem Komponisten Gelegenheit geboten, seinen Geschmack zu zeigen.

Manifest (v. Lat.), öffentliche Erklärung einer Staatsregierung zur Rechtfertigung ihrer Handlungsweise, welche die öffentliche Meinung, besonders des Auslandes, aufklären soll. An die auswärtigen Regierungen werden zu demselben Zweck Cirkularnoten und an die eigenen Staatsangehörigen Proklamationen erlassen. Im Seerecht heißt M. das gerichtlich beglaubigte Certifikat über die geladenen Güter, welches vornehmlich in Kriegszeiten dem Schiffer mitgegeben zu werden pflegt.

Manifestation (v. Lat.), Offenbarung, die wörtliche Erklärung oder Darlegung unserer Gedanken und Absichten, z. B. M. des Willens; in der neuern naturphilosophischen Terminologie die Erscheinung des Unendlichen im Endlichen oder die Entzweiung des ursprünglich Einen und Absoluten, wodurch dasselbe in allerlei Gegensätzen (als Ideales u. Reales, Subjektives und Objektives, Geist und Materie 2c.) hervortritt, welches Hervortreten als eine Offenbarung des (immanenten) Göttlichen in der Natur betrachtet wird.

Manifestationseid, ein von einem Schuldner abgelegter Eid, um zu bekräftigen, daß er seinen Vermögensstand richtig angegeben.

Manihot (Maniok), Pflanzengattung aus der Familie der Euphorbiaceen, charakterisirt durch die einhäusigen Blüthen, den glockenförmigen, 5spaltigen oder 5lappigen, gefärbten Kelch ohne Blumenkrone, die auf dem Rande eines fleischigen Ringes stehenden, freien, abwechselnd längern Staubgefäße, statt deren die weiblichen Blüthen auf fleischiger Scheibe einen Stempel mit rundlichem, 3fächerigem Fruchtknoten, einen dicken, kurzen Griffel u. 3 eigenthümlich gewundene Narben tragen, und die 3knopfige Kapselfrucht mit Kielleisten, milchende Bäume oder Sträucher mit großen knolligen Wurzeln, meist handförmig getheilten Blättern und Blüthen in Trugdolden, von deren Arten einige meist im tropischen Amerika als Nahrungs- und als Arzneipflanzen nützlich sind. M. utilissima *Pohl.*, bitterer Maniok, bittere Juka, Cassavastrauch, Jatropha M. *L.*, ein in Westindien und im tropischen Amerika einheimischer Strauch von 8 Fuß Höhe mit holzigem, gedrehtem, knotigem und sprödem Stengel, an der Spitze dicht beblätterten Zweigen, 3—7theiligen, länglichen, spitzen, oberseits dunkel schwarzgrünen, unterseits seegrünen, langgestielten Blättern, armblüthigen Blüthenständen und zollangen, kugelig-länglichen Früchten mit runzelig-flügeligen Jochen und weißgrau marmorirten Samen, wird in seinem Vaterlande wie überhaupt in den Tropenländern in vielen Abänderungen kultivirt. Die Wurzeln enthalten neben sehr viel Stärkmehl aber auch Blausäure und sind deshalb giftig, durch geeignete Behandlung verileht man aber die flüssige Blausäure zu entfernen und erhält dann ein gutes Nahrungsmittel. Die Wurzel wird zerrieben, der Brei ausgewaschen, etwas gepreßt und auf Platten getrocknet und gebacken. Das so gewonnene Brod heißt Cassava und ist nahrhaft, weil es noch stickstoffhaltige Bestandtheile der Wurzel enthält. Nach Payen zerschneidet man auch die geschälte Wurzel in Scheiben, trocknet diese und pulvert sie. Dies Präparat enthält 2,63 Procent stickstoffhaltige Substanzen. Die zerriebene Wurzel liefert im Allgemeinen das Mandiokamehl; durch Auswaschen desselben mit Wasser erhält man reines Stärkmehl, welches vielfach in den europäischen Handel kommt u. als Ersatz des Sago's, theilweise auch des Arrowroots dient. Das zu Körnchen zusammengebackene Mehl heißt körnige Tapioka, gemahlen heißt es Tapioka, Cassava, Cassavasago, Cipipamehl, Moussache, brasilianisches Arrowroot. Es zeichnet sich durch völlige Geschmacklosigkeit aus und eignet sich deshalb zur Benutzung in der feineren Kochkunst. In Frankreich bereitet man ein künstliches Tapioka aus Kartoffelstärke. Die frische Wurzel, Radix Manihot s. Manihoc, Maniokwurzel, Cassavawurzel, benutzt man bei fauligen u. brandigen Geschwüren; die Samen sind drastisch-purgirend u. Erbrechen erregend. Die Blätter des M.s werden als Gemüse gegessen u. sollen merkwürdigerweise ein Heilmittel gegen den Saft sein. Die Vermehrung der Pflanze geschieht durch Wurzelaugen, die man 3—4 Fuß auseinander in lockere Erde legt. Nach einem Jahre nimmt man die Wurzeln heraus. Der Ertrag ist sicherer als beim Getreide; ein Acker davon ernährt mehr Menschen als 6 Aecker von dem letztern. M. Aipi *Pohl.*, süßer Maniok, süße Juka, Cassavastrauch, ist ein 6 Fuß hoher Strauch Brasiliens, der daselbst sowie im ganzen tropischen Amerika häufig kultivirt wird. Die Wurzel wird, da sie einen milden Saft besitzt, mit weniger Mühe als die von M. utilissima *P.* zur Bereitung von Maniok benutzt. Der Same wirkt drastisch-purgirend. M. Janipha *Pohl.*, Jatropha Janipha *Pohl.*, ist ein 6—20 Fuß hoher Strauch Südamerika's, dessen knollige, büschelige, innen faserige Wurzel als süße Cassava entweder geröstet, oder gebraten häufig gegessen wird. Die Samen wirken purgirend und brechenerregend und werden bei chronischen Verstopfungen, Wassersucht u. Unterleibsbeschwerden angewendet. Das in ihnen enthaltene Oel dient zum Brennen.

Manila (Luçon oder Luzon), die nördliche, fast ganz den Holländern gehörende Hauptinsel der Philippinen, im Osten und Norden vom Ocean, im Westen vom Chinameer, im Süden von der Straße Bernardino bespült, ist 105 Meilen lang (von Süden nach Norden) und 45 Meilen breit, mit einem Flächenraum von 2490 □M., mit tiefen und zahlreichen Buchten, Einschnitten, Isthmen und Halbinseln. Die Bai von M. tritt im Südwesten ein, wie die von Lingayen weiter nördlich. Die große Bucht auf der Ostküste hilft die nach Südosten gestreckte Halbinsel Camarines bilden, die selbst wieder mehre kleine Halbinseln ausstreckt. Vorgebirge sind: Bojador, Enganno, San Ildefonso, Montufar, Bonda, Bolinao 2c. Die Küste wird von hohen Gebirgen bekränzt, vulkanische Kegel erheben sich, Schlacken und Laven thürmen sich in Massen übereinander, Solfataren brennen und heiße Quellen sprudeln. Die 7000 Fuß hohen Montes de Zambales ziehen von der Bucht von M. nach Norden und gegen das Kap Bolinao. In der Mitte der Insel lagert die Sierra Madre. Zwischen beiden dehnen sich Tiefebenen aus, reich bewässert von Flüssen und Seen. Im Osten zieht die Cordillera de los Montes Caravallos; auch die Halbinsel Camarines ist ein Bergland, dessen östliche Steilküste eine zum Theil noch thätige Vulkanreihe trägt (Vulkan Bolusan). Den Isthmus nach Südosten durchzieht die Cordillera de Tayabas. Die Gewässer der Insel sind große Seen, wie die Laguna de Bai, westlich von der Bai von M., die Laguna de Taal de Bonbon, die Laguna de Canarem, in den großen Ebenen östlich der Zambales, die Laguna de Cagayan im äußersten Nordosten. Der Fluß Tagayo, zwischen der Sierra Madre und den Caravallos strömend, mündet vor den Babuvanesinseln; westlicher fließt der kleinere Abulug. Von der Laguna de Canarem gehen nach Norden der Rio Grande, nach Süden der Chico, in einem Delta in die Bai von M. fallend. Das Klima ist durch seine, der prächtigsten Entwickelung der Vegetation so günstige feuchte Hitze für Europäer sehr ungesund. Der Wechsel der Monsuns erregt häufige Orkane, die ebenso zerstörend als reinigend wirken. Vom December bis Mai ist die Temperatur herrlich, die übrige Zeit sind Regen und Wind herrschend. Erdbeben sind nicht selten. Die Landesprodukte sind die der Philippinen (s. d.) überhaupt. Die Zahl der Bewohner beträgt etwa $2^{1}/_{4}$ Millionen, außer den unabhängigen Stämmen, welche das Innere und die Ostseite inne haben. Der spanische Theil zerfällt in 16 Provinzen. Die Hauptstadt M. liegt in der Provinz Tondo, an der Mündung des Pasigflusses in die schöne Bai von M., auf der Südwestseite der Insel, und bildet ein unregelmäßiges, von Festungswerken umgebenes Fünfeck. Daran schließen sich noch 8 Vorstädte, deren Einwohnerzahl man auf 150,000 berechnet, während die Bevölkerung der eigentlichen Stadt auf 50,000 geschätzt wird. Alle Straßen sind schnurgerade angebracht, schneiden sich in rechten Winkeln u. sind zum Theil macadamisirt, größtentheils aber nur an den Seiten mit Granitplatten belegt. Der einzige freie Platz ist die mit dem Standbilde König Karls IV. geschmückte Plaza mayor, im Nordwestwinkel der Stadt, mit der erzbischöflichen Hauptkirche, dem Rathhause und dem Palast des Generalkapitäns besetzt. Andere ansehnliche Gebäude sind der erzbischöfliche Palast, die Universität, die Schulen, die Klöster. Die Häuser haben der Erdbeben wegen meist nur Ein Stock über der Erde. An der Ostseite führen 2 Brücken über den Pasigfluß nach der volkreichen Vorstadt Binondo, dem Sitz des Großhandels und Schifffahrtsverkehrs, des Klein- und Ladenhandels, der Gewerbthätigkeit. Es ist die Ansiedlung der Fremden, welche in der Stadt selbst nicht ansässig werden dürfen: Engländer, Amerikaner und was sonst Geschäfte in M. macht, vor Allen aber Chinesen haben hier ihr Wesen, zusammen mit Mestizen und Tagalen. M. ist Sitz des spanischen Gouverneurs, eines Bischofs, einer Universität; wichtig aber ist es besonders als Handelsstadt, da sich hier fast der ganze auswärtige Handel der Philippinen koncentrirt. Der Ausfuhrhandel befindet sich hauptsächlich in den Händen englischer und amerikanischer Kaufleute; der Kleinhandel in den Vorstädten wird fast nur von Chinesen betrieben, deren zahlreiche Läden mit den verschiedensten Waaren angefüllt sind. Die Stadt ist eine spanische Anlage und wurde am 24. Juni 1527 zur Hauptstadt ernannt.

Manilius, 1) Cajus, römischer Volkstribun, setzte gleich nach seinem Amtsantritt, 66 v. Chr., eine Lex de libertinorum suffragiis durch (wonach die Freigelassenen in allen Tribus sollten stimmen können), welche jedoch von den Konsuln wieder aufgehoben ward, brachte dann die Lex de bello Mithridatico (Lex Manilia) in Vorschlag, wodurch Pompejus zur Beendigung des Krieges gegen Mithridates mit unumschränkter Vollmacht über Verwendung des Heeres und der Flotte im Osten und mit den Rechten eines Statthalters versehen werden sollte. Das Gesetz, welches Cicero in der noch vorhandenen Rede „Pro lege Manilia" befürwortete, wurde zwar trotz des Widerstandes der Nobilität angenommen, M. selbst aber nach Niederlegung seines Tribunats angeklagt und trotz Cicero's Vertheidigung verurtheilt.

2) Marcus, auch Manlius oder Mallius genannt, römischer Dichter unter Augustus, ist der Verfasser eines Gedichts über Astronomie und Astrologie („Astronomica") in 5 Büchern (das 5. Buch ist nicht vollendet), welches in ziemlich reiner Sprache über den Einfluß der Gestirne auf die menschlichen Schicksale handelt. Herausgegeben wurde es u. A. von Scaliger (Paris 1579, 2 Bde; Leyden 1600) und Bentley (London 1739). Vergl. Jacob, De Manilio poeta, Lübeck 1830—36, 4 Bde.

Manille, die höchste Trumpfkarte nach der Spadille in den Spielen, worin Matadors gebräuchlich sind, in den Spielen mit deutschen Karten stets die Sieben, in den mit französischen in den rothen Farben auch die Sieben, in den schwarzen die Zwei.

Manilva, Stadt in der spanischen Provinz Malaga, mit Mineralbädern u. 2550 Einwohnern; in der Umgegend wächst vortrefflicher Wein.

Manin, Danielo, einer der Führer der republikanischen Partei Italiens, den 20. Mai 1804 zu Venedig geboren, that sich als Advokat hervor und überreichte am 21. Dec. 1847 der lombardischen Generalkongregation eine Petition, worin der österreichischen Regierung vorgeschlagen wurde, dem lombardisch-venetianischen Königreiche eine unabhängige Stellung zu geben. Er wurde deshalb im Januar 1848 verhaftet, aber am 17. März auf die Nachricht von dem Aufstande in Mailand frei gegeben. Bei der Revolution am 22. März forderte er an der Spitze der angesehensten Bürger vom Gouverneur Palffy Waffen aus dem Arsenal, die ihm auch gewährt wurden, und ward in der am folgenden Tage proklamirten Republik zum Ministerpräsidenten und Minister des Aeußern ernannt, mußte aber am 3. Juli Castelli weichen. Am 11. August von seiner Partei zum Diktator ernannt, behauptete er die Stadt gegen die Oesterreicher bis zum August 1849. Bei der Uebergabe derselben mit 39 anderen Führern der Revolution von der österreichischen Amnestie ausgeschlossen, begab sich M. zunächst nach Korfu, im Oktober nach Frankreich, wo er sich zu Paris als italienischer Sprachlehrer und Journalist niederließ. Er † daselbst den 22. September 1857.

Maniok, s. Manihot.

Manipulation (v. Lat.), der kunstgerechte Gebrauch der Hände und Finger bei gewissen heilkünstlerischen Verrichtungen, z. B. bei Frittionen, beim Magnetisiren, beim Reponiren frakturirter, luxirter Knochen, prolabirter Theile, bei Anwendung des sogenannten Knetens (malaxatio) 2c.

Manipulum (lat., griech. Epimanikion), in der griechischen Kirche Handtuch, welches der Subdiakon zum Behuf des Abtrocknens der Hände und heiligen Gefäße auf der linken Schulter trug; dann der über der Alba liegende Theil des Meßgewandes.

Manipulus (lat.), eine Handvoll, Bund oder Bündel, z. B. Heu, Getreide. Da dergleichen Heubündel in den ersten Zeiten Roms den Soldaten statt der Fahnen vorgetragen zu werden pflegten, nannte man M. eine Abtheilung des römischen Heeres (s. Legion).

Manissa (Manser, das alte Magnesia), Stadt im Ejalet Aidin in Kleinasien, am Nordfuß des Manissa Dagh oder Sipylus, mit Kastell, Moscheen, griechischen und armenischen Kirchen, Synagogen, bedeutendem Handel mit Getreide, Baumwolle und selbstgezogenem Tabak, der als der beste von ganz Kleinasien gilt. Die Einwohnerzahl beträgt 73,000 (darunter 1000 Armenier, 1000 Griechen und etwa 2000 Juden). Im Osten der Stadt das Schlachtfeld, wo Antiochus von Syrien von Luc. Scipio besiegt wurde.

Manitou (Manitulin), eine Inselgruppe im Huronsee, zu Britisch-Nordamerika gehörig. Sie wird durch den Nordkanal (auch Manitoubai) von Obercanada getrennt und hat etwa 2000 Einwohner, meist Indianer. Die größte Insel ist Great-M.

Manks, Bewohner der Insel Man (s. d.).

Manlius, römisches, theils patricisches, theils plebejisches Geschlecht, von dem es mehre Zweige gab. Die hervorragendsten Träger dieses Namens waren:

1) Marcus M. Capitolinus, vertheidigte 390 v. Chr. das Kapitol gegen die Gallier unter Brennus, indem er, von Gänsen geweckt, die die Burg ersteigenden Feinde zurücktrieb. Doch war der Beiname Capitolinus schon vorher bei den Manliern üblich, weil sie ein Haus auf dem Kapitol hatten. Schon 392 hatte sich M. als Konsul durch einen Sieg über die Aequer hervorgethan. Sich in Rom zurückgesetzt meinend, verband er sich 385 mit dem ärmeren Theile der Plebejer zur Ausführung von Plänen, welche der bestehenden (aristokratischen) Staatsverfassung gefährlich waren, u. ward deshalb des Strebens nach der Alleinherrschaft angeklagt, verurtheilt und vom tarpejischen Felsen herabgestürzt. Nach dem Tode des M. soll durch Volksbeschluß bestimmt worden sein, daß kein Patricier auf dem Kapitol wohnen solle; des M. Haus daselbst wurde niedergerissen und von der patricischen Gens Manlia beschlossen, es solle ferner kein Manlier den Namen Marcus führen.

2) Titus M. Imperiosus, aus dem patricischen Geschlechte, Sohn des Lucius M. Capitolinus, der 363 v. Chr. Diktator war, war 362 Mili-

tärtribun. Im folgenden Jahre tödtete er im Angesicht des Heeres einen Gallier im Zweikampf und nahm demselben seine goldene Halskette (torques) ab, wovon er den Beinamen Torquatus erhielt. In seinem dritten Konsulat (340) siegte er theils mit, theils ohne seinen Kollegen Publius Decius Mus entscheidend über die Latiner. In eben diesem Feldzuge soll es auch gewesen sein, wo er seinen Sohn, der gegen sein Verbot mit einem Latiner gekämpft hatte, hinrichten ließ, daher Imperia Manliana sprüchwörtlich für strenge Befehle ward.

3) Lucius M. Torquatus, Konsul 65 v. Chr., wird von Cicero wegen seines edlen Charakters besonders gerühmt. Während seines Konsulats fiel die sogenannte erste, gegen ihn und seinen Kollegen gerichtete catilinarische Verschwörung vor. Nach seinem Konsulat war er Prokonsul in Macedonien. Im Jahre 58 suchte er vergeblich Cicero's Verbannung abzuwenden.

Manna, zuckerartige Substanz, welche von manchen Pflanzen theils in Folge einer Verwundung, theils ohne äußere Veranlassung ausgeschieden wird. Die Eschenmanna, welche officinell ist, kommt von gewissen Varietäten der in ganz Südeuropa heimischen Mannaesche (Fraxinus ornus *L.*) u. wird besonders auf Sicilien in den Provinzen Catania, Messina u. Trapani und auf der Ostküste von Kalabrien, am häufigsten um Caria i u. Strongali, gewonnen. Man kultivirt die Bäume in Plantagen u. erhält schon vom 8. Jahr an M. Anfang Juli macht man nahe am Boden Einschnitte in den Baum und rückt damit täglich nach oben fort. In den Spalt befestigt man einen Strohhalm, an dem der ausfließende Saft erhärtet oder auf die am Boden ausgebreiteten blattartigen Zweige der Opuntia fließt. Nur bei trockenem Wetter gewinnt man eine gute M. Der aus den unteren Schnitten ausfließende Saft ist reich an Fruchtzucker, trocknet schwierig und gibt die Manna in sortis, der Saft aus dem oberen Theil des Stamms trocknet dagegen viel schneller u. gibt die M. canellata, welche übrigens von jüngeren Bäumen reichlicher als von alten gewonnen wird. Die sicilianische M. ist im Allgemeinen trockener u. besser als die kalabrische. Im Handel unterscheidet man: Thränenmanna (M. in lacrymis), in kleinen, weißen, klebenden, sehr süßen Körnern aus freiwillig ausgeflossenem Saft; Röhrenmanna (M. canellata), in gelblichen oder weißlichen, flachen Stücken von süßlichem Geruch und schleimig-süßem Geschmack. Diese M. zerfließt leicht auf der Zunge, schmilzt wie Wachs, entzündet und verbrennt unter Verbreitung eines Geruchs nach gebranntem Zucker. Sie ist in Wasser und heißem Alkohol leicht löslich, die alkoholische Lösung erstarrt aber beim Erkalten zu einem krystallinischen Brei. Diese Sorte wirkt wenig purgirend. Gemeine od. sicilianische M. (M. communis), in zusammenhängenden, etwas klebrigen, gelblichen Massen, die hellere Stücken (M. electa) eingeschlossen enthalten, schmeckt süß, etwas kratzend. Fette oder kalabrische M. (M. calabrina), bildet eine weiche, schmierige, bräunliche, mit helleren u. dunkleren Körnern gemengte Masse, die durch fremde Beimengungen stark verunreinigt ist und wie die M. communis stark purgirend wirkt. Die Eschenmanna enthält 32 (calabrina)—42,6 Proc. (canellata) Mannit, 9 (canellata) — 15 Proc. (calabrina) Stärkezucker, 11—13 Proc. Wasser, 1,3—2 Proc. Asche u. cirka 40 Proc. Schleim, Gummi &c.

Von anderen Mannaarten sind zu erwähnen: Briançonner M. (M. laricina s. brigantina), vom Lärchenbaum (Pinus Larix), besteht aus kleinen rundlichen Körnern, die süß schmecken, etwas nach Terpentin riechen und einen eigenthümlichen Zucker, die Melezitose, enthalten. Spanische M. (M. cistina von Cistus ladanifera), bildet fingerlange weiße Stücken. Libanonmanna (M. cedrina) sondert sich in kleinen süßen Körnern auf Cedrus libanotica ab; auch an der Tanne und Kiefer hat man bisweilen derartige Ausscheidungen beobachtet. M. vom Kaukasus (M. quercina) erzeugt sich auf den Blättern von Quercus infectoria *Oliv.* als ein dicker, mehlartiger, blaßbräunlicher Ueberzug, der durch die Sonnenwärme zu körnigen Massen zusammenschmilzt. Chanser M. (Guz. Gez, M. celastrina), eine weiße, dem Mehlthau ähnliche süße Substanz, bringt nach dem Stich von Psyllus mannifer auf Celastrusarten in Indien hervor und dient zur Bereitung eines sehr beliebten Konfekts. Australische M. (M. eucalyptina), der aus dem verwundeten Stamm von Eucalyptus mannifera in Australien u. Vandiemensland ausfließende u. eingetrocknete Saft, enthält eine dem Rohrzucker sehr nahe stehende eigenthümliche Zuckerart, welche die Polarisationsebene stärker nach rechts dreht als Rohrzucker und aus der alkoholischen Lösung krystallisirt. In einer anderen australischen M., welche aus den Blättern von Eucalyptus dumosa ausschwitzt und den Eingeborenen als Nahrungsmittel dient, findet sich neben Inulin und Stärke ein Zucker, der aus Alkohol nicht krystallisirt. Auf den Zweigen einer Echinopsart erzeugen sich durch die Larve einer Koleoptere olivengroße hohle Massen (trehala), die als Nahrungsmittel dienen u. Stärkmehl, Gummi u. einen eigenthümlichen Zucker, die Trehalose, enthalten. Persische M. (M. Maurorum) kommt von Hedysarum Alhagi (Mannaklee). Die in einem großen Theil des Orients einheimische Pflanze gibt nur in Persien, Bokhara, Arabien und Palästina M. In diesen Ländern sind große Ebenen mit Alhagi bedeckt, und die Pflanze ist als Futter für Kameele, Schafe und Ziegen von großer Wichtigkeit. Aus den Wunden, welche das Abweiden dieser Thiere verursacht, schwitzt namentlich M. aus, die von den Arabern und den die Wüste durchziehenden Karawanen als Speise benutzt wird. Die Mönche des sinaitischen Klosters verschenken die mit M. bedeckten Zweige als Specificum gegen alle Brustkrankheiten. Diese M. enthält keinen Mannit und schmeckt sehr angenehm. Tamariskenmanna wird auf den Zweigen des Tarfebaums (Tamarix mannifera) in Folge des Stichs von Coccus manniparus ausgesondert. Diese Tamarix wächst in den Schluchten des Sinai in großer Menge. Die Mönche des Klosters sammeln die am Morgen noch feste M., welche sie Terangabin nennen. Am häufigsten aber bildet die M. eine schmierige Masse mit kleinen runden Körnchen und mit den Schuppen der Blätter von Tamarix gemischt u. wird in dieser Form von den Mönchen genossen u. verschenkt. Sie wirkt nicht purgirend u. soll Brustkrankheiten heilen; sie enthält $^1/_6$ Wasser und besteht im trocknen Zustande aus 55 Rohrzucker, 25 invertirtem Zucker, 20 Dextrin und ähnlichen Stoffen. Diese M. soll das M. der Bibel sein, allein sie wird nur in geringer Menge von den Bäumen abgesondert, und man begreift auch nicht, wie sie in die baumleere Wüste kommen soll. Vor allen Dingen wird sie nicht „stinkend“, und es bilden sich in ihr auch keine „Würmer“ (2. Mos. 16, 20). Eine M. von Kurdistan, welche eine teigartige, fast feste Masse bildet und als Nahrungsmittel benutzt wird, besitzt dieselbe Zusammensetzung wie die Tamariskenmanna, obwohl sie von anderen Pflanzen abstammt. Ueber eine andere Deutung des M.'s der Bibel s. Lecanora.

Mannagras (Mannahirse), Pflanzengattung, s. Glyceria.

Mannazucker, s. Mannit.

Mannbarkeit, s. Pubertät.

Mannen (Pares curiae), in den Urkunden des Mittelalters s. v. a. Vasallen, Lehnsleute.

Mannequin (franz.), Gliederpuppe, besonders Puppe, die man zur Veranschaulichung der Moden bekleidet; ähnliche Puppe, welche dem Maler und Bildhauer als Modell für die Gewandung dient.

Manners, John James Robert, Lord, eines der Häupter der englischen Protektionistenpartei, am 13. December 1818 geboren, zweiter Sohn des Herzogs von Rutland, ward in Eton erzogen, studirte dann in Cambridge und trat schon 1841 für Newark ins Unterhaus, wo er die Grundsätze des extremsten Konservatismus verfocht und sich später an Disraeli anschloß. Nachdem er bei den Parlamentswahlen von 1847 durchgefallen war, wählte ihn 1850 die Stadt Colchester zu ihrem Abgeordneten. Vom Februar bis December 1852 war er Minister der öffentlichen Arbeiten und Oberkommissar der Wälder und Forsten (Domänenminister), welche letztere Stelle er auch 1858—59 im Ministerium Derby bekleidete. Als Schriftsteller und Dichter gehört M. zur Schule des Jungen England, welches das Heil der Zeit in der Rückkehr zum mittelalterlichen Feudalwesen erblickt. Von seinen Schriften sind hervorzuheben: „Plea for national holidays“, worin er die Wiedereinführung der alten Volksspiele empfiehlt; „The Spanish match of the XIX century“ (London 1846) und „Notes of an Irish tour“ (das. 1849).

Mannersdorf, Marktflecken nebst Herrschaft in Oesterreich unter der Ens, am Leythagebirg, mit Schloß (Scharfeneck), Mineralquelle und 2000 Einwohnern.

Mannert, Konrad, deutscher Historiker und Geograph, den 17. April 1756 zu Altdorf geboren, machte seine Studien daselbst, ward sodann nach einander 1784 Lehrer an der Sebaldusschule und 1788 am Aegidiusgymnasium zu Nürnberg, 1797 Professor der Geschichte zu Altdorf, 1808 zu Landshut und 1826 zu München, wo er den 27. September 1834 †. Von seinen historischen Arbeiten, die sich besonders durch gründliches Quellenstudium auszeichnen, sind hervorzuheben: „Kompendium der deutschen Reichsgeschichte“ (Nürnberg und Altdorf 1803, 3. Aufl. 1819); „Aelteste Geschichte Bojariens“ (Nürnberg und Sulzbach 1807); „Geschichte Bayerns“ (Leipzig 1826, 2 Bde.); „Geschichte der Deutschen“ (Stuttgart 1828—30, 2 Bde); „Geschichte der alten Deutschen, besonders der Franken“ (das. 1829); von seinen geographischen die mit Ukert herausgegebene „Geographie der Griechen und Römer“ (Nürnberg 1795 bis 1825, 10 Bde.). Auch besorgte er eine Ausgabe der „Tabula Peutingeriana“ (München 1824).

Manngeld, s. v. a. Wehrgeld (s. d.).

Mannheim (Manheim), Hauptstadt des badischen Unterrheinkreises, vormals Residenz der Kurfürsten von der Pfalz, gegenwärtig zweite Residenz des Großherzogs von Baden, am Einfluß des Neckar, über welchen eine Kettenbrücke führt, in den Rhein, welcher eine Schiffbrücke trägt, 7 Meilen nordwestlich von Karlsruhe in fruchtbarer Gegend gelegen, ist eine der regelmäßigsten Städte Deutschlands. Zwölf schnurgerade Straßen ziehen von Süden nach Norden und 10 von Osten nach Westen, so daß die Stadt in 112 Quadrate getheilt ist. Die Länge der mittelsten Straße beträgt 1200 und deren Breite 60 Schritte. Die 3 Hauptthore der Stadt sind: das Neckar-, das Heidelberger- u. das Rheinthor. Unter den 14 freien Plätzen M.s sind zu erwähnen: der große, auf 3 Seiten mit Akazien umgebene Parade- oder Speiseplatz, mit schönem Marmorbassin mit Erzgruppe, der Marktplatz mit einer in Stein gehauenen Merkursstatue von van der Brand, der Schloßplatz, Theaterplatz ꝛc. Von den 6 vorhandenen Kirchen sind 4 katholische, die übrigen evangelische. Bemerkenswerth sind darunter nur die Kirche des vormaligen Jesuitenkollegiums, 1733—56 nach der Peterskirche in Rom erbaut, im Innern prachtvoll mit Marmor dekorirt und mit einer in Fresko gemalten Decke, und die Domkirche, 1717 auf den Trümmern der 1689 von den Franzosen zerstörten Kirche erbaut und 1800 bedeutend verändert. Die Israeliten haben hier eine im maurischen Styl errichtete Synagoge. Das große, ehemals kurfürstliche Residenzschloß, 1720—29 erbaut, hat eine Front von 1700 Fuß, 5 prächtige Portale, 4 Höfe, 1500 Fenster, eine Kapelle mit Fürstengruft, eine Antiquitäten-, Gemälde-, Kupferstich- und Naturaliensammlung und enthielt vor dem Bombardement von 1795, bei welchem ein Flügel abbrannte, über 500 Zimmer. Noch sind von Gebäuden zu erwähnen: die Sternwarte, 1772 erbaut, das Theatergebäude, 1776 erbaut, das Zeughaus, 1777 erbaut, eines der schönsten Gebäude M.s mit reicher Waffensammlung, die neue Kaserne, das Kaufhaus, ein ganzes Quadrat einnehmend, 1730 aufgeführt; das 700 Fuß lange Hafengebäude im Rundbogenstyl, der gothische Bahnhof, die frühere Stückgießerei, die ehemalige Münze, das Zuchthaus, das Armenkrankenhaus, das Rathhaus, das katholische Bürgerhospital (mit einer besondern Kirche), die Harmonie ꝛc. M. ist Sitz der Kreisregierung, eines Oberhofgerichts u. eines Hofgerichts für den Unterrheinkreis, einer Kommandantur und anderer Behörden. An öffentlichen Unterrichts- und sonstigen gemeinnützigen Anstalten besitzt M. ein Lyceum mit Bibliothek, eine höhere Bürger- und eine Gewerbschule, 5 Mädchenschulen und Pensionate, mehre Privatbibliotheken (darunter die reichhaltige derbillonische), einen botanischen Garten, ein Leih- u. Sparhaus, ein Waisenhaus, ein katholisches Bürgerhospital, ein evangelisches, ein israelitisches u. ein allgemeines Krankenhaus, mehre Kinderbewahranstalten, 8 katholische, eine evangelische und 2 israelitische Armenstiftungen und andere Wohlthätigkeitsinstitute. Dem Handel und Verkehr dienen eine Dampfschleppschifffahrtsgesellschaft, eine Darleihkasse, eine Industriehalle, ein Gewerbverein, eine Handelskammer. Die Stadt hat (1861) 27,172 Einwohner und ist die bedeutendste Industrie- und Handelsstadt des Großherzogthums. Es sind hier eine große Spiegelfabrik, 17 Tabaks- und Cigarrenfabriken, mehre Zucker-, Steingut-, Tapeten-, Liqueur-, Senf-, Wägen- und Bijouteriefabriken, eine große Eisengießerei und Kanonenbohrerei, mehre Spiritusbrennereien u. Bierbrauereien in blühendem Betriebe. In der Umgegend wird viel Hopfen gebaut. Der gesammte Schifffahrtsverkehr wurde 1861 durch 1973 Fahrzeuge vermittelt, darunter 4 Dampfschlepper und 19 Schleppschiffe der mannheimer Gesellschaft, welche letztere zusammen eine Ladungsfähigkeit von 178,331 Centnern haben. Die Summe der 1861 in den beiden Häfen M.s ausgeladenen und an denselben vorübergefahrenen Güter belief sich auf 9,316,435 Ctnr. gegen 8,689,964 Ctnr. 1860 und 7,558,742 Ctnr. 1859. Dem Handel dienen auch 2 stark frequentirte Messen. Begünstigt wird der Handel besonders noch durch die Lage der Stadt am Rhein, Neckar und an den Eisenbahnen nach Heidelberg, Karlsruhe und Basel, nach Frankfurt, sowie am jenseitigen Rheinufer von Ludwigshafen (sonst Rheinschanze) aus nach Metz u. Paris, endlich durch den schönen und geräumigen Rheinhafen. Vergnügungsorte sind außer den Promenaden im Schloßgarten das Mühlauschlößchen, die Rheinlust, das Ludwigsbad, die Neckargärten, die Kaisershütte ꝛc. M. erscheint zuerst 765 urkundlich als Villa und wuchs später zu einem Dorfe an, das mit dem benachbarten Dornheim und dem Schloß Eichelsheim zur Burg Rheinhausen gehörte. Im Jahre 1606 legte der Kurfürst Friedrich IV. von der Pfalz den Grund zu den Festungswerken M.s (Friedrichsburg), und da gleichzeitig viele Auswanderer, besonders aus den Niederlanden, sich hier niederließen, gewann der Ort so rasch an Ausdehnung, daß er 1607 Stadtrechte erhielt. Am 8. Oktober 1622 nahmen die Kaiserlichen unter Tilly die Stadt im Sturm, worauf auch die Festung kapituliren mußte. M. blieb im feindlichen Besitze und mußte schwer leiden, bis in Folge des Sieges Gustav Adolfs bei Leipzig der Herzog Bernhard von Weimar sich der Stadt bemächtigte. Nach der Schlacht bei Nördlingen besetzten aber die Kaiserlichen die Stadt von Neuem, und 1635 kam sie mit der Rheinpfalz an Bayern. Im J. 1644 ward sie von den Franzosen besetzt, fiel aber nach einem blutigen Kampfe, wobei sie arg verwüstet wurde, wieder in die Hände der Bayern, die erst in Folge des westphälischen Friedens am 25. September 1649 wieder abzogen. Kurfürst Karl Ludwig suchte nun die Wunden, welche der lange Krieg geschlagen, wieder zu heilen, bestätigte 1652 der Stadt ihre alten Privilegien u. fügte neue hinzu. Im J. 1688 von dem französischen General Melac nach siebzehntägiger Belagerung genommen, wurde sie nebst 11 andern Städten der Unterpfalz am 5. März 1689 niedergebrannt und lag nun 10 Jahre verwüstet, bis der ryswicker Friede den Krieg endigte. Beim Wiederaufbau (1699) ließ sie Kurfürst Johann Wilhelm vom Ingenieur Coehorn befestigen, u. ein starker Brückenkopf deckte die Rheinbrücke. Kurfürst Karl Philipp verlegte seine Residenz und mit ihr den Sitz der höchsten Landesstellen von Heidelberg nach M. Die Glanzperiode kam aber für M. erst unter dem Kurfürsten Karl Theodor, namentlich blühte damals unter dem trefflichen Intendanten von Dalberg das Theater, das Iffland, Beil, Beck und Andere zum ersten Deutschlands erhoben. Die Blüthe der Stadt begann aber nur zu bald wieder zu welken, als der Kurfürst 1777 Bayern erbte und seine Residenz nach München verlegte, wohin er nun die meisten Kunstschätze mitnahm. Im Revolutionskriege bemächtigten sich die Franzosen im December 1794 der Rheinschanze, u. am 20. September 1795 mußte sich ihnen die Stadt ergeben. Indessen erschienen schon am 18. Oktober die Kaiserlichen vor M., dessen französische Besatzung nach einem heftigen Bombardement am 23. November kapitulirte. Während der Belagerung flogen 20,000 große, 6000 kleine Kanonenkugeln, 2700 Haubitzen und 1780 Bomben in die Stadt. Durch den lüneviller Frieden kam M. 1803 an Baden. Im Jahre 1813 bewerkstelligte das russische Corps unter General Sacken hier seinen Uebergang über den Rhein. Während der badischen Revolution (1849) war M. längere Zeit in den Händen der Volkstruppen. In Folge dessen fand im Juni ein heftiger Kampf zwischen denselben u. den intervenirenden Preußen im benachbarten Ludwigshafen Statt, worauf M. längere Zeit von den letztern beschossen wurde, bis am 22. Juni durch eine in der Stadt eingetretene Kontrerevolution die Uebergabe M.s an die Preußen erfolgte.

Mannheimer Gold (Similor), Kupferzinklegirung, die man aus 7 Loth Kupfer, 3 Loth Messing und 15 Gran Zinn zusammenschmelzen soll, u. die demnach 89,44 Procent Kupfer, 9,93 Proc. Zink und 0,62 Proc. enthalten würde.

Manning, Fluß in Neuholland, an der Grenze von Durham u. Gloucester, nimmt rechts den Barrington auf und fällt in zwei Mündungen: Harrington- u. Farquhart-Inlet, östlich fließend, in den Ocean.

Mannit, süß schmeckender Pflanzenstoff, welcher sich ziemlich verbreitet, besonders im Saft gewisser Fraxinusarten, also in der Manna, findet. Auch der ausgeschwitzte Saft der Larix europaea u. Tamarix mannifera enthält M., und man hat ihn außerdem im Zucker der Pilze, im Honigthau (besonders der Linden), in verschiedenen Fukoïdeen, in Leontodon taraxacum, Cyclamen europaeum, in Aconitumarten, in allen noch lebenskräftigen Theilen des Olivenbaums und in der Sellerieweurzel nachgewiesen. M. bildet sich bei der Milchsäure und schleimigen Gährung aus Zucker und ebenso durch einfache Addition von Wasserstoff bei der Einwirkung von Natriumamalgam auf Traubenzucker. Hiernach scheint der M. auch in der lebenden Pflanze aus Zucker zu entstehen. Aus der Manna gewinnt man den M. durch Auskochen derselben mit Alkohol und Umkrystallisiren des sich beim Erkalten abscheidenden unreinen Produkts. Den ächten Zucker der Manna kann man vorher durch Gährung zerstören. Der M. krystallisirt in farblosen, süßlich schmeckenden Nadeln, die in Wasser und heißem Alkohol leicht, in Aether nicht löslich sind und bei 160° schmelzen. Der M. lenkt die Ebene des polarisirten Lichts nicht ab, er verhindert die Fällung des Kupferoxyds durch Alkali, reducirt aber ersteres nicht, durch Gährung kann er in ächten Zucker verwandelt werden. Schmelzendes Kali entwickelt aus M. Wasserstoff, Ameisensäure, Essigsäure und Metacetonsäure, kochende Salpetersäure bildet Oxalsäure und Zuckersäure, kalte rauchende Salpetersäure Nitromannit. Auch Traubensäure kann aus M. durch Salpetersäure erhalten werden. Mit Kalk bildet der M. Mannitkalk, dessen Lösung bei 90° vollständig gerinnt, indem sich eine kalkreichere Verbindung ausscheidet, die aber beim Erkalten wieder in den löslichen Mannitkalk verwandelt wird. Theils für sich, theils in Verbindungen existiren Abkömmlinge des M.s, die ein Aequivalent (Mannitan) u. 2 Aequivalent (Mannid) Wasser weniger enthalten als M. Läßt man Säuren auf M. bei 200—250° einwirken, so erhält man Substanzen, die den zusammengesetzten Aethern oder den Glyceriden sehr ähnlich sind und wie diese wieder gespalten werden können. Dabei entsteht dann Mannitan, welches langsam wieder Wasser aufnimmt. Man kennt 3 Reihen derartiger Verbindungen, die 1, 2 und 3 Aequivalente Säure auf 1 Aequivalent M. minus 1, 2 oder 4 u. 6 Aequivalente Wasser enthalten. Mit 3 Aequivalenten Schwefelsäure bildet der M. die Mannitschwefelsäure, welche nur in ihren Salzen bekannt ist. Der M. ist hiernach als dreiatomiger Alkohol zu betrachten. Erhitzt man M. mit Kalihydrat, Wasser u. Bromäthyl, so erhält man Aethylmannit. Nitromannit entsteht, wenn man gepulverten M. mit wenig Salpetersäure von 1,5 specifischem Gewicht übergießt u. dann abwechselnd mit starker Schwefelsäure u. Salpetersäure versetzt, bis $4^1/_2$ Theile der letzteren u. $10^1/_2$ Th. der ersteren verbraucht sind. Die Masse wird dann ausgewaschen, abgepreßt und aus Alkohol umkrystallisirt. Der Nitromannit krystallisirt in farblosen feinen Nadeln, er ist unlöslich in Wasser, löslich in Alkohol, Aether und koncentrirter Schwefelsäure. Er lenkt die Ebene des polarisirten Lichts nach rechts, verpufft beim Erhitzen und explodirt sehr heftig unter dem Hammer. Schwefelammonium verwandelt ihn wieder in M. Beim längeren Aufbewahren erleidet er langsam Zersetzung.

Mannitio (admallatio, lat.), bei den alten Deutschen die in Folge eines Nationalbeschlusses od. der gemeinsamen Verabredung von Seiten des Königs ergehende Einladung zu Leistung von Kriegsdiensten; auch die in der ältesten deutschen Rechtsverfassung begründete Mahnung des Klägers an den Anzuklagenden, vor Gericht zu erscheinen.

Mannjungfrauschaft (viraginitas), ein Entwickelungsfehler, der theilweise der Zwitterbildung beizuzählen ist und im Wesentlichen darin besteht, daß die Mannjungfern (Mannweiber, Halbjungfern) zwar weibliche Geschlechtstheile haben, aber sowohl in ihrem Aeußeren, als in ihrer Denkart den Männern ähneln.

Mannstollheit, s. Nymphomanie.

Mannstreu, Pflanzengattungen: s. v. a. Eryngium *L.* und s. v. a. Gartenvergißmeinnicht, Omphalodes verna *Moench*.

Mannszucht, im Allgemeinen s. v. a. militärische Disciplin, begreift nicht allein die Subordination (s. d.), also augenblicklichen und unbedingten Gehorsam gegen die Vorgesetzten, sondern auch rechtliches und anständiges Betragen der Soldaten, vornehmlich im Krieg in Feindesland.

Mannus, bei den alten Germanen der Sohn des erdgebornen Gottes Tuisco, von dessen drei Söhnen sie ihre drei Hauptstämme, die Ingävonen, Iskävonen und Herminonen, ableiteten. Seine weitern Nachkommen heißen einfach man, oder mit patronymischer Ableitung althochdeutsch manisco, neuhochdeutsch Mensch, die ganze Erde altnordisch manheimr.

Mano dritta (ital.), abgekürzt M. d., mit der rechten Hand, und Mano sinistra, abgekürzt M. s., mit der linken Hand (zu spielen).

Manoël, Don Francesco, bekannter unter dem Pseudonym Filinto Elysio, der bedeutendste portugiesische Lyriker der Neuzeit, geboren 1734 zu Lissabon, widmete sich anfangs der Musik, wandte sich aber bald der Poesie und Literatur zu, fand indeß erst durch Ausländer Anerkennung, denen er nach dem Erdbeben von Lissabon als Cicerone diente. Der Kirchenlehre zuwider laufender Grundsätze halber, die sich namentlich in seiner Uebersetzung von Molière's „Tartuffe“ finden sollten, 1778 von der Inquisition vor ihre Schranken gefordert, entfloh M. nach Paris, wo er den 25. Februar 1819 †. Unter seinen Dichtungen werden vornehmlich seine Oden und seine Uebersetzung von Lafontaine's Fabeln geschätzt. Auch übersetzte er Wielands „Oberon“. Seine „Obras completas“ erschienen in zweiter Auflage Paris 1818—19 in 2 Bänden.

Manöver (franz. manoeuvre), eine Bewegung größerer Truppenkörper, welche aus mehren einzelnen zu einem Ganzen verbundenen Bewegungen zusammengesetzt ist. Die Haupterfordernisse solcher M. sind Ordnung, Einfachheit und Geschwindigkeit. Ihrer Natur nach zerfallen sie in M. beim Angriffe und M. beim Rückzuge. Zu den erstern gehören die Formirung einer aufgelösten Truppenlinie vor der Fronte zum Tirailliren, die Bildung der Angriffslinien oder Angriffskolonnen unter dem Schutze der Tirailleure, die Formation der Stellungen, in denen man den Feind anzugreifen beabsichtigt, die Bildung eigener Abtheilungen zur Umgehung des Feindes, zum Durchbrechen x. Zu den M. beim Rückzuge gehören die Auflösung von Truppen in die zerstreute Ordnung zur Sicherung des Rückzuges, die Veränderung der Fronte u. Flügel, das Durchziehen der einzelnen Treffen durch einander, die Bildung der verschiedenen Vierecke als Vertheidigungsstellungen x. In neuester Zeit versteht man unter M. insbesondere vereinte Uebungen der verschiedenen Waffengattungen im steten Hinblick auf das Terrain und den Feind, und der Zweck solcher Uebungen, bei denen jedoch der Feind nicht bloß supponirt oder angedeutet sein, sondern wirklich auftreten soll, ist, die Fähigkeiten der Führer und Truppen in der richtigen Anwendung des Terrains, in der verständigen Auffassung der Waffenverhältnisse zu prüfen und zu unterhalten. Im Seewesen bedeutet M. eine jede Bewegung, welche ein einzelnes Schiff sowohl, als sämmtliche Schiffe einer Flotte machen, um dem Feinde entgegen zu gehen, ihm den Wind abzugewinnen, seine Schlachtordnung zu umgehen, zu durchbrechen, oder die fliehenden Schiffe zu verfolgen, oder endlich sich selbst der Verfolgung zu entziehen.

Manöverkrieg, die Art der Kriegführung, welche die Entscheidung eines großen Kampfes aus irgend einem Grunde zu verzögern sucht und nur solche Mittel anwendet, die allenfalls geeignet sind, die Lage der Armee zu verbessern, nicht aber den Krieg zu beendigen. Der größte Theil der Feldzüge in den beiden vorigen Jahrhunderten hat diesen Charakter gehabt, u. allgemein hielt man dieses der Hauptsache nach erfolglose Spiel u. Vergeuden der Kräfte für den Gipfel der Kriegskunst, bis die französischen Revolutionskriege eine ganz neue Welt von kriegerischen Erscheinungen eröffneten, welche die bisherigen Muster der Kriegführung verdrängten.

Manometer (v. Griech.), Apparate, welche dazu dienen, den Druck zu messen, welchen in irgend einem abgesperrten Raum befindliche Gase auszuhalten haben. Uebergießt man in einer Flasche kohlensauren Kalk mit Salzsäure und versieht die Flasche mit einem doppelt durchbohrten Kork und 2 Glasröhren, von denen die eine bis auf den Boden der Flasche, die andere aber nur bis unter den Kork reicht, so wird durch letztere das sich entwickelnde Gas frei entweichen; sobald man dies aber verhindert, wird die Flüssigkeit in der ersten Röhre steigen, und zwar um so höher, je stärker der Druck ist, welchen das in der Flasche befindliche Gas auf die Flüssigkeit ausübt. Dies gerade Rohr (Sicherheitsröhre) ist das einfachste M. Nun kann man aber auch das Rohr unter dem Kork abschneiden u. es mit einem zweiten ganz ebenso konstruirten Gefäß, in welchem sich Wasser, Spiritus oder Quecksilber befindet, in Verbindung setzen. Alsdann wird das in der ersten Flasche sich entwickelnde Gas mit gleichem Druck auch auf die Flüssigkeit im zweiten Gefäß wirken und diese in dem geraden Rohr in die Höhe treiben, was auch dann geschehen wird, wenn sich im ersten Gefäß kein Gas, sondern Dampf entwickelt, wenn also das erste Gefäß z. B. ein Dampfkessel ist. Wasser wird durch den Druck einer Atmosphäre bekanntlich 32 Fuß, Quecksilber aber nur 28 Zoll hoch gehoben, und man wendet daher, wo man es mit starken Pressungen zu thun hat, Quecksilber an, damit man das Manometerrohr nicht zu lang zu machen braucht. Um den Druck in Gasleitungen, Gebläsen und dergleichen zu messen, genügt ein Wassermanometer (Windmesser). Eine andere Form des M.s ist das Hebermanometer. Dies besteht aus einem Rohr, welches zweimal so gebogen ist, daß drei parallele Schenkel entstehen. Den mit der Mündung abwärts gerichteten Schenkel setzt man auf das Gefäß, in welchem sich die Dämpfe oder Gase entwickeln, und in die obere Oeffnung des dritten Schenkels gießt man Quecksilber, welches dann in dem U, welches die beiden Schenkel bilden, auf- und niedersteigt und in dem äußeren Schenkel um so höher steigt, je stärker der Druck ist, welcher in dem inneren Schenkel auf dem Quecksilberspiegel lastet. Ein großes Gefäßmanometer, wie es für Dampfkessel gebraucht wird, besteht aus einem eisernen kastenförmigen Gefäß, durch dessen luftdicht schließenden Deckel 2 eiserne Röhren gehen. Die eine Röhre ist gerade, etwa 120 Zoll hoch und reicht bis auf den Boden des Gefäßes, die andere mündet im Deckel und kommunicirt mit dem Dampfkessel. Das Gefäß ist mit Quecksilber gefüllt, welches durch den Dampfdruck im Manometerrohr steigt. In letzterem befindet sich ein Schwimmer, der an einer seidenen Schnur befestigt ist, welche an der oberen Mündung des Rohrs über eine Rolle geht. Das herabhängende Ende der Schnur trägt einen Zeiger, welcher also, den Schwankungen des Quecksilbers entsprechend, an einer senkrechten Skala auf- und niedersteigt. Läßt man auf den einen Schenkel eines Uförmig gebogenen Rohrs den Dampfdruck wirken, so treibt dieser in dem Rohr befindliches Quecksilber im andern Schenkel in die Höhe. Ein Schwimmer und Zeiger gibt auch hier den Stand des Quecksilbers an. Um das Hebermanometer mit einer kleineren Skala versehen zu können, gibt man demjenigen Theil desselben, an welchem man den Quecksilberstand abliest, eine größere Weite. Ist letztere z. B. dreimal so groß als die Weite der übrigen Röhre, so fällt die Bewegung des Quecksilbers in ihm neunmal so klein als in dem andern Schenkel aus; da aber die Spannung durch die Niveaudifferenz, d. h. durch die Senkung des Quecksilbers in dem einen Schenkel plus Steigung desselben im andern, gemessen wird, so gibt in diesem Fall der Quecksilberstand im weiteren Theil des Rohrs zehnfach verjüngt an. Verbietet der Raum ein einfaches langes Manometerrohr anzubringen, so kann man ein Rohr vielmal hin- und herbiegen, so daß etwa 4 U gebildet werden, die in gleicher Lage neben einander liegen und unter sich kommuniciren. Man füllt dann die untere Hälfte der Röhre mit Quecksilber, die obere aber mit Wasser und läßt nur im letzten aufwärts gebogenen Schenkel die Luft direkt auf das Quecksilber wirken. Das andere Ende des Apparats steht mit dem Dampfkessel in Verbindung, und es wird daher das Quecksilber im ersten, dritten, fünften und siebenten Schenkel niedergedrückt, im zweiten, vierten, sechsten und achten aber steigen. Der achte Schenkel ist von Glas u. mit einer Skala zum Ablesen des Quecksilberstandes versehen.

Bei allen bisher geschilderten M.n wirkt die atmosphärische Luft auf das Quecksilber, man hat aber auch geschlossene M., bei welchen das Quecksilber in eine oben geschlossene Röhre hineingetrieben und der Druck mithin durch die Zusammenpressung der über dem Quecksilber befindlichen Luft gemessen wird (Kompressionsmanometer). Nach dem mariotte'schen Gesetz entspricht eine Zusammenpressung der Luft auf $1/2$, $1/4$, $1/8$ ihres ursprünglichen Volumens einem Druck von 2, 4, 8 Atmosphären. Ist das Rohr eines solchen M.s cylindrisch, so werden natürlich die Abtheilungen der Skala, welche gleichen Druckdifferenzen entsprechen, nach oben hin sehr rasch abnehmen. Dies vermeidet das hyperbolische M. von Delaveye, welches sich nach dem Ende zu immer mehr zusammenzieht und in eine Kugel ausläuft, so daß gleiche Veränderungen in der Dampfspannung auch durch gleiche Veränderungen im Quecksilberstande angezeigt werden. In Hoffmanns Luftmanometer wirkt der Dampfdruck auf Wasser, welches ihn durch eine Luftsäule auf Spiritus fortpflanzt, der wieder die Luft in der Manometerröhre zusammenpreßt. In neuerer Zeit wendet man selbst bei hohem Dampfdruck offene Hebermanometer an, weil dieselben größere Sicherheit gewähren. Schinz hat ein Multiplikatormanometer angegeben, welches dazu bestimmt ist, den Zug im Kamin zu messen. Bis jetzt blieb es lediglich dem Urtheil der Heizer überlassen, das Kaminregister zur geeigneten Unterhaltung des Zugs zu stellen, da es aber sehr schwierig ist, den Zug im Kamin mittelst des Registers normal zu erhalten, so wird derselbe in den meisten Fällen zu stark sein, weshalb nicht unbeträchtliche Wärmemengen durch den Kamin abziehen. Dies soll das Multiplikatormanometer vermeiden. Dasselbe besteht aus einem Blechkasten, in welchen sich eine Dille von oben nach unten senkt, die am Boden dem im Kasten enthaltenen Wasser den Durchgang gestattet. Auf dem Wasser in der Dille befindet sich ein Schwimmer, von welchem aus ein Seidenfaden über eine Rolle geht, an dessen anderem Ende ein Gegengewicht befestigt ist. Die Rolle selbst wird die Bewegung des Schwimmers und seines Gegengewichts mitmachen, und ebenso ein Zeiger, welcher auf der die Rolle tragenden Axe befestigt ist. Das Ende des Zeigers bewegt sich auf einem Gradbogen. Große Verbreitung haben in neuerer Zeit die Metallmanometer gefunden. Bei dem M. von Schäffer von Budenberg ist eine im Grundriß kreisförmige wellenförmig gebogene Stahlscheibe zwischen den Flantschen eines Gehäuses befestigt. Gegen die auf ihrer unteren Seite versilberte Platte wirkt die Flüssigkeit, deren Druck gemessen werden soll, und verursacht eine Formveränderung der Platte, eine Bewegung derselben, die durch geeignete Mechanismen auf einen Zeiger übertragen wird. Läßt man in eine an ihrem Ende hermetisch verschlossene, kreisförmig gebogene Röhre von dünnem Metallblech und elliptischem Querschnitt ein Gas eintreten, dessen Spannung geringer ist als die der atmosphärischen Luft, so wird sich die Röhre mehr zusammenziehen, während sie sich streckt, wenn man das in ihr enthaltene Gas komprimirt. Hierauf beruht Bourbons Metallmanometer, bei welchem die empfindliche Röhre in ihrer Mitte (wo der Dampf eintritt) festgehalten wird, während beide Enden frei und durch Zugärmchen mit einem doppelarmigen Hebel in Verbindung gebracht sind. Dieser Hebel ist mit einem Zahnbogen ausgerüstet, der in ein Getriebe faßt, an dessen Axe der Zeiger befestigt ist. Ist die empfindliche Röhre luftleer gemacht, so gehorcht sie dem Druck der Atmosphäre und zeigt die Veränderungen desselben an (Aneroidbarometer). Alle Metallmanometer leiden nach Rühlmann an dem gemeinsamen Uebel aller Federn, daß sie mit der Zeit mehr oder weniger unrichtig werden, ganz abgesehen davon, daß die meisten überdies Thermometer bilden, die eigentlich vor dem jedesmaligen Gebrauch auf 0 eingestellt, überhaupt justirt werden müßten. Diese Uebelstände haben u. a. die preußische Regierung veranlaßt, die Federmanometer als nicht gesetzlich zulässige Instrumente zu bezeichnen und ihre Verwendung höchstens da zu gestatten, wo die vorhandenen Umstände die Anwendung von Quecksilbermanometern unthunlich machen. Indessen gestaltet sich die Sache nicht so schlimm, wenn man nur die Federmanometer mit möglichster Sorgfalt herstellt und ganz besonders sie mit sogenanntem Flantsch- oder Vierweghahn versieht, um Kontrolmanometer ohne Weiteres leicht anbringen zu können. Unter allen Umständen bleibt dann ein gutes Federmanometer ein übersichtliches, für die gewöhnlichen Zwecke der Anwendung völlig brauchbares Instrument.

Manosque, Stadt im französischen Departement Niederalpen, an der Durance, mit Handelsgericht, Seidenspinnerei, Branntweinbrennerei, 2 Mineralquellen, Mandel-, Oel-, Zwiebel-, Melonen-, Seidenbau und 6000 Einwohnern.

Manresa, feste Stadt in der spanischen Provinz Barcelona (Katalonien), links am Cardener, in einem weiten und fruchtbaren Thal, ist Bischofssitz, hat mehre Kirchen, viele Fabriken und Manufakturen (Spinnereien, Band- und Tuchfabriken, Seidenwebereien, Papier-, Bleiweiß-, Chokoladen-, Kerzenfabriken ꝛc.) und zählt 15,265 Einw. M. war einst Aufenthaltsort des Ignatius Loyola, der in einer dasigen Höhle seine Exercitien verfaßte. Es ist uralten Ursprungs (wahrscheinlich das Bacasis der Römer), wurde verschiedene Male zerstört u. zuletzt im Franzosen- und Bürgerkriege ein Raub der Flammen, daher das jetzt ganz moderne Aussehen der Stadt.

Mans (Le Mans), Hauptstadt des französischen Departements Sarthe wie der ehemaligen Provinz Maine, an der hier dreifach überbrückten Sarthe, ist Sitz der Departementalbehörden, eines Bischofs, eines Gerichtshofs, einer Handelskammer und eines Handelsgerichts, ist in seinem am Flußufer gelegenen Theile schlecht gebaut, in dem höher gelegenen aber regelmäßig und geräumig, hat eine schöne gothische Kathedrale mit herrlichem Chor, 1216 begonnen, 1434 vollendet, ein Rathhaus, ein Theater, 4 Hospitäler, eine Kornhalle, schöne Spaziergänge um die Stadt (le Greffier), ein theologisches Seminar, Lyceum, eine Zeichenschule, höhere Elementarschule, Bibliothek, ein Naturalienkabinet, eine Bildergallerie, Antiquitätensammlung, mehre gelehrte Gesellschaften, Fabriken von Wachskerzen, Leinenzeuchen, Musselin, Kannevaß, Strumpfwaaren, Spitzen, Leinwand- und Wachsbleichen, Gerbereien ꝛc. und lebhaften Handel mit Rindvieh, Geflügel und sonstigen Landesprodukten, stark frequentirte monatliche Märkte und 37,200 Einw. M. hieß im Alterthum Vindium u. war die Hauptstadt der Cenomanen. Schon im 4. Jahrhundert Bischofssitz, war es zu Karls des Großen Zeit eine der ansehnlichsten Städte des fränkischen Reichs, kam aber im 9. Jahrhundert durch die verheerenden Einfälle der Normannen und später durch die ewigen Fehden der Grafen von Anjou und der Herzöge von der Normandie sehr herab. Hier Sieg des republikanischen Heeres unter Marceau über die Vendéer den 12. December 1793.

Mansard, Jules Hardouin, französischer Architekt, geboren 1645 zu Paris, leitete die meisten der großartigen Bauten Ludwigs XIV., der ihn später in den Adelsstand erhob. Er † als Generaldirektor der königlichen Bauten den 11. Mai 1708 zu Marly. Von seinen Werken sind hervorzuheben: die Schlösser zu Clugny, 1676—80 im Auftrag des Königs für die Frau von Montespan erbaut, zu Versailles, zu Marly, Trianon u. a., die Kirche und Kuppel der Invaliden zu Versailles, der Palast des von der Frau von Maintenon gegründeten Mädchenstifts, die Pfarrkirche Notre-Dame in Versailles, die Façade des Stadthauses zu Lyon. In allen diesen Werken gibt sich eine lebhafte u. glänzende Phantasie kund, welche sich ebensowohl in das Einfache, wie in das Prächtige zu finden wußte.

Mansardendach, s. Dach.

Manschetten (v. Franz.), Leinwand- od. Battiststreifen, welche als Verzierung um den Arm zunächst der Hand von Herren und Damen getragen zu werden pflegen und bei letztern häufig mit Spitzen oder Näherarbeit verziert sind. Sie kamen zuerst am französischen Hofe unter Ludwig XIV. auf und gehörten bis zur französischen Revolution als wesentlicher Theil zu einem wohlanständigen Anzug. Dann kamen sie ganz aus der Mode, sind aber in der neuern Zeit, bei Herren ganz glatt, wieder in Aufnahme gekommen.

Manschinellenbaum, Pflanzengattung, s. v. a. Hippomane *L.*

Mansehr, Ulrich, s. v. a. Fischart.

Mansfeld, ehemalige deutsche Grafschaft des obersächsischen Kreises, grenzte an Halberstadt, Anhalt, Magdeburg, Merseburg, Querfurt, den thüringischen Kreis Sachsens und an die Grafschaft Stolberg, umfaßte etwa 20 □Meilen Areal mit 50,000 Einwohnern und hatte ein eigenes Grafengeschlecht. Gegenwärtig gehört die Grafschaft zum Regierungsbezirk Merseburg der preußischen Provinz Sachsen und ist in den mansfelder Gebirgskreis, mansfelder Seekreis und Kreis Sangerhausen getheilt. Die vorzüglichsten Städte sind M., Eisleben und Sangerhausen. Die Stadt M. (Thalmansfeld), Hauptort des mansfelder Gebirgskreises, am Thalbach, hat Wollspinnerei, Leinweberei und ergiebigen Bergbau auf Braunkohlen, Silber, Blei u. Kupfer, Steinbrüche u. 1620 Einw. Dabei auf steilem Berge die Ruinen des Stammschlosses des erloschenen gleichnamigen Grafengeschlechts, das im dreißigjährigen Kriege mehrmals belagert u. sodann geschleift wurde, so daß gegenwärtig nur noch die Schloßkirche davon vorhanden ist.

Mansfeld, deutsches Grafengeschlecht, nach dem alten Schlosse M. benannt. Als der Ahnherr des Stammes wird Hoyer (Hugo) von M. genannt, ein treuer Anhänger Kaiser Heinrichs V. Derselbe überfiel den Pfalzgrafen Sigfried, Wiprecht von Groitzsch u. Ludwig den Springer 1113 bei Warnstedt und fiel 1115 in der Schlacht am Welfesholz gegen die Sachsen in einem Einzelkampf mit Wiprecht dem Jüngeren von Groitzsch. Sein Andenken lebt in manchen Sagen u. Liedern fort. Die beiden Linien, welche Hoyers Enkel, Ulrich und Burkhard, bei der Theilung ihres Erbes gründeten, starben frühzeitig aus, die erstere im Laufe des 14. Jahrhunderts, die letztere noch mit dem Stifter selbst, der nur eine Tochter, Sophie, hinterließ. Durch deren Vermählung mit Burkhard VI. von Querfurt (1219) gingen die Besitzungen ihres Vaters an das querfurtische Geschlecht über, und Burkhard VI. (I.), der auch Burggraf zu Magdeburg war, wird daher als Stifter der mansfeldisch-querfurtischen Linie aufgeführt. Der erweiterte Besitzstand führte früh zu neuen Theilungen, deren folgenreichste die von 1475 ward. In Folge derselben wurde Albrecht V. der Stifter der vorderortischen, Ernst der Stifter der hinterortischen Linie. Die letztere theilte sich nochmals in die mittelortische oder schraplauische und in die hinterortische Nebenlinie, von denen die erstere 1567, die andere 1666 erlosch. Von den 5 Nebenlinien, in welche sich die vorderortische wieder spaltete, hat sich die bornstädtische, die 1600 in den Reichsfürstenstand erhoben wurde, am längsten erhalten. Sie erlosch 1780 mit dem Fürsten Joseph Wenzel. Die mansfeldischen Lehen fielen hierauf zu $^3/_5$ an Kursachsen und zu $^2/_5$ an Brandenburg, die Allodialgüter aber durch Vermählung von Joseph Wenzels Halbschwester an das Haus Colloredo, das fortan das mansfeldische Wappen und den Namen Colloredo-M. annahm. Die namhaftesten Sprößlinge des Geschlechts sind:

1) Albrecht, Graf, trat mit seinem Bruder Gebhard 1519 zum Protestantismus über u. erscheint mit jenem bei allen wichtigeren Verhandlungen jener Zeit, so denen zu Schmalkalden (1529 und 1530) und zu Köln. Bei der wittenberger Kapitulation wurde Albrecht vom Frieden ausgeschlossen u. geächtet. Als der Kaiser aus den Niederlanden Kruiningen gegen Bremen sandte, eilte er mit den Truppen der Reichsstädte Magdeburg, Hamburg, Lübeck und Bremen nach dem Norden u. rieb an der Weser die Truppen des Herzogs Erich von Braunschweig auf. Später zeichnete er sich bei der Vertheidigung von Magdeburg rühmlich aus. Er † 1560.

2) Vollrath, Sohn des Vorigen, rettete im Treffen von Montcontour den 3. Okt. 1569 durch seinen Rückzug einen Theil der deutschen Reiterei u. † 1578.

3) Peter Ernst I., Graf von M., den 20. August 1517 geboren, kam in seinem 14. Jahre an den Hof Ferdinands I., folgte 1535 Karl V. gegen Tunis, erschien 1543 als Führer einer Reiterkompagnie im Belagerungsheere vor Landrecy u. stieg bis zum Oberstlieutenant. Im Jahre 1545 erhob ihn der Kaiser zum Statthalter des Herzogthums Luxemburg und der Grafschaft Chiny; 1552 gerieth er in französische Gefangenschaft, wohnte dann als kaiserlicher Gesandter dem Reichstage zu Regensburg bei, ging in spanische Dienste zurück und trat seinen Posten zu Luxemburg wieder an. An der Spitze eines Regiments Wallonen focht er tapfer in der Schlacht bei St. Quentin (10. Aug. 1557), ward 1569 von Alba mit 5000 Mann dem König von Frankreich zu Hülfe gesendet, wurde dann General der spanischen Armee und von Requesens in den großen Staatsrath gezogen. Nach Requesens' Tode erhielt er die Leitung der kriegerischen Angelegenheiten im Staatsrathe, ward aber 1576 von der aufrührerischen Soldateska 5 Monate lang gefangen gehalten. Durch Juan d'Austria wieder in Freiheit gesetzt, mußte er das spanische Kriegsvolk nach Italien führen, mit demselben jedoch in die aufständischen Niederlande zurückkehren, wo er am 31. Januar 1578 bei Gemblours focht. Im März 1579 wirkte er mit bei der Belagerung Mastrichts, das er am 29. Juni erstürmte; dann focht er glücklich in Geldern, Hennegau, Artois und andern Provinzen, eroberte im December 1588 nach langer Belagerung die Stadt Wachtendonk, worauf ihm zu verschiedenen Malen die Geschäfte eines Oberstatthalters übertragen wurden. Im Jahre 1594 ward er zum Fürsten erhoben. Schon hochbejahrt, begleitete er noch den Erzherzog Albrecht in die Picardie und zur Belagerung von Calais; 1597 zog er sich von allen öffentlichen Geschäften zurück und † zu Luxemburg den 22. Mai 1604.

4) Karl von M., Sohn des Vorigen, geboren 1543, that sich im flandrischen u. ungarischen Krieg hervor; † den 14. Aug. 1595 ohne männliche Nachkommen.

5) Peter Ernst II., gewöhnlich nur Ernst von M. genannt, einer der kühnsten Parteigänger des dreißigjährigen Kriegs, 1580 geboren, der natürliche Sohn des Vorigen, vom Kaiser Rudolf II. legitimirt, verrichtete erst, wiewohl von unansehnlichem, ja häßlichem Aeußern, am Hofe seines Vaters zu Luxemburg Pagendienste u. erhielt sodann am Hofe des Erzherzogs Ernst von Oesterreich, seines Pathen, eine katholische Erziehung. Bereits 1595 focht er bei dem kaiserlichen Heere in Ungarn und zeichnete sich dann bei der Belagerung von Ostende aus. Beim

Ausbruch des jülich-kleve'schen Erbfolgestreits (1609) ging er in des Erzherzogs Leopold Dienste über u. machte sich durch Raub und Plünderung gefürchtet. Durch die Verweigerung der ihm vom Kaiser früher versprochenen Belehnung mit einem Theile der Güter seines Vaters verletzt, ging er 1610, als die evangelische Union ihre Truppen ins Elsaß einrücken ließ, als Oberst zu ihr über und wechselte zugleich die Religion. Dem Herzog Karl Emanuel von Savoyen zu Hülfe geschickt, focht er gegen die Spanier. Nach dem im Herbste 1617 abgeschlossenen Frieden trat er als General der Artillerie u. Oberst eines Infanterieregiments 1618 in böhmische Dienste, eroberte Pilsen und ward dafür vom Kaiser in die Reichsacht erklärt. In dem Treffen bei Großlasken (10. Juni 1619) verlor er fast sein ganzes Heer, verstärkte sich aber in Pilsen durch neue Werbungen, wirkte bei der Königswahl für den Kurfürsten Friedrich V. von der Pfalz und wetzte durch mehre glückliche Gefechte u. Eroberungen die erhaltene Scharte wieder aus. Gekränkter Ehrgeiz bewog ihn indeß zur Unthätigkeit; er unterhandelte nach beiden Seiten, bis die Schlacht am weißen Berge der Herrschaft Friedrichs ein Ende machte. Hierauf zog er einen großen Theil des zersprengten Böhmenheers, sowie englische und pfälzische Hülfsvölker an sich, entsetzte das von den Spaniern hart bedrängte Frankenthal, drang ins Bisthum Speyer ein, focht glücklich gegen Tilly und Don Gonzalez de Cordova, brandschatzte allenthalben und bezog dann zu Hagenau Winterquartiere. Im Frühjahr 1622 setzte er über den Rhein, um den Markgrafen von Baden mit seinem 15,000 Mann starken Heere an sich zu ziehen, schlug Tilly, der ihm zwischen Wiesloch und Mingelsheim den Weg verlegte, u. vereinigte sich mit dem Markgrafen. Eifersucht trennte sie aber wieder, u. während M. seine Städteeroberungen auf dem rechten Rheinufer mit Glück fortsetzte, wurde der Markgraf bei Wimpfen aufs Haupt geschlagen. Die Trümmer seines Heeres sammelten sich um M., der aufs linke Rheinufer zurückeilte, Hagenau entsetzte u. den Landgrafen Ludwig von Hessen-Darmstadt durch Ueberfall in seiner Hauptstadt gefangen nahm. Nachdem er auch die Trümmer des von Tilly bei Höchst geschlagenen Heeres unter Christian von Braunschweig an sich gezogen, kehrte er verheerend nach dem Elsaß zurück. Von Friedrich von der Pfalz entlassen, knüpfte M. nun früher abgebrochene Unterhandlungen mit der Infantin Clara Eugenia zu Brüssel u. ihrem Gemahl wieder an, brach nebst dem Herzog von Braunschweig nach Lützelstein und Lothringen auf und lagerte sich zwischen der Maas u. Mosel. Von den Holländern zum Entsatz der bedrängten Stadt Bergen op Zoom gedungen, zogen die beiden Kriegshäupter nach Wälschbrabant, schlugen am 28. August bei der Abtei Villers unweit Fleurus den spanischen Feldherrn Don Cordova, der ihnen den Weg abgeschnitten hatte, und vereinigten sich mit dem Prinzen von Oranien zu Rozendaal, worauf die Spanier die Belagerung von Bergen op Zoom aufhoben. Von den Generalstaaten nach Ostfriesland geschickt, um den Grafen Enno wegen seines Einverständnisses mit den Spaniern zu züchtigen, nahm M. alle festen Plätze daselbst ein und Enno selbst gefangen. Das ganze folgende Jahr blieb er in dieser Grafschaft, sie aussaugend, bis er, mit schwerem Gelde abgefunden, im Januar 1624 sein bereits in Auflösung begriffenes Heer entließ. Er zog sich nun als Privatmann nach dem Haag zurück, ging aber bald nach Paris und von da nach London, wo er vom König eine Wohnung im St. Jamespalaste angewiesen und vom Prinzen von Wales eine Herrschaft mit 30,000 Gulden jährlichen Einkünften geschenkt erhielt. Im Mai begab sich M., wahrscheinlich im Einverständnisse mit dem Prinzen von Wales, wieder nach Frankreich, wo er zum Abschlusse der Heirath zwischen Karl Stuart u. Henriette von Bourbon mitwirkte und am 8. August 1624 den großen Bund zwischen England, Frankreich, Savoyen, Venedig, Graubünden u. den Niederlanden gegen Oesterreich und Spanien zu Stande brachte. Mit 12,000 Mann in England geworbener Truppen kam er im Februar 1625 wieder nach dem Festlande, verlor aber den größten Theil derselben, noch ehe er die Landung erzwingen konnte, durch Hunger und Krankheiten. Mit den Ueberbleibseln ging er nach Bergen op Zoom u. zog u. A. den Herzog Christian mit seinen in Frankreich geworbenen Reitern an sich. Sie setzten bei Rees über den Rhein, um sich mit den Dänen, die in Niedersachsen den Kaiser bekriegten, zu vereinigen, wurden aber vom Grafen von Anhalt aufgehalten und nahmen zwischen Wesel und Rees eine feste Stellung ein. Nachdem sich Herzog Christian von ihm getrennt, zog M. nach Ostfriesland und ließ sich nach Bremen übersetzen. Von hier aus brach er nach Lauenburg auf, ging dort über die Elbe, besetzte Mölln und Travemünde u. schnitt der Stadt Lübeck, die sich geweigert hatte, ihm Lebensmittel zu reichen, den Verkehr ab. Durch das am 9. Dec. 1625 im Haag abgeschlossene Bündniß zwischen England, Dänemark und den Generalstaaten dem König Christian überwiesen, brach M. mit 12,000 Mann im Februar 1626 aus seinem Winterlager bei Lübeck auf, drang in die Mark Brandenburg ein, vertrieb die Kaiserlichen aus allen festen Plätzen an der Elbe und brach in das Anhaltische ein, erlitt aber durch den Herzog von Friedland am 25. April hier eine vollständige Niederlage. Schnell warb er in der Mark Brandenburg wieder ein Heer von 12,000 Mann, das durch französische Subsidien unterhalten wurde, zog 5000 Dänen unter Johann Ernst dem Jüngeren von Weimar an sich und brach nun mit diesem am 30. Juni 1626 aus seinem Hauptquartier zu Havelberg auf, um in die Erbländer des Kaisers einzufallen und Wallenstein vom dänischen Hauptheer in Niedersachsen abzuziehen. Vor Breslau trennte er sich mit 14,000 Mann vom Herzog und setzte unter steten Verfolgungen des Feindes seinen Marsch nach der mährischen Grenze fort, wo er in den prerauer u. hradischer Kreis einbrach. Im August vereinten sich beide Feldherren bei Leipnik wieder, trennten sich jedoch abermals, worauf M. nach Kremsier ging, hier aber durch den Friedländer einen namhaften Verlust erlitt und sich kaum in die ungarischen Bergstädte Baymoz und Nemet-Prona, wohin der Herzog bereits vorangegangen war, retten konnte. Am 8. Oktober erreichten sie das Lager des Fürsten von Siebenbürgen, Bethlen Gabor, und drängten nun mit vereinter Macht den Friedländer zurück. Nach einem glücklichen Streifzug in die Nähe von Preßburg nahm der Graf M. sein Winterlager zu Tekow, von wo er sich durch das türkische Gebiet zunächst nach Venedig und von dort aus vielleicht nach Frankreich begeben wollte.

Doch ereilte ihn der Tod am 30. Nov. 1626 in dem bosnischen Dorfe Wrakowicz. Er erwartete denselben in vollem Waffenschmuck und stehend, auf zwei Offiziere gestützt. Sein Leichnam wurde zu Spalatro begraben.

Mansfield, Stadt in der englischen Grafschaft Nottingham, mit Baumwollenspinnerei, Strumpfwaarenfabrik, Eisengießerei, Korn- und Malzhandel und 10,627 Einwohnern. M. ist eine Baronie des Hauses Murray.

Mansio (lat.), zunächst jedes Verweilen an einem Ort, jeder Aufenthaltsort, dann Nachtquartier, Tagereise, Station, Stationshaus.

Manso, Johann Kaspar Friedrich, namhafter Historiker u. Humanist, geboren am 26. Mai 1759 zu St. Blasienzella im Gothaischen, widmete sich zu Jena theologischen, philologischen u. philosophischen Studien, ward 1785 Kollaborator und bald darauf Professor am Gymnasium zu Gotha, 1790 Prorektor und 1793 Rektor des Magdalenums zu Breslau, wo er den 9. Juni 1826 †. Von seinen historischen Arbeiten sind hervorzuheben: „Sparta, ein Versuch zur Aufklärung der Geschichte u. Verfassung dieses Staates" (Leipz. 1800—5, 3 Bde.); „Leben Konstantins des Großen" (Breslau 1817); „Geschichte des preußischen Staates seit dem hubertusburger Frieden" (Frankfurt 1819—20, 3 Bde., 2. Aufl. 1835); „Geschichte des ostgothischen Reichs in Italien" (Breslau 1824); von seinen humanistischen: die Bearbeitung des Meleager (Gotha 1789), des Bion und Moschus nebst deutscher Uebersetzung (das. 1784; 2. Aufl., Leipzig 1807); „Versuche über einige Gegenstände aus der Mythologie der Griechen und Römer" (Leipz. 1794); „Vermischte Schriften" (das. 1801, 2 Bde.); „Vermischte Abhandlungen u. Aufsätze" (Breslau 1821), endlich einige freie Uebersetzungen. Vergl. Klug, M. als Schulmann und Gelehrter, Breslau 1826; Passow, Narratio de Mansone, das. 1826.

Mansura (El Mansureh), Stadt in Unterägypten, am östlichen Hauptarm des Nil, mit 6 Moscheen, einer christlichen Kirche, etwas Handel u. 10—11,000 Einw. Die Stadt wurde während des 4. Kreuzzugs 1221 gegründet u. M. die Siegreiche benannt, zum Andenken an einen Sieg über die Franken.

Mantegna, Andrea, berühmter italienischer Maler und Kupferstecher, 1431 zu Padua geboren, Sohn des gleichfalls als Maler bekannten Carlo M., ward ein Schüler des Malers Francesco Squarcione u. malte bereits in seinem 17. Jahr ein großes Altarblatt für die Sophienkirche seiner Vaterstadt. Da dieses die Eifersucht seines Lehrers rege machte, folgte M. einem Ruf an den Hof des Lodovico Gonzaga nach Mantua und gründete hier eine besondere Schule. Erhalten ist von seinen Gemälden in Padua nur noch Einiges von seinen Malereien im Castello di Corte. Bedeutender sind seine 9 Kartons in Wasserfarben für den Saal eines beim Kloster San Sebastiano in Mantua gelegenen Palastes, jetzt im Schlosse Hamptoncourt bei London befindlich, aber mehrfach beschädigt. Ihr Inhalt ist der Triumphzug Cäsars, eine großartige, ungemein geistreiche Komposition. M. selbst hat mehre Stücke dieses großen Werkes eigenhändig gestochen. Für Papst Innocenz VIII. führte M. einige Gemälde im Belvedere in Rom aus. Er † 1506 zu Mantua. Zu seinen bedeutendsten Bildern gehören noch eine Madonna, von mehren Heiligen umgeben, Francesco Gonzaga u. seine Gemahlin knieend zu ihren Füßen, gegenwärtig im pariser Museum; ferner in der Kirche des heiligen Zeno zu Verona: eine Madonna, auf dem Throne von Engeln und Heiligen umgeben u. auf dem Schooße das Kind haltend, u. eine Grablegung Christi im Vatikan zu Rom, in der pariser Gallerie Apollo auf dem Parnaß ruhend. Uebrigens haben fast alle bedeutenden Gallerien Werke von M.'s Hand. Auch als Kupferstecher war er ausgezeichnet und hat eine Reihe der geistreichsten Erfindungen durch den Kupferstich verbreitet. Sie sind in zwei Ausgaben vorhanden, die eine mit der Walze und schwacher Dinte, die andere mit der Presse und guter Schwärze abgedruckt. M. ist der Hauptvertreter der paduanischen Schule, deren Eigenthümlichkeit in der Hinneigung zur Antike und also in einer mehr plastischen als malerischen Auffassungsweise besteht; daher sind seine Formen oft hart und die Gewandung eng anliegend. Zu seinen Schülern gehören außer Correggio auch seine Söhne Bernardino (geboren 1490, † den 9. April 1538), Francesco, Giovanni A. und Lodovico M. († 1509), die im alten Palaste zu Mantua des Vaters Malereien fortführten.

Mantel, weites u. langes Ueberkleid für Manns- und Frauenspersonen, von verschiedenem Stoffe; in der Erzgießerei der Ueberzug von Thon oder Gyps, durch welchen die Form gegen die Gewalt des einströmenden Erzes zusammengehalten wird, s. v. a. Gußform; im Bergbau das glatte Salband eines vom Gestein abgelösten Ganges; bei Rollen, mittelst deren man Lasten in die Höhe zieht, die obere Umschlingung des Taues, z. B. Besahn-, Marsmantel.

Mantelet (franz.), kurzer Mantel, s. v. a. Blendung.

Mantelkinder, Kinder, welche von Brautleuten vor erfolgter kirchlicher Trauung erzeugt sind, so genannt, weil früher die Mutter während der Trauung ihren Mantel über das Kind breiten mußte, durch welchen Akt (Bemäntelung) das Kind Legitimation erhielt. Jetzt werden solche durch Anticipation erzeugten Kinder durch die Trauung der Aeltern legitim.

Mantelsack, ledernes oder tuchenes Behältniß von cylindrischer oder viereckiger Form, welches an der langen Seite mit einer Klappe zum Oeffnen versehen ist. Man schnallt dasselbe dem Reitpferd hinter dem Sattel auf den Rücken, um bei Reisen zu Pferd die nöthigen Reiseutensilien darin aufzubewahren. Bei der Kavallerie gehört der M. zu den Montirungsstücken.

Mantes, Stadt im französischen Departement Seine-Oise, an beiden Ufern der Seine (daher M. sur Seine), hat eine große Brücke, Kollegiatkirche, Gerbereien, viele Mehl- und Lohmühlen, Seilerei, Weinbau, Handel und 5370 Einw.

Manteuffel, altadeliges Geschlecht, das schon frühzeitig im alten Kassubenlande zu den burggesessenen Herren zählte, in Pommern die höchsten geistlichen und weltlichen Aemter bekleidete und sich von hier aus nach der Mark, nach Mecklenburg, Preußen, Sachsen, Schweden und den Ostseeprovinzen verzweigte. Ahnherr der Freiherren von M. (seit 1609), aus dem Majorat Katzbangen in Kurland, war der Ritter Georg von M. aus dem Hause Poltzin und Arenhausen in Pommern. Die namhaftesten Sprößlinge der freiherrlichen Linie sind:

1) Eberhard von M., focht als kaiserlicher Oberst unter Tilly vor Magdeburg.

2) Heinrich von M., 1696 in Pommern geboren, nahm 1714 preußische Kriegsdienste, wohnte 1715 der Landung auf Rügen u. der Belagerung von Stralsund, dann 1740—45 den beiden ersten schlesischen Kriegen bei. Bei Prag kommandirte er am 6. Mai 1757 unter Schwerin, wurde im September d. J. kommandirender General sämmtlicher in Pommern stehenden Truppen und zwang hier die Schweden, das Land bis Anklam und Demmin zu räumen. Im Jahre 1760 stellte er sich ihnen von Neuem entgegen, wurde aber am 29. Januar 1760 gefangen, erhielt 1763 seine Freiheit und lebte dann auf seinem Gute Kolletz in Pommern, wo er am 10. Juli 1778 †.

Einem anderen Zweige gehören an:

3) Georg August Ernst von M., den 26. Okt. 1765 zu Altbörnitz in der Oberlausitz geboren, ward 1791 Supernumerarappellationsrath, 1793 Landsyndikus des Markgrafenthums Niederlausitz und Mitglied des Konsistoriums in Dresden. Im Jahre 1797 trat er als wirklicher Rath ins Appellationsgericht zurück, wurde 1799 geheimer Finanzrath, 1812 Direktor des 1. Departements im geheimen Finanzkollegium u. 1813 Mitglied der Immediatkommission, welcher der König, als er Sachsen verlassen mußte, die Verwaltungsgeschäfte anvertraute. Nach der Uebergabe Dresdens an die Verbündeten ward er als angeblicher Anhänger der Franzosen nach der Veste Sonnenstein, dann nach Kosel gebracht und kehrte erst, nachdem das Schicksal Sachsens entschieden war, nach Dresden zurück. Er ward nun Direktor des 2. Departements im geheimen Finanzkollegium, 1817 Mitglied des geheimen Raths, 1820 wirklicher Geheimerath, später Präsident des geheimen Finanzkollegiums, 1828 Konferenzminister und 1830 nach dem Rücktritt des Ministeriums Einsiedel Gesandter am deutschen Bundestage. Im Jahre 1840 nach Dresden zurückgekehrt, † er daselbst am 8. Januar 1842.

4) Friedrich Otto Gottlob von M., geboren den 6. April 1777, Bruder des Vorigen, war Rath bei der Oberamtsregierung in Lübben, wo er als Regierungs- und Konsistorialrath 1812 †.

5) Otto Theodor, Freiherr von M., preußischer Staatsmann, den 3. Februar 1805 zu Lübben in der Niederlausitz geboren, Sohn des Vorigen, kam nach dem Tode desselben mit seinem zweiten Bruder in das Haus seines Oheims, M. 3), besuchte seit 1819 Schulpforta u. widmete sich 1824—27 zu Halle dem Studium der Rechts- u. Kameralwissenschaften, worauf er beim königlichen Kammergericht beschäftigt wurde. Im Jahre 1830 zur Regierung nach Frankfurt versetzt, erhielt er noch in demselben Jahre die Verwaltung des Landrathsamts zu Zielenzig im sternberger Kreise und wurde 1833 zum Landrath des lübbener Kreises befördert. Als solcher ward er zum ritterschaftlichen Abgeordneten für den Provinziallandtag der Mark Brandenburg und des Markgrafenthums Niederlausitz gewählt und betheiligte sich seit 1833 an allen Landtagen, deren Arbeiten er neben seinen Berufsgeschäften stets mit Vorliebe oblag. Die Gabe der fließenden und schwungvollen Rede ging ihm zwar ab, dagegen liebte er es, mit Kraftwörtern um sich zu werfen. Im Jahre 1841 ward er zum Oberregierungsrath ernannt und in die Regierung zu Königsberg als Dirigent der Abtheilung des Innern versetzt; 1843 erfolgte seine Ernennung zum Vicepräsidenten der königlichen Regierung zu Stettin. Im folgenden Jahre berief ihn der Prinz von Preußen, der damals Vorsitzender des Staatsministeriums war, als vortragenden Rath zu sich; bald darauf wurde M. auch zum Mitglied des königlichen Staatsraths ernannt und vorzüglich in den Abtheilungen der Finanzen verwandt, bis er 1845 unter Beibehaltung seiner bisherigen Stellung Direktor der zweiten und 1846 der vereinigten ersten und zweiten Abtheilung im Ministerium des Innern wurde. Der Vereinigte Landtag 1847 gab ihm Gelegenheit, sein parlamentarisches Geschick zu bekunden, und er zeigte sich hier als einen energischen Vorkämpfer des büreaukratischen Staatswesens gegen die Ansprüche des konstitutionellen Liberalismus. Die Märzrevolution ließ ihn in dieser Stellung, so oft auch das Portefeuille des Innern in andere Hände überging, und er benutzte sie, die untergeordneten Triebräder der Staatsmaschine in der vormärzlichen Ordnung zu erhalten. Am 8. November 1848 trat er als Minister des Innern in das Kabinet Brandenburg, und von da an beginnt seine tief in die politischen Geschicke Preußens (s. d., Geschichte) eingreifende Wirksamkeit. An der preußischen Verfassung vom 5. December 1848 hatte M. wesentlichen Antheil; er war es aber auch, der die Botschaft vom 7. Januar 1850, welche wesentliche Bestimmungen jener Verfassung wieder aufhebt, mit einbrachte und vor den Kammern vertheidigte. Nach dem Tode des Grafen Brandenburg mit der interimistischen Leitung der auswärtigen Angelegenheiten betraut, nahm er im November 1850 an der Konferenz zu Olmütz Theil, beschickte von Neuem den Bundestag und gab die verfassungsmäßigen Rechte Kurhessens und Holsteins dem österreichischen Restaurationseifer preis. „Der Starke tritt einen Schritt zurück“, mit diesen Worten suchte er die mit diesen Maßregeln unzufriedenen Kammern zu beruhigen. Als der König am 19. December 1850 das Entlassungsgesuch Ladenbergs angenommen, erfolgte M.s definitive Ernennung zum Präsidenten des Staatsministeriums. Er hielt sich in dieser Stellung, freilich mehr und mehr auf die reaktionäre Partei sich stützend, bis zur Einsetzung der Regentschaft (Oktober 1858), worauf er am 6. November mit dem ganzen Ministerium seine Entlassung erhielt. Er zog sich hierauf auf seine Güter in der Lausitz zurück, ward für Görlitz in das Haus der Abgeordneten gewählt und trat in dasselbe ein, ohne sich jedoch bei den Verhandlungen in hervortretender Weise zu betheiligen. Vorliebe für büreaukratische Ordnung, unterstützt von polizeilicher Gewalt, und eine entschiedene Abneigung gegen alles mit der vormärzlichen Staatsordnung Preußens im Widerspruch Stehende waren zwei Hauptcharakterzüge der Politik M.s. Dazu gesellte sich die Neigung, angegriffene Positionen zu räumen, wenn der Angriff nur nicht von liberaler Seite ausging, dagegen in solchen passiv zu verharren, aus denen man, selbst ohne Widerstand zu finden, mit Gewinn vorwärts gehen konnte. „Ein treuer Diener des Königs muß in seinem Amte verharren, was ihm auch zugemuthet wird, darin durch-

"zuführen", das war nach eigenem Geständniß M.'s Wahlspruch.

6) **Karl Otto, Freiherr von M.**, Bruder des Vorigen, am 9. Juli 1806 zu Lübben geboren, wurde mit seinem Bruder erzogen und seit 1819 auf Schulpforta vorgebildet. Seit 1825 widmete er sich zu Halle dem Studium der Rechte und Staatswissenschaften, erhielt hierauf eine Stellung als Oberlandesgerichtsassessor zu Frankfurt a. d. O., trat aber ebenfalls zur Verwaltung über und wurde, nachdem er längere Zeit bei der Regierung in Frankfurt fungirt, von den Ständen des Kreises Luckau 1841 zum Landrath erwählt. Im Jahre 1850 ward er zum Vicepräsidenten der Regierung zu Königsberg befördert und von hier Anfang 1851 als Regierungspräsident nach Frankfurt versetzt. Schon im August d. J. erfolgte seine Berufung als Unterstaatssekretär im Ministerium des Innern und in dem für landwirthschaftliche Angelegenheiten; später rückte er mit dem Titel eines wirklichen geheimen Raths zum Chef des landwirthschaftlichen Ministeriums auf, welchen Posten er bis zum 6. Nov. 1858 bekleidete.

Mantica (lat.), bei den Römern ein Sack mit dem nöthigsten Mundvorrath, welchen man bei Fußreisen um den Hals gebunden auf dem Rücken mit sich trug.

Mantik (lat. divinatio), Wahrsagekunst, die Kunst, eine Offenbarung des göttlichen Willens zu erlangen, nach welcher eine menschliche Handlung unternommen od. unterlassen werden soll, s. Wahrsagung und Weissagung.

Mantinea, eine der bedeutendsten Städte des alten Arkadiens, am Flüßchen Ophis, an der Grenze von Argolis, zeichnete sich schon früh durch Volksmenge, Reichthum, Kunstwerke rc. aus, ward aber am berühmtesten durch die 362 v. Chr. vor seinen Mauern gelieferte Schlacht, in welcher der siegreiche Epaminondas im Kampfe gegen die Spartaner fiel. Nachdem M. eine Zeitlang die Hegemonie über alle Städte Arkadiens gehabt, mußte es sich der Macht Sparta's unterwerfen, als die Spartaner das Wasser des Ophis gegen die aus getrockneten Lehmziegeln bestehenden Mauern leiteten. Später ließ sich die Stadt in den achäischen Bund aufnehmen, schloß sich aber trotzdem an das früher gehaßte Sparta an und wurde deswegen von Aratus gezüchtigt, was den Wohlstand M.'s für immer vernichtete. Von da an führte es eine Zeitlang den Namen Antigonia; erst Kaiser Hadrian gab der schon halb verfallenen Stadt ihren alten Namen wieder. Jetzt sind nur noch wenige Spuren der Mauern und des Theaters unter dem Namen Paleopoli übrig. Aus den Trümmern entstand zum Theil Tripolizza. Vergl. Leake, Travels in the Morea (Bd. 3, London 1830).

Mantis (griech.), Wahrsager, Weissager.

Mantisse (v. Lat., d. i. Zugabe), in der Mathematik der gebrochene, in der Regel als Decimalbruch dargestellte Theil eines Logarithmus (s. d.), welcher stets aus einer Tafel entnommen werden muß, während die Charakteristik oder Kennziffer, d. i. der ganze Theil eines Logarithmus, sich bei den gewöhnlichen Logarithmen sofort aus der Anzahl der Ziffern ergibt. M. nennt man auch den Anhang einer Schrift.

Manto, Tochter des thebanischen Sehers Tiresias und selbst Seherin, wurde nach der Einnahme von Theben durch die Epigonen dem delphischen Apollo als Theil der Beute geweiht, aber von diesem mit andern Gefangenen nach Kleinasien gesandt, um das Heiligthum des klarischen Apollo in der Nähe der nachmaligen Stadt Colophon zu gründen. Hier vermählte sie sich mit dem Kreter Rhacius, dem sie den (später als Seher bekannten) Mopsus gebar.

Mantua (ital. Mantova), Hauptstadt eines ehemaligen gleichnamigen Herzogthums in der Lombardei, welches als Lehn zum deutschen Reiche gehörte und bis 1859 eine Provinz des österreichisch-lombardischen Gebiets bildete, die auf 42,68 □Meilen 270,400 Einwohner zählte, aber durch den Frieden von Villafranca auf 22,76 □Meilen mit 151,222 Einwohnern beschränkt wurde. Die Stadt liegt an der nach Verona führenden Zweigbahn der lombardisch-venetianischen Ferdinandsbahn und auf einer Insel im Mincio, welcher hier mehre Arme und sehr morastige Ufer hat und zugleich einen Landsee bildet, der sich auf der Nord- und Ostseite um die Stadt zieht, während dieselbe im Westen und Süden vom Mincio und einer breiten Sumpfstrecke umgeben ist. M. ist Sitz eines Bischofs, eines Festungskommando's und durch Natur und Kunst eine der stärksten Festungen Europa's. Die Werke der eigentlichen Stadt sind von keiner großen Bedeutung, weil sie schon von Natur durch das Wasser gesichert ist, und bestehen bloß in einer alten bastionirten Umfassungsmauer. In den westlichen Sümpfen liegt das vorgeschobene Hornwerk Pradella, an der Südseite die stark befestigte Insel Cerese oder il Te und das Außenwerk Miglioretto, welches ein verschanztes Lager deckt, und ein gewaltiges Schleußenwerk zu Ueberschwemmungen des Terrains, dessen Rayon durch das starke Fort Pietole als Außenwerk geschützt wird. Die Nordseite gegen Verona zu oder die Vorstadt Borgo di Fortezza, zu welcher über den See ein 1380 Fuß langer starker Damm (Ponte de' Molini) führt, wird durch die große Citadelle di Porto, die Ostseite oder die Vorstadt Borgo di San Giorgio aber, wohin eine 2700 Fuß lange, durch 6 Bastionen und 2 Strandbatterien vertheidigte Steinbrücke führt, durch das Fort San Giorgio gedeckt. Im Innern ist die Stadt geräumig, aber wegen ihrer tiefen, sumpfigen Lage und ihres schlechten Wassers kein angenehmer Aufenthalt. Unter den öffentlichen Plätzen zeichnen sich aus die Piazza di Virgilio mit einer ehernen Bildsäule Virgils, welcher in der Vorstadt Pietole (früher Andes) geboren sein soll, die Piazza S. Pietro, von dem Dom u. von mittelalterlichen Palästen eingeschlossen, die Piazza delle Erbe mit schönen Bogengängen. Außerhalb der Stadt liegt der berühmte Palast del Te auf der gleichnamigen Insel, nach dem Plane Giulio Romano's erbaut, mit berühmten Fresken dieses Meisters. Bemerkenswerthe Gebäude sind noch: der kaiserliche Palast (corte imperiale), sonst Palast der Herzöge, einer der größten Paläste Europa's, mit dem sogenannten Appartamento di Troja, welches Gemälde von Mantegna und Giulio Romano enthält; die Kathedrale S. Pietro, nach der Zeichnung Giulio Romano's erbaut, mit einem Altarbild von Mantegna, und 18 Pfarrkirchen, darunter die Kirche San Barnaba (mit dem Grabe G. Romano's) und die großartige Kirche San Andrea mit einer prachtvollen Souterrainkirche, Statuen von Canova, einer 246 Fuß hohen Kuppel und einem freistehenden gothischen Glockenthurm. Vergl. Nuovo prospetto delle pitture, sculpture, architetture etc. di Mantova, Mantua 1830. Ferner sind zu nennen der Justizpalast, die Gebäude der 1625 gestifteten, aber längst eingegangenen Universität, das Zeughaus, 4 Theater, das Castello di Corte, der Palazzo del Diavolo, die Casa di Giulio Romano u. Casa di Mantegna rc. Von Kunst- und wissenschaftlichen Anstalten sind zu bemerken eine Akademie der Künste und Wissenschaften (Virgiliana), womit eine Maler- und Bauakademie verbunden ist, ein Staats- und bischöfliches Gymnasium, ein bischöfliches Seminar, Klöster der Kapuziner und der barmherzigen Brüder, eine Taubstummenschule, eine Bibliothek von 80,000 Bänden und 1000 Manuskripten, ein an antiken Bildsäulen sehr reiches Museum, eine Sternwarte, ein chemisches Laboratorium, ein physikalisches Kabinet, ein botanischer Garten, ein mineralogisches Museum. Ferner befinden sich hier ein großes Militärhospital, ein Stadtkrankenhaus mit Irrenanstalt und Findelhaus, mehre Waisenhäuser, eine Arbeits- und Versorgungsanstalt, ein allgemeines Strafhaus (l'Ergastolo) rc. M. zählt 29,900 Einwohner, worunter 6500 Juden. Die industrielle Thätigkeit beschränkt sich auf Fabrikation von Kerzen und Seife, Spielkarten, Leder rc. Auch der Handel ist nicht sehr blühend und größtentheils in den Händen der Juden.

M. soll 600 v. Chr. von Tuskern erbaut und nach der Seherin Manto genannt worden sein. Später zählte es zu den 12 etruskischen Städten. Unter der römischen Herrschaft blühten hier namentlich die schönen Künste, doch litt es in den Bürgerkriegen sehr. Nach der Auflösung des weströmischen Reichs kam M. ans Exarchat, dann an die Ostgothen, darauf an die Longobarden, von diesen an Karl den Großen, der die Stadt befestigt haben soll, und durch Otto I. an das deutsche Reich. Otto II. belehnte Theobald von Este und später dessen Sohn Bonifacius damit, worauf 1052 die Stadt u. ihr Gebiet an dessen Tochter Mathilde, Markgräfin von Toskana, fielen. Im Jahre 1220 gerieth M. in die Gewalt des Sardello Visconti, und hier wurde 1234 der lombardische Städtebund erneuert. Nach Sardello's Tode (1274) wurde die Stadt durch zwei gewählte Konsuln regiert. Einer derselben, Pinamonte Bonacorsi, warf sich zum unumschränkten Herrn auf und behauptete diese Gewalt bis 1293, wo er von seinem eigenen Sohn Bardillone Bonacorsi, dem Haupt der Guelfen, abgesetzt und gefangen genommen wurde. Dieser mußte aber selbst wieder dem Bottasella Bonacorsi, einem Parteigänger der Ghibellinen, 1299 den Platz räumen. Dessen Bruder Passerino Bonacorsi ward zwar vom Kaiser Heinrich VII. vertrieben, kehrte aber wieder zurück, erhielt des Kaisers Bestätigung und eroberte 1213 auch Modena. Nachdem er bei einem Aufstand gefallen und seine Söhne gefangen genommen waren, übernahm Ludwig I. Gonzaga mit dem Titel eines Capitano die Regierung der Stadt. Im Jahre 1357 belagerten die Mailänder M. vergeblich. Johann Franz Gonzaga nahm 1425 an dem Bündniß gegen Mailand Theil u. ward vom Kaiser Sigmund 1433 zum Markgrafen u. zum souveränen Herrn von M. unter kaiserlicher Oberhoheit ernannt. Markgraf Friedrich II. wurde von Karl V. 1530 mit der Herzogswürde belehnt und erhielt 1536 auch das Marquisat Montferrat, welches 1574 gleichfalls zum Herzogthum erhoben wurde. Als mit Vincenz II. am 26. December 1627 die italienische Hauptlinie der Gonzaga's ausstarb, besaßen die nächste Anwartschaft Ferdinand, Fürst von Guastalla, und Karl Gonzaga, Herzog von Nevers, der Gemahl von der Tochter des Herzogs Franz II. Aus Furcht, vom deutschen Kaiser und von Spanien nicht anerkannt zu werden, schickte Karl auf Richelieu's Betrieb unmittelbar vor Vincenz' II. Tode seinen gleichnamigen Sohn nach M. und ließ ihn sogleich nach dem Ableben Vincenz heimlich Besitz von dem Herzogthum nehmen. Kaiser Ferdinand sprach hierauf als Lehnsherr das Sequester über M., bis er über die Ansprüche der Prätendenten werde entschieden haben. Der junge Herzog fand jedoch Hülfe in Frankreich und bei Venedig, und so entstand der mantuanische Erbfolgekrieg. Spanien und Savoyen besetzten Montferrat. Da Karl dieses jedoch den Franzosen nicht als Lehn für ihre Hülfe abtreten wollte, zogen sich dieselben wieder zurück, und M. ward hierauf am 18. Juli 1630 von den Deutschen erstürmt und 3 Tage lang furchtbar verwüstet. Wegen der Fortschritte der Schweden in Deutschland brauchte der Kaiser seine Truppen in Deutschland, und es ward daher der mantuanische Krieg durch den Frieden von Chierasco 1631 in der Art beendet, daß der Kaiser und der König von Spanien Karl von Nevers als Herzog von M. anerkannten, wogegen dieser einen Theil von Montferrat an Savoyen abtreten mußte. Im Jahre 1635 erwarb er von den Herren von Siro noch das Fürstenthum Correggio. Ihm folgte 1637 sein Enkel Karl III. Dieser nahm Partei für Spanien, doch nöthigten ihn die Franzosen durch Besetzung M.'s, dieser Alliance zu entsagen. Sein Nachfolger, Ferdinand Karl (IV.), wurde, weil er gegen eine Summe von 500,000 Livres den Franzosen die Festung Casale in Montferrat geöffnet und sich durch weitere Geldzahlungen und Versprechungen gewinnen ließ, ihnen sogar M. selbst einzuräumen, von Kaiser Leopold seines Antheils an Montferrat für verlustig u. 1708 von Joseph I. in die Acht erklärt. Da er bald darauf (am 5. Juli) kinderlos starb, wurde das Herzogthum M. vom Kaiser eingezogen und 1785 mit den Landschaften vereinigt, aus denen Oesterreich die Lombardei bildete. Im französischen Revolutionskrieg ergab sich M. nach achtmonatlicher Belagerung und viermaligem vergeblichen Entsetzungsversuch den 2. Febr. 1797 den Franzosen. Es wurde nun erst zur cisalpinischen und dann zur italienischen Republik geschlagen, bis es am 28. Juli 1799, nachdem es vom Mai bis Juli von dem österreichischen General Kray eingeschlossen und zuletzt 4 Tage lang bombardirt worden war, der französische General Foissac-Latour an die Oesterreicher übergab. Im Frieden zu Luneville wurde M. wieder zur cisalpinischen Republik und dann zum Königreich Italien geschlagen; 1814 fiel es an Oesterreich zurück und wurde mit in das lombardisch-venetianische Königreich gezogen. Vom März bis Juli 1848 ward es durch die Piemontesen blokirt, und am 18. Juli fand hier eine Schlacht zwischen Oesterreichern u. jenen Statt. In Folge des Friedens von Villafranca (12. Juli 1859) ward es von der Lombardei getrennt u. kam zu Venetien.

Mantuanisches Gefäß, ein großer, zu einer Kamee mit 12 Figuren geschnittener Onyx von 6 Zoll Breite und $2\frac{1}{2}$ Zoll Stärke im Durchmesser, der ein Gefäß von sehr gefälliger Form bildete. Die vollendete Arbeit stellte die Thesmophorien dar. Das Kleinod wurde 1630 bei der Plünderung Mantua's von einem deutschen Soldaten erbeutet und an den Herzog von Sachsen-Lauenburg, einen Befehlshaber des Heeres, für 100 Dukaten verkauft, von dem es durch Vermächtniß endlich an Braunschweig kam. Seit der braunschweigischen Revolution von 1830 ist es abhanden gekommen.

Manu, s. v. a. Menu.

Manual (v. Lat.), im Allgemeinen s. v. a. Handbuch oder Memorial, im Rechnungswesen dasjenige Buch, worin die Ausgaben und Einnahmen nicht nach chronologischer Ordnung, wie im Kassenbuche oder Journal, sondern nach den Quellen und verschiedenen Zwecken (nach Titeln und Kapiteln) eingetragen sind. Vgl. Buchhaltung.

Manualakten (Privatakten), diejenigen Prozeßschriften, sowohl eigene als gegenseitige, welche der Anwalt bei einem Prozesse aufbewahren muß. Aus ihnen werden, wenn die gerichtlichen Akten verloren gegangen sein sollten, diese unter Zuziehung der Parteien ergänzt.

Manuarium jus (lat.), s. v. a. Faustrecht.

Manubiae (lat.), Beute; Beuteantheil, besonders des Feldherrn; dann die drei gekreuzten Blitze, mit denen Jupiter abgebildet wird; auch s. v. a. Wuchergewinn.

Manubrium (lat.), Handhabe; der an einer Orgelregisterstange befestigte Griff, an welchem die Orgelregister angezogen werden.

Manuel, Fort, s. Malta.

Manuel, 1) Nikolaus, genannt Deutsch, Maler und schweizerischer Reformator, um 1484 in der Schweiz geboren, erhielt seine künstlerische Ausbildung in der Schule Martin Schöns von Colmar u. dann in der Tizians zu Venedig, ließ sich später in Bern nieder, wurde Mitglied des Raths u. war als solches für die Einführung der Reformation sehr thätig. Auch machte er einige Feldzüge in Italien mit. Er † 1530. Sein bedeutendstes Werk ist eine Darstellung des Todtentanzes, auf der Umfangsmauer eines Dominikanerklosters in Bern ausgeführt, die nachmals abgebrochen wurde, in genauen Nachbildungen (Nikolaus M.s Todtentanz, lith. nach Stettlers Kopien, Bern 1823) bekannt. Es umfaßt 46 Darstellungen. Auch suchte M. in andern Zeichnungen u. in einer Anzahl witziger Fastnachtsspiele die Mißbräuche der katholischen Kirche zu verspotten. Von seinen Oelgemälden u. Zeichnungen finden sich die meisten in Bern u. Basel. Vgl. Grüneisen, Nikolaus M., Stuttgart u. Tübingen 1837. Sein Sohn, Hans Rudolf, geboren 1525 zu Erlach, † 1571, war ebenfalls Maler und Holzschneider. Seine Gemälde zeichnen sich durch freie Zeichnung u. kräftigen Farbenton aus; seine Zeichnungen und Holzschnitte durch Kraft u. Sorgfalt in der Ausführung.

2) Pierre Louis, französischer Konventsdeputirter, geboren 1751 zu Montargis, übernahm nach vollendeten akademischen Studien in Paris eine Hauslehrerstelle, wurde aber wegen eines Pamphlets gegen die höhere Geistlichkeit und die Regierung in die Bastille gesetzt. Nach den Julitagen von 1789 zum Mitglied des provisorischen Gemeinderaths von Paris erwählt, sammelte er in dieser Stellung aus den Akten der Polizei das Material zu seiner Schrift „La police dévoilée" (Paris 1791, 2 Bde.). Seit Ende 1792 Gemeindeprokurator, war er bei den Aufständen vom 20. Juni und 10. August 1792 sehr thätig. Sogleich nach Bestellung des Blutgerichtes ließ er auf dem Karroselplatz die erste Guillotine aufstellen. Den am 7. Oktober 1792 erhaltenen Auftrag, den König von der Errichtung der französischen Republik in Kenntniß zu setzen und ihn der äußern Zeichen der königlichen Würde zu entkleiden, vollzog er mit Schonung, wie er sich schon vorher mit den Girondisten gegen die Jakobiner verbunden hatte. Er stimmte gegen die Verurtheilung des Königs zum Tode, schied, als diese dennoch erfolgte, aus dem Konvent u. begab sich nach Montargis, wurde aber bald darauf auf Befehl des Konvents verhaftet u. als heimlicher Royalist am 14. November 1793 zu Paris guillotinirt. Noch hat M. die Ausgabe der „Lettres de Mirabeau à Sophie" (Paris 1792, 4 Bde.) besorgt.

3) Jacques Antoine, berühmtes Mitglied der französischen Deputirtenkammer, geboren zu Barcelonette am 10. December 1775, widmete sich zuerst dem Kaufmannsstand, trat dann in die Armee, nahm aber 1801 als Kapitän seine Entlassung und wurde Advokat, anfangs zu Digne, dann zu Aix. Während der hundert Tage von dem Departement der Niederalpen in die Kammer gewählt, that er sich durch freimüthige und feurige Reden hervor. Nach Auflösung der Kammer ließ er sich als Rechtsanwalt in Paris nieder, ward aber wegen seiner zu liberalen Gesinnung durch die Advokatenkorporation von den Gerichtsverhandlungen ausgeschlossen. Im Jahre 1818 von 2 Departements in die Kammer gewählt, stand er hier auf der äußersten Linken u. bekundete eine ebenso große Sachkenntniß als Schlagfertigkeit. Eine Aeußerung von ihm in den Debatten über den spanischen Invasionskrieg zur Herstellung Ferdinands VII., aus der eine Billigung der Hinrichtung Ludwigs XVI. herausinterpretirt werden konnte, gab dem Präsidenten Labourdonnaye erwünschten Anlaß, ihn am 3. März 1823 aus der Kammer auszuschließen, und da er am folgenden Tag seinen Sitz gleichwohl wieder einnahm, ward er durch einen Gensdarmen aus dem Sitzungslokal gebracht. Die ganze Linke folgte ihm nach. M. zog sich hierauf nach Maisons zurück, wo er am 20. August 1827 †.

Manufaktur- und Industriewesen, s. Fabriken und Manufakturen.

Manulea *L.* (Handblume), Pflanzengattung aus der Familie der Rhinanthaceen, charakterisirt durch den 5theiligen Kelch, die röhrige Korolle mit 5 pfriemenförmigen Randlappen, wovon die obern größer u. mehr unter sich verbunden sind, u. die 2fächerige, vielsamige Kapsel, einjährige und ausdauernde Kräuter und Halbsträucher auf dem Kap, von denen als Zierpflanzen vorkommen: **M. angustifolia** *Link* et *Otto*, 2—3 Fuß hoch, mit aufrechtem, aufsteigendem, gleich den Aesten und Blättern graulich behaartem Stengel, lanzettförmigen, stumpflichen, gesägten, entgegengesetzten Blättern und kleinen, zierlichen, dunkelsafranfarbigen, längliche Endsträußer bildenden, nach Honig riechenden Blüthen; **M. tomentosa** *L.*, 1—3 Fuß hoch, mit verkehrt-eirunden, stumpfen, gekerbten, wellenförmigen Blättern und kleinen Aehren niedlicher, dunkelsafranfarbiger Blüthen in dichtem Endstrauß. Man durchwintert sie bei 5—8° Wärme nahe am Fenster. Die Fortpflanzung geschieht durch Stecklinge und Samen im warmen Mistbeete. Im freien Lande, wohin man die jungen Pflanzen im Mai oder Juni versetzt, werden sie zu kleinen Sträuchern von 3 Fuß und darüber hoch. Sie verlangen Mistbeeterde mit ⅙ Flußsand und im Winter wenig Feuchtigkeit.

Manumissio (lat.), bei den Römern die Freilassung eines Sklaven, s. Sklaverei.

Manu propria (lat.), mit eigner Hand (geschrieben).

Manus (lat.), im weitern Sinne die Bezeichnung der Gewalt, welche der Hausvater über seine Familienglieder ausübte, im engern Sinne die Gewalt des Mannes über seine Frau in der streng römischen Ehe.

Manus injectio (lat.), das älteste römische Exekutionsmittel gegen säumige Schuldner, welches darin bestand, daß 30 Tage nach erfolgter Verurtheilung der Kläger den Beklagten mit Handanlegung (m. i.) vor den Prätor brachte. Bezahlte nun der Beklagte nicht sofort oder fand er Keinen, der die Sache für ihn übernahm (vindex), so wurde er von dem Prätor dem Kläger ohne Weiteres zugesprochen (addictus) und mußte demselben in dessen Haus folgen, wo er gebunden wurde (mit 15 Pfund schweren Fesseln) und nach 60 Tagen in fremde Sklaverei verkauft oder getödtet werden durfte, wenn er sich nicht vorher durch Zahlung seiner Schuld oder durch Vergleich diesem Verfahren entzogen hatte. War der Beklagte mehren Gläubigern zugesprochen, so hatten diese das Recht, ihn in so viele Stücke zu zerhauen, als Gläubiger waren, eine Bestimmung, die jedoch wohl niemals ausgeführt worden ist.

Manuskript (v. Lat.), s. Handschrift.

Manus manum lavat (lat.), eine Hand wäscht die andere.

Manus mortua (lat.), s. Todte Hand.

Manustupratio (masturbatio, lat.), s. Onanie.

Manutius (ital. Manuzio, Manuzzi oder Manucci), mit dem Beinamen Aldus, Name einer italienischen Familie, von der sich in der Reformationsperiode folgende Glieder als Buchdrucker u. Gelehrte große Verdienste erworben haben:

1) Aldus oder Alsdus Pius, auch Aldus der Aeltere genannt, geboren 1449 zu Bassano, studirte hier, in Ferrara und in Rom, weshalb er sich den Beinamen Romanus gab, und wurde dann Erzieher des Fürsten Albertus Pius zu Carpi, der ihm noch den Namen Pius ertheilte. Im Jahre 1482 begab er sich nach Mirandola und erlernte später in Verona unter Guarini's Leitung das Griechische. Im Jahre 1488 legte er zur Hebung der humanistischen Studien in Venedig eine Druckerei an und sparte nun weder Mühe, noch Kosten, um sich die besten Handschriften und ältern Drucke der Klassiker zu verschaffen. Um den sprachlich richtigsten Text zu geben und seine Ausgaben möglichst von Druckfehlern frei zu halten, umgab er sich in seinem Hause mit einer Gesellschaft von Gelehrten. Die Ausgaben der griechischen Klassiker setzte er sich zur Hauptaufgabe, doch erstreckte sich sein Interesse und seine Thätigkeit über das gesammte Gebiet der Wissenschaften. In der Vervollkommnung des Technischen der Buchdruckerkunst war M. gleichfalls unermüdlich. Er führte die Antiqua- und Kursivschrift anstatt der Mönchsschrift ein und gebrauchte zuerst das Kolon und Semikolon. Von griechischen Typen ließ er nach und nach 9 verschiedene Arten, von den lateinischen 14 und von den hebräischen 13 fertigen. Die ersten Werke der aldinischen Presse waren „Hero und Leander" von Musäus und Laskaris' Grammatik 1494; im folgenden Jahre erschien „Bembus de Aetna" mit lateinischer Schrift gedruckt und in typographischer Beziehung ein Meisterwerk. Pergamentabdrücke gelangen M. außerordentlich schön; auch ist seine Druckerschwärze von vorzüglicher Güte und sein Papier von damals ungewöhnlicher Stärke und Feinheit. Umsonst suchte M. seiner Anstalt einen kaiserlichen Freibrief auszuwirken; dagegen unterstützten ihn die Päpste Julius II. und Leo X. mit Privilegien. Wir verdanken M. 28 Editiones principes von griechischen Klassikern. Von seinen eigenen Schriften sind hervorzuheben die „Institutiones grammaticae graecae" (1515), das „Dictionarium graecum" (1497, Basel 1519 und öfter), „Institutiones graeco-latinae" (1501 und 1508) und die „Introductio perbrevis ad hebraicam linguam" (zuerst mit Laskaris' Grammatik 1501). M. † am 6. Februar 1516 durch Meuchelmord.

2) Paulus, geboren am 12. Juni 1511 zu Venedig, Sohn des Vorigen, studirte besonders die lateinische Sprache, führte seit 1533 die Druckerei u. auch die wissenschaftlichen Studien seines Vaters fort und lieferte gleichfalls viele durch Korrektheit und kritische Treue ausgezeichnete Drucke klassischer Schriftsteller, unter denen namentlich die Ausgabe von Cicero's Werken berühmt ist. Auch schrieb er selbst mehre Schriften, u. A. „Epistolae et praefationes" (1558 u. öfter). Nachdem er schon früher eine Zeitlang die Aufsicht über die Ausgabe der Kirchenväter in der apostolischen Druckerei (Typographia Pio-Manutiana) in Rom geführt hatte, begab er sich später auf Einladung Gregors XIII. wieder dahin und † daselbst den 6. April 1574. Die vatikanische Bibliothek und die Marcusbibliothek in Venedig verdanken ihm viele ihrer Schätze.

3) Aldus, der Jüngere, geboren den 13. Februar 1547, Sohn des Vorigen, lieferte schon im 14. Jahre eine Abhandlung über die lateinische Orthographie, lehrte dann an der Schule zu Venedig die alten Sprachen und führte daneben die Buchdruckerei seines Vaters fort. Durch Geldmangel zum Verkauf derselben, sowie der mit ihr verbundenen 80,000 Bände starken Bibliothek gezwungen, begab er sich nach Bologna, dann nach Pisa und zuletzt nach Rom, indem er sich mit Unterrichtgeben seinen Lebensunterhalt erwarb. Hier † er den 28. Oktober 1597. Er hinterließ Anmerkungen zum Paterculus, Horaz, Sallust, Eutrop, Cäsar, Lucretius und Abhandlungen über römische Alterthümer, die sich im „Thesaurus antiq." von Grävius und Sallenegre finden. In M.' Todesjahr ging auch die aldinische Druckerei ein, nachdem sie 908 der besten Drucke der damaligen Zeit geliefert hatte. Diese „Aldinen" sind noch jetzt sehr gesucht. Besonders selten sind die „Horae Mariae virginis" von 1497, der Virgilius von 1501 und die „Rhetores graeci", noch mehr aber gilt dies von den Drucken von 1494—97. Die vollständigste Sammlung von Aldinen besitzen der ehemalige Großherzog von Tos-

kana und der Buchhändler Renouard in Paris. Das Zeichen der aldinischen Drucke ist ein Anker, um den sich ein Delphin schlingt, bisweilen mit der Unterschrift „Sudavit et alsit“. Vgl. Renouard, Annales de l'imprimerie des Aldes, 3. Aufl., Paris 1834.

Manytsch, Steppenfluß auf dem kaukasischen Isthmus, entspringt in den Salzsümpfen im Süden des Gouvernements Astrachan, fließt nach Westen, zum Theil auf der Grenze Kaukasiens, bildet in der Mitte des Laufs den See Bolschoi-Liman u. mündet bei Staro Tscherkask links in den untern Don. Bei dem neuerdings zur Sprache gebrachten Projekt einer Kanalverbindung des Don mit dem kaspischen Meer ist die Rinne des Manytschlaufs vielfach in Betracht gekommen.

Manzanares, 1) Fluß in der spanischen Provinz Madrid, entspringt am Südabhang der Sierra de Guadarama, durchfließt Madrid und mündet nach 11 Meilen Laufs in den Jarama. — 2) Stadt in der spanischen Provinz Ciudad Real, am Azuer, mit Kommenthurei des Calatravaordens, Antimonium- und Bleiminen und 7730 Einwohnern.

Manzoni, Alessandro, Graf, berühmter neuerer, italienischer Dichter, geboren 1784 in Mailand, zog zuerst durch seine „Versi sciolti“ (Paris 1806) auf den Tod seines Pflegevaters und dann durch seine „Inni sacri“ (1810), mit denen er einen ganz neuen Ton der Lyrik anschlug, allgemeinere Aufmerksamkeit auf sich. Noch in höherem Grade bahnbrechend ward seine Thätigkeit für die Bühne, indem er in seinen Trauerspielen „Il conte di Carmagnola“ (Mailand 1820) und „Adelchi“ (1823, deutsch von Streckfuß) die starren Formen der französischen Schule durchbrach u. wieder die ersten Muster eines nationalen Drama's aufstellte. Die Sprache darin ist edel, voll und weich, nicht sententiös, aber durch große Gedanken erhebend. Gehören auch sämmtliche Charaktere darin einem gewissen politisch-moralischen Ideenkreise an, so bekundet sich doch in jedem viel gesundes und kräftiges Leben. M.'s kunstvoll eingelegte Chöre erinnern an die besten altgriechischen Muster. Den größten Beifall fand aber M.'s Roman „I promessi sposi, storia milanese del secolo XVII“ (Mailand 1827, 3 Bde.; deutsch von Bülow, Leipzig 1827, und von Leßmann und Clarus, Berlin 1827—28, 3 Bde.), in denen sich das Leben und Treiben des italienischen Landvolks auf unvergleichliche, glänzende und ächt poetische Weise wiederspiegelt; der 3. völlig umgearbeiteten Auflage (Mailand 1842, 3 Bde.) gab M. als Anhang bei „Storia della Colonna infame“, in welcher er die in Italien damals noch immer nicht ganz abgeschaffte Tortur bekämpfte. Von M.'s Eifer für den katholischen Glauben zeugen seine „Osservazioni sulla morale cattolica“ (Florenz 1835; deutsch von Anspach, Köln 1835). Der italienischen Bewegung von 1859 schloß er sich mit Begeisterung an; im Februar 1860 ward er zum italienischen Senator ernannt. Seine lyrischen Produktionen erschienen gesammelt unter dem Titel „Opere poetiche di M. con prefazione di Goethe“ (Jena 1827); eine Sammlung seiner sämmtlichen „Opere“ lieferte Tommaseo mit kritischen Anmerkungen (Florenz 1828—29, 5 Bde.).

Mao, Hauptstadt von Kanem, im mittleren Sudan, nördlich vom Tschadsee, mit etwa 3000 Einw.

Mappa *Juss.*, Pflanzengattung aus der Familie der Euphorbiaceen, charakterisirt durch die diöcischen Blüthen in Aehren, den 2—3theiligen Kelch und die stachelige Frucht, kleine Bäume, meist auf den ostindischen Inseln. M. moluccana *Spr.*, Ricinus Mappa *L.*, ist ein Bäumchen auf den Molukken, mit markreichen Aesten, rundlichen, schildförmigen Blättern und weißlichen Blüthen, dessen Rinde zum Braunfärben und gegen Ruhr und dessen bis 2 Fuß große Blätter von den Eingeborenen zu Tellertüchern gebraucht werden; M. Tanaria *Spr.*, Ricinus Tanarius *L.*, ein Baum auf den Molukken, dessen Rinde als zusammenziehendes Mittel bei Ruhren u. Vorfällen des Mastdarms, sowie bei ähnlichen Krankheiten benutzt wird.

Mappa (ital.), Bilanz, welche zur ungewöhnlichen Zeit gezogen wird, um den Zustand einer Handlung zu erfahren.

Mappirungskunst, Landkartenzeichnungskunst.

Maputaöl, fettes, dem Olivenöl ähnliches Oel, welches von einer noch nicht genau bestimmten Pflanze abstammt, die an der Südostküste von Afrika wild wächst und auch kultivirt wird. Auf dem deutschen Markt wird das M. dem Olivenöl gleichgestellt.

Mar (engl.), gewöhnlich Ehrenprädikat, seltener erblicher Titel schottischer Prinzen, Peers, natürlicher Söhne der Könige &c.

Mara, Lagerstätte der Israeliten in der Wüste, wo sie bitteres Wasser antrafen, jetzt Aijun Musa (d. i. Brunnen des Moses), südöstlich von Suez.

Mara, Elisabeth Gertrude, geborene Schmehling, eine der berühmtesten deutschen Sängerinnen, wurde als Tochter eines armen Musiklehrers und Instrumentenmachers zu Kassel am 23. Febr. 1749 geboren. Trotz ihrer Schwächlichkeit in den Kinderjahren (sie lernte erst im 6. Jahre gehen) erlangte sie früh ungemeine Fertigkeit im Violinspiel, so daß sie schon als Kind in Frankfurt mit Beifall in Koncerten auftreten konnte. Der Vater begleitete sie nach Wien und London; an letzterem Orte mißfiel ihr Geigenspiel wegen der Grimassen, mit welchen das häßliche, durch Krankheit verkümmerte Mädchen dasselbe begleitete, der Königin, und dies wurde Anlaß, daß Elisabeths früh wahrgenommenes Gesangstalent zur Ausbildung gebracht und das Violinspiel zur Seite geschoben wurde. Nachdem sie einige Zeit bei dem berühmten Gesangslehrer Paradisi in London Unterricht genossen, ging der Vater mit ihr nach Kassel zurück, brachte sie aber, da hier der Erwerb gering war, 1766 nach Leipzig in die Lehre Hillers, der sie für das sogenannte große Koncert engagirte und 5 Jahre hindurch in seinem Hause wohnen ließ. Die Sängerin machte hier eminente Fortschritte u. überwand durch beispiellose Ausdauer und Hartnäckigkeit im Ueben die unglaublichsten Schwierigkeiten, während sie für ihre übrige Ausbildung, namentlich zur Bühnenvorbereitung, fast nichts that, so daß sie, von der verwittweten Kurfürstin Marie Antonie nach Dresden berufen, um in einer hasse'schen Oper aufzutreten, nach Hillers Ausspruch „weder gehen, noch stehen konnte“. Der Intendant der berliner Oper hatte sie mit Entzücken in Leipzig gehört u. berief sie nach Berlin, wo „Jungfer Schmehling“ Friedrichs des Großen Abneigung gegen deutsche Sängerinnen glänzend besiegte. Sie wurde mit 3000 Thalern Gehalt (das sich bald verdoppelte) engagirt, verdarb sich aber ihr Lebensglück bald durch ihre Verheirachung mit dem Violoncellisten Mara, einem begabten, aber sehr liederlichen Menschen von nichtswürdigem Charakter. Der Despotismus, den der große König gegen die Mitglieder seiner Oper übte (die M. ließ er einst, damit sie sein Gast, der russische Großfürst Paul, höre, durch Dragoner von ihrem Krankenlager ins Theater schleppen), verleidete dem Ehepaar den berliner Aufenthalt, doch gewährte der König die wiederholten Bitten um Entlassung nicht. Ein erstmaliger Fluchtversuch mißlang, M. wurde als Trommler in ein küstriner Regiment gesteckt und erst, nachdem seine Frau sich erboten, für die Hälfte ihrer bisherigen Gage zu bleiben, losgegeben. Auch bei einem späteren Versuch der Flucht wurden die Gatten (in Dresden) festgehalten, nun aber von Friedrich entlassen. Im Jahre 1780 sang die M. in Wien mit enormem Erfolg, dann 1782 in Paris und London. In England errang sie großartigen Beifall, besonders in händelschen Oratorien. Nachdem sie sich endlich von ihrem Mann hatte scheiden lassen, sang sie 1788 in Turin u. Venedig, kehrte 1790 nach London zurück, blieb dort nach einem zweiten Besuch in Italien 10 Jahre lang, entsagte wenig später dem öffentlichen Auftreten und wandte sich 1803 nach Esthland. Sie lebte nachmals in Petersburg, dann in Moskau (von wo sie unter großen Vermögensverlusten 1812 durch den Brand vertrieben wurde) und † am 20. Januar 1833 zu Reval. Nach Zelters Urtheil ist an glänzenden Stimmmitteln, an Virtuosität und Geschmack der M. nie eine deutsche Sängerin auch nur annähernd gleichgekommen: „Größeres als ihre Königin Rodelinde war nicht denkbar". Auch im dramatischen Spiel hatte sie, nachdem sie einmal zur Oper übergegangen, durch Fleiß und Studium das Versäumte nachgeholt. Goethe und andere große Zeitgenossen wußten nicht genug des Rühmens über ihren wundervollen Gesang zu finden. Vgl. Rochlitz, Für Freunde der Tonkunst, Leipzig 1825, Bd. 1, und A. v. Sternberg, Berühmte deutsche Frauen des 18. Jahrhunderts, das. 1848, Bd. 1.

Maraboutfedern, s. Federn.

Marabu, Vogel, s. Storch.

Marabut (v. arab. marbuth oder **morabeth**), ursprünglich der Name einer Sekte, welche im nordwestlichen Afrika entstand, hier eine bedeutende politische Macht erlangte u. die Dynastie der Moraviden oder Almoraviden (s. d.) gründete; später Bezeichnung priesterlicher Personen, welche den Dienst bei Moscheen und Grabkapellen besorgen. Sie stehen beim Volk im höchsten Ansehen, und man schreibt ihnen Wunderkraft und prophetische Gabe zu. Ihre Würde und Heiligkeit erbt vom Vater auf den Sohn fort. Auch das Grab eines solchen Heiligen nennt man ein M.

Maracaibo, Hauptstadt der gleichnamigen Provinz (1575 QM. groß mit 59,310 Einw.) im südamerikanischen Staat Venezuela, in dürrer, wasserloser Gegend am See von M., ist befestigt, hat ein Nationalkollegium, eine Schifffahrtsschule, einen sichern Hafen und etwa 10,000 Einwohner, die beträchtlichen Handel, besonders mit den dänischen, schwedischen und holländischen Inseln Westindiens, treiben. In der Umgegend wird bedeutende Viehzucht getrieben. M. ward 1571 von Alonso Pacheco gegründet u. blieb am längsten im Besitz der Spanier. Der gleichnamige Binnensee ist durch einen schmalen Eingang mit dem Golf von M. verbunden, der vom karaibischen Meer gebildet und vom Kap Chichivacoa und Kap S. Roman auf der Halbinsel Paraguana begrenzt wird. Den Eingang in den See vertheidigen zwei Kastelle, S. Carlos und de Sarara, welche auf zwei kleinen Inseln liegen. Der See selbst (ehedem Lago y puerto de San Bartolomé genannt) ist etwa 700 QM. groß, aber wegen vieler Untiefen gefährlich zu beschiffen.

Maräne (Coregonus *Cuv.*), Fischgattung aus der Ordnung der Bauchflosser u. der Familie der Lachse, charakterisirt durch den kurzen, breiten Oberkiefer, das zahnlose, kleine Maul, den ungefleckten, mit großen Schuppen bedeckten Körper, die etwas vor der Bauchflosse stehende Rückenflosse und die 6strahlige Kiemenhaut, mit 12 europäischen Arten, unter denen die große M. (C. Maraena *L.*, Bratfisch, Weißfellchen), in den Seen von Preußen u. der Schweiz, über 2 Fuß lang wird und sehr schmackhaftes Fleisch hat. Auch der Bläuling (C. oxyrhynchus *L.*, Schnäpel, Blaufellchen), in der Ost- und Nordsee u. deren Zuflüssen, 15 Zoll lang und 1½ Pfund schwer, sowie die kleine M. (C. Maraenula *Bl.*), 6—8 Zoll lang, in der Tiefe der Landseen des nördlichen Deutschlands, sind sehr schmackhafte Fische. Der eigentliche Schnäpel (Blaufellchen, C. Wartmanni *Cuv.*), bis 28 Zoll lang, blau bis zum Bauch, sehr wohlschmeckend, ist der wichtigste Fisch des Bodensee's, kommt aber auch im Rhein vor. Das Winterfellchen (C. hyemalis *Jur.*), silberglänzend, auf dem Rücken violettbraun, im Genfersee, ist ebenfalls schmackhaft und wird des Nachts bei Fackelschein gefangen.

Maragha, Stadt in der persischen Provinz Aserbeidschan, östlich vom Urmiasee, am Flusse M. (auch Safi oder Sofie), der in den See geht, gut gebaut, mit 15,000 Einw., war ehedem Hoflager Hulagu-Khans, des Enkels von Dschingiskhan, dessen Grabstätte noch vorhanden ist. Unter den Gelehrten, die er hier um sich versammelte, war auch Khodscha Nasreddin, ein berühmter Philosoph und Astronom, für den er eine glänzende Sternwarte erbauen ließ, deren Spuren jedoch nicht mehr zu finden sind. Die Stadt hat eine berühmte Glashütte und verfertigt die besten Rosinen Persiens.

Marais (franz.), Marschländer, s. Vendée.

Maranen (angeblich von Maranatha, d. h. Verfluchter), die getauften, aber heimlich ihrer Religion getreuen Juden und Mauren in Spanien.

Maranhao (Maranham), eine der nördlichsten Provinzen Brasiliens, am atlantischen Ocean, östlich von der Provinz Piauhy, von welcher sie durch den Fluß Parnahyba getrennt wird, westlich von den Provinzen Goyaz und Para durch den Turiassu begrenzt, ist 6759 QM. groß mit 360,000 Einw. Das Land hat eine 70 Meilen lange Küstenstrecke und umfaßt den westlichen Theil der Ebene des Parnahyba, ist aber hügeliger als Piauhy. Die von Norden nach Süden streichenden Sandsteinhügelketten erheben sich bis zu 1000 Fuß und sind meist bewaldet. Die Campos zwischen den Flüssen haben wenig Zäune. Von Flüssen sind außer den obengenannten Grenzflüssen noch der Itapicuru und Meary anzuführen, die dem Ocean zufließen. Sie sind meist trübe, haben niedrige schlammige Ufer u. treten viel über. Das Thermometer schwankt zwischen 17 u. 22°,5 R. In der trockenen Jahreszeit (Juni bis December) hat nur die Küste grüne Stellen, während das ganze Innere eine Wüste darstellt, in welcher die gesammte Vegetation erstorben ist. Im nördlichen u. mittlern Theil herrscht Viehzucht und Ackerbau, im südlichen fast nur Viehzucht; in letzterem finden sich zahlreiche Indianerstämme. Die größere Hälfte der Bewohner sind Negersklaven. Im Westen gewinnt man Zuckerrohr, Reis, Bananen, Mais, Yams, Maniok, im mittlern Theile vorzugsweise Baumwolle. Die Hauptstadt M. (San Luis de M.) liegt an der Nordwestküste der Insel M., die durch den Mosquitofluß vom Lande getrennt ist, in welchen der Itapicuru u. der Maranhon münden. Sie ist gut gebaut, aber schlecht gepflastert, hat einen guten und sichern Hafen, treibt nicht unbedeutenden Handel mit Häuten u. Baumwolle und zählt 35,000 Einw.

Marañon (portug. Maranham, auch Amazonenstrom), der gewaltigste Strom der Erde, in Südamerika, hat seine Quellgegend im Gebirgsknoten von Pasco, von dem 3 Ketten der Cordillere von Peru nach Nordwesten laufen. Zwischen dem westlichen und mittleren Zweige fließt der M. aus dem Aguamiras und dem Chavinello oder Tanguaraga zusammen, von denen letzterer, der als Hauptfluß bezeichnet wird, aus dem See von Lauricocha auf dem Plateau von Bombon, 10° 30 südl. Br., 58° 50′ westl. L., entspringt. Steinpyramiden aus der Inkazeit bezeichnen den Austritt. Der über Klippen und Felsstücke tobende Oberlauf, welcher jedoch Befahrung mit leichten Kähnen nicht hindert, bewegt sich von Süden nach Norden, in einem engen, tief eingeschnittenen Längenthale der Andes u. beträgt etwa 110 Meilen. Der nur kurze Mittellauf des Stroms beginnt mit einer Wendung nach Osten. Derselbe drängt sein bereits 4—500 Fuß breites Gewässer durch eine nur 150 Fuß breite Pforte der mittleren, mit der östlichen bereits vereinigten Cordillere und bildet von da an 13 Pongos (von puncu, d. i. Thor) oder Stromschnellen; die bedeutendste derselben ist der $1\frac{1}{2}$ Meilen lange Pongo von Manseriche, der mit dem Donauthor von Orsowa verglichen wird. Lothrecht stehen die Felsen wie hohes Gemäuer zu den Seiten des Stroms, der, vorher 250 Klaftern breit, nun auf 25 Klaftern zusammengedrängt wird. Die gepreßte Fluth hat an den Seitenwänden große Höhlen und Kammern ausgespült, wie denn überhaupt die Felsen, welche alle jene Pongos bilden, im Lauf der Jahrhunderte vielen Veränderungen und Zertrümmerungen unterworfen gewesen sind. Unterhalb des Durchbruchs bei Rentema beginnt der Unterlauf des M. Derselbe ist noch 440 Meilen von der Mündung entfernt, doch liegt der Wasserspiegel nur noch 1160 Fuß über dem Meere. Die Breite des Flusses dort schätzt Humboldt gleich der des Rheins bei Mainz; Schnellen und Fälle bildet er fortan nicht mehr, und die Schifffahrt findet auf ihm kein Hinderniß. Der Unterlauf geht durch weite Tiefländer in westöstlicher Hauptrichtung, langsam, mit unbedeutendem Gefälle, nach Humboldt $1\frac{1}{4}$ Fuß, nach Martius 3,42 F. auf die Meile. Etwa 315 Meilen von der Mündung ist er nur noch 630 Fuß über dem Meere, aber schon $\frac{1}{2}$ Meile breit. Seine Dimensionen wachsen nun auf riesenhafte Weise, sein Bett erweitert sich bis zu Meilenbreite und wird inselreich, und seine Tiefe beträgt stellenweise mehr als 300 Fuß. So gleitet er als eine ungeheure Wasserfläche, die bald in zahlreiche Arme gespalten zwischen sandigen, aber hochbewaldeten Inseln hinzieht, bald ungetheilt in ein seegleiches Becken sich ausdehnt, meist zwischen grünem Waldrand dahin, der auf so durchaus ebenem Boden und von tausend Schlingpflanzen umsponnen in der Entfernung fast wie eine künstlich gezogene, aber riesengroße Hecke aussieht. Nur hie und da hat die Thierwelt, um zu ihren Tränkstellen zu kommen, Pforten gerissen. Noch einmal, bei Obydos, 80 Meilen von der Mündung entfernt, verengt sich die Strombahn zwischen felsigen Ufern bis zu $\frac{1}{8}$ Meile, (Engen von Pauris). Hier ist der Strom in der Mitte 60 Klaftern tief u. ergießt nach einer Schätzung von Märtius fast 5 Millionen Kubikfuß Wasser in einer Sekunde. Von der Einmündung des Xingu an gleicht der M. einem Meer von süßem Gewässer, dessen regelmäßige Beschiffung durch den stromaufwärts wehenden Passatwind begünstigt wird; aus der Mitte des Bettes erblickt man kaum noch die flachen Ufer. Die oceanische Ebbe und Fluth ist bis zur Stromenge von Obydos bemerkbar. Der Strom schüttet endlich in einer erweiterten u. mit Inseln bedeckten Mündung, welche eine Breite von 12 Meilen hat, fast gerade unter dem Aequator sein schmutziggelbes Wasser in den atlantischen Ocean. Rechts geht ein Verbindungsarm zum Tocantins, der, nun Rio Para genannt, sich in bis zu 5 Meilen erweiterter Mündung ergießt. Beide Limane schließen die Insel Marajo oder Joannes ein. Noch 60 Meilen weit in das Meer spürt man die Gewalt der Wassermasse des M. An der Mündung desselben findet eine eigenthümliche Erscheinung der Fluthwellen Statt, von der Prinz Adalbert von Preußen in seiner „Reise nach Brasilien" eine Schilderung entwirft: „Dem Schiffer tritt am Ausfluß des Amazonenstroms die höchst wunderbare und noch nicht genügend aufgeklärte Naturerscheinung der bekannten Pororoca entgegen. Statt nämlich regelmäßig zu steigen, erhebt sich die durch die stark ausströmende Wassermasse des ungewöhnlich anhaltend ebbenden Flusses allmählig angestaute Fluth in wenigen Minuten zu ihrer größten Höhe, überwindet den ausgehenden Strom, drückt ihn in die Tiefe hinab, wälzt sich dann über ihr fort und einer Mauer gleich den Fluß aufwärts mit einem Getöse, welches $1\frac{1}{2}$ Meilen weit hörbar ist. Oft nimmt diese Alles verheerende Fluthwelle die ganze Breite des Stromes ein, bisweilen auch nicht. Da, wo sie auf Untiefen stößt, erhebt sie sich 12—15 Fuß hoch, an sehr tiefen Stellen senkt sie sich dagegen und verschwindet fast gänzlich, um später an andern Orten wieder aufzutauchen. Solche tiefe Stellen nennen die Schiffer Esperas (Wartestellen), weil hier selbst kleinere Fahrzeuge vor der Wuth der Pororoca sicher liegen. Hinter sich läßt die Pororoca die Gewässer in demselben Zustand der Ebbe und vollkommenen Ruhe zurück, in welchem dieselben sich vor dieser plötzlichen Erscheinung befanden." Das Stromgebiet des M. wird zu 98,000—120,000 □Meilen geschätzt und reicht südlich bis in 20° südl. Br., so daß wohl $\frac{9}{10}$ der tropischen Regen, welche südlich vom Aequator auf Südamerika fallen, dem M. zufließen; nördlich reicht er nur bis in 4°. Es ist vorherrschend eine steinlose Waldebene. Auf 400—500 Meilen Wegs ist nach Condamine ein Kieselstein so selten als ein Diamant. Der Wald erstreckt sich von Norden nach Süden auf verschiedenen Strecken 100—400 Meilen, von Osten nach Westen 600 Meilen u. nimmt im Allgemeinen den Raum zwischen 8° nördl. Br. und 19° südl. Br. ein, so daß keine andere Waldregion der Erde dieses Waldgebiet übertrifft. Die Länge des M. beträgt 770 Meilen, allein mit seinen gewaltigen Nebenflüssen soll er an 18,000 Meilen Wasserstraßen darbieten. Die Haupt- und Nebenströme des rechten Ufers, aus den Cordilleren u. dem brasilianischen Gebirgslande kommend, sind der Huallaga (Huanuco), Ucayale (Apurimac), Purus, Madeira, Topayos (Arinos) und Xingu (Paranaiba). Alle diese rechten Flüsse laufen parallel und treten von einer höher gelegenen Erdschwelle mit Katarakten in das Bett des M. Links münden: der Napo, Caqueta (Yapura) und der riesenhafte Rio Negro. Die meisten dieser Nebenflüsse, wie namentlich der Ucayale, der Rio Negro und besonders der Madeira, sind so wasserreich, tief, breit und lang, daß sie in Hinsicht der Größe mit dem Stammfluß um die Ehre der Namengebung ihrer Vereinigung rivalisiren. Sie gleichen in allen Hauptverhältnissen dem M. und verhalten sich in Betreff ihrer Mündungsformen zum M. ganz ähnlich wie Ströme zum Meere; die meisten theilen sich in der Nähe des Ausflusses in Arme und bilden Deltalandschaften. In der Ueberschwemmungszeit, die von Januar bis März dauert, steigt der M. um 40 Fuß; Martius fand Schlamm an den Bäumen bis 50 F. Höhe. Der Strom überschwemmt die Ufer meilenweit und gießt seine Gewässer oft durch Seitenkanäle in die Betten seiner Nebenflüsse aus, um sie weiter unten wieder zu erhalten. Auf ähnliche Weise theilen sich auch die Nebenströme ihre Gewässer mit, und so entstehen auf dem fast wagrechten Niveau der Tiefebene eine Menge periodischer Bifurkationen und Seitenäste. Das Steigen des Wassers dauert etwa 120 Tage. Die Thierwelt (Jaguars, Panther rc.) flieht dann in das Innere; das schlammige Wasser, das um die Baumkronen spielt, läßt auf den Gipfeln eine Blumenwelt entstehen. Sechs bis acht Wochen nach dem höchsten Wasserstand treten die schlammbezogenen Waldflächen wieder hervor und die Thiere kehren zurück. Fische jeder Art nährt der M. in ungeheurer Fülle, sowie Kaimans in jedem Theil seines Laufes; die schmackhaftesten Schildkröten, ferner Frösche, Wasserschlangen rc. finden sich in Menge darin, sowie, der Sage nach, ein riesenhaftes Seeungeheuer in Schlangengestalt, dessen Bewegungen man nur Nachts vernimmt, das aber noch nie gesehen wurde; ungeheure Kothhaufen, die sich am Ufer vorfinden und einen gräßlichen Gestank verbreiten, werden von den Indianern diesem Thiere zugeschrieben. Der Name M. kommt unzweifelhaft von **Maraña**, d. i. Dickicht oder undurchdringliche Wildniß, her. Zwischen Orinoco und M. versetzte die Fabel Amazonen, weil bei Abwesenheit der Männer die Weiber einiger Indianerstämme gegen die Fremden gekämpft hatten; daher der Name Amazonenstrom (**Rio das Amazonas**). Nach Andern nannten die Indianer den Strom in der Nähe der Mündung Amassona, d. i. Bootzerstörer. Andere Namen desselben bei den Eingebornen sind Paranaatinga u. Guiena. Auch der Name Solimöes (portugiesisch) ist streckenweise im Gebrauch, namentlich für die Linie zwischen den Zuflüssen Ucayale und Madeira. Der M. wurde 1499 von Vincent Pinzon an seiner Mündung entdeckt, aber erst 1544 von Orellana zum ersten Male befahren. Im Jahre 1560 drang Pedro de Ursua bei Aufsuchung des Königs El Dorado zu seinen oberen Nebenflüssen vor, 1602 erreichte der Jesuit Ferrer den Hauptstrom, u. 1635 gründete Don Diego Barca de Vega am linken Ufer des M. die Stadt S. Borja, den Hauptort der Jesuitenmissionen; Barca war der erste Gouverneur der Provinz Maynas. Im Jahre 1636 schifften 2 Franciskaner den Strom hinab bis zur Mündung, u. 1637 fuhr Texeira mit 70 Soldaten und 1200 Indianern in 47 großen Canoes binnen 11 Monaten von der Mündung aufwärts bis zum Einfluß des Napo. Hauptsächlich in Folge der Bemühungen des Apostels des Amazonenstroms, Peter Samel Fritz, befanden sich 1740 an den Ufern des Stroms 40 Missionen mit 12,800 Einw. in Quijos u. Maynas; der Hauptort war damals Laguna an der Huallagamündung. Bald nachher wurden die Jesuiten nach 130jähriger Arbeit aus Südamerika vertrieben, und die Früchte ihrer Bemühungen gingen gänzlich verloren. Unter den späteren Reisenden, welche den M. befahren haben, sind Spix, Martius, Pöppig, Maw, Smyth, Avé-Lallemant und besonders der Nordamerikaner Heredon (1851—52) anzuführen.

Marans, Stadt im französischen Departement Untere Charente, an der Sèvre-Niortaise, mit Flußhafen und Schloß, lebhaftem Handel mit Hanf, Flachs, Holz, Getreide und 4500 Einw.

Maranta *L.* (Pfeilwurz), Pflanzengattung aus der Familie der Scitamineen, charakterisirt durch den gleich 3theiligen Kelch- und Blumenkronensaum, die Nebenblume mit 2spaltiger Honiglippe und kleineren Seitenzipfeln, die blumenblattartigen Staubfäden mit 2 Zipfeln, von denen der eine das Staubkölbchen trägt, der andere den Griffel einhüllt, den einfächerigen Eierstock, den fleischigen, hakiggekrümmten Griffel, die fast 3seitige, vertiefte Narbe und die ziemlich trockene, einsamige Beere, Knollengewächse im heißen Amerika, gegen 40 Arten, worunter mehre als Nahrungs- und Arzneipflanzen wichtig sind. Die Knollen derselben werden geröstet wie Kartoffeln gegessen, aus den Stengeln macht man Handkörbe (**paguras**). **M. arundinacea** *L.*, mit wagrechtem, langem, fingersdickem, fast walzigem, gegliedertem, weißem Wurzelstock, aufrechtem, 2—4 Fuß hohem, knotig-gegliedertem, meist vom Grunde an gabelästigem, schwachflaumigem Stengel, eirundlänglichen, zugespitzten, beiderseits zart-flaumigen Blättern und sehr zarten, weißen Blüthen und 3seitig-ellipsoïdischer, 4 Linien langer Frucht mit braunem, glänzendem Samen, ist nebst **M. indica** die Stammpflanze des westindischen Arrowmehls (s. **Arrow-Root**) Der Wurzelstock, der in frischem Zustand sehr scharf ist, wird als wirksames Heilmittel gegen Vergiftungen mit den Früchten des Manschinellenbaums (**Hippomane Mancinella** *L.*), vorzüglich aber gegen die mit dem Milchsafte dieser Pflanze vergifteten Pfeilwunden geschätzt, woher der Name Pfeilwurz rührt. Die Wurzel von **M. Allouya** *Jacq.*, in Westindien und Südamerika, ist in Westindien unter dem Namen **Radix Curcumae americanae** officinell. Die Knollen werden nicht nur gekocht und gebraten als Speise genossen, sondern man benutzt sie auch zur Darstellung eines Mehls, das dem Arrow-Root gleicht. Den weißen, harzigen Reif auf der Unterseite der Blätter von **M. lutea** *Lam.*

wenden die Eingebornen Südamerika's gegen Strangurie an. Mehre Marantaarten kommen auch als Zierpflanzen vor, unter ihnen ist besonders wegen ihrer schönen Blätter zu bemerken: M. zebrina *Sims.*, mit dunkelvioletten, weiß gesprengten Blüthen, in Brasilien.

Maraschino (Rosoglio Maraschino, vom ital. rosolare, kochen, brennen), alkoholisches Getränk, wird aus einer besondern Art saurer Kirschen (Marasche), die vorzugsweise an verschiedenen Orten Dalmatiens kultivirt werden, gewonnen. Die besten gedeihen in der Nähe von Spalato. Halbreif werden sie von dort nach Zara gebracht und in großen Fabriken zunächst entkernt (Kirschen mit Kernen liefern den Rosoglio di ossa di Marascho). Das Kirschfleisch wird in Bottichen einer mehrtägigen Gährung unterworfen, worauf man dem so erhaltenen Vino di Marasche etwas gestampfte stiellose Blätter des Maraschenbaums und 10 Procent Traubenwein zusetzt und den Rosoglio abdestillirt. Nach Versüßung mit Raffinade wird der M. endlich durch Baumwolle sorgfältig filtrirt. Die berühmteste Fabrik ist die von Drioli in Zara, doch kommt jetzt auch guter M. aus Triest, Wien, Pesth und Gratz. Einen sehr guten künstlichen M. erhält man aus 2 Quart Himbeerwasser, 1 Q. Bittermandelwasser, 1 Q. Orangenblüthenwasser, 8 Pfund feinstem Zucker und 4 Quart Sprit von 90 Proc. Tr.

Marasmus (v. Griech.), im Allgemeinen s. v. a. Abzehrung, Entkräftung, Atrophie (s. d.), besonders (m. senilis) der Zustand, in welchem das Leben ohne Krankheit im Sinken begriffen u. dem Aufhören nahe ist u. dem alle lebendigen Geschöpfe verfallen, wenn sie nicht gewaltsam oder durch Krankheit untergehen. Bei einem großen Theile der Pflanzen zeigt sich das auffallende Schauspiel, daß einzelne Organe derselben marasmiren und sterben, ehe das Individuum untergeht, welches vielmehr neue, ähnliche Organtheile reproducirt. Allgemein gilt dies von den Blüthen und Früchten. Die einjährigen Pflanzen marasmiren und sterben, sobald sie ihre Frucht getragen haben; die zweijährigen entwickeln sich bloß langsamer, sterben aber ebenfalls nach der Fruchtreife; die perennirenden verlieren Blüthen, Früchte, Blätter und Zweige, behalten aber lange das Vermögen, diese Organe unter günstigen klimatischen Verhältnissen zu reproduciren, bis allmählig dies Vermögen geringer wird und endlich aufhört. Das Absterben und Reproduciren einzelner Organe bei Fortbestehen des Individuums scheint zwar bei den Mollusken und Würmern aufzuhören, tritt aber bei den Araneaceen und besonders bei den Insekten sehr auffallend hervor, so daß beide ihre Form ganz verändern. Bei den Insekten entwickelt sich die Geschlechtsreife zuletzt, und gleich nach deren Erreichen sterben sie. In den höheren Thierordnungen und beim Menschen findet dies Absterben und Reproduciren ebenfalls Statt; manche Organtheile des Fötus gehen im geborenen Kinde unter, Haare und Epidermis sterben ab und reproduciren sich, so lange das Leben dauert. Naht dieses seinem natürlichen Ende, so pflegt der Zustand des M. einzutreten, der im Wesentlichen im Sinken der Nerventhätigkeit durch unvollkommene Vegetation der Nervengebilde besteht und sich durch eine Reihe von Erscheinungen äußert, die mit dem gesunden Leben nicht übereinstimmen Seine nächste Ursache liegt im inneren Pol des Cerebralsystems, im Gehirn. Der Schlaf währt nicht mehr lange nach einander fort, sondern wird durch Pausen von Wachen unterbrochen, während auch das Wachen nicht lange anhaltend ertragen, sondern öfters durch Schläfrigkeit und wirklichen Schlummer unterbrochen wird. Die drei basischen Kräfte des Vorstellens zeigen sich weit unthätiger als im gesunden Zustande. Der Marasmirende hört und sieht mit großer Gleichgültigkeit, was ihn sonst sehr bewegt hätte, und Eindrücke, die ehedem unvergeßlich gewesen wären, sind im Augenblick verschwunden. Noch mehr als die Perceptivität leidet das Erinnerungsvermögen; der Kranke vergißt, was er eben gesagt hat, wogegen die Erinnerungen seiner Jugend wieder auftauchen und er von längst Verstorbenen spricht, als wären sie gegenwärtig. Das Kombinationsvermögen zeigt sich unthätig für die Gegenwart. Die Beherrschung von leidenschaftlichen Aufregungen fällt dem Marasmirenden immer schwerer; er ist launischer, mürrischer als sonst, weil die Ernährung und Vegetation des sympathischen Systems energischer fortdauert als die des Gehirns, folglich das Gehirn die Leidenschaft wohl anregt, aber nicht zu beherrschen im Stande ist. Der Einfluß des Hirnlebens auf die Vegetation sinkt immer tiefer. Die Haut wird kälter, die Extremitäten frieren, und im Schlafe, wo sonst die Wärmeerzeugung vom Gehirn aus sich über alle Organe verbreitet, erkaltet der Körper, wenn nicht wärmere Einhüllung, als sonst nöthig war, ihn schützt. Der Tod erfolgt, sobald der Respirationsapparat an der Unvollkommenheit der Blutverwandlung Theil nimmt und die Muskeln desselben den Impuls vom Gehirn nicht mehr empfangen. Ein kurzer lethargischer Zustand geht dem Stillstehen des Athems voraus; das Herz bewegt sich nur unvollkommen u. schwach, das Blut gelangt daher nicht mehr zu den kleinen Gefäßen u. das Leben erlischt endlich mit dem Aufhören des Herzschlags.

Marat, Jean Paul, eines der berüchtigtsten Häupter der französischen Revolution, 1744 zu Baudry im Kanton Neufchatel von protestantischen Aeltern geboren, studirte Medicin und erwarb sich sodann, meist auf Reisen befindlich, die Mittel zu seiner Existenz durch Schriftstellerei u. bei einem längern Aufenthalt in Edinburg 1774 durch Unterricht in der französischen Sprache. In dieser Zeit erschien von ihm die revolutionäre Schrift „The chains of slavery“ (Edinb. 1774, französisch, Paris 1792). Die philosophische Schrift „De l'homme, ou des principes et des lois de l'influence de l'âme sur le corps et du corps sur l'âme“ (Amsterdam 1775, 3 Bde.) wurde die Veranlassung zu einem Streit mit Voltaire, der sie in der „Gazette littéraire“ besprach. In seinen von paradoxen Behauptungen reichen physikalischen Schriften aus dieser Zeit: „Découvertes sur le feu, l'électricité et la lumière“ (1779), „Recherches physiques sur le feu“ (1780), „Découvertes sur la lumière“ (1792), „Recherches physiques sur l'électricité“ (1782) trat er namentlich gegen Newton auf; in Deutschland wurden dieselben durch eine Uebersetzung von Weigel (Leipzig 1782—84) bekannt. Nach kurzem Aufenthalt in London, wo er den Herzog von Orléans kennen lernte, ließ er sich in Paris nieder, verband mit seinen Studien die medicinische Praxis und erhielt eine Anstellung als Arzt der Leibgarde des Grafen von Artois. Nach dem Ausbruch der Revolution trat M. bald als einer der extremsten Demagogen hervor. Gemein und roh wie sein Aeußeres war auch sein Inneres. Ohne den Muth, die Waffen zu führen u. ohne Geschick, einen Aufstand zu leiten, wußte er durch seine ungezügelten Worte und durch seine Gabe niedrig populärer Darstellung das Volk aufzuregen und sich zum Schrecken aller Parteien zu machen. Selbst die enragirtesten Revolutionsmänner mieden ihn. Gleichwohl gelangte er zu großem Einfluß u. Ansehen, besonders bei den untersten Schichten der pariser Bevölkerung. Sein Organ war seit dem 12. Dec. 1789 der „Publiciste parisien“ u. später der „Ami du peuple“, welche die ungereimtesten Gerüchte brachten und sich namentlich durch Denunciationen auszeichneten, aber beim niederen Volk als Orakel galten. Kaum bemerkten die Leiter der Bewegung M.s wachsende Popularität, als sie ihn zu ihrem Werkzeug machten. Danton führte ihn in den Klub der Cordeliers, und bei ihnen fand er Schutz, als Malouet ihn wegen seiner Aufforderung, 800 Deputirte, voran Mirabeau, an den Bäumen des Tuileriengartens aufzuknüpfen, in Anklagestand versetzte, und der Stadtrath von Paris ihn darauf verfolgen ließ (22. Januar 1790). M. verbarg sich in den Kellern der Cordeliers und wagte sich erst nach dem Fluchtversuch des Königs wieder an die Oeffentlichkeit, um von Neuem als Dantons Organ die maßlosesten Artikel gegen alle Parteien, mit Ausnahme der Jakobiner, namentlich aber gegen die Girondisten zu schleudern. Als endlich Guadet und die rechte Seite eine Anklage gegen ihn durchsetzten, flüchtete M., erschien aber schon in den Augusttagen wieder in Paris und trat durch Dantons Protektion bei der Bildung des Ausschusses zur Ueberwachung der Verräther in denselben ein. Mit seiner Unterschrift war das Cirkular versehen, welches die Departements zur Wiederholung der in Paris vorgefallenen Greuel aufforderte. Auch wurde er wenige Wochen später unter den Dolchen der Septembristen zum Mitglied des Konvents erwählt. Jedermann verabscheute hier in ihm indessen den moralischen Urheber der Septembergreuel; so oft er das Wort ergriff, übertäubte ein wilder Tumult seine Stimme, während ihm die Tribünen Beifall zujauchzten. Louret und Rebecqui beantragten gleich in den ersten Tagen eine neue Anklage gegen ihn, weil er zu Gunsten Robespierre's die Diktatur vorgeschlagen habe. M. leugnete dies nicht, behauptete aber, daß diese Diktatur nur wenige Tage dauern würde, während ohne sie Frankreich 50 Jahre unter der Anarchie des Konvents zittern werde, und die Furcht vor der Rache der Jakobiner bestimmte endlich die Versammlung, die Anklage fallen zu lassen. Als hierauf in M.s „Journal de la république française“, wie er seit dem 21. Sept. 1792 seinen „Volksfreund“ nannte, die Forderung von 270,000 Köpfen der Aristokraten gestellt wurde, erhoben sich neue Anklagen gegen ihn. Während des Prozesses des Königs, für dessen schleunige Hinrichtung er stimmte, rief er dem Volke in seinem Blatte zu: „Schlachtet, schlachtet 200,000 Anhänger des alten Regiments und reducirt den Konvent auf ein Viertel“. Am 26. Febr. boten die Girondisten und Barère, als Wortführer, Alles auf, um ein Anklagedekret gegen ihn zu erhalten, weil er den Pöbel zur Plünderung der Waarenlager aufgestachelt habe. Er antwortete mit der Denunciation aller Generäle und mit dem Rath, die Greuel der Septembertage zu wiederholen, und setzte am 4. April das Gesetz gegen die Verdächtigen durch, welches die Einkerkerung von 400,000 Menschen zur Folge hatte. Im März unterzeichnete er als Präsident des Jakobinerklubs eine Adresse an das Volk, worin er dasselbe zur Ermordung der Verräther, der Girondisten, aufforderte. Auf Lacroix' Antrag ward M. jetzt wirklich in Anklagestand versetzt. Indessen wußte er der Gefahr zu entgehen, bis er, des Beistandes seiner Partei sicher, am 24. April vor dem Revolutionstribunal erschien. Fouquier-Tinville empfing ihn wie einen Märtyrer, und die Geschwornen sprachen ihn nicht bloß einstimmig frei, sondern schmückten ihn auch mit dem Namen eines Volksfreundes, ja die Menge führte den vom Kopf bis zum Fuß mit Bürgerkronen Beladenen im Triumph durch die lebhaftesten Straßen der Stadt und in den Konvent, wo ihm Danton eine Lobrede hielt, aber unter allgemeinem Tumult die Sitzung schließen mußte. Von nun an erstrebte M. mit allen Mitteln die Vernichtung der Gironde. Am 1. Juni drang er auf dem Stadthause in die Versammlung, Gewalt gegen den Konvent anzuwenden, und läutete eigenhändig auf dem Stadthause die Sturmglocke. Am nächsten Morgen wurden 22 Deputirte proskribirt. Eine Entzündungskrankheit, die ihn bald darauf an seine Wohnung fesselte, hinderte ihn nicht, sich mit der Politik zu beschäftigen, doch glaubten seine Protektoren, Danton und Robespierre, seiner nicht mehr zu bedürfen. Daß Robespierre den Genossen nicht dem Beil des Henkers überlieferte, verhinderte nur die That der Charlotte Corday (s. d.), die den M. am 13. Juli im Bade erstach, nachdem er am Tage zuvor Custine und Biron denuncirt hatte und als er eben die Ueberreste der Gironde als Opfer der Guillotine bezeichnete. Die durch seine Ermordung nur noch gesteigerte Wuth des Volks ward von Robespierre und dessen Genossen geschickt benutzt, ihre Gegner hinschlachten zu lassen. Die Leiche M.s wurde mit Pomp im Garten der Cordeliers begraben und sein von David gemaltes Bild mit der Büste Lepelletiers auf einem Altar im Hofe des Louvre erst öffentlich ausgestellt, dann im Konvent aufgehängt. M.s Haushälterin wurde aus Staatsmitteln ernährt. Allwöchentlich zogen noch lange die Pöbelhaufen auf den Karroselplatz, wie zu einem heiligen Bild. Der Konvent ließ durch einen Beschluß den Ueberresten M.s die Ehre des Pantheons zuerkennen (4. Nov. 1793), aber schon am 8. November 1795 wurde die Leiche wieder hinausgeworfen und gleichzeitig sein Bild aus dem Konvent entfernt.

Marathon, Flecken der Ostküste des alten Attica, zur attischen Tetrapolis gehörig, von Euböa und Athen gleich weit entfernt, an einem Flüßchen gleichen Namens gelegen, ist berühmt durch den Sieg, welchen hier 490 v. Chr. die Athener unter Miltiades (s. d.) über die Perser erfochten. Noch jetzt liegt an der Straße nach Negroponte, 5 Meilen von Athen, ein kleines Dorf, Marathona, welches sonst gewöhnlich für das alte M. gehalten wurde; doch soll nach Leake's Meinung M. an der Stelle des heutigen Vrana gelegen haben. Die von Pausanias (I, 32) beschriebenen Denkmäler zur Erinnerung an die Schlacht gegen die Perser sind größtentheils noch zu finden; auch der große Sumpf am nordöstlichen Ende der Ebene, den das persische Heer im Rücken hatte, ist unter dem Namen Baltos noch vorhanden. Eine genaue Beschreibung und Abbildung des Schlachtfeldes nebst den Positionen beider Heere geben Leake in den „Demen von Attica“ (deutsch von Westermann, Braunschweig 1840) und Finlay in den „Transactions of the society of literature“ (London 1839).

Maratten, s. v. a. Mahratten.

Maratti (Maratta), Carlo, genannt Carlo della Madonne, der sogenannte letzte Maler der römischen Schule, geboren zu Camerino bei Ancona 1625, war ein Schüler des bolognesischen Malers Sacchi u. bildete sich anfangs vornehmlich nach den Werken der Carracci und Guido Reni's, später nach Raphael. Nachdem er 1650 mit seinem Christuskind in der Krippe in der Kirche S. Giuseppe de Falegnani sich einen Namen erworben, erhielt er vom päpstlichen Hof zahlreiche Aufträge. Klemens XI. ernannte ihn 1704 für seine Restaurirung eines Theils der Fresken Raphaels im Vatikan und in der Farnesina sogar zum Ritter des Christusordens, und Innocenz XI. zum Aufseher der vatikanischen Zimmer, in welchem Amt ihn auch Innocenz XII. beließ. Ludwig XIV. von Frankreich verlieh ihm das Prädikat eines königlich französischen Hofmalers. M. † zu Rom 1713. Seine Werke, meist von kleinerem Format, so großen Beifall sie auch bei den Zeitgenossen fanden, tragen unverkennbar das Gepräge des Verfalls der italienischen Malerei an sich; die Milde u. Freundlichkeit seiner Bilder kann den Mangel origineller Kraft nicht verdecken. Als eins seiner gelungensten Gemälde gilt die Madonna mit der Glorie in S. Agostino zu Siena. Viele seiner Bilder wurden gestochen, M. selbst hat eine Anzahl guter Radirungen hinterlassen. Seine Tochter, Faustina M., machte sich als Dichterin u. Malerin bekannt; sie war mit dem Dichter Zappi vermählt.

Maravedi, altspanische Münze, war im frühen Mittelalter die Bezeichnung für das Gewicht, nach welchem die den Mauren abgenommene Beute (Morobotin) unter die Soldaten vertheilt wurde. Als Münze wurde der M. durch die Mauren in Spanien eingeführt, durch das Münzgesetz von 1848 aber abgeschafft u. durch den Real, eine Silbermünze, ersetzt. Die M.'s waren zuerst Gold- und Silbermünzen, seit 1474 aber Kupfermünzen. Der Kupferreal (Real de vellon), im Werthe von 2 Silbergroschen 8,93 Pf., hielt 34 M.'s, wonach der Werth des M. = 0,85 Pf. ist. Der M. de Plata, eine Silbermünze, war bis 1848 eigentlich ideal und der 34. Theil eines Real de Plata (5 Sgr. 4,25 Pf.) u. hatte einen Werth von 1,89 Pf.

Marbach, 1) Marktflecken im Erzherzogthum Oesterreich unter der Ens, Kreis Obermanhartsberg, am linken Donauufer, mit einem Graphitbergwerk u. einer Graphitgeschirrfabrik, zählt 960 Einw., die Weinbau treiben, hauptsächlich aber von dem lebhaften Verkehr mit den Wallfahrern nach Maria Taferl leben, einem berühmten, jährlich von über 100,000 Pilgern besuchten, auf einer Anhöhe gelegenen Wallfahrtsort mit einer 1661 erbauten hübschen und großen Wallfahrtskirche. — 2) Stadt im würtembergischen Neckarkreise, am Neckar, unweit oberhalb des Einflusses der Murr, Sitz des Oberamtes und mehrer Bezirksstellen, hat ein königliches Gestüt, Metallknopf- und Barchentfabrikation, Tuchmacherei, Färberei, Gerberei, Krapp-, Farbholz- und Mahlmühlen, Acker- und Weinbau und 2470 Einw. In der Nähe der Stadt steht die schöne, 1450—89 erbaute gothische Alexius- oder Alexanderkirche mit vielen Grabmälern. M. ist der Geburtsort von Tobias Mayer und Friedrich Schiller; in dem Geburtshause desselben ist die Büste des Dichters von Thorwaldsen aufgestellt. Auch wurde ihm auf einer nahen Anhöhe ein Denkmal errichtet, wozu an seinem 100. Geburtstage (1859) der Grundstein gelegt ward. Die vielen hier und in der Umgegend aufgefundenen Römerdenkmale lassen vermuthen, daß M. von den Römern gegründet worden; schon 950 war es Festung. Hier wurde am 14. September 1405 zwischen den schwäbischen Ständen und Städten ein Bündniß (marbacher Bund) geschlossen. M. war seit den ältesten Zeiten würtembergisch, wurde aber 1462 pfälzisches Lehn u. kam erst 1504 wieder an Würtemberg. Im Jahre 1693 wurde die Stadt von den Franzosen niedergebrannt, bei welcher Gelegenheit die Einwohner viel zu leiden hatten. Vergl. Cast, Beschreibung der Stadt M., Ludwigsburg 1836.

Marbach, Gotthard Oswald, deutscher Dichter u. Schriftsteller, geboren 1810 zu Jauer in Schlesien, ward erst Lehrer der Mathematik am Gymnasium zu Liegnitz, 1833 Privatdocent zu Leipzig und später Professor der Philosophie daselbst, in welcher Stellung er auch zum Hofrath ernannt wurde. Von seinen zahlreichen Schriften sind hervorzuheben: „Populäres physikalisches Lexikon“ (Leipzig 1833—37, 5 Bde.; 2. Aufl., das. 1858—1860, 6 Bde.); „Ueber moderne Literatur“ (das. 1836—38, 3 Bde.); „Lehrbuch der Geschichte der Philosophie“ (das. 1838 und 1841, 2 Bde.); „Gedichte“ (unter dem Pseudonamen Silesius Minor, das. 1826, 2. Aufl. 1838); „Buch der Liebe“ (das. 1839); die Novelle „Die Dioskuren“ (das. 1840, 2 Bde.); die Trauerspiele „Antigone“ (das. 1839), „Papst u. König“ (das. 1843), „Hippolyt“ (das. 1858), „Medeia“ (das. 1858) u. „Ein Weltuntergang“ (das. 1861). Er redigirte auch die Vierteljahrschrift „Jahreszeiten“ (Leipz. 1839 und 1840, 5 Bde.), von 1848 bis Oktober 1852 die „Leipziger Zeitung“ und gab die „Altdeutschen Volksbücher“ (das. 1838—42, 34 Bändchen), sowie eine „Uebersetzung des Nibelungenliedes“ (das. 1840 und 1841) heraus.

Marbella, Stadt in der spanischen Provinz Malaga, am mittelländischen Meer, eine alte, finstere Stadt von maurischer Bauart, mit alten Mauern umgeben, ist Sitz eines Bischofs, hat mehre Kirchen und Klöster, einen Hafen, ein Fort, Schmelztiegel- und Spielkartenfabrikation, Weinbau, 2 schöne Promenaden und 4869 Einwohner. In der Nähe sind mehre warme Mineralquellen mit Badeanstalt, 2 große Eisenhütten, Graphit-, Molybdän- und Bleibergwerke, prächtige Orangenhaine und ein großer Korkeichenwald.

Marblehead, Stadt im nordamerikanischen Freistaat Massachusetts, Grafschaft Essex, an einer Bai, mit 7650 Einw., ein bedeutender Einfuhrhafen. Der Hafen enthält 2 Leuchtthürme und wird durch das Fort Sewall vertheidigt.

Marbod (Marobod), Fürst der Markomannen (s. d.), hatte als Jüngling in Rom sich mit dem Kriegswesen u. der Staatskunst der Römer vertraut gemacht und durch seine edle Gestalt u. seinen Muth die Gunst des Augustus gewonnen. In sein Vaterland zurückgekehrt, führte er sein Volk aus dessen bisherigen Wohnsitzen zwischen Main und Neckar in das heutige Böhmen. Da er ein stehendes Heer von 70,000 Mann zu Fuß und 4000 Reitern bildete und sich mit benachbarten Völkern verbündete, wurden die Römer mißtrauisch gegen ihn, und 6 n. Chr. führte Tiberius große Heeresmassen gegen die Donau, und von Niederdeutschland brach Sentius Saturninus auf, um sich mit ihm zu vereinigen. Ein Aufstand der Völker Pannoniens und Dalmatiens zwang aber Tiberius, mit M. einen diesem vortheilhaften Frieden zu schließen. Nach der Schlacht im teutoburger Wald (9 n. Chr.) zerfiel M. mit Arminius (s. d.), u. es kam zum Krieg zwischen Beiden, in welchem die Longobarden u. Semnonen sich von M. trennten. Nach einer unentschiedenen Schlacht (17) zog sich M. in sein Reich zurück. Da ihn Viele der Seinen verließen, wandte er sich an Rom um Hülfe. Drusus, des Kaisers Stiefsohn, wurde zwar hierauf an die Donau gesandt, aber nur um durch heimliche Anschläge M.s völligen Untergang herbeizuführen. Er bediente sich dazu eines vornehmen Gothen, Catualda, der die markomannischen Großen gewann u. sich der Hauptstadt des Reichs bemächtigte (19). M. floh über die Donau nach Noricum und erhielt durch Tiberius Ravenna zum Aufenthaltsort angewiesen, wo er noch 18 Jahre lebte.

Marburg, 1) Hauptstadt der kurhessischen Provinz Oberhessen, an beiden Ufern der Lahn und an der Main-Weserbahn, liegt zum größeren Theil (die eigentliche Stadt) auf den Terrassen eines bis zum Flußufer allmählig sich abdachenden, mit einem alterthümlichen Schlosse gekrönten Bergrückens, am rechten, zum kleineren Theile (die Vorstadt Weidenhausen und die Stationsgebäude der Eisenbahn) am linken Lahnufer. Beide Stadttheile sind durch 2 Brücken verbunden. Das Innere von M. ist im Allgemeinen nicht schön; die Häuser sind meist alt, finster und geschwärzt, die Straßen steil u. zum Theil nur mittelst Treppen ersteigbar. Um so schöner ist dagegen das Bild, welches die vom Flußufer bis zum Schloß amphitheatralisch aufsteigende Stadt von außen gewährt. Zu den vorzüglichsten Gebäuden gehört vor allen das Schloß, ein prächtiger Bau in gothischem Styl aus verschiedenen Perioden, der aber durch mehrfachen Abbruch und Neubauten viel von seiner Alterthümlichkeit verloren hat. Der interessanteste Theil ist der schöne, vom Landgrafen Heinrich I. 1288 begonnene und 1312 vollendete, 116 Fuß lange Rittersaal, in welchem 1529 das marburger Religionsgespräch (s. unten) abgehalten wurde. Diesem schief gegenüber befindet sich die gleichzeitig erbaute, jetzt verbdete Schloßkirche; alle anderen Gebäude sind aus späterer Zeit. Das Schloß war ehemals Fürstensitz, jetzt dient es als Gefängniß. Außerdem sind zu bemerken: die von 1235—1383 vom deutschen Ritterorden erbaute Elisabethkirche, ein prachtvoller Bau im reinsten gothischen Styl mit 2 schönen Thürmen, dem auch nach seiner Beraubung durch die Franzosen noch prächtigen Grabdenkmale der heiligen Elisabeth und anderen Monumenten, Skulpturen, Glas- und Oelgemälden; die lutherische Pfarrkirche im gothischen Styl, im 13. Jahrhundert begonnen, aber erst im 15. vollendet, mit den Denkmälern der Landgrafen Ludwig IV. u. V., u. das Rathhaus mit einer kunstreichen Uhr. Unter den 5 Thoren hat nur noch eins seinen Thurmbau. Die Stadt ist Sitz der Regierung der Provinz Oberhessen, eines Konsistoriums, einer Garnison, der Bibelgesellschaft für Oberhessen und einer naturforschenden Gesellschaft. Die Universität wurde am 30. Mai 1527 vom Landgrafen Philipp dem Großmüthigen gegründet und aus eingezogenen Klostergütern reich dotirt, erhielt aber erst 1541 die kaiserliche Bestätigung u. wurde 1607 u. 1611 wegen der Pest kurze Zeit nach Frankenberg u. von da nach Treysa verlegt; sie besteht aus 4 Fakultäten u. wird gegenwärtig durchschnittlich von 250 Studenten besucht. Zu ihr gehören: eine Bibliothek von 100,000 Bänden, das staatswirthschaftliche Wilhelmsinstitut, ein philologisches Seminar, ein mathematisch-physikalisches, ein chemisches und ein pharmaceutisch-technisches Institut, eine pharmakognostische Sammlung, ein mineralogisches Kabinet, ein botanischer Garten, ein anatomisches, zoologisches und physiologisches Institut, eine medicinische und eine chirurgisch-klinische Lehranstalt und eine Entbindungs- u. Hebammenlehranstalt. Sie bildet eine besondere Korporation u. wird auf dem Landtag durch einen von ihr gewählten Abgeordneten vertreten. Vgl. Wachler, De origine etc. Academiae Marb., Marburg 1812; Justi, Taschenbuch der Vorzeit für das Jahr 1828, das. 1828. Außerdem hat M. noch ein Gymnasium, eine Zeichenakademie, Handwerks- und Realschule, ein Landkrankenhaus, Waisenhaus, Armenhaus, Hospital &c. Die Industrie besteht namentlich in Verfertigung irdener Geschirre (marburger Geschirr), in Fabrikation von Eisen- und Zinnwaaren, Tuchweberei, Lederfabrikation und Bierbrauerei. Die Bevölkerung betrug 1861 7689 Einwohner. Unter den durch Naturschönheit ausgezeichneten Umgebungen verdienen namentlich die zerfallenen Schlösser Frauenberg und Staufenberg, der St. Elisabethbrunnen bei Schröck und das Dorf Marbach mit einer Kaltwasserheilanstalt, sowie die schönen Anlagen der Spiegelslust und die Anlagen auf dem Lahnberge Erwähnung. Der Name der Stadt kommt urkundlich zu Anfang des 13. Jahrhunderts vor. Landgraf Ludwig der Heilige von Thüringen ertheilte ihr 1227 Stadtrechte, und nach dem Tode dieses Fürsten wurde M. zum Witthum für seine Wittwe Elisabeth bestimmt, die 1228 Besitz davon nahm. Dieselbe erbaute nächst der Lahn, am nordöstlichen Fuße des Schloßbergs, ein Hospital, worin sie der Pflege der Siechen und Armen lebte. Ihr Grab, über dem der deutsche Orden eine schöne Kirche erbaute, ward bald ein viel besuchter Wallfahrtsort. Schon beim Erlöschen des thüringischen Mannsstammes (1247) war M. die zweite Stadt Hessens, die Hauptstadt des Landes an der Lahn, die Burg aber wurde seitdem die mit Kassel wechselnde Residenz der hessischen Landgrafen. Landgraf Philipp der Großmüthige stiftete die Hochschule, die erste protestantische, und berief die bedeutendsten Reformatoren der lutherischen und reformirten Kirche, Luther und Melanchthon, Zwingli und Oecolampadius, 1529 zu einem Religionsgespräch nach M. Man disputirte vom 1.—4. Oktober über die Lehre vom Abendmahl, gelangte jedoch nicht zur Einigung, doch unterschrieben auch die reformirten Theologen die von Luther formulirten 15 Artikel (marburger Artikel) über die gemeinsamen reformatorischen Grundanschauungen (vgl. Schmitt,

Das Religionsgespräch zu M., Marburg 1840). Im dreißigjährigen Kriege hatten Stadt und Schloß viel zu leiden. Letzteres ward 1647 durch den hessenkasselschen Oberstlieutenant Stauf gegen die Kaiserlichen unter dem Grafen Holzappel so erfolgreich vertheidigt, daß nach einem Monat die Belagerer abziehen mußten, nachdem sie die Befestigungen der Stadt geschleift, vom Magistrat eine ansehnliche Summe erpreßt und die Stadt 2 Tage lang geplündert hatten. Auch der siebenjährige Krieg brachte viel Mißgeschick über M. Schon hatten seine Besitzer einige Male gewechselt, als es im Juli 1758 wieder von den Franzosen besetzt wurde. Zwar mußte die Besatzung sich einem Belagerungsheer der Verbündeten am 11. September 1759 ergeben, aber schon am 30. Juni 1760 fiel M. von Neuem in die Hände der Franzosen. Vergeblich versuchten die Verbündeten in der Nacht vom 14.—15. Februar 1761 eine Ueberrumpelung; nach einem blutigen Gefechte mußten sie zurückweichen. Eben so wenig glückten zwei Belagerungen, die im nächsten Monat u. Ende August 1762 vorgenommen wurden. Ende December 1806 war M. der Schauplatz der Erhebung der hessischen Bauern gegen die Franzosen, doch wurden jene bald zerstreut. Ein neuer, von dem greisen Oberst Emmerich am 24. Juli 1809 geleiteter Aufstand hatte denselben Erfolg; Emmerich selbst ward zu Kassel erschossen. Schon unter Landgraf Friedrich II. waren die städtischen Befestigungen von M. geschleift worden; 1810 und 1811 wurden nun auch die Befestigungen des Schlosses von den Franzosen gesprengt. Vgl. **Henninger**, M. und seine Umgebungen, Marb. 1857.

2) Hauptstadt des gleichnamigen **Kreises** (108,47 □Meilen mit 377,400 Einw.) im österreichischen Herzogthum Steiermark, auf einer Anhöhe am linken Ufer der Drau und an der Südbahn, hat ein Schloß, eine sehenswerthe Kathedrale, ein Gymnasium, ein Theater, Krankenhaus, Militärhospital u. mit den 3 Vorstädten 6294 Einwohner, welche Handel mit Korn, Pfirsichen, Wein (**Marwein**) u. Eisenwaaren treiben. M. ist Sitz des Fürstbischofs von Lavant. Dabei auf einem kegelförmigen Berge die Ruine **Obermarburg** und der seit 1846 befahrene berühmte Tunnel im Leitersberge, 353 Klaftern lang, 25 Fuß breit und 24 Fuß hoch. M. wurde 1481 von Matthias und 1529 dreimal von den Türken belagert u. bestürmt, indessen stets wieder entsetzt.

Marcantonio, Kupferstecher, s. **Raimondi**.

Marcaria, Marktflecken in der italienischen Provinz Cremona, links am Oglio, hat ein Schloß mit Garten, Meiereien, Mühlen und 7250 Einw.

Marcato (ital.), d. i. hervorgehoben, markirt, steht in Musikstücken bei einzelnen Stellen u. Stimmen, welche besonders ins Ohr fallend vorgetragen werden sollen.

Marc Aurel, s. v. a. Marcus Aurelius Antoninus, s. **Antoninus** 2).

Marceau, **François Séverin-Desgraviers**, General der französischen Republik, am 1. Mai 1769 zu Chartres geboren, trat früh in Militärdienste, befand sich bei Ausbruch der Revolution zu Paris in Garnison und ward hier zum Inspektor der Nationalgarde von Chartres ernannt. An der Spitze eines Bataillons Freiwilliger marschirte er 1792 an die obere Maas u. stand zur Zeit des Einrückens der Verbündeten in Verdun. Als nach zweitägiger Beschießung ein Aufstand der Bürger den Kommandanten zur Kapitulation zu zwingen suchte, widersetzte sich M. vergeblich der schimpflichen Uebergabe; er mußte als jüngster Offizier dem König von Preußen die Kapitulationsakte selbst überbringen. Bald nach diesem Ereigniß trat M. als Eskadronschef in ein Kürassierregiment und wurde 1793 in die Vendée gesendet. Da er sein Mißfallen an dem Bürgerkrieg nicht verhehlte, ward er vom Konventsdeputirten Bourbotte mit anderen Offizieren seines Regiments nach Tours in Haft gebracht, am Vorabend der Schlacht bei Saumur aber wieder freigegeben. In derselben rettete er Bourbotte das Leben u. ward hierfür zum Brigadegeneral ernannt. Im Jahre 1794 zu Klebers Nachfolger im Oberbefehl der beiden Westarmeen ernannt, focht M. mit Glück gegen die Vendéer, zog sich aber bald eine neue Verhaftung zu, da er einer jungen Vendéerin, die mit den Waffen in der Hand ergriffen worden war und deshalb erschossen werden sollte, das Leben rettete. Nur Bourbotte's Fürsprache rettete ihn vor der Guillotine, doch verlor er den Oberbefehl und erhielt eine Division der Ardennenarmee. In den beiden Schlachten bei Fleurus befehligte M. den rechten Flügel, mußte aber vor Erzherzog Karl zurückweichen. Nach dem allgemeinen Rückzug der Verbündeten besetzte er die Stadt u. Umgegend von Koblenz, und als Jourdan 1795 bei Düsseldorf den Rhein überschritt, wurde M.'s Division vor Ehrenbreitstein zurückgelassen. Der Gefahr, abgeschnitten zu werden, glücklich entgangen, marschirte er an die untere Nahe, um das Blokadecorps vor Mainz zu verstärken; er kam jedoch zu spät, und in mehren Gefechten mit den Oesterreichern war er unglücklich. Im Feldzuge von 1796 befehligte M. die zwei Divisionen, welche Jourdans rechten Flügel bildeten. Bei dessen Vorbringen in Franken erhielt M. den Oberbefehl über die zur Blokade vor Mainz, Ehrenbreitstein und Mannheim zurückgelassenen Truppen (28,500 Mann) und traf seine Maßregeln so gut, daß die noch stärkere österreichische Besatzung nichts zu unternehmen wagte. Nach den Schlachten vor Amberg u. Würzburg zog er sich nach der Lahn zurück, verlor auf dem Marsche einen nicht unbedeutenden Artilleriepark, vertheidigte aber 3 Tage lang mit Geschick die Brücken bei Limburg und ward nur durch den voreiligen Rückzug einer Division genöthigt, seine Stellung zu verlassen. Jourdan, der mit der Hauptarmee noch hinter Wetzlar stand, gerieth dadurch in große Gefahr, doch wußte M. durch geschickte Vertheidigung der starken Stellung bei Freilingen den Erzherzog aufzuhalten, wodurch jener einen Vorsprung gewann und das Defilé bei Altenkirchen ohne Verlust durchschnitt. Am 19. September drängten jedoch die Oesterreicher so ungestüm auf der limburger Straße vor, daß M. diese Stellung nicht länger zu behaupten vermochte. Um den Rückzug seiner Infanterie zu decken, führte er seine wenigen und schwachen Schwadronen dem Feind entgegen. Ein Büchsenschuß eines tyroler Jägers verwundete ihn tödtlich. Jourdan brachte ihn nach Altenkirchen, mußte ihn aber hier zurücklassen. Der Erzherzog befahl, ihm alle Sorgfalt zu widmen; M. † aber 3 Tage darauf, am 23. Sept. 1796. Sein Leichnam wurde später auf der Insel Weißenthurn neben General Hoche beigesetzt. Ein Denkmal, von der französischen Nation errichtet, bezeichnet die Stelle, wo er fiel.

Marcellin, St., Arrondissementshauptstadt im französischen Departement Isère, rechts an der Isère, hat einen Gerichtshof, ein Kommunalcollége, eine Musteranstalt für Seidenzucht, Runkelrübenzuckerfabrikation, Weinbau, Handel mit roher Seide, Garn, Leinwand, Oel, Vieh, trefflichem Ziegenkäse, sehr frequente Märkte und 3300 Einw.

Marcellina, Schülerin des Gnostikers Carpocrates in Alexandria, später in Rom, wo sie für die Verbreitung der Lehren ihres Meisters sehr thätig war. Von ihr heißen die Anhänger des Carpocrates auch Marcellianer oder Marcellianisten.

Marcelline, ein einfacher, glatter Seidenstoff, einfarbig in allen Couleuren, vorzüglich aber in Schwarz sehr in Gebrauch zu Frauenkleidern. Am schönsten liefern ihn die französischen Manufakturen; auch verfertigt man ihn sehr gut in der Schweiz.

Marcellinus, Papst von 296—304 oder 305, ließ sich in der Verfolgung des Kaisers Diocletian zum Abfall vom Christenthum verleiten und soll hingerichtet worden sein.

Marcellis, Otto, Maler, geboren um 1613 zu Amsterdam, war eine Zeitlang in London u. in Paris für die Königin Maria von Medici beschäftigt und hielt sich dann zu Florenz, Neapel u. Rom auf. Er lieferte besonders sehr genau ausgeführte Darstellungen von Pflanzen, Reptilien und Insekten. Er † 1673 zu Amsterdam. Seinen Beinamen Snuffelaer (Schnüffler) erhielt er von dem emsigen Aufsuchen der genannten Geschöpfe.

Marcello, Benedetto, berühmter Komponist und Dichter, geboren zu Venedig den 24. Juli 1686, bekleidete nach vollendeten wissenschaftlichen Studien das Amt eines Richters unter den sogenannten Vierzigern der Republik, wurde dann Provveditor zu Pola und endlich Kanzler oder Schatzmeister zu Brescia, wo er den 24. Juli 1739 †. Im Gegensatz zu den meisten Komponisten damaliger Zeit betrachtete M. die Poesie als ein unzertrennliches Halbtheil der Musik und führte dies in seinen Kompositionen bis zum Extrem durch. Die Anfeindungen, die er sich hierdurch zuzog, beantwortete er mit der beißenden Satire „Il Teatro alla moda“ und der „Lettera famigliari d'un academico filarmonico ed Arcade discorsiva sopra un libro di Duetti, Terzetti e Madrigali a piu voci“. Manche seiner musikalischen Werke, z. B. seine davidischen Psalmen, wurden in fast unzählbaren Auflagen erneuert (von Valle Venedig 1803, 8 Bde.) und gelten noch heute als klassische Meisterstücke ihrer Art. Außerdem sind von seinen Kompositionen hervorzuheben: eine Messe, mehre Lamentationen, ein Miserere, ein Salve Regina u. das Oratorium „Giuditta“, zu welchem er auch den Text geschrieben hatte. M. war auch ein ausgezeichneter Gesanglehrer; seine namhafteste Schülerin war Faustina Bordoni, nachherige Hasse.

Marcellus, römisch-plebejische Familie des claudischen Geschlechts, welche später zu den angeseheneren Optimatenfamilien gehörte. Die namhaftesten Glieder desselben sind:

1) Marcus Claudius M., vor 268 v. Chr. geboren, begann seine kriegerische Laufbahn in Sicilien und wurde später kurulischer Aedil und Augur. Während seines Konsulats (222) zeichnete er sich in einem, vielleicht von ihm muthwillig hervorgerufenen Kriege gegen die Gallier aus, indem er den feindlichen Anführer tödtete und den Feind bei Clastidium schlug. Trotz des in diesem Kriege erworbenen Ruhms spielte er im Anfang des zweiten punischen Kriegs keine bedeutende Rolle, wahrscheinlich in Folge der Machinationen seiner Gegner. Im Jahre 216 wurde er Prätor u. sollte als solcher nach Sicilien gehen; die Niederlage der Römer bei Cannä hielt ihn jedoch in Italien zurück. Er mußte besonders Nola gegen Hannibal decken u. wußte den gesunkenen Muth der Römer wieder zu heben. Dieselben ehrten ihn durch den Beinamen „Schwert Roms“. Anfangs 215 erhielt M. vom Volke ein prokonsularisches Imperium, kurz darauf wurde er zum zweiten Male zum Konsul ernannt, verzichtete jedoch auf die Würde wegen eines Formfehlers bei der Wahl und durchzog als Prokonsul mit einem Heere Samnium und schützte Nola. Im Jahre 214 wieder zum Konsul erwählt, begann er in dem in Sicilien zwischen Rom u. Syrakus ausgebrochenen Krieg die berühmte Belagerung dieser Stadt, welche 212 mit der Einnahme derselben endigte. Im Jahre 211 nach Rom zurückgerufen, erhielt er eine Ovation verwilligt. Im Jahre 210 bekleidete er zum vierten Male das Konsulat. In demselben Jahr erwählten ihn die Syrakusaner zu ihrem Patron und widmeten ihm ein jährliches Fest (Marcellia). Als Führer des Heeres, welches in Samnium, Apulien und Lukanien Hannibal beobtete, 209 von Hannibal bei Canusium geschlagen, ward er deshalb in Rom auf das heftigste angegriffen, rechtfertigte sich jedoch so glänzend, daß er für 208 zum fünften Male zum Konsul gewählt wurde. In diesem Jahre unterdrückte er die in Etrurien entstandenen Unruhen, fiel aber in einen Hinterhalt Hannibals, wahrscheinlich in der Nähe von Petilia. Seine Leiche wurde von Hannibal geehrt und seine Asche seinen Söhnen zugesendet. Sein Leben beschrieb Plutarch.

2) Marcus Claudius M., Konsul 51 v. Chr., Gegner Cäsars, rieth 49 vergeblich, erst ein Heer aufzustellen, bevor der Krieg gegen Cäsar erklärt würde, begleitete darauf den Pompejus und floh nach der Schlacht bei Pharsalus nach Mytilene. Er wurde nach Cicero's Vertheidigungrede „Pro Marcello“ von Cäsar begnadigt, aber auf der Rückkehr zu Athen im Mai 45 v. Chr. von einem Begleiter ermordet.

3) Marcus Claudius M., Sohn des Cajus Claudius M., der 50 v. Chr. Konsul war u. 40 †, u. der Octavia, der Schwester des Kaisers Augustus, ward ein Liebling des letztern, der ihn adoptirte und ihn 25 mit seiner Tochter Julia vermählte. Er † 23 v. Chr. zu Bajä, u. es ging die Vermuthung, daß ihn Livia habe vergiften lassen, um ihrem Sohne Tiberius die Nachfolge zu sichern. Augustus ließ ihn auf dem Marsfelde begraben, hielt ihm selbst die Leichenrede und weihte seinem Andenken das Theatrum Marcelli.

Marcellus, 1) Name von 2 Päpsten: a) M. I., Bischof von Rom 304—309, nach Andern 308—310, soll den Märtyrertod gestorben sein; sein Gedächtnißtag ist der 16. Jan. — b) M. II., hieß vorher Cervinus, geboren in Fano, war unter Paul III. päpstlicher Gesandter auf dem Koncil von Trient und bestieg 1555 als Nachfolger Julius' III. den päpstlichen

Stuhl, † aber schon 22 Tage später. Die „Missa Marcelli" von Palestrina ist nach ihm genannt.

2) Bischof von Ancyra in Galatien, eifriger Gegner der Arianer, wurde von den Orientalen wegen seiner dem sabellianischen System verwandten Darstellung der Lehre vom Sohn und Logos zu Konstantinopel 336 und zu Sirmium 351 exkommunicirt, bewies aber den abendländischen Bischöfen zu Rom 342 und zu Sardica 344 seine Rechtgläubigkeit und ward wieder in sein Bisthum eingesetzt. Dennoch blieb er und seine Partei, die Marcellianer, immer im Verdachte der Häresie. Er † 374. Vgl. Klose, Geschichte des M. u. Photin, Hamb. 1837.

Marcellus, 1) Louis Marie Auguste, Demartin du Tyrac, Graf von M., französischer Dichter, den 2. Febr. 1776 auf Schloß Marcellus in Guienne geboren, ward 1823 zum Pair ernannt, zog sich aber nach der Julirevolution auf sein Schloß zurück und † den 29. Dec. 1841. Er hat sich durch mehre Dichtungen bekannt gemacht.

2) Marie Louis Jean André Charles, Graf von M., namhafter französischer Hellenist u. Schriftsteller, den 19. Jan. 1795 geboren, Sohn des Vorigen, ward nach der Restauration mehrfach als Diplomat verwandt, trat jedoch nach der Julirevolution ins Privatleben zurück, sich ausschließlich literarisch beschäftigend. Von seinen Werken sind hervorzuheben: „Chants du peuple en Grèce" (Par. 1851, 2 Bde.); eine Ausgabe der „Dionysiaca" des Nonnus mit Uebersetzung (das. 1856); „Souvenirs diplomatiques" (das. 1858) und „Chateaubriand et son temps" (das. 1859).

Marcgravia *L.*, Pflanzengattung aus der Familie der Guttiferen, charakterisirt durch den ungleich 6theiligen, lederigen, bleibenden, dachigen Kelch, die kegelförmige, nach dem Verblühen am Grunde umschnittene u. abfällige Blumenkrone mit zahlreichen, am Grunde durch eine Haut verbundenen Staubgefäßen, die fast sitzende, dicke, bleibende Narbe und die lederige beerige Kapsel, kletternde Sträucher mit hängenden Zweigen im tropischen Südamerika, deren bekannteste Art, M. umbellata *L.*, ein 25—30 Fuß hoher, vermittelst Luftwurzeln an Bäumen, nach Art des Epheu, empor klimmender Strauch, mit hängenden blühenden Aesten, der in seinen Wurzeln, Stengeln und Blättern in der Heimat ein gutes Mittel gegen Syphilis liefert.

March, fruchtbare Landschaft im schweizer Kanton Schwyz, die sich längs der Linth 3 Stunden weit bis an das Südufer des Zürichersee's hinzieht, mit 10,700 Einw.; Hauptort ist Lachen.

March (Morawa), der Hauptfluß Mährens, der dem Lande Namen und Gedeihen gibt, fließt aus 3 Quellbächen: Mahr (Mora), Rauschbach und Goldbach, am südlichsten Abhange des glatzer Schneegebirgs zusammen, tritt in der Gegend von Schönberg aus den waldigen Höhen der Sudeten, hat aber noch mehr Verengungen, die letzte bei dem Dorf u. Berge Napagedl zu überstehen, bis sie endlich entschieden in ihr Tieflandbecken tritt. Zwischen wiesigen, im Unterlauf öfters sumpfigen Niederungen windet sie sich mit außerordentlich geringem Gefälle erst in südlicher, dann in südöstlicher, hierauf in südwestlicher, zuletzt wieder in südlicher Richtung dahin und umschlingt mit Armen wald- und buschbedeckte Werder. Bei Kremsier empfängt sie links aus den Beskiden die Beczwa, sowie weiter unten, unterhalb Göding, rechts die Thaya, welche alle Gewässer vom Osthange der mährischen Höhe mitbringt und mit der M. um den Rang des Hauptflusses wetteifert. Von der Thayamündung an bildet die M. die Grenze Oesterreichs gegen Ungarn. Nach einem Laufe von 47 Meilen mündet sie oberhalb Preßburg, bei Theben, links in die Donau. Bei Olmütz ist sie 300 Fuß, kurz vor der Mündung 1400 F. breit. Von Göding an wird sie für Fahrzeuge von 300—500 Centner schiffbar; in früheren Zeiten scheint sie aber weiter hinauf fahrbar gewesen zu sein.

March, Stadt in der englischen Grafschaft Cambridge, nordwestlich von Ely, am schiffbaren Nen, treibt Handel mit Getreide, Steinkohlen, Bauholz und hat 3600 Einwohner.

Marchand, Louis Joseph Narcisse, Graf, durch sein Verhältniß zu Napoleon I. bekannt geworden, den 28. März 1791 in Paris geboren, ward 1812 Kammerdiener bei Napoleon I., begleitete denselben 1815 nach St. Helena, wo er ihm auch als Sekretär diente, ward von demselben zu einem der drei Vollstrecker seines Testaments ernannt und erhielt einen Theil von dessen Bibliothek 2c. vermacht.

Marchantia *Raddi*, Pflanzengattung aus der Familie der Lebermoose, deren wichtigste Art: M. polymorpha *L.*, Stein-, Brunnen- oder Steinleberkraut, große, meist wie Eichenlaub gestaltete Lappen bildend, an Quellen und Brunnenstuben, auf feuchten Wiesen, überschwemmtem Sandboden, nassen Steinen und Mauern durch ganz Deutschland sehr häufig, einen eigenthümlichen, nicht unangenehmen Geruch u. einen gelind zusammenziehenden, etwas scharfen Geschmack besitzt u. früher als Herba Hepaticae fontanae s. Lichenis stellati s. petraei latifolii bei Leberkrankheiten, Verstopfungen im Unterleibe officinell war, jetzt aber obsolet und ziemlich vergessen ist.

Marche, ehemalige Provinz Frankreichs, im Innern des Landes zwischen Berri, Bourbonnais, Auvergne, Limousin, Guienne, Angoumois und Poitou gelegen, mit der Hauptstadt Guéret, umfaßte fast das ganze Departement Creuse und einen beträchtlichen Theil des Departements Obervienne und bildete früher einen Theil von Limousin (M. Limosine). Die Besitzer des Landes nannten sich nach der Hauptstadt desselben Grafen von Charroux; erst später nehmen sie den Namen Grafen von M. an. Graf Hugo XIII. verpfändete 1301 M. an den König Philipp den Schönen von Frankreich, der nach Hugo's Tode die Grafschaft einzog, worauf sie Philipp der Lange, nachdem er sie zur Pairie erhoben, seinem Bruder Karl zutheilte, der sie aber an Ludwig I., Herzog von Bourbon, vertauschte. Von diesem erbte sie sein Sohn Jakob I. von Bourbon, der sich Graf von La M. nannte. Die Erbtochter Jakobs II. von Bourbon, Eleonore, war mit Bernhard von Armagnac vermählt, der nach seines Schwiegervaters Tode (1438) den Namen eines Grafen von La M annahm und diesen Titel vom König Karl VII. bestätigt erhielt. Nach der Hinrichtung seines Sohnes, Jakobs von Armagnac, der sich gegen Ludwig XI. in eine Verschwörung eingelassen, erhielt der 4. Sohn Karls I., Herzogs von Bourbon, Peter von Bourbon, Herr von Beaujeu, die Grafschaft; derselbe hinterließ 1503 das Land seiner einzigen Tochter Susanne, Gemahlin Karls von Bourbon, Grafen von Montpensier.

Marche, 1) (la M.), Stadt im französischen Departement Vogesen, an der Mouzonquelle, hat Eisenwerke, Oelfabrikation und 1832 Einwohner. M. ist der Geburtsort des Marschalls Victor. — 2) (M.-en-Famenne), Hauptstadt des gleichnamigen Bezirks in der belgischen Provinz Luxemburg, Hauptort der Famenne (Pagus Falmiensis), eines fruchtbaren Kornlandes in den Ardennen, an der Eisenbahn von Luxemburg nach Namur, hat Spitzenfabrikation, Landbau, Getreidemühlen und 2329 Einw. M. ist der Stammort der Grafen de la M. und war früher befestigt.

Marchegg (Marcheck), Stadt im Erzherzogthum Oesterreich unter der Ens, Kreis Untermanhartsberg, an der March und der ungarischen Eisenbahn, mit alten Mauern, Schloß mit Bibliothek, Theater, Thiergarten, ausgedehntem Obstbau und 760 Einw.

Marchese (ital.), s. v. a. Marquis.

Marchesi, Pompeo, Cavaliere, berühmter Bildhauer, geboren 1790 in Mailand, bildete sich unter Canova am Studium der Alten und ward Professor an der Akademie zu Mailand. Mehr als irgend einem andern Nachfolger Canova's ist es ihm gelungen, in seinen Werken die höchste Weichheit und Grazie der Formen zu erreichen, ohne in Weichlichkeit zu verfallen. In allen seinen Kompositionen herrscht Einfachheit und Anmuth, Verstand u. Mäßigung. Seine Arbeiten sind neben einer Menge von Statuen und Porträts besonders die Reliefs am Simplonsbogen, eine Terpsichore und eine Venus Urania in Lebensgröße, die kolossalen Statuen des heiligen Ambrosius und des Königs Karl Emanuel, die Bildsäule Volta's und das Denkmal der Sängerin Malibran &c. Später fertigte M. die sitzende Statue Goethe's in Marmor für die Stadtbibliothek in Frankfurt, dann (mit Manfredoni) das 40 F. hohe Standbild Kaiser Franz' I. für Gratz und das Standbild desselben Kaisers für die Hofburg in Wien. Jahre lang beschäftigte ihn neben diesen Arbeiten eine kolossale Marmorgruppe, die gute Mutter oder die Feier des Charfreitags, welche 1852 in der Kirche San Carlo zu Mailand aufgestellt wurde u. eine Mater dolorosa mit dem Leichnam Christi darstellt. M. † den 6. Febr. 1858 zu Mailand.

Marchetto von Padua (Marchettus), nächst Franco von Köln der namhafteste Verbesserer des Mensuralgesangs, lebte zu Anfang des 14. Jahrhunderts. Auch förderte er die Lehre von der Harmonie und war einer der Ersten, welche bestimmte Regeln für dieselbe aufstellten, wonach Akkorde und Harmonienfolgen gebildet werden konnten. Von seinen Schriften theilt Gerbert im 3. Theile seiner „Scriptores de musica" zwei Abhandlungen mit: „Lucidarium in arte musicae planae" und „Pomerium de arte musicae mensuratae".

Marchfeld, steppenartige, kahle Ebene im Erzherzogthum Oesterreich unter der Ens, die sich am linken Ufer der Donau von den Bisambergen unweit Korneuburg 13 Stunden weit ostwärts bis zur Mündung der March u. nordwärts etwa 5 Stunden weit bis gegen Bockfließ ausdehnt. Es ist geschichtlich denkwürdig durch zwei nach demselben benannte Schlachten. Am 13. Juli 1260 schlug hier, bei dem Dorfe Kroissenbrunn, 2 Stunden nordwestlich von der Marchmündung, König Ottokar von Böhmen den König Bela IV. von Ungarn und eroberte Steiermark, welches seitdem bei Deutschland blieb. In der zweiten Schlacht, am 26. Aug. 1278, zwischen den Dörfern Weidenfeld und Jedensberg unweit der March, fiel derselbe Ottokar gegen den Kaiser Rudolf von Habsburg. Auch liegen auf dem M., Wien näher, die Schlachtfelder von Aspern und Wagram.

Marchi, Francesco, berühmter Militärbaumeister, geboren 1506 zu Bologna, diente zuerst dem Herzog Alexander Medici von Florenz, dann dem Papst, der ihm 1545 die Befestigung Roms übertrug, später dem Herzog Ottavio Farnese von Parma, der ihn mit der Leitung des Artilleriewesens, sowie der Befestigung von Piacenza betraute, darauf von 1559 in Brüssel Margarethe von Oesterreich, nach deren Rückkehr (1567) er in spanischen Diensten blieb. Er † 1598. Sein Werk „Della architettura militare libri tre" (Brescia 1599, Rom 1840, 4 Bde. mit 161 Kupfern) war in der Geschichte der Befestigungskunst epochemachend. Eine neue Ausgabe seiner Werke besorgte Marini (Rom 1810, 5 und 6 Bde.).

Marchia (neulat.), Mark, daher Name mehrer Grafschaften, z. B. der ehemaligen Grafschaft Mark.

Marchiennes, 1) (M.-Ville), Stadt im französischen Departement Nord, an der Scarpe, hat Strumpfwaaren- und Zuckerfabrikation, Gerberei, Brauerei, Branntweinbrennerei, starken Handel mit Obstbäumen, Spargel und Leinsaat u. 3180 Einw. — 2) (M.-au-Pont), Marktflecken in der belgischen Provinz Hennegau, Bezirk Charleroi, an der Eisenbahn von Charleroi nach Brüssel, hat Eisenwerke, Drahtzieherei, Steinkohlengruben und 6904 Einwohner.

Marchin, Dorf in der belgischen Provinz Lüttich, Bezirk Huy, am Hoyour, hat Eisengießerei, Drahtzieherei, Papierfabrikation und 3315 Einw.

Marciana Silva (lat.), Waldgebirg im Südwesten Germaniens, unfern des Ister, den Römern erst durch die Kriege mit den Markomannen bekannt geworden; der heutige Schwarzwald.

Marcianisi, Stadt in der italienischen Provinz Caserta, nordwestlich von Neapel, in sehr fruchtbarer Gegend, hat 6000 Einw.

Marciano, Dorf bei Lunignano in der italienischen Provinz Arezzo, mit 2400 Einw., bekannt durch den Sieg der Truppen des Kaisers Karl V. und des Herzogs Cosmo von Florenz über die Franzosen (3. Aug. 1554), zu dessen Andenken der Herzog 1562 den St. Stephansorden stiftete.

Marcianopolis, bedeutende, von Trajan gegründete Stadt in Mösien, lag an der Hauptstraße von Konstantinopel nach der Donau, westlich von Odessus, nahm unter der Herrschaft der Bulgaren den Namen Pristhlava an und heißt daher jetzt noch Preslaw, bei den Griechen aber auch Marcenopoli.

Marcianus, Flavius Julius Valerius, oströmischer Kaiser, in Thracien geboren, diente 19 Jahre lang unter Aspar und Ardabur, machte ihre Feldzüge gegen Arabien und Persien mit und wurde durch sie Tribun und Senator. Schon 60 Jahre alt von der römischen Kaiserin Pulcheria 450 zu ihrem Gemahl erhoben, beseitigte er viele Uebelstände in der Rechtspflege und Verwaltung. Gegen Attila, welcher die Fortzahlung des jährlichen Tributs verlangte, führte er eine würdige Sprache u. sandte, als sich dieser zuerst gegen das weströmische Reich wandte, Hülfstruppen nach Italien, schloß mit den Ostgothen Frieden und trat ohnehin verlorene Provinzen an sie ab. Ueberhaupt hob er durch seine Tüchtigkeit u. mit Hülfe seiner vortrefflichen Krieger Aspar u. Zeno das Ansehen der oströmischen Kaiser wieder.

Marcigny, Stadt im französischen Departement Saone-Loire, Arrondissement Charolles, an der Loire, hat Tischzeuchfabrikation, Getreidehandel und 2755 Einwohner.

Marcinelle, Fabrikdorf in der belgischen Provinz Hennegau, Bezirk Charleroi, an der Sambre, hat Hohöfen, Eisengießerei, Pulverfabrikation, Steinkohlengruben und 4700 Einwohner.

Marcion, der Stifter einer gnostischen Partei, der Sohn eines Bischofs zu Sinope im Pontus, in der ersten Hälfte des 2. Jahrhunderts geboren, wurde wegen häretischer Ansichten, nach Andern wegen einer Unsittlichkeit exkommunicirt, begab sich zwischen 140—150 nach Rom, widmete sich hier einem streng ascetischen Leben und schloß sich an den Syrer Cerdo an, dessen Lehren er weiter fortbildete. M. drängte den Gnosticismus von der Spekulation zur praktischen Ascese und verwarf den Unterschied zwischen der Gnosis und dem einfachen Glauben. Die Welt ist nach seiner Lehre das Werk eines untergeordneten Wesens, des Demiurgen, welcher den ewigen Weltstoff nach seiner beschränkten Kraft zu einer ihm ähnlichen Welt umbildete. Die Menschen von dem Joche des Demiurgen zu befreien, ließ sich der Aeon Christus in einem Scheinkörper nieder. M. forderte von seinen Anhängern, den Marcioniten, die sich in Fideles und Catechumeni theilten, ein streng ascetisches Leben mit Fasten und Enthaltung von der Ehe. Das Alte Testament verwarf er, und auch vom Neuen nahm er nur 10 paulinische Briefe an. Das Evangelium des M. war nach Einigen das nach seinem System bearbeitete Lucasevangelium, nach Anderen ein von dem letzteren unabhängiges, doch mit demselben verwandtes Evangelium, nach noch Andern die Grundlage des kanonischen Lucasevangeliums. Seine Anhänger erhielten sich unter mancherlei Verfolgungen in Aegypten und Syrien bis ins 5. Jahrhundert. Tertullian schrieb gegen M. das Buch „Contra Marcionem". Vergl. Hahn, De gnosi Marcionis antinomi, Königsberg 1820; Derselbe, Das Evangelium M.s in seiner ursprünglichen Gestalt, das. 1823; Ritschl, Das Evangelium M.s, Tübingen 1846; Hilgenfeld, Ueber die Evangelien Justins und M.s, Halle 1850.

Marcipan (v. Lat.), Gebäck aus Mandeln u. Zucker, welches besonders gut in Danzig, Königsberg, Lübeck u. Hamburg bereitet wird. Man zerreibt zur Darstellung desselben 1 Pfund feinste süße Mandeln, nachdem sie sorgfältig entschält worden sind, auf einem Reibstein mit etwas Rosenwasser und röstet sie mit ½ Pfund feinstem Zuckerpulver in einem kupfernen Kessel und unter beständigem Umrühren über gelindem Feuer, bis die Masse, wenn man mit der Oberseite der Hand darauf drückt, nicht mehr anklebt. Hierauf wird die Masse zusammengeknetet und unter Zusatz von ¼—½ Pfund Zucker zu allerlei Formen verarbeitet und getrocknet oder leicht gebacken.

Marcius, altes römisches Geschlecht, zu dessen berühmtesten Mitgliedern Ancus M. (s. d.) und Cnejus M. Coriolanus (s. Coriolanus) gehören.

Marco Polo, s. Polo.

Marculf, französischer Mönch, sammelte um 660 Formulare, welche die älteste Geschichte der französischen Kirchen und Klöster betreffende Urkunden enthalten, herausgegeben von Bignon, Paris 1613. Vergl. Seidensticker, De Marculfinis formulis, Jena 1815.

Marcus, der Evangelist, mit seinem israelitischen Namen Johannes, daher auch Johannes M. genannt, der Sohn der Maria, in deren Hause zu Jerusalem sich zur Zeit der Hinrichtung des Jacobus die Christen versammelten, der Vetter des Barnabas, stammte aus dem Geschlechte Levi und wurde wahrscheinlich von Petrus zum Christenthum bekehrt. Er ward erst Begleiter des Apostels Paulus auf dessen erster Missionsreise, trennte sich aber zu Perga von demselben. Als bei der zweiten Missionsreise Barnabas den M. wieder mitzunehmen wünschte, hielt es Paulus nicht für zulässig. Die beiden Missionäre trennten sich in Folge dessen, und Barnabas nahm den M. mit sich nach Cypern. Später scheint sich letzterer eine Zeitlang an Petrus angeschlossen und in dessen Gesellschaft sich nach Babylon begeben zu haben. Nach der kirchlichen Sage war er der Hermeneut des Petrus, befand sich auch zu Rom bei demselben, gründete, nachdem er sein Evangelium geschrieben, eine christliche Gemeinde in Alexandria und bereiste sodann als Missionär Libyen. Zeit und Ort seines Todes sind ungewiß. Venedig wählte ihn zu seinem Schutzheiligen, da eine Legende sein Grab dahin verlegt. Ueber das unter seinem Namen im neutestamentlichen Kanon befindliche Evangelium s. Evangelien.

Marcus Eugenicus, Papst, bestieg den römischen Stuhl als Nachfolger Sylvesters I. 336, † aber schon nach 9 Monaten.

Marcy, William Larned, nordamerikanischer Staatsmann, den 12. December 1786 zu Sturbridge im Staate Massachusetts geboren, studirte auf der Brownuniversität zu Providence in Rhode-Island und ließ sich dann zu Troy im Staate Newyork als Advokat nieder. Nach der Kriegserklärung von Seiten Englands 1812 trat er als Freiwilliger in die Armee, erwarb sich bald ein Lieutenantspatent, wandte sich aber nach Abschluß des Friedens wieder der advokatorischen Praxis zu und ward 1816 zum Syndikus der Stadt Troy erwählt, welches Amt er bis 1818 führte. Im Jahre 1821 zum Stabschef der Miliz des Staats Newyork ernannt, nahm er seinen Wohnsitz zu Albany, wo er seit 1823 das Amt eines Kontroleurs der Finanzen bekleidete. Im Jahre 1829 ward er zum Gerichtsbeisitzer am höchsten Gerichtshof von Newyork, 1831 zum Senator im Kongreß und 1833 zum Gouverneur des Staats Newyork erwählt, welchen Posten er bis 1838 bekleidete, wo die demokratische Partei bei den Wahlen unterlag. Unter Polks Präsidentschaft (1845—49) war er Kriegssekretär und gehörte zu den einflußreichsten Gliedern des Kabinets. Unter Taylor trat er aus, übernahm aber unter Pierce 1853 das Portefeuille des Auswärtigen, das er mit Mäßigung und Klugheit führte. Mit dem Regierungsantritt Buchanans 1857 schied M. aus dem

Kabinet und † am 4. Juli 1857 im Bade Ballston in der Grafschaft Saratoga des Staats Newyork. Er schrieb Mehres über Staatsangelegenheiten, Seerecht ꝛc.

Marder (Wiesel, Mustela *L.*), Säugethiergattung aus der Ordnung der Raubthiere, ausgezeichnet durch den langgestreckten Körper mit gebogenem Rücken, die zugespitzte Schnauze, die glatte Zunge, die abgerundeten und kurzen Ohren, die 5zehigen Füße mit kurzen Krallen und behaarten Sohlen, den buschigen Schwanz und die Drüsen am After, welche einen starken Geruch verbreiten, meist nächtliche Thiere, welche über die ganze Erde, Australien ausgenommen, verbreitet sind. Sie klettern gut, schlüpfen durch Löcher, welche kaum die Größe ihres Kopfes haben, sind listig, scheu, blutdürstig und deshalb dem Federvieh und kleineren Säugethieren und Vögeln gefährlich, nützen aber durch Vertilgung von Ratten und Mäusen. Der Edelmarder oder Baumkmarder (M. Martes *L.*, Martes abietum) ist eines der schädlichsten unter den kleineren Raubthieren Europa's. Die Länge seines Körpers beträgt etwa 20, die des Schwanzes 11—12, die Höhe am Widerrist 10 Zoll. Der Pelz ist oben dunkelbraun, an der Schnauze fahl, an Stirn und Wangen lichtbraun, an den Seiten und am Bauche gelblich, an den Beinen schwarzbraun, am Schwanze dunkelbraun. Unterhalb der Ohren zieht sich ein schmaler, dunkelbrauner Streifen hin. Zwischen den Hinterbeinen befindet sich ein röthlichgelber, dunkelbraun gesäumter Flecken, welcher sich manchmal in einem schmutzig gelben Streifen bis zur Kehle fortsetzt. Diese und der Unterhals sind schön dottergelb gefärbt, woran man vornehmlich den Edelmarder erkennt. Die Behaarung ist dicht, weich und glänzend und besteht aus ziemlich langen, steifen Grannenhaaren und kurzem, feinem Wollhaar, welches an den vorderen Theilen des Körpers weißgraue, an den hinteren und an den Seiten aber gelbliche Färbung hat. An der Oberlippe stehen 4 Reihen von Schnurrhaaren und außerdem einzelne Borstenhaare unter den Augenwinkeln, sowie unter dem Kinn und an der Kehle. Im Winter ist die Färbung des Pelzes im Allgemeinen dunkler als im Sommer. Das Weibchen unterscheidet sich vom Männchen durch blassere Färbung des Rückens. Bei jungen Edelmardern sind Kehle und Unterhals heller gefärbt. Der Baummarder ist in allen bewaldeten Gegenden der nördlichen Erdhälfte einheimisch, in Europa besonders in Skandinavien, Rußland, England, Deutschland, Frankreich, Ungarn und Italien, in Asien bis zum Altai und südlich bis zu den Quellen des Jenisei. Die größten Exemplare finden sich in Schweden, und zwar mit weit dichterem und langhaarigerem Pelz als bei uns. In Deutschland finden sich mehr gelbbraune als dunkelbraune, welche letztere namentlich in Tyrol vorkommen. Der Edelmarder bewohnt die Laub- und Nadelwälder als ächtes Baumthier. Er benutzt hohle Bäume, Eichhorns- und Raubvögelhorste, manchmal auch Felsenklüfte als Ruhestätten. Im Klettern und Springen sucht er Seinesgleichen, treibt an stillen Orten sein Wesen auch am Tage, ist scheu, listig und höchst mordsüchtig. Seine Nahrung besteht aus Mäusen, Eichhörnchen, die er wie im Fluge von Baum zu Baum verfolgt, Auer-, Birk- und Haselhühnern, Rebhühnern, Tauben, Enten, Eiern, Kaninchen, Hasen. Aus der Schlinge holt er die gefangenen Vögel und die Vogelbeeren, frißt auch Birnen, Kirschen, Pflaumen, Honig. Die Paarungszeit fällt in den Januar oder Februar. Ende März oder Anfangs April wirft das Weibchen 3 bis 5 Junge, die der Mutter schon nach wenigen Wochen auf die Bäume folgen, sich auch leicht auffüttern lassen, aber ihre angeborne Wildheit in der Gefangenschaft selten verlieren. Der Baummarder ist ein Gegenstand eifriger Jagd, sowohl wegen des Schadens, der er unter Haus- und Waldthieren anrichtet, als wegen seines schönen Felles. Dieses ist ein leichter, warmer und angenehmer Pelz und wird besonders in Rußland zu Pelzfuttern verbraucht. Die schönsten Felle liefert Norwegen, dann Schottland und nun nach der Reihe Italien, Schweden, Norddeutschland, Schweiz, die bayerische Hochebene, die Tatarei, Rußland, die Türkei und Ungarn. Früher waren Galle und Koth, Fel et Stercus Martis, officinell; jetzt ist beides längst aus dem Arzneischatze verbannt. Der schwarze, moschusartig riechende Koth wurde innerlich in Pulverform gegeben, und es sollen mit demselben Moschusbeutel verfälscht werden. Der Hausmarder oder Steinmarder (M. Foina *Briss.*) unterscheidet sich von dem vorigen hauptsächlich durch seine etwas geringere Größe, die verhältnißmäßig kürzeren Beine, den langen Kopf und den kürzer behaarten, am ganzen Körper, mit Ausnahme des Halses und der Vorderbrust, welche weiß, und der Beine, welche schwarzbraun sind, kastanienbraunen Pelzes. Die Länge des Körpers beträgt etwa 17, die des Schwanzes 9 Zoll. Der Steinmarder findet sich in ganz Mitteleuropa, in Deutschland, Frankreich, Italien, England, Schweden, dem gemäßigten europäischen Rußland bis zum Ural u. in der Krim. In den Alpen steigt er während der Sommermonate über den Gürtel der Tanne empor, im Winter sucht er gewöhnlich tiefer liegende Gegenden auf. Er kommt häufiger vor als der Edelmarder und nähert sich weit mehr als jener den Wohnungen der Menschen, wie denn Verstecke in Häusern, Scheunen, altem Gemäuer, großen Holzstößen ꝛc. sein Lieblingsaufenthalt sind. In Lebensweise und Manieren stimmt er ganz mit dem Edelmarder überein; er ist ebenso lebendig, gewandt, muthig, listig und mordsüchtig wie jener. Er schwimmt auch mit Leichtigkeit, zwängt sich durch die engsten Ritzen, bricht in die Wohnungen des Hausgeflügels ein und würgt hier mit unersättlicher Blutgier, oft 10—20 Stück, und schleppt dann eins mit sich fort. Auch Eier raubt er, wo er kann, fängt Mäuse, Ratten, Eichhörnchen, Kaninchen, allerhand Vögel, zuweilen auch Blindschleichen. Obst, als Kirschen, Pflaumen, Aprikosen, Birnen, Weinbeeren, Stachelbeeren, auch Vogelbeeren, Hanf, Honig, frißt er ebenfalls sehr gern. Die Paarungszeit ist im Februar; im April oder Mai wirft das Weibchen 3—5 blinde Junge, welche sich sehr leicht zähmen und selbst abrichten lassen. Der Pelz des Steinmarders wird besonders in Rußland, Polen, Amerika, England und Frankreich zu Pelzfuttern und Garnituren benutzt, auch vielfach gefärbt. Die schönsten Felle kommen aus Ungarn u. der Türkei. Man fängt die M. durch aufgestellte Marderfallen u. Tellereisen. Von dem Pekan oder canadischen M. (M. canadensis), der 2 F. lang u. von röthlichbrauner, an den Beinen, dem Schwanz und der Unterseite mehr brauner Färbung und über ganz Nordamerika verbreitet ist, kommen die werthvollen amerikanischen Zobelfelle, und zwar liefern die Küstenländer der Hudsonsbai, der Grand Wale River, der Little Wale River, East Maine und die Küste Labradors die kostbarsten Felle. Viel geringer sind die Felle, die südlich vom Lorenzbusen, Fort York, Mackenzie River und Moose River kommen. Die meisten Felle werden in England verbraucht, mit den Schweifen werden Damenpelze und Mützen besetzt. Das Frett oder Frettchen (s. d.), der Hermelin (s. d.), der Iltis (s. d.), das eigentliche Wiesel (s. d.) und der Zobel (s. d.) gehören gleichfalls dieser Gattung an.

Mardin (Maredin), Stadt im asiatisch-türkischen Ejalet Diarbekr, liegt terrassenförmig an der Südseite eines hohen nackten Felsens, dessen Gipfel eine Festung trägt, und zählt 12—15,000 Einwohner, wovon etwa $^{2}/_{3}$ Christen, namentlich unirte Armenier und Jakobiten, sind. Für letztere bildet M. den Mittelpunkt ihrer Kirchengemeinschaft; ihr Patriarch wohnt in dem nahen Kloster Der-Saferan.

Maréchal (franz.), eigentlich Schmied, Hufschmied; s. v. a. Marschall (s. d.). M. de camp, M. de France, M. de l'empire, s. General und Marschall; M. de logis, s. v. a. Quartiermeister.

Maréchaussée (franz.), vormals berittene Polizeiwache in Frankreich, welche seit der Revolution durch die Gensdarmerie ersetzt ist.

Marée (franz.), jeder gesalzene Seefisch; Ebbe und Fluth.

Marekanit, s. Obsidian.

Maremmen (vom lat. maritima, am Meere gelegen), in Toskana die in Folge ihrer Versumpfung von der Malaria heimgesuchten Küstenstriche, Ebenen und Hügellandschaften am Mittelmeer. Schon im ebenen Mündungsland des Secchio u. Arno beginnend und als schmaler Streifen bis gegen Spezzia reichend, breiten sie sich jenseits des gesund gelegenen Livorno, auf 20 Meilen Länge und 2—4 Meilen Breite, von Rosignano bis zur Grenze des Kirchenstaats aus als die zusammenhängenden, 58 QM. umfassenden M. im engeren Sinne, wo, wie in der südlich sich daran anschließenden Maritima des Kirchenstaats, die am heftigsten vom Juni bis Oktober herrschenden Fieber das Land entvölkert haben. Zur Zeit der Etrusker und der Volsker war diese Küste ein mit zahlreichen Städten besetztes Land, zur Römerzeit schon wegen seiner Fieber im Sommer von den Wohlhabenden geflohen, aber noch von einer der Hauptverkehrsadern Italiens, der Via Aemilia Scauri, durchzogen; selbst noch im Mittelalter lagen auf allen Hügeln befestigte, jetzt meist verfallene Flecken u. Burgen. Jetzt sind die M. eine menschenleere und vom Menschen geflohene, aber mit reicher Vegetation bekleidete Wildniß, voll Waldungen, Nadelwälder von Pinus Pinaster, Strandkiefern, vor Allem aber voll Laubgehölz von zum Theil immergrünen Sträuchern und Bäumen, von Stein- und Korkeichen, Kastanien, Lentiscus und Myrtengebüsch, von Cistrosen u. a., die nur von ausgedehnten Weideländereien und in den Niederungen von pflanzenreichen Sümpfen unterbrochen sind. Nur sehr wenig Land, Weide- oder Waldland, wird jährlich zum Getreidebau neu umgebrochen. Meilenweit trifft man oft nicht eine einzige menschliche Wohnung an. Einige wenige Ortschaften liegen auf der Spitze von Hügeln, fast aller Anbau ist ebenfalls auf den Höhen, und selbst die Wege umgehen die ungesunde Tiefe der Thäler und Ebenen und bleiben auf den Höhen. Nur zerstreute Pachthöfe (casali) gibt es, deren Pächter den Sommer über in den Bergstädtchen wohnen, während auf den Höhen selbst der Verwalter mit wenigen Tagelöhnern wenigstens bis zur vollendeten Ernte sich aufhält. Nur Armuth und Höhe der Löhne bringen noch Leute in das geflohene Land, von dem der Umwohner sagt: in der Maremme wird man in Einem Jahr reich und stirbt in 6 Monaten. Nur der Forsthüter, der den Forst überwacht (denn das Kohlenbrennen liefert einen Hauptertrag der Maremme), und der Büffelhirt mit seinen halbwilden Heerden sind die ständigen Bewohner der M. zur Sommers- und Winterszeit. In der Fieberzeit findet der Mensch einigen Schutz im Schatten der Waldungen auf den Dünen, wo der Seewind dazu die Luft etwas erfrischt und verbessert. Der Büffel liegt während der Hitze des Tages bis zum Hals im Sumpf. Nur zur Winterszeit wird die Maremme belebter, denn vom Oktober bis gegen Juni weiden in derselben Heerden von Rindern, Pferden, Ziegen, Schweinen und vor Allem von Schafen, welche den Sommer ins Gebirge getrieben werden, in den M. aber gegen billigen Pachtzins im Freien überwintern. Dann lockt auch der Reichthum an Wild manchen jagdliebenden Städter in die M.; denn die Eichenwälder sind reich an wilden Schweinen, und Wassergeflügel findet sich in Menge auf den Sümpfen ein. In dieser gegenwärtigen Waldwildniß liegen zahlreiche Ruinen verschiedener Zeitalter, von denen alter, einst reicher, großer Etruskerstädte an, von denen manche, wie Populonia, schon zu Strabo's Zeiten fast ganz in Trümmer lagen, bis zu den Burg- und Klosterruinen des Mittelalters, viele überwuchert von Vegetation. Dazu zeugen die vielen verwilderten Oelbäume und Weinstöcke für einst weit ausgedehnteren Anbau. Die Ursache dieser großen Verödung eines an sich fruchtbaren, einst bevölkerten Landes ist nichts Anderes, als die Malaria, die in einem großen Theil der italienischen Küstenlandschaft herrscht. Ueber die Ursachen derselben gibt es viele, sehr verschiedenartige Meinungen. Hier in den toskanischen M. ist aber offenbar die im Laufe der Jahrhunderte immer weiter fortgeschrittene Versumpfung die Hauptursache derselben. Die während des ganzen Sommers herrschenden Südwinde haben vor den Mündungen der zahlreichen, vom Hügel- und Bergland herabkommenden Bäche den Sand zu Dünen (tromboli) aufgehäuft, hinter denen sich die ausgedehntesten Sümpfe, vor Allem an der Cecina, der Cornia und an dem Ombrone gebildet haben. Die meisten der kleineren Bäche verlieren sich zwischen den bewaldeten Dünen, ohne das Meer zu erreichen; der Ausfluß der größeren Flüsse ist dadurch wenigstens gehemmt, während doch das Seewasser bei der Fluth eindringen kann. Das theilweise Austrocknen der Sümpfe im regenlosen Sommer, die Verwesung der vielen Pflanzen, worunter zahlreiche Charen, u. der Thiere, die sie bewohnen, verschlechtert vor Allem die Luft, welche der Südwind tief in die Thäler hineinweht. Wenn im September der Regen beginnt und die Fäulniß des im Boden aufgehäuften organischen Stoffs beschleunigt, erreicht das Fieber seinen Höhepunkt. Vom Oktober an ist das Land dann gesünder. Schon im vorigen Jahrhundert beginnen die Versuche, die M. wieder bewohnbar zu machen, und zwar suchte man dies durch den Anbau des Landes zu bewerkstelligen, indem man das Land an der Cecina und dem Ombrone parcellirte und Landleute zur Ansiedelung darauf veranlaßte. Doch mißglückte die Sache, indem die Kolonisten entweder dem Fieber erlagen, oder entflohen. Nur bei Livorno gelang es durch den Bau von Schleußen, welche den Ausfluß des Wassers zur Ebbezeit in die See gestatten und das Eindringen des Meerwassers ins Land hindern, das Land wenigstens theilweise zu entsumpfen und die Malaria zu bewältigen, oder wenigstens zu mindern. Viareggio, 1733 nur von 330 Einwohnern, armen Schiffern und Galeerensträflingen, bewohnt, wo jährlich 1 Todesfall auf 15 Bewohner kam, ist gegenwärtig ein blühender Ort mit Villen. Im Val Chiana schaffte man Hülfe durch die Colmaten oder Ausfüllungen durch den Schlamm des Flusses selbst, indem man den Fluß aufstaute, so daß er allen seinen Schlamm absetzen und, dadurch den Thalboden erhöhend, selbst ein größeres Gefälle sich verschaffen mußte, worauf sein versumpfter Thalboden in Fruchtländereien umgewandelt werden konnte. Dieses System, durch Aufstauen der Flüsse die Ausfüllung der Sümpfe sowohl, wie die Erhöhung des Thalbodens zu bewerkstelligen, ist seit 1828 auch in anderen Theilen der M. eingeführt worden. Von 1828—48 wurden 16½ Millionen Lire hierfür aufgewendet, und auch gegenwärtig haben diese, natürlich nur langsam vor sich gehenden Entsumpfungen ihren Fortgang, so daß zu hoffen steht, daß bei konsequentem Verfolgen des Zieles eine Zeit kommen wird, in der die Maremme, wenn auch nicht völlig von Fiebern befreit, doch anbaufähig sein wird, weil die Fieber ihren tödtlichen Charakter verloren haben werden. Was den geognostischen Bau der M. anlangt, so bestehen alle niederen Hügel aus versteinerungsreichem jüngeren Tertiärgebirge, bedeckt mit ausgedehnten Süßwasserablagerungen (massa marittima) in horizontaler Lagerung. In den untersten Schichten finden sich Braunkohlenablagerungen, darüber ein großer Reichthum von Gyps, begleitet von Steinsalz. Volterra liefert den schönsten Alabaster. Aus diesem Tertiärland erheben sich, in mehren von Südsüdosten nach Nordnordwesten verlaufenden Zügen, Inseln von älteren Sedimenten, worunter auch schöne Marmore und Jaspise, und von Gabbro u. Serpentin, die für Italien durch reiche Kupferlagerstätten (Monte Catini, Campiglia u. a. O.) wichtig sind. Diesen Aufbruchspalten folgen auch die zahlreichen heißen Schwefelquellen und Kohlensäuerlinge, die Quellen von heißen Wasserdämpfen u. Gasen, darunter brennbarer Kohlenwasserstoff. Im Hügellande westlich von der Cecina, im Süden von Volterra, liegen zum Theil in öden Thälern die durch ihre Borsäureführung wichtigen siedenden Sümpfe, Lagoni oder Fumacchi, bei Viterbo Bulicani, deren wichtigste die von Larbarello sind (früher Monte Cerboli), nach dem Franzosen Larbarel genannt, dem es gelang, die Schwierigkeiten einer billigen fabrikmäßigen Gewinnung der Borsäure zu überwinden.

Marenco, Carlo, italienischer dramatischer Dichter, 1800 zu Cassolo in der piemontesischen Provinz Lomellina geboren, erhielt seine erste Erziehung zu Ceva und studirte zu Turin die Rechte, beschäftigte sich aber daneben, seit 1821 ausschließlich mit Literatur und Poesie. In der Tragödie „Levita d'Efraim“ schloß sich M. der alfieri'schen Richtung an, doch übten später die Tragödien A. Manzoni's einen entscheidenden Einfluß auf ihn aus. Sein erstes Drama, „Bondelmonte“, wurde in Turin im Frühjahr 1828 aufgeführt. Ihm folgte bis 1842 eine ganze Reihe von Tragödien und Dramen, die sämmtlich Episoden aus der vaterländischen Geschichte behandeln. Im Frühjahr 1843 entzog ihn seine Ernennung zum Rath der Generalintendanz von Sarona seiner literarischen Beschäftigung in Ceva, doch † er schon am 20. Sept. dieses Jahres. M.'s Dichtungen zeichnen sich durch geistvolle, vor Allem aber äußerst treue Charakterzeichnung, Wärme der Darstellung und gewandte Sprache aus, doch konnte es M. in keiner zu einer vollständigen Unabhängigkeit von Lieblingsvorbildern bringen. Gesammelt erschienen sie Turin 1835—42, 4 Bde.

Marend (das alte Maranda), Stadt in der persischen Provinz Aserbeidschan, nordwestlich von Tebriz, in einem an Gärten und Dörfern reichen Gebiete, hat eine Festung und eine Moschee, in welcher nach der Sage die Mutter Noahs, die hier den ersten Weinstock pflanzte, begraben liegt, und zählt 1000 Häuser. Daneben in weitem Umfange die Trümmer der alten Stadt.

Marengo, Dorf in der sardinischen Provinz Alessandria, in sumpfiger Gegend, am Flusse Bormida, bekannt geworden durch den am 14. Juni 1800 hier erfochtenen Sieg des Konsuls Bonaparte über die Oesterreicher unter Melas. Letzterer, wenige Tage zuvor geschlagen, sah sich im Hauptquartier zu Alessandria von allen Seiten bedrängt, war aber entschlossen, sich durch eine Schlacht den Weg nach Mantua zu bahnen. Bonaparte hatte sein Hauptquartier in Torre-di-Garofolo, während sein Heer am 13. Juni auf der Straße von Piacenza nach Alessandria in die große Ebene zwischen der Sievia und Bormida einrückte und bis zum Dorf San-Giuliano, dann ¾ Stunde weiter bis M. vordrang. Letzteres lag nahe an der Bormida und bildete den Hauptpaß, welchen die österreichische Armee, um aus Alessandria abziehen zu können, erobern mußte. In und um M. nahm General Victor mit zwei Divisionen Stellung, Lannes stand in der Ebene zwischen M. und Castel-Ceriolo, Murat mit der ganzen Kavallerie neben ihm, zusammen mit ungefähr 16,000 Mann. Desaix war mit der Division Boudot von Bonaparte nach Novi geschickt worden, um Melas diese Straße zu verlegen, und die Division Monnier war als Reserve im Hauptquartier geblieben. Nach dem Plane Melas' sollte am 14. Juni die ganze Armee die Brücken der Bormida überschreiten. Dann sollte General Ott mit 10,000 Mann links nach Castel-Ceriolo rücken, die Generale Haddick und Kaim M. als den Schlüssel der Ebene mit der Hauptmasse der Armee, gegen 20,000 Mann, einnehmen u. endlich General Oreilly mit 5—6000 Mann rechts an der Bormida hinaufrücken. Die Artillerie sollte diese Bewegung unterstützen. Mit Tagesanbruch rückte die österreichische Armee über die beiden Bormidabrücken, doch ging ihre Bewegung nur langsam von Statten, da sie nur Einen Brückenkopf zum

Debouchiren hatte. Oreilly stieß jenseit des Flusses auf die Division Gardanne, welche Victor, nach Besetzung M.'s, vorgeschoben hatte, und drängte sie in das Dorf zurück. Nach 3 Stunden hatte endlich die ganze Armee den Fluß überschritten. Haddick und Kaim deployirten hinter Oreilly und Ott zog nach Castel-Ceriolo ab. Victor zog sofort seine beiden Divisionen zur Vertheidigung M.'s zusammen und meldete dem ersten Konsul, daß die ganze österreichische Armee vorrücke und augenscheinlich eine Schlacht beabsichtige. Er stellte 2 Halbbrigaden unter Gardanne auf seinen rechten Flügel, d. h. in den Flecken M., 3 andere unter Chambarlhac links davon und Kellermann mit 3 Kavallerieregimentern dahinter. An der Fontanone, einem schlammigen Bach, entspann sich ein heftiger Kampf. Haddicks Corps drang wiederholt vor, ward aber von Rivaud zurückgeworfen; Haddick selbst wurde tödtlich verwundet. Jetzt ließ Melas Kaims Truppen vorrücken und befahl dem General Oreilly, bis Stortigliona zu gehen und durch die Kavallerie Pilati die Linke der Franzosen angreifen zu lassen. Kellermann und Lannes waren zwischen M. und Castel-Ceriolo in die Schlachtreihe gerückt. Die Oesterreicher unternahmen einen neuen Angriff; das Kleingewehrfeuer der Franzosen lichtete aber schnell die Truppen des Generals Kaim. Unterdessen war es Pilati gelungen, mit 2000 Pferden über die Fontanone zu setzen. Kellermann warf sie jedoch in das schlammige Bett des Gewässers zurück. Melas bereitete einen dritten Angriff vor. Ott gelang es endlich, Lannes, der den rechten Flügel der französischen Linie bildete, zu überflügeln, und inzwischen wurden auch die wiedergesammelten Corps von Oreilly, Haddick und Kaim abermals bei M. gegen die Fontanone geführt. Schon hatte ein Bataillon von Lattermanns Grenadieren diesseits der Fontanone Stand gefaßt, als Rivaud an der Spitze der 44. Halbbrigade aus M. hervorbrang. Allein furchtbare Geschützsalven hemmten die erschöpften Truppen, und Rivaud selbst wurde verwundet. Diesen Augenblick benutzend, drangen Lattermanns Grenadiere in Masse in M. ein. Rivaud warf sie zwar wieder aus dem Dorfe, vermochte sie aber, von einem furchtbaren Geschützfeuer empfangen, nicht wieder über den Bach zurückzutreiben und mußte, vom Blutverlust geschwächt, das Schlachtfeld verlassen. Gleichzeitig wurde die Division Chambarlhac fast zermalmt. Während Oreilly den linken Flügel zu umgehen begann, sah sich Lannes auf dem rechten Flügel von Ott umgangen, so daß die französische Armee jeden Rückhalt verloren hatte. In dieser verzweifelten Lage erschien der erste Konsul mit der Konsulargarde auf dem Schlachtfelde. Sofort sendete Bonaparte die 800 Grenadiere der Konsulargarde in die Ebene vor, um die feindliche Kavallerie aufzuhalten, bis die Division Monnier anlange, während rechts neben ihnen zwei gerade eintreffende Halbbrigaden Monniers sich nach Castel-Ceriolo wendeten, das verlorene Terrain wieder gewannen und sich in den Gärten des Fleckens festsetzten. In demselben Augenblick kam Bonaparte mit der 72. Halbbrigade Lannes' linkem Flügel zu Hülfe, während Dupont die Trümmer von Victors Corps zu sammeln begann. Der Kampf entbrannte nun von Neuem. Die Grenadiere der Konsulargarde standen auf dem Schlachtfelde im Quarré und füllten die Lücken zwischen Lannes und den in die ersten Häuser von Castel-Ceriolo eingedrungenen Kolonnen von Saint-Cyr aus. Melas brach endlich aus M. hervor und warf Gardanne's erschöpfte Soldaten zurück. Die Division Chambarlhac, die fortwährend im Feuer einer ungeheuern Geschützeszahl gestanden, ward von Oreilly vollends zerschmettert. Bonaparte befahl zwar, nach und nach das Feld zu räumen; während aber sein linker Flügel rasch bis San-Giuliano, wo er eine Deckung suchte, zurückwich, behauptete er selbst fortwährend die rechte Seite der Ebene und gab sie nur langsam auf. Unterdessen waren die Oesterreicher in Masse aus M. in die Ebene vorgedrungen, und 80 Feuerschlünde lichteten die feindlichen Reihen. Lannes verrichtete noch beim Rückzuge Wunder der Tapferkeit. Die Konsulargarde wich endlich vor dem Geschützfeuer, aber ohne sich aufzulösen. Saint-Cyr ging ebenfalls zurück und gab Castel-Ceriolo auf, behielt jedoch in den Weinbergen dahinter einen Stützpunkt. Melas kehrte nach Alessandria zurück, übergab dem General Zach den Oberbefehl und fertigte Kuriere mit der Siegesnachricht ab. Da erschien um 3 Uhr Nachmittags Desaix mit 6000 Mann frischer Truppen auf dem Schlachtfelde. Von Bonaparte um seine Ansicht befragt, überblickte er das verheerte Schlachtfeld und antwortete: „Ja, die Schlacht ist verloren; allein es ist erst 3 Uhr, es ist noch Zeit, eine Schlacht zu gewinnen". Bonaparte beschloß, die Schlacht nochmals aufzunehmen. Desaix' drei Halbbrigaden wurden vor San-Giuliano etwas rechts neben der Landstraße aufgestellt, durch eine leichte Terrainwelle dem Feinde verborgen. Links vor ihnen standen die gesammelten Ueberbleibsel von Chambarlhac und Gardanne unter General Victor, rechts in der Ebene Lannes, dann schloß sich die Konsulargarde, hierauf Saint-Cyr an. Die Armee bildete also eine schräge Linie von San-Giuliano bis Castel-Ceriolo. Zwischen Desaix und Lannes, etwas rückwärts, war in einem Intervall Kellermanns Kavallerie aufgestellt. Eine Batterie Zwölfpfünder, der einzige Ueberrest von der ganzen Artillerie der Armee, war vor der Fronte von Desaix' Corps vertheilt. Bonaparte durchritt die Reihen seiner Soldaten und schloß seine Ansprache mit den Worten: „Vergeßt nicht, daß ich auf dem Schlachtfelde zu schlafen gewohnt bin." Desaix drang an der Spitze seiner Kolonne vor, ward aber sogleich tödtlich verwundet, und seine Truppen mußten mit großem Verlust der Uebermacht weichen. Da stürmte Kellermann mit seiner Kavalleriebrigade gegen Lattermanns Grenadiere heran, die, von allen Seiten bedrängt, nebst dem General Zach die Waffen streckten. Bonaparte benutzte den Vortheil, stürzte sich auf das Centrum des seiner Führer beraubten Feindes und überwältigte die sehr getrennten Kolonnen einzeln. Der Rückzug der Oesterreicher artete bald in wilde Flucht hinter die Bormida unter die Mauern von Alessandria aus. Der Verlust war im Verhältniß zur Anzahl der Streiter ein sehr bedeutender. Die Oesterreicher verloren ungefähr 8000, die Franzosen 6000 Mann an Todten und Verwundeten; die ersteren 4000, die letzten etwa 1000 Mann an Gefangenen. Die Folgen des Siegs, den Bonaparte nicht Kellermann, sondern Desaix zuschrieb, waren unermeßlich. Kraft der am 15. Juni in Alessandria von Melas unterschriebenen

Uebereinkunft mußten die Oesterreicher dem Sieger ganz Piemont, das genuesische Gebiet, das Herzogthum Parma nebst sämmtlichen Festungen dieser Länder, sowie den größten Theil der Lombardei mit dem Kastell von Mailand überlassen. Die österreichische Armee behielt ihre Waffen, Geschütze und Fuhrwerke, mußte sich jedoch hinter den Mincio zurückziehen.

Marennes, Stadt im französischen Departement Untere Charente, nahe an der Küste, zwischen dem Hafen von Prouage und der Mündung der Soudre gelegen, von salzigen Sümpfen eingeschlossen, daher ungesund, mit Salzbereitung, lebhaftem Handel mit Salz, Wein, Branntwein, Hülsenfrüchten, Mais, Senf, Austern ꝛc., Civil- und Handelstribunal und 4450 Einwohnern.

Mareotis, im Alterthum Landschaft Unterägyptens, westlich vom eigentlichen Delta, brachte einen guten Wein hervor. Hauptstadt war Marea, am südlichen Ufer des nach ihr benannten See's; noch jetzt Mariouth.

Maret, 1) Hugues Bernard, Herzog von Bassano, berühmter französischer Diplomat, den 1. Mai 1763 zu Dijon geboren, trat zuerst in das Militär ein, wandte sich aber bald der Rechtswissenschaft zu, ward 1783 Advokat beim Parlament von Bourgogne und 1785 zu Paris, wo er seit 1789 mit Méjean das „Bulletin de l'Assemblée" redigirte und viel mit dem Artillerielieutenant Bonaparte, mit dem er in demselben Hause wohnte, verkehrte. Anfangs hielt sich M. zu den Jakobinern, 1791 wandte er sich aber der konstitutionell-monarchischen Partei zu u. wurde Mitgründer des Klubs der Feuillants. Im Jahre 1792 erhielt er unter Lebrun das Ministerium des Auswärtigen übertragen u. ging gegen Ende des Jahres als Gesandter nach England, wurde aber dort abgewiesen. Bei einer gesandtschaftlichen Reise nach Neapel im Sommer 1793 wurde er in Graubünden von den Oesterreichern festgenommen und in Kufstein in Tyrol gefangen gehalten, bis er im Juli 1795 mit den von Dumouriez ausgelieferten Konventsmitgliedern gegen die Tochter Ludwigs XVI. ausgewechselt ward. Im Jahre 1796 in den Rath der Fünfhundert gewählt, betheiligte er sich in dieser Stellung im Auftrag des Direktoriums an den Friedensverhandlungen zu Lille. Bonaparte ernannte ihn im Dec. 1799 zum Generalsekretär der Konsuln, welche Stelle dann für seine Person zu einem förmlichen Staatssekretariat erhoben wurde, u. betraute ihn mit vielen wichtigen Missionen. Auch redigirte M. meist die Bulletins. Im Jahre 1811 erfolgte seine Ernennung zum Senator, zum Herzog von Bassano und zum Minister des Auswärtigen. Zwar stimmte er gegen den Zug nach Rußland, begleitete indessen auf demselben den Kaiser, wurde in Wilna zum Chef der provisorischen polnischen Regierung eingesetzt, leitete das ganze Magazinwesen der französischen Armee und führte dabei fast allein die Unterhandlungen mit dem diplomatischen Corps. Als die französische Armee den Rückzug antreten mußte, übernahm er in Paris das Kriegsministerium und verlangte von dem Senat die Aushebung von 350,000 Mann. Als seine Unterhandlungen mit den Alliirten fehl schlugen, mußte er das Ministerium an Caulaincourt abgeben, blieb aber in dem vollen Vertrauen des Kaisers. Im Jahre 1814 wohnte er dem Kongreß von Chatillon bei und war dann der einzige Minister, der bei der Abdankung Napoleons I. zu Fontainebleau zugegen war. Während der hundert Tage übernahm er wieder das Staatssekretariat und schlug nach der Schlacht bei Waterloo jedes ihm angetragene Amt aus. Deshalb bei den Bourbons in Ungnade gefallen und aus Frankreich verbannt, ging er nach der Schweiz, ward aber dort 1816 von den Oesterreichern für kurze Zeit verhaftet. Darauf lebte er erst in Linz und Grätz, bis er 1819 die Erlaubniß zur Rückkehr nach Frankreich erhielt. Die Anschuldigung, daß er den Ministern Karls X. den Staatsstreich von 1830 angerathen habe, ist unbegründet, vielmehr schrieb er ein Mémoire ganz im entgegengesetzten Sinn. Unter der Dynastie Orléans wurde M. am 20. November 1834 mit Cuvier, Drouet d'Erlon und Anderen zum Pair und am 10. Nov. 1835 zum Präsidenten eines Ministeriums im Sinne der Tiers-parti ernannt, nahm aber, angeblich weil der Hof die allgemeine Amnestie verweigerte, schon am 18. Nov. seine Entlassung und zog sich seitdem von den Staatsgeschäften zurück; in der Pairskammer hielt er sich zur gemäßigten Opposition. Er † zu Paris am 13. Mai 1839.

2) Napoléon Joseph Hugues M., Herzog von Bassano, französischer Senator, geboren den 3. Juli 1803, Sohn des Vorigen, fungirte seit dem 9. Febr. 1852 eine Zeitlang als außerordentlicher französischer Gesandter und bevollmächtigter Minister zu Brüssel und ward den 31. Dec. 1852 zum Senator und Oberkammerherrn des Kaisers ernannt.

Marezoll, 1) Johann Gottlob, namhafter protestantischer Kanzelredner, den 25. Dec. 1761 zu Plauen geboren, studirte in Leipzig Theologie und ward, nachdem er sich durch die Veröffentlichung einiger Predigten und die Schrift „Das Christenthum ohne Geschichte und Einkleidung" (Leipzig 1787) bekannt gemacht, Universitätsprediger in Göttingen, von wo er 1794 als Hauptpastor der deutschen Petrikirche nach Kopenhagen ging. Seit 1803 Superintendent in Jena, † er hier den 15. Jan. 1828. Sein „Andachtsbuch für das weibliche Geschlecht" (Leipzig 1788—89, 2 Bde.; 4. Aufl. 1817) wurde in mehre Sprachen übersetzt. Sammlungen seiner Predigten gaben Schott (Neustadt 1829) und Apelt (Altenb. 1840) heraus. Auch seine Tochter, Luise, geboren 1793 in Göttingen, gegenwärtig in Leipzig, hat sich als Schriftstellerin bekannt gemacht.

2) Gustav Ludwig Theodor, berühmter Rechtsgelehrter, Sohn des Vorigen, geboren den 13. Febr. 1794 zu Göttingen, studirte in Jena und Göttingen die Rechte, habilitirte sich an ersterer Universität für das römische Recht und ging 1817 als außerordentlicher Professor nach Gießen, wo er bald darauf als ordentlicher Professor angestellt wurde. Im Jahre 1826 ward er Mitglied des Oberappellationsgerichts und folgte 1837 einem Rufe nach Leipzig, wo er im Juni 1863 in den Ruhestand versetzt wurde. Von seinen Werken sind hervorzuheben: „Lehrbuch des Naturrechts" (Gießen 1818), worin er die historische Richtung seines Lehrers Hugo mit den Grundsätzen der kantschen Philosophie zu durchdringen suchte; „Ueber die bürgerliche Ehre, ihre gänzliche Aufhebung und theilweise Schmälerung" (das. 1824); „Lehrbuch der Insti-

tutionen" (Leipzig 1839, 7. Aufl. 1862); „Das gemeine deutsche Kriminalrecht" (3. Aufl., das. 1855), welches namentlich mit Rücksicht auf Vorträge über die Modifikationen einzelner Länder verabfaßt ist. Außerdem betheiligte er sich an Grolmanns u. Löhrs „Magazin" mit einer Reihe von „Abhandlungen, Bemerkungen, Zweifeln und Vermuthungen über einzelne Fragen aus dem römischen Civilrecht" und gab mit Linde und Wening-Ingenheim, später mit Schrötter eine „Zeitschrift für Civilrecht u. Prozeß" (Gießen 1827 ff.) heraus.

Marforio (ital.), Name der großen verstümmelten Marmorstatue eines liegenden Flußgottes, welche jetzt in dem Hofe eines Flügels vom Kapitol in Rom an der Wand steht, und an welche sonst, wie am Pasquino, allerlei Pasquinaden angeheftet zu werden pflegten.

Margarethe (Margreth, vom lat. margarita, Perle), weiblicher Vorname, abgekürzt Grete und Meta. Die merkwürdigsten Trägerinnen des Namens sind:

1) Heilige: a) M. von Antiochia, lebte, nach der Legende, zur Zeit des Kaisers Diocletian, ward durch ihre Amme zum Christenthum bekehrt, deshalb von ihrem Vater verstoßen und weidete hierauf Schafe. Von dem römischen Präfekten Olybrius, dessen Liebe sie nicht erwiederte, ins Gefängniß geworfen, wurde sie hier vom Teufel, der ihr in Drachengestalt erschien, zur Nachgiebigkeit gegen Olybrius ermuntert, trat aber den Versucher unter die Füße (so von Raphael gemalt) und wurde hierauf enthauptet. Ihr Gedächtnißtag ist der 16. Juni. Sie gilt als Schutzheilige der Schwangeren.

b) M. von Schottland, 1046 aus der Familie Eduards des Bekenners geboren, vermählte sich 1070 mit Malcolm III. von Schottland, milderte viele rohe Volkssitten, war sehr mildthätig und erbaute mehre Kirchen. Sie † den 16. Nov. 1093, ward 1251 kanonisirt und zur Patronie Schottlands erhoben. Ihr Tag ist der 16. Juni. Nach ihr der Margarethentrunk benannt, der letzte Trunk bei einem Zechgelage, bei dem stehend das Gratias gebetet wurde.

2) M., die Semiramis des Nordens, Königin von Dänemark, Norwegen u. Schweden, Tochter des Königs Waldemar III. von Dänemark, geboren zu Kopenhagen 1353, vermählte sich 1363 mit Hakon VIII. von Norwegen, ergriff nach dem Tode ihres Vaters 1374 für ihren unmündigen Sohn Olav die Zügel der Regierung Dänemarks und folgte jenem 1386 auch in Norwegen. Sie einigte sich mit der Hansa über den Besitz von Schonen, sicherte durch Abtretung Schleswigs an Holstein ihre Südgrenze und stand eben im Begriff, ihren Plan der Vereinigung der drei skandinavischen Reiche durch Waffengewalt auszuführen, als Olav 1387 starb. Dennoch wurde sie Königin von Dänemark und setzte durch, daß die Norweger den fünfjährigen Erich von Pommern zum König erwählten, ihr aber die Regentschaft ließen (1388). Sie eilte hierauf zur Unterstützung der Unzufriedenen nach Schweden und wurde bald der wichtigsten Festungen Herr. Die stolze Sicherheit, in welcher König Albrecht von Schweden ihr einen Wetzstein sandte, um Nadeln und Scheeren darauf zu schleifen, brachte ihn um den Sieg in der Schlacht bei Falköping (1388), worauf sie auch den schwedischen Thron bestieg u. durch die kalmarische Union (12. Juli 1397) die Vereinigung der drei Reiche sanktionirte; Gothland, welches allein Albrecht noch geblieben war, das er aber an den deutschen Orden überlassen mußte, kaufte M. von diesem um 9000 Noblen. Die Aufbringung dieser Summe wurde von ihr vorzüglich den Schweden und Norwegern zugemuthet, was große Unzufriedenheit hervorrief. Die Niederlage, welche Graf Gerhard von Holstein 1404 von den Dithmarschen erlitten hatte, benutzte M., um auch Schleswig wieder enger mit Dänemark zu verbinden. Seit 1406 zog sie sich von den Regierungsgeschäften mehr und mehr zurück und überließ sie in Norwegen und Dänemark dem König Erich, den sie mit der Tochter Heinrichs IV. von England vermählte. Eben hatte sie den 1410 neu ausgebrochenen Krieg mit Holstein durch den Frieden von Flensburg beendet, als sie den 28. Okt. 1412 auf Schloß Duburg daselbst ein Opfer der Pest wurde. Von einnehmendem und imponirendem Aeußern, geistreich, beredt, klug, muthig und charakterfest, erwarb sich M. den Beinamen der Semiramis des Nordens.

3) M. von Anjou, Tochter des Königs Renatus von Anjou, Titularkönigs von Neapel, u. der Isabella von Lothringen, geboren den 23. März 1429, ward am 22. April 1445 mit Heinrich VI. von England vermählt. Geistvoll und unternehmend, mit den Reizen, aber nicht mit den Tugenden ihres Geschlechts ausgestattet, wußte sie sich bald einen großen Einfluß zu verschaffen. Sie benutzte denselben, den Regenten, den Herzog von Gloucester, zu stürzen, und regierte sodann mit dem Herzog von Suffolk, hierauf mit ihrem Günstling, dem Herzog von Somerset, wodurch sie das Haus York verletzte und den Krieg zwischen der weißen und rothen Rose hervorrief. Im Kampfe mit der Partei des Hauses York, welches ihr vorwarf, daß der von ihr 1453 geborene Prinz Eduard untergeschoben sei, entwickelte M. eine seltene Geisteskraft und beherrschte auf gleiche Weise die Politik wie das Heer. Richard von York verlor gegen sie bei Wakefield (31. Dec. 1460) Sieg u. Leben; sein Haupt ließ sie mit einer papiernen Krone über dem Thor von York aufstecken. Desgleichen überwand sie am 15. Febr. 1461 den Grafen von Warwick im Treffen bei St. Albans. Ihre Versuche, den von Warwick zum Throne gerufenen Eduard IV. zu verdrängen, liefen aber unglücklich ab. Sie mußte sich an die schottischen Grenzen zurückziehen, hatte zwar bald wieder ein Heer von 60,000 Mann gesammelt, verlor aber die furchtbare Schlacht bei Towton (29. Mai 1461) u. floh hierauf, nachdem das Parlament das Haus Lancaster geächtet, über Schottland nach Frankreich zu Ludwig XI., der ihr unter der Bedingung der Auslieferung von Calais 2000 Soldaten bewilligte. Mit dieser durch englische Flüchtlinge verstärkten Macht drang sie aus Schottland in Northumberland ein, unterlag aber wiederum vollständig in der Schlacht bei Herham (15. Mai 1463). Verfolgt mit ihrem Sohne in einem Wald umherirrend, fiel sie Räubern in die Hände, erhielt aber von diesen die nöthigen Mittel zur Flucht nach Frankreich. Hier söhnte Ludwig XI. sie mit ihrem Todfeind Warwick aus. Am Tage der Schlacht bei Barnet (14. April 1471), wo dieser fiel, landete M. in England bei Weymouth, ward aber bei Tewkesbury (4. Mai) mit ihrem Anhang von Eduard VI. völlig

geschlagen u. fiel mit ihrem Sohne in die Hände ihres Gegners. Sie mußte zu London am 22. Mai ihren Sohn und ihren Gemahl vor ihren Augen ermorden sehen und ward selbst in den Tower gesetzt, bis sie, dem Vertrag zu Pecquigny zufolge, 1475 gegen 50,000 Kronen unter Frankreichs Vermittelung von ihrem Vater ausgelöst wurde, worauf sie nach Frankreich ging; sie † daselbst den 25. Aug. 1482.

4) M. (Margot) von Frankreich oder von Valois, die Tochter Heinrichs II. und der Katharina von Medici, wurde den 14. Mai 1552 zu Fontainebleau geboren u. am Hof ihrer Brüder Franz' II. und Karls IX. erzogen. Hier trat sie in ein vertrautes Verhältniß zu dem Herzog von Guise, ward aber durch politische Rücksichten genöthigt, ihre Hand dem König Heinrich von Navarra, dem spätern Heinrich IV. von Frankreich, zu reichen. Die Vermählung, welche als ein Versöhnungsfest der Katholiken und Hugenotten den 18. August 1572 gefeiert wurde, gab das Signal zu den Greueln der Bartholomäusnacht (s. Hugenotten). Heinrichs Liebe erwarb sie sich nie, obschon sie seit 1578 eine Zeitlang in Pau bei ihm lebte. Ein Zwist mit ihm über die Ausübung des katholischen Gottesdienstes veranlaßte ihre Rückkehr nach Paris, doch zog ihr hier ihr zügelloses Leben solche Demüthigungen am Hofe Heinrichs III. zu, daß ihr Gemahl sie zu sich nach Béarn zurückberief. Als Sixtus V. 1585 ihren Gemahl exkommunicirte, ergriff M. selbst die Waffen gegen denselben. Ihren Versuch, das ihr zum Witthum ausgesetzte Agénois zu behaupten, mußte sie zwar aufgeben, doch gelang es ihr, sich in der Auvergne des Schlosses Usson zu bemächtigen, indem sie den Marquis von Canellac, der sie dorthin gefangen gesetzt hatte, mit ihren Liebesnetzen umstrickt hielt. Heinrich IV. machte ihr bei seiner Thronbesteigung in Frankreich den Vorschlag einer Trennung ihrer kinderlosen Ehe. Doch willigte M. erst 1599 ein, nach dem Tode der Gabriele d'Estrées, da sie fürchtete, Heinrich würde sich mit dieser vermählen. Seit 1606 lebte sie zu Paris in galantem, frommem und wissenschaftlichem Verkehr mit den ausgezeichnetsten Geistern der Zeit, bis sie am 27. März 1615 als der letzte Sprößling des Hauses Valois †. M.'s Memoiren erschienen Paris 1626 u. öfters (deutsch von Schlegel, Leipz. 1803); ihre Briefe wurden neuerdings von Guessard gesammelt. Auch Gedichte hinterließ sie, die in einem naiven u. leichten Styl geschrieben sind.

5) M. von Valois od. von Navarra, Tochter des Herzogs von Angoulême, Karls von Orléans, und der Luise von Savoyen, geboren zu Angoulême den 11. April 1492, wurde am Hofe Ludwigs XII. erzogen und vermählte sich 1509 mit Karl, dem letzten Herzog von Alençon, erstem Prinzen von Geblüt u. Connetable von Frankreich. Nachdem dieser 1525 gestorben war, begab sie sich zu ihrem in Madrid in Haft befindlichen Bruder, dem nachmaligen König Franz I., der sich schon vorher vielfach ihres Raths bedient hatte. Im Jahre 1527 vermählte sie sich in zweiter Ehe mit Henri d'Albret, König von Navarra, welchem sie Jeanne d'Albret, die Mutter Heinrichs IV., gebar. Nach ihres Gemahls Tode (1544) führte sie die Regierung über Béarn allein fort und that viel für Förderung des Ackerbau's, der Wissenschaft und Kunst. Schon längere Zeit hatte sie sich dem Protestantismus zugeneigt, wie namentlich ihre Schrift „Miroir de l'âme de la pécheresse" (1533) bekundet, die von der Sorbonne verboten wurde, doch trat sie nicht offen zur evangelischen Kirche über, bekannte sich vielmehr kurz vor ihrem Tode, der am 21. Dec. 1549 auf Schloß Ortez in Bigorre erfolgte, ausdrücklich zur katholischen Konfession. M. hinterließ eine Reihe von Schriften in Prosa und Versen, die eine große Gewandtheit des Styls verrathen, aber, obschon M.'s Leben selbst tadellos war, den leichtfertigen Geist jener Zeit athmen. Hervorzuheben sind aus ihnen: „Heptaméron des nouvelles" (Paris 1559; Amsterdam 1698; Bern 1780—81, 3 Bde.; Paris 1853, 3 Bde.; neue Aufl., das. 1857), eine Sammlung von Erzählungen im Geschmack des Boccaccio, die zuerst 1558 unter dem Titel „Les amants fortunés" erschienen waren, u. „Marguerites de la Marguerite des princesses" (Lyon 1547, Paris 1554), eine Auswahl von Gedichten, von ihrem Kammerdiener Jean de la Haye veröffentlicht. Ihren Briefwechsel veröffentlichte im Auftrag der Regierung Genin (Paris 1841).

6) M. von Parma, natürliche Tochter des Kaisers Karl V. u. der Johanna van der Gheenst, geboren 1522, ward am Hof in Brüssel erzogen und in erster Ehe mit Alessandro von Medici, in zweiter 1538 mit Ottavio Farnese, Herzog von Parma und Piacenza, vermählt. Bekannt mit den Sitten des niederländischen Volks und eingeweiht in die von Spanien zu Brüssel beobachtete Politik, ward sie 1559 von Philipp II. zur Statthalterin der Niederlande ernannt, in welchem Amte ihr anfangs Granvella zur Seite stand. Sie bewies unter den schwierigsten Verhältnissen große Umsicht, u. vielleicht wäre es ihr noch gelungen, die Niederlande zu beruhigen; als aber im August 1567 Alba mit ausgedehnten Vollmachten erschien, die ihre Würde zu einem bloßen Titel machten, entsagte sie auch diesem und ging zu ihrem Gemahl nach Italien, wo sie 1586 zu Ortona †.

7) M. von Oesterreich, Tochter des Kaisers Maximilian I. und der Maria von Burgund, den 10. Januar 1480 geboren, wurde am französischen Hof erzogen, da sie nach dem Vertrag von 1480 die Gemahlin Karls VIII. werden sollte, kehrte aber nach dessen Vermählung mit Anna von Bretagne 1492 zu ihrem Vater zurück. Ihr neuer Verlobter, der Infant Juan von Spanien, starb noch in demselben Jahre, und auch Herzog Philibert II. von Savoyen, mit dem sie sich 1501 vermählte, schon 1504. Ihr Vater übertrug ihr darauf die Regentschaft der Niederlande, die sie klug regierte und sorgsam gegen die Reformation abzusperren suchte. An dem Zustandekommen des Friedens von Cambray hatte sie den wesentlichsten Antheil. Sie † zu Mecheln den 1. December 1530; 1850 ward ihr daselbst ein Denkmal errichtet. Ihren „Discours de ses infortunes et de sa vie", sowie ihre vor den Ständen gehaltenen Reden und ihre Poesien sammelte Jean Lemaire in seiner „Couronne Margaritique" (1549).

8) M. von Sachsen, Tochter Ernsts des Eisernen von Oesterreich und Schwester des Kaisers Friedrich III., vermählte sich den 3. Juni 1431 mit dem Kurfürsten Friedrich dem Sanftmüthigen von Sachsen und gebar diesem die Prinzen Ernst und Albert, durch welche sie die Stammmutter der beiden sächsischen Linien wurde. Nach dem Tode ihres Gemahls lebte sie meist zu Altenburg, das sie nebst

Stadt und Pflege außer andern Schlössern und Städten mit allen Regierungsrechten zum Witthum erhalten hatte. Sie † daselbst den 12. Februar 1486.

9) M. von Thüringen, Tochter des Hohenstaufen Friedrich II. und der Jolantha von Jerusalem, wurde 1254 mit Albrecht dem Unartigen von Thüringen vermählt, sah aber schon nach einigen Jahren von diesem, der seine Neigung der Kunigunde von Eisenberg zugewandt hatte, ihr Leben bedroht und floh daher mit ihren drei Söhnen Heinrich, Friedrich und Diezmann aus der Wartburg. Nach langem Umherirren fand sie in Frankfurt gastliche Aufnahme; sie † daselbst den 8. August 1270 in einem Kloster.

10) M. Maultasch, Gräfin von Tyrol, Erbtochter des Grafen Heinrich von Kärnthen und Tyrol, 1316 geboren, hat ihren Beinamen von dem Schlosse Maultasch bei Terlan in Tyrol. Sie vermählte sich 1329 mit dem böhmischen Prinzen Johann, einem Bruder des nachmaligen Kaisers Karl IV., doch ward die Ehe keine glückliche. Als Oesterreich Ansprüche auf das Erbe M.'s erhob, griff diese sofort zu den Waffen, mußte aber in dem durch Ludwig den Bayern vermittelten Frieden Kärnthen abtreten. Bald darauf trennte sie, von Ludwig dem Bayern unterstützt, ihre Ehe und reichte ihre Hand dessen Sohne, Ludwig von Brandenburg. Da Beide im dritten Grade verwandt waren, erhob Papst Klemens VI. Einspruch und erklärte Kaiser Ludwig in den Bann, doch ließ sich die Kirche 1359 durch eine nochmals vollzogene Trauung zufrieden stellen. Nach ihres Gemahls und Sohnes Meinhard Tode (1363) trat M. Tyrol an Oesterreich ab und † 1366 in Wien, wohin sie sich zurückgezogen hatte.

Margarin, natürliches Fett, welches sich in der Natur sehr verbreitet findet, ist ein Gemisch von Tristearin und Tripalmitin, kleinkrystallinisch und in heißem Aether überaus löslich. Je nach seiner Behandlung besitzt es 3 Schmelzpunkte.

Margarinsäure, chemische Verbindung, zu den fetten Säuren gehörig, entsteht neben einer ähnlichen Säure mit 38 Atomen Kohlenstoff, wenn man Cyancetyl mit weingeistigem Kalihydrat kocht. Diese ächte M. enthält 34 Atome Kohlenstoff, krystallisirt in Schuppen und schmilzt bei 60°. Was man bisher M. nannte, ist ein in Nadeln krystallisirendes und bei 60° schmelzendes Gemisch von 1 Theil Stearinsäure mit 9—10 Th. Palmitinsäure, welches man auch künstlich erhalten kann und welches sich in der Natur vielfach verbreitet als Margarin findet. Durch partielle Fällung mit einer alkoholischen Lösung von essigsaurer Magnesia kann dieses Gemisch zerlegt werden. Versetzt man nämlich eine heiße verdünnte Lösung der Säuren mit unzureichenden Mengen des genannten Salzes, so fällt zuerst nur das Salz der einen Säure, während die andere Säure vollkommen in Lösung bleibt. Durch Wiederholung dieser Operation kann man die eine oder die andere der beiden Säuren sehr leicht rein erhalten. Vergl. auch Stearinsäure.

Margarit (Perlglimmer, Diphanit), glimmerähnliches, aber wasserhaltiges Thonerdesilikat mit Kalkerde-, Eisenoxyd- u. Natrongehalt, findet sich selten in 6seitigen Tafeln mit ausgezeichnetem Bruch nach der Endfläche krystallisirt, ist meist blätterig, lebhaft perlmutterglänzend, rein weiß, aber auch röthlichweiß und graulichweiß bis perlgrau, durchscheinend. Die Härte ist über und unter Flußspathhärte, das specifische Gewicht über und unter 3. Vor dem Löthrohr erhitzt, schwillt es auf und ist leichter oder schwieriger schmelzbar. Es wird durch Säuren zersetzt. Fundorte sind Sterzing in Tyrol (Perlglimmer), die Smaragdgruben des Ural (Diphanit), die Smirgelgruben Kleinasiens, die von Naxos, am Ural, in Pennsylvanien und Nordcarolina.

Margarita, Provinz der südamerikanischen Republik Venezuela, ist nur 20,75 □Meilen groß, wovon 18 auf die gleichnamige, 3 Meilen von dem Festlande entfernte Insel, 2,75 □M. auf die kleineren dazu gehörigen Eilande kommen, u. zählt 20,900 Einwohner, welche größtentheils Fischerei und Seefahrt treiben. Die Hauptinsel wird von 2 von Westen gegen Osten streichenden, im Cerro Macanao 4335 Fuß sich erhebenden Bergketten durchzogen. Der genannte Berg ist eine wichtige Landmarke für die von Europa und Nordamerika nach Cumana, Barcelona und La Guaira gehenden Seefahrer. Die Insel hat 3 Häfen, unter denen der von Pampatar (Freihafen) an der Südostküste der wichtigste ist. Das Innere ist zum Theil sehr fruchtbar. Die Ausfuhr beschränkt sich auf Fische, Schildkröten, Schildpatt und Geflügel. Die Hauptstadt ist Asuncion mit 3000 Einwohnern. M. wurde zuerst 1498 von Colombo entdeckt und erhielt bald eine große Berühmtheit durch die an seinen Küsten gefundenen Perlen. Doch hörte die Perlenfischerei zu Anfang des 17. Jahrhunderts auf, wodurch die Insel an Bedeutung verlor. Im südamerikanischen Befreiungskrieg (1815—17) war dieselbe häufig Kriegsschauplatz, schloß sich auch im Juni 1853 der Revolution Venezuela's an.

Margarite (margaritum), in der griechischen Kirche das Gefäß, worin die geweihte Hostie aufbewahrt wird; (margaritae) in der römisch-katholischen Kirche die Stückchen einer geweihten Hostie, die der Priester für Kranke in einem besondern Gefäß aufbewahrt.

Margate, Stadt in der englischen Grafschaft Kent, auf der Insel Thanet in der Themsemündung malerisch gelegen, hat einen Hafen mit einem 1062 Fuß weit in die See gebauten Damm, eine schöne Kirche, ein Hospital, Theater, literarisches Institut mit Museum, ein Fort, ein besuchtes Seebad und 8870 Einwohner, die lebhafte Schifffahrt und Handel treiben.

Margaux, Dorf im französischen Departement Gironde, Arrondissement Bordeaux, mit 4200 Einw. und berühmtem Weinbau (Château-Margaux).

Margeride, Gebirg in den französischen Departements Lozère und Cantal, zwischen Truyère und Allier, Ausläufer der Cevennen, erhebt sich im Randon bis zu 4782 Fuß.

Marggraff, 1) Rudolf, namhafter Kunstschriftsteller, am 28. Februar 1805 zu Züllichau in der Neumark geboren, studirte in Berlin Theologie und Philologie und wirkte sodann daselbst an mehren Bürgerschulen. Im Jahre 1837 ging er nach München und hielt Privatvorlesungen über Kunst und Kunstgeschichte; 1842 wurde er zum Professor und Generalsekretär an der Akademie der bildenden Kunst ernannt, trat aber 1855 in den Ruhestand. Von seinen Werken sind hervorzuheben: „Münchener

Jahrbücher für bildende Kunst" (Leipzig 1839 bis 1842); „D. J. Ohlmüller" (das. 1840); „Kaiser Maximilian I. und Albrecht Dürer" (Nürnb. 1840); „Erinnerungen an Albrecht Dürer und seinen Lehrer Wohlgemuth" (das. 1840); „Beschreibung der Ludwigskirche in München" (das. 1840) und „München mit seinen Kunstschätzen und Merkwürdigkeiten" (München 1846).

2) Hermann, belletristischer Schriftsteller, Dichter und Kritiker, Bruder des Vorigen, geboren den 14. September 1809 zu Züllichau, widmete sich seit 1835 der schriftstellerischen Thätigkeit, redigirte 1836 bis 1838 das „Berliner Konversationsblatt", siedelte 1838 nach Leipzig und 1843 nach München über, betheiligte sich nach einander an der Redaktion der „Augsburger Allgemeinen Zeitung" (1845—47), der „Deutschen Zeitung" (1847—50, erst in Heidelberg, dann in Frankfurt), des „Hamburger Korrespondenten" (1851—53) und übernahm Ende 1853 zu Leipzig die Redaktion der „Blätter für literarische Unterhaltung". Er † den 11. Febr. 1864 zu Leipzig. Von seinen selbstständig erschienenen Schriften sind hervorzuheben: „Bücher und Menschen" (Bunzlau 1837); „Deutschlands jüngste Literatur und Kulturepoche" (Leipz. 1839); die Trauerspiele „Heinrich IV." (1837), „Das Täubchen von Amsterdam" (1839), „Elfride" (das. 1841); dann „Gebrüder Pech, Zeit- und Lebensbilder" (das. 1840, 2 Bde.); „Johannes Mackel" (das. 1841, 2 Bde.); „Politische Gedichte aus Deutschlands Neuzeit" (das. 1843); „Fritz Beutel", humoristischer Roman (Frankfurt 1857); „Gedichte" (Leipzig 1857); „Hausschatz der deutschen Humoristik" (das. 1860, 2 Bde.); endlich einige Beiträge zur Schiller- und Goetheliteratur. Auch besorgte er die dritte Ausgabe von Schulze's „Sämmtlichen poetischen Werken" (Leipzig 1835, 5 Bde.).

Marginalien (v. Lat.), kurze Bemerkungen, welche sich in Handschriften und ältern Drucken zur Erläuterung einzelner Stellen des Textes am Rande finden und gewöhnlich in kleinerer Schrift geschrieben oder gedruckt sind. Sie sind nicht mehr gebräuchlich.

Margo (lat.), Rand, bei Fracht- und kaufmännischen Briefen der leer gelassene Rand, worauf das Zeichen der zu versendenden Waaren gemacht ist; auch der leere Rand in Handlungsbüchern, worauf die Seitenzahlen bemerkt werden, die auf einander Bezug haben. Daher in margine, ad marginem.

Margonin, Stadt in der preußischen Provinz Posen, Regierungsbezirk Bromberg, Kreis Chodziesen, am gleichnamigen See, mit evangelischer und katholischer Kirche, Synagoge, Garnspinnerei, Tuchmacherei, Gerberei, Töpferei und 2100 Einw.

Marguerite, Ste., Insel, s. Lerinische Inseln.

Marheinecke, Philipp Konrad, ausgezeichneter deutscher Theolog, den 1. Mai 1780 zu Hildesheim geboren, widmete sich zu Göttingen dem Studium der Theologie, ward 1804 Repetent daselbst, 1805 Universitätsprediger und Professor zu Erlangen und folgte 1806 einem Ruf in letzterer Eigenschaft nach Heidelberg, wo er mit Daub auf der Grundlage der schellingschen Philosophie die starre Buchstabentheologie der orthodoxen Richtung mit einem neuen Inhalt zu erfüllen versuchte. Im Jahre 1811 als Prediger an die Dreifaltigkeitskirche und als Professor an die neu gegründete Universität zu Berlin berufen, bildete M. hier mit De Wette und Neander die theologische Fakultät. Er † den 31. Mai 1846 als Konsistorialrath. M. ist in der protestantischen Theologie als einer der Hauptrepräsentanten der spekulativen Richtung anzusehen. Obwohl er mit Schleiermacher darin eins war: „daß der christliche Glaube sich vor der gebildeten Vernunft und der strengsten Wissenschaft in seiner Wahrheit u. Göttlichkeit rechtfertigen kann", findet sich zwischen Beider Theologie doch der Unterschied, daß Schleiermachers Dogmatik die Thatsachen des christlichen Bewußtseins kritisirend begründet, M.'s Dogmatik dagegen die gegebenen Dogmen dem Begriffe unterordnet und assimilirt. Der Ausgangspunkt für M.'s Studien war die Geschichte, vorzüglich zu seiner „Christlichen Symbolik" (Heidelberg 1810—14, 3 Bde.), und fast möchten seine Leistungen auf dem kirchengeschichtlichen Gebiete, unter denen seine „Geschichte der deutschen Reformation" (Berlin 1816 bis 1834, 4 Bde.) hervorzuheben ist, bedauerlich erscheinen lassen, daß er sich später von diesen Disciplinen mehr entfernt hat. Je mehr sich M. aber einer bestimmten Philosophie zuwendete, desto mehr verlor er von der unparteiischen Auffassung, die ihn als Historiker auszeichnete. Seine „Grundlehren der Dogmatik" (Berlin 1819), nach schellingschen Principien bearbeitet, arbeitete er später in hegelschem Sinne um (das. 1827). Vom schellingschen Standpunkte aus gelangte M. zu den Positionen des Christenthums, vom hegelschen weist er diese ab und verliert ebensowohl in der Anthropologie wie in der Theologie die Idee der Persönlichkeit an die allgemeinen Kategorien des Geistes. An den kirchlichen Zeitfragen nahm er regen Antheil, so am Agendenstreite, an dem von Möhler angeregten Kampf (1833), an der Angelegenheit Bruno Bauers, Görres' (1838) und Droste's zu Vischering (1840). Auch als Homilet hat er in theoretischer wie in praktischer Beziehung Bedeutendes geleistet. Die praktische Theologie faßte er zuerst als einheitliche Wissenschaft. Seine Predigten zeichneten sich durch Reichthum und Schärfe der Gedanken aus. Noch sind von seinen Schriften, außer den verschiedenen Predigtsammlungen (Göttingen 1801; Erlangen 1805; Berlin 1814 und 1818) hervorzuheben: „Ueber Ursprung der Orthodoxie und Heterodoxie in den drei ersten Jahrhunderten" (Heidelberg 1807); „Grundlegung der Homiletik" (Hamburg 1811); „Institutiones symbolicae" (3. Aufl., Berl. 1830); „Grundlehre der christlichen Dogmatik" (das. 1819, 2. Aufl. 1827); „Ottomar, Gespräche über Augustins Lehre von dem freien Willen u. der göttlichen Gnade" (das. 1821); „Ueber die wahre Stellung des liturgischen Rechts im evangelischen Kirchenregiment" (das. 1825); „Entwurf der praktischen Theologie" (das. 1837); „Zur Kritik der schellingschen Offenbarungsphilosophie" (das. 1843); „Die Reform der Kirche durch den Staat" (das. 1844); „Die Reformation dem deutschen Volke erzählt" (das. 1846). Nach seinem Tode erschienen seine Vorlesungen über die christliche Dogmatik (1847), die Moral (1847), die christliche Symbolik 1848) und die Dogmengeschichte (1849).

Maria (Marie, engl. Mary, korrumpirt Moll u. Molly, franz. Marie, korrumpirt Marion, Manon, bedeutet nach dem hebräischen Mirjam die Herbe, Bitterkeit, Widerspenstigkeit), weiblicher (zuweilen auch männlicher) Name, unter dessen Trägerinnen folgende hervorzuheben sind:

1) Biblische Personen: a) M., die Mutter Jesu, wird in der Kirchensprache beata virgo, unsere liebe Frau (U. L. F.), auch die heilige Jungfrau, französisch zuweilen Notre-Dame, italienisch Ma Donna genannt. Die evangelische Geschichte deutet auf ihre davidische Abstammung von Serubabel hin u. gedenkt ihrer als einer Jungfrau, die zu Nazareth lebte u. mit einem Zimmermann, Namens Joseph, verlobt war. Hier verkündigte ihr der Engel des Herrn, daß sie durch die Kraft Gottes den verheißenen Messias gebären werde. Als ihr Verlobter ihre Schwangerschaft wahrnahm, wollte er sich von ihr scheiden, wurde aber durch einen Engel, der ihn über die höhere Natur des Kindes belehrte, davon abgehalten. Nach einem Aufenthalt von ungefähr 3 Monaten bei ihrer Freundin Elisabeth, der Mutter Johannes des Täufers, zu Hebron kehrte M. nach Nazareth zurück. Die Geburtsstunde überraschte sie in ihrem Stammorte Bethlehem, wohin sie in Folge des von Augustus angeordneten Census mit ihrem Gatten gegangen war. Am Tage ihrer Reinigung weihte sie ihren Erstgebornen Gott im Tempel zu Jerusalem. Im Traume vor den Mordanschlägen des Königs Herodes gewarnt, floh sie mit Joseph nach Aegypten und kehrte erst nach Herodes' Tode nach Nazareth zurück. Bei einem Tempelbesuche der M. mit dem zwölfjährigen Jesus hatten die Aeltern ihr Kind verloren und fanden es erst nach drei Tagen Suchens im Tempel. In dem öffentlichen Leben Jesu erscheint M. nur bei der Hochzeit zu Kana und dann in der Nähe von Kapernaum, wo sie mit seinen Brüdern zu ihm gehen und, als die Pharisäer von ihm sagten: „er ist von Sinnen", den Kreis seiner Zuhörer durchbrechen und ihn von weiterem Lehren abhalten wollte, aber von Jesu mit der Frage zurückgehalten wurde: „Wer sind meine Brüder?" Unter dem Kreuze ihres Sohnes stehend, wurde sie von demselben dem Johannes zugewiesen und blieb in der Folge in dessen Hause in Jerusalem, an den Versammlungen der Gläubigen Theil nehmend. Außer diesen evangelischen Nachrichten besitzt die kirchliche Tradition noch viele Nachrichten über die M. Den älteren mag noch ein gewisses historisches Interesse zu Grunde gelegen haben, wie Erodius schon versuchte, die einzelnen Data im Leben der M. chronologisch zu bestimmen. Aus ihm hat Nicephorus seine Angaben für seine Kirchengeschichte entlehnt, nach welchen M. im 15. Jahre Mutter geworden, 11 Jahre nach Jesu Tode bei Johannes gelebt und im 5. Jahre des Kaisers Claudius, 95 Jahre alt, gestorben sein soll. Allein schon frühzeitig rief nicht allein das kirchliche, sondern auch das künstlerische Interesse die dichtende Sage wach, als deren Erzeugniß sich die meisten der Berichte über M. ausweisen. Am detaillirtesten ist die Sage in dem Protevangelium des Jacobus. Dieser macht die M. zu einer Tochter des Jonathan, die ihm Anna nach langer kinderloser Ehe in hohem Alter geboren habe. Dadurch als ein Geschenk des Himmels legitimirt, wurde M. schon in der zartesten Jugend dem Dienste Gottes im Tempel und zu ewiger Jungfrauschaft geweiht. Joseph verlobte sich ihr erst als Greis, nur um ihre Jungfrauschaft durch die Ehe zu bewahren. Als er sich, jene verletzt glaubend, von ihr trennen wollte, wurde er durch einen Traum davon zurückgehalten, und als er dem darin erhaltenen Befehl gemäß seinen Stab in die Erde pflanzte, schlug dieser frisch aus und grünte zum Erweis der Reinheit seiner verlobten Gattin. Den Wohnsitz der M. verlegt die Sage zuerst nach Kapernaum, von wo aus sie mit den übrigen heiligen Frauen die Reisen Jesu mitmachte, und zuletzt nach Ephesus, wo sie eines natürlichen Todes gestorben sei. Schon in der ältesten Kirche ging aber nebenher auch die Ansicht, daß Johannes erst nach dem Tode der M. sich in Ephesus niedergelassen habe, und die neuere katholische Kirche zieht die Annahme von dem Tode der M. zu Jerusalem vor, wo noch heute bei Gethsemane ihre Grabesstätte den Pilgern gezeigt wird, wie einst zu Ephesus im 5. Jahrhundert der dorthin berufenen Kirchenversammlung. Nur als Legende gilt die Erzählung, daß bei M.'s Tode sich die Apostel versammelt und über ihrem Grabe drei Tage eine himmlische Musik gehört, den Leichnam aber, den sie dem Thomas, der bei dem Begräbniß gefehlt, zeigen wollten, nicht mehr in dem Gewölbe vorgefunden hätten. Auch die daraus gezogene Folgerung, daß M. zum Himmel aufgefahren, stellt die katholische Kirche dem Glauben anheim. Am meisten beschäftigte sich die Sage mit der Geburt der M., und naiv weiß sie die dogmatischen Sätze, welche vorzüglich in dem von Nestorius angeregten Streite als orthodoxe Ansicht stabilirt wurden, in das Gewand geschichtlicher Thatsachen zu hüllen. So feiert in den Nachrichten, daß M. ohne Schmerzen und menschliche Beihülfe geboren und das Siegel der Jungfrauschaft sich erhalten habe, die Ansicht von der M. als Gottesgebärerin (Theotokos) ihren Triumph. Um eine neue Stütze für die ewige Jungfrauschaft der Mutter des Herrn zu gewinnen, welche schon von der ältesten Kirche in der Weise angenommen war, daß man sie über die Empfängniß hinaus ausdehnte (aeterna virgo) und von dieser als einer unbefleckten sprach, wurde die Ansicht, daß M. nach Jesu noch andere Kinder geboren habe, verworfen u. die Antidikomarianiten, d. i. Widersacher der M., welche dieses im Anschluß an die Schrift (Marc. 6, 3) behaupteten, heftig bekämpft. Die katholische Kirche hält an beiden Sätzen, daß M. eine reine Jungfrau geblieben u. Gott geboren habe, fest; ihre irdische Erscheinung verklärt sie in das Ideal aller weiblichen Vollkommenheit, „in sich einend, was die Natur ewig getrennt hat". Die protestantische Kirche hält das Dogma, daß M. den Herrn als Jungfrau geboren, für schriftgemäß, sucht aber den Gehalt desselben geistig zu fassen, ohne sich auf die Konsequenzen der physischen Betrachtung einzulassen. Die Verehrung, welche die protestantische Kirche der M. verweigert, die katholische ihr zuerkennt, ruht überhaupt auf den verschiedenen Dogmen beider Kirchen von der Verehrung der Heiligen. Noch im 4. Jahrhundert sprachen einzelne Kirchenlehrer von Fehlern der M. Bald aber konnten einzelne Sekten, wie die Kollyridianer, für ihre Verehrung der M. kein Maß mehr finden und verlangten, daß man die M. statt Gottes verehre. Zwar wurde diese Ansicht von der orthodoxen Kirche noch verworfen. Allein die Anbetung der M. (Marialatrie) ward bald herrschende Sitte. Das erste Beispiel derselben finden wir bei

Gregor von Nazianz. Diese Verehrung der M. ruht auf dem Verdienste,. das die Kirche überhaupt den Heiligen zuschreibt. Das Verdienst u. alle Tugenden der M. koncentriren sich in der Bewahrung ihrer Jungfrauschaft. Die im Neuen Testament erwähnten Brüder Jesu erklärt die katholische Kirche für nahe Verwandte desselben. Als die ewig reine Jungfrau nimmt sie unter allen Heiligen die erste Stelle ein; sie ist die Königin des Himmels und die mächtigste Fürsprecherin bei Gott, an die sich vorzüglich das Gebet der Gläubigen (Ave Maria, der Rosenkranz, die Tagzeiten der seligen Jungfrau M. und die lauretanische Litanei) wendet. Sie wurde nun Schutzpatronin, und man widmete ihr eine Menge Feste (s. Marienfeste). Seit dem 11. Jahrhundert weihte man ihr außerdem noch den Sonnabend und zunächst in den Klöstern ein Officium, das aus den Lobgesängen auf M. hervorging, dann aber von Urban II. auf der Kirchenversammlung zu Clermont (1095) für die Kirche gesetzlich wurde. Seitdem, namentlich seit dem 12. Jahrhundert nahm die Marialatrie den ausschweifendsten Charakter an. Mönchs- und Nonnenorden, wie die Karmeliter, Serviten, Salesianerinnen und alle Orden U. L. F., nannten sich nach ihr. In ihren Dienst mischte sich die ritterliche Galanterie; ihre Verehrung nahm die Gestalt eines ritterlichen Frauendienstes an. Die Kirchenlehrer erschöpften sich in ihrer Verherrlichung, stellten für sie ein Psalterium minus und majus und die Biblia Mariana auf, ja sie meinten selbst, daß „Gott der Vater Maria minnete". Um diese und andere Uebertreibungen dogmatisch zu begründen, meinte man, daß der M. eine höhere Stufe des Dienstes (Hyperdulia) zukomme als den übrigen unter die Heiligen versetzten Menschen, deren Dienst man Dulia nannte. Endlich ging man so weit, zu behaupten, daß M. nicht nur selbst sündlos, sondern auch unsündlich empfangen sei (unbefleckte Empfängniß, s. Marienfeste), welche Lehre jedoch erst in der neuesten Zeit (1854) als Dogma festgestellt wurde. Daß die Bilder der M. eine wunderthätige Kraft haben, ward schon früh orthodoxer Glaube in der katholischen Kirche; namentlich stehen die Bilder zu Loreto und Czenstochau in Polen noch jetzt in großem Rufe. Die christliche Kunst hat das Leben, die Person und die Würde der M. als Mutter Gottes in Poesie und Malerei vielfach zu verherrlichen gesucht; namentlich knüpft die Malerei an diesen Gegenstand viele ihrer herrlichsten Schöpfungen (Madonnenbilder). Vergl. Frantz, Versuch einer Geschichte des Marien- und Annenkultus (Halberstadt 1854).

b) M., die Frau des Kleophas, die Mutter des Apostels Jacobus des Jüngern und des Joses und wahrscheinlich Schwester der Vorigen, stand mit unter Jesu Kreuz, war bei der Einbalsamirung des Leichnams desselben beschäftigt, erhielt am Grabe zuerst die Kunde von Jesu Auferstehung und verkündigte sie den Jüngern Bei den Lateinern ist ihr der 9., bei den Griechen der 8. April gewidmet.

c) M. Salome, die Frau des Zebedäus u. Mutter des Johannes und Jacobus des Aeltern, am See Genezareth wohnhaft, folgte ebenfalls dem Herrn auf seinen Wanderungen.

d) M., Schwester des Lazarus und der Martha in Bethanien, hing mit inniger Zuneigung an Jesu. Ihr Tag ist der 18. April bei den Griechen, der 19. bei den Lateinern.

e) M. Magdalena (d. i. M. aus Magdala), schloß sich dem Gefolge Jesu an, nachdem derselbe 7 Dämonen von ihr ausgetrieben (Marc. 16, 9). Die spätere Sage läßt sie nach Rom reisen, um den Pilatus wegen der Hinrichtung Jesu zu belangen, dann in Gallien das Evangelium verkündigen und in Ephesus den Märtyrertod erleiden, wo später ihr Grabmal gezeigt wurde. Die Gebeine aus diesem ließ Kaiser Leo der Weise 890 nach Konstantinopel bringen. Die katholische Kirche identificirt sie mit der Büßerin, welche nach Luc. 7, 36 Jesus in Simons Hause die Füße salbte.

f) M., die Mutter des Johannes Marcus, eines Schülers der Apostel, in deren Hause zu Jerusalem sich die Christen versammelten.

2) M. Theresia, deutsche Kaiserin, Königin von Ungarn und Böhmen und Erzherzogin von Oesterreich, geboren den 13. Mai 1717 zu Wien als das einzige Kind Kaiser Karls VI., war von Natur körperlich und geistig reich ausgestattet und erhielt eine sorgfältige Erziehung; dabei bewahrte sie einen frommen weiblichen Sinn. Im Jahre 1736 vermählte sie sich mit dem Großherzog von Toskana, Franz Stephan von Lothringen, der am kaiserlichen Hofe erzogen worden war. Kaum hatte sie zufolge der von ihrem Vater aufgestellten und anfangs von allen europäischen Höfen anerkannten pragmatischen Sanktion nach dem am 21. Okt. 1740 erfolgten Ableben ihres Vaters den Thron von Ungarn, Böhmen und Oesterreich bestiegen, ihren Gemahl zum Mitregenten ernennend, so erhob der von der ältesten Tochter Kaiser Ferdinands I. abstammende Karl Albert, Kurfürst von Bayern, Ansprüche auf die österreichischen Erbstaaten u. fand bei Frankreich, Spanien und andern Mächten Unterstützung. Friedrich II. von Preußen wollte gleichfalls die günstige Gelegenheit nicht vorbeigehen lassen, die Erbansprüche seines Hauses auf die schlesischen Fürstenthümer geltend zu machen, u. begünstigte sowohl den Kurfürsten von Bayern, als den Polenkönig August III. von Sachsen, der als Sohn der ältesten Tochter Kaiser Josephs I. Mähren beanspruchte. Am 23. Dec. 1740 fiel Friedrich II. mit 28,000 Mann in Schlesien ein und bemächtigte sich in kurzer Zeit des wehrlosen Landes (s. Schlesische Kriege). Bald nachher rückten die Franzosen mit Heeresmacht in Deutschland ein, u. zwar verband sich die eine Abtheilung mit den Truppen Karl Alberts, während die andere vereint mit den Sachsen in Böhmen einrückte. Schon im Oktober konnte Karl Albert in Linz die Huldigung als Erzherzog entgegennehmen, und bald darauf feierte er auch in Prag ein pomphaftes Krönungsfest. Der Kurfürst von Hannover (Georg II. von England), der Oesterreichs Partei ergriffen, wurde durch ein französisches Heer gezwungen, sich zu verpflichten, der Königin von Ungarn keinen Beistand zu leisten, Friedrich II. ließ seine Truppen auch in Böhmen u. Mähren einrücken, u. die Spanier u. Neapolitaner bemächtigten sich der österreichischen Besitzungen in Italien. Dazu kam noch, daß die Finanzen Oesterreichs zerrüttet, das Volk mißvergnügt u. das Heer, außer den in Italien stehenden Truppen, nur 30,000 Mann stark war. In ihrer Noth wandte sich M. Theresia an die Ungarn. Mit ihrem jungen Sohne Joseph auf dem Arme erschien sie in der Versamm-

lung der ungarischen Magnaten u. erregte eine solche Begeisterung, daß dieselben bald ein bedeutendes Heer aufbrachten, das mit den Tyrolern vereint ganz Bayern eroberte u. auch nach Böhmen vordrang, wo zwei französische Heere unter zwieträchtigen Anführern standen. Damit diese nicht einen Hinterhalt an den Preußen hätten, willigte M. Theresia in den Frieden von Breslau, worin beinahe ganz Schlesien an Preußen abgetreten wurde (Juni 1742). In Kurzem war der größte Theil von Böhmen wieder in den Händen der Oesterreicher, u. im Frühjahr 1743 wurde M. Theresia in Prag gekrönt. Zu gleicher Zeit erlangte sie einen mächtigen Bundesgenossen an Georg II. von Hannover und England, dem das englische Parlament aus Neid gegen Frankreich u. Spanien freigebig Geldmittel zur Führung des Kriegs gewährte. In der Folge waren die österreichischen Waffen in Italien u. Deutschland meist glücklich gegen Spanien, Frankreich u. Bayern. Am 22. April 1745 schloß Karl Alberts Nachfolger, Maximilian, mit M. Theresia den Frieden zu Füßen. Friedrich II. nahm zwar den Krieg von Neuem auf und schlug die Oesterreicher bei Hohenfriedberg u. Sorr, doch bestätigte der durch englische Vermittelung zu Stande gekommene Friede zu Dresden am 25. Dec. 1745 die Bestimmungen des breslauer Traktats. Aber erst der Friede von Aachen (April 1748) beendete den Erbfolgekrieg vollständig. M. Theresia mußte in demselben dem spanisch-bourbonischen Prinzen Philipp das Herzogthum Parma mit Piacenza u. Guastalla abtreten, dem König von Preußen aufs Neue den Besitz von Schlesien bestätigen u. an Sardinien einige zum Herzogthum Mailand gehörende Länderstrecken überlassen, wurde dagegen allgemein als Erbin der ganzen väterlichen Monarchie anerkannt. Schon während des Krieges am 13. September 1745 war ihr Gemahl unter dem Namen Franz I. zum deutschen Kaiser gekrönt worden. Die nun folgenden Friedensjahre wurden von der Monarchin zur Abstellung vieler Mißbräuche in der Verwaltung, zur Ordnung u. Verbesserung der Finanzen, zur Herstellung einer tüchtigen Kriegsmacht u. zur Abschließung folgenreicher Bündnisse benutzt. Nachdem sie schon bei ihrem Regierungsantritt das Verschwendungssystem ihres Vaters in der Hofhaltung abgestellt, gründete sie jetzt Normalschulen u. Erziehungsanstalten u. förderte den Handel u. den Ackerbau, den letzteren namentlich auch durch die Minderung der Frohndienste. Die Staatslasten wurden durch die neue Kameraleinrichtung auf alle Staatsbürger möglichst gleich vertheilt. Durch diese Maßregeln erreichte sie, daß ohne Erhöhung der Steuern die Einnahmen, die in den letzten Jahren Karls VI. 30 Millionen Gulden betragen hatten, 1756 auf 57 Millionen stiegen. Das ganze Kriegswesen ward unter Launs Leitung neu organisirt, die Stärke des Heeres auf 108,000 Mann erhöht, es wurden Kadetenhäuser gegründet u. von Zeit zu Zeit größere Manöver abgehalten. Außer ihrem Gemahl stand der Kaiserin, die sich übrigens nicht gern leiten ließ, hauptsächlich der Graf Kaunitz (s. d.) als geheimer Haus-, Hof- u. Staatskanzler zur Seite. Seinem Einfluß ist es wohl namentlich zuzuschreiben, daß M. Theresia, um Schlesien wiederzugewinnen, um ein Bündniß mit Frankreich, Oesterreichs Erbfeind, nachsuchte, ja daß sich die stolze, auf Sittlichkeit und häusliche Tugend so streng haltende Kaiserin so weit herabließ, die Marquise von Pompadour, Ludwigs XV. allmächtige Mätresse, durch einen schmeichelhaften Brief in ihr Interesse zu ziehen. Unter Vermittelung derselben kam auch im Mai 1756 die Alliance wirklich zu Stande, nachdem Oesterreich mit England gebrochen hatte. So entstand der siebenjährige Krieg (s. d.), der Oesterreich die größten Opfer an Geld u. Menschen kostete u. im hubertsburger Frieden (15. Februar 1763) lediglich eine Bestätigung des Besitzstandes beider Staaten vor dem Krieg zur Folge hatte. Im darauf folgenden Jahre ward M. Theresia's ältester Sohn, Joseph, zum römischen König u., nachdem am 18. Aug. 1765 ihr Gemahl gestorben, auch zum deutschen Kaiser erwählt u. am 18. Aug. 1766 von der Kaiserin zum Mitregenten ernannt; aber auch ihm gestattete sie wenig Antheil an der Regierung, nur das Heerwesen blieb ganz seiner Leitung überlassen. Auch in den nun eingetretenen Friedensjahren sorgte M. Theresia für Verminderung der Staatsschulden, förderte die Landwirthschaft durch Erleichterung der Leibeigenschaft, unterstützte die Gewerbe, mehrte u. verbesserte die Unterrichts- u. Wohlthätigkeitsanstalten, gründete Akademien u. beseitigte die Tortur, die Inquisition und die grausamen Todesstrafen. Obgleich fromm bis zur Schwärmerei, zeigte sie doch Festigkeit, wo es galt, die Eingriffe des Papstthums in ihre Kronrechte zurückzuweisen u. bestehende Mißbräuche der Kirche u. Uebergriffe des Klerus abzustellen. Dagegen that sie nur wenig, um das Loos der protestantischen Kirche in ihren Ländern zu verbessern. Eine gänzlich verfehlte Anstalt war die von ihr eingesetzte Keuschheitskommission, welche die Sittlichkeit im Reich, namentlich im Beamtenstand, überwachen sollte. Im Jahre 1770 vermählte sie ihre Tochter Maria Antoinette an den künftigen Thronfolger von Frankreich, Ludwig XVI. Vergeblich hatte sie gehofft, hierdurch auf die Politik Frankreichs Einfluß zu erhalten, u. trat deshalb nachher mit Preußen und Rußland in Verbindung. Mit eben diesen Staaten betheiligte sie sich auch 1772 an der ersten Theilung Polens, wodurch Oesterreich Galizien und Lodomerien erhielt. Von der Pforte erzwang sie 1777 durch Drohungen die Abtretung der Bukowina. Als am 30. Dec. 1777 mit dem Tode des Kurfürsten Maximilian Joseph die bayerische Linie des wittelsbacher Hauses erlosch und das Kurfürstenthum an den nächsten Erben, Karl Theodor von der Pfalz, fiel, ließ sich dieser von M. Theresia und mehr noch von ihrem Sohne Joseph II. überreden, Oesterreichs Ansprüche auf Niederbayern, die Oberpfalz und die Herrschaft Mindelheim in einem Vertrage als gültig anzuerkennen. Friedrich II. bewog jedoch den nächsten Erben Bayerns, Herzog Karl von Zweibrücken, bei dem Reichstag gegen die Konvention zu protestiren, und ließ, als dies ohne Erfolg blieb, ein Heer in Böhmen einrücken. Dieß führte 1778 den bayerischen Erbfolgekrieg herbei, der jedoch hauptsächlich mit der Feder geführt wurde, und den schon im folgenden Jahre durch Vermittelung Frankreichs und Rußlands der Friede von Teschen beilegte, worin dem österreichischen Hause das Innviertel mit Braunau zuerkannt wurde. M. Theresia † am 29. November 1780 und hinterließ das österreichische Kaiserreich, das bei ihrem Regierungsantritt dem Zerfallen nahe war, geachtet u. nach außen durch eine Armee von 260,000

Mann geschützt. Sie hatte 16 Kinder geboren, von denen 10 sie überlebten. Ihre Söhne waren, außer ihrem Nachfolger, dem Kaiser Joseph II., Leopold, Großherzog von Toskana und nach seines Bruders Tode Kaiser; Ferdinand, Schwiegersohn des Herzogs von Modena und dessen Erbfolger, und Maximilian, Kurfürst von Köln u. Münster. Von ihren 6 Töchtern war Anna Aebtissin zu Prag u. Klagenfurt, Marie Christine Gemahlin des Herzogs Albert von Sachsen-Teschen, Sohnes König Augusts III. von Polen, Elisabeth Aebtissin zu Innsbruck, Marie Amalie Gemahlin des Herzogs von Parma, Maria Antoinette Königin von Frankreich, Karoline Marie Gemahlin des Königs von Sicilien. Vgl. Duller, M. Theresia und ihre Zeit, Wiesb. 1844; Ramshorn, M. Theresia u. ihre Zeit, Leipzig 1859—60, 2 Bde.; Arneth, M. Theresia, Wien 1863 ff.

3) M. Luise, zweite Gemahlin Napoleons I., nach dessen Falle Herzogin von Parma, Piacenza und Guastalla, am 12. März 1791 geboren, die älteste Tochter des Kaisers Franz I. und der Maria Theresia von Neapel, wurde nach Napoleons I. Trennung von Josephine am 2. April 1810 zu Paris mit demselben vermählt und gebar ihm am 20. März 1811 einen Sohn, dem Napoleon schon vor seiner Geburt den Namen eines Königs von Rom verliehen hatte. Im Jahre 1812 folgte sie ihrem Gemahl zur Zusammenkunft in Dresden und machte von dort aus eine Reise in die Heimat. Nach dem Unglück in Rußland bekleidete sie Napoleon, ehe er wieder zur Armee abging, mit einer machtlosen Regentschaft. Sie beabsichtigte, beim Einrücken der Verbündeten in Paris zu bleiben, begab sich jedoch sodann dem Willen ihres Gemahls gemäß nach Blois. Nach Napoleons Abdankung ging sie nach Orléans u. von hier, von dem Fürsten Esterhazy begleitet, nach Rambouillet, von wo aus sie am 16. April in Klein-Trianon mit ihrem Vater eine Zusammenkunft hielt. Ihr Wunsch, dem Gemahl nach Elba zu folgen, wurde ihr nicht gestattet. Der Weisung ihres Vaters gemäß begab sie sich hierauf nach Schönbrunn, wo sie auch während der hundert Tage mit ihrem Sohne blieb, obgleich sie von Napoleon eingeladen wurde, nach Paris zu kommen. In dem Vertrag von Fontainebleau ward ihr der Rang und Titel, den sie bisher geführt hatte, und der Besitz der Herzogthümer Parma, Piacenza und Guastalla zugesichert, deren Regierung sie am 20. April 1816 übernahm. Der König von Rom blieb in Wien u. erhielt nachher von Kaiser Franz den Titel „Herzog von Reichstadt". Als 1831 ihre Residenz von der revolutionären Bewegung ergriffen wurde, flüchtete sie nach Piacenza, wo sie blieb, bis durch österreichische Truppen die Ruhe wieder hergestellt war Im Jahre 1822 vermählte sie sich in morganatischer Ehe mit dem Grafen Neipperg, den man ihr von Wien als Oberhofmeister mitgegeben hatte. Sie † am 18. Dec. 1847 auf einer Reise zu Wien.

4) M. I., Königin von England, Tochter Heinrichs VIII. von England u. der Katharina von Aragonien, geboren den 11. Februar 1515, ward, als ihr Vater Katharina verstieß und sich mit Anna Boleyn vermählt, für illegitim, jedoch durch die Successionsakte von 1544 wieder für legitim erklärt. Sie sowohl, als ihre Halbschwester Elisabeth waren für den Fall, daß Eduard VI. unbeerbt sterbe, durch eine Parlamentsakte und durch das Testament Heinrichs VIII. zur Thronfolge bestimmt. Als jedoch der Herzog von Northumberland Eduard auf seinem Todtenbette vorstellte, welche Gefahren dem Protestantismus bedrohten, wenn M., die wie ihre Mutter eine eifrige Katholikin war, zur Regierung gelange, ließ sich der König bewegen, der Johanna Gray, der Enkelin einer Schwester Heinrichs VIII., die Thronfolge zuzusprechen; M. entfloh jedoch nach Eduards Ableben nach Suffolk, rief durch Briefe den ganzen englischen Adel zur Vertheidigung seiner rechtmäßigen Königin auf und sah sich in Kurzem an der Spitze einer bedeutenden Macht. Am 3. August 1553 zog sie in London ein und begann alsbald eine entschiedene Reaktion. Viele protestantische Bischöfe wurden eingekerkert u. mehre tausend verheirathete Geistliche ihrer Stellen entsetzt. Die erste Parlamentsversammlung ward mit einer lateinischen Messe eröffnet, und das eingeschüchterte Parlament hob selbst fast alle kirchlichen Gesetze Eduards IV. wieder auf. Ihrer Schwester Elisabeth wies M. als einer Unebenbürtigen den Rang unter den Gräfinnen an. Die Unzufriedenheit des Volks brach endlich in offene Empörung aus, doch ward dieselbe von den königlichen Truppen gedämpft und ein schreckliches Blutgericht gehalten. Unter Denen, welche das verunglückte Unternehmen mit dem Leben büßten, war auch der Herzog von Suffolk und die unschuldige Johanna Gray mit ihrem Gemahl. Gesteigert wurde die allgemeine Unzufriedenheit, als sich M. im Juli 1554 mit dem katholischen Philipp von Spanien, dem Sohn Kaiser Karls V., vermählte, und das Parlament beschloß, daß Philipp zwar den königlichen Titel führen, die Regierung von England aber ganz der M. überlassen sollte, u. daß kein Spanier zu Hof- u. Staatsämtern gelangen und keine Neuerung in den Gesetzen und Vorrechten der Engländer gemacht werden dürfte. Noch in demselben Jahr aber suchte das von einem päpstlichen Legaten bearbeitete Parlament in einer demüthigen Bittschrift die Vermittelung ihrer Majestäten um Lossprechung und Wiederaufnahme in den Schooß der Kirche nach. Diese Bitte ward natürlich mit Freuden gewährt. Nicht weniger als 300 Protestanten starben in den nächsten drei Jahren auf dem Scheiterhaufen. Kundschafter wurden allenthalben umhergeschickt, um heimliche Protestanten zu entdecken. Gerade diese Verfolgungen hatten aber das Gegentheil von dem Erzweckten zur Folge, und der Glaubensmuth eines Roger, Stiftsherrn an der Paulskirche, eines Hooper, Bischofs von Gloucester, des achtzigjährigen Latimer, früheren Bischofs von Winchester, und Cranmers, die um des protestantischen Glaubens willen den Feuertod erlitten, stärkten nur das protestantische Bewußtsein. Als die thätigsten Werkzeuge M.'s in der Verfolgung der Protestanten zeigten sich die Bischöfe Gardiner und Bonner. Die Wiederherstellung mehrer Klöster sollte dem Katholicismus eine Stütze geben, u. als der Königin im Staatsrath vorgestellt wurde, daß der Einfluß der Krone durch die Entziehung so ansehnlicher Einkünfte leiden würde, erwiederte sie, das Heil ihrer Seele sei ihr mehr werth als zwölf Königreiche. Philipp war inzwischen schon den nächsten Herbst nach seiner Vermählung nach Brüssel zurückgekehrt. An die Königin schrieb er selten zu einem andern Zweck, als um Geld von ihr zu erhalten, und, um seine Wünsche zu befriedigen, nahm die ihn leidenschaftlich liebende Frau zu Er-

pressungen ihre Zuflucht. So mußten viele Edelleute ihre Diener entlassen, um das Geld, das deren Unterhaltung bis jetzt gekostet hatte, in den Schatz liefern zu können; und als die brodlos Gewordenen darauf das Land unsicher machten, wurde den Edelleuten befohlen, die entlassenen Bedienten wieder anzunehmen. Um ihrem Gemahl, der seinem Vater in der Regierung von Spanien und den Niederlanden gefolgt war, in seinem Kriege gegen Frankreich beizustehen, griff M. abermals zu unerhörten Gewaltmaßregeln, aber der Krieg endete für England mit dem Verlust von Calais (1558). M. † am 17. Nov. 1558. Ihre Nachfolgerin war ihre Schwester Elisabeth. Vgl. Griffet, Nouveaux éclaircissements sur l'histoire de Marie, Amsterdam u. Paris 1766; Turner, History of the reign of Edward VI, Mary and Elizabeth, London 1829, 4 Bde.; Tytler, England under Edward VI and Mary, das. 1839, 2 Bde.

5) Königinnen von Frankreich: a) M. von Medici, die Tochter des Großherzogs Franz II. Medici von Toskana und der Johanna von Oesterreich, am 26. April 1573 zu Florenz geboren, vermählte sich am 16. Dec. 1600 mit Heinrich IV. von Frankreich, dem sie im folgenden Jahre den Dauphin, nachherigen Ludwig XIII., gebar. Wiewohl sehr schön, entfremdete sie sich doch ihren Gemahl durch ihr leidenschaftliches u. herrschsüchtiges Wesen, sowie durch ihre allerdings gegründete Eifersucht. Als Heinrich 1610 mit einem Heer nach Deutschland zur Unterstützung der Protestanten abgehen wollte, bestimmte sie ihn, sie zuvor, am 13. Mai, zu St. Denis krönen zu lassen. Am folgenden Tage ward der König von Ravaillac ermordet. Wiewohl der Verdacht laut wurde, daß M. um den Mordanschlag gewußt habe, ward sie doch durch die Bemühungen des Herzogs von Epernon vom Parlament zur Vormünderin ihres Sohnes Ludwig XIII. u. zur Regentin eingesetzt, bewies in dieser Stellung aber nur in Intriguen Gewandtheit. Ihr Hauptbestreben war auf Beschränkung der Rechte der Protestanten gerichtet. Um Anhänger zu gewinnen, streute sie die unter Heinrich IV. gesammelten Schätze mit vollen Händen aus. Fast alle Maßregeln der vorigen Regierung wurden zurückgenommen, daher Sully, der Schöpfer der meisten Einrichtungen Heinrichs IV., aber der Königin schon als Reformirter verhaßt, bereits 1611 seine Entlassung nahm. M.'s Rathgeber waren namentlich die Botschafter Spaniens u. Roms und der Italiener Concini, den sie 1614 zum Marschall von Frankreich beförderte. Dieser Umstand, sowie die maßlose Verschwendung der Staatsgelder an diese und andere Günstlinge, das Anwachsen der Schuldenlast und die willkürlichsten Hemmungen des Rechtsganges erregten laute Unzufriedenheit unter den zurückgesetzten Prinzen und andern minder begünstigten Großen, wie unter dem gedrückten Volke. Auch nach der Mündigkeitserklärung des jungen Königs 1614 übte M. ihren Einfluß, bis endlich ersterer, von seinem Günstling Albert de Luynes aufgereizt, Concini 1617 verhaften und erschießen ließ und seine Mutter M. nach Blois verwies. Am 22. Februar 1619 entfloh dieselbe jedoch nach Angoulême, in den Schutz des ihr ergebenen mächtigen Herzogs von Epernon, erließ von hier aus Proklamationen an die Statthalter der übrigen Provinzen und an die unzufriedenen Edelleute, suchte den König von Spanien zu gewinnen und ließ durch den Herzog von Epernon einen bewaffneten Aufstand gegen den König vorbereiten. Hierdurch eingeschüchtert, brachte Luynes durch Vermittelung des Bischofs von Luçon, des nachmaligen Kardinals Richelieu, am 30. April 1619 einen Vergleich zwischen dem König und seiner Mutter zu Stande, durch welchen letztere das Gouvernement von Anjou sammt der Stadt Angers u. volle Amnestie für alle ihre Anhänger erhielt. Eine neue bewaffnete Erhebung ihres Anhangs ward vom König schnell unterdrückt, und M. sagte sich hierauf gegen die Erlaubniß der Rückkehr an den Hof im Aug. 1620 von den Mißvergnügten los. Nach Luynes' Tod (14. Dec. 1621) kehrte M. nach Paris zurück und trat wieder an die Spitze des Staatsrathes. Um sich ihren Einfluß zu sichern, verschaffte sie Richelieu einen Sitz im Ministerium, sah sich aber bald von diesem die Zügel der Regierung aus den Händen gewunden. Umsonst setzte sie alle Mittel in Bewegung, um den verhaßten Mann vom Hofe zu entfernen, alle Künste scheiterten an der Festigkeit des Königs; Richelieu blieb in seiner Stellung, und M. wurde, als der Hof von Compiègne nach Paris übersiedelte, durch ein Schreiben ihres Sohnes ersucht, sich auf einige Zeit in das Schloß von Moulins zu begeben (24. Febr. 1631). Bald darauf entfloh sie von da nach Brüssel zu ihrer Tante Isabella, der damaligen Regentin der Niederlande. Von Richelieu 1638 auch aus diesem Lande vertrieben, begab sie sich nach England und zuletzt (1641) nach Köln, wo sie am 3. Juli 1642, beinahe in Dürftigkeit, †. Paris verdankt ihr das schöne Palais Luxembourg, die öffentliche Promenade Cours la Reine, schöne Wasserleitungen und die Sammlung der allegorischen Gemälde Rubens' im Louvre. Vgl. d'Estrées, Mémoires d'état sous la régence de Marie de Medicis, Par. 1666; Ponchartrin, Mémoires concernant les affaires de France sous la régence de Marie de Medicis, Haag 1720, 2 Bde.; Mezeray (Richelieu?), Histoire de la mère et du fils, Amsterd. 1730, 2 Bde.; Frau von Arconville, Vie de Marie de Medicis, Par. 1774, 3 Bde.

b) M. Antoinette, jüngste Tochter des deutschen Kaisers Franz' I. und der Maria Theresia, am 2. Nov. 1755 geboren, wurde den 16. Mai 1770 an den Dauphin von Frankreich, den nachmaligen König Ludwig XVI., vermählt, und zwar gegen dessen Neigung, daher es M., trotz ihrer körperlichen und geistigen Vorzüge, nur allmählig gelang, sich die Liebe ihres Gemahls zu erwerben. Um so inniger war die Ehe fortan. Aber die durch seine Vorgänger verscherzte Achtung des Thrones wurde durch des Königs reinen Wandel nicht wieder hergestellt, wogegen die Lebensweise der Königin, die sich vielfach über das Ceremoniel des Hofs von Versailles hinwegsetzte und schon als Oesterreicherin die Volksmeinung gegen sich hatte, zu vielfachen Verleumdungen Anlaß gab. Als 1785 der Name der Königin von einer Betrügerin, der Gräfin Lamothe (s. d.), gemißbraucht worden war, um den Kardinal Rohan zum Ankauf eines Halsbandes von 2 Millionen Livres an Werth zu vermögen, benutzten ihre Gegner diese Intrigue, das Gerücht auszustreuen, die Königin bereichere ihren Bruder, den Kaiser, durch regelmäßige Zusendung vieler Millionen aus dem französischen Schätze. Der thätigste Gegner der Königin war der Herzog von Orleans, der durch die Geburt eines Dauphins 1782 die entfernte Aussicht auf die Thronfolge verloren hatte. Als 1789 die Nationalversammlung zusammengetreten war, pflichtete die Königin, die von jetzt an mehr Antheil an der Politik nahm, zuerst den Erweiterungen der Rechte des dritten Standes bei; als jedoch die Bewegungen der Volkspartei einen immer drohenderen Charakter annahmen, verhehlte sie nicht, daß sie im Adel eine Stütze des Thrones erblicke u. Alles aufzubieten gedenke, dieselbe aufrecht zu erhalten. Deshalb war sie auch gegen das Ministerium Necker, was diesen nur noch entschiedener seine Stütze in der Volkspartei zu suchen bestimmte. Nach der Zerstörung der Bastille am 14. Juli 1789 floh ein großer Theil des Hofs und des hohen Adels ins Ausland, nur die Königin und der ältere Bruder des Königs, der Graf von Provence, blieben muthig zurück. Das Gastmahl der Gardes du Corps am 1. Oktober 1789 in Versailles gab neuen Stoff zur Verleumdung; man gab ihr Beleidigung der Nation Schuld, und Mirabeau wollte sie schon jetzt in der Nationalversammlung anklagen. Bei dem Sturm auf Versailles am 5. Okt. war es eigentlich auf das Leben der Königin abgesehen. Am folgenden Morgen verlangte der tobende Pöbel sie zu sehen. Sie trat auf den Balkon heraus, mit dem Dauphin auf dem Arm. Als das Volk, welches sie zu erschießen beabsichtigte, schrie: „Keine Kinder!“ gab sie sogleich den Dauphin an eine Hofdame ab und trat wieder mit Würde an die Brüstung vor. Diese Ruhe imponirte dem Haufen so, daß er applaudirte, und die Königin kehrte unverletzt zurück. Das Volk führte nun die königliche Familie nach Paris und hielt sie da in den Tuilerien gefangen. Der verunglückte Fluchtversuch (20. Juni 1791) verschlimmerte die Lage derselben sehr; doch zeigte die Königin bei dem Verhör darüber eine hohe Standhaftigkeit. Als am 10. August 1792 die Tuilerien erstürmt wurden, suchte die königliche Familie in der Nationalversammlung Schutz und wurde von da in den Temple in förmliche Gefangenschaft abgeführt. Einmal wurde sie durch das Geschrei wüthender Pöbelhaufen ans Fenster gelockt, um ihr den blutigen Kopf der Prinzessin von Lamballe, ihrer intimsten Freundin, zu zeigen. Im December wurde sie vom König getrennt; anfangs durften sie noch zusammen essen, später untersagte man auch dies und verstattete ihr nur noch am Tage vor der Hinrichtung des Königs (20. Januar 1793) eine Zusammenkunft mit ihrem Gemahl. Nach der Hinrichtung trennte man sie auch von ihrem Sohne (Ludwig XVII.). Am 3. Juli wurde sie aus dem Temple nach dem Gefängnisse der Conciergerie gebracht, wo sie nichts als ein schlechtes Feldbett, einen Lehnstuhl von Stroh und einen kleinen Tisch vorfand. Die Königin war in kurzer Zeit alt geworden; Eine Nacht im Temple hatte ihr die Haare gebleicht. Am 15. Oktober wurde sie vor das Blutgericht gestellt. Die Anklageakte begann damit, daß M. Antoinette nach dem Muster der Messalinen, Brunhilden, Fredegunden u. Medici eine Geißel und Blutsaugerin für die Franzosen gewesen; daß sie in Verbindung mit dem sogenannten König von Böhmen und Ungarn gestanden; daß sie im Einverständniß mit den Brüdern Ludwig Capets und mit Calonne Frankreichs Einkünfte verschleudert habe, um entehrende Gelüste zu befriedigen und die Agenten ihrer verbrecherischen Ränke zu bezahlen. Das Weitere wiederholte die schon gegen den König aufgestellten Beschuldigungen geheimer Umtriebe gegen die Volksfreiheit und des am 10. August vergossenen Bürgerblutes. M. Antoinette beantwortete alle Fragen mit großer Genauigkeit u. Besonnenheit. Da beschuldigte sie Hébert, daß sie mit ihrem eigenen Sohne in einem unnatürlichen verbrecherischen Verhältniß gestanden habe. Anfangs überging M. diesen Punkt mit Stillschweigen; als aber Hébert auf denselben zurückkam, wandte sie sich mit den Worten an die Zuhörer: „Ich wende mich an alle hier gegenwärtigen Mütter und fordere sie zu der Erklärung auf, ob unter ihnen eine einzige sich findet, der nicht schon der bloße Gedanke an ein solches Verbrechen Schauder erregt.“ Das Verhör dauerte den ganzen Tag und die darauf folgende Nacht; während desselben ward ihr gar keine Nahrung gereicht, u. ein Gensdarm, der ihr auf wiederholtes Bitten ein Glas Wasser verschaffte, erhielt von der Behörde einen Verweis. Ihr Todesurtheil vernahm sie ohne sichtbare Gemüthsbewegung. Erst als sie früh um halb 5 Uhr in ihr Gefängniß zurückkam, machte das gepreßte Herz sich durch einen Thränenstrom Luft. Gegen 7 Uhr wurde sie durch einen beeidigten Priester geweckt, der sie zum Tode vorbereiten sollte; sie verschmähte jedoch seinen Beistand, da sie am Abend vorher dem unbeeidigten Priester aus der Vendée, den ihr die Fouché zugeführt hatte, gebeichtet hatte. Um 11 Uhr kündigte man ihr an, daß Alles bereit sei, und zwang sie, ihr schwarzes Kleid, das sie seit dem Tode Ludwigs getragen hatte, gegen einen weißen, zerrissenen Bettmantel zu vertauschen. Am Thore des Kerkers band man ihr die Hände und sie bestieg den Karren. Die begleitende Gensdarmerie war aus den wüthendsten Sansculotten ausgesucht, den Karren umtönte das Geschrei „Nieder mit der Tyrannei, es lebe die Republik!“ Sicheren Schritts bestieg sie das Blutgerüst; um ¼ nach 12 Uhr fiel ihr Haupt. Es ward mit dem Rufe „Es lebe die Republik!“ dem Volke gezeigt. Der Leichnam wurde in dieselbe Kalkgrube des Magdalenenkirchhofs bestattet, welche die Ueberreste Ludwigs XVI. aufgenommen hatte. Vergl. **Weber**, Mémoires concernant Marie Antoinette, London 1806, 3 Bde.; Mad. **Campan**, Mémoires sur la vie privée de Marie Antoinette, Paris 1823, 4 Bde.; de **Borsbeck**, Marie Antoinette à la Conciergerie, das. 1824; **Goncourt**, Histoire de Marie Antoinette, deutsch von Schmidt-Weißenfels, Prag 1850; de **Viel-Castel**, Marie Antoinette et la révolution française, Paris 1859.

6) M. II. da **Gloria**, **Königin von Portugal**, Tochter des Kaisers Pedro von Brasilien u. der Leopoldine von Oesterreich, geboren zu Rio Janeiro am 4. April 1819, wurde nach dem Tode ihres Großvaters, des Königs Johann VI. von Portugal, durch die Entsagungsakte ihres Vaters am 2. Mai 1826 Königin von Portugal u. im folgenden Jahre mit ihrem Oheim, Dom Miguel, verlobt, der zum Mitregenten ernannt werden sollte, sobald er die Konstitution beschworen haben würde. Im Sommer 1828 sandte Dom Pedro die neunjährige M. unter Aufsicht des Marquis von Barbacena u. des Grafen da Ponte nach Europa, damit sie am Hofe ihres mütterlichen Großvaters, des Kaisers von Oester-

reich, erzogen werde. Als aber ihre Begleiter in Gibraltar erfuhren, daß Dom Miguel sich unterdessen zum absoluten König von Portugal aufgeworfen hatte, führten sie die junge Königin nach London, um sich dort um Hülfe gegen den Kronräuber zu bewerben. Georg IV. empfing die junge Königin mit königlichen Ehrenbezeigungen; aber das Ministerium leistete ihr keine Hülfe, und M. kehrte daher im Aug. 1829 in Begleitung ihrer künftigen Schwiegermutter nach Brasilien zurück. Nachdem ihr Vater ihr den portugiesischen Thron erkämpft u. Dom Miguel vertrieben hatte, ward sie 1833 in Lissabon als Königin ausgerufen und übernahm die Regierung am 24. Sept. 1834, nachdem sie für majorenn erklärt worden. Ihre Ehe mit dem Bruder ihrer Stiefmutter, dem Prinzen August von Leuchtenberg, wurde schon nach 3 Monaten (28. März 1835) durch den Tod getrennt, worauf sich die Königin am 9. April 1836 mit dem Prinzen Ferdinand von Koburg vermählte. M. war der Aufgabe nicht gewachsen, ein zerrüttetes Reich und ein vom Parteigeist beherrschtes Volk zu regieren, und machte sich überdies durch Eigensinn u. Herrschsucht unbeliebt. Ueber ihre Regierung s. Portugal, Geschichte. M. † den 15. Nov. 1853 im Wochenbett und hatte ihren ältesten Sohn, Dom Pedro V., zum Nachfolger.

7) M. Stuart, Königin von Schottland, die Tochter Jakobs V. von Schottland u. der Maria von Guise, am 5. December 1542, 8 Tage nach dem Tode ihres Vaters, zu Linlithgow bei Edinburg geboren, ward in einem Kloster bei Paris erzogen und am 29. April 1558 mit dem Dauphin, dem nachmaligen König Franz II. von Frankreich, vermählt. Nach dessen frühem Tode begab sich M. nach Rheims zu ihrem Oheim, dem Kardinal von Lothringen, und hier legte ihr, da in demselben Jahre (1560) auch ihre Mutter gestorben war, Königin Elisabeth von England eine Akte vor, worin sie ihren Ansprüchen auf England entsagen sollte. M. verweigerte jedoch die Unterschrift und forderte, um sich mit ihren Großen zu berathen, sicheres Geleit nach Schottland, doch ward ihr dies von Elisabeth verweigert. Da die englischen Katholiken die Ehe Heinrichs VIII. von England mit Anna Boleyn nicht für eine gültige und folglich auch die Königin Elisabeth nicht als rechtmäßige Thronfolgerin anerkannten, so hatte nämlich M., die im katholischen Glauben erzogen worden war, noch bei Lebzeiten ihres Gemahls das englische Wappen und den englischen Königstitel angenommen. Elisabeth suchte zwar ihre Ueberfahrt nach Schottland zu hindern, doch landete die junge Königin glücklich am 19. August 1561 in ihrer Heimat. Als Katholikin ward sie nicht eben freundlich aufgenommen, und ihre Hinneigung zu französischen Sitten u. französischem Ceremoniel erweiterte noch die Kluft zwischen ihr u. ihrem Volk. Ihr Versuch, in ihrem Schlosse Messe lesen zu lassen, rief einen förmlichen Aufstand hervor. Zwar that M. manchen Schritt zu Gunsten der Protestanten, aber man sah in ihren Bewilligungen nur List, um die Herzen zu gewinnen. Von ihren Unterthanen gedrängt, sich zu verloben, wählte sie unter mehren Bewerbern zuletzt den jungen und schönen Lord Darnley, und trotz der laut ausgesprochenen Unzufriedenheit der Schotten darüber und trotz der Abmahnungen der Königin Elisabeth, die in dieser Heirath eine doppelte Gefahr erblickte, da Darnley ein Katholik war und durch seine Abstammung von dem englischen Königshause die Ansprüche M.'s auf den englischen Thron noch erhöhen konnte, kam die Verbindung am 29. Juli 1565 zu Stande. Die Ehe ward jedoch keine glückliche. Gemein in seinen Vergnügungen wie in seinen Sitten, beschränkt und hochmüthig, zeigte sich Darnley, dem M. den Königstitel verlieh, zugleich herrschsüchtig und undankbar gegen seine Gattin. Die Ermordung ihres Geheimschreibers, des Italieners Rizzio, durch ihren Gemahl (9. März 1566) verwandelte M.'s Abneigung gegen denselben in bittern Haß. Wenige Monate darauf (19. Juni) wurde sie von einem Sohn entbunden, der unter dem Namen Jakob VI. ihr Nachfolger wurde. Darnley erkannte ihn nicht als seinen Sohn an. Inzwischen war an Rizzio's Stelle in M.'s Gunst der Graf von Bothwell getreten, einer der mächtigsten, aber auch der lasterhaftesten Edelleute des Königreichs, der in dem Maße, wie M. ihren Gemahl vernachlässigte, von ihr mit Würden und Gütern überhäuft wurde. Darnley erkrankte Anfangs 1567 zu Glasgow so plötzlich, daß man eine Vergiftung muthmaßte; doch erholte er sich allmählig wieder, und M. pflegte ihn in einem Landhause bei Edinburg 8 Tage so sorgfältig, daß aller Verdacht schweigen mußte. Als jedoch in der Nacht des 9. Febr., in welcher sich M. in der Stadt befand, um der Hochzeit eines ihrer Hoffräulein beizuwohnen, das Landhaus in die Luft gesprengt wurde, wobei Darnley den Tod fand, traf sie von Neuem der Verdacht der Mitwissenschaft. Als den Urheber desselben nannte man allgemein Bothwell, dennoch ließ M. ihn im Besitz seiner Würden, ließ sich sogar von ihm willig gefangen nehmen, auf sein Schloß entführen und beschloß, ihm ihre Hand zu reichen, zu welchem Zweck Bothwell seine erst 6 Monate zuvor geschlossene Ehe löste. Während M. von Bothwell tyrannisirt wurde, stieg der Unwille gegen sie und ihr Verfahren immer höher. Der protestantische Adel verband sich, die Mörder des Königs zur Strafe zu ziehen, und M. sah keine andere Rettung, als ihren Gemahl preis zu geben und sich in die Arme der Verbündeten zu werfen. Bothwell entfloh nach Dänemark, wo er nach zehnjähriger Gefangenschaft im Kerker starb. M. selbst, im Triumph nach Edinburg geführt, mußte die Schmähreden und Spöttereien des Pöbels auf öffentlicher Straße anhören und sich endlich in das Schloß Lochleven in Haft bringen lassen, wo sie mit rücksichtsloser Strenge behandelt wurde. Durch Drohungen zwang man sie, drei Urkunden zu unterschreiben, worin sie der Regierung entsagte, den Grafen Murray, ihren natürlichen Bruder, zum Regenten ernannte und bis zu dessen Ankunft einen Regierungsausschuß einsetzte. Zugleich ward ihr einjähriger Sohn als Jakob VI. zum König gekrönt. Zwar entkam M. am 4. Mai 1568 aus der Haft, rief ihre Freunde zu ihrem Beistand auf u. sammelte einen Theil des Adels um sich; aber Murray schlug und zerstreute am 15. Mai bei Langside ihr Heer, und bei der Unmöglichkeit, nach Frankreich zu entkommen, warf sich die Königin England in die Arme. Von Carlisle aus, wohin sie auf einem Fischerkahn geflohen war (16. Mai 1568), schrieb sie an Elisabeth einen rührenden Brief. Aber die protestantischen Räthe der Königin von England sahen in M. nur die katholische Fürstin, die ihre Ansprüche auf den englischen Thron nicht hatte auf-

geben wollen, u. Elisabeth ließ sie sogleich gefangen nehmen und schlug ihr eine persönliche Zusammenkunft so lange ab, bis sie sich von dem Verdacht des Mords ihres Gemahls gereinigt haben würde. Zum Behuf dieser Untersuchung wurde eine Kommission von englischen Lords niedergesetzt, mit der sich von M. ernannte Bevollmächtigte verbanden, und vor welcher Murray in eigener Person die Königin der Mitwissenschaft und Theilnahme an Darnley's Mord anklagte. Da diese Kommission, die erst zu Hock, sodann zu Westminster tagte, in Folge von Intriguen zu keinem Resultat kam, wurde sie aufgelöst, aber M. blieb in Haft und wurde von einem festen Schloß zum andern (u. A. Tutbury, Wingfield, Sheffield) geführt, um den wiederholten Versuchen zu ihrer Befreiung vorzubeugen. Einer ihrer eifrigsten Anhänger, der Herzog von Norfolk, büßte einen solchen Versuch mit dem Leben. Im englischen Unterhause war der Haß gegen M. so groß, daß es bei Elisabeth auf Einleitung eines peinlichen Verfahrens gegen jene antrug, was diese aber jetzt noch entschieden ablehnte. Nachdem M. schon 13 Jahre in England in Gefangenschaft zugebracht hatte, erbot sie sich am 8. November 1582 in einem Brief an Elisabeth, ihrem Sohn die Regierung zu überlassen und selbst unter einer Art von Aufsicht in England zu leben, wenn ihr Milderung ihrer harten Haft zu Theil werde. Die Entdeckung einer Verschwörung fanatischer Katholiken unter Babington (1586) zur Ermordung Elisabeths und Befreiung M.'s hatte jedoch zur Folge, daß letztere selbst der Theilnahme an diesen Plänen angeklagt und vor ein Gericht von 40 der angesehensten Peers und 5 Oberrichtern im Schlosse Fotheringay in der Grafschaft Northampton gestellt wurde. Anfangs erklärte M., daß sie als eine unabhängige Fürstin sich einem Verhör von Unterthanen nicht unterwerfen könne; aber auf die Vorstellung, daß sie ihrem Ruf auf diese Weise am meisten schade, ergab sie sich und stand den Richtern Rede. Ihre Verbindung mit fremden Mächten, die man ihr gleichfalls als Verbrechen anrechnete, leugnete sie nicht, wohl aber jede Mitwissenschaft und Theilnahme an der babingtonschen Verschwörung. Dennoch sprachen die Richter gegen M. das Todesurtheil aus, und das Parlament bestätigte dasselbe. Umsonst verwendeten sich die katholischen Höfe für M.'s Leben; ein neuer Mordplan gegen Elisabeth, bei welchem sogar die französische Gesandtschaft nicht unbetheiligt gewesen sein sollte, beschleunigte die Vollstreckung des Todesurtheils. Elisabeth wollte das Aufsehen einer öffentlichen Hinrichtung vermeiden und ließ dem Hüter der Gefangenen, Sir Amias Paulet, einen Wink ertheilen, jener durch Gift zuvorzukommen. Aber Paulet wies den Antrag zurück. Endlich befahl Elisabeth dem Staatssekretär Davison, auf alle Fälle einen Befehl zur Vollstreckung des Urtheils aufzusetzen, damit dieselbe erfolgen könne, sobald sich eine Gefahr zeige. Nachdem die Königin die Schrift unterzeichnet, ward Davison damit zum Kanzler geschickt, um dieselbe mit dem Siegel versehen zu lassen. Am andern Tage ließ sie ihm sagen, er möge mit der Ausführung ihres Befehls noch warten. Er erwiederte, derselbe habe bereits das Siegel, und ward von der Königin wegen seiner Eilfertigkeit getadelt. Davison fragte die Staatsräthe, was er zu thun habe, und diese riethen ihm, den Befehl den Vollstreckern, den Grafen von Shrewsbury, Kent, Derby und Cumberland, zukommen zu lassen, wofür sie die Verantwortung auf sich zu nehmen versprachen. Davison folgte dem Rath, und die Grafen von Shrewsbury und Kent eilten mit dem Todesurtheil nach Fotheringay, wo sie am 7. Febr. 1587 der Gefangenen ankündigten, sich auf den nächsten Morgen um 8 Uhr zum Tode gefaßt halten zu müssen. M. vernahm die Eröffnung mehr mit Erstaunen als mit Entsetzen oder Unruhe, aß heiter zu Abend, schlief dann einige Stunden und brachte den Rest der Nacht im Gebet zu. Der von ihr erbetene Beistand eines katholischen Geistlichen ward ihr abgeschlagen; den protestantischen Geistlichen, den man ihr aufdringen wollte, wies sie zurück. Am Morgen des 8. Februar genoß sie eine Hostie, vom Papst Pius V. geweiht, die sie längst für den entscheidenden Augenblick aufgespart hatte. Dann legte sie eine reiche Kleidung an, folgte dem Sherif der Grafschaft und legte ihr Haupt selbst auf den Block. Mit dem zweiten Hiebe war es vom Körper getrennt. Ihr Leichnam ward in der Kathedrale zu Peterborough beigesetzt. Ihr Sohn Jakob VI., der bei ihren Lebzeiten nicht nur nichts für ihre Befreiung gethan, sondern im Geheimen noch bei Elisabeth auf Sicherung der Haft hingewirkt hatte, ließ, als er König von England geworden war, den Sarg der Mutter zu Westminster beisetzen und ihr ein marmornes Grabmal errichten. Als man Elisabeth die Nachricht von M.'s Tode brachte, zeigte sie große Bestürzung, verwünschte den unseligen Diensteifer ihrer Räthe und strafte Davison mit einer Geldbuße von 10,000 Pfd. Sterling, die ihn an den Bettelstab brachte. M.'s tragisches Geschick hat zu mehren dramatischen Bearbeitungen Anlaß gegeben; die namhafteste ist Schillers Drama „Maria Stuart“, das jedoch auf historische Treue keinen Anspruch macht. Vgl. Whitaker, Mary, queen of Scotland vinticated (London 1787, 3 Bde.), und Chalmers, Life of Mary, queen of Scots (deutsch, Leipzig 1826, 2 Bde.), die beide die Königin zu vertheidigen suchen; Miß Benyer, Memoirs of the life of Mary, queen of Scots (London 1823, 2 Bde.), aus Handschriften des britischen Museums entnommen; Mignet, Histoire de Marie (Paris 1850, 2 Bde.; deutsch von Burckhardt, Leipz. 1852). Eine Sammlung von Briefen M.'s an Bothwell erschien zu London und Paris 1859.

8) Königinnen von Spanien: a) M. Luise, die Gemahlin König Karls IV. von Spanien, Tochter des Herzogs Philipp von Parma, geboren den 9. Dec. 1751, wurde 1765 mit dem Infanten Don Carlos wider dessen Willen vermählt. Klug und ihrem Gemahl geistig weit überlegen, wußte sie es bald dahin zu bringen, daß ihr der König, allein seiner Jagdlust lebend, die Regierungsgeschäfte überließ. Ein Verständniß, in welchem sie noch als Prinzessin von Asturien mit dem älteren Godoy stand, trennte König Karl III. dadurch, daß er Godoy aus Madrid verwies. Dafür trat nun die Prinzessin mit des Verwiesenen Bruder, dem nachherigen Herzog von Alcudia, in ein Verhältniß, und derselbe wurde, nachdem Karl IV. seinem Vater auf dem Thron gefolgt war, der fast unumschränkte Beherrscher Spaniens. Die Königin opferte ihm sogar ihren ältesten Sohn, den Kronprinzen Ferdinand. Aus diesen Hofränken entspann sich der Prozeß vom

Escurial vom 29. Okt. 1807. Als in Folge der Revolution von Aranjuez Ferdinand VII. den Thron seines Vaters einnahm, warf sich M. Napoleon I. in die Arme, von dem sie sogar, doch vergeblich, die Hinrichtung ihres Sohnes verlangte. Sie wurde nach Compiègne gebracht, lebte dann in Marseille und in Nizza und ging endlich nach Rom, wo sie den 2. Januar 1819 †.

b) M. Christine, Tochter des Königs Franz I. von beiden Sicilien und der Maria Isabella, der Tochter des Königs Karl IV. von Spanien, geboren am 27. April 1806 zu Neapel, wurde im Dec. 1829 die vierte Gemahlin des Königs Ferdinand VII. von Spanien. Sie bekundete viel Sinn für die Künste, namentlich für die Malerei; auch an der Jagd ließ sie ihr lebhafter Geist Gefallen finden. Die Abneigung, mit der ihr die Gemahlin des Don Carlos, des Bruders des Königs, und deren ältere Schwester, die Prinzessin von Beira, von Anfang an begegneten, da dieselben durch die neue Vermählung des Königs die Hoffnung auf die Thronfolge des Don Carlos abermals in Zweifel gezogen sahen, steigerte sich noch, als König Ferdinand VII. die durch das salische Gesetz vom 12. Mai 1713 aufgehobene alte kastilische Erbfolgeordnung, nach welcher die Töchter u. Enkelinnen eines Königs dessen Brüdern und andern männlichen Seitenverwandten vorgingen, wieder herstellte. Als nun am 10. Okt. 1830 die Königin eine Tochter gebar, knüpfte sich an den Bestand der angeordneten weiblichen Thronfolge der im Stillen fortdauernde Kampf der liberalen und der apostolischen Partei, indem jene auf die bevorstehende Regentschaft der Königin nicht minder, als diese auf die Regierung des Don Carlos ihre Hoffnungen setzte. Zwar gelang es der Partei des Don Carlos, den anscheinend hoffnungslos kranken König zur Unterschrift einer zweiten pragmatischen Verordnung zu vermögen, in welcher er die am 29. März 1830 zur Aufhebung des salischen Gesetzes erlassene pragmatische Sanktion widerrief, als sich jedoch der Zustand des Königs etwas besserte, übertrug derselbe durch ein Dekret vom 4. Okt. für die Dauer seiner Krankheit die Regierung seiner Gemahlin. Diese erließ schon am 15. Okt. eine fast ausnahmslose Amnestie, öffnete die seit mehren Jahren geschlossenen Universitäten und beschränkte die an deren Stelle von Geistlichen errichteten u. geleiteten Anstalten. Aber der neue Minister, Zea Bermudez, war kein Freund der Liberalen. Zwar hob der König durch ein Dekret vom 31. Dec. 1832 die letzte ihm abgedrungene Verordnung, durch welche die zu Gunsten seiner Tochter erlassene pragmatische Sanktion widerrufen worden war, wieder auf; aber am 4. Januar 1833 nahm er die Regierung aus den Händen seiner Gemahlin zurück. Schon am 24. Sept. desselben Jahres starb er jedoch, u. seine dreijährige Tochter Isabella wurde in Madrid als Königin ausgerufen. Nach dem Testament des Königs von 1830 sollte während ihrer Minderjährigkeit M. Christine Regentin sein und ein aus verschiedenen Männern zusammengesetzter Regentschaftsrath ihr zur Seite stehen. Schon am 28. Dec. 1833 vermählte sich M. in morganatischer Ehe mit Don Fernando Muñoz aus Tarancon in Cuenca, der damals in der königlichen Leibgarde diente, und den sie später zum Herzog von Rianzares erhob. Die Regentin hatte gleich nach dem Tode des Königs ein Manifest erlassen, welches Abhülfe der Uebel versprach, an welchen das Land leide. Aber schon im Oktober 1833 brach in Aragonien und in den baskischen Provinzen ein Aufstand zu Gunsten des Don Carlos aus. Um eine Stütze gegen diesen zu gewinnen, neigte sie sich offen der liberalen Partei zu, deren Glieder daher Christinos genannt wurden. Ihre der französischen Charte nachgebildete Verfassung, das Estatuto real, genügte bald den extremen Parteien nicht mehr und wurde bald durch andere rasch auf einander folgende Verfassungen verdrängt, wie denn M. stets auf das Regierungssystem ihres jedesmaligen Ministers einging. In Folge einer durch das Gesetz über die Ayuntamientos (s. d.) veranlaßten Volksbewegung dankte M. am 10. Okt. 1840 als Regentin ab und begab sich mit einem sehr bedeutenden Vermögen nach Frankreich, wo sie von dem königlichen Hof aufs freundlichste empfangen wurde. Nach Espartero's Sturz kehrte sie 1843 wieder nach Madrid zurück u. ließ sich am 13. Okt. 1844 mit Muñoz, dem sie mehre Kinder geboren hat, kirchlich trauen. Die meisten Vorgänge in Spanien seit 1852, die Verbannung von Narvaez &c., erfolgten unter ihrer Einwirkung, doch zog sie sich durch ihre Einmischung in die öffentlichen Angelegenheiten den Haß eines großen Theils des Volks in dem Maße zu, daß sie sich beim Ausbruch der Revolution 1854 zu fliehen genöthigt sah. Sie lebt seitdem in Portugal. Vergl. Spanien (Geschichte).

9) M. Luise, Königin von Etrurien, Tochter des Königs Karl IV. von Spanien und der Maria Luise von Parma, geboren den 6. Juli 1782 in Madrid, ward 1795 mit Ludwig von Bourbon vermählt, der 1801 zum König des neuen Reichs Etrurien erhoben wurde. Nach dessen Tode (27. Mai 1803) wurde M. zur Regentin für ihren Sohn ernannt. Als das Königreich 1807 von den Franzosen besetzt wurde, ging sie nach Spanien. Nach ihres Vaters Abdankung lebte sie in Parma u. Nizza. Im Jahre 1811 versuchte sie nach England zu fliehen, doch ward der Plan vereitelt und M. in ein Kloster zu Rom gebracht, wo sie bis 1814 blieb. Durch den wiener Kongreß erhielt sie für ihren Sohn das Herzogthum Lucca. Hier † sie den 13. März 1824.

10) M., frühere Königin von Neapel, Tochter des Herzogs Maximilian von Bayern, ward am 4. Oktober 1841 geboren und am 3. Februar 1859 mit dem Kronprinzen von Neapel vermählt. So beliebt sie sich bei dem Volk durch ihrer Leutseligkeit, ihren Freimuth und vor Allem durch ihre Mildthätigkeit machte, so fühlte sie sich doch an dem in die steifsten Regeln der altspanischen Etikette eingezwängten Hofe und an der Seite ihres verschlossenen und mißtrauischen Gemahls, sowie unter dem Einfluß ihrer herrschsüchtigen Schwiegermutter nicht wohl. Am 22. Mai 1859 bestieg ihr Gemahl nach dem Tode seines Vaters als Franz II. den Thron, doch gewann M. wenig Einfluß auf seine Regierung, die durch Garibaldi's Zug nach Neapel ein baldiges Ende erreichte. M. folgte ihrem entthronten Gemahl nach Gaëta und wies alle Aufforderungen, die Festung noch vor Beginn der Belagerung zu verlassen, zurück. Ihre Haltung in dieser Zeit war eine bewundernswerthe. Sie besuchte und tröstete die Verwundeten und zeigte sich im heftigsten Feuer ermunternd in den Batterien. Nach der Uebergabe der Festung kehrte sie für kurze Zeit in ihre Heimat zu-

rück u. ließ sich sodann mit ihrem Gemahl zu Rom. nieder, besuchte aber zeitweilig ihre Heimat.

11) M., Herzogin von Burgund, einzige Tochter Karls des Kühnen von Burgund und der Isabella von Bourbon, den 13. Februar 1457 zu Brüssel geboren, ward, 20 Jahre alt, Erbin ihres in der Schlacht bei Nancy gebliebenen Vaters. Als Ludwig XI. von Frankreich darauf nicht nur das Herzogthum Burgund als ein frei gewordenes Lehn der Krone Frankreich einzog, sondern sich auch der an der Somme gelegenen Städte bemächtigte, die er dem verstorbenen Herzog hatte abtreten müssen, berief M. die Stände der Niederlande und suchte ihre Hülfe durch Bewilligung der größten Privilegien zu erkaufen. Auch von den flandrischen Ständen bedrängt, vermählte sie sich noch in demselben Jahre (1477) mit Erzherzog Maximilian, Sohn des Kaisers Friedrich III. Die Ehe war glücklich, aber nur von kurzer Dauer. Von einem Sturz mit dem Pferde trug sie eine Verletzung davon, deren Verheimlichung 1482 ihren Tod herbeiführte. M. war eine der schönsten Frauen ihrer Zeit, von festem Charakter u. großer Herzensgüte, dabei eine Freundin und Beschützerin der schönen Künste. Sie hinterließ 2 Kinder, Philipp, den Vater Karls V., und Margarethe, Herzogin von Savoyen. Vgl. Gaillard, Histoire de Marie de Bourgogne, 1757.

12) M. Christine Karoline Adelaïde Françoise Leopoldine, Herzogin von Würtemberg, geboren den 12. April 1813 zu Palermo, die Tochter des Königs Ludwig Philipp von Frankreich, zeigte viel Talent für die Kunst und führte eine Statue der Johanna d'Arc für das historische Museum von Versailles aus, das zu den besseren Bildwerken daselbst zählt. Später schuf die Prinzessin noch zwei Statuen von derselben Größe: eine Peri, welche die Thränen eines reuigen Sünders Gott zu Füßen legt, und den am Eingange des Himmels wachenden Engel. Die von ihr gearbeiteten Büsten der Königin der Belgier und ihres Sohnes sind sehr treu, dabei gut ausgeführt. Auch lieferte sie eine Gruppe des Ahasverus u. der Rahel, d. h. der Menschheit, die sich, gestützt auf die Liebe, dem Ende ihrer Pilgerschaft nähert, sowie zwei vortreffliche Reitergruppen u. A. Am 17. Oktober 1837 vermählte sie sich mit dem Herzog Friedrich Wilhelm Alexander von Würtemberg. Der Schrecken bei einem Brande ihres Palastes in Gotha, der durch ihre Unvorsichtigkeit entstanden war, hatte ihre Gesundheit untergraben, und sie erlag bald darauf einer schweren Niederkunft zu Pisa am 1. Januar 1839.

Mariae domus (lat.), s. v. a. Mergentheim.

Mariage (franz.), Heirath. M. de conscience, s. v. a. Gewissensehe.

Mariager, Hafenort in Jütland, Amt Randers, an dem 5 Meilen tief ins Land einschneidenden Mariagerfjord des Kattegats, mit 680 Einw.

Mariakirch, Stadt, s. Markirch.

Mariakulm, Marktflecken im österreichisch-böhmischen Kreis Eger, Propstei des Kreuzherrenordens vom rothen Stern, mit berühmter Wallfahrtskirche und stark besuchtem Marienbild und 800 Einw.

Mariampol, Stadt im russisch-polnischen Gouvernement Plock, an der Szeczupa, mit mehren Fabriken und 3360 Einw., größtentheils Juden.

Mariana, Stadt in der brasilianischen Provinz Minas-Geraes, östlich bei Villa Rica, Bischofssitz, mit Kathedrale und 5000 Einw.

Mariana, Juan, spanischer Geschichtschreiber, 1536 zu Talavera geboren, studirte zu Alcala u. trat in den Jesuitenorden. Seit 1560 lehrte er Theologie nach einander in Rom, Sicilien und Paris, bis er sich 1574 aus Gesundheitsrücksichten in das Jesuitenkollegium zu Toledo zurückzog. Seine Rechtlichkeit, die er in dem berüchtigten Prozesse des von den Jesuiten verfolgten Herausgebers der Polyglottenbibel, Arias Montano, bekundete, sowie die Freimüthigkeit, mit welcher er die Gebrechen des Ordens aufzudecken wagte, zogen ihm Zurücksetzungen aller Art und sogar einjährige Haft zu. Er † zu Madrid den 17. Februar 1623. Sein Hauptwerk ist die „Historia de rebus Hispaniae“ (am vollständigsten Mainz 1605, 30 Bde.) in eleganter lateinischer Sprache u. mit unbefangener Darstellung. Er selbst übersetzte es ins Spanische (Madrid 1819, 8 Bde.; mit der Fortsetzung, Barcel. 1839, 10 Bde.). Seine berühmte Abhandlung „De rege et regis institutione“ (Tol. 1598) wurde 11 Jahre nach ihrem Erscheinen vom Parlament zu Paris als aufrührerisch zum Feuer verurtheilt. Den Jesuitenorden betrifft das in seinen Papieren aufgefundene Werk „De las enfermedades de la Compania y de sus remedios“ (Brüssel 1625). Vgl. Ranke, Zur Kritik neuerer Geschichtschreiber, Berl. 1824.

Marianen, Inselgruppe, s. v. a. Ladronen.

Marianische Ritter, s. v. a. Ritter des deutschen Ordens.

Marianne, geheime Gesellschaft in Frankreich mit socialdemokratischen Tendenzen, scheint 1850 gegründet worden zu sein, wenigstens zeigten sich damals Spuren derselben in der Gegend von Nantes. Im August und September 1855 war die Umgegend von Angers der Schauplatz von Unruhen, welche von dem Geheimbunde hervorgerufen waren. Die eingeleitete Untersuchung verbreitete über die Organisation der Gesellschaft kein Licht, und es ergab sich daraus nur, daß ihr Ziel die Einführung der socialdemokratischen Republik gewesen. Man hat seitdem von ihrem Wirken nichts mehr vernommen, doch mag sie im Geheimen wohl noch fortbestehen.

Maria-Saal, Pfarrdorf im österreichischen Herzogthum Kärnthen, im Zollfelde, berühmter Wallfahrtsort mit schöner Kirche und 700 Einw. In der Nähe der Herzogsstuhl, ein Felsen, auf welchem die Herzöge von Kärnthen die Huldigung der Stadt entgegennahmen, und der Helenenberg, wahrscheinlich Mittelpunkt jenes klassischen Bodens, wo das römische Flavium solvense, das celtische Virunum u. später Carenta standen. Auf dem Berge liegt eine sehr interessante altdeutsche Kirche. Die Umgegend ist reich an römischen Alterthümern.

Maria-Schein, Dorf im böhmischen Kreise Leitmeritz, ½ Meile von Teplitz, hat eine prächtige Pfarrkirche mit wunderthätigem Marienbild, zu dem viel gewallfahrtet wird, ein Jesuitenkollegium (seit 1853) und 700 Einwohner.

Maria-Theresiaorden, österreichischer Militärorden für Verdienste im Krieg, wurde am 18. Juni 1757, dem Tage der Schlacht bei Kollin, gestiftet u. hatte zuerst nur Großkreuze und Ritter, denen am 15. Oktober 1765 Joseph II. noch Kommandeurs hinzufügte. Das Ordenszeichen ist ein achteckiges Kreuz, dessen vorderes rundes Mittelschild das österreichische Wappen darstellt mit der Umschrift „Fortitudini"; die Rückseite trägt die Buchstaben M. T. F. (Maria Theresia Franciscus), umgeben von einem Lorbeerkranz. Bei der Vertheilung dieses Ordens soll weder auf Rang, noch Religion, noch Abkunft, sondern allein auf militärisches Verdienst gesehen werden; indessen ist es Observanz, daß ihn nur Offiziere erhalten. Die Ertheilung geschieht sehr sparsam. Ordensmeister ist der jedesmalige Chef des österreichischen Kaiserhauses, der ihn aus eigener Machtvollkommenheit ertheilt. Von den Inländern erhalten die 20 ältesten Großkreuze jährlich 1500 Gulden, von den Kommandeuren jeder 600 Gulden, von den Rittern die 100 ältesten 600 Gulden, die 100 zweitältesten jährlich 400 Gulden. Die Wittwen erhalten lebenslänglich die Hälfte. Das Ordensfest ist am 15. Oktober. Alle Ritter sind hoffähig und können das Diplom als österreichischer Baron beanspruchen.

Mariazell, Marktflecken im steiermärkischen Kreis Bruck, der berühmteste Wallfahrtsort der Monarchie, an der Salza, 2703 Fuß über dem Meer, mit 900 Einwohnern. Die jetzige Wallfahrtskirche wurde 1644 an die Stelle der alten, von König Ludwig I. von Ungarn wegen seiner Rettung aus der Serbierniederlage an der Maritza gegründete erbaut und ist ein majestätisches, in modernem Styl aufgeführtes Gebäude, das in seinem Innern 46 Klaftern lang, 16 Klaftern breit und fast eben so hoch ist. Sie enthält die Gnadenkapelle mit dem aus Lindenholz geschnitzten, 18 Zoll hohen Marienbild, einem silbernen Altar, einer großen silbernen Lampe und anderen reichen Zierrathen. Auch sonst ist die Kirche im Besitz vieler Kostbarkeiten und eines großen Vermögens. Die schönsten Punkte der Umgegend sind der Erlaffee, das Bürgeralpel (3876 Fuß hoch) und die Höhle im Hohlstein. ½ Meile von M. liegt das große kaiserliche Eisengußwerk, das 3 Hohöfen, ein großes Hammerwerk, eine bedeutende Gießerei und einen Modellsaal enthält. An dem 3950 Fuß hohen Seeberge hinan erstreckt sich das Eisenbergwerk Gollrad. In der Nähe liegt auch der berühmte Landsitz des Erzherzogs Johann, der Brandhof, mit einer Kapelle, einer schönen botanischen Anlage und einer Alpenwirthschaft.

Marica *Schreb.* (Sumpflilie), Pflanzengattung aus der Familie der Irideen, charakterisirt durch die 6theilige Korolle, deren 3 innere Abtheilungen meist 3mal kleiner als die äußeren und gegen einander geneigt sind, den kurzen Griffel, die 3spaltige Narbe mit großen blumenblattförmigen, mit den Staubgefäßen abwechselnden Einschnitten und die 3fächerige und 3klappige Kapsel, ausdauernde Zwiebelgewächse in Brasilien, von deren Arten mehre als Zierpflanzen bekannt sind, besonders M. coelestis *Lehm.*, mit schwertförmigen, gefalteten, spitzen Blättern und zahlreichen, schnell verblühenden, himmelblauen, im Grunde braunröthlich gefleckten Blumen; M. coerulea *Ker.*, mit aufrechten, reitenden, 2reihigen, linien-schwertförmigen, meergrünen, über 3 Fuß langen, 1 Zoll breiten Blättern und schön himmelblauen, im Grunde gelblichen, dunkelbraunroth gefleckten Blumen; M. longifolia *Lk.* et *Otto*, 1—2 Fuß hoch, mit blattartig geflügeltem, in ein schwertförmiges Blatt auslaufendem Stengel, schwertförmigen, 1 Fuß langen Blättern und gelben, am Grunde purpurroth-querstreifigen Blumen; M. Northiana *Schreb.*, Ferraria elegans *Salisb.*, mit grasgrünen, schwertförmigen, reitenden, 2reihigen, 2 Zoll langen und breiten Blättern und gelblichweißen, gefleckten Blumen. Man pflanzt diese Zierpflanzen in sandige Heideerde mit starker Unterlage zerstoßener Ziegelsteine und gibt den blühbaren Pflanzen einen etwas weiten, aber nicht sehr tiefen Topf, stellt sie ins Warmhaus nahe unters Fenster und hält die Erde mäßig feucht. Der Same, welcher im Herbste reift, kann sogleich oder im März in einen Topf gesäet oder ins Warmbeet gestellt werden, wo er in 3 Wochen und später keimt. Die Vermehrung kann auch durch Theilung der Pflanzen geschehen.

Marie, 1) St. M., Insel an der Ostseite von Madagaskar (s. d.), seit 1820 den Franzosen gehörig, etwa 16½ QM. groß mit 5850 Einwohnern (1000 Europäern), wird nur durch einen schmalen Kanal von Madagaskar getrennt u. von einem Meeresarm in 2 Stücke geschieden, deren kleineres Port Louis ist, der Sitz der Kolonie, mit dem Fort Louquez. — 2) Marie aux Mines St., Stadt, s. v. a. Markirch.

Marie, Alexandre Thomas, Mitglied der provisorischen Regierung Frankreichs, am 15. Februar 1795 zu Auxerre an der Yonne geboren, ließ sich 1819 zu Paris als Advokat nieder und machte sich durch die Vertheidigung mehrer politischen Angeklagten, namentlich 1832 Pepins, der jungen Verschwörer von dem Pont des Arts, Cabets und 1842 zu Angers Ledru-Rollins, bekannt. Im Jahre 1842 von der Stadt Paris in die Deputirtenkammer gewählt, stand er hier auf der Seite der Radikalen. Im Februar 1848 war er einer der Ersten, welcher die Einladung zum Reformbankett unterzeichnete, gehörte am 21. Februar zu Denen, welche das Bankett ausgeführt wissen wollten, und forderte in der Sitzung der Deputirtenkammer am 24. Februar die sofortige Einsetzung einer provisorischen Regierung. Aufgenommen in dieselbe, erhielt er am 25. das Ministerium der öffentlichen Arbeiten. Unter seiner Amtsthätigkeit wurden die Nationalwerkstätten errichtet und wieder aufgelöst. Vom 10. Mai bis 28. Juni war er Mitglied der vollziehenden Gewalt, am 29. Juni wurde er Präsident der Nationalversammlung, vom 18. Juli bis 20. December 1848 hatte er das Portefeuille der Justiz. Nachdem Ludwig Napoleon an letzterem Tage die Präsidentschaft angetreten, kehrte M. zur advokatorischen Praxis zurück.

Mariebo, Stadt und Amtssitz auf der dänischen Insel Langeland, mit 2000 Einwohnern und Hafen.

Marie Galante, französische Insel der kleinen Antillen, südöstlich von Guadeloupe, zu Guadeloupe gehörig, 2,8 QM. groß, mit 13,000 Einwohnern, fast rund, mit einigen Quellen und stehenden Gewässern, aber ohne Fluß, auch ohne Hafen und nur an der Westküste zugänglich, hat Ausfuhr von Zucker, Kaffee, Baumwolle, Kakao ꝛc. Hauptstadt ist Grandbourg (Marigot).

Mariemont, Dorf im russisch-polnischen Gouvernement Warschau, unweit Warschau, Domäne mit landwirthschaftlichem Institut, Thierarzneischule, Handwerksschule und Strohpapierfabrik.

Marienbad (Balneum Mariae), s. Wasserbad.

Marienbad, Badeort im österreichisch-böhmischen Kreis Eger, Bezirk Tepl, in einem nach 3 Seiten von dicht bewaldeten Höhen eingeschlossenen, nach

Mittag zu offenen Thale beim Dorf Auschowitz, 1809 (1912) Fuß über dem Meere gelegen, hat elegante Kurgebäude, ein Theater, schöne Spaziergänge, besonders nach der sogenannten Rotunde, der Amalienhöhe, dem Belvedere, dem Jägerhaus, der Albertusruhe ꝛc., und 750 Einwohner. Obgleich die **Heilquellen** von M. erst in der neueren Zeit als Heilmittel benutzt worden sind, so waren sie doch schon seit langer Zeit unter dem Namen der auschowitzer Salzquellen bekannt und auch benutzt. Aber erst durch Nehrs eifrige und unablässige Bemühungen wurden Anstalten zur Austrocknung der sumpfigen Gegend um den Kreuzbrunnen und zum Schutze dieser Quelle vor wilden Wassern getroffen, 1807 ein zur Aufnahme von Kurgästen eingerichtetes Haus und das Jahr darauf ein Badehaus gebaut und das ärztliche Publikum auf M. aufmerksam gemacht. Seitdem ist der Ort in Folge der starken Frequenz und durch die liberale Unterstützung, welche das Stift zu Tepl verwilligte, von Jahr zu Jahr durch Neubauten vergrößert und verschönert worden. M. selbst hat 8 benutzte Quellen; die Umgegend ist aber so reich an solchen, daß Heidler im Umkreise von 3 Stunden deren nicht weniger als 123 zählte. Unter den ersteren sind hervorzuheben: der Kreuzbrunnen, eine sehr kräftige alkalische Glaubersalzquelle; drei alkalisch-salinische Eisenquellen, darunter der Ferdinandsbrunnen; die Waldquelle, ein schwacher alkalisch-salinischer Säuerling; der Karolinen- und Ambrosiusbrunnen, zwei alkalische Eisensäuerlinge, und die Marienquelle, ein einfacher Säuerling. Alle diese Quellen werden vorzüglich zur Trinkkur benutzt; doch kommen dazu noch Moorbäder, die Marienquellbäder und russische Dampf- und Gasbäder. Die Zusammensetzung der Quellen ist in 16 Unzen etwa folgende: Der Kreuzbrunnen enthält bei 36¼ Gran Glaubersalz, über 11 Gran Kochsalz, fast 9 Gran kohlensaures Natron und gegen 8 Gran andere kohlensaure Alkalien, bei cirka ½ Gran Eisen und an 14 Kubikzoll Kohlensäure. Der Ferdinandsbrunnen ist reicher an den genannten Bestandtheilen, enthält fast ½ Gran Eisen und 23 Kubikzoll Kohlensäure. Die übrigen Quellen sind bedeutend ärmer; die ärmste ist die Wiesenquelle, welche nur 1½ Gran feste Bestandtheile bei einem Kohlensäuregehalt von 4 Kubikzoll enthält. Von den zwei Moorarten, welche zu Bädern benutzt werden, ist die eine reich an organischen Bestandtheilen, die andere an Mineralsalzen. Alle Quellen sind kalt; der Kreuzbrunnen hat 9½° R. Die Zahl der Kurgäste beträgt jährlich im Durchschnitt 5000. Getrunken wirkt das Wasser hauptsächlich auf die Organe der Digestion und Assimilation, namentlich auf die Leber und das damit verbundene Pfortadersystem, die Harnwerkzeuge, das Uterin-, Drüsen- u. Lymphsystem und die äußere Haut belebend, die Sekretionen u. Exkretionen bethätigend, auflösend u. ausleerend. Was die Krankheiten betrifft, gegen welche die einzelnen Mineralquellen von M. vorzugsweise empfohlen werden, so hat sich der Kreuzbrunnen besonders hülfreich erwiesen bei Ansammlung von gastrischen Unreinigkeiten im Magen und Darmkanal, bei Plethora abdominalis, mit Hemmung der freien Blutcirkulation, Hartleibigkeit, Hämorrhoidalbeschwerden, Anomalien der Menstruation, Stockungen im Uterinsystem, Unfruchtbarkeit, Krankheiten der Leber, Anomalien der Gallenabsonderung, Gallensteinen, Auftreibungen, Verhärtungen der Leber, bei Gicht, in sofern sie sich weniger auf gichtische Desorganisationen als auf eine fehlerhafte und geschwächte Digestion und Assimilation gründet, bei Krankheiten der Nieren, namentlich Gries-, Nieren- oder Blasensteinen, bei Drüsengeschwülsten und Verhärtungen skrophulöser Art. Auch ist der Gebrauch des Kreuzbrunnens, besonders des erwärmten, zuweilen als Nachkur nach Karlsbad zu empfehlen. Der Ferdinands-, Ambrosius- und Karolinenbrunnen werden empfohlen: bei allgemeiner oder örtlicher Schwäche des Nerven- und Muskelsystems torpider Art, allgemeiner Abspannung, Zittern der Glieder, Lähmung, Impotenz, bei passiven Schleim- und Blutflüssen, Schwäche des Uterinsystems, Neigung zu Gebärmutterblutflüssen, bei zu profuser Menstruation, bei Krankheiten der Urinwerkzeuge, auch Gries- und Steinbeschwerden ꝛc. Die Waldquelle oder der Aeolsbrunnen wird als Getränk mit Milch und Molken sehr erethischen, schwächlichen Subjekten, welche andere schwerere Mineralwässer nicht vertragen, empfohlen bei Krankheiten der Schleimhäute, chronischen Brustleiden, Verschleimungen des Magens und Darmkanals erethischer Art, Krankheiten der Harnwerkzeuge, namentlich Gries- und Steinbeschwerden, Neigung zu hysterischen Krämpfen und chronischem Erbrechen. Die Bäder von dem Wasser der Marienquelle, oder des Ambrosius- und Karolinenbrunnens werden häufig zur Unterstützung des innern Gebrauchs der eisenreicheren Quellen von M. in den schon genannten Krankheiten angewendet, namentlich aber zur Belebung und Stärkung empfohlen bei hartnäckigen rheumatischen u. gichtischen Leiden nervöser Art, bei Lähmungen, Steifigkeit und Kontrakturen mit gichtischer Komplikation, bei chronischen Hautausschlägen, inveterirten Geschwüren, Verhärtungen und lymphatischen Geschwülsten, passiven Schleim- und Blutflüssen, Anomalien der Menstruation, chronischen Nervenaffektionen krampfhafter Art und während des Gebrauchs des Kreuzbrunnens, oder nach demselben als stärkende Nachkur. Die Gasbäder empfehlen sich bei Suppression der Menstruation und des Hämorrhoidalflusses, bei Krankheiten des Uterinsystems von Schwäche atonischer Art, bei unregelmäßiger oder zu schwacher Menstruation, bei skrophulösen Geschwülsten und Geschwüren, gichtischen und rheumatischen Metastasen, Lähmungen, insbesondere von gichtischen oder rheumatischen Ursachen, chronischen Hautausschlägen und chronischen Leiden der Sinnesorgane, namentlich des Gesichts und des Gehörs, in sofern sie durch örtliche Schwäche bedingt werden. Vom Kreuzbrunnen, dessen man sich auch zu Lavements bedient, werden jährlich über 200,000 Krüge versendet; ebenso gebraucht man auch den Ferdinandsbrunnen und die Wiesenquelle in der Ferne. Vgl. Frankl, M., seine Heilquellen und Umgebungen, Prag 1837; Kratzmann, M. und seine Umgebungen, 4. Aufl., Prag 1857.

Marienberg, Stadt im königlich sächsischen Kreisdirektionsbezirk Zwickau, Amtshauptmannschaft Annaberg, in rauher Gebirgsgegend, Sitz eines Gerichts- und Bergamts, hat eine schöne Hauptkirche, ein bergmännisches Museum, eine Klöppelschule, Baumwollspinnerei, Strohflechterei, Holzschachtelfabrikation, Spitzenklöppelei, Bergbau auf Zinn, Kupfer und Eisen und 5100 Einwohner.

Marienbilder (Madonnenbilder), malerische oder plastische Abbildungen der Jungfrau Maria mit dem Jesuskinde, welche im katholischen Religionskult und in der Geschichte der christlichen Kunst eine sehr bedeutsame Stelle einnehmen. Die urchristliche Kunst kennt keine Darstellung der Mutter Jesu. Erst im 5. Jahrhundert treten vereinzelte M. auf, und zwar hinsichtlich der Gesichtszüge der Maria nach dem Typus der älteren Christusbilder, einer Tradition zufolge, nach welcher Christus in Allem seiner Mutter ähnlich gewesen. Mit Cimabue tritt die Ausbildung der Madonnenbilder in ein neues Stadium; am tiefsinnigsten und herrlichsten aber faßte Raphael die Mutter des Herrn auf, die bei ihm bald mehr als die liebende Mutter, bald als Ideal weiblicher Schönheit erscheint, bis er in der sixtinischen Madonna die höchste Darstellung der Himmelskönigin erreichte. Eine Madonna ohne das Kind gehört erst der neuern Kunst an und hat ihre edelste Darstellungsweise in Murillo's Empfängniß gefunden.

Marienblume, s. v. a. gemeine Wucherblume, Chrysanthemum Leucanthemum *L.*

Marienborn, Mineralbad im königlich sächsischen Kreisdirektionsbezirk Bautzen, bei dem Dorfe Schmeckwitz, zwischen Kamenz und Bautzen, besitzt außer Vorrichtungen zu Wannenbädern auch Apparate zu Gas- und Douchebädern u. Räucherungen. Die dortigen drei zu der Klasse der kalten, erdig-salinischen Schwefelwässer gehörigen Mineralquellen, von 10—11° R. Temperatur, werden als Bad und Getränk empfohlen gegen Gicht und Rheumatismus, Stockungen und Verschleimungen, besonders im Unterleibe, Hypochondrie, Anomalien der Menstruation, chronische Hautausschläge, chronische Metallvergiftungen.

Marienburg, Kreisstadt in der preußischen Provinz Preußen (Westpreußen), Regierungsbezirk Danzig, in fruchtbarer Gegend an der Nogat, über welche eine mit Gitterwerk, bethürmten Pfeilern und Kanonenthürmen ausgestattete Brücke führt, hat 2 evangelische Kirchen und eine katholische, ein Gymnasium, evangelisches Schullehrerseminar, eine Taubstummenanstalt, Töchterschule, ein Arbeits- und ein Krankenhaus, eine Garnison und 7530 Einwohner, deren industrielle Thätigkeit besonders auf Garnbleicherei, Lein- u. Baumwollweberei, Zeuchdruckerei und Färberei gerichtet ist. Auch wird starker Handel mit Holz, Getreide und Borsten getrieben, wie auch in M. stark frequentirte Woll- und Pferdemärkte abgehalten werden. M. war Sitz der Hochmeister des deutschen Ordens, deren Residenzschloß eines der schönsten Denkmäler altdeutscher Baukunst ist. Dasselbe ward in den Jahren 1276—1341 erbaut und 1817—20 restaurirt. Es besteht aus 3 Haupttheilen: Hoch-, Mittel- und Vorschloß, und war zugleich fürstliche Residenz, Ritterburg und Festung. Die westliche Seite des mittleren Schlosses, welches aus 3 langen Flügeln besteht, hat allein noch ihr ursprüngliches Ansehen. Sehenswerth sind besonders die Ordenskirche und der 140 Fuß lange, 70 Fuß breite und 32 Fuß hohe „Remter", ein gewölbter, in der Mitte durch einen einzigen Granitpfeiler gestützter Saal. An der äußeren Ostseite ist ein 26 Fuß hohes Marienbild angebracht. Der erste Hoch- und Deutschmeister, der im Schlosse residirte, war Siegfried von Feuchtwangen. Unter Winrich von Kniprode (1351—82) erhielt M. eine hohe Schule, in welcher die Ordensritter Unterricht empfingen. Fortan gelangte M. zu einer größeren Bedeutung und bildete schon eine ansehnliche Stadt, als es 1410 vom Polenkönig Ladislaus erobert wurde, dem es indeß nicht gelang, sich auch des festen Schlosses zu bemächtigen. Eine andere Belagerung (1420) schlug ebenfalls fehl. Dagegen sah sich der Orden 1453 aus Geldnoth gedrungen, M. seinen gegen die Angriffe des mit den Polen vereinigten preußischen Bundes geworbenen Söldnern zu verpfänden, deren Hauptmann Ulrich Chirwenha 1456 M. nebst andern Schlössern für die Summe von 436,000 Gulden an den König Kasimir von Polen abtrat. In Folge dessen nahmen am 6. Juni 1457 600 Polen von M. Besitz und vertrieben den Hochmeister Ulrich von Elrichshausen aus der Burg, in welcher in den 148 Jahren ihres Bestehens 17 Meister residirt hatten. In den Jahren 1626 und 1655 ward M. von den Schweden eingenommen, die am 15. Juni 1757 mit Brandenburg hier einen Vertrag schlossen, in welchem letzteres den erstern 8000 Mann Hülfstruppen gegen Polen zusicherte. Seitdem war M. der Sitz polnischer Woiwoden, zuweilen auch das Hoflager der Könige von Polen, bis es 1772 mit Preußen vereinigt ward. Längere Zeit hindurch wurde nun das schöne Schloß als Getreidespeicher benutzt, bis man 1817, vornehmlich auf Betrieb des damaligen Kronprinzen, Friedrich Wilhelms von Preußen, die Restauration begann. Vergl. Büsching, Das Schloß in M., Berlin 1823; Voigt, Geschichte M.s, Königsberg 1824; Auer, Kriegsgeschichtliche Denkwürdigkeiten von M., Danzig 1821.

Marienfeste, die in der katholischen Kirche zu Ehren der Maria, der Mutter Jesu, angeordneten Feste. Die seit dem nestorianischen Streite in der katholischen Kirche siegreich gebliebene Ansicht von der Maria als Gottesgebärerin rief eine Anzahl von Festen hervor, an welchen man einzelne Lebensmomente der Mutter Jesu für die Erbauung der Gemeinde in der religiösen Betrachtung festhielt, und da man bald die Fürbitte der Maria über alle Gebete zu andern Heiligen stellte, so gewannen diese Feste auch bald eine außerordentliche Bedeutung. Man unterscheidet zwischen größeren M.n, welche in der ganzen Kirche gefeiert, und kleineren, die nur an einzelnen Orten oder in einzelnen Ländern festlich begangen werden. Zu den größeren gehören folgende: Das Fest der unbefleckten Empfängniß (festum conceptionis Mariae) ward bis zum 12. Jahrhundert nur hie und da gefeiert, bald aber der Gegenstand eines heftigen Streits, vorzüglich zwischen den Franciskanern und Dominikanern, welche letzteren die unbefleckte Empfängniß, d. h. die Annahme, daß Maria selbst unbefleckt empfangen sei, verwarfen, bis es endlich durch mehre päpstliche Bullen, vorzüglich durch die Konstitutionen Sixtus' IV. und durch die Verordnungen von Innocenz XII. (1693) und Klemens XI. (1708) zu einem Festum duplex secundae classis für die ganze Kirche erhoben wurde. Seit auf einer vom Papst Pius IX. berufenen Synode zu Rom am 20. Nov. 1854 die Lehre von der unbefleckten Empfängniß mit großer Stimmenmehrheit als Dogma anerkannt worden ist, hat das Fest noch an Bedeutung gewonnen. Die römische Kirche feiert es am 8. Dec., die griechische seit dem 10. Jahrhundert am 9. Dec. Das Fest **Mariä Geburt** (dies nativitatis Mariae, festum beatae virginis), am 8. September, kommt schon in den Sakramentarien Leo's und Gregors vor und wurde im 6. Jahrhundert im Orient allgemein gefeiert. Das Fest **Mariä Verkündigung** (festum annunciationis), den 25. März, entstand ebenfalls schon in den ersten christlichen Jahrhunderten zum Andenken an die Botschaft des Engels, daß Maria die Mutter des Heilands werden solle. Das Fest **Mariä Heimsuchung** (festum visitationis Mariae), wahrscheinlich erst im 13. Jahrhundert entstanden und vom baseler Koncil zum allgemeinen kirchlichen Fest erhoben, am 2. Juli, ist dem Besuch der Maria bei Elisabeth (nach Luc. 1, 39) gewidmet. Das Fest **Mariä Reinigung** (festum purificationis Mariae), am 2. Febr., entstand im 6. Jahrhundert und ist dem Andenken an die Erscheinung der Maria im Tempel nach der Geburt des Heilands gewidmet. Das Fest **Mariä Himmelfahrt** (festum assumtionis Mariae, dormitio, pausatio beatae virginis), den 15. August, ein Fest aus dem 8. Jahrhundert, erinnert an die Aufnahme der Maria in das himmlische Reich. **Kleinere** M. sind die folgenden: **Mariä Namensfest** (festum nominis Mariae), in Spanien 1513 entstanden und vom Papst Innocenz VI. zum Andenken an die Befreiung Wiens von den Türken 1683 auch in Deutschland eingeführt, wird am Sonntag nach Mariä Geburt gefeiert. Das Fest **Mariä Darstellung** oder **Opferung** (festum praesentationis Mariae), den 21. Nov., ward vom Kaiser Manuel 1143 im Orient u. vom Papst Gregor XI. 1374 im Occident eingeführt, um den Glauben zu fördern, daß Maria in ihrem dritten Jahre zum Dienste Gottes u. zu ewiger Jungfrauschaft geweiht worden sei. Das **Fest der Verlöbniß Mariä** od. **der Vermählung Mariä mit Joseph** (festum desponsationis), den 23. Januar, entstand 1546 auf Veranlassung des Kanzlers Gerson in Frankreich u. ward anfangs nur von den Franciskanern gefeiert. Das Fest **Mariä Erwartung der Geburt Jesu** (festum exspectationis partus Mariae), angeblich veranlaßt durch eine Erscheinung der Maria in einer Kirche zu Toledo, ward in Spanien am 18. Dec. begangen, fand aber seit 1573 auch in Italien Eingang. Das **Fest der sieben Schmerzen** (früher der **Ohnmacht**) **Mariä** (festum spasmi, septem dolorum Mariae) soll an die Leiden der Maria bei dem Tode ihres Sohnes erinnern, entstand im 15. Jahrhundert und wird am Sonnabend vor dem Palmsonntag gefeiert. Im Gegensatz dazu hat die römische Kirche auch ein **Fest der sieben Freuden Mariä**, das den 24. September gefeiert wird und von Benedikt XIV. herrührt. Das Fest **Mariä Schneefeier** (festum Mariae ad nives) feiert das Andenken an das im 4. Jahrhundert geschehene Wunder, wobei auf das Gebet eines römischen Patriciers, Johannes, Maria möge ihm den Ort bezeichnen, wo er ihr eine Kirche erbauen solle, im August am esquilinischen Hügel ein großer Schnee fiel. Schon im 13. Jahrhundert wird die Kirchweihe zu Maria ad nives in Rom erwähnt, im 14. Jahrhundert aber in allen Kirchen Roms das Fest der Schneefeier begangen. Pius V. empfahl seine allgemeine Feier. Das **Fest Mariä vom Berge Karmel** (festum Mariae de monte Carmelo), am 16. Juli, wurde veranlaßt durch die Visionen, welche der Karmelitergeneral Simon Stock gehabt zu haben vorgab, und zuerst für diesen Orden 1587, später für die ganze Kirche von Benedikt XIII. eingeführt. Das **Fest Mariä von der Erlösung der Gefangenen** (festum Mariae de mercede redemptionis captivorum) gründet sich auf Erscheinungen, in denen Maria dem Peter von Bolasco, Raimund von Pennaforti u. dem König Jakob von Aragonien einen Orden zur Erlösung gefangener Christen aus der Gefangenschaft der Ungläubigen zu stiften befahl, wurde anfangs nur in dem von Jakob von Aragonien 1223 gestifteten Orden, nach einer Bulle Innocenz' XIII. später in der ganzen Kirche am 24. Sept. gefeiert. Das **Fest Mariä Rosenkranz** (festum rosarii beatae virginis) ist hervorgegangen aus dem Feste, welches 1571 Papst Pius V. zu Ehren der Maria anordnete, weil Juan d'Austria den Seesieg bei Lepanto auf ihre Fürbitte gewonnen haben sollte. Es hieß erst Festum Mariae de victoria, erhielt aber von Gregor XIII. den obigen Namen, weil an dem Tage desselben, dem 1. Sonntag im Oktober, die Rosenkranzbrüder eine feierliche Prozession abzuhalten pflegten. Das Fest **Mariä Schutz** oder **fürbittliche Vertretung bei Gott** (festum patrocinii Mariae) entstand in Spanien, wurde aber dann von Papst Benedikt XIII. zur allgemeinen Feier empfohlen. Es fällt auf den 3. Nov., kann aber nach dem Ermessen der Bischöfe auf einen beliebigen Sonntag in diesem Monat verlegt werden. Das sogenannte **Fest Mariä am Sonnabend** ist nicht ein besonderes Kirchenfest, sondern beruht darauf, daß schon im 11. Jahrhundert besonders der Sonnabend der Verehrung Mariä gewidmet war und man an diesem Tag die Messe der heiligen Jungfrau zu lesen pflegte. Die Reformatoren des 16. Jahrhunderts behielten von sämmtlichen M.n nur die bei, welche eine Beziehung auf Christus zuließen, nämlich Mariä Reinigung, Verkündigung und Heimsuchung; indeß soll deren Feier jedesmal an einem Sonntag Statt finden.

Mariengarn, s. **Alterweibersommer**.

Marienglas (**Marieneis**, glacier Mariae), s. **Gyps**.

Mariengras, Pflanzengattungen: s. v. a. Bandgras, Phalaris arundinacea *L.*; s. v. a. Federgras, Stipa pennata *L.*; s. v. a. Spergula arvensis *L.*; s. v. a. Trifolium repens *L.*, s. **Klee**.

Mariengroschen, Silbermünze mit einem Marienbilde im Gepräge, ward zuerst in Goslar geprägt, von wo sie sich über Niedersachsen und Westphalen verbreitete. In Goslar wurde der M. achtlöthig, 80 auf die rauhe Mark, ausgeprägt; doch schon 1550 war er um die Hälfte schlechter. Um 1700 hörte das Prägen desselben fast allgemein auf, und nur der Name blieb. In der neuesten Zeit rechnete man 36 M. zu 8 Pfennigen auf den Thaler des 20-Guldenfußes. Es gab 2-, 3-, 4- u. 6fache M.; Stücke zu 3 M. = $^{1}/_{12}$ Thaler Kurant wurden noch 1820 in Hannover geprägt. Der **Mariengulden**, mit gleichem Gepräge, wurde zu 20 M. ausgeprägt; Braunschweig prägte bis gegen das Ende des 18. Jahrhunderts Gulden im 18-Guldenfuße oder sogenannte neue Zweidrittel zu 24 M. Der **Marienthaler** ward gleichfalls zuerst in Goslar, nachmals besonders in Bayern, Mainz, Trier, Eichstädt, Bamberg, Würzburg ꝛc. geschlagen.

Mariengulden, s. Mariengroschen.

Marienlyst, Schloß mit Park auf der dänischen Insel Seeland, bei Helsingör, mit schöner Aussicht auf den Sund und Seebad.

Marienröschen, s. v. a. Lychnis vespertina Sibth.

Marienstern, reiches Cistercienfernonnenkloster im königlich sächsischen Kreisdirektionsbezirk Bautzen, bei Kamenz, besitzt in Sachsen eine Stadt (Bernstadt), 42 Dörfer u. 13 Dorfantheile (einschließlich des sogenannten eigenschen Kreises bei Zittau) und außerdem in Preußen eine Stadt (Wittichenau) u. 8 Dörfer.

Marienthal, Cistercienfernonnenkloster im königlich sächsischen Kreisdirektionsbezirk Bautzen, Gerichtsamt Ostritz, mit reich ausgestatteter Kirche, an der Neisse, gestiftet 1234 von Kunigunde, Gemahlin des böhmischen Königs Wenzeslaus IV., besitzt in Sachsen eine Stadt (Ostritz), 14 Dörfer u. 2 Dorfantheile, in Preußen 9 Dörfer und einen Dorfantheil.

Marienthaler, s. Mariengroschen.

Marienwerder, Hauptstadt des gleichnamigen Regierungsbezirks in der preußischen Provinz Preußen (Westpreußen), am rechten Ufer der Weichsel u. am linken der Nogat, welche hier die Liebe aufnimmt, malerisch gelegen, ist regelmäßig gebaut und von Gärten umgeben, hat ein altes Schloß des deutschen Ordens, das früher Sitz der Bischöfe von Pomesanien war und jetzt zum Theil als Gefängniß dient, einen 1255 erbauten Dom mit 170 F. hohem Thurm, Mosaiken, Glasmalereien und den Grabmälern mehrer Bischöfe und Hochmeister des deutschen Ordens, eine neue, seit 1847 erbaute katholische Kirche, eine andere Kirche (Johanniskirche) mit schiefem Thurm und ein altes Rathhaus. Die Stadt ist Sitz der Regierung, eines Appellationsgerichts, einer Oberpostdirektion und anderer Behörden und besitzt ein Gymnasium, ein Blindeninstitut für Soldaten und deren Angehörige, ein Hauptgestüt, eine Maschinenfabrik und mehre Wattefabriken. Die Einwohner, 6800 an der Zahl, treiben außerdem Leinweberei, starken Obstbau und lebhaften Handel. Die zwischen der Stadt und der Weichsel sich hinziehende fruchtbare marienwerdersche Niederung, 4½ □Meilen umfassend, ist Ueberschwemmungen ausgesetzt. Im Jahre 1440 schlossen hier Land und Städte den bekannten Bund wider den deutschen Orden (preußischer Bund); vgl. Preußen.

Mariestad, Hauptstadt des Staraborgsläns in Schweden, an der Mündung der Tida-Aa in den Wenernsee, mit 2277 Einw.

Marietta, Stadt im nordamerikanischen Staate Ohio, Grafschaft Washington, an der Mündung des Muskingum in den Ohio, mit 4500 Einw., die älteste Stadt des Staats (1788 gegründet).

Mariette, 1) Pierre Jean, berühmter Kunstkenner seiner Zeit, den 7. Mai 1694 zu Paris geboren, hatte sich unter seinem Vater, Jean M. (geboren 1660, † den 20. Sept. 1742), der als Zeichner, Kupferstecher und Buchdrucker gleich ausgezeichnet war, der Kupferstechkunst gewidmet und erweiterte seine Kenntnisse auf Reisen durch Deutschland und Italien. In Wien erhielt er den Auftrag, die kaiserliche Kupferstichsammlung zu ordnen. Im Jahre 1750 verkaufte er den Bücherverlag, den er nach dem Tode seines Vaters einige Zeit fortgeführt hatte, u. erwarb sich damit das Amt eines königlichen Sekretärs und Kanzleikontroleurs zu Paris, beschäftigte sich aber auch fortan fast ausschließlich mit der Bereicherung seiner Kupferstichsammlung. Er † zu Paris am 10. Sept. 1774. Seine Sammlung, die mehr als 1400 Zeichnungen und über 1500 Kupferstiche enthielt, wurde nach seinem Tode zerstreut. Unter seinen Schriften sind hervorzuheben: „Architecture française“ (Par. 1727); „Traité des pierres gravées du cabinet du roi“ (das. 1750, 2 Bde.); „Description sommaire des dessins des grandes maitres d'Italie etc. du cabinet du feu M. Crozat“ (das. 1741).

2) Auguste Edouard, französischer Reisender, den 11. Febr. 1821 zu Boulogne geboren, erhielt 1848 eine Anstellung am ägyptischen Museum zu Paris und unternahm 1850—54 und 1858—60 wissenschaftliche Expeditionen nach Aegypten. Die Resultate der ersteren sind niedergelegt in „Choix des monuments et de dessins découvertes pendant le déblayement du Sérapeum“ (Par. 1856).

Marignano (Melegnano), Flecken in der Lombardei, südöstlich von Mailand, am Lambro, mit 4000 Einw., bekannt durch den Sieg, welchen hier Franz I. von Frankreich am 13. u. 14. Sept. 1515 über die Schweizer davontrug, sowie in neuester Zeit durch ein Gefecht zwischen den Franzosen und den Oesterreichern am 8. Juni 1859.

Marignia *Commers.*, Pflanzengattung aus der Familie der Terebinthaceen, charakterisirt durch die zwitterigen Blüthen, den 5spaltigen Kelch, die 5blätterige Korolle mit fast sitzender, schwach 5klappiger Narbe und die leberartige, 1—5kernige, von der Narbe gekrönte Steinfrucht, tropische Bäume der alten Welt, von deren zwei Arten M. acutifolia *Dec.*, mit 2—3paarig gefiederten Blättern und spitzigen Blättchen, ein mittelmäßiger Baum auf den Molukken ist. Aus dem Stamme fließt theils freiwillig, theils durch gemachte Einschnitte ein weiches, halbflüssiges, später austrocknendes und schwarz werdendes Harz, das man schwarzes Dammaraharz (Dammara nigra) nennt u. ganz so wie Pech u. zur Destillation einer Art Terpentinöl benutzt.

Marina, Don Francisco Martinez, spanischer politischer Schriftsteller, 1757 zu Saragossa geboren, trat in den geistlichen Stand und wurde Kanonikus zu Madrid, wo er 1833 †. Er hat sich als Vorkämpfer des konstitutionellen Liberalismus bekannt gemacht, u. A. durch folgende Werke: „Ensayo historico-critico sobre la antiqua legislacion de los reinos de Lyon y Castilia“ (Madrid 1808; 2. Aufl., das. 1834, 2 Bde.); „Teoria de las cortes“ (das. 1813, 3 Bde.; 2. Aufl., das. 1821; französisch von Fleury, Paris 1822, 2 Bde.) u. als Einleitung zu diesem Hauptwerk „Discorso sobre el origin de la monarquia y sobre la naturaleza del gobierno español“ (Madrid 1813). Nach der zweiten Restauration entsagte er der Politik. Von seinen theologischen Schriften ist hervorzuheben „Historia de nuestro Señor Jesu Ceisto etc.“ (Saragossa 1832).

Marinade (franz.), Sauce mit Gewürz oder mit gewürzhaltigen Stoffen zum Einweichen von Fischen, Geflügel und dergleichen.

Marinas, Henrico de las, der spanische Vernet genannt, ausgezeichneter spanischer Maler,

1620 in Cadix geboren, † 1680 in Rom, lieferte zahlreiche Seestücke, insbesondere Küstenansichten.

Marine (v. Franz.), im weiteren Sinne das gesammte Seewesen eines Staats, seine Kriegs- u. Kauffahrteiflotte nebst Allem, was zu deren Bau, Ausrüstung, Bemannung, Artillerie, Führung ꝛc. gehört, mit Einschluß des Leuchtthurm-, Tonnen- und Lootsenwesens; im engeren Sinne der für den Krieg bestimmte Theil des Seewesens eines Staats (**Kriegsmarine**). Der Zweck derselben ist Führung des Seekriegs, Vertheidigung der Küsten, ferner Hebung des Seehandels durch Schutz der Handelsflagge, der Konsuln und des Nationaleigenthums, durch Convoi der Schiffe während der Seekriege, durch wissenschaftliche Expeditionen ꝛc., endlich die Aufrechterhaltung der Ordnung auf der See, in Häfen, Ausrottung der Piraten, Verhinderung des Sklavenhandels. Die **Kriegsflotte** eines Staats besteht zunächst aus den Schiffen, die bestimmt sind, an einer Seeschlacht thätigen und erfolgreichen Antheil zu nehmen; dies sind die Linienschiffe, Fregatten, Korvetten, die schweren Kanonenboote, sowie die gepanzerten Batterie- u. Thurmschiffe. Zum Schutz der Küsten dienen die leichteren Fahrzeuge (**Flottille**), als Kanonenboote und flachgehende Dampfer, die geeignet sind, in die Watten und Lagunen einzulaufen. Den Marinepost- und Avisodienst versehen leichte, schwach armirte Dampfer von möglichst großer Geschwindigkeit; im Kriege müssen diese die Bewegungen der feindlichen Flotte erspähen und die Signale repetiren. Die Schiffe, welche zum Schutz der Häfen und zur Aufrechterhaltung der Ordnung in denselben gebraucht werden, sind je nach den Umständen Pontons, schwimmende, oft mit Eisen gepanzerte Batterien, leichte Schooner oder ausrangirte Fregatten. Zur Zuführung von Kohlen, Wasser, Lebensmitteln, Munition oder anderem Material dienen die Transportschiffe, zuweilen ältere Dampfer. In der neuesten Zeit kommen als Kriegsschiffe eigentlich nur noch Schraubendampfer in Betracht, da deren Motor, der Schraubenpropeller, so tief unter dem Niveau des Wassers angebracht ist, daß er von Projektilen nicht leicht beschädigt werden kann. Außerdem finden sich bei dem Schraubendampfer die Haupterfordernisse eines Kriegsschiffs: möglichste Unabhängigkeit von Wind und Wetter, unbeschränkter Gebrauch der Kanonen, welcher bei Raddampfern durch die Räderkästen beeinträchtigt wird, u. möglichst vollkommene Manövrirfähigkeit. Es gibt daher nur noch Schraubenlinienschiffe, Schraubenfregatten, Schraubenkorvetten, Schraubenpanzerschiffe und Schraubenkanonenboote, dagegen sind Avisodampfer und Jachten, welche eben für das eigentliche Gefecht nicht bestimmt sind, noch gemeiniglich mit Rädermaschinen versehen, da solche Motoren dem Fahrzeug eventuell eine etwas größere Geschwindigkeit verleihen als der einfache Propeller. Indessen wendet man auch bei diesen Fahrzeugen in der allerneuesten Zeit das Propellersystem an, indem man statt einer Schraube deren zwei auf jeder Seite des Hinterstevens anbringt. Eine größere, zu irgend einem Unternehmen unter dem Befehl eines Admirals vereinigte Anzahl von Kriegsschiffen bildet eine **Flotte**. Dieselbe besteht aus drei Abtheilungen: dem **Vordertreffen**, welches von dem Viceadmiral befehligt wird, dem **Haupttreffen** unter dem speciellen Kommando des Admirals und der **Arrièregarde** unter dem Befehl des Contreadmirals. Jede Flottenabtheilung und jeder Admiralsrang führt eine eigene Flagge; die Admiralsflagge weht vom Großmasttop, der Viceadmiral, im Range der nächste, führt seine Flagge am Fockmast, der Contreadmiral die seine am Top des Besahnmastes. Eine kleinere Anzahl Schiffe, ein **Geschwader**, wird von einem Commodore befehligt, der einen Stander, eine nicht sehr große, dreieckige Flagge, am Großmaste führt. Die **Bemannung** der Kriegsschiffe richtet sich nach der Anzahl Kanonen; man rechnet ungefähr 10 Mann pro Kanone bei den eigentlichen Schlachtschiffen. Linienschiffe ersten, zweiten und dritten Ranges haben 1000, resp. 900 und 800 Mann Besatzung, Fregatten von 40 und 50 Kanonen cirka 400—500 Mann. Bei Kanonenbooten und denjenigen Fahrzeugen, die 1 oder 2 schwere Geschütze führen, wie in der neuern Zeit die gepanzerten Thurmschiffe, richtet sich das Verhältniß nach der Größe des Schiffs und dem Kaliber des Geschützes. Die Bemannung besteht aus Marineoffizieren, Marinekadeten, Deckoffizieren, Matrosen, Marinesoldaten; dazu kommen noch die Maschinisten, Aerzte, der Geistliche und der Bordverwalter. Die Marineoffiziere haben folgende Rangordnung: Flaggenoffiziere oder Admirale, Stabsoffiziere oder Kapitäne oder Kommandeure, Captain- oder Schiffslieutenants und Lieutenants oder Fähnriche. Uebrigens findet sich bei den Marinen der verschiedenen Staaten eine abweichende Rangordnung und Bemannung. Der Dienst eines Marineoffiziers umfaßt die Führung des Schiffs, die Nautik, die Einübung der Matrosen zum Manöver und Gefecht, die Artillerie. Der **Kommandant** des Kriegsschiffs ist Keinem an Bord verantwortlich, er herrscht mit unumschränkter Gewalt und hat sich nur nach dem Kriegsreglement und den ihm von der Admiralität gegebenen Befehlen zu richten; er leitet die Fahrt und das Gefecht des Schiffs. Zum Zeichen seiner Würde führt er am Großmast einen Wimpel, den überhaupt nur Kriegsschiffe führen dürfen. Nach ihm kommt der **erste Lieutenant** oder **Schiffslieutenant**. Dieser hat Alles zu befehligen, was auf die Einzelheiten der Ordnung an Bord, auf die Disciplin und Uebungen der Mannschaft, sowie auf die Verwendung der Lebensmittel sich bezieht. Er ist für die Ausführung der vom Kommandanten gegebenen Befehle verantwortlich. Dann folgen im Range die **Schiffsfähnriche** oder **Lieutenants**. Sie haben den Wachdienst zu verrichten, in welchem sie sich wechselseitig ablösen. Während der Dauer einer Wache, d. i. des Zeitraums, während dem die Hälfte der Mannschaft auf dem Deck bleibt, um den erforderlichen Dienst zu besorgen, indessen die andere Hälfte ausruht, sind sie für die gute Fahrt und den zu steuernden Kurs des Schiffs verantwortlich. Jeder Marineoffizier und Marinekadet führt ein Bordjournal, in welches Alles, was sich auf die Fahrt, die Tagesbegebenheiten an Bord, auf Wind und Wetter bezieht, eingetragen wird. Die Marineoffiziere haben den Rang vor der entsprechenden Charge der Landarmee. Die **Marinekadeten** sind junge Leute, die, nachdem sie sich auf den Marineakademien zum Seedienst theoretisch vorbereitet haben, an Bord zu praktischen Offizieren sich ausbilden. Sie verrichten die ihnen zugewiesenen

Dienste; namentlich haben sie die Ausführung der von den Offizieren gegebenen Befehle zu überwachen, die Boote zu befehligen u. die einzelnen Manöver mit den Segeln, Ankern u. Ketten zu beaufsichtigen. Die Marineinfanterieoffiziere leiten die soldatischen Uebungen der Matrosen und Seesoldaten, thun jedoch keinen Wachdienst wie die Seeoffiziere. Die Marinesoldaten dienen auf den Kriegsschiffen als Musketiere, sie besetzen die Posten in den verschiedenen Theilen des Schiffs, bilden bei Landungen die Bedeckung, verstärken gelegentlich die Bedienungsmannschaft der Geschütze und müssen, ohne auf den Masten und Raaen verwendet zu werden, überall, wo es noth thut, Hand anlegen. Außerdem versehen sie den Profosendienst an Bord und in den Arsenalen. Sie fraternisiren mit den Matrosen nicht. Man hat dies durch Vertheilung der Prärogative so einzurichten gewußt, damit sie bei Insubordinationen oder gar Meutereien der Matrosen gegen diese verwendet werden können. In der russischen und französischen M. gibt es keine Seesoldaten, sondern deren Dienst thun die Matrosen. Kriminalfälle und sonstige juristische Angelegenheiten ordnen die Marineauditoren. Die Maschinisten leiten und beaufsichtigen die Dampfmaschinen des Schiffs. Ihre Zahl richtet sich nach der Größe und Pferdekraft der Maschinen. Für die gesammte Führung und Ordnung derselben sind die Maschinenmeister verantwortlich. Unter ihnen stehen die Maschinenuntermeister, welche sich wechselseitig, wenn das Schiff unter Dampf ist, in der Kesselwache ablösen. Während dieser vierstündigen, äußerst beschwerlichen Wache haben sie die Maschine in gutem Gang zu erhalten und auf den Wasserstand im Kessel Obacht zu geben. Zur eigentlichen Arbeit sind die Maschinenwärter und Feuerleute bestimmt. Die Marineärzte und Wundärzte haben Offiziersrang; sie beaufsichtigen den Gesundheitszustand an Bord, amputiren und verbinden die Verwundeten, bereiten die Arzneien und verwalten die Bordapotheke. Die Marinegeistlichen verrichten den gewöhnlichen Gottesdienst, trösten gelegentlich die Verwundeten und Sterbenden, auch haben sie bei den Heirathsangelegenheiten der Marineangehörigen zu interveniren und die Moral der Mannschaft aufrecht zu erhalten. Die Rechnungsführung besorgen die Bordverwalter, sie haben die Bordkasse unter Verschluß, zahlen die Gagen, führen die Materialverrechnung und sind für den Zustand u. Verbrauch der Lebensmittel verantwortlich. Die Deckoffiziere sind theils solche, die den eigentlichen Seedienst beaufsichtigen, theils Handwerker; unter ihnen ist der Hochbootsmann der erste. Er ist ein erfahrener Seemann, leitet die Auftakelung des Schiffs, die Manöver mit den Segeln, das Lichten der Anker, das Dreben an den Ankerwinden, das Stauen im Raum und dirigirt bei feierlichen Gelegenheiten das Hurrahrufen, sowie das Gebet der Mannschaft mit seiner Pfeife. Außerdem hat er die specielle Aufsicht über die Anker und Ankerketten, die Boote, Segel, Blöcke und das Takelwerk. Unter ihm stehen die Bootsleute oder Quartiermeister, die ihn bei seinem Geschäft unterstützen. Der Erste unter den Bootsleuten heißt der Schiemann (die Schiemannskunst ist die specielle Geschicklichkeit, das Tauwerk zur Takelage zuzurichten). Der Name Quartiermeister kommt davon her, daß jeder Bootsmann einen Theil der Wachmannschaft während der Wache, welche auch Quartier heißt, kommandirt. Der Hochbootsmann ist wachfrei. Die Bootsleute haben auch die Aufsicht über das Steuerrad und die Lothleine, müssen das Logg auswerfen, die Flaggen und Signale auf Befehl des betreffenden Offiziers hissen und streichen, die Steuerkompasse, die Fernröhre, das Loggglas, die Loggleine und das Nachthäuschen mit der Kompaßlampe in Ordnung halten. Die Segelmacher haben das Anfertigen und Instandhalten der Segel zu besorgen und stehen unter dem Befehl des Hochbootsmanns. Dem Schiffszimmerman ist die Aufsicht über alles Holzwerk anvertraut; er hat die tägliche Inspektion der Bemastungstheile, der Boote und des Schiffs zu machen und dem ersten Lieutenant Rapport darüber zu erstatten. Ihm zugetheilt sind der Kalfaterer, der Tischler, der Schmied und der Küfer. Der Konstabler hat die Munition, Geschütze und sämmtliche Waffen zu beaufsichtigen und verwahrt die Schlüssel zu den Pulverkammern. Die übrige Mannschaft besteht aus Matrosen und Schiffsjungen. Die befahrenen Matrosen sind Seeleute, welche alles verstehen, was die Zurüstung, die Bewegung des Schiffs und die Bedienung des Steuerrades und der Geschütze betrifft. Die Geschicktesten stehen unter dem direkten Befehl des Bootsmanns und heißen Bootsmanns- oder Marsgasten, da sie zum Theil ihren Posten auf den Marsen (vulgo Mastkörben) haben; ihr Geschäft ist, die Segel und das Tauwerk des ihnen anvertrauten Theils des Mastes jeden Morgen und Abend nachzusehen, in Ordnung zu halten und vorkommenden Falls zu handhaben; ihnen werden an diesen Stellen und bei diesen Arbeiten die halbbefahrenen Matrosen oder Leichtmatrosen beigegeben. Diese haben sich die übrigen Handirungen mit den Segeln u. dem Tauwerk angelegen sein zu lassen und bilden die Rudermannschaft der Boote. Die Schiffsjungen sind die Anfänger im Matrosenberuf und werden zu den leichtesten Arbeiten und Dienstleistungen verwendet; sie erhalten von Unteroffizieren im Lesen, Schreiben und Rechnen Unterricht. Die Hauptbestimmung der Matrosen im Gefecht ist die Bedienung der Geschütze, nur in wenigen Marinen werden dazu außerdem eigene Artilleristen verwendet. Das Marinezeugs- oder Artilleriecorps hat das ganze Geschützwesen der M. zu überwachen. Die Marineartillerieoffiziere haben die technische Leitung bei den Stückgießereien, der Konstruktion der Rapperte (Schiffslaffeten) u. Schlitten, der Installirung der Geschütze am Bord, der Munition u. artilleristischen Vorräthe in den Arsenalen. Sie werden nur ausnahmsweise eingeschifft. Das Marinearsenal umfaßt alle Baulichkeiten und Anstalten, welche zur Ausrüstung einer Kriegsflotte erforderlich sind, nämlich die Werften u. Docks, in welchen die Schiffe gebaut, ausgebessert oder nur zur Aufbewahrung aufs Trockne geholt werden, ferner die Maschinenbau- und Reparaturwerkstätten, Stückgießereien, Mastenmacher- und Bootsbauerwerkstätten, Ankerschmieden, Seilereien, Segelwerkstätten, endlich die Stapelplätze und Magazine. Außerdem befinden sich in den Arsenälen die Direktionen der verschiedenen technischen Zweige, nämlich die Schiffbaudirektion mit ihren unterstehenden Ingenieuren u. dem Werftenpersonal, dann die Maschinen-, Artillerie- und Ausrüstungsdirektion und die Direktion der Land- und Wasserbauten. Der Dienst in den *Marinearsenälen* ist ein sehr strenger u. das Ein- und Ausgehen in denselben an bestimmten Glockenschlag gebunden; in ihnen nicht beschäftigten Personen wird der Eintritt nur sehr schwer gestattet. Die Thore des Arsenals sind beständig bewacht. Die Marinearsenäle liegen im Innern der *Kriegshäfen* gegen feindliche Kugeln und Granaten möglichst geschützt. Die Haupterfordernisse eines *Kriegshafens* sind: eine der freien Bewegung großer Kriegsschiffe angemessene Größe und Ankertiefe, eine breite, bequeme und doch gegen Stürme geschützte, unter allen Umständen zugängliche Einfahrt, eine Uferbeschaffenheit, welche die Anlage von Strandbatterien, Citadellen und Forts gestattet, u. Vorgebirge oder Landzungen, auf denen sich Leuchtthürme anbringen lassen und an denen die Wellen sich brechen. Den innersten Theil des Hafens, an welchem die Gebäude, Mastenkrahne und Werften des Arsenals liegen, nennt man den *Binnenhafen*; dieser ist mit einem Baum (lange, mit ihrem Ende an einander gekettete Balken) oder einer Kette von dem *Außenhafen* getrennt; in ihm liegen die abgerüsteten Kriegsschiffe unter fliegenden Dächern. Nach dem Abendwachtschuß, der gewöhnlich mit Sonnenuntergang vom Hafenwachtschiff abgegeben wird, wie der Morgenschuß bei Sonnenaufgang, rudern während der ganzen Nacht Wachtboote im Hafen umher, die auf die Sicherheit der Werften und Schiffe beständig Acht geben. Der Kommandant des Kriegshafens ist der *Hafenadmiral*; er ist der oberste Chef aller technischen Direktionen und ist direkt dem Marineministerium untergeordnet. Unter ihm steht auch die *hydrographische Anstalt*, deren Aufgabe es ist, die Seekarten u. nautischen Instrumente in Ordnung zu erhalten, astronomische u. meteorologische Beobachtungen vorzunehmen, alle Daten zu sammeln, die sich auf die Navigation beziehen, neu entdeckte Bänke, Untiefen, neu errichtete Marken und Leuchtfeuer auf den Seekarten einzutragen, den nautischen Unterricht an den Marineakademien zu leiten &c. Unter ihrer Verwaltung stehen das Seekartenarchiv und die Marinebibliothek. Den Hafenadmiralaten unterstellt ist ferner das *Navigationsarsenal*, in welchem die Tonnen und Bojen, die für den Kriegshafen bestimmt sind, gearbeitet und zum Bedarf aufbewahrt werden. Die Tonnen u. Bojen dienen zur Bezeichnung des Fahrwassers, der Untiefen und Ankerplätze und sind große kegelförmige, eiserne oder hölzerne Tonnen, die auf der Oberfläche des Wassers schwimmen und von ihrem spitzen Ende aus mit Anker und Kette am Grund verankert werden. Das *Tonnenwesen* steht meist unter einem eigenen Kommandeur. An Küsten, wo das Fahrwasser durch Versenkungen, Flußmündungen &c. sehr gefährlich ist, wie an den Küsten von Holland, England und dem deutschen Nordseestrand, ist ein geregeltes Tonnenwesen von großer Wichtigkeit. Diese Merkzeichen bestimmen in Verbindung mit den Leuchtthürmen, Feuerschiffen und Landbaken, welche auf den Seekarten genau verzeichnet sind, dem Schiffer oder Lootsen den zu nehmenden Kurs. Die *Leuchtthürme* sind mehr oder minder hohe, meist steinerne, an erhöhten Punkten der Küste aufgebaute Thürme, die in ihrer Laterne einen Lampenapparat enthalten, dessen Licht, je nachdem der Thurm hoch oder hochgelegen ist, aus 10, 15, 20 Seemeilen Distanz gesehen werden kann. Die *Feuerschiffe* bezeichnen namentlich die Einfahrt der Flußmündungen, wie der Elbe, Themse, Weser &c. Sie liegen vor Anker und sind meist roth angestrichen, um bei Tage von fern gesehen werden zu können, da die rothe Farbe sich am besten von der blauen oder grünen Fläche des Meeres abhebt; bei Nacht hissen sie am Großmast einen Laternenkranz von entsprechender Leuchtkraft. Die *Landbaken* sind hohe, meist schwarz angestrichene Gebälke, welche am Lande zu dem nächsten Leuchtthurm in einer gegebenen Richtung stehen. An schwierigen Einfahrten verlassen sich die Schiffe auf diese Merkzeichen allein nicht, sondern rufen, sobald sie Land in Sicht bekommen, mittelst eines Flaggensignals den *Lootsen*, der die Topographie der Untiefen und Fahrwasser kennt und der, nachdem er an Bord gekommen ist, die Führung des Schiffs übernimmt und für dieselbe bis zur Ankunft im Hafen verantwortlich bleibt. Das *Lootsenwesen* ist vollkommen organisirt und steht unter einem Kommandeur. Für die Ueberwachung des Gesundheitszustandes der ankommenden Schiffe besteht in den Häfen eine eigene Behörde, die *Sanität*, welche dafür zu sorgen hat, daß nicht etwa auf dem Seewege Epidemien ins Land eingeschleppt werden. Verdächtige Schiffe müssen eine den Umständen angemessene Zeitlang in Quarantäne liegen, und es ist für sie meist ein eigener, mehr abgelegener Quarantänehafen angelegt. Gewöhnlich untersteht das gesammte Tonnen-, Leuchtfeuer-, Lootsen- und Sanitätswesen Einer Behörde, die überhaupt alle Angelegenheiten der *Handelsmarine* verwaltet. Sie besorgt die Errichtung von Konsulaten in fremden Seehäfen, die Ernennung und Absetzung der Konsuln, die Kontrole über Kapitäns- und Steuermannspatente, die Schlichtung etwaiger Streitigkeiten zwischen Kapitän und Mannschaft (Meutereien und Desertionen gehören vor das Kriminalgericht), die Handhabung der Seegesetze, soweit diese die Handelsmarine betreffen, kurz Alles, was das Seewesen betrifft und nicht in den Ressort der Kriegsmarine fällt. Das Marinewesen der Staaten ist meist vortrefflich organisirt; nirgends lassen sich weniger Willkürlichkeiten in Ausführung bringen als auf diesem Felde menschlicher Thatkraft, auf welchem die Natur selbst mit ihren absoluten Nothwendigkeiten das Gesetz gibt. Daher findet man das Seeschiff einfach, aber je nach seiner Art dem Zweck entsprechend, den Seemann gewöhnlich rechtschaffen und ohne Phrase, die Arsenäle gefüllt mit den großartigen Erzeugnissen menschlichen Erfindungsgeistes, aber ernst und ohne Schmuck, Alles geht seinen steten, geregelten Gang, fast nirgends ist ein unnützes Anhängsel, und wenn je ein Einzelner, wie es zuweilen in der höhern Verwaltung der Kriegsmarine vorkommt, es versucht, das Ganze oder einzelne Theile umzugestalten, so rückt doch das ganze Gefüge nach lehrreichen Mißgriffen und Geldverlust wieder in das Geleise, das die Natur der Dinge vorschreibt. Und doch findet ein beständiger Fortschritt Statt. Das Seewesen, namentlich die Kriegsmarine, hat in der neuesten Zeit durch Anwendung wichtiger Erfindungen außerordentliche Fortschritte gemacht; wir nennen nur: die allgemeine Einführung der

Schraubenpropeller, die Verwendung des Eisens und Stahls als Schiffsbaumaterial, die neuen Schiffsformen (Widderschiffe und Thurmschiffe), die Panzerung der Kriegsschiffe mit mehr oder weniger schußfesten Eisenplatten, die unterseeische Schiffahrt; Verbesserungen im Maschinenwesen, nämlich Oberflächenkondensation und das Arbeiten der Maschinen mit überhitztem Dampf, ferner Dampfwinden, Dampfpumpen, Ventilationsapparate, Destillirapparate zur Erzeugung von Trinkwasser aus Seewasser, das Manöver der Geschütze und Kanonenthürme auf den Monitors mittelst Maschinen; die Erfindungen im Bereiche der Artillerie (Krupp's Gußstahlkanonen, Armstrong-, Whitworth-, Mackey-, Ames-, Rodman-, Parrot-, Cavalligeschütze, die unterseeischen Kanonen und Sprengapparate); die Verbesserungen an Steuerrudern (Lumley's Patentruder, hydraulische Steuerapparate), an Ankern und Ketten, an nautischen Instrumenten, an Nachtsignalen und unterseeischen Beleuchtungsapparaten, bei denen man Magnesium und elektrisches Licht in Anwendung bringt, an Nebelsignalen (Dampfpfeifen), an Loggs und Taucherapparaten ꝛc. Alle Staaten, welche Marinen besitzen, suchen diese Erfindungen und Verbesserungen möglichst in Anwendung zu bringen, und die rivalisirenden Staaten überbieten sich gegenseitig in großen Ausgaben für ihre Flotten. England besitzt cirka 900 Kriegsschiffe mit 6000 Kanonen bei einem Marinebudget von durchschnittlich 10,400,000 Pfd. Sterl.; Frankreich 500 Schiffe mit 4000 Kan. bei einer jährlichen Ausgabe von durchschnittlich 155 Millionen Francs; Nordamerika cirka 600 Schiffe mit 4500 Kan. bei 120 Mill. Dollars; Rußland 400 Schiffe mit 3700 Kan. bei 27 Mill. Rubel Ausgabe. Vergl. Brommy, Die M., neu bearbeitet von Littrow, Berlin 1865; Bobrik, Allgemeines nautisches Wörterbuch mit Sacherklärungen, Leipzig 1850; Ziegler, Archiv für Seewesen, Mittheilungen aus dem Gebiet der Nautik, des Schiffbau- und Maschinenwesens, der Artillerie, Wasserbauten ꝛc., Triest 1865.

Marineleim (marine-glue), s. Kitt.

Marinemalerei, s. Seestücke.

Marineschule, s. v. a. Schifffahrtsschule.

Maringues, Stadt im französischen Departement Puy-de-Dôme, am Einfluß der Morgue in den Allier, hat Wollspinnerei, Wollweberei u. Thranhandel u. 4140 Einw.

Marini (Marino), 1) Giambattista, hervorragender italienischer Dichter, geboren den 18. Okt. 1569 zu Neapel, lebte als Dichter beim Herzog von Bovino, sodann bei dem Prinzen von Conca. Später nahm ihn der Kardinal Pietro Aldobrandini in seinem Gefolge mit nach Turin, wo sich M. durch sein schmeichlerisches Gedicht „Il ritratto" die Gunst des Herzogs von Savoyen erwarb und zum herzoglichen Sekretär ernannt wurde. Streitigkeiten, in die er in Turin verwickelt wurde, bewogen ihn, der Einladung Margarethens von Valois nach Paris zu folgen, und nach dem Tode derselben fand er in Maria von Medici, der zweiten Gemahlin Heinrichs IV., eine neue Beschützerin. Er kehrte jedoch 1622 nach Italien zurück u. † daselbst den 25. März 1625 auf seinem Landgut in der Nähe Neapels. Sein berühmtestes Gedicht ist „Adone", ein Epos in 20 Gesängen (Paris 1623, vollständigste Ausgabe, Lond. 1789, 4 Bde.), in welchem sich Scharfsinn, geistreiche Wortspiele und kühne Verknüpfungen, aber auch Bombast, Süßlichkeit und unnatürlich übertriebene Bilder finden. Nach ihm sind daher die schwülstige Schreibart in der italienischen Literatur Marinismus und deren Anhänger Marinisten genannt. Noch sind von M.'s Werken seine lyrischen Gedichte (Rime amorose sacre e varie, Venedig 1602, 3 Bde., u. öfter) hervorzuheben.

2) Gaetano Luigi, namhafter italienischer Alterthumsforscher, den 10. Dec. 1742 zu Santo-Arcangelo in der italienischen Provinz Forli geboren, ward Oberarchivar des Papstes und machte sich namentlich durch die Werke „Gli atti et monumenti de' fratelli Arvali" (Rom 1795, 2 Bde.) u. „Papiri diplomatici" (das. 1805) bekannt. Er † den 17. Mai 1815 zu Paris.

Mariniren (v. Franz.), besondere Zubereitung des Fleisches, vorzugsweise der Fische, wie Lachse, Bricken, Aale, Häringe, zum Behuf der Aufbewahrung, wobei die vorher gesottenen od. gebratenen Fische eine Zeitlang in eine Essigsauce mit Gewürzstoffen gelegt werden.

Marino (das Marinum der Römer), Stadt in der Comarca von Rom, in herrlicher Lage, mit 5532 Einw.

Marino, italienische Republik, s. San-Marino.

Marino, Dichter, s. Marini 1).

Marinus, Päpste, s. Martin.

Marionetten (v. Franz.), künstlich angefertigte bewegliche, mit Gelenken versehene Puppen, durch welche vermittelst mechanischer Vorrichtungen, z. B. Fäden, Draht ꝛc., menschliche Bewegungen nachgeahmt werden können. Man führt auf kleinen dazu erbauten Theatern zur Belustigung des Volks Marionettenspiele auf, wo die Puppen lebendige Personen darstellen und die hinter den Kulissen befindlichen Personen die Worte dazu sprechen. Gewöhnlich spricht allein der Marionettenspieler, welcher die Bewegungen der Puppen leitet, den Dialog mit veränderter Stimme. Man pflegt sie auf einem stehenden Theater von oben in Bewegung zu setzen; bei den sogenannten Burettini od. herumwandernden Marionettentheatern geschieht dies aber von unten, indem der unter einem tragbaren Proscenium verborgene Eigenthümer die kleinen, etwa 1 Fuß hohen, ganz hohlen Puppen mit der Hand dirigirt und seinen Dialog dazu spricht. Die sogenannten Metamorphosentheater sind ebenfalls mit solchen Puppen versehen, welche aber so eingerichtet sind, daß man damit Verwandlungen der Puppen in Thiere ꝛc. ausführt. Bei den Burettini spielt gewöhnlich der Hanswurst die erste Rolle, und die Stücke sind meist eigene Erfindung des Eigenthümers. Für die stehenden Theater dagegen sind kleine Stücke geschrieben worden, z. B. „Théâtre de la foire" (Amsterdam 1729, 2 Bde.), Mahlmanns „Marionettentheater" (Leipz. 1806). Man hatte dergleichen Puppen schon bei den Griechen und Römern, und in China sind Darstellungen mit M. eine Hauptbeschäftigung der Gaukler. In der neuern Zeit haben die Marionettenspieler, namentlich in Frankreich, großen Beifall gefunden, und man hat sogar in der Mitte des 17. Jahrhunderts einen Franzosen, Namens Brioché, als Erfinder der M. angegeben, doch irriger Weise, da er sie bloß vervollkommnet hat. Jetzt ist in Deutschland das Marionettenspiel zur niedrigsten Volksbelustigung herabgesunken, während in Italiens größten Städten noch gegenwärtig das Marionettentheater der Gunst der ersten Stände sich erfreut.

Mariotte, Edme, berühmter französischer Mathematiker und Physiker, geboren in Bourgogne, wurde Prior von Saint-Martin-sous-Beaune, 1666 Mitglied der pariser Akademie der Wissenschaften u. † am 12. Mai 1684. M. besaß ein ungemeines Geschick im Experimentiren und verarbeitete die Ideen seiner Vorgänger Galilei und Torricelli mit so viel Glück, daß er eine Menge von Entdeckungen über das Maß und den Abfluß der Gewässer nach der verschiedenen Höhe der Behälter, über die Leitung des Wassers und über die den Röhren nöthige Stärke zum Widerstand gegen den Druck des Wassers, sowie über die Gesetze des Gleichgewichts flüssiger Körper machte. Von ihm hat der Lehrsatz, daß die Volumina einer u. derselben Menge Luft in umgekehrtem Verhältnisse mit dem auf sie wirkenden Druck stehen (was indeß nach Regnault in sofern nicht streng richtig ist, als sich bei Vermehrung des Drucks die Volumina etwas stärker vermindern, als M. behauptete), den Namen des mariotte'schen Gesetzes. Die Mechanik der festen Körper bereicherte er durch eine vollständigere Entwickelung der von Ch. Wren zuerst aufgestellten Lehre vom Stoß. Die bedeutendsten seiner Werke sind: „Traité de la percussion ou du choc des corps“ (3. Aufl., Paris 1679); „Essais de la végétation des plantes, de la nature de l'air, du chaud et du froid“ (das. 1676 und 1679); „De la nature des couleurs“ (das. 1686); „Traité du mouvement de l'eau et des autres corps fluides“ (das. 1690). Eine Gesammtausgabe seiner Werke erschien Leyden 1717, 2 Bände.

Maritza (der Hebrus der Alten), Fluß in der türkischen Provinz Rumili, entspringt auf dem Balkangebirge in Bulgarien, fließt anfangs südöstlich, dann südlich und theilt sich bei Feredschik in zwei Arme, von denen der eine in den Busen von Enos, der andere in das ägäische Meer mündet. Die Länge beträgt 47 Meilen. Schiffbar ist er von Adrianopel an. Nebenflüsse sind links: Jobsuji, Tundscha, Erkene; rechts: Stanimak, Usundscha, Arda, Tscherna.

Marius, Cajus, der Besieger des Jugurtha und der Cimbern und Teutonen, war der Sohn eines Landmannes und 157 v. Chr. in dem latinischen Dorfe Cereatä bei Arpinum geboren. Er trat früh in römischen Kriegsdienst und zeichnete sich zuerst im numantinischen Kriege unter Scipio Africanus aus. Im Jahre 119 auf die Empfehlung Scipio's und der Meteller, in deren Patronat seine Familie stand, zum Volkstribun erwählt, setzte er ein Gesetz (die Lex Maria) zur Verhinderung des Einflusses durch, den der Adel bei den Abstimmungen in den Komitien auszuüben gewußt hatte. Bei der Bewerbung um die Aedilität fiel er durch; dagegen erlangte er 117 durch Bestechung die Prätur. Als Proprätor in Spanien zeichnete er sich durch Rechtlichkeit aus und säuberte die Provinz von zahlreichen Straßenräubern. Um diese Zeit heirathete er die Julia, eine Schwester von Cäsars Vater. Seinen Ruhm begründete er 109 im jugurthinischen Krieg als Legat des Konsuls Q. Cäcilius Metellus namentlich durch Herstellung der Disciplin in einem verweichlichten u. demoralisirten Heer u. treffliche Fürsorge für dessen Verpflegung, sowie durch persönliche Tapferkeit. Nach erhaltenem Urlaub begab er sich nach Rom, um sich persönlich um das Konsulat, das Ziel seines Ehrgeizes, zu bewerben, wiewohl dasselbe bisher ein Monopol der Nobilität gewesen war. Wirklich erreichte er seinen Zweck für 107, namentlich freilich dadurch, daß er Metellus beim Volk verdächtigte, als ob derselbe absichtlich den Krieg in die Länge ziehe, und durch das Versprechen, binnen Kurzem mit der Hälfte des Heeres den Jugurtha lebendig oder todt in die Hände der Römer zu liefern. Zugleich erhielt er von den Tribus den Oberbefehl im jugurthinischen Krieg übertragen. Fortan gerirte sich M. offen als ein unversöhnlicher Gegner der Nobilität u. stützte sich auf die Masse des Volks. So verstärkte er sein Heer auch durch Leute aus den untersten Klassen und aus den Sklaven, wodurch er die Zahl seiner Anhänger nicht wenig vermehrte. Den Krieg gegen Jugurtha führte er auf das schonungsloseste. Mehre kühne Handstreiche gelangen ihm zwar, und in zwei Schlachten erfocht er durch seine Tapferkeit und Besonnenheit glänzende Siege, gleichwohl aber ward von der Nobilität die Unterwerfung Numidiens M.' Quästor, L. Cornelius Sulla, zugeschrieben, da dieser durch kluge Unterhandlungen den Abschluß des Friedens und die Auslieferung Jugurtha's herbeigeführt hatte. Noch vor seiner Rückkehr nach Rom ward M. vom Senat mit der Führung des cimbrisch-teutonischen Krieges beauftragt, nachdem die Konsuln Cäpio und Manlius in demselben schon mehre Niederlagen erlitten hatten. Das Vertrauen zu ihm u. die Furcht vor den Barbaren war so groß, daß man von den Gesetzen absah, nach welchen Niemand während seiner Abwesenheit von Rom und eher als zehn Jahre nach seinem ersten Konsulat wieder erwählt werden durfte. Ja, das Heer verschaffte ihm durch die Erklärung, daß es nur unter ihm fechten wolle, das Konsulat für die nächsten 3 Jahre (103—101). Am Ende seines dritten Konsulats mußte er sich nach Rom begeben, um die Konsularkomitien zu halten, u. wurde zum vierten Male zum Konsul gewählt. Auch die ihm so feindselig gesinnten Aristokraten gaben ihm in dieser Zeit der Noth immer ihre Stimmen. Die beiden Jahre, während welcher die Barbaren Spanien u. die entlegeneren Theile von Gallien verwüsteten, hatte M. benutzt, sich ein wohldisciplinirtes Heer zu bilden; zugleich hatte er es mit nützlichen Arbeiten beschäftigt, indem er einen großen Kanal graben und die ungesunden Sümpfe an der untern Rhone austrocknen ließ. Im J. 102 v. Chr. erschienen endlich die Barbaren wieder an den Grenzen des Reichs, wurden aber von M. erst bei Aix (Aquae Sextiae) 102 v. Chr., sodann, nachdem er inzwischen in Rom zum fünften Male zum Konsul ernannt worden war, 101 bei Vercellä entscheidend geschlagen. Näheres s. Cimbern und Teutonen. M. ward in Rom als der Retter des Staats mit den größten Ehren empfangen u. 100 zum sechsten Male mit dem Konsulat bekleidet. Zunächst benutzte er nun eine sich darbietende Gelegenheit, sich an seinem Gegner Metellus zu rächen. Dem Ackergesetz des Saturninus war nämlich der Zusatz angehängt: wenn das Volk den Vorschlag annehme, so sollten die Senatoren sich binnen 5 Tagen eidlich verpflichten, sich seiner Ausführung nicht zu widersetzen; wer den Eid verweigere, solle aus dem Senat ausgestoßen werden und 20 Talente bezahlen. Von Anfang an sprach sich M. im Senat gegen die Klausel aus, und Metellus erklärte ebenfalls, er werde den Eid nicht leisten. In der über die Angelegenheit anberaumten Senatssitzung aber leistete M. gleichwohl den verlangten Eid, und Metellus, der seinem Worte treu blieb, ward durch die Volksversammlung aus Italien verbannt. Bald darauf mußte M. aber seinem Verbündeten, Saturninus, dessen wüstes Auftreten energisches Einschreiten von Seiten des Senats herausforderte, selbst mit den Waffen in der Hand entgegentreten. Die Empörer, die das Kapitol besetzt hatten, wurden bald durch Mangel an Lebensmitteln zur Unterwerfung gezwungen und Saturninus erschlagen. M.s zweideutiges Benehmen in diesem Konflikt entfrembete ihm einen großen Theil seiner Anhänger im Volk, daher er sich für einige Zeit von dem öffentlichen Leben zurückzog. Erst im Jahre 99 begab er sich nach Kappadocien u. suchte den Mithridates zum Krieg anzureizen, damit er auf diese Weise in Rom wieder unentbehrlich würde. Während seiner Abwesenheit wurde er zum Augur ernannt. Am Bundesgenossenkrieg (91 v. Chr.) nahm er als Legat des Konsuls P. Rutilius Lupus Theil, schlug die Marser zweimal, überließ aber bald dem Sulla das Feld und kehrte nach Rom zurück. Als Sulla das Konsulat und damit den Oberbefehl gegen Mithridates (88 v. Chr.) erhielt, verband sich M. mit dem gewaltthätigen Volkstribunen P. Sulpicius, der nun die Vertheilung der italienischen Neubürger in sämmtliche Tribus beantragte, womit er namentlich auch die Erhebung des M. zum Oberfeldherrn an Sulla's Stelle durchsetzen zu können hoffte. Der Vorschlag des Sulpicius ging durch, und M. erhielt den Oberbefehl im mithridatischen Kriege übertragen. Sofort sandte er zwei Kriegstribunen nach Nola, um das Heer des Sulla zu übernehmen; aber sie wurden getödtet, Sulla zog gegen Rom, und M. floh nach kurzem Widerstand mit seinem Sohn und einigen Freunden aus Rom. Sie wurden proskribirt und ihre Güter eingezogen. Während sein Sohn nach Afrika übersetzte, schiffte M. mit seinem Stiefsohn an der Küste von Italien hin, mußte bei Circeji des Windes und der Lebensmittel wegen ans Land steigen und irrte nun unter Todesgefahr lange umher, bis er in der Gegend von Minturnä vor ihn verfolgenden Reitern sich in einen Morast versteckte, hier aber gefangen genommen wurde. Der Magistrat von Minturnä beschloß, ihn hinrichten zu lassen; da sich aber in der Stadt Niemand dazu hergab, beauftragte man einen gallischen Sklaven mit der Ausführung des Todesurtheils. Aber auch diesem imponirte der greise Krieger so, daß er das Schwert wegwarf, und die Bürger von Minturnä brachten hierauf M. auf ein Schiff. M. beschloß nach Afrika zu entfliehen, ward aber unterwegs durch Wassermangel genöthigt, an der sicilianischen Küste zu landen. Der römische Quästor ließ ihn hier überfallen, und M. entkam nur mit Mühe auf sein Schiff. Kaum im Hafen von Karthago gelandet, ward er durch den Prätor Sextilius angewiesen, das Land zu verlassen, und begab sich daher mit seinem Sohn nach der Insel Cercine, wo sie sich so lange aufhielten, bis die veränderten Umstände die Rückkehr nach Rom gestatteten. Dort hatte sich unterdessen der Kampf zwischen den Alt- und Neubürgern erneuert, und Cinna, von Octavius aus Rom verdrängt, sammelte ein Heer. M. eilte sofort nach Etrurien, und bald strömte ihm eine Menge Gesindels, besonders Sklaven, zu. Er ordnete sich dem Cinna als dem Konsul unter, und dieser erkannte ihn als Prokonsul an; von den überschickten Insignien aber machte M. keinen Gebrauch. Nach der Vereinigung mit Cinna bemächtigte er sich der Proviant- und Kauffahrteischiffe, nahm mit seiner Flotte die Küstenstädte, schnitt den Gegnern die Zufuhr vom Meere ab, zog dann den Tiber herauf zu Cinna und besetzte den Janiculus. Der hartbedrängte Senat schickte Gesandte an Cinna und M. und ließ sie bitten, in die Stadt einzuziehen, aber das Leben der Bürger zu schonen. Cinna sagte dies zwar zu, war aber nicht dazu zu bringen, es durch einen Eid zu bekräftigen. Nachdem dieser eingezogen war, blieb M. unter dem Thore stehen und erklärte höhnisch, als Geächteter die Stadt nicht eher betreten zu dürfen, als bis das Verbannungsgesetz aufgehoben sei. Eiligst wurde zu diesem Zweck eine Volksversammlung berufen; kaum aber hatte die Abstimmung begonnen, als M. an der Spitze seiner Leibgarde in die Stadt einzog und Alle niederzumachen befahl, deren Gruß er nicht durch Handreichen erwiedern würde. Das Morden dauerte fünf Tage und Nächte, bis Cinna selbst M.' Leibgarde niederhauen ließ. Die Konsuln Octavius und Merula, der Redner Marcus Antonius, auch des M. früherer Kollege Quintus Lutatius Catulus verloren dabei ihr Leben. Seinen Hauptfeind Sulla ließ M. zum Feind des Vaterlandes erklären und alle seine Verordnungen und Gesetze aufheben. Eigenmächtig erklärten sich M. und Cinna auch für das folgende Jahr (86) zu Konsuln; aber M. † schon am 18. Tage dieses seines siebenten Konsulats. Seine Asche ließ Sulla später in den Anio streuen. Seiner Geburt und seinem innersten Wesen nach durch und durch Plebejer, in altrömischer Weise einfach und sittenstreng u. schon dadurch, noch mehr aber durch die erlittenen Anfeindungen ein Feind der ausschweifenden Aristokratie, ausgerüstet mit einer kräftigen Statur u. einem unbeugsamen Willen, ohne höhere staatsmännische Begabung, aber klug u. verschmitzt, war M. zugleich ehrgeizig im höchsten Grade, u. zwar nicht bloß für sich, sondern für seinen Stand, grenzenlos rachsüchtig u. blutdürstig, aller Bildung feind u. zur Fassung u. Durchführung politischer Pläne nicht befähigt. Sein Leben beschrieb Plutarch, ihn mit Pyrrhus vergleichend. Vergl. auch Gerlach, M. und Sulla, Basel 1856. M.' Adoptivsohn, Cajus M. (der jüngere M.), geboren 109 v. Chr., war 82 mit Papirius Carbo Konsul, wurde bei Sacriportum von Sulla geschlagen und warf sich hierauf mit dem Golde des kapitolinischen Tempelschatzes in das feste Präneste, wo er eine lange Belagerung aushielt und, als die Stadt sich dem Sulla ergab, sich selbst tödtete.

Marivaux, Pierre Carlet de Chamblain de, französischer Theaterdichter u. Romanschriftsteller, geboren den 4. Febr. 1688 zu Paris, versuchte sich früh im Dichten von Intriguenstücken, welche die geheimsten Vorgänge des menschlichen Herzens mit einer oft gezierten und witzelnden Art des Ausdrucks analysirten. Seine Dichtungsweise fand Beifall u. wurde Marivaudage genannt. Im Jahre 1743 ward M. Mitglied der französischen Akademie. Er † den 11. Februar 1763 zu Paris. Besonderes Glück auf der Bühne machten seine „Jeux de l'amour et du hasard", die „Fausses confidences" und „La mère confidente". Auch schrieb er Romane, von denen „Vie de Marianne" u. „Le paysan parvenu" am bekanntesten wurden. Sein „Spectateur français" blieb zwar hinter dem englischen Vorbild weit zurück, enthält aber doch manches Gute. M.' „Oeuvres dramatiques" erschienen Paris 1740, 4 Bde.; seine „Oeuvres complètes" das. 1789, 12 Bde.; neue Aufl., 1827—30, 10 Bde.

Mark, im Allgemeinen die im Inneren von festwandigen Kanälen oder Höhlen befindliche weiche, aber nicht flüssige Substanz, besonders in den Knochen (Knochenmark) und Nerven (Nervenmark), auch in den Stengeln der Pflanzen (s. Pflanze).

Mark, Erinnerungszeichen, daher besonders die Grenze eines Landes oder Bezirks 2c. (Markung) u. das von bestimmten Grenzen umschlossene Gebiet selbst, wie Dorfmark, Feldmark, Holzmark, wüste M. 2c. In letzterer Bedeutung gebrauchte man das Wort M. auch von ganzen Ländern (z. B. Dänemark) und insbesondere von den Theilen größerer Länder, die an der äußersten Grenze lagen. So hießen namentlich im deutschen Reiche die den Slaven, Ungarn 2c. entrissenen Landestheile M.en und, in sofern sie kaiserlichen Markgrafen zur Bewachung anvertraut waren, Markgrafschaften (M. Oesterreich, Brandenburg, Altmark, Uckermark, Meißen, Mähren, Steiermark, Kärnthen, Baden 2c.). In einigen Gegenden Deutschlands gebraucht man noch gegenwärtig das Wort M. von kleineren geschlossenen, einer Gemeinde gehörigen Bezirken; daher Markgenossen, Markordnungen, Markrecht 2c.

Mark, ursprünglich deutsches Münzgewicht, aus dem römischen Pfund von 12 Unzen entstanden, welches bei den Franken Eingang gefunden hatte, aber auf $^2/_3$ seines ursprünglichen Betrags, nämlich auf 8 Unzen oder 16 Loth, verringert ward. Um einer weiteren Verringerung vorzubeugen, drückte man den Gewichtsstücken ein Zeichen, eine Marke, auf, woher der Name M., welcher zuerst 1042 vorkommt. Als Norm nahm man $^1/_2$ Pfd. kölnisch = 16 Loth an, u. diese kölnische M. hat bis auf die neueste Zeit als Einheit des deutschen Münzgewichts wie auch des deutschen Gold- u. Silbergewichts gedient. Die alte kölnische M. wiegt nach Maßgabe des ältesten, in Köln noch aufbewahrten Exemplars dieses Gewichts 233,8123 französische Gramm od. 0,4676246 neue deutsche Münzpfund, und in dieser Schwere wurde sie 1830 in Leipzig eingeführt. Die preußische Maß- und Gewichtsordnung von 1816 setzte die M. zu 233,8555 Gramm = $^1/_2$ preußisches Handelspfund fest, und in diesem Betrage diente dieselbe von 1837—57 als Münzmark der Zollvereinsstaaten. Nachdem aber in Folge des wiener Münzvertrags vom 24. Jan. 1857 in den dabei betheiligten deutschen Staaten als Münzgewicht das neue Pfund von 500 Gramm eingeführt worden ist, hat die M. als Münzgewicht nur noch in den Hansestädten Geltung. Die kölnische M. wurde eingetheilt in 8 Unzen, 16 Loth, 64 Quentchen, 256 Pfennige, 512 Heller, 4020 kölnische As, 4352 Eschen oder 65536 Richtpfennigtheile. Sie wog in der Wirklichkeit 4864,68 holländische As, ward aber zu 4864 holländischen As gerechnet. Als Münzgewicht der Zollvereinsstaaten zerfiel die M. in 288 Gran à 16 preußische As, wonach eine M. = 4608 preußische As war. Von den außerdeutschen Markgewichten sind zu erwähnen das französische = 244,7529 Gramm und das holländische = 246,0839 Gramm. Als Gold- und Silbergewicht ist die kölnische M. noch in Gebrauch in Oesterreich (= 233,870 Gramm), Bayern (= 233,950 Gramm), Würtemberg (= 233,8555 Gramm), Hannover, Oldenburg, Braunschweig, Schaumburg-Lippe (= 233,8555 Gramm), Liechtenstein (wie in Oesterreich), Holstein und Lauenburg, Bremen, Hamburg (= 233,85489 Gramm, in Hamburg auch noch Münzgewicht, beim Gold in 24 Karat zu 12 Gran, beim Silber in 16 Loth zu 18 Gran, überhaupt also in 288 Gran getheilt, das Loth in 16 Sechzehntelloth zu 256 Richtpfennigen, so daß die M. = 65536 Richtpfennige). Auf der verschiedenen Legirung der edlen Metalle beruht die Unterscheidung zwischen der feinen M., d. h. der M. reinen, unvermischten Goldes oder Silbers, und der rauhen M., d. h. der M. legirten Edelmetalls. Bei der letzteren wird der verschiedenartige Marktheil des Edelmetalls durch das sogenannte Probirgewicht bezeichnet. Unter der löthigen M. verstand man eine solche M., welche zwar nicht ganz fein war, aber auch keinen absichtlich beigegebenen Zusatz enthielt. Das deutsche Markgewicht fand auch in den östlichen Kantonen der Schweiz, sowie in Polen, Dänemark und Norwegen Eingang. In der Schweiz ist es neuerlich durch das französische Grammengewicht verdrängt worden. In Dänemark ist die hamburger kölnische Mark (s. oben) Münzgewicht, Gold- und Silbergewicht aber eine besondere kölnische M., die Hälfte des sogenannten kölnischen Pfundes = $^{16}/_{17}$ dänische od. neue deutsche Pfund, so daß die M. = 235,2941 Gramm ist. In Norwegen enthält die als Münz-, Gold- und Silbergewicht dienende kölnische M. $^8/_{17}$ norwegische oder frühere dänische Pfund = 234,54 Gramm. In Schweden ist die M. oder das Pfund (Skålpund) Viktualien- u. zugleich Handels-, Münz-, Gold- u. Silbergewicht = 425,010 Gramm.

Die M. repräsentirte frühzeitig auch einen gewissen Goldwerth, und zwar enthielt die Usualmark (marca usualis) so viel neue Pfennige (Silberpfennige oder Denare), als aus einer Gewichtsmark von gesetzlich bestimmter Feinheit (rauhe M.) geprägt wurden. Waren nach Ablauf eines Jahres die Pfennige alt u. im Kurswerth herabgesetzt worden, so hieß die gleiche Anzahl Pfennige, welche ursprünglich eine Usualmark ausgemacht hatte, jetzt eine M. Pfennige (marca nummorum s. denariorum), die daher lediglich als Zahlmark gelten konnte. Nachdem aber der Geld- u. Gewichtsbegriff der M. völlig auseinander gegangen waren, wurde die Geldmark in einigen norddeutschen und benachbarten Staaten eine Münzeinheit, welche an Werth tief unter der Gewichtsmark der üblichen Silbermünzsorten stand. Geldrechnung nach M. ist in Deutschland gegenwärtig noch in Hamburg, Lübeck, Holstein und Schleswig üblich, u. zwar theilt sich die M. daselbst in 16 Schillinge à 12 Pfennige und die M. Kurant enthält $^2/_5$ Thaler preußisch (im 30-Thalerfuße) oder 12 Silbergroschen = $^7/_{10}$ Gulden oder 42 Kreuzer süddeutsch (im $52^1/_2$-Guldenfuß) = $^3/_5$ Gulden oder 60 Neukreuzer österreichisch (im 45-Guldenfuß). Markstücke werden nicht mehr geprägt. In Hamburg und Altona dient als Rechnungseinheit im Großhandel die ebenso eingetheilte M. Banco

(s. Banco). Auch in Mecklenburg wird zum Theil noch nach M. zu 16 Schillingen à 12 Pfennige gerechnet, die M. ist hier gegenwärtig 1/3 Thaler im 14-Thalerfuße (preußisch), und es sind solche Markstücke oder Drittelthaler bis auf die neueste Zeit ausgeprägt worden.

Mark, vormalige deutsche Grafschaft des westphälischen Kreises, wurde von Westphalen, Gimborn, Berg, Werden, Essen, Recklinghausen, Dortmund u. Münster begrenzt, durch den Haarstrang in den ebenen und fruchtbaren Hellweg (nördlich) und das gebirgige u. rauhe Süderland od. Sauerland (südlich) getheilt u. zerfiel in 2 Städtekreise, welche durch die von Osten nach Westen fließende Ruhr von einander geschieden wurden. Auf dem 45 □Meilen betragenden Flächenraum wohnten 170,000 Einw., größtentheils Protestanten, die sich durch Industrie, besonders Verfertigung von Metallwaaren, auszeichneten und auch ergiebigen Ackerbau, Viehzucht und Bergbau, hauptsächlich auf Eisen und Steinkohlen, trieben. Um die Ruhr, den Hauptfluß der Grafschaft, schiffbar zu machen, hat man schon 1775 angefangen, auch in der M. viele Schleußen anzulegen. Andere Flüsse sind die Lippe, Lenne, Volme, Emse, Ziske und Asse, die alle sehr fischreich sind. Das Wappen der Grafschaft ist ein aus 3 rothen u. silbernen Schachreihen bestehender Querbalken. Das Geschlecht der Grafen von M. stammt aus dem gräflich bergischen Hause. Im 14. Jahrhundert kam die Grafschaft an die Grafen von Kleve und nach langen Streitigkeiten durch die sogenannte beständige Translation 1666 aus der jülichschen Erbschaft an Brandenburg. Der große Kurfürst gab den Einwohnern das Versprechen, daß sie beständig bei seinem Hause bleiben sollten. Friedrich Wilhelm III. bestätigte dieses Versprechen, als er bei Gelegenheit der verschiedenen Ländertausche 1805 und 1806 von seinen Ständen daran erinnert wurde. Vorübergehend kam die M. durch den tilsiter Frieden 1807 an Frankreich; von diesem wurde sie 1808 an das Großherzogthum Berg gegeben, wo sie das Ruhrdepartement bildete, bis sie 1813 wieder mit der Krone Preußen vereinigt wurde. Gegenwärtig bildet sie einen Theil des Regierungsbezirks Arenberg, und zwar die 5 Kreise: Altena, Bockum, Hagen, Hamm und Iserlohn. In der Nähe von Hamm liegen das Haus M. in dem Dorfe gleichen Namens, das alte Schloß der Grafen von der M., und das Kloster Kentrop, seit 1820 eine Taubstummenanstalt.

Markasit, s. v. a. Wismuth, bisweilen auch s. v. a. Schwefelkies.

Markdorf, Stadt im badischen Seekreis, Bezirksamt Ueberlingen, am Bodensee, mit Schloß, 2 Vorstädten, 2 aufgehobenen Klöstern, Weinbau, stark besuchten Viehmärkten und 1830 katholischen Einw.

Marken, im Königreich Italien officieller Name der Provinzen Ancona, Ascoli, Macerata und Pesaro, welche im Allgemeinen das Gebiet der mittelalterlichen Marken Ancona und Fermo begreifen.

Marketender (v. Ital.), Personen männlichen und weiblichen Geschlechts, welche den Truppen ins Feld folgen, um theilweise für deren Bequemlichkeit u. Verpflegung Sorge zu tragen, namentlich die Herbeischaffung solcher Gegenstände zu übernehmen, welche der Bivouac oder die Magazine nicht liefern. Dieser Gebrauch war schon in den frühesten Zeiten vorhanden. Bei den Römern gehörten die M. zu den Impedimenta oder der Bagage. Bei den deutschen Landsknechten bildeten sie einen wesentlichen Theil des Trosses, fungirten unter verschiedenen Namen und standen unter Aufsicht des Rumormeisters. In neuerer Zeit ist man fast in allen Armeen (zuerst in Frankreich während der Revolution 1792) darauf bedacht gewesen, die Zahl der M. so viel als möglich zu verringern.

Marketerie (v. Franz.), s. Mosaik.

Markgräfler, s. Rheinweine.

Markgraf (marchio), ursprünglich der Befehlshaber in einem Grenzbezirk oder einer Mark (s. d.). Seine Macht war eine weit bedeutendere als die der übrigen Grafen, da ihm außer der Rechtspflege die Macht zustand, den Heerbann aufzubieten, was bei den fortwährenden und oft blutigen Kriegen an den Grenzen und bei der großen Entfernung des Reichsoberhaupts von denselben nothwendig war. Die Entstehung des Markgrafenamts fällt in die Zeiten Karls des Großen, welcher bei der Einführung der Gaueintheilung zur besonderen Bewachung der Grenzen und ihrer Befestigungen Comites, auch Custodes oder Praefecti limitum, Wächter u. Wahrer der Grenzen, aufstellte. Wie überhaupt die sächsischen Kaiser die Pläne Karls des Großen wieder aufnahmen, so hoben sie vorzüglich das Institut der M.en, da ihre Herzogthümer Thüringen und Sachsen am meisten den Angriffen der Feinde des Reichs ausgesetzt waren. Gewöhnlich wurden solche Herren zu M.en bestellt, die in den ihnen zur Beschützung übergebenen Bezirken ansehnliche Güter besaßen. Im 12. Jahrhundert wurden die markgräflichen Stellen erblich und endlich reichsfürstlich, so daß ein M. in Ansehung seiner Würde über dem Grafen und unter dem Herzog stand. Es gab später in Deutschland 9 Markgrafenthümer: Baden, Brandenburg, Ansbach, Bayern, Meißen, Lausitz, Mähren, Burgau u. Hochberg. In Italien, wo die Kaiser ebenfalls die markgräfliche Würde einführten, ging aus derselben keine eigenthümliche Entwickelung hervor. Sie verlor bald ihr Ansehen, und es blieb nur noch in dem Titel Marchese und Marquis eine schwache Erinnerung an sie.

Markgröningen, Stadt im würtembergischen Neckarkreis, Oberamt Ludwigsburg, an der Glems, mit schöner gothischer Kirche, Hospital, Papier- und Oelmühlen und 3000 Einw. Die Stadt hatte sonst das Reichssturmfahnenträgeramt, welches später an Würtemberg überging.

Markirch (Mariakirch, Ste. Marie aux Mines), Stadt im französischen Departement Oberrhein, hat 2 Kirchen, ein Schloß, eine Gewerbekammer und ein Schiedsgericht zwischen Arbeitgebern u. Arbeitern, ansehnliche Fabriken für Tuch, Baumwollzeuche, Madras, Zitz, gedruckte Leinwand, Musseline, Strumpfwaaren, Töpferwaaren, Papier, Oel ꝛc., ferner Baumwoll- und Wollspinnerei, Leinwandbleichen, bedeutende Färberei und Gerberei und 12,330 Einw. In der Umgegend sind Bergwerke für silber- und kupferhaltiges Bleierz, von denen jedoch nur noch eins in Betrieb ist.

Marklissa, Stadt in der preußischen Provinz Schlesien, Regierungsbezirk Liegnitz, Kreis Lauban, am Queiß, mit Kattun-, Lein-, Woll- und Baumwollweberei, Töpferei, Kunsttischlerei, besuchten Viehmärkten und 2090 Einw.

Marklosung, s. Retrakt.

Markobrunn (eigentlich Markbrunnen), Ueberschrift eines Brunnens, der im Rheingau des Herzogthums Nassau, auf dem Strahlenberge, an der Grenze der Gemarkungen von Erbach und Hattenheim, sprudelt, und nach welchem der im anliegenden Weinberg, dessen schon eine Urkunde von 1104 gedenkt, erzeugte Wein, einer der feurigsten und geschätzlesten Rheinweine, Markobrunner genannt wird.

Markolsheim, Kantonsstadt im französischen Departement Niederrhein, mit Ziegeleien, Töpfereien, Bleichen, Handel mit Tabak und Hanf und 2500 Einwohnern.

Markomannen, wörtlich die in der Mark wohnenden Männer, eine altdeutsche Völkerschaft, die zu Cäsars und Drusus' Zeit am mittleren und oberen Main gewohnt zu haben scheint. Marbod führte sie (um 10 v. Chr.) vor dem Andringen der Römer nach Böhmen, wo sie den Kern von dessen Reich bildeten. Nach dem Zerfall des letzteren lebte der alte Name der M. in einem neuen Bunde deutscher und sarmatischer Völker (Marisker, Hermunduren, Jazygen, Sueven, Sarmaten, Vatringer, Burier) bis zur Theiß hin wieder auf. Um 88 n. Chr. schlugen sie an der Donau einen Angriff des römischen Kaisers Domitian zurück, wurden zwar von Trajan u. Hadrian noch in Schranken gehalten, suchten aber seit der Mitte des 2. Jahrhunderts ins römische Reich selbst einzubrechen. Die Gefahr von dem Reich abzuwenden, begann Kaiser Marc Aurel 166 den Krieg gegen die M. (Markomannenkrieg), während dessen Verlaufs sich der Bund durch die sarmatischen Stämme der Viktovalen, Sosiker, Sikoboten, Rhepolanen, Bastarner, Alanen, Peuciner, Kastobochen verstärkte. Nach schweren Kämpfen gelang es Marc Aurel, 174 die Jazygen zu unterwerfen, u. auch die Quaden mußten um Frieden bitten. Schon 178 aber drangen die M. wieder in Pannonien ein und erschienen mit einem Theil des Heeres selbst vor Aquileja, doch errang Marc Aurels Feldherr Paternus einen vollständigen Sieg über sie. Kaiser Commodus schloß 180 Frieden mit ihm. Sie mußten Geißeln geben, Tribut liefern und Hülfstruppen stellen. Um 270 überschritten die M. abermals die römische Grenze u. bedrohten Ancona, doch gelang es Kaiser Aurelian, sie wieder über die Donau zurückzuwerfen. Mit dem 4. Jahrhundert verschwindet ihr Name. Die letzten Reste der M. verloren sich wahrscheinlich unter die Bojoarier.

Markscheide, d. i. Grenze, in der bergmännischen Sprache die Grenze zwischen neben einander liegenden Gruben, welche zu Tage, d. h. auf der Oberfläche der Erde, durch einen Mark- oder Lachstein, in der Grube selbst aber durch ein in das Gestein, Mauer- od. Holzwerk gehauenes Zeichen, die Markscheidestufe, bezeichnet wird. Markscheider heißt derjenige Bergbeamte, welcher dazu angestellt ist, um die bei Bergwerken 2c. vorkommenden Messungen (s. Markscheidekunst) zu machen, wofür er Markscheidegebühren von den Gewerken erhält.

Markscheidekunst (geometria subterranea), die bergmännische Feld- und Grubenmeßkunst, die durch Vermessung über und unter Tage mittelst der Meß- und Lachterkette, des Grubenkompasses, der Eisenscheibe, des Häng- u. Gradbogens und des Zulegeinstruments das trigonometrische Berechnen der Züge u. das Zulegen oder Auftragen derselben lehrt, wodurch Zeichnungen entstehen, aus denen in Grund-, Auf-, Durchschnitts- und Profilrissen die Lagen der Gruben, Stellungen der Lagerstätten, die über der Grube zu Tage befindliche Gegend und die räumlichen Verhältnisse zum Behuf des Bergbaues u. zur Entscheidung bergmännischer Grenzstreitigkeiten erkannt werden. Bei diesen Vermessungen kann nur Weniges mit der Meßkette und dem Lachtermaße geschehen, das Meiste muß durch Winkelmessungen bewirkt werden, wobei der Kompaß und die Wasserwage (Libelle) als Leiter dienen. Die Messungen selbst geschehen meist mit dem Winkelweiser u. dem Gradbogen. Die M. verdankt ihre Entstehung einem Deutschen. G. Agricola schrieb 1556 das erste Werk darüber in lateinischer Sprache; sodann behandelten sie Erasmus Reinhold 1574 und N. Voigtel 1686. Am vollständigsten ist Campe's „Anleitung zur M." (Leipzig 1782 und 1792, mit Kupfern).

Markschwamm (fungus medullaris), diejenige Modifikation der krebsigen Geschwülste, welche sich durch ihre relative Weichheit und durch ihr hirnmarkähnliches Aussehen auszeichnet. Alles, was vom Krebs (s. d.) gilt, gilt im Allgemeinen auch vom M., der sich in seinem Bau, seinem Wachsthum, seinem Vorkommen nicht wesentlich von andern Krebsen unterscheidet, aber durch seinen größern Reichthum an Zellen und durch einen schnelleren Verlauf, also durch größere Bösartigkeit ausgezeichnet ist. Uebrigens bestehen alle denkbaren Uebergänge zwischen den ausgeprägten Formen des M.s und den übrigen Krebsformen. Die Schnittfläche des M.s ist gewöhnlich markweiß, seltener grauweiß oder in verschiedenen Nüancen roth gefärbt; sie ist meist weich in den verschiedensten Graden bis herab zur Konsistenz des fötalen Hirnmarkes, daher man den M. auch mit dem Namen des Encephaloïds bezeichnet hat. Die Schnittfläche des M.s ist vollständig homogen oder nur stellenweise undeutlich faserig. Beim Darüberstreichen entleert sich eine reichliche, bald schleimige, bald rahmartige oder milchige Flüssigkeit (Krebssaft), und zwar um so mehr, je später man die Untersuchung des M.s vornimmt. In manchen Fällen zeigt die Schnittfläche ein sehr zartes oder auch gröberes Netzwerk, in dessen Lücken ein rahmiger oder schwach käsiger Saft enthalten ist, der die Schnittfläche bald gleichmäßig bedeckt, bald in Gestalt von dünnen Pfropfen, den Mitessern der Haut ähnlich, sich entleert. Nach Entleerung des Saftes erscheinen die Lücken als glatte Gruben, oder sie enthalten noch ein sehr zartes, bald mit dem bloßen Auge sichtbares, bald mikroskopisches Fächerwerk. Der M. bildet fast stets Geschwülste, selten tritt er in der Form einer mehr gleichmäßigen Infiltration auf. Die Größe der Geschwülste wechselt von kaum sichtbarer bis zu Faust- und Kindskopfgröße. Der M. kommt sowohl an äußeren Theilen vor und kann dann bis zu jeder Tiefe vordringen, als auch an inneren Organen. Am häufigsten betrifft er die weibliche Brustdrüse, den Magen, die Leber, die Lymphdrüsen 2c., doch kennt man kein Organ, welches vor dem M. ganz gesichert wäre. Betreffs aller übrigen Verhältnisse des M.s s. Krebs.

Markstrahlen, s. Holz.

Markfuhl, Marktflecken im sachsen-weimarischen Kreise Eisenach, an der Suhl, Station der Werraeisenbahn, mit Schloß, Jahr- und Viehmärkten und 1218 Einwohnern. M. war im 17. Jahrhundert Residenz der apanagirten Prinzen von Sachsen-Eisenach.

Markt, im weiteren Sinne jeder Spielraum, wo Güter gegen einander vertauscht werden; im engeren Sinne ein öffentlicher Platz, auf welchem sich Käufer und Verkäufer aufhalten können, um Waaren einzukaufen und zu verkaufen, sowie die Zeit, wo dies geschieht. Die Marktplätze hießen bei den Römern Fora und wurden nach den Hauptgegenständen, die dort zum Verkauf auslagen, benannt, z. B. Forum pistorium, boarium, olitorium. Bei den Griechen lag der M. meist in der Mitte der Stadt oder eines Stadtbezirks, in Hafenstädten nicht weit vom Hafen und war in der Regel viereckig und von Säulenhallen umgeben, welche nicht nur zum Auslegen von Waaren, sondern auch zum Schutz gegen Regen und Sonnenhitze dienten, denn der M. war der Mittelpunkt des städtischen Lebens u. Treibens. Wie bei den Römern die Aedilen die Marktpolizei verwalteten, so bei den Griechen die Vorsteher des Emporiums. Das Mittelalter behielt die Einrichtung der Märkte, wie sie bei den Römern bestanden hatten, im Allgemeinen bei, und der Marktplatz war von Säulengängen umschlossen, auf denen zugleich die umstehenden Häuser ruhten. Nach und nach verbaute man die Säulenhallen, und die Gebäude, öffentliche sowohl als private, schlossen sich, wo keine Straßenburchgänge waren, dicht an einander an, so daß der Markt einen Ring bildete. Daher heißen in Polen, Schlesien und Böhmen die Marktplätze noch bis auf den heutigen Tag Ringe. Unter Marktfreiheit versteht man die von der höchsten Behörde den Marktbesuchern gegebenen Privilegien, wie z. B. Arrestfreiheit der Marktbesucher und ihrer Waaren, Befreiung von manchen Abgaben ꝛc. Die besonderen für den M. und für die Marktbesucher gegebenen obrigkeitlichen Verfügungen, welche sowohl diese Marktfreiheiten, als überhaupt die Ausdehnung des Marktverkehrs und seine Beschränkungen betreffen, bilden zusammengenommen die Marktordnung, welche von einer besonderen dazu aufgestellten Behörde, dem Marktamt od. Marktgericht, gehandhabt wird, die auch zwischen den Handelsleuten entstandene Streitigkeiten womöglich zu schlichten hat. Dieses Marktgericht wird meist durch das bestehende Handelsgericht oder durch das gewöhnliche städtische Gericht gebildet. Auch die Kontrole über die Richtigkeit der Waaren, des Gewichts, Maßes und Geldes ist diesem Gerichte übergeben, sowie es auch den Marktzoll einnimmt u. dafür, wenigstens in früheren Zeiten, das Marktgeleite besorgte, d. h. die Verpflichtung auf sich nahm, die Marktleute mit ihren Gütern sicher hin- und herzugeleiten und vor Anfällen, Wegelagerern, Raubrittern ꝛc. zu beschützen. Die Märkte (Kram- oder Jahrmärkte) unterscheiden sich von den Messen (s. d.) hauptsächlich dadurch, daß auf ihnen nicht wie bei diesen die Geschäfte im Großen, sondern vielmehr nur im Kleinen betrieben werden u. auch ihre Dauer bei weitem kürzer ist.

Marktbreit, Marktflecken im bayerischen Regierungsbezirk Unterfranken und Aschaffenburg, links am Main, mit Hauptzollamt, katholischer und evangelischer Kirche, Schranne, Schloß, Handel, Schifffahrt, Kalk-, Gyps- und Mehlmühlen, vorzüglichem Wein- und Obstbau, besuchten Jahrmärkten u. 2010 Einwohnern.

Markterlbach, Marktflecken im bayerischen Regierungsbezirk Unterfranken, Verwaltungsdistrikt Neustadt an der Aisch, zwischen der Aurach und der Zenn, Sitz eines Landgerichts, mit Schloß, Getreide- und Hopfenbau, besuchten Jahrmärkten und 1160 Einwohnern.

Marktflecken, s. Flecken.

Marktheidenfeld, Marktflecken und Hauptort eines Verwaltungsamtsbezirks im bayerischen Regierungsbezirk Unterfranken u. Aschaffenburg, links am Main, über welchen eine schöne Brücke mit 7 Bögen führt, mit Landgericht, Gypsmühle, Töpferei, Gerberei, Wein- und Obstbau, besuchten Jahrmärkten und 2050 Einw.

Marktleuthen, Marktflecken im bayerischen Regierungsbezirk Oberfranken, Verwaltungsdistrikt Wunsiedel, an der Eger, mit den Ruinen der ehemals stark besuchten St. Wolfgangskapelle, besuchten Jahrmärkten und 1310 Einw.

Marktschorgast, Marktflecken im bayerischen Regierungsbezirk Oberfranken, Verwaltungsdistrikt Berneck, am Schorgastbache, der reich an Perlen und Forellen ist, Eisenbahnstation, mit Schloß u. 1050 Einwohnern.

Marktschreier, sonst Quacksalber oder Afterarzt, der auf Jahrmärkten oder bei sonstigen Gelegenheiten, welche die Volksmenge auf einem Platze versammeln, unter den übertriebensten Anpreisungen seine Medikamente, die meist für Arcana ausgegeben wurden, ausbot, und zwar meist von einem Schaugerüste herab, um besser gesehen zu werden, öfters durch einen Possenreißer unterstützt. Solchem Unwesen ist jetzt allenthalben, wo eine ordentliche Medicinalpolizei gehandhabt wird, gesteuert. Vergl. Quacksalber.

Marktsteft, Marktflecken im bayerischen Regierungsbezirk Unterfranken und Aschaffenburg, Verwaltungsdistrikt Kitzingen, links am Main, mit Ueberfahrt über denselben, Hauptzollamt, Getreideschranne, Tabaks- u. Druckerschwärzefabriken, Leinwandbleicherei, Potaschesiederei, Obst- u. Weinbau, Wein-, Getreide- u. Speditionshandel, Schifffahrt und 1260 Einw.

Markung, Grenze; eingegrenzter Bezirk; Feldmark; wüst liegendes Land.

Markwährung, s. Mark.

Markwald, im Besitz einer oder mehrer Gemeinden stehender Wald mit den darin befindlichen Bächen, Flüssen, Weideplätzen, Viehtriften, Heiden ꝛc. Dergleichen Markwaldungen bestehen noch jetzt im Nordwesten von Deutschland. Die Korporation, der eine Markwaldung gehört, heißt Märkerschaft, die Genossen Märker, die Nichtberechtigten od. die nicht in der Mark Wohnenden Ausmärker. Der M. steht unter einem Obermärker, dem obersten Herrn über die Marken, einem Waldbott, oberstem Vogt u. einem Holzgrafen, welcher entweder gewählt wird, od. dessen Amt mit einem in der Mark belegenen Grundbesitz verbunden ist. Die Verhältnisse in der Mark wurden auf den jährlich abzuhaltenden Märkergedingen oder Holzgerichten berathen und geordnet, und das dabei Niedergeschriebene gab die Grundlage zu manchen Forstordnungen. Vergl. Löw, Ueber die Markgenossenschaft, Heidelb. 1829; Stieglitz, Geschichtliche Darstellung der Eigenthumsverhältnisse an Jagd u. Wald in Deutschland, Leipzig 1832.

Marlborough, Stadt in der englischen Grafschaft Wilt, am Kennet, mit lateinischer Schule, einem College (seit 1815), bedeutendem Handel in Korn, Käse, Malz, Steinkohlen und 3680 Einw. Von derselben bekam John Churchill den Titel Herzog von M., welchen jetzt das Haus Spencer führt; auch ward 1267 hier ein Parlament gehalten, dessen Schlüsse (Statutum de M.) zum Theil noch jetzt in Geltung sind.

Marlborough, 1) John Churchill, Herzog von M., berühmter britischer Feldherr u. Staatsmann, den 24. Juni 1650 zu Ashe in Devonshire geboren, besuchte die Schule von St. Paul u. kam, durch sein vortheilhaftes Aeußere empfohlen, in seinem 12. Jahre als Page an den Hof des Herzogs von York, der ihm im Alter von noch nicht 16 Jahren eine Fähnrichstelle bei der Garde verschaffte. Als solcher nahm er an verschiedenen Scharmützeln gegen die Mauren in Tanger Theil, ward nach seiner Rückkehr zum Kapitän im Regiment des Herzogs von Monmouth befördert und diente in dem Armeecorps, das 1672 zur Verstärkung der Franzosen nach den Niederlanden abging. Er zeichnete sich vornehmlich bei der Belagerung von Nimwegen aus, rettete im folgenden Jahre dem Herzog von Monmouth, seinem Obersten, das Leben und gab bei der Belagerung von Mastricht Beweise eines solchen Muthes, daß Ludwig XIV. ihn an der Spitze des Heeres mit Lobeserhebungen überhäufte. Hierauf zum Oberstlieutenant befördert, diente er noch bis 1677 in der französischen Armee und kehrte sodann nach England zurück, wo er ein Regiment erhielt. Karl II. ernannte ihn 1682 zum Baron und zum Obersten des 13. Garderegiments, Jakob II. 1685 zum General und Peer unter dem Titel Baron Churchill von Sunbridge. Bei der Unterdrückung der Empörung des Herzogs von Monmouth zeigte er sich besonders thätig; als aber Jakobs II. Unklugheit die Revolution herbeigeführt hatte, ging Churchill zu Wilhelm von Oranien über, ja er soll sogar mit dem Generalmajor Kirk Verabredung getroffen haben, den unglücklichen König gefangen zu nehmen u. dem Prinzen auszuliefern. In Wilhelms Auftrag versammelte er zu London die reitenden Garden und nahm an der Versammlung der Peers zu Westminster Antheil (1. Januar 1639), wo die berühmte Akte zu Gunsten des Prinzen von Oranien unterzeichnet ward. Zum Generallieutenant in des letzteren Armee ernannt, stimmte er am 6. Februar für den Antrag, welcher die Krone dem Prinzen und der Prinzessin von Oranien übertrug, und ward darauf zum Grafen von M., zum Mitglied des geheimen Raths und zum königlichen Kammerherrn ernannt. Von König Wilhelm mit der Unterwerfung Irlands beauftragt, zögerte er aus Pietät gegen Jakob mit dem Angriff, bis dieser die Insel verlassen hatte, worauf er sich der Plätze Cork und Kinsale bemächtigte. Im Kriege gegen Ludwig XIV. erhielt M. das Kommando der britischen Truppen in den Niederlanden und erfocht hier den Sieg bei Walcourt. Bei seiner Rückkehr nach England 1692 ward er aber plötzlich verhaftet und mit anderen Großen in den Tower gebracht, da er in den Verdacht gekommen war, dem vertriebenen Jakob II. versprochen zu haben, ihm die Armee wieder zu gewinnen. Nach einer langwierigen Untersuchung ward M. wegen mangelnder hinreichender Beweismittel zwar in Freiheit gesetzt, aber er lebte bis 1696 in einer Art von Exil. Nach dem Frieden von Ryswick (20. September 1697) ernannte ihn der König zum Gouverneur des Herzogs von Glocester, sowie zum Mitglied des geheimen Raths und beim Ausbruch des spanischen Successionskriegs zum Befehlshaber aller britischen Streitkräfte in den Niederlanden (1701), sowie zu seinem außerordentlichen Gesandten bei den Generalstaaten. Die Thronbesteigung Anna's (19. März 1702), die von M.s Gemahlin völlig beherrscht wurde, führte diesen an die Spitze des britischen Heeres in den Niederlanden. Er begann den Feldzug von 1702 mit Vertreibung der Franzosen aus Geldern und eroberte Venloo, Roermonde und Lüttich, worauf ihn die Königin zum Marquis Blandford und zum Herzog von M. ernannte. Im Jahre 1703 ging er zur Unterstützung des Kaisers nach Deutschland, vereinigte sich mit dem Prinzen Eugen von Savoyen und schlug zuerst die Bayern am 2. Juli 1704 bei Donauwörth und am 13. August die Franzosen unter Tallard bei Blenheim. Das Parlament schenkte ihm hierfür die Domäne Woodstock, und die Königin ließ ihm das Schloß Blenheim bauen; der Kaiser verlieh ihm den Titel eines Reichsfürsten. M. verfolgte darauf die Franzosen, die sich über den Rhein zurückgezogen, und nahm seine Winterquartiere an der Mosel. Im Feldzug von 1705 versuchte er vergebens, den Marschall Villars in einen Kampf zu verwickeln. Von seinem Gegner zum Rückzug genöthigt, wandte er sich nach den Niederlanden und erstürmte (18. Juli) die von Villeroi besetzten Linien. Der Feldzug endigte mit der Einnahme einiger Plätze. Villeroi, welcher die Dyle (19. Mai 1706) überschritten u. Ramillies eingenommen hatte, ward hier von M. entscheidend geschlagen, worauf ganz Brabant in die Hände der Verbündeten fiel. Ludwig XIV. vertraute hierauf den Oberbefehl in Flandern dem Herzog von Vendôme an, aber auch dieser verlor an M. Ostende, Dendermonde und Ath. Die Friedensanträge, die Ludwig XIV. durch den Kurfürsten von Bayern machen ließ, wurden auf Antrieb M.s von der Königin Anna und den Generalstaaten verworfen. Als Karl XII. von Schweden Vorbereitungen traf, welche die Koalition gegen Frankreich zu gefährden schienen, gelang es M. in einer persönlichen Zusammenkunft, Karl XII. (27. April 1707) in seiner neutralen Stellung zu erhalten. Gleichwohl begann M. in der Gunst seiner Königin zu wanken; er ward sogar auf kurze Zeit aus dem geheimen Rath entfernt. Auf den Kontinent zurückgekehrt, eröffnete er mit dem Prinzen Eugen den Feldzug, schlug die Franzosen bei Oudenarde, drang bis Artois vor, eroberte Lille, Gent und Brügge u. gewann gegen Villars die blutige Schlacht bei Malplaquet (11. September 1709). Nachdem sie noch Mons zur Kapitulation gezwungen, begab sich M. über den Haag nach London. Hier bat ihn die Königin um ein Regiment für Hill, den Bruder der Lady Masham, ihrer neuen Favorite; M. schlug es ihr ab, und als die Königin darauf bestand, zog er sich nach Windsor zurück, von wo er seine Entlassung eingab. Die öffentliche Stimme nöthigte jedoch die Königin, M. wieder zu berufen. Das Parlament bewilligte ihm vermehrte Hülfsgelder, und er erhielt Holland bei der Alliance vermittelst Auswirkung des Barrièretraktats (s. d.). Als er aber die Stelle eines Generals en Chef für sich auf Lebenszeit forderte, bot er damit seinen Feinden eine willkommene Gelegenheit, seine Bestrebungen zu verdächtigen, und die Königin wies sein Verlangen zurück. Dennoch wußte es M. dahin zu bringen, daß das Parlament den Antrag stellte, er solle nach dem Haag zurückgesandt werden, um die inzwischen von Frankreich hier angeknüpften Friedensunterhandlungen abzubrechen. Er vermochte die Generalstaaten zu demselben Schritte und eröffnete mit Eugen den Feldzug mit der Einnahme von Mortagne, Douai, Bethune, Saint Venant und Aire. Während seiner Abwesenheit gelangte im Ministerium mit dem Grafen Orford die Torypartei ans Ruder. Anfangs 1711 kehrte M. nach England zurück u. erfuhr hier bei den Debatten über die Siege der Franzosen in Spanien im Parlament manche Demüthigung. Zwar ging er wieder zur Armee ab, aber mit eingeschränkter Macht. Er nahm darauf noch Bouchain ein u. war eben im Begriff, Quesnoy zu belagern, als sich die Generalstaaten dem widersetzten, worauf er sich nach dem Haag begab. Nach England zurückgekehrt, ward er vom Parlament der Unterschlagung öffentlicher Gelder angeklagt, worauf die Königin ihn am 1. Januar 1712 seiner Aemter entsetzte, aber, besonders auf die Vorstellungen des Prinzen Eugen, die gerichtliche Verfolgung unterdrückte. M. mußte das Resultat seiner zehnjährigen Anstrengungen durch die Fortschritte Villars' u. den Abschluß des utrechter Friedens (13. Juli 1713) vereitelt sehen, zog sich verbittert auf ein Landgut in der Nähe von St. Alban zurück und besuchte dann Holland, Belgien, Deutschland u. sein ihm vom Kaiser geschenktes Fürstenthum Mindelheim, das er jedoch im utrechter Frieden ohne Entschädigung verlor. Erst beim Tode der Königin Anna kehrte er nach England zurück, wo ihn Georg I. in alle seine Aemter und Würden wieder einsetzte. Vom Schlagfluß getroffen (8. Juni 1716), mußte sich M. jedoch ganz von den Geschäften zurückziehen; er † auf seinem Landgut Windsorlodge den 17. Juni 1722, ein Vermögen von mehr als 15 Millionen Franken hinterlassend. M. war ein eben so gewandter Diplomat, dem namentlich eine gewinnende Beredtsamkeit zu Gebote stand, als ein bedeutender Feldherr, welcher mit persönlichem Muth einen sichern und schnellen Blick verband, der jeden Fehler des Gegners erspähete und zu benutzen wußte. Seine Schattenseiten waren maßloser Ehrgeiz und niedrige Habsucht. Vgl. Coxe, Memoirs of John Duke of M., with his original correspondence, London 1818, 3 Bde., deutsch, Wien 1820, 6 Bde.; Murray, Despatchs of the Duke of M., Lond. 1845—46, 5 Bde.; Macfarlane, Life of M., das. 1852.

2) Sarah Jennings, Herzogin von M., Gemahlin des Vorigen, Tochter von Richard Jennings, geboren den 29. Mai 1660, kam 12 Jahre alt in die Dienste der Herzogin von York, wo sie die Freundin der Prinzessin Anna ward. Mit körperlichen u. geistigen Vorzügen begabt, hatte sie die angesehensten englischen Großen zu Bewerbern um ihre Hand; sie reichte dieselbe aber 1678 dem jungen Churchill. Von der Prinzessin Anna ward sie nach deren Vermählung zur Ehrendame ernannt und gewann als solche deren Gunst in dem Grade, daß die Prinzessin allen Standesunterschied zwischen ihnen aufgehoben wissen wollte. Jakob II. soll sich vergeblich bemüht haben, die Lady Churchill für die katholische Religion zu gewinnen, damit diese dann auch die Prinzessin Anna herüberziehen solle; die letztere ward vielmehr von ihrer Freundin überredet, sich von ihrem Vater loszusagen und an Wilhelms Partei anzuschließen. Da in den Streitigkeiten zwischen Anna und deren Schwester Maria über die Revenüen Lady M. mit Wärme die Partei der Prinzessin ergriff, suchte Maria sie aus ihrer Stellung bei Anna zu verdrängen, und als ihr dies nicht gelang, verbannte sie selbst ihre eigene Schwester von ihrem Hofe. Nach Anna's Thronbesteigung übten die Lady M., zur ersten Ehrendame und Großgarderobemeisterin ernannt, und deren Gemahl den größten Einfluß auf sie aus. Doch gab es schon damals, da Lady M. whigistischen Ansichten huldigte, während Anna wie M. sich den Tories zuneigte, Mißhelligkeiten zwischen den Freundinnen, u. der Uebermuth der Herzogin u. die fast despotische Herrschaft, die sie über die Königin ausübte, machten endlich dieser ihre Gesellschaft unerträglich. Lady M. legte daher 1711 alle ihre Würden nieder, verließ den Hof und sah Anna nie wieder. Nach dem Tode ihres Gemahls lebte sie in gänzlicher Zurückgezogenheit. Sie † zu London den 29. Okt. 1744. Auch ihr Gemahl soll sich oft in diplomatischen Angelegenheiten ihres Raths bedient haben. Sie theilte mit demselben die Fehler des Ehrgeizes und der Habsucht. Ihre Güter und Titel gingen auf ihre älteste Tochter Henriette, Gemahlin des Grafen Godolphin, u. nach deren erblosem Tode am 24. Okt. 1732 auf den Folgenden über. Vgl. Histoire secrète de la reine Zarah et des Zaraziens, ou la duchesse de M. démasquée, Haag 1708—12, 2 Bde.

3) Charles Spencer, Graf von Sunderland, kommandirte in der Schlacht von Dettingen eine Gardebrigade und ward 1758 zum Befehlshaber der britischen Hülfstruppen bei der Armee des Prinzen Ferdinand von Braunschweig im siebenjährigen Krieg ernannt, † aber zu Münster den 28. Okt. 1758.

4) George Spencer, 5. Herzog von M., Enkel des Vorigen, den 6. März 1766 geboren, nahm 1807 noch den Namen Churchill an u. † den 5. März 1840.

5) George Spencer-Churchill, 6. Herzog von M., Sohn des Vorigen, den 27. Dec. 1793 geboren, war als Marquis von Blandford Mitglied des Unterhauses und stellte 1830 aus Verdruß über das Zustandekommen der Katholikenemancipation einen Antrag auf allgemeines Stimmrecht, widersetzte sich aber später dennoch der Parlamentsreform. Er † den 1. Juli 1857 auf seinem Schlosse Blenheim.

6) John Winston Spencer-Churchill, Marquis von Blandford, ältester Sohn des Vorigen, den 2. Juni 1822 geboren, trat im April 1844 für den von seinem Vater abhängigen Flecken Woodstock ins Parlament, mußte aber sein Mandat nach Jahresfrist niederlegen, weil er sich den Freihandelsbestrebungen Peels angeschlossen hatte. Im Jahre 1847 wurde er mit Zustimmung seines Vaters von Neuem gewählt. Nach seines Vaters Tode 1857 nahm er den Sitz eines Herzogs von M. im Oberhause ein; auch ist er Lordlieutenant von Oxfordshire.

Marle, Stadt im französischen Departement Aisne, mit Hanfleinfabrikation und starkem Handel mit Hanfleinwand, sowie mit Korbflechterwaaren, Getreide, Oelkörnern, Schlachtvieh und 1950 Einw.

Marlinsky, Pseudonym für Alex. Bestuschew.

Marlow, Stadt in Mecklenburg-Schwerin, Herzogthum Güstrow, am Abhang eines Hügels in schöner Lage, mit Kirche mit hohem Thurm, Bürger- und Gewerbschule und 2170 Einw.

Marlow (Marlowe), Christopher, englischer Schauspieldichter u. Schauspieler, im Februar 1563 zu Edinburg geboren, studirte zu Cambridge und wurde hier 1587 Magister. Nachdem sein Schauspiel „Tamerlaine the great“ günstig aufgenommen worden war, betrat er selbst die Bühne, mußte sie aber in Folge eines Beinbruchs bald wieder verlassen. Er wandte sich nun ganz der dramatischen Poesie zu; seine bedeutendsten Stücke sind: „Life and death of Dr. Faustus“, „Edward II“, „The jew of Malta“ und „The massacre at Paris“. „Lust's dominion“ wird ihm mit Unrecht zugeschrieben. Seine Uebersetzung der ovidschen Elegien war so gemein, daß sie der Erzbischof von Canterbury verbrennen ließ. Auch seine Trauerspiele sind nicht frei von Obscönem, im Uebrigen aber ausgezeichnet durch treffliche Charakterzeichnung, wahre Schilderung der Leidenschaften und Kraft der Sprache. Durch alle diese Vorzüge ist M. der Vorgänger seines jüngern Zeitgenossen Shakspeare. M.s Privatleben war zügellos; er wurde am 16. Juni 1593 von einem Nebenbuhler in den Armen eines Mädchens erstochen. Seine Werke hat Dyce mit Noten und literarhistorischer Einleitung (Lond. 1850, 3 Bde.) herausgegeben.

Marly (M. le Roi), Flecken im französischen Departement Seine-Oise, an der Seine, mit Zuckerraffinerie, Dampfbleiche, Holzschneidewerkstätten, Weinbau und 1380 Einw. Das früher hier befindliche königliche Lustschloß, von Ludwig XIX. erbaut, wurde in der Revolution zerstört.

Marly, gazeartiges Gewebe mit gitterförmig von einander abstehenden Fäden von Zwirn- od. Leinengarn, seltener von Wolle und Seide, wird in verschiedenen Qualitäten hergestellt und zu Fenstervorsetzern, zu Unterlagen für Hauben und Hüte &c. benutzt. Marlyflor besteht ganz aus Seide od. aus Seide und Baumwolle, ist façonnirt und gestreift, meist schwarz. Spanböden, Drahtgewebe und Drahtband haben den M. vielfach verdrängt, allgemein wird derselbe oder ein ihm ähnliches Gewebe nur noch zu Moskitonetzen benutzt.

Marmande, Arrondissementshauptort im französischen Departement Lot-Garonne, rechts an der Garonne, auf einem Plateau gelegen, hat einen frequenten Hafen, ein Civil- und Handelstribunal, Kommunalcollége, eine Ackerbaugesellschaft, Bibliothek, Fabriken für wollene Zeuche, Tuch, Leinwand, Zwillich, Färberei, Gerberei, Seilerei, Lein- und Rapsöl, Weinbau (weiße Liqueurweine), Hanf-, Getreide- u. Obstbau, starke Branntweinbrennerei, frequente Märkte und 8660 Einw.

Marmarameer (Mar di Marmara, bei den Alten Propontis, im Deutschen gewöhnlich Marmormeer genannt), Binnenmeer zwischen Europa und Asien, welches durch die Dardanellenstraße mit dem ägäischen und durch den Bosporus oder die Straße von Konstantinopel mit dem schwarzen Meere zusammenhängt. Es hat salziges Wasser, ist 30 Meilen lang, von Osten nach Westen sich erstreckend, und 10 Meilen breit, soll aber immer mehr verschlämmen. Im Osten bildet es den Golf von Ismid, im Südosten den von Mudaina. Seinen Namen hat es von der größten darin liegenden Insel Marmara, welche 3 Meilen lang und eine Meile breit ist und außer schönem weißen Marmor (daher der Name) besonders Wein, Getreide, Oliven u. Baumwolle liefert, eine gleichnamige Hauptstadt mit Bischofssitz u. 4000 meist griechische Einwohner hat. Außer Marmara liegen in diesem Meere noch die Inseln: Kalolimni, Rabby, Liman-Pascha und im Osten die Prinzeninseln, meist von Fischern bewohnt. Vorgebirge im M. sind: Bosborun, Erakli u. a.

Marmaros (ungar. Máramaros), Komitat im nordwestlichen Ungarn, im Süden an Siebenbürgen, im Osten an die Bukowina und Galizien, im Norden an Galizien und das beregher, im Westen an das szathmarer und ugocsaer Komitat grenzend, hat einen Flächenraum von 189 □Meilen mit 184,470 Einwohnern. Mit Ausnahme des kurzen Theißthales ist M. durchaus uneben und bergig, sowie auch die Lage des Landes überhaupt sehr hoch, indem es von den Karpathen nicht nur völlig umgürtet, sondern auch im Innern von dessen Vorbergen gänzlich überdeckt wird. Die höchsten Spitzen dieser Bergkette sind: der Csorna, der 4682 Fuß hohe Trogaga, der Pozivan und vor allen der über 7000 Fuß sich aufthürmende Nuszky-Petrosa. Die Flüsse des Landes sind außer der Theiß (Tisza): der Visso, Talabor, Taraczk, Iza u. Nagy-Agh, welche sämmtlich ihren Ursprung hier nehmen und zum Theil sehr fischreich sind. An stehenden Gewässern ist, außer den Morästen bei Mokra, bloß ein kleiner See vorhanden, der seiner Tiefe und eiförmigen Gestalt wegen den Namen Oculus maris erhielt. Die Luft ist im Allgemeinen rein u. gesund. Es gedeihen alle gewöhnlichen Gattungen von Feld- und Gartenfrüchten und Obst, namentlich prangen die Thäler der Theiß, Borzawa und Nagy-Agh im üppigsten Pflanzenwuchse. Außer dem Thal der Theiß und den Umgebungen der größern Ortschaften ist das Land jedoch kaum in so weit angebaut, als der eigene Bedarf erfordert. Die üppigen Thalgründe sind größtentheils dem Vieh zur Weide überlassen, dessen Zucht durch diese und die ausgedehnten Alpenweiden sehr begünstigt wird. Die Waldungen liefern Holz im Ueberfluß und nähren Wildpret aller Art. Auf dem Petrosa und dessen kahlen Nachbarn werden auch Gemsen getroffen. Hauptreichthum besteht in Steinsalz, daneben finden sich Gold und zahlreiche Bergkrystalle von der verschiedensten Größe, bekannt unter dem Namen marmaroscher Diamanten. Auch an Mineralquellen ist das Land reich. Die bedeutendste ist die von Suligull. Die Industrie beschränkt sich auf Fabrikation von Glas und Papier, Kotzen u. Handschuhen (aus Schafwolle). Der Handel besteht fast ausschließlich in dem Transitohandel mit Vieh, welcher von Armeniern und Juden betrieben wird. Die Bevölkerung ist aus Ruthenen, Wallachen, Magyaren, Deutschen, Juden und Zigeunern zusammengesetzt. Hauptstadt ist Szigeth.

Marmelade (vom portugies. marmelo, Quitte, auch Schachtelsaft genannt), mit Zucker bis zu ziemlich fester Konsistenz eingedicktes Mus von Obstfrüchten, Aprikosen, Erd-, Heidel-, Himbeeren, Kirschen, Maulbeeren, Pfirsichen, Pflaumen, Quitten ꝛc.

Marmier, Xavier, französischer Journalist und Literat, 1809 zu Pontarlier im Departement des Doubs geboren, besuchte das Collége zu Nozeroy, bereiste die Schweiz und Holland u. begab sich dann nach Paris. Er machte sich zuerst durch seine „Esquisses poétiques“ (Paris 1830) in weiteren Kreisen bekannt, ward Mitarbeiter bei der „Revue de Paris“, der „France littéraire“ und der „Revue des deux mondes“, wandte sich hierauf zum Studium der deutschen Literatur und übernahm eine Zeitlang die Redaktion der „Revue germanique“. Die Früchte einer Reise nach Deutschland 1832 waren „Choix de paraboles de F. Krummacher“ (Paris 1834), „Etudes sur Goethe“ (das. 1835) und verschiedene Uebersetzungen aus der deutschen Literatur, doch leiden diese Schriften an Oberflächlichkeit und Parteilichkeit. In den Jahren 1836—38 sandte das Unterrichtsministerium M. nach den nordischen Reichen zum Behuf literärischer Untersuchungen; als Resultate dieser Reise erschienen mehre Reisebeschreibungen, die auch zum Theil ins Deutsche übersetzt wurden, wie z. B. „Rußland, Finnland, Polen“ (Regensburg 1844, 2 Bde.), und „Histoire de la littérature en Danemarc et en Suède“ (Par. 1839), sowie viele Journalartikel. Nachdem M. hierauf eine kurze Zeit zu Rennes als Professor der ausländischen Literatur gewirkt hatte, wurde er 1846 beim Marineministerium als Bibliothekar angestellt.

Marmont, Auguste Frédéric Louis Viesse de, Herzog von Ragusa, Marschall von Frankreich, einer der ausgezeichnetsten Generale der napoleonischen Zeit, den 20. Juli 1774 zu Chatillon-sur-Seine geboren, trat 15 Jahre alt als Unterlieutenant in die Infanterie, ging aber bald zur Artillerie über, machte bei der Belagerung von Toulon die Bekanntschaft Bonaparte's und zeichnete sich bei der Blokade von Mainz 1795 und namentlich bei dem Ueberfall Clairfayts aus. Im nächsten Jahre focht er als Bataillonschef bei der Armee in Italien, erhielt nach der Schlacht bei Lodi (10. Mai 1796) von der Republik einen Ehrensäbel und trug bei Castiglione (5. Aug.) an der Spitze der reitenden Artillerie wesentlich zur Entscheidung des Sieges bei. Am 14. December erstürmte er an der Spitze von 2 Bataillonen den Brückenkopf von St. Georges und machte 400 österreichische Kürassiere zu Gefangenen, worauf ihn Bonaparte mit den 32 eroberten Fahnen an das Direktorium sandte. Als Oberst und Brigadechef zur Armee zurückgekehrt, machte er 1797 den Feldzug in den römischen Staaten mit und begleitete Bonaparte im folgenden Jahre nach Aegypten. Nach der Einnahme von Malta zum Brigadegeneral ernannt, focht er mit Auszeichnung bei dem Sturm auf Alexandria und in der Schlacht bei den Pyramiden, worauf ihm Bonaparte das Kommando in jener Stadt übertrug. Im Jahre 1799 nach Frankreich zurückgekehrt, ward M. nach dem 18. Brumaire zum Mitglied des Staatsraths, im December aber zum kommandirenden General der Artillerie in der Reservearmee erhoben. Als solcher wußte M. seiner Waffe einen Weg über den schneebedeckten St. Bernhard und durch das gefährliche Defilé von Bard über den Albaredo zu bahnen. Nach der Schlacht von Marengo, in welcher er die Artillerie befehligte, zum Divisionsgeneral ernannt, unterhandelte er 1801 den Waffenstillstand von Castelfranco und wurde beim Abschluß des lüneviller Friedens als Obergeneral und Generalinspekteur sämmtlicher Artillerie nach Frankreich versetzt. Als Kommandeur der in Holland stationirten Truppen führte er dieselben 1805 über den Rhein nach Würzburg und war bei der Einnahme von Ulm. In Folge des preßburger Friedens sah sich M. an der Spitze desselben Corps nach Italien und später nach Dalmatien versetzt, um die Republik Ragusa gegen die Invasion der Russen und Montenegriner zu sichern. Mit kaum 6000 Mann schlug er am 31. Okt. 1807 die Russen bei Castelnuovo und verwaltete das Land bis 1809; er erwarb sich um dasselbe, unter andern durch Anlegung mehrer Kunststraßen, Verdienste u. erhielt dafür von Napoleon I. den Titel eines Herzogs von Ragusa. Mit 10,000 Mann und 12 Kanonen trieb er im März 1809 ein beinahe doppelt so starkes Corps Oesterreicher vor sich her, schlug es nach einander bei Gratschatz, Goppitsch und Ottaschatz, besetzte Lejua und Fiume und bewirkte nach und nach seine Vereinigung mit der Armee von Italien, deren rechten Flügel zu formiren er den Befehl hatte. Am Tage nach der Schlacht bei Wagram (6. Juli 1809) erhielt er das Kommando über eine der Avantgarden der großen französischen Armee, verfolgte u. schlug am 9. den Fürsten Rosenberg, bemächtigte sich der Höhen von Znaym, warf von da das Corps des Grafen Bellegarde aus seiner Stellung, eroberte 2 Fahnen und machte 1200 Gefangene. Noch auf dem Schlachtfelde zu Znaym ward er zum Marschall von Frankreich ernannt. Nachdem er 18 Monate lang den Posten eines Generalgouverneurs von Illyrien ruhmvoll bekleidet, übertrug ihm der Kaiser das Kommando in Portugal an Masséna's Stelle. Er kam den 7. Mai 1811 in dem Augenblicke dort an, als die demoralisirte Armee im Begriff stand, sich auf spanischen Boden zurückzuziehen. Es gelang ihm, das Heer zu reorganisiren und den Feldzug von Neuem zu beginnen. In Eilmärschen überschritt er den Tajo und vereinigte sich mit der Armee des Südens unter Soult. Am 22. Juli 1812 lieferte M. die für ihn unglückliche Schlacht bei Salamanca gegen die vereinigten Engländer und Portugiesen unter Wellington, wobei ihm eine Kugel den rechten Arm zerschmetterte. Noch nicht völlig hergestellt, übernahm er 1813 den Befehl des 6. Armeecorps, an dessen Spitze er in den Schlachten bei Lützen, Bautzen, Dresden und Leipzig focht. Während des Rückzugs der Franzosen von Leipzig befehligte M. die Avantgarde und erzwang mit derselben den Uebergang über die Lambribrücke bei Hanau, drängte die alliirten Oesterreicher und Bayern unter Wrede bis Mannheim zurück, zog sich hinter die Kinzig in der Richtung über Frankfurt nach Mainz und nahm mit 100,000 M. Infanterie u. 1200 Pferden Stellung längs dem linken Ufer des Rheins bis in die Gegend von Straßburg. Nach dem Rheinübergang der Verbündeten folgte er den Bewegungen des französischen Heeres u. nahm fast an allen Schlachten u. Gefechten Theil, die der Einnahme von Paris vorangingen. Am 30. März 1814 befehligte er mit Mortier die Corps, welche Paris vertheidigen sollten, wurde aber geschlagen und schloß die erste Kapitulation von Paris. Ludwig XVIII. bestätigte ihm in seinen Würden und Aemtern und ernannte ihn noch zum Pair von Frankreich und Kapitän der Gardes du Corps, den 20. März 1815 aber zum Chef der königlichen Haustruppen, die den König nachher auf seiner Flucht nach Gent begleiteten, später jedoch aufgelöst wurden. Von der allgemeinen Amnestie ausgenommen, die der Kaiser bei seiner Rückkehr proklamirte, verweilte er während der hundert Tage in den Bädern von Aachen. Im Jahre 1817 sandte ihn der König mit ausgedehnter Vollmacht nach Dijon und Lyon, um die daselbst ausgebrochenen Unruhen zu dämpfen, und ernannte ihn bald darauf zum Kriegsminister, doch gab M. sein Portefeuille bald wieder ab. Im Jahre 1826 ging er als außerordentlicher Botschafter nach Petersburg, um Kaiser Nikolaus zur Thronbesteigung zu beglückwünschen. Hierauf lebte er theils auf seinen Gütern, theils in Paris, wo er öfters als Redner in der Pairskammer auftrat. Am 26. Juli 1830 ertheilte ihm Karl X. den Befehl über die erste Militärdivision, doch konnte M. den Aufstand der Hauptstadt nicht unterdrücken und zog sich am Abend des 29. mit 6000 Schweizern und den wenigen treugebliebenen Bataillonen aus Paris zurück. Hierauf folgte er dem Exkönig ins Ausland u. machte Reisen in England, Spanien, Rußland und der Türkei. Seine letzten Lebensjahre verlebte er zu Wien und Venedig. Im Jahre 1852 versuchte er die Fusion der französischen Legitimisten mit den Orleanisten zu Stande zu bringen, † aber am 2 März dieses Jahres ohne Nachkommen zu Venedig als der letzte Marschall des ersten Kaiserreichs. Von seinen Reisebeschreibungen sind 6 Bände (Par. 1837 f.) erschienen; außerdem ist von seinen Schriften hervorzuheben „Esprit des institutions militaires“ (Par. 1845, deutsch, Berlin 1845). Nach seinem Tode erschienen seine „Mémoires“ (Par. 1856—57, 8 Bde.; deutsch von Burckhardt, Leipz. 1858, 9 Bde., und von Goldbeck, Potsdam, 1858, 3 Bde.).

Marmontel, Jean François, französischer Schriftsteller, geboren am 11. Juli 1723 zu Bort im Limousin, studirte zu Toulouse, nahm schon im 16. Jahre die Tonsur und erhielt hierauf die philosophische Lehrstelle an dem Seminar der Bernhardiner zu Toulouse. Empfehlungen Voltaire's führten ihn 1745 nach Paris und öffneten ihm die höheren literarischen Cirkel daselbst. Zunächst versuchte sich M. als Theaterdichter, machte aber mit seinen Tragödien, z. B. „Denys le tyran“ (1748), „Aristomènes“, „Cléopâtre“ ꝛc., nur geringes Glück. Mehr Aufsehen erregten seine Opern, die er zu den Kompositionen von Grétry, Rameau und Piccini schrieb. Durch Vermittelung der Pompadour erhielt er das Sekretariat des Bauwesens zu Versailles und die Koncession zur Herausgabe des „Mercure“ auf 2 Jahre, die ihm jährlich mindestens 40,000 Livres eintrug. Der unbegründete Verdacht der Autorschaft einer mehre Mitglieder der hohen Gesellschaft bloßstellenden satirischen Parodie auf eine Scene des „Cinna“ zog M. eine elftägige Haft in der Bastille und den Verlust seiner Koncession zu. Im Jahre 1763 wurde er Mitglied und 1783 Sekretär der Akademie; auch ernannte ihn der König nach Duclos' Tode zum Historiographen von Frankreich. Im Jahre 1796 wählte man ihn in das neuerrichtete Nationalinstitut und im folgenden Jahr in den Rath der Alten, welche Wahl aber nach dem 18. Fructidor kassirt wurde. Er zog sich nach dem Dorfe Abbeville bei Evreux zurück, wo er am 31. December 1799 †. Seine in mehre Sprachen übertragenen „Contes moraux“ (Paris 1761, 2 Bde.; deutsch von Schütz, Leipzig 1794, 2 Bde.) sind eine Sammlung von Erzählungen, die theilweise schon im „Mercure“ erschienen waren. Trotz der Feinheit und Anmuth, die meist in ihnen herrscht, leiden sie doch vielfach an Monotonie. Ihnen folgten später „Nouveaux contes moraux“ (Paris 1801, 4 Bde.; deutsch, Leipzig 1801). Sein „Bélisaire“ (Paris 1767) ist eine trockene Nachahmung des „Télémaque“, erregte aber dadurch eine allgemeinere Theilnahme, daß die Sorbonne einige Sätze aus ihm als ketzerisch verdammte. Seine „Incas, ou la destruction du Pérou“ (Paris 1777, 2 Bde.; deutsch Frankfurt 1784, 2 Bde.) sind im Allgemeinen dürftig in der Erfindung und langweilig in der Ausführung. Interessant für die Kenntniß jener Zeit sind dagegen seine „Mémoires d'un père pour servir à l'instruction de ses enfants“. Die „Histoire de la régence du duc d'Orléans“, welche er als Historiograph der Krone abfaßte, kann keinen Anspruch auf großen Werth machen. M.s philosophische Werke sind von geringer Bedeutung, am meisten Beachtung verdient noch seine an Paradoxien reiche „Poétique française“ (Paris 1763, 3 Bde.). Die „Eléments de littérature“ (Paris 1787, 6 Bde.) sind eins von den besten didaktischen Werken in der französischen Literatur. M.s „Oeuvres“ erschienen von ihm selbst herausgegeben in 17 Bänden (Paris 1786—87); an sie reihen sich seine „Oeuvres posthumes“ (14 Bde.) an; andere Ausgaben sind die von Coste (Paris 1818, 18 Bde.) und die „Oeuvres choisies“ (das. 1824, 12 Bde.). Den meisten dieser Ausgaben ist das „Eloge de M.“ vom Abbé Morellet einverleibt. M.s Autobiographie erschien deutsch Leipzig 1805, 4 Bde.

Marmor (calcaire saccharoide, marbre, marmo, Marmelstein), in der Mineralogie Benennung des krystallinisch-körnigen Kalksteins (salinischer M., Urkalk), von verschiedener Größe des Korns, grob-, klein- und feinkörnig ins Dichte mit splittrigem Bruch übergehend; weiß, rein weiß und von verschiedenen Nüancirungen, aber auch grau, blau, grün, gelblich, selten roth, nicht selten wolkig u. gefleckt, gestreift; glänzend bis schimmernd, in verschiedenem Grade durchscheinend, wenigstens an den Kanten, halbhart, vom Härtegrad 3 u. dadurch leicht von dem weichen, schon mittelst des Fingernagels ritzbaren Alabaster zu unterscheiden. Das specifische Gewicht ist 2,7. In Salzsäure löst er sich leicht, unter starkem Aufbrausen, während der ähnliche körnige Dolomit, auch durch meist loseren Zusammenhang seiner Körner sich vom M. unterscheidend, nur schwach, der Alabaster gar nicht braust. Der M. bildet meist dem krystallinischen Schiefergebirge untergeordnete Lager, oft von bedeutender Mächtigkeit und massig erscheinend. In Verbindung mit Gneis und Glimmerschiefer finden sich meist weiße M.e, die nicht selten durch Aufnahme von Glimmer, Chlorit, Talk, auch Graphit schiefrig werden (Cipollino). Außerdem enthält der M. oft auch andere Mineralien, so Grammatit, Hornblende und Augite, Granate, Vesuvian, Epidot, Spinell, Korund und andere, die auf manchen nordischen Lagerstätten wie geflossen aussehen. Von

Erzen sind im M. am häufigsten: Schwefel-, Kupferkies, Zinkblende, Bleiglanz. Nicht selten steht er mit Hornblendeschiefern, auch mit Erzlagern, sowie mit Lagern von Spatheisenstein, Magneteisenstein, Kupferkies in innigster Verbindung. Auch mit Serpentin erscheint er nicht selten verbunden, das schöne Gemenge des Ophikalcits bildend. Dieser M. ist zwar durch alle Theile der Erde äußerst verbreitet, aber zu technischen Zwecken, insbesondere künstlerischen, eignet er sich nur bei Gleichförmigkeit des Korns, weißer oder schön bunter Farbe und Mangel an fremden, bei seiner Verarbeitung störenden Mineralien. In der Technik nennt man übrigens außer diesen körnigen Kalken auch alle diejenigen dichten Kalksteine M., welche schön gefärbt sind und bei gleichförmigem Korn sich gut schneiden lassen und schöne Politur annehmen. Sie sind weiß, häufiger roth, oder gelb durch Eisenoxyd oder Eisenoxydhydrat, blau oder schwarz durch bituminöse oder kohlige Substanzen; bald einfarbig, bald bunt, mit wolkigen, flammigen, aderigen, andersgefärbten Zeichnungen, daher der Ausdruck marmorirt. Die Schönheit wird nicht selten dadurch erhöht, daß sich Adern von Kalkspath, auch Chalcedon oder Quarz, oder Versteinerungen durch ihre verschiedene, meist lichtere, oft rein weiße Färbung vom andersgefärbten Grund abheben. Manche von Adern durchtrümmerte Gesteine erscheinen breccienartig, andere sind wirkliche Breccien, entstanden durch Verkittung eckiger Bruchstücke, andere Puddingmarmore, bei denen die Bruchstücke abgerundet sind. Dergleichen schöne Kalksteine u. M.e haben schon im höchsten Alterthum bei Assyrern und Aegyptern Anwendung zu Bildhauerarbeiten und architektonischer Verzierung der Tempel und Königspaläste gefunden; bei den Griechen steigerte sich der Gebrauch des M.s mit der Entwickelung der Kunst, erreichte aber bei den Römern mit der Steigerung des Luxus die höchste Höhe. Aus allen Theilen der ihnen bekannten Erde wurde, zum Theil auf besonders dazu gebauten Schiffen, der M. herbeigeschafft und nicht bloß für Tempel und andere öffentliche Gebäude von monumentaler Dauer, sondern auch für Privathäuser und für vorübergehende Zwecke verwendet. So ließ der Aedil M. Scaurus ein temporäres Theater bauen, welches kaum einen Monat gebraucht wurde, und zu dessen Schmuck er 360 Säulen verwendete, die höchsten im Atrium, 38 Fuß hoch, aus ägyptischem schwarzen M. Schon die Römer plünderten die Kunstschätze Griechenlands u. des Orients, ihnen folgten später die Italiener, welche mit den herrlichen Gesteinen, Säulen &c. griechischer Tempel ihre Kirchen und Paläste schmückten. Uebrigens ist Italien das Land geblieben, wo die mannichfaltigsten M.e auch jetzt noch aufgesucht und verarbeitet werden. Genua ist gegenwärtig der Hauptplatz für den Handel mit M. Die Mannichfaltigkeit der verschiedenen weißen und bunten M.e ist so groß, daß eine Eintheilung derselben, die sich auf für die Techniker wichtige Merkmale gründet, ein Bedürfniß ist. Beudant theilt die M.e ein: in einfache, aus gleichförmiger Kalkmasse zusammengesetzte; in Breccien, die aus verkitteten Bruchstücken von Kalkstein bestehen oder zu bestehen scheinen; in zusammengesetzte M.e, die aus Kalkmasse, durchwachsen von Chlorit, Glimmer, Serpentin, bestehen, u. in Muschelmarmore, Kalksteine voll Versteinerungen. Die einfachen M.e sind entweder einfarbig, oder bunt; die mit unbestimmter Begrenzung der Streifen und Flecken werden vom Italiener Marmo mistio (gemischter M.) genannt. Man kann sie nach den Farben eintheilen in weiße, graue, schwarze, rothe, gelbe und die seltenen grünen. Von den weißen M.en sind die meisten ächte körnige M.e, doch finden auch weiße dichte Kalksteine, insbesondere aus dem obern Jura und dem Neokom (Majolica und Biancone in Italien) Verwendung. Die körnigen, welche das wichtigste Material für Bildhauerarbeiten, aber auch für mannichfache architektonische Ornamente, Kapitäler und dergleichen bilden, lieferten im Alterthum insbesondere Griechenland und Kleinasien, erst später, zu Augustus' Zeiten, Luna, das gegenwärtige Carrara. Der berühmteste antike Statuenmarmor war der mit der Zeit durch Oxydation von einer Spur von Eisenoxydul etwas gelblich werdende M. von Paros, aus dem die Meisterwerke von Phidias und Praxiteles geschaffen wurden; er ist meist grobkörnig (Salino, körnig wie Salz), es gibt aber auch feinkörnigen von da (Grechetto). Die Brüche am Berg Marpessus waren Tagebauten, daher nicht, wie Plinius will, sein Name Lychnites davon abzuleiten ist, daß er bei Lampenlicht gewonnen worden sei, sondern von seinem leuchtenden Glanze. Nächst ihm sind der feinkörnige, rein weiße od. etwas bläuliche vom Pentelikon, der pentelische, zu den Prachtbauten Athens, so der Akropolis, verwendet, und der graulichweiße vom Hymettus zu nennen. Schöne M.e lieferten auch Scio, Samos und vor Allem Ephesus und Karien, sowie Phrygien (weiß mit purpurfarbigen Flecken, Adern und Punkten) und Kappadocien in Kleinasien, den feinkörnigsten, weißesten, durchscheinendsten Arabien. Außer dem rein weißen benutzt man auch weiße-graugestreifte, sowie graue weißgestreifte und graue dunkelgestreifte M.e, diese meist zu architektonischen Zwecken (Bardiglio der Italiener). Der geschätzte Marmo pavonazzo (Pfauenmarmor) ist ein weißer M. mit dunkelvioletten Adern und Flecken. An diese körnigen M.e schließen sich die gemischten unmittelbar an, so der Cipollino (Zwiebelmarmor), ein weißer M. mit Lagen von dunklen Glimmer- oder grünen Chlorit- und Talkblättern, deren dunkle Streifen häufig wie Zwiebelschalen um einander verlaufen, daher der Name. Dieser M. wurde viel zu Säulenschäften und dergleichen verwendet. Der Verde antico ist zum Theil ein von Adern und Partien weißen körnigen M.s durchsetzter Serpentin oder Ophikalcit. Viel Anwendung finden die dunkelgrauen, blauen und blauschwarzen M.e, die als schwarze zusammengefaßt werden: der rein schwarze (nero antico aus Oberägypten), weil ihn Lucull vor Allem liebte, Lucullan genannt, der bianco en noro der Italiener, schwarz mit weißen Adern, der prachtvolle Port'or oder M. von Porto Venere bei Spezzia, mit leuchtenden gelben Adern auf schwarzblauem Grund. Der Marmo africano, schwarz mit weißen und rothen Flecken, hat oft schon breccienartiges Ansehen. Viel gebraucht sind die rothen M.e von mannichfacher Nüancirung der Farbe, oft prachtvoll marmorirt, auch ins Breccienartige übergehend. Schon im Alterthum vielfach verwendet, dienten sie im Mittelalter bis auf unsere Zeit vorzugsweise zu Altären und Grabdenkmälern. Hierher gehören der einfarbige dunkelrothe rosso antico aus Oberägypten, der Campanermarmor aus den französischen Pyrenäen, der Mandelmarmor (marmo mandolato) von Lugezzana bei Verona, mit weißen Flecken auf hellrothem Grund, der sogenannte sicilische Jaspis (marmo Jaspis) von Sicilien, hellroth, mit breiten bandförmigen, weißen und grünen Zickzackstreifen. Sie gehören zu den mannichfachsten Formationen vom silurischen Uebergangsgebirge an; reich daran ist vor Allem der Lias der Alpen und Apenninen. Selten sind einfache ächte grüne M.e, denn der Marmo carystium vom Berg Ocha auf Carystus, halb grün mit weißen Streifen, gehört zu dem Cipollino, u. die meisten übrigen sind grüne Porphyre u. dergl., so der grüne tänarische vom Taygetus in der Maina, wo übrigens neben diesem grünen, porfido verde antico, auch weißer, schwarzer und bunter M. gewonnen werden. Ungemein mannichfaltig in ihren Farben sind die Breccien, ächte, aus verkitteten Bruchstücken entstandene sowohl, wie scheinbare, dichte Kalksteine, von zahlreichen Adern durchsetzt. Zu den geschätztesten Breccien gehören die von Seravezza bei Carrara, aus eckigen milchweißen kleinen, in einem sehr verschiedenfarbigen Teig steckenden Marmorbrocken bestehend, von denen die hellrothe Sorte die geschätzteste ist, ferner die rothe antike Breccie, die afrikanische Breccie mit schwarzem Grund, die Breccie von Aleppo (violetta antica), aus weißen Bruchstücken in violettem Teig bestehend, die Breccia pavonazza mit rothen und andern Flecken auf weißem Grund, die Breccia dorata mit rothen u. weißen Bruchstücken in gelbem Teig, die sehr mannichfaltige Breccie des Portasantamarmors von Caldana di Rovi. Zu den prachtvollsten Sorten gehören noch die kleinkörnigen Breccien des Broccatello, dem golddurchwirkten Brokat ähnlich, die gelb und rothe, von Adern, Augen- u. andern Flecken durchsetzte Breccia orientale von unbekanntem Fundort, die Breccia di Spagna von Tortosa in Spanien, die von Siena. In dem dichten Kalk häufen sich die Versteinerungen oft der Art an, daß sie zu Muschelmarmoren werden, so besonders Schnecken und Muscheln im Muschelmarmor, Lumachella, im engeren Sinne, darunter Klymenien u. Goniatiten (devonische Kalke der Pyrenäen, von Devonshire, Dillenburg, vom Fichtelgebirge, von Glatz), Orthoceratiten im nordischen silurischen rothen Uebergangskalk, Ammoniten in schwarzen und rothen Trias- und Liaskalken (Altdorf in Franken, Adneth bei Salzburg). Auch der durch den prachtvollen Perlmutterglanz seiner Schneckenschalen berühmte opalisirende Muschelmarmor (Helmintolith) von Bleiberg in Kärnthen und vom Lavetscherjoch bei Hall in Tyrol gehört hierher. Der Hippuritenkalk liefert ebenfalls schwarzen, mit weißen Muscheln durchsetzten M. (Leichentuchmarmor). Andere derartige M.e sind erfüllt von Krinoideen (Uebergangs-, Kohlen- u. Liaskalke), noch andere von Sternkorallen (Madreporenmarmore des Kohlenkalks, der Trias, des Lias, des Jura, die Pietra stellaria der Italiener). Auch der geschätzte Marmo di ochi di Pavone, Pfauenaugenmarmor, gehört hierher. Erfüllt von kleinen Resten von Bryozoen sind die schönen grauen, granitähnlichen M.e, der Granitello di Mosciano aus Toskana, der Granitmarmor von Neubayern in Oberbayern. Die gemischten M.e wurden oben schon zum Theil erwähnt; hierher rechnet man den Cipollino, den von Chlorit-, Talk- oder Glimmerlagen durchzogenen M., ferner die grünen weißgeaderten M.e, einen Theil des Verde antico, aus Serpentin u. körnigem Kalk oder aus körnigem M. und grünem Talk bestehend. Zu den gemischten dichten M.en gehören die aus Kalknieren, die von Thonblättern durchflochten sind, zusammengesetzten devonischen M.e und Muschelmarmore des Klymenienkalkes, die sich ausgezeichnet in den Pyrenäen finden. Beim campaner M., Marbre Campan, aus dem obern Campanerthal sind die Thonblätter grünlich, beim Marbre griotte von Narbonne röthlich.

Gegenwärtig liegen die Brüche, welche einst in Griechenland, Kleinasien, Aegypten, Algerien in zum Theil großartigem Betrieb waren, gänzlich oder fast ganz verlassen; dagegen ist Italien noch bis auf diese Tage das Hauptland der Marmorgewinnung, welches auch M. versendet. Die Brüche von Carrara sind die wichtigsten aller jetzt bekannten Marmorbrüche. Der schneeweiße, von wenigen lichtgrauen Adern durchzogene Carrara statuaria oder prima liefert jetzt das Material fast für alle Bildhauer der Welt und macht Carrara selbst zu einer Bildhauerkolonie; die C. seconda ist lichtgrau mit weiß gemischt; der Marmo Bardiglio lichtgrau mit weißen Streifen, der Bardiglio fiorito grau und roth geflammt; der C. salino ist grobkörnig; auch einen Carrara nero gibt es. Beide sich weit fortziehende Abhänge des Thals von Carrara (dem alten Luna) bestehen aus diesem M., und die beiden Hauptbrüche zu Pianello und Polvazzo liefern Blöcke von jeder beliebigen Größe. Hin und wieder kommen graue Adern darin vor; auch enthält der M. die sogenannten carrarischen Diamanten, kleine, durchsichtige Bergkrystalle. Ganz tadellose Blöcke bester Qualität sind gegenwärtig so selten, daß der Kubikfuß 20 Thaler kostet. Aus carrarischem M. sind die Werke Canova's und Thorwaldsens geschaffen. Die vorzüglichsten übrigen M.e Italiens sind: der Rovigio, ein weißer M. aus der Gegend von Padua; der weiße M. von Pisa, aus welchem die dortige Kathedrale u. die schiefstehenden Thürme erbaut sind; der weiße körnige M. von Mergozza, aus welchem der Dom zu Mailand erbaut ist; der Paragon, der ausgezeichnete Politur annimmt; der schwarze M. von Como und Verona. Sehr geschätzt sind die gelben und rothen M.e von Verona, die Breccien von Seravezza und Siena, der als Geschiebe aus dem Arno gewonnen Paesino di Firenze oder der Ruinen- oder Landschaftsmarmor von Florenz, ein dichter Kalkstein mit ruinenartigen Zeichnungen und wolkenähnlichen Streifen auf meist gelblichgrauem Grunde, der häufig wie Bilder in Rahmen gefaßt wird und nach der manchmal vorkommenden Gestalt der Zeichnungen auch Blumenmarmor heißt; der Polcevera, auch Cipollino (vielleicht der Lapis phrygius der Alten) genannt, ein Gemeng von körnigem Kalk mit einer kalkartigen Masse, die den Kalkstein in Adern durchsetzt, und neben denen mitunter auch rothe Partien vorkommen; der Marmo porto Venere, der berühmte Port'or, tiefblau mit leuchtend gelben Adern. Unter zahlreichen anderen Marmorsorten der Insel Sicilien ist der berühmteste der obengenannte sicilianische gebänderte Jaspis (s. oben). Unter den korsischen M.en ist als der vorzüglichste der von Onofrio hervorzuheben, ein sehr schöner fein- und feinkörniger Statuenmarmor von rein milchweißer Farbe, der dem carrarischen fast gleichkommt. Die Insel Elba liefert aus zahlreichen Brüchen einen trefflichen weißen M. mit schwärzlichgrünen Adern. In *Deutschland* ist besonders Bayern zum Bedarf der vielen Prachtbauten zu München, sowie der Walhalla und Ruhmeshalle bei Regensburg, nach M. erforscht und ausgebeutet worden, und es haben die Umgegenden von Füßen, Tegernsee, Neubayern bei Rosenheim, Untersberg, Kellheim, Frankenjura u. Fichtelgebirge einen Reichthum schöner Gesteine geliefert; die größten Werkstücke für die Walhalla der Bruch auf eine kleinkörnige, weiße Breccie der Hippuritenkreide am Untersberg. Auch der salinische M. von Schlanders, aus dem auch das Standbild A. Hofers zu Innsbruck gearbeitet wurde, fand in München vielfache Verwendung. Das Fichtelgebirge liefert bei Wunsiedel schönen salinischen M., bei Hof dichte schwarze devonische M.e. Der sächsische M. vom Fürstenberg bei Gräfenhayn ist dem wundsiedler ähnlich; die Brüche von Bärenloch aber sind fast ausgebeutet. Schlesien besitzt salinische u. dichte M.e, grauen körnigen M. zu Prieborn bei Brieg, schwarzen zu Greifenberg, rothen bei Jauer. Der Reichthum Oesterreichs an M. wird wenig ausgebeutet, doch sind ausgedehnte Brüche auf rothen M. bei Adneth unfern Salzburg, minder bedeutende bei Hallstadt. Auch die Schweiz ist marmorreich. Das Uebergangsgebirge des Thüringerwaldes (Döschnitz), des Harzes (Rübeland) u. am Niederrhein liefert schöne schwarze und rothe M.e. Ausgezeichnete rothe M.e hat der *skandinavische Norden* (Osterzyllen, Oeland), aus dem auch die viel über Norddeutschland verbreiteten und verarbeiteten *erratischen* Kalkblöcke stammen. *England* hat, vorzüglich in seinem Kohlenkalk, ausgedehnte Brüche auf schwarze, schwarze weißgefleckte und geaderte, auch bunte M.e. Der Schildkrötenmarmor (Turtle-marble) von Weymouth besteht aus großen Septarien, die im Oxfordthon liegen und zu schönen Platten verarbeitet werden. In Schottland bildet bei Assynt in Southerlandshire ein sehr schöner weißer M. außerordentlich ausgedehnte Lager. Sehr schön ist der hellblutrothe oder fleischrothe oder röthlichweiße, mit dunkelgrünen Hornblendetheilchen eingesprengte M. von dem Beleppetrichhügel auf Tirne, einer der Hebrideninseln. Aus Irland ist am bekanntesten der Kilkennymarmor von schwarzer Farbe mit weißen oder grünlichen Petrefakten. Ein ungemein schöner schwarzer M. kommt bei Crayleath vor, und Louthlougher in Tipperary liefert einen schönen purpurfarbigen M. Unter den zahlreichen *französischen* Marmorsorten sind die bekanntesten die von Charleville, Lavelle, Antibes, Campan 2c. Auch *Belgien* liefert viele, oft sehr schöne Marmorsorten, die sämmtlich dem Kohlenkalk angehören und meist durch inneliegende Korallen sehr gefällige Farbenzeichnungen tragen. *Spanien* führt seinen schönen Broccaletto, roth mit gelben Flecken u. einigen weißen Adern, aus. Ein biegsamer M., ein Aggregat kleiner eckiger, lose verbundener Körner, die durch Fingerdruck leicht verschoben werden können, findet sich in Massachusetts in *Nordamerika*.

Die Verarbeitung des M.s findet namentlich zu plastischen Zwecken Statt und geschieht theils aus freier Hand durch Meißel, Feilen, Raspeln und Bohrer, theils zur Herstellung von Platten durch Schneiden oder Sägen des M.s auf *Marmormühlen*. Zum Schneiden werden Sägen von weichem Eisen ohne Zähne angewendet, auf welche unausgesetzt Wasser und sehr scharfer Quarzsand geleitet wird. Die Bewegung der Säge geschieht bald durch Menschenkraft, bald durch Wasser- oder Dampfkraft. Die geschnittenen Platten werden vermittelst eiserner Platten dreimal mit immer feinerem Quarzsand und Wasser geschliffen, sodann vermittelst kleinerer Platten mit Smirgel von zunehmender Feinheit und endlich mit Tripel weiter geschliffen und zuletzt mit Zinnasche auf Polstern von grober, auf einer eisernen Platte ausgespannter Leinwand polirt.

Die alten Griechen haben Marmorstatuen bisweilen *gefärbt*, und in unseren Museen finden sich einzelne Proben dieser Kunst, die verloren gegangen ist. Die gefärbten Statuen sind unrein gelblich, heller oder dunkler mit einem Stich ins Olivengrüne oder Schmutziggraue. Auf der londoner Industrieausstellung waren auch gefärbte Marmorwaaren, doch hatte man bei diesen die Farbe einfach durch einen Anstrich erzeugt. Im Allgemeinen ist das Färben des M.s nicht beliebt, doch muß man es anwenden, wenn sich beim Verarbeiten eines Blocks plötzlich eine gefärbte Ader zeigt, die nur dadurch unsichtbar gemacht werden kann, daß man dem ganzen Stück eine gleiche Farbe gibt. Dies geschieht nun nach Dullo (Deutsche illustrirte Gewerbezeitung 1865) sehr einfach, indem man organische Farbstoffe in Alkohol von 80° löst und den M. in einem solchen Bade 3—8 Tage bei 50° C. und unter Erneuerung des verdunstenden Weingeistes liegen läßt. Oel dringt ebenfalls sehr leicht in den M. ein, doch lösen sich nur wenige Farbstoffe in Oel, und die Temperatur des Bades darf 80° C. nicht übersteigen. Außerdem macht Oel den M. glatt und schlüpfrig, so daß er sich nicht mehr verarbeiten läßt. Dagegen bietet es den Vortheil, daß es auch in polirten M. eindringt, was Alkohol nicht thut. Auf dem weißen Grunde des M.s sind die meisten Farben, selbst im zerstreuten Licht, unächt. Aecht sind Quercitron, Fisetholz, Orleans, Krapp. Die Töne, welche diese Farbstoffe geben, sind nicht sehr rein, doch denjenigen der Antiken ähnlich. Die beste Farbe erhält man, wenn man den roh gemeißelten M. 6 Tage lang in ein 50° C. warmes Bad von 6 Loth gelbem Katechu und 1 Quart Alkohol legt und nach dem Poliren noch 6 Stunden in ein Bad von 70° warmem Leinöl bringt, dem man pro Quart 4 Loth Orleans zugesetzt hat. Gleich nach dem Herausnehmen muß der M. mit wollenen Lappen gut abgerieben werden. Einen guten Ton gibt auch das Bernsteinöl, welches unter 80° C. angewendet werden muß. Harzlösungen, z. B. Bernsteinharz, Stocklack, Guajak 2c., in Terpentinöl oder Alkohol kann man ebenfalls anwenden. Um den M. vor *Witterungseinflüssen zu schützen*, überzieht man ihn mit hellem Leinölfirniß oder besser mit Wasserglas. Zum *Reinigen des M.s* wendet man Wasser, Seifenwasser, Terpentinöl oder Benzin an, mit großer Vorsicht darf auch stark verdünnte Schwefelsäure (1:12) benutzt werden, zum *Kitten* nimmt man am besten Wasserglas. *Künstlichen* M. haben Rose und Siemens durch Glühen von Aragonit im möglichst luftdicht verschlossenen eisernen Tiegel und von lithographischem Kalkstein und Kreide in einem Porzellangefäß mit eingeschliffenem Stöpsel erhalten.

Zu technischen Zwecken benutzt man als Surrogat des M.s mit Alaun gehärteten Gyps (s. d.); Artus hat Tuffstein (Süßwasserkalk) geschliffen und mit Wasserglas überzogen, die besten Fabrikate (simili-pierre, similimarbre) aber liefern Lippmann und Schneckenburger in Paris. Gleiche Theile von Cäment (oder Kalk), gehacktem Hanf, mit Leinöl getränktem Thon und Marmorpulver (oder Quarzsand) werden mit einer 20procentigen Lösung von schwefelsaurem Kali geschlagen und gestampft, bis die Masse gleichartig geworden ist. Sie erhärtet um so schneller, je koncentrirter die Kalilösung ist. Der Stein sieht gut aus, ist kompakt und läßt sich gut poliren, das specifische Gewicht ist 1,8—2, er erträgt einen Druck von 160 Kilogramm pro Quadratcentimeter, läßt sich gut formen und hält sich an der Luft viel besser als Gyps oder Stuck. Wird das Pulver von frischgebranntem Gyps mit Alaunlösung getränkt, zum zweiten Male gebrannt und dann mit Alaunlösung angemacht, so erhält man den Marmorcäment, welcher nach vollständigem Trocknen die Durchscheinenheit u. Härte von Alabaster und M. erhält.

Marmora, italienische Generale und Staatsmänner, s. Lamarmora.

Marmorchronik, s. Arundel.

Marmorweiß, fein geschlämmte Kreide, die als Malerfarbe benutzt wird.

Marmotte (huile de marmotte, huile d'abricolier de Briançon, huile d'amandes de prunes de Briançon), nicht trocknendes, süßes, klares Oel von angenehmem Geschmack nach bittern Mandeln, wird aus den Samen von Armeniaca brigantiaca oder Prunus oleoginosa gewonnen; es ist frisch farblos, wird aber bald gelblich und dunkelt mit zunehmendem Alter mehr und mehr. Als Speiseöl eignet es sich wegen seines allzu hohen Blausäuregehalts nicht, doch wird es mit $^1/_5$—2 Theilen Olivenöl vermischt und dann in den Handel gebracht. Man erkennt es an einem sehr ausgeprägten Geruch nach bittern Mandeln und Pfirsichblüthen.

Marmotte (franz.), s. v. a. Murmelthier.

Marmoutier (Marmünster), Stadt im französischen Departement Niederrhein, am Fuße der Vogesen, mit uralter Benediktinerabtei, Töpferei, Bleichen, Brauerei, Viehhandel und 2420 Einw.

Marne (lat. Matrona), der bedeutendste Nebenfluß der Seine, entspringt auf dem Plateau von Langres im französischen Departement Obermarne, und zwar in mehren Quellen, von denen die bedeutendste die bei Balesme ist, durchfließt in beinahe paralleler Richtung mit der Seine die Departements Marne, Seine-Marne, Seine-Oise u. Seine, wird bei St. Dizier schiffbar und mündet nach einem fast 59 Meilen langen Laufe unterhalb Charenton le Pont rechts in die Seine. Ihre Nebenflüsse sind rechts Rognon, Saulx, Ornain, Ourcq, links Petit-Morin und Grand-Morin. Schiffbar ist sie 42 Meilen weit. Sie hat einen ziemlich reißenden Lauf und meist ein weites Bett, das erst von Epernay bis Château-Thierry enger wird. An ihren Ufern wachsen die berühmtesten Champagnerweine. Seit 1825 führt der $12^3/_4$ Meilen lange Ourcqkanal von Paris aus der Seine längs der M. und dem Ourcq nach La-Ferté-Milon. Der Seitenkanal der M., welcher $8^3/_5$ Meilen weit von Chalons über Vitry nach St. Dizier führt, wurde 1847 eröffnet, ebenso der $7^4/_5$ Meilen lange Marne-Aisnekanal, welcher oberhalb Epernay aus der M. über Rheims in den Seitenkanal der Aisne führt. Der 1851 vollendete, 36 Meilen lange Marne-Rheinkanal geht von Vitry ostwärts über Bar-le-Duc, überschreitet und schneidet den Ornain, die Maas, Mosel, Meurthe, Saar 2c. und mündet bei Straßburg in den Rhein. Er hat 4 Tunnels, 66 Schleußen, 3 große Kanalbrücken, 159 Wasserleitungen, 100 Verbindungsbrücken und 44 Stationsbuchten. Nach der M. werden 2 Departements ganz und eines (Seine-Marne) zum Theil benannt.

Das Departement M., gebildet aus einem Theil der Champagne und Brie, zwischen den Departements Meuse, Obermarne, Aube, Seine-Marne und Aisne gelegen, hat einen Flächenraum von 149,50 QMeilen mit 385,498 Einw. Das Departement liegt im Stromgebiet der Seine, welche jedoch dasselbe nur auf eine unbedeutende Strecke im Süden durchfließt. Hauptfluß des Landes ist die M. mit der Saulx und Ourcq; im Süden ist die schiffbare Aisne der wichtigste Fluß. Das Land besteht aus Ebenen und Hochebenen von nicht bedeutender absoluter Erhebung. Der Nordosten gehört zum lothringischen Plateauland, im Südosten erhebt sich das Plateau von Nivernois. Der südliche Theil hat sehr fruchtbaren Boden, während im Norden der Boden meist kreidig und weniger ergiebig ist. Der einzige Reichthum dieser Gegenden sind die Weinberge, von denen die in der Nähe der M. gelegenen die sogenannten Flußweine, meist feinere und schwerere Sorten, die auf der Hochebene befindlichen aber die Bergweine, meist leichtere Tischweine, liefern. Im Durchschnitt erzeugt das Departement 4—500,000 Hektoliter Wein, wovon $^2/_5$ zur Ausfuhr kommen. Die Weinberge umfassen 14,888, die Aecker 394,100, die Wiesen 27,100, die Wälder 61,850 Hektaren. Das Land bringt außer Wein besonders Weizen, Hanf, Flachs, Obst, Holz 2c. hervor. Die Schafzucht ist bedeutender als in den meisten andern Ackerbau treibenden Departements; außerdem werden Ziegen und Schweine, Pferde, Rindvieh, auch Esel und Maulthiere gezüchtet. Sieben Erzgruben lieferten 1859 64,000 Centner Eisenerze, welche, in 2 Hohöfen verhüttet, 6300 Ctnr. Gußeisen gaben. Nicht unwichtig ist auch die in Menge sich vorfindende Kreide. Die Einwohner unterhalten sehr bedeutende Wollmanufakturen, die durch die ansehnliche Schafzucht sehr gefördert werden. Andere Erzeugnisse der Industrie sind Leder, Papier, Lichte, Seife, Fayence, Glas, Töpferwaaren, Mühlsteine 2c. Das Departement zerfällt in die 5 Arrondissements Chalons, Rheims, Epernay, St. Menehould und Vitry.

Das Departement Obermarne (Haute-Marne), aus der südöstlichsten Champagne und einem kleinen Theil von Burgund gebildet, liegt zwischen den Departements M., Maas, Vogesen, Obersaone, Côte-d'or und Aube und hat einen Flächenraum von 113,36 QMeilen mit 254,413 Einwohnern. Das Land gehört zu den 3 Strombecken der Seine, Mosel und Rhone, größtentheils aber zu dem der ersteren. Außerdem wird es von der M. und Aube, die hier entspringen, bewässert. Es bildet größtentheils ein Hochplateau, welches von einer Bergkette von geringer relativer Erhebung (Montaigu 1600 Fuß hoch) durchzogen wird. Die Oberfläche bietet einen anmuthigen Wechsel von schönen Thälern fruchtbaren Ebenen, rebenbepflanzten

Hügeln, reichen Triften und Wiesen und bewaldeten Bergen dar. Die Aecker umfassen 342,637, die Wiesen 39,059, die Weinberge 16,386, die Wälder 165,491 Hektaren. Hauptprodukte sind Getreide, besonders Weizen und Hafer, Wein (im Durchschnitt cirka 300 Hektoliter), Hülsenfrüchte, Obst. Bedeutend ist die Schafzucht; außerdem werden besonders Schweine, Pferde, Rinder und Ziegen gehalten. Sehr ansehnlich ist der Bergbau auf Eisen; 274 Erzgruben lieferten 1858 5,943,585 Ctnr. Eisenerze, welche in 82 Hohöfen und Eisenhütten zu 858,200 Ctnr. Gußeisen u. 339 Ctnr. Schmiedeeisen verhüttet wurden. Außerdem besteht die industrielle Thätigkeit der Bewohner in der Fabrikation von Wollen- u. Strumpfwaaren, Leder, Handschuhen, Messerwaaren, mit welchen Fabrikaten, sowie mit Getreide, Wein, Honig, Wachs, Eisen, Holz ein lebhafter Handel getrieben wird, dem aber die vorhandenen Verkehrsmittel noch nicht entsprechen. Das Departement zerfällt in die 3 Arrondissements Chaumont, Langres und Bassy.

Marner, Konrad, fahrender Sänger des 13. Jahrhunderts, aus Schwaben, 1287 ermordet, pflegte erst das Minnelied, sodann die ernstere gnomische Dichtung und hat auch lateinische Dichtungen hinterlassen.

Marnix, Philipp van, Herr von Mont-Saint-Aldegonde, niederländischer Schriftsteller und Staatsmann, geboren 1538 zu Brüssel, studirte in Genf die Rechte und ging zur reformirten Kirche über. Später trat er in niederländische Kriegsdienste und nahm thätigen Antheil an dem Aufstand der Niederländer 1565. Er verfaßte die sogenannte Kompromißakte, in welcher die niederländischen Edelleute ihre Glaubens- und Kultusfreiheit wahrten und gegen die Einführung der Inquisition protestirten. Bei Alba's Ankunft 1567 floh er nach Deutschland, wurde aber 1572 vom Prinzen Wilhelm von Oranien zurückgerufen, zur ersten Ständeversammlung nach Dortrecht geschickt und zum Militärkommandanten mehrer Plätze ernannt. Bei der Einnahme von Maaslandssluys 1573 gerieth er in spanische Gefangenschaft, erhielt aber 1574 seine Freiheit wieder und wurde hierauf als Gesandter zu den Unterhandlungen der Republik mit den Höfen von Paris, London und 1577 auf dem Reichstag zu Worms verwandt. An der Gründung der Universität Leyden nahm er thätigen Antheil und ebenso an der Feststellung des genter Vertrages. Im Jahre 1584 zum Bürgermeister von Antwerpen ernannt, vertheidigte er die Stadt 13 Monate lang gegen den Prinzen von Parma, kapitulirte aber sodann. Deshalb von vielen Seiten heftig angegriffen, zog er sich von den öffentlichen Geschäften zurück, übernahm aber 1590 wieder eine Mission nach Paris. Hierauf lebte er in Leyden, wo er im Auftrag der Generalstaaten das Alte Testament ins Holländische übersetzte und 1598 †. Weisen M. schon seine metrische Uebersetzung der Psalmen und seine Volkslieder eine Stelle unter den namhaftesten Dichtern seiner Zeit an, so nimmt er durch seine Satire „Bienenkorb der römischen Kirche" (zuerst holländisch 1569, dann in verschiedenen Uebersetzungen), in welcher er die Gebräuche der römischen Kirche auf sehr witzige, zuweilen ans Frivole streifende Art persiflirte, neben Hooft unter den Prosaikern Hollands unbedingt den ersten Platz ein. Seine „Oeuvres" erschienen zu Brüssel 1855—59 in 7 Bänden.

Maro, s. Maroniten.

Marochetti, Charles, Baron von, namhafter französischer Bildhauer, geboren 1805 zu Turin, wandte sich früh nach Frankreich, 1848 nach England. Seine berühmtesten Werke sind die Reiterstatue des Herzogs von Orléans (1844) und die kolossale Statue von Richard Löwenherz (1851) in London.

Marode (v. Franz.), im Allgemeinen ermattet, erschöpft, besonders von Soldaten, deren Körperkräfte durch zu sehr anstrengende Märsche oder die mit dem Dienst verbundenen Beschwerden dermaßen erschöpft sind, daß sie hinter dem Zuge zurückbleiben müssen. Diese Nachzügler heißen dann Marodeurs. Häufig ist diese Erschöpfung bloß fingirt, um hinter der Marschkolonne zurückbleiben und in den umliegenden Ortschaften plündern (marodiren) zu können. Man bringt diese Benennung mit dem schwedischen General Marode in Verbindung, dessen Heerhaufen im dreißigjährigen Kriege nur von Raub und Plünderung subsistirte.

Marokkanisches Leder (Maroquin, Türkisches Leder), s. Saffian.

Marokko (von den Arabern Mogrib el Aksa, d. h. der äußerste Westen, genannt), Reich und Sultanat im Nordwesten des afrikanischen Kontinents, liegt zwischen 30° und 36° nördl. Br. und 6° u. 17° östl. L. v. Ferro und wird begrenzt im Osten von Algerien, im Norden von dem mittelländischen Meere und der Straße von Gibraltar, im Westen vom atlantischen Ocean u. im Süden von dem 1810 durch Losreißung von M. entstandenen Staate des Sidi-Hescham. Die Küstenlänge M.'s beträgt am mittelländischen Meere und an der Straße von Gibraltar 64 Meilen, am atlantischen Ocean 116 M. u. ist größer als die eines jeden anderen afrikanischen Staats. Das Areal dieses Reichs würde nach den angegebenen Grenzen gegen 10,500 QM. betragen. Das politische Machtgebiet des Sultanats ist schwer zu bestimmen, denn viele der nomadisirenden Stämme machen sich von Zeit zu Zeit von dem Tribut an M. frei, und man kann annehmen, daß fast auf zwei Drittheilen des Areals die Herrschaft des Sultans kaum nominell anerkannt ist. Die Oberfläche von M. hat den Charakter des Atlaslandes überhaupt. An der nördlichen Küste laufen von der Gegend von Tanger und Ceuta aus Gebirgsketten nach Osten, welche ein etwa 8 Meilen breites bergiges Küstenland bilden, von den Barbaren Rif genannt, das sich mit steilen, gegen 2800 Fuß hohen Felswänden aus dem Meere erhebt. Im Süden schließt sich daran eine überaus fruchtbare Ebene mit den meisten größeren Städten des Reichs. Jenseits dieser Ebene erhebt sich wieder ein Gebirgsgürtel, welcher, vom 4900 Fuß hohen Kap Ger am atlantischen Ocean beginnend, in seinem höchsten Theile, dem hohen Atlas, von den Arabern Dschebel el Tilisch, d. h. Schneeberg, genannt, bis zu 10,700 F. aufsteigt. Die höchsten Gipfel sind der Miltsin, südlich von der Stadt M., 10,700 Fuß, und der Taggherani, 6400 Fuß über dem Meere. Südlich und südöstlich vom Atlas liegt die marokkanische Sahara, zu welcher die Oasen Figuig, Tafilelt, Pezerin, Tebelbelt und die oasengleichen Ränder der Flüsse Guir und Draa gehören. Die Bewässerung von M. ist ungemein reich. Die Flüsse haben hier fast alle den Charakter der Gebirgsströme, sie sind periodisch sehr wasserreich, in anderen Zeiten des Jahres dagegen seicht oder völlig trocken. Die Atlaskette bildet die bestimmte Wasserscheide. Die Küstenflüsse auf der Nordseite derselben haben nur kurzen Lauf; die bedeutendsten unter diesen sind der Muluja (Maluia), 87 M. lang, und der Naccor, beide in das mittelländische Meer mündend. In den atlantischen Ocean fließen der aus dem Rif kommende El Coß oder Luccos, der tiefe und sehr fischreiche Seba, der Bouragrag oder Buregreb, der reißende und sehr fischreiche Umer-Rebia oder Umerbieh, welcher besonders zur Bewässerung der zahlreichen angebauten Thäler dient und bei seiner Mündung nördlich vom Kap Blanco den Hafen von Azamar bildet; der Tinsift, an dessen Ufern die fruchtbarsten Felder des Reichs liegen; vom Südrande des Atlas kommen der Sûs u. der Draa, der längste Strom des Reichs, welcher den großen See Ed Debaia durchströmt und nach einem Lauf von 188 M. südlich vom Kap Noum mündet. Er fließt nur in seinem oberen Laufe durch M. Der Tafilelt, Gir und U-Saura verlieren sich in Salzseen der marokkanischen Sahara. Die bedeutendsten Süßwasserseen von M. sind der fischreiche Ed Debaia, dreimal so groß als der Genfersee, der See am Dschebel el Aghder in der Nähe des atlantischen Oceans u. der See bei Tarudant. Das **Klima** ist im Allgemeinen das schönste und gesündeste; in den südlichen Theilen von M. ungemein heiß u. trocken, besonders angenehm und gesund in der bergigen Provinz Sûs südlich vom Atlas; in der Nähe der Küste sehr gemäßigt durch die Seewinde; die Nächte sind durch den Einfluß der Gebirge frisch u. bringen reichlichen Thau. In den Ebenen fällt das Thermometer fast nie bis zum Gefrierpunkt; kühl und im Winter sogar streng ist die Temperatur in den Gebirgen. Die regnerische Jahreszeit dauert vom Oktober bis März. Der Boden des Landes ist größtentheils äußerst fruchtbar und entwickelt eine überaus kräftige und üppige **Vegetation**. Selbst die Ränder der südlichen Flüsse, des Draa und Gir, sind fruchtbar u. gut angebaut; nur der äußerste Süden und die mit Algerien gemeinschaftliche Wüste Amgad sind nebst einigen Landstrichen im Norden des Atlas pflanzenlos. Der Atlas enthält ausgedehnte dichte Urwaldungen aus Pinien, Thujen, Cedern, Lärchen, Pistacien, immergrünen Eichen, Stock- und Steineichen, Wallnuß- und Buchsbäumen, wohlriechenden Nadelhölzern, worunter Weihrauchbäume und der Aeganbaum mit seiner Oelfrucht, die im Süden die Oliven ersetzt. Auch das Rif ist wohlbewaldet, während in den Niederungen nur einige große Korkeichenwälder vorkommen. Getreide und Hülsenfrüchte gedeihen in Ueberfluß, besonders Durra, Mais, Weizen, Reis, Bohnen, Erbsen, Safran, Sesam; ebenso Südfrüchte, namentlich Mandeln u. Oliven, sowie Wein, Tabak, Hanf, Baumwolle, wild u. angebaut; im Süden erscheint auch der Indigo wild, dazu der Ammoniakgummiharzbaum, die Zwergpalme, der Kermesstrauch, wilde Kappern, Trüffeln, Orseille. Die **Viehzucht** liefert treffliche Pferde, feinwollige Schafe, vorzügliches Rindvieh, Ziegen in größter Menge, Dromedare, Esel, auch wilde in Heerden, u. Maulthiere. Zum marokkanischen Wilde gehören Löwen, Luchse, Hyänen, wilde Schweine und Büffel, Antilopen und Strauße, auch Affen. Die Wachtel ist hier einheimisch; die Bienen, welche ungeheure Mengen Honig und Wachs liefern, sind allgemein verbreitet, und die Meere und Flüsse sind reich an Fischen. Die größte Landplage sind die großen Heuschreckenzüge aus dem Süden. Von Mineralien sind Eisen-, Kupfer-, Bleierze in Menge vorhanden, auch Antimon, Silber, Gold im Flußsand des Südens, dazu Schwefel, Salpeter, Salz, Walkererde. Die Zahl der Bevölkerung ist schwer anzugeben; man schätzt sie gewöhnlich auf 8½ Millionen. Davon sind etwa 2½ Millionen eigentliche Berbern oder Amazirghis und 1½ Mill. Schulah oder westliche Berbern, 3½ Mill. gemischte Araber, ½ Mill. Juden, ½ Mill. unvermischte Araber, dann Neger und sehr wenige Europäer. Die Berbern bilden die Urbevölkerung des Landes. Die eigentlichen Berbern, Amazirghis, haben im Allgemeinen eine europäische Hautfarbe u. europäischen Gesichtstypus, sind von schönem schlanken Körperbau und lebendigem stolzen Charakter. Die Schulah oder Schillukhs, mehr Ackerbauer und Gewerbthätige als Hirten, haben dunklere Hautfarbe, weniger kräftigen Körperbau, sind aber mehr civilisirt und wohnen in Häusern, Dörfern und Städten. Die Araber sind Einwanderer und leben theils als Landvolk in den nördlichen ebenen Bezirken meist von Viehzucht und Ackerbau, theils in den Städten; sie bilden den reichsten Theil der Bevölkerung u. liefern der Verwaltung die Beamten. Die Juden sind sehr verachtet und gedrückt; sie haben jedoch den größten Theil des Handels in den Händen u. sind zugleich geschickte Handwerker. Der Mohammedismus ist vorherrschend u. hat hier seine eifrigsten und unduldsamsten Anhänger. Die Hauptbeschäftigungen der Bewohner sind Ackerbau und Viehzucht, die Industrie steht zwar auf keiner höheren Stufe als der Ackerbau, aber sie liefert doch einige Artikel, die von älterer Zeit in berühmter Trefflichkeit sich erhalten haben, so die orientalischen Fese (Fezze) od. die mit dem einheimischen Kermes gefärbten rothen orientalischen Mützen, die seidenen, golddurchwirkten Leibgürtel, Juwelen, besonders aber Lederwaaren, welche die europäischen übertreffen, wie die Maroquins, welche von M. selbst, die Saffiane, die von Safi den Namen haben, insbesondere die rothen Leder von Fez, die gelben von der Stadt M., die grünen Ziegenleder von Tafilelt. Ueberhaupt hat fast jede Stadt des Reichs ihre bedeutenden Gerbereien, u. auch Löwen- u. Pantherhäute werden vortrefflich zubereitet. Dazu kommen wollene Teppiche, schwarze Burnus, Fabrikate aus Ziegenhaaren, sowie aus Palmfasern, Binsen, Schilf, Stroh, endlich eiserne und kupferne Gefäße und vorzügliche Seife. Der Handel M.'s hat eine dreifache Richtung: nach der Levante durch die Pilgerkarawanen, nach dem Sudan oder dem Innern von Afrika durch Karawanen von 20,000 Kameelen, beide besonders von Fez, dem Haupthandelsplatz des Inneren, ausgehend, und nach Europa durch die Seehäfen Tanger, Rabbat u. Mogador u. kleinere Häfen. Nach Europa gehen außer den importirten Sudanwaaren (Goldstaub, Elfenbein, Straußfedern): Wolle, Wachs und Honig, Häute, Gummi, bittere Mandeln, Korkholz, Datteln, Oel, Reis, Fenchel, Süßholz, Indigo, Färberröthe, Shawls u. Kupfer. Der Gesammtverkehr des Handels von M. mit Europa betrug 1856 für die Einfuhr den Werth von 24⅔ und für die Ausfuhr von 27½ Millionen Francs. In Bezug auf geistige Ausbildung steht M. auf einer noch sehr niedrigen Stufe; von der früheren Kultur der Mauren, von den ehemals berühmten Schulen und Bibliotheken ist keine Spur mehr vorhanden, die wenigen vorhandenen Lehranstalten treiben nur mohammedanische Religion und das aus dem Koran abgeleitete Recht. Der Scherif, Sultan oder Kaiser herrscht unumschränkt u. ist Herr über Leben und Eigenthum aller seiner Unterthanen, Haupt von Staat und Kirche mit den weiteren Titeln Emir al Moslemin und Califa. Er ist ohne Ministerium und ohne Staatsrath. Sein höchster Würdenträger ist der Kateb el Auramir ob. Geheimschreiber. Die Haupteinkünfte des Kaisers bestehen in Zehnten vom Bodenertrag, Steuern, Zöllen, Monopolen, Miethpreisen, Geschenken und Subsidien, dazu noch willkürlichen Konfiskationen. Die Ueberschüsse der Einnahmen, die sehr bedeutend sind, fließen in den kaiserlichen, als Privateigenthum des Sultans betrachteten Schatz, der schon zu ungeheurem Reichthum angehäuft ist. Während die stehende Kriegsmacht aus 16,000 Mann besteht, die zur Hälfte Neger sind, kann in Kriegszeiten ein Heer von 100,000 Mann, meist Reiterei, aufgeboten werden. Die Kriegsflotte ist gänzlich herabgesunken. Für die Verwaltung ist der Staat in 29 Distrikte eingetheilt, denen theils Paschas, theils Kadis vorgesetzt sind. Die Beduinen haben stammweise ihre eigenen, jedoch vom Sultan ernannten Scheichs, die Amazirghenstämme haben sogar selbstgewählte Häupter. Spanien besitzt seit mehren Jahrhunderten in M. vier stark befestigte Plätze, Presidios genannt, die als Verbannungs- und Straforte dienen: Ceuta, Peñon di Velez, Alhuzemes und Melila, und machte in dem letzten Kriege mit M. noch einige Erwerbungen. Die Hauptstadt des Reichs ist M., die gewöhnliche Residenz des Herrschers Meknas oder Meknes.

Die Hauptstadt M. (Marakesch) liegt in einer großen fruchtbaren Ebene, etwa 2 Stunden südlich vom Flusse Tensift, am Fuße der schneebedeckten Atlasgipfel in der Provinz Erhammena und ist von einer starken, 40 Fuß hohen Mauer umgeben, die in Zwischenräumen von 50 Schritten mit viereckigen Thürmen versehen ist. Diese Mauer hat ungefähr 3 Stunden in Umfang, aber der eingeschlossene Raum ist nicht von Wohnhäusern allein bedeckt, sondern enthält auch viele große Gärten und offene unbebaute Plätze. Die Straßen sind eng und unregelmäßig, theilweise durch Bögen und Thore verbunden, einzelne Plätze dienen als Markt. Die Häuser, meist einstockig, haben flache Dächer u. Terrassen mit den Zimmern nach dem Hofe zu u. ohne Fenster und Oefen. Große Wasserleitungen vom Flusse Tensift her versehen die Stadt u. die zahlreichen Fontänen mit Wasser. Die Stadt hat an 20 Moscheen, die bedeutendste derselben ist El Kontubia mit 220 F. hohem Thurm, ein Meisterstück maurischer Bauart. Der kaiserliche Palast im Süden der Stadt und außerhalb der Mauern ist prachtvoll aus Quadersteinen erbaut, mit schönem italienischen und spanischen Marmor geziert und hat mit den großen Gärten einen Umfang von 3/4 Meile. Der Bazar oder Kaissaria ist eine lange Reihe von Läden, die in verschiedene Abtheilungen getheilt sind u. wo die Landesprodukte u. Waaren aus China, Indien u. Europa verkauft werden. Die gewerbliche Produktion von M. ist ziemlich bedeutend, besonders berühmt sind seine Lederwaaren. Die Stadt war früher viel größer und volkreicher; jetzt wird ihre Einwohnerzahl auf 100,000 und weniger geschätzt.

Die Geschichte M.'s ist bis zum Ende des 15. Jahrhunderts eng mit der der ganzen Berberei (s. d.) verbunden. Um diese Zeit wurden die Meriniden von den Sanditen gestürzt, denen im Anfange des 16. Jahrhunderts die Scherifs von Tafilelt folgten, unter welchen trotz der innern Thronstreitigkeiten gegen das Ende des 16. Jahrhunderts das Reich seine größte Ausdehnung erreichte, indem es den westlichen Theil von Algerien umfaßte und im Süden bis Guinea reichte. Unter ihnen wurden auch die Portugiesen aus ihren Besitzungen vertrieben und König Sebastian geschlagen. Die Seeräubereien wurden um diese Zeit selbst gegen die größeren Mächte betrieben. Nach dem Tode Ahmeds, des mächtigsten der Scherifs, um 1603, entstand ein Bruderkrieg unter seinen Söhnen, bis der älteste derselben, Mulei-Zidan, König von Fez, auch die Herrschaft von M. wieder erlangte. Unter ihm kamen die 1610 aus Spanien vertriebenen Mauren nach M. und bemächtigten sich der Stadt und des Kastells Rabbat, wo sie eine republikanische Verfassung einführten u. sich mit niederländischem und französischem Beistand gegen den von den Engländern unterstützten König hielten. Mit Mulei-Labesch erlosch 1667 die Dynastie der Sanditen; allein Kirum, welcher sich des Thrones bemächtigt hatte, wurde 1669 durch Mulei-Ali, einen Nachkommen Ali's und der Fatime, gestürzt. Mit diesem beginnt die Dynastie der Aliden oder Hoseini. M. führte von jetzt ab den Titel eines Kaiserthums. Mulei-Ali's Nachfolger (1672), sein Bruder Mulei-Ismaïl, erwarb sich den Ruf eines der grausamsten Tyrannen. Gegen 5000 Menschen richtete er eigenhändig hin, zum Theil unter den ausgesuchtesten Martern. Er hatte nach einander gegen 8000 Frauen, die ihm 825 Söhne und 342 Töchter gebaren. Den Spaniern nahm er Tanger und El-Arisch ab. Nach seinem Tode 1727 kam es zwischen seinen Söhnen Achmed-Deby und Abd-Amelech wegen der Thronfolge zum Kriege, welcher 1730 mit dem Siege des ersteren endigte. Ihm folgte 1747 sein Sohn Mulei-Sidi-Mohammed, dessen Regierung sich durch Milde und das Bestreben, europäischer Kultur Eingang zu verschaffen, auszeichnete. Nach seinem Tode (1770) entstanden neue Kriege zwischen seinen Söhnen, bis sich endlich Mulei-Yezid behauptete, dem 1797 sein jüngerer Bruder, Mulei-Soliman, in der Regierung folgte. Derselbe wußte sich gegen seine Brüder, welche nach der Landessitte Statthalter in den Provinzen waren, zu behaupten, stellte im ägyptisch-französischen Kriege den Türken Hülfstruppen, hatte aber später einen Gesandten zu Paris und lebte auch mit den Bourbonen in gutem Einvernehmen. Ihm folgte 1822 der älteste Sohn seines Bruders Mulei-Hescham, Mulei-Abderrahman. Dieser trat die Regierung unter wenig günstigen Umständen an. Die Provinz Rif war stets im Aufstand begriffen, Sus und Waderun im Süden waren bereits fast unabhängig, in Fez überragte die religiöse Bedeutung der Marabuts bei weitem die politische Macht des weltlichen Herrschers. Ueberhaupt herrschten religiöser Fanatismus und Haß gegen die Fremden. Handel und Verkehr lagen darnieder. Da sich Oesterreich weigerte, den Tribut von 25,000 Thlrn. zu bezahlen, welchen Venedig früher entrichtet hatte, ließ Abderrahman zu Rabbat ein venetianisches Handelsschiff ausplündern und die Mannschaft in Ketten legen, lieferte aber sodann, wiewohl das an die marokkanische Küste gesendete österreichische Geschwader nichts ausrichtete, das genommene Schiff wieder aus und verzichtete auf den Tribut. Die Besitznahme Algiers durch die Franzosen verwickelte auch M. in Konflikte mit dem Auslande, da der Kaiser den Fanatismus seines Volks nicht zu zügeln vermochte. Schon 1832 wäre es bei einem Versuch, einen Theil der Provinz Oran zu nehmen, fast zu einem Ausbruch gekommen, doch ward derselbe noch durch das entschlossene Auftreten Frankreichs verhindert. Das Erscheinen Abd-el-Kaders vermehrte die Gährung, da sich derselbe als Marabut und durch seine Erfolge gegen die Franzosen einen ungemeinen Einfluß auf die marokkanischen Stämme errungen hatte. Zu gleicher Zeit entstand ein Bruch mit Spanien, da der Gouverneur von Massagran den Konsularagenten Darmon, der auf der Jagd zufällig einen marokkanischen Agenten verwundet hatte, 1844 trotz der Intervention des sardinischen Konsularagenten hinrichten ließ. Spanien forderte Genugthuung, allein die Marokkaner antworteten damit, daß sie ein spanisches Schiff nahmen und die Besatzung ermordeten. Zwar sandte nun Spanien ein Geschwader vor Ceuta, doch blieb dies unthätig liegen, und der Konflikt ward endlich durch englische Vermittelung ausgeglichen. Die Drohungen Spaniens hatten indessen in der Bevölkerung eine ungeheure Aufregung hervorgebracht, welche Abd-el-Kader geschickt gegen Frankreich zu wenden wußte. Als inzwischen die Franzosen näher an das marokkanische Gebiet gerückt waren, um die Grenzen von Algier gegen Abd-el-Kader zu schützen, sandte M. letzterem 15,000 Mann unter dem Prinzen El-Mimun in die Grenzprovinz Uschda entgegen. Am 15. Juni fand zwischen dem Kaid von Uschda und dem französischen General Bedeau eine Stunde vom französischen und zwei vom marokkanischen Lager eine Unterhandlung Statt; allein noch während derselben umzingelten die marokkanischen Truppen die 4 Bataillone des Generals Bedeau und begannen auf sie zu feuern. Mit Hülfe von 4 andern Bataillonen und der Kavallerie, die General Bugeaud zu Hülfe geschickt, wurden indeß die Marokkaner in die Flucht geschlagen, und die Stadt Uschda ward am 19. Juni von den Franzosen besetzt. Ein Ultimatum Bugeauds ward vom Sultan ausweichend beantwortet, worauf die französischen Konsuln von Tanger und Mogador abberufen u. dem Scherif ein abermaliges Ultimatum mit einer Frist von 8 Tagen überschickt wurde. Neue Unterhandlungen zerschlugen sich, u. das französische Geschwader unter Prinz Joinville begann am 6. August 1844 die Feindseligkeiten gegen Tanger. In kaum 5 Stunden waren die 180 Geschütze, welche die Stadt vertheidigten, demontirt; da jedoch die Flotte keine Landungstruppen an Bord hatte, so segelte sie noch denselben Abend nach Mogador, welches sie am 15. August zu bombardiren begann. Die Insel vor dem Hafen ward noch an demselben Tag genommen, und am 16. nahmen 500 ans Land gesetzte Mann die Festung; die Stadt ward von den Kabylen selbst in Brand gesteckt. Inzwischen war es am 14. August zwischen Bugeaud und dem großen marokkanischen Heer unter Sidi-Mohammed, einem Sohn des Sultans, beim Flusse Isly zur Schlacht gekommen, in welcher die Marokkaner geschlagen wurden und das ganze marokkanische Lager in die Hände der Sieger fiel. Da die Marokkaner gleichwohl die Verfolgungen gegen die Christen fortsetzten und am 24. August die Insel Mogador wieder zu erobern suchten, eröffnete die französische Flotte ihr Feuer gegen die Stadt von Neuem. Auf Veranlassung Englands, in dessen Interesse die Besetzung M.'s durch Frankreich nicht liegen konnte, bot endlich der Kaiser von M. letzterer Macht den Frieden an, der unter Vermittelung des britischen Gesandten Bulwer am 10. September in Tanger zu Stande kam, und in welchem sich der Sultan verpflichtete, seine Truppen von der Grenze zurückzuziehen und künftig nicht mehr als 2000 Mann dort zu halten, Abd-el-Kader im Falle der Habhaftwerdung in eine Stadt des Innern zu verweisen und die marokkanischen Chefs, welche den Frieden gebrochen, zu bestrafen. Die Grenzen sollten durch besondere Kommissarien geregelt werden. Inzwischen waren auch die Feindseligkeiten mit Spanien wieder ausgebrochen, hatten sich aber auf die Blokade der marokkanischen Häfen beschränkt. Wiederum griff England vermittelnd ein, und in dem am 4. Sept. zu Madrid ratificirten Frieden verpflichtete sich der Sultan zur Bestrafung des Gouverneurs von Massagran, zu einer Entschädigung für die Familie des hingerichteten Darmon und zur Einräumung eines bisher streitigen Gebiets in der Nähe von Ceuta. Ein Konflikt mit Schweden und Dänemark, welche den bisher an M. entrichteten Tribut verweigerten, wurde durch französische und englische Vermittelung dahin erledigt, daß der Sultan am 5. April 1845 auf jeden ferneren Tribut verzichtete. Lange Streitigkeiten wegen der Regulirung der marokkanisch-französischen Grenze wurden durch Vertrag vom 10. September 1844 zu Frankreichs Gunsten beendet. Als Abd-el-Kader 1845 die algierischen Stämme nach M. übersiedeln und durch sie dies Land von Neuem zum Krieg gegen Frankreich nöthigen wollte, die Franzosen aber erklärten, daß sie den Emir auch auf marokkanischem Gebiet verfolgen würden, sah sich Abderrahman gezwungen, Truppen gegen jenen aufzubieten. Gleichwohl erhoben sich 1846 die marokkanischen Grenzstämme für den Emir und begannen eigenmächtig Feindseligkeiten gegen die Franzosen, und Abd-el-Kader wandte sich jetzt sogar offen gegen den Kaiser und versuchte einen Angriff auf die Stadt Uschda, der aber vom Kaid zurückgeschlagen ward. Als der Prinz Mulei-Soliman letzterem zu Hülfe eilen wollte, weigerten sich die Truppen gegen den Emir zu ziehen. Ueberhaupt wurde des letztern Einfluß unter der marokkanischen Bevölkerung so besorgnißerregend für den Kaiser, daß dieser die Hülfe Frankreichs gegen ihn anrief. Im Jahre 1847 fielen alle Grenzprovinzen vom Rif bis an die Wüste vom Kaiser ab, und das Heer desselben erlitt im Juni wiederholt Niederlagen. Im September rüstete sich jedoch auch Frankreich zur nachdrücklichen Intervention in M. Die mächtigen Stämme der Beni-Amir und der Haschem wurden von Sidi-Mohammed bei Fez besiegt und Abd-el-Kader aus der Provinz Rif zurückgeworfen und am 22. December gezwungen, sich den Franzosen zu ergeben. Neue Mißhelligkeiten mit Frankreich, veranlaßt durch mehre dem französischen Geschäftsträger zugefügte Beleidigungen und die Gefangennehmung und Mißhandlung eines französischen Kuriers, wurden durch das Erscheinen einer französischen Fregatte ausgeglichen, indem der Kaiser die verlangte Genugthuung leistete (Ende 1849). Kaum war ein Aufstand, den ein den Handel mit Häuten für ihn monopolisirendes Dekret des Kaisers veranlaßt hatte, und den ein Neffe desselben zu seiner Entthronung hatte benutzen wollen, unterdrückt, als neue Differenzen mit Frankreich wegen der Plünderung eines an der marokkanischen Küste gescheiterten französischen Schiffs zu Anfang April 1851 ausbrachen. Abderrahman ließ sich wiederum die verlangte Genugthuung erst durch ein französisches Geschwader, welches am 26. November die Stadt Sale großentheils in Trümmer schoß und sich dann nach Tanger wandte, abzwingen. An weniger bedeutenden Konflikten mit den Nachbarstaaten fehlte es auch in den nächsten Jahren nicht, da die Regierung, selbst wenn sie einmal den guten Willen hatte, mit jenen Frieden zu halten, der Macht ermangelte, die mehr oder weniger unabhängigen Stämme im Zaum zu halten, zumal die Regierungstruppen fast unaufhörlich mit dem Eintreiben der Abgaben beschäftigt sind. Im Juni 1852 unternahm der französische General Montauban eine Expedition gegen den marokkanischen Stamm der Beni-Suassen, welcher vielfach die französische Provinz Oran beunruhigt hatte. Im August 1853 wurde eine Zolllinie zwischen M. und Algier errichtet u. mit Truppen besetzt, um zugleich die Grenzstämme zu überwachen und den Verkehr zwischen beiden Ländern, der bis dahin nur zur See erlaubt war, zu Lande zu erleichtern. Nur mit Mühe gelang es der europäischen Diplomatie, den Kaiser zu einer geringen Herabsetzung der Zollsätze auf Oel, Wolle u. Häute in Mogador zu bestimmen. Im August 1856 wollte die Bemannung der preußischen Korvette Danzig unter dem Befehl des Prinzen Adalbert an der Rifküste in M. ans Land steigen, wurde aber von den wilden, meist von Seeräuberei lebenden Bewohnern derselben aus einem Hinterhalt mit Gewehrschüssen empfangen und mußte sich mit einem Verlust von 7 Mann Todten und 18 Verwundeten zurückziehen. Durch diesen Erfolg ermuthigt, griffen die Rifbewohner am 9. September 1856 die an diesem Küstengürtel liegende spanische Festung Melila an, wurden jedoch zurückgeschlagen. In Folge eines am 9. December 1856 zwischen England und M. abgeschlossenen Handelsvertrags, der am 10. April 1857 in Kraft trat, sind Handel und Verkehr zwischen beiden Ländern gegenseitig erlaubt u. 10 Procent des Werths der eingeführten Waaren als höchster Zollsatz festgestellt. Nachdem Abderrahman 1858 noch eine bedeutende Empörung unterdrückt hatte, starb er im August 1859 u. hatte seinen ältesten Sohn Sidi-Mohammed zum Nachfolger. Nur durch blutige Kämpfe vermochte sich dieser gegen seine vielen Nebenbuhler auf dem Thron zu behaupten. Diese Unruhen sich zu Nutz machend, unternahmen die Rifbewohner im September Einfälle in Algerien, sowie in die spanischen Besitzungen auf Nordafrika, wurden aber beide Male mit Verlust zurückgeschlagen. Die französische Regierung begnügte sich mit der Züchtigung der feindlichen Stämme und der Zerstörung von zwei Festungsthürmen am Tetuanflusse, Spanien aber verlangte von der marokkanischen Regierung als Genugthuung für eine Reihe von Unbilden u. als Garantie für die Sicherheit seiner afrikanischen Besitzungen die Abtretung eines Gebiets. Die eingeleiteten Unterhandlungen blieben ohne Resultat, und es erklärte daher Spanien am 22. Oktober 1859 an M. den Krieg. General O'Donnell erhielt den Oberbefehl über die aus 35—40,000 Mann Fußvolk, 2000 Mann Kavallerie u. 150 Geschützen bestehende spanische Heeresmacht, ward zwar anfangs (Dec.) von den Kabylen und Mauren der Ebene, ungefähr 60,000 Mann Reiterei, heftig angegriffen, drang aber bald siegreich vor. Nach vielen kleinen, aber sehr blutigen Gefechten besetzten die Spanier am 4. Febr. 1860 die Stadt Tetuan, u. nach einer am 23. März westlich von derselben erlittenen entscheidenden Niederlage baten die Marokkaner um Waffenstillstand, der, zumal auch im Innern M.'s Unruhen ausbrachen, bald zum Frieden führte. Derselbe ward am 25. April in Tetuan von O'Donnell und Mulei-Abbas unterzeichnet und bestimmte im wesentlichen Folgendes: M. überläßt an Spanien das ganze Gebiet vom Meer bis zur Schlucht von Unghera, sowie das, welches zu Santa Cruz am Ocean nöthig sein wird; es bezahlt an Spanien eine Entschädigung von 20 Millionen Piaster, und die Stadt Tetuan bleibt bis zur Erlegung dieser Summe in den Händen des Siegers; Spanien wird, was seine Handelsbeziehungen zu M. anlangt, der in dieser Hinsicht vom Kaiser begünstigtsten Nation gleichgestellt; die Regierung von M. gestattet den Aufenthalt eines spanischen Repräsentanten und die Errichtung eines Missionshauses in Fez. Vgl. Dombay, Geschichte der Scherife oder der Könige des jetzt regierenden Hauses von M., Wien 1801; Gråberg von Hemsö, Specchio geografico e statistico dell' imperio di Marocco, Genua 1834, deutsch von Reumont, Stuttg. 1833; Calderon, Cuadro geografico, estadistico, historico, politico del imperio de Marruecos, Madrid 1844; Renou, Description géographique de l'empire de Maroc, Paris 1846; Augustin, M. in seinem geographischen, religiösen, politischen, militärischen und gesellschaftlichen Zustande, Pesth 1845; Christian, L'Algérie française et le Maroc, Paris 1847; Durrieu; The present state of Marocco (von 1843), Lond. 1854; Richardson, Travels in Marocco, das. 1859, 2 Bde.

Maronen, s. v. a. Kastanien, s. Kastanienbaum.

Maroniten, christliche Sekte in Syrien, hervorgegangen aus einer Schaar Monotheleten, die zu Ende des 7. Jahrhunderts aus Rom flüchtete und sich am Libanon niederließ. Sie wählten sich den Mönch Johannes Maro zum Oberhaupt, mit dem Titel Patriarch von Antiochia, und wußten auch unter der Herrschaft des Islam ihre politische und kirchliche Selbstständigkeit zu behaupten. Schon die Kreuzzüge brachten eine Annäherung derselben an die römische Kirche zu Stande (1182), allein erst 1445 wurde durch die Bemühungen der Päpste ein bestimmter Anschluß der M. an den römischen Stuhl bewirkt. Vorzüglich Gregor XIII., der in Rom 1584 ein Kollegium für die M. gründete, sowie Klemens VIII. und Klemens XII., der sie auf einer Synode im Kloster Mar-Hanna zur Annahme der Beschlüsse des tridentiner Koncils bewog, versuchten sie völlig mit der katholischen Kirche zu verschmelzen. Zwar zählen die M. ihrem Bekenntnisse nach zu derselben, erkennen auch den Primat des Papstes an, doch weichen sie in mehren Aeußerlichkeiten von der römischen Praxis ab. So bedienen sie sich in ihren Gottesdiensten, deren Einrichtung sie von Ephraem dem Syrer herleiten, der syrischen Sprache, während ihre Umgangssprache ein Idiom des Arabischen ist. Das Abendmahl haben sie unter beiderlei Gestalt und bedienen sich dabei ungesäuerten Brodes. Ihre Priester und Bischöfe dürfen verheirathet sein und nur nach der Weihe keine Ehe eingehen. Als besonders verdienstlich gilt das ascetische Leben; so gibt es in Kesruan gegen 200 Mönchs- und Nonnenklöster. Ihr Patriarch führt jedesmal den Namen Peter, nennt sich noch immer Patriarch von Antiochia und residirt in dem Kloster Edama Kanobin an einem Abgrunde des Libanon. Er legt dem Papst alle 10 Jahre Rechenschaft von dem Zustand der maronitischen Kirche ab. Unter ihm stehen die zahlreichen Bischöfe und übrigen Geistlichen, die in 7 Graden aufsteigen und sich meist von Handarbeit nähren. Zur Bildung der Geistlichen besteht außer dem maronitischen Kollegium in Rom zu Ain Warkah in Kesrawân eine Schule. Eine maronitische Druckerei befindet sich in dem Kloster Kasheiya. Die M. zahlen seit 1588 einen jährlichen Tribut an die Pforte u. leben dafür in politischer Unabhängigkeit. Sie theilen sich, wie die Drusen, in das Volk und die Scheikhs (den Erbadel). Die letzteren, deren Würde in den vornehmsten Familien erblich ist, haben an ihrer Spitze 4 Oberscheikhs als die Oberhäupter der Nation, welche patriarchalisch herrschen und im Krieg die Anführer sind. An Einfalt der Sitten und Gastfreiheit gleichen die M. den alten Arabern. Auch gilt unter ihnen noch die Blutrache. Ihr jetziger Hauptsitz ist das von ihnen fast ganz allein bewohnte Kesrawân, ein Distrikt Syriens, welchen der Nahr-al-Kelb (Lycus) von dem Gebirg Meta im Süden trennt und im Norden den Distrikt Jebeil begrenzt. Sie bewohnen aber auch, meist in kleinen Dörfern oder zerstreuten Höfen, den Libanon mehr oder weniger seiner ganzen Ausdehnung nach, von seinem nördlichen Ende oberhalb Tripolis bis in die Gegend von Safed, und finden sich vereinzelt in Städten u. Marktflecken nördlich bis nach Aleppo und südlich bis nach Nazareth hin. Ihre Zahl bestimmt Lamartine auf 200,000 und versichert, daß dieselbe von Jahr zu Jahr wachse. Die Stadt Zarkle, am Ende des Thals von Beka, Baalbek gegenüber, zählt 12,000 Einwohner. Die M. treiben Acker-, Wein-, Tabaks- und Baumwollenbau. Sie bilden mit den Drusen eine Art von despotischer Verbindung. Obgleich sich beide durch Ursprung, Religion und Sitten unterscheiden, sich selten in denselben Dörfern niederlassen u. überhaupt in heftiger Feindschaft, ja beständigem Kampf leben, so hält sie doch das gemeinschaftliche Interesse der Vertheidigung gegen die Besitzer der Ebenen zusammen. Weiteres s. Drusen.

Marons (Maruns, Maroneger), ihren Herren entlaufene Sklaven, die sich in die unzugänglichen Gebirge des Innern Westindiens oder Guyana's geflüchtet haben und in Freiheit und Unabhängigkeit geschlossene Verbindungen bilden. Dergleichen gab es besonders viele auf der Insel Jamaica, die öfters erbitterte Kämpfe mit den Weißen führten, bis sie unterworfen wurden und gemäß dem Traktat von 1739 sich auf dem Lande anbauten, das ihnen zur Wohnung angewiesen worden war. Ihr Hauptsitz war Trelawnytown, im Gebirge gelegen und in gleicher Entfernung von Montegobai und Falmouth. Sie lebten aber in Wildniß und ohne dem Raube gänzlich zu entsagen fort; daher kam es aufs Neue (1795) zu einem langen und gefahrvollen Kampfe, der damit endigte, daß der größte Theil der M. nach Neuschottland und endlich nach Sierra-Leone versetzt wurde. Noch leben auf Jamaica ungefähr 1200 M., die jetzt einen Theil der Landmiliz bilden und gleich den Linienregimentern in Kompagnien organisirt sind. M. heißen auch die zum Aufsuchen der Verunglückten abgerichteten Spürhunde des Hospizes auf dem großen St. Bernhard, deren sich die Maroniers oder Diener des Hospizes zur Rettung der in Gefahr schwebenden Reisenden bedienen.

Maroquin (franz.), s. v. a. marokkanisches Leder, s. Saffian.

Maros (bei den Alten Marisus), der Hauptfluß Siebenbürgens, entspringt am Nordabhang des Hargigebirgs im Thale Vaslab, unfern der Grenze der Moldau, durchfließt das Großfürstenthum in südwestlicher Richtung, nimmt auf diesem Lauf rechts den Goldsand führenden Aranyos, links den Kokel auf, geht bei Kis Zam nach Ungarn über, tritt bei Arad in die Ebene, wo sie sich theilt und Sümpfe bildet, und mündet nach 64 Meilen langem Lauf bei Szegedin in die Theiß. Von ihrem Austritt aus Siebenbürgen bis zur Mündung bildet die M. die Nordgrenze des Banats. Schiffbar ist sie von Karlsburg an.

Maros, einer der 5 Szeklerstühle in Siebenbürgen, 25,87 □Meilen groß, mit der Hauptstadt Maros Vasarhély (Neumarkt). Letztere liegt an der Maros, nordöstlich von Hermannstadt, hat ein befestigtes Schloß mit Militärkaserne, eine schöne evangelische Hauptkirche im gothischen Styl, eine reichhaltige Bibliothek und Mineraliensammlung, eine Minoritenresidenz (seit 1740), eine Normalschule, mehre wohlthätige Anstalten, starken Tabaks-, Wein- und Obstbau und 11,217 Einw.

Maros Ujvar, Marktflecken im siebenbürgischen Komitat Unterweißenburg, links an der Maros, mit 2717 Einw., hat ein Schloß mit Gestüt und die größten Salzbergwerke des Landes (1856 779,554 Centner Steinsalz).

Marot, Clement, französischer Lyriker, geboren zu Cahors 1495, Sohn des Dichters Jean M. (geboren 1463 zu Mathieu in der Normandie, namentlich bekannt als Verfasser des „Doctrinal des princesses", † 1523 als Kammerdiener König Franz' I.), kam früh nach Paris, machte durch die naive Anmuth in seinen Versen besonders bei den Frauen am galanten Hofe Franz' I. großes Glück, wurde Page der Margarethe von Valois, mit der er später ein vertrautes Verhältniß unterhalten haben soll, und dann Kammerdiener Franz' I., in welcher Stellung er in intime Beziehungen zu der schönen Diana von Poitiers, der nachherigen Mätresse Heinrichs II., trat. Im Jahre 1525 machte er den Feldzug in Italien mit, wurde bei Pavia verwundet und gefangen genommen, aber bald wieder in Freiheit gesetzt. Nach Paris zurückgekehrt, löste er das Verhältniß mit Diana von Poitiers, ward deshalb von dieser der Hinneigung zum Protestantismus beschuldigt und durch den Inquisitor Jean Bouchart ins Gefängniß gesetzt. Hier verfaßte er den Roman von der Rose (1527 gedruckt) und eine allegorisch-satirische Epistel gegen seine Ankläger und Richter, unter dem Titel „L'enfer", in Folge deren ihm der König seine Freiheit zurückgab. M. ging hierauf an den Hof der Königin Margarethe von Navarra, ward aber bald aufs Neue wegen protestantischer Grundsätze zur Verantwortung gezogen, namentlich wegen seiner poetischen Uebersetzung der Psalmen, und ging daher nach Genf. Hier verkehrte er viel mit Calvin, trat offen zur reformirten Kirche über und setzte mit Beza seine Uebersetzung der Psalmen fort. Wegen seines anstößigen Lebenswandels aus Genf verwiesen, hielt er sich eine Zeitlang am Hofe zu Ferrara auf. Um in sein Vaterland zurückkehren zu dürfen, trat er in die katholische Kirche zurück, doch begegnete man ihm in seiner Heimat mit solchem Mißtrauen, daß er bald wieder nach Italien ging. Er † im September 1544 zu Turin. Seine Episteln sowie seine Chansons und Rondeaux zeichnen sich durch Leichtigkeit, Witz und geistreiche Tändeleien aus. Er schrieb die ersten französischen Sonette. Seine 50 Psalmen, von Goudimel und Bourgeois in Musik gesetzt, gingen fast sämmtlich in die Gesangbücher der französisch-reformirten Kirche über. M. war der erste französische Dichter, der die klassischen und italienischen Formen gebrauchte, ohne dem romantischen Geist der damaligen französischen Poesie etwas zu vergeben. Sein Styl (style marotique, Marotismus) fand viel Nachahmung. M.s Gedichte erschienen öfters, in neuerer Zeit am besten von Lacroix (Paris 1824, 3 Bde.) mit Glossen und Noten herausgegeben. Auch M.s Sohn, Michel M., welcher 1534 Page der Königin Margarethe ward, machte sich als Dichter bekannt.

Maroto, Don Rafael, karlistischer Heerführer in den spanischen Bürgerkriegen, geboren 1785 zu Conca in Murcia, nahm 1808 in der spanischen Armee Dienste und wurde 1815 Oberst, unternahm sodann Reisen durch England, Frankreich und Südamerika, wo er Espartero kennen lernte und, durch diesen hier Kriegsdienst zu nehmen veranlaßt, die Kapitulation von Ayacucho mit unterzeichnete. Nach Spanien zurückgekehrt, ward er 1832 Generalkommandant von Guipuzcoa, begleitete Don Carlos 1833 nach Portugal, machte 1834 als karlistischer Führer die Belagerung von Bilbao mit und wurde 1835 Befehlshaber in Biscaya. Am 11. September desselben Jahres besiegte er Espartero vollständig bei Arrigoria und schloß ihn in Bilbao ein, doch zog er sich durch sein entschiedenes Benehmen gegen den Prätendenten dessen Ungnade zu und erhielt seine Entlassung. Er ging 1836 nach Bayonne, wo er mit der französischen Regierung wegen einer Intervention unterhandelte, und trat 1837 wieder als karlistischer Befehlshaber in Katalonien auf, begab sich aber bald wieder nach Frankreich. Nach der Niederlage der Karlisten bei Peñacerrada von Don Carlos zum Chef des Generalstabs und bald darauf zum Oberbefehlshaber ernannt, organisirte er in kurzer Zeit das undisciplinirte karlistische Heer. Eine gegen ihn angestellte Verschwörung ward zwar von ihm blutig unterdrückt, doch vermehrte er hierdurch nur die Zahl der Mißvergnügten, und da die meisten Heerführer des nutzlosen Kampfes für einen unfähigen Prätendenten überdrüssig waren, trat M. am 27. Februar mit den Christinos in Unterhandlungen, die am 31. August 1839 den Vertrag von Bergara herbeiführten (s. Spanien, Geschichte). Er ging hierauf nach Bilbao, dann nach Madrid, wo er von der Königin-Regentin 1840 zum Mitglied des höchsten Kriegs- und Marinegerichtshofs ernannt wurde. Um den vielfachen Anfeindungen zu entgehen, die er sich namentlich durch seine Duldung von vielfachen Verletzungen des Vertrags von Bergara zuzog, begab er sich 1843 nach Chile in Südamerika, wo er 1847 zu Valparaiso †.

Marotte (franz.), Narrenkolbe, Narrenkappe; zur Gewohnheit gewordene Lieblingsthorheit.

Marozia (Mariuccia), wie ihre Mutter Theodora eine der berüchtigtsten Frauen der mittlern Geschichte Italiens. Sie war dreimal vermählt, zuerst mit dem Herzog Alberich von Toskana, dann seit 932 mit ihrem Stiefsohn Guido und zuletzt mit König Hugo von Arles und Italien. Als Geliebte des Papstes Sergius III. und Mutter und Großmutter von drei Päpsten, Johann XI. und XII. und Leo VII., beherrschte sie von der Engelsburg aus lange Zeit willkürlich den Kirchenstaat und selbst ganz Italien. Den Papst Johann X., dem ihre Mutter zum päpstlichen Stuhl verholfen hatte, ließ sie 928 erdrosseln. Ihr Sohn erster Ehe, Alberich, erregte nach ihrer Vermählung mit Hugo von Arles einen Aufstand gegen sie und ließ die Mutter ins Gefängniß werfen, wo sie bald darauf †.

Marpurg, Friedrich Wilhelm, ausgezeichneter musikalischer Schriftsteller, 1718 zu Seehausen in der Altmark geboren, widmete sich dem Studium der Musik, lebte dann in Paris, seit 1746 als Sekretär bei dem General Bodenburg, später zu Berlin als Sekretär bei einem Minister, wurde daselbst 1765 Lotteriedirektor mit dem Titel Kriegsrath und † hier den 22. Mai 1795. Von seinen zahlreichen Schriften, die fast kein Fach in der Musik unberührt lassen, sind hervorzuheben: „Abhandlung von der Fuge" (Berlin 1753, 2 Bde., und öfter); „Einleitung in die Geschichte der Musik" (das. 1754); „Historisch-kritische Beiträge zur Aufnahme der Musik" (das. 1756—78, 5 Bde.); „Fugensammlung" (das. 1758), „Anleitung zur Singkomposition" (das. 1759); „Anfangsgründe der theoretischen Musik" (das. 1760); „Kritische Briefe über die Tonkunst mit kleinen Klavierstücken und Singoden begleitet" (das. 1760 und 1763, 2 Bde.); „Handbuch beim Generalbasse und der Komposition &c." (das. 1762, 3 Bde.); „Versuch über die musikalische Temperatur" (Breslau 1776). Auch mehre eigene Kompositionen veröffentlichte er.

Marque (franz.), s. v. a. Spielmarke; in den französischen Tuchfabriken Maß von 3 Ellen.

Marquesasinseln (franz. les Marquises), Name der südlichen Gruppe des Mendañaarchipels (s. d.).

Marquesbai, s. Sofala.

Marqueterie (franz.), eingelegte Arbeit, s. Mosaik.

Marqueur (franz.), Einer, der etwas markirt; daher besonders Aufwärter in Gasthöfen und Kaffeehäusern, welcher beim Billardspiel markirt; auch s. v. a. Kellner.

Marquis (franz., vom lat. marchio, Markgraf), in Frankreich einfacher Adelstitel, welchen der König verlieh, und zwar in der Weise, daß ihn auch Jeder vom niederem Adel bekommen konnte. Er bildete in

Frankreich die Mittelstufe zwischen dem hohen und dem niedern Adel; der von Napoleon I. neu kreirte Adel hatte diesen Titel nicht. In England gibt derselbe einen höhern Rang, indem der M. nach dem Herzog und vor dem Grafen rangirt und im Kanzleistyl mit dem fürstlichen Titel ausgezeichnet wird. Auch in Spanien steht der Marques zwischen dem Herzog und dem Grafen, in Italien kommt der Marchese im Rang vor dem Grafen.

Marquise (franz.), Gemahlin eines Marquis; dann leinenes Sonnendach, welches vor Thüren und Fenstern angebracht wird.

Marrast, Armand, französischer Journalist, den 5. Juni 1801 in St.-Gaudens im Departement Obergaronne geboren, ward 1822 Lehrer am Institut St. Sever im Departement Landes, später am Collége zu Pont Lenoy, ging 1827 nach Paris und trat hier als Journalist auf. An der Julirevolution 1830 nahm er thätigen Antheil und wurde sodann Oberredakteur der „Tribune", des leidenschaftlichsten Organs der republikanischen Partei. In den Aprilprozeß von 1834 verwickelt, floh er 1835 aus dem Gefängnisse nach London, wo er für den „National" politische Korrespondenzen schrieb und mit Dupont die unvollendet gebliebenen „Fastes de la révolution française" (Paris 1835) herausgab, während er in Frankreich in contumaciam zum Tode verurtheilt wurde. In Folge der Amnestie von 1838 nach Frankreich zurückgekehrt, übernahm er die oberste Leitung des „National", worin er den Republikanismus in geistreicher Weise vertrat. Am 25. Februar 1848 ward er Mitglied und Sekretär der provisorischen Regierung und im März Maire von Paris. In der konstituirenden Versammlung, für die er von vier Departements gewählt worden war, führte er vom Juli 1848 bis Mai 1849 das Präsidium, trat hierauf ins Privatleben zurück und † den 10. März 1852 zu Paris.

Marrubium *L.* (Andorn), Pflanzengattung aus der Familie der Labiaten, charakterisirt durch den 10streifigen, 5- oder 10zähnigen, behaarten Kelch, die wenig aus demselben hervorragende Blumenkrone mit schmaler, aufrechter, flacher, gespaltener Oberlippe und ausgerandetem Mittellappen der Unterlippe und der am flachen oberen Ende 3eckig abgestutzten Nuß, ausdauernde Kräuter, meist in Süd- und Mitteleuropa und am Kaukasus. Am bekanntesten ist: M. vulgare *L.*, Mariennessel, Berghopfen, weißer Dorant, Helfkraut, in Europa und Mittelasien an steinigen, unfruchtbaren Stellen, mit aufrechtem, $\frac{1}{2}$—2 Fuß hohem, am Grunde ästigem Stengel, eiförmigen oder elliptischen, in den Blattstiel hinablaufenden, ungleich gekerbten, runzeligen, unten netzartig-grubigen Blättern und 16- und mehrblüthigen Blüthenquirlen. Die Blätter sind gebräuchlich als Herba Marrubii, Herba Prassii s. Lamii Mariae, riechen frisch angenehm aromatisch und schwach moschusartig, getrocknet schwächer und schmecken balsamisch bitter, etwas scharf. Vorwaltend ätherisch-ölige und harzige Theile nebst vielem bittern Extraktivstoff enthaltend und tonisch-erregend und resolvirend wirkend, werden sie als ein kräftiges Mittel bei Brustbeschwerden, vorzüglich Verschleimung der Brust und Unterleibsorgane, sowie bei Leberverhärtungen, Gelbsucht und Menstrualbeschwerden angewendet. Auch von M. peregrinum *L.*, in Südeuropa, auch in Süddeutschland, mit $1\frac{1}{2}$—3 Fuß hohem Stengel und graufilzigen Blättern, wurden letztere, sowie die Zweigspitzen als Herba Marrubii peregrini in derselben Weise wie die von der vorigen Art angewendet.

Marrucini, kleines tapferes Volk des sabellischen Stammes in Samnium, am rechten Ufer des Flusses Aternus. Ihr Gebiet brachte besonders gute Feigen hervor. Die Hauptstadt war Teate. Im gallischen Kriege schon mit den Römern verbündet, schlossen die M. 304 v. Chr. ein bleibendes Bündniß mit denselben. Am Bundesgenossenkriege nahmen sie Theil, wurden aber von Sulpicius gedemüthigt.

Marryat, Frederick, englischer Romanschriftsteller, am 10. Juli 1792 zu London geboren, trat 1806 in den Seedienst, focht mit Auszeichnung unter Lord Cochrane, diente darauf auch in dem amerikanischen Kriege, wurde 1815 Kommandeur von St. Helena, ging 1823 als Befehlshaber der Korvette „Larne" nach Ostindien und erhielt dann das Kommando über die gegen die Birmanen verwandte Flottille, wo er sich in der Expedition gegen Rangun die Ernennung zum Flottenkapitän und Ritter des Bathordens (1825) erwarb. Er lebte fortan meist in England schriftstellerisch beschäftigt und † den 2. August 1848 zu Langham in der Grafschaft Norfolk. Seine zahlreichen Seeromane, die sämmtlich von Bärmann u. A. auch ins Deutsche übersetzt worden sind, zeichnen sich durch treue Auffassung des Lebens und leichte gewandte Darstellung aus. Auch mehre Jugendschriften und einen „Code of signals" (engl. und franz. London und Paris 1840) für die Handelsmarine veröffentlichte er.

Mars (Mavors, Mamers, griech. Ares), in der griechischen und römischen Mythologie der Gott des Kriegs, oder richtiger der Schlachten, der Sohn des Zeus und der Here (Juno), nach späterer Sage der Juno allein, die, nachdem Zeus die Minerva aus seinem Kopfe geboren, durch Berührung einer Blume schwanger ward und darauf den M. gebar. Ungezähmt und wild, erfreut er sich nur am lauten Toben der Schlacht, und ist daher den unsterblichen Göttern und dem Zeus selbst verhaßt. In goldenem Waffenschmuck fährt er auf dem Kriegswagen, den ihm seine Söhne Deimos und Phobos (Furcht und Grauen) angeschirrt haben, in die Schlacht, und Eris, seine Schwester und Freundin, schreitet vor ihm her. Auch Enyo, die Städteverwüsterin, gehört zu seinem Gefolge, und nach ihr führt er auch selbst den Namen Enyalyos. Im trojanischen Kriege den Troern beistehend, ward er von Diomedes verwundet, von der Athene mit einem mächtigen Feldstein zu Boden geworfen und bedeckte bei seinem Falle 7 Hufen Landes. Auch die Aloiden bezwangen ihn und ließen ihn 13 Monate in ehernem Kerker schmachten, bis er von Hermes durch List befreit wurde. Zweimal kämpfte er mit Hercules, um den Fall seines Sohnes Cycnus zu rächen; das erste Mal trennte Zeus den Kampf, indem er seinen Blitzstrahl zwischen die Kämpfenden warf, das zweite Mal, wo Athene dem Hercules mit der Aegis beistand, ward Ares verwundet. Aus Eifersucht verwandelte er sich in einen Eber, welcher den Adonis tödtete. Allein unter den Göttern nicht zur Hochzeit des Pirithous eingeladen, erregte er den Kampf zwischen den Lapithen und Centauren. Als er den Halirrhodius, den Sohn des Poseidon, tödtete, weil er seiner Tochter Alcippe Gewalt anthun wollte, ward er von dem erzürnten Vater beim Rathe der Götter als Mörder angeklagt und vor ein Blutgericht gefordert. Die oberen Götter versammelten sich auf einem Hügel vor Athen, welcher davon in der Folge Areopagus (Hügel des Ares) genannt wurde, sprachen ihn aber frei. So roh und wild er war, ward er doch von Aphrodite geliebt, die ihm nach späteren Sagen den Deimos, Phobos, Eros, Anteros und die Harmonia gebar. Sein Lieblingssitz war im rauhen Gebirgsland Thracien, wo er auch besonders verehrt ward. Auch in Aegypten ward er verehrt. In Colchis hing das goldene Vließ in dem Haine des Ares an einer Eiche; von da brachten die Dioskuren seine Bildsäule mit nach Lakonien, wo sie fortan auf dem Wege von Sparta nach Therapne im uralten Heiligthum des Ares Thereitas stand. In Griechenland war sein Dienst nicht allgemein verbreitet. Zu Athen hatte er einen Tempel, worin seine Statue von Alcamenes neben denen der Aphrodite, Enyo und Athene stand. Sein berühmtester Tempel war der zu Tegea. In Sparta stand dem Tempel des Poseidon Hipposthenes gegenüber eine alte Bildsäule des Ares Enyalyos, welche in Ketten gebunden war, damit Mannhaftigkeit und Kriegsglück stets an Sparta gefesselt sein möchten. Bei den Etruskern war er einer der blitzwerfenden Götter. Die Römer erhielten den Dienst des M. schon in der frühesten Zeit von den Etruskern. Romulus und Remus waren der Sage nach von ihm mit der Rhea Sylvia erzeugt, weshalb ihn die Römer als Ahnherrn betrachteten. Er gehörte (als Mamers) zu den 12 Arvalbrüdern und zu den 12 obersten Göttern (Dii consentes), welche die Elemente beherrschten und die Jahreszeiten herbeiführten. Daher begann das alte römische Jahr mit dem Monat des M. Ihm zu Ehren ordnete Numa Pompilius den Dienst der Salier (s. d.) an, welche im März, am Feste des Gottes, unter Tanz und Hymnensingen einen Aufzug hielten und die heiligen Schilde (ancilia) bewachten. Außerdem feierten die Römer ihm zu Ehren die martialischen Spiele jährlich am 12. Oktober durch Pferderennen auf dem Circus. Ihm war das Marsfeld geweiht, und außerdem hatte er mehre Tempel; namentlich erbaute ihm unter dem Namen Mars ultor Augustus einen äußerst prächtigen Tempel. Geopfert wurden ihm Menschen, Pferde, Stiere, Böcke; geweiht waren ihm der Wolf, der Specht, der Hahn, das Gras, der Planet Mars, der Monat März, der Dienstag, als Attribute Wolf und Speer. Unterschieden wird übrigens bei den Römern Mars Gradivus und Quirinus, jenes der Name des Gottes im Kriege, dieses im Frieden. Plastisch dargestellt ward er weniger bei den Griechen als bei den Römern. Das griechische Ideal scheint auf Alcamenes und Scopas zurückgeführt werden zu müssen. Zu seiner Darstellung gehört eine kräftige Muskulatur, ein starker, fleischiger Nacken, kurz gelocktes und gesträubtes Haar. Er hat kleinere Augen, eine etwas mehr geöffnete Nase und eine weit weniger heitere Stirn als andere Söhne des Zeus und erscheint männlicher als Apollo und selbst als Hermes. Bekleidet ist er mit einer Chlamys. Auf Reliefs des alten Styls ist er geharnischt, später hat er gewöhnlich nur den Helm. In der Regel steht er aufrecht; Scopas bildete ihn sitzend. Auf römischen Münzen bezeichnet ein lebhafter Schritt den Gradivus, der Legionsadler und andere Signa den Stator und Ultor, Viktorien, Trophäen, der Oelzweig den Victor und Pacifer. Mit Aphrodite gruppirt ist er auf mehren Statuen vorhanden; die Römer stellten ihn gern mit der Ilia oder Rhea Sylvia dar. Die vorzüglichsten Statuen sind in der Villa Ludovisi, in der Villa Borghese, Hadrian als M. im kapitolinischen Museum zu Rom.

Mars, Planet, der in unserm Sonnensystem seine Bahn zunächst außerhalb der Erdbahn hat u. besonders deshalb wichtig geworden ist, weil Kepler an ihm die elliptische Gestalt der Bahn zuerst erkannt und darnach die bekannten, die Bahnen aller Planeten betreffenden Gesetze aufgestellt hat. Dem unbewaffneten Auge zeigt er sich in einem röthlichen, durch das Fernrohr betrachtet aber in einem mehr gelblichen Lichte. Seine Bahn weist nach der des Merkur die größte Excentricität auf; dieselbe beträgt nämlich 0,0932168, d. i. etwa $1/_{11}$ der halben großen Axe seiner Bahn, und ist daher $5^1/_2$mal so groß als die der Erdbahn. Die Ebene der Bahn aber weicht nur wenig von der der letzteren ab, denn die Neigung beträgt nur 1° 51′ 6″,2. Die mittlere Entfernung des M. von der Sonne ist, wenn man die der Erde = 1 setzt, 1,52369, nahe an 32 Mill. Meilen. Die größte und kleinste Entfernung verhalten sich fast wie 5 : 4, indem die erstere 34,45, die letztere 28,58 Mill. Meilen beträgt. Das Licht, welches der Planet von der Sonne erhält, ist in der mittleren, kleinsten und größten Entfernung respektive 0,43, 0,36 und 0,52 von dem, welches die Erde von der Sonne empfängt. Zur Zeit seiner Opposition kann sich M. der Erde bis auf $7^3/_4$ Mill. Meilen nähern, in seiner oberen Konjunktion sich aber auch bis auf 55 Mill. Meilen von derselben entfernen. Daher sein wechselnder Glanz und sein veränderlicher scheinbarer Durchmesser, welcher in der mittleren Entfernung 5″,8, in der größten 3″,3, in der kleinsten 23″ beträgt. Sein wahrer Durchmesser ist 0,519 des Erddurchmessers oder 892 geogr. Meilen. Darnach berechnet sich seine Oberfläche zu 0,27 der Erdoberfläche, d. h. sie ist 3,7mal in letzterer enthalten, und erst 7,1 Marskugeln haben gleichen körperlichen Inhalt mit der Erde. Im Verhältniß zur Sonne ist die Masse des M. $\frac{1}{2680337}$, welche Zahl aber noch der Korrektion bedarf. Die Dichtigkeit des M. würde darnach = 0,948 der Erddichtigkeit oder 5,21mal so groß als die Dichtigkeit des Wassers sein. Die Schwere würde hiernach u. unter Berücksichtigung der Entfernung seiner Oberfläche vom Mittelpunkt auf dem M. etwa $1/_2$ der auf der Erde beobachteten betragen. Merkwürdig sind die helleren und dunkleren Flecken, die man mit Hülfe eines guten Fernrohrs auf dem Planeten bemerkt. Sie müssen der festen Oberfläche desselben angehören, da sie regelmäßig wiederkehren, wonach Beer und Mädler die Rotationszeit des Planeten zu 24 Stunden 37 Minuten 20,4 Sekunden mittlerer Zeit bestimmt haben. Zwei größere Flecken an den beiden Polen des Planeten zeigen regelmäßige Veränderungen in ihrer Größe, die mit dem Verlauf der Jahreszeiten auf demselben in enger Beziehung stehen. Zur Zeit des dortigen Frühlings und Herbstes, also zur Zeit, da die Sonnenstrahlen senkrecht auf den Aequator des M. treffen, erscheinen nämlich beide Flecken gleich groß, während der Flecken an dem Pole, welcher gerade von der Sonne beleuchtet wird, kleiner, der Flecken an dem entgegengesetzten Pole aber größer erscheint. Auch ist zu Zeiten von der Erde aus nur Einer dieser Flecken, und zwar der an dem uns zugewandten Pole gelegene sichtbar, was seinen Grund in der schiefen Stellung der Axe des M. gegen seine Bahn (die nach Herschel 28° 42′ beträgt) hat. Man pflegt jene Flecken nicht unpassend als Schneeflecken zu bezeichnen. Auch zeigt uns M., wie kein anderer Planet, ähnliche meteorologische Prozesse wie die Erde, woraus man mit Recht folgert, daß er Wasser und eine Atmosphäre besitzen muß. Eigenthümlich grünliche Flecken des M. ist man geneigt, für Meere zu halten. Die Abplattung des M., die lange in Zweifel gezogen worden ist, beträgt nach Arago's Messungen $\frac{1}{38,8}$, nach neueren Untersuchungen $\frac{1}{32}$ des Aequatorialhalbmessers. Der Planet vollendet seine 200 Millionen Meilen lange Bahn siderisch in 1 Jahr 321 Tagen 18 Stunden 41 Minuten 37 Sekunden, tropisch in 1 Jahr 321 Tagen 16 Stunden 29 Minuten 30 Sekunden, wonach er in jeder Sekunde 3,4 Meilen zurücklegt. Bei der gegenwärtigen Lage der Axe des M. ergibt sich für dessen nördliche Halbkugel die Dauer des Frühlings zu 191, die des Sommers zu 181, die des Herbstes zu 149½, und die des Winters zu 147 unserer Tage. Die besten Tafeln zur Bestimmung der Oerter dieses Planeten hat von Lindenau geliefert. Das Zeichen des M. ist ♂.

Mars (Marsh, gewöhnlich Mastkorb genannt), auf Seeschiffen das Rösterwerk, welches auf zwei starken mit dem Mast verbolzten Planken (den Sahlingen oder der Sattelung) ruht und dazu bestimmt ist, den Fuß der Stenge, d. h. der Verlängerung des Mastes, zu tragen und sie durch die Wandten derselben zu befestigen. Auf größeren Schiffen ist noch auf der hinteren Seite der Marse eine auf Stützen ruhende Regelung angebracht, wo die zum Ausgucken Beorderten ihren Platz haben.

Mars, Anne Françoise Hippolyte Boutet-Monvell, ausgezeichnete französische Schauspielerin, am 9. Februar 1779 zu Paris geboren, trat in ihrem 13. Jahre auf dem Théâtre des Variétés-Montansier in Versailles in Kinderrollen auf, ging im folgenden Jahre zum Théâtre Feydeau über, wo sie naive Rollen spielte, und ward darauf beim Théâtre de la République (jetzt Théâtre-français) angestellt, wo sie bald der Liebling des pariser Publikums wurde. Napoleon I. berief sie stets, wo es galt, seine Siege auch auf der Bühne zu feiern. Im Jahre 1840 trat sie von der Bühne zurück und † am 20. März 1847 zu Paris. Ihre vorzüglichsten Rollen waren Célimène im „Misanthrope“ und Elmire im „Tartuffe“; aber auch die Koketten in den marivaux'schen Lustspielen wurden von ihr mit großer Vollendung des Spiels gegeben. Ungemein unterstützt wurde sie bei ihren Darstellungen durch eine sanfte, der verschiedensten Modulation fähige Stimme, sowie durch ein vortheilhaftes Aeußeres.

Marsala, Seestadt und Festung auf der Westküste der Insel Sicilien, Provinz Trapani, östlich von Kap Boko und etwas nördlich von der Mündung des gleichnamigen Flüßchens, in einer fruchtbaren und gut bebauten Gegend, ist freundlich und ziemlich regelmäßig gebaut, ummauert und von einer langen schönen Straße, dem Cassaro, durchschnitten. Merkwürdig ist eine in der Nähe aufgefundene und in dem Rathhause aufgestellte sehr schöne antike Marmorgruppe, 2 Löwen darstellend, die einen Stier zerreißen. Auch andere Alterthümer, wie Ueberreste von Wasserleitungen, Gräbern, Statuen &c., hat man in der Nähe gefunden. M. hat 25,450 Einwohner, die bedeutenden Handel mit Getreide und Oel, mit Soda und in den Salzwerken der benachbarten Lagunen gewonnenem Salze, besonders aber mit dem bei M. im Val di Mazzara angebauten Marsalawein treiben, der dem Madera ähnlich ist u. hauptsächlich nach England u. Westindien verführt wird. M. ist zum Theil auf den Ruinen der alten Stadt Lilybäum (s. d.) erbaut. Ihre jetzige Gestalt verdankt die Stadt den Saracenen, welche sie im 9. Jahrhundert einnahmen u. Mars-Allah, d. h. Hafen Gottes, nannten, und den Normannen, von welchen jene im 11. Jahrhundert vertrieben wurden. Am 11. Mai 1860 landete hier Garibaldi trotz der neapolitanischen Kreuzer, die von seinem Vorhaben unterrichtet waren, glücklich mit Hülfe eines englischen Schiffes, um seinen berühmten Siegeszug gegen König Franz II. anzutreten.

Marsan, früher ein kleines Territorium in der französischen Landschaft Gascogne, jetzt zum Departement des Landes gehörig, mit dem Hauptort Mont de M. (Mersen), wo am 9. August 870 ein Theilungsvertrag zwischen Ludwig dem Deutschen und Karl dem Kahlen abgeschlossen ward.

Marsberg (Ober- und Nieder-M., Stadtberge), alte Stadt in der preußischen Provinz Westphalen, Regierungsbezirk Arnsberg, Kreis Brilon, an der Diemel, mit evangelischer und katholischer Kirche, Privatirrenanstalt, Papierfabrik, Kupfergrubenwerk, Vitriol- und Eisenhütten, Gyps- u. Dachschieferbrüchen und 3750 Einwohnern. In der Nähe stand die Sachsenfestung Eresburg.

Marsbraun, **Marsgelb**, **Marsorange**, s. v. a. Künstlicher Ocker.

Marsch (v. Franz.), jede schlagfertige Bewegung der Truppen nach irgend einem gegebenen Ziele; marschiren heißt daher: von einer Aufstellung zur andern schreiten. Dem Zweck nach unterscheidet man Friedens- (sogenannte Reise-) u. Kriegsmärsche. Die Kriegsmärsche sind ihrer Richtung nach Vor-, Rück- oder Seitenmärsche, in Rücksicht auf Schnelligkeit und Dauer gewöhnliche Märsche, täglich zu 2½—3 Meilen, forcirte oder angestrengte Märsche, täglich zu 4—5 Meilen, und Eilmärsche, täglich zu 6—8 Meilen. Wie viel solcher Märsche hinter einander gemacht werden dürfen, bevor ein Rasttag eintritt, hängt theils von der Wichtigkeit des Zwecks, theils von dem Zustande der Truppen ab. Wenn es bloß darauf ankommt, einen Punkt des Kriegsschauplatzes früher als der Feind zu erreichen, nicht aber dort mit Uebermacht zu erscheinen, so kommt die Zahl der Zurückbleibenden nicht weiter in Betracht, und man kann in solchen Fällen fast Unglaubliches leisten (wir erinnern z. B. an Junots Einfall in Portugal). Selbst bei Rückmärschen ist es in manchen Fällen besser, die Nachzügler aufzugeben, als sich vor Erreichung eines wichtigen Punktes, z. B. einer Festung, einem nochmaligen Angriff auszusetzen. Sehr wichtig für die Kriegführung ist in neuester Zeit die Beförderung der Truppen auf Eisenbahnen geworden. Die Vor-

[illegible] zum M. bezwecken, die Truppen durch Abhärtung und Uebungsmärsche, sowie durch zweckmäßige Ausrüstung, Gepäck, Fußbekleidung, Hufbeschlag ꝛc. marschfähig zu machen. Die Marschordnung bestimmt die Reihenfolge der Truppen. Auf dem M. ist eine strenge Marschdisciplin nothwendig; dahin gehören alle dienstlichen Maßregeln, welche die Ordnung aufrecht erhalten, das Austreten Einzelner (Marodiren) hindern, für die Gesundheit der Mannschaft Sorge tragen ꝛc. Besonders auf Rückzügen und bei Nachtmärschen ist die Disciplin mit größter Strenge zu handhaben. Der Marschfelddienst in der Nähe des Feindes bezweckt die Sicherheit der Truppen. Es werden Abtheilungen in der Richtung desselben detachirt, als Avantgarde, Arrièregarde oder Seitendeckung, um den Feind frühzeitig zu entdecken und zu melden, nöthigenfalls auch aufzuhalten, bis die Truppen ihre Maßregeln getroffen haben. Marschroute heißt die einer Truppe vorgeschriebene Straße. Marschquartiere sind solche, die nur auf Einen oder zwei Tage bezogen werden, im Gegensatz zu den Kantonnirungen. Abmarsch heißt Aufbruch. Taktisch versteht man jedoch unter Abmärschen die Kolonnenformationen aus der Linie, deren Herstellung aus den Kolonnen die Aufmärsche sind. In Bezug auf das Marschtempo der Infanterie gibt es den Parade- und Geschwindmarsch und den Sturmschritt; ersterer kommt nur noch zur Ausbildung der Rekruten und bei Leichenparaden vor. Unter Friedrich dem Großen avancirte die Infanterie im Tempo von 76 Schritt in der Minute gegen den Feind; jetzt ist das gewöhnliche Tempo 108 Schritt, das zum Bayonnetangriff noch mehr beschleunigt wird.

Marsch (ital. marcia), in der Musik ein kurzes, seit dem dreißigjährigen Kriege übliches Tonstück, das eigentlich bestimmt ist, bei militärischen und andern Aufzügen sowohl durch seinen Takt die vollkommene Gleichheit der Schritte zu erleichtern, als auch den ganzen Hergang durch Musik feierlicher zu machen. Der M. wird jederzeit in einer geraden (4theiligen) Taktart gesetzt, kann ebenso gut im Auftakt als im Niederschlag beginnen und besteht gewöhnlich aus 2, meist 8- oder 16taktigen Reprisen oder Wiederholungstheilen, nebst einem Trio, das gleichfalls aus 2 Reprisen besteht, aber aus einem an Charakter vom Hauptsatz abweichenden Tongedanken gebildet und in einer andern (meist verwandten Neben-) Tonart gesetzt zu sein pflegt. Die verschiedenen Arten der Militärmärsche, als Parademarsch, Sturmmarsch ꝛc., kommen in der Form unter sich u. mit den bei bürgerlichen Festlichkeiten u. Aufzügen gebräuchlichen ganz überein. Der Charakter wird durch die Art der Festlichkeit, oder des Hergangs, wobei der M. gebraucht werden soll, bestimmt. Je nach derselben ist er heiter, feurig, feierlich (Festmarsch), ernst, pathetisch, pomphaft, tragisch (Trauermarsch) ꝛc. Auch in die cyklischen Formen (Sonate und Sinfonie) hat der M. Aufnahme gefunden und wird dann meist etwas freier behandelt und kunstvoller ausgearbeitet.

Marschall (in alterthümlicher Form Marschalk, im mittelalterlichen Latein marescalcus, vom altdeutschen Mar oder Mähre, d. i. Pferd, besonders Streitroß, und Schalk, d. i. Diener), ursprünglich Einer, der die Aufsicht über die Pferde und über den Stall führte, also etwa s. v. a. Stallmeister, wie denn noch jetzt Maréchal im Französischen der Hufschmied heißt. Schon in den frühesten Zeiten der fränkischen Könige stieg aber der M. zum höheren Hofbeamten (comes staballi, vergl. Connetable) empor, dessen Funktion im deutschen Reiche seit der Zeit Kaiser Otto's I. eines der großen Erzämter (s. d.) ward. Wie diese, gleich anfangs mit Lehngütern verbunden, im Laufe der Zeit erblich wurden, so war dies auch mit dem Erzmarschallamte der Fall, dessen Inhaber (Reichserzmarschall) der Kurfürst von Sachsen war, der aber, wie die andern fürstlichen Inhaber der Reichserzämter, den damit verbundenen Dienst später durch den Erbmarschall verrichten ließ. Dieser Dienst bestand bei der Kaiserkrönung mit Beziehung auf die ursprüngliche Funktion des M.s darin, daß derselbe zu Pferde, in der Hand ein silbernes Streichholz und ein silbernes Maß, in letzterem Hafer fassen und einem Diener darreichen mußte. Außerdem hatte er bei Reichstagen und bei sonstigen feierlichen Gelegenheiten die Ordnung und das Ceremoniel zu überwachen. Jetzt ist Hofmarschall der Titel eines höheren Hofbeamten, der als Vorsteher des Hofmarschallamts die ganze Haushaltung des Hofs, Küche, Keller, Baulichkeiten ꝛc., sowie das niedere Hofpersonal unter seiner Aufsicht u. bei Hoffestlichkeiten die nöthigen Anordnungen zu treffen hat (s. Hof). Die vormaligen Reichs- und Landerbmarschälle führten bei Versammlungen der Landstände den Vorsitz, mußten aber in Staaten mit Repräsentativverfassung ihre Funktionen den Präsidenten der Landtage abtreten. Endlich kommen auch bei anderen, als Hoffestlichkeiten, wie bei größeren Leichenbegängnissen und dergl., Marschälle (Festmarschälle) vor, welche entweder dafür zu sorgen haben, daß Alles in der gehörigen Ordnung vor sich gehe, oder bloß im feierlichen Kostüm dem Zuge vorangehen. Eine andere Bedeutung, als die bisher genannten, haben die Marschälle von Frankreich (maréchaux de France), die bis in die ältesten Zeiten der französischen Monarchie zurückreichen. Schon unter Philipp August (1180—1223) führte der Oberbefehlshaber der königlichen Truppen zeitweilig jenen Titel, welcher zwar den höchsten militärischen Rang bezeichnete, aber nur gewisse Privilegien in Bezug auf die Hofetikette verlieh. Zur Zeit Ludwigs des Heiligen gab es zwei, später drei, vier u. mehr solcher Marschälle. Unter Heinrich III. ward durch die Etats généraux die Zahl derselben wieder auf vier herabgesetzt, doch ward diese Zahl schon von dem genannten König und noch mehr von dessen Nachfolgern wieder überschritten. So gab es unter Ludwig XIV. nicht weniger als 20 Marschälle, unter denen auch Seemänner waren. Die Adjutanten, welche sich diese Marschälle der altfranzösischen Monarchie nach eigener Wahl zugesellten, hießen Aides-maréchaux, aus ihnen gingen später die Maréchaux de camp hervor, welche für die Verpflegung und Einquartierung der Truppen zu sorgen hatten, manchmal aber auch selbst befehligten und im Rang dem Brigadegeneral gleich standen. Die Revolution beseitigte, wie andere Institutionen des alten Königthums, so auch die Marschallswürde, Napoleon I. aber, der seinen Kaiserthron mit dem Gepränge der über den Haufen geworfenen Monarchie zu umgeben für gut fand, stellte dieselbe wieder her, indem er Marschälle des Reichs (maréchaux de l'empire) ernannte. Unter der Restauration wurde auch der Titel eines Maréchal de camp wieder aus der Vergelegenheit hervorgezogen. Unter dem Julikönigthum aber ward durch ein Gesetz vom 4. August 1839 die Zahl der Marschälle von Frankreich in Friedenszeiten auf sechs herabgesetzt, die jedoch in Kriegszeiten bis auf zwölf vermehrt werden durfte. Napoleon III. stellte das Verhältniß unter Napoleon I. wieder her. Das Zeichen der französischen Marschallswürde ist ein azurblauer, mit goldenen Sternen verzierter Stab. Uebrigens werden mit dem Namen M. in Frankreich auch noch anderweite militärische Chargen bezeichnet, wie z. B. bei der Kavallerie Maréchal de logis derjenige Unteroffizier heißt, welcher die Einquartierung seiner Eskadron zu besorgen hat. Vergl. Feldmarschall.

Marschallinseln, s. Mulgravearchipel.

Marschall von Sachsen, s. Moritz, Graf von Sachsen.

Marschlager, s. Lager und Bivouac.

Marschland (von marsk, sumpfige Niederung), in Nordwestdeutschland Name des niedrigen fruchtbaren, meist durch Dämme oder Deiche gegen Ueberschwemmung geschützten u. durch Kanäle, deren Oeffnungen durch Schleußen geschlossen sind, entwässerten Landes längs der Küste u. der Meeresufer. Es findet sich nur da, wo der Wechsel von Ebbe und Fluth vorhanden ist, und die Schleußen (Siele) dienen dazu, dem in den Marschen sich sammelnden Wasser zur Zeit der Ebbe den Ausfluß zu gestatten, durch ihr Sichschließen zur Zeit der Fluth aber dem andringenden Außenwasser den Eingang zu verwehren, denn die niederen eingedeichten Marschen liegen zur Fluthzeit unter dem Spiegel des Merres oder der angrenzenden Flüsse. Der Boden, der aus dem feinsten Thonschlamm (Schlick) und Sand besteht und meist reich ist an Resten mikroskopischer Organismen, pflanzlicher und thierischer, so weit das Seewasser reicht, nicht bloß kieselschaliger Infusorien, sondern auch kalkschaliger Polythalamien, welche letztere im Binnenlande fehlen, ist von fast unerschöpflicher Fruchtbarkeit und wunderbarer Ertragsfähigkeit, da er nicht allein die reichsten Getreideernten, insbesondere von Weizen, auch von Oelfrüchten, Küchengewächsen, in Holland auch von Krapp und andern Handelspflanzen liefert, sondern vor Allem auch in seinem hohen massigen Graswuchs die ergiebigste Zucht von Milch- und Mastvieh ermöglicht, welche den Reichthum aller dieser gesegneten Marschländer von dem Mündungslande der Schelde bis Südjütland längs der Küsten der Nordsee begründet. Die Ortschaften liegen entweder an der Grenze dieses M.es gegen das angrenzende Sandland, die Geest, oder es werden die einstockigen Häuser innerhalb der Marsch selbst auf künstlichen, über den höchsten Rand der Springfluthen reichenden Sanderhöhungen (Warften) gebaut. Kanäle u. Dämme bilden die Verkehrswege im durch Gräben durchschnittenen M. Die Unterlage des M.es ist bald Thon, bald Sand, bald fester und selbst schwimmender Moor. Diese Marschländer sind, wie im Mündungsland der Schelde und Maas und auf vielen andern Strichen der Nordküste, noch in täglicher, wenn gleich sehr langsamer Fortbildung begriffen, indem die Fluth, mit Schlick beladen, eine dünne Schicht desselben auf dem von ihr überschwemmten Lande absetzt, was überall geschieht, wo der Grund thonig ist, nicht aber auf sandigem, weil wegen der wallenden Bewegung des Sandes die zurücktretende Fluth denselben wieder mit hinwegnimmt. So erhöht sich der Sand allmählig nach Forchhammers interessanten geologischen Studien am Meeresufer, bis am Ende der Queller (Salicornia herbacea) sich ansiedeln kann, zwischen dessen steifen horizontalen Aestchen das Wasser sich beruhigt und der Absatz des Schlammes befördert wird. Ist es so weit gekommen, so kann der Mensch sich des Landes durch Eindeichen bemächtigen. Dieses Anwachsen des M.es erfolgt aber meist sehr langsam, in manchen Gegenden beträgt die Erhöhung in einem halben Jahrhundert nur 1 Fuß, während in andern 6—8 Jahre dazu genügen. An den Küsten von Schleswig-Holstein erfolgt diese Bildung des M.es hinter der äußeren Dünenreihe, welche von Südjütland bis Texel die Inselreihe parallel der Küste bildet; dort ist der Meeresboden so seicht, daß zur Zeit der Ebbe große Strecken desselben über das Wasser treten, die sogenannten Watten, theils thonige, theils sandige, und daß dann letztere vom Lande aus die 4 Meilen entfernte Insel Sylt zu erreichen gestatten. Während hier der Meeresboden selbst das Material zur Erhöhung bildet, ist es vor der Mündung der Ströme der von diesen mitgebrachte und aus dem durch die Fluth aufgestauten Wasser niederfallende Schlick, der vorzugsweise an der Fortbildung des M.es arbeitet und bewirkt, daß sich vor den Dämmen Marschvorland absetzt. Was der Mensch von solchem Lande durch Damm- u. Schleußenbau durch Jahrhunderte langen Fleiß sich zu eigen gemacht, entreißt ihm freilich oft eine einzige mit Sturm verbundene Springfluth wieder. Viele fruchtbare Streifen sind wohl solches durch kontinentale Erhebung über ihr früheres Niveau erhabenes M., so die fruchtbare magdeburger Börde an der Elbe.

Marschner, Heinrich, ausgezeichneter deutscher Komponist, den 16. August 1795 zu Zittau geboren, besuchte daselbst das Gymnasium und erhielt auch in der Musik schon frühzeitig Unterricht. Nach dem Willen seiner Aeltern bezog er 1813 die Universität Leipzig, um die Rechte zu studiren, widmete aber den größten Theil seiner Zeit der Musik und ward endlich durch Kantor Schicht ganz für diese gewonnen. Nur einige philosophische und ästhetische Vorlesungen hörte er noch im Interesse seiner musikalischen Ausbildung. Er übte sich auf dem Klavier, der Violine und andern Instrumenten, studirte die Komposition u. beschäftigte sich auch mit Komponiren. Auf einem künstlerischen Ausfluge nach Karlsbad 1817 lernte ihn der ungarische Graf Amadé, ein leidenschaftlicher Musikliebhaber, kennen u. veranlaßte ihn, seine musikalischen Studien in Wien fortzusetzen. Auf einem Gute des Grafen in Ungarn komponirte M. seine erste Oper „Der Kyffhäuserberg" von Kotzebue, und hier schloß er auch Freundschaft mit Hornbostel, der ihm den Text zu zwei andern Opern lieferte, „Heinrich IV. und Aubigné", die 1819 mit großem Beifall in Dresden, und „Saidar", die um dieselbe Zeit zu Preßburg gegeben wurde. Im Jahre 1821 ließ sich M. in Dresden nieder. Hier komponirte er die Ouverture und Entreactes zu Kleists „Prinzen von Homburg", die Gesänge zu Fr. Kinds „Schön Ella" und zu Theodor Hells „Ali Baba". Im Jahre 1823 zum Hofmusikdirektor der deutschen und italienischen Oper zu Dresden ernannt, ward er in den nächsten Jahren bei Morlachi's und Webers steter Kränklichkeit so in Anspruch genommen, daß er nur Kleineres, wie die Operette „Der Holzdieb" von Kind, schaffen konnte. Im Jahre 1826 legte er seine Stelle nieder, verheirathete sich bald darauf mit der Sängerin Wohlbrück und ging mit derselben auf Reisen. Im Jahre 1828 ward sein „Vampyr" mit Libretto von des Komponisten Schwager, dem Schauspieler Wilhelm Wohlbrück, zum ersten Male aufgeführt, und diese Oper, sowie die im nächsten Jahre entstandene, nach W. Scotts „Ivanhoe" gleichfalls von Wohlbrück bearbeitete, „Der Templer und die Jüdin", waren es eigentlich, die M.s Ruhm begründeten. Weniger Glück machte seine folgende Oper „Des Falkners Braut", um so größeres wieder „Hans Heiling" (1833), wozu M. der Text von Eduard Devrient, u. zwar anonym, zugesandt ward. Gegen Ende 1830 war M. einem Rufe als Kapellmeister und Operndirigent nach Hannover gefolgt. In Anerkennung seiner musikalischen Verdienste sandte ihm die philosophische Fakultät der Universität Leipzig 1834 das Doktordiplom; 1841 ernannte ihn die Gesellschaft der Musikfreunde zu Wien zu ihrem Mitgliede. Im Jahre 1836 führte er zu Hannover die Oper „Das Schloß am Aetna" (Text von Klingemann) auf. Den Text zu seiner dramatischen Schöpfung „Der Bäbu" (1837) lieferte wieder Wohlbrück. Nach längerer Pause vollendete M. 1849 den „Adolf von Nassau" (Text von Heribert Rau), 1854 den „Austin", sein vollendetstes Werk, dem nun wieder in rascher Folge sich die Gesänge zu „Waldmüllers Margret" (Text von J. v. Rodenburg) und zum „Goldschmied von Ulm" (Text von Mosenthal), sowie die Oper „Hiarne" anreihten. Seit 1859 mit dem Titel eines Generalmusikdirektors in den Ruhestand versetzt, † er zu Hannover den 14. December 1861. M. gehörte der an Beethoven, Mozart und Weber sich anschließenden ächt deutschen Komponistenschule an. Was seine Opern besonders auszeichnet, sind lebendige und energische Orchestrik bei aller Reinheit der Mittel, Reichthum an dramatisch wirkungsvollen Tonstücken, frischer Schwung der Melodien und eine eigenthümliche Zartheit und Wärme der Erfindung. Neben der Oper hat sich M. auch in anderen Zweigen der Musik versucht. Seine Lieder und Gesänge zeichnen sich durch Frische der Empfindung, Reichthum der Melodie, Fülle der Harmonie u. Tiefe der Empfindung aus. Auch viele Sachen für Pianoforte, Quartette, Trios, Sonaten, Divertissements, Rondos ꝛc. schrieb er. Nicht zu verwechseln mit ihm ist Adolf Eduard M., geboren den 5. März 1810 zu Grünberg in Schlesien, † den 9. September 1853, der sich als Liederkomponist bekannt gemacht hat.

Marsdenia *R. Br.*, Pflanzengattung aus der Familie der Kontorten, charakterisirt durch die aus 5 zusammengedrückten, inwendig ungezähnten Blättchen bestehende Krone der Befruchtungssäule und die krug- oder radförmige Korolle, Sträucher u. Kräuter in Syrien, Ostindien u. Neuholland. M. erecta *R. Br.*, im Orient, mit herz-eiförmigen, spitzigen Blättern und trugdoldigen Blüthen, enthält einen sehr scharfen Milchsaft, der innerlich drastisch-purgirend und brechenerregend wirkt und äußerlich auf der Haut Blasen zieht. Die Blätter, Herba Apocyni folio subrotundo, waren früher gegen Ruhren gebräuchlich. M. suaveolens *R. Br.*, in Neuholland, mit entgegengesetzten, ei-lanzettförmigen, spitzen, ganzrandigen, aderlosen Blättern u. kleinen, weißen, nach Vanille duftenden Blüthen in winkelständigen Döldchen, wird in sandige, mit etwas Torferde gemischte Heideerde gepflanzt, bei 6—10° Wärme durchwintert und im Sommer ins offene Glashaus gestellt. Die Vermehrung geschieht durch Stecklinge. M. tinctoria *R. Br.*, in Ostindien, enthält in seinen Blättern einen indigoartigen Farbstoff.

Marseillaise (franz.), s. Rouget de Lisle.

Marseillan, Stadt im französischen Departement Hérault, an der Lagune von Thau, mit Hafen, ansehnlicher Fischerei, Salzbereitung, Branntweinbrennerei und 3930 Einwohnern.

Marseille, Stadt und Seehafen im südlichen Frankreich, Hauptort des Departements Rhonemündungen, liegt sehr malerisch am Abhange eines Hügels und in einer von dessen Fuße bis zum Meere sich erstreckenden Ebene an der Küste des mittelländischen Meeres, umgeben von Fabriken, Gärten, Weinbergen und mehr als 5000 Landhäusern (Bastiden), und hat 260,000 (318,800) Einwohner. Der alte Hafen, welcher 1200 Schiffe fassen kann, und dessen Quais von Seeleuten aller Nationen wimmeln, bildet eine Bucht zwischen der Altstadt mit ihren engen, krummen und unreinlichen Gassen und der regelmäßigen Neustadt, welche dann noch weit landeinwärts sich erstreckt; den schmalen Eingang beschützen zwei Forts (St. Nicolas und St. Jean); außerhalb des ersteren befindet sich die Vorstadt les Catalans, neben dem Eingange längs der westlichen Küste der künstlich angelegte Hafen de la Joilette. Derselbe ist durch 2 Batterien vertheidigt und durch einen ungeheuren Damm von 4000 Fuß Länge nebst 2 Querdämmen vom Meer abgesondert und steht durch einen Kanal mit dem alten Hafen in Verbindung. Ein dritter Hafen, vor dem Lazareth, ist noch im Bau begriffen. Linienschiffe können im Quarantänehafen, zwischen den Felseninseln Ratonneau und Pomègue, ankern. Vor dieser Rhede liegt auf der Insel If ein Schloß (Château d'If), das früher als Staatsgefängniß benutzt wurde. Vier Leuchtthürme sichern die Schifffahrt. Die Straßen von M. sind breit, mit guten Trottoirs versehen und mit schönen Gebäuden besetzt. Die schönste Straße ist die Canebière, von der aus man den ganzen Hafen übersieht. Sie ist zugleich öffentlicher Platz, Bazar und Spaziergang. Der Cours, eine besonders breite Straße mit Baumalleen, führt zum Triumphbogen d'Aix und durchschneidet die ganze Stadt; der Cours Bonaparte führt zur schönen Promenade. Die öffentlichen Plätze sind regelmäßig und geräumig, wie Place royale, Place neuve, Tourette oder die Esplanade, St. Féréol, Monthion, St. Victor, St. Michel ꝛc. Der Kanal an der Südseite der Stadt ist mit schönen Quais, regelmäßigen Häusern und Magazinen umgeben. An hervorragenden öffentlichen Gebäuden ist M. nicht reich. Das ansehnlichste ist das Rathhaus mit der Börse; bemerkenswerth sind ferner die unvollendete Kathedrale und die uralte Kirche St. Victor; das große und vortrefflich eingerichtete Seelazareth; die neue Markthalle, von 32 Säulen getragen; das große Theater; das Münzgebäude; das Museum; die Douane; die Präfektur. M. ist der Sitz der Departementalbehörden, eines Civil- und Handelstribunals, einer Handelskammer und vieler fremden Konsulate u. hat ein Suffraganbisthum, eine reformirte Konsistorialkirche, eine Synagoge und eine griechische Kirche. An Bildungsanstalten besitzt die Stadt außer einer Akademie der Wissenschaften, Literatur und Künste ein Athenäum, eine Handels- und Industrieschule, eine hydrographische, medicinische, Zeichen- und Musikschule, eine Schule für die arabische Sprache, ein Lyceum, eine öffentliche Bibliothek u. Sternwarte, einen botanischen Garten, ein Gemäldemuseum, ein naturhistorisches Kabinet und anatomisches Wachskabinet, eine statistische und andere gelehrte Gesellschaften. An Wohlthätigkeitsanstalten bestehen große Hospitäler, ein Lazareth, die Consigne, Hospize für Waisen, Irre, Findelkinder, Greise &c. Eine großartige Wasserleitung versorgt M. von Pertins aus mit dem Wasser der Durance, durch einen Kanal von $20^{3}/_{5}$ Meilen Länge. Die Industrie der Stadt liefert namentlich Seife, Leder und Parfümerien, auch Tabak, Zucker, Glas, Porzellan, Hüte, chemische Produkte, gedruckte Calicos, Liqueure. Seine Größe u. Bedeutung verdankt M. jedoch vorzugsweise dem Handel und der Schifffahrt; es ist der erste Handelshafen von Frankreich und der Hauptstapelplatz für den Handelsverkehr mit dem mittelländischen Meere und Algier. Jährlich laufen an 16,000 Schiffe ein und aus. Die Zolleinnahmen des Hafens belaufen sich auf über 60 Millionen Franken. M. ist auch der Hauptplatz der Dampfschifffahrt im Mittelmeere, und seine Bedeutung ist seit der Eroberung von Algier in beständigem Wachsthum begriffen. Seine Ausfuhrartikel sind Kolonialwaaren, die Erzeugnisse seiner Industrie, sowie Seefische, besonders Sarbellen u. marinirte Thunfische, u. Landesprodukte, namentlich Oel, Oliven, Wein, Branntwein, getrocknete und eingemachte Früchte. Mit Bordeaux und Lyon ist M. durch eine Eisenbahn verbunden. Die nächste Umgebung der Stadt ist kahl und öde; erst etwas entfernter ist der Boden gut bebaut u. mit Gärten, Weinbergen und Tausenden von Landhäusern bedeckt. M. ist eine der ältesten Städte Europa's u. wurde um 546 v. Chr. von Phocäern aus Kleinasien gegründet. Es hieß lateinisch Massilia (s. d.), griechisch Massalia und war ein aristokratischer Freistaat mit blühendem Handel. Zur Zeit der Völkerwanderung wurde es eine Beute der verschiedenen Frankreich erobernden Völkerschaften, der Franken, der West- u. der Ostgothen. Dann gehörte es zum fränkischen Reich der Merovinger und Karolinger, später kam es an Burgund und Arelat, wurde aber unter Ludwig dem Blinden (889—903) von den Saracenen zerstört. Unter Konrad dem Friedfertigen von Burgund wieder hergestellt, ward es besondern Statthaltern unterstellt, die sich gegen Ende des 10. Jahrhunderts, unter dem Titel Vicomten von M., unabhängig machten. Die Vicomté wurde bald in eine Menge einzelner Theile zersplittert; die Bürger kauften dieselben nach u. nach an sich, u. M. wurde um die Mitte des 13. Jahrhunderts eine Republik. Als aber bald darauf Karl von Anjou, Ludwigs des Heiligen Bruder, Graf von Provence wurde, unterwarf sich auch M. ihm theilweise, blieb aber doch zur Zeit noch ein besonderer Staat, welcher nicht mit der Provence vereinigt war. Im Jahre 1423 eroberte und verwüstete Alfons von Aragonien die Stadt. René, Graf von Provence, baute sie wieder auf, und nach dem Tode seines Nachfolgers, des Grafen Karl von Maine, wurde sie 1481 der Krone Frankreichs einverleibt. Sie vertheidigte sich 1524 tapfer gegen den Connetable Karl von Bourbon und 1536 gegen Kaiser Karl V. Auf der Seite der Ligue stehend, war es die hartnäckigste unter allen französischen Städten. Im Jahre 1575 erfolgte endlich die Uebergabe an Heinrich III., welche die Einwohner noch bis in die neueste Zeit jährlich durch eine Prozession feierten. Ludwig XIV. beraubte die Stadt 1660 ihrer Freiheiten, u. M. war seitdem eine gewöhnliche See- und Handelsstadt. In den Jahren 1720 und 1721 litt es sehr durch die Pest, welche sich von einem Schiffe aus in die Stadt verbreitete. In M. allein sollen 60,000 Menschen gestorben sein. In der ersten französischen Revolution war es durchaus republikanisch gesinnt. Die Hefe des Volks und losgelassene Galeerensklaven machten jene marseiller Horden aus, welche 1792 in Paris so viele Greuelthaten vollbrachten. Der Handel der Stadt, welcher seitdem sehr gesunken war, hat sich erst in neuerer Zeit wieder bedeutend gehoben. Vergl. Brückner, Historia reipublicae Massiliae, Göttingen 1826; Ternaux, Historia reipublicae Massiliae, das. 1826.

Marsen (lat. Marsi), 1) alte sabellische Völkerschaft in Samnium, in der von den Bergen des Apenninus umschlossenen Hochebene, im heutigen Abruzzo ulteriore. In Verbindung mit ihren Stammverwandten, den benachbarten Pelignern, Vestinern &c., standen die M. fast immer mit den Samnitern im Bündniß gegen Rom, später, 304 v. Chr., wohl in einem Bund mit Rom, 91 v. Chr. aber wieder an der Spitze des allgemeinen Aufstandes der Bundesgenossen gegen Rom (s. Bundesgenossenkriege). Zu ihrem Gebiet gehörten die Städte Maruvium, Cerfennia und Lucus Angitiae. — 2) Volk im nordwestlichen Germanien zwischen der Lippe und Ems, zum Bunde der Cherusker gehörig, wird erst seit der Niederlage des Varus bekannt, an der es wesentlich Antheil hatte. Von Germanicus bedrängt, zogen sich die M. in das Innere von Germanien zurück, worauf der Name verschwindet.

Marsfanal, s. v. a. Leuchtthurm.

Marsfeld, bei den Römern (Campus Martius oder auch bloß Campus) der nördliche Theil der großen Ebene, welche sich außerhalb des Pomörium von Rom von den Abhängen des Pincius, Quirinalis und Capitolinus gegen den Tiber hin erstreckte (s. Rom, das alte); zu Paris (Champ de Mars) ein am westlichen Stadtende zwischen dem rechten Seineufer und der Militärschule gelegener, mit Bäumen umschlossener Platz (s. Paris), der zu Marschübungen und Truppenmusterungen dient, geschichtliche Berühmtheit aber in der Revolution erhielt, wo am 14. Juli 1790 die erste konstitutionelle Verfassung Frankreichs daselbst feierlich beschworen wurde (s. Frankreich, Geschichte).

Marsh, Anna, geborne Caldwell, beliebte englische Schriftstellerin, geboren um 1799 in Staffordshire, vermählte sich mit dem Bankier Marsh in London u. veröffentlichte seit 1834 eine lange Reihe von Romanen, unter denen „Mount Sorel" (deutsch von Lindau 1850, 3 Bde.) und „Emilia Wyndham" (deutsch von Bertholdi 1850, 3 Bde.) hervorzuheben sind. Sie erscheinen fast sämmtlich auch in deutscher Uebersetzung. Eine Sammlung derselben veranstaltete Luise Marezoll Leipz. 1856 ff.

Marshallia *Schreb.*, Pflanzengattung aus der Familie der Kompositen, charakterisirt durch den Kelch mit lineal-lanzettlichen Schuppen in 1—2 Reihen, den konvexen, mit linealen, spitzen Spreublättchen besetzten Fruchtboden und den kreiselförmig-5eckigen, weichhaarigen oder zottigen Samen, ausdauernde Kräuter in Nordamerika, von denen als Zierpflanze vorkommt M. caespitosa *Nutt.*, am Red-River, vom Ansehen einer Grasnelke, Rasen bildend, mit rosenrothen, aus lauter Röhrenblättchen bestehenden Blüthenköpfen, wird in lockere, fette, mit Sand gemischte Erde gepflanzt u. entweder im frostfreien Kasten durchwintert, oder im Freien gegen strengen Frost bedeckt.

Marshscher Apparat, chemischer Apparat zur Entdeckung des Arsens, in welchem Arsenwasserstoff u. aus diesem metallisches Arsen (Arsenspiegel) gebildet wird (erfunden von James Marsh, † 1846 zu London, wo er am Arsenal angestellt war); s. Arsenik.

Marsigli, Lodovico Fernando, Graf von, italienischer Gelehrter, geboren den 10. Juli 1658 zu Bologna, begleitete 1679 den venetianischen Gesandten nach Konstantinopel, trat 1683 dem Wunsch seiner Aeltern gemäß in österreichische Kriegsdienste und bewies sich als einen tüchtigen Ingenieur. Bei Raab fiel er in türkische Gefangenschaft, ward aber schon im folgenden Jahre ausgewechselt und zum Obersten ernannt und wiederholt zu diplomatischen Missionen gebraucht. Während des spanischen Erbfolgekrieges ward er Unterkommandant in Altbreisach. Da die Festung 1703 fast ohne Schwertstreich an den Herzog von Bourgogne übergeben wurde, entsetzte ein Kriegsgericht M. aller seiner Würden. Seiner Neigung folgend, nahm dieser hierauf seine wissenschaftlichen Studien wieder auf und bereiste die Schweiz, England und Frankreich, um dort Untersuchungen über die Gebirge u. hier über das Meer anzustellen. Im Jahre 1709 berief ihn der Papst Klemens XI. nach Rom, um den Oberbefehl eines kleinen Heeres gegen den Kaiser zu übernehmen. Da aber der Krieg wegen eines vorher abgeschlossenen Vergleichs nicht zum Ausbruch kam, begab sich M. nach Bologna, wo er am 1. Nov. 1730 †. In seiner Vaterstadt gründete er ein Institut, dem er seine reichen Sammlungen schenkte, das sich aber später sehr von dem ursprünglichen Zwecke seines Stifters entfernte. Von seinen Schriften nennen wir: „Histoire physique de la mer“ (Amsterdam 1725); „Danubius Pannonico-mysicus etc.“ (Haag und Amsterd. 1726, 6 Bde., mit 288 Kupfern) und „Stato militare dell' imperio ottomanne“ (Amst. 1732, 2 Bde.).

Marsischer Krieg, s. Bundesgenossenkriege.

Marslaterne, s. v. a. Leuchtthurm.

Marsroth, s. v. a. künstliches Englischroth.

Marstall, Hafenort auf der schleswigschen Insel Aeröe, mit 2590 Einwohnern, die auf 245 eigenen Schiffen Frachtschifffahrt und Fischerei treiben.

Marston-Moore, Ebene und Dorf in der englischen Grafschaft York, 3 Stunden von der Stadt York, berühmt durch die Schlacht am 2. Juli 1644 zwischen den königlichen Truppen unter dem Prinzen Ruprecht von der Pfalz und den Parlamentstruppen unter Lord Fairfax, worin erstere geschlagen wurden.

Marstrand, Hafenstadt im schwedischen Län Gothenburg, auf einer Scheereninsel mit der Festung Carlsten, besuchtem Seebad und 1080 Einw. Der treffliche Hafen wird durch 2 Forts geschützt.

Marstrand, Wilhelm Nicolai, ausgezeichneter dänischer Maler, geboren den 24. Dec. 1810 zu Kopenhagen, bildete sich auf der Akademie daselbst, zu München und später in Rom, wo er sich hauptsächlich durch sein Gemälde Heimzug einer Gesellschaft vom Oktoberfeste bekannt machte. M. ist dem humoristischen Genre treu geblieben und hat namentlich treffliche Bilder nach Holbergs Meisterstücken gemalt. Seit 1848 wirkt er auch als Professor an der Akademie seiner Vaterstadt.

Marsupialia (lat.), s. v. a. Beutelthiere.

Marsyas, in der griechischen Mythologie der Sohn des Olympus, Oeagrus oder Hyagnis, fand die von Athene weggeworfene Flöte und ließ sich mit diesem Instrument gegen den die Lyra spielenden Apollo in einen musikalischen Wettstreit ein, wobei verabredet war, daß der Sieger mit dem Besiegten nach Gutdünken verfahren könne. Der stärkere Flötenton übertäubte anfangs die sanften Töne der Lyra, und schon neigte sich der Sieg auf M.' Seite, als Apollo sein Spiel mit Gesang zu begleiten anfing. Dies konnte ihm M. mit seiner Flöte nicht nachthun, und die Musen entschieden zu Gunsten des Apollo, der den Besiegten an einer Fichte aufhing u. ihm die Haut abzog. Zu Celänä in Phrygien zeigte man die Haut des M., aus der ein Schlauch gefertigt war, der sich bei Flötenspiel bewegen, bei Kitharspiel ruhig verhalten sollte. Der Wettkampf des M. und Apollo wurde häufig Gegenstand künstlerischer Darstellung. Bei den Römern standen Bildsäulen des M. auf den Marktplätzen als Sinnbilder strengen Gerichts.

Martaban, Provinz in der britisch-hinterindischen Präsidentschaft Kalkutta, an der Ostküste des Meerbusens von Bengalen, welcher davon in seinem nördlichen Theile den Namen Golf von M. führt, umfaßt 570 □Meilen mit 127,000 Einwohnern. Der nordwestliche Grenzfluß der Provinz ist der Salhuen, der in den eben genannten Meerbusen mündet; die Ostgrenze bildet eine Strecke weit der Tenasserim, welcher südlich von dem vorigen in den Meerbusen von Bengalen mündet. Verzweigungen der hinterindischen Hauptgebirge berühren den östlichen Theil der Provinz, deren Klima als gesund und deren Boden als fruchtbar gerühmt wird. Produkte sind: Reis, Pfeffer, Südfrüchte, Baumwolle, Indigo, Arecanüsse, Sapan- und andere Holzarten, etwas Zucker und Tabak, Kardamom; Büffel, Elephanten, Wild; Eisen, Blei, Kupfer. Die Einwohner, ein Mischlingsvolk von Malayen, Siamesen, Peguanern, verfertigen feine Lackwaaren, irdene Geschirre und treiben einigen Handel. M. war früher ein eigenes Königreich, das erst von den Siamesen und dann von den Peguanern 1741 erobert ward. Nachdem es eine Zeitlang zum birmanischen Reiche gehört hatte, kam es 1826 unter britische Herrschaft. Die gleichnamige Hauptstadt, vielleicht das alte Aspithra, an der Mündung des Salhuen in den Martabangolf, hat Fort u. Hafen, Fabrikation von Lack- und Töpferwaaren und 6500 Einwohner. Die Festung M. ward von den Engländern am 29. Okt. 1825 eingenommen, im Frieden zu Yandabu (24. Febr. 1826) wieder herausgegeben, im letzten Birmanenkriege aber am 15. April 1852 mit Sturm genommen. Gegenüber liegt Moulmein, Sitz der britischen Behörden; südlich davon Amhersttown, die wichtigste Stadt der Provinz.

Martel (franz.), Hammer.

Martel, Stadt im französischen Departement Lot, unweit der Dordogne, mit Kommunalcollége, Handel mit roher Seide, Siebgaze, Märkten und 3100 Einwohnern.

Martell, Karl, s. Karl 1) a).

Martellos, die gewölbten runden, mit einigen Kanonen besetzten Thürme auf den Küsten von Sardinien und Korsika, die zur Zeit Karls V. zum Schutze der Gegend gegen die Seeräuber angelegt wurden. Als Napoleon I. England mit einer Landung bedrohte, errichtete man hier ebenfalls M., die jetzt als Wachtthürme gegen die Schleichhändler dienen.

Martène, Edmond, gelehrter Benediktinermönch, geboren 1654 zu St. Jean de Lône, war nach einander Benediktiner zu Rheims, St. Germain des Pres, Marmoutier, Evron, Rouen und wiederum in Marmoutier, durchforschte 1708—24 mit dem Benediktiner Ursin Durand die Bibliotheken vieler Klöster und Kirchen in Deutschland, Frankreich und den Niederlanden und † am 20. Juni 1739 in St. Germain des Pres. Aus seinen zahlreichen Werken sind hervorzuheben: „Commentarius in regulam sancti patris Benedicti literalis, moralis, historicus etc.“ (Paris 1690—95), „De antiquis monachorum ritibus“ (Lyon 1690, 2 Bde.), „De antiquis ecclesiae ritibus“ (Rouen 1700, 3 Bde.), „Thesaurus novus anecdotorum“ (Paris 1717, 5 Bde.) und die große Sammlung „Veterum scriptorum et monumentorum historicorum, dogmaticorum et moralium amplissima collectio“ (das. 1724 bis 1733, 9 Bde.).

Martens, Georg Friedrich von, Diplomat und Publicist, den 22. Febr. 1756 zu Hamburg geboren, studirte in Göttingen die Rechte, bildete sich dann in Wetzlar, Regensburg und Wien weiter aus, erhielt 1784 eine Professur der Rechte zu Göttingen und ward 1789 in den Adelsstand erhoben. Von 1808—13 bekleidete er die Stelle eines Staatsraths und dazu von 1810 die eines Präsidenten der Finanzsektion im Staatsrath des Königreichs Westphalen. Im Jahre 1814 wurde er vom König von Hannover zum geheimen Kabinetsrath und 1816 zum Bundestagsgesandten ernannt. Er † zu Frankfurt am 21. Febr. 1821. Das positive Völkerrecht und das Staatsrecht verdanken M. ihre wissenschaftliche Form und systematische Ausbildung. Sein Hauptwerk ist „Recueil des traités“ (Göttingen 1791 bis 1801, 7 Bde.; 2. Aufl. 1817—30, 8 Bde.), der, mit 761 beginnend, in dem „Nouveau recueil“ (das. 1817—42, 16 Bde.) und dem dieses ergänzenden „Nouveau supplément“ (das. 1839—42, 3 Bde.) von Karl von M., Saalfeld und Murhard bis 1839 fortgeführt wurde. Eine weitere Fortsetzung bildet Murhards „Recueil général des traités“ (Göttingen 1842—43, 12 Bde.); hieran schließen sich wiederum die „Archives diplomatiques“ (1854 ff.) von Murhard und Pinhas an. Ein Generalregister über das Werk ausschließlich der „Archives diplomatiques“ lieferte Karl von M. (Gött. 1837—43, 2 Bde.). Von M.' übrigen Werken sind hervorzuheben: „Précis du droit des gens modernes de l'Europe“ (3. Aufl., Gött. 1821), „Versuch über die Existenz eines positiv europäischen Völkerrechts“ (das. 1796), „Grundsätze des Privathandelsrechts“ (das. 1797, 3 Aufl. 1820), „Erzählungen merkwürdiger Fälle des neuern europäischen Völkerrechts (das. 1800, 2 Bde.), „Cours diplomatique etc.“ (Berlin 1801, 3 Bde.), „Grundriß des Handelsrechts“ (Göttingen 1805), „Grundriß einer diplomatischen Geschichte der europäischen Staatshändel und Friedensschlüsse seit dem 15. Jahrhundert“ (das. 1807). M.' Neffe, Karl von M. († den 28. März 1863 als großherzoglich weimarischer Ministerpräsident a. D. in Dresden), schrieb außer dem von ihm schon Erwähnten: „Manuel diplomatique“ (Leipz. 1823, 4. Aufl. 1851, 2 Bde.), der im „Guide diplomatique“ (das. 1832, 2 Bde.) eine neue Bearbeitung erhielt; „Causes célèbres du droit des gens“ (das. 1827, 2 Bde.; 2. Aufl. 1854—59, 4 Bde.); „Nouvelles causes célèbres etc.“ (das. 1843, 2 Bde.); (mit Cussy) „Recueil manuel et pratique des traités“ (das. 1846 bis 1849, 5 Bde.).

Martensen, Hans Lassen, namhafter dänischer Theolog, geboren den 19. Aug. 1808 zu Flensburg, wirkt als Professor der Theologie zu Kopenhagen, seit 1845 auch als Hofprediger und seit 1854 zugleich als Bischof von Seeland und hat sich außer schätzbaren Studien über die älteren deutschen Mystiker u. eine Reihe von Predigtsammlungen (deutsch von Jacobsen, Gotha 1859) durch folgende Werke bekannt gemacht: „Den christelige Dogmatik“ (2. Aufl., Kopenhagen 1850; deutsch, 4. Aufl., Kiel 1858 u. Berl. 1862); „Grundrids til Moralphilosophiens System“ (Kopenh. 1850); „Den christelige Daab“ (das. 1843; deutsch, Leipz. 1860).

Martersteig, Friedrich Wilhelm, namhafter Historien- u. Genremaler, geboren um 1812 zu Weimar, machte seine Studien erst unter Sohns Leitung in Düsseldorf und setzte sie dann in Paris unter Delaroche fort. Er bekundet in seinen Werken eifriges Studium der Natur, richtiges Gefühl für den Seelenausdruck und glückliche Nachbildung der Stoffe. Unter seinen zahlreichen Gemälden sind außer Porträts fürstlicher Personen und trefflichen Genregemälden hervorzuheben: die Uebergabe der augsburgischen Konfession; das Koncil zu Konstanz; der Einzug Luthers in Worms (ausgestellt in der internationalen Kunstausstellung 1862 zu London); die Krönung Ulrich von Huttens durch Kaiser Maximilian zum Dichter; Ulrich von Hutten von Zwingli nach Ufenau gebracht; Kartons zu Darstellungen aus der Geschichte Savonarola's rc.

Marterwoche, s. v. a. Charwoche.

Martha, 1) Schwester des Lazarus u. der Maria von Bethanien, die sich bei den Besuchen Jesu als sehr geschäftige Hausfrau zeigte. Nach der Legende ging sie später mit ihrem Bruder nach Gallien und † bei Marseille. Ihr Tag ist der 29. Juli.

2) Schwester M., eigentlich Anne Biget, eine durch christliche Liebeswerke bekannte französische Nonne, geboren 1749 zu Besançon, war vor der Revolution Thürhüterin in einem Kloster und widmete sich, nachdem alle Orden in Frankreich aufgehoben worden waren, seit 1792 der Krankenpflege, insbesondere der Wartung der verwundeten und kriegsgefangenen Soldaten. Als sie sich 1814 nach Paris wandte, um sich von den Verbündeten die Vollmacht zur Krankenpflege ertheilen zu lassen, belohnten die drei Herrscher ihre uneigennützige Aufopferungsfähigkeit durch Orden und Geldspenden, und Ludwig XVIII. ernannte sie 1815 zur Vorsteherin aller Vereine der barmherzigen Schwestern in Frankreich. Sie † am 29. März 1824 zu Besançon.

Marthalen, Flecken im schweizerischen Kanton Zürich, nordwestlich von Andelfingen, mit 1400 Einw.

hier 360 Schlacht zwischen dem römischen Kaiser Julian und den Alemannen.

Marthas Vineyard, Insel an der Südküste des nordamerikanischen Staats Massachusetts, etwas über 3 QMeilen groß mit 4900 Einwohnern, felsig, voller Heiden u. wenig fruchtbar. Die Einwohner treiben Schifffahrt und Fischerei. Hauptort ist Edgarton.

Martialgesetz, Inbegriff kriegsgesetzlicher Bestimmungen, die behufs der Aufrechterhaltung der Disciplin und Bestrafung von Vergehungen gegen dieselbe erlassen werden; dann s. v. a. Belagerungszustand; vergl. Standrecht.

Martialis (lat.), zum Eisen gehörig, Eisen enthaltend ꝛc., z. B. Globuli martiales, Eisenkugeln, Stahlkugeln, Aquae martiales, Eisenwässer, eisenhaltige Mineralwässer, Martialis (medicamenta), Eisenmittel.

Martialis, Marcus Valerius, römischer Epigrammendichter, geboren zu Bilbilis in Spanien um 40 n. Chr., widmete sich zu Calagurris (jetzt Calahorra) dem Studium der Rechte, zog es aber vor, als er in einem Alter von 22 Jahren nach Rom kam, wie er selbst sagt, casu vivere, d. h. sich seine Subsistenzmittel von der Gunst der Vornehmen, die er sich namentlich durch Gelegenheitsgedichte erwarb, darreichen zu lassen. Vom Kaiser Domitian erhielt er das erbetene Jus trium liberorum als Anerkennung für seine Dichtungen, u. auch die Würde eines Tribuns u. Ritters scheint er auf diese Weise erlangt zu haben. Bei Nomentum im Sabinischen besaß er ein kleines Landgut, in Rom selbst ein kleines Haus. Unter Trajan kehrte er in sein Vaterland zurück u. † hier um 100. Sein Ruhm gründet sich auf 14 Bücher Epigramme, die alle Gebrechen und Laster der damaligen Gesellschaft mit Geist und beißendem Witz, aber ohne sittlichen Ernst schildern. In der Leichtigkeit der Versifikation wetteifert M. mit Ovid. Die besten Ausgaben lieferte Schneidewin (Grimma 1841, 2 Bde., und Leipz. 1853); Uebersetzungen gaben Ramler (Leipz. 1787—91, 5 Bde.), mit Weglassung der anstößigen Stellen Willmann (Köln 1825).

Martignac, Gaye, Vicomte de, französischer Staatsmann, geboren 1776 zu Bordeaux, studirte die Rechtswissenschaft, begleitete 1798 Sieyès als Privatsekretär nach Berlin und ließ sich sodann als Advokat in Bordeaux nieder. Da er während der hundert Tage in einer Broschüre gegen Napoleon I. auftrat, erhielt er nach der zweiten Restauration die Stelle eines Generalprokurators zu Limoges. Im Jahre 1821 im Departement Lot-Garonne in die Deputirtenkammer gewählt, schloß er sich hier der konstitutionellen Partei an und bekundete bedeutende Rednertalente. Bei der Expedition nach Spanien 1823 bekleidete er die Stelle eines Civilkommissärs; im folgenden Jahre ward er zum Staatssekretär, darauf zum Direktor der Domänen und zum Vicomte ernannt. Nach Auflösung des Ministeriums Villèle am 9. Februar 1828 an die Spitze des neuen Kabinets berufen, begann er eine zweckmäßige Reform der Verwaltung und entfernte viele dem Volke verhaßte Personen aus derselben. Um die Parteien zu versöhnen, suchte er in der Kammer die gegen das letzte Ministerium erhobene Anklage zu beseitigen; das sogenannte schwarze Kabinet, in welchem Briefe erbrochen wurden, hob er auf. Verscherzte er durch diese Maßregeln die Gunst der Hofpartei, so ging er andererseits der liberalen Partei nicht weit genug vor; beide machten ihm Unentschiedenheit zum Vorwurf, und als seine Gesetzentwürfe zur Organisation des Gemeindewesens und zur Errichtung von Departementalräthen durchfiel, sah er sich genöthigt, am 8. August 1829 vom Ministerium zurückzutreten. M. hielt sich nun 1830 in der Deputirtenkammer zur Opposition und war unter Denen, welche die Adresse der 221 unterstützten. Dennoch trat er nach der Julirevolution in der Kammer als Vertheidiger des Charakters von Karl X. auf und führte mit edler Freimüthigkeit in dem Prozesse gegen die Exminister die Vertheidigung Polignacs. Er † am 3. März 1832 zu Paris. Nach seinem Tode erschien von ihm: „Essai historique sur la révolution d'Espagne et sur l'intervention de 1823“ (Paris 1823, 3 Bde.).

Martigny (Martinach), Städtchen und Bezirkshauptort im schweizerischen Kanton Wallis, links an der Rhone und rechts an der Dranse, am Vereinigungspunkt verschiedener Alpenstraßen, hat 1330 Einwohner. Gegenüber liegt das Dorf La Batie mit den Ruinen eines 1260 erbauten und 1518 zerstörten Schlosses, dessen hoher Thurm eine weite Aussicht in das Rhonethal gewährt. Der 10 Minuten oberhalb am rechten Dranseufer gelegene Flecken M. (Martigny le bourg) hat 1070 Einw. und wird durch einen Kastanienwald gegen Lawinen geschützt. Eine römische Wasserleitung (1822 restaurirt) versieht M. mit gutem Trinkwasser.

Martigues, Stadt im französischen Departement Rhonemündungen, mitten in Lagunen gelegen, besteht eigentlich aus 3 kleinen Städten: St. Geniez, Fervières u. Fouquières, welche 1581 vereinigt wurden, hat Ziegelbrennerei, Schwefelsäure-, Soda- und Oelfabriken, Branntweinbrennerei, Eisenschmelzhütten, Salzsiedereien, Handel mit gesalzenen Fischen und 8430 Einwohner.

Martin, St., Insel der kleinen Antillen in Westindien, $1^1/_2$ QMeilen groß, mit 7000 Einw., gehört zu $^2/_3$ den Franzosen (0,97 QM. mit 3800 Einw.), im Uebrigen den Holländern (mit 3216 Einw.), ist mit 1800 F. hohen Bergen bedeckt und enthält viel Wald. Haupthafen ist Marigot, doch ist die Ausfuhr unbedeutend.

Martin (Martinus), männlicher Vorname, dessen merkwürdigste Träger folgende sind:

1) M., Heiliger, geboren um 316 zu Sabaria (jetzt Stein am Anger in Ungarn), trat zur christlichen Kirche über und widmete sich, von seinem Vater dazu genöthigt, dem Soldatenstande. Er stieg zu höheren Stellen im Heere auf, ohne aber die ascetische Richtung zu verleugnen, u. bewirkte nach der Legende auf dem Zuge des Kaisers Julian gegen die Gallier durch ein Wunder, daß sich die Feinde ohne Schwertstreich ergaben. Darauf nahm er seinen Abschied und kehrte in seine Heimat zurück, siedelte sodann aber, hier von den Arianern verfolgt, nach Frankreich über u. ward 375 vom Volk auf den Bischofsstuhl von Tours erhoben. Um die 2 Stunden von Tours entfernt liegende Zelle, welche er auch als Bischof bewohnte, bauten sich noch 80 Mönche an, die sich nach seinem Beispiel strenger Ascese widmeten. Mit Eifer verbreitete M. das Christenthum unter den Galliern. Er † um 400 in dem von ihm gegründeten Kloster Marmoutiers. Die fränkischen Könige führten allenthalben die Kappe dieses Heiligen mit sich. Die Sage, daß einst der Kaiser Maximi-

nus bei einem Gastmahl ihm den Becher zuerst habe reichen lassen, um ihn aus seiner Hand zu empfangen, hat ihn zum Schutzpatron der Trinker gemacht. Die M. beigelegte „Professio fidei de primitate“ wird für ein untergeschobenes Werk gehalten. Er ist der Patron Frankreichs und der Städte Mainz und Würzburg. Sein Leben hat Sulpicius Severus (Basel 1591) mit vielen Ausschmückungen beschrieben. In der katholischen Kirche wird ihm zu Ehren am 11. November, seinem Geburtstage, das Martinsfest (Martini) gefeiert. Dasselbe war an die Stelle des von den alten Germanen dem Wuotan gefeierten Erntedankfestes getreten u. ward daher im Mittelalter mit großer Schwelgerei begangen, wobei namentlich die Martinsgans nicht fehlen durfte, die nach der Legende daran erinnert, daß Gänse das Versteck anzeigten, wo M. seiner Bischofswahl ausweichen wollte, wahrscheinlicher aber daran, daß an diesem Termin früher die Geistlichkeit ihre Zehnten an Geflügel erhielt.

2) Fünf Päpste: a) M. I. (St. M.), geboren zu Todi in Toskana, war erst Apocrisiarius zu Konstantinopel u. bestieg 649 den päpstlichen Stuhl. Er hielt das erste Laterankoncil gegen die Monotheleten, weshalb ihn Kaiser Constans II. 653 von Rom wegführen, nach einem kurzen Aufenthalt auf Naros nach Konstantinopel bringen ließ und im März 655 nach dem Chersones verbannte, wo M. den 16. Sept. desselben Jahres †. Sein Gedächtnißtag ist der 12. Nov. — b) M. II., auch Marinus I. genannt, aus Montefiascone, saß vom 23. Dec. 882 bis 14. Febr. 884 auf dem päpstlichen Stuhl. — c) M. III., auch Marinus II., aus Rom, ward Ende 942 zum Papst erwählt, † den 4. Aug. 946. — d) M. IV., in Brie geboren, hieß vor seiner Erhebung auf den römischen Stuhl (1281), wo er Schatzmeister an der Kirche von Tours war, Simon von Brie. Er blieb in schmählicher Abhängigkeit von Karl von Anjou, der ihm die Tiara verschafft hatte, und veranlaßte durch seine Hartnäckigkeit die sicilianische Vesper (1282). Bald darauf mußte er aus Rom fliehen; † zu Perugia den 23. März 1285. — e) M. V., hieß eigentlich Otto (Eudes) Colonna, war schon unter Innocenz V. 1405 Kardinaldiakon und ward auf dem Koncil zu Kostnitz 1417 zum Papst erwählt. Die vor seiner Ernennung von ihm zugesagte Reformation der Kirche beschränkte er auf die Beseitigung einiger unwesentlichen Mißbräuche und schloß mit Deutschland, Frankreich und England Separatkonkordate, deren Punkte ebenfalls nicht zur Ausführung kamen. Bald nach seinem Antritt (1418) ließ er die neuen Kanzleiregale seines Hofs u. die berüchtigte Nachtmahlsbulle publiciren. Durch das Verbot einer Appellation vom Papst an ein allgemeines Koncil vereitelte er 1424 alle Vorarbeiten der kostnitzer Kirchenversammlung, ließ dann in Siena die weitere Berathung auf neue 7 Jahre vertagen und erklärte sich endlich zu Basel, wo er aber wegen Krankheit nicht selbst erschien, für eine Vertilgung der Ketzer mit Feuer u. Schwert. Er † den 20. Febr. 1431.

Martin, 1) Vincente, gewöhnlich Spagnolo genannt, Komponist in der ältern italienischen Manier, zu Valencia 1754 geboren, bildete sich in Italien, ward, nachdem er sich 1782 durch einige Opern und Balletkompositionen bekannt gemacht hatte, 1784 Kapellmeister des Prinzen von Asturien

4) Von Louis Henri, französischer Geschichtschreiber, geboren den 20. Febr. 1810 zu St. Quentin, hat sich namentlich durch seine „Histoire de France“ (Par. 1833—36, 15 Bde.; 3. Aufl. 1837 bis 1854, 19 Bde.) bekannt gemacht.

Martina, Stadt in der neapolitanischen Provinz Otranto, mit 14,500 Einw.

Martinach, Stadt, s. v. a. Martigny.

Martineau, Miß Harriet, englische Schriftstellerin, am 12. Juni 1802 zu Norwich in Norfolk geboren, widmete sich, nachdem sie früh das Gehör unheilbar verloren, eifrigen Studien, namentlich statistischen und nationalökonomischen, und trat sodann erst aus freier Neigung, bald aber durch Familienunglück genöthigt, sich ihre Subsistenzmittel zu erwerben, als Schriftstellerin auf; 1836 bereiste sie Nordamerika, später den Orient. Außer Romanen, Beschreibungen ihrer beiden großen Reisen, Schriften belehrenden Inhalts über das Schul- und Armenwesen, Reisebeschreibungen und Kinderschriften veröffentlichte sie als ihre Hauptwerke: „Illustrations of political economy“ (Lond. 1832—34, 9 Bde.), die in erzählender Form gehalten sind; „History of England during the thirty years' peace“ (das. 1851, 2 Bde.; deutsch von Bergius, Berlin 1853—54, 4 Bde.); „England and her soldiers“ (das. 1859); mit Atkinson die materialistischen „Letters on the laws of man's nature and development“ (1851) u. „Letters from Ireland“ (1853). Alle ihre Schriften zeichnen sich ebenso durch blühende, lebendige Sprache wie durch Klarheit und Gründlichkeit aus. Ihr Bruder, James M., 1805 in London geboren, unitarischer Geistlicher in Liverpool, gab „Endeavours after the christian life“ u. höchst gehaltvolle „Critical miscellanies“ (Lond. 1852) heraus.

Martinez de la Rosa, Don Francisco, spanischer Staatsmann und Dichter, den 10. März 1789 zu Granada geboren, ward nach vollendeten Studien 1808 zum Professor der Philosophie und Literatur an der Universität daselbst ernannt, machte aber bei der im folgenden Jahre ausbrechenden politischen Bewegung das Katheder zur patriotischen Tribüne und trat auch als Journalist u. in mehren Broschüren als Gegner des Absolutismus auf. Die in Cadix konstituirten Cortes benutzten ihn zu einigen diplomatischen Missionen, u. A. nach London, wo M. ein Jahr blieb und sich mit dem Konstitutionalismus vertraut machte. Von dort aus feierte er auch den heldenmüthigen Widerstand der Stadt Saragossa durch das epische Gedicht „Zaragoza“. Nach seiner Rückkehr in sein Vaterland zum Sekretär der Kommission für Preßfreiheit ernannt, widmete er während der Belagerung von Cadix seine Feder abermals der Tendenzpoesie, und auf einem eilig aufgerichteten Theater wurden seine Komödie „Lo que puede un empleo“ und die Tragödie „La viuda de Padilla“ mit Beifall aufgeführt. Mit den siegreichen Cortes zog auch M. nach Madrid, trat 1813 als Deputirter für Granada in die Cortes ein und wurde zum Präsidenten der Versammlung gewählt. Als ein eifriger Vertheidiger der Konstitution wurde er nach der Restauration mit andern Liberalen ins Gefängniß gesetzt und nach zweijähriger Haft nach den Presidios von Gomera auf der afrikanischen Küste deportirt. Hier schrieb er sein Trauerspiel „Morayma“. Riego's Aufstand führte ihn 1820 nach Madrid zurück, und er wurde von Granada wiederum zu den Cortes gewählt und von diesen abermals zu ihrem Präsidenten ernannt. Seine gemäßigte Haltung in dieser Eigenschaft war die Ursache, daß ihm der König im Febr. 1822 den Vorsitz in einem neuen Ministerium übertrug, doch gelang es M. nicht, die absolutistische und liberale Partei zu versöhnen, und König und Volk waren gleich unzufrieden mit ihm. Bei einem Volksaufstand entging er der Lebensgefahr nur mit Noth. Da er dem durch Waffengewalt wiederhergestellten Absolutismus seine Zustimmung nicht geben konnte, legte er sein Portefeuille nieder, ging bei der französischen Invasion 1823 nach Italien u. lebte dann, da er förmlich aus Spanien verbannt wurde, in Paris und London, mit literarischen Arbeiten beschäftigt. Als der König 1830 das salische Gesetz aufhob und zur Durchführung dieser Maßregel auf publicistische Unterstützung bedacht sein mußte, erhielt auch M. die Erlaubniß zur Rückkehr, von welcher er aber erst 1833 Gebrauch machte. Anfangs 1834 mit dem Ministerium der auswärtigen Angelegenheiten und dem Vorsitz im Kabinet betraut, ertheilte er vielen Liberalen die Erlaubniß zur Rückkehr, erließ am 10. April 1834 das Estatuto real, welches die Verfassung von 1812 von ihren radikalen Bestandtheilen reinigte, und schloß mit Portugal, Großbritannien und Frankreich eine Quadrupelalliance zur Aufrechterhaltung der neuen Ordnung der Dinge in Spanien. Als General Llauder vom Kabinet zurücktrat, übernahm M. auch interimistisch das Ministerium des Kriegs, konnte aber des Aufstandes in den baskischen Provinzen, die sich durch die neue Verfassung verletzt sahen, nicht Meister werden u. legte daher im Juni 1835 sein Ministerium nieder. Seine Rechtschaffenheit wurde von Allen anerkannt, dagegen ihm vielfach Mangel an Energie zum Vorwurf gemacht. Er war nun eines der hervorragendsten Mitglieder der Moderados in der Kammer, zog sich aber nach dem vollständigen Sieg der Anhänger der Verfassung von 1812 nach Paris zurück, wo er später den Gesandtschaftsposten bekleidete, den er dann mit dem in Rom vertauschte. Nach Spanien zurückgekehrt, ward er 1843 Mitglied des Kabinets Narvaez, trat aber mit diesem im Febr. 1846 aus und ging 1847 abermals als spanischer Gesandter nach Paris. Im Jahre 1851 zurückgerufen, nahm er seinen Sitz in der ersten Kammer, wo er während des langen Kampfs für die Aufrechterhaltung der Verfassung eine Hauptrolle spielte u. von der Opposition zweimal zum Präsidenten erwählt wurde. Fortan blieb er der Führer der gemäßigten konstitutionellen Opposition. Gleichwohl war er 1857 für kurze Zeit erster Staatssekretär im Ministerium Armero-Mon u. erhielt am 10. Aug. 1858 von der Königin die Bildung eines neuen Ministeriums übertragen. Daneben war er Sekretär der spanischen Akademie und Vorsitzender des Universitätsraths. Er † den 7. Febr. 1862. Als Dichter hat er sich fast in allen Gattungen der Poesie versucht. Seine besten Werke sind: die Tragödie „Edipo“, das Drama „La conjuracion de Venecia“ u. das Lustspiel „La hija en casa y la madre en la mascara“. Sein didaktisches Gedicht „El arte poetica“ zeichnet sich durch Eleganz u. Präcision aus, hat aber seinen Hauptwerth in den beigegebenen literarhistorischen Anmerkungen u. Exkursen. Auch in seinen lyrischen Gedichten (Madr. 1833, 2. Aufl. 1847) liegt die Hauptstärke in der Diktion u. dem Wohllaut. Schwächer sind seine prosaischen Schriften: „Hernan Perez del Pulgar“ (Madr. 1834); „Isabel de Solis“, Roman (das. 1837—40, 3 Bde.) u. „Espiritu del siglo“ (das.

1835—51, 10 Bde.), eine Geschichte der französischen Revolution, in Wirklichkeit aber nur eine Umarbeitung des Werks von Thiers hierüber. Eine Sammlung seiner Werke erschien Paris 1844—46 in 5 Bänden. Eine deutsche Uebersetzung seiner „Auserlesenen Schriften" lieferte Schäfer (Heidelberg 1835—36, 2 Bde.). M. hat sich entschieden die französischen Dichter zum Muster genommen u. sich deren glänzende, blühende Darstellung angeeignet. Die königliche Akademie ernannte ihn zu ihrem beständigen Sekretär, welche Stelle er sogar während seines Ministeriums bekleidete. Das große literarische Museum in Madrid verdankt ihm seine Entstehung.

Martini, Giambattista, gewöhnlich Padre M. genannt, berühmter Musikgelehrter des vorigen Jahrhunderts, zu Bologna den 25. April 1706 geboren, trat in seinem 15. Jahre in den Minoritenorden, unternahm aber zu seiner Ausbildung große Reisen, selbst nach Asien, und widmete sich sodann ausschließlich der Musik. Im Jahre 1725 zum Kapellmeister des Franciskanerklosters zu Bologna ernannt, gründete er hier eine Musikschule, aus welcher viele große Künstler hervorgingen. Er † am 3. Aug. 1784. Als Komponist hat M. nur untergeordnete Bedeutung, wiewohl er viele Kompositionen, Kirchenmusiken, Duette, Kanone, Fugen, Präludien, Litaneien, Sonaten, eine Messe u. A. hinterlassen hat. Dagegen genoß er den Ruf des gelehrtesten Musikers in Europa u. ward vielfach in musikalischen Streitfragen zum Schiedsrichter erwählt. Seine beiden Hauptwerke, bei deren Abfassung ihm die Bekanntschaft mit dem deutschen Abt Gerbert, sowie seine Bibliothek von etwa 17,000 Bänden, worunter allein 500 Handschriften befindlich waren, zu Statten kamen, sind: „Saggio fondamentale pratico di contrapunto sopra il canto fermo" (Bologna 1774, 2 Bde.) und „Storia della musica" (das. 1775—81, 3 Bde.).

Martinique, eine der kleinen Antillen, nächst Guadeloupe die wichtigste Besitzung der Franzosen in Westindien, liegt zwischen S. Lucia und Dominica u. umfaßt 18 QM. mit 154,100 Einw., wovon kaum $^{1}/_{12}$ Weiße u. $^{13}/_{20}$ Schwarze sind. Das Innere der Insel ist hohes Felsengebirge mit dem 4050 Fuß hohen Mont Pelée und den 3 Gipfeln Pitons de Carbet von 3620 F. Höhe. Ausläufer davon treten bis ans Meer und machen die Küste äußerst unregelmäßig. Mehre Berggipfel enthalten erloschene Krater. Das Klima ist überaus feucht; es fallen jährlich 84 Zoll Regen an 230 Regentagen. Die mittlere Temperatur beträgt 21°8 R.; die Extreme sind 16 und 28°; in der Sonne steigt die Hitze oft bis zu 44° R. Orkane richten zuweilen große Verheerungen an. Die ebeneren Theile der Insel, die etwa die Hälfte einnehmen, sind fruchtbar, aber kaum zum dritten Theil unter Kultur, namentlich im westlichen Theil, der sogenannten Basse-Terre, während der östliche Theil Cabes-Terre genannt wird. Dennoch ist die Produktion groß. Hauptprodukte sind Zucker und Kaffee, welch letzterer 1718 durch 2 junge Kaffeebäume aus dem botanischen Garten zu Paris dahin verpflanzt wurde. Die Kaffeepflanzungen bedecken jetzt etwa 5000 Morgen. Mit Zuckerrohr sind $3^{1}/_{3}$ QM. angepflanzt, u. der Jahresertrag beträgt etwa $1^{3}/_{5}$ Millionen Centner. Daneben gewinnt man auch Kakao, Baumwolle, Tabak &c. Ueber ein Viertel der Insel bedecken Bambus- und Palmenwälder, die durch Schlingpflanzen fast undurchdringlich gemacht sind, und in denen Baumfarrn, prächtige Schmarotzerpflanzen &c. üppig gedeihen. Auch Ananas, Bananen, Brodfruchtbäume, Aloë, Guajaven, Kokospalmen, Melonen &c. sind der Insel eigen, und Jasmin, Rosen, Orangen &c. sind eingeführt. Außer Pferden, Mauleseln u. Eseln, Rindvieh, Schafen, Ziegen u. Schweinen bietet das Thierreich Wild (Aguti), Schildkröten, Krabben, Schlangen, darunter die sehr giftige Lanzenschlange (Trigonocephalus lanceolatus), unzählige und sehr beschwerliche Ameisen &c. Der Handel findet hauptsächlich mit Frankreich Statt; die Insel hat 60 Fahrzeuge von 3000 Tonnen. M. wird seit 1825 von einem Gouverneur regiert, dem ein geheimer Rath zur Seite steht, während ein Gemeinderath das Interesse der Kolonie vertritt. Hauptort ist Fort Royal (Fort de France), an der Westseite, mit 12,000 Einw.; Mittelpunkt des Handels St. Pierre, ebenfalls an der Westseite, mit 25,000 Einw. Der Werth der Einfuhr betrug 19,842,124, der der Ausfuhr 18,392,244 Francs. Die Insel wurde 1493 durch die Spanier entdeckt, aber nicht in Besitz genommen, bis 1635 etwa 150 französische Kolonisten von der Insel St. Christoph herüberkamen u. sich im südwestlichen Theil niederließen. Colbert kaufte die Insel 1664 den Kolonisten für 40,000 Thaler ab. Admiral Ruyter griff M. vergebens mit einer holländischen Flotte an, und auch die Engländer versuchten 1693 vergebens die Insel zu nehmen. Nachdem sie 1761 glücklicher gewesen, gaben sie die Insel im Frieden von 1763 zurück, eroberten sie jedoch 1794 von Neuem. Die Franzosen erhielten sie 1802 durch den Frieden von Amiens zurück, verloren sie 1809 nach tapferer Gegenwehr des französischen Generals Hugues durch Kapitulation abermals und erhielten sie 1814 durch den pariser Frieden wieder. Im Jahre 1839 erlitt die Insel große Verwüstung durch ein Erdbeben, und 1845 war sie wieder der Schauplatz einer furchtbaren Verheerung durch einen heftigen Orkan.

Martino, Symone di, italienischer Maler des 14. Jahrhunderts, der bedeutendste der sienesischen Meister, war ein Zeitgenosse des Giotto u. wurde nach dessen Tod (1336) an den päpstlichen Hof nach Avignon gerufen, wo er 1344 gestorben sein soll. Sein Hauptwerk ist ein großes, aus einzelnen Tafeln bestehendes Altarbild, welches gegenwärtig in Siena an verschiedenen Orten zerstreut ist. Auf dem Mittelbilde ist eine Madonna mit dem Kinde; die Seitentafeln enthalten zahlreiche Figuren von Propheten und Heiligen. Der Ausdruck ist überall von ungemeiner Innigkeit und Wahrheit, dabei das Ganze zart gemalt und in der Karnation sorglichst vollendet. Eine Verkündigung Mariä von M.'s Hand findet sich in der Gallerie der Uffizien zu Florenz. Ein zierliches Miniaturbild, welches eine Handschrift des Virgil in der ambrosianischen Bibliothek zu Mailand schmückt, stellt den Virgil und in bestimmten Personifikationen die verschiedenen Arten seiner Gedichte dar.

Martinsbruck, Städtchen im schweizerischen Kanton Graubünden, im Engadin, am untern Inn, bekannt durch die Gefechte den 14., 15. und 25. März 1799 zwischen den Franzosen unter Lacourbe und den Oesterreichern unter Bellegarde, worin letztere zuletzt unterlagen.

Martinsvögel, Adelsverbindung in Schwaben, s. Schlegeler.

Martinswand, s. Zirl.

Martinus Gallus, namhafter polnischer Geschichtschreiber zu Anfang des 12. Jahrhunderts, von dem wir noch eine lateinische Chronik (herausgegeben von Bandtke, Warschau 1824) haben.

Martius, 1) Heinrich von M., namhafter Botaniker, den 28. December 1781 zu Radeberg in Sachsen geboren, ging 1804 als Unteraufseher der kaiserlichen Museen nach Moskau, bereiste 1808—11 Sibirien, die Ukraine, den Kaukasus &c. und kehrte 1816 nach Sachsen zurück, wo er als Arzt erst zu Bautzen, dann zu Nossen prakticirte. Seit 1828 in Berlin lebend, † er daselbst den 4. August 1831. Von seinen Schriften ist der „Prodromus florae mosquensis“ (Moskau 1812; 2. Aufl., Leipz. 1817) hervorzuheben.

2) Karl Friedrich Philipp von M., ausgezeichneter deutscher Reisender und Naturforscher, Sohn des als botanischer und pharmaceutischer Schriftsteller bekannten Ernst Wilhelm M. (geboren den 1. September 1756 zu Weißenstadt in Oberfranken, † den 12. December 1849 als Privatdocent der Pharmacie in Erlangen), 1794 zu Erlangen geboren, studirte in seiner Vaterstadt Medicin und nahm sodann an der von der österreichischen und bayerischen Regierung 1817—20 veranstalteten wissenschaftlichen Reise nach Brasilien Theil. Die von ihm nach seiner Rückkehr mit seinem Reisegefährten J. B. von Spix herausgegebene „Reise nach Brasilien“ (München 1824—31, 3 Bde.) verbreitet sich über den ganzen Natur- und Kulturstand dieses Landes und darf bei der Reichhaltigkeit und Tiefe der Forschungen, sowie der Lebendigkeit und Frische der Darstellung den Werken Alexander von Humboldts an die Seite gestellt werden. Schon 1820 war M. in den Adelsstand erhoben worden; später ward er zum Direktor des botanischen Gartens und zum Professor zu München ernannt. In letzter Eigenschaft zeichnete er sich namentlich durch einen ungemein klaren Vortrag aus. Von seinen übrigen Werken sind hervorzuheben: „Genera et species palmarum“ (München 1824—36, 3 Bde., mit 219 kolorirten Tafeln), auch durch die beigefügten Naturschilderungen und trefflichen landwirthschaftlichen Ansichten werthvoll; „Nova genera et species plantarum“ (das. 1824—32, 3 Bde., mit 300 kolorirten Tafeln); „Icones plantarum cryptogamicarum“ (das. 1828—34, mit 76 kolorirten Tafeln); „Flora brasiliensis“ (Stuttg. 1829 ff.); ferner „Amoenitates botanicae Monacenses“ (Frankfurt 1829—31); „Die Pflanzen und Thiere des tropischen Amerika“ (München 1831); „Reden und Vorträge über Gegenstände aus dem Gebiet der Naturforschung“ (Stuttgart 1838) und mehre Schriften über einzelne Pflanzenfamilien und Gattungen, so die Amarantaceen, die Sommeringia, die Eriocauleen, das Erythroxylon.

3) Theodor Wilhelm Christian M., jüngerer Bruder des Vorigen, geboren den 1. Juli 1796 zu Erlangen, übernahm 1824 von seinem Vater die Apotheke zu Erlangen, erhielt hier 1848 eine außerordentliche Professur der Pharmacie und Pharmakognosie und hat sich besonders durch einen „Grundriß der Pharmakognosie des Pflanzenreichs“ (Erlangen 1832), sowie durch das „Lehrbuch der pharmaceutischen Zoologie“ (Stuttgart 1838) bekannt gemacht.

Martorel, Stadt im spanischen Königreich Katalonien, Provinz Barcelona, malerisch am Fuß einer hohen, steilen Felswand gelegen, unweit des Zusammenflusses des Noya und Llobregat, über den eine hochgespannte, mit einem Triumphbogen gezierte Brücke, ein Denkmal aus der karthagischen Zeit, führt, hat Woll- und Baumwollspinnereien, Papierfabrikation, Branntweinbrennereien und Ziegeleien und 4140 Einwohner.

Martos, Stadt im spanischen Königreich Andalusien, Provinz Jaen, Kommenthurei des Calatravaordens, hat ein altes Felsenschloß, 4 Kirchen, Hospital, Armenhäuser, Anis- u. Oelbau u. 11,660 Einw. In der Nähe finden sich römische Alterthümer und alte Mineralquellen mit Badeanstalt. Hier im Juli 1854 Sieg der Aufständischen unter O'Donnell über die königlichen Truppen unter Blaser.

Martos, Iwan Petrowitsch, namhafter russischer Bildhauer, geboren 1752 zu Itschupa im Gouvernement Poltawa, wurde 1764 in die Akademie aufgenommen und 1773 mit einer Pension nach Italien gesandt, wo er zu Rom unter der Leitung Battoni's und Mengs' arbeitete. Nach seiner Rückkehr wurde er bei der Akademie Lehrer der Skulptur, 1799 Rektoradjunkt und 1814 Rektor. Seit 1831 als solcher emeritirt, † er den 5. April 1835. Seine zahlreichen Arbeiten befinden sich in Moskau, Petersburg, Odessa und Archangel.

Martynia *L.*, Pflanzengattung aus der Familie der Bignoniaceen, charakterisirt durch den ungleich 5spaltigen Kelch, die Korolle mit bauchiger Röhre und weitem, rachenförmigem, ungleich 5lappigem Rande mit zurückgeschlagenen oberen Lappen und 4 fruchtbaren Staubgefäßen und einem fehlschlagenden und die holzige, mit einer etwas fleischigen Rinde umgebene, rüssel- oder hakenförmig geschnäbelte, 2klappige, 4fächerige Kapsel mit runzeligen Samen, ausdauernde und einjährige Kräuter in Nord- und Südamerika, von denen mehre Arten als Zierpflanzen zu bemerken sind. M. Craniolaria *Swartz*, Craniolaria annua *Jacq.*, in Südamerika, hat einen ästigen, wie die ganze Pflanze drüsenhaarigen, 2—3 Fuß hohen Stengel, entgegengesetzte, 3- bis 5lappige, gezähnte, am Grunde mehr od. minder herzförmige Blätter u. große, blaßröthlich-lillafarbige, drüsenhaarige Blüthen. Die möhrenartige, fleischige Wurzel wird geschält und als Gemüse gegessen oder mit Zucker eingesotten und heißt daher Scorzonera. M. diandra *Glox.*, in Mexiko, hat weiße oder blaßrothe, dunkelroth gefleckte Blüthen; M. lutea *Lindl.*, in Brasilien, in kurzen Endtrauben stehende, große trichterförmige, außen grüngelbe, innen pomeranzenfarbige, roth punktirte und gestreifte Blüthen; M. proboscidea *L.* (Gemsenhorn, Elephantenrüssel), am Mississippi, in Florida, große blaßröthliche oder weißliche, auf der etwas lebhaften, gefärbten Oberlippe bräunlich gefleckte, im Schlunde punktirte, auf der Unterlippe goldgelb gestreifte Blüthen und Samenkapseln von der Gestalt eines Gemsenhorns oder Elephantenrüssels.

Martyr (griech.), Zeuge, besonders Blutzeuge, Märtyrer (s. d.).

Martyr, Justinus, s. Justinus 2).

Martyr, Petrus, s. Anghiera.

Martyrium (lat.), Kirche, welche über der

Begräbnißstelle eines Märtyrers erbaut ist; vorzugsweise die Kirche, welche Konstantin der Große zu Jerusalem über dem heiligen Grab erbauen ließ; bei einigen Schriftstellern der Theil der Kirchen, wo die Gebeine der Märtyrer ruhen.

Martyrologium (calendarium sanctorum, menologium, analogium, synaxaria, lat.), Verzeichniß der Märtyrer und anderer Heiligen, meist mit Angabe ihrer Lebensumstände und ihrer Todesart. Wahrscheinlich entstanden solche Bücher nach dem Vorbilde der römischen Fasti und waren zunächst auch die Seelenregister der Gemeinden. Schon Eusebius von Cäsarea und Hieronymus schreibt man Martyrologien zu, doch sind die unter ihrem Namen vorhandenen Fragmente späteren Ursprungs. Auch das M. des heiligen Beda ist unächt. Um 870 schrieb der Mönch Usuard auf Karl des Kahlen Befehl ein M. nach den Schriften des Florus und Ado von Vienne (herausgegeben von Mosander, Köln 1589). Auch Rhabanus und Notker verfaßten Martyrologien, letzterer im engern Anschluß an das M. Ado's. Während im 15. und 16. Jahrhundert von vielen Seiten versucht wurde, den Widerspruch zwischen den einzelnen Martyrologien auszugleichen, entstanden auch Martyrologien für einzelne Länder, so ein M. anglicum, belgicum, brixianum, gallicanum, germanicum (von Canisius herausgegeben 1652, ein anderes von Beck, Augsb. 1687), hispanicum, italicum, lusitanicum; sowie für einzelne Orden. Papst Sixtus V. ließ 1586 durch Baronius ein M. universale, die Märtyrer u. Heiligen aller Länder und Zeiten umfassend, anfertigen; in vermehrter Auflage erschien es von Heribert Rosweid. Andere lieferten die Cistercienser (Rom 1733 und 1748).

Marumkraut, s. v. a. Teucrium Marum *L.*

Marvao, Stadt in der portugiesischen Provinz Alentejo, auf einem steilen Felsen, befestigt, mit Schloß, 2 Kirchen, einem Kloster und 1300 Einw. Dabei die Ruinen von Medoriga.

Marvejols, Arrondissementsstadt im französischen Departement Lozère, in einem schönen Thal am Colagne und am östlichen Abhange des Mont d'Aubrac, hat einen Gerichtshof, ein Collége, bedeutende Wollweberei, Fabrikation von Serschе, Filzhüten, Ziegelei und Töpferei, Färberei und Gerberei, Handel mit den eignen Erzeugnissen u. mit Tuch u. 4850 Einwohner. Die Stadt ward 1586 den Protestanten entrissen und vom Herzog von Joyeuse zerstört.

Marx, Adolf Bernhard, berühmter Musiktheoretiker der Gegenwart, am 27. November 1799 zu Halle geboren, erhielt früh Unterricht in der Theorie der Musik von dem seiner Zeit bekannten Musiker Türk, widmete sich aber sodann dem Wunsche seines Vaters gemäß dem Studium der Rechte. Nachdem er als Referendar zu Halle und dann in Naumburg seine beiden ersten Opern komponirt, ließ er sich, um Gelegenheit zu weiterer musikalischen Ausbildung zu erhalten, nach Berlin versetzen, widmete sich aber hier bald ausschließlich der Musik, indem er sich mehre Jahre seine Subsistenzmittel bloß durch Unterricht im Klavierspiel, in der Komposition und im Gesang erwarb. Später führte er 7 Jahre lang die Redaktion der „Berliner allgemeinen Zeitung“; auch wurde er bald Mitarbeiter an Gottfried Webers „Cäcilia“, sowie später an dem schillingschen „Universallexikon der Tonkunst“. Im Jahre 1830 erhielt er das Amt eines Professors der Musik an der Universität zu Berlin. Seine Vorlesungen erstrecken sich theils streng fachmäßig für den Musiker über alle Theile der Kompositionslehre, theils allgemein interessirend über Geschichte der Musik, Philosophie derselben ꝛc. Als Universitätsmusikdirektor, in welche Stellung er ebenfalls 1830 eintrat, hat er den akademischen Chor so gefördert, daß derselbe den schwierigsten Aufführungen gewachsen ist. Im Jahre 1850 gründete M. in Gemeinschaft mit Theodor Kullack und Julius Stern eine Musikschule zu Berlin für Gesang, Klavier und Komposition. Als Schriftsteller lieferte er eine Auswahl der gediegensten Werke über Musik und die gehaltreichsten Aufsätze in seiner und in anderen musikalischen Zeitungen. Von seinen Schriften sind hervorzuheben: „Kunst des Gesanges“ (Berlin 1826); „Ueber Malerei in der Tonkunst“ (das. 1826); „Ueber die Geltung händelscher Sologesänge für unsere Zeit“ (das. 1828); ferner die Hauptwerke: „Die Lehre von der musikalischen Komposition“ (Leipzig 1837—45, 4 Bde.; 3. Aufl. 1852—60, 4 Bde.), „Allgemeine Musiklehre“ (das. 1839, 6. Aufl. 1856), „Die Musik des 19. Jahrhunderts“ (das. 1855), „Beethovens Leben und Schaffen“ (2. Aufl., Berlin 1863, 2 Bde.), „Vollständige Chorschule“ (Leipzig 1860) und „Gluck u. die Oper“ (Berlin 1862), „Erinnerungen aus meinem Leben“ (1865, 2 Bde.). Seine praktischen Werke sind theils Ausgaben fremder Werke, theils eigene Kompositionen. Erstere bestehen in Seb. Bachs „großer Passion“ und „hoher Messe“, 6 großen Kirchenmusiken, einer Auswahl aus Bachs Kompositionen fürs Klavier ꝛc., letztere in der Musik zu Goethe's „Jery und Bätely“ (1825) und zu Willibald Alexis' Melodrama „Die Rache wartet“ (1827); ferner dem „Evangelischen Choral- und Orgelbuch“ (Berlin 1832), den Oratorien „Johannes der Täufer“ und „Moses“, dem Gesangwerk „Nahid und Omar“, 2 Heften Lieder, weltlichen Chorgesängen, 2 Sinfonien für Orchester, Hymnen, Motetten ꝛc.

Maryland, nordamerikanischer Freistaat, der südlichste der Mittelstaaten der Union, grenzt im Norden an Pennsylvanien, im Osten an Delaware und den atlantischen Ocean, im Südwesten und Westen an den Staat Virginia, von dem er durch den Potomacfluß getrennt ist, und liegt zwischen 38° und 39° 44′ nördl. Br. und 75° 10′ und 70° 20′ westl. L. v. Greenw. Durch die Chesapeakbai u. den Susquehannahfluß ist M. in zwei Theile getheilt: die Ostküste (Eastern Shore) und die Westküste (Western Shore). Der Flächeninhalt des Staats beträgt 517 (nach Abzug der Wasserfläche 440) □Meilen, die Bevölkerung nach der letzten Zählung 687,000 Seelen, worunter 83,000 Sklaven. Das Land östlich von der Chesapeakbai ist flach bis nach Norden zur Chesterbai. Hier wird es wellenförmig, u. nach der Grenze von Pennsylvanien zu erscheinen vereinzelte Hügel. Der Boden ist im Allgemeinen sandig und gut bebaut. Längs den Küsten des atlantischen Oceans und der Chesapeakbai gibt es einige ausgedehnte Sumpfgegenden. Die östliche Chesapakbai hat verschiedene Einschnitte, welche Häfen für Schiffe von mäßiger Größe bilden, wie die Pocomok-, Fishing-, Choptank- und Chesterbai. Auch einige Inseln liegen in der Chesapeakbai, worunter Kent-Island die größte ist. Das Land an dem entgegengesetzten

Ufer der Chesapeakbai ist weniger fruchtbar, mit Ausnahme der Umgebung von Annapolis. Nördlich vom Flusse Patapsco wird der Boden längs der Chesapeakbai wellenförmig und fruchtbarer. Ungefähr 10 Stunden von der Küste erhebt sich das Land hügelförmig bis zum Busen des Blue Ridge, eines Theils des Appalachengebirgs. Die Thäler, welche von den Zweigen der Appalachen eingeschlossen werden, sind breit und fruchtbar. Die Hauptflüsse des Staats sind: der Potomac, Paturent und Patapsco. Der Potomac, nur Grenzfluß, ist an seiner Mündung in die Chesapeakbai 7½ engl. Meilen breit und für die größten Schiffe 360 engl. Meilen weit hinauf schiffbar. Der Paturent bildet an seiner Mündung eine Bucht von 2—3 engl. Meilen Breite und ist für größere Schiffe bis Nottingham, für Boote bis Queen Anne's Town schiffbar. Der Patapsco breitet sich bei seiner Mündung in die Chesapeakbai zu einer 10—12 engl. Meilen breiten Bucht aus und ist für Schiffe von 600 Tonnen bis Tells Point fahrbar und für Boote bis Elkridge Landing, 8 engl. Meilen oberhalb Baltimore. Der Susquehannah fließt durch den nördlichen Theil von M. etwa 15 Meilen. Das Klima ist in den flachen Landstrichen mild, aber der Winter ist streng genug, um den Hafen Baltimore auf einige Wochen mit Eis zu bedecken. Die Sommerhitze wird in den flachen und hügeligen Gegenden durch die Seewinde gemäßigt, aber in den Thälern zwischen den Bergen ist sie oft unerträglich. Die vorzüglichsten Bodenerzeugnisse von M. sind Tabak, Weizen und Mais; dann Hafer, Gerste, Flachs, Hanf, Kartoffeln und Hülsenfrüchte. Aepfel, Birnen, Pflaumen, Pfirsiche gedeihen in den meisten Gegenden, Reis und Baumwolle nur im südlichen Theil. Ein großer Theil des Landes ist noch mit Waldungen bedeckt, welche Bäume aller Art liefern. An Mineralien gibt es Steinkohlen, Eisenerz, Kupfer und Blei; ferner Aluminium, Porzellan und Thonerde, Magnesia, Mangan, Baryt, Marmor, auch etwas Gold. Der Staat hat bedeutenden industriellen Betrieb, der hauptsächlich in Baltimore und seiner Umgebung koncentrirt ist; es gibt gegen 30 Baumwollspinnereien und Webereien, viele Hohöfen, Eisenhämmer, Branntweinbrennereien, Brauereien, Gerbereien, Hut-, Papier-, Zucker-, Leder- und Tabaksfabriken. Schiffbau wird in Baltimore und Annapolis betrieben. Für den innern und äußern Handelsverkehr liegt M. sehr günstig. Die Chesapeakbai, für die größten Schiffe zu befahren, erstreckt sich durch die Mitte seines Gebiets, der Potomac und der Susquehannah bringen Produkte aus dem Süden des Staats Newyork und dem Innern von Pennsylvanien, der Chesapeak- und Delawarekanal führt nach Philadelphia, und Eisenbahnen nach allen Richtungen verbinden Baltimore mit den anderen Staaten und Städten der Union. Die vorzüglichsten Gegenstände der Ausfuhr sind Tabak, Getreide u. Schweinefleisch, der Werth derselben beläuft sich jährlich auf fast 7 Millionen Dollars. Im Anfang des Jahres 1860 hatte der Staat 380 engl. Meilen Eisenbahnlinien im Betrieb und 31 Banken mit einem Kapital von mehr als 12½ Millionen Dollars. Das Unterrichtswesen ist gut bestellt. Außer 907 öffentlichen Schulen hatte M. 1850 eine Centralhochschule in Baltimore, 2 weibliche Hochschulen, 5 Kollegien, 2 medicinische Schulen, 224 sogenannte Akademien, 11 männliche und ebenso viele weibliche Grammarschulen, 4 männliche und 22 weibliche Primärschulen. Zu den öffentlichen Anstalten sind ein Staatsgefängniß u. ein Irrenhaus zu Baltimore und 17 Bibliotheken mit 55,000 Bänden außer den 107 Schulbibliotheken mit 70,000 Bänden zu zählen. Den religiösen Bekenntnissen nach bilden die römischen Katholiken die Mehrzahl. Sie haben einen Erzbischof zu Baltimore, welcher zugleich Metropolitan der gesammten Vereinigten Staaten ist. Die Zahl der katholischen Kirchen betrug 1850 65. Die Episkopalen hatten 133, die Presbyterianer 56 Kirchen, die Methodisten 479 Bethäuser, die Baptisten 45, die Lutheraner 40, die Deutschreformirten 22, die Quäker 26, die Unitarier 10, andere Sekten zusammen 33 Kirchen inne. Die Verfassung war anfangs sehr konservativ, hat aber öftere Modifikationen, radikale zuletzt 1836, in untergeordneteren Punkten wieder 1850 erfahren und ist gegenwärtig eine ganz demokratische. An der Spitze der Regierung steht ein Gouverneur, welcher vom Volke auf vier Jahre gewählt wird. Ihm zur Seite stehen als gesetzgebender Körper ein Senat von 22 Mitgliedern, welche auf vier Jahre gewählt werden, und das Repräsentantenhaus aus 77 vom Volke auf zwei Jahre gewählten Mitgliedern. Der Staat ist in drei Distrikte getheilt, aus welchen der Reihe nach der Gouverneur gewählt werden muß. Jeder freie weiße Bürger der Vereinigten Staaten, der ein Jahr lang in M. gewohnt hat und 21 Jahre alt ist, ist zur Wahl berechtigt. Auch alle richterlichen Beamten, sowie die meisten exekutiven werden jetzt vom Volke erwählt, so daß die Gewalt des Gouverneurs eine sehr beschränkte ist. Die richterliche Gewalt ist einem Appellationsgericht (court of appeals), dessen Mitglieder nach Distrikten vom Volke auf zehn Jahre gewählt werden, und verschiedenen Untergerichten übergeben. Der Staat kann für keine höhere Summe als 100,000 Dollars und nicht länger als auf 15 Jahre eine Schuld kontrahiren. Die Staatsschuld betrug 1859 14,825,473 Dollars. Das Budget von 1858—59 ergab 1,200,552 Dollars Einnahme und 1,129,369 Dollars Ausgabe. Zum Nationalkongresse schickt M. 6 Abgeordnete und für die Wahl des Präsidenten der Union hat es 8 Stimmen. In politischer Beziehung ist der Staat in 21 Grafschaften eingetheilt. Die Hauptstadt ist Annapolis. Die größten Städte sind Baltimore mit 212,000 Einw., Cumberland, Frederick, Hagerstown, Annapolis.

M. wurde, nachdem daselbst schon von einem Kapitän Claiborne mit Kolonisten aus Virginien eine Ansiedelung gegründet worden, 1632 von König Karl I. an George Calvert, Lord Baltimore, einen Katholiken, verliehen, der jedoch vor Ausfertigung des Patents starb, worauf dasselbe unter dem 20. Juni 1632 seinem ältesten Sohne, Cecil, gegeben ward, der über 40 Jahre lang die Angelegenheiten der Kolonie als ihr Eigenthümer leitete. Sein Bruder, Leonard Calvert, wurde zum ersten Gouverneur der Kolonie, die zu Ehren der englischen Königin Henriette Mary den Namen Terrae Mariae (Mariensland) erhielt, ernannt, u. dieser begann 1634 mit etwa 200 Personen, die, wie er selbst, Katholiken waren, die Kolonisation mit Gründung der Town St. Mary's an der Nordseite des Potomacflusses. Später ward nach längeren, durch einen Einfall von Virginiern unter Claiborne veranlaßten inneren Kämpfen für alle Einwanderer Freiheit des Kultus erklärt, wodurch die Bevölkerung schnell wuchs. Im Jahre 1650 erhielt die Kolonie eine Verfassung, welche die Legislatur in die Hände zweier Häuser legte. Unter Cromwell wurde die katholische Familie der Calvert der Regierung beraubt, durch Karl II. aber wieder eingesetzt, dann nochmals vertrieben, aber 1716, nachdem das damalige Haupt derselben zum Protestantismus übergetreten war, abermals restituirt. Durch die Revolution, an welcher M. von Anfang an lebhaften Antheil nahm, wurde die Familie Calvert für immer removirt und durch Konvention vom 28. April 1788 die Verfassung der Vereinigten Staaten angenommen.

Maryland in Liberia, s. Liberia.

Maryport, Stadt in der englischen Grafschaft Cumberland, an der Mündung des Flusses Ellen, mit schönen breiten Straßen, einem von 2 Dämmen eingeschlossenen Hafen, lateinischer Schule, Fabriken für Baumwollenzeuche und Bleistifte, Schiffbau, Handel und 6040 Einw. Zur Stadt gehören 116 Seeschiffe von 20,614 Tonnen.

Marysville, Stadt in Kalifornien, am Yuba, nahe am Feather, der hier schiffbar wird, mit 10,000 Einwohnern; beherrscht die nördlichen Minen.

Mas (Maes, Mes), kleines ostindisches und chinesisches Gewicht für Edelsteine, Gold und Silber; dann Rechnungsmünze in Cochinchina, = 3 Silbergroschen 6½ Pfennige; auf Java = 6 Sgr. 4½ Pf.; im Reiche Siam = 2 Sgr. 8 Pf. und auf Sumatra = 10 Sgr. 5½ Pf. Hier besteht auch unter demselben Namen eine kleine Goldmünze, = 9 Sgr. 8½ Pf.

Masaccio, italienischer Maler, eigentlich Tommaso, Sohn des Malers Ser Giovanni di Mone aus der Familie der Guidi, erhielt den Namen M. (d. i. der schmutzige Thomas) von seiner Unbehülflichkeit im Leben und war 1402 zu S. Giovanni in Valderno zwischen Florenz und Arezzo geboren. Er war der Schüler Masolino's; auch lehrte ihn Brunelleschi die Vortheile der Perspektive. Er arbeitete in Rom und Florenz. Seine Werke zeigen den Uebergang von der typischen zu der lebenswahren Auffassung, daher mit ihm die zweite Periode der italienischen Malerei beginnt, in der sich diese zur Darstellung vollkommen ausgebildeter Individualität erhebt. Besonders wurden seine Verkürzungen bewundert. Seine Jugendwerke in Florenz, sowie seine Temperabilder in Rom sind untergegangen. Dagegen bewahrt Florenz, wohin er 1434 zurückkehrte, mehre zum Theil von Masolino begonnene und von M. vollendete Werke, und von andern bewahrt die florentinische Gallerie wenigstens die Zeichnung. M.'s größtes Werk waren die Malereien in der Kapelle de Brancacci in Carmine, die von Lasinio gestochen sind. Hier finden sich die ersten wahrhaft schönen Männergestalten der neueren Kunst; namentlich ist die Hauptperson dieser Darstellungen, der Apostel Petrus, trefflich charakterisirt, und auch der Faltenwurf ist lebendig und ungezwungen. M. † 1443, angeblich an Gift. Gemälde von ihm finden sich noch zu Florenz im Palast Pitti, u. A. sein Porträt in Fresko, in Rom Freskobilder in S. Clemente, in München in der Pinakothek Fresko- und Temperabilder ꝛc. Die ihm sicher angehörenden Bilder sind aber selten. Im Jahre 1857 wurde ein Bild M.'s, die Dreieinigkeit, in der Kirche S. Maria Novella zu Florenz aufgefunden, welches Vasari mit einer Madonna del Rosario übermalt hatte.

Masada, festes, vom Makkabäer Jonathan angelegtes, von Herodes dem Großen noch mehr befestigtes und zu einem großen Magazin von Waffen und Proviant eingerichtetes Kastell Palästina's, auf einem steilen Felsen am westlichen Ufer des Lacus Asphaltites in der Nähe von Enggadi; jetzt Ruinen unter dem Namen Sebbeh.

Masanderan, s. v. a. Masenderan.

Masaniello, eigentlich Tommaso Aniello oder Agnello, der Hauptanführer beim Aufstand in Neapel 1647, geboren 1620 in Amalfi, lebte zu Neapel als Fischer und Obsthändler. Der materielle Druck, der auf der Bevölkerung seit lange lastete, war durch das am 3. Januar 1647 vom Vicekönig publicirte Edikt, welches Abgaben auf Getreide und Früchte legte, aufs unerträgliche gesteigert worden. Als am 7. Juli die Bewohner Neapels zur Feier eines Marienfestes zahlreich in den Straßen versammelt waren, entstand auf dem Markte Streit, ob der Käufer oder Verkäufer verpflichtet sei, die Steuer zu zahlen. M. rief die Menge durch den Ruf „Eßt, Kinder, eßt, dann wollen wir die Steuern abschaffen" zur Selbsthülfe, die Zollhäuser in der Stadt wurden geplündert und niedergerissen, die Gefängnisse erbrochen und der Vicekönig so eingeschüchtert, daß er die Abschaffung sämmtlicher Steuern eidlich versprach. Indessen rettete er sich in der Nacht in das Kastell und überließ die Stadt den Rebellen. M. übte nun eine unbeschränkte Herrschaft, ließ viele Häuser der Beamten und anderer verhaßten Personen zerstören und schlug die zur Unterstützung des Statthalters heranziehenden Truppen zurück. Täglich saß er auf dem Platze Toledo zu Gericht, und seine Todesurtheile wurden auf der Stelle vollzogen. Die Banditen, welche in die Stadt strömten, um an den Vortheilen der Anarchie Theil zu nehmen, wurden aus den Thoren zurückgetrieben oder hingerichtet. Der Erzbischof Filomarino unterhandelte endlich mit ihm wegen einer förmlichen Kapitulation, zu deren Abschluß sich M. am 12. Juli, von mehr als hunderttausend Menschen begleitet, selbst zum Herzog von Arcos begab. Nach dem Vertrag sollten nicht mehr Abgaben als zur Zeit Karls V. erhoben und Abgeordnete des Volks und der Stadtobrigkeit bei der Einführung neuer Steuern gehört werden; bis zur Ankunft der königlichen Bestätigung sollte das Volk unter Waffen bleiben dürfen. Von da an traten bei M. Anzeichen des Irrsinns hervor, und es ward daher dem Vicekönig leicht, das Volk zum Abfall von dem „von Gott Gezeichneten" zu bestimmen. Als dieser am 16. Juli noch einmal die Einwohner Neapels zur Versammlung in die Kirche del Carmine berief, verfolgten ihn Abgesandte des Vicekönigs in das Karmeliterkloster, und vier Verschworene streckten ihn hier mit ihren Kugeln nieder. Tags darauf veranstaltete ihm das reuige Volk ein großartiges Todtenfest und setzte seine Leiche in der Kirche del Carmine bei. Näheres s. Neapel, Geschichte. Auber benutzte den Stoff zu der Oper „Die Stumme von Portici". Vergl. Saavedra, Insureccion de Napoli en 1647, Madrid 1849, 2 Bde.

Masau, Provinz, s. v. a. Masovien.

Masaya, Stadt in der mittelamerikanischen Republik Nicaragua, Departement Granada, zwischen dem Nicaraguasee und dem Managuasee, in der Nähe des **Vulkans von M.** (2300 F. hoch), der 1857 nach langer Ruhe wieder Zeichen seiner Thätigkeit gab, hat 20,000 Einwohner und ist der gewerbfleißigste Ort des Staats. In der Umgegend wird trefflicher Tabak gebaut.

Mascagni, Paolo, italienischer Anatom, geboren 1752 zu Castelleto bei Siena, widmete sich zu Siena dem Studium der Medicin und insbesondere unter der Leitung Tabarini's dem der Anatomie und ward 1774 dessen Nachfolger auf dem Lehrstuhl. Seinem „Prodrome d'un ouvrage sur le système des vaisseaux lymphatiques“ (Siena 1784), welches von der pariser Akademie gekrönt wurde, folgte 1787 sein berühmtes Werk „Vasorum lymphaticorum corporis humani historia et iconographia“, welches dem Verfasser die Ernennung zum Mitglied der pariser Akademie verschaffte und viel zur richtigeren Erkenntniß des lymphatischen Gefäßsystems beitrug. Schon zuvor hatte er mit Fontana eine Sammlung anatomischer Wachspräparate begonnen. Nach einem längeren Aufenthalt zu Siena folgte M. einem Rufe als Professor nach Pisa, im folgenden Jahre einem Ruf als Professor der Anatomie, Physiologie und Chemie am Krankenhause Santa Maria zu Florenz. Er † am 19. Oktober 1815. Nach seinem Tode erschienen seine „Anatomia per uso degli studiosi di scultura et pittura“ (Florenz 1816) und „Anatomia universa 44 tabulis aeneis iuxta archetypum hominis adulti repraesentata“ (Pisa 1823—31).

Mascagnin, natürliches schwefelsaures Ammoniak, welches sich in Säulen krystallisirt und wahrscheinlich mit 2 Aequivalenten Wasser als vulkanisches Produkt am Aetna, Vesuv u. an der Solfatare bei Puzzuolo findet.

Mascali, Stadt auf der Insel Sicilien, Provinz Catania, am Meer und am Fuß des Aetna, mit Hafen, bedeutender Fischerei, Weinbau, Getreidehandel, Salzschlämmerei und 3130 Einw.

Masca Lucia, Stadt auf der Insel Sicilien, Provinz Catania, am Südabhang des Aetna in der sogenannten regione colta, mit 3550 Einwohnern, ward 1669 durch einen Lavastrom und 1818 durch ein Erdbeben fast ganz zerstört.

Mascarenhas (Mascarenische Inseln), eine im indischen Ocean, etwa 100 Meilen östlich von Madagaskar gelegene Inselgruppe, bestehend aus den Inseln Mauritius (Isle de France) und Rodriguez, welche den Engländern gehören, u. der französischen Insel Réunion oder Bourbon (s. d.).

Mascaret (Spielbamast), ein satinartiger, leichter, atlasartig gemusterter wollener Stoff.

Mascaron (franz.), fratzenhafter Kopf an Thoren, Brunnen rc.

Mascati, Stadt in der sicilischen Provinz Catania, am Fuße des Aetna und am Meere, mit 3550 Einw.

Maschinen, mehr oder weniger zusammengesetzte Werkzeuge oder Instrumente, die zur Unterstützung, Ersparung oder zum Ersatz von Menschenkräften, sowie zur Erhöhung der Quantität, Qualität und Wohlfeilheit der Arbeit dienen. Die M. bestehen aus einer Verbindung beweglicher und unbeweglicher (fast ausschließlich) fester Körper, nehmen physische Kräfte auf, pflanzen sie fort oder gestalten sie auch nach Richtung und Größe derartig um, daß sie zur Verrichtung bestimmter mechanischer Arbeiten geeignet werden. Dabei dienen die M. entweder nur zur Erzeugung von Bewegungen, wobei sie allein Nebenwiderstände, wie Reibung, Seilbiegung, Luftwiderstand, zu überwinden haben, oder sie müssen außerdem noch Nutzwiderstände bewältigen, Körper zertheilen, vereinigen, umformen rc. Beim Arbeiten mit M. verwendet man die Muskelkräfte von Menschen und Thieren, die Kraft des bewegten Wassers und der bewegten Luft, die Spannkraft des Wasserdampfs oder der erhitzten Luft, Gewichte, Federn (und hier und da, zum Theil noch versuchsweise, den Elektromagnetismus). An den meisten M. unterscheidet man sehr leicht drei Hauptorgane, wovon das eine zur unmittelbaren Aufnahme bewegender Kräfte dient, das andere die Fortpflanzung, Richtungsveränderung oder auch die Regulirung der Bewegung bewirkt und das dritte endlich die etwa beabsichtigte Orts- oder Formveränderung hervorbringt. Diese Haupttheile der M. bezeichnet man als Vordermaschine (Umtriebs- oder Bewegungsmaschine, Recepteur, Motor), Zwischen- oder Verbindungsmaschine (Transmission) u. Hintermaschine (Last- oder Arbeitsmaschine, Operateur). An einer Mühle ist z. B. das Wasserrad die Vordermaschine, die Wellen, Lager, Kuppelungen, Räder, Riemen, Ketten, Scheiben rc. bilden die Zwischenmaschine und die beiden Mühlsteine nebst Zufuhr und Stellzeug die Hintermaschine. Rühlmann theilt die M. ein in:

I. M. zum Messen und Zählen: Uhren, Umlauf-, Hub- und Schrittzähler, Zeug-, Wasser- und Windmeßmaschinen, Registrirmaschinen, Dynamometer, Wagen;

II. M. zur Verrichtung nützlicher mechanischer Arbeiten. Diese zerfallen in: A. kraftaufnehmende M., und zwar 1) zur Aufnahme von Muskelkräften: Hebel, Wellräder, Göpel, Lauf- und Tritträder, Tretscheiben, Treibühnen rc.; 2) zur Aufnahme von Elementarkräften: Wasserräder, Dampfmaschinen, Windräder, kalorische Gasmaschinen, elektromagnetische Kraftmaschinen; B. Transmissions- und Regulirungsmaschinen: 1) M., bei denen die Art der Bewegung dieselbe bleibt: Gestänge, Hebel, Kegel, Kolben, Seile, Riemen, Ketten, feste und lose Rollen, Räderwerke rc.; 2) M., bei denen die Art der Bewegung verändert wird: Balancirkurbelstangen, Hebel, Scheiben, Sperr- und Schiebzeuge, Schrauben, Wellbaumen rc.; 3) M. zur Regulirung der Bewegung: Gegengewichte, Bremsen, Centrifugalpendel, Windfänge, Gebläseregulatoren, Windkessel, Wassersäulenregulatoren, konische und Spiraltrommeln, Schwungräder rc.; C. Transport- und Fabrikationsmaschinen: a) M. zur Ortsveränderung 1) fester Körper: Krahne, Winden, Aufzüge, Fuhrwerke (Dampfwägen), Dampfschiffe, Rammmaschinen, Pflüge, Kultivatoren, Düngerstreumaschinen, Reihensaat-, Steckmaschinen rc.; 2) flüssiger Körper: Pumpen, Schrauben, Wurfräder, Kastenräder, Eimerwerke, Tympanons rc.; 3) gasförmiger Körper: Gebläse, Sauger; b) M. zur Formveränderung der Körper: 1) M. zur Veränderung der Anordnung der Theile eines Körpers: Hammer-, Walzwerke, Nagel- oder Nietpreßmaschinen, Blechbiegen, Moletirstühle, Kettenglieder-, Knopfmaschinen, M. zum Verfertigen und Setzen der Krempelzähne, Walk-, Wirk-, Bobbinet-, Wickel-, Spinn-, Spul-, Glätt-, Bürst-, Setz-, Clichir-, Stüpfel-, Rühr- und Ziegelmaschinen, Kultivatoren 2c.; 2) M., wobei gleichartige Körper eine Trennung ihrer Theile erfahren: Drehbänke, Hebel-, Frais-, Feil-, Nuthstoß-, Bohr-, Schraubenschneide-, Muttermaschinen, Scheeren, Loch-, Durchschnitt-, Riffel-, Schleif-, Arrondir-, Gravir-, Reliefkopir-, Guillochirmaschinen, M. zum Kopiren runder Körperformen, Mahl- und Zerkleinerungsmaschinen, Säge-, Farbholzschneide- od. Raspel-, Korkschneide-, Torfstech-, Spaltmaschinen, Lumpenschneider, Holländer, Stampfwerke, Kammschneide-, Rübenschneid-, Rübenreib-, Häckselmaschinen-, Anspitzer, Siebzeuge 2c.; 3) M., um ungleichartige Körper aus ihren Verbindungen zu trennen: Siebzeuge, Beutel-, Reiß-, Schäl- und Schlag-, Dreschmaschinen, Wein-, Oel-, Zucker-, Torfpressen, Stoßherde, Hechel-, Wasch-, Filtrirmaschinen, Quetscher, Buttermaschinen 2c.; 4) M., um getrennte Körper zu verbinden: (Spinn-) Webe-, Bobbinet-, Petinet-, Näh-, Stick-, Flecht-, Zwirn-, Seil-, Papier-, Schlicht-, Druck-, Paginir-, Blattbind-, Stecknadel-, Knopf-, Niet-, Flaschenstöpsel-, Knetmaschinen 2c.

Während manche Arbeiten, wie die der Reliefkopirmaschinen, Guillochirmaschinen 2c., überhaupt nicht durch Menschenhand ausgeführt werden können, lassen sich bei anderen die zur Verfügung stehenden Arbeiter in gehöriger Zahl gar nicht aufstellen oder doch nicht zum rechten Angriff bringen, abgesehen von der Schwierigkeit, alle Hände mit vereinten Kräften gleichzeitig in demselben Augenblick in Thätigkeit zu setzen. Bei Aufrichung der Alexandersäule in Petersburg, wovon allein der Säulenschaft 17,530 Centner wog, verwandte man 681 Arbeiter und hatte 1950 Soldaten zur Disposition; dessen ungeachtet waren zur erforderlichen Leistung 62 Winden und 186 Flaschenzüge nöthig. Die Eisenblechkästen, einige von 38,280 Centner Gewicht, aus welchen die Röhrenbrücke Robert Stephensons für die Eisenbahn über die Menai-Straits zusammengesetzt ist, machten zu ihrem Aufziehen nur drei hydraulische Pressen erforderlich, welche von einer Dampfmaschine in Bewegung gesetzt wurden. Bei vielen Arbeiten der neueren Technik reicht Menschenkraft überhaupt nicht hin, um Erfolge zu erzielen, so z. B. beim Ziehen dicker Eisendrähte, Blei- und Messingröhren, beim Hämmern und Walzen der in Puddel- und Schweißöfen gewonnenen Eisenmassen, des Stabeisens, der Bleche 2c. Die M. übertreffen ferner die Leistungen von Menschen und Thieren in der *Schnelligkeit*. Die Kurierzüge fahren auf der Strecke Braunschweig-Hannover-Minden mit einer Geschwindigkeit von 52 Fuß pro Sekunde. Englische Rennpferde haben auf kurze Zeit eine größere Geschwindigkeit erreicht, aber die Kurierzüge durchlaufen gleichmäßig sehr lange Strecken und bewegen dabei eine Last von 2000 Centnern. Bei außerordentlichen Ladungen und auf ziemlich horizontalen Chausseen würden 17 mit je zwei Pferden bespannte Wägen dieselbe Last in 13mal so langer Zeit fortschaffen. Beim Walzen groben Quadrateisens wird in einer Minute Arbeitszeit eine Stablänge von wenigstens 500 Fuß gefördert, woraus sich berechnen läßt, daß in etwa einer halben Minute die Streckung eines 3 Zoll dicken Eisenstabs von 1 Fuß auf 9 Fuß Länge bewirkt werden kann. Die Spindeln der Feinspinnmaschinen machen pro Minute 5—6000 Umläufe und die Röhrchen einer gewissen Sorte von Vorspinnmaschinen 11—12,000 Umgänge in derselben Zeit. Ebenso sehr übertreffen die M. die Menschenhand in der *Quantität* der geleisteten Arbeit. An einem sechsköpfigen Cirkularstrumpfstuhl liefert ein Arbeiter an einem Tage 20 Dutzend Paare lange Frauenstrümpfe; die M. zur Fabrikation des glatten Spitzengrundes, des englischen Tülls, die sogenannten Bobbinetmaschinen machen in einer Minute 25,920 Maschen, während eine geschickte Handarbeiterin in derselben Zeit deren nicht mehr als 5 zu Stande bringt. Die heilmannschen Stickmaschinen zur Weißstickerei schaffen reichlich 20mal so viel als eine Handstickerin, und während beim Handscheeren zur Tuchfabrikation ein Arbeiter in einer Stunde $4^1/_2$ Quadratellen liefert, kann ein solcher an einer Transversalcylinderscheermaschine in derselben Zeit 60 Quadratellen liefern. Bei den älteren Buchdruckhandpressen erhielt man 200, später und mit Anstrengung aller Kräfte von 3 Arbeitern 250 Abzüge pro Stunde, gegenwärtig liefern die Maschinenpressen mit gerader Form pro Stunde 1200—2000 Abdrücke mit geringerem Aufwand von Menschenkräften und mit der hoe'schen Riesenschnellpresse, welche nach dem Rotationsprincip mit gewöhnlichen Typen auf einer cylindrischen Form (bei 10 Druckcylindern arbeitet), erhält man pro Stunde 20—25,000 Abdrücke. In den meisten Fällen sind die M. im Stande, eine *bessere Arbeit* zu liefern als die Hand, vor allen Dingen deshalb, weil bei ihnen die Kraft gleichmäßiger zur Verwendung kommt. Daher findet man z. B. bei aufmerksamer Vergleichung von Maschinen- und Handgespinnst sofort, daß der Maschinenfaden den durch die Hand gesponnenen Faden an Gleichheit, Rundung und Reinheit übertrifft, sowie auch, daß er durch die bessere Drehung zugleich stoffreicher und schwerer geworden ist. Besonders auffallend sind die Vorzüge der Maschinenarbeit beim Verspinnen von Werg, wobei die Handarbeit nichts entfernt Aehnliches leisten kann. Ebenso bleibt letztere durchaus zurück in der Feinheit des Garns, die man jetzt auf M. erreicht. Qualitätsvorzüge lassen sich außerdem in sehr vielen Fällen nachweisen, es genügt, auf die Kratzen, Schraffirmaschinen, Scheermaschinen, Kalander, Werkzeugmaschinen, ja fast auf alle Fabrikationsmaschinen zu verweisen. Bei allen diesen Vorzügen ist die Maschine überdies im Stande, die Arbeit äußerst *wohlfeil* zu verrichten, und so kommt es, daß chemnitzer Strumpffabriken weiße baumwollene lange Frauenstrümpfe aus einfachem mittelfeinen Garn das Dutzend Paar zu 16 Silbergroschen liefern können. Ein Stück glatter englischer Tüll oder Bobbinet wird jetzt nach Erfindung der heathcoatschen Bobbinetmaschine 50mal so billig verkauft als am Ende des vorigen Jahrhunderts. Sächsische baumwollene Vorhangzeuche (gaze filoche) mit vortrefflichen eingewebten Mustern werden (als feine Waare) das Stück von 40 leipziger Ellen bei $^8/_4$ Ellen Breite zu $6^1/_3$ Thlr. verkauft. Japy in Beaucourt fertigt kleine Kastenschlösser zum Preise von noch nicht völlig $3^1/_2$ Pfennigen pro Stück. Einen höchst wichtigen Einfluß auf die Wohlfeilheit mancher Artikel hat das dabei angewandte Princip der Arbeitstheilung, welches in solchem Maße ausgebildet ist, daß z. B. jede Nähnadel 90—120mal durch die Hand gehen muß, ehe sie vollendet ist, und daß sich die Arbeiten bei der Uhrenfabrikation in 54 Beschäftigungsarten theilen, so daß nicht eine Hand thätig ist, welche auch nur den kleinsten Uhrtheil ganz fertig macht. Ueber die wirthschaftlichen Verhältnisse des Maschinenwesens s. Fabriken u. Manufakturen. Die Darstellung der M. geschieht von Mechanikern oder Maschinenbauern in eigenen Maschinenwerkstätten oder Fabriken, und zwar meistentheils wieder mit M., den sogenannten Werkzeugmaschinen. Auch hierbei ist das Princip der Arbeitstheilung eingeführt, und häufig findet man Maschinenbauanstalten, die nur Eine Sorte von M. bauen. Dies bietet wesentliche Vortheile dar, und man hat es vielfach schon erreicht, daß neben dem Handel mit ganzen M. noch ein solcher mit einzelnen Maschinentheilen vortheilhaft betrieben werden kann. Alle M. aus einer Werkstätte sind dann so genau nach demselben Maßstab gearbeitet, daß man ihre entsprechenden Theile sofort vertauschen kann, bei Beschädigung irgend eines Maschinentheils also auch im Stande ist, denselben auf die einfachste Weise wieder zu ersetzen. Jedes Rad und jede Schraube hat eine Nummer, unter welcher man das Stück einzeln kaufen und seiner Maschine einfügen kann. Man bestrebt sich vielfach, unter den Schrauben aller Maschinenwerkstätten Gleichartigkeit herzustellen, so daß ein Ersatz dieser am häufigsten gebrauchten Maschinentheile noch mehr erleichtert wird. Die durch die Arbeitstheilung erfolgte Zersplitterung im Maschinenhandel wird ausgeglichen durch permanente Industrieausstellungen, Musterlager für M. und Agenturen, wie sie bereits in den Mittelpunkten der industriellen Kreise bestehen.

Maschinenlehre, Lehre von der Anwendung der mathematischen, physikalischen und mechanischen Lehrsätze auf des Maschinenwesen. Die vorzüglichsten Werke über M. sind: Weißbach, Lehrbuch der Ingenieur- und Maschinenmechanik, Braunschweig, 3 Bde.; Rühlmann, Allgemeine Maschinenlehre, das. 1862 ff.; Marin, Elemente der M., Brünn 1856; Redtenbacher, Principien der Mechanik und des Maschinenbau's, Mannheim 1859; Derselbe, Resultate für den Maschinenbau, das. 1860; Wiebe, Handbuch der Maschinenbaukunde, Stuttgart 1858; Bernoulli, Vademecum des Mechanikers, das. 1859; Scholl, Führer des Maschinisten, Braunschweig 1864.

Maschinerie, s. v. a. Maschine; im Theaterwesen das Ganze der Vorrichtungen zur Befestigung, Bewegung und Handhabung der Dekorationen der Bühne, welches aus zwei Haupttheilen besteht, der unbeweglichen Ober- und Untermaschinerie u. einer beweglichen M., deren Aufstellung hinter od. neben der Bühne geschieht, um nur für eine bestimmte Zeit zu wirken. In der epischen u. dramatischen Poesie versteht man unter M. alle jene außerhalb des Kreises unserer sinnlichen Wahrnehmung fallenden Wesen, als Götter, Engel, Teufel, Feen 2c., durch deren Einführung eben sowohl das Wunderbare der Darstellung erhöht, als der außerdem nicht zu lösende Knoten gelöst werden soll.

Mascov, Johann Jakob, deutscher Staatsrechtslehrer u. Geschichtschreiber, geboren den 26. Nov. 1689 zu Danzig, studirte in Leipzig zuerst Theologie, dann die Rechte und begleitete hierauf zwei junge Grafen von Watzdorf auf Reisen. Nach seiner Zurückkunft erhielt er 1714 das Kollegiat des kleinen Fürstenkollegiums und 1719 eine außerordentliche Professur der Rechte; von der Stadt Leipzig wurde er zum Rathsherrn und, nachdem er ordentlicher Professor der Rechte geworden war, zum Prokonsul, vom Kurfürsten von Sachsen zum Hofrath und vom Stift Zeitz zum Dechanten ernannt. Er † am 22. Mai 1761. Von seinen Werken sind hervorzuheben: „Principia juris publici romano-germanici“ (Leipz. 1729, 5. Aufl. 1769), die lange Zeit auf den deutschen Universitäten den Vorlesungen zu Grunde gelegt wurden; „Abriß einer vollständigen Geschichte des deutschen Reiches“ (das. 1722—30); „Geschichte der Deutschen bis zu Anfang der fränkischen Monarchie“ (das. 1726—37, 2 Bde.), die zuerst nicht die Herrscher, sondern die Nation selbst zum Mittelpunkt der geschichtlichen Darstellung machte; „Commentarii de rebus imperii romano-germanici“ (Leipzig 1751—53, 3 Bde.), eine Fortsetzung des vorigen Werks, u. „Einleitung zu der Geschichte des römisch-deutschen Reiches“ (das. 1752).

Masculinum (lat.), s. Genus.

Mas d'Azil, Stadt im französischen Departement Arriège, an der Rize, hat Fabrikation von Kämmen u. chemischen Produkten, besonders Alaun u. Kupferwasser, Handel mit diesen Artikeln und 2700 Einw.

Masenderan (Masanderan), Provinz Persiens, an der Südküste des kaspischen Meeres, zwischen den Provinzen Ghilan, Irak Adschemi, Taberistan und Khorassan gelegen, umfaßt den östlichen Theil des alten Hyrkaniens u. ist ein etwa 48 Meilen langer Landstrich von unbekanntem Flächengehalt. Das Land ist gebirgig durch den Albors mit den schneebedeckten Gipfeln Demawend, Dscheban u. a., waldreich, flacht sich nach der Küste hin, die aber keinen sichern Hafen darbietet, allmählig ab und ist wohl bewässert von meist kleinen Flüssen, dem Pulirud (an der Westgrenze), dem Siahrud, Talar, Babul 2c. Im Innern ist das Klima mild und gesund, an der Küste feucht und ungesund. Der Winter bringt Regen u. nur auf den Gebirgen bedeutendere Kälte. Der Boden ist theilweise sehr fruchtbar. Die Einwohner treiben Ackerbau (Weizen, Gerste, Hirse, Hanf, besonders auch Reis, Baumwolle), Obstbaumzucht (Südfrüchte), Weinbau, Seiden- u. beträchtliche Viehzucht auf Nomadenart (Pferde, Maulthiere, Kameele), Jagd auf Speise- und Raubwild, Fischerei (reichlicher Fang von einer eigenthümlichen Art Häringe), lebhaften Handel, aber wenig Industrie. Dieselben gehören zu den Stämmen der Kadschars, Kodschawend, Kurden, Turkomanen (darunter die nomadisirenden Guklan); ihre Zahl ist nicht zu bestimmen. Jeder Stamm steht unter einem Häuptling, die ganze Provinz aber ist der Botmäßigkeit eines Beglerbegs unterstellt, dem jene Tribut zahlen müssen. Hauptstädte sind Sari u. Asterabad. Von Firdusi als das Land der tapfern Helden oder Divs, aber auch als das Land der Rosen und des ewigen Frühlings gepriesen und noch heute bei den Persern der „Garten Irans“ genannt, blühte M. ganz besonders unter Schah Abbas dem Großen (um 1600) auf, der hier Zaubergärten und Lustschlösser anlegte, deren großartige Ueberreste noch heute bewundert werden, wie der Schahpalast zu Balfrusch, die glänzenden Reste zu Aschraff oder Aschreff, Suffiabad und Furrahabad 2c.

Maser (morbillus), krankhafte Erscheinung an

manchen Holzarten, namentlich an Ahorn (Maßholder), Pappeln, Birken ꝛc., besonders an älteren Bäumen, die auf einem dürren oder steinigen Boden wachsen, vorkommend, wobei sich härtere und verschieden gefärbte Flecken im Holz zeigen, was daher kommt, daß eine Menge Knospen in ihrer Entwickelung und Ausbildung zurückbleiben und in Folge davon im Holze eine Knotenanhäufung Statt findet. Da dergleichen Maserholz von Tischlern zu ausgelegten Arbeiten u. vom Drechsler zu Dosen, Stockknöpfen ꝛc. benutzt wird, so sucht man durch öfteres Auslichten der Zweige die M. zu befördern.

Masern (morbilli, rothe Flecken, Rötheln, rubeolae), eine von denjenigen Krankheiten, welche man als akute Exantheme in der Wissenschaft u. als hitzige Ausschlagskrankheiten in der Volkssprache zu bezeichnen pflegt, wozu außer den M. besonders noch der Scharlach und die Pocken gehören. Diese Krankheiten haben den gemeinsamen Charakter, daß sie einen ziemlich regelmäßigen (typischen) Verlauf haben und unter oft sehr heftigen fieberhaften Erscheinungen auftreten und verlaufen. Auch ist bei ihnen unzweifelhaft ein Ansteckungsstoff vorhanden, so daß sie nur durch Uebertragung zu entstehen und sich zu verbreiten pflegen, wie sie auch vorzugsweise das kindliche Alter heimsuchen. Die Masernröthe erscheint in Form von kleinen dunkelrothen, leicht erhabenen Flecken mit unregelmäßigen Rändern, welche sich auf die ganze Oberfläche der Haut verbreiten, und ist von Fieber und einem katarrhalisch-entzündlichen Ergriffensein der Schleimhaut der Athmungswege (von der Bindehaut der Augen an bis in die Luftröhre hinein) begleitet. Die Periode der Inkubation od. der Latenz, d. h. die Zeit zwischen der vermuthlichen Ansteckung und dem Ausbruch der krankhaften Erscheinungen, wird gewöhnlich zu 8—21 Tagen gerechnet. Seit jedoch Panum durch ein glückliches Zusammentreffen von Umständen auf den Faröerinseln sehr exakte Beobachtungen zu machen Gelegenheit hatte, darf man mit ziemlicher Sicherheit annehmen, daß dieses Stadium etwa 12 Tage währt. Die Vorläufer beginnen mit allgemeinem Unbehagen, Frost, Hitze, Durst, Kopfschmerz, vermindertem Appetit, katarrhalischer Reizung der Schleimhäute der Augen u. der Athmungsorgane, trockenem, oft recht heftigem Husten, Heiserkeit; zuweilen ist auch ein förmlicher Brechdurchfall vorhanden. Nach 3—5 Tagen, welche dieses Stadium der Vorläufer währt, am 13. Tage ungefähr steigern sich die krankhaften Erscheinungen, bei Kindern treten nicht selten Konvulsionen hinzu, und es erscheint nun die Hautröthe meist zuerst in den Schläfen und in der Nackengegend, verbreitet sich dann nach dem Gesicht und der Stirn u. dann allmählig über Hals, Brust und Rücken nach den Armen und Beinen hin. Ursprünglich sind es kleine, rundliche Flecken, die nach 24 Stunden größer und deutlicher werden, zusammenfließen, eine unregelmäßige Gestalt annehmen und nun die Unterscheidung der Masernkrankheit von anderen ähnlichen Hauterkrankungen möglich machen. Die Farbe der Flecken ist röthlichgelblich oder röthlichbräunlich. Die Haut, welche in diesem Ausbruchsstadium erst feucht, dünstend war, wird nun meist trocken, glühend heiß; die Kranken klagen über Durst, Jucken und Spannen in der Haut und sind namentlich in der Nacht außerordentlich unruhig. Die Röthe bleibt, nachdem sie den ganzen Körper, selbst die Fußsohlen, überzogen, meist nur gegen 3 Tage auf der Haut stehen u. verschwindet dann allmählig unter Nachlaß auch der anderen krankhaften Erscheinungen, indem sich die Oberhaut, am deutlichsten an den unbedeckten Körpertheilen, kleienförmig in sehr kleinen, dem unbewaffneten Auge oft kaum bemerklichen Schüppchen (Abschuppungsstadium) abzuschilfern beginnt. In der Regel sind die M. od. Rötheln eine wenig gefährliche Krankheit, namentlich für gesunde Kinder. Es kommen aber nicht selten unregelmäßige Erscheinungen dabei vor, u. der epidemische Charakter der Krankheit ist zuweilen ein sehr bösartiger. Namentlich sind es gesteigerte entzündliche Zustände des Kehlkopfs u. der Luftröhre, die unter der Gestalt der häutigen Bräune (Croup) äußerst lebensgefährlich werden; weniger gefährlich sind die der Lunge als Masernlungenentzündung. Auch heftige Diarrhöen, Nierenkrankheiten, Ohrenentzündung u. Wasserkrebs werden beobachtet. Am schlimmsten sind kränkliche Kinder und schwangere Frauen daran. Erstere sterben sehr häufig, wenn sie von M. befallen werden. Vornehmlich aber sind Nachkrankheiten zu befürchten u. unter diesen vorzugsweise die tuberkulöse Entartung der Drüsen und Lungen. Die Haut bleibt oft längere Zeit sehr zu Erkrankungen aller Art geneigt; auch chronische Augen- und Knochenkrankheiten entwickeln sich nicht selten in der Rekonvalescenz.

Was die Behandlung betrifft, so steht heut zu Tage der Grundsatz fest, daß man möglichst alle Arzneien vermeiden, namentlich aber die schweißtreibenden und mehr oder weniger erhitzenden Mittel nicht in Anwendung bringen soll. Man sorge für Ruhe der Kranken, bedecke sie nur einfach, gebe kühlendes Getränk, wechsle die Leib- und Bettwäsche öfter und lasse reichlich frische Luft ins Zimmer. Ueberhaupt ist im Allgemeinen ein kühlendes Verfahren angezeigt. Gesicht und Hände können täglich ein- oder mehrmal mit frischem Wasser gewaschen werden, was sehr zum Behagen des Kranken beiträgt. Zur Nahrung reiche man leichte Suppen u. etwas Milch. Wenn das Fieber u. der Husten nachgelassen haben, sind warme Bäder allein oder mit kalten Waschungen sehr anzurathen. Zeigt sich wieder Appetit, so gebe man kräftigere Kost. Dann lasse man die Kinder bald in die frische Luft, was um so eher geschehen kann, je mehr man eine kühlende Behandlung hatte eintreten lassen, denn die Erfahrung hat hinlänglich bewiesen, daß Kinder, die bald ins Freie kamen, sich viel eher erholten u. viel seltener von Nachkrankheiten befallen wurden als solche, welche nach dem alten Verfahren noch 4—6 Wochen im Zimmer abgesperrt gehalten wurden. Es versteht sich von selbst, daß solche Erscheinungen, wie der Croup, die Lungenentzündung ꝛc., welche die M. gefährlich machen, ebenso heftigere Grade von Augenentzündungen ꝛc. eine diesen Zuständen angemessene Behandlung erfordern. Wenn Erscheinungen von Blutzersetzung, Ruhr ꝛc. vorhanden sind, verlangen sie ebenso eine behutsame Behandlung wie die skorbutischen, bei welchen letzteren namentlich Limonade als Getränk, auch etwas Wein und China und deren Präparate empfohlen werden. Was die Prophylaxe betrifft, so muß man kränkliche Kinder und Frauen, die guter Hoffnung sind und die M. noch nicht gehabt haben, möglichst vor der Ansteckung behüten, während man, insbesondere wenn die Epidemie eine gutartige ist, die Kinder nicht absperren sollte, da die M. alle Menschen befallen und kein Lebensalter von denselben verschont wird. Vergl. Virchow, Specielle Pathologie und Therapie, 1860, 3 Bde.; Canstatt, Handbuch der speciellen Pathologie und Therapie und die daselbst verzeichnete Literatur.

Masholder, s. v. a. Feldahorn, Acer campestre *L.*, s. Ahorn.

Masinissa, König der Massylier oder östlichen Numidier, Sohn des Gula, um 238 v. Chr. geboren, verlebte seine Jugendzeit in Karthago u. verlobte sich hier mit Sophonisbe, einer Tochter des Hasdrubal, was viel dazu beitrug, ihn an die Interessen dieser Stadt zu fesseln. An den Kämpfen derselben Theil nehmend, griff er den auf römischer Seite stehenden Syphax, den mächtigen König der Massäsylier oder westlichen Numidier, mit den durch ein karthagisches Heer unter Hasdrubal verstärkten Numidiern seines Vaters an u. zwang ihn zu einem Frieden mit Karthago. Hierauf setzte er 212 mit Hasdrubal nach Spanien über, wo er mit seinen numidischen Reitern viel zur Besiegung des P. und Cn. Scipio beitrug. Mit der Ankunft des großen P. Corn. Scipio an der Westküste Spaniens wechselte jedoch das Waffenglück. Bei Bäcula ward Hasdrubal gänzlich besiegt, u. der junge Massiva, M.'s Neffe, fiel in römische Gefangenschaft. Der römische Feldherr behandelte ihn freundlich und sandte ihn wohlbeschenkt zu seinem Oheim zurück, der zwar in Verbindung mit den karthagischen Feldherren noch einige Zeit lang dem Vordringen der Römer hartnäckigen Widerstand entgegensetzte, sodann aber in einer geheimen Unterredung mit Silenus, dem Legaten Scipio's, im Stillen nach Afrika überzusetzen und dort die Massylier für die Pläne der Römer zu gewinnen versprach. Von den Karthagern gleichzeitig noch dadurch verletzt, daß diese seine Braut Sophonisbe aus politischen Rücksichten mit Syphax verlobten, trat M. offen auf die Seite der Römer über, und ein auf Anstiften Hasdrubals gegen ihn unternommener Mordanschlag steigerte nur seine Erbitterung gegen Karthago. Syphax, unterdessen mit Sophonisbe vermählt, verließ die kaum ergriffene römische Partei wieder und nahm nun auch den Kampf mit M. auf. Dieser war inzwischen aus Spanien über Mauritanien im väterlichen Reich angelangt, welches Mezetulus, der Sprößling einer dem Herrscherhause verwandten Familie, im Namen des unmündigen Lacumaces, jüngsten Sohnes des Oesalces, des Oheims M.'s, verwaltete. Mit 500 Anhängern seiner Familie stieß M. bei Thapsus auf den zu Syphax ziehenden königlichen Knaben, besiegte zweimal seinen Gegner und wußte den Mezetulus auf seine Seite zu ziehen, so daß er nun noch allein mit Syphax zu kämpfen hatte. Er verlor jedoch Massylien und rettete sich mit einiger Reiterei auf einen Berg, von wo aus er häufige Einfälle auf karthagisches Gebiet machte. Abermals geschlagen, entkam er nur mit 2 Reitern, tauchte aber bald darauf wieder an der Spitze einer Schaar in seinem Erbreich auf, eroberte dasselbe u. unternahm verheerende Einfälle in Massäsylien und andere Länder karthagischer Bundesgenossen. Auf den Berghöhen zwischen Cirta und Hippor von Syphax angegriffen, mußte er nach furchtbarem Kampfe wieder fliehen u. rettete sich mit etwa 60 Reitern nach der kleinen Syrte. Als Scipio 204 in Afrika gelandet war, bewarben sich die Karthager und Syphax um M.'s Bundesgenossenschaft, und dieser ging scheinbar auf die ihm gemachten Anerbietungen ein und bezog in der Nähe von Utica ein Lager, trat aber nächtlicher Weile mit Scipio zu einer Unterredung zusammen und gab diesem den Plan zur Vernichtung einer karthagischen Reiterabtheilung aus einem Hinterhalt an die Hand, bei dessen Ausführung er dann selbst thätig war. Hierauf trat er offen zu den Römern über, plünderte gemeinschaftlich mit Scipio die Umgegend und eroberte die Stadt Locha. Zur Verfolgung des Hasdrubal und des Syphax ausgesandt, eroberte M. nicht nur sein massylisches Erbreich wieder, sondern nahm auch seinen Feind nach einem langen Kampf gefangen und sandte ihn zu Scipio. In der Hauptstadt seines Nebenbuhlers traf er vor der Königsburg Sophonisbe, mit der er sich noch an demselben Tage vermählte. Lälius und Scipio, den Einfluß dieser patriotischen Frau auf M. fürchtend, verlangten ihre sofortige Auslieferung; M. reichte ihr jedoch, um sie hiervor zu bewahren, den Giftbecher. Hierfür erhielt er fürstliche Titel und Insignien und den von den Römern eroberten Theil von dem Gebiet des Syphax, namentlich Cirta und andere Städte. Von nun an lebte M., trotz eines auf 50 Jahre geschlossenen Friedens, in fortwährender Feindseligkeit mit Karthago, die endlich 150 zum offenen Krieg führte. M. schlug den Feind in einer heißen Schlacht, schloß den Rest des karthagischen Heeres ein und entließ ihn nur unter harten Bedingungen. Eine neue bewaffnete Erhebung der Karthager gegen M. bot den Römern erwünschten Anlaß zum Beginn des dritten punischen Kriegs, doch erlebte M. dessen Ende nicht; er † 148. Sterbend hatte er durch Gesandte dem Adoptivenkel des ältern Scipio sein Reich u. seine Kinder empfohlen und diese letzteren angewiesen, allen Anordnungen des römischen Beschützers nachzukommen. Scipio traf 3 Tage nach M.'s Tode in Cirta ein, fand die natürlichen Söhne desselben mit Geldgeschenken, einigen Städten u. Ländereien ab und theilte unter die drei legitimen (Micipsa, Gulussa u. Mastanabal) das Reich und die Schätze.

Maskara, Stadt in Algerien, Provinz Oran, in der überaus fruchtbaren Egresebene, mit Gerbereien und andern Gewerbeanlagen und 3820 Einw., war ehedem die Residenz des Bei's der Provinz, später des Emirs von M., Abd-el-Kader. Im Jahre 1835 unternahmen die Franzosen einen Zug dahin.

Maskat (Imamat von M. oder Oman), Staat in Arabien, begreift den Landstrich an der Ostküste des Landes, zwischen dem Ras el Hadd im Süden und dem Ras Mussendom an der Ormuzstraße im Norden, mit einer Küstenlänge von 80 Meilen und einer Breite von etwa 30 Meilen, ferner die Inseln Ormuz und Kischem am Eingang des persischen Golfs und die Küstenstriche der persischen Landschaften Laristan und Moghistan, und wird eingetheilt in Dscheilan, zunächst vom Ras el Hadd nördlich bis gegen den Wendekreis; Oman, dessen Küste von Osten nach Westen streicht; Batna, das Küstengebiet von da an bis zur Ormuzstraße, und Dhorra, das Binnenland hinter Batna. In einem 6 bis 10 Meilen breiten Abstand von der Küste zieht sich parallel derselben ein Gebirgsgürtel hin, im höchsten Theile Dschebel Achdar genannt, der bis zu 6000 Fuß ansteigt, während die übrige Kette 3500—4000 Fuß

Höhe hat. Im Innern und längs der Gebirge dehnen sich 2—3 Meilen breite fruchtbare Landstriche aus; der ganze Westen dagegen scheint eine einzige Sand- und Lehmwüste zu sein, in welcher sich nur im Norden einige fruchtbare Stellen und Ortschaften, im Uebrigen Oasen in weiten Abständen von einander finden. Wo Bewässerung möglich ist, gewährt der Boden reichliche Ernte, und fast jedes Bodenerzeugniß Arabiens, Persiens u. Indiens gedeiht beinahe von selbst; daher findet man Wasserleitungen sogar unterirdisch eine Meile weit fortgeführt. Aus der ödesten Sandwüste tritt man in Folge dessen oft unmittelbar zwischen die üppigste Vegetation und unter herrliche Bäume, durch deren Blätterfülle kein Sonnenstrahl bringt. Mandel-, Feigen- und Wallnußbäume erreichen eine ungeheure Höhe; sie beschatten die Orangenbäume und werden selbst wieder von den Dattelpalmen überragt. Der Fruchtboden trägt außerdem Weizen, Gerste, Reis, Mais, Linsen, Bananen, Granatäpfel, Trauben, Wassermelonen, Zuckerrohr, Baumwolle &c. Die Thierwelt bietet keine eigenthümliche Erscheinung im Vergleich zum übigen Arabien; das Meer ist außerordentlich reich an Fischen und Perlen; der Boden birgt Kupfer und silberhaltiges Blei. Die Bevölkerung wird auf etwa ½ Million Köpfe angeschlagen und zerfällt in Beduinen und in Städte- und Oasenbewohner; zwischen beiden besteht gegenseitiger Haß. Auch die städtische Bevölkerung zerfällt in Parteien, die gegen einander feindselig auftreten und der Blutrache huldigen. In religiöser Beziehung herrscht vollkommene Duldsamkeit, sogar den Fremden gegenüber, ein Umstand, der die Blüthe des Handels, auf welcher das Gedeihen des Gemeinwesens beruht, wesentlich begünstigt. Die weltliche Oberherrschaft des Sultans oder Imams von M. über das ganze Land besteht nur dem Namen nach; die Küste mit ihren Städten wird durch seine Seemacht beherrscht; die Beduinen aber und die Ackerbaustämme des Innern bezeigen ihm wohl alle Ehrfurcht, zahlen aber keine Steuern. Das jetzige regierende Haus hat sich durch seine Staatsklugheit auch den europäischen und amerikanischen Handelsstaaten gegenüber, mit denen Verträge abgeschlossen worden sind, zu der bedeutendsten inländischen Macht an der Nord- und Westküste des indischen Oceans erhoben. Bis zum Tode des seit 1804 regierenden Sejjid-Said, der 1856 erfolgte, gehörten zum Reiche auch Zanzibar und verschiedene Inseln und Striche an der Ostküste Südafrika's, die jedoch seitdem von dem einen seiner beiden Söhne in Besitz genommen wurden, während der andere M. behielt. Die Einkünfte des Imams aus Zöllen, Steuern, Handel, Geschenken &c. werden auf 6 Millionen Thaler geschätzt.

Die Stadt M., Sitz des Imams, liegt an der Küste der Landschaft Oman, im Hintergrund einer von Felswänden eingeschlossenen Bucht mit Ankergrund für die größten Schiffe, und ist die bedeutendste Stadt Arabiens. Sie wird von einer 24 Fuß hohen Mauer umzogen, durch welche nur 2 Thore führen, und außerdem durch Forts, Thürme und Schanzen geschützt. Das Innere enthält enge, krumme und schmutzige Straßen mit nur wenigen ansehnlichen Gebäuden, worunter der Palast des Imams. M. ist der Sitz eines bedeutenden Seehandels, und der Imam selbst der größte Kaufmann des Orients, dessen Schiffe alle Küsten des indischen Oceans, selbst die Japans, besuchen. Der mit Matten von Palmblättern bedeckte Bazar enthält außer Lebensbedürfnissen aller Art die auserlesensten Stoffe aus Europa, Indien und China, Gewürze, Düfte, Perlen &c. Für den Ausfuhrhandel Persiens ist M. Stapelplatz. Von eigenen Waaren werden vorzüglich Datteln, rother Farbstoff (Ruivas), Haifischfinnen und gesalzene Fische ausgeführt; dafür wird Gold oder Kaffee zurückgebracht. Die Bevölkerung, zu 60,000 Seelen geschätzt, ist gemischt aus vielerlei Asiaten und Afrikanern; sehr stark sind die Hindukaufleute oder Banschanen vertreten, in deren Händen sich der gesammte Perlen- und Kaffeehandel befindet; ersterer beläuft sich jährlich auf etwa 2 Millionen Thaler. Juden gibt es wenig. Für Europäer ist der Aufenthalt in M. sehr ungesund; drei Viertel des Jahres kommen die die Bucht einschließenden nackten, heißen Oefen gleichenden Felswände nicht zur Abkühlung; selbst die Nächte sind unerträglich heiß. Die mittlere Wärme beträgt im Schatten 26° R. Alle Gewerbe werden im Freien betrieben.

Maske (mittellat. masca, span. mascara, von dem arab. mas-chara, d. i. Spott oder Possenreißer, oder von dem spätern griechischen Worte baska, d. i. Schreckbild gegen Zauberei), ein unkenntlich machendes, hohles Menschengesicht, mit welchem das Gesicht bedeckt wird. Die M.n sind ursprünglich eine Erfindung der Griechen, und zwar lassen sie sich auf die ländlichen Ernte- und Weinlesefeste der ältesten Bewohner Griechenlands zurückführen, bei denen bäuerische Possenreißer auftraten, die ihr Gesicht mit Weinhefe übermalt hatten. Ursprünglich roh und häßlich verzerrt, erhielten sie allmählig eine gefälligere Form. Bei dem innigen Zusammenhang nun, in welchem die griechische Tragödie mit dem Dienst des Dionysus stand, war es natürlich, daß die M.n früh in das Trauerspiel eingeführt wurden. Verfertigt wurden sie ursprünglich aus Baumrinde, dann aus Leder, welches mit Leinwand oder andern Stoffen gefüttert wurde, zuletzt aber aus Holz, und zwar bedeckten sie nicht bloß das Gesicht, sondern den ganzen Kopf. Manchmal waren sie mit verschiedenfarbigen Haaren oder mit einem Bart besetzt, stets aber hatten sie einen weit aufgesperrten Mund, der inwendig mit Metallstangen versehen war, um der Stimme einen durchdringenden Schall zu verschaffen (daher persona, von personare, hindurchtönen). Wer die M. in das Lustspiel einführte, ist ungewiß. Später dienten sie als Ausdruck der Hauptverschiedenheiten der Stände und Charaktere, sowie der mannichfaltigen Leidenschaften. Neben den tragischen M.n hatte man komische, satirische und orchestrische M.n, und für alle waren die genauesten Bestimmungen vorhanden. Die letzteren waren solche, deren sich die Tänzer bedienten; sie hatten keinen aufgesperrten Mund, sondern regelmäßige schöne Züge. Man hat hinsichtlich des Gebrauchs der M. im Schauspiel mit Recht bemerkt, daß dadurch alle Mimik und sogar die dem Schauspieler zum Ausdruck der Leidenschaft nothwendige Biegsamkeit der Stimme verloren gegangen sei; aber der ganze Zweck, besonders der alten Tragödie, war ein anderer als bei uns, und Darstellung der Individualität zu erstreben, lag den Alten hier ganz fern. Uebrigens würde bei der ungemeinen Größe der alten Theater das Mienenspiel auch nicht bemerkt worden sein. Die Römer haben den Gebrauch der M. von den Griechen angenommen und wenig Neues hinzugefügt. Vgl. Böttiger, Ueber das Wort M. und über die Abbildungen der M.n auf alten Gemmen, in den „Kleinen Schriften“ (herausgegeben von Sillig, Dresden u. Leipz. 1836, 3 Bde.), und: „De personis scenicis, vulgo larvis“, in den „Opuscula latina“, Dresden 1837.

Den theatralischen Gebrauch der M.n im Mittelalter anlangend, so finden sich schon in den Mysterien Spuren, daß damit der Teufel, die Verdammten, die personificirten Laster ꝛc. charakterisirt wurden. Dann findet sich der Gebrauch der M. beim italienischen Volkstheater. Schon im 12. Jahrhundert, als dem Zeitalter, wo Irnerius in Bologna eine neue Schule der Rechtsgelehrsamkeit errichtet, finden wir den bolognesischen Dottore (s. d.), auch Graziano genannt. Die Namen der übrigen M.n, wie sie nach und nach sich einbürgerten, sind Pantalon von Venedig, Harlekin von Bergamo, Brighella von Ferrara, Colombine, die Kapitäne Spaviento, Fracasso, Tempesta und Truffaldin, endlich Pulcinello, sämmtlich seit dem 15. Jahrhundert auf der italienischen Bühne. Gleichzeitig mit der Entstehung der M. in Italien entwickelten sich auch in Frankreich aus den Spielen der Confrères de la Bazoche u. der Enfants sans souci einige eigenthümliche M.n, die aber nie über Frankreich hinauskamen u. mit den Schauspielen, in denen sie zuerst erschienen, für immer wieder verschwanden. Gesichtsmasken, wie man sich deren bei Maskeraden, sowie in Italien beim Karneval auch auf den Straßen bedient, früher aus Wachs gefertigt, werden jetzt meist aus feiner Leinwand mit einem lackirten Ueberzug am besten zu Berlin, Paris, Rouen und Venedig hergestellt. Man hat sie in den verschiedensten Charakteren, einfarbige (schwarz oder weiß), die meist Halbmasken sind u. nur den obern Theil des Gesichts bedecken, bunte halbe oder ganze M.n. Neuerlich hat man auch dergleichen M.n mit beweglichen Augen und beweglichem Unterkiefer verfertigt. Auf Maskenbällen bedient man sich statt der M.n öfters auch nur der Nasen, welche das Gesicht sehr unkenntlich machen. Unter M.n versteht man auch eine Art von Schauspielen, die aus den sogenannten Moralitäten entstanden, und in denen allegorische Personen vermischt mit mythologischen handelnd auftraten, die man eine ungewöhnliche, charakterisirende Kleidung anlegen ließ. Mit diesen M.n war auch Musik verbunden, die gewöhnlich in Volksliedern bestand. Zu Anfang des 17. Jahrhunderts verwandelten sich diese M.n in kleine Opern.

In der Baukunst nennt man M.n Menschenköpfe ohne Hinterhaupt, gewöhnlich aus Stein gehauen, wie sie früher bei Bögen zur Verzierung des Schlußsteins und sonst angewandt wurden. In der Befestigungskunst heißt M. eine vorliegende Brustwehr, durch welche ein anderes Werk, eine Batterie ꝛc., dem feindlichen Feuer entzogen wird; daher maskiren, eine Feldbatterie durch eine Truppenaufstellung dem Feinde so verbergen, daß sie erst sichtbar wird, wenn sie zu feuern beginnt.

Maskenball, s. v. a. Maskerade.

Maskerade (Maskenball), ein Ball, wo die Theilnehmer in Verkleidungen und mit Gesichtsmasken verhüllt erscheinen. Diese Verkleidungen heißen Charaktermasken, wenn sie die gewöhnliche Kleidung gewisser Stände (Jäger, Bauern, Bergleute), oder bestimmter Personen nachahmen; Nationalmasken, wenn sie die eigenthümliche Kleidung bestimmter Völkerschaften darstellen; Phantasiemasken, wenn die Kleidung mit freier Willkür gewählt ist. Am häufigsten bedient man sich auf M.n des Domino (s. d.). Es gibt bei öffentlichen M.n bestimmte Gesetze, welche die Theilnehmer befolgen müssen, z. B. daß Niemand ohne Gesichtslarve erscheinen darf, daß auf ein gegebenes Zeichen sich alle demaskiren (die Maske abnehmen) müssen ꝛc. Vermummungen und Verkleidungen waren von ältester Zeit her bei den Völkern beliebt, wozu besonders die Lust beitrug, in der Verkleidung sich ungebunden in gemischter Gesellschaft zu bewegen und Personen und Verhältnissen, die im Leben uns fern stehen, vertraulich näher zu treten, wie dies das herkömmliche und allgemein anerkannte Maskenrecht gestattete. Die früher öffentlich abgehaltenen Mummereien, wie die Mummenschanze, das Schönbartlaufen, die Osterspiele, die Narrenfeste, die Faschingsbelustigungen ꝛc., an welchen alle Stände sich betheiligten, wurden, verfeinert, zuerst an den französischen Hof unter Katharina von Medici verpflanzt, welche als die eigentliche Erfinderin der Maskenbälle zu betrachten ist. Erst mit dem Ende des 17. Jahrhunderts kamen die M.n an den deutschen Höfen auf, hier „Wirthschaften“ genannt und oft recht sinnreich erfunden und von den Dichtern nicht selten in pomphafter Weise besungen. Besonders sind hier die „Wirthschaften“ zu erwähnen, welche der prachtliebende König August von Polen an seinem Hofe zu Dresden gab. Bald zogen auch die niederen Gesellschaften die M.n in ihren Bereich, doch verloren die letzteren nach und nach ihren früheren Charakter. An die Stelle der eigentlichen Charaktermasken, durch die irgend etwas vorgestellt oder verheimlicht werden soll, traten nichts bedeutende Vermummungen, die häufig nur gewählt werden, um die Vorzüge des Körperbau's in das schönste Licht zu setzen. In dieser Weise werden die öffentlichen Maskenbälle, Redouten, abgehalten, die nicht immer als Beförderer der Sittlichkeit anzusehen sind, namentlich zu Paris, wo der Ball der Courtille außerhalb der Bannmeile das Gemeinste dieser Art bietet. Oeffentliche Faschingsmaskeraden haben sich noch in Italien und in einigen Städten am Rhein, z. B. Köln, erhalten (s. Karneval). Charakteristische Maskenaufzüge, oft von sinnreicher Erfindung und künstlerischer Ausführung, sind in neuerer Zeit von den Künstlergesellschaften zu München, Düsseldorf ꝛc. abgehalten worden. Ueber ältere M.n vgl. Flögel, Geschichte des Grotesk-Komischen, Liegnitz und Leipzig 1788. Man leitet die M.n von den römischen Saturnalien ab; diese verwandelten sich im Mittelalter in den Karneval (s. d.), und dieser verbreitete sich bald als Mummenschanz über ganz Europa. Die M.n werden gewöhnlich kurz vor der Fastenzeit, insbesondere Fastnacht, veranstaltet.

Maskopei, nach dem holländischen Maatskoopij (Maatschappij) korrumpirter Ausdruck, welcher Handelsgesellschaft, Kompagnieschaft bedeutet.

Maslach (arab. Moslick, Moslich), das von selbst ausfließende, an der Sonne erhärtende Opium (s. d.), das Königsopium, Kaisersopium; auch ein angenehmes Opiumpräparat zum diätetischen Gebrauch der Türken.

Maslasch (Maschlasch), Ungarwein, der zwischen dem gewöhnlichen Tokayer und dem Tokayer Ausbruch die Mitte hält.

Masliebe, Pflanzengattung, s. v. a. Bellis *L.* *Große M.*, s. v. a. gemeine Wucherblume, Chrysanthemum Leucanthemum *L.* *Blaue M.*, s. v. a. gemeine Kugelblume, Globularia vulgaris *L.*

Masmünster, Stadt, s. v. a. Massevaux.

Masoney (v. Engl.), eigentlich eine geschlossene Tischgesellschaft, dann auch ein Trinkgelag; in Schlössern und Palästen eigene Gebäude, welche zu solchen Zusammenkünften dienten; s. v. a. Freimaurerloge.

Masora (vom Hebr., s. v. a. Ueberlieferung), eine Sammlung der nach Feststellung der Punktation des Alten Testaments von den Rabbinen beigefügten kritischen Bemerkungen über den alttestamentlichen Text. Die Urheber dieser Bemerkungen nennt man *Masoreten* und den jetzigen Text des Alten Testaments die *masoretische Recension*. Die in der M. aufgestellten Bemerkungen wurden seit dem 3. Jahrhundert in den jüdischen Schulen erst durch mündliche Ueberlieferung fortgepflanzt, dann vorzüglich durch die Schulen in Tiberias im 6. Jahrhundert schriftlich aufgezeichnet. Nur Ein Codex der M. hat sich vollständig erhalten, der Codex palatinus, im Besitz der hallischen Bibliothek. Man theilt die M. in die *große* und *kleine*; jene umfaßt das ganze kritische Material, diese ist nur ein Auszug aus der großen, der als Glosse bald auf dem äußern, bald auf dem innern Rand der Bibel erscheint. Auch unterscheidet man zwischen einer M. textualis, welche die neben dem Text stehenden Bemerkungen enthält, und einer M. finalis, die Alles in sich faßt, was am Rande keinen Platz finden konnte und darum an dem Schluß der Abschnitte steht. Bomberg und Joh. Burtorf haben die M. ihrer Bibelausgabe beigegeben, wie Felix Pratensis 1518 und der jüdische Gelehrte Jakob Ben Chajim den Text gesichtet und festgestellt hatten. Die M. ist in chaldäischer Form geschrieben, aber wegen der vielen Abbreviaturen, Kontraktionen und symbolischen Ausdrücke schwer zu verstehen. Der Werth dieser kritischen Bemerkungen ist sehr verschieden. Durch die Konjekturen ist die ungeheure Anzahl der Varianten im Texte noch vermehrt worden. Was die Abtheilung des Textes betrifft, so ist diese ganz werthlos und läuft in müßige Spielereien hinaus, wie in die Angaben, welches der mittelste Buchstabe in einem Buch sei, wie viel dies überhaupt Abschnitte, Verse, Worte, Buchstaben enthalte. Eine Erklärung der masoretischen Ausdrücke gaben Elias Levita („Masoreth hammasoreth", deutsch von Semler, Halle 1772) und Burtorf („Tiberias", Basel 1620).

Masovien (*Massovien*, Masovia), ehemals eine der 8 Woiwodschaften, in welche 1816 das russische Polen getheilt ward, gegenwärtig mit dem vormaligen Gouvernement Kalisch das russisch-polnische Gouvernement Warschau bildend und in der Mitte des Landes, fast ganz auf dem linken Weichselufer liegend. M. soll seinen Namen von *Masos* oder *Malas* haben, dem Mundschenken des polnischen Königs Mieczislaw II., welcher sich nach dem Tode dieses Königs während der Minderjährigkeit Kasimirs I. (1037—41) des größten Theils der Provinz Plock bemächtigte. Obwohl nun Masos von dem König Kasimir besiegt und hingerichtet ward, so behielt doch das Land von ihm seinen Namen. Andere wollen den Namen von den Massageten ableiten. Nach dem Tode Boleslaws III. (1138) erhielt dessen zweiter Sohn, Boleslaw, M. und Kujavien als Herzogthum; ihm folgte 1173 sein Sohn Lesko, der 1183 kinderlos starb, worauf M. an die Krone Polen zurückfiel. König Kasimir II. vermachte vor seinem Tode (1194) M. seinem zweiten Sohne Konrad, der auch dadurch denkwürdig geworden ist, daß er, um sein Land vor den Verwüstungen durch die heidnischen Preußen zu schützen, die deutschen Ritter nach Preußen zog. Konrad blieb in einem Treffen gegen Boleslaw von Polen, als er sich bei einem Einfall der Tataren in Polen der Krone dieses Landes bemächtigen wollte. Nach dem Tode seiner beiden Söhne Kasimir und Boleslaw (1262 und 1267) theilten deren Söhne und Enkel das Land, bis es 1333 wieder unter Boleslaw II. vereinigt wurde. Nach seinem Tod (1351) wurde sein Vetter Ziemowit III. mit M. belehnt, mußte aber Kujavien an die Krone Polen abtreten. Nachdem 1526 in M. die piastische Linie mit Janusz und Sigmund ausgestorben war, ward das Land von dem polnischen König Sigmund I. wieder mit Polen vereinigt, dessen Schicksale es von nun an theilte. Die Einwohner heißen *Masuren*, reden aber die polnische Sprache.

Maß, die gegebene Einheit oder Norm, welche selbst eine Größe ist und zur Vergleichung von Größen dient. Da der Begriff der Größe aber auf die verschiedenartigsten Dinge, nicht bloß den Sinnen wahrnehmbare oder körperliche, sondern auch gedachte bezogen werden kann und stets zugleich den Begriff des Messens in sich schließt, so gibt es vielerlei M.e, M.e der räumlichen Ausdehnung, der Winkel, der Schwere (Gewichte), der Kräfte, der Zeit ꝛc. Obwohl nun eine Größe in den meisten Fällen nur durch eine andere Größe derselben Art meßbar ist, so lassen sich doch manche Größenverhältnisse oder wenigstens deren Veränderungen auch vermittelst einer Größe von anderer Art messen, z. B. die Intensität der Wärme durch die Vermehrung des Volumens der Körper, die anziehenden und abstoßenden Wirkungen der Elektricität durch Gewichte, die Winkel durch den zwischen ihren Schenkeln liegenden Bogen, die Höhen durch den Luftdruck ꝛc. Indem wir in Betreff vieler anderen M.e, der Temperatur und des Feuchtigkeitsgehalts der Luft, des Luftdrucks, der Elasticität des Dampfes, des specifischen Gewichts, der Triebkräfte, des Alkoholgehalts von Flüssigkeiten, des galvanischen Stroms, der magnetischen Anziehung, der Leuchtkraft der Gase ꝛc. auf die Artikel *Thermometer*, *Hygrometer*, *Barometer*, *Manometer*, *Gewicht*, *Pferdekraft*, *Aräometer*, *Magnetometer*, *Gasbeleuchtung* ꝛc. verweisen, behandeln wir in Nachstehendem vorzugsweise diejenigen M.e, welche im bürgerlichen Verkehr als Mittel der quantitativen Abschätzung der Güter ꝛc. dienen. Das einfachste M. dieser Art ist die Zahl, das *Stückmaß*, welches besonders bei solchen Gegenständen gebraucht wird, die sich schon durch ihre körperliche Beschaffenheit als Einheiten, wenn auch nicht von ganz gleicher räumlicher Ausdehnung u. Schwere, charakterisiren, wie namentlich manche Obst- und andere Früchte, Felle, Breter, Bleche, auch Gewebe, bei denen das Stück eine gewisses M. nach Länge und Breite bezeichnet, ꝛc. Die gebräuchlichsten Stückmaße sind die Einheit, das Paar, das Dutzend (vom lateinischen duodecim, 12 Stück), das Gros (12 Dutzend oder 144 Stück), das große Gros (12 Gros), das Mandel (15 Stück), das Schock (60 Stück), das Hundert, das große Hundert (120 Stück), das Tausend (Mille, Millar, Meiler), das große Tausend (10 große Hundert oder 1200 Stück), der Ballen. Beim Pelzwaarenhandel ist der Zimmer (40 Stück), beim Fischhandel das Wall oder Wahl (80 Stück) in Gebrauch, abgesehen von vielen anderen Stückmaßen für Bleche, Bauhölzer ꝛc. Für Gegenstände, zu deren quantitativer Abschätzung das Stückmaß ungeeignet ist, bedient man sich einestheils der **Raummaße**, anderntheils der Gewichte (s. **Gewicht**). Erstere, welche hier allein in Betracht kommen und im gewöhnlichen Verkehr vorzugsweise M.e genannt werden, theilen sich je nach der Zahl der Dimensionen in **Längen-**, **Flächen-** und **Körpermaße**, die aber auf eine und dieselbe Einheit zurückkommen, indem das Flächenmaß das Quadrat und das Körpermaß der Kubus eines und desselben Längenmaßes ist. Daher ist die möglichst genaue Bestimmung des letzteren als des Grundmaßes von großer Wichtigkeit für das ganze Maßsystem. Ist dieses Grundmaß unmittelbar von einem feststehenden natürlichen Verhältniß hergenommen, so pflegt man es als **natürliches**, ist es aber durch bloßes Uebereinkommen bestimmt, als **konventionelles** M. zu bezeichnen. Als natürliche Maßeinheiten dienten anfangs den Gliedmaßen des menschlichen Körpers entlehnte, wie die Klafter, Elle, Spanne, der Fuß, Zoll; doch sind diese M.e bei der Veränderlichkeit ihrer Grundlage bei den verschiedenen Individuen für genauere Messungen ganz ungenügend, ebenso wie die von vegetabilischen Erzeugnissen hergenommenen Gewichte (Gersten- und Weizenkörner), und es ist die Basis zu einem festen und genauen Maßsystem nur in der unorganischen Natur zu finden. Als eine solche Basis dienen: die Länge des einfachen Sekundenpendels unter einem bestimmten Breitengrade und die Entfernung zwischen 2 bestimmten Punkten auf der Oberfläche der Erde. John Herschel schlug die Länge der polaren Erdaxe als Basis und $^1/_{10000000}$ derselben als Einheit des Längenmaßes vor; Andere empfahlen den Fallraum eines schweren Körpers in einer Sekunde mittlerer Zeit unter einem bestimmten Breitengrade. Mehr Beifall fand Huygens' Vorschlag, die Länge des einfachen Sekundenpendels dem Maßsystem zu Grunde zu legen, doch kam derselbe nicht zur Ausführung. Der Gedanke, die Entfernung zwischen 2 Punkten der Erdoberfläche zu diesem Zwecke zu benutzen, ward zuerst von dem Astronomen Gabriel Mouton in Lyon (1670) angeregt, indem derselbe die Länge eines Meridianbogens von einer Minute unter dem Namen Milliare oder Meile als Einheit vorschlug. Während der französischen Revolution wurde der Gedanke von Neuem aufgenommen und namentlich durch Laplace vertreten und ausgeführt, indem man die Länge des Quadranten eines Erdmeridians, und zwar die Distanz zwischen dem Aequator und dem Nordpol, zu Grunde legte und den 10,000000. Theil desselben unter dem Namen Meter (mètre) als Einheit des neuen (metrischen) französischen Maßsystems festsetzte. Zu diesem Zwecke maßen Méchain und Delambre seit 1791 den Meridianbogen zwischen Dünkirchen und Barcelona ($9^2/_3$ Grade), und Biot und Arago setzten diese Messung bis zur Insel Formentera fort. Unter Berücksichtigung der Polarabplattung ($= ^1/_{334}$ des Aequatordurchmessers angenommen) ergab sich das Meter zu 443,295936 alten pariser Linien, und durch Dekret vom 19. Frimaire des Jahres VIII (10. December 1799) wurde es endgültig auf 443,296 pariser Linien bestimmt (s. **Meter**). Da die Größe des Meters nicht durch Messung eines ganzen Quadranten, deren Ausführung unmöglich sein würde, sondern aus einzelnen Graden des letzteren durch Rechnung gefunden worden ist, so ist das Meter nicht ein natürliches M. im strengen Sinne. Auch würde eine neue Berechnung eines Zehnmillionstels des Erdquadranten gegenwärtig ein etwas abweichendes Resultat ergeben, da die Abplattung der Erde, welche bei dieser Berechnung als bedeutsames Moment mit in Frage kommt, jetzt anders abgeschätzt wird als damals. Im Gegensatz zu einer Gradmessung, einer sehr mühevollen und kostspieligen Operation, ist die Messung des Sekundenpendels sehr leicht auszuführen; aber es wird gegen das daraus erzielte M. mit Recht eingewandt, daß dasselbe eine relativ kleine Maßeinheit ist und ein geringer Fehler in seiner Feststellung durch Vervielfältigung beträchtlich größer wird, während eine schon merkliche Ungenauigkeit in der Bestimmung eines Erdquadranten auf die Bestimmung des zehnmillionsten Theils desselben sehr wenig störend einwirkt. Auch ist die Ungleichheit der Pendellänge unter verschiedenen Breitengraden nicht außer Augen zu lassen, sowie auch keine Einzelmessung vor der Einwirkung lokaler, durch die geognostische Beschaffenheit bedingter Einflüsse ganz sicher ist. Trotz alledem wird aber sowohl die Gradmessung, als die Messung des Pendels so lange eine brauchbare Grundlage bei der Regulirung des M.es abgeben, als die Erde ihre bisherige Gestalt, Anziehungskraft und Rotation unverändert beibehält. Auch liegt die Nothwendigkeit, zur Prüfung der Richtigkeit der gebräuchlichen M.e auf die natürliche Basis des Systems zurückzugreifen, deshalb fern, weil die an verschiedenen Orten niedergelegten Normalmaße oder Etalons so sorgfältig bewahrt werden, daß sie nicht leicht abhanden kommen können. Auch die gebräuchlichen konventionellen M.e können dadurch der den natürlichen M.en eigenen Vorzüge theilhaft gemacht werden, daß man ihr Verhältniß zu einem natürlichen genau ermittelt. So ist in Preußen die Länge des Fußes, der Einheit des dortigen Maßsystems, dadurch bestimmt, daß das einfache Sekundenpendel in Berlin auf Grund der besselschen Messung 1837 = 456,1626 preuß. Linien oder 3 preuß. Fuß 2 Zoll 0,1626 Linien festgesetzt ist. Ebenso hat man in England 1824 das Verhältniß der Maßeinheit, des Yards, zur Pendellänge ermittelt und letztere zu 39,1393 englische Zoll festgesetzt; ähnlich verfuhr man in Schweden (1826) und in Hamburg (1841, auf Grund der schumacherschen Untersuchung von 1830). Wegen der Veränderung der Ausdehnung, welche die zur Anfertigung der konkreten M.e (Maßstäbe ꝛc.) benutzten Stoffe beim Wechsel der Temperatur erleiden, muß behufs genauer Messungen und Vergleichungen verschiedener M.e die gesetzliche Normaltemperatur, sowie der Stoff des Normalmaßes, welcher bei den Etalons der Längenmaße Metall ist, in Betracht gezogen werden. Insbesondere ist dies bei wissenschaftlichen Untersuchungen, wobei es auf möglichste Genauigkeit ankommt, sowie auch bei Herstellung der gesetzlichen Mustermaße und bei Feststellung des gegenseitigen Verhältnisses zwischen den M.en verschiedener Staaten nothwendig. Das Original des französischen Meters aus Platin hat seine wahre Länge bei 0° des hunderttheiligen Thermometers und repräsentirt 443,296 pariser Linien der sogenannten eisernen Toise von Peru, diese in ihrer Normaltemperatur von + 16¼° des hunderttheiligen Thermometers oder 13° R. angenommen. Vgl. Dove, Ueber M. und Messen, 2. Aufl., Berlin 1835; Noback, Vollständiges Taschenbuch der Münz-, M.- und Gewichtsverhältnisse, Leipzig 1851, 2 Bde.; Derselbe, Münz-, M.- und Gewichtsbuch, das. 1852 f.; Wagner und Straßerjan, Kompendium der Münz-, M.- und Gewichtsverhältnisse, das. 1855.

Man unterscheidet hauptsächlich folgende Kategorien der M.e: Längenmaße (Fuß, Elle, Klafter, Ruthe, Meile); Flächenmaße (Quadratfuß, Quadratruthe 2c.); Körpermaße (Kubikfuß 2c., Holzmaße, Hohlmaße, wozu sowohl die Trocken- oder Getreidemaße, als die Flüssigkeitsmaße gehören). Man hat sich in der neuesten Zeit bemüht, die Zahl der Gattungen der M.e zu beschränken. Am gleichmäßigsten ist in dieser Beziehung das französische Metersystem durchgeführt, welches folgende M.e enthält: für Längen das Meter, das Kilometer von 1000 Metern und das Myriameter von 10,000 Metern als Wegemaße; für Flächen das Are von 100 Quadratmetern, das Hektare von 100 Aren (s. Are); für Holz das Kubikmeter oder Stere (stère); für andere trockene und für flüssige Dinge das Liter von 1 Kubikzehntelmeter (Kubikdecimeter) oder $^1/_{1000}$ Kubikmeter, das Hektoliter von 100 Litern. Für den Verkehr sehr hemmend war insbesondere die Vielheit der M.e in Deutschland und in der Schweiz, wo Hunderte von Ellen- und Getreidemaßen in Gebrauch waren. Während in den deutschen Zollvereinsländern gemeinsames Gewicht schon angenommen ist, sieht man einer derartigen Maßregel in Betreff der räumlichen M.e noch hoffend entgegen. Im Jahre 1860 wurde vom Bundestag eine Kommission von Fachmännern niedergesetzt, welche im Januar 1861 folgendes System vereinbarte: Längenmaß: Einheit das französische Meter, getheilt in 100 Centimeter, à 10 Millimeter; die Ruthe zum Feldmessen 2c. zu 5 Meter; als Bergwerksmaß das Lachter = 2 Meter; als Wegemaße das Kilometer = 1000 Meter, das Myriameter (Myrie) = 10,000 Meter und die Meile = 7500 Meter. Flächenmaß: Einheit das Quadratmeter, das französische Hektar, getheilt in 2 Joch à 2 Morgen oder in 100 Ar (französische Aren) à 4 Quadratruthen. Körpermaß: Grundlage das Kubikmeter, dasselbe auch für Stein- und Erdmassen, sowie für Bau- und Werkholz, für letzteres getheilt in 100 Scheit, für erstere zugleich die Schachtruthe zu 25 Kubikmeter; für Brennholz die Klafter zu 4 Kubikmeter; für Hohlmaße Einheit das (französische) Liter, dyadisch getheilt in Halbe, Viertel 2c.; für trockene Dinge das Hektoliter (Scheffel) zu 100 Liter, getheilt in Halbe und Viertel, für den Kleinhandel in 10, 5, 2 und 1 Litermaße und für andere als Handelszwecke in ½, ¼ und ⅛ Liter; für Flüssigkeiten ebenfalls das Hektoliter (Ohm), sowie das 1-Litermaß und der Schoppen zu ½ Liter. Da das Meter als zu großes M. für manche Messungen wenig geeignet erscheint, auch dem deutschen Herkommen nicht entspricht, so hat die preußische Regierung schon 1848 von der Direktion ihrer Normalaichungskommission (Beir) ein Maß- und Gewichtssystem für Deutschland ausarbeiten lassen, welches, soweit es die räumlichen M.e betrifft, neuerlich wieder den preußischen Provinzialregierungsbehörden und den Handelskammern zur Begutachtung vorgelegt worden ist. Hiernach ist Längenmaß der deutsche Fuß = $^3/_{10}$ Meter (wie schon jetzt in Baden, Nassau und in der Schweiz), mit Decimaltheilung; die Ruthe hat 10, die Meßkette 50, die Meile 25,000 Fuß; die Elle 25 Zoll oder 2½ Fuß = ¾ Meter; für See- und Bergwerksmessungen das Lachter zu 6 Fuß (Fuß und Ruthe und Meile dieses Systems sind seit 1860 vom Verein deutscher Eisenbahnverwaltungen angenommen); Flächenmaß der Quadratfuß und die Quadratruthe (= 9 französische Quadratmeter); Feldmaß der Morgen (Acker) zu 10 Quadratketten oder 250 Quadratruthen u. die Hufe zu 10 Morgen; Körpermaß der Kubikfuß (= 27 französische Liter) und die Kubikruthe; für Bau- und Erdarbeiten die Schachtruthe zu 100 Kubikfuß; für Getreide, Hülsenfrüchte, Mehl 2c. der Scheffel zu 2 Kubikfuß (= 54 französische Liter), das Malter zu 10, der Wispel zu 25 Scheffel; für andere schüttbare, trockene Dinge, Kalk, Cäment, Kohle, Salz 2c. die Tonne zu 4 Scheffel; für Flüssigkeiten der Eimer zu 2 Kubikfuß (54 Liter), eingetheilt in 10 Kannen à 10 Maß, wonach die Kanne 200, das Maß 20 Kubikzoll enthält; die Ohm zu 2½, das Orhoft zu 5, das Fuder zu 10 Eimer. Das französische Maßsystem, welches für die Rechnung nur Decimaltheilung und Vervielfachung hat, für die Maßstäbe und Gemäße aber regelmäßig Halbirung und Verdoppelung eintreten läßt, verdankt den Beifall, den es gefunden, seiner zweckmäßigen Basis und folgerichtigen Durchführung, erfreut sich einer immer weiteren Verbreitung und hat, in den einzelnen Abstufungen mehr oder weniger modificirt, schon jetzt fast universelle Geltung. Vollständig eingeführt ist es in Belgien, Spanien, Italien, unter Modifikationen in den Niederlanden, der Schweiz, Griechenland, der Türkei, mehren südamerikanischen Freistaaten; demnächst bevorstehend ist seine vollständige Annahme in Portugal und in den Donaufürstenthümern. Schließlich ist noch zu bemerken, daß man in der neuesten Zeit sich bei vielen trockenen Waaren nicht mehr der räumlichen Messung, sondern der Abwägung bedient, welche nicht nur eine genauere Werthbestimmung ergibt, sondern auch weit bequemer ist. Getreide, Kartoffeln, Mehl, Sämereien, Steinkohlen, auch Obst im Großen und Oel werden jetzt vorherrschend nach dem Gewicht verkauft, und in fast ganz Asien ist dasselbe auch mit Holz und Flüssigkeiten im Groß- und Kleinhandel der Fall.

Maß, Hohlmaß von verschiedener Größe; als Getränkemaß:

		Liter.		preuß. Quart.		wiener Maß.
in Baden	=	1,50	=	1,31	=	1,06
„ Bayern	=	1,069	=	0,933	=	0,755
im Großherzogthum Hessen	=	2	=	1,746	=	1,413
„ Kurfürstenthum Hessen	=	1,949	=	1,702	=	1,378
in Nassau als Weinmaß	=	1,694	=	1,48	=	1,197
in Nassau als Biermaß	=	1,888	=	1,64	=	1,33
„ Oesterreich	=	1,415	=	1,235	=	1,000
„ Sachsen-Gotha	=	0,909	=	0,79	=	0,643
„ Sachsen-Meiningen	=	1,022	=	0,89	=	0,72
„ Würtemberg	=	1,837	=	1,604	=	1,298

Als Getreidemaß: 1 Metze in Thüringen, Hessen u. einem Theile Oberdeutschlands = 4 M. oder Mäßchen; in Nürnberg = 16 M.; in Augsburg = 64 M. oder Mäßel; in Altenburg 1 Scheffel = 14 M.

Massa, Anrede der Negersklaven an ihren Herrn.

Massa (lat.), die Menge, der Stoff, Bestand, das Ganze; M. bonorum, s. v. a. Vermögensbestand; M. concursus, die Konkursmasse.

Massa, Herzog von, s. Regnier.

Massa-Carrara, früher selbstständiges, später zum Herzogthum Modena gehöriges kleines italienisches Herzogthum, besteht aus dem an der Küste zwischen Toskana, Genua und Lucca gelegenen Herzogthum Massa und dem Fürstenthum Carrara in den Apenninen und umfaßt nebst der Landschaft Lunigiana 12 □M. mit 77,880 Einw. Die Hauptstadt, Massa Ducale, in einer reizenden Gegend am Bache Frigido gelegen, etwa 3 italienische Meilen von der Küste, ist Bischofssitz, hat eine Kathedrale, ein festes Kastell, breite, gerade Straßen, eine Kunstakademie, einen herzoglichen Palast, ein Seminar, eine öffentliche Bibliothek und 15,470 Einwohner, die bedeutende Seidenfabriken unterhalten. Im Alterthum hieß diese Gegend von einem daselbst gelegenen und wegen seiner Marmorbrüche berühmten Orte Luna Lunigiana. Im Mittelalter gebot eine Zeitlang Genua daselbst, dann aber das Haus Malaspina, von welchem das Ländchen 1520 durch Heirath an Lorenz, Grafen von Florentillo, aus dem genuesischen Geschlechte der Cibo, kam. Im Jahre 1568 ward ein Nachkomme desselben, Alberich Cibo I., von Kaiser Maximilian II. zum Fürsten von Massa und Markgrafen von Carrara und ein Jahrhundert später, 1664, Fürst Alberich Cibo II. vom Kaiser Leopold I. zum Herzog von Massa und Fürsten von Carrara ernannt. Nach dem Tode Alderams, des letzten Herzogs aus dem Hause Cibo, ererbte das Herzogthum 1731 dessen Tochter, Maria Theresia Franciska, die sich 1741 mit dem Erbprinzen von Modena, Hercules Rainald, vermählte und von diesem eine einzige Tochter, Beatrix, Herzogin von Este, hinterließ, welche sich mit dem Erzherzog Ferdinand von Oesterreich vermählte und 1790 ihrer Mutter in der Regierung über M. folgte, aber 1796 durch die Franzosen verdrängt ward, worauf M. zu dem der Familie Bacciochi gehörigen Fürstenthum Lucca geschlagen ward. Durch den wiener Kongreß ward Beatrix 1815 in ihr Erbe wieder eingesetzt, mit der Bestimmung, daß dasselbe nach ihrem Tode mit dem Erblande an ihren Sohn Franz IV. von Este, Herzog von Modena, zurückfallen solle, was 1829 geschah.

Massachusetts, einer der Vereinigten Staaten von Nordamerika, von den Neuengland- oder östlichen Staaten, liegt mit Einschluß der Inseln zwischen 41° 10′ und 42° 53′ nördl. Br. und 60° 50′ und 73° 30′ westl. L. und grenzt im Norden an die Staaten Vermont und New-Hampshire, im Osten an den atlantischen Ocean, im Süden an den atlantischen Ocean, die Staaten Rhode-Island u. Connecticut u. im Westen an Newyork. Das Meer bespült seine östlichen und südlichen Küsten in einer Ausdehnung von etwa 270 englischen Meilen, mit Zurechnung der zahlreichen Einbiegungen und Buchten. Der Flächeninhalt des Staats beträgt 367 □Meilen (oder 4,992,000 Acres), und die Zahl der Einwohner war nach der letzten Zählung von 1860 fast $1\frac{1}{4}$ Millionen, größtentheils ungemischten englischen Ursprungs. Zu Anfang dieses Jahrhunderts hatte M. erst 471,000; 1820: 610,000; 1840: 994,500 Einw., die Bevölkerung hat sich sonach seit 60 Jahren fast verdreifacht. Die Oberfläche des Landes ist im Allgemeinen uneben, in vielen Theilen gebirgig. Die Halbinsel Barnstable ist flach oder besteht aus zwei geneigten Ebenen mit einiger Erhebung bei ihrer Vereinigung. Der Boden ist hier sandig und leicht, wird aber mit großer Sorgfalt angebaut. Gleichen Boden haben die Westseite von der Buzzardsbai und die Ufer der Massachusettsbai. Im Rücken dieses flachen Landstrichs zieht sich hügelige Gegend nordöstlich fast bis zu den Meeresküsten und westlich bis zum Thale des Flusses Connecticut hin. Hier gibt es Berge von beträchtlicher Höhe, der Wachusett erhebt sich bis 2018 Fuß; der höchste Berg des Landes ist der Saddle Mountain, im äußersten Westen, 3505 Fuß hoch, eine Spitze der Grünen Berge (Green mountains), welche sich in M. in 2 Züge theilen, von denen der westliche und höhere Taugkannic oder Taconic, der östliche Hoosic heißt. Der Saddle Mountain und der Mount Washington, 2624 F. hoch, sind Spitzen des Taugkanniczugs. Die östliche und südöstliche Grenze des Landes ist von zahlreichen Buchten eingeschnitten. Die Narragansetbai, die größtentheils im Staate Rhode-Island liegt, breitet sich im Nordosten nach M. aus und empfängt hier den Fluß Taunton. Weiter östlich ist Buzzardsbai, eine tiefe Einbuchtung, von ihrem Eingange bis zur innersten Ecke gegen 7 Meilen lang und bis 2 Meilen breit. Die innerste Ecke ist durch eine Landenge von der Bucht Cape Cod geschieden; die Halbinsel Barnstable umschließt den südlichen Theil der großen Bucht, welche überhaupt Massachusettsbai genannt wird, obschon der südliche Theil davon Barnstable od. Cape-Cod-Bai heißt; diese große Bucht erstreckt sich nordwärts bis zu Cape Anne, 11 Meilen lang u. 5 M. breit. Vom Cape Cod bis Cape Anne ist sie 9 M. nach dem atlantischen Ocean offen und enthält die wichtigen Häfen von Plymouth, Boston und Salem. Südlich von der Barnstablehalbinsel liegen die Inseln Nantucket und Martha's Vineyard. Die weite Bucht, welche von diesen Inseln im Süden und von der Barnstablehalbinsel im Norden gebildet wird, heißt die Nantucketbai. Der bedeutendste Fluß ist der Connecticut, im Westen des Staats. Er ist für Boote schiffbar, aber nur durch Kanäle und Schleußen. Charles River, welcher in die Hafenbucht von Boston mündet, ist nur etwa 6 Meilen lang u. $1\frac{1}{2}$ Meilen für größere Boote schiffbar. Der Merrimac, von New-Hampshire kommend, fließt gegen 7 Meilen durch den nordöstlichen Theil von M., nimmt den Nashua und Concord auf und ist namentlich für die Fabrikstädte Lowell und Lawrence von Wichtigkeit. Der Housatonic entspringt im Nordwesten des Landes und fließt südlich nach Connecticut; der Taneton fällt in die Narraganſetbai. M. hat viele malerische Landschaften, besonders wird der Anblick des Connecticut u. seines Thales von der Spitze des Mount Holyoke aus gerühmt. Auch in Berkshire gibt es herrliche Gegenden, die von Touristen und den Städtern zum Sommeraufhalt viel besucht werden. Das Klima ist im Winter strenger und im Sommer heißer als in den südlichen Bezirken von England und raschem Wechsel unterworfen. Die Flüsse sind gewöhnlich 2—3 Monate des Jahres zugefroren; doch blühen Pfirsich- und Aprikosenbäume schon in der Mitte des April und Kirsch- und Aepfelbäume in der ersten Hälfte des Mai. Obschon Klima und Boden der Landwirthschaft nicht günstig sind, so hat doch die seltene Thätigkeit und Geschicklichkeit der Bewohner den Ackerbau auf eine höhere Stufe gebracht, als die meisten der übrigen Unionsstaaten aufweisen können. Die vorzüglichsten landwirthschaftlichen Erzeugnisse sind: Mais, Hafer, Kartoffeln, Gerste, Buchweizen; dann Tabak, Hopfen, Flachs, Weizen und etwas Wein. In der Industrie und in Bezug auf Thätigkeit, Fertigkeit und Unternehmungsgeist in Geschäftssachen geht M. allen andern Unionsstaaten voran. Trotz der erwähnten Ungunst der Boden- und Klimaverhältnisse hat der Staat doch die dichteste und dabei eine sehr wohlhabende Bevölkerung und mehr aufblühende Städte u. Dörfer als ein anderer, Vortheile, die er seiner entwickelten Industrie zu verdanken hat. Insbesondere übertrifft M. die andern Staaten in der Fabrikation von Baumwolle und Wollwaaren. Es hat mehr als 220 Baumwollfabriken und gegen 125 Wollfabriken. Die ersteren producirten nach dem officiellen Berichte von 1860 für $36\frac{3}{4}$ Mill. Dollar, die letzteren für nahe an 19 Mill. Doll. Einer der bedeutendsten Industriezweige ist ferner der Schiffbau, 1860 wurden im Staate 132 Schiffe gebaut von 33,460 Tonnen; diesem folgt die Lederfabrikation, welche 1860 einen Produktionswerth von mehr als $10\frac{1}{2}$ Mill. Doll. zeigte, die Schuhmacherei mit $46\frac{1}{2}$ Mill. Doll. Produktionswerth, die Fabrikation von Möbeln und musikalischen Instrumenten, Juwelen und Silberwaaren, Seife und Lichten, Spirituosen 2c. Die sehr bedeutende Fischerei erzielte einen Werth von $9\frac{1}{2}$ Mill. Doll. Der Gesammtwerth der jährlichen industriellen Produktion von M. wird auf die enorme Summe von 266 Mill. Dollars angegeben. Denselben hervorragenden Platz behauptet M. auch in Bezug auf den Handel. Es wird nur von Newyork bezüglich des absoluten Handelswerths übertroffen, aber im Verhältniß zu seiner Bevölkerung von keinem anderen Staate der Union. Obgleich die Ausfuhr der eigentlich einheimischen Produkte nur in Steinen u. Eis besteht, so hat sich doch die Betriebsamkeit der Bewohner viele andere ferne und nahe Quellen des Handels erschlossen; der stark betriebene Wallfischfang bringt Thran und Fischbein, welche von M. aus über die ganze Erde versandt werden; von den besten Maschinen und guter Wasserkraft unterstützt, verfertigen die Fabriken von M. ungeheure Massen von Baumwolle und Wollstoffen und senden diese nach Südamerika, Westindien und selbst nach Europa und China. M. hat auch beinahe den ganzen amerikanischen Handel mit Ostindien u. Rußland. Ein wichtiger Handelszweig nach außen ist auch der Handel mit Makrelen und andern Fischen. Der Werth der Einfuhr betrug 1858 über 42 Mill. Doll., der der Ausfuhr über 22 Mill. Doll. (davon über 16 Mill. Doll. für einheimische Produkte, namentlich Fische, Thran, Wallrath, Manufakturwaaren, Rind- u. Schweinefleisch). Die Rhederei ist sehr bedeutend. Zur Förderung des Verkehrs wirkt zuvörderst das großartige Eisenbahnnetz von mehr als 50 Bahnlinien und einer Ausdehnung von mehr als 1300 engl. Meilen. Es bietet zwei ostwestliche Bahnen dar: die südliche einerseits von Boston, andererseits von New Bedford über Worcester und Springfield nach Pittsfield; die nördliche von Boston über Concord bis zum Connecticut; ferner 3 südnördliche u. eine sich wieder achtfach theilende östliche, welche 8 Bahnen in Boston ihren Knotenpunkt haben und von da nordwärts über Salem nach Gloucester, Newburyport und Lawrence, über Wilmington nach Andover und Lowell, südwärts nach Plymouth, Sandwich, New Bedford, Fall River, Pawtucket und Providence in Rhode-Island führen; in der Mitte aus Connecticut über Worcester nach Lowell; die im Westen endlich über Springfield, Northampton und Greenfield nach Vermont. Im Innern ist Worcester der bedeutendste Knotenpunkt. Die Hauptstadt Boston steht direkt mit jeder bedeutenden Stadt in M. und den meisten der Nachbarstaaten in Verbindung. Ein Kanal führt von Boston nach der Fabrikstadt Lowell. Im Jahre 1860 bestanden im Staate 174 Banken mit $64\frac{1}{2}$ Mill. Doll. Kein Staat sorgt wohl in reicherem Maße für die Bildung seiner Bürger als M. M. hat berühmte Namen in der Literatur aufzuweisen, und viele seiner Bürger wirken als Gesetzgeber, Professoren, Schriftsteller und Lehrer in anderen Staaten. Seine sogenannten Common schools sind vortrefflich; sie sollen in dem Sinne, daß Bildung frei macht, auch den niedersten Volksklassen Kenntnisse verschaffen und erzielen die besten Erfolge. Im Jahre 1851 gab es im Staate 3987 öffentliche Schulen, die von nahe 200,000 Zöglingen besucht wurden. Ueberhaupt wird in den verschiedenen Schulen mehr als ein Fünftel der ganzen Bevölkerung unterrichtet und gebildet. An höheren Lehranstalten hat M. 4 Colleges u. 3 kongregationalistische Universitäten: Harvard Universität zu Cambridge, die älteste und ausgezeichnetste Universität der Union, mit Bibliothek, anatomischem Museum, botanischem Garten, Mineraliensammlung 2c.; Amherst College und Amherst Williams College in Williamstown; einem katholischen, Holycreßcollege in Worcester, womit ein theologisches Seminar verbunden ist. Außerdem bestehen noch 3 theologische Schulen in Andover, Cambridge (mit der Harvarduniversität verbunden) und Newton; 2 medicinische Schulen zu Boston und Pittsfield u. eine juristische Schule zu Cambridge; ferner zur Heranbildung von Lehrern 3 Normalschulen zu Westfield, West Newton und Bridgewater; endlich 69 inkorporirte Akademien (Mittelschulen) und 785 nicht inkorporirte Akademien und Privatschulen, zusammen mit mehr als 20,000 Schülern. Die Unterrichtskosten werden theils durch Besteuerung, theils durch die Zinsen des hierzu angewiesenen öffentlichen Schulfonds aufgebracht. Die jährlichen Ausgaben des Staats für die öffentlichen Schulen, ohne die Akademien und Privatschulen, betragen gegen eine Million Dollars. Nicht minder vortrefflich als das Unterrichtswesen sind die öffentlichen Anstalten des Staats. Die vorherrschende Religionspartei ist die der Kongregationalisten; zahlreich sind auch die Baptisten und Methodisten. Außerdem gibt es Universalisten, Episkopalen, Katholiken und Unitarier, in geringer Anzahl Presbyterianer, Swedenborgianer, Friends (Quäker) und Christians. Ein Irrenhaus besteht zu Worcester, 1832 gegründet, welches als ein Muster in dieser Art betrachtet werden kann, eine Anstalt für Wahnsinnige, das Mc. Lean Asyl, 1818 gegründet, u. ein Blindeninstitut zu Boston, eine Reformschule zu Westborough, zur Besserung jugendlicher Verbrecher, ein Staatsgefängniß zu Charlestown, ferner öffentliche Bibliotheken (ohne die Schulbibliotheken) mit gegen 300,000 Bänden und sehr viele Wohlthätigkeitsanstalten, Hospitäler, Armenhäuser 2c. Die gegenwärtige Verfassung von M. ist der Grundlage nach noch dieselbe, welche 1780 durch die Konvention der Abgeordneten entworfen und 1821 revidirt und zum Theil modificirt wurde. Die exekutive Gewalt ist einem Gouverneur und Vicegouverneur übertragen, welche jährlich durch absolute Majorität gewählt werden. Ihnen zur Seite steht ein Rath von 9 Mitgliedern, welche durch gemeinschaftliche Wahl beider Häuser berufen werden. Die gesetzgebende Gewalt wird von einem Senat von 40 auf ein Jahr gewählten Mitgliedern und einem Repräsentantenhaus von 356 ebenfalls jährlich gewählten Mitgliedern gebildet. Zum Nationalkongreß schickt M. 10 Abgeordnete, u. für die Wahl des Präsidenten der Union hat es 13 Stimmen. Für die Rechtspflege bestehen ein höchster Gerichtshof (supreme judicial court) mit einem Oberrichter u. 5 Richtern, ein Obergericht (superior court) mit einem Oberrichter u. 9 Richtern, 14 Grafschaftsgerichte (courts of probate) und eine entsprechende Anzahl Friedensgerichte. Die Finanzen des Staats befinden sich in gutem Zustande; die fundirte Staatsschuld betrug 1858 1,314,000 Doll., die besondere Schuld 4,999,456, die ganze Schuld 6,313,456 Doll. Das Budget von 1858—59 ergab 2,435,138 Doll. Einnahme, der Ueberschuß vom vorhergehenden Jahre 110,196 Doll. Der Staat ist in 14 Grafschaften eingetheilt; Hauptstadt ist Boston.

Das Gebiet von M. hat seinen Namen von den Massachusetts, einem Stamm der Abenakis, u. war ursprünglich von zwei getrennten Kolonien besetzt: der Plymouthkolonie u. der Kolonie der Massachusettsbai. Die erste englische Niederlassung, welche in Neuengland erfolgte, bestand aus 101 Puritanern (Pilgrim Fathers), die, religiöser Verfolgung wegen aus England flüchtend, am 22. December 1620 in Plymouth landeten u. den Grund zur Plymouthkolonie legten. Die Gründung der Kolonie der Massachusettsbai begann 1628 mit der Ansiedelung zu Salem. Im Jahre 1630 wurde Boston gegründet. Beide Niederlassungen blieben getrennt unter von ihnen selbst gewählten Gouverneuren bis 1685, wo ihnen ihre Freibriefe genommen und sie zusammen dem Präsidenten von Neuengland unterstellt wurden. Nach Absetzung des Präsidenten Sir Edmund Andros durch das Volk erhielten beide vereinigten Kolonien von König Wilhelm II. einen neuen Freibrief und einen eigenen Gouverneur, welcher aber vom König ernannt werden sollte. Boston war die Wiege der amerikanischen Freiheit. Im Jahre 1774 übernahm ein Provinzialkongreß zu Boston die Regierung u. betraute 1775 mit derselben einen Rath. Das erste regelmäßige Gefecht zwischen den Amerikanern und Engländern, das von Breeds Hill (gewöhnlich Bunker Hill genannt), fand in Charlestown, einer Vorstadt Bostons, am 17. Juni 1775 Statt, und am 17. März 1776 mußten die Engländer Boston räumen. Im Jahre 1780 ward durch eine Konvention die erste Konstitution des Staats entworfen, welche der jetzt geltenden noch zu Grunde liegt (s. oben). Im Jahre 1783 wurde die Sklaverei aufgehoben. Am 6. Febr. 1788 nahm M. die Unionsverfassung an. Es gab den Vereinigten Staaten zwei Präsidenten, den älteren und jüngeren Adams, und hat unter der großen Anzahl ausgezeichneter Schriftsteller Namen aufzuweisen, wie Prescott, Bancroft, Bryant, Hawthorn und Bowditch.

Massa di Maremma (Massa Marittima), Stadt in der italienischen Provinz Grosseto (Toskana), Bischofssitz mit Kathedrale, Schloß, Mineralquellen und 9200 Einwohnern. In der Umgegend finden sich Amethyst, Antimon und Alaun.

Massafra, Stadt in der neapolitanischen Provinz Lecce (früher Terra di Otranto) mit 9000 Einw.

Massageten, mächtiges und kriegerisches Nomadenvolk im südlichsten Theile von Scythia intra Imaum, an der nordöstlichen Küste des kaspischen Meeres und jenseit des Jaxartes, also im Norden des heutigen Khiwa auf dem Isthmus zwischen dem kaspischen Meere und dem Aralsee und in den Steppen der Kirgisen. Die M. waren wahrscheinlich ein Volk turkomanischen Stammes, und ihre ursprünglichen Wohnsitze befanden sich wohl zwischen dem Uralgebirge und dem Aralsee auf beiden Seiten des Flusses Mias. Sie werden als ein sehr rohes Volk geschildert, bei welchem Weibergemeinschaft herrschte und die Greise geschlachtet und verzehrt wurden. Als göttliches Wesen verehrten sie die Sonne, der sie Pferde opferten. Sie wurden von einer Königin Tomyris beherrscht, gegen die Cyrus 530 v. Chr. sammt seinem Heere den Untergang gefunden haben soll. Das Land der M. war reich an Kupfer und Gold, so daß alle ihre Waffen und selbst die Brustharnische ihrer Pferde von Kupfer, Helme, Gürtel u. Pferdegeschirr aber reich mit Gold verziert waren. Edle Metalle u. Eisen u. dessen Bearbeitung scheinen sie nicht gekannt zu haben.

Massalia (Massilia), Planetoïd, s. Planeten.

Massalianer, 1) (Eucheten, Euphemiten, Coelicolae), Sekte des 4. Jahrhunderts in Syrien und Palästina, welche, heidnische und christliche Anschauungen vermischend, das Dasein von Göttern angenommen haben soll, aber nur Einen Allherrschenden in der Morgen- und Abenddämmerung verehrte. Ueber sie schrieben Ullmann (Halberst. 1823) und Böhmer (Berlin 1824). — 2) (Euchiten), christlich-mönchische Sekte im 4. Jahrhundert in Armenien und Syrien, welche unausgesetztes Gebet für sündentilgend hielt, den christlichen Gottesdienst gering schätzte u. herumschweifend u. bettelnd nichts Eigenes auf Erden besitzen wollte; im 7. Jahrhundert verschwanden sie.

Massalsky, Konstantin Petrowitsch, russischer Dichter und Novellist, geboren 1802, widmete sich dem Staatsdienst u. war zuerst im Ministerium des Innern, dann bei der Reichskanzlei angestellt, bis er 1842 mit dem Rang eines Staatsraths seinen Abschied nahm. Als Dichter ist er vornehmlich durch sein „Terpi Kasak“ (Petersb. 1830) und seine „Fabla“ (das. 1851) bekannt. Bedeutender sind seine Leistungen im Fache des historischen Romans, unter denen namentlich die „Regentschaft Birons“ (Petersb. 1834, 2 Bde.), „Borodolubie“ (das. 1837, 2 Bde.), „Die Strelitzen“ und „Der schwarze Koffer“ (das. 1853) Beifall fanden. Er verfaßte auch mehre dramatische Stücke, übersetzte den „Don Quixote“ ins Russische (Petersb. 1838) und redigirte von 1842—49 den „Syn Otetschestwa“. Eine Sammlung seiner Werke erschien Petersburg 1843—45 in 5 Bänden. M. † im Sept. 1861 zu Petersburg.

Massa Lubrense (Massa di Sorrento), Stadt in der unteritalienischen Provinz Neapel, auf dem Capo di Minerva am Mittelmeer, Bischofssitz, mit bedeutender Kälberzucht und 6000 Einw.

Massat, Stadt im französischen Departement Arriège, am Zusammenfluß des Coutignon und Arac, treibt Viehhandel, hat Eisenwerke, Wollenspinnerei und 4030 Einw.

Massaua, Stadt, s. Massuah.

Maßbeerbaum, s. v. a. gemeine Eberesche, Sorbus Aucuparia *L.*

Masse, der Stoff, woraus ein Körper besteht, besonders in sofern derselbe als aus gleichartigen Theilen zusammengesetzt betrachtet wird. Massenstellung ist im Militärwesen eine Stellung in tiefen, so nahe wie möglich aufgeschlossenen Kolonnen, der flachen Linienstellung, nach welcher die Infanterie sich nicht früher entwickelt, bis sie feuern soll, entgegengesetzt. Da bei der Stellung in Massen die Infanterie beweglicher ist u. schnell in die Linie übergehen kann, so fällt ihr Begriff mit jenem der geschlossenen Kolonne (s. d.) zusammen.

Massena, Ort im nordamerikanischen Staate Newyork, Grafschaft St. Lawrence, mit besuchten Salz- und Schwefelquellen und 2700 Einw.

Massena, André, Herzog von Rivoli, Fürst von Eßling, Marschall des ersten französischen Kaiserreichs, zu Nizza am 6. Mai 1758 geboren, begleitete früh einen Verwandten, Kapitän eines Kauffahrers, auf zwei Seereisen, trat 1772 unter das französische Regiment Royal-Italien, nahm aber 1786 als Unteroffizier den Abschied. Beim Ausbruch der Revolution 1789 trat er in das Freiwilligenbataillon Var ein und war 1793 bereits zum Divisionsgeneral gestiegen. Als solcher focht er mit Auszeichnung in dem Gebirgskriege in Piemont, insbesondere bei Sargio, wo er 60 Kanonen und alle feindlichen Magazine eroberte. Als Kommandant des rechten Flügels der französischen Armee gegen die Oesterreicher und Sardinier 1794 erwarb er sich u. A. bei Loano hohen Ruhm. Ueberhaupt ward bei der Eroberung Italiens durch Bonaparte der Name M.'s stets mit dem des Oberfeldherrn genannt; die Tage von Montenotte, Millesimo, Dego, Cherasco, Lodi, Rivoli waren Zeugen seines Ruhmes. Er nahm Pizzighettone und war der Erste, der in Mailand einzog, focht bei Lonato, Castiglione, Roveredo, Bassano, Caldiero, bei Arcole rc., später im Friaul. Nach halbjähriger Anwesenheit zu Paris, wohin er die Ratifikation des Friedens überbracht hatte, löste er 1797 Berthier im Oberbefehl über Rom ab, legte jedoch, da die zum Theil aus den Truppen der Division Bernadotte, die im vorigen Feldzug stets mit den Truppen M.'s rivalisirt hatten, bestehende Besatzung ihm vielfach den Gehorsam verweigerte, das Kommando bald wieder nieder und erhielt im folgenden Jahre unter Jourdan den Befehl über die Armee in der Schweiz. Er behauptete hier selbst dann noch seine Stellung, als die übrigen französischen Armeen, überall geschlagen, nicht mehr in Uebereinstimmung mit ihm handeln konnten, und errang, an Jourdans Stelle getreten, den Sieg über die russisch-österreichische Armee bei Zürich. Nach der Revolution vom 18. Brumaire beauftragte ihn Napoleon, Genua gegen die Oesterreicher zu vertheidigen, doch mußte M. endlich im Juni kapituliren. Nach der Schlacht bei Marengo erhielt er den Oberbefehl über die ganze Armee in Italien. Vom Seinedepartement in den gesetzgebenden Körper gewählt, wohnte er den Verhandlungen selten bei, sondern lebte zurückgezogen zu Ruel. Bei der Errichtung des Kaiserthums erhielt er die Würde eines Marschalls von Frankreich. Im Jahre 1805 wieder zum Oberbefehlshaber in Italien ernannt, hielt er sich gegen den Erzherzog Karl, besetzte nach dem Frieden von Preßburg das Königreich Neapel und beschleunigte dann die Belagerung von Gaëta. Im Jahre 1807 übernahm er nach der Schlacht von Eylau den Oberbefehl über den rechten Flügel der französischen Armee. Nach Beendigung des Feldzugs erhielt er den Titel eines Herzogs von Rivoli. Während des Friedens verlor er bei einer Jagdpartie durch eine Unvorsichtigkeit des Prinzen Berthier das linke Auge. Im Feldzug gegen Oesterreich 1809 befehligte er auf dem rechten Donauufer und focht mit Auszeichnung bei Landshut, Eckmühl, Ebersberg an der Traun, sowie bei Aspern und Wagram. In der Schlacht bei Aspern war er es namentlich, der den völligen Untergang der Armee verhinderte. Nach dem Frieden erhielt er noch den Titel eines Fürsten von Eßling. Im Jahre 1810 mit dem Oberbefehl über die Armee von Portugal betraut, nahm er Ciudad Rodrigo und Almeida u. drang bis ins Innere von Portugal, wurde aber vor den Linien von Torres Vedras von Wellington aufgehalten. Mangel an Lebensmitteln und allen andern Bedürfnissen nöthigte ihn, noch 5 Monaten Portugal wieder zu verlassen. Er versuchte hierauf das von den Engländern belagerte Almeida zu entsetzen, um sich durch die Garnison zu verstärken, und griff jene bei Fuentes d'Honor an, mußte sich aber nach Salamanca zurückziehen. Anfangs 1812 abberufen, kehrte er nach Frankreich zurück. In dem Feldzug nach Rußland erhielt er, entweder weil kränkelnd, oder nach Andern weil in Ungnade gefallen, kein Kommando, dagegen den Oberbefehl einer Division in der Provence, den er auch nach der Rückkehr der Bourbonen behielt. Am 20. Dec. 1814 ward er von Ludwig XIV. zum Pair ernannt. Während der hundert Tage unterstützte er den Herzog von Angoulême durch seine Rathschläge, blieb aber sonst den Ereignissen fremd. Nach der zweiten Abdankung Napoleons übergab ihm die provisorische Regierung das Kommando über die pariser Nationalgarde; als aber Paris von den Verbündeten besetzt wurde, trat er in das Privatleben zurück. Erst während des Prozesses des Marschalls Ney erschien er wieder öffentlich, um die Inkompetenz des Kriegsgerichts zu erklären. Vor den Kammern von 1815 angeklagt, Theil an Verschwörungen genommen zu haben, rechtfertigte er sich schriftlich. Er † am 4. April 1817. Auf dem Kirchhofe Père-Lachaise zu Paris, wo er begraben liegt, wurde ihm ein Obelisk von weißem Marmor errichtet.

Massenbach, Christian von, preußischer General, 1758 zu Schmalkalden in Kurhessen geboren, wurde in der Militärakademie zu Stuttgart gebildet und trat 1782 als Lieutenant in würtembergische, später als Hauptmann im Generalquartiermeisterstabe in preußische Dienste. Mehre Schriften über die Differentialrechnung u. Mechanik erwarben ihm die Stelle eines Lehrers des preußischen Prinzen Louis in der Mathematik. Im Jahre 1787 machte er den

Feldzug in Holland und 1792—95 den Krieg gegen Frankreich mit. In den Jahren 1805—6 rieth er seinem König dringend eine Allianz mit Frankreich und mit diesem Krieg gegen Rußland an. Zum Obersten avancirt, sollte er 1806 bei den Vorbereitungen zum Krieg gegen Frankreich als Generalquartiermeister des 5. schlesischen Armeecorps während der Abwesenheit des Fürsten von Hohenlohe die nöthigen Maßregeln ergreifen. Seine Pläne bezweckten ein rasches Handeln, scheiterten aber an den unentschlossenen Befehlen aus Berlin. In der Schlacht bei Jena befand er sich stets im Gefolge des Fürsten von Hohenlohe und bekundete große Unerschrockenheit. Nach verlorener Schlacht gelang es ihm, einen Theil der nach Weimar zu fliehenden Abtheilungen zu sammeln u. wieder zu ordnen. Auf dem Marsche zu Magdeburg erkrankt, mußte er dem Corps zu Wagen nach Prenzlau folgen. In Folge der Kapitulation des Corps bei Prenzlau ward er in eine Untersuchung verwickelt, welche durch die Ereignisse des Kriegs unterbrochen wurde, u. lebte nun zurückgezogen auf seinem Landgut in Posen, das ihm der König geschenkt hatte. Später ging er nach Würtemberg und wurde eines der eifrigsten Mitglieder der ständischen Opposition. Gegen die öffentlichen Anklagen über seine Handlungen in dem unglücklichen Kriege schrieb er seine „Betrachtungen u. Aufschlüsse über die Ereignisse von 1805 u. 1806", denen die „Rückerinnerungen an große Männer" (Amsterdam 1808), die „Memoiren zur Geschichte des preußischen Staates unter Friedrich Wilhelm II. und III." (das. 1809—10, 3 Bde.) und die „Historischen Denkwürdigkeiten zur Geschichte des preußischen Staates seit 1792" (das. 1809, 2 Bde.) folgten. Als er von Frankfurt a. M. aus, wo er 1817 lebte, dem preußischen Hofe verschiedene Anträge machte, die allerdings einen unwürdigen Charakter trugen, und er bei ihrer Nichtbeachtung mit der Veröffentlichung wichtiger Schriften drohte, wurde er auf Antrag der preußischen Regierung verhaftet, nach Küstrin gebracht und durch ein Kriegsgericht „wegen beabsichtigten Landesverraths und wegen Bekanntmachung von amtlichen Dienstschriften" im Sommer 1817 zu vierzehnjähriger Festungsstrafe verurtheilt. Im Jahre 1820 brachte man ihn von Küstrin nach Glatz, 1826 ward er vom König begnadigt, doch † er schon den 27. November 1827 zu Bialokosz bei Pinne in Preußisch-Polen.

Masseter (griech.), der Kaumuskel.

Massevaux (Masmünster), Kantonsstadt im französischen Departement Oberrhein, an der Doller, mit Fabriken für Kupfergeräthe, baumwollene Zeuche, Handel mit Kirschwasser und 3230 Einw.

Massey, William Nathaniel, englischer Geschichtschreiber, geboren 1804, wirkte längere Zeit als Advokat in London, ward 1852 ins Parlament gewählt, wo er zu den Liberalen zählt, u. trat 1855 als Unterstaatssekretär in das Ministerium des Innern. Er hat sich namentlich durch seine „History of England during the reign of George III" (London 1860 ff.) bekannt gemacht.

Massicot, s. Bleigelb.

Massiges Gestein, Gestein mit Massivstruktur, im Gegensatz zu geschichteten Gesteinen solche, deren Mineralelemente nicht nach bestimmten Richtungen geordnet unter einander verbunden sind, wie bei Laven, Basalten, Trachyten, den meisten Porphyren, Grünsteinen und Graniten, oder deren Schichtung undeutlich ist, wie nicht selten bei Kalksteinen, Dolomiten, Konglomeraten. Tritt ein solches ungeschichtetes Gestein in größerer Ausdehnung zusammenhängend auf, so bildet es ein Massiv. Die Granitmassive haben nicht selten einen elliptischen Umriß, dann Ellipsoid.

Massilen, der niedere Adel in der Walachei.

Massilia, alter Name für Marseille (s. d.).

Massilienses (lat.), s. v. a. Semipelagianer, nach ihrem Hauptsitz Massilia.

Massiliensium Insulae (lat.), s. v. a. Stöchaden.

Massillon, Jean Baptiste, berühmter französischer Kanzelredner, am 24. Juni 1663 zu Hières in der Provence geboren, trat 1681 in die Kongregation des Oratoriums, zog als Prediger zu Vienne die Aufmerksamkeit seines Ordensgenerals auf sich und wurde von diesem zum Direktor des Seminars St.-Magloire in Paris berufen. Ludwig XIV. wählte ihn zu seinem Hofprediger, welche Stelle M. 20 Jahre lang mit immer gleichem Beifall bekleidete. Einfalt des Vortrags, Natürlichkeit der Aktion und die Herzlichkeit seines ganzen Wesens verliehen seinen Reden eine ungemeine Gewalt über die Gemüther. Im Jahre 1717 ernannte ihn der Herzog von Orléans, als Regent, zum Bischof von Clermont u. ertheilte ihm den Auftrag, vor dem erst neunjährigen Ludwig XV. die Fastenpredigten zu halten. Bei dieser Veranlassung schrieb M. die unter dem Titel „Petit Carême" (deutsch von Pfister, 3. Aufl., Würzburg 1841) bekannten Reden, die sämmtlich von den Pflichten der Großen handeln u. ganz geeignet sind, das kindliche Gemüth zu ergreifen. Im Jahre 1719 wurde er Mitglied der Akademie und erhielt vom Kardinal von Dubois die Prälatur von Savigny. Er † am 18. September 1742. M.'s Reden gründeten sich immer auf die Bibel. Sie waren einfach, aber so wahr und von so vollendet schöner Form, daß sie sich den besten Erzeugnissen der Kanzelberedtsamkeit anreihen. Ein mehr auf Ueberredung als auf Erbauung berechneter Gedankenreichthum ist ihnen nicht eigen; sie heben immer nur Das hervor, was auf Gefühl und Gesinnung am kräftigsten einzuwirken vermag. Die Darstellung ist ebenso klar und einfach als lebendig und fesselnd, ebenso sehr den Glanz der feinsten Bildung, als die Anmuth des sittlich schönen Charakters entfaltend. Eine vollständige Ausgabe seiner „Sermons" besorgte sein Neffe Joseph M. (Paris 1745—49, 15 Bde.; deutsch, Kempt. 1785); unter den neueren sind die besten die vom Abbé Guillon (Par. 1828, 16 Bde.) und vom Abbé Migne in seiner großen Sammlung der Kanzelredner. Die unter M.s Namen herausgegebenen „Mémoires de la minorité de Louis XV" (Par. 1792) sind unächt. Vgl. Theremin, Demosthenes und M., Berlin 1845.

Massinger, Philip, englischer dramatischer Dichter, geboren 1584 zu Salisbury, studirte zu Oxford und widmete sich sodann zu London, wo er am 17. März 1640 †, der schönen Literatur. Seine Theaterstücke, sowie die Liebenswürdigkeit seiner Person hatten ihm den Beifall und die Freundschaft der ausgezeichnetsten Personen seiner Zeit erworben. Ein regelmäßiger Plan und korrekte Sprache sind die Hauptvorzüge seiner Werke. Die Trauerspiele, unter welchen „Der Herzog von Mailand", „Die unglückliche Aussteuer", „Der Sklave" hervorzuheben sind, gelangen ihm besser als Lustspiele. Ausgaben seiner Werke wurden von Gifford (London 1813, 4 Bde.) und Hartley Coleridge zusammen mit Fords Werken (das. 1839) besorgt.

Massiren (v. Lat.), kneten, besonders nach dem Bade den Körper mit besonderen Handgriffen durcharbeiten, ein im Orient sehr beliebtes Mittel, um ein erhöhtes Wohlbefinden hervorzubringen.

Massiv (v. Lat.), s. Massiges Gestein.

Massiv (v. Lat.), nicht hohl, oder inwendig mit einem anderen Stoffe, besonders einem solchen geringeren Werthes ausgefüllt, in letzterem Sinne besonders von Gold- und Silberwaaren gebraucht, welche ganz aus gutem Gold oder Silber gearbeitet sind; Mauerwerk, welches ganz aus Steinen zusammengesetzt, oder von Lehm aufgeführt, nicht mit Holz verbunden ist.

Maßmann, Hans Ferdinand, Gelehrter auf dem Gebiet der altdeutschen Sprache und Literatur, den 15. August 1797 zu Berlin geboren, widmete sich daselbst seit 1814 dem Studium der Theologie, trat 1815 unter die freiwilligen Jäger u. setzte nach seiner Rückkehr aus Frankreich im Herbst seine Studien in Berlin, dann in Jena fort, wo er der Burschenschaft angehörte u. bei dem Wartburgfest, das er auch in einer Schrift schilderte, besonders thätig war. Im Sommer 1817 stand er während Jahns und Eiselens Abwesenheit der berliner Turnanstalt vor. Hierauf wurde er in Breslau Mitglied des pädagogischen Seminars und Hülfslehrer am Friedrich-Wilhelms-Gymnasium und leitete unter Harnisch die öffentliche Turnanstalt, erhielt 1819 eine Stelle am Gymnasium zu Magdeburg, gab dieselbe jedoch bald auf, um in Erlangen Naturwissenschaften zu studiren. Nach Berlin zurückgekehrt, ward er in die demagogischen Untersuchungen verwickelt. Im Jahre 1821 ward er Lehrer an einer Erziehungsanstalt zu Nürnberg, gab diese Stelle jedoch bald wieder auf und beschäftigte sich in Berlin mit altdeutschen Studien. Im Jahre 1826 folgte er einem Ruf als Lehrer der Turnkunst bei dem königlichen Kadetencorps zu München, wo ihm 1828 auch die Gründung und Leitung einer öffentlichen Turnanstalt für die Schulen übertragen wurde. Im folgenden Jahre erhielt er eine außerordentliche Professur an der Universität, an welcher er seither Vorlesungen über altdeutsche Literatur gehalten, machte 1833 eine wissenschaftliche Reise nach Italien und wurde 1835 ordentlicher Professor und zugleich im königlichen Ministerium Referent für das Schulwesen, später auch ordentliches Mitglied der königlichen Akademie der Wissenschaften. Im Jahre 1842 ward er nach Berlin berufen, um die Einrichtung des allgemeinen Turnunterrichts im preußischen Staat auszuführen, und erhielt 1846 zugleich eine Professur der altdeutschen Sprache und Literatur an der Universität Berlin. Von seinen literarischen Arbeiten sind zunächst zu nennen seine Ausgaben älterer deutscher Sprachdenkmäler: „Denkmäler deutscher Sprache und Literatur" (München 1828), „Deutsche Gedichte des 12. Jahrhunderts" (Quedlinburg 1837, 2 Bde.), „Deutsche Abschwörungs-, Beicht-, Buß- und Betformeln des 8.—13. Jahrhunderts" (das. 1839); ferner die Ausgaben des Eraclius" (das. 1842); des „St. Alexius' Leben" (das. 1843); des „Tristan" Gottfrieds von Straßburg (Stuttgart 1843), der „Kaiserchronik" (Quedlinburg 1849—53, 3 Bde.); „Parthenopäus u. Metius" (Berlin 1847) ꝛc. Um das Gothische machte er sich durch die Ausgabe der „Auslegung des Evangeliums Johannis" (Münch. 1834), der „Gothischen Urkunden zu Neapel und Arezzo" (Wien 1834) und der Schriften des Ulfilas (Stuttgart 1855—56, 2 Bde.); um das Althochdeutsche durch seine „Erläuterungen zum wessobrunner Gebete des 8. Jahrhunderts" (Berlin 1824); die Herausgabe der „Fragmenta theodisca" (Wien 1841) und die eines „Index" zu Graffs „Althochdeutschem Sprachschatz" (Berlin 1846) verdient. Einen schätzbaren Beitrag zur römischen Epigraphik lieferte er im „Libellus aurarius" (Leipzig 1841). Ausgezeichnet durch einen reichen Kommentar ist seine Ausgabe der „Germania" des Tacitus (Quedlinburg 1847). Ferner veröffentlichte er: „Geschichte des mittelalterlichen Schachspiels" (Quedlinburg 1839); „Literatur der Todtentänze" (Leipzig 1841); „Der Externstein in Westphalen" (Weimar 1846); „Die baseler Todtentänze" (Stuttgart 1847) und mehre das Turnen betreffende Schriften. Auch viele Holzschnitte und Steinzeichnungen hat er verfertigt und sich im Kupferstich, sowie in Krystallmodellen u. Reliefkarten für den Unterricht versucht.

Massoliren (v. Franz.), mit einer Keule todtschlagen, ehemals in Spanien u. Italien eine Todesstrafe.

Masson, 1) Antoine, berühmter französischer Kupferstecher, 1636 zu Loury bei Orléans geboren, war anfangs Waffenschmied u. gravirte eine Menge Rüstungen, wodurch er auf die Kupferstechkunst geführt wurde. In dieser wirkte er in sofern epochemachend, als er auf den Ruhm der sogenannten Farbennachahmung verzichtete und die Wirkungen der Zeichnungen innerhalb der in der Natur der Kupferstecherei liegenden Grenzen hervorzubringen suchte. Er † zu Paris den 30. Mai 1700. Seine Arbeiten bestehen größtentheils in Porträts, unter denen das unter dem Namen Cadet à la perle bekannte Bildniß des Grafen Harcourt für ein Musterblatt der Kupferstechkunst gilt. Ein Meisterstück sind auch die Jünger in Emmaus nach Tizian, welches die Franzosen la nappe, die Italiener il quadro della tavoglia, das Tischtuchblatt, nennen, weil der Stecher Falten und Muster im Tischtuch darauf aufs täuschendste dargestellt hat. Ueberhaupt gelangen ihm Sammetkleider, polirte Waffen, Spitzen und ein reiches, volles Haupthaar am besten. Man kennt 68 Blätter von M., darunter die Porträts von vielen berühmten Männern seiner Zeit.

2) Auguste Michel Bénoit Gaubichot, gewöhnlich Michel genannt, französischer Romanschriftsteller und dramatischer Dichter, geboren den 31. Juli 1800 zu Paris, war nach einander Kellner, Buchhandlungskommis und Steinmetz, schrieb seit 1826 für Journale, widmete sich sodann ganz der Schriftstellerei und hat eine große Anzahl von Romanen, Novellen und Dramen veröffentlicht. Aus seinen novellistischen Arbeiten sind „Les Contes d'atelier" hervorzuheben.

Massonia *L.* (Flügellauch), Pflanzengattung aus der Familie der Liliaceen, charakterisirt durch die fast präsentirtellerförmige Blüthenhülle mit walzenförmiger, gerader Röhre, 6theiligem Rande und auf einem röhrigen inneren Nektarkranze stehenden Staubgefäßen, die 3flügelige, 3fächerige, 3klappige, vielsamige Kapsel, Zwiebelgewächse vom Kap, mit nur 2 wurzelständigen Blättern, wovon mehre als Zierpflanzen bekannt sind, besonders **M. grandiflora** *Lindl.*, mit rundlich-eiförmigen, stumpfen, 9 Zoll langen, generuten Blättern und wurzelständigen, gehäuften, weißen, mit dem Stielchen 1 Zoll langen Blumen. Außer der Vegetationszeit begießt man diese Pflanzen sehr wenig; zur Beförderung des Wasserabzugs legt man eine Lage zerstoßener Scherben unten in den Topf. Man pflanzt sie in lockere, mit 1/4 Flußsand gemischte Dammerde, durchwintert sie bei 4—8° Wärme und vermehrt sie durch Nebenbrut.

Maßrad, ein Rad, auf dessen Peripherie Stacheln angebracht sind, welche gewöhnlich 1 Fuß von einander entfernt sind und deren Umfang zusammen 1 Ruthe ausmacht, wird vorzüglich beim Straßenbau gebraucht, um die Länge u. Breite der Straßen zu bestimmen.

Maßstab, ein gerader, einen od. einige Zoll breiter, linealähnlicher Stab von Holz oder Metall, auf welchem die Maßeinheiten für Längenmessung in beliebiger Anzahl neben einander aufgetragen sind u. jede einzelne Einheit oder wenigstens eine gewisse Anzahl derselben wieder in Untereinheiten getheilt ist, so daß man auch die Bruchtheile der Einheiten darauf ablesen kann. Tafel Maßstab Figur 1 gibt eine vergleichende Zusammenstellung der gebräuchlichsten Längenmaße. Die Länge solcher Stäbe ist ziemlich willkürlich, nach den verschiedenen Bedürfnissen, denen sie dienen. Sollen größere Strecken überschlagen werden, so bedient man sich dazu der Meßkette (s. d.). Der verjüngte M., d. i. der in einem gewissen Verhältniß zu dem wirklichen verkleinerte, soll vorzugsweise dem Zeichner dazu dienen, die mittelst größerer Maße oder Ketten aufgefundenen Längen durch Zeichnung auf Papier im Kleinen oder verjüngt vor das Auge zu bringen. Er heißt Transversalmaßstab, wenn er nach geometrischen Gesetzen durch horizontale, perpendikuläre und diagonale Linien dergestalt abgetheilt ist, daß man mit möglichster Genauigkeit Längeneinheiten und Unterabtheilungen derselben darnach bestimmen kann. Tafel Maßstab Fig. 2 stellt einen solchen Transversalmaßstab dar. Auf eine gerade Linie A B ist eine beliebige Anzahl gleicher Theile, etwa von der Größe eines Zolls, aufgetragen, in A die senkrechte Linie A C, in B ebenfalls senkrecht B D, beide von gleicher, übrigens beliebiger Länge, errichtet u. ein Rechteck A B C D konstruirt. Die durch die übrigen Theilungspunkte der Linie A B gezogenen senkrechten Linien ergeben die Theile, welche die Haupteinheiten des M.s repräsentiren. Einer der äußersten dieser Theile ist in 10 gleiche Theile getheilt und der Punkt, wo diese so eingetheilte Haupteinheit sich von der ungetheilten scheidet, mit 0 bezeichnet, während die weiteren Haupteinheiten mit den römischen Ziffern I, II, III ꝛc, die Zehntel der äußersten Haupteinheit aber mit den deutschen Ziffern 1, 2, 3 ꝛc. bezeichnet sind. Mittelst der einen einfachen M. abgebenden Linie A B lassen sich schon Ganze und Zehntel messen. Damit aber der M. auch die Hunderttheile der Haupteinheit angebe, ist A C ebenfalls in 10 gleiche Theile eingetheilt, welche von dem Punkt A aus mit den deutschen Ziffern 1, 2, 3 ꝛc. bezeichnet sind. Durch sämmtliche Theilungspunkte der Linie A C sind gerade Linien gleichlaufend mit A B gezogen; vom Punkt C aber ist nach dem Punkt g der getheilten Haupteinheit die Gerade C g u. durch alle andern Theilungspunkte der Linie A o sind Parallelen (Transversalen) mit C g gezogen. Nun ist leicht einzusehen, daß die gleichen Stücke der Horizontallinien, welche zwischen die Schenkel des Dreiecks C A g oder des Dreiecks o a b fallen, der Reihe nach 1/100, 2/100, 3/100 der Haupteinheit sein werden. Es ist nämlich der Schenkel o a in 10 gleiche Theile getheilt, u. durch die Theilungspunkte sind Parallelen nach dem andern Schenkel o b gezogen; daher wachsen die zwischen o a und o b liegenden Linien von 1 bis 10, u. es ist die erste Parallele 1/10, die zweite 2/10, die dritte 3/10 ꝛc. von a b; da aber a b 1/10 einer Haupteinheit ist, so sind die obengenannten Parallelen der Reihe nach 1/100, 2/100, 3/100 ꝛc. der Haupteinheit, und der M. gibt mithin unmittelbar Ganze, Zehntel und Hundertel der gegebenen Länge, welche man zur Haupteinheit gewählt hat. Betrachtet man die Haupteinheiten des M.s als verkleinertes Bild einer Ruthe, so stellen die Zehntel Decimalfuße, die Hundertel Decimalzolle vor. Will man nun z. B. von dem hunderttheiligen M. eine Länge abnehmen, welche 2 Ganze, 4 Zehntel und 7 Hundertel einer Haupteinheit enthält, so sucht man den Durchschnittspunkt der siebenten Horizontalen u. der mit 4 bezeichneten Transversalen u. hierauf den Durchschnittspunkt der nämlichen Horizontalen u. der mit II bezeichneten Senkrechten. Auf dem Transversalmaßstab lassen sich auch noch Tausendtheile nach dem Augenmaß abschätzen. Solche verjüngte u. Transversalmaßstäbe finden sich in allen bessern Reißzeugen. Auch ist auf allen Bau- und anderen Rissen, Plänen und Landkarten der verjüngte M. angegeben, nach dem man mit dem Zirkel Größen abnehmen und abmessen kann.

Massuah (Massaua, Massowa), Seestadt an der Küste von Abessinien, auf einer Insel (Großdahlek) im rothen Meer und im Nordwesten des an der Küste sich erhebenden Dschebel Geddem (5000 Fuß hoch), neben welchem die Bucht von Abulis ins Meer greift, ist wichtig als Haupthafenplatz für die Ausfuhr des Binnenlandes u. zählt 3000 Einwohner. Die Stadt gehört nominell dem Vicekönig von Aegypten und hat daher eine türkische Besatzung. Gegenüber liegt Arkiko.

Massylii, s. Numidien.

Mast (Mastbaum), hölzerner Baum von angemessener Länge und Stärke, an welchem das Segelwerk eines Schiffs, auf Flußschiffen auch die Leine zum Fortziehen derselben angebracht wird. Auf letzteren sind die M.en gewöhnlich 40—50 Fuß hoch, auf Seeschiffen aber beträgt ihre Länge oft mehr als 100 F., weshalb sie aus 3 Stücken zusammengesetzt sind, von denen das untere der M. heißt, während das mittlere die Stenge u. das oberste die Brahmstenge genannt wird. Um mehr Segel aufsetzen zu können, pflegt man die See- und größeren Flußschiffe mit 2 oder 3, auch wohl noch mehr M.en zu versehen, von denen aber einer, der mittlere, der größte ist und der große M. heißt. Derselbe geht durch die Verdecke des Schiffs bis auf den untersten Boden hinab, wo er befestigt ist, und ist in der Regel 2 1/2 mal so lang als der Segelbalken oder die Stange, an welcher die Segel befestigt werden. Vor ihm steht der vordere oder Fockmast, welcher um ein Beträchtliches kürzer ist, aber auch aus zwei Stücken, der Vorstenge und der Vorbrahmstenge, besteht; hinter dem großen M. befindet sich der Besahnmast, welcher noch kleiner als der Fockmast ist und aus der Kreuzstenge und der Kreuzbrahmstenge zusammengesetzt ist. Außer diesen aufrecht stehenden M.en führen die Seeschiffe gewöhnlich noch einen schrägen, aus dem Vordertheile hervorragenden Baum, das sogenannte Bugspriet, welches an dem großen Balken des Schiffs befestigt u. mit einer schwächeren Verlängerung, dem Klüverbaum, versehen ist, mit welchem zusammen es $1^3/_5$ der Länge des Segelbalkens beträgt. Die unteren Stücke der M.en auf großen Schiffen sind auch der Stärke nach aus mehren Stücken zusammengesetzt, welche vierseitig gehauen und mit einander verzahnt werden. Das mittelste dieser Stücke heißt die Zunge des M.es und ist das stärkste, um welches die übrigen Hölzer (die Wangen oder Schwelpen) herumgelegt, genau abgerundet und durch starke eiserne Bänder zusammengehalten werden. Die Stengen und Brahmstengen, sowie der Besahnmast werden ihrer geringeren Stärke wegen aus Einem Stück gemacht; das Bugspriet aber ist ebenfalls aus 4 Stücken zusammengesetzt. Der große M. hält im untersten Verdeck in der Regel so viel Zoll im Durchmesser, als ein Drittheil des ganzen M.es Fuß hat. An der oberen Spitze des M.es sind die Backen, knieförmige Hölzer, befestigt, welche die Sahlingen, 4 rechtwinkelig, horizontal über einander gelegte schwache Balken, auf denen das quer durch das untere Ende der Stenge geschobene Schlotholz ruht, zu tragen haben und zugleich die Unterlage des Mars (s. d.) oder Mastkorbes bilden. Manchmal ist der M. der größeren Festigkeit wegen an einzelnen Stellen mit Stücken Holz belegt od. mit Tauen umwunden (Gewinde, Mastschale). Die M.en stehen mit ihrem Fuße zwischen mehren im Viereck liegenden starken Balken, dem Spuhr, und werden in den für sie bestimmten Löchern des ersten Verdecks, den sogenannten Fischen, mit den Mastenkeilen festgekeilt. In den oberen Decken stehen die M.en ohne eine solche Verkeilung innerhalb eines auf das Deck genagelten Randes, über welchen ein an dem M. befindlicher runder oder achteckiger Ring hinwegreicht, so daß sie sich ein wenig biegen und dem „Winde weichen" (spielen) können Den großen M. umfaßt noch außerdem von hinten her der Gaffelbaum mittelst eines gabelförmigen Ausschnitts. Das Ende (Topp) des unteren Maststückes bildet ein starker Block von hartem Holze, das sogenannte Eselshaupt, welches unten mit einem runden Loche versehen ist, durch welches das untere Ende der Stenge hindurchgeschoben wird. Das Aufrichten des fertigen M.es geschieht mittelst des Mastenkrahns, welcher aus zwei schräg über der See hängenden Bäumen besteht, die durch starke Riegel mit einander verbunden sind u. von anderen hinter ihnen aufrecht stehenden Bäumen, sowie durch starke Taue in dieser Richtung gehalten werden. An denselben ist ein starker Flaschenzug angebracht, dessen Taue an dem einen Ende an dem M., an dem anderen aber durch zwei starke Tritträder angezogen werden. Auch bedient man sich zur Emporrichtung des M.es in manchen Ländern, z. B. in England, Schweden &c., eines besonderen Fahrzeuges, meist eines alten unbrauchbaren Schiffes, auf welchem ein Gerüst mit einem Flaschenzug errichtet wird, mittelst dessen, sowie einiger Vertikalwinden (Hangspillen) man den M. aufhebt u. in das Schiff einsetzt. An manchen Orten, z. B. in Kopenhagen, hat man zu diesem Behuf eine Art Thurm erbaut. Vgl. Schiff.

Mast (Mästung), die künstliche Erzeugung eines außergewöhnlichen Fleisch- und Fettansatzes bei den Schlachtthieren vermittelst außergewöhnlich nahrhafter und reichlicher Fütterung; s. Viehzucht.

Mastdarm (intestinum rectum), der unterste Theil des Dickdarms, sowie des ganzen Darmkanals, welcher nach außen in dem After mündet u. sich nach oben an die Hüftbeinschlinge des absteigenden Dickdarms anschließt. Der M. steigt von der linken Hüftkreuzbeinfuge an in der Konkavität des Kreuzbeins, ohne Krümmungen zu bilden (daher der Name intestinum rectum), herab u. mündet am Mittelfleisch im After. Die Bezeichnung M. verdankt ihren Ursprung der reichlichen Fettablagerung unter dem Bauchfellüberzuge dieses Darmstücks, wie sie zumal bei gemästeten Thieren sich vorfindet. Im männlichen Körper grenzt der M. nach vorn an die Harnblase, im weiblichen an die Mutterscheide, beziehentlich an die Gebärmutter. Der M. ist nur in seiner oberen Hälfte, und zwar nur an seiner vorderen u. seitlichen Wand vom Bauchfell überzogen, an seiner unteren Hälfte dagegen entbehrt er eines solchen serösen Ueberzuges gänzlich. Die starke Muskelhaut des M.s, welche zwischen der Schleimhaut u. dem Bauchfellüberzug desselben liegt, besteht aus einer äußeren Lage von Längsfasern und einer inneren Lage von Querfasern. Am Ende des M.s mehren sich die Querfasern u. bilden etwa 1—$1^1/_2$ Zoll über der Afteröffnung einen 3—4 Linien breiten, dickeren Muskelring, den sogenannten inneren Schließmuskel des Afters (sphincter ani internus), welcher den M. nach unten hermetisch abschließt und durch den äußeren Schließmuskel (sphincter ani externus), der ein der Willkür bis zu einem gewissen Grade gehorchender Muskel ist, unterstützt wird. Die Schleimhaut des M.s ist dicker als in den übrigen Därmen und wird gegen den After hin immer röther; sie bildet außer mehren verstreichbaren Falten auch eine nicht verstreichbare, die Plica transversalis recti, welche 2 Zoll über der Aftermündung liegt, von rechts her auf die vordere Darmwand übertritt und als halbmondförmiger Saum von höchstens einem halben Zoll Höhe sich darstellt. Die Mastdarmschleimhaut ist in Längsfalten gelegt und reich an Schleimdrüsen und Balgdrüsen. Die Kothsäule, welche der M. enthält, reicht in der Zeit, wo kein Stuhldrang vorhanden ist, nicht bis zum inneren Schließmuskel herab. Erst 3—4 Zoll über dem After stößt man bei der Untersuchung des M.s auf Kothmassen, welche hier durch einen dritten Schließmuskel (sphincter ani tertius) aufgehalten werden. Wird dieser oberste Schließmuskel von den andrängenden Kothmassen überwunden, so rücken letztere bis zum After herab und können nur mit großer Anstrengung des inneren und äußeren Schließmuskels eine kurze Zeitlang zurückgehalten werden, wobei selbst die Hinterbacken mitwirken müssen, um den Entleerungsdrang zu überwinden. Deshalb ist es gefährlich, in dieser Situation große Schritte zu machen. Vgl. Kohlrausch, Zur Anatomie u. Physiologie der Beckenorgane, Leipz. 1854.

Mastdarmblasenfistel (fistula recto-vesicalis), eine widernatürliche, erworbene Kommunikation zwischen der Höhle der Blase u. der des Mastdarms, so daß der Inhalt (der Harn) in den Mastdarm gelangen und durch diesen abgehen, oder der Inhalt des letzteren (Kothmassen) in die Harnblase gelangen und mit dem Urin abgehen kann. Die M. ist die Folge von Verletzungen, wie beim Steinschnitt, beim Blasenstich durch den Mastdarm, bei ungeschicktem Gebrauch des Katheters ꝛc., oder von Vereiterungen, wie sie besonders bei alten Leuten vorkommen. Die Heilung der M. ist außerordentlich schwierig und erfordert eine kunstgerechte Anwendung des Glüheisens oder andere chirurgische Proceduren. Es tritt sehr selten vollständige Heilung der M. ein, meist erreicht man nur eine Milderung der sehr lästigen Beschwerden, die besonders darin ihren Grund haben, daß Koth durch die Harnröhre u. Harn durch den Mastdarm abgeht.

Mastdarmblutfluß, s. Hämorrhoiden.

Mastdarmbruch (hernia intestini recti, archocele), diejenige Lagenveränderung der Eingeweide, wobei der Mastdarm einen Vorfall durch den After erleidet, und wo in dem vorgefallenen Theil des Mastdarms andere Darmtheile, besonders Dünndarmschlingen, wie in einer Tasche enthalten sind. Der M. kommt sehr selten vor und kann nur von erfahrenen Chirurgen richtig erkannt werden. Es kann zur Einklemmung des M.s dadurch kommen, daß der Afterschließer sich krampfhaft kontrahirt und die unter ihm liegenden Darmschlingen abschnürt. Dann tritt, wenn nicht schnelle Hülfe geschafft wird, Entzündung und Brand des M.s ein. Die Behandlung des M.s besteht in der Reposition des Bruchs, u. wenn diese gelingt, in der Verhütung des Wiedervorfalls; beides gelingt nur durch kunstgeübte Hände.

Mastdarmentzündung (proctitis), in höheren Graden gewöhnlich verbunden mit Entzündung und eiteriger Infiltration des Zellgewebes in der Nachbarschaft des Mastdarms (periproctitis), bewirkt brennende oder drückende Schmerzen im After mit zeitweisem Afterzwang (tenesmus) oder schmerzhaftem Herausziehen des Afters, sowie konsensuelle Schmerzen in Schenkel, Hüfte, Harnblase und anderen benachbarten Organen. Der After ist geröthet, wulstig vorgetrieben und heiß. Oft ist Kothverhaltung, oft aber auch, und zwar gleichzeitig mit letzterer ein häufiger Abgang von glasigem, mit Blut gemischtem, oder eiterig trübem Schleim vorhanden, so daß die Krankheit Aehnlichkeit mit der Ruhr bekommt. Das Abgehen des Stuhls verursacht heftigen Schmerz, so daß der Kranke den Stuhl möglichst lange zurückhält. Letzteres Symptom tritt besonders bei schmerzhaft entzündeten Geschwüren und Einrissen in der Schleimhaut des Afters hervor, indem hier der Durchgang des Stuhls die empfindlichsten, brennendsten Schmerzen mit krampfhafter Zusammenziehung des Afters (Aftersperre) verursacht. Bei der chronischen M. sind die Symptome milder und versteckter und ähneln denen der Hämorrhoiden, mit denen sie ohnedies meist zusammen vorkommt. Von den Ursachen der M. sind zu nennen das Vorhandensein von Hämorrhoidalknoten, Geschwüren und Einrissen der Schleimhaut, der Durchgang von Splittern, harten Speiseresten und sehr festen Kothmassen, Reizung durch Würmer, besonders durch die bei Kindern so häufig vorkommenden Maden- oder Springwürmer (Oxyuriden), Erkältung durch Sitzen auf kaltem und nassem Boden. Die M. geht, wenn sie nicht schnell gehoben wird, leicht in Verhärtung der Mastdarmwand, in Verengerung des ganzen Organs und Geschwürsbildung auf der Innenfläche über, hat auch nicht selten Mastdarmfisteln (s. d.) in Gefolge. Die Behandlung besteht wesentlich in der Abhaltung oder Entfernung der die M. hervorrufenden Ursachen, die oben angegeben wurden. Außerdem sind von Nutzen Blutegel, welche am After angesetzt werden, sowie kalte und laue Sitzbäder, Umschläge u. Bähungen, endlich milde Salben, welche man mittelst eines weichen Leinenbeutels in den Mastdarm einlegt. Eine tüchtige Aetzung der zugänglichen Schleimhautpartie mit Höllenstein in Substanz ist in vielen Fällen vom besten Erfolge begleitet.

Mastdarmfistel (fistula ani), jeder fistulöse eiternde Gang in der Nähe des Mastdarms, wobei entweder nur das Zellgewebe, welches die äußere Wand des Mastdarms umgibt, zerstört ist, oder der fistulöse Gang mit der Höhle des Mastdarms selbst in Verbindung steht. Man unterscheidet daher vollständige und unvollständige M.n; erstere haben eine äußere und eine innere Oeffnung, welche letztere mit der Höhle des Mastdarms kommunicirt; letztere haben entweder nur eine innere, oder nur eine äußere Oeffnung. Der fistulöse Kanal kann sich verschieden weit in die Höhe erstrecken, es können mehre äußere Oeffnungen vorhanden sein, sie können sich verschieden weit unter der äußeren Haut verbreiten u. mit Krankheiten nahe gelegener Theile, selbst mit Caries der Beckenknochen komplicirt sein. Die Ursachen der M.n sind Verletzungen der inneren Haut des Mastdarms durch fremde Körper, welche mit dem Kothe abgehen oder auch in der Schleimhaut stecken bleiben u. Entzündung u. Eiterung hervorbringen. Ebenso können eiternde Hämorrhoidalknoten, wodurch die Schleimhant des Mastdarms zerstört wird, zu M.n führen. In den genannten Fällen bildet sich die Fistel meist langsam aus. Der Kranke hat längere Zeit Jucken am After und es entsteht im Umfange desselben eine knotige Geschwulst, welche sich oft nur durch eine kleine Oeffnung entleert. Nicht selten bilden sich im Umfange des Afters durch starkes Reiten, durch Verletzungen, durch Senkung des Eiters von einem anderen Orte her Abscesse, welche die Außenfläche des Mastdarms mehr oder weniger bloßlegen. Ist die M. eine unvollständige, so kommt aus der äußeren Oeffnung nur spärlicher Eiter hervor; ist sie aber vollständig, so können auch Kothmassen oder Darmgase durch dieselbe abgehen. Die Heilung der M. erfolgt nie von selbst, sondern erfordert stets einen operativen Eingriff, wozu theils das Messer, theils die Unterbindung gewählt wird.

Mastdarmkrankheiten, in vielen Fällen nur Theilerscheinungen von Darm- und besonders Dickdarmkrankheiten, wie z. B. bei der Ruhr. Diejenigen M., welche nur den Mastdarm betreffen, s. unter den bezüglichen Artikeln. Vgl. auch den Artikel After.

Mastdarmkrebs (carcinoma recti), kommt besonders im höheren Alter vor und ist bald primär, bald von den Nachbarorganen, zumal der Blase und der Gebärmutter, auf den Mastdarm fortgesetzt. Der M. tritt sowohl als Markschwamm, Epithelialkrebs, wie auch als Gallertkrebs auf und bildet gewöhnlich eine ringförmige sogenannte krebsige Striktur, d. h. eine ringförmige Geschwulst mit Verengerung der Höhle des Mastdarms. Die wichtigsten Symptome des M.es, soweit sie nicht schon bei der Untersuchung mit dem Finger oder vermittelst des Spekulums sich ergeben, sind mehr oder weniger heftige Schmerzen im Mastdarm, die besonders beim Stuhlgang auftreten, Erschwerung des Stuhls in den verschiedensten Graden bis zu völliger Unterdrückung desselben, verschiedenartige Störungen der Nachbartheile, besonders der Blase und Genitalien, und endlich die Störungen des Allgemeinbefindens, welche sich durch Abmagerung und schmutzig gelbgraue Hautfarbe des Patienten, manchmal auch durch Fieberbewegungen zu erkennen geben. Die Behandlung des M.es ist nur eine palliative. Man sucht den Stuhl so lange als möglich zu erhalten durch Klystiere und abführende Mittel, die Schmerzen durch Opium und narkotische Einspritzungen zu mäßigen und den Kranken durch eine koncentrirte Nahrung, welche wenig Kothbestandtheile übrig läßt, z. B. durch Fleischbrühen, Milch, Ei &c., möglichst bei Kräften zu erhalten.

Mastdarmpolypen, abnorme, meist sehr gefäßreiche Schleimhautwucherungen, welche entweder nahe am After sitzen und stets aus diesem hervorragen, oder welche tiefer sitzen u. nur dann u. wann beim Stuhlgange hervortreten, manchmal auch immer im Mastdarm verborgen bleiben. Sie verursachen gewöhnlich einen sehr heftigen Schmerz, besonders bei der Stuhlentleerung und wenn sie hervorgetreten sind und vom Afterschließer eingeklemmt werden. Die M. sind meist rund, nicht groß, gestielt und von blasserer oder dunklerer rother Farbe und dann leicht zu Blutungen geneigt. Die Polypen, welche immer außerhalb des Mastdarms liegen, trägt man am besten mit der Scheere oder dem Messer an ihrer Basis ab. Dasselbe gilt von den höher sitzenden, wenn sie hervortreten. Sitzt der Polyp so hoch, daß er nie aus dem Mastdarm tritt, so muß er kunstgerecht durch Anlegen eines straffgezogenen Fadens an seinem Stiel entfernt werden, was in diesem Fall durch brandiges Absterben geschieht.

Mastdarmscheidenfistel (fistula recto-vaginalis), eine widernatürliche, erworbene Kommunikation des Kanals des Mastdarms mit dem der Mutterscheide, ist gewöhnlich die Folge von Verletzungen des Mastdarms und der Scheide bei schweren Geburten, aber auch von fremden Körpern, welche in den Mastdarm und in die Scheide, sei es durch Zufall, sei es durch ungeschickte und unpassende Manipulationen an den genannten Organen, gelangten. Endlich können spontane Verschwärungsprozesse die Wandungen des Mastdarms und der Scheide zerstören. Die M. läßt nach ihrer verschiedenen Größe einen größeren oder kleineren Theil der Kothmassen in die Scheide treten, bei ganz kleinem Umfange aber nur Darmgase. Die Größe der Beschwerde u. Unannehmlichkeit, welche diese Fistel mit sich führt, läßt sich darnach leicht bemessen. Die M. ist außerordentlich hartnäckig und setzt der Heilung die größten Schwierigkeiten entgegen. Nur die Chirurgie kann Hülfe bringen. Bei kleineren Fisteln reicht manchmal das Glüheisen aus, bei größeren ist die blutige, oft mehrmals wiederholte Naht zur Heilung erforderlich.

Mastdarmvorfall (prolapsus ani), diejenige Lagenabweichung, bei welcher ein Stück der Mastdarmschleimhaut durch den After hervorgetrieben wird und hier vorliegen bleibt, oder wo ein eingeschobenes oberes Darmstück durch den After zum Vorschein kommt. Einzelne Aerzte behaupten, daß nicht bloß die Schleimhaut des Mastdarms, sondern die ganze Wand desselben vorfallen könne und daß dies nur bei Kindern geschehe. Der Vorfall stellt einen vom After ausgehenden, verschieden großen, weichen Wulst dar, welcher roth od. blauroth gefärbt ist. Die Zufälle, welche der M. erregt, sind verschieden nach dem Grade und der Dauer desselben, gewöhnlich aber nicht sehr bedeutend, weil die Mastdarmschleimhaut gegen den Zutritt der Luft nicht so sehr empfindlich ist. Die Beschwerden können aber sehr bedeutend werden, wenn der Vorfall groß ist, sich entzündet oder durch starke Zusammenziehung des Schließmuskels eingeklemmt wird, in welchem Fall selbst Brand entstehen kann. Die gewöhnlichen Ursachen des M.s sind seltene und feste Stuhlausleerungen, heftiges und anhaltendes Drängen bei langdauernden Diarrhöen, bei Wurmkrankheit und Hämorrhoiden, ferner starkes Schreien, Aufheben schwerer Lasten &c. Der M. entsteht überhaupt am häufigsten bei Kindern, besonders durch anhaltende Diarrhöen während des Zahnens, und bei alten schwächlichen Subjekten. Bei Kindern wird der M. meist bald geheilt, bei Erwachsenen dagegen kehrt das Uebel sehr leicht bei jeder neuen Veranlassung zurück. Die Behandlung beruht auf Zurückbringung und Zurückhaltung des vorgefallenen Darmtheils in seiner normalen Lage, sowie auf Entfernung der den M. hervorrufenden Ursachen. Zur Zurückbringung reicht gewöhnlich, wenn der Vorfall frisch und klein ist, ein Druck mit der flachen Hand auf denselben hin. Ist aber der Vorfall größer, so sucht man durch die mit Oel bestrichenen Finger, welche man nahe an der Oeffnung des Mastdarms aufsetzt, abwechselnd den Theil des Darms zurückzuschieben, welcher dieser Oeffnung am nächsten liegt, wobei sich der Kranke alles Drängens und Schreiens enthalten muß. In zahlreichen Fällen ist nur die geübte ärztliche Hand mit Zuhülfenahme anderer künstlicher Mittel im Stande, den Vorfall zurückzubringen. Um den zurückgebrachten Darmtheil in seiner Lage zu erhalten, hat man zahlreiche Methoden und Instrumente erfunden, deren Besprechung jedoch in die ärztlichen Fachschriften gehört.

Master (engl.), s. v. a. Meister, im Englischen Anrede an alle Gentlemens, welche keinen anderen Rangtitel haben.

Masticatio (lat.), die Kaubewegung, das Kauen.

Mastix, Harz, welches aus Pistacia Lentiscus *L.* var. γ Chia, einem strauchartigen Baume, besonders auf Chios in 21 Ortschaften, gewonnen wird. Man macht zur Gewinnung des Harzes Mitte Juli leichte Einschnitte in den Stamm und die Hauptäste und sammelt im August das erhärtete Harz. Später werden noch 2 Lesen gehalten. Man unterscheidet M. in Thränen, Mastix in lacrymis s. granis, und gemeinen M., Mastix in sortis. Die erste Handelssorte ist das an den Stämmen erhärtete Harz; dasselbe bildet rundliche, etwa erbsengroße, blaßgelbe, außen hellbestäubte, im Bruch glasglänzende, durchsichtige Körner, welche beim Kauen erweichen. Der gemeine M. enthält neben hellen auch dunkle Körner, Rindenstückchen, Sand &c. Der M. ist hart, spröde, leicht pulverisirbar, von schwach balsamischem Geruch und Geschmack; er schmilzt bei 180° unter Aufschäumen und Phosphoresciren, brennt mit hellleuchtender rußender Flamme, hat ein specifisches Gewicht = 1,074 und ist in kaltem Alkohol nur zum Theil, in heißem Alkohol, Aether und ätherischen Oelen ganz auflöslich. Vom Sandarak unterscheidet er sich durch sein Verhalten beim Kauen, wobei ersterer zu Pulver zerfällt. Man benutzt den M. zu Räucherpulvern, weil er auf Kohlen geworfen einen angenehmen Geruch verbreitet, zu Zahnpulvern, Kitt und besonders zu Firniß. Eine Auflösung von 1 Theil M. in 2 Theilen Terpentinöl wurde als **Gemäldefirniß** früher allgemein benutzt, seiner leichten Verletzbarkeit halber und weil er im Dunkeln vergelbt, ist er aber vielfach durch den Dammarfirniß verdrängt worden. **Isochromfirniß** zum Ueberziehen von kolorirten Kupferstichen und Lithographien erhält man aus $^1/_2$ Pfd. M. und $1^1/_2$ Pfd. rektificirtem Terpentinöl. Die Mischung wird 4 Wochen lang der Sonne ausgesetzt, dann mit 1 Pfd. venetianischem Terpentin gemischt und abermals der Sonne ausgesetzt. Einen guten alkoholischen Mastixfirniß zum Ueberziehen von Holzwaaren erhält man aus $^3/_8$ Pfd. M., $^1/_4$ Pfd. Sandarak u. 1 Pfd. Alkohol von 96 Proc. Tr. Die Mastixproduktion ist in den letzten Jahren bedeutend zurückgegangen.

Mastixbaum, s. v. a. Pistacia Lentiscus *L.* Indischer M., s. v. a. Mollebaum, Schinus Molle *L.*

Mastixdistel, s. v. a. Gummidistel, Carlina gummifera *Less.*

Mastixinsel, s. Skio.

Mastkörner, Hämorrhoidalknoten, s. Hämorrhoiden.

Mastkorb, s. v. a. Mars.

Mastodon, s. Mammuth.

Mastodonsaurus, nach Jäger ausgestorbenes Sauriergeschlecht aus der Abtheilung der Labyrinthodonten, hatte einen nach vorn zugespitzten Kopf, am Ende des Unterkiefers 2 große Zähne u. war über 20 Fuß lang. Vgl. Quenstedt, Die Mastodonsaurier im grünen Keupersandstein Würtembergs, Stuttgart 1850.

Mastricht (Maastricht, lat. Trajectum ad Mosam), befestigte Hauptstadt der holländischen Provinz Limburg, am Einflusse der Jaar in die Maas, über welche eine schöne, 500 Fuß lange steinerne Brücke in die jenseits gelegene Vorstadt Wyk führt, ist eine sehr starke und weitläufige Festung und wird noch durch die starken, außerhalb der Mauern liegenden Forts St. Pieter (auf dem Pietersberge) u. Wilhelm I. vertheidigt, während auch die Vorstadt Wyk durch Bastionen u. vorliegende Werke geschützt wird. Die Stadt ist ziemlich regelmäßig u. schön gebaut u. besitzt 2 schöne öffentliche Plätze: den Vrythof (Exercirplatz) u. den großen Markt, an deren ersterem die alte merkwürdige St. Servatiuskirche mit der Bildsäule Karls des Großen (von Geefs) u. herrlichen Gemälden liegt, während auf dem anderen das schöne Rathhaus mit prächtigen Säulen, einer öffentlichen Bibliothek und der Stadtwage steht. Die zweite römisch-katholische Kirche (man zählt deren 4) ist die alte Liebfrauenkirche mit 2 Krypten. Die Reformirten besitzen 2 Kirchen, eine holländische und eine französische, die Lutheraner Eine, die Juden eine Synagoge. Ferner sind zu erwähnen: eine sehr schöne Hauptwache, der öffentliche Park, das Theater, das Athenäum mit einer damit verbundenen Industrieschule, die Musikschule, eine Gravir-, Bossir- und Modellschule und zahlreiche niedere Lehranstalten, ferner mehre Kasernen, ein Arsenal, Hospital, Pulvermagazine und andere bombenfeste Lokalitäten, sowie ausgedehnte Ueberschwemmungsvorrichtungen. Die Stadt hat 27,800 meist katholische Einwohner. In industrieller Hinsicht ist die Fabrikation von Glas, Krystall und Töpferwaaren bedeutend; außerdem gibt es Fabriken für Tapeten, Borten, Chemisettes, Waffen, Nägel, Papier ꝛc. Auch treibt die Stadt starken Getreide- und Transitohandel. M. gehörte unter der fränkischen Herrschaft zu Austrasien. Später stand die Stadt unter der gemeinschaftlichen Regierung der Herzöge von Brabant und der Bischöfe von Lüttich. Während des niederländischen Befreiungskampfes ward M. am 10. Oktober 1576 von den Spaniern erobert und erlitt dabei die rohesten Mißhandlungen. Da es sich den empörten Provinzen wieder anschloß, belagerte es der Prinz von Parma so hart, daß von der zahlreichen Bevölkerung kaum 400 Bürger die Eroberung überlebten. Die Beute der Sieger soll über eine Million Goldgulden betragen haben. Im Jahre 1632 wurde die Stadt von dem Prinzen Friedrich Heinrich von Oranien wieder genommen, u. im westphälischen Frieden ward sie den Generalstaaten zuerkannt. Im Jahre 1673 gerieth sie nach einer harten Belagerung, aber in Folge einer für sie ehrenvollen Kapitulation, in die Hände Ludwigs XIV. von Frankreich. Die Holländer suchten sie wieder zu erobern, jedoch vergeblich; doch erhielten sie die Generalstaaten im nimwegener Friedensschluß 1678 wieder zurück. Im Jahre 1748 ward M. in Folge der Präliminarien des aachener Friedens den Franzosen eingeräumt, aber nach abgeschlossenem Frieden von denselben wieder verlassen. Auch im französischen Revolutionskriege war M. mehrmals Gegenstand heftiger Kämpfe. Nachdem es vom 5. Februar bis 4. März 1793 von einem republikanischen Heere unter Mirande vergeblich belagert worden war, fiel es 1794 nach kurzer und schlechter Vertheidigung den Franzosen in die Hände (Ende Oktober). Die letzte Blokade erfuhr es 1814 durch die Schweden. Bei der Trennung Belgiens von Holland blieb M. bei dem letzteren Staat.

Mastung, s. Mast.

Mastupratio (lat.), s. v. a. Selbstbefleckung.

Masûdi, Ali Abul Hassan, arabischer Schriftsteller, zu Bagdad gegen Ende des 9. Jahrhunderts geboren, besuchte schon als Jüngling einen großen Theil von Asien und Nordafrika und erwarb sich auf diesen Reisen ausgebreitete Kenntnisse, namentlich in Bezug auf das morgen- und abendländische Alterthum. Er † 956 in Aegypten. Sein Hauptwerk ist „Akhbaralzeman“, aus dem er selbst einen Auszug unter dem Titel „Morudschalzoheb“, d. i. „Die goldenen Wiesen“ (engl. von Sprenger, London 1841, 2 Bde.), veranstaltete. Dasselbe bietet eine reiche Fundgrube für die Geographie, den Volksglauben und die Geschichte des Orients dar. Eine andere Sammlung geographischer, historischer und philosophischer Bemerkungen ist sein noch ungedrucktes „Kitab attanbih u alischraf“.

Masulipatam (Mutschelipatnam), Seestadt in der britisch-ostindischen Präsidentschaft Madras, an der Golcondaküste an der Mündung eines Arms des Krischna in den bengalischen Golf, in ungesunder sumpfiger Gegend, hat ein Fort u. zählt 28,000 Einwohner. Viele Häuser sind groß u. gut gebaut u. selbst die der Eingeborenen zum Theil bequem u. sauber. Im Stadttheil der letzteren stehen auf dem Kreuzungspunkt der Hauptstraßen 33 große Steine, die mit zahlreichen Reliefffiguren von der vollendetsten Zeichnung und Ausführung bedeckt sind. Sie sollen aus den Ruinen einer Pagode in der Nähe herstammen. Die Baumwollverarbeitung bildet einen bedeutenden Beschäftigungszweig der Einwohner.

Masurek (Masurka), polnischer Nationaltanz, von munterem Charakter und gewöhnlich im Dreiachtel- oder Dreivierteltakt, wird immer von einer geraden Zahl von Paaren getanzt, gewöhnlich von 4—8; die Melodie besteht daher entweder aus 2, od. aus 4 Reprisen. Zur ersten Reprise wird eine Ronde getanzt, zur zweiten tanzt der erste Tänzer eine Tour vor, die von den übrigen Tänzern der Reihe nach nachgeahmt wird. Jede Reprise besteht gewöhnlich aus 8 Takten in 2 Absätzen. Vom polnischen Landvolke wird dabei auch häufig gesungen. Der Tanz, der durch ganz Europa verbreitet ist, hat seinen Namen von den Masuren, den Bewohnern Masoviens.

Masuren, der altpreußische Gau Sudauen, umfaßt die ostpreußischen Kreise Johannisburg, Sensburg, Lözen, Lyck u. Olezko u. zählt auf 300 □Meilen gegen 400,000 Einw.

Matador (span., vom lat. mactator, d. i. Todtschläger), in Spanien bei den Stiergefechten (s. d.) der Hauptkämpfer, der dem Thier den Todesstoß versetzt; im L'hombre, Tarok, Solo und einigen anderen Kartenspielen Bezeichnung der drei obersten Trumpfkarten, sowie auch der niederen Trumpfkarten, wenn diese in ununterbrochener Reihenfolge zugleich mit jenen drei obersten vorhanden sind.

Matamata, Rachenschildkröte, s. Schildkröten.

Matamoros, Stadt im mexikanischen Staat Tamaulipas, oberhalb der Mündung des Rio del Norte, vor wenigen Jahrzehnten noch ein kleines Dorf, jetzt eine ansehnliche Stadt mit 10,000 (darunter viele Ausländer) Einwohnern und bedeutendem Handel, der aber größtentheils in Kontrebande besteht. M. genießt vor allen Seehandelsplätzen der Ostküste von Mexiko den Vortheil einer gesunden Lage in fruchtbarer, wohlangebauter Gegend; sein Hafen ist El Refugio, an der Mündung des Rio del Norte; doch ist derselbe nicht für große Schiffe zugänglich.

Matanzas, Stadt auf der Nordwestküste der westindischen Insel Cuba, 11½ Meilen östlich von Havana, am San Juan u. an der gleichnamigen Bai, in äußerst reicher Umgebung, hat gerade, breite, nicht gepflasterte, aber des harten Bodens wegen doch sehr reinliche Straßen u. schöne Plätze, einen geräumigen Hafen u. 27,000 Einwohner u. ist nächst Havana der wichtigste Handelsplatz der Insel. Eine Eisenbahn verbindet beide Städte. Der Name deutet auf das blutige Abschlachten der Indianer hin.

Matapan, Kap, die südlichste Spitze der griechischen Halbinsel Morea u. des östlichen Europa's, im Alterthum Tänarum.

Matarah (Matrah), Hafenstadt in der arabischen Landschaft Oman, westlich bei Maskat, mit 20,000 Einw., die sich weniger mit Handel als mit Spinnen und Weben, auch mit Schiffbau (die Schiffswerften des Imam von Maskat befinden sich dort) beschäftigen.

Mataro, Stadt im spanischen Fürstenthum Katalonien, Provinz Barcelona, nordöstlich von Barcelona, amphitheatralisch am Abhange eines Hügels am mittelländischen Meer gelegen, zerfällt in die alte und neue Stadt, hat einen frequenten Hafen, 2 Kirchen, eine nautische Schule, ein Hospital, große Baumwollspinnereien, Segeltuchfabriken, Webereien, Nudel-, Seife- u. Talgfabriken, eine Eisengießerei, eine berühmte Glasfabrik, Maschinenbauwerkstätten, Bleichen, Gerbereien, Leimsiedereien, Färbereien u. Druckereien, Branntweinbrennereien, Korkstöpselfabriken, ansehnlichen Schiffbau u. 15,860 Einwohner. In der Umgebung wächst der Matarowein, ein rother Wein, der dem Portwein ähnlich ist und oft für diesen verkauft wird.

Matelica, Stadt in der italienischen Provinz Macerata, am Fuße der Apenninen, am S. Angelo, mit Fabrikation von Wollenzeuchen und Nadeln, Weinbau und 4600 Einw.

Matelot (franz.), s. v. a. Matrose, auch ein Kriegsschiff, welches einem andern zu Hülfe eilt; dann Matrosentanz, der meist in Holzschuhen und mit auf dem Rücken verschlungenen Händen getanzt wird.

Mater (lat.), d. i. Mutter, s. Matrize.

Matera, Distriktionshauptstadt in der süditalienischen Provinz Potenza, Sitz eines Erzbischofs, hat eine Kathedrale, mehre Klöster, eine königliche Schule für schöne Literatur und Medicin und 13,350 Einwohner. In der Nähe berühmte Höhlen.

Mater dolorosa (lat., d. i. Schmerzensmutter), bildliche Darstellung Maria's, der Mutter Jesu, im Schmerzgefühl über die Leiden ihres Sohnes.

Mater familias (lat.), die Frau in streng römischer Ehe, auch wenn sie zugleich mit ihrem Gatten in dessen Vaters Gewalt war.

Material (vom Lat.), Stoff, Substanz.

Materiale delicti (lat.), s. Thatbestand.

Materialhandlung, Handlung, welche sich vorzugsweise mit dem Verkaufe der Materialwaaren (s. d.) befaßt; der Eigenthümer derselben heißt Materialist.

Materialismus (v. Lat.), diejenige philosophische Ansicht, wonach die Materie (s. d.) oder das mit den äußern Sinnen erfaßbare Dasein als die Grundursache alles Lebens angesehen wird und folglich auch die psychischen Erscheinungen aus materiellen Ursachen abgeleitet werden. Diese Annahme heißt Hylozoïsmus, wenn der Materie im Weltall als einer solchen schon außer und vor aller Organisation seelische Eigenschaften beigelegt werden, reiner M. dagegen, wenn das ganze psychische Leben als eine Kette von Funktionen oder Thätigkeiten des organischen Lebens angesehen wird, welche lediglich an diese seine Organisation geknüpft seien. Während der Hylozoïsmus demnach die psychische Substanz nur zur Materialität herbeizieht, wird dieselbe vom reinen M. gänzlich geleugnet oder zur bloßen Erscheinung am Organismus herabgesetzt. Der Hylozoïsmus findet sich im Alterthum ausgebildet bei Heraclitus, Pythagoras und den jonischen Philosophen, Begründer des reinen M. war Leucippus. Der Erneuerer desselben in der Neuzeit ist Hobbes, dessen Lehre sich vorzüglich in Frankreich ausbreitete, wo sie Helvetius und Lamettrie auf die Spitze trieben, was in Deutschland in neuester Zeit wieder durch Moleschott, L. Büchner u. A. geschah. Der moderne M. erblickt in der Seele einen durch Nervenschwingungen 2c. hervorgebrachten Mechanismus von materiellen Eindrücken des Gehirns, die wiederum von den dem Organismus zugeführten Nahrungsmitteln abhängig sind. Das Verdienst des reinen M. ist, daß besonders durch ihn die Fundamente einer beobachtenden Psychologie gelegt worden sind. In seinen Konsequenzen führt er nothwendig zum Eudämonismus und Atheismus, während der Hylozoismus als eine Art von Pantheismus sich darstellt.

Materialist (v. Lat.), Anhänger, Bekenner des Materialismus (s. d.); Detailhändler, welcher mit Materialwaaren (s. d.) handelt; s. v. a. Droguist, s. Droguen.

Materialiter (lat.), dem Stoffe, der Materie nach, auf sie bezüglich, Gegensatz von formaliter.

Materialwaaren, alle Waaren, welche in dem Zustande, in welchem sie der Handel liefert, zu ihrer letzten Bestimmung noch nicht geschickt sind, vielmehr erst den Stoff (das Material) einer weitern Verarbeitung oder Zubereitung abgeben. Im gemeinen Leben beachtet man jedoch diese Begriffsstellung nicht genau und pflegt daher gewöhnlich alle Waaren, welche die Hauptartikel unserer gewöhnlichen Kleinhandlungen ausmachen und welche man auch Spezereiwaaren nennt, mit dem Worte M. zu bezeichnen. In einigen Gegenden Deutschlands versteht man unter M. auch die Droguen oder Apothekerwaaren.

Materia medica (lat.), medicinische Arzneimittelkunde, Pharmakognosie, die Wissenschaft von den Heilmitteln als natürlichen Körpern oder physikalischen Eigenschaften, der deskriptive, naturhistorische Theil der Arzneimittellehre; s. Pharmacie.

Materie (v. Lat.), im Allgemeinen gleichbedeutend mit Stoff, also im Gegensatze zur Form zunächst das Sachliche, Gegenständliche, der Inhalt im Unterschiede von der Art und Weise der Erscheinung, Gestaltung, Behandlung der Darstellung. In diesem Sinne spricht man im gewöhnlichen Leben von der Behandlung oder Bearbeitung einer bestimmten M., oder unterscheidet die Form des Kunstwerks von seinem Stoffe. Im engeren metaphysischen Sinne ist M. der Inbegriff alles Dessen, was sinnlich wahrnehmbar ist, was entweder an sich, oder durch seine Wirkungen einen Eindruck auf unsere Sinne macht, über dessen Wesen und Ursprung jedoch weder die ältere, noch die neuere Philosophie zu einem erschöpfenden Resultate gelangt ist. Die ältesten Physiker sahen die Veränderungen der Dinge als Folge von Verdichtungen, das Wasser oder das Feuer als Urstoffe und als Grundlagen der Körperwelt an, meinten auch wohl, es gebe eine den beiden genannten Stoffen ähnliche ätherische Ursubstanz; so Thales von Milet (610 v. Chr.), dessen Schüler Anaximenes (550 v. Chr.) und Anaxagoras mit seiner Annahme der Homöomerien oder der Ansicht von den gleichartigen Theilen aller Körper. Pythagoras u. dessen Schüler nahmen vier Urelemente an: Feuer, Luft, Wasser, Erde, welche Hypothese bis auf die neuesten Zeiten eine Geltung behielt, die auch den klarsten Beweisen von ihrer Unzulänglichkeit Trotz bot. Nach dieser Ansicht fanden Leucipps (502 v. Chr.) Atomenlehre (s. Atom) viel Beifall bei der gebildeten Welt, u. Epikur (345—274 v. Chr.) erweiterte dieses atomistische System, dem zufolge die Körperwelt ganz und gar von diesen Atomen, deren Zusammentreffen und deren Eigenschaften abhing. Dabei trat der Begriff des Stoffs mit dem der Kraft und der Form noch nicht in einen bestimmten Gegensatz; erst Plato führte den Begriff eines bloßen Stoffs, der durch keine sinnlich wahrnehmbare oder denkbare Qualität bestimmt sein sollte, als Gegensatz der Ideen, d. h. Dessen, was die Dinge ihrer Qualität nach sind, in die Philosophie ein. Aristoteles unterschied zwischen der M. (Hyle), als dem bloß der Möglichkeit nach, und der Form, als dem der Wirklichkeit nach Seienden, so daß das Entstehen und Vergehen der Dinge als eine Vereinigung und Trennung zwischen M. und Form und die Veränderung als ein Uebergang der an sich form- u. bestimmungslosen M. von einer Form zur andern betrachtet wurde. Pyrrho (340 v. Chr.) leugnete alle objektive Realität mit großer Spitzfindigkeit, wie sich dieselbe später unter den Scholastikern zeigte. Die Scholastik warf nämlich die Frage auf, ob die Entstehung der Dinge als eine Bestimmung der M. durch die Form (contractio materiae per formam), oder als eine Entwickelung der Form aus der M., in welcher sie der Möglichkeit nach schon liege (eductio materiae e forma), zu betrachten sei. Eine neue Bedeutung bekam der Begriff der M. durch Descartes. Derselbe trennte gleich von vorn herein scharf Außenwelt u. Geistiges, Gedachtes von dem Materiellen, nannte jenes zusammengesetzt, das Ideale dagegen einfach u. wies nach, wie der Mensch gehalten sei, auf diese Weise zu sondern, weil er sogleich mit dem Erwachen seines Bewußtseins seine Existenz von dem Urvermögen zu denken abzuleiten gezwungen sich fühle (cogito, ergo sum). Man nannte dieses System das dualistische. Descartes nahm zwar ebenfalls Atome an, allein diese mußten ihrem Wesen nach als untheilbar, ihrem Begriff nach wegen ihrer Ausdehnung als theilbar gedacht werden, so daß ihre Räumlichkeit u. M. eng verknüpft u. Leerheit des Raumes als eine Unmöglichkeit, als eine bloße Negation erschien. Die M. bestand nach ihm anfänglich aus gleich großen Theilen, die aber durch Reibung u. Bewegung ungleich wurden u. einmal äußerst feine Theilchen bildeten, die, in gerader Richtung fortgeschleudert, wieder Sonne u. Fixsterne bildeten, dann gröbere, welche sich in schiefen Bahnen bewegten u. zur Bildung des Himmels und eigenthümlicher Wirbel dienten, endlich noch gröbere, zur Bewegung weniger geeignete und verschieden gestaltete, welche die Erde, die Planeten und Kometen erzeugten. Descartes' Gegner, R. Boyle, berief sich schon weit mehr auf die Erfahrung u. stellte die Unveränderlichkeit in den Elementen in Abrede. Newton setzte Elementartheile stillschweigend voraus, ohne jedoch über den Ursprung u. die Beschaffenheit sich näher zu äußern. Nach ihm wirkt die Gravitation proportional der Menge der in einem Körper befindlichen Theilchen, und ebenso wird überhaupt die bewegende Kraft durch die Masse der vorhandenen M. bestimmt. Die Lehre von den Atomen führte, da sich die Resultate der abstrakten Spekulation mit den Ergebnissen der sinnlichen Wahrnehmung nicht einigen lassen wollten u. man das eigentliche Wesen der Naturerscheinungen nicht zu deuten vermochte, auf einen Idealismus, der von mehren Männern von Bedeutung, z. B. von Malebranche, Berkeley, Spinoza, Hume, Mendelssohn, gehalten u. gefördert wurde. Malebranche behauptete, alle unsere Anschauungen beruhten auf Schein, und alle unsere Vorstellungen seien von der Vorstellung losgerissene Ideen, welche die Gottheit dem Menschen eingeimpft habe; der Glaube gestatte, selbst die Existenz aller Dinge, mit Ausnahme von Gott u. den Geistern, zu leugnen; die Seele existire allein durch Gott und sei unmittelbar mit ihm verbunden. Berkeley suchte sogar die göttlichen, auf unsern Geist einwirkenden Ideen außer uns u. Spinoza in Gott eine unendliche Denkkraft, aus welcher alle geistigen Thätigkeiten unmittelbar u. alle körperlichen Erscheinungen durch Ausdehnungen hervorgingen. Mendelssohn hielt Spinoza's Welt für ein und dasselbe Weltideal, welches dem Anfang aller Dinge im göttlichen Verstande vorausgegangen sein sollte. Hume leugnete sogar alle Substanzen u. ließ die ganze geistige und materielle Welt aus einer Menge und Reihenfolge vorübergehender Erscheinungen bestehen. Diesen Idealismus suchte Leibniz in seiner Monadologie mit dem Materialismus zu vereinigen. Nach ihm liegen allen Dingen Monaden, d. h. einfache Substanzen, zu Grund, aus welchen die zusammengesetzten der Erscheinungswelt bestehen müssen. Diese Monaden können keine körperlichen Eigenschaften, somit keine Länge, Breite u. Tiefe haben u. dürfen nur als chemisch nicht zersetzbar, einer Trennung der Theile auf diesem Weg nicht fähig angenommen werden. Gott ist nach Leibniz die Monade aller Monaden u. als solche gleichsam der Spiegel des Universums. Newtons Physik trat entscheidend dazwischen, indem derselbe die M. als Gegebenes, die Grundlage der Körperwelt ausmachend ansah, somit auf untheilbare Elemente der Körper hinwies und leere Zwischenräume als existirend betrachtete. In eine neue Phase trat die Frage durch Kant, der an die Spitze seiner Philosophie die Sätze stellte: Von den Dingen außer uns können wir bloß durch äußere Anschauungen Begriffe erlangen, Raum und Zeit sind nothwendige Bedingungen unserer Vorstellungen von Körpern, und die Existenz der M. wird lediglich durch zwei einander gegenüberstehende Kräfte, eine Repulsivkraft u. eine Anziehungskraft, ermöglicht. Diese sogenannten Grundkräfte liegen also jenseits aller Erfahrung, machen das Wesen der M. selbst aus und liegen dieser zu Grund. Größe, Qualität, Relation und Modalität sind nach Kant die Bedingungen, nach denen der Begriff der M. zu beurtheilen ist. Weiter will Kant als oberste Definitionen hingestellt haben: M. ist das Bewegliche im Raum; M. ist das Bewegliche, sofern es eben im Raum erscheint u. dieselbe bewegende Kraft enthält; M. ist das Bewegliche, sofern es als ein solches ein Gegenstand der Betrachtung sein kann. Die schellingsche und hegelsche Naturphilosophie konstruirte die M. aus einer Spannung relativ geistiger Kräfte u. Potenzen und erklärte daher Geist und M. im Grunde ihres Wesens für identisch und nur für die Erscheinung entgegengesetzt. Indessen gewann diese Erklärungsart ebenso wenig Einfluß auf die Naturwissenschaft als der scharfsinnige Versuch Herbarts, dem unausgedehnten Realen oder den geistigen Atomen, aus denen nach ihm die M. besteht, für gewisse Fälle chemischer Vermischung eine gegenseitige Durchdringung zu gestatten. Neues bot in neuester Zeit Laplace's Ansicht dar, wonach die Wärme als das eigentliche repulsive, somit gestaltende Princip in der M. zu betrachten ist, und zwar kommt nicht allein den expansibeln Körpern, sondern allen festen und allen tropfbar-flüssigen eine Atmosphäre von Wärme zu, welche die sie bildenden Atome umgibt, mit Ueberwindung der Anziehungskraft die unmittelbare Berührung dieser Urtheile hindert und zugleich die Richtung der Anziehung in Beziehung auf die Lage der Axen der Krystalle, somit die Form der letzteren bedingt. Noch weiter ausgebildet steht daneben Ampère's System, wonach alle Körper zunächst aus Theilchen von demselben Aggregatzustand wie die aus diesen gebildeten Körper entstanden, diese Theilchen aber keine Atome, sondern selbst wieder aus Molekülen, Urtheilchen, zusammengesetzt sind, die sich nur bis auf eine gewisse Weite nähern, indem sie auseinander gehalten werden durch zwei um die Atome verbreitete Repulsiv- u. Attraktivsphären, nämlich durch eine Repulsion, die aus der Wellenbewegung eines zwischen den Atomen befindlichen Aethers hervorgeht, und durch eine den Quadraten des Abstandes indirekt, der Masse direkt proportionale Anziehung. Auch nach Poisson bestehen alle wägbaren Körper aus verschwindend kleinen Molekülen, mit denen eine gewisse Menge materieller unwägbarer Wärme durch Anziehung verbunden ist, wobei jedoch der Einfluß elektrischer und magnetischer M. nicht in Abrede gestellt wird, obgleich von deren Vorhandensein bei der Betrachtung des Verhaltens der Körper im Allgemeinen abstrahirt werden kann, so lange beide Potenzen sich im gebundenen u. neutralen Zustand befinden. Nach Cauchy wirken beim Zustand der Festigkeit alle Moleküle attraktiv auf einander; bei tropfbar-flüssigen verschwindet die Wirkung der von den einander zunächst liegenden Theilchen ausgehenden Anziehung gegen die der entfernten theilweise; im gasförmigen Zustand sind die Theilchen so weit von einander entfernt, daß die Wirkung der Attraktivkraft gegen die der Wärme unmerklich wird und ganz verschwinden kann. Diesen Ansichten huldigen die sämmtlichen französischen Physiker, und wir müssen es der Zeit überlassen, wie viel Brauchbares für die Wissenschaft noch daraus hervorgehen wird.

Materiell (v. Lat.), auf die Materie bezüglich; stoffartig, stoffhaltig; sinnlich; wesentlich.

Materiiren (v. Lat.), in der Handwerkssprache das Meisterstück machen; daher Materiirer, der das Meisterstück macht; Materienmeister, die Meister einer Innung, welche bei der Verfertigung eines Meisterstücks zugegen sein müssen; Materienessen, der bei dieser Gelegenheit übliche Schmaus; Materiengeld, das anstatt dieses Schmauses an die Meister zu entrichtende Geld.

Mater magna (lat.), s. Rhea.

Materna (lat.), das mütterliche Erbtheil.

Mathematik (v. Griech.), nach dem gewöhnlichen Sprachgebrauch diejenige Wissenschaft, welche die Größen zu bestimmen, d. h. zu messen oder zu berechnen, lehrt, genauer die Wissenschaft von den verschiedenen Formen der Größen, weshalb sie am passendsten Größenlehre genannt werden kann. Man unterscheidet die reine und angewandte M., je nachdem man die Größen an sich, oder noch mit andern Eigenschaften verbunden betrachtet. Die reine M. zerfällt wieder in die Arithmetik (s. d.), welche die Zahlgrößen, und die Geometrie (s. d.), welche die

Raumgrößen behandelt. Die angewandte M. umfaßt diejenigen Wissenschaften, welche zwar auf anderem Boden fußen, aber von den Grundsätzen der reinen M. ihre Bestimmung u. Sicherheit erlangen, also zunächst das Feldmessen, das Nivelliren und die Markscheidekunst, in den mechanischen Wissenschaften die Mechanik, Dynamik, Statik, Hydraulik, Hydrostatik, Akrometrie, Aerostatik rc., in den optischen Wissenschaften die Optik, Dioptrik, Katoptrik, Perspektive, in den astronomischen Wissenschaften die Astronomie mit der Chronologie und Gnomonik. Die mechanischen, optischen und astronomischen Wissenschaften bilden zusammen die physische angewandte M. Von dieser unterscheidet man die technische M., die in folgende Abtheilungen zerfällt: die praktische Arithmetik (merkantilische, juristische u. politische), die praktische Geometrie (Feldmeßkunst, Forstgeometrie, Nivelliren, Markscheidekunst), die praktische Mechanik oder Maschinenlehre, die bürgerliche Baukunst, die Wasserbaukunst od. Hydromechanik, die Kriegswissenschaften, namentlich Artillerie und Befestigungskunst, die Nautik (Schiffbau, Leitung des Schiffs, Steuermannskunst). Es liegt in der Natur der mathematischen Begriffe und Schlüsse, daß die Lehren der M. jeden Zweifel, jede Ungewißheit ausschließen, weshalb man unter mathematischer Gewißheit oder Wahrheit sprüchwörtlich eine absolute und vollkommene versteht. Die erste wissenschaftliche Begründung der M. ist wohl bei den Indiern und Aegyptern zu suchen; ihre erste Ausbildung verdankt sie den Griechen. Thales, namentlich aber Pythagoras, Plato und Eudoxus bereicherten ihr Gebiet; Euclides, Archimedes und Apollonius von Perga brachten die Geometrie der Alten auf ihren Höhepunkt. Auch Eratosthenes, Conon, Nicomedes, Hipparchus, Nicomachus, Ptolemäus, Diophantus, Theon, Proclus, Eutocius u. A. zeichneten sich auf dem Gebiet der mathematischen Wissenschaft aus. Die Römer hatten merkwürdiger Weise wenig Sinn für die M., wogegen die Araber sich sehr viel damit beschäftigten. Durch letztere gelangte sie nach Spanien u. fand dann in Italien u. Deutschland gedeihlichen Boden. Große Verdienste erwarben sich in späterer Zeit Johann von Gmünden, Purbach, Regiomontanus, Tartaglia, Cardanus, Vieta, Ludolf von Ceulen, Just. Byrgius u. A. um ihre Pflege. Einen großen Aufschwung nahm sie durch die Erfindung der Logarithmen und die Infinitesimalrechnung durch Newton und Leibniz. Seitdem gewann sie eine Ausdehnung und einen Einfluß auf das Leben wie keine andere Wissenschaft, namentlich durch Galilei, Torricelli, Pascal, Descartes, L'Hôpital, Cassini, Huygens, Harriot, Wallis, Barrow, Halley, Jak., Joh., Nik. und Dan. Bernoulli, Manfredi, Euler, Maclaurin, Taylor, Bradley, Moivre, d'Alembert, Kästner, Hindenburg, Lagrange, Laplace, Legendre, Gauß u. A.

Mathematische Zeichen, die in der Mathematik gebräuchlichen Zeichen und Abkürzungen. Die am meisten vorkommenden sind: $=$ s. v. a. gleich; $a > b$ s. v. a. a größer als b; $a < b$ s. v. a. a kleiner als b; $a \gtreqless b$ s. v. a. a größer oder kleiner als b; $\backsim$ s. v. a. ähnlich (in der Geometrie von Figuren gebraucht); $\cong$ s. v. a. kongruent oder deckend, gleich u. ähnlich (in der Geometrie von Figuren gebraucht); $+$ s. v. a. plus, Additionszeichen; $-$ s. v. a. minus, Subtraktionszeichen; $\times$ s. v. a. mal, Multiplikationszeichen; $\cdot$ dasselbe; $:$ s. v. a. durch, deutet an, daß die vor diesem Zeichen stehende Größe durch die dahinterstehende dividirt werden soll; $:$ s. v. a. verhält sich zu (in der Proportionslehre gebräuchlich, z. B. $4 : 6 = 8 : 12$. Dasselbe kommt heraus, wenn man das Zeichen : als Divisionszeichen betrachtet, $^4/_6 = {}^8/_{12}$); ( ) deutet an, daß die in der Klammer stehenden Größen zusammen gehören, Ein Glied ausmachen; steht vor der Klammer ein Zeichen $+$ oder $-$, so bezieht sich dasselbe auf den ganzen Inhalt der Klammer; stehen 2 Klammern neben einander, so soll der Inhalt beider mit einander multiplicirt werden; a^2, a^3, a^n s. v. a. a in der zweiten, a in der dritten, a in der nten Potenz oder $=$ aa, aaa, aa … a; $\sqrt{a}$ s. v. a. Quadratwurzel aus a; $\sqrt[3]{a}$ s. v. a. Kubikwurzel aus a; $\sqrt[n]{a}$ s. v. a. nte Wurzel aus a; log. a oder l. a. s. v. a. Logarithmus von a; num. log. a s. v. a. der Numerus des Logarithmus von a $=$ a; num. (log. $=$ a) s. v. a. der Numerus des Logarithmus a; AB s. v. a. Linie oder Seite AB (in der Geometrie gebräuchlich); $\angle$ ABC s. v. a. Winkel ABC; sin. s. v. a. Sinus; cos. s. v. a. Cosinus; tang. s. v. a. Tangente; cot. s. v. a. Cotangente; sec. s. v. a. Sekante; cosec. s. v. a. Cosekante; sin. vers. s. v. a. Sinus versus; cosin. vers. s. v. a. Cosinus versus; arc. sin. s. v. a. Arcus sinus; arc. cos. s. v. a. Arcus cosinus rc. (s. Trigonometrie); π s. v. a. ludolfsche Zahl (s. Kreis).

Mathesis (griech.), s. v. a. Mathematik.

Mathew, Theobald, der große Mäßigkeitsapostel Irlands, den 10. Okt. 1790 zu Thomastown in Irland geboren, besuchte die Akademie zu Kilkenny, trat 1810 in das katholische Seminar zu Maynooth ein u. ward 1814 in Dublin zum Priester geweiht. Den Einfluß, den er als Pfarrer einer der ärmsten Gemeinden im südlichen Irland durch seltene Rednergaben, sowie seine Sympathien für das Elend der untern Volksschichten erlangt hatte, benutzte er 1833 zur Gründung von Mäßigkeitsvereinen (s. d.), die 1842 bereits 5 Millionen Mitglieder zählten. Durch die Mäßigkeitsmedaillen, die er in einer Anzahl von mehren Millionen austheilte, floß eine ansehnliche Summe Geldes in seine Hände, die er zur Bestreitung seiner Reisen im Interesse der Vereinszwecke, zu Geschenken an Armenanstalten, zum Bau einer Kirche in Cork und für sonstige milde Zwecke verwandte. Allmählig aber flossen die Beiträge spärlicher, u. M. mußte wegen Schulden im Betrag von 20,000 Pfd. Sterl. in das Gefängniß wandern, wodurch die Beschuldigung, daß er sich mit dem Gelde der Mäßigkeitsfreunde bereichert habe, thatsächlich widerlegt wurde. Durch die Freigebigkeit seiner Freunde aus der Haft befreit, wandte er sich 1845 nach den Vereinigten Staaten von Nordamerika, um auch dort für die Mäßigkeitssache zu wirken. Aber von Neuem gerieth er trotz einer ihm von der Regierung ausgesetzten Pension in Schulden und mußte von seinen Freunden ausgelöst werden. Ende 1851 krank nach England zurückgekehrt, † er am 8. Dec. 1856 fast vergessen zu Queenstown.

Mathews, Charles, ausgezeichneter englischer Komiker, am 28. Juni 1776 zu London geboren, betrat 1793 in Richmond zum ersten Male die Bühne.

und spielte sodann in Canterbury, Dublin, Swansea in Wales, York, seit 1803 in London auf dem Haymarket- und von 1804—9 auf dem Drurylanetheater mit außerordentlichem Beifall, insbesondere als Multiple im „Scharwenzelkomödianten“. Im Jahre 1822 machte er eine Kunstreise nach Amerika. Er blieb in der Gunst des Publikums, bis er sich 1833 wegen Kränklichkeit von der Bühne zurückzog, u. † den 28. Juni 1835 zu Plymouth. Seine Frau gab nach seinem Tode die „Memoirs of Charles M.“ (London 1838, 4 Bde.) heraus.

Mathilde, 1) M. oder Mathildis, Heilige, Tochter des sächsischen Grafen Dietrich, dessen Abkunft auf Wittekind zurückgeführt wird, vermählte sich 909 mit König Heinrich I. von Deutschland, dem sie drei Söhne, darunter den nachmaligen Kaiser Otto den Großen, gebar, zeichnete sich namentlich als Wohlthäterin der Armen und Gründerin von Klöstern aus und † in dem von ihr zu Quedlinburg gegründeten Kloster am 14. März 968. Sie ward später kanonisirt; ihr Gedächtnißtag ist der 14. März.

2) Gemahlin des deutschen Kaisers Heinrich V., Tochter Heinrichs I. von England, kehrte nach dem Tode ihres Gemahls nach England zurück, wurde zur Thronerbin erklärt u. vermählte sich zum zweiten Male 1127 mit Gottfried von Plantagenet, Grafen von Anjou. Als aber ihr Vater starb und M. in Frankreich war, bemächtigte sich ein Neffe des verstorbenen Königs, Graf Stephan von Boulogne, des englischen Thrones. M. versuchte 1140 eine Landung in England, wurde aber von Stephan gefangen u. nach Bristol geführt. Der Haft entflohen, ließ sie durch ihren natürlichen Bruder ein Heer sammeln, schlug Stephan 1141 bei Chester u. nahm ihn gefangen. Ihre Härte entfremdete ihr aber das Volk, sie ward von der Partei Stephans 1142 bei Winchester geschlagen u. sah sich genöthigt, ihren Gemahl, der in Gefangenschaft gerathen war, gegen Stephan auszuwechseln. Von letzterem hierauf in Oxford belagert, entsagte sie der Krone, wenn Stephan ihren Sohn Heinrich zu seinem Nachfolger erwähle. Stephan willigte ein, angeblich aber erst dann, als M. ihm eröffnete, daß Heinrich die Frucht des vertrauten Verhälnisses sei, das er früher mit ihr gepflogen. M. † zu Rennes 1167.

3) M. oder Mathildis, Markgräfin von Toskana, bekannt durch ihre Beziehungen zu Papst Gregor VII., war eine Tochter des Markgrafen Bonifacius von Toskana u. der Beatrix u. 1046 geboren. Sie ging zwar mit Gozelo dem Buckligen, einem Sohne des Herzogs von Lothringen, eine Ehe ein, doch lebte sie stets von ihm getrennt auf ihren Gütern in Italien; 1075 starb Gozelo. Den ihr allgemein gegebenen Namen der großen Gräfin verdankt sie ebenso ihrer Macht wie ihren glänzenden Geistesgaben u. ihrer hohen Bildung. Sie besaß Toskana, Mantua, Parma, Reggio, Piacenza, Ferrara, Modena, einen Theil von Umbrien, Spoleto, den Kirchenstaat von Viterbo bis Orvieto u. einen Theil der Mark Ancona, welche Besitzungen theils Allodien, theils Reichslehen waren. Ihre Regierung war gerecht u. mild; ihr Hof glänzend. Mit der kindlichsten Liebe u. Verehrung schloß sie sich an den Papst Gregor VII. an, was schon der Mitwelt Anlaß zu Verdächtigungen gab, die aber ungegründet waren. Bereits 1081 stand sie dem Papst gegen den Kaiser bei u. unterstützte ihn mit Geld, als er in Rom eingeschlossen war. Ihm zu Liebe vermählte sie sich sogar 1090 mit Welf, Herzog von Bayern, um diesen noch enger an die päpstliche Sache zu fesseln. Indessen lebte sie auch von diesem meist, zuletzt ganz getrennt. Selbst nach Gregors Tode setzte sie den Kampf gegen den Kaiser noch fort. Schon 1077 hatte sie im Fall ihres kinderlosen Ablebens, welches 1115 in dem von ihr erbauten Kloster zu Polirone erfolgte, die Kirche zur Erbin ihrer Besitzungen ernannt, was zu langen Streitigkeiten Veranlassung gab, indem der Kaiser ihre Güter (mathildische Erbschaft) als eröffnetes Reichslehn, der Papst aber als ihm durch Testament zugehörig und Welf als Gatte der Verstorbenen in Anspruch nahmen. Man verglich sich endlich dahin, daß der Kaiser den größeren Theil der mathildischen Güter an die Kirche abtrat.

Mathis, Ludwig Emil, hervorragender preußischer Landtagsabgeordneter, geboren den 31. Mai 1797 zu Berlin, widmete sich daselbst dem Studium der Rechte u. ward 1823 beim Stadtgericht u. 1829 beim Kammergericht seiner Vaterstadt angestellt. Im Jahre 1835 als preußischer Kommissar der auf Anlaß des frankfurter Aprilaufstandes (1833) niedergesetzten Bundescentralbehörde nach Frankfurt gesandt, blieb er daselbst bis 1838, nachdem schon im Jahr zuvor seine Ernennung zum geheimen Regierungs- u. vortragenden Rath im Ministerium des Innern erfolgt war. Im Jahre 1840 erfolgte seine Ernennung zum geheimen Oberregierungsrath und 1842 seine Berufung in den Staatsrath, wo er in den beiden folgenden Jahren Mitglied des Obercensurgerichts war u. sodann die Abtheilung der höheren Polizei- u. der Preßangelegenheiten erhielt. In dieser Stellung verblieb er, auch nachdem er im April 1845 zum wirklichen geheimen Oberregierungsrath u. im September des folgenden Jahres zum Ministerialdirektor ernannt worden war. Obgleich die letzten Jahre seiner ministeriellen Wirksamkeit M. von der Nothwendigkeit liberaler politischer Reformen und namentlich von einer weiteren Ausbildung des Instituts des Vereinigten Landtags überzeugt hatten, hielt er es doch nicht für angemessen, nach der Märzkatastrophe 1848 einer konstitutionell-demokratischen Monarchie zu dienen und trat im Sommer dieses Jahres mit Wartegeld zurück. Anfangs hielt er sich hierauf zur Kreuzzeitungspartei, bald aber führte die deutsche Frage einen Bruch herbei, u. M. schloß sich dem patriotischen Verein zu Berlin an, welcher, demokratische und reaktionäre Uebergriffe gleichmäßig zurückweisend, die Durchführung der konstitutionellen Monarchie fest im Auge behielt. Als Vorsitzender desselben entfaltete er durch öffentliche Rede u. in der Presse eine erfolgreiche Thätigkeit und veröffentlichte im Herbst 1849 die Flugschrift „Preußens deutsche Politik“. Im Dec. 1849 ward er nach Frankfurt gesandt, um bei der provisorischen Bundescentralkommission unter den preußischer Bevollmächtigten die Referate für die Departements des Innern u. der Justiz zu übernehmen; im Juni 1850 trat er als preußischer Bevollmächtigter in die freien Konferenzen zur Berathung der deutschen Verfassungsangelegenheiten, ward aber schon im August wieder abberufen. Gleichzeitig mit seinem Austritt aus dem aktiven preußischen Staatsdienste (1850) von dem posenschen Wahlbezirk Mogilno in die neugebildete erste Kammer gewählt, gründete er 1851 mit Bethmann-Hollweg u. A. die Fraktion, welche in der auswärtigen Politik jede Unterordnung unter Oesterreich zurückwies u. die Reform der deutschen Bundesverfassung als Ziel fest im Auge behielt, während sie für die innere Politik Aufrechterhaltung der Verfassung u. auf der Grundlage derselben Fortbildung der organischen Gesetze zu ihrem Programm machte. Organ der Fraktion ward das „Preußische Wochenblatt", an dem M. einer der thätigsten Mitarbeiter war. In der Kammer war er der hervorragendste Redner seiner Partei. Im Jahre 1852 von Berlin in das Abgeordnetenhaus gewählt, zeigte er sich als einer der unermüdlichsten Gegner des Ministeriums, und zwar gründete sich seine Opposition stets auf die realen Bedürfnisse des Landes u. richtete sich namentlich gegen die schrankenlose Willkür der Verwaltung u. auf Aufrechterhaltung der Verfassung. Im Herbst 1854 wurde er in den wiederhergestellten Staatsrath berufen, doch vermochte er sich nicht mit der westfalschen Politik zu befreunden u. trat bald wieder aus. In der Legislaturperiode 1855—58 saß er abermals für Berlin im Abgeordnetenhause, schloß sich als Führer seiner Fraktion enger als bisher der konstitutionellen Linken an u. glänzte unter den Rednern der Opposition in erster Reihe, insbesondere bei den Verhandlungen über den von ihm eingebrachten Preßantrag. Nur in der Frage der Ehegesetzgebung trennte er sich in Folge seiner strengeren kirchlichen Richtung von der Mehrzahl der liberalen Partei. Seit 1858 ist er Vertreter des Wahlkreises Oberbarnim im Abgeordnetenhause u. ward von diesem in den Sessionen 1859 u. 1860 zum Vicepräsidenten gewählt. Anfangs 1860 schied M. auch formell aus dem Staatsdienste. Seine Ueberzeugungstreue, Geschäftserfahrung, sein politischer Takt u. seine parlamentarische Begabung sind allgemein anerkannt.

Mathurinen (Mathurins), s. v. a. Trinitarier.

Mathy, Karl, badischer Staatsmann, 1806 in Baden geboren, erhielt eine Anstellung im Finanzfache, betheiligte sich aber schon in den dreißiger Jahren an den politischen Kämpfen in seinem Vaterlande, namentlich als Redakteur eines liberalen Blattes, u. verlor in Folge dessen seine Stelle. Mit einer Untersuchung wegen demagogischer Umtriebe bedroht, siedelte er nach der Schweiz über, wo er eine Lehrerstelle zu Grenchen im Kanton Solothurn erhielt. Im Jahre 1840 kehrte er nach Karlsruhe zurück u. redigirte wieder eine liberale Zeitschrift, nach deren baldigem Eingehen aber die „Landtagsblätter", das Organ der Opposition gegen das Ministerium Blittersdorf. Nach der 1842 erfolgten Kammerauflösung wurde er von der Stadt Konstanz in die neue Kammer gewählt, wo er bei seiner von den Gaben der Dialektik u. des Witzes unterstützten bedeutenden Rednergabe einer der hervorragenderen Führer der Opposition wurde. Im Vorparlament (1848) gehörte er zu den konservativsten Mitgliedern. Zum Mitgliede des frankfurter Parlaments gewählt, wurde er nach der Einsetzung der Centralgewalt Unterstaatssekretär im Reichsministerium der Finanzen, schloß sich der Politik Gagerns im Kabinet wie im Parlament an u. schied mit demselben aus dem Ministerium, bald auch aus dem Parlament. Anfang Mai 1849 war M. als Reichskommissär nach München geschickt worden, um den König zur Annahme der Reichsverfassung zu bestimmen, erfuhr jedoch eine unbedingte Zurückweisung. Im erfurter Unionstage, wohin er in Schlesien als Abgeordneter für das Volkshaus gewählt worden war, unterstützte er die Unionspolitik. In der wieder berufenen badischen Kammer stand er auf Seiten der Regierung u. betheiligte sich lebhaft an den Finanzfragen, namentlich der Einrichtung von Kreditkassen zur Förderung der Landwirthschaft, der Gewerbe u. des Handels. Im Jahre 1858 ward er Direktor der Bank zu Gotha, später der deutschen Kreditanstalt zu Leipzig; Anfang 1863 trat er in den badischen Staatsdienst zurück.

Matin (franz.), weites Oberkleid ohne Taillenverengerung, mit Aermeln und nicht so weit als ein Mantel.

Matinée (franz.), eine Morgenunterhaltung.

Matjesháringe, s. Häringe.

Matlock, Stadt in der englischen Grafschaft Derby, in engem Thal am Derwent, mit vielbesuchten warmen Mineralquellen (68° F.), Verarbeitung von Marmor und Flußspath zu Vasen ꝛc. und 4250 Einw.

Matra, eine zum ungarischen Erzgebirge gehörende imposante Berggruppe, die sich im Komitat Heves, zwischen den Flüssen Zagyva und Tarna, von Osten nach Westen erstreckt und im Dasko oder Adlerberg (mit einem 180 F. tiefen Krater) 2280 F. Höhe erreicht.

Matratzen (v. Lat.), Polster aus verschiedenem Material, die als Unterlage in Betten benutzt werden. Die einfachsten M. bestehen aus einem Sack von starker Leinwand, der aus 2 großen und 4 schmalen Stücken zusammengenäht ist, so daß ein flacher Kasten entsteht. Man füllt diese M. mit Stroh, Heu (Alpengras), Seegras, den aufgerollten Blüthenköpfchen der Klette, Farrnkraut, Buchen- und Birkenlaub, Abfall von Fischbein, Waldwolle, sehr feinen Holzhobelspänen, die besonders zu diesem Zweck und auf eigenen Maschinen hergestellt werden, mit Moos, gekräuselten Kuh- und Schweinehaaren, am besten aber mit Roßhaaren. Damit die Füllung sich nicht zusammenballe und verschiebe, wird die Matratze mit starkem Zwirn durchgenäht. Vollkommener sind die Sprungfedermatratzen, bei welchen auf einem Gurtenboden und am besten in einem hölzernen Rahmen mit etwa 8 Zoll hohen Wänden 30—50 kupferne Federn den eigentlichen Körper bilden. Auf diesen liegt dann eine Lage Werg oder Roßhaare, welche mit Leinwand überzogen ist. Statt der senkrecht stehenden Federn fertigt man jetzt auch M., bei welchen die kurzen Seiten eines hölzernen Rahmens etwas gewölbt sind. An diesen gewölbten Seiten sind kleine federnde Drähte angebracht, die glatte, etwas rundkantige Latten tragen. Letztere verlaufen also in der Längenrichtung des Bettes, und es genügt eine dünne Roßhaarmatratze, um ein solches Lager sehr bequem zu machen, da die einzelnen Latten jedem Druck nachgeben und durch die federnden Drähte doch stets wieder gehoben werden. Nach einer andern Konstruktion enden die gewöhnlichen nahe gestellten Sprungfedern in einen Stiel, der über der Feder eine kleine runde Metallplatte trägt, auf welcher dann eine dünne Roßhaarmatratze ruht. Speier in Berlin hat ein Netz wagrecht verbundener Spiralfedern hergestellt, die ein sehr luftiges und kühles Lager bieten, welches sich besonders für Krankenbetten eignet. Um die schnelle Abnutzung der M. in der Mitte zu verhindern, hat man M. von doppelter Länge hergestellt, die um 2 runde Stangen an den beiden kurzen Seiten des Bettes geschlagen und mit ihren Enden zusammengefügt sind. Solche M. kann man an jedem Morgen um etwa 1 Fuß fortrollen und benutzt dann gleichmäßig die ganze Matratze, während bei den gewöhnlichen Konstruktionen die Enden nur wenig angegriffen werden.

Matricaria *L.* (Mutterkraut), Pflanzengattung aus der Familie der Kompositen, charakterisirt durch den nackten, kegelförmigen Blüthenboden, die flache, aus trockenen Schuppen bestehende Hülle u. die kronenlosen Samen, einjährige u. ausdauernde, stark riechende Kräuter in den gemäßigten Ländern Europa's, Asiens und Amerika's, von denen die bekannteste Art die ächte K. (M. Chamomilla, s. Kamille) ist. M. inodora *L.*, Pyrethrum inodorum *Sm.*, Chrysanthemum inodorum *Pers.*, einjährige Pflanze auf Aeckern und Wegen, unterscheibet sich von der ächten Kamille, mit der sie beim Sammeln oft verwechselt wird, durch den nur gewölbten, nicht lang kegelförmigen, mit Mark gefüllten Blüthenboden und die ganz geruchlosen Blüthen.

Matrikel (v. Lat.), jedes schriftliche Verzeichniß gewisser Personen oder Einkünfte, z. B. auf Universitäten das Verzeichniß, worin die Studenten bei ihrer Aufnahme als Bürger der Universität eingetragen (immatrikulirt) werden, u. das Attest, worin ihnen dies bezeugt wird; bei den Geistlichen das Verzeichniß der Eingepfarrten einer Kirche, meist jedoch nur der bei einer Pfarrei befindlichen Einkünfte. Die deutsche Reichsmatrikel bestand in dem Verzeichniß aller Stände des deutschen Reichs und ihrer Beiträge zu den Reichsanstalten. Ihr entspricht die gegenwärtige Bundesmatrikel. Die wormser M. von 1521 enthielt das Verzeichniß der zu stellenden Kontingente u. der Kriegssteuern (Römermonate), eine andere das Verzeichniß der Kosten für die Unterhaltung des Reichskammergerichts (Kammerzinsen). Obwohl beide im Laufe der Zeit unbrauchbar geworden waren, so konnten sich doch die Stände nicht über eine gesetzliche Berichtigung derselben vereinigen, und man suchte sich daher mit Usualmatrikeln, d. i. den durch Reichsschlüsse und Observanz modificirten älteren M.n, zu behelfen.

Matrimonium (lat.), Ehe.

Matrize (v. lat. mater), im Allgemeinen jede vertiefte Form, in welche ein erhabener Körper paßt od. in welcher ein solcher verfertigt werden soll, wie z. B. in Maschinen eine festliegende Schraubenmutter, durch welche hindurch eine Schraube sich bewegen soll; in der Schriftgießerei ein kupfernes Plättchen, in das mittelst eines geschnittenen Stahlstempels ein Buchstabe vertieft eingeschlagen wird u. das dann im Gießinstrument die Form für das Auge der zu gießenden Letter bildet; in der Galvanoplastik der erste Kupferniederschlag, welcher auf einem zu kopirenden Original gemacht wird u. nachher als Form für die folgenden Niederschläge dient.

Matrona, römischer Name für den Fluß Marne.

Matrona (lat.), bei den Römern der allgemeine Ausdruck für jede ehrbare verheirathete Frau.

Matronalia (lat.), am 1. März von den römischen Matronen begangenes Fest, an welchem die Frauen von ihren Männern beschenkt wurden u. wiederum ihre Dienerinnen beschenkten u. bewirtheten.

Matrosen, diejenigen Seeleute, welche alle zur Führung eines Schiffes nothwendigen Handdienste, nämlich das Bemasten, Betakeln, Beladen oder Stauen, Ueberseeführen u. Entlöschen, sowie alle nöthig werdenden Reparaturen an Tauwerk u. Segeln zu besorgen haben. Die M. stehen unter den Schiffsoffizieren u. Steuerleuten u. werden von diesen an die verschiedenen Posten beordert. Sie zerfallen in Ohrlümmer oder befahrene M., die durch längere Uebung im Seedienst bewandert sind und daher nicht allein die niedern Dienste, als das Rudern, Lothen, das Auswerfen und Lichten der Anker, die Führung des Steuerruders, die Richtung der Segel u. das Kanoniren, zu verrichten, sondern auch, und zwar ohne specielle Anweisung, die Masten mit dem Tauwerk zu versehen u. die Verbindungen des letztern durch Splissen, Schläge, Stiche oder Knoten zu bewerkstelligen, die Segel an- und abzuschlagen u. überhaupt Alles, was man unter der Betakelung des Schiffes zusammenfaßt, ins Werk zu richten haben, in halbbefahrenes Volk oder Bonres, welche jene Uebungen noch nicht durchgemacht haben, und in unbefahrenes Volk oder Ausläufer, die zum ersten Male mit in See gehen. Die M. haben zwar keinen militärischen Charakter, stehen aber unter einer an Strenge der militärischen nicht nachstehenden Zucht. Abhärtung, Gewandtheit, Nüchternheit, Besonnenheit, Entschlossenheit u. Muth sind unerläßliche Eigenschaften eines guten M. Matrosenpressen nennt man das gewaltsame Aufgreifen von Menschen zum Matrosendienst, das z. B. in England beim Kriegszustande ein zwar grausames, aber gesetzlich anerkanntes Mittel bietet, das Seevolk, wenn die freiwillige Dienstleistung nicht ausreicht, zu ergänzen u. zu vermehren. In neuerer Zeit hat man in den Seehäfen für solche M., welche nicht einer besondern Familie angehören, so lange sie ohne Beschäftigung sind, Herbergen u. Kosthäuser (Matrosenasyle, Seemannsasyle) errichtet, mit welchen zugleich Sparkassen u. Mäßigkeitsvereine in Verbindung stehen. Dergleichen Anstalten bestehen besonders in Nordamerika. In London errichtete Kapitän Elliot das erste Matrosenasyl (Asylum for seamen), welches 1835 eröffnet wurde u. 300 M. faßt. Ein zweites ähnliches Haus, Sailors Home, für Ostindienfahrer, errichtete 1841 in London ein Privatmann. Hull erhielt 1842 ein gleiches (Sailors institute) und ebenso 1849 Liverpool das großartige Sailors Home. Das Matrosenasyl zu Amsterdam, „Seemannshoop" (Seemannshoffnung), welches seit 1822 besteht, unterstützt alte gebrechliche Seeleute und deren Wittwen.

Matrosenleinen (Bonten), eine Art blau, weiß u. violett gestreifter oder gegitterter Leinwand, wird zu Vorhängen, Bett- und Möbelüberzügen, Kleidungsstücken für Matrosen u. dgl. verwendet.

Matrosentaufe, s. v. a. Meertaufe.

Matrosentuch (Singonne, Agneline), Gattung langhaariger, zettiger Tücher, gewöhnlich schwarz gefärbt, welche wie grober Plüsch, aber sehr fest gewebt und so dicht gewalkt werden, daß das Wasser nicht durchdringen kann. Es ist eine Nachahmung der türkischen Capots von Zagora, hat das Ansehen eines schwarzen, behaarten Schaffells und dient zur Winterkleidung für die ärmern Volksklassen, sowie als Surrogat der Schaffelle zu Sattelbecken. Man fertigt es in Böhmen, Oesterreich und Mähren.

Matrueles (lat.), Mutterbruderskinder, Verwandte von mütterlicher Seite.

Matschin, Stadt u. Festung im türkischen Ejalet Silistria, am östlichsten Arm der hier vielfach gespaltenen Donau, mit 3000 Einw. Hier im April 1791 Gefecht zwischen den Russen und der Avantgarde des türkischen Heeres unter Jussuf Pascha, worin diese gänzlich zersprengt ward.

Mattathias, s. Makkabäer.

Matten, Decken aus biegsamen Pflanzentheilen, besonders aus Schilf, Rohr, Binsen, Baumbast oder Splint, Stroh, Palmblättern rc., die wie Gespinnste leinwandartig gewebt werden. Die M. kommen in großer Mannichfaltigkeit in den Handel, grobe M. werden zum Verpacken, zum Bedecken von Pflanzen, feinere zum Belegen der Fußböden und Möbel, zu Vorhängen und zum Tapeziren der Wohnzimmer benutzt. Einen bedeutenden Industriezweig bildet in Rußland die Fabrikation der Lindenbastmatten, zu deren Darstellung man die Rinde jüngerer Zweige in Wasser legt, dann trocknet, darrt, zertheilt und verwebt. Diese M. sind 4 oder 2 Arschinen im Quadrat groß, und man schätzt die jährliche Produktion auf 14 Millionen Stück. Schilfmatten werden besonders in Ostpreußen geflochten. In Frankreich stellt man Strohmatten von $\frac{1}{4}$—$\frac{1}{2}$ Zoll Dicke dar, die mit einer Kette von Hanf, Leinwand oder verzinntem Eisendraht auf besondern Webstühlen gewebt und zum Bedecken der Reben, zur schnellen Errichtung von Zelten, Gartenlauben rc. benutzt werden. Polko in Ratibor fertigt Strohmatten mit einer Kette von Jute, die so stark genommen wird, daß sie das Stroh völlig bedeckt und vor Abnutzung schützt. Durch Anwendung gefärbter Jute werden diese M. schönen Teppichen ähnlich. Statt des Strohs hat man auch Holzdrähte, wie sie in den Zündhölzchenfabriken angefertigt werden, benutzt u. sie mit einer Kette von Garn verbunden. Diese M. eignen sich besonders zu Vorhängen an Fenstern, da sie das Licht durchlassen und doch die Wärme genügend abhalten; sie werden häufig bemalt und zeichnen sich durch gefälliges Ansehen aus. In Spanien webt man M. aus Binsen und Gräsern (Esparto) und benutzt dieselben besonders zum Auskleiden der Zimmer. Die Esteras finas werden gewebt und bunt gefärbt, die Esteras bastas aber nur geflochten. Sehr verbreitet sind auch die holländischen Binsenmatten und die indischen Kokosmatten, die sich durch ihre Farben und ihre Flechtarbeit auszeichnen.

Matter, Jacques, namhafter französischer theologischer und philosophischer Schriftsteller, zu Altleckendorf im Elsaß am 31. Mai 1791 von deutschen Aeltern geboren, besuchte das Gymnasium zu Straßburg, studirte dann auf der dortigen protestantischen Akademie Theologie u. Philosophie, ward Gymnasiallehrer, und nachdem er sich in Göttingen weiter ausgebildet hatte, 1821 Gymnasialdirektor zu Straßburg, 1832 Generalinspektor der Universität zu Paris u. 1845 aller Bibliotheken Frankreichs. Von seinen Schriften sind hervorzuheben: „Essai historique sur l'école d'Alexandrie" (Paris 1820; 2. Aufl. 1844, 2 Bde.), „Histoire générale du christianisme" (2. Aufl., das. 1838, 4 Bde.), „Histoire critique du gnosticisme" (das. 1828, 3 Bde.; 2. Aufl. 1843—44; deutsch von Dörner, Heilb. 1833), „De l'influence des moeurs sur les lois etc." (Par. 1832; deutsch von Buß, Freib. 1833), „Histoire des doctrines morales et politiques des trois derniers siècles" (Paris 1837, 3 Bde.), „Le visiteur des écoles" (2. Aufl., das. 1838), „De l'état moral, politique et littéral de l'Allemagne" (das. 1847, 2 Bde.; deutsch von Kaiser, Leipz. 1848, 2 Bde.), „Histoire de la philosophie" (Par. 1851) u. „Philosophie de la religion" (das. 1857, 2 Bde.).

Matterhorn (Mont Cervin), ein obeliskenartig aufsteigender, unersteigbarer Alpenkegel an der Grenze des Kantons Wallis u. Piemonts, 13,845 Fuß hoch. Von dem an allen großartigen Erscheinungen der Gebirgswelt reichen Matterthale, dem obern Theile des Visphthales (mit dem Dorf Zermatt), zieht sich ein nur zur günstigsten Sommerszeit gangbarer Weg über das 10,416 Fuß hohe Matterjoch nach dem Thale von Tournanche in Piemont.

Matteucci, Carlo, namhafter italienischer Physiker, geboren den 20. Juni 1811 zu Forli, wirkte seit 1840 als Professor zu Pisa u. ward im März 1862 als Minister des öffentlichen Unterrichts in das Ministerium Rattazzi berufen, trat aber schon am 1. Dec. desselben Jahres mit demselben wieder zurück. Er hat sich namentlich um die Lehre von der Elektricität u. dem Magnetismus, sowie um die elektrische Telegraphie Verdienste erworben.

Matthäi, 1) Johann Gottlob, deutscher Bildhauer, geboren den 17. Juli 1754 zu Meißen, ward Modellmeister an der Porzellanmanufaktur daselbst, fertigte neben Nachbildungen antiker Vasen u. dergl. auch Kopien u. Büsten, besonders verkleinerte Kopien von den plastischen Arbeiten des mengs'schen Museums, dessen Inspektor er seit 1795 war. Er † den 4. Juli 1832 zu Dresden.

2) Johann Friedrich, Historien- und Porträtmaler, geboren am 4. März 1777 zu Meißen, Sohn des Vorigen, besuchte die dresdener Akademie u. erhielt seine weitere Ausbildung durch Casanova, sodann, nachdem er seinen Ruf durch das Gemälde das Urtheil des Paris begründet, zu Wien durch Füger, endlich in Italien. In Florenz trug er 1803 bei einer Preisvertheilung den ersten Preis davon und wurde Honorarprofessor an der dortigen Akademie. Hier malte er die Ermordung des Aegisthus und eine Kopie der Grablegung Christi von Raphael, die 1809 seine Berufung als Professor an die Malerakademie nach Dresden zur Folge hatten. Später wurde er zum ersten Inspektor und zuletzt zum Direktor der königlichen Gemäldegallerie ernannt. Er † im Oktober 1845 auf einer Reise in Wien. M.s eigentliche Bedeutung besteht in seiner Wirksamkeit als Lehrer der Kunst. Der Kupferstecher Steinla u. der Maler Veit sind seine Schüler. Seine eigenen Gemälde zeichnen sich durch genaue Zeichnung, großartige Draperie u. vor Allem durch meisterhaftes Kolorit aus. Sehr bedeutend war er im Porträt.

3) Ernst Gottlieb, Bildhauer, Bruder des Vorigen, geboren 1779 in Meißen, bildete sich erst unter seinem Vater, sodann seit 1805 zu Rom, wo er 1806 ein Basrelief in Gyps, die dem Priamus als Trösterin erscheinende Iris vorstellend, sowie vier Köpfe in hartem Gestein: Minerva, Sappho, Melpomene u. Isis, fertigte. Später erhielt er die

Stelle eines Lehrers im Modelliren u. Bossiren an der Kunstakademie, dann die eines Direktors des zoologischen Museums u. Inspektors am Museum der mengsschen Gypsabgüsse zu Dresden. Er † den 19. März 1842.

Matthäus (hebr. Mattithia, s. v. a. der griechische Name Theodorus), einer der 12 Jünger Jesu, hieß früher Levi und war der Sohn des Alphäus oder Klopas aus Galiläa, demnach ein Vetter Jesu, und vor seiner Berufung zum Apostelamte, bei welcher Gelegenheit er wahrscheinlich den Namen M. annahm, Zolleinnehmer am See Genezareth. In dem Neuen Testament finden sich keine Angaben über seine ferneren Schicksale. Nach der Tradition soll er 15 Jahre nach Jesu Tod Jerusalem verlassen und in Afrika, namentlich in Aethiopien (Meroe), Macedonien, Syrien, Parthien und Medien, für die Ausbreitung des Evangeliums gewirkt haben und zuletzt den Märtyrertod gestorben sein. Nach Baronius ward sein Leichnam 954 nach Salerno gebracht. Die römische Kirche hat ihm den 21. September, die griechische den 16. November geweiht. Ueber das ihm zugeschriebene Evangelium s. Evangelien.

Matthäus Vindocinensis, lateinischer Dichter des 12. Jahrhunderts, geboren in Vendôme, hat eine um 1185 verfaßte lateinische Dichtung „Tobias“ (herausgegeben von Müldener, Gött. 1855) hinterlassen.

Matthäy (Matthäi), Karl Ludwig, Baumeister u. architektonischer Schriftsteller, den 21. März 1778 zu Meißen geboren, Bruder von Johann Friedrich Matthäi [s. Matthäi 2)], besuchte die Fürstenschule seiner Vaterstadt, erhielt seine künstlerische Ausbildung unter Hölzer in Dresden, sodann auf der Bauschule der dortigen Akademie und besuchte hierauf zu seiner Vervollkommnung 1797 noch Bremen, 1798 Kopenhagen u. 1800 Wien. Von 1805—14 wirkte er als Baumeister in Bremen, dann in Dresden, 1817 ging er als gräflich stolbergscher Baumeister nach Wernigerode, wo er u. A. die Schloßkirche baute. Später baute er namentlich zu Dresden, Kalisch u. Teplitz. Er † den 9. August 1848. M. war nicht nur ein tüchtiger Architekt, sondern auch ein geschickter Maler und Stukkateur. Er hat fast für alle in das Baufach einschlagende Handwerke Lehrbücher geschrieben. Sein jüngerer Sohn Karl Anton August M., zu Bremen 1812 geboren, war ebenfalls ein geschickter Bildhauer und Architekt, † den 19. Mai 1842 zu Teplitz; der ältere, Heinrich M., geboren zu Bremen 1808, hat sich als Maler bekannt gemacht.

Matthee, s. v. a. Paraguaythee.

Matthesius, Johann, namhafter Beförderer der deutschen Reformation, 1504 zu Rochlitz geboren, besuchte das Gymnasium zu Nürnberg, studirte zu Ingolstadt und seit 1529 zu Wittenberg Theologie, ward sodann auf Luthers Empfehlung Lehrer an der Schule zu Altenburg, 1532 Rektor, 1540 Diakonus und später erster evangelischer Prediger zu Joachimsthal, wo er 1568 †. Außer mehren Kirchenliedern schrieb er: „Historien von Luthers Anfang, Lehre, Leben, standhaftem Bekenntniß seines Glaubens und Sterben“ (Nürnberg 1570; neue Aufl. von Oehler, Leipzig 1806) und die „Sarepta oder Bergpostille“ (Nürnberg 1564 u. öfter).

Matthiä, Heinrich August, namhafter Schulmann u. Philolog, geboren am 25. December 1769 zu Göttingen, besuchte das Gymnasium seiner Vaterstadt, widmete sich sodann hier philologischen und philosophischen Studien, bekleidete von 1789 bis 1791 eine Hauslehrerstelle zu Amsterdam, wo er mit mehren in der Philosophie und Philologie ausgezeichneten Männern in Verkehr trat und noch die neuern Sprachen studirte, und ward hierauf Lehrer an dem Privatinstitut Mouniers auf dem Schloß Belvedere bei Weimar, 1801 aber Direktor des Gymnasiums zu Altenburg, dem er bis zu seinem Tode, am 6. Januar 1835, vorstand. Aus seinen Schriften, die sämmtlich des Verfassers Scharfsinn und Gelehrsamkeit bekunden und auf das Studium der klassischen Literatur, namentlich der griechischen, von großem Einfluß gewesen sind, heben wir hervor: „Observationes criticae in Tragicos, Homerum, Apollonium, Pindarum“ (Göttingen 1789); „Versuch über die Verschiedenheiten in den Nationalcharakteren“ (Leipzig 1802), eine Preisschrift; „Miscellanea philologica“ (das. 1803 f., 2 Bde.); „Ausführliche griechische Grammatik“ (das. 1807; 3. Aufl. 1835, 3 Bde.); „Griechische Schulgrammatik“ (Leipzig 1808, 2. Aufl. 1824); „Grundriß der griechischen und römischen Literatur“ (Jena 1815, 3. Aufl. 1834); „Entwurf einer Theorie des lateinischen Styls“ (Leipzig 1826); „Lehrbuch für den ersten Unterricht in der Philosophie“ (das. 1824, 4. Aufl. 1844); „Encyklopädie und Methodologie der Philologie“ (das. 1835). Er gab heraus: Homers Hymnen und Batrachomyomachie (Leipzig 1805), wozu schon früher die „Animadversiones in hymnos homericos“ (das. 1800) erschienen waren; eine treffliche Bearbeitung des Euripides (das. 1813 bis 1829, 9 Bde.), zu welcher Kampmann noch einen Band „Indices“ (das. 1837) geliefert hat; Cicero's „Epistolae selectae“ (das. 1816, 2. Aufl. 1828) u. dessen „Orationes selectae“ (das. 1818, 3. Aufl. 1831); „Carmina graeca selecta“ (Altenburg 1802); ferner eine Handausgabe des Herodot (Leipz. 1825, 2 Bde.), eine Sammlung der Fragmente des Alcäus (das. 1827), Lucians auserwählte Gespräche (das. 1809), Mörlins Erbauungsreden, nebst Schulreden von ihm selbst (Altenburg 1820), „Eloquentiae latinae exempla e M. A. Mureti etc. op.“ (das. 1821; 2. Ausg., Leipzig 1832), eine Reihe gelehrter Abhandlungen unter dem Titel „Miscellanea philologica“ (Jena 1803—4, 2 Bde.) u. „Vermischte Schriften in lateinischer u. deutscher Sprache“ (Altenb. 1833), welche Schulreden, Programme u. a. kleine Aufsätze enthalten. Sein älterer Bruder, Friedrich Christian M., geboren den 30. Dec. 1763 zu Göttingen, war von 1787—89 Lehrer der lateinischen u. griechischen Sprache an einem Erziehungsinstitut zu Neuwied, ward 1789 Gymnasialdirektor und Professor zu Grünstadt, 1798 Professor der alten Sprachen an der Centralschule zu Mainz und 1806 Rektor zu Frankfurt a. M., wo er 1822 †. Er gab heraus: Seneca's Briefe (Frankf. 1808, 2 Bde.), Dionysius Periegetes (das. 1817), Gregorius Cyprius (das. 1817) u. A. m.

Matthias, Apostel und Jünger Jesu, der nach Jesu Himmelfahrt durch das Loos an die Stelle des Judas Ischariot zur Ergänzung der Zwölfzahl gewählt ward, gehörte früher wahrscheinlich dem Kreis der 70 Jünger an und soll nach Einigen in Aethiopien, oder in Colchis, nach Andern in Judäa den Märtyrertod gefunden haben. Seine Ueberreste ließ die Kaiserin Helena von Jerusalem nach Rom bringen. Sein Gedächtnißtag ist der 24. Febr. Es wird ihm auch die Abfassung eines apokryphischen Evangeliums beigelegt, das wohl aus der Sekte der Marcioniten oder Valentinianer stammt.

Matthias, 1) deutscher Kaiser, vierter Sohn des Kaisers Maximilian II. u. der Maria von Spanien, geboren den 24. Februar 1557 zu Wien, erhielt seine Erziehung durch den geistvollen u. gelehrten Diplomaten Busbecq. Von seinem argwöhnischen Bruder, dem Kaiser Rudolf II., von den Regierungsgeschäften fern gehalten, folgte er beim Beginn des Aufstandes der Niederlande 1577 gegen Rudolfs Willen der Einladung einer Partei unter den niederländischen Großen, sich zur Rettung der katholischen Religion und der habsburgischen Herrschaft in jenen Provinzen an die Spitze der Erhebung zu stellen und empfing bei seiner Ankunft Titel und Huldigung als Souverän. Als jedoch die Niederländer, denen seine Abhängigkeit von Oranien mißfiel und die sich in der Hoffnung getäuscht sahen, daß er durch den Beistand des Kaisers Juan d'Austria's Ansehen paralysiren und eine vermittelnde Stellung einnehmen werde, den Herzog von Anjou herbeiriefen, legte er gekränkt 1580 seine Würde nieder und kehrte nach Deutschland zurück. Hier ward er von Rudolf II. nach Linz verwiesen und erhielt erst nach dem Tode des Erzherzogs Ernst 1595 die Statthalterschaft in Oesterreich. In dieser Stellung erwies er sich den Protestanten äußerst ungünstig und hintertrieb alle weiteren Koncessionen an dieselben. Wegen der Unthätigkeit seines kaiserlichen Bruders von den übrigen Gliedern des österreichischen Hauses am 25. April 1606 förmlich zum Haupt desselben erklärt, beendigte er einen Aufstand der Ungarn unter dem Magnaten Stephan Bocskai durch den Frieden zu Wien am 23. Juni 1606 und nöthigte sodann mit Zustimmung der Stände von Ungarn und Oesterreich den Kaiser, indem er mit bewaffneter Macht in Böhmen auftrat, ihm am 29. Juli 1608 Mähren, Ungarn und Oesterreich abzutreten und ihm die Nachfolge in Böhmen zuzugestehen. Als M. aber nach Oesterreich zurückkam, verweigerten ihm die Stände die Huldigung, so lange er ihren Forderungen freier Religionsübung sich nicht füge, und rüsteten, als er sich zu Gewaltmaßregeln neigte. Sein Nachgeben erbitterte die spanische Partei in dem Grade, daß sie seinen Bruder bestimmte, Böhmen dem Erzherzog Leopold zuzuwenden. Die Böhmen riefen jedoch alsbald M. herbei, und dieser zog nach Zerstreuung der Truppen des Kaisers unter allgemeinem Jubel in Prag ein, wo ihm Rudolf am 11. April 1611 auch Böhmen, Schlesien und die Lausitz abtreten mußte und dagegen eine jährliche Rente von 300,000 Gulden erhielt. Am 23. Mai 1611 wurde M. in Prag gekrönt. Nach Rudolfs Tode, am 24. Juni 1614, erfolgte seine Wahl zum deutschen Kaiser. Bald aber standen sich die Glaubensparteien schroffer als je gegenüber, und als M. am 3. April 1817 die gegenseitigen Bündnisse, die Union und die Liga, aufheben wollte, achtete kein Theil auf seinen Machtspruch. Mit den Türken, die mit einem Angriff drohten, mußte er, da ihm die Abgeordneten seiner Erbländer die zur Kriegführung nöthigen Mitteln versagten, Frieden schließen. Ueberdies kränkelnd, willigte er, dem Drängen der übrigen Glieder des österreichischen Hauses nachgebend, in die Krönung des bigotten Erzherzogs Ferdinand, nachmaligen Kaisers Ferdinand II., zum König von Böhmen (1617) und von Ungarn (1618). Zwar hatte dieser versprochen, sich bei Lebzeiten des Kaisers aller Einmischung in die Regierung zu enthalten; allein in den kirchlichen Angelegenheiten gewahrte man doch bald seinen Einfluß. Die Unirten hintertrieben daher 1618 Ferdinands Wahl zum römischen König, und in Böhmen brachen am 28. Mai 1618 jene Unruhen aus, welche das Vorspiel des dreißigjährigen Kriegs wurden. M. war kurz zuvor, den 20. März 1618, gestorben. Vermählt war er seit 1611 mit Anna, der Tochter seines Oheims, des Erzherzogs Ferdinand, doch blieb die Ehe kinderlos.

2) M. **Corvinus**, der **Große**, König von Ungarn, zweiter Sohn des Johannes Hunyades, geboren den 27. März 1443 zu Koloswar in Siebenbürgen, kam nach seines Vaters Tode in die Hände des Königs Ladislaw von Böhmen, der ihn zu Wien und Prag gefangen hielt, ward aber nach dessen Tode (1457), durch den Einfluß des Statthalters Georg Podiebrad, der in M. ein Mittel sah, um seine eigenen Pläne rascher durchzusetzen, und ihm seine Tochter Katharine verlobte, trotz allen Widerstrebens des Palatins und mehrer Magnaten am 24. Januar 1458 zum König von Ungarn gewählt. Allein der Oberfeldherr Johann Griskra von Brandeis verweigerte ihm den Gehorsam und bot die Krone dem König von Polen an, während die Feinde des Hauses Hunyades' den Kaiser Friedrich III. einluden, sich krönen zu lassen. Diese innern Zwistigkeiten benutzend, drohten die Türken, die Kriegsfürsten in Serbien und Bosnien, in der Moldau u. Walachei und selbst die Böhmen sich zu erheben. Die Spaltung seiner Gegner erleichterte M. aber den Sieg. Während er die Magnaten durch Versprechungen gewann, schlug er die Böhmen aus Oberungarn hinaus und focht gegen die Türken, wie gegen Friedrich III. zugleich mit wechselndem Glück. Letzterer verzichtete endlich am 19. Januar 1463 auf die ungarische Krone und bedingte sich gegen 60,000 Gulden nur die Fortführung des Titels „König von Ungarn, Dalmatien u. Kroatien" und die Nachfolge im Fall eines kinderlosen Absterbens von M. aus. Nun erst ließ sich M. in Stuhlweißenburg den 29. März 1464 feierlich krönen. Der innern Unruhen ward er durch entschlossenes Handeln bald Herr, und den Türken machte er sich durch ein trefflich organisirtes Corps von 6000 Mann stehender Truppen furchtbar. Da die Ungarn meist zu Pferde fochten, bildete er aus ihnen die später berühmt gewordene Reitertruppe der Husaren und nahm zu dem Fußvolk fremde Söldner. Auch stärkte er sich durch ein Bündniß mit Venedig. Als die Türken endlich um Frieden nachsuchten, wies er sie zunächst an die Grenzen seines Reichs zurück und gestand ihnen erst, nachdem er sich den Besitz Bosniens 1462, der Moldau u. Walachei 1467 gesichert hatte, einen Waffenstillstand auf 5 Jahre zu. Im 1481 half er die Türken aus Otranto vertreiben. In seiner Ergebenheit gegen den Papst betheiligte er sich an dem Kreuzzug gegen seinen Schwiegervater, den hussitischen Böhmenkönig Georg Podiebrad, bemächtigte sich Schlesiens, Mährens und der Lausitz (1468—78), besiegte den König Ladislaw von Polen und zwang ihn zum Frieden zu Olmütz, der Ladis-

law Böhmen und M. Mähren sicherte. Die Hülfe, welche Friedrich III. den Polen in diesem Krieg geleistet hatte, entzündete einen neuen Krieg zwischen M. und dem Kaiser, in welchem ein großer Theil von Oesterreich in M.' Hand fiel, wofür ihm der Friede von Kronenburg eine Entschädigung von 100,000 Gulden zusicherte. Da der Kaiser sein Versprechen nicht zu lösen vermochte, fiel M. 1480 von Neuem in Oesterreich ein und eroberte 1485 auch Wien, worauf ihm 1486 die Stände huldigten. Friedrich III. mußte sich zu neuen Unterhandlungen mit M. verstehen, während welcher dieser am 5. April 1490 in Wien †. Er war auch ein Freund der Wissenschaft und Künste. So hatte er in Florenz stets 4 Schreiber im Solde, welche ihm die Schriften der Klassiker kopiren mußten. Auch sammelte er in Griechenland die Ueberreste der von den Türken zerstörten Bibliotheken; sein kostbarer Bücherschatz ward 20 Jahre nach seinem Tode von den Türken vernichtet. Er stiftete die Universität Ofen, errichtete eine Sternwarte, gründete in seinem Schloß eine Buchdruckerei u. zog eine große Anzahl fremder Gelehrten, Künstler und Handwerker in das Land. Schon bei seiner Thronbesteigung hatte er eine Reihe vortrefflicher Gesetze gegeben, allein sie waren bei den fortgehenden Kriegen nicht zur Ausführung gekommen, daher er auf dem Reichstage zu Ofen 1486 das große Gesetz (decretum magnum) entwerfen ließ. Bei alledem war seine Regierung willkürlich und gewaltthätig, u. er vergeudete in prächtigen Hoffesten, was durch harten Steuerdruck zusammengebracht war, vorzüglich seit seiner zweiten Vermählung mit Beatrix, einer Prinzessin von Neapel (1476). Beide Ehen M.' waren kinderlos. Sein natürlicher Sohn **Johannes Corvinus**, dem M. vergebens die Legitimität zu verschaffen bemüht war, starb 1504. M.' Nachfolger wurde König Wladislaw VII. von Böhmen.

Matthiola *R. Br.* (**Levkoje**), Pflanzengattung aus der Familie der Kruciferen, charakterisirt durch den geschlossenen Kelch, die längeren, ausgebreiteten Staubfäden, die stielrundlichen, mit den zusammengeneigten, auf dem Rücken verdickten oder Hörnchen tragenden Narben gekrönten Schoten und den einreihigen, zusammengedrückten, oft geränderten Samen, einjährige, zweijährige oder ausdauernde Kräuter und Sträucher, meist in Südeuropa und Kleinasien einheimisch, von denen mehre Arten sehr beliebte Zierpflanzen sind. Die **Sömmerlevkoje** (M. annua *Sweet.*), Sommergewächs in Südeuropa, in einem großen Theil von Europa kultivirt, wird gegen 1—1½ Fuß hoch. Die Blätter sind lanzettförmig, graugrün oder grauweiß bestäubt, stumpf, oft etwas gezähnt, die Schoten stielrund, zugespitzt. Durch die Kultur sind mannichfaltige Varietäten entstanden, die sich sowohl durch Wuchs und Blätter, als auch durch Füllung und Färbung der schönen wohlriechenden Blüthen von einander unterscheiden. Die **deutsche** Sommerlevkoje hat einen höheren Stengel und eine lange, lockere Blüthentraube; die **englische** Sommerlevkoje einen niedrigen Stengel, gedrängte Aeste und eine kurze, dichtgedrängte Traube. Eine besondere Varietät ist auch die Sommerlevkoje mit dem Lackblatte, **Lacklevkoje**, mit grünen, glatten Blättern und lockerer Traube. Die **Kaiserlevkoje** blüht mehrmals. Die gewöhnlichen Farben sind: weißfleischfarbig, kupferroth, leberfarbig-hellbraun, zimmtbraun, dunkelbraun, hell- u. dunkelviolett, hell- und dunkelblau, hell- und dunkelaschgrau, schwarzviolett, pfirsichblüthenfarbig, apfelblüthenfarbig, hell- und dunkelziegelroth, rosenroth, gelblich oder fleischfarbiggelblich (chamois), karminroth, karmoisin, mohngrau 2c. Die sogenannten **Herbstlevkojen** sind durch Vermischung der Sommer- und Winterlevkojen entstanden, haben gleichfalls viele Farbenveränderungen, blühen später (vom Herbst bis in den Winter, auch im Frühling, wenn man sie zeitig in Töpfe pflanzt u. gleich den Winterlevkojen durchwintert) und tragen erst im 2. Jahre reifen Samen. Man kann den Samen zu verschiedenen Zeiten aussäen, um einen fortwährenden Flor bis in den Herbst zu haben. Die erste Aussaat geschieht im März in ein abgekühltes Mistbeet, oder in flache Kästchen und Töpfe, die man ins Glashaus oder Zimmer stellt. Die Erde für Samen und junge Pflanzen muß ohne unverwesete Theile und sandig sein; beide vertragen auch keine untere Wärme und verlangen bei mäßiger Feuchtigkeit reichlich atmosphärische Luft, bei heißem Sonnenschein Schatten. Der Same muß sehr dünn gesäet und nur von der Dicke eines Messerrückens mit leichter oder feingeriebener, sehr sandiger Erde bedeckt werden. Damit die Erde, worin gesäet wird, lange feucht bleibe und nicht sobald begossen zu werden brauche, muß sie vor der Aussaat mittelst einer Brause stark begossen werden. Sollen die Pflanzen recht kräftig und stämmig werden, ehe man sie ins Land versetzt, so verpflanze man sie in 1—1¼ Zoll weiter Entfernung von einander auf ein anderes kaltes Mistbeet oder auf eine lockere, nicht zu sonnige Rabatte in etwas minder sandige, jedoch reine Erde, sobald sich das erste Herzblättchen zeigen will, und zwar bis an die Samenblätter tief, ohne sie fest anzudrücken. Sie werden dann mäßig mit der Brause befeuchtet, anfangs beschattet (auch jederzeit bei heißem Sonnenschein) u. im Mistbeet mit dem Heranwachsen mehr und mehr der Luft ausgesetzt. Die 3 Zoll hohen Pflanzen versetzt man mit einem kleinen Erdballen an einem trüben oder regnichten Tage ins Land, beliebig auch in Töpfe für das Zimmer, je 2—3 Pflanzen in einen 7—8zölligen Topf, und zwar in einen lockern, fetten Boden, welcher reicher an Humus als an frischer Düngung ist. Die 2. Aussaat kann im April in Mistbeete oder freies Land, die 3. im Mai, die 4. Anfangs Juni geschehen. Im Freien säet man an einer etwas schattigen Stelle (nur nicht unter Bäume) und besprengt die jungen Pflanzen Abends und früh Morgens mit Wasser, damit sie weniger von Erdflöhen befallen werden. Das Begießen junger Pflanzen muß immer vor gänzlichem Austrocknen der Erdoberfläche geschehen, damit das Wasser schnell einziehe, und zwar sanft und mäßig mittelst einer feinen Brause; auch darf man im März dazu kein sehr kaltes Wasser nehmen. Bei der Anzucht der jungen Pflanzen sind dieselben zwei gefährlichen Krankheiten ausgesetzt. Die Stammfäulniß entsteht durch zu fetten Boden und durch Mangel an atmosphärischer Luft, an welche die Pflänzchen sobald als möglich gewöhnt werden müssen. Das einzige Mittel, die von dieser Krankheit befallenen Pflänzchen zu retten, besteht in dem alsbaldigen Verpflanzen derselben. Die Wurzelfäule entsteht aus ähnlichen Ursachen, besonders auch aus übermäßiger Feuchtigkeit der Erde. Im südlichen Deutschland pflegt man die Levkojenpflanzen auf sonnigen Rabatten im freien Lande zu ziehen, wo sie, vor allzu großer Sonnenhitze geschützt, gut gedeihen und den bemerkten Krankheiten nicht so sehr unterworfen sind. . Das Erziehen eines guten, stark ins Gefüllte schlagenden Samens beruht hauptsächlich auf der künstlichen Verhinderung der Ausbildung eines vollkommenen Samens; dieser ist gewöhnlich größer, mit weißen Häutchen gerändert, und bringt vollkommene, d. h. einfache, nicht aber monströse oder gefüllte Blumen. Oefteres Umpflanzen in anfangs etwas magern, demnächst in fetten Boden (besonders in Töpfe) trägt sehr viel zur Bildung monströsen Samens bei, welcher gefüllte Blumen liefert. Um guten Samen zu ernten, muß man die Aussaat Anfangs März vornehmen u. die jungen Pflanzen zeitig an eine warme Stelle versetzen, da sonst die Schoten zur Ausbildung und vollkommenen Reife nicht die erforderliche Zeit haben, besonders wenn der Sommer kühl u. feucht ist. Die schwachen Schoten am Ende der Trauben, welche nicht reifen und den untern nur den Nahrungssaft rauben, desgleichen alle zu spät blühenden Seitentriebe werden weggenommen. Wenn die Schoten völlig ausgewachsen sind, halte man die Pflanzen in Töpfen ziemlich trocken; im freien Lande ziehe man alsdann die Stengel ein wenig empor, damit die feineren Wurzeln sich lösen, und trete die Erde wieder an. Dadurch wird einigermaßen die Ausbildung eines vollkommenen Samens gestört und ein früheres Reifen herbeigeführt. In kalten, nassen Sommern reift bei uns der Levkojensame im freien Lande selten; besser gedeiht er dann bei den Topflevkojen, welche man gegen anhaltende Nässe sichern kann. Guter Same bleibt, in den Schoten aufbewahrt, mehre Jahre keimfähig. Die Levkojenbeete müssen im Herbst mit altem Kuh-, Hühner- und Taubendünger gut gedüngt u. umgegraben werden u. dürfen keine zu feuchte Lage haben. Im Frühling vor dem Bepflanzen muß man sie bis auf den Dünger gut auflockern. Hat man nicht die Absicht Samen zu ziehen, so pflanze man ziemlich dicht u. ziehe später alle einfach blühenden Pflanzen heraus. Sind die jungen Pflanzen hinreichend abgehärtet, so schadet ihnen ein geringer Nachtfrost nach dem Auspflanzen nicht. Die Winterlevkoje (M. incana *R. Br.*, Cheiranthus incanus *L.*), eine zwei- und mehrjährige, halbstrauchartige Pflanze an den Meeresufern Südeuropa's, wird 2—4 Fuß und darüber hoch. Die Blätter sind lanzettförmig, ganzrandig, bisweilen am Rande ausgeschweift, mehr oder minder stumpf, weißgrau bestäubt, die Schoten etwas zusammengedrückt, abgestutzt. An Schönheit, Füllung und Farbe der Blumen mit der Sommerlevkoje wetteifernd, übertrifft sie diese noch an Wohlgeruch. Sie ist daher auch ein vorzüglicher Gegenstand der Kultur. Die Baum-, Stangen- oder Stocklevkoje, mit 3—4 Fuß und darüber hohem, nacktem Stamme, breiteren, weißgrauen, stumpfen Blättern und großen, prachtvollen, fast pyramidalischen Blumentrauben, dauert 3—6 Jahre und bildet, wenn man sie im Frühling ins freie Land, in fetten, lockern Boden pflanzt, einen großen Busch mit zahlreichen Trauben. Die Blumen sind weiß, lebhaft karminroth, oder auch violettblau. Die gewöhnliche Strauch- oder Buschlevkoje, sonst gleich der Sommerlevkoje in mehren Farben, wie auch mit grünen Lackblättern, wird höchstens 2—3 Fuß hoch. Die weiße gefüllte Varietät mit Lackblättern (Silberlack) zeichnet sich vor allen durch Schönheit u. Wohlgeruch aus, nicht minder eine Varietät mit Lackblättern und großen, gefüllten, violetten Blumen. Die Kultur hinsichtlich der Aussaat und der Anzucht der Pflanzen bis zum Versetzen ins Freie ist wie bei der Sommerlevkoje. Damit sich die Blumen früh genug (im August oder September) zeigen, muß man den Samen zu Anfang des März oder zu Ende des Februar aussäen. Die 3—4 Zoll hoch herangezogenen Pflanzen werden auf gut gedüngte, locker zubereitete, warm und sonnig liegende Beete mit einem Erdballen verpflanzt, u. zwar 1¼—1½ Fuß von einander in 1 Fuß weit entfernte Reihen. Bei trockenem Wetter muß man sie gehörig begießen. Wenn sich die Knospen zeigen, so untersucht man genau, welche Pflanzen gefüllt blühen werden, und setzt diese unverzüglich in Töpfe. Die gefüllten Knospen sind runder, weicher und unregelmäßiger; die einfachen länglicher, spitzer, härter. Zum Einsetzen in Töpfe hebt man die Pflanzen mit unverletzten Wurzeln aus der Erde, schneidet die größten Stengelblätter und schwachen Nebenäste weg und setzt die Pflanzen dergestalt ein, daß alle Wurzeln gehörig ausgebreitet und mit Erde umgeben werden. Die Erde kann dieselbe sein, wie sie für die Sommerlevkojen empfohlen ist; doch muß sie einen reichlicheren Theil Flußsand enthalten. Nach dem Einpflanzen begießt man die Töpfe etwas, damit sich die Erde um die Wurzeln festsetze, und stellt sie an einen schattigen Ort (doch nicht unter Bäume), wo sie bis zum Eintritt des Frostes stehen bleiben, von Zeit zu Zeit ausgeputzt und nothdürftig begossen werden. Das Einbringen ins Winterquartier geschieht bei heiterer Witterung u. wenn die Erde in den Töpfen nicht mehr zu feucht ist. Man kann sie vor den Fenstern eines Orangeriehauses, in einem frostfreien Zimmer, oder auch in einem luftigen, hellen, trockenen Keller durchwintern. Im Winter dürfen sie nicht treiben, weil die Stöcke ohne Nutzen dadurch geschwächt werden; daher gibt man reichlich Luft, so oft es nicht friert, u. begießt sie nur dann ein wenig (am Rande des Topfes umher, ohne Stengel und Kraut zu benetzen), wenn die Blätter anfangen schlaff zu werden u. die Erde sehr trocken ist. Auch bewahrt man sie gegen Ofenwärme; jedoch kann man im Januar einige Stöcke vor die Fenster des Wohnzimmers stellen, im Fall man frühzeitig Blumen haben will, woselbst sie dann bei höherer Temperatur auch mehr Wasser bedürfen. Im April oder Mai kann man alle durchwinterten Stöcke mit dem vollen Erdballen an schickliche Orte ins Land pflanzen. Nur die einfach blühenden, welche von jeder Sorte eingepflanzt sind, bleiben zum Zweck der Samenzucht in Töpfen und werden mit diesen an einer sonnigen Stelle in die Erde gesenkt. Die Vermehrung kann auch durch Stecklinge im Mistbeete geschehen; allein die daraus erzogenen Pflanzen werden niemals stark und blühen nur kümmerlich.

Matthisson, Friedrich von, deutscher lyrischer Dichter, am 23. Januar 1761 zu Hohendodeleben bei Magdeburg als Sohn eines Landpredigers geboren, besuchte die Schule zu Kloster-Bergen und widmete sich dann zu Halle dem Studium der Theologie, das er aber bald mit dem der Philologie, Naturkunde und schönen Literatur vertauschte. Nachdem er einige Zeit als Lehrer am Philanthropin zu Dessau gewirkt, ging er als Informator mit den jungen Grafen Sievers aus Livland auf Reisen und hielt sich mit ihnen in Hamburg, Eutin, Heidelberg und Mannheim auf. Nach zweijährigem Aufenthalt bei seinem Freunde Victor von Bonstetten zu Nyon am Genfersee nahm er 1790 die Stelle eines Erziehers bei einem reichen Kaufmann in Lyon an. Im Jahre 1794 zum Vorleser und Reisebegleiter der Fürstin Luise von Anhalt-Dessau berufen, bereiste er mit derselben in den folgenden Jahren Italien, die Schweiz und Tyrol. Der Landgraf von Hessen-Homburg ernannte ihn zum Hofrath, der Markgraf von Baden 1801 zum Legationsrath. Im Jahre 1812 vom König von Würtemberg nach Stuttgart berufen, war er hier als Theaterintendant u. Oberbibliothekar thätig, ward geadelt, trat 1828 außer Dienst und zog sich 1829 nach Wörlitz zurück, wo er am 12. März 1831 †. Sein großes Ansehen als Dichter bei seinen Zeitgenossen gründete sich zum größten Theil auf das übertriebene Lob, welches Schiller in einer Recension (1794) den „Gedichten" M.s (Breslau 1787; 12. Aufl., Zürich 1824) spendete, indem er besonders die sanfte Schwermuth und kontemplative Schwärmerei derselben, sowie die Landschaftsmalerei und den Wohllaut der Verse rühmte. Aber M. ist in Stoff und Form durchaus unselbstständig und erhebt sich fast nirgends zu einer dichterischen Idee; dagegen ist weichselige Empfindelei im Ueberfluß vorhanden und hat M.s „Mondscheinwehmuth" fast sprichwörtlich im komischen Sinne gemacht. M.s „Schriften" erschienen in letzter Ausgabe in 8 Bänden, Zürich 1825—31. Die in Prosa geschriebenen „Erinnerungen" (Zür. 1810—16, 5 Bde.) geben nicht uninteressante Notizen über Gegenden und berühmte Männer. Sein „Literarischer Nachlaß, nebst einer Auswahl von Briefen seiner Freunde" wurde von Schoch (Berlin 1832, 4 Bde.) herausgegeben. Sein Leben beschrieb H. Döring, Zürich 1833.

Mattiaci, germanische Völkerschaft, Zweig der Katten, am Rhenus wohnhaft u. den Römern frühzeitig unterworfen, welche in ihrem Lande Silberbergwerke besaßen. Daselbst befanden sich auch berühmte heiße Quellen, die Aquae Mattiacae, das heutige Wiesbaden. Die M. verschwinden später aus der Geschichte, und in ihrem Gebiet erscheinen Alemannen. Nach Martial bezogen die Römer von ihnen Seifenkugeln (Mattiacae pilae) zum Färben grauer Haare.

Mattigkeit (lat. languor), ein an Schmerz grenzendes Gefühl von Abnahme der Kräfte und Erschöpfung, welches gewöhnlich nach Körper- oder Geistesanstrengungen entsteht, aber auch häufig ein Vorbote von Krankheiten ist. Ist die M. bloß Folge von Anstrengung, so stellen stärkende Nahrung, Ruhe und besonders Schlaf das aufgehobene Gleichgewicht wieder her. Oft wird dies aber auch schon durch eine Abwechselung in der Beschäftigung oder eine plötzliche Aufregung aller Lebenskräfte, z. B. durch eine drohende Gefahr 2c., bewirkt.

Matto Grosso (d. i. großer Wald), Provinz im Kaiserthum Brasilien, westlich im Innern zwischen den Provinzen Para, Goyaz, San Paulo und Paraguay und Bolivia, hat einen Flächenraum von 28,716 QM. mit nur 85,000 Einw. und ist noch wenig bekannt. Das Land umfaßt das Gebiet des ganzen obern Paraguay, des obern Madeira, Tapajoz und Xingu und somit den Westtheil des brasilischen Gebirgslandes einschließlich der Serra u. Campos dos Parecis. Ansiedelungen sammt den unbedeutenden Kulturstrecken finden sich nur im obern Guapore- und Paraguaygebiete, und der Absatz für die hier gewonnenen Produkte ist nur mittelst einer 200 Meilen langen Schifffahrt möglich, die überdies schwierig und gefährlich ist. Das Klima gilt für gesund, und alle tropischen Produkte gedeihen auf das vollendetste. Auch an tiefen Höhlen u. mächtigen Wasserfällen ist das Land reich. Man gewinnt nicht unbedeutend Gold, ferner Diamanten (im Quellgebiet des Paraguay, bis 1849 im Ganzen 66,000 Oitavas, im Werthe von $46^{1}/_{4}$ Millionen Francs) u. Salz (in der S. Aguapehy). Außer diesen Gegenständen kommen nur noch Rindshäute, Jaguar- und Damhirschfelle u. Ipecacuanha (meist nach Rio) zur Ausfuhr. Mehr als $^{9}/_{10}$ der Provinz sind im alleinigen Besitz zahlreicher kriegerischer, unabhängiger Wilden, z. B. der schrecklichen Cayopos im Westen von Goyaz. Im Ganzen zählt man 66 Indianerstämme, die meisten in völlig wildem Zustand, einige aber auf freundlichem Fuß mit der Regierung stehend. Elementarschulen hat die Provinz 18, Kirchen nur wenige. Die gleichnamige Stadt (Villa Bella de M. G.), rechts am Guapore, mit mehren Kirchen, öffentlichen Gebäuden und 1000 Einw., war ehedem Provinzialhauptort, mußte aber in Folge ihres ungesunden Klima's diesen Rang der Stadt Cuyaba abtreten. Das Land wurde zuerst 1532 und 1533 von Garcia besucht. Später kam Cabral (1719), welcher die Reichthümer des Landes kennen lernte und die Europäer darauf aufmerksam machte.

Mattra (Muttra, sanskr. Mathura), Stadt in der angloindischen Präsidentschaft Agra, in malerischer Lage rechts am Dschumna, mit 65,750 Einw., hat ein großes zerstörtes Fort u. ausgedehnte Ghats u. war ehemals von hohen Befestigungen umgeben, von denen nur noch die Thore stehen. Im Innern erhebt sich die verfallende Moschee Aurengzebs mit 4 hohen Minarets. M. ist als Geburtsort des Krischna eine heilige Stadt der brahmanischen Hindus und ein berühmter Wallfahrtsort. Zu Ehren des Affengotts Hanuman werden die Affen in M. geschützt u. gefüttert; sie schwärmen in allen Theilen der Stadt und auf allen Dächern umher und sind eine Plage der Einwohner. Im Jahre 1757 wurde die ehedem große und glänzende Stadt von den Afghanen geplündert.

Matura, Hafenstadt an der Südküste der Insel Ceylon, an der Mündung der Nila Ganga, mit 10,160 Einw.

Maturantia (suppurantia, digerentia, sc. remedia, lat.), reifende Mittel, diejenigen topischen Heilmittel, deren man sich zur Beförderung der Eiterung solcher entzündlichen Geschwülste bedient, bei welchen der Ausgang in Eiterung eingetreten ist, oder bewirkt werden soll. Man theilt die M. in reizmindernde und reizende M. Zu den ersteren gehören die erweichenden Mittel (s. Emollientia), die man bei den akuten, erethischen Entzündungen anzuwenden pflegt.

Maturatio (lat.), das Reifen oder Reifwerden; auch die Eiterung.

Maturität (v. Lat.), Reife.

Maturitätsexamen (v. Lat.), s. v. a. Abiturientenexamen, s. Abiturient.

Matuta, gewöhnlich Mater matuta, ursprünglich altitalische Gottheit der Frühe, Morgenhelle, später von den Römern mit Leucothea indentificirt.

Matutine (v. Lat.), die Frühmesse in der katholischen Kirche, Mette.

Maubeuge (lat. Melbodium, im Mittelalter Melbauge), Stadt im französischen Departement Nord, auf beiden Seiten der Sambre, mit Festungswerken in Form eines bastionirten Siebenecks, am rechten Sambreufer mit einem verschanzten Lager. Die Stadt hat ein Kommunalkollége und außer einer königlichen Gewehrfabrik Fabrikation von Nägeln, Blech-, Kupfer- und Eisengeräthen, Oel, Seife und Zucker, Salpeterraffinerie, Hohöfen, Baumwollenspinnereien, Leinwandbleichen, Brauereien, Gerbereien, Marmorschneidmühlen, bedeutenden Handel mit Steinkohlen aus Charleroi in Belgien auf der Sambre, sowie mit Schiefer u. Marmor u. 10,560 Einw. M. wird schon im 7. Jahrhundert genannt; zu Frankreich kam es erst 1678 unter Ludwig XIV., der es durch Vauban befestigen ließ. Im Jahre 1793 bombardirten es die Oesterreicher vergebens. Am 20. März 1814 von der deutschen Nordarmee unter dem Herzog von Weimar eingeschlossen, hielt sich die Stadt, aber das feste Lager ward vom Feinde besetzt. Im folgenden Jahre (20. Juni) ward die Stadt aufs Neue von den Preußen belagert und ihnen am 11. Juli übergeben.

Mauerblume, s. v. a. gemeiner Goldlack, Cheiranthus Cheiri *L.*, s. Lack.

Mauerbrecher, s. v. a. Sturmbock.

Mauerfraß, s. Mauer.

Mauer, bauliche Masse, die aus Steinen oder ähnlichen Stoffen hergestellt wird, um als stehende Wand zu dienen. Man theilt die M.n ein in solche, die nur aus einzelnen Stücken ohne Bindemittel, solche, die aus einzelnen Stücken mit Bindemitteln und solche, die eigentlich nur aus Bindemitteln gefertigt werden. Als Material zu den M.n dienen weiche, knetbare, mehr oder minder plastische Massen (Erde, Lehm-, Stampfbau), denen bisweilen noch kleine Steine hinzugefügt werden (Mörtel mit Grand, Kies, Geröll-, Gußmauerwerk, Kalksandbau), ferner Gesteinsbruchstücke, welche gar nicht oder sehr wenig bearbeitet sind und je nach Gestalt und Größe ohne oder mit Bindemitteln verarbeitet werden, dann streng regelmäßig bearbeitete natürliche Steine (Werksteine, Quadern), die hauptsächlich vermöge ihrer Schwere und Reibung mit einander zur M. verbunden bleiben, endlich regelmäßige künstliche Steine, die durch Mörtel verbunden werden. Um einen vollkommenen Verband herstellen zu können, ist es nöthig, daß die Mauersteine gewisse Abmessungen haben. Im Allgemeinen sind Backsteine doppelt so breit als dick und doppelt so lang als breit, niemals aber treffen diese Dimensionen genau zu, und man muß deshalb, um den Druck gleichmäßig zu vertheilen, die sich ergebenden Lücken mit Mörtel füllen. Die Fugendicke ist somit abhängig von der mehr oder minder regelmäßigen Gestalt der Steine, dann aber auch von dem körnigen Zusatz des Bindemittels, je nachdem dieses fein oder grob ist. Die Fugendicke ($\frac{1}{4}$—$\frac{1}{2}$ Zoll) ist bei den Dimensionen der Steine zu berücksichtigen, die Steinbreite muß gleich der doppelten Steindicke u. einer Fugendicke, die Steinlänge gleich der doppelten Steinbreite und einer Fugendicke sein. Mißverhältnisse treten besonders bei Rollschichten hervor, d. h. wenn auf die schmale lange Seite gelegte Steine mit liegenden Schichten, bei welchen die Steine mit der flachen Seite aufliegen, Verband halten sollen. Alle M.n aus regelmäßigen Steinen werden schichtenweise aufgeführt; diese Schichten sollen stets normal zur Richtung des Drucks stehen, dem die M. ausgesetzt ist, also bei den gewöhnlichen lothrechten M.n horizontal sein. Der Verband der M.n ist diejenige Anordnung der Steine in den Schichten, durch welche vermieden wird, daß die lothrechten Fugen zweier auf einander folgenden Schichten unmittelbar auf einander treffen. Diese Anordnung verleiht den M.n ihre Festigkeit. Ueber die verschiedenen Verbände s. d. Die meist horizontalen Fugen zwischen den einzelnen Schichten heißen Lagerfugen, die Seiten der Steine, welche letzteren zugekehrt sind, das Lager der Steine, die auf die Lagerfugen normal gerichteten Fugen zwischen den einzelnen Steinen heißen Stoßfugen, halbe Steine nennt man Köpfe, der Länge nach getheilte Steine lange Quartiere, Steine, welche bei gleicher Dicke einem Viertel des Ganzen entsprechen, Quartierstücke, und Steine, die ebenso breit und dick als ganze Steine, aber nur $\frac{3}{4}$ so lang sind, Dreiquartiere. Scharf gebrannte Steine sind dauerhafter als schwach gebrannte, weshalb man sie zu Kellern, Sockeln ꝛc. verwendet. Soll die M. abgeputzt werden, so füllt man die Fugen nicht vollständig mit Mörtel (man macht hohle Fugen), damit der Putz besser haftet. Ein Kubikfuß Mauerwerk erfordert $7\frac{1}{2}$ große, 10 mittlere und 13 kleine preußische Steine; 1 Schachtruthe Mauerwerk bei $\frac{1}{2}$ Zoll Fugen erfordert 1152 große Steine und 39 Kubikfuß Mörtel, 1480 mittlere Steine und $40\frac{1}{2}$ Kubikfuß Mörtel, 1893 kleine Steine und 44 Kubikfuß Mörtel; 1 Quadratruthe $\frac{1}{2}$ Stein starkes Mauerwerk erfordert 576 große Steine und $19\frac{1}{2}$ Kubikfuß Mörtel, 650 mittlere Steine und 18 Kubikfuß Mörtel und 788 kleine Steine und $18\frac{1}{2}$ Kubikfuß Mörtel; 1 Quadratruthe 1 Stein starkes Mauerwerk erfordert 1152 große Steine und 39 Kubikfuß Mörtel, 1296 mittlere Steine und 36 Kubikfuß Mörtel, 1595 kleine Steine und 37 Kubikfuß Mörtel. Hohle Ziegel zeichnen sich aus durch Billigkeit im Material, Transport und in der Verarbeitung (Hebung), sie erleichtern die Ventilation, verhindern die Fortpflanzung des Schalls, schützen gegen Feuchtigkeit, halten warm, trocknen schneller aus und erfordern wegen ihrer geringen Schwere einen minder festen Unterbau. Die Anwendung hohler Ziegel ergibt sich hieraus von selbst; wo sie nicht zu haben sind, kann man sie durch Hohlmauern ersetzen. Diese bestehen aus zwei parallel aufgeführten schwächeren M.n, welche durch sogenannte Durchbinder vereinigt sind. Als Zwischenraum zwischen beiden M.n genügen einige Zoll. Zu erwähnen ist noch die Anwendung hohler Ziegel zu Heizeinrichtungen in Wohn- und Treibhäusern.

Die unregelmäßigen Feldsteine (Findlinge, Lesesteine) werden, wenn sie als Mauersteine benutzt werden sollen, zerschlagen und so aneinander gepaßt, daß eine Verwechselung der Stoßfugen eintritt. An den Ecken der M.n verwendet man die größeren Steine und füllt alle Lücken möglichst nur mit je

Einem Stein aus. Einzelne längere Steine müssen durch die ganze M. hindurch reichen, und zur Füllung muß man ebenso große Steine als im Aeußern der M. verwenden, damit sich dieselbe innen nicht stärker setze als außen. Bei höheren M.n legt man von Strecke zu Strecke ringsum durch das ganze Mauerwerk gleichmäßig 4—5 horizontale Backsteinschichten ein. Bestehen die Lesesteine aus geschichtetem Material, so werden sie stets so gelegt, daß ihre Schichten horizontal liegen. Die Kanten (Ecken) der M.n aus Lesesteinen führt man aus Backsteinen auf und verbindet diese verzahnungsartig mit dem Bruchsteinwerk, doch so, daß immer je 3—4 Schichten von Backsteinen einen Zahn bilden. Statt solcher künstlichen kann man natürlich auch wirkliche Quadern anwenden. Zu hoch dürfen derartige Konstruktionen aber nicht ausgeführt werden, weil sie durch ungleiches Setzen leicht auseinander reißen. Viel leichter verarbeiten sich *lagerhafte Bruchsteine*, die wenigstens zwei annähernd parallele Seiten haben. Man bildet aus möglichst gleichen Steinen die einzelnen Schichten, die gewöhnlich unter einander ungleich stark ausfallen. Man rechnet zu 100 Kubikfuß Mauerwerk etwa 130 Kubikfuß Bruchsteine und 20 Kubikfuß Mörtel. Der Bau mit *Quadern* oder *Werksteinen* hat Aehnlichkeit mit dem Ziegelbau, nur ist zu berücksichtigen, daß man gewöhnlich Steine von verschiedener Größe verarbeiten muß, weil zu viel Material verloren gehen würde, wenn die Steine, wie sie sich im Steinbruch darbieten, alle auf gleiches Format zugehauen werden sollten. In seltenen Fällen liefert der Steinbruch Quadern von gleicher Größe, und nur bei sehr lebhaftem Betriebe ist eine Auswahl möglich. Man kann bei Verwendung der Quadern entweder die M.n nur aus diesen bilden, oder zur Füllung oder Hintermauerung Backsteine, Bruchsteine oder Gußwerk anwenden. Je nach der Festigkeit und dem Vorkommen der Steine wechselt die größte Ausdehnung der Quadern zwischen $2^1/_2$ bis 5mal Höhe od. Dicke. Die Breite soll nie weniger als die Dicke betragen. Beim Verband dürfen die Stoßfugen zweier auf einander folgenden Schichten sich niemals einander um mehr als die halbe Höhe der Quadern nähern. Bei Verblendungen verbindet man die neben einander stehenden Theile der M.n durch Binder, und wo starke Fundamentmauern vom Wasser bespült werden, läßt man die Läufer schwalbenschwanzförmig in einander greifen oder verbindet 2 platt an einander stoßende Quadern durch doppelt schwalbenschwanzförmige Dübel, die aus trockenem, mit Firniß getränktem Holz verfertigt und mit Harzkitt befestigt werden. Eiserne Klammern empfehlen sich weniger, weil sie leicht rosten und dann den Stein zersprengen. Die Quadern werden wie die Backsteine genetzt und in Mörtel versetzt, oder man versetzt mehre Steine trocken neben einander und vergießt die Fugen mit dünnem Mörtel, wobei nöthigenfalls die Fugen in der Mauerstirn mit Werg verstopft werden. 100 Kubikfuß Fachwand erfordern 100 Kubikfuß Quadern u. bei 8 Zoll Mauerstärke 12 Kubikfuß Mörtel.

M.n aus gestampfter Erde, Lehm ꝛc. oder aus Kalksand (Gußmauern) werden besonders zu landwirthschaftlichen Zwecken errichtet, und zwar schichtensweise in Bänken von $1^1/_2$—3 Fuß, indem man Breterwände, entsprechend der Dicke der M.n von einander entfernt, aufstellt, unter einander verbindet und nun den Raum zwischen diesen Wänden lagenweise mit der mehr oder weniger weichen Masse ausfüllt, und diese fest stampft. Hat dieselbe hinreichende Festigkeit erlangt, so nimmt man den Formkasten auseinander, stellt ihn weiterhin im Anschluß an die schon gestampfte Masse wieder auf, bringt neue Masse ein u. s. f. Letztere muß genügend plastisch sein, darf aber beim Trocknen nicht reißen, weshalb man sehr thonreiche Erde mit Sand oder gehacktem Stroh vermischt und zwischen vier- bis sechszölligen Lagen langes Stroh oder Reisig in Winkeln von 40—60° zur Mauerrichtung einlegt. Zu den Stampfmauern, in welchen Kalk oder Cäment das Bindemittel ist, vermengt man den Kalkmörtel mit so viel gröberem Grand, Kies, Geröll- oder Bruchstücken, als die Mörtelmasse zu umhüllen vermag. Die größten Steine sind am besten $1^1/_2$—2zöllig, und man achtet darauf, daß alle Steine nahezu gleiche Größe haben. Die Masse wird in dreizölligen Lagen in die Formkästen gebracht und möglichst fest eingestampft; die Formkästen müssen leicht auseinandernehmbar sein und erhalten gewöhnlich eine Länge von 8—10 Fuß. Die Enden jedes geformten Satzes werden abgeschrägt unter einander entgegengesetzten Richtungen, die Formkästen aber werden mit einer solchen Versetzung aufgestellt, daß sich auch betreffs der Anschlüsse der einzelnen Sätze unter einander eine Art Verband ergibt.

In neuerer Zeit werden M.n vielfach aus *Gußsteinen* aufgeführt. Letztere bereitet man aus gutem hydraulischen Kalk, welcher mit einer durch Versuche ermittelten Menge scharfen Sandes oder Ziegelbrocken vermengt und ähnlich wie Mörtel zubereitet wird. Die Formen sind aus Bretern zusammengesetzt, innen gefirnißt oder mit nasser Leinwand ausgeschlagen und müssen bis zur Erhärtung des Steins feucht erhalten werden. Bisweilen werden die Mörtelsteine auch mittelst Pressen dargestellt. Der Bau mit Mörtelsteinen ist je nach ihrer Größe derselbe wie mit Quadern oder Backsteinen. Die Haltbarkeit der Mörtelsteine läßt nichts zu wünschen übrig, und unter allen Umständen sind sie den natürlichen Steinen zur Herstellung reich profilirter Werkstücke vorzuziehen. In alten Bauwerken findet man nicht selten M.n, bei denen nur das Aeußere regelrecht aus Steinen aufgeführt, das Innere dagegen mit kleinen unregelmäßigen Steinen gefüllt und mit Mörtel vergossen ist. Diese M.n halten sich jedenfalls nur bei Anwendung von vorzüglichem Mörtel, im Allgemeinen muß vor ihnen, wie überhaupt vor allen M.n aus ungleichen Materialien gewarnt werden, weil sich die verschiedenen Bestandtheile stets ungleich setzen, daher eine Trennung derselben und somit ein Spalten und Reißen der M.n eintreten muß. Dies geschieht um so leichter, je verschiedenartiger das Material ist, u. deshalb auch dann, wenn alte M.n, die sich schon gesetzt haben, mit neu aufzuführenden verbunden werden sollen. Hier muß dann der Verband so eingerichtet werden, daß eine Bewegung möglich bleibt. Auf das ungleiche Setzen hat man auch dann Rücksicht zu nehmen, wenn man von vorn herein weiß, daß der eine Mauertheil einen bedeutend größeren Druck auszuhalten hat als der andere.

M.n dienen hauptsächlich zum Tragen, Umgrenzen oder Scheiden. Die *Grund-* oder *Fundamentmauern* haben das ganze Gebäude zu tragen und dessen Last möglichst gleichmäßig auf den Baugrund zu vertheilen. Um sie von den gewöhnlichen Veränderungen des Bodens unabhängig zu machen, läßt man sie stets in Tiefen reichen, welche der härteste Frost nicht erreicht, bei uns also mindestens 3 Fuß. Im Uebrigen unterscheidet man an einem Gebäude die *Umfangs-* oder *Ringmauern* und die *Scheidemauern*. Die Grundmauern müssen stets aus möglichst wenig hygroskopischen Materialien u. in der gehörigen Dicke hergestellt werden, damit sie die Feuchtigkeit abhalten; die Geschoßmauern aber errichtet man aus porösen Materialien, welche schlechte Wärmeleiter, aber auch frostbeständig sind. Als *Umfassungswände* bilden die M.n für sich allein abgeschlossene Bauten. Diese M.n werden in der Regel nur $\frac{1}{2}$, höchstens einen ganzen Stein stark und mit 12—16facher Höhe aufgeführt; um ihnen aber mehr Standfähigkeit zu verleihen, führt man in Entfernungen von 8—10 Fuß massiv angelegte, nach einer oder nach beiden Seiten der Mauer vorspringende Verstärkungspfeiler auf. Nicht selten werden die Umfassungswände durchbrochen und dann bisweilen aus besonders geformten hohlen oder gemusterten Steinen aufgeführt. Dies gewährt u. A. den Vortheil, daß die M. weniger leicht vom Winde umgeworfen werden kann. Auch die Umfassungswände sind mit Grundmauern und außerdem mit mehr oder weniger steilen Dächern zu versehen. Für die Bestimmung der *Stärke der M.* gibt es keine allgemein gültigen Regeln, weil dieselbe von mancherlei verschiedenen Bedingungen abhängt, die vielfach wechseln. Die Stärke einer M. hängt zuvörderst ab von der Belastung, welcher sie widerstehen soll, wobei auch ihr Eigengewicht von Belang ist. Die Widerstandsfähigkeit der M. gegen Druck ist abhängig vom Hauptmaterial, vom Verbande desselben und besonders auch von dem benutzten Bindemittel. Sehr selten aber wird die Dicke der M. lediglich in Rücksicht auf die Druckfestigkeit derselben bestimmt, vielmehr veranlassen in der Regel andere Bedingungen, daß den M.n eine bedeutend größere Dicke gegeben wird, als sie erhalten müßten, um nur hinreichende rückwirkende Festigkeit zu besitzen. Nie macht man M.n höher als das Elffache ihrer Dicke, ohne sie gegen seitliche Ausbiegungen durch Verankerungen zu sichern. Die Stärke der M. wird ferner durch die Standfähigkeit bedingt, indem sie dem Sturm, dem Schube von Gewölben, Gesparren 2c. begegnen muß. Bei freistehenden M.n gibt eine Dicke von $\frac{1}{6}$ bis $\frac{1}{8}$ ihrer Höhe eine große, von $\frac{1}{10}$ eine mittlere u. von $\frac{1}{12}$ eine geringe Standfähigkeit. Die Schwere und die Gestalt modificiren indeß diese Angaben in hohem Grade. Sehr lange M.n müssen stärker gemacht werden als kürzere, weil sie vom Winde leichter umgeworfen werden, in diesem Fall aber erzielt man die größere Standfähigkeit am vortheilhaftesten durch Verstärkungspfeiler, während bei geschlossenen Gebäuden Querwände und unverschiebliche Decken gewöhnlich hinreichende Sicherheit gewähren. Backsteinmauern können $\frac{1}{2}$, 1, $1\frac{1}{2}$ 2c. Stein stark aufgeführt werden, Werksteinmauern in fast allen beliebigen Dicken, Bruchsteinmauern dagegen höchst selten schwächer als $1\frac{1}{2}$ Fuß und M.n aus gesprengten Steinen kaum schwächer als $1\frac{3}{4}$ Fuß. Als geringstes Maß für Stampfmauern aus Luftkalk 2c. gilt eine Dicke von 1, besser $1\frac{1}{2}$ Fuß, während solche M.n aus hydraulischem Mörtel selbst zu $\frac{1}{2}$ F. Dicke anzufertigen sind. Als Näherungszahlen für das Verhältniß der Stärke der aus verschiedenen Materialien errichteten M.n pflegt man anzunehmen, daß an der Stelle einer Backsteinwand, welche eine Dicke von 1 Fuß erhalten müßte, eine M. aus rein gearbeiteten Werksteinen $\frac{5}{8}$—$\frac{3}{4}$ Fuß, aus hydraulischer Kalkstampfmasse (Beton) 1 Fuß, aus lagerhaften Bruchsteinen oder aus Kalksandstampfwerk $1\frac{1}{4}$ Fuß, aus gesprengten Feldsteinen und Lehmsteinen $1\frac{3}{4}$ Fuß und aus Erdstampfwerk 2 Fuß dick zu machen sei. Erdstampfbauten dürfen dabei nicht höher als 1 Geschoß (10—15 Fuß), Lehmsteinmauern selten höher als 20 Fuß, M.n aus Stampfwerk von Luftmörtel höchstens durch 2 Geschosse, M.n aus gesprengten Steinen selten höher, M.n aus lagerhaften Bruchsteinen unter Umständen wohl 3 Geschoß hoch aufzuführen sein, während zu höheren M.n nur Backsteine oder Werksteine benutzt werden dürfen. Um genügenden Schutz gegen die Witterung zu gewähren, sollen volle Umfassungsmauern 1—$1\frac{1}{2}$ Stein stark sein, hohle M.n dürfen eine geringere Stärke besitzen. Selbstverständlich werden die Grundmauern stärker als die M.n des ersten u. diese wieder stärker als die M.n des zweiten Geschosses od. die Scheidemauern gemacht. Gebäude, die für lange Dauer berechnet sind, werden ebenfalls mit dickeren M.n als provisorische Gebäude aufgeführt. Im Einzelnen aber gehen die Ansichten über die den M.n zu gebende Dicke sehr auseinander, und in verschiedenen Gegenden herrschen sehr abweichende Gebräuche. Um M.n vor Feuchtigkeit zu schützen, bringt man Isolirschichten über dem Erdreich an, u. zwar entweder Metallstreifen, Glas, oder am besten Asphalt. Feuchte Stellen erzeugen sogenannte kalte Flecken, an denen der Abputz oder Anstrich nicht haftet; kann man die feuchten Stellen durch transportable Oefen nicht entfernen, so stößt man sie am besten aus. Der *Mauerfraß* oder Salpeterfraß, welcher als weißer Beschlag auftritt, ist eine Folge fehlerhafter Beschaffenheit der Backsteine oder des Mörtels und deshalb nur durch Einfügung besserer Steine zu beseitigen. Er kann auch entstehen durch Aufsaugen von Jauche 2c., und dies verhindert man durch Isolirschichten. Wo Mauerfraß vorhanden ist, muß man die M.n im Innern der Zimmer mit Zinktafeln auskleiden, um sich vor schädlichen Ausdünstungen und Nässe zu schützen.

In den ältesten Zeiten nahm man die Steine so groß, roh und unbehauen, wie sie von Natur waren, legte sie ohne alle Verbindungsmittel übereinander und füllte die Zwischenräume mit kleineren Steinen aus. Später ebnete man die ungleichen Seiten der rohen Steine und bemühte sich, sie so glatt zu behauen, daß sie beim Auflegen aufeinander paßten. Zusammengehalten wurden sie ohne Mörtel durch ihre eigene Schwere. Ueberbleibsel von solchen alten steinernen Gebäuden findet man in Persien, Aegypten, Griechenland und Italien. In Gegenden, wo keine Steine gebrochen wurden, baute man die M.n aus Ziegeln, wobei jedoch ein Mörtel nöthig war, wozu die Babylonier das in ihrem Lande häufig vorkommende Erdpech benutzten. Die Griechen nahmen anfänglich ebenfalls rohe Steine von außerordentlicher Größe zu ihren Gebäuden und M.n, woraus die Sage entstand, daß solche Gebäude Werke der Cyklopen wären (*cyklopische Mauern*). Als man anfing, die Steine zu behauen, gab man ihnen zwar eine verschiedenartige Gestalt, doch verstand man die Steine so aufeinander zu setzen, daß nirgends ein leerer Zwischenraum blieb. Auf diese Art waren die M.n um Korinth, um Eretria in Euböa und zu Ostia in Epirus gebaut. In späterer Zeit wurden die Steine bei den Griechen zu Rechtecken behauen. M.n aus Quadersteinen führte man auf zweierlei Art auf. Die eine Art hieß Isidomum, wenn die verschiedenen Schichten und Lagen der Steine einerlei Höhe bekamen und aus gleich großen Stücken bestanden; die zweite Art nannte man Pseudisidomum, wenn die Steinschichten und die einzelnen Steine ungleich waren. Bei der zweiten Art wurden die Steine immer im Verband übereinander gelegt, so daß die Fugen, wo zwei Steine zusammenstießen, oben und unten mit einem Steine bedeckt waren. Der ersteren Bauart bediente man sich wegen ihres schönen und regelmäßigen Aussehens bei großen, aus Marmor aufgeführten Tempeln. Gewöhnlich bestanden dergleichen M.n durchaus aus Quadersteinen. Waren sie aber sehr dick, so machte man die sogenannten Stirnmauern, d. h. die beiden äußersten Schichten, aus glatt behauenen Quadersteinen; die Steine der innern M. blieben unbehauen, wurden indeß mit den äußern Steinen in Verband gesetzt, und um die Festigkeit noch zu vermehren, wurden die Stirnmauern in gewissen Entfernungen durch Bindesteine verbunden, die quer durch die M. gingen. Man nannte diese Bauart Emplecton, die Bindesteine aber Diatonoi. So waren die Stadtmauern von Agrigent gebaut. Mörtel oder ein anderes Verbindungsmaterial brauchte man nicht, da die Steine durch ihre eigene Schwere und wegen der Glätte ihrer Seiten einander festhielten. Selbst bei Gewölbebögen wurden die Steine ohne Mörtel zusammengesetzt. Bisweilen machten die Griechen ihre M.n noch von Ziegeln, besonders in ältern Zeiten; solche M.n hatten die Städte Mantinea in Arkadien, Bion am Flusse Strymon und zum Theil auch Athen. Auch das berühmte Mausoleum bestand aus Ziegeln und war nur mit Marmor bekleidet. Bei den Etruskern und den Römern wurden schon zu den Zeiten der Könige die M.n ebenfalls aus sehr großen Steinen aufgeführt. Man benutzte dazu den häufig vorkommenden Tuffstein, der leicht zu bearbeiten war, und den albanischen Stein, der härter als der vorige und von dunkelgrauer Farbe war. Aus diesem Stein bestehen die Cloaca maxima, das älteste römische Grabmal bei Albano, der Ausfluß des albanischen See's und der Grundbau des Kapitols. M.n von viereckigen Steinen wurden ohne Mörtel gebaut; zu M.n aus kleinen Steinen nahm man dagegen Mörtel. Vitruv nennt zweierlei Arten von M.n aus kleinen Steinen, das Reticulatum und das Incertum oder Antiquum. Das letztere bestand aus unregelmäßigen Bruchsteinen, die neben- und übereinander gelegt und genau ineinander gepaßt waren, das Reticulatum aber aus viereckig behauenen Steinen, die nicht wagrecht, sondern so übereinander lagen, daß ihre Fugen nach einer Diagonallinie gingen, wodurch die M. ein netzförmiges Ansehen erhielt. Außerdem führten die Römer auch M.n von Ziegeln auf, besonders unter Augustus, wenn man sehr große Gebäude schnell zu vollenden wünschte. Indeß waren bei großen Gebäuden nur die Stirnmauern von Ziegeln, und das Inwendige war mit kleinen Steinen, Scherben und zwei Drittheilen Mörtel angefüllt. Die Bekleidung der M.n, die freilich erst später in Gebrauch kam, war von mancherlei Art. Eine Bekleidung von Kalk und Sand hieß Opus arenatum, eine von bloßem Kalk oder Gyps Opus marmoratum.

Mauerpfeffer, s. v. a. scharfe Fetthenne, Sedum acre *L.*

Mauerquadrant, Sternbild zwischen dem Kopf des Bootes, den Füßen des Hercules und dem Schwanze des Drachen, aus kleinen Sternen bestehend.

Mauerschwamm, s. v. a. Hausschwamm.

Mauersteine (Backsteine, Barnsteine, Mauerziegel, Ziegel), künstliche Baumaterialien aus gebranntem Thon. Der Thon ist das Verwitterungsprodukt thonerdehaltiger Mineralien (Feldspath) u. enthält als wesentliche Bestandtheile Kieselsäure und Thonerde. Von fremden Beimengungen freier Thon ist weiß u. bildet die Porzellanerde. Der gewöhnliche Ziegelthon enthält außerdem Sand, Kalk, Eisen, Gyps ꝛc., und diese Substanzen beeinflussen, wenn sie in größerer Menge vorhanden sind, die Brauchbarkeit des Thons in hohem Grade. Reiner Thon gibt mit Wasser einen zähen, sehr bildsamen (plastischen) Teig, er ist fett, aber er verliert diese Eigenschaft, je mehr der Kieselsäuregehalt im Verhältniß zur Thonerde wächst. Durch Zusatz von Sand wird fetter Thon mager, weniger plastisch. Sehr fetter Thon trocknet schwer, schwindet dabei sehr stark, verzieht sich und reißt, wogegen magerer Thon schneller trocknet und seine ursprüngliche Gestalt behält. Kalkgehalt befördert die Schmelzbarkeit des Thons; ein Gemisch aus 1 Theil Kalk, 1 Th. Thonerde und 3 Th. Kieselsäure ist am leichtesten schmelzbar. Kalkreicher Thon heißt Thonmergel, überwiegt der Kalk, so entsteht Kalkmergel, endlich thonhaltiger Kalkstein. Werden kalkhaltige M. sehr stark gebrannt, so verbindet sich der Kalk mit der Kalksäure und wird dann unschädlich, bei niedriger Temperatur findet diese Verbindung nicht Statt und der gebrannte Kalk löscht sich beim Feuchtwerden der M. allmählig, so daß dieselben endlich zerfallen. Wenig Kalk (höchstens 20 Proc.) in feiner Vertheilung kann also unschädlich gemacht werden, viel Kalk u. Kalkknollen bewirken stets, daß die M. bald zu Grunde gehen. Gyps, der besonders in Thon aus der Nähe von Braunkohlen sich findet, verliert beim Brennen sein Wasser, löscht sich später allmählig wieder und zersprengt ebenfalls die Steine, auch wirkt er als Flußmittel. Eisenoxyd färbt den Thon, eisenarmer Thon wird erst bei hoher Temperatur gelblich, eisenreicherer Thon gibt rothe M., und da solcher gewöhnlich auch Kalk enthält, so sintert er bei hoher Temperatur und schmilzt wohl auch, da Eisenoxyd die Schmelzbarkeit ebenfalls befördert. Kieselstücke schwinden nicht wie der Thon im Feuer, sondern dehnen sich aus und zersprengen die M. oder machen sie doch beulig. Schwefelkiese werden beim Brennen zersetzt, und frei werdende schwefelige Säure kann zur Bildung von Mauersalzen Veranlassung geben, die dann auswittern (Mauerraß). Wurzeln verbrennen und veranlassen Höhlungen im Stein, bewirken auch durch heftige Gasentwickelung beim Brennen das Zerreißen der Steine. Gute M. müssen mäßig klingend, ziemlich porös, auf dem Bruch matt und körnig, nicht geflossen sein. Sie dürfen nur etwa $^1/_3$ ihres Gewichts Wasser einsaugen und müssen rasch wieder austrocknen. Diese Beschaffenheit erhalten die M. nach Beschaffenheit des Thons bei sehr verschieden hoher Temperatur. Reiner Thon muß stärker gebrannt werden als kalk- und eisenreicher, leicht schmelzender Thon wird durch Zusatz von Sand strengflüssiger. Ueber die Eigenschaften des Thons unterrichtet man sich durch Anfertigung von Probeziegeln, die an verschiedenen Stellen des Ofens, d. h. bei verschiedenen Temperaturen gebrannt werden. Gesinterte, zu stark gebrannte M. lassen sich nicht verhauen und nehmen den Mörtel schlecht an, zu schwach gebrannte M. unterliegen dagegen leicht der Feuchtigkeit und dem Frost. Dachsteine werden stärker gebrannt als M. und bisweilen glasirt, damit sie kein Wasser aufnehmen. Kalkreiche M. sind in der Regel ungleich, weil sich im Ofen nicht leicht eine gleichmäßige Temperatur herstellen läßt und weil geringe Unterschiede die Steine sehr beeinflussen, sie verwittern leicht und sind zu Feuerungen ganz unbrauchbar. Kommt Magnesia neben Gyps vor, so wird Bittersalz gebildet, welches später auswittert (Salpeter, Mauerfraß), durch sehr starkes Brennen können beide mit Kieselsäure vereinigt und unschädlich gemacht werden. Sehr fetter Thon veranlaßt ein starkes Verziehen u. Reißen u. macht die Steine schwer und dicht, so daß sie sich nicht verhauen lassen und den Mörtel nicht annehmen, zu magerer Thon gibt wenig haltbare Steine. Durch Mischung verschiedener Thonsorten und Zusatz von Sand kann man Rohmaterial von beliebiger Beschaffenheit herstellen. Vergl. *Thon*.

Eine Anlage zur Darstellung der M. wird *Ziegelei*, *Ziegelscheuer*, *Ziegelhütte* genannt. Diese Anlagen liefern aber außer den gewöhnlichen M.n noch mancherlei andere Fabrikate. Ueber die Größe der M. herrschen gesetzliche Bestimmungen. In Preußen sind die großen Steine 12 Zoll lang, 5 $^1/_8$ Zoll breit, 3 Zoll dick, die mittleren 10 Zoll lang, 4 $^3/_4$ Zoll breit, 2 $^1/_2$ Zoll dick, die kleinen 8 Zoll lang, 3 $^3/_4$ Zoll breit u. 2 $^1/_4$ Zoll dick. Die *Klötze*, *Schornsteinklötze*, zum Mauern der weiten Schornsteine u. dünner Riegelwände sind 8—10 Zoll lang, 3—4 Zoll breit und 2—3 Zoll dick. *Klinker* sind kleiner, von feinerem Korn, größerer Dichtigkeit u. Härte u. werden in Holland zur Pflasterung verwendet. Nach der Qualität unterscheidet man folgende Sorten: *Feldbacksteine* od. *Russensteine* werden aus geringem Thon auf dem Felde geformt, getrocknet u. gebrannt. *Ordinäre Backsteine* werden in der gewöhnlichen Weise aus Lehm oder Letten in stehenden Ziegeleien unter Schuppen geformt, auf Bretern in Stellagen getrocknet u. in gemauerten Oefen gebrannt. *Klopfsteine* und *Preßsteine* werden durch Beklopfen aus der Hand oder durch Nachpressen mit einer Presse, während sie noch lederhart sind, geglättet, um zum Verblenden der Außenwände beim Backsteinrohbau (ohne Verputz) verwendet zu werden. *Oelsteine* und *Schneidsteine* werden aus geschlämmtem od. gut gemahlenem Thon, u. zwar sehr steifer Masse in mit Oel bestrichenen Formen oder auf gewöhnliche Weise geformt, in lederhartem Zustand nach Schablonen sorgfältig geschnitten und an den Außenflächen mit einem dünnen Thonbrei überzogen und polirt. Man verwendet sie ebenfalls als Blendsteine. Nach Art des verwendeten Materials unterscheidet man *poröse Backsteine*, *Kohlenziegel*, Loh- od. Schwammsteine, schwimmende Ziegel, welche aus Infusorienerde oder Ziegelthon mit Kohlenpulver od. Sägespänen gefertigt und zur Herstellung von Gewölben in höher gelegenen Theilen eines Gebäudes, sowie zum Ausmauern von Sprengwänden benutzt werden, und *feuerfeste M.*, *Chamotteziegel*, *Porzellansteine*, welche aus feuerbeständigem Thon mit einem Zusatz von stark gebranntem u. fein gepulvertem Thon (Chamotte) gefertigt u. zur Ausfütterung der Feuerungen von Schmelzöfen, Dampfmaschinen, Porzellanöfen ꝛc. benutzt werden. Nach der Form unterscheidet man noch *Kesselsteine* zum Setzen der runden Kessel und *Brunnenziegel* zur Mauerung der Brunnenschächte, der versenkten Brunnen als Grundpfeiler und zur umgekehrten Schachtmauerung beim Bergbau. Die Kesselsteine haben die Größe der gewöhnlichen M., sind aber an der Breitenfläche keilförmig und an den Längenflächen bogenförmig auf einen Durchmesser von 2 $^1/_2$—4 Fuß centrirt. Brunnenziegel sind breiter, auf einen Durchmesser von 5—7 Fuß centrirt und ganz hart gebrannt. *Gewölbsteine* oder *Keilziegel* haben die Keilform nach der Dicke und sind meist nach einem Bogen von 10—15 Fuß centrirt. *Rinnsteine* haben eine halbcylindrische 3 Zoll weite Rinne und werden bei Rollpflaster in Stallungen verwendet. Durch Uebereinanderlegen von doppelten derartigen Steinen erhält man eine geschlossene Röhre zur Ableitung des Wassers. *Gesimssteine*, *Formsteine*, Façonsteine, Profilsteine werden nach Zeichnungen und Schablonen bis zu 24 Zoll Länge, 6—9 Zoll Breite u. 4—6 Zoll Dicke geformt. *Hohlziegel* werden nur mit Maschinen hergestellt, und zwar in verschiedener Größe mit mehr oder weniger Höhlungen und stärkeren oder schwächeren Wänden. Fließen, *Flurziegel*, Fußbodenplatten werden 4-, 6-, 8eckig, in der Größe von 4—15 Zoll u. 1 $^1/_2$—2 $^1/_2$ Zoll dick gestrichen und dienen zum Belegen der Fluren u. Küchen. *Plättchen* u. *Speicherplatten* sind kleiner und dünner und dienen zum Belegen der Fruchtböden. *Dachziegel*, und zwar Flachziegel, Biberschwänze, Ochsenzungen, sollen $^1/_2$ bis höchstens $^3/_4$ Zoll dick, so breit, daß sie sich beim Trocknen nicht krumm ziehen, und so lang sein, daß sie bei der sogenannten doppelten Eindeckung den dritten Ziegel noch 3—3 $^1/_2$ Zoll überdecken; sie sind gewöhnlich 14—16 Zoll lang und 6 Zoll breit, haben an dem einen Ende in der Mitte ihrer Breite oben einen Haken zum Aufhängen (Nase) u. sind am andern Ende gerade, rund oder zugespitzt. *Blendziegel* haben statt der Nasen Nagellöcher u. dienen zur Verblendung des Holzwerks. *Hohlziegel*, First- oder Forstziegel zum Eindecken der Firste sind Platten, die in Kreisbögen von 150° so gebogen sind, daß sich der Kanal nach dem einen Ende hin verjüngt; sie werden 3—4 Zoll tief in einander geschoben und mit dem Firstnagel aufgenagelt. *Schlußziegel*, *Rinnenziegel* sind Hohlziegel wie die vorstehenden, jedoch mit Nasen an dem breiteren Ende der konvexen Seite, an denen sie so aufgehängt werden, daß sie ineinandergreifend neben einander vom First herab bis zur Traufe Rinnen bilden. Die Ränder von je 2 Rinnenziegeln werden durch eine Kalkleiste verwahrt od. durch besondere, schmälere Hohlziegel umgekehrt ebenfalls in Kalk liegend überdeckt (s. Dach). Die *doppelten Hohlziegel*, Dachpfannen, Fittigziegel, Eßziegel sind ihrer

Breite nach ∽förmig gebogen und mit einer Nase versehen, geben aber ohne Verspeisung kein dichtes Dach und verschwinden mehr und mehr. Die *doppelten Flußziegel*, Kramp- oder Falzziegel, Breitziegel, sind ebenfalls an den Längskanten entgegengesetzt aufgebogen, doch ist der mittlere Theil flach, ohne Krümmung. Die *platten Bortziegel* der römischen Dörfer laufen von oben nach unten etwas konisch zu, ihre Ränder sind auf gleiche Weise aufgebogen, greifen etwas übereinander und werden von ebenfalls konischen Hohlziegeln bedeckt, wodurch ein wasserdichtes, nur etwas schweres Dach entsteht. *Quadratziegel* bestehen aus einer quadratischen Platte von 10—11 Zoll Seitenlänge und haben ihre Nase in der einen Ecke des Quadrats. *Kaffziegel* sind Platten von zwei- oder dreifacher Breite der übrigen Flachziegel, oben mit 2 Nasen, außen mit einer halbkegelförmigen, unten halbkreisförmig oder plattrund geöffneten Auswölbung zum Einfallen des Lichts. Sie werden an die Stelle kleiner Lucken, meist in die Dächer von Scheunen ꝛc. eingedeckt.

Der Thon findet sich gewöhnlich nicht tief unter der Oberfläche der Erde, er wird in dünnen Schichten mit dem Spatel abgestochen, damit Steine und Mergel sogleich wahrgenommen und entfernt werden können. Die obern und untern Partien des Lagers sind oft von sehr ungleicher Beschaffenheit, so daß man sich durch Mischung ein gleichartiges Rohmaterial herstellen muß. Wenn es irgend möglich ist, gräbt man den zu verarbeitenden Thon im Herbst und läßt ihn, locker aufgeschüttet, den Winter hindurch liegen, dann wird er in 12 Fuß langen, 6 F. breiten und 4 F. tiefen, mit Bohlen ausgekleideten Gruben mit Wasser übergossen (*eingesumpft*) und nach einigen Tagen auf den gedielten Tretplätzen *durchgetreten*. Hierbei entfernt man alle fremden Beimengungen u. setzt Sand oder magern Thon hinzu. Den Thon für Drainröhren und Dachziegel, der stets etwas fetter gehalten wird, unterwirft man noch einer weiteren Reinigung, indem man ihn zu Bänken aufschichtet und mit einem Draht in dünne Schwarten zerschneidet. Das mühselige Treten ist in neuerer Zeit mehr und mehr verdrängt worden; in Norddeutschland *fährt* man den Thon, wobei an dem über einer gewöhnlichen Tretdiele angebrachten Gangwerk eines Roßwerks 2 Räder so befestigt sind, daß man dieselben nach jedem Umgange der Pferde durch eine einfache mechanische Vorrichtung mehr vom Mittelpunkt entfernen oder demselben zurücken kann, so daß im Verlauf der Arbeit alle Stellen der Diele durch die Räder befahren werden. Noch wirksamer sind die *Thonschneidemaschinen*, von denen besonders die holländische *Kleinmühle* weit verbreitet ist. Dieselbe besteht aus einem nach oben sich erweiternden Faß, in welchem an einer vertikalen drehbaren Axe 6 starke Arme aus flachem zugeschärften Eisen befestigt sind. Letztere stehen schief und sind zu einander in einem Winkel von 90° auf der Axe versetzt, so daß sie den Effekt einer Schraube machen, wenn die Welle gedreht wird. Die Arme sind außerdem noch mit kreuzweise eingenieteten Zinken besetzt und an den äußersten Enden etwas aufgebogen. Dicht über dem Boden des Fasses ist eine Oeffnung angebracht, durch welche der gehörig geknetete Thon hindurch gepreßt wird. Enthält der Thon Unreinigkeiten, so läßt man ihn am besten durch eine *Walzmühle* gehen, deren Walzen sich mit ungleicher Geschwindigkeit drehen und deshalb alle Steine zerquetschen und den Thon selbst sehr gründlich durcharbeiten. Bisweilen verbindet man einen Thonschneider mit einer Walzmühle u. erhält dadurch sehr gute Resultate. Zur Darstellung besonders guter Thonwaaren rührt man den Thon mit Wasser zu einer Milch an und läßt diese, nachdem sich alle gröberen Theile abgelagert haben, in tiefer stehende Behälter ablaufen. Statt dessen kann man den Thon auch in einen Brei verwandeln und ihn in einen Kasten fließen lassen, dessen Boden aus einer fein durchlöcherten Platte besteht. Hat sich der Thon aus dem Wasser abgesetzt, so wird letzteres abgezapft, der Schlamm mit Sand gemischt, durchgetreten und bleibt dann zum Austrocknen liegen.

Zum Formen (*Streichen*) der Ziegel dient eine Form aus Holz od. Gußeisen mit oder ohne Boden, die durch Eintauchen in Wasser sehr naß gemacht od. mit Sand bestreut wird. Im letzteren Fall bestreut man auch die Thonmasse mit Sand. Diese wird in die Form hineingepreßt und der Ueberschuß alsdann mit einem Streichholz abgestrichen. Die Ziegel legt man platt auf die Erde oder auf die hölzernen Gestelle des Trockenschuppens, sind sie hinreichend abgetrocknet, so werden sie auf die hohe Kante gestellt und endlich geschichtet. Bei Feldziegeleien, wo das Streichen neben der Thongrube im Freien vorgenommen wird, müssen die aufgestellten Ziegel bei Regen an der Wetterseite mit Matten bedeckt werden. Trockenschuppen sind aber stets vorzuziehen, weil man in solchen auch ein zu schnelles Trocknen, wobei die Steine sich ziehen und reißen, vermeiden kann. Dachziegel werden ebenso geformt wie die M., die Nase wird entweder aufgesetzt, oder sie wird aus der Thonplatte selbst gebildet. Es befindet sich dann an dem Bret, auf welchem die Ziegel geformt wird, ein Ausschnitt, in den man den darüber liegenden Thon der Thonplatte stark eindrückt. Die entstandene Vertiefung füllt man wieder mit Thonmasse aus. Die Formen der Ziegel sind stets etwas größer als die fertigen Steine werden sollen, weil beim Trocknen u. beim Brennen ein starkes Schwinden eintritt. Die in Sand gestrichenen M. sind nicht so scharfkantig wie die in Wasser gestrichenen u. auch leichter, daher nicht so dicht als letztere, aber es haftet auf ihnen der Mörtel besser. Um den auf beschriebene Weise hergestellten M.n eine bessere Form zu geben, werden sie mit einem Messer beputzt und mit einem Bretstück geklopft, doch erreicht man ein besseres Resultat durch Pressen der lederharten Steine, und man bedient sich zu diesem Zweck am besten der von A. Houges in Hannover angegebenen *Presse*, die pro Tag 1600 M. liefert.

In neuerer Zeit ist das Streichen der M. aus der Hand immer mehr durch Maschinenarbeit ersetzt worden, u. hierzu hat besonders die *Fabrikation der Drainröhren* Veranlassung gegeben. Diese werden auf M.n geformt, die nach demselben Princip wie die Nudelpressen arbeiten, nur daß der Cylinder, in welchem die Masse sich befindet, horizontal liegt und die Oeffnungen im Boden desselben ringförmig sind. Die Platte, welche den Thon im Cylinder zusammenpreßt, wird durch eine Zahnstange, in welche Zahnräder greifen, getrieben, die entgegengesetzte Seite des Cylinders hat fünf runde Oeffnungen, in deren Mitte durch Bügel runde Scheiben gehalten werden, so daß nicht ein massiver Cylinder, sondern eine Röhre herausgepreßt wird. Die Röhren gleiten beim Austritt über ziemlich dicht neben einander liegende Rollen und werden, wenn sie eine bestimmte Länge erreicht haben, durch einen niederzuklappenden Rahmen, der mit Messingdrähten bespannt ist, zerschnitten. Ist der Preßcylinder leer, so geht die Platte mit der Zahnstange zurück und der Cylinder wird von Neuem gefüllt. Die Platte mit den Oeffnungen kann, um Röhren von verschiedenem Kaliber darzustellen, vertauscht werden, u. wenn man eine Platte mit viereckigen Oeffnungen einsetzt, so kann man einen massiven Thonstab erhalten, der beim Zerschneiden M. gibt. Hierbei tritt nur der Uebelstand hervor, daß die Thonmasse in der Mitte der weiten Oeffnungen schneller als an den Rändern hervortritt, und man muß daher, um dies zu verhüten, eine sehr konsistente Masse anwenden und an der Platte einen nach vorn sich etwas verengenden vierseitigen Kanal anbringen. Eine äußerst einfache u. doch sehr praktische *Ziegelmaschine* hat Schlickeisen angegeben. Sie ist der holländischen Kleimühle nachgebildet, hat aber in Bezug auf Stellung und Form der Messer sehr sinnreiche Abänderungen erfahren, so daß die Thonmasse gleichförmig aus der unteren vierseitigen Oeffnung herausgedrückt wird. Vor dieser befindet sich ein Rollblatt wie an den Drainröhrenpressen, und das auf demselben sich hinschiebende Thonband kann nun in Ziegel zerschnitten werden. Vielfach bewährt hat sich die Ziegelpresse der Gebrüder Sachsenberg bei Roßlau. Der mit wenig Wasser eingesumpfte Thon wird in den Rumpf des Thonschneiders und Zuführers gebracht u. durch eine kontinuirlich wirkende Schraube unter einem kräftigen Druck durchgeknetet, gemischt u. endlich in die Preßmaschine geführt. Diese besteht der Hauptsache nach aus zwei starken, in einem gußeisernen Gestell schräg übereinander gelagerten Walzen, welche, durch eine Riemenscheibe und ein starkes Rädervorgelege bewegt, die Ziegelmasse erfassen, in einen an die Walzen dicht schließenden schlauchartigen Kasten treiben und von da in sehr komprimirtem Zustande durch ein mit sauber und sorgfältig bearbeiteten Wandungen versehenes Mundstück pressen, dessen Querschnitt gleich der Lagerfläche eines Ziegelsteins ist, und aus welchem die Masse dann als ein fortlaufendes Thonband hervorquillt. Dieses bewegt sich auf Rollen vorwärts und wird durch einen eigenthümlichen Abschneideapparat in einzelne Ziegel zertheilt. Die Maschine wird von einer vierpferdigen Dampfmaschine getrieben und von Einem Mann bedient und liefert in 10 Arbeitsstunden 6—8000 Steine, die so trocken sind, daß sie sofort zu 4—6 übereinander im Freien oder in Trockenscheunen aufgestellt werden können. Nach dem Brennen zeigen sie Klang und Härte und saubere Kanten und Flächen. In neuerer Zeit hat Hertel in Nienberg a. S. eine Ziegelpresse angegeben, über welche die Urtheile noch vielfach auseinander gehen. Vorzügliches leistet dagegen die große englische Maschine von Clayton. In einem gußeisernen Gehäuse liegt eine Thonwalzenmühle, welcher ein rotirendes Armsystem die Masse zuführt. Diese fällt, wenn sie durch die Walzen gegangen ist, in einen Präparirapparat, in welchem sich eine horizontale Welle mit 16 Armen befindet, die in der Minute 12—13 Umdrehungen macht und den Thon in einen viereckigen Preßkasten treibt. In letzterem bewegt sich ein viereckiger Preßkolben, der abwechselnd nach rechts und nach links ein Thonprisma auf ein Rollbett schiebt, auf welchem es zerschnitten wird. Besonderes Gewicht legt Clayton auf 2 vertikale rotirende und mit Moleskin überzogene Walzen, die sich vor den Austrittsöffnungen des Preßkastens befinden, durch Wasserzufluß feucht erhalten werden und die Seitenreibung des Thonstranges auf ein Minimum reduciren. Rühlmann gibt an, daß die Maschine sehr gut arbeitet u. täglich 20,000 Steine liefert.

Seit 20 Jahren bemühen sich die Nordamerikaner und seit 1851 die Engländer, völlig trockene oder doch nur etwas feuchte Thonerde zu verarbeiten, um auch sehr unreine, namentlich mit Steinen gemengte Masse verwenden zu können. Durch diese Methode wird der ganze Betrieb auch unabhängig von der Witterung und der Jahreszeit. Bradley u. Craven in Wakefield und Wilson in Glasgow haben derartige Maschinen angegeben, ganz vorzüglich arbeitet aber nach Rühlmann eine von *Platt u. Cie* in Oldham konstruirte Maschine, die M. liefert, welche wie geschliffen aussehen. Kleine eiserne Wägen führen die natürliche Thonerde zum Zweck des Trocknens durch horizontale Oefen, worauf sie in Separircylindern von Steinen getrennt, mittelst Elevatoren in ein nebenstehendes Gebäude gehoben, gesiebt u. endlich in einer eigenthümlichen Maschine durch Schlag und Druck gepreßt wird. In den Formkästen werden immer 4 M. auf einmal erzeugt, und zwar dadurch, daß man denselben nach einander zwei Fallwerkstöße und zuletzt eine zugleich von unten und von oben auftretende Pressung ertheilt. Die Maschine liefert in 10 Stunden mindestens 18,000 Steine, und die Totalgestehungskosten pro 1000, das unmittelbar nach dem Pressen folgende Brennen mit eingerechnet, sollen 4 Thaler betragen.

Die Urtheile über Maschinenziegelei geben immer noch auseinander. Nach Rühlmann wird es, abgesehen von der Frage geeigneter Thonerde, vortheilhaft sein, M. mit Hülfe von Maschinen herzustellen, wenn man Massen produciren und absetzen kann, wenn der Arbeitslohn hoch genug steht und wenn man unabhängig vom Arbeitspersonal sein will oder sein muß. Gute Maschinenziegel enthalten viel weniger Wasser als Handziegel, letztere müssen mithin 3—4mal mehr umgesetzt werden und nehmen daher mehr Zeit und Raum in Anspruch. Es gibt jedenfalls Maschinenziegel, die sich recht wohl hauen lassen, während ihre größere Dichtigkeit unter Umständen nachtheilig auf Zeit u. Güte des Brennens wirkt. Die aus trockener Thonerde hergestellten M. haben (wenigstens die plattschen) auch im Innern eine gute Beschaffenheit u. besitzen große Zerdrückungsfestigkeit. Das Brennen dieser stark gepreßten M. (80—100 Pfund pro Quadratzoll) erfordert aber mehr Feuerungsmaterial u. größeren Zeitaufwand, ein starkes Brennen ist aber unerläßlich, wenn die Steine nicht leicht Wasser aufnehmen sollen. Das specifische Gewicht der aus nasser Thonerde bereiteten Steine ist 1,87—2,0, die aus trockener Thonerde bereiteten Steine haben dagegen ein specifisches Gewicht 2,3.

Die getrockneten M. werden bisweilen ungebrannt benutzt. Zu diesem Zweck macht man aus Lehm ohne große Vorbereitungen die Steine und trocknet sie in freier Luft (*Lehmsteine*, *Luftziegel*,

Kluthen). Eine Beimischung von Häckerling, Flachs und Hanfschabe ist besonders bei den Lehmpatzen, großen Steinen von 15 Zoll Länge, empfehlenswerth. Da die getrockneten M. nur sehr wenig Festigkeit haben und im Wasser zerfallen, so können sie nur dann benutzt werden, wenn sie starkem Druck und Feuchtigkeit nicht ausgesetzt sind. Bei hoher Temperatur veranlassen die Flußmittel (Eisenoxyd, Kalk) eine Sinterung, Kittung der Theilchen, und dadurch erlangt der Stein Festigkeit. Man brennt die Steine entweder in ständigen gemauerten Ziegelöfen, oder ohne Oefen, indem man die Steine passend aufstellt und das Ganze mit einem Bewurf von Lehm umgibt (Feldziegeleien). Die Konstruktion der Ziegelöfen ist sehr verschieden und in neuerer Zeit vielfach abgeändert worden, da auch bei den einfachsten die Kohlen immer mehr Holz und Torf verdrängen. Die gewöhnlichen überwölbten Oefen haben am Boden mehre Schürgassen, die von Mauer zu Mauer gehen, etwa 2 Fuß breit sind und dann Bänke von 4 Fuß Breite zwischen sich einschließen; der Ofen ist zwei- oder dreischürig, je nachdem 2 oder 3 Schürgassen vorhanden sind. Durch Zuglöcher im Mauerwerk des Ofens wird das Feuer regulirt. Die Schürgassen sind je nach dem Brennmaterial mit verschiedenen Rosten versehen. Bei offenen Ziegelöfen sind die Umfangsmauern an einigen Stellen erhöht und tragen ein leichtes Dach, im Uebrigen ist die Konstruktion den geschlossenen Oefen ähnlich. Bei letzteren ist das Ein- und Ausfahren schwieriger, der Einsatz wird in der Nähe des Gewölbes nie sehr gleichmäßig, und die Regulirung des Feuers erfordert mehr Aufmerksamkeit; andererseits ersparen die überwölbten Oefen an Brennmaterial. Die Beschickung des Ofens geschieht in der Weise, daß man zunächst über den Schürgassen 2—3 Fuß hohe Gewölbe bildet und dann den Ofen voll setzt, wobei die M. auf die hohe Kante gestellt werden. Etwa mit zu brennender Kalk kommt in den unteren Theil des Ofens, Dachziegel werden ganz oben eingesetzt. Bei offenen Oefen bedeckt man die oberste Schicht mit gebrannten M.n. In den ersten 4 Tagen heizt man gelinde an und gibt dann erst starkes Feuer, so daß die M. nach 7—8 Tagen gar sind. Nun werden alle Oeffnungen geschlossen und der Ofen 5—6 Tage sich selbst überlassen, worauf er entleert werden kann. Sehr empfohlen werden die liegenden Oefen. Diese bestehen aus einer platten, nach hinten etwas ansteigenden und sich verschmälernden Sohle mit davorliegendem Rost und mit einem Gewölbe, das sich nach hinten herabsenkt, in dem Maß, als die Sohle des Ofens schmäler wird, so daß endlich ein vierseitiger Kanal entsteht, der in einen hohen Schornstein mündet. Sehr bekannt und verbreitet sind die hierher gehörigen kasseler Oefen. Das Brennmaterial wird bei denselben abgesondert vom Ziegelgut in Brand gesetzt, und es ist zu diesem Zweck eine als Feuerbrücke dienende Mauer aus feuerfesten Steinen im vorderen Theil des Ofens aufgeführt. Ein Ofen, der 16—17,000 Steine faßt, erfordert zu einem Brande 80—90 Scheffel Steinkohlen nebst einer Klafter Holz am letzten Tage oder 240 Scheffel Braunkohlen. Der pariser Ofen, welcher zum kontinuirlichen Brennen gebraucht wird, besteht aus einer etwa 150 Fuß langen und 3½ Fuß im Quadrat weiten gemauerten Röhre, welche unter Ansteigung von 1 Fuß auf je 10 Fuß der Länge theils auf Mauern, theils auf Pfeilern liegt. In der Mitte der Länge sind seitlich 2 kleine Feuerungen ausgebaut. Am oberen Ende befindet sich der Schornstein. Ein Eisenbahngleis liegt durch die ganze Röhre, und auf demselben läuft ein Train von kleinen Wagengestellen, welche mit je 170—200 Steinen beladen sind. Die Wägen werden am oberen Ende der Röhre eingeführt und gelangen allmählig an die heißeste Stelle, wo sie etwa ½ Stunde bleiben, dann rücken sie allmählig tiefer und verlassen endlich gut gekühlt die Röhre, in welcher in 24 Stunden 8—10,000 Steine gebrannt werden. Diese Oefen arbeiten sehr gut und liefern besonders treffliche Hohlziegel. Der ringförmige Brennofen mit immerwährendem Betrieb von Hoffmann und Licht besteht aus einer ringförmigen starken Wandung, in welcher eine Reihe Oeffnungen angelegt sind, welche die Zugänge zu dem eingeschlossenen Brennraum bilden. Nach innen zu scheidet eine andere ringförmige Wand den Brennraum von einem zweiten ringförmigen Raume, in welchem sich der hohe Schornstein befindet. In der letzten Wandung sind verschließbare Züge angebracht, und durch Schieber, welche sich zwischen der äußeren und der inneren Wand bewegen, kann der Brennraum seiner Breite nach abgesperrt werden. Der Brennraum selbst ist überwölbt und ebenso der innere ringförmige Raum, von welchem aus Züge in den Schornstein führen. Der Brennraum wird mit der zu brennenden Waare gefüllt. Alle Oeffnungen in der Außenwand bis auf eine, an welcher auch der den Brennraum sperrende Schieber geschlossen ist, sind zugemacht, ebenso alle Oeffnungen, die durch die innere Wand zum Rauchsammler führen, bis auf die letzte hinter dem Sperrschieber befindliche Oeffnung. Das Feuer wird genährt durch Brennmaterial, welches in Grusform von oben durch das Gewölbe auf die glühende Waare geschüttet wird. Von der äußeren nicht geschlossenen Oeffnung aus durchströmt die eintretende Luft den Brennraum u. den Rauchsammler, um in den Schornstein zu gelangen. Die vor der erwähnten Oeffnung sich befindende Waare ist aber schon gebrannt, wird mithin durch die eintretende Luft abgekühlt, während diese selbst erhitzt das Feuer um so energischer anfacht. Ist die gebrannte Waare genügend abgekühlt, so öffnet man die nächste Oeffnung, trägt die fertigen M. aus und beschickt diese Abtheilung mit frischer Waare, die dann nach versetzten Schiebern zunächst angeschmaucht wird. Diese Oefen gewähren, besonders bei großem Betriebe, außerordentliche Vortheile und verbreiten sich gegenwärtig sehr schnell.

Bisweilen färbt man M., u. in manchen Gegenden in Holland, Schleswig u. Frankreich hält man grau gedämpfte Steine für dauerhafter. Diese werden erhalten, indem man nach der Gare grünes junges Erlenholz mit den Blättern in die Heizkanäle bringt und alle Oeffnungen des Ofens verschließt. Rauch und Ruß durchdringen dann die Poren der Ziegelwaaren und färben sie grau. Für diese Arbeit hat man besondere Oefen konstruirt. Wirksamer u. für diese Zwecke empfehlenswerth ist das Imprägniren der gebrannten M. mit Fett (Thran, Leinöl) oder Steinkohlentheer, wodurch die Steine wasserdicht und gegen die Atmosphärilien widerstandsfähiger gemacht werden. Dasselbe kann auch durch eine

Glasur erreicht werden, u. zu Joachimsthal bestreicht man die lufttrockenen Dachziegel mit einem durch eine Glasurmühle gegangenen Gemenge von $^2/_3$ geschlämmter Thonerde und $^1/_3$ Eisenoxyd bis zu $^1/_{16}$ Zoll stark mit einem Pinsel und brennt sie dann. Durch Zusatz von Metalloxyden können die M. gefärbt werden, u. zwar benutzt man zu diesen Zwecken Eisenocker, Caput mortuum, Chromoxyd, Uranoxyd, weiße Thonerde ꝛc. Solche Steine eignen sich zu Prachtbauten, Mosaikarbeiten ꝛc. Vergl. Heusinger von Waldegg, Die Kalk-, Ziegel- u. Röhrenbrennerei, Leipzig 1861.

Mauguin, François, französischer Advokat u. Staatsmann, am 28. Febr. 1782 zu Dijon geboren, studirte in Paris die Rechte und ließ sich 1813 unter die Sachwalter aufnehmen. Durch seine glänzende Vertheidigung des Obersten Labedoyère bekannt geworden, führte er seit 1815 eine Reihe Prozesse für politisch Angeklagte. Im Jahre 1827 wurde er von dem Wahlkollegium zu Beaune in die Kammer gewählt und ward bald der Wortführer der äußersten Linken. Er unterschrieb 1830 kurz vor der Revolution die Adresse der 221 und vertheidigte dieselbe in einer feurigen Rede. Am 29. Juli wurde er in die Municipalkommission gewählt, welche 5 Tage lang als höchste Behörde Frankreich regierte. Nach der Thronbesteigung der Orléans hielt er sich in der Deputirtenkammer wieder zur Opposition und bekämpfte namentlich die Justemilieupolitik des neuen Kabinets, sowie die Maßnahmen des Ministeriums der auswärtigen Angelegenheiten. Einige Jahre später sprach er dagegen als Advokat der Kolonien für die Beibehaltung der Negersklaverei. Auch erklärte er sich nach einer 1840 nach Rußland unternommenen Reise für eine Alliance Frankreichs mit diesem Staat u. suchte dieser „Politik der Interessen" durch verschiedene Artikel in dem „Journal du commerce", dessen Hauptaktionär er war, im Publikum Eingang zu verschaffen. Nach der Februarrevolution von 1848 vom Departement Côte-d'or in die Konstituante und in die Legislative gewählt, stimmte er gewöhnlich mit der Majorität. Durch den Staatsstreich vom 2. December 1851 völlig in den Hintergrund gedrängt, † er den 4. Juni 1854 zu Saumur.

Mauke (impetigo, uligo), erysipelatöse Entzündung der Haut an dem untern Ende der Hufe der Pferde u. des Rindviehs, begleitet von Ausschwitzung einer gelblichen, eigenthümlich riechenden Feuchtigkeit, mit Ulceration und nicht selten auch mit Brand, wird nach diesen Ausgängen in die gewöhnliche oder einfache und in die brandige M. oder die Brandmauke unterschieden, welche letztere auch, weil die abgestorbenen Stücke ausfallen, die ausfallende M. oder der Wolf heißt. Mit Beziehung auf den Umstand, daß durch die Uebertragung des Maukestoffes auf das Euter der Kühe die ächten Kuhpocken und bei dem Menschen ein ähnliches, gegen die Menschenpocken schützendes Exanthem erzeugt werden können, hat man noch eine besondere Art von M. angenommen und diese als Schutzmauke bezeichnet. Die einfache, gutartige M. beginnt damit, daß an einem oder dem andern Fuße, zuweilen auch an mehren Füßen zugleich, die Haut am Fessel, besonders an der hinteren Seite desselben, etwas anschwillt, heißer und empfindlicher wird; wo sie von Natur weiß ist, wird sie jetzt dunkelroth, selbst blauroth, und von einem angebrachten Drucke bleiben sehr sichtbare weiße Spuren zurück. Die freie Beweglichkeit des betreffenden Fußes ist vermindert, daher der Gang etwas gespannt. Häufig bemerkt man auch bei oder vor dem Eintritte des örtlichen Leidens ein mäßiges Fieber, welches jedoch in der Regel nur von kurzer Dauer ist. Die entzündliche Anschwellung bleibt meist auf die hintere Fläche des Fessels beschränkt, dehnt sich manchmal aber auch auf seine vordere Fläche, auf die Krone und die Ballen des Hufes und nach oben bis über die Mitte des Schienbeins aus. Sie erreicht ihre größte Entwickelung zuweilen binnen 24 Stunden, in andern Fällen erst nach 2—4 Tagen. Wenn dies geschehen ist, findet auf ihr eine Exsudation von klebriger, faulig riechender Feuchtigkeit Statt, und an verschiedenen Stellen löst sich zugleich die Oberhaut anscheinend in Form kleiner Bläschen ab. Es bilden sich dabei bald oberflächliche, bald tiefe Querschrunden, in denen für einige Zeit eine stinkende Jauche, später aber Eiter abgesondert und Granulation gebildet wird. Die letztere wuchert zuweilen in kurzer Zeit an einzelnen Stellen bedeutend, indem große Fleischwarzen von verschiedener Form und von dunkelrother Farbe aus dem Geschwür hervorwachsen. Oft tritt im Verlaufe des Uebels eine ödematöse Anschwellung der leidenden Füße hinzu, die zuweilen bis gegen den Leib hinaufsteigt und gewöhnlich sehr hartnäckig ist, so daß sie oft noch längere Zeit nach Erfolg der Heilung der M. fortbesteht. Bei der Brandmauke treten plötzlich an dem Fessel eines Fußes oder auch an mehren Füßen zugleich die Erscheinungen einer heftigen Entzündung ein, worauf gewöhnlich schon bald nach 24 Stunden an der am meisten leidenden Stelle die Haut bläulich oder bleifarbig wird, sich erweicht und von den zunächst liegenden Theilen mit einem scharf begrenzten Rande ablöst. Dies geschieht meist um den 3. — 6. Tag, worauf ein unreines, fauliges, viel stinkende Jauche producirendes Geschwür zurückbleibt. Die Heilung erfolgt bei beiden Arten der M., je nach der Tiefe u. dem Umfange der Zerstörung, in ungefähr 10 Tagen bis 6 Wochen. Zuweilen wird das Uebel chronisch und dauert dann noch längere Zeit fort. In solchen Fällen wird die Haut allmählig immer mehr verdickt, ein Theil der Haare fällt aus u. die übrig bleibenden richten sich gesträubt in die Höhe, man nennt deshalb diese chronische M. gewöhnlich Straubfuß oder Igelsfuß. Die Erscheinungen der mit dem Namen Schutzmauke bezeichneten M. sind im Wesentlichen nicht verschieden von denen der gewöhnlichen M. Die Krankheit kommt in niedrig gelegenen, feuchten Gegenden und in nassen Jahren, sowie bei gemeinen Pferderacen häufiger vor als in trockenen hohen Gegenden, bei trockener Witterung und bei edlen Pferden; am häufigsten erscheint sie nach langen, schneereichen Wintern beim Aufthauen des Schnee's, wo sie zuweilen in einer ganzen Gegend als Epizootie auftritt. Zur Verhütung des Uebels dienen das Rein- u. Trockenhalten der Füße der Pferde, die Vermeidung von Erkältungen, das Waschen der Fußenden mit tonischen Mitteln, z. B. mit Abkochungen von Eichenrinde, von Tormentillwurzel u. dergl., und die Verabreichung gesunder Nahrungsmittel. Behufs der Heilung des Uebels macht man, so lange die Entzündungsgeschwulst anhält, namentlich bei bedeutender schmerzhafter Spannung, Waschungen von lauem Seifenwasser. Lassen Schmerz und Spannung nach, so befeuchte man die kranken Theile mit gelinde austrocknenden Mitteln, wie Blei- und Kalkwasser. Stellt sich Verschorfung ein, so ist eine besondere Behandlung nicht mehr nöthig. Innere Mittel sind nur bei Gegenwart eines heftigen Fiebers anzuwenden, und es dienen dann als solche einige Gaben Glauber- oder Doppelsalzes. Besteht die Absonderung fort und bilden sich Hautgeschwüre, so sind gelind ätzende Mittel, Einstreuen von gebranntem Alaun, Kupfervitriol, Bestreichen mit Höllenstein ꝛc. angezeigt. Abhaltung alles Schmutzes u. Reinhaltung der Streu sind unerläßlich. Zeitweilig empfiehlt sich eine Aloëpurganz, fortgesetzter Gebrauch von Kochsalz und Wachholderbeeren, auch wohl ein Fontanell.

Maulbeerbaum (Morus *L.*), Pflanzengattung aus der Familie der Urticeen mit folgenden charakteristischen Merkmalen: Die monöcischen und diöcischen Blüthen bilden einen Kopf oder eine walzige Aehre; die männliche Blüthenhülle ist 4theilig, und vor jeder Abtheilung steht ein Staubgefäß, während ein in der Mitte befindlicher Zapfen den fehl geschlagenen Stempel andeutet; die weibliche Blüthenhülle besteht aus 4 breiten Blattorganen, in deren Mitte ein 2fächeriger Fruchtknoten mit 2 fadigen Griffelschenkeln steht; die durch Fehlschlagen einfächerige Frucht enthält einen einzigen Samen mit harter Schale, Eiweiß und gebogenem Keimling; das beim Reifen stark saftig werdende Perigon bildet eine falsche zusammengesetzte Beerenfrucht. Die Gattung enthält Bäume mit Milchsaft und scharfen, meist wechsel-, selten gegenständigen Blättern u. paarigen, abfälligen Nebenblättern, welche ursprünglich nur in den heißen Ländern von Asien und Amerika einheimisch, von deren Arten aber mehre als Nahrungspflanze der Seidenraupe wichtig und durch die Kultur auch in Europa weit verbreitet sind. Der w e i ß e M. (M. alba *L.*), mit glatten, oberseits glänzenden, am Grunde schief herzförmigen, grob gesägten, manchmal auch wohl ganzrandigen, länglich-spitzen oder 3lappigen oder 3spaltigen, an den Nerven auf der Unterseite bisweilen behaarten Blättern und meist weißlicher oder weißlichgelber, mitunter auch röthlicher oder gar schwärzlicher Scheinfrucht, wird in der Heimat gegen 40 Fuß hoch, bei uns aber meist als Strauch gezogen. Er stammt aus Kleinasien aus den Ländern südlich und südwestlich vom kaspischen Meere, findet sich aber jetzt in Griechenland und Italien in fast wildem Zustande. Man hat von ihm viele durch die Kultur und den klimatischen Wechsel entstandene Varietäten, die aber zum Theil wenig von einander verschieden sind. Er verlangt einen mittelmäßig kräftigen, mehr leichten als thonigen Boden und gedeiht selbst noch im trockenen Flugsande. Feuchten, nassen Thonboden verträgt er nicht. In Bezug auf Lage und Klima ist er ebenfalls nicht sehr empfindlich, indem er durch ganz Europa, von den südlichsten bis zu den nördlichsten Gegenden, fortkommt. Die Vermehrung der Spielarten geschieht am einfachsten durch Samen. Zur Aussaat wähle man die Früchte von den großblätterigen Spielarten. Die Pflanzen bringt man in die Baumschule und veredelt sie am besten durch Okulation. Den Samen nehme man aber nur von solchen Bäumen, die männliche u. weibliche Blüthen tragen und wo die Befruchtung gehörig Statt gefunden hat. Zur Samengewinnung sammelt man die fleischigen Früchte und wäscht sie, nachdem man sie zuvor zerdrückt hat, in Wasser aus, worauf man die Kerne trocknet und bis zur Saat im Frühling aufbewahrt. Die Aussaat geschieht, nachdem die Samen 8 Tage im Wasser eingeweicht worden, gegen Mitte April auf gut zugerichtete Gartenbeete reihenweise bei leichter Bedeckung mit feiner, sandiger Erde. Die Beete werden fleißig begossen und rein gehalten. Man läßt die Sämlinge 1—2 Jahre beisammen stehen und verpflanzt sie sodann zur Erziehung für Hecken oder Buschbäume 5 Zoll und zur Erziehung von Hochstämmen 15 Zoll weit von einander in die Baumschule, woselbst man sie bis zur geeigneten Stärke als Buschbaum oder Hochstamm heranwachsen läßt, oder, wenn sie veredelt werden sollen, bei einer Stärke von 3 Linien 4—5 Zoll über der Erde okulirt. Zu Buschbäumen nimmt man niedere Stämmchen von 3—5 Fuß, zu Hochstämmen solche von 7—8 Fuß Höhe. In neuern Zeiten erzieht man selten mehr Hochstämme für die Seidenzucht, weil deren Blätter nicht so groß wie bei den Buschbäumen sind und nicht so leicht eingesammelt werden können. In Gegenden, wo der Grund und Boden theuer ist und mehr Vortheil aus den Feldprodukten als von der Maulbeerzucht erzielt werden kann, zieht man den M. am besten in Zaunform und umschließt damit die Felder, Gärten ꝛc. Um einen guten Zaun anzulegen, pflanzt man 2—3 Fuß hohe Stämmchen, nachdem sie zuvor etwas beschnitten und eingekürzt wurden, $1/2$—1 Fuß weit von einander und bindet sie an einem Schutzgeländer aus zwei über einander stehenden und an Pfähle gehefteten Latten oder Stangen an. Zur Seidenzucht eignen sich alle Spielarten, vor allen aber diejenigen mit glatten fleischigen Blättern. Der Bast des weißen M.s liefert ein ziemlich weißes und feines Papier, sowie er sich auch zum Spinnen eignet. Das Holz ist gelblich, etwas gestreift, ziemlich hart und zu feiner Schreiner- und Drechslerarbeit vorzüglich zu gebrauchen. Als Brennholz hat es nur einen mittlern Werth. Die Früchte sind sehr süß und werden bei Brust- und Halsbeschwerden, sowie bei katarrhalischen Affektionen angewendet. In China benutzt man die Wurzelrinde als eröffnendes und wurmtreibendes Mittel, besonders gegen den Bandwurm, sowie auch als harntreibendes Mittel bei Wassersucht und gegen langwierigen Husten, den Saft der Blätter gegen Wechselfieber. Der s c h w a r z e M. (M. nigra *L.*), mit vielgestaltigen, ungleich gesägten, gezähnten, manchmal auch gekerbten, am Grunde herzförmigen, ganzen oder gelappten, auf beiden Seiten scharfen Blättern und violettschwärzlicher Scheinfrucht mit röthlichem, säuerlichsüßem Saft, hat dieselbe Urheimat wie die vorige Art und wird in Südeuropa bis nach Süddeutschland, im nördlichen Deutschland nur an geschützten Orten kultivirt. Seine Verbreitung als Baumform geht nur so weit, als der Weinstock in offener Lage reife Früchte bringt. Da er in Deutschland keinen keimfähigen Samen trägt, so geschieht die Vermehrung durch Ableger, Stecklinge, oder durch das Okuliren auf den weißen M. Ableger werden von Mutterpflanzen gemacht, die man in der Jugend einige Zoll über dem Boden abschneidet, wodurch junge Zweige emporwachsen, welche im Frühling eingeschnitten und im nächsten Frühling abgenommen werden. Stecklinge macht man im Frühlinge, wo möglich in ein temperirtes oder auch kaltes Mistbeet, weil sie im Freien nicht so leicht angehen. Das Okuliren geschieht um Johanni an kräftigen, höchstens zweijährigen Stämmchen vom weißen M. Der kühlenden Früchte wegen ist diese Art ein Gegenstand der Pomologie. Die Früchte, Maulbeeren, **Mora s. Baccae Mori s. Fructus Mororum**, enthalten viel Schleim und sind officinell. Man bereitet aus ihnen einen Sirup, **Syrupus Mororum**, welcher kühlend, eröffnend und antiseptisch wirkt, und benutzt ihn besonders bei Aphthen der Kinder und als Corrigens übelschmeckender Arzneien. Die gelbe Wurzelrinde schmeckt scharf und bitter und diente schon den Griechen als Purgirmittel und gegen Bandwurm. Auch in der neueren Zeit ist sie wieder empfohlen worden. Wackenroder fand harzigen Gerbstoff, gelbes Harz, etwas fettes Oel, Satzmehl, Eiweiß, äpfelsauren Kalk und Schleimzucker darin. Die Blätter dieser Art können, obgleich man sehr häufig das Gegentheil behauptet, nicht zum Seidenbau benutzt werden. Der philippinische M. (**M. multicaulis** *Per.*, **M. cucullata** *Bonaf.*), ein kleiner Strauch oder Baum mit herzförmig-ovalen, ganzen, niemals buchtigen, sehr blasigen, unebenen, häufig dutenförmigen, sehr großen, hängenden, weichen und leicht verwelkenden Blättern und hängender, länglicher, schwarzer, saftiger und eßbarer Scheinfrucht, auf den philippinischen Inseln, wurde 1821 durch den Kapitän Perottet in Frankreich eingeführt und hat sich daselbst, sowie in Italien und Deutschland schnell verbreitet. Er liebt einen fruchtbaren Boden, ein mildes Klima und eignet sich mehr zur Kultur für die südlichsten Gegenden von Europa, weniger für Deutschland, indem in jedem Winter die Endzweige, bei strenger Kälte aber auch die Stämme bis an den Boden erfrieren. Die Vermehrung geschieht sehr leicht durch Steckreiser, Ableger und durch Okulation auf den weißen M. Die Blätter werden von den Seidenwürmern, zumal den jungen, sehr gern gefressen und geben denselben eine gute Nahrung. Nach mehren Erfahrungen sollen jedoch die mit dieser Art gefütterten Raupen die wenigste Seide liefern. Der indische M. (**M. indica** *Rumph*) ist ein Baum in Ostindien und auf den indischen Inseln, dessen braunrothe Früchte in der Heimat häufig gegessen und auch als kühlendes Arzneimittel benutzt werden. Das aus den jungen Blättern bereitete Gemüse soll die Milch Säugender vermehren; in Cochinchina dienen die Blätter zur Fütterung der Seidenraupen. Der rothe M. (**M. rubra** *L.*), mit herzförmigen, zugespitzten, 3lappigen, gleichförmig sägerandigen, rauhen, unterseits weichhaarigen Blättern und walzlichen Blüthenkätzchen, ein 60—70 Fuß hoher Baum Nordamerika's von Canada bis Florida, dessen Früchte in der Heimat genossen werden, wird hier und da in Deutschland kultivirt gefunden, hat aber weder für den Pomologen, noch für den Seidenzüchter besondern Werth. Ueber den Papiermaulbeerbaum s. Broussonetia.

Maulbeerfeigenbaum, s. v. a. **Ficus Sycomorus** *L.*, s. Feige.

Maulbeersteine, solche in der menschlichen Harnblase sich bildende Steine, welche eine warzige, selbst stachlige, im Allgemeinen den Maulbeeren ähnelnde Oberfläche haben. Sie bestehen im Wesentlichen aus oxalsaurem Kalk und kommen häufig, besonders bei jugendlichen Individuen, vor. Ihre Größe ist sehr verschieden und kann der eines Hühnereies gleichkommen. Die größeren M. haben eine geschichtete Schnittfläche, sind dunkelbraun und sehr hart, die kleineren sind heller gefärbt und ihre Oberfläche ist weniger uneben. S. auch Harnsteine.

Maulbronn, Marktflecken und Oberamtssitz im würtembergischen Neckarkreis, an den Quellen der Salzach und an einem See, mit schöner gothischer Kirche, ehemaligem, 1137 gestiftetem Cistercienserkloster, dessen Gebäude jetzt einem niederen theologischen Seminar eingeräumt sind, Weinbau, Sandsteinbrüchen und 800 Einwohnern. Hier 1564 Disputation der pfälzischen und würtembergischen Theologen über das Abendmahl. In einem Thurme des Klosters soll der Sage nach Faust sein Leben geendet haben.

Mauléon, Arrondissementsstadt im französischen Departement Niederpyrenäen, am Gave de Saison, mit 1700 Einwohnern, Eisenbergwerken und Salzquellen, Hauptort der Landschaft Soule.

Maulesel und **Maulthier**, Bastarde von Pferd u. Esel. Der Maulesel (**Asinus vulgaris Hinnus, Equus hinnus**), der Bastard von Pferdehengst und Eselstute, hat die unansehnliche Gestalt, die geringe Größe und die längeren Ohren der Mutter und vom Pferde nur den dünneren und längeren Kopf, die volleren Schenkel, den seiner ganzen Länge nach behaarten Schwanz u. die wiehernde Stimme. Man gebraucht die Maulesel zum Lasttragen, sie werden aber seltener gezüchtet als das nützlichere Maulthier. Das Maulthier (**Asinus vulgaris Mulus, Equus mulus**), der Bastard von Eselhengst und Pferdestute, hat fast die Größe und Gestalt des Pferdes, unterscheidet sich von diesem aber besonders durch die Form des Kopfes, die längeren Ohren, den an der Wurzel kurz behaarten Schwanz, die schmächtigen Schenkel und die schmaleren Hufe, welche an den Esel erinnern. Es ähnelt in der Färbung gewöhnlich der Mutter, hat aber die Stimme des Vaters. Da Pferd und Esel sich niemals freiwillig kreuzen, so bedarf es zur Züchtung der Bastarde von ihnen besonderer Kunstgriffe. Gewöhnlich verbindet man der Pferdestute, welche durch einen Eselhengst beschlagen werden soll, die Augen, führt ihr auch wohl zuvor einen schönen Pferdehengst vor und vertauscht diesen dann mit dem Esel. Mit dem Pferdehengst verfährt man ebenso. Weit leichter lassen sich Pferd und Esel zur Paarung bringen, wenn sie zusammen erzogen und von Jugend auf an einander gewöhnt sind, wodurch die natürliche Abneigung, die beide Gattungsverwandte sonst gegen einander zeigen, fast verschwindet. Bereits die alten Römer ließen Esel und Pferde, welche zur Maulthierzucht benutzt werden sollten, zusammen leben, und in Spanien und Südamerika beobachtet man noch jetzt dieses Verfahren. Man gibt die jungen Eselsfohlen wenige Tage nach ihrer Geburt säugenden Pferdestuten bei, deren Mutterliebe in der Regel die Abneigung gegen den aufgedrungenen Pflegling bald überwindet. Die Pferdestute trägt das Maulthier etwas länger als ihr eigenes Fohlen; das neugeborne Maulthier steht aber weit eher auf den Beinen als das junge Pferd; auch dauert sein Wachsthum länger; unter vier Jahren darf man es nicht zur Arbeit anhalten, dafür ist es aber auch meist bis zum 20. und 30., ja nicht selten bis zum 40. Jahre brauchbar. Wegen der größeren Nutzbarkeit züchtet man weit mehr Maulthiere als Maulesel, letztere besonders in Spanien u. Abessinien. Das Maulthier vereinigt die Vorzüge beider Aeltern in sich: die Genügsamkeit und Ausdauer, den sanften, sicheren Tritt hat es vom Esel, die Kraft und den Muth vom Pferde. Ein gutes Maulthier trägt eine Last von 300 Pfund und legt mit ihr täglich 6—7 Meilen zurück. In Spanien benutzt man es auch allgemein als Zugthier. Maulthiere u. Maulesel pflanzen sich zwar in der Regel nicht fort; doch sind seit den ältesten Zeiten Beispiele bekannt, daß diese Blendlinge wiederum Junge erzeugten. So wurde in Valencia 1762 eine braune Maulthierstute mit einem grauen andalusischen Hengste gekreuzt und brachte ein schönes, fuchsrothes Fohlen mit schwarzer Mähne zur Welt, welches alle Eigenschaften einer guten, reinen Pferderace zeigte. Auch in der neueren Zeit sind ähnliche Fälle vorgekommen.

Maultrommel, s. Mundharmonika.

Maulwurf (Mull, Talpa *L.*), Säugethiergattung aus der Ordnung der insektenfressenden Raubthiere und der Familie der Maulwürfe, charakterisirt durch den gedrungenen walzigen Körper, der ohne abgesetzten Hals in den Kopf übergeht, den knorpeligen, zugespitzten, beweglichen Rüssel, oben 6, unten 8 Vorderzähne, große Eckzähne und oben 7, unten 6 Backenzähne, die breiten, mit der inneren Fläche nach außen gewendeten, mit 5 starken, stumpfschneidigen Krallen ausgerüsteten handförmigen Vordergliedmaßen (Grabfüße), die gestreckten, rattenartigen Hintergliedmaßen und die kleinen, im Pelze versteckten Augen und Ohren. Der gemeine M. (T. europaea *L.*) ist 5 Zoll lang, mit 1 Zoll langem Schwanze, und hat einen sehr dichten, kurzhaarigen, sammtartigen, schwarzen, selten aschgrauen und noch seltener erbsengelben oder weißen Pelz, welcher den ganzen Körper mit Ausnahme der Pfoten, der Fußsohlen, der Rüsselspitze und des Schwanzendes bedeckt. Die nackten Theile sind fleischfarbig. Die Augen sind schwarz und etwa von der Größe eines Mohnkörnchens; sie liegen in der Mitte zwischen der Rüsselspitze und den Ohren und sind von dem Kopfhaar völlig bedeckt, haben aber Lider und können willkürlich hervorgedrückt und eingezogen, also zum Sehen benutzt werden. Die Ohren sind klein und statt der Ohrmuscheln außen bloß von einem kurzen Hautrande umgeben, welcher ebenfalls unter den Haaren verborgen liegt und beliebig zur Oeffnung und Schließung des Gehörgangs gebraucht werden kann. Der M. ist durch ganz Europa, mit Ausnahme von Mittel- und Unteritalien, Spanien, Griechenland, bis nach Nord- und Mittelasien hinein verbreitet. Er lebt unter der Erde, wo er sich, gewöhnlich an einer von außen schwer zugänglichen Stelle, unter Baumwurzeln, einer Mauer rc. eine Wohnung und verschiedene Gänge zu seinen Jagden gräbt, nährt sich von Insekten und deren Larven, besonders Engerlinge, auch von Regenwürmern, und kommt nur in den Sommermonaten des Nachts, selten bei Tage auf die Erdoberfläche, wo er dann auf Schnecken; Frösche, Blindschleichen, Mäuse und selbst auf kleine Vögel Jagd macht. Im Winter senkt er seine Gänge bis in frostfreie Tiefen, wo Insekten und Würmer Schutz suchen, und hält keinen Winterschlaf. Er läuft auf der Oberfläche, besonders aber in seinen unterirdischen Gängen mit großer Behendigkeit und gräbt mit wahrhaft wunderbarer Geschwindigkeit. Auch schwimmt er gut, doch nur im Nothfall. Unter den Sinnen sind Geruch, Gehör und Gefühl besonders ausgebildet, während das Gesicht verkümmert ist. Er gibt zischende und quiekende Laute von sich, ist höchst unverträglich, bissig, gefräßig und mordlustig und verschont selbst seines Gleichen nicht. Das Weibchen wirft ein- oder zweimal im Jahre 3—5 Junge, welche rasch heranwachsen und schon nach 1—2 Monaten selbstständig sind. Als Kerbthiervertilger sehr nützlich, wird der M. in Gärten durch Unterwühlen und Aufwerfen der Erde sehr lästig, weshalb ihm mit Maulwurfsfallen und Bügelfallen eifrig nachgestellt wird. Außer vom Menschen wird er besonders vom Iltis, Wiesel, Bussard, Raben und Storch, auch vom Igel verfolgt. Sein Fell ist werthlos und wird höchstens zur Ausfütterung von Blaserohren und zu Geldbeuteln benutzt. Der blinde M. (T. cooca), welcher im Süden Europa's, namentlich in Italien und Griechenland, vorkommt, hat seinen Namen davon, daß seine noch kleineren Augen mit einer feinen, durchschimmernden Haut überzogen sind, welche dicht vor den Sternen von einer sehr feinen, schrägen Röhre durchbohrt ist, durch welche aber das Auge nicht sichtbar wird. Außerdem gleicht er dem vorigen, von dem er sich nur durch den längeren Rüssel unterscheidet. Die Gattung Sternmaulwurf (Condylura *Ill.*) ist durch den mit einem strahligen, sternförmigen Kranz beweglicher Knorpellappen ausgestatteten Rüssel und den langen, nackten, rattenartigen Schwanz ausgezeichnet. Hierher gehört der gemeine Sternmull (C. cristata *L.*), welcher etwas kleiner als unser M. ist, dieselbe Lebensweise wie dieser hat und in Nordamerika lebt. Die Gattung Goldmaulwurf (Chrysochloris *Cuv.*), charakterisirt durch die kurze, zugespitzte Schnauze, oben 2, unten 4 Vorderzähne und oben und unten 8 Backenzähne, die nur mit 3 Krallen ausgerüsteten Vorderpfoten, den fehlenden Schwanz und den wahrhaft blendenden Metallglanz des Pelzes, begreift die südafrikanischen Vertreter der Familie, worunter besonders der grüne Goldmull (C. inaurata), in der Nähe der Kapstadt, mit braunem, prachtvoll schillerndem Pelze zu bemerken ist. Die Gattung Wassermaulwurf (Scolops *Cuv.*) unterscheidet sich von den genannten Maulwürfen besonders durch die zugespitzte Schnauze, welche an die der Spitzmäuse erinnert, sowie durch ihre Lebensweise an wasserreichen Orten. Der gemeine Wassermull (S. aquaticus *L.*), 7½ Zoll lang mit 1½ Zoll langem Schwanz, bräunlichschwarz, im Gesicht mit kastanienfarbenem Anflug, an Schwanz und Pfoten weiß, lebt an den Flußufern Nordamerika's.

Maulwurfsgrille (Werre, Reitwurm, Erdkrebs, Gryllotalpa *Latr.*), Insektengattung aus der Ordnung der Orthopteren oder Grasflügler und der Familie der Springer oder Heuschrecken, wird repräsentirt durch die gemeine M. (G. vulgaris *Latr.*), eines der größten europäischen Insekten, 2 Zoll lang und fingerdick, das durch seine widrige Gestalt, seine langen Fühler, Taster und Schwanzfäden, die handförmigen, kräftigen, denen des Maulwurfs ähnelnden Vorderbeine (wovon der Name), den eigenthümlichen Brustschild, die langen, säbelförmigen, über den Hinterleib hinausragenden Flügel und die starken, aber nicht zum Springen geeigneten Hinterbeine auffallend genug gekennzeichnet ist. Die M. ist fast durch ganz Europa, mit Ausnahme des hohen Nordens, verbreitet. Sie zeigt ein sehr lebhaftes Temperament, springt zwar nicht wie die Grillen, läuft aber schnell, schwimmt auch gut, wenn sie ins Wasser fällt, und gräbt insbesondere mit außerordentlicher Behendigkeit. Sie lebt unterirdisch in Wäldern, auf Wiesen, Aeckern und in Gärten und richtet an allen krautartigen Gewächsen bedeutenden Schaden an, indem sie unter ihnen Gänge wühlt und die Wurzeln abbeißt, doch frißt sie auch Engerlinge, Schnecken und Regenwürmer. Das Männchen gibt zur Begattungszeit, Anfangs Juli, durch Reiben der Hinterschenkel an den Flügeln einen schwirrenden Laut von sich, meist des Morgens vor Sonnenaufgang und des Abends nach Sonnenuntergang. Das Weibchen macht einen spiralig gewundenen Gang, welcher von der Oberfläche in die Tiefe zu einem innen ausgehöhlten Erdklumpen führt. Die Eier, welche es hier sofort nach der Begattung legt, kriechen nach 2—3 Wochen aus. Die jungen Larven sind 4—5 Millimeter lang, schmutzig hellbräunlichgelb, dunkler gefleckt und haben einen großen Kopf. Sie machen 5 Häutungen durch, überwintern in der Erde, erwachen im April und sind im Mai ausgewachsen. Das Weibchen frißt oft seine Jungen selbst auf. Ueberhaupt ist die M. ein höchst gefräßiges Thier, das selbst seines Gleichen anfällt u. auffrißt. Sie fliegt selten und schwerfällig und erhebt sich dabei kaum einige Fuß über den Boden. Hascht man sie, so spritzt sie eine übelriechende, dicke braune Flüssigkeit aus. Ihre Hauptfeinde sind Schweine, Maulwürfe, Raben, Krähen und Dohlen. Wo sich die M.n auf Wiesen in Menge vorfinden, verrathen sie ihren Aufenthalt durch Flecke abgestorbenen Grases. Man treibt sie durch Eingießen von Seifensiederlauge aus ihren Löchern und tödtet sie dann oder fängt sie in Töpfen, welche man an ihren Röhren so eingräbt, daß sie hineinfallen. Auch vergräbt man im Herbst an den Stellen, wo sie hausen, frischen Pferdemist etwa 2 Fuß tief; von dessen Wärme angelockt, sammeln sie sich darin, und man kann sie dann bei eingetretener Kälte mit dem Mist ausgraben. Am erfolgreichsten vertilgt man sie aber durch Aufsuchen und Zerstören ihrer Nester.

Maumee (Mahmi), Fluß in Nordamerika, entsteht im Staat Indiana durch die Vereinigung des St. Joseph und St. Marys, fließt nordöstlich durch den nordwestlichen Theil von Ohio und mündet nach einem Lauf von 24 Meilen in die Maumeebai, am Ostende des Eriesee's.

Maund (Maon), Handelsgewicht in Ostindien; in Madras der Faktoreimaund = $25^{1}/_{10}$ Zollpfund; der Bazarmaund 10 Proc. schwerer; in Pondichery = $24^{4}/_{5}$, auf Sumatra = $78^{58}/_{100}$ Pfund.

Maundeville, John, s. Mandeville.

Maupeou, 1) René Charles de M., Vicekanzler von Frankreich unter Ludwig XV., geboren 1688 zu Paris, wurde 1708 Avocat du roi, 1710 Parlamentsrath und 1743 Präsident. In Folge eines heftigen Streits mit dem Erzbischof Beaumont wegen der Hospitalverwaltung und der Jansenisten ward er 1751 mit dem Parlament nach Pontoise verwiesen, aber nach 3 Jahren zurückgerufen und bewirkte nun die Verbannung des Erzbischofs nach Perigord. Im Jahre 1757 ernannte ihn der König zum Vicekanzler, 1768 zum Kanzler, doch verzichtete M. zu Gunsten seines Sohnes auf diese Würde. Er † 1775 zu Paris.

2) Nicolas Charles Augustin de M., Kanzler von Frankreich unter Ludwig XV., der Sohn des Vorigen, 1714 zu Paris geboren, wurde durch seinen Vater 1756 Präsident à Mortier im Parlament und 1763 erster Präsident, legte aber diese Stelle bald nieder und schloß sich eng an den damaligen Minister, den Herzog von Choiseul, an. Nachdem er das von seinem Vater abgelehnte Amt eines Kanzlers erhalten hatte, ging er jedoch zu der Partei des Herzogs von Aiguillon über, die von der Dubarri unterstützt wurde, und bewirkte die Entlassung seines früheren Gönners, dessen Stelle nun am 13. April jenes berüchtigte Interimsministerium einnahm, in welches auch der Herzog von Aiguillon eintrat. Schon vorher war M. mit den Parlamenten in Streit gekommen. Als nämlich das Parlament zu Paris aus der Gewohnheit, daß ihm die königlichen Edikte zur Eintragung in seine Register zugefertigt wurden, die Folgerung zog, daß die Gültigkeit dieser Edikte von dieser Eintragung abhängig sei, und an dem Rechte festhielt, dieselbe zu verweigern, ließ M. in der Nacht zum 20. Januar 1771 die Parlamentsräthe in ihren Wohnungen von Soldaten aus dem Schlaf wecken und auffordern, sich mit Ja oder Nein über die Befolgung jenes königlichen Befehls zu erklären. Im ersten Schrecken erklärten sich Alle mit Ja; aber am Morgen nahmen sie diese Zustimmung zurück. In der Nacht darauf ließ sie der Kanzler wieder wecken und ihnen durch Gerichtsdiener theils ihre Amtsentsetzung, theils ihre Verhaftung und Verweisung nach verschiedenen Orten einhändigen. Aus denjenigen Mitgliedern aber, die an der Opposition keinen Theil genommen hatten, wurde ein Interimsparlament (M.s Parlament) gebildet. Auch zu Arras, Blois, Chalons, Clermont, Lyon und Poitiers ließ der Kanzler anstatt der Parlamente Obergerichtshöfe errichten. Umsonst protestirten die Prinzen von Geblüt und mehre Pairs gegen diese Veränderungen der Verfassung, M. hob sogar auch den Gerichtshof Châtelet und die Steuerkammer auf und erklärte das mit seinen feilen Werkzeugen besetzte Interimsparlament für ein ständiges. Als Ludwig XV. am 10. Mai 1774 starb, war eine der ersten Handlungen des neuen Regiments die Verbannung M.'s und die Wiederherstellung der alten Parlamente. M. † zu Thuit in der Normandie am 29. Juli 1792.

Maupertuis, Pierre Louis Moreau de, berühmter französischer Mathematiker und Schöngeist, den 17. Juli 1698 zu St. Malo geboren, war für den Kriegsdienst bestimmt, nahm aber bald seinen Abschied, um sich ganz der Wissenschaft zu widmen, wurde 1723 Mitglied der Akademie und ging darauf einige Zeit nach London und später nach Basel, wo er die Brüder Bernoulli kennen lernte. Im Jahre 1737 wurde er von Ludwig XV. mit der Leitung einer genauen Gradbestimmung in Lappland beauftragt. Die Resultate der Expedition veröffentlichte er in dem Werke „De la figure de la terre, déterminée par les observations de M., Clairaut, Camus etc." (Paris 1738). In der Folge beschäftigte er sich namentlich mit Verbesserung der Schifffahrt und astronomischen Messungen. Im Jahre 1741 wurde er von Friedrich II. zum Präsidenten der berliner Akademie der Wissenschaften ernannt. Er begleitete den König ins Feld und fiel bei Molwitz in österreichische Gefangenschaft, ward aber bald wieder in Freiheit gesetzt. Nachdem er hierauf wieder eine Zeit lang in Frankreich gelebt hatte, folgte er einer neuen Einladung Friedrichs nach Berlin und zählte dort mehre Jahre zu dessen Vertrauten. Ein Aufsatz von seiner Hand in den „Memoiren" der berliner Akademie (1746), der die Gesetze der Bewegung und Ruhe nach dem metaphysischen Princip der kleinsten Bewegung behandelte, verwickelte den Verfasser in eine längere literarische Fehde, namentlich mit Voltaire, und verleidete ihm den Aufenthalt in Berlin in dem Maße, daß er 1758 nach Basel übersiedelte, wo er, schon längere Zeit brustkrank, am 27. Juli 1759 †. M. war mit einem lebhaften Geist und viel Witz ausgestattet und verband hiermit ein liebenwürdiges Benehmen, doch war er auch nicht frei von Selbstliebe und Eitelkeit, die leicht verletzt werden konnten. In mehren philosophischen Schriften vertheidigte er das sogenannte Gesetz der Sparsamkeit (lex minimi), nach welchem die Natur den möglichst kleinsten Aufwand der Kraft in der Bewegung der Körper macht. Als Schriftsteller ist er geistreich, voll Feuer und Phantasie, oft aber auch gesucht, steif und parador. Seine Werke, philosophischen und mathematischen Inhalts, erschienen in 4 Bänden Paris 1752 und Lyon 1768.

Maur, St. (M. des Fossés), Dorf im französischen Departement Seine, Arrondissement Sceaux, auf einer Landzunge zwischen der Seine u. Marne, an der Mündung des St. Maurkanals, der die Fahrt auf der Marne abkürzt und eine Länge von 1110 Mètres hat, mit Papier-, Rübenzucker- und Bijouteriefabriken, Eisengießerei, Bleichen, Maulbeerzucht, Ackerbauschule und 3750 Einwohnern, bekannt als ehemaliger Hauptsitz der Kongregation des Benediktinerordens von St. Maur, s. Benediktiner.

Maura, Insel, s. Santa-Maura.

Maurandia *Jacq.*, Pflanzengattung aus der Familie der Scrophularineen, charakterisirt durch den 5theiligen Kelch, die glockenförmige, ungleiche Korolle mit stumpf-5lappigem Rande, am Grunde schwieligen Staubfäden, die 2 verbundenen, an der Spitze halb 5klappigen Kapseln, Ziersträucher, in Meriko einheimisch, mit hochkletterndem, ästigem Stengel, windenden Blattstielen und einzeln winkelständigen, schönen Blumen. M. antirrhiniflora *H. B.* hat abwechselnde, 3eckig-spießförmige, bis zolllange Blätter, maskirte, blaue Blumen mit gelblichweißem, den Schlund schließendem Gaumen; M. Barclayana *Bot. Reg.*, herzförmige, eckige, zum Theil fast spießförmige Blätter und große lebhaft violettblaue Blumen; M. semperflorens *Jacq.* bläulich-blaßrothe Blumen mit ausgerandeten Lappen. Diese Zierpflanzen lassen sich vor dem Zimmerfenster leicht an Bindfaden emporleiten, wo sie dann lange Zeit ihre lieblichen Blumen zeigen. Vorzüglich eignen sie sich zur Dekoration von Mauern, Wänden von Gebäuden, kleinen Lauben zc.

Maure, St., Stadt im französischen Departement Indre-Loire, an der Manse, mit bedeutendem Getreidehandel und 2600 Einw. Hier 1466 Vertrag zwischen Ludwig XI. und seinen zur Ligue du bien public vereinigten Großen, in Folge dessen letztere auseinanderging.

Mauren (Mohren, Moriskos, Mauri), Volk in Nordafrika, das im Laufe der Zeit aus der Vermischung der von den Römern schon vorgefundenen und zum berberischen Völkerstamm gehörigen ersten Bewohner des alten Mauritanien mit den verschiedenen Eroberern Nordafrika's, den Vandalen, den durch Belisar hierher geführten Griechen und namentlich den aus Spanien vertriebenen Arabern entstand und gegenwärtig besonders in den Städten ansässig ist. Der Name M. wird jetzt synonym mit Araber und Saracenen gebraucht; dem Volke selbst ist er unbekannt. Die M. sind im Durchschnitt ziemlich schlank, wohlgebildet, von mittlerer Größe, haben schöne Augen und Zähne und in allen Schattirungen wechselnde Hautfarbe. Die Frauen, in der Jugend wohlgebildet, sind schon im 12. Jahre mannbar, altern aber schnell. Sie färben sich die Augenlider und Augenbrauen schwarz und bemalen mit der Henna Finger und Zehen, Gesicht und andere Theile. Die Kleidung der Männer besteht aus einem Hemde mit weiten Aermeln und aus weiten Beinkleidern von weißer Leinwand, worüber sie den Kaftan mit kurzen Aermeln tragen, der gewöhnlich von hellgelber Farbe oder himmelblau ist. Darüber wird der Haik oder Mantel von röthlicher Baumwolle oder Seide nach Art einer römischen Toga getragen. Bisweilen wird noch der Burnus, ein Kleidungsstück von blauem Tuche mit Kapuze, hinzugefügt oder auch eine leichtere Ueberweste, Sulham genannt. Das Haupt bedeckt eine rothe Mütze, welche Solche, die nach Mekka gewallfahrtet sind, mit einem Turban von weißem Musselin umwinden. Die Fußbekleidung besteht aus Pantoffeln oder Halbstiefeln von gelbem Leder. Den Haik tragen auch die Frauen. Die bemittelteren von diesen tragen auf dem bloßen Leibe ein weites Hemd von feiner Leinwand und hierüber einen geräumigen Kaftan von Tuch oder goldgewirktem Sammet. Den Kopf umwinden sie mit einem oder zwei Streifen eines seidenen und goldenen Schleiers. Bisweilen fügt man dazu ein mit Goldmünzen und Perlen verziertes Band, welches die Stirn nach Art eines Diadems umgibt. Auch tragen sie Ohrringe, Halsketten und Arm- und Kniebänder. Ueber den Kaftan ziehen sie ein weißes Oberkleid von Leinwand, das mittelst eines Gürtels befestigt wird. Die Fußbekleidung bilden rothe Pantoffeln, aber weder die Weiber, noch die Männer machen Gebrauch von Strümpfen. Die niedere Klasse und die Armen tragen als einziges Kleidungsstück eine Art Sack von grober Leinwand, Dschellabia genannt, oben mit einem Loch für den Kopf und mit Löchern an den Seiten, um die Arme hindurchzustecken. Die M. rauchen selten Tabak, statt dessen aber eine Art Hanf, Haschischa genannt, oder auch den Samen einer Pflanze, Kif genannt. Ihre Wohnungen sind ziemlich niedrig und bestehen aus 4 Abtheilungen, die einen viereckigen oder länglichen Hofraum einschließen, der, wie die Zimmer, gepflastert und mit Kalk überzogen oder mit gefirnißten, mehrfarbigen, platten Backsteinen oder Marmor belegt ist. Auf einer Seite des Hauses ist der Harem, wo die Frauen wohnen; auf der andern die Wohnung der Männer mit dem Fremdenzimmer zur Aufnahme von Gästen u. Verhandlung der Geschäfte. Die Santons (Heilige)

u. Quacksalber od. Zauberer bilden eine Art von Possenreißern. Die erstern sind gewöhnlich Blödsinnige und Wahnsinnige, oder auch bloße Schwärmer, Propheten, Begeisterte, welche die bösen Geister bannen und alle Krankheiten heilen zu können vorgeben. Ihre mit rothen Fahnen überschatteten Gräber werden als Wallfahrtsplätze betrachtet und gelten als Freistätten, die jeden zu ihnen Fliehenden unverletzlich machen. Die Quacksalber, A'isauri genannt, nach Sidi Ben A'isa, ihrem Schutzheiligen, besitzen Geheimmittel gegen die Bisse der giftigen Schlangen und Insekten, bilden eine Art religiöser Verbrüderung und haben zu Fez ein großes Heiligthum, das Haupthaus der gesammten Brüderschaft. Im Juli begeben sie sich in zahlreichen Haufen in die südlich gelegene Provinz Sûs, um Schlangen einzusammeln, u. halten dann jährlich ein Fest, wobei sie wie Wahnsinnige durch die Straßen der Städte rennen. Uebrigens sind die Sitten und Gebräuche der M. denen der übrigen arabischen und mohammedanischen Völkerschaften gleich. Auch die Blutrache ist bei ihnen herrschend. Wie bei den Mohammedanern überhaupt, so befinden sich auch bei den M. die Frauen in einem sehr gedrückten Zustande. Die M. sind unbeständig, treulos, lügnerisch, grausam. Ihre vorherrschenden Leidenschaften sind sinnliche Liebe, Rachsucht, Ehrgeiz und Habsucht. Ihrer grausamen, wilden, herrischen Sinnesart ist jedes Gefühl von Wohlwollen und Menschlichkeit fremd. Gegen ihre Untergebenen stolz, hart und anmaßend, sind sie gegen ihre Obern und gegen Mächtige kriechend und demüthig. Ihr religiöser Fanatismus übersteigt alle Begriffe. Gastfreiheit und der höchste Gleichmuth in Schmerzen und Leiden sind vielleicht ihre einzigen Tugenden. Ihre Industrie beschränkt sich auf die Fabrikation der bekannten rothen Mützen (Fes), seidener Schnupftücher, schöner Gürtel, des Korduanleders u. guter Töpferwaaren. In Wissenschaften und Künsten sind die M. sehr zurück; überhaupt befinden sie sich noch auf einer untern Stufe der Civilisation. Ihre Sprache ist das sogenannte westliche Arabisch, mit vielen berberischen und spanischen Wörtern vermischt. Ihre Zahl gibt man auf 3½ Millionen an. Die M. in der Wüste Sahara sind Nomaden und in viele Stämme getheilt. Ihre Hauptbeschäftigung ist die Viehzucht, und ihre Verfassung patriarchalisch. Eine besondere Kaste bilden die **Morabiten**; sie sind die Einzigen, welche lesen und schreiben können, daher auch Ausleger der Gesetze, Priester, Aerzte und Kaufleute.

Die Römer nannten das von den M. bewohnte Land **Mauritanien** (s. d.). In der Folge kam dasselbe unter die Herrschaft der Vandalen, deren Reich 534 wieder durch Belisar gestürzt wurde. Als die Saracenen (Araber) ihre Eroberungen im 7. Jahrhundert auch über diesen Theil Afrika's ausbreiteten, wurde derselbe durch einen Statthalter des Khalifen von Damascus regiert. Diese Araber oder Saracenen, welche die spanischen Geschichtschreiber **los Moros** (**Mauros**) nannten, weil sie in dem alten Mauritanien wohnten, suchten bald auch Spanien mit ihren Streifzügen heim, wurden aber um 672 von dem westgothischen König Wamba mit großem Verlust an Schiffen zurückgetrieben. Im Jahre 711 sandte jedoch der arabische Statthalter Musa (Muza) ein 12,000 Mann starkes Heer unter der Anführung Tariks nach Spanien, folgte ihm bald selbst mit neuen Schwärmen u. unterwarf sich binnen 5 Jahren ganz Spanien, mit Ausnahme der Gebirgsgegenden des Nordens. Im 8. Jahrhundert machten die M. Ausfälle bis jenseits der Pyrenäen, bis Karl Martell ihren Heerführer Abderrhaman 732 bei Poitiers schlug. Die **Mauro-Araber** brachten Wissenschaften und Künste nach Spanien, und während noch der größte Theil des übrigen Europa in Barbarei versunken war, blühten in Cordova, Granada und andern maurischen Städten Gelehrsamkeit und Künste, namentlich die Baukunst u. Dichtkunst. Aber die Theilung des Landes unter verschiedene Regenten (in die Reiche Saragossa, Toledo, Valencia, Brihuela, Malaga, Murcia, Denia &c.) und deren Uneinigkeit schwächte sie so, daß sie den unaufhörlichen Angriffen der Regenten der neuentstandenen christlichen Königreiche in Spanien nicht mehr widerstehen konnten und zuletzt bloß auf das Königreich Granada beschränkt waren. Ferdinand der Katholische eroberte 1491 auch dieses und machte dadurch der beinahe 800jährigen Herrschaft der M. in Spanien ein Ende. Ein Theil der M. ging nach Afrika, die meisten aber blieben in Spanien, wo sie wenigstens äußerlich zum Christenthum übertraten und unter dem Namen **Moriskos** als fleißige, ruhige Unterthanen lebten, bis die aus Glaubensfanatismus hervorgegangenen Bedrückungen unter Philipp II. 1568—70 einen bewaffneten Aufstand der Moriskos in Granada hervorriefen, nach dessen Dämpfung über 100,000 derselben vertrieben wurden. Die Uebrigen, wenige noch heute vorhandene Reste in den Gebirgen Granada's ausgenommen, traf unter Philipp III. 1609 gleiches Schicksal, und fast eine Million Morisken verließen Spanien, dessen Verfall hiermit begann, und kehrte nach Afrika zurück, wo sie von den wilden Räuberhorden als heimliche Christen feindselig empfangen und meist des Restes ihrer Habe beraubt wurden. Vgl. **Rochau**, Die Moriskos in Spanien, Leipzig 1853.

Maurepas, **Jean Frédéric Phelypeaux, Graf von**, französischer Minister unter Ludwig XV. und XVI., den 9. Juli 1701 zu Paris geboren, Sohn des **Jérôme, Grafen von M.**, Ministers und Staatssekretärs, ward schon als Kind in den Johanniterorden aufgenommen und überkam von seinem Vater, der 1715 abdanken mußte, dessen durch die Käuflichkeit der Aemter seit 1610 in der Familie erblich gebliebene Stelle, deren Geschäfte einstweilen sein Schwager, der Marquis de Laveillière, besorgte. Als der Marquis 1724 starb, übernahm M. selbst sein Amt, das sich über mehre große Provinzen, Paris, den Hof und die Marine erstreckte. Er war schnell im Auffassen, liebenswürdig im Umgang und witzig im Gespräch, ermangelte dagegen tüchtiger Kenntnisse, eines streng sittlichen Willens und der Selbstständigkeit, namentlich dem Hofe gegenüber. Indessen hat er sich um manche Zweige der Verwaltung, namentlich um die Marine durch Anlegung von Seeschulen, Verdienste erworben. Gelehrte, insbesondere Mathematiker und Dichter, fanden an ihm einen Gönner, ja er machte selbst Anspruch darauf, ein Schöngeist zu sein. Durch die Pompadour, die er durch ein beißendes Epigramm beleidigt hatte, 1749 vom Hofe verbannt, lebte er anfangs zu Bourges, später in Pontchartrain und wurde erst bei der Thronbesteigung Ludwigs XVI.

(1774) wieder an den Hof gerufen und zum ersten Minister ernannt. Er berief zwar tüchtige Männer in das Kabinet, u. A. Turgot, Malesherbes und Necker; dennoch beschleunigte sein Ministerium nur die Katastrophe, der Frankreich unaufhaltsam entgegeneilte. Um die Gunst des Volks zu gewinnen, bestimmte er den König, die alten aufgehobenen Parlamente wieder herzustellen, schuf aber hierdurch nur eine beständige Opposition gegen alle Maßregeln der Regierung. Besorgt um seinen eigenen Ruhm, der durch den Ruf seiner Kollegen verdunkelt zu werden schien, bestimmte er den König zu deren Entlassung. Nachdem er diesen noch zur Unterstützung der nordamerikanischen Kolonien in ihrem Kampfe gegen ihr Mutterland bewogen hatte, † er am 21. Nov. 1781. Die von Soulavie unter seinem Namen herausgegebenen „Mémoires“ sind wahrscheinlich unächt.

Maurer, 1) Georg Ludwig, Ritter von M., namhafter deutscher Rechtshistoriker, geboren am 2. Nov. 1790 zu Erpolzheim bei Dürkheim, flüchtete beim Ausbruch der französischen Revolution mit seinen Aeltern nach Heidelberg, wo er das Gymnasium besuchte und sodann die Rechte studirte. Nachdem er kurze Zeit als Advokat practicirt hatte, begab er sich behufs Fortsetzung seiner Studien 1812 nach Paris. Da er sich daselbst auch gründliche Kenntniß des französischen Rechts erworben hatte, wurde er im Juni 1814 zuerst bei den Kreisgerichten zu Mainz, Speyer und Landau als Substitut des Staatsprokurators und 1816 als Substitut des Generalstaatsprokurators beim Oberappellationsgericht zu Zweibrücken beschäftigt. Im Jahre 1817 wurde er Appellations- und Revisionsgerichtsrath, 1824 Staatsprokurator in Frankenthal in der Rheinpfalz, 1826 in Folge seiner gekrönten Preisschrift „Geschichte des altgermanischen und namentlich altbayerischen mündlichen Gerichtsverfahrens“ (Heidelberg 1824) Mitglied der Akademie und Professor des deutschen und französischen Rechts an der Universität zu München, 1829 geheimer Hofrath und Staatsrath und 1831 unter gleichzeitiger Erhebung in den Adelsstand lebenslänglicher Reichsrath. Im Jahre 1832 vom König zum Mitglied der Regentschaft in Griechenland ernannt, gab er diesem Lande vier Gesetzbücher für das Strafverfahren, für die Gerichts- u. Staatsverordnung und für das Civilverfahren, bewirkte die Trennung der griechischen Kirche vom Patriarchat zu Konstantinopel und bemühte sich für die Hebung der allgemeinen Volksbildung, ward aber im Juli 1834 in Folge von Differenzen mit dem Grafen Armansperg in der Behandlung verschiedener politischen Fragen nach München zurückgerufen und trat hier wieder in seine alte Stellung ein. Zur Rechtfertigung seiner Thätigkeit in Griechenland schrieb er „Das griechische Volk in öffentlicher, kirchlicher und privatrechtlicher Beziehung vor und nach dem Freiheitskampf bis zum 31. Juli 1834“ (Heidelberg 1836, 3 Bde.). Nach dem Sturze des Ministeriums Abel im Februar 1847 ward M. Minister des Aeußern und der Justiz; doch mußte er auch dieses Kabinet, das sogenannte Ministerium der Morgenröthe, schon am 30. Nov. 1847 wieder abtreten. Noch sind von seinen Schriften hervorzuheben: „Grundriß des deutschen Privatrechts“ (München 1828); „Ueber die bayerischen Städte und ihre Verfassung unter der römischen und fränkischen Herrschaft“ (das. 1829); „Ueber die deutsche Reichsterritorial- und Rechtsgeschichte“ (das. 1830); „Einleitung zur Geschichte der Mark-, Hof-, Dorf- u. Stadtverfassung“ (das. 1854); „Geschichte der Markverfassung in Deutschland“ (Erlangen 1856) und „Geschichte der Fronhöfe“ (Bd. 1, das. 1862). Auch besorgte er die Ausgabe des „Stadt- und Landrechts von Ruprecht von Freysing“ (Stuttg. 1839).

2) Konrad, gründlicher Kenner des skandinavischen Alterthums, Sohn des Vorigen, geboren 1823 zu Frankenthal in der Rheinpfalz, machte seine Studien zu München u. Berlin und wirkt seit 1847 als außerordentlicher u. seit 1855 als ordentlicher Professor zu München. Von seinen Werken sind hervorzuheben: „Die Bekehrung des norwegischen Stammes zum Christenthum“ (München 1855—56, 2 Bde.) und „Isländische Volkssagen der Gegenwart“ (Leipz. 1860), sowie seine Ausgabe der „Gull-Thorissaga“ (das. 1858).

Mauriac, Arrondissementsstadt im französischen Departement Cantal, an der Seite eines Basalthügels zwischen der Ouse und der Dordogne, hoch und rauh gelegen, ist eine alte Stadt mit Gerichtshof, Kommunalcollége, Stadthaus, wenig Industrie u. Handel und 3490 Einw. In der Umgegend das reizende Thal von Fontanges, die Wasserfälle von Salines und interessanter Terrainwechsel des vulkanischen Bodens.

Mauriner, Benediktiner der Kongregation von St. Maurus, s. Benediktiner.

Mauritanien, im Alterthum ursprünglich der nordwestlichste, etwa dem jetzigen Marokko entsprechende Theil Afrika's, benannt nach dem dort wohnenden Volke der Mauri oder Maurusii (Mauren), war im Norden durch das Mittelmeer und den gaditanischen Meerbusen, im Westen durch den atlantischen Ocean, im Süden durch Gätulien, im Osten durch den Fluß Muluchatti oder Molochath, den jetzigen Maluja oder Mulwia, begrenzt. In der Geschichte kommen die Mauren zuerst im 4. Jahrhundert v. Chr. als Bundesgenossen der Karthager vor. Den Römern wurden sie erst im jugurthinischen Kriege näher bekannt, wo ihr König Bocchus 208 v. Chr. den Römern seine Hülfe gegen seinen Schwiegersohn, Jugurtha von Numidien, anbot, aber, von ihnen zurückgewiesen, zu letzterem übertrat, diesen jedoch schließlich noch seinen Feinden auslieferte, wofür er das an M. angrenzende Westnumidien od. das Gebiet der Massäsylier ostwärts bis zum Küstenflusse Nasavath, also fast das ganze frühere Reich des Syphax oder den bei weitem größten Theil des jetzigen Algerien, erhielt. Nach dem Tode des letzten Bocchus (32 v. Chr.) gab Augustus M. an Juba II., dessen Sohn Ptolemäus auf Befehl des nach seinen Schätzen lüsternen Kaisers Caligula 41 n. Chr. ermordet wurde. Kaiser Claudius machte (43) M. zur römischen Provinz, deren Grenze jedoch noch weiter ostwärts vorgerückt wurde bis zum Küstenflusse Ampsaga, dem jetzigen Wad-el-Kibbir oder Rummel. Nach Unterdrückung eines Aufstandes im Westen unter dem freigelassenen Aedemon theilte Claudius M. in zwei durch den Molochath getrennte Provinzen: Mauritania Tingitana im Westen, etwa das jetzige Marokko, mit der Hauptstadt Tingis, dem heutigen Tanger, und M. Caesariensis im Osten, den größten Theil des jetzigen Algerien mit der

Hauptstadt Cäsarea (jetzt Scherschel). Jede der beiden Provinzen erhielt einen römischen Ritter zum Statthalter. Die letztere wurde später, wahrscheinlich unter Diocletian und Konstantin, wieder getheilt in: M. Caesariensis, den größeren westlichen Theil, u. M. Sitifensis, den östlichen Theil vom Hafen Saldä (jetzt Budschia) bis zum Ampsaga, mit der Hauptstadt Sitifis (jetzt Setif oder S'tif). Diese beiden Provinzen standen unter dem zu Karthago residirenden Vicarius von Afrika. Die Civilverwaltung leitete in jeder Provinz ein Präses. In militärischer Hinsicht stand M. Sitifensis unter dem allgemeinen Comes von Afrika, M. Caesariensis aber unter einem besondern Dux. M. Tingitana ward ganz von Afrika abgerissen und zu Hispania geschlagen. M. kam 429 mit Nordafrika in die Gewalt der Vandalen, wurde aber 534 von den Byzantinern u. im 7. Jahrhundert von den Arabern erobert. Weiteres s. Marokko (Geschichte). Die Bewohner M.s, Mauri, zerfielen in eine große Anzahl von Stämmen, so die Metagonitä, Masices, Macanitä, Maurenses, Herpeditani, Massäsylii, Mazices, Musulani, und führten nach Strabo, trotz ihres vortrefflichen Ackerbodens, bis auf seine Zeit noch größtentheils ein Nomadenleben. Häufig dienten sie als Söldner, am liebsten als Reiter, in den Heeren der Karthager, ihrer einheimischen Könige oder der Römer. Aber auch gegen die Karthager und gegen die Römer versuchten sie sich in wiederholten Kämpfen. Viele dienten auch in Rom als Haussklaven. Nach Strabo liebten sie den Putz und pflegten besonders das Haar sorgfältig. An der Küste und auch im Innern des Landes besaßen sie Städte, die mit der Ausdehnung der römischen Herrschaft über M. durch eine Anzahl Kolonien und Municipien vermehrt wurden, und in denen sich unter der Leitung der den Senat bildenden großen Güterbesitzer eine gesetzmäßige Bürgerfreiheit entwickelte; von ihr genährt, blühten die Wissenschaften, besonders Jurisprudenz und Beredtsamkeit, welche letztere später im Dienst des Christenthums verwendet wurde. Letzteres hatte sich im 3. oder 4. Jahrhundert in M. ausgebreitet. Noch 484 bestanden trotz der Verfolgungen des arianischen Vandalenkönigs Hunnerich in M. 170 katholische Bischofssitze. Den Charakter der Mauren anlangend, so schildern griechische und römische Schriftsteller dieselben als keck, muthig, Gefahr und Tod verachtend, leicht erregbar, arbeitscheu, ohne Treue und Glauben bei Verträgen und ohne Ehrfurcht vor dem Heiligen. Ueber den Ursprung der Mauritanier fehlen bestimmte Nachrichten. Jedenfalls stammen sie aus dem asiatischen Osten und sind lange vor den historischen Zeiten der Griechen und Römer in die Atlasgebirge eingewandert; nach der Behauptung der heutigen Araber sind sie Abkömmlinge der Amalekiter und Kanaaniter. Bei ihrer Ankunft in Nordafrika trafen sie bereits ihnen verwandte, in viele Stämme getheilte Ureinwohner, die Libyer und die Gätuler, mit denen sich vermischend sie sich zu den in der Geschichte bekannt gewordenen Numidiern u. Mauren (s. d.) entwickelten.

Mauritia *L. fil.* (Mauritiuspalme, Weinpalme), Pflanzengattung aus der Familie der Palmen, charakterisirt durch die polygamischen Blüthen (männliche mit becherförmigem, 3zähnigem Kelch u. 3blättriger Korolle; zwitterige mit glockenförmigem, 3zähnigem Kelch, 3spaltiger Korolle, linienförmigen, aufrechten Antheren und ansitzender, 3lappiger Narbe) und die einsamige Beerenfrucht mit gewürfelter Rinde, Palmen mit meist hohem Stamm und halbkreisförmigen, einen strahligen Fächer bildenden Blättern. M. flexuosa *L. fil.*, Miriti, Murichi, ist eine der ausgezeichnetsten Palmen, 80—100 Fuß hoch, wächst gesellig auf Trinidad, am Amazonenstrome, am Rio Negro und Orinoco an feuchten Stellen, Wälder von frischem, glänzendem Grün bildend. Das Mark des Baumes enthält ein sagoartiges Mehl, Ipuruma genannt. Aus der Epidermis der Blätter lassen sich starke Fäden drehen und Hängematten flechten. Der gegohrene Saft liefert den süßen, berauschenden Palmwein der Guaranis. Auch aus der einem Tannenzapfen gleichenden Frucht bereiten die Indianer ein Getränk. M. vinifera *Mart.*, Buriti, in Brasilien, namentlich in der Provinz Goyaz in Menge wachsend, wird 100—150 Fuß hoch u. hat 15 Fuß lange Blätter. Die Früchte sind den Hühnereiern ähnlich, roth, enthalten einen kastanienartigen Kern und gelbes, säuerlich-süßes Fleisch, woraus man eine Emulsion (Piauhi) bereitet, die mit Zucker eingemacht ein schmackhaftes Getränk (Sajette) liefert. Die Oberhaut der jungen Blätter gibt Schnüre und Netze. Die Blätter dienen zum Dachdecken; der äußere Theil des Stammes gibt Breter, der aus Einschnitten ausfließende Saft schmeckt säuerlich-süß.

Mauritius, die größte und wichtigste Insel der Maskarenen, im indischen Ocean, östlich von Madagaskar, früher als Eigenthum der Franzosen Isle de France genannt, bis sie von ihren jetzigen Besitzern, den Engländern, ihren vorigen, von holländischen Seefahrern herrührenden Namen M. zurückerhielt, liegt unter 20° südl. Br. u. 74° östl. L., 17½ Meilen nordöstlich von Bourbon entfernt, ist 11 Meilen lang, 7¾ M. breit und hat ein Areal von 32,2 QM. mit (1861) 313,462 Bewohnern. Die Insel steigt von ihren meist schroffen Küstenrändern höchst pittoresk überall nach dem Innern auf, wo sich nebst einigen ausgedehnten Tafelflächen vier bewaldete und nur auf den Gipfeln nackte, durchschnittlich 2000 Fuß hohe Gebirgsketten finden, welche einen ungeheuren, völlig erloschenen u. mit Wald bedeckten Krater umschließen. Die höchsten Berge der Insel sind der Piton de la Montagne noire (2717 Fuß), der Pitrebooth (2691 Fuß) u. der Piton du Pouce (2665 Fuß hoch). Außer festem Basalt, der Hauptmasse der Insel, erscheinen häufig entschieden poröse Laven; die Küstenränder bestehen aus jungem Korallenkalk, von dem zugleich in ¼stündiger Entfernung ein Kranz (mit 11 Durchlässen) die Insel rings umzieht. M. ist außerordentlich wasserreich, doch vertrocknen im Sommer die meisten Bäche, deren man über 100 zählt, das bedeutendste Flüßchen ist die Grande Rivière. Außerdem enthält das hohe Plateau im Innern mehre ziemlich große Seen. Die Atmosphäre ist an der Küste sehr rein, mild und gesund. Vom November bis April ist die Hitze sehr groß. Die mittlere Sommertemperatur beträgt im Innern 20° R., die Wintertemperatur 15°5 R.; der Südostpassat wirkt kühlend. Die Regenzeit währt vom Januar bis April, und die jährliche Regenmenge beträgt (zu Port Louis) 39,25 Zoll. Zwischen December und März wüthen nicht selten Stürme von furchtbarer Heftigkeit; namentlich tödteten die Orkane des 1. März 1818 und 23. Febr. 1824 viele Menschen, vernichteten außerordentlich viele Mühlen, Magazine u. Häuser und ruinirten die meisten Pflanzungen dermaßen, daß sie viele Jahre nichts hervorbrachten. Der aus zersetzten plutonischen und vulkanischen Gesteinen hervorgegangene und wohlbewässerte Boden ist jedoch ungemein fruchtbar. Gleich gut gedeihen hier europäische Gewächse und die von den Inseln des indischen Oceans eingeführten tropischen. Das Hauptprodukt ist Zucker; auch Kaffee und Reis werden gewonnen, sowie Indigo, Baumwolle, Gewürze, als Zimmt, Gewürznelken, Muskat, Pfeffer 2c., mit Erfolg gebaut. Nicht minder wachsen mannichfache kostbare Hölzer auf der Insel. In den Pflanzungen gewinnt man endlich auch Guavas, 18 Arten von Bananen, Pfirsiche, Ananas 2c. Ganz ausgezeichnet ist der vor etwa 80 Jahren gegründete botanische Garten zu Pamplemousses. Von Thieren finden sich in den Bergen viel Rebe, wilde Schweine, Ziegen, auch Affen; ferner Rebhühner, wilde Tauben 2c.; Ratten sind in lästiger Menge vorhanden. Die Zahl schöner Insekten ist sehr groß; schädlich ist darunter, außer den zahllosen Ameisen, besonders der Kakerlak (Blatta americana ferruginea). Giftige Thiere gibt es, Skorpione und Tausendfüße ausgenommen, nicht. Das im Lande producirte Schlachtvieh reicht zum Bedarf nicht hin. Man zählte 1854 12,339 Pferde u. Maulthiere, 12,907 Rinder und 17,076 Schafe und Ziegen. Die Bevölkerung war Jahrzehnte hindurch im steten Abnehmen begriffen und betrug noch 1837 nur 90,657 Seelen. Seit der Sklavenemancipation hat sie sich jedoch um so bedeutender wieder vermehrt, indem zum Ersatz der Sklaven freie indische Arbeiter (Kulies) in großer Menge eingeführt wurden. Durch diese immer zunehmenden Einwanderungen, die jedoch meist aus Männern bestehen, welche sich auf einige Jahre zur Arbeit verdingen und dann heimkehren, hat sich seitdem die Insel von ihrem vorigen gedrückten Zustande gänzlich erholt. Nächst diesen Indiern gibt es unter den Farbigen noch Malayen, Ceilanesen, zahlreiche Chinesen, Madegassen (über 10,000, größtentheils Flüchtlinge) u. Neger von der Ostküste des Kontinents. Die Weißen (etwa 10,000) sind fast durchaus französischer Abkunft u. von lebhaftem, thätigem u. intelligentem Charakter. Etwa $^1/_3$ der Bevölkerung ist mit der Bodenkultur beschäftigt, und zwar sind es ausschließlich indische Einwanderer, welche die Plantagen bearbeiten, während die zahlreichen freigelassenen Neger die Plantagenarbeit für entwürdigend ansehen und meist Kleinhandel treiben. Im Jahre 1854 waren 15 □Meilen kultivirt und 4 □Meilen unkultivirt. Der reichlich verwendete Guano verwandelt unfruchtbare Strecken bald in fabelhaft fruchtbare Zuckerfelder. Der Handel wird durch die treffliche Lage der Insel, durch die als gute Häfen dienenden Baien von Port Louis und Mahébourg (Grand Port), sowie die guten, die Insel in allen Richtungen durchziehenden Straßen wesentlich gefördert. Die Ausfuhr an Zucker, dem Hauptprodukt, betrug 1859 218,945,643 Pfd. (etwa 9 Mill. Pfd. mehr als das Jahr zuvor); davon gingen $^4/_7$ nach Großbritannien. Unbedeutend ist die Ausfuhr an Ebenholz, Baumwolle, Indigo, Schildpatt und Kaffee. Die Einfuhr besteht wesentlich in Getreide, Reis, europäischen Waaren, Wein, Oel, Seide, indischen Stoffen, Eisen, Blei, Steingut. Die gesammte Ausfuhr nach Großbritannien betrug 1862 967,714 Pfd. Sterl., die Einfuhr von dort 542,120 Pfd. Sterl. Außer mit England unterhält M. Handelsverbindungen mit Goa, Surate, Batavia, dem Kap, Zanzibar, dem indischen und arabischen Meerbusen. Im Jahre 1859 kamen 797 Schiffe an, darunter 494 britische. Monatlich berührt einmal ein Dampfschiff die Insel. Die Religion auf M. ist vorherrschend die katholische mit einem Bischof; die französische Sprache nach der noch immer gültigen Kapitulation von 1810 die ausschließliche in der Administration u. Justiz, wie auch das französische bürgerliche Gesetzbuch fortwährend in Kraft geblieben ist. In der Hauptstadt Port Louis erscheinen mehre Zeitungen. Für den Unterricht u. die Wissenschaft sorgen das sehr gute Gymnasium zu Port Louis, eine öffentliche Bibliothek, mehre gelehrte Gesellschaften und verschiedene, zum Theil von englischen Missionsinstituten unterhaltene Schulen. Die Regierung führt ein Gouverneur, dem ein gesetzgebender Rath zur Seite steht, und von dem auch die Sechellengruppen, Rodrigues 2c. abhängen. Die Insel erhält sich selbst, ja die Einnahmen sind in der Regel bedeutend stärker als die Ausgaben. M. war zuerst im Besitz der Portugiesen u. von ihnen Ilha do Cerné genannt. Im Jahre 1598 entrissen sie diesen die Holländer, welche der Insel den Namen M. gaben und 1644 eine Ansiedelung daselbst gründeten. Im Jahre 1715 nahmen sie die Franzosen, nannten sie Isle de France und gründeten 1735 auf ihr eine Ansiedelung; auch führten sie das Zuckerrohr ein und erbauten später Port Louis. Nach mehren vergeblichen Unternehmungen nahmen die Briten endlich 1810 die Insel und haben sich seitdem im Besitz derselben erhalten.

Mauritius, Kaiser des oströmischen Reichs, 540 geboren, Sohn eines gewissen Paulus, diente längere Zeit im Heere und rückte bis zum Befehlshaber der Leibgarde auf. Nach einem glücklichen Krieg gegen Persien um 580 vom Kaiser zu seinem Schwiegersohn erwählt, bestieg er nach dessen Tode 582 den Thron, mußte aber bei einem Militäraufstand mit seinen 9 Kindern entfliehen. Von Chalcedon aus sandte er seinen ältesten Sohn nach Persien an Khosroës, um dessen Hülfe zu erbitten, aber der Empörer Phocas ließ die 5 Söhne des Kaisers vor dessen Augen und zuletzt ihn selbst tödten (28. Nov. 602). M. gilt als der Verfasser eines Werkes über Kriegskunst in 12 Büchern.

Maurokordatos, berühmte griechische Fanariotenfamilie, die ihren Ursprung vom genuesischen Geschlechte der Scarlati herleitet und der Moldau und Walachei (s. d., Geschichte) mehre Hospodare gegeben hat. Der namhafteste Sprößling des Geschlechts ist Alexander, Fürst von M., eine der hervorragendsten Persönlichkeiten des griechischen Befreiungskampfes, 1787 zu Konstantinopel geboren, erwarb sich hier, in der Walachei, der Schweiz u. in Italien eine vielseitige, namentlich militärische u. staatsmännische Bildung u. ging 1821 auf den Aufruf des Alexander Kantakuzenos von Pisa aus in Begleitung mehrer französischen Offiziere nach dem Peloponnes. Im Verein mit Ypsilanti bewog er hier die Primaten zur Mitwirkung für Griechenlands Unabhängigkeit u. betried die Einsetzung einer regelmäßigen Regierung zu Argos, sowie die Bildung eines allgemeinen griechischen Kongresses und mit Kolokotroni u. Odysseus die Organisation des Heerwesens. Zu letzterem Zweck eröffnete er im Januar

1822 eine Anleihe von 5 Millionen Piastern und erließ am 25. März das Blokadedekret der türkischen Häfen. Dann wandte er sich als Stratarch nach Westgriechenland u. rettete den Peloponnes durch die Vertheidigung Missolunghi's von Nov. 1822 bis Januar 1823. Wiewohl von Kolokotroni u. Demetrius Ypsilanti mehrfach angefeindet, bewirkte er doch eine augenblickliche Versöhnung der Faktionen, namentlich indem er die ihm angetragene Präsidentschaft ablehnte und sie dem P. Mauromichalis zuwandte, während er sich mit dem Posten eines Ministers der auswärtigen Angelegenheiten begnügte. Neue Zwistigkeiten mit Kolokotroni veranlaßten ihn jedoch, sich noch in demselben Jahre nach Hydra zurückzuziehen. Hier bewog er die Kavarchen, mit einer Flotte Missolunghi zu entsetzen, und ging, gegen Ende 1823 von Neuem mit dem Oberbefehl über Westgriechenland betraut, selbst dorthin, wo es ihm gelang, die Türken von Akarnanien u. Aetolien fern zu halten. Am 7. Febr. 1825 übernahm er wieder die Stelle des Staatssekretärs, kehrte aber nach der Ankunft der ägyptischen Truppen unter Ibrahim Pascha zur Armee zurück. Als am 9. Mai 1825 die Insel Sphagia von Ibrahim im Sturm genommen wurde, rettete sich M. schwimmend nach Navarin. Er war es, der im Juli die griechische Regierung zu dem Beschluß bestimmte, Englands Schutz anzurufen; doch erließ diese Macht unmittelbar darauf die bekannte zweite Neutralitätserklärung. Nach dem Fall Missolunghi's (22. April 1826) zog sich M. von den öffentlichen Geschäften zurück. Mit der Präsidentschaft Kapo d'Istrias' wurde zwar auch M. wieder zum Staatsdienste berufen, doch legte er, unzufrieden mit den Maßregeln der Regierung, schon 1828 seine Stelle als Mitglied der Kommission für die Verwaltung der Kriegsvorräthe nieder. Nach Kapo d'Istrias' Ermordung (9. Okt. 1831) u. der Abdankung seines Bruders Augustin Kapo d'Istrias (13. April 1832) ernannte die provisorische Regierungskommission M. zum Sekretär der Finanzen. Bei Eröffnung der Nationalversammlung zu Argos (27. Juli 1832) wurde er zum Vicepräsidenten erwählt u. unter König Otto zum Minister der Finanzen und 1833 zum Präsidenten des Ministeriums ernannt. Seit 1834 bekleidete er nach einander den griechischen Gesandtschaftsposten in München, Berlin und London. Nachdem er 1841 wieder eine kurze Zeit Ministerpräsident gewesen war, ging er als Gesandter nach Konstantinopel. Nach der Septemberrevolution von 1843 nach Griechenland zurückgekehrt, trat er zuerst als Minister ohne Portefeuille in das Kabinet Metaxas ein, bildete sodann am 11. April 1844, nach dem Sturze der russischen Partei, als Ministerpräsident ein neues Ministerium, mußte aber schon im August 1844 abtreten u. hat sich seitdem darin gefallen, dem jeweiligen Ministerium aufs heftigste zu opponiren. Im Nov. 1850 ging er als außerordentlicher Gesandter u. bevollmächtigter Minister Griechenlands nach Paris, ward aber während des Aufstandes im Piräeus (1854) zurückberufen, um den Vorsitz im Ministerium und das Portefeuille des Innern, des Aeußern u. des königlichen Hauses zu übernehmen. Schon im September 1855 sah er sich jedoch abermals veranlaßt, seine Entlassung einzureichen.

Mauromichalis, berühmte Mainotenhäuptlingsfamilie, die den fürstlichen beigezählt zu werden pflegt. Georg M. leitete hauptsächlich die Empörung der Mainoten 1770. Petrus M., gewöhnlich Pietro Bey genannt, 1777 geboren, erhielt 1816 das Beylik Maina, schloß sich der Hetärie an und erhob im April 1821 im Peloponnes die Fahne des Aufstandes. Im Jahre 1821 wurde er Mitglied des moreotischen Senats, 1822 Präsident auf dem Kongreß zu Astros und 1824 Chef der exekutiven Gewalt. Da er gegen Kolokotroni u. Kapo d'Istrias wegen deren Abhängigkeit von russischen Einflüssen in Opposition trat, ließ ihn letzterer zu Nauplia verhaften, ward aber dafür von Pietro's Söhnen, Georg, der sich 1822 bei dem Entsatze von Missolunghi sehr ausgezeichnet hatte, u. Konstantin, der bis 1817 bei der Pforte Dolmetscher gewesen war u. sich im Freiheitskampfe ebenfalls hervorgethan hatte, am 9. Okt. 1831 ermordet. Konstantin ward sogleich nach der That von dem Gefolge Kapo d'Istrias' niedergehauen, Georg noch in demselben Jahre hingerichtet. Pietro wurde von dem neuen Kabinet in Freiheit gesetzt u. 1836 vom König Otto, als dessen treuesten Anhänger er sich dann bewies, zu einem der Vicepräsidenten des Staatsraths ernannt. Er † am 29. Jan. 1848.

Maurs, St., Stadt im französischen Departement Cantal, mit starker Schweinezucht, Töpferwaarenfabrikation, lebhaftem Handel mit den Erzeugnissen dieser Industrie u. 3000 Einw.

Maursmünster, Stadt, s. v. a. Marmoutier.

Maurus, Hrabanus, s. Hrabanus.

Maury, 1) Jean Siffrein, Kardinal, ausgezeichneter französischer geistlicher u. politischer Redner, geboren am 26. Juni 1746 zu Valréas in der Grafschaft Avignon, machte seine Studien in seiner Vaterstadt u. zu Avignon, trat dann in den geistlichen Stand u. kam in seinem 19. Jahre nach Paris, wo er anfangs als Lehrer wirkte, in Folge seiner „Eloge funèbre du Dauphin", „Eloge de Stanislas" (1766) u. „Eloge de Charles V" aber zum königlichen Kabinetsprediger, Prior von Lions u. Abt von Frenada ernannt wurde. Im Jahre 1785 ward er auch Mitglied der Akademie, und 1789 sandte ihn die Geistlichkeit von Peronne in die Nationalversammlung. M. zeigte sich in seiner ganzen öffentlichen Thätigkeit während der Revolution als einen entschiedenen Anhänger der alten Ordnung. Er war es hauptsächlich, der Mirabeau entgegentrat u. beim Beginn der Nationalversammlung gegen die Vereinigung der drei Stände sprach. Als sie dennoch zum Beschluß erhoben worden war, verließ er die Versammlung und kehrte in seine Heimat zurück. Dort wurde er zwar verhaftet, aber auf Befehl der Nationalversammlung wieder freigegeben. Darauf erschien er wieder in der Versammlung u. sprach gegen das Gesetz, wodurch der Klerus seine Güter verlieren u. von dem Staat besoldet werden sollte, sowie gegen die Aufhebung der Adelsvorrechte. In Paris sein Leben gefährdet haltend, ging er nach Rom u. ward vom Papst zum Bischof und zu seinem Nuntius beim deutschen Reich, 1794 zum Bischof von Nicäa in partibus infidelium u. am 21. Febr. 1798 zum Kardinal ernannt. Bei der Annäherung der Franzosen verließ er Rom und begab sich zuerst nach Toskana, dann nach Venedig und endlich nach Rußland. Die in Italien siegreichen russischen Waffen führten ihn dahin zurück, wo er bald darauf von Ludwig XVIII. zu seinem Gesandten am römischen Hof ernannt wurde.

So entschieden er sich anfangs gegen Napoleons I. Usurpation des französischen Thrones erklärt hatte, verleitete ihn doch der Wunsch, in sein Vaterland zurückkehren zu dürfen, 1804 einen so schmeichlerischen Brief an den Kaiser zu richten, daß ihn dieser zurückrief und zum französischen Kardinal und Großalmosenier bei seinem Bruder Hieronymus u. 1810 zum Erzbischof von Paris ernannte. Da der Papst letztere Ernennung nicht bestätigt hatte, so mußte M. nach der Restauration seinen Sitz aufgeben. Er ging nach Rom, wurde aber hier gefangen genommen u. erhielt seine Freilassung 6 Monate später nur gegen die Verzichtleistung auf seine geistlichen Würden. Er † am 11. Mai 1817. Sein Hauptwerk ist „Essai sur l'éloquence de la chaire" (Paris 1810, 2 Bde.). Seine „Oeuvres choisies" (Par. 1827, 5 Bde.) enthalten auch seine Reden in der Nationalversammlung. Sein Leben beschrieb sein Neffe Maury (Paris 1827).

2) Juan Maria, spanischer Dichter und Kritiker, zu Malaga geboren, erhielt seine Bildung in Frankreich, lebte sodann längere Zeit in England u. Italien und ließ sich endlich in Paris nieder, wo er den 2. Okt. 1845 †. Schon 1806 hatte er ein episches Gedicht „La agresion britanica" (Madrid 1806) herausgegeben, seinen Dichterruf aber begründete er eigentlich erst durch seine „Espagne poétique" (Paris 1826–27, 2 Bde.), eine Blüthenlese der spanischen Lyrik von den ältesten bis zu den neuesten Zeiten mit beigegebener französischer Uebersetzung in vollendetem Versbau u. mit biographisch-kritischen Bemerkungen, in denen sich ein scharfes Urtheil und viel Belesenheit kund geben. In seinem romantischen Rittergedicht „Asvero y Almedora" (Paris 1840) strebte er Tasso und Ariost nach. Seine „Poesias castellanas" (Valencia 1845, 3 Bde.) enthalten kleinere Gedichte und Aufsätze vermischten Inhalts.

3) Mathew Fontaine, amerikanischer Astronom u. Geograph, den 14. Jan. 1806 in der Grafschaft Spotisylvania in Virginien geboren, siedelte früh mit seinen Aeltern nach Tennessee über, trat 1824 als Kadet in die Marine und machte u. A. eine Erdumsegelung mit. Zum Lieutenant befördert, ward er der Südseeexpedition unter Ap-Catesby Jones als Astronom beigegeben u. später zum Direktor des Depot of Charts and Instruments ernannt, aus welchem 1844 das Nationalobservatorium u. hydrographische Bureau der Vereinigten Staaten zu Washington gebildet wurden, die seit 1855 unter dem Namen Naval Observatory vereinigt sind. Beide Institute verdanken ihre Ausdehnung u. praktische Entwickelung vorzugsweise der Umsicht u. der rastlosen Thätigkeit M.'s. In seinem „Scraps from the Lucky Bag" (1841 f.) deckte er die Mißbräuche in der Marine auf und wies auf die nöthige Reform hin, die auch bald eintrat. Nach Eröffnung der Dampfschifffahrt auf dem Ocean war M. der erste Seemann, welcher die Principien der großen Zirkelsegelung empfahl. Er schrieb viel über Nationalvertheidigungsmittel und lenkte die öffentliche Aufmerksamkeit auf die Wichtigkeit u. Vortheile verschiedener Theile der Vereinigten Staaten hinsichtlich ihrer geographischen und kommerciellen Lage. Sein Buch „Atlantic Slopes of South-America", eine Sammlung seiner zerstreuten kleineren Abhandlungen, hatte u. A. die Eröffnung der freien Schifffahrt und des freien Handels auf dem Amazonenstrome für die Bevölkerung der Uferstaaten zur Folge. Im Jahre 1853 nahm er an dem Kongreß der Seemächte in Brüssel Theil u. wirkte hier für die Annahme eines gleichmäßigen Systems der Beobachtungen zur See. Beim Ausbruch des Bürgerkriegs 1861 ging er zu den Südstaaten über. Noch sind von seinen Werken, durch die er sich namentlich um die Hydrographie große Verdienste erworben hat, hervorzuheben: „Sailing directions", die „Wind- and current-charts und die „Physical geography of the sea" (Newyork 1856, deutsch von Böttger), letztere mehr durch Klarheit der Darstellung u. Reichhaltigkeit als durch logische Anordnung ausgezeichnet.

4) Louis Ferdinand Alfred, französischer Alterthumsforscher u. Kulturhistoriker, geboren den 23. März 1817 zu Meaux, ist gegenwärtig Bibliothekar an der kaiserlichen Bibliothek zu Paris u. hat sich namentlich durch folgende Werke bekannt gemacht: „Essai sur les légendes pieuses du moyen âge" (Paris 1843); „Les fées du moyen âge" (das. 1843); „Histoire des forêts de la Gaule et de l'ancienne France" (das. 1850); „La terre et l'homme" (das. 1856); „Histoire des religions de la Grèce antique" (das. 1857–59, 3 Bde.).

Maus (Mus *L.*), Säugethiergattung aus der Ordnung der Nagethiere u. der Familie der Mäuse, charakterisirt durch den schlanken Kopf mit schmaler Stirn u. spitzer Schnauze, den schuppig geringelten, fast nackten Schwanz von Körperlänge und darüber, die 5zehigen Hinter- und 4zehigen, mit einer Warze versehenen Vorderfüße, die 3 auf der Krone stumpfhöckerigen Backenzähne, welche in jeder Kieferseite stehen, und die unteren seitlich stark zusammengedrückten Nagezähne mit spitzen, nach außen abgeschliffenen Schneiden, reich an Arten, die fast über die ganze Erde verbreitet sind, noch reicher aber an Individuen. Es sind die schädlichsten Nagethiere, die sich auf Kosten des Menschen besonders von Vegetabilien nähren, aber auch animalische Stoffe nicht verschmähen. In Deutschland sind besonders 4 Mäuse zahlreich vorhanden, nämlich die Haus-, Wald-, Zwerg- und Feldmaus. Die Hausmaus (M. musculus *L.*) ist grauschwarz mit gelblichem Anflug, unten heller; Füße und Zehen sind gelblichgrau, die Sohlen ganz nackt. Die Länge des Körpers beträgt 3½, die des Schwanzes 3⅓ Zoll; die Ohren reichen angedrückt fast bis zu den Augen vor. Sie findet sich allenthalben in den Wohnungen der Menschen, ist ein sehr munteres u. flinkes Thierchen, welches weit springt, trefflich klettert, aber nur mit Anstrengung eine kurze Strecke schwimmt. Sie wirft jährlich 3–5mal 4–8 nackte, blinde Junge, so daß die unmittelbare Nachkommenschaft eines Jahres mindestens aus 30 Stück besteht. Diese wachsen sehr schnell heran und sind bald fortpflanzungsfähig, daher sich diese Thiere trotz der großen Anzahl ihrer Feinde sehr stark vermehren. Sie werden durch ihre Naschhaftigkeit, mehr aber noch dadurch lästig, daß sie werthvolle Gegenstände, namentlich Bücher, Naturalien &c., benagen. In China soll man Mäuse in Käfigen halten, die wie Kanarienvögel singen. Die weißen Mäuse sind Kakerlaken. Die Waldmaus (M. sylvaticus *L.*) ist an der Oberseite des Körpers u. Schwanzes bräunlichgrau, an der scharf abgesetzten Unterseite weiß; auch die Füße u. Zehen sind weiß. Die Länge des Körpers beträgt 4½, die des Schwanzes 4½ Zoll. Die Ohren sind ebenso gestaltet wie bei der Hausmaus. Die Waldmaus ist in ganz Europa verbreitet und richtet auf Feldern, in Gärten und Wäldern (durch Benagen junger Bäume) Schaden an, der aber im Ganzen nicht beträchtlich ist. Die *Zwergmaus* (M. minutus *Pall.*, M. soricinus, parvulus ꝛc.) ist an der Oberseite des Körpers gelblich-braunroth, an der scharf abgesetzten Unterseite und an den Füßen weiß; doch kommen dunklere und hellere, röthlichere u. bräunlichere ꝛc. Abänderungen vor. Die Länge des Körpers beträgt $2\frac{1}{2}$, die des Schwanzes 2 Zoll. Sie ist von Sibirien an durch ganz Rußland, Ungarn, Polen, Deutschland bis nach Frankreich, England und Italien verbreitet und findet sich besonders in ebenen Gegenden, nicht bloß auf Feldern, sondern auch im Schilf und Rohr, in Binsen und Sümpfen. Sie soll jährlich 2—3mal Junge werfen, allemal 5—9. Während des Sommers findet sie sich in Gesellschaft der Wald- und Feldmaus auf Feldern, im Winter massenweise unter Feimen oder auch in Scheuern, in welche sie mit der Frucht eingeführt wird. Sie überwintert auch im freien Felde, größtentheils schlafend, aber ohne daß sie in Erstarrung verfällt. Sie frißt außer Getreidekörnern und Sämereien aller Art auch verschiedene kleine Kerbthiere. Sie läuft ungemein schnell und klettert mit der größten Gewandtheit an den Aesten der Gebüsche und selbst an den schwächsten Grashalmen empor, wobei ihr der Schwanz als Wickelschwanz sehr förderlich ist. Besonders aber zeichnet sie sich dadurch vor ihren Gattungsverwandten aus, daß sie ein zierliches, kugelrundes, faustgroßes Nest baut, welches auf an der Spitze zerschlissenen und mit einander verflochtenen Riedgrasblättern steht oder frei an den Zweigen eines Busches, an einem Schilfstengel u. dergl. hängt und an der Seite eine Oeffnung hat. Die *Feldmaus* (Hypudaeus arvalis *Pall.*, *Reit- oder Scheermaus*) gehört nach neueren Zoologen der Gattung *Wühlmaus* (Hypudaeus *Ill.*, Arvicola *Lacép.*) an und ist die Gattungsverwandte der Wasserratte. Sie ist an der Oberseite gelblichgrau, an der Unterseite weißlichgrau, in der Aftergegend weiß, an den Füßen weißgrau. Die Ohren treten mehr aus dem Pelz hervor als bei der Haus- und Waldmaus, reichen aber nicht so weit an die Augen wie bei dieser. Die Länge des Körpers beträgt 3, die des Schwanzes 1 Zoll. Die Feldmaus ist das schädlichste aller Nagethiere u. kann auf Getreidefeldern den empfindlichsten Schaden anrichten. Sie kann vom März bis zum Spätherbst alle 6—8 Wochen, also jährlich 5—6mal werfen, jedesmal 6—12 Junge, welche nach 8 Wochen selbst wieder Junge produciren können, so daß sich ein Mäusepaar nach mäßigem Anschlag in einem einzigen Sommer auf 23,000 Stück vermehren kann. Sie ist über ganz Europa verbreitet, in den Alpen bis zu einer Höhe von 6000 Fuß. Im Jahre 1822 wurden im Bezirk Zabern im Elsaß (nach Lenz' Angabe) über 1,570,000 Feldmäuse getödtet. In den Rheingegenden, in der Wetterau, in Thüringen und Sachsen haben die Feldmäuse manchmal die Felder so vollständig unterminirt, daß die Ernte total vernichtet ward. Diese Art lebt auch in Wäldern, kommt im Winter oft in die Häuser u. wandert auch; man hat sie sogar über den Rhein und Main schwimmen sehen. Sie läuft, klettert und springt schlechter als die oben genannten Arten, gräbt aber desto geschickter. Das bewährteste Vertilgungsmittel ist der englische Erd- oder Mäusebohrer, mit dem man Löcher in die Erde macht, in welche sie fallen; auch fängt man sie in inwendig glasirten Töpfen, die man an ihren Gängen eingräbt, so daß sie hineinfallen. Schweine, Hunde, Marder, Raubvögel und Raben sind ihre Hauptfeinde. Durch anhaltende kalte Nächte und viel Glatteis im Winter werden sie oft schnell und stark vermindert. Mit der Feldmaus zunächst verwandt ist die *Wurzelmaus* (H. oeconomus *Pall.*). Sie ist hellgelblichgrau, unten grau; der Schwanz ist oben braun, unten weiß. Ihre Körperlänge beträgt $4\frac{1}{2}$ Zoll bei 1 Zoll langem Schwanz. Sie lebt paarweise, besonders in Sibirien, wo sie in ihren Höhlen Vorräthe von meist eßbaren Wurzeln sammelt, welche die dortigen Bewohner ausgraben. Auch wandern diese Mäuse manchmal in großen Zügen und kehren im Herbst zurück. Die *Alpenwühlmaus* (H. alpinus *Wagn.*) ist graubraun, fein schwarz gesprenkelt, an den Seiten blaßgelblich, unten graulichweiß; die Ohren sind hervorstehend, schwarz; der Schwanz ist oben dunkelbraun, unten grauweiß. Ihre Körperlänge beträgt 4 Fuß 8 Zoll bei 2 F. 2 Z. langem Schwanz. Sie findet sich besonders auf den höchsten Spitzen des St. Gotthard und auf dem Finsteraarhorn über 11,700 F. hoch (*Schneemaus*, H. nivalis). Als Gattungsverwandte der Haus- u. Waldmaus ist noch die *Brandmaus* (*Acker- oder Erbsenmaus*, M. agrarius *Pall.*) zu erwähnen. Sie ist im Sommer rostbraun, im Winter graubraun, meist mit schwarzem Rückenstreifen, unten weiß, $3\frac{1}{2}$—$4\frac{3}{4}$ Z. lang mit $2\frac{1}{2}$ bis $3\frac{1}{2}$ Z. langem Schwanz und findet sich in Nord- u. Mitteldeutschland häufig auf Wiesen und Feldern. Gattungsverwandte der Hausmaus ꝛc. sind die *Wanderratte* und *Hausratte* (s. Ratte).

Mauseohr, Pflanzengattung, s. v. a. Myosotis *L.*

Mauser (*Mauserung*), derjenige Akt im Lebensprozeß der Thiere, wobei dieselben abgenutzte veraltete Gewebsbestandtheile (Zellen u. zellenartige Gebilde) von sich ablösen und abstoßen, um den Körper durch Erzeugung neuer Gebilde ähnlichen Bau's zu verjüngen. Am sinnenfälligsten geschieht dieser Prozeß bei den Vögeln (s. d.), welche ihre Federn abwerfen, um neue zu erzeugen. Nächstdem am bekanntesten sind die Häutungen der Schlangen, das Abwerfen der Geweihe bei den Hirschen, die Haarungen vieler Säugethiere ꝛc. Bei den Menschen befinden sich die Epithelien der Oberhaut und der Schleimhäute in einem unausgesetzten Abschilferungsprozesse, wobei junge Zellen von unten nachwachsen u. alte oben abgestoßen werden, um entweder als Pulver oder zu Schleim aufgelöst aus dem Körper zu scheiden. Neuere Beobachtungen haben gelehrt, daß ähnliche Vorgänge auch in den innern, nicht zum Haut- oder Schleimhautsystem des Körpers gehörenden Theilen des Körpers Statt finden müssen, nur mit dem Unterschiede, daß hier die abgenutzten Gewebsbestandtheile nicht unmittelbar nach außen abgestoßen werden können (*Formmauser*), sondern sich vorher erst im Blute lösen müssen (*Stoffmauser*), um dann als Auswurfstoffe (*Mauserstoffe*, *Mauserschlacken*) den Abscheidungsorganen zugeführt und dort als Harn-, Athem-, Koth-, Schweißbestandtheile ausgeschieden zu werden. Diese sogenannte *Mausetheorie* wurde zuerst durch Schultz-Schultzensteins Schrift „Die Verjüngung des menschlichen Lebens und die Mittel u. Wege zu ihrer Kultur" (2. Aufl., Berlin 1850) in die Physiologie eingeführt.

Mausoleum (v. Griech.), ursprünglich das Grabmal, welches dem König Mausolus von Karien seine Gemahlin Artemisia zu Halikarnaß errichten ließ. Es bestand aus einem viereckigen, mit 36 Säulen umgebenen Unterbau, der einen Umfang von 411 Fuß hatte u. 25 Ellen hoch war. Ueber diesem Unterbau erhob sich ein Aufsatz von derselben Höhe, welcher sich in 24 Stufen zu einer Pyramide zuspitzte, auf deren Spitze eine Quadriga aus Marmor stand. Die Baumeister waren Satyrus u. Pytheus, die Bildhauer Scopas, Bryaxis, Timotheus und Leochares. Dem Zusammenwirken dieser Künstler hatte das M. den Ruhm zu verdanken, daß es unter die sieben Wunderwerke der alten Welt gezählt wurde. Noch 372 n. Chr. war das Gebäude wohl erhalten, jetzt aber ist es spurlos verschwunden. Nach diesem berühmten Grabmal nannten die Römer ihre prachtvollen Gräber ebenfalls Mausoleen. Unter den römischen Mausoleen zeichnete sich das des Augustus auf dem Marsfelde aus; ferner das M. des Hadrian, dessen untere Theile die heutige Engelsburg bilden. Aus späterer Zeit ist das M. des Theoderich zu Ravenna (die heutige Kirche Sta. Maria della Rotonda) bemerkenswerth.

Mautern (Mauttern), Stadt im Erzherzogthum Oesterreich unter der Ens, an der Donau, gegenüber von Stein, mit dem es durch eine Jochbrücke verbunden ist, hat eine Kirche mit uraltem Thurm, ein Schloß, bedeutenden Weinbau und 870 Einw. Der Ort steht an der Stelle des römischen Mutura und war bereits 898 eine Stadt. Hier 1484 Sieg des Königs Matthias von Ungarn über die Oesterreicher.

Mauth, s. Zoll.

Mauvezin, Stadt im französischen Departement Gers, mit Oelfabrikation, Handel mit Tuch und Branntwein, besuchten Märkten u. 2700 Einw.

Mauvillon, Jakob, deutscher Schriftsteller, geboren zu Leipzig den 8. März 1743, sollte die Rechte studiren, beschäftigte sich aber vornehmlich mit sprachlichen u. mathematischen Studien u. zeigte, obwohl verwachsen, viel Neigung für den Militärdienst. Im siebenjährigen Kriege trat er als Ingenieur in hannöversche Dienste, nahm nach Abschluß des Friedens nochmals seine rechtswissenschaftlichen Studien auf, ohne sie jedoch zu vollenden, u. ward 1766 als Kollaborator an der Schule zu Ilfeld und bald darauf als Lehrer der Kriegsbaukunst mit dem Prädikat eines Hauptmanns zu Kassel angestellt. Im Jahre 1785 trat er als Major in braunschweigische Dienste, avancirte später zum Oberstlieutenant bei dem Ingenieurcorps und war zugleich als Lehrer am Carolinum thätig. Von Mirabeau, der sich damals in Berlin aufhielt, dazu veranlaßt und mit dem nöthigen Material versehen, schrieb er die von diesem sodann unter eigenem Namen zu Paris veröffentlichte Schrift über Preußen, die M. später in seiner „Schilderung des preußischen Staats unter Friedrich II." (Leipzig 1793—95, 4 Bde.) neu bearbeitete. Als begeisterter Anhänger der französischen Revolution zog er sich manche Verunglimpfung zu, so von Seiten Kotzebue's in dem Pasquill „Bahrdt mit der eisernen Stirn". M. † zu Braunschweig den 11. Januar 1794. Außer mehren Uebersetzungen schrieb er noch: „Physiokratische Briefe an Dohm" (Braunschweig 1780); „Einleitung in die militärischen Wissenschaften" (das. 1783); „Geschichte Ferdinands, Herzogs von Braunschweig" (das. 1794, 2 Bde.).

Mauwi (Maui), eine der größeren Sandwichinseln, nördlich von Owaihi, 28,5 □Meilen groß, gebirgig, aber wohl angebaut und mit 18,700 Einw. Hauptstadt ist Laheina.

Mavors, s. v. a. Mars.

Max, 1) Joseph, Bildhauer, in Burgstein in Böhmen 1804 geboren, begann seine Studien in der Akademie in Prag 1821 u. erwarb sich später einen geachteten Namen durch eine Reihe von dekorativen Werken, von denen die 25 allegorischen und geschichtlichen Figuren an dem Franzensmonument, die 4 Regentenbilder des neuen Rathhauses zu Prag, sowie das Modell zu einem Studentendenkmal aus dem dreißigjährigen Krieg zu nennen sind. Sein letztes Werk sind die Figuren am Piedestal des Radetzkydenkmals. Er † zu Prag 1855.

2) Emanuel, Bildhauer, Bruder des Vorigen, 1810 zu Burgstein in Böhmen geboren, lebt jetzt in Prag. Er beschäftigte sich zuerst mit Holz- u. Meerschaumschnitzereien, machte dann sechsjährige Studien auf der Akademie in Prag unter Bergler und errang 1833 zwei Preise in Wien. Bedeutende Fortschritte machte er 1839—49, während welcher Zeit Rom ununterbrochen der Schauplatz seiner Wirksamkeit war. Nachdem er Italien mehrmals bereist, suchte er auch in Deutschland, England, Belgien und Frankreich an Kunstschätzen seine Studien zu erweitern. Er ist jetzt der Repräsentant der monumentalen Skulptur in Böhmen. Durch das Studium der antiken Denkmäler u. der Meisterwerke der Malerei besteht seine Kunstweise in einer verklärenden Naturanschauung. Von seinen vielfältigen Arbeiten sind hervorzuheben: die Heiligen Cyrill und Methodius in der Theinkirche zu Prag; die heilige Ludwilla in der Kirche St. Veit zu Prag; das Modell einer Pietà; die Hauptfigur zu dem Radetzkydenkmal und in neuester Zeit das Modell zu dem Rothschilddenkmal in Wien.

Max. (lat.), Abbreviatur von Maximum, wie Min. von Minimum.

Maxen, Dorf im königlich sächsischen Kreisdirektionsbezirk Dresden, Amt Pirna, mit Schloß, Burgruine, Spiritusbrennerei, chemischer Fabrik, Strohflechterei, Marmor-, Kalk- und Schieferbrüchen und 680 Einw., historisch bekannt durch das Treffen am 20. Nov. 1759 zwischen den Preußen u. Oesterreichern, in Folge dessen die ersteren unter dem General Fink das Gewehr streckten.

Maxentius, römischer Kaiser, Sohn des Maximianus 1), wurde 303 von den Prätorianern zum Augustus erhoben und von dem Volke und Senat zu Rom anerkannt. Er entzweite sich jedoch mit seinem Vater, der vor ihm nach Gallien floh, u. machte sich bald durch Grausamkeit und Ueppigkeit verhaßt. Angeblich um den Tod seines Vaters zu rächen, erklärte er den Krieg an Konstantin den Großen, ward aber in der Schlacht am Pons Milvius am 27. Okt. 312 geschlagen und ertrank in der Tiber.

Maxilla (lat.), Kinnlade, Kinnbacke.

Maxillaria *Ruiz et Pav.*, Pflanzengattung aus der Familie der Orchideen, charakterisirt durch die abstehende oder zusammengeneigte Blüthenhülle, deren äußere seitenständige Blätter mit der verlängerten Basis der Stempelsäule in einen Sack verwachsen sind, die an der Basis der Stempelsäule gliederig befestigte, kappenförmige, 3lappige Lippe, die halbstielrunde ungeflügelte Stempelsäule u. die undeutlich 2fächerige Anthere, in Westindien u. Südamerika einheimische Gewächse, von deren Arten mehre als vorzügliche Zierpflanzen merkwürdig sind, so: M. aromatica *Grah.*, in Mexiko, mit goldgelber, nach Zimmet riechender Blüthe; M. atropurpurea *Lodd.*, in Brasilien, mit eirunden Brakteen und wenigen schwarzpurpurrothen, gelbbräunlich schattirten, sehr wohlriechenden Blüthen; M. Barringtoniae *Lodd.*, in Jamaica, mit großer, grüngelblicher Blüthe; M. galeata *Lindl.*, in Mexiko, mit sehr wohlriechenden Blüthen (fast wie Goldlack); M. punctata *Lodd.*, in Brasilien, mit blaßgelben und weißen, purpurroth punktirten, sehr wohlriechenden Blüthen; M. stapelioides *Lindl.*, in Brasilien, auf dem Orgelgebirge, mit den Stapelienblüthen ähnlichen, außen grünen, innen dunkelbraunen Blüthen mit grünen Flecken; M. Warreana *Lodd.*, in Brasilien, eine der prächtigsten Orchideen, an 2 Fuß hoch, mit einer lockern Blumentraube.

Maxime (v. Lat.), Grundsatz, den man sich nach eigener freier Ueberzeugung als Norm für sein Thun und Lassen aufstellt, unbekümmert darum, ob einem solchen Grundsatz bloß eine subjektive, oder zugleich auch eine objektive allgemeine Gültigkeit inwohne. In den M.n, nach welchen ein Mensch handelt, wurzelt sein Charakter (s. d.).

Maximianus, 1) Herculius, vollständig Marcus Aurelius Valerius M., römischer Kaiser, in der Gegend von Sirmium 250 in niedrigem Stande geboren, ward wegen seiner kriegerischen Tüchtigkeit 285 von Kaiser Diocletian zum Cäsar ernannt und nach Gallien gegen die Bagauden gesandt und 286 zum Augustus erhoben. Im Jahre 293 bewachte er die Rheingrenze, unterwarf dann 297 die maurischen Fünfvölker (Quinquegentiani) in Afrika und nahm hierauf seinen Sitz zu Mailand in Italien. Auf Diocletians Veranlassung dankte er am 1. Mai 305 zugleich mit diesem ab u. begab sich nach Lukanien. Als aber 306 Maxentius (s. d.), des M. Sohn und des Galerius Schwiegersohn, zum Augustus ausgerufen ward u. Galerius gegen denselben den Kampf begann, theilte M. 307 mit seinem Sohne die Herrschaft. Eifersüchtig auf das größere Ansehen desselben riß er ihm jedoch vor den Augen der Soldaten den Purpur ab u. wurde dafür von diesen aus Rom verwiesen. Aus Rache suchte er Galerius und Diocletian zu bewegen, den Thron wieder anzunehmen, mußte aber, weil er dem ersteren nach dem Leben gestellt hatte, fliehen und begab sich nach Gallien zu seinem Schwiegersohne Konstantin, zettelte jedoch auch gegen diesen eine Verschwörung an u. ward deshalb 310 in Massilia getödtet. Eutrop schildert den M. als einen rohen, unzuverlässigen, unwissenden Menschen.

2) Cajus Galerius Valerius M., s. Galerius.

Maximilian, 1) deutsche Kaiser: a) M. I., Sohn und Nachfolger Kaiser Friedrichs III., den 22. März 1459 geboren, entwickelte eine glänzende Begabung und machte in Künsten u. Wissenschaften, sowie in allen körperlichen Uebungen ausgezeichnete Fortschritte. Durch seine Vermählung mit Maria, der Erbin Karls des Kühnen von Burgund (1477), erwarb er seinem Hause die ausgebreiteten burgundischen Besitzungen. Als König Karl XI. von Frankreich einen Theil des Erbes Maria's an sich riß, zog M. gegen ihn und zwang ihn zur Herausgabe der eroberten Provinzen. Dagegen mußte er es nach dem frühen Tode seiner Gemahlin (26. März 1482), von der er zwei Kinder, Philipp und Margarethe, hatte, es geschehen lassen, daß in Folge des Friedens zu Arras seine vierjährige Tochter Margarethe dem Dauphin, nachmaligem König Karl VIII., verlobt, nach Frankreich geführt u. Artois, Flandern und das Herzogthum Burgund ihr zur Mitgift gegeben wurden. Im Jahre 1486 zum römischen König gewählt, nahm M. Theil an den Regierungsgeschäften. Doch verweilte er die meiste Zeit in den Niederlanden, wo er den Krieg gegen Frankreich mit wechselndem Glück fortsetzte und in unaufhörlichen Kämpfen mit seinen aufrührerischen Unterthanen lebte. Die Bürger von Brügge lockten ihn 1488 sogar mit List in ihre Stadt und hielten ihn mehre Monate lang gefangen, bis er durch einen Heereszug seines Vaters und der deutschen Fürsten befreit wurde. M. eilte nun an die Donau, um mit dem Ungarnkönig Matthias wegen Rückgabe der von diesem eroberten österreichischen Länder zu unterhandeln, u. nach Matthias' Tode gelang es ihm 1490, die Ungarn aus dem Lande zu treiben. In demselben Jahre nahm ihn der Herzog Sigmund von Tyrol an Kindesstatt an und übertrug ihm die Regierung dieses Landes, das er später (1496) erbte. Die in Krain, Kärnthen und Steiermark eingefallenen Türken schlug er 1492 bei Villach und warf sie nach Bosnien zurück. Ein Krieg gegen Karl VIII. von Frankreich, der ihm seine Braut Anna von Bretagne abwendig gemacht, dagegen seine ihm verlobte Tochter zurückgesendet hatte, wurde durch den Frieden von Senlis 1493 verhindert, in welchem M. wenigstens die Mitgift seiner Tochter, Artois, Flandern und das Herzogthum Burgund, zurückerhielt. Nachdem er in demselben Jahre seinem Vater als Herzog von Oesterreich und auf dem kaiserlichen Throne gefolgt war, vermählte er sich mit Blanca Sforza, der Tochter des 1476 ermordeten Herzogs Galeazzo Sforza von Mailand, die ihm 300,000 Dukaten Heirathsgut mitbrachte, ihn aber auch in die Händel ihres Hauses verwickelte. Er beendete das Fehdewesen durch den ewigen Landfrieden, verbesserte das Rechtswesen durch Einsetzung des Reichskammergerichts und später des Reichshofraths und zugleich durch Eintheilung Deutschlands in zehn Kreise, trat den Mißbräuchen der Femgerichte entgegen, gab gute Polizeiverordnungen, verbesserte das Heer- u. Geschützwesen und gründete Posten. Im Jahre 1495 schloß er mit dem Papst, mit Neapel u. Mailand ein Bündniß gegen König Karl VIII. von Frankreich, der in Italien eingefallen war, mußte ihn aber doch schließlich im Frieden von Blois mit Mantua belehnen. Von Venedig beleidigt, verband er sich mit dem Papst, Frankreich und Aragonien gegen diese Republik zu der Ligue von Cambray, sah sich aber von Frankreich hintergangen und trat nun der heiligen Ligue gegen diesen Staat bei, doch mußte er 1515 im Frieden zu Brüssel dem König Franz I. von Frankreich Mailand u. den Venetianern Verona abtreten. Gegen die Schweiz focht er so unglücklich, daß sich diese. 1499 vom deutschen Reich lossagte.

M. † zu Wels in Oberösterreich am 12. Jan. 1519 und wurde in Wienerisch-Neustadt begraben. Ferdinand I. errichtete ihm zu Innsbruck ein Denkmal. M. war von ansehnlicher Statur, in allen Leibesübungen geübt, rasch u. feurig, von großem Unternehmungsgeist, tapfer, der erste Ritter seiner Zeit, dabei die geistigen Strebungen der Nation mit Aufmerksamkeit verfolgend. Ein leidenschaftlicher Jäger, hatte er sich einst an der steilen Martinswand in Tyrol so hoch verstiegen, daß es erst am dritten Tag nur mit Mühe einem kühnen Bergknappen gelang, ihn zu retten. Den französischen Ritter Claude de Barré, der auf dem Reichstage zu Worms 1495 die ganze deutsche Ritterschaft herausforderte, warf er unerkannt im Zweikampfe nieder. An den Festlichkeiten der Städte nahm er gern Antheil, und bei ihren Schießübungen that er nicht selten den besten Schuß mit der Armbrust. In seinen Erblanden saß er oft noch in Person zu Gericht. Wir besitzen in der deutschen Literatur 2 Werke von Bedeutung, an deren Entstehung M. nicht geringen Antheil hat, den „Theuerdank" (s. d.), dessen Held er ist, u. den „Weißkunig" (s. d.), eine romanhafte Beschreibung seines Lebens, die er in die Feder diktirte. Von ihm selbst rühren einige kleinere Schriften her, meist auf die Geschichte seines Hauses bezüglich: „Ehrenpforten", „Triumphwagen", „Der weisen Könige Stammbaum", oder Gewerbe u. Künste betreffend: „Das Stahlbuch", „Die Baumeisterei", „Die Gärtnerei". Auch führte er ein Memorienbuch über seine Pläne und deren Ausführung. Ueberhaupt hat M. an den Wissenschaften und Künsten vielen Antheil genommen. Er sprach das Lateinische, Deutsche, Französische, Italienische, Englische und Böhmische mit gleicher Geläufigkeit, beschäftigte sich viel mit Mathematik und Geschichte und übte die Malerei, Musik, Poesie und Baukunst. Die Nation sah in ihm das Ideal eines Kaisers verwirklicht und hoffte von ihm die Durchführung der großen Ideen, von welchen die öffentliche Meinung getragen war. Wenn M. gleichwohl die von ihm gehegten Erwartungen nur zum geringsten Theil erfüllte, so liegt der Grund davon theilweise in den Zeitverhältnissen, theilweise aber auch in M.s Charakter; er war eine sanguinische Natur und entbehrte der Energie zur Durchführung des Begonnenen, oder wurde durch die Reichhaltigkeit seines Geistes in zu vielerlei Unternehmungen zu gleicher Zeit gezogen. Seine Freigebigkeit artete in Verschwendung und sein Bedürfniß nach feineren Genüssen in Prunksucht aus. Entschiedener tritt sein Verdienst in seinem Wirken für das Haus Habsburg hervor, dem er die Niederlande, Tyrol, Görz, Gradisca, das Pusterthal und einen Theil von Bayern und durch die Verheirathung seines Sohnes Philipp mit einer spanischen Infantin und seiner Enkel Ferdinand und Maria mit ungarischen und böhmischen Königskindern die Aussicht auf die Throne von Spanien, Ungarn und Böhmen erwarb. Von seiner zweiten Gemahlin hatte er keine Kinder, dagegen 14 außereheliche. Sein Nachfolger war sein Enkel Karl V. Vgl. Hegewisch, Geschichte der Regierung M.s I., Hamb. 1782, neue Aufl., Leipzig 1818.

b) M. II., der Sohn und Nachfolger Kaiser Ferdinands I. und der Anna von Ungarn, geboren den 1. Aug. 1527 zu Wien, wurde in Spanien bei seinem Vetter Philipp unter Karls V. Aufsicht erzogen, focht 1544 und 1548 im schmalkaldischen Krieg gegen die Franzosen u. war 1549—51 Vicekönig von Spanien. Er bewies sich dem Protestantismus sehr günstig u. wirkte nach seiner Rückkehr nach Deutschland für das Zustandekommen des passauer Vertrags mit. In demselben Jahre, 1552, ward er Gubernator von Ungarn. Auch als er im Sept. 1562 König von Böhmen, 1563 König von Ungarn und im Juli 1564 Kaiser geworden war, übte er Toleranz, gewährte den Ständen die Erlaubniß zu freier Religionsübung, verwilligte den evangelischen Ständen ein eigenes Kirchenregiment in der Religionsdeputation und hob in Böhmen 1567 die prager Kompaktaten auf. Deutschland genoß unter seiner Regierung einen dauernden Frieden. In dem Türkenkriege, für welchen ihn 1566 zu Augsburg eine bedeutende Streitmacht zur Verfügung gestellt wurde, entwickelte M. eine von ihm nicht erwartete Thatkraft. Als Soliman II., von Johann Sigmund zu Hülfe gerufen, sich selbst an die Spitze des Heeres stellte, sammelte M. bei Raab eine Streitmacht von 80,000 Mann, hielt sich aber in kluger Defensive. Solimans Nachfolger, Selim II., schloß endlich 1568 einen achtjährigen Waffenstillstand ab, kraft dessen jeder Theil in dem Besitz seiner Eroberungen blieb, und den M. benutzte, um die Festungen Ungarns in einen besseren Vertheidigungszustand zu setzen. Er † den 12. Okt. 1576; vermählt war er mit Maria, einer Tochter Karls V., die ihm 6 Söhne und 2 Töchter gebar. Sein ältester Sohn Rudolf folgte ihm in der Kaiserwürde. Vgl. v. Miller, Epistolae Ferdinandi I et Maximiliani II, Pesth 1808; Koch, Quellen zur Geschichte M.s II., Leipz. 1857.

2) **Kaiser von Mexiko**, s. Mexiko, Geschichte.

3) **Kurfürsten u. Könige von Bayern**: a) M. I., Sohn des Herzogs Wilhelm V. von Bayern, geboren den 17. April 1573 zu Landshut, erhielt seine Erziehung durch die Jesuiten u. ward von ihnen mit tiefem Haß gegen den Protestantismus erfüllt. In Ingolstadt, wo er seit 1587 studirte, schloß er innige Freundschaft mit dem nachherigen Kaiser Ferdinand II. Als er von seinem Vater 1597 die Regierung selbstständig überkam, brachte er ein regeres Leben in den Gang der Staatsgeschäfte, zog aber bei seinen Reformen die Landstände zu Hülfe u. schritt überhaupt vorsichtig vor. Er schuf 1616 eine neue Land-, Gerichts-, Polizei- und Forstordnung u. gab dem Kriegswesen eine gänzliche Umgestaltung. Im Jahre 1607 hatte er die von Kaiser Rudolf II. über Donauwörth ausgesprochene Acht zu vollziehen, welche Stadt er hierauf trotz aller Einsprachen der evangelischen Stände in Besitz behielt. Der hierdurch hervorgerufenen protestantischen Union gegenüber stellte er sich an die Spitze der katholischen Ligue. Bei dem bewaffneten Einschreiten der Protestanten in dem jülich-klevischen Erbstreite entsagte er jedoch dieser Stellung wieder, um den Bund der katholischen Fürsten zu größeren Anstrengungen zu vermögen. Nur die Besorgniß, ein österreichischer Prinz möge die Früchte seiner Thätigkeit erben, wie dies Spanien und Oesterreich beabsichtigten, ließ ihn das Oberkommando wieder übernehmen, doch zog er zu demselben den Erzherzog Maximilian von Oesterreich heran. Den Versuchen, aus der Ligue ein Bündniß für die Wahrung der habsburgischen

Interessen zu bilden, trat er zwar energisch entgegen, doch täuschten sich die Protestanten in seiner Gesinnung, indem sie ihn an die Spitze eines antikaiserlichen Bundes zu stellen suchten. Er unterstützte im Gegentheil die Wahl Ferdinands zum Kaiser. Bei dem Ausbruch des böhmischen Kriegs schloß er im Namen der Ligue den 8. Oktober in München einen Vertrag mit Ferdinand II., sandte ihm eine Armee von 30,000 Mann zu Hülfe, eroberte das im Abfall begriffene Oberösterreich, welches ihm der Kaiser für seine Unkosten verschrieben hatte, siegte auf dem weißen Berge bei Prag und nahm sodann ohne große Anstrengung die Oberpfalz. Hierfür erhielt er 1623 die der Pfalz genommene Kurwürde u. zur Vergütung für die Kriegskosten die Erblande Friedrichs von der Pfalz. Nach Tilly's Niederlage bei Leipzig sah er seit 1632, namentlich aber seit 1647 sein Land den Verwüstungen der Schweden u. Franzosen preisgegeben. Im westphälischen Frieden erhielt er die Oberpfalz und die Grafschaft Cham und die Bestätigung in der Kurwürde nebst dem Erbtruchseßamt. Gegen das Ende seines Lebens, nachdem er die Wunden seines Landes zu heilen gesucht und die Regierung seinem Sohne Ferdinand Maria übergeben hatte, widmete er sich fast ausschließlich frommen Uebungen. Er † den 17. Sept. 1651. Seine erste Ehe mit Elisabeth von Lothringen war kinderlos geblieben; aus seiner zweiten mit Ferdinands II. Tochter, Maria Anna, erhielt er 2 Söhne, Ferdinand Maria, seinen Nachfolger, und Maximilian Philipp. Die von ihm für ersteren aufgesetzte „Anleitung zur Regierungskunst" gab Aretin (Würzb. 1822) lateinisch und deutsch heraus. Vgl. Wolf, Geschichte M.s I. u. seiner Zeit, fortgesetzt von Breyer, München 1807—11, 4 Bde.; Aretin, M. I. von Bayern, Bamb. 1830.

b) M. II. Maria Emanuel, Sohn Ferdinand Maria's und der Henriette Adelheid von Savoyen, den 11. Juli 1662 geboren, folgte seinem Vater 1679 in der Regierung und trat in ein inniges Verhältniß zu Leopold I. Im Jahre 1683 eilte er zum Entsatz von Wien herbei und focht darauf auch in Ungarn für das Haus Oesterreich; er entsetzte Gran, eroberte Ofen, half den Sieg bei Mohacz erringen und wurde 1688 bei der Erstürmung von Belgrad durch einen Pfeil verwundet. Der Kaiser, der ihm schon 1685 seine Tochter Maria Antonia vermählt hatte, ernannte ihn hierauf zum Generalissimus, u. als solcher führte M. 1691 seine Truppen nach Italien und machte die Belagerung von Carmagnola mit. Im Jahre 1692 zum spanischen Statthalter der Niederlande ernannt, focht er gegen Frankreich, doch ohne glücklichen Erfolg. Als mit dem Tode seines Sohnes Joseph Ferdinand seine Aussichten auf den spanischen Thron schwanden, gab er seine kostspielige Statthalterschaft in den Niederlanden auf. Beim Ausbruch des spanischen Erbfolgekrieges trat er auf Frankreichs Seite, welches ihn bei der Begründung eines Königreichs in Schwaben und Würtemberg zu unterstützen versprach, bemächtigte sich der Städte Ulm, Memmingen, Neuburg und Regensburg, mußte aber nach den verlorenen Schlachten am Schellenberge und bei Hochstädt 1704 sein Land verlassen und wurde 1706 in die Acht erklärt, jedoch durch den Frieden von Baden 1714 wieder restituirt. Im Jahre 1717 sandte er den Oesterreichern ein Hülfscorps unter dem Kommando des Kurprinzen und erhielt auch die Kurstimme zurück. Ueber die Führung der Reichsverweserschaft verglich er sich 1724 mit Kurpfalz dahin, daß beide Häuser sie gemeinschaftlich führten. Bei seinem Tode, den 26. Februar 1726, hinterließ M. die Kur seinem Sohn Karl Albrecht, der als Karl VII. die deutsche Kaiserwürde erhielt. In zweiter Ehe war M. seit 1694 mit einer Tochter des Polenkönigs Johann III. Sobieski vermählt.

c) M. III. Joseph, der Sohn des Kaisers Karl VII., geboren am 28. März 1727, wurde von seinem sterbenden Vater für mündig erklärt (1745) und machte alsbald die Ansprüche desselben auf die österreichischen Staaten geltend, ward aber nach einem unglücklichen Kriege in dem Frieden zu Füßen (April 1745) zur Verzichtleistung auf dieselben gezwungen. Er erwarb sich um sein Land namhafte Verdienste durch Verbesserung der Rechtspflege, Verringerung des Heeres und des Hofstaates, Aufhebung vieler Klöster, Beförderung des Ackerbaues, Hebung der Gewerbe und Förderung der Wissenschaften und Künste; so besetzte er die Universität in Ingolstadt mit neuen Lehrern und stiftete in München 1759 die Akademie. Die Ordnung der Finanzen wollte ihm jedoch nicht gelingen. An dem siebenjährigen Kriege nahm er nur durch Stellung des Reichskontingents Theil. Streng katholisch, hob er doch den Jesuitenorden in seinem Lande auf und gestattete den Protestanten auch in München die Ausübung ihres Gottesdienstes. Er † den 30. Dec. 1777 als der Letzte der jüngeren Hauptlinie des Hauses Wittelsbach. Da seine Ehe mit Maria Anna Sophie, einer Tochter des Königs August III. von Polen, kinderlos geblieben war, fielen seine Länder dem pfalzgräflichen Haus Sulzbach zu, aus welchem ihm der Kurfürst von der Pfalz, Karl Theodor, folgte.

d) M. Joseph, der Sohn des Pfalzgrafen Friedrich von Zweibrücken-Birkenfeld und der Maria Franciska von Pfalz-Sulzbach, geboren den 27. Mai 1756 zu Schwetzingen, wurde unter der Aufsicht seines Oheims, des Herzogs Christian IV. von Pfalz-Zweibrücken, sorgfältig erzogen. Im Jahre 1777 trat er als Oberst in ein französisches Regiment und stieg bald bis zum Generalmajor. Von 1782—89 war er zu Straßburg stationirt. Beim Ausbruch der Revolution schied er aus dem französischen Dienste und kehrte nach Mannheim zurück. Bald darauf trat er in österreichische Dienste und wohnte den ersten Feldzügen des Revolutionskriegs bei. Am 1. April 1795 folgte er seinem Bruder, dem Herzog Karl II. von Zweibrücken, in der Regierung dieses Landes und am 16. Februar 1799 dem Kurfürsten Karl Theodor, mit dem die sulzbachische Linie erlosch, in Bayern. Seine erste Regierungsmaßregel hier war die Begründung eines unabhängigen Ministeriums. Er förderte die Landwirthschaft und den Verkehr, verbesserte den Rechtszustand, schuf eine neue Kriminalordnung, führte eine gleichmäßigere Vertheilung der Steuern u. Abgaben ohne Rücksicht auf Privilegien ein, hob viele Klöster auf und verwandte das durch die Säkularisationen gewonnene Kirchenvermögen zur Hebung der Kultur des Bodens wie zur Förderung der geistigen Bildung des Volks. Seine auswärtige Politik hingegen war eine durchaus widernationale und nur auf die Vergrößerung seiner Hausmacht berechnete. Durch seinen festen Anschluß an Napoleon I., der durch die Verheirathung von M.s Tochter an Eugen Beauharnais noch mehr befestigt wurde, erhielt er 1806 die königliche Würde und ward der bedeutendste Fürst des Rheinbundes. Durch den Vertrag zu Ried den 8. Oktober 1813 trat er den Alliirten bei. Auf dem wiener Kongreß machte er sich als ein Hauptkämpfer für die Souveränetätsrechte bemerklich. Um seinem Lande die segensreichen Institutionen seiner Regierung zu sichern, gab er die Konstitution vom 26. Mai 1818. Gemildert wurde das feste und entschiedene Wesen M.s im Privatverkehr durch natürliches Wohlwollen, anspruchlose Einfachheit und Reinheit der Sitten. Er † den 13. Okt. 1825 zu Nymphenburg. Vermählt war er seit 1795 mit Wilhelmine Auguste von Hessen-Darmstadt u. seit 1797 mit Karoline Friederike Wilhelmine von Baden. Von seinem Sohn u. Nachfolger Ludwig wurde ihm 1835 zu München ein Denkmal (von Rauch) auf dem Max-Josephsplatz gesetzt. Ferner stehen Denkmäler von ihm zu Amberg, Kreuth, Lindau und Passau. Vergl. Söltl, Max Joseph, König von Bayern, Stuttg. 1837.

e) M. II. Joseph, König von Bayern, Sohn des Königs Ludwig I. und Theresens von Sachsen-Hildburghausen, den 28. November 1811 geboren, studirte seit 1829 in Göttingen und seit 1831 in Berlin und bereiste dann Deutschland, Italien und Griechenland. Im Jahre 1830 zum Generalmajor ernannt, ward er 1836 von seinem Vater in den Staatsrath eingeführt, besuchte 1837—40 von Neuem Italien und Griechenland und wählte das reizende Schloß Hohenschwangau bei Füßen, das er sehr geschmackvoll neu aufbauen ließ, zu seinem Lieblingsaufenthalt, wo er im ungezwungenen Umgange mit Gelehrten und Künstlern sich wissenschaftlichen, namentlich historischen Studien und literarischer Beschäftigung widmete. Noch 1842—45 machte er unter der Leitung des Professors Dönniges einen vollständigen staatswissenschaftlichen Kursus durch. Die Abdankung König Ludwigs I. am 21. März 1848 berief ihn unerwartet zum Throne. M. umgab sich zwar mit freisinnigen Räthen, setzte aber der Unionspolitik entschiedenen Widerstand entgegen, verweigerte die Anerkennung der Reichsverfassung, näherte sich dagegen Oesterreich und betheiligte sich an den Schritten, die zur Wiederherstellung des Bundestags und zur Exekution in Hessen und Holstein führten. In der innern Politik folgte Bayern seit 1850 zwar der restaurirenden Richtung, dagegen fand die kirchliche Reaktion bei König M. keine Unterstützung, vielmehr rief er zum Mißvergnügen der ultramontanen Partei ohne Rücksicht auf Konfession eine Reihe wissenschaftlicher Celebritäten nach München, zog die Dichter E. Geibel, Bodenstedt u. A. in seine Umgebung und verwandte beträchtliche Summen auf Belohnung ausgezeichneter literarischer Leistungen. Kränklichkeit verhinderte ihn oft, sich an den Staatsgeschäften zu betheiligen, veranlaßte ihn häufig zu Reisen und ländlichem Aufenthalt und gab seinem Wesen etwas Zurückhaltendes und Schweigsames. Er † plötzlich am 10. März 1864. Vermählt war er seit 1842 mit der Prinzessin Maria Hedwig, Tochter des Prinzen Wilhelm von Preußen, die ihm 2 Söhne, Ludwig, seinen Nachfolger, geboren den 25. August 1845, und Otto, geboren den 27. April 1848, gebar.

4) M. Joseph, Herzog in Bayern, Sohn des am 3. August 1837 verstorbenen Herzogs Pius August, den 4. December 1808 zu Bamberg geboren, wurde unter der Leitung seines Großvaters, des Herzogs Wilhelm, erzogen und bezog 1826 die Universität München, wo er sich vorzüglich mit Geschichte, Staatswirthschaftslehre und Naturgeschichte beschäftigte. Im folgenden Jahre volljährig geworden, trat er in die Kammer der Reichsräthe ein. Im Jahre 1834 übernahm er auf Wunsch seines Großvaters als Haupt der Familie die Verwaltung der Güter derselben noch bei Lebzeiten seines Vaters, und durch die Veräußerung seiner bedeutenden Liegenschaften in Frankreich, die er von seiner Mutter, einer gebornen Prinzessin von Aremberg, überkommen hatte, war ihm die Erwerbung eines Güterkomplexes am starnberger See und des Landsitzes Possenhofen, sowie der fuldaischen Domäne Holzkirchen u. des Stammschlosses Wittelsbach ermöglicht. Im Jahre 1838 besuchte er Athen, Konstantinopel, Aegypten und Nubien, wo er bis zur zweiten Katarakte des Nils vordrang, und traf, von Kairo aus über Palästina zurückkehrend, nach einer Abwesenheit von 8 Monaten wieder in München ein. Er beschrieb diese Reise in der „Wanderung nach dem Orient 1838" (München 1839, 2. Aufl. 1840). Schon 1824 hatte er vom König Max ein Infanterieregiment erhalten, 1831 gab ihm König Ludwig I. das 3. Chevauxlegersregiment, das gegenwärtig seinen Namen führt, und 1837 wurde er Generalmajor, 1848 Generallieutenant und Kreiskommandant der Landwehr von Oberbayern. Unter dem Namen Phantasus ließ er mehre dramatische und novellistische Arbeiten erscheinen, die eine leichte Erzählungsgabe und eine heitere Lebensanschauung bekunden. Dahin gehören die „Novellen" (München 1831, 2 Bde.), „Lucrezia Borgia" (das. 1833), das „Skizzenbuch" (das. 1834), die Novellen „Jakobine" (1835) und „Der Stiefbruder" (1838). Seine „Sammlung oberbayerischer Volkslieder und Singweisen" (München 1846) schließt sich der durch Ritter von Spaur herausgegebenen Sammlung österreichischer Volksweisen an. Vermählt ist er seit 1828 mit der Prinzessin Ludovica, der jüngsten Tochter des Königs Maximilian I. Joseph. Von seinen 8 Kindern ist Helene seit 1858 an den Prinzen Max. von Thurn und Taxis, Elisabeth seit 1854 an den Kaiser Franz Joseph von Oesterreich und Maria seit 1854 an den gegenwärtigen Exkönig Franz von Neapel vermählt.

5) M. Alexander Philipp, Prinz von Wied, früher von Neuwied, berühmter Reisender, den 23. September 1782 zu Neuwied geboren, Sohn des Fürsten Friedrich Karl, widmete sich mit Vorliebe naturwissenschaftlichen Studien, verließ nach dem wiener Frieden als Generalmajor den preußischen Militärdienst und trat im Mai 1815, begleitet von den Naturforschern Freireiß und Sellow, eine naturwissenschaftliche Reise nach Brasilien an, das er vom 13.—23. Grad erforschte und worin er bis zur Grenze von Minas-Geraes vordrang. Trotz der mancherlei Verluste, welche ihm Ueberfälle und andere Unfälle gebracht hatten, brachte er im Sommer 1817 sehr bedeutende Sammlungen mit nach Europa zurück. Die Resultate seiner Reise sind niedergelegt in seiner „Reise nach Brasilien in den Jahren 1815—17" (Frankf. 1819—20, mit Atlas), sowie in den „Abbildungen zur Naturgeschichte

Brasiliens" (Weimar 1823—31, 15 Lieferungen) und den „Beiträgen zur Naturgeschichte Brasiliens" (das. 1824—33, 4 Bde.). Im Jahre 1833 bereiste er die Vereinigten Staaten bis zum oberen Missouri. Die Resultate dieser Expedition, auf der ihn einige treffliche Maler begleiteten, erschienen unter dem Titel „Reise durch Nordamerika" (Koblenz 1838—43, 2 Bde., mit Atlas von 81 Kupfern). Daneben beschäftigten M. fortwährend zoologische Studien. Einzelne Abhandlungen naturhistorischen Inhalts veröffentlichte er in den Verhandlungen der königlichen Akademie der Wissenschaften zu Bonn (1824, 12. Theil).

6) M. Heinrich, Erzbischof und Kurfürst von Köln, geboren den 6. Oktober 1621, Sohn des Herzogs Albrecht VI. von Bayern, wurde 1650 Kurfürst von Köln und Bischof von Lüttich und Hildesheim. Sein Streit mit dem Kurfürsten von Mainz über die Berechtigung zum Vollzug der Kaiserkrönung wurde dahin vermittelt, daß die Krönungsceremonie fortan abwechselnd von beiden vollzogen werden sollte. Eine Fehde mit der Stadt Köln, deren Privilegien er angetastet hatte, führte zu einem Krieg, in welchem der Kaiser und die Generalstaaten der Niederlande auf die Seite der Stadt traten, M. aber sich mit dem König Ludwig XIV. von Frankreich und dem Bischof von Münster, Joseph Bernhard von Galen, verbündete. Er fiel zugleich mit den Franzosen in die Niederlande ein, räumte französischen Truppen die Besetzung von Kaiserswerth, Neuß und Bonn ein, eroberte Deventer und begann die Belagerung von Gröningen. Die Einschließung Bonns durch die verbündeten Feinde machte ihn jedoch zu Unterhandlungen bereit, und so kam im Mai 1674 der Friede zu Stande. Im Jahre 1683 wurde M. auch zum Bischof von Münster gewählt; allein vom Papste nicht bestätigt, konnte er nur die weltlichen Angelegenheiten daselbst leiten. Er † den 3. Juni 1688.

7) M. Franz Xaver Joseph, letzter Kurfürst von Köln, geboren am 8. December 1756, der jüngste Sohn Maria Theresia's und Franz' I., wurde früh für den geistlichen Stand bestimmt, bereiste unter der Führung des Grafen Rosenberg Deutschland, Frankreich, Holland und Italien und machte unter seinem Bruder Joseph II. den bayerischen Erbfolgekrieg mit. Im Jahre 1769 wurde er Koadjutor seines Oheims, des Hoch- und Deutschmeisters Karl von Lothringen, und 1780 des Kurfürsten von Köln und Bischofs zu Münster, Maximilian Friedrich. Gleichzeitig ward er zum Hoch- und Deutschmeister ernannt. Seit 1784 Kurfürst von Köln und Bischof von Münster, regierte er sein Land trefflich und ordnete dessen Finanzen, das Justizwesen u. die Polizei. Er behauptete ebenso fest den Anmaßungen der römischen Kurie gegenüber seine Rechte, als er sich vom Ausbruch der französischen Revolution an bis zum Reichskrieg mit Klugheit neutral zu halten wußte. Als im Herbst 1794 Bonn von den Franzosen besetzt wurde, verweilte er erst in Münster, dann in Mergentheim und Ellingen, seit Frühjahr 1800 zu Wien und Hetzendorf. Hier † er den 27. Juli 1801. In seinem Privatleben einfach, verwandte er seine Einkünfte vornehmlich zur Unterstützung von künstlerischen und wissenschaftlichen Bestrebungen, erweiterte die Universität Bonn und legte eine treffliche Bibliothek an. Auch für Musik und Naturgenüsse besaß er einen regen Sinn, welchen letzteren die Anlagen zu Godesberg, Poppelsdorf und Augustusburg bekunden. Vergl. Seida, M. Franz, letzter Kurfürst von Köln, Nürnberg 1803.

Maximilianische Thürme, gemauerte, zur Vertheidigung eingerichtete, einzeln liegende Werke, die ihren Namen von ihrem Erfinder, dem Erzherzog Maximilian von Oesterreich († als Deutschmeister 1699), haben. Der Thurm besteht aus einem Erdgeschoß, auf welchem zwei Etagen und eine Plattform ruhen, welche zusammen eine Höhe von 32 Fuß haben. Alle Decken sind bombenfest gewölbt, die Plattform ist mit einer kreisrunden Brustwehr von 80—100 Fuß Durchmesser versehen. Die hier aufgestellten schweren Geschütze sind so laffetirt, daß man ihrer 10 gleichzeitig auf einen Punkt wirken lassen kann. Die beiden Etagen sind ebenfalls zur Aufnahme von Geschützen, die obern besonders zur Aufnahme von Wurfgeschützen, eingerichtet; in der untern aber findet eine Besatzung von 150 Mann Raum. Im Erdgeschoß wird Pulver und Proviant aufbewahrt; auch befindet sich daselbst ein Brunnen. Außen ist der Thurm mit einem Graben umgeben, dessen obere Breite nach vorn 50, in der Kehle 12 Fuß beträgt. Die Brustwehr vor dem Graben, ein Erdwall, reicht beinahe bis zur Höhe der Sohle der Plattform. Dergleichen Thürme werden in solcher Entfernung von einander angelegt, daß der Zwischenraum zwischen zweien von jedem aus zur Hälfte bestrichen werden kann. Vgl. Essai sur la fortification moderne, Paris 1845.

Maximiliansorden für Kunst und Wissenschaft, königlich bayerischer Orden, gestiftet vom König Maximilian II. Joseph am 28. November 1853, vorzugsweise für deutsche Gelehrte und Künstler bestimmt und in Einer Klasse bestehend mit zwei Abtheilungen, für Wissenschaft und für Kunst. Das Ordenszeichen ist ein dunkelblau emaillirtes gothisches Kreuz mit weißem Rand und 4 Strahlen in den Winkeln, umgeben von einem goldenen Kranz von Lorbeer und Eichenlaub; die Mitte des Ordens bildet ein gekrönter Schild, dessen eine Seite das Bildniß des Stifters, die andere für die Abtheilung der Wissenschaft eine Eule mit einer Rolle, für die der Künste den Pegasus mit der Hippocrene und die Umschrift „Für Wissenschaft und Kunst" zeigt. Die Gesammtzahl der Ordensglieder soll sich höchstens auf 100 belaufen.

Maximin, St., Stadt im französischen Departement Var, am nördlichen Fuße des Mont St. Victoire, am Ursprung des Argens, mit Fabriken von Wollenzeuchen, Branntweinbrennerei u. 3560 Einw.

Maximinus, 1) Cajus Julius Verus, mit dem Beinamen der Thracier (Thrax), da er in Thracien geboren war, römischer Kaiser, ward, eines Hirten Sohn, wegen seiner außerordentlichen Größe und Stärke vom Kaiser Severus unter die Garde aufgenommen, stieg in Rom zum Senator und Anführer einer Legion empor, kämpfte gegen die Perser und Alemannen und ward nach des Kaisers Alexander Severus Ermordung 235 vom Heere bei Mainz zum Kaiser ausgerufen. Er ernannte sofort seinen Sohn Cajus Julius Verus M., der dem Vater ähnlich an imponirendem Aeußern, aber überlegen an Wuchs, Geistesbildung und Gemüth war, zum Cäsar. Im Besitz der Macht, bekundete M. Habgier und Grausamkeit, zeigte jedoch, namentlich in den

Feldzügen gegen Deutschland, auch Ausdauer und Tapferkeit und erhielt vom Senat nebst seinem Sohne den Ehrennamen Germanicus. Auch gegen Dacien und Sarmatien kämpfte er siegreich. Er beabsichtigte die Grenzen des Reichs bis an das Eismeer auszudehnen, machte sich aber dem Volke so verhaßt, daß er, als in Afrika 238 der Aufstand der Gordiane ausbrach, vom Senat für einen Feind des Vaterlands erklärt wurde. Weder Heer, noch Senat gingen auf seine Versprechungen ein, und als die Nachricht von dem Tode der Gordiane nach Rom kam, ernannte der Senat die Senatoren M. Clodius Pupienus Maximus und Decimus Cälius Balbinus zu Kaisern. M. drang Anfangs 238 in Italien ein. Der Widerstand, den er bei Aquileja fand, erbitterte ihn in dem Maße, daß er einige Offiziere hinrichten ließ, worauf die Soldaten ihn nebst seinem Sohn ermordeten.

2) Cajus Galerius Valerius M., ursprünglich Daca oder Daza genannt, ein Illyrier von niederer Geburt, Neffe des Galerius Maximianus, von dem er 305 zum Cäsar ernannt und mit der Verwaltung des Ostens beauftragt wurde, legte sich 307 selbst den Titel Augustus bei, weil Licinius ihm vorgezogen und zum Augustus ernannt worden war. Nach dem Tode des Galerius stritt M. mit Licinius um den Thron, und als er von der beabsichtigten Vermählung desselben mit der Schwester des Constantius Nachricht erhielt, verband er sich mit Maxentius, brach 313 aus Syrien auf und nahm Byzanz, Heraclea und Perinth, ward aber von Licinius bei Adrianopel geschlagen und tödtete sich auf der Flucht zu Tarsus.

Maximum (lat.), das Größte, der höchste Grad, die höchste Stufe, der höchste Werth, im Gegensatz zu Minimum, das Kleinste &c. In der Mathematik versteht man unter dem größten oder kleinsten Werthe einer veränderlichen Größe denjenigen, welcher größer oder kleiner ist als ein in der Reihe der Werthe dieser Größe vorangehender oder nachfolgender, so nahe auch beide an jenem größten oder kleinsten Werthe genommen werden. Demnach kann eine Funktion auch mehre Maxima und Minima haben. Die Untersuchung über dies Verhältniß wird am leichtesten mit Hülfe der Differentialrechnung und bei schwierigen Aufgaben mittelst der Variationsrechnung geführt. Spuren dieser Lehre finden sich schon in des Apollonius Werken über die Kegelschnitte; ausgebildet wurde sie durch die Gebrüder Bernoulli, Newton, Maclaurin, Euler und Lagrange.

Maximumgesetz, vom französischen Nationalkonvent erlassenes Gesetz, gültig vom Sept 1793 bis Sept. 1794, wonach für eine Menge von Lebensmitteln ein höchster Preis festgesetzt ward, über den sie nicht verkauft werden sollten, bei Strafe der Konfiskation und wohl selbst des Todes, da der Uebertreter dieses Gesetzes dem Konvent als Feind der bestehenden Ordnung verdächtig ward. Diese Maßregel war dem Handel und der Landwirthschaft so nachtheilig, daß man sie bald wieder zurücknehmen mußte.

Maximus, 1) Clodius Pupienus M., römischer Kaiser, war von niedriger Herkunft, wurde aber wegen seiner kriegerischen Tüchtigkeit Senator, Prätor und Konsul, dann Prokonsul in Bithynien, Griechenland und Gallia Narbonensis und kämpfte gegen Illyrier, Sarmaten u. Germanen. Anfangs 238 ernannte ihn der Senat zum Gegenkaiser gegen Maximin. Im Begriff, gegen die Perser zu ziehen, wurde er nebst seinem Kollegen Balbinus von den Prätorianern ermordet (Mitte 238).

2) M., römischer Kaiser, Kriegsgefährte des Theodosius, nach dessen Erhebung zum Kaiser er die von den aufständischen Legionen in Britannien ihm angebotene Krone ablehnte (383), wogegen er mit dem Heere Gallien angriff, in dessen Hauptstadt Gratian residirte. Von den gallischen Legionen als Beherrscher des Westens anerkannt, zeigte sich M. gewaltthätig u. verfolgte besonders die Sekte der Priscillianisten. Bei einem Einfall in Oberitalien verlor er gegen Theodosius bei Aquileja Sieg und Leben. Auch sein Sohn Victor, den er zum Augustus ernannt hatte, fand hier den Tod.

3) M. aus Tyrus, Lehrer der Beredtsamkeit u. Philosophie gegen Ende des 2. Jahrhunderts n. Chr., lebte abwechselnd in Griechenland und Rom und hinterließ 41 Abhandlungen od. Reden über einzelne Sätze verschiedener Art, meist moralisch-praktischen Inhalts, die am besten von Ward (London 1740) u. Reiske (Leipzig 1744) herausgegeben wurden.

4) M. Philosophus, Neuplatoniker, zu Ephesus um 360 geboren, gilt für den Verfasser eines Gedichts über die den Göttern als Opfer dargebrachten Erstlinge (herausgegeben von Gerard, Leipzig 1820).

Max-Joseph-Orden, bayerischer Militärverdienstorden, von König Maximilian Joseph von Bayern am 6. Januar 1806 gestiftet, veranlaßt durch die Tapferkeit, mit welcher seine Truppen im Solde Napoleons I. gegen die Oesterreicher gefochten, u. mit Einkünften verknüpft, zerfällt in 3 Klassen: Großkreuze, Kommandeure und Ritter. Das Ordenszeichen ist ein einfaches goldenes, weiß emaillirtes Kreuz, darüber eine goldene Krone. Das hellblaue, runde Mittelschild zeigt den Namenszug des Stifters M. J. K. (Max Joseph, König), auf der Kehrseite in einem Halbzirkel mit goldenen Buchstaben die Worte „Virtuti pro patria“.

May, Karl, namhafter Phelloplast, erfand die Kunst der Phelloplastik, die er in Rom kennen gelernt, durch eigene Uebung nach und lieferte ausgezeichnete Werke in ihr. Seine letzte Arbeit war die Nachbildung des heidelberger Schlosses für den damaligen Kronprinzen Ludwig von Bayern. Er † 1822.

Maya (Mayaindianer), großes Indianervolk in Yukatan und den benachbarten Theilen von Mexiko und Guatemala, ist von den Azteken ganz verschieden, redet eine eigene Sprache, hat zum Theil christliche Civilisation angenommen und treibt Ackerbau, während ein anderer Theil noch unabhängig in den Wäldern haust.

Mayen, Kreisstadt in der preußischen Rheinprovinz, Regierungsbezirk Koblenz, an der Nette, im fruchtbaren Mayenfelde, mit evangelischer und katholischer Kirche, Schloß, Progymnasium, Tuchfabrikation, Streichgarnmaschinenspinnerei, Lein- u. Wollweberei, Strumpfwirkerei, Gerberei, Papier-, Tabaks- u. Steingutfabrikation, Potasche- u. Waidaschesiederei, Bierbrauerei, berühmten Mühlsteinbrüchen, besuchten Jahrmärkten und 6000 Einw.

Mayenne (lat. Meduana), Fluß im nordwestlichen Frankreich, entspringt im Departement Orne bei dem Dorfe Maine aus 2 Quellen, hat einen südlichen, 26 Meilen langen Lauf, wird bei Laval schiffbar und mündet bei Bouche-Maine in die Loire, nachdem er das gleichnamige Departement und den nördlichen Theil des Departements Maine-Loire durchflossen hat. Nach Vereinigung mit der Sarthe oberhalb Angers heißt er Maine. Nebenflüsse sind rechts: Colmont, Ernée, Oudon, links: Aron, Jouanne, Sarthe mit Loir.

Das nach ihm benannte Departement M., aus dem westlichen Theil der vormaligen Provinz Maine und dem nördlichen Theil von Anjou gebildet, zwischen den Departements la Manche, Orne, Sarthe, Maine-Loire und Ille-Vilaine gelegen, umfaßt einen Flächenraum von 94,08 □Meilen mit (1861) 375,163 Einwohnern. Es ist ein hügeliges Land, in welchem Ebenen mit wenig tiefen Thälern und einigen Hügelketten abwechseln. Es wird seiner ganzen Länge nach von Norden nach Süden von der M. und deren Nebenflüssen, ferner von der Sarthe und zum Theil auch von der Vilaine, welche hier entspringt, durchflossen. Der Boden ist größtentheils fruchtbar. Von dem 506,200 Hektaren großen Areal kommen auf Aecker 354,085, Wiesen 72,719, Weinberge 808, Wälder 31,945, Heideland 25,403 Hektaren. Produkte sind: Getreide (schöner Roggen, Gerste, Hafer, etwas Weizen), Flachs, Hanf, Obst (besonders Aepfel und Birnen, woraus Cider bereitet wird) u. Wein (durchschnittlich 250 Hektoliter). Die Viehzucht, namentlich die Rindvieh-, Schaf- u. Schweinezucht, ist bedeutend; auch züchtet man Esel u. Maulthiere. Die Bienenzucht wird durch die weiten Heidestrecken begünstigt. Die Bergwerke lieferten 1859 722,100 Ctnr. Steinkohlen u. 175,000 Ctnr. Eisenerze, die in 6 Hohöfen und Hütten zu 46,300 Ctnr. Gußeisen u. 21,700 Ctnr. Schmiedeeisen verarbeitet wurden. Außerdem liefern die Berge Braunkohlen, Marmor, Kalksteine, Schiefer, Granit, Bausteine. Der Gewerbfleiß erzeugt verschiedene Webereien, namentlich Segeltuch, Leinwand, baumwollene und wollene Zeuche, auch Papier; mit diesen Fabrikaten, sowie mit den sonstigen Produkten wird ein lebhafter Handel getrieben. Das Departement zerfällt in 3 Arrondissements: Laval, Château-Gontier u. Mayenne; Hauptstadt ist Laval.

Die Stadt Mayenne, an beiden Ufern der M. u. am Abhang zweier Hügel gelegen, Hauptort des gleichnamigen Arrondissements, ist alt und unansehnlich, hat Ueberreste eines alten Felsenschlosses der ehemaligen Herren von M., ein Kommunalcollége, Civil- u. Handelstribunal, eine Irrenanstalt u. 10,370 Einw., welche ansehnliche Baumwoll- u. Wollspinnereien, Leinwand-, Calicos- u. Taschentuchfabriken, sowie Papierfabriken u. Gerbereien unterhalten u. einen lebhaften Handel mit Holz, sowie nach den Kolonien mit Wein, Branntwein und den Landesprodukten betreiben. In der Umgegend sind Hohöfen und Eisenhütten. Im Jahre 1424 ward die Stadt von den Engländern erobert, später von Karl IX. zu Gunsten des Herzogs Karl von Lothringen zum Herzogthum erhoben.

Mayenthal, Alpenthal im Schweizerkanton Uri, 5 Stunden lang, wird vom Mayenbach, der mehre schöne Wasserfälle bildet, durchflossen. Ueber dieses Thal erhebt sich der 8890 Fuß hohe Mayenstock.

Mayer, 1) Johann Tobias, berühmter Astronom, den 17. Febr. 1723 zu Marbach in Würtemberg geboren, bildete sich in Eßlingen als Autodidakt zu einem ausgezeichneten Mathematiker und hatte sich schon durch mehre schriftstellerische Versuche, z. B. „Allgemeine Methode zur Auflösung geometrischer Probleme“ (Eßlingen 1741), bekannt gemacht, als er in der homannischen Officin zu Nürnberg eine Anstellung fand, wo er sich um Verbesserung der Landkarten verdient machte. Im Jahre 1750 ward er als Professor der Mathematik nach Göttingen berufen, wo er den 20. Febr. 1762 †. Sein Ruf als Astronom gründet sich vornehmlich auf seine „Theoria lunae juxta systema Newtonianum“ (London 1767) und die „Tabulae motuum solis et lunae“ (das. 1770). Um die astronomische Forschung erwarb er sich Verdienste durch Verbesserung der Winkelinstrumente, Einführung des Multiplikationskreises, Aufstellung einer Theorie der Refraktionen und Finsternisse, seine Fixsternverzeichnisse 2c. Aus seinen hinterlassenen Manuskripten gab Lichtenberg „Opera inedita“ (Göttingen 1774) heraus. Sein Sohn, Johann Tobias, geboren zu Göttingen den 5. Mai 1752, wirkte als Professor der Mathematik u. Physik nach einander zu Altdorf, Erlangen und Göttingen, wo er den 30. November 1830 †, u. machte sich namentlich durch treffliche Lehrbücher über verschiedene Theile der Mathematik bekannt.

2) Karl Friedrich Hartmann, deutscher Dichter, geboren den 22. März 1786 zu Neckarbischofsheim in Würtemberg, lebt als Oberjustizrath und Oberamtsrichter zu Waiblingen. Im Anfang der dreißiger Jahre gehörte er als Mitglied der zweiten würtembergischen Kammer mit seinen Freunden Schott, Uhland 2c. zu der liberalen Opposition. Bekannter ist er durch seine zahlreichen, zum Theil in Zeitschriften verstreuten, unter dem Titel „Lieder“ (Stuttgart 1833, 2. Aufl. 1840) gesammelten lyrischen Gedichte, Naturbilder von tiefer Innigkeit und ächt poetischer Wahrheit, verbunden mit seltenem Zauber und Wohllaut der Sprache.

3) Louis, Landschaftsmaler, geboren zu Neckarbischofsheim den 23. Mai 1791, war bis zu seinem 34. Jahre Kaufmann, widmete sich sodann, namentlich unter der Leitung des Professors Steinkopf in Stuttgart, der Kunst, bereiste Schwaben, die Schweiz, Tyrol und Steiermark, auch in den Jahren 1830 bis 1832 Italien und Sicilien und ließ sich hierauf in Stuttgart nieder. Während seines Aufenthalts in Rom malte er u. A. die große Landschaft von Olevano mit dem Volsker- und Albanergebirge, später die Ansichten des Hohenstaufen und des oberen Donauthales u. eine Ansicht des Neckarthales oberhalb Berg. Er † den 22. Nov. 1843 zu Stuttgart.

4) Johann Ernst, Bildhauer, geboren zu Ludwigsburg 1796, war ein Schüler von Isopi, bei dem er sich besonders im Fache der plastischen Ornamentik ausbildete. Leo von Klenze berief ihn 1818 nach München, wo er bei Restaurirung antiker Bildwerke thätig war u. daneben die Akademie besuchte. Nachdem er einige Zeit in Stuttgart thätig gewesen, besuchte er 1821 Italien, wo er theils für sich, theils im Atelier Thorwaldsens arbeitete. Im Jahre 1826 nach München zurückgekehrt, wurde er 1830 zum Professor an der polytechnischen Schule daselbst ernannt. Von seinen zahlreichen Arbeiten sind zu nennen: die Büste Thorwaldsens; zwei sitzende Statuen des Homer u. Thucydides für die königliche Bibliothek in München; die Reliefs im Rubenssaale der Pinakothek; die

Thaten eines Helden und dessen Einführung in die Walhalla. Er † 1844 zu München.

5) Karl, Maler und Stahlstecher, geboren 1798 zu Nürnberg, ward ein Schüler des Freiherrn von Haller und des Kupferstechers F. Fleischmann, sowie Desnoyers und Coiny's in Paris und gründete in seiner Vaterstadt eine Kunstanstalt, mit der seit 1830 auch eine Druckerei verbunden ist. Blätter von ihm findet man in Kalendern und Almanachen, in Witschels „Morgen- u. Abendopfern" nach Heideloff, in der Duodezausgabe von Schillers Werken und in der größeren Ausgabe desselben Dichters ꝛc. Auch hat man von ihm Bildnisse merkwürdiger Personen. Seine Stahlstiche sind von hoher Schönheit. Mit der Malerei beschäftigte er sich später wenig.

Mayhew, Henry, vielseitiger englischer Tagesschriftsteller, geboren den 25. Nov. 1812 zu London, diente erst auf einem Kriegsschiff, auf dem er eine Fahrt nach Kalkutta mitmachte, stand sodann einige Jahre einer Farm in Wales vor und pachtete hierauf das Theater der Königin zu London. Obgleich das von ihm gleichzeitig gegründete humoristische Journal „Figaro in London" wenig Anklang fand und bald wieder einging, trat er doch 1841 wieder mit einem ähnlichen Blatt, dem „Punch", vor die Oeffentlichkeit und lieferte mit demselben den Beweis, daß auch in der Tagespresse Satire bestehen kann, ohne persönlich zu werden, u. daß der Humor das Moralisiren nicht in sich schließt. In Folge eines Zwistes mit den Eigenthümern des Blattes von der Redaktion desselben zurückgetreten, versuchte er sich als selbstständiger Schriftsteller u. schrieb eine lange Reihe von Theaterstücken, Novellen, namentlich humoristischen und Erziehungsschriften, sowie zahllose Artikel für Zeitungen und Reviews; auch gründete er nach einander mehre Wochen- und Monatsschriften, die aber alle nur kurzen Bestand hatten. Die Frucht mehrjähriger eingehender Untersuchungen über die Lage der untersten Klassen der londoner Bevölkerung ist sein Werk „London labour and the London poor" (London 1851, 2 Bde.), das zuerst in dem „Morning Chronicle" erschien u. viel dazu beigetragen hat, die öffentliche Aufmerksamkeit auf Zustände zu lenken, die zuvor aus Unkenntniß keine Berücksichtigung gefunden hatten. Von M.s späteren Schriften, die sich zum Theil in das Genre der industriellen Literatur verlieren, ist noch eine fleißige Monographie über Hogarth (1860 ff.) hervorzuheben. Von seinen Brüdern haben sich Thomas M., geboren 1810, als Herausgeber einer Penny-National-Bibliothek, einer Sammlung von Volks- u. Schulbüchern zu einem Penny den Band, sowie während des Kampfes um die Reformbill als Redakteur des „Poor Mans Guardian", des Organs der Opposition; Edward M., geboren 1813, als Schauspieler, Komponist und Kunstkritiker, in welcher letzten Eigenschaft er namentlich an der „Morningpost" thätig war; Horace u. Augustus M. endlich durch humoristische Romane bekannt gemacht.

Maykaung, Fluß, s. Mekiang.

Maynooth, Stadt in der irischen Provinz Leinster, Grafschaft Kildare, am Royalkanal, mit 2090 Einwohnern, bekannt durch das dortige katholische Priesterseminar St. Patricks (1795 gegründet), die bedeutendste römisch-katholische Bildungsanstalt Irlands, die 1845 das Ministerium Peel zur Einbringung der Maynoothbill veranlaßte (s. Großbritannien, Geschichte). Die Anstalt wird vom Staat unterhalten, zählt gegen 500 Studenten u. hat eine Bibliothek von 18,000 Bänden. Dabei Schloß Carton, Sitz des Herzogs von Leinster, mit werthvoller Gemäldesammlung.

Mayo, 1) die nordwestlichste Grafschaft der irischen Provinz Connaught, wird im Westen und Norden von dem atlantischen Ocean bespült, außerdem von den Grafschaften Galway, Roscommon u. Sligo begrenzt und umfaßt 100 □M. mit 254,450 Einw., wovon 97 Procent katholisch. Unter den Baien der sehr zerrissenen Küste sind die Killalabai und der Broadhafen im Norden, die Blacksod-, die Clewbai u. der vortreffliche Killeryhafen im Westen, unter den Inseln Achill- und Clare-Island die bemerkenswerthesten. Den äußern Küstenvorsprung bildet die anmuthige u. fruchtbare Halbinsel Mullet. Zwischen der Clewbai und Killeryhafen liegt der Gebirgsdistrikt Murrisk (mit dem 2679 Fuß hohen Mulrea und dem 2529 Fuß hohen Kroagh-Patrick), der sich südlich an das Gebirge von Connemara anschließt und östlich in den Lough-Mask (72 Fuß hoch) abfällt. Das Land östlich der Clewbai und fast der ganze Süden der Grafschaft bestehen aus einer Ebene, hie u. da mit einzelnen Hügelketten, unter welchen der Slieve-Carnon (855 F. hoch) der bedeutendste. Im Thal des Moy setzt sich diese Ebene bis zur Killalabai fort. Der Nordosten der Grafschaft ist gebirgig; hier steigt der Mount-Nephin zu 2638, der Slieve-Cor zu 2368 F. empor. Der Hauptfluß ist der Moy, der links den Abfluß der Seen Cullin und Corm empfängt. Von der Oberfläche sind 13 Procent Kornfelder, 2 Proc. Wiesen- und Kleeland, 21 Proc. Weiden, $^{3}/_{5}$ Proc. Wald, $4^{1}/_{5}$ Proc. Gewässer. Der Viehstand beträgt 123,300 Pferde, 161,450 Rinder, 211,500 Schafe, 47,180 Schweine. Metallerze kommen vor, werden aber nicht bebaut. An der Küste herrscht rege Fischerei, Hauptort ist Castlebar. An der Killalabai liegt der alte Ort M., im Mittelalter Magheo genannt und einst Bischofssitz, jetzt ein ärmliches Dorf.

Mayor (engl.), in England, Irland und den Vereinigten Staaten die oberste Magistratsperson einer Stadt, die aus den Mitgliedern des Stadtraths mit Stimmenmehrheit auf ein Jahr gewählt wird und zugleich die polizeiliche Gewalt ausübt. In London, Dublin u. York führt der M. während seiner Amtszeit den Titel Lord-Mayor.

Mayotta (Mayotte), die südöstlichste und wichtigste der comorischen Inseln, ist $15^{1}/_{4}$ Meilen lang und von sehr ungleicher Breite, mit Bergen von mehr als 3600 Fuß Höhe, guten Ankerplätzen, reichlich bewässert, fruchtbar und hat sehr gesundes Klima. Die Einwohner sind ein kolossal gebautes, im Ganzen friedfertiges Mischvolk von ostafrikanischen Suahelinegern, Arabern u. Malayen, welches arabisch spricht, sich zum Islam bekennt, aber auch noch Fetische verehrt und theils vom Ackerbau lebt, theils auch Leinwand, Waffen, Juwelier- und Schmiedearbeiten fertigt. Im Jahre 1850 zählte man gegen 5500 Einwohner, worunter die Hälfte ehemalige Sklaven. Die Insel wurde 1843 vom einheimischen Sultan den Franzosen abgetreten, die auf der Landzunge N'zaondzi eine Niederlassung anlegten, und steht seitdem unter einem französischen Militärkommandanten, der zugleich die Insel Ste.-

Marie und die Inseln an der Nordwestküste von Madagaskar unter seiner Aufsicht hat.

Mayr, Simon, Komponist, den 14. Juni 1763 zu Mendorf bei Ingolstadt geboren, erhielt den ersten musikalischen Unterricht von seinem Vater, einem Organisten, studirte kurze Zeit zu Ingolstadt, widmete sich sodann seit 1786 zu Venedig unter Bertoni dem Studium der Musik und wandte sich namentlich der dramatischen Komposition zu. Sein Verdienst besteht hauptsächlich darin, daß er die italienische Oper mit einem interessanten, selbstständiger gehaltenen und künstlich figurirten Instrumentale bereicherte, in welcher Hinsicht seine Werke, die mit einem Reichthum an Melodien deutsche Kraft verbinden und originell an Modulationen, Harmonien und Orchestereffekten sind, allen Nachkömmlingen von Paer bis auf Bellini und Donizetti zum Vorbild gedient haben. Er wurde für fast alle namhaften Theater Italiens verschrieben, wirkte eine Zeitlang als Kapellmeister zu Neapel, wo er vom König auch zum korrespondirenden Mitglied der Akademie ernannt wurde, und ging 1802 als Kapellmeister der Basilica di Santa Maria Maggiore nach Bergamo, wo er als Stifter der Unione Filarmonica, Direktor der Musikschule, Präsident des Athenäums, Ehrenmitglied vieler musikalischen Gesellschaften, sowie als Komponist zahlreicher Werke lange thätig war und fast erblindet den 2. Dec. 1845 †. Im Jahre 1852 wurde ihm in Bergamo ein Denkmal gesetzt. Er komponirte 17 Messen, 4 Requiems, 25 Psalmen, 13 Kantaten, mehre Koncerte, Instrumentalstücke, viele einzelne Gesänge, 10 Oratorien und 46 große und 17 kleine Opern.

Mayrena del Alcor, Stadt im spanischen Königreich Andalusien, Provinz Sevilla, mit berühmtem Pferde- und Viehmarkt und 4400 Einw.

Mayseder, Joseph, ausgezeichneter Violinvirtuos und Komponist für sein Instrument, den 26. Oktober 1789 zu Wien geboren, bildete sich unter Schuppanzighs Leitung zu einem der vorzüglichsten Violinisten der neuesten Zeit, dessen seelenvolles Spiel bei vollem, rundem Ton noch die höchste Reinheit, Kunstfertigkeit, Geschmack, Wahrheit und Ausdruck charakterisiren. Von 1815—20 machte er mit Hummel, später mit Moscheles Kunstreisen. Er ward nach einander Kammervirtuos, Direktor der Hofkapellmusik, Mitglied des Domchors zu St. Stephan und Solospieler im k. k. Hofoperntheater in Wien. Seine Kompositionen, deren gegen 70 gedruckt sein mögen, sind sehr verbreitet, da sie, dankbar für den kunstgeübten Spieler, zugleich dem Hörer Vergnügen gewähren. Sie bestehen in Koncerten, Quartetten, Divertissements, Variationen, Etudes, Rondos, Trios, Polonaisen. Zu seinen Schülern gehören Panoffa, Hafner, Hauser und Wolf.

Maysville, Stadt im nordamerikanischen Staat Kentucky, am Ohio, gut gebaut, hat eine Stadthalle, 7 Kirchen, ein Hospital, eine Bank, mehre Fabriken und 7000 Einwohner.

Maytenus *Mol.*, Pflanzengattung aus der Familie der Jasmineen, charakterisirt durch monöcische und zwitterige Blüthen mit 5spaltigem Kelch, die lederige, 1—3fächerige Kapsel mit Samen in weicher Hülle, dornenlose Sträucher und Bäumchen in Chile und Peru. M. Boaria *Mol.*, M. chilensis *Dec.*, in Chile, ist ein immergrüner, 30 Fuß hoher Baum mit 10 Fuß langen Aesten. Die Blätter sind länglich-lanzettförmig, gezähnelt, 2 Zoll lang, die Blüthen gehäuft, stiellos, sehr klein, purpurroth, die Kapseln rundlich, meist 2fächerig, gelb, mit schwarzem Samen. Das Holz ist sehr hart und gelb, mit rothen und grünen Flecken. Das Hornvieh ist nach den Blättern äußerst begierig. Die Samen geben Oel.

Maza (griech.), Gerstenbrod.

Mazafran (Maa-el-Zafran), Fluß in Algerien, mündet unfern der Bai von Sidi-Ferruch in das Mittelmeer.

Mazagan (Bridscha), starkbefestigte Stadt im Kaiserthum Marokko, östlich vom Kap Blanco, an einer Bucht, war bis 1769 in den Händen der Portugiesen, deren letzte Besitzung in Marokko es war. Die Umgegend liefert viel Getreide und Wolle.

Mazaghan (Mazagran), Hafenstadt in der algerischen Provinz Oran, mit 4000 Einw. u. Fort.

Mazamet, Stadt im französischen Departement Tarn, an der Molle, mit bedeutender Wollspinnerei, Tuch- und Wollzeuchfabrikation (Mazamets), Färberei, Goldplätterei, Viehmästung und 10,900 Einwohnern.

Mazarin, Jules, berühmter französischer Minister, geboren den 14. Juli 1602 nach Einigen zu Rom, nach Andern zu Piscina in den Abruzzen, als Sohn eines sicilianischen Edelmanns, studirte zu Rom bei den Jesuiten, sodann von 1619 bis 1622 zu Alcala und Salamanca in Spanien Philosophie, Theologie und kanonisches Recht, trat aber hierauf zu Rom in den päpstlichen Militärdienst und stand 1625 als Hauptmann im Veltlin, wo sich die päpstlichen Generäle Conti und Bagni bei ihren Unterhandlungen mit den Anführern der spanischen und französischen Truppen seiner bedienten. Nach Rom zurückgekehrt, nahm er seine juristischen Studien wieder auf, wurde aber beim Ausbruch des Kriegs über die Nachfolge in den Herzogthümern Mantua und Montferrat wieder zu diplomatischen Geschäften verwendet und mit dem Titel eines Internuntius nach Turin gesandt. Hier erwarb er sich die Gunst des französischen Königs Ludwig XIII. und Richelieu's und ward von letzterem für Frankreichs Interesse gewonnen. Im September 1630 brachte er einen Waffenstillstand zwischen den Franzosen und Spaniern zu Stande, dem sodann im April 1631 der Friede von Cherasco folgte. Bei dieser Gelegenheit brachte er durch eine List Frankreich in den Besitz Pignerols, was ihm zwar den Haß der Spanier zuzog, ihn aber um so mehr in der Gunst Ludwigs XIII. und seines Ministers befestigte. Nachdem er im folgenden Jahre in den geistlichen Stand übergetreten, erhielt er durch Richelieu's Verwendung 1634 die Vicelegation zu Avignon, ward aber schon 1636 als allzu parteiisch für das französische Interesse nach Rom zurückgerufen. Im Jahre 1639 zog ihn Richelieu endlich ganz aus dem päpstlichen in den französischen Dienst. Als außerordentlicher Gesandter Frankreichs ging M. Anfangs 1640 nach Savoyen. Im folgenden Jahre verschaffte ihm sein hoher Gönner den Kardinalshut, und sterbend bezeichnete er ihn dem König als Denjenigen, der ihn zu ersetzen am meisten befähigt sei. Von Ludwig XIII. zum Staatsrath ernannt, regierte M. milde, entließ die Marschälle Bassompierre, de Vitri und viele andere, welche Richelieu hatte einkerkern lassen, aus der Bastille, rief mehre verbannte Parlamentsmitglieder zurück und trug viel zur Versöhnung des Herzogs von Orléans mit dem König bei. Auch in dem vom König 1642 eingesetzten Regentschaftsrath, der nach seinem Tode während der Minderjährigkeit Ludwigs XIV. das Reich verwalten sollte, ward M. Mitglied; in Abwesenheit des Herzogs von Orléans und des Prinzen von Condé hatte er den Vorsitz, während die kirchlichen Angelegenheiten die Königin mit ihm allein berathen sollte. Nach Ludwigs XIII. Tode (14. Mai 1613) erwarb er sich durch seine Thätigkeit und geschickte Geschäftsführung, wodurch der trägen Königin jede Anstrengung erspart wurde, die Gunst derselben in so hohem Grade, daß ihn dieselbe zum Minister und Chef des Raths ernannte, zog sich jedoch eben dadurch den Haß der Prinzen und anderer Großen zu, der, durch M.s Schlauheit und Nachgiebigkeit zwar von Zeit zu Zeit besänftigt, doch immer wieder von Neuem aufflammte. M. rächte sich durch Entfernung mehrer seiner Gegner, u. A. der Bischöfe Beauvais, Bouthier, Chavigny, des Herzogs von Beaufort und der Herzoginnen von Chevreuse und Chateauneuf. In der äußeren Politik war sein Bestreben hauptsächlich auf Beendigung der Theilnahme Frankreichs an dem dreißigjährigen Krieg durch einen vortheilhaften Frieden gerichtet, welchen Zweck er auch 1648 erreichte. Indeß hörten seine Feinde nicht auf, gegen ihn zu intriguiren, und eine starke Partei, die Fronde (s. d.), an deren Spitze der Prinz von Condé, der Kardinal Retz und selbst der Herzog von Orléans standen, suchte seinen Einfluß zu brechen. Als M. auch die Rechte des Parlaments in Paris antastete u. am 26. August 1648 einige Mitglieder desselben verhaften ließ, gerieth ganz Paris in Aufruhr, und M. sah sich genöthigt, jene wieder frei zu geben. Die hierauf folgende augenblickliche Ruhe benutzte er, um Ludwig XIV. aus Paris zu entführen (13. September), seinen Hauptgegner Chavigny zu verhaften und Chateauneuf nochmals vom Hofe zu verbannen. Das Parlament begann den Kampf gegen den Minister von Neuem. Zwar brachte der Prinz von Condé einen Vergleich zu Stande, dem zufolge der König zurückkehrte und Chavigny die Freiheit erhielt, Anfangs 1649 mußte aber M. nebst dem König und der Regierung nochmals Paris verlassen. Er wurde am 8. Januar vom Parlament für einen Feind des Vaterlandes erklärt, und der offene Kampf brach aus. Ein am 11. März 1649 geschlossener Friede ließ in der Hauptsache Alles beim Alten, und die Erbitterung der Parteien dauerte fort. Gleichwohl kehrte M. am 18. August mit dem König nach Paris zurück und wagte sogar am 18. Januar 1650, die Prinzen Condé und Conti und den Herzog von Longueville verhaften zu lassen. Diese unklugen Maßregeln erregten neue Bewegungen, selbst in den Provinzen, und M. sah sich abermals zur Flucht genöthigt. Er begab sich zunächst nach Lüttich, dann nach Köln, leitete jedoch, obwohl das Parlament am 9. Februar gegen ihn und seine ganze Familie die Verbannung ausgesprochen, auch aus der Ferne die Angelegenheiten Frankreichs. Im Jahre 1652 kehrte er an der Spitze von 7000 selbstgeworbenen Truppen nach Frankreich zurück; da das Parlament aber einen Preis von 50,000 Thalern auf seinen Kopf setzte und seine Gegner sofort den Kampf gegen ihn begannen, mußte der König in die abermalige Entfernung seines Ministers willigen. Erst nachdem die Parteien Frieden geschlossen und Conti nach Spanien verwiesen worden war, hielt M. am 3. Februar 1653 einen glänzenden Einzug in Paris. Er regierte von nun an unumschränkter als je und führte das Werk seines Vorgängers, Richelieu's, die Befestigung des Despotismus, fort. Frei von innern Hemmungen, nahm er mit erneuten Anstrengungen den Krieg gegen Spanien auf und schloß 1656 mit Cromwell einen höchst günstigen Vertrag, welcher Frankreich den Beistand Englands sicherte. Sein letztes Werk war das Zustandebringen des pyrenäischen Friedens mit Spanien (1659), dem zufolge sich Ludwig XIV. mit der Infantin Maria Theresia vermählte und der Frankreichs Ansehen nach außen bedeutend hob. Im Innern ließ M. Handel und Gewerbe verfallen und das Volk in Elend verkommen, während er sich selbst mit unersättlicher Habgier ein Vermögen von 260 Millionen Livres ansammelte. Er † den 9. März 1661 zu Vincennes. Vor seinem Ende hatte er Ludwig XIV. gerathen, selbstständig und ohne Premierminister zu regieren. Den Namen M. nahm der Marquis de la Meilleraie an, der Gemahl einer Nichte M.s, Hortensia Mancini, und der Erbe seines Vermögens. M. war ebenso sanft als Richelieu heftig und suchte sein Ziel mehr durch Schlauheit und Geduld als durch energische Maßregeln und Gewalt zu erreichen. Durchaus ungegründet ist, daß er mit Anna von Oesterreich heimlich vermählt gewesen. Er schrieb: „Lettres ou l'on voit les négociations de la paix des Pyrénées" (Paris 1745, 2 Bde. u. öfter). Vergl. Bazin, Histoire de la France sous le ministère du cardinal M., Paris 1842, 2 Bde. Die über M. und seine Verwaltung von seinen Gegnern veröffentlichten zahlreichen Schriften, die sogenannten Mazarinaden, wurden von Moreau in „Bibliographie des Mazarinades" (Paris 1855—54, 3 Bde.) verzeichnet und in „Choix des Mazarinades" (das. 1853, 2 Bde.) gesammelt.

Mazatlan, Hafenstadt im merikanischen Staat Cinaloa, in malerischer Lage an der Mündung eines kleinen Flusses, hat große, in altkastilischem Styl erbaute Häuser, zahlreiche, gut versehene Läden, ausgedehnten Handel mit England, Frankreich und den Vereinigten Staaten und 12,000 Einwohner.

Mazeppa, Johann, namhafter Kosakenhetman, um 1622 in Podolien, nach Andern in Kleinrußland geboren, kam als Page an den Hof des Königs Kasimir und ward von diesem später mit diplomatischen Sendungen an die Kosaken, welche damals von Podolien abfielen, und an den Tatarenkhan betraut. In vertrautem Umgang mit der Gattin eines Magnaten überrascht, ward er von letzterem nackt auf den Rücken seines eignen Pferdes gebunden und von diesem, dem man die Freiheit gab, übel zugerichtet auf sein Gut zurückgebracht. M. verließ darauf aus Scham Polen und begab sich 1663 in die Ukraine, wo er bald zum Sekretär und Adjutanten des Hetmans Iwan Samoilowitsch und, als dieser am 20. Mai 1687 seiner Stelle entsetzt worden war, durch einhellige Wahl des Volks zum Hetman ernannt wurde. In dieser Stellung befestigte er seine Macht nach außen und innen und schützte die Grenzen gegen die Anfälle der Türken und Tataren. Als Peter der Große gegen die Türken zog, begleitete ihn M. und leistete ihm bei der Eroberung von Asow so wichtige Dienste, daß ihn der Czar 1698 zum geheimen Rath und zum Fürsten der Ukraine erhob. Bald aber kam in M. der Gedanke auf, sich unabhängig zu machen. Zwar zog er noch 1704 und 1705 gegen die Schweden und Leszczynski's Anhänger; nach dem Frieden von Altranstädt erbot er sich aber dem König Karl XII. von Schweden zum Uebertritt zur polnischen Partei, wenn ihm schwedischer Schutz zugesagt würde. Als er jedoch sein Heer den Schweden zuführen wollte, brachte er kaum 7000 Mann zusammen (Oktober 1708). Peter ließ M.'s Bildniß am Galgen aufhängen, erstürmte seine bisherige Residenz Baturin und machte dieselbe der Erde gleich. Karl näherte sich indessen Poltawa und zog durch M.'s Geschicklichkeit im Unterhandeln die saporogischen Kosaken in sein Interesse. Allein die Schlacht bei Poltawa vernichtete M.'s letzte Hoffnungen; er entfloh mit dem König nach Bender, wo er am 22. September 1709 †. Lord Byron hat ihn zum Helden eines seiner schönsten Gedichte, Bulgarin zum Helden eines Romans gemacht, Horace Vernet ihn durch zwei Gemälde verherrlicht.

Mazocha, berühmter Erdfall in Mähren, beim Dorfe Willimowitz, im Bezirk Blansko des Kreises Brünn, die größte Naturmerkwürdigkeit des Landes. Der Abgrund hat eine Tiefe von 90 Klastern und bildet einen ungeheuren Trichter von 50 Klastern Länge und 30 Klastern Breite mit unersteiglichen Wänden von Kalkfelsen. Der Boden ist zum Theil mit Gras, Sträuchern und Bäumen bewachsen und von einem Bache bewässert, der aus einer Felsenhöhle hervorkommt, an der entgegengesetzten Seite des tiefen Kessels durch eine zweite Höhle unterirdisch wieder seinen Ausweg nimmt u. dann in bedeutender Entfernung in dem sogenannten „öden Thale" unter einem majestätischen Felsen zu Tage kommt. Die ganze Umgebung des Erdfalls bietet malerische Scenen dar; auch die Teufelsbrücke, eine der schönsten natürlichen Brücken Europa's, befindet sich in der Nähe.

Mazuraken, Name der polnischen Bewohner des galizischen Flachlands.

Mazza, Camillo, Bildhauer, geboren 1602 zu Bologna, † 1672 mit dem Rufe eines der bedeutendsten Künstler der damaligen lombardischen Schule. Zu seinen besten Werken gehören die Basreliefs in der Kirche S. Giovanni e Paolo zu Venedig, die Thaten des heiligen Dominicus vorstellend, und das große Bronzerelief in der Kamaldulenserkirche auf der Insel S. Clemente. Außerdem führte M. noch zahlreiche andere Werke in Bronze und in Marmor zu Venedig, Rom, Bologna rc. aus.

Mazzara, befestigte Stadt auf der Insel Sicilien, Provinz Trapani, an der Mündung des Salemi ins Mittelmeer, südöstlich vom Kap Fero, ist Sitz eines Bischofs, hat eine Kathedrale, viele andere Kirchen und Klöster, lebhaften Handel mit Oel, Wein, Soda, Baumwolle und andern Artikeln, befördert durch einen guten Hafen, und 8600 Einwohner. In der Nähe sind Schwefelquellen. M. war schon im Alterthum ein bedeutender Handelsplatz und wurde im ersten punischen Kriege von den Römern zerstört. Hier 956 Sieg der Griechen über die Saracenen und 1075 der Normannen unter Roger über die Saracenen.

Mazzarino, Stadt auf der Insel Sicilien, Provinz Caltanisetta, mit Weinbau, Schwefelquellen und 11,000 Einwohnern; Stammort der Familie Mazarin, sonst Mactorium.

Mazze, in Konstantinopel 20 Stück bei zu zählenden Gütern.

Mazzini, Giuseppe, namhafter italienischer demagogischer Agitator, geboren den 28. Juni 1808 zu Genua, widmete sich dem Rechtsstudium und der schönen Literatur, prakticirte sodann als Advokat und gründete daneben den „Indicatore Genovese", eine literarische Zeitschrift von politisch-liberaler Färbung und, als dieselbe schon nach einigen Monaten verboten wurde, 1829 zu Livorno den „Indicatore Livornese", der „wegen zu kühner Ideen und eines zu lebhaften Styls" bald dasselbe Schicksal hatte. Seine in mehren Broschüren bekundeten Sympathien für die Julirevolution 1830 büßte M. durch eine fünfmonatliche Haft zu Savona. Wieder frei, begab er sich nach Marseille, forderte den König Karl Albert von Sardinien in einem offenen Briefe zum Einschlagen einer liberalen Richtung auf, machte als Redakteur der „La giovine Italia" Propaganda für die jakobinischen Grundsätze von 1793, sammelte viele politische Flüchtlinge aus allen Theilen Italiens um sich und stiftete den Geheimbund Giovine Italia (junges Italien), der sich Italien zu einem einheitlichen, unabhängigen Staate mit republikanischen Formen umzugestalten zum Ziele setzte. Aus Frankreich verwiesen, ging er nach der Schweiz und versuchte von hier aus an der Spitze einer Handvoll Italiener, Polen und einiger Deutschen einen Handstreich auf Savoyen. Ihre Thaten bestanden in der Einnahme eines Zollhauses und beim Heranrücken der Regierungstruppen in einem eiligen Rückzuge. Die Theilnehmer des Zuges wurden von der Schweiz und Frankreich ausgewiesen, M. aber angeklagt, daß er als Vorsitzender eines politischen Femgerichts zwei Italiener zum Tode verurtheilt und dadurch die Ermordung derselben veranlaßt habe, in Sardinien deshalb in contumaciam zum Tode verurtheilt und in Folge dessen auch aus der Schweiz verwiesen. Nach langem Umherirren ließ er sich 1842 in London nieder, gab dort wieder eine Zeitung unter dem Namen „Il Apostolo popolare" heraus, gründete eine Schule für italienische Handwerker und unterhielt eine lebhafte Korrespondenz mit italienischen Unzufriedenen. Die englische Regierung ließ dieselbe jedoch überwachen u. ward so u. A. von einem neuen italienischen Revolutionsversuch, der Landung der Brüder Bandiera auf der neapolitanischen Küste, unterrichtet; gleichwohl konnte sie gegen M. selbst nicht vorgehen, da sie keine von ihm selbst geschriebenen Briefe in den Händen hatte. Als Papst Pius IX. durch einige Reformen die liberale Bahn zu betreten schien, forderte M. ihn am 8. September 1847 in einem Sendschreiben auf, sich an die Spitze einer revolutionären Bewegung zu stellen und mit seinem, M.'s, Beistand der Schöpfer einer neuen religiösen und politischen Civilisation Europa's zu werden. Nach dem Aufstande von Mailand und mit der Eröffnung des italienischen Kriegs im März 1848 ging M. nach Mailand, wo er ein Journal, „L'Italia del popolo", und einen politischen Klub, den „Circolo nationale", gründete; doch wurde seine Anwesenheit den lombardischen Angelegenheiten in sofern nur verderblich, als er bloß einen Sieg der italienischen Republik wollte und Italien lieber wieder unter dem alten Absolutismus als unter einer liberalen sardinischen Regierung zu sehen wünschte und durch Proklamationen in diesem Sinne den trägen und feigen Lombarden erwünschten Vorwand zur Unthätigkeit bei Karl Alberts Vorgehen gab. Als die sardinischen Truppen Mailand räumten, nahm M. die Diktatur an und suchte eine Schilderhebung der italienischen Republikaner hervorzurufen, mußte aber bald auf schweizer Gebiet übertreten. Bald darauf in Livorno zum Abgeordneten für die in Rom zusammentretende konstituirende Versammlung gewählt und hier im März 1849 mit Armelli und Saffi zu Triumvirn ernannt, entwickelte er eine ungemeine Thätigkeit im Erlassen einer Fluth von Dekreten und Aufrufen. Nach dem Falle Roms (2. Juli) entfloh er nach der Schweiz und, hier ausgewiesen, nach London, von wo aus er als Haupt der flüchtigen Radikalen seine auf Italien gerichteten Bestrebungen fortsetzte und am 21. November 1850 als Präsident des „italienischen Nationalkomité's" in einem Schreiben an die französische Nationalversammlung gegen die Vernichtung der römischen Republik protestirte und Frankreichs Intervention ansprach. Auch betrieb er die Negociirung einer Anleihe (mazzini'sche Anleihe) unter den Radikalen aller Länder, um hierdurch die Mittel zu einer neuen Schilderhebung in Italien zu erlangen. Der unbesonnene mailänder Insurrektionsversuch vom 6. Februar 1853, sowie die Bewegungen in Genua am 29. u. 30. Juni 1857 waren sein Werk, wenn er sich auch an keinem von beiden persönlich betheiligte, obwohl er bei letzterem in Genua anwesend war. Nur mit Mühe entkam er abermals durch die Schweiz nach England. Ebenso war er Mitwisser des orsini'schen Attentats gegen das Leben Napoleons III. am 14. Jan. 1858. Ende desselben Jahres gründete er in London das Wochenblatt „Pensiero e Azione". Beim Beginn des italienischen Kriegs 1859 erklärte er sich auf das leidenschaftlichste gegen das Bündniß Sardiniens mit Frankreich und warnte seine Partei vor der Theilnahme an dem Kampfe, war sodann aber bei dem glücklichen Fortgang der Bestrebungen Victor Emanuels plötzlich bereit, denselben als König von Italien anzuerkennen. Gleichwohl versuchte er, als Garibaldi's Expedition in Sicilien Fortschritte machte, dieselben in republikanischem Sinne auszubeuten, u. nach Garibaldi's Gefangennahme bei Aspromonte (August 1861) erklärte er in einem fulminanten Manifest den Pakt seiner Partei mit der Monarchie für immer gebrochen, um zum republikanischen Schlachtenruf zurückzukehren. Eine Ausgabe seiner „Scritti editi e inediti" (12 Bde.) erscheint seit 1861 in Mailand. Sein Vetter, Andrea M., der als politischer Flüchtling längere Zeit zu Paris lebte, hat sich u. A. durch das geschichtsphilosophische Werk „De l'Italie dans ses rapports avec la liberté et la civilisation moderne" (Paris 1847, 2 Bde.; Leipzig 1847, 2 Bde.) bekannt gemacht.

Mazzola, 1) Francesco, s. Mazzuoli.

2) Giuseppe, namhafter italienischer Maler, geboren 1748 in Valduggia, studirte in Parma besonders Correggio, bildete sich sodann in Rom weiter aus und ward hierauf zu Mailand Professor der Akademie, später auch Direktor des Museums. Nachdem er den rechten Arm verloren, malte er mit dem linken gleich gut. Er † 1838.

Mazzolini, Lodovico, der berühmteste Maler der Schule von Ferrara, 1481 geboren, Schüler des Lorenzo Costa, † 1530. M. ist in den Bewegungen und Physiognomien nicht selten karikirt, zeichnet sich aber durch Gluth und Intensivität der Farben aus. Sein Meisterwerk ist Christus als Knabe unter den Schriftgelehrten im Tempel, im Museum zu Berlin. Außerdem enthält dieses von ihm u. A. eine andere, kleinere Darstellung des Knaben Jesus im Tempel, von miniaturartiger Behandlung, eine heilige Familie, eine Madonna mit dem Kinde und zwei Heilige. Ein vorzügliches Bild des Künstlers in der münchener Pinakothek zeigt die heilige Jungfrau in einer Landschaft mit dem Jesuskinde auf dem Schooße, dem der heilige Joseph in einer Schale Johannisbeeren reicht. In der Sammlung des Louvre zu Paris ist eine Madonna mit dem Kinde auf dem Schooße, welches mit einem Affen spielt.

Mazzuoli (Mazzola), Francesco, genannt Parmegiano, berühmter Maler der lombardischen Schule, den 11. Januar 1503 zu Parma geboren, bildete sich erst nach Correggio, seit 1523 in Rom nach Raphael und suchte die Eigenthümlichkeiten beider Meister in Einem Styl zu verbinden, weshalb man ihn den kleinen Raphael (Raphaellino) nannte. Im Jahre 1527 wandte er sich nach Bologna, wo er den heiligen Rochus für die Kirche des heiligen Petronius, die Madonna della Rosa, die er aus einer Venus in eine Madonna umwandelte und die sich jetzt in der dresdener Gallerie befindet, und die heilige Margarethe malte. Nach Parma zurückgekehrt, übernahm er dort die Ausschmückung der neuerbauten Kirche della Steccata. Hier wegen des langsamen Fortschreitens seiner Arbeit in Folge seiner geschwächten Gesundheit unwürdig behandelt, begab er sich nach Casalmaggiore, wo er 1540 †. Die Grazie, welche schon in den Arbeiten Correggio's öfters manierirt erscheint, zeigt sich bei M. fast immer unnatürlich. Am besten ist er im Porträt. Ein ausgezeichnet schönes Porträt eines ritterlichen Herrn, welches den Columbus darstellen soll, befindet sich im Museum zu Neapel. Zu seinen berühmtesten, aber widerwärtigsten Bildern gehört die Madonna mit dem langen Hals in der Gallerie Pitti zu Florenz. Geschätztere Bilder sind das der heiligen Martha, die vor Maria kniet und das auf deren Schooße sitzende Jesuskind liebkost, in der Pinakothek zu Bologna, und das in der Sammlung des Louvre zu Paris befindliche Christuskind, umgeben von Maria, Joseph und Elisabeth u. den kleinen Johannes liebkosend, ein Bild, welches besonders in den Köpfen fein und geistreich ist. In der Eremitage zu Petersburg befindet sich ein kleines Bild M.'s aus der walpole'schen Sammlung: eine Grablegung Christi mit 11 Figuren, wofür der Sage nach der Herzog von Parma dem Künstler einen Ritterorden ertheilt haben soll, obwohl dieses Werk M.'s Manier widerwärtig zur Schau trägt. Im königlichen Museum zu Berlin ist ein größeres Bild der Taufe Christi, ein Jugendwerk des Künstlers. Nach M.'s Gemälden ist eine große Anzahl Blätter gestochen. Bedeutende Freskomalereien von ihm befinden sich zu Parma in der Kirche S. Giovanni und in der schon oben erwähnten Kirche della

Steccata. M. hat die Aetzkunst zuerst in Italien geübt und darin Ausgezeichnetes geleistet; die von ihm hinterlassenen 15 radirten Blätter sind in guten Abdrücken sehr selten. Sein Vetter, **Girolamo di Mechele M.**, Schüler Correggio's, † um 1580, machte sich ebenfalls als Maler bekannt, obwohl auch er in der Darstellung affektirt ist und das Leben und die Frische, welche Correggio's Werke abspiegeln, bei weitem nicht erreicht. Im Styl dieses großen Meisters ist seine Vermählung der heiligen Katharina in der Karmeliterkirche zu Parma gehalten. Von seiner gründlichen Kenntniß der Perspektive zeugt das Abendmahl im Speisesaal zu S. Giovanni. In der dresdener Gallerie ist eine Madonna mit dem Kinde, welches dem im Harnisch knieenden St. Georg eine goldene Kette um den Hals hängt, im königlichen Museum zu Berlin ein großes Altarbild mit der Madonna und Heiligen von ihm. Caylus stach nach seiner Zeichnung die heilige Familie in einer Landschaft, M. Aubert die heilige Jungfrau mit St. Georg in der dresdener Gallerie.

M. C., Abbreviatur für Mio Conto.

Mearns, Grafschaft, s. **Kincardine**.

Meath (**Eastmeath**), Grafschaft in der irischen Provinz Leinster, an der irischen See, von den Grafschaften Louth, Cavan, Westmeath, Kildare u. Dublin umschlossen, hat 42,7 QM. Flächengehalt mit (1861) 110,609 Einw., wovon 93 Proc. katholisch. Das Land ist eine Fortsetzung der Ebene von Centralirland u. stellenweise hügelig; doch erreicht die höchste Erhebung, Slieve Nacalliagh an der Westgrenze, nur 904 F. Höhe. Der wichtigste Fluß ist der in die Bai von Drogheda mündende Boyne. Vom Areal sind 21 Proc. Kornfelder, 14 Proc. Kleefelder u. Wiesen, 59 Proc. Weide und 2 Proc. Wald. Der Viehstand ist unbedeutend. In industrieller Hinsicht sind eine Flachs- und eine Wollenspinnerei zu erwähnen. Hauptort ist Trim, am Boyne.

Meaux, Arrondissementshauptstadt im französischen Departement Seine-Marne, an der Marne, Bischofssitz, hat eine Kathedrale (mit dem Monument Bossuets), 5 andere Kirchen, mehre Hospitäler, ein Handelsgericht, Schloß, großes u. kleines geistliches Seminar, Collége, eine öffentliche Bibliothek, ein Museum, eine Gesellschaft für Ackerbau, Künste, Wissenschaften und Gewerbe und 10,760 Einw., deren industrielle Thätigkeit besonders in Baumwollspinnerei und Weberei, Fabrikation von Seidenwaaren, landwirthschaftlichen Geräthen, Leim, Essig, Salpeter, in Gerberei 2c. besteht. Auch treiben sie bedeutenden Handel mit Korn, Mehl, Wolle, Rindvieh, Holz und Kohlen. M. hieß zur Zeit der Römer Civitas Meldorum u. war ein Theil des belgischen, später des celtischen Galliens. Im Jahre 845 ward hier eine Kirchenversammlung abgehalten, wo gegen die Verkäuflichkeit der Kirchengüter geeifert ward. Später, etwa seit dem 11. Jahrhundert, führte die Stadt den Namen Militiä oder Meletium, u. nachdem sich Heribert von Vermandois im 10. Jahrhundert derselben bemächtigt hatte, nahmen er und seine Nachfolger, die Grafen von Champagne, den Grafentitel von M. neben dem von Troyes an. Noch ist die Stadt, welche Hauptort der Landschaft **Brie** war, dadurch merkwürdig, daß hier zuerst in Frankreich die Grundsätze des Protestantismus verkündigt wurden. In den Hugenottenkriegen hatte M. wegen seiner Hinneigung zu letzterem viel zu leiden.

Méchain, **Pierre François André**, französischer Astronom, den 16. August 1744 zu Laon geboren, widmete sich dem Baufach, daneben mathematischen und astronomischen Studien und erhielt 1772 die Stelle eines hydrographischen Astronomen beim Land- und Seekartenarchiv zu Versailles. In weiteren Kreisen bekannt wurde er durch die Entdeckung und Berechnung von 11 Kometen und durch die Berechnung der wahrscheinlichen Bahn des kurz vorher entdeckten Planeten Uranus. Auch gewann er 1782 den von der Akademie über die Rückkehr des Kometen von 1661 ausgesetzten Preis. Seitdem entdeckte er 11 Kometen, deren Lauf er auch berechnete. Viele seiner astronomischen Beobachtungen legte er in der „Connaissance des temps" nieder, die er von 1786 bis 1794 im Auftrag der pariser Akademie besorgte; auch betheiligte er sich an der vom Herzog von Ayen unternommenen Entwerfung zweier großen militärischen Karten von Deutschland und Italien. Als auf Befehl der konstituirenden Versammlung ein neues Maßsystem auf den Erdmeridian gegründet werden sollte, erhielt er den Auftrag, den Meridianbogen zwischen Rhodez u. Barcelona zu messen, hatte aber mit vielen ihm von der spanischen Regierung in den Weg gelegten Hindernissen zu kämpfen, wurde sogar eine Zeitlang gefangen gehalten und konnte erst 1803 seine Arbeiten wieder aufnehmen und dieselben bis zu den balearischen Inseln fortsetzen. Er † am 12. Sept. 1804 bei Valencia. Seine Gradmessungen finden sich in seiner von Delambre herausgegebenen „Base du système métrique décimal" (Paris 1806 bis 1810, 3 Bde.).

Mechanik (v. Griech.), die Wissenschaft, welche von den Gesetzen des Gleichgewichts u. der Bewegung der Körper handelt u. dem entsprechend in die **Statik** oder die Lehre vom Gleichgewicht u. die **Dynamik** oder die Lehre von der Bewegung der Körper eingetheilt wird. Mit der rein mathematischen Theorie der Bewegung beschäftigt sich die **Phoronomie** oder **Kinematik**. Ueber den Inhalt der Dynamik und Statik s. d.

Die M., deren Bedeutung im Gebiet der Naturwissenschaften seit ihrer systematischen Entwickelung durch Newton immer mehr gestiegen ist, beruht auf wenigen, höchst einfachen Grundsätzen. Sieht man von der Ausdehnung der Körper ab u. betrachtet man nur materielle Punkte, so kann man diese Grundsätze folgendermaßen ausdrücken. Ein solcher Punkt kann seinen Bewegungszustand nicht durch sich selbst verändern (Gesetz der Trägheit), vielmehr erfordert jede Veränderung dieses Zustandes eine von außen einwirkende Ursache, welche Kraft genannt wird. Wirken zwei Kräfte auf einen Punkt, so wird die Bewegung, welche er dadurch erhält, nach Richtung und Geschwindigkeit durch die Diagonale des Parallelogramms dargestellt, dessen Seiten die den Kräften entsprechenden Geschwindigkeiten darstellen. In der Natur haben die Kräfte, welche auf einen materiellen Punkt wirken, ihren Sitz in anderen materiellen Punkten, sie äußern sich als Anziehungen od. Abstoßungen zwischen den Theilen der Materie, welche allemal gegenseitig u. einander genau gleich sind. Die nähere Bestimmung der Art u Weise, wie mehre materielle Punkte auf einander wirken, bildet den dritten und letzten Grundsatz der M., welchen man gewöhnlich den Satz von der Gleichheit zwischen Aktion und Reaktion nennt.

Die industrielle M. wendet die Gesetze des Gleichgewichts und der Bewegung zum Vortheil des Menschen an, um daraus den größtmöglichen Vortheil zu ziehen. Schon im höchsten Alterthum findet man deutliche Spuren von Kenntnissen der praktischen M., ohne welche weder die Aegypter den Bau ihrer ungeheuren Pyramiden und die Aufstellung ihrer Obelisken hätten ausführen, noch andere Nationen des Alterthums die Gebäude vollenden können, deren Ruinen uns noch in Erstaunen setzen. Die Theorie der M. aber entwickelte sich zuerst bei den Griechen, besonders machte sich Archimedes um diese Wissenschaft verdient. Er erklärte zuerst das Gesetz des Hebels, das er als den eigentlichen Grundsatz der Statik aufstellte, und bediente sich dabei der sinnreichen Idee vom Schwerpunkte, deren erster Urheber er zu sein scheint. Unter seine praktischen Erfindungen zählen die Alten die Schraube ohne Ende und die Zusammensetzung der Scheiben in Kloben oder den Polyspast (Flaschenzug). Unter den alexandrinischen Mathematikern haben sich besonders Ctesibius und Heron um die M. verdient gemacht. Der letztere brachte nach dem Berichte des Pappus alle Rüstzeuge auf die Theorie des Hebels, setzte sie auf verschiedene Art zum praktischen Gebrauch zusammen und erfand eine Maschine aus bezahnten Rädern zu Fortschaffung großer Lasten. In späteren Zeiten haben sich Isidorus von Milet, Anthemius und der jüngere Heron durch Erfindung von Kriegsmaschinen hervorgethan. Im Mittelalter aber scheinen die mechanischen Wissenschaften gänzlich in Vergessenheit gerathen zu sein; man findet weder bei den Arabern, noch im Abendlande Spuren mechanischer Kenntnisse, einige Erzählungen von künstlichen Automaten ausgenommen, deren Verfertigung dem Roger Baco und Albert Groot zugeschrieben wird. Selbst im 16. Jahrhundert n. Chr. waren die Fortschritte der mechanischen Theorie noch unbedeutend. Man glaubte, die bewegten Körper würden durch die hinter ihnen zusammenfahrende Luft fortgetrieben, nahm Bewegungen an, die ihrer Natur nach kreisförmig wären, theilte überhaupt die Bewegung ein in natürliche und gewaltsame und befand sich in Hinsicht auf die Gesetze derselben in den sonderbarsten Irrthümern. Doch ward die Statik von Guido Ubaldi u. Marchese del Monte mit ziemlichem Glück bearbeitet und ganz auf das Gesetz des Hebels gebracht; auch fand Tartalea einige richtige Sätze der Lehre von den geworfenen Körpern. Simon Stevinus entdeckte das wahre Gesetz des Gleichgewichts auf der schiefen Ebene, erfand die sinnreiche Methode, die Größe der Kräfte durch gerade, mit ihrer Richtung parallel laufende Linien auszudrücken, u. kam dadurch auf den Satz des Gleichgewichts zwischen drei Kräften, der als allgemeiner Grundsatz der Statik dienen kann. Die glänzende Epoche der M. aber beginnt mit Galilei, der durch die Entdeckung der Gesetze der fallenden Körper erst den Grund zur höhern M. legte, von der er schon selbst einige Lehren, z. B. vom parabolischen Wege geworfener Körper, von der Bewegung der Pendel, vom Widerstande fester Körper, weiter entwickelte. Aus diesen Entdeckungen des Galilei bildete sich in der ersten Hälfte des 17. Jahrhunderts die höhere M. durch Torricelli, Baliani, Borelli in Italien, sowie durch Roberval und Descartes in Frankreich aus. Der letztere lehrte die Eigenschaften bewegter Körper noch deutlicher als Galilei und führte den Grundsatz ein, daß das Vermögen einer bewegenden Kraft dem Produkt der bewegten Masse mit ihrer Geschwindigkeit gleich sei. Huygens wandte zuerst das Pendel an, um den Gang der Uhren gleichförmig zu machen, entdeckte die merkwürdigen Eigenschaften, welche der Cykloide hierbei zukommen, erweiterte u. berichtigte die Theorien vom Mittelpunkte des Schwunges und des Stoßes und entdeckte die Gesetze über die Centralbewegung. Endlich vollendete Newton durch seine Entdeckungen das Gebäude der höhern M. Er behandelte die Lehre von den krummlinigen Centralbewegungen in der größten Allgemeinheit, fand durch Anwendungen der erhabensten Geometrie ihre Gesetze und entwarf zuerst eine vollständige Theorie der Bewegungen in widerstehenden Mitteln. Er unterschied zuerst die höhere M. ausdrücklich von der gemeinen oder der Maschinenlehre, und seitdem hat man den Unterschied genau zu beobachten fortgefahren. Von nun an ward die höhere M. mit Hülfe der Rechnung des Unendlichen immer ansehnlicher erweitert. Man pflegte sich damals Aufgaben vorzulegen, an deren Auflösung die Mathematiker ihre Methoden prüfen konnten. Dahin gehören die mechanischen Probleme von den isochronischen Kurven, der Kettenlinie, der elastischen Kurve, der Linie des kürzesten Falles, der Figur des kleinsten Widerstandes &c., woran Huygens, Leibniz, Jakob u. Johann Bernoulli, L'Hôpital, Fario de Duillier, Saurin u. A. ihre Kräfte übten. Hermann trug die Lehren der höhern M. synthetisch, Euler hingegen analytisch vor. D'Alembert prüfte die Gründe, auf welchen das ganze Gebäude der M. beruht, und suchte dieselben mehr aufzuklären und zu beweisen. Kürzere Einleitungen in die Wissenschaft lieferten Kästner, Karsten, Lagrange &c., dessen „Mécanique analitique", in welcher er die ganze Statik u. Dynamik aus einer einzigen Grundformel ableitet, vielleicht das beste Werk über diesen Gegenstand ist. Auch Kant gewann in seiner Metaphysik der Natur dieser Wissenschaft eine neue Seite ab. Auch die Maschinenlehre hat seit Newton eine neue Gestalt gewonnen. In England zeichneten sich als praktische Mechaniker D. Hook und Desaguliers, in Frankreich Huygens, Hautefeuille, Varignon, de la Hire, Amontons, Parent, Camus u. A. aus. Hook und Hautefeuille brachten zuerst die Spiralfedern bei den Uhren, Römer die epicykloidalischen Zähne an dem Räderwerk an. De la Hire gab einen neuen Beweis vom Gesetze des Hebels, sehr ähnlich dem Kästners. Amontons, Parent, Musschenbroek und Desaguliers klärten zuerst die Lehren vom Reiben und von der Steife der Seile auf, und Camus handelte die Anfangsgründe der Maschinenlehre mit vieler praktischen Geschicklichkeit ab. Vgl. **Rühlmann**, Grundzüge der M. im Allgemeinen und der Geostatik im Besonderen, Leipzig 1860; **Wernicke**, Lehrbuch der M. in elementarischer Darstellung mit Uebungen und Anwendungen auf Maschinen- und Baukonstruktionen, Braunschweig 1858 und 1859; **Lübsen**, Einleitung in die M. zum Selbstunterricht, Hamburg 1859; **Eytelwein**, Handbuch der M. fester Körper und der Hydraulik, Leipzig 1842; **Schellbach**, Neue Elemente der M., Berlin 1860; **Duhamel**, Lehrbuch der analytischen M., bearbeitet von Schlömilch, Leipzig 1859; **Lagrange**, Mécanique analitique, revue par Bertrand, Paris

1855; **Poncelet**, Traité de mécanique appliquée aux machines, deutsch von Kuppler und Hallbauer, Nürnberg 1851 u. 1855; s. auch Maschinenlehre.

Mechanisch-dynamische Schule, s. Medicin.

Mechanische Kräfte, die unbelebten Wesen inwohnenden Kräfte, als Schwerkraft, Expansivkraft (Dämpfe), die aus beiden hervorgehende Druckkraft flüssiger Körper (Wasser, Luft), die Elasticität; Werkzeuge, vermittelst deren Kraft erspart wird, als Hebel, Schraube, Rolle, Flaschenzug &c.

Mechanische Niederschläge, im Gegensatz zum Akte der Krystallirung alle nach den allgemeinen Gesetzen der Schwere erfolgenden Niederschläge oder Sedimente, wozu fast alle Schichtgesteine gehören. Vgl. Lagerung und Schichtung.

Mechanismus (v. Griech.), eigentlich der Bau od. die innere Einrichtung einer Maschine, mittelst welcher die Kraft in derselben ihre Wirkung hervorbringt, z. B. M. einer Uhr, eines Mühlwerks u. dgl.; im weiteren Sinne die Art und Weise überhaupt, auf welche eine materielle Ursache ihre Wirkung hervorbringt.

Mechel, Christian von, namhafter Kupferstecher, geboren 1737 in Basel, erhielt seine künstlerische Ausbildung in Nürnberg, Augsburg und Paris, ward sodann Professor der Kupferstechkunst in Basel und gründete daselbst eine Schule für seine Kunst, sowie eine Kunsthandlung. Im Jahre 1778 ward er als Rath der Akademie nach Wien berufen, wo er auch die Gallerie des Belvedere ordnete, doch kehrte er 1783 in seine Vaterstadt zurück. Im Jahre 1803 ging er nach Berlin, wo er 1806 Mitglied der Akademie ward und 1824 †. Von seinen Werken ist ein Katalog der düsseldorfer Gallerie mit Kupfern und eine Sammlung von Kupferstichen nach den besten Werken Holbeins hervorzuheben.

Mecheln (franz. Malines), Bezirkshauptort in der belgischen Provinz Antwerpen, in fruchtbarer Ebene an der Dyle und einem von Löwen nach Antwerpen führenden Kanal gelegen, hat breite, regelmäßige Straßen mit schönen Häusern u. ansehnliche öffentliche Plätze, darunter den sogenannten großen Platz mit dem Denkmale Margarethe's von Oesterreich. Unter den öffentlichen Gebäuden sind die bemerkenswerthesten: die Kathedrale des heiligen Romuald mit einem 350 Fuß hohen unvollendeten Thurm, vom 13.—15. Jahrhundert erbaut, mit werthvollen Gemälden; die Kirche von Notre Dame d'Hanswyk mit einer wunderthätigen Bildsäule der heiligen Jungfrau, der zu Ehren alle 25 Jahre ein Jubiläum gefeiert wird; die Johanniskirche u. die Liebfrauenkirche mit Gemälden von Rubens; ferner das Stadthaus, der Beyarm genannt, aus dem 15. Jahrhundert; der erzbischöfliche Palast; das Municipalkollegium, früher Deutschordenshaus; das Zeughaus, die sogenannten Hallen von 1340 mit Thürmchen, und das Beguinenhaus. M. ist Sitz eines Erzbischofs, der früher den Titel eines Primas der Niederlande führte, hat 2 geistliche Seminare, ein hohes und ein niederes, ein Gymnasium, einen botanischen Garten, eine Malerakademie, mehre gelehrte Gesellschaften, eine öffentliche Bibliothek, Gemäldegallerie u. 34,450 Einw. Die ansehnliche Industrie besteht in Flachs- u. Hanfspinnerei, Fabrikation von wollenen Decken, Spitzen, Leinwand, Leder, Tapeten, Hüten, Stärke, Nadeln &c. Auch sind daselbst bedeutende Brauereien, eine Kupferschmelze und große Werkstätten der Staatseisenbahnen, sowie eine Stückgießerei. Der Handel ist gegen früher sehr gesunken. M. bildet den Kreuzungspunkt der Eisenbahnen von Brüssel nach Antwerpen und von Köln nach Ostende. M. (Malines) kam bei der Theilung des fränkischen Reichs zwischen Karl dem Kahlen und Ludwig dem Deutschen an Lothringen, wurde aber 915 von Karl dem Einfältigen an die Bischöfe von Lüttich geschenkt, welche die Hälfte wiederum lehnsweise an das adelige Geschlecht von Berthoud überließen. Nach dem Erlöschen desselben ward die Herrschaft M. seit 1336 von dem Herzog von Brabant und dem Grafen von Flandern, dem sie von dem Bischof von Lüttich käuflich überlassen worden war, gemeinschaftlich regiert, doch trat Flandern 1346 seinen Antheil für 86,000 Dukaten an den Herzog Johann von Brabant ab. Die Tochter desselben, Margarethe, brachte sie ihrem Gemahl, Ludwig III., Grafen von Flandern, zu, und die Tochter dieses letzteren, Margarethe, wiederum 1383 ihrem Gemahl, Philipp dem Kühnen von Burgund. Im Jahre 1477 kam M. durch die Verheirathung Maria's, der Erbtochter Karls des Kühnen, mit Maximilian I. an das Haus Oesterreich, wurde 1490 von Kaiser Friedrich III. zu einer edeln Grafschaft erhoben und bildete als solche die 17. der niederländischen Provinzen Nach dem Abfall der sieben Vereinigten Provinzen wurde es wieder zu Brabant gezogen und zum Sitz des höchsten Gerichtshofes für die gesammten österreichischen Niederlande bestimmt.

Mecheln (Meckenen), 1) Israel von M., einer der ältesten Kupferstecher, geboren zu Mecheln, † um 1503 zu Bocholt. Seine Kupferstiche, über 300 Blätter, tragen noch das Gepräge des unbeholfenen Geschmacks, sowie des Mangels an richtiger Zeichnung, Haltung und Kenntniß der Perspektive.

2) Israel von M., berühmter Maler in der zweiten Hälfte des 15. Jahrhunderts, dessen eigentlicher Name unbekannt ist. Sein Heimatsort ist jedenfalls nicht Mecheln in Brabant, sondern Meckenen oder Mecheln bei Bockolt, oder Meckenheim bei Bonn. Die einzigen festen Daten über die Existenz des Künstlers sind Monogramme von 1462 und später und ein Grabstein von 1503. Als sein Hauptwerk gilt eine aus acht Tafeln bestehende Darstellung der Passion, im Besitze von Lyversberg in Köln. Seine Bilder haben in der Regel noch einen goldenen Grund und schließen sich in dieser Hinsicht, sowie in der Art der Färbung an die alte Schule an; aber sie sind zugleich bereits in Oel gemalt, und auch die Behandlungsweise, die Stellung und Anordnung sind der Weise der eyckschen Schule entnommen. Uebrigens gehören die ihm beigelegten Gemälde sicherlich verschiedenen Meistern an; ein beglaubigtes Gemälde von ihm existirt nicht.

Mechitaristen, Kongregation armenischer Christen, 1701 zu Konstantinopel von dem Armenier Mechitar (d. i. Tröster) da Petro (geboren den 7. Februar 1676 zu Sebaste) zur Hebung der armenischen Nationalliteratur und zur Verbreitung der Kenntniß der altarmenischen Sprache gestiftet. In Konstantinopel dem armenischen Patriarchen wegen Hinneigung zur lateinischen Kirche verdächtig geworden, siedelte Mechitar mit seinen Schülern nach Morea über und erhielt 1703 von der venetianischen Regierung die Erlaubniß, zu Modon ein Kloster und eine Kirche zu erbauen. Nach ihrem Uebertritt zu den mit der katholischen Kirche unirten Armeniern erhielt die Kongregation 1712 von Klemens XI. die Bestätigung und eine dem Benediktinerorden entlehnte Regel. Der zwischen den Venetianern u. den Türken ausgebrochene Krieg nöthigte sie 1715 zur Uebersiedelung nach Venedig, wo sie 1717, nachdem ihr Kloster und ihre Kirche zu Modon durch die Türken zerstört worden waren, vom Senat die Insel San Lazaro geschenkt bekamen, auf der sich bald ein stattliches Kloster mit Kirche erhob. Mechitar starb daselbst den 16. April 1749. Die M. bekennen sich zwar zur römisch-katholischen Lehre, doch haben sie den syrischen Ritus und die armenische Sprache beim Kultus beibehalten. Ohne einer rigoristischen Ascese zu huldigen, halten sie auf einen streng sittlichen Wandel. Neben der Regel der Benediktiner haben sie noch die besondere Verpflichtung, zur Verbreitung des Evangeliums mit allem Eifer mitzuwirken, sowie durch Herausgabe klassischer Werke der armenischen Literatur die Bildung ihrer Nation und deren Befreiung von mohammedanischen Einflüssen befördern zu helfen. Der Hauptsitz dieser Vereine ist seit 1811 Wien, wo sie ein großes Kloster, Mechitaristenkollegium, welches durch reichliche Geldbeiträge unterstützt wird, und eine eigene Buchhandlung besitzen. Ein Zweigverein besteht in München. Im Jahre 1842 haben sie die höheren Klassen ihrer Erziehungsanstalt nach Paris verlegt. Im Jahre 1816 nahmen sie den Titel Academia an u. ernannten sogar Nichtkatholiken zu Ehrenmitgliedern. Vgl. Boué, Le convent de St. Lazare à Venise, Paris 1837; Neumann, Geschichte der armenischen Literatur, Leipzig 1836.

Mechmet, türkischer Name, s. v. a. Mahmud.

Mechoacan (Michoacan), Staat im westlichen Mexiko, aus der ehemaligen Intendantschaft Valladolid gebildet, umfaßt den größten Theil des alten Königreichs M. der Tarasken, das immer unabhängig von Anahuac gewesen und 1524 von den Spaniern in Besitz genommen wurde, grenzt im Osten an Mexiko und Guerrero, im Norden an Guanaxuato, wovon er durch den Chapalasee und den Rio de Lerma oder Rio Grande getrennt wird, gegen Westen an Xalisco und das Territorium von Colima (Grenzfluß Rio Pamila) u. gegen Süden an den stillen Ocean und Guerrero und hat einen Flächengehalt von etwa 1000 □Meilen. Das Gebiet gehört größtentheils dem im Allgemeinen sanften westlichen Abfall des Hochlandes von Anahuac an und ist von Hügeln u. freundlichen Thälern mannichfach durchschnitten. Der Norden und Osten bildet ein Plateau von 5—6000 Fuß Höhe, auf dem sich Schneegipfel bis über 10,000 Fuß Höhe erheben; nach Westen sinkt es in Terrassen zum großen Ocean ab. Im Südtheile beim Dorfe Ario erhebt sich der 1789 entstandene Vulkan Jorullo (4000 Fuß hoch), wie denn überhaupt vulkanische Gesteinsbildungen in Menge vorkommen. An Gewässern besitzt M. einen großen Reichthum, doch sind die Flüsse nur klein und kurzen Laufs. Der bedeutendste Fluß ist der schon genannte Rio Lerma, der aber, wie auch der Rio Balsas, für M. nur Grenzfluß ist. Dem Staate selbst gehören an: der Rio de Zitácuaro, Rio de Huetamo, Rio de Churumuco u. der Rio del Marquez, welche alle südlich dem Balsas zuströmen, und der Rio Aztala, welcher ins Meer fällt. Bedeutender sind die zahlreichen Seen, z. B. der Chapala, an der Nordwestgrenze, der von Patzcuaro, in der Mitte des Staats, 6 Leguas lang, mit 5 bewaldeten Inseln, der von Cuitzco oder Araron, nordöstlich von jenem, dessen Wasser Natronsalze enthält. Die Küstengegenden sind öde, sandig, nur wenig angebaut. Ein Hafenort existirt noch nicht. Das Klima ist im größeren Theil des Landes mild und sehr gesund, nur in den Küstenebenen herrschen nicht selten bösartige Fieber. Der Boden ist größtentheils sehr fruchtbar und zum Anbau von Gewächsen aller Zonen geeignet. In den niedrigen Küstengegenden u. den tief eingeschnittenen Thälern der Cordillerenabhänge gedeihen bei der reichlichen Bewässerung Zuckerrohr, Kaffee, Kakao, Indigo, Baumwolle trefflich; in den höher gelegenen Gegenden Weizen, Gerste, Maguey, europäische Gemüse und unsere schönsten Obstsorten. Mais kommt allenthalben fort. Doch beschränkt sich bis jetzt die Kultur des Bodens noch auf den Anbau der nothwendigsten Lebensbedürfnisse. Die Gebirgsabhänge sind mit großen Wäldern bestanden. Ein eigenthümliches Produkt ist die weiße Jalape oder Mechoacanwurzel. Die Viehzucht ist noch unbedeutend, und Fabriken und Manufakturen besitzt M. noch gar nicht. Das Hauptgewerbe war bisher der Bergbau (auf Gold, Silber, Blei und Salz), doch ist auch dieser neuerdings sehr gesunken, obgleich er noch in 10 Minendistrikten mehr oder weniger betrieben wird. In dem reichen Distrikt von Tlalpujahua, der sich als der erste Herd der Revolution gegen die Spanier einen Namen erworben hat, sind die Gruben von einer englischen Gesellschaft neuerdings wieder aufgenommen worden. Die Einwohnerzahl wird zu 554,600 Köpfen angegeben, worunter viele Mestizen und Indianer, welche letztern die südliche Hälfte des Staats fast allein bevölkern. Die Indianer von M. gehören 3 Stämmen an, den Tarasken, den Otomiten und den Chichimeken. Hauptstadt ist Morelia (früher Valladolid de M. genannt).

Meckel, Johann Friedrich, der Jüngere, ausgezeichneter Anatom, geboren am 17. Okt. 1781 zu Halle, Enkel des ebenfalls als Anatomen berühmten Johann Friedrich M. (geboren 1714 zu Wetzlar, † zu Berlin 1774), widmete sich zu Halle, Göttingen, Würzburg und Wien medicinischen Studien u. unternahm sodann eine größere wissenschaftliche Reise nach Italien und Paris. Im Jahre 1806 erhielt er in Halle eine Professur der Chirurgie, die er aber bald mit der der Anatomie und Physiologie vertauschte. Zur Vervollständigung des von seinem Großvater ererbten anatomischen Museums bereiste er mehrfach die Schweiz, Frankreich und England. Er † am 31. Okt. 1833. Von seinen Schriften, die namentlich auf dem Gebiet der vergleichenden Anatomie Epoche machten, sind hervorzuheben: Uebersetzung von Cuviers „Vergleichender Anatomie" (Leipzig 1809—10, 4 Bde.), mit Bemerkungen; „Beiträge zur vergleichenden Anatomie" (das. 1809 bis 1813, 2 Bde.); „System der vergleichenden Anatomie" (Halle 1821—33, 6 Bde.); „Handbuch der pathologischen Anatomie" (Leipzig 1812—18, 3 Bde.); „Handbuch der menschlichen Anatomie" (Halle 1815—20, 4 Bde.); „Tabulae anatomico-pathologicae" (Leipzig 1817—26, 4 Hefte); „Descriptio monstrorum nonnullorum" (das. 1826, mit Kupfern). Sein bedeutendes anatomisches Museum ist von der preußischen Regierung für die Universität Halle angekauft worden.

Mecklenburg, deutsches Territorium im ehemaligen niedersächsischen Kreise, wird im Norden von der preußischen Provinz Pommern und der Ostsee; im Westen von Lübeck, Lauenburg und Hannover, im Süden von Hannover und der preußischen Provinz Brandenburg, im Osten ebenfalls von letzterer begrenzt und hat auf einem Areal von 293,61 □M. eine Bevölkerung von über 650,000 Seelen. Es zerfällt gegenwärtig in die beiden Großherzogthümer M.-Schwerin und M.-Strelitz, von denen ersteres ein abgeschlossenes Ganzes bildet, letzteres aber aus 2 von einander getrennten Theilen, nämlich dem Herzogthum Strelitz oder dem stargardischen Kreise, östlich, u. dem Fürstenthum Ratzeburg, nordwestlich von M.-Schwerin, besteht. Das Großherzogthum Mecklenburg-Schwerin erstreckt sich von 53° 4′ bis 54° 22′ nördl. Br. und von 28° 16′ bis 30° 31′ östl. L. Zwei Parcellen, Rossow u. Netzeband-Schöneberg, liegen in der preußischen Provinz Brandenburg, und eine Enklave, Ahrensberg, im Strelitzischen. Das Großherzogthum besteht aus dem Herzogthum Schwerin oder dem mecklenburgischen Kreise, dem Herzogthum Güstrow oder dem wendischen Kreise, dem rostocker Distrikt, dem Fürstenthum Schwerin und der Herrschaft Wismar u. hat einen Flächeninhalt von 244,12 □M. Von den beiden Bestandtheilen des Großherzogthums Mecklenburg-Strelitz erstreckt sich das Herzogthum Strelitz von 53° 9′ bis 53° 47′ nördl. Br. und von 30° 20′ bis 31° 37′ östl. L., das Fürstenthum Ratzeburg von 53° 40′ bis 51° 54′ nördl. Br. u. von 28° 25′ bis 28° 45′ östl. L. Das Großherzogthum hat einen Flächeninhalt von 49,49 □M.

Was die natürliche Beschaffenheit des Landes anlangt, so bildet M. einen Theil der norddeutschen Tiefebene und ist daher Flachland, das aber in der Richtung von Südosten nach Südwesten von einem breiten, niedrigen, einzelne Seitenverzweigungen aussendenden Landrücken durchzogen wird, der die Wasserscheide zwischen den nordwärts zur Ostsee und südwärts zur Elbe abfließenden Gewässern bildet. Die höchsten Punkte sind in M.-Schwerin die Hoheburg im Schlemminerwalde unweit Bützow, 466 F., der Kühlungsberg bei Diedrichshagen, 416 F., u. der Ruhnerberg bei Marnitz, 566 F. hoch; in M.-Strelitz der Helpterberg unweit Woldegk, 567 F. hoch. Der Boden besteht zum größeren Theil aus fruchtbaren Strecken mit schwerem Lehmboden und aus Heiden und Waldungen, zum kleineren Theil aus sandigen Strecken u. Torfmooren; am ergiebigsten ist der nordwestliche Theil des Landes, zwischen der Ostsee, Wismar und dem dassower Binnensee. Die mecklenburgische Ostseeküste hat von der lübeckischen Halbinsel Priewall bis zur Halbinsel Fischland eine Länge von 14, mit den Krümmungen von 25 Meilen. Meerbusen sind der Busen von Wismar, das große Wyk, östlich von der Insel Poel, welche durch die Meerenge Breitling vom Festlande geschieden ist, das Salzhaff, zwischen der Halbinsel Wustrow und dem Kontinent, Kroy auf letztgenannter Halbinsel und die Rhede von Warnemünde. Die Küste ist größtentheils flach, durch Sanddünen gedeckt, nur an einzelnen Stellen steil abfallend. Bei Dobberan zieht sich längs des Meeres der Heilige Damm hin, ein $\frac{1}{2}$ Meile langer, 100 F. breiter, 12—15 F. hoher Wall, der, aus losen, vom Wasser geglätteten Steinen bestehend, als Schutz gegen den Andrang der Meereswogen dient. Die Flüsse des Landes ergießen sich entweder in die Ostsee, oder durch die Elbe in die Nordsee. Zur Ostsee fließen ab: die Trave an der Grenze von Ratzeburg, welche bei Lübeck die aus dem Ratzeburgersee kommende Wacknitz aufnimmt und, nachdem sie den dassower Binnensee durchflossen, bei Travemünde in die Ostsee mündet; die Stepenitz, welche in einer Niederung unterhalb Eulenkrug im Amte Schwerin entspringt, sich durch die Radegast und Maurin verstärkt, auf eine Strecke die Grenze zwischen dem strelitzischen Fürstenthum Ratzeburg u. M.-Schwerin bildet und nach einem 8 Meilen langen Lauf ebenfalls durch den Dassowersee abfließt; die Warnow, welche bei Grebbin im schwerinschen Amte Lübz entspringt, die Mildenitz und die schiffbare Nebel aufnimmt, von Bützow an schiffbar ist, von Rostock an bei einer Breite von 2400 F. Seeschiffe trägt und kurz vor ihrer Mündung bei Warnemünde nach $21\frac{1}{2}$ Meilen langem Laufe den Breitlingsee bildet; die Recknitz, welche bei dem gleichnamigen Dorfe im Amte Güstrow entsteht und nach 11 Meilen langem Laufe, von Sülz ab schiffbar, in den ribnitzer Binnensee mündet, nachdem sie eine Strecke die Grenze zwischen M.-Schwerin u. Pommern gebildet; die Peene, welche aus der Vereinigung zweier in den Malchinersee fließenden Bäche entsteht, bei Malchin, wo sie schiffbar wird, eine dritte Peene aufnimmt, dann den Kummerowersee, in welchen sich eine vierte Peene ergießt, durchfließt, über eine Meile die Grenze zwischen M.-Schwerin und Pommern bildet, die Trebel und die dem Tollensersee entströmende Tollense aufnimmt und nach Pommern übergeht, um bei Anklam zu münden. Die Elbe berührt nur auf kurze Strecken, bei Dömitz u. Boitzenburg ($2\frac{3}{4}$ Meilen) das mecklenburg-schwerinsche Gebiet, nimmt aber aus demselben folgende Flüsse auf: die Stecknitz (Delvenau), Grenzfluß gegen Lauenburg; die Boitze, $3\frac{1}{2}$ Meilen lang; die Sude, aus dem dümmerschen See abfließend, die Schmare, Schale, einen Abfluß des Schalsee's, und die Rögnitz aufnehmend u. nach 11 Meilen langem Laufe bei Gothmann mündend; die schiffbare Elde, $1\frac{1}{2}$ Meilen westlich von Röbel entspringend, den Müritz- und Plauersee durchfließend und nach 22 Meilen langem Laufe bei Dömitz mündend, nachdem sie die Stör, den Abfluß des Schwerinersee's, u. die Löcknitz aufgenommen; endlich die Havel, im Röthsee bei Kratzeburg an der schwerin-strelitzischen Grenze entspringend, im südlichen Laufe durch M.-Strelitz mehre Seen durchströmend, bei Fürstenberg in den Stolpsee fallend und nach Preußen übergehend. Von Kanälen sind zu bemerken: der neue Kanal, aus der Elde unterhalb Garwitz geleitet, mit dem die Stör aufnehmenden Störkanal zusammentreffend und durch die Kreuzschleuße mit dem bis Ludwigslust zum Holzflößen benutzten ludwigsluster Kanal in Verbindung stehend; der Friedrich-Franzkanal, in Verbindung mit dem Störkanal die Stör mit der Elde verbindend; der fahrenhorster Kanal, eine Krümmung der Elde umgehend; der Müritz-Havelkanal, mittelst mehrer Seen die Havel mit dem Müritzsee vereinigend. Man zählt in M.-Schwerin 329, in M.-Strelitz 132 Landseen (wobei die kleineren unter 200 Ruthen Länge nicht mit gerechnet sind), deren Gesammtareal auf 12 □M., wovon 2 auf M.-Strelitz kommen, angeschlagen wird. Die bedeutendsten sind der Schweriner-, Sternberger-, Krakower-, Altschweriner-, Müritzsee, durch die Elde mit dem Kalpin-, Flesen-, Malchower- und Petersdorfersee in Verbindung stehend, der Plauer-, Specker-, Zierker-, Luzinsee, mit dem Zanzen-, Karwitzer- und Dretzsee verbunden, der Galenbecker-, Tollensesee, mit dem Lieps- und dem Wanzkaersee zusammenhängend, der Malchiner-, Kummerower-, Teterower-, dümmersche, Schal- (oder Schaal-) see (zum Theil); ferner der bassower Binnensee, durch die Mündungen der Trave und der Stepenitz gebildet; der Breitlingsee, durch die Mündung der Warnow gebildet, und der ribnitzer Binnensee, mittelst des Saalerboddens mit der Ostsee verbunden. Von Mineralquellen sind zu nennen die Eisenquellen bei Dobberan, Goldberg und Parchim, die Bittersalz- und Schwefelquelle am heiligen Damm bei Dobberan, die Kochsalzquellen zwischen Bekup und Konow, bei Sülten und Sülze, von denen aber nur die letztere benutzt wird. Bekannte Seebäder sind zu Dobberan, Warnemünde und bei Wismar.

Das Klima ist gemäßigt; der Unterschied zwischen der Temperatur des wärmsten u. des kältesten Monats beträgt in Schwerin 15,3°, in Wustrow auf dem Fischlande 15,1° R. Nach elfjährigen Beobachtungen ist die Temperatur in Graden nach R.

	im Winter	Frühling	Sommer	Herbst	Jahr
in Schwerin	—0,94	5,61	13,79	6,96	6,36
in Wustrow	0,16	4,67	13,27	7,23	6,34.

Der Frühling ist im Vergleich zu dem nordwestlichen Deutschland kalt; im April und Mai herrschen oft rauhe Nordostwinde; die Sommerhitze wird durch die Nähe der Ostsee gemäßigt, im Herbst aber übt diese einen erwärmenden Einfluß aus, was die Annehmlichkeit dieser Jahreszeit erhöht. Die jährliche Regenmenge vermindert sich nach der Ostsee hin in auffallender Weise und beträgt in Wustrow durchschnittlich nur 12, in Schwerin dagegen 19 Zoll. Die Bewohner M.s sind deutscher (niedersächsischer u. germanisirt-wendischer) Abkunft. Hauptnahrungszweig ist die Landwirthschaft, welche, in allen ihren Zweigen auf hoher Stufe stehend, in beiden Großherzogthümern die Grundlage des Wohlstandes bildet. Von dem gesammten Areal sind in M.-Schwerin nur 19, in M.-Strelitz 18 Procent nicht bebaut oder sonst landwirthschaftlich nicht benutzt. Nach Viebbahn (Statistik Deutschlands, Bd. 2, Berl. 1862) berechnen sich

		M.-Schwerin,	M.-Strelitz	
Acker- u. Gartenland	auf	2,522,700	501,434	preuß. Morgen,
Wiesen u. Hutungen	„	793,040	147,980	„ „
Waldungen	„	800,000	236,418	„ „

Der Ackerbau liefert Getreide weit über den Bedarf und eine beträchtliche Quantität zur Ausfuhr. Die Hauptfrucht ist Roggen, doch wird in neuerer Zeit auch immer mehr Weizen gebaut; jener gibt auf den besten Äckern 10-, dieser 10—14-, Gerste 8—12-, Hafer 5—10fältigen Ertrag. Mais wird nur hier u. da, Buchweizen aber häufig auf sandigem Boden, oft bis zu 20fältigem Ertrag und darüber, gebaut. Im Jahre 1859 wurden aus M.-Schwerin exportirt: Buchweizen 1143, Gerste 65,535, Hafer 58,058, Roggen 217,101, Weizen 1,107,620, Erbsen 50,643 Zollcentner. Andere Produkte des Ackerbau's sind Kartoffeln (größtentheils nur für den inländischen Bedarf), Runkelrüben und Rüben (hier und da), Raps und Rübsen (fast auf allen Gütern mit geeignetem Boden), Flachs u. Hanf (in geringer Menge), Hopfen (besonders bei Neubrandenburg in M.-Strelitz), Tabak. Der Gartenbau blüht in den Städten und in den ihnen benachbarten wohlhabenderen Dörfern; der Obstbau hat gegen früher sehr abgenommen. An mehren Orten sind Maulbeerbäume angepflanzt. Was den Viehstand betrifft, so zählte man

	in M.-Schwerin (1857),	M.-Strelitz (1860),	zusammen
Pferde	84,543	17,168	101,711
Rinder	266,837	39,714	306,551
Edelschafe	1,045,179	199,251	1,244,430
Landschafe	148,271	40,426	188,697
Ziegen	12,094	4,021	16,115
Schweine	157,522	34,455	191,977

Die Pferde gehören zu den kräftigsten Deutschlands. Die Rindviehzucht hebt sich immer mehr; Butter wird in bedeutender Menge (1859: 43,120 Centner) ausgeführt. Auch die Schafzucht ist im Fortschreiten begriffen, und M. steht in der Züchtung reichwolliger und kräftiger Merinoschafe allen andern deutschen Ländern voran. Die gesammte Wollproduktion beträgt cirka 3,200,000 Zollpfund. Auch die Schweinezucht ist trefflich. Federviehzucht wird allgemein, Bienenzucht nur in einzelnen Gegenden betrieben. An Fischen ist großer Ueberfluß und die Fischerei daher ein sehr bedeutender Erwerbszweig. Wildpret kommt in den ausgedehnteren Waldungen noch in Menge vor, besonders Hoch- u. Schwarzwild. Was die Forstkultur anlangt, so entfallen in M.-Schwerin etwa 67 Procent, in M.-Strelitz 68 Procent der gesammten Waldfläche auf die Staatsforsten. Bergbau wird nur auf Braunkohlen bei Mallitz und Parchim in M.-Schwerin betrieben; hier gewinnt man auch Kochsalz zu Sülze, jährlich etwa 75,000 Zollcentner. Torf kommt in großer Quantität vor. Ein Gypsbruch ist in Lübtheen in Betrieb. Der Raseneisenstein, welcher sich in den feuchten Niederungen, in Sümpfen der Heidegegenden bildet, wird nur als Baustein benutzt. Kalk, Mergel, Ziegel- und Töpferthon, sowie Walkererde finden sich fast allenthalben vor. Bernstein liefert die Ostsee und der Müritzsee. Die gewerbliche Thätigkeit ist von geringer Bedeutung, indem ihrem Aufschwunge vornehmlich die starre Zunftverfassung u. die gesetzliche Beschränkung des Gewerbebetriebs auf die Städte und Marktflecken hinderlich sind. Im Jahre 1862 waren im Betrieb: in M.-Schwerin 9 Eisengießereien, 4 Glockengießereien, zahlreiche Maschinenwerkstätten für den landwirthschaftlichen Betrieb, 7 Wagenfabriken; in beiden Großherzogthümern 87 Theer- u. Kalköfen (davon in M.-Strelitz 33), 252 Ziegeleien (davon in M.-Strelitz 38), 3 Glashütten, eine Spiegelfabrik, 8 Seifenfabriken, 3 Fabriken für Schwefelhölzer und Zündwaaren, eine Fabrik für Mineralöl und Paraffin, je eine Fabrik für Mineralwässer, Parfümerien, Lack und Siegellack, 3 Fabriken für Leim, 56 Tabaks- (Cigarren-) fabriken (davon 9 in M.-Strelitz), 141 Brauereien (davon 16 in M.-Strelitz), 155 Branntweinbrennereien (in M.-Strelitz 19), 21 Essigbrauereien (davon 2 in M.-Strelitz), 4 Cichorien-, 5 Chokoladefabriken, über 800 Mühlenwerke. Mit der Fabrikation von Wollenwaaren beschäftigten sich 1862 in M.-Schwerin 244, in M.-Strelitz 75 Meister, mit Leinweberei dort 652, hier 163 Meister. Außerdem waren 4 Strumpf-, 2 Baumwollenwaaren-, 6 Wattenfabriken, 127 Färbereien (davon in Strelitz 18), 7 Papier-, 5 Spielkartenfabriken, eine

Tapetenfabrik, 136 Lohgerbereien (davon 16 in M.-Strelitz), 57 Weißgerbereien (davon 14 in M.-Strelitz) in Gang. Im Aufschwung ist die Strohhutfabrikation begriffen, wofür in M.-Schwerin 27, in M.-Strelitz 3 Fabriken thätig sind. Es bestehen in beiden Großherzogthümern 13 Gewerbvereine, welche 1859 zu einem Centralverein zusammengetreten sind, und mehre Gewerbschulen werden aus öffentlichen Mitteln erhalten. Auch finden periodische Gewerbausstellungen Statt, und in mehren größeren Städten sind Gewerbehallen errichtet. In Schwerin besteht eine Behörde zu Hebung der inländischen Industrie, sowie ein allgemeiner Industriefonds, der zur Unterstützung größerer industrieller und kommercieller Unternehmungen bestimmt ist. Auch sind für den Gewerbstand mehre Vorschußvereine und Vorschußkassen gegründet. Der Handel ist sehr lebhaft, besonders in M.-Schwerin, dessen Lage zwischen der Ostsee und der Elbe, die durch eine nach Hamburg u. Berlin führende Eisenbahn verbunden sind, den Verkehr ausnehmend begünstigt. Die wichtigsten Plätze für den auswärtigen Handel sind Rostock mit Warnemünde u. Wismar; die bedeutendsten Landhandelsstädte Boizenburg, Güstrow, Dömitz und Grabow in M.-Schwerin, Altstrelitz, Neubrandenburg und Fürstenberg in M.-Strelitz. Bedeutende Wollmärkte werden zu Güstrow, Wismar, Neubrandenburg und Rostock, ein frequenter Pferdemarkt zu Altstrelitz abgehalten. M.-Schwerin führte 1854: 1,517,235, 1859: 2,096,304 Zollcentner ein und in ersterem Jahre 2,658,177, in letzterem 2,173,489 Zollcentner aus, nämlich Verzehrungsgegenstände, Rohstoffe, Halbfabrikate, Manufakturwaaren, Industrie- u. Kunsterzeugnisse. Die Einfuhr geschieht größtentheils zur See, die Ausfuhr per Eisenbahn. Der Transit über Rostock u. Wismar betrug 1859: 60,395 Centner. Im lebhaftesten Handelsverkehr steht M.-Schwerin mit England, Schweden u. Norwegen, Holland, Frankreich, Belgien, Preußen, Rußland, Dänemark und Hamburg. Die bedeutendsten Ausfuhrartikel sind: Getreide, Butter, Mastvieh, Pferde, Schafe, Schweine, Fische, Kartoffeln, Spiritus, Holz, Lein- und Rübsamen, Wolle ꝛc., Haupteinfuhrartikel: Steinkohlen, Bau- und Nutzholz, Kochsalz, Eisen, Bausteine, Zucker, Kaffee, Wein, Tabak, Manufaktur- und Industrieerzeugnisse. Den Werth der gesammten Ein- und Ausfuhr schätzt Raabe zu je 12 Millionen Thalern. In M.-Strelitz besteht die Ausfuhr ebenfalls größtentheils in Natur- und landwirthschaftlichen Produkten. Dem Auslande gegenüber bilden beide Großherzogthümer (mit Ausnahme Ratzeburgs) ein Zollgebiet (Zollgesetz von 1863). Die schwerinschen Enklaven in Brandenburg gehören zum deutschen Zollverein. M.-Schwerin besitzt gegenwärtig 154¼, M.-Strelitz 35 Meilen Chausseen; ersteres Eisenbahnen von 29,4 Meilen Länge, nämlich 10 Meilen von der berlin-hamburger Eisenbahn, 19,4 Meilen mecklenburgische Eisenbahn, die von Hagenow über Schwerin, Kleinen und Bützow nach Rostock führt, mit den Zweiglinien Kleinen-Wismar und Bützow-Güstrow. Im Bau begriffen ist die Friedrich-Franzeisenbahn (Staatsbahn) von Güstrow nach Neubrandenburg und von da nach Stettin. M.-Strelitz hat noch keine Eisenbahn, abgesehen von der lübeck-büchener Bahn, welche die Stadt Ratzeburg berührt. Beide Großherzogthümer gehören zum deutsch-österreichischen Post- und Telegraphenverein. M.-Schwerin hat eine sehr ansehnliche Rhederei; namentlich hat sich die Zahl der rostocker Schiffe in den letzten 30 Jahren mehr als verdoppelt, ihre Tragfähigkeit aber vervierfacht. Nach amtlichen Angaben besaß Rostock im December 1862: 367 Seeschiffe von 43,339 Roggenlasten (à 6000 Pfd.) und 32 Nachprahmer und Leichter von 659 Roggenlasten, zusammen 399 Schiffe von 43,998 Roggenlasten; Wismar 46 Seeschiffe von 5644 Roggenlasten, 2 Nachprahmer und Leichter zu 40 Roggenlasten, zusammen 48 Schiffe von 5684 Roggenlasten, in Summa 413 Seeschiffe zu 48,983 Roggenlasten und 34 Nachprahmer und Leichter zu 699 Roggenlasten, zusammen 447 Schiffe zu 49,682 Roggenlasten. Als Förderungsmittel für Handel u. Verkehr sind zu nennen die Börse und Bank zu Rostock und die Lebensversicherungs- u. Sparbank zu Schwerin, welche Geldgeschäfte aller Art vermittelt, aber keine Noten ausgibt. Seit 1848 wird in ganz M. nach dem 14-Thalerfuße gerechnet; der Thaler wird in 48 Schillinge à 12 Pfennige eingetheilt. Bei Landesvermessungen normirt der lübecker Fuß (= 127,5 pariser Linien), bei Bauarbeiten der hamburger Fuß (= 127,04 pariser Linien), in M.-Strelitz der rheinische Fuß; beim Feldmessen der mecklenburgische Fuß (= 129 pariser Linien), von dem 16 auf eine Ruthe gehen. Als Elle gilt die hamburgische; als Meile die preußische. Der Morgen hat 300 mecklenburgische Quadratruthen. Getreidemaße sind der rostocker oder Normalscheffel = 38,9 französische Litres = 0,708 preußische Scheffel; 1 Last hat 8 Drämpt à 12 Scheffel à 4 Faß oder Viert à 4 Metzen; im Strelitzischen hat 1 Drämpt 12⅛ Scheffel. Flüssigkeitsmaß ist das Fuder = 4 Orhoft à 6 Anker à 40 Quart oder Poit; 1 Orhoft = 1½ Ohm à 5 Eimer à 32 Poit; 100 Poit = 78,82 preußische Quart. Als Landesgewicht gilt seit 1860 das deutsche Zollgewicht.

Im **Großherzogthum M.-Schwerin** ergab die Volkszählung von 1862 eine Bevölkerung von 551,761 (1820: 393,400, 1834: 463,362, 1846: 524,042, 1856: 542,064, 1860: 546,639, 1861: 548,449) Seelen. Das Land zählt 40 Städte, 9 Marktflecken, über 1200 Dörfer und über 1400 Landgüter oder Höfe nebst Meiereien. Die herrschende Religion ist die evangelisch-lutherische; Andersgläubige sind 202 Reformirte, welche eine Gemeinde in Bützow bilden, 908 Katholiken u. 3121 Israeliten. Die Zahl der Volksschulen auf dem Lande belief sich Ende 1862 auf 1347; die Zahl der Bürger- und anderen öffentlichen Stadtschulen (mit denen häufig auch Industrieschulen verbunden sind) auf 64, und hierzu kamen noch 39 Gewerbschulen für Lehrlinge und Gesellen, deren Errichtung durch Verordnung vom 26. April 1836 vorgeschrieben ist. Zur Bildung von Lehrern bestehen ein herzogliches Landschullehrerseminar zu Neukloster für die großherzoglichen Domänen und das Seminar für ritterschaftliche Schullehrer zu Dobbertin. In Ludwigslust ist ein Taubstummeninstitut. Gymnasien sind zu Schwerin, Parchim, Güstrow, Rostock u. Wismar, selbstständige Realschulen zu Schwerin und Güstrow; eine höhere Bürgerschule hat Waren. Navigationsschulen sind in Wustrow, Rostock u. Wismar; Navigationsvorbereitungsschulen zu Dänendorf und Dierhagen. Als Privatlehranstalt besteht zu Rostock ein Handelsinstitut. Die Landesuniversität zu Rostock (s. d.), 1419 gestiftet, hat 4 Fakultäten. Schwerin besitzt eine Militärbildungsanstalt.

Im **Großherzogthum M.-Strelitz** ergab die Volkszählung von 1860 99,060 (1829: 83,613, 1839: 89,528, 1848: 96,292, 1851: 99,628) Einw., welche in 9 Städten, 2 Marktflecken, auf 220 Landgütern oder Höfen u. in etwa 230 Dörfern, Gehöften rc. wohnen. Die herrschende Religion ist ebenfalls die evangelisch-lutherische; Andersgläubige sind 8 Reformirte, 115 Katholiken und 516 Israeliten. Man zählt 234 Landschulen (1862: 180 im Herzogthum Strelitz, 54 im Fürstenthum Ratzeburg), 12 Bürger- u. Stadtschulen, 3 städtische Armenschulen, 3 Sonntagsschulen für Handwerkslehrlinge, ein Landschullehrerseminar zu Mirow, 2 höhere Töchterschulen, 3 Gymnasien, zu Neustrelitz, Neubrandenburg und Friedland, und eine Realschule in Neustrelitz. Hülfsanstalten für Wissenschaft und Kunst sind: die mecklenburgische naturforschende Gesellschaft in Rostock, die philomathische Gesellschaft daselbst, der Verein für mecklenburgische Geschichte und Alterthumskunde in Schwerin, die großherzoglichen Bibliotheken zu Ludwigslust u. Neustrelitz, die Regierungsbibliothek zu Schwerin und die ritter- u. landschaftliche Bibliothek zu Rostock, die großherzoglichen Kunstsammlungen zu Ludwigslust, Neustadt und Schwerin, die großherzoglichen Antiquitäten- und Münzsammlungen zu Schwerin und Neustrelitz rc.

Beide Großherzogthümer haben gemeinschaftliche Landstände. Das Grundgesetz ist der Erbvergleich vom 18. April 1755, vereinbart zwischen dem Herzog von M.-Schwerin und seinen Ständen, dem M.-Strelitz durch die Agnitionsakte vom 30. Sept. 1755 beitrat. In M.-Schwerin ist gegenwärtig Regent Großherzog **Friedrich Franz** (geboren den 28. Febr. 1823, regiert seit dem 7. März 1842), in M.-Strelitz Großherzog **Friedrich Wilhelm** (geboren den 17. Okt. 1819, regiert seit dem 6. Sept. 1860). In beiden Ländern ist der Thron nach dem Recht der Erstgeburt und nach der Linealerbfolge im Mannsstamm erblich. Beide großherzogliche Häuser sind durch Hausverträge von 1701 und 1755 verbunden, und es succedirt im Falle des Aussterbens der einen Linie die andere. Beim Erlöschen beider Häuser geht die Thronfolge auf Preußen über. Nach dem Hausgesetz vom 23. Juni 1821 tritt die Volljährigkeit des Großherzogs in beiden Ländern mit vollendetem 19. Lebensjahr ein. Beide Großherzöge bekennen sich zur evangelisch-lutherischen Kirche. Obwohl alle Staatsbürger vor dem Gesetze gleich und allen die Staatsämter auf gleiche Weise zugänglich sind, so haben doch die Rittergutsbesitzer, adelige u. bürgerliche, große Real- u. Personalvorrechte. Sie besitzen das Landstandsrecht, die Schrift- od. Kanzleisässigkeit, die Patrimonialjurisdiktion u. Polizeigewalt über die Bauern u. Hintersassen ihrer Güter, die Jagdgerechtigkeit, die Brau- u. Brennereigerechtigkeit, ohne davon irgend eine Abgabe errichten zu müssen, die Krug- und Mühlengerechtigkeit und in der Regel auch das Patronatsrecht. Leibeigenschaft u. Gutsunterthänigkeit sind 1824 aufgehoben worden. Die **Landstände** beider Großherzogthümer bilden seit 1523 eine gemeinschaftliche Körperschaft, die „Landesunion“, und bestehen aus der Ritterschaft, zu der alle Besitzer ritterschaftlicher Hauptgüter in dem mecklenburgischen, wendischen und stargardischen Kreise gehören, und der Landschaft, welche 47 landtagsfähige Städte umfaßt. Von der Ritterschaft werden zugleich die Bauern und Hintersassen, von der Landschaft die Bürger der Städte repräsentirt. Beide Stände, Ritter und Landschaft, gliedern sich nach den Kreisen, dem mecklenburgischen, wendischen und stargardischen. Außerhalb der ständischen Verfassung stehen das Fürstenthum Ratzeburg und die Städte Wismar und Neustrelitz, welche daher nicht auf dem Landtag vertreten sind. Die Zahl der Gutsherren, welche gegenwärtig Mitglieder der Ritterschaft sind, beträgt im mecklenburgischen und wendischen Kreise 616, worunter 314 bürgerliche, im stargardischen Kreise 62, worunter 24 bürgerliche. An der Spitze der Ritterschaft stehen 3 Erblandmarschälle, je einer für jeden Kreis. Zur Landschaft gehören die Stadt Rostock, 20 Städte im mecklenburgischen, 19 im wendischen und 7 im stargardischen Kreise. Die Ausübung des landstandschaftlichen Rechts geschieht hier durch die Magistrate, u. zwar durch die Bürgermeister. Jeder Gutsbesitzer hat dasselbe Stimmrecht wie jede einzelne Stadt, doch kann die Landschaft sich zu besonderer Beschlußfassung vereinigen (itio in partes). Das Direktorium der Landschaft führen die 3 Vorderstädte, Parchim für den mecklenburgischen, Güstrow für den wendischen und Neubrandenburg für den stargardischen Kreis. Die Landtage werden alljährlich im Spätherbst abwechselnd in den Städten Sternberg u. Malchin auf Berufung von Seiten der beiderseitigen Landesherren abgehalten. Außerhalb des Landtags vertritt ein engerer Ausschuß von 9 Mitgliedern als ein die gesammte Ritter- und Landschaft vorstellendes, permanentes Kollegium, welches zu Rostock seinen Sitz hat, die gesammten Stände, so lange diese nicht versammelt sind. Als repräsentatives Kollegium für ritterschaftliche Angelegenheiten besteht noch ein engerer Ausschuß der Ritterschaft, ebenfalls zu Rostock. Von den Landtagen verschieden sind die sogenannten **Konvokations- u. Deputationstage**; jene sind Versammlungen der Stände eines oder des andern der beiden Staaten zur Verhandlung wichtiger und eiliger Sonderangelegenheiten; diese werden nur von ständischen Deputirten, die entweder von Einem od. von beiden Landesherren berufen werden, gebildet. Außerdem werden noch Konvente abgehalten als nicht von der Landesherrschaft ausgeschriebene ständische Zusammenkünfte, und zwar allgemeine Landeskonvente und besondere Kreis- und Amtskonvente. Was die **Gemeindeverfassung** betrifft, so gibt es nur in den Städten politische Gemeinden; Landgemeinden bestehen bloß in kirchlicher Beziehung. In den Städten ist die Gemeindeverfassung sehr verschieden; namentlich genießen Rostock und Wismar bedeutende Vorrechte. In den Landstädten stehen 1—2 Bürgermeister und das Rathskollegium (Magistrat) an der Spitze der Verwaltung. Zu Vertretung der Bürgerschaft wird ein Bürgerausschuß durch Wahl aus der Mitte der Bürger gebildet. Die herrschende Staatskirche ist in ganz M. die evangelisch-lutherische; die reformirte und katholische Konfession werden in kirchlicher Beziehung nur tolerirt. Die obersten kirchlichen Behörden sind der Oberkirchenrath für M.-Schwerin und das Konsistorium für M.-Strelitz.

Die oberste Leitung der verschiedenen Zweige der **Staatsverwaltung** haben im Großherzogthum M.-Schwerin 4 Ministerien (für die auswärtigen Angelegenheiten, für das Innere, für die Justiz und für die Finanzen), die nach der Verordnung vom 10. Okt. 1849 errichtet worden sind und deren Vorstände das Staatsministerium bilden. Die Militärverwaltung gehört in das Ressort des Militärdepartements, welches unmittelbar unter dem Großherzog steht. Im Großherzogthum M.-Strelitz ist das Staatsministerium zu Neustrelitz die höchste Behörde, repräsentirt durch einen Staatsminister. Der Geschäftskreis der Ministerien wurde in M.-Schwerin durch die landesherrliche Verordnung vom 4. April 1853 näher bestimmt. In der Rechtspflege mangelt es noch an einer einheitlichen Gesetzgebung; in Geltung sind das gemeine deutsche Recht, das lübische Recht, viele Stadtstatute und Einzelverordnungen. Das Verfahren in Civilsachen wurde 1855 u. 1861, das bei den zur Kompetenz des Kriminalkollegiums zu Bützow gehörenden 1856 (mit öffentlicher u. mündlicher Schlußverhandlung) neu geregelt. Beide Großherzogthümer haben einen gemeinschaftlichen obersten Gerichtshof, nämlich das Oberappellationsgericht zu Rostock, welches in letzter Instanz in allen Civil- und Kriminalsachen entscheidet. Unter demselben stehen als Obergerichte die Justizkanzleien, 3 für M.-Schwerin (zu Schwerin, Güstrow und Rostock) und eine für M.-Strelitz (zu Neustrelitz), sowie die beiden städtischen Obergerichte zu Rostock u. Wismar. Niedergerichte (erste Instanzen) sind: die Amtsgerichte in den Domänen, die aber nur im Herzogthum Strelitz von den Domanialämtern getrennt, im Großherzogthum M.-Schwerin dagegen mit diesen vereinigt sind, das Gericht in Ludwigslust und das strelitzische Kabinetsamtsgericht; im Fürstenthum Ratzeburg das Justizamt der Landvogtei zu Schönberg; in den ritterschaftlichen u. übrigen Patrimonialgütern die Patrimonialgerichte; in den Landstädten, und zwar in Schwerin und Parchim, die Magistratsgerichte, in Grabow, Neubrandenburg und Friedland die vereinigten Stadt- und Magistratsgerichte, in den übrigen Städten die großherzoglichen Stadtgerichte; in der Stadt Rostock und deren Landbesitzungen die Kriminalgerichte, das Gericht, die Kämmerei, das Gewett (für Gewerbe- und Schifffahrtssachen 2c.), das Waisengericht; in der Stadt Wismar das Stadtgericht, das Waisengericht, das Accisegericht, das Gewett, das Hebungsgericht (für die Güter der geistlichen Hebungen). Ueber die Finanzen gelangte in beiden Großherzogthümern in neuester Zeit nichts an die Oeffentlichkeit, und es besteht auch kein allgemeines Staatsbudget. Raabe schätzt die jetzigen jährlichen Staatseinnahmen von M.-Schwerin auf etwa 4 Millionen Thaler, wovon auf die Domanialrevenüen 2,400,000, auf Passageabgaben 320,000, auf Steuern und Zölle 640,000, auf sonstige Einnahmen ebenfalls 640,000 Thaler kommen. Ueber M.-Strelitz sind für die neueste Zeit bloß die Angaben des Freiherrn von Reden vorhanden, der den gesammten Finanzetat für 1847 bis 1848 in der Roheinnahme mit 964,525 Thalern, in der Ausgabe mit 1,019,649 Thalern beziffert; die eigentliche landesherrliche Einnahme betrug für jenes Jahr 538,978 Thaler, die landesherrliche Ausgabe 568,071 Thaler. Die Landesschulden betrugen 1861 in M.-Schwerin 1,468,944, in M.-Strelitz 155,000 Thaler; die landesherrlichen Schulden in M.-Schwerin 7,200,000, in M.-Strelitz 1,475,000 Thaler; die ständischen Schulden in M.-Schwerin 175,000, in M.-Strelitz 25,000 Thaler; die Schulden in Summa dort 8,843,944, hier 1,716,596 Thaler. Das Bundeskontingent von M.-Schwerin ist auf 6564 Mann (worunter 1194 Mann Ersatz), das von M.-Strelitz auf 1317 Mann (worunter 140 Mann Ersatz) festgesetzt. Beide Kontingente gehören zur zweiten Division des 10. Armeecorps. Das Kontingent von M.-Schwerin führt den Namen einer Division und ist formirt in den Stab, 4 Infanteriebataillons (jedes zu 4 Kompagnien), ein Jägerbataillon (zu 2 Kompagnien), ein Dragonerregiment (zu 4 Schwadronen), ein Artilleriecorps (2 Batterien mit 14 Feldgeschützen) und eine Pionierabtheilung. Das Kontingent von M.-Strelitz besteht aus einem Infanteriebataillon (zu 4 Kompagnien) und einer Batterie Artillerie mit 6 Geschützen. Die Dienstpflicht beginnt in beiden Großherzogthümern mit dem erreichten 21. Lebensjahre, und die Dienstzeit dauert 6 Jahre. Das mecklenburgische Wappen enthält 6 Felder und ein Mittelschild; die ersteren zeigen die Wappenzeichen von M. (schwarzer, gekrönter Büffelskopf mit silbernen Hörnern u. silbernem Rasenringe im goldnen Grunde), Rostock, Fürstenthum Schwerin, Ratzeburg, Stargard, Wenden; das Mittelschild (zur einen Hälfte roth, zur andern golden) zeigt das Zeichen der Grafschaft Schwerin. Das Wappen wird von einem Büffel und einem Greif gehalten und von der Königskrone bedeckt. Die Landesfarbe ist roth, gelb und blau; die Landesflagge blau, weiß und roth, wagrecht getheilt. Die Residenzen des Großherzogs von M.-Schwerin sind Schwerin und Ludwigslust, neben denen es noch 6 herzogliche Schlösser gibt; der Großherzog von M.-Strelitz residirt in Neustrelitz und besitzt außerdem noch 5 Schlösser. Ritterorden hat M. nicht; als Ehrenzeichen werden verliehen in M.-Schwerin eine Medaille in Gold und Silber, eine Verdienstmedaille in Gold, Silber und Bronze (gestiftet am 28. Febr. 1859), ein goldenes Militärdienstkreuz für Offiziere nach 25jähriger Dienstzeit; ein Dienstkreuz für Soldaten nach 10- bis 25jähriger Dienstzeit und ein Militärverdienstkreuz für Auszeichnung im Kriege (1848 gestiftet); in M.-Strelitz dieselben Militärdienstkreuze.

Die Mecklenburger sind durchschnittlich von hohem, regelmäßigem, kräftigem Wuchs u. haben meist eine helle Hautfarbe, blondes Haar und hellblaue Augen. Ihre Körperkraft verdanken sie nächst ihrer natürlichen Begabung besonders ihrer größtentheils landwirthschaftlichen Beschäftigung und ihrer reichlichen Nahrung, die aus Hülsenfrüchten, Kartoffeln, Speck, Schinken, Rindfleisch u. dgl. besteht. Die Landbevölkerung besteht aus germanisirten Slaven; die Bevölkerung der Städte gehört fast ganz, der Adel des Landes rein dem niedersächsischen Stamme an. Die Mundart des Volks ist plattdeutsch; das Hochdeutsche wird aber von den Gebildeten sehr rein gesprochen. Der derb geniale Satiriker Laurenberg in Rostock war mit seinen „veer olden berömden Scherzgedichten" lange Zeit der Einzige, der etwas Selbstständiges und Bedeutendes im mecklenburger Plattdeutsch geschrieben, bis in neuester Zeit F. Reuter jene Mundart durch treffliche Dichtungen wieder in die Literatur eingeführt hat. Die kleineren Städte sind mit ihrem umfangreichen Ackerbau oft halbe

Dörfer; die Dörfer dagegen, auch wo sie Jahrmarktsgerechtigkeit haben, niemals halbe Städte. Die älteren Dörfer sind in der Regel kreisförmig angelegt; doch gibt es auch viele Reihendörfer, deren Gehöfte der Straße entlang liegen. Die Bauernhäuser bestehen aus einem länglichen Viereck von Fachwerk und einem mächtigen, spitz zulaufenden Strohdache. Die Balken liegen frei, die Zwischenräume sind mit Lehm ausgefüllt, der außen geglättet und übertüncht ist. Auf den Giebelenden sind die altsächsischen Pferdeköpfe (Mulapen) angebracht. Schornsteine sind nicht gebräuchlich. Das Haus dient zugleich als Wohnung, Stall und Kornspeicher. Ein mächtiges Thor führt zur Diele, welche die Tenne bildet. Rechts u. links sind Viehstände angebracht; im Hintergrunde dem Thore gegenüber befindet sich der Herd, dessen Rauch durch ein Loch im oberen Ende des Giebels und durch den Thorweg entweicht. Neben dem Herde führen Thüren in die Wohnstube des Hausbesitzers und in die Altentheilsstube, wo die Auszügler wohnen. Die Verhältnisse des ländlichen Grundbesitzes sind in M. ganz eigenthümlich. Mit dem 16. Jahrhundert begannen die sogenannten Bauernlegungen, d. h. die Einziehungen von Bauernstellen in den gutsherrlichen Besitz. Die Verwüstungen des dreißigjährigen Kriegs und der nachherigen Kriege, namentlich mit Schweden, gaben zu solchen Einziehungen reichlichen Anlaß. Von cirka 12,000 Bauernstellen blieben kaum 1200 übrig. Im Jahre 1830 zählte man in M.-Schwerin neben 804 ritterschaftlichen Gütern, wozu noch 68 Güter der Landesherrschaft und 128 Güter von Stiftungen und Gemeinden kamen, etwa 1000 kleine Höfe u. Meiereien, von denen überdies ein großer Theil von der großherzoglichen Kammer verpachtet wurde, u. nur noch 308 Dörfer von etwa 200 und 908 Dörfer von noch weniger Bewohnern. Gegenwärtig gehören zu den landesherrlichen Domänen 900 Ortschaften, worunter 5 Marktflecken, 176 Kirchdörfer, 321 Landgüter, 265 Erbzinsgehöfte, 5135 Bauerngehöfte und 4785 Büdner- oder Kolonistenhäuser. Die Ritterschaft, bestehend aus 1 großherzoglichen (M.-Strelitz), 1 fürstlichen (Schaumburg-Lippe), 27 gräflichen, 271 freiherrlichen und adeligen, 320 bürgerlichen Besitzern, besitzt 1269 Ortschaften, worunter 795 Hauptgüter (615 Lehn- und 180 Allodialgüter) mit 3 Marktflecken, 197 Kirchdörfern und 1435 Bauerngehöften. Den 3 Jungfrauenklöstern gehören 61 Ortschaften mit 13 Kirchdörfern, 26 Landgüter und 237 Bauerngehöfte; den Städten endlich und ihren Kämmereien, sowie den dortigen geistlichen Stiftungen gehören 105 Ortschaften mit 1 Flecken, 9 Kirchdörfern und 323 Bauerngehöften. M. mit seiner feudalmittelalterlichen Verfassung ist neuerlich von liberaler Seite mit den schwärzesten Farben geschildert worden. „Der Grundbesitz nebst der politischen Gewalt in den Händen einer kleinen Anzahl von Familien, neben denen eine Masse von besitzlosen u. erwerbsunfähigen Tagelöhnern kaum über den Zustand der Leibeigenen erhoben ist; das Domanium in seiner Mischung von burraukratisch-absolutistischen und halbkommunistischen Verhältnissen; traurige Heimatsgesetze, schlechte Schulen, Vereinigung der Verwaltung und der Justiz, in den Städten das grasseste Zunftwesen, vollkommene Trennung von Stadt und Land, theure Preise der ersten Lebensbedürfnisse, drückende Steuerlast zu Gunsten der bevorzugten Rittergutsbesitzer, die in der Mehrheit nicht gewillt sind, ein Tüttelchen von ihren Privilegien fahren zu lassen, höchst geringe Zunahme der Bevölkerung, welche in einzelnen Jahren des letzten Decenniums sogar einer Abnahme Platz machte, stetige Zunahme der Unsittlichkeit, der Selbstmorde und Verbrechen, Spärlichkeit der Ehen und trotz der dünnen Bevölkerung eine massenhafte Auswanderung, dies die Hauptzüge des abschreckenden Bildes, welches die Zustände M.s gewähren sollen. Von gegnerischer Seite wird darauf hingewiesen, daß viele der gerügten Mißstände nicht nach doktrinär-abstrakten Theorien beurtheilt werden dürften, daß die besitzlosen Tagelöhner sich meist keines geringeren behäbigen Wohlseins erfreuten als die besitzenden Bauern in andern deutschen Ländern, daß das patriarchalische Verhältniß der Pietät und der Klientel zwischen der Gutsherrschaft u. solchen Besitzlosen herrsche &c., daß überhaupt in M. alle wahren Grundlagen eines tüchtigen Staatslebens noch am tüchtigsten und ursprünglichsten anzutreffen seien. Ja ein berühmter Staatsrechtslehrer behauptete geradezu, M. habe unter allen deutschen Ländern die beste Verfassung. Aber solchen Lobpreisungen ist entgegenzuhalten, daß die ständische und korporative Vertretung vor Allem den wirklichen Verhältnissen angemessen sein muß, daß bei der stetigen Fortentwickelung der menschlichen Dinge es mindestens sehr fraglich ist, ob eine aus dem Mittelalter stammende ständische Gliederung sich für die veränderten Verhältnisse schicke, und daß insbesondere die Privilegien der Ritterschaft, ihr Uebergewicht auf den Landtagen, die Zurücksetzung des Bauernstandes, die Anomalie, daß einzelne Landestheile gar nicht vertreten sind, von dem Standpunkt der modernen Staatswissenschaft aus nicht mehr zu rechtfertigen sind.

Vgl. **Bollbrügge**, Das Landvolk im Großherzogthum M.-Schwerin, Güstrow 1835; **Lisch**, M. in Bildern, Rostock 1842 f., 2 Bde.; **Raabe**, Mecklenburgische Vaterlandskunde, 2. Aufl., Wismar und Ludwigslust 1857—62; **Lindemann**, Geographie von den Großherzogthümern M.-Schwerin und M.-Strelitz, 2. Aufl., Schwerin 1860; **Boll**, Abriß der mecklenburger Landeskunde, Wismar 1862; M., eine Monatsschrift für die allgemeine Landeskunde &c., Schwerin 1863.

Geschichte. Zu Tacitus' Zeit mögen an dem Flusse Warnow die Variner und nachher die Heruler und Vandalen gewohnt haben. Als diese ihre Wohnsitze mit südlicher gelegenen vertauscht hatten, nahmen wendische Völker ihre Stelle ein, unter denen die Obotriten, Wagrier, Polaben und Wilzen die ansehnlichsten Stämme waren. Ihr Hauptort war Mikelenborg (jetzt Dorf Mecklenburg unweit Wismar), wovon der Name des Landes herrührt. Vom 6. Jahrhundert an finden wir die einzelnen Stämme in fortwährenden Kämpfen unter sich. Karl der Große, von dem Obotritenfürsten Witzan gegen die Wilzen zu Hülfe gerufen, zwang 789 auch die Obotriten zur Taufe und unterstellte ihr Land den sächsischen Herzögen. Dieselben konnten jedoch nie zu großem Ansehen gelangen; die wendischen Oberhäupter verbanden sich mit den Dänen gegen sie, und so war das Land lange Zeit der Schauplatz unaufhörlicher Kriege. Auch die durch Ansgarius in Nordalbingien unternommene Ausbreitung des Christenthums hatte hier nur geringe Erfolge. Der Wendenkönig Tabamvizil erstritt sich zwar 860 völlige Unabhängigkeit, dagegen trug König Heinrich I. 931 wieder einen entscheidenden Sieg über die Wenden davon u. nöthigte sie, sich taufen zu lassen, und Otto I. unterwarf den Obotriten Mistui, errichtete das Bisthum Aldenburg (Stargard) in Wagrien und erbaute 956 zu Mikelenborg eine Kirche. Nach Otto's I. Tod stritten aber die wendischen Könige Miescislaw und Mistewo aufs Neue für ihre Unabhängigkeit, und das Land wandte sich größtentheils wieder den alten Göttern zu. Kaiser Lothar II. übergab das Land dem Herzog Kanut von Schleswig, dessen Neffen es nach seinem Tode so unter sich theilten, daß der eine die Obotriten, der andere Wagrien u. das Land der Polaben erhielt. Beide waren eifrige Vorfechter des heidnischen Glaubens. Erst nach langwierigen Kriegen gelang es dem Herzog Heinrich dem Löwen von Sachsen, das Land wieder vollständig zu unterwerfen. Er ließ es durch deutsche Kolonisten bebauen, vertheilte es unter seine Feldherren u. Ritter, wodurch der Grund zu einer Menge adeliger Güter u. Rittersitze gelegt wurde, setzte Grafen und Richter ein, wie er denn z. B. 1166 dem braunschweigischen Ritter Gunzelin von Hagen einen Theil des Obotritenlandes als Grafschaft Schwerin verlieh, welche durch 2 Jahrhunderte von dem übrigen Lande getrennt blieb, suchte die deutsche Sprache einzuführen, errichtete in Schwerin einen Bischofssitz, stellte das Bisthum M. wieder her u. verlegte das aldenburgische nach seiner Hauptstadt Lübeck. Trotz alledem gelang es nicht, die Kraft des slavischen Volks völlig zu brechen, und Heinrich der Löwe hielt es für gerathen, sich mit des im Kampfe erschlagenen slavischen Fürsten Niklot Sohne Pribislaw zu versöhnen, indem er ihm 1161 erst einen Theil seines väterlichen Erbes unter dem Titel eines **Fürsten von M.** (statt des bisherigen Titels **König der Wenden**), später alle ihm gehörigen Länder zu Lehen gab und ihm seine Tochter Mathilde vermählte. Pribislaws Sohn, **Heinrich Borwin** (**Burewin**) I., gründete viele Städte u. Klöster im Lande. König Waldemar II. (der Sieger) von Dänemark nöthigte ihn zu Anfang des 13. Jahrhunderts, die Oberherrschaft Dänemarks über M. anzuerkennen. Im Jahre 1219 trat Borwin die Regierung an seine Söhne **Nikolas** und **Heinrich Borwin** II. ab; nach des ersteren Tode (1224) gelangte Heinrich Borwin in den alleinigen Besitz derselben. Die Befreiung von der dänischen Oberherrschaft erfolgte durch den Sieg bei Bornhöved am 22. Juli 1227. Nach Heinrich Borwins II. Tod (1228) entstanden durch seine 4 Söhne die 4 Linien Parchim, Rostock, Güstrow und M. Die erstere, von **Pribislaw** II. gestiftet, erlosch schon 1325, die zweite, gegründet von **Heinrich Borwin** III., 1314, die dritte zerfiel 1283 in die Seitenlinien **Werle-Güstrow** und **Werle-Parchim**. Der Stifter der letzteren, **Heinrich** (der Aeltere), ward von seinen Söhnen ermordet, und sein Land kam an Johann den Friedfertigen von Werle-Güstrow. Von dessen 3 Söhnen, die seit 1284 gemeinsam regierten, entsagte Günther später der Regierung, und als Nikolas 1316 gestorben war, theilte sein Sohn **Henning** oder **Johann** mit seinem Oheim Johann das kaum vereinigte güstrowsche Land 1318 von Neuem, wobei der ältere Johann **Werle-Güstrow** und der jüngere **Werle-Goldberg** erhielt. Die letztere Linie erlosch indeß schon 1354 wieder, u. Goldberg fiel an die von Johann dem Aeltern begründete **jüngere Linie Werle-Güstrow** zurück. Johanns Söhne, **Nikolas** u. **Bernhard**, theilten 1347 abermals, und des letzteren Nachkommen bildeten nun die Nebenlinie **Waren**, nach deren Erlöschen (1426) Waren an Güstrow zurückfiel. Die Nachkommen von Nikolas nannten sich seit 1418 Fürsten der Wenden, doch starb schon 1436 mit dem Fürsten Wilhelm die ganze Linie aus. Die **Linie M.** war von dem ältesten Sohn Heinrich Borwins II., **Johannes Theologus**, gestiftet. Dessen Enkel Heinrich II. (der Löwe) ward in bedeutende Kämpfe mit den Hansestädten verwickelt, erwarb 1301 durch Heirath die Herrschaft Stargard und wurde 1313 von Dänemark mit Rostock belehnt. Zu Gunsten seiner Söhne, **Albrecht** I. und **Johann** II., erklärte Kaiser Karl IV. nicht nur die Herrschaft Stargard (bisher brandenburgisches Lehn) für ein Reichslehn, sondern erhob auch 1349 ganz M. zum **Herzogthum**. Im Jahre 1352 theilten beide Brüder und bildeten die beiden Linien: M. u. **Stargard**. Der Gründer der mecklenburger Linie, Albrecht I., vereinigte 1358 die Grafschaft Schwerin wieder mit den mecklenburgischen Landen. Von seinen 3 Söhnen **Albrecht** II., **Heinrich** III. u. **Magnus** ward Albrecht II. 1363 auf den schwedischen Thron berufen. Nach dem Tode seines Sohnes Erich (1397) dankte er jedoch ab u. kehrte nach M. zurück, an dessen Regierung er sich bis zu seinem Tode (1412) betheiligte. Sein Sohn **Albrecht** III. regierte darauf mit **Johann** III., dem Sohne von Magnus, gemeinschaftlich, und beide Fürsten stifteten 1418 die Universität Rostock. Nach ihrem Tode (1422 und 1423) folgten Johanns III. Söhne **Heinrich** IV. u. **Johann** IV. Nachdem 1436 das Fürstenthum Wenden und 1471 Stargard heimgefallen waren, regierte Heinrich IV. wieder über ganz M. Wiederholte Streitigkeiten mit Brandenburg wurden 1412 im Vertrag von Wittstock dahin ausgeglichen, daß zwar Heinrich der ungestörte Besitz von M. zugesichert wurde, wogegen die Erbfolge im Fall des Erlöschens des mecklenburgischen Regentenstammes an Brandenburg übergehen sollte. Heinrichs 3 Söhne theilten 1480 das Land so, daß der größte Theil des Fürstenthums Wenden an **Albrecht** V. fiel, dagegen Stargard, Rostock, Gnoien, Schwerin u. Waren **Magnus** II. und **Balthasar** gemeinschaftlich verblieben. Schon 1483 fiel mit Albrechts Tode Wenden zurück. Nach Magnus' II. und Balthasars Tod (1503 und 1507) folgten des erstern Söhne, **Heinrich** V., **Erich** und **Albrecht** V., von denen Erich schon 1508 starb, worauf die beiden andern Brüder gemeinschaftlich bis 1513 regierten, zu welcher Zeit Albrecht auf Theilung antrug, die aber nie vollständig durchgeführt wurde. Im Jahre 1524 führten beide Brüder die Reformation ein, und 1526 traten sie dem torgauer Bunde bei; Albrecht trat jedoch bald zur katholischen Kirche zurück. Er hinterließ 1547 5 Söhne, von denen nach Heinrichs V. Tod (1552) **Johann Albrecht** I. die Regierung über ganz M. antrat. Als aber sein Bruder **Ulrich** Anspruch auf Mitregentschaft machte, kam 1555 mit Bewilligung der Stände wieder eine Landestheilung zu Stande, in der letzterer Schwerin und Güstrow, Johann Albrecht den übrigen Theil des Landes erhielt, während die jüngeren Brüder mit Apanagen abgefunden wurden. Beide Fürsten vollendeten die Einführung der Reformation und gaben dem Lande eine neue Kirchen- und Schulverfassung. Um diese Zeit wurden auch alle Klöster (mit Ausnahme der oben erwähnten Landesklöster) und geistlichen Stiftungen eingezogen und größtentheils zu den Domänen geschlagen. Johann Albrecht verbesserte auch die Gerichts- und Polizeiordnung und traf 1574 die Bestimmung, daß künftig keine Landestheilung mehr vorgenommen werden solle. Nach seinem Tod, 1576, fiel das ganze Land an Ulrich. Von den beiden Söhnen Johann Albrechts hinterließ Johann V. (1592) 2 Söhne, Adolf Friedrich I. und Johann Albrecht II., die 1611, trotz der großväterlichen Bestimmung, das Land so theilten, daß letzterer 19 Aemter mit der Hauptstadt Güstrow, ersterer ebenso viel mit der Hauptstadt Schwerin erhielt; die Hansestädte Wismar und Rostock und die Regalien blieben ungetheilt, und auch die Landschaft blieb vereinigt. So bestanden von 1611 an die beiden Linien M.-Güstrow und M.-Schwerin. Johann Albrecht II. von M.-Güstrow und Adolf Friedrich I. von M.-Schwerin wurden während des dreißigjährigen Kriegs wegen des Eifers, mit dem sie sich der Sache der Protestanten angeschlossen, vom Kaiser Ferdinand II. in die Reichsacht erklärt und ihre Länder 1627 dem kaiserlichen Feldherrn Wallenstein zu Lehen gegeben, dem die mecklenburgischen Stände am 23. März 1628 als Herzog von Friedland huldigen mußten. Gustav Adolf setzte jedoch die vertriebenen Herzöge wieder in ihre Besitzungen ein, u. im Frieden zu Prag (1635) söhnten sie sich wieder mit dem Kaiser aus. Im westphälischen Frieden mußten sie zwar die Stadt Wismar mit den Aemtern Poel und Neukloster an Schweden abtreten, dagegen wurde die schwerinsche Linie mit den Bisthümern Schwerin und Ratzeburg, die güstrowsche mit den Johanniterkomthureien Mirow und Nemerow entschädigt. Dauernder waren die nachtheiligen Folgen des Krieges für die unteren Stände des Volks. Ganze Dorfschaften waren eingegangen, viele Bauern hatten ihre Gehöfte verlassen, die meisten freien Bauern waren zu Frohnbauern herabgedrückt worden. In der Linie M.-Güstrow war auf den Stifter derselben, Johann Albrecht II., 1636 sein Sohn Gustav Adolf gefolgt, der anfangs unter Vormundschaft, erst seiner Mutter, sodann Adolf Friedrichs I. von M.-Schwerin, seit 1654 aber selbstständig regierte und viel für sein Land that. Mit ihm erlosch 1695 die Linie M.-Güstrow. In der Linie M.-Schwerin regierte der Gründer derselben, Adolf Friedrich I., bis 1658. Der beständige Streit mit seinen Landständen, die alle Geldbeiträge verweigerten, führte dahin, daß 1620 auf seinen Vorschlag ein ständiger Landausschuß gewählt wurde. Von seinen 6 Söhnen folgte Christian Ludwig in der Regierung. Derselbe lebte meist in Paris, während sein Land für des Regenten Anhänglichkeit an den König Ludwig XIV. von Frankreich dadurch büßen mußte, daß Brandenburger, Dänen und Schweden dasselbe feindlich überzogen. Im Jahre 1663 trat er in Paris zur katholischen Kirche über. Als er 1692 kinderlos starb, folgte ihm sein Neffe Friedrich Wilhelm, Sohn Friedrichs von Grabow, in der Regierung, unbekümmert um die Protestationen seines Oheims, Adolf Friedrichs II. von Strelitz. Als ihm aber der Kaiser 1697 auch das seit 1695 erledigte Güstrow übertragen wollte, nahmen sich Schweden, Brandenburg und Braunschweig-Lüneburg des Herzogs Adolf Friedrich II. mit den Waffen an, und nach langen Verhandlungen kam am 8. März 1701 der hamburger Theilungsvergleich zu Stande, in welchem Adolf Friedrich II. das Fürstenthum Ratzeburg, die Herrschaft Stargard, die Aemter Mirow und Nemerow, jährlich 9000 Thaler aus dem boitzenburger Zoll nebst Sitz und Stimme auf den Reichs- und Kreistagen, Friedrich Wilhelm dagegen das übrige, weit größere Gebiet erhielt. Durch diesen Vergleich wurde zugleich die Einheit der Stände bestätigt, das Recht der Erstgeburt in beiden Linien eingeführt u. die Linealsuccession festgesetzt. Da Friedrich Wilhelm seinen Wohnsitz zu Schwerin, Adolf Friedrich den seinigen zu Strelitz nahm, so nannten sich fortan die beiden Linien M.-Schwerin und M.-Strelitz.

Friedrich Wilhelm von M.-Schwerin errichtete mit seiner Ritter- u. Landschaft über die zu bestimmende Summe der Landsteuern einen Vergleich, der bald neue Streitigkeiten hervorrief, worin der Herzog gegen die widerspenstigen Ritter selbst preußisches Militär herbeirief, der aber endlich durch einen Vergleich zu Boitzenburg beendigt wurde. Der aus dem nordischen Krieg, in welchem Dänen, Schweden, Sachsen und Russen in M. hausten, dem Land erwachsene Schaden soll über 2,600,000 Thaler betragen haben. Karl Leopold, Bruder u. Nachfolger (seit 1713) des Vorigen, nahm als Verwandter des russischen Hofs für Rußland und Dänemark gegen Schweden an dem Kriege Theil u. stürzte sein Land dadurch in bedeutende Schulden. Darüber kam es 1715 zu neuen Konflikten mit den Ständen, in welchen die Russen dem Herzog beistanden. Als nach deren Abzug 1717 der Streit von Neuem ausbrach, ließ Kaiser Karl VI. 1719 durch hannöverische u. braunschweigische Truppen die Reichsexekution vollstrecken, und da Karl Leopold sich den Verordnungen der zu Rostock niedergesetzten kaiserlichen Kommission hartnäckig widersetzte, entsetzte ihn der Kaiser 1727 der Regentschaft, übertrug die Verwaltung des Landes seinem Bruder Christian Ludwig und ernannte diesen 1732 zum kaiserlichen Kommissarius. Zwar suchte Karl Leopold sich mit Waffengewalt wieder in den Besitz der Regierung zu setzen, aber Christian Ludwig behauptete sich mit Hülfe preußischer Truppen als Administrator. Als nach dem Tode Karl Leopolds (1747) Christian Ludwig die Regierung definitiv übernahm, suchte er den bisherigen Wirren durch die Aufstellung des rostocker Landesgrundvergleichs (18. April 1755) ein Ende zu machen. In demselben wurde die Art der Steuererhebung genau bestimmt und festgesetzt, daß die Kammergüter ebenso wie die ritterschaftlichen zur Tragung der Staatskosten herangezogen werden sollten. Christian Ludwigs Sohn und Nachfolger (seit 1756) Friedrich der Gütige veranlaßte zwar durch seine feindselige Haltung gegen Preußen im siebenjährigen Krieg mehre Einfälle der preußischen Truppen, traf aber zahlreiche zeitgemäße Reformen, ordnete das Finanzwesen, löste einige an Hannover verpfändete Domänenämter ein, vereinigte die 1760 zu Bützow gestiftete Universität mit der zu Rostock und erhielt im teschener Frieden 1779 das Privilegium de non appellando, dem aber von der Ritterschaft lebhaft widersprochen wurde. Nach seinem kinderlosen Tode (1785) folgte ihm sein Neffe Friedrich

Franz I., unter dessen Regierung die letzten an Preußen verpfändeten Aemter eingelöst, die Stadt Wismar gegen eine Entschädigung von 1,200,000 Thalern von Schweden zurückerworben und 7 dem Bisthum Lübeck gehörige, vom Mecklenburgischen eingeschlossene Dörfer gegen 2 straßburger Kanonikate eingetauscht wurden. Seine Bemühungen für die Hebung des Ackerbau's u. der Industrie wurden vielfach durch die französischen Kriege gestört. Im Jahre 1806 durchzog das flüchtende blüchersche Corps, von den Franzosen unter Bernadotte und Soult verfolgt, das Land, und nach der Besetzung desselben durch die Franzosen verließ es der Herzog. Am 22. März 1808 schloß sich derselbe dem Rheinbunde an, garantirte aber trotz der dadurch erlangten Souveränetät die Verfassung von Neuem. Zu den Feldzügen Napoleons I. von 1809 u. 1812 stellte er seine Truppen, war aber der erste Fürst, der dem Rheinbunde entsagte (25. März 1813). Am 14. Juni 1815 nahm der Herzog unter Beitritt zum deutschen Bunde die großherzogliche Würde an. Auch jetzt blieb die alte Verfassung in Geltung, aber manche Verbesserungen wurden ins Leben gerufen. Auf dem Landtage von 1817 ward ein neues Staatsgrundgesetz gegeben, das mehre Bestimmungen über das Verhältniß der Stände und Unterthanen zum Fürsten enthält; auf dem von 1818 wurde die Aufhebung der Leibeigenschaft, die Einrichtung eines Oberappellationsgerichts zu Parchim und die Aufhebung des Indults, wodurch seit der Zeit des französischen Krieges die Zahlung der von den Gutsbesitzern schuldigen Kapitale ausgesetzt war, beschlossen. Der Großherzog Friedrich Franz starb den 1. Febr. 1837, und da sein Sohn, der Erbgroßherzog Friedrich Ludwig, schon 1816 verstorben war, so hatte er seinen Enkel Paul Friedrich zum Nachfolger. Derselbe regierte gerecht u. human u. bemühte sich, alte Mißbräuche so viel möglich abzustellen. Nach seinem am 7. März 1842 erfolgten Tode folgte sein Sohn Friedrich Franz II. (geboren 1823).

Dem Stifter der Linie M.-Strelitz, Adolf Friedrich II., folgte 1708 sein Sohn Adolf Friedrich III. u. diesem 1749 sein Bruder Karl Ludwig Friedrich in der Regierung, die aber schon 1752 auf seinen Sohn Adolf Friedrich IV. überging. Unter diesem brachte der siebenjährige Krieg dem Lande vieles Unheil; doch war der Herzog bemüht, diesem namentlich durch Hebung der Industrie möglichst zu steuern. Auf ihn folgte 1794 sein Bruder, Karl Ludwig Friedrich II., der sich 1808 dem Rheinbund anschloß, 1813 demselben entsagte und am 17 Juni 1815 die Würde als Großherzog erhielt. Anstatt des versprochenen Länderzuwachses von 10,000 Einwohnern wurden M.-Strelitz nach dem Frieden finanzielle Vortheile zu Theil. Die inneren Verhältnisse des Landes waren wesentlich dieselben wie die in M.-Schwerin. Der Großherzog Georg Friedrich Karl Joseph trat 1816 die Regierung an. Er starb den 6. September 1860 und hatte seinen Sohn Friedrich Wilhelm zum Nachfolger.

Der Regierung des Großherzogs Friedrich Franz II. von M.-Schwerin schien es vorbehalten zu sein, die alte, vorzüglich auf dem landesgrundgesetzlichen Vergleich vom 18. April 1755 beruhende Landesverfassung, welche M. am längsten unter allen deutschen Ländern den Charakter eines in bloße Familien- u. Lokalgerechtsame zerfallenden Feudalstaats erhalten hatte, zeitgemäß umzugestalten. Den Anstoß gab der von der Regierung selbst herbeigeführte Streit zwischen adeligen und bürgerlichen Rittergutsbesitzern. Jene hatten für sich allein das Recht in Anspruch genommen, den engern ständischen Ausschuß zu bilden, neue Mitglieder in die Ritterschaft aufzunehmen, die Klosterpfründen ausschließlich zu besetzen und die Kandidaten zu den Landrathsstellen vorzuschlagen, und begründeten diese Ansprüche auf die historisch völlig grundlosen Behauptungen, daß die Ausdrücke „Ritterschaft" und „Adel" zur Zeit des Landesvergleichs gleichbedeutend gewesen seien und der Adel damals allein die Lehensfähigkeit besessen habe. Obgleich die Regierung in einer „Beurtheilung der Darlegung des eingesessenen Adels" diese Beweisführung verwarf, so sprach sie sich doch gegen den Landtag von 1841 dahin aus, daß sie mit einer definitiven Entschließung über die entstandenen Differenzen noch Anstand nehme, jedoch, da die adeligen Gutsbesitzer seit einer langen Reihe von Jahren sich im Besitz der meisten in Anspruch genommenen Rechte befunden hätten, es bei diesem Besitzstande einstweilen lassen wolle, bis im Wege einer demnächstigen definitiven Entscheidung oder gütlichen Vereinbarung etwa ein Anderes bestimmt werden sollte. Die Erklärung des Adels, auf dem Landtag eine bedingte Ausdehnung der passiven Wahlfähigkeit bewilligen zu wollen, konnte die Erbitterung in den anderen Ständen nicht heben. Eine im März 1842 aus großherzoglichen Bevollmächtigten u. Abgeordneten der adeligen und der bürgerlichen Rittergutsbesitzer niedergesetzte Kommission führte keine Einigung herbei, und der Landtag von 1843 hatte nur das Resultat, daß der Adel auf die ausschließliche Wählbarkeit in den engern Ausschuß Verzicht leistete. Um so fester bestand derselbe aber auf seiner alleinigen Berechtigung zu den Klosterstellen und erhielt hierbei die Unterstützung der Regierung. Auf dem Landtage von 1844 wurden die schon 1843 gestellten Anträge auf eine Landtagsordnung und auf die Veröffentlichung der Verhandlungen wiederholt, und es traten nun auch die bürgerlichen Ritter mit einer Reihe von Propositionen vor den Landtag, deren erste eine Revision des Staatsgrundgesetzes und Beseitigung der veralteten Institute, mithin eine Grundreform forderte. Auf dem Landtage von 1845, welcher auf dem Judenberg bei Sternberg vom 12. November bis 16. December gehalten wurde, gelang es der bürgerlichen Ritterschaft und den städtischen Abgeordneten zum ersten Male, die Wahl eines Nichtadeligen für das Amt eines Sekretärs, der zugleich Präsident des Landtags ist, durchzusetzen. Indessen blieb auch dieser Landtag ohne erhebliche Resultate für das Land. Zwar bezeichnete auf dem Landtag von 1847 ein bürgerliches Mitglied als die einzig wirksame Maßregel zur Verminderung des furchtbaren Nothstandes der ärmeren Landbevölkerung eine Abänderung der Vertretung und Durchführung einer konstitutionellen Repräsentation; aber die Stände fanden es nicht der Mühe werth, sich auf die Berathung eines so „wunderlichen Einfalls" einzulassen. Die durch diese Verhandlungen im Lande hervorgerufene Aufregung ward durch die Märzereignisse von 1848 bedeutend gesteigert, namentlich in den Städten. In zahlreichen Petitionen ward die Einberufung eines außerordentlichen

Landtags zur Berathung der Verfassungsreform u. eines volksthümlichen Wahlgesetzes begehrt, und die ausweichende Antwort, welche die Deputationen aus Schwerin am 11. und aus Rostock am 12. März vom Großherzog erhielten, veranlaßte tumultuarische Auftritte in Schwerin, Rostock und Wittenburg. In Wismar und anderen Städten bildeten sich bereits im März gegen die ausdrücklich ausgesprochene Ansicht des Großherzogs Bürgergarden. Eine Regierungsproklamation vom 14. März, worin die Absendung von Deputationen an den Großherzog verboten wurde, ward durch den „Offenen Brief der M.-Schweriner an ihren Großherzog“ beantwortet. Jenes Verbot ward darauf zurückgenommen, am 18. März die Einberufung eines außerordentlichen Landtags verkündigt und die Censur aufgehoben; eine umfassendere Proklamation vom 23. März verhieß Volksvertretung bei dem Bundestage, Reform der Landesvertretung, Vereinigungsrecht, Volksbewaffnung und Umgestaltung der Rechtspflege. Auf dem bereits am 26. April vom Großherzog persönlich eröffneten außerordentlichen Landtag wurden zunächst der vom Siebzehnerausschuß zu Frankfurt ausgegangene Entwurf zu einer allgemeinen Volksbewaffnung, ferner Münzangelegenheiten u. Maßregeln zur Beruhigung des höchst aufgeregten Tagelöhnerstandes berathen. Nächstdem einigte sich der Landtag mit beiden Großherzögen über ein auf allgemeinem Wahlrecht beruhendes Wahlgesetz für eine neue Volksvertretung, die mit den Regierungen eine Repräsentativverfassung vereinbaren sollte. In einem besonderen Reverse bedungen die scheidenden Stände, daß die neue Vertretung mindestens dieselben Rechte haben solle wie früher Ritterschaft u. Landschaft. Der Landtag wurde am 16. Mai geschlossen, und am 15. Juli erfolgte die Publikation des Wahlgesetzes. Im Lande bildeten sich nun zwei Parteien, eine sogenannte demokratische, die aus dem anfangs alle liberal Gesinnten in sich fassenden Reformvereine sich entwickelt hatte, und eine konstitutionelle, die jedoch durch den Hinzutritt der adelig-ritterschaftlichen Partei bald einen streng-konservativen Charakter annahm. Die demokratische Partei setzte zunächst im September die Entlassung der Minister und Räthe durch; in Strelitz erfolgte dieselbe am 9. September in Folge heftiger Unruhen, zu deren Beschwichtigung preußisches Militär herbeigerufen werden mußte, in Schwerin am 12. Sept.; nur der Ministerpräsident blieb hier, doch wurden ihm drei verantwortliche großherzogliche Kommissarien für die Verfassungsangelegenheiten beigegeben. Am 31. Okt. trat endlich die verfassungsvereinbarende Versammlung zusammen. Von den 103 Abgeordneten (85 für M.-Schwerin, 18 für M.-Strelitz u. das Fürstenthum Ratzeburg) gehörten fast zwei Drittheile der demokratischen Partei an. Unter der Einwirkung der Zeitverhältnisse veränderte sich aber diese Parteistellung nach u. nach dahin, daß die Linke in Minorität kam, indem sich ein linkes Centrum bildete, das in den wichtigsten Fragen mit dem rechten Centrum u. der Rechten stimmte. Die Thätigkeit dieser Konstituante nahmen eine Menge mehr oder minder dringende Angelegenheiten, z. B. ein Gesetzentwurf zum Schutze der persönlichen Freiheit, ein Gesetz über die Aufhebung der politischen Gewalt der alten Landstände, ferner der Prügelstrafe u. der Landeslotterie, über Gründung der rostocker Bank &c., vier Monate lang in Anspruch, ehe sie zur Berathung eines neuen Staatsgrundgesetzes kam. Der von der Linken besetzte Verfassungsausschuß hatte den von der Regierung vorgelegten Entwurf verworfen u. durch einen durchaus demokratischen ersetzt. Letzterer aber ward von der neuen Majorität der Versammlung so umgestaltet, daß er dem Regierungsentwurfe sehr nahe kam, u. das rein demokratische Wahlgesetz des Ausschusses machte einem andern Platz, in welchem Censuswahl u. Interessenvertretung mit dem allgemeinen Wahlrecht in eine etwas künstliche Verbindung gebracht wurden. Noch wurden die deutschen Grundrechte, Bestimmungen über das Domanium u. der Grundsatz des Suspensivveto in die Verfassung aufgenommen. Die schwierigste staatsrechtliche Frage war aber die, wie man die Union der beiden M. mit den jetzt anerkannten Grundsätzen des modernen Staatsrechts vereinbaren könne. Kammer und Regierung von Schwerin suchten nach der angemessensten Weise die alte Union auch in die konstitutionelle Staatsform hinüberzutragen, die Regierung von Strelitz vereitelte jedoch diese Bemühungen, indem sie sich, sobald in Preußen der Rückschlag der öffentlichen Meinung begann, von dem Verfassungswerke zurückzuziehen anfing. Der Großherzog von Strelitz trat schon am 4., der von Schwerin am 22. Mai 1849 der Militärkonvention mit Preußen bei. Von der früher anerkannten Reichsverfassung hatte man sich schon am 11. Mai losgesagt, worauf die Neuwahlen zur frankfurter Nationalversammlung untersagt u. den nicht austretenden Abgeordneten mit dem officiellen Mandat ihre Aemter entzogen wurden. Die Kammer gab dazu, sowie zum förmlichen Beitritt zum Dreikönigsbündniß ihre nachträgliche Zustimmung. Was die innern Angelegenheiten betrifft, so opponirten Ritterschaft und Landschaft des stargardischen Kreises, vor Allem aber der engere Ausschuß gegen das am 3. August von Seite der Kammer angenommene Verfassungswerk. Am 11. August sprach endlich der Großherzog von Strelitz offen aus, daß er außer Stande sei, die Verhandlungen behufs der Vereinbarung einer Verfassung mit der gegenwärtigen Abgeordnetenkammer weiter fortzusetzen, und löste am 13. August dieselbe auf, wozu das Recht nur dem Großherzog von Schwerin zustand. Daher erklärte die Kammer am 19. Aug. die Aufhebung der Union für beide M. für nothwendig und forderte die schwerinsche Regierung zur schleunigsten Einleitung dieser Maßregel auf. Nachdem die strelitzischen Abgeordneten die Sitzungen verlassen hatten, wurde die Kammer am 22. August aufgelöst, und am 23. Aug. vollzog der Großherzog das vereinbarte Staatsgrundgesetz für Schwerin u. gelobte, die Verfassung unverbrüchlich zu halten. Am 15. Oktober erschien das Einführungsgesetz wegen der neuen Verfassung, zugleich auch ein Gesetz über die Aufhebung der landständischen Verfassung und eine Verordnung über die Organisation der obersten Staatsbehörden. Außer der Regierung von Strelitz protestirten auch die Agnaten beider mecklenburgischen Linien, darunter der König von Preußen, gestützt auf den Successionsvertrag von 1442, nicht gegen die formelle Gültigkeit, sondern gegen den Inhalt der schwerinschen Vereinbarung, vorzugsweise gegen die getroffene Disposition über das Domanium und gegen die Verkleinerung der fürstlichen Macht durch mehre

Bestimmungen der Verfassung, und die adelige Ritterschaft beschloß auf einem Konvent zu Rostock (5. Okt.) eine allgemeine Rechtsverwahrung gegen die neue Verfassung u. die Wahl von drei Deputirten mit der Vollmacht zur Vertretung des Rechtswegs und zur Anrufung der deutschen Bundesgewalt und mit der Befugniß, einen Konvent der Ritterschaft selbst außerhalb M. zu berufen. Von dem Großherzog von Schwerin am 8. Oktober abgewiesen, fand die Ritterschaft eine um so huldvollere Aufnahme in Strelitz. Das neue konstitutionelle Ministerium von Lützow wies die Ansprüche der Ritterschaft auf den Rechtsweg u. ihre andern Beschlüsse als die eines illegalen Konvents mit Entschiedenheit zurück und schritt am 20. Dec. zur Auflösung des engern Ausschusses, worauf die renitenten Mitglieder des Ausschusses ihren Sitz nach Neubrandenburg in Strelitz verlegten. Nachdem sich sowohl die strelitzische Regierung, als die Ritterschaft mit einer Klage an das Bundesschiedsgericht zu Erfurt gewandt, erschien am 11. Januar 1850 ein Erlaß der Bundescentralkommission zu Frankfurt, welcher von einem weiteren Vorschreiten auf dem Boden der neuen Verfassung abmahnte. Als in der Person des preußischen Staatssekretärs von Bülow ein Bevollmächtigter der Bundescentralkommission in Ludwigslust erschien, um dem Großherzog die von der Ritterschaft verlangte Kompromißinstanz, im Weigerungsfalle die Entlassung des Ministeriums von Lützow zu empfehlen, reichte das letztere am 29. März seine Dimission ein. Die am 27. Febr. zusammengetretene, vorherrschend demokratische Kammer ward auf 3 Monate vertagt. Das neue Ministerium erhielt den von Bülow zum Vorsitzenden, zugleich für Auswärtiges, Inneres u. Militärangelegenheiten und die Staatsräthe von Brock für die Finanzen u. von Schröter für Justiz, geistliche, Unterrichts- und Medicinalangelegenheiten. Das darauf konstituirte Schiedsgericht, gebildet aus dem hannöverischen Kabinetsrath von Scheele (für den Großherzog), dem Vicepräsidenten des Obertribunals Götze (für die Ritterschaft) und, von diesen beiden erwählt, dem sächsischen Oberappellationsgerichtspräsidenten von Langenn als Obmann, fällte am 11. Sept. den Urtheilsspruch, wonach die Rechtsbeständigkeit der neuen Staatsverfassung u. das Gesetz über die Aufhebung der landständischen Verfassung für nichtig erklärt u. der Großherzog verbunden erachtet wurde, für den Herbst 1850 einen Landtag nach dem grundgesetzlichen Erbvergleiche von 1755 zu berufen. Diese Entscheidung wurde am 14. September bekannt gemacht, u. zugleich entband eine Verordnung die großherzoglichen Beamten und Unterthanen des Eides auf die Verfassung. Die Union zwischen beiden M. war somit wieder hergestellt. Bereits am 28. Sept. trat zu Rostock der gesammte engere Ausschuß von Ritterschaft und Landschaft wieder zusammen, und die Reaktion ging nun mit Riesenschritten vorwärts. Am 9. Oktober erfolgte die Aufhebung der deutschen Grundrechte und am 27. Januar 1851 das Verbot aller Versammlungen zu politischen Zwecken; gegen die Oppositionspartei wurde mit Haussuchungen, Ausweisungen, Amtsentlassungen vorgeschritten. Am 15. Februar 1851 trat zu Malchin der allgemeine Landtag wieder zusammen, bei welchem die adelige Ritterschaft im Uebergewicht war. Die Regierungen beantragten theils Geldbewilligungen, theils Maßnahmen zur Fortsetzung der 1848 abgebrochenen Verhandlungen über die Verfassungsfrage, die Wiederaufhebung der Habeascorpusakte, die modificirte Wiedereinführung der Prügelstrafe ꝛc. Schon am 23. März ward der Landtag wieder geschlossen. Die Eröffnung der „kommissarisch-deputatischen Verhandlungen über die Reform der Verfassung" erfolgte in Schwerin am 1. Okt. Auch auf dem am 18. Nov. 1851 zu Sternberg eröffneten allgemeinen Landtage hatte die Ritterschaft ein entschiedenes Uebergewicht. Der von Neuem zur Sprache gebrachte Anschluß an den Zollverein wurde abgelehnt. Am 31. Januar 1852 wurde die Prügelstrafe wieder eingeführt. Die Beschickung der wiener Zollkonferenzen lehnten beide M. ab. Eine Aufregung religiöser Art im Lande wurde durch die sich in auffallender Weise mehrenden und hauptsächlich von dem Rittergutsbesitzer von der Kettenburg auf Matgendorf veranlaßten Uebertritte besonders junger Adeligen zu der katholischen Kirche und die hierdurch weiter veranlaßten Vorgänge hervorgerufen. Den von jenem angestellten katholischen Hausgeistlichen ließ die Regierung im September durch einen Gensdarmen über die Grenze bringen. Die wichtigsten Verhandlungen des vom 18. Nov. bis 22. Dec. tagenden Landtags in Malchin bewegten sich in Folge dieser Vorgänge um kirchliche Fragen. Rücksichtlich der Frage über die oberbischöfliche Gewalt des Landesherrn, namentlich aber über die Funktionen des schwerinschen Oberkirchenrathes, wurde beschlossen, die Landesherren um Mittheilung der dem schwerinschen Oberkirchenrathe u. dem strelitzer Konsistorium gewordenen Dienstinstruktionen zu bitten. Bei Gelegenheit der Verhandlungen über die kettenburgische Angelegenheit wurde das Bekenntniß der lutherischen Religion für die Eigenschaft eines ritterschaftlichen Amtsdeputirten im Allgemeinen nicht für nothwendig erklärt, wohl aber für die Bekleidung gewisser ritterschaftlichen Aemter. Im Vordergrunde der Ereignisse stand 1853 die Entdeckung u. Verfolgung eines demokratischen Komplots, dessen erste Fäden man in Berlin aufgefunden haben wollte, das sich aber auch tief ins Mecklenburgische verzweigen u. von da aus einen lebhaften Verkehr mit der londoner Emigration unterhalten sollte. Auf Preußens Requisition fanden vom März bis Mai zu Rostock, Strelitz, Neustrelitz, Neubrandenburg und Mirow Haussuchungen und Verhaftungen Statt; namentlich ward der Advokat Wiggers, der als der intellektuelle Führer der mecklenburgischen Demokratie galt, gefänglich eingezogen. Die Untersuchung wurde von einer aus preußischen und mecklenburgischen Beamten gemischten Kommission geführt, ergab aber zuletzt geringfügige Resultate (s. unten). In Zusammenhang mit diesen Vorfällen stand ein Konflikt, in welchen die Regierung mit dem Stadtrathe von Rostock gerieth. Auf Anlaß der gemachten Entdeckungen beanspruchte nämlich die Regierung die Einsetzung eines landesherrlichen Kommissars zur Oberleitung der Polizei in Rostock. Da nun der Rath hiergegen protestirte, rückten auf Requisition des Regierungskommissars am 14. April 120 Mann als Exekutionstruppen ein, die jedoch, da der Rath, wenn auch unter nochmaligem Protest, sich fügte, schon Tags darauf wieder zurückgezogen werden konnten. Durch Erlaß vom 4. April wurden die Verordnungen vom 10. Okt. 1849 und 10. April 1850 über die Organisation der obersten

Staatsbehörden aufgehoben, u. am 25. Juni wurde durch eine großherzogliche schwerinsche Verordnung die Bürgerwehr aufgelöst. Aus der Mitte des am 16. November zu Sternberg eröffneten Landtags wurden Vorschläge über das Steuerwesen und die Rekrutirungsangelegenheit, nach gänzlicher Aufhebung der 1849 mit Preußen abgeschlossenen Militärkonvention, angebracht. Steigende Besorgniß erregte die stets wachsende Auswanderung, die so massenhaft vor sich ging, daß die Zählung im November 1853 gegen das vorhergehende Jahr eine Abnahme von ¹/₄ Procent der Gesammtbevölkerung von Schwerin ergab. Die dem am 16. November zu Malchin eröffneten Landtage vorgelegten Propositionen bezogen sich u. A. auf Fortsetzung der Verhandlungen über ein schon 1853 proponirtes Gesetz betreffs der Kompetenz des Kriminalkollegiums und des Verfahrens bei demselben; außerdem lagen Gesetzentwürfe vor wegen strengerer Heilighaltung der Sonn- und Festtage, Bestrafung der einfachen Unzucht und der wilden Ehen und endlich Grundzüge zu Schulordnungen für ritter- und landschaftliche Landschulen. Am 15. December faßte der Landtag Beschluß über einen neuen Rekrutirungsgesetzentwurf und entschied sich für Stellvertretung im Heere selbst in Kriegszeiten. Die von einem bürgerlichen Gutsbesitzer ausgehende Neuanregung der Frage wegen Gleichstellung der bürgerlichen Gutsbesitzer mit dem eingebornen und recipirten Adel, namentlich in Bezug auf die Theilnahme an der Verwaltung wie an den Einkünften der Landesklöster, auf das Recht, zu Landrathsstellen erwählt zu werden &c., hatte zwar den Antrag zur Folge, das Ersuchen an die Landesfürsten zu richten, dem nächsten Landtag betreffende Vorlagen zum Zweck der Erreichung einer diesfallsigen Verständigung zugehen zu lassen, Namens der Ritter- und Landschaft ward jedoch hierauf zu Protokoll erklärt, daß man auf diesen Antrag nicht eingehen könne. Die kettenburgische Angelegenheit fand endlich am 8. Juni 1855 ihre Erledigung, indem der Bundestag dahin entschied, daß die bundesgrundgesetzlich garantirte Gleichheit der politischen Rechte der christlichen Religionsparteien durch die bekannten Vorgänge in M. nicht alterirt worden seien. Dem am 20. Nov. 1855 in Sternberg zusammentretenden Landtag lag namentlich ein neues Preßgesetz zur Berathung vor. Die wesentlichste Differenz zwischen Regierungen u. Ständen stellte sich dabei in Bezug auf das Recht der Koncessionsertheilung oder Entziehung heraus, welches erstere sich selbst, die Stände den Ortsobrigkeiten vindicirten. Ueber das Receptionsrecht des eingebornen und recipirten Adels entstanden neue Streitigkeiten zwischen den bürgerlichen u. adeligen Gutsbesitzern, die um so leidenschaftlicher geführt wurden, eine je entschiedenere Niederlage die Bürgerlichen wiederum bei den am 4. December vorgenommenen Wahlen von Landräthen, Klosterprovisoren &c. erlitten hatten. Doch wurde auch jetzt wieder die Entscheidung der Frage hinausgeschoben. Ein Antrag wegen des Anschlusses beider M. an den Zollverein wurde abermals mit 38 gegen 27 Stimmen abgelehnt. Der Schluß des Landtags erfolgte am 21. Dec. Das Jahr 1856 brachte nach Erscheinen der Verordnung wider den Mißbrauch der Presse vom 4. März Beschränkungen der Presse in M. überhaupt; die Regierung war nicht davon abgegangen, das Recht der Koncessionsertheilung für sich in Anspruch zu nehmen. Um dieselbe Zeit erschien in Schwerin ein reformirendes Gesetz für das Kriminalverfahren. Die Auswanderung aus M. hatte von 1851—56 nahe an 34,000 Köpfe (bei einer Bevölkerung von 542,000 Seelen) betragen. Auf dem vom 18. Okt. bis 22. Dec. tagenden Landtage ward die Frage über die Berechtigung der Juden, Grundstücke zu erwerben, dahin entschieden, daß die Regierung ersucht werden sollte, in besonderen Fällen Dispensation von dem Verbote zu ertheilen. Ein eigenthümlicher Konflikt entstand zwischen Regierung u. Ständen über eine von der erstern beantragte Aenderung des Lehngesetzes, wonach dem Vater kein Recht zustehen sollte, über das Lehn letztwillig zu verfügen und die Töchter nichts als Alimentation u. Aussteuer aus dem Lehn verlangen dürften. Als die Stände die Regierungsvorlage mit 165 Stimmen verwarfen, erklärten beide Regierungen, daß sie diesen Bescheid weder in formeller, noch in materieller Beziehung billigen könnten und sich alles Weitere vorbehalten müßten. Die Stände gaben ihre Einwilligung zur Einführung des Zollpfundes als allgemeinen Landesgewichts vom 1. Juli 1859 an und zur Gleichstellung der Münzen des Dreißigthalerfußes mit denen des Vierzehnthalerfußes, sowie zur Auszahlung von 279,875 Thalern an die dänische Regierung als Beitrag zur Ablösung des Sundzolls. Der seit der Berufung des als Wortführer der streng konfessionellen Lutheraner bekannten Kliefoth zum Oberkirchenrath in M. (1850) immer maßloser hervortretende Eifer lutherisch orthodoxer Geistlichen rief auf dem kirchlichen Gebiete besonders durch den Professor Baumgarten veranlaßte Gegenbewegungen hervor. Um den letzteren zu steuern, beantragte die Regierung bei den Ständen die Einsetzung eines Oberkonsistoriums, das, aus mehren Theologen, Superintendenten u. dergl. und zwei Oberappellationsgerichtsräthen bestehend, als zweite Instanz über dem Konsistorium in Rostock, sowie über den Docenten der Theologie an der dortigen Universität stehen und deren Lehrer zu überwachen, auch über den religiösen Lebenswandel von Laien zu richten befugt sein sollte. Der Landtag genehmigte zwar die Einsetzung eines Oberkonsistoriums für Disciplinarsachen, ohne demselben jedoch in Religionsfragen Befugnisse einzuräumen. Den Professor Baumgarten entsetzte die Regierung ohne Weiteres seines Amtes, da er in Lehre und Schrift von der in der Kirchenordnung vorgeschriebenen Landeskirchenlehre abgewichen sei, und sein Gesuch um Einleitung eines kirchenordnungsmäßigen Verfahrens, wonach seine Angelegenheit zunächst vor eine Synode gehörte, ward einfach abgewiesen. Im Juni 1858 ward der Minister von Bülow in Schwerin durch den bisherigen Bundestagsgesandten von Oertzen ersetzt, der als maßgebende Grundlage seiner Verwaltung die Bestimmungen des landgrundgesetzlichen Erbvergleichs von 1755 bezeichnete. Gleichzeitig erreichte der seit 1853 schwebende Hochverrathsprozeß sein Ende. Das Ergebniß war, daß seit 1851 in Rostock eine wenig zahlreiche geheime Gesellschaft zur Neugestaltung aller deutschen Verfassungen nach Grundsätzen der Volkssouveränetät bestanden hatte, doch wurden von 15 Angeklagten nur 2 zu Zuchthausstrafe verurtheilt. Der Geist schroffster Unduldsamkeit, der die Verhandlungen in einer am 18. Aug. 1858 auf dem Gute Rothenmoor tagenden Versammlung von strengen Lutheranern, Geistlichen und Laien, kennzeichnete, hatte beim nächsten Landtag zu Malchin im Nov. d. J. den Antrag zur Folge, an den Landesherrn die Bitte zu richten, die Prediger und Lehrer der christlichen Religion auf ihren Beruf, die Nächstenliebe zu lehren und zu fördern, hinweisen zu lassen. Dies führte in der Landesversammlung zu sehr stürmischen Scenen. In der baumgartenschen Angelegenheit beschloß der Landtag mit Ausnahme von 9 Mitgliedern, daß die Stände durch die Verurtheilung der Lehren Baumgartens ohne vorhergegangenes kirchenordnungsmäßiges Verfahren ihre Rechte für verletzt hielten, und beantragte die Einleitung eines der Kirchenordnung entsprechenden Verfahrens, doch blieb dieser Beschluß von Seiten der Regierung unberücksichtigt. Im Sommer 1859 forderte die Cholera in M. über 2000 Opfer. Die Theilnahme am Nationalverein ward von der Regierung untersagt. Als 21 Landtagsabgeordnete den schon auf dem vorigen Landtag von einem Ständemitglied eingebrachten, aber von dem engern Ausschuß zu den Akten gelegten Antrag auf Wiedereinführung der Repräsentativverfassung wieder aufnahmen und es hierbei zu stürmischen Debatten kam, bedrohte ein großherzogliches Reskript vom 5. Dec. 1859 Solche, die sich wiederholt solcher Störungen der Ordnung in der von ihm berufenen Versammlung schuldig machen würden, mit zeitweiliger oder lebenslänglicher Entziehung der Landstandschaft. Gegen diese Drohung legte jedoch die Versammlung Verwahrung ein, da die Aufrechterhaltung der innern Ordnung auf den Landtagen und die Handhabung von Recht und Gesetz bei den Verhandlungen verfassungsmäßig nur den Landständen selbst zustehe. Ueberhaupt ward die Partei, welche die Reform des veralteten Steuer- und Finanzwesens und Wiederherstellung der Repräsentativverfassung verlangte, immer größer und einflußreicher. Als am 29. Febr. 1860 im Bürgerausschuß von Schwerin der Antrag gestellt ward, der Ausschuß wolle seine Bemühungen um eine Reform der Landesverfassung nach Maßgabe der Landtagsbeschlüsse von 1848 wieder aufnehmen, ging dem Magistrat hierauf eine vom Großherzog unterzeichnete Weisung zu, die Berathung dieses Antrags unter Strafandrohung zu untersagen. Auch 82 bürgerliche Rittergutsbesitzer stellten den Antrag auf Reform der Verfassung, doch ward derselbe am 25. Okt. vom Landtagsausschuß verworfen. Als die Stände des stargarder Kreises am 17. Nov. dem neuen Großherzog Friedrich Wilhelm von M.-Strelitz huldigten, erklärte derselbe, daß er die altehrwürdige Verfassung nach Kräften zu schützen suchen und wissen werde. Das Echo dieser Erklärung war der Beschluß des Landtags vom 22. Nov., daß in diesem Jahre überhaupt alle Anträge auf Verfassungsreform ausgeschlossen sein sollten. Da der Bürgerausschuß in Schwerin trotzdem immer von Neuem auf dies Thema zurückkam, hob ein höchstes Reskript vom 24. Nov. die Oeffentlichkeit der Bürgerausschußsitzungen auf und bedrohte Jeden, der in ihnen auf allgemeine Landesangelegenheiten bezügliche Gegenstände zur Sprache bringe, sowie den die Berathung über solche Gegenstände zulassenden Vorsitzenden mit je 100 Thalern und jedes Bürgerausschußmitglied, das an einer solchen Berathung Theil nehme, mit 10—25 Thlrn. Strafe. Am 8. Dec. entschieden sich die Stände nach dreitägigen Debatten für Steuerreform und einen Grenzzoll. Der schweriner Adel setzte zwar alle Hebel in Bewegung, die Ablehnung der hierauf bezüglichen Regierungspropositionen zu bewirken, unterlag aber durch den Abfall des strelitzer Adels, in dessen Interesse die mit der Steuerreformfrage verknüpfte Erbauung einer Eisenbahn lag. Hiermit war nach 37jährigem Kampf die Frage über die Art der Ablösung der zuletzt 1748 revidirten Steuereinrichtungen M.s entschieden. Die nachgesuchte Erlaubniß zu Sammlungen für die deutsche Flotte ward am 30. Sept. 1861 von der Regierung verweigert. Dem von 56 Mitgliedern der Ritterschaft beim Landtag desselben Jahres gestellten Antrag auf Wiederherstellung einer Repräsentativverfassung versagte der Landtagsausschuß die sogenannte Intimation. Die wiederholte Proposition auf Anschluß der beiden Großherzogthümer an den Zollverein lehnte der Landtag mit 97 gegen 15 Stimmen ab, desgleichen verwarf die Ritterschaft mit 120 gegen 42 Stimmen die Regierungsvorlage bezüglich Zoll- und Steuerreform, doch nahm der Landtag dieselbe schließlich noch mit 36 gegen 27 Stimmen an. Die identische Note Oesterreichs und der meisten Mittelstaaten an Preußen, welche gegen die in der preußischen Antwort vom 20. December 1861 auf das sächsische Bundesreformprojekt niedergelegte Idee eines engern Bundesstaats innerhalb des weitern deutschen Staatenbundes protestirte, trat M. in seiner Erklärung vom 8. Februar 1862 nicht bei. Die in dem Landtag d. J. von Neuem gestellten Anträge auf Herstellung der Verfassung und auf Eintritt in den Zollverein wurden mit großer Majorität unter Gelächter und Tumult kurz abgewiesen, und als der Bürgerausschuß von Schwerin dem Magistrat, der seinen Landtagsdeputirten für Anschluß an den Zollverein u. für Wiederherstellung des Staatsgrundgesetzes von 1849 instruirt hatte, einstimmig seine Zufriedenheit darüber aussprach, beschied der Großherzog eine Deputation des Magistrats zu sich u. sprach als seine feste Willensmeinung aus, daß jenes Staatsgrundgesetz für immer beseitigt sei. Die Vorschläge des Ausschusses zur Steuerreform, welche der Ritterschaft gegen geringe Opfer wichtige Rechte auf Kosten der Städte einräumten, wurden in den Ständeversammlungen beider Stände zu Malchin am 10. Dec. angenommen. Dem Landtag von 1863 lag keine erhebliche Vorlage zur Berathung vor. Eine eingebrachte Petition zu Gunsten Schleswig-Holsteins ward von ihm zurückgegeben. Dem Nationalverein und überhaupt den deutscheinheitlichen Bestrebungen gegenüber nahm die Regierung eine entschieden feindliche Stellung ein. In Rostock erließ die Polizeidirektion den 19. Dec. 1863 ein Strafurtheil gegen Theilnehmer am Nationalverein. Als nun der Magistrat als Rekursinstanz dies Urtheil wieder aufhob u. die betreffenden Individuen freisprach, erhielt er nicht nur vom Ministerium einen scharfen Verweis, sondern es wurde auch (1. Dec. 1864) sein freisprechendes Urtheil kraft landesherrlicher Oberpolizeigewalt kassirt u. dem Magistrat bei 1000 Thlr Strafe aufgegeben, ein neues Erkenntniß auf Grundlage des Ministerialerlasses von 1859, durch welchen die Betheiligung am Nationalverein verboten worden, auszufertigen. Als der Magistrat dies verweigerte, ward das verurtheilende Erkenntniß der rostocker Polizeidirektion hergestellt u. gegen den Magistrat Exekution verfügt (Juni 1865). In schlimmen Konflikt mit der öffentlichen Meinung gerieth die Regierung durch ein Gesetz über Bestrafung von Dienstvergehen der Gutsleute auf den ritterschaftlichen Gütern, das sogenannte Prügelgesetz, welches jene Bestrafung in die Hände der Gutsherren legte und trotz der Ablehnung von Seiten der Landschaft publicirt ward (März 1864). Den Landtag von 1864 charakterisirt hinlänglich der am 19. Nov. ohne vorhergegangene Debatte gefaßte Beschluß, „den Antrag auf Anschluß an den Zollverein auf sich beruhen zu lassen". Noch am Schluß des Jahres 1864 sah sich die Regierung gezwungen, den bestehenden Zunftzwang einigermaßen zu mildern. Nach amtlicher Angabe sind seit 1849 aus M. 93,000 Menschen ausgewandert, mehr als $^1/_6$ der ganzen Bevölkerung.

Vgl. Rudolff, Handbuch der mecklenburgischen Geschichte, Schwerin 1784—94, 3 Bde., neue Aufl., Rostock 1822; Aepinus, Geschichte von M., Neubrandenburg 1791—98, 3 Bde.; Plagemann, Handbuch der mecklenburgischen Geschichte, Rostock 1810; Lützow, Pragmatische Geschichte von M., Berlin 1827—31, 2 Bde.; Wiggers, Kirchengeschichte M.s, Parchim 1840; Boll, Geschichte M.s, Neubrandenburg 1855—56; Schäfer, Archiv für Landeskunde in M., Schwerin 1856 ff.; Jahrbücher des Vereins für die Geschichte M.s, das. 1836 ff.

Meconium (lat.), s. v. a. Opium; auch s. v. a. Kindspech.

Médaille (franz.), s. Denkmünze.

Médaillon (franz.), große Denkmünze; auch kleines rundes plattes Behältniß für ein Bild, eine Locke rc.

Medea, in der griechischen Mythe Tochter des colchischen Königs Aeëtes und der Oceanide Idyia oder der Hecate, eine der mächtigsten Zauberinnen des Alterthums, verhalf dem Jason (s. d.) zum goldenen Vließ und entfloh mit ihm in Begleitung ihres Bruders Absyrtus, den sie aber unterwegs, als ihr Vater Aeëtes die Argonauten verfolgte, tödtete u. in Stücke zerschnitten ins Meer warf. Während sich Aeëtes damit aufhielt, die einzelnen Stücke zu sammeln, entkamen M. und Jason nach Jolcus, nachdem sie sich auf der Insel der Phäaken vermählt hatten. Nach Ueberlassung des väterlichen Reichs an Acastus ging Jason mit M. nach Korinth, verließ sie aber nach zehnjähriger Ehe, um sich mit der Glauce oder Creusa, der Tochter des Königs Creon, zu vermählen. Aus Rache sandte M. der Braut ein vergiftetes Gewand und Diadem zum Hochzeitsgeschenk, und jene ward, als sie es angelegt, von Flammen verzehrt. Auf Creons Palast ließ sie dann Feuer regnen, ermordete ihre beiden Kinder, Mermerus und Pheres, die sie von Jason geboren hatte, und entfloh auf ihrem von Helios erhaltenen Drachenwagen. Nach Andern vertraute sie bei ihrer Flucht ihre Kinder den Altären als einem Asyl an, aber die Korinther rissen sie davon weg u. steinigten sie zu Tode. Zur Strafe für dieses Verbrechen tödtete eine ansteckende Krankheit die Kinder der Einwohner Korinths in der Wiege, bis sie sich anheischig machten, das Gedächtnißfest der Ermordeten jährlich zu feiern. M. floh nach Einigen zum Hercules nach Theben, der ihr in Colchis für die Treue des Jason Bürge geworden war und ihr auch jetzt versprach, sie zu rächen; nach Andern ging sie nach Athen zum König Aegeus, dessen Gattin sie wurde und dem sie den Medus gebar. Da sie ihren neuen Gemahl aber beinahe zur Ermordung seines Sohnes Theseus verleitet hätte, mußte sie auch aus Athen fliehen und begab sich mit ihrem Sohn Medus wieder in ihre väterliche Heimat, wo sie ihren Bruder Perses, der den Vater vom Thron gestürzt hatte, ermordete und den Vater wieder in seine Herrschaft einsetzte. Zuletzt unsterblich, genoß sie göttlicher Verehrung u. wurde in den elysischen Gefilden Gemahlin des Achilles. Die Sagen der M. sind oft von den Tragikern behandelt worden. Wir haben noch eine „Medea" von Euripides und Seneca; die von Aeschylus, Ennius u. A. sind verloren gegangen. In der französischen Literatur ist die Tragödie „Medée" von Corneille berühmt. In neuerer Zeit hat sie Grillparzer auf die Bühne gebracht. Auch ein Melodram von Benda, mit Text von Gotter, und eine Oper von Mayr, sowie von Cherubini führen diesen Namen.

Medeah, Stadt in Algerien, Provinz Algier, am Südfuß des Teniahpasses, 3300 Fuß über dem Meer gelegen, mit 6700 Einw., war früher Residenz des Bei's von Tittery.

Medebach, Stadt in der preußischen Provinz Westphalen, Regierungsbezirk Arnsberg, Kreis Brilon, an der Orke, mit einer evangelischen und 2 katholischen Kirchen, Tuchmanufakturen, Woll-, Baumwoll- und Leinweberei und 2500 Einw.

Medellin, 1) Stadt in der spanischen Provinz Badajoz, am Guadiana, mit einer Brücke über diesen Fluß und 1550 Einwohnern; Geburtsort des Fernando Cortez. — 2) Hauptstadt des Staats Antioquia in der südamerikanischen Konföderation Neugranada (Columbia), ein schöner Ort mit äußerst angenehmem Klima, 4550 Fuß über dem Meer gelegen, mit 13,700 Einw. u. sehr lebhaftem Handelsverkehr; es ist das aufblühende Handelsemporium des Staats.

Medelpad, Landschaft in Schweden, an der Küste des baltischen Meeres, reich an Naturschönheiten, bildet einen Theil des Läns Hernösand (s. d.).

Medelserthal, Alpenthal im schweizer Kanton Graubünden, Bezirk Vorderrhein, $5^1/_2$ Stunden lang, wird vom Rhein durchflossen u. mündet, Disentis gegenüber, in das Hauptthal des Vorderrheins. Das oberste Westende des Thals heißt Val Cadelino.

Medem, 1) Paul, Graf von M., russischer Diplomat, geboren 1800, ward 1820 russischer Kammerherr, dann wirklicher Staatsrath und russischer Gesandter in Paris, 1832 in London und später in Wien, † den 22. Januar 1854.

2) Alexander, Graf von M., Bruder des Vorigen, geboren 1803, ward Gesandtschaftssekretär in Paris, 1835 in Konstantinopel, 1838 wirklicher Staatsrath und bevollmächtigter Minister am persischen Hof, später in Washington und † den 24. Aug. 1859 zu Schanghai in China.

Medemblik (Memelik), Stadt in der niederländischen Provinz Nordholland, Bezirk Hoorn, an der Zuydersee, mit Außenhafen (aus welchem 1593 die ersten Schiffe nach der Küste von Guinea segelten), 3 geräumigen inneren Häfen, einem Leuchtthurm, 4 Kirchen verschiedener Konfession, einer Synagoge, berühmten Käsemärkten und 2242 Einw. Handel und Schifffahrt, sowie die Stadt selbst sind in den letzten Jahrzehnten sehr zurückgekommen.

Medeola *L.* (indische Gurke), Pflanzengattung aus der Familie der Smilaceen, mit der einzigen Art M. virginica *L.*, einem ausdauernden Kraut in schattigen Wäldern u. an Bächen in Nordamerika.

Die 2 Zoll langen und ½ Zoll dicken Wurzeln schmecken und riechen wie Gurken und werden von den Indianern gegessen (Indian Cucumbers); auch finden sie sich in den nordamerikanischen Apotheken als Schweiß- und Brechmittel.

Meder, s. Medien.

Medhurst, Walter Henry, einer der gelehrtesten und thätigsten Missionäre im östlichen Asien, 1796 zu London geboren, bildete sich in Gloucester zum Geistlichen und ward 1816 von der londoner Missionsgesellschaft nach dem östlichen Asien ausgesandt. Er wirkte zuerst als Lehrer am indochinesischen Kollegium zu Malakka, ließ sich 1822 in Batavia nieder, wo er namentlich unter den Chinesen eine rege Thätigkeit im Interesse der Mission entwickelte, die malayische Uebersetzung des Neuen Testaments revidirte und eine große Anzahl christlicher Schriften in chinesischer, japanischer, javanischer u. malayischer 2c. Sprache verbreitete, besuchte 1825—26 Ostjava, sodann Borneo und Bali, 1835 die Küsten China's und ließ sich nach einem kurzen Besuch in Europa 1836 wieder in Batavia u. 1843 in Schanghai nieder. Gesundheitsrücksichten nöthigten ihn im Sept. 1856 zur Rückkehr nach Europa; 2 Tage nach seiner Ankunft, den 24. Jan. 1857, † er zu London. Von seinen Werken sind sein „Chinese and English dictionary“ (Batavia 1842—43, 2 Bde.) nebst dem „English and Chinese dictionary“ (Schanghai 1847—48, 2 Bde.), sein Japanisches Wörterbuch (Batavia 1830) u. ein Wörterbuch des Dialekts der chinesischen Provinz Fokien hervorzuheben. Auch aus Chinesische Schulbuch der tausend Wörter, mit einer alten koreanischen u. einer neuen englischen Uebersetzung versehen, hat er lithographirt zu Java herausgegeben.

Media (lat.), s. Laute.

Media gratiae (media salutis, lat.), s. v. a. Gnadenmittel.

Median (v. Lat.), was die Mitte zwischen zwei, besonders der Größe nach verschiedenen Dingen hält, also die gewöhnliche Größe überschreitet, aber das größte Maß noch nicht erreicht.

Mediante (v. lat. medius), Bezeichnung der dritten Stufe (Terz) jeder Tonart, weil sie, zwischen Tonika und Dominante (Oberdominante) liegend, das Mittelglied beider ist. Die Terz unter der Tonika ist die Vermittelung zwischen ihr und Unterdominante und heißt daher Untermediante; im Gegensatz zu ihr wird dann die M. Obermediante genannt.

Mediasch, königliche Freistadt in Siebenbürgen, Land der Sachsen, Hauptort des gleichnamigen Stuhls (12½ QM. mit 43,700 Einw.), am großen Kokel, hat eine große evangelische Pfarrkirche, ein evangelisches Obergymnasium, ein Franciskanerkloster, ein hübsches Rathhaus, eine Kaserne, mehre Versorgungshäuser u. Armenanstalten, vorzüglichen Mais- u. Weinbau u. 6775 Einw. M. ist in der Geschichte des Landes wegen der vielen Landtage merkwürdig, die hier zur Zeit des einheimischen Fürsten gehalten wurden, u. erhielt 1552 von Ferdinand I. Stadtrechte.

Mediat (v. Lat.), im alten deutschen Reich im Gegensatz zu Immediat (s. d.) solche Herrschaften oder Besitzungen, welche nicht unmittelbar unter dem Reich standen, sondern einem Stand des Reichs oder doch nur mittelbar als oberstem Lehnsherrn dem Kaiser untergeben waren. S. Mediatisirte.

Médiateur (franz.), d. i. Vermittler, in der Politik und im Völkerrecht Bezeichnung derjenigen Macht, welche zwischen andern Mächten obwaltende Streitigkeiten auf dem Wege der Unterhandlung beizulegen und also das gestörte Einverständniß zwischen ihnen wiederherzustellen sucht. Eine solche Vermittelung (Mediation) ist wesentlich verschieden von der schiedsrichterlichen Entscheidung, in sofern bei jener die untereinander uneinigen Mächte zwar darin einverstanden sind, daß von einer dritten oder mehren vermittelnden Mächten Vergleichsvorschläge gemacht werden möchten, aber darum sich nicht verpflichten, dieselben auch anzunehmen, bei dieser dagegen die feindlichen Mächte gehalten sind, sich dem schiedsrichterlichen Ausspruch der vermittelnden Macht zu unterwerfen (s. Austräge u. Austrägalgericht). In der neuern Zeit hat die Mediation oft den Charakter der Intervention (s. d.) angenommen, in sofern sie nämlich ihren Vorschlägen durch Zwangsmittel Gehör u. Geltung verschaffte oder zu verschaffen suchte.

Mediatisirte (v. Lat.), die sogenannten Standesherren in Deutschland, welche früher reichsunmittelbar waren, aber zu Anfang des 19. Jahrhunderts ihre Reichsunmittelbarkeit verloren, so daß die bisher von ihnen beherrschten Gebiete größern Staaten einverleibt und sie selbst nebst ihren Unterthanen der Oberhoheit anderer Fürsten unterworfen wurden. Als nämlich die Stiftung des Rheinbundes (s. d.) dem deutschen Reiche auch dem Namen nach ein Ende machte, konnte man nicht wohl die vielen kleinen Staaten, welchen der Reichsdeputationshauptschluß von 1803 in Schwaben, Franken, Bayern und am Rhein ihre Reichsunmittelbarkeit bestätigt hatte, in dieser Weise fortbestehen lassen, sondern es war ein Werk sowohl der Nothwendigkeit, als der Pflicht gegen die Unterthanen, diese kleinen Territorien mit größeren zu vereinigen. Dies Verfahren nannte man eximiren, d. i. aus der Steuerrolle des Reichs herausnehmen, wobei entweder der bisher von dem betreffenden Stande entrichtete Steuerbetrag von demjenigen, dessen Oberbotmäßigkeit er sich unterwarf, fortgezahlt ward (exemtio cum onere), oder als schon in dem eigenen Matrikularanschlag des Eximirenden enthalten wegfiel (exemtio sine onere). Auf solche Weise waren namentlich im Bereich der österreichischen Erbstaaten viele Reichsstände eximirt worden. Nach der Auflösung des deutschen Reichs 1806 aber erhielt diese Maßregel den Namen Mediatisirung, und sie wurde besonders über die kleinen Staaten verhängt, welche innerhalb des Gebiets von Bayern, Würtemberg, Baden und Hessen-Darmstadt lagen. Was sie verhaßt machte, war einmal die Principlosigkeit, mit der man dabei zu Werke ging, denn während man ganz kleinen Staaten, wie Aremberg, den beiden Hohenzollern, Isenburg-Birstein, Leyen, Liechtenstein, Nassau-Usingen, Nassau-Weilburg, Salm-Salm, Salm-Kyrburg, als Mitgliedern des Rheinbundes ihre Souveränetät ließ oder ihnen eine solche sogar erst ertheilte, wurden weit beträchtlichere Fürstenthümer, wie die fürstenbergischen, leiningischen, hohenlohe'schen und schwarzenbergischen 2c., mediatisirt; dann aber erschienen diese Mediatisirungen auch in Rücksicht auf die Art und Weise, wie die rechtlichen Verhältnisse der M.n zu ihren neuen Landesherren bestimmt wurden, ungerecht. Als

1807 Kursachsen, die sächsischen und anhaltischen Herzöge, sowie die reußischen, schwarzburgischen und lippischen Fürsten und der von Waldeck zum Rheinbund traten, ward von diesen keiner mediatisirt; andere fürstliche Häuser dagegen, wie Nassau-Oranien, Kurhessen, Braunschweig und 1810 auch Oldenburg, wurden, weil sie sich entweder am Krieg gegen Frankreich betheiligt hatten oder dem Protektor des Rheinbundes verdächtig erschienen, ihrer Länder völlig beraubt. Nach Napoleons I. Sturz hofften die Mediatisirten vom wiener Kongreß vergebens Restitution ihrer Rechte; vielmehr wurden die bisher noch souveränen Häuser Leyen, Salm-Salm, Salm-Kyrburg, Isenburg-Birstein, die sich durch ihr bisheriges Benehmen kompromittirt haben sollten, ebenfalls mediatisirt. Man suchte die von diesen Mediatisirungen Getroffenen durch den 14. Artikel der Bundesakte einigermaßen zu entschädigen, indem man ihnen als Standesherren (s. d.) eine in manchen Dingen bevorzugte Stellung gesetzlich einräumte. Weitere Mediatisirungen haben seit dem wiener Kongreß nicht Statt gefunden, wohl aber eine Demediatisirung, indem Hessen-Homburg aus einem abhängigen zu einem souveränen Staat erhoben ward. Im Jahre 1848 kam die Frage wegen neuer Mediatisirungen abermals zur Sprache, ward aber von der Nationalversammlung verneinend entschieden. Vgl. Die sogenannte Mediatisirungsfrage, Frankf. 1848.

Mediatstädte, Städte, welche keine eigene Jurisdiktion haben, sondern unter auswärtiger Gerichtsbarkeit stehen.

Medicago *L.* (Luzerne, Schnecken- oder Sichelklee), Pflanzengattung aus der Familie der Leguminosen, charakterisirt durch den 5spaltigen oder 5zähnigen Kelch, den stumpfen Kiel, die 2brüderigen Staubgefäße, die gleichmäßig-konvexen, am oberen Rande nicht eingedrückten Flügel, den von der Basis an aufwärts gekrümmten Fruchtknoten, den kahlen Griffel und die einfächerige, sichel- oder schneckenförmige, ein- bis vielsamige Hülse, meist einjährige, seltener ausdauernde Kräuter oder Halbsträucher in Mittel- und Südeuropa, sowie in Westasien und Nordafrika, von denen mehre als Futterkräuter kultivirt werden. Die bekannteste und wichtigste Art ist **M. sativa** *L.*, Luzerne, blauer Schneckenklee, Monatsklee. Die Pflanze hat einen 1—3 Fuß hohen ästigen Stengel, längliche, an der Spitze gezähnte Blätter, lanzettförmige, ganzrandige Nebenblättchen, eine längliche, ährenartige, violette, auch lillafarbene, weiße, oder bleichgelbe Blumenkrone und eine fast oder ganz haarlose Hülse. Die Wurzel ist spindelig-ästig, vielköpfig; die starke Pfahlwurzel vermag den Boden bis in solche Schichten zu durchdringen, welche für andere landwirthschaftliche Kulturpflanzen, außer etwa die Esparsette, nicht mehr erreichbar sind. In der Oberfläche sich nur wenig verbreitend, holt die Luzerne bei genügender Lockerheit und Frische des Bodens ohne stockende Nässe des Untergrundes ihre Hauptnahrung meist aus der Tiefe und vermag selbst hartes, wenn nur spaltbares, kalkreiches Gestein zu durchdringen. Die meisten Nahrung aufnehmenden Wurzeln entwickelt sie jedoch in einer Schicht von 12—15 Zoll Tiefe, während die nicht selten bis zu 10 und 15 Fuß hinabgehenden Nebenwurzeln arm an aufsaugenden Wurzelfäden sind. Immerhin erschöpft sie den Untergrund aber mehr als andere Pflanzen und kann in gewissem Sinn für die Krume schonend genannt werden, doch entzieht sie auch dieser nicht unbeträchtliche Mengen von Nährstoffen und an Kali, Phosphorsäure und Kalk weit mehr als das Getreide, gegen welches sie jedoch weit befähigter ist, aus der Luft die organischen Nährstoffe sich anzueignen. Als Heimat der Luzerne betrachtet man Persien oder Medien; bei den Römern, welche sie in ausgedehntem Maße kultivirten, hieß sie **Medica**, medisches Futter; sie brachten sie nach Spanien und Südfrankreich, von wo sie sich allmählig (im Mittelalter) über den Norden nach Belgien und England verbreitete, während sie in Deutschland erst um die Mitte des 18. Jahrhunderts allgemein bekannt wurde und dann bis an die Gestade der Ostsee sich verbreitete. Gegenwärtig vollständig akklimatisirt, gedeiht sie dennoch nur in warmgründigerem Boden und sonniger Lage, besonders auf kalkhaltigen Feldern und in kräftiger, auf tief gelockertem, trockenem Untergrund liegender Krume, welche in guter Lage alle Bodenarten vom besseren Sand bis zum leichteren Lehm und Thon umfassen kann. In ihren Anforderungen an Boden und Klima strenger als der rothe Klee, übertrifft sie diesen an gutem Standort an Güte und Ertrag und hat den Vorzug langjähriger Dauer. Je besser der Boden und die Pflege, um so länger kann sie auf derselben Stelle stehen, 6 bis selbst 15 Jahre, und um so besser ist der Ertrag (4—6 Schnitte, daher der Name „Monatsklee"). Sie gibt das früheste Futter und überdauert auch die trockensten Sommer u. die härtesten Winter, wird aber bei zu langem Stand auf magerem Boden oder bei ungünstigem Untergrund und mangelnder Pflege, zumal in feuchtem, ihr weniger zusagendem Klima (Gebirgs-, Seegegenden) leicht vom Unkraut überwuchert, nicht selten auch (bei unreinem Saatgut) von einer Schmarotzerpflanze (**Cuscuta europaea**, Flachsseide) vernichtet oder doch sehr gefährdet. Nur rechtzeitiges Ausbrennen solcher Stellen kann dem Uebel wehren. Bei den älteren Landwirthen war die Luzerne wegen des sorgsameren Anbau's, welchen sie verlangt, und der reichlicheren Düngung, ohne welche sie nicht lohnend wird, weniger beliebt als der rothe Klee; gegenwärtig hat man sie besser in ihren Anforderungen kennen gelernt und räumt ihr am liebsten gesonderte Schläge ein, welche dann sorgsamst vorbereitet werden. Tiefe Bearbeitung (Rajolen) des Bodens und gründlichste Reinigung desselben vom Unkraut muß der Saat vorhergehen, weshalb man der Deckfrucht, ohne welche sie nicht sicher aufzugehen vermag, ein- oder zweimal kräftigst gedüngte Hackfrüchte vorhergehen läßt. Als Deckfrucht empfiehlt man Buchweizen, bald gemäht, Leindotter, Lein u. Futtergemenge, aber auch Winter- oder Sommergetreide. Im ersten Herbst darf die Luzerne nicht mit Vieh behütet werden; je nach ihrem Stand düngt man dann über Winter mit Asche, Jauche oder Kompost und verrottetem Mist, welchen man aber aus dem Grunde weniger liebt, weil er die Pflänzchen im Frühjahr am Hervorkommen hindert und bei frühzeitigem Abrechen die verzärtelten Pflänzchen leicht erfrieren. Vom zweiten und dritten Jahre an erlangt die Luzerne die vollste Entwickelung und wird nur alljährlich im Frühjahr tüchtig durcheggt und an Fehlstellen wird nachgesäet; als Dünger wendet man Gyps, Knochenmehl od. dergl.

gleichen, Asche oder auch Jauche und Stallmist an. Die Luzerne wird meist frisch gefüttert, mit Vortheil aber auch zu Heu gemacht, welches allen Thieren zusagt u. bei mäßig arbeitenden Pferden den Hafer sogar größtentheils entbehrlich macht; jungen Schweinen und Gänsen gibt fein geschnittenes Luzerneheu die gedeihlichste Nahrung. Wie alle Kleearten darf aber auch die Luzerne nicht zu alt werden u. wird am besten bei beginnender Blüthenentfaltung geschnitten. Je weniger das Heu bearbeitet wurde, um so werthvoller ist es, weshalb gerade für die Luzerne die künstliche Trocknung auf Gerüsten (Kleereitern) so empfehlenswerth u. gute Witterung in der Ernte so wünschenswerth ist. Die Luzerne gehört zu den stickstoffreichsten Futtermitteln und darf daher, besonders im Frühjahr, nur in Mischung mit Stroh gegeben werden; gehaltloseres Futter läßt ihre Beimengung besser ausnutzen. Wie bei allen Futterpflanzen wird auch bei der Luzerne nur durch dichtesten Stand der höchste Erfolg in Bezug auf Nährwerth u. Bodenverbesserung erzielt; man darf auf den preußischen Morgen nicht weniger als 12—18 Pfund guten Samen nehmen. In guten Jahren erntet man 3—5 Pfd. Samen pro Morgen und 12—18 Centner Stroh, im Durchschnitt Grünfutter 120—220 Ctnr. und Heu 10 bis selbst 50 Ctnr.; unter 30 Ctnr. soll ein guter Luzerneschlag nicht geben.

Außer der Luzerne verdienen unter Umständen noch Beachtung: *M. falcata L.*, gelber Schneckenklee (schwedische, deutsche, gelbe Luzerne), mit kürzeren, mehr liegenden Stengeln, schmäleren Blättchen, gezähnelten Nebenblättchen u. dottergelben Blüthen, für rauheres Klima u. geringern Boden zu empfehlen, gibt aber nur Einen Schnitt; *M. lupulina L.*, Hopfenklee (Wolfs-, kleiner, Sichel-, gelber, englischer Klee), mit liegendem Stengel, eiförmigen Blättern u. Nebenblättern, gelben Blüthen und schwarzen Hülsen, auf Kalk und Mergel als vorzügliche Weidepflanze geschätzt; *M. minima Lam.*, kleiner Schnecken- od. Zwergklee, mit niedrigem Stengel, nach oben verkehrt-keilförmigen Blättchen, gelben Blüthen u. 3—5mal gewundenen, stacheligen Hülsen, für Sand und mehr mageren Boden überhaupt geeignet, und *M. intermedia L.*, Sandluzerne, mit schmutzig-violetten Blüthen u. 1½mal gewundenen Hülsen, gibt auch auf weniger kalkhaltigem Boden noch befriedigenden Ertrag u. dauert länger u. besser aus als die anderen Arten.

Medici (Mediceer), das berühmteste Geschlecht des florentinischen Staats, welches schon im 13. Jahrhundert durch glückliche Handelsunternehmungen zu Reichthum u. Macht gelangt war. Die ersten sichern Nachrichten über dies Geschlecht haben wir aus dem Anfang des 14. Jahrhunderts, wo Avirardo dei M. 1314 zu Florenz Gonfaloniere war. In den Kämpfen zwischen den Ghibellinen u. Guelfen standen die M., unter denen damals namentlich Filippo dei M. großes Ansehen genoß, auf der Seite der letzteren. In den Reihen der Popolari grossi, der Mitglieder des angesehenen Bürgerstandes, eine der ersten Rollen spielend, veranlaßten sie die Berufung Walters von Brienne, Titularherzogs von Athen, an die Spitze der Republik, bewirkten jedoch, als derselbe 1342 Giovanni dei M. hinrichten ließ, weil er Lucca gegen die Pisaner nicht beharrlich genug vertheidigt hatte, auch wieder dessen Vertreibung. In dem Kampf der Ricci und Albizzi schlossen sich die M. dem ersteren an. Salvestro dei M., seit 1378 Gonfaloniere di Giustizia, unterwarf die oligarchisch-aristokratische Verfassung einer Aenderung. Durch dessen Verbannung aus Florenz seit 1381 dem öffentlichen Leben mehr entrückt, vermehrten die M. durch glückliche Unternehmungen ihr Vermögen außerordentlich und galten seit Salvestro's Zurückberufung für die Häupter der Volkspartei. Salvestro stürzte die Partei der Albizzi vollends u. gewann durch die Gunst des Volks eine fast unbeschränkte Macht. Sein Sohn, Veri dei M., wurde, da er der Aufforderung des Volks, sich in dem Kampfe gegen die wieder emporgekommenen Albizzi an seine Spitze zu stellen, nicht entsprach, 1393 sammt seiner ganzen Familie aus Florenz verbannt. Ein Versuch, sich mit Waffengewalt die Rückkehr zu erzwingen, scheiterte, u. eine neue Verschwörung, an deren Spitze der Herzog von Mailand stand, wurde entdeckt und brachte den meisten Gliedern des mediceischen Hauses den Untergang. Die Uebriggebliebenen vergrößerten jedoch durch glückliche Handelsunternehmungen ihren Reichthum, und ihr damaliges Haupt, Giovanni dei M. (geboren 1360), stieg 1421 wieder zum Gonfaloniere empor. Nach seinem Tode (20. Februar 1429) trat sein Sohn Cosimo dei M. I., geboren 1389, an die Spitze der Volkspartei und verschaffte sich durch Freigebigkeit einen starken Anhang. Kaum war jedoch 1433 Rinaldo, das Haupt der Albizzi, an die Spitze der Regierung gelangt, als derselbe Cosimo verhaften, verrätherischer Verbindungen mit Francesco Sforza beschuldigen u. ihn auf 10 Jahre aus der Republik verbannen ließ. Schon nach einem Jahr setzten jedoch seine Freunde seine Rückberufung u. Rinaldo's Verbannung durch, u. Cosimo behauptete sich fortan ohne Waffengewalt, allein gestützt auf seine großen Reichthümer, die er mit der edelsten Freigebigkeit zum Besten der Einzelnen und des Vaterlandes verwandte, und auf seine klare Durchschauung der Verhältnisse bis an seinen Tod (den 1. August 1464) als das Haupt der Republik. Seine Staatsverwaltung war ebenso glücklich als glänzend, und Florenz erkannte ihm nach seinem Tode den Beinamen „Vater des Vaterlandes“ zu. Cosimo war zugleich ein Mann von Geschmack, den er namentlich in prachtvollen Bauten bekundete, und großer Gelehrsamkeit und der thätigste Beförderer der Wissenschaften und Künste; wie denn nach Konstantinopels Fall 1453 viele gelehrte Griechen bei ihm Aufnahme fanden. Die Richtung auf das Fürstliche, die bei aller republikanischen Einfachheit in seiner Sinnesart lag, zeigt sich in seiner Lenkung der florentinischen äußern Politik, die unter der Guelfenaristokratie schwerlich einen Francesco Sforza unterstützt und das Aufkommen einer neuen Fürstengewalt in Mailand begünstigt hätte. Sein Bruder, Lorenzo dei M., wurde der Stammvater der späteren Großherzöge von Toskana. Cosimo's Sohn, Pietro dei M., geboren 1414, schien schon durch eine Art von Erbrecht zur Verwaltung der Republik berufen, ermangelte aber des Achtung gebietenden Wesens seines Vaters und verlor dadurch, daß er viele von jenem an Hülfsbedürftige ausgeliehene Gelder plötzlich aufkündigte, einen großen Theil seiner Anhänger. Eine von dem herrschsüchtigen Luca Pitti zu seinem Sturze eingeleitete Verschwörung ward jedoch entdeckt und schlug nur zur noch festeren Begründung des Einflusses und Uebergewichts der M. und zur Verbannung ihrer angesehensten Feinde aus (1466). Pietro starb am 2. Dec. 1469. Auch er war ein Freund der Wissenschaften gewesen. An seine Stelle traten seine beiden noch sehr jungen Söhne, **Lorenzo** (geboren den 1. Januar 1448), mit dem Beinamen il Magnifico (der Herrliche), und **Giuliano I.** Beide Brüder waren von den ersten Gelehrten ihrer Zeit, Gentili von Urbino, Christoph Landini, Argyropulos, Ficinus &c., unterrichtet worden, und namentlich zeichnete sich Lorenzo als Dichter und Redner aus. Im Jahre 1466 besuchte er die verschiedenen italienischen Höfe, vermählte sich 1469 mit Clarissa Orsini und übernahm in demselben Jahre mit seinem Bruder die Regierung des florentinischen Staats. Den hohen Ruhm, den er erlangt hat, verdankt er seiner Klugheit und Gewandtheit, der Liebenswürdigkeit seines Charakters, der Vielseitigkeit seines Geistes und seiner Bildung und seinem feinen Sinn für Kunst und Wissenschaft. Er machte Florenz immer mehr zum Sammelplatz von Gelehrten u. Künstlern, unter denen Demetrius Chalcondylas, Angelo Poliziano, Christoforo Landini, Pico von Mirandola, Granacci, Teragiani und Michel Angelo, sein täglicher Tischgenosse, hervorzuheben sind, verschönerte die Stadt durch öffentliche Gebäude und andere Anlagen, stiftete eine Schule der zeichnenden Künste und stattete sie mit Kunst- und literarischen Schätzen aus, namentlich bereicherte er auch die von Cosmo gestiftete **mediceische Bibliothek**. Gleichwohl zettelten im Einverständniß mit Papst Sixtus IV. und dem Erzbischof von Pisa, Francesco Salviati, die Pazzi, nächst den M. das erste Geschlecht in Florenz, eine Verschwörung gegen die Brüder an, und Giuliano fiel als Opfer derselben am 26. April 1478 in der Kirche Sta. Reparata. Das Volk nahm blutige Rache an allen Verschworenen und erklärten Feinden der M. Der Mörder Baroncelli, der den ersten Streich auf Giuliano geführt hatte, entkam zwar glücklich nach Konstantinopel, ward aber von Mohammed II. ausgeliefert und zu Florenz hingerichtet. Sixtus IV. that hierauf die Florentiner in den Bann und bot in Gemeinschaft mit Ferdinand I. von Neapel ein Heer gegen sie auf. Vor dem Ausbruche der Feindseligkeiten berief Lorenzo eine Versammlung von 300 der angesehensten Bürger und erklärte sich bereit, sich aus der Stadt zu entfernen, wenn sie der Meinung sein sollten, daß die Republik dem Kampfe nicht gewachsen sei, denn um eines Einzelnen willen dürfe Florenz nicht zu Grunde gehen, erhielt jedoch die Antwort, daß die Stadt mit ihm stehen und fallen wolle. Bald aber änderte der unglückliche Verlauf des Kriegs die öffentliche Stimmung, und Lorenzo begab sich nun heimlich nach Neapel, um den König entweder für die Republik zu gewinnen, oder sich seiner Rache preis zu geben. Er ward ehrenvoll empfangen und erreichte den ersteren Zweck. Auch der Papst söhnte sich bald darauf (1480) mit der Republik aus. Die Wiederherstellung des Friedens in Italien befestigte Lorenzo's Ansehen ungemein, und seine Ansprüche auf fürstliche Gewalt traten jetzt offener hervor. Er wußte es durchzusetzen, daß einer permanenten Versammlung von 70 Bürgern die Leitung bei der Besetzung der öffentlichen Aemter und die höchste Entscheidung aller Angelegenheiten übergeben ward. Durch Vorschüsse an Unbemittelte, fürstlichen Aufwand, gänzliche Vernachlässigung der Handelsgeschäfte brachte er jedoch den Wohlstand seines Hauses so tief herunter, daß nur dadurch ein Bankerott verhindert ward, daß die Republik Lorenzo's Schulden für die ihrigen erklärte. Lorenzo starb am 8. April 1492. Von seinen Werken, 1826 zu Florenz in einer Prachtausgabe auf Kosten des Großherzogs Leopold II. in 4 Bänden erschienen, sind hervorzuheben: „Stanza bellissimi" (le Selve d'Amore, Pesaro 1513); „Poesie volgari" (Venedig 1554); „Rime sacre" (Florenz 1680, Bergamo 1763, in Auswahl London 1801). Vgl. **Fabroni**, Vita Laurentii M., Pisa 1784, 2 Bde.; **Roscoe**, The life of Lor. M., deutsch von Sprengel, Berlin 1797. Lorenzo's zweiter Sohn, **Giovanni**, bestieg als Leo X. (s. d.) den päpstlichen Stuhl. Der älteste, **Pietro II.**, geboren den 15. Februar 1471, trat nach seines Vaters Tode an die Spitze der florentinischen Republik, vermochte jedoch nicht das Ansehen seines Vorgängers zu behaupten, machte sich durch seine Gelüste nach der Fürstenwürde bald verhaßt und ward, als er 1494 dem in Italien einfallenden König Karl VIII. von Frankreich mehre wichtige Plätze einräumte, sammt seinen Brüdern geächtet; ihr Palast ward geplündert u. Florenz von den Franzosen besetzt. Mehre Versuche, mit gewaffneter Hand sich die Rückkehr zu erzwingen, mißlangen, und Pietro begab sich endlich zu den französischen Truppen in Neapel. Als diese am 28. December 1503 am Ufer des Garigliano von Gonsalvo de Cordova überfallen wurden, ertrank Pietro bei der Flucht in dem Fluß. Sein jüngster Bruder, **Giuliano II. dei M.**, erlangte 1512 wieder Aufnahme in Florenz und brachte die Regierung wieder in seine Hände, entsagte jedoch 1513 derselben, zog sich nach Rom zurück, erhielt von Franz I. von Frankreich den Titel eines Herzogs von Nemours u. starb 1516. Der Sohn Pietro's II., **Lorenzo II. dei M.**, geboren den 13. September 1492, ward von seinem Oheim, dem Papst Leo X., 1516 zum Herzog von Urbino ernannt, nachdem er den bisherigen Herzog vertrieben hatte, starb aber schon am 28. April 1519. Seine Tochter war die nachherige Königin von Frankreich, **Katharina von M.** Nach dem Tode Lorenzo's war der einzige rechtmäßige Nachkomme des von Cosimo dem Aeltern abstammenden Zweigs der mediceischen Familie der Papst Leo X. Doch gab es noch einige uneheliche Sprößlinge dieser Linie, nämlich **Giuliano**, ein Sohn von Giuliano II., der später unter dem Namen Klemens VII. Papst und dem nach dem Tode Lorenzo's von Leo X. die Regierung in Florenz übertragen wurde. Ein unehelicher Sohn des Giuliano war **Ippolito dei M.**, der von Klemens VII. zum Kardinal ernannt, aber von seinem Vetter Alessandro, einem jüngeren unehelichen Sprößling der M., der 1530 Herzog von Florenz ward, 1555 vergiftet wurde. Eben dieser **Alessandro**, nach Einigen ein unehelicher Sohn Lorenzo's II., nach Andern des Kardinals Giuliano von M., leitete den Staat, der noch immer den Namen Republik trug, bereits mit fürstlicher Gewalt; 1527 vertrieben, ward er 1531 von Kaiser Karl V. zurückgeführt und zum erblichen Haupte von Florenz in den Verhältnissen seiner Vorfahren ernannt. Aber von der Partei seines Hauses in der Stadt mit dem herzoglichen Titel u. entschiedener Fürstengewalt ausgestattet, herrschte er als Tyrann, ließ 1534 eine Citadelle anlegen und die Bürger entwaffnen und schändete die Frauen der edelsten florentinischen Geschlechter. Er ward am 7. Januar 1537 von seinem Vetter Lorenzino, den sodann zu Venedig das gleiche Schicksal traf, ermordet. Aus einer anderen jüngeren Linie stammt **Giovanni dei M., der große Teufel**, der sich als Feldherr einen gefürchteten Namen erwarb. **Cosimo I., der Große**, am 11. Juni 1519 geboren, der nach der Ermordung des Herzogs Alessandro 1537 an die Spitze des florentinischen Staats gestellt und vom Kaiser bestätigt wurde, eroberte 1555 Siena, errichtete viele Festungen und räumte die Erbfeinde seines Hauses, die Strozzi, gänzlich aus dem Wege. Den Handel, der von der ältern Linie der M. aufgegeben worden war, erklärte er wieder zum Regierungsmonopol. Seine Nachfolger machten auch den Kleinhandel zum Regal, ja sie wurden sogar Theilnehmer an dem Schleichhandel der Engländer und Holländer nach Amerika und an den Kapereien dieser Nationen gegen die Spanier, wodurch allein es ihnen möglich wurde, bei den kostspieligen Unternehmungen und der glänzenden Unterstützung der Künste jeder Art, wodurch ihre Regierung sich auszeichnete, die reichsten Regenten in Europa zu bleiben. Zum Schutze des levantischen Handels gegen die Türken stiftete Cosimo den Orden von St. Stephan. Selbst einer der gelehrtesten Männer seiner Zeit, besonders auf den Gebieten der Chemie, umgab er sich mit den wissenschaftlichen und künstlerischen Größen seiner Zeit, gründete die Akademie zu Florenz, erneuerte die Universität zu Pisa und unterstützte die zu Florenz und Siena, sammelte Alterthümer und Gemälde, erweiterte die Statuensammlung Lorenzo's des Prächtigen, begründete die Sammlung von Bildnissen berühmter Männer, stiftete eine Zeichenschule und versuchte sich auch als Schriftsteller in dem Werke „Viaggio per l'alta Italia, descritto da Fil. Pizzichi" (mit Erläuterungen neu herausgegeben von Moreni, Florenz 1828). Im Jahre 1564 übergab Cosimo die Regierung seinem ältesten Sohn Francesco, behielt aber für sich den Titel, die höchste Gewalt und einen großen Theil der Einnahme. Im Jahre 1569 ernannte ihn der Papst Pius V. zum **Großherzog** und krönte ihn im folgenden Jahre in Rom. Doch wurde dieser Titel erst 1575 von Kaiser Maximilian II. für eine große Geldsumme dem Sohne und Nachfolger Cosimo's bestätigt. Cosimo starb den 21. April 1574 und überließ die Regierung seinem ältesten Sohn, **Francesco I.**, geboren den 25. März 1541. Dieser vermählte sich mit Johanna, Schwester Kaiser Maximilians II., in zweiter Ehe mit der berühmten Venetianerin Bianca Capello (s. d.), mit der er an Einem Tage (19. Okt. 1587) an Gift starb. Seine Tochter, Maria, wurde die Gemahlin Heinrichs IV. von Frankreich. Ueber seinen Sohn und Nachfolger, **Ferdinand I.**, s. **Ferdinand** 9) a). Ein Stiefbruder desselben, **Don Pedro**, der meist am Hofe König Philipps II. von Spanien lebte und von diesem zum General der in Italien dienenden Truppen ernannt war, beanspruchte vergeblich mit dem Großherzog Ferdinand die Erbschaft seines Vaters zu theilen; er starb den 25. April 1604. Auf Ferdinand I. folgte 1608 sein Sohn **Cosimo II.**, geboren den 12. Mai 1590, in der Regierung. Dieser verstärkte seine Flotte und verschaffte der toskanischen Flagge im ganzen Mittelmeer Achtung. Die Drusen im Libanon unterstützte er in ihrem Kampf gegen die Türken. Auch unter ihm blühten Künste und Wissenschaften. Er starb am 2. Februar 1621. Ihm folgte sein ältester Sohn, **Ferdinand II.**, s. **Ferdinand** 9) b), und diesem sein mönchisch erzogener Sohn, **Cosimo III.**, geboren den 14. August 1642, ein Mann von ebenso geringen Fähigkeiten wie großem Stolze. Er unterstützte nur Dichter, die ihm schmeichelten, und Künstler, welche den äußern Pomp seines Hofs erhöhen konnten. Unter ihm schritt der schon unter seinem Vater begonnene Verfall von Toskana's Wohlstand unaufhaltsam fort, und die meisten Quellen des Nationalwohlstandes versiegten vollends. Er starb den 21. Okt. 1723 und hatte seinen zweiten Sohn, **Giovanni Gaston**, geboren den 24. Mai 1671, zum Nachfolger. Dieser, durch Ausschweifungen an Geist und Körper geschwächt, bewies zwar guten Willen und beseitigte manche Mißbräuche, ermangelte aber der Kraft zu durchgreifenden Reformen. Mit ihm erlosch am 9. Juli 1737 das Geschlecht der M. Zufolge der eventuellen Bestimmung des wiener Friedens von 1735 fiel das Großherzogthum an den Herzog Franz Stephan von Lothringen. Von einem jüngeren Zweige der M., der fürstlichen Familie Ottajano, die sich schon im 13. Jahrhundert von der ältern getrennt hatte, stammte **Don Luigi M.**, gewöhnlich **Cavaliere von M.** genannt, Herzog von Sarto, 1760 geboren, der sich als Actons Nachfolger seit 1805 im Ministerium der auswärtigen Angelegenheiten u. der Finanzen durch verschiedene Verbesserungen der Finanzverwaltung verdient machte. Während der französischen Herrschaft in Neapel hielt er sich in England auf; nach der Wiedereinsetzung Ferdinands IV., 1815, wurde er Polizeiminister und 1818 Finanzminister. In dieser Stellung führte er ein neues Münzsystem ein, wodurch die Silbermünze als das Preismittel angenommen wurde. Die Umänderung der Rechtspflege und die Abfassung eines neuen Gesetzbuchs betrieb er mit Eifer, und um die Gefängnisse zu leeren, überließ er der brasilianischen Regierung 2000 neapolitanische Galeerensträflinge. Seine Wiederherstellung vieler Klöster, sowie seine Einführung einer neuen Grundsteuer (fondaria) erweckten ihm viele Gegner. In Folge der Militärrevolution zu Nola am 2. Juli 1820 nahm M. seine Entlassung und begab sich nach Rom, kehrte aber 1822 in seine frühere Stellung zurück. Auch unter Franz I. behielt er seine Stellung und trug namentlich viel dazu bei, daß die österreichischen Okkupationstruppen Neapel verließen. Er starb auf einer Reise zu Madrid am 25. Januar 1830.

Medicin (**Heilkunde** und **Heilkunst**, medicina), die Wissenschaft vom Menschen im gesunden und kranken Zustand und die Kunst, die Gesundheit zu erhalten, der Krankheit vorzubeugen und die Heilung zu fördern. Demgemäß kann sie in wissenschaftlicher (theoretischer) und in praktischer, künstlerischer Hinsicht und Form bearbeitet, dargestellt u. gelehrt werden. Die M. als Wissenschaft besteht aus den Ergebnissen der sinnlichen Wahrnehmung u. der kunstgemäßen Beobachtung aller Erscheinungen an dem gesunden, kranken und in der Heilung befindlichen menschlichen Organismus, welche der Verstand vergleicht, trennt und verbindet und auf Gesetze zurückführt, um aus diesen wieder Regeln für die praktische M. zu abstrahiren. Die medicinische Kunst besteht eben in der Anwendung jener Regeln, vermittelst welcher die Gesundheit, Krankheit u. Heilung erkannt und die erstere erhalten, die zweite verhindert oder bekämpft, die letztere befördert und das menschliche Individuum seinem Ideal, der Norm, genähert wird. Die Ergebnisse der Wissenschaft u. die Regeln der Kunst müssen also in der M. im engsten Zusammenhang stehen, beide müssen denselben Ausgangspunkt nehmen und auf dasselbe Ziel lossteuern: die Wissenschaft muß die Natur des menschlichen Körpers und die Gesetze seines Lebens erforschen, die Kunst muß die Abweichungen von diesen Gesetzen und von der ursprünglichen Natur auszugleichen, zu beseitigen suchen. Aber sowohl die Wissenschaft, als die Kunst haben ihre Vollendung noch lange nicht erreicht, die Beobachtung ist noch lückenhaft und unvollständig, vielfach wohl auch von einem falschen Standpunkt aus angestellt und daher trügerisch, die Gesetze sind nicht überall deutlich erkannt und scheinen noch manchmal in Widerspruch mit einander zu stehen. Ebenso sind auch die Regeln der Technik nicht in allen Fällen ausreichend, ihre Anwendung ist schwierig, oft ohne Erfolg und unsicher. Wenn demnach auch nicht zu hoffen ist, die M. als Kunst wie als Wissenschaft zu einem Abschluß zu bringen, so ist es doch erfreulich, beide rüstig in ihrer Vervollkommnung fortschreiten zu sehen. Es bleibt die Aufgabe des denkenden Arztes, das Mangelhafte zu ergänzen, das Dunkle aufzuhellen und somit die M. ihrem Ideal näher zu bringen. Theils zur weitern Ausbildung der M. als Wissenschaft u. Kunst, theils auch um sich mit dem Geiste der M. in ihrer gegenwärtigen Gestalt vertraut zu machen und das Verständniß derselben anzubahnen, ist die Kenntniß vieler anderen Wissenschaften nothwendig, mit welchen die M. näher oder entfernter, mehr od. weniger eng in Verbindung steht, obwohl sie nicht eigentlich zu derselben gehören. Dies gilt vorzüglich von den Naturwissenschaften, unter denen es keine gibt, welche nicht von Einfluß auf die M. wäre, sei es, daß sie den menschlichen Körper selbst in seinen mechanischen (Anatomie), chemischen (Anthropochemie) oder dynamischen (Physiologie) Verhältnissen kennen lehre, od. diese Kenntniß durch Vergleichung fördere, wie die Thier- und Pflanzenkunde, oder endlich sich mit Dingen beschäftige, welche mit dem Menschen in Wechselwirkung stehen oder auf denselben einwirken, wie sie sowohl unter den bereits genannten, als auch in den anderen Naturwissenschaften (Physik, Mineralogie, Botanik) vorkommen. Ferner gehören auch alle psychologischen Arbeiten hierher, denn die M. berücksichtigt nicht bloß die körperlichen (somatischen), sondern auch die seelischen (psychischen) Verhältnisse des Menschen, dessen Wesen in der Verbindung von Seele und Leib besteht. Die M. in ihrer weitesten Bedeutung aufgefaßt zerfällt in eine Anzahl von Disciplinen, die sich wiederum in zwei Gruppen sammeln, von denen die eine den gesunden, die andere den kranken menschlichen Körper zum Gegenstand hat. Zu der ersten Gruppe gehören die *Anatomie* und Physiologie. Jene beschäftigt sich mit den mechanischen Verhältnissen des menschlichen Körpers, erforscht seine Zusammensetzung aus Organen und Geweben, hält sich aber stets nur an die Formelemente des Körpers. Einen integrirenden Theil der Anatomie bildet die *Histologie* oder Gewebelehre, welche die kleinsten Formelemente und ihre Vereinigung zu Organen u. Geweben mit Hülfe des Mikroskops erforscht. Die *Physiologie* handelt von den Funktionen, von den dynamischen Lebensäußerungen des Körpers. Eine Hülfswissenschaft der Physiologie ist die *Anthropochemie*, d. h. die Lehre von den chemischen Stoffen, welche den menschlichen Leib zusammensetzen, ihn bilden und aus ihm hervorgehen. An die Physiologie schließt sich an die *Hygieine*, d. h. die Lehre von der Gesundheit, ihrem Wesen, ihrer Form, ihren Zeichen und ursächlichen Bedingungen. Untergeordnete Doktrinen der Hygieine sind die *Diätetik*, d. h. die Lehre von der Lebensweise, welche der Mensch befolgen muß, um gesund zu bleiben (im engeren Sinne auch nur die Lehre von den Nahrungsmitteln); die *Eubiotik* (Makrobiotik, Polybiotik) oder die Lehre von der Kunst, lange, viel und gut zu leben; die *Prophylaktik* oder die Lehre von der Kunst, den Gesunden vor bestimmten Krankheiten zu schützen. Die zweite Gruppe von Doktrinen der M. hat den Menschen im kranken Zustand zum Gegenstande. Die Lehre von der Krankheit, ihrem Wesen, ihren Formen, ihren Ursachen u. Erscheinungen heißt *Pathologie*; *allgemeine* Pathologie ist die Lehre vom Kranksein im Allgemeinen, *specielle* Pathologie die Lehre von den einzelnen Krankheitsformen (als *Nosologie* bezeichnet man gewöhnlich die Lehre von den verschiedenen Einzelnkrankheiten, sofern sie auf systematische Weise zusammengestellt werden). Die Lehre von der Entstehung der Krankheiten wird *Pathogenie*, die von den einzelnen ursächlichen Momenten der Krankheiten aber pathologische *Aetiologie* genannt. *Anamnestik* heißt die Kunst, aus dem, was der Krankheit in einem einzelnen Falle vorhergegangen ist, auf die Beschaffenheit des augenblicklich obwaltenden krankhaften Zustandes zu schließen. Die Lehre von den Erscheinungen der Krankheit wird gewöhnlich *Symptomatologie* genannt. *Semiotik* ist die Lehre von der Kunst, aus einzelnen besonderen Erscheinungen auf den Sitz und die Beschaffenheit der Krankheit zu schließen. Unter *Diagnostik* versteht man die Kunst, Krankheiten, welche ähnliche Symptome darbieten, von einander zu unterscheiden. Gegenwärtig versteht man jedoch unter Diagnostik gewöhnlich ganz allgemein die Lehre von der Erkennung der Krankheiten nach ihrem Wesen, ihrer Form, ihrem Sitz u. ihren pathologischen anatomischen Veränderungen, welche in dem befallenen Körpertheil eingetreten sind. *Prognostik* heißt die Kunst, von dem, was im Verlaufe der Krankheit vorhergegangen ist und noch gegenwärtig beobachtet wird, auf den zukünftigen Verlauf der Affektion zu schließen. In der *Toxikologie* oder *Giftlehre* werden diejenigen Krankheitsursachen abgehandelt, welche, wenn sie in relativ geringer Menge mit dem Organismus in Berührung kommen, mit Nothwendigkeit schwere Störungen der Gesundheit od. selbst den Tod veranlassen. Eine der wichtigsten Hülfswissenschaften der Pathologie ist die *pathologische Anatomie*. Sie ist die Lehre von den krankhaften Veränderungen der Organe, durch welche sich die Krankheiten an diesen äußern. Die Leichenöffnung ist daher eine Conditio sine qua non der pathologischen Anatomie. Zu letzterer verhält sich die *pathologische Histologie* genau so wie die normale Histologie zur Anatomie des gesunden Körpers. Die **pathologische Anthropochemie** hat die Aufgabe, den kranken Körper auf seine stoffliche Zusammensetzung zu untersuchen. Die Lehre von der Heilung der Krankheiten, von den dabei Statt findenden Lebensprozessen, ihren Zeichen, ursächlichen Momenten und der Wahl der dazu erforderlichen Mittel wird **Therapie** genannt. Sie zerfällt in die **allgemeine** u. **specielle** Therapie, von welchen sich die letztere mit der Heilung der einzelnen Krankheitsspecies befaßt. An die Therapie schließt sich die **Pharmakologie** oder Materia medica an, d. h. die Lehre von den einzelnen Arzneimitteln oder den Stoffen, welche gewöhnlich als Heilmittel gebraucht werden. **Pharmakodynamik** heißt die Lehre von der Wirkung dieser Arzneimittel. Die **Pharmacie** lehrt die Einsammlung, Zubereitung, Aufbewahrung und vorschriftsmäßige Austheilung der Arzneimittel, und das **Formulare** oder die **Receptirkunst** enthält die Regeln zu angemessenen Vorschriften und Zusammensetzungen der einzelnen Arzneikörper. Als einzelne Zweige der Pathologie und Therapie stellt man gewöhnlich auf: die Chirurgie oder Wundarzneikunst, die sogenannte innere M. (welche sich mit den Krankheiten u. der Heilung innerer Organe befaßt), die Geburtshülfelehre, die Seelenheilkunde, Augen- und Ohrenheilkunde 2c. Die **Chirurgie** handelt von der Kunst, mechanische Hülfsmittel zur Beförderung der Heilung in Gebrauch zu ziehen, beschäftigt sich aber zugleich mit den einzelnen Krankheiten, welche vorzüglich durch mechanische Heilmittel kurirt werden, auf der äußeren Oberfläche des Körpers ihren Sitz haben und von äußeren, besonders mechanisch wirkenden Ursachen entstanden sind. Die **Geburtshülfelehre** (ars obstetricia, accouchement), in welcher alles abgehandelt zu werden pflegt, was sich auf das Geburtsgeschäft bezieht, ist ein besonderer Theil der **Gynäkologie**. Letztere beschäftigt sich mit allen denjenigen anatomischen, physiologischen, pathologischen und therapeutischen Verhältnissen, welche sich auf den weiblichen Organismus beziehen. Augen- und Ohrenheilkunde sind nur Unterabtheilungen der Chirurgie. Die **Seelenheilkunde** (psychiatria) handelt von den Störungen des psychischen Lebens u. von der Kunst, auf die Seele des Menschen zum Behuf der Heilung einzuwirken. Schon diese Uebersicht der Wissenschaften, aus denen sich die eigentliche M. aufbauen muß, lehrt, daß sie nur eine Tochter der Zeit ist und sein kann. Sie mußte Jahrtausende lang voll Irrthümer bleiben u. eine Unzahl zusammenhangsloser Einzelerfahrungen und Einzelregeln darstellen, bis die Grundwissenschaften, Physik, Chemie, Naturgeschichte, Anatomie und Physiologie, sich zu dem Range wirklich exakter Naturwissenschaften erhoben, worauf auch die M. angefangen hat, sich auf diese Stufe zu erheben. Man nennt diese die „neuere M.", weniger richtig die „neuere Schule", indem hier von keiner dogmatischen Schule, sondern nur von der Gesammtheit der ächt naturwissenschaftlich denkenden und forschenden Aerzte die Rede sein kann.

Die **Geschichte** der M. beginnt mit dem ersten Versuch einer rationellen Beobachtung und Behandlung der Krankheiten und bewegt sich auch ferner ganz auf diesem Gebiete, indeß sie die rein empirischen Bestrebungen bei Seite liegen läßt. Diese haben zu allen Zeiten und besonders im Alterthum unter dem Volke existirt, während die eigentliche M. als Beruf immer von einem bestimmten Stande gepflegt und weiter gebildet wurde. Zuerst hielt man die Krankheiten für unmittelbare Wirkungen göttlicher Mächte: bald böser Dämonen, die man durch Zauber zu vertreiben, bald guter, aber strafender Gottheiten, die man durch Gebet und Opfer zu versöhnen suchte. Aegypter und Juden fanden in dem Zorne der Gottheit die Ursachen der Krankheiten u. in der Versöhnung desselben durch die Priester das rechte Heilmittel. In **Aegypten** wurde die Ausübung der M. auf Isis und Osiris, auf Horus, den Sohn der Isis, und auf Theuth zurückgeführt. Die Mittheilungen des letzteren wurden ursprünglich in Säulen eingegraben, dann auf Papyrusrollen verzeichnet und dienten als Codex für die Ausübung der Heilkunst. Die strengste Beobachtung derselben war den Aerzten zur Pflicht gemacht, u. jede Abweichung von ihren Vorschriften wurde mit dem Tode bestraft. Die Priesterkaste, welcher die Ausübung der Mittheilungen des Theuth anvertraut war, zerfiel nach den verschiedenen Zweigen der Heilkunde in verschiedene Abtheilungen. Die höheren Priester beschäftigten sich mit den magischen Kräften in der Natur; eine niedere Abtheilung, die sogenannten Pastophoren, hatte die gewöhnliche Heilung der Krankheiten zu besorgen. Die Kenntnisse der ägyptischen Priester in der Anatomie waren sehr dürftig; aber unter ihren empirischen Heilmitteln werden einige genannt, die auch jetzt noch bei analogen Zuständen angewendet werden. Auch bei den **Israeliten** war die Heilung der Krankheiten den Priestern (Leviten) übertragen, und nach Salomo's Zeit ging die Kraft zu heilen auf die Propheten über. Zur Heilung der Krankheiten scheint man sich theils übernatürlicher, theils natürlicher Mittel bedient zu haben. Bei den **Indiern** u. **Persern** war ebenfalls die Priesterkaste im Besitz der medicinischen Kenntnisse. Bei den Indiern hat besonders die operative Chirurgie einen erstaunlich hohen Grad der Ausbildung erreicht. Das wichtigste indische (Sanskrit-) Werk über M., welches auf uns gekommen, ist der von Susrutas verfaßte Agur-Veda. Alles spricht dafür, daß in diesem Werke das Ergebniß von Beobachtungen u. Erfahrungen niedergelegt ist, zu deren Sammlung Jahrhunderte nöthig waren. Nach neueren Forschern ist der Agur-Veda etwa zu Anfang unserer christlichen Zeitrechnung entstanden. Bei den **Griechen** waren es besonders die Asklepiaden (s. d.), denen die Pflege der M. anvertraut war. Ihre Tempel (Asklepien) waren lange Zeit die einzigen Orte, wo Kranke sich hinwenden konnten, um Genesung zu erlangen. Die Heilmittel, welche man anwendete, waren theils psychischer, theils physischer Art. Sie wurden den Kranken durch Träume offenbart, welche die Priester auslegten. Im Ganzen aber mag das Heilverfahren gelind und einfach gewesen sein und in geregelter Diät und Beruhigung psychischer Exaltation bestanden haben. Durch die Aufzeichnung der vorzüglichsten Krankheiten haben die Asklepiaden sich jedenfalls einen großen Vorrath von Erfahrungen gesammelt, die sie jedoch bloß zur Aufklärung über den Zusammenhang gewisser Krankheitssymptome und zur Erweiterung der Prognose benutzt zu haben scheinen; doch grub man in die Säulen auch die Namen wirksamer Arzneimittel ein

u. überlieferte sie auf diese Weise den Nachkommen. Noch lange Zeit blieb die medicinische Wissenschaft und Kunst in den Tempeln verschlossen, bis allmählig die Philosophie Einfluß auf die Heilkunde gewann. Neben den Philosophenschulen wurden auch die Gymnasien der Ort, wo sich die M. unabhängig von dem Orden der Asklepiaden ausbildete. Die eigentliche Umbildung und tiefere Entwickelung der Heilkunde aber ging von dem großen Meister Hippocrates (s. d.) von der Insel Cos (geboren 460 v. Chr.) aus, bei dem die Beobachtung in ihrer vollen Reinheit und Konsequenz, frei von den Vorurtheilen der Priesterschule auftritt. Aber schon die nächsten Nachfolger des Hippocrates verließen den ruhigen Weg der Beobachtung wieder, indem sie sich bald mehr dem Theoretisiren, als der ärztlichen Routine zuneigten. Mit den Söhnen des Hippocrates, Thessalus und Dracon, sowie mit seinem Schwiegersohne Polybus begann die dogmatische Schule, zu welcher noch Dioxippus von Cos, Philistion von Locri, Chrysipp von Cnidus, Diocles von Carystus und Praxagoras von Cos gezählt werden. Von dieser Schule wurden zwar eine Menge philosophischer Theoreme und Spitzfindigkeiten in die M. hineingetragen, es wurden aber auch neue Entdeckungen gemacht, und Dogmatiker waren es, die zuerst größere Operationen unternahmen. Die Dogmatik in der M. hatte sich durch den Einfluß des Plato entwickelt, von Aristoteles ging die Empirie aus. Alexandria war der Ort, wo neben den andern Wissenschaften auch die M. eine sorgsame Pflege fand. Unter Ptolemäus I. lebten daselbst Erasistratus und Herophilus, die beiden größten Kenner der menschlichen Anatomie im Alterthum. Seit 280 v. Chr. trat nun, vielleicht schon angeregt von Herophilus, aber ins Leben gerufen von seinem Schüler Philinus aus Cos, die empirische Schule dem Dogmatismus entgegen. Ihre bedeutendsten Anhänger waren Serapion aus Alexandria und Heraclides von Tarent. Man legte sich wieder auf genaue Beobachtung und suchte die Hauptquelle der ärztlichen Erkenntniß in der Erfahrung. Die Anatomie wurde von den Empirikern vernachlässigt, ebenso die Aetiologie und Indikationenlehre; im Einzelnen aber trugen sie zur Erweiterung der Chirurgie, der Diätetik und der Materia medica Manches bei. Von Alexandria wanderte die griechische Heilkunde, nachdem sich die dogmatische und empirische Schule durch die Einseitigkeit ihres Princips erschöpft hatten, zu den Römern, bei denen ebenfalls ursprünglich nur die Priester im Besitz medicinischer Kenntnisse waren. Aber die Bewunderung, welche anfänglich der Kunst der griechischen Aerzte zu Theil wurde, verwandelte sich bald in Mißtrauen und Abscheu. Noch zu Plinius' Zeiten befaßten sich die Römer wenig mit Ausübung der Heilkunde, so einträglich auch die ärztliche Kunst war; man sah die Aerzte von Profession mit ungünstigen Augen an und bediente sich lieber zuverlässiger Sklaven und Freigelassener. Zur Zeit Cicero's zeichnete sich unter den in Rom lebenden griechischen Aerzten Asclepiades von Bithynien durch umfassende Kenntnisse, aber auch durch Charlatanerie aus. Er versuchte die Korpuskularphilosophie, wie sie von Epikur und Heraclides aus Pontus entwickelt worden war, auch auf die M. anzuwenden. In die Therapie hat er besonders die äußerliche und innerliche Anwendung des kalten Wassers eingeführt und auch manche neue diätetische Regeln gegeben. Die Richtung des Asclepiades, die vorherrschend auf die praktische Ausübung der Heilkunde ging, erhielt ihre theoretische Begründung durch die Schule der Methodiker, als deren Stifter Themison von Laodicea (63 v. Chr.) angeführt wird. Er strebte, das Gemeinsame in den verschiedenen Krankheiten aufzusuchen, diese auf wenige Typen zurückzuführen und für jeden Typus eine einfache Heilindikation zu finden. Die vollständigste Kenntniß der Principien der Methodiker verdanken wir dem Cälius Aurelianus. Zwischen 30 v. Chr. und 38 n. Chr. lebte Aul. Corn. Celsus (s. d.), von dessen Werk „De artibus“ der erhaltene medicinische Theil sich durch eine im Allgemeinen verständige Zusammenstellung und Kritik gleichzeitiger und früherer Lehren auszeichnet. Umfassender ist die Kompilation des älteren Plinius (s. d.). Der atomistischen Lehre des Asclepiades und der Methodiker trat die dynamische der Pneumatiker entgegen, die das Pneuma, das luftartige Princip, von dem alle Thätigkeit im Körper, Krankheit und Gesundheit ausgehe, in den Vordergrund stellte. Als Stifter dieser (neueren) pneumatischen Schule wird Athenäus aus Cilicien um 69 n. Chr. genannt. Sein Schüler Agatinus aus Sparta wich von der einseitigen Richtung seines Meisters ab und gründete 90 n. Chr. die eklektische Schule, die letzte unter den ärztlichen Schulen des Alterthums.

Am Ausgang der römischen Periode der M. steht Galenus, der in seinen Werken noch einmal das ganze medicinische Wissen des Alterthums zusammenfaßte und namentlich in der speciellen Physiologie wichtige Angaben hinterlassen, in Bezug auf Pathologie aber sich besonders um die Theorie einzelner Krankheiten und krankhafter Symptome verdient gemacht hat. Er bearbeitete zuerst die Psychiatrie, versuchte eine umfassende Eintheilung der Krankheiten, eine Unterscheidung der Entzündungen und eine theoretische Begründung der Puls- und Krisenlehre. Für alle nach ihm lebenden Aerzte des Alterthums blieb er fast unbedingte Autorität, und für die Heilkunde des Mittelalters dienten seine Schriften als Grundlage und Ausgangspunkt. Unmittelbar nach ihm verfiel die medicinische Kunst und Wissenschaft. Neben morgenländischen und abendländischen Philosophemen, welche in jener geistig mannichfaltig erregten Zeit emportauchten, war es vornehmlich der Aberglaube, der in den ersten christlichen Jahrhunderten überhaupt auf dem wissenschaftlichen Gebiete üppig sein Unkraut trieb und sich im damaligen römischen Reiche auch der Heilkunde bemächtigte. Magische Heilungen kamen an die Tagesordnung und brachten das Bedürfniß wissenschaftlicher Bildung fast völlig zum Schweigen. Zu gleicher Zeit machte sich die blindeste Empirie breit, welche vornehmlich nach neuen Arzneimitteln haschte und zu diesem Behuf namentlich das Thierreich ausbeutete. In den Zeiten nach der Theilung des römischen Reichs gerieth mit den Wissenschaften überhaupt auch die Heilkunde in den tiefsten Verfall. Nur im Osten erhielten sich noch einige schwache Ueberreste des in früheren Zeiten Geleisteten, namentlich suchten die Nestorianer durch Uebertragung griechischer arzneiwissenschaftlicher Werke in das Syrische und Arabische den Samen abendländischer

Kultur auch im Orient zu verbreiten. Die griechischen Aerzte betrachteten die Werke Galens als die Grenze, über die der menschliche Geist hinauszustreben nicht wagen dürfe; aber bald kam man dahin, daß man sich mit Auszügen aus früheren Kompilationen begnügte, wobei das Studium der Natur gänzlich verabsäumt ward. Nur Ein Mann ist es, der in dieser trüben Zeit als strahlendes Licht glänzt, der Bischof Nemesius von Emesa in Phönicien, der zu Ende des 4. Jahrhunderts in seinem Buche über die Natur des Menschen eine sehr verdienstvolle Anthropologie vom philosophisch-christlichen Standpunkt aus gegeben hat, ein Werk, in welchem wir nicht nur die mannichfachsten Nachklänge des gelehrten Alterthums, sondern auch manche Anklänge an naturphilosophische Bestrebungen der Gegenwart finden. Unter jenen geistlosen Nachtretern Galens aber ist noch der bedeutendste Oribasius aus Pergamus (um 360), der aus Galens und Anderer Werken einen systematischen Auszug in 72 Büchern und aus diesem einen andern in 9 Büchern verfaßte. Höher steht der im 6. Jahrhundert lebende Alexander von Tralles, der sich nicht mit den Beobachtungen seiner Vorgänger begnügte, sondern selbst forschte und sogar Galens Autorität anzutasten wagte. Im 7. Jahrhundert treten die Jatrosophisten und Kommentatoren des Hippocrates auf, unter denen der bedeutendste Paulus von Aegina ist, welcher sich namentlich im Gebiete der Chirurgie, der Frauenkrankheiten und Geburtshülfe Verdienste und großen Ruf erwarb. Aus der Finsterniß des 8. und 9. Jahrhunderts glänzt kein ärztlicher Name hervor. Aus dem 10. Jahrhundert haben wir eine von Nonnus oder Theophanes aus den Werken seiner Vorgänger gemachte Kompilation, aus dem 11. Jahrhundert ein kleines Werk über die Nahrungsmittel von Simeon Seth und ein ähnliches von Michael Psellus. Aus dem 13. Jahrhundert hat sich eine Schrift des Demetrius Pepagomenus über die Gicht, Einzelnes von den Werken des Johannes Actuarius und ein Recept- oder Apothekerbuch von Nikolaus Myrepsus erhalten. Von den Griechen gelangte die M. über Persien durch die aus Edessa vertriebenen Nestorianer und über Aegypten nach der Eroberung dieses Landes zu den Arabern, die sich des überlieferten Schatzes mit Glück bemächtigten. Das verloren gegangene syrische Werk eines nestorianischen Presbyters Ahrun aus dem 7. Jahrhundert, welches der Jude Maserdschawaih ins Arabische übersetzte, ist das älteste literarische Denkmal arabischer Heilkunde. Dasselbe umfaßte unter dem Titel „Pandekten" die gesammte praktische M. und gab auch eine Beschreibung der Pocken. Ganz besonders wurde im 9. Jahrhundert durch Uebersetzung griechischer Schriften die Literatur der Heilkunde bei den Arabern erweitert. Durch Vielseitigkeit des Wissens ragte besonders der gelehrte Abu Jusuf Jakub ben Jzhak el Kindi (Alkindus) hervor, von dessen zahlreichen Uebersetzungen u. eigenen Werken (deren man 200 angibt) nur Eins, „Ueber die zusammengesetzten Arzneien", in Europa bekannt geworden ist, worin die Grade und Qualitäten der Arzneien nach mathematischen Principien und nach den Gesetzen der musikalischen Harmonie bestimmt sind. Ein kleines Werk des Aben Guefit „Ueber die Kräfte der Arznei- und Nahrungsmittel" hat noch bis in die spätesten Zeiten den arabischen Aerzten in der bei ihnen vorzüglich beliebten Materia medica als Muster der Theorie gedient. Auf diese Männer, die größtentheils sammelten und übersetzten, folgten im 10. und 11. Jahrhundert die Koryphäen der arabischen Heilkunde, welche im Orient noch heut zu Tage als solche angesehen werden: Rhazes, Haly Abbas u. Avicenna. Besonders war es der letztere (eigentlich Abu Ali Alhossain Ebn Abd Allah Ebn Sinah), der Jahrhunderte lang mit Aristoteles und Galenus die Despotie im Reiche der Wissenschaften theilte. Sein „Kanon" galt bis ins 16. Jahrhundert herab als das umfassendste und beste Lehrgebäude der Heilkunde in den Schulen der Aerzte, indem es sich durch seine systematische Ordnung und Vollständigkeit, durch seine dialektischen Spitzfindigkeiten, in denen man damals die besten Surrogate für selbstständige Forschung und Naturbeobachtung sah, und nebenbei durch stylistische Schönheit empfahl. Mit Avicenna erreichte die arabische Heilkunde ihren Höhepunkt, von welchem aus sie, von fremden, abendländischen Einflüssen mehr und mehr berührt, ihrem Verfall entgegeneilte. Der namhafteste Repräsentant der arabischen Chirurgie ist Chalaf Ebn Abbas Abu'l Kasem Alzahravi (gewöhnlich Albucasis, Abulcasis oder Alzaharavius genannt), dessen Schrift von den chirurgischen Operationen das einzige chirurgische Werk ist, welches wir von den Arabern noch besitzen. Was den allgemeinen Charakter der arabischen Heilkunde betrifft, so war dieselbe zwar ganz auf die griechische basirt, aber doch in vieler Hinsicht eigenthümlich. Das praktische Heilverfahren war im Ganzen humoralpathologisch und schloß jegliches gewaltsamere Vorschreiten aus, war aber noch mancherlei abergläubischen und sonstigen Vorurtheilen unterworfen. Besonderer Pflege erfreute sich die Lehre von den Arzneimitteln, deren Anzahl die Araber, theils in Folge des durch neue Krankheitsformen geweckten Bedürfnisses, theils durch die empirische Sucht nach den neuen Mitteln veranlaßt und durch ihre ausgebreiteten Handelsverbindungen unterstützt, ins Unglaubliche vermehrten. Auch die Pharmacie ward von den Arabern so gut als neu geschaffen, wobei ihnen ihre chemischen Kenntnisse nicht wenig förderlich waren. Noch erinnern die Namen Alkohol, Naphtha, Julep, Sirop, Looch u. a. an ihren arabischen Ursprung.

Wie in der christlichen Welt des Mittelalters alle Lebensformen mehr oder weniger ein kirchliches Gepräge tragen, so mußte in den Händen des Klerus, des alleinigen Inhabers der Gelehrsamkeit, auch die Heilkunde, auf welche dem Christenthum das uralte Mutterrecht der Religion zustand, einen rein geistlichen und kirchlichen Charakter annehmen. Der religiöse Glaube ward zum großen Universalmittel erhoben und durch ihn die Heilkunde zu einer christlich-magischen Kunst herabgedrückt. Klöster wurden die Heilanstalten, wo die Kranken Hülfe suchten und Mönche und Nonnen mit den Heilapparaten der Kirche und wenigen empirischen Mitteln ihnen dieselbe angedeihen ließen. Vertrauensvoll ließ man sich insbesondere von den Klosterschwestern Beschwörungen, Psalmen, Gebete, Weihwasser oder einen kräftigen Kräutertrank, aber noch lieber die Ausübung der Wundarzneikunde gefallen, deren Kenntniß jedoch nicht nur den Klosterfrauen, sondern auch den Edelfrauen überhaupt damals eigen war. Auch Laienbrüder befaßten sich mit der Ausübung der M., standen aber in keiner besondern Achtung und wurden als gemeine, streng zu beaufsichtigende Lohnarbeiter angesehen, wie aus vielen Gesetzen des Mittelalters erhellt. Zu dem Trivium und Quadrivium der Kloster- und Kathedralschulen gesellte eine Verordnung Kaiser Karls des Großen noch die M., welche unter dem Namen Physica gelehrt ward. In den Klostergärten wurden Arzneigewächse gezogen, in manchen Zellen las man den Celsus, u. noch mehr Eingang scheint Cälius Aurelianus gefunden zu haben, dessen Studium Cassiodor den Mönchen seiner Zeit dringend anempfahl. Lichtpunkte in dieser sich langsam zur Kultur emporarbeitenden Periode bilden auch für die Geschichte der Heilkunde die Benediktinerklöster zu Monte Casino und Salerno, welche Schulen der M. wurden. Den für ärztliche Gelehrsamkeit bereits gewonnenen Boden erweiterte vor Allen Konstantin der Afrikaner († 1087), durch den vornehmlich die Kenntniß der arabischen M. im Abendlande verbreitet ward, der aber zahlreiche eigene Werke schrieb, unter denen das „Breviarium viaticum" geraume Zeit ein geschätztes Lehrbuch war. Die uns erhaltenen Werke der salernitanischen Schule sind meist in gereimten Herametern, den sogenannten leoninischen Versen, geschrieben. Ein Hauptverdienst dieser Schule ist, daß sie die M. von der hierarchischen Bevormundung und Klausur zuerst frei zu machen begann; die Mönche verwandelten sich nach und nach in Laienärzte, unter denen häufig auch Juden namentlich als Leibärzte von Fürsten erscheinen. Nun mußte aber auch die weltliche Obrigkeit sich veranlaßt finden, das Treiben der aus der Obhut der Kirche entlassenen Aerzte zu überwachen, und so entstanden eine Reihe von Medicinalgesetzen, unter denen die des Kaisers Friedrich II. von Hohenstaufen (1238) die wichtigsten sind. Auch das Gewerbe der Droguisten und Apotheker ward durch bestimmte Vorschriften geordnet. Die wissenschaftlichen Bestrebungen der Scholastiker und ihrer nächsten Nachfolger, eines Albert von Bollstädt, Roger Bacon, Raimundus Lullus, übten nur einen geringen Einfluß auf die Umgestaltung der M. aus, welche eine durchaus scholastische Farbe trug und auf der einen Seite der einseitigsten Verstandesrichtung folgte, auf der andern an dem Glauben an Wunder und an die Wirksamkeit verborgener Mächte festhielt und sich durch die Gestirne bei ihren Prognosen u. Kuren leiten ließ. Ein höchst wichtiges und folgenreiches Ereigniß aber war es, daß 1315 ein Professor zu Bologna, Mondini de Luzzi (Mundinus), Das wagte, was Kaiser Friedrich II. vergeblich gewünscht und Papst Bonifaz VIII. eben noch mit dem strengsten Kirchenbanne verpönt hatte, indem er öffentlich zwei weibliche Leichname zergliederte und damit die Anatomie in die Reihe der Universitätsstudien einführte. Die Literatur der mittelalterlichen Heilkunde bietet im Ganzen wenig Genießbares dar. Entschiedener Gunst erfreute sich die Heilmittellehre, welche durch die chemischen, vornehmlich mineralogische Arzneimittel darstellenden Arbeiten der obengenannten Raimund Lullus, Peter von Abano und Arnold von Villanova mannichfache Bereicherungen erhielt. Mit Auszeichnung muß vor allen der ärztlichen Familie Dondi aus Padua gedacht werden, aus welcher Johann († 1380) von Petrarca „Fürst der Aerzte" genannt worden ist, und Jakob (Jacobus Paduanus de Dondis) in seinem „Aggregator practicus de simplicibus" oder Arzneibuch die officinellen Pflanzen beschrieb und als ein Vorläufer der von jetzt an häufiger erscheinenden „Kräuterbücher" angesehen werden kann. Dagegen hat kein Zweig der Heilkunde im Mittelalter eine rohere Behandlung erfahren als die Chirurgie, die, als die Kirchenversammlung zu Tours (1163) den Mönchen, welchen der Betrieb der M. freigegeben war, die Ausübung chirurgischer Operationen untersagte, in die Hände fahrender Bruch- und Steinschneider und der mehr seßhaften Bader überging, deren Gewerbe für unehrlich angesehen ward, bis ihnen Kaiser Wenzel (1406) ein Privilegium ertheilte, welches jedoch keine Rechtskraft erlangte. Diese Verachtung des Gewerbes hatte zur Folge, daß durch päpstliche Dekrete die Chirurgie förmlich von der M. getrennt ward und die Universität Paris sich weigerte, einen Studirenden in die medicinische Fakultät aufzunehmen, der nicht zuvor der Chirurgie abgeschworen hatte.

Eine neue Epoche in der Geschichte der Heilkunde beginnt gegen das Ende des 15. Jahrhunderts. Auch sie strebte, als man die Schriften der alten Aerzte wieder in der Ursprache zu lesen und zu kommentiren begann, sich der scholastischen Formen und des Dogmenzwanges zu entledigen. Unter den Männern, welche der M. diese humanistische Richtung gaben, durch die sie weniger Bereicherung des Inhalts als Veredlung der Form gewann, ist einer der ersten Nikolaus Leoniceno, Arzt zu Ferrara († 1524), der durch seine damals sehr kühne Schrift über die Irrthümer des Plinius und der Araber den ersten Impuls zu freisinniger Forschung gab. Großen Ruf erwarb sich Anutius Foesius aus Metz, dessen neue Textrecension und Uebersetzung von des Hippocrates Schriften noch heut zu Tage nicht übertroffen ist. Durch ihre gelehrten Briefe wirkten besonders Giov. Manardi aus Ferrara († 1536) und Johann Lange aus Löwenberg († 1565) auf die Belebung klassisch-medicinischer Studien und die Beseitigung vieler Irrthümer der arabistischen Zeit, während Ludwig Lemos, Professor in Salamanca, und Geron. Mercuriali, zuletzt Professor in Pisa, eine Censur der Schriften des Hippocrates unternahmen, wodurch zuerst wieder eine Scheidung der ächten von den untergeschobenen versucht ward. Die Widersprüche zwischen den alten Aerzten und der späteren, noch in Autorität stehenden M. auszugleichen und das Alte mit dem Neuen in Einklang zu bringen, ließen sich jetzt viele gelehrte Aerzte angelegen sein, die deshalb Konciliatoren heißen und zu denen auch Michael Serveto gehört, dem man die Entdeckung des kleinen Blutkreislaufs verdankt. Aber nicht allein formeller Gewinn, sondern auch materielle Bereicherung und Berichtigung durch empirische Forschung ward der Heilkunde in reichem Maße zu Theil. Die Natur selbst drang ihr die Erfahrung auf, als im 15. und 16. Jahrhundert theils neue Krankheiten erschienen, über welche die Alten und die Araber keine Auskunft gaben, wie die Syphilis, der Skorbut, der Weichselzopf, der sogenannte englische Schweiß, der Keuchhusten, epidemische Lungenentzündungen und besonders typhöse Fieber, die Kriebelkrankheit u. a., theils schon bekannte Uebel in Seuchenform wieder hereinbrachen.

Die bedeutendste Bereicherung erhielt in diesem Zeitraum die Anatomie durch Berengar von Carpi, der über hundert menschliche Leichname zergliedert haben soll, Jacques du Bois (Sylvius), den Wiederhersteller der Anatomie in Frankreich, Andreas Vesalius in seinem berühmten Werke über den Bau des menschlichen Körpers, welches die ersten naturgetreuen Abbildungen in Holzschnitten enthält, zu denen vielleicht Tizian selbst, gewiß aber dessen Schüler Johann von Kalkar die Zeichnungen besorgte, Bartolemeo Eustachi, der sich insbesondere durch treffliche Kupfertafeln ein großes Verdienst um Förderung der Wissenschaft erwarb, u. besonders Gabr. Faloppia, der sich durch gründliche Forschung u. musterhaft klare Darstellung auszeichnete. Von den Männern aber, welchen die eigentliche Heilkunde jener Zeit wichtige Beobachtungen verdankt, ist einer der ersten Nik. Massa aus Venedig († 1569), der in einer Schrift über die Pest zuerst die Fürsorge des Staats in Bezug auf dieselbe in Anspruch nahm. Sehr verdient durch seine „Consilia medica“ machte sich Crato von Kraftheim aus Breslau († 1585), der Leibarzt von drei deutschen Kaisern. Eine bedeutende Förderung erhielt die Pathologie hinsichtlich der Diagnose und Prognose der Krankheiten, als man, durch das Studium der Alten, namentlich des Hippocrates, angeregt, die Zeichenlehre fleißiger bearbeitete. Durch eine scharfsinnige, aber unhaltbare Theorie der sogenannten kritischen Lage zeichnete sich Geronimo Fracastori († 1553) aus Verona aus, einer der ausgezeichnetsten humanistischen Aerzte, der die noch heute gangbare Lehre von der Ansteckung und den Kontagien zuerst begründet hat. Auch die Harnschau (Uroskopie und Uromantie), welche bei den arabischen u. mittelalterlichen Aerzten einen Haupttheil ihre Kunst bildete, erfuhr in sofern eine durchgreifende Läuterung, als der Werth des Harns als eines Zeichens der Krankheit durch genaue Beobachtungen ermittelt ward. Der eigentliche Begründer der Semiotik in dieser Zeit ist Prospero Alpini († 1617), der in seinem klassischen Werke „De praesagienda vita et morte aegrotantium“ die Erfahrungen der Alten mit neuer Naturbeobachtung geistreich und glücklich zu verbinden wußte, und nicht geringeres Verdienst um den genannten Theil der M. erwarb sich Jodocus Lonim (Lommius) durch synthetische Zusammenstellung der Krankheitszeichen und eine hippokratische Fieberlehre. Besondere Auszeichnung verdient noch der treffliche Beobachter Felix Plater, Professor zu Basel, der in seiner „Praxis medica“ die erste nosologische Klassifikation der Krankheiten unternahm. Namentlich aber sind es einige französische Aerzte, deren Bestrebungen die Heilkunde des 16. Jahrhunderts sehr viel von der wissenschaftlichen Reform verdankt, welche mit Abschüttelung des Autoritätsglaubens ihren Anfang nimmt. Dies sind Pierre Brissot aus Poitou († 1522), der im Gegensatz zu dem vorzüglich von den Arabern empfohlenen Derivationsaderlaß die altgriechische Methode der sogenannten Revulsion wieder anempfahl, Jean Fernel aus Amiens († 1558), der eine der galenischen direkt entgegengesetzte Theorie der Krankheit aufstellte, in sofern er den Säften nur die entfernteren Momente der Krankheitserzeugung zuschrieb und die Krankheit selbst, die er für identisch mit ihrer nächsten Ursache hielt, wesentlich in den festen Theilen begründet fand, und J. Argentieri aus Castelnuovo in Piemont († 1572), dessen Polemik namentlich das alte Elementarsystem und die vielen Geister und Kräfte angriff, deren Galenus zur Erklärung der Funktionen bedurfte. Auch die Chirurgie erfuhr im 16. Jahrhundert manche günstige Veränderung, indem man anfing, selbstständiger zu verfahren und statt der Salben und Pflaster das Messer zu handhaben. Der größte Wundarzt jener Zeit ist Ambroise Paré (Paräus, † 1590), der fast auf alle Theile der Chirurgie einen belebenden und reformatorischen Einfluß ausgeübt hat. Mit der Chirurgie blühte auch ein anderer lange vernachlässigter Zweig der M. auf, die Geburtshülfe, die bisher ausschließlich ungebildeten Weibern überlassen war, während die Ausführung blutiger zur Entbindung nöthigen Operationen den fahrenden Chirurgen anheimfiel. Erst zu Anfang des 16. Jahrhunderts (1513) schrieb Eucharius Rößlein (Rhodion), Arzt zu Worms und Frankfurt, „Der schwangeren Frauen Rosengarten“, ein aus älteren Schriften kompilirtes, aber mit deutscher Sinnigkeit verfaßtes Hebammenbuch, das, aller Mangelhaftigkeit ungeachtet, lange Zeit in Gebrauch blieb. In dieser Zeit kam auch zuerst die gerichtliche M. auf, die aber erst später weitere Ausbildung fand.

Mitten unter diesen Bestrebungen der Heilkunde, ihr Gebiet im Reiche der Erfahrung möglichst zu erweitern und ihm materielle Ausbeute jeglicher Art abzugewinnen, trat mit Theophrastus Paracelsus (s. d.) ein Mann auf, der ihr eine ideale Richtung ertheilte und die schon längst wankenden Pfeiler der Herrschaft Galens vollends niederriß. Seine Erscheinung bezeichnet die eigentliche Grenzscheide des Mittelalters und den Anbruch der für die Heilkunde lange schon vorbereiteten neuen Zeit. Der Grundgedanke, welcher die Schriften dieses vielfach verkannten Mannes durchdringt, ist die Idee des Makrokosmus und Mikrokosmus theils in ihrem eigenthümlichen u. selbstständigen, theils in ihrem gegenseitigen harmonischen Verhältniß u. die Auffassung der Natur als eines großen, lebendigen Ganzen, in welchem weder Stillstand, noch Tod, sondern stets fortschreitende, durch ein inneres Princip bedingte organische Entwickelung besteht. Demgemäß faßt er die Krankheit als ein lebendiges Wesen auf, als eine parasitische Pflanze mit einem selbstständigen individuellen Lebensprozeß, der im Schooße eines anderen, höheren sich bilde. In seiner Therapie erkannte er zwar die Heilkraft der Natur an, jedoch in beschränkterer Weise als die Alten, weshalb er auch der Kunst den größten Spielraum anwies. Während aber bei den Alten als oberstes Heilprincip das enantiopathische galt, nach dem die Krankheit durch Heilmittel entgegengesetzter Qualität (contraria contrariis) gehoben wird, war sein Heilverfahren homöobiotisch (isopathisch), indem ihm nämlich die Heilung als ein aus dem gesunden Leben entsprungener, specifisch individueller Vorgang erschien, den die Natur und öfter die Kunst hervorrufe, um die Krankheit dadurch zu bekämpfen. Die wahren Heilmittel (arcana) sind ihm daher lebendige oder lebensfähige, samenähnliche Wesen, aus denen im Schooße des Organismus eine neue individuelle Lebensentwickelung behufs der Ueberwältigung der krankhaften hervorgehe. Daher war ihm das Materielle des Arcanums auch nur die Hülle einer immateriellen geistigen Arzneikraft, die in der geringsten Menge die bedeutendsten

Wirkungen erzeugen könne. Wenn er auch magischen Heilungen und dem Gebrauch der Talismane das Wort redete, so huldigte er damit eben nur der allgemeinen Zeitrichtung. Hohe Verdienste hatte er aber um die Chirurgie, indem er hier besonders die Heilkraft der Natur berücksichtigte, dabei jedoch auch entsprechende wirksame Arznei anwandte. Wie gewichtige Einwürfe auch gegen die Ansichten dieses Mannes, die aus dem Gebiete des Wirklichen sich oft zu weit in die Irrgänge des Phantastischen verloren, erhoben werden mögen: so viel muß man anerkennen, daß er durch die tiefinnere Erfassung der Menschennatur der Heilkunde einen höheren Charakter geschaffen oder wenigstens vorgezeichnet hat, den aus seiner rohen und mangelhaften Form zur Vollendung zu bringen der Folgezeit vorbehalten war. Paracelsus fand bald eine große Schaar von Anhängern, die meist unberufen sich des unverstandenen mystischen Elements seiner Werke bemächtigten und durch dieses den Mangel positiver Kenntnisse zu ersetzen wähnten, auf diese Weise aber dem Ansehen ihres Meisters nur schadeten. Den größten Ruhm unter den Jüngern des Paracelsus erwarb sich Peter Severin aus Ribe in Jütland († 1602), der in seiner „Idea medicinae philosophicae" in besserer Schreibart und mit vieler Wärme, doch ungenügend und mangelhaft, die Ansichten seines Lehrers vortrug, indem er nicht selten das dort bildlich Ausgedrückte in wörtlicher Bedeutung nahm u. das wahrhaft Prägnante paracelsischer Ideen nicht faßte. Es war erfreulich, daß auch humanistisch gelehrte Aerzte des Paracelsus Werke studirten u. eine Vereinigung des galenischen Systems mit dem seinigen zu bewirken suchten; aber auch Laien begannen unter paracelsischem Schilde sich mit einer mystischen M. zu befassen, und die Heilkunst ward wieder völlig in das Gebiet der Mystik entrückt, als die Gesellschaft der Rosenkreuzer (s. d.) den Namen des Paracelsus zu ihrem Losungsworte erhob. Als Vertheidiger der alten Schule gegen die paracelsischen Neuerungen traten Thomas Erastus (Lieber), Professor zu Heidelberg und Basel, sein Freund und Kollege Heinrich Smets (Smetius), mit besonderem Erfolg aber Andr. Libavius aus Halle auf, dessen chemische Arbeiten das Irrige und Phantastische in vielen paracelsischen Behauptungen erkennen ließen. Sein Verdienst ist es, daß von nun an die Chemie immer größeren Einfluß auf die Heilkunde gewann und die spagirische M. und die spagirischen Mittel der Paracelsisten sich ihrer geheimnißvollen Hüllen mehr und mehr entäußerten und zu ihrer wissenschaftlicheren Schätzung und Gewinnung die Bahn gebrochen ward. Unter den großen Philosophen des 17. Jahrhunderts haben vornehmlich Baco von Verulam und Descartes, die beiden Hauptwortführer der Erfahrung und Spekulation, den entschiedensten Einfluß auf die Heilkunde ausgeübt. Namentlich bot der letztere durch seine Korpuskularlehre den dogmatischen Bestrebungen der Aerzte einen willkommenen Stoff dar, während der Einfluß des erstern erst später die starre Einseitigkeit der Schule überwinden half. Ehe dies aber geschah, führte der Dogmatismus in der M. noch das Scepter, indem er sich in zwei Schulen, die chemiatrische und iatromathematische, theilte. Die chemiatrische schloß sich zum Theil den Lehren des Paracelsus an, u. es ging daraus hervor, daß man die Chemie nicht bloß zur Bereitung der Arzneien, sondern auch zur Erklärung des organischen Lebens mehr und mehr zu Rathe gezogen wissen wollte. Schon zu Anfang des 17. Jahrhunderts wurden auf den Universitäten eigene Lehrstühle der „Chymiatria" errichtet, in Deutschland zuerst in Marburg, in Frankreich zu Montpellier. Diese Chemiatrie bestand aber lediglich in der Darstellung und Anwendung der neuen mineralischen Arzneimittel, von denen nach u. nach zweckmäßigere Formen und Zusammensetzungen bekannt wurden. Eine andere, und zwar spiritualistische Gestaltung erhielt die Chemiatrie durch van Helmont († 1644), der Mystik und Naturforschung mit einander zu verbinden strebte und als Hauptgedanken die Beseelung der ganzen Natur durch geistige Schöpfungskräfte aufstellte. An der Spitze dieser Kräfte stand ihm der Archeus oder das schaffende Princip der Natur, und seine Therapie zielte auf Beruhigung und Zurechtleitung des erzürnten oder verirrten Archeus hin, wozu er geistige Einwirkungen und Arcana, aber auch Wein, Opium, Spießglanz- u. Quecksilbermittel benutzte. Hat er sich in seinen Werken durch seine theosophischen Ansichten, seinen Glauben an Träume und Offenbarungen auch vielfach zu schwärmerisch-mystischen Behauptungen verleiten lassen, so enthalten dieselben doch auch einen reichen Schatz von Gedanken, durch welche die wichtigsten Gebiete der Heilkunde befruchtet worden sind. Die entgegengesetzte rein materielle Richtung erhielt die Chemiatrie durch Franz de la Boë (Sylvius, † 1673), der dem einseitigsten und materiellsten Chemismus huldigte, indem er den ganzen Lebensprozeß in Gährungen und Aufbrausen der Säfte, vornehmlich des Speichels, des pankreatischen Saftes und der Galle, setzte und die ganze Pathologie auf den Konflikt dieser chemischen Stoffe (Schärfen) gründete. Seine Therapie stand hiermit ganz in Einklang, wenn sie blindlings den Schärfen die chemisch neutralisirenden Mittel entgegenstellte und mit Abführungen, flüchtigen Salzen, giftwidrigen Tränken, säurebindenden, absorbirenden und schweißtreibenden Mitteln einen entsetzlichen Mißbrauch trieb, dem Tausende als Opfer gefallen sind. Leider fand diese materiell chemische Ansicht bei den damaligen Aerzten außerordentlichen Anklang, und so kam es, daß sich gerade die verderblichste Form der Chemiatrie am weitesten Bahn brach.

Die zweite Schule des Dogmatismus, die iatromathematische oder iatromechanische, suchte das Leben aus den Gesetzen der Statik und Hydraulik zu begreifen und wollte die M. als einen Theil der angewandten Mathematik und mechanischen Physik angesehen und behandelt wissen. Sie glaubte dadurch die M. zu einer festbegründeten Naturwissenschaft machen zu können, indem sie auf das hohe Ansehen der mathematischen Naturlehre, welche jetzt allenthalben eine so schwunghafte Bearbeitung erfuhr, vertraute, wozu noch kam, daß die Entdeckung des Kreislaufs des Bluts die Meinung nahe legte, daß die bewegende Kraft des Bluts mit der in hydraulischen Maschinen vergleichbar und mithin der Berechnung unterworfen sei. Aber man blieb bei dem Blute nicht stehen, sondern faßte bald jede andere Funktion nur in Bezug auf räumliche Veränderung und jedes Organ wie ein mechanisches Instrument auf, wobei man höchstens noch einiges Gähren und Aufbrausen, namentlich des Nervensaftes, als Lebenszeichen gelten ließ. So gelangte man leicht dahin, daß man die Zähne mit Scheeren, den Magen mit einer Flasche, die Arterien und Venen mit hydraulischen Röhren, das Herz mit dem Stempel in einer Wasserkunst, die Eingeweide mit Sieben, die Muskeln mit Hebeln verglich und selbst die chemischen Prozesse im Körper aus der Figur der kleinsten Theilchen, aus der Natur des Keils und Hebels erklärte. Die thierische Wärme ließ man durch die Reibung der Blutkügelchen entstehen, die Sensationen durch Schwingung der gleich Saiten gespannten Nerven, die Absonderungen durch den Druck der verschiedenen Durchmesser der Gefäße und der Winkel ihrer Aeste auf das Blut, die meisten Krankheiten aus Stockungen der Säfte in den engsten Gefäßen. Alles ward durch Zahlen ausgedrückt, durch mathematische Figuren und Formeln erläutert und durch Maß und Wage bestimmt, zu welchem Behuf man gern auf die Erfindung besonderer Instrumente ausging. Wie deutlich jedoch diese Schule selbst die Unzulänglichkeit ihrer Theorie erkannte, geht daraus hervor, daß sie in der Praxis keinen Gebrauch davon machte, sondern hier meist den empirischen Weg einschlug. Auf diese Weise hat die Menschheit weniger von ihr zu leiden und die Wissenschaft noch den Vortheil gehabt, daß man fortan bei umfassenderer Erklärung der Lebenserscheinungen auch die mechanischen Momente gern berücksichtigte. Der eigentliche Gründer der iatromathematischen Schule war Giov. Alfonso Borelli aus Neapel, der in seinem trefflichen Werke über die Bewegung der Thiere den Theil der Physiologie, auf welchen die Gesetze der Mechanik noch die meiste Anwendung finden, nämlich die Lehre von der Muskelbewegung, scharfsinnig bearbeitet, durch die Lehre vom Hebel erläutert und alle die ungünstigen Momente, durch welche ein bedeutender Theil der aufgewendeten Muskelkraft verloren geht, nachgewiesen hat. Indem wir aus der Enge dieser Schulen auf das große offene Feld der Erfahrung heraustreten, begegnen uns zunächst die glänzenden Namen eines Harvey und Sydenham. William Harvey (1578—1658) machte die große Entdeckung vom Kreislaufe des Bluts, verkündigte das omne vivum ex ovo gegen die Anhänger der Generatio aequivoca und ward dadurch der wahre Schöpfer der neueren Physiologie, welche auf Bacons Weg die Enträthselung der Lebenserscheinungen verfolgt. Die Anatomie erfreute sich in diesem Jahrhundert besonders eifriger Bearbeitung, und eine Entdeckung auf ihrem Felde folgte der andern; namentlich trug die Verbesserung der Mikroskope mächtig dazu bei, „dem staunenden Sinn eine Wunderwelt im kleinsten Raume aufzuschließen“, was zunächst durch die Bemühungen Malpighi's und Leeuwenhoeks geschah. Der praktischen M. ward der Vorrath ihrer Arzneien durch bedeutende Mittel vermehrt, unter welchen die Chinarinde obenan steht, die, 1640 nach Europa gebracht, durch ihre unvergleichliche Heilkraft, welche sich nicht im Sinne der damals geltenden Systeme schulgerecht erklären ließ, aber täglich sich durch neue Erfahrungen bewährte, die Mängel der herrschenden Systeme enthüllen und den Dogmatismus verdrängen half. Die Ipecacuanhawurzel wurde als ein brasilianisches Heilmittel der Ruhr von Paris aus 1686 verbreitet. Die Arnica trat in die Reihe der kräftigsten Arzneien ein, die isländische Flechte wurde 1673 durch H. Borrich, die Heilsamkeit des Fingerhuts durch Parkinson und der Gebrauch des Baldrians gegen die Epilepsie durch Fabio Colonna bekannt. Durch die trefflichsten Untersuchungen über die Wirkung des Wasserschierlings und anderer Gifte eröffnete J. J. Wepfer die Bahn zu den vielen ähnlichen Forschungen der neuesten Zeit. Eine besondere Erwähnung unter den Heilmethoden der damaligen Zeit verdienen noch die Transfusion und Infusion, durch deren erste man das Blut selbst zum Heilmittel machte, während man durch die andere nur die Wirkung der Arzneien zu verstärken und zu beschleunigen suchte (s. Infusion und Transfusion). Unter den Krankheiten des 17. Jahrhunderts nehmen einen Hauptplatz die Seuchen ein, welche durch Krieg, zumal in Deutschland durch den dreißigjährigen, durch Hungersnoth, Elend aller Art und durch ungewöhnliche kosmische und tellurische Einflüsse begünstigt wurden. Von chronischen Krankheiten lernte man die Rhachitis kennen, deren erste Erscheinung in das Jahr 1630 fällt; auch der Cretinismus in den Alpenthälern regte zuerst die Aufmerksamkeit der Aerzte an. Der größere Verkehr mit entfernten Welttheilen vermehrte die Erfahrungen über den klimatischen Unterschied der Krankheiten, und auch der Beobachtung der Epidemien und der epidemischen Konstitution wurde größere Aufmerksamkeit zugewendet, nach dem Vorgange Thomas Sydenhams (1624—89), der, die Idee des Lebens in ihrer ganzen Reinheit fassend, die dem Leben entfremdete Heilkunde wieder auf den Weg der Natur leitete. Die einzelne Krankheit betrachtete er als eine parasitische Vegetation auf dem Boden eines andern Lebendigen, die ihr specifisches Heilmittel verlange, und das Fieber ganz nach des Hippocrates Weise als ein heilsames Bestreben der Natur, den Krankheitsstoff zu entfernen. Seine kühne Anwendung des antiphlogistischen Heilverfahrens hat ihn in sofern zum Wohlthäter der Menschheit gemacht, als durch dasselbe die deutlich anerkannte entzündliche Natur der herrschenden Krankheiten glücklich bekämpft und die verderblich erhitzende Methode der spagirischen Schule verdrängt ward.

Die Heilkunde des beginnenden 18. Jahrhunderts fand ihre beiden größten Koryphäen, Stahl und Hoffmann, auf der Universität Halle vereinigt. Stahl, von der M. alles Materielle abstreifend, machte die Seele zum Princip derselben, in der sich Alles auflöse und von der Alles ausfließe. Er fand den immateriellen Grund des Lebens in einer ursprünglich thätigen, bewegenden und vorstellenden Anima, die beim Akt der Zeugung allein das Thätige und Uebergehende sei, sich ihren Körper baue und durch ihre Energie (Bewegung) Empfindung u. Ernährung bewirke. Der Körper sei ihm das Leidende, ein unmittelbares Werkzeug der Seele u. dadurch ein Organismus, der nur eine mechanische Anlage habe und dessen Leben allein im Leben der Seele bestehe. Durch dieses erfolge zunächst die Erhaltung seiner Mischung und Struktur, da er ohne den Schutz des Lebens der schnellsten Fäulniß verfalle, und eben dieser Akt der Fäulniß sei der Tod. Das Leben des Körpers offenbare sich durch Bewegung, Bewegung aber setze bewegende Kraft (Energie) voraus, ein Immaterielles, welches kein anderes als die Seele sei. Da alle Bewegungen ihren letzten Grund in der

Seele haben, so sei die gestörte Idee der Regierung der thierischen Oekonomie die allgemeinste Ursache des Krankseins; aber, für die Erhaltung der Gesundheit besorgt, rufe die Seele auch bei aller Störung heilsame Bewegungen hervor, was augenscheinlich in Fiebern der Fall sei. Sache der Heilkunst sei es, diese Bewegungen zu ordnen und zu leiten, zu stärken oder zu schwächen, um das wohlthätige Streben der Natur zu unterstützen. Man kann füglich behaupten, daß der **Stahlismus** die M. wahrhaft beseelt habe, indem er ihr, die in den Schulen erstarrt war, einen prometheischen Funken einpflanzte und alle dämonischen oder sonst erträumten Insassen aus dem Hause des Lebens vertrieb, dessen angebliches Maschinenwerk sich in ein organisches Kunstgebilde verwandelte. Wie wenig aber Stahls Lehre von den nächsten Zeitgenossen verstanden wurde, ergibt sich aus der Anwendung, welche die Jatromathematiker von ihr machten. Indem sie erkannten, daß das mechanische Spiel der Kräfte unter einem höheren Agens steht, welches aller Berechnungen spottet, wurde von ihnen zu diesem Agens Stahls Anima ausersehen und als unsichtbare Feder der Maschinerie des menschlichen Körpers einverleibt. Hauptsächlich war dies in England der Fall, wo Newtons Grundsätze u. namentlich seine Lehre von der Attraktion den Jatromathematikern neue Stützen liehen. Stahls Kollege, Friedrich **Hoffmann** (1660—1742), suchte in der M. Alles physisch und mechanisch zu erklären. Alles Leben besteht ihm in einer Bewegung, die durch die Materie selbst bedingt ist, und in dem von ihr abhängigen Kreislauf des Bluts als der ersten Fundamentalbewegung, zu der noch eine andere, aus der Systole und Diastole der harten Hirnhäute zusammengesetzte kommt, die sich auf die übrigen Theile fortpflanzt. Diese im Wechsel von Spannung und Erschlaffung fortdauernde Bewegung ist es, die den Körper erhält und gegen Fäulniß und Zerstörung schützt, und den letzten Grund dieser Bewegung setzte er in ein seelenartiges Princip in der Luft, einen sogenannten Nervenäther, der im Gehirn abgesondert werde und mittelst der Nerven den ganzen Körper durchströme. Krankheit besteht bloß in Fehlern der Bewegung, und alle Krankheitsursachen wirken zunächst nicht auf die Säfte, sondern auf die festen Theile oder das Solidum vivum ein. In sofern diese aber bloß der Anspannung und Abspannung (stärkerer oder schwächerer Bewegung) fähig sind, gibt es auch nur zwei Hauptformen der Krankheit: Krampf und Atonie. Durch jenen entstehen Fieber und Entzündung, durch diese Krankheiten der Säfte. Eine Hauptursache der Krankheiten suchte Hoffmann wie Stahl in der Vollblütigkeit, ferner in Luftstoffen und im Thau, ja er nahm sogar noch einen Einfluß der Konstellationen und Planeten, des Teufels und der Dämonen an. Dennoch hatte er von der Heilkraft der Natur und den Krisen sehr richtige Vorstellungen und verwarf unthätiges Abwarten, wo es zu handeln galt. Zu einen unleugbarsten Verdiensten gehört aber, daß er sich auch die diätetische Behandlung der Kranken sehr angelegen sein ließ und den Gebrauch warmer Bäder, besonders der natürlichen Heilquellen, empfahl. Stahls unverstandene, aber bewunderte Größe u. Hoffmanns eindringliche Klarheit würden zu alleinigem Ansehen gelangt sein, hätte nicht der Ruhm Hermann **Boerhaave's** (1668—1738) die Bewunderung der Zeitgenossen auf sich gelenkt. Boerhaave hat zwar der Heilkunde keinen eigentlichen bedeutenden oder nachhaltigen Gedanken hinterlassen, sondern ganz eklektisch aus dem Nachlaß seiner Vorgänger eine völlig unhaltbare Theorie aufgestellt, die er in der Praxis glücklicher Weise nicht zur Anwendung brachte; aber dafür übte er einen um so größern Einfluß durch sein großes Lehrtalent, durch seine beredte, lichtvolle Zusammenfassung großer Massen in übersichtlicher Darstellungsweise und durch seine hohe Begeisterung für die Wissenschaft aus. Das viele Uebereinstimmende und Faßliche in Hoffmanns und Boerhaave's Lehren begünstigte den **Eklekticismus**, zu welchem Boerhaave selbst das Beispiel gab, und zog eine große Menge Aerzte auf diesen breiten und bequemen Weg. Der berühmteste unter ihnen ist Gerhard van Swieten († 1772), der durch seine trefflichen Kommentare über die Aphorismen Boerhaave's u. seine Begründung einer klinischen Schule zu Wien sich den Dank der Nachwelt verdient hat. Die Mitte des 18. Jahrhunderts wird in der Geschichte der Heilkunde durch den großen Albrecht von **Haller** (1708—78) bezeichnet, der sich um Anatomie, Physiologie, Botanik und Literaturgeschichte der M. außerordentliche Verdienste erworben hat. Es ist hier besonders der von ihm aufgestellten Lehre von der **Irritabilität** zu gedenken, durch welche die Solidartheorie einen mächtigen Vorsprung gewann. Diese Theorie, welche der humoralen und mechanischen gegenüber das Leben und dessen Erscheinungen vorzugsweise in den festen Theilen, namentlich im Muskel- und Nervensystem, begründet sieht und, anstatt ein fremdes Gesetz dem Organismus aufzudringen, das innerliche und eingeborne desselben zur Anschauung zu bringen sucht, hatte einigermaßen schon in J. Fernel einen Bekenner gefunden; aber als ihr eigentlicher Begründer ist Fr. Glisson anzusehen, der zuerst eine allgemeine organisch-bewegende Grundkraft, die Irritabilität, erkannte und dieselbe als die Quelle der Sympathien nicht allein den Fasern, sondern auch dem Blute, Parenchyma, Mark und selbst den Knochen zuschrieb. Haller faßte den Begriff der Irritabilität bestimmter und enger, indem er sie als die Grundkraft und Lebensthätigkeit der Muskeln bezeichnete. Neben der Muskelkraft machte aber auch das Nervenleben seine Ansprüche geltend, und zwar beförderte Haller selbst die Anerkennung der Nervenkraft, indem er dieselbe streng von der Irritabilität schied und dieser eine freilich ganz unerweisliche Ursache, nämlich die Gallerte (gluten) der Muskelfasern, unterschob. Bald wurden allgemein Gehirn und Nerven als die alleinigen Inhaber und Beherrscher alles Lebens im Organismus angesehen, eine Ansicht, welche in ihrer höchsten Entwickelung und Einseitigkeit im System William **Cullens** (1709—90) hervortritt, der von Hoffmanns System ausging, aber das Solidum vivum allein auf das Gehirn und die Nerven beschränkte, in denen er ein eignes, in einem ätherartigen Nervenfluidum enthaltendes Vitalprincip u. außerdem noch im Gehirn eine besondere Bewegungskraft annahm. Anatomie und Physiologie genossen in dieser Periode einer ersprießlichen Pflege, so daß fast keine andere Disciplin eine größere Anzahl berühmter Namen aufzuweisen hat. Was die praktische M. betrifft, so kam die alte Humoraltheorie besonders in dem Gastricismus der wiener Schule zum Vorschein. Diese Schule durch den verdienstvollen van Swieten gestiftet, hatte im Anton de Haen ihren ersten berühmten Lehrer erhalten, erreichte ihren Höhepunkt aber in Maximilian Stoll aus Schwaben, der in genauer Verfolgung der epidemischen Konstitution den Sitz krankhafter Thätigkeit vorzugsweise im Unterleibe erblickte, dessen entartete Säfte und Unreinigkeiten nur durch Brechmittel zu beseitigen seien. Fast gleichzeitig entstand Johann Kämpfs berühmte Lehre von den Infarctus, nach welcher durch Verdickung des trägen Bluts in den Unterleibsvenen, namentlich der Pfortader, wie durch Stockung des Serums in seinen Gefäßen und Drüsen ein Unrath zäher, kleisterartiger und polypöser Konkremente im Darmkanal entstehen sollte, gegen welche oft Jahre lang mit auflösenden (ihn eigentlich bildenden) Visceralklystieren operirt ward. Mit geringerem Erfolg, aber größerem Scharfsinn entwickelte Chr. Ludwig Hoffmann ein System in der Humoralpathologie, nach welchem die Krankheit von einer sauren oder fauligen Verderbniß der Säfte ausgeht, welche, auf die festen Theile wirkend, hier einen krankhaften Reiz hervorbringt. Diesen grobmateriellen Lehren folgten einigermaßen feinere, aber nicht minder verwerfliche, mit welchen die wiedererwachte Chemiatrie im letzten Viertel des Jahrhunderts sich prunkend erhob. Die großen Fortschritte der Chemie in dieser Zeit wurden sogleich von den Aerzten in Anspruch genommen, um darauf neue Theorien zu bauen, obgleich Fourcroy selbst, der gewichtigste Stimmführer der neueren Chemiker, die Aerzte gewarnt hatte, in dem Lebensprozesse das Ergebniß chemischer Veränderungen zu sehen. Aber man war zu sehr hingerissen von den Verheißungen einer Doktrin, die durch ihre Zerlegungen Unglaubliches leistete und zugleich in allen Mischungsverhältnissen ein strenges Gesetz offenbarte, auf welches zuerst der hochverdiente J. B. Richter in seinen stöchiometrischen Versuchen hinwies. Schon Priestley hatte die Natur der Luftarten aufgeklärt, aber durch Anton Laur. Lavoisier trat eine Radikalreform der ganzen Wissenschaft ein, indem der Sauerstoff das Phlogiston verdrängte und mit dem Kohlen-, Wasser- und Stickstoff seine mannichfachen Bündnisse schloß. Sogleich bemächtigte sich Christ. Girtanner des Sauerstoffs, um ihn zum Lebensprincip der ganzen organischen Natur zu ernennen, und in England bildete sich eine sogenannte antiphlogistische M., welche im Ueberfluß oder Mangel des Sauerstoffs, ja selbst im oxydirten Stickgas die Ursache aller Krankheiten fand. Die äußerste Höhe dieser neuen Chemiatrie bezeichnet J. B. Th. Baumes in Montpellier, der alle Krankheiten nach dem Vorwalten oder Mangel der vier Urstoffe eintheilte und hierzu die entsprechende Therapie angab. Auch die Physik äußerte um dieselbe Zeit ihren Einfluß auf die Heilkunde, und namentlich gaben die merkwürdigen Erscheinungen der Elektricität der Wissenschaft eine mächtige Anregung, welche durch die Entdeckungen Galvani's u. Volta's noch mehr gesteigert ward. Es entstand die Lehre von der Identität des galvanischen und organischen Lebensprozesses, der in der abstraktesten Auffassung als ein beständiger Wechsel von Polarität und Indifferenz erschien, welche Ansicht später bei vielen Physiologen, namentlich bei Prochaska und in der naturphilosophischen Schule, großen Anklang fand. In einer Zeit, wo die Empirie in allen Naturwissenschaften so thätig und ergiebig war, blieb natürlich auch die Arzneimittellehre nicht zurück. Neue Heilmittel wurden bekannt, noch mehr aber die Wirkung der alten durch neue Beobachtungen und Versuche erforscht. So ward der Phosphor seit 1750 als Arznei benutzt, Conium durch Störks Bemühungen seit 1760; Belladonna, Datura, Aconitum, Colchicum, Digitalis u. a. narkotische Mittel wurden vielfach gebraucht, Kirschlorbeerwasser und Blausäure bereits erkannt, von stärkenden Mitteln Quassienholz, Simaruba, Colombowurzel, Angosturarinde und einheimische Surrogate der Chinarinde angewendet, neue Wurmmittel versucht, von metallischen Mitteln Wismuth- u. Zinkoxyd, Arsenik, verbesserte Spießglanz- und Quecksilberbereitungen, Schwererde 2c. eingeführt. Außer den Gasarten fanden auch Elektricität und Galvanismus Platz unter den Heilmitteln, und der Gebrauch der Bäder und Gesundbrunnen, besonders der eisenhaltigen, ward immer allgemeiner.

Eine neue Epoche ward in der Heilkunde durch John Brown (1735—88) herausgeführt, der in einer allem Positiven so abgeneigten Zeit mit der Absicht auftrat, das Gebäude der bisherigen M. zu stürzen, und in seinen „Elementa medicinae" die Basis einer neuen Schöpfung aufstellte, welche er damit begann, daß er das Positivste der Heilkunde, das Leben, negirte und nur das dynamische Princip einer dem Wesen nach unbekannten Erregbarkeit anerkannte. Alle Lebenserscheinungen waren ihm nur das Produkt der Außendinge oder Reize, deren Wirkung in der Erregung bestehe, wodurch allein das erzwungene Leben sich vom Tode unterscheide. Seine Therapie kannte nur Krankheiten der Sthenie und Asthenie, ermittelte den Grad derselben und bestimmte hiernach das Maß der Reize, durch welches die Erregung vermindert oder vermehrt werden sollte. Der enthusiastische Beifall, den Browns Lehre vorzüglich in Deutschland gewann, mag sich zum Theil aus dem Ueberdruß der Aerzte an den bisherigen Theorien, aus der blendenden Konsequenz, Einfachheit, Leichtigkeit u. praktischen Brauchbarkeit jenes Systems erklären, zum Theil aber entsprang er auch aus dem Mangel an allgemeiner, besonders naturwissenschaftlicher Bildung unter den Aerzten, aus der Einseitigkeit der vorherrschenden, zu Abstraktionen geneigten Verstandesbildung und flachen Aufklärungssucht. In dieser für die Heilkunde so unerfreulichen, von der Epidemie des trostlosen Brownianismus ganz beherrschten Zeit machen einige Männer, die treu an der Natur und dem Geiste festhielten, eine rühmliche Ausnahme. Der erste ist Johann Peter Frank (1745—1821), dessen „Epitome de curandis hominum morbis" der Heilkunde zu allen Zeiten einen sichern Haltpunkt darbieten wird. Johann Christian Reil (1759—1813) bewies sich durch sein gefeiertes Werk „Ueber die Erkenntniß und Kur der Fieber", sowie durch seine trefflichen Untersuchungen über den Bau des Gehirns als denkender Beobachter, der trotz seines reichen u. beweglichen Geistes den Brownianismus theilnahmlos an sich vorübergehen ließ. Christian Wilhelm Hufeland, Professor in Jena u. Berlin (1762—1836), trat der Lehre Browns und ihren fanatischen Jüngern mit dem Schilde der Wahrheit entgegen und bestand den Kampf Jahre lang, mit unermüdlicher Geduld zur Vermittelung der Extreme stets die Hand bietend. Einen Hauptstoß erlitt der Brownianismus durch Johann Stieglitz, der die Schärfe seiner durchdringenden Kritik, wie an dieser Lehre, so auch an anderen Erscheinungen der neuern Heilkunde bewährte. Nicht durch Schriftstellerruhm, sondern durch die Originalität seines natursinnigen und wahrhaft heilkundigen Geistes zeichnete sich endlich Ernst Ludwig Heim (1747—1834) aus, der als einer der glücklichsten Aerzte bis in sein höchstes Alter die Jugendfrische des für Wissenschaft und Kunst stets regsamen Geistes bewahrte und durch sein Leben ein Musterbild für Aerzte geworden ist. Daß dem Zeitalter der Aufklärung und Verstandesherrschaft auch das Gebiet der Mystik und des Wunderglaubens nicht völlig entfremdet war, zeigten die Wunder am Grabe des jansenistischen Diakonus François de Paris auf dem Kirchhofe St. Medard zu Paris, die Exorcismen des Paters Joseph Gaßner rc., welchen Erscheinungen sich nun auch der thierische Magnetismus (s. d.) anschloß, der die Zeit mehr für seine Wunder, als für seine Wahrheit gestimmt u. vorbereitet fand und der Heilkunde wieder ihren alten magischen Charakter geben zu wollen schien.

Schon hatte das Studium der Naturwissenschaften außerordentliche Fortschritte gemacht, als Schellings Naturphilosophie auftrat und von der Heilkunde mit Jubel begrüßt wurde. Der wahre Kern derselben ist die Auffassung der Natur als eines absoluten, durch sich selbst thätigen oder organischen Ganzen, das durch Entzweiung der Identität oder Hervortreten der Gegensätze (Differenz oder Indifferenz) sein Sein in der ewigen Erzeugung der Dinge, doch mit verschiedenem Uebergewicht des Idealen oder Realen offenbart. Diesen großen Gedanken sich aneignend entstand die Lehre, daß den drei Dimensionen der Materien drei Grundkräfte der Natur, Magnetismus, Elektricität u. chemischer Prozeß, entsprechen, welche im menschlichen Organismus in qualitativer Bestimmtheit als Sensibilität, Irritabilität und Reproduktion sich darstellen und auf deren normaler Synthesis die Gesundheit beruhe. Hierbei wurden Sensibilität und Irritabilität (organische Receptivität und Spontaneität) als die Faktoren der Erregung und die Reproduktion, Plastik oder Metamorphose als die objektive Seite des Organismus, beide aber in stetiger Durchdringung aufgefaßt und die Krankheit als einseitiges Hervortreten einer dieser Dimensionen, namentlich der beiden ersten, anerkannt. Einer der Ersten, der die Naturphilosophie auf die Heilkunde übertrug, war F. A. Marcus zu Bamberg, durch den namentlich die Ansicht, daß auf die Reproduktion nur durch die beiden andern, höheren Faktoren des Lebens, vorzüglich durch die Irritabilität, gewirkt werden könne, vorherrschend und eine Theorie der Entzündung verbreitet ward, welche allerdings ihren Grund in der herrschenden epidemischen Konstitution fand und die antiphlogistische, von Marcus wieder erweckte Methode gerechtfertigt erscheinen ließ. J. P. V. Troxler verschaffte den Ideen Schellings in der Heilkunde durch tiefere Erfassung und Uebertragung allgemeineren Eingang. Mit tiefem Ernst erfaßte sie D. G. Kieser zu Jena, indem er die Lehren der Naturphilosophie zu einem (nicht vollendeten) System der M. verarbeitete, als die eigentliche Blüthezeit der Schule längst vorüber war. In diesem durch einen strengen Formalismus ausgezeichneten System wird die Polarität, die immer nur ein Phänomen sein kann, als Wesen und Basis des Ganzen betrachtet, indem das Leben als eine Oscillation zwischen einem positiven und negativen Pol u. das Lebensprincip als die organische Spannung aufgefaßt wird, welche diese Oscillation anfacht und unterhält. Auf diesen schwankenden Grund ist die Lehre von der Krankheit, ihrer Aus- und Rückbildung durch die drei Systeme, ihrer Zeugungsfähigkeit oder epidemischen Natur, die Lehre von den Kräften der Arzneimittel, zu welcher die Stöchiometrie den Schlüssel liefern soll, die allgemeine Therapie rc. aufgebaut. Trotz aller Mißgriffe, welche sich berufene und unberufene Jünger der Naturphilosophie zu Schulden kommen ließen, hat der Geist derselben höchst wohlthätig und belebend auf die Heilkunde eingewirkt, sie mit neuen anregenden Ideen befruchtet und ihr das Streben eingepflanzt, durch alle Differenz zu einer harmonischen Einheit vorzudringen, das Abstrakte und Todte mit Leben auszufüllen, das Einzelne im Verhältniß zum Ganzen zu betrachten u. die intellektuelle Auffassung mit dem Konkreten in vollkommensten Einklang zu bringen. Auf keinen Theil der M. konnte aber die Naturphilosophie ihrem Wesen nach einen bedeutenderen Einfluß gewinnen, als auf die Physiologie, die jetzt von Troxler, J. J. Dömling, Ph. F. v. Walther, J. B. Wilbrand, Ign. Döllinger u. A., auf schellingsche Principien basirt, mit Erfolg bearbeitet ward. Die Theorien der Heilkunde, welche auf die Naturphilosophie folgten, sind meist nichts als Ausgeburten der Lehre Browns und der Erregungstheorie und deshalb von geringer historischer Bedeutung. So die Lehre vom Contrastimolo, welche sich fast ganz auf Italien beschränkte, wo sie von Rasori, Tommasini, Borda u. A. verbreitet ward, und von dem Axiom ausging, daß nicht das Wesen, sondern nur die Erscheinung des Lebens erkennbar und die Thätigkeit des thierischen Körpers durch äußere Reize bedingt sei. Die vermehrte, mit erhöhter Lebensthätigkeit verbundene Erregung nannte man Diathesis des Reizes oder Stimolo, die verminderte, mit geschwächter Lebensthätigkeit auftretende Diathesis des Gegenreizes oder Contrastimolo (Browns Sthenie und Asthenie). Durch Stimoli, wozu selbst das Blut gehört, wird die Erregung vermehrt und der Lebensprozeß gesteigert, durch Contrastimoli (alle weißen Säfte, narkotische, schwächende Mittel rc.) dagegen vermindert und abgespannt. Ein zweites dem Brownianismus entsprungenes System ging in Frankreich von Broussais aus u. ward Médecine physiologique genannt, in sofern es auf die verschiedenen Gewebe und Organe des Körpers bei krankhaften Affektionen besondere Rücksicht nimmt. Leben und Krankheit ist auch hier lediglich ein Produkt der Reizung, die jedoch nicht allgemein und allenthalben gleich, sondern örtlich u. eigenthümlich erfolgt, weshalb es auch noch örtliche Krankheiten gibt, die durch Sympathie den Schein der Allgemeinheit u. Verbreitung gewinnen. Die örtliche Reizung veranlaßt Kongestion und allmählig Entzündung, vorzugsweise in der Schleimhaut des Magens, und so machte Broussais seine Gastroentérite gleichsam zum Mittelpunkt seines pathologischen Systems. Die Heilung erstrebt er demgemäß auch fast lediglich durch Entziehung der

Reize mittelst starker Aderlässe, vieler Blutegel und schleimiger od. sonstiger reizmindernder Mittel. Als eines weit bedeutenderen Produkts des Brownianismus, das auf deutschem Boden erwachsen ist, haben wir noch der Homöopathie (s. d.) zu gedenken, deren Begründer, Sam. Hahnemann (1755—1843), den Dynamismus auf die Spitze trieb durch die Annahme, daß jede Krankheit nicht ein organischer Entwickelungsprozeß, sondern nur eine dynamische Verstimmung des Körpers, jede Ursache der Krankheit nur dynamisch aufzufassen, die Naturheilung deshalb unstatthaft und Krankheit nur durch Krankheit zu vertreiben sei. Als eine Modifikation dieser Homöopathie ist auch eine Isopathie aufgekommen, welche, das Princip der Schule in aequalia aequalibus curantur umwandelnd, nicht durch das Aehnliche, sondern durch das Gleiche, die Krankheit also durch ihre eigenen Ursachen heilen will.

In den ersten drei Decennien dieses Jahrhunderts hat sich die Heilkunde unverkennbar in ein harmonischeres Verhältniß zu den Naturwissenschaften gesetzt, aber in kaum geringerem Grade machte sich die Einwirkung philosophischer Anschauungen und Systeme noch auf die M. geltend. Ganz besonders wurden eigentlich erst jetzt die Anatomie u. Physiologie der M. dienstbar gemacht. Das ungeheure Feld der Anatomie wurde nach allen Richtungen hin mit unglaublichem Eifer angebaut. Die allgemeine Anatomie, begründet von dem Franzosen F. X. Bichat (1801), trat sofort wirksam in das Leben ein; die vergleichende Anatomie wurde bei der geistreichen Bearbeitung, welche sie in allen gebildeteren Ländern Europa's fand, eine der einflußreichsten und bedeutungsvollsten Lehren, u. die pathologische Anatomie ist eine reiche Fundgrube geworden, aus welcher die praktische M. wie die Physiologie den größten Gewinn ziehen. Die Physiologie, im engen Anschluß an ihre Schwesterwissenschaft, die Anatomie, gelangte mit Hülfe des Mikroskops, der chemischen Analyse und des Experiments zu wichtigen Entdeckungen. Wenn die Philosophen unter den damaligen Aerzten diese Physiologie beschuldigten, zum Theil allzu materiell geworden zu sein, so fehlte es auf der andern Seite nicht an Bemühungen, z. B. von Seiten Burdachs, diese Doktrin wieder auf den Standpunkt zu versetzen, wo sich Körper- und Seelenleben an Einem Gedanken aufbauen u. wo der Körper als das Resultat der in ihm wohnenden Seele erscheint. Eine neue Richtung entwickelte sich in der Pathologie durch die naturhistorische Schule, an deren Spitze der geniale Arzt J. L. Schönlein († 1864) stand. Auf die schon von Plato und Paracelsus mehr oder weniger deutlich ausgesprochene und in den Schulen der Naturphilosophie wiederholte Ansicht, daß die Krankheit nicht bloß ein Mangel der Gesundheit, sondern eine eigenthümliche, aber niedere Lebensform, ein im Organismus parasitisch wurzelnder Lebensprozeß sei, gründete Schönlein ein nosologisches System, welches analog dem linné'schen Pflanzensystem die Krankheiten gruppirte, ihre anatomischen u. physiologischen Charaktere in möglichster Vollständigkeit berücksichtigte und ihre geographische Verbreitung 2c. ins Auge faßte. Andere Aerzte gingen sogar so weit, noch konkreter und specieller die Krankheitsarten bestimmten Pflanzen und Thierarten gleich zu setzen und durch unberechtigte Analogien sich zu wirklichen Absurditäten verlocken zu lassen. Dadurch, daß die Pathologie die Geschichte einzelner Krankheiten und Seuchen im Zusammenhange mit dem allgemeinen Naturleben, den welthistorischen Vorgängen, wie mit den ethnologischen und geographischen Verhältnissen verfolgt, gewährt sie der Wissenschaft den Einblick in genetische Verhältnisse, welche zur Auffindung verborgener Naturgesetze den Weg bahnen. Unendlich bereicherte sich aus den neuen Schätzen der Naturwissenschaften die Arzneimittellehre, indem sie nicht nur die Zahl der Arzneistoffe an sich vermehrte und durch die pharmaceutische Bearbeitung oft im geringsten Volumen höchst wirksam darstellte, sondern auch pharmakodynamisch die Beziehungen ihrer Wirkung erforschte. Durch die experimentellen Arbeiten eines Orfila, Magendie u. A. erhielt auch die Toxikologie eine neue Bedeutung, während Diätetik und Hygieine nur spärlich angebaut wurden. Was die Therapie betrifft, so hat sich diese in den ersten Decennien dieses Jahrhunderts nur selten in einer Achtung und Vertrauen einflößenden wissenschaftlichen Richtung gezeigt, obschon es nicht an Gelegenheit zur Vervollkommnung fehlte, da die Zahl alter und neuer Krankheiten, besonders epidemischer, vorzugsweise groß gewesen ist. In jener Periode trat auch eine neue medicinische Doktrin, nämlich die Seelenheilkunde, in die Geschichte ein. Sie gelangte bald zu einer imponirenden Selbstständigkeit, ihre Theorie aber nahm eine zweifache Richtung an. Die eine, jetzt allgemein als allein richtig anerkannte Richtung hält die Seelenkrankheiten für körperlichen Ursprungs, für eine materiell begründete Krankheit des Leibes, die andere findet deren Ursache lediglich in dem psychischen Princip, in moralischer Gesunkenheit und stellt sie fast den Verbrechen gleich; eine dritte Richtung neigt sich vermittelnd bald auf die eine, bald auf die andere Seite, ohne immer die rechte Mitte festzuhalten und in richtiger Erfassung des Wechselverhältnisses somatischer und psychischer Ursachen die Totalität der menschlichen Natur in Erwägung zu ziehen. Die beiden Extreme der Theorie sind durch Nasse und Heinroth bezeichnet, ohne in der Praxis wesentlich verschieden zu sein.

Werfen wir zuletzt einen Blick auf die M., wie sie sich etwa in den letzten dreißig Jahren gestaltet hat, so muß man gestehen, daß dieselbe in wissenschaftlicher Beziehung eine vollständige Umwandlung erfahren hat, während sie in praktischer Beziehung nach den verschiedensten Richtungen hin sich in staunenswerther Weise vervollkommnet hat. In der That muß der Unbefangene eingestehen, daß die Leistungen, welche die Jünger der M. in den verschiedenen Doktrinen derselben während der letzten dreißig Jahre zu Stande gebracht haben, von größerem Umfang und größerer Tragweite sind als Alles, was die beiden vorhergehenden Jahrhunderte ans Licht befördert haben. Die M. unserer Tage unterscheidet sich von der aller vergangenen Zeiten vornehmlich dadurch, daß die aprioristische philosophische Spekulation gänzlich aus derselben verbannt ist, und daß man sich nur noch an Dasjenige hält, was die gesunden fünf Sinne und eine nüchterne Reflexion an die Hand geben. Man kann mit Fug und Recht behaupten, daß sämmtliche philosophische Richtungen, welche sich der M. jemals bemächtigt haben, zusammengenommen noch lange nicht so viel geleistet haben, als die wenigen großen und klaren Geister, welche sich allein auf die unbefangene und vorurtheilsfreie Beobachtung der Natur gestützt haben. Den Vorwurf der Philosophiescheu, der Nüchternheit, des Materialismus mag die neuere M. gern hinnehmen, denn der sichere Grund der positiven Thatsachen gewährt für weitere Fortschritte noch mehr Reiz, als spekulative Urgebilde jemals gewähren können. Die innige Verbindung, welche die Naturwissenschaften mit der M. eingegangen sind, hat reiche Früchte für die letztere getragen, und ihr Einfluß war stark genug, um der M. selbst zu einer exakteren, naturwissenschaftlichen Richtung zu verhelfen. Die Anatomie hat mit Hülfe vervollkommneter Mikroskope die Struktur der feinsten Körpertheilchen in das rechte Licht gesetzt, die Physiologie hat sich dieser Forschungen bemächtigt, und in Verbindung mit der allerdings noch sehr wenig entwickelten Anthropochemie, sowie mit Hülfe der physikalischen Wissenschaften ist sie dahin gelangt, alle Lebensvorgänge auf chemische und physikalische Gesetze zurückzuführen, u. das geheimnißvolle Agens, was man früher Lebenskraft nannte, ist ganz aus der Wissenschaft verschwunden. Die Pathologie ist seit allgemeiner Einführung der Perkussions- u. Auskultationskunst um ein höchst werthvolles Untersuchungsmittel bereichert worden, so daß man sagen kann, es sei dadurch eine wesentliche Erweiterung unseres Gesichtskreises eingetreten. Die pathologische Anatomie, die auf Rokitansky's Schultern ruht und durch Virchows Genius mit Ideen befruchtet worden ist, trägt der praktischen M. eine Leuchte voran und verspricht über das Wesen der Einzelerkrankungen, wie über das Wesen der Krankheit überhaupt noch reiche Aufschlüsse zu geben. Chirurgie u. Geburtshülfe sind durch vervollkommnete Methoden und Instrumente und durch geläuterte Anschauungen von den Krankheits- u. Heilungsprozessen auf eine respektable Höhe gebracht worden. Ihre Specialfächer, wie Augen- und Ohrenheilkunde, haben sich an diesen Fortschritten betheiligt, und es genügt, in dieser Beziehung nur an die Erfindung des Augenspiegels von Seiten des genialen Physiologen Helmholtz, an den Kehlkopfspiegel 2c. zu erinnern. Von der innern M. gilt Aehnliches; sie baut nicht mehr nosologische Systeme, huldigt aber um so mehr einer gründlichen und allseitigen Krankenuntersuchung. Am wenigsten trostreich ist der Zustand der Therapie, besonders der Therapie innerer Krankheiten. Hier wird noch allen Richtungen, selbst den entgegengesetztesten gehuldigt, und alle Hebel zur Bekämpfung der Krankheiten werden, leider nur zu oft ohne festes Princip und genügende Erfahrungsunterlagen, in Bewegung gesetzt. Erwägt man aber den Gang der Entwickelung, welchen die M. in den letzten Decennien genommen hat, so darf man getrost der Zukunft entgegensehen und hoffen, daß die M. eine immer breitere u. festere, ächt wissenschaftliche Basis erhalten und in ihren Leistungen immer mehr den Anforderungen genügen werde, die man an die Wissenschaft vom Leben und an die Kunst, dieses zu verlängern und zu verschönern, stellen darf. Vergl. Sprengel, Versuch einer pragmatischen Geschichte der Arzneikunde, 3. Aufl., Halle 1821—28, 5 Bde.; Hecker, Geschichte der Heilkunde, Berl. 1822—29, 2 Bde.; Friedländer, Vorlesungen über die Geschichte der Heilkunde, Leipzig 1839; Häser, Lehrbuch der Geschichte der M., 2. Aufl., Jena 1853.

Medicina forensis (lat.), s. Gerichtl
Medicin.

Medicinalgewicht, s. v. a. Apothekergewicht

Medicinalkollegium (v. Lat., Sanitätsko
gium, Medicinaldepartement, collegium
dicum), ein aus wissenschaftlich gebildeten u. erf
nen Aerzten, denen hier u. da auch einer od. m
Juristen beigegeben sind, zusammengesetztes K
gium, das vorzüglich die Oberaufsicht über das
nitäts- und Medicinalwesen, die Bildungsanst
für die Aerzte und das Medicinaldienstperso
sowie die Prüfungsanstalten zu organisiren hat

Medicinalordnung, der Inbegriff aller Ein
tungen, welche darauf abzielen, ein dem Zwecke
Staats entsprechendes Heilpersonal auszubilde
in Thätigkeit zu setzen. Vergl. Arzt.

Medicinalpolizei (v. Lat., Sanitätspoli
medicina politica), derjenige Theil der Staatsar
kunde (s. d.), welcher die von der ärztlichen Wi
schaft und Kunst dargebotenen Erfahrungen
Grundsätze anwendet, um die Gesammtheit
Bürger eines Ortes oder Landes gegen Erkran
gen zu schützen u. bei herrschenden Volkskrankh
möglichst vor Schaden zu bewahren. Die me
nalpolizeiliche Fürsorge erstreckt sich auf sowohl
rische, als vegetabilische Nahrungsmittel, in s
dieselben durch ungesunde Beschaffenheit, Verh
niß und Verfälschung nachtheilig wirken kön
besonders sind die flüssigen Nahrungsmittel und
würze, Milch, Bier, Wein, Branntwein, Essi
unter strenge Kontrole zu stellen. Sie hat d
Warnung u. Belehrung zu verhüten, daß mit s
lichen Stoffen, die in Gewerben, Künsten 2c.
wendet werden, z. B. mit Farbstoffen, chemi
Körpern, Metallen, Alkalien, Säuren, Salzen
Mißbrauch getrieben werde. Gegen Krankh
miasmatischer und kontagiöser Natur hat sie ve
tende Maßregeln zu treffen durch Landes-, Ort
Häusersperren, Reinigungen, Desinfektionen,
besserung der Luftbeschaffenheit in freien ode
eingeschlossenen Orten durch Kanäle u. Fließwa
freieren Luftzutritt, Anlegung von Wäldern,
sumpfung von Mooren, Brüchen u. dgl., d
Waschungen, Räucherungen, Lüftungen, durc
Absperrung einzelner Kranken, die Aufsicht u. s
zwangsweise Behandlung der lebenden Träger
Kontagien, der Krätze, Syphilis u. dergl., Imp
gen 2c. Ferner hat die M. zu sorgen nicht nur
das Vorhandensein einer genügenden Anzahl
licher Personen, auch solcher, denen die Armenp
obliegt, Geburtshelfer und Hebammen, sondern
für die Errichtung von Kranken-, Irren- und
bärhäusern 2c. Sie hat die gesunde Beschaffen
der Waisen- und Erziehungshäuser zu beaufsicht
und durch Leichenschau, Leichenhäuser, zweckmä
Anstalten zur Wiederbelebung Verunglückter, s
Anweisungen und Belehrungen über diese Ge
stände gegen den Scheintod Maßregeln zu t
Einen wichtigen Theil der M. bildet endlich noc
Verhütung der Pfuschereien und der ungereg
Ausübung der Medicin.

Medicinaltaxe (v. Lat.), gesetzliche Bestimmu
wonach das ärztliche Honorar nebst Vergütung der
mühungen anderer mit dem Medicinalwesen in
bindung tretenden Personen, wie der Hebamm
Krankenwärter 2c., in zweifelhaften Fällen zu be
sen ist; auch s. v. a. Apothekertaxe.

Medicus (lat.), s. v. a. Arzt.

Medien (Media), im Alterthum Land in Vorderasien, grenzte im Norden an das kaspische Meer, im Westen an Armenien und Assyrien, im Süden an Susiana und Persis, im Osten an Parthien und Hyrkanien und umfaßte die heutigen Provinzen Aserbeidschan und Gilan, den westlichen Theil von Masenderan und ganz Irak Adschemi. Es war Gebirgsland, indem es von mehren Zweigen des Taurus und Antitaurus theils umgeben, theils durchzogen ward. An der westlichen Grenze erhob sich der Caspius, welcher mit dem M. von Assyrien scheidenden Choatras in Verbindung stand; an diesen schloß sich östlich der Zagrius mit den zagrischen oder medischen Pässen (den heutigen Sarpilpässen des Zagrosch oder kurdischen Gebirges) und noch weiter östlich bis nach Parthien hin der Parachoathras an. Von diesem letzteren Gebirge aus strich in nordwestlicher Richtung mitten durch M. hindurch der Jasonius und verband den Taurus mit den am kaspischen Meere sich hinziehenden Zweigen des Antitaurus (dem Coronus im Osten und dem Orontes im Westen). Hauptflüsse waren der Cambyses, Cyrus, Amardus, Straton und Charinda, der Grenzfluß gegen Hyrkanien. Im westlichen Theile des Landes lag der Salzsee Spauta oder Matianus Lacus. Das Land erzeugte Honig, Wein, Orangen, Citronen, Feigen, Luzerne ꝛc. Berühmt waren die trefflichen Pferde M.s; im nisäischen Gefilde befanden sich die großen königlichen Stutereien, aus welchen die Fürsten Asiens ihre schönsten Pferde erhielten. Von mineralischen Produkten werden Salz und Smaragde erwähnt. Die Einwohner des Landes hießen ursprünglich Arier (die allgemeine, im Zendavesta übliche Bezeichnung der Bekenner der Lehre Zoroasters) und sollen nach einer Sage diesen Namen in den der Meder der Medea (s. d.) zu Ehren umgeändert haben. Sie waren in früherer Zeit tapfere Krieger, besonders gute Bogenschützen, arteten aber bei zunehmender Kultur aus u. gaben sich großer Weichlichkeit und Ueppigkeit hin. Ihr religiöser Kultus war Sternendienst, ihre Religionslehre der Dualismus Zoroasters, ihre Priester die Magier (s. d.). Das Land zerfiel in das südliche oder eigentliche M., gewöhnlich Großmedien genannt, in den nordwestlich an Armenien angrenzenden Theil, Atropatene, und in das nördliche Küstenland am kaspischen Meere. Die einzelnen Distrikte und Völkerschaften waren in Großmedien: die Sagartii an den zagrischen Pässen, östlich von diesen bis nach Parthien hin die Landschaft Choromithrene, nördlich am Orontes die Landschaft Elymais. Vom Coronus bis zu den kaspischen Pässen wohnten die Tapuri, weiter gegen Süden lag der Distrikt Rhagiana, im Süden von Choromithrene der Gau Sigriane, durch welchen die Straße von den zagrischen nach den kaspischen Pässen führte. Südlich davon saßen die Sibices und Babasi, weiter gegen Osten lag Daritis, und der Strich längs der ganzen südlichen Grenze und dem Gebirge Parochoathras hieß das syrische M. Städte waren: Ekbatana, die Hauptstadt des ganzen Landes (jetzt Hamadan), Rhagä (später Europus u. Arsacia genannt), Heraclea, Baptana ꝛc. Atropatene, der fruchtbarste Theil des Landes, besonders auch an Naphthaquellen reich, lag zwischen Armenien, Assyrien, Großmedien und der Westküste des kaspischen Meeres. Städte waren: Gaza, die Hauptstadt, Gazaca und Phraata oder Praaspa. Der südwestlichste Theil dieser Provinz hieß Matiana, seine Bewohner Matiani. Das nördliche Küstenland ist wenig bekannt; in ihm wohnten von Westen nach Osten die Caspii am kaspischen Gebirge, die Cadusii mit der Stadt Cyropolis, die Drilyces, Vitii, Anariacä mit der Stadt Anariaca und die Mardi oder Amardi. Von Städten werden noch genannt Charax, Galla, Mandagarsis ꝛc. Nachdem die Meder, früher als die andern arischen Völker, sich von dem Joche der Assyrer befreit hatten (um 700 v. Chr.), vereinigten sich, nach Herodot, die einzelnen Stämme und wählten den Dejoces (709 v. Chr.) zu ihrem Oberhaupte, der die Hauptstadt Ekbatana baute. Sein Sohn, Phraortes, unterwarf die Perser, fiel aber im Kampf gegen die Assyrer. Unter Cyaxares wurden die Meder den Scythen eine Zeitlang unterthan, die vom Kaukasus her in Asien eingebrochen waren, die Meder in einer Schlacht besiegten und die Länder bis zur Grenze Aegyptens durchstreiften und verheerten. Nachdem sie nach 28 Jahren Asien wieder geräumt, begann Cyaxares den Kampf gegen die Assyrer, nahm deren Hauptstadt Ninive ein und unterwarf sich das ganze Land. Als er nach einer vierzigjährigen Regierung starb, folgte ihm sein Sohn Astyages (594), unter dessen Regierung die Perser Herren von M. wurden, so daß von nun an die Geschichte M.s mit der von Persien verknüpft ist. Alexander der Große eroberte diese persische Provinz 330 v. Chr. und gab sie dem Parmenio zur Verwaltung, nach dessen Tode sie Python erhielt. Durch Seleucus I. Nicator wurde M. ein Theil des syrischen Reichs der Seleuciden, und Antiochus III. fügte nach 220 v. Chr. auch Atropatene seiner Herrschaft hinzu. Durch den Arsaciden Mithridates I. wurde M. dem syrischen König Demetrius Soter 152 v. Chr. entrissen und gehörte nun zu den Ländern der Parther. Einen eigenen König hatte M. um 36 v. Chr. an Artavasdes, gegen den der Triumvir Antonius Krieg führte.

Medigo, 1) Joseph Salomo del M., berühmter jüdischer Gelehrter, am 16. Juni 1591 auf Kandia geboren, widmete sich zu Padua, namentlich unter Galilei's Anleitung, dem Studium der Philosophie, Astronomie und Heilkunde, bereiste sodann Aegypten und die Türkei, lebte von 1621—24 in Polen als Leibarzt des Fürsten Radziwil, sodann, nach einem kürzeren Aufenthalt in Hamburg u. Glückstadt, bis 1644 in Amsterdam, endlich in Prag, wo er am 16. Okt. 1655 †. Von den wenigen auf uns gekommenen Schriften von seiner Hand, deren Herausgabe von seinen Freunden besorgt wurde, sind hervorzuheben: „Elim und Majan Gannim" (Amsterdam 1629); eine Sammlung von Aufsätzen über Philosophie, Kabbala ꝛc. (Basel 1629); Hippocrates' „Aphorismen" (hebr., Prag); „Achus", ein Brief über die hebräische Literatur (Berlin 1840).

2) Elia Ben Moses Abba del M., bekannter unter dem Namen Elia Cretensis, derselben Familie angehörig, bekleidete in Padua einen Lehrstuhl der Philosophie und gab mehre Schriften in hebräischer und lateinischer Sprache heraus † 1493.

Medimnus (v. Griech.), Getreidemaß der alten Griechen, etwa $^{15}/_{16}$ berliner Scheffel; gegenwärtig

(Medimno) in Achaja u. Livadien = 1974, in Cypern = 3678 par. Kubikzoll.

Medina (Medinet el Nebi, d. h. die Stadt des Propheten), Stadt in der arabischen Landschaft Hedschas, liegt am Rande der Landschaft Nedschd auf der weiten Hochebene, welche Centralarabien bildet, und ist für die Bekenner des Islam als Wallfahrtsort mit seinem Heiligthum, dem Grabe Mohammeds, von großer Bedeutung. Die Stadt besteht aus 3 Abtheilungen, dem Fort, der eigentlichen Stadt und der fast ebenso beträchtlichen Vorstadt. Die eigentliche Stadt ist mit Mauern umgeben und hat 4 Thore. Die Straßen sind düster und eng und nur an einigen Stellen gepflastert, die Häuser aber gut gebaut, zwei Stockwerke hoch und mit platten Dächern versehen. In der zur Hauptmoschee führenden Straße befindet sich der große Bazar, außerhalb derselben der Gemüsemarkt und der Getreidebazar mit vielen Kaffeehäusern. In der Vorstadt liegen 5 Moscheen. M.'s Ruhm und Stolz ist die Moschee, welche das Grab des Propheten birgt. Dieselbe heißt Mesdschid el Nebawi el Haram (d. i. die Unverletzliche) und nimmt unter den 3 Hauptstätten, welche von den mohammedanischen Völkern als heilige verehrt werden, den zweiten Platz ein. Jeder Pilger ist verpflichtet, so lange er in M. verweilt, in der Moschee des Propheten täglich fünfmal zu beten, dort im Koran zu lesen und sich religiösen Betrachtungen hinzugeben. Die Moschee ist ungefähr 420 Fuß lang und 340 Fuß breit, hat einen großen, von Gallerien umschlossenen Hofraum, viele Säulengänge und 5 Minarets. Nahe der südöstlichen Ecke der Moschee befindet sich das Grab Mohammeds, eingeschlossen von einem eisernen, grün angestrichenen Filigrangitter, das mit Inschriften von gelber Bronze durchflochten ist. Rings um das eigentliche Grabmal zieht sich ein Vorhang von reichem Seidenstoff, zwischen welchem und dem Gitter ein schmaler Raum zum Herumgehen bleibt. Derselbe wird erneuert, so oft ein neuer Sultan den Thron besteigt. Der Vorhang soll ein viereckiges Mauerwerk von schwarzen Steinen verhüllen, welches von 2 Säulen getragen wird und in seinem Innern den weißen Marmorsarg mit Mohammeds angeblich noch unversehrtem Leichnam und die Särge der Khalifen Abubekr und Omar enthält. Das Märchen der Europäer von dem in der Luft schwebenden und durch Magnete gehaltenen Sarge des Propheten ist in Arabien unbekannt. Die bedeutenden Weihgeschenke reicher Pilger wurden im Laufe der Zeit von den Tempeldienern und Ulema's entwendet; den Rest, darunter auch den kostbaren Stern von Perlen und Diamanten, der über dem Sarge des Propheten hing, nahmen die Wahabiten. Das Ganze ist mit einer schönen, hohen Kuppel überdeckt, welche weit über die andern Kuppeln der Moschee hinausragt. Die Kuppel ist mit Blei gedeckt und hat oben eine große Kugel mit einem Halbmond darüber, beide stark vergoldet, aber wohl nicht von massivem Gold, wie die Sage meint. Nahe beim Vorhang, aber abgesondert davon, obwohl noch innerhalb des Gitters, befindet sich das Grab der Fatime, der Tochter Mohammeds und Gattin Ali's, mit reich gesticktem schwarzen Brokat bedeckt, sonst aber ohne alle Verzierungen. Eine hölzerne Scheidewand, etwa 8 Fuß hoch und reich mit Arabesken
bemalt, läuft von der westlichen Seite des Gitt
werkes quer durch die Moschee bis zu dem Th
derselben, Bab-el-Salam, so daß zwischen ihr
der südlichen Mauer ein Raum von etwa 25 F
Breite bleibt. Diese Scheidewand hat mehre klei
Thüren und ist dazu bestimmt, die heiligste St
der Moschee, el Rodha (Garten), dem Zutritt
Pilger zu verschließen. Unter der Benennung
Rodha oder Garten begreift man nämlich den Th
der südlichen Kolonnade nördlich von der Schei
wand und zunächst der Grabeseinfassung, und
Name rührt von dem Ausspruche Mohammeds h
„Zwischen meinem Grabe und meinem Predigtst
liegt einer von den Gärten des Paradieses".
Predigtstuhl der Moschee steht dicht an der erwäh
ten Scheidewand. Die Tempeldiener sind 40
nuchen, mit dem Titel Aga, deren Chef, der Sche
el Haram, stets aus dem Hofstaat des Sultans h
gesandt wird. An dem Bau dieser Moschee
Mohammed selbst mitgearbeitet haben, aber seitd
ist sie fünfmal erneuert worden. Das gegenwärt
Gebäude ist mit Ausnahme der Anbaue und A
besserungen 1484 n. Chr. aufgeführt worden. Au
dieser Hauptmoschee hat M. noch 14 andere
scheen. In der Nähe der Stadt ist die Moschee
Kube, die älteste des Islam, von Mohammed se
gegründet, und eine Moschee auf dem Berge O
mit dem Grabe Aarons, welche nebst dem Friedh
El Bakia jeder Pilger besuchen muß. Von let
rem erstreckt sich nach Süden hin ein langer Sa
von Palmen, die in der ganzen Welt des Isl
als Bäume von M. berühmt sind. Die Einw
ner, deren Zahl man auf 16,000 schätzt, trei
Ackerbau und Handel (auch zur See, durch
Hafen Jembo oder Yampo); das Haupteinkomm
aber bieten die Moscheen und der Fremdenverk
M. steht unter dem Scherif von Mekka. Die S
darf bei Lebensstrafe nicht von Christen u. Juden
treten werden; doch haben sie einzelne kühne Reis
in der Verkleidung mohammedanischer Pilger
sucht. Nach M. mußte bekanntlich Mohammed
vor seinen Feinden von Mekka aus fliehen, von
cher Flucht die Mohammedaner ihre Zeitrechnung
ginnen. Die Geschichte der Stadt knüpft sich an
heilige Moschee. Sie wechselte oft ihre Gebi
sie fiel in die Gewalt der Khalifen, kam in den B
der Scherife von Mekka, der Sultane von Konst
tinopel, der Wahabiten und der Aegypter.
steht sie wieder unter der Hoheit des osmanis
Großherrn; die Würdenträger und Diener
Moschee beziehen ihren Sold von der Pforte,
Moscheengüter sind eingezogen, und die Einkü
fließen nur aus den Beisteuern der Pilger oder
Geschenken der mohammedanischen Fürsten u. G
bigen verschiedener Länder.

Medina-Celi, Stadt im spanischen Königr
Altkastilien, Provinz Soria, am Xalon, Bischofs
Stammsitz der gleichnamigen Herzöge, hat
alterthümliches Schloß, eine Stiftskirche, einen rö
schen Triumphbogen und Ueberreste einer römis
Straße und 1064 Einwohner.

Medina del Campo, Stadt im spanischen Kö
reich Altkastilien, Provinz Valladolid, in fruchtb
Ebene an der Heerstraße nach Galicia 1980 Fuß ü
dem Meere gelegen, alte, hochberühmte und ein
volkreiche Stadt, jetzt Hauptstation der spanis
Nordbahn, hat ein Schloß, 15 Kirchen, 14 ehema

Klöster, 2 Spitäler, ansehnliche Messen, Weinbau, Handel und 5950 Einwohner. In der Nähe einige Salzteiche, in denen Salz gewonnen wird.

Medina de Rioseco, Stadt im spanischen Königreich Altkastilien, Provinz Valladolid, an dem oft wasserlosen Sequillo und an der Heerstraße nach Galicia auf 2 Hügeln in sehr fruchtbarer, besonders viel Wein erzeugender Gegend gelegen, hat 3 Kirchen, darunter die altgothische Liebfrauenkirche mit prachtvollem Hochaltar und 24 Glocken, 4 ehemalige Klöster, 2 Spitäler, ein Kastell und 5330 Einwohner. Die Stadt war im Mittelalter ein Hauptstapelplatz für den Handel Spaniens, und noch jetzt werden im April und September daselbst besuchte Jahrmärkte abgehalten. Auch hat die Stadt Fabriken für Serge und seidene Zeuche und Gerbereien. Hier den 14. Juli 1808 Niederlage der Spanier unter de la Cuesta durch die Franzosen unter Bessières.

Medina Sidonia, Stadt im spanischen Königreich Sevilla, Provinz Cadiz, auf einer steilen Anhöhe im Centrum des zwischen dem Randgebirge und der Bai von Cadiz sich ausbreitenden Hügellandes gelegen, ist eine finstere Stadt mit hochansteigenden Gassen, schöner gothischer Hauptkirche und den Ruinen eines umfangreichen Schlosses, des Stammsitzes der Herzöge gleichen Namens, und 9700 Einwohnern.

Medinawurm, s. Eingeweidewürmer.

Medineh (Medinet), arabischer Name für Stadt, daher vielfach in orientalischen und spanischen (Medina) Ortsnamen vorkommend.

Medinet el Fayoum, Stadt in Mittelägypten, Hauptort des gleichnamigen Distrikts, mit 15,000 Einwohnern.

Medio, spanisches Getreidemaß, = 105 par. Kubikzoll, auch Flüssigkeitsmaß, = 79,15; dann s. v. a. in der Mitte des Monats; daher Mediowechsel, Wechsel, welcher auf die Mitte eines Monats gestellt ist und am 15. Tage des Monats verfällt, ohne Respekttage zu haben.

Mediolanum, Hauptstadt der Insubres in Gallia Cisalpina, ward von einer unter Bellovesus eingedrungenen Schaar Gallier gegründet, 222 v. Chr. von den Römern belagert und erobert, dann zu einem stark befestigten Municipium gemacht und als solches ein blühender Sitz der Künste und Wissenschaften. Unter den späteren Kaisern galt M. als eine der wichtigsten Städte des Reichs und war auch die gewöhnliche Residenz der Kaiser bis zur Eroberung und Plünderung durch die Hunnen unter Attila. Auch nach dem Untergang des weströmischen Kaiserthums blieb M. Sitz eines Erzbischofs, wurde die Residenz Odoakers, dann die Hauptstadt des ostgothischen Reichs und übertraf unter der Herrschaft Theoderichs des Großen sogar Rom an Wohlstand und Volkszahl. Im Jahre 539 von Belisar besetzt und von den Burgundern und Ostgothen unter Vitiges erobert und theilweise zerstört, wurde es doch bald wieder hergestellt und erholte sich sehr schnell. Jetzt Mailand (s. d.).

Mediomatrica, alter Name von Metz.

Medio tutissimus ibis, lateinisches Sprüchwort: in der Mitte wirst du am sichersten gehen; der Mittelweg ist der beste.

Medische Mauer, eine 20 Parasangen lange, 100 Fuß hohe und 20 Fuß dicke Mauer, welche vom Euphrat nach dem Tigris herüber aufgeführt war (etwa 6 geographische Meilen nördlich von Bagdad) und Mesopotamien von Babylonien trennte. Sie soll schon von der Semiramis erbaut worden sein; jetzt finden sich von ihr keine Spuren mehr.

Meditation (v. Lat.), Nachdenken überhaupt; besonders das wissenschaftliche Forschen und Nachsinnen.

Medium (lat.), Mitte, Mittel; in der griechischen Sprache ein eignes Genus des Verbums (s. d.).

Medium tenuere beati, lateinisches Sprüchwort: die Glücklichen hielten die Mittelstraße; der Mittelweg ist der beste.

Medoc, Landschaft in der ehemaligen französischen Provinz Guienne, zwischen der Garonne, dem Meere und den Landschaften von Bordeaux und Bazas, das jetzige Arrondissement Lesparre im Departement Gironde umfassend und in Ober- und Niedermedoc getheilt; bildet großentheils eine mit Teichen, Heiden und Gehölzen bedeckte Einöde an der Garonne, ist aber fruchtbar und bringt besonders Weine, die sogenannten Medocweine (s. Bordeauxweine), hervor. Hauptstadt war das Städtchen Lesparre. Das Fort M., 4 Meilen unterhalb Bayonne, links an der Gironde, welche es bestreicht, wurde 1690 nach Vaubans Angabe aufgeführt, blieb aber unvollendet.

Medola, Maler, s. Schiavone.

Medo-persisches Reich, s. Medien, vergl. Persien.

Medresses, höhere Schulen in orientalischen Städten; die daran angestellten Lehrer heißen Softa's.

Medschid (türk.), kleinere Moschee.

Medulla (lat.), s. Mark.

Medullin, s. v. a. Cellulose (s. d.).

Medum (altsächsisch), Gabe, Geschenk, daher Medumsgüter, solche Güter, welche Denen, die sie aus Waldboden urbar gemacht, gegen einen bestimmten Zins erblich überlassen worden sind.

Medusa, eine der Gorgonen; s. Gorgo und Perseus.

Medusen, s. Quallen.

Medusenstern, s. Seesterne.

Medwedki, im russischen Pelzhandel Name der weißen Felle der jungen Seeottern, während die der halberwachsenen Koschlaki heißen.

Medwi (Medewi), Dorf in der schwedischen Provinz Ostgothland, Kirchspiel Nykyrka, ist wegen seines Mineralschlammes berühmt. Die unfern dem Dorfe entspringenden kalten Mineralquellen sind eisenhaltig und werden als Getränk u. Bad empfohlen. Der unfern der Quellen ausgegrabene und in Verbindung mit den genannten Quellen örtlich benutzte Mineralschlamm besitzt einen hepatischen Geruch und wird empfohlen gegen örtliche Schwäche, Zittern der Glieder und Lähmungen, atonische, rheumatische und gichtische Lokalleiden, Anchylosen, Kontrakturen, veraltete Hautausschläge, dyskrasische Knochenleiden, Knochenauftreibungen und Verkrümmungen, Caries, Kontusionen u. Verrenkungen, freiwilliges Hinken u. dergl.

Medyn (Medynn), Kreisstadt im europäisch-russischen Gouvernement Kaluga, an der Medynka, mit 2 Kirchen u. 6000 Einwohnern. Hier Schlacht den 14. Oktober 1812 zwischen Russen und Franzosen.

Medzibor (Mittelburg), Stadt in der preußischen Provinz Schlesien, Regierungsbezirk Breslau, Kreis Wartenberg, mit 2 evangelischen Kirchen, Schloß, Lein- und Wollweberei, Ziegelei, Wein- u. Obstbau und 1580 Einw.

Meeanee (Miani), Ort in der britisch-indischen Provinz Sindh, an einem Arm des Indus, bekannt durch den Sieg der Engländer unter Napier über die Emire von Sindh den 17. Febr. 1843.

Meede, in Holland der Krapp.

Meedeland, das alte, leichtere, an die Geest angrenzende Marschland.

Meek, namhafter nordamerikanischer Dichter u. Schriftsteller, geboren den 17. Juli 1814 zu Columbia in Südcarolina, wirkt als richterlicher Beamter in Alabama u. hat sich durch die Dichtung „Red eagle" (1855), die „Songs and poems of the South" (1858), eine „History of Alabama" (1860, 2 Bde.) und mehre juristische Schriften bekannt gemacht.

Meer (Weltmeer, Ocean), im Allgemeinen die ganze zusammenhängende Wassermasse, welche das Festland der Erde von allen Seiten umgibt und fast drei Viertheile der Gesammtoberfläche der Erde, 6,798,000 QMeilen, bedeckt, während das Land nur 2,463,000 QM. einnimmt. Das feste Land ist überdies sehr ungleich vertheilt, indem die Hauptmasse desselben sich um den Nordpol lagert, während die südliche Hemisphäre bei weitem mehr Wasser hat. Von der Fläche der nördlichen Halbkugel ist 0,40 Land, oder es verhält sich hier das Land zum Wasser wie 100 : 154; von der Fläche der südlichen Halbkugel nimmt das Land 0,13 ein, was ein Verhältniß des Landes zum Wasser von 100 : 628 ergibt. Die südliche Halbkugel hat also noch nicht $^1/_3$ so viel Land wie die nördliche, und ihre Wasserfläche verhält sich zu der der letztern wie 10 : 7. Wie viel von der südlichen kalten Zone Land ist, kann bis jetzt noch nicht ermittelt werden; in der nördlichen kalten Zone mag das Land etwa $^1/_4$ betragen. In der nördlichen gemäßigten Zone sind 0,53 Land, in der südlichen 0,07; in der nördlichen heißen Zone 0,26, in der südlichen 0,24. Hiernach haben die beiden heißen Zonen etwa gleich viel Land, und zusammengenommen kommen auf sie etwa $^2/_5$ des ganzen Festlandes; in der gemäßigten Zone, welche etwa die Hälfte des ganzen Festlandes umfaßt, liegt $7^1/_2$mal so viel Land auf der nördlichen Erdhälfte als auf der südlichen. In die kalten Zonen fällt etwa $^1/_{10}$ des ganzen Festlandes. Im Großen und Ganzen steht eine nordöstliche Landhalbkugel einer südwestlichen Wasserhalbkugel gegenüber, von denen die erstere kaum $^2/_3$ so viel Land wie M., aber 3mal mehr Land als letztere, diese $1^1/_4$mal so viel M. als Land und $1^2/_3$mal so viel M. als erstere enthält.

Wo die vom M. umspülten Länder sich bis auf eine geringe Entfernung Rändern oder Küsten nähern, entstehen Meerstraßen oder Meerengen (Kanäle), die meist eigene Namen führen. Meerengen von größerer Breite und Länge heißen auch wohl Sunde und Belte. Wo das M. in der Weise in das Land einschneidet, daß es auf eine größere Strecke von Land umgeben als frei ist und mit dem weiteren Meeresbecken in Verbindung steht, entsteht ein Meerbusen. Streicht ein solcher dergestalt lang am Lande hin, daß er noch viel und weit mit dem eigentlichen M. zusammenhängt, so heißt er Golf, geht er aber dergestalt tiefer ins Land hinein, daß er nur durch eine sogenannte Straße oder Enge mit dem großen Meeresbecken zusammenhäng Bai. Ist die Bai nur von geringem Umfange, heißt sie Bucht. Schmale, langgestreckte und we in das Land hineinreichende Meerbusen mit steil a steigenden Uferwänden heißen in Norwegen Fjord in Schottland Firth. Größere Meerbusen, weld durch einen verhältnißmäßig engen Eingang mit de M. in Verbindung stehen, heißen Binnenmeer oder mittelländische M.e. Eine Bucht, weld sich von Natur zum Landen und Anfahren d Schiffe eignet, ist eine Anfuhrt oder Rhed mußte sie erst durch menschliche Kunst dazu eing richtet werden, so heißt sie Hafen.

Die verschiedenen Richtungen und Formen, i welchen der Ocean die Erde umspült und die einze nen trockenen Theile derselben durchschneidet, habe zu einer besonderen Eintheilung desselben Veranla sung gegeben, und zwar nimmt man fünf Haup abtheilungen an, die bald Oceane, bald M.e od Seen mit noch weiterer specieller Bezeichnung g nannt werden und je nach ihrer Form, Lage un Richtung abermals in noch kleinere Abtheilung zerfallen. Jene fünf Hauptmeere sind: das Nord meer mit seinem innersten Theil, dem nördliche Eis- oder Polarmeer, das atlantische M., das in dische od. östliche M., der große Ocean, auch Austral ocean oder Südsee genannt, und das Südmeer mi seinem innersten Theile, dem südlichen Eis- od. Po larmeere. Das Nordmeer reicht vom 50. Grad nördl. Br. bis zum äußersten Nordpol und bild wieder mehre einzelne Theile, nämlich: das deutsch M. od. die Nordsee, die durch das Skagerrak, Katte gat, den Sund und die Belte mit der Ostsee in Ver bindung steht, deren Theile der rigaische, finnisch bottnische und Mälar-Meerbusen sind, u. das irisch M., zwischen England und Irland; das nördlich Eismeer, das auf derjenigen Seite der Erdkugel, w es die asiatischen und europäischen Küsten berühr unter andern das weiße, karische und heilige M auf der andern oder amerikanischen Seite zunäch durch den sogenannten Lancastersund die große Baf finsbai bildet, die mittelst der Davisstraße mit der südlichen Theil des Nordmeeres in Verbindung steh der sich hier namentlich durch die Hudsonsbai ab schließt, welche durch eine gleichbenannte Straße i das atlantische M. führt. Zwischen Asien un Amerika hängt das nördliche Eismeer vermittelst de Behringsstraße mit dem kamtschatkischen M. zusam men, und an dieses schließt sich auf der andern Seit von Kamtschatka das ochotzkische M. an, welches blo durch eine Inselreihe von dem großen Ocean ge trennt ist. Das atlantische M. oder der atlan tische Ocean ist das ungeheure Meeresbecken zwische Europa und Afrika einer- und Amerika andererseit und wird begrenzt im Norden durch das Nordmee also den 50. Grad nördl. Br., im Süden durch d Südmeer, das am Wendekreise des Steinbocks an fängt. Den obern oder vielmehr nördlichen Hal theil, der vom Aequator bis zum Nordmeer sic erstreckt, nennt man auch insbesondere das atlan tische M. und den untern oder vielmehr südliche Theil, vom Aequator bis zum Südmeer, das äthio pische M. Jenes macht auf beiden Seiten der Erd kugel zwei bedeutende Seitenströmungen, die aber mals in zwei große einzelne Meeresbecken sich ergießen Auf der östlichen Seite der Erdkugel ergießt es si durch die Straße von Gibraltar in das mittellän dische M., das wieder in das toskanische, jonische, adriatische, Marmarameer und schwarze M. zerfällt. Auf der westlichen Seite der Erdkugel macht das eigentliche atlantische M. eine so bedeutende tiefere Strömung in das Land, daß sich dadurch ein eigenes Meerbecken bilden mußte, welches sich in einen nördlichen und südlichen Theil, in das mexikanische M. oder den mexikanischen Meerbusen u. das karaibische M. scheidet. Der zweite südliche Theil des großen atlantischen Oceans, das äthiopische M., ist eine überall freie, offene Wasserfläche und fast der einzige Meerestheil, der sich durch keine weitern besondern Abgrenzungen hervorhebt. Das indische oder östliche M. wird westlich von Afrika, nördlich von Asien (Afghanistan, Hindostan und China), östlich von den Philippineninseln, Neuguinea und einem Theile Neuhollands und südlich von dem Südmeere begrenzt u. zerfällt in vier große, bestimmt abgegrenzte Becken: das arabische, bengalische, chinesische und das M., welches zwischen den Inseln des Sundes, den Molukken- und Philippineninseln die Java-, Sunda-, Banda- u. Celebessee bildet. Das große M. oder der große Ocean ist die große Meeresfläche zwischen der östlichen Küste von Asien und der westlichen Küste von Amerika, die sich ungefähr von Neuseeland oder dem 30. Grad südl. Br. bis hinauf zu den kurilischen Inseln oder dem 50. Grad nördl. Br. erstreckt und in drei Haupttheile eingetheilt wird: das Nordmeer oder die Nordsee, mit dem gelben und dem japanischen M., das stille M., die Breite von den Philippinen u. Mittelamerika umfassend, und die Südsee, ein fast ganz leeres, ödes Wasserbecken, das bis zum eigentlichen Südmeer herabreicht. Dieses Südmeer ist gewissermaßen der Gegensatz von dem Nordmeer und reicht von cirka 40° südl. Br. bis hinab zum äußersten Südpol, wo es vom 70. Grad an als besonderen Theil das südliche Eismeer in sich schließt.

Niveau des M.es oder Meeresspiegel wird die ebene Oberfläche desselben genannt, und da diese nach den Gesetzen der Hydrostatik nicht verschiedene Höhe haben kann, so bildet sie ein der Rotation der Erde entsprechendes Sphäroid, ist also am Aequator weiter vom Mittelpunkt der Erde entfernt als an den Polen. Indessen gibt es manche Theile, namentlich die Binnenmeere oder mit engen Ausgängen versehene eingeschlossene Busen des Weltmeeres, worin das Wasser sich konstant über oder unter dem allgemeinen Niveau erhält. Die bezüglichen Messungen sind noch vielfach widersprechend und haben in neuerer Zeit immer kleinere Zahlen ergeben. Der Golf von Suez sollte nach französischen Ingenieuren (1799) 30 Fuß höher liegen als das Mittelmeer, jetzt nimmt man den Höhenunterschied zu kaum mehr als 7 Fuß an. Die Form des Kanals, durch welchen die indischen Wasser leichter ein- als ausströmen können, scheint nach Humboldt zu dieser permanenten, schon im Alterthum bekannten Erhöhung der Oberfläche des rothen M.es beizutragen. Auch der Spiegel des schwarzen M.es liegt höher als der des mittelländischen, ebenso steht die Ostsee höher als die Nordsee, dagegen zeigen sich längs der Kette der Pyrenäen, wie zwischen den Küsten von Nordholland und Marseille keine bemerkbaren Verschiedenheiten der Gleichgewichtsoberfläche des Oceans und des Mittelmeeres. Die Beobachtungen, welche scheinbar eine Veränderung des Meeresspiegels im Lauf der Zeit ergaben, sind zurückgeführt worden auf eine Hebung oder Senkung der Kontinente, an deren Küsten diese Erscheinungen auftraten.

Die Tiefe des M.es ist noch sehr wenig erforscht. Frühere Messungen ergaben sehr große Zahlen, aber man hat gefunden, daß eine Schnur, welche mit einem Gewicht beschwert ins M. hinabgelassen wird, auch dann noch von der Rolle abläuft, wenn das Gewicht bereits den Boden berührt hat. Dies geschieht in Folge der Strömungen, denen die Schnur nicht zu widerstehen vermag. Zahlreiche Beobachtungen mit einer starken, aber dünnen Schnur, an welcher eine schwere Kanonenkugel befestigt worden war, haben nun ein Gesetz für den Fall derselben im Wasser ergeben. Als Mittelwerthe für einen bestimmten Apparat ergaben sich folgende:

2	M.	21	S.	als	mittlere	Fallzeit	von	400–800	Faden,
3	„	26	„	„	„	„	„	1000–1100	„
4	„	—	„	„	„	„	„	1400–1500	„
4	„	29	„	„	„	„	„	1800–1900	„
4	„	36	„	„	„	„	„	1900–2000	„

Der in Wasser einsinkende Körper legt also die ersten 100 Faden am schnellsten (etwa in $1\frac{1}{2}$ Minuten) zurück und braucht danach von 100 zu 100 Faden längere Zeitperioden zu seinem Fall. Die Zeiten nehmen aber nicht gleichmäßig zu, sondern bilden nach und nach immer kleinere Differenzen. Strömungen dagegen wickeln die Schnur gleichmäßig ab, und so kann man genau angeben, wann die Kugel den Meeresboden erreicht hat. Brooke hat den Apparat mit einer Vorrichtung versehen, um Proben vom Meeresboden heraufzuholen. Die Kanonenkugel ist durchbohrt und sitzt an einem längeren eisernen Stabe, dessen nach unten gekehrte Spitze ausgehöhlt und mit etwas Talg oder Seife bestrichen ist. Berührt der Stab den Boden, so wird eine kleine Probe desselben durch die Seife oder das Fett angeklebt, zugleich macht sich die Kugel los und gleitet von dem Stabe herab, der nun mit Leichtigkeit wieder in die Höhe gewunden werden kann. Ringgeld will im stillen M. bei 8000 Faden Grund gefunden haben, im Uebrigen befinden sich die größten Tiefen im atlantischen Ocean und gehen nicht über 25,000 Fuß hinaus. Die tiefste Region scheint zwischen dem 35- und 40. Grad nördl. Br., und zwar unmittelbar südlich von den großen Bänken von Neufoundland, zu liegen. Auch die Geschwindigkeit der Fluthwellen gestattet einen Schluß auf die Tiefe des M.es, denn die Bewegung dieser Wellen ist um so geschwinder, je tiefer an der betreffenden Stelle das M. ist. Auf dem „blauen Wasser" weiter Meeresflächen legt die Fluthwelle in einer Stunde 7 Meilen zurück. Aus diesen und ähnlichen Bewegungsgeschwindigkeiten hat man die mittlere Tiefe des atlantischen Oceans zu 14,400 und die des stillen M.es auf 19,200 Fuß berechnet. Aus den Tiefenmessungen hat sich ergeben, daß der Meeresboden wie das Land in bunter Mannichfaltigkeit Hoch- und Tiefebenen und Gebirge besitzt, als deren äußerste Spitzen die Inseln zu betrachten sind. So ergeben sich für die Berge auf den Inseln viel bedeutendere Höhen, als man gewöhnlich annimmt, die Unkenntniß über diese Verhältnisse zwingt uns indeß, bei der Berechnung der Bergeshöhen nur bis auf den Meeresspiegel zurückzugehen. So viel ist indeß klar, daß die wirkliche Grenze der Kontinente nicht dort liegt, wo die Welle ihre jetzigen Küsten bespült. Man hat lange die

Festlandshöhen und Meerestiefen als gleich angenommen, indem man sich den Meeresspiegel als die Linie dachte, um welche, wie um eine Gleichgewichtslage, die Hebungen und Senkungen der Erdoberfläche Statt gefunden hätten. Diese Annahme entbehrt indeß jeder wissenschaftlichen Begründung und wird ganz besonders auch durch jene Tiefen widerlegt, welche die höchsten Höhen unserer Berge fast ums Doppelte übersteigen. Ebenso erweist sich die lange gehegte Annahme als irrig, wonach die über dem Meeresspiegel liegende Ländermasse genau hinreichen soll, das M. zu füllen, oder mit andern Worten, wonach die Rauminhalte des M.es u. des Landes über dem Meeresspiegel einander gleich sein sollen. Das Verhältniß ist vielmehr ein solches, daß bei einer durchschnittlichen Meerestiefe von 15,000 Fuß und nach Versenkung alles Festlandes ins Wasser immer noch ein M. übrig bleiben würde von einer durchschnittlichen Tiefe von 10,000 Fuß. Ueber die Tiefe und die Konfiguration des Bodens in den einzelnen M.en s. die betreffenden Artikel.

Die Farbe des M.es wechselt durch zahlreiche Nüancen, je nach der Beleuchtung, so daß der Spiegel des M.es oft ein sehr buntes Bild darbietet. Ganz rein tritt die Meeresfarbe nur auf hoher See und über großen Tiefen hervor, und hier ist sie gleich der des reinen Wassers, wenn man es in dicker Schicht erblickt, nämlich ein gesättigtes Blau. Deshalb spricht der Seemann vom „blauen Wasser", bezeichnet damit aber nur die großen M.e. Bei Marseille ist das Meerwasser entschieden indigblau, an seichten Stellen aber erscheint es so klar und farblos wie das reinste Quellwasser. Deshalb erkennt man, besonders auf tropischen M.en, die Gegenstände, welche am Grunde liegen, vollkommen deutlich, und bei beträchtlicher Tiefe kann man im Boote ebenso schwindlich werden, als wenn man vom hohen Thurm nieder auf die Straße blickt. Das reine Wasser ist blau, und wo es diese Farbe nicht zu besitzen scheint, da wird sie durch fremde Beimengungen verdeckt. Deshalb ist das Wasser der Flüsse oft gelblich oder grünlich, und die in demselben aufgeschwemmten erdigen Bestandtheile üben auch noch auf das Wasser des M.es einen Einfluß aus, so daß dieses in der Nähe der Flußmündungen und oft weit darüber hinaus ebenfalls grün erscheint. So lange selbst nur noch leise Spuren aufgeschwemmter Theilchen im Wasser sich befinden, wird die tief blaue Farbe abgeschwächt. Die ganze Ostsee hat nur grünes Wasser. Außerdem färben organische Körperchen, mikroskopische Pflanzen und Thiere das M. Trichodesmium Hindsii, Ehrenbergi und erythraeum färben oft weite Strecken des M.es blutroth und treten in solcher Masse auf, daß der Boden oft lediglich von den abgestorbenen Individuen dieser Pflänzchen gebildet wird. Die Farbe des gelben M.es hat einen ähnlichen Ursprung, und bei Callao an der peruanischen Küste wird das M. von einem mikroskopischen Thier olivengrün, an der Küste von Guinea und Kap Palmas aber milchweiß gefärbt.

Das Meerwasser schmeckt bitter, salzig, es ist ungenießbar u. stillt den Durst nicht. Schiffbrüchige müssen auf offnem M. verdursten, und zwar deshalb, weil das Wasser des M.es salziger ist als normaler Harn. Durch Trinken des Meerwassers wird daher das Bedürfniß des Körpers nach Wasser vermehrt, anstatt vermindert. Kleider, die in Meerwasser getaucht

werden, trocknen nicht, weil die nach dem Verdun
des Wassers zurückbleibenden Salze aus der
Feuchtigkeit anziehen. Die Zahl der Elemente, w
bis jetzt im Meerwasser aufgefunden worden
beträgt 31, nämlich Sauerstoff, Wasserstoff, S
stoff, Kohlenstoff, Chlor, Brom, Jod, Fluor, Sc
fel, Phosphor, Silicium, Bor, Silber (in P
pora alcicornis und in den Kupferbeschlägen
Schiffe), Kupfer, Blei (beide Metalle häuf
Pflanzen und Thieren), Zink (besonders in P
zen), Kobalt, Nickel, Eisen, Mangan, Alumin
Magnesium, Strontium, Calcium, Barium,
trium, Kalium, Lithium, Cäsium, Rubidi
Arsen. Viele dieser Elemente kommen indeß i
geringer Menge vor, daß ihre Gegenwart nur in
Pflanzen und Thieren, welche sie in sich aufspeic
nachweisbar ist. Nur wenige Elemente üben
die quantitative Zusammensetzung des Meerwa
einen Einfluß aus, nämlich: Chlor, Schwefels
Magnesia, Kalk, Kali und Natron. Das Ver
niß derselben ist überall im Ocean in größerer
fernung von den Küsten ziemlich konstant.
man den Gehalt an Chlor = 100, so hat man fü
übrigen Verbindungen:

	Maximum,	Minimum,	Mi
Schwefelsäure	12,09	11,65	11
Kalk	5,16	2,87	2
Magnesia	11,28	10,95	11
Sämmtliche Salze .	181,4	180,6	181

Im Innern der Ostsee ist das Verhältniß von C
zu Schwefelsäure = 100 : 14,97; zu Kalk =
7,48; zu sämmtlichen Salzen = 100 : 223,0.
ses konstante Verhältniß ist nur in der außeror
lich großen Salzmenge im ganzen Ocean beg
det, im Vergleich mit welcher die Salzmenger
durch die Ströme oder auf andere Weise hin
führt werden, verschwindend klein sind (s. auch un
Der mittlere Gehalt des Meerwassers an fester
stanz ist = 34,304 Th. in 1000 Th., und zwar
hält nach Forchhammer der atlantische Ocean
schen dem Aequator und 30° nördl. Br. im M
36,169 p. Mille, von 30° nördl. Br. bis zur
zwischen dem nördlichen Schottland und dem
den von Neufoundland im Mittel 35,976, vor
Nordgrenze dieser Region bis zur Südküste
Grönland im Mittel 35,556, von der Davisst
und Baffinsbai im Mittel 33,167, der atlan
Ocean zwischen 0° und 30° südl. Br. im M
36,472, zwischen 30° südl. Br. und einer
von der Südspitze Afrika's bis zu der Amerika'
Mittel 35,038, zwischen Afrika und den ostindi
Inseln im Mittel 33,868, zwischen Ostindien
den aleutischen Inseln im Mittel 33,506, zwi
den aleutischen und den Gesellschaftsinseln im
tel 35,219, der patagonische Kaltwasserstrom
Mittel 33,966 und die arktische Region im
28,563. Ganz andere Zahlen ergeben die Regio
welche unter besonderen Einflüssen stehen. So
hält die Nordsee im Mittel noch 32,806 p. M
das Kattegat und der Sund aber nur noch 15
und die Ostsee nur 4807 p. Mille Salz. Das mi
ländische M. enthält 37,5, das schwarze M. 15,
das todte M. unweit der Mündung des Jord
206,00 p. Mille Salz. Diese Zahlen ergeben,
in den Aequatorialgegenden verhältnißmäßig
größte Menge von festen Bestandtheilen im M
wasser enthalten ist. Lenz fand das Maximum
Salzgehalts im stillen M. unter 22° nördl.

17° südl. Br. Wenige Grade südlich von der Linie lag die Zone des geringsten Salzgehalts. Offenbar rührt der stärkere Salzgehalt des tropischen Meerwassers von der starken Verdampfung her, die beträchtlicher ist als die durch den Regen und die Flüsse bedingte Zufuhr. In den Regionen der Windstille kann die Sonnenwärme dagegen die Verdunstung wenig befördern, weil eine mit Salzdunst geschwängerte Luftschicht dort unbewegt und unerneuert auf der Oberfläche des M.es ruht. Daß der Salzgehalt des tropischen Meerwassers nicht noch weiter steigt, wird durch die Polarströmungen verhindert, welche Wasser von einem geringeren Gehalt aus den nördlichen und südlichen Gegenden zuführen. Der mittlere Gehalt in den Aequatorialgegenden ist etwa 36,2, in den Polargegenden 33,5 p. Mille. Die chemischen Analysen des Meerwassers sind deshalb von so großer Wichtigkeit, weil sie oft den einzigen Aufschluß über die Strömungen, besonders in verschiedenen Tiefen, geben. So enthält der nördliche atlantische Ocean mehr Salz als der südliche, was sich durch den Einfluß des Golfstroms erklärt. Da der von Nordosten nach Südwesten fließende Strom zwischen Island und der Ostküste von Grönland nahezu ebenso viel Salz enthält wie der nördliche atlantische Ocean, so darf dieser Ostgrönlandstrom nicht als ein Polarstrom, sondern nur als ein zurückkehrender Arm des Golfstroms betrachtet werden. Im Mittelmeer und in der Ostsee ist das Wasser in größeren Tiefen reicher an Salz als an der Oberfläche, was sich einfach aus dem größeren specifischen Gewicht des salzreicheren Wassers erklärt. Im atlantischen Ocean und in größerer Entfernung von der Küste ist das Wasser dagegen in größerer Tiefe (12,000 Fuß) salzärmer als an der Oberfläche, so daß hier ein Polarstrom angenommen werden muß. In dem M. östlich von Afrika wurde der Salzgehalt in der Tiefe wieder größer als in der Höhe gefunden.

Zur Gewinnung von Kochsalz findet das Meerwasser technische Verwendung, u. in dieser Beziehung ist seine quantitative Zusammensetzung von Wichtigkeit. Die folgenden Analysen geben ein Bild derselben.

	Großer Ocean Bibra.	Atlant. Ocean Bibra.	Nordsee Bibra.	Mittl. Zusammensetzung Regnault.
Chlornatrium	2,5877	2,7558	2,5513	2,700
Bromnatrium	0,0401	0,0326	0,0373	Chlorkalium 0,070
Schwefels. Kali	0,1359	0,1715	0,1529	Brommagnesium 0,002
Schwefels. Kalk	0,1622	0,2046	0,1622	0,140
Schwefels. Magnesia .	0,1104	0,0614	0,0706	0,240
Chlormagnesium ...	0,4345	0,3260	0,4641	0,360
Summa der Salze ..	3,4708	3,5519	3,4383	3,530
Wasser	96,5292	96,4481	96,5617	96,470
Summa	100,000	100,000	100,000	100,000

Das Wasser des todten M.es enthält nach Roux unweit der Mündung des Jordans in 100 Th. Chlornatrium 6,126, Chlorkalium 1,388, Chlormagnesium 9,466, Chlorcalcium 3,152, Chlorammonium 0,004, Brommagnesium 0,364, schwefelsauren Kalk 0,058, kohlensauren Kalk, Eisenoxyd und Thonerde 0,032. Ueber die Gewinnung des Salzes aus Meerwasser s. Salz, über die Gewinnung von Jod und Brom s. d. Ueber die Befreiung des Meerwassers von Salzen, um es trinkbar zu machen, s. Wasser.

Das im Allgemeinen die Klimate ausgleichende und mildernde M. zeigt da, wo es nicht von pelagischen Strömen kalten und warmen Wassers durchfurcht wird, fern von den Küsten in der Tropenzone, besonders zwischen 10° nördl. und 10° südl. Br., in Strecken, die Tausende von Quadratmeilen einnehmen, eine bewundernswürdige Gleichheit und Beständigkeit der Temperatur. Unter dem Aequator beträgt der Wärmeunterschied des Meerwassers an einem Tage höchstens 1—2°, während er daselbst auf dem Festlande 5—6° beträgt. In den gemäßigten Erdgürteln steigt diese tägliche Differenz nur auf 2—3°, während sie auf dem Lande bekanntlich 12—15° betragen kann. Das Wärmeminimum des Tages liegt wenig vor Sonnenaufgang, und das Wärmemaximum ist auf dem M. dem Mittage etwas näher als auf dem Festlande, beide Punkte aber treten mit größerer Schärfe als auf dem Lande hervor. Ebenso macht sich der Unterschied der Breite auf dem M. deutlicher geltend als auf dem Festlande, weil dort alle die Ursachen wegfallen, die hier auf das Klima Einfluß ausüben; eine genaue Ergründung der Wärmeverhältnisse des Meerwassers unter den Tropen müßte uns auf die einfachste Weise über das Problem von der Konstanz der Klimate und der Erdwärme unterrichten. Dennoch ist die Temperatur einer bestimmten Stelle des Meeresspiegels nicht lediglich von der geographischen Lage abhängig, sie wird vielmehr wesentlich von den Meeresströmungen beeinflußt, doch so, daß sie innerhalb einer konstanten Strömung wieder sehr beständig ist. Die Beständigkeit der Temperatur des Meerwassers wird zum Theil dadurch möglich, daß das Wasser ein schlechter Wärmeleiter ist. Die vulkanischen Vorgänge, welche das Meerwasser bisweilen bis zum Sieden erhitzen, sind deshalb ohne großen Einfluß, da sie sich nur auf kleine Punkte beschränken. Das Maximum der Wärme fällt nicht mit dem Aequator zusammen, vielmehr scheinen die wärmsten Wasser zwei nicht ganz parallele Banden nördlich und südlich vom geographischen Aequator zu bilden. Die Linie der höchsten Wärme beginnt im Meerbusen von Guinea, einige Grade nördlich vom Aequator, und steigt nach Ueberschreitung des Oceans von der Mündung des Amazonenstroms längs der amerikanischen Küste durch das karaibische M. nordwärts bis in die Höhe des mexikanischen Meerbusens, wo sie sich in einem Bogen nach Süden umbiegt und in der Campechebai auf das Land trifft. Von da setzt sie sich auf der Westküste von Centralamerika, erst viel weiter südlich von der Bai von Panama an, weiter fort, wo sie anfänglich eine Strecke weit von dem kalten peruanischen Küstenstrome nach Norden emporgelenkt wird, dann aber wieder parallel mit dem Aequator weiter geht. Auf dieser Linie schwankt die Temperatur des Meerwassers zwischen 27 und 32° R. In den Tropen ist in der heißesten Tageszeit die Luft wärmer als das Wasser, im Durchschnitt aber ist das Wasser wärmer als die Luft. In höheren Breiten vom 25.—50.° ist die Luft nur selten, in den Polargegenden fast nie wärmer als die Oberfläche des M.es. Von der Grenze des Luftmeeres und des Oceans an aufwärts und abwärts sind Luft- und Wasserschichten bestimmten Gesetzen der Wärmeabnahme unterworfen, in dem Luftmeer aber ist diese Wärmeabnahme um Vieles langsamer als im Ocean. Das M. hat unter allen Zonen eine Tendenz, die Wärme seiner Oberfläche in den der Luft nächsten Wasserschichten zu bewahren, da die erkalteten Theile als die schwereren hinabsteigen. Bei einer Temperatur von 27° C. am Meeresspiegel wurden in der heißen und gemäßigten Zone in der Tiefe Temperaturen von 2,5—3° beobachtet. Diese bedeutende Kälte kann aber nicht eine Folge der Erkaltung während der Nacht, sondern nur durch einen Meeresstrom veranlaßt sein, welcher in der Tiefe die Gewässer der Pole dem Aequator zuführt; deshalb findet man auch in der Tiefe des mittelländischen M.es, wo diese untere Meeresströmung nicht eindringen kann, keine so niedrige Temperatur. In den Polarmeeren ist auffällender Weise die Temperatur in der Tiefe höher als an der Oberfläche, wiewohl auch Beobachtungen vom Gegentheil vorliegen. Diese Widersprüche lassen sich noch nicht erklären, besonders deshalb nicht, weil man noch nicht mit gleicher Gewißheit, wie beim süßen Wasser, das Dichtigkeitsmaximum des Meerwassers kennt. Despretz sah Seewasser aus der Südsee bei — 2,55° gefrieren, und er fand das Dichtigkeitsmaximum bei — 3,67°. Gefriert Meerwasser, so bildet sich salzfreies Eis und es bleibt eine koncentrirtere Salzlösung flüssig, die nun erst wieder beim weiteren Sinken der Temperatur Eis ausscheiden läßt. Die Eismassen, welche sich in den hohen Breiten bilden, sind in der Regel 20—25 Fuß dick und erstrecken sich oft über 300—400 Quadratmeilen. Diese Eisfelder zerbersten und geben Bruchstücke, die, zu Eisbergen aufgethürmt, von den Strömungen fortgetrieben werden. Sie sind zu ⁶/₇ ihres Volumens im Wasser untergetaucht und erreichen dadurch bisweilen untere kräftigere Strömungen, welche sie dann in einer der Oberflächenströmung mehr oder weniger entgegengesetzten Richtung fortbewegen und oft auf andere minder tief eintauchende Eisberge treiben. In der Baffinsbai hat man Eisberge beobachtet, die 90—120 Fuß hoch über den Meeresspiegel emporragten und ohne Zweifel von jenen riesigen Gletschern stammten, deren Fuß ins M. hineinragt und, allmählig weiter vorgeschoben, durch den Andrang der Wogen und durch sein Aufstreben (weil Eis specifisch leichter ist als Wasser) zertrümmert wird. Das Treiben der Eisberge und der mächtigen Schollen, welche die Oberflächen der nördlichen M.e bedecken, machen diese den Schiffern in so hohem Grade gefährlich. Dazu kommt, daß der Fuß der Eisberge unter dem Meeresspiegel bedeutend größer ist als der Berg selbst, so daß das Schiff, selbst noch in bedeutender Entfernung von dem Berge durch dessen untergetauchten Theil beschädigt werden kann. Gelangt der Eisberg aber in wärmere Strömungen, so schmilzt sein Fuß schneller als die in die Luft ragende Masse, der Schwerpunkt ändert sich u. es kann plötzlich der ganze Berg umstürzen, wobei ein vorübersegelndes Schiff in die größte Gefahr kommen kann.

Ein besonderer Schmuck des M.es ist das **Leuchten** desselben. Man beobachtet es fast unter allen Breiten, besonders in heiteren ruhigen Nächten, bald als milchweißen Schimmer, der die Meeresfläche gleichmäßig bedeckt, bald in einzelnen leuchtenden Punkten, die blitzartig auftauchen und wieder verschwinden. Es unterliegt keinem Zweifel mehr, daß diese Lichtentwickelung Thieren, einigen Pflanzen u. faulender organischer Materie zugeschrieben werden muß. Bei den Bohrmuscheln (Pholas) leuchtet z. B. die ganze Körpermasse, besonders der Schleim der Körperoberfläche. Bei den Rippenquallen liegt das Leuchtvermögen in Reihen von zarten schwinden Wimpern, womit der Leib streifenweise besetzt
die leuchtenden Ringelwürmer des M.es haben
Leuchtkraft in den Muskelbündeln ihrer zahlrei
Füße. Andere niedere Seethiere sind durch u. d
leuchtend, wie z. B. die Quallen, welche auch
Tage ein prächtiges Farbenspiel zeigen. Das stä
Licht verbreitet in südlicheren Regionen das zu
Seescheiden gehörende Pyrosoma, während in h
ren Breiten die verwandte Mammaria scintil
seine Stelle vertritt und in so großen Mengen
kommt wie jene Thiere, die das M. färben.
den höheren Thieren leuchten einige Krebse u. Fi
Von letzteren ist besonders ein Haifisch, Squalus
gens, zu erwähnen, welcher von seiner ganzen
ren Seite einen grünen Phosphorschein ausstra
Bei den meisten Leuchtthieren des M.es ist eine
schütterung des Wassers erforderlich, um das Leuc
hervorzulocken, woraus es erklärlich wird, daß
Kielwasser und die Branbungswellen das Leuc
vorzugsweise hervortreten lassen. Ebenso verh
es sich mit der faulenden thierischen Materie, die
Meerwasser reichlich vertheilt ist. Von den Pflan
leuchtet besonders die zu den niederen Algen ge
rende Oscillaria phosphorea.

Störungen des Gleichgewichts des M
und die dadurch erregte Bewegung des Wassers
theils unregelmäßig u. vorübergehend, vom Winde
hängig u. Wellen erzeugend, die fern von den Küs
im offenen M., im Sturm über 35 Fuß Höhe an
gen; theils regelmäßig u. periodisch durch die S
lung u. Anziehung der Sonne u. des Mondes bew
(Ebbe und Fluth, s. d.); theils permanent, doch
ungleicher Stärke, als pelagische Strömung. Letz
unterscheidet sich von den Wellen dadurch, daß
ihr Wasser wirklich fortbewegt wird, während
Wellenbewegung durch das an sich auf seiner St
bleibende Wasser wandert, wie der Schall die
durcheilt, ohne einen Luftstrom zu veranlassen.
gegen bieten die Strömungen das merkwürd
Schauspiel dar, daß sie von bestimmter Breite
verschiedenen Richtungen das M. flußartig dur
kreuzen, während deß nahe Wasserschichten unbew
gleichsam das Ufer bilden. Die oceanischen S
mungen, die einen so wichtigen Einfluß auf den V
kehr der Nationen und auf die klimatischen Verhä
nisse der Küsten ausüben, sind fast gleichzeitig
einer Menge sehr verschiedenartiger, theils groß
theils scheinbar kleiner Ursachen abhängig. Da
gehören nach Humboldt: die um die Erde fortsch
tende Erscheinungszeit von Ebbe und Fluth,
Dauer und Stärke der herrschenden Winde, die du
Wärme und Salzgehalt unter verschiedenen Brei
und Tiefen modificirte Dichte u. specifische Schw
der Wassertheilchen, die von Osten nach Westen s
cessiv eintretenden und unter den Tropen so reg
mäßigen stündlichen Variationen des Luftdru
Auf den Karten, welche die Meeresströmungen d
stellen, erscheinen diese wohl oft gegen einander sch
begrenzt, aber nur in sehr untergeordnetem Maße
lange beibehaltener Richtung und sich gleichblei
der Breite. Fast alle umfangreichen Strömun
sind am Beginn schmal und gewissermaßen zusa
mengedrängt, sei es durch Festlandsmassen, sei
durch ruhende oder gegenströmende Wasserflächen,
ihrem weiteren Verlauf aber flattern sie breit a
einander. Besonders bemerkenswerth ist die v

nach Westen gerichtete Strömung zwischen den
ndekreisen (Aequatorial- ob. Rotationsstrom), die
eine Folge der fortschreitenden Fluthzeit u. der
atwinde betrachtet wird. Sie verändert ihre
tung durch den Widerstand, welchen sie an den
legenden östlichen Küsten der Kontinente findet.
a unter dem Wendekreise des Krebses entsprin-
, spaltet sie sich zum ersten Male bei den Inseln
grünen Vorgebirgs, indem sie einen Arm östlich
et, welcher die afrikanische Küste entlang bis zum
verläuft und hier mit einer aus dem indischen
an kommenden Strömung zusammenstößt; der
re Arm wendet sich westlich, um sich am Kap
Roque abermals zu spalten und einen Arm südlich, Südamerika entlang, bis zu den Falklands-
n zu senden. Die Hauptmasse des großen
uatorialstroms wendet sich aber vom Kap St.
ue nordwestlich und gelangt so durchs karaibische
in den Golf von Meriko, aus welchem sie nord-
ch als Golfstrom wieder austritt. Die östliche
e des letzteren lenkt unter dem 45.° westl. L. immer
r nach Osten u. zuletzt nach Süden ein und trifft
em Ausgangspunkt der Aequatorialströmung mit
r zusammen, so daß durch diese im Westen u. Sü-
und durch den Golfstrom im Norden u. Westen
Kreisströmung gebildet wird, in deren Mitte
Sargassomeer liegt, jene große Fucusbank,
he die Einbildungskraft Christoph Colombo's
lebhaft beschäftigte und welche Oviedo die
gwiesen nannte. Ueber den Golfstrom, dessen
r Anfang und Impuls nach Humboldt südlich
Vorgebirge der guten Hoffnung zu suchen ist,
elcher, indem er bei der Bank von Neufoundland
ärts abgelenkt wird, das Klima von Europa so
begünstigt, s. Atlantischer Ocean. Das
enstück zu diesen Strömen bildet eine Strömung
er Südsee, welche die kalten Wasser der hohen
lichen Breiten an die Küsten von Chile bringt u.
Lauf der westlichen Küste von Südamerika folgt,
sich südlich von Payta gegen Westen zu wenden.
ten in den Tropen hat dieser kalte Strom nur
°, während die ruhenden Wasser außerhalb des-
eine Temperatur von 27,5 und 28,7° zeigen.
er Westbucht von Mittelamerika entspringt eine
oriale Strömung, welche, bis Meriko nordwest-
steigend, sich rein westlich wendet u. die Ostküste
Neuholland und Neuguinea erreicht, während
großer Arm südlich geht und die Ostküste von
seeland streift. Aus dem indischen Ocean geht
Strömung zwischen Sumatra, Borneo u. Ma-
a hindurch und die Ostküste von China hinauf,
durch Japan ostwärts abgelenkt zu werden.
schen Borneo und Neuholland tritt ein Strom
welcher sich theils nördlich wendet und von Vor-
ndien getheilt wird, theils südlich fließt und Ma-
skar umströmt, um am Kap der guten Hoffnung
dem südlichen Arm der Aequatorialströmung zu-
menzutreffen. Die Kälte an der Nordostküste
Nordamerika, nördlich von Neufoundland, wird
ngt durch einen Polarstrom, der östlich von
nland begrenzt wird. Es ist unmöglich, die zahl-
en Strömungen des M.es eingehender zu beschrei-
da die Inseln, die Konfiguration des Meeresbo-
u. wohl noch viele andere Umstände die bunteste
nnichfaltigkeit erzeugen. Wie weit die Strömun-
nach dem Meeresboden hin ihre Bewegung fort-
nzen, weiß man nicht, doch haben sorgfältige Be-
obachtungen gezeigt, daß oft sehr zahlreiche Strömungen in entgegengesetzter Richtung übereinander fließen. Die niedrige Temperatur über Untiefen, welche Nebel und Wolken erzeugen kann, dürfte sich in der Weise erklären, daß kalte Strömungen, aus der Tiefe aufsteigend, über die Erhöhungen des Meeresbodens hinweg fließen. Bei der Beobachtung dieser niedrigen Temperaturen wird das Thermometer zum Senkblei.

Die Bewohner des M.es, die Pflanzen u. Thiere, gehorchen denselben Gesetzen wie die organischen Wesen des Festlands, ihre Verbreitung ist abhängig von der Temperatur, von der mineralogischen Beschaffenheit des Meeresbodens und außerdem von den Strömungen, indem manche Organismen das ruhige Wasser lieben, während andere sich im heftigsten Anprall der Wogen ansiedeln. Die durch Strömungen verschiedener Tiefe hervorgerufenen Temperaturunterschiede ermöglichen eine reiche Mannichfaltigkeit der Bevölkerung eines und desselben M.es. Der starke Druck, welcher in großen Tiefen herrscht und die dadurch bedingte Zusammensetzung der im Meerwasser aufgelösten Luft sind ebenfalls nicht ohne Einfluß auf die Organismen. Die Reichhaltigkeit der Formen wird auch im M. durch die Wärme beherrscht, in höheren Breiten findet man Einförmigkeit, unter den Tropen eine unübersehbare Fülle der Gestalten. Die vier Familien der Stockfische, der Häringe, der Lachse und der Schollen erschöpfen wohl neun Zehntheile der Formen der höheren Nordsee u. des Eismeeres, während in den niedrigen Breiten eine umgleich größere Zahl von Typen gefunden wird. Im Gegensatz hierzu bleibt es zweifelhaft, ob dem M. der Wendekreise oder demjenigen des hohen Nordens der Vorrang im Reichthum an Individuen gebührt, und Karl Vogt stellt die Behauptung auf, daß die Summe des Lebens im M. in allen Breiten etwa die gleiche sei. Der Küstensaum eines M.es entfaltet stets die größte Mannichfaltigkeit der Formen und Individuen, und meist nimmt schon in geringer Tiefe beides mit schnellen Schritten ab. In den Eismeeren deutet mancherlei auf das Gegentheil hin, wie denn dort auch in der Tiefe eine höhere Wärme als in der Oberfläche beobachtet worden ist. Der Fauna des M.es fehlt kein Haupttypus, der auf dem Festlande entwickelt ist, während es eine Menge von Formen enthält, die selbst dem süßen Wasser gänzlich fremd sind. Dagegen stehen die Meerthiere den Landthieren gegenüber im Allgemeinen auf einer niedrigeren Stufe der Vollkommenheit u. bilden gewissermaßen den Boden, auf welchem die Fauna des Landes sich erhebt. Sind aber entsprechende Typen im M. und im süßen Wasser ausgebildet, so zeichnet sich die Meerform durch bedeutendere Entwickelung der Bewegungsorgane und der Sinneswerkzeuge aus. Die ganze submarine Vegetation wird fast ausschließlich von einer einzigen großen Pflanzenklasse, den Algen oder Tangarten, gebildet, die indeß einen so außerordentlichen Formenreichthum entwickeln, daß eine Landschaft am Boden des M.es kaum weniger mannichfaltig ist als eine mit üppigem Pflanzenwuchs bedeckte Gegend der Tropen. Dabei sind auch hier die einzelnen Arten an bestimmte Bezirke gebunden, im Allgemeinen entfalten die Algen vorzugsweise in der gemäßigten Zone ihren ganzen Reichthum und nehmen nach dem Aequator zu fast ebenso wie gegen die Pole hin ab. Das auf dem Lande waltende Gesetz, nach welchem die Thierwelt eine größere Verbreitung hat als die Pflanzenwelt, gilt auch für das M. In den Polarmeeren wimmelt es noch von Wallen, Robben, Fischen und niederen Thieren, wenn schon längst jede Vegetation verschwunden ist, und auch aus den Tiefen, in welche niemals Pflanzen dringen, fördert das Senkblei noch niedere Thiere herauf.

Die Säugethiere, die Fische und eine große Zahl niederer Meerthiere gewähren dem Menschen Speise und Substanzen, welche in der Industrie Verwendung finden, ebenso werden manche Seepflanzen gegessen, andere dienen als Arzneistoffe und wieder andere benutzt man in der Industrie. Unendlich bedeutungsvoller aber ist die Rolle, welche die Meeresbewohner im Haushalt der Natur spielen. Die Menschen, als auf dem Lande lebende Wesen, betrachten das M. als die Ausnahme, das Land als die Regel, während doch das M. die Werkstätte ist, in welcher die großen Neubildungen, Umbildungen und Zerstörungen vor sich gehen, denen gegenüber die Veränderungen, welche auf dem Lande wahrgenommen werden, verschwindend klein sind. Die gewaltigen Schichtensysteme, welche das starre Gerüst des Festlandes zusammensetzen, sind Meeresbildungen, und nur selten begegnet man Süßwasserbildungen, u. es nehmen dieselben nur einen sehr geringen Raum ein. Trotzdem sind es diese letzteren, von denen das menschliche Leben abhängt; auf dem primitiven Meeresboden ist jede Kultur unmöglich, erst die Veränderungen, welche er über dem Meeresspiegel erleidet, bedingen seine Wichtigkeit für den Menschen, und selbst die Metalle u. die Kohlen, welche wir aus der Erde hervorholen, sind wenigstens zur Hälfte Süßwasserbildungen. Nicht nur die geschichteten Gesteine sind Produkte des M.es, auch die Vulkane stehen in unzweifelhaftem Zusammenhange mit demselben, und die plutonischen oder metamorphischen Gesteine verdanken ihre Bildung auf die eine oder die andere Weise ebenfalls dem M. Um die Neubildungen im M. zu verstehen, muß man auf das Salz zurückgehen, welches zu 75 Proc. aus Kochsalz, zu etwa 14 Proc. aus anderen leicht löslichen Chlorüren u. nur zu etwa 10 Proc. aus Gyps, Glaubersalz und Bittersalz besteht. Der Ursprung desselben ist jedenfalls in dem geringen Salzgehalt zu suchen, welchen die Flüsse dem M. zuführen. Vom Meeresspiegel verdunstet fortwährend reines Wasser, während ihm schwache Salzlösungen als Flußwasser zuströmen, wovon natürlich eine Koncentration die Folge sein muß. Da der Meeresspiegel gleich hoch bleibt, so wird im Lauf der Zeit das Meerwasser immer salziger werden müssen, dies wird aber nur sehr langsam geschehen, da die Salze, welche die Flüsse zuführen, zum größten Theil sehr bald niedergeschlagen werden und 100,000 Theile Flußwasser nur 1 Th. Kochsalz enthalten. 7500 Th. Flußwasser geben in Bezug auf den Kochsalzgehalt nur 1 Th. Meerwasser. Die Analyse des Meerwassers ergibt, daß dasselbe weit entfernt ist, mit irgend einem seiner Bestandtheile gesättigt zu sein. Durch rein chemische Thätigkeit wird fast nichts aus Meerwasser in fester Form anders ausgeschieden als durch Intervention der Organismen. Die Schwämme und die gepanzerten Kieselpflänzchen, die man früher zu den Infusorien rechnete, bemächtigen sich der Kieselsäure, bilden daraus ihre Panzer, erfüllen damit die Höhlungen der Schale und diejenigen Räume, welche

thierische Substanz enthielten, u. bilden so die F
steinknollen und Kieselkonkretionen, die in der K
und in anderen Gesteinen so häufig sind. Fau
Pflanzen zersetzen die schwefelsauren Salze, ve
den dann Schwefel mit Metallen und bilden so
Niederlagen von Eisenkies, Bleiglanz, Schwef
pfer, Schwefelsilber, die sich später noch koncent
Am wichtigsten ist die Abscheidung des Kalkes
zum Theil als doppeltkohlensaurer Kalk dem
zugeführt wird. Eine Auster treibt 5—9 Kub
Meerwasser durch ihren Körper hindurch, um
zum Aufbau ihrer Schale nöthigen Kalk dem
zu entziehen, die Korallen bestehen fast nur aus
lensaurem Kalk, und die Wurzelfüßler scheide
von vielleicht am meisten ab. Eine große M
von kohlensaurem Kalk wird jedenfalls aus
gebildet, indem das in den thierischen Säften
haltene kohlensaure Natron sich mit diesem zu s
felsaurem Natron und kohlensaurem Kalk um
Die ganze Strecke zwischen Nordamerika u. Ir
(das Telegraphenplateau) ist in einer Tiefe
8—10,000 Fuß mit einer wohl 30 und mehr
mächtigen Schicht von Kreideschlamm bedeckt,
nur aus lebenden und todten kleinen Wurzelfüß
besteht. Diese übertreffen in der Mächtigkeit
Bauten noch die Korallen und die Muscheln, sie
zusammen bilden aber im M. neue Schichten
einst als Gebirge aus dem M. emportauchen mü
Vollständige Austrocknungen von M.en finden s
ner Statt. Die Sahara mit ihrem Salzbode
ein flaches ausgetrocknetes Seebecken, und glei
Ursprung haben die Natron- und Salzseen Ae
tens, Armeniens und vieler anderen Länder, d
Seebecken einst durch Hebungen des Bodens a
Verbindung mit dem Ocean kamen und allmä
verdunstend ihre Salze auf dem nicht durchlasse
Thongrund ablagerten. Den oben angedeu
Bildungen durch Pflanzen und Thiere entgeg
setzt, treten nur rein physikalische Kräfte in den
dergrund, sobald es sich um die Neubildung auf
sten der im Wasser nicht gelösten, sondern nur m
nisch aufgeschwemmten und schwebenden Theile
delt. Diese finden sich in jedem Wasser, reichl
in Flüssen und an den Küsten als auf hoher See
sie indeß auch nicht völlig fehlen. Sie werden
M. theils durch die Flüsse zugeführt, theils entst
sie durch die Wirkung des M.es auf seine Kü
theils werden sie auch von Strömungen gehoben
weggeführt. Um jedes feste Land herum findet
ein Zerstreuungskreis von schwebendem Mate
der sich weithin in das M. erstreckt, und manche
wie die Nord- und Ostsee, sind mit Trümmern
ständig bedeckt und kaum etwas Anderes als
mehr und mehr unter den Wasserspiegel gleit
Fortsetzung der Watten. In Meerbusen und F
mündungen können sich die schwebenden Theile
ter ansammeln und bedeutende Gestaltenveränd
gen hervorrufen, aber es sind 67,000 Jahre ver
gen, seit sich eine Schicht Nilschlamm gebildet
unter welcher man jetzt Töpferscherben gefunden
Der gröbere Schlamm und sandige Theile we
sich stets in der Nähe der Küsten ablagern u. des
auch zur schnelleren Formveränderung derselben
tragen; wie groß dieser engere Zerstreuungskrei
hängt natürlich von der Konfiguration des La
ab, über ihn hinaus erstreckt sich aber das weite
biet, auf welchem sich der feinere Schlamm ans

melt. Lokalströmungen wirken auf die Ablagerung des Schlammes ein und häufen ihn zu Dämmen an, die, später durch Schalthiere konsolidirt, zu Riffen emporwachsen. Die größeren Strömungen dürften kaum auf die Ablagerungen einwirken, weil sie entweder nicht in so bedeutende Tiefen reichen, oder doch nicht stark genug sind, um den Schlamm zu bewegen. Der Golfstrom z. B. fließt über einen feinen Bodenschlamm hinweg, in welchen das Senkblei 30 Fuß tief einsinkt und in welchem feine Thonpartikelchen nicht fehlen. Es hat also auch hier eine Ablagerung Statt gefunden, ein Beweis, wie weit die schwebenden Theilchen weggeführt werden.

Meer, 1) Jan van der M., der Vater, niederländischer Maler, um 1628 zu Schonhoven geboren, begleitete u. A. seit 1664 das Amt eines Dekans bei der Malergilde und eines Regenten des Ambachtskinderhuis zu Utrecht, wurde 1674 Rath der Regierung und † um 1691. Er lieferte ausgezeichnete Landschaften, See- und Thierstücke. Doch sind nur wenige Werke mit Bestimmtheit ihm zuzuschreiben.

2) Jan van der M., der Sohn, Schüler seines Vaters, sodann N. Berghems, † im Elend, wahrscheinlich 1706. Er malte Landschaften mit Thierstaffage und Seestücke, die Naturstudium und glückliches Kompositionstalent bekunden. Auch hat man einige vortreffliche Radirungen von ihm, unter denen besonders ein stehendes und ein liegendes Schaf bewundert werden.

Meeräsche (Mugil *L.*), Fischgattung aus der Ordnung der Brustflosser und der Familie der Harder, charakterisirt durch die etwas hinter den Brustflossen stehenden Bauchflossen und die mit 4 Stachelstrahlen ausgestattete erste Rückenflosse, schmackhafte Fische fast in allen Meeren, die truppweise in die Mündung der Flüsse steigen und große Sprünge über dem Wasser machen. Die bekannteste Art ist die gemeine M., M. Cephalus *Cuv.*, Mugel, Meeralant, Goldharder, wird 1—2 F. lang, ist silberglänzend, oben bräunlichgrau mit goldglänzenden und himmelblauen Längsstreifen, an den Seiten silberglänzend mit dunklern Längslinien. Die Kiemendeckel schimmern in Gold und Silber, der Augenring ist goldgelb, die Flossen sind bräunlichgrau, die Augen ringsum mit einem Hautlappen (Nickhaut) umgeben. Diese Fische finden sich gewöhnlich heerdenweise beisammen und werden besonders vom Mai bis zum Juli in der Nähe der Flußmündungen, besonders im Mittelmeer, gefangen und frisch und eingesalzen gegessen. In Frankreich macht man aus dem Rogen eine Art Kaviar (Botargue). Der lange Darmkanal mit seinem Inhalt gilt für einen Leckerbissen. Das Fett wird in den Ländern am Mittelmeer als Aeschenfett, Axungia s. Oleum Aschiae, in den Apotheken geführt.

Meeralok, Pflanzengattung, s. v. a. Stratiotes aloides.

Meerane, Stadt im königlich sächsischen Kreisdirektionsbezirk Zwickau, Amt Glauchau, eine in raschem Aufblühen begriffene Fabriksstadt, hat eine alterthümliche Kirche, Handelslehranstalt, ansehnliche Fabrikation von Woll- und Baumwollzeuchen, Tuch und Kasimir, Leinwand, Färberei und 13,620 Einwohner.

Meerbarbe, Fischgattung, s. v. a. Seebarbe, s. Barsche.

Meerbrassen (Sparoidei), Fischfamilie aus der Ordnung der Brustflosser, charakterisirt durch eine einzige große, schuppenlose Rückenflosse, die zugespitzten Brust- und Bauchflossen und die gabelige Schwanzflosse, den zahnlosen Gaumenknochen, die größeren oder kleineren, auf den Flossen fehlenden Schuppen und die zahn- und dornenlosen Vorder- und Kiemendeckel, Seefische, welche früher unter der Gattung Sparus *L.* zusammengefaßt wurden, aber so große Verschiedenheit im Gebiß zeigen, daß Cuvier 19 neue Gattungen daraus bildete. Von diesen sind folgende erwähnenswerth: die Gattung Geißbrasse (Sargus *Cuv.*), charakterisirt durch breite, meißelförmige Vorderzähne und auf den Seiten der Kiefern in mehren Reihen stehende rundliche und stumpfe Backenzähne, welche zum Zermalmen der Krebse und kleineren Schalthiere dienen, enthält 4 europäische Arten, darunter die Ringelbrasse, oben gold-, unten silberglänzend, mit orangegelber Bauch- und Asterflosse, schwärzlichen andern Flossen u. schwärzlichen Querbinden, 6—7 Zoll lang, häufig an den Küsten des Mittelmeers und schmackhaft; die Gattung Goldbrasse (Chrysophrys *Cuv.*), charakterisirt durch die vorn mit 4—6 kegelförmigen Fangzähnen, an den Seiten mit 3—5 Reihen abgerundeter Backenzähne ausgerüsteten Kiefer, enthält außer mehr als 20 in den tropischen Meeren sich findenden Arten 2 europäische, darunter die gemeine Goldbrasse oder Dorade (C. aurata *Cuv.*, Sparus auratus *L.*), silberfarbig, mit vielen goldglänzenden Längsstreifen, über den Augen mit einem halbmondförmigen Goldstreifen, 1—1½ Fuß lang und 10 bis 15 Pfund schwer, häufig im Mittelmeer und schon den Alten unter dem jetzigen Gattungsnamen als sehr schmackhafter Fisch bekannt, der auch jetzt noch häufig in den italienischen Städten zu Markt gebracht wird. Zur Gattung Schnauzenbrasse (Moena *Cuv.*) gehört der Laxirfisch oder Mendole (M. vulgaris *Cuv.*), grau, nach unten silberig, mit schwärzlichem Spiegelfleck an der Seite, im Winter fast weiß, 6—8 Zoll lang, im Mittelmeer häufig, dessen zähes Fleisch abführend wirken soll.

Meerbusen, s. Meer.

Meerdill, Pflanzengattung, s. v. a. Meerfenchel, Crithmum maritimum *L.*

Meereicheln (Balanidae, Seepocken), Gruppe von Krustenthieren aus der Ordnung der Weichthierkrebse und der Familie der Rankenfüßer, wird besonders repräsentirt durch die gemeine Seetulpe oder Seeglocke (Balanus tintinnabulum *L.*), mit röthlicher, längs- und quergestreifter, 2—3 Zoll hoher und 1 Zoll im Durchmesser haltender Schale. Es ist dies die größte Art, die sich im atlantischen und chinesischen Meere oft in Gruppen an Felsen und auf Seethieren festsitzend und auch fossil findet. In China ißt man das Thier mit Salz und Essig gekocht und gebraucht die Schale als Leuchter. B. miser *Lam.* und B. sulcatus *Lam.* sind kaum ½ Zoll lang und an den europäischen Küsten sehr gemein. Hierher gehört auch noch die Wallfischpocke (Coronula balaenaris *Gm.*), weiß, fast rund mit quergestreiften 6 inneren schmalen Stücken, 1½ Zoll hoch und ebenso breit, sitzt Schröpfköpfen gleich auf und in der Haut der Wallfische und in deren Speck fest.

Meerenge, s. Meer.

Meerfenchel, Pflanzengattung, s. Crithmum.

Meergötter, göttliche Wesen, welche die Phantafie der Griechen nach den verschiedenen Erscheinungen, die das Meer darbietet, ausbildete, waren sämmtlich dem Poseidon oder Neptun untergeordnet. Hierher gehören: Oceanus und seine Gattin Tethys mit deren weiblichen Nachkommen (Oceaniden); Nereus, dessen Gattin Doris und ihre 50 Töchter (Nereiden); Triton, Poseidons Sohn, und die Tritonen; einzelne Meerdämonen, wie Proteus, Glaucus, Scylla, die Sirenen; endlich die Götter der einzelnen Stämme, Nachkommen des Oceanus; s. Griechenland (Altgriechenland).

Meergras, Pflanzengattungen: s. v. a. Zostera *L.* und s. v. a. gemeine Grasnelke, Armeria vulgaris *Willd.*

Meerhecht, Fischgattung, s. Seehecht.

Meerhirse, Pflanzengattung, s. v. a. Lithospermum officinale *L.*

Meerkalb, s. v. a. gemeine Robbe, Phoca vitulina *L.*

Meerkatze (Cercopithecus *Erxl.*), Affengattung aus der Familie der eigentlichen Affen, charakterisirt durch zierliche Körpergestalt, schlanke Gliedmaßen, feine, kurze Hände mit langen Daumen, den langen Schwanz ohne Endquaste, die weiten Backentaschen und großen Gesäßschwielen. Die M.n, die diesen Namen schon im 16. Jahrhundert erhielten, weil sie entfernte Aehnlichkeit mit der Katze haben und aus dem westlichen Afrika nach Europa gebracht wurden, sind Bewohner der tropischen Gegenden Afrika's und hausen in großer Menge in den dortigen Urwäldern. Sie gehören zu den geselligsten, beweglichsten, muntersten und gemüthlichsten aller Affen. Die sehr zahlreichen Arten gehören fast sämmtlich dem Festlande Afrika's an, leben in größeren Gesellschaften zusammen und richten in Gärten und Feldern oft große Verwüstungen an. Eine seit den ältesten Zeiten bekannte und sehr häufig nach Europa gebrachte Art ist die grüne M., der grüne Affe (C. sabaeus *Erxl.*, Callitriche), welche auf den Inseln des grünen Vorgebirgs, am Senegal und in einem großen Theil des warmen Afrika's lebt und das europäische Klima leicht verträgt. Das Thier ist gelbgrünlich, unten weißlich, im Gesicht schwarz, an der Schwanzspitze meist gelblich und wird $1\frac{1}{2}$ Fuß hoch. Auch der Mona (C. Mona *Erxl.*, bunter Affe) verträgt das europäische Klima besser als andere Affen und ist daher ebenfalls in Menagerien häufig. Sein Rücken ist kastanienbraun, Oberarme, Oberschenkel u. Schwanz sind außen schwarz, innen weiß, und die unbehaarte Haut der Augenkreise und Wangen ist blauroth. Sein Vaterland soll in den Gebirgen Nordafrika's sein. Die rothe M. (C. ruber *Cuv.*, Patas) ist fast 2 Fuß groß mit ebenso langem Schwanz. Der Pelz ist an der Oberseite goldglänzend, an der Unterseite weiß; auch der Backenbart ist weiß; Gesicht, Ohren und Hände sind schwarz, und um die Augen zieht sich ein fleischrother Ring. Dieser Affe lebt am Senegal. Die Halsbandmeerkatze (C. Aethiops *Erxl.*, Mangabey) ist $1\frac{3}{4}$ Fuß groß mit 14 Zoll langem Schwanze, auf dem Rücken chokoladebraun, am Nacken und Bauch weißlich, mit weißem Halsband, lebt auf den Inseln des grünen Vorgebirgs und dem gegenüberliegenden Festlande und wird öfters nach Europa gebracht. Die rußfarbene M. (C. fuliginosus *Geoffr.*, Mohrenaffe) ist $1\frac{3}{4}$ Fuß groß mit 14 Zoll langem Schwanze. Der Pelz ist auf der Oberseite gleichförmig chokoladebraun, auf Unterseite blaßgelb, das Gesicht braun. Dieser A lebt auf Madagaskar und kommt häufig nach E ropa. Er ist munter, sehr gelehrig, dabei gutm thig. Die Diana (C. Diana *Erxl.*, Rolowa sehr schlank, $1\frac{1}{2}$ Fuß lang, oben schwärzlich, w punktirt, unten weiß, mit purpur-rostfarbenem Kr und schwarzem, weiß eingefaßtem, am Kinn weißem Bart versehenem Gesicht, lebt in Guinea, munter und behend und springt vortrefflich. Weißnase (C. petaurista *Erxl.*, Askagne), o und außen olivenbraun, unten grau, mit blau Gesicht, weißer Nase, weißem Haarbusch od. Back bart vor jedem Ohr und schwarzem Schnurrb $1\frac{1}{2}$ Fuß groß bei einer Schwanzlänge von 14 Z zeichnet sich durch Lebhaftigkeit und Sanftmuth und lebt in Guinea. Die blinzelnde M. nictitans *L.*) ist $1\frac{1}{2}$ Fuß lang mit 2 Fuß lang Schwanz, schwarz oder braun, weiß punktirt, weißer Nase, während das übrige Gesicht schw nur um Lippen und Augen rostfarben ist, lebt Guinea und Angola und wird, jung gefangen, zahm und artig.

Meerkohl, Pflanzengattungen: s. v. a. Cra maritima *L.* und s. v. a. Convolvulus Soldanell

Meerlilie, s. v. a. Pancratium maritimum *L*

Meerlinse, Pflanzengattung, s. Lemma.

Meermann, Johann, Reichsfreiherr v ausgezeichneter Staatsmann und Gelehrter, geb am 1. November 1753 im Haag, Sohn des Herausgeber des „Thesaurus juris civilis et ca nici" und der „Origines typographicae" bekan Gerhard von M. (geboren 1722 in Leyden, † Rathspensionär in Rotterdam), studirte in Leip Göttingen und Leyden u. wurde Schöffe der S Leyden, nahm aber 1791 seine Entlassung, um 1800 einen großen Theil von Europa zu bereisen, ward 1811 unter der napoleonischen Herrschaft Direktor der Akademie der schönen Wissenscha zu Amsterdam und nach der Einverleibung Holla in das französische Kaiserreich zum Grafen und nator ernannt. Er † am 19. August 1816. S Bibliothek, deren Katalog eine literarische Merkw digkeit ist und die er der Stadt Haag verma wurde 1824 versteigert. Von seinen Werken hervorzuheben eine „Geschichte Wilhelms von land" (Haag 1783—87, 5 Bde.), „Relationen Großbritannien und Irland, Oesterreich, Preu und Sicilien" (das. 1787—94, 5 Bde.) und „R tionen über den Norden und Nordwesten Europ (das. 1805—6, 6 Bde.), eine Bearbeitung „Jaarboeken van wetenschappen en kunste het koningrijk Holland over de jaren 1806 (1809—10), Ausgaben von „Hugonis Grotii pa lelon rerum publicarum liber tertius" (Haa 1801—2, 3 Bde.), „Grotii epistolae ineditae" (1806) u. Jean Vandenesse's „Histoire des voya faits par l'empereur Charles V depuis 1514 jusqu' à sa mort" und eine holländische Ue setzung des Messias von Klopstock (1812). Leben beschrieb seine Wittwe, die sich auch als T terin bekannt machte.

Meernelke, s. v. a. gemeine Grasnelke, Arm vulgaris *Willd.*

Meernesseln (Seeanemonen, Aktini Actinida, Malacodermata), Polypenfamilie aus Ordnung der Thierkorallen (Polyactinia), chara rührt durch den im ausgedehnten Zustande stets einen auf beiden Seiten abgestutzten Cylinder von größerer oder geringerer Höhe bildenden Körper, dessen untere Fläche von einer Saugscheibe gebildet wird, mittelst deren sich diese Geschöpfe so fest an Steinen, Felsen, Muscheln festsaugen, daß man sie oft nicht, ohne sie zu zerreißen, davon lostrennen kann, was am besten noch mit einer dünnen, breiten Messerklinge geschieht, die man ihnen unterschiebt. Sie können vermittelst ihrer Saugscheiben nur langsam fortkriechen und halten sich meist in geringer Tiefe auf. Wo der Wechsel zwischen Ebbe und Fluth sehr bedeutend ist, finden sich zahlreiche Arten von M. an der Fluthgrenze in Wassertümpeln, die an felsigen Ufern sich zu bilden pflegen. Ihre Fühler sind sehr verschiedenartig gestaltet und stehen bald in einer, bald in mehrfacher Reihe, in einfachem Kreise oder auf einem 5lappigen, ausstülpbaren Stern. Bei manchen Arten sind sie sehr lang, dünn und wurmförmig, bei anderen verästelt und ausgezackt. Alle M. sind außerordentlich gefräßige Geschöpfe, welche von Muscheln, Schnecken und Krustenthieren leben und deren im Magen ausgesogene Schalen wieder auszuwerfen pflegen, wobei oft der ganze, weite, faltige Magensack aus dem Munde hervorgestülpt wird. Bei der Berührung ziehen sie sich schnell zusammen und geben das im Innern befindliche Wasser durch den Mund oder durch besondere am Grunde der Fühler oder Tentakel befindliche Oeffnungen von sich. Sie prangen lebend meist in sehr lebhaften Farben, welche besonders an den Fühlern brennend sind. Sie haben ein äußerst zähes Leben, und man kann sie in Gefäßen, deren Wasser man oft durch frisches ersetzt, Jahre lang am Leben erhalten. Die Eier entwickeln sich im Innern der Leibeshöhle so weit, daß die Jungen, welche durch die Mundöffnung ausgespieen werden, nackte Polypen mit 5 rundlichen, warzenartigen Strahlen darstellen. Die Zahl ihrer Fühler wächst darauf sehr schnell, und es bilden sich zugleich die inneren Organe mehr und mehr aus. Einige Arten von M. dienen in italienischen Küstenorten der ärmeren Klasse als Speise. Abgeschnittene Fühler werden schnell wieder ersetzt; auch kann ihr Körper in die Länge und Quere zerschnitten werden, ohne daß ihr Leben vernichtet wird. Der Schleim von einigen Arten erregt Brennen auf der Haut, wie bei den Quallen. Man zählt über 70 bekannte Arten, welche aber meist schwierig zu unterscheiden sind. Ihre Größe wechselt von 1 Linie bis 5 Zoll Durchmesser. Sie leben in allen Meeren, oft zahlreich bei einander. So bedeckt die **rothe Meernessel** (Actinia mesembryanthemum *Gm.*, A. rubra *Lam.*), mit braunrothem, zuweilen grün geflecktem, der Länge nach zart gestreiftem Körper, hellblauen Knöpfchen um den Rand der Scheibe und in 3 Kreisen stehenden kurzen Fühlern, an der Küste der europäischen Meere oft ganze Felsen. Die **grüne Meernessel** (A. viridis *L.*), mit glattem, fast walzigem Körper, grünen Knöpfchen und langen, in 6 Reihen stehenden Fühlern, im Mittelmeer, wird in Südfrankreich unter dem Namen Ortique (Urtica, Brennnessel) gegessen.

Meerpferd, s. v. a. Flußpferd, Hippopotamus amphibius *L.*

Meerrettig, Pflanzengattung, s. v. a. Cochlearia armoracia *L.*

Meersalz (Seesalz), s. v. a. Boysalz.

Meersalzkraut, s. v. a. gemeines Glasschmalz, Salicornia herbacea *L.*

Meersburg (Mörsburg), Stadt im badischen Seekreis, Bezirksamt Ueberlingen, am Bodensee, zerfällt in die obere u. untere Stadt, hat ein altes u. ein neues Schloß, ein ehemaliges Dominikanerkloster, ein katholisches Schullehrerseminar, eine lateinische Schule, Gewerbschule, Getreidehandel, guten Wein- u. Obstbau, einen Hafen, Handel, Fischerei u. Schifffahrt und 1500 katholische Einwohner. Bis 1750 residirten hier die Erzbischöfe von Konstanz.

Meerschaf, s. v. a. Albatros, Diomedea exulans *L.*

Meerschaum (Killeffi, Kil), Mineral aus der Gruppe der amorphen wasserhaltigen Geolithe Neumanns, ein wasserhaltiges Bittererdesilikat, nach Rammelsberg aus 63,3 Kieselerde, 27,4 Bittererde und 9,3 Wasser zusammengesetzt. Vor dem Löthrohr erhitzt schwärzt er sich mit brenzlichem Geruch, brennt sich dann wieder weiß und schmilzt endlich an dünnen Kanten zu weißem Email. Mit Kobaltsolution befeuchtet und erhitzt brennt er sich blaß fleischroth. Von Salzsäure wird er unter Kieselerdeausscheidung zersetzt. Er kommt nur derb und knollig vor mit flachmuscheligem Bruch, im Kleinen feinerdig, hat die Härte des Steinsalzes und darüber bis 2½, etwas unter 1 specifisches Gewicht, voll Wasser gesogen 2, ist milde, beim Schneiden zähe, gelblichweiß, graulichweiß, matt, im Strich wenig glänzend, undurchsichtig, wenig fettig anzufühlen, stark an der Zunge klebend, Wasser unter Zischen stark einsaugend und besteht nach Ehrenberg aus mikroskopisch kleinen, gegliederten Stäbchen (Bacillarien?). Er findet sich knollenförmig, mit Speckstein überzogen, nicht selten mit einem Kern von Hornstein oder Halbopal, auch in Magnesit übergehend, im Serpentin Mährens, so zu Hrubschitz, Neudorf und Pernstein; in Spanien zu Vallecas, in der Krim, in größter Menge aber in Kleinasien und Griechenland, so auf Negroponte und bei Theben, überall, wie es scheint, durch Zersetzung aus Serpentin hervorgegangen. Er bricht in dichten, zähen, an der Luft härter werdenden, doch immer noch schneidbaren Massen u. wird besonders zur Fabrikation der bekannten **Meerschaumköpfe** benutzt. Derjenige M., welcher sich hierzu ganz besonders eignet und der auch ausschließlich in Ruhla und Wien, den Hauptorten dieses Industriezweigs, verarbeitet wird, stammt von dem Dorfe Killitschik, in der Nähe von Eski-Schehr am Flusse Sakarija. Er ist, frisch gegraben, weich wie Thon, wird in Stücke zerschnitten, in Fließpapier gewickelt und in schattigen Trockenhäusern getrocknet. Der beste M. steht als „ächter“ in hohem Preise, weniger reines Material aus neuen Gruben kann nur zu „unächten“ Köpfen verwendet werden. Die Meerschaumklötze werden mit einer kleinen Handsäge od. dem Messer aus freier Hand nach der verlangten Form grob zugeschnitten u. dann auf der Drehbank glatt gedreht. Aus diesen rohen Köpfen soll der Tabak am besten schmecken, doch rauchen sie sich nicht an, und ihres nicht sehr schönen Aussehens halber kommen sie auch nur wenig, und dann oft mit Rohr umflochten, in den Handel. Die geformten Köpfe werden nun erst völlig ausgetrocknet, dann in geschmolzenem Nierentalg gesotten, nach dem Herausnehmen und Erkalten abgeschabt, mit feuchtem Schachtelhalm (Schafthalm) und darauf noch mit Bimsstein, Tripel, Kreide und dergleichen polirt und getrocknet. Nach abermaligem Behandeln mit lauwarmem Talg steckt man die Köpfe in siedendes weißes Wachs, welches mit Wallrath und Gyps versetzt wird. Der so dargestellte Wachskopf wird endlich mit der größten Sorgfalt mit Bimsstein und englischer Kreide polirt. Taucht man den vorher wiederholt in Talg gesottenen Kopf in Oelfirniß, so entsteht ein Oelkopf, zu welchem man aber nur fleckiges Material benutzt. Ueber Kohlenfeuer geröstete Oelköpfe werden außen und innen schwarz. Diese Färbung kann man auch dadurch erreichen, daß man den M. mit Zuckerlösung tränkt und dann bis zum Verkohlen des Zuckers in einem geschlossenen Gefäß erhitzt. Auch mit einer Tinktur aus Elephantenläusen kann man M. schwarz färben. In neuerer Zeit sind die sowohl äußerlich, als innerlich ganz schwarz gebrannten ächten Meerschaumköpfe sehr Mode geworden, weil sie leicht sind, vielen Glanz besitzen und sich gut rauchen. Die Fabrikation geschieht so, daß man sie in warmem Leinöl 15—30 Minuten liegen läßt, dann polirt, über Kohlenfeuer hält und unter öfterem Bestreichen mit Leinölfirniß so lange darüber herumdreht, bis nichts mehr eingesogen wird. Das Innere wird durch glühende Kohlen, die man hineinthut und anfacht, in mehren Operationen, zwischen denen man Firniß auf die innere Oberfläche gibt, schwarz gebrannt und zuletzt polirt. Aus den Abfällen des Ms bereitet man die sogenannten künstlichen Meerschaumköpfe, die besonders in Ruhla in großer Menge und verschiedener Güte verfertigt werden. Zu ihrer Darstellung werden die Abfälle gemahlen und geschlämmt und mit Alaun und Leinöl zu einem Teig gekocht, worauf dieser in Backsteine geformt und getrocknet wird. Nachahmungen von M. aus kohlensaurer Magnesia und Wasserglas sind vielfach versucht worden, doch ist ein Verfahren zur Erzielung guter Waare noch nicht bekannt geworden. Aechten M. erkennt man daran, daß er, mit einer Silbermünze bestrichen, keinen schwarzen Fleck erhält. Zerbrochenen M. kittet man mit Schellack.

Meerschwamm, s. v. a. Badeschwamm.

Meerschwein, s. v. a. Braunfisch, s. Delphin.

Meerschweinchen (Cavia *Ill.*, Ferkelmaus), Säugethiergattung aus der Ordnung der Nagethiere und der Familie der Halbhufer oder Hufpfötler, charakterisirt durch die 4zehigen Vorder- u. 3zehigen Hinterfüße mit nackten Sohlen u. breiten, stumpfen fast hufartigen Nägeln, die gleich langen Backenzähne, von denen jeder 2—3 Lamellen hat, die großen Ohren, den Stummelschwanz und die grobe Behaarung, friedliche Thiere, die im heißen Amerika in Wäldern und Gebirgen leben und sich von Vegetabilien nähren. Das gemeine M. (C. Cobaya *Pall.*, Ferkelkaninchen), welches bei uns häufig als ein munteres und geselliges Hausthier gehalten wird, ist 8—9 Zoll lang, unregelmäßig weiß, schwarz, braun und rothgelb gefleckt. Es kam aus Südamerika, wo es sich aber jetzt nicht mehr wild vorfindet, zu uns u. erhielt den Namen M., weil es schweineartig grunzt und über das Meer nach Europa gebracht ward. Es vermehrt sich sehr stark, da es jährlich 3—5mal 4—6 Junge wirft, die schon nach 6 Monaten wieder fortpflanzungsfähig sind. Fleisch und Balg sind schlecht und werden kaum benutzt. Es läßt sich mit saftigen Blättern, Kräutern Küchenabfällen leicht ernähren u. ist ein sehr loses, munteres Thierchen. Das gemeine von dem braunen M. od. dem Aperea (C rea *Erxl.*, Wasserschwein) abstammen, we ses das einzige in Südamerika wild vorkom Nagethier ist, welches die meiste Aehnlichke unserem M. hat. Der Aperea findet sich in guay und dem angrenzenden Brasilien häufig. ist 10 Zoll lang und $3\frac{1}{2}$ Zoll hoch. Der Pelz steht aus borstigen, ziemlich glatt auf der Hau liegenden Haaren u. ist auf der Oberseite im W braun und gelb mit röthlichen Haarspitzen, auf Unterseite gelblichgrau. Im Sommer wird Färbung blasser, und alle oberen u. äußeren T erscheinen dann graubraun mit röthlicher Sch rung. Ohren, Rücken und Füße sind nur mit lichen Haaren bekleidet. Das Weibchen wirft j lich 1—2 Junge. Das Fleisch wird von den Indianern gegessen, der Pelz ist werthlos.

Meerstrandsbeifuß, Pflanzengattung, s. Artemisia maritima *L.*

Meerstrandsdreizack, Pflanzengattung, s. Triglochin maritimum *L.*

Meerstrandsmannstreu, Pflanzengattung, a. Eryngium maritimum *L.*

Meerstrandsmilchkraut, Pflanzengattung, a. Glaux maritima *L.*

Meerstrandswinde, Pflanzengattung, s. Convolvulus Soldanella *L.*

Meerstroh, s. v. a. Kameelheu, s. Andropogon.

Meertaufe, Ceremonie der Schifffahrer, we sich vornehmlich Diejenigen unterziehen mü welche die Linie oder auch den Wendekreis des ses, die Meerenge von Gibraltar, das Vorget der guten Hoffnung, das Kap Horn, das Nor und andere dergleichen merkwürdige Orte zum Male passiren. Ein alter Matrose stellt dabei Neptun vor, bewillkommt vom Bugspriet herab Schiff, zieht über das junge Schiffsvolk, welches terdessen in einem finstern Gemache sitzt, Erku gung ein und befiehlt dann, dasselbe beim Ein in sein Gebiet zu weihen rc. Darauf wird von einzuweihenden Neulingen einer nach dem an mit verbundenen Augen auf das Verdeck geführ von der aus einem Priester und andern verkleid Gehülfen bestehenden Gesellschaft genöthigt, sich ein Bret zu setzen, das über einem mit Seew gefüllten Boote oder großen Fasse liegt. Nun ihm die Bartgegend mit Theer eingerieben, bei Antwort auf die vorgelegten Fragen der Theerp in den Mund gesteckt und nachher der Theer einem Löffel vom Barte abgekratzt, das Bret plö weggezogen und der Einzuweihende rückwärts Wasser gestoßen, worauf die Augenbinde hin genommen wird u. ein Anderer an die Reihe ko Zuletzt begießen alle bei der M. Beschäftigten ander mit Seewasser, wobei nur Derjenige vers bleibt, welcher sich durch Geld- oder Getränke dung davon loskauft. Selbst der Kapitän muß sich und sein Schiff, wenn dasselbe zum ersten in die Gegend kommt, zahlen.

Meertrauben, die den Weintrauben ähnlich sammengestellten Eier des Dintenfisches, Sepia einalis *L.*

Meerut (Mirat), Stadt in der gleichnami

ovinz (471 QM. mit 4,522,165 Einw.) der
isch-ostindischen Präsidentschaft Agra, an einem
te der Kalinadi, nordöstlich von Delhi, in einem
gesundesten Theile der indischen Ebene, ist von
verfallenen Mauer umgeben und schlecht ge-
t. Als Zeugen früheren Glanzes erblickt man
die Trümmer mehrer ansehnlichen Moscheen u.
oden. Das schönste Gebäude der heutigen Stadt
ie englische Kirche, eine der größten in Indien,
F. lang, 84 F. breit, mit hohem Thurm. M.
t 29,014 Einwohner. Eine Stunde davon ent-
t befindet sich eine wichtige Militärstation der
en. In der Geschichte wird M. zuerst 1017 gent, wo es für seine Erhaltung dem Sultan Mah-
von Ghasni ein großes Lösegeld zahlte. Im
re 1399 ward die Stadt von Timur vollständig
ört.

eerweibchen, mythisches Geschöpf von der Ge-
eines Weibes mit meergrünen Haaren u. nach
in einen Fisch endigend, welches an Küsten
n worden sein soll. Zu diesem Gebilde der
tasie haben wahrscheinlich Phoken u. ähnliche
, namentlich auch der Manati, Anlaß gegeben.
will man dergleichen Meergeschöpfe in Gestalt
Mannes und am ganzen Körper beschuppt
ermännchen) gesehen haben.

eerwurzel, Pflanzengattung, s. v. a. Eryn-
maritimum *L.*

eerzwiebel, Pflanzengattung, s. v. a. Scilla *L.*

eeting (engl.), in England u. Nordamerika
ammlung, welche an einem vorherbestimmten
behufs der Berathung über einen vorliegenden
nstand, besonders von politischem oder socialem
resse, abgehalten wird; auch Name der gottes-
tlichen Zusammenkünfte der Dissenters, deren
äuser daher Meeting-houses heißen.

egadendron, fossiler Baumstamm von 5 Fuß 2
Durchmesser aus dem Rothliegenden von Chem-
früher für eine Eiche gehalten, daher Chem-
r Eiche, durch mikroskopische Untersuchung
Göppert für eine Konifere erkannt u. von Rei-
ach als M. saxonicum bezeichnet.

egära, eine der Furien, s. Furien.

egalanthropogenesie (v. Griech.), Inbegriff
der physischen und moralischen Bedingungen
rzeugung kräftiger Kinder, galt im Mittelalter
ine Geheimlehre.

egalographie (v. Griech.), Gemälde, worauf
iguren in Lebensgröße dargestellt sind.

egalokastron (griech.), s. v. a. Kandia.

egalometer (griech.), s. Mikrometer.

egalonyx, s. Megatherium.

egalophototypie (v. Griech.), die Kunst, durch
sive Vergrößerung mittelst einer hierzu beson-
eingerichteten Camera obscura die kleinen pho-
phischen Aufnahmen in Bilder natürlicher
e umzuwandeln, wodurch die Reproduktion
ngreicher Kunstwerke der Skulptur u. Malerei
licht wird.

galopolis, die Hauptstadt Arkadiens, wurde
der Schlacht bei Leuctra von Epaminondas
Vereinigung der Bewohner von 40 kleinen u.
reuten Flecken Arkadiens zum Schutze gegen die
taner gegründet und 368 v. Chr. vollendet, lag
Landschaft Mänalia, am Flusse Helisson, der
Stadt in eine nördliche und südliche Hälfte
te, und hatte 60—70,000 Einw. Nach Alexanders des Großen Tode traten in M. Tyrannen auf,
deren letzter, Lydiades, freiwillig seiner Herrschaft
entsagte und die Stadt dem achäischen Bunde zu-
führte. Sie ward deshalb vom König Cleomenes
von Sparta 222 v. Chr. erobert, geplündert u. größtentheils zerstört. Philopömen führte zwar nach
der Schlacht bei Sellasia die Vertriebenen wieder
zurück, die Stadt erholte sich aber nie wieder, sondern verfiel immer mehr u. war schon zu den Zeiten
des Strabo und Pausanias fast ganz verödet. Jetzt
liegt an ihrer Stelle das Dorf Sinano. M. ist Geburtsort des Feldherrn Philopömen und des Geschichtschreibers Polybius.

Megalosaurus *Buckl.*, fossile Sauriergattung von riesiger Größe, deren Angehörige meist auf dem Lande lebten u. eine Größe von 40—50 F. erreicht haben mögen. M. Bucklandi *Mant.* und andere Arten finden sich in den Oolithschiefern von Stonesfield, der Wealdenformation Englands, im Jura bei Solothurn &c.

Megalosplanchie (v. Griech.), übermäßige Entwickelung der Baucheingeweide.

Megander (gräcisirt für Großmann), **Kaspar**, schweizerischer Reformator, geboren 1495 in Zürich, ward hier 1518 Kaplan, dann Leutpriester, schloß sich früh an Zwingli an, betheiligte sich an den berner Disputationen und ward 1528 Professor in Bern, aber 1536 in Folge eines Katechismusstreites mit Bucer seines Amts entsetzt. Er † als Archiadiakon zu Zürich den 18. Aug. 1545. M. war ein heftiger Gegner der Vereinigung der Reformirten mit den Lutheranern. Seine Werke bestehen hauptsächlich in biblischen Kommentaren.

Megara, 1) uralte Hauptstadt der Landschaft Megaris, auf dem Isthmus von Korinth gelegen, der Insel Salamis gegenüber, bestand eigentlich aus drei Theilen: der alten pelasgischen Burg Caria, der neueren, von Alcathous erbauten und nach ihm benannten Burg und aus der am Fuß beider gelegenen eigentlichen od. untern Stadt. Die Burg Caria enthielt den berühmten Tempel der Demeter Megaron; in der eigentlichen Stadt befanden sich ein Tempel des olympischen Zeus, des Dionysus u. der Aphrodite, ein Gymnasium, das Heroon des Alcathous &c. Von der berühmten Wasserleitung des Theagenes finden sich noch Spuren. In M. hatte auch die Philosophenschule des Euclides ihren Sitz. Stark befestigt und während des persischen u. peloponnesischen Krieges groß und mächtig, sank es später in Folge der unerhörten Sittenlosigkeit und Verderbtheit seiner Bewohner ganz herab und war zu Augustus' Zeit schon ein bedeutungsloser Ort. Unter Hadrian erholte es sich als römische Kolonie wieder einigermaßen. Durch Alarich und später durch die Venetianer und Türken wurde jedoch der letzte Rest seiner Kunstdenkmäler vernichtet. Unter der türkischen Herrschaft war M. ein ärmliches Dorf mit wenigen Ueberresten seiner ehemaligen Größe, das im griechischen Freiheitskampfe vollends zerstört wurde. Als Hafen von M. galt Nisäa. Das neue M. ist Hauptstadt einer Eparchie in der Nomarchie Attika und Böotien, liegt auf einem Hügel u. hat 1000 Einw. — 2) Stadt in Sicilien, s. v. a. Hybla 2).

Megaris, kleine gebirgige Landschaft auf u. am korinthischen Isthmus, früher zum eigentlichen Hellas, später zum Peloponnes gerechnet, grenzte im

Osten an Attica und den saronischen Meerbusen, im Norden an Böotien, im Westen an das alcyonische Meer, im Süden an das Gebiet von Korinth u. an den saronischen Busen u. hing mit den benachbarten Ländern nur durch enge, leicht zu vertheidigende Gebirgspässe zusammen. Der Boden war im Ganzen dem von Attica gleich, aber noch rauher u. felsiger und daher nicht sehr fruchtbar. Die Grenze gegen Attica bildeten die sogenannten Hörner, ein Zweig des Cithäron, dessen südliche Abhänge mit dem Vorgebirge Minoa an der Nordgrenze lagerten. Am südlichsten Theile dieses Gebirges erhoben sich die berühmten scironischen Felsen, über welche jener der Sage nach vom Räuber Sciron bloß für Fußgänger angelegte, von Hadrian aber für zwei Wägen erweiterte, sehr gefährliche Weg (jetzt Kaki-Skala, der schlimme Paß) aus Attica nach Megara führte u. auf denen ein Tempel des Zeus Aphesios stand. Der Berg Geranea, zwischen Tripodiscus und Korinth, über welchen die Straße aus dem Peloponnes durch M. nach Hellas führte, bildete mit seiner Westspitze das Vorgebirge Olmiä (jetzt Malangara) u. am alcyonischen Busen das Vorgebirge Aegiplanctus. Zwischen diesen Gebirgen war nur Eine größere Ebene, das sogenannte weiße Feld, wahrscheinlich identisch mit dem Thonfeld Cimolia zwischen Megara u. Tripodiscus. Unter den Bergbächen war der Japis der bedeutendste, der am Fuße des Gebirges Kerata floß. Von den Quellen des Landes wurden die der sithnidischen oder theidischen Nymphen beim Flecken Rhus zu einer prächtigen Wasserleitung nach M. benutzt. Die Megarenser trieben bedeutende Schafzucht, u. aus der gewonnenen Wolle wurden grobe Mäntel verfertigt. Außerdem war M. reich an Wild und Fischen (besonders Delphinen), auch Meerschildkröten. Getreide brachte das Land, außer einer besonderen Sorte Weizen, wenig hervor, dagegen viel Gemüse, Zwiebeln, Feigen, Rosen und Wein. Die zahlreichen Wälder lieferten gutes Bauholz. Die Produkte aus dem Mineralreiche waren feiner, weißer Thon auf dem Gefilde von Cimolia, woraus berühmte Töpferarbeiten verfertigt wurden, weißer Muschelmarmor u. Seesalz. Mit allen diesen Produkten trieben die Megarer früher, ehe sie wegen ihrer Versündigung am heiligen Gefilde von Eleusis von allem Verkehr mit Attica ausgeschlossen wurden, starken Handel nach Athen; später aber legten sie sich besonders auf den Seehandel, wobei ihnen ihre zahlreichen Pflanzstädte an den Küsten von Thracien u. Bithynien (Byzanz, Chalcedon, Mesembria, Selymbria rc.) sehr zu Statten kamen. Sie besaßen daher auch eine starke Flotte und waren treffliche Seeleute, sowie tapfere Krieger. Durch ihren blühenden Handel wohlhabend geworden, ergaben sie sich dem Wohlleben u. der Prachtliebe. Sie galten für unwissend, plump, schamlos und kupplerisch und standen besonders im Rufe der Verstellung u. Falschheit, daher der Ausdruck megarensische Thränen von den Alten sprüchwörtlich für erheuchelt gebraucht wurde. An Ortschaften enthielt das Ländchen außer der Hauptstadt Megara (s. d.) bloß kleinere Städte u. Flecken, wie Aegosthena am Fuße des Cithäron, Tripodiscus, nordwestlich von Megara (jetzt Ruinen bei Derweni), Pegä, einen Handelshafen u. Kastell am alcyonischen Meere (jetzt Psatho mit alten Mauerresten), Geranea, ein Kastell, Isus, eine böotische Kolonie am Cithäron, Rhus, nahe bei Megara, u. a. Vergl. Reinganum, Das alte M., Berlin 1825.

Megarische Schule, altgriechische Philosophenschule, gestiftet von Euclides von Megara [s. Euclides 1)], kann als Fortsetzung der eleatischen gelten, indem sie die Ontologie des Parmenides festhielt, derselben aber mit Benutzung sokratischer Lehren eine Beziehung auf die ethischen Wahrheiten gab u. sie in Zeno's Weise indirekt oder apagogisch mit Hülfe von allerlei Trugschlüssen vertheidigte. Wegen dieser Gewohnheit, die ihrer einseitig rationalistischen Lehre entgegenstehenden Ansichten dialektisch anzugreifen, erhielten die Megariker auch die Benennung der Eristiker oder Dialektiker. Uebrigens sind über die ganze Schule nur dürftige Nachrichten vorhanden. Unter Euclids Nachfolgern sind die bekanntesten Eubulides aus Milet, Diodorus mit dem Beinamen Kronos, aus Jassus in Karien, und Stilpo aus Megara. Vgl. Ritter, Ueber die Philosophie der megarischen Schule, im „Rheinischen Museum für Philologie", Bonn 1827, Bd. 2; Dyck, De megaricorum doctrina, das. 1827.

Megaron (griech.), großes Gemach für Männer in den Häusern der alten Griechen.

Megaspiläon (Megaspelion, d. i. große Höhle), das größte und reichste Kloster in Griechenland, wenige Meilen vom korinthischen Meerbusen in der Provinz Achaja, im Gebirge romantisch an einer Felswand und am Flusse Buraicos gelegen, diente im Kriege gegen die Türken als Festung und gewährt jetzt den Reisenden gastfreundlichen Aufenthalt. Es wird von 200 Mönchen bewohnt. In der Kirche wird ein aus braunem Wachs in Relief gebildetes Marienbild als Werk des Apostels Lucas gezeigt, und diesem verdankt das Kloster seinen Ruf als besuchter Wallfahrtsort. Die Handschriften mit den Werken alter Autoren, welche vor u. nach 1453 in der dortigen Bibliothek gewesen, sollen durch Brand vernichtet worden sein.

Megasthenes, griechischer Geschichtschreiber, ging 295 v. Chr. als Gesandter des Seleucus Nicator an den indischen König Sandrocottus und schrieb ein Werk „Indica", aus dem Arrian und Strabo viel entlehnt haben. Die noch vorhandenen Fragmente sammelten Schwanbeck (Bonn 1846) u. Müller in „Fragmenta historicorum graecorum" (Bd. 2).

Megatherium, ausgestorbene Thiergattung, die von Cuvier zu den Faulthieren gestellt u. von Pander Riesenfaulthier, Bradypus giganteus, genannt wurde. Megatherium Cuvieri war ein riesiges Thier von der Größe eines Elephanten, von dem ein vollständiges Skelet aus dem Diluvialsand der Pampas 1789 bei Buenos-Ayres, ein anderes, gegenwärtig zu Madrid aufgestelltes bei Lima, noch andere in Paraguay und im Rio Salado aufgefunden wurden. Es erreichte eine Länge von 14 F. und eine Höhe von 8 F., besaß ein ungemein großes Becken und sehr große, vorn 4—6-, hinten 3zehige Gliedmaßen mit sehr großem Nagelglied u. einen langen Schwanz. Es konnte sicherlich nicht klettern wie das ihm verwandte Faulthier. Die mit ihm gefundenen Panzerstücke gehören einem riesigen Gürtelthier, dem Glyptodon robustus, an. Außerdem finden sich noch Mastodonreste, solche des ausgestorbenen Pferdes u. a. mit ihm zusammen vor. Man kennt eine Reihe anderer ihm verwandter ausgestorbenen Geschlechter aus Amerika, zum Theil auch aus dem Norden, so daß

seiner mächtigen Krallen Megalonyx ge=
e, an dessen Knochen im Mississippithal sich
knorpel und Bänder erhalten gefunden haben.
gerle, Ulrich, eigentlicher Name des Abra=
Sancta Clara (s. d.).
gri (Makri), Stadt im türkischen Ejalet
nopel, an der Küste des ägäischen Meeres, mit
und 3000 Einw.; ist das Serrhion der

hadia, Flecken in der österreichischen Militär=
, im banatischen Berglande, romanisch=banater
entsbezirk, an der Bela reka, südlich von Ka=
es und nahe der walachischen Grenze, mit
katholischen u. einer griechischen Kirche, sehens=
n Ruinen eines alten Schlosses u. 1800 Einw.
Stunde davon die berühmten warmen Schwe=
Eisenquellen der Herculesbäder (Aquae
lis), eines von Kurgästen aus der Türkei,
, Polen, Deutschland u. Rußland besuchten
rtes im schönen Czernathale. Sie waren schon
erthum bekannt u. gebraucht u. ohne Zweifel
Hercules geweiht; der Name und zahlreiche
u. Alterthümer, die sich noch an vielen Stel=
iden, sprechen dafür, daß M. das alte Ad
ist. Die Gegend ist reizend. Großartig
hürmt liegt das ferne Gebirge da, u. herrlich
irt und bunt dekorirt sind die Vorberge, zwi=
enen sich liebliche und fruchtbare Thäler hin=
Der Ort selbst mit seinen freundlichen Ge=
liegt inmitten dieser landschaftlichen Schön=
in eine enge Schlucht gedrängt, so daß er nur
e freie Plätze, sonst aber schmale und enge
hat. Man zählt 9 Quellen von 29—18°.
arolinenbad ist das neueste und schönste, in
lform angelegt; das Franzensbad das stärkste.
der Herculesquelle od. dem Räuberbade, wel=
s entfernteste in sehr schöner Lage ist, führen
lzerne Stufen zwischen Gesträuchen zur soge=
n Räuberhöhle, einer schaurigen Tropfstein=
nit sehr engem Eingang, die im Innern ein
00 F. im Umfang haltendes Viereck bildet. In
Wirkungen den kräftigsten Schwefelthermen
u stellen, werden diese Bäder benutzt in Form
nzen Bädern, als Douche=, Tropf= u. Regen=
nd als Thermaldampfbäder, sowie als Ge=
llein oder mit Milch, und zwar gegen chroni=
utausschläge, chronische Leiden des Drüsen=
ymphsystems, Geschwülste, Verhärtungen,
zeln, hartnäckige rheumatische und gichtische
onen u. Dyskrasien, Neuralgien, Geschwüre,
che Leiden der Schleimhäute, Blennorrhöen,
ngen von gichtischen, rheumatischen u. psori=
rsachen, reiner oder von chronischer Metall=
ung entstandener Schwäche, Menstruations=
gen 2c.
ediah (Ma'amura), Fischer= u. Hafenort
is, an der Ostküste, mit 2000 Einw., war im
alter ein wichtiger Handelsplatz, von dessen
ung noch jetzt die doppelten Mauern, die
leitungen, Kirchen 2c. zeugen.
emed Ali, 1) Vicekönig von Aegypten, ge=
769 zu Kavala in Macedonien, wurde nach
hen Tode seines Vaters, der Aga der Stra=
ter war, von dem türkischen Befehlshaber
vala erzogen, doch mit so wenig Sorgfalt,
elbst lesen und schreiben erst in späteren Jah=
te; auch ein in Kavala ansässiger französi=scher Kaufmann nahm sich seiner an. Als 1783 in Kavala ein Aufstand ausbrach, war es der vierzehnjährige M. A., der durch sein kluges, energisches Auftreten das Meiste zur Herstellung der Ruhe beitrug. Zur Belohnung dafür erhielt er eine Stelle in der türkischen Armee, doch widmete er sich in der Folge längere Zeit dem Tabakshandel. Im Jahre 1798 bei dem Einbruch der Franzosen in Aegypten dem Führer des Truppenkontingents seiner Vaterstadt als Rathgeber beigegeben, bekundete er mehrfach, namentlich in dem Gefecht von Rahmanieh, solche Klugheit und Tapferkeit, daß er zum Befehlshaber des Albanesencorps in Aegypten ernannt wurde. In dieser Eigenschaft erwarb er sich in den langen Kämpfen, die sich nach dem Abzug der Franzosen zwischen den Mamluken u. den türkischen Herrschern entspannen, eine fast unabhängige Stellung u. trug viel bei zur Entsetzung des damaligen Pascha's von Aegypten, Khosrew Pascha. Die Energie, mit welcher er den Bedrückungen der Eingeborenen durch die Türken und Mamluken Einhalt that, hatte zur Folge, daß er 1804 zum Pascha ausgerufen ward. Zwar verzichtete er damals noch auf diesen Titel zu Gunsten des Pascha's Khurschid; als sich dieser aber die maßlosesten Erpressungen erlaubte, wußte er es durch die Vermittelung des französischen Konsuls Drovetti zu erreichen, daß Khurschid abgesetzt u. er selbst von der Pforte 1806 zum Pascha von drei Roßschweifen ernannt u. als Statthalter Aegyptens bestätigt wurde. Als solcher stellte er das Ansehen der Pforte daselbst wieder her, indem er die Mamlukenbeys zur Unterwerfung zwang u. sie dann (im März 1811) sammt ihrem Gefolge (gegen 1000 Personen) bei einer Feierlichkeit treulos ermorden ließ, u. begann energisch die Verwaltung des Landes zu organisiren. Eben hierdurch aber der Pforte verdächtig geworden, ward er von derselben mit der Bekämpfung der Wahabiten in Arabien beauftragt. Sein ältester Sohn, Ibrahim Pascha, focht jedoch 1816—18 so glücklich, daß M. A. in diesen Kämpfen seine Herrschaft über einen großen Theil Arabiens ausdehnte, sowie er sich durch die Expedition gegen die Mamluken in Nubien dieses ganze Land und selbst Kordofan unterwarf. Da seine albanesischen Soldaten durch diese Kriege sehr zusammengeschmolzen waren, hob er Rekruten aus den Fellahs aus u. disciplinirte sie nach europäischer Taktik. Auch das Seewesen ward auf europäischem Fuße eingerichtet. Um die Mittel für diese Reformen zu gewinnen, verdrängte er durch die Forderung, daß alle Grundeigenthümer die Dokumente über die erste, von der Regierung vollzogene Verleihung ihrer Güter herbeischaffen sollten, einen großen Theil der wohlhabenden Familien aus ihren Besitzungen u. erklärte sich sodann 1814 selbst zum alleinigen Eigenthümer aller Grundstücke. In Folge dessen mußte für alles angebaute Land ein Pacht an seine Schatzkammer entrichtet u. die Erzeugnisse selbst mußten in öffentliche Vorrathshäuser zu festgesetzten Preisen abgeliefert werden. Zu diesen Monopolen des Landbaues und des Produktenhandels gesellte sich das des Fabrik- und Manufakturwesens. Französische Abenteurer zumeist waren M. A.'s Rathgeber u. Werkzeuge in der Durchführung dieses Despotismus. Die erste große Unternehmung, die M. A. mit seiner neugebildeten Land- und Seemacht begann, war der Zug nach Griechenland (s. d.), mit dessen Unterwerfung

ihn Sultan Mahmud beauftragt hatte. Die Zerstörung der ägyptischen Flotte bei Navarin, wofür er als Entschädigung das Paschalik von Kreta erhielt, trieb ihn zu verdoppelten Anstrengungen, den Verlust zu ersetzen, u. damit zu neuen Erpressungen. Vorgeblich weil der Pascha von St.-Jean-d'Acre ägyptische Auswanderer in Syrien aufgenommen hatte, in Wahrheit aber weil er für seinen Sohn Ibrahim Pascha das Paschalik von Damascus nicht erhalten hatte, sandte er letzteren im Oktober 1831 mit einem Heere gegen jenen, wobei ihm der auf dem Libanon herrschende Emir Beschir die Hand bot. Während sich letzterer der Städte Beirut, Said und Sur bemächtigte, besetzte Ibrahim Gaza, Jerusalem und Jaffa fast ohne Widerstand. Vergeblich gebot der Sultan Einhalt; im December 1831 begann die Belagerung von Acre, und wiewohl der Sultan hierauf ihn u. seinen Sohn ihrer Statthalterschaften (Aegypten, Kandia u. Dschidda) entsetzte, erstürmte M. A. im Mai 1832 doch die Stadt. Hierauf besetzte Ibrahim Damascus, Hama, Haleb, Antiochia und Alexandrette und schlug am 29. Juli bei Bylon das gegen ihn aufgebotene Heer des Sultans. Auch der Großwessir Reschid Pascha unterlag bei Konieh am 21. Dec. 1832. Erst als Rußland dem Sultan seine Hülfe anbot, gab M. A. dem Drängen der europäischen Großmächte nach u. willigte in den Frieden, der unter Vermittelung der letztern am 4. Mai 1833 in Konieh zu Stande kam, und durch welchen er unter Aufhebung des Aechtungsfermans in seinen seitherigen Besitzungen bestätigt wurde, außerdem aber die Statthalterschaften von Damascus, Tripolis, Said, Haleb, St.-Jean-d'Acre, Jerusalem und Naplus mit dem Geleite der Pilgrime, für seinen Sohn Ibrahim aber die Würde eines Scheikh el Haram von Mekka, den Bezirk Dschidda in Arabien und den von Adana in Syrien, letzteren als eine Pachtung vom Reichsschatze, erhielt. Kaum hatte jedoch M. A. die gänzliche Unterwerfung Syriens, sowie der im Aufstand begriffenen Städte des Hedschas in Arabien beendet, als er den Sultan durch Ungehorsam und Verweigerung des jährlichen Tributs von 16 Millionen Piastern von Neuem zwang, die Waffen gegen ihn zu ergreifen. Das türkische Landheer wurde jedoch bei Nisibis am 24. Juni 1839 gänzlich geschlagen, und die ganze Flotte ging zu M. A. über. Dieser forderte jetzt die erbliche Herrschaft über Aegypten mit seinen Dependenzien, über Syrien mit Adana und über Kreta, sowie die Absetzung des Khosrew Pascha, den nach dem Tode Mahmuds dessen Nachfolger Abdul-Medschid zum Großwessir ernannt hatte. Vergeblich suchte Frankreich, welches auf der Seite M. A.'s stand, zu vermitteln; die übrigen vier Großmächte hatten schon am 15. Juli 1840 einen Vertrag abgeschlossen, in welchem sie sich verpflichteten, das osmanische Reich in seinem gegenwärtigen Bestand zu erhalten. Erst da aber, als sich eine englisch-österreichische Flotte anschickte, Alexandria zu blokiren, unterzeichnete M. A. am 27. November 1840 einen provisorischen Vertrag mit dem englischen Commodore Napier, worin er sich verpflichtete, Syrien zu räumen und die türkische Flotte herauszugeben, unter der Bedingung, daß ihm Aegypten überlassen würde. Am 12. Januar 1841 bestätigte ihn auch wirklich ein großherrlicher Hattischerif als erblichen Statthalter Aegyptens, doch mußte sich M. A. verpflichten, als Vasall der Pforte einen jährlichen Tribut zu zahlen, sich den allgemeinen Gesetzen des osmanischen Reichs zu unterwerfen, ohne Erlaubniß des Sultans seine Armee nicht zu vergrößern u. die Anstellung aller Stabsoffiziere von demselben bestätigen zu lassen. Später wurde M. A. noch zum Ehrengroßwessir der Pforte ernannt. Aegypten war durch seine vielen Kriege u. Erpressungen ganz ausgesogen und die Bevölkerung so decimirt, daß sie fast keine Rekruten mehr für das Heer liefern konnte. M. A. erklärte, künftig sich nur den innern Angelegenheiten des Landes widmen zu wollen. Uebermäßige sinnliche Genüsse führten jedoch einen raschen Verfall seiner geistigen und körperlichen Kraft herbei. Zuletzt gänzlich in Stumpfsinn verfallen, † er am 2. Aug. 1849, nachdem sein Enkel Abbas-Pascha im Januar 1849 von der Pforte zu seinem rechtmäßigen Nachfolger ernannt worden war. Vgl. Aegypten (Geschichte), u. Mouriez, Histoire de M. (Par. 1855, 2 Bde.).

2) Mehemed Kibrizli Pascha, osmanischer Staatsmann, geboren 1810 auf Cypern, kam früh nach Konstantinopel, erhielt hier als Pensionär des Sultans eine wissenschaftliche Bildung, trat sodann in die Garde ein und studirte später in Frankreich noch die Kriegswissenschaften. Nach seiner Rückkehr nach Konstantinopel zum Bimbaschi ernannt, bereiste er noch Deutschland und England und ward hierauf unter der Beförderung zum Pascha mit der Errichtung einer Militärschule beauftragt. Im Kriege des Sultans gegen Mehemed Ali hatte er die Redifs in Syrien zu organisiren. In der Folge bekleidete er die Statthalterschaften von St.-Jean-d'Acre, Jerusalem, 1848 von Belgrad und seit 1850 von Adrianopel. Nach der Seeschlacht von Sinope erhielt er das Ministerium der Marine übertragen, im Sommer 1854 war er kurze Zeit Großwessir, 1855 ward er abermals Marineminister und Präsident des Tansimatkollegiums. Im Juni 1856 zum Gesandten für Petersburg ernannt, kehrte er noch im November desselben Jahres nach Konstantinopel zurück, übernahm 1857 abermals den Vorsitz im Tansimatrathe u. ward 1858 auch wieder zum Marineminister und zugleich zum Großadmiral ernannt, gab aber im November eben dieses Jahres sein Portefeuille an Mehemed Ali Pascha ab, ohne jedoch aus dem Kabinet zu scheiden. Seit Sept. 1861 ist er wieder Statthalter zu Adrianopel.

Mehercules (Mehercle, lat.), beim Hercules! Schwur der Römer.

Mehl (franz. farine, engl. flour), das Pulver der Getreidearten, welches auf den Mühlen (s. d.) gewonnen wird und in Folge der Zusammensetzung der Getreidesamen aus mehren Schichten verschiedene Zusammensetzung zeigt, je nachdem beim Mahlen und Beuteln eine mehr oder weniger vollständige Trennung der stickstoffhaltigen, äußern Schichten von dem innern, stärkmehlreicheren Kern des Samens Statt gefunden hat. In allen Mehlsorten des Handels findet man mehr Wasser und weniger Stickstoff als im Getreide. Die Verminderung des Stickstoffgehalts beträgt nach Barral über 1/4, und da man z. B. in Frankreich nur 70 Proc. des Getreides an M. gewinnt, so kann man annehmen, daß die Hälfte der Nährstoffe des Getreides dem Menschen verloren geht. Dieser Verlust wird durch Abscheidung der äußeren Hüllen der Getreidesamen (Kleie) veranlaßt, die man deshalb entfernt, weil sie gewöhnlich das Back-

rk braun färben. Das M. ist um so „feiner“, je
iger Kleie es enthält, aber aus der Zusammen=
ung des Getreides folgt auch, daß das feinste M. am
sten an Nahrungsstoff ist. Da die Kleie gefärbt
o ist das feinste M. auch das weißeste. Von allen
hlsorten ist das Weizen= und Roggenmehl am
tigsten, man unterscheidet davon im Handel ver=
dene Sorten je nach der Feinheit, doch verweisen
in Bezug auf diese auf Mühlen, da dieselben
öhnlich in einem Mahlprozeß dargestellt werden.
ra fand in feinstem Weizenmehl 11,16 Pro=
körper, 2,33 Zucker, 6,25 Gummi, 1,07 Fett,
4 Stärke und 15,54 Wasser, in Grobmehl 13,25
teinkörper, 2,35 Zucker, 6,50 Gummi, 1,26 Fett,
79 Stärke und 14,25 Wasser. Im Durchschnitt
rn 100 Weizen 85—86 Procent M., 10—11 Proc.
e und 4—5 Proc. Abgang. in Paris 69 Proc.
ßmehl, 6 Schwarzmehl, 19 Kleie und 6 Abgang.
nkel oder Spelzmehl enthält nach Bibra
10,55 Proteinkörper, 3,74—1,41 Zucker,
-2,48 Gummi, 1,4—1,32 Fett, 69,55—69,95
ke und 14,42—14,38 Wasser. 100 Theile roher
el geben 73 Theile Kerne, 24½ Spreu und 2½
ub, 100 Th. gegerbter Dinkel (Kerne) geben
90 Th. Mehl, 9—15 Th. Kleie u. 3—6 Staub.
Würtemberg und Bayern benutzt man zu grö=
n Mehlgerichten, weniger zu Brod, das geibliche,
iger geschätzte Einkornmehl, welches 24,8
c. Proteinkörper enthält. 100 Th. rohes Ein=
geben 75 Th. Kerne und 25 Th. Spreu und
ub, 100 Th. entkerntes Einkorn geben 84 Th.
hl und 14 Th. Kleie. Roggenmehl, welches
vom Weizenmehl besonders dadurch unterscheidet,
ß es einen weniger elastischen Teig gibt als dieses,
hält nach Bibra 11,75—13,29 Proteinkörper,
—6,32 Gummi, 3,46—3,03 Zucker, 1,8—2,5
t, 64,29—69,33 Stärkmehl u. Zellstoff, 14,6 bis
53 Wasser. 100 Th. Roggen geben 85 Th. M.,
10 Th. Kleie und 5—6 Th. Abgang. Gersten=
hl enthält nach Bibra 12,98—14,39 Proteinkör=
6,74—6,33 Gummi, 3,20—3,04 Zucker, 2,17 bis
Fett, 59,90—60 Stärkmehl u. 15—14 Wasser.
Gerstenmehl ist sehr reich an Kieselsäure und
t mit Wasser einen kurzen Teig. 100 Th. Gerste
en 81—82 Th. M. und 18—19 Kleie. Hafer=
hl, welches besonders in der Küche Verwendung
et, enthält einen eigenthümlichen schleimigen
off, der zu den Proteinkörpern gehört. In 100
Hafermehl fand Bibra 16,09—19,39 Protein=
er, 3,50—2,50 Gummi, 2,24—1,19 Zucker,
—5,67 Fett, 59,03—58,14 Stärkmehl und
3—11,7 Wasser. 100 Th. Hafer geben 73 Th.
und 27 Hülsen nebst Abgang. Reismehl
mit Wasser keinen bindenden Teig und enthält
Bibra 7,22—7,43 Proteinkörper, 1,57—2
mi, 0,39—0,3 Zucker, 0,9—0,87 Fett, 75,92 bis
09 Stärkmehl und 14—14,3 Wasser. Mais=
hl, welches mit Wasser ebenfalls keinen bindenden
g gibt, enthält 11,53 Proteinkörper, 67,13 Stärk=
l und 13,36 Wasser. Hirsemehl enthält nach
ra 10,12—10,27 Proteinkörper, 10,6—9,13
mmi, 1,3—18 Zucker, 8,8—7,43 Fett, 58,88 bis
15 Stärkmehl u. Sand. Buchweizen, welcher
entlich in der Küche benutzt wird, enthält (feine
ütze) nach Bibra 2,61 Proteinkörper, 2,85 Gummi,
1 Zucker, 0,94 Fett, 79,89 Stärkmehl und
75 Wasser. Da das M. reich ist an den leicht

zersetzbaren Proteinkörpern, so muß man bei seiner Aufbewahrung besonders vorsichtig sein. Vor allen Dingen muß das M. selbst recht trocken sein und an einem trockenen Ort aufbewahrt werden. Auf Trockenheit ist besonders auch deßhalb zu sehen, weil die Müller zur Erleichterung ihrer Operationen rc. nur zu geneigt sind, dem zu mahlenden Getreide Wasser zuzusetzen. Im feuchten M. entstehen Milchsäure, Buttersäure, Zucker rc. Der Kleber verdirbt und verursacht einen widrigen mulstrigen Geruch und Geschmack, zugleich entwickeln sich Pilze, Infusorien und Milben. Robineau preßt das M., um es zu konserviren, unter starkem Druck in vierckige Kästen, und Hausmann bewahrt es in eisernen Cylindern auf, die mit Stickstoff gefüllt sind. Gewöhnlich lagert man das M. auf luftigen trockenen Böden.

Zur Untersuchung u. Prüfung des M.s, die bei den zahlreichen Verfälschungen sehr wichtig ist, trocknet man eine kleine gewogene Probe zunächst 24 Stunden lang bei 110° C. und wägt wieder. Gutes Weizenmehl enthält 15—17 Procent Wasser. Den Klebergehalt im Weizenmehl bestimmt man durch Auskneten in Leinwand mit Wasser, doch kommt es dabei mehr auf die Beschaffenheit als die Menge des Klebers an, der bei Weizenmehl sehr bald zu einer Masse sich vereinigen muß. Was beim Kneten unter einem schwachen Wasserstrahl abfließt, läßt man durch ein Haarsieb in eine Schale fließen. Auf dem Sieb sammelt sich dann die Kleie, in der Schale die Stärke. Alle 3 Bestandtheile kann man trocknen und wägen. Schlechtes Weizenmehl gibt oft nach stundenlangem Kneten keine zähe Masse. Diese Untersuchungen müssen stets in derselben Weise und am besten stets von derselben Person ausgeführt werden. Guter Kleber hat, bei 115—120° C. getrocknet, eine ziemlich dunkle Farbe u. blättrige Textur, ist hart und brüchig und beträgt 9—11 Proc. vom Gewicht des M.s. Erzeugt Essigsäure in dem Waschwasser einen weißen Niederschlag, so deutet dies auf Legumin (aus Hülsenfrüchten). Reine Weizenstärke besitzt einen eigenthümlichen atlasartigen Glanz und geht nicht in Gährung über, wenn man sie mit etwas Waschwasser übergossen stehen läßt. War das Weizenmehl schlecht, so wird sehr bald Gährung eintreten. Zur näheren Prüfung des Stärkmehls kann man es durch Abschlämmen in mehre Sorten von verschiedener Eigenschwere trennen u. diese dann unter das Mikroskop bringen. Im schwersten Theil findet sich vorzüglich die Stärke von Kartoffeln und Schminkbohnen, im mittleren die des Mais, im leichtesten die der Getreidearten und der Hirse. Aus dem Roggenmehl kann man den Kleber nicht in der Weise auskneten wie aus dem Weizenmehl, so daß man sich mit der Prüfung auf einzelne Verfälschungen begnügen muß. Gemische von Roggenmehl und Weizenmehl, in denen letzteres in verhältnißmäßig großer Menge vorhanden ist, knetet man mit ⅔ Theilen Weizenkleie. Diese muß vorher mit Wasser übergossen werden u. so lange stehen bleiben, bis sie säuerlich reagirt, worauf sie ausgewaschen und wieder getrocknet wird. Nach vorsichtigem Auskneten unter einem Wasserstrahl findet man in dem M. und Kleiegemisch den fadenziehenden Weizenkleber. Ist nur wenig Weizenmehl vorhanden, so knetet man in einem doppelten Beutel aus Seidengaze 1 Loth M. mit 2 ge=

häuften Theelöffeln Kleie und findet dann den Kleber zwischen den beiden Gazestücken. Bei reinem Roggenmehl zeigt sich zwischen denselben nur sehr wenig Kleber. Roggen erkennt man im Weizen auf folgende Weise: Man schüttelt 20 Gramm M. mit 40 Gramm Aether, filtrirt letzteren u. läßt ihn verdunsten. Zum Rückstand setzt man 1 Kubikcentimeter eines Gemisches aus 3 Volumen Salpetersäure (1,35 specifisches Gewicht), 3 Volumen Wasser und 6 Volumen Schwefelsäure (1,84 specifisches Gewicht). Das fette Oel des Weizens färbt sich dabei nur gelb, das Oel des Roggens hingegen kirschroth, und ein Gemenge beider färbt sich um so intensiver rothgelb, je mehr Roggenmehl vorhanden war. Gerste kann man im Roggen durch das Mikroskop und allenfalls an dem Reichthum der Asche an Kieselsäure erkennen. Um Hülsenfrüchte im Weizen aufzufinden, läßt man das M. mit seinem doppelten Volumen Wasser 1—2 Stunden lang bei 20—30° C. stehen und filtrirt. Die Flüssigkeit gibt mit Essigsäure u. Phosphorsäure einen Niederschlag von Legumin, der im Ueberschuß dieser Säuren u. in Ammoniak löslich ist. Der durch Essigsäure erzeugte Niederschlag wird getrocknet u. nach einander den Dämpfen von Salpetersäure und Ammoniak ausgesetzt, wobei er sich zeisiggelb färbt. (Manche Weizensorten und Dinkelmehl verhalten sich ähnlich.) Weißbohnen u. Wickenmehl erkennt Donny, indem er eine dünne Schicht des M.s in einem Porzellanschälchen den Dämpfen von heißer Salpetersäure und hierauf Ammoniakdämpfen aussetzt, wodurch es nicht roth gefärbt werden darf. Uebergießt man Weizenmehl mit einem erkalteten Gemisch von 2 Theilen englischer Schwefelsäure und 1 Theil Wasser, so entwickelt sich ein deutlicher Geruch nach Fuselöl, wenn auch nur 1 Procent Kartoffelstärke vorhanden ist. Mutterkornhaltiges M. gibt mit Wasser einen deutlich rehfarbigen Teig; übergießt man es mit Kalilauge (1,33 specifisches Gewicht) u. läßt es im verschlossenen Gefäß einige Stunden bei gewöhnlicher Temperatur stehen, so zeigt sich beim Oeffnen ein deutlicher Geruch nach Häringslake (Trimethylamin): Man kann auf diese Weise noch 2 Procent Mutterkorn entdecken. Zur Prüfung auf Tollkorn extrahirt man das M. mit wenig Alkohol (0,847 specifisches Gewicht), welcher bei Gegenwart von Tollkorn grün wird und beim Verdampfen einen unangenehm widerlich schmeckenden Rückstand hinterläßt. Außer den chemischen Mitteln muß man zur Prüfung immer noch das Mikroskop und das polarisirte Licht anwenden, doch gehört zur Erkennung der Verfälschungen auf diesem Wege eine genaue Kenntniß der Formen. Häufig kommen Verfälschungen des M.s mit Gyps, Kreide und Thon vor; um sie zu entdecken, schüttelt man das M. in einem cylindrischen verschlossenen Rohr mit viel Chloroform und läßt es dann ruhig stehen. Das M. sammelt sich auf dem Chloroform u. die mineralischen Bestandtheile, die schwerer als Chloroform sind, am Boden des Rohrs. Um die Asche des M.s genauer zu untersuchen, verkohlt man es, zerreibt es dann und setzt eine gewogene Menge reines Eisenoxyd (10—20 Procent) hinzu, worauf man bis zur vollständigen Verbrennung glüht. Das Eisenoxyd wirkt hierbei oxydirend, indem es selbst vorübergehend reducirt u. wieder oxydirt wird. Gutes M. enthält 2—2½ Proc. Asche. Kupfer erkennt man in der Asche durch Behandeln mit Schwefelsäure u. Eintauchen eines blanken Eisenstäbchens in die schwach saure filtrirte Lösung.

Mehlbaum, s. v. a. Mehlbeerbaum; s. v. a. Elsebeerbaum, Pyrus torminalis *Ehrh.*; s. v. a. gemeiner Weißdorn, Crataegus Oxyacantha *L.*; s. v. a. Gerbermyrte, Coriaria myrtifolia *L.*

Mehlbeerbaum, s. Sorbus.

Mehlis, Marktflecken im sachsen-koburgischen Herzogthum Gotha, Landrathsamtsbezirk Ohrdruf, Justizamt Zella, mit Gewerbschule, Eisenhammer, bedeutender Gewehr- u. Eisenwaarenfabrikation, vielen Mühlen und 2150 Einwohnern.

Mehlkäfer (Tenebrio molitor *L.*, Müller), Käfer aus der Familie der Schwarzflügler, pechschwarz, etwas glänzend, unten rothbraun, mit länglichen, schwach punktirt gestreiften Flügeldecken, kurzen, schnurförmigen, mit unter dem Kopfrande eingefügten Fühlern und gerandetem Brustftück, findet sich häufig in den Häusern der Bäcker, Müller, Mehlhändler, auf Böden, unter Mehlkisten ꝛc., wo sich auch die gelblichbraune Larve, der bekannte Mehlwurm entwickelt, welcher von Mehl, Kleie, Brod ꝛc. lebt. Er kann bei bedeutender Vermehrung sehr lästig und schädlich werden, wird aber als treffliches Futter für Nachtigallen, Rothkehlchen ꝛc. absichtlich in Töpfen, die man mit Kleie, alten Lappen ꝛc. füllt, gezogen. Er häutet sich viermal im Jahre, und die Puppe entwickelt sich Ende Juli. Der Käfer sieht anfangs hellgelb aus.

Mehlsack, Stadt in der preußischen Provinz Preußen (Ostpreußen), Regierungsbezirk Königsberg, Kreis Braunsberg, am Walsch, mit einer evangelischen Kirche u. 2 katholischen, altem Schloß, ansehnlicher Leinweberei, stark besuchten Garn- u. Leinwandmärkten und 3250 Einw.

Mehlthau, weißlicher Ueberzug auf den Blättern und Stengeln, selbst auf den Blüthen und Früchten der Pflanzen, von spinnengewebartigem Ansehen mit kleinen Körnchen, ist ein Pilz, welcher der Gattung Erysiphe *L.* angehört. Die gemeinste Art ist E. communis *F.*, welche ein graues, schmutzigem Mehl ähnelndes Unterlager bildet. Man unterscheidet daran eine dreifache Fruktifikation: zahllose auf den Enden besonderer Fäden bald einzeln, bald in perlschnurartigen Reihen stehende Sporidien oder Konidien, kugelige oder längliche, gestielte oder sitzende Pykniden mit zahlreichen Stylosporen und kugelige, sitzende, erst weißliche, später dunkler und zuletzt schwarz werdende Perithecien, welche unten mit über das Grundfadengewebe hinwegstreichenden Anhängseln versehen sind. Diese Art ward ursprünglich auf Hypericum dubium *Leers* beobachtet, kommt aber auch auf dem Kürbis, auf Klee, Lein, Doldengewächsen, Veilchen, Ranunkeln und Gräsern vor, und wahrscheinlich gehört auch der Traubenpilz (Oidium Tuckeri) zu dieser Gattung. Andere Arten finden sich auf dem Laub der Schlehe, Pflaume, Traubenkirsche, auf Rosen, Pfirsichen ꝛc. Die davon befallenen Früchte haben ein widriges, unreinliches Ansehen, erlangen aber ihre vollkommene Reife. Alle diese Gebilde treten bei nasser und warmer Witterung besonders an Stellen auf, wo die Luft keinen freien Zutritt hat oder wo Stoffe modern. Entwässerung des Bodens und Beförderung des Luftzugs kann dem Uebel abhelfen.

Mehlwurm, s. Mehlkäfer.

Mehmendar (Mihmandar), s. v. a. Gasthalter,

Beamter am türkischen Hofe, welcher fremde Gesandte und sonstige vornehme Reisende zu empfangen, zu begleiten und zu bewirthen hat.

Mehren, in der alten Rechtssprache s. v. a. theilen; daher abgemehrte Kinder, abgefundene Kinder, die statt ihres einstigen Erbes eine Summe voraus bekommen haben.

Méhul, Etienne Henri, berühmter französischer Komponist, geboren den 24. Juni 1763 in Givet im französischen Departement Ardennen, studirte, in seinem 10. Jahre schon Organist und Adjunkt in der Abtei Valledieu, hier unter dem deutschen Kontrapunktisten Hanser die Komposition, hatte sodann seit 1777 zu Paris Edelmann zum Lehrer im Klavierspiel und Gluck in der Tonkunst überhaupt u. ward, nachdem er sich durch einige Kompositionen für Kammer und Theater, sowie während der Revolution durch einige Volksgesänge bekannt gemacht hatte, 1795 zum Professor der Musik am Nationalinstitut und später zu einem der drei ersten Inspektoren des Unterrichts u. zum Professor am Konservatorium ernannt. Seit 1810 in den Ruhestand versetzt, † er am 18. Oktober 1817. Von seinen Opern haben besonders „Une folie“ („Die beiden Füchse, oder: Je toller desto besser“), „Les aveugles de Tolède“ u. „Joseph en Egypte“ („Joseph und seine Brüder“) auch in Deutschland Glück gemacht. Seine übrigen Kompositionen bestehen in den Volksgesängen „Chant du depart“, „Caut de victoire“, „Chant de retour“, mehren Instrumentalkompositionen, wovon namentlich die bekannte Jagdsinfonie (Ouverture zu „Le jeune Henri“) bekannt wurde, in Klavier- und anderen Kompositionen.

Meibom (Meibaum, Meibomius), namhafte Gelehrtenfamilie, aus deren Gliedern folgende hervorzuheben sind:

1) Heinrich, der Aeltere, geboren den 4. Dec. 1555 zu Lemgo, wirkte seit 1583 als Professor der Geschichte und der Poesie an der Universität Helmstädt und gab mehre Chroniken, namentlich sächsische, heraus; † den 20. Sept. 1625.

2) Johann Heinrich, Sohn des Vorigen, geboren den 27. August 1590 zu Helmstädt, erhielt daselbst eine ordentliche Professur der Medicin u. † als Leibarzt des Erzbischofs zu Bremen in Lübeck den 16. Mai 1655. Er gab u. A. eine „Vita Maecenatis“ (Leyden 1653) heraus.

3) Heinrich, der Jüngere, Sohn des Vorigen, geboren den 29. Juni 1638 in Lübeck, studirte zu Helmstädt und auf einigen holländischen Universitäten Philosophie u. Medicin, bereiste sodann Deutschland, England, Frankreich und Italien und wurde 1664 Professor der Medicin, 1678 zugleich auch der Geschichte und der Poesie zu Helmstädt u. † daselbst am 26. März 1700. In der Anatomie erhält sich sein Andenken durch die nach ihm genannten Meibomschen Drüsen (s. d.), durch seine Untersuchungen der Mutterschlagadern, der Klappen der Gefäße in Betreff des Kreislaufs und des Thränengangs u. durch die Entdeckung des blinden Lochs in der Zunge (Meiboms Loch) und der benachbarten Warzen. Geschätzt ist seine Ausgabe der „Scriptores rerum germanicarum“ (Helmstädt 1688).

4) Marcus, geboren 1630 in Tönningen in Schleswig, hielt sich längere Zeit zu Amsterdam auf, wo er 1652 sein Werk „Antiquae musicae scriptores septem“ (2 Bde.) schrieb, sodann am Hofe der Königin Christine von Schweden, die sich ebenfalls für die Musik der Alten interessirte, und ward hierauf nach einander Lehrer am Gymnasium zu Sorbe in Dänemark, Präsident des Zollamts zu Helsingör, endlich Professor der schönen Wissenschaften in Amsterdam. Nach einem unsteten Leben † er 1711 in Utrecht.

Meibomsche Drüsen (glandulae Meibomianae), diejenigen Drüsen, welche die Augenbutter absondern. An der Innenfläche der Augenlider sieht man sie in Gestalt länglicher, höckeriger, etwas gewundener Stränge gelblich durchschimmern. Die m.n D. liegen in der Substanz der Augenlidknorpel eingebettet und sind so lang, als letztere breit sind. Jede meibomsche Drüse besitzt einen langen Ausführungsgang, an welchem die Drüsenläppchen wie Trauben am Stiel hängen, u. welcher sich am hintern Saume der freien Augenlidränder nach außen öffnet. Das Absonderungsprodukt der m.n D. ist die sogenannte Augenbutter, eine dickflüssige, klebrige, gelbe, an der Luft verhärtende Masse, die nichts Anderes ist als der fettig entartete Inhalt der Drüsenzellen. Die Augenbutter dient dazu, die Augenlidränder schlüpfrig zu erhalten. Der im innern Augenwinkel befindliche röthliche, warzenartig hervortretende Körper, welcher den Namen der Thränenkarunkel führt, umschließt ebenfalls eine meibomsche Drüse, welche jedoch eine geringere Länge besitzt als diejenigen, die in den Augenlidknorpeln liegen. Manchmal häuft sich das Absonderungsprodukt in den Drüsengängen krankhaft an und bildet eine feste Geschwulst bis zur Größe etwa einer halben Linse. Solche Geschwülste, welche durch Ablagerung von Kalksalzen in derselben steinhart werden können, heißen Hagelkörner (chalacium).

Meiboms Loch, s. Zunge.

Meidling (Unter-M.), Dorf bei Wien, mit einer warmen Schwefelquelle (Theresienbad), dem vielbesuchten pfannschen Badehaus mit einer 1819 entdeckten kalten Schwefelquelle, zahlreichen Landhäusern, einem israelitischen Taubstummeninstitut und 3500 Einw. Unweit das Dorf Ober-M. mit 1000 Einw.

Meier (Meiergut), s. Maier.

Meier, 1) Moritz Hermann Eduard, Philolog und Alterthumsforscher, geboren am 1. Jan. 1796 zu Glogau, widmete sich zu Breslau u. Berlin, hier namentlich unter Böckh, philologischen Studien und habilitirte sich 1820 in Halle als Privatdocent. Seine Schrift „Historia juris Attici de bonis damnatorum et fiscalium debitorum“ (Berlin 1819) hatte seine Berufung als außerordentlichen Professor der Philologie in Greifswald zur Folge. In Gemeinschaft mit Schönemann bearbeitete er daselbst den „Attischen Prozeß“ (Halle 1824), der zu den gediegensten Werken der neueren Philologie zählt. Im Jahre 1825 folgte er einem Ruf als ordentlicher Professor der Philologie u. Direktor des philologischen Seminars nach Halle, wo ihm später auch noch die Professur der Beredtsamkeit übertragen wurde. Ein Anschlag, den er bei Gelegenheit des Jubiläums der Universität Königsberg verfaßt hatte, führte zu Verwickelungen mit dem Ministerium Eichhorn, welche ihn zur freiwilligen Niederlegung seines Amtes bewogen; doch übernahm er dasselbe 1848 von Neuem. Er † den 5. Dec. 1855. Noch sind von seinen Werken hervorzuheben: die Ausgabe von Demosthenes' „Oratio in Midiam“ (Halle 1832); „De gentilitate Attica“

(das. 1835); „De Andocidis oratione contra Alcibiadem“ (6 Abthl., das. 1836 f.); „De Crantoris Solensis libro deperdito“ (das. 1840); „De proxenia, s. de publico Graecorum hospitio“ (das. 1843); „Fragmentum lexici rhetorici“ (das. 1844); „Die Privatschiedsrichter und die öffentlichen Diäteten Athens“ (das. 1846); „De vita Lycurgi“ (das. 1847). Seit 1828 war er Mitredakteur der „Allgemeinen Literaturzeitung“. Zugleich mit Professor **Kämtz**, seit 1842 allein redigirte er die 3. und seit 1852 auch die 1. Sektion der ersch- und gruberschen „Allgemeinen Encyklopädie“.

2) Ernst Heinrich, namhafter Orientalist, geboren den 17. Mai 1813 zu Rusbendt in Schaumburg-Lippe, ward 1841 Privatdocent und 1848 Professor der semitischen Sprachen und Literaturen zu Tübingen und hat sich namentlich um die Kenntniß des Hebräischen und Phönicischen Verdienste erworben. Von seinen Werken auf diesen Gebieten sind hervorzuheben: „Hebräisches Wurzelwörterbuch“ (Tübingen 1845); „Die Form der hebräischen Poesie“ (das. 1855); „Geschichte der poetischen Nationalliteratur der Hebräer“ (Leipz. 1856); „Uebersetzung der poetischen und prophetischen Bücher des Alten Testaments“ (Tübingen 1851—63, 3 Bde.); „Erklärung phönicischer Sprachdenkmäler“ (das. 1860) und Kommentare zu Joel, Jesaias und dem Hohenlied. Auch hat er die „Klassischen Dichtungen der Inder“ übersetzt (Tübingen 1847—54, 3 Bde.) u. schwäbische Volkstraditionen gesammelt.

Meierotto, Johann Heinrich Ludwig, verdienter Schulmann, geboren den 22. August 1742 zu Stargard in Pommern, studirte in Frankfurt a. d. O. Philologie, ward nach einander Universitätsbibliothekar daselbst, Privatlehrer, 1771 Professor am joachimsthaler Gymnasium, 1774 Rektor dieser Anstalt, die sich unter seiner Leitung außerordentlich hob, und † als Oberschulrath am 24. Sept. 1800. Von seinen Schriften sind hervorzuheben: „Lateinische Grammatik in Beispielen aus den klassischen Schriftstellern“ (Berlin 1785, 2 Bde.); „Ueber Sitten und Lebensart der Römer“ (das. 1776, 2 Bde.; 3. Aufl. von Buttmann, 1814); „Ciceronis vita ex ipsius scriptis excerpta“ (das. 1783); „Gedanken über die Entstehung der baltischen Länder“ (das. 1790); „Exempelbuch für Seefahrer und Strandbewohner“ (das. 1790).

Meil, Johann Wilhelm, ausgezeichneter deutscher Zeichner und Kupferstecher, geboren den 23. Okt. 1733 zu Altenburg, trieb erst wissenschaftliche Studien und besuchte die Universitäten Leipzig und Berlin, widmete sich aber dann als Autodidakt einzig den bildenden Künsten und erfand eine eigene Manier im Radiren. Zu seinen gelungensten Blättern, welche sich auf ein halbes Tausend belaufen, zählen seine meisterhaften physiognomischen Darstellungen zu Engels „Mimik“, „Sebaldus Nothanker“ und „Gellerts Fabeln“. Er † als Vicedirektor der Akademie der Künste in Berlin den 2. Febr. 1805.

Meile, Längenmaß für größere Strecken oder Wegmaß, vom lateinischen mille, d. i. tausend, weil die römische M. 1000 geometrische Schritte à 5 römische Fuß enthielt, ist in verschiedenen Ländern von sehr verschiedener Größe. Die altrömische M. war = $1472\frac{1}{2}$ französische Meter und wurde 8 olympischen Stadien gleich geschätzt. Die altgriechische (italische) M. von $8\frac{1}{3}$ Stadien, gleichfalls 1000 Schritte à 5 Fuß enthaltend, war = 1500 Meter. Die neuere M. als Wegmaß ist zum Theil weit größer als diese alten Maße. In England unterscheidet man zwischen der kleinen M. (franz. mille, engl. mile, span. milla, portugies. milha) und der größeren Lieue (engl. league, span. legua, portugies. legoa); auch in Frankreich, sowie in Spanien u. Portugal hatte man früher diese beiden Arten Wegmaße. Gemeiniglich nimmt man eine Lieue = 3 M.n an. Daneben sind oder waren hier und da für besondere Zwecke noch andere M.n, Post- und Seemeilen, in Gebrauch. In einigen Staaten galt auch früher die Stunde als Einheit des Wegmaßes (Wegstunde, lieue itinéraire), wie noch gegenwärtig in der Schweiz, wo dieselbe 16,000 Fuß = 4800 Meter enthält. Die geographische M., gemeinhin auch deutsche M. (2 Wegstunden) genannt, ist $\frac{1}{15}$ eines Aequatorgrads und enthält nach den sorgfältigsten neueren Messungen 7419,86 Meter oder 23,64176 preußische Fuß. Früher rechnete man auch mitunter nach großen deutschen M.n zu 5000 geometrischen Schritten oder $\frac{1}{12}$ Aequatorialgrad. Die preußische M. begreift 2000 Ruthen od. 24,000 preußische Fuß = 7532,485 französische Meter, und $14\frac{3}{4}$ derselben gehen auf den mittleren Meridiangrad. Die österreichische M. (Postmeile) hat 4000 Klaftern oder 24,000 wiener Fuß = $7586\frac{2}{3}$ Meter = 1,0225 geographische oder deutsche M.n, und 14,6456 gehen auf den Meridiangrad. Die gewöhnlich sogenannte englische (londoner) M. enthält 5000 englische Fuß = 1523,972 Meter = 0,20539 oder reichlich $\frac{1}{5}$ geographische oder deutsche M., und 72,924 derselben (gemeinhin als 73 gerechnet) gehen auf den mittleren Meridiangrad. Die eigentliche gesetzmäßige englische M. (british mile, statute mile) hat dagegen 5280 englische Fuß = 1609,315 Meter = 0,21726 oder knapp $\frac{2}{9}$ geographische oder deutsche M.n, und 69,057 (gewöhnlich rund $69\frac{1}{20}$ gerechnet) gehen auf den mittleren Meridiangrad. Die Seemeile ist bei allen seefahrenden Nationen die nämliche; 60 Seemeilen gehen auf einen Aequatorialgrad, wonach Eine = $\frac{1}{4}$ geographische oder deutsche M. = 1854,965 Meter = 6085,953 englische Fuß ist. In Frankreich dient als Wegmaß jetzt das Kilometer von 1000 Metern und das Myriameter oder die neue Lieue von 10,000 Metern. Da das Meter = $\frac{1}{10,000000}$ des Erdquadranten ist, so gehen $111\frac{1}{9}$ Kilometer oder $11\frac{1}{9}$ Myriameter auf einen mittleren Meridiangrad, nach neueren Messungen aber kann man einen solchen Grad = 111,1347 oder reichlich $111\frac{2}{15}$ legale Kilometer annehmen. Ein Myriameter = $1\frac{7}{20}$ deutsche oder geographische M.n = 1,3181 österreich. Postmeilen = 1,3276 preuß. M.n = 6,5618 engl. M.n = 9,3740 russ. Werst = $5\frac{2}{5}$ Seemeilen. Den Inhalt von Länderflächen pflegt man nach Quadratmeilen, den Quadraten der Längenmeile, zu bestimmen. Die geographische oder deutsche Quadratmeile ist = 55,054323 französische Quadratkilometer.

Meiler, s. Kohle.

Meinau, Insel, s. Mainau.

Meinberg, Dorf im lippe-detmoldischen Amt Horn, 1 Meile von Detmold, $\frac{1}{2}$ Meile von Pyrmont, 634 Fuß über dem Meere, mit 1100 Einw., bekannt durch seine Mineralquellen, die sich durch einen ungewöhnlichen Gehalt von Kohlensäure auszeichnen. Der Alt- und Neubrunnen enthält wenig über 4 Gran fester Bestandtheile im Pfund, darunter gegen $2\frac{1}{2}$ Gran schwefelsaure Salze, 1 Gran kohlensaure Salze, $\frac{2}{3}$ Gran organische Stoffe, aber in 100 Kubikzoll Wasser 131 Kubikzoll Kohlensäure, welche unter einem solchen Druck ausströmt, daß man den Gasstrom einer horizontalen Ausströmungsöffnung von cirka 1 Zoll in einer Entfernung von 10 Ellen noch deutlich fühlt. Die Schwefelquelle enthält cirka 16 Gran schwefelsaure, $2\frac{1}{2}$ Gran kohlensaure Salze, aber nur 8,1 Kubikzoll Kohlensäure u. 2,1 Kubikzoll Schwefelwasserstoff in 100 Kubikzoll Wasser. Die Kochsalzquelle endlich enthält bei $24\frac{1}{2}$ Gran schwefelsauren und 7 Gran kohlensauren Salzen gegen 41 Gran Kochsalz und in 100 Kubikzoll Wasser 37 Kubikzoll Kohlensäure. Das Wasser wird theils zum Baden, auch zu sogenannten Sprudelbädern, d. h. Bädern unter ununterbrochenem reichlichen Zuströmen von Kohlensäure, theils zum Trinken benutzt. Auch sind Einrichtungen zur Benutzung des Gases zu Inhalationen getroffen, sowie auch der an Schwefelleber reiche Mineralschlamm angewandt wird. In ihren Wirkungen werden die Quellen als Getränk u. Bad namentlich empfohlen: bei Schleimflüssen passiver Art, insbesondere bei hartnäckigen Verschleimungen der Brust- und Unterleibsorgane, Krankheiten des Uterinsystems von Schwäche, Hysterie, Bleichsucht, chronischen Hautausschlägen, rheumatischen und gichtischen Leiden, Stockungen im Leber- u. Pfortadersystem, Schwäche des Magens und Darmkanals, Verhärtung der Leber und Milz, den mannichfaltigsten Formen von Hämorrhoidalleiden, Skropheln &c.

Meinder, Fluß, s. v. a. Mäander.

Meineid (perjurium), im Allgemeinen das Verbrechen, welches durch vorsätzliche Verletzung einer durch Ableistung eines Eides für den Schwörenden begründeten Rechtspflicht begangen wird. Der M. setzt voraus, daß ein wirklicher religiöser Eid in der gesetzlich vorgeschriebenen Weise abgeleistet worden ist; indessen legen schon die Reichsgesetze der Versicherung der Mennoniten bei Männerwahrheit u. die neueren Strafgesetze den an die Stelle des Eides tretenden Versicherungen solcher Religionsgesellschaften, welchen das Schwören untersagt ist, die Geltung eines wirklichen Eides und der Verletzung jener Versicherungen die Wirkungen des M.s bei. Darauf, ob Jemand sich für gebunden durch seinen Eid erachtet oder nicht, kommt nichts an; es sollte aber im letzteren Fall die Eidesleistung weder verlangt, noch gestattet werden und einer einfachen Versicherung an Eidesstatt die gleiche Geltung wie jener in strafrechtlicher Beziehung eingeräumt werden. Man unterscheidet M. im engern Sinn und Eidesbruch. Jener besteht in falschen Angaben, welche vor einer öffentlichen Behörde durch einen Eid bekräftigt oder mit Bezugnahme auf einen solchen erstattet werden. An die Stelle der früheren Strafen des Abhauens der Schwurfinger u. der Ehrlosigkeit, oder der strengen Wiedervergeltung, wenn durch den M. Jemand in Strafe gekommen war, sind jetzt längere oder kürzere Arbeits- oder Zuchthausstrafen getreten, je nach der Schwere der Verschuldung und des dadurch herbeigeführten Nachtheils. Auch wird der Meineidige in der Regel nicht zum Zeugniß gelassen. Neuere Strafgesetze belegen mit geringeren Freiheitsstrafen auch den leichtsinnigen Eid, d. h. falsche eidliche Angaben aus Mangel an pflichtmäßiger Besonnenheit, Ueberlegung und Nachforschung. Des Eidesbruchs macht sich schuldig, wer eine eidlich übernommene Verpflichtung vorsätzlich nicht erfüllt, was mit geringeren Freiheitsstrafen geahndet wird. Eine besondere Art des Eidesbruchs war die Verletzung der früher vorkommenden Urfehde, d. h. des dem Strafrichter in einem Strafverfahren geleisteten eidlichen Versprechens, sich weder an ihm, noch an einem sonst Betheiligten zu rächen, oder nicht an einen gewissen Ort zurückzukehren.

Meineke, Johann Albert Friedrich August, ausgezeichneter Philolog und Kritiker, geboren 1791 zu Soest in Westphalen, erhielt seine Vorbildung in Schulpforta und studirte dann in Leipzig Philologie. Noch als Student gab er mit Reisig den „Oeconomicus“ von Xenophon heraus (Leipzig 1812). Er ward nach einander Lehrer an dem Konradinum in Jenkau, sodann am Athenäum in Danzig, 1821 Rektor desselben, 1826 Direktor des joachimsthaler Gymnasiums in Berlin und 1831 auch Mitglied der Akademie der Wissenschaften daselbst. Von seinen Schriften sind hervorzuheben: „Fragmenta poetarum comicorum graec.“ (Berlin 1839 ff., 5 Bde.; kleinere Ausgabe, das. 1847, 2 Bde.), wodurch er sich um die Kritik der alten griechischen Komiker bedeutendes Verdienst erworben hat, und die „Analecta alexandrina“ (das. 1843), in denen die Fragmente der Dichter Euphorion, Rhianus u. Alexander Aetolus gesammelt und erläutert sind; ferner „Curae criticae in comicorum fragmenta ab Athenaeo servata“ (Berlin 1815); „Commentationes miscellaneae“ (Danzig 1822); „De Euphorionis Chalcidensis vita et scriptis“ (das. 1823); „Menandri et Philemonis reliquiae“ (Berlin 1823); „Quaestiones scenicae“ (das. 1826—30, 3 Programme); endlich seine Textrecensionen von Theokrit, Bion und Moschus (das. 1836), Horaz (das. 1834) und die der „Epistolae“ des Alciphron (Leipzig 1853).

Meiners, Christoph, ein seiner Zeit berühmter Polyhistor, geboren 1747 zu Otterndorf im Lande Hadeln, studirte zu Göttingen und ward hier 1772 außerordentlicher, 1775 ordentlicher Professor der Philosophie; † daselbst 1810. Von seinen Werken, meist philosophisch-geschichtlichen Inhalts, sind hervorzuheben: „Revision der Philosophie“ (Göttingen und Gotha 1772); „Versuch einer Religionsgeschichte der ältesten Völker, besonders der Aegypter“ (das. 1775); „Geschichte des Ursprungs, Fortgangs u. Verfalls der Wissenschaften in Griechenland und Rom“ (Lemgo 1781—82, 2 Bde.); „Geschichte des Verfalls der Sitten, der Wissenschaften u. der Sprache der Römer“ (Wien u. Leipz. 1791); „Vergleichung der Sitten des Mittelalters mit denen des 18. Jahrhunderts“ (Hannover 1793—94, 3 Bde.); „Lebensbeschreibungen von Männern aus der Zeit der Wiederherstellung der Wissenschaften“ (Zürich 1795—97, 3 Bde.); „Geschichte des weiblichen Geschlechts“ (das. 1798—1800, 4 Bde.); „Geschichte der Entstehung u. Entwickelung der hohen Schulen“ (das. 1802—5, 4 Bde.).

Meinertshagen, Marktflecken in der preußischen Provinz Westphalen, Regierungsbezirk Arnsberg, Kreis Altena, an der Volme, mit Papier- und Eisenwaarenfabrikation, Eisenwerken u. 2850 Einw. Dabei Hülloh mit einer merkwürdigen Kalkfelsenhöhle.

Meinhold, Johann Wilhelm, Theolog, Dichter und Publicist, den 27. Februar 1797 zu Netzelkow auf der Insel Usedom geboren, studirte zu Greifswald, wo besonders der Dichter Kosegarten Einfluß auf ihn übte, ward sodann Rektor in Usedom, bald darauf Pfarrer in Koserow auf Usedom, 1826 zu Krummin bei Wolgast, 1844 zu Rehwinkel bei Stargard. Im Jahre 1850 legte er sein Amt nieder und † den 30. November 1851 in Charlottenburg. Am bekanntesten machte er sich durch den angeblich von ihm aus alten Kirchenbüchern entnommenen, in Wirklichkeit aber von ihm erfundenen Roman „Die Bernsteinhexe" (Berlin 1843), gegen die moderne Kritik gerichtet, welche aus der Sprache eines Schriftdenkmals auf seinen Verfasser und sein Zeitalter schließen zu können glaubt. H. Laube verarbeitete den Stoff dramatisch. Das Gegenstück der „Bernsteinhexe", „Sidonia von Bork, die Klosterhexe" (Leipzig 1847, 3 Bde.), hat weniger Beifall gefunden. Die Bewegung von 1848 veranlaßte M. zu der Schrift „Die babylonische Sprachen- u. Ideenverwirrung der modernen Presse" (Leipzig 1848). Seine „Gesammelten Schriften" (Leipzig 1846—52, 8 Bde.) enthalten noch die vaterländischen Schauspiele „Der alte deutsche Degenknopf" und „Wallenstein u. Stralsund"; „Reisebilder von Usedom", die Resultate von M.s Forschungen über das fabelhafte Vineta, und eine Ausgabe der lehninschen Weissagung mit metrischer Uebersetzung und wunderlicher Erklärung.

Meinicke, Karl Eduard, vorzüglicher Geograph, geboren am 31. Aug. 1803 in Brandenburg, studirte zu Berlin, ward 1825 Kollaborator am Gymnasium zu Prenzlau und 1846 Direktor desselben. Von seinen durchaus wissenschaftlichen Werken sind hervorzuheben: „Geschichte der europäischen Kolonien in Westindien" (Weimar 1831); „Das Festland Australien" (Prenzlau 1837, 2 Bde.); „Die Südseevölker und das Christenthum" (das. 1844); „Lehrbuch der Geographie" (2. Aufl., das. 1845); „Australien" für die wappäus'sche Bearbeitung von Steins „Handbuch der Geographie" (Leipzig 1853) und mehre kleinere Schriften.

Meiningen, die Haupt- und Residenzstadt des Herzogthums Sachsen-Meiningen-Hildburghausen, liegt am rechten Ufer der Werra, in einem engen, aber fruchtbaren und anmuthigen Thale, an der Werraeisenbahn und ist Sitz des Hofes, des Staatsministeriums u. mehrer andern Behörden. Der ältere, größere Theil der Stadt zeichnet sich weder durch geschmackvolle Anlage der Straßen, noch durch hervorragende Gebäude aus. Dagegen machen die neu angelegten Stadttheile (Bernhards-, Marien- und Charlottenstraße) einen fast großstädtischen Eindruck. Hauptgebäude sind hier das Theater, der Bazar und zwei herzogliche Palais. Neben ihnen bildet der englische Garten mit seinen schönen Baumgruppen, Bowlinggreens und mit der Fürstengruftkapelle eine vorzügliche Zierde der Stadt. Mit ihm durch Anlagen verbunden ist der geschmackvolle Eisenbahnhof. Das hervorragendste Gebäude der Stadt ist das herzogliche Schloß Elisabethenburg, mit einem Rundbau, welcher die Lokalitäten des herzoglichen Staatsministeriums und verschiedener Archive enthält. Im Residenzschlosse selbst befinden sich die Schloßkirche, die Gemäldegallerie, das Kupferstichkabinet, das Münzkabinet, die herzogliche Privatbibliothek, die Ministerialkanzlei, das hennebergische

Archiv rc. Erwähnenswerth ist auch die alte Sta
kirche. Auf dem geräumigen Marktplatz steht d
Rathhaus, an welches das Landschaftsgebäude v
1782 unmittelbar anstößt. An öffentlichen B
dungsanstalten und Schulen besitzt M. ein Gy
nasium, eine Realschule, eine Bürgerschule,
Mädchenschule, außerdem mehre Privatinstit
von sonstigen gemeinnützigen Anstalten ein Kr
kenhaus (Georgenkrankenhaus), Armenhaus,
chenhaus. M. ist der Sitz der mitteldeuts
Kreditbank, des hennebergischen alterthumsforsch
den Vereins (1832 von L. Bechstein begrün
und eines kulturhistorischen Vereins. Die S
zählt 7300 Einwohner. Industrie und Gew
stehen auf keiner hohen Stufe; doch sind einzelne
werbszweige, z. B. Wollentuchweberei und Brau
nicht unbedeutend. Die Hauptnahrungszweige l
den immer die herzogliche Hofhaltung, Ackerl
welcher die Wein- und Hopfenpflanzungen der
Stadt umgebenden Berge durch den Getreidebau
drängte, u. Viehzucht. In der Nähe der Stadt l
die neu erbaute Burg Landsberg. M., ursprü
lich ein Hof Namens Einingen, stand im 9. Ja
hundert unter der Herrschaft fränkischer Gau
fen und kam nach der babenberger Fehde un
das Scepter der deutschen Könige. Im Jahre 1
wurde es vom Kaiser an das Stift Würzburg v
liehen und blieb 536 Jahre lang unter dem Krum
stab. In der ersten Hälfte des 16. Jahrhund
ward zwischen Würzburg u. Henneberg ein Tau
vertrag abgeschlossen, der Stadt und Amt M. ge
das hennebergische Schloß und Amt Mainberg
Schweinfurt und eine beträchtliche Kaufsumme
Henneberg brachte. In den Jahren 1543 und 1
wurde in M. wie im Lande Henneberg die Refo
tion eingeführt. Nach dem Tode des letzten Gr
von Henneberg, Georg Ernst (1583), fiel Stadt
Land an Sachsen, und es begann für die Stadt
neue Aera. Im Jahre 1592 fand die Barchentma
faktur Eingang und brachte Wohlstand in die St
aber der dreißigjährige Krieg zerstörte alle Errung
schaften des Gewerbfleißes u. brachte die Bevölk
der Stadt von 6000 Einwohnern auf 1360 herun
Bei der Theilung von 1661 fiel M. an Sachsen-
tenburg u., als diese Linie 1672 ausstarb, an Sa
sen-Gotha unter Herzog Ernst dem Frommen.
Jahre 1680 kam es auf den Antheil Herzog Be
hards I., der nun die bisherige Residenz zu Ichte
hausen nach M. verlegte und die Elisabethenburg
baute. Viel verdankt es den Herzögen Georg u
Bernhard (dem jetzt regierenden). Vgl. M. u. se
Umgebungen, Meiningen 1842.

Meiosis (Miosis, griech.), eigentlich Vermin
rung, rhetorische Figur, bei welcher man sich ei
scheinbar verringernden Ausdrucks bedient, um d
selben gerade dadurch hervorzuheben.

Meise (Parus *L.*), Vögelgattung aus der Fam
der Sperlingsvögel und der Familie der Ke
schnäbler, charakterisirt durch lockeres, weiches
fieder, den von der Wurzel an allmählig verdünn
geraden Schnabel, runde, mit mehren buschig
theilten Federn bedeckte Nasenlöcher, kurze Fl
und ganz freie und mit scharfen Krallen versel
Zehen, kleine, lebhafte, listige, meist muthige
zanksüchtige Vögel, welche sehr geschickt in j
Stellung, an Bäumen, auch Schilfstengeln auf-
abklettern, sich von Insekten, im Winter aber a

von Sämereien und sonstigen genießbaren Stoffen nähren und sehr fruchtbar sind. Ihr Flug ist schnell, ihr Gang ein schiefes Hüpfen. Die Kohlmeise (Parus major *L.*, Finkenmeise) ist $5\frac{1}{2}$—6 Zoll lang, am Kopf schwarz, an den Wangen und Schläfen weiß, am Rücken olivengrün, an Brust und Bauch gelbgrün mit einem schwarzen Streifen, der beim Männchen bis an den schwarzen Steiß, beim Weibchen nur bis in die Mitte des Bauches reicht. Die Deckfedern der Flügel sind hellblau, die großen mit weißer Spitze, wodurch eine weiße Binde entsteht, die Schwungfedern schwärzlich, die vorderen oben blau, unten weiß, die hinteren oben olivengrün, unten weiß gerändert, die Schenkel weiß mit schwarzen Flecken, die Beine bleigrau. Die Kohlmeise ist ein in Deutschland gemeiner Strichvogel, der im März kommt, den Sommer über in Wäldern sich aufhält u. im September u. Oktober schaarenweise umherstreicht (Meisenstrich), auch oft den Winter über bleibt. Die Blaumeise (P. coeruleus *L.*, Blaumüller) ist 5 Zoll lang, an Stirn und Wangen weiß, an Scheitel, Nacken und Schwanz blau, am Rücken zeisiggrün, am Bauche gelb, hat in ihrem Wesen viel Aehnlichkeit mit der vorigen, badet sich gern und ist ebenfalls Strichvogel, kommt aber mehr einzeln vor. Eine Varietät ist röthlich aschgrau, unten schmutzig weiß, an den Seiten röthlich überlaufen. Die Lasurmeise (P. cyanus *Pall.*) ist $5\frac{3}{4}$ Zoll lang und unterscheidet sich von der vorigen besonders durch einen blauen Fleck auf der Brust. Sie ist in Deutschland selten, häufiger im nordöstlichen Europa und Asien. Die Sumpfmeise (P. palustris *L.*, Flattermeise) ist 5 Zoll lang, am Kopf, Nacken und an der Kehle schwarz, an den Wangen und am Unterleib weiß, am Oberkörper bräunlichgrau, streicht im Oktober und im März in Deutschland und hält sich gern in der Nähe von Gewässern in Gärten, Gebüschen und Laubwäldern auf. Die Tannenmeise (P. ater *L.*, kleine Kohlmeise) ist $4\frac{1}{2}$ Zoll lang, am Oberkopf und Hals schwarz, auf dem Nacken, an den Wangen und Seiten des Halses weiß, auf dem Rücken dunkelaschblau, an der Brust weiß, am Bauch schmutzig weiß ins Röthliche, hält sich besonders in Nadelwäldern auf und frißt außer Insekten auch Nadelsamen. Sie nistet meist in einem verlassenen Maulwurfs- oder Mausloch. Die Haubenmeise (P. cristatus *L.*, Kuppen-, Schopf-, Heidenmeise) ist $4\frac{1}{2}$ Zoll lang, durch die zugespitzte Federhaube aus schwarzen, weißgerandeten Federn ausgezeichnet, auf der Stirn weiß und schwarz geschuppt, am Rücken röthlichgrau, an Brust und Bauch weiß, an den Seiten röthlich, an Schwanz und Flügeln graubraun u. bewohnt vorzüglich Nadelwälder als Standvogel. Die Schwanzmeise (P. caudatus *L.*), deren Schwanz länger als der 4 Zoll lange Körper ist, ist in Deutschlands Laubwäldern gemein, kommt aber im Winter auch in die Dörfer. Sie ist an Scheitel, Backen und Kehle weiß, am Oberleib schwarz mit einigen fleischbraunen Federn, an der Unterseite weiß, nach hinten bräunlich und baut auf Aesten ein sehr künstliches, beutelförmiges Nest mit einer Seitenöffnung. Die Bartmeise (P. biarmicus *L.*), welche besonders in Holland gemein, aber auch in Deutschland stellenweise häufig ist, zeichnet sich durch den schwarzen, am Mundwinkel beginnenden und etwas an den Hals hinabreichenden Zwickelbart des Männchens aus. Sie ist auf dem Rücken braungelb, an der Unterseite weißlich, lebt in Sumpfgegenden, in deren Röhricht sie ihr beutelförmig aus Grashalmen und Pflanzenwolle zusammengewobenes Nest aufhängt. Die 4—5 Eier sind blaßroth und braun gefleckt. Die Beutelmeise (P. pendulinus *L.*), im östlichen Europa und Nordasien, ist durch ihr beutelförmiges Nest berühmt, welches sie aus Fasern der im Wasser verfaulten Pflanzen und feinen Grashalmen erbaut, die mit der Samenwolle von Weiden, Pappeln, Disteln und Rohrkolben zu einem festen Filz verwebt werden. Mit dem obern Ende, in dessen Nähe sich der Eingang befindet, ist es an einem Rohrstengel oder dünnen Weidenzweige frei aufgehängt; es ist 7—8 Zoll lang und 4—5 Zoll breit. Mit den Nestern treibt man in Polen Handel, weil sie gegen Halsgeschwulst und zur Erwärmung der Füße angewandt werden. Der Vogel ist 5 Zoll lang, am Hinterkopf u. Nacken grau, an den Schultern u. auf dem Oberrücken grau u. zimmtfarbig, am Unterrücken blaßgrau, am Unterleib blaß gelbroth. Da die M.n als Vertilger von zahlreichen Insekten sehr nützlich sind, sollten sie mehr geschont werden, als dies der Fall ist.

Meisenheim, Hauptort des gleichnamigen hessen-homburgischen Oberamts (Grafschaft, 3,48 QM. mit 13,700 Einw.), an der Glan, hat ein Schloß, eine katholische und 2 evangelische Kirchen, worunter eine mit schönem gothischen Thurm, eine lateinische Schule, ein Spital, bedeutende Eisenwerke, Klee-, Rübsamen- und Fruchthandel und 2700 Einwohner.

Meißel, Werkzeug verschiedener Handwerker, welches die Gestalt eines Keils besitzt und wie ein solcher wirkt, wenn es durch einen Hammer getrieben wird. Kaltmeißel oder Bankmeißel werden angewendet, um größere Metallstücke zu zertheilen, Einschnitte oder Oeffnungen zu machen, von Gußstücken einzelne Theile, z. B. Gießköpfe, Gußnähte oder die harte Haut der Eisengüsse, zu entfernen und große Gegenstände aus Schmiedeeisen, Bronzeguß &c. als Vorarbeit für die Feile zu behauen (schroten). Die Bankmeißel sind 3—9 Zoll lang, ganz von Stahl, an der Schneide gehärtet u. gelb, roth, selbst blau angelassen, am hinteren Theil aber weich. Nach der Form der Schneide unterscheidet man: gerade M. mit geradliniger, $\frac{1}{4}$—$1\frac{1}{2}$ Zoll breiter Schneide, Kreuzmeißel, mit weniger als 1 Zoll, höchstens 6 Linien breiter Schneide u. breiterem Stiel, halbrunde M., deren bogenförmige Schneide so gestellt ist, daß sie in eine Ebene fällt, welche man sich durch die Axe des Stiels gelegt denkt, gebogene M. oder Halbmondmeißel, mit bogenförmig ausgehöhlter, in einer Ebene rechtwinklig zur Axe des Stiels liegender Schneide. Geschweifte Umrisse in Blech haut man mit M.n aus, deren Schneide Sförmig oder ähnlich gekrümmt ist. Zum Graviren von Münzstempeln benutzt man M. mit einer Schneide, deren Gestalt mit jener der Grabstichel, Flachstichel und Boltstichel übereinstimmt. Muß mit dem M. eine große Kraft ausgeübt werden, so kann man ihn in den Kopf eines kleinen durch Wasserkraft getriebenen Schwunghammers stecken. Die Schmiede brauchen 2 M., den Abschrot- und den Schrotmeißel. Ersterer ist ein breiter und sehr kurzer M., der mit seinem Stiel in das Loch eines Amboßes gesteckt wird und die Schneide aufwärts kehrt. Der Schrotmeißel ist ein gewöhnlicher M., der, wenn er sehr breit ist, hammerähnlich mit einem Stiel versehen wird. M., **Schabmeißel**, **Reißhaken**, heißt auch der wirkende Theil einer Hobelmaschine, der nach Erforderniß eine spitzige, abgerundete, oder andere Gestalt erhält und in geraden Zügen die Metallfläche abschabt, von welcher er mehr oder weniger starke Späne nimmt. Auch auf der Drehbank benutzt man einen M. Ueber die meißelähnlichen Werkzeuge zur Bearbeitung des Holzes s. Stemmeisen.

Meißel, Konrad, s. Celtes.

Meißen, ehemalige deutsche Markgrafschaft, ward 928 von König Heinrich I. gegen die Sorben errichtet und umfaßte außer M. noch die Städte Lommatzsch, Rossen, Leisnig, Mügeln, Koldiz, Dresden, Bautzen und Kamenz. Als erster Markgraf wird Wiggert (Wigbert) um 968 genannt. Nach seinem Tode (985) verlieh Kaiser Otto III. die Markgrafschaft, um deren Bedeutung durch Verbindung derselben mit einem größeren Gebiet zu heben, dem südthüringischen Grafen Ekkard (Eckhard) I. Derselbe bekämpfte erfolgreich die Wilzen, Böhmen und Polen, begleitete Otto III. 996 nach Italien, erhielt reiche Schenkungen an Gütern von ihm, strebte aber nach dem Tode des Kaisers 1002 nach Machterweiterung und selbst nach der Kaiserkrone und ward in demselben Jahre erschlagen. Nachdem sein Geschlecht mit seinem zweiten Sohne, Ekkard II., erloschen, erhielt Wilhelm, Graf von Weimar, die Markgrafenwürde. Ihm folgte 1062 sein Bruder Otto, Graf von Orlamünde, und diesem 1067 Ekbert (Egbert) I., Graf von Braunschweig, dessen Sohn, Ekbert II., sich mit den Sachsen gegen Heinrich IV. verband, aber 1090 in einer Fehde gegen den Bischof von Hildesheim fiel. Der Kaiser belehnte nun den Grafen Thimo von Wettin mit M., der aber schon nach wenigen Tagen im Dienste des Kaisers sein Leben verlor, worauf ihm sein Sohn Heinrich der Aeltere von Eilenburg, Sohn des Markgrafen Dedo von der Lausitz, folgte. Diesem ward nach seinem Tode von seiner Gemahlin Gertrud 1103 ein Sohn, Heinrich der Jüngere, geboren, welcher sich im Besitz der Markgrafschaft behauptete, bis Kaiser Heinrich V. auf das Gerücht von Heinrichs Tode hin dieselbe dem Grafen Wiprecht von Groitzsch verlieh. Hierüber gerieth dieser mit Heinrichs nächstem Agnaten, dem Grafen Konrad dem Großen, dem Sohne des Markgrafen Thimo, in Fehde. Letzterer verband sich mit dem Herzog Lothar von Sachsen und ward durch dessen Beistand auf einer Versammlung zu Eilenburg als Markgraf von M. anerkannt. Zwar trat Heinrich, dessen eheliche Geburt in Zweifel gezogen ward, später wieder als Markgraf auf, nahm selbst Konrad gefangen, aber nach seinem kinderlosen Tode 1127 blieb Konrad im unbestrittenen Besitz der Markgrafschaft. Er brachte durch Erbschaft und andere Erwerbungen einen bedeutenden Länderbesitz in seine Hände, der sich aber nach seinem Tode (1157) in 5 Theile zersplitterte. Der älteste Sohn, Otto der Reiche, erhielt die meißnische Mark, die sich unter ihm durch die Entdeckung der Bergwerke zu Freiberg (1174) zu bedeutender Blüthe erhob. Durch die Veränderung der Erbfolge zu Gunsten seines jüngern Sohnes, Dietrichs, führte Otto jedoch eine Fehde mit seinem ältern Sohn, Albrecht, herbei, wobei die von demselben herbeigerufenen Böhmen das Land furcht bar verwüsteten. Erst 1197 gelangte Dietrich i den Besitz seines väterlichen Erbes. Nach seinem Tode (1221) folgte ihm sein Sohn Heinrich d Erlauchte, erst unter der Vormundschaft des Land grafen Ludwig IV. von Thüringen, dann unter de seiner Mutter Jutta, des Herzogs Albrecht vo Sachsen und des Herzogs Leopold VII. von Oester reich. Nachdem ihm 1247 durch den Tod des Land grafen Heinrich Raspe Thüringen zugefallen wa schmolz M. seit 1264 mit diesem Lande zusamme (s. Thüringen, Geschichte, vergl. Sachse Geschichte). Bei der Eintheilung des deutsche Reichs in die 10 Reichskreise wurde M. zum obe sächsischen Kreise geschlagen. Das Burggrafen thum M., zu welchem, außer einem Theile meißener Schlosses, die Schlösser Frauenstein, Ha tenstein, Rochsburg und eine Menge anderer ze streuten Besitzungen gehörten, war eins der wenig Burggrafenthümer, deren Inhaber sich zu höher Macht u. zu Erblichkeit erhoben. Als der erste Bur graf wurde 1011 Friedrich von Eilenburg aus de Hause Wettin eingesetzt. Zuletzt, und zwar s 1426, kam das Burggrafenthum an die Grafen Re zu Plauen, mit denen der Kurfürst Moritz 15 einen Vertrag schloß, in Folge dessen, als Heinri der Jüngere von Plauen 1572 ohne männlic Erben starb, das Burggrafenthum aufhörte. Ver Märcker, Das Burggrafenthum M., Leipzig 184 Das Bisthum M. ward 965 vom Kaiser Otto gegründet und dem Erzbisthum Magdeburg unt stellt. Die Bischöfe führten seit 1230 den Tit Princeps, übten einige landesherrliche Rechte au besaßen jedoch keine unmittelbare Reichsstandscha sondern standen unter den Markgrafen von M. a ihren Erbschutzherren und waren Landesbischö Erster Bischof war Burchard, Kaiser Otto's Ho kaplan. Seine Nachfolger machten sich nicht alle um die Christianisirung, sondern auch um die Kol nisirung des Landes verdient. Unter allen wur Benno der berühmteste. Der letzte Bischof, Joha von Haugwitz, mußte die Einführung der Refo mation gestatten und die alte bischöfliche Reside Stolpen dem Kurfürsten August überlassen und ve legte seinen Sitz nach Wurzen. Im Jahre 1 verzichtete er völlig auf das Bisthum u. trat in d Ehestand. Das Domkapitel aber willigte durch Ve gleich ein, daß der Administrator des Stifts ste aus dem sächsischen Kurhause gewählt werden soll Nachdem Johann von Haugwitz 1587 selbst zur pr testantischen Konfession übergetreten war, ging Administration des Domkapitels, das nun völlig de kursächsischen Land einverleibt wurde, an das Ku haus Sachsen über.

Meißen, Stadt im königlich sächsischen Krei direktionsbezirk Dresden, ehemals der Sitz d Markgrafen, Burggrafen und Bischöfe von Meiße gegenwärtig einer Amtshauptmannschaft, ein Domkapitels und eines Bezirksgerichts, liegt zwisch dem Flüßchen Meiße und dem Triebischbache, thei an Bergen, theils im Thale, am linken Ufer Elbe, über die hier eine 790 Fuß lange Brücke führ in schöner Gegend. Die Stadt hat ein alterthüm liches und im Innern der kleinen Plätze und enge unebenen Straßen wegen wenig freundliches A sehen, enthält aber mehre ausgezeichnete Bauwer Das berühmteste ist die Domkirche, ein Meisterstü altgothischer Baukunst, mit einem 160 (254) Fuß hohen Thurme mit Pyramide, von sehr zierlich durchbrochener Arbeit. Ihr erster Gründer soll Kaiser Otto I. gewesen sein; nachdem sie aber zu Anfang des 13. Jahrhunderts durch eine Feuersbrunst zerstört worden, begann Bischof Wittigo I. (1266—93) ihren Neubau, und Wittigo II. (1312 bis 1342) setzte das Werk fort. Die Fürstengruft am westlichen Haupteingang des Doms ward vom Kurfürsten Friedrich dem Streitbaren 1425 als Erbbegräbniß seines Stammes erbaut und enthält schöne Grabmonumente, worunter besonders das ihres Erbauers hervorzuheben ist. Außerdem hat der Dom ein schönes, figurenreiches Hauptportal, eine Kreuzabnahme vom jüngeren Cranach, eine Kapelle (Georgskapelle) mit dem schönen Grabdenkmal des Herzogs Georg des Bärtigen u. die alte Johanneskapelle von 1291 mit trefflichen Glas- und Oelgemälden. Vgl. Ebert, Der Dom zu M., Meiß. 1835. Das Domkapitel besteht aus 8 Kapitularen. Unter den übrigen Kirchen, deren M. mit Einschluß einer katholischen 8 zählt, sind noch die schöne Stadt- und Frauenkirche, die jetzt in einen Packhof verwandelte Franciskanerkirche und die Kirche des ehemaligen Klosters St. Afra nennenswerth. Vergl. Oertel, Das Münster der Augustiner Chorherren zu St. Afra in M., Leipzig 1843. Das neben der Domkirche stehende Schloß wurde von 1471—83 unter dem Kurfürsten Ernst und dem Herzog Albert in gothischem Styl gebaut, unter Johann Georg II. um die Mitte des 17. Jahrhunderts restaurirt und Albrechtsburg genannt, 1710 aber der Porzellanmanufaktur eingeräumt, seit welcher Zeit das Innere vielfach geändert worden ist (vergl. Puttrich, Das Schloß und der Dom zu M., Leipzig 1845). Andere sehenswerthe Gebäude sind das alte Rathhaus mit Glasmalereien und das Gewandhaus. Die Fürsten- und Landesschule zu St. Afra (Afranum) entstand aus der 1205 bei dem gleichnamigen Kloster gestifteten Klosterschule nach der Aufhebung derselben 1543 durch Kurfürst Moritz; sie hat 130 Alumnate, werthvolle Sammlungen und ein bedeutendes Einkommen. Der Afrafelsen, auf welchem die Schulgebäude stehen, ist durch einen einzigen Bogen von 42 Fuß Spannweite mit dem gegenüber liegenden Schloßberg verbunden. Die Stadt hat 9886 Einwohner. Unter den industriellen Anstalten M.s steht die Porzellanfabrik obenan. Im Jahre 1710 von Böttger [s. d. 1)] gegründet, ist sie die älteste in Europa, beschäftigt mehr als 400 Arbeiter und liefert ein vorzügliches Fabrikat. Sie soll in ein für sie errichtetes neues Gebäude im Triebischthale verlegt werden. Außerdem sind hier noch Spielkarten- und Tabaksfabriken, Zuckersiedereien, Bierbrauereien, Färbereien und Gerbereien ꝛc. in lebhaftem Betriebe. Auch geben die starke Durchfuhr, ansehnlicher Wein- und Obstbau, Weinhandel, Strom- und Landhandel und Schifffahrt dem Orte reichliche Nahrung. Früher war die Tuchmacherei beträchtlich, nicht minder der Bergbau. Durch Erbauung der leipzig-dresdener Eisenbahn verlor M. als ehemalige Hauptstation der leipzig-dresdener Chaussee bedeutend; neue Erwerbsquellen wurden ihr aber durch ein in der Nähe der Stadt 1835 errichtetes großes Eisenhüttenwerk u. eine Sicherheitszünderfabrik eröffnet. Eine Stunde entfernt von M. liegt das Buschbad, eine eisenhaltige Quelle mit Badehaus, jetzt Heilanstalt für Blödsinnige und Geistesschwache. Ferner sind in der Umgebung zu bemerken die Ruinen des Klosters Heiligenkreuz, das alte Schloß Siebeneichen mit großem Park, die alte Burgruine Scharfenberg und die im Styl des meißnischen Schlosses erbaute Huttenburg. M., eine der ältesten Städte Sachsens, wurde von Heinrich I. 922 als Kastell gegen die Wenden gegründet. Obgleich es wiederholt feindliche Anfälle zu erdulden hatte, so blühte es doch als Sitz der Markgrafen, der Burggrafen und der Bischöfe schnell empor. Im 15. Jahrhundert erlitt es von den Hussiten großen Schaden. Die Reformation wurde, abgesehen vom Domkapitel, 1539 eingeführt; 1548 fanden hier die Berathungen über das Interim Statt. Wie schon im schmalkaldischen Kriege (1547), so wurde M. auch im dreißigjährigen von den Kaiserlichen erobert, 1637 von den Schweden überrumpelt, ausgeplündert und zum Theil niedergebrannt. Im Jahre 1745 fiel die Stadt den Preußen in die Hände, und neue Drangsale erlitt sie im siebenjährigen Kriege. Am 13. März 1813 ließ der französische General Davoust, um die Kommunikation zu unterbrechen, die Elbbrücke abbrennen. Vergl. Reinhard, Die Stadt M., ihre Geschichte, Merkwürdigkeiten ꝛc., Meißen 1829; Rüling, Geschichte der Reformation zu M. ꝛc., das. 1839.

Meißen, Heinrich von, Meistersänger, s. Frauenlob.

Meißner, isolirte basaltische Bergmasse in der hessischen Provinz Niederhessen, Kreis Eschwege, bei Großalmerode, deren Haupthöhe sich als weithin sichtbarer Tafelberg 2438 Fuß hoch erhebt. An seinem nordöstlichen Fuße und längs des Kaufungerwaldes hin liegt ein Streifen der Zechstein- und Kohlenformation zu Tage.

Meißner, 1) August Gottlieb, deutscher Schriftsteller, den 3. November 1753 zu Bautzen geboren, studirte zu Leipzig und Wittenberg die Rechte und schöne Literatur und wirkte sodann seit 1785 als Professor der schönen Wissenschaften zu Prag und seit 1805 als Konsistorialrath und Direktor der höhern Lehranstalten zu Fulda, wo er am 20. Februar 1807 †. M.s Schriften, die sich durch Phantasie, gelungene Komposition und fließenden Styl auszeichnen und meist in vielen Auflagen und Uebersetzungen erschienen sind, bestehen in Schauspielen, z. B. „Johann von Schwaben" (Leipzig 1780), einer Reihe von historischen Romanen, z. B. „Alcibiades" (1781—88), „Bianca Capello" (1785, 31. Aufl. 1798) und „Epaminondas" (1798), die aber wegen moderner Beimischungen kein recht treues Bild der geschilderten Zeiten geben, und den „Skizzen" (Leipzig 1778—96, 14 Sammlungen). Mit dem Bibliothekar Kanzler war er Herausgeber einer „Quartalschrift für ältere und neuere Lektüre". M.s sämmtliche Werke sind herausgegeben von Kuffner (Wien 1813—14, 36 Bde.).

2) Alfred, deutscher Dichter, am 15. Oktober 1822 zu Teplitz geboren, Enkel des Vorigen, besuchte das Piaristengymnasium zu Schlackenwerth und studirte zu Prag Medicin, widmete sich dann aber ganz der poetischen Produktion. Nach wechselndem Aufenthalt zu Leipzig, Paris und Frankfurt lebt er seit 1850 wieder in Prag. In Paris schrieb er „Revolutionäre Studien aus Paris" (Frankfurt

1849, 2 Bde.). Er ist neben Moritz Hartmann der namhafteste Vertreter der böhmischen Freiheitspoesie. Schwungreicher und würdevoller als dieser, ist M. vorwiegend ein socialistischer Dichter mit modern-französischer Färbung. Sein Epos „Ziska“ (Leipzig 1846; 7. Aufl., das. 1857) zeigt einen großen Reichthum an lebendigen Schilderungen, läßt aber eine tiefere Charakteristik der epischen Gestalten vermissen. Auch in seinen „Gedichten“ (Leipzig 1845; 7. Aufl., das. 1857) ist die Form oft von hinreißendem Zauber. In dem „Sohn des Atta Troll“ (Leipzig 1850), einer sich zu sehr an ihr heine'sches Vorbild anlehnenden Dichtung, bekundet M. ein seltenes Talent für Humor und Ironie. Seine dramatischen Werke, unter denen die Tragödien „Das Weib des Urias“ (Leipzig 1851), „Reginald Armstrong, oder die Welt des Geldes“ (das. 1853) und „Der Prätendent von York“ (das. 1857) hervorzuheben sind, erscheinen seit 1860 gesammelt zu Leipzig. Auch eine Reihe zum Theil beifällig aufgenommener Romane, z. B. „Sansara“ (Leipzig 1858, 4 Bde.), hat er veröffentlicht.

Meißner Weine, obersächsische Weingewächse, die in den Elbgegenden von Meißen und Pirna gebaut werden. Es sind angenehme und leichte Sorten weißer und rother Weine, die zum Theil in Sachsen selbst verbraucht werden.

Meissonier, Jean Louis Erneste, namhafter französischer Maler, geboren um 1815 zu Lyon, lebt zu Paris als das Haupt einer eigenen Schule u. hat sich durch eine große Anzahl kleinerer Genrebilder in der Art der älteren niederländischen Meister bekannt gemacht. Mehre seiner Bilder gehören der Zeit Gustav Adolfs von Schweden an; die meisten aber sind dem Leben des Bürgerstandes der Mitte des 18. Jahrhunderts entnommen. Die Behandlung ist bei aller Zartheit breit, die Pinselführung sicher und markig, die Durchbildung vollendet. Hervorzuheben sind: der Leser, die Rauferei, der Cellist, die Schachpartie, 1860 in Paris ausgestellt. M. ist gegenwärtig im kaiserlichen Auftrag mit der Ausführung großer Bilder aus den Schlachten des letzten sardinisch-österreichischen Kriegs beschäftigt.

Meister, im gewöhnlichen heutigen Sprachgebrauch Einer, der ein Handwerk zunftmäßig betreibt und Gesellen und Lehrlinge zu halten berechtigt ist. Zur Erlangung des Meisterrechts gehört bei allen zünftigen Gewerben vornehmlich die Verfertigung eines Meisterstücks, dessen Tüchtigkeit von den M.n einer Zunft beurtheilt wird. Auch muß bei einem ordentlichen M. das Handwerk zunftmäßig erlernt sein. Die über das erworbene Meisterrecht ausgestellte schriftliche Urkunde heißt Meisterbrief. An der Spitze des zunftmäßigen Handwerks in einem Orte steht der Ober- oder Altmeister. Der in einer Zunft zuletzt M. Gewordene heißt Jungmeister (Meisterknecht). Gewöhnlich muß Der, welcher M. geworden ist, den andern M.n einen Schmaus (Meisteressen) geben und überdies noch eine bestimmte Geldsumme (Meistergeld) an die Zunft zahlen. In manchen Ländern, z. B. in Preußen, sowie in den vormals französischen Ländern am linken Rheinufer, wo der Zunftzwang schon früher beseitigt worden ist, konnten sich die Gesellen das Recht, als M. zu arbeiten und arbeiten zu lassen, von der Obrigkeit erkaufen (Patentmeister). Im weiteren Sinne bezeichnet man mit dem Worte M. einen mit einer Wissenschaft oder Kunst vollkommen Vertrauten und darin Ausgezeichnetes Leistenden.

In der Kunstgeschichte gebraucht man das Wort M. mit einem näher bezeichnenden Zusatz für diejenigen Künstler, besonders Formschneider und Kupferstecher, über deren Namen man im Unklaren ist. So versteht man unter den M.n des kölner Dombildes die bedeutendsten kölner Maler zu Ende des 14. und zu Anfang des 15. Jahrhunderts, namentlich Meister Wilhelm und Stephan, von denen der letztere neuerdings durch Marlo als Steffen Lothener festgestellt ist. Der M. von 1423 ist ein Formschneider von Bedeutung, von dem ein Holzschnitt vorhanden ist, welcher den heiligen Christoph darstellt. Das Orginal wurde 1669 im Kloster Burheim aufgefunden und befindet sich seit 1823 in England im Besitz des Lord Spencer. Der M. E. S. von 1466 (1464), für den Nagler den wahrscheinlichen Namen in dem Münchener Erhard Schön aufgefunden hat, war einer der ausgezeichnetsten Kupferstecher des 15. Jahrhunderts. Seine Blätter sind die ältesten Erzeugnisse der deutschen Chalkographie. Einige davon sind ausgezeichnet, von korrekter Zeichnung und zarter Behandlung. Der M. von 1480 ist ein Holländer, dessen Blätter in ihrer Art ausgezeichnet, aber sehr selten sind. Die Blätter des M. T. V. B., eines der ältesten deutschen Kupferstecher, von Einigen Franz von Bocholt genannt, gehören zu den namhaftesten Erzeugnissen der Kupferstechkunst im 15. Jahrhundert. Der M. mit den Bandrollen, so genannt, weil seine Blätter fast sämmtlich mit Bandrollen bezeichnet sind, worauf lateinische Sprüche stehen, ging der ältesten italienischen Periode (1452) voraus. Andere unbekannte M. sind: der M. B. R. mit dem Anker, M. mit der Heuschrecke, wahrscheinlich ein Deutscher, der M. mit dem Zirkel, der M. mit dem Krebs, der kölner Schule angehörig, der M. J. B. mit dem Vogel &c. Kleine M. nennt man die Kupferstecher, welche als Dürers Nachfolger ihre meist kleinen Kupferstiche bis in die kleinsten Details herab mit der größten Genauigkeit ausführten. Die Blätter des M.s mit dem Würfel werden dem berühmten Kupferstecher Beatrizet zugeschrieben, der um die Mitte des 16. Jahrhunderts blühte. Seine trefflichen Werke sind fast sämmtlich nach raphaelschen Werken ausgeführt und kommen dem Marc Anton sehr nahe.

Meister, 1) Leonhard, schweizerischer Schriftsteller, geboren am 12. November 1741 zu Neftenbach bei Zürich, erhielt seine Bildung in dieser Stadt, wurde nach einander 1773 Professor der Geschichte und Moral an der Kunstschule daselbst, 1791 Pfarrer an der dortigen St. Jakobskirche, 1798 Sekretär des helvetischen Vollziehungsausschusses zu Luzern, 1800 wieder Pfarrer zu Lagnau am Fuße des Albis u. später in Kappel im Kanton Zürich, wo er am 18. Oktober 1811 †. Aus seinen zahlreichen Schriften sind hervorzuheben: „Zur Geschichte der deutschen Sprache und Nationalliteratur“ (Bern 1777); „Beiträge zur Geschichte der deutschen Sprache und Nationalliteratur“ (Heidelberg 1780, 2 Bde.); „Hauptscenen der helvetischen Geschichte“ (Basel 1783—85, 2 Bde.); „Charakteristik deutscher Dichter“ (Zürich 1785—93, 3 Bde.); „Geschichte der deutschen Sprache und Schriftsteller des 15. und 16. Jahrhunderts" (Bern 1796, 2 Bde.); „Helvetische Geschichte" (St. Gallen 1801—3, 3 Bde.).

2) Simon, deutscher Maler, geboren zu Koblenz 1803, bildete sich in Paris unter Horace Vernet besonders in der Pferde- und Schlachtenmalerei aus und † 1844 zu Köln, wo er in der letzteren Zeit gelebt hatte. Seine schönsten Bilder sind: eine Löwenjagd, ein großes Bild des Kronprinzen (nachmaligen Königs Friedrich Wilhelm IV.) von Preußen zu Pferde, umgeben von seinem Stabe, mehre Scenen aus dem griechischen Befreiungskriege und die Schlacht bei Ligny. Fehlt auch nicht selten die Sorgfalt im Einzelnen, so zeigt dagegen die Auffassung im Ganzen viel Leben. Im Jahre 1840 schuf er mit seinem Bruder, Nikolaus M., das kolossale Panorama, welches den Rheinübergang des Generals Hoche bei Neuwied darstellt.

Meistergesang, die aus dem mittelalterlichen Minnegesang in Deutschland hervorgegangene Lyrik, welche im 14., 15. und 16. Jahrhundert, und zwar fast ausschließlich in den Kreisen des Handwerkerstandes eifrig gepflegt wurde. Die immer höher gesteigerte Künstlichkeit der Minnepoesie machte ein förmliches Erlernen ihrer formellen Regeln nothwendig, und als die höfischen und ritterlichen Kreise die Uebung der Dichtkunst aufgaben und diese mehr und mehr in der bürgerlichen Sphäre heimisch wurde, trat hier die handwerksmäßige Behandlung der Poesie, die regelrechte Verskünstelei in noch bei weitem höherem Maße ein als bei den letzten Vertretern der höfischen Minnedichtung. Anfangs bestand zwischen den Lehrenden und Lernenden eine Art freien Verhältnisses, die einzelnen Meister des Gesanges bildeten einzelne Schüler. Dann entstanden (wie z. B. um 1450 in Augsburg) geschlossene Gesellschaften, in denen die Dichtkunst in zünftiger Gesetzmäßigkeit geübt wurde, wenn auch nicht gerade erwiesen ist, daß die Meistersänger streng geschlossene Zünfte gebildet haben. Die Heimat des M.s ist die Gegend des Oberrheins. Es ging unter den Meistersängern die Sage von der Stiftung ihrer Genossenschaften durch Kaiser Otto den Großen. Auf 12 Dichter des 13. Jahrhunderts führten sie ihre Kunst zurück, unter denen wir Wolfram von Eschenbach, Konrad von Würzburg, Reinmar von Zweter, Klingsor, Osterdingen und Heinrich Frauenlob genannt finden. Historisch erscheint, daß der Letztgenannte im Anfang des 14. Jahrhunderts zu Mainz eine Dichtergenossenschaft gegründet hat, wie denn der mainzer Schmied Bartel Regenbogen, der Zeitgenosse Frauenlobs, schon als eigentlicher Meistersänger auftritt und uns in seinen auf fliegenden Blättern gedruckten Liedern die ältesten Denkmale des M.s hinterlassen hat. Im 14. Jahrhundert stand dieser in reichstem Flor zu Mainz, Straßburg, Colmar, Frankfurt, Würzburg, Zwickau, Prag; im 15. zu Augsburg und Nürnberg, das bei Lebzeiten des Hans Sachs über 250 Meistersänger aufzuweisen hatte; im 16. zu Regensburg, Ulm, München, in Steiermark und Mähren; Ausläufer des genossenschaftlichen Verbandes waren in Mitteldeutschland bis Magdeburg und ins Hessische, im Nordosten bis Danzig anzutreffen. Die Vereinigungen der „Liebhaber des deutschen M.s", wie sich die Genossen nannten, bildeten in sich festgegliederte Körperschaften, die in aufsteigender Linie die Stufen der Schüler, Schulfreunde, Sänger, Dichter und Meister umfaßten. Strengen Regeln unterlag die Kunst des Gesangs, eine Art Gesetzbuch, worin dieselben aufgestellt waren, hieß die Tabulatur. Das Lied selbst führte den Namen Bar, das Versmaß wurde Gebäude, die Melodie Ton oder Weise genannt. Zu den überlieferten Tönen älterer Sänger wurden fortwährend neue erfunden, und nur wer eine neue Weise erfunden und fehlerfrei vorgetragen hatte, erfreute sich der Ernennung zum Meister. Alle Meisterlieder wurden singend, jedoch ohne Musikbegleitung vorgetragen, daher die älteren Formen des Leiches und Spruches allmählig vor der sangbareren des Liedes schwanden. Die Uebungen hießen das „Schulesingen", sie fanden auf dem Rathhaus, an Sonntagen in der Kirche Statt, drei große „Festschulen" wurden zu Ostern, Pfingsten und Weihnachten abgehalten, hierbei aber nur biblische Stoffe gewählt, während bei minder feierlichen Gelegenheiten auch Gegenstände weltlicher Art, wohl auch in ehrbar scherzhafter Weise, hie und da in Dichterwettkämpfen, behandelt werden durften. Den Vorsitz der Schule hatte das sogenannte Gemerk, bestehend aus dem Büchsenmeister (Kassirer), Schlüsselmeister (Verwalter), Werkmeister und Kronmeister. In den festlich geschmückten Kirchen oder Rathhaussälen begann vor zahlreicher Zuhörerschaft das Schulesingen. Die Meister bestiegen der Reihe nach den Singestuhl, dem Singenden wurde von den drei Merkern scharf aufgepaßt, ob sie sich kein „Versingen", d. h. keinen Verstoß gegen die Regeln der Tabulatur, zu Schulden kommen ließen. Solche Fehler konnten begangen werden durch Abweichungen von der strengen Verslehre, durch sprachliche Inkorrektheiten (wobei die Bibelübersetzung Luthers maßgebendes Vorbild war), durch Verstöße gegen die hergebrachte Sitte 2c. Wer versungen hatte, mußte den Stuhl verlassen, während Derjenige, der „in der Kunst glatt war", von dem Kronmeister gekrönt wurde, wobei der erste Preis, der sogenannte Davidsgewinner, in einem silbernen Gehäng mit einer Schaumünze, auf der König David die Harfe spielend abgebildet war, der zweite Preis in einem Kranz von seidenen Blumen bestand. Beide Auszeichnungen wurden jedoch nur für den einen Tag des Schulesingens vertheilt. Zahllos waren die aus dreitheiligen Strophen gebildeten Töne, die zum Theil nach ihren Erfindern, zum Theil aber auch mit freigewählten, unglaublich wundersamen und meist überaus lächerlichen Namen bezeichnet wurden. So gab es: einen Marners Hofton, einen Hofton des Tannhäuser, den rothen Ton Peter Zwingers, den Blühtenton Frauenlobs, den abgeschiedenen Ton Lienhard Nunnenbecks, eine Hans Sachsens Spruchweis 2c., daneben eine Gestreiftsafranblümleinweis, eine Fettdachsweis, eine Vielfraßweis, Cliusposaunenweis, Offenehelmweis, geblümte Paradiesweis, Schwarztintenweis u. a. m. Es versteht sich von selbst, daß der M., seiner ganzen Entstehung und Uebung nach, nicht dazu angethan war, wirkliche Poesie ins Leben zu rufen. Schon daß die Erfindung neuer Töne und, was damit zusammenhing, neuer Strophenformen eine Hauptsache bei der Kunst des Meistersingens war, brachte Ueberkünstelung, mühseliges Reimezusammenschweißen, gänzliches Vorwalten formeller Handwerksmäßigkeit mit sich. Durchgängig ist den Meisterliedern lehrhaft hausbackenes Wesen eigenthümlich, Fabeln und Gleichnisse bieten sich als beliebteste Stoffe. Um neue Verse zu bilden, häufte man Vers auf Vers zu abenteuerlicher Unförmlichkeit der Strophengebäude, kurz ein ästhetischer Gehalt ist im M. so gut wie gar nicht vorhanden. Um so erfreulicher ist die kulturhistorische Seite dieser merkwürdigen Erscheinung der deutschen Geistesgeschichte. Ein Kind des kräftig aufblühenden Städtewesens, trägt der M. in seinen Uebungen und Erzeugnissen durchweg die Merkmale ehrsam bürgerlicher Tüchtigkeit, Sittenstrenge und frommer Anhänglichkeit an das von den Vätern Ueberlieferte. Mitten in einem sittlich versunkenen Zeitalter erhebt sich in ihm ein zwar poesieloses, künstlerisch dürftiges, aber von wackerstem, treuherzig biederem Sinne erfülltes Streben nach edlem geistigen Thun. Es ist dabei charakteristisch, daß die Pfleger des Meistersingens zumeist der neuen reformatorischen Kirchenlehre zugethan waren. Das geistige Leben des M.s hat sogar das Reformationszeitalter nicht überdauert, wenn auch einzelne Schulen ihre Thätigkeit still und treu bis tief ins 18. Jahrhundert und später fortgesetzt haben, wie denn z. B. in Ulm noch 1830 12 alte Singmeister vorhanden waren, von denen am 21. Oktober 1839 die 4 zuletzt Uebriggebliebenen den alten M. feierlich beschlossen und ihr Inventar dem ulmer Liederkranz vermacht haben. Unter den älteren Meistersingern galten für besonders kunstfertige: Heinrich von Müglin, Muskatblüth, Michael Behaim, Hans Rosenbluth, Hans Folz, Hans Sachs und Adam Buschmann. Von den in Handschriften überaus zahlreich vorhandenen Meistergesängen sind ihres geringen poetischen Werthes wegen nur wenige durch den Druck veröffentlicht. Von den älteren Schriften und Berichten über den M. sind hervorzuheben: Adam Puschmann, Gründlicher Bericht des deutschen M.s zusammt der Tabulatur 2c. (Görlitz 1571); Wagenseil, Buch von der Meistersinger holdseliger Kunst (Altdorf 1697). Vergl. Görres, Altdeutsche Volks- und Meisterlieder (Frankfurt 1817), und J. Grimm, Ueber den altdeutschen M. (Göttingen 1811).

Meisterkraut (Meisterwurz), Pflanzengattung, s. Imperatoria.

Meister vom Stuhl, s. Freimaurerei.

Mekiang (Mekhong, auch Kambodscha), einer der bedeutendsten Ströme Südasiens, soll seine Quellen im höchsten Tübet, in der Gegend des Tantlagebirgs, haben, durchströmt unter dem Namen Lan-thsang die chinesische Provinz Yünnan, in einem herrlichen Thale, und empfängt zahlreiche Gewässer aus den hohen Gebirgsländern. Er fließt weiter in südöstlicher Richtung durch das Gebiet der Laos, betritt nach Aufnahme eines großen Nebenflusses die Landschaft Kambodscha, die er ganz durchströmt, und fällt, ein umfangreiches Delta bildend, mit 3 Mündungsarmen unter 9° 34′ nördl. Br. in das südchinesische Meer. Mehre seiner Mündungen sind nur bei Hochwasser fahrbar. An vielen Stellen ist der M. sehr tief; an andern hemmen Felsen, Untiefen und Sandbänke die Schifffahrt. In Yünnan, wo blühende Städte an seinen Ufern liegen, ist er schiffbar; auch bei den Laos sind wichtige Dorfschaften an ihm gelegen, u. in Kambodscha wohnt fast die gesammte Bevölkerung an seinen Ufern. Der Alluvialboden seines Delta steht an
Umfang nur dem des Hoangho und Jantse-ki
nach. Der westlichste Mündungsarm des M.
det sich nach Nordwesten und mündet in ein gr
Seebecken, den Talesab, von etwa 150 QMe
in welches viele Gewässer zusammenfließen.
Länge des M. wird zu etwa 600 Meilen bered

Mekka, Stadt in Arabien, liegt in der Lands
Hedschas, am westlichen Ende einer öden, bauml
Thalschlucht zwischen kahlen Bergen, etwa 10
len von der Küste des rothen Meeres entfernt
hat gegen 40,000 Einwohner. Sie kann als
religiöse Hauptstadt der ganzen mohammed
schen Bevölkerung gelten, da sie das Ziel re
mäßiger Pilgerzüge aus allen Theilen des Ori
ist und zu Zeiten durch dieselben einen Zuwachs
100,000 Menschen und 50,000 Kameelen er
Die Stadt selbst besteht aus der Ober- und Un
stadt, welche von ausgedehnten Vorstädten, be
ders gegen Norden hin, umgeben sind, und hat
tere Straßen als die meisten Städte des Orients
steinerne, oft drei Stockwerke hohe und hauptsä
für den Aufenthalt der Pilger eingerichtete Hä
Drei Citadellen od. befestigte Thürme beschützen
Zugang zur Stadt. Der Ruhm von M. und
Hauptziel der mohammedanischen Pilgerschaare
die große Moschee, Beit-Allah oder Haus Go
auch el Haram (das Heiligthum) genannt. Ei
257 Schritte lang und 216 breit. Die nörd
Seite besteht aus einer vierfachen, die übrigen
dreifachen Säulenreihen, welche oben durch Bo
gewölbe verbunden sind, von denen je 4 eine kl
Kuppel tragen. Das Gebäude hat 152 so
Kuppeln, 19 Thore und 7 hohe Minarets. Die
sten der 20 Fuß hohen Säulen sind von gewöhnli
Steinen, nur einige von Marmor, Granit
Porphyr. Uebrigens ist diese Moschee nebst
Kaaba selbst im Laufe der Jahrhunderte so oft
stört, beschädigt, wieder aufgebaut und ausgebe
worden, daß man keine Spuren frühern A
thums mehr daran wahrnehmen kann. Von
Säulengängen ringsum führen 7 gepflasterte
nach der in der Mitte des Ganzen stehenden Kaa
dem alten Nationalheiligthum der Araber.
Kaaba ist ein längliches, massives Gebäude
Schritte lang, 14 breit und 35—40 hoch.
dem Glauben der Mohammedaner wurde sie z
von Adam, dann von Abraham erbaut; sowie
jetzt dasteht, ward sie 1672 erbaut, nachdem
Wasserfluth im Jahre vorher drei ihrer Seiten
geworfen hatte. Die einzige Thür, welche in
Innere führt und jährlich dreimal geöffnet wird
an der Nordseite und etwa 7 Fuß über der G
Sie ist ganz mit Silber überzogen und mit
goldeten Verzierungen versehen. Das Innere
Kaaba besteht aus einem einzigen Gemach, de
Decke von 2 Säulen getragen wird, und hat
anderes Licht als das durch die Thür einfalle
Die Decke und die Wände sind zum Theil mit rot
Seidenstoff bekleidet, zum Theil mit weißem Mar
ausgelegt und mit erhabenen Inschriften u. Ara
ken verziert. Der Fußboden ist mit verschiedensa
gem Marmor belegt, und zwischen den Säulen
eine Menge Lampen, Geschenke der Gläubigen, au
hängt, darunter viele von Gold. Die Kaaba birgt
berühmten schwarzen Stein, welcher nach
Glauben der Mohammedaner vom Himmel gef
men und dem Abraham durch den Engel Gab

als ein besonderes Zeichen der göttlichen Gnade überreicht worden sein soll. Er ist mit einer silbernen Einfassung versehen und durch die Küsse und Berührungen der Gläubigen wie abgescheuert. Auf der Westseite der Kaaba, etwa 2 Fuß unterhalb des Daches, ist das berühmte Myzab oder die Rinne, durch welche das Regenwasser vom Dache auf den Erdboden herabstürzt, etwa 4 Fuß lang und 6 Zoll breit und der Sage nach von reinem Golde. An der Oeffnung der Rinne hängt der sogenannte Bart des Myzab, ein vergoldeter Rand, über welchem das Wasser herabfließt. Von außen ist die Kaaba mit einem schwarzseidenen Stoff bekleidet, der Kisua heißt und jährlich zur Zeit der Wallfahrt oder des Hadsch erneuert wird. Unter den zahlreichen Gebäuden der Moschee für die religiöse Verehrung der Pilger sind zu erwähnen: der heilige Brunnen Zemzem, der Sage nach derselbe, den Jehovah auf das Gebet der Hagar in der Wüste entspringen ließ, und dessen Wasser für ein untrügliches Heilmittel gegen alle Krankheiten gilt, ferner der Makam Ibrahim oder die Stätte Abrahams und die Kobbateyns oder die Bibliothekräume, worin die von frommen Muselmännern der Moschee vermachten Bücher nebst den von Konstantinopel ihr geschenkten Uhren und Chronometern aufbewahrt werden. Ein Hauptgegenstand des Besuchs aller nach M. kommenden Pilger ist der Berg Arafat, ein etwa 3 Meilen von M. entfernter Granitfelsen, wo der Sage nach Adam nach langer Trennung die Eva wieder gefunden hat. Vom Arafat ziehen die Pilger in einem langsamen Marsche nach dem 1 Stunde entfernten Wady Muna, wo die Ceremonie des Steinwerfens nach dem Teufel verrichtet wird, weil man glaubt, daß hier Abraham von dem Teufel aufgehalten worden sei und ihn nur dadurch verjagt habe, daß er den Rath des ihn begleitenden Engels Gabriel befolgte und mit Steinen nach ihm warf. Trotz der Vorschrift des Korans, welche jedem Mohammedaner besiehlt, wenigstens Einmal eine Wallfahrt nach M. zu unternehmen, hat der Besuch der heiligen Stadt doch bedeutend abgenommen. Die Bewohner von M. sind größtentheils Fremde oder doch Nachkommen von Fremden. Der alte Stamm Koreisch ist beinahe erloschen. Ein Zweig der alten Araber, der in M. übrig geblieben, sind die eingebornen Scherifs, die ihren Stammbaum von Hassan und Hossein, den Söhnen der Fatime, der Tochter Mohammeds, ableiten und eine große Klasse bilden, die über viele Theile Arabiens verbreitet ist. Die Einwohner leben fast ausschließlich von dem Gewinn, den sie durch Vermiethen von Wohnungen 2c. an die Pilger und durch Handel mit denselben machen, sowie von den ihnen reichlich zufließenden Jahrgeldern und Geschenken. Einige Töpfereien und Färbereien und die Fabrikation von Rosenkränzen ausgenommen, haben sie keine Manufaktur. Der Handel aber ist beträchtlich, besonders während der Wallfahrt und einige Monate vorher, und zwar ist er in den Händen reicher Pilger, welche ihre Waaren, Produkte fast aller mohammedanischen Länder, entweder zur See, oder durch die Wüste von Syrien nach Dschidda bringen, um sie unter einander auszutauschen, oder von den Kaufleuten M.'s indische und arabische Waaren, welche diese das ganze Jahr hindurch in ihren Magazinen aufgehäuft haben, dagegen einzutauschen. Zu dieser Zeit wird M. einer der größten Märkte des Orients. Der Werth der Ausfuhr von M. übertrifft aber den der Einfuhr bedeutend. Außer zwei Karawanenstraßen nach Norden führt von M. aus eine Straße im Osten des Gebirges südwärts nach Jemen; eine Doppelkette nach Osten über Deraijeh zum persischen Golf nach el Chatif, zu beiden Seiten des Jmariehgebirges hin; zwei nach Nordosten direkt nach Bagdad u. Basra, endlich eine Straße nach Westen zu M.'s Hafenplatz, Dschidda. M. steht unter einem eigenen Scherif, welcher den größten Theil des Hedschas od. das „heilige Land" (Beled el Haram) mit den heiligen Städten M. u. Medina als Vasallenstaat des osmanischen Reichs inne hat. M. wird schon von Ptolemäus unter dem Namen Macoraba erwähnt. Vor der Zeit Mohammeds stand es unter der Herrschaft der Khosaiten u. dann unter der der Koreischiten. Ein Sprößling der letztern war Mohammed selbst, der um 570 hier geboren wurde und 622 von hier nach Medina fliehen mußte, von wo er aber 627 zurückkehrte und M. eroberte. Nach Mohammeds Tode ward die Stadt das Erbtheil seiner Nachkommen, deren Haupt unter dem Titel eines Großscherifs regierte. Im Jahre 930 eroberten die Karmathen M. und führten, um ihre Landsleute von den Wallfahrten nach M. abzuhalten, auch den schwarzen Stein mit sich fort; als sie jedoch diesen Zweck nicht erreichten, schickten sie ihn wieder zurück. Später nahmen die osmanischen Sultane den Titel als Beschützer der heiligen Städte M. und Medina an und ernannten den Großscherif aus der Mitte der Scherifs, doch war ihr Einfluß immer ein sehr beschränkter. Die Stadt wurde 1803 von den Wahabiten erobert, bald aber wieder von ihrer Herrschaft befreit und kam 1833 unter das Scepter Mehemed Ali's, Vicekönigs von Aegypten, dessen Sohn Ibrahim Pascha die Würde eines Scheikh el Haram von M. und der Umgegend erhielt. Doch entzogen sich 1840 die Scherifs wieder seiner Herrschaft. Die arabischen Chroniken der Stadt M. gibt Wüstenfeld (Leipzig 1858 ff.) heraus.

Mekkabalsam (**Opobalsamum verum, Balsamum de Mecca s. Gileadense**), Balsam, welcher von **Balsamodendron Gileadense** *Kth.*, einer in Arabien und Aegypten einheimischen Burseracee, gewonnen wird. Der freiwillig, oder aus Einschnitten ausfließende, dünnflüssige, trübe, blaßgelbe, wohlriechende Balsam kommt nicht in den europäischen Handel. Dagegen wird der durch Auskochen der Zweige mit Wasser gewonnene, dickflüssige, gelbliche, trübe, minder angenehm riechende Balsam, der sich allmählig verharzt, häufiger ausgeführt. Er enthält 10—30 Procent ätherisches Oel.

Meknas (Mekines), Stadt im Innern von Marokko, die Sommerresidenz des Sultans, mit dem Beinamen Ez Zeituna (d. h. Oel), nach der ungemein großen Menge von Oelbaumpflanzungen in der vom Betfluß durchzogenen, wohl bewässerten und außerordentlich fruchtbaren ebenen Umgebung, ist schön gebaut und von einer guten Ringmauer mit 15 ansehnlichen Thoren umgeben und zählt 15,000 Einwohner (nach Andern 55,000, wahrscheinlich nur in der Sommerszeit). Der sehr große Palast des Sultans ist von vielen prächtigen Gärten umgeben und zum Theil aus französischem und italienischem Marmor erbaut; er soll den kaiserlichen Schatz beherbergen. Südlich nahe der Stadt beginnt das große Gebirge, das sich vom Atlas her nach Nordwesten abzweigt und das von unabhängigen Berberstämmen bewohnt wird.

Mekonin (Opianaldehyd), stickstofffreier Körper, ein Bestandtheil des Opiums, wird erhalten, wenn man einen wässerigen Auszug des letztern mit Ammoniak fällt und filtrirt zum Sirup verdampft. Die nach 14 Tagen angeschossenen Krystalle werden abgepreßt, mit Alkohol extrahirt u. die aus letzterem neu angeschossenen Krystalle aus Wasser u. unter Zusatz von Thierkohle umkrystallisirt. Das M. bildet weiße Prismen, die anfangs nicht, später sehr scharf schmecken, sich leicht in Alkohol und Aether, in 18,5 kochendem und 265 Theilen kaltem Wasser lösen, bei 90° schmelzen und bei 275° destilliren. Beim Verdampfen mit Schwefelsäure färbt sich die Lösung des M.s grün und gibt dann beim Verdünnen mit Wasser braune Flocken. Kali löst das M. leicht, Ammoniak nicht. Mit Salpetersäure bildet das M. Nitromekonin.

Mekonsäure, stickstofffreier Körper, ein Bestandtheil des Opiums, wird erhalten, wenn man einen wässerigen Auszug desselben mit Marmor behandelt, filtrirt, zum Sirup verdampft und mit Chlorcalcium kocht. Der sich abscheidende mekonsaure Kalk wird in heißer verdünnter Salzsäure gelöst und das krystallisirende saure Salz wiederholt mit Salzsäure behandelt. Die letzten Krystalle löst man in Ammoniak, läßt krystallisiren und zersetzt das Salz mit Salzsäure. Die M. bildet Blättchen, schmeckt sauer und adstringirend, löst sich ziemlich leicht in Weingeist und kochendem Wasser, verliert bei 120° Krystallwasser und zerfällt bei 200° in Kohlensäure und Komensäure. Dieselbe Zersetzung erleidet die Lösung der M. beim Kochen mit Säuren. Salpetersäure gibt mit M. Oxalsäure und Blausäure. Kalilauge gibt Oxalsäure u. Kohlensäure, mit Jodäthyl entsteht Kohlensäure und Aethylkomensäure. Die geringsten Spuren M. geben mit Eisenoxydsalzen eine rothe Färbung, welche nicht durch schwache Säuren, dagegen durch unterchlorigsaure Salze verschwindet. Goldchlorid zerstört diese Farbe nicht (Unterschied von der Rhodanreaktion). Die M. ist dreibasisch, aus ihren Salzen wird durch Essigsäure keine M. gefällt, Eisenchlorid färbt die Salze roth.

Mektebs (türk.), Armenschulen; daher Mektubdschy-Efendi, Minister des Unterrichts.

Mel (lat.), Honig; M. rosciduum, Manna.

Mela, Pomponius, römischer Geograph, Sohn des Rhetors Seneca, nach Andern Enkel des Philosophen Seneca, schrieb wahrscheinlich unter dem Kaiser Claudius (41—54 n. Chr.) unter dem Titel „De situ orbis" ein geographisches Kompendium in 3 Büchern, nach mein guten Quellen, mit Ausscheibung vieler mythischen Nachrichten, am besten von Tzschucke (Leipzig 1807, 7 Bde.) und in einer Handausgabe von Weichert (das. 1816) herausgegeben u. von Dietze (Gießen 1774) ins Deutsche übersetzt.

Melac, Graf von, französischer General, trat früh in französische Militärdienste u. wurde 1689 Maréchal de camp. Als solcher von Ludwig XIV. mit der Verwüstung der Pfalz beauftragt, ließ er Mannheim, Heidelberg und viele andere Städte niederbrennen. Als Kommandant von Landau vertheidigte er diese Festung zwar tapfer gegen den Markgrafen von Baden, mußte sie aber endlich doch 1702 übergeben. Zum Grafen und Generallieutenant ernannt, blieb 1709 er in der Schlacht bei Malplaquet.

Melaleuca *L.* (Kajeputbaum), Pflanzengattung aus der Familie der Myrtaceen, charakterisirt durch den rundlichen, 5spaltigen Kelch, die 5blättrige Blumenkrone mit vielen Staubfäden in 5 Bündeln, den fadenförmigen Griffel, die 3fächerige, oben klaffende Kapsel mit zahlreichen eckigen Samen, große Sträucher und Bäume in Südasien und Australien, meist voll von wohlriechendem ätherischen Oel. Die bekannteste Art ist M. minor *Sm.*, M. Cajeputi *Roxb.*, M. Leucodendron *Lam.*, ein Baum auf den Molukken und auf Malabar, in der Landessprache Caju Puti, weißer Baum, genannt, mit elliptisch-lanzettlichen, wechselständigen, 3—5 Zoll langen Blättern, an den Seiten der Zweige und in den Blattwinkeln stehenden weißen, geruchlosen Blüthen und Aehren, aus deren Spitze ein beblätterter Zweig hervorwächst, um welchen herum später die Früchte stehen, u. 3lappigen, 3fächerigen, 3klappigen Fruchtkapseln mit zahlreichen keilförmigen Samen, 20—30 Fuß hoch, oft nur strauchartig, auf steinigem Boden in der Nähe der Meeresküste wachsend. Blätter u. Früchte sind wohlriechend, und der ganze Baum ist der Myrte sehr ähnlich. Blätter, Früchte u. Holz sind nutzbar. Aus den Blättern wird das Kajeputöl (s. d.) destillirt. Die Früchte, Fructus s. Semen Cajeputi, kommen unter dem Namen Bollong in kleinen Kistchen von Borneo aus in den Handel; man bereitet daraus ein magenstärkendes Getränk. Das Holz ist sehr hart, spaltet sich aber leicht und nimmt keine gute Politur an. M. Leucadendron *L.*, Weißbaum, ist ein schöner, 50—60 Fuß hoher Baum in Ostindien, mit unten schwarzem, oben weißem Stamm und weißen Aesten, den man sonst fälschlich für die Stammpflanze des Kajeputöls hielt. M. genistaefolia *Smith*, weißer Theebaum, ist ein Baum in Neusüdwales, wo die Blätter statt des chinesischen Thee's getrunken werden. Alle Arten der Gattung zeichnen sich durch ihren schönen gefälligen Wuchs aus und sind eine Zierde der Gewächshäuser.

Melam (Mellam), stickstoffhaltige chemische Verbindung, entsteht bei trockener Destillation von Rhodanammonium und wird durch Auflösen in nicht zu starker kochender Kalilauge gereinigt, aus welcher es sich beim Erkalten abscheidet. Es bildet ein weißes, körniges, nicht krystallinisches Pulver, ist in Wasser, Alkohol und Aether unlöslich, gibt beim Kochen mit starker Kalilauge Melamin und Ammelin und mit Vitriolöl und starker Salpetersäure Ammoniak und Ammelid. Melamin bildet große farblose Oktaëder, die luftbeständig sind, beim Erhitzen schmelzen und später in Ammoniak und Mellon zerfallen. Es löst sich leicht in kochendem Wasser, nicht in Alkohol und Aether und schmeckt schwach bitter. Mit Säuren bildet es Salze, treibt aus Ammoniaksalzen die Base aus und verbindet sich wie der Harnstoff auch mit Salzen. Bei längerem Kochen mit Salpetersäure zerfällt das Melamin in Ammoniak und Ammelin, nachher in Ammelid und endlich in Cyanursäure. Das Ammelin ist unlöslich in Wasser, Alkohol und Aether, gibt mit Vitriolöl Ammoniak und Ammelid, ist eine schwache Basis, löst sich nicht in Essigsäure und löst Ammoniaksalze nicht, bildet mit Säuren Salze, die durch Wasser theilweise zerlegt werden. Das Ammelid wird durch Mineralsäuren gelöst, aber den Verbindungen mit diesen wird durch Wasser oder Weingeist sämmtliche Säure entzogen. Durch Schmelzen mit Kalihydrat gibt Ammelid und Ammelin Ammoniak und cyansaures Kali.

Melampus, in der griechischen Mythe Sohn des Amythaon und der Idomene oder Aglaia, Bruder des Bias, war als Seher und Arzt berühmt. Ein Paar Schlangen, welche er aufgezogen, leckten ihm einst, während er schlief, die Ohren, und in Folge dessen verstand er fortan die Stimmen der Vögel, die ihm Zukünftiges vorhersagten. Durch seine Gemahlin, Iphianassa, Tochter des Königs Probus von Argos, erhielt er ein Dritttheil dieses Königreichs. Seine Söhne waren Antipathes und Mantius. Nach Herodot erscheint er als Gründer des Dionysusdienstes in Griechenland. Zu Aegosthena in Megaris hatte er ein Heiligthum.

Melampyrit, zuckerartiger Körper, der sich in einigen Scrophularineen und besonders in Melampyrum nemorosum findet, wird erhalten, wenn man den wässerigen Auszug des Krauts mit Kalkmilch alkalisch macht, aufkocht, filtrirt und mit Salzsäure ansäuert. Die beim Verdampfen anschießenden Krystalle werden umkrystallisirt. Der M. ist weniger süß als Milchzucker, löst sich leicht in heißem Wasser, sehr schwer in Alkohol, nicht in Aether und Benzin. Er schmilzt bei 186° ohne Gewichtsverlust und krystallisirt aus Wasser unverändert, bei 280° bräunt er sich. Er dreht die Ebene des polarisirten Lichts nicht, wird durch Metallsalze nicht gefällt, gährt mit Hefe nicht, wird durch Kali nicht gebräunt und durch Kochen mit verdünnter Schwefelsäure nicht verändert. Salpetersäure gibt in der Kälte ein Substitut, beim Kochen Schleimsäure und Oxalsäure. Mit Alkalien und alkalischen Erden bildet der M. lösliche Verbindungen.

Melampyrum *L.* (Wachtelweizen, Kuhweizen), Pflanzengattung aus der Familie der Rhinanthaceen, charakterisirt durch den 4spaltigen Kelch, die zusammengedrückte, am Rande zurückgeschlagene Oberlippe der Korolle und die schiefe, 2fächerige, 2klappige, zugespitzte Kapsel mit 2, selten 4 länglichen und höckerigen Samen, einjährige Kräuter in Europa mit schmalen Blättern und einseitigen Blüthenähren. M. arvense *L.*, Ackerwachtelweizen, Ackerbrand, 1—1½ Fuß hoch, mit ei-lanzettförmigen, zugespitzten, glatten, fast stiellosen Blättern und oben und unten purpurrothen, am Schlunde oberseits weißlichen, unterseits gelben Blüthen in langen, lockeren Endähren mit rothen, eiförmigen, lanzettlich zugespitzten, pfriemlich gezähnten, unterseits punktirten Deckblättern, wächst häufig durch ganz Süd- und Mitteldeutschland als Unkraut zwischen dem Getreide u. auf Brachfeldern, besonders auf Kalk- und Lehmboden und kommt in Norddeutschland hier und da in den Gärten als Zierpflanze vor. Kommen die Samen unter das Getreide, so wird das Brod bläulich u. bitter, jedoch unschädlich; die Aehren geben eine blaue, mit Lauge eine purpurrothe Farbe. M. pratense *L.*, gelber Wiesenbrand, mit wagrecht abstehenden, gelben oder bisweilen weißen Aehren, findet sich häufig in Wäldern und auf Heiden durch ganz Deutschland. M. nemorosum *L.*, 1 Fuß hoch, mit ei-lanzettförmigen, langgespitzten, kurzstieligen Blättern und goldgelben Blüthen in einseitigen Aehren, die neben den azurblauen oder violetten, oder auch weißlichen Deckblättern, welche am Ende einen Schopf bilden, ein schönes Ansehen gewähren, in den Wäldern Thüringens, Sachsens und Böhmens, ist in Norddeutschland Zierpflanze.

Melanämie (v. Griech., schwarzes Blut), eigenthümlicher und erst in neuerer Zeit genauer erforschter Krankheitszustand, bei welchem schwarze Farbstoffmoleküle in größerer oder geringerer Menge im Innern der Blutgefäße vorkommen. Da die M. stets nur nach vorausgegangenen schweren Wechselfiebern auftritt, so hält man das Malariagift, welches die Ursache des Wechselfiebers ist, auch für die Ursache der M. Im Verlauf der Wechselfieber treten nämlich Blutüberfüllungen und Blutstockungen in der Milz ein, bei welcher Gelegenheit der Farbstoff der rothen Blutkörperchen aus diesen heraustritt und sich in der For eines schwarzen körnigen Pigments niederschlägt. Dieses Pigment aber gelangt in die Milzvene und damit in die allgemeine Cirkulation des Bluts im ganzen Körper. Die Farbstoffmoleküle, welche also aus dem Blutfarbstoff hervorgegangen sind, sind mikroskopisch klein, rundlich oder eckig, schwarz, seltener braun od. röthlich. Sie liegen entweder einzeln, oder mehre derselben bilden, von einer fibrinähnlichen Substanz umgeben, größere Klumpen und Schollen von rundlicher oder unregelmäßiger Gestalt. Neben diesen freien Farbstoffkörnchen kommen in geringerer Menge auch pigmentirte Zellen vor, welche theils farblosen Blutkörperchen, theils den Epithelzellen der feinsten Milzvenen gleichen. Außer im Blute selbst und in der Milz findet sich das schwarze Pigment vorzugsweise noch in der Leber, in der grauen Gehirnsubstanz, in den Nieren und Lungen. Es bewirkt eine eigenthümliche schwarze Färbung dieser Organe, sowie ein fast aschgraues Aussehen der Haut. Während fast alle Autoren das Pigment in der Milz, in seltenen Fällen auch in der Leber entstehen lassen, sind nach Heschls neuesten Untersuchungen die Hauptbildungsstätten des Farbstoffs in schweren Fällen von M. die Haargefäße des Gehirns und Rückenmarks, in leichteren nur jene der Leber und Milz. Das Pigment kommt nach Heschl weder durch Stockung des Bluts, noch durch Blutaustritte, sondern durch spontane Ausscheidung des Blutroths aus den Körperchen des Bluts zu Stande. Diese Disposition des Blutroths, die Körperchen zu verlassen, ist eben die Wirkung des Malariagiftes. Das Blutroth wird an die Gefäßwände mitgetheilt und ist daselbst anfangs als röthliche, später als braunschwarze Substanz zu finden, während die ihres Blutroths nicht völlig beraubten Körperchen noch weiter mit dem übrigen Blute fortcirkuliren. Sehr viele Fälle von M. veranlassen keine nachweisbare Störung in den Funktionen der mit Pigment überladenen Organe. Es sterben aber auch Kranke oft schnell unter schweren Gehirnerscheinungen, und man findet bei der Sektion die Zeichen der M., namentlich eine Anhäufung von Pigment in den Gehirngefäßen oder gleichzeitig kleine Blutextravasate im Gehirn. Es ist demnach sehr wahrscheinlich, daß die Verstopfung der Gehirngefäße mit Pigment, und zwar mit oder ohne Zerreißung der Kapillargefäßwände, den Gehirnerscheinungen bei schweren Malariaerkrankungen zu Grunde liegt. Diese Gehirnsymptome bestehen theils in heftigen Kopfschmerzen und Schwindel, theils in Delirien, Konvulsionen, hauptsächlich aber in vollständiger Bewußtlosigkeit. Indessen lassen sich manche Bedenken dagegen erheben, daß jene Symptome von der Verstopfung der Gehirnkapillaren abhängen sollen. Es ist sehr wohl auch möglich, daß die Blutvergiftung durch die Malaria bei bösartigen Wechselfiebern neben einer Pigmentanhäufung in den Gehirngefäßen und unabhängig von derselben Gehirnstörungen hervorrufe. Man hat bei M. auch Störungen der Harnsekretion beobachtet: zuweilen war die Harnabscheidung gänzlich unterdrückt, in andern Fällen trat Eiweißharnen oder Blutharnen auf. Wovon diese Erscheinungen abhängen, ist nicht genügend erklärt. Endlich kommen bei der M. erschöpfende Darmblutungen, sehr reichliche Diarrhöe, akute Bauchwassersucht und kleine Blutextravasate unter dem Bauchfell vor, ohne daß man diese Symptome zu deuten weiß. Die M. ist an sich nicht zu kuriren; man muß sie verhüten, indem man das Individuum vor schweren Wechselfiebern schützt oder letztere entsprechend behandelt. In frischen Fällen von M. ist die Darreichung von Eisenpräparaten und eine kräftigende Diät nöthig, weil der massenhafte Untergang von rothen Blutkörperchen neben der M. eine bleichsüchtige Beschaffenheit des Bluts, eine Blutverarmung, bewirkt. Da viele Symptome der M. intermittirend auftreten, so hat man dagegen Chinin gegeben und in der That häufig die Symptome dabei sich bessern oder aussetzen sehen.

Melancholie (v. Griech.), bei den ältesten griechischen Aerzten, Hippocrates und Galen, theils überhaupt alle der schwarzen Galle zugeschriebenen Krankheitszustände, theils insbesondere die aus derselben Ursache hergeleiteten psychischen Krankheiten, jetzt im gewöhnlichen Leben jede niedergedrückte Gemüthsstimmung, welche z. B. durch einen traurigen Vorfall herbeigeführt wird, in der neueren Medicin eine Seelenkrankheit, die in dem Verharren in einer derartigen trüben Stimmung besteht. Blick und Mienen des Melancholischen sind traurig, leidend, ängstlich, kläglich, scheu oder verdrießlich, mürrisch und finster. Alle körperlichen Bewegungen geschehen langsam, stockend und haben den Charakter der Zaghaftigkeit, Niedergeschlagenheit und Unentschlossenheit. Der Kranke ist geneigt, Stunden und Tage lang vor sich hinbrütend zu beharren, ist stets mehr oder weniger eigensinnig, störrisch u. hartnäckig und widerstrebt jeder Aufforderung, aus sich herauszugehen und sich mit andern als den eigenen Gefühlen und Ideen zu beschäftigen. Das Wesentliche dieser krankhaften Gemüthszustände besteht in krankhafter Herabstimmung des Selbstgefühls und Mangel an Selbstvertrauen, wovon Muthlosigkeit und Unschlüssigkeit, Geringschätzung des eigenen Werths und der eigenen Kräfte, Unzufriedenheit mit sich und der Welt die nothwendigen Folgen sind. Dies deprimirte Selbstgefühl ist meist verbunden mit dem Gefühl eines körperlichen und geistigen Unwohlseins u. Uebelbefindens, wobei nach Art der Hypochondrie jedes krankhafte oder schmerzhafte Gefühl übermäßig beachtet und übertrieben vorgestellt wird. Der Melancholische zieht sich gern in die Einsamkeit zurück, ist in der Regel wortkarg und zurückhaltend, ja verstummt wohl völlig. Aus der Gemüthsverstimmung entspringt zunächst eine analoge Depression der Verstandesthätigkeit, welche sich durch eine langsamere, einförmigere Ideenassociation, durch ein zögerndes, zweifelhaftes Urtheil und durch ein unentschiedenes Aussprechen desselben ankündigt. Die krankhafte Richtung der Aufmerksamkeit auf sich selbst, die Beschränkung der Ideen auf die eigene Person und die persönlichen Verhältnisse, die Beziehung und Vergleichung alles Andern mit sich sind wesentliche Züge der M. Zu diesen symptomatischen Affektionen des Verstandes gesellt sich in den höheren Graden des Uebels fast immer eine idiopathische Störung desselben, welche als Verworrenheit oder Verkehrtheit der Ideen, oder als ein Gemisch von beiden erscheint. Im Anfang pflegt die fixe Idee dem Kranken selbst als von außen sich aufdringend zu erscheinen, so daß er ihre Verkehrtheit und Ungereimtheit selbst zu erkennen im Stande ist. Später befestigt sich aber dieselbe so sehr und wird so vorherrschend, daß keine andern Gedanken neben ihr aufkommen können. Am auffallendsten offenbart sich die allgemeine Passivität des Melancholischen durch seine Unthätigkeit, Arbeitsunfähigkeit und Abneigung gegen jede ernste Beschäftigung. Bei Allem, was er thun will oder soll, erblickt er unüberwindliche Schwierigkeiten, und die kleinsten Hindernisse erscheinen ihm als unübersteigliche Schranken. Dies kann so weit gehen, daß der Kranke sich nicht zu den unbedeutendsten Dingen entschließen kann, zum Aufstehen, Ankleiden, Ausgehen, Essen ꝛc. Höhere Grade der M. sind entweder mit völliger Unthätigkeit, die sich bis zu gänzlicher Starrheit und Unbeweglichkeit steigern kann, und mit der hartnäckigsten Widerspenstigkeit verbunden, oder mit der steten Wiederholung besonderer verkehrter Handlungen, welche zum Theil durch bestimmte Ideenkombinationen und fixen Wahn, zum Theil durch einen blinden Trieb bedingt und veranlaßt werden. Durchgehends aber sind die Bestrebungen des Kranken negativer Art, indem der Melancholische nicht etwas zu bewirken und zu erreichen sucht, sondern etwas zu vermeiden und drohenden Gefahren zu entgehen bemüht ist. Gewaltthätige Handlungen, die in den höheren Graden der M. mitunter vorkommen, geschehen nur in Folge von Angst und Verzweiflung und sind nicht gegen Andere, sondern gegen die eigene Person gerichtet. Obgleich die M. mit keiner bestimmten körperlichen Krankheit nothwendig verbunden ist, so wird sie doch häufig von leiblichem Unwohlsein begleitet, welche theils Vorgänger und Ursachen, theils Folgen und Wirkungen der M. sind. Die am häufigsten vorkommenden körperlichen Krankheitserscheinungen sind träge und unvollkommene Cirkulation des Bluts, Herzklopfen und Beklemmung, erschwerte, unvollständige Respiration, verbunden mit einem Gefühl von Beklemmung der Brust, Unterleibsbeschwerden mancherlei Art, insbesondere die Symptome der sogenannten Unterleibsstockungen, Hämorrhoidalleiden ꝛc., Reizbarkeit der Geschlechtsorgane und erhöhter Geschlechtstrieb, oft unterdrückte oder zu sparsame u. unregelmäßige Menstruation, zuweilen plötzliches und auffallendes Magerwerden, aber auch Zunahme des körperlichen Umfanges, erhöhte Sensibilität, so daß alle äußeren Einwirkungen einen verhältnißmäßig starken, sehr leicht unangenehmen Eindruck machen, Sinnestäuschungen und Hallucinationen, besonders eingebildetes Vernehmen von Tönen und Stimmen, die

Kranken keine Ruhe lassen, ihn verspotten, ver-
ien/2c. Obwohl die geistige und moralische Ent-
feiung des Menschen durch die M. gehemmt und
gehoben wird, so findet doch während derselben
Rückschreiten und keine moralische Verschlechte-
ıg Statt. Sobald die Genesung erfolgt, ist der
nsch geistig und moralisch sogleich wieder derselbe,
er früher war, alle Fehler und Schwächen sind
einmal verschwunden, u. die scheinbar erloschene
itigkeit ist sofort in ihrer früheren Integrität
der hergestellt. Die M. ist gewöhnlich eine chro-
he Krankheit und dauert Monate und Jahre
g, ohne an eine bestimmte Zeit gebunden zu sein.
nn sie keinen hohen Grad erreicht, so kann sie
ge fortdauern, ohne die leibliche Gesundheit
entlich zu beeinträchtigen. Höhere Grade der-
en, Verzweiflung, Starrsinn, Lebensüberdruß,
ren bei längerer Fortdauer eine Erschöpfung der
ifte, besonders des Nervensystems, und einen
rlichen Ausgang herbei, wenn weder Genesung,
ein Uebergang in eine andere Krankheitsform
olgt. Die Genesung erfolgt meist unter allmäh-
Abnahme der Krankheitserscheinungen. Nei-
ıg zu Recidiven bleibt oft zurück. Selten geht
M. in Blödsinn über, weit häufiger in perma-
ıte fixe Ideen, so daß der passive Wahn als Resi-
ım der Krankheit lebenslänglich fortdauert, wäh-
d die übrigen Symptome der M. verschwinden.
: entsteht häufiger in reiferem Alter als in der
gend, und melancholisches Temperament, erbliche
lage, Schwangerschaft, Unterleibskrankheiten, Un-
nung in der Verdauung und daher fehlerhafte
ıtbereitung, sitzende Lebensweise, Mangel an
ung der körperlichen Kräfte und anhaltend ein-
kende deprimirende Gemüthsaffekte disponiren zu
Was die Behandlung der M. betrifft, so
ß man zunächst alle fortwirkenden, psychischen
ınkheitsursachen beseitigen, was aber in der Regel
möglich ist ohne gleichzeitige Entfernung des
ınken aus den gewohnten Verhältnissen und Um-
ungen. In vielen Fällen ist Ruhe und Einsam-
für den Kranken Bedürfniß und wirkt äußerst
hlthätig; allein man darf ihn auch derselben
ht zu lange überlassen und muß ihn oft mit Ge-
lt daraus herausreißen. Wichtig ist es aber, daß
Kranke nur mit solchen Personen zusammen
nme, die sich auf eine zweckmäßige und überein-
nmende Weise gegen ihn benehmen. In diäteti-
r Hinsicht ist besonders für gehörige Leibesöffnung
sorgen, Ueberfüllung des Magens, namentlich
Genuß von schwerverdaulichen und blähenden
eisen zu vermeiden. Wein ist selten zu empfehlen,
ffee hingegen scheint bei Melancholischen auf eigen-
ımliche Weise belebend und beruhigend zu wirken
d ist nur bei Vollblütigkeit oder Geneigtheit zu
allungen und Herzklopfen zu verbieten. Fleißige
perliche Bewegung im Freien ist in der Regel
thwendig und zur Beruhigung und Beförderung
Schlafs in vielen Fällen der Gebrauch von
rmen Bädern sehr zweckmäßig. Im Allgemeinen
rken auch körperliche Arbeiten, besonders im Freien,
mehrfacher Beziehung heilsam. Dann richte sich
Kur unmittelbar auf die Beseitigung der vor-
ıdenen Reizung des Gehirns, entweder direkt
rch beruhigende Mittel, oder indirekt durch Ablei-
ng auf die Haut oder den Darmkanal und das
nglionsystem. In demselben Maße, in welchem die Besserung fortschreitet und das Interesse für äußerliche Dinge zurückkehrt, muß man den Kranken wieder in Verkehr mit Anderen treten, an Gesellschaften und Zerstreuungen Theil nehmen lassen, jedoch nicht ohne dabei die nöthige Vorsicht zu beobachten. Manchmal ist eine stärkende Nachkur erforderlich, noch öfter eine Badekur, besonders der Gebrauch von Seebädern. Eine ruhige, einfache Lebensweise, angemessene Beschäftigung und hinreichende körperliche Bewegung sind am geeignetsten, Rückfälle zu verhüten und die physische Gesundheit zu erhalten und zu befestigen. Vgl. Pohl, Die M. nach dem neuesten Standpunkt der Physiologie, Prag 1852.

Melancholisches Temperament, s. Temperamente.

Melanchthon (Melanthon, gräcisirter Name für Schwarzerd), Philipp, Luthers Kampfgenosse, der Lehrer Deutschlands (praeceptor Germaniae), ward am 16. Februar 1497 zu Bretten in der Rheinpfalz geboren, wo sein Vater, Georg Schwarzerd, ein tüchtiger Waffenschmied, auch Rüstmeister des Pfalzgrafen, sich mit der Tochter des Amtmanns Johannes Reuther vermählt hatte. Von seinem Großvater mütterlicher Seite erhielt der schwächliche Knabe Pflege während der häufigen Abwesenheit des Vaters an fürstlichen Höfen und Banketten und ward dem Unterricht des Johannes Unger übergeben, der ihn mit Strenge zur Grammatik anhielt, aber sonst sich in ein sehr inniges, von M. stets dankbar anerkanntes Verhältniß zu seinem Schüler zu setzen wußte. Im Jahre 1507 verlor M. in Einer Woche erst den Großvater und dann den Vater, der ihn noch auf dem Sterbebette auf den großen Umschwung der Zeit hingewiesen und zur Gottesfurcht u. Unerschrockenheit ermahnt hatte. Er kam darauf nach Pforzheim in das Haus seiner Großmutter, einer Schwester Reuchlins. Dieser fand an dem begabten und unter G. Simmlers Anleitung im Griechischen rasch fortschreitenden Knaben großes Gefallen, vertirte des kleinen Gelehrten Familiennamen scherzweise ins Griechische und schenkte ihm einen kleinen Doktorhut, wofür sich M. durch Einübung u. Aufführung einer griechischen Tragödie mit seinen Kommilitonen dankbar zeigte. Im Alter von 12 Jahren bezog er die Universität Heidelberg. Von den Vorträgen derselben jedoch unbefriedigt, beschäftigte er sich mit den alten Dichtern und erwarb sich nach 2 Jahren das Baccalaureat. Als ein Lehrer von ihm plötzlich erkrankte, bat er M., seine Stunden fortzusetzen. Weinend vor Furcht begann derselbe u. zu Aller Befriedigung endete er. Aus dem Unterricht, den er den Söhnen des Grafen von Löwenstein ertheilte, gingen schon damals die Grundlinien seiner griechischen Grammatik hervor. Da man ihm aber wegen seiner Jugend die Magisterwürde vorenthielt, wandte er sich gekränkt 1512 nach Tübingen und schloß sich an Heinrich Bebel an, der die Jugend in die klassischen Studien einführte u. so während des Kampfs zwischen Nominalismus u. Realismus den Humanitätswissenschaften eine Bahn brach. Nach Erlangung der Magisterwürde las M. hier über Virgil u. Terenz und trat, als Bebel 1516 starb, als Lehrer der Rhetorik ein. Oecolampadius, mit welchem er damals den Hesiod las, veranlaßte ihn zur Herausgabe seiner griechischen Grammatik. Das Erscheinen der Dialektik des Agricola interessirte ihn aber alsbald so sehr, daß er sich mit dem Dialektiker Stadian zur Herausgabe der sämmtlichen Werke des Aristoteles vereinigte. Neben diesen linguistischen Studien beschäftigte er sich auch mit Theologie, Jurisprudenz, Medicin, theils um seine sprachlichen Kenntnisse zu erweitern, theils um sich eine reichere allgemeine Bildung anzueignen. Tief berührte ihn Reuchlins Kampf mit den Dominikanern. Zum eingehenden Studium der Bibel veranlaßte ihn aber erst die erasmische Ausgabe des Neuen Testaments. Erasmus schon rühmte an dem kaum zwanzigjährigen M. gründliche Kenntniß der klassischen Sprachen, Scharfsinn des Beweises, Zierlichkeit des Ausdrucks, umfassende Belesenheit und eine außerordentliche Feinheit des Geistes. Die großen Erwartungen, die man von ihm hegte, gingen auch bald in Erfüllung. Bald ward ihm sein Wirkungskreis in Tübingen zu enge, und Reuchlin vermittelte seine Uebersiedlung nach Wittenberg, wo ihm eine ihm zusagendere Geistesrichtung entgegenkam als in Ingolstadt, wohin man ihn ebenfalls berufen hatte Sein unentwickelter Körperbau und seine Schüchternheit bei seiner Antrittsrede ließen nicht viel erwarten; aber als er im Verlauf der Rede immer rühriger und kräftiger, immer fesselnder und überzeugender sprach, ward Alles für ihn gewonnen. Seine Hauptaufgabe, die er sich gestellt, durch die Lektüre des Neuen Testaments in der Ursprache zur Erkenntniß der Heilswahrheit mitzuwirken, fand den Beifall der Universitätslehrer, und Luther selbst saß bald unter seinen Schülern. Beide Männer fühlten, was sie einander werden sollten. M.s reiches Wissen wurde für Luther eine werthe Fundgrube, die er frei, vorzüglich bei der Uebertragung der Bibel ins Deutsche, benutzen durfte. Luthers feste Haltung und tiefsinnige Auffassung der Rechtfertigungslehre befriedigten „Meister Philipp", wie man ihn nannte, ausnehmend. Enger und inniger wurde der Anschluß Beider aneinander durch die Disputation zu Leipzig. Zwar spielte hier M. nur die Rolle eines bescheidenen Rathgebers, und Eck konnte den gefährlichen Gegner mit groben Angriffen auf den schüchternen Mann sich vom Leibe halten, allein im Fortgange des Streits trat M., während Luther seine kräftigen Schläge gegen die Feinde führte, mit einer feinen Schrift über die Auslegung der Bibel hervor, wonach nicht die Kirchenväter, sondern letztere selbst Grund und Maß ihrer Erklärung sein sollte. An Fleiß und Eifer in ihrem Beruf sich überbietend, erkannte Jeder neidlos die Vorzüge des Anderen an, und es bildete sich eine ebenso innige Freundschaft zwischen ihnen, als ein klares Verständniß ihres Werthes für einander. Erst Luthers Abwesenheit von Wittenberg 1519 nöthigte M. zu biblischen Vorlesungen. Die Frucht derselben waren die berühmten „Loci communes rerum theologicarum (1521), die erste protestantische Dogmatik. Hier faßte M. die Ergebnisse des ganzen Kampfes mit der Kirche in wissenschaftlicher Form zusammen. Selbst in streng katholischen Kreisen schwand vor dieser klaren und ruhigen Beleuchtung der Streitfragen manches ungünstige Vorurtheil über die neue Lehre. Während der bilderstürmischen Bewegung trat M. zum Schutze der Sache Luthers auf. Doch zeigte er den zwickauer Schwärmern gegenüber eine zu große Nachgiebigkeit. Erst Luthers Einschreiten bewahrte ihn vor den Konsequenzen seiner Gedanken. Es hängt aber diese Nachgiebigkeit viel weniger mit einer Charakterschwäche M.s zusammen als mit seiner gleich anfänglich freieren Auffassung der Streitpunkte und seiner konciliatorischen Natur. Die Kindertaufe, die Einrichtung des Gottesdienstes ꝛc. waren ihm Probleme der Wissenschaft, nicht Objekte des Glaubens, oder fielen als Adiaphora in die freie Bestimmung des Einzelnen oder unter die Entscheidung des Kirchenregiments. Entschieden, weil ihm hier die Wahrheit der Schrift u. das Recht der Humanität gekränkt erschien, trat er dagegen für die Ehe der Geistlichen auf. Er hatte sich schon 1521 mit der Tochter des Bürgermeisters Krapp verheirathet und Freud' und Leid des Ehestandes kennen gelernt. Schon die Zeitereignisse brachten für ihn viel Unruhe in den Anfang seines Hausstandes, vornehmlich der Bauernkrieg u. der Tod Friedrichs des Weisen. Bei seiner schmalen Besoldung mußte er ein Pensionat errichten und eine Hausschule halten, aus welcher dann die Lehrer für die neuen Schulen hervorgingen, wie Trotzendorf u. a. Sein reichbegabtes Söhnlein Georg starb frühzeitig, und noch schwereren Kummer als dessen Tod bereitete ihm später die Ehe seiner Tochter Anna mit dem eiteln Sabinus. Nur wenig Rast gönnte sich der arbeitsame Mann. Oft stieß er mit der Linken die Wiege, während die rechte Hand den Folianten hielt, worin er studirte. Früh um 2 Uhr begann er mit Gebet den Tag, der in die strengste Ordnung gefaßt war. Nur Einmal gönnte er sich eine Erholungsreise in seine Heimat. Gern ruhte er aber im Kreise der Seinen von seinen Geschäftsreisen aus, die er fast Jahr um Jahr zu Reichstagen, Religionsgesprächen, Synoden ꝛc. unternehmen mußte. Dann suchte er seinen Lieblingszeitvertreib hervor und sagte aus den Lineamenten der Hand wahr oder disputirte mit Luther über den Weltuntergang oder über Astrologie. Hier konnten sie hart aneinander gerathen; in andern Punkten mußte M. aber zurückhaltender sein. Luther konnte sich zwar, wiewohl er die schon 1527 hervorgetretene Differenz zwischen sich und M. in der Lehre vom Abendmahl kannte, doch mit ihm einig fühlen. Aber nicht so die Anhänger Luthers. Sie sahen in dem ersten Hervortreten des Differenzpunktes alsbald einen Verrath M.s an der evangelischen Sache. Ihr Mißtrauen und die Kundgebungen desselben wuchsen, als auch die Freunde Roms dem gefeierten Manne Aussichten der schmeichelhaftesten Art eröffneten. Trotz seiner Mißstimmung über das Verfahren Johanns des Beständigen, der ihm zu entschieden auftrat und durch den Abschluß des torgauer Bündnisses die Gefahr eines Kriegs heraufbeschwor, blieb M. dem sächsischen Lande treu. Er richtete wohl das Gymnasium in Nürnberg ein und hielt die Weihrede, aber die ihm so zusagende Stelle eines Rektors lehnte er ab. Und in Sachsen erwartete ihn neue Arbeit, denn für die bevorstehende Kirchenvisitation hatte er die Artikel aufzusetzen. Nach diesem friedlichen Werk geleitete er den Kurfürsten nach Speyer. Die Protestation der evangelischen Fürsten war sein Werk und ebenso die Vereitelung der Intrigue, durch welche man jetzt schon die deutsche und schweizerische Auffassung der Abendmahlslehre zur Handhabe machen wollte, um die Macht der Evangelischen durch eine Theilung ihrer Partei zu schwächen. Nur zu sehr überzeugt, wie wenig durch Disputationen in Sachen der Religion

Einigung erzielt werde, widersetzte sich M. mit
Macht dem von Philipp von Hessen auf die
gebrachten Religionsgespräch über das Abend-
, und der Ausgang der Verhandlungen zu
burg rechtfertigte seine Befürchtung. Seine
lbarste Thätigkeit entfaltete er aber auf dem
stag zu Augsburg. Wie man über die Sym-
denken mag: die augsburgische Konfession
die Apologie sind M.s unsterbliche Werke.
rs Aeußerungen über dieselben und das, was
überhaupt in Augsburg erreichte, sind versich-
useinander zu halten. Er nennt wohl die Apo-
eine „Leisetreterin", aber er steht nicht an, dem
pp das Prädikat eines „Bekenners des Glau-
' zu geben und seine Arbeit ein heiliges Werk
nnen. Es hängt das zusammen mit dem Aus-
Luthers über ihrer Beider Verhältniß: „Ich
er grobe Waldrechter, er aber höfelt". Mit
nürnberger Religionsfrieden trat eine ruhigere
für M. ein. Es riefen ihn zwar Polen und
temberg, Frankreich und England an, aber die
ge aus den ersteren Landen widerstanden seinem
lib, u. zur Reise nach den letzteren verweigerte
der Kurfürst den Urlaub. Die Pest trieb ihn
von Wittenberg fort, aber er durfte doch in
die versprengte Heerde sammeln und konnte
st seine Hauptwerke überarbeiten. Da legte
die wittenberger Concordia (s. Reforma-
) den Grund zu neuem Mühsal für M., und
em Tage zu Schmalkalden fürchtete er Luther
rlieren. Nach dessen Erkrankung und Abreise
ßte M. den männlichen Abschied als entschie-
ntwort auf des Papstes Anmaßungen. Die
einiger auf der Reise in seine Heimat 1536
uten Kreise gethanen Aeußerungen über Pri-
hte u. die Rechtfertigung, worüber sich ein ihn
genber Streit angesponnen, die Arbeiten für
eue Aussöhnung der Evangelischen mit Rom
ankfurt, die Einführung der Reformation in
ändern des mit Tode abgegangenen Georg von
sen und endlich die Alteration über die Dop-
: des Landgrafen Philipp von Hessen hatten
s seine Kräfte so erschöpft, daß er sein Testa-
machte, ehe er im Auftrage des Kurfürsten zu
Gespräch in Hagenau reiste. In Weimar brach
fürchtete Krankheit 1540 hervor. Da war es
r, der, herbeigeeilt, ihn durch sein Gebet aus
Melancholie herausriß und dem Leben wieder-
Es schien der Geist des nur langsam ge-
den Mannes wunderbar aufzuleben. Männ-
rat er dem Landgrafen, als derselbe seine Dop-
bekannt werden ließ, entgegen u. durchbrach auf
wormser Religionsgespräch u. auf dem Reichs-
zu Regensburg furchtlos die Intriguen und
leichsvorschläge Roms. Aber die Anstrengun-
rohten von Neuem seine Kräfte zu verzehren.
l 1544 in eine ähnliche Krankheit wie früher.
erhob, als er kurz vor dem Ausbruch des
lkaldischen Kriegs wieder nach Regensburg ge-
werden sollte, Luther seine Stimme und bat
schonung des theuern Mannes, „denn die halbe
ersität würde, wenn er stürbe, durch seinen Ab-
abgehn". Wenige Wochen später hielt M.
um ihn besorgten Freunde die Leichenrede. Es
vornehmlich M.s Verdienst gewesen, daß auch
erdüsterte und verbitterte Luther dem milden
besonnenen Freunde bei der wieder im Streite
über das Abendmahl stärker hervorgetretenen Verstimmung doch zuletzt im Andenken an ihre bewährte Freundschaft die Hand bot und der Friede zwischen Beiden erhalten blieb. Wie Luther es früher gewünscht, trat er dessen Erbe an. Das ganze Ansehen, das Luther genossen, ging auf ihn über, aber es war nicht ausreichend, um den Haß der Eiferer für Luthers Ruhm und Namen im Zaum zu halten. Bis zu seinem Tode verfolgte ihn die Wuth der Theologen. Sein äußeres Leben wurde dadurch ein sehr bewegtes. Der Krieg trieb ihn aus dem theuern Wittenberg weg und er hielt sich eine Zeitlang in Magdeburg auf, bis ihn die ernestinischen Fürsten nach Jena zogen, um dort die Universität zu errichten. Dann, als seine Weigerung, das Interim zu unterzeichnen, den Zorn des Kaisers erweckte, so daß dieser seine Auslieferung verlangte, kehrte er, in die Dienste des Kurfürsten Moritz getreten, nach Wittenberg zurück und arbeitete das leipziger Interim aus, wodurch er sich maßlose Angriffe von Flacius zuzog, sich einen Synergisten gescholten und in den adiaphoristischen Streit verwickelt sah. Der Streit war nur der Ausbruch der Eifersucht der beiden Universitäten Jena u. Wittenberg. Dem großen Gegensatz zu den zelotischen Lutheranern entstammten die immer weiter gehenden Versuche M.s, alle Härten im Ausdruck der Bekenntnißschriften weg zu schleifen, um dadurch die Grundlage für die Unterhandlungen auf dem Koncil zu Trient zu gewinnen, wohin er schon abgereist war, als der Umschlag in der Politik des Kurfürsten ihn zurückrief. Bald darauf brach der Streit über das Abendmahl von Neuem und heftiger als je aus. Da sich M. in der Abendmahlslehre Calvin genähert hatte, galt er geradezu für einen verkappten Calvinisten. Um die Anschuldigungen gegen ihn niederzuschlagen, wurde 1554 der Konvent zu Naumburg gehalten, wo seine Rechtgläubigkeit einen glänzenden Sieg erfocht. Man sah, daß er den Gedanken einer wahren Union, der über dem Abendmahlsbegriff verloren ging, in sich trug, und noch durfte man hoffen, daß, wenn der Lärm des Streits nun verstummen würde, dieser Gedanke sich einen entsprechenden Ausdruck geben werde. Allein es zeigte sich 1557, daß diese Hoffnungen Täuschungen waren. M.s Gegner dachten an keine Versöhnung. Krank und angegriffen kam er von seiner Reise nach Worms in sein vereinsamtes Haus zurück. Während seiner Abwesenheit war ihm seine Frau gestorben. In Heidelberg schon empfing er die Trauerkunde und sprach ergeben: „Ich werde ihr bald nachfolgen". Ihr Tod scheint auch das Hauswesen zerstört zu haben, so daß die Noth nicht fern war. Der Herzog Albrecht von Preußen wollte ihn deswegen durch ein Geschenk unterstützen. Ehe es aber ankam, † M., den 19. April 1560. Seine Leiche wurde neben der Luthers beigesetzt. Seine Bildsäule in Wittenberg wurde den 25. Juni 1865 enthüllt. Es überlebten ihn zwei Kinder, ein Sohn, Philipp, der 1603 als Konsistorialsekretär starb, von des Vaters großen Gaben aber nur seine Milde geerbt hatte, und eine Tochter, Magdalena, die Gemahlin Peucers, gestorben 1567. Die dem Sabinus vermählte Tochter war dem Vater geistig am ähnlichsten, den Aeltern aber schon 1547 im Tode vorausgegangen. Lange verhinderte die vorwiegend orthodox kirchliche Richtung eine gerechte Würdigung der Stellung M.s zu dem Reformationswerke. Aner-

kannt und unangefochten blieb aber seine Wirksamkeit als Gelehrter, u. seine verschiedenen Lehrbücher über Rhetorik und Philosophie wurden nur sehr allmählig aus den Schulen verdrängt. Seine Werke erschienen in einer Gesammtausgabe zuerst Basel 1541, 5 Bde. Vollständiger ist die von seinem Schwiegersohn Peucer besorgte Ausgabe, Wittenberg 1562—64. Eine dem Verdienste M.s würdige Sammlung gibt das „Corpus reformatorum" von Bretschneider. M.s Biographie schrieb sein Freund Camerarius, Leipzig 1566. Einen Versuch einer Charakteristik M.s als Theologen schrieb Galle, Halle 1840. Thile („M. im Dienste der Schrift", 1860) zeigt M.s Theilnahme und Verdienste um die Verdeutschung der Schrift. Vergl. auch Matthes, M., sein Leben und Wirken aus den Quellen dargestellt (Altenburg 1841), und Ledderhose, M. nach seinem äußeren u. inneren Leben (Heidelberg 1847). Die dreihundertjährige Gedächtnißfeier seines Todes 1860 veranlaßte eine Reihe volksthümlicher Darstellungen, von Heppe, Knauth, Plank, Wohlfarth 2c. Ein Verzeichniß seiner Schriften gab Rotermund, Bremen 1814. Das sehr verbreitete Porträt M.s ist nach einem Gemälde von Lucas Cranach gestochen worden.

Melander, Peter, s. Holzapfel.

Melanesien, bei einigen neuern Geographen das große Inselgebiet in Australien, das Neuguinea mit den Papuas- und Salomonsinseln, Neuirland, Neubritannien, Mallicolo 2c. umfaßt.

Melanilin, stickstoffhaltige chemische Verbindung, entsteht, wenn man Chlorcyan in ätherische Anilinlösung leitet und das gebildete salzsaure Anilin und Cyananilid in weingeistiger Lösung erhitzt. Das M. entsteht auch, wenn man reines Anilin mit Chlorcyan behandelt, doch darf kein Wasser zugegen sein. Man löst das rohe Produkt in Wasser, fällt das M. mit Kali und krystallisirt es aus Weingeist um. Es bildet geruchlose Blättchen, die sich an der Luft röthen und bitter schmecken, bei 150—170° Ammoniak und Anilin entwickeln, in fast allen Lösungsmitteln leicht löslich sind und mit den meisten Säuren neutrale, krystallisirbare, farblose Salze bilden. In dem M. können mehre Atome Wasserstoff gegen Chlor, Brom und Untersalpetersäure ausgetauscht werden, und alle diese Substitute sind ebenso viele neue Basen.

Melanin, schwarzes thierisches Pigment, wie es sich in der Haut des Negers, im Auge, in den Pigmentirungen der Lungen und Bronchialdrüsen Erwachsener, in der Dinte der Sepien, in den melanotischen Geschwülsten und Ablagerungen, in den Schleimhäuten nach Katarrhen 2c. findet. Wahrscheinlich sind alle diese Pigmente nicht identisch, doch hat die Darstellung einer reinen Substanz bis jetzt so viel Schwierigkeiten geboten, daß hierüber nichts fest steht. Gewöhnlich ist das schwarze Pigment unlöslich in den meisten Lösungsmitteln, namentlich auch in Kali; dagegen wird es doch zuweilen durch längere Digestion mit verdünntem Kaligeist und aus der Lösung durch Salzsäure gefällt. Es ist unschmelzbar und gibt eine eisenoxydreiche Asche. Es widersteht dem Chlor ganz ungewöhnlich stark und wird auch von Salpetersäure nur langsam verändert.

Melanippe, 1) in der griechischen Mythe Tochter des Centauren Chiron, floh, von Aeolus entehrt, in das Gebirge des Pelion und flehte, um von ihrem Vater nicht erkannt zu werden, um Verwandlung in ein Pferd. Artemis gewährte ihr die Bitte und versetzte sie in dieser Gestalt unter die Gestirne.

2) Tochter des Aeolus, nach Andern des Desmontes, gebar von Neptun zwei Söhne, den Böotus und Aeolus II. Ihr Vater blendete sie deshalb und sperrte sie in einen Thurm, ihre Kinder aber ließ er den wilden Thieren vorwerfen. Eine Kuh säugte sie jedoch, und Hirten zogen sie auf. Herangewachsen befreiten dieselben ihre Mutter, die nun von Neptun auch das Gesicht wieder erhielt u. Gemahlin des Königs Metapontus von Ikarien wurde.

Melanoma (griech., Pigmentgeschwulst), nach Virchow gewisse, sehr selten vorkommende Art von Geschwülsten, welche den Sarkomen nahe stehen, aber ausschließlich aus Zellen zusammengesetzt sind, die mit schwarzem Pigment ganz und gar erfüllt sind. Das M. erscheint daher als schwarzer, knotenförmiger Körper vom kleinsten Volumen bis zur Größe einer Erbse, ist fest und trocken. Man hat es bisher nur in der Spinnwebenhaut, welche das Gehirn und Rückenmark umgibt, ferner am Auge und an der äußeren Haut beobachtet. Das M. muß als Hyperplasie (übermäßige Bildung) von Pigmentzellen aufgefaßt werden, denn aller Orten, wo es vorkommt, sind normaler Weise Pigmentzellen, aber in relativ geringer Anzahl vorhanden. Hört aber der hyperplastische Charakter der Pigmentgeschwulst auf und wird dieselbe bösartig, so hat man es mit einem Melanosarkom od. mit einem Pigmentkrebs zu thun. Vgl. Virchow, Die krankhaften Geschwülste, Berlin 1864, 2. Bd.

Melanorrhöa *Wall.* (Korbspille), Pflanzengattung aus der Familie der Terebinthaceen, charakterisirt durch den 5blätterigen, mützenförmigen Kelch, die 5blätterige Korolle mit 5 kurzen Staubgefäßen und die einfächerige, lederige Pflaumenfrucht in der vergrößerten Blume mit einem Samen, große Bäume in Indien mit klebrigem, schwarzwerdendem Safte, einfachen Blättern und großen braunen Rispen. M. usitatissima *Wall.* bildet mit Shorea robusta und Tectona grandis große Wälder. Das Holz dient zum Bauen, der Saft liefert einen guten, in den Handel kommenden Firniß.

Melanose (v. Griech.), der gemeinschaftliche Ausdruck für die abnorme schwarze Färbung gewisser Organe und Gewebe im menschlichen Körper. Der Begriff der M. ist außerordentlich dehnbar u. daher nicht scharf zu begrenzen. Im Allgemeinen besteht die M. darin, daß ein schwarzer, feinkörniger Farbstoff, welcher in allen Fällen ein Abkömmling des Blutfarbstoffs ist, in irgend einem Organ oder Gewebe in normwidriger Menge abgelagert wird, gleichviel, ob das melanotische Gewebe ein pathologisch neugebildetes od. im normalen Körper vorkommendes ist. In diesem Sinne gibt es eine M. des Blutes, die sogenannte Melanämie (s. d.); eine M. der Lungen, welche sich bis zur Pigmentinduration derselben steigern kann (s. Lungenverhärtung); eine M. der Haut, welche theils fleckweise (als melasma maculosum), theils und zwar sehr selten über den ganzen Körper verbreitet (melasma universale. nigrities) vorkommt. Die Haut ist im letztern Fall glatt, ohne Abschilferung. Am häufigsten tritt die gleichmäßige schwarze Färbung der Haut an den unteren Extremitäten und im Gesicht auf, besonders bei alten und schwächlichen Personen. Nach lange andauerndem innerlichen Gebrauch von salpetersaurem Silber bekommt die Haut ein schwärzliches, bronzefarbiges oder graubleiches Aussehen. Uebrigens unterscheidet man eine gutartige und eine bösartige M. der äußeren Haut. Die gutartige M. stellt größere oder kleinere, dunkel gefärbte Hautanschwellungen vor, wobei das Pigment nicht bloß in den Zellen der malpighi'schen Schleimschicht der Haut, sondern auch in der Lederhaut abgelagert ist. Die bösartige M. ist ein pigmentirter Krebs (Pigmentkrebs, melanotischer Krebs). Letzterer unterscheidet sich von den gewöhnlichen Krebsgeschwülsten durch seine graue, braune bis tiefschwarze Färbung der Oberfläche und Schnittfläche, sowie durch den ebenso gefärbten Saft, welchen er gibt. Die melanotischen Krebse sind meist weiche Markschwämme, seltener Faserkrebse, sehr selten Epithelialkrebse. Ihr primärer Sitz ist am häufigsten der Augapfel und die äußere vorher normale Haut, oder Hautmäler und die Exstirpationsnarben solcher. Die sekundären Krebse sind meist sehr zahlreich und bisweilen über fast alle Körpertheile verbreitet, besonders über die Lymphdrüsen, Leber, Lunge, Knochen und seröse Häute. In manchen Fällen äußerer Krebse waren die zuerst operirten von gewöhnlicher weißer Farbe, jeder der später operirten hatte eine dunklere Färbung. Die mikroskopische Untersuchung des melanotischen Krebses zeigt neben verschieden zahlreichen ungefärbten Krebszellen andere mit braunen oder schwarzen Farbstoffkörnchen erfüllte Zellen. Häufig sind die meisten Zellen zerfallen, so daß nur freies Pigment sichtbar ist. Das Stroma ist meist gefäßreich, bald farblos, bald in verschiedenem Grade pigmentirt. Die melanotischen Krebse gehören zu denen, welche am schnellsten verlaufen, also am bösartigsten sind.

Melanthus, in der griechischen Mythe Sohn des Neleus u. der Periclymene, flüchtete, von den Herakliden aus Messina vertrieben, nach Athen und ward hier, nachdem er im Wettkampf mit Xanthus wegen der Oenoe gesiegt hatte, König.

Melaphyr (schwarzer Porphyr, Trapp u. Trappporphyr zum Theil, mit Einschluß von Mandelstein zum Theil, Spilit, Glimmerporphyr, Minette), ein massiges Silikatgestein von äußerst feinkörnigem, fast dicht erscheinendem Gefüge und feiner Grundmasse, ärmer oder reicher an krystallinischen Ausscheidungen von einem 1= und 1gliederigen oder plagioklastischen Feldspath, von dem es nicht sicher ist, ob er in allen Fällen zum Oligoklas gehört. In manchen dahin gehörigen Gesteinen finden sich auch häufige Ausscheidungen von dunklem Magnesiaglimmer in nicht selten deutlichen sechsseitigen Tafeln (Glimmerporphyr, Minette). Nicht selten ist das Gestein blasig, die Blasen verherrschend von Kalk= und Braunspath, Achaten, Bergkrystall und Amethyst erfüllt oder ausgekleidet, von grünem Delessit umhüllt, aber selten Zeolithe, am häufigsten Prehnit führend (Mandelstein zum Theil, häufig auch der weiße Spilitkalkmandelstein). Der M. ist von schwarzen und grünlichschwarzen Farben wie Basalt (Basaltit), aber schon durch das geringere specifische Gewicht, das nur 2,65—2,75 beträgt, von diesem unterschieden. Die Grundmasse ist auch roth und braun (Porphyrit zum Theil), von höchstens Feldspathhärte, aber dabei von großer Zähigkeit. Vor dem Löthrohr ist er zu grünem oder schwarzem Glas schmelzbar. Die hierher gerechneten Gesteine enthalten 55½—62 Procent Kieselerde, im Mandelstein bis 49 Proc. zurückgehend, 10½—19 Proc. Thonerde, 3,9—14 Eisenoxydul u. Eisenoxyd, 2—10½ Kalkerde, 0,5—6,0 Bittererde, 1,3—3,7 Kali, 2—7 Natron und 1—2,75 Wasser, Chlor= u. Fluorgehalt. Manche M.e sind auch magnetisch. Aus den Analysen hat man auf eine Zusammensetzung des Gesteins aus Oligoklas und Augit mit einem geringen Kieselerdegehalt geschlossen, doch ist der Augit noch nirgends mineralogisch nachgewiesen, wie im ächten Augitporphyr (Fassathal), welchen L. von Buch mit dem M. zusammenstellte. Vom ähnlichen Porphyrit G. Rose's unterscheidet er sich durch den Mangel des neben dem Oligoklas in demselben auftretenden Orthoklases, oder, wo dieser fehlt, wie im schönen antiken rothen Porphyr aus Oberägypten, durch den geringeren Kieselerdegehalt, der im Porphyrit bis 64 Proc. steigt. Auch der Oligoklasporphyr u. Labradorporphyr Norwegens, zu welch letzterem auch der prachtvolle grüne lakonische Porphyr (porfido verde antico) gehört, sind früher mit dem M. zusammengestellt worden und auch einander verwandte Gesteine (s. Porphyr). Der M. verwittert leicht, zunächst tritt, wie bei der Behandlung mit Salzsäure, die Zusammensetzung aus einem dunklen und lichten Fossil hervor; er erhält bei weiterem Vorschreiten der Verwitterung eine meist gelbbraune Rinde, braust mit Säuren behandelt durch die bei der Verwitterung Statt findende Bildung kohlensaurer Salze und liefert zuletzt einen fruchtbaren Lehmboden. Man kennt den M. in Gängen, Kuppen und ganzen Decken, welche die Gesteine bis in die Zeit des Rothliegenden durchsetzen oder bedecken; so am Thüringerwald (Tabarz, Altenstein), Herges im Druselthal, als Glimmerporphyr ausgezeichnet bei Ilmenau (im Schleusegebiet), bei Ilefeld am Harz, Wilsdruf in Sachsen, Waldenburg in Schlesien, in den Vogesen u. dem Odenwald. Der Spilit (Variolit de Drac) lagert in den französischen Westalpen. Verwendung findet der M. nur auf Chausseen.

Melas, Fluß in Böotien, entsprang nördlich von Orchomenus, war bald nach seinem Ursprung schiffbar und ergoß sich theils in den Cephissus, theils in den See Kopais; jetzt Mauro Nero.

Melas, Michael, Baron von, österreichischer Feldmarschall, 1730 in Mähren geboren, nahm als Adjutant des Feldmarschalls Daun am siebenjährigen Kriege Theil, wurde 1793 Generalmajor, befehligte 1794 als Feldmarschalllieutenant an der Sambre, 1795 am Rhein u. 1796 in Italien. Als Kommandirender des österreichischen Corps in Italien focht er 1799 gemeinschaftlich mit Suwarow u. siegte bei Cassano, an der Trebia u. bei Novi. Nachdem Suwarow gegen Masséna in die Schweiz abgezogen war, schlug M. am 3. Nov. an der Spitze von 60,000 Oesterreichern Championnet bei Genola und bemächtigte sich Coni's. Im Jahre 1800 drang er bis zum Var vor und rüstete sich eben zu einem Einfall in die Provence, als Bonaparte in seinem Rücken über die Alpen vordrang und M. von der Kommunikation mit Oesterreich abschnitt. Zwar versuchte dieser am 14. Juni bei Marengo durchzubrechen, erlitt aber eine Niederlage und mußte sich in Folge einer hierauf abgeschlossenen Konvention bis hinter den Mincio zurückziehen u. Genua, Tortona, Alessandria und alle übrigen piemontesischen Festungen nebst der Citadelle der französischen Armee überlassen. Bald darauf wurde er kommandirender General in Böhmen und 1806 Präsident des Hofkriegsraths. Er † den 31. Mai 1807 in Prag.

Melasse, das letzte Produkt in der Zuckerfabrikation, in welchem sich neben unverändertem Zucker Salze, schleimige Substanzen und schwer oder gar nicht krystallisirende Zuckerarten sammeln, u. welches daher auf die gewöhnliche Weise nicht weiter verarbeitet werden kann. Man benutzt gegenwärtig die Rübenzuckermelasse als Viehfutter, zur Darstellung von Wichse, als Dünger ꝛc., verdünnt sie auch mit Wasser und läßt sie gähren, um Spiritus zu gewinnen, und verdampft die Schlempe, um sie auf Potasche zu verarbeiten. Vergl. Branntwein, Kalisalze, Potasche und Zucker.

Melastoma *L.* (Schwarzmund, Krähenbeere), Pflanzengattung aus der Familie der Melastomaceen, charakterisirt durch den ovalen, schuppigen, 5spaltigen, mit Anhängseln versehenen Kelch, die 5blätterige Korolle mit 10 ungleichen Staubgefäßen mit gekrümmten Antheren u. die 5fächerige Beere, meist rauhe Sträucher der alten Welt, mit gestielten 5—7rippigen Blättern und großen, schönen Blüthen in Büscheln und Afterdolden, umfaßt, auch nachdem die neuere Botanik viele Arten unter Diplochita, Miconia, Clidemia u. A. abgetrennt hat, noch über 100 Arten, die vorzüglich in Ostindien einheimisch und deren Beeren meist eßbar sind, aber den Mund schwarz färben. M. malabathricum *L.*, rauh von Schuppen, mit wellenförmigen und rauhen Blättern und purpurrothen, sehr schönen Blüthen, Strauch in Malabar, auf Ceylon und Java, dessen zusammenziehende Blätter bei Durchfällen und Koliken und dessen eßbare Früchte zum Purpurrothfärben von Wollstoffen angewendet werden. M. polyanthum *Blum.* ist einer der gemeinsten Sträucher in Ostindien, mit oval-lanzettförmigen Blättern und hellrothen Blüthen, dessen süße Beeren selten genossen, häufig aber zum Färben verwendet werden. M. decemdentatum *Roxb.*, *Kostel.* ist ein Bäumchen auf den Bergen in Malabar, wo man die Blätter mit Pfeffer u. Zucker gegen chronischen Husten u. um den Auswurf zu befördern anwendet. Von M. saxatile *Dennst.*, Osbeckia saxatilis *Spr.*, auf Malabar, werden Rinde, Blätter, Blumen und Früchte, in Sesamöl gekocht, häufig gegen Schwämmchen und Mundkrankheiten und äußerlich zu Einreibungen bei Krämpfen benutzt.

Melastomaceen, Pflanzenfamilie mit folgenden charakteristischen Merkmalen: Die Kelchröhre hängt an dem Eierstock mittelst nervenartiger Fortsätze fest und bildet um denselben 8—12 Höhlen, die später oft frei, selten mit der ganzen inneren Fläche aufgewachsen oder gleich anfangs frei sind. Der Saum des Kelches ist 5-, auch 4- oder 6theilig, selten bloß gezähnt oder ganz, bleibend oder am Grunde umschnitten-abfällig. Die Blumenblätter, in derselben Anzahl vorhanden wie die Kelchzipfel, stehen im Kelchschlunde auf einem Ringe, sind oft wimperig gezähnt, im Blüthenknopfe um einander gedreht. Die Staubgefäße sind in der doppelten, selten in der gleichen Anzahl der Blumenblätter vorhanden, getrennt, bald alle gleich-, bald abwechselnd verschieden-gestaltet, im Blüthenknopfe eingebogen-einwärts gefaltet. Der Eierstock ist 2—8-, meist 4—5fächerig; ein Griffel trägt eine ungetheilte Narbe. Die Frucht ist mehrfächerig, vielsamig, entweder eine mit dem Kelche verwachsene Beere, oder eine von demselben getrennte, fachspaltig aufspringende Kapsel; die Samen sind klein, mit einer zerbrechlichen Schale umgeben und ohne Eiweiß. Die Familie enthält Bäume und Sträucher, seltener Kräuter mit gegenständigen, selten (mehrzählig-) wirteligen, selten gekerbten oder gezahnten, 3—9nervigen und durch parallele Queradern in Felder getheilten Blättern ohne Nebenblätter und zwitterigen, regelmäßigen, gipfelständige, rispige od. straußförmige Trugdolden bildenden Blüthen. Man zählt über 750 Arten in 82 Gattungen, die fast alle in der heißen Zone, und zwar größtentheils in Südamerika einheimisch sind. Die Früchte der beerentragenden Arten sind eßbar; mehre liefern Farbstoffe oder geben gelind adstringirende Heilmittel ab.

Melbourne, Hauptstadt der englischen Kolonie Victoria, auf der Südseite des australischen Kontinents, zu beiden Seiten des für kleine Dampfer schiffbaren Yarra-Yarra unweit der Mündung desselben in die Hobsonsbai, wurde erst 1837 gegründet und ist in Folge der reichen Goldlager in der Nähe rasch zu einer großen und blühenden Handelsstadt mit 170,000 Einw. emporgewachsen. Die Straßen sind noch ungepflastert und nur macadamisirt, daher bei Regen mit Morast, bei Trockenheit mit massenhaftem Staub bedeckt. Die Hauptstraßen haben aber zu beiden Seiten Trottoirs und glänzende Läden u. Schaufenster mit allen Luxusartikeln; Great-Bockstreet ist 2 englische Meilen lang. Unter den öffentlichen Gebäuden sind im Allgemeinen Banken und palastartige Gasthöfe die schönsten. Kirchen gibt es fast für jedes Bekenntniß, aber nur die römisch-katholische, dem heiligen Franciscus geweihte Kathedrale ist ein ausgezeichneter Bau. M. ist Sitz des britischen Gouverneurs u. einer Universität, die 1857 23 Studenten zählte; es hat einen prächtigen Bazar (Queen's Arcade), 4 Theater, mehre Zeitungen (darunter auch eine deutsche) und Gasbeleuchtung. Die Umgebungen sind angenehm und besonders der am Flusse gelegene Richmond-Paddock dem aus der Hitze und dem Staub der Stadt Kommenden ein erquickender Aufenthalt.

Melbourne, William Lamb, Viscount, britischer Staatsmann, geboren am 15. März 1779, Sohn des britischen Peers Sir Peniston Lamb († 1828), studirte zu Eton und Oxford u. trat 1805 in das Unterhaus, wo er sich der gemäßigten Whigpartei anschloß. Nachdem er einige Zeit das Staatssekretariat von Irland bekleidet und am 22. Juli 1828 von seinem Vater die Peerswürde geerbt hatte, übernahm er 1830 im Ministerium Grey die Verwaltung des Innern. Als Grey im Juli 1834 zurücktrat, bildete M. ein neues Kabinet, welches sich aber durchaus zu den Grundsätzen des vorigen bekannte und wegen der irischen Koërcitionsbill schon am 14. November d. J. aufgelöst wurde. Das neue Ministerium Peel hielt sich jedoch nur bis April 1835, wo M. wieder ein Whigkabinet bildete, dessen Präsident er ward. Im Jahre 1841 stürzte ihn die Kornbill, und er mußte dem Toryministerium Peel-Wellington weichen. Er † am 24. Nov. 1848. Seine Gemahlin, die Lady Karoline Lamb, geboren den 13. November 1785, Tochter des Grafen von Beßborough, ward durch ihre Beziehungen zu Lord Byron, sowie durch einige Roe bekannt; sie war schon den 25. Januar 1828 rben. M.'s Bruder, Frederick James Lamb, count M., den 17. April 1782 geboren, fun- nach einander als Gesandter in Frankfurt, Lis- a, Madrid und Wien, ward 1839 zum Lord wale erhoben, folgte dann seinem Bruder als er Biscount M. und † kinderlos am 29. Jan. zu Brockett-Hall. Die sehr bedeutenden Güter Hauses gingen auf seine Schwester Emily ry, Gemahlin Palmerstons, über.

elbye, Daniel Hermann Anton, dänischer er, geboren den 13. Februar 1818 zu Kopenha- ist Mitglied der Akademie daselbst und hat sich ntlich durch ausgezeichnete Seestücke bekannt ht, die innige Vertrautheit mit dem Meere zei- und mit einem Aufwand von wenig Mitteln aschenden Effekt hervorbringen. Hervorzuhe- d: Treibeis an der Küste von Grönland; die bei Sonnenuntergang; ein Morgen nach dem m; ein Morgen auf der Nordsee.

elchisedek (d. h. König der Gerechtigkeit), erkönig von Salem (Jerusalem), welcher den em Kampfe mit Kedor Laomer zurückkehrenden ater Abraham mit Speise und Trank erquickte, r ihm dieser den Zehnten der Beute überließ; lt den Juden als Typus des Messias. Mel- dekiten (Melchisedekianer), eine im hrhundert angeblich von einem gewissen Theo- gestiftete Sekte, welche über den irdischen Er- noch einen himmlischen unter dem Namen M. .

elchiten (vom hebräischen Melech, König), e der Katholiken in den von den Arabern er- en Provinzen, im Gegensatz zu den Monophy- ; bei den syrischen und ägyptischen Christen erbrüder nach der Regel des heiligen Basilius lchitische Mönche), welche den griechischen s haben, den päpstlichen Primat verwerfen u. mones der vier ersten ökumenischen Koncilien esetze befolgen.

lchthal, Thal im schweizerischen Kanton Un- lden, 2½ Stunden von Norden nach Süden ehend, steigt hoch in das Gebirge an die berner e und wird von der Melch (Zufluß der Aa) lossen, deren Wasser sich oben aus dem Melch- eine Felsspalte verliert.

elchthal, Arnold von, eigentlich Arnold der Halden, M. nach seinem Wohnort im on Unterwalden genannt, war einer von den Gründern der schweizerischen Freiheit. Der liche Vogt Landenberg hatte seinem Vater ohne d ein Joch Ochsen vom Pflug wegtreiben lassen übermüthigen Worte hinzugefügt, die Bauern en selbst ihren Pflug ziehen, wenn sie Brod ha- ollten. Hierüber aufgebracht hatte der junge m Knechte Landenbergs im Streit einen Fin- schlagen und war darauf geflüchtet. Landen- ollte vom Vater den Aufenthalt des Sohnes u. ließ jenem, als er ihn nicht angab, die Augen hen. M. verband sich nun mit seinen Freun- lther Fürst von Attinghausen und Werner facher 1307 zur Befreiung ihres Vaterlandes. Weitere s. Schweiz (Gesch.).

elcombe-Regis, Hafenstadt in der englischen schaft Dorset, an der Mündung des Wey in anal, bildet mit dem gegenüberliegenden Wey- th einen hübschen Badeort, mit Theater nebst anderen Anstalten und 11,383 Einw. Zum Hafen gehören 89 Seeschiffe von 8286 Tonnen. Seit 1848 sind hier großartige Bauten und Befestigungen im Gange, die noch 1865 vollendet werden sollen. Ein Wellenbrecher, 7900 Fuß lang, umschließt einen Hafen von 2107 Acres, 2 runde Forts von 60 und 8 Kanonen stehen auf demselben. Auf der Borne- höhe (Portlandhalbinsel), 400 Fuß über dem Meer, steht die Citadelle mit 150 Kanonen, Kasematten für 3000 Mann, Magazinen für 3500 Faß Pulver und Cisternen mit Wasser für 1 Jahr. Auf 3 Seiten umgibt ein trockener, tiefer und breiter Graben die Citadelle, auf der vierten fällt die Höhe steil ab. Auf dem Abhang der Anhöhe liegen 13 Batterien u. auf dem Rothehügel, nahe bei Weymouth, ein Fort von 60 Kanonen.

Melde, Pflanzengattung, s. v. a. Atriplex *L.*

Meldegg, s. Reichlin-Meldegg.

Meldorf, Marktflecken in der holsteinischen Landschaft Dithmarschen, mit einer Gelehrtenschule und 3318 Einw. M. hatte einst eine Burg und war bis zur Mitte des 15. Jahrhunderts Hauptort des Landes Dithmarschen.

Mele (griech.), Senke, Senknadel; Melose, die Untersuchung mittelst derselben.

Meleager, 1) in der griechischen Mythe Sohn des Königs Oeneus von Calydon und der Althäa, nahm in seiner ersten Jugend Theil am Argonautenzuge und machte sich als Jäger berühmt, insbesondere durch die Erlegung des kalydonischen Ebers. Nach einem Orakelspruch sollte er so lange leben, als ein auf dem Herde liegendes Scheit Holz vom Feuer nicht verzehrt würde. Althäa löschte das schon brennende aus und verbarg es in einer Kiste; als aber M. ihre drei Brüder getödtet, warf sie es wieder in die Flamme und veranlaßte dadurch M.s Tod.

2) Griechischer Epigrammendichter aus Gadara in Syrien, um 60 v. Chr., stellte unter dem Titel „Stephanos" (d. i. Kranz) eine (verlorene) Sammlung von Epigrammen von 46 zum Theil berühmten Dichtern zusammen. Vgl. Passow, De vestigiis coronarum Meleagri et Philippi in anthologia graeca, Breslau 1827. Seine eigenen zahlreichen Poesien sind am vollständigsten von Gräfe (Leipzig 1811) herausgegeben.

Meleda, Insel an der Küste von Dalmatien, zum Kreise Ragusa gehörig, 2¼ Meilen westlich von der Insel Lagosta, hat eine Länge von 5 und eine Breite von ¼—¾ Meile, gebirgigen Boden, mehre Buchten, die als vortreffliche Häfen dienen, starken Weinbau, 2 Grotten und 900 Einw. Hauptort ist der Flecken Balinopolje, in der Mitte. M. ist bekannt durch das Detonationsphänomen von 1822—24, das man für die Wirkung eines mit besonderen Umständen begleiteten Erdbebens hält.

Melegnano, s. Marignano.

Melek (arab.), König.

Melen, Kohlenwasserstoff aus 60 Atomen Kohlenstoff und 60 Atomen Wasserstoff bestehend, bildet sich bei der trockenen Destillation von Myricylalkohol und Palmitinsäure-Myricyläther. Die Destillationsprodukte des Wachses werden mit Kali behandelt, die flüssigen Kohlenwasserstoffe, welche das M. gelöst enthalten, abgegossen und destillirt. Das M. geht zuletzt über und wird aus kochendem Aether umkrystallisirt. Es bildet weiße, geruchlose und geschmacklose Schuppen, die in heißem Alkohol,

Aether und Oelen löslich sind, bei 62° schmelzen, zwischen 370—380° sieden, von Kali und kalter Schwefelsäure nicht verändert werden, von kochender Schwefelsäure verkohlt, von kochender Salpetersäure aber kaum angegriffen werden. Mit Chlor bildet es Substitutionsprodukte. Das M. steht jedenfalls dem Paraffin sehr nahe.

Melena, Elpis, Pseudonym einer geistreichen Schriftstellerin, geboren den 8. Nov. 1821 zu Hertfordshire in England als Tochter eines hamburger Bankiers, erhielt ihre Erziehung in Genf u. Rom, war zweimal, beide Male unglücklich, vermählt, unternahm mit ihrem zweiten Gatten eine große Reise nach dem Orient u. lebt seit 1850 zu Rom u. Neapel. Sie machte sich durch ihre persönlichen Beziehungen zu Garibaldi, den sie öfter auf seiner Insel Caprera besuchte, sowie durch die Schriften „Reiseblätter aus dem afrikanischen Tagebuch einer Dame" (Braunschweig 1850); „Memoiren eines spanischen Priesters" (das. 1857); „Hundert u. ein Tag auf einem Pferde, nebst Besuch auf der Insel Madelena" (Hamburg 1860) und die Uebersetzung des ihr von Garibaldi zu diesem Zweck überlassenen eigenhändigen Manuskripts seiner Memoiren ins Deutsche bekannt.

Melendez Valdes, Don Juan, namhafter spanischer Dichter, geboren am 11. März 1754 in Ribera del Fresno, studirte zu Madrid Philosophie, später in Salamanca die Rechte. Nachdem er sich durch seine Ekloge „Batilo", welche ebenso einfach als anmuthig das Studenten- und Landleben besingt und 1780 von der Akademie gekrönt ward, bekannt gemacht, erhielt er 1781 eine Professur an der Universität zu Salamanca; 1789 wurde er bei der Audiencia in Saragossa, 1791 in der Justizkanzlei zu Valladolid und 1797 als Fiskal beim Oberkriminalgerichtshof in Madrid angestellt, nach dem Sturze seines Gönners, des Ministers Jovellanos, aber nach Medina del Campo und 1800 nach Zamora verwiesen. Im Jahre 1802 erhielt er die Erlaubniß zur Rückkehr und ließ sich nun in Salamanca, später in Madrid nieder. Von hier auf Murats Veranlassung nach Asturien gesandt, um dort die Aufregung unter dem Volk zu beschwichtigen, entging er nur mit Mühe dem Hasse desselben. Napoleon I. ernannte ihn zum Fiskal, Staatsrath und Präsidenten der Junta des öffentlichen Unterrichts in Madrid, dafür mußte M. aber nach dem Siege der nationalen Sache fliehen und wurde als Vaterlandsverräther proskribirt. Er † am 24. Mai 1817 zu Montpellier in Dürftigkeit. Der Herzog von Frias ließ ihm später zu Montferrier ein Denkmal errichten. M. hat sich durch Abwerfen der französischen Fesseln auf dem Gebiete der Poesie u. durch Rückkehr zu den vaterländischen Mustern den Namen Restaurador del parnaso erworben. Seine „Gedichte" erschienen u. A. in einer von ihm selbst vorbereiteten Auflage in 4 Bänden (3. Aufl., Madr. 1820; wieder abgedruckt, Par. 1832, Barcelona 1838). Eine Auswahl enthält Wolfs „Floresta de rimas modernas castellanas" (Paris 1837). Außerdem schrieb M. „Discursos forenses" (Madrid 1820).

Melenik (Melnik), Stadt im türkischen Ejalet Salonichi, an der Struma, mit 5000 Einwohnern, steht an der Stelle des alten Heraclea Sintica.

Melenki, Kreisstadt im europäisch-russischen Gouvernement Wladimir, am Zusammenfluß der Melenka und der Unscha, mit 4800 Einwohnern.

Meletianer, s. Meletius 1).

Meletius, 1) Bischof von Lycopolis in Thebais zu Anfang des 4. Jahrhunderts, wollte als Konfessor die Lapsi (s. d.) nur nach langer strenger Buße wieder in die Kirche aufgenommen haben und durchreiste während der Abwesenheit seines milder gesinnten Bischofs Petrus den ganzen Kirchensprengel desselben, nach seiner Willkür Ordinationen und Exkommunikationen vornehmend, ward aber deshalb von jenem nun selbst aus der Kirchengemeinschaft ausgeschlossen. Er fand jedoch zahlreiche Anhänger (Meletianer), u. so entstand das meletianische Schisma, welches trotz der Vermittelungsversuche des Koncils von Nicäa (325) auch nach dem 326 erfolgten Tode M.' bis ins 5. Jahrhundert fortbestand.

2) Bischof von Antiochia, von den Arianern dazu erwählt, aber, als sich seine Uebereinstimmung mit den Beschlüssen des nicänischen Koncils herausstellte, schon nach einem Monat verbannt und durch Euzoïus ersetzt, was eine Spaltung veranlaßte, die bis ins 5. Jahrhundert währte. M. † 381 in Konstantinopel.

Melezitose, zuckerartiger Körper in der Manna von Briançon, krystallisirt aus Alkohol wie Rohrzucker, ist in kochendem Weingeist wenig löslich, schmilzt unter 140° ohne Veränderung, wird bei 100° durch Kali nicht zerstört, reducirt Kupferoxyd nicht, wird von koncentrirter Schwefelsäure schon in der Kälte verkohlt und von Salzsäure braun gefärbt. Salpetersäure bildet Oxalsäure, verdünnte Schwefelsäure eine Art Glykose, die mit Hefe leicht gährt. Sein Drehungsvermögen ist um $^1/_4$ stärker als das des Rohrzuckers.

Melfi, alte Normannenstadt in der neapolitanischen Provinz Basilicata (Potenza), Sitz eines Bischofs, liegt im nördlichen Winkel derselben, nicht weit vom Monte Volture, auf einem isolirten, von Bächen umflossenen Hügel, hat dicke Mauern und Thürme, die bis jetzt allen Erderschütterungen widerstanden haben, einen schönen Dom mit Bronzethüren, 6 andere Kirchen, mehre Klöster, Weinbau und 9200 Einw. Ueber der Stadt erhebt sich ein von Robert Guiscard erbautes Schloß.

Meli, Giovanni, gefeierter Dichter Siciliens, am 4. März 1740 zu Palermo geboren, studirte daselbst Medicin, machte sich auch mit der wolfschen Philosophie bekannt, wandte sich sodann dem Studium der italienischen Klassiker zu, von denen Ariosto ihn am meisten fesselte, und lehrte später Chemie in seiner Vaterstadt, wo er den 20. December 1815 †. Seine ersten poetischen Versuche schrieb er in italienischer Sprache, die späteren in der Volkssprache Siciliens, die hauptsächlich ihm ihre Ausbildung zur Schriftsprache verdankt. M.'s Poesie wurzelt in der Natur und der Sitte des Landes, und die beiden großen Kulturhälften, in welche Sicilien zerfällt, die griechische und italienische, erscheinen in ihm in einer nationalen Einheit. In seinen bukolischen Gesängen kommt unter der Einkleidung in die alten Mythen das volle Leben der Wirklichkeit in allen seinen frischen Zügen zur Erscheinung. Seine Farsetta „Li Palermitani in festa" erinnert an Theokrits Syrakusanerinnen beim Adonisfest. Ein dithyrambisches, höchst ergötzliches Gedicht ist die Mime „Ditiramma", die ganz besonders den Reichthum des sicilischen Dialekts anschaulich macht. In den Oden und Canzonen erreicht M., was Anmuth u. Wohllaut anlangt, fast Petrarca. Weniger glücklich war er im Sonett; seine Elegien dagegen sind sinnvoll u. ansprechend. Seine „Capitoli berneschi“, satirisch-komische Gedichte, ziehen durch Mannichfaltigkeit u. witziges Spiel der Phantasie an. Auch als Epiker versuchte er sich in dem heroisch-komischen Gedicht in 12 Gesängen „Don Chisciotti e Sanciu Panza“. M.'s Lieder leben noch heute im Munde des sicilischen Volks. Eine Sammlung seiner Poesien erschien 1847 zu Palermo, deutsch von Gregorovius (Leipzig 1854, mit einem Glossar der sicilianischen Mundart).

Melia *L.* (Zedrach), Pflanzengattung aus der Familie der Meliaceen, charakterisirt durch den 5zähnigen Kelch, die 5blätterige Korolle mit cylindrischem, oben gezahntem Nektarium und im Schlunde stehenden Staubgefäßen und die Steinfrucht mit harter, 5fächeriger Nuß, Bäume u. Sträucher in Ostindien und Westindien. Die wichtigste Art ist: M. Azedarach *L.*, Paternosterbaum, 10—20 Fuß hoher Baum des mittleren und südlichen Asiens, der nach Südeuropa u. den südlichen Staaten Nordamerika's gebracht wurde und daselbst verwildert ist. Alle Theile desselben schmecken bitter, bewirken in größern Gaben Schwindel, Erbrechen, Durchfälle, Krämpfe und selbst den Tod, sind aber in kleiner Gabe ein kräftig-eröffnendes und wurmwidriges Mittel. Die Früchte, Fructus Azedarachiae, Zedrachfrüchte, kamen früher in den deutschen Officinen vor u. werden in Südeuropa jetzt noch, wie die Blätter, gegen Hautkrankheiten, Krämpfe und nervöse Schmerzen angewendet. In Italien benutzt man die 5eckigen Fruchtsteine zu Rosenkränzen. M. sempervirens *Sw.* hat doppelt-gefiederte Blätter und zierliche, wohlriechende, bläulich-blaßviolette Blüthen in reichen Trauben. Als Zierpflanzen verlangen die Melien eine fette, lockere Mistbeet- oder etwas lehmig-sandige Rasenerde und eine Durchwinterung an frostfreien Orten.

Meliaceen, Pflanzenfamilie mit folgenden charakteristischen Merkmalen: Der Kelch ist 4—5gliederig; die Blumenblätter sind im Blüthenknopfe meist klappig, zuweilen am Grunde mit einander verwachsen; Staubgefäße sind meist in der doppelten Anzahl der Blumenblätter, selten in gleicher oder in 3—4facher Anzahl vorhanden, und zwar sind sie an der innern Seite einer röhrigen Nebenblume angewachsen; der Eierstock ist 3—5fächerig mit 2eiigen Fächern; der Griffel trägt 3—5 oft getrennte Narben; die Frucht ist 3—5fächerig, und zwar eine Beere, Steinfrucht oder eine 3—5klappige Kapsel mit ein- oder 2samigen Fächern. Die Samen sind ungeflügelt, mit und ohne Eiweiß. Die Familie enthält Bäume und Sträucher mit meist wechselständigen ungleich-paarigen oder doppelt-gefiederten, selten einfachen Blättern ohne Nebenblätter u. zwitterigen Blüthen meist in winkelständigen Rispen od. Trauben. Man zählt cirka 100 Arten in 27 Gattungen, welche bis auf 3 Arten nur den Ländern der heißen Zone der alten und neuen Welt angehören. Manche Arten haben ein schönes, festes Holz, von einigen liefern die Samen ein zu technischer Verwendung kommendes Oel; andere besitzen eine purgirende u. brechenerregende, wurmwidrige, manchmal drastische u. giftige Wirkung, während andere krampfstillend wirken u. die Früchte einiger Arten eßbar sind.

Melianthus *L.* (Honigblume), Pflanzengattung aus der Familie der Sapindaceen, charakterisirt durch den 5blätterigen Kelch, die 4 Blumenblätter u. die 4fächerige Kapsel, Sträucher in Südafrika u. auf dem Himalaya, mit unpaarig- u. herablaufend-fiederschnittigen Blättern, deren Blüthen in reichlicher Menge Honigsaft absondern. M. major *L.* ist ein 6—10 Fuß hoher Strauch auf dem Kap mit dunkelbraunrothen Blüthen in Trauben. Wenn man diesen Strauch in der Blüthezeit schüttelt, so soll ein blaßrother, angenehm süß schmeckender Honig wie Regen herabfallen, der gesammelt u. als magenstärkend gern genossen wird. M. minor *L.*, kleiner als vorige Art, hat zierliche, röthliche Blüthen in langen winkelständigen, hängenden Trauben. Der Honigsaft dieser Art ist von schwärzlicher Farbe u. übelriechend.

Melibocus (Malchen), einer der bemerkenswerthesten Gipfel des Odenwaldes, östlich vom Zwingenberg in der hessen-darmstadtischen Provinz Oberhessen, 1687 F. hoch mit einem 80 F. hohen Thurme u. seiner schönen Aussicht wegen viel besucht. Letztere beherrscht eine weite Strecke der Rheinebene mit zahlreichen Städten u. wird gegen Norden vom Taunus und Donnersberg, gegen Westen und Südwesten von der Haardt u. den Vogesen, gegen Osten vom bunten Gewühl der Hügel u. Berge des Odenwaldes begrenzt. Bei Ptolemäus bezeichnet Melibocon oros den Thüringerwald oder den Harz.

Melicertes, in der griechischen Mythe Sohn des Athamas und der Ino, stürzte sich, von Juno verfolgt, ins Meer, worauf Ino als Leucothea und M. als Palämon in Meergottheiten verwandelt wurden. Letzterem zu Ehren wurden die isthmischen Spiele (s. d.) eingesetzt.

Melicocca *L.* (Honigfrucht), Pflanzengattung aus der Familie der Sapindaceen, charakterisirt durch den 4theiligen Kelch, die 4theilige Blumenkrone mit 8 Staubfäden auf einer Scheibe, die 3theilige Narbe u. die 2—3fächerige, wenig fleischige Pflaume mit papierartiger Nußschale u. einem Samen in gallertartiger Hülle, west- und ostindische Bäume, von denen besonders M. bijuga *L.* zu nennen ist, ein hoher Baum mit schöner dichtbelaubter Krone in Westindien und Caracas, in Brasilien kultivirt. Die Früchte sind fleischig, weinsäuerlich, sehr wohlschmeckend und werden, wie die Samen, die im Geschmack den Kastanien gleichen und wie diese geröstet werden, häufig genossen. Die Rinde wirkt abstringirend.

Melila (Mlila, das alte Ryssadirium), spanische Stadt an der Küste von Marokko, Königreich Fez, auf einer Halbinsel südlich vom Kap Raz ed Deir (tres forcas), mit einem mittelmäßigen Hafen, liefert berühmten Honig und hat 2—3000 Einw. In der Nähe reiche Eisengruben. M. wurde 1426 durch den Herzog von Sidonia erobert. Bei M. wurde 1852 die preußische Brigg „Flora“ von den Riffpiraten geplündert, u. als am 7. Aug. 1856 der preußische Admiral Prinz Adalbert die Stätte dieses Frevels rekognosciren wollte, wurde von den Piraten ein Angriff auf die gelandete Schiffsmannschaft gemacht, wobei mehre Preußen getödtet u. der Prinz selbst verwundet wurde.

Melilotengras, s. v. a. Ruchgras, Anthoxanthum odoratum *L.*

Melilotenklee (Melilotenkraut), Pflanzengattung, s. v. a. Melilotus officinalis *Willd.*

Melilotenpflaster, Pflaster, das aus einem Gemenge von 1 Pfund gelbem Wachs, Kolophonium u. Olivenöl, von jedem $^1/_2$ Pfund, und 1 Pfund Melilotenkrautpulver besteht und als erweichendes und zertheilendes Mittel bei Drüsenanschwellungen, Milchknoten, Kropf, beginnenden Verhärtungen 2c., sowie bei Stockungen und rheumatischen Gelenkanschwellungen zu aromatischen Umschlägen 2c. häufig angewendet wird.

Melilotus *Tournef.*, *Link* (Melilotenklee, Melote, Steinklee, Honigklee), Pflanzengattung aus der Familie der Leguminosen, charakterisirt durch den 5zähnigen Kelch, den stumpfen Kiel, die diadelphischen Staubgefäße, die nach oben nicht verbreiterten Staubfäden, den bis zum Griffel geraden Fruchtknoten, den kahlen Griffel und die fast kugelige oder längliche Hülse mit 1—4 Samen, ein- oder zweijährige Kräuter der nördlichen gemäßigten Zone, von denen mehre Arten als Arznei- od. Futterpflanzen bekannt sind. M. alba *Desr.*, M. vulgaris *Willd.*, Hanfklee, deutscher Schabziegerklee, zweijährig, mit kleinen weißen Blüthen in Trauben, wächst wild an unbebauten Orten, auf Schutthaufen in Europa und Nordasien, wird aber in Deutschland auch zuweilen kultivirt und gedeiht fast in jedem Boden und in jeder Lage. Als Futterpflanze hat sich der Hanfklee nicht bewährt, weil seine holzigen Stengel und unschmackhaften Blätter von dem Vieh nicht, oder nur in der Jugend mit Widerwillen gefressen werden. Aus dem Baste der Stengel hat man Stricke und selbst schöne weiße Linnenzeuche gefertigt, doch kann der Hanfklee dem Flachse und Hanfe nicht gleichgestellt werden. Zu empfehlen ist dieser Klee aber als Gründüngerpflanze, da er eine sehr schnelle Vegetation hat und die Samengewinnung leicht ist. Man säet ihn zu dem Ende schon im Februar in Aecker, welche im Herbste zubereitet worden sind. M. coerulea *Lam.*, *Pers.*, Trifolium melilotus coerulea *L.*, blauer Steinklee, Siebenstundenkraut, mit weißlichblauen Blüthen in gedrungenen Trauben, einjährig, stammt wahrscheinlich aus Nordafrika, findet sich aber in einem großen Theil von Süd- und Mitteleuropa auf Wiesen u. an andern Orten verwildert, wird in der Schweiz auch kultivirt und nimmt mit jeder Lage und jedem Boden vorlieb. Die ganze Pflanze hat einen sehr starken und eigenthümlichen Geruch, der nach dem Trocknen sich noch mehr entwickelt und sehr lange anhält. Der Geschmack entspricht dem Geruch u. ist zugleich etwas scharf. In der Schweiz und andern Alpengegenden dient das Gewächs als ein Hauptbestandtheil des grünen Kräuterkäses od. Schabziegerkäses. M. officinalis *Willd.*, Trifolium melilotus officinalis *L.*, Melilotenklee, Bärenklee, mit aufrechtem Stengel, gelben Blüthen in ziemlich schlaffen, später verlängerten Trauben, einjährig, findet sich häufig durch ganz Europa, Nordafrika, Nordamerika und Nordasien, an Wegen, Gräben, Waldrändern und auf Wiesen. Das blühende Kraut, Herba cum Floribus Meliloti citrinae riecht stark honigartig süßlich, schmeckt bitterlich schleimig und ist officinell. Als wirksame Bestandtheile enthält es ätherisches Oel, bitteren Extraktivstoff und Cumarin. Innerlich findet das Kraut nur noch selten Anwendung, doch wird daraus das Melilotenpflaster (s. d.) bereitet. Die Samen werden mitunter zu Gurgelwässern benutzt. Ein aus den Blüthen desti
Wasser wird nicht selten zu Verbesserung des Sc
tabaks angewendet. Auch werden die getro
Blüthen hier und da als Gewürz verwendet,
auch zu Abhaltung der Motten in die Kleider
Auch kommen sie zu dem zertheilenden Meli
pflaster (s. d.).

Melinde (Melindi), ehemals bedeutend
fenplatz an der Ostküste Südafrika's, im Lan
Suaheli, an einer Bai, in welche sich der Sab
gießt, besteht jetzt nur noch aus Ruinen, die
aufschießender Urwald überwuchert.

Melioration (v. Lat.), landwirthschaf
begreift die gesammten auf Erhöhung des
werthes hinzielenden Kulturarbeiten in sich, ein
rung von Arbeit und Kapital in den Grun
Boden zum Zwecke, dessen Brauchbarkeit zur
von Pflanzen zu erhöhen (vgl. Landwirthsch
Der Boden ist nämlich nach seinem Bestand
ungleich, u. in nur geringer Menge findet sich
malboden, d. i. im landwirthschaftlichen Sin
cher, welcher die größten Mengen aller im her
den Klima überhaupt kulturfähigen Pflanz
dem geringsten Kostenaufwand gewinnen läß
anderen Bodenarten stehen diesem mehr od. w
nach bis zu dem Kiesboden, Felsboden u. Fl
herunter, welche als die Extreme betrachtet
können, indem sie nur mit höchstem Kostenau
die Kultur weniger Pflanzen ermöglichen.
der M. ist, jeden Boden allmählig dem Norma
zu nähern; dies geschieht durch Veränderung
Grundmischung oder durch Tiefkultur, als da
zige Mittel, in gewissem Sinne wenigstens d
denmasse zu vermehren, oder durch Zufuh
etwa fehlenden Wachsthumsbedingnisse der Pf
(Wasser, einzelne Bodenbestandtheile, Aenderu
physikalischen Beschaffenheit, Düngen), oder
durch Ableitung schädlicher Einwirkungen,
Umständen auch durch Zerstörung zu großen
schusses an Nahrungsstoffen, besonders an H
Derartige M.en können dem Einzelnen über
bleiben, oder sie sind nur mittelst des Eingr
des Staats, der Gesetzgebung, oder der Kom
oder nur durch Association Mehrer durchfü
Ent- und Bewässerungen bedürfen des E
ständnisses der Nachbarn, weshalb der Staa
Recht hat oder sich gibt, auf Antrag der Me
unter Umständen auch die Widerstrebenden i
fentlichen wie in ihrem eigenen Interesse zu zu
(Expropriation). Flußniederungen können o
durch großartige Regulirungen, kostspielige U
Dammbauten zu voller Nutzbarkeit gebracht w
Meeresküsten bedürfen des Schutzes gegen de
prall der Wogen. Die betheiligten Grundb
bilden in solchen Fällen den Deichverband,
unter der Deichordnung und sind zur Erhaltu
Deiche und Dämme verpflichtet, sowie sie au
vor und hinter denselben liegende Land nur
Beachtung gewisser Vorschriften bebauen d
Anderwärts erheischt das öffentliche Interess
Belassen von Waldungen, theils wegen der
tung der nothwendigen Feuchtigkeit, theils
der Abwehr drohender Lawinen oder Sturm
(Bannwälder). Derartige Grundstücke könne
dann nicht höher genutzt werden, u. man spri
wo M.en nicht durchführbar sind, von „unbedi
Wald-, Wiesen- oder Weideboden". Letzterer

sich da, wo dessen Aufbruch die Gefahr der Abschwemmung od. Versandung nach sich ziehen würde. Jede beabsichtigte M. erheischt zunächst die sorgsame Erwägung des muthmaßlichen Kostenaufwandes gegenüber dem zu erwartenden Gewinn. Nicht immer lassen sich die Kosten genau berechnen, und nur selten wird man den Erfolg voraus bestimmen können; es ist daher allgemein üblich, die berechneten Meliorationsbeträge um 10—20 Procent zu erhöhen und die zu hoffenden Mehrerträge zu den geringsten Sätzen anzusetzen, wenn man beide gegen einander abwägen will. In der Regel wird der Preis der guten Ländereien die Größe des zu wagenden Meliorationsaufwandes bestimmen; er muß so sein, daß irgend ein zu meliorirendes Feld noch weit unter den Preis des besseren Landes, zu welchem man es erheben will, zu stehen kommen wird. Bei M.en im Kleinen kommen natürlich diese ängstlichen Erwägungen nicht in Betracht, u. es wird häufig selbst ganz schlechtes Land bloß durch vermehrte Anwendung der eigenen Arbeitskraft von kleineren Leuten in den gewünschten Zustand gebracht. Auf größeren Gütern bestimmt man sich zweckmäßig zuvor einen nach der Größe des vorhandenen Kapitals zu bemessenden **Meliorationsfonds**, welchem ein eigenes **Meliorationskonto** gewidmet wird, u. verwendet entweder eine zuvor bestimmte Summe alljährlich, oder macht nach Maßgabe des erhaltenen Gewinns weitere M.en. Nicht selten bezahlen sich solche schon in den ersten Jahren (Drainage). Stets muß der Meliorationsaufwand mit der Kapitalkraft, respektive dem Kredit, in Einklang stehen, daher sehr oft der Zukunft überlassen werden muß, was die Gegenwart nicht zu leisten vermag. Gerade der rationelle Landwirth wird so und nicht anders handeln. Zweckmäßig bildet man aber oft Gesellschaften zur Meliorirung vernachlässigter Grundstücke, bei welchen dann, wenn es nicht an dem erforderlichen Kapital fehlt, Zeitgewinn gleichbedeutend mit früherem Zinsenbezug ist und die M. sofort durchgeführt wird. Zweckmäßige Verwaltung u. Leitung sichert stets bedeutende Dividenden und nützt außerdem der Gesammtheit durch gesteigerte Produktion, daher derartigen Gesellschaften nicht selten große Vortheile durch den Staat eingeräumt werden. Die technische Leitung erfordert aber große Umsicht, indem nur in seltenen Fällen die richtigen Mittel sofort erkannt werden können, wenn schon in der Neuzeit die künstliche Düngung u. das vervollkommnete Maschinenwesen solche Arbeiten wesentlich erleichtert u. vereinfacht haben. Bei jeder M. verschwindet sofort das aufgewendete Kapital in dem Grund und Boden, u. oft vergehen Jahre, bis der gehoffte Mehrertrag die Zweckmäßigkeit der Verwendung bestätigt od. dessen Ausbleiben sie verurtheilt. Aus diesem Grunde darf der Gutsadministrator nur dann sich zu M.en verstehen, wenn er der vollen Zustimmung der Gutsherrschaft und seiner Fähigkeiten sicher ist; der Pächter aber wird in den meisten Fällen es vorziehen, auf umfassende M.en, wenn deren Erfolg nicht in die Augen springt, zu verzichten und seine Aufmerksamkeit mehr der guten Instandhaltung der ihm anvertrauten Felder als deren Verbesserung zuzuwenden. Billig zahlt er bei auf Kosten der Gutsherrschaft ausgeführter M. einen entsprechenden Zins und übernimmt meist die Ausführung der Arbeiten, während die Herrschaft die Kapitalien zuschießt. Die Lehre von der M. bildet einen sehr wichtigen Theil der Landwirthschaftslehre, welche die geeigneten Mittel und Wege anzugeben hat, wie der Erfolg am sichersten erlangt werden kann (s. Landwirthschaft).

Melis, im Handel die mittlern Sorten des durch gestörte Krystallisation erhaltenen sogenannten Hutzuckers, s. Zucker.

Melisch (v. Griech.) gesangartig, sangbar; daher melische Dichtkunst, s. v. a. lyrische oder Liederdichtung.

Melische Erde (Melinum), weißliche od. aschgraue Alaunerde von der Insel Melos, dient als Malerfarbe.

Melisma (griech.), Lied, Melodie, bezeichnet in der Musik die verzierte Melodie und dann auch die Verzierung der Note selbst, die jedoch gewöhnlicher Koloratur und Dehnung heißt. Mit dem Adjektiv melismatisch bezeichnet man die Art des Gesanges oder Vortrags, bei welcher mehre Noten auf Einen Vokal gesungen werden und die der Gegensatz vom syllabischen Gesang ist, d. h. der Art des Gesanges, wo Note auf Silbe gesungen wird. Im Allgemeinen heißt auch jeder verzierte Gesang melismatisch.

Melissa *L.* (Melisse), Pflanzengattung aus der Familie der Labiaten, charakterisirt durch den trockenen, 2lippigen Kelch mit etwas flacher, 3zähniger Ober- und gabelförmig gespaltener Unterlippe, die Korolle mit 2spaltiger Ober- und 3spaltiger Unterlippe mit herzförmigen Mittellappen und von einander entfernt stehenden, oben unter der Oberlippe der Korolle bogig zusammenneigenden Staubgefäßen, umfaßt gegen 40 Arten, meist ausdauernde Kräuter, in Südeuropa u. Westasien. M. officinalis *L.*, Gartenmelisse, Citronenmelisse, Citronenkraut, Mutterkraut, ist ein im südlichen Europa an schattigen Waldstellen, auf Bergen u. an Zäunen einheimisches, aufrechtes, ausdauerndes Kraut mit eirunden, kerbig-gesägten Blättern und weißen, vor dem Aufblühen gelblichen Blüthen in blattwinkelständigen, einseitswendigen Halbquirlen. Es wird in den mittel- und nordeuropäischen Ländern häufig in Gärten, besonders der Landleute, als Arznei- und Bienenpflanze angebaut u. gedeiht fast in jedem Boden und in jeder Lage. Die Vermehrung geschieht durch Samen und Zertheilung der Stöcke. Als Varietät mit zottigen Haaren kommt vor: M. officinalis villosa *Benth.* Man sammelt zum officinellen Gebrauche die Blätter, am besten vor der Blüthezeit. Der Geruch der Pflanze ist stark und angenehm gewürzhaft, citronenähnlich; er verschwindet aber durchs Trocknen, weshalb das Melissenkraut nicht nur vorsichtig getrocknet, sondern auch in gut verschlossenen Gefäßen aufbewahrt werden muß. Der Geschmack ist gewürzhaft-bitter, etwas herb. Vorwaltende Bestandtheile sind: ätherisches Oel, Gerbstoff und bitterer Extraktivstoff. Das Melissenkraut ist ein uraltes Heilmittel bei Hysterie und Hypochondrie, Lähmungen, Krämpfen, Menstruationsstockungen 2c. und wird noch jetzt bei Blähungen, Kolik, Durchfall 2c. im Theeaufgusse häufig gebraucht. Unter den Präparaten sind das Melissenöl (Oleum aethereum), das Melissenwasser (Aqua Melissae, Karmeliterwasser) noch immer gebräuchlich. Die frischen Blätter werden auch bei Verfertigung des sogenannten Maitrankes benutzt. Oft wird dafür fälschlicherweise eine melissenähnliche Varietät der gemeinen Katzenmünze (Nepeta cataria) genommen. Die sogenannte türkische Melisse ist Dracocephalum Moldavicum *L.* (türkischer Drachenkopf).

Melissinsäure, s. Wachs.

Melissus, griechischer Philosoph aus Samos, vielleicht derselbe, der mit der Flotte der Samier über die Athener einen Sieg erfocht, blühte um 440 v. Chr. und gehörte als Schüler des Parmenides der eleatischen Schule an. Ueber seine Lehre gibt uns der erste Abschnitt der aristotelischen Schrift „De Melisso, Xenophane et Gorgia" Aufschluß; auch haben sich einige Bruchstücke einer prosaischen Schrift M.' „Ueber die Natur" erhalten, welche bei Brandis' „Commentarius Eleaticus" (Kopenhagen 1803, Bd. 1) zusammengestellt sind. Darnach wich sein philosophisches System von dem des Parmenides hauptsächlich dadurch ab, daß er das Sein für unbegrenzt und unendlich erklärte und daraus erst die Einheit Dessen, was ist, ableitete. Die sinnlichen Wahrnehmungen waren auch ihm nur ein Schein, dem Begriffe des Seins nicht entsprechend. Hinsichtlich der Götter wies er jede Erklärung ab, da es von ihnen keine Erkenntniß gebe.

Melitene (jetzt Malatiah), im Alterthum Hauptstadt der gleichnamigen Landschaft im östlichen Kappadocien, in fruchtbarer Gegend, an einem Nebenflüßchen des Euphrat, ward durch Trajan zu einer der ansehnlichsten Städte Kleinasiens erhoben. Seit Titus war sie fortwährend das Standquartier der berühmten Legio XII Fulminata. Bei ihr erfochten die Römer 577 n. Chr. einen Sieg über den Perserkönig Khosroës I.

Melitismus (v. Griech.), die Honigkur, die (äußere od. innere) Anwendung des Honigs als Heilmittel.

Melito, Bischof von Sardes, übergab 175 n. Chr. dem Kaiser Marc Aurel eine Apologie der christlichen Religion, von der man einige Fragmente in der Chronik des Eusebius (IV, 25) und ein anderes in dem „Chronicon paschale" findet, u. verfaßte mehre exegetische, dogmatische und praktische Schriften, von denen ebenfalls nur noch Bruchstücke vorhanden sind. Die Kirche feiert seinen Erinnerungstag den 1. April. Die „Clavis Melitonis" (herausgegeben von Pitra, Paris 1855) u. andere M. zugeschriebenen Schriften sind unächt.

Melittis *L.* (Immenblatt, Bienenblatt), Pflanzengattung aus der Familie der Labiaten, charakterisirt durch den weiten Kelch, die Korolle mit flacher Ober- und gekerbter Unterlippe und die ins Kreuz gestellten Staubbeutel, deren bekannteste Art ist M. Melissophyllum *L.*, Waldmelisse, wildes Melissenkraut, Grieskraut, 1—3 Fuß hohes ausdauerndes Kraut mit gegenständigen, eirunden, spitzen, egal gezähnten Blättern u. schöner weißer Blüthe mit purpurrothem Mittellappen der Unterlippe, in den Gebirgswäldern des südlichen u. mittleren Europa. Früher wendete man das Kraut, Herba Melissophyllae, nicht selten als ein eröffnendes, Harn und Gries treibendes, den Auswurf und die Menstruation beförderndes Mittel an, jetzt gebraucht man es nur noch hier und da als Hausmittel.

Melk (Mölk), Marktflecken im Erzherzogthum Oesterreich unter der Ens, an der Mündung der Bilach in die Donau u. an der Westbahn, 3 Meilen westlich von St. Pölten, mit 1150 Einw. u. einer berühmten Benediktinerabtei, einer der reichsten und prächtigsten Abteien Europa's, die 1089 gegründet wurde u. in der Geschichte Oesterreichs eine bedeutende Rolle spielt; hat eine 1481 erbaute Pfarrkirche und 1150 Einw. Sie liegt ganz in der Nähe des Marktfleckens auf einem hohen Felsen an der Donau, ist sehr schön im italienischen Styl gebaut und von bedeutendem Umfange, hat eine prachtvolle Kirche, welche die Gruft der Babenberger, den Schatz mit dem Melkerkreuze, einen Kelch aus Donauwaschgold, schöne Sakristeien und eine Orgel mit 42 Registern enthält, ein Gymnasium, ein Priesterseminar, eine Musikschule, Bildergallerie, Münzsammlung, einen botanischen Garten nebst geognostischem und zoologischem Kabinet und eine 25,000 Bände starke Bibliothek mit 1500 merkwürdigen Manuskripten und Inkunabeln. Eine eigene künstliche Wasserleitung führt das nöthige Wasser bei. An der Stelle des Klosters stand ursprünglich ein aus der Römerzeit herrührendes Kastell, später wurde dieser Punkt unter dem Namen Medelikhe, d. i. Eisenburg, einer der festesten Plätze der Magyaren, bis ihnen Markgraf Leopold denselben abnahm und zu seiner Residenz erwählte. Leopold II. berief 1089 Benediktiner aus Subiaco hierher und gründete dadurch das herrlichste Kloster in Oesterreich. Leopold IV. vermehrte die Güter des Klosters. Im Jahre 1418 war aber so große Unordnung eingerissen, daß Papst Martin V. abermals Benediktiner aus Subiaco dahin sandte, um die dasigen Mönche zu reformiren. Eine große Anzahl deutscher Benediktinerklöster schloß sich dieser Reform an u. bildete die Kongregation von M., die 1623 unter den rein österreichischen Klöstern noch enger befestigt wurde. Noch gegenwärtig gilt M. als Muster von Ordnung, Bildung und Zucht. Ein Beweis für die natürliche Festigkeit des Orts ist es, daß derselbe 1612 sogar eine Belagerung aushielt und noch im Juli 1685 vom Abt Müller gegen die Türken vertheidigt wurde. Vgl. Keiblinger, Geschichte des Benediktinerstifts M., Wien 1851.

Melksham, Stadt in der englischen Grafschaft Wilts, am Avon, mit Fabrikation feiner Tuche, bedeutenden Viehmärkten, warmen und kalten Mineralquellen und 2450 Einw.

Mellan (Mellon), chemische Kohlenstickstoffverbindung, welche nach Liebig dem Cyan analog ist und wie dieses mit Metallen Verbindungen eingeht. Es ist ein gelbes Pulver, in den gewöhnlichen Lösungsmitteln u. verdünnten Säuren unlöslich, gibt mit schmelzendem Kali cyansaures Kali u. Ammoniak und treibt Jod aus seinen Verbindungen aus. Das Mellankalium entsteht beim Zusammenschmelzen von Rhodankalium mit Antimonchlorür, beim Schmelzen von Kali mit M. oder mit Melam und durch Zusammenschmelzen von Schwefel mit Ferrocyankalium. Es bildet weiche weiße Nadeln, die sich schwer in kaltem, leichter in heißem Wasser lösen u. in Alkohol unlöslich sind. Es schmeckt intensiv bitter, ist aber nicht giftig, schmilzt in der Rothglut ohne Ammoniakentwickelung u. zerlegt sich in höherer Temperatur in Cyan, Stickstoff und Cyankalium. In den meisten Salzlösungen erzeugt es Niederschläge. Ueber die Konstitution des M.s sind die Ansichten noch getheilt.

Mellan, Claude, Zeichner, Maler u. Kupferstecher, geboren 1601 zu Abbeville, bildete sich in Italien, wo er sich bald ausschließlich der Kupferstecherkunst zuwandte, erhielt nach seiner Rückkehr von Ludwig XIV. ein Jahrgeld und eine Wohnung im Louvre u. † 1088 zu Paris. Ein berühmtes Werk von ihm ist ein Christuskopf, den er mit einer einzigen Spirallinie zu Stande brachte. Aehnliche Sonderbarkeiten erscheinen auch in anderen Blättern von seiner Hand; gleichwohl hat er in Stich und Zeichnung Vorzügliches geleistet.

Melle, Arrondissementshauptstadt im französischen Departement Beide Sèvres, alte Stadt auf einem steilen Hügel, an der Beronne, hat ein Kommunalcollége, einen Gerichtshof, starke Sarsche- u. Wollzeuchfabrikation, Gerberei, Handel mit Korn, Kleesaat, Wachs, Wolle und Rindvieh und 2630 Einw. In der Nähe Mineralquellen.

Mellin, Gustaf Henrik, schwedischer Schriftsteller, geboren den 23. April 1813 zu Revolax in Finnland, fand nach dem frühzeitigen Tode seiner Aeltern bei Franzén (s. d.) Aufnahme, studirte seit 1821 Theologie und ward 1829 als Geistlicher ordinirt. Da seine historische Novelle „Blomman på Kinnekulle" (Stockholm 1829, deutsch, Stuttgart 1845) Beifall fand, so ließ er ihr eine Menge ähnlicher folgen, welche späterhin gesammelt erschienen in „Romantiska bilder ur Svenska historien". Außerdem hat er viele Novellen und Romane verfaßt, von denen auch mehre in deutscher Uebersetzung erschienen sind, z. B. „Schwedens Schutzgeist wacht noch" (Leipzig 1842), „Johannes Fjällman" (das. 1843, 2 Bde.), „Johan Casimir de la Gardie" nebst Fortsetzung „Der Zug über den großen Belt" (das. 1850, 4 Bde.) u. a. m. Mit Unterstützung anderer Dichter gab er eine Reihe von Jahren (1831 bis 1845) alljährlich zu Weihnachten einen Kalender heraus unter dem Titel „Vinterblommor". Eine Sammlung seiner Gedichte erschien 1852. Außerdem gibt es noch zahlreiche Arbeiten in verschiedenen Fächern von seiner Hand, z. B. „Fäderneslandets historia för fruntimmer" (Stockholm 1836, deutsch als „Geschichte Schwedens" übersetzt von Freese, Berl. 1844), der Text zu den Kupferwerken „Sverige framställdt i teckningar" und „Sveriges store män och märkvärdiga fruntimmer" u. a. m. Seit 1851 ist er Pastor in Norra Wram in Schonen.

Mellit, Mineral, s. v. a. Honigstein.

Mellitsäure, s. Honigsteinsäure.

Melloni, Macedonio, namhafter Physiker, geboren den 11. April 1798 zu Parma, wirkte seit 1824 als Professor zu Parma, floh 1831 wegen Theilnahme an politischen Umtrieben nach Paris, war hier 1839—48 Direktor des Konservatoriums der Künste und Gewerbe und † den 11. Aug. 1854 zu Portici. Er hat sich u. A. durch seine Untersuchungen über die Wärme bekannt gemacht.

Mellrichstadt, Bezirkshauptstadt im bayerischen Regierungsbezirk Unterfranken und Aschaffenburg, Sitz eines Landgerichts, hat 2 Kirchen, ein Hospital, Armenhaus, Strumpfwirkerei, Glockengießerei, Wollspinnerei, Kalkbrennerei, Obstbau, Viehzucht, besuchte Jahrmärkte und 1820 Einw. M. kommt schon 770 vor und kam 1435 an Henneberg. In der Nähe schlug 1078 Kaiser Heinrich IV. den Gegenkönig Rudolf von Schwaben.

Melnik, Stadt im böhmischen Kreis Prag, an der Elbe, unterhalb der Moldaumündung, hat 2 Vorstädte, eine alte gothische Pfarrkirche, ein ehemals königliches Schloß, sehr altes Rathhaus und 3250 Einw., die besonders Weinbau treiben. Der Melniker, eine der besten böhmischen Weinsorten, hat eine tief rothe Farbe und einen etwas herben, doch angenehmen Geschmack.

Melo, eigentlich Mello, Don Francisco Manuel de, spanischer Schriftsteller der klassischen Periode, am 23. Nov. 1611 zu Lissabon geboren, trat, 17 Jahre alt, in die Armee ein und ging nach Flandern, wo er bald zum Obersten eines Regiments ernannt wurde. Später wurde dasselbe zur Dämpfung des gegen Philipp IV. in Katalonien ausgebrochenen Aufstandes verwandt und er selbst beauftragt, die Geschichte dieses Krieges zu schreiben. In Spanien als Anhänger des auf den portugiesischen Thron erhobenen Hauses Braganza angefeindet, ging er nach Lissabon, wo man ihn zu diplomatischen Verhandlungen, namentlich mit Frankreich u. England, verwandte. Indeß wußten seine Feinde den Verdacht der Ermordung des Francisco Cardosa auf ihn zu bringen, und trotz seiner Unschuld ward er seiner Güter für verlustig erklärt und nach Brasilien verbannt. Durch die Verwendung des französischen Hofs zurückgerufen, lebte er fortan in Lissabon ausschließlich literarisch beschäftigt und † hier den 13. Oktober 1665. Aus seinen historische, politische, moralische und poetische Gegenstände behandelnden, etwa 100 Bände füllenden Werken ist hervorzuheben die ebensowohl durch Genauigkeit wie durch Eleganz der Darstellung ausgezeichnete „Historia de los movimientos, separacion y guerra de Cataluña en tiempo de Felipe IV", die zuerst 1645 zu Lissabon unter dem Namen Clemente Libertino erschien. Die beste Ausgabe derselben ist die von Ferrer (Par. 1826—32, 2 Bde.). In seinen unter dem Titel „Las tres Musas de Melodino" (Lissab. 1649 und Lyon 1665) veröffentlichten Gedichten, meist satirischen und komischen Inhalts, scheint M. sich seinen Freund Quevedo zum Muster genommen zu haben.

Melocactus *Dec.* (Melonencactus, Schopffackeldistel), Pflanzengattung aus der Familie der Kakteen, charakterisirt durch die meist sehr kleinen, sich in der Regel aus einem Schopfe auf dem Scheitel entwickelnden Blüthen, den mit dem Ovarium zusammenhängenden, in 6—12 röhrig verwachsene, nur oben ausgebreitete, schmale, meist rosenrothe Blumenblätter übergehenden Kelch, die zwischen dem Filze des Schopfes verborgene Kronröhre, den fadenförmigen Griffel mit 5 meist rosenrothen Narben, die nicht zahlreichen kurzen Staubfäden und die glatte, längliche, rothe, vielsamige Beerenfrucht. Der erwähnte Schopf, aus länglichen, dünnen, mit Wolle und langen Borsten besetzten Warzen bestehend, hebt sich mit zunehmendem Alter der Pflanze mehr und mehr empor u. nimmt eine cylindrische oder konische, stumpfe Form an. Die Gattung begreift in der Regel fleischige, rundliche, blattlose Halbsträucher meist in Westindien u. Südamerika, welche abwechselnd mit tiefen Furchen und hervorstehenden Kanten oder Rippen versehen sind, die strahlig od. büschelförmig gestellte Stacheln tragen. M. communis *Dec.*, in Westindien, ist kugelig od. eiförmig, dunkelgrün, mit breiten Furchen und 12 tiefen, ziemlich geschärften Kanten. In der Heimat benutzt man das Fleisch des Stammes zu erweichenden und zeitigenden Umschlägen bei Abscessen und entzündlichen Hautkrankheiten. Die süßen Früchte genießt man als Obst, auch bereitet man einen Sirup daraus, welcher sich bei Brustleiden bewähren soll.

Melochen, weiße Weine, besonders Frankenweine, durch Rosinen und Rosinenbrühe süßer machen; überhaupt einen Wein verfälschen; vgl. Wein.

Melodie (v. Griech.), im Allgemeinen die geregelte Folge nach einander erklingender Töne, im Gegensatz zur Harmonie, welche mehre Töne mit einander, d. h. gleichzeitig, erklingen läßt; im Besonderen eine in sich selbst und rhythmisch zu einem bestimmten musikalischen Gedanken geordnete Folge einzelner Töne. Ein solcher Gedanke muß, wie jeder andere, seine bestimmte Abgrenzung haben, und es kann der Schluß desselben zugleich das Ende eines Tonstücks sein, oder dasselbe kann weiter gehen zu neuen Gedanken oder M.n. Die sämmtlichen M.n, welche eine Stimme im Lauf eines Tonstücks vortragen, heißen ihre Kantilene. Die M. bildet den wesentlichsten Theil eines jeden Musikstückes, die Seele einer jeden Musik, da ihr die Harmonie als solche nur als unterstützendes Ausdrucksmittel bis auf einen gewissen Grad hin untergeordnet bleibt. Die Lehre von der M. heißt Melodik. Sie lehrt uns die wesentlichen Eigenschaften einer guten M. und die Mittel kennen, wodurch diese geschaffen werden kann. Die eigentliche Erfindung einer M. aber (Melothesie) kann nicht gelehrt werden, sondern ist Sache der Phantasie. Im Allgemeinen muß sich die M. genau der Empfindung anschließen, die sie darstellen will, u. aus symmetrisch geordneten Taktgliedern bestehen, wenn sie leicht faßlich und gefällig sein soll; sie muß verschiedene Einschnitte, Kadenzen, Ruhepunkte, Perioden haben, um leichter überschaut werden zu können, und zur Vermeidung von Einförmigkeit auch in andere Tonarten ausweichen, aber doch in ihrer ursprünglichen Tonart wieder schließen. Von einer guten Gesangsmelodie verlangt man insbesondere das treue Wiedergeben des Ausdrucks des Textes. In der Bedeutung von M. als der vorherrschenden Stimme irgend eines Tonsatzes unterscheiden wir eine Haupt- und eine Nebenmelodie, u. zwar ist diejenige M. in einem Satze die Hauptmelodie, welche den Hauptausdruck hat, d. h. den Grundton einer gegebenen auszudrückenden Empfindung durchführt. Neben dieser Hauptmelodie können sich dann noch eine oder mehre Stimmen melodisch vorherrschend (nicht harmonisch) fortbewegen und eine jener Hauptmelodie entweder widerstrebende oder mit ihr verwandte Idee durchführen, je nachdem es das Darstellungsobjekt erfordert.

Melodion (griech.), ein von Dietz in Emmerich 1806 erfundenes Tasteninstrument in Form eines kleinen Klaviers. Sein Ton wird durch die Reibung metallener Stäbe, die in perpendikulärer Richtung in chronomatischer Tonart neben einander stehen, mittelst eines mit einem elastischen Körper umringten, sich umdrehenden Cylinders hervorgebracht, welcher letztere durch die Füße des Spielers in Bewegung erhalten wird, und zwar so, daß beim Forte die Bewegung geschwinder, beim Piano hingegen langsamer genommen werden muß. Jeder Ton hat den ihm zukommenden proportionirten Stab, der mittelst einer daran angebrachten Feder, die sich beim Niederdrücken der Taste dem Cylinder mittheilt, in
Vibration gesetzt wird. Der Umfang beträgt
bis 6 Oktaven. In Bezug auf die Klangfarbe
Tones läßt sich das M. fast mit keinem anderen
strument vergleichen; doch hat sich das Instrum
nicht verbreitet.

Melodrama (griech.), ein kleines dramatisches
dicht, das durch abwechselnd eintretende Musik un
brochen, zuweilen von derselben auch begleitet
unterscheidet sich von der Oper u. Operette dad
daß die Personen darin nicht singen, sondern d
miren, und die Musik die gesprochene Rede in i
Wirkungen verstärken soll. Hier hat die Musik
überall als Nebenwerk der Rede und Handlung
der Hauptsache unterzuordnen. Daher bewegt
die melodramatische Musik während der Handl
selbst vorzugsweise in leicht dahingeworfenen Gän
Harmoniefolgen, kurzen Sätzen etc. und nimmt
gelegentlich etwa einen Marsch oder einen Tanz
wenn die Handlung des Drama's dergleichen for
In Bezug auf die Zahl der handelnden Pers
unterscheidet man das Monodrama, in wel
nur Eine Person vorkommt, von dem Duodra
in welchem zwei Personen thätig sind. Die
Idee zu dem M. gab J. J. Rousseau durch se
„Pygmalion"; der eigentliche Erfinder ist jedoc
Schauspieler Brandes, welcher 1772 die Ka
„Ariadne auf Naros" von Gerstenberg bearbei
wozu Benda eine vortreffliche Musik lieferte.
Beifall, den das Stück namentlich wegen der g
Musik erntete, spornte zur Nachahmung, und so
stand Gotters „Medea", ebenfalls mit Musik
Benda, Meißners und Neefe's „Sophonisbe",
tenbergs und Voglers „Lampedo", Ramlers
phalus u. Pocris", Rambachs „Theseus auf Kr
Kaffka's „Rosamunde" etc. Mozart hat sein
Mannheim gefaßte, aber bald wieder aufgege
Ansicht, das M. müsse in der deutschen Oper
Stelle des obligaten Recitativs vertreten, in
Oper „Zaide" ausgeführt; 2 große Monologe
darin melodramatisch behandelt. Nach kurzer
der Pflege ließ man das M. wieder fallen, da
doch einsah, daß etwas Vollkommenes aus d
Art Verbindung von Poesie u. Musik, die nur ne
her gehen, nicht in einander aufgehen, nicht her
kommen kann, u. es verschwand wieder, wenig
aus der Reihe selbstständiger dramatischer W
Dagegen kommen einzelne melodramatische Sc
in Dramen und Opern noch in der Gegenwart
z. B. in Beethovens „Fidelio" und „Egmont"
Marschners „Hans Heiling", in Schumanns „M
fred"; ebenso einzelne nicht dramatische Dichtun
Balladen, auf melodramatische Art, mit begleite
Musik, z. B. Schillers „Gang nach dem Eisen
mer" mit Webers, desselben Dichters „Glocke"
Lindpaintners, der „Taucher" mit Rombergs, K
stocks „Frühling" mit Zumsteegs Musik u. a.
ähnlicher Weise ist die Sinfonie „Die Wüste"
Felicien David behandelt.

Melograph (v. Griech.), eigentlich Gesangsm
dienschreiber, Name der Notenschreibmaschine, we
an ein Klavierinstrument geschraubt, augenbli
Alles pünktlich abdruckt, was auf dem Instrum
gespielt wird. Die erste Idee zu einer solchen
schine faßte 1747 Creed in London; gefertigt w
sie vom Mechaniker Hohlfeld.

Melone (Cucumis Melo *L.*, Melonengur
eine zur Gattung Gurke (Cucumis *L.*) gehör

einjährige, kürbisartige Feld- und Gartenfrucht mit steifhaarigem, kletterndem Stengel, einfachen Winkelranken, herzförmigen, 5eckigen, gezähnelten Blättern und kugeligen und ovalen, glatten, knotigen, netzigen oder rippigen Früchten, stammt ursprünglich aus Asien, wird aber jetzt in allen Welttheilen kultivirt. Man benutzt u. baut sie in Deutschland gewöhnlich als Mistbeetpflanze, doch kennt man jetzt mehre Sorten, welche bei nicht zu ungünstiger Sommerwitterung auch im freien Lande reife Früchte tragen. Man hat zahlreiche Varietäten; gewöhnlich aber unterscheidet man glatte M.n, mit glatter, mitunter etwas rauher Schale; Netzmelonen, mit netzartig zerrissener Schale; geriefte M.n, mit gefurchter Schale; Kantalupen oder Warzenmelonen, mit dicker warziger Schale. Die Farbe der Früchte ändert in Grün, Gelb und Weiß ab. Die Kultur der M. richtet sich nach dem Klima. Neben großer Wärme verlangen sie besonders einen freien, aber gegen rauhe Winde geschützten Stand und eine gute, zum dritten Theil aus verfaultem Mist bestehende Komposterde. Eine vorzügliche Erde bereitet man aus dem Schlamm, der sich in Mistpfützen, Teichen, in welchen Enten und Gänse sich aufhalten, und in Gruben, worin flüssiger Dünger bereitet worden ist, ansetzt, wenn man ihn ein Jahr liegen läßt und dann mit Abtrittsdünger, Hühner- und Taubenmist, Seifensiederasche und einer geeigneten Menge von Laub-, Nadel- oder anderer Pflanzenerde vermischt. Um M.n im Freien zu kultiviren, macht man in der wärmsten Lage des Gartens, jedoch nicht dicht an einer Mauer, zu Anfang Mai's in der Richtung von Osten nach Westen ein Lager von altem Pferdemist oder strohigem Kuhmist, Laub und Moos, 4½ bis 5 Fuß breit, 9—18 Zoll hoch, nach vorn 5—6 Zoll geneigt und nach Bedürfniß lang, tritt es gehörig fest und bedeckt es 6—8 Zoll hoch mit Erde; oder man macht aus den genannten Stoffen kleine konische Hügel von 2—2½ Fuß Höhe, die durch einen in der Mitte eingeschlagenen Pfahl gehalten werden, od. zusammenhängende Rücken (Eselsrücken), bedeckt dieselben 6—7 Zoll hoch mit Erde, die etwas schwerer sein muß als bei flachen Beeten, weil die Hügel und Rücken schneller austrocknen. Die Hügel werden 5—6 Fuß von einander in der Richtung von Osten nach Westen angelegt; die zusammenhängenden Rücken aber müssen von Süden nach Norden laufen, so daß die eine Seite Vormittags, die andere Nachmittags von der Sonne beschienen wird. Um Ende Juli reife Früchte zu bekommen, läßt man den gewöhnlich zweijährigen Samen in feuchtem Moose an einem warmen Orte ankeimen und legt ihn zu Anfang April in dreizöllige Töpfe. Haben die Pflanzen gehörig gewurzelt, so versetzt man sie vorsichtig mit dem Erdballen in vierzöllige Töpfe. Sind die 2 ersten wirklichen Blätter ausgewachsen, so zwickt man die Spitze (das Herz) aus, damit sich sogleich 2 Ranken bilden. Man bringt die Pflanzen dann in größere Töpfe oder in flache Weidenkörbe oder hölzerne Kästen von 6—8 Zoll Durchmesser mit Abzugslöchern. Diese Behälter senkt man hierauf mit den Pflanzen in die Erde, so daß die Wurzeln durch das Weidengeflecht oder durch die Abzugslöcher dringen müssen, wodurch die Ernährung etwas gehemmt, die Fruchtbildung aber befördert wird, wie vielfache Versuche bewiesen haben. Hat man die Pflanzen in Töpfen gezogen, so werden sie Ende Mai herausgenommen und bis an die Samenblätter in die Erde gesetzt. Je näher die Zeit des Versetzens kommt, desto mehr muß man die Pflanzen an die Luft gewöhnen. Man setzt sie 4—6 Fuß entfernt von einander. Bei Sonnenschein muß man den Pflanzen in der ersten Zeit Schatten geben. Bei warmer Witterung breiten sie sich schnell aus und setzen bald Blüthen und Früchte an. Bei kalter Witterung muß man sie anfangs mit Glasglocken oder kleinen mit einer Glasscheibe versehenen Holzkästchen bedecken od. wenigstens durch ein aus 2 zusammengenagelten Bretchen od. weißem, gefirnißtem Baumwollenzeuch bestehendes Wetterdach schützen. Nach dem Auspflanzen machen die M.n wenig Arbeit mehr. Früher beschnitt man sie wenigstens alle 14 Tage, um neue Ranken zu erzeugen, erzielte aber damit spärliche Früchte. Nach dem neuen Verfahren von François und Decouflé in Paris beschneidet man die Ranken nach dem Auszwicken des Herzens nur noch zweimal, einmal hinter dem 5.—7. Blatte, dann ein Blatt über den Früchten, die man reifen lassen will. Außerdem beseitigt man die Ranken, welche die fruchttragenden behindern, ganz, ehe sie groß werden. Auch die fruchtlosen Ranken müssen von Zeit zu Zeit ihrer Spitze beraubt werden, damit sie nicht zu frech wachsen. Das Beschneiden der Ranken bei dem ersten Auge über der Frucht wird vorgenommen, sobald die M.n einen solchen Umfang gewonnen haben, daß ein Zurückgehen nicht mehr zu befürchten ist. In wärmeren Ländern schneidet man die Pflanzen gar nicht ein oder nimmt den Ranken bloß die Spitzen, sobald sich Früchte angesetzt haben. Tritt Ende Mai oder Anfang Juni kalte Witterung ein, so muß man die Pflanzen Nachts außer den Glocken ꝛc. noch mit Strohdecken oder Tüchern bedecken. Dasselbe muß bei anhaltendem Regenwetter geschehen, aber mittelst eines Gestells von Stangen, auf welchem man die Strohdecken ꝛc. ausbreitet. Beginnen sich die Pflanzen auszubreiten, so bedeckt man die Beete oder Hügel 1—1½ Zoll hoch mit kurzem Mist, nachdem man zuvor die Oberfläche etwas aufgelockert hat. Die Reife und Güte der Früchte läßt sich noch dadurch befördern, daß man über die Mistbedeckung noch Schieferplatten legt, die sich an der Sonne erhitzen und die Erde durchwärmen. Obwohl die Pflanzen anhaltende Nässe nicht vertragen, so lieben sie doch reichliche, oft wiederholte Bewässerung; es muß aber durch die oben beschriebene Unterlage für den Abzug des Wassers gehörig gesorgt sein. Wenn die Erde unter der Mistbedeckung trocken wird, ist es Zeit zum Begießen, welches bei heißem Wetter am besten am späten Abend, bei kühlem Wetter am Morgen, und zwar mit an der Sonne erwärmtem Wasser vorgenommen wird. Außerdem ist es noch räthlich, die Pflanzen bei heißem Wetter spät Abends mittelst einer Brause mit warmem Wasser zu bespritzen, besonders wenn kein Thau fällt. Haben die Früchte die Größe eines Gänseeies erlangt, so legt man sie auf Bretchen, Schiefer- oder Ziegelstücke, um der Fäulniß, der sie auf dem feuchten Boden zu sehr ausgesetzt sind, vorzubeugen. Die die Früchte bedeckenden Blätter nimmt man bis zur Reife der ersteren nach und nach ab. Hinsichtlich des Abschneidens der reifen Früchte ist eine lange Erfahrung nöthig, um den rechten Zeitpunkt zu treffen.

Will man die Reife derselben beschleunigen, so schneidet man sie einige Tage vor dem Gebrauche ab und legt sie an einen warmen Ort zwischen Stroh und Tücher. Die unreifen M.n, die man abnimmt, damit die stehenbleibenden desto vollkommener werden, oder die wegen Verspätung nicht mehr reifen, eignen sich zum Einmachen, mit Essig oder Zucker gekocht. Die Samenkerne, die man nur von den vollkommensten Früchten nimmt, bleiben 15—20 Jahre keimfähig; doch wählt man für den Anbau im Freien jüngere Kerne. Zum Behuf der Frühzucht von M.n legt man Mistbeete an, die eine vollkommen sonnige und möglichst geschützte Lage haben und sorgfältig gewartet werden müssen. Die Aussaat geschieht dann schon im Januar od. Februar, wozu sich aber nur manche Sorten eignen. In Frankreich pflanzt man vor Ende März M.n selten in Mistbeete und zieht zur Sommerkultur das einfachere und wohlfeilere Verfahren mit Glocken ꝛc. vor. Die Früchte werden ihres saftigen, wohlschmeckenden, kühlenden Fleisches wegen, besonders in warmen Ländern, häufig als Dessertfrucht mit Zucker, am zweckmäßigsten mit etwas Pfeffer oder Ingwer genossen. Ein übermäßiger Genuß bewirkt jedoch leicht Magendrücken, Kolik und Durchfall. Die Melonensamen oder Melonenkerne gehören zu den 4 großen kühlenden Samen (Quatuor Semina frigida majora) und wirken einhüllend und die Schleimabsonderung befördernd. Die **Wassermelone** (C. Citrullus *Sering.*, Cucurbita Citrullus *L.*, **Citrullengurke**), welche ein sehr saftiges Fleisch und übrigens gleiche Eigenschaften mit der vorigen besitzt, unterscheidet sich durch die buchtig-fiederspaltigen Lappen der tiefgetheilten, fast seegrünen Blätter. Sie ist ursprünglich in Afrika und Ostindien heimisch, wird aber jetzt häufig in Unteritalien angebaut, bei uns in Mistbeeten. Die Frucht ist ziemlich wie die der gewöhnlichen M.n, bei uns 6—12 Zoll dick, in südlicheren Ländern aber an 3 Fuß lang, 2 F. dick und 30 Pfund schwer, hart, glatt, schwarzgrün mit blaßgrünen und weißlichen Flecken gezeichnet. Es ist eine der berühmtesten und köstlichsten Früchte des ganzen Orients. Das äußere Fleisch ist härtlich, weiß u. ungenießbar, das innere weich, roth und saftig, süß und sehr schmackhaft. Die eigentlichen weichen Wassermelonen werden roh gegessen, die härteren in Dampf gekocht, auch mit Mehl vermischt und als Brod genossen. Die Samen gehören zu den oben erwähnten 4 großen kühlenden Samen. Bei uns gelangt die Wassermelone selten zu ihrer Vollkommenheit.

Melonenbaum, Pflanzengattung, s. v. a. Carica *L.*

Melonendistel, Pflanzengattung, s. v. a. Melocactus *Dec.*

Melopepo, s. v. a. Turbankürbis, s. **Kürbis**.

Melos, Insel, s. **Milo**.

Melote, Pflanzengattung, s. v. a. Melilotus.

Melotypie (v. Griech.), die von Duquet in Paris gemachte Erfindung, Musiknoten mit beweglichen Lettern zu drucken, s. **Notendruck**.

Melpomene (d. i. die Singende), Name der tragischen Muse, s. **Musen**.

Melpomene, Planetoid, s. **Planeten**.

Melrose (**Melroß**), Dorf in der schottischen Grafschaft Roxburgh, nordöstlich von Selkirk, am Tweed, mit 1140 Einw. Dabei die Ruine der gleichnamigen, von König David I. 1136 gegründeten **Abtei**, welche das schönste und reichste Stift in Schottland war und noch jetzt dessen schönste gothische Kirchenruine bildet. Alles, was man noch davon sieht, ist überaus zierlich und geschmackvoll und zeigt in den zarten Blumengewinden, dem schönen Laubwerk und dem Bildwerk aller Art die feinste Steinarbeit. Unter dem Hochaltar der Abteikirche fand der tapfere Graf James Douglas, welcher in der Schlacht bei Otterburne (am 15. August 1388) fiel, seine Ruhestätte. W. Scott feiert die Abtei in den Gesängen des letzten Minstrel. Nahe dabei lag sein Landsitz Abbotsford (s. d.).

Melsungen, Kreis- und Amtsstadt in der kurhessischen Provinz Niederhessen, an beiden Seiten der Fulda, über welche hier eine steinerne Brücke führt, hat eine große 1415—25 aufgeführte Kirche, eine andere sehr alte beim Hospital, ein kurfürstliches Schloß, eine Forstlehranstalt, eine Handwerksschule, bedeutende Tuchmanufaktur und Wollzeuchweberei, Maschinenfabrikation, Ziegelbrennerei und Gerberei und 3550 Einw.

Melton-Mowbray, Stadt in der englischen Grafschaft Leicester, am schiffbaren Eye (Zufluß des Soar), hat ein Literarinstitut, ein Museum, Spitzenklöppelei, Pferdezucht und 4050 Einw. Die Stadt liegt inmitten eines berühmten und vielbesuchten Jagddistrikts u. hat Ställe für 500 Jagdpferde. In der Umgegend werden viel sogenannte Stiltonkäse und Schweinefleischpasteten (Pork Pies) bereitet.

Melun, Hauptstadt eines Arrondissements im französischen Departement Seine-Marne, an der Seine, hat ein Kommunalcollége, Lehrerseminar, eine Bibliothek, Fabrikation von Steinmörtel für Statuen, fettem und hydraulischem Kalk, Ziegeln, Rübenzucker, Seiden- u. Filzhüten, Leder, Eisengeräthen, lebhaften Handel mit Holz, Kohlen, Kork und Mehl und 11,170 Einw. M. ist das alte Melodunum.

Melusine, eine ursprünglich dem celtischen Volksglauben angehörende Fee, nach der Sage eine Tochter des Königs von Albanien u. einer Meernymphe, war von ausgezeichneter Schönheit, mußte jedoch an einem gewissen Tage in jedem Monat ihre Nixengestalt annehmen. Als sie ihr Gemahl, Graf Raimondin von Lusignan, einst trotz ihrer Warnung in derselben überraschte, verschwand sie und spielte seitdem in dem Thurm des von ihrem Gemahl erbauten und ihr zu Ehren Lusineem genannten Schlosses (Anagramm von M.), so oft den Grafen von Lusignan oder dem mit diesen verwandten französischen Königsgeschlecht ein Unglück bevorstand, die Rolle der weißen Frau. Seit der Thurm 1574 zerstört wurde, ließ sie sich nicht weiter sehen. Diese Sagen lieferten Jean d'Arras um 1390 den Stoff zu einem Gedicht, welches Thüring von Ringoltingen aus Bern 1456 (gedruckt zuerst in Augsburg 1474) in deutsche Prosa übersetzte, und das eins der beliebtesten Volksbücher wurde.

Melville, 1) Insel an der Nordküste von Australien, vor der Vandiemensbai, vom Festlande durch die Clarencestraße geschieden; auf derselben hatten 1824 bis 1828 die Engländer eine Strafkolonie. — 2) Halbinsel in der Hudsonsbai, zwischen dem Foxkanal und dem gleichnamigen **Golf**, durch die Heklastraße von der Insel Cockburn im Norden getrennt. — 3) Insel des Parryarchipels im Nordwesten des arktischen Amerika, unter 75° nördl. Br. und 92° westl. L., ist ungefähr 30 Meilen lang, 10 Meilen breit, hat hohe und steile Küsten, Steinkohlenlager und Sandsteine, mit Abdrücken tropischer Farren, ist aber nicht von Menschen bewohnt. Die Insel wurde 1819 von Parry entdeckt.

Melville, 1) Henry Dundas, Viscount, britischer Staatsmann, geboren am 28. April 1742 zu Edinburg, wo sein Vater Präsident des obersten schottischen Gerichtshofs war, widmete sich daselbst dem Studium der Rechtswissenschaft, wirkte nach einander als Assessor des edinburger Magistrats, Generaladvokat in Edinburg, Lordadvokat in Schottland (1775—83) und ward von seiner Vaterstadt wiederholt ins Unterhaus gewählt, bis er zur Peerschaft gelangte. In dieser Stellung gehörte er anfangs zur Opposition, ließ sich aber bald vom Ministerium North gewinnen, dessen Maßregeln in Bezug auf die Kolonien er einem Fox, Burke und Sheridan gegenüber geschickt vertheidigte, und ward nach Norths Rücktritt 1782 in den Geheimenrath berufen und einige Zeit darauf unter der Verwaltung Shelburne's zum Schatzmeister der Marine, sowie zum Marquis von Landsdowne ernannt. Als Fox ins Ministerium trat, mußte er letztere Stelle aufgeben, wofür er dessen Indiabill aufs heftigste bekämpfte, dagegen erhielt er, als William Pitt an die Spitze der Verwaltung trat, das Schatzmeisteramt zurück und zugleich die Kontrole über die indischen Angelegenheiten. Beim Ausbruch der Geisteskrankheit Georgs III. suchte er die Erhebung des Prinzen von Wales zum Regenten zu verhindern und ward hierfür 1791 zum Staatssekretär des Innern ernannt, welches Amt er 1794 mit dem Staatssekretariat des Kriegs vertauschte. Als Gouverneur der schottischen Bank und Lord des Privatsiegels von Schottland übte er auch in seinem Geburtslande einen großen Einfluß aus. Als vertrauter Freund Pitts legte er 1801 bei dessen Entlassung seine Aemter nieder, ward aber schon 1802 zum Baron Dundas und Viscount M. erhoben und 1803 beim Wiederausbruch des Kriegs als Lord der Admiralität wieder ins Ministerium berufen. Schon früher mehrmals ungerechter Begünstigungen seines Geburtslandes und der Bestechung bei den Parlamentswahlen beschuldigt, ward er jetzt im Unterhause der Verwendung öffentlicher Gelder zu fremdartigen Zwecken förmlich angeklagt und mußte in Folge dessen wieder zurücktreten. Sein Prozeß kam durch Pitts Einfluß vor dem Oberhause zur Verhandlung, und am 12. Juni erfolgte seine Freisprechung. M. beschränkte sich von nun an auf die parlamentarische Wirksamkeit im Oberhause, zog sich 1807 ganz vom politischen Schauplatz zurück und † den 29. Mai 1811. Er schrieb mehre politische Broschüren, welche Scharfsinn und tiefe Geschäftskenntniß bekunden.

2) Lord Robert Saunders Dundas, Viscount von M., Sohn des Vorigen, geboren den 14 März 1771, studirte zu Edinburg, trat 1802 für die Grafschaft Edinburg ins Unterhaus, ward 1807 Präsident des indischen Amts und 1809 Obersekretär für Irland, aber schon 1810 aufs Neue ins indische Amt berufen. Nach dem Tode seines Vaters trat er ins Oberhaus ein, ward unter dem Ministerium Liverpool 1812 erster Lord der Admiralität, Lord des Handels und der Kolonien, Konservator der britischen Museen, Lord des Privatsiegels von Schottland und Kanzler der Universität Edinburg, legte aber, als im April 1827 Canning an die Spitze der Verwaltung trat, seine Aemter nieder, um sich der torystischen Oppositionspartei anzuschließen. Im Januar 1828 betraute ihn Wellington abermals mit der Leitung des Seewesens, bis der Eintritt des Whigministeriums im November 1830 seiner politischen Thätigkeit ein Ziel setzte. In seinem Vaterlande Schottland genoß er indessen bis zu seinem Tode als Großsiegelbewahrer und Kanzler der Universität St.-Andrews einen bedeutenden Einfluß. Er † auf Melville-Castle am 10. Juni 1851. Sein ältester Sohn, Sir Henry Dundas, geboren am 25. Februar 1801, hat sich als Oberst in den indischen Feldzügen ausgezeichnet.

3) Hermann, amerikanischer Schriftsteller, geboren zu Newyork am 1. August 1819, widmete sich dem Seedienst und machte schon in seinem 18. Jahre als Matrose eine Fahrt nach Liverpool mit, nahm dann Dienste auf einem Wallfischfahrer im stillen Ocean, desertirte aber im Sommer 1842 im Hafen von Nukahiwa und kam nach dem Typpethal, wo er von den Eingeborenen gefangen genommen ward. Nach vier Monaten von der Mannschaft eines englischen Handelsschiffes befreit, begab er sich nach Tahiti und den Sandwichinseln und kehrte im Oktober 1844 nach Boston zurück. Die Beschreibung dieser abenteuerlichen Fahrten, die er unter dem Titel „Typee, or a peep at Polynesian life during a residence of four months in a valley of the marquesas" (London 1846; deutsch von Garrigue, Leipzig 1847, 2 Bde.) herausgab, erregte, nebst der Fortsetzung „Omoo, or adventures in the South Seas" (Lond. 1847; deutsch von Gerstäcker, Leipz. 1847, 2 Bde.), durch ihren pittoresken Styl und ihre romantischen Darstellungen eines fremdartigen Gesellschaftszustandes allgemeines Interesse. In seinem „Mardi, or a voyage thither" (London 1849) suchte er die menschliche Natur und die europäische Civilisation im Gewande der poetischen Mythologie und der Sitten der Bewohner der Südsee darzustellen, während er in „Redburn, or the adventures of the son of a gentleman" (das. 1849) Schilderungen aus der Handelsmarine und in „Whitejacket, or the world in a man-of-war" (das. 1850) aus der Kriegsmarine gab. Im Jahre 1847 siedelte er nach Newyork über; 1850 ließ er sich auf einem Landgute bei Pittsfield im Staate Massachusetts nieder. Noch schrieb er die Romane „Moby Dick, or the whale" (Newyork 1851) und „Israel Potter" (1855).

Melvill van Carnbée, Pietre, Baron, niederländischer Geograph und Hydrograph, am 20. Mai 1816 im Haag geboren, erhielt im Institut zu Medemblik seine Vorbildung zum Seedienst und unternahm als Adelborst erster Klasse 1835—37 seine erste Reise nach Ostindien. Im Jahre 1839 trat er als Lieutenant zweiter Klasse eine zweite Reise dahin an und erhielt eine Stellung im hydrographischen Bureau zu Batavia. Hier bearbeitete er zunächst seinen trefflichen „Zeemansgids" (Amsterdam 1842, 2. Aufl. 1849) für jene Theile des indischen Oceans, sowie eine Küstenkarte in 5 Blättern, welchen andere hydrographische Arbeiten über die chinesische See, Riouw, Singapore, Linga folgten. Die Ergebnisse seiner hypsometrischen Messungen im ostindischen Archipel legte er in der

„Carte hypsométrique de l'archipel des Indes“ nieder. Im Jahre 1845 kehrte M. über das britische Indien nach Europa zurück und vereinigte sich hier mit Siebold zur Herausgabe des „Moniteur des Indes orientales et occidentales“ (Haag 1827—49, 3 Bde.). Der „Tijdschrift voor Nederlandsch Indie“ fügte er 1849 eine „Algemeene statistieke kaart der Nederlandsche overzeesche bezittingen“ bei. Im Frühjahre 1850 zum Oberlieutenant erster Klasse befördert, ging er als Adjutant des Admirals van den Bosch abermals nach Batavia, wo er mit der Leitung des hydrographischen Bureau's beauftragt ward und 1854 die Herausgabe des umfassenden „Algemeenen Atlas van Nederlandsch Indie“ begann, aber schon am 24. Okt. 1856 zu Weltevreden auf Batavia †. Von seinen Karten sind noch zu nennen die der Javasee (1854) und der Ostküste von Celebes (1854).

Melylalkohol, s. v. a. Myricylalkohol (s. d.).

Membran (v. Lat.), s. v. a. Haut, besonders eine solche von zarter Beschaffenheit, Häutchen; in der botanischen Terminologie Bezeichnung eines flachen, zarten, biegsamen Pflanzenorgans; auch s. v. a. Pergament und eine auf Pergament geschriebene Handschrift.

Membrum (lat.), Glied; M. genitale, Zeugungsglied.

Memecylon *L.* (Safranbaum), Pflanzengattung aus der Familie der Caprifoliaceen, charakterisirt durch die halbkugelige oder fast kugelige Kelchröhre mit kleinem, stumpfem, 4zähnigem oder fast ganzem Saum, die 4 Blumenblätter, 8 Staubgefäße mit in der Mitte angehefteten, geschnäbelten Antheren und die ziemlich trockene, bei der Reife 1fächerige und meist 1samige Beere, Bäume und Sträucher meist in Ostindien. Die Blätter von M. capitellatum *L.*, auf Ceylon, nehmen im trockenen Zustande eine safrangelbe Farbe an und theilen dieselbe auch andern Stoffen mit, daher sie in Ceylon, wie bei uns der Safran, an Speisen genommen werden. Von dem baumartigen M. edule *Roxb.* (eßbarer Safran) auf Koromandel, sind die zusammenziehend-süß schmeckenden Beeren genießbar. Die Blätter färben gelb. M. grande *Retz.*, in Ostindien u. auf Java, hat sehr kleine, röthlichblaue Blüthen und rothe, später glänzend schwarze, saftige Beeren. Der Absud der Pflanze mit Oel wird gegen Jucken der Haut gebraucht.

Memel, Fluß, s. v. a. Riemen.

Memel, Kreisstadt in der preußischen Provinz Preußen, Regierungsbezirk Königsberg, mit schwacher Befestigung und Citadelle, die nördlichste Stadt des preußischen Staats, liegt in einer sandigen Gegend an der Mündung der schiffbaren Drange in das kurische Haff, an dessen nördlichem Ende, unweit der russischen Grenze, besteht aus der Alt- und Neustadt (Friedrichsstadt) und den Vorstädten und hat 2 evangelische Kirchen und eine katholische, eine Synagoge, ein Gymnasium, eine höhere Bürgerschule, Navigationsschule, ein Rettungshaus, eine Börse und ist Sitz eines Landrathsamts, Kreisgerichts, eines Hafenpolizeikommissariats, Lootsenkommando's, einer Kommandantur, einer Prüfungskommission für Seeschiffsfahrer, Lootsen rc., einer Bankkommandite, mehrer Konsulate und eines Hauptzollamts. Die Einwohnerzahl beträgt 17,690. Man unterhält einige Tuchmanufakturen, Leinwandwebereien, Bernsteindrehereien, Seifen- u. Potaschesiedereien, Branntweinbrennereien und Bierbrauereien, von größerer Bedeutung sind aber die dasige Eisengießerei und mehre Kettenschmiedewerkstätten, sowie der Schiffbau und die Anfertigung von Schiffbauhölzern, womit mehr als 60 Sägemühlen beschäftigt sind. Am wichtigsten ist der Handel, vornehmlich mit Holz; zur Ausfuhr kommen vornehmlich Schiffsmaste, Planken, Dielen, Stab- und andere Hölzer, außerdem Getreide, Leinsaat, Flachs und Hanf, Lumpen, Oelkuchen rc.; sodann Häute, Borsten, Federn, Wachs, Potasche rc. Die bedeutendsten Einfuhrartikel sind Salz, Steinkohlen, Häringe, Cäment, Gyps, Getreide, Theer und Pech. Begünstigt wird der Handel durch den trefflichen Hafen, der theils aus dem Seetief und großen Becken, theils aber aus der Mündung der Drange gebildet wird und an 300 Handelsschiffe aller Größen fassen kann, und dessen Einfahrt durch einen Leuchtthurm gesichert ist. M. besaß 1858 86 eigne Segelschiffe von 18,842 Last und 5 Dampfer. Im Jahre 1860 liefen in den dortigen Hafen ein 976 Schiffe von 129,552 Lasten, aus 986 Schiffe von 123,070 Lasten. Die Citadelle besteht aus 4 Bastionen mit Ravelins und Halbmonden. M. wurde 1252 unter den Mauern der Ordensburg Memelburg gegründet und sollte anfangs den Namen Neudortmund und dortmundsches Stadtrecht erhalten, wurde aber Memelburg genannt und bekam lübecksches Recht. Ein Drittel der Stadt gehörte dem Bischof von Kurland, zwei Drittel besaß der livländische Schwertorden. Letzterer übertrug 1326 seinen Antheil dem deutschen Orden, der 1328 die ganze Stadt erhielt und sie 1404 aufs Neue befestigte. In den Kriegen mit den Lithauern und Polen im 13.—15. Jahrhundert hatte die Stadt viel zu leiden, brannte wiederholt ab, wurde eine Zeitlang von den Schweden besessen und 1757 von den Russen erobert. Nach der Schlacht bei Jena (1806) war sie der Aufenthalt Friedrich Wilhelms III. Am 28. Januar 1807 wurde daselbst der Friede zwischen Preußen und England abgeschlossen. Am 27. December 1812 wurde M. in Folge der Kapitulation zwischen Trabenfeld und Paulucci von den Russen besetzt. Im Jahre 1854 brannte ein großer Theil der Stadt mit reichen Waarenvorräthen ab.

Memento mori (lat.), gedenke des Todes!

Memleben, Dorf in der preußischen Provinz Sachsen, Regierungsbezirk Merseburg, Kreis Eckartsberga, an der Unstrut, mit 600 Einw., merkwürdig wegen des daselbst zu Anfang des 10. Jahrhunderts, angeblich von Mathilde, der Gemahlin Heinrichs I., gegründeten Benediktinerklosters, welches von Kaiser Otto II. zur Abtei erhoben und reich ausgestattet, später aber wegen der unter den dortigen Mönchen einreißenden Zügellosigkeit dem Stift Hersfeld überlassen ward. Heinrich I. und Otto I. starben daselbst. Von der Klosterkirche, einem der ausgezeichnetsten Bauwerke aus der Uebergangsperiode des byzantinischen Styls in den gothischen, sind noch bedeutende Ruinen mit Wandmalereien erhalten. Die Krypta wurde in neuerer Zeit durch die Fürsorge der preußischen Regierung theilweise restaurirt. Vgl. Wilhelm, Geschichte des Klosters M., Naumburg 1827; Puttrich, Die Kirchen zu M., Schraplau und Treben, Leipzig 1837.

Memling (Memlinc, Hemling, ital. Memelino), Hans, vorzüglicher Maler der altflandrischen Schule und der ausgezeichnetste Nachfolger der Gebrüder van Eyck, soll zu Damm bei Brügge, nach Andern zu Konstanz geboren sein und war wahrscheinlich ein Schüler Rogiers von Brügge. Er soll 1477 im Gefolge Karls des Kühnen gegen die Schweizer gezogen, bei Nancy verwundet u. in das Johannishospital zu Brügge gebracht worden sein, das er, wieder genesen, aus Dankbarkeit mit trefflichen Bildern schmückte. Von Brügge scheint er nach Löwen gezogen zu sein und von da vielleicht nach Spanien, wo ein Juan Flamenco erscheint, dessen Gemälde in der Karthause zu Miraflores und im Dom zu Palencia aus den Jahren 1496—1509 große Aehnlichkeit mit M.s Arbeiten haben. M.s Todesjahr ist unbekannt; wahrscheinlich liegt er unter den Ruinen von Miraflores begraben. Das Eigenthümliche des Künstlers besteht in der Gabe, jede Geschichte deutlich und anmuthig durch Figuren zu erzählen, und in der zartesten und vollendetsten Technik, die mit gewandter u. edler, wenn auch noch magerer Zeichnung die größte Kraft und Wahrheit des Kolorits verbindet. Die Figuren seiner Oelgemälde sind meist miniaturartig. Die meisten und schönsten Bilder des Künstlers befinden sich zu Brügge. In der St. Salvatorkirche daselbst ist von ihm die Marter des heiligen Hippolyt, in der Frauenkirche wahrscheinlich von ihm die trauernde Maria sitzend unter gothischer Architektur, umgeben von 7 Darstellungen aus dem Leben Jesu, in der Gemäldesammlung der Akademie der heilige Christoph und die Taufe Christi, im St. Johannishospital der Reliquienkasten der heiligen Ursula mit Darstellungen aus der Legende dieser Heiligen, die Anbetung der heiligen drei Könige, die Vermählung der heiligen Katharina und eine heilige Jungfrau mit dem Kinde. In der Sammlung des Prinzen von Oranien bewahrte man von M. zwei Bilder, jedes von fünf Abtheilungen, Scenen aus dem Leben des heiligen Bertin vorstellend, früher an einem Reliquienkasten in St. Omer. Die St. Peterskirche in Löwen enthält von ihm ein aus mehren Tafeln zusammengesetztes Werk, die Marter des heiligen Erasmus darstellend, auf den Seitentafeln die Heiligen Hieronymus und Anton von Padua, darüber das Abendmahl von höchst symmetrischer Anordnung. Die Pinakothek in München besitzt u. A. von M. die Lebensgeschichte Christi mit 1500 verschiedenen Gestalten, eine Anbetung der Könige, einen auferstandenen Christus; den Evangelisten Johannes, einen Christuskopf, die 7 Freuden Mariä, Johannes den Täufer und den heiligen Christoph. Die Moritzkirche zu Nürnberg besitzt von ihm die Auferstehung Christi. Auch das berliner Museum erwarb in neuerer Zeit einige Bilder von M.s Hand. Ein treffliches Werk M.s ist der Altarschrein in der Greveradenkapelle im Dom zu Lübeck, auf den Außenseiten der beiden Flügel die Verkündigung Mariä, auf den innern Seiten die Heiligen Blasius und Aegidius, auf den Außenseiten eines zweiten Flügelpaares Johannes den Täufer und Hieronymus, auf dem Mittelbild die Passion darstellend. Eine bedeutende Anzahl von Bildern, welche M. zugeschrieben werden, befinden sich in England. Im königlichen Museum zu Paris wird ein ihm zugeschriebenes Werk mit „Instruction pastorale" bezeichnet. Unter M.s Miniaturen sind besonders die in einem Breviarium auf der St. Marcusbibliothek zu Venedig merkwürdig. Von ihm ist wahrscheinlich auch der größte Theil der herrlichen Miniaturen in einem prächtigen Gebetbuche der königlichen Hof- und Staatsbibliothek zu München. Seine Statue wurde 1858 in Brügge aufgestellt.

Memmingen, Distriktshauptstadt im bayerischen Regierungsbezirk Schwaben und Neuburg, links an der Aach, unweit der Iller u. der würtembergischen Grenze, ist Sitz eines Stadt- und Landgerichts und eines Handelsgerichts, hat 3 evangelische Kirchen, worunter die schöne alte Martinskirche, und eine katholische, eine lateinische Schule, ein Hospital; eine Pfründenanstalt, ein Waisen-, Kranken- und Leihhaus und andere Wohlthätigkeitsanstalten u. 6600 Einw., deren industrielle Thätigkeit hauptsächlich auf Tuch-, Barchent-, Band-, Seidenzeuch- und Kattunfabrikation, Leinweberei, Strumpfwirkerei, Wachstuch-, Leim-, Papier- und Tabaksfabrikation, Leinwandbleicherei und Gerberei gerichtet ist. Auch sind daselbst eine Glockengießerei, Pulver- u. Oelmühle, ein Kupferhammer und 2 Eisenhämmer in Betrieb, und außerdem hat die Stadt bedeutenden Getreide- und Hopfenbau und treibt lebhaften Handel mit den Erzeugnissen desselben, sowie mit ihren Fabrikaten, der durch sehr besuchte Märkte befördert wird. M. soll schon zur Zeit der Römer gestanden und Rostrum Nemavia, nach Andern Vimania geheißen haben. Urkundlich kommt die Stadt aber erst 1010 vor; später gehörte sie den Hohenstaufen und wurde unter Kaiser Friedrich I. freie Reichsstadt mit einem Gebiete von 2 □Meilen. Als solche hatte sie auf dem Reichstage unter den Reichsständen auf der schwäbischen Bank und ebenso beim schwäbischen Kreise die 14. Stimme. In Gemeinschaft mit Straßburg, Konstanz und Lindau übergab M. 1530 zu Augsburg die Confessio tetrapolitana, trat jedoch später zum schmalkaldischen Bunde über. Von Karl V. wurde 1551 das Gemeinderegiment abgeschafft und dem Stadtrathe übergeben. Im Jahre 1631 war M. abwechselnd im Besitze der Kaiserlichen und Schweden, wurde von letzteren 1647 den Bayern übergeben, die es 1648 wieder räumten, u. von 1702—4 von Bayern und Franzosen wieder gemeinschaftlich besetzt. Am 9. und 10. Mai 1800 erfochten hier die Franzosen unter Moreau einen Sieg über die Oesterreicher unter Kray. Im Jahre 1802 kam die Stadt an Bayern. Vergl. von Erhard, Geschichte der Stadt M., Memmingen (Nürnberg) 1814; Karrer, Briefe über M., das. 1814.

Memnon, bei Homer der Sohn der Eos und des Tithonus, König der Aethiopier, eilte nach der nachhomerischen Dichtung seinem Oheim, König Priamus von Troja, zu Hülfe, erlegte den Antilochus, ward aber von Achilles getödtet u. erhielt von Zeus auf das Flehen seiner Mutter die Unsterblichkeit. In späterer Zeit suchte man M. mehr u. mehr als historische Person aufzufassen. So erzählt Diodor von Sicilien, Priamus habe den assyrischen König Teutamus um Hülfe gegen die Griechen gebeten, und derselbe habe 10,000 Aethiopier u. ebenso viel Susianer mit 200 Wägen unter dem Oberbefehl des M. geschickt, dessen Vater Tithonus Satrap von Persien gewesen sei. M. habe die Königsburg in Susa (Memnonia) erbaut und eine Straße durch das

Land geführt, welche die memnonische genannt wurde. Er sei von den Thessaliern ermordet worden, die Aethopier aber hätten den Leichnam verbrannt und die Asche dem Tithonus gebracht. Nach einer anderen Sage erlag M. vor Troja im Zweikampf mit Achilles; aus dem entströmenden Blut entstand der Fluß Paphlagonius, der Leichnam aber wurde von den Freunden an den Fluß Aesopus in den Hain der Nymphen gebracht, die ihm einen großen Grabhügel errichteten. Die ihn beklagenden Aethiopier wurden von Eos in Vögel, Memnoniden, verwandelt, die nun jährlich zu seinem Grabhügel kamen und sich, gleichsam Leichenspiele feiernd, unter Wehklagen zerfleischten. Wieder andere Berichte verlegen sein Grab nach Susa oder an das Ufer des kleinen Flusses Belus in der Nähe von Ptolemais. Jacobs und Buttmann schließen aus diesen Sagen auf einen uralten Kultus, der sich von Aethiopien aus nach Aegypten und durch einige Theile von Asien bis an die Ufer der Propontis verbreitet habe. Jedenfalls muß aber das griechische u. das ägyptische Element in dem Mythus geschieden werden. Nach Aegypten kam er erst im alexandrinischen Zeitalter durch die Griechen, die den ganzen westlichen Theil von Theben Memnoneia nannten, wahrscheinlich durch ein Mißverständniß des ägyptischen Mennu, welches die Reihe stattlicher Tempel bezeichnete, welche hier am Fuße der libyschen Berge sich hinzogen. In Theben ging die griechische Sage noch weiter und fand inmitten der Memnonien auch eine Statue des M., des Gründers jener Gebäude. Vor einem Tempel des Königs Amenophis III., der um 1500 v. Chr. gegen Ende der 18. Dynastie regierte, waren zwei mächtige monolithe sitzende Kolosse dieses Pharaonen errichtet (Memnonssäulen), die aus einem Kieselkonglomerat von überaus harter u. spröder Natur bestanden. Diese bewirkte, daß, besonders während plötzlichen Temperaturwechsels, bei aufgehender Sonne kleinere u. größere Stücke des Steins zersprangen. Der hierbei wahrgenommene Schall veranlaßte die Sage von dem Tönen der Memnonssäule, wodurch M. beim Aufgang der Sonne den Gruß seiner Mutter Eos erwiedere. Im Jahre 27 v. Chr. stürzte ein Erdbeben den Obertheil des nördlichen Kolosses herab. Die Restauration desselben rührt wahrscheinlich von Septimius Severus her; dieselbe dämpfte auch die hellen Töne so, daß sie nicht mehr gehört wurden, wie sich aus den Inschriften ergibt. Die Höhe der nördlichen Statue, vom Kopfe bis zum Fuße gerechnet, beträgt 45¹/₂ Fuß. Dazu kommt noch die als besonderer Block davon getrennte Basis von 13 Fuß 7 Zoll, wovon gegen 3 Fuß durch eine herumgelegte Stufe verdeckt werden. Demnach erhoben sich ursprünglich diese Statuen nahe an 60, mit dem Kopfschmuck vielleicht an 70 Fuß hoch über dem Tempelboden. Auffallend ist, daß noch immer mehre von den abgespaltenen u. nur lose hängenden Stücken metallhell klingen, wenn man darauf schlägt, während andere daneben dumpf und tonlos bleiben. Vergl. Letronne, La statue de M., Paris 1833; Lepsius, Briefe aus Aegypten, Berlin 1852.

Mémoire (franz.), eigentlich Gedächtniß; dann was zur Erinnerung an eine Sache dienen soll; Schrift, Aufsatz, verabfaßt und publicirt, um die Diskussion eines Gegenstandes anzuregen; daher besonders eine Staatsschrift, worin ein Diplomat seine Ansicht über eine staats- oder völkerrechtliche Angelegenheit, hinsichtlich deren verschiedene Meinungen obwalten, darlegt.

Memoiren (v. Franz., Denkwürdigkeiten), Darstellungen historischer Thatsachen, welche der Verfasser selbst erlebt u. aus dem Gedächtnisse schriftlich aufgezeichnet hat. Sie stehen zur eigentlichen Historiographie in einem ähnlichen Verhältnisse wie die Chroniken, von denen sie sich aber dadurch unterscheiden, daß sie das Detail ausmalen und insbesondere die versteckteren Motive der Handlungen darzulegen suchen, während jene lediglich die Thatsache selbst hinzustellen sich begnügen. Die M. bieten dem Geschichtsforscher ergiebige Quellen dar, die jedoch mit Behutsamkeit u. besonnener Kritik gebraucht werden müssen. Das klassische Alterthum hat nur zwei Schriftsteller aufzuweisen, welche in dieser Gattung Musterhaftes hinterlassen haben, Xenophon u. Cäsar. Aus dem Mittelalter kann man besonders des Bischofs Dittmar Chronik hierher rechnen. Unter den modernen Literaturen sind die englische und französische am reichsten an M., u. insbesondere ist Frankreich als das eigentliche Vaterland der Memoirenliteratur zu betrachten. Vor allen ist es diejenige Art von M., deren Hauptinhalt die historisch-psychologische Analyse von Hofintriguen und Kabalen bildet, in welcher die französische Literatur unübertreffliche Meisterwerke darbietet. Die ersten Produkte dieses Genre's finden sich im 13. Jahrhundert. Geofroy de Villehardouins Geschichtswerk über das lateinische Kaiserthum hält sich noch auf der Scheidelinie zwischen Historiographie und memoirenartiger Darstellung; zu den eigentlichen historischen M. aber gehört entschieden Joinville's Geschichte Ludwigs IX., während Froissart seinem die Jahre von 1322—1400 behandelnden Geschichtswerke nur hier u. da memoirenhaften Charakter gegeben hat. Von weit geringerer Bedeutung sind die M. von Christine de Pisan († 1415) über Karls V. Regierung und die Oliviers de la Marche, der nach 1460 schrieb, u. es läßt sich den beiden zuerst genannten Historikern nur Philippe de Comines an die Seite stellen, dessen Erinnerungen aus der Zeit Ludwigs XI. zu den Meisterwerken im Gebiete praktisch-politischer Schriftstellerei gehören. Nicht ohne Interesse sind auch die M. von Claude de Seyssel, welche die Geschichte Ludwigs XII. behandeln; ausgezeichnet durch kraftvolle Darstellung und Nationalsinn die Martin du Bellay's, welche von 1513—47 reichen. Von Wichtigkeit sind aber vornehmlich die M. aus den späteren Jahrzehnten des 16. Jahrhunderts, in sofern sie die religiösen und politischen Konflikte dieser Zeit weit lebendiger vorführen als die eigentlichen Geschichtswerke jener Zeit. Vor allen sind hier zu nennen die M. von Blaise de Monduc (1521—72), Gaspard de Saulx-Tavannes (1530—73) und Margarethe von Valois, Heinrichs IV. erster Gemahlin, deren Denkwürdigkeiten ausschließlich das Hofleben zum Gegenstande haben, das uns mit allen seinen Eitelkeiten auch von Pierre de l'Etoile vorgeführt wird. Von Wichtigkeit sind noch die „Memoriae nostrae libri VI" von Guillaume Paradin und das ebenfalls in lateinischer Sprache geschriebene Geschichtswerk von de Thou [Thuanus] (1544—1607). Durch Kraft der Darstellung und Tüchtigkeit der Gesinnung zeichnet sich aus Michel de Castelnau (1559—70). Von protestantischem Standpunkt aus schrieben: Lanoue, Duplessis-Mornay (1572—1623) und Jean Mergey. Außer de Laforce verdienen noch Villeroi (1567—1604), der Herzog von Nevers (1574 bis 1610), der Herzog von Bouillon (1560—86) u. der Prinz Ludwig von Condé (1559—66) Beachtung. Brantome's M. zeichnen sich durch eine ins Obscöne hinüberstreifende Frivolität aus, aber Sully's „Economies royales" geben ein schönes Bild von dem trefflichen Charakter ihres Verfassers. Denselben Zeitraum behandeln Bellièvre, Sillery und der Erzbischof Péréfixe von Paris. Für die Regierungszeit Ludwigs XIII. liefern der Graf von Pontchartrain (1610—20), der Herzog von Orléans, der Herzog von Rohan (1610—29), Bauciennes, der Marquis von Beauveau, Estrées (1610—17), Bassompierre, Montresor, Aubery, Montplat und Richelieu reiche und wichtige Beiträge, u. für das sogenannte „große Jahrhundert" Ludwigs XIV. sind vornehmlich die Schriften Larochefaucaulds, des Kardinals Retz, Joly's, des Grafen Jacques Saulx-Tavannes, Puysegurs, Brienne's, Motteville's, Rabutins, Talons, Estrades', Grammonts, Dangeau's, Saint-Simons, de Lafare's, Luxembourgs, Catinats, Noailles' und andere M. nicht wohl zu entbehren. Duclos schildert das Ende von Ludwigs XIV. Regierungszeit und die Zeit Ludwigs XV. mit Freimuth, und neben ihm bieten die M. des Abbé Montyon (1725—31); des Herzogs von Choiseul und Chalotais' wichtige Notizen dar. Einen ganz verschiedenen Charakter haben die berühmten „Confessions" von Rousseau u. die M. der Madame Epinay, Suards, Marmontels und Morellets, indem erstere uns ein ergreifend treues Bild von den eigenen Seelenzuständen des Verfassers, letztere aber mehr einen Einblick in die literarischen Verhältnisse und Koterien jener Zeit darbieten. Für die Periode der Revolution sind solche Massen von M. vorhanden, daß wir uns mit der Angabe der wirklich stimmgebenden Autoritäten, eines Necker, Besenval, Bouillé, Ferrière, Alexander Lameth, Lafayette, Montlosier, der Madame de Staël, Campan, Barbaroux, Billaud-Varennes, Dumouriez, der Madame Roland, Thibaudeau, Mirabeau, Mounier, Barère, Camille-Desmoulins u. Grégoire begnügen müssen. Manches trägt einen berühmten Namen an der Stirn, ist aber offenbar untergeschoben, wie denn überhaupt in neuerer Zeit die Memoirenfabrikation auf wahrhaft schwunghafte Weise betrieben wird. Einer der bedeutendsten Autoren dieser Art war Soulavie, dessen Sammlungen neuerlich durch die „Collection des mémoires relatifs a l'histoire de la révolution française" (Par. 1822—28, 30 Bde.) u. andere ähnliche Sammelwerke mit Recht verdrängt worden sind. Unter den M., welche enger begrenzte Episoden der Zeitgeschichte schildern, ist die vortreffliche Darstellung der Kämpfe in der Vendée von der Marquise Larochejacquelein hervorzuheben. Noch reichhaltiger ist aber die Memoirenliteratur über die napoleonische Zeit. Von wirklicher Bedeutung sind indeß nur die von Bignon, Las Cases, O'Meara, Constant, Lavalette, Savary, Fain, von der Herzogin von Abrantes, Marmier und Eugen Beauharnais. Unter den Schriften, welche sich vorwiegend auf literarische und artistische Gegenstände beziehen, sind die M. von Rivarol, Grétry, Talma u. Charl. Nodier die bedeutendsten. Lediglich die höheren socialen Kreise u. Beziehungen beleuchten die M. der Madame Genlis, der Fürstin Salm, des Fürsten von Ligne u. Anderer. Unter den neuesten M. sind wahrhaft gehaltreich die von Chateaubriand, Carnot u. George Sand. Als Kuriositäten sind zu betrachten die M. Vidocqs und Gisquets, Lacenaire's, der Madame Lafarge ꝛc. In England beginnt die Memoirenliteratur erst seit der Regierung der Königin Elisabeth wichtiger zu werden. Erhebliche Quellen für diese Zeit sind die M. von James Melville, welche bis auf Jakobs I. Zeit herabreichen, und von Th. Birch, sowie für die schottischen Verhältnisse die von Dav. Crawford of Drumsey interessante Ausbeute gewähren. Für die religiös-politischen Bewegungen und Konflikte des 17. Jahrhunderts sind erwähnenswerth: Rushwort (1618—42), Ludlow, Clarendon (1621—60), Whitelock (bis Karl I.) und Will. Temple (1672 bis 1679). Die wichtigsten hierher gehörigen M. sind zusammengestellt in Guizots „Collection des mémoires relatifs à la révolution d'Angleterre" (Paris 1823, 33 Bde.). Eine lebendige Charakteristik des Protektors Cromwell gibt Peck, und den Verfall der Stuarts behandeln auf gleiche Weise John Dalrymple und Pepys, an welche sich Burnet u. Marlborough anschließen. Die Denkwürdigkeiten Bolingbroke's, Walpole's, John Ker of Kerslands u. A. beziehen sich auf Georgs I. Zeit. Wie in Frankreich, so schwillt auch in England in der neueren Zeit die Memoirenliteratur zu nicht zu bewältigenden Massen an. In **Deutschland** machte man zwar im Zeitalter der Reformation einen vielversprechenden Anfang in der Gattung der politischen M., wie einige lateinisch geschriebene Folianten beweisen, die sich hinsichtlich der Gründlichkeit mit ähnlichen Produkten des Auslandes messen dürfen. Aber bald verdorrte dieser Zweig der geschichtlichen Literatur wieder. Nur in dem Gebiete der literarischen Denkwürdigkeiten haben wir an Goethe's „Wahrheit und Dichtung" und einigen anderen ähnlichen Werken wirkliche Schätze. Als eigentlich politische M. möchten von älteren Produkten nur Dohms „Denkwürdigkeiten", von den neueren die Varnhagens von Ense, von Gagerns, Arndts, des Ritters von Lang und Hormayrs zu nennen sein.

Memorabilien (v. Lat.), s. v. a. Denkwürdigkeiten, Memoiren (s. d.).

Memoria (lat.), das Gedächtniß; M. localis, Orts-, M. realis, Sach-, M. verbalis, Wortgedächtniß.

Memorial (v. lat. memoriale), was überhaupt zur Erinnerung an eine Sache dienen soll; daher schriftliche Eingabe, welche bei einer Staatsbehörde etwas in Erinnerung bringen soll; öffentliche Anzeige, mittelst welcher man die Aufmerksamkeit des Publikums auf einen Gegenstand hinlenken will; **Memorandenbuch**, Buch, worin man Notizen, die man stets zur Hand haben will, aufzeichnet.

Memphis (ägypt. Menuphi, Memphit, in der Bibel Noph oder Moph), die älteste Hauptstadt von Unterägypten und die zweite Residenz der älteren Könige, auf dem westlichen Nilufer, 15 römische Meilen oberhalb des Delta gelegen, wurde nach Manethon und Herodot von dem ersten geschichtlichen Könige Aegyptens, Menes, nach Diodor von Uchoreus erbaut, der sie nach seiner Tochter benannt haben soll. Die Stadt bestand aus 3 Theilen, von denen 2 aus Ziegeln, der dritte aus Steinen erbaut waren. Der letztere war die höher gelegene Burgstadt. Hier befanden sich der königliche Palast und später auch die Quartiere für die mit Ackerloosen ausgestatteten griechischen Söldner der saitischen Dynastie, sowie für die persische Besatzung. Durch Uchoreus bekam die Stadt einen Umfang von 3¾ geographischen Meilen, und als Sitz der Regierung gewann sie an politischer und religiöser Bedeutung. Das Hauptheiligthum der Stadt und Aegyptens überhaupt war der Tempel des Phtha (des griechischen Hephästus), von Menes gegründet und von den folgenden Pharaonen ausgeschmückt (daher der Name „Stadt des Phtha"). Der Verfall von M. beginnt mit der Eroberung des Landes durch Cambyses. Artaxerxes Ochus, dessen besiegter Nebenbuhler, Nectanebus, in M. eine Zufluchtsstätte gefunden, ließ nach Eroberung der Stadt die Mauern niederreißen, die Tempel plündern und die alten Urkunden wegnehmen. Aber auch nachdem in Folge der macedonischen Eroberung der Herrschersitz nach Alexandria verlegt worden war, dauerte die priesterliche Geltung von M. in den Augen des ägyptischen Volks noch fort. Nach und nach nahm jedoch die alte Herrlichkeit immer mehr ab, und als die vernachlässigten Kanäle des Nil das mit Schlamm gesättigte Wasser nicht mehr ordentlich in die zwei Seen im Norden und Westen der Stadt abführten, begann die Verschüttung der umgestürzten Monumente, die der libysche Wüstensand vollendete. Nach der Eroberung durch die Araber (639 oder 640 n. Chr.) entstanden an der Stelle der alten Stadt die Städte Fostai und Kairo. Jetzt sind nur noch unförmliche Schutthügel auf der Stelle des alten M. zu sehen und kaum noch der Umfang des Phthatempels und der Königsburg zu erkennen. Die großartigsten Zeugen der alten Pracht und Bedeutung M.' sind aber die Pyramiden und unzähligen Privatgräber, die sich am Saum der libyschen Wüste von Abu-Raasch, Kairo gegenüber, bis zum Fayûm hinaufziehen. Vergl. Lepsius, Denkmäler aus Aegypten, Abth. 1, Bl. 9—50.

Memphis, Stadt im nordamerikanischen Staat Tennessee, am Mississippi auf einer Terrasse 52 Fuß über dem Hochwasser des Flusses, dicht unterhalb der Einmündung des Wolf- od. Loosahatcheeflusses gelegen, auf einer langen Strecke der einzige zu einem bedeutenden Stapelplatz geeignete Ort am Mississippi, ist regelmäßig gebaut, hat 2 Banken, ein Handels- und Kriminalgericht und 22,600 Einw. Die Stadt ist der Hauptausfuhrplatz für die Produkte Westtennessee's, und es werden daselbst jährlich über 120,000 Ballen Baumwolle verschifft. In der Nähe befinden sich auch Schiffswerften der Union. M. hat direkte Dampfbootverbindung mit den Hauptplätzen am Mississippi und Ohio und liegt an der Memphis- und Charlestoneisenbahn.

Mena, Juan de, spanischer Dichter, 1411 zu Cordova geboren, studirte zu Salamanca, machte sich sodann zu Rom noch mit der altklassischen Literatur vertraut, ward nach seiner Rückkehr lateinischer Sekretär und Historiograph des Königs Johann II. und Mitglied des Raths seiner Vaterstadt und † 1456. M. machte die ersten größern Versuche, nach lateinischen und italienischen Mustern kastilianische Gedichte zu verfassen, und schrieb u. A. das allegorisch-didaktische Gedicht „El laberinto" (Sevilla 1496; mit Kommentar von Nuñez, das. 1499, von Sanchez, Salam. 1582 und öfter), ein Gedicht zur Feier der Dichterkrönung des Marques de Santillana (1492), ein allegorisch-ascetisches
Gedicht „Contra los siete pecados mortales" (
lam. 1500) und mehre kleinere Stücke im höf
Ton (ein „Cancionero general"), Räthselspie
Seine sämmtlichen poetischen Werke erschiener
gesammelt (Sevilla 1528, Madrid 1804 und 1
M. ist als der Vorläufer von Boscan und Gar
anzusehen.

Menabrea, Federigo Luigi, namh
Mathematiker und Physiker, geboren den 4.
1809 zu Chambery, ist gegenwärtig Genera
Genie der italienischen Armee, wirkt daneben
Professor an der Universität zu Turin und ha
durch viele Untersuchungen auf den Gebieten
Mathematik und Physik bekannt gemacht.

Menado, Stadt auf der nordöstlichen Halb
von Celebes, Hauptort der gleichnamigen niede
dischen Residentie (1267 □Meilen mit 108
Einwohnern), gut gebaut, hat einen besuchten
Hafen an der Nordküste und an der Mündun
Tondano, geschützt durch das Fort Amsterdam,
zählt 6000 Einw., bestehend aus Malayen, Chi
und Alfuren.

Menächmus, berühmter griechischer Bildner
Naupactus, um 480 v. Chr., verfertigte u. A
Soidas das Bild der Artemis Laphria aus E
bein und Gold, das auf der Burg zu Paträ aufg
wurde.

Ménage (v. Franz.), Haushaltung, Wirthsch
besonders die Vereinigung einer militärischen
theilung zu gemeinschaftlicher Beköstigung, mi
eines gewissen täglichen Beitrags zur Menagel
aus welcher sie bestritten wird.

Menage, Gilles, französischer Sprachfors
den 15. August 1613 zu Angers geboren, ward
vollendeten Studien königlicher Sachwalter,
aber dann in den geistlichen Stand und ließ sich
Kloster Notre-Dame nieder, wo er eine gelehrte
sellschaft, Mercuriales, d. i. Mittwochsversamml
stiftete, die gegen 40 Jahre bestand. Seine Geb
in italienischer Sprache erwarben ihm die Mitg
schaft der Akademie della Crusca. Er † den 23.
1692. Sein „Dictionnaire étymologique d
langue française" (beste Aufl. von Jault, P
1750, 2 Bde.) und seine „Origini della lingua
liana" (Genf 1669 u. 1685) enthalten viel Bra
bares, aber auch eine Menge unrichtiger Etym
gien. Seine Ausgabe des Diogenes von L
(Lond. 1664) ist mit guten Anmerkungen begl
Die lateinischen, griechischen, italienischen und
zösischen Poesien von ihm sind ziemlich wert
Die nach seinem Tode erschienenen „Menagi
(3. Aufl., Paris 1715) enthalten einzelne Züge
seinen Gesprächen.

Menagerie (v. Franz.), Sammlung lebender
sonders ausländischer Thiere.

Menaistraße (Menaykanal), eine 4 M
lange und 1200 Fuß breite flußartige Meere
welche die Insel Anglesey von der Nordwestküste
britischen Fürstenthums Wales trennt, und die
einer Kettenbrücke (1819—22 von Telford geb
und seit 1850 noch von einer großartigen Cylin
brücke, der berühmten Britanniabrücke (s. Bang
überspannt ist.

Menam, einer der Hauptströme Hinterindi
in seinem Oberlaufe Meping genannt, entspr
an der Südgrenze China's u. durchfließt eine fr
bare Thalebene. In dem südlichen breiten Allu

lande theilt er sich mehrfach u. bildet ein verwirrtes Netz von Wasserfäden, von dem aus durch Kanäle das Land reichlich bewässert wird. Er mündet unterhalb Bangkok nach 200 Meilen Laufs in den Golf von Siam.

Menander, 1) der bedeutendste Dichter der sogenannten neuen attischen Komödie, geboren zu Athen 342 v. Chr., soll sich aus Verdruß über den größern Beifall, den einst sein Nebenbuhler Philemon erntete, um 290 ertränkt haben. Seine Komödien, über 100 an der Zahl, bewegen sich in den Kreisen des socialen Lebens und sind durch Reichthum der Erfindung u. Sicherheit in der Charakteristik, sowie durch seinen Witz, reiche Sentenzen und gebildete Sprache ausgezeichnet. Von den römischen Komikern hat Plautus M.s Stücke bearbeitet, Terenz sie unfrei nachgeahmt. Außer diesen Nachbildungen haben wir nur einzelne Bruchstücke von M., die am besten nebst denen des Philemon von Meinecke (**Menandri et Philemonis Reliquiae etc.**, Berlin 1823) und in neuerer Bearbeitung von demselben in den „**Fragmenta comicorum graecorum**“ (das. 1839) zusammengestellt und erläutert, auch von Dindorf der Gesammtausgabe des Aristophanes (Paris 1838) beigegeben worden sind.

2) M., griechischer Rhetor aus Laodicea am Lycus, im 2. und 3. Jahrhundert n. Chr., hinterließ außer andern rhetorischen Erläuterungsschriften, die wir nur aus Titeln und Fragmenten kennen, eine Abhandlung „**De encomiis**“ oder „**De genere demonstrativo**“, am besten herausgegeben von Walz in den „**Rhetores graeci**“ (Bd. 5, Stuttgart 1836).

Menangkabo, ehemals mächtiges Reich im Innern der Insel Sumatra, umfaßt einen der fruchtbarsten, schönsten und bevölkertsten Theile der Insel und bildet den Stammsitz der Malayen. Der Sultan, der früher seine Herrschaft fast über die ganze Insel ausdehnte, ist jetzt von den Niederländern unterworfen, welche das Gebiet mit dem Namen Padang Bovenlande bezeichnen u. eine Menge Forts errichtet haben, um das Volk im Zaum zu halten. Im Uebrigen haben sie der Bevölkerung ihre Verfassung, die in republikanischem Gemeinwesen besteht, gelassen.

Mencius, s. Meng-tse.

Mencke, 1) Otto, namhafter deutscher Gelehrter, geboren den 22. März 1644 zu Oldenburg, † als Professor der Moral zu Leipzig den 29. Jan. 1707, begründete durch die „**Acta Eruditorum**“ (seit 1682) die erste in Deutschland erscheinende gelehrte Zeitschrift. Ein Vetter von ihm, Lüder M., geboren zu Oldenburg den 24. Dec. 1658, † als Professor der Rechte in Leipzig den 29. Juni 1726, schrieb mehre juristische Werke.

2) Johann Burkhard, Sohn des Vorigen, geboren den 27. März 1675 zu Leipzig, wo er 1699 Professor der Geschichte, 1708 kurfürstlicher Historiograph, später Hofrath wurde und den 1. April 1732 †, machte sich durch Herausgabe der „**Scriptores rerum Germanicarum praecipue Saxonicarum**“ (Leipzig 1728—30, 3 Bde.) u. die satirischen „**Orationes duae de charlataneria Eruditorum**“ (das. 1715 und öfter) bekannt. Nach seines Vaters Tode setzte er die „**Acta Eruditorum**“ fort; auch begründete er 1715 die „Neuen Zeitungen von gelehrten Sachen“. Unter dem Namen Philander von der Linde war er Vorsteher der deutschübenden poetischen Gesellschaft zu Leipzig. Seine Gedichte erschienen daselbst 1705. Vgl. Treitschke, J. B. M., Professor der Geschichte zu Leipzig, Leipz. 1842.

3) Friedrich Otto, Sohn des Vorigen, geboren den 3. August 1708 zu Leipzig, † daselbst als Professor der Rechte, Hofrath u. Rathsherr den 14. März 1754, setzte die „**Acta Eruditorum**“ fort, schrieb unter Anderem eine „**Historia vitae Ang. Politiani**“ (Leipz. 1736) und gab die „**Miscellanea Lipsiensia nova**“ (das. 1741—51, 10 Hefte) heraus.

Mendañaarchipel, australische Inselgruppe im stillen Meere, nach ihrem Entdecker, dem Spanier Mendaña, der 1596 die südliche Gruppe dieser Inseln auffand, benannt, nördlich von den Pomotuinseln von Nordwesten nach Südosten gelegen. Die Inselgruppe zerfällt in 2 durch eine breite Meeresstraße getrennte Abtheilungen, eine südliche von 5 Inseln, von Mendaña Marquesas benannt, u. eine nördliche von 6 Inseln, die von ihrem Entdecker, dem Amerikaner Ingraham, 1791 den Namen der Washingtoninseln erhielt. Von den ersteren ist die bekannteste Insel Tahuata (S. Christina, unter 9° 55′ südl. Br. und 221° 9′ L.), die größte aber Hiwaoa (S. Dominica); von den letzteren die Hauptinsel, zugleich die größte u. wichtigste, Nukahiwa, deren Südspitze unter 8° 58′ südl. Br. und 220° 16′ L. liegt. Nächst dieser sind noch die beiden Inseln Ruapoa und Ruahuga zu erwähnen. Sie haben sämmtlich schroffe und steile Küsten, doch da, wo die Gebirgsthäler bis an die Küste reichen, auch gute Häfen (wie Vaitahu oder Madre de Dios oder Resolution auf Tahuata) und sind sehr gebirgig, und zwar sind die Berge vulkanischer Natur, daher steil und abschüssig, doch wohl nicht über 3000 Fuß hoch. Schöne Küstenebenen, wie sie die meisten übrigen hohen Inseln des stillen Oceans zu begrenzen pflegen, fehlen dem M. ganz, doch werden die Inseln von zahlreichen kurzen, engen, aber reichlich bewässerten und fruchtbaren Thälern durchschnitten, die durch steile Bergzüge von einander getrennt sind, aber sich meist erst an der Küste öffnen. Das Klima ist der Lage zwischen den Tropen angemessen; die Regenzeit liegt zwischen November und April, in welcher Zeit auch heftige Stürme auftreten. Die Hitze wird durch die Seeluft gemäßigt. Die Vegetation ist frisch, im Ganzen der von Tahiti ähnlich, aber ärmer an Arten als diese. Von nutzbaren Bäumen finden sich besonders Brodbäume, Kokospalmen, Pisangbäume; auch das Zuckerrohr gedeiht trefflich. Die Bewohner, deren Zahl man auf etwa 25,000 veranschlagt, zeichnen sich vor allen übrigen hellfarbigen Stämmen der australischen Inseln durch Schönheit und Kraft des Körpers aus und erinnern in vieler Beziehung, auch in Sitten und Lebensweise, an die Tahitier. Der Ueberfluß an Fruchtbäumen macht den Landbau fast unnöthig, daher derselbe vernachlässigt wird. Da nur die engen, isolirten Gebirgsthäler bewohnt werden, die fast in keinem Verkehr unter einander stehen, so haben sich keine größeren politischen Verbände bilden können, und es kommen die einzelnen Stämme, die unter kleinen Häuptlingen stehen, nur durch Kriege, die aber fast nicht abbrechen, mit einander in Berührung. Daher ihre Wildheit, die selbst bis zur Anthropophagie geht, ihre Abneigung oder wenigstens Gleichgültigkeit gegen alle Kultur, die sie von den Europäern fast nichts Anderes hat annehmen lassen als das Feuergewehr, und ihr Festhalten an ihren alten Sitten und Gebräuchen. Alle Bemühungen protestantischer und katholischer Missionäre, sie für das Christenthum zu gewinnen, sind bis jetzt ganz erfolglos geblieben, obschon die französische Regierung der Thätigkeit der letzteren Vorschub geleistet hat. Dieselbe nahm nämlich 1842 die Inseln in Besitz, was die Stämme in ihrer feindseligen Vereinzelung nicht zu hindern vermochten. Doch erkannten diese die französische Herrschaft nur dem Namen nach an, und die Kolonie ist mehr eine Last für Frankreich und kaum als Deportationsort von einigem Nutzen. Im Thale Taiohae auf Nukahiwa ist eine kleine französische Garnison; der Hauptverkehr aber findet auf Tahuata Statt.

Mende, Hauptstadt eines Arrondissements im französischen Departement Lozère, am linken Ufer des Lot, in einem Thale gelegen, ist Sitz eines Bischofs, eines Civiltribunals, einer Gewerbekammer, hat eine mit einem schönen Glockenthurm, einem Meisterwerk der Baukunst, ausgestattete Kathedrale, ein großes Seminar, ein Lehrerseminar, Kommunalcollége, eine Bibliothek, Gesellschaften für Wissenschaften, Gewerbe und Handel, ansehnliche Wollspinnerei, Tuch-, Cadis- u. Serschefabrikation, deren Produkte nach Spanien, Italien und Deutschland ausgeführt werden, u. 6870 Einw. M. ward im 16. Jahrhundert von den Hugenotten erobert u. zerstört.

Mendeligebirge, jetziger Name des Pentelikon (s. d.) in Griechenland.

Mendelssohn, Moses, der hervorragendste unter den deutschen Popularphilosophen des 18. Jahrhunderts, wurde am 6. September 1729 zu Dessau geboren, wo sein Vater in dürftigen Verhältnissen als Lehrer und Schreiber der Thorarollen bei der jüdischen Gemeinde angestellt war. Früh verrieth der Knabe einen unstillbaren Wissensdurst. Außer dem Talmud und der Bibel zog ihn am gewaltigsten das Hauptwerk des hochberühmten Maimonides „More Kebochim“ an, das M. später selbst als die Quelle seiner Philosophie bezeichnet hat. Uebermäßiger Fleiß legte schon in M.s Knabenjahren den Grund zu der Kränklichkeit, die nachmals eine fast unzertrennliche Gefährtin seines Lebens war. Die Armuth des Vaters und insbesondere auch der Umstand, daß sein innig geliebter Lehrer Rabbi Fränkel von Dessau nach Berlin berufen ward, veranlaßten 1743 M. nach letzterer Stadt zu wandern. Der nothdürftigsten Mittel zum Lebensunterhalt entbehrend, war er hier zunächst auf fremde Barmherzigkeit angewiesen. In einer Dachkammer, die ihm ein wohlthätiger Jude einräumte, schrieb er hebräische Manuskripte ab, welche Arbeit nebst einigen Freitischen ihm kärglich das Leben fristete. Oft hat M. später den Seinigen erzählt, daß er damals häufig auf seinem Stück Brod durch einen Strich den Theil habe abgrenzen müssen, den er an dem einen Tage essen durfte, wenn er am andern nicht hungern wollte. Mit einem in gleicher Armuth lebenden, vom Rabbinerhaß als Freidenker verfolgten polnischen Juden, Israel Moses, bekannt geworden, wurde M. durch diesen zum Studium der Mathematik angeregt, und ein jüdischer Arzt, Kisch aus Prag, wurde Anlaß, daß der Jüngling mit Hülfe eines für wenige Groschen erkauften alten Lexikons unter unsäglicher Mühe Latein lernte und es bald so weit brachte, Locke's berühmtes Buch „De intellectu humano“ lesen zu können. Ein dritter Glaubensgenosse endlich, der gelehrte Doktor Gumperz, leitete ihn zur Beschäftigung mit der Literatur der neueren Sprachen an. Auch das Deutsche hatte M. erst in Berlin mühsam lernen müssen. Seine materielle Noth hatte ein Ende, als ihn ein reicher jüdischer Seidenfabrikant, Bernhard in Berlin, 1750 als Erzieher seiner Kinder ins Haus nahm. Vier Jahre später machte ihn derselbe Freund zum Buchhalter in seinem Geschäft, und nach Bernhards Tode wurde M. zufolge dessen testamentarischer Bestimmung neben der Wittwe Geschäftstheilnehmer. In dieser Stellung hat der Philosoph den Rest seines Lebens, das am 4. Januar 1786 endete, zugebracht. Das erste philosophisch-deutsche Buch, welches M. gelesen und das seine Neigung zur popularphilosophischen Spekulation und Produktion erweckt hat, waren Reinbecks „Betrachtungen über die augsburgische Konfession“. Von nachhaltiger Wirkung auf sein geistiges Leben war aber das Studium Locke's, dem sich das der Schriften Shaftesbury's, Wolfs und Spinoza's anreihete. Unendlich bedeutend wurde für M. die Bekanntschaft und die dann für das ganze Leben geschlossene Freundschaft mit Lessing, dem er zu Anfang des Jahres 1754 als trefflicher Schachspieler gerühmt und vorgestellt wurde. Neben der großen Unähnlichkeit beider Männer in mannichfacher Hinsicht einigte sie doch in mehren Punkten die innigste Seelenverwandtschaft. M. wurde durch Lessing unversehens und zu eigener Ueberraschung zum Schriftsteller vor der Oeffentlichkeit. Ein Manuskript nämlich, das er dem Freunde zur Durchsicht gegeben, war von diesem heimlich zum Druck befördert worden. Es waren die im Februar 1755 erschienenen „Philosophischen Gespräche“, in denen M. sich zur Hauptaufgabe gemacht hatte, Leibniz' optimistische Weltanschauung gegen Voltaire's furchtbare Verhöhnung im „Candide“ zu vertheidigen und unsere Welt als die „beste unter den möglichen“ mit weiteren Argumenten zu erweisen. Es folgte die mit Lessing gemeinschaftlich zur Bloßstellung der berliner Akademie der Wissenschaften (welche sich durch eine alberne Preisfrage kompromittirt hatte) unternommene Schrift „Pope ein Metaphysiker“, deren geschichtlich-philosophischer Theil von M. herrührt und gleichfalls eine Apologie Leibniz' bezweckte. Im Jahre 1755 veröffentlichte M. seine Briefe „Ueber die Empfindungen“, in denen vom Standpunkt Locke's u. Shaftesbury's aus gegen die einseitige Auffassung der sinnlichen Anschauungen u. Empfindungen, als nur den untern Seelenkräften angehörig, polemisirt wird. Wahrhaft bewunderswürdig ist die klare u. stylistisch treffliche Darstellung in dieser Schrift, besonders wenn man berücksichtigt, daß die deutsche Sprache eine für M. früher fremde u. von ihm erst kürzlich erlernte war. Inzwischen war der Philosoph außer zu Lessing noch zu einigen andern geistesverwandten und bedeutenden Männern des damaligen Berlins und anderer Orte in freundschaftliche Beziehung getreten, unter denen besonders Nicolai, Sulzer und Abbt zu nennen sind. M. arbeitete für des ersteren „Bibliothek der schönen Wissenschaften“, die seit 1757 erschien, auch an den „Briefen, die neueste Literatur betreffend“ hatte er wichtigen Antheil, wie auch Nicolai's spätere Zeitschrift „Die allgemeine deutsche Bibliothek“ treffliche kritische Beiträge von M. erhielt. Als vorzüglich bedeutsam heben wir von diesen Arbeiten hervor die

„Betrachtungen über die Quellen und die Verbindungen der schönen Künste u. Wissenschaften" (1757), die „Betrachtungen über das Erhabene und Naive" (1758) u. die „Rhapsodie über die Empfindungen". M. bezeichnete selbst seine ästhetischen Strebungen als bloße Spaziergänge seines Geistes, gleichwohl hat er auf diesen seine Zeitgenossen zu einigen sehr wichtigen Gesichtspunkten der Aesthetik geleitet, wie er denn die Lessings „Laocoon" zu Grunde liegende Hauptwahrheit schon 1757 aussprach und sich ferner auch durch die Bekanntmachung der scharfsinnigen Untersuchungen Burke's über das Erhabene und Schöne in Deutschland ein wirkliches Verdienst um die Kunst erworben hat. Größeres, wahrhaft Bahnbrechendes und ihm unvergänglichen Ruhm Verheißendes hat aber M. als Religionsphilosoph gewirkt. Als solcher trat er zunächst auf in der „Abhandlung über die Evidenz in den metaphysischen Wissenschaften", welche an der berliner Akademie 1763 gekrönt wurde, während eine ungleich tiefer auf den Grund des Problems greifende Konkurrenzschrift Kants mit dem zweiten Preis abgefunden ward. Für M. war die zur Erörterung aufgegebene Evidenz eine in sich selbst bewiesene Thatsache, er bemühte sich daher in seiner Preisschrift nur, mit Kopf- und Herzensbeweisen die ihm über alle Zweifel erhabenen Wahrheiten, das Dasein des persönlichen Gottes, die Unsterblichkeit der Seele, das Begründetsein der Sittengesetze im Innersten der Menschennatur, zu deutlicherer Ueberzeugung u. zu lebhafterer Empfindung seiner Nebenmenschen zu erheben. M. hat wie kein anderer deutscher Schriftsteller für die Verbreitung des Deismus gewirkt. Er ist als Religionsphilosoph ganz einzig durch die Vereinigung herzlicher Wärme mit durchsichtiger Darstellung in seinen Schriften, wenn er auch in die Tiefe des spekulativen Abgrundes, in welche Kant das Senkblei seiner Forschung gleichzeitig warf, niemals auch nur einen flüchtigen Blick gethan hat. In zwei besonderen Schriften hat M. die Hauptgrundsätze des Deismus erörtert. Die berühmteste unter diesen, von seinen sämmtlichen Schriften die gelesenste u. die, welche ihn eigentlich erst populär machte (so daß Reisende nach Berlin kamen, um zwei Menschen, den großen König und ihn, zu sehen), ist „Phädon oder über die Unsterblichkeit der Seele in drei Gesprächen" (Berlin 1767). In dem ersten dieser Gespräche wird in ziemlich genauem Anschluß an den platonischen „Phädon" der Unsterblichkeitsbeweis auf Grund des Axioms versucht, daß der plötzliche Uebergang vom Sein zum Nichts der in der Natur allgemein waltenden Thätigkeit und dem Nichtvorhandensein unvermittelter Uebergänge widerspreche. Das zweite Gespräch hat die Unkörperlichkeit der Seele, das dritte die moralische Beweisführung für die Unsterblichkeit zum Gegenstand. Das persönliche Dasein Gottes dagegen wird in den „Morgenstunden" (Berlin 1785) abgehandelt, die ihren Namen von den Frühstunden erhielten, in welchen M. seinem ältesten Sohn und einigen andern jungen Juden Vorträge über die wichtigsten Fragen der Religion hielt. Diese Schrift ist M.s letzte größere und führt die heilige Herzensüberzeugung des Philosophen mit aller der Wärme und milden Innigkeit aus, mit welcher sie seine edle Seele erfüllte. Neben verschiedenen Uebersetzungsarbeiten, durch welche (z. B. die Uebersetzung der Psalmen ins Deutsche) er den Juden die deutsche Sprache und damit auch die deutsche Bildung in unberechenbar wichtiger Weise nahe brachte, ist ferner als wahrhaft bahnbrechender geistiger That der Abfassung der Schrift „Jerusalem oder über religiöse Macht und Judenthum" (1783) zu gedenken. In ihr zeigt sich M. auf der freiesten Höhe der Welt- und Religionsbetrachtung, die er je in seinen Schriften eingenommen. Daß die Kirche weder Gewalt über die Handlungen, noch über die Gesinnungen der Menschen üben könne und dürfe, daß jede Kirchenverfassung der Vernunft widerspreche, daß Denken und Reden der Menschen in Religionsangelegenheiten absolut freizugeben seien, ist in diesem Buch schön u. unwiderleglich nachgewiesen. Sehr merkwürdig erscheint dem in dieser Schrift verkündeten freien Evangelium gegenüber M.s zähes Festhalten am konfessionellen Judenthum. Daß er den taktlosen Bekehrungsversuch Lavaters (s. d.) in entschiedener Weise zurückwies, begreift sich leicht und war ganz in der Ordnung, aber schwerer läßt sich verstehen, wenn M. eine „aufrichtige Ueberzeugung von seiner Religion und von allem Wesentlichen in derselben" entschieden bekannte und sich so lange durch die jüdischen Ceremonialgesetze gebunden erklärte, bis der allerhöchste Gesetzgeber selbst sie wieder durch unzweideutige Kundgebung aufheben werde. Wie eng aber hier der geistige Horizont des Philosophen dem Angehörigen unserer Zeit erscheinen mag, dennoch gehörte der kleine verwachsene Jude aus Dessau, der eine Socratesseele in dem kränklichen Leibe trug, u. dessen Geistes- u. Charakterbild in seinen Hauptzügen durch Lessings „Nathan" auch dichterisch unsterblich gemacht ist, zu den Ingenien, denen die Menschheit, schwer läßt sich sagen wie viel, aber jeden Falls Großes von dem zu danken hat, was von der Wegstrecke zum Ziel ächter Humanität hinter ihr liegt. Die an M. gerichtete Schrift F. H. Jacobi's „Ueber die Lehre des Spinoza", worin Lessing des Spinozismus beschuldigt ward, erregte jenen aufs tiefste u. veranlaßte ihn zu seiner mit bereits sinkenden Lebenskräften in zitternder Eile abgefaßten letzten Schrift, welche die nach seiner Meinung verletzte Ehre des theuern Freundes retten sollte, „Moses M. an die Freunde Lessings". Sie erschien erst nach dem bald nach ihrer Beendigung eingetretenen Tode des Philosophen. Ein milder, menschenfreundlicher Priester der Wahrheit auch in seinem Wandel, war er eine Nathansseele in der Wirklichkeit. Eine vollständige Sammlung der Schriften M.s besorgte zuerst (Leipz. 1843—45, 7 Bde.) sein Enkel **Georg Benjamin** M., der als Professor zu Bonn sich außerdem durch die trefflichen Schriften „Das germanische Europa" (Berlin 1836) und „Die ständischen Institutionen in monarchischen Staaten" (Bonn 1846) bekannt gemacht hat. M.s ältester Sohn, **Joseph**, geboren den 11. August 1770, † den 24. November 1848, machte sich durch die beiden Schriften „Bericht über Rosetti's Ideen zu einer neuen Erläuterung des Dante" (Berl. 1846) und „Ueber Zettelbanken" (das. 1846) literarisch bekannt u. gründete mit seinem Bruder **Abraham** (geboren den 10. Dec. 1776, † den 19. Nov. 1835) das noch gegenwärtig von den Söhnen der Begründer geleitete berliner Bankierhaus „Mendelssohn und Komp.". Der dritte und jüngste Sohn M.s, **Karl Theodor Nathan** M., geboren den 8. Dec. 1782, † den 8. Januar

1852, bildete sich in England und Frankreich zu einem vorzüglichen Mechaniker und war seit 1835 Revisor der Hauptstempel- u. Formularverwaltung in Berlin. Von den Töchtern war die älteste, **Dorothea**, zuerst an den Kaufmann Veit, dann an Friedrich Schlegel, der sie jenem entführte, verheirathet, eine jüngere blieb unvermählt und ward die Erzieherin der Tochter des Generals Sebastiani, der nachmaligen Herzogin von Praslin. Vergl. auch **Kayserling**, M. M.s philosophische und religiöse Grundsätze, Lpz. 1856; **Derselbe**, M. M.s Leben und Wirken, das. 1862.

Mendelssohn-Bartholdy, **Felix**, einer der ausgezeichnetsten Tonsetzer dieses Jahrhunderts, wurde den 3. Febr. 1809 in Hamburg geboren, erhielt aber seine Schulbildung in Berlin, wohin sein Vater, Abraham Mendelssohn, Bankier, Sohn des Philosophen Moses Mendelssohn, um 1812 übergesiedelt war. Die früh sich regenden musikalischen Talente des Knaben nahm die Mutter, eine geborene **Bartholdy**, in sorgsame Obhut, u. die tüchtigsten Lehrer wurden zu deren Pflege und Entwickelung herangezogen: Zelter unterrichtete ihn im Generalbaß und in der Komposition, L. Berger und später Moscheles im Klavierspiel. Noch nicht volle 8 Jahre alt, löste M. bereits die schwierigsten Aufgaben des strengen Satzes und bekundete eine seltene Schärfe des musikalischen Gehörs, Stärke des musikalischen Gedächtnisses und vor Allem eine erstaunenswerthe Fertigkeit im Primavistaspiel. In seinem 9. Jahre spielte er zum ersten Male öffentlich in Berlin; im folgenden Jahre reiste er mit seinen Aeltern nach Paris, und auch hier erregte sein Spiel Bewunderung. Im Jahre 1821 nahm ihn Zelter mit nach Weimar, wo der muntere Knabe Goethe's Wohlwollen gewann. Schon damals hatte M. Kompositionen aller Art, selbst Fugen, Klavierstücke &c., auch einige kleine Operetten, geschrieben; doch trat er als Komponist erst 1824 mit 2 Quartetten für Klavier, Violine, Viola und Violoncell an die Oeffentlichkeit, denen bald eine große Klaviersonate mit Violinbegleitung in F moll und ein anderes Quartett in H moll folgten. Bevor ihm sein Vater aber sich ganz der Musik zu widmen gestattete, ließ er sein Talent 1825 zu Paris durch Cherubini prüfen. Den Ausschlag gab hier sogleich das genannte Quartett in H moll, nach dessen Vortrag (mit Baillot) die Frage über M.'s Beruf als Musiker entschieden war. Nach Berlin zurückgekehrt, brachte er 1827 seine erste größere Oper, „Die Hochzeit des Gamacho", zur Aufführung, die wenigstens bei Sachverständigen Anerkennung fand. Von 1829—33 machte er Kunstreisen durch Frankreich, Italien, England und Schottland; einen glänzenden Erfolg errang er im Konservatorium zu Paris durch seine Ouverture zu Shakspeare's „Sommernachtstraum", die er schon in Berlin in seinem 17. Jahre geschrieben hatte. Im Jahr 1834 ging er als Musikdirektor nach Düsseldorf u. gründete hier mit Immermann das rein auf Kunstgrundsätze gestützte bekannte „düsseldorfsche Theater", das aber nur kurze Zeit bestand; auch leitete er von hier aus die großen rheinischen u. a. Musikfeste, ein ähnliches auch in England. Im Jahre 1835 folgte er einem Ruf nach Leipzig als Dirigent der Gewandhauskoncerte, die durch ihn eine weite Berühmtheit erlangten; 1841 ging er als Hofkapellmeister u. Generalmusikdirektor für die geistliche Musik nach Berlin. Doch gab er diese Stellung bald wieder auf und kehrte, nachdem er noch einmal England und die Rheingegend besucht hatte, 1845 nach Leipzig in seine vorige Stellung zurück, gleichzeitig die Leitung des von ihm hier schon 1841 ins Leben gerufenen Konservatoriums übernehmend. Schon früher war er vom König von Sachsen zum Kapellmeister und von der Universität Leipzig zum Ehrendoktor der Philosophie ernannt worden; der König von Preußen verlieh ihm die Friedensklasse des Ordens pour le mérite. Er † am 4. Nov. 1847 zu Leipzig; seine Leiche wurde zur Beerdigung nach Berlin gebracht. Als Künstler charakterisirten M. hauptsächlich das bewußte Streben nach dem Höchsten in der Kunst u. eine ausgezeichnete, sowohl musikalische, als allgemeine Bildung. Dagegen fehlte es ihm an Ursprünglichkeit u. Fülle der Phantasie, an Naturkraft und Unmittelbarkeit des Schaffens. „M. (urtheilt Schlüter) ist der feinsinnige geschmackvolle Repräsentant moderner Bildung, der, mit seiner an den Alten erfrischten und gestärkten Kunst in die sentimentale Geschmacksrichtung der Zeit vorsichtig eingehend, alle Stimmen zu seinem Lobe vereinigte. Eine Blüthe reiner, warmer u. dabei fein poetischer Musik schien mitten in einem durch Reflexion zerklüfteten, großartiger Produktion unfähigen Zeitalter zu entstehen, und auch an kräftiger Charakteristik, an gesund froher Frische fehlt es den hervorstechenden unter den Kompositionen des Meisters nicht." Diejenigen Kompositionen, worauf letztere Worte unbedingte Anwendung finden, sind weniger die größern Werke geistlicher als die kleinern romantischer Färbung: „Die erste Walpurgisnacht" mit ihrem originellen Teufelsspuke u. dem weihevollen Schlusse, M.'s originellstes u. genialstes Werk (zuerst aufgeführt am 2. Febr. 1843 zu Leipzig); die so zarte wie lebendige Musik zu Shakspeare's „Sommernachtstraum", am vollendetsten in den reinen Instrumentalstücken, besonders der Ouverture, im Scherzo und im Hochzeitsmarsch (zuerst aufgeführt am 14. Okt. 1843 zu Potsdam), und die charakteristischen Koncertouverturen „Die Hebriden" oder „Fingalshöhle" (1832), ein in phantastischen Linien u. Farben ausgeführtes Gedenkblatt des Besuchs auf jenen Inseln, ferner „Meeresstille und glückliche Fahrt", „Zum Märchen von der schönen Melusine" und „Ruy Blas", zum Drama Victor Hugo's. Der hervorgehobene Mangel an durchgreifender Kraft, einfacher Männlichkeit und voller Lebenswärme macht sich besonders in den „Sinfonien" (C moll 1824, A dur 1833, A moll 1842) bemerklich, die zahlreiche Schönheiten im Einzelnen, besonders in der Instrumentation, enthalten, aber großartige Anlage, das wahre Pathos der Leidenschaft und den einheitlich festgeprägten Charakter Mozarts u. Beethovens vermissen u. überall entweder das sentimentale Lied, oder das Scherzo durchklingen lassen. Am frischesten ist die fast ganz im Scherzocharakter gehaltene sogenannte schottische Sinfonie (A moll). In den Oratorien „Paulus" (erste Aufführung zu Düsseldorf den 22. Mai 1836) und „Elias" (Birmingham, 13. August 1846) hat M. die fast unpopulär gewordene Gattung mit schöner neuer Erfindung, dabei aber, besonders im „Paulus", so ernst und würdig behandelt, daß sie als Muster der modernen Oratorienkomposition betrachtet werden dürfen. Als wirklich großartig sind die Chöre „Dank sei dir Gott", „Wehe ihm", „Der Herr ging vorüber" u. a. zu bezeichnen. Dem „Elias" im Charakter verwandt ist die Musik zu Racine's biblischem Drama „Athalia" (1844). Die ernstere bachsche Kunst reproduciren, natürlich in moderner Form, die „Orgelsonaten", die „Motetten" und die „Psalmen" für Chor, Soli und Orchester („Da Israel aus Aegypten zog", Psalm 114; „Wie der Hirsch schreit", Psalm 42). Von seinen sonstigen Werken verdienen noch Hervorhebung: das „Pianofortekoncert in G moll (1832), das Violinkoncert (1845), das Trio in D moll (1840), die brillanten Sonaten für Pianoforte und Violoncell, das Oktett, das Finale der nur im ersten Akt vollendeten Oper „Loreley", Schillers Gesang „An die Künstler" für Männerchor mit Orchester, die lieblichen „Chorlieder", die Duette, endlich für Pianoforte: die Capriccios und die allbekannten, weitverbreiteten „Lieder ohne Worte" (7 Hefte). Als im Ganzen weniger gelungene Gelegenheitskompositionen betrachten wir die Sinfoniekantate „Lobgesang" (halb Sinfonie, halb Kantate), die auf Wunsch des Königs von Preußen geschriebene Musik zu Sophocles' „Antigone" u. „Oedipus auf Kolonos"; letztere offenbaren nichts vom antiken Sinn, wie ihn Gluck besaß: statt einer Grundstimmung, die das Ganze hält u. hebt, haben sie nur Detailschilderung, im Gesang wie im Orchester. Aber selbst in ihnen, wie in andern schwächern Werken, erscheint M. noch immer als ein ganzer Musiker, als Meister des Wohllauts und der klaren, durchgebildeten Form. Auf dem Piano u. auf der Orgel besaß M. eine ebenso gediegene und geschmackvolle wie glänzende Virtuosität; dabei spielte er die schwierigsten Sachen von Bach, Beethoven, Hummel ꝛc. öffentlich stets ohne Noten und hatte fast alle größern Werke, wie die Opern von Gluck, Mozart, Weber ꝛc., fest im Gedächtniß. Einen werthvollen Beitrag zur Kunde seines künstlerischen Strebens wie seiner natürlichen Liebenswürdigkeit u. seiner Charakterreinheit liefern seine „Reisebriefe", herausgegeben von Paul M. (2. Aufl., Leipzig 1861, 2 Bde.), dagegen ist die Biographie M.'s von Lampadius (das. 1848) nicht viel mehr als ein panegyrischer Nekrolog.

Menden, Stadt in der preußischen Provinz Westphalen, Regierungsbezirk Arnsberg, Kreis Iserlohn, an der Hüne, mit evangelischer und katholischer Kirche, Fabriken für Tuch, Seidenzeuche, Sammt, Papier, Nähnadeln, Eisen- und Messingwaaren, Leinweberei, Färberei, Gerberei, Bierbrauerei, besuchten Viehmärkten und 3620 Einw.

Mendes, bedeutende alte Stadt im Delta Aegyptens, am südlichen Ufer des See's von Tanis, berühmt durch den Kultus einer Lokalgottheit, wahrscheinlich einer Form des Osiris, der in Gestalt eines Bocks verehrt wurde und in M. einen großen Tempel hatte, von dem noch Trümmer vorhanden sein sollen.

Mendikanten (v. Lat.), s. v. a. Bettelmönche.

Mendizabal, Don Juan Alvarez y, spanischer Finanzmann, geboren um 1790 in Cadix, Sohn eines jüdischen Kaufmanns, widmete sich dem Handel, fand nach der Invasion der Franzosen 1808 eine Anstellung bei der Proviantverwaltung und kam nach dem Friedensschluß auf das Kontor des Bankiers Don Vincente Beltran de Lis in Madrid, mit dem er sich aber bald veruneinigte. In seiner Vaterstadt in die Verschwörung eingeweiht, welche die Wiederherstellung der Konstitution von 1812 zum Zweck hatte, fand er 1820 bei der revolutionären Armee Anstellung und ging nach dem Sieg der liberalen Partei dem Finanzminister Canga-Arguelles bei Bewerkstelligung von Anleihen, Aufhebung der Klöster und Veräußerung der Nationalgüter hülfreich zur Hand. Nachdem die konstitutionelle Sache unterlegen, floh er nach London, wo er einen Detailhandel begann, der ihn zu häufigen Reisen nach Lissabon veranlaßte. Hier mit einem Agenten des Kaisers Dom Pedro von Brasilien bekannt geworden, schloß er 1827 für letztern eine günstige Anleihe ab, was ihm an der londoner Börse einen Namen erwarb. Im März 1833 ward er durch den damaligen spanischen Gesandten in London, General Alava, mit Lieferungen für die Truppen der Königin von Spanien betraut, und im Juni 1835 ernannte ihn Graf Toreño zum spanischen Finanzminister. In dieser Eigenschaft schloß er im August 1835 in London mit dem Hause Ricardo einen Anleihevertrag über 1,150,000 Pfd. Sterl. ab. Im September zum interimistischen Ministerpräsidenten befördert, berief er sofort die Cortes, um das königliche Statut zu revidiren, ein neues Wahlgesetz für die künftigen Cortes auf einer breiteren Grundlage zu entwerfen, erklärte die Urbanos in ganz Spanien zu Nationalgarden, hob die meisten Mönchsklöster auf und verordnete eine Aushebung von 100,000 Mann. Den Cortes legte er im December den Entwurf zu einem Finanzgesetze unter dem Namen Vertrauensvotum (voto di confienza) vor, durch welches die Regierung ermächtigt ward, die Einkünfte nach einem Gesetze vom vorigen Jahre weiter zu erheben, dieselben durch Modifikationen in der Verwaltung zu erhöhen und sich überhaupt in den Besitz aller zur schleunigen Beendigung des Bürgerkriegs erforderlichen Mittel zu setzen. Das Votum ward wirklich angenommen, aber von M. zur leichtfertigsten Veräußerung der Staatspapiere gemißbraucht. Als er bei den Verhandlungen über ein neues Wahlgesetz mit seinen demokratischen Vorschlägen gegen Toreño in der Minorität blieb, löste er am 27. Januar 1836 die Cortes auf und berief eine neue Versammlung auf den 22. März. In der Zwischenzeit machte er ein großes Finanzprojekt zum Verkauf der Nationalgüter und zur Konsolidirung der gesammten Staatsschuld bekannt, und den wieder zusammengetretenen Ständen verhieß er Herstellung der Ordnung im Staatshaushalt, Reform des Justizwesens, eine sociale Reorganisation, Preßfreiheit, Reform des Kirchenwesens, Zurückführung materiellen Wohlstandes ꝛc., doch vermochte er weder diese Verheißungen zu erfüllen, noch Spanien die Ruhe wiederzugeben und trat, deshalb von allen Seiten heftig angegriffen, im Mai desselben Jahres zurück. Nach der Insurrektion von La Granja übertrug ihm zwar Calatrava, freilich unter dem Widerspruch der Regentin, im September abermals das Finanzministerium, doch dankte M. schon im August 1837 zugleich mit jenem wieder ab. Als Deputirter der Provinz Madrid in den Cortes in den drei nächsten Jahren stand er stets in den Reihen der Opposition. Unter der Regentschaft Espartero's übernahm er 1841 nochmals das Finanzministerium, sah sich aber nach des Regenten Sturze (1843) genöthigt, nach Portugal zu flüchten, von wo er nach England und endlich nach Frankreich ging. Im Jahre 1848 kehrte er nach Spanien zurück, galt hier in den letzten Jahren als ein Haupt der liberalen Partei und † den 3. November 1853 zu Madrid.

Mendoza, Staat der argentinischen Konföderation, liegt im Westen des Landes westlich vom Desaguadero, bis an die Andes reichend, im Norden bis gegen den 35.°, im Süden bis an das Gebiet der Ranqueles sich erstreckend und hat etwa 2240 QM. Flächengehalt mit 47,480 Einwohnern. Der größte Theil ist Ebene, deren sandiger Boden mit Mimosen besetzt ist, bewässert aber reiche Ernten von Weizen, Mais ꝛc. liefert; die westliche Hälfte gehört den Thälern und Abhängen der Cordilleren an. Der Staat gehört zu den ackerbauenden, treibt aber, zwischen Chile und Cordova gelegen, auch nicht unbedeutenden Handel und hat selbst einige Industrie. Das Klima ist trocken, die künstliche Bewässerung erzeugt jedoch eine wunderbare Fruchtbarkeit. Alle Fruchtbäume Europa's gedeihen, namentlich Wein ausgezeichnet. Man bereitet auch Branntwein und Rosinen, die exportirt werden. Die Bewohner sind intelligent und arbeitsam und betreiben eine blühende Viehzucht. Eine von der Regierung angelegte Musterwirthschaft behufs der Akklimatisation ausländischen Viehs hat schon bedeutende Erfolge erzielt. Im Thale von Uspallata w'rden Kupfer und Silber, jetzt auch Gold gewor nen; im Süden von der Hauptstadt gewinnt :.an Asphalt, Steinkohlen, Marmor.' Die Hauptstadt M., am Fuß der Andes in 2340 Fuß Höhe gelegen, ist gut gebaut und wird durch Kanäle bewässert, welche von einem Nebenflusse des Flusses M. abgeleitet sind. Sie hat 4 Klöster, eine öffentliche Bibliothek, ein College, Hospital, Theater, zählt 15,000 Einwohner und wird nach Osten mi' Cordova und dem Parana durch eine Eisenba'n verbunden. Sie schreitet unablässig in jeder Beziehung fort. In der Nähe liegen zahlreiche Landhäuser und unfern der Badeort Borbollon.

Mendoza, Don Diego Hurtado de, spanischer klassischer Schriftsteller, Staatsmann und Feldherr, geboren zu Granada um 1503, studirte in Salamanca, trat dann in die Dienste Karls V., machte 1535 den Feldzug in Italien mit, nahm darauf als kaiserlicher Bevollmächtigter am Koncil von Trient Theil und ging 1547 als Botschafter an den päpstlichen Hof. Als Generalkapitän und Statthalter von Siena unterwarf er diese Republik der Herrschaft Cosmo's I. von Medici, hatte aber den Henker zum Hauptgehülfen bei seiner Verwaltung; 1554 rief ihn endlich Karl V. auf die wiederholten Klagen seiner italienischen Unterthanen zurück. Daneben hatte M. aber auch literarischen Forschungen und vornehmlich dem Sammeln griechischer Manuskripte und Alterthümer obgelegen und u. A. das Kloster auf Athos nach alten Handschriften durchforschen lassen. Nach Karls V. Abdankung wurde er von Philipp II. in den Ministerrath berufen, fiel aber in Folge eines Liebeshandels in Ungnade, ward 1568 ins Gefängniß gesetzt und endlich nach Granada verwiesen, wo er Gelegenheit fand, den Fortgang des Maurenaufstandes genau zu beobachten. Er † zu Valladolid 1575. Seine Bibliothek, vorzüglich an griechischen Werken reich, findet sich jetzt im Escorial. Seine poetischen Episteln, meist Nachahmungen des Horaz, sind die ersten guten Produkte dieser Gattung in der spanischen Literatur. Seinen Sonetten fehlen bei sonst edlem, reinem Ausdruck Anmuth und Wohllaut, seine Canzonen verfallen oft ins Dunkle und Gesuchte. Den Druck seiner Satiren verbot die Inquisition. Als Prosaiker machte M. Epoche durch seinen komischen Roman „Vida de Lazarillo de Tormes" (Burgos 1554; beste Ausgabe, Paris 1627; deutsch von Keil, Gotha 1810), den er als Student schrieb, und durch sein Geschichtswerk „Guerra de Granada", welches erst 1610 gedruckt werden durfte, vollständig aber zuerst zu Valencia 1776 erschien. Seine poetischen Werke erschienen gesammelt Madrid 1610. Sein Bruder Don Antonio Hurtado de M. war Vicekönig von Neuspanien und veröffentlichte das naturhistorische Werk „De las cosas naturales y maravillosas de nueva España". Ein anderer Don Antonio Hurtado de M., geboren um 1590 zu Burgos, † 1644, war Kommandeur des Calatravaordens, geheimer Sekretär König Philipps IV. und Mitglied des Inquisitionsgerichts und hinterließ mehre Komödien und lyrische Gedichte (Lissabon 1696, 2. Aufl., Madrid 1728), sowie einige prosaische Schriften.

Mendoza, Inigo Lopez de, s. Santillana.

Mendoza's Archipel, s. v. a. Marquesasinseln.

Menedemus, Stifter einer philosophischen Schule, welche nach seiner Vaterstadt Eretria die eretrische genannt wird und die elische fortsetzte, lebte um 300 v. Chr. und war ein Schüler Plato's, dann des Megarikers Stilpo. Er bekleidete mehre Staatsämter, mußte aber endlich, des Verraths an seiner Vaterstadt zu Gunsten des Antigonus von Macedonien verdächtig, fliehen und † am macedonischen Hof.

Menehould, St., Hauptstadt eines Arrondissements im französischen Departement Marne, am Aisne, hat ein Civiltribunal, Kommunalcollège, kleines Seminar, Fabriken für Serge, Fayence- und Glaswaaren, bedeutenden Handel mit Holz und Getreide und 4300 Einwohner. In der Umgegend Glashütten und Eisenwerke. Hier den 15. Mai 1614 Vergleich zwischen der Königin Maria von Medici und den Föderirten unter Condé, auch Ziel des Vordringens des preußischen Heeres 1792.

Menelaus, in der griechischen Mythe König von Sparta, Sohn des Atreus, floh nach der Ermordung seines Vaters durch Aegisthus mit seinem jüngeren Bruder Agamemnon aus Mycenä nach Sparta zu Tyndareus, wo er sich mit dessen Tochter Helena vermählte und durch sie Erbe dieses Staates wurde. Als Paris die Helena entführt hatte, begab sich M. mit Odysseus nach Troja, um die Zurückgabe der Geraubten zu bewirken, und bot dann die befreundeten Fürsten zum Zuge gegen Troja auf. Er selbst stellte zu dem Kriege 60 Schiffe und war unter dem Schutze der Here und Athene einer der eifrigsten Berather und tapfersten Kämpfer. Er besiegte Paris im Zweikampfe, schützte des Patroclus Leiche gegen die Troer und befand sich mit in dem hölzernen Pferde. Nach Troja's Fall segelte er sogleich mit Helena ab, ward aber in der Gegend des Vorgebirgs Maleia durch einen von Zeus gesendeten Sturm mit fünf Schiffen nach Aegypten verschlagen. Von hier aus irrte er acht Jahre lang an den Küsten von Phönicien, Aegypten u. Libyen umher, bis ihm endlich auf der Insel Pharus Eidothea den Rath gab, ihren Vater Proteus durch List zu fangen und zu zwingen, daß er ihm die Mittel angebe, wie er in seine Heimat gelangen könne. Diese bestanden darin, daß er zunächst in Aegypten die Götter durch Hekatomben versöhnte, wobei er zugleich seinem Bruder Agamemnon ein Denkmal errichtete. Er kehrte hierauf mit Helena schnell und glücklich in die Heimat zurück, wo eben seine von ihrem Sohne Orestes erschlagene Schwägerin Clytämnestra mit ihrem Buhlen Aegisthus bestattet wurde. M. lebte fortan ruhig zu Lacedämon und feierte an dem Tage, da Telemach zu ihm kam, um von ihm Kunde von seinem Vater zu erhalten, die Hochzeit seiner Tochter Hermione mit Neoptolemus und seines Sohnes Megapenthes mit der Tochter des Alector. Als Schwiegersohn von Zeus (durch Helena) ward M. lebendig ins Elysium versetzt; gleichwohl zeigte man sein und der Helena Grab in Therapne, wo er auch ein Heiligthum hatte und ihm Spiele gefeiert wurden.

Menelaus, griechischer Mathematiker aus Alexandria, um 98 n. Chr., schrieb drei Bücher „Sphaerica“, das erste trigonometrische Werk des Alterthums, die sich aber nur in einer lateinischen Uebersetzung, herausgegeben von Maurolycus (Messina 1558) u. Halley u. Costard (Oxford 1758), erhalten haben.

Menenius Agrippa, römischer Konsul, aus einem ursprünglich plebejischen, in einem Zweige aber dann patricischen Geschlechte stammend, ward bei der ersten Secession der Plebejer auf den heiligen Berg (496 v. Chr.) von den Patriciern an das Volk gesandt, um dieses zur Rückkehr zu bewegen, und erreichte diesen Zweck durch die Erzählung der Fabel von den Gliedern des Leibes, welche dem Magen, der ein Müßiggänger sei und immer nur verzehre, nicht mehr dienen wollten, aber dadurch sich selbst den größten Schaden zufügten.

Menestrels, s. Minstrels.

Mene Tekel Upharsin, s. Belsazar.

Mengen, Stadt im würtembergischen Donaukreis, Oberamtsbezirk Saulgau, an der Ablach, mit 2 Kirchen, Hospital, Weißstickerei, Bleicherei, Flachsbau und 2200 Einwohnern.

Mengeringhausen, Stadt im Fürstenthum Waldeck, Kreis der Twiste, mit Militärlazareth, landwirthschaftlicher Schule, besuchten Jahrmärkten und 1560 Einwohnern; dabei das Hospital Leiborn.

Mengs, Anton Raphael, berühmter Maler und Kunstschriftsteller, geboren den 12 März 1728 zu Aussig in Böhmen, hatte schon in früher Kindheit seinen Vater, den Miniaturmaler Israel M., einen Dänen, zum Lehrer im Zeichnen, später auch im Malen in Oel, Miniatur und Schmelz und ging 1741 mit demselben nach Rom, wo er erst die Meisterwerke der alten Skulptur, sodann in der sixtinischen Kapelle die Fresken Michel Angelo's und endlich im Vatikan die Werke Raphaels studirte. Dies Studium, sowie seine ganze frühere Uebung in der Kunst war aber mehr ein ihm auferlegter Zwang als frei gewählte Beschäftigung, denn sein Vater hatte ihn bei seiner Geburt zum Maler bestimmt und ihn mit der rücksichtslosesten Härte zu ausschließlich künstlerischer Thätigkeit angehalten. Im Jahre 1744 nach Dresden zurückgekehrt, ward er von August III zum Hofmaler ernannt, mit der Erlaubniß, wieder nach Rom zurückzukehren. Hier besuchte er nun die Akademie und lieferte zuerst 1748 einige eigene größere Kompositionen, darunter eine heilige Familie, bei der ihm ein schönes Bauernmädchen, Margaretha Quazzi, seine nachherige Gattin, der zu Gefallen er zur katholischen Kirche übertrat, zum Modell diente. Nach seiner Rückkehr nach Dresden (1749) ernannte ihn der König zum ersten Hofmaler, und bei der Einweihung der katholischen Kirche daselbst (1751) erhielt er den Auftrag, das Gemälde für den Hochaltar zu verfertigen, und die Erlaubniß, dasselbe in Rom auszuführen, doch ward die Vollendung des Werkes durch das Ausbleiben seines Gehaltes im siebenjährigen Krieg und durch die Verfertigung einer Kopie von Raphaels Schule von Athen für den Lord Perry lange verzögert. Im Jahre 1754 übernahm M. die Direktion der neuerrichteten Malerakademie auf dem Kapitol, malte dann für die Cölestinermönche die Decke in S. Eusebio, für den Kardinal Albani in dessen Villa ein Deckengemälde, den Parnaß vorstellend, und für andere Privatpersonen mehre Oelgemälde, wie eine Cleopatra, eine heilige Familie, eine Magdalena. Ein junger Engländer, Webb, dem M. seine Ideen über Kunst mittheilte, gab diese als seine eigenen unter dem Titel „Untersuchungen über die Schönheit“ (Zürich 1771; 4. Aufl. von Schnorr, Leipzig 1818) heraus und machte sich durch dieses Plagiat berühmt. Im Jahre 1761 folgte M. einem Rufe des Königs Karl III. nach Spanien und malte daselbst unter Anderem eine Götterversammlung und eine Kreuzabnahme, vollendete auch das Altargemälde für die katholische Kirche in Dresden. Intriguen veranlaßten ihn, 1770 nach Italien zurückzukehren, wo er zunächst 8 Monate in Florenz verweilte und darauf in Rom für den Papst ein großes allegorisches Deckengemälde in der vatikanischen Bibliothek ausführte. Drei Jahre später ging er zwar wiederum nach Spanien, um den Plafond im Speisesaal des Königs, welcher die Vergötterung des Trajan und den Tempel des Ruhmes darstellt, zu malen; aber schon 1776 finden wir ihn wieder in Rom, wo er im Genusse einer Besoldung von Seiten des Königs von Spanien bis zu seinem am 29. Juni 1779 erfolgten Ableben blieb. Der Ritter d'Azara ließ ihm ein schönes Denkmal neben dem Raphaels setzen und die Kaiserin Katharina II. von Rußland in der Peterskirche, wo er beigesetzt wurde, ein prachtvolles Grabmal errichten. Seine bedeutende Einnahme von etwa 10,000 Scudi jährlich verwandte M. theils zur Unterstützung unbemittelter Künstler, theils auf den Ankauf von Handzeichnungen berühmter Meister, Vasen, Gypsabgüssen (von denen er eine Sammlung der königlichen Akademie in Madrid schenkte, eine andere sich in Dresden befindet), Kupferstichen und anderen Kunstgegenständen. Der Grundzug in M.' Kunst ist, nach Kugler, ein strenges Studium schöner Formen, und wenn seinen Werken auch die freie, lebendige Originalität des Genie's fehlt, so sind sie doch durch edle Komposition, korrekte Zeichnung und schönes, kräftiges Kolorit hervorragende Schöpfungen. Uebrigens war M. Eklektiker, der die Schönheiten der Antike, Raphaels, Tizians und Correggio's zu verschmelzen suchte. Auch durch seine theoretischen Schriften über die Kunst hat er dieselbe wesentlich gefördert. Die italienische Ausgabe seiner Werke (Parma 1780, 2 Bde.) ist vom Ritter d'Azara, die deutsche (Halle 1786, 3 Bde.) von Prange besorgt worden. An der letzteren hat sich auch Winckelmann, mit welchem M. in Rom in freundschaftlichem Verkehr lebte, betheiligt. Von M.' namhaftesten Gemälden befindet sich im königlichen Museum zu Berlin das große Bild einer heiligen Familie, von einfacher und geschmackvoller Komposition. In der katholischen Hofkirche zu Dresden ist die Himmelfahrt Christi, durch Zöllners Lithographie und Stölzels Stich bekannt; in der königlichen Gallerie daselbst: eine treffliche Kopie des Propheten Jesaias nach Raphael, das Pastellbildniß des Künstlers, ein Amor in Pastell und eine Magdalena in Miniatur. Die münchener Pinakothek besitzt das treffliche Bild des Kapuziners Joseph von Viterbo mit dem Stock in der Hand, das eigene Bildniß des Künstlers und einen heiligen Joseph; die k. k. Gallerie zu Wien: den heiligen Petrus mit der Flamme auf dem Haupte, das Bildniß der Infantin Maria Theresia von Neapel als kleinen Kindes und das Bildniß der Infantin Maria Ludovica von Spanien, Großherzogin von Florenz. Viele Bilder von M. besitzen die Gallerien zu Madrid und Petersburg.

Meng-tse (d. i. Lehrer Meng, latinisirt Mencius), chinesischer Sittenlehrer, geboren um 398 v. Chr. in der heutigen Provinz Schantong, ward ein Schüler des Tsü-sse, eines Enkels des Confucius, suchte vergeblich seinen Ansichten über Staats- und Volkswohlfahrt bei den verschiedenen Herrschern China's Geltung zu verschaffen, zog sich daher in seine Heimat zurück, sammelte hier einen kleinen Kreis von Schülern um sich und † in hohem Alter um 314 v. Chr. Seine Lehren wurden von seinen Anhängern in der Form von Dialogen im „Buch des M.“, im vierten der sogenannten Sse-schu, d. i. der vier Bücher, aufgezeichnet; dasselbe ward öfter, u. A. ins Lateinische von Julien (Paris 1824, 2 Bde.), ins Englische von Collie (Malaika 1828) und ins Französische von Pauthier (Paris 1840) übersetzt.

Menilmontant, Vorstadt von Paris (s. d.).

Menin (Meenen), Stadt und Festung in der belgischen Provinz Westflandern, Bezirk Courtray, links an der Lys, mit schöner Kirche (Liebfrauenkirche), Spitzenfabrikation, Baumwollweberei, Tabaksfabrikation, Bierbrauerei, Saline u. 9750 Einwohnern. Hier am 13. September 1792 Sieg der Franzosen über die Holländer.

Menin, Franz, s. Meninski.

Meningitis (v. Griech.), Gehirnentzündung.

Meninski, Franz, eigentlich Menin, berühmter Orientalist, 1623 in Lothringen geboren, studirte in Rom Philosophie, ward nach mehrjährigem Aufenthalt in Konstantinopel Dolmetscher bei der polnischen Gesandtschaft, später polnischer Gesandter, 1661 wieder Dolmetscher bei der kaiserlichen Gesandtschaft daselbst und kehrte nach einer Reise über Palästina 1671 nach Venedig zurück, wo er 1698 †. Er schrieb u. A.: „Thesaurus linguarum orientalium“ (Wien 1680—87, 3 Bde.), woran sich seine „Grammatica turcica“ als 4. und das „Complementum thesauri linguarum orientalium“ als 5. Band (Wien 1687) anschließen. Einen besonderen Abdruck der Grammatik besorgte Kollar (Wien 1756) und eine neue Auflage des Lexikons Jenisch (Wien 1780—1802, 4 Bde.).

Meninx (griech.), die Hirnhaut.

Menippus, Cyniker, ursprünglich ein Sklave aus Phönicien, dann Schüler des Cynikers Diogenes, hatte sich durch Wucher ein bedeutendes Vermögen erworben und soll sich aus Gram über den Verlust desselben erdrosselt haben. M. geißelte in seinen (verlorenen) Satiren mit beißendem Spott die Verkehrtheiten der Menschen, namentlich der phen, daher der Römer Terentius Varro se tiren menippeische nannte. Vergl. Marci Terentii Varronis saturarum Menip reliquiae, Quedlinburg und Leipzig 1844.

Meniscus (lat.), kleiner Mond; halb miger Kreisausschnitt; Glas, welches auf d Seite konvex, auf der andern konkav gesch in der Anatomie halbmondförmige Knorpel schen Gelenken.

Menispermeen, Pflanzenfamilie mit f charakteristischen Merkmalen: Der Kelch ist oder 6blätterig, d. h. er besteht aus Einem 2 alternirenden Wirteln; die Blumenblätte derselben Anzahl wie die Kelchblätter vo selten in größerer Anzahl oder ganz fehl Staubfäden ebenfalls in derselben oder in d Anzahl, zuweilen die inneren, selten alle phisch; die Frucht ist steinfruchtartig, meist e der Same mit oder ohne Eiweiß und gro krümmten Keim. Die Gattung enthält f Sträucher, seltener Kräuter, mit hand- od nervigen, ganzen oder handspaltigen, selte mengesetzten Blättern ohne Nebenblätter unansehnlichen diöcischen, selten monöcisch polygamischen Blüthen in blattwinkelständig ben und Rispen. Man zählt an 200 Arten als 30 Gattungen, welche in der tropischen grenzenden Gegenden der alten und neuen heimisch sind, in Europa aber ganz fehlen. dienen wegen des in ihnen enthaltenen bitte traktivstoffs als Heilmittel; einige tragen andere narkotisch-scharfe Früchte.

Menispermum *L.* (Mondsame), P gattung aus der Familie der Laurineen, ch sirt durch die diöcische Blüthe (männliche m terigem Kelch, 4—6 äußeren, 8 inneren K blättern u. 16 Staubgefäßen, weibliche eben mit 8 unfruchtbaren Staubfäden, 2—3 Fru und gepaarten, einsamigen Beeren), laufend cher mit großen, netzreichen Wechselblättern, lich außer Europa, von denen besonders mer sind: M. canadense *L.*, in Nordamerika, r dendem, 8—12 Fuß hohem Stengel, rundli förmigen, 5eckigen, langgespitzten Blättern lichweißen Blumen in Trauben, dient in Gärten zur Bekleidung von Wänden und darf aber anderen Pflanzen nicht zu nahe stel es sie umschlingt u. erstickt; M. fenestratum Pereira medica *Lindl.*, auf Ceylon, hat gel bitteres Holz, von welchem der Aufguß als liches Magenmittel benutzt wird.

Mennige, künstliche, s. Blei.

Mennige, natürliche, kommt, wenn au auf Bleilagerstätten vor, so zu Bleialf und Rheinpreußen, Badenweiler in Baden, Sc berg am Altai, Bolañar in Mexiko und an andern Lokalitäten, derb, eingesprengt, ange in Asterkrystallen, nach Weißbleierz und B mit charakteristischer hochmorgenrother Fa orangegelbem Strich und den chemischen Eig ten der künstlichen M., doch glaubt Nö daß sie ein Produkt künstlicher Erhitzung, sprüngliches Mineral sei.

Mennigepflaster (Züllichauer-, Ho ger-, Hallisches Waisenhaus-, M pflaster, Legrandsches Pflaster, emp

Miaii, empl. M. adustum, empl. universale, empl. nigrum, empl. noricum), ein sehr beliebtes Volksheilmittel, wird erhalten, indem man 64 Theile Olivenöl mit 32 Th. Mennige kocht, bis die Masse braunschwarz geworden ist, u. dann 18 Th. gelbes Wachs, 12 Th. schwarzes Pech und 1 Th. Kampherpulver zusetzt. Das fertige Pflaster wird in Tafeln oder in Schachteln ausgegossen und kommt unter unzähligen Namen, auch als Geheimmittel gegen alle Wunden in den Handel.

Menno, Simons, Stifter der Mennoniten (s. Wiedertäufer), 1496 zu Witmarsum in Friesland geboren, trat 1524 in den geistlichen Stand u. ward erst in dem Dorfe Pinjum u. später in seinem Geburtsort Priester. Schon seit 1531 in Folge des Eindrucks, den der Märtyrermuth eines Taufgesinnten zu Leeuwarden auf ihn gemacht, sich zu den Ansichten der Wiedertäufer hinneigend, schied er 1536 förmlich aus der katholischen Kirche, ließ sich nochmals taufen und wirkte nun, dem Fanatismus Johanns von Leyden und anderen Schwärmern vielfach entgegentretend, erst als Prediger in Leeuwarden u. dann als Bischof der wiedertäuferischen Gemeinde in Gröningen durch Schriften u. Missionsthätigkeit für die Gründung von anabaptistischen Gemeinden im nördlichen Deutschland. Aus seinem Vaterland vertrieben, ging er 1543 nach Emden, wo er öffentlich mit Johannes a Lasco disputirte, 1544 nach Köln, 1546 nach Holstein u. hielt sich die folgenden Jahre meist an der Nord- und Ostsee auf. Er † den 13. Januar 1561 in Woesteveld zwischen Hamburg und Lübeck. Seine holländisch abgefaßten Schriften, meist dogmatisch-ascetischen Inhalts, erschienen gesammelt Amsterdam 1600 und 1646, am vollständigsten 1681; ein Auszug daraus Königsberg 1765. M.'s Lehrbegriff ist dargelegt in dem „Fundamentbuch von dem rechten christlichen Glauben" (1539). Sein Leben beschrieben Cramer (Amsterdam 1837), Harder (Königsberg 1846) u. Roosen (Leipz. 1848).

Meno (ital.), s. v. a. weniger, z. B. m. forte, weniger stark.

Menorrhöa (griech.), eine zu lange anhaltende und zu oft wiederkehrende Menstruation.

Menou, Jacques François, Baron de, französischer General, 1750 zu Boussay in Touraine geboren, trat jung in die Armee und war beim Ausbruch der Revolution bereits Maréchal de camp. Im Jahre 1789 als Repräsentant des Adels seiner Provinz gewählt, beantragte er unter Anderem eine neue Art Rekrutirung der Armee u. setzte 1791 das Dekret zur Aushebung von 100,000 Mann u. zur Organisation und Bewaffnung der Nationalgarden durch. Auch war er Mitbegründer des Klubs der Feuillants. Er blieb dabei in aktivem Dienst in der Armee, befehligte 1792 die Truppen im Lager bei Paris und focht 1793 gegen die Chouans in der Vendée. Von Larochejacquelein entscheidend geschlagen, ward er von Robespierre vor dem Konvent angeklagt, aber von diesem in Folge der glänzenden Vertheidigung Barère's freigesprochen u., nachdem er den Aufruhr der Vorstadt St. Antoine gegen den Konvent gedämpft, zum General en chef der Armee des Innern ernannt. Da er bei einem zweiten ähnlichen Aufstande der Sektion Lepelletier im Oktober die Nationalgarden nicht nur nicht angriff, vielmehr mit ihnen in Unterhandlung trat, ward er vor ein Kriegsgericht gestellt, aber auf Bonaparte's Verwenden freigesprochen. M. lebte seitdem zurückgezogen, bis ihn letzterer bei der Expedition nach Aegypten zum Divisionsgeneral ernannte. Er zeichnete sich u. A. bei der Einnahme von Alexandria aus und erhielt nach der Ermordung Klebers (1800) den Oberbefehl, erregte aber durch seinen (wahrscheinlichen) Uebertritt zum Islam, in Folge seiner Verheirathung mit der Tochter eines reichen Mohammedaners, u. seine schlechte Verwaltung die Erbitterung seiner Landsleute. Als am 21. Mai 1801 unter Abercromby eine englische Armee von 16,000 Mann bei Alexandria landete, rückte ihr M. entgegen, ward aber gänzlich geschlagen und mußte eine Kapitulation unterzeichnen, in deren Folge er mit den Trümmern des französischen Heeres Aegypten räumte. Nach Frankreich zurückgekehrt, ward er zum Gouverneur von Piemont, später von Venedig ernannt; hier † er den 13. August 1810.

Mens (lat.), Verstand, Seele.

Mensa (lat.), Tisch. M. ambulatoria, Wandeltisch, wechselnder Freitisch für arme Schüler, auch hie und da noch für Schullehrer.

Mens agitat molem oder **M. regit mundum** (lat.), der Verstand oder die Klugheit bewegt die Masse oder Verstand regiert die Welt.

Mensaleh, Strandsee in Unterägypten, bei Damiette, 10 Meilen lang u. gegen 3 Meilen breit, mit vielen Inseln, ist durch eine Sandbank von 1/4 Meile Breite vom Meere getrennt, mit demselben aber zugleich durch schiffbare Mündungen verbunden. Die Fischerei darin beschäftigt über 2000 Menschen. Die an dem See liegende gleichnamige Stadt hat Färbereien, Fabriken in Seide und Segeltuch und 2500 Einwohner.

Mensalgüter, Tafelgüter, deren Einkünfte zur Tafel des Regenten verwendet werden.

Mensarii (lat.), bei den Römern öffentliche Bankiers.

Mensch, belebtes Wesen u. als solches ein Glied der organischen Naturreiche. Wenn auch der M. in Folge seiner Sprache u. der mit dieser gegebenen geistigen u. moralischen Fortbildungsfähigkeit den übrigen Thieren gegenüber eine besondere Stellung einnimmt, so läßt es sich doch mit keinerlei Gründen rechtfertigen, mit Nees von Esenbeck, Isidore Géoffroy St. Hilaire u. A. aus ihm ein besonderes Naturreich zu bilden. Da wir immer eindringlicher darauf hingewiesen werden, die Eigenthümlichkeiten der verschiedenen Formen thierischen Lebens als nothwendig aus dem Bau der einzelnen Thiere resultirend anzusehen, so können wir uns nicht länger der Ueberzeugung verschließen, daß auch das den M.en Auszeichnende eine Folge seines Baues ist. Gehen wir nun daran, ihm nach seinen zoologischen u. anatomischen Eigenthümlichkeiten

im System einen Platz anzuweisen, so können wir nicht umhin, dem großen Gründer unserer zoologischen Systematik, Linné, zu folgen, welcher, ohne noch die Resultate der modernen vergleichenden Naturforschung ahnen zu können, dem M.en doch den Platz im System anwies, den wir ihm heute in Folge jener Resultate anweisen müssen. Während jedoch Linné seine Ordnung „Primates" nur aus 4 Gattungen, Homo, Mensch, Simia, Affe, Lemur, Halbaffe, und Vespertilio, Fledermaus, bestehen ließ, bilden Neuere, unter Hinweglassung der letzten, eine selbstständige Ordnung

darstellenden, aus diesen Gattungen mehre Familien, welche unter sich zwar hinreichend übereinstimmende Merkmale besitzen, um zu Einer Ordnung vereinigt werden zu können, aber doch durch wesentliche Verschiedenheiten von einander abweichen. Es sind dies die Familien der Anthropini (M.en), Catarrhini (Affen der alten Welt), Platyrrhini (Affen der neuen Welt), Arctopithecini (Sahuis), Lemurini (Halbaffen), Chiromyini (nur aus dem auf Madagaskar lebenden Aye-Aye bestehend) und Galeopithecini (eine die Fledermäuse wiederholende Form, den Flattermaki, Galeopithecus, enthaltend). Wenn man sich in den letzten 100 Jahren nicht daran gestoßen hat, von Linné mit den Affen, Halbaffen und Fledermäusen in Eine Ordnung gebracht zu werden, so darf man sich um so weniger heutzutage von Vorurtheilen so weit beeinflussen lassen, die Stellung des M.en zum Thierreich einseitig zu betrachten. Dies würde aber geschehen, wenn wir für den M.en eine Ausnahme von den in der übrigen belebten Natur als gültig nachgewiesenen Gesetzen annehmen, oder ihn nach einer besonderen, für die andern thierischen Formen nicht anwendbaren Methode studiren wollten. Es gilt dies besonders rücksichtlich der später noch zu erwähnenden Anwendung der darwinschen Theorie auf den M.en. Was zunächst die anatomischen Merkmale des M.en betrifft, welche als seine Stellung bezeichnend aufgeführt werden, so enthält schon die gewöhnliche Bezeichnung „Zweihänder" eine Unrichtigkeit, wenn die Affen dem gegenüber als „Vierhänder" bezeichnet werden sollen. Es kann nämlich hierbei nicht der Gebrauch des Fußes als Hand, d. h. die zuweilen auch bei M.en vorkommende Fähigkeit, die große Zehe daumenartig den übrigen Zehen gegenüberzustellen, den Ausschlag geben, sondern der anatomische Bau der beiden Gliedmaßen. Anatomische Charaktere des Fußes sind aber: die besondere Art der Anordnung der Fußwurzelknochen, besonders des Fußes oder Sprungbeins, das Vorhandensein eines kurzen Beugemuskels und eines kurzen Streckmuskels für die Zehen und endlich das Vorhandensein eines besonderen Muskels, des sogenannten langen Wadenbeinmuskels. Fragen wir hiernach, wie sich die hinteren Gliedmaßen der sogenannten Vierhänder verhalten, so zeigt sich, daß sie alle ohne Ausnahme wahre Füße, keine Hände besitzen. Dem Fuße des M.en am ähnlichsten ist der des Gorilla, welcher zwar eine freie bewegliche Zehe besitzt, aber sonst nur in untergeordneten Verhältnissen vom Fuße des M.en abweicht. Der Fuß des Orang weicht mehr ab; die große Zehe wird auffallend kleiner und hat keinen langen Beugemuskel. Bei den Affen der neuen Welt ist die große Zehe nicht mehr den anderen Zehen daumenartig gegenüberstellbar, bei den Sahuis ist sie ganz nach vorn gerichtet und wie die übrigen Zehen mit einer gekrümmten Kralle versehen. Bei den Halbaffen wird der Fuß trotz der freieren Beweglichkeit der großen Zehe dem der M.en noch unähnlicher, aber ebenso dem jedes anderen Thieres. Die Verschiedenheiten zwischen dem Fuße des M.en u. dem des Gorilla sind daher jedenfalls viel unbedeutender als die zwischen dem Fuße des Gorilla u. dem der niederen Affen. Die Affen der alten Welt haben wie der M. 32 Zähne, die Affen der neuen Welt 36; sie weichen also von denen der alten Welt weiter ab als diese vom M.en. Was den Bau des Gehirns betrifft, dieses für Entwickelung der psychischen F
tionen so wichtigen Organs, so weicht das Gehirn
M.en weniger von dem des Chimpanse u. Orang al
diese von den Gehirnen der andern Affen, u. der Un
schied wird fast bedeutungslos, wenn man das
hirn des Chimpanse mit dem eines Lemuren
gleicht. Wie im Bau des knöchernen Gerüstes,
Muskeln, des Gehirns, so zeigen sich auch in
übrigen Organen des Körpers die größten Ueber
stimmungen; und wenn auch in einzelnen Bezieh
gen gewisse Formen nach einer besonderen Richt
hin eigenthümliche Anordnungen aufweisen, so
dieselben doch keineswegs geeignet, eine Trenn
der betreffenden Arten von den übrigen Prim
darauf zu gründen. Vergl. hierüber beson
Huxley, Zeugnisse für die Stellung des M
in der Natur, aus dem Englischen übersetzt
Carus, Braunschweig 1863, wo auch die üb
Literatur zu finden ist, und Lyell, Das
des Menschengeschlechts, nach dem Englischen
Büchner, Leipzig 1864. Durch diese zoologis
Betrachtungen werden wir nun aber, auch
die geistige Entwickelung zu Hülfe zu neh
nicht etwa zu dem Schluß geführt, daß der M.
Affe ist, wie manche Gegner behaupten, sondern
zu der Ueberzeugung, daß er ein Wesen ist, wel
zwar seiner ganzen körperlichen Natur nach
Glied der Ordnung der Primaten, aber dabei e
so verschieden von den übrigen Affen ist wie
von den Halbaffen 2c. „Unsere Achtung vor
Adel der Menschheit wird nicht verkleinert we
durch die Erkenntniß, daß der M. seiner Subs
und seinem Baue nach mit den Thieren eins
denn er allein besitzt die wunderbare Gabe verst
licher und vernünftiger Rede, wodurch er in
Jahrhunderte langen Periode seiner Existenz die
fahrung, welche bei anderen Thieren mit dem
hören jeden individuellen Lebens fast gänzlich ve
ren geht, langsam angehäuft u. organisch verarb
hat, so daß er jetzt wie auf dem Gipfel eines Be
weit über das Niveau seiner niedrigen Mitgesch
erhaben und von seiner gröberen Natur verklärt
steht, verklärt dadurch, daß er hier und da e
Strahl aus der unendlichen Quelle ewiger Wah
reflektiren konnte" (Huxley, a. a. O. S. 127).
bemerken übrigens schon hier, daß dies nur für
wisse Racen gilt.

Was das Alter und die Entstehung
Menschengeschlechts betrifft, so kann es
unsere Absicht sein, die Frage von dem Vorkommen
siler Reste vom M.en und damit dessen geologis
Alter hier ausführlich zu erörtern (s. Anthropo
then). Nur muß erwähnt werden, daß selbst d
wenn man an die Gleichzeitigkeit des M.en mit
Mammuth, dem wolligen Rhinoceros, dem Höh
bären, der Höhlenhyäne u. anderen entschieden fos
Thieren nicht glauben will, woran zu zweifeln
aber nach den neueren Untersuchungen, die beson
Lyell in der oben angeführten Schrift u. K. V
in seinen „Vorlesungen über den M.en" (Gi
1863) mitgetheilt haben, nicht das mindeste
hat, das Alter des M.en doch jedenfalls ein weit
ßeres ist, als man bisher annehmen zu dü
glaubte. Ob man freilich statt der gewöhnlich
genommenen 6000 Jahre 20,000 od. 100,000 J
für das Alter der Menschheit in Anspruch neh
soll, ist schwer, wenn vorläufig nicht unmöglich

entscheiden. Doch ist eine genaue Zahlenbestimmung für Zeiträume, die sich nur nach langsam erfolgenden Metamorphosen der Erdrinde beurtheilen u. messen lassen, mehr od. weniger irrelevant. Dabei ist ferner noch zu berücksichtigen, daß, wie die Grenzbestimmung zwischen zwei uns abgeschlossen vorliegenden geologischen Perioden oft außerordentlich schwer ist, diese Bestimmung noch schwieriger wird, wenn, wie im vorliegenden Falle, die eine Periode noch nicht fertig gebildet ist und höchstens durch etwas charakterisirt werden könnte, was man umgekehrt erst aus ihrem Alter erschließen möchte. Diese Frage aber nun bei Seite gelassen, haben wir jetzt darzulegen, was uns die Wissenschaft theils in Folge ihrer Methode, theils durch ihre direkten Resultate in Bezug auf die Entstehung des M.en lehrt. Was zunächst die erstere betrifft, so kommt es vor Allem darauf an, was die Wissenschaft als Aufgabe ihrer Forschung betrachtet. Und hier kann es keinem Zweifel unterliegen, daß, so hoch sie auch sonst die geistige Eigenthümlichkeit des M.en stellen mag, sie diese doch bei einer naturgeschichtlichen Untersuchung des Menschengeschlechts nie in den Vordergrund stellen darf, da sie während ihrer Untersuchungen u. durch dieselben selbst den Beweis liefert, daß jene in völliger Abhängigkeit von der Entwickelung des Körpers steht. Ist dies geistige Primat aber Resultat der Organisation, dann fällt auch die ganze Untersuchung der Form nach mit der der anderen Organismen zusammen; mit andern Worten, wenn wir überhaupt den Versuch machen, die Entstehung irgend einer besonderen Thierform zu erklären, u. wenn wir nicht von vorn herein durch die Annahme einer wunderbaren Erschaffung die ganze Frage aus dem Bereiche des Verständlichen hinausrücken und unsere Unfähigkeit, die Gesetze der Natur nachzudenken, für gewisse Fälle sanktioniren lassen wollen, dann müssen wir dieselben Hülfsmittel, welche sich uns zur Beurtheilung der Entstehung einzelner Thierarten darbieten, in gleicher Weise auch auf den M.en anwenden. Das förderndste Mittel, welches überhaupt auf zoologische Untersuchungen eigenthümlich befruchtend zu wirken bestimmt ist, ist die von Charles Darwin aufgestellte Theorie von der Entstehung der Arten und die zu ihrer Begründung von ihm und Anderen zusammengestellten Thatsachen. Vergl. Ch. Darwin, On the origin of species, London 1859, deutsch von Bronn, Leipzig 1860. Es ist hier nicht der Ort, die zahlreichen, durch sorgfältige, mit Rücksicht auf die organische Verwandtschaft angestellte Beobachtungen sich täglich mehrenden Beweise für die Wahrheit der jener Theorie zu Grunde liegenden Gedankenreihe aufzuführen, oder eine Widerlegung der häufig schon aus dem Tone einer ruhigen, wissenschaftlichen Kritik in einen erbitterten Fanatismus umgeschlagenen Einwendungen gegen dieselbe zu versuchen. Wir haben es hier eben nur mit dem M.en zu thun, u. da finden wir uns wie bei allen übrigen Theilen der organischen Naturreiche einem Entweder — Oder gegenüber, dessen Entscheidung nicht zweifelhaft ist. Betrachten wir den M.en als Naturobjekt, so fordert die strenge wissenschaftliche Methodik, zur Erklärung seiner Entstehung die sich uns darbietenden Thatsachen ebenso zu verwerthen, wie wir es für Thiere thun. Darwins Theorie lehrt nun, daß sich die später auftretenden Arten organischer Wesen durch allmählige Umgestaltung aus früher vorhandenen entwickelt haben, wobei vorzüglich die beiden Eigenschaften der Erblichkeit u. Veränderlichkeit der Thier- und Pflanzenformen als besonders wirksame Momente bezeichnet werden. Umgekehrt wie ein Thierzüchter die Thiere zur Zucht auswählt, welche von ihm zu verwerthende Eigenthümlichkeiten besitzen, bleiben in der Natur nur die Thierformen bestehen, welche aus dem beständigen Kampfe ums Dasein, den die auf einem bestimmten Raume neben einander lebenden Formen zu kämpfen gezwungen sind, in Folge ihr durch die Veränderlichkeit mehr oder weniger glücklich ausgestatteten Organisation als Sieger hervorgehen. Es findet also auch hier eine Art Zuchtwahl Statt, jedoch gewissermaßen eine umgekehrte, indem nicht die zu züchtenden Formen ausgewählt werden, sondern diejenigen Formen, welche den Bedingungen einer mit den Umgebungen allmählig wechselnden Existenz nicht genügen, einfach zu Grunde gehen. Wir werden also für die Entstehung des M.en, wie bei allen Thieren, auf niedere Formen gewiesen. Und dies ist eine Konsequenz, welche, von Darwin selbst nicht ausgesprochenerweise gezogen, seiner Lehre so viele Widersacher verschafft hat. Thatsachen sind aber mächtiger als Vorurtheile. Die vergleichende Anatomie zeigt, daß durch die ganze Reihe der Wirbelthiere, von den Fischen bis zum M.en, ein anatomischer Bauplan befolgt ist, welcher, je kleiner die zoologischen Gruppen werden, desto mehr bis in das kleinste Detail sich wiederholt. Nicht bloß die allgemeine Anordnung der Organe, sondern selbst Zahlenverhältnisse werden konstant; wie alle Säugethiere, mit äußerst wenig und zum Theil nur scheinbaren Ausnahmen, sieben Halswirbel haben, so ist bei allen die Zahl und Verbindung der Knochen und Gliedmaßen übereinstimmend; und wo diese Uebereinstimmung gestört erscheint, kann man das allmählige Verschwinden oder Anwachsen gewisser Theile durch eine Reihe von Formen verfolgen. Sprechen schon diese Verhältnisse für eine Verwandtschaft im engsten Sinne des Worts und für eine Vererbung, so wird die Möglichkeit einer allmähligen Abänderung geradezu durch die Beobachtung nachgewiesen. Gegen die von Hausthieren hergenommenen Beispiele wenden die Gegner ein, daß diese Thiere eben ihrer Abänderungsfähigkeit halber Hausthiere geworden sind. Doch ist die Thatsache z. B. nicht wegzuleugnen, daß aus einigen scharf zu charakterisirenden Rinderarten die ganze Zahl unserer jetzigen Racen hervorgegangen ist, ohne daß wir im Stande sind, diese jetzt noch als Arten im älteren sogenannten Sinne des Wortes zu bezeichnen. Es ist aber auf der andern Seite ebenso sicher, daß z. B. der Höhlenbär der Stammvater des jetzigen braunen Landbären ist, u. a. m. Die außerordentlich großen Zeiträume, welche zu einer solchen natürlichen Züchtung nöthig waren, und das immerhin noch geringe geologische Material verhindern freilich die Beispiele, wie es wünschenswerth wäre, zu häufen. Die Einwendungen der Gegner sind aber noch viel weniger stichhaltig. Der erste derselben stützt sich auf den scheinbaren Widerstreit gegen die Religion. Abgesehen davon, daß das kopernikanische Weltsystem mit ähnlichen Einwürfen zu kämpfen hatte, bis es doch endlich als vernünftig anerkannt wurde, daß selbst Leibniz die Gravitation Newtons als gegen die natürliche Religion verstoßend zurückweisen zu müssen glaubte, so lehrt doch eine einfache Betrachtung, daß es gewiß eines intelligenten Schöpfers würdiger ist, anzunehmen, er habe gewisse Thierformen entstehen lassen, welche sich kraft der ihnen mitgegebenen Bildungsgesetze allmählig immer weiter und höher entwickelt haben, als zu glauben, er habe gewissermaßen versuchsweise eine Anzahl Thierformen hinter einander erschaffen, bei denen er in Folge einer gewissen Laune immer denselben Organisationsplan zu Grunde legte. Als Laune müßten wir dies bezeichnen, da dies starre Festhalten an Einem Plan häufig Unzweckmäßigkeiten mit sich brachte, welche jedenfalls viel religiöser den Bildungsgesetzen der stofflichen Grundlage als den Schöpfungsplänen eines allweisen Schöpfers zugeschrieben werden. Der andere Einwand beruht darauf, daß man eine aus einer andern hervorgegangene Art nicht als solche gelten lassen will, sondern sie mit der ersten ihr vorangegangenen als bloße Varietäten betrachtet. Es tritt uns aber die Nöthigung nahe, die Arten fester und nach anderen Grundsätzen zu charakterisiren, als es bisher der Fall war. Nach sehr einseitiger Beurtheilung hält man z. B. die verschiedenen Hunderacen nicht für Arten, sondern für Varietäten, trotzdem daß sie oft noch weiter u. in wichtigeren Charakteren von einander abweichen als sonst manche Säugethiergattungen. Ebenso oft hat man bloße Varietäten als Arten beschrieben. Der Grund dieser Verwirrung liegt darin, daß Varietäten beginnende Arten sind, d. h. unter Umständen selbstständig forteristirende Formen werden können. Die dem M.en nächst verwandten niederen Thiere sind die sogenannten anthropomorphen Affen. Nun steht die Frage nicht etwa so, daß wir den Nachweis zu führen hätten, es habe sich eine menschliche Form aus dem Orang, dem Chimpanse, dem Gorilla, oder den Schlankaffen (Siamang) od. anderen entwickelt. Diese sind vielmehr ebenso viele selbstständige, einen direkten Uebergang nicht gestattende Formen. Dagegen weiset der Umstand, daß alle die genannten Arten gewisse, besonders hervorstechende menschenähnliche Züge darbieten, darauf hin, daß allen diesen Formen gemeinsame Stämme zu Grunde liegen. Wie wir nach der Bildung des Gehirns den Orang als einen höher entwickelten Gibbon, den Chimpanse als einen vervollkommneten Magot, den Gorilla als einen veredelten Mandrill betrachten können, so hat der M. die seine Stellung charakterisirenden Eigenthümlichkeiten nicht von Einer Form herübergenommen, sondern wir müßten, wie Schröder van der Kolk und Brolik anführen, die menschlichen Züge bei fünf verschiedenen Primaten suchen. Nun heißt das nicht etwa, es sei bei der Bildung des M.en Material dieser fünf Formen zusammengeschmolzen worden. Es stellen aber die einzelnen, jetzt lebenden Primaten höhere und niedrigere an diesem Aste des thierischen Stammbaums stehende Zweige dar, welche, ohne sich in einander entwickeln zu können, doch aus gleicher Grundlage sich erheben, und zwar aus derselben, aus welcher sich allmählig noch höher stehende Formen, nämlich der M. selbst, entwickelten. So wird der M. wieder zum Endglied der Schöpfung in diesem Kreise. Die ganze Geschichte seiner geistigen Entwickelung ist von diesen Fragen völlig unabhängig. Wie eine solche erst allmählig eintrat, so ist auch nicht die ganze Menschheit in dieser Hinsicht gleich. Es gibt Völker, welche darin mit den Thieren vollständig übereinstimmen, daß sie

keine Geschichte haben. Sie besitzen Perfektibili
und zwar die dem M.en charakteristische, würden
aber niemals gezeigt haben, wenn sie nicht mit
deren sich selbstständig entwickelnden in Berüh
gekommen wären. Dies führt nun zu der ande
hier noch zu behandelnden Frage, zu der

Eintheilung der M.en in Racen oder
ten. Ob die M.en sämmtlich von Einem Paar
stammen, wie es der mosaische Schöpfungsmyth
lehrt, ist mit naturwissenschaftlicher Strenge sch
zu beweisen. Da aber die Theologen selbst (z.
Schulz, Die Schöpfungsgeschichte nach Naturw
senschaft und Bibel, Gotha 1865) die Möglich
einer voradamitischen Menschenerschaffung offen l
ten, so wird es wohl erlaubt sein, den Gründen
gen eine einpaarige Abstammung mehr Gewicht
zulegen, als den rein theoretischen für eine so
Die hauptsächlichsten derselben liegen in dem sc
deutlich ausgesprochenen Racenunterschiede
ältesten, aus vorhistorischer Zeit herrühren
menschlichen Schädel und Schädelfragmente.
gen dieselben lassen sich nur subjektive, aller Wa
scheinlichkeit spottende, zu Gunsten einer loka
Schöpfungssage gefaßte Ansichten vorbringen. La
wir aber diese, wie erwähnt, nicht streng zu ents
dende Frage bei Seite, so drängt sich uns zunä
die andere auf, ob wir in den verschiedenen mens
chen Stämmen nur Racen oder Varietäten, o
wirkliche Arten vor uns haben. Mag man sich a
hier für die eine oder die andere Beantwortung e
scheiden, so liegt es auf der Hand, daß das Resul
nicht bloß für alle praktischen Zwecke, sondern se
im wissenschaftlichen Sinne ziemlich irrelevant
Da der M. jedenfalls eine für sich bestehende eig
Gattung bildet, allen hierher zu rechnenden We
aber dieselben wesentlichen Charaktere (Form
Beschaffenheit des Gehirns, der Zähne, des Beck
der Gliedmaßen rc.) zukommen, so ist es ganz gl
gültig, ob wir den geringfügigen Abweichungen
der damit verbundenen dem Grade nach verschi
nen geistigen Perfektibilität die Bedeutung von
cifischen oder nur von Racenunterschieden beile
Wissenschaftlich käme es darauf an, das scharf
definiren, was wir als Art ansehen zu müssen g
ben, und das ist in der hier zu wünschenden A
meinheit nicht möglich. Wir haben oben schon
sehen, daß in gewissen Fällen sogenannte Arten
in eine Menge nur noch racenweise zu unterscheiden
Formen aufgelöst haben, ebenso wie ganz allgem
die Arten einmal in ihrer Entwickelung die S
von Varietäten, also von vorläufig noch nicht
stanten Racen, durchlaufen mußten. Da wir
wie hieraus mit Nothwendigkeit folgt, bedenken
sen, daß wir Formen in der belebten Natur begeg
werden, welche noch keine wirklichen Arten sind,
dererseits solchen, welche in Folge wenig bestimm
wirkender Einflüsse feste Charaktere kaum besi
sondern art- und racenlose Mengen bilden, so
nen wir auch jedesmal, wenn ein begründeter Z
fel an der Stellung als Art oder als bloße Rac
hoben wird, mit beinahe gleichem Rechte eine
pelte Entscheidung geben, je nachdem wir eine
entwickelnde Art schon als eine formell so zu
zeichnende hinstellen oder das größere Gewicht
das Verschwimmen der für unterscheidende gehalt
Charaktere u. die relative Uebereinstimmung der ü
gen allgemeinen Merkmale legen. Da wir nun

beim M.en ursprüngliche verschiedene Formen haben, da ferner die Zeit, welche seit der beginnenden Mischung einzelner bestimmten Formen verflossen ist, zu kurz ist, um hieraus mit Sicherheit für oder wider die eine oder die andere Ansicht uns zu entscheiden, so wird es ohne Zweifel vorsichtiger sein, die gewöhnlich als Racen bezeichneten Formen als Arten aufzufassen. Die Schroffheit der Merkmale, welche früher die einzelnen Arten auseinanderhielt, weicht einer allmählig sich immer gleichartiger entwickelnden Kultur. Die von innen heraus erfolgende Veredelung der weißen Menschenart erfaßt auch diejenigen, welche trotz ihrer Perfektibilität ohne direkte äußere Einwirkung niemals auch nur eine allergeringste Art von Kultur zu entwickeln im Stande gewesen wären. So wird denn auch hier eine racenlose Menge entstehen, welche aber durch das höhere Band einer geistigen Vervollkommnung wieder zu einer Einheit verbunden wird. Wollen wir nun die M.en in natürliche Gruppen theilen, so fragt es sich, welche Merkmale wir zu Grunde legen sollen. Sehr nahe liegt hier der Gedanke, das, was den M.en vorzugsweise vom Thier unterscheidet, zum Ausgangspunkte der Eintheilung zu machen, die Sprache. In der That ist auch von verschiedener Seite her versucht worden, die Stämme der M.en nach den von ihnen gesprochenen Sprachen zu ordnen. Dies ist aber nur in einer sehr beschränkten Ausdehnung möglich. Im Allgemeinen muß man sich vor einer Vermengung linguistischer und ethnographischer Resultate wohl hüten (s. Max Müller, Lectures on the science of language, 4. Ausg., London 1864, S. 340). Menschenarten oder Racen können ihre Sprache ändern, so daß entweder verschiedene Arten Eine Sprache, oder Eine Art verschiedene Sprachen redet. So haben im nördlichen Deutschland die Deutschen die Slaven verdrängt, oder sind wenigstens die herrschende Race geworden. Die zurückgebliebene slavische Bevölkerung nahm aber die Sprache der herrschend werdenden Race an. Ebenso ist die neugriechisch sprechende Bevölkerung Griechenlands slavisch. Aehnliche Verhältnisse haben in Aegypten u. an anderen Orten Statt gefunden. Es bleibt daher nur übrig, eine Eintheilung nach den körperlichen Verschiedenheiten vorzunehmen. Die älteste Eintheilung, welche in vielen der späteren wieder zu erkennen ist, rührt von Linné her, welcher die M.en in amerikanische, europäische, asiatische und afrikanische theilte. Er legte hier vorzüglich Hautfarbe, Haarfarbe und Gesichtsbildung zu Grunde. Den wichtigsten Fortschritt bezeichnen Blumenbachs Untersuchungen, bei welchen zum ersten Male dem Schädel ein besonderes Gewicht beigelegt wurde; doch galt auch bei ihm noch die Hautfarbe viel. Er nimmt drei Hauptvarietäten an: die weiße kaukasische, die braune mongolische und die schwarze äthiopische; von den beiden Zwischenvarietäten steht die amerikanische nach Blumenbach zwischen der kaukasischen und mongolischen, die malayische zwischen der kaukasischen und äthiopischen. Nur in untergeordneten Verhältnissen weichen hiervon die Eintheilungen ab, welche Charles Hamilton Smith und A. G. Latham gaben. Ersterer hat die gleichen drei Haupttypen, den kaukasischen, mongolischen u. tropischen; die beiden Zwischenracen aber rechnet er als subtypische Formen zu dem tropischen (wollhaarigen, Blumenbachs äthiopischen) Typus. Lathams drei Hauptfamilien sind die Japhetiden (Kaukasier), Mongoliden u. Atlantiden. Mit Recht fügt er zu den Mongolen als Unterfamilien die amerikanischen und oceanischen (malayischen) Mongoliden hinzu; merkwürdig genug rechnet er aber zu den (afrikanischen) Atlantiden die Semiten (Araber, Juden u. a.). Gleichfalls nach der Farbe theilt Pickering die von ihm angenommenen elf Racen in vier Gruppen ein: eine weiße (arabische, nämlich Blumenbachs kaukasische u. abessinische), braune (Mongole, Hottentott und Malaye), braunschwarze (Papuas, Negritos, Indianer und Aethiopier) und schwarze (Australier und Neger). Schon vor ihm hatte aber der um die Naturgeschichte des M.en sehr verdiente James Cowles Prichard die blumenbachschen Hauptvarietäten nach der Schädelbildung charakterisirt und dadurch den Anstoß zu den neueren Forschungen auf diesem Gebiete gegeben. Er führt M.en an mit ovalen oder elliptischen Schädeln (Blumenbachs Kaukasier), mit pyramidalen Schädeln und breitem, biscuitförmigem Gesicht (Blumenbachs Mongolen) und solche mit vorspringenden Kinnladen, für welche er den Ausdruck prognath einführte (die Aethiopier Blumenbachs). Eng an diese Eintheilung schließt sich die neuere von Géoffroy St. Hilaire an. Er nimmt vier Hauptracen an: eine kaukasische, mongolische, hottentottische und äthiopische; bei ersterer überwiegt der Schädeltheil des Kopfes, bei den Mongolen ist das Gesicht auffallend breit, eurygnath, bei den Aethiopiern findet sich Prognathismus, während bei den Hottentotten als dem andern Endglied der Reihe das Gesicht vorwiegt, der Kopf also eurygnath und prognath ist. Von der maßgebendsten Bedeutung für die Ethnographie sind aber die Untersuchungen des schwedischen Anatomen Anders Retzius geworden. Von der Ansicht ausgehend, daß die verschiedene Entwickelungsweise des Gehirns und des diesem folgenden Schädels die Unterschiede der einzelnen Stämme am sichersten kennzeichne, unterwarf er zum ersten Male die verschiedenen Schädelformen einer sorgfältigen Messung. Als in die Augen fallendsten Charakter faßte er das Verhältniß der Länge des Schädels zu seiner Breite auf. Hiernach stellt er zwei Formen auf, die sogenannte dolichocephale, bei welcher die Länge bedeutend überwiegt, und die brachycephale, bei welcher das Ueberwiegen der Länge sehr unbedeutend ist. Da aber ein anderes wichtiges Merkmal in dem Verhältniß des Gesichts zur eigentlichen Schädelkapsel liegt, benutzte dies Retzius zur weitern Theilung der beiden Gruppen. Die Formen, bei denen die Profillinie gerade, das Kiefergerüst nicht vorspringend ist, die Zähne aber senkrecht stehen, nennt er orthognath, die andern, bei denen der Kiefertheil schnauzenartig mehr oder weniger vorspringt, nennt er mit Benutzung des schon von Prichard angewendeten Ausdrucks prognath. Es gibt aber nach Retzius zunächst vier Hauptgruppen: orthognathe Dolichocephalen, orthognathe Brachycephalen, prognathe Dolichocephalen u. prognathe Brachycephalen. Das Verhältniß der Länge zur Breite des Schädels schwankt zwischen 100 : 65 bis 100 : 85. Da alle dazwischen liegenden Mittelzahlen vorkommen, fanden es Broca und Welcker schwer, eine Grenze zwischen Dolichocephalie u. Brachycephalie zu ziehen, und schlugen daher vor, eine zwischen beiden stehende Gruppe sogenannter Mittelköpfe anzunehmen (Mesoticéphales *Broca*, Orthocephali *Welcker*). Nach Welcker wären Schädel, die von 72 (etwa) bis 80 Proc. Breite haben, zu den Mittelköpfen zu rechnen. Die Schwierigkeit wird indessen hierdurch in keiner Weise beseitigt, vielmehr tritt nun die doppelte Schwierigkeit ein, nach zwei bestimmten Zahlen Grenzen ziehen zu müssen. Wir können uns hier nicht auf eine eingehende Besprechung der verschiedenen Messungsresultate einlassen, zumal da die ethnographische Kraniologie noch viel zu sehr im Beginn ist, als daß schon absolut sichere Grundsätze aufzustellen wären. Die allgemeine Eintheilung, welche Retzius gegeben hat, halten wir noch immer für am zusagendsten; wir geben sie daher hier ihren Hauptzügen nach. Ganz allgemein genommen sind die Bewohner des nördlichen Asiens, mit Ausnahme der östlichen Küste, ferner Europa's, mit Ausnahme Skandinaviens, Englands u. der westlichen Küsten, endlich die ganze Westküste Amerika's brachycephal; dagegen sind die Bewohner der südasiatischen Halbinseln und der Ostküste Asiens, ganz Afrika's, der Ostküste Amerika's und die Neuhollands dolichocephal. Im Einzelnen ergibt sich Folgendes: In Europa sind dolichocephal sämmtliche Zweige des germanischen Stammes, ferner Franzosen, Spanier, Italiener u. die Celten in Großbritannien u. Frankreich, während die Slaven (auch die germanisirten Slaven und die Neugriechen), die tschudischen oder ugrischen Völker (Samojeden, Lappen x., Magyaren, Finnen und Türken), die Letten, Albanier, Etrusker, Rhätier und Basken die brachycephale Schädelform besitzen. Sämmtliche Europäer sind orthognath. In Asien sind die Hindus, Perser u. Semiten orthognathe, die Tungusen prognathe Dolichocephalen. Orthognathe Brachycephalen sind hier wiederum die nördlichen ugrischen Stämme, die Türken und die kaukasischen Stämme; den prognathen Brachycephalismus haben die Mongolen, Tataren, Afghanen, Südindianer und Malayen. Sämmtliche Australneger sind prognathe Delichocephalen, während die Malayen und die ihnen so nahe verwandten Polynesier und Neuseeländer pregnathe Brachycephalen sind. In Amerika, diesem an Urstämmen immer ärmer werdenden Welttheile, sind die dem stillen Ocean zugekehrten Küsten, von Patagonien bis zu den Kurilen, von prognathen Brachycephalen bewohnt (an die europäischen Kolonien denken wir dabei natürlich nicht). Höchst wahrscheinlich sind sie mit den mongolischen Völkern verwandt. Der ganze östliche Kontinent wird von prognathen Dolichocephalen bewohnt. In Südamerika zählt zu diesen der große Stamm der Guaraniindianer u. Karaiben, der bis zu den Andes vorgedrungen ist u. an einzelnen Punkten wohl der herrschende wurde; in Nordamerika sind die Rothhautindianer in ihren verschiedenen Zweigen, den Cherokees, Chippeways, Lenni-Lopes u. a., Repräsentanten dieser Kopfform. Man könnte also für Amerika (und es sprechen hierfür sowohl geologische als traditionelle u. linguistische Gründe) an eine Einwanderung von Asien her an die Westküste, von Afrika (durch Vermittelung der Atlantis?) aus an die Ostküste denken. Wollte man nun versuchen, diese vier großen retziusschen Gruppen auf Blumenbachs Hauptvarietäten zurückzuführen, so würden die dolichocephalen Orthognathen seiner kaukasischen Gruppe, die dolichocephalen Prognathen der äthiopischen, die übrigen i Ganzen und Großen seiner mongolischen Varie entsprechen. Sehr erschwert werden die Unter chungen durch die historischen Verschiebungen gan Stämme, sowie besonders durch das schon erwäh Vertauschen der Sprachen. Doch kann umgeke die kraniologische Untersuchung in Bezug auf l teren Punkt Aufklärung geben. Die Bestimmu der Slavengrenze in Deutschland z. B. würde g anders ausfallen, wenn man von entschieden g manischen Schädelformen, also von Skandinavi und Holland aus, ostwärts vorginge, bis man brachycephale Formen stieße. Doch wird hier wie das Auftreten von zwischenliegenden Mischform das Urtheil erschweren. Künstliche Verbildung Schädels, wie es bei Avaren, Mongolen und an rikanischen Indianern vorkommt, ist leicht als sol zu erkennen (kommt sie doch noch heutzutage einzelnen Punkten in Frankreich in geringem Gr vor); meist will sich dadurch eine unterdrückte R in der Kopfform der herrschenden ähnlich machen.

Auf Tafel XIII Anatomie sind die wichtigs Schädelformen zusammengestellt (sämmtlich n Retzius): Fig. 1 ein orthognather Dolichoceph (Schwede), Fig. 2 ein orthognather Brachyceph (Kleinrusse), Fig. 3 derselbe in der Scheitelansic Fig. 4 ein prognather Dolichocephale (Congonege Fig. 5 ein prognather Brachycephale (Malaye); Fig ein prognather Dolichocephale (Bassoutokaffer) der Scheitelansicht; Fig. 7 und 8 künstlich gefor Köpfe; Fig. 7 ein Flatheadindianerkopf, Fig. 8 Avarenschädel.

Betrachten wir den M.en in anatomischer vergleichend anatomischer Beziehung, so die am meisten in die Augen fallende Eigenschaft s nes Bau's die, welche ihn zur aufrechten Stellu nicht nur befähigt, sondern geradezu zwingt. Di ist daher auch als eines der wesentlichsten Attrib der menschlichen Natur überhaupt anzusehen, ind durch sie der M. sich vor allen andern Thieren a zeichnet. Die aufrechte Stellung aber ist begrün im Bau und in der Art der Zusammensetzung Knochengerüstes (s. Taf. Anatomie IV, Fig. 1), man in vier Haupttheile eintheilt, in die Knochen Rumpfes, des Kopfes, des Beckens und der Ext mitäten. Die Wirbelsäule steht bei dem M.en Ganzen senkrecht, obgleich leicht doppelt Sfö gekrümmt, während sie bei den Thieren mehr weniger in spitzem Winkel geneigt oder horizon gelagert erscheint. Auf dem oberen Ende der W belsäule balancirt der knöcherne Kopf des M.en, v kommen im Gleichgewicht auf zwei Punkten ruhe welche sich rechts und links von dem Hinterhaup loche befinden. Dieses letztere aber ist bei dem M am meisten nach unten der Basis zu, etwa in Mitte derselben, gerückt, während es selbst bei menschenähnlichsten Affen mehr nach hinten zu lie Begünstigt wird dieses Gleichgewicht dadurch, der menschliche Schädel sehr gleichmäßig gewölbt und kein Theil desselben besonders hervorra Diese Einrichtung befähigt den Kopf zu ei außerordentlich freien Beweglichkeit nach allen S ten hin. Die Wirbelsäule stützt sich an ihrem unt Ende auf das Becken, dessen horizontale Eb mit der senkrechten der ersteren einen rechten Win bildet. Das Becken aber und damit der ganze K per wird getragen von den unteren Extremitäte deren Verrichtung somit hauptsächlich eine tragende ist, neben der anderen, der der Ortsbewegung. Am oberen Theile der Wirbelsäule, wo sich die Rippen ansetzen u. einen cylindrisch abgegrenzten Raum formiren, sind die beiden oberen Extremitäten angehängt, deren Knochen nur durch Vermittelung des Schlüsselbeins mit dem Brustkorbe zusammenhängen, sonst aber sehr frei beweglich sind und dadurch den menschlichen Arm besonders befähigen, als greifendes Organ zu dienen. Der menschliche Schädel (s. Taf. Anatomie IV, Fig. 2) zeichnet sich vor allen anderen im erwachsenen Zustande durch die bedeutende Entwickelung desjenigen Theils aus, welcher das Gehirn enthält, während die Kiefertheile, wie überhaupt das Gesicht an Größe sehr zurücktreten. Das Schädelgewölbe ist hoch und schön abgerundet, die Stirn steiler, der untere Theil des Gesichts tritt zurück, der Gesichtswinkel, welcher gebildet wird, wenn man sich eine Linie von der Stirn über den Nasenrücken herab gezogen denkt, mit welcher sich eine zweite Linie kreuzt, die von dem äußeren Gehörgang nach der Nasenwurzel verläuft, schwankt zwischen 70—85°, während derselbe Winkel des menschenähnlichsten Affen 35°, nur beim Gorilla (nach R. Meyer) 55° erreicht. Das Schädeldach oder die Hirnschale (cranium, s. Taf. Anatomie IV, Fig. 2, 3 u. 4) wird durch 4 Knochen gebildet, das Stirnbein (os frontis), das Hinterhauptsbein (os occipitis) und die beiden zwischen diese eingeschobenen Seitenwandsbeine (ossa parietalia), welche durch Nähte mit einander in Verbindung stehen, die Kronnaht, die Pfeilnaht, die Lambdanaht. Seitlich schieben sich rechts und links die Schläfenbeine (s. Fig. 3, t) ein, die mittelst einer fast kreisrunden Naht an die Seitenwandsbeine sich anlegen, nach vorn zu durch einen Fortsatz den Jochbogen mit bilden helfen (Fig. 5, z) und nach unten eine ins Innere führende Oeffnung haben, welche den Eingang in das Gehörorgan bildet (s. Gehör). Vor diesem befindet sich eine seichte Grube, welche den Gelenktheil des Unterkiefers aufzunehmen bestimmt ist. Sägt man dies Schädeldach oberhalb der Augenhöhlen horizontal durch, so erhält man den Innenraum des Schädels zu Gesicht, der von dem Gehirn ausgefüllt war, dessen Windungen und äußere Formen überhaupt überall deutliche Eindrücke hinterlassen haben. In der Mitte des Grundes liegt das Keil- od. Grundbein, ein vielgestaltiger Knochen mit einem Körper und schmetterlingsähnlich geformten Flügeln, die sich seitlich zwischen die andern Knochen einschieben (Fig. 6, 1, 2, 3). Hinter diesem befindet sich ein großes Loch, das Hinterhauptsloch, durch welches das Rückenmark aus dem Gehirn heraus in die Wirbelsäule eintritt (Fig. 6, f). Nach vorn zu fallen 2 größere Knochenflächen auf, welche das Dach der Augenhöhlen bilden u. die deutlichen Eindrücke der vorderen Hirnlappen tragen u. zwischen sich die obere Fläche des durchlöcherten Siebbeins sichtbar werden lassen. Zahlreiche kleine Löcher und Spalten dienen sowohl den Nerven, als den Gefäßen zum Aus- und Eintritt aus der Schädelhöhle u. in dieselbe. Der Gesichtstheil des knöchernen Kopfes, der von der Stirn bis zum untersten Theile des Unterkiefers sich erstreckt, wird aus einer größeren Menge von Knochen verschiedener Größe gebildet. Unter der Stirn fallen vor allen die großen, fast kreisrunden Augenhöhlen auf, zwischen denen die Nasenknochen nach unten verlaufen, unter welchen die durch das Pflugscharbein in 2 Hälften getheilte Nasenhöhle sichtbar wird. Der Boden der letzteren wird von dem Dache des knöchernen Gaumens gebildet, der unmittelbar in die Oberkieferknochen übergeht, die in tiefen Zellen die Zähne tragen, von denen jeder einem entsprechenden Zahn des Unterkiefers entgegengesetzt ist. Der Unterkiefer, ein hufeisenförmig gebogener Knochen, dessen Mittelstück das dem M.en allein zukommende, mehr oder weniger vorspringende Kinn trägt, läuft beiderseitig in 2 Fortsätze aus, von denen der unterste oder hinterste den Gelenkkopf trägt, der vordere, nach oben spitz zulaufende aber zum Ansatze der Kaumuskeln dient (Fig. 3, r). Die Zahl der Zähne, welche Ober- und Unterkiefer tragen, beträgt beim erwachsenen M.en zusammen 32 (8 Schneidezähne, 4 Eckzähne, 8 Mahlzähne und 12, zuweilen nur 10 und 8 Backenzähne), welche nirgends eine Lücke zwischen sich lassen, wie sie im Oberkiefer selbst bei den menschenähnlichsten Affen zwischen den Eck- u. Schneidezähnen vorhanden ist. Die Jochbeine (s. Fig. 2, g), welche seitlich und etwas unterhalb der beiden Augenhöhlen liegen, bilden mehr oder weniger ausgesprochene Vorsprünge, die namentlich bei den verschiedenen Menschenracen zu der Form des Gesichts Vieles beitragen. Eine nach hinten gehende Verlängerung derselben bildet mit dem bereits oben angeführten Fortsatze der Schläfenbeine den Jochbogen, welcher bei allen menschlichen Schädeln stets ganz in der vorderen Hälfte des mittleren Längendurchmessers liegt, während er bei den höheren Affen halb in die vordere, halb in die hintere Hälfte des Längsdurchmessers zu liegen kommt. Auf der Unterfläche des Schädels, wie erwähnt, fast in der Mitte gelegen befindet sich das große Hinterhauptsloch (foramen magnum), zu dessen Seiten etwas nach vorn zu 2 länglich abgerundete Höcker sich befinden. Es sind dies die Gelenkhöcker des Hinterhauptsbeins, welche in entsprechende seichte Gruben des obersten Halswirbels eingreifen u. so die Verbindung des ganzen Kopfes mit der Wirbelsäule darstellen. Dieses Kopfgelenk erlaubt jedoch nur die Bewegung von vorn nach hinten, welche man als Nicken bezeichnet. Die seitliche Bewegung des Kopfes, wie die Drehbewegung geschieht vermittelst der Gelenkverbindung zwischen dem ersten (Atlas, s. d. und Taf. Anatomie V, Fig. 4 und 5) und dem zweiten Halswirbel (epistropheus, s. Taf. Anatomie V, Fig. 6), welcher an seinem vorderen Mittelstück einen zahnförmigen Fortsatz trägt, der in einer Grube der inneren Fläche des Mittelstücks des Atlas eingelenkt ist. Zahlreiche starke Gelenkbänder verbinden diesen Bewegungsapparat in der Weise, daß eine zu starke Zerrung des in der Höhle der Wirbel befindlichen Rückenmarks nicht Statt finden kann und dennoch sehr ausgiebige Bewegungen möglich sind. Die Wirbelsäule besteht gleich einem gegliederten Stabe aus einer Reihe aneinander gelagerter kurzer ringförmiger Knochen, welche so einen in der Längsrichtung sich erstreckenden Kanal von fast runder Gestalt bilden, der bestimmt ist, das Rückenmark zu tragen und nach außen zu schützen. Die Wirbel sind alle unter einander ziemlich fest verbunden, und ihre Bänderapparate erlauben zwar keine ausgiebige Bewegung der einzelnen Wirbel unter sich, durch die große Zahl der Wirbel besitzt jedoch die Wirbelsäule im Ganzen eine sehr große Beweglichkeit nach allen Richtungen hin und auch in der Spirale. Man zählt im Ganzen 33 Wirbel, nämlich 7 Halswirbel, 12 Brustwirbel, 5 Lendenwirbel, 5 Kreuzbeinwirbel und 4 Steißbeinwirbel. Die 5 Kreuzbeinwirbel sind fest mit einander verwachsen und tragen keine Rückenmarkshöhle, ebenso wenig die 4 Steißbeinwirbel, welche nur rudimentäre Wirbel sind u. bloß zum Ansatze von Bändern dienen, im Gegensatze zu den geschwänzten Säugethieren, bei denen Schwanzwirbel in verschiedener Anzahl vorhanden sind. Die Kreuzbeinwirbel bilden außerdem durch Verwachsung mit den Beckenknochen einen integrirenden Bestandtheil des menschlichen Beckens. Von den eigentlichen Wirbeln tragen nur die 12 Brustwirbel Rippen, welche bogenförmig gekrümmte, schmale Knochenplatten darstellen, von denen die 7 obersten sich nach vorn bis zum Brustbein erstrecken und sich mit diesem verbindend zur peripherischen Steifung des Brustkorbes dienen und wahre Rippen heißen, während die 5 untersten Rippen nur eine Strecke weit verlaufen und an die unterste wahre Rippe durch Knorpel u. Bänder befestigt sind. Die Gestalt der Wirbel ist verschieden, an ihrer Verbindungsstelle mit dem Becken sind sie am dicksten, von hier an nehmen ihre Körper sowohl nach oben, als nach unten an Dicke und Umfang ab. Die Wirbelsäule stellt so eine schlanke, nach oben allmählig dünner werdende Säule dar, welche durch ihre geschlängelte Gestalt, doppelt sförmige Biegung, in Stand gesetzt ist, den lastenden Druck des Kopfes u. der an sie gehefteten Rumpftheile wie eine gebogene Feder aufzunehmen und so diese Theile nicht allein zu tragen, sondern auch vermöge ihrer Elasticität jeden Stoß, wie z. B. beim Sprunge, zu brechen, so daß dieser das Becken und die Beine sehr gemindert erreicht. Der Brustkorb des M.en ist in seiner Form von hinten nach vorn kleiner als von einer Seite zur anderen und unterscheidet sich dadurch ebenfalls von dem der meisten der Säugethiere, bei welchen meist das umgekehrte Verhältniß Statt findet. Nicht minder charakteristisch für den M.en sind die starken, vorspringenden Schultern und die daraus hervorgehende viereckige Gestalt des Rumpfes. Die Schulterknochen sind am oberen hinteren Theile des Brustkorbes angelegt und nur durch Muskeln mit demselben verbunden (s. Taf. Anatomie IV, Fig. 1, 2, Taf. V, Fig. 1, 1). Nur das nach vorn gehende Schlüsselbein (s. Taf. Anatomie IV, Fig. 1, 1 u. Taf. V, Fig. 1, 3) schließt sich, wie schon angegeben, an das Brustbein an, hält dadurch die Schulter von der Brust entfernt u. leitet die Wirkung der an den Rippen entspringenden Muskeln an den Oberarmknochen, der sonst einwärts gedreht sein und den oberen Theil des Rumpfes zusammenpressen würde. Das Schulterblatt, ein im Ganzen dreieckiger flacher Knochen mit verschiedenen theils schnabel-, theils leistenförmigen Fortsätzen und Vorsprüngen, besitzt nach außen an seinem vorderen Winkel eine vertiefte Fläche, welche die Gelenkhöhle oder die Pfanne für den Oberarmknochen darstellt, welcher hier mit seinem runden Gelenkkopfe so eingelenkt ist, daß alle Bewegungen des Arms außerordentlich frei sind. Es ist am ganzen Körper kein einziges Gelenk vorhanden, welches die freie Beweglichkeit des Oberarms besitzt, und auch bei keinem Thier ist dieselbe so vollkommen ausgesprochen, da selbst bei den Affen die

Arme nicht allein Greiforgane sind, sondern aud
Stützen dienen (s. Taf. Anatomie IV, Fig. 1, 3,
Taf. V, Fig. 1, 4). An den Oberarm schließt si
aus 2 Knochen bestehende Vorderarm (s. Taf.
tomie IV, Fig. 1, 6, 7, Taf. V, Fig. 1, 5, 6) an.
beiden Knochen werden die Ellenbogenröhre (u
und Speiche (radius) genannt und liegen par
neben aneinander. Ihre Gelenkverbindungen
mit dem Oberarm sind in der Weise eingerichtet,
sie einerseits der Bewegung der Hand große F
keit und Sicherheit verleihen, andererseits auch
freie Beweglichkeit gestatten, welche die mensch
Hand auszeichnet. Das Ellenbogenbein nämli
mittelst eines Charniergelenks, das nur Beugun
Streckung des Vorderarms erlaubt, mit dem O
arm verbunden, die Speiche aber hat am Ellenb
nur einen kleinen, glatten, runden Kopf, der
rotirende Bewegung zuläßt, so daß dieser in
Richtung seiner Axe bewegliche Knochen über
fixirte Ellenbogenbein sich hinüberzudrehen
Stande ist. Mit dieser Drehung aber macht
am Ende dieser Knochen befestigte Hand eine B
gung, welche man Pronation u. Supination n
Zwischen dem eigentlichen Handknochen und
Unterarm sind noch Reihen vielgestaltiger, k
Knochen befindlich, die man die Handwurzelkn
nennt (s. Taf. Anatomie V, Fig. 7, 1—8), welche
straffe Bänder sehr fest unter einander verbu
sind. Sie hängen dem Speichenbein unbewegli
und nach unten zu sind die 4 Mittelhandknoche
Finger eingelenkt, an denen die je aus 3 Knochen (
langen) bestehenden 4 Finger mit rundlichem
lenke angeheftet sind, während der Daumen, w
keinen Mittelhandknochen hat, unmittelbar an
Handwurzel sitzt (vgl. Hand). Arm und
bestehen somit aus 29 Knochen, deren Anord
jene rasche Beweglichkeit und Elasticität, jene F
keit und Sicherheit begünstigt, welche wir an
menschlichen Hand bewundern (s. Taf. Anatom
Fig. 7). Den unteren Theil des Rumpfes sc
das bereits genannte Becken ab, das bei dem
ganz besonders ausgebildet ist und in dieser
bildung sich wesentlich von dem gleichnamigen
chernen Gebilde der Thiere, selbst der Affen, u
scheidet. Auch das Becken mit den breiten H
steht in besonderer Beziehung zu der aufre
Stellung des M.en. Durch letztere ist ihm die
Last der Baucheingeweide aufgebürdet. Es b
sich also schüsselförmig aus. Die Darmbein
Taf. Anatomie V, Fig. 1, F) sind breite, platte Kno
nach oben ausgehöhlt, nach unten und außen
gebogen, schließen sich nach innen an das Kreu
an und bilden, indem sie nach vorn in einem
gerundeten Bogen in die Schambeine übergehen
diesen einen fast kreisförmigen Eingang in den
drisch geformten Kanal des kleinen Beckens,
dieser untere Raum genannt wird gegenüber
oberen, welcher das große Becken heißt. Zu b
Seiten an der äußeren Fläche trägt das Becken
runde Vertiefungen, die Gelenkpfannen für den
des Oberschenkelknochens (femur, s. Taf.
tomie IV, Fig. 1, K). Dieser ist bei dem
der längste Knochen des ganzen Skelets, inde
fast den vierten Theil der ganzen Länge des m
lichen Körpers ausmacht u. das menschliche Kno
gerüst vor dem aller Thiere besonders kennzei
Bemerkenswerth an demselben ist der lange, fas

rizontal gestellte Schenkelhals, der Theil, welcher den Oberschenkelgelenkkopf mit dem senkrecht stehenden Oberschenkelknochen verbindet u. wie die Feder eines Wagens die Last des Körpers balancirend trägt. In leichter Krümmung geht das Oberschenkelbein in den dicken Gelenkantheil des Kniegelenkes über, das von dem oberen Theile des Unterschenkel- oder Schienbeins mit der Kniescheibe gebildet wird, welche letztere ein scheibenförmiges, abgerundetes Knochenstück darstellt und flach über dem Gelenk aufliegt. Dieses ist auf die Weise gebildet, daß eine vollkommene Geradestreckung möglich ist, was bei keinem Thier in demselben Grade der Fall ist. Nach außen vom Schienbein (tibia, s. Taf. Anatomie V, Fig. 1, T) liegt das viel dünnere und etwas kürzere Wadenbein (fibula, s. Taf. Anatomie V, Fig. 1, S) an, dessen Gelenkantheil den äußeren Knöchel bildet, während der innere Knöchel dem Schienbein angehört. Mit diesen beiden Knochen ist der Fuß verbunden. Vielfach hat man die Hand als Hauptcharakteristikum des M.en betrachtet, gewiß hat aber **Burmeister** Recht, wenn er in seinen „Geologischen Bildern" den Fuß als den eigentlichen Charakter der menschlichen Bildung bezeichnet. Die Hand ist bei manchen Affen der menschlichen außerordentlich ähnlich; selbst der menschenähnlichste Affe aber nähert sich in dem Bau des Fußes dem M.en kaum, indem bei den Affen der Fuß stets eine wahre Hand bildet mit ganz flacher Sohle und tiefer Längsfurche. Die Stärke u. Länge der großen Zehe, die bei den M.en die übrigen Zehen überragt; die Kleinheit und Unvollkommenheit der übrigen Zehen, die meist nur gemeinsam, nicht einzeln bewegt werden können; der hervorragende vordere Ballen, der besonders von den Köpfen der Mittelfußknochen gebildet wird; die schön gewölbte Zusammenfügung der Knochen des Mittelfußes und der Fußwurzel, die das Gewicht des Körpers auf die ganze Erstreckung des Gewölbes vertheilt und dennoch das leichte Abwickeln der Sohle beim Gange begünstigt und die Federkraft der ganzen Sohle erhöht; die schmale, hohe Ferse, welche nur wenig nach hinten hervorragt, alle diese schon beim Skelet des Fußes hervortretenden Eigenthümlichkeiten machen, daß der menschliche Fuß als etwas ganz Einziges, von allen ähnlichen Bildungen wesentlich sich Unterscheidendes dasteht. Er besteht, ähnlich wie die Hand, aus Fußwurzel-, Mittelfuß- u. Zehenknochen (s. Taf. Anatomie IV, Fig. 1, X, Y, Z). Erstere sind aber anders angeordnet als bei der Hand. Dicht an dem Schien- u. Wadenbein liegt das Sprungbein, auf welchem zunächst der Körper ruht, unter ihm das Fersenbein (s. Taf. Anatomie V, Fig. 1, Z) und nach vorn noch 5 andere kurze vielgestaltige Knochen, die fest mit einander verbunden sind. Mit den 4 vordersten verbinden sich die 5 Mittelfußknochen, an denen die 5 Zehen, jeder aus 3 Knochen bestehend, eingelenkt sind. Der Fuß tritt nur vorn mit den Zehen an der Verbindungsstelle der Zehen und Mittelfußknochen und mit dem Fersenbeine auf dem Boden auf, der mittlere Theil bleibt, wie bemerkt, gewölbeartig vom Boden entfernt (s. Taf. Anatomie, V, Fig. 1 u. Fig. 8, 1—7 u. a—x). Alle diese verschiedenartigen Knochen sind durch feste zahlreiche Bänder mit einander aufs innigste verbunden, doch so, daß sie eine mehr oder weniger freie, zweckmäßige Beweglichkeit zulassen. Zur Bewegung aber dient ein anderes System von Organen, das als System der **Muskeln** bekannt ist, die in vieler Beziehung ebenfalls unterscheidende Merkmale von den Thieren wahrnehmen lassen, indem namentlich ihre Anordnung wiederum auf den aufrechten Gang hinweist. Während manche Muskeln beim M.en fast gar nicht entwickelt sind, wie die Hautmuskeln, die Muskeln zur Bewegung der Ohren u. a., treten andere mehr hervor, wie z. B. die Gesichtsmuskeln, die Wadenmuskeln und der Muskel, welcher den Daumen den anderen Fingern entgegensetzt (vgl. **Muskeln**). Was Gehirn, Sinnesorgane, Brust und Baucheingeweide, Geschlechtsorgane u. s. f. betrifft, so sind diese Organe in den einzelnen Artikeln eingehend besprochen, und auch die Haut hat bereits eine ausführliche Darstellung gefunden. Vergl. die verschiedenen Handbücher der Anatomie von **Bock**, **Meyer** 2c.; ferner **K. Vogt**, Zoologische Briefe, Frankfurt a. M. 1851, und: Vorlesungen über den M.en, Gießen 1863.

Menschenraub (plagium), die widerrechtliche Versetzung eines Menschen in den Zustand faktischer Unfreiheit, insbesondere durch Gefangenhaltung und Wegführung (Raub), eines der schwersten Verbrechen gegen die persönliche Freiheit, das schon von der mosaischen Gesetzgebung mit den härtesten Strafen bedroht war. Das römische Recht versteht darunter jede Innebehaltung, Verheimlichung oder Unterdrückung eines fremden Sklaven oder Verführung desselben zum Verlassen seines Herrn, sowie jede Veräußerung eines Sklaven oder Freien und bedroht das Verbrechen wenigstens dann mit der Todesstrafe, wenn dadurch ein Freier in faktische Unfreiheit gesetzt wurde. Das kanonische Recht diktirte dieselbe Strafe. Beide Gesetzgebungen wurden zur Richtschnur der gemeinrechtlichen Praxis, die in neuerer Zeit an die Stelle der Todesstrafe Freiheitsstrafen in verschiedenen Abstufungen setzte. Die Rechtsbücher der germanischen Völker des Mittelalters heben unter den verpönten Gewaltthätigkeiten namentlich das Menschenfangen hervor und bedrohen diesen Frevel mit Strafen, besonders mit beträchtlichen Geldbußen. Die Kapitularien der fränkischen Könige, sowie der Sachsen- und Schwabenspiegel bedrohen Den, welcher einen Menschen raubt und verkauft, mit der Todesstrafe. Mehre nach Errichtung des allgemeinen Landfriedens (1495) erlassene Reichsgesetze erkennen solche Frevel als Bruch desselben und fordern dazu auf, den Schuldigen vor dem zur Aufrechthaltung des öffentlichen Friedens niedergesetzten Reichsgerichte zu verfolgen, ohne jedoch die Strafe auszusprechen, auf welche zu erkennen sei. Eine Art des M.s ist der **Kinderraub**, wie ihn mitunter Landstreicher und Gaukler verübt haben, um Kinder zum Betteln oder zu Gaukelkünsten abzurichten, wie er aber auch wohl begangen worden ist, um das geraubte Kind in einer andern Religion zu erziehen. Die Vollendung des Verbrechens tritt nach einigen Strafgesetzbüchern schon mit dem Moment der Bemächtigung, nach andern erst mit der wirklichen Versetzung des Geraubten in die beabsichtigte unfreie Lage ein. Vgl. **Tittmann**, Beiträge zur Lehre von den Verbrechen gegen die Freiheit, Meiß. 1806.

Menschenrechte, die Gesammtheit derjenigen Rechte, welche, von allen positiven Gesetzen abgesehen, jedem Menschen kraft seiner menschlichen Natur zukommen, also in letzterer begründet und mithin ewig und unveräußerlich sein sollen. Obwohl man aber in der Theorie darüber einig war, daß der Mensch lediglich als solcher Inhaber und Träger von gewissen angebornen Rechten sei, so hat doch darüber, welches diese Rechte seien, niemals volle Uebereinstimmung geherrscht. Die französische Aufklärungsphilosophie des 18. Jahrhunderts stellte die Freiheit der Person als rechtsphilosophisches Princip auf. Kant erklärte die Freiheit, d. h. die Unabhängigkeit von fremder nöthigender Willkür, in so weit dieselbe mit der Freiheit der andern Menschen zusammen bestehen kann; Fichte aber das Recht eines jeden einzelnen Menschen auf die Voraussetzung aller Uebrigen, daß sie durch Verträge mit ihm in ein rechtliches Verhältniß treten können, also die bloße Möglichkeit, Rechte zu erwerben, für das einzige ursprüngliche, jedem Menschen kraft seiner Menschheit zustehende Recht. Andere wollten hierzu noch das Recht der Persönlichkeit, wonach man von Andern nicht als Mittel, sondern nur als Zweck behandelt werden dürfe, das der Selbsterhaltung, der Vervollkommnung, der Glaubens- und Gewissensfreiheit u. a. m. gerechnet wissen. Da aber der Begriff eines angebornen Rechts an einer unverkennbaren inneren Unklarheit leidet und in Folge davon Konflikte zwischen den sogenannten M.n und dem bestehenden positiven Recht unvermeidlich sind, so hat der Begriff der M. in der neuern Religionsphilosophie jene fundamentale Bedeutung, welche man ihm früher beimaß, eingebüßt, u. man versteht demgemäß unter M.n nur die rechtlich anzuerkennenden u. gesetzlich zu sichernden Befugnisse, welche die positive Gesetzgebung ebensowohl wegen ihrer ethischen Bedeutung, als um die Möglichkeit der Befriedigung unabweisbarer Naturbedürfnisse zu gewähren, achten muß, wonach sie nichts weiter sind als leitende Grundsätze und Zielpunkte für die politische und sociale Ordnung. In diesem Sinne wurden die M. schon von dem Kongreß der Vereinigten Staaten 1776 als Normen für das Staatsrecht anerkannt. In Europa aber sollen sie durch Lafayette zur praktischen Geltung erhoben worden sein, indem der Vorschlag, der zu entwerfenden Konstitution die Grundsätze der freien Persönlichkeit voranzustellen, von ihm ausgegangen sein soll. Nach längeren Verhandlungen wurde im August 1789 die berühmte Erklärung der Rechte des Menschen u. des Bürgers (Déclaration des droits de l'homme et du citoyen) zum Dekret erhoben und hierauf der Konstitution vom 3. Sept. 1791 einverleibt. Eine neue, aber wegen ihres demagogischen Charakters sehr bedenkliche Erklärung der M. brachte Robespierre nach Abschaffung der Monarchie zu Stande, doch fand dieselbe als Seitenstück zur Verfassungsurkunde vom 24. Juni 1793 bei den Gemäßigten keinen Beifall. Nach dem Sturze der Schreckensherrschaft fand sich daher der Konvent veranlaßt, der Konstitutionsakte vom 5. Fructidor III (22. Aug. 1795) eine weit geordnetere Erklärung der M. beizufügen. Die Kardinalrechte, die hiernach dem Menschen von Haus aus zukommen, sind das Recht der Freiheit, Gleichheit, Sicherheit und des Eigenthums. Die Freiheit ertheilt ihm das Recht zu allen Handlungen, durch welche die Rechte Anderer nicht verletzt werden. Die Gleichheit besteht darin, daß Jeder vor dem Gesetze gleichen Schutz und gleiche Strafe zu erwarten hat, und daß alle Vorrechte der Geburt sowie alle erblichen Privilegien aufhören. Die Sicherheit beruht in der Vereinigung Aller zur Aufrechterhaltung der Rechte des Einzelnen. Das Eigenthumsrecht involvirt für Jeden das Recht der freien Disposition über sein Vermögen und die Früchte seines Fleißes. Das Gesetz ist der Ausdruck des Willens Aller, der durch die Majorität der Bürger oder deren Vertreter erfolgt. Was durch das Gesetz nicht verboten ist, darf nicht gehindert werden. Niemand kann anders vor Gericht gezogen, angeklagt, verhaftet, oder sonst beunruhigt werden als in den gesetzlich bestimmten Fällen und Formen. Das Gesetz darf nur Strafen feststellen, die nothwendig und dem Vergehen angemessen sind. Kein Gesetz hat rückwirkende Kraft. Jeder Mensch besitzt das Recht, seine Zeit und seine Fähigkeiten zu verdingen; aber verkaufen darf er sich nicht, da seine Persönlichkeit ein unveräußerliches Eigenthum ist. Die im allgemeinen Interesse zu erhebenden Abgaben müssen auf alle Bürger, und zwar nach Maßgabe ihrer Erwerbs- und Vermögensverhältnisse, vertheilt werden. Da die Souveränetät wesentlich in der Gesammtheit der Bürger beruht, so kann sie von keinem Individuum und keiner Vereinigung Einzelner in Anspruch genommen werden. Nur Der, welchem eine Autorität oder ein öffentliches Amt gesetzlich übertragen ist, darf dasselbe ausüben. Jeder Bürger hat das Recht, sich an der Gesetzgebung, den Wahlen der Volksvertreter und öffentlicher Beamter mittelbar oder unmittelbar zu betheiligen. Die öffentlichen Aemter können nie das Eigenthum Derer werden, welche sie verwalten. Das Bestehen der öffentlichen Ordnung macht die gesetzliche Trennung und Beschränkung der Gewalten, sowie die Verantwortlichkeit der Beamten nothwendig. Dieser Erklärung der Rechte war auch eine Erklärung der Pflichten beigegeben, die vornehmlich folgende Punkte enthielt: Thue nur Das, von dem du wünschest, daß dir es auch Andere thun. Jeder Bürger hat die Pflicht, den Staat zu vertheidigen, der Gesellschaft zu dienen und sich den Gesetzen und deren Vollstreckern zu unterwerfen. Niemand ist ein guter Bürger, der nicht zugleich ein guter Sohn, Vater, Bruder, Freund und Gatte ist. Nur wer offen und gewissenhaft die Gesetze beobachtet, darf auf den Namen eines rechtschaffenen Menschen Anspruch machen. Wer die Gesetze offen verletzt, erklärt der Gesellschaft den Krieg; wer dieselben heimlich umgeht, macht sich der Achtung und des Wohlwollens seiner Mitbürger verlustig. Die ganze Oekonomie der Gesellschaft hängt wesentlich von der Achtung vor dem Eigenthum ab. Wenn das Vaterland die Bürger zur Vertheidigung der Freiheit, der Gleichheit und des Eigenthums ruft, hat Jeder die heilige Pflicht, diesem Rufe zu folgen. Die Erklärung der Rechte von 1789 statuirte noch ausdrücklich die Freiheit des Gewissens, des Kultus, der Meinungsäußerung und der Presse, die von 1793 fügte überdies das Recht des Bürgers auf Unterstützung und, im Falle einer Gesetzübertretung von Seiten der politischen Autorität, das Insurrektionsrecht hinzu. Die Verfassung, welche nach den Ereignissen vom 18. Brumaire gegeben ward, sowie die Institutionen des Kaiserreichs enthielten nichts von allgemeinen Rechten und Pflichten der Menschen. Dagegen erkannte die von Ludwig XVIII. am 4. Juni 1814 verliehene Charte die allgemeinen M. als die Principien des öffentlichen Rechts ausdrücklich wieder an. Dem Beispiel Frankreichs folgten die südamerikanischen Staaten, indem sie ihren Verfassungen leitende Rechtsgrundsätze voranstellten. Auch den von der deutschen Nationalversammlung aufgestellten Grundrechten lag dieselbe Idee zum Grunde. Nach der Julirevolution wurde von den damaligen Leitern der demokratischen Partei die Gesellschaft der M. (Société des droits de l'homme) gegründet, in der alle republikanischen Associationen sich vereinigten. Die Erklärung der M. von 1793 war das politische Glaubensbekenntniß, Umsturz des Thrones und Einrichtung der Republik aber der verschwiegene Zweck der Gesellschaft. Als Hauptorgan der Gesellschaft galt die „Tribune", später der „Réformateur". Da die Regierung bald ihre Agenten einzuschieben wußte, die nicht selten in den Sektionen die Rolle der Häupter spielten, nahm man im Nov. 1833 eine Organisation der Gesellschaft vor und bildete eine zweite geheime Verbindung, die Association d'action, deren Mitglieder als die allezeit Schlagfertigen militärischen Gehorsam leisten mußten. Namentlich zu Lyon machte die Gesellschaft Ende 1833 reißende Fortschritte. Die Regierung begann schon Anfangs 1834 ihre Gegenmaßregeln zu ergreifen. Die Gesellschaft dagegen bereitete sich, nachdem sie am 30. März 1834 mit der 2000 Mann starken kommunistischen Verbindung der Mutuellisten zu Lyon sich vereinigt hatte, ziemlich offen zum Kampfe vor. Ein Prozeß gegen einen Mutuellisten gab am 9. April zu Lyon das Zeichen zum Aufstand. Zu gleicher Zeit brachen Unruhen zu Saint Etienne, Marseille, Grenoble, Chalons-sur-Marne, Perpignan u. in vielen andern Städten aus; endlich am 13. April erhob die Gesellschaft auch in Paris ihre Waffen. Die Aufstände endeten mit der Niederlage der republikanischen Partei, und der Riesenprozeß, der gegen die Verschwörer im April 1835 vor der Pairskammer geführt wurde, vollendete die Vernichtung des Vereins, der zuletzt 60—70,000 Mitglieder gezählt haben soll. Trotzdem bildeten sich noch 1835 aus den Trümmern der Gesellschaft wieder mehre Associationen, von denen die Association des familles die bedeutendste war. Dieselbe verwandelte sich 1837 in die Société des quatre saisons, an deren Spitze Blanqui und Barbès standen und von welcher der Aufstand vom 12. Mai 1839 ausging.

Menschenversteinerungen, s. Anthropolithen, vgl. Präadamiten.

Menschikow, 1) Alexander Danielowitsch, Fürst von M., russischer Staatsminister u. Feldmarschall, geboren den 17. (28.) November 1672 zu oder bei Moskau aus niederem Stande, zog, sich als Bäckerlehrling mit Gardisten der Schloßwache neckend, die Aufmerksamkeit Peters des Großen auf sich (nach Anderen ward er diesem durch General Lehnert, dessen Bedienter er war, empfohlen) und gewann dessen Gunst bald in solchem Grade, daß ihn derselbe selbst mit in sein Schlafzimmer aufnahm. M.s Anzeige einer vom Fürst Amilka angezettelten Verschwörung gegen des Czaren Leben, in die man ihn hatte ziehen wollen, bahnte ihm den Weg zu seiner glänzenden Laufbahn. Amilka ward hingerichtet, und M. erhielt dessen Tochter zur Gemahlin. Als Sergeant im Garderegiment Preobraschensk machte er 1696 den Feldzug gegen Asow mit u. begleitete dann den Czaren auf seiner Reise nach Holland und England. Durch Peters Günstling Lefort in den Kriegswissenschaften u. der Diplomatie unterrichtet, trat er nach dessen Tode (1699) an seine Stelle bei dem Czaren u. leitete die Erziehung von dessen Sohn Alexis. Im nordischen Krieg zeichnete er sich mehrfach, namentlich 1702 vor Schlüsselburg, aus, zu dessen Kommandanten er nach der Eroberung ernannt wurde. In demselben Jahre war es, wo er bei der Einnahme von Marienburg in den Besitz jenes Mädchens kam, welches später als Kaiserin Katharina I. den Urheber ihres Glücks nie vergaß. M. ward vom Kaiser Leopold I. 1702 zum Grafen, 1706 zum deutschen Reichsfürsten und, nachdem er am 30. Oktober 1706 die Schweden bei Kalisch geschlagen, von Peter zum russischen Fürsten und Herzog von Ingermanland erhoben. Nach der Schlacht bei Poltawa 1709 zwang er den größten Theil der schwedischen Armee unter Löwenhaupt zur Kapitulation u. erhielt noch auf dem Schlachtfeld die Feldmarschallswürde. Im folgenden Jahre nahm er Riga, rückte dann in Pommern und Holstein ein und eroberte 1713 Stettin, das er jedoch gegen den Willen des Czaren an Preußen überließ. Deshalb, sowie wegen einer Anklage auf Bestechlichkeit vor ein Kriegsgericht gestellt, ward er von demselben zum Tode verurtheilt, aber vom Kaiser unter Belassung in allen seinen Würden und sogar im Amte eines Generalgouverneurs von St. Petersburg zu einer Geldstrafe begnadigt. Schon 1719 aber traf ihn eine neue Anklage auf Veruntreuung und Verurtheilung zum Verlust seiner sämmtlichen Würden und Güter, doch begnadigte ihn der Czar abermals und ernannte ihn zum Admiral und Befehlshaber der Truppen in der Ukraine. Eine dritte Untersuchung 1723 brachte gleiches Urtheil, das jedoch wiederum in eine Geldstrafe gemildert wurde. Als nach Peters Tode 1725 Katharina durch M.s Mitwirkung den Thron bestieg, erreichte dessen Macht den höchsten Gipfel. Bei ihrem Ableben 1727 bestimmte diese Fürstin M. zum Reichsverweser u. Vormund ihres Nachfolgers, Peters II. Derselbe ward von M. in strengem Gewahrsam gehalten und ihm eine seiner Töchter zur Gemahlin bestimmt. Diese ehrgeizigen Pläne erregten jedoch den Neid von M.s Feinden, und da Peter überdies des Zwangs überdrüssig war, in dem er sich befand, ward M. plötzlich des Hochverraths, der Theilnahme am Tode des Prinzen Alexis, der Absicht auf die Krone, vielfacher Bestechungen 2c. angeklagt und nebst seiner Familie nach Beresow in Sibirien verwiesen, während sein unermeßliches Vermögen der Krone verfiel. M. † den 22. Oktober (2. November) 1729. Seine beiden noch übrigen Kinder wurden von der Kaiserin Anna aus der Verbannung zurückgerufen. Die Tochter, Alexandra, vermählte sich mit dem General Grafen Gustav Biron, Bruder des Herzogs von Kurland, und † den 13. (24) Oktober 1736 zu Petersburg. Der Sohn, Fürst Alexander Alexandrowitsch, geboren 1713, wurde Gardeoffizier, erhielt die väterlichen Güter zurück, zeichnete sich in den türkischen und schwedischen Kriegen aus u. † als General en chef den 27. Nov. (8 Dec.) 1764.

2) Alexander Sergejewitsch, Fürst, russischer Staatsmann und General, Enkel des Fürsten Alexander Alexandrowitsch, 1789 geboren, trat 1805 in die Armee ein, widmete sich aber bald der diplomatischen Laufbahn und ward Attaché bei der Gesandtschaft in Wien. Die Feldzüge von 1812—15 machte er als Flügeladjutant des Kaisers Alexander I. mit und rückte in ihnen bis zum General auf, nahm

aber 1823 mit Kapo d'Jskrias, Stroganow u. A. seine Entlassung, weil die von ihnen gewünschte Intervention zu Gunsten Griechenlands nicht Statt fand. Nach der Thronbesteigung des Kaisers Nikolaus ward M. nach Persien gesandt, um dessen Schah ein Bündniß mit Rußland gegen die Türkei anzubieten, doch scheiterte das Projekt theils an M.s Schroffheit, theils an des Schahs Uebermuth. An dem alsbald ausbrechenden persisch-russischen Kriege nahm M. im Generalstab Theil. Im türkischen Feldzuge von 1828 erhielt er das Kommando der Expedition nach Anapa, welche Festung sich ihm nach kurzer Belagerung im Juni ergab. Dann mit der Belagerung von Varna beauftragt, wurde er bei einem Ausfall der Garnison schwer verwundet. Nach seiner Wiederherstellung trat er als Viceadmiral und Chef des Marinegeneralstabes an die Spitze des russischen Seewesens, welches ihm hauptsächlich sein Aufblühen und seinen gegenwärtigen Flor verdankt. Seit 1831 auch Generalgouverneur von Finnland, wurde M. 1834 zum Admiral befördert und übernahm 1836 nach dem Rücktritt des Admirals Moller die unmittelbare Leitung des Marineministeriums, trat aber später wieder in seine Stelle als Statthalter von Finnland zurück und beschäftigte sich daneben mit der Organisation der Ostseeflotte und der Verstärkung der russischen Seefestungen im finnischen Meerbusen. Im März 1853 sandte ihn Kaiser Nikolaus als außerordentlichen Botschafter und Ueberbringer der Forderungen, aus denen der orientalische Krieg entstand, nach Konstantinopel. Am 22. Mai verließ er diese Stadt wieder und übernahm sofort die Leitung der Thätigkeit der Flotte des schwarzen Meeres und den Befehl über die Streitkräfte zu Land, lieferte den Alliirten im Sept. 1854 die Schlacht an der Alma, sowie die unglückliche Schlacht bei Inkjerman und leitete die Vertheidigung von Sebastopol, erkrankte aber im Februar so ernstlich, daß er Anfang März von seinem Kommando abtreten mußte. Am 20. Dec. 1855 ward er zum Gouverneur von Kronstadt ernannt, im April 1856 aber von diesem Posten wieder abberufen und gehört seitdem zu den Mitgliedern des Reichsraths, welche keinem besondern Departement zugetheilt sind.

Mensdorff-Pouilly, Graf Alexander, österreichischer Staatsmann, geboren 1813 aus einem ursprünglich lothringischen, 1818 in den österreichischen Grafenstand erhobenen Geschlecht, welches den Beinamen Pouilly von einer gleichnamigen Besitzung an der Saone erhielt und gegenwärtig im böhmischen Kreise Pilsen die Fideikommißherrschaft Breitenstein besitzt, focht 1848—49 als österreichischer Generalmajor und Kommandant einer Kavalleriebrigade in den Revolutionskriegen in Italien und Ungarn und ward sodann zum Feldmarschalllieutenant befördert. Anfangs 1851 ging er als österreichischer Kommissär nach Schleswig-Holstein und 1852 als österreichischer Gesandter nach Petersburg. Schon im folgenden Jahre von dort wieder abberufen, lebte er eine Zeitlang in England und ward hierauf zum Brigadier des 7. Armeecorps, später zum Divisionär beim 5. Armeecorps ernannt. Während des letzten polnischen Aufstandes Generalgouverneur von Galizien, zeichnete er sich durch Energie u. Humanität in gleichem Maße aus. Ende Oktober 1864 ward er an Graf Rechbergs Stelle zum Minister des Auswärtigen berufen.

Menses (lat.), Monate; *M. apostolici*
papales die apostolischen oder päpstlichen Mo
das vom Kaiser Friedrich III. dem Papst zuge
dene Recht, die in bestimmten Monaten (Jan
März, Mai, Juli, Sept. und Nov.) zur Erledi
gekommenen geistlichen Pfründen in Deutsch
zu vergeben; *M. capitulares* oder *episcopales*,
pitel- oder Bischofsmonate, die übrigen sechs Mo
in welchen die Besetzung der vakanten Stellen
Bischöfen oder weltlichen Fürsten zukam. Au
M. s. v. a. Menstruation.

Mens sana in corpore sano (lat.), in ei
gesunden Körper wohnt eine gesunde Seele.

Menstruation (v. Lat., monatliche Rei
gung, Regel, Periode), der mit regelmäßiger
riodicität Statt findende Abgang von Blut aus
weiblichen Genitalien. Die M. ist ein Vorgang, we
mit dem Geschlechtsleben des Weibes in der inni
Beziehung steht. Sie tritt in unsern Klimaten d
schnittlich mit dem 14. Lebensjahr ein und d
wenn nicht besondere Verhältnisse dazwischen tr
bis etwa zum 45. Jahre an. Der Eintritt der
signalisirt die geschlechtliche Reife u. die Fortp
zungsfähigkeit des weiblichen Organismus, ih
löschen kennzeichnet das Aufhören dieser Fähi
In südlichen Klimaten tritt die M. schon bei Mä
von 8—12 Jahren ein, erlöscht dafür aber auch
so früher; in nördlichen Gegenden dagegen fäll
Eintritt der M. erst in das 18.—20. Jahr, ohne
die Fortpflanzungsfähigkeit über das 50. Jahr hin
anhielte. Die physiologische Bedeutung der M.
ruht in der jedesmal dabei Statt findenden Abstoß
eines reifen, befruchtungsfähigen Eichens aus
Eierstocke, welches in den Eileiter und durch d
in die Gebärmutter übertritt. Kommt das E
auf diesem Wege mit dem männlichen Samen in
rührung, so wird es von diesem befruchtet und b
sich zum Embryo aus; findet eine solche Berüh
mit Samen nicht Statt, so geht das Eichen unbef
tet zu Grunde. Die Abstoßung des Eichens b
M. ist begleitet von einer Reihe anderweitige
scheinungen in den weiblichen Genitalien wi
ganzen weiblichen Organismus. Die Schleim
der Gebärmutter wird sehr blutreich und schwil
deutend an. Ihr Zusammenhang mit der da
liegenden Muskelschicht wird gelockert, währe
dererseits die oberflächliche Schicht der Schlei
abgestoßen wird, so daß Bestandtheile derselb
Menstrualblute sich vorfinden. Die Schleima
derung in der Scheide, in geringerem Grade au
der Gebärmutter, nimmt zu, die äußern Geni
werden blutreicher und wärmer; viele Kapillarg
vorzugsweise der Gebärmutterschleimhaut, zer
in Folge ihrer übermäßigen Anfüllung mit Bl
das vergossene Blut läuft eben als Menstrua
ab. Bei gesunden weiblichen Individuen dau
Menstrualblutung 2—5 Tage; die Menge de
gossenen Blutes ist außerordentlich variabel u.
selt innerhalb der Breite der Gesundheit etwa
schen $^1/_8$ bis $^3/_8$ Pfund. Der Blutabgang ist
dem oben Gesagten eigentlich nur ein Symptom
tiefeingreifenden Veränderung des weiblichen
ganismus, welche als das Analogon der Brun
den weiblichen Thieren aufzufassen ist. Au
Brunst ist bei manchen Thieren von einem Bl
gang aus der Scheide begleitet. Die wicht
Punkte, in welchen die M. mit der Brunst üb

stimmt, sind folgende. Beide treten periodisch auf, die M. beim menschlichen Weibe alle vier Wochen, während bei den Thieren im freien Zustande die Brunst von den Jahreszeiten abhängt. Bei beiden Vorgängen werden Eichen im Eierstock abgestoßen. Dieser Abgang erfolgt freiwillig, ohne daß eine Begattung nothwendig ist, wie man mit großer Bestimmtheit sagen kann. Indeß ist damit nicht ausgeschlossen, daß die Begattung die Reifung oder selbst Abstoßung der Eichen, durch stärkeren Säftezufluß nach den inneren Genitalien, einigermaßen begünstigen könne. Vielleicht kommen auch beim gesunden Weibe manchmal Menstrualblutungen vor, die nicht mit der Abstoßung eines Eichens verbunden sind. Wie die Thiere nur während der Brunstzeit Begattungstrieb zeigen, so ist letzterer auch beim menschlichen Weibe kurz nach der M. am größten. Daß die Begattung, wenn sie zu dieser Zeit ausgeführt wird, auch am fruchtbarsten ist, hat seinen Grund eben darin, daß das bei der M. abgestoßene Eichen nur für eine gewisse Zeit befruchtungsfähig bleibt u. daher für seine Befruchtung kurz nach der M. die günstigsten Bedingungen bestehen. Die M. ist zwar an sich ein physiologischer Vorgang, allein er verläuft unter gewissen theils subjektiven, theils objektiven Symptomen, welche sonst nur pathologischen Prozessen zukommen. Der Blutandrang zu den Beckenorganen, vorzugsweise die bei der M. vor sich gehenden Veränderungen an der Gebärmutter, wodurch sich letztere gleichsam zur Aufnahme des Eichens vorbereitet, veranlassen das Gefühl von Zerren, Abwärtsdrängen und erhöhter Wärme in der Beckengegend; auch die Brüste, welche anschwellen, sind öfters der Sitz leichter Schmerzempfindungen von spannendem oder stechendem Charakter. Die Zahl der Pulsschläge ist vermehrt, der Puls manchmal unregelmäßig, der Herzstoß kräftiger, die Athemzüge etwas beschleunigt, die Hautausdünstung häufig von ganz eigenthümlichem Geruch. Der Appetit ist bald vermindert, bald auch merklich gesteigert. Der Unterleib ist etwas aufgetrieben; Schmerzen in der Kreuzgegend u. im Rücken, sowie flüchtige, kolikartige Schmerzen stellen sich manchmal ein. Die Urinausleerung erfolgt häufiger und ist zuweilen mit leichten Schmerzen verbunden. Die Haut ist blasser, etwas gedunsen, die Stimme rauher, die Schilddrüse etwas angeschwollen. Die Leistungsfähigkeit der Muskeln ist während der M. geringer, die Gesichtszüge sind schlaffer, das Auge ist weniger lebhaft. Uebrigens besteht eine größere Empfindlichkeit der Sinnesorgane gegen äußere Eindrücke. Das Schlafbedürfniß ist größer; Hitzegefühl abwechselnd mit Frösteln, Eingenommenheit des Kopfes, Unlust zu geistigen Anstrengungen u. eine gewisse Reizbarkeit des Gemüths sind ganz gewöhnliche Erscheinungen bei der M. Während der Schwangerschaft und der Säugungsperiode setzt die M. aus, doch findet in seltenen Fällen eine Menstrualblutung auch während der Schwangerschaft, meist jedoch nur in den ersten 2 od. 3 Monaten derselben, Statt. Sehr selten kehrt die Menstrualblutung bis zu Ende der Schwangerschaft ganz in der nämlichen Weise wie außer derselben regelmäßig wieder. Die Schwangere befindet sich dabei ganz wohl oder hat doch nur dieselben Zufälle und Beschwerden, welche sonst ihre M. begleiten. Uebrigens gibt die Fortdauer der Menstrualblutung bei Schwangern eine gewisse Disposition zum Abortus. Es ist daher rathsam, daß sich die Schwangere während der Dauer des Blutflusses ruhig verhält und Alles vermeidet, was die Blutwallung nach der Gebärmutter vermehren könnte. Die subjektiven Beschwerden, mit welchen die M. für gewöhnlich auch bei gesunden Weibern einhergeht, erheischen nur ein geregeltes diätetisches Verhalten: körperliche und geistige Ruhe, Aufenthalt in kühler Luft, aber Vermeidung von Erkältung und von Diätfehlern.

Menstruationsstörungen und **Menstruationsanomalien** gehören zu den häufigsten pathologischen Vorkommnissen während der Zeit der Fortpflanzungsfähigkeit des weiblichen Organismus. Solche Abweichungen dürfen nicht als besondere Krankheiten betrachtet werden, sondern sind nur Symptome von Krankheiten der Geschlechtsorgane oder von anderweitigen Krankheiten, durch welche die gesammte Konstitution beeinträchtigt wird. Ein **zu früher Eintritt der M.** (menstruatio praecox) kommt nicht häufig vor. Wenn in unserem Klima die M. nicht im 14.—16., sondern schon im 12.—14. Jahre eintritt, so ist dies nur dann eine krankhafte Erscheinung, wenn der Körper noch verhältnißmäßig unentwickelt ist. Man beobachtet aber auch bei scheinbar völlig unentwickelten 11—12jährigen Mädchen zuweilen so regelmäßig wiederkehrende und von allen Symptomen der M. begleitete Blutungen aus den Genitalien, daß man nicht zweifeln kann, eine zu frühzeitige M. vor sich zu haben. Die Erfahrung lehrt, daß fast alle solche Mädchen später an hartnäckiger Bleichsucht erkranken. Die Fälle, in welchen schon bei kleinen Kindern M. beobachtet worden sein soll, sind nur zum kleinern Theil glaubwürdig. Zu den größten Seltenheiten gehört es, wenn die M. bei einer Frau um mehre Jahre später aufhört, als gewöhnlich ist (bei uns das 45.—48. Jahr). Von **Mangel der M.** (**Amenorrhöe**, s. d.) darf man nur dann sprechen, wenn während der Pubertätsjahre (aber mit Ausnahme der Schwangerschaft und Säugungsperiode) die M. ausbleibt. Die Amenorrhöe, die Verspätung des Eintritts der M. und das zu früh erfolgende Ausbleiben derselben (in jeder einzelnen Menstruationsperiode) hängen häufiger von krankhaften Veränderungen der gesammten Körperkonstitution als von örtlichen Leiden der Genitalien ab. Vorzugsweise sind es die Bleichsucht, Blutarmuth, Skrophelkrankheit u. Tuberkulosen, welche den Eintritt der M. verzögern und das Ausbleiben derselben verschulden. Doch können auch tiefere Erkrankungen der Eierstöcke, sowie der chronische Katarrh der Gebärmutter u. namentlich die chronische Entzündung der ganzen Gebärmuttersubstanz mit konsekutiver Atrophie zur Amenorrhöe die Veranlassung geben. Zuweilen kommt Amenorrhöe bei kräftigen und gesunden Mädchen vor, bei welchen die Entwickelung der Genitalien mit derjenigen des übrigen Körpers nicht gleichen Schritt gehalten hat. Das plötzliche Aufhören einer gerade fließenden Menstrualblutung (suppressio mensium) ist häufig ein Symptom der Gebärmutterentzündung (in Folge von direkter Reizung derselben, Erkältung ꝛc.), manchmal auch die Folge von anderweitig hervorgerufenen, vikariirenden Blutungen, wodurch der Blutgehalt in den Gefäßen der Gebärmutter vermindert wird. Unter **vikariirender M.** versteht man Blutungen aus Schleimhäuten, aus Wunden in Gefäßgeschwülsten, welche anstatt der ausbleibenden Blutung aus den Genitalien oder neben einem geringfügigen

Blutverlust aus denselben Statt finden. Bei der Behandlung der Amenorrhöe muß vor Allem die Krankheit beseitigt werden, als deren Symptom man jene erkannt hat. Indessen gibt es Fälle, in welchen nach Beseitigung des Grundleidens die Amenorrhöe fortbesteht. Deuten dann Zeichen von Kongestion zum Becken, Anschwellung der Brüste, vermehrter Schleimabfluß aus den Genitalien darauf hin, daß die Gebärmutterschleimhaut sich im Zustande der Blutüberfüllung befindet, so muß man letztere so zu steigern suchen, daß es durch Zerreißung feiner Gefäße zur Blutung kommt. Dies geschieht durch die warme Douche der Gebärmutter, durch feine Einschnitte in den Muttermund u. durch Ansetzen von Blutegeln an denselben. Auch Schröpfköpfe an die innere Schenkelfläche angesetzt, sowie reizende und warme Fußbäder führen häufig zum Heil. Allzu reichliche menstruale Blutungen nennt man Menorrhagien. Sie sind die Folge zahlreicher und verschiedenartiger Krankheitszustände u. erfordern unter allen Umständen eine umsichtige ärztliche Behandlung. Während einer Menorrhagie müssen die Kranken jede körperliche Anstrengung u. geistige Aufregung vermeiden, die horizontale Lage einnehmen und sich vor erhitzenden Speisen und Getränken hüten. Ueber erschwerte M. s. Dysmenorrhöe.

Mensur (v. Lat.), Maß, in der Musik vorzugsweise das mathematische Verhältniß der Töne zu einander (s. Intervall). Bei den Instrumentenmachern ist M. die mathematische Eintheilung der wesentlichsten Theile eines Instruments, der Saiten, des Steges 2c., sowohl im Verhältnisse zu einander, als zu ihrer Wirkung. Im Orgelbau bedeutet demnach M. das Verhältniß der Pfeifen in Ansehung ihrer Weite und Länge. In der Bildhauerkunst nennt man M. das Maß, nach welchem die Theile des Modells auf dem Blocke mit Zirkel und Bleiloth aufgetragen werden. In der Tanzkunst ist M. die gehörige Entfernung, in welcher die Füße u. Hände beim Tanzen von einander und vom Körper gehalten werden müssen, sowie die Entfernung, in welcher sich die Tanzenden von einander zu halten haben. In der Fechtkunst und beim Duell heißt M. der Abstand, den die Gegner von einander nehmen.

Mensuralmusik (Mensuralgesang, musica mensuralis), in den älteren Zeiten diejenige Musik, deren Töne, je nach den vorgeschriebenen Takt- und Tempuszeichen, bestimmt gemessene Zeitdauer haben und in gewissen verschiedenen Werthverhältnissen zu einander stehen, zum Unterschiede von der Choralmusik (musica plana, choralis), deren Noten alle einerlei Zeitdauer haben. Die M. hat erst zu Anfang des 13. Jahrhunderts sich zu entwickeln begonnen und erreichte ihre höchste Blüthe während des 15. und 16. Jahrhunderts. Zwar hat schon der griechische und der hebräische Gesang, sowie der ambrosianische Gesang aus abwechselnden Längen und Kürzen bestanden, doch waren Länge und Kürze nur durch die prosodische Länge und Kürze des Textes bestimmt, dem trochäischen Versfuß entsprechend, und der Name M. ist daher nicht darauf anwendbar. Letzterer entstand erst, als die Töne der Melodie hinsichtlich ihrer Zeitwerthe von der Prosodie sich unabhängig zu machen begannen, so daß auf eine metrisch lange Silbe eine kurze Note und umgekehrt zu stehen kommen konnte, und als man anfing, mehrstimmig

zu setzen, d. h. nicht bloß in Quinten, Quart
Oktaven einförmig zu diaphoniren oder orga
sondern mit 2 oder mehren Stimmen von
maßen selbstständigem Tongang u. Rhythmus
einander zu kontrapunktiren, woraus dan
bestimmte Mensur der Töne von selbst mit No
digkeit sich ergab. Daher versteht man unter M
zugleich mehrstimmige Musik. Der Ausdr
guralmusik (s. d.) ist mit M. so ziemlich gleic
tend und kommt von den Gestalten der Not
die zur Bezeichnung ihres verschiedenen Zeit
natürlich selbst verschieden sein mußten. D
uns bekannte Autor über die Mensur ist
von Köln. Von den spätern Mensurallehre
zu nennen: Hieronymus de Moravia (um
der oxforder Mönch John von Tewksbury, de
„Quatuor principia artis musicae“ schrieb, M
tus von Padua (Pomerium in arte musicae me
tae, um 1330), Johann de Muris (um 1325), J
Tinctor (um 1500) u. A. Der Inhalt der M.
zu den verwickeltsten Materien der alten Musi
doch hat derselbe nur für den Historiker
und wir dürfen uns hier mit einer allgemein
tiz über das Hauptsächlichste begnügen. Die
gann mit 4 Notengrößen, hatte aber schon sei
von Tewksbury deren 5: maxima (oder duplex
longa, brevis, semibrevis, minima. Anfan
diente man sich dazu geschwärzter oder gefüllt
tenköpfe; dann wurden dieselben Gestalten mit
Köpfen, hierauf offene und gefüllte Köpfe unte
gebraucht, in mannichfacher Weise und Werth
derung. Ferner blieb man nicht dabei steh
Semibrevis den Werth von 2 Minimen u. der
den Werth von 2 Semibreven zu geben, sonder
unterschied eine größere Theilung der Semi
(prolatio major), wonach dieselbe 3 Minime
eine kleinere (prolatio minor), wonach sie nur
nimen enthielt. Desgleichen unterschied man
Brevis das Tempus (wieder Werthbestimmun
Theilung) perfectum, wonach sie 3 Semibreven,
Tempus imperfectum, wonach sie nur 2 Semi
enthielt, endlich bei der Longa den Modus maj
Modus minor 2c. Diese verschiedenen Verhä
konnten mannichfach gemischt u. verbunden w
In der major prolatio temporis perfecti
hatte eine Brevis 3 Semibreven, jede Semibr
also die Brevis 9 Minimen; in der major p
temporis imperfecti hatte die Brevis 2 Semi
jede dieser aber 3, also die Brevis 6 Minim
Das Zeichen für alle diese Eintheilungsart
Kreis und Halbkreis mit oder ohne Ziffer, m
ohne Punkt. Hiernächst bediente sich die
Punkts, ebenfalls in mannichfacher Bede
Sie unterschied den Punctus perfectionis, der di
hinter welcher er stand, aus einer imperfekten z
perfekten machte; den Punctus additionis, de
Minima eine um die Hälfte verlängerte G
gab (wie auch bei uns noch der Punkt gebraucht
u. den Punctus divisionis, der, einer kleinern a
größere folgenden Note beigefügt, bewirkte, daß
größern einverleibt, die Geltung der letztere
durch sie vermehrt ward (wie bei uns durch Bin
Noch verwickelter wurde das ganze Wesen du
Zusammenfügungen verschiedener Töne u. Gel
in Eine Notenfigur (durch Anwendung der Pl
Ligatur), worauf wir hier nicht näher eingehe
nen. Neben dem Taktwesen, dem die ganze ob

gedeutete Lehre galt, wurde aber auch das Tempo bezeichnet, und zwar nach Ziffern in der Weise unserer Taktvorzeichnung und nach überaus verwickelten Regeln. Das ganze Mensuralwesen war übrigens schon in der zweiten Hälfte des 16. Jahrhunderts so gut wie antiquirt, und das einfachere u. natürlichere Taktwesen, wie es heute noch besteht, kam zur Herrschaft.

Mentagra (v. Lat. u. Griech.), s. Bartfinne.

Mentalis (lat.), was sich auf das Kinn (mentum) bezieht; auf das Innere, die Gedanken (mens), bezüglich. Daher Mentalreservation, bei dem Eide Gedankenvorbehalt, wodurch man etwas stillschweigend darunter Befaßtes im Sinne davon ausschließt.

Mente captus (lat.), des Verstandes beraubt, blödsinnig.

Mentha *L.* (Münze, Minze), Pflanzengattung aus der Familie der Labiaten, charakterisirt durch den 5zähnigen Kelch, die trichterige Korolle mit allmählig in den Schlund erweiterter Röhre und 4spaltigem, fast gleichem Saum u. fehlendem Haarring im offenen Schlunde, die 4 geraden, von einander entfernt stehenden, nach oben auseinander tretenden Staubgefäße mit parallel in dieser Richtung aufspringenden Staubkolbensäckchen, ausdauernde, aromatische Kräuter in der nördlichen Erdhälfte, von denen mehre Arten als Arzneipflanzen und in anderer Beziehung merkwürdig sind. M. aquatica *L.*, Wassermünze, in Europa, Asien, Afrika an Gräben, Bächen und Flußufern, mit gestielten, eiförmigen, gesägten Blättern und quirlig-kopfigen Blüthen, varürt mit ziemlich stark rauhhaarigem (M. hirsuta *L.*) und fast ganz kahlem Stengel. Das Kraut (Roß- oder Pferdemünzkraut) riecht stark u. unangenehm balsamisch, schmeckt aromatisch und etwas bitterlich-scharf und wird jetzt nur selten gebraucht. M. arvensis *L.*, M. gentilis *plur. Aut.*, Ackermünze, in Europa, Asien an Gräben, auf feuchten Stellen und Sümpfen und auf feuchten Feldern, mit gestielten, eirunden oder elliptischen, gesägten Blättern und Blüthen in entfernten kugeligen Quirlen, varürt ebenfalls mit reicher, der Pflanze ein grauliches Ansehen gebender und spärlicherer Behaarung. Das Kraut, früher officinell, hat einen stark aromatischen Geruch, der sich durch das Trocknen ziemlich verliert. Wenn die Pflanze von den Kühen gefressen wird, soll sie das Gerinnen der Milch verhindern. M. cervina *L.*, Hirschpolei, in Mittel- und Südeuropa, an trockenen, sonnigen Stellen, mit rundlich-vierseitigem, meist aus allen untern Blattwinkeln kurze Blätterbüschel treibendem Stengel, sitzenden, schmal-linealen, stumpfen, etwas dicklichen, durchscheinend-drüsig-punktirten Blättern, ist eine sehr stark und eigenthümlich, etwas poleiartig riechende und brennend-aromatisch schmeckende Pflanze, von welcher früher die blühenden Krautspitzen ähnlich wie der Polei angewendet wurden. M. crispa *L.*, Krausemünze, in der Schweiz, Deutschland in Gärten, bis 3 Fuß hoch, mit herzförmigen, gezähnten, wellenförmig krausen, aufsitzenden, wohlriechenden Blättern u. röthlichen, kopfförmig-ährenständigen Blumen, wird in den Gärten oft des Wohlgeruchs wegen angepflanzt und ist officinell. Der Geschmack und Geruch ist aromatisch, jedoch minder kräftig und angenehm als der von der Pfeffermünze. Man erhält von der Krausemünze ein ätherisches Oel durch Destillation des blühenden Krautes. Es ist blaßgelblich, später dunkel und frisch dünnflüssig, im Alter dicklicher, von 0,978 specifischem Gewicht. Die Anwendung tritt vorzüglich da ein, wo die Pfeffermünze zu stark und reizend wirken würde. M. piperita *L.*, Pfeffermünze, englische Münze, in Nordeuropa, besonders England, einheimisch, kultivirt in ganz Europa, Aegypten, Mittelasien, Indien, Nord- und Südamerika und dann auch verwildert, hat gestielte, länglich- oder eirund-längliche, spitzige, gesägte, am Grunde rundlich-gekerbte Blätter und zu länglich-walzenförmigen, am Grunde unterbrochenen Aehren zusammengestellte Blüthenquirle. Die Blätter, Herba Menthae piperitae, Pfeffermünzkraut, Englisch-Münzkraut, haben einen starken, eigenthümlichen, flüchtig balsamischen Geruch und einen angenehm gewürzhaften, anfangs erwärmenden, später auffallend kühlenden Geschmack. Die vorwaltenden Bestandtheile sind ätherisches Oel und Gerbstoff. Sie wirken flüchtig-erregend, blähungtreibend und krampfstillend auf die Unterleibsorgane, als warmer Theeaufguß auch gelind schweißtreibend und die Menstruation befördernd. Aeußerlich dienen sie als erregendes, belebendes, zertheilendes Mittel, vorzüglich in weinigem und spirituösem Aufgusse zu Ueberschlägen. Das durch Destillation mit Wasser aus dem frischen Kraut erhaltene ätherische Oel, das Pfeffermünzöl, ist farblos, schwach gelblich oder grünlich, von durchdringendem Geruch, brennend aromatischem, endlich kühlendem Geschmack und 0,90—0,92 specifischem Gewicht. Es ist etwas in Wasser, leicht in Alkohol und Aether löslich, fulminirt nicht mit Jod und löst Sandelroth theilweise. In der Zusammensetzung und den chemischen Eigenschaften ist es in mancher Beziehung dem Laurineenkampher analog. Das beste Pfeffermünzöl kommt von Mitcham in Surrey, wo die Pflanze in großer Ausdehnung kultivirt wird. Das Kraut liefert 0,58—1,36 Procent Oel. Man benutzt es besonders in Frankreich und Deutschland zum Parfümiren der Seifen, zur Fabrikation von Mundwässern, Zahnseifen und Zahntinkturen, in größter Menge aber zur Bereitung des Pfeffermünzliqueurs. Die Pfeffermünze verlangt einen gut bebauten und gedüngten, nahrhaften Boden und einen freien Standort. Die Fortpflanzung geschieht am leichtesten durch Wurzelausläufer, die man auf Beete in fußweit entfernte Reihen legt. Bei der Kultur im Großen wird jedes Jahr ein neues Beet angelegt, um jährlich gleichen Ertrag zu erzielen. Oefteres Umpflanzen und Ueberdüngen für den Winter sind Haupterfordernisse bei der Kultur der Pfeffermünze. M. Pulegium *L.*, gemeiner Polei, Flohkraut, in Europa, im Kaukasus, an Gräben und Sümpfen, auf feuchten, oft überschwemmten Stellen, hat einen sehr ästigen, niedergestreckten Stengel, gestielte elliptische, stumpfe, schwach gezähnte, parallel geaderte Blätter und entfernte Blüthenquirle. Gebräuchlich ist die ganze blühende Pflanze, Herba s. Summitates Pulegii, Herzpoleikraut, Gartenpoleikraut. Sie hat einen sehr starken, balsamischen Geruch und einen beißend gewürzhaften, etwas herb-bitterlichen, zuletzt kühlenden Geschmack. Die Wirkung und Anwendung ist dieselbe wie bei der Pfeffer- und Krausemünze. Auch gebrauchte man den Polei besonders häufig bei Brustbeschwerden, Heiserkeit, Brustkatarrhen und

Asthma. M. rotundifolia *L.*, in Europa und Sibirien, hier aber nur aus den Gärten verwildert vorkommend, ist in Südeuropa, besonders in Spanien, Südfrankreich und Italien, officinell. Das Kraut ist gewürzhaft und riecht und schmeckt angenehm. M. sylvestris *L.*, Waldmünze, wilde Roßmünze, in Europa, Nordasien, auf feuchten Stellen, an Gräben und Flußufern, hat fast sitzende, eirund-lanzettliche, oder längliche, oberseits weichhaarige oder filzige, unterseits weißfilzige Blätter, die man früher sammelte, und lineal-walzliche oder am Grunde unterbrochene Blüthenähren. In England benutzt man die kurzen Zweige als Zuthat zum Salat und zum Würzen der Gemüse.

Mentone, Stadt im französischen Departement Seealpen, am Golf von Genua, mit Fabriken von Fadennudeln, Strohhüten, Essenzen, Handel mit Oel und Früchten und 4500 Einw.; Geburtsort des heiligen Bernhard.

Mentor, in der griechischen Sagengeschichte Sohn des Alcimus, aus Ithaca, der vertraute Freund des Odysseus, von diesem bei seiner Abreise nach Troja mit der Sorge für sein Hauswesen und der Erziehung seines Sohnes Telemach betraut; daher überhaupt s. v. a. Führer von Jünglingen.

Mentschikow, s. Menschikow.

Mentzer, s. v. a. Johann Fischart.

Menu, in der indischen Mythologie der Stammvater des Menschengeschlechts, Sohn des Brahma und Vater der Rischi's, der Stammväter aller höheren Wesen und der 4 Kasten der Hindus. M. (Manu) heißt auch der Gründer des Reichs Ayodhya, dem das indische, in Versen abgefaßte Gesetzbuch „Manava Dharma Sastra" zugeschrieben wird (vgl. Sanskrit). Mit der Mehrzahl, Menus, bezeichnet man gewisse Abschnitte in der Entwickelungsgeschichte des Menschengeschlechts.

Menuet (Minuet), ursprünglich ein französischer, aus Poitou stammender graziöser Nationaltanz, der sich nur in gravitätischem Tempo bewegt und daher vornehmlich eine schöne gerade Haltung des Körpers u. zierliche Bewegung der Füße u. Arme erfordert. Er war der Lieblingstanz im Zeitalter Ludwigs XIV. und kam erst durch die Revolution außer Gebrauch. Die Musik bewegt sich dabei in einem mäßig geschwinden Dreivierteltakt und hat 2 Reprisen, von denen jede 8 Takte enthält und in dem 4. Takte immer einen sehr merklichen Absatz macht. Alle drei Viertel in einem Takte haben gleichen Zeitwerth. Um dem ganzen Tanz und der Musik mehr Mannichfaltigkeit zu geben, hat man mit der Hauptmelodie noch eine zweite Melodie, ein Trio oder Menuetto secundo, von der nämlichen rhythmischen Einrichtung, verbunden, die mit jener wechselsweise vorgetragen wird. Eine ganz eigene Gattung auch in musikalischer Hinsicht bildet die sogenannte Krebsmenuet (menuetto cancherizante), welche vor- und rückwärts gespielt werden kann. In der Mitte des vorigen Jahrhunderts fing man in Deutschland an, die M. in Sinfonien und Sonaten mit dem Trio eine besondere Abtheilung ausmachen zu lassen. Vorzüglich waren es Haydn und Mozart, die diese Sitte in Aufnahme brachten. Gegenwärtig ist sie vom Scherzo (s. d.) verdrängt.

Menus plaisirs (franz.), kleine Vergnügungen und die Ausgabe dafür; daher s. v. a. Taschengeld; in Frankreich früher des Königs Privatkasse.

Menu von Minutoli, s. Minutoli.

Menyanthes *L.* (Zottenblume, Bitterklee), Pflanzengattung aus der Familie der Kontorten, charakterisirt durch den 5theiligen Kelch, die trichterförmige Korolle mit 5theiligem, innen gebärtetem Saume und 5 getrennten Staubgefäßen, den an der Basis mit gewimpertem Ringe umgebenen Fruchtknoten mit ausgerandeter Narbe und die 1fächerige, 2klappige, vielsamige Kapsel, mit der einzigen Art: M. trifoliata *L.*, Biberklee, Wiesenmangold, ausdauernd in Europa, Nordasien, Nordamerika auf sumpfigen Torfwiesen. Die geruchlosen, grundständigen, langgestielten, tief-3schnittigen Blätter haben einen starken und anhaltenden Geschmack und enthalten vorzüglich bitteren Extraktivstoff, weshalb sie als bitteres, tonisches Mittel gegen Wechselfieber, Stockungen im Unterleib aus Schwäche und dergleichen Leiden in Anwendung sind. Man benutzt sowohl die getrockneten Blätter in Aufguß und Abkochung, als auch den frisch ausgepreßten Saft. Die Blätter müssen vor ihrer vollständigen Entwickelung, im April und Anfang Mai, gesammelt werden.

Menzel, 1) Friedrich Wilhelm, geheimer Sekretär und Kanzlist in dem königlich sächsischen Kabinet, 1726 zu Dresden geboren, trug viel zu dem beschleunigten Ausbruch des siebenjährigen Kriegs bei, indem er sich bestechen ließ, dem preußischen Gesandten eine Abschrift der geheimen Korrespondenz zwischen Sachsen, Oesterreich u. Rußland über den Krieg gegen Preußen zu liefern. Als der Verrath entdeckt wurde, ergriff M. die Flucht, wurde aber in Prag festgenommen und büßte jenen durch lebenslange strenge Haft auf dem Königstein; er † im Mai 1796.

2) Karl Adolf, deutscher Geschichtschreiber, am 7. Dec. 1784 zu Grünberg in Niederschlesien geboren, studirte zu Halle erst Theologie, sodann Philosophie, Philologie und namentlich Geschichte, wurde 1809 zum außerordentlichen Professor, 1814 zum Prorektor und zweiten Professor am Elisabethanum zu Breslau, sowie zum Bibliothekar der rhedigerschen Bibliothek ernannt u. 1824 zum Konsistorial- u. Schulrath befördert. Seit April 1855 emeritirt, † er den 19. August desselben Jahres in seiner Vaterstadt. Von seinen Schriften sind hervorzuheben: „Geschichte der Deutschen" (Bresl. 1815—23, 8 Bde.) und „Neuere Geschichte der Deutschen von der Reformation bis zur Bundesakte" (Bd. 1—14, das. 1826—48; 2. Aufl., das. 1854—55, 6 Bde.), ein Werk, das tief in das Innere der kirchlich-politischen Zustände des deutschen Volkslebens eindringt; sonst schrieb er noch: „Topographische Chronik von Breslau" (Bresl. 1805—7, 2 Bde.); „Geschichte Schlesiens" (das. 1807—10, 3 Bde.); „Geschichte Friedrichs II." (Berl. 1824—25, 2 Bde.), als Fortsetzung zu Beckers „Weltgeschichte"; „Handbuch der neueren französischen Sprache und Literatur" (das. 1827, 4. Aufl. 1852) und „Staats- und Religionsgeschichte der Königreiche Israel und Juda" (Bresl. 1853). M. ist einer der besten deutschen Geschichtschreiber der neuern Zeit. Seine Werke, auf Quellenstudium gegründet, zeichnen sich durch gewandte Darstellung aus. Doch thut er in seinem konservativen Eifer den Neuerungen auf dem religiösen und politischen Gebiet oft Unrecht.

3) Wolfgang, deutscher Kritiker und Schrift-

steller, geboren am 21. Juni 1798 zu Waldenburg in Schlesien, bezog 1814 das Elisabethanum zu Breslau, machte aber 1815 als Freiwilliger den Feldzug gegen Frankreich mit, folgte nach Beendigung desselben als ein begeisterter Turner Jahn nach Berlin und studirte seit 1818 erst zu Jena, dann in Bonn Philosophie und Geschichte. Nachdem er hierauf zwei Jahre als erster Lehrer an der Stadtschule in Aarau gewirkt, privatisirte er zuerst hier, dann in Heidelberg, bis er sich 1825 bleibend in Stuttgart niederließ, wo er von 1826—48 (dann wieder seit 1852) das Literaturblatt zum „Morgenblatt" redigirte. Seit 1830 wiederholt in die würtembergische Ständeversammlung gewählt, stand er mit Uhland, Schott und Pfizer auf der Seite der Opposition, mit der er auch, da sie all ihre Bemühungen erfolglos sah, austrat, um seine Thätigkeit ganz der Literatur zuzuwenden. M. machte sich auf dem literarischen Gebiet zuerst durch seine „Streckverse" (Heidelberg 1823) bekannt, welche sich durch Poesie, Witz und Originalität der Gedanken auszeichnen. In den „Europäischen Blättern" (Zürich 1824—25), die er mit Troxler, List, L. A. Follen u. Mönnich herausgab, sowie in seinem Werk „Die deutsche Literatur" (Stuttgart 1828, 2 Bde.; 2. Aufl. 1836, 4 Bde.) griff er namentlich das junge Deutschland u. Goethe und dessen Richtung an. Seine „Geschichte der Deutschen" (Zürich 1824—25, 3 Bde.; 5. Aufl., Stuttgart 1855—56) ist für das größere Publikum u. für Schüler geschrieben. An dem Streit zwischen Voß und Creuzer betheiligte er sich mit der Broschüre „Voß und Symbolik" (Stuttg. 1825). Die Julirevolution machte ihn zum entschiedenen Gegner der Franzosen und der sich zu ihnen hinneigenden deutschen Schriftsteller, namentlich Börne's, welcher letztere sich durch seine Schrift „Menzel, der Franzosenfresser" (Paris 1837) rächte. Die „Geschichte Europa's von 1789—1815" (Stuttg. 1853, 2 Bde.) und „Geschichte der letzten 40 Jahre" (das. 1857, 2 Bde.; 2. Aufl. 1859) bekunden bereits entschieden M.s Hinneigung zur Reaktion, die in der Folge immer stärker hervortrat. Als Dichter hat er sich besonders in den Märchen „Rübezahl" (Stuttgart 1829) und „Narcissus" (das. 1830) versucht. Ferner schrieb er: „Reise nach Oesterreich" (Stuttgart 1831), „Taschenbuch der neuesten Geschichte" (das. 1829—35, 5 Bde.; neue Folge, Stuttg. und Augsb. 1837 ff.), „Die Reise nach Italien im Frühjahre 1835" (Stuttg. 1835), „Geist der Geschichte" (das. 1835), „Europa im Jahr 1840" (das. 1839), „Mythologische Forschungen u. Sammlungen" (das. 1842), den Roman aus der Zeit des dreißigjährigen Kriegs „Furore" (Leipzig 1851, 2 Bde.), „Die Gesänge der Völker" (1850), „Christliche Symbolik" (Regensb. 1854), „Zur Deutschen Mythologie" (Stuttg. 1855) u. „Die Naturkunde, in christlichem Geist aufgefaßt" (das. 1856); auch übersetzte er mehre lateinische Kirchenlieder ins Deutsche.

4) **Adolf**, berühmter Lithograph, Maler und Zeichner der Gegenwart, am 8. December 1815 in Breslau geboren, ging 1830 nach Berlin, um die künstlerische Laufbahn einzuschlagen, trat hier zwar in die Akademie, verließ dieselbe aber schon nach halbjährigem Besuche wieder, um seine Studien auf eigene Hand zu betreiben. Schon 1833 trat er mit einer Reihe von lithographischen Blättern von tüchtiger Komposition unter dem Titel „Künstlers Erdwallen" hervor. Im Jahre 1836 erschien von ihm lithographirt ein Cyklus von 12 Blättern aus der brandenburgischen Geschichte, wozu Friedländer den erläuternden Text lieferte. Im folgenden Jahre lieferte M. ein Genrebild in Oel, welches eine Rechtsgelehrtenkonsultation vorstellte und Anerkennung fand. Diesem folgten bald mehre Genrestücke, unter denen der Gerichtstag, ein Spazierritt Friedrichs des Großen u. die Störung hervorzuheben sind. In die Reihe der gefeierten deutschen Künstlernamen trat M. aber erst mit den Illustrationen, theils Initialen, theils selbstständigen kleinen Bildern, ein, die er 1840—42 zu Kuglers „Geschichte Friedrichs des Großen" lieferte. Diese Kompositionen (Holzschnitte) fesseln durch Reichthum an Originalität u. Humor, und gleich bewundernswerth ist das dramatische Kompositionstalent, das in den Gestalten lebt, wie die historische Treue, die sich in der genauesten Beobachtung der Kostüme ausspricht. Alle merkwürdigen Persönlichkeiten und Schaubühnen jener Zeit sind entweder nach gleichzeitigen Gemälden, Büsten und Medaillen kopirt, oder nach der Natur gezeichnet. Die meisten seitdem von M. gelieferten Arbeiten sind entweder sachliche Erweiterungen, oder künstlerische Ausführungen dessen, was als Studie oder Skizze oder Impromptu in jenem Werk enthalten ist. Unter seinen andere Stoffe behandelnden Bildern nehmen neben dem großen den Einzug Heinrichs des Kindes u. seiner Mutter in Marburg darstellenden Karton (im Landesmuseum zu Kassel) die 3 Kompositionen den ersten Rang ein, die M. als Transparentbilder für die Weihnachtsausstellungen im berliner Akademiegebäude malte, es sind: Christus unter den Lehrern (1851, existirt auch als Lithographie, von M. selbst in der Schabmanier auf Stein gezeichnet), Christus die Wechsler aus dem Tempel treibend (1853) und Adam und Eva (1857). Eine Frucht fünfzehnjähriger Studien ist das große Bilderwerk „Die Armee Friedrichs des Großen in ihrer Uniformirung" (1857), aus 600 kolorirten Lithographien in 3 Bänden bestehend. Nur 30 Exemplare, jedes zu 530 Thalern, sind davon abgezogen worden. Zu der großen Prachtausgabe der „Werke Friedrichs des Großen" lieferte M. 200 Zeichnungen (geschnitten von Unzelmann u. Vogel). Ein klassisches Werk ist auch „Aus König Friedrichs Zeit" (Berl. 1854—56, 12 Blatt; geschnitten im Atelier von Kretzschmar in Leipzig). Neben diesen vorwiegend den Charakter von Studien tragenden Arbeiten sind noch von den eigentlichen Kunstleistungen M.s auf demselben Gebiet, von seinen großen historischen Bildern oder Genrestücken aus der Zeit u. dem Leben Friedrichs des Großen, hervorzuheben: Diner in Sanssouci (1850, im Besitz des preußischen Kunstvereins); Abendkoncert in Sanssouci (1852, in der jacobsschen Gallerie in Potsdam); Friedrich der Große auf der Reise (1854, in der ravené'schen Gallerie); die Huldigung der schlesischen Stände (1855, im Besitz des schlesischen Kunstvereins); Friedrich der Große und die Seinen bei Hochkirch (1850—56, im Schloß zu Berlin); Begegnung in Neisse zwischen Friedrich dem Großen u. Joseph II. (1857, im Besitz des Vereins für historische Kunst); Friedrich überrascht die Oesterreicher im Schloß zu Lissa am Abend der Schlacht bei Leuthen; lauter Bilder, in denen sich Lebenswahrheit, poetische Konception und dramatischer Effekt

zu einer mächtigen Gesammtwirkung vereinigen. Eines seiner letzten Werke ist die Darstellung der Krönung König Wilhelms von Preußen in Königsberg im Oktober 1862. Als ein Hauptvertreter des Realismus in der Kunst hat M. natürlich viele Gegner gefunden; seine Verdienste um die malerische Ausbeutung der Zeit Friedrichs des Großen sind aber unbestritten. Seit 1853 ist er Mitglied der Akademie zu Berlin.

Menziesia *Smith*, Pflanzengattung aus der Familie der Ericeen, charakterisirt durch den 4zähnigen Kelch, die einblätterige, bauchig-eiförmige Korolle mit 4zähnigem Rande, die 8 auf dem Fruchtboden stehenden, eingeschlossenen Staubgefäße u. die 4fächerige Kapsel mit zahlreichen feinen, länglichen Samen, meist amerikanische Sträucher, von denen als Zierpflanzen in europäischen Gärten zu finden sind: M. coerulea *Sm.*, Erica coerulea *Willd.*, aus Nordeuropa, Nordasien, Nordamerika, mit 6—8 endständigen, überhängenden, kleinen, bläulichen, am Grunde hellrothen Blüthen; M. ferruginea *Sm.*, aus Nordamerika, mit rostfarbigen, krugförmigen Blumen; M. polifolia *Juss.*, irländische Heide, aus Irland, mit eiförmigen, purpurrothen, hängenden Blumen in einfachen Endtrauben.

Menzikow, s. Menschikow.

Meo voto (lat.), nach meinem Wunsche, in so weit es auf mich ankommt.

Mephistopheles (Mephisto), eine der alten Volkssage entnommene, durch Goethe's „Faust" gebräuchlich gewordene Bezeichnung des Teufels, oder vielmehr eines Teufels. Die Etymologie u. Bedeutung des Worts sind noch nicht mit Sicherheit ermittelt.

Mephitis, römische Göttin, welche gegen schädliche Ausdünstungen schützen sollte; dann überhaupt jede schädliche, pestilenzialische Ausdünstung der Erde; daher pflegt man memphitisch eine lange eingeschlossene, nicht erneuerte und bewegte, dem Lichteinfluß entzogene Luft zu nennen, wie sie sich in verschütteten Brunnen oder Schachten befindet, und von Menschen und Thieren nicht geathmet werden kann, ohne tödtlich zu wirken.

Meppel, Stadt in der niederländischen Provinz Drenthe, Bezirk Assen, rechts an der Havelter-Aa, mit Leinwand-, Wollzeuch-, Segeltuch-, Kattun-, Tabaksfabrikation, Färberei, Bleicherei, Schiffbau u. 6780 Einw.

Meppen, Stadt im mediatisirten Herzogthum Aremberg-Meppen (s. Aremberg), im hannöverischen Landdrosteibezirk Osnabrück, Hauptort des gleichnamigen Amts, an der Mündung der Hase in die Ems, hat 2 katholische Kirchen, ein katholisches Gymnasium, eine Gewerbschule, 2 Hospitäler, Tabaks-, Cigarren- und Cichorienfabrikation, Leinweberei, Bleicherei, Weißgerberei, Schifffahrt und 3044 Einw. Im dreißigjährigen Kriege galt M. für eine starke Festung und hatte große Drangsale zu erdulden. Auch im siebenjährigen Kriege litt die Stadt sehr, und 1762 wurden die Festungswerke geschleift.

Mer, St., Stadt im französischen Departement Loir-Cher, mit evangelisch-reformirter Konsistorialkirche, Weinbau, Ziegelbrennerei, Gerberei, Handel mit Branntwein und Essig und 4170 Einw.

Meran (Meraun), Stadt im tyroler Kreise Brixen, die alte Hauptstadt des Landes, gegenwärtig viel besuchter Kurort, liegt 1219 F. über dem Meer, im Passerthale unweit seiner Oeffnung in das Etschthal, am Fuße des Küchelbergs in herrlicher Umgebun
u. besteht eigentlich nur aus einer einzigen Straße, d
vom obern oder passer bis zum untern od. vintschg
Thor in der Länge einer kleinen Viertelstunde führ
sehr eng und abschüssig und in der untern Hälft
von der Hauptkirche an, mit Arkaden oder „Lauben
versehen ist, welche der Stadt ein ganz italienische
Ansehen verleihen u. von den Kurgästen bei schlech
tem Wetter als Promenade benutzt werden. I
diesen Lauben prangen sämmtliche Verkaufsgewöl
und Obstställe, auch die Handwerksläden u. Werk
stätten sind nach ächt italienischer Weise auf diese Lau
ben hinaus geöffnet. Der oberhalb der Pfarrkirche g
legene Theil der Stadt heißt Steinach, u. es bestel
zwischen ihm und den Eingebornen der unt
Stadthälfte eine nicht geringe Rivalität; beide ve
einigen sich aber im Hasse gegen die Villenbesitze
der Gemeinde Obermais, der am andern bede
tend höhern Ufer der Passer gelegenen Quasivorstad
M.s, die ebenfalls sehr viele und beliebte Fremden
quartiere enthält. Gegen die Ueberschwemmun
des wilden Flusses ist die Stadt durch eine Maue
geschützt, die den Hauptspaziergang von M. bilde
Unter den Gebäuden sind erwähnenswerth: die schön
gothische Pfarrkirche (1300—30 erbaut) mit seh
hohem Thurm und hübschen Altarbildern von Knol
ler und das bürgerliche Gebäude „Kelleramt" mi
einer alten Kapelle, in welcher Margarethe Maul
tasch mit Ludwig dem Brandenburger getrau
wurde. M. besitzt außerdem ein Benediktinerkolle
gium aus dem Stift Marienberg, ein Kapuzinerkloster
Stift der englischen Fräulein mit Erziehungsanstalt
ein Institut der barmherzigen Schwestern, ein Ober
gymnasium, mehre andere Schulen und wohlthätig
Anstalten u. zählt 3100 Einw. Als Kurort steht di
Stadt wegen ihrer milden und von Excentricitäte
fernen Temperatur und ihrer reizenden Lage in be
deutendem Rufe und wird als Molkenort im Früh
ling, zur Traubenkur im Herbst und als Winterzu
fluchtsort für Brustleidende aus weiter Ferne be
besucht. Die Umgegend bietet zahlreiche längere un
kürzere Touren; besonders häufig besucht man di
Schlösser und Burgen, deren man von der Passer
brücke aus 17 erblicken soll, und von denen no
viele wohlerhalten sind. Das bemerkenswertheste
darunter ist das Schloß Tyrol, in welchem bi
1363 die Grafen von Tyrol residirten. Der älteste
Theil desselben liegt in Trümmern, während ei
anderer mit einigen Zimmern neu hergestellt is
Jetzt ist das Schloß Eigenthum der Nachkommen de
Erzherzogs Johann. Die Stadt M. erscheint zuer
in einer Urkunde von 857. Sie wurde der Sitz de
Gaugrafen des Gebirgs, aus denen bald erbliche Her
ren erwuchsen. Als solche erscheinen die Grafen vo
Andechs im 12. Jahrhundert, deren Besitzunge
durch Kaiser Friedrich I. 1180 zum deutschen Her
zogthum M. erhoben wurden. Als mit Otto I
1248 der andechsische Stamm erlosch, erbte Albert
Graf von Tyrol, des erstern Schwiegersohn, di
andechsischen Besitzungen an der Etsch und vereinigt
dieselben mit seinem Hausgut um M. u. im Vintsch
gau. Die Stadt M. blühte seitdem ungemein ras
auf; sie bildete den festen Kern der ringsum liege
den zahlreichen Burgen und Edelsitze und wurd
deshalb von den Fürsten gehegt und gepflegt. Au
dem 1341 daselbst gehaltenen Landtag wurde auf de
deutschen Kaisers Ludwig Betrieb Margarethe'

Gemahl, Johann von Mähren, als eheunfähig verworfen und Ludwig der Brandenburger als künftiger Gatte der Fürstin gewählt. Die Luxemburger legten aus Rache die Stadt 1347 nach vergeblicher Belagerung des Schlosses Tyrol in Asche. Im Jahre 1819 brach der See im Thale der Passer aus, u. in Folge davon schwoll die Etsch so stark an, daß ein Theil M.s zerstört wurde. Auch 1503 und 1512 fügten Ueberschwemmungen der Passer der Stadt großen Schaden zu.

Merasch, Stadt im kleinasiatischen Ejalet Adana, Hauptort eines Liwa, auf 3 Vorhöhen des Südvorsprungs des Achürdagh, vor einer sehr fruchtbaren Ebene, macht von außen einen großartigen Eindruck, hat 25 unansehnliche Moscheen, 6 armenische Kirchen, 50 öffentliche Bäder, einen Palast des Pascha's von Adana und etwa 20,000 Einw. Unter den Handwerkern zeichnen sich die Türkischrothfärber, die Weber und Kammmacher aus.

Merawi, Dorf in Nubien, rechts am Nil im Gebiet der Scheikieharaber; dabei die prächtigen Ruinen des alten Meroë (Napata).

Mercadante, Saverio, italienischer Opernkomponist, geboren 1798 zu Altamura in Apulien, erhielt seine künstlerische Ausbildung auf dem Musikkonservatorium in Neapel, das damals unter der Leitung Zingarelli's stand, widmete sich zuerst der Violine, wandte sich dann aber der Vokalkomposition zu u. erwarb sich 1818 durch die Kantate „L'unione delle belle arti" die Stelle als Komponist am San-Carlotheater in Neapel. Fortan widmete er seine Thätigkeit als Komponist fast nur noch der Bühne u. schrieb für dieselbe allein in den nächsten 5 Jahren 21 Opern, von denen jedoch nur Eine, „Elisa e Claudio", Anspruch auf höheren künstlerischen Werth erheben kann. Im Jahre 1826 wurde er vom Impressario des italienischen Theaters in Madrid auf 7 Monate mit der Bedingung engagirt, zwei neue Opern zu komponiren. Im Jahre 1829 finden wir ihn in Cadix und 1830 als Musikdirektor beim Hoftheater zu Madrid; 1831 erfolgte seine Berufung als Kapellmeister am Dom zu Novara, und 1840 wurde er vom König von Neapel zum Direktor der königlichen Theater ernannt. Wiewohl M. in seinem Vaterlande den Ruf des gelehrtesten italienischen Tonsetzers der Gegenwart genießt, haben doch selbst dort nur sehr wenige seiner zahlreichen Opern besonderes Aufsehen erregt, da seinem Produktionsvermögen originelle Frische, melodischer Reiz und schwunghafter dramatischer Ausdruck, wenigstens in höherem Maße, abgehen.

Mercaptan (Aethylsulfhydrat), organische Verbindung, die als Schwefeläthyl-Schwefelwasserstoff od. als Aethylalkohol, in welchem der Sauerstoff durch Schwefel vertreten ist, betrachtet werden kann. Man erhält das M., wenn man ein äthylschwefelsaures Salz mit Kaliumsulfhydrat destillirt. Es ist eine farblose, unangenehm zwiebelartig riechende Flüssigkeit, welche zwischen 61 und 63° siedet und erstarrt, wenn ein Tropfen an einem Glasstabe verdunstet. Es brennt mit blauer Flamme, löst sich kaum in Wasser, leicht in Alkohol und Aether und reagirt nicht auf Pflanzenfarben. Es löst Schwefel, Phosphor und Jod und gibt mit Salpetersäure gekocht äthylschweflige Säure. Die weingeistige Lösung des M.s gibt mit vielen Metallsalzen Niederschläge. Die Alkalimercaptide sind farblos, in Wasser, aber kaum in Weingeist löslich, die Mercaptide der schweren Metalle sind weißgelb oder weiß und in Wasser unlöslich, sie geben mit Schwefelwasserstoff wieder M. und Schwefelmetall. Salpetrige Säure gibt mit M. eine blutrothe Färbung.

Mercator, Gerhard, berühmter Mathematiker und Geograph, geboren den 5. März 1512 zu Ruremont in Flandern, studirte in Löwen und wurde dann Kosmograph des Herzogs von Jülich. Verdient machte er sich um die Verbesserung der Seekarten durch die nach ihm benannte Projektion (Mercators Projektion). Er stach auch einen von ihm selbst entworfenen großen Atlas in Kupfer und verfertigte mehre Globen. Er † zu Duisburg den 2. December 1594. Sein „Atlas minor", 1628 von Hondeus herausgegeben, erschien auch deutsch mit illuminirten Karten (1633, 2 Bde.).

Mercenarii (lat.), Söldner, Miethlinge.

Mercia (Merce), das Land der Mercier, eines Stammes der Angelsachsen, das von diesen bei der Eroberung Britanniens zuletzt, vielleicht erst zu Ende des 6. Jahrhunderts, von Creoda, einem Sprößling Wodans, gestiftete angelsächsische Königreich, reichte vom Meere auf beiden Seiten des Flusses Trent bis an die Gebirge von Wales, kam aber 825 nach Besiegung des mercischen Königs Wiglaf bei Ellendoune durch Egbert, den König der Westsachsen, unter dessen Herrschaft. Vgl. England (Geschichte).

Mercier, Louis Sebastien, geistreicher französischer Schriftsteller, geboren zu Paris am 6. Juni 1740, bekleidete anfangs eine Professur der Rhetorik am Collége zu Bordeaux, siedelte aber, da die pariser Schauspieler die Aufführung seiner Theaterstücke versagten, als Advokat nach Rheims über. Mehr Beifall fanden sein „L'an 2440" (1770), worin er einen Pariser aus einem 700jährigen Schlaf erwachen und einen Vergleich mit dem ehemaligen Paris anstellen läßt, und das „Tableau de Paris" (Amst. 1782—88, 12 Bde.; deutsch, Leipzig 1784, 8 Bde.), fortgesetzt als „Le nouveau Paris" (Paris 1797, 5 Bde.), eine Schilderung des damaligen pariser Lebens. Von einem längeren Aufenthalt in der Schweiz und Deutschland 1789 nach Frankreich zurückgekehrt, begründete er mit Carra die „Annales patriotiques". Aber bald zerfiel er mit den Jakobinern, gehörte als Konventsdeputirter für das Departement der Seine und Oise zur gemäßigten Partei und stimmte gegen den Tod des Königs. Er wurde zwar bald darauf eingekerkert, entging aber der Hinrichtung und wurde 1795 in den Rath der Fünfhundert gewählt, wo er zur republikanischen Partei zählte. Später war er eine Zeitlang Professor der Geschichte an der Centralschule und Mitglied des Nationalinstituts. Er † den 25. April 1814. Noch schrieb er: „Songes et visions philosophiques" (Paris 1768; neue Aufl., das. 1789, 2 Bde.); „Eloges et discours philosophiques" (Amsterdam 1776); „Bonnet de nuit" (das. 1778—84, 4 Bde.) und „Bonnet de matin" (das. 1786, 2 Bde.). M.s Schauspiele erschienen gesammelt als „Théâtre" (Amsterd. 1778—84, 4 Bde.).

Merck, Johann Heinrich, ein für die Entwickelung der deutschen Literatur in den letzten Jahrzehnten des vorigen Jahrhunderts hochbedeutsamer Mann, wurde zu Darmstadt am 11. April 1741 geboren. Nachdem er in Altdorf und Göttingen seine Universitätsstudien, welche zufolge seiner günstigen

Familienverhältnisse mehr auf allgemeine als fachwissenschaftliche Bildung sich richteten, geendigt hatte, begleitete er einen jungen Edelmann auf Reisen, heirathete in Genf eine Französin und wurde 1767 in seiner Vaterstadt als Sekretär der Geheimkanzlei, im folgenden Jahre als Kriegskassirer mit dem Titel eines Kriegsrathes angestellt. Seine eigene schriftstellerische Wirksamkeit, die er schon im 21. Jahre durch anonyme Veröffentlichung von Uebersetzungen englischer Werke begann, hatte weniger hohe Bedeutung als der von ihm kritisch geübte Einfluß auf die Produktivität hervorragender Zeitgenossen. Goethe's Genius ist von keinem Menschen so frühe erkannt und seinem hohen Berufe gemäß bestimmt und geleitet worden als von M. Aber auch zahlreiche andere ausgezeichnete Männer empfingen von diesem unmittelbar und mittelbar geistige Förderung und Berathung, wofür die biographischen Aufzeichnungen und die Briefsammlungen aus dem 7., 8. und 9. Jahrzehnt des vorigen Jahrhunderts reichliche Belege bieten. Außer mit Goethe stand M. mit Herder, G. Schlosser, Boie, Wieland, Nikolai, den Brüdern Jakobi, Claudius, Lavater, G. Forster, Lichtenberg u. A. m. in eifriger Korrespondenz. Er war eine Zeitlang die Seele der auf seine Anregung 1782 gegründeten „Frankfurter gelehrten Anzeigen" u. gehörte zu den wichtigsten Mitarbeitern des wielandschen „Merkur" und der „Allgemeinen deutschen Bibliothek" Nikolai's. Fürstliche Personen suchten den Verkehr mit ihm, die Landgräfin Karoline von Hessen-Darmstadt wählte ihn 1783 zum Begleiter auf ihrer Reise nach Petersburg, der Herzog Karl August von Weimar, der ihn wochenlang auf der Wartburg bei sich hielt, ließ sich von ihm nicht nur in Kunst-, sondern auch in Staatsangelegenheiten gern berathen. Neben so vielfacher Thätigkeit, zu welcher seit 1782 eifrig betriebene paläontologische Studien (die, wie er selbst gesagt, eine Zeitlang das Glück seines Lebens ausmachten) sich gesellten, befaßte sich M.s rastloser Geist auch mit mancherlei industriellen Unternehmungen. Hier schien ihm aber Alles zu mißlingen. Fehlgeschlagene Versuche in diesem Gebiet im Verein mit häuslichem Mißgeschick (er mußte 5 Kinder binnen kurzer Zeit sich durch den Tod rauben lassen) trübten die Klarheit und Heiterkeit des hellen Geistes in M.s letzten Lebensjahren. Die Verdüsterung seiner Seele, die sich auf einer Reise nach Paris 1790 nur vorübergehend lichtete, äußerte sich zuletzt in der ungegründeten Sorge, Verwirrung in seinen Kassengeschäften werde ihn in Schmach und Armuth stürzen. Am 27. Juni 1791 endete er selbst sein Leben durch einen Pistolenschuß. M.s zahlreiche Korrespondenz wurde gesammelt von Wagner in: „Briefe an Joh. Heinr. M. von Goethe, Herder, Wieland und anderen bedeutenden Zeitgenossen" (Darmstadt 1835); „Briefe an und von J. H. M." (das. 1838); „Briefe aus dem Freundeskreise von Goethe, Herder, Höpfner und M." (Leipzig 1847). „M.s Ausgewählte Schriften zur schönen Literatur und Kunst" gab Stahr heraus (Oldenburg 1840).

Merckem, Flecken in der belgischen Provinz Westflandern, Bezirk Veurne, mit Spitzenfabrikation, Weberei und 3450 Einwohnern.

Mercoeur, Elise, französische Dichterin, geboren 1809 zu Nantes, erlangte schon als Kind durch ihr poetisches Talent Berühmtheit und lebte später in Paris, erhielt durch Karl X. eine Pension, verlor dieselbe aber durch die Julirevolution und † den 7. Januar 1835 in Dürftigkeit. Ihre Poesien sind gesammelt in den „Oeuvres complètes" (Paris 1843, 3 Bde.).

Mercuriales (franz.), ehemals die Parlamentsversammlungen in Paris, am ersten Mittwoch nach Martini und nach Ostern, in welchen die Mißbräuche in der Verwaltung der Justiz gerügt wurden. Im Munde des Volks noch jetzt s. v. a. Strafpredigten.

Mercurialia (sc. remedia, lat.), s. v. a. Merkurialmittel.

Mercurialis *L.* (Bingelkraut), Pflanzengattung aus der Familie der Euphorbiaceen (Rutaceen), charakterisirt durch die diöcischen oder monöcischen Blüthen mit 3- oder 4theiliger Blüthenhülle, die in geknäuelten, ununterbrochenen Aehren stehenden männlichen Blüthen mit 9—12 getrennten Staubgefäßen und die in den Blattwinkeln zu 2—3 gehäuft oder einzeln stehenden weiblichen Blüthen mit kurzem Griffel und 2 verlängerten Narben und 2knöpfiger Kapsel, meist in Europa einheimische Kräuter in 10 Arten, von denen mehre als Arzneipflanzen bekannt sind. M. annua *L.*, Speckmelde, Klystierkraut, Mercuriuskraut, Hundskohl, einjährig als lästiges Unkraut auf Feldern und in Gärten wachsend und unangenehm riechend und schleimig-fade, etwas salzig-bitterlich und widrig schmeckend, wurde früher häufig als gelind purgirendes Mittel angewendet und dient äußerlich als Breiumschlag, um Abscesse und dergleichen zu erweichen. M. perennis *L.*, Waldbingelkraut, ausdauernd in Europa in schattigen Bergwäldern, wirkt noch kräftiger purgirend und Brechen erregend, ist aber betäubend scharf-giftig. M. tomentosa *L.*, Halbstrauch in Spanien und Südfrankreich, wurde früher als heilsam gegen Wasserscheu gerühmt.

Mercurii dies (lat.), die Mittwoch.

Mercurius (griech. Hermes), ursprünglich altpelasgischer Gott, Sohn des Zeus und der Maja, geboren auf dem arkadischen Gebirge Cyllene, nach anderer Sage auf dem Gebirge Cerycius in Böotien, zeigte gleich nach seiner Geburt List und Verschlagenheit. Dem Neptun entwendete er den Dreizack, dem Mars stahl er das Schwert aus der Scheide, dem Apollo Bogen und Pfeile, dem Vulkan seine Zange, dem Jupiter das Scepter. Am Tage seiner Geburt forderte er den Amor zum Zweikampf im Ringen heraus, bezwang ihn durch List, und als Venus ihn liebkosend auf den Schooß nahm, stahl er ihr ihren Gürtel. Bald darauf gelüstete ihn nach den heiligen Rindern der Götter, welche Apollo in der Landschaft Pierien unter dem Olymp hütete, und er schlich in der Dämmerung aus seiner Grotte. Unterwegs fand er die Landschildkröte, kam beim Anblick der gewölbten Schale auf den Gedanken, aus darüber gespannten Saiten Töne hervorzurufen, und ward Erfinder der Lyra. In Pierien angekommen, stahl er dem Apollo 50 Rinder, und damit ihm dieser nicht auf die Spur komme, trieb er sie rücklings vor sich her und band sich selbst Zweige unter die Fußsohlen, um jede Spur im Sande damit wegzukehren. Bei Pylus in der Landschaft Elis verbarg er die Rinder in einer Grotte am Meeresstrande u. schlich sich wieder in die Wohnung seiner Mutter, wo er sich in die Wiege legte und die neu erfundene Lyra in der Hand sich schlafend stellte.

Apollo entdeckte durch seine Wahrsagekunst den Dieb und brachte ihn vor Zeus, der, entzückt von der Verschlagenheit des Knaben, lachend beiden befahl, die Rinder zu suchen. M. führte nun den Apollo nach jener Grotte bei Pylus; doch überließ ihm Apollo die Rinder gegen Abtretung der Lyra. M. erfand darauf die Syrinx, die er ebenfalls an Apollo gegen den goldenen Friedensstab Caduceus abtrat. Später lehrte ihn Apollo aus Loosen die Kunst der Weissagung; Zeus aber machte ihn zum Götterherold. Von nun an greift Hermes bedeutend in die Götter- und Heroensage ein, am meisten als Bote des Zeus, aber auch als der pfiffige Menschen- und Heldenfreund, der überall kluge Rathschläge gibt. Er kämpft unter dem unsichtbar machenden Helme des Pluto mit gegen die Giganten, führt die Proserpina aus der Unterwelt zu Demeter zurück, entführt den Ganymedes, flicht in Zeus' Auftrag den Ixion aufs Rad, läßt den Prometheus an den Felsen schmieden, bringt dem Epimetheus die von ihm mit den verfänglichsten Gaben ausgestattete Pandora &c. Besonders häufig wird er benutzt zur Rettung und Unterbringung von Götterkindern. Den Perseus rüstet er mit seinen Waffen zur kühnen Fahrt gegen die Medusa aus und schützt ihn auf derselben in Verbindung mit Minerva; den Hercules geleitet er in die Unterwelt, verkauft ihn aber auch in die Knechtschaft der Omphale. Am liebsten verkehrt er mit den Nymphen des Waldes und des Feldes. Daphnis von Sicilien und Abderus, der in Thracien die Pferde des Diomedes weidet, sind seine Söhne. Auch Pan hieß ein Sohn des Hermes, von der Tochter des Dryops. Außerdem werden Priapus und Hermaphroditus als seine Söhne genannt. M. erscheint als die thätige, ausführende Gotteskraft im weitesten Sinne des Wortes, die durch alle Gebiete der Welt hindurchgeht, daher seine Alles vermittelnde Wirksamkeit nicht bloß die praktischen Bewegungen des menschlichen Lebens, sondern auch die wechselnden Zustände des Seelenlebens betrifft. Die älteste Stätte seiner Verehrung war das Gebirge Cyllene im pelasgischen Arkadien, das für seine Geburtsstätte galt. Die älteste Form der Verehrung des M. ist die in Gestalt bloßer Steinhaufen (Hermäa). In diesen Haufen ward ein Pfeiler aufgerichtet, und indem an diesem Pfeiler der Phallus angebracht und später auch der Kopf des Gottes angesetzt wurde, entstand die Herme, die von den Athenern zu den übrigen Griechen kam. In den Mysterien wird vorzugsweise sein Verkehr mit der Unterwelt ins Auge gefaßt, und allmählig wird er geradezu der Mittler zwischen dieser und der Oberwelt (daher sein Beiname Psychopompos, Führer der abgeschiedenen Seelen). Mit den Eigenschaften der Schlauheit und der List hängt aufs engste sein erfinderisches Talent zusammen. Die philosophirenden Mythologen nannten ihn den allgemeinen Hermeneus (Dolmetscher), der die Sprache und damit die Möglichkeit des Gedankenausdruckes gegeben habe. Auch die Palästra und die Gymnasien galten für seine Stiftungen, waren ihm heilig und wurden nach ihm benannt. An verschiedenen Orten feierte man ihm zu Ehren Kampfspiele unter dem Namen Hermäa. In seiner Eigenschaft als Bote des Zeus ist aber M. auch der Gott der Wege, der Wanderlust und des Gewinnes, der durch Handel und Wandel erworben wird, endlich auch der Führer und Geleiter auf schwierigen Wegen, daher die Hermessäulen an den Straßen und auf öffentlichen Plätzen immer an den rührigen, emsigen Gott aller Betriebsamkeit erinnerten. Diese Eigenthümlichkeit des Gottes, wodurch er als der Beschützer des Handels erscheint, tritt besonders bei den Römern in dem Mercuriusdienste hervor. Schon 495 v. Chr. war ihm ein Tempel neben dem Circus maximus erbaut worden. Auch befand sich vor dem capenischen Thore ein freistehender Altar dieses Gottes. Weil Hermes allmählig im Kultus und in der Fabel zu einem immer vielgestaltigeren Wesen geworden war, so unterscheiden die spätern Mythologen zwischen verschiedenen Göttern dieses Namens und geben ihnen auch verschiedene Abkunft. Sie sprechen von einem Hermes Uranius (superus), Chthonius (terreus) und Catachthonius (inferus), ja Cicero unterscheidet sogar 5 verschiedene Merkure. Daß ein so reicher Mythenkreis vielfach zu künstlerischen Darstellungen benutzt wurde, ist nicht auffallend. Zu den Attributen des M. gehört der Pilus, ein glockenartiger Hut, wofür später der Petasus als schattengebender Reisehut aufkam. Bei Homer ist die Sohle des Hermes noch nicht geflügelt; später erhält er Flügel nicht bloß an den Sohlen, sondern auch am Hute, am Stabe und an den Schultern. Weiter gehört zu den Attributen der Hermesstab, dessen einschläfernde Wirkung schon Homer kennt. Der mit Schlangen umgebene Heroldsstab (caduceus) deutet auf die weltliche und geistliche Vermittelung und Friedensstiftung hin. Statuen des M. gab es ungemein viele und darunter sehr berühmte. Die ältere Kunst stellte ihn bärtig, d. h. als kräftigen Mann, dar. Frühzeitig aber machte sich bei M. auch die jugendliche Bildung geltend. Als Bote zeigt ihn besonders schön die Bronzestatue in der neapolitanischen Sammlung der herculanensischen Bronzen, eine der schönsten Hermesfiguren. Nächstdem hat der Agonios (der den Wettkampf Liebende) zu den schönsten Darstellungen Veranlassung gegeben. Wird er als Gott des Handels dargestellt, so fehlt ihm als charakteristisches Attribut selten der Beutel. Der Hermes Logios (der Gott der Redner) ist charakterisirt durch die nachdenkende Stellung und den erhobenen rechten Arm.

Mercurius (Merkur), derjenige Planet, welcher unter allen bis jetzt bekannten der Sonne am nächsten steht, fortwährend in ihrem Glanze schwimmt u. daher, besonders mit unbewaffnetem Auge, kaum wahrgenommen wird. Da er kurz vor der Sonne auf- und kurz nach der Sonne untergeht und demnach stets in der Nähe des Horizonts gesucht werden muß, wo in unseren Breiten die am Horizonte lagernden Nebel häufig sein sonst glänzendes Licht trüben, so darf man sich nicht wundern, daß frühere Astronomen ihn nur vom Hörensagen kannten und selbst Kopernikus noch auf dem Sterbebette bedauerte, ihn trotz aller Mühe nicht gesehen zu haben, und Keplers Lehrer Möstlin äußerte, dieser Planet scheine nur deshalb geschaffen zu sein, um die Astronomen in Mißkredit zu bringen. In den südlicheren Ländern, wo der Horizont in Folge der Auflösung der Dünste durch die Wärme meist heiterer ist als bei uns, läßt er sich leichter auffinden, daher man ihn schon im Alterthum, wiewohl man noch keine Fernröhre hatte, als Planet erkennen konnte. Mit einem guten Fernrohr kann er selbst um Mittag in geringer

Entfernung von der Sonne leicht aufgefunden werden, und er erscheint unter günstigen Umständen in solchem Glanze, daß man ihn behufs besserer Beobachtung mit matten Blendgläsern betrachten muß. Seine Bahn ist eine sehr elliptische, u. er wird in dieser Beziehung nur von der einiger Asteroiden übertroffen. Die Excentricität der Bahn beträgt 0,2056163, demnach mehr als das Zwölffache der Excentricität der Erdbahn. Die Neigung seiner Bahn zur Ekliptik beträgt 7° 0′ 5″,9. Seine Entfernung von der Sonne muß in Folge der bedeutenden Excentricität seiner Bahn eine sehr verschiedene sein; die kleinste beträgt 0,3075004, die mittlere 0,3870938 und die größte 0,4666872 Sonnenweiten (20,682000 geogr. Meilen) oder respektive 6¼, nahe 8 u. 10 Millionen Meilen. Seine scheinbare Entfernung von der Sonne aber kann höchstens 29° betragen, und dies nur dann, wenn er zur Zeit seiner größten östlichen oder westlichen Ausweichung sich gerade in seinem Aphelium befindet. Weil seine Bahn von der Erdbahn umschlossen wird, wird er zuweilen stationär, und zwar in der Entfernung von 18° von der Sonne; auch nimmt er eine rückläufige Bewegung an, die 17½ Tage durch 12½° fortdauert, und zeigt endlich Phasen. Da er der Sonne bedeutend näher ist als der Erde, so muß er sich mit ungleich größerer Geschwindigkeit um dieselbe schwingen als die Erde. In der Sekunde legt er durchschnittlich 6,62 Meilen zurück (die Erde nur 4,119 Meilen), und sein täglicher Weg beträgt 578880 Meilen. Vielleicht hat er von dieser Geschwindigkeit sein Zeichen (☿) erhalten, welches in der Mineralogie das bewegliche Quecksilber bedeutet. Seine ganze Bahn durchläuft er siderisch (d. i. in Beziehung auf die Fixsterne) in 87,96928 Tagen = 87 Tagen 23 Stunden 15 Minuten 46 Sekunden. Daher ist das Merkursjahr noch nicht ¼ des Erdenjahres. Zur Sonne nimmt er erst wieder nach je 115 Tagen 21 Stunden dieselbe Stellung ein; dies die Zeit seiner synodischen Revolution. In Folge der Lage der Merkursbahn innerhalb der Erdbahn muß auch die Entfernung des Planeten von der Erde eine sehr wechselnde sein. Zur Zeit seiner unteren Konjunktion kann er sich der Erde bis auf 10 Millionen Meilen nähern, zur Zeit seiner oberen Konjunktion sich aber auch bis über 30 Mill. Meilen von ihr entfernen, daher er von der Erde aus unter sehr verschiedenen Gesichtswinkeln gesehen wird. Sein scheinbarer Durchmesser, der in der mittleren Entfernung 6″,7 beträgt, kann sich bis auf 4″,4 vermindern und bis auf 12″ vermehren, je nachdem er sich in der kleinsten oder größten Entfernung von der Erde befindet. Nach dieser scheinbaren Größe des Planeten und seiner entsprechenden Entfernung von der Erde hat Bessel den Aequatorialdurchmesser desselben zu 0,391 des Erddurchmessers = 671 geogr. Meilen bestimmt, wonach seine Oberfläche 6,5-, sein Volumen 16,77-mal so klein als bei der Erde sein würden. Auf Grund der Störungen, welche der encke'sche Komet 1841 durch den Planeten erlitt, hat man die Masse des letzteren $= \frac{1}{4865751}$ der Sonnenmasse gefunden, wonach, da die Erdmasse $= \frac{1}{359551}$ der Sonnenmasse ist, die Erde 13½mal so viel Masse als M. haben würde. Doch ist des letzteren Dichtigkeit größer als die der Erde, indem sie 1,234 der letzteren beträgt und 6,71mal so groß als die des Wassers ist. Auch ergibt sich aus einfacher Rechnung, daß die Schwere an der Oberfläche des M. nur = 0,51 der der Erde ist, wonach ein frei fallender Körper auf dem M. in der ersten Sekunde einen Weg von 7,6 Fuß zurücklegen würde. Schröter, der fleißigste Beobachter des Planeten, nahm zur Zeit, wenn derselbe in Form einer Sichel sich zeigte, regelmäßig eine Abstumpfung des südlichen Horns wahr, die er der Beschattung durch hohe Berge auf dem M. zuschrieb. Auch schloß er aus der regelmäßigen Wiederkehr dieser Abstumpfung auf eine Rotation des Planeten und berechnete dieselbe zu 24 Stunden 5 Minuten, welche Zahl jedoch nicht ganz zuverlässig ist. Das Vorhandensein einer Atmosphäre vermuthete Schröter aus dem Erscheinen und Verschwinden gewisser dunklen Flecken, die sich oft schnell verändern und daher nicht wohl der festen Oberfläche des M. angehören können, eine Vermuthung, welche durch die nicht scharf begrenzte, sondern verwaschene Lichtgrenze desselben bestätigt zu werden scheint. Der genannte Beobachter will auch Berge von cirka 58,000 Fuß Höhe auf dem Planeten wahrgenommen haben. In Betreff der Neigung der Axe oder des Aequators desselben zur Ebene seiner Bahn hat sich noch nichts Bestimmtes ermitteln lassen; doch glaubt Schröter eine Neigung des Aequators des M. von 20° gegen die Ebene seiner Bahn annehmen zu können, wonach sich die Verhältnisse auf demselben wie bei den Tageszeiten, so auch bei den Jahreszeiten ähnlich wie auf der Erde gestalten würden; die heiße Zone würde eine Breite von 40°, jede gemäßigte Zone von 50°, jede kalte Zone von 20° haben. Bei der Kürze des Merkursjahres dürfte indeß der Wechsel der Jahreszeiten wenig hervortreten, da, nach irdischen Verhältnissen zu urtheilen, bei einer Dauer derselben von nur 22 Tagen eine jede Jahreszeit schwerlich ihren eigenthümlichen Charakter gehörig entfalten können möchte. Doch herrschen auf dem M. in Bezug auf diese und andere Verhältnisse höchst wahrscheinlich andere Gesetze, wie ja schon die Sonne in Folge ihrer großen Nähe bedeutend größer als auf der Erde erscheinen muß nämlich in der mittleren Entfernung des Planeten von ihr 6,65-, im Perihel 10,58-, im Aphel 4,59mal so groß, und in demselben Verhältniß auch die Erleuchtung und Erwärmung der Oberfläche des M. durch die Sonne weit beträchtlicher sein muß als auf der Erde. Merkwürdig sind die sogenannten Durchgänge Merkurs durch die Sonnenscheibe, welche den Sonnenfinsternissen ganz analoge Erscheinungen sind; nur daß M. wegen seiner Kleinheit im Fernrohr bloß als schwarzer Punkt erscheint und von einer Schwächung des Sonnenlichts durch ihn nicht im entferntesten die Rede sein kann. Läge die Bahn des M. mit der der Erde in derselben Ebene, so müßten diese Durchgänge sich bei jeder Konjunktion ereignen. Da aber beide Bahnen in einem Winkel von 7°0′5″ gegen einander geneigt sind, so können sie nur dann eintreten, wenn M. bei seiner unteren Konjunktion in einem seiner Knoten oder wenigstens sehr nahe daran steht, was in 100 Jahren etwa 13-mal der Fall ist. Beträgt die Entfernung des M. vom Knoten mehr als 3° 28′, so kann kein Durchgang desselben durch die Sonnenscheibe Statt finden. Der letzte Durchgang fand den 12. November 1861 Statt; weitere werden Statt finden den 5. November

1868, den 6. Mai 1878, den 8. November 1881, den 10. Mai 1891, den 10. November 1894 ꝛc. Bei der dermaligen Lage der Knoten (der aufsteigende Knoten hat eine Länge von etwa 46°) können diese Durchgänge nur im Mai und November erfolgen; ihre Dauer kann höchstens 5 Stunden betragen, was dann der Fall ist, wenn M. durch die Mitte der Sonnenscheibe geht.

Mercurius, s. v. a. Quecksilber.

Mercuriusberg (*großer Staufen*), Berg bei Baden-Baden, 2240 Fuß hoch, mit schöner Fernsicht.

Mercy, 1) *Franz Freiherr von M.*, General im dreißigjährigen Kriege, geboren zu Longwy in Lothringen, trat früh in österreichische Dienste u. focht bei Leipzig (1631) als Oberstwachtmeister unter Piccolomini mit Auszeichnung. Im Jahre 1633 bereits zum Obersten aufgerückt, fiel er bei einem Ausfall aus Breisach in französische Gefangenschaft, wurde jedoch bald ausgewechselt und vertheidigte im folgenden Jahre Rheinfelden einige Monate mit Glück gegen den Herzog von Weimar. Von 1635 bis 1637 wohnte er als kurbayerischer Generalwachtmeister der Belagerung von Colmar, dem Entsatz von Dôle und dem Treffen von Gray bei, befehligte 1641 ein bayerisches Corps in der Unterpfalz gegen den Herzog von Longueville, vertrieb im folgenden Jahr Banner von Regensburg, nahm den Obersten Schlange, welcher den Rückzug der Schweden nach Sachsen decken sollte, bei Waldneuburg gefangen und verfolgte den schwedischen Feldherrn bis ins Braunschweigische. Nach einem Feldzug gegen die Franzosen im Breisgau und im Würtembergischen vernichtete M. den 24. December 1643 das Corps des Generals Rantzau bei Duttlingen fast gänzlich und wurde hierauf vom Kurfürsten zum Generallieutenant, österreichischerseits aber zum Feldmarschall ernannt, wobei er den Befehl über das vereinigte österreichische und bayerische Heer erhielt. Mit diesem unternahm er im Mai 1644 die Belagerung von Freiburg und bezog nach dessen Uebergabe ein Lager bei dieser Stadt. Erst Anfangs August zwangen ihn die vereinigten Kräfte des Herzogs von Enghien und des Marschalls Turenne nach einem dreitägigen Gefecht zum Rückzug in das Würtembergische, wo er die Bergstraße besetzte. Obgleich er bei Mergentheim den 5. Mai 1645 Turenne geschlagen hatte, mußte er bech, da Condé herbeieilte, gegen Nördlingen zurückweichen, wo er am 3. Augzist in der Schlacht bei Allersheim vielleicht durch seine eigenen Leute den Tod fand. Sein Leichnam wurde auf dem Schlachtfelde beerdigt, und die Franzosen selbst setzten ihm einen Denkstein mit der Inschrift: Sta viator, heroem calcas. Sein Bruder, *Kaspar von M.*, bayerischer Generalwachtmeister, fiel bei Freiburg.

2) *Claudius Florimund, Graf von M.*, kaiserlicher Feldherr, Großneffe des Vorigen, 1666 in Lothringen geboren, trat 1682 als Volontär bei der Armee ein, erwarb sich bei dem Entsatze von Wien (1683) den Lieutenantsgrad und wohnte den Feldzügen in Ungarn (1684—90) mit Auszeichnung bei. Im Jahre 1701 als Oberlieutenant in Italien fechtend, schlug er bei Borgoforte mit 300 Reitern 6 feindliche Schwadronen zurück, gerieth zwar den folgenden Tag, sodann 1702 bei Cremona abermals in Gefangenschaft, wurde aber beide Male ausgewechselt. Hierauf befehligte er als Oberst ein Kürassierregiment und erwarb sich bei Friedlingen hohen Ruhm. Im Jahre 1705 drängte er, inzwischen zum Generalmajor befördert, die Franzosen aus ihren Linien bei Pfaffenhofen bis unter die Kanonen von Straßburg zurück. Er versah (1706) Landau mit der nöthigen Zufuhr und zersprengte bei Orlenberg (1707) das fliegende Corps des Marquis de Vivans. Zum Feldmarschalllieutenant erhoben, deckte er die Gegend von Landau. Im Feldzuge von 1709 führte er 6 Regimenter nach Mantua, ging nach seiner Rückkehr über den Rhein und nahm eine Stellung bei Neuburg. Durch Dubourg bei Rumersheim geschlagen, mußte er sich zwar nach Rheinfelden zurückziehen, deckte jedoch den Schwarzwald u. die Waldstädte. Im Kriege gegen die Türken (1716) trug er bei Peterwardein viel zum Siege bei, deckte die Belagerung von Temeswar, nahm nach der Eroberung dieses Platzes auch Panczova, Ujpalanka und Kubin ein und blieb hierauf im Banat als kommandirender General zurück. Während des Winters ließ er den Fluß Danawicka schiffbar machen, wodurch aus demselben die kaiserlichen Tsaiken in die Donau gegen die türkische Flottille auslaufen konnten, was bei der Unternehmung auf Belgrad (1717) von entscheidendem Einflusse war. Auch an der Belagerung dieser Festung nahm er mit Auszeichnung Theil. Seit 1720 Gouverneur von Temesvar, machte er sich um die Kultur des Banats verdient. Als Generalfeldmarschall übernahm er 1733 den Oberbefehl in Italien. Er fiel am 29. Juni 1734 beim Angriff auf Croisetta. Da er keine Kinder hinterließ, erbte sein Lehn mit dem Grafentitel, den er 1720 erhalten hatte, einer seiner Verwandten, Antoine d'Argenteau, der 1767 als Generalgouverneur in Essek starb.

Meretrix (lat.), bei den Römern Name der Buhldirnen, unterschieden sich von ehrbaren Frauen durch eine kurze Tunica, über welcher sie wohl eine Toga, aber keine Stola tragen durften, und waren gewöhnlich Sklavinnen oder Freigelassene. Oft wurde eine ganze Gesellschaft derselben von einem Leno unterhalten. Vor 3 Uhr Nachmittag durften sie ihr Gewerbe nicht treiben, mußten auch eine Abgabe von demselben entrichten. Wenn sie es aufgaben, widmeten sie der Venus einen Spiegel. Uebrigens waren sie mit Infamie belegt und konnten weder Legate, noch Erbschaften erwerben.

Mergel (marne), mechanisches Gemenge von kohlensaurer Kalk- od. Kalkbittererde (*dolomitischer M.*) mit Thon, der bei Behandlung mit Salzsäure als Thonschlamm ungelöst zurückbleibt, dabei stark aufbrausend, wenn kalkiger, schwach brausend, wenn dolomitischer M. Der Thongehalt steigt von 10 bis über 50 Procent und gibt dem Gestein Thongeruch beim Anhauchen. Je nach der relativen Menge der Gemengtheile unterscheidet man die thonärmeren *Kalkmergel* u. die thonreicheren *Thonmergel*. Durch die häufige Beimengung von Quarzkörnern entsteht der *Sandmergel*. Nicht selten wird er *bituminös* durch Beimengung von Verwesungsprodukten organischer Körper (*bituminöser* oder *Stinkmergel*, *Oelschiefer*). Auch in Konsistenz und Farbe zeigt er große Verschiedenheiten. Er findet sich lose, erdig als *Mergelerde*, dicht mit erdigem Bruch als *gemeiner* od. verhärteter M., dicht mit unebenem bis muschel.gem Bruch als fester *Steinmergel* von

Kalksteinhärte. Die verschiedenartigen M. erscheinen oft schiefrig, die verhärteten dann oft reich an kleinen Glimmerblättchen (Schiefermergel), die festeren als Mergelschiefer. Die dunklen bituminösen schiefrigen M. sind oft durchdrungen von Kupferkies und andern Schwefelmetallen (Kupferschiefer). So erscheint der M. in den verschiedensten Formationen bis in die jüngste Zeit in ganzen Schichtenkomplexen; die verhärteten u. Steinmergel bilden aber auch in den verschiedensten thonigen Gesteinen bis auf die der Gegenwart knollige, oft wunderbar gestaltete Konkretionen (Mergelniere, Lößkindl, Septarien, Ingwersteine, Brillensteine, Marlekor od. Meerspiele, Imatrasteine), im Innern oft von Sprüngen durchsetzt, die meist wieder mit Kalkspath, aber auch mit Schwefelmetallen, wie Zinkblende, Bleiglanz, ausgefüllt sind (Ludus Helmonts), auch mit losem Korn (Adlersteine). Im Uebrigen ist der M. matt, undurchsichtig, mager anzufühlen, kommt weiß, am häufigsten grau, aber auch durch Eisenoxydul grün, durch Eisen- u. Manganoxydul gelb, roth, braun, durch Bitumen grau bis schwarz gefärbt vor. Beim Verwittern blättert er sich auf od. zerfällt in kleine eckige Stücke und liefert rascher od. langsamer einen kalkreichen Lehmboden, der verschieden nach der chemischen Zusammensetzung, aber durch einen, wenn auch kleinen Gehalt an fixen Alkalien, durch Reichthum an alkalischen Erden und an löslicher Kieselerde, oft auch durch Gehalt an Phosphorsäure und Chlor zu den fruchtbarsten Bodenarten gehört, die wir kennen. Er verbindet die wasserhaltende Kraft des Thons mit der raschen Erwärmung und der leichten Auflockerung des Kalkbodens. Sandiger Kalkmergelboden ist das Ideal der Zusammensetzung eines Ackerbodens. Wir finden die M. durch alle sedimentären Formationen; reich daran ist die des Zechsteins (Kupferschiefer), des untern und mittlern Muschelkalks, des Keupers (daher bunte M., marnes irisées), des Lias (hier der an Kohlenwasserstoffverbindungen reiche Oel- u. Posidonienschiefer) und Jura, der Kreide (Plänermergel), der Tertiärformationen; in beiden letzteren findet sich der mit Glaukonitkörnern übermengte grüne Glaukonitmergel, bis zu den jüngsten Schlammabsätzen in Seen u. am Meere (Muschelmergel). Man benutzt die M. als Düngmittel auf die Felder (Mergeln). Steinmergel geben das ausgezeichnetste Material für Cämentbereitung ab (Cämentstein); die besten, die Septarien des Londonthons, welche den berühmten Roman Cement liefern, enthalten 23,3 Procent Thon und 76 Proc. kohlensaure Salze der Kalkerde, wovon 70 Proc., Bittererde, und des Eisenoxyduls. Der schöne gelbe u. gelbbraune, auch rothe Ruinenmarmor von Florenz ist ein Steinmergel.

Mergentheim (Mergenthal, ursprünglich Marienthal), Oberamtsstadt im würtembergischen Jaxtkreise, früher mit seinen Umgebungen die bedeutendste der 11 Balleien des deutschen Ordens, die 10 □Meilen mit 32,000 Einw. umfaßte, und 1527—1829 der Sitz der Hochmeister, liegt anmuthig im Tauberthale, hat eine Hofkirche, ein Kloster und Schloß, ein Gymnasium, eine Industrieanstalt und zählt 2460 Einwohner, die ansehnlichen Weinbau und Uhrenfabrikation treiben. Die hier aus Muschelkalk und Gyps entspringende Mineralquelle wird erst seit 1826 als Heilquelle benutzt. Das Wasser ist ungewöhnlich reich an Kochsalz und Glaubersalz, farblos, hell, geruchlos und hat einen salzig-bitterlichen Geschmack und eine Temperatur von + 8 bis 9° R. Es wirkt kühlend, auflösend, ableitend, vermehrt den Appetit u. verbessert die Verdauung. Das Schloß (Neuhaus), mit Naturalienkabinet und Garten, enthält eine ansehnliche Bibliothek und das Archiv des deutschen Ordens, war eine Zeitlang die Residenz der Deutschmeister und dann im Besitze des Prinzen Paul von Würtemberg. M. (Mariae domus) ist unstreitig sehr alt und gehörte früher den Grafen von Hohenlohe. Im Jahre 1386 wurde hier zwischen den schwäbischen Ständen der große heidelberger Bund geschlossen, der die Veranlassung zur nachmaligen Kreiseintheilung Deutschlands gab, u. 1403 hier zwischen König Wenzel von Böhmen und den Bischöfen von Würzburg und Bamberg der bekannte Landfriede errichtet. Im Jahre 1631 wurde die Stadt durch die Schweden unter Horn eingenommen, 1643 aber wieder von den Franzosen erobert. Am 5. Mai 1645 hier Sieg der Oesterreicher unter Mercy über die Franzosen unter Turenne.

Mergui, den Briten gehörige Inselgruppe im Meerbusen von Bengalen, an der Küste von Tenasserim, besteht aus sehr vielen meist kleinen Inseln, die gebirgig (bis 3000 F. Höhe) und besonders als Hauptfundort für eßbare Vogelnester, sowie für Perlen und Austern berühmt sind. Die umherschweifenden ganz uncivilisirten Bewohner (13,850 an der Zahl) fertigen eine Art von Matten für den Handel. Gegenüber auf dem Festlande, im Delta des Tenasserimflusses, liegt die Stadt M., Sitz eines britischen Residenten, mit gut versehenen Bazars, einem großen sichern Hafen u. 8000 Einw., bestehend aus Engländern, Chinesen, Barmesen, Siamesen und Malayen.

Merian, Name einer berühmten schweizerischen Künstlerfamilie. Matthäus M., der Aeltere, geboren zu Basel 1593, hatte den berühmten Kupferstecher Dietrich Meyer von Zürich zum Lehrer, arbeitete sodann zu Nancy, Paris, in den Niederlanden, in Stuttgart, Frankfurt, wo er sich mit Johann Theodor de Bry verband, Basel u. a. O., später meist zu Frankfurt. Er † den 19. Juni 1650 zu Schwalbach. Von seinen Kupferstichen ist hervorzuheben eine Reihe von „Topographien“ verschiedener Länder, die er mit M. Zeiller (Frankfurt seit 1640) herausgab, und die auch nach seinem Tode fortgesetzt wurden und bis 1688 30 Bände zählten. Ein Register dazu erschien 1726. Die von M. nach der Natur aufgenommenen Ansichten von Städten sind vorzüglich in der Perspektive meisterhaft, ebenso seine Landschaften aus früherer Zeit. Sein Sohn, Matthäus, der Jüngere, geboren 1621, widmete sich namentlich der Porträtmalerei, in welcher er sich Vandyck zum Muster genommen hatte, und ließ sich in Frankfurt nieder, wo er 1687 †. Seine Arbeiten wurden sehr geschätzt. Sein Bruder, Kaspar M., betrieb die Aetzkunst, sein Sohn, Johann Matthias M., war ebenfalls ein geschickter Porträtmaler, † zu Frankfurt 1716. Beider Schwester, Maria Sibylla, verehelichte Graff, Tochter von dem ältern Matthäus M., geboren den 2. April 1647 zu Frankfurt, erwarb sich einen großen Ruf durch die Treue u. den Geschmack, mit welchen sie Blumen u. Insekten in Wasserfarben malte, und stach zu vielen von ihr selbst verabfaßten Schriften, unter denen „Erucarum ortus, alimentum et paradoxa metamorphosis“ (Nürnb. 1679 u. 1683, 2 Bde.) u. „Metamorphosis insectorum Surinamensium“ (Amst. 1705), die Frucht einer 1699 nach Surinam unternommenen Reise, hervorzuheben sind, die Kupfer selbst. Letzteres Werk ward später von ihrer Tochter Johanna Helene vervollständigt. Obgleich seit 1665 mit dem Maler Graff aus Nürnberg verheirathet, behielt sie doch den Namen M. bei. Nach einem vierzehnjährigen Aufenthalt zu Nürnberg begab sie sich nach Frankfurt zurück und von da nach Holland. Sie † am 13. Jan. 1717 zu Amsterdam. **Johann Matthäus**, Sohn des jüngern Matthäus M., malte Historien in Pastell nach Rubens und Vandyck u. † als kurmainzischer Rath 1716. **Hans Bernhard** M., dem baseler Zweig derselben Familie angehörend, geboren den 28. Sept. 1723 zu Liestal im Kanton Basel, wirkte erst als Professor zu Basel, ging sodann nach Berlin, wo er sich als Gegner der wolffschen Philosophie bekannt machte u., von Friedrich II. sehr geschätzt, 1770 Direktor der Klasse der schönen Wissenschaften bei der Akademie ward. Er † daselbst den 12. Febr. 1807. Seine Lebensbeschreibung erschien Berlin 1810. **Peter** M., geboren den 22. Dec. 1795 zu Basel, wirkt seit 1821 daselbst als Professor und hat sich als Physiker und Geolog, sowie sein Bruder **Rudolf** M., geboren den 15. März 1797, seit 1830 ebenfalls Professor daselbst, als Mathematiker u. Physiker bekannt gemacht.

Meriania *Swartz*, Pflanzengattung aus der Familie der Melastomaceen, charakterisirt durch den glockenförmigen, 5—6lappigen Kelch, die 5—6blätterige Blumenkrone mit 10—12 Staubgefäßen und die runde, 5—6fächerige Kapsel mit sehr feinen, eckigen Samen, Sträucher und Bäume in Südamerika und Westindien, mit gestielten Gegenblättern und einzelnen Achselblüthen, deren Art **M. rosea** *Tuss.*, in Jamaica, 10—20 Fuß hoch wird. Die gelind aromatischen Blüthen werden zu Theeaufgüssen bei Brustkrankheiten benutzt. Eine schöne Zierpflanze ist **M. macrantha** *Linden*, 1842 von Linden in der Provinz Caracas aufgefunden. Sie gehört in das mäßig warme Glashaus u. verlangt eine leichte u. gute Erde, gemischt aus Laub-, Sand- u. Thonerde.

Merida, 1) Stadt in der spanischen Provinz Badajoz (Estremadura), auf einem Hügel am rechten Ufer des Guadiana u. an dessen Nebenflusse Albarregas, hat ein festes maurisches Schloß und 5500 Einw., die bedeutende Vieh-, besonders Schweinemärkte halten. M. verdankt seinen Ursprung den Römern und hieß als römische Kolonie **Augusta Emorita**, von Augustus, der hier die Emeriti der 5. und 10. Legion ansiedelte. Es war eine große volkreiche Stadt und zur Kaiserzeit Hauptstadt der Provinz Lusitania. Nach Zerstörung der Römerstadt durch die Araber 713 wurde die jetzige Stadt auf den Trümmern der alten erbaut, daher man in den Wänden vieler alten Häuser noch Bruchstücke von römischen Säulen, Kapitäler, Inschriften 2c. eingemauert findet. Auch einzelne Theile des Kastells stammen aus der Römerzeit her, und von einem Amphitheater, einem Theater, einer Naumachie, einem Aquädukt und mehren Triumphbögen (darunter der Trajansbogen mitten in der Stadt) sind noch Reste vorhanden. Das schönste u. besterhaltene Denkmal aus der Römerzeit ist aber die 50 Bögen zählende Brücke über den Guadiana. Auch eine noch jetzt im Betrieb stehende Wasserleitung stammt größtentheils aus der Römerzeit. Die Mauren behaupteten sich bis 1230 im Besitz der Stadt. — 2) Hauptstadt der gleichnamigen **Provinz** (510 QM. mit 62,120 Einw.) in der südamerikanischen Republik Venezuela, auf einer kleinen, schönen und fruchtbaren Bergebene, in der Nähe des ungestümen Rio Chama und im Angesicht der Sierra Nevada, ist der Sitz eines Bischofs, hat ein geistliches Seminar, ein Kollegium, verschiedene Schulen, lebhaften Handel und ungefähr 6000 Einwohner. M. wurde 1558 von Juan Rodriguez Suarez gegründet, 1812 aber durch ein Erdbeben fast gänzlich zerstört und erst nach einigen Jahren wieder aufgebaut, ist jetzt aber bevölkerter, als je zuvor. — 3) Hauptstadt des mexikanischen Staats Yucatan, auf dürrer Ebene, 5 Meilen vom Meer gelegen, hat breite, regelmäßige Straßen und einen großen Platz, eine Kathedrale nebst 13 andern Kirchen, eine Universität, Ruinen eines großen Franciskanerklosters, umschlossen von einer 40 F. hohen und 8 F. dicken Mauer, beträchtlichen Handel und 23,600 Einw. Die Stadt wurde 1542 von dem Spanier Francisco de Montijo an der Stelle des alten Tihu gegründet. — 4) Hauptstadt des mexikanischen Staats Yucatan, ist Sitz eines Bischofs, gut und regelmäßig gebaut, hat einen Gouvernementspalast, eine Kathedrale, ein Kollegium, Fabriken für farbige Kattune und Leder und 40,000 Einw.

Meridian (v. Lat., **Mittagskreis**), der Kreis der Himmelskugel, den man sich durch die beiden Weltpole, das Zenith und Nadir, eines Ortes gezogen denkt, oder auf Globen derselbe durch die beiden Erdpole und irgend einen Ort gezogene Kreis, der demnach den Aequator und den Horizont senkrecht durchschneidet. Jener himmlische u. dieser terrestrische M. sind somit für denselben Ort koncentrische Kreise, die in einer Ebene liegen, deren Mittelpunkt die Erde ist. Nach der ältern Ansicht, wonach das Himmelsgewölbe über unsern Häuptern sich hinwegschiebt, geht letzteres in einem Tag ganz durch den festen M. eines Ortes auf der Erde; nach der Ansicht der Neuern, wonach das Himmelsgewölbe als fest, die Erde als beweglich zu betrachten ist, geht der bewegliche M. eines Ortes auf derselben während eines Tages von Westen nach Osten durch alle Theile des unbeweglichen Himmels. Jeder Beobachter hat somit seinen besonderen M., der ihm bleibt, so lange er sich nicht nach Osten oder Westen bewegt. Wenn daher der Deklinationskreis eines Gestirns während der täglichen Bewegung desselben durch das Zenith des Beobachters geht, so fällt der Deklinationskreis desselben mit dem M. des Beobachters zusammen, weil jener Kreis, wie dieser, stets durch die beiden Weltpole, die zugleich die Pole des Aequators sind, gehen muß und daher auch stets senkrecht auf dem Aequator steht. Beim Durchgang der Gestirne durch den M. eines Ortes haben solche zugleich ihre größte und kleinste Höhe in Bezug auf den Horizont eines Ortes erreicht. Man nennt die größte Höhe die Kulmination eines Gestirns, und da die tiefste Stellung eines Sternes im M. auch südlich fallen kann, so spricht man von einer oberen und unteren Kulmination, wovon die eine oder die andere für den Beobachter unsichtbar sein kann, sobald sie unterhalb seines Horizonts Statt hat. Befindet sich ein Gestirn in dem M. eines Ortes, und zwar in höchster Stellung, so hat der Ort Mittag, und tritt jener in seinen tiefsten Stand im M., so ist für den Ort Mitternacht vorhanden. Jeder M. theilt das Himmelsgewölbe in eine östliche und westliche Hälfte, und zwar gehen in jener die Gestirne auf und in dieser unter; dabei heißt der Durchschnitt der Ebene des M.s mit dem Horizont des Beobachters die Mittagslinie. Derjenige Endpunkt dieser Linie, der auf derjenigen Seite liegt, wo die Gestirne für uns ihre größte Höhe erreichen, heißt Süden od. Mittag, der entgegengesetzte dagegen Mitternacht oder Norden, der in der Mitte zwischen Süden und Norden liegende Punkt des Horizonts Morgenpunkt oder Osten, der diesem entgegengesetzte dagegen Abendpunkt oder Westen. Diese beiden Punkte bilden die Pole des M.s eines Ortes. Noch trägt jeder M. den Namen eines Breitenkreises eines Ortes, weil man den Bogen desselben zwischen dem dem Ort zukommenden Parallelkreis Breite nennt, während die Länge desselben auf dem Aequator abgelesen wird. Alle Bewohner derselben Hälfte des M.s haben zu gleicher Zeit Mittag, sowie ihnen auch dieselbe geographische Länge zukommt, während diejenigen, welchen die andere Hälfte desselben M.s entspricht, Mitternacht haben, wenn es bei jenen Mittag ist, wobei dann ihre geographische Länge um 180° sich unterscheidet. In diesem Sinne sagt man, die astronomischen Tafeln seien für den Mittag von Paris oder Greenwich &c. berechnet, weil solche Tafeln ohne Unterschied von allen Denjenigen ohne Aenderung der Zeit gebraucht werden können, die in demselben M. von Paris u. Greenwich wohnen. Bekanntlich nimmt man einen dieser M.e als ersten M. an und zählt von dem Durchschnittspunkt desselben mit dem Aequator die Länge von Westen nach Osten ab. Die Eigenschaft des M.s, daß die Gestirne, sobald sie in ihn treten, nicht nur ihren halben Tagbogen zurückgelegt, sondern zugleich ihre größte Höhe erreicht haben, führte die Astronomen darauf, Meridiankreise aufzustellen, künstliche Kreise, deren Flächen genau in die Fläche des M.s ihrer Sternwarte fallen. Mit diesem Kreise ist ein Fernrohr verbunden, das sich in der Richtung des Kreises auf- und abbewegen läßt und zur genauen Beobachtung des Augenblicks dient, in welchem ein Gestirn den M. passirt, weshalb es Mittagsrohr oder Passageninstrument genannt wird. Erfinder desselben ist der dänische Astronom Römer.

Meridianmessung, s. Gradmessungen.

Merighi (Amerigi), Michel Angelo, genannt da Caravaggio von seinem Geburtsorte, berühmter italienischer Maler, geboren 1569, ward Gehülfe des Malers Cavaliere d'Arpino, trennte sich aber dann von demselben und schlug im Gegensatz zu dessen Schule eine mehr realistische Richtung in der Kunst ein. M. malte Blumen und Früchte und dann oblonge Bilder mit halben Figuren, was nach ihm sehr in Aufnahme kam. Scenen des niedrigsten Lebens hat er mit viel Wahrheit und ungemeiner Lebendigkeit dargestellt. Weniger gelang ihm die Darstellung von religiösen Gegenständen. Im Technischen von ausgezeichneter Tüchtigkeit, ist er doch nicht frei von konventioneller Manier, vornehmlich in seiner Beleuchtung. In Rom arbeitete er einige Zeit für den Kardinal del Monte, mußte aber wegen eines Mords flüchten, lebte sodann in verschiedenen Städten, auch auf Malta, wo er in den Johanniterorden trat, endlich in Neapel; er † auf einer Reise nach Rom durch Mörderhand (1609). Rom besitzt noch viele Bilder von seiner Hand. Eines seiner berühmtesten ist die Grablegung, gegenwärtig in der vatikanischen Sammlung. In der Kapelle auf dem Kapitol sind die vier Evangelisten, das beste Werk M.'s; auf dem Campidoglio ein heiliger Sebastian und in der Kirche S. Luigi dei Francesi die Berufung des Apostels Matthäus, der Tod desselben und die Erscheinung der Engel, in neuester Zeit von Palmaroli restaurirt. Mehre Bilder von M. bewahrt die Gallerie Doria; im Hause Borghese ist das Mahl zu Emmaus, in der pamfili'schen Sammlung Hagar mit dem verschmachtenden Ismael und die Obsthändlerin. Berühmt sind die Spieler in der Gallerie Sciarra, von Volpato gestochen. Im pariser Museum sieht man unter Anderem den Tod der heiligen Jungfrau in lebensgroßen Figuren, in der giustiniani'schen Sammlung zu Berlin einen heiligen Matthäus, Joseph von Arimathia u. Johannes den Heiland zum Grabe tragend, die sinnliche Liebe und als Gegenstück die himmlische Liebe und als ein Meisterstück Christus am Oelberg. Die dresdener Gallerie besitzt ein ähnliches Bild der Spieler wie der Palast Sciarra. In der Eremitage zu Petersburg sind von M. ein Laute spielender Jüngling, das Mahl zu Emmaus und die Kreuzigung St. Peters.

Mérilhou, Joseph, französischer Advokat und Staatsmann, geboren am 15. Okt. 1788 zu Montignac im alten Guienne, wurde nach vollendeten rechtswissenschaftlichen Studien 1812 Auditeur beim kaiserlichen Gerichtshofe, mußte aber, da er nach Napoleons I. Rückkehr von Elba die Stelle eines Substituten des Generalprokurators angenommen hatte, bei der zweiten Restauration den Staatsdienst verlassen. Er wurde nun Advokat und bewies sich in den politischen Prozessen als ein Hauptvertreter der Volkspartei und des Liberalismus. Im Jahre 1828 in die Deputirtenkammer gewählt, war er hier einer der bedeutendsten Wortführer der liberalen Partei; auch betheiligte er sich außer der Kammer bei den öffentlichen und geheimen Gesellschaften und war Mitbegründer des Vereins der Freunde der freien Presse, sowie der Nationalsubskription. Unter Laffitte Ministerpräsident, sodann Minister des öffentlichen Unterrichts und endlich der Justiz, schied er aber bald wieder aus dem Ministerium u. ward zum Rath am Kassationshofe und 1837 zum Pair ernannt. Seit der Februarrevolution von 1848 betheiligte er sich nicht mehr am öffentlichen Leben; † den 18. Okt. 1856. Er schrieb eine Biographie Mirabeau's, die dessen Werken (Paris 1825) voransteht.

Merimée, Prosper, französischer Dichter, geboren den 28. Sept. 1803 in Paris, ward Advokat, widmete sich aber der politischen Journalistik, der Poesie und dem Studium der bildenden Kunst. Im Jahre 1831 wurde er Kabinetssekretär des Ministers Grafen d'Argout, dann Sekretär im Handelsministerium, 1834 Bureauchef im Ministerium des Seewesens, 1835 Generalinspektor der historischen Denkmäler, 1837 wieder Bureauchef im Ministerium, 1853 Senator und 1858 Präsident der Kommission für die Reorganisation der kaiserlichen Bibliothek.

Seit 1844 ist er Mitglied der Akademie. Außer vielen kleineren Erzählungen schrieb er mehre historische Romane und übersetzte serbische Volkslieder unter dem Titel „La Guzla“. Von seinen historischen Arbeiten sind die „Histoire de Dom Pedro I, roi de Castille“ (Par. 1848; deutsch, Leipz. 1852) und die „Etudes sur l'histoire romaine“ (Paris 1844, 2 Bde.) hervorzuheben. Seine Werke zeichnen sich durch eine große Vollendung in der Form aus, lassen aber nicht selten durch allzu große Treue das poetische Moment vermissen.

Merindad (span.), Gerichtsbezirk.

Merino, 1) Don Geronimo, bekannter unter dem Namen des Pfarrers M., spanischer Parteigänger, geboren um 1770 in Villaobiado, einem Dorfe in Altkastilien, ward später Priester daselbst, trat aber beim Ausbruch des spanischen Befreiungskampfes gegen die Franzosen im Mai 1808 an die Spitze eines bewaffneten Haufens und erwarb sich durch Tapferkeit und Grausamkeit bald einen gefürchteten Namen. So soll er 86 Personen auf einmal haben verbrennen lassen. Namentlich hauste er in den Wäldern von Burgos und Soria. Nach Beendigung des Kriegs erhielt er die Stelle eines Gouverneurs von Burgos und eines Kanonikus von Valencia, mußte aber beide wegen seiner Rohheit bald wieder niederlegen und kehrte in seine Heimat zurück. Nach Herstellung der Konstitution von 1820 erklärte er sich sogleich gegen dieselbe und bildete wieder eine eigene Guerrilla. Als sich sein Corps nach der Wiedereinsetzung des Königs der Auflösung widersetzte, ward M. gefangen genommen und in ein Kloster geschickt. Im Jahre 1825 aber vom König zum Brigadier ernannt, bildete er 1826 eine Guerrilla für Don Carlos, ward zwar vom General Queseda geschlagen, führte aber den Guerrillakrieg fort, bis er 1838 eine so entscheidende Niederlage erlitt, daß er nach Frankreich flüchten mußte, wo er in Montpellier 1847 †.

2) Martin, ebenfalls ein spanischer Geistlicher, machte sich bekannt durch einen Mordversuch auf die Königin Isabella, in Folge dessen er am 7. Febr. 1852 hingerichtet wurde.

Merino, geköperter Stoff, welchen man besonders zu Damenkleidern benutzt, wird aus feiner Kammwolle mit dreifädigem Köper, oft aber auch mit vierfädigem, der auf beiden Seiten recht ist, gewebt, dann gesengt oder geschoren und durch Kalandern od. heißes Pressen mit Glanz appretirt. Thibet ist ein sehr weicher M. ohne Appretur. Dem M. sehr nahe steht der Kaschmir. Halbmerino, halbwollener M., hat einen Einschuß von Kammwollgarn und eine Kette von Baumwolle. Besteht die Kette aus Seide und der Schuß aus Kammwolle, so heißt der Stoff Bombasin. Aus reiner Baumwolle webt man baumwollene M.s, die auch bunt gewürfelt vorkommen und dann Köperginghams heißen.

Merinos, veredelte Schafe, s. Schaf.

Merioneth, Grafschaft im englischen Fürstenthum Wales (Nordwales), grenzt im Norden an Caernarvon u. Denbigh, im Südosten an Denbigh und Montgomery, im Westen an die Bai von Cardigan und umfaßt 28,4 QM. mit 38,963 Einw. Es ist die gebirgigste Grafschaft von Wales, wenn auch seine Gipfelpunkte denen Caernarvons an Höhe nachstehen. Die Thäler sind eng, und Ebenen von einiger Ausdehnung kommen nicht vor. Der höchste Punkt ist der Gador Idris (2968 F. hoch), in der Nähe der Küste; die Berwynberge im Nordosten erreichen eine Höhe von 2563 F. und der Arrenith im Norden 2816 F. Die vorherrschenden Gesteine sind silurische und cambrische Schiefer, von Porphyr und Trappfelsen durchbrochen. Die Flüsse bilden an ihren Mündungen breite, aber versandete Aestuarien. Der Bergbau liefert Blei, Silber, etwas Kupfer u. seit kurzer Zeit auch Gold. Die Industrie ist, wie auch der Ackerbau, in Folge der Bodenbeschaffenheit unbedeutend. Hauptort ist Dolgelly.

Merismus (v. Griech.), Eintheilung eines Satzes bei der Disposition.

Mérite (franz.), Verdienst.

Meritum (lat.), das Verdienst; daher Meriten, Verdienste; Meritentafel, Disciplinarmittel in den Philanthropinen, bestehend in einer Tafel, worauf die Vorzüge des Schülers angegeben waren.

Merkantilsystem, s. Nationalökonomie.

Merkel, Garlieb, deutscher Schriftsteller, geboren 1776 in Livland, studirte Philosophie und Geschichte, wurde Privatdocent in Frankfurt a. d. O. und gab 1803 in Berlin mit Kotzebue den „Freimüthigen“ heraus. Beim Herannahen der Franzosen (1806) entwich er nach Königsberg und dann nach Riga, wo er eine Zeitung redigirte. Seit 1817 lebte er auf seinem Gute in Livland, wo er den 28. April 1850 †. Unter seinen Arbeiten sind die die Geschichte seines Vaterlandes behandelnden, z. B. „Die Letten“ (Leipz. 1797, 2. Aufl. 1800), „Die Vorzeit Livlands“ (Berl. 1798, 2 Bde., neue Aufl. 1807), sowie die „Darstellungen und Charakteristiken aus meinem Leben“ (Leipz. 1840, 2 Bde.) zu erwähnen. Am bekanntesten aber wurde er durch seine heftigen Angriffe auf die Häupter der romantischen Schule zu Anfang dieses Jahrhunderts.

Merkur, s. Mercurius.

Merkur, bei den Alchemisten alles Flüchtige, z. B. Mercurius communis, Quecksilber, M. vegetabilis, Weingeist, ꝛc. Gegenwärtig findet der Name nur noch Anwendung auf das Quecksilber, welches M. ohne weiteren Zusatz, oder wegen seiner Beweglichkeit Mercurius vivus (lebendiger M.) heißt.

Merkurialkrankheit, s. Quecksilber.

Merkurialkraut, s. v. a. Mercurialis annua *L.*

Merlan, Fischart, s. Schellfische.

Merle, Jean Toussaint, französischer Journalist u. dramatischer Dichter, geboren den 16. Juni 1785 zu Montpellier, kam 1803 nach Paris, wo er im Ministerium des Innern eine Anstellung als Schreiber erhielt, nahm später Militärdienste und ging 1808 mit nach Spanien. Nach seiner Rückkehr war er erst Redakteur des „Mercure“, und von ihm ist das Beste in den Feuilletons des „Ermite de la chaussée d'Antin“, die unter Jouy's Namen in der „Gazette de France“ erschienen. Zu Anfang der Restauration gehörte M. zur liberalen Opposition und schrieb für den „Nain jeune“ u. die „Pandore“, neigte sich aber dann zum orthodoxen Royalismus und war Mitdirektor am Theater Porte Saint-Martin, sodann 1822—26 Direktor der komischen Oper in Paris. Im Jahre 1830 begleitete er als Privatsekretär den Grafen von Bourmont nach Algier. Nach der Julirevolution ward er Mitarbeiter an der „Quotidienne“, wo er die Theaterkritiken schrieb u. unter dem Namen „Le causeur" wöchentlich ein Feuilleton erscheinen ließ, das sich durch Geist und Witz auszeichnete. Auch arbeitete er für die „Mode", stets in Opposition gegen die Julidynastie. Er † den 27. Februar 1852. Von seinen Werken sind außer etwa 100 Komödien und Vaudevilles, die er theils mit Anderen, theils allein schrieb, zu nennen: „Anecdotes historiques et politiques pour servir à l'histoire de la conquête d'Alger en 1830" (Paris 1831).

Merle, Vogel, s. v. a. Amsel.

Merle d'Aubigné, Jean Henri, französischer Theolog, geboren den 16. August 1794 zu Genf, studirte daselbst Theologie, folgte von Berlin aus, wo er sich nach seiner Ordination einige Monate aufhielt, 1818 einem Ruf als Prediger der französischen Gemeinde zu Hamburg und von hier 1823 als Prediger an der dem französisch-reformirten Kultus eröffneten Hofkapelle zu Brüssel. Im Jahre 1830 durch die Revolution von hier vertrieben, kehrte er nach Genf zurück und wirkt seitdem an der dortigen Akademie als Professor der historischen Theologie, sowie als Präsident der Schuldirektionen. Durch ihn hauptsächlich ward in Genf die orthodoxe Theologenschule gegründet, die sich zur Aufgabe stellte, den Unitariern entgegenzuwirken, u. 1831 die „evangelische Gesellschaft" gestiftet, welche das Seminar ins Leben rief. Von seinen Werken sind hervorzuheben: „Histoire de la réformation du XVIième siècle" (Bd. 1—6, Paris und Genf 1835—60; deutsch von Runkel, Stuttgart 1848—50, 4 Bde.; 2. Aufl. 1861, 6 Bde., und Elberfeld, 5 Bde.); „Histoire de la réformation en Europe aux jours de Chauvin" (deutsch, Elberfeld 1864, 4 Bde.); „La république d'Angleterre aux jours de Cromwell" (Paris und Genf 1849) und „Trois siècles de luttes en Ecosse" (deutsch von Fiebig, Leipzig 1850).

Merlin, der Zauberer, eine der hervorragendsten Gestalten in dem altbritischen Sagenkreise, scheint durch Verschmelzung zweier Personen entstanden zu sein. Die eine ist der Barde Merddhin, der unter Artus gegen die Sachsen stritt und nach dem Verlust der Schlacht beim Walde Celidon in wahnsinnigem Schmerz in diesen floh. Ihm wird ein Gedicht „Ajallenan", das jene Kämpfe schildert, zugeschrieben, welches in „The Mjvyrian archalology of Wales" (London 1801, Bd. 1) mit den Liedern anderer Barden gedruckt ist. Die andere Person, nach der Sage um ein Jahrhundert früher zu setzen, ist der Sohn eines römischen Prokonsuls und einer britischen Königstochter, der sich dem geistlichen Stande gewidmet hatte, im 5. Jahrhundert zu Carmather geboren. Dem König Uther-Pendragon, der die schöne Iguerne liebte, verschaffte M. einen geheimen Umgang mit derselben und erhielt dafür den aus dieser Verbindung entsprossenen Arthur, den er erzog und dann in die von Uther-Pendragon gestiftete Tafelrunde einführte. Es gab nur ein einziges Zaubermittel, durch welches er besiegt werden konnte. M. theilte dasselbe seiner Geliebten, Viviana, mit, die es, den Gemahl für unbezwingbar haltend, aus Muthwillen anwandte, worauf er verschwand. Die Prophezeiungen, die M. zugeschrieben werden, erschienen lateinisch unter dem Titel „Prophetia anglicana Merlini" in Galfred von Monmouths Uebersetzung (Frankfurt 1603 u. öfter), deutsch von Schlegel in dem 1. Theil der „Sammlung romantischer Dichtungen" (Leipzig 1802). Vergl. von Schlegel, Geschichte des Zauberers M., Leipz. 1804; M.'s life, his prophecies and predictions, London 1813.

Merlin, s. v. a. Zwergfalk, s. Falken.

Merlin de Douai, Philippe Antoine, Graf, französischer Rechtsgelehrter, geboren am 30. Okt. 1754 zu Arleux bei Douai, ward 1782 königlicher Sekretär beim Parlament von Flandern und erwarb sich durch seine Arbeiten, die er zu dem „Répertoire universel de jurisprudence" (1775—86, 64 Bde.) lieferte, sowie als Sachwalter einen Namen. Nach dem Ausbruch der Revolution trat er als Abgeordneter der Stadt Douai in die Nationalversammlung und betheiligte sich hier lebhaft an der Gesetzgebung. In seine Heimat als Präsident eines Kriminaltribunals zurückberufen, bekleidete er diese Stelle, bis er 1793 als Deputirter in den Nationalkonvent gesandt wurde, als dessen Präsident er viel zum Umsturz der pariser Municipalität und 1795 zur Schließung des Jakobinerklubs beitrug. Im Auftrag des Direktoriums redigirte er den neuen Strafcodex vom 3. Brumaire des Jahres IV, der bis 1811 in Geltung blieb, und vom September 1797 bis Juni 1799 saß er selbst im Direktorium. Nach der Revolution vom 18. Brumaire ward er Generalprokurator beim Kassationshofe. Napoleon I. erhob ihn zum Staatsrath und zum Grafen. Bei der ersten Restauration verlor er seine Aemter, und bei der zweiten floh er, da er während der hundert Tage dieselben wieder übernommen hatte, nach Haarlem. Nach der Julirevolution kehrte er nach Paris zurück u. † daselbst am 26. Dec. 1838. Von seinen Schriften sind noch zu nennen: „Traité des offices de France" (Paris, 4 Bde.) und „Recueil des questions de droit" (das. 1804—10 u. öfter, 8 Bde.). Sein Sohn, Antoine François Eugène, Graf M., den 27. Dec. 1778 zu Douai geboren, zeichnete sich in den Feldzügen des Kaiserreichs aus und war beim Eintritt der Restauration Brigadegeneral. Er verließ mit seinem Vater Frankreich, kehrte aber 1818 zurück, ward 1832 zum Generallieutenant befördert, 1835 in die Deputirtenkammer gewählt und 1839 zum Pair ernannt. Er † zu Eaubonne den 14. Jan. 1854.

Merlin de Thionville, Antoine Christophe, hervorragende Persönlichkeit der französischen Revolution, geboren 1762 zu Thionville, war beim Ausbruch der Revolution, deren Grundsätzen er mit Enthusiasmus huldigte, Huissier in seiner Vaterstadt u. ward hierauf Parlamentsadvokat zu Metz und 1791 Deputirter des Moseldepartements in der Nationalversammlung, wo er sich zur äußersten Linken hielt. Er wurde zwar der Theilnahme an dem angeblichen österreichischen Komité beschuldigt, aber bald wieder freigelassen. Darauf von der Stadt Paris in den Nationalkonvent gewählt, schlug er sich wieder zur äußersten Linken und stimmte für den Tod des Königs. Als Kommissär bei der Armee des Generals Custine bekundete er in Mainz, als es von den Preußen belagert wurde, eine seltene Tapferkeit. Nach der Uebergabe der Stadt wurde er mit den übrigen Kommissären und Generälen angeklagt, doch hatte seine Vertheidigung vielmehr eine ehrende Anerkennung der Tapferkeit der Besatzung zur Folge. Auch von der Anklage, sich an den kurfürstlichen Schätzen in Mainz vergriffen zu haben, ward er freigesprochen. Als Volksrepräsentant in die Vendée gesandt, trat er hier ziemlich mild auf. Am 9. Thermidor unterstützte er die Angriffe gegen die Partei Robespierre's, wurde bei dem Sturz der Schreckensregierung einer der 10 Konventskommissarien und trug als Anführer der bewaffneten Macht nicht wenig zum Sieg der gemäßigten Partei bei. Zum Präsidenten des Konvents erwählt, verfolgte er jetzt ebenso die Jakobiner wie früher die Feuillants. Im Jahre 1794 ging er als Adjutant des Generals Pichegru zur Rheinarmee u. nahm hier die Festung Luxemburg im Namen der Republik in Besitz, bewies aber gegen die gefangenen Emigranten große Schonung. Bei Einführung der Konstitution von III in den Rath der Fünfhundert gewählt, hielt er sich zur gemäßigten Partei. Nach Niederlegung seines Mandats als Abgeordneter wurde er Kommissärordonnateur bei der italienischen Armee und nach seiner Rückkehr Generaladministrator der Posten. Da er gegen das lebenslängliche Konsulat Napoleons I. votirte, mußte er seine Stelle niederlegen u. zog sich auf ein Landgut in der Picardie zurück. Im Jahre 1815 erhielt er von den Verbündeten das Patent eines Obersten und errichtete als solcher ein kleines Freicorps, doch kam dasselbe nicht mehr ins Feuer. Er † zu Paris am 14. Sept. 1833 als General.

Merlon (franz.), der massive Theil zwischen je zwei Schießscharten in Befestigungsbrustwehren.

Merocele (griech.), der im Schenkelring austretende Unterleibsbruch.

Merode, Grafen von, eines der ältesten und angesehensten belgischen Adelsgeschlechter, unter dessen Mitgliedern folgende die bemerkenswerthesten sind: Ludwig Friedrich Ghislain, Graf von M., geboren am 9. Juni 1792, kämpfte mit für die Unabhängigkeit Belgiens, ward am 25. Oktober 1830 bei Berchem vor Antwerpen tödtlich verwundet und † am 4. November zu Mecheln kinderlos. In der Kathedrale von Brüssel wurde ihm ein prachtvolles Monument errichtet. Sein Bruder, Philipp Felix Balthasar Otto Ghislain, Graf von M., geboren am 13. April 1791, nahm gleichfalls an dem belgischen Aufstand thätigen Antheil, war Mitglied der provisorischen Regierung u. unterstützte die Wahl des Prinzen Leopold zum König. Am 12. Nov. 1831 wurde er zum Minister ohne Portefeuille ernannt u. vom 15. März bis 20. Mai 1832 bekleidete er die Stelle eines interimistischen Kriegsministers, zog sich aber 1839 ins Privatleben zurück und † am 7. Februar 1857. Sein Sohn, Friedrich Xaver, Graf von M., geboren den 26. März 1820, ist als Kammerkleriker und Hausprälat des Papstes Vertrauter Pius' IX. und seit Mai 1860 Kriegsminister. Gegenwärtiges Haupt der Familie ist Karl Anton Ghislain, Graf von M., geboren den 1. Aug. 1824; derselbe führt den Titel Reichsgraf von M., Marquis von Westerloo, Fürst von Ruberpré u. ist auch Grand von Spanien erster Klasse und Mitglied der belgischen Repräsentantenkammer.

Meroë, Landschaft im Innern von Aethiopien, zwischen den Nilquellflüssen Astapus und Astaboras gelegen und daher Insel genannt, soll erst Saba geheißen und den Namen M. nach einer Schwester des Cambyses erhalten haben. Das Land war fruchtbar, hatte aber auch ausgedehnte Waldungen und brachte Datteln, Mandeln, Johannisbrod, Ebenholz 2c. hervor. In den Bergen fanden sich Edelsteine, Gold, Eisen, Kupfer und Salz. Die alte Stadt M., am östlichen Ufer des Astapus südlich von dessen Vereinigung mit dem Astaboras gelegen, galt für die Mutterstadt der Aethiopen und war der Hauptsitz eines mächtigen Priester- und Handelsstaats, dessen berühmteste Zierde ein Tempel des Ammon (Amu) mit Orakel war. Die einst so große und reiche Stadt lag schon zu Nero's Zeit in Trümmern. Ruinen von Tempeln, Grabmälern, Pyramiden 2c. in einem dem ägyptischen ganz ähnlichen Baustyl finden sich noch in der Gegend von Schendy. Der Priesterstaat hatte eine theokratische Verfassung; an der Spitze stand ein von den Priestern aus ihrer Mitte gewählter und daher vom ganzen Priesterkollegium abhängiger König. M. war einer der ältesten und bedeutendsten Handelsstaaten der alten Welt und daher auch ein uralter Hauptsitz der Kultur im südöstlichen Afrika. Für diese hohe, der ägyptischen sehr ähnliche und wahrscheinlich erst von M. aus nach Aegypten übergegangene Kultur, deren erste Quelle wohl in Indien zu suchen ist, zeugt außer den prächtigen Trümmern seiner Baudenkmale schon die Nachricht bei Plinius, daß sich in M. 4000 Künstler befunden hätten. Dieser überwiegenden Kultur, dem Einflusse seiner Priesterschaft und seinem weit verzweigten Karawanenhandel mit Aegypten, Arabien u. dem von M. und Theben aus mit gleicher Theilnahme beider Priesterschaften gegründeten Ammonium 2c. verdankte der Staat von M. eine solche Größe und Macht, daß er, im Besitz eines Heeres von 250,000 Mann, lange Zeit hindurch die Herrschaft über das ganze nördliche Aethiopien behauptete, bis endlich die Priesterherrschaft zur Zeit des Ptolemäus Philadephus vom König Ergamenes vernichtet und Aethiopien in eine absolute Monarchie verwandelt wurde, seit welcher Staatsumwälzung uns alle weiteren Nachrichten über das Schicksal des Landes fehlen.

Mero jure (lat.), nach lauterem, reinem Rechte.

Merope, in der griechischen Mythe die Tochter des Cypselus und Gemahlin des Kresphontes, Königs von Messenien, wurde durch ihren Schwager Polyphontes, der sich der Herrschaft bemächtigte, ihrer Kinder beraubt, mit Ausnahme des entflohenen jüngsten Sohnes Aepytus. Herangewachsen, ermordete derselbe den Polyphontes am Altar. Euryipides verarbeitete diese Mythe zum Trauerspiel „Kresphontes"; unter den Neueren benutzten sie Voltaire, Maffei, H. Hersch u. A.

Merope, der kleinste Stern unter den Plejaden.

Merotopie (v. Griech.), eigentlich die Einrückung eines Theils in seine gehörige Stelle; die Einrichtung des verrenkten oder gebrochenen Schenkels.

Meroväus (Merowig, Merwig), König der Franken von 448—58, Stammvater der Dynastie der Merovinger (s. Franken), soll nach der Sage von einem Thier des Neptun, welches der badenden Chlodio, seiner Mutter, Gewalt anthat, gezeugt u. daher mit borstigem Haar auf dem Rücken geboren worden sein, was auf das lange Haar, das Abzeichen der fränkischen Könige, hinzuweisen scheint.

Merrimack, Fluß in Neuengland in Nordamerika, entsteht im Staate Newhampshire aus der Vereinigung des Pemigewasset (aus den weißen Bergen kommend) und des Winnipiscogee, durchströmt Massachusetts, macht mehre Fälle, speist den Middleserkanal bei Boston u. fällt unterhalb Newburyport in den atlantischen Ocean. Er ist nur für Boote schiffbar.

Mersch, Jan Andreas van der, Anführer der brabantischen Patrioten 1789, geboren den 10. Februar 1734 zu Meenen in Westflandern, trat zuerst in französische, dann in österreichische Kriegsdienste, aus denen er mit dem Charakter eines Oberstlieutenants schied. Im Jahre 1789 schloß er sich den mit der österreichischen Verwaltung unzufriedenen Belgiern an, übernahm das Kommando der sogenannten Patrioten und besiegte die Oesterreicher bei Hoogstraten in der Nähe von Antwerpen und bei Turnhout, eroberte Gent und Brüssel und wurde hierauf von den Belgiern zum Obergeneral der sämmtlichen Truppen ernannt. In Folge von Verdächtigungen verhaftete man ihn jedoch u. setzte ihn in die Citadelle von Antwerpen gefangen, wo er erst 1790 durch die verdringenden Oesterreicher seine Freiheit wieder erhielt. Er † den 14. Sept. 1792 auf seinem Landgute bei Meenen.

Merseburg, ehemalige deutsche Markgrafschaft, zwischen Thüringen, der Mark Zeitz, der Ostmark, Meißen und Böhmen, umfaßte außer der Stadt M. namentlich noch Memleben, Wurzen, Rochlitz, Leisnig, Mulsen, Groitzsch ꝛc. Muthmaßlich ist die Markgrafschaft schon von Karl dem Großen gestiftet worden. Zu den berühmtesten Markgrafen gehört Erwin, zu Anfange des 10. Jahrhunderts, der Schwiegervater König Heinrichs I. Der letzte Graf war Esiko († 1007 zu Leipzig). Das vormalige Bisthum (Hochstift) M., umgeben von dem leipziger und thüringischen Kreise Kursachsens, dem Fürstenthum Querfurt, der Grafschaft Mansfeld und dem Saalkreise des Herzogthums Magdeburg, umfaßte einen Flächenraum von 12 □Meilen mit 40,000 Einwohnern, die auf 7 Städte, 1 Flecken, 225 Dörfer und 78 Rittergüter vertheilt waren. Es wurde von Otto I. 968 gestiftet und dem Erzbisthum Magdeburg untergeordnet. Der erste Bischof, Boso, wirkte sehr thätig für die Bekehrung der Wenden in der Gegend von Zeitz. Als sein Nachfolger, Giseler, 981 Erzbischof von Magdeburg geworden war, zog er die meisten Güter des Bisthums M. an sich und verwandelte einen geringen Rest derselben in eine Abtei. Kaiser Heinrich II. stellte jedoch 1004 das Bisthum wieder her und setzte Wigbert zum Bischof ein. Ursprünglich stand die Schutzgerechtigkeit dem Kaiser zu, der auch in der ersten Zeit die Bischöfe ernannte. Nachher aber suchten sich die Markgrafen von Meißen die Oberherrschaft über das Bisthum zuzueignen, und die Reichsunmittelbarkeit desselben ging ganz verloren, als zwischen dem Domkapitel und dem Hause Meißen ein Vertrag geschlossen wurde, nach welchem nur Glieder des letztern zu Administratoren des Kapitels ernannt werden sollten. Wigberts Nachfolger seit 1009, Dietmar, ist berühmt als Chronikenschreiber. Das von ihm begonnene Streben nach Unabhängigkeit wurde fast von allen seinen Nachfolgern fortgesetzt. Unter diesen haben sich die Bischöfe Heinrich von Warin im 13. Jahrhundert und Thilo von Trotta († 1514) durch Verschönerung des Schlosses und der Domkirche verdient gemacht. Dem Bischof Sigmund von Lindenau gelang es, sich der Oberhoheit Kursachsens fast gänzlich zu entziehen. Unter seinem Nachfolger, Herzog August von Sachsen, dem erwählten Administrator des Stifts, wurde die Reformation eingeführt. Bald darauf (1561) kam in Folge einer Kapitulation die Administration des Stifts definitiv an Kursachsen, dem sie auch im westphälischen Frieden auf ewige Zeiten zugesprochen wurde. Christian I., Sohn des Kurfürsten Johann Georg, und seit 1622 Administrator des Stifts, erhielt durch testamentarische Verfügung seines Vaters 1652 auch die Niederlausitz, die Herrschaften Dobrilugk und Finsterwalde nebst den Aemtern Delitzsch, Bitterfeld und Zörbig und wurde so der Stifter der Linie Sachsen-M., einer Nebenlinie des Kurhauses Sachsen, die aber 1738 wieder erlosch. Seit dieser Zeit war das Bisthum M. ein Theil von Kursachsen, bis es durch den wiener Kongreß 1815 etwa zu 3 Viertheilen an Preußen kam. Der kleinere Theil blieb bei Sachsen u. ist zum leipziger Kreis geschlagen. Das Domkapitel besteht noch gegenwärtig. Vgl. Schmekel, Historisch-topographische Beschreibung des Hochstifts M., Halle 1858.

Merseburg, Hauptstadt des gleichnamigen Regierungsbezirks in der preußischen Provinz Sachsen, liegt am linken Ufer der Saale, über welche hier eine steinerne Brücke führt, und an der thüringischen Eisenbahn, besteht aus der eigentlichen Stadt, der Domfreiheit und den 3 Vorstädten Altenburg, Neumark und Venedien (eigentlich Kleinvenedig) u. hat ein alterthümliches Ansehen. Die Stadt hat 5 Kirchen, unter welchen besonders der im 13. Jahrhundert in altgothischem Styl errichtete Dom hervorzuheben ist. Derselbe hat 4 Thürme, ein reich verziertes Portal und enthält neben anderen Merkwürdigkeiten eine große Orgel, ein Altarbild von Lucas Cranach, ein Marienbild von Albrecht Dürer, ein Grabmonument des 1080 bei M. gefallenen Gegenkönigs Rudolf von Schwaben, dessen mumificirte Hand hier gezeigt wird. Vgl. Puttrich, Die Kirche zu M., Leipzig 1836. Das Schloß, ebenfalls in gothischem Styl aufgeführt und mit 3 Thürmen versehen, dient gegenwärtig als Regierungsgebäude; in dem daran befindlichen Garten steht das gußeiserne Denkmal des Feldmarschalls Kleist von Nollendorf. Noch sind von öffentlichen Gebäuden zu erwähnen: das Kapitelhaus, das Rathhaus, die Domschule neben der Domkirche, das Waisenhaus, die alte Kirche St. Thomä in der Vorstadt Neumark, das Militärlazareth, die Dompropstei. An Schulanstalten besitzt M. ein Gymnasium (Domgymnasium), eine Bürgerschule, mehre andere städtische Schulen und eine Militärerziehungsanstalt (das deutsche Haus genannt). M. zählt 12,600 Einw. und ist der Sitz der königlichen Regierung u. eines evangelischen Domkapitels. Außerdem hat die Stadt eine Garnison, mehre wohlthätige Anstalten, ein königliches Gestüt und eine Obstbaumschule. Die Hauptnahrungszweige der Bewohner sind Ackerbau und eine meist schwunghaft betriebene Industrie, besonders Woll-, Baumwoll- und Leinweberei, Gerberei, Färberei, Fabrikation von buntem Papier, Arzneidosen u. sonstigen Papp- u. Papierwaaren u. Bierbrauerei. Die Stadt M. wurde, wie die Markgrafschaft, wahrscheinlich schon zur Zeit Karls des Großen gegründet. Heinrich I. erfocht 933 in der Nähe, bei dem Dorfe Keuschberg, seinen glänzenden Sieg über die Ungarn. M. war Residenz der Markgrafen von M., von 968 an Sitz der Bischöfe und im 10. und 11. Jahrhundert, nachdem es Otto I. zur kaiserlichen Pfalz erhoben hatte, auch Lieblingsaufenthalt der deutschen Kaiser. Von 973 bis 1302 wurden hier 15 Reichstage gehalten. Die Stadt hatte im Bauernkriege 1525, namentlich aber im dreißigjährigen Kriege, viel zu leiden; 1631 wurde sie von Pappenheim genommen, 1632 nochmals an die Kaiserlichen übergeben, 1636 von den Schweden gebrandschatzt und 1640 von denselben geplündert. Von 1656—1738 war sie Residenz der Herzöge von Sachsen=M. Chroniken von M. lieferten Brotuff (Leipzig 1557) und Vulpius (Quedlinburg 1700).

Mers=el=Kebir, Seehafenstadt in Algerien, 1 Stunde von Oran, dessen Hafen es bildet, mit 1200 Einw. Der Hafen ist klein, aber geschützt und wird durch ein Fort u. eine Batterie auf einer Felsenzunge vertheidigt. Auf der äußersten Ostspitze der Felszunge steht der 70 Fuß hohe neue Leuchtthurm.

Mersen, Marktflecken in der niederländischen Provinz Limburg, unweit Mastricht, bekannt durch die Verträge zwischen Ludwig dem Deutschen und Karl dem Kahlen, 847 und 851, u. zwischen Ludwig dem Stammler und dem deutschen König Ludwig dem Jüngern, 878.

Mersey, Fluß in England, entsteht auf der Grenze der Grafschaften Derby u. Chester, östlich von Stockport, durch Zusammenfluß des Tame u. Goyt, bildet dann, westlich fließend, die Grenze zwischen Chester und Lancaster und mündet nach 15 Meilen Laufs in die irische See. Vor seiner Mündung erweitert er sich zu einer seeartigen Bucht, an welcher Liverpool u. das in neuer Zeit entstandene Burkenhead liegen. Auf seinem Nebenfluß Irwell gehen Barken bis Manchester, und Kanäle verbinden den Fluß und die reichen ihn umgebenden Fabrikbezirke mit der Ouse, dem Trent, der Themse, der Severn 2c.

Mersiwan (Mersifan), Stadt im kleinasiatischen Ejalet Siwas, Liwa Amasia, am Terschan (Zufluß der Iris), mit einem Silberbergwerk und 11,000 Einw. (darunter 3000 Armenier); das alte Phazemon auf der Grenze zwischen Galatien und dem pontischen Kappadocien.

Merthyr=Tydvill, Stadt im englischen Fürstenthum Wales, Grafschaft Glamorgan, nordwestlich von Cardiff, am Taff und am Kanal von Cardiff, war vor 100 Jahren noch ein kleines Dorf u. zählt jetzt in Folge des außerordentlichen Reichthums der Umgegend an Kohlen und Eisen und der dadurch hervorgerufenen Industrie bereits an 50,000 Einw. Die Stadt ist indessen schmutzig, ohne hübsche öffentliche Gebäude u. wird meist von Arbeitern bewohnt.

Mertola, Stadt in der portugiesischen Provinz Alemtejo, wildromantisch auf einem steilen Felsen am Guadiana gelegen, mit 2400 Einw., das alte Julia Myrtilis.

Meru (d. i. Mitte), der indische Olymp, der Wohnsitz der Götter und der Fruchtknoten in der Weltblume (Lotos). Die 4 Hauptblätter der Blumenkrone dieser Weltblume bezeichnen die 4 Hauptländer nach Weltgegenden; zwischen ihnen stehen je 2 und 2 ähnliche Blumenblätter, die 8 untergeordnete Länder repräsentiren. Die übrigen Blätter schwimmen abgesondert auf dem Ocean und stellen die Inseln und entfernteren Länder dar. Der Fruchtknoten dieser Blume soll ein goldener Berg sein und im Mittelpunkte der Erdoberfläche auf der Insel Schamban liegen. Auf seiner höchsten Spitze ist die Wohnung Schiwa's.

Méru, Stadt im französischen Departement Oise, in einem quellenreichen Thal, mit beträchtlicher Kunsttischlerei, Knopf= und Buntpapierfabrikation und 2890 Einwohnern.

Merula (lat.), die Amsel; auch Name eines Orgelregisters. Merularum campus, s. v. a. Amselfeld.

Merville, Kantonsstadt im französischen Departement Nord, am Einfluß der Lys in den Bourrekanal, hat bedeutende Fabrikation von Leinwand, Tischzeuch, Baumwollensammt, Stärk= und Kartoffelmehl, Bleichen, Salz= und Wachsraffinerie, Gerberei, Bierbrauerei, Ziegelbrennerei, Schiffbau, Handel mit Getreide, Vieh, Holz und Kohlen und 6550 Einw.

Merwe, s. Maas.

Mery (M. sur Seine), Stadt im französischen Departement Aube, an der Seine, mit Wollzeuchfabrikation, Erzeugung von Hanf, Wolle, Wachs, Honig und 1500 Einw.

Merz, Kaspar Heinrich, vorzüglicher Kupferstecher, geboren 1806 zu St. Gallen, bildete sich in München unter S. Amslers Leitung und hat sich besonders durch eine Reihe trefflicher Stiche nach berühmten Gemälden von Cornelius (z. B. Geburt u. Kreuzigung Christi und jüngstes Gericht), Kaulbach (z. B. Narrenhaus und Zerstörung Jerusalems), H. Heß u. A. bekannt gemacht.

Merzig, Kreisstadt in der preußischen Rheinprovinz, Regierungsbezirk Trier, an der Saar, hat eine katholische Kirche, Kapelle, ein evangelisches Bethaus, Weinbau, Viehzucht, Schiffbau, Schifffahrt u. 3790 Einw. In der Nähe liegen die Trümmer des Schlosses Montclair.

Mésalliance (franz.), Mißheirath (s. d.), Heirat zwischen zwei Personen, deren gesellschaftliche Stellung wesentlich verschieden ist.

Mesambria, alte berühmte Hafenstadt Thraciens, an der Küste des Pontus Eurinus und am Fuße des Gebirges Hämus, eine Kolonie der Megarer, jetzt der unbedeutende Ort Missivria oder Messuri.

Mesched, (Meschhed), Hauptstadt der persischen Provinz Khorassan, am Tedschend in 2750 Fuß Höhe, von einem 9000 F. hohen Gebirge überragt, mit 100,000 Einw., ist der wichtigste Ort des ganzen nordöstlichen Persien, da hier die gesammten Produkte Turans zusammenfließen. Die Stadt gewährt aus der Ferne einen überraschenden Anblick; über die fast $1\frac{1}{2}$ Meilen langen Mauern leuchten die vergoldete Kuppel der Moschee, eine der schönsten des Orients, und die schönen Minarets, welche das Grab des Imam Riza, eines Jüngers des Ali, umschließen, und in anderen Theilen erheben sich andere heilige Gebäude. Uebrigens besteht die Hälfte der Stadt aus Ruinen oder Gärten und Feldern. M. hat eine wichtige Hochschule und ist ein berühmter Wallfahrtsort und für die große Sekte der Schiiten fast von derselben Wichtigkeit wie Mekka für die Sunniten; daher hier die große Menge heiliger Männer (Syeds), mit grünen Turbanen u. Schärpen, welche die Pilger, von denen fast täglich Karawanen ankommen, unterweisen. Die Hauptprodukte der Industriestadt sind Wollen= und Metallwaaren, namentlich berühmte Klingen, sowie Gold= u. Edelsteinarbeiten. Nordwestlich von M. liegen die Ueberreste der alten Stadt Tus.

Meschede, Kreisstadt in der preußischen Provinz Westphalen, Regierungsbezirk Arnsberg, an der

Ruhr, hat Strickgarnmaschinenspinnerei, Tuchfabrikation, Leinweberei, Bierbrauerei, Drahtziehwerke, besuchte Viehmärkte u. 2300 Einw. Vor der Stadt das Schloß Laer mit Park.

Meschhed-Ali (Imam-Ali), Stadt im asiatisch-türkischen Ejalet Bagdad, mit der schönen Grabmoschee Ali's, zu welcher die Schiiten wallfahrten.

Meschtscherjäken, tatarisch-kaukasischer Volksstamm im asiatischen Rußland, der früher an der Oka Wohnsitze hatte, seit dem 12. Jahrhundert aber in der Gegend von Orenburg ansässig ist. Sie führen im Sommer ein Nomadenleben u. wohnen nur im Winter in Hütten, treiben Vieh-, auch Bienenzucht und zählen etwa 8000 Köpfe. Sie thun auf der orenburgischen Linie Kosakendienste.

Mesembryanthemeen, Pflanzenfamilie, saftige Kräuter oder Stauden mit folgenden charakteristischen Merkmalen enthaltend: Die fleischigen Blätter sind sehr verschieden gestaltet, gegen- oder wechselständig ohne Nebenblätter; die Blüthen sind wechsel- oder endständig, einzeln oder in Trugbolden vereinigt; der Kelch ist unterständig, mit dem Fruchtknoten verwachsen, aber mit freiem, fleischigem, weitem, 8- oder 5theiligem Saum versehen; die Blumenblätter sind lineal, vielreihig von unbestimmter Anzahl; die zahlreichen Staubgefäße haben pfriemliche oder borstige Fäden und nach innen aufspringende Antheren; der Fruchtknoten besteht aus 4—20 Karpellen, welche um einen Mittelpunkt wirtelig stehen und eine bis 20fächerige Frucht bilden mit innen winkelständigen Samenträgern, woran zahlreiche an sehr langen Trägern stehende Samenknospen befindlich sind; Narben sind in derselben Anzahl vorhanden wie Fruchtfächer, und zwar sind sie meist fadig; die Kapsel ist erst fleischig, dann holzig, oben gestutzt und äußerlich gerippt, oben in 3eckige Zipfel sich öffnend; die Samen sind kugelig mit gekörnelter Haut. Die Familie begreift nur die Gattung Mesembryanthemum (s. d.).

Mesembryanthemum *L.* (Zaserblume, Mittagsblume), Pflanzengattung aus der Familie der Mesembryanthemeen, charakterisirt durch die dem Eierstock angewachsene Kelchblume, den 5spaltigen, selten 2—8spaltigen Saum mit öfters ungleichen Zipfeln, die zahlreichen am Grunde verwachsenen Blumenblätter, die zahlreichen am Grunde der Blume angewachsenen Staubgefäße, den 4—20fächerigen Eierstock und die mehrfächerige, auf dem Scheitel sternförmig aufspringende Kapsel, meist Sträucher und Kräuter in Südafrika umfassend, zeigt unter manchen anderen Eigenthümlichkeiten auch das Merkwürdige, daß die Kapseln nur bei feuchter Witterung sich öffnen u. ihre Klappen ausbreiten, um die Samen auszustreuen, bei trockenem Wetter aber geschlossen sind. Unter den zahlreichen (über 300) Arten sind als Zierpflanzen oder in sonstiger Beziehung folgende die bekanntesten. M. anatomicum *Haw.*, Strauch mit flachen, eirunden, paarweise zusammengewachsenen Blättern und weißen, meist zu dreien zusammenstehenden Blumen, wird von den Hottentotten auf eigene Weise zubereitet u. bildet auf dem Kap einen Handelsartikel, der wie Tabak gebaut wird und gleich diesem narkotisch wirken soll. M. crystallinum *L.*, Eispflanze, ein- bis zweijähriges Gewächs auf dem Kap, den kanarischen Inseln, in Griechenland, auf sandigen Meeresküsten, ist ganz mit großen, durchscheinenden, Eistropfen ähnlichen Blättern besetzt, hat flache, große, abwechselnde, eirunde, wellenförmige, fleischige Blätter und kleine weiße Blumen und wird bei uns zuweilen in Töpfen u. Gärten gezogen. Die Blätter liefern ein wohlschmeckendes, gesundes Gemüse. Das Kraut schmeckt frisch etwas salzig. Der ausgepreßte und abgeklärte Saft hat eine eigenthümlich harntreibende Kraft. Auf den kanarischen Inseln gewinnt man durch Verbrennung dieser Pflanze Soda. Von M. edule *L.*, Feigen-Mittagsblume, einem Strauch mit fingerdicken, glänzenden, gleich-3seitigen, langen, spitzen Blättern mit scharfem, knorpeligem Stiele u. großen, glänzend gelben Blumen, werden die wohlschmeckenden, großen Früchte im Kapland als Hottentottenfeigen häufig genossen, die Blätter in Essig eingemacht. M. geniculiflorum *L.*, Strauch auf dem Kap, in Aegypten und Arabien, liefert verbrannt eine sodahaltige Asche, während die mehlreichen Samen von den Beduinen zur Bereitung eines nahrhaften Brodes benutzt werden. M. nodiflorum *L.*, einjährig in Aegypten u. Italien, liefert ebenfalls viel Soda u wird in Marokko bei Verfertigung des Maroquinleders benutzt. Von M. Tripolium *L.* wurden früher die großen schneeweißen Kapseln von Naturalienhändlern unter dem Namen Rose von Kandia verkauft und zu verschiedenen abergläubischen Zwecken angewendet. Man durchwintert die Mesembyranthemumarten im hellen Glashause, möglichst nahe am Fenster, bei 3—8° Wärme. Bei heiterem Wetter muß man frische Luft zulassen. Das Begießen muß im Winter sehr mäßig geschehen. Die Vermehrung kann bei den stengellosen Arten durch Sprößlinge, bei den strauchigen durch Stecklinge im temperirten Mistbeete oder in Töpfen unter Glocken geschehen. Sie lieben eine fette, lockere, mit Flußsand gemischte Laub- u. Mistbeeterde mit einer Unterlage zerstoßener Topfscherben.

Mesen, Fluß in europäischen Rußland, entspringt im Gouvernement Wologda, nimmt rechts den Piema u. Pesa, links die Waszka auf u. mündet nach etwa 100 Meilen langem Lauf in das weiße Meer, wo er die Mesenbucht (Mesenskaja) bildet.

Mesen, Kreisstadt im europäisch-russischen Gouvernement Archangel, im Samojedenlande, nahe der Mündung des gleichnamigen Flusses, der einen Hafen bildet, mit Fischerei, Handel und 1570 Einw.

Mesenterialdrüsen (Gekrösdrüsen, glandulae mesentericae), die zwischen die beiden Blätter des Gekröses (s. d.) eingeschlossenen und daselbst von einem lockeren, mehr oder weniger fettreichen Zellgewebe umgebenen Lymphdrüsen. Sie stehen mit den aus der Wandung des Dünndarms hervorgehenden Saugadern in Verbindung und sind durch Saugadern auch unter sich zu einer ununterbrochenen Kette zusammengefügt. Die M., deren Zahl etwa 120 — 130 beträgt, sind unter sich sehr ungleich u. nehmen sowohl dem Volumen, als dem Grade ihrer Anhäufung nach von der Darminsertion des Gekröses bis zu dessen Wurzel hin allmählig zu. Die kleinsten, am weitesten von einander entfernten M. liegen in der Nähe der Darmwand; sie sind beim Erwachsenen durchschnittlich von der Größe einer Linse. Die nächsthöhere Drüsenreihe ist schon dichter und besteht aus erbsengroßen Drüsen, während die dritte, an der Wurzel des Gekröses liegende Reihe aus dichtgedrängten bohnengroßen Knoten zusammengesetzt ist. Der Chylus, welcher von den Darmzellen aufgesaugt in die Chylusgefäße übergeht, wird von diesen durch die drei Reihen der M. hindurchgeführt u. nimmt auf diesem Wege Lymphkörperchen aus den Drüsen mit, wodurch er der Lymphe ähnlicher wird. Aus der letzten Reihe der M. gelangt der lympheartig gewordene Chylus in einen Hohlraum, das Receptaculum Pecqueti s. Cisterna chyli, welcher als Ursprung des großen Milchbrustganges zu betrachten ist. Die M. nehmen den innigsten Antheil an den krankhaften Affektionen des Darms, die, wenn sie akut auftreten, vorübergehende Schwellungen der Drüsen verursachen, wenn sie aber chronisch sind, meist durch massenhafte Zellenwucherung zur dauernden Volumszunahme der M. führen. Bei dem Unterleibstyphus z. B. sind die M. regelmäßig stark geschwollen und, wie man sich ausdrückt, markig infiltrirt, d. h. es hat eine so reichliche Zellenwucherung in ihnen Statt gefunden, daß sie das Aussehen des Hirnmarkes angenommen haben. Werden die neugebildeten Zellen wieder resorbirt oder mit dem Chylusstrom fortgeschafft, so kehren die M. wieder zur Norm zurück, wie denn auch beim Typhus ihre Affektion nur 2—4 Wochen anhält. Chronische Schwellung der M., sogenannte Unterleibsskropheln, betrifft namentlich sehr häufig das kindliche Alter; sie ist die wichtigste anatomische Grundlage der sogenannten Tabes mesaraica, insofern die mit verkäster Masse ausgestopften Drüsen dem das Blut auffrischenden Chylusstrom nicht mehr den Durchgang verstatten und somit zur gänzlichen Verarmung des Blutes beitragen. Der Umfang der skrophulös oder tuberkulös (was im pathologisch-anatomischen Sinne identisch ist) entarteten Drüsen ist bisweilen so bedeutend, daß sie durch die Bauchwand hindurch als mehrfache, rundliche, verschiebbare Geschwülste tastbar sind. Geht der Entartung der M. Tuberkulose des Darms voraus, so werden die M. sekundär tuberkulös; aber die Tuberkulose der M. kann auch primär ohne Darm- oder andere Tuberkulose auftreten, und im letzteren Fall ist Tuberkulose der M. gleichbedeutend mit Skrophulose derselben.

Mesenterium (lat.), s. Gekröse.

Meserichkraut, s. v. a. wohlriechender Waldmeister, Asperula odorata *L.*

Meseritsch, Stadt, s. Großmeseritsch.

Meseritz, Kreisstadt in der preußischen Provinz und dem Regierungsbezirk Posen, an der Mündung der Pachlitz in die Obra, hat ein Schloß, eine evangelische und eine katholische Kirche, eine Synagoge, Realschule, ansehnliche Tuchfabrikation, Wollmaschinenspinnerei, Leinweberei, Gerberei, Kürschnerei, Pferdemärkte und 4910 Einw.

Meskal, ein nach Art der Panspfeife aus mehren Rohrpfeifen zusammengesetztes türkisches Instrument, deren jede verschiedene Töne von sich gibt, je nachdem man an der einen oder andern Stelle hineinbläst, da mehre Oeffnungen dazu an dem Rohr angebracht sind.

Mesmer, Friedrich Anton, nach Anderen Franz, der Begründer der Lehre vom thierischen Magnetismus oder des Mesmerismus, geboren am 23. Mai 1733 zu Itzmang am untern Bodensee, widmete sich in Wien dem Studium der Medicin und machte sich zuerst durch die Abhandlung „De planetarum influxu“ bekannt, in welcher er nachzuweisen suchte, daß die Himmelskörper durch ihre gegenseitigen Anziehungskräfte vermittelst einer das ganze Weltall erfüllenden flüssigen Substanz einen Einfluß auf unser Nervensystem ausübten. Auch den Mineralmagneten zog er als heilkräftig mit in sein System herein. Später verband er sich in Wien mit dem Pater Hell, der ebenfalls durch Magnetismus heilen wollte, und kam auf den Gedanken an eine der des Magneten ähnliche Kraft, welche er „thierischen Magnetismus“ nannte u. über die er in seinem „Sendschreiben an einen auswärtigen Arzt über die Magnetkur“ (Wien 1775) berichtete. Einige glückliche Kuren, die M. namentlich in Paris machte, wohin er 1778 übergesiedelt war, erwarben ihm in der That bald auch in weiteren Kreisen Ruf, und die französische Regierung wollte ihm sein Geheimniß mit einer jährlichen Rente von 20,000 Livres abkaufen. M. nahm jedoch das Anerbieten nicht an, sondern ließ durch seinen Anhänger Bergasse für die Mittheilung seiner neuen Heilmethode eine Subskription eröffnen, die 340,000 Livres eintrug. Trotzdem hat er dieselbe ausführlich nie mitgetheilt. Indeß hatte doch die Sache ein solches Aufsehen gemacht, daß sich die Regierung veranlaßt sah, zu deren Untersuchung zwei Kommissionen niederzusetzen, in welche die berühmtesten französischen Aerzte und Naturforscher gewählt worden waren. Das Urtheil derselben fiel für M. sehr ungünstig aus, u. derselbe kehrte daher nach Deutschland zurück, wo er am 5. März 1815 in Meersburg †. S. Thierischer Magnetismus.

Mesocarpium (lat.), in der botanischen Terminologie die Mittelhaut, mittlere Fruchthaut, die zwischen der äußern und innern Fruchthaut liegende Masse einer Fruchthülle, welche bei dem Kern- und Steinobst das Fleisch bildet.

Mesoden (v. Griech.), Zwischengesänge.

Mesogastrium (v. Griech.), die Bauchmitte.

Mesolabium (v. Griech.), Instrument zur Auffindung mittlerer Proportionallinien zwischen zwei gegebenen.

Mesomphalum (Mesomphalium, v. Griech.), die Nabelmitte, auch der Nabel als Körpermitte.

Mesonero y Romanos, Ramon de, spanischer Schriftsteller, geboren am 10. Juli 1803 zu Madrid, übernahm 1820 das Handlungsgeschäft seines Vaters, widmete indessen seine Muße wissenschaftlichen Studien, namentlich der Geschichte seiner Vaterstadt. Im Jahre 1831 betrat er die schriftstellerische Laufbahn mit seinem „Manual de Madrid“ (3. Aufl., Madrid 1844), der sich namentlich durch vortreffliche Sittenschilderungen auszeichnet. Es folgte unter dem Titel „El curioso parlante“ eine Reihe von Sittengemälden und Genrebildern, die durch Lebendigkeit, Treue, Witz und Anmuth des Styls so vielen Beifall fanden, daß M. 1835 die erste Reihe als selbstständiges Werk unter dem Titel „Panorama Matritense“ herausgab, der 1837—42 die zweite Reihe folgte, die beide in der 3. Auflage unter dem Titel „Escenas Matritenses“ (1842, 4 Bde.) erschienen. Auch veröffentlichte er „Recuerdos de viage por Francia y Bélgica“ (1842) und redigirte die 1836 von ihm begründete Zeitschrift „Semanario pintoresco español“ (Madrid, 8 Bde., mit Kupfern). Im Jahre 1838 zog er sich von den Geschäften zurück, betheiligte sich aber an allen patriotischen Unternehmungen. Im Jahre 1845 übernahm er eine Stelle an der Nationalbibliothek. Er ist Mitglied der spanischen Akademie.

Mesopentekoste (griech.), der mittelste Tag zwischen Ostern und Pfingsten, der Mittwoch nach dem Sonntag Jubilate.

Mesophryon (griech.), der Raum über der Nasenwurzel zwischen den Augenbrauen.

Mesophyllum (lat., v. Griech.), in der botanischen Terminologie die mittlere Blattschicht, die zwischen der Oberhaut der oberen und unteren Blattfläche befindliche Masse, welche aus dem Zellgewebe u. den dasselbe durchziehenden, die Nerven u. Adern bildenden Gefäßbündeln besteht.

Mesopotamien (v. Griech.), in weiterer Bedeutung das ganze Land, das im Westen durch den Euphrat von Syrien und Arabien, im Osten durch den Tigris von Assyrien geschieden, im Norden von dem südlichsten Zweige des Taurus und von Armenien und im Süden von der medischen Mauer und Babylonien begrenzt wurde und einen Flächenraum von etwa 5000 □Meilen umfaßte; in engerer Bedeutung der größere nördliche, von den Arabern Al-Dschesira, d. h. die Insel, genannte Theil dieser Landschaft, während der südliche unter dem Namen Babylonien, jetzt Irak Arabi, bekannt ist. Schon im Alten Testament führt M. wegen seiner Lage zwischen den genannten Strömen den Namen Aram Naharaim, d. h. Syrien zwischen den Flüssen. Das Land, nur im nördlichen Theil durch die nördlichen Ausläufer der Gebirge Armeniens gebirgig, bildete größtentheils eine meist steinige und sandige, nach Süden sich abdachende Ebene, deren Niveau bei ihrem nördlichen Anfang auf 1500 Fuß sich erhebt. Von Flüssen werden außer den beiden Grenzströmen Euphrat und Tigris noch als Nebenflüsse des Euphrat genannt: der Chaboras (jetzt Chabur), Saocoras, wohl nur ein (jetzt ganz verschwundener) Kanal des Euphrat, und der Belias oder Bileche (jetzt Belikhe). Das Klima war im Sommer sehr heiß, im Winter ungewöhnlich kalt. Die merkwürdigsten Produkte M.s waren Amomum, Naphtha und eine Art von Steinkohle, der Stein Gangitis oder Gagatas. Aus dem Thierreiche werden besonders wilde Esel, Gazellen, Strauße und Löwen genannt. Das ganze Land zerfiel in zwei Haupttheile: Osrhoëne im Westen und Mygdonia (später Anthemusia genannt) im Süden. Gegenwärtig steht M. unter türkischer Herrschaft und bildet die Ejalets Diarbekr, Mossul, Rakka, Bagdad und Bassora (letztere beide im Irak Arabi). Die Einwohner sind Türken, Kurden, Turkomanen und Yezidis, sowie christliche Syrer, Armenier und Araber. Ihr Hauptbeschäftigung ist die Viehzucht. Die bedeutendsten Städte in M. im engern Sinne sind Diarbekr oder Amid (das Amida der Alten) am Tigris, Mardin (Maredin), Nisibis, Mossul und Rakka am Euphrat. In M. befinden sich noch viele Ruinen und Denkmäler, sowohl aus dem Alterthum, als aus dem Mittelalter; die merkwürdigsten sind die von Ninive (s. d.). In M. bildeten sich die ersten Staaten Vorderasiens. Hier war der Sitz von Nimrods Reich; auch herrschte hier der gewaltige König Kusam Rischataim (Buch der Richter 3, 8). Am blühendsten war das Land unter der assyrischen und babylonischen Herrschaft. Unter der Herrschaft der Araber ward es Sitz der Khalifen und gelangte nochmals zu hoher Blüthe. Erst mit den Einfällen der Seldschukken, Tataren und Türken begann es zu sinken, und gegenwärtig ist es zum Theil eine entvölkerte Wüste.

Mesopsychodochismus (v. Griech.), der Zwischenzustand der Seele nach dem Tode.

Mesoscelon (griech.), das Mittelfleisch zwischen den Schenkeln; Mesoscelocele, Mittelfleischbruch.

Mesostylon (griech.), der Raum zwischen zwei Säulen.

Mesotöchion (griech.), die Brustscheidewand, das Mittelfell (Mediastinum).

Mesotyp (Skolezit, Mesolith und Natrolith, Faser-, Nadel-, Mehlzeolith), Mineral aus Naumanns Ordnung der wasserhaltigen Geolithe, und zwar aus der natürlichen Familie der Zeolithe. Seine Krystalle, lange oder kurze Säulen, haben ein quadratisches Ansehen, da die Flächen der rhombischen Säule, auf denen ein Oktaëder gerade aufgesetzt ist, einen Neigungswinkel von 91° besitzen. Die Krystalle sind meist fein nadel- oder haarförmig und büschelig gruppirt. Häufiger kommt das Mineral aber derb, strahlig, stängelich und faserig, auch dicht und erdig (Mehlzeolith), blätterig nach der rhombischen Säule vor. Es hat die Härte des Apatits und darüber, 5—5½, und ein specifisches Gewicht von 2,2—2,3. Es ist durchsichtig bis undurchsichtig, lebhaft glasglänzend, auch perlmutter-, dann faserig seidenglänzend bis matt, wasserhell, weiß, selten von anderen Farben und kommt meist in den Hohlräumen basaltischer, auch trachytischer u. phonolithischer Gesteine, im Augitporphyr, selten in anderen Gesteinen vor. Man unterscheidet gegenwärtig 2 Arten: Der Natrolith, wasserhaltige, kieselsaure Natronthonerde, von rhombischer Krystallisation, daher prismatischer Kuphonspath, von geringer Durchscheinenheit u. Glasglanz, kommt nicht selten nierenförmig zusammengehäuft vor u. ist weiß, selten isabell- bis ochergelb (Hohentwiel), auch roth (Fassathal). Der M. besteht nach Rammelsberg aus 47,9 Kieselerde, 26,6 Thonerde, 16,1 Natron, 9,4 Wasser und besitzt so die Zusammensetzung eines wasserhaltigen Labradorfeldspaths. Er wird vor dem Löthrohr weiß und bläht sich vor dem Schmelzen zu einem farblosen Glas nur wenig auf. Von Salzsäure zersetzt liefert er eine Kieselgallerte. Er findet sich ausgezeichnet in dem Basalt des Alksteins bei Sontra in Kurhessen, in der Auvergne, auf den Farörn, in Island, in dem Phonolith von Aussig, Hohentwiel; die größten Krystalle aber finden sich im Zirkonsyenit von Brovig in Südnorwegen (Paläonatrolith). Der Skolezit od. Kalkmesotyp (hermophaner Kuphonspath) hat dem vorigen ähnliche, 2- und 1gliederige oder monoklinische Krystalle, meist Zwillinge vom Ansehen der einfachen Krystalle des vorigen, ist aber durchsichtiger als der vorige, glas- oder perlmutterglänzend. Er besteht nach Rammelsberg aus 46,5 Kiesel-, 25,8 Thon-, 18,1 Kalkerde und 13,6 Wasser, krümmt sich vor dem Löthrohr erhitzt wurmförmig u. liefert durch Salzsäure zersetzt keine Gallerte. Er kommt in den Basalten von Staffa, der Faröer, von Island, Auvergne, Ostindien, im Porphyr von Chile vor. Mesolith hat Fuchs M. genannt, in welchem sich Kalke u. Natron neben einander finden. Er kommt auf Island, den Farörn, in Schottland, im Fassathal und an a. O. vor. Vor dem Löthrohr verhält er sich wie Skolezit, zeigt aber Natronreaktion.

Mespilus *L.* (Mispel), Pflanzengattung aus

der Familie der Rosaceen, charakterisirt durch den Kelchsaum mit 5 großen, blattartigen Zipfeln, die rundlichen, ausgebreiteten Blumenblätter, die 2—5 ziemlich kahlen Griffel, den Steinapfel mit einer großen, scheibenförmigen, von den bleibenden eingeschlagenen Kelchzipfeln umgebenen Fruchtnarbe und 2—5 gesonderten, aber in das Fruchtfleisch völlig eingebetteten Steinfächern, von deren Arten am bekanntesten ist die gemeine Mispel (M. germanica *L.*, Nespel, Aspele, Hespel), ein kleiner Baum oder Strauch mit meist dornigen Aesten (kultivirt ohne Dornen) und in der Jugend filzigen Zweigen, sehr kurz gestielten, länglich-lanzettlichen, an beiden Enden spitzen, vorn kleindrüsig-gesägten, oberseits flaumhaarigen, untererseits zottig-filzigen, unzertheilten Blättern, meist einzelnen Blüthen von der Größe der Apfelblüthen und kreiselförmiger, grünlich-gelbbrauner Frucht, an gebirgigen Orten, im südlichen Europa bis Süddeutschland und bis in die Schweiz wild wachsend, weiter nördlich nur kultivirt, aber auch hier in guten Lagen öfters verwildert vorkommend. Die Früchte, von welchen die kurzgestielten als Apfelmispeln, die langgestielten als Birnmispeln unterschieden werden, sind bei der Reife sehr herb und werden erst dann schmackhaft u. genießbar, wenn sie einige Zeit gelegen haben und teigig geworden sind, wodurch sie einen weinartigen Geschmack erhalten. Das sehr zähe Holz des Stammes ist zu Drechslerarbeiten, auch zum Mühlenbau tauglich. In der Medicin wurden die Früchte sonst gegen Ruhren und Durchfälle angewendet. Die Samen waren als harntreibendes Mittel im Gebrauche und wurden gegen atonische Mutterblutflüsse angewendet. Bisweilen benutzt man die Blätter zu Gurgelwasser. Der Mispelbaum nimmt zwar mit jedem Boden vorlieb, am besten sagt ihm aber ein feuchtes, lockeres, mildes und fruchtbares Erdreich zu. Die Fortpflanzung geschieht durch Samen, Ableger und Stecklinge. Man legt die Kerne von den schönsten und vollkommen reifen Früchten im November oder December in lockere, feuchte Erde, einen Zoll tief u. 3 Zoll weit von einander. Meist gehen sie im folgenden Frühjahr zahlreich auf, und die Pflänzchen können im zweiten Frühjahr in die Baumschule versetzt und später durch Kopuliren veredelt werden. Etwas schneller kommt man durch Ableger zum Ziele. Man biegt zu diesem Zwecke im Herbst od. im Frühjahr einige niedrig stehende Zweige zur Erde nieder, umwickelt sie unter einem Knoten mit Draht und bedeckt sie dann einen halben Fuß hoch mit Erde, so daß von jedem Zweige nur noch 3 Augen hervorstehen. Die Vermehrung durch Stecklinge hat wenig Empfehlendes, weil sie schwer wurzeln, u. meist pflegt man die Mispel durch Veredelung auf andere Stämme fortzupflanzen. Als Unterlagen können Weißdorn-, Quitten- und Birnstämme, auch die Wildlinge der Mispeln dienen. Der Mispelbaum trägt an zwei- u. dreijährigem Holze, weshalb man ihn nicht beschneiden darf. Alten Bäumen nimmt man die Aeste und düngt sie, worauf sie wieder junge Triebe erzeugen u. mit dem 2. Jahr aufs Neue Früchte tragen. Unter den durch die Kultur entstandenen Mispelsorten sind besonders die große Gartenmispel, die steinlose Mispel, die zarteste und feinste von Geschmack, und die gemeine Birnmispel zu nennen. M. Loureiri *Kostel.* ist ein 6 Fuß hoher Baum in Cochinchina mit kurzen Dornen und ei-lanzettlichen, fast gekerbten, kahlen Blättern, langgestielten, weißen Blüthen und rothbraunen, wallnußgroßen Früchten, welche süßsäuerlich schmecken und sowohl häufig gegessen, als auch gegen Verdauungsschwäche, Ruhren und Durchfälle angewendet werden.

Mesr, s. v. a. Aegypten.

Mesrata (Masrata), Stadt in Tripolis, am Anfang der großen Syrte, mit lebhaftem Handelsverkehr und 10,000 Einw.

Mess (engl.), gemeinschaftliche Speiseanstalt, besonders der gemeinschaftliche Mittagstisch der unverheiratheten Offiziere im britischen Militär.

Messa di voce (ital.), im Gesange das allmählige Anschwellen und Abnehmen der Töne, findet bei Noten von längerer Dauer, insbesondere auf Fermaten und bei Vorbereitung einer Kadenz, Statt, darf aber nicht zu häufig vorkommen.

Messala Corvinus, Marcus Valerius, römischer Redner und Geschichtschreiber, geboren um 70 v. Chr., bildete sich zu Athen, schloß sich nach seiner Rückkehr der republikanischen Partei an und focht bei Philippi mit gegen Octavianus, trat aber später zuerst zu Antonius und dann zu Octavianus über, dem er den Sieg bei Actium mit erringen half, und mit dem er 31 Konsul ward. Im Jahre 27 siegte er über die aufrührerischen Aquitaner, 26 ward er Praefectus urbis. Er † um 3 n. Chr. Von seinen Reden, die sich durch würdevolle Sprache auszeichneten, haben sich wenige Bruchstücke erhalten, welche Meyer in „Oratorum romanorum fragmenta“ (2. Aufl., Paris 1842) zusammengestellt hat; seine historischen Schriften, wie „Ueber den Bürgerkrieg“ und „De Romanorum familiis“, kennen wir nur dem Namen nach. Das früher ihm beigelegte Buch „De progenie Augusti“, herausgegeben von Egger in „Latini sermonis vetustioris reliquiae“ (Paris 1843), ist ein Machwerk des Mittelalters. Vergl. Moller, De M., Altorf 1789.

Messalina, Valeria, erste Gemahlin des römischen Kaisers Claudius, Schwester des Cornelius Faustus Sulla, Tochter des Konsuls Marcus Valerius Messala Barbatus, ist berüchtigt durch ihre schamlose Wollust und ihre Grausamkeit. Als sie sich zuletzt in ihres Gemahls Abwesenheit mit ihrem damaligen Günstling Cajus Silius öffentlich vermählte, wirkten Pallas und Narcissus, des Kaisers Freigelassene, sich 48 n. Chr. einen Befehl zu ihrer Hinrichtung aus, den sie sofort ausführen ließen. Dem Claudius hatte sie die Octavia und den Britannicus geboren.

Messana (Messene), im Alterthum berühmte Stadt Siciliens, in schöner und fruchtbarer Gegend, ursprünglich Zancle genannt, soll nach Thucydides von Freibeutern aus Cumä, nach Strabo von Naxiern angelegt worden sein. Sie wurde bald so blühend, daß sie schon 649 v. Chr. eine Kolonie (Himera) aussenden konnte. Bald darauf setzte sich ein Haufen flüchtiger Messenier mit Gewalt in den Besitz der Stadt, von dem sie nun den Namen M. erhielt. Im Jahre 466 wurde die republikanische Verfassung eingeführt. Die Stadt hob sich nun durch lebhaften Handel und Schifffahrt von Jahr zu Jahr, bis sie 396 von den Karthagern erobert und zerstört wurde. Dionysius begann den Wiederaufbau der Stadt. Nach Vertreibung des Dionysius II. auf kurze Zeit frei geworden, fiel M. schon 312 wieder in die Hände des Agathocles. Nach dessen Tode bemächtigte sich der Stadt 282 ein Haufen Mamertiner (s. d.), nach denen die Stadt zuweilen Mamertina genannt wurde. Die Raubzüge der neuen Bewohner wurden die nächste Veranlassung zum Ausbruch des ersten punischen Kriegs. Die Stadt ging darauf in die Hände der Römer über, in deren Besitz sie von nun an für immer verblieb. Im Bürgerkrieg zwischen Sextus Pompejus und Octavian wurde sie als Waffenplatz und Hafen des ersteren 35 v. Chr. geplündert. Ueber die Topographie von M. wissen wir fast gar nichts; bloß von ihrem Hafen ist bekannt, daß er eine Flotte von 600 Schiffen fassen konnte. Das Gebiet von M. umfaßte fast die ganze Nordseite der Insel.

Messapier, Zweig der Japygier im äußersten Südosten Italiens, in der Landschaft Messapia, bewahrte bis in die römische Kaiserzeit hinein seine eigene Sprache, in welcher eine Anzahl Inschriften (messapischer Inschriften) erhalten sind. Man hat dieselben zwar noch nicht zu entziffern vermocht, doch lassen sie auf den indogermanischen Charakter der Sprache schließen.

Meßbrief, die Bescheinigung eines verpflichteten Mannes, des Messers (Aichmessers), in einem Hafenplatz über die von ihm gefundene Lastigkeit eines Schiffes, wonach die Zollgefälle bestimmt werden.

Meßbuch, s. v. a. Missale, vergl. Messe; s. v. a. Marktbuch.

Messe (lat. missa), in der ersten christlichen Kirche die öffentliche Gottesverehrung überhaupt, später der besondere Theil des Gottesdienstes, in welchem der Priester das Officium oder die Konsekration der Abendmahlssubstanzen vornahm. Da nun das Abendmahl zu den Mysterien des christlichen Glaubens gehörte, so durften daran nur die Gläubigen oder Getauften Theil nehmen, während nicht nur die jüdischen und heidnischen Zuschauer, sondern auch die Büßenden und Katechumenen am Schlusse des öffentlichen Gottesdienstes mit den Worten „Ite, missa est (sc. concio)", d. i. „Geht, die Versammlung ist geschlossen", aufgefordert wurden, sich zu entfernen. Von dieser Formel erhielt in der Folge der ganze Gottesdienst den Namen Missa, und man nannte den ersten Theil desselben Missa Catechumenorum, den zweiten oder die Feier des Abendmahls aber Missa fidelium. Später verstand man in der römisch-katholischen Kirche unter M. das bei der Feier des Abendmahls gebräuchliche Officium, d. h. Gebet vor dem Altar (daher der Ausdruck „M. lesen"), und vor Allem das sogenannte Meßopfer, d. h. die priesterliche Handlung, durch welche Brod und Wein in den Leib und das Blut Christi verwandelt werden sollen. Als die Sitte aufkam, daß der Geistliche bloß unter dem Beistand eines Meßgehülfen die heilige Handlung verrichtete, unterschied man zwischen stillen M.n (Privatmessen), bei welchen die Gebete nur still abgelesen werden und der Priester allein das Abendmahl genießt, und öffentlichen, die wieder in niedere und hohe eingetheilt wurden. Zu einer hohen M. gehörte, daß die dabei nöthigen Gebete mit Gesang und Musik begleitet wurden und der Geistliche, der gewöhnlich auch aus dem höheren Klerus dazu erwählt war, in einem kostbaren Meßgewande erschien. Eine solche feierliche M. hieß daher auch Hochamt. Zu den niederen, zu welchen dann auch die stille M. und die sogenannte Handmesse, welche täglich gelesen wird und wofür der Priester das Geld auf die Hand empfängt, zählen, genügt die Ablesung und der Vortrag der üblichen Gebetsformeln ohne Gesang, sowie sie auch von einem Diakon ohne Subdiakon gehalten werden können. Vorzüglich ceremoniell sind die M.n, welche die Päpste halten. Große Sorge für die Ausbildung der Meßceremonien trugen schon Ambrosius und der Papst Gregor der Große. Von letzterem rührt namentlich die Bestimmung her, daß die M. nur in lateinischer Sprache abgehalten werden durfte. Einzelne Theile der M. sollen ihre Form in noch früherer Zeit erhalten haben. Jetzt besteht die M. aus 4 Hauptbestandtheilen: Introitus, Offertorium, Konsekration und Kommunion. Der Introitus beginnt damit, daß der Priester und der Meßdiener wechselsweise den 42. Psalm hersagen; es folgt das Confiteor, die Formel des öffentlichen Schuldbekenntnisses, die Absolution und der eigentliche Eingang, aus einigen Bibelversen, gewöhnlich aus den Psalmen, bestehend. Im Offertorium oder der Opferung segnet der Priester unter bestimmten stillen Gebeten Brod u. Wein und wäscht sich dabei die Hände. Ueber die Konsekration od. Wandlung s. Abendmahl u. Transsubstantiation. Die Gebetsformel, die der Priester vor, bei und nach der Konsekration verliest, heißt der Meßkanon und ist der Haupttheil der M., der stets unverändert bleibt. Ueber die Kommunion s. Abendmahl. Die Kleidung des Priesters (Meßgewand) während der M. wechselt in verschiedenen Farben je nach den kirchlichen Zeiten und Festlichkeiten. Das Ritual und die Gesänge der M. sind in den Meßbüchern oder Missalen enthalten, doch modificiren auch sie sich nach den Zeiten und dem Gegenstand der Feier. Der größte Theil der Gebete und Ceremonien bei der M. rührt aus den Zeiten der Päpste Gelasius I. und Gregor des Großen (600) her. Auf Veranlassung des tridentinischen Koncils verordnete Papst Pius V. 1570 den Gebrauch des unter seiner Leitung verbesserten Meßbuchs in der ganzen römisch-katholischen Kirche, mit Ausnahme der Gemeinden, die bereits über zwei Jahrhunderte einen andern Ritus befolgt hätten. Neue Ausgaben dieses Meßbuchs erschienen Regensburg 1858 und Frankfurt a. M. 1860. Ueber Seelenmessen (Todtenmessen, Todtenamt, missa pro defunctis), die Verstorbene aus dem Fegfeuer erlösen oder ihnen doch die Pein desselben erleichtern sollen, s. Requiem. Später nahm man die Wirksamkeit der M. auch in Anspruch gegen dämonische Gewalten, gegen die Bosheit der Menschen und die feindseligen Elemente der Natur. So entstanden die Braut- und Hochzeitsmessen, die Weih- und die Vorbittenmessen und, eine der feierlichsten, die heilige Geistmesse, die vor der Wahl zu einem kirchlichen Amte von einer Versammlung Kleriker abgehalten wird. Immer allgemeiner wurden nun M.n auch Gegenstand des Gelübdes (missa votiva). Alle diese M.n müssen aber dem Priester oder der Kirche besonders honorirt werden. Sie stehen daher als außerordentliche den Fest- und Wochenmessen gegenüber. Eine besondere Art ist die ewige M., die an gewissen Tagen im Jahr, gewöhnlich für Verstorbene gestiftet, gelesen wird. Die Winkelmessen (missae privatae et solitariae) werden auf den Nebenaltären gelesen, und der Priester genießt das Abendmahl dabei allein. Bei der trockenen M. (Schiffsmesse), die früher auf den Schiffen gehalten wurde, wurden, um eine Verschüttung des Kelchs durch das Schwanken des Schiffs zu verhüten, die bloßen Meßgebete ohne Opferung und Konsekration gesprochen. Am häufigsten wird unter allen katholischen Ländern die M. in Spanien gehört und gelesen. Jetzt darf von jedem Priester an einem Vormittag nur Eine M. gelesen werden, und nur Ostern u. Weihnachten mehre, wenn es an Priestern mangelt. Auch dürfen nur in Einer Kirche eines Ortes M.n gelesen werden, u. die öffentlichen haben ihre bestimmten Stunden, damit sie nicht durch Privatmessen gestört werden. In der griechischen Kirche entwickelte sich das Ceremoniel der M. auf ganz eigenthümliche Art; s. darüber Russische Kirche. Die Protestanten verwerfen die M., weil sie die Annahme einer wiederholten unblutigen Opferung Christi für unbiblisch halten. Die Musik während des katholischen Hochamts oder während der eigentlichen kirchlichen M., gewöhnlich ebenfalls M. oder Misse genannt, besteht nach den Anfangsworten des zu singenden Textes aus dem Kyrie eleison oder Christe eleison, dem Gloria in excelsis Deo, dem Credo, Sanctus und Osianna, dem Benedictus, dem Agnus Dei und dem Dona nobis pacem. Der eigentliche Kirchengesang, wie er jetzt meist üblich und im Meßbuch, dem Kyriale und Antiphonarium enthalten ist, ist der gregorianische, vom Papst Gregor dem Großen herrührend. Die deutschen Lieder sind späteren Ursprungs. Im polyphonen Gesang lieferten Ausgezeichnetes im 16. Jahrhundert Palestrina (Missa papae Marcelli) und Orlando di Lasso in Italien, Jakob Händel u. Leo Haßler in Deutschland. Mit der Zeit schwand jedoch die ursprüngliche Einfachheit jenes Gesangs mehr und mehr, besonders durch die Anwendung der Instrumentalmusik im 17. Jahrhundert. In dieser Richtung komponirten M.n: die beiden Haydn, Mozart, Beethoven, Sebastian Bach („Hohe M.“ aus H moll), Naumann, Schuster, Vogler, Winter, Cherubini, Rossini, Hummel, Seyfried, Eybler, Tomaschek, Fr. Schneider u. A.

Messen (Handelsmessen), Märkte, welche sowohl hinsichtlich des Maßstabs der daselbst abgemachten Geschäfte, als der Masse der umgesetzten Waaren, sowie hinsichtlich der längeren Dauer und der Zahl und Herkunft ihrer Besucher eine ungleich großartigere Bedeutung haben als die gewöhnlichen Jahrmärkte. Die Mehrzahl der Meßplätze ist im Binnenlande gelegen, und keineswegs war die zur Aus- und Einfuhr bequeme Lage eines Orts das entscheidende Moment, welches ihm zu einem ausgedehnten Marktverkehr verhalf, denn am Meere oder an großen Flüssen gelegene Handelsplätze eignen sich nicht zu solchen zeitweiligen Sammelplätzen der Handelswelt, da sie fortdauernde Märkte darstellen. Auch der Großhandel hat die M. keineswegs ins Leben gerufen, wofür schon der Umstand spricht, daß die wenigsten der großen Handelsemporien zugleich Meßplätze von größerer Bedeutung geworden sind. Solche entstanden vornehmlich im innern Deutschland und in der deutschen Schweiz und auf den von da gegebenen Anstoß im östlichen Europa, namentlich in Rußland und in Asien. Nicht allein wegen der Gemeinnützigkeit dieser M., sondern mehr noch wegen der reichen Revenüen, welche davon in die Kassen der deutschen Kaiser und Landesherren flossen, waren diese nicht nur darauf bedacht, frequente Meßplätze in ihren Ländern zu haben, sondern statteten sie auch mit manchen Privilegien aus. Den ersten Anlaß zur Entstehung von Meßplätzen gaben wohl befestigte Lager, wie sie die Römer nach der Okkupation von Frankreich und des südlichen und westlichen Deutschlands in diesen Ländern und später deutsche Heerführer nach Unterwerfung der wendischen und slavischen Stämme im östlichen Deutschland gründeten und unterhielten. Einen zweiten Anlaß gaben die hohen Kirchenfeste, in sofern schon der mit diesen und den Kirchenmessen verbundene Ablaß ein Zusammenströmen vieler Menschen zur Folge hatte, dieses aber bald Handelsleute herbeizog, welche die gebotene Gelegenheit zu gewinnreichem Absatz ihrer Waaren geschickt zu benutzen wußten. So erwuchs besonders um größere Kirchen ein Marktverkehr, der sich nach und nach zum Großhandel gestaltete. Der deutsche Name Messe, sowie das noch gebräuchliche Ein- und Ausläuten der M. erinnern an die Entstehung dieser Märkte aus der kirchlichen Messe, obwohl jener Name im nördlichen Deutschland, z. B. für die braunschweiger Messe, erst im Laufe des 10. Jahrhunderts allgemein üblich ward. Im mohammedanischen Orient geht jetzt noch das Handels- und Religionsinteresse Hand in Hand, in sofern die heiligen Städte Hauptpunkte des Marktverkehrs sind, der sich besonders in Folge großer Wallfahrten daselbst koncentrirt. Mekka ist der Mittelpunkt des arabischen Binnenhandels bis auf die Gegenwart geblieben, weil es die Kaaba besitzt, und die zahlreichen Pilgerkarawanen, welche alljährlich hier zusammenströmen, sind zugleich Handelskarawanen. Wo die Staatsgewalt sich veranlaßt sah, den Handel eines Orts zu begünstigen, um diesen zu einem Meßplatze zu erheben, war sie keineswegs eigentliche Gründerin solcher Plätze, sondern sie konnte auf gegebener Grundlage nur weiter bauen, denn die Bedingungen eines lebhaften Handelsverkehrs lassen sich nicht nach Belieben hervorrufen, und ein Ort muß schon geraume Zeit Marktverkehr gehabt haben, um sich zu einem Meßplatze emporschwingen zu können. Die Mithülfe der Staatsgewalt bestand aber besonders darin, daß man den Marktverkehr durch zweckmäßige Verordnungen zu regeln und zu heben suchte. Man setzte die Zahl der Verkaufsläden fest, damit die Verkäufer, nicht durch eine zu große Konkurrenz gedrückt, sicher ihre Rechnung finden könnten, u. bewilligte den Meßbesuchern gewisse Freiheiten (Meßfreiheiten), Erleichterungen u. sonstige Begünstigungen, um den Verkehr an einem Orte nicht nur zu erhalten, sondern auch weiter auszudehnen. Man verband wohl auch ein religiöses Ceremoniel damit, welches den M. theilweise noch heute geblieben ist, wie denn auch die meisten noch am Tage des Heiligen beginnen, dessen Namen sie führen. In den frühern Zeiten des Mittelalters aber war für die Bedürfnisse des Handels noch sehr wenig gesorgt, die Landstraßen waren noch sehr mangelhaft und wurden durch Wegelagerer unsicher gemacht; von geregelter Frachtfahrt war so wenig als von Posten und damit verbundener bequemer und regelmäßiger Korrespondenz die Rede; auch war der Handel für die Fremden damals keineswegs frei, wenn sie nicht besondere Verträge abschlossen, und endlich befand sich die Rechtspflege noch in einem traurigen Zustande und gewährte dem Kaufmann die ihm so nöthige schnelle Hülfe nicht; daher mußten die M., an den Orten eines emporblühenden regen Verkehrs begründet und mit wichtigen Freiheiten ausgestattet, schnell Centralpunkte des Handels werden. Die Regierungen verliehen den Meßplätzen gewisse Vorrechte, die entweder bleibend, oder auf die Dauer der Meßzeit beschränkt waren, z. B. das Recht der Waarenniederlage (Zwang zur Benutzung der städtischen Speicher gegen eine Abgabe), welches früher gewöhnlich mit dem Stapel- und Einlagerecht verbunden war, das Münzrecht, das Zollerhebungsrecht, das Geleite (Schutz der Reisenden durch Begleitung od. durch polizeiliche Maßregeln gegen eine Abgabe), freien Handel während der Meßzeit (Befreiung von dem sonst geltenden Innungszwang) rc. Die Meßfreiheiten aber waren der Hauptsache nach: Eingang der Meßgüter unter gänzlichem oder theilweisem Erlaß der Zollabgaben, Befreiung der Handeltreibenden und ihrer Waaren vom Arrest bis zum Zahltage, der Erlaß gewisser sonst Statt findenden lokalen Abgaben und Lasten, sicheres Geleite und die Institution eines eigenen **Meßgerichts**, welches in allen während der M. entstehenden Handelsstreitigkeiten in erster Instanz nach dem **Meßrecht**, mit Uebergehung aller sonst üblichen Formalitäten, entschied. Fast alle diese Einrichtungen sind heute noch gültig, natürlich nach den Erfordernissen der Gegenwart und den verschiedenen Lokalverhältnissen modificirt. Die Gesammtheit der die M. betreffenden Verfügungen bildet die **Meßordnung**. Als aber allmählig durch Beseitigung der oben bezeichneten Hindernisse die Handelsverbindungen zwischen einzelnen Orten und Ländern zunahmen, als mit den vielseitigen kaufmännischen Relationen auch das Wechselwesen, das seine Entstehung ebenfalls den M. verdankt, sich mehr und mehr ausbildete und die Justiz auch über den Kaufmann ihren schützenden Arm ausbreitete, da begann der ursprüngliche Zweck der M. in den Hintergrund zu treten, und diese selbst verloren bedeutend an innerer und äußerer Wichtigkeit; die einzelnen Städte wußten sich auf direkterem Wege und durch Jahr- und Wochenmärkte ihre Bedürfnisse zu schaffen, und wie die allseitige Kommunikation immer weiterhin sich ausdehnte und immer dauernder sich gestaltete, mußte auch jener Verkehr der M. immer mehr auf einen engeren Kreis eingeschränkt werden und die Messe mehr eine große Industrieausstellung als ein Versammlungsort der Repräsentanten aller Völker sein, in Bestehen und Wichtigkeit fast einzig von der Gestaltung der inneren Handelsverhältnisse abhängig. So ist eine sehr große Anzahl derselben zu gewöhnlichen Jahrmärkten herabgesunken, andere sind ganz und gar eingegangen, während allerdings manche, den Anforderungen und Bedürfnissen der Gegenwart angepaßt, noch in hoher Blüthe dastehen und in Ländern, welche der Kommunikationsmittel entbehren, immer noch die größte Wichtigkeit besitzen, wie z. B. die M. von Kiachta und Nishni-Nowgorod. Aber selbst da, wo die Civilisation ihre Stätten aufgeschlagen, sind sie noch dadurch von Nutzen, daß der Käufer eine sehr reiche Auswahl von Waaren beisammen findet, von denen er beliebige Mengen sogleich entnimmt oder nach deren Muster er Bestellungen macht, und daß eine große Anzahl von Fabrikanten und Kaufleuten in nähere Berührung und persönlichen Verkehr treten, der zu neuen Bekanntschaften und Anknüpfungen führt. Die Verkäufer sind größtentheils, namentlich auf den deutschen M., Fabrikanten, da die Manufaktur- und Fabrikwaaren sich vorzugsweise für den Meßverkehr eignen, indem bei ihnen der Wechsel von Form und Farbe (Zeichnung, Muster), der Einfluß der Erfindungen, die Neuheit des Produkts, die Mode vorherrschen und sie zu den eigentlichen Gegenständen der besondern Wahl des Käufers machen. Daher sparen denn auch die Fabrikanten das Heranbringen neuer Formen, neuer Muster rc. vorzugsweise für die nächste Messe auf. So werden die deutschen M. auch dadurch gehalten, daß das Publikum bei dem raschen Wechsel der Moden die Meinung hegt, daß, wer die M. nicht besucht, auch keine Neuigkeiten zu verkaufen haben könne. Auch viele Rohstoffe erfordern persönlichen Verkehr, wie dies namentlich in Leipzig, besonders in Hinsicht der Rauchwaaren, der Fall ist, von denen daselbst der Osten bis von Sibirien und der Westen bis von der amerikanischen Nordwestküste ihren Ueberfluß austauschen und oft in einer Messe einen Verkehr von 2—3 Millionen Thalern bewirken, der ohne persönliches Zusammenkommen gar nicht zu bewerkstelligen sein würde. Diejenigen Waaren, welche eine größere Stabilität des Wesens besitzen, also die meisten Naturerzeugnisse, kommen in den an Kommunikationen reichen Ländern nicht als Meßartikel vor, man kauft auf den M. nicht Kaffee, Zucker, Reis, Tabak, Oel, Getreide, Spiritus rc. Dagegen finden in Rußland und Asien die Produkte der Landwirthschaft, Thee, Mammuthknochen hier ihre Stelle neben dem Pelzwerk. Einige Artikel von besonders großer Bedeutung haben sich selbstständige Märkte geschaffen, wie z. B. die Wolle, denn die bedeutenderen Wollmärkte, wie der breslauer und berliner, sind nichts Anderes als eine Art Messe für diese Waaren. Auch die Hopfenmärkte, Oelmärkte, Saatmärkte, Holzmärkte (sogenannte Holzmessen) finden sich hier und da isolirt. Eine ähnliche Emancipirung findet rücksichtlich der wollenen und halbwollenen Stoffe auf der sogenannten Tuchmesse in Stuttgart und Augsburg Statt, welche ausschließlich dem Großhandel gewidmet ist. Einige größere Märkte führen besondere Namen, so die beiden jährlichen Dulten in München und der Umschlag in Kiel, welcher eigentlich vorzugsweise eine Geldmesse zur Umsetzung, Ausleihung und Einforderung von Kapitalien für Holstein ist. Die Meßbesucher werden gewöhnlich **Fieranten** (vom ital. fiera, Messe, Markt) genannt. Alle diejenigen Waaren, welche auf den M. des deutschen Zollvereins vom 7. Tage von ihrem Beginn an und noch während der Messe eingehen, zahlen sogenannte **Meßunkosten**, deren Ertrag hauptsächlich zur Besoldung der für die Meßangelegenheiten fungirenden Beamten und zur Bestreitung anderer Meßeinrichtungen verwandt wird. Die Meßzeit unterscheidet man in die für die eigentlichen Meßgeschäfte bestimmten **Meßtage** und die zur Erfüllung der eingegangenen Verbindlichkeiten festgestellten **Zahltage**. Die größern M. haben ihre besondere **Meßwoche** und ihre eigene **Zahlwoche**, letztere aber meist mit einem bestimmten Zahltage oder sogenannten Scontro. Gewöhnlich werden jedoch schon vor dem Eintritt der Meßwoche die wichtigsten Geschäfte des Großhandels abgeschlossen, namentlich in Leipzig, wo die der Meßwoche vorausgehende Woche wegen des in derselben Statt findenden Verkaufs der Böttcherwaaren die Böttcherwoche heißt. Es werden aber keineswegs alle in der laufenden Messe entstandenen Schuldverpflichtungen auch während der Dauer derselben erledigt, vielmehr erfolgen viele Käufe auf Kredit, und viele Schulden aus der laufenden Messe werden zahlbar in der nächsten oder einer der nächsten M. kontrahirt. Hier und da, namentlich noch auf den leipziger M., existirt eine besondere **Meßzahlung** (Meßvaluta), welche in den genannten M. bis 1840 um durchschnittlich 12$^1/_2$ Procent geringer war als die Landeswährung (der 14-Thalerfuß), seitdem aber um 10—20 Proc. und mehr schlechter ist als jene (so daß 100 Thaler Kurant oder im 30-Thalerfuße = 110—120 Thlr. Meßzahlung sind), aber nicht mehr von allen Verkäufern in diesem Umfange gestattet wird; natürlich werden in Rücksicht hierauf die Preise der Waaren selbst verhältnißmäßig höher gestellt, als es sonst der Fall sein würde. Die wichtigsten deutschen M. sind diejenigen von Leipzig (Oster- und Michaelismesse), die bedeutendsten der Welt, zu denen alle handeltreibenden Nationen ihr Kontingent von Besuchern entsenden. Die nächste Stelle nehmen die M. in Frankfurt a. M. (Frühjahrs- u. Herbstmesse ein), welche aber neuerlich bedeutend gesunken sind. Dann kommen die M. in Frankfurt a. d. O. (Margarethen-, Reminiscere- und Martinimesse), deren Hauptverkehr nach dem Osten (Polen, Ost- und Westpreußen, Schlesien und Pommern) gerichtet ist. Auch sie haben neuerlich an Frequenz sehr abgenommen. Dasselbe gilt von den jetzt wenig erheblichen braunschweiger M. (Lichtmesse u. Laurentiusmesse). Von noch geringerer Bedeutung sind die M. von Kassel, Lüneburg, Offenbach, Breslau, Danzig, Kiel (der Umschlag), München (die Dulten), Wien, Botzen, und Triest; die M. von Naumburg a. d. Saale sind zu gewöhnlichen Jahrmärkten herabgesunken. Von den außerdeutschen M. in Europa sind besonders wichtig diejenigen von Zurzach in der Schweiz, Pesth und Debreczin in Ungarn, Sinigaglia im Königreich Italien (ehemals sehr berühmt und besonders von Griechenland und der Levante aus besucht, in neuester Zeit sehr gesunken), Bergamo in der Lombardei, Beaucaire, die wichtigste französische, ehemals ungleich bedeutender, Lyon, Nishni-Nowgorod in Rußland (die dortige Peterpaulsmesse ist nächst der leipziger die wichtigste aller M., doch vorwiegend national-russischen Charakters). Außerdem sind mehre M. der europäischen Türkei von lokaler Wichtigkeit, besonders einige in Rumelien, wie die von Usundschowa. Von den außereuropäischen M. sind vorzüglich zu nennen diejenigen von Tanta in Oberägypten, Kiachta im südlichen Sibirien, Irbit in Sibirien, Mekka in Arabien u. Hurdwar in Hindostan. Deutschland hat seine besondere Buchhändlermesse in Leipzig, deren Zweck aber nicht der Kauf und Verkauf, sondern nur die Abwickelung der gegenseitigen Rechnungen und die Zahlung der Jahresschulden ist (s. **Buchhandel**). Vergl. **Philippi**, Geschichte und Statistik der deutschen M., Frankfurt 1857.

Messene, s. v. a. Messana; s. **Messenien**.

Messenhauser, **Wenzel**, Kommandant der wiener Nationalgarde in der wiener Revolution von 1848, am 4. Januar 1813 zu Proßnitz in Mähren geboren, trat 1829 in das Regiment Kaiser Franz, ward in Folge seiner Abhandlung „Ueber die schiefe Schlachtordnung" 1832 Lieutenant und kam 1840 nach Wien in Garnison. Seine freie Zeit bis dahin hatte er zur Ausarbeitung einer Geschichte des Alterthums in 10 Bänden verwandt, die jedoch keinen Verleger fand. Sein Trauerspiel „Demosthenes" fand nur geringen Beifall. In Wien schrieb er außer einer ganzen Reihe von Novellen und Poesien im Auftrag seines Obersten die Geschichte des Regiments Hoch- und Deutschmeister und ward hierauf zum Oberlieutenant befördert. Beim Ausbruch des polnischen Aufstandes von 1846 wurde M. mit seinem Regiment nach Krakau versetzt. Bald darauf veröffentlichte er eine Auswahl seiner Novellen unter dem Titel „Wildniß und Parquet" (Wien 1847) und unter dem Namen Wenzel March „Die Polengräber". Bei Beginn der Revolution von 1848 ließ er sich von der Bürgerschaft zu Lemberg in das Komite zur Organisirung der Bürgerwehr wählen, ward hierfür aber mit Arrest u. Versetzung ins 3. Bataillon nach Wien bestraft. Er nahm nun seinen Abschied, mußte aber einen Revers unterschreiben, in dem er weder gegen das Erzhaus, noch gegen dessen Alliirte zu kämpfen sich verpflichtete. Seine schriftstellerischen Arbeiten wieder aufnehmend, redigirte er zunächst die „Volkstribüne", die jedoch wenig Theilnahme fand. Obgleich er an den Ereignissen des 6. Oktober keinen Antheil genommen hatte, so wurde er doch vom Ministerium des Innern am 12. Okt. zum provisorischen Kommandanten der Nationalgarde für Wien und die Umgegend ernannt. Er nahm den Posten in der Hoffnung an, die verschiedenen Parteien einigen zu können, erntete aber durch diese Bestrebungen bei allen Mißtrauen. Für die Vertheidigung der Stadt entwickelte er eine rastlose Thätigkeit. Nachdem am 24. Oktober die Vorstädte von den Truppen genommen waren, entschloß er sich zur Kapitulation und forderte Niederlegung der Waffen. Als gleichwohl auf die Nachricht von dem Anmarsch der Ungarn die Insurgenten den Kampf von Neuem begannen, legte er seine Stelle nieder, und nur die dringendsten Bitten der sämmtlichen Offiziere der Nationalgarde, der Verwaltungsräthe, des Gemeinderaths und des Reichstags konnten ihn zur Wiederannahme des Kommando's bestimmen. Nach dem Einzug der kaiserlichen Truppen blieb M. in Wien, obgleich ihm die Flucht durch seine Freunde ermöglicht war. Am 6. November stellte er sich selbst bei dem Stadtkommandanten, wurde in das Stabsstockhaus gebracht und am 16. November in der Bastion des Stadtgrabens nächst dem Fischerthore standrechtlich erschossen. Von seinen Schriften sind noch zu nennen: „Ernste Geschichten" (Wien 1848, 2 Bde.); „Der Rathsherr" (Leipzig 1849, 4 Bde.); „Erzählungen des österreichischen Hausfreundes" (Wien 1848); „Novellen und Erzählungen" (das. 1849, 5 Bde.) und „Letzte Novellen und Erzählungen" (das. 1850, 2 Bde.).

Messenien, die südwestlichste Landschaft des alten Peloponnes, umfaßte die westlichste der 3 großen südlichen Landzungen der Halbinsel und reichte im Norden bis an den Nedafluß (jetzt Buzi), der sie von Elis und zum Theil von Arkadien schied, im Osten bis an den Taygetus, welcher die Grenze gegen

Lakonien bildete. Im heutigen Königreich Griechenland bildet diese Landschaft die **Nomarchie M.**, doch gehört zu dieser nördlich noch das Land bis zum Ruphiafluß (Alpheus), während der südöstliche Streifen des alten M., an der Ostseite des **messenischen Meerbusens** (Golf von Koron), zur Nomarchie Lakonien geschlagen wurde. Die Nomarchie M. hat 62½ □M. Flächeninhalt mit 117,180 Einw. und zerfällt in 5 Eparchien: Olympia, Messenia, Triphylia, Phylus und Kalamai. M. ist seinem Kern nach das Thal des wasserreichen Pamysus (jetzt Dipotamus), der, aus dem Gebirgsland herausgetreten, eine schöne weite Kulturebene (Ebene von Stenyklerus, der Residenz der alten messenischen Könige) bildet, dann wieder von Bergen eingeengt wird und zuletzt ein weites schönes Mündungsland (Makaria) durchströmt. An die beiden Ebenen schließen sich östlich und westlich Gebirge an, z. B. der Argaleos (jetzt Maliagebirge, 3750 Fuß hoch) im Westen und das Emathiagebirge (2950 F.) auf der Landzunge. Im nördlichsten Theil der Nomarchie M. erhebt sich der Lycäusberg zu 4300 F. Höhe. Milde des Klima's, Wasserfälle und dankbarer Boden machen M. zu der am meist bevorzugten Landschaft Griechenlands, in welcher, wie im Alterthum, so noch jetzt, Wein- und Getreidebau fast überall Statt findet. Das nördliche Gebirgsland enthält die schönsten Weiden, und die südliche, überaus heiße Ebene hat das ergiebigste Land u. die üppigste Vegetation. Die gut bestellten Aecker werden durch hohe Cactushecken von einander geschieden; Citronen, Orangen und mächtige Aloës gedeihen trefflich; selbst die Dattel reift hier, und Wein und Oel werden in Fülle gewonnen und zum Theil (von Kalamata aus) versandt. Zu M. gehören auch mehre Inseln an der Süd- und Westküste des Landes: Theganussa (jetzt Venetico) vor dem Acritasvorgebirge, die Oenussä (jetzt Cabrera und Sapienza), Sphakteria (jetzt Sphagia) und Prote (jetzt Prodhano). Die historisch merkwürdigsten Orte waren die uralte Bergveste Ithome (s. d.), an deren Belagerung sich das Hauptinteresse des ersten messenischen Kriegs knüpft; das alte Pylos, die Residenz Nestors, an der Nordecke der Bucht, vor welcher Sphakteria liegt, Pherä (bei Kalamata), Methone und die **Hauptstadt M.** Letztere wurde 369 von Epaminondas am Fuße des Bergs Ithome gegründet und hatte einen bedeutenden Umfang. Ihre bei dem Dorfe Mauromati noch vorhandenen Ruinen sind überaus großartig u. geben das deutlichste Bild einer antiken Festung. Die Mauern mit einer Reihe viereckiger Thürme und mit Thoren sind an manchen Stellen wohlerhalten, dazu die Reste eines Theaters, einer Rennbahn 2c. Im neuern M. ist der Schwerpunkt aus dem Innern nach der Küste verlegt; die bedeutendsten Städte liegen an der See, auf den Trümmern alter Plätze oder in der Nähe alter Trümmerstädte. Hauptstadt ist Kalamata.

Die ältesten Einwohner M.s waren Leleger, zu denen jedoch schon frühzeitig Argiver, im 14. Jahrhundert v. Chr. auch Aeolier unter Anführung des Perieres kamen. Des letztern Sohn, Aphareus, nahm den aus Thessalien vertriebenen Neleus bei sich auf, welcher als Stifter einer Herrschaft im Westen des Landes genannt wird. Später gehörte der westliche Theil des Landes zu der Herrschaft der äolischen Neleiden und der östliche zu Lakonien. Mit der dorischen Wanderung und der Rückkehr der Herakliden wurde M. jedoch wieder ein eigenes Reich und fiel dem Cresphontes zu. Es erhielt eine der dorischen ähnliche Verfassung und hatte zwei Könige. Unter dem 5. Nachfolger des Cresphontes brach, der Sage nach wegen des Raubes spartanischer Jungfrauen, wahrscheinlich aber in Folge von Grenzstreitigkeiten ein Kampf mit Sparta (**erster messenischer Krieg**) aus, der von 743 bis 724 v. Chr. dauerte. Anfangs wechselte das Kriegsglück, doch neigte sich im Ganzen der Vortheil auf die Seite der Spartaner, bis in Folge eines delphischen Orakelspruchs Aristodemus, aus dem messenischen Herrschergeschlecht stammend, seine Tochter den unterirdischen Göttern opferte. Aristodemus wurde nun 729 König der Messenier und schlug mit Hülfe der Arkadier und Argiver die Spartaner in offener Feldschlacht. Als aber Aristodemus, am ferneren Sieg verzweifelnd, sich auf dem Grabe seiner Tochter getödtet hatte, wurden die Messenier unterworfen und zinspflichtig. Der Druck, den die Spartaner im Lande übten, rief den **zweiten messenischen Krieg** (685—668 v. Chr.) hervor, in welchem die Messenier unter ihrem König Aristomenes die Arkadier und Argiver zu Bundesgenossen hatten. Aber auch dieser Krieg endete, nachdem die Arkadier, von den Spartanern bestochen, ihre seitherigen Bundesgenossen mitten in einer Schlacht verlassen, mit der Besiegung der Messenier, die nun zum großen Theil nach Sicilien, wo sie Zancle einnahmen, welches fortan Messana (s. d.) hieß, und unter Aristomenes nach Rhodus auswanderten, während die Zurückgebliebenen der Sklaverei verfielen. Eine Verwüstung Sparta's durch ein Erdbeben 465 benutzend, erhoben sich die Messenier zugleich mit den Heloten von Neuem (**dritter messenischer Krieg**), unterlagen jedoch nach zehnjähriger tapferer Gegenwehr, 465—455 v. Chr., und wurden nach Naupactus und an andere Orte verwiesen. M. lag nun ganz verödet und blieb spartanische Provinz bis nach dem Falle Sparta's. Epaminondas sammelte 369 die Reste der Messenier, gründete die neue befestigte Hauptstadt Messene und führte eine demokratische Verfassung ein. Die Bevölkerung des Landes aber blieb im Ganzen gering. Später schlossen sich die Messenier an Philipp von Macedonien an, und 146 v. Chr. kam das Land unter römische Herrschaft.

Messeniennes (franz.), drei Elegien, welche Barthélemy in der „Reise des jungen Anacharsis" den Schlachtgesängen des Tyrtäus nachbildete; in der neueren französischen Literatur poetische Klagen über geschmälerten nationalen Ruhm.

Messenische Kriege, s. Messenien.

Messer, Werkzeuge zum Schneiden, werden je nach den Zwecken, zu welchen sie bestimmt sind, von verschiedener Form und Größe hergestellt. Die besseren M. bestehen ganz aus Stahl, bei den andern macht man die Schneide mit den zunächst daran liegenden Theilen aus Stahl, das Uebrige aus Eisen. Für große Schneidwerkzeuge schmiedet man abwechselnde Lagen von Eisen und Stahl zusammen u. streckt das Ganze zu einer Stange aus. Die Sprödigkeit des Stahls wird hierbei durch die Zähigkeit des Eisens gemildert, aber man erhält nie eine so feine u. scharfe Schneide wie an reinem Stahl. Die einfachen Stahlklingen werden durch gewöhnliche Schmiedearbeit hergestellt.

Der Stahl ist in Sheffield 6—7 Linien breit und $1\frac{1}{2}$—2 Linien dick und wird in Einer Hitze ausgeschmiedet. Hierauf trennt man durch Abhauen die Klinge von der Stange, indem man an ersterer einen Theil sitzen läßt, der groß genug ist, um die *Angel* oder bei Einlegemessern den *Druck* zu bilden. Die Ausarbeitung dieses Theils geschieht in einer zweiten Hitze. Die *Scheibe* oder das *Schild* zwischen Klinge und Angel wird durch Ansetzen auf dem Amboß hervorgebracht und dann in einem zweitheiligen Gesenke oder mittelst eines stählernen Stempels vollendet. Die Firma der Fabrik befindet sich auf dem Amboß mit hervorragender Schrift u. wird auf das M. übertragen, indem man dies rothglühend darauf legt u. ihm einen Schlag mit dem Hammer gibt. Um Stahl zu sparen, macht man die Angel häufig aus Eisen u. schweißt sie an die stählerne Klinge an. Das fertig geschmiedete M. wird behufs des Härtens rothwarm in reines kaltes Wasser getaucht, dann bis Blau angelassen, noch warm zwischen dem Horn durch Biegen und auf dem Amboß durch Hämmern gerichtet und abermals in Wasser abgekühlt. Häufig werden die geschmiedeten M. zunächst durch Abfeilen oder Schleifen blank gemacht und dann erst gehärtet. Das Anlassen geschieht auf Kohlen oder besser in Metallbädern, Tisch- und Taschenmesser erhitzt man bis zum deutlichen Rothgelb oder selbst bis zum beginnenden Violett. Nun folgt das Schleifen auf einem umlaufenden Stein, das Smirgeln auf einer schleifsteinähnlichen, hölzernen und mit Leder überzogenen Scheibe und endlich das Poliren mit Kalk, Polirroth oder Zinnasche und Oel oder Branntwein auf einer belederten Scheibe. Um die Schneide, die jetzt noch etwas umgelegt, mit einem Grat versehen ist, zu schärfen, zieht man das M. auf einem Handölsteine ab. Die Flächen einer Tischmesserklinge sind unter einem Winkel von 2—5° gegen einander geneigt, und durch das Scharfschleifen entsteht an der Schneide ein Winkel von 15—20°. Die Seiten einer Federmesserklinge laufen in der Schneide unter einem Winkel von 13—19° zusammen. Man fertigt die Federmesser ebenso wie die größeren M., versieht sie aber hinter dem Druck mit einer interimistischen Angel, damit der Schleifer sie in einem Heft befestigen kann. Die kleine Kerbe, welche zum Oeffnen der Einschlagmesser dient, wird mit einer meißelartigen Punze eingehauen.

Zu *Rasirmessern* muß besonders guter Stahl genommen werden, welchen 2 Arbeiter gewöhnlich nur in 2 Hitzen und bei schwacher Rothgluth ausschmieden. Um den Stahl keiner hohen Temperatur auszusetzen, geben manche Arbeiter 10—12 Hitzen. Der Amboß ist an den Seiten etwas abgerundet, um die Klingen dünn ausschmieden und den Flächen schon einige Höhlung geben zu können. In der letzten Hitze setzt man das Hämmern bis zum völligen Erkalten fort. Die befeilten Klingen werden kirschroth gemacht und mit dem Rücken voraus in reines oder mit wenig Schwefelsäure u. Salmiak versetztes Wasser getaucht. Beim Anlassen erhitzt man bis Gelb und wählt je nach der Beschaffenheit des Stahls verschiedene Nüancen. Das Schleifen geschieht auf 3 Schleifsteinen, von denen die beiden letzten u. kleinsten die Höhlung herstellen. Zum Poliren dient Smirgel, dann Zinnasche oder Polirroth auf Lederscheiben mit Oel. Das Abziehen geschieht zuerst auf einem sehr feinkörnigen Sandstein mit etwas konverer Oberfläche, dann auf dem bekannten gelben Rasirmesserschleifstein mit ebenen Flächen mit Oel und zuletzt auf einem blauen feinkörnigen Schiefer mit Wasser. Die höchste Verfeinerung erhält die Klinge durch den Streichriemen, dessen eine Seite mit Polirroth u. die andere mit Reißblei (beide Pulver mit Oel oder Talg angemacht) eingerieben ist. Die rothe Seite wird zuerst benutzt. Die Krümmung auf den Seitenflächen der Rasirmesser hat einen Halbmesser von $1\frac{1}{2}$—4″ und wird also auf Schleifsteinen von 3—8″ Durchmesser gebildet, die Seiten stoßen an der Schneide unter einem Winkel von 16—19° zusammen, so daß die Leichtigkeit, mit welcher Rasirmesser schneiden, nur von der vollkommenen Ausbildung der Schneidkante, der feinen Politur der Schneide u. der sehr geringen Dicke der Klinge in nächster Nachbarschaft der Schneide abhängig ist. Sehr gute Rasirmesser werden durch Ausschneiden der Klingen mittelst eines Durchschnitts aus vorläufig durch Kaltwalzen verdichteten Stahlplatten hergestellt; der dicke Rücken wird an diese Messer als besonderes Stück angesetzt. Verzierungen auf Rasirmessern, welche aber auf deren Güte keinen Einfluß haben, werden dadurch erzeugt, daß man die Stahlfläche theilweise mit Oel benetzt und dann in Scheidewasser taucht, welches die nicht fetten Stellen matt beizt.

Gabeln werden wie M. verfertigt. Man schmiedet aus einem $\frac{3}{8}$″ im Quadrat dicken Stahlstab zuerst die Angel und den Schaft oder Stiel und haut dann die Gabel ab, indem man ein etwa zolllanges Stück von dem Stab daran sitzen läßt. Dieses Stück wird in einer zweiten Hitze zu einer Platte von der Länge der Zinken ausgeschmiedet und dann die Scheibe zwischen Schacht und Angel in einem Gesenke vollendet, worauf man die Zinken durch Einhauen mit dem Meißel oder mit einem Fallwerk bildet und die Zwischenräume mit der Gabelfeile ausarbeitet. Das Härten und Anlassen geschieht wie bei den M.n. Man schleift die Gabeln zum Theil aus freier Hand auf einem Oelstein und smirgelt oder polirt sie auf Bürstenscheiben oder mittelst des Polirstahls. Die Messerfabrikation umfaßt in den meisten Fällen auch noch die Herstellung der Schalen und Griffe aus den verschiedensten Materialien, die auf geeignete Weise mit Maschinen oder mit der Hand bearbeitet werden. Die Hauptsitze deutscher Messerfabrikation und besonders für mittelfeine und ordinäre Sorten sind Solingen, Gräfrath, Remscheid, Suhl, Schmalkalden, Steinbach bei Altenstein, Ruhla, Neustadt-Eberswalde, Sorau, Nixdorf in Böhmen, Steyer, Nürnberg, Fürth, Reutlingen. Bessere M. werden in fast allen großen Städten in den Messerschmiedewerkstätten gefertigt; besonders gute Waare liefern Gebr. Dittmar in Heilbronn, die Erbersche Fabrik in Neustadt bei Stolpen in Sachsen und Henkels in Solingen. Auch Wien, Baden, Klagenfurt, Prag und Karlsbad liefern sehr gute M. Die englischen M., welche als die besten gerühmt werden, aber die neueren deutschen Fabrikate kaum übertreffen, werden besonders in Sheffield, Birmingham, Woodstock und London gefertigt. Man fertigt in England im Allgemeinen bessere M. als in Deutschland, weil man dort für die dreimal theurere Waare den Absatz findet, der auf dem deutschen Markte fehlt. Auch die Ausstattung der englischen M. ist gewöhnlich besser, weil den Engländern die Bezugsquellen des schönsten Elfenbeins und der Perlmutterschalen vor allen andern Nationen geöffnet sind. In Frankreich wird die Messerfabrikation an 7 oder 8 Hauptsitzen betrieben, wo vorzugsweise in kleinen häuslichen Werkstätten gearbeitet wird, die ihre Erzeugnisse an kaufmännische Unternehmer abliefern. Die Theilung der Arbeit ist erst in sehr beschränktem Maße eingeführt, und Schleifereien, die durch Wasser und Dampf getrieben werden, hat man erst in den letzten Jahren angelegt. Die französischen M. sind höchst zierlich und elegant gearbeitet, stehen aber den englischen und deutschen mit wenigen Ausnahmen in Bezug auf Schliff und Solidität nach. Die Stadt Langres und Umgebung kann als die Wiege der Messerschmiedekunst in Frankreich betrachtet werden, doch hat sich die Fabrikation von hier fast vollständig nach Nogent und dessen Umgebung (Departement Obermarne) gezogen, wo jetzt 6000 Arbeiter beschäftigt sind. Nogent ist bis etwa 1851 wenig bekannt gewesen, weil es seine Fabrikate mit fremden Firmen gestempelt nach Paris und Langres schickte, wo sie ausgestattet und von Kaufleuten vertrieben wurden. Indessen werden in Paris selbst ebenfalls M. und besonders Luxusartikel gefertigt. Thiers im Departement Puy-de-Dôme mit 1000 Arbeitern liefert nur mittelfeine und ordinäre Waare zu sehr billigen Preisen, bei Châtellerault (Departement Vienne) besteht die größte französische Fabrik für Tafelmesser, welche theilweise unter Walzen in einer einzigen Hitze ausgestreckt werden, nachdem die Angel daran geschmiedet ist. In Belgien liefert Namur sehr viele u. äußerst billige M., in der Schweiz hat die Messerfabrikation ihren Sitz in Zurzach, Bern und Aarau, in Schweden in Eskilstuna.

Messianisch, was sich auf den Messias (s. d.) bezieht.

Messias (vom hebr. Maschiach, entsprechend dem griech. Christus), der Gesalbte, im Alten Testament der von den Israeliten erwartete gottgesandte Retter, der die Herrlichkeit des davidischen Königreichs wiederherstellen und ein theokratisches Weltreich gründen sollte. Die messianischen Ideen konnten sich erst nach dem Verlust der unter David und Salomo eingenommenen Weltstellung im Volke ausbilden, als das Reich vom Zusammensturz bedroht wurde und mit dem Verfall seiner politischen Institutionen auch die Erhaltung des in ihm in eigenthümlicher Weise entwickelten religiös-sittlichen Lebens nicht mehr möglich erschien. Das unter David erlebte, schnell vorübergegangene goldene Zeitalter wurde das Ideal, welches die Propheten den Schilderungen einer bessern Zukunft (messianische Weissagungen) zu Grunde legten. Anfangs waren diese Hoffnungen ganz allgemeinen Inhalts; einmal in das prophetische Element des israelitischen Volks aufgenommen, gestalteten sie sich aber immer konkreter. Nicht in der Institution des mehr und mehr verfallenden Königthums selbst, sondern in der Persönlichkeit, welche sie zu ihrem Träger verlange, sollte dem Volke eine Rettung vor dem hereinbrechenden Verderben geboten werden. Die auf die Erscheinung eines tüchtigen Herrschers gebaute Hoffnung erhielt aber dem jüdischen Volksgeist gemäß zugleich eine religiöse Färbung, indem man die für das königliche Amt nothwendige Tüchtigkeit als eine Begabung mit höheren Kräften und die Persönlichkeit des Herrschers als einen Gesandten Gottes auffaßte. Die Salbung war nach jüdischer Sitte die Weihe für das Priesterthum, sie war es später auch für das Königthum geworden. Ganz folgerichtig wurde darum der König, welcher den Glanz der davidischen Zeit wiederbringen sollte, in eminentem Sinne Gesalbter oder Maschiach genannt, die Berechtigung zu dieser Rolle aber wurde dem davidischen Hause zuerkannt. Das äußere Elend, welches mit der Zertrümmerung seiner Herrschaft über das jüdische Volk gekommen war, machte die Hoffnung auf die baldige Erscheinung des gottgesandten Retters nur noch lebendiger. Während in der sinnlicheren Volksmeinung der Repräsentant u. Bringer der neuen Zeit noch immer die Gestalt eines volksthümlichen Herrschers behielt, wurde diese in den Kreisen, wo eine geistigere Auffassung durch einen höheren Grad von Bildung verbreitet war, allmählig in das Bild eines sittlich-religiösen Heros verklärt. So ist im prophetischen Buche Jesaias das Reich des M. das Reich der siegenden Wahrheit, u. der Messiasbegriff identificirt sich mit dem „Knechte Gottes", der durch Lehren, Leiden und Sterben den neuen Friedensbund aufrichtet. In den ersten Zeiten der Rückkehr aus dem Exil blieb die messianische Erwartung noch lebendig. Die Siege der Makkabäer mußten dieselbe zeitweilig abschwächen; mit dem neuen Joch der Knechtschaft aber ward sie wiederum wach. Hatte aber der Sadducäismus in seiner kosmopolitischen Richtung das nationale Wesen seines Volks verkannt und darum auch das messianische Element verworfen, so hatte das Pharisäerthum, welches die nationale Richtung repräsentirte, nur die Vorstellung einer Wiederkehr davidischer Zeiten, höchstens eines Befreiers von der politischen Knechtschaft als Trost für diese Tage nationalen Unglücks zu retten vermocht. Jesus knüpfte seine ganze Wirksamkeit an die Messiasidee und stellte die Weissagungen der Propheten auf den M. als in sich erfüllt dar, aber der messianische Beruf war ihm ein wahrhaft menschlich befreiender, und das Messiasreich bezeichnete er deutlich genug weder als politisches Weltreich, noch als ein jenseitiges Reich, sondern als den diesseitigen Zustand, in welchem die Wahrheit, die Gleichberechtigung und die Bruderliebe ein neues edleres Leben begründen und beseligend walten sollten. Der größte Theil der Juden, der seine sinnlichen Vorstellungen vom M. in Jesu nicht erfüllt fand, und die Gnostiker, nach deren Ansicht Christus erhabener sein mußte, als ihn die Evangelien darstellten, erkannten ihn als M. nicht an. Diesen Widersachern gegenüber hielt die Kirche an der Messiaswürde Jesu fest. Den Zeitgenossen Jesu war im Allgemeinen die Vorstellung von dem M. als einer Erscheinung aus einer höheren Welt ebenso fremd wie die Einsicht in die Nothwendigkeit seines Leidens. Wie sehr aber die messianischen Ideen im jüdischen Volke zu Jesu Zeit lebten, beweisen die bald nach seinem Tode auftretenden Pseudomessiasse und der große Anhang, welchen dieselben fanden, so im 2. Jahrhundert Bar Cochba, im 5. Jahrhundert ein gewisser Moses auf der Insel Kandia, im 6. ein Julian in Palästina, im 8. ein Anderer in Spanien, im 12. viele Schwärmer in Persien, Arabien, Medien, aber auch in Spanien, Frankreich und in Mähren, endlich noch im 17. ein aus Aleppo gebürtiger Jude, Sabatai Zewi. Die spätere rabbinische Tradition vom M. geht im Einzelnen oft sehr aus einander und widerspricht sich selbst. Im Allgemeinen aber lassen sich folgende Hauptzüge deutlich erkennen. Die letzten Zeiten vor der Erscheinung des M., in welchen sich alle Uebel und Schrecken der Natur und des Menschenlebens bis zu ihrer höchsten Potenz erheben, aber damit auch erschöpfen, heißen die Messiaswehen und sollen durch die Leiden Buße und Entsündigung des Volks Gottes bewirken. Mit dem Eintritt der messianischen Zeit erhalten die Juden die ausgedehnteste Macht über alle Völker; der M. herrscht in Zion über das wieder in der Heimat seiner Väter versammelte Volk 5630 Jahre lang. Einige lassen hierauf den M. sterben u. Sohn u. Enkel ihm folgen, Andere aber verleihen ihm Unsterblichkeit und lassen ihn alle Menschen durch die Auferstehung Gott zum Dienste weihen. Wie hier bei den Rabbinen, so kulminirt auch bei den christlichen Sekten, welche erst eine Vollendung des Christenthums durch den Paraklet annahmen oder die Wiederkunft Christi in den Mittelpunkt ihrer Hoffnungen stellten, die Messiasidee in dem tausendjährigen Reiche (vergl. Chiliasmus). Vergl. Böhme, De spe messiana apostolica, Halle 1826; Hengstenberg, Die messianischen Weissagungen, Berlin 1829, 2. Aufl. 1857.

Messidor, der 10. Monat des französischen republikanischen Kalenders.

Messina, Hauptstadt der gleichnamigen Provinz auf der Insel Sicilien, welche den nordöstlichen Theil derselben oder die größere Hälfte des Val di Demona umfaßt und auf einem Flächenraum von 65,5 □Meilen 393,750 Einw. zählt, ist dem Range nach die zweite Stadt, aber in strategischer wie in industrieller Hinsicht der wichtigste Ort der Insel und liegt am Fuß des pelorischen Gebirgs, von einem Gürtel zerrissener Felsengipfel umgeben, paradiesisch an der Straße von M. oder Faro di M. (Fretum Siculum der Alten), von der Küste an an den Abhängen der bebauten Berge hinansteigend. Der Hafen, der 1000 Schiffe faßt, einer der größten, schönsten und sichersten der Welt, wird von einer kreisförmigen, von Südwesten nach Nordosten ins Meer hineinlaufenden Erdzunge (braccio di S. Raniero) gebildet und durch eine starke Citadelle und 6 Forts vertheidigt. Zwei Leuchtthürme erheben sich auf der äußersten Spitze der Landzunge, deren sichelförmige Gestalt der Stadt im Alterthum den Namen Zancle gab. Daneben entsteht der Wirbel Garofalo, die alte Charybdis (s. d.). Die nach dem furchtbaren Erdbeben von 1783 zum großen Theil neuerbaute Stadt hat 4 Vorstädte, schöne Plätze, breite Straßen mit Fontänen und mit Lavaquadern gepflastert, ansehnliche Kirchen und elegante Paläste. Die Häuser sind meist zweistockig, mit Balkonen versehen u. dauerhaft gebaut; die Fenster des oberen Stocks messen selten unter 18 Fuß Höhe. Der Corso theilt die Stadt in die See- und die Hügelstadt; neben ihm sind unter den Straßen noch die Strada Ferdinandea, Austriaca u. die Palazeta als die schönsten hervorzuheben. Letztere, die beliebteste Promenade, läuft am Hafen hin und gewährt eine wundervolle Aussicht über die $^3/_8$ Meile breite Meerenge nach Kalabrien hinüber und auf die herrlich gelegene Stadt selbst. Die bedeutendste unter den mehr als 80 Kirchen ist die aus der normannisch-saracenischen Zeit stammende Kathedrale, am größten Platz der Stadt gelegen, mit antiken Säulen von ägyptischem Granit und einem merkwürdigen Altar, in welchem ein hebräischer Brief verwahrt wird, den die Jungfrau Maria an die Messinesen geschrieben haben soll. Andere erwähnenswerthe Kirchen sind die Kapuzinerkirche mit 2 Gemälden von Caravaggio und die Kirche delle Candarella mit einem Gemälde von Hieronymus von Messina. Von öffentlichen Gebäuden sind ferner zu nennen: der königliche, der erzbischöfliche und der Senatorenpalast, der der Udienza, die Börse, das große Hospital Loggia, der Monte di Pietà, die Getreidespeicher, das Seminargebäude, das Zeughaus, die beiden Theater. M. ist der Sitz eines Erzbischofs, einer Universität (Accademia Carolina), einer Akademie (Accademia Peloritana di Scienze), eines erzbischöflichen Seminars, einer nautischen Schule, einer öffentlichen Bibliothek und eines Stabilimento der schönen Künste. Die Zahl der Einwohner ist 94,140. Die Industrie erstreckt sich auf Fabrikation von Kattun, Seide, Wolle, Leder, Steingut &c., auch die Anfertigung von Korallenarbeiten sowie von Essenzen aus Agrumi, Limonen, Citronen, Pomeranzen, Anis, Rosmarin, Bergamotten, Lavendel &c. ist bedeutend. Daneben bildet die Fischerei einen Haupterwerbszweig der Bewohner. Die Schifffahrtsbewegung im Hafen (seit 1852 Freihafen) ist beträchtlich. Es laufen im Jahre durchschnittlich 2200 Schiffe von etwa 500,000 Tonnen Gehalt ein. Die Ausfuhr besteht hauptsächlich in Seide, Wein (von Lipari), Weizen, Reis, trockenen Feigen, Essenzen, Johannisbrod, Sumach, Thunfischen, Sardinen, Käse, Lämmer- und Ziegenfellen, Bimsstein, Sodaasche &c. M. feiert alljährlich im August das Fest der Barra, ähnlich dem der Rosalia in Palermo. Das gewöhnlichste Ziel der Promenaden längs der Küste ist la Grotta, ein Theil des Peristyls einer Kirche; bis dahin erstreckt sich noch nach Mitternacht das lebendige Corsotreiben, mit Musik und Tanz untermischt. Ueber die ältere Geschichte der Stadt s. Messana. Nach dem Untergang des weströmischen Reichs theilte sie die Schicksale Siciliens. Im Jahre 1058 ward M. von den Saracenen erobert, die aber zu Anfang des 13. Jahrhunders wieder daraus verjagt wurden. Hier ward 1233 von Friedrich II. ein sicilischer Reichstag abgehalten, wo Gesetze für die Insel erlassen wurden. In M. nahm 1282 die sicilianische Vesper ihren Anfang, sowie 1671 hier auch ein Aufstand gegen die harte spanische Regierung ausbrach. Die Aufständischen riefen die Franzosen zu Hülfe, von welchen 1676 die Spanier in einer großen Seeschlacht, in welcher der niederländische Seeheld Ruyter fiel, besiegt wurden. Aber schon 1678 mußten die Franzosen die Stadt wieder räumen, worauf sie unter die spanische Herrschaft zurückkehrte. Im Jahre 1713 ward sie von dem Herzog von Savoyen besetzt, 1718 wieder von den Spaniern erobert, 1719 von den Kaiserlichen und 1735 abermals von den Spaniern eingenommen. Eine furchtbare Pest entvölkerte 1743 die Stadt, das Erdbeben von 1783 legte sie halb in Trümmer, und 1823 verwüstete sie eine Ueberschwemmung. In den Unruhen am 1. und 2. September 1847 kam es zum Straßenkampfe zwischen Volk und Militär. Neue Aufstände und blutige Kämpfe erfolgten 1848, wo die Stadt mehrmals vom Kastell Terranuova aus bombardirt wurde, so vom 29. Januar bis 20. Februar und vom 26. Februar bis 10. März. Im Oktober ward M. von den neapolitanischen

Truppen besetzt und am 28. März 1849 in Belagerungszustand versetzt. Das sicilianische Parlament hatte am 12. April 1848 M. zum Freihafen erklärt. Der König setzte zwar dies Dekret außer Wirksamkeit, erklärte jedoch im März 1852 M. wieder zum Freihafen. Bei der von Garibaldi geleiteten Insurrektion von 1860 war M. die letzte Stadt, in welcher sich die Neapolitaner behaupteten.

Messing, Legirung von Kupfer und Zink, welche ihrer physikalischen Eigenschaften halber, die sich durch Aenderung der Mischungsverhältnisse modificiren lassen, eine so ausgebreitete Anwendung gefunden hat wie außer dem Eisen kein anderes Metall. M. ist in kaltem Zustande hämmerbar und streckbar, oxydirt sich weniger, ist härter und steifer, schmilzt leichter und ist dünnflüssiger und billiger als Kupfer. Größerer Kupfergehalt macht die Farbe goldähnlicher u. vermehrt die Hämmerbarkeit, Weichheit und Feinheit des Korns, mit dem Zinkgehalt wächst Härte, Sprödigkeit und Schmelzbarkeit des M.s, während die Farbe heller wird. Das specifische Gewicht des M.s ist größer als die berechnete mittlere Dichtigkeit des Kupfers u. Zinks u. nimmt mit dem Kupfergehalt zu, für gelbes M. mit $18^3/_4$ Proc. Zink schwankt es zwischen 7,82 und 8,73 und ist am größten für gezossenes M. 1 Kubikfuß M. wiegt (spec. Gew. 8,49) 524,94 — (spec. Gew. 8,73) 539,79 Zollpfund. Die absolute Festigkeit pro Quadratzoll beträgt für Gußmessing 10,000 Pfund, für geglühten Draht 40,900 — 49,700 Pfd., für dünnen harten Draht 52,300—100,500 Pfd. Die Legirungen mit 28,5 Proc. Zink (2 Aequivalente Kupfer u. 1 Aequiv. Zink) und mit 15,5 Proc. Zink (6 Aequiv. Kupfer u. 1 Aequiv. Zink) sind die festesten. Die Legirungen mit mehr als 50 Proc. Kupfer sind viel härter als Kupfer oder Zink, ein größerer Zinkgehalt aber macht das M. spröde. Dehnbar sind die meisten Kupferzinklegirungen nur in gewöhnlicher Temperatur; Gußmessing zerbricht selbst dann leicht, läßt sich aber durch mäßiges Hämmern und Walzen leicht dehnen, geht dabei aus dem krystallinischen in den feinkörnigen und faserigen Zustand über und wird viel dehnbarer und zäher. Die Neigung zur Faserbildung findet sich bei einem Kupfergehalt zwischen 58 und 43 Proc. und ist am ausgesprochensten bei gleichen Gewichtstheilen beider Metalle. Bei vorherrschendem Zinkgehalt bekommen die Molekulareigenschaften des Zinks die Oberhand und die Legirungen nehmen einen blasigen Bruch an. Aus den Untersuchungen ergibt sich Folgendes: Die Legirungen sind mit 1 — 10 Proc. Zink in der Kälte vorzüglich dehnbar, in der Hitze brüchig, mit 11—35 Proc. Zink kalt noch gut dehnbar, heiß brüchig, wobei die Dehnbarkeit mit dem vermehrten Zink abnimmt, mit 36—37 Proc. Zink kalt und heiß wenig zähe, 38,5 bis 41,6 Proc. Zink kalt und heiß gut dehnbar, 42 bis 90 Proc. Zink kalt und heiß spröde u. nicht durch Hammer oder Walze streckbar, und zwar mit 60,57 und 67,22 Proc. Zink am sprödesten, mit 91 — 100 Proc. Zink wieder dehnbar, zunehmend mit dem Zinkgehalt. Nach Percy wird das M. durch Oscillationen und Erschütterungen spröde und brüchig, wie sich namentlich an Draht, Ketten, Blitzableitern zeigt. Vielleicht steht damit in Zusammenhang, daß hart gezogener Draht, wenn man ihn unmittelbar von der Trommel weg anläßt, in Stücke springt. Dies soll jedoch nur bei Draht vorkommen, der 75 Kupfer und 25 Zink enthält, und vermieden werden, wenn man den aufgewundenen Draht mit der Hand faßt und ihn wiederholt auf den Tisch schlägt. Die Ausdehnung des M.s in der Wärme von 0—100 beträgt für Gußmessing $^1/_{535}$, für Messingdraht $^1/_{532}$, für Messingblech $^1/_{517}$. Der Schmelzpunkt des M.s liegt im Allgemeinen bei einer starken Rothgluth und sinkt mit der Vermehrung des Zinks. Kupfer und Zink verbinden sich mit großer Heftigkeit, weshalb man zuerst Gelbmetall mit Kupfer zusammenschmilzt und dann Zink zusetzt. Auch bei vorherrschendem Zinkgehalt ist die Reaktion sehr heftig, weshalb man das geschmolzene Kupfer möglichst stark abkühlt und das fast bis zum Schmelzpunkt erhitzte Zink in kleinen Portionen zusetzt. Schmilzt man Zink auf Kupfer, so verbinden sich die Metalle unter heftigem Aufkochen und erstarren dann. Legirungen mit 1 — 7 Proc. Zink sind roth oder dunkelrothgelb, mit 7,4—13,8 Proc. Zink röthlich goldgelb, mit 16,6—25 Proc. Zink rein gelb. Von 33,9 Proc. Zink an wird das M. wieder röthlichgelb und zeigt diese Farbe bei 50 Proc. Zink am stärksten. Von 51 Proc. Zink aufwärts wird das M. plötzlich weiß od. weißgrau. M. mit 65—75 Proc. Zink ist ein gutes, stark anlaufendes Spiegelmetall, mit 76—100 Zink ist das M. grau. Die gelben Legirungen werden durch Salzsäure roth, durch Ammoniak weiß. Verunreinigungen des M.s sind im Allgemeinen schädlich, reines Kupfer nimmt 1 — 2 Proc. Zink mehr auf als unreines und gibt doch ein besseres Metall. Blei macht das M. wie Zinn und Eisen spröde und hart und vermindert seine Dehnbarkeit, nimmt ihm aber auch die Eigenschaft, die Werkzeuge zu verschmieren, weshalb man auf 20 Pfund M. 4 Loth Blei zusetzt. Nach Percy sollen 2 Proc. Blei das M. dehnbarer machen u. Zinn ihm die Eigenschaft ertheilen, beim Graviren scharf vom Stichel loszugehen. Da die Zusammensetzung des M.s seine Eigenschaften so wesentlich ändert, so ist es oft nothwendig, für die verschiedenen Zwecke auch besondere Legirungen anzuwenden. Dergleichen werden in der Technik in großer Zahl benutzt und haben zum Theil ihre eigenen Namen. Die wichtigsten Messingsorten sind folgende: A) Rothguß oder Rothmessing mit 80 und mehr Procent Kupfer. Pinchbeak mit 89—93,6 Proc. Kupfer ist höchst geschmeidig, dunkel goldfarbig, rostet nicht und wird zu Bijouterien verwendet. Eine Legirung aus 92,5 Kupfer und 7,5 Zink gibt gute Axenlager. Oréide zu Löffeln, Gabeln, Ornamenten ꝛc. ist dem 14karätigen Golde höchst ähnlich und wird aus 100 Theilen Kupfer, 6 Th. Magnesia, 3,6 Th. Salmiak, 1,8 Th. Kalk, 9 Th. rohem Weinstein und 17 Th. Zink erhalten. Zinn an Stelle des Zinks macht die Farbe noch brillanter. Eine ähnliche Legirung geben 384 Kupfer u. 72 Zink. Ein M. aus 87 Kupfer und 13 Zink gibt äußerst scharfe Abgüsse. Similor, Mannheimer Gold enthält 87,44 Kupfer u. 9,33 Zink, eine ähnliche tombakfarbige Legirung bereitet Tissier aus 97 Kupfer, 2 Zink und 1—2 Arsen. Talmigold zu Uhrketten enthält 86,4 Kupfer, 12,2 Zink und 1,1 Zinn. Ueber Tombak oder Rothguß s. d. B) Gelbguß oder gelbes M. besteht im Allgemeinen aus 2 Kupfer und 1 Zink oder aus 7 Kupfer und 3 Zink, je nach der Verwendung schwankt indeß der Zinkgehalt zwischen 20 und 50 Proc. Das M. zur Verarbeitung unter Walze und Hammer muß sehr zähe u. dehnbar sein, weshalb man es nur aus schwedischem u. russischem Kupfer bereitet und Weinstein oder Potasche zusetzt. Ein gutes M. für Gardinenstangen aus Iserlohn enthielt 70,1 Kupfer und 29,9 Zink. Für hart zu löthende Sachen verarbeitet man in Iserlohn und zu Knöpfen in Lüdenscheid ein M. aus 12 Zink und 32 Kupfer. Chrysorin, welches schön goldfarbig ist und sich gut feilen und drehen läßt, besteht aus 13 Zink und 32 Kupfer. Ordinäres, etwas weicheres M. erhält man aus 16 Zink u. 32 Kupfer. Für Schiffsbeschläge eignet sich M. aus 74,62 Kupfer und 25,38 Zink, welches sich nur kalt walzen läßt. Heiß gewalztes M. aus 59,5 Kupfer und 40,5 Zink verliert seinen Zinkgehalt im Seewasser so vollständig, daß ein Kupferschwamm zurückbleibt. Mantz glüht die Bleche zuerst aus und walzt sie dann kalt; bei der Herstellung gibt man das Zink zu dem heißen Metall sehr allmählig hinzu u. nimmt vor jedem neuen Zusatz Probe, bis dieselbe einen durchaus gleichmäßigen Bruch zeigt. Gedge's M., welches auch nach heißer Bearbeitung dem Meerwasser widersteht, enthält 60 Kupfer, 38,2 Zink und 1,8 Eisen und stimmt bis auf Bruchtheile mit dem Aichmetall, welches durch geeignete Bearbeitung fast die Härte des Stahls annimmt. Sterrometall gehört ebenfalls hierher, ist aber noch härter. M. zu Draht muß durchaus frei von Zinn und Blei sein u. besteht vortheilhaft aus 65,4 Kupfer und 34,6 Zink oder 54 Kupfer u. 46 Zink. Schmiedbares M. (yellow metal), welches sich in der Hitze wie Schmiedeeisen bearbeiten läßt, erhält man aus 33 Kupfer und 25 Zink (gibt 53 M.) oder aus 33 Kupfer und 22 Zink (gibt 52 M.). Die Legirung ist goldgelb, härter als Kupfer, sehr fest und zähe, läßt sich in Dunkelrothgluth sehr dünn ausschmieden, zerspringt aber bei Weißgluth sofort. Nach Keßler sind alle M.e aus 7 Kupfer und 5 Zink bis 10 Kupfer und 5 Zink in der Hitze schmiedbar, wenn man die Legirung in einem Tiegel unter Kohlenstaub möglichst stark überhitzt, von derselben vorher bereiteten Legirung so viel kaltes Metall zusetzt, bis die Masse nicht mehr spiegelt, und dann in Formen ausgießt. Beim Auswalzen müssen die Stangen sofort in kaltes Wasser gebracht werden; es bleibt dann sehr dehnbar u. erhält einen faserigen röthlichgelben Bruch. Bleche werden ebenfalls in der Rothgluth gestreckt und, damit sie nicht zusammenkleben, mit koncentrirter Kochsalzlösung bedeckt. Chrysorin, feurig glänzende, dem 18- bis 20karätigen Golde ähnliche Legirungen mit feinkörnigem Bruch, die sich sehr gut an der Luft halten und zu Luxusartikeln verarbeitet werden, werden aus 100 Kupfer und 51 Zink, 100 Kupfer und 52—54 Zink (mosaisches Gold), 6 Kupfer u. 2 Zink (Prinzmetall), 2 Kupfer u. 1 Zink (Prinz-Ruprechts-Metall) oder 16 M. 2 Zink (bristoler M.) zusammengeschmolzen. C) Weißmessing mit 50—80 Proc. Zink ist blaßgelb bis silberweiß, sehr spröde und nur zu gegossenen Waaren tauglich. Man unterscheidet: Bathmetall, zu Knöpfen, Leuchtern, Theekannen, wird aus 32 M. und 9 Zink erhalten, u. Platine, eine weiße Legirung zu den sogenannten birminghamer Kleiderknöpfen, besteht aus 2 M. und 5 Zink; eine ähnliche in Lüdenscheid verarbeitete Legirung besteht aus 2 Kupfer und 8 Zink. Alles M., welches mehr als 31 Proc. Kupfer enthält, befördert das Verrosten des damit in Berührung gebrachten Eisens, die zinkreichen Legirungen schützen dagegen das Eisen vor dem Verrosten, und am meisten thut dies eine Legirung aus 25,4 Kupfer und 74,6 Zink.

M. war schon den Alten bekannt, welche Galmei (Cadmia) als Zuschlag beim Kupferschmelzen benutzten und so gelbe Metallgemische erhielten, die sie Aurichalcum nannten. Diese Methode der Messingbereitung blieb bis ins zweite Decennium unseres Jahrhunderts die herrschende, obwohl Jakob Emerson 1781 die direkte Gewinnung aus Kupfer u. Zink gelehrt hatte. Man benutzt nach der alten Methode Galmei, Ofenbruch oder geröstete Blende, also zinkorydhaltige Rohmaterialien, welche gepocht und mit Zusatz von Holzkohlenstaub u. granulirtem Kupfer in thönerne Tiegel gebracht werden, von denen 4—9 Stück in einem Windofen (Messingbrennofen) aufgestellt sind. Man beschickt die Tiegel mit einem Gemenge aus 3 Th. Kupfer, 5 Th. Galmei und 2 Th. Kohlenstaub und heizt mit Holz- oder Steinkohlen, bis nach 12 Stunden die Masse fertig ist. Dann wird der Inhalt aller Tiegel in einen einzigen großen Tiegel (den Gießer) zusammengegossen u. aus diesem in eine erwärmte Sandgrube vor dem Ofen gebracht. Dies Produkt, Rohmessing, Stückmessing, Arco, Arcot, enthält nie über 27—28 Proc. Zink und wird entweder als solches in den Handel gebracht, oder mit Zusatz von Zink, M. oder Kupfer, Galmei und Kohlenstaub ein zweites Mal geschmolzen, im Gießer mit einem Eisenstab gut umgerührt und zwischen Granitplatten zu $^1/_4$—$^3/_4$ Zoll dicken Platten (Tafelmessing) gegossen. Dies Produkt wird zur Drahtfabrikation in 3 Zoll breite Streifen (Drahtband) oder zur Blech- und Kesselfabrikation in viereckige Stücke (Beckenmessing) zerschnitten. In neuerer Zeit hat die Darstellung des M.s aus den Metallen die alte Methode fast ganz verdrängt. Die Oefen in Iserlohn haben meist je 2 einen gemeinschaftlichen Schornstein und gleichen gewöhnlichen, vorn offenen und durch eiserne Thüren verschließbaren Kaminen. Sie haben etwa 3 Fuß Seite u. fassen 2 Schmelztiegel, die bald auf dem Rost selbst zwischen den Steinkohlen, bald auf einem sehr flachen durchbrochenen Gewölbe über der Feuerung stehen. Ein Blechmantel von etwa 6 F. Höhe bildet den oberen Theil des Ofens, um die Flamme mehr zusammenzuhalten. Man verwendet Graphittiegel, die 25—30 Pfund fassen und 6—8, bei Holzkohlen 12 Schmelzungen aushalten. Die Schmelzung dauert nur 2 Stunden und konsumirt auf 1 Centner M. 1 Centner Steinkohle. In Hegermühl am Finowkanal schmilzt man im gewöhnlichen Schmelzofen mit Steinkohlenfeuerung in 8 Tiegeln zunächst 82 Pfd. Abfall von früheren Schmelzungen nieder, trägt dann 24 Pfd. Zink mit Kohlenstaub bedeckt ein, hierauf 55 Pfund Garkupfer ebenfalls mit Kohle bedeckt u. nun wieder in derselben Weise 24 Pfd. Zink und 55 Pfd. Garkupfer. Die Schmelzung dauert 3$^1/_2$—4 Stunden, es verdampfen 2—3,3 Proc. Zink, so daß die Gußplatten 232—235 Pfd. wiegen. Ein schlechtes M. zu ordinären Gußwaaren wird in Iserlohn aus Abfällen beliebiger Messingsorten hergestellt. Beim Schmelzen der Abfälle verbrennt auch unter der Kohlendecke stets etwas Zink, weshalb man auf 1 Pfd. einzuschmelzendes M. 3 Loth Zink als Ersatz in den Tiegel bringt. Wie schon erwähnt, gießt man das M. zwischen Granitplatten, in Iserlohn u. Wien verwendet man aber einfach Sandformen, als Formen zu Gußwaaren benutzt man thonhaltigen Formsand und hat zu berücksichtigen, daß das M. beim Gießen um $\frac{1}{65}$—$\frac{1}{80}$ schwindet. Man muß auf ein durchaus gleichmäßiges Eingießen des gehörig heißen Metalls achten und sofort nach dem Guß die Masse ablöschen. Bei hohlen Gegenständen (Kernguß) benutzt man einen Kern von sehr fettem Sande oder besser Lehm, der gut getrocknet und gebrannt wird. Zum Gießen der Polsternägel hat man in Altena eine Vorrichtung, mit welcher 4 Arbeiter täglich 80,000 Nägel liefern können.

Zur Verarbeitung des M.s auf Blech werden die gegossenen Messingtafeln in Streifen zerschnitten u. diese in Glühöfen bei Holzfeuerung ausgeglüht. Das Strecken erfolgt durch Walzen bei gewöhnlicher Temperatur, aber nach jedem Durchgang muß das Blech von Neuem geglüht und abgelöscht werden. 200 Pfd. Gußplatten liefern 190 Pfd. fertiges Blech, welches, wenn es weich sein soll, nach vollendetem Walzen nochmals ausgeglüht und abgelöscht, dagegen nach dem letzten Ausglühen noch einige Male kalt gewalzt wird, wenn es federnd sein soll. Das gewalzte Blech ist mit einer schwarzen Oxydschicht bedeckt, zu deren Entfernung es mit Schwefelsäure od. wie zu Hegermühl mit saurer Alaunmutterlauge gebeizt wird. Hierauf spült man es, scheuert es mit nassem Sande, spült wieder und trocknet über Kohlenfeuer. Nun wird das Blech ausgespannt, mit einem gebogenen Messer zunächst rein geschabt, dann mit Oel bestrichen und mit einem andern Messer Strich neben Strich geebnet. 75 Centner Blech geben hierbei 4 Ctnr. Späne. In neuerer Zeit bedient man sich auch mechanischer Schabebänke oder zieht das Blech auf einem etwas schrägen Tisch unter einer außerordentlich schnell umlaufenden, mit aufgeleimtem Smirgelpulver bekleideten Walze ziemlich rasch durch. Die dünneren Bleche werden nach dem Schaben noch durch die Polirwalzen gelassen, um ihnen den höchsten Glanz zu geben. Sehr dünne u. breite Bleche werden zuerst gewalzt, dann unter Schnellhämmern bei 400 Schlägen in 1 Minute fertig geschlagen. So wird auch das Knistergold od. Rauschgold angefertigt, von welchem man 40—80 Blätter zugleich bearbeitet. Zur Darstellung desselben hat man auch dünnes Kupferblech mit Zinkdämpfen in eisernen Röhren cämentirt u. das gewonnene Messingblech dann weiter ausgewalzt und ausgeschlagen.

Das Messingblech kommt in den Handel als *Rollenblech*, Rollmessing, Rolltombak (dünnes Blech zu gedrückten und geprägten Arbeiten, Trommelblech hart gewalzt, in verschiedenen Nummern zu Trommeln u. die dünneren Sorten des Klempnerblechs) ferner *Laiton*, *Latun*, *Bugmessing* od. *Tafelmessing*. Während die feineren Sorten dicht zusammengerollt werden, legt man diese stärkeren Sorten nur einige Male flach zusammen u. unterscheidet davon wieder Schlosserblech, Uhrmachermessing, Sattelmessing (zu Feuerspritzenröhren u. Pumpenstiefeln), lichtes Tafelblech von $6\frac{1}{2}$—20 Zoll Breite u. 4—18 F. Länge und $\frac{1}{70}$—$\frac{1}{10}$ Zoll Dicke (für Gürtler und Wagenarbeiter) und schwarzes Tafelblech von $\frac{1}{10}$—$\frac{1}{2}$ Zoll Dicke. Sehr viel M. wird zu Kesseln geschlagen. Zu diesem Zweck wird das Beckenmessing (s. d.) unter Hämmern und Walzen bis auf $\frac{1}{12}$ Zoll Stärke ausgereckt, dann in runde Scheiben, Kesselböden, zerschnitten und nun an die Kesselschlägerhütten abgegeben. Etwa 5 solcher Scheiben werden zusammen eingebunden, d. h. auf eine größere Scheibe gelegt, deren Rand man umschlägt, geglüht u. nach und nach unter 4 verschieden gestalteten Schwanzhämmern in die Kesselform gebracht, wobei wiederholt ausgeglüht werden muß. 100 Pfd. Kesselblech geben 82 Pfd. schwarze Schalen, und 100 Pfd. von diesen geben 90 Pfd. fertige Kessel. Ueber das Pressen von Kesseln, welches besonders auf Hegermühl auch für Messingblech angewandt wird, s. *Kupferblech*. Eigene Industriezweige bildet die Fabrikation von unächtem *Blattgold* und *Bronze* aus Messingblech.

Zu sehr vielen Zwecken wird *Messingdraht* benutzt. Ueber die Darstellung desselben s. *Draht*. Er kommt theils, aber nur in dicken Nummern schwarz in den Handel, wenn er nach dem letzten Ziehen nochmals geglüht und dadurch weich u. biegsam gemacht wurde. Der nicht geglühte Draht heißt lichthart, der geglühte und mit Schwefelsäure gereinigte lichtweich. Der Messingdraht des Handels hat 0,6—0,017 Zoll Durchmesser, die höchste erreichte Feinheit $\frac{1}{500}$ Z. Man unterscheidet: Musterdraht, Scheibendraht, zu Klaviersaiten, Nadeln u. Bremsen, nur lichthart, Banddraht für Nadler, lichtweich, Siebmacherdraht zu Drahtgeweben, deren Kette aus hartem, deren Einschlag aus weichem Draht gemacht wird, Klaviersaitendraht, feiner als Scheibendraht, u. façonnirten Messingdraht. Letzterer ist quadratisch zu Regenschirmstäben, keilförmig (Schwalbenschwanzdraht) für Uhrmacher, halbrund zum Binden zerbrochener Thonwaaren, fast herzförmig (Sammetnadeldraht) ꝛc. Werden Kupferstangen durch Zinkdämpfe cämentirt und ausgezogen, so erhält man Schwertdraht (in Ringen) oder gezogenes M. (in Spulen).

Das Messingblech wird entweder auf der Drehbank weiter verarbeitet, oder gestampft (geprägt). Letzteres geschieht in Formen aus M. (Stampfen) mit darin gegossenen Köpfen aus Hartblei. Durch Fallwerke, Hebelwerke, Schraubenpressen od. Prägwerke treibt nun der Kopf allmählig das Messingblech in die Stampfe hinein, doch müssen bei sehr tiefen Gegenständen mehre Köpfe angewandt werden, weil das Blech sonst reißen würde. Während des Stampfens werden die Bleche öfter ausgeglüht und nach jedem Glühen geölt. Man bearbeitet übrigens auf einmal 4—12 über einander liegende Bleche, glüht die fertigen Gegenstände in einem Muffelofen bei Dunkelrothgluth und liefert sie dann in die Beizhäuser ab. Dies letzte Glühen ist durchaus nothwendig, weil die durch die Prägung ungleich dicht gewordenen Stellen von den Beizmitteln sehr verschieden angegriffen werden, während das Glühen diese Wirkung des Prägens wieder aufhebt. Die geglühten Sachen werden noch heiß in den *Pöckel* geworfen. Dieser besteht aus verdünnter Schwefelsäure oder aus Abfällen späterer saurer Bäder und enthält dann noch Metallsalze und Salpetersäure. In diesem Bade löst sich das Oxyd und das M. wird roth (von Kupferoxydul od. regulinischem Kupfer?). Durch Eintauchen in verdünnte Salpetersäure nimmt es seine gelbe Farbe an. Bei hart gelötheten Gegenständen muß zur Entfernung des Borax verdünnte Schwefelsäure angewandt werden. Aus dem Pöckel kommen die Gegenstände zum *Vorbrennen* in die kalte Blankbeize, welche aus 3 Th. Schwefelsäure u.

1 Th. Salpetersäure besteht und noch etwas Kochsalz erhält, wenn die nachfolgende Mattbeize schon zu alt geworden ist. Die Arbeiter setzen auch noch Ruß hinzu, wodurch die Farbe etwas weniger intensiv u. heller wird. Manche Fabriken lassen das Kochsalz weg, andere selbst noch die Schwefelsäure, doch gibt Salpetersäure allein einen grünlichen Ton. Nun kommen die Gegenstände in die heiße Mattbeize, welche aus 2—3 Th. Salpetersäure, 1 Th. Schwefelsäure und etwas salpetersaurem Zink besteht. Vorwiegende Salpetersäure erzeugt ein stärkeres Matt. Man taucht das M. nur sehr kurze Zeit in diese Beize, bis sich ein gleichförmiger milchiger Schaum auf demselben gebildet hat. Zu schwach gewordene Mattbeize verstärkt man durch Zusatz von salpetersaurem Zinkoxyd und zu starke Beize wird mit Schwefel- und Salpetersäure verdünnt. Das M. wird in dieser Beize glanzlos, graugelb, zuweilen sogar schwärzlich. Eine kalte Mattbeize von Mongert und eine Ammoniakbeize, die vorgeschlagen worden sind, liefern keine besseren Resultate. In der nun folgenden Beize soll die graugelbe Decke, aber nicht das Matt vollständig entfernt werden. Man bewegt deßhalb die Sachen ganz kurze Zeit in sehr starker Salpetersäure. Sollen die Sachen blank werden, so kommen sie gar nicht in die Mattbeize. Nach jedem Bade werden die Gegenstände gut gespült und nach der letzten Beize in reinem Wasser, auch wohl in warmer Potascheolösung gewaschen, in Sägemehl getrocknet und mit Wasser und Ochsengalle oder Weinstein auf der Drehbank oder aus der Hand polirt. Durch Poliren mit Schwefel und Kreide wird das M. dunkler und goldfarbiger. Man macht es schließlich auf einem Ofen stark handwarm und überstreicht es mit Firniß, damit es unter dem Einfluß der Luft nicht leidet. Hierzu wendet man in der Regel spirituöse Firnisse an, Lösungen von Stock- oder Körnerlack, die durch Orleanstinktur dunkel goldgelb gefärbt worden sind. Für Knöpfe u. dergl. benutzt man auch bunte Firnisse mit Pariserblau, Cochenille, Curcuma 2c. Will man das M. nicht firnissen, so kann man es mit Stearinöl u. Wienerkalk abreiben.

Die wichtigsten Fabriken für M. sind in Deutschland in Stolberg bei Aachen, in Iserlohn, Altena u. Lüdenscheid in Westphalen, zu Hegermühl am Finowkanal, in Berlin, Augsburg, Kassel, Goslar, Nürnberg, Ebenau (Salzburg), Frauenthal (Steiermark), Achenrain (Tyrol), Auerbach (Sachsen), in der Umgegend von Hamburg 2c. In England ist Birmingham der Hauptort für M., in Belgien Namur, Arlon, Lüttich, in Frankreich ist die bedeutendste Fabrik Fonderie de Romilly (Eure), andere Fabriken gibt es in Givet (Ardennen), Paris, Aigle, Niederbruch 2c. Auch Schweden und Dänemark liefern gutes M. Es ist unmöglich, die Waaren aufzuzählen, welche aus M. dargestellt werden u. für den Haus- und Fabrikbedarf, als technische Utensilien, Kunst- und Luxusgegenstände ein ungeheures Absatzfeld besitzen. In Iserlohn liegen über ½ Million Stampfen aufgespeichert, und nicht viel geringer mag die Zahl der gegossenen Gegenstände sein, die namentlich dort und in Nürnberg gefertigt werden. Knöpfe liefert namentlich Lüdenscheid, Bijouterien, die, so lange sie ganz neu sind, dem Golde täuschend ähnlich sind und in Paris in den besten Gesellschaften, aber nur einmal getragen werden, kommen in immer neuen Formen aus England, Paris, Genf u. Newyork. Einen sehr bedeutenden Industriezweig bildet auch die Verarbeitung des Messingdrahts zu Geweben, die in der Technik (z. B. für Centrifugalmaschinen) und im Hause ausgedehnte Anwendung finden. Vgl. Bischoff, Das Kupfer und seine Legirungen, Berlin 1865.

Messis (Metsys), Quentin, auch Quintijn de Smit und der Schmied von Antwerpen genannt, einer der größten Maler der niederländischen Schule, geboren 1450 in Antwerpen, trieb bis in sein 20. Jahr das Schmiedehandwerk und verfertigte vielleicht die eisernen Zierrathen über dem Ziehbrunnen vor dem Dom zu Antwerpen. Während einer Krankheit begann er Holzschnitte zu illuminiren und widmete sich sodann aus Liebe zu einem Mädchen, die ihm nur für diesen Fall ihre Hand zusagte, der Kunst, und zwar als Autodidakt. Hierauf deutet sein in Stein gehauenes Profil an der Façade der Marienkirche hin mit der Umschrift: Connubialis amor de mulcibre fecit Apellem. M. † in seiner Vaterstadt 1549. Er verschmähte die bis ins Kleinste gehende Vollendung der ältern niederdeutschen Maler, doch ist seine Zeichnung sorgfältig, nicht ohne Verständniß der Anatomie, seine Auffassung der Charaktere, namentlich ergreifender, meisterhaft. Seine Färbung kommt in Gluth und Wärme jener eines van Eyck und Memling zwar nicht gleich, ist aber kräftig und zuweilen von ganz eigenthümlichem Reiz. Sein bedeutendstes Werk ist die Grablegung mit ihren beiden Seitenbildern (dem Märtyrerthum des Evangelisten Johannes u. der Herodias mit dem Haupte Johannis des Täufers), im Museum zu Antwerpen, dessen Anfertigung er 1508 übernahm. Andere Gemälde von seiner Hand sind: eine schöne Altartafel in der Gemäldegallerie des Prinzen von Oranien zu Brüssel: Maria mit dem Christuskind im Arme als Himmelskönigin auf dem halben Monde stehend und von Engeln umgeben; ein Altarblatt in der Peterskirche zu Löwen, welches auf dem Mittelbilde Maria mit dem Kinde und die Personen der heiligen Verwandtschaft, auf den Seitentafeln Scenen aus dem Leben der Aeltern der Maria darstellt; das Leben der heiligen Anna, in der Kathedrale zu Löwen; Maria auf dem Throne sitzend und das Christuskind küssend, im Museum zu Berlin; die beiden Wucherer, im Palast zu Windsor in London, ein Bild, von dem sich verschiedene Wiederholungen und Nachbildungen von spätern Künstlern finden; Christus vor Pilatus, im Palast zu Venedig; ein Mann und eine Frau, die mit Zählen und Abwägen von Gold- und Silbermünzen beschäftigt sind, die Beschneidung Christi, die halblebensgroßen Bilder des heiligen Bartholomäus, des Evangelisten u. des Täufers Johannes, sämmtlich in der Pinakothek zu München. Sein Sohn, Johann M., war ein nur unbedeutender Nachahmer seines Styls.

Meßkanon, s. Messe.

Meßkatalog, das halbjährlich, zu Ostern und Michaelis, ausgegebene Verzeichniß der erschienenen Bücher, Kunstsachen, Landkarten 2c., welchem in einer eigenen Abtheilung auch ein Verzeichniß der in der nächsten Folgezeit erscheinenden Bücher beigegeben ist. Zu seiner jetzigen Gestalt gelangte das Buch erst im Laufe der Jahrhunderte. Früher besorgten die Buchdrucker den Vertrieb ihrer Bücher selbst und machten ihren Verlag durch Kataloge bekannt, von welchen der älteste bis jetzt entdeckte der des augsburger Druckers Johann Bämler um 1473 ist. Als der Buchhandel sich von der Buchdruckerkunst trennte u. die Büchermessen zu Frankfurt a. M. der Hauptsitz desselben wurden, ließ Georg Willer, ein augsburger Buchhändler, seit 1564 jede Messe einen M., d. h. ein Verzeichniß aller neuen Bücher, worin das Format und die Verleger angezeigt wurden, drucken. Ein Verzeichniß sämmtlicher in den Katalogen von 1564—92 aufgeführten Bücher besorgte Nik. Bassäus (Frankfurt 1592, 3 Bde.) und ein ähnliches über die Zeit von 1593 bis 1600 erschien zu Leipzig 1600. Von diesem Jahre bis 1616 erschien der M. bei A. Lamberg zu Leipzig, hierauf im Verlag von Henning Große daselbst und dessen Nachkommen, kam dann an die weidmannsche Buchhandlung, die ihn bis 1850 fortsetzte, 1851 an G. Wigand, 1852 an Avenarius und Mendelssohn, die ihn seit 1853 in erweiterter Gestalt als „Bibliographisches Jahrbuch" erscheinen ließen, endlich seit 1855, nach Trennung dieser Firma, an E. Avenarius, der indeß das Unternehmen mit dem Jahre 1860 geschlossen zu haben scheint. Die frühere systematische Einrichtung desselben, wobei die Bücher nach den Wissenschaften geordnet waren, wurde später mit der alphabetischen vertauscht.

Meßkette, die am häufigsten in Anwendung kommende Vorrichtung zum Messen einer größeren Linie auf dem Felde. Sie ist zusammengesetzt aus etwa gänsekielstarken Drahtstäben (Gliedern), deren Länge in Deutschland gewöhnlich 1 Fuß, in Frankreich 0,2 Meter, in England 0,65 Fuß ist, und die durch kleine Ringe mit einander verbunden sind. Gleichmäßig angespannt faßt sie in Deutschland gewöhnlich 5 Ruthen, in Oesterreich 10 Klaftern, in Frankreich 10 oder 20 Meter, in England 22 Yards. Die einzelnen Ruthen, Klaftern ꝛc. sind zur Erleichterung der Uebersicht durch größere Ringe angedeutet, durch deren Mittelpunkte zur Bezeichnung der Endpunkte der Ruthen kleine metallene Querriegel gehen. An den Enden der Kette sind 2 noch größere Ringe angebracht, durch die man die sogenannten Kettenstäbe (Baken) schiebt, um die Kette zu spannen. Diese Stäbe sind etwa 4 Fuß lang und unten mit einem spitz zulaufenden Eisenbeschlag (Schuh) versehen, um in die Erde gesteckt werden zu können. Etwa 2 Fuß vom Ende des Stachels ist ein Stift befindlich, um dem Abrollen der Kette vorzubeugen. Das Verfahren mit der M. ergibt sich aus der Beschreibung. Sie wird nämlich mäßig gespannt so oft als möglich in die zu messende Linie gelegt. Jede einzelne Kettenlage heißt ein **Kettenzug**. Aus der Anzahl der Kettenzüge und der zwischen dem Endpunkt des letzten Kettenzugs und dem Endpunkt der zu messenden Linie fallenden Glieder läßt sich dann leicht die Länge der Linie berechnen. Soll aber diese Kettenmessung ein richtiges Resultat ergeben, so hat man vornehmlich darauf zu achten, daß kein Kettenglied verbogen, kein Kettenring umgeschlagen sei und die Kette genau in die Richtung der zu messenden Linie zu liegen komme. Letzteres erreicht man durch das Visiren, d. i. diejenige Operation, mittelst deren man die senkrecht einzusetzenden Kettenstäbe so stellt, daß das an ihnen hinsehende Auge gleichzeitig die die Endpunkte der zu messenden Linie bezeichnenden ebenfalls senkrecht stehenden Signale trifft. Stößt man auf Hindernisse, ist z. B. ein Gewässer, Graben oder eine Schlucht zu durchschneiden, die man mit der M. überspannen kann, so mißt man, wenn der Kettenwechsel gerade in die Vertiefung treffen sollte, durch Verkürzung der Kette bloß bis an den Rand des Grabens, dann die Breite desselben besonders und setzt vom andern Rande aus die zusammenhängenden Kettenzüge wieder fort. Ist eine hohe Mauer zu überschreiten, so mißt man bis nahe daran, legt einen Maßstab über die Mauer, lothet dessen Enden ab u. mißt vom Fußpunkt des jenseitigen Lothes weiter. Kleine Erhöhungen überschreitet man ohne Weiteres mit der M., indem man sie, so viel nöthig, an den Stäben emporhebt und vorsichtig anspannt, auch wohl, um ihr eine möglichst geradlinige Richtung zu geben, ungefähr in der Mitte unterstützt. Das Erheben der Kette an dem einen Stabe macht sich auch dann nothwendig, wenn man in einer geneigten Ebene mißt, weil es sich stets um Ermittelung der Länge der Horizontalprojektion der Linie handelt u. demnach der Kettenzug nicht der Neigung des Bodens folgen darf. Bei diesem Freischweben wird aber die M. vermöge ihrer Schwere stets einen Bogen bilden, dessen Sehne die eigentliche (also etwas kürzere) Horizontalentfernung beider Endpunkte ist. Ist z. B. C der tiefste, also der Halbirungspunkt des Kettenbogens AB, CD der senkrechte Abstand vom Mittelpunkte D der zu dem Bogen gehörigen Sehne AB, so läßt sich der halbe Kettenbogen AC ohne merklichen Fehler gleich seiner Sehne annehmen, da schon die Abweichung des ganzen Bogens von der Horizontallinie bei gehöriger Spannung und der verhältnißmäßig geringen Länge der ganzen Kette unbedeutend ist. Es ist demnach $AD = \sqrt{AC^2 - CD^2}$, folglich der wahre Horizontalabstand der Punkte A und B $= 2\sqrt{AC^2 - CD^2}$. Ist nun die Kettenlänge 50 Fuß und bei der gewöhnlichen Schwere derselben die Senkung $CD = 0{,}5^{\circ}$, so ist $AD = \sqrt{25 - 0{,}5^{\circ}} = \sqrt{624{,}75} = 24{,}995$ F., AB folglich $= 49{,}99$ F., mithin der wahre Abstand auf 50 F. nur um eine Linie kleiner, und der Fehler beträgt also nur $^1/_{500}$ und kann bei gehöriger Vorsicht noch verringert werden. Bei den gewöhnlichen Meßoperationen kann ein solcher Fehler ganz außer Acht gelassen, bei ausgedehnteren, wo er sich vielmal wiederholen würde, dagegen am Schluß der Messung mit in Rechnung gebracht werden. Auch läßt er sich durch einiges Stützen der angespannten Kette in der Mitte fast ganz vermeiden. Andere Fehler bei der Kettenmessung werden durch unvorsichtiges Verfahren, z. B. durch Verschlingen der Ringe, Krummbiegen der Glieder, ungenaues Einsetzen der Stäbe in die vorgemerkten Löcher, Erweitern derselben in weicher Erde oder Sand, wenn der hintere Kettenzieher nachgibt, während der vordere anzieht, durch Abweichen aus der Vertikalebene, veranlaßt. Die zuerst genannten drei Versehen, sowie das letzte ergeben stets ein zu großes, die mittleren bald ein zu großes, bald ein zu kleines Resultat. Nimmt man aber an, daß sich, wie es wahrscheinlich ist, alle diese möglichen Fehler bei möglichster Sorgfalt des Verfahrens in gleicher Weise auf die ganze Messung vertheilen, so ergibt sich in Verbindung mit dem Fehler der Kettenlinie, daß das Resultat jeder Kettenmessung im Allgemeinen zu groß ist. Die sogenannten **Meßlatten**, deren man sich anstatt der M. bedient, wenn diese nicht hinlängliche Genauigkeit bieten sollte, sind lange Maßstäbe von ölgetränktem Holze und unten mit metallenen Beschlägen versehen. Man muß wenigstens 3 Stück besitzen, die man bei einer Ausmessung wiederholt an einander legt. Mit der Länge der Meßlatten, die freilich auch ihre bestimmte Grenze hat, wächst die Genauigkeit der Messung, die man bis zu $\frac{1}{10000}$ — $\frac{1}{8000}$ der gemessenen Entfernung annimmt. Die aus Hanf gefertigten und in Oel getränkten Meßschnuren sind zwar weniger kostspielig und leichter zu transportiren als die oben genannten Vorrichtungen, werden aber wegen des wenig genauen Resultats, das sie ergeben, nur selten, vornehmlich bei sehr steilem Terrain und bei breiten Gewässern, benutzt. Eine noch geringere Genauigkeit bietet das besonders unter den Laien übliche Ausschreiten von Linien dar.

Meßkirch, Stadt, s. v. a. Möskirch.

Meßkunst (Geodäsie), derjenige Theil der angewandten Mathematik, welcher die Aufgabe hat, die Raumverhältnisse größerer oder kleinerer Theile der Erdoberfläche nach ihren Größenverhältnissen zu ermitteln und in den meisten Fällen in einem ähnlichen Bilde (Karte, Riß, Situationsplan) darzustellen. Das Vermessungsgeschäft erfordert gründliche Kenntniß der rein mathematischen Lehren, besonders der Geometrie und Trigonometrie, aber auch Fertigkeit im Gebrauch der Hülfsmittel, d. h. der Meßinstrumente, und in Anwendung der mathematischen Formeln und Sätze. Die M. hat es mit den Raumverhältnissen auf der Oberfläche der Erde zu thun. Nun ist die Erde ein Sphäroid, oder, da ihre größte und kleinste Axe sich wie 288 : 289 verhält, nahezu eine Kugel; alle auf derselben liegenden oder gedachten Linien sind demnach Kreisbögen, und jedes einzelne Stück derselben ist eine Kugelkappe (Kalotte) oder ein Theil einer solchen. Es läßt sich indeß nachweisen, daß nicht allzu lange Linien auf der Erdoberfläche im Verhältniß zur Länge des Erdhalbmessers als gerade Linien und entsprechende Stücke der Erdoberfläche selbst als Ebenen betrachtet werden können. Berechnet man nämlich nach der einfachen Formel, daß die Sehne gleich ist dem doppelten Produkt aus dem Radius und dem Sinus des dazu gehörigen Bogens, die Sehne eines Aequatorbogens von $^1/_2$ Grad, also von 7,5 Meilen, so ergibt sich als Differenz zwischen beiden nur etwa 0,000124 Meilen od. 2 Fuß, welche aber bei Detailvermessungen, die sich nur über einige Quadratmeilen ausdehnen, = 0 anzusehen ist, so daß es in Betreff des Resultats keinen Unterschied ausmacht, ob man jene Linien als gerade und die Stücke der Erdoberfläche als Ebenen oder erstere als krumme Linien u. letztere als gekrümmte Flächen behandelt. Hierdurch wird die Arbeit sehr erleichtert und vereinfacht, in sofern man nun das ganze Verfahren auf bloß planimetrische Gesetze gründen kann, während eigentlich die der Kugel oder genauer die des Sphäroids dabei zu Grunde gelegt werden müßten. Bei ausgedehnteren geodätischen Arbeiten aber, wo der Unterschied zwischen der Länge des Bogens und der dazu gehörigen Sehne bedeutender ist u. dessen Nichtberücksichtigung ein unrichtiges Resultat ergeben würde, können diese schwierigeren Manipulationen nicht umgangen werden. Daher theilt sich die M. in dieser Beziehung in eine höhere und eine niedere ein. Letztere pflegt man auch als Feldmeßkunst zu bezeichnen, weil sie vorzüglich landwirthschaftlichen Zwecken dienstbar geworden ist. Der Unterschied zwischen beiden gründet sich demnach zunächst auf die Ausdehnung der zu ermittelnden Raumverhältnisse, tritt aber sodann auch in den verschiedenen Principien hervor, die dabei befolgt werden, und in der Wahl der Mittel, welche diese nothwendig machen. Die höhere M. erfordert höhere mathematische Kenntnisse, kann der astronomischen Beobachtungen nicht entbehren und bedarf daher auch feinerer und mannichfaltigerer Instrumente.

Die Erdkugel hat zwar keine glatte Oberfläche, d. h. nicht alle Punkte derselben stehen gleichweit vom Mittelpunkte ab; doch ist die Differenz im Vergleich zu der Länge des Erdhalbmessers so unbedeutend, daß sie als verschwindend und alle Punkte der Erdoberfläche als in eine und dieselbe Kugeloberfläche fallend angesehen werden können. Für uns jedoch, die wir uns auf der Oberfläche der Erde befinden u. die Dimensionen nur in ihrem gegenseitigen Verhältnisse, nicht im Verhältniß zum Erdhalbmesser auffassen, ist diese Differenz bedeutend genug, um Beachtung finden zu müssen, und es kommen demnach bei Betrachtung der Lage eines Punktes der Erdoberfläche 2 Dimensionen zur Berücksichtigung, einmal: seine Entfernung von einem anderen Punkte, also der zwischen beiden Punkten liegende Bogen eines größeren Kreises (Länge oder Breite), u. dann: seine Entfernung vom Erdmittelpunkte, d. h. sein Abstand auf dem Erdhalbmesser von der wirklichen Kugeloberfläche (Höhe oder Tiefe). Die Geodäsie trennt beides, indem sie einerseits das Nebeneinandersein der Punkte im Raum so darstellt, als lägen sie sämmtlich in einer und derselben Kugeloberfläche, also lediglich ihre Projektionen auf eine und dieselbe Fläche berücksichtigt, andererseits aber ihre verschiedenen Erhebungen über und Senkungen unter diese Fläche darstellt, ohne ihre gegenseitige Lage auf dieser Fläche zu berücksichtigen. Messungen der ersteren Art nennt man allgemeine Horizontalmessungen, weil der Horizont diejenige genaue Kugeloberfläche ist, auf welche wir uns alle Punkte der Erdoberfläche projicirt denken; Messungen der zweiten Art heißen Vertikalmessungen, weil sie eine auf die ersteren senkrechte Richtung haben. Zeichnungen, welche auf Horizontalmessungen beruhen, heißen Grundrisse, solche, die auf Vertikalmessungen beruhen, Profilrisse. Es gehören der höhern M. unter den Horizontalmessungen die Gradmessungen (s. d.) an, welche durch Bestimmung der wahren Längen verschiedener Erdgrade die wahre Gestalt der Erde zu ermitteln haben; ferner die sogenannten trigonometrischen Vermessungen (sphärische Vermessungen), welche der Ermittelung des Flächenraums und der Gestalt größerer Ländergebiete, bei denen die Kugelkrümmung der Erde mit in Betracht kommt, durch genaue Bestimmung einzelner weit entfernter Punkte zur Grundlage dienen sollen. Die niedere M. dagegen hat es mit der planimetrischen Vermessung kleinerer Erdräume zu thun, welche als vollkommene Ebenen angesehen werden können. Solche Vermessungen werden entweder für sich allein vorgenommen, wenn man Gestalt und Flächenraum einzelner, irgendwie auf der Erdoberfläche abgegrenzter Gebiete erfahren will, wie beim Feldmessen im engeren Sinne, beim militärischen Aufnehmen ꝛc. (s. Vermessung), oder sie schließen sich an jene trigonometrischen Vermessungen an, so daß die Kugelkappe, welche durch die mittelst der letzteren gefundenen Punkte bestimmt wird, in lauter kleine als Ebenen angenommene Theile sich zerlegt. Man nennt dieses Verfahren Trianguliren, weil die Zerlegung in lauter Dreiecke geschieht, welche im Anfang als sphärische, später aber als ebene gefaßt werden. Unter den Vertikalmessungen gehören der höheren M. die eigentlichen Höhenmessungen (s. d.) an, welche die direkte Ermittelung des Höhenunterschiedes verschiedener Punkte, in sofern derselbe nicht ganz unbeträchtlich ist und die Krümmung der Erde dabei berücksichtigt werden muß, zum Gegenstande haben. Die niedere M. dagegen hat es mit dem unmittelbaren trigonometrischen Messen kleiner Höhen, welche als Perpendikel auf einer Ebene angesehen werden, und mit dem sogenannten Nivelliren zu thun, worunter man die Messung der Höhenunterschiede beliebiger Punkte versteht, unter der Voraussetzung, daß diese Unterschiede nicht allzu groß sind, ihre Ermittelung eine besondere Genauigkeit erfordert und die zu bestimmenden Punkte in einer stetigen Linie oder Fläche liegen, wodurch man in kontinuirlichem Zuge die Höhenunterschiede einer ganzen Anzahl von Punkten zwischen 2 bestimmten Grenzpunkten findet. Eine Verbindung der Horizontal- und Vertikalmessung in ihrer Anwendung auf den Bergbau ist die Markscheidekunst (s. d.).

Die erforderlichen Werkzeuge und Instrumente begreift man unter dem Namen Meßinstrumente. Diese sind: 1) Instrumente zum Markiren von Punkten: Signale, der Heliotrop, Meßfahnen, Meßstäbe (Fluchtstäbe, Jalons), Pikets (Zeichenpfähle); 2) Instrumente zum Messen oder Abstecken von Linien: Meßstäbe, die Meßkette mit den Kettenstäbchen und Markir- oder Zählstäbchen, die Meßschnur, der Distanzmesser; 3) Instrumente zum Messen und Abstecken horizontaler Winkel (Winkelmesser): das Winkelkreuz (Diopterkreuz, Kreuzscheibe), der Winkelspiegel, Romershausens Spiegeldiopter, Lüpkens Spiegelwinkelmesser, der Meßtisch mit seinen Hülfsinstrumenten: der Wasserwage (Dosenlibelle), dem Diopterlineal (Kippregel), der Orientirboussole, der Einlothgabel (Lothgabel) u. den Anschlagnadeln; ferner das Astrolabium, der Theodolit (Repetitionstheodolit von Breithaupt), die Multiplikationskreise, der Sextant (Spiegelsextant, Breithaupts Dosensextant), der katoptrische Zirkel, der Reflektor, der mayer-borda'sche Reflexionskreis, die Reflexionsinstrumente von Pistor und Martius in Berlin; 4) Instrumente zum Messen vertikaler Winkel: der Gradbogen, der Böschungsquadrant (Böschungsmesser), der Höhenmesser von Schmalkalden, das lehmannische Diopterlineal; 5) Instrumente zur Bestimmung horizontaler Richtungen und Ebenen (Nivellirinstrumente): die Setzwage, die Pendelwage, die Bergwage (Klitometer), die Wasserwage (Kanalwage), die Quecksilberwage, die Nivellirwage mit Fernrohr u. Libelle, die Nivellirlatte; 6) Instrumente, welche mehren der hier angegebenen Zwecke zugleich dienen: Breithaupts Architekten-Meßapparat, Breithaupts Kompensationsinstrument (verbindet Distanzmesser, Repetitionstheodolit, Nivellir-, Boussolen- und Meßtischapparat; 7) Instrumente zur graphischen Darstellung des Vermessenen: Lineale u. Dreiecke von verschiedener Größe, Zirkel, insbesondere Handzirkel, Stangenzirkel ꝛc., Transversal- (Reduktions-) Maßstäbe, Transporteure. Die wichtigsten dieser Instrumente sind in besonderen Artikeln beschrieben. Das Verfahren beim Feldmessen ist seinen Hauptregeln nach unter Artikel Vermessung angegeben. Vergl. Breithaupt, Magazin von mathematischen Instrumenten, Düsseldorf u. Kassel 1827—46, 3 Hefte; Barfuß, Handbuch der höheren u. niederen Meßkunde, Weim. 1842; Schneitler, Die Instrumente der höheren und niederen M., sowie der geometrischen Zeichenkunst ꝛc., Leipzig 1848; Derselbe, Lehrbuch der gesammten M., das. 1851.

Meßner (Küster, custos), Kirchendiener, welcher die zur Abhaltung des Gottesdienstes und insbesondere der Messe nöthigen Vorkehrungen zu treffen hat; in manchen Gegenden s. v. a. Meßpriester.

Meßtisch (mensula), eines der bekanntesten und bei den gewöhnlichen Detailvermessungen gebräuchlichsten Meßinstrumente, besteht aus einem auf 3 Füßen stehenden tragbaren Tischchen, dessen quadratförmige Platte, die zugleich als Zeichenbret dient u. deshalb mit Papier überzogen wird, mittelst dreier Schrauben horizontal gestellt werden kann. Um sich den Nutzen und Gebrauch zu veranschaulichen, nehme man an, es sei ein Feld von der Form eines Dreiecks zu vermessen. Um dies zu bewerkstelligen, muß der Geometer zuerst in die Ecken des Feldes Pfähle oder Stangen einschlagen, die ihm als Signale dienen. Den M. stellt er horizontal, etwa in die Mitte des Feldes, steckt in das Reiß- oder Zeichenbret eine Nadel ein und bezeichnet überdies den Punkt auf dem Felde, über welchem diese Nadel steht. Darauf legt er an die Nadel sein Diopterlineal an und visirt damit auf eines der Signale an den Ecken des Feldes. Dann zieht er an der der Nadel zugekehrten Seite des Diopterlineals eine Linie, läßt die Entfernung des genannten Zeichens von dem Punkte, über welchem die Nadel sich befindet, mit der Meßkette messen und trägt sie mit Hülfe eines Zirkels nach einem verjüngten Maßstabe auf die Linie auf. Ebenso verfährt er mit den anderen Ecken des Feldes u. verbindet endlich die verzeichneten Endpunkte durch gerade Linien, wodurch er eine dem Felde vollkommen ähnliche Zeichnung erhält, die zu jeder Berechnung desselben tauglich ist. Der M. wurde von Johann Prätorius, Professor der Mathematik zu Altorf († um 1616), erfunden und erhielt im Lauf der Zeit so vielfache Einrichtungen wie kaum ein anderes Instrument, da man bei der anerkannten Zweckmäßigkeit desselben wünschen mußte, alle einer größtmöglichen Genauigkeit entgegenstehenden Mängel immer mehr zu beseitigen. In neuerer Zeit hat Chevallier einen Apparat konstruirt, durch welchen die Zeichnung auf dem M. unmittelbar durch Photographie ersetzt wird. Die Vorrichtungen sind der Art, daß sie sich ohne Zeichnung nicht beschreiben lassen. Vgl. Breslauer Gewerbeblatt 1865, Nr. 6.

Mestizen (Mestissen), s. Farbige.

Mesto (mestoso, ital.), traurig, als Ueberschrift eines Tonstücks gebraucht.

Mesua *L.* (Kastanienrose), Pflanzengattung aus der Familie der Guttiferen, charakterisirt durch den 4blätterigen, bleibenden Kelch, 4 Blumenblätter, die zahlreichen, am Grunde in einen schmalen Ring verwachsenen Staubgefäße und die harte oder lederig-schwammige, einfächerige, 2klappige Kapsel, Bäume in Ostindien. M. ferrea *L.*, ein niedriger Baum oder Strauch auf den ostindischen Inseln, mit breiten, lanzettlichen, langgestielten Blättern und weißen, wohlriechenden, deutlich gestielten Blumen, hat sehr hartes Holz, das als Nagas- oder ceylonisches Eisenholz in den Handel kommt. Wurzel und Rinde wirken schweißtreibend, die getrockneten, den Muskatblüthen ähnlich riechenden Blumenblätter werden wie diese und diätetisch benutzt, und die Früchte sind eßbar, erregen aber leicht Durchfall. Von M. speciosa *Chois.*, einem großen, schlanken Baum mit lineal-lanzettlichen, kurzgestielten Blättern, fast sitzenden, weißen, wohlriechenden Blüthen und 3—4samigen Früchten von der Größe eines kleinen Apfels, sind die aromatische u. bitter schmeckende Wurzel u. Rinde kräftig schweißtreibende Mittel und sollen gegen Schlangenbiß wirksam sein. Das aus den Samen gepreßte Oel dient zu Einreibungen bei Gliederschmerzen. Das Holz kommt ebenfalls als Eisenholz in den Handel.

Mesurado, Kap, Vorgebirge an der Küste von Westafrika, in Liberia (Oberguinea), unweit der Mündung des Flusses Paul.

Mesusen, kleine Pergamentstreifen, mit den Worten 5. Mos. 6, 4—9 und Kap. 13 beschrieben, welche die orthodoxen Juden als Amulete an die Hausthür oder in deren Nähe aufhängen und beim Ein- und Ausgehen mit den Fingern berühren, worauf sie letztere küssen oder sich mit ihnen über die Augen streichen.

Mészáros, Lazar, ungarischer Revolutionsgeneral und Kriegsminister, geboren am 20. Februar 1790 zu Boja in Ungarn, begann in Pesth seine juristischen Studien, trat aber 1813 in österreichische Militärdienste, wohnte den Feldzügen von 1814 und 1815 als Lieutenant der ungarischen Freiwilligen bei, stieg allmählig bis zum Rang eines Obersten empor und bewährte sich im italienischen Feldzug 1848 als tüchtiger Regimentskommandant. Als in Folge der Märzereignisse von 1848 Graf L. Batthyanyi ein ungarisches Ministerium bildete, übertrug er M. das Kriegsportefeuille. Noch bevor dieser nach Ungarn kam, hatten die kroatischen und raitzischen Wirren begonnen, und der neue Kriegsminister mußte gleich bei seiner Ankunft den Kriegszustand erklären. Hier gerieth aber bald in ihm der österreichische Soldat mit dem konstitutionellen Minister in Widerspruch. Namentlich widersetzte er sich der nationalen, von der österreichischen gesonderten Organisation der ungarischen Armee. Als aber der offene Kampf zwischen Oesterreich und Ungarn ausbrach, erklärte er sich entschieden für die Sache der Revolution und vollzog rasch die Organisation der ungarischen Armee. Gleichwohl erlitt er am 4. Januar 1849 an den Höhen von Báreza von Schlick eine bedeutende Niederlage, worauf er das Kommando an Klapka abgab u. der Regierung nach Debreczin folgte, wo er die Organisirung der Armee betrieb. Nach der Unabhängigkeitserklärung vom 14. April zeigte er der Nationalversammlung seinen Rücktritt an, blieb aber Deputirter für seine Vaterstadt Boja und ward zum Generalfeldmarschalllieutenant ernannt. Anfangs Juli 1849 ward er an Görgei's Stelle mit dem Oberkommando betraut, konnte es aber bei den damaligen Zerwürfnissen im Schooße der Regierung nicht recht behaupten. Später focht er an Dembinski's Seite in den Schlachten bei Szöreg u. Temesvar und ging nach der Katastrophe von Világos mit ihm nach der Türkei. Bis zum Mai 1851 theilte er die Verbannung mit Kossuth in Kiutahia, ging darauf nach England, wo er zum Präses des Hülfskomité's für ungarische Flüchtlinge an Pulsky's Stelle ernannt wurde, und dann nach Frankreich. Nach dem französischen Staatsstreiche vom 2. December 1851 zog er sich auf die Insel Jersey zurück, von wo er sich im Sommer 1853 nach Amerika begab. Im September 1851 war er mit andern Revolutionshäuptern zu Pesth in effigie gehängt worden. Er † den 16. November 1858 zu Eywood in Herfordshire.

Meta (lat.), das Ziel, der Endpunkt eines bestimmten Raumes, besonders das Ziel in den römischen Rennbahnen und den griechischen Hippodromen.

Metabasis (griech.), Uebergang, in der Rhetorik eine rhetorische Figur; s. Apostrophe; in der Logik Abschweifungen oder fehlerhafte Einmischung unwesentlicher und fremdartiger Bestandtheile in Begriffserklärungen.

Metabole (v. Griech.), eigentlich das Umsetzen oder die Veränderung in der Medicin, jede im Verlaufe der Krankheit eintretende Erscheinung, welche mit einer Umänderung des normalen Ganges derselben, des krankhaften Prozesses selbst, verbunden ist; in der Rhetorik das Zusammenstellen von Redesätzen in umgekehrter Ordnung, z. B. wenn du nicht kannst, was du willst, so wolle, was du kannst; in der Poetik der Uebergang aus einem Metrum in das andere; in der Grammatik das Umsetzen oder Versetzen von Buchstaben, wie sie in manchen Wörtern des Wohlklangs, bisweilen wohl auch des Versmaßes wegen vorgenommen wird.

Metaceton, stickstofffreie chemische Verbindung, entsteht neben dem Aceton beim Erhitzen von indifferenten Kohlenhydraten mit Kalk. Es ist eine angenehm riechende, farblose Flüssigkeit, die im Wasser unlöslich ist und bei 112° siedet. Nach Schwarz ist das M. ein Gemisch mehrer Substanzen, die sich durch fraktionirte Destillation trennen lassen, mit Kali in der Art der Aldehyde verharzen und beim Erhitzen einen ätherartigen Körper überdestilliren lassen. Dieser Körper ist in den Bestandtheilen des M. wasserfrei enthalten, und zwar gepaart mit den Aldehyden von fetten Säuren. Wird er abgeschieden, so verbindet er sich mit Wasser zu einem indifferenten Oel.

Metacetonsäure, s. v. a. Propionsäure.

Metachronismus (v. Griech.), im Gegensatz zum Anachronismus (s. d.) der Fehler in einer historischen Angabe, daß etwas in eine spätere Zeit gesetzt wird, wo es nicht geschehen konnte.

Metalepsie (v. Griech.), Vertauschung oder Verwechslung, rhetorische Figur, welche darin besteht, daß man das Folgende für das Vorhergehende setzt, z. B. Grab statt Tod.

Metallbad, ein im geschmolzenen Zustand befindliches leichtflüssiges Metall, als Zinn, Blei, Zink, Antimon, oder eine Legirung derselben, dessen man sich bedient, um einen Körper einer hohen, bestimmten Temperatur auszusetzen.

Metallbäume, metallische Ausscheidungen in meist baumartigen Verzweigungen, welche sich in Metallauflösungen (Blei, Silber &c.) bilden, wenn man in dieselben ein anderes Metall (Zink ꝛc.) bringt, dessen Verwandtschaft zu Sauerstoff, Chlor ꝛc. größer ist als die des aufgelösten Metalls; s. **Bleibaum**, **Dianenbaum**.

Metalle (v. Griech.), gemeinschaftlicher Name für eine Reihe von Körpern, welche wie Blei, Kupfer, Eisen, Gold ꝛc. in gewissen physikalischen Eigenschaften Aehnlichkeit haben. Man hat früher die Elemente eingetheilt in M. u. Nichtmetalle, aber man hat bei genauerer Prüfung gefunden, daß sich eine solche Trennung nicht aufrecht erhalten läßt, daß wie überall, so auch hier Uebergänge Statt finden, und daß die in manchen physikalischen Eigenschaften ähnlichen Körper in ihren chemischen Eigenschaften sehr wesentlich von einander abweichen. Im gewöhnlichen Leben hält man den eigenthümlichen Glanz (Metallglanz) und eine ziemlich bedeutende Eigenschwere für Kennzeichen eines Metalls u. fordert von einem solchen ferner, daß es in Wasser und Alkohol unlöslich sei und Wärme und Elektricität gut leite. Im weitesten Sinne rechnet man wohl auch Kalium, Natrium, Lithium zu den M.n und dann selbstverständlich auch die Elemente der alkalischen Erden u. Erdmetalle, also Barium, Strontium, Calcium, Magnesium, Aluminium ꝛc., immer aber trennt man von diesen die Erzmetalle oder schweren M., von denen die wichtigsten Mangan, Eisen, Kobalt, Nickel, Uran, Chrom, Zink, Kadmium, Kupfer, Blei, Zinn, Titan, Tantal, Niob, Wolfram, Vanad, Molybdän, Tellur, Arsen, Antimon, Wismuth, Quecksilber, Silber, Gold, Platin, Palladium, Iridium, Ruthenium, Rhodium und Osmium sind. Alle M. sind mit Ausnahme des Quecksilbers bei gewöhnlicher Temperatur fest, die übrigen schmelzen sämmtlich beim Erhitzen, und zwar zwischen 200 bis 420° C. Zink, Kadmium, Blei, Wismuth, Antimon, Arsen (letzteres geht aus dem festen Zustand gleich in den gasförmigen über), über 1000° Kupfer, Silber, Gold, nur in anhaltendem Ofenfeuer, Mangan, Eisen, Kobalt, Nickel, Platin und nur im Sauerstoffgebläse Chrom. Einige M. besitzen einen gewissen Grad von Weichheit und Zähigkeit, so daß sie gehämmert, gewalzt und zu Draht gezogen werden können, andere dagegen sind spröde und zerspringen unter dem Hammer. Hinsichtlich ihrer Hämmerbarkeit lassen sich die M. in folgender Reihe aufstellen: Gold, Silber, Kupfer, Zinn, Platin, Blei, Zink, Eisen, Nickel, die übrigen M. sind nicht hämmerbar; hinsichtlich ihrer Härte geben sie folgende Reihe: graues englisches Roheisen 1000, Stahl 948, Platin 375, Kupfer 301, Aluminium 271, Silber 208, Zink 183, Gold 167, Kadmium 108, Wismuth 52, Zinn 27, Blei 16; hinsichtlich ihrer Ziehbarkeit: Gold, Silber, Platin, Eisen, Kupfer, Zink, Zinn, Blei, Nickel. Die geschmeidigen M. krystallisiren im Allgemeinen tesseral, die spröden hexagonal, nämlich Platin, Gold, Silber, Kupfer, Blei, Eisen tesseral, Zinn tetragonal, Antimon, Arsen, Wismuth hexagonal, Zinn tesseral und hexagonal. Das Wärmeleitungsvermögen beträgt bei reinem Silber 1000, bei reinem Gold 981, bei gewöhnlichem Gold 840, gewalztem Kupfer 845, gegossenem Kupfer 811, Quecksilber 677, Aluminium 665, bei gewalztem Zink 641, bei vertikal gegossenem Zink 628, bei horizontal gegossenem 608, bei Kadmium 577, bei Schmiedeeisen 436, Zinn 422, Stahl 397, Platin 379, Natrium 365, Gußeisen 359, Blei 287, bei horizontal gegossenem Antimon 215, bei vertikal gegossenem Antimon 192 und bei Wismuth 61. Sowie man die M., welche unter dem Hammer zerspringen, als Halbmetalle den übrigen entgegenstellte, so hat man wieder ein anderes willkürliches Unterscheidungsmerkmal herausgegriffen und die M. in edle u. unedle eingetheilt. Erstere behalten im Feuer ihren Glanz, wie Gold, Silber, Platin, letztere werden oxydirt, wie Blei, Zinn, Zink, Eisen. Am willkürlichsten ist die Eintheilung der M. in leichte und schwere, je nachdem ihr specifisches Gewicht unter oder über 5,0 liegt. Die Farbe der meisten M. ist ein mehr oder weniger ins Graue sich ziehendes Weiß. Silber, Quecksilber, Zinn, Antimon, Natrium haben eine sehr helle, fast völlig weiße Farbe, Platin, Blei und Eisen sind dunkler, Gold ist gelb, Kupfer roth. Bei feiner Zertheilung ist die Farbe der ersteren M. ein reines Grau, das pulverförmige Gold ist braungelb, das pulverförmige Kupfer gelbroth, das matte Silber erscheint schneeweiß. Bei hinreichend hoher Temperatur lassen sich wahrscheinlich alle M. verdampfen, aber nur Quecksilber, Kalium, Natrium, Magnesium, Kadmium, Zink, Arsen sind so flüchtig, daß sie destillirt, respektive sublimirt werden können. Beim Hämmern, Auswalzen und Ausziehen erleiden die M. eine Veränderung ihrer Molekularstruktur, welche oft auf ihre physikalischen Eigenschaften bedeutenden Einfluß ausübt. Sie werden dichter, härter, elastischer, spröder, aber beim Ausglühen nehmen sie die frühere Beschaffenheit wieder an. Deshalb muß bei der Verwendung der M. in Blech oder Draht das Ausglühen öfters wiederholt werden, um sie in dem erforderlichen Grade von Weichheit zu erhalten. Uebrigens werden die M. im Allgemeinen in höherer Temperatur weicher u. geschmeidiger. Das Eisen ist am meisten hämmerbar über der Rothgluth, das Zink, welches bei gewöhnlicher Temperatur wenig zähe und vollkommen krystallinisch ist, wird zwischen 100 und 150° hämmerbar, in höherer Temperatur wieder spröde. Bemerkenswerth ist, daß eine Veränderung in der Molekularstruktur selbst bei gewöhnlicher Temperatur durch Erschütterungen hervorgebracht werden kann. Eiserne Walzen und Wellen werden unter solchen Einflüssen krystallinisch, verlieren einen großen Theil ihrer Festigkeit und brechen. Dasselbe findet bei Messing Statt. Die relative Festigkeit der M. ist sehr ungleich, 2 Millimeter dicke Drähte werden zerrissen bei Eisen von 250 Kilogramm, bei Kupfer von 137 Kilo, bei Platin von 125, bei Silber von 85, bei Gold von 68, bei Zink von 50, bei Zinn von 19 und bei Blei von 12 Kilo. Einige M., wie Platin und Eisen, sind schweißbar, und zwar bei verschiedenen Temperaturen, z. B. Eisen bei heller Rothgluth, Platin bei Weißgluth. Poröses Kupfer und schwammiges Blei lassen sich schon bei niederer Temperatur durch Drücken und Hämmern in dichte Massen verwandeln, und Stücke von Kalium können mit der Hand zusammengeknetet werden. Das Glänzendwerden der porösen oder pulverigen M. unter dem Polirstahl deutet übrigens an, daß wahrscheinlich alle M. in einem gewissen Grade schweißbar sind.

Alle M. können mit Sauerstoff verbunden werden und meist in verschiedenen Verhältnissen, wobei theils basische Oxyde, theils Säuren (Metallsäuren), theils indifferente Oxyde (Suboxyde, Superoxyde) entstehen. Basische Oxyde werden mit seltenen Ausnahmen (Arsen) von allen M.n gebildet, aber Säuren kommen nur in der Gruppe der Erzmetalle vor. Nach den chemischen Eigenschaften der Oxydationsstufen der M. theilt man diese jetzt am häufigsten ein u. unterscheidet Alkalimetalle, Erdalkali-, Erd- und Erzmetalle. Die ersteren verbinden sich zu gleichen Aequivalenten mit Sauerstoff u. geben die farblosen, in Wasser löslichen, stark basischen Alkalien. Die Erdalkalimetalle verbinden sich ebenfalls zu gleichen Aequivalenten mit Sauerstoff und geben farblose, in Wasser schwerer lösliche u. minder starke Basen, die alkalischen Erden. Die basischen Oxyde der Erdmetalle, die Erden, bestehen theils aus gleichen Aequivalenten Sauerstoff u. Metall, theils enthalten sie auf 2 Aequivalente des letzteren 3 Aequivalente Sauerstoff, sie sind farblos, unlöslich in Wasser und sehr schwache Basen. Manche, wie die Thonerde, spielen starken Basen gegenüber die Rolle von Säuren. Die Oxyde der Erzmetalle, die Metalloxyde, haben verschiedene Zusammensetzung und meist eine charakteristische Farbe; sie sind unlöslich in Wasser und zum Theil stärkere Basen als die Erden. Die stärksten Basen sind diejenigen, welche auf 1 Aequivalent M. 1 Aequivalent Sauerstoff enthalten, mit wachsendem Sauerstoffgehalt werden die Oxyde schwächere Basen, sie werden indifferent, schwache Säuren und starke Säuren. Nur Basen geben Silber, Quecksilber, Zink, Kadmium, Blei, Uran, Platin; nur Säuren gibt Arsen; vorzugsweise Säuren geben Titan, Tantal, Niob, Pelop, Wolfram, Molybdän, Tellur, Osmium; vorzugsweise Basen geben Kobalt, Nickel, Eisen, Mangan, Kupfer. In vollkommen trockenem ozonfreien Sauerstoff und in gleich beschaffener Luft oxydirt sich bei gewöhnlicher Temperatur kein Metall, dagegen findet in feuchter Luft durch Wasserzersetzung oder beim Erhitzen, besonders wenn die M. fein vertheilt sind, in der Regel Oxydation Statt. Manche M. verbrennen, wenn sie sehr fein vertheilt sind, äußerst leicht und vollständig, bei kompakten M.n schreitet die Oxydation entweder durch die ganze Masse fort, wie beim Eisen, oder es oxydirt sich nur die Oberfläche, wie beim Kupfer, wo dann die gebildete Oxydschicht das darunter liegende Metall schützt. Manche M. verbrennen beim Erhitzen mit Flamme, wie Zink, Magnesium ꝛc. Die Metalloxyde können auf mehrfache Weise wieder in ihre Bestandtheile zerlegt, reducirt werden. Einige Oxyde, wie Gold-, Platin-, Silber- und Quecksilberoxyd, geben schon beim Erhitzen ihren Sauerstoff vollständig ab, andere thun dies nur, wenn sie mit Substanzen erhitzt werden, die den Sauerstoff aufnehmen. Die Kohle hat in hoher Temperatur das größte Vereinigungsstreben zu Sauerstoff u. entzieht diesen den Oxyden, indem sie selbst, je nachdem letztere schwer oder leicht reducirbar sind, zu Kohlenoxyd oder Kohlensäure verbrennt. Die Oxyde vom Blei, Wismuth, Antimon, Nickel, Kobalt, Kupfer, Eisen reduciren sich bei einer mehr oder weniger starken Rothgluth, während die Oxyde vom Mangan, Chrom, Zinn und Zink zur Reduktion der Weißgluth oder doch einer derselben nahe liegenden Temperatur bedürfen. Ist das Metall nicht schwierig schmelzbar, so vereinigen sich die reducirten Theilchen desselben zu einer größeren Masse (Regulus), wie beim Blei, Wismuth, Antimon; ist es dagegen strengflüssig, so muß man einen Fluß zusetzen, d. h. ein nicht auf das Metall wirkendes, zu einem Glase schmelzendes Salz, in welchem die reducirten Theilchen zu Boden sinken und sich zu einem Regulus vereinigen, und welches zugleich die reducirten Theilchen vor der oxydirenden Wirkung der Luft schützt, indem es sie einhüllt. Die Darstellung der M. ist je nach ihrem Vorkommen sehr verschieden und kann nach Kerl auf folgende Weise Statt finden: a) durch mechanische Prozesse, Verwaschen von Goldsand oder goldhaltigem Schwefelkies, b) durch Ausschmelzen oder Aussaigern, z. B. Wismuth aus begleitenden Nickel- und Kobalterzen od. durch Destillation, wie beim Quecksilber, c) durch Reduktion von Metalloxyden bei erhöhter Temperatur, z. B. Blei aus Glätte oder Weißbleierz, Zinn aus Zinnstein, Kupfer aus Malachit und Lasur, Eisen aus Eisenstein, Nickel aus Nickeloxyd, Zink aus Galmei ꝛc., d) durch Zersetzung von Schwefelungen mittelst des Sauerstoffs der Luft, z. B. Quecksilber und Gold aus deren Schwefelungen od. durch andere M., z. B. Zersetzung von Schwefelsilber, Schwefelblei, Schwefelquecksilber, Schwefelantimon, Schwefelzink durch Eisen, e) durch Ausziehen mit Blei und Abtreiben des silberhaltigen Blei's, wie Gold u. Silber, f) durch Ausziehen mit Quecksilber und Erhitzen des Amalgams zur Verflüchtigung des Quecksilbers, wie Gold und Silber, g) durch Auflösen und Fällen mit andern M.n, wie Silber aus Silbervitriollösung oder aus silberhaltiger Kochsalzlösung durch Kupfer, Kupferlösung durch Eisen oder mit reducirenden Körpern, wie Gold aus Chlorgold durch Eisenvitriol, h) durch Zersetzung fester Chlormetalle durch andere M., wie Chlorsilber durch Eisen oder Zink.

Ueber Metalllegirungen s. Legirungen. Ueber die Verbindungen der M. mit Antimon und Arsen zu Antimon- und Arsenmetallen, analog den Chlor- und Schwefelmetallen, s. die betreffenden Artikel.

Das **Vorkommen** der M. ist ein äußerst verschiedenartiges, was besonders seinen Grund darin findet, daß die wenigsten M. für sich, gediegen, die meisten vielmehr in oft mannichfaltigen Verbindungen mit Nichtmetallen, vererzt, in der Natur auftreten. Platin, Iridium, Osmium, Palladium sind die einzigen M., die man nur gediegen, selbstständig oder in metallischen Verbindungen, findet; auch das Gold kennt man nur in den seltenen Verbindungen mit Tellur wirklich vererzt. Dagegen kennt man alle übrigen gediegen vorkommenden M. außerdem noch in Verbindungen mit Nichtmetallen, und wenn sie auch in größern Mengen in gediegenem Zustand vorkommen, wie Silber u. Kupfer, so müssen doch auch sie, mit alleiniger Ausnahme des Wismuths, im Großen aus ihren Erzen gewonnen werden. Dies gilt auch vom Quecksilber und vor Allem von dem als terrestrisches wie meteorisches gediegen bekannten Eisen und von dem bis jetzt nur als äußerste Seltenheit aufgefundenen Blei. Das Vorkommen von gediegenem Zinn ist ebenso selten als problematisch. Alle die übrigen zahlreichen M. sind überhaupt nur in Verbindungen in Schwefelmetallen, Oxyden oder Salzen bekannt. Eine ganz besondere Eigenthümlichkeit der M. ist hierbei noch, daß mehre von ihnen fast nie allein, sondern meist nur in Gesellschaft oder in Verbindung mit gewissen andern M.n vorkommen. So ist Gold immer mit etwas Silber verbunden, während dem Silber meist etwas Kupfer beigemengt ist. Bleierze haben fast durchgehends etwas Silbergehalt, während Kupfer nicht leicht ohne Silber, in vielen Fällen auch nicht ohne Blei und Zink, Zinkerze meist nicht ohne Blei, Wismuth und Nickel nicht ohne Kobalt, Antimonerze nicht ohne Gold oder auch Silber und Kupfer, Mangan nicht ohne Eisen, Wolfram mit dem Zinn, Kadmium nur mit Zink, Didym und Lanthan mit dem Cer, Terbium und Erbium mit dem Yttrium, Niobium mit dem Tantal zusammen auftreten. Platin ist in der Regel dem Golde beigesellt, und Iridium, Palladium und Osmium sind bis jetzt nur neben Platin gefunden worden. Auffallend ist der Unterschied, welcher in der Verbreitung und Art des Vorkommens zwischen leichten und schweren M.n herrscht. Aus den Verbindungen der ersteren, und zwar des Kaliums, Natriums, Calciums, Magnesiums, Aluminiums, besteht die Hauptmasse unserer bekannten Erdrinde, während von den schweren M.n nur Eisen und Mangan mit ihren kiesel- und kohlensauren Verbindungen als wesentliche Bestandtheile in die Zusammensetzung der gesteinsbildenden Mineralien eingehen. Nur wenige andere Verbindungen schwerer M. sehen wir in namhafter Menge in den Gesteinen der Erde verbreitet, so Magneteisenstein als wesentlichen Bestandtheil basaltischer Gesteine, mit Chromeisenstein in den Serpentinen, die Titansäure in ihren Verbindungen mit Kalkerde und oxydirtem Eisen durch viele Silikatgesteine des verschiedensten Alters, den Eisenglimmer im Eisenglimmerschiefer, Schwefelkies, Kupfererze häufig in Grünsteinen, Zinnstein in manchen granitischen Gesteinen, Gneis und Glimmerschiefer. Alle übrigen schweren M. und ihre Verbindungen finden wir dagegen nur auf besonderen Lagerstätten, sogenannten primären, auf Erzlagern und Erzgängen, oder auf sekundären, durch Zerstörung der ersteren entstandenen, in beträchtlicher Menge koncentrirt. Wahrhaft primär sind aber auch unter den ersteren wohl nur die Imprägnationen der Silikatgesteine durch Erze; selbst die Erzlager der krystallinischen Schiefer sind schon das Produkt einer Umbildung, die Gänge nach dem gegenwärtigen Stand unseres Wissens das Produkt von Mineralquellen, zum großen Theil wohl Thermen, welche das, womit sie die Spalten ausfüllten, aus den Gesteinen auslaugten, durch welche sie ihren Weg nahmen. Von den Erzlagern der sedimentären Bildungen versteht sich die Bildung auf nassem Wege von selbst; welchen Antheil an ihrer Bildung der Verwesungsprozeß organischer Stoffe nahm, zeigt uns die so häufige Vererzung organischer Körper. Auf diesen Erzlagerstätten finden sich die Erze, bei Gängen die Gangarten oft mit gewissen Mineralien verbunden, so Zinnstein und Gold mit Quarz, letzterer dabei stets mit Schwefelkies (s. *Erzlagerstätten*). Es darf uns nach Vorstehendem nicht auffallen, daß die ältesten Bildungen der Erde, krystallinische wie sedimentäre, sogenanntes Urgebirge, wie Uebergangsgebirge, die meisten und reichsten Erzlagerstätten führen; dann verknüpfen sich aber wieder reiche primäre Erzlager mit dem Gabbro der sekundären Zeit (in Italien) u. mit den trachytischen Grünsteinen der tertiären Zeit (Ungarn, Siebenbürgen); nur das Zinn und seinen Begleiter, das Wolfram, kennt man nur im krystallinischen und Uebergangsgebirge. Diesen beiden und dem Kulm des Antimons gehören auch die Hauptlagerstätten des Goldes an. Nur bis zum Kohlengebirge kennt man bauwürdige Quecksilbererze, Kobalt und Nickel, begleitet vom Wismuth, überhaupt nur bis zum unteren Zechstein, auch bauwürdige Kupfererze bis zur Trias, ebenso Blei und Zink, Eisen- und Manganerzgänge, während die Imprägnation der Gesteine mit Eisenerzen bis zu den Laven, die Absätze des Raseneisensteins bis in die Sümpfe der Gegenwart reichen. Auf den wichtigen Erzgängen im trachytischen Grünstein Ungarns erscheinen noch einmal Gold, Silber, Wismuth mit Tellur und den Verbindungen von Arsenik, Antimon, Kupferblei. Das junge Schuttland der Seifengebirge ist aber die reichste Lagerstätte des Goldes (Goldsand), die einzige des aus Serpentin stammenden Platins und seiner Begleiter und die, welche das reinste Zinn liefert. Außerdem findet sich noch Metallgehalt in unendlich vielen Mineralien, welche zum größeren Theil von demselben ihre oft so glänzenden und intensiven Färbungen erhalten, denn wenn auch unter den Farben der M. selbst die reinen Roth, Blau, Grün 2c. fehlen, so werden gerade sie an andern Mineralien durch die verschiedenen Zustände, in denen die M. sich mit ihnen verbinden, hervorgebracht, wie das Roth des Granats und Rubins, das Blau des Sapphirs, das Grün des Smaragds und der meisten übrigen Metalloxyde durch Eisenoxydul 2c. Endlich haben auch viele Gewässer (Mineralwässer) Metallgehalt, wie namentlich die Stahlquellen, die Cämentwässer 2c. Aber nicht bloß im Mineralreiche sind die M. verbreitet, sondern auch in beiden organischen Reichen, u. zwar in nicht geringer Menge. So erscheinen im Pflanzenreiche die Alkalimetalle Kalium, Natrium, Calcium, Magnesium, sowie Eisen und Mangan. Im Thierreiche spielt das Eisen eine hochwichtige Rolle namentlich im Blute, mit ihm aber auch alle übrigen M. der Pflanzenasche.

Die *geographische Verbreitung* der M. ist bis jetzt vorzugsweise in den gemäßigten und Tropenzonen beobachtet und untersucht worden, während die kalte Zone in dieser Beziehung noch wenig durchforscht ist. Am wenigsten ermittelt ist das Vorkommen jener M., deren Verwendung eine beschränkte ist. Mit Ausnahme des Platins und seiner Begleiter, des Tellurs, des Wismuths, Urans, der Cer- u. Tantalmetalle, die nur von sehr vereinzelten, über die Erde zerstreuten Punkten bekannt sind, haben alle übrigen schweren M. eine ziemlich allgemeine Verbreitung. Unter ihnen sind Kupfer, Gold und Silber von einer Verbreitung, die nur von der des Eisens übertroffen wird. Endlich reicht die Verbreitung der M. auch noch über die Erde hinaus und wird sogar eine kosmische im Eisen, Kobalt, Nickel, Mangan, Chrom, Kupfer, Arsenik und Zinn, welche sämmtlich in den Meteorsteinen (s. d.) aufgefunden worden sind, so daß diese ebenso wie die mit vorkommenden Kalium, Natrium, Schwefel, Phosphor und Kohlenstoff, als kosmische Elemente erkannt werden müssen. Was endlich die *Menge* und die *Häufigkeit* anlangt, in welchen die M. auftreten, so nimmt den ersten Rang unbestritten das *Eisen* ein. Von den ältesten Gesteinen an bis zu den jüngsten tritt es in den verschiedensten Gestalten u. unter den verschiedensten Verhältnissen auf, u. als Gemengtheil krystallinischer Massengesteine hat es Antheil an der Zusammensetzung mächtiger Gebirge. Von den ältesten Gesteinen bis zu den jüngsten, die sich meist unter unsern Augen bilden, tritt das Eisen in den verschiedensten Gestalten, Verhältnissen und Mengen auf, von den zu Magnetbergen anschwellenden Eisenlagern im Urgebirge des Urals und Kaplandes bis zu den geringen Spuren, in denen es die verschiedensten Gesteine durchdringt. Auf Lagerstätten der verschiedensten Art sind dazu seine zum Verhütten brauchbaren Erze über die ganze Erde verbreitet und werden auch von den ersten Kulturvölkern bis zu den Negerstämmen Afrika's herab verarbeitet. England hat hierin alle Völker überflügelt, Nordamerika und Belgien folgen ihm. Deutschland hat die frühere Blüthe seiner Eisenindustrie nur in der Erzeugung des Stahls wieder erreicht: Schweden liefert nach wie vor das trefflichste Eisen. Dem Eisen folgt an Häufigkeit das **Kupfer**, das noch früher als jenes verarbeitet wurde, für sich sowohl, wie mit Zinn, auch Zink zur härteren Bronze legirt. Cypern, Oberitalien, Spanien lieferten den Alten die nöthigen Kupfererze, jetzt sind es Schweden, England, Sibirien, China, Japan und vor Allem Nordamerika, welche Kupfer liefern, letzteres Land das gediegene am massenhaftesten. Das zu seinen Legirungen so nöthige **Zinn** liefert wie im Alterthum noch gegenwärtig England, in noch größeren Mengen aber Banka und Malakka, einiges auch das Erzgebirge; das meiste **Zink**, welches die Alten schon im Galmei zu verwenden wußten, Preußen und Belgien; **Nickel** Norwegen und Deutschland, ebenso **Kobalt**. Dem **Gold**, welches der Mensch zuerst zu verarbeiten gelernt, ist er von den ältesten Zeiten an über die ganze Erde nachgezogen, vom Zuge der Argonauten nach dem goldenen Vließ am Phasis bis auf diese Tage, wo der Strom nach Kalifornien u. Australien noch fortgeht. Mit dem Gold hat man in Neugriechenland, Brasilien, am Ural das **Platin** erst spät gefunden und spät benutzen gelernt. Dem **Silber**, an dem im Alterthum Griechenland u. Spanien so reich waren, und dessen Bergwerke die sächsischen Fürsten so reich machten, ist der Spanier nach Mexiko und Peru nachgezogen, der Nordamerikaner in öde Felsengebirge, wo die Entdeckung von Silberminen in wenig Jahren den neuen Staat von Colorado hervorrief. Vom **Quecksilber**, das zu der Gewinnung von Gold und Silber nothwendig ist, kommt fast der ganze Bedarf aus Almaden in Spanien, Neualmaden in Mexiko und Idria in Krain. Das **Antimon** gehört zu den nicht häufigen M.n, doch liefern uns dasselbe die preußischen Rheinlande, Sachsen, der Harz, Ungarn, Frankreich, Algerien; auch der **Kobalt** (Norwegen, Deutschland) ist selten; eins der am wenigsten vorkommenden M. ist der **Wismuth**, den fast allein Sachsen versendet.

Der phantastischen Naturanschauung neuplatonischer Philosophen und Alchemisten dürfte die Benennung der M. mit den Namen der Gestirne entstammen, ihre Anwendung reicht nicht einmal mit Sicherheit bis auf Geber hinauf. Die Alchemisten gebrauchten folgende Zeichen und Namen für die Hauptmetalle: ☉ = Gold (Helios oder Sonne, Sonntag), ☾ = Silber (Selene oder Mond, Montag), ♂ = Eisen (Mars, Dienstag), ☿ = Quecksilber (Merkur, Mittwoch), ♃ = Zinn (Jupiter, Donnerstag), ♀ = Kupfer (Venus, Freitag), ♄ = Blei (Saturn, Sonnabend).

Die Gewinnung der M. hat anfangs wohl nur in der zufälligen Auffindung gediegener Stücke bestanden, u. ebenso zufällig dürften leichtflüssige Erze im Feuer den Weg gezeigt haben, auf welchem die M. aus ihrer Verlarvung in Erzen befreit u. regulinisch dargestellt werden können. Daher sind auch jene M., die am meisten gediegen oder in leicht aufzubereitenden Erzen vorkommen, wie Gold, Silber, Kupfer, Zinn, Blei, seit den ältesten Zeiten bekannt, und das Eisen, in schwer schmelzbaren Erzen verborgen, tritt erst spät auf den Schauplatz. Die Benutzung der M. in ältester Zeit beschränkte sich auf ihre Verwendung zu Waffen, zu Schmuck, endlich zu Gefäßen u. Tauschmitteln. Diese Verwendungen finden heute noch Statt, aber die Klinge und die Lanzenspitze, die damals aus röthlichem Erze (Kupfer oder Bronze) bestanden, blitzen jetzt im Glanze des Stahls, statt des Pfeils mit eherner Spitze, statt der zusammengeketteten Steine, die von Balisten geworfen wurden, entsendet das Feuerrohr die bleierne Kugel, u. unter rollendem Donner entsaust der eiserne Ball dem Geschütze. Der Schmuck, der um so größer, je massiver er war, hat sich verfeinert zum zartesten Filigran, zur wundervollsten Nachahmung der Natur, zum erhabensten Kunstwerk in Bronze. Das einfache, nur wenigen Zwecken dienende Gefäß hat endlich alle erdenkbaren, die zierlichsten und abenteuerlichsten Formen angenommen und dient allen möglichen Zwecken. Es ist zur komplicirten Maschine, zum Schiff, zum Haus geworden, in Typengestalt hat das Metall das Wort beflügelt, das eisengesponnene Netz der Schienen, das die Entfernungen kürzt, hat uns an Zeit und damit an Macht bereichert, und nachdem Franklins Draht den Blitz gezwungen, den vom Menschen gewiesenen Weg zu gehen, muß heute der elektrische Funken mit Blitzesschnelle Botschaft tragen von einem Ende der Erde zum andern.

Metallgemisch, s. Legirungen.

Metallgold, s. v. a. unächtes Blattgold, s. Goldschläger.

Métalliques (franz., eigentlich rescriptions métalliques, d. i. Schein für klingende Münze), Name der in Frankreich von dem Direktorium 1797 ausgegebenen u. die Mandate (s. d.) ersetzenden Staatspapiere; später der österreichischen Staatsobligationen, welche auf Konventionsmünze ausgestellt u. in solcher verzinst wurden, im Gegensatz zu den in Papiergeld verzinsten und realisirten, sowie der russischen auf Silberrubel lautenden und in Silbermünze verzinsten Staatspapiere im Gegensatz zu den auf Bancoassignationen ausgestellten und in solchen verzinsten.

Metallmoor (moiré métallique, crystallized tin plate), eine in Holland erfundene und von Alard in Paris 1818 verbesserte Methode, auf Weißblech perlmutterartig schimmernde Zeichnungen hervorzubringen, die auf der Eigenschaft des Zinns beruht, nach dem Schmelzen beim Erkalten zu krystallisiren. In der Pharmacie heißen M.e, gleichbedeutend mit **Aethiops**, mehre schwarze pulverartige Präparate, in denen allen, mit Ausnahme des Eisenmoors, des Platinmoors und des vegetabilischen Moors, mehr oder weniger das Quecksilber als Agens mit eintritt; s. die betreffenden Artikel.

Metallochromie (v. Griech.), s. Galvanische Färbung der Metalle.

Metallodynie (v. Griech.), der Metallschmerz, ein Schmerz von nachtheiliger Einwirkung eines Metalls, z. B. die Bleikolik, die Merkurialkrankheit.

Metallographie (v. Griech.), Beschreibung der Metalle; auch die von Nik. Zach in München 1850 erfundene Kunst, Zeichnungen auf Metall statt auf Holz zu bewirken.

Metalloide (v. Griech.), alle nicht metallischen Elemente, deren man jetzt 13 zählt, nämlich Sauerstoff, Wasserstoff, Stickstoff, Schwefel, Selen, Chlor, Brom, Jod, Fluor, Phosphor, Bor, Kiesel, Kohlenstoff. Fünf M. sind gasförmig, nämlich: Sauerstoff, Wasserstoff, Stickstoff, Chlor und Fluor, das Brom allein ist flüssig, Jod, Phosphor, Schwefel u. Selen sind schmelzbar und flüchtig, Kohlenstoff, Bor und Kiesel höchst feuerbeständig. Die M. sind im Allgemeinen durchsichtig od. durchscheinend, schlechte Leiter der Wärme und Nichtleiter der Elektricität. Chlor, Fluor, Brom, Jod, Schwefel, Selen und Sauerstoff bilden die Gegensätze zu den eigentlichen Metallen, man hat sie gemeinschaftlich Chloroïde od. Oxygenoïde genannt und die übrigen, die keine so auffallende chemische Aehnlichkeit unter einander zeigen, als M. im engern Sinn zusammengefaßt.

Metallurgie (v. Griech), im allgemeinen Sinn die Lehre von den chemischen u. mechanischen Prozessen, durch welche die nutzbaren Metalle, z. B. Silber, Antimon, Blei, manche Metalloïde, z. B. Schwefel, u. gewisse Verbindungen derselben, z. B. Schwefelantimon, aus ihren natürlichen Verbindungen (Erzen) dargestellt werden. Die Lehre von der mechanischen Aufbereitung der Erze gehört daher in das Gebiet der allgemeinen M. Die M. im engeren Sinn lehrt vorzugsweise die wissenschaftlichen Grundsätze kennen, auf welchen die Abscheidung der genannten Substanzen aus ihren Erzen im Großen (hüttenmännisch), meist durch chemische Operationen (Hüttenprozesse), seltener durch mechanische Manipulationen, beruht, sie handelt von den Erscheinungen in den Hütten, in denen die Darstellung der Metalle 2c. erfolgt. Die Hüttenkunde beschreibt die auf diesen Grundsätzen basirenden metallurgischen Operationen, wie sie an verschiedenen Orten ausgeführt werden. Die metallurgische Hüttenkunde endlich hat es mit der Entwickelung und der Anwendung der metallurgischen Principien auf die Ausscheidung der nutzbaren Metalle aus den Erzen auf den verschiedenen Hüttenwerken zu thun. Vergl. Lampadius, Handbuch der allgemeinen Hüttenkunde, Göttingen 1817 bis 1827, Suppl. 2 Bde. 1818 u. 1826; Die neueren Fortschritte im Gebiet der gesammten Hüttenkunde, Freiberg 1839; Karsten, System der M., Berlin 1831 und 1832; Rammelsberg, Lehrbuch der chemischen M., das. 1850; Scheerer, Lehrbuch der M. mit besonderer Hinsicht auf chemische und physikalische Principien, Braunschweig 1848, 1853 ff.; Plattner, Vorlesungen über allgemeine Hüttenkunde, herausgegeben von Richter, Freiberg 1859 und 1861; Kerl, Handbuch der metallurgischen Hüttenkunde, das. 1861.

Metamerie (v. Griech.), s. Isomerie.

Metamorphismus der Gesteine, die Umbildung eines Gesteins in ein anderes, ist das für die Gesteine, was die Afterkrystallbildung oder Pseudomorphose für das einzelne Mineral ist. Im weitesten Sinne begreift man darunter alle Veränderungen, welche Gesteine seit ihrer ursprünglichen Ablagerung betroffen haben, so die Veränderung der Gesteine durch die Einwirkung der Atmosphärilien, oder die Verwitterung, die Verdichtung des Thonschlamms zu Schieferthon u. Thonschiefer, des kalkigen Thonschlamms zu den verschiedenen Mergeln, des Kalkschlamms zu Kalkstein, die Umänderung der vegetabilischen Substanz in Torf, Braunkohle, Steinkohle und Anthracit, die Umbildung des Anhydrits durch Wasseraufnahme in Gyps. Im engeren Sinne begreift man unter Gesteinsmetamorphose aber nur die Umbildung unkrystallinischer Gesteine in krystallinische, insbesondere die neptunischer Sedimente in krystallinische Kalke, Dolomite und krystallinische Silikatgesteine. Schon Hutton, ein Zeitgenosse Werners, und die schottische geologische Schule (Playfair, später Macculloch, Boné u. A.) nahmen an, daß alle krystallinischen Marmore aus dichten Kalksteinen, alle krystallinischen Schiefer, wie Glimmer-, Chlorit-, Kalkschiefer, Gneis, aus thonigen und sandigen Absätzen im Grunde des Meeres entstanden seien. Hutton suchte den Grund der Metamorphose in der Einwirkung der Hitze im heißflüssigen Zustande aufgestiegener Eruptivmassen auf Sedimente. Sir James Hall unterstützte die huttonsche Ansicht durch seine interessanten Versuche, durch welche er selbst die Möglichkeit der Umbildung von kohlensaurem Kalk, Kreidepulver, Muschelschalen und Kalkstein in Marmor nachwies, indem er dieselben beim Schmelzpunkt des Silbers und bei dem hohen Druck von 80—240 Atmosphären, wodurch die Kohlensäure zurückgehalten wurde, umschmolz. Diese Versuche sind später mehrfach bestätigt worden, zuletzt durch G. Rose, der insbesondere aus Aragonit durch Umschmelzen innerhalb eines durch einen eingeriebenen Stöpsel geschlossenen Porzellangefäßes im Feuer des Porzellanofens einen dem carrarischen ähnlichen Marmor erhielt. Auch die Möglichkeit einer Umbildung dichter Gesteine in krystallinisch-körnige gemengte Gesteine durch langsame Abkühlung geschmolzener Massen der ersteren wies Hall nach, Versuche, welche später Gregory Watt weiter ausführte, indem er zeigte, daß man nicht einmal ein Gestein bis zum Schmelzen zu erhitzen braucht, um es in ein anderes Gestein von wenn auch gleicher Elementar-, doch verschiedener Mineralzusammensetzung umzubilden. Ist dadurch auch die Möglichkeit einer Umsetzung thoniger und sandiger Gesteine in krystallinische Schiefer, wenn erstere die nöthigen Alkalien und sonstigen Basen enthalten, nachgewiesen, so hat sich doch die Verbindung, in welche diese sogenannte plutonische Theorie des M. d. G. die Gesteinsumwandlung mit geschmolzenen (plutonischen) Gesteinen bringt, nicht bestätigt, denn die Einwirkungen der letzteren erstrecken sich nicht weit genug, um die großartigen metamorphischen Prozesse zu erklären, aus denen die ausgedehnten krystallinischen Schiefergebiete hervorgegangen sein müssen. Nicht selten lagern dazu zwischen jenen sogenannten metamorphischen Gesteinen u. den sogenannten plutonischen, wie Granit, oder zwischen ersteren selbst vollständig unveränderte Versteinerungen. Auch erklärt jene Theorie nicht die Aufnahme von der ursprünglichen Gesteinsmasse fremden Substanzen in die umgewandelten. Im Jahre 1822 brachten L. von Buchs Untersuchungen des Fassathales neues Leben in die Frage nach dem fast verschollenen

M. d. G. Er fand im Gebiete der kolossalen Dolomitkofel überall den Augitporphyr unter ihnen hervortretend. Dies in Verbindung mit dem eigenthümlichen Auftreten des dortigen Dolomits führte ihn zu der Ansicht, daß derselbe aus Kalkstein hervorgegangen sei, den Magnesiadämpfe in Dolomit umgewandelt hätten, u. das Eindringen der Magnesiadämpfe selbst brachte er in Verbindung mit den Eruptionen des sogenannten Melaphyrs (Augitporphyrs). Das Auftreten des Dolomits mitten im Schichtenverband ungestörter neptunischer Ablagerungen, entfernt von allen Eruptivgesteinen, selbst in tertiären Süßwasserablagerungen bei Ulm, u. die Auflagerung des Augitporphyrs auf vollständig unveränderten Kalksteinen haben nach manchen Kämpfen den Gegnern jener Theorie einer Bildung des Dolomits durch Einwirkung von Dämpfen auf Kalkstein zum Sieg verholfen. Dafür, daß wirklich Metamorphosen petrefaktenführender Sedimente in krystallinische Gesteine Statt gefunden haben, liegen allerdings mannichfache Beweise vor. So gehen im Voigtland, in der Bretagne u. an a. O. Thonschiefer in Berührung mit Granit in Flecken- und Chiastolithschiefer, in Glimmerschiefer und Cornubianite, verworren schuppigkörnige gneisartige Gesteine, im Harz in Hornfels über. Im südlichen Norwegen wandeln sich versteinerungsführende Kalksteine, Thonschiefer mit Kalkknoten und reine Thonschiefer gegen die Granitgrenze immer mehr in krystallinische Kalke, Kieselkalke, Granatfels, Glimmerschiefer- und Gneisgesteine um, u. dabei entwickeln sich zahlreiche, den ursprünglichen Sedimenten als solchen fremde, krystallisirte Mineralien: Granat, Epidot, Skapolith u. a., in ihnen u. sammeln sich Erze, wie Magneteisen und Kiese, zu Lagern und kleinen Quarzen. Wie wir so in horizontaler Richtung Uebergänge nichtkrystallinischer Sedimente auch in krystallinische Gesteine finden, so gehen beide auch in vertikaler Richtung in einander über u. das nicht selten, ohne daß wir ein Gestein wahrnehmen, dem wir die Metamorphose zuschreiben könnten. Studer u. Escher von der Linth haben in den Schweizeralpen, Dufresnoy in den Pyrenäen, Delesse in den Vogesen, Andere an andern Orten viele solcher Gesteinsmetamorphosen nachgewiesen, und es steht wohl fest, daß krystallinische Gesteine aus neptunischen Sedimenten entstanden und auch die eruptiven Massen von mannichfachen Umänderungen betroffen worden sind. Doch bleibt es mehr als zweifelhaft, ob man berechtigt ist, diesen Ursprung allen krystallinischen Schiefergesteinen, namentlich denen, die evident unter den bekannten ältesten versteinerungführenden Schichten lagern, zuzuschreiben und sie mit Lyell metamorphische Gesteine zu nennen. Die rein plutonische Theorie, noch mehr ihre Erweiterung durch Annahme einer mit den Eruptionen gleichzeitigen Injektion von Kiesel-, Feldspath- und andern Massen auf feurig-flüssigem Wege, um daraus die Umbildung eines Gesteins in ein nicht bloß mineralogisch, sondern auch chemisch verschiedenes Gestein zu erklären, hat gegenwärtig kaum noch einen Vertreter. Die poetisch-naturphilosophische Ansicht, welche aus innerer Lebensthätigkeit in den Gesteinen selbst deren Metamorphose erklären wollte, beruht wohl auf den richtigen Beobachtungen, daß solche Umbildungen ohne sichtlichen Zusammenhang mit eruptiven Massen auftreten, verdient aber übrigens auf dem heutigen Standpunkt der Wissenschaft kaum der Erwähnung. Andere, wie Keilhau, der durch seine Studien im südlichen Norwegen die Kenntniß der Thatsachen wesentlich förderte, versuchten überhaupt keine Erklärung derselben. Wie im Beginne Hall und Watt auf dem Wege physikalisch-chemischer Untersuchung nach einer Erklärung des M. suchten, so auch die Neuzeit, unterstützt durch die mächtigen Fortschritte, welche seitdem die chemische Wissenschaft gemacht, zu einer Einigung ist es aber noch nicht gekommen; nicht allein, daß über den Umfang metamorphischer Prozesse noch die größten Widersprüche herrschen, es herrscht auch unter den Anhängern des M. d. G. selbst großer Widerspruch über die wirksamen Ursachen desselben. Die Einen verwerfen mit Bischof alle Nothwendigkeit, eine Mitwirkung von Hitze und hohem Druck anzunehmen, und lassen alle Umbildungen nur durch das auch die dichtesten Felsmassen durchsickernde Wasser (Gebirgsfeuchtigkeit) vollbracht werden, indem es die Stoffe auflösend aufnehme, die es dann in andern Gesteinen wieder absetze, durch Austausch, Verdrängung &c. neue Mineralien bildend u. so die Gesteine metamorphosirend, so daß durch das Wasser Thonschiefer selbst zu Granit erhoben werden könne. Schlagend sind allerdings die Beweise Bischofs, mit denen er in den scharfen Grenzen zwischen den als Eruptivgesteinen betrachteten u. durch sie metamorphosirten Gesteinen die Unmöglichkeit nachzuweisen sucht, daß fremde Stoffe in das Nebengestein eindringen konnten, welche die Verkieselung der Nachbargesteine, Bildung von Feldspath u. andern Fossilien, an deren wesentlichen Bestandtheilen die Nachbargesteine arm waren, zu bewirken vermocht hätten, und darlegt, wie dies nur dem Wasser möglich ist. Ebenso zeigt er den Widerspruch, daß hier durch den hohen Druck die Kohlensäure in dem zu Marmor umgewandelten Kalk zurückgehalten worden sein soll, und doch wieder dort so viel weniger flüchtige Stoffe, wie Magnesia, Kieselerde &c., trotz dieses Drucks sich verflüchtigt und in die Nachbargesteine verbreitet haben sollen. Eine dritte Theorie verknüpft die Gegensätze des Plutonismus und Neptunismus mit einander, indem sie wohl alle jene metamorphischen Wirkungen mit Bischof als durch das Wasser hervorgebracht ansieht, aber Wasser unterstützt durch Hitze und hohen Druck, wie wir es noch jetzt in den Vulkanen so großartig thätig sehen; Cotta hat diese Theorie passend die hydroplutonische genannt. Welch kräftig um- und neubildendes Agens das Wasser im überhitzten Zustand, weil unter Druck, ist, geht aus Daubrée's Versuchen hervor. Daubrée wandelte durch die Wirkung von Wasser, das er in zugeschmolzenen Glasröhren überhitzte, die Substanz der letztern in Wollastonit unter Ausscheidung von krystallisirtem Quarz um, verwandelte das gleichförmige Glas des Obsidians darin in feinkörniges Feldspathgestein, Kaolin in Gegenwart eines Alkalisilikats wieder in Feldspath u. erhielt in Gegenwart von Eisenoxyd Diopsid. Scheerer erklärt die Bildung der zahlreichen Mineralien im Kontakt von kalkhaltigen Thonschiefern mit granitischen Gesteinen aus einem Schmelzen der Gesteinsmassen im überhitzten Wasser und darauf folgender Krystallisation. Noch sind die Akten über diese Vorgänge nicht geschlossen; es wird noch vieler Untersuchungen bedürfen, ehe die Frage des M. d. G. und seiner Ursachen gelöst sein wird; aber man ist wieder eingelenkt auf den einzig richtigen Weg, der zum Ziel führen kann, den des physikalischen und chemischen Experiments und der chemischen Analyse. Ueber die wichtigen metamorphischen Wirkungen vulkanischer Gase, des Wasserdampfs, der Chlorwasserstoffsäure, des Schwefelwasserstoffs und der Kohlensäure, Bunsens pneumatolytischen M. d. G., s. Vulkane.

Metamorphopsie (v. Griech.), ein Sehfehler, wobei die äußeren Gegenstände in ihrer Gestalt und Größe verändert erscheinen.

Metamorphose (v. Griech.), jede Verwandlung in eine andere Gestalt oder Umgestaltung, besonders in der Mythologie die zahlreichen Sagen u. Fabeln von Verwandlungen von Menschen in Thiere, Bäume ꝛc. Viele derselben mögen durch Beobachtung der Erscheinungen in der Natur, andere durch allegorische Darstellungen der plastischen Kunst, wie durch die Bildersprache der Dichter, nicht wenige auch durch den Hang, natürliche, aber auffallende Ereignisse ins Uebernatürliche hinüberzuziehen, hervorgerufen worden sein. Später erfand man auch dergleichen Erzählungen zum Behuf moralischer Belehrung. Am reichsten ist der Orient an solchen Dichtungen; dann aber bietet auch die Mythologie der Griechen und Römer eine lange Reihe solcher M.n dar, welche von den Dichtern vielfach behandelt worden sind. Aus der griechischen Literatur gehören hierher vornehmlich die Dichter, Sophisten, Rhetoren und Grammatiker des alexandrinischen Zeitalters, aus deren Werken uns in des Antoninus Liberalis „M.n“ Fragmente erhalten sind. In der römischen Literatur ragen vor Allem Ovidius' M.n hervor. Auch die deutsche Literatur hat der Volksmärchen, worin allerlei Verwandlungen eine Hauptrolle spielen, genug, und Wieland und besonders Herder in seinen „Paramythien“ haben gezeigt, daß diese Sagen sich nicht weniger als die morgenländischen und altklassischen zur dichterischen Bearbeitung eignen. Vgl. Mellmann, De causis et auctoribus narrationum de mutatis formis, Leipz. 1786.

In der Zoologie nennt man M. das Durchlaufen der Insekten ihrer vier Lebensperioden als Ei, Larve (Raupe, Made), Puppe und vollkommenes Insekt (s. Insekten); bei den Pflanzenthieren und Eingeweidewürmern den sogenannten Generationswechsel, welcher darin besteht, daß sich das Mutterthier nicht in seiner eigenen Brut, sondern erst in seinen Nachkommen des zweiten, ja bisweilen des dritten Grades wiederholt (s. Echinodermata, Quallen und Polypen); in der Botanik die Veränderung, welche ein und dasselbe Organ auf den verschiedenen Lebensstufen der Pflanze erleidet, wie das Blattorgan, das zuerst als Samenblatt auftritt, dann als Laubblatt erscheint und immer weiter hinauf am Pflanzenstengel in Deckblatt, Kelchblatt, Blumenblatt, Staubblatt und Fruchtblatt umgewandelt wird (vergl. Goethe, Ueber die M. der Pflanze, Gotha 1790); in der Geognosie und Mineralogie die Umwandlung der Gesteine (s. Metamorphismus der Gesteine); in der Chemie jede derartige Veränderung organischer Verbindungen, wodurch eine neue Anordnung ihrer Elemente veranlaßt wird, z. B. des Stärkmehls in Gummi ꝛc.

Metamorphosentheater (v. Griech.), s. Marionetten.

Metanoia (griech.), Reue; daher unter den byzantinischen Kaisern Verwahrungsort für solche Personen, welche Buße thun mußten.

Metapher (v. Griech., lat. translatio), in der Rhetorik die Vertauschung des eigentlichen Ausdrucks mit einem bildlichen, z. B. Hafen für Zuflucht. Wird die M. länger und zieht sie sich durch mehre Vorstellungen hin, so wird sie zur Allegorie (s. d.).

Metaphosphorsäure, s. Phosphorsäure.

Metaphrase (Metaphrasis, griech.), die Umschreibung od. wortgetreue Uebersetzung einer Schrift in eine andere Sprache; besonders Uebertragung eines Gedichts in Prosa, vergl. Paraphrase.

Metaphrast (v. Griech.), jeder Verfasser einer Lebensbeschreibung von Heiligen, nach einem gewissen Simeon Metaphrastes, der im 10. Jahrhundert ein umfassendes Werk über das Leben der Heiligen verfaßt hat.

Metaphysik (v. Griech.), die Wissenschaft von den Grundgesetzen des Seins und Lebens. Der Name soll zufällig entstanden sein, indem ein Theil der Schriften des Aristoteles, welcher Untersuchungen über die höchsten theoretischen Begriffe enthält, als der *μετὰ τὰ φυσικά*, d. h. auf die physischen Bücher folgende, bezeichnet wurde. Bei den Alten ist der Name M. nicht gewöhnlich gewesen, weil sie unter Physik nicht, wie die Neuern, die erfahrungsmäßige Auffassung der Naturerscheinungen und die mathematische Bestimmung ihrer Gesetze, sondern die Untersuchungen von den den Erscheinungen zu Grunde liegenden Realprincipien, also das, was wir oben M. nannten, verstanden. Die Sache ist demnach älter als der Name, und das Bedürfniß metaphysischer Forschung hat sich stets darauf gegründet, daß die Begriffe, durch welche die Welt der Erscheinungen aufgefaßt wird, sich unzureichend und mangelhaft zeigen und daher eine Berechtigung, Erweiterung u. Umbildung durch ein Denken verlangen, welches zwar über die Erfahrung hinausreicht, aber doch von derselben ausgeht. Es entspringt nun alles metaphysische Denken nothwendig aus dem Zweifel oder der Skepsis, durch welche die Haltbarkeit der gemeinen Weltansicht geprüft und die Wissenschaft selbst vorbereitet werden soll. Wird aber mit Willkür der Zweifel zum Zwecke selbst gemacht, so entsteht der Skepticismus, der ebenso verwerflich ist wie der ihm entgegengesetzte Dogmatismus, welcher ein Lehrgebäude aufführt, ohne den Grund vorher zu untersuchen. Zwischen beiden Extremen steht die exakte Methode, deren Konstruktion durch die Skepsis kritisch vorbereitet werden muß. Somit entsteht als erster Hauptheil der M. die Methodologie, die Lehre davon, auf welche Weise die Untersuchung zu beginnen und fortzuschreiten hat. Sie ist darauf berechnet, den von der Erfahrung ausgehenden Forscher zu dem Seienden, dem Realen, hinzuführen. Der zweite Hauptheil der M. ist die Ontologie, die Lehre vom Sein und wirklichen Geschehen. Hat man durch dieselbe ein Seiendes als Grund der Erscheinungswelt gefunden, so entsteht die Frage nach der Möglichkeit der Erscheinung der Dinge und unseres Wissens von ihnen, welche Frage der dritte Hauptheil der M., die Eidolologie, zu beantworten hat. Daß das Ich etwas Reales sei, behauptet der Idealismus (s. d.), der sogar so weit geht, alle Realität außer dem Ich zu leugnen; daß die Natur des Ich bloß formal sei, sagt der Realismus (s. d.), dem damit freilich die Aufgabe zufällt, die Möglichkeit des Wissens nachzuweisen. Will die M. als rationaler Realismus den Idealismus gänzlich aufgeben, so hat sie noch die objektive Bedeutung der objektiven Formen des Scheins und scheinbaren Geschehens darzuthun, und so entsteht der vierte Haupttheil derselben, die Synechologie, die Lehre von der scheinbaren Kausalität, von Raum und Zeit u. der Entstehung der räumlichen u. zeitlichen Formen der Materie. Sind diese Punkte erledigt, so kann die Synechologie noch die Entscheidung der großen dialektischen Frage versuchen, ob die Welt dem Raum und der Zeit nach in Grenzen eingeschlossen oder unendlich sei und ob sie der Zeit nach einen Anfang habe oder nicht. Die Antwort hierauf wird verschieden ausfallen, je nachdem die Lösung der vorhergegangenen Probleme zu verschiedenen Resultaten geführt hat. Dasselbe gilt von der am Schluß der M. auftauchenden Frage, ob die uns erfahrungsmäßig vorliegende Welt von selbst entstanden, ob sie das Produkt eines Zufalls oder der Nothwendigkeit oder das Werk einer vernünftigen Intelligenz sei. Hiermit ist der Uebergangspunkt von der M. zur Religionsphilosophie gegeben.

Da die M. es mit Begriffen zu thun hat, die gleichsam das Knochengerüst aller theoretischen Erkenntniß bilden und von allen übrigen theoretischen Wissenschaften vorausgesetzt werden, mit den Begriffen des Seins und des Werdens, der Kraft und des Stoffs, des Raumes und der Zeit rc., so sind die metaphysischen Untersuchungen von jeher das Gebiet gewesen, auf welchem sich die Gegensätze der philosophischen Systeme vorzugsweise begegnen mußten, und die Geschichte der M. ist geradezu die Geschichte der theoretischen Spekulation selbst. Die Probleme, deren Lösung in neuester Zeit die Denker in Anspruch nahmen, finden sich beinahe vollständig schon in der griechischen Philosophie vor Socrates, und ihre Bearbeitung führte zu gerade so entgegengesetzten Resultaten, wie sie die Philosophie des Mittelalters u. der neuen Zeit gebracht hat. Plato und Aristoteles suchten nach einer Vermittelung dieser spekulativen Gegensätze, und der große Einfluß, welchen der letztere während des Mittelalters behauptete, war auch die Ursache, daß die von ihm aufgestellten metaphysischen Grundbestimmungen in den nach ihm ausgebildeten Systemen bis auf Leibniz und Wolff herab für die Untersuchung maßgebend waren. Im Mittelalter wurde, zunächst durch die bestimmte Rücksicht auf die christliche Religion und durch die im kirchlichen Dogma befangene Scholastik, die Unbefangenheit der Forschung getrübt und dieselbe in ganz ungeeignete Bahnen eingelenkt (s. Scholastik); weiterhin wuchs die Kenntniß der Natur, und so manche bisher für unumstößlich gehaltene Meinung zeigte sich in Folge davon als unhaltbar, und als vollends gar M. und Psychologie vermischt wurden, trat eine solche Verwirrung über die Aufgabe und die Hülfsmittel der ersteren Disciplin ein, daß die einfachen Probleme, welche die alten Denker beschäftigt hatten, ganz unkenntlich wurden und die Spekulation auf immer neue Abwege gerieth. Die Unsicherheit und Schwierigkeit der metaphysischen Erkenntniß erzeugte und nährte überdies den Skepticismus, der an der Möglichkeit der Erkenntniß objektiver Wahrheit überhaupt verzweifelte. Als es nicht gelingen wollte, die außer uns liegende Erfahrung befriedigend zu erklären, wendete man sich verdrießlich von dieser Aufgabe ab und (seit Descartes) der Erforschung der Quellen der menschlichen Erkenntniß selbst zu. An die Stelle der M. sollte die sogenannte Transscendentalphilosophie oder Wissenschaftslehre treten, d. h. an die Stelle der Untersuchung über die Natur der Dinge die Untersuchung über die Art und Weise, wie das denkende Subjekt zum Wissen von denselben gelangt. Diese Richtung hatte schon Locke vorbereitet, Kant und Fichte befestigten dieselbe. Der früher vorherrschende Realismus wurde verdrängt, und man leistete voll Resignation Verzicht auf die Erkenntniß der Realgründe der Erscheinungen; dann erhob sich der Idealismus und behauptete die Identität zwischen dem Sein und dem Denken. Hegel und Herbart, in deren Systemen die Gegensätze der Philosophie nach Kant am vollständigsten und deutlichsten hervortreten, erkennen beide an, daß das Bedürfniß der M. auf den in den gegebenen Erfahrungsbegriffen anerkannt liegenden Widersprüchen beruhe; sie unterscheiden sich aber durch die ganz entgegengesetzte Art, in der sie diese Widersprüche behandeln.

Metapolitik (v. Griech.), die Theorie der Politik, die reine, philosophische Staatslehre, die nicht von den bestehenden Staaten ausgeht oder sich auf sie bezieht.

Metapontum, im Alterthum griechische Stadt an der Ostküste von Lukanien am Meerbusen von Tarentum, Grenzstadt gegen Apulien, nach der Sage von Nestor auf seiner Rückkehr von Troja gegründet, wurde nach der Zerstörung durch die Samniter auf Betrieb der Sybariten von einem Haufen Achäer unter Leucippus wieder aufgebaut. Während der Kriege der Römer mit Pyrrhus mußte es sich den Römern unterwerfen, trat aber nach der Schlacht bei Cannä zu den Karthagern über und wird seitdem nicht mehr erwähnt. Schon Pausanias kannte nur noch die Ruinen der Stadt, die nördlich von der Mündung des Basiento noch jetzt vorhanden sind.

Metastase (v. Griech., Umstellung, Versetzung), in der Medicin ganz im Allgemeinen die Ortsveränderung einer Krankheit oder eines Krankheitsprodukts im menschlichen Körper. In früherer Zeit war die Vorstellung außerordentlich verbreitet, daß man gewisse Krankheiten, besonders Hautkrankheiten, nicht durch örtliche Mittel behandeln, nicht vertreiben dürfe, weil sie sich sonst auf innere Organe werfen könnten. Dieser vermeintliche Uebergang einer Krankheit von einem Organ auf ein anderes, weit davon entfernt liegendes bezeichnete man eben als M. Die neuere Medicin hat dergleichen Vorstellungen zum größten Theil als gänzlich unhaltbar nachgewiesen, allein auch sie hat den Begriff der M. beibehalten, wenn auch in sehr eingeschränkter Weise. Bei der M. in dem jetzt gültigen Sinne handelt es sich allemal um eine normwidrige Uebertragung eines bestimmten körperlichen Stoffes von irgend einer Stelle des Leibes nach einer anderen Stelle, wo jener Stoff nicht hingehört und daher die Veranlassung zu Erkrankungen der zweiten Stelle gibt. Das ausschließliche Mittel dieser Uebertragung ist der Blut- und Lymphstrom, hauptsächlich jedoch der erstere. Der Stoff, welcher übertragen wird, muß entweder in Substanz in der Höhle des Herzens und der Blutgefäße enthalten sein, oder er tritt in gelöstem Zustand in den Blutstrom ein, wird in diesem Zustand transportirt und an irgend einer Stelle des Körpers abgesetzt, an welcher er nun aus dem gelösten Zustand in den ungelösten übergeht. Die erstere Form der Uebertragung findet z. B. Statt bei Blutgerinnseln oder anderen festen Stoffen, welche durch den Blutstrom in größeren oder kleineren Stücken fortgeführt und anderswo im Gefäßsystem abgelagert werden (s. **Embolie**). Unter Umständen kommt es dann zur Bildung von **metastatischen Abscessen**. War nämlich der mit dem Blutstrom fortgeführte Stoff von der Art, daß er in Folge seiner mechanischen und chemischen Beschaffenheit einen stärkeren Reiz auf das Organ, in welchem er deponirt wurde, ausübte, so kommt es zur Entzündung, Eiterbildung und zum Zerfall des fraglichen Organs in größerer oder geringerer Ausdehnung. Solche metastatische Abscesse treten bei Herzkrankheiten (die meist im Gefolge eines akuten Rheumatismus auftreten) nicht selten in der Milz und den Nieren, sowie im Gehirn ein; unter etwas anderen Umständen finden sich dergleichen Abscesse in den Lungen, der Leber, dem Herzfleisch 2c. Die zweite Form der M. ist diejenige, wo **gelöste** Stoffe aus einem Körpertheil durch den Blutstrom nach einem andern transportirt und daselbst abgelagert werden. Dies ist z. B. der Fall bei der sogenannten **Kalkmetastase**. Bei massenhafter Aufsaugung von Kalkerde aus den Knochen (wie sie bei ausgebreiteter Caries, bei zahlreichen Knochenkrebsen vorkommt) und gehinderter Ausscheidung derselben durch die Nieren werden nämlich die Kalksalze an anderen Stellen des Organismus abgelagert, z. B. in den Nieren, im Lungengewebe, in der Magenschleimhaut, seltener in der Darmschleimhaut, in der harten Hirnhaut 2c. Hierher gehören auch die vorzugsweise aus harnsaurem Natron bestehenden Ablagerungen, welche bei der Gicht in den Gelenkknorpeln, in den umgebenden Bändern und Sehnen, in den Ohrknorpeln, seltener in der Haut, den Nerven und Gefäßen sich vorfinden.

Metastasio, **Pietro Antonio Domenico Bonaventura**, klassischer italienischer Dichter, geboren am 13. Januar 1698 zu Assisi, war der Sohn eines armen Handwerkers, Namens **Trapassi**, empfahl sich, kaum 10 Jahre alt, durch geschicktes Improvisiren dem berühmten Rechtsgelehrten Gravina und erhielt von diesem die Mittel zu einer wissenschaftlichen Ausbildung in Rom. Gleichzeitig veränderte er seinen Namen. Seit 1721 widmete er sich zu Neapel ganz der Theaterpoesie und ward unter der Leitung der Sängerin Maria Romanino, nachherigen Bulgarelli, der Schöpfer des neuen italienischen Singspiels. Seine „Didone abbandonata“, welche 1724 in Neapel aufgeführt wurde, machte den Verfasser schnell berühmt. Im Jahre 1729 von Kaiser Karl VI. mit einem jährlichen Gehalt von 4000 Gulden zum Hofdichter ernannt, siedelte M. im folgenden Jahre nach Wien über. Als nach dem Tode Karls VI. das Theater geschlossen wurde, dichtete M. eine große Anzahl von Kantaten, von denen sich aber, gleich wie von seinen Opern, nur wenige in der Gunst des Publikums erhalten haben. Auch übersetzte er einige Satiren des Juvenal und des Horaz. Er blieb bis an seinen am 12. April 1782 erfolgten Tod in der Gunst des kaiserlichen Hofes. Im Jahre 1855 ward ihm in der italienischen Kirche zu Wien ein Denkmal gesetzt. Unter den zahlreichen Ausgaben seiner Werke sind die pariser (1780—82, 12 Bde.) und die von Mantua (1816—20, 20 Bde.) hervorzuheben. Sein Leben beschrieben Retger (Wien 1782) und Hiller (Leipzig 1786).

Metasynkrisis (griech.), in der methodischen Schule der Heilkunde Verbesserung der Leibesbeschaffenheit durch Hinaustreibung schädlicher Feuchtigkeiten aus der Haut mittelst Blasenzügen.

Metathesis (griech.), Versetzung; in der Grammatik die Umstellung von Buchstaben, wie man sie häufig bei Verpflanzung von Wörtern in eine andere Sprache bemerkt, z. B. Heracles und Hercules.

Metau, linker Nebenfluß der Elbe im östlichen Böhmen, nimmt den Adersbach auf und mündet nach 9 Meilen Laufs bei Josephstadt.

Metauro, Fluß in Mittelitalien, entsteht aus Meta und Tauro an den Alpi della Luna in den Apenninen, fließt in östlicher, zuletzt nordöstlicher Richtung, nimmt den Cantiano und viele andere Nebenflüsse auf und mündet nach 18 Meilen Laufs südwestlich von Fano in das adriatische Meer. Am M. (Metaurus) erlitt Hasdrubal Niederlage und Tod.

Metaxas, **Andreas**, **Graf**, hervorragender griechischer Freiheitskämpfer und Staatsmann, war geboren 1796 auf der Insel Cephalonia als Sprößling einer sehr alten griechischen Familie, deren Glieder dem letzten Komnenen treu zur Seite standen und sich auch noch später um das griechische Volk in vielfacher Hinsicht verdient gemacht haben. Auf die Kunde vom Ausbruch des griechischen Aufstandes im Peloponnes im März 1821 begab er sich an der Spitze einer auserlesenen und wohl disciplinirten Schaar von 600 jonischen Griechen nach der Halbinsel und focht im Frühjahr 1822 siegreich gegen die Albanesen bei Lala in Elis. Zum Mitglied des peloponnesischen Senats ernannt und mit dem griechischen Bürgerrecht beschenkt, bemühte er sich eifrigst und mit Erfolg, die gegen die Civilregierung feindselige Opposition machenden Militärchefs mit jener zu versöhnen, betheiligte sich dann an der Gesandtschaft, welche die griechische provisorische Regierung im Oktober 1822 nach Verona absandte, um auf dem dort versammelten Fürstenkongreß Griechenlands Sache zu vertreten. Im Jahre 1823 wurde er zum Abgeordneten bei der Nationalversammlung in Astros und bald darauf zum Mitglied des einen Theil der Gesammtregierung bildenden Vollziehungsrathes, sowie zum Regierungskommissär im Lager von Patras ernannt. Die in Folge des Treibens der Oppositionspartei 1824 mehrmals ausgebrochenen inneren Zwistigkeiten bewogen ihn, sich auf längere Zeit von den öffentlichen Angelegenheiten zurückzuziehen, bis es Kolokotronis gelang, seine Ernennung zum Mitglied des Kriegsministeriums durchzusetzen. Bei der Verwüstung Morea's durch Ibrahim Pascha ward besonders durch Kolokotronis' und M.' einmüthiges Zusammenwirken der Muth des Volks aufrecht erhalten und die abermalige Unterwerfung unter das türkische Joch entschieden zurückgewiesen. Als Ibrahims Schaaren das letzte Bollwerk der Griechen, die Stadt und Festung Nauplia, bedrohten, übernahm M. die oberste Civil- und Militärgewalt daselbst, gab aber nach Beseitigung der Gefahr die Gewalt sofort in die Hände der gesetzmäßigen Regierung zurück. Er war es auch, der nach dem Falle Missolunghi's im April 1826 auf die Nothwendigkrit hinwies, die oberste Gewalt in Griechenland einem den Parteien fernstehenden Manne anzuvertrauen, und die Wahl der Abgeordneten auf der Nationalversammlung von Damala im April 1827 auf den Grafen Kapo d'Istrias hinlenkte. Von diesem zum Mitgliede des Panhellenion und zum Kriegsminister ernannt, ließ er sich vornehmlich die Ausbildung der unregelmäßigen Truppenkörper angelegen sein. Nach Aufhebung des Panhellenion ward er Mitglied des Senats und außerordentlicher Kommissär des Peloponnes und mit mehren schwierigen Missionen betraut. Nach Kapo d'Istrias' Ermordung (Oktober 1831) ward er in die aus 7 Mitgliedern bestehende Regierungskommission gewählt, welche das Staatsruder bis zur Ankunft des Königs Otto (Februar 1833) führte. Unter der Regentschaft ward er zum Monarchen von Lakonien und zum außerordentlichen Staatsrath ernannt, und später fungirte er mehre Jahre als griechischer Gesandter zu Madrid und Lissabon. Nach seiner Rückkehr nach Griechenland 1840 erhielt er das Portefeuille des Kriegs, ward jedoch bald darauf zum ordentlichen Staatsrath im Ministerium ernannt, in welcher Stellung er sich namentlich in Betreff der Verfassungsfrage für Griechenland und ihrer nachmaligen Entscheidung in Folge der Septemberrevolution von 1843 um das Land ausgezeichnete Verdienste erwarb. Zum Präsidenten des Gesammtministeriums und Minister des Auswärtigen ernannt, wirkte er nach Eröffnung des Nationalkongresses im November 1843 in diesem im Sinne einer die Rechte des Thrones und die Freiheiten des Volks gleichmäßig wahrenden Politik. Unter Anderem setzte er auch die Zurückberufung der im Auslande weilenden Staatsmänner, z. B. Kolettis', durch, auch wenn sie seine politischen Gegner gewesen waren. Als aber gegen seine Ansicht die Lebenslänglichkeit der Senatorenwürde beschlossen worden, nahm er, überzeugt, daß ihm die Majorität in der Versammlung fortan fehlen werde, noch vor dem Schlusse des Kongresses am 12. (24.) Februar 1844 seine Entlassung als Minister. Aber durch seine Ausscheidung aus der Regierung wurde die Parteispaltung zwischen Maurokordatos und Kolettis noch schroffer. Im Jahre 1847 übernahm M. zwar noch einmal das Portefeuille der Finanzen in dem Kabinet Kolettis, doch gab er es in Folge eingetretener Differenzen mit jenem schon nach einigen Monaten wieder ab. In Rücksicht auf seine großen Verdienste verlieh ihm der König 1849 die Würde eines Generals. Im Jahre 1850 ging M. als Gesandter nach Konstantinopel, wo er bis 1854 blieb und der Interessen Griechenlands u. der in der Türkei lebenden Griechen mit Erfolg sich annahm. Wiewohl er sich aber durch Charakterfestigkeit und diplomatische Gewandtheit bei der Pforte in hohe Achtung gesetzt hatte, vermochte er doch den während des orientalischen Kriegs und in Folge des thessalisch-epirotischen Aufstandes eintretenden Bruch mit der Pforte nicht zu verhindern. Nach Athen zurückgekehrt, lebte er mehre Jahre, von den öffentlichen Angelegenheiten zurückgezogen, als Privatmann und trat erst 1859 wieder an die Oeffentlichkeit, als er vom König, der gewisse Reformen beabsichtigte, den Auftrag erhielt, ein entsprechendes Ministerium zu bilden. Da ihm dies aber nach mehrfachen fruchtlosen Versuchen nicht gelang, gab er den Auftrag in die Hände des Monarchen zurück. Er † in der Zurückgezogenheit von Staatsgeschäften den 8. September 1860 zu Athen.

Metaxylogie (v. Griech.), Abbrechen der Rede durch Uebergehen auf einen andern Gegenstand, von dem man wieder zu dem zuerst besprochenen zurückkehrt.

Metazinnsäure, s. Zinnsäure.

Metelino, Insel, s. Lesbos.

Metellus, angesehene plebejische Familie des berühmt n römischen Geschlechts der Cäcilier, deren hervorragendste Glieder folgende sind:

1) Lucius Cäcilius M., Begründer der Größe des Hauses, schlug als Konsul 251 v. Chr. den karthagischen Feldherrn Hasdrubal bei Panormus in Sicilien und rettete als Pontifex maximus 243 bei einem Brande des Vestatempels mit Verlust beider Augen das Palladium. Sein Sohn, Quintus M., focht 207 in der Schlacht am Metaurus, war 206 Konsul und im folgenden Jahr Diktator, 185 Gesandter an Philipp von Macedonien und an die Achäer.

2) Quintus M., besiegte 148 v. Chr. als Prätor den Andriscus, der sich in Macedonien zum König aufgeworfen hatte, in 2 Schlachten, weshalb er den Beinamen Macedonicus erhielt, schlug sodann den achäischen Bund bei Thermopylä und Chäronea, nahm von Theben und Megara Besitz und feierte im folgenden Jahr einen Triumph über Macedonien. Im Jahre 143 ward er Konsul, 142 kämpfte er gegen Viriathus im diesseitigen Hispanien. Im Jahre 131 Censor mit Quintus Pompejus (Beide die ersten Censoren aus dem Bürgerstande) stellte er den Antrag, um der Bevölkerung willen die Bürger zum Heirathen zu zwingen. Lucius Attinius Labeo, den er als Censor aus dem Senat gestoßen hatte, wollte ihn als Volkstribun 130 vom tarpejischen Felsen herabstürzen lassen; das Dazwischentreten eines andern Tribunen rettete ihn aber. Er † 115. Sein ältester Sohn, Quintus M. Balearicus, unterwarf als Konsul 123 und als Prokonsul die Balearen, die man der Seeräuberei beschuldigte, und legte Städte auf denselben an.

3) Lucius M. Dalmaticus, bekriegte als Konsul 119 v. Chr. die Dalmatier und schmückte mit der Beute den Tempel des Castor und Pollux.

4) Quintus M. Numidicus, Bruder des Vorigen, Konsul 109 v. Chr., erhielt zur Provinz Numidien und schlug wiederholt den Jugurtha, mußte aber, in Rom verleumdet, 106 den Oberbefehl an Marius überlassen. Er widerlegte hierauf in Rom die gegen ihn erhobenen Beschuldigungen und erhielt einen Triumph. Im Jahre 102 bekleidete er die Censur; wegen seiner Weigerung, das Ackergesetz des Volkstribunen Saturninus als Senator zu beschwören, ward er 100 geächtet und lebte hierauf zu Smyrna. Im folgenden Jahre zurückgerufen, † er 91, wahrscheinlich von Q. Varius vergiftet.

5) Quintus Cäcilius M., Sohn des Vorigen, wegen des Eifers für die Zurückberufung seines Vaters Pius genannt, war Prätor 89 v. Chr., im folgenden Jahre Anführer im Bundesgenossenkrieg, schloß sich sodann dem Sulla an und schlug die Marianer 82 mehre Male. Nachdem er 80 mit Sulla Konsul gewesen, ward er von diesem gegen Sertorius in Spanien gesandt, den er 8 Jahre lang bekriegte. Nach Rom zurückgekehrt, erhielt er 71 einen Triumph. Er † 64 als Pontifex maximus.

6) Quintus Cäcilius M. Creticus, unterwarf als Konsul 69 v. Chr. die abgefallene Insel Kreta, ward sodann vom Senat gegen die Catilinarier nach Apulien gesandt und erhielt 62 einen Triumph. Sein Todesjahr ist unbekannt. Sein Bruder, Lucius M., Prätor 71 und als Proprätor im folgenden Jahre Nachfolger des Verres in Sicilien, kämpfte glücklich gegen die Seeräuber, ward 68 Konsul und † 67.

7) Quintus Cäcilius M. Nepos, Bruder des Vorigen, war 67 v. Chr. Legat des Pompejus im Seeräuberkrieg, diente noch 64 unter Pompejus in Asien und ward 63 Volkstribun. Als solcher machte er sich namentlich durch sein feindseliges Benehmen gegen Cicero bemerklich, doch scheiterte seine Absicht, Cicero wegen seines Verfahrens gegen Catilina u. dessen mitverschworenen Staatsgefangenen in Anklagestand zu versetzen, an der Entschiedenheit des Senats, sowie sein Gesetzvorschlag, Pompejus solle mit dem Heere zur Wiederherstellung der Ordnung aus Asien zurückkehren, an der Festigkeit seines Kollegen Cato. M. ging hierauf zu Pompejus und wurde nach dessen Rückkehr 60 Prätor, in welcher Eigenschaft er die Abschaffung der Zölle in Italien bewirkte. Als Konsul 57 versöhnte er sich mit Cicero, erhielt dann als Provinz das diesseitige Spanien und kämpfte mit wechselndem Glücke gegen die Vaccäer.

8) Quintus Cäcilius M. Celer, focht 66 v. Chr. als Legat des Pompejus gegen die Albaner und ward unter Cicero's Konsulat 63 Prätor und besetzte als solcher gegen die Catilinarier die Pässe über die Alpen ins jenseitige Gallien. Noch als Prätor erhielt er das cisalpinische Gallien als Provinz, die er mit dem Titel eines Prokonsuls verwaltete. Im Jahre 60 Konsul, trat er als politischer Gegner des Pompejus dem in dessen Interesse vom Volkstribun L. Flavius beantragten Ackergesetz so heftig entgegen, daß der Tribun ihn ins Gefängniß legen ließ. Allein seine Beharrlichkeit nöthigte den Pompejus, den Antrag fallen zu lassen. Ebenso widersetzte er sich im folgenden Jahre dem Ackergesetz des Julius Cäsar. Er † bald darauf, wahrscheinlich von seiner Gemahlin Clodia vergiftet.

9) Quintus Cäcilius M. Pius Scipio, Sohn des Publius Cornelius Scipio Nasica, Adoptivsohn des Quintus M. Pius und durch seine Tochter Cornelia Schwiegervater des Pompejus, unterstützte Cicero in der Entdeckung der catilinarischen Verschwörung, ward 60 v. Chr. Tribun und für die zweite Hälfte des Jahres 52 Pompejus' Mitkonsul. Er betrieb 49 den Beschluß, durch welchen Cäsar für einen Feind der Republik erklärt wurde. Beim Ausbruch des Krieges ging er nach Syrien und war eben im Begriff, den Dianentempel in Ephesus zu plündern, als ihn Pompejus gegen Cäsar zu Hülfe rief. In der Schlacht bei Pharsalus befehligte er das Mitteltreffen und floh dann nach Afrika, wo er durch Cato's Vermittelung den Oberbefehl über das Heer der Pompejaner erhielt, aber 46 von Cäsar bei Thapsus vollständig besiegt wurde. Er suchte mit 12 Schiffen nach Spanien zu entkommen, gerieth aber unterwegs in die Hände des Cäsarianers Publ. Sittius und tödtete sich hierauf selbst.

Meteln, Stadt in der preußischen Provinz Westphalen, Regierungsbezirk Münster, Kreis Steinfurt, an der Vechta, in der dem Fürsten Salm-Horstmar gehörigen Grafschaft Horstmar, mit Tuch- und Wollzeuchfabrikation und 1480 Einwohnern.

Metempsychose (v. Griech.), s. v. a. Seelenwanderung.

Metemptose (v. Griech.), die Auslassung des Schalttags im 134. Jahre nach dem gregorianischen Kalender.

Meteora, eine Gruppe kegelförmiger, aus der Ebene in merkwürdigen Gestaltungen hervorragender und an die Pyramiden und Obelisken erinnernder Felsenmassen in Thessalien von 80—300 Fuß Höhe. Auf denselben sind mehre griechische Klöster erbaut, deren Zahl früher 24 betrug und zu denen man nur mittelst Stricken und Leitern gelangen kann.

Meteore (v. Griech.), Lufterscheinungen, welche ihren Ursprung vorübergehenden Veränderungen in der Atmosphäre verdanken. Man theilt sie ein in Hydrometeore oder wässerige M.: Thau, Nebel, Reif, Wolken, Regen, Schnee, Hagel rc.; luftige M.: die Winde; feurige oder elektrische M., auch wohl phosphorische M.: Gewitter, Nordlicht, Wetterleuchten, Sternschnuppen, Feuerkugeln, die man auch M. im engern Sinne nennt, Zodiakallicht u. Irrlicht; glänzende od. auch optische M.: Regenbogen, Nebensonnen, Nebenmonde und Höfe. Weiteres s. unter den bezeichneten einzelnen Artikeln.

Meteoreisen, Mineral aus der Klasse der Metalle, meteorischen oder kosmischen Ursprungs, ist niemals ganz rein, sondern enthält stets fremde, oft aber erst bei der chemischen Analyse erkennbare Beimengungen; am häufigsten ist nach Rammelsberg Schwefeleisen sichtbar. Es kommt in ganzen Klumpen vor, die dann innen einen nur selten deutlich hervortretenden dreifachen blättrigen Bruch nach den Würfelflächen (am schönsten an dem M. von Braunau und Seläsgen), dabei oft schalige Absonderung nach den Flächen des regulären Oktaeders zeigen, oder grob oder feinkörnig und außen zackig, zellig oder porös sind, ist oft auch den Meteorsteinen eingesprengt. Seine Härte liegt zwischen der des Flußspaths und Apatits; es besitzt hakigen Bruch, ist geschmeidig und dehnbar, und zwar von ungemein großer Zähigkeit und Festigkeit. Das specifische Gewicht ist zwischen 7 und 7,9. Es ist magnetisch, metallglänzend, stahlgrau bis schwarz. Angeschliffen und polirt zeigt es mit wenigen Ausnahmen beim Anätzen mit Säuren gestricktes Ansehen durch das Hervortreten der sogenannten widmanstättischen Figuren, die ihren Grund, wie es scheint, in der Vertheilung des in Säuren unlöslichen Phosphornickeleisens (Schreibersit) haben. Es löst sich in Salzsäure mit verdünnter Schwefelsäure unter Entwickelung übelriechenden Wasserstoffgases, welches seinen Grund in einem Gehalt an Kohlenstoff hat, der wie im Roheisen als Graphit und chemisch gebunden vorzukommen scheint. Dabei bleibt ein schwarzer unlöslicher Rückstand. Es ist Nickeleisen mit etwas Kobalt, meist mit 6—9 Proc. Nickel, dessen Gehalt aber auch bis 0,23 sinkt und bis 19 Proc. steigt. Außerdem finden sich wohl auch Spuren anderer Metalle. Vergl. Meteoriten.

Meteorismus (v. Griech., Windsucht des Magendarmkanals, tympanitis intestinalis), die massenhafte Ansammlung von Gasen im Magendarmkanal, wodurch der Unterleib trommelartig aufgetrieben und das Zwerchfell in die Höhe gedrängt wird. Der M. ist eine ebenso lästige als konstante

Erscheinung der Darmkrankheiten, besonders des akuten und chronischen Darmkatarrhs, des Unterleibstyphus, der Bauchfellentzündung 2c. Die Ursachen des M. sind nicht in allen Fällen aufzufinden, doch können sie nur in einer übermäßigen Zurückhaltung normal gebildeter Darmgase oder in der überreichlichen Gasbildung aus dem im Darmkanal stagnirenden Speisebrei und den Kothmassen daselbst bestehen. Die Arzneimittel, wodurch man den M. zu bekämpfen pflegt, sind die sogenannten Carminativa. S. auch den Artikel Blähungen.

Meteoriten (v. Griech., Meteorsteine, Meteorolithen, Aërolithen, Uranolithen, Luftsteine, Bätylen), größere oder kleinere, bald noch unversehrte, bald in zahlreiche Fragmente zersprungene Gestein- und Eisenmassen, die man entweder vom Himmel hat fallen sehen, oder denen man nach ihrer ähnlichen Beschaffenheit einen solchen Ursprung zuschreiben muß. Sie erscheinen in vielen Fällen als rasch sich bewegende Feuermeteore, Feuerkugeln, oft mit feurigem Schweif, auch als bloße Feuerstreifen, oft aber auch als dunkle oder lichte, bei Nacht als leuchtende Wolken oder als Rauch am Himmel, woraus dann unter Geprassel und Gezisch oder heftigen Detonationen, die oft mit einander abwechseln und von denen letztere oft dem heftigsten Kanonendonner oder dem Donner eines in die Luft gesprengten Pulverthurms gleichen, ein bis viele Steine niederfallen, nicht selten wie ein Hagelschauer (Steinregen). Nicht selten begleiten ihren Fall auch nur Detonationen, und es werden weder Feuermeteore, noch Wolken wahrgenommen. Stets sind die eben herabgefallenen Steine oder Eisenmassen heiß, so daß man sie nicht anfassen kann, jedoch entzünden sie selbst Strohdächer beim Durchschlagen nicht. Dabei verbreiten sie nicht selten Schwefelgeruch. Oft fallen sie mit solcher Kraft nieder, daß sie mehre Fuß in den Boden einschlagen. Zahlreich sind die lange für Fabeln gehaltenen Nachrichten alter wie mittelalterlicher Schriftsteller über Steinregen. Der erste sicher konstatirte Fall einer Meteoreisenmasse ward zu Hraschina bei Agram in Kroatien 1751 am 26. Mai Abends 6 Uhr beobachtet, und zwar in Form einer Feuerkugel; ein Meteorsteinfall außer früheren 1790 zu Barbotan im französischen Departement Gers. Im Jahre 1794 fiel über 3—4 italienische Meilen sich verbreitend ein Steinregen zu Siena. Größer noch war der bei Aigle in der Normandie am 26. April 1803 gefallene Steinregen. Eine hellleuchtende Feuerkugel, die bei Caën und Falaise gesehen wurde, breitete sich über Aigle zur dunklen, fast unbeweglichen Wolke aus, die sich unter heftigen Detonationen in einem Regen von 2000—3000 Steinen auf einer Fläche von 2½ Meilen Länge und 1 Meile Breite entlud. Die Bewohner von 20 Dörfern nahmen den Fall wahr, und 30 Meilen weit hörte man die Detonationen. Ebenso konstatirt ist der Fall von 1808 bei Stannern in Mähren, wo wohl an 200 Steine herabfielen, und zwar aus einem Nebel, der sich plötzlich am klaren Himmel zeigte; in einigen Meilen Entfernung hatte man eine Feuerkugel gesehen. Der Fall bei Kleinwenden unfern Nordhausen 1842 erfolgte dagegen ohne Wolke und Feuerkugel. Seit dem Fall von Agram hatte man keine meteorische Eisenmasse niederfallen sehen, da erfolgte am 14. Juli 1844 das Niederfallen des prachtvollen Meteoreisens von Braunau, wie es scheint, eines einzigen Krystalls mit blättrigem Bruch nach den 3 Richtungen des Würfels.

Die M. haben sämmtlich eine schwarze oder eisengraue, matte od. glänzende Rinde, die eben oder mit Gruben versehen, glatt oder rauh, oft rissig u. von verschiedener Dicke ist. Das Innere ist verschiedenartig nach der chemisch-mineralogischen Zusammensetzung. Darnach sind die M. entweder Eisenmeteoriten (s. Eisen und Meteoreisen), oder Steinmeteoriten, welche letztere aus vorherrschend nicht metallischen Fossilien zusammengesetzt sind. Die Eisenmeteoriten mit schwarzer, oft auch rostiger Oberfläche, theilt G. Rose in: 1) Meteoreisen, nickelhaltiges Eisen mit Phosphornickeleisen (Schreibersit) u. eisenhaltigem Nickel (Tänit) in regelmäßiger oder unregelmäßiger Beimengung, bald aus einem Krystallindividuum bestehend, meist mit schaliger Zusammensetzung, wie das Meteoreisen von Agram, Arva und Lenarto in Ungarn, Durango in Mexiko u. Elnbogen, selten ohne schalige Zusammensetzung, wie das von Braunau, bald grobkörnige, wie das von Zacatecas, od. feinkörnige Massen bildend, wie das vom Kap, von dem ein Stück zu einem Degen für Kaiser Alexander I. von Rußland geschmiedet wurde; 2) Pallasit, ästiges Meteoreisen mit Höhlungen, worin Olivinkrystalle sitzen (pallasisches Eisen von Krasnojarsk in Sibirien, Atacama in Chile, Brahin im Gouvernement Minsk, Rittersgrün u. Steinbach in Sachsen, Bitburg bei Trier, Oregon); 3) Mesosiderit, bildet den Uebergang zu den Steinmeteoriten u. ist ein Gemenge von Nickeleisen u. Magnetkies mit Olivin u. Augit; hierher gehören die Massen von Hainholz bei Paderborn u. von der Sierra de Chaco in der Wüste Atacama. In den Steinmeteoriten bilden nach Rose Silikate die Hauptmasse, von denen nach Zusammensetzung und Krystallisation Olivin, Augit, Anorthit, u. nach der chemischen Zusammensetzung Labrador oder Oligoklas bestimmt sind; mit ihnen zusammen findet sich außerdem Schwefeleisen (als Sulfuret und Magnetkies) in feiner Vertheilung, ebenso allgemein Chromeisen, nicht selten Magneteisen, selten Zinn, wohl als Zinnstein; das Meteoreisen selbst findet sich auch in den meisten Steinmeteoriten eingesprengt, und zwar in Adern (normale), in wenigen fehlt es (abnorme). Sie besitzen sämmtlich eine geschmolzene schwarze, oft firnißartig glänzende Rinde, innen erscheinen sie meist grau u. feinkörnig, oft rostfleckig. G. Rose theilt sie folgendermaßen ein: 1) Die Chondrite zeigen eine feinkörnige Grundmasse, worin kleine Kugeln eines Magnesiasilikats eingesprengt sind, mit Krystallen und Körnern von Olivin, Chromeisenstein, Nickeleisen und Magnetkies u. einer unbestimmten schwarzen Substanz. Die körnige Grundmasse besteht nach Rammelsberg aus Olivin, Labrador und Augit. Hierher gehören die meisten M., wie die von Aigle, Blansko u. a. 2) Die Howardite sind feinkörnige Gemenge von Olivin mit einem weißen Silikat (Anorthit) und wenig Magnet- und Chromeisenerz und Nickeleisen, von Lustolaks in Finnland u. a. 3) Chassignit besteht aus feinkörnigem, eisenreichem Olivin mit wenig Nickeleisen, von Chassigny in Frankreich. 4) Shalkit ist ein kleinkörniges Gemenge von Olivin und Chromeisenstein mit einem Magnesiasilikat (Shephardit), von Shalka in Nordamerika. 5) Chladnit ist ein Gemenge von Shephardit mit einem thonerdehaltigen Silikat und wenig Nickeleisen, Magnetkies und noch unbestimmbaren Mineralien, von Bishopsville in Südcarolina. 6) Die **kohligen** M. bestehen aus bräunlichschwarzer erdiger Kohle, wie der 1806 zu Alais der unter entsetzlichem Getöse 1838 in Cold Bokkeveld am Kap u. der ebenso 1857 zu Kaba bei Debreczin gefallene Meteorit. Sie sind äußerst merkwürdig, insbesondere auch durch den Gehalt an paraffinähnlichen Substanzen; der kabaer enthält zugleich Nickeleisen, Chromeisen, Olivin. 7) Die **Eukairite** sind ein Gemenge von Anorthit und Augit mit wenig Magnetkies und Nickeleisen und einigen andern Mineralien. Hierher gehören die ausgezeichneten Steine von Juvenas und Stannern. Außer den angegebenen gibt Shephard noch eine große Anzahl anderer, aber meist nicht sicher konstatirter Mineralbestandtheile in den M. an. Die Größe der bis jetzt bekannten M. erreicht bis $7^1/_2$ Kubikfuß u. ein Gewicht von 30,000 Pfund, und zwar sind die Eisenmassen am größten. Der nach Plutarch im Geburtsjahre des Socrates bei Aegos Potamoi gefallene Meteorstein hatte die Größe zweier Mühlsteine, und nach Pertz ragte der im Anfang des 10. Jahrhunderts in den Fluß bei Narni gefallene eine Elle über das Wasser empor. Der Meteorstein von Bahia ist 7 Fuß lang und 14,000 Pfund schwer, der Cerro Mercado bei Durango wiegt gegen 4000 Pfund, der verwünschte Burggraf bei Elnbogen 191 Pfund, der Meteorstein von Lenarto 194 Pfund, der von Bochumilitz 103 Pfund. Die Steine von Ensisheim und Verona wogen 2—300 Pfund. Dagegen sind andere M. sehr klein, namentlich dann, wenn die Explosion von Zertrümmerung begleitet war und ein fortziehendes Meteorgewölk ganze Landesstrecken mit Tausenden von Meteorsteinfragmenten bedeckte (**Steinregen**). So fielen bei Aigle Stücke von 2 Quentchen bis $17^1/_2$ Pfund. Die Form der M. ist meist die eines Fragments, die der Meteoreisenmassen oft eine prismatoidische oder die einer verschobenen Pyramide mit breiten, etwas gebogenen Flächen und abgerundeten Ecken u. Kanten. Merkwürdig ist, daß in den ältern Sedimenten der Erdrinde noch keine Spur von M. gefunden worden ist. Nur in den Goldsandlagern von Petropaulowsk am Altai ist eine nickelhaltige Eisenmasse in einer Tiefe von $31^1/_2$ Fuß gefunden worden. Nach Plutarch hielt schon Anaxagoras den Stein von Aegos Potamoi für einen vom Himmel gefallenen, u. nach Diogenes von Apollonia bewegen sich neben den sichtbaren Sternen am Himmel auch unsichtbare, die eben deshalb keinen Namen haben. Diese fallen oft auf die Erde herab und erlöschen, wie der bei Aegos Potamoi feurig herabgefallene „steinerne Stern". Bei Aristoteles findet sich die Meinung, die M. seien durch Orkane aufgehoben und fortgetragen worden, oder hätten sich aus Dünsten der Erde zusammengeballt. Trotz dieser und anderer Berichte zogen die Naturforscher bis gegen Ende des 18. Jahrhunderts die Existenz von M. in Zweifel, bis Chladni 1794 bestimmt aussprach, daß das Phänomen der Meteorsteinfälle eine unbestreitbare Thatsache sei. Die Bestätigung folgte sofort, denn schon 1795 beschrieb Olbers den Meteorsteinfall zu Siena, der 1794 Statt gefunden hatte, u. 1795 wurde ein ähnliches Ereigniß zu Woodcottage in Yorkshire beglaubigt. Biots Bericht über den Steinregen zu Aigle 1803 hob endlich alle Zweifel über die Thatsache und die begleitenden Umstände, so daß nun auch die älteren Berichte von Meteorsteinfällen als glaubwürdig anerkannt wurden. Seitdem sind über die Entstehung der M. besonders 4 Hypothesen aufgestellt worden. Die vulkanische Hypothese, nach welcher die M. Produkte der terrestrischen Vulkane sein sollen, ward hauptsächlich von Hamilton und de Luc vertreten, da der Steinregen von Siena fast mit einem 18 Stunden vorher Statt gehabten heftigen Ausbruch des Vesuv zusammenfiel. Mehr Anhänger als diese Hypothese fand die von Olbers angedeutete u. von Laplace, Berzelius u. Benzenberg vertheidigte Ansicht, daß die M. aus Mondvulkanen abstammen dürften, welche Hypothese übrigens schon früher, 1660, angeblich von Terzago in Tortona, aufgestellt, später aber von Olbers selbst gänzlich aufgegeben wurde. Die atmosphärische Theorie läßt die M. durch Aggregation und Verdichtung von in den obersten Regionen der Atmosphäre selbst schwebenden od. verflüchtigten Substanzen entstehen; sie war die von Tob. Mayer und andern deutschen Physikern wie Astronomen, so von Ideler, Egen, hat aber in letzter Zeit wenig Vertreter gefunden, während die kosmische Theorie Chladni's in neuerer Zeit die überwiegende Mehrzahl von Anhängern zählt, darunter Arago und Humboldt. Man hält die M. ähnlich wie die Asteroiden für im Weltenraum sich bewegende kleine Weltkörperchen, die unabhängig von der Erdbahn sich um die Sonne bewegen und erst dann sichtbar werden, wenn sie der Erdatmosphäre nahe kommen oder in sie eintreten u. uns als Sternschnuppen erscheinen, wenn sie die Atmosphäre nur durchschneiden, als M. aber, wenn sie der Erde zu nahe kommen u. auf ihr niederfallen. Freilich möchte man erwarten, daß in diesem Falle gerade in den Sternschnuppennächten die meisten Meteoritenfälle vorkommen sollten; dies ist aber nicht der Fall, denn von 108 der Zeit ihres Niederfallens nach bekannten Fällen in den Jahren 1492—1862 kommen nach Perisch und Hörne's Verzeichniß nur 8 auf den Monat November und davon nur Einer auf den 11. November. Auch der Reichthum an Kohlenwasserstoffverbindungen in den kohligen M. bleibt hierbei auffallend. Kurz, die Frage nach ihrem Ursprung erscheint auch jetzt noch nicht mit Sicherheit gelöst. Das Hauptwerk über M. ist noch immer das von **Chladni**: Ueber Feuermeteore u. die mit denselben herabgefallenen Massen (Wien 1819). Chladni's große Sammlung von M. befindet sich jetzt in Berlin, eine andere durch große Reichhaltigkeit ausgezeichnete im Mineralienkabinet zu Wien. Vergl. **Büchner**, Die M. in Sammlungen, Leipzig 1863.

Meteorologie (**Meteorognosie**, v. Griech.), Witterungskunde, die Lehre von den in der Atmosphäre vorgehenden Veränderungen der Temperatur, der Feuchtigkeit, des Luftdrucks u. der elektrischen Verhältnisse, sowie den hieraus sich ergebenden Folgen, den Winden und wässerigen Niederschlägen. Die geographische M. oder Klimatologie ist die Lehre von der Beschaffenheit der Atmosphäre in den verschiedenen Regionen der Erde. Eine strenge Sonderung beider Disciplinen ist ihrem innern Wesen nach jedoch nicht möglich. Die M. als ein Theil der Physik enthält die schwierigsten und verwickeltsten Probleme dieser Wissenschaft, indem das, was in dem einen Augenblick als Wirkung vorhergehender Erscheinungen auftritt, im nächsten Moment wieder Ursache künftiger Phänomene wird. Die M. befindet sich außerdem in der schwierigen Lage, nur Beobachtungen, aber keine Experimente anstellen zu können; es können die Erklärungen, welche man von einzelnen Erscheinungen aufstellt, nicht durch Versuche geprüft werden, und so bedarf es langer Beobachtungsreihen an vielen verschiedenen Orten der Erde, um die Gesetze in den Erscheinungen zu erforschen. Vereinzelte Beobachtungen haben deshalb auch nur untergeordneten Werth, u. die bedeutenden Fortschritte, welche die M. in den letzten Decennien gemacht hat, datiren seit jener Zeit, wo auf Humboldts Veranlassung zahlreiche meteorologische Stationen errichtet wurden, auf denen gleichzeitige Beobachtungen angestellt werden. Die russische und die englische Regierung gingen hierin voran, jetzt aber besitzen alle Kulturstaaten meteorologische Institute mit einer Anzahl von Stationen. Die Vereinigten Staaten haben deren beinahe 600, Preußen mit den Staaten, die sich zu diesem Zweck angeschlossen haben, gegen 90, das Königreich der Niederlande nur in Europa über 30 ꝛc. Diese Institute geben Jahresberichte, Extraschriften über einzelne Gegenstände und Karten heraus, welche letzteren die Resultate zahlreicher zur See gemachten Beobachtungen darstellen. Durch diese Thätigkeit sind bedeutende Resultate erzielt worden, dennoch muß die M. die Anforderung, den Gang der zukünftigen Witterung auf längere Zeit vorauszusagen, zurückweisen. Um dies zu können, müßten die Meteorologen über eine viel genauere und sicherere Kenntniß der mittleren Witterung eines Ortes disponiren können, sie müßten stets telegraphische Berichte über die Witterung an den verschiedensten Orten der Erde zur Hand haben und außerdem müßten die Untersuchungen auch auf die höheren Luftschichten ausgedehnt werden. Schon diese wenigen Bedingungen zeigen, wie viel noch daran fehlt, die kommende Witterung auf längere Zeit voraussagen zu können. Dennoch hat man bereits angefangen, nach gewissen Centralpunkten meteorologische Beobachtungen zu telegraphiren, und indem man dort die stetig einlaufenden Nachrichten mit einander verglich und kombinirte, gelangte man dahin, einen Sturm, ein Gewitter ꝛc., die irgendwo bereits ausgebrochen waren, für einen betreffenden Ort vorauszusagen. Hiervon hat man Gebrauch gemacht, um die Schiffer in der Nähe der Küsten zu warnen und in neuerer Zeit auch, um bei der Ernte das Naßwerden des Getreides zu vermeiden. Der Nutzen, der auf diese Weise erzielt wurde, ist bereits sehr groß. Daß man die Witterung der nächsten Stunden mit einiger Wahrscheinlichkeit aus der vereinigten Beobachtung des Chronometers, Barometers und Hygrometers schließen kann, ist bekannt. Die **Meteoromantie** begnügt sich aber hiermit nicht, sondern will das Wetter auf Wochen und Monate voraus prophezeien, und dies ist nach dem jetzigen Standpunkt der Wissenschaft unmöglich. Vergl. Kämtz, Lehrbuch der M., Berlin 1831—36; Ders., Vorlesungen über M., das. 1840; Dove, Meteorologische Untersuchungen, das. 1837; Dove, Klimatologische Untersuchungen, das. 1857; Kunzek, Leichtfaßliche Darstellung der M., Wien 1850; Schübler, Grundsätze der M., Leipzig 1849; Mühry, Allgemeine geographische M., Leipzig und Heidelberg 1860; Schmid, Lehrbuch der M., Leipzig 1861.

Meteorophyten (v. Griech.), vermeintliche Niederschläge aus der Atmosphäre, welche man, analog den Meteorsteinen, für Ueberbleibsel von Sternschnuppen hielt, während dergleichen Substanzen nur kryptogamische Gewächse sind.

Meteoroskop (v. Griech.), Apparat, mittelst dessen man den Zustand und die Beschaffenheit der Atmosphäre erforscht; auch s. v. a. Astrolabium.

Meteorstaub, s. v. a. Passatstaub.

Meter (franz. mètre, v. Griech.), das Grundmaß des neuen französischen Maßsystems (s. Maß), der zehnmillionste Theil des Viertels eines Erdmeridians, gesetzlich (seit 1799) = 443,296 pariser Linien = 3,1862 preußische Fuß oder 1,4994 preußische Ellen = 3,16345 wiener Fuß oder 1,28335 wiener Ellen = 3,2809 englische Fuß, dient als Fuß- und Ellenmaß. Er wird eingetheilt in 10 Decimeter à 10 Centimeter à 10 Millimeter; 10 M. sind = 10 Decameter, 10 Decameter od. 100 M. = 1 Kilometer, 10 Kilometer oder 10,000 M. = 1 Myriameter. Kilometer und Myriameter sind Meilenmaße. Das Normaletalon des M.s ist ein Stab von Platin, welcher seine rechte Länge beim Gefrierpunkte des Wassers (0° C. und R.) hat. Der Quadratmeter ist die Grundlage der Flächenmaße (100 Quadratmeter = 1 Are), der Kubikmeter die der Körpermaße ($^1/_{1000}$ Kubikmeter oder 1 Kubikdecimeter = Liter); als Holzmaß dient der Kubikmeter unter dem Namen Stère. Auch das französische Gewicht ist aus dem M. abgeleitet. Die Schwere eines Liters oder $^1/_{1000}$ Kubikmeter destillirten Wassers bei dessen größter Dichtigkeit (4° C. oder + 3$^1/_5$° R.) im luftleeren Raum gewogen ist das Kilogramm. Das Verhältniß des M.s zu den bekanntesten Maßen ist folgendes:

1 Meter	= 3,33333 badische Fuß	1 Meter	= 1,66667 badische, darmstädter u. schweizerische Elle
„	= 3,42631 bayerische Fuß	„	= 1,76991 leipz. Elle
„	= 3,50432 braunschweigische Fuß	„	= 1,45858 brabanter Elle
„	= 3,45602 bremer F.	„	= 1,75216 braunschweiger Elle
„	= 3,18620 dänische F.	„	= 1,73301 bremer Elle
„	= 4,00000 hessen-darmstädtische Fuß	„	= 1,09363 engl. Yards
„	= 3,28090 englische F.	„	= 1,82715 frankfurter Elle
„	= 3,51336 frankfurter Fuß	„	= 1,84602 frankfurter Stab
„	= 3,48953 hamburger Fuß	„	= 1,74477 hamburger Elle
„	= 3,42355 hannöversche Fuß	„	= 1,71177 hannöversche Elle
„	= 3,47585 kurhessische Fuß	„	= 0,90909 portugiesische Varas
„	= 3,53982 leipziger F.	„	= 1,49939 preuß. Elle
„	= 3,47633 lübecker F.	„	= 1,40610 russische Arschin
„	= 3,07844 alte pariser Fuß	„	= 1,68406 schwed. Elle
„	= 3,18620 preußische F.	„	= 1,19631 spanische Varas
„	= 3,28090 russische F.	„	= 1,45818 türkische Pik
„	= 3,33333 schweizerische Fuß	„	= 1,28335 wiener Elle
„	= 3,16345 wiener F.	„	= 1,62804 würtembergische Elle.
„	= 3,49052 würtembergische Fuß		
„	= 1 niederländische Elle		

Meth (Honigwein), geistiges Getränk, welches aus Honig, Wasser u. Gewürzen bereitet wird, etwa 17 Proc. Alkohol, Zucker, Mannit, organische Säuren ꝛc. enthält und besonders in England und den ostslavischen Ländern, sowie in einigen honigreichen Gegenden Deutschlands, indeß nicht mehr so allgemein wie früher getrunken wird. Der M. ist dem Traubenwein vergleichbar, er kann aber giftig sein, wenn der Honig aus giftigen Pflanzen stammte. Man erhält einen guten M. auf folgende Weise: 8 Quart Honig werden mit 60 Quart Wasser gekocht, abgeschäumt, mit 1/2—1 Pfund Hopfen und unter Umständen mit Kardamom, Galgantwurzel, Koriander und Muskatnuß versetzt und noch einige Male aufgekocht. Die Flüssigkeit wird dann auf ein Faß gebracht und nach dem Abkühlen mit Hefe angestellt. Ist die Gährung vollendet, so füllt man ein Faß mit dem M., verspundet es und läßt es mehre Monate lang liegen, worauf der Wein auf Flaschen gezogen wird.

Methfessel, 1) Friedrich, namhafter Sänger und Liederkomponist, geboren den 27. August 1771 in Stadtilm, machte sich u. A. durch „Des Sängers Liebe", einen Roman in Liedern von Rochlitz mit Guitarrebegleitung, bekannt und † in seiner Vaterstadt im Mai 1807.

2) Albert Gottlieb, Liederkomponist, Bruder des Vorigen, geboren den 6. Okt. 1785 zu Stadtilm, versuchte sich schon im 12. Jahre in der Komposition von Kirchenstücken u. veröffentlichte als Schüler des Gymnasiums zu Rudolstadt seine erste Liedersammlung. Im Jahre 1807 ging er nach Leipzig, um Theologie zu studiren, im folgenden Jahr aber als Pensionär der Fürstin von Schwarzburg-Rudolstadt zu weiterer Ausbildung in der Musik nach Dresden. Im Jahre 1810 ward er Hof- und Kammersänger zu Rudolstadt, 1824, nachdem er einige Zeit in Braunschweig privatisirt, Gesanglehrer zu Hamburg und 1831 Hofkapellmeister wieder in Braunschweig. Im Jahre 1842 legte er wegen eines Gehörleidens seine Stelle nieder. Gelegentlich der Feier seines 80. Geburtstages wurden ihm von vielen Seiten her verdiente Anerkennungen zu Theil. M. hat sich besonders als Liederkomponist einen in ganz Deutschland gut angeschriebenen Namen gemacht. In seinen zahlreichen ein- und mehrstimmigen Liedern, deren er auch einige selbst gedichtet hat (z. B. „Hinaus in die Ferne" und „Was tönt durch Wald und Auen"), herrscht gesunde Frische der Empfindung, viel natürliche Anmuth und Angemessenheit der Auffassung. Aber auch seine übrigen Kompositionen (Pianofortesachen, die Ouvertüren, 3 Chöre, ein Duett und ein Terzett zum „Reisenden Studenten", eine nicht ganz vollendete Oper „Prinz von Basra", ein Cyklus von Kirchenkantaten für Männerchor mit Orgelbegleitung ꝛc.) enthalten viel Anerkennenswerthes. Große Popularität gewann sein treffliches „Kommersbuch", das viele Auflagen erlebte. Daneben war er auch thätig als Schriftsteller und Mitarbeiter an Journalen.

Methode (v. Griech.), im Allgemeinen ein durch Principien und Regeln geleitetes Verfahren zur Erreichung eines bestimmten Zwecks. Hat der Begriff der M. daher für jede menschlich-vernünftige Thätigkeit überhaupt volle Geltung, so ist ihre Anwendung doch noch von besonderer Wichtigkeit. Ueber die verschiedenen Lehrmethoden oder Lehrformen s. Unterricht. Die M. der wissenschaftlichen Forschung ist ausschließlich durch die Natur der wissenschaftlichen Probleme u. durch den inneren Zusammenhang der wissenschaftlichen Erkenntniß bedingt. In solchen Wissenschaften, die sich damit begnügen müssen, aus einer Vielheit von Beobachtungen allgemeine Principien und Gesetze abzuleiten, sind vornehmlich die M.n der Induktion (s. d.) von Bedeutung, während da, wo es sich um Auffindung des inneren Zusammenhangs der Begriffe handelt, die M. den Charakter der Spekulation annehmen wird. Man erstrebt aber das wissenschaftliche Erkennen entweder durch Fortschreiten von den Gründen (Principien) zu den Folgen oder umgekehrt durch Rückschreiten von den Folgen zu den Gründen; jenes ist die progressive oder synthetische, dieses die regressive oder analytische M. Ferner kann man ein Gebiet der Erkenntniß schon als gefunden betrachten und bei der Darstellung dem zufolge ganz von der Art der Auffindung absehen, oder man berücksichtigt letztere vor Allem u. legt also die Gründe der gefundenen Sätze dar. Diese letztere M. ist die heuristische oder genetische, die besonders in der Geometrie mit großem Erfolg angewendet worden ist. Die sogenannte mathematische oder euklidische M. endlich schreitet von Axiomen und Erklärungen zu Lehrsätzen und Beweisen fort. In der Philosophie, wo M. den nicht willkürlichen, sondern absichtvoll nach gewissen Principien geregelten Gang des Denkens bezeichnet, sind die Ansichten über die richtige M. noch sehr getheilt.

Methodik (Methodologie, v. Griech.), Anweisung zur methodischen u. zweckmäßigen Lösung einer Aufgabe, z. B. zur Erlernung einer Sprache od. einer Wissenschaft. So spricht man auch von einer M. des akademischen Studiums, des musikalischen Unterrichts ꝛc. Eine allgemeine wissenschaftliche M. ist eine noch ungelöste Aufgabe und wäre nur durch sehr specielles Eingehen in den Geist der einzelnen Wissenschaften zu schaffen. Zwar bietet die Logik methodische Gesetze und Principien dar, welche für jegliche wissenschaftliche Forschung Gültigkeit haben; da diese aber nur die allen Wissenschaften gemeinsamen Grundsätze betreffen, so sind sie viel zu dürftig, um eine eigentliche M. abgeben zu können. Den ersten berühmten Versuch einer allgemeinen M. machte im Mittelalter Raimund Lullus in seiner „großen Kunst" (ars magna Lulli), die aber mehr eine Anleitung zum Disputiren als zur wissenschaftlichen Forschung war. Einflußreicher wurde die M., welche Bacon unter dem Titel eines „Novum organon scientiarum" (London 1620) bekannt machte u. worin er mit Bekämpfung der aristotelischen M. das induktorische Verfahren anempfahl. Unter spätern Arbeiten dieser Art zeichnen sich Lamberts „Neues Organon" (Leipzig 1764, 2 Bde.) und „Anlage zur Architektonik" (Riga 1771, 2 Bde.) aus. Die kantische Schule nannte im Gegensatz zur Elementarlehre denjenigen Theil einer Untersuchung Methodenlehre, welcher sich mit der Anwendung der Elementarbegriffe auf das durch sie beherrschte Erkenntnißgebiet beschäftigt.

Methodiker (v. Griech.), s. Medicin.

Methodisten (v. Griech.), 1) Bezeichnung der katholischen Schriftsteller, welche im 17. Jahrhundert den Protestantismus nach einer bestimmten dialektischen Methode in Disputationen und Streitschriften bekämpften.

2) Eine aus der anglikanischen Kirche hervorgegangene Religionsgesellschaft, welche keine neue Lehre und Verfassung, sondern nur eine neue praktische Weise (Methode) aufstellen wollte, um sowohl „das Christenthum für die Wiedergeburt des innern

Menschen fruchtbar", als auch das Volk für die Religion empfänglicher zu machen. Hiernach wurden die Mitglieder dieser Partei von ihren Gegnern, zuerst nur spottweise, M. oder „Glieder der heiligen Gesellschaft", ihre Richtung und Denkart **Methodismus** genannt. Gründer des Methodismus war John Wesley (s. d.), der als Student zu Oxford mit mehren Gleichgesinnten, u. A. Morgan, Kirkham, einen geistlichen Verein gründete, welcher sich gemeinsames Beten und Lehren der Bibel, häufige Abendmahlsfeier, Verkündigung des Evangeliums dem unwissenden Volke, Besuch und Bekehrung der Kranken und Gefangenen zu Zwecken setzte. Als sich 1732 mit ihnen Georg Whitefield (s. d.) verband, stieg ihr Eifer für christliche Liebeswerke noch, und sie unternahmen nun Missionsreisen. Wesley wirkte seit 1735 auch in Amerika, u. A. zu Savannah in Neugeorgien, u. gründete nach seiner Rückkehr 1739 in London eine förmlich organisirte Gesellschaft von M. Als die Geistlichen der bischöflichen Kirche den methodistischen Predigern die Kanzel verboten, predigten diese auf freiem Feld, bis sie 1742 durch einen königlichen Befehl Schutz erhielten und sich nun besondere Bethäuser (Tabernakel) erbauen konnten. Auch in Schottland u. Irland verbreitete sich die neue Sekte rasch, namentlich unter dem niederen Volk und zufolge der bedeutenden Rednertalente Wesley's und mehr noch Whitefields. Durch die frühere (1739 wieder gelöste) Verbindung mit der Brüdergemeinde, die Wesley in Deutschland kennen gelernt hatte, hat die Verfassung der M. manches aus der herrnhutischen Verfassung aufgenommen. Zur gegenseitigen Förderung in der Heiligung theilt sich der ganze Verein in Klassen, gewöhnlich von 10—15 Personen gleichen Geschlechts und gleicher Lebensverhältnisse, jede unter einem Vorsteher. Alle drei Monate wird ein gemeinsames Liebesmahl (love feast) gehalten. Die Sonntagsfeier wird streng beobachtet. In der Woche kommen die M. des Morgens vor 6 Uhr und des Abends nach dieser Stunde regelmäßig in das Tabernakel zum Gottesdienst; in jedem Monat wird von jeder Gemeinde eine sogenannte Wachnacht mit Gesang, Gebet und religiösen Betrachtungen vom Abend bis zum Morgen gefeiert. Ihr Rituale ist das der bischöflichen Kirche, nur mit Hervorhebung des Gesangs, besonders Wechselgesänge zwischen Männern und Frauen. Auch im Dogma weichen die M. nicht von der englischen Kirche ab, nur betonen sie die positiven Lehren des Christenthums mehr. Legen sie auch der Bibel ein normatives Ansehen bei, so nehmen sie doch eine fortgehende unmittelbare Wirkung des heiligen Geistes an und machen die Bekehrung von seiner wunderbar mächtigen und plötzlich ergreifenden Wirksamkeit abhängig.

An der Spitze des Vereins steht die jährliche Synode oder die Generalkonferenz. Sie beschließt über die Disciplin u. ernennt die Bischöfe für die einzelnen Distrikte, sowie die Pfarrer, die entweder an einer Gemeinde fest angestellt werden, oder Reiseprediger (circuit riders) sind. Die ersteren haben kein Gehalt und treiben bürgerliche Gewerbe. Sie repräsentiren meist die allgemeine Konferenz u. üben die Kirchenzucht in Verein mit den Aeltesten, denen daneben die Verwaltung der ökonomischen Angelegenheiten zusteht. Die Kirchenzucht ist sehr streng; beharrliche Sünder treffen Verweis und Exkommunikation. Im Jahre 1741 veranlaßte der Streit über die Gnadenwahl eine Spaltung; die **Wesleyaner** neigten sich zu den Arminianern, die **Whitefieldianer** hielten streng an Calvins Lehre. Während die Ersteren sich in England ausbreiteten und in London ihren Hauptsitz nahmen, überspannen die Letzteren Nordamerika mit einem Netz von Vereinen, deren Vorort Bristol wurde. Die größte Ausdehnung gewann daselbst die deutsche bischöfliche Methodistenkirche, 1835 von Wilhelm Nast aus Würtemberg gegründet. Die Gemeinden derselben zerfallen in Klassen von 12—30 Personen, jede Klasse unter einem Direktor. Die Generalkonferenz, die alle 4 Jahre Statt findet, vermittelt die Einheit der Gemeinden. Sehr gewöhnlich sind in Nordamerika die von Reisepredigern geleiteten großen Versammlungen, die entweder in den Städten Statt finden und dann Revivals (Wiederbelebungen) heißen, oder auf dem Lande unter dem Namen Camp meetings, die meist 8 Tage währen, veranstaltet werden. Gewöhnlich theilen sich bei denselben zwei Prediger in die Aufgabe, die Sünder zu bekehren, und nachdem der erstere die Hölle mit dem Pinsel Breughels den Zuhörern vor die Augen gemalt hat, läßt der folgende eine Schilderung der Seligkeit in orientalischer Farbenpracht folgen, bis sich in der Gemeinde eine Erregtheit eingefunden hat, die sich unter Seufzen und Schluchzen bis zu wildem Geheul steigert und mit konvulsivischem Gebahren endigt. Hat der Prediger die Zuhörer bis zu diesem Grad des Wahnsinns erhitzt, so läßt er die Aufforderung zur Buße an sie ergehen. Die Büßenden begeben sich auf die „Bank der Angst" und beichten und empfangen die Tröstungen des Geistlichen. Jetzt ist der Geist wirksam, der Enthusiasmus bricht in wildem Lärm los, und „das große Werk ist vollendet". Die Sklavenfrage gab Veranlassung zu einer Spaltung der M. in den Vereinigten Staaten. Während die **afrikanisch-methodistisch-bischöfliche** Sekte ihren Mitgliedern das Halten von Sklaven verbietet, gibt die andere, die **methodistisch-protestantische** Partei, dies frei, auch opponirt sie gegen die Einrichtung, daß die Generalkonferenz aus Reisepredigern zusammengesetzt ist. Ein methodistisches Seminar ward 1831 zu Middletown in Connecticut eröffnet. In England bildete sich nach dem Tode Wesley's wegen Unzufriedenheit mit der Verfassung unter dem Namen der **neuen** M. (New connexion) eine besondere Partei, welche 1796 einem aus Predigern und Laien zusammengesetzten Kirchendirektorium die Leitung ihrer kirchlichen Angelegenheiten übertrug und bald sehr zahlreich wurde. Bedeutender noch ist die Partei, die sich um 1820 unter dem Namen Primitive methodists (ursprüngliche M.) oder Ranters (Lärmer) trennte. Dieselbe will zur ursprünglichen Einfalt und Frömmigkeit der Sekte zurückkehren und gestattet auch den Frauen wieder das Predigen, was ihnen nach Wesley's Tode verboten war. Die London Wesleyan Methodists Association (seit 1835) vindicirt den Einzelgemeinden eine unabhängige Stellung der obersten Behörde gegenüber. Seit 1814 entstanden zwei methodistische Missionsvereine in London, die wesley'sche Missionsgesellschaft und die bischöfliche. Beide haben große Erfolge in der Bekehrung erzielt, letztere besonders in Amerika gewirkt. Auch in der Schweiz, vorzüglich im Kanton Waadt, wo sie das Volk spottend als Momiers (s. d.) bezeichnet, und in Deutschland, namentlich in Würtemberg und Bremen, fanden die M. Eingang. In Frankreich haben sie besonders seit der Julirevolution 1830 durch ihre Betheiligung an der Evangelischen Gesellschaft, durch einen Lehrstuhl bei der Fakultät zu Montauban und durch Verbreitung von Bibeln und Traktätchen an Bedeutung gewonnen. Vergl. Southey, The life of Wesley and the rise and progress of Methodism, London 1821, 2 Bde., 2. Aufl., Newyork 1847, deutsch von Krummacher, Hamburg 1828; Bangs, A history of the Methodist Episcopal Church, Newyork 1834—40, 4 Bde.; Baum, Der Methodismus, 1838; Jackson, Geschichte der M., 1841; Decanvar, Catalogue of works in refutation of Methodism, Philadelphia 1846.

Methodius, Bruder des Cyrillus (s. d.) und Apostel der Slaven.

Methodus dirigendae intentionis (lat.), Bezeichnung des von den Jesuiten aufgestellten Grundsatzes, daß die schlechteste Handlung erlaubt sei, sobald ihr eine gute Absicht zu Grunde läge.

Methone, alte Stadt an der Südwestspitze Messeniens, mit gutem Hafen, wurde später von Agrippa erobert, von Trajan aber wieder freigegeben und mit einer Verfassung nach eigenen Gesetzen beschenkt. Jetzt Mothoni oder Modon.

Methuenvertrag, der von dem britischen Gesandten Methuen zu Lissabon 1703 mit der portugiesischen Regierung abgeschlossene Handelsvertrag, wodurch festgesetzt ward, daß wollene Tuche und andere Wollenwaaren britischer Fabrikation, welche seit 1684 nicht mehr hatten eingeführt werden dürfen, wieder gegen Entrichtung des früheren Eingangszolles von 23 Procent vom Werthe in Portugal zugelassen werden sollten, wogegen England sich verpflichtete, die portugiesischen Weine bei der Einfuhr um ein Drittel niedriger als die französischen zu besteuern.

Methusalah (Methusalem), in der Geschlechtstafel der Sethiten der Sohn Henochs, Vater Lamechs und Großvater des Noah, der ein Alter von 969 Jahren erreicht haben soll; daher sprüchwörtlich für hochbetagter Mann.

Methyl, Kohlenwasserstoff, aus 2 Atomen Kohlenstoff u. 3 Atomen Wasserstoff bestehend, also metamer mit Aethylwasserstoff, entsteht durch Elektrolyse des ameisensauren Kali's und bei der Einwirkung von Zink auf Jodmethyl bei 150°. Es ist ein farb- und geruchloses Gas von 1,03 specifischem Gewicht, fast unlöslich in Wasser, wenig löslich in Weingeist, wird bei —16° u. starkem Druck noch nicht flüssig, brennt mit bläulicher, schwach leuchtender Flamme und bildet im Licht mit Chlor ohne Volumenveränderung (Unterschied von Aethylwasserstoff) Chlorwasserstoff und ein dem Chloräthyl isomeres Gas.

Methyläther, dem Aethyläther entsprechende, aus 2 Atomen Kohlenstoff, 3 Atomen Wasserstoff u. 1 Atom Sauerstoff bestehende chemische Verbindung, welche wie der Aethyläther aus gemeinem Alkohol bereitet wird u. auch bei der Elektrolyse von bernsteinsaurem Natron entsteht. Der mit dem Aethylalkohol metamere M. ist bei gewöhnlicher Temperatur ein farbloses Gas von ätherartigem Geruch, welches sich bei —36° zu einer Flüssigkeit, die bei —21° siedet, verdichtet, zu 37 Volumen im Wasser löst u. demselben einen pfefferartigen Geschmack ertheilt. Leichter löst sich der M. in Alkohol und Holzgeist, mit wasserfreier Schwefelsäure bildet er Schwefelsäure-Methyläther, mit Chlor explodirt er, bildet aber bei vorsichtiger Mischung Substitutionsprodukte, deren letztes der Perchlormethyläther ist. Von den zusammengesetzten Aethern sind bemerkenswerth: Schwefelsäure-Methyläther, eine farblose, mit Wasser nicht mischbare Flüssigkeit von knoblauchartigem Geruch, welche bei 188° C. siedet, Salpetersäure-Methyläther, farblose, mit Wasser wenig mischbare Flüssigkeit, die bei 66° siedet u. deren Dampf bei 150° C. heftig explodirt, u. Salpetrigsäure-Methyläther, ein Gas, welches sich bei starker Kälte zu einer bei —12° siedenden Flüssigkeit verdichtet u. mit grünlich fahler Flamme brennt. Wichtig ist der Oxalsäure-Methyläther, welchen man bei der Destillation gleicher Theile Holzgeist, Oxalsäure u. Schwefelsäure erhält, er bildet farblose Krystalle, die bei 51° schmelzen u. bei 161° sieden, u. ist löslich in Alkohol, Holzgeist und Wasser, wird aber von letzterem besonders beim Erwärmen zersetzt; mit Ammoniak bildet er Holzgeist und Oxamid, mit trockenem Ammoniakgas Holzgeist und Oxaminsäure-Methyläther. Essigsäure-Methyläther soll sich im rohen Holzgeist finden (Mesit.?) und wird künstlich durch Destillation von Methylalkohol, Schwefelsäure und Essigsäure oder Bleizucker gewonnen. Er bildet eine sehr angenehm ätherartig riechende Flüssigkeit, die in Wasser ziemlich löslich, mit Alkohol u. Aether mischbar ist und bei 55°7 siedet. Spiroylsäure-Methyläther kommt natürlich als ätherisches Oel in der Gaultheria procumbens vor, Benzoësäure-Methyläther soll bei der trockenen Destillation des Tolubalsams entstehen, u. Salpetrigsäure-Methyläther bildet sich, wenn man Brucin mit Salpetersäure behandelt.

Methylalkohol (Holzgeist), dem Aethylalkohol entsprechende, aus 2 Atomen Kohlenstoff, 4 At. Wasserstoff und 2 Atomen Sauerstoff bestehende chemische Verbindung, welche bei der trockenen Destillation des Holzes auftritt, aber auch durch Synthese aus Sumpfgas erhalten werden kann. Letzteres bildet nämlich mit Chlor Chlormethyl, und wenn man dies mit Kalilauge anhaltend auf 100° C. erhitzt, so entstehen Chlorkalium u. M. Der M. des Handels wird stets aus der wässerigen Flüssigkeit dargestellt, die bei der trockenen Destillation des Holzes entsteht. Diese enthält besonders noch Essigsäure, welche man zunächst mit Kalk neutralisirt. Man destillirt dann aus einer eisernen Blase und über direktem Feuer, bis $^3/_{10}$—$^1/_3$ der Flüssigkeit übergegangen ist, oder bis eine Probe des Destillats nicht mehr brennt. Der so erhaltene rohe Holzgeist wird durch wiederholte Rektifikation über Aetzkalk u. über Aetzkalk mit kaustischer Soda gereinigt, zuletzt rektificirt man ihn mit Zusatz einiger Tropfen Schwefelsäure. Er ist farblos, enthält aber noch eine Menge von Körpern, und man sättigt ihn, um diese zu entfernen, fast mit Chlorkalium u. erhitzt im Wasserbade. Hierbei destilliren die fremden Bestandtheile ab, während der M. zurückbleibt, da er mit Chlorcalcium eine Verbindung bildet, die bei 100° noch nicht zerlegt wird. Dieselbe wird nun durch Zusatz eines gleichen Volumens Wasser zersetzt und hierauf der M. abdestillirt. Chemisch reinen M. erhält man durch Sättigen einer Lösung von Benzoësäure in Holzgeist mit Chlorwasserstoff und dreistündige Digestion. Bei der Destillation geht über 100° Benzoësäure-Methyläther über, der mit Wasser gewaschen u. mit Natronhydrat zerlegt wird. Destillirt man, so geht reiner M. über, der nur noch über Aetzkalk rektificirt zu werden braucht. Das ätherische Oel von Gaultheria procumbens (Oil of Wintergreen) ist Spiroylsäure-Methyläther u. gibt daher bei der Destillation mit wässerigem Kali ebenfalls M. Der reine M. ist dem Aethylalkohol (Weingeist) sehr ähnlich, er riecht u. schmeckt ähnlich, hat ein specifisches Gewicht von 0,79, siedet bei 61° und brennt mit blauer Flamme, so daß er in England bei der dortigen hohen Branntweinsteuer an Stelle des gewöhnlichen Spiritus zum Speisen der Lampen benutzt wird. Der M. besitzt dieselben Lösungs- und Löslichkeitsverhältnisse wie der Weingeist und gibt mit den verschiedenen Reagentien dem Aethylalkohol analoge Zersetzungsprodukte. Die korrespondirenden Methylverbindungen sind flüchtiger als die des Aethyls. Mit Bariumoxyd bildet der M. leicht eine krystallinische Verbindung und mit Oxydationsmitteln Ameisensäure. Auch physiologisch wirkt der M. dem Aethylalkohol höchst ähnlich.

Methylamin, chemische Verbindung, aus 2 Atomen Kohlenstoff, 5 Atomen Wasserstoff und 1 Atom Stickstoff bestehend, entsteht bei der Destillation des Cyansäure- od. Cyanursäure-Methyläthers, des Kafeïns, Kodeïns od. Morphins mit Kali, findet sich auch im Knochenöl u. entsteht als jodwasserstoffsaures M. bei der Einwirkung von Ammoniak auf Methyljodür. Es bildet ein farbloses, stark ammoniakalisch und zugleich etwas nach Häringslake riechendes Gas, das einige Grad unter 0 flüssig ist, mit Salzsäuredämpfen weiße Nebel gibt und sich in Wasser sehr reichlich löst. Das Trimethylamin, aus 6 Atomen Kohlenstoff, 9 Atomen Wasser und 1 Atom Stickstoff bestehend, bildet sich wie das M., findet sich in der Häringslake, im Knochenöl und Steinkohlentheeröl, in den Blüthen von Crataegus oxyacantha u. Chenopodium vulvaria und tritt wahrscheinlich bei der Destillation des Mutterkorns, des Kodeïns u. Narkotins mit Kali auf. Es ist eine zwischen 4—5° siedende Flüssigkeit, die von Wasser und Weingeist so stark wie Ammoniak absorbirt wird und mit gleichen Theilen Wasser gemischt noch brennt. Wasserfreies Trimethylamin, mit Jodmethyl zusammengebracht, gibt das Jodür von Tetramethylammonium, welches auch bei der Einwirkung von Ammoniak auf Jodmethyl entsteht.

Methylchlorür, chemische Verbindung von Methyl mit Chlor, entsteht, wenn man Holzgeist mit Kochsalz und Schwefelsäure destillirt, ist ein farb- und geruchloses, bei — 18° sich noch nicht kondensirendes Gas, in Wasser wenig löslich, brennt mit grün gesäumter Flamme, wird von Aetzkali, Ammoniak und rauchender Schwefelsäure nicht verändert und von Chlor nur im direkten Sonnenlicht zersetzt. Es bilden sich Substitutionsprodukte, zu denen das Chloroform gehört, u. deren letztes das Kohlensuperchlorid (Perchlormethylchlorür, Zweifach-Chlorkohlenstoff) ist. Dieses entspricht der Kohlensäure. Kalium verbrennt im M. unter Abscheidung von Kohle zu Chlorkalium.

Methyloxyd, s. v. a. Methyläther.

Methyloxydhydrat, s. v. a. Methylalkohol.

Methylwasserstoff (leichtes Kohlenwasserstoffgas, Sumpfgas, Grubengas), chemische Verbindung, aus 2 Atomen Kohlenstoff u. 4 Atomen Wasserstoff bestehend, findet sich in der Natur als Produkt der Fäulniß u. Verwesung organischer Substanzen u. in besonders großen Mengen in den Steinkohlenlagern, aus deren Höhlungen es oft mit Gewalt hervordringt. Es ist hier stets mit Kohlensäure u. Stickstoff gemengt (Pitgas), mischt sich außerdem in den Kohlenbergwerken mit Luft u. erzeugt so die schlagenden Wetter (feurige Schwaden), welche, durch Grubenlichter entzündet, so oft verderbliche Explosionen erzeugen. Die an vielen Stellen der Erdoberfläche aus dem Boden hervordringenden brennbaren Gase, wahrscheinlich ähnlichen Ursprungs, bestehen im Wesentlichen ebenfalls aus M. Das heilige Feuer von Baku enthält neben M. nur wenige Procent Stickgas und Kohlensäure und außerdem noch Dämpfe von Steinöl. Rührt man den schlammigen Boden von Sümpfen und Gräbern auf, so entweichen Gasblasen (Sumpfgas), die aus M. und Kohlensäure bestehen. Künstlich erhält man das M. ziemlich rein, wenn man Zink auf Jodmethyl einwirken läßt und das entstandene Zinkmethyl mit Wasser zersetzt. In größerer Menge entsteht es beim Erhitzen von krystallisirtem essigsauren Natron mit Natronkalk, doch enthält es dann stets Wasserstoff u. einen Körper, der durch koncentrirte Schwefelsäure absorbirt wird. Leitet man Alkoholdämpfe durch ein rothglühendes Rohr, so entweicht M. und Kohlensäure. Stets bildet sich M. bei der trockenen Destillation organischer kohlenstoffreicher Körper, u. unser Leuchtgas enthält davon erst 80 Proc. Es ist um so reicher daran, je höher die Destillationstemperatur war, denn das im Leuchtgas ebenfalls enthaltene schwere Kohlenwasserstoffgas zerfällt in starker Hitze in M. und Kohle. Das M. ist ein farb- und geruchloses Gas, welches bis jetzt nicht kondensirt werden konnte, besitzt ein specifisches Gewicht von 0,558 u. verbrennt mit bläulicher schwach leuchtender Flamme, indem es sich mit 2 Volumen Sauerstoff zu 2 Vol. Wasserdampf und 1 Vol. Kohlensäure vereinigt. Mit 2 Vol. Sauerstoff gemengt, explodirt das M. stärker als Knallgas, auch mit 8 Vol. Luft explodirt es noch sehr stark. Wasser löst $^1/_{27}$ seines Volumens, Alkohol wenig mehr. Der elektrische Funken zersetzt besonders feuchtes M. in Kohle und Wasserstoff; auch wenn man M. durch ein weißglühendes Rohr leitet, tritt diese Zersetzung ein, doch entstehen dabei auch kohlenstoffreiche Kohlenwasserstoffe. Chlor wirkt im Dunkeln nicht auf M. ein, im direkten Sonnenlicht, oft auch schon im vollen Tageslicht verbindet es sich damit unter Explosion, bei vorsichtiger Einwirkung entstehen Substitutionsprodukte.

Methymna, ehemals bedeutende Stadt auf der Ostküste der Insel Lesbos, mit einem geräumigen Hafen, aber schon seit dem peloponnesischen Kriege, wo sie von den Spartanern geplündert wurde, sehr herabgekommen. Sie war die Vaterstadt des Geschichtschreibers Hellanicus und des Sängers Arion und besonders durch ihren Weinbau berühmt. Jetzt Molivo.

Metidschah, Ebene, s. Algier.

Métier (franz.), Profession, Gewerbe.

Metis, in der griechischen Mythologie die Personifikation der Klugheit, Tochter des Oceanus und der Tethys, reichte dem Saturnus jenen Trank, der bewirkte, daß er alle seine von ihm verschlungenen Kinder wieder ausspie, mit deren Hülfe Zeus dann die Herrschaft des Saturnus und der Titanen stürzte. Als Gäa und Uranus dem Zeus verkündeten, daß M. ihm zuerst ein Mädchen, dann aber einen Sohn gebären werde, der einst die Herrschaft des Himmels erhalten werde, verschlang er sie und gebar hierauf aus seinem Haupte die Athene.

Metis, Asteroid, s. Planeten.

Metöken (v. Griech.), die im alten Athen ansässigen Fremden oder Schutzverwandten, deren Anzahl zu Zeiten sehr bedeutend war. Sie genossen den Schutz des Gesetzes, konnten aber kein Grundeigenthum erwerben und mußten einen Bürger zum Vertreter haben.

Meton, ein Athener, Begründer der nach ihm benannten Zeitrechnung (metonscher Cyklus), nach welchem seit 432 v. Chr. der Anfang des Jahres auf den Neumond nach dem Sommersolstitium festgesetzt ward.

Metonomasie (v. Griech.), Veränderung des Namens durch Uebersetzen desselben in eine andere Sprache, wie Melanchthon statt Schwarzerd, Sartorius statt Schneider.

Metonymie (v. Griech.), rhetorische Figur, welche in der Vertauschung des eigentlichen oder allgemeinen Begriffs mit nothwendigen oder zufälligen Merkmalen desselben besteht und im Hörer eine bestimmtere, anschaulichere Vorstellung anregen soll. So steht z. B. graue Haare statt Alter, kalt statt todt, die Tugend statt der Tugendhafte. Vergl. Tropen.

Metopantron (griech.), die Stirnhöhle; Metopantralgie, Kopfschmerz, welcher in der Stirnhöhle seinen Sitz hat.

Metopen (v. Griech., Zwischenfelder), in der Baukunst Bezeichnung der zwischen den mit Triglyphen versehenen Balkenköpfen befindlichen Theile des dorischen Frieses. Ueber die Säulen ist der Länge nach ein Tragbalken, der Architrav, gelegt, auf welchem die die Decke bildenden Querbalken ruhen. Die Enden der letzteren, die Balkenköpfe, sind, damit das Wasser leicht abfließe, mit kleinen Kanälen, den sogenannten Triglyphen, versehen, und die zwischen den Balken befindlichen Felder (die M.) sind offen. Später wurden sie geschlossen, doch stets etwas hinter die Balkenköpfe zurückgerückt, nachmals auch mit Skulpturen verziert. Da dieselben fast quadratisch waren, so machte ihre Eintheilung, seitdem größere Säulenweite angenommen wurde, Schwierigkeiten; daher die jonische Säulenordnung nur noch den glatten Fries und M. nur am Kranzgesims zeigt.

Metoposkopie (v. Griech.), Stirnschau, die vorgebliche Kunst, aus den Faltenlinien der Stirn die geistige und sittliche Beschaffenheit des Menschen, ja wohl seine vergangenen und seine noch bevorstehenden Erlebnisse zu erkennen. In den alten metoposkopischen Schriften werden meist 6 horizontale Stirnlinien und eine senkrechte tiefste unterschieden. Sie führen von oben nach unten die Namen der Planeten: Saturnal-, Jovial-, Martial-, Venus-, Solar-, Lunar-, Merkuriallinie, und neben ihnen werden noch Schwesterlinien beachtet.

Metra (griech.), s. v. a. Gebärmutter, Uterus.

Metralgie (v. Griech.), der Gebärmutterschmerz.

Mètre (franz.), Maß, s. Meter.

Metretes (lat. metreta), das größte Maß der Griechen für flüssige Gegenstände. Der M. des pythischen oder delphischen Fußes enthielt 70 pariser Kubikzoll und wog 4527 Drachmen Wasser (13,17 berliner Maß); der römische M. hatte 1296 pariser Kubikzoll und wog 7680 Drachmen Wasser (22 berliner Maß).

Metrik (v. Griech.), die Theorie der Verskunst oder die Wissenschaft der allgemeinen Gesetze des Rhythmus (s. d.) als der Grundlage aller Versmessung, verbunden mit der Darstellung der verschiedenen von den vorzüglichern Dichtern gebrauchten Versmaße. Die Verskunst erhielt ihre eigentliche Ausbildung erst durch die Griechen, von denen sie auf die Römer und theilweise, aber mit sehr bedeutenden Modifikationen, auf die modernen Völker überging. Ihre wissenschaftliche Behandlung durch die griechischen Musiker, Grammatiker, Rhetoren und Scholiasten, namentlich durch Aristoxenus und Hephästion, sowie durch die lateinischen Grammatiker Priscianus, Terentianus Maurus war sehr mangelhaft, indem man lediglich das Nothdürftigste berücksichtigte und sich mit einer oberflächlichen Silbenzählung oder mit bloßen Schematismen begnügte. Richard Bentley war der Erste, der die Theorie der Grammatiker und die rein mechanische Messung der Verse bei Seite setzte und den Rhythmus wieder als das Princip der M. erfaßte. Obgleich dadurch der M. ein neuer Weg vorgezeichnet war, so konnte die neue Gestaltung doch noch nicht vollständig erfolgen, da Bentley nur die römischen Komiker bei seinen Untersuchungen in Berücksichtigung gezogen hatte. Erst Gottfried Hermann gebührt der Ruhm, daß er auch dem Begriff des Rhythmus der M. eine selbstständige neue wissenschaftliche Gestaltung gab. Sein Werk „Epitome doctrinae metricae" (2. Aufl., Leipzig 1844) ist Epoche machend für die Wissenschaft der M., wenn es auch von verschiedenen Seiten heftigen Widerspruch erfuhr. So rügte Apel in seiner „Metrik" (Leipzig 1814—16, 2 Bde.) den Mangel aller musikalischen Grundlage, während Böckh die Ansicht aussprach, daß nur in der Theorie der alten Grammatiker die einzig sichere historische Basis für die M. zu finden sei (vergl. Freese, De Hermanni metrica ratione, Halle 1829). Einzelne Versarten wurden nach Hermanns Principien von Friedemann, Spitzner u. Seidler einer genauen und erfolgreichen Untersuchung unterworfen. Da aber Hermann nicht allein von seinen Gegnern, sondern selbst von seinen Freunden, z. B. von Lange, vielfach mißverstanden wurde, so ist in dieser Wissenschaft eine Unsicherheit und Verwirrung entstanden wie kaum in einem andern Zweige der Alterthumswissenschaften. Die M. der modernen Völker bietet besondere Schwierigkeiten vornehmlich in sofern dar, als der metrische Werth der Silben und deshalb auch ihre Zusammenfügung zu Versen durch ihre Betonung in jedem einzelnen Worte und im Satze bestimmt wird. In allen romanischen Sprachen besteht deshalb alle metrische Kunst fast nur in der Zählung der für jeden einzelnen Vers nöthigen Silben. Die deutsche Sprache besaß in der alt- und mittelhochdeutschen Periode eine streng geregelte Verskunst, die aber erst durch neuere Forscher, namentlich durch Lachmann („Ueber althochdeutsche Betonung und Verskunst", Berlin 1831—32), wieder entdeckt worden ist. Nach und nach war aber im 14. und 15. Jahrhundert dieselbe bloßer Silbenzählung gewichen, und erst M. Opitz legte durch das Buch „Die deutsche Poeterei" (1624) den Grund zu einer neudeutschen M., indem er darin nachwies, daß im deutschen Verse zwischen Hebung und Senkung gerade so regelmäßig abgewechselt werden müsse wie mit Länge und Kürze im antiken trochäischen und jambischen Verse. Auf Opitz fortbauend versuchte dann J. H. Voß in seiner „Zeitmessung der deutschen Sprache" (2. Aufl., Königsberg 1831) zuerst eine vollständige M. der deutschen Sprache. Von seinen zahlreichen Nachfolgern ist der neueste Minkwitz, der ein „Lehrbuch der deutschen Prosodie und M." (Leipzig 1852) herausgab.

Metrisch (v. Griech.), gemessen, geordnet nach den Regeln der Verskunst; in gebundener Rede; in Bezug auf Maß und Gewicht; auf dem Meter als Einheit fußend.

Metritis (griech.), Gebärmutterentzündung.

Metroblennorrhöa (v. Griech.), Schleimfluß aus der Gebärmutter, weißer Fluß.

Metrocele (griech.), Gebärmutterbruch.

Metrologie (v. Griech.), derjenige Theil der praktischen Geometrie, welcher von den Maßen und Gewichten der verschiedenen Länder und Orte handelt.

Metrometer (griech.), s. v. a. Chronometer.

Metronom (v. Griech.), Taktmesser.

Metronymica (v. Griech.), nach dem Namen der Mutter gebildete Eigennamen; daher metronymisch, nach dem Namen der Mutter benannt.

Metropolis (griech., Metropole), eigentlich Mutterstadt, im Gegensatz zu den Kolonialstädten, dann auch Hauptstadt einer Provinz oder eines Landes, in Asien überhaupt jede größere Stadt.

Metropolit (Metropolitan, v. Griech.), in der alten Kirche Bischof in einer Metropole od. sonstigen Hauptstadt, später s. v. a. Erzbischof; daher Metropolitankirche, s. v. a. erzbischöfliche Kirche; vergl. Bischof.

Metroptose (v. Griech.), Gebärmuttervorfall.

Metrorrhexis (griech.), Gebärmutterzerreißung.

Metrosideros *Smith* (Eisenmaß), Pflanzengattung aus der Familie der Myrtaceen, charakterisirt durch die mit dem Ovarium verwachsene Kelchröhre mit 6spaltigem Rande, die 20—30 sehr lang hervorstehenden, freien Staubgefäße, den fadenförmigen Griffel mit einfacher Narbe und die 2—3fächerige Kapsel mit feinen Samen, Sträucher und Bäume in Australien, auf den Molukken und dem Kap, von deren Arten besonders bemerkenswerth ist M. vera *Lindl.*, Nanibaum, ein großer Baum auf den Molukken und den zunächst gelegenen Inseln mit weit ausgebreitetem Wipfel, kreuzständigen, eirund-lanzettlichen, oben hellgrünen, unten blaßgrünen und netzaderigen Blättern und weißlichen Blüthen in winkel- und gipfelständigen, reichblüthigen Trugdolden. Dieser Baum zeichnet sich durch sein außerordentlich hartes und dichtes, graubraunes, fast unzerstörbares Holz aus, welches sich nur im frischen, noch nicht völlig ausgetrockneten Zustande verarbeiten läßt und später von den gewöhnlichen Werkzeugen gar nicht mehr angegriffen wird. Man läßt die Bäume stehen, bis sie der Wind umwirft. Die Chinesen machen Ruder und Anker daraus. Auf den Molukken benutzt man die äußere grauliche Rinde des Stammes gegen Durchfälle und Schleimflüsse.

Metroskop (v. Griech.), Mutterspiegel, Instrument zur Untersuchung der Gebärmutter.

Metrotomie (v. Griech.), der Kaiserschnitt.

Metrum (v. Griech.), eigentlich Maß überhaupt, in der Dichtkunst das Silben- oder Versmaß, welches aus einer rhythmischen Aufeinanderfolge der Silben besteht und die bestimmte Form der Dichtersprache bildet. Vergl. Metrik und Vers.

Metsu, Gabriel, s. Metzu.

Metsys, Quintin, s. Messis.

Mett, Fleisch, wovon das Fett abgesondert ist und woraus die Mettwurst (s. Wurst) bereitet wird.

Mette (v. lat. matutina), der vor Tagesanbruch gehaltene Frühgottesdienst, insbesondere an dem Weihnachtsfeste (Christmette); der erste Theil der im Brevier enthaltenen täglichen Gebete der katholischen Priester.

Metten, Pfarrdorf im bayerischen Kreis Niederbayern, Bezirk Deggendorf, links an der Donau, mit 1730 Einw. und einem 792 gestifteten, 1803 aufgehobenen, aber 1830 wieder hergestellten Benediktinerkloster mit Gymnasium.

Mettenberg (Mittenberg), Gebirgsstock im berner Oberlande, zwischen dem oberen und unteren Grindelwaldgletscher, 9800 Fuß hoch.

Mettenleiter, Johann Michael, Maler, Zeichner und Kupferstecher, 1765 zu Großkuchen bei Neresheim geboren, bildete sich seit 1775 mit seinem Bruder, dem Maler Jakob M., zu Rom, sodann seit 1782 zu München, wo er unter Dorners Leitung in der Gallerie kopirte. Später widmete er sich ausschließlich der Kupferstecherei u. ward 1790 zum Hofkupferstecher in München ernannt. Seine Blätter, über 1800, sind hinsichtlich der Erfindung und Ausführung gleich ausgezeichnet und stehen denen des berühmten Chlodowiecki nicht nach. Ohne Senefelders Erfindung zu kennen, kam er auf den Gedanken, nach Art der Kupferstecher Linien auf Stein zu graviren und die Platten abzudrucken. Auch die Plangravirung auf Stein, wozu Ußschneider den ersten Impuls gegeben, wurde durch M. vervollkommnet. Kaiser Alexander I. berief ihn 1818 nach Warschau, um für das polnische Oberkommando eine Lithographie zum Drucke von militärischen u. topographischen Plänen einzurichten. Die Akademie der Künste in München nahm ihn unter ihre Mitglieder auf. Er † den 19. März 1853 zu Passau.

Metternich, altes rheinländisches, ursprünglich jülichsches Dynastengeschlecht, das schon im Freiherrenstande auf dem deutschen Reichtag Sitz u. Stimme hatte. Bei dem dritten italienischen Zug Barbarossa's erhielt das Geschlecht die Erbkämmerei von Köln, die bis in den Anfang dieses Jahrhunderts bei ihm verblieb. Unter dem Kaiser Ludwig dem Bayer gründete es am Fuße des Hennebergs eine Burg, die von dem nahen Dorfe Metternich im preußischen Regierungsbezirk und Kreis Koblenz den Namen erhielt. Die von den 12 früheren Linien noch bestehende einzige Linie erhielt 1697 die reichsgräfliche, den 30. Juni 1802 die reichsfürstliche Würde für den jedesmaligen Senior u. 1813 von Kaiser Franz I. von Oesterreich die fürstliche Würde für alle Nachkommen. Als im Anfange des 17. Jahrhunderts die Linien Winneburg und Beilstein erloschen u. ihre Besitzungen, die Reichsgrafschaften Winneburg u. Beilstein, an das Kurfürstenthum Trier zurückfielen, gab der damalige Kurfürst, Lothar von M. (1599—1623), diese Grafschaften seinen Vettern **Karl Heinrich von M.** und **Phil. Emmerich von M.** zu Lehen. Als die eben genannten und andere unmittelbare reichsritterschaftliche Herrschaften und Güter jenseits des Rheins durch den lüneviller Frieden an Frankreich fielen, wurde die Familie M. durch die Reichsabtei Ochsenhausen in Schwaben entschädigt, die dann als Landesherrschaft den Namen Fürstenthum Winneburg erhielt, 1806 mediatisirt u. an Würtemberg abgetreten und 1825 von dem König von Würtemberg angekauft wurde. Jetzt gehören der Familie M. die Herrschaften Königswart u. Plaß in Böhmen, die Herrschaft Kojetein in Mähren u. die übrigen Allodialgüter, am Rhein die Güter Gramme, Bornbach, Oberehe u. Reinhardsstein, am Bodensee das Gut Hersberg u. in Nassau das Schloß u. Gut Johannisberg. Die jährlichen Einkünfte dieser Besitzungen belaufen sich auf 2—300,000 Gulden. Die namhaftesten Glieder des Geschlechtes sind:

1) **Franz Georg Karl, Fürst von M.**, geboren am 9. März 1746 zu Koblenz, ward schon 1768 mit einer politischen Mission nach Wien betraut u. hier durch Kaunitz' Einfluß zum ständigen trierschen Gesandten ernannt, war 1790 Wahlbotschafter bei der Wahl u. Krönung Leopolds II., 1791—94 dirigirender Minister in den Niederlanden, österreichischer Principalkommissarius bei dem rastadter Kongreß u., nachdem er 1802 die reichsfürstliche Würde erhalten, 1810 für seinen Sohn stellvertretender Minister der auswärtigen Angelegenheiten. Er † den 11. August 1818.

2) **Klemens Wenzel Nepomuk Lothar, Fürst von M.**, Herzog von Portella, österreichischer Diplomat, geboren am 15. Mai 1773 zu Koblenz, Sohn des Vorigen, machte seine Studien seit 1788 zu Straßburg u., nachdem er im Oktober 1790 bei der Krönung Leopolds II. als Ceremonienmeister des katholischen Theils des westphälischen Grafenkollegiums fungirt, noch bis 1794 zu Mainz. Im folgenden Jahre vermählte er sich mit der Gräfin Eleonore Kaunitz, einer Enkelin des großen Staatskanzlers, wodurch er sowohl seine Verbindungen verstärkte, als ansehnlichen Güterbesitz erwarb. Seine diplomatische Laufbahn eröffnete er beim rastädter Friedenskongreß als Gesandter des westphälischen Grafenkollegiums. Im Jahre 1801 ward er österreichischer Gesandter am kursächsischen Hof in Dresden u. im Winter 1803 österreichischer Botschafter zu Berlin, wo er beim Ausbruch des 3. Koalitionskrieges gegen Frankreich den Allianzvertrag zwischen Oesterreich, Preußen u. Rußland unterschrieb. Seit 1806 österreichischer Gesandter in Paris, erwirkte er 1807 in dem Vertrage von Fontainebleau für Oesterreich günstige Zugeständnisse. Nachdem er erst kurz vor der Schlacht bei Wagram die ihm anfangs verweigerten Pässe erhalten, ward er nach derselben zu Wien erst provisorisch, bald (8. Okt.) aber definitiv mit dem auswärtigen Ministerium betraut, das er über 38 Jahre unausgesetzt verwalten sollte. Er galt damals für einen Vertreter der französischen Partei in Oesterreich, war es aber nur in sofern, als er es unter den damaligen Umständen für gerathen fand, sich im Einvernehmen mit Frankreich zu halten u. diese Stellung bestmöglich für Oesterreich zu nutzen, während er im Uebrigen dem letztern stets eine gewisse Selbstständigkeit zu wahren bestrebt war und Alles vorbereitete, um den Kaiserstaat im entscheidenden Augenblicke gerüstet gegen Frankreichs Uebermacht in die Schranken treten lassen zu können. Auch nach der russischen Katastrophe nahm M. eine vermittelnde Stellung ein; er wollte zwar Deutschland unter allen Umständen vom französischen Joch befreit wissen, ging aber nicht auf einen unbedingten Sturz Napoleons I. aus u. war nur dann entschlossen, gegen diesen bewaffnet vorzugehen, wenn es ihm nicht gelänge, ihn zu den nöthigsten Zugeständnissen zu bestimmen. Nachdem nach einer Zusammenkunft M.s mit dem Kaiser Alexander I. zu Opotschna an der schlesisch-böhmischen Grenze im Anfange Juni 1813 die Vermittelung Oesterreichs angesprochen worden war, begab sich M. am 28. Juni mit einem Schreiben seines Kaisers nach Dresden zu Napoleon I., der sich auch dazu verstand, Oesterreichs Vermittlerrolle anzuerkennen. Als aber mit dem peremtorischen Termin (10. August) das Friedensgeschäft noch nicht begonnen hatte, verfaßte M. noch in der Nacht vom 10. auf den 11. August die Kriegserklärung Oesterreichs gegen Frankreich u. unterzeichnete am 9. Sept. 1813 die Quadrupelallianz mit England, Rußland und Preußen, sowie am 8. Okt. zu Ried den Vertrag mit Bayern. Am letzten Abend der Schlacht bei Leipzig ertheilte ihm sein Kaiser für sich und seine Nachkommen die österreichische Fürstenwürde, wozu später noch die Berechtigung kam, das österreichische und lothringische Wappen im Herzschild des seinigen zu führen. Hierauf leitete M. die Unterhandlungen mit Frankreich zu Frankfurt, Freiburg, Basel, Chatillon, Langres und Chaumont, auch wurden ihm von den Verbündeten die Verhandlungen mit dem Grafen von Artois übertragen, die er, nachdem der Graf in Nancy eingetroffen war, von Dijon aus leitete. Im Namen der verbündeten Mächte unterzeichnete M. in Paris die mit Napoleon I. zu Fontainebleau getroffene Uebereinkunft, sowie den Frieden vom 30. Mai. Darauf begab er sich mit den Ministern Preußens und Rußlands nach England, wo er am 29. Juni eine neue Quadrupelallianz abschloß, u. führte auf dem wiener Kongreß den Vorsitz. In dieser Stellung setzte er in Verbindung mit Talleyrand u. Wellington den Frieden zwischen Preußen u. Sachsen durch, bewirkte die Bildung des Königreichs der Niederlande unter Oranien-Nassau, vermittelte die Entscheidung der polnischen Frage, die Abschaffung des Sklavenhandels, die neue Gestaltung Italiens von 1815 u. lieferte die Vorarbeiten zur deutschen Bundesverfassung. Die Schlußakte des wiener Kongresses unterzeichnete er am 9. Juni 1815. Auch der zweite pariser Friede ward durch ihn abgeschlossen. Im Jahre 1816 unterhandelte er in Mailand mit Bayern wegen dessen Grenzstreitigkeiten mit Oesterreich und führte sodann den Vorsitz in der zur Regulirung der österreichischen Finanzen niedergesetzten Kommission; 1817 begleitete er die an Dom Pedro von Brasilien vermählte Erzherzogin Leopoldine als kaiserlicher Bevollmächtigter nach Livorno und leitete die Verhandlungen mit dem römischen Stuhl. Der König beider Sicilien ernannte M. 1818 zum Herzog von Portella mit einer Dotation von 60,000 Ducati, die er ihm in Grundstücken schon 1816 verliehen hatte, sowie der König von Spanien 1826 zum Granden erster Klasse mit dem Titel eines Herzogs. Am Monarchenkongreß zu Aachen nahm M.

als österreichischer Bevollmächtigter Theil, und 1819 präsidirte er dem Kongreß zu Karlsbad. Ebenso war er bei dem deutschen Ministerkongreß zu Wien in demselben Jahre u. bei den Kongressen zu Troppau 1820 und zu Laibach 1821 im Interesse der von ihm geleiteten österreichischen Reaktionspolitik ganz besonders thätig. M. hat das damals waltende politische System nicht erfunden, wie das überhaupt kein Einzelner that, und hat es verhältnißmäßig mit Mäßigung vertreten, aber die hervorragende Stellung, die er einnahm, die Ehren u. Würden, die auf ihn gehäuft wurden, hat er damit bezahlen müssen, daß der Groll, den jenes System beim Volke hervorrief, sich vorzugsweise gegen ihn richtete. Im Jahre 1821 wurde er zum Haus-, Hof- u. Staatskanzler der österreichischen Monarchie ernannt, auch wurde ihm die Leitung der Verhandlungen zu Wien u. auf dem Kongreß zu Verona (Okt. bis Dec. 1822) übertragen, und nach dem Tode des Grafen Karl Zichy (im Okt. 1826) erhielt er das Präsidium der Ministerialkonferenzen für die inneren Angelegenheiten. Auch nach dem Tode des Kaisers Franz (1835) blieb M. im Besitze seines vollen Einflusses u. aller seiner Aemter. Er ging mit dem Kaiser Ferdinand I. im Sept. 1835 nach Teplitz u. Prag zur Zusammenkunft mit den Monarchen von Preußen u. Rußland, entwickelte in den orientalischen Wirren der Jahre 1840 u. 1841 eine große Thätigkeit u. bewirkte durch den Traktat vom 13. Juli 1841 die Wiederherstellung der freundschaftlichen Beziehungen der übrigen Großmächte zu Frankreich. In allen diesen Verhandlungen hatte M. stets ein doppeltes Ziel verfolgt: Wahrung des Friedens u. Aufrechterhaltung des konservativen Princips. Aber dieses System, welches gegen Freiheit des Denkens und Glaubens und eine freie Gestaltung des Staatslebens mit allen Waffen kämpfte, konnte dennoch die Erschütterungen von 1848 nicht abwenden. M. ward durch den wiener Aufstand vom 13. März gezwungen, seine Entlassung zu nehmen, und vermochte sich kaum vor der Erbitterung des Volks zu retten. Er wandte sich über Holland nach England, siedelte im Nov. 1849 nach Brüssel über, bezog im Juni 1851 den Johannisberg im Rheingau und kehrte im Sept. desselben Jahres nach Wien zurück. Ohne öffentlichen Antheil an der Politik zu nehmen, diente er seitdem doch dem Kaiserhause noch mit seinem Rathe; er † am 11. Juni 1859. Er war vermählt zuerst seit 1795 mit Gräfin Eleonore von Kaunitz, dann seit 1827 mit der Freiin von Leykam, die zur Gräfin von Beilstein erhoben wurde, seit 1831 mit der Gräfin Melanie Zichy-Ferraris und hinterließ 3 Söhne und 3 Töchter. Die Veröffentlichung einer Auswahl aus M.s hinterlassenen Briefen soll von dem Folgenden bereits vorbereitet sein.

3) Fürst Richard M., ältester Sohn des Vorigen, geboren den 7. Jan. 1829, betrat ebenfalls die diplomatische Laufbahn, zunächst als Legationssekretär bei der österreichischen Gesandtschaft in Paris, ward im April 1856 zum außerordentlichen Gesandten und bevollmächtigten Minister Oesterreichs an den sächsischen Höfen ernannt, während des italienischen Kriegs von 1859 nach Verona berufen, um beim Kaiser das Referat über die auswärtigen Angelegenheiten zu übernehmen, und ging im Dec. 1859 als österreichischer Botschafter nach Paris.

Metteur en pages (franz.), Formbildner, derjenige Schriftsetzer, welcher, wenn mehre Setzer an einem Werke arbeiten, das Manuskript zu vertheilen, den Schriftsatz in Kolumnen zu ordnen (zu umbrechen) und druckfertig zu machen hat.

Mettlach, Dorf in der preußischen Rheinprovinz, Regierungsbezirk Trier, Kreis Merzig, an der Saar, mit 500 Einw. und einer ehemaligen Benediktinerabtei, worin sich jetzt eine berühmte Steingutfabrik befindet.

Mettmann, Stadt in der preußischen Rheinprovinz, Regierungsbezirk Düsseldorf, Kreis Elberfeld, in einem tiefen Thale, an der Düssel, mit Armenanstalt, Sammet-, Seiden-, Tuch- und Baumwollenmanufakturen, Stahl- und Eisenwaarenfabriken u. 6450 Einw. In der Nähe liegen mehre sehenswerthe Höhlen und Grotten.

Metz, Hauptstadt des französischen Departements Mosel, am Einfluß der Seille in die hier schiffbare Mosel und an der Eisenbahn von Nancy nach Saarbrück (Mannheim u. Trier), welche sich hier nach Luxemburg abzweigt, gelegen, ist Festung ersten Ranges, mit 11 Bastionen, einer auf dem rechten Moselufer gelegenen Citadelle mit 4 Bastionen, deren Feldseite noch durch ein bedeutendes Hornwerk gedeckt wird, einem befestigten Lager (Guise), dem Fort Bellecroix auf der Ostseite u. mehren Hornwerken. Die Stadt ist Sitz der Departementsbehörden, eines Gerichts- und Appellhofs, Handelsgerichts, Arbeiterschiedsgerichts, einer Handelskammer, eines Bischofs und der 5. Militärdivision. Sie hat im Ganzen ein alterthümliches Ansehen, doch auch gerade u. gut gepflasterte Straßen u. schöne Häuser. Unter den 16 Kirchen sind die von 1014—1546 im altgothischen Styl erbaute Kathedrale mit Thurm von 345 Fuß Höhe und die Kirche St. Vincenz die hervorragendsten. Von andern öffentlichen Gebäuden sind noch zu bemerken: die Synagoge, das Rathhaus, die Markthalle, mehre Kasernen, das Zeughaus, worin Waffen für 150,000 Mann aufbewahrt werden, das neue Schauspielhaus u. der Intendanturpalast. M. hat ein kaiserliches Lyceum, eine Artillerie- u. Ingenieurschule mit einer Bibliothek von 10,000 Bänden, ein Mineralien-, Naturalien- und Medaillenkabinet, eine Turnanstalt, Musik-, Maler- und Zeichenschule, Departementsbauschule, Reitschule, Hebammenschule, Vorlesungen über Physik, Geometrie, Chemie, Oekonomie, Gewerbe u. Botanik, einen botanischen Garten, eine öffentliche Bibliothek von 30,000 Bänden, eine kaiserliche Akademie der Wissenschaften und mehre andere gelehrte Gesellschaften. Rings um die Stadt laufen schöne Spaziergänge, besonders die Esplanade mit herrlicher Aussicht nach der Mosel. Die Industrie ist von großer Wichtigkeit; es gibt bedeutende Fabriken von groben Tuchen, Flanells, Moltons, Wolldecken und sonstigen Wollzeuchen, Musselin- und Tüllstickereien, Fabriken von Hanf- und anderer Leinwand für die Armee, Strumpfwirker- und Kramwaaren, Halsbinden, Posamentirarbeiten, Watte, Wachsleinwand, Stöcken, Pfeifen, Kämmen, Bürsten, Pinseln, Filz-, Seiden- und Strohhüten, Stecknadeln, Beinschwarz, Oel, Leim 2c.; ferner Dampfbaumwoll- und Wollspinnereien, Maschinenbauwerkstätten, zahlreiche Gerbereien, Eisen- u. Kupferhütten. Dem entsprechend ist auch der Handel von Bedeutung, besonders mit Wein, Branntwein, Liqueur, Bier, eingemachten Früchten, Leder, Eisen, kurzen Waaren, Bauholz, Möbeln 2c. Die Bevölkerung belief sich 1861 auf 56,888 Einw. Jährlich wird im Mai eine Messe hier abgehalten. Eine Stunde von der Stadt sind die Ruinen einer römischen Wasserleitung (Pont du diable). Sehenswerth sind auch die Ueberreste des Grabmals Kaiser Ludwigs des Frommen. M. ist der Geburtsort Ancillons, Custine's, des Historikers Lacretelle und des Marschalls Fabert, welchem letzteren 1842 hier eine Bronzestatue errichtet wurde. Die Umgegend von M. heißt le pays Messin, baut schönes Obst (besonders Mirabellen) und zieht viele Obstbäumchen. M. ist das alte Divodurum der Gallier im Gebiete der Mediomatriker, weshalb es auch Mediomatrica hieß, woraus durch Abkürzung Meiä, Metis, Mattä u. M. entstanden ist. Nachdem es in der Mitte des 5. Jahrhunderts durch die Hunnen unter Attila zerstört worden, kam es zum fränkischen Reiche und ward bald die Hauptstadt von Austrasien. In der Theilung der karolingischen Länder ward es zum deutschen Reiche geschlagen u. stand als freie Reichsstadt seitdem zunächst unter Grafen, welche die kaiserlichen Rechte in der Stadt ausübten. Im Jahre 1444 ward die Stadt von den Franzosen belagert, aber nicht erobert. Aber 1552 nahm König Heinrich II. von Frankreich Besitz von ihr u. beauftragte mit ihrer Vertheidigung den Herzog Franz von Lothringen u. Guise, der auch gegen Karl V. tapfer Stand hielt. Ludwig XIII. machte 1633 M. zum Sitz eines Parlaments und gerirte sich als unbeschränkter Souverän der Stadt, während die bisherigen Könige von Frankreich sich mit der bloßen Schutzherrlichkeit begnügt hatten. Auf die desfallsigen Beschwerden der kaiserlichen Kommissarien ward nicht geachtet, u. im westphälischen Frieden (1648) erhielt Frankreich die volle Souveränetät über M., Toul u. Verdun förmlich zugestanden. In den späteren Kriegen ward M. mehr beobachtet als blokirt und belagert. Vgl. Davilly, Antiquités Mediomatriciennes, Metz 1823.

Metz, August, Führer der Fortschrittspartei im Großherzogthum Hessen, geboren den 20. April 1818 zu Dreieichenhain in Hessen-Darmstadt, machte sich beim Ausbruch der Märzrevolution 1848, damals Hofgerichtsadvokat zu Darmstadt, als politischer Redner bekannt u. war seitdem auf den hessen-darmstädtischen Landtagen ein Hauptwortführer der demokratischen Partei. Erst nach Einführung des beschränkten Wahlgesetzes von 1856 zog er sich vom ständischen Wirken zurück u. führte seitdem fast alle bedeutenderen politischen Prozesse in Oberhessen und Starkenburg, trat aber 1862 wieder für Mainz in den Landtag.

Metze, Maß für trockene Dinge, meist = $^1/_{16}$ Scheffel und das Vierfache eines Mäßchens. In Preußen ist die M. = $^1/_{16}$ Scheffel = 3,4351 Liter = 173 $^1/_8$ par. Kubikzoll; in Sachsen ebenfalls = $^1/_{16}$ dresdner Scheffel = 6,499 Liter = 338 $^1/_2$ par. Kubikzoll; in Braunschweig der 4. Theil eines Bierfasses oder $^1/_4$ Himten (= 31,1448 Liter); in Gotha = $^1/_{16}$ Malter = 176,464 Liter; in Kurhessen = $^1/_{16}$ Viertel oder 10,046 Liter. In Süddeutschland ist der Name Metzen gebräuchlich, ein weit größeres Maß als die norddeutsche M.: der bayerische Metzen = 37,0596 Liter = 1868,25 par. Kubikzoll und 6 Metzen = 1 Schaff; der österreichische Metzen = 61 Liter = 3364,59 par. Kubikzoll und 30 Metzen = 1 Muth; der pesther Metzen = 62,5182 Liter = 4033 $^3/_4$ Kubikzoll; der preßburger Metzen nur = 2689 $^1/_5$ Kubikzoll.

Metzingen, Stadt im würtembergischen Schwarzwaldkreis, Oberamt Urach, an der Erms, hat mechanische Wollspinnerei, Tuchfabrikation, Strumpfwirkerei, Weberei, Gerberei, Weinbau, Getreide-, Rindvieh- und Pferdehandel und 4318 Einw.

Metzu (Metsu), Gabriel, namhafter niederländischer Genremaler, geboren zu Leyden 1615, lebte meist in Amsterdam, wo er 1658 †. M. folgte der Richtung des Terburg und Gerhard Dow. Seine Auffassung ist ungezwungen und natürlich, die Ausführung ebenso korrekt wie sauber. Im Louvre zu Paris finden sich mehre seiner schönsten Bilder, so der amsterdamer Gemüsemarkt, ein anderes, auf welchem eine Dame mit dem Glase Wein in der Hand einen Offizier empfängt, eine Frau, die sich in Bier gütlich thut, eine Dame am Klavier mit ihrem Lehrer, der lesende Arzt, das Bildniß des Admirals Tromp. Das berliner Museum enthält von M. das Familiengemälde eines vornehmen holländischen Patriciers und den Besuch des Arztes bei einer kranken Dame; die königliche Gallerie zu Dresden den berühmten Hahnenverkäufer nebst dessen Gegenstück, der Wildprethändlerin; die Pinakothek zu München die Halbfigur einer holländischen Köchin, den Bratspieß mit einem Huhn in der Hand, und die holländische Bauernstube, welche das Fest des Bohnenkönigs feiert, ein Hauptwerk des Meisters.

Meu, Nebenfluß der Vilaine im französischen Departement Ille-Vilaine, entspringt im Departement Côtes-du-Nord und mündet bei Pontreau.

Meudon, Marktflecken im französischen Departement Seine-Oise, unweit der Seine und der Eisenbahn von Paris nach Versailles, hat eine schöne Pfarrkirche mit dem Denkmal Rabelais', Weinbau, Kreidebrüche (Blanc de Meudon), Bleichen, Glasflaschenfabrikation, ein kaiserliches Gestüt und 5160 Einwohner. Das hier gelegene alte, ehemals königliche Lustschloß mit großem Park, der an den von Versailles anstößt, von Philibert Delorme erbaut, gehörte im 16. Jahrhundert der Geliebten Franz' I., Anna de Pisseleu, der nachherigen Herzogin von Etampes, und im 17. Jahrhundert dem Minister Louvois, der den Park erweiterte und das Gebäude der Akademie der Inschriften und schönen Wissenschaften zu ihren Sitzungen einräumte. Nach Louvois' Tode kaufte es Ludwig XIV. an u. schenkte es dem Dauphin, welcher neben dem alten einen neuen Palast aufführen u. den Park durch Lenôtre verschönern ließ. In Folge der Revolution ward es durch Beschluß des Wohlfahrtsausschusses vom 20. Okt. 1793 dazu bestimmt, dem Nationalinstitut zur Vorbereitung nützlicher, besonders militärischer Erfindungen zu dienen. Später ward im Gebäude eine aëronautische Schule etablirt. Zur Zeit des Kaiserreichs ward das Schloß aufs glänzendste restaurirt und dem König von Rom, während des russischen Feldzugs auch Napoleons I. Gemahlin zum Aufenthaltsort angewiesen. Nach dem Staatsstreich vom 2. Dec. 1851 ward es die Sommerresidenz von Jérôme Napoleon, nach Wiedererrichtung des Kaiserthrons kaiserliches Lustschloß und nach dem Tode Jérôme's (1860) Sommerresidenz von dessen Sohn, dem Prinzen Napoleon.

Meulan, Stadt im französischen Departement Seine-Oise, an der Seine und der Eisenbahn von

Paris nach Rouen, hat Fabriken von Wollkratzen, baumwollenen Strumpfwaaren, Leder ꝛc., Steinbrüche, Gypshandel und 2180 Einw.

Meulebeke, Marktflecken in der belgischen Provinz Westflandern, Bezirk Kortrijk, hat Spitzenfabrikation, Flachsspinnereien und 8249 Einw.

Meulen, Anton Franz van der, berühmter Schlachtenmaler, geboren 1634 zu Brüssel, hatte den dasigen Hofmaler Peter Snayers zum Lehrer, ward durch Lebrun dem Colbert empfohlen, der ihm mehre Aufträge für seine Gemäldegallerie ertheilte und ihn sodann an die Gobelinmanufaktur berief, u. begleitete später König Ludwig XIV. auf allen Feldzügen, um die wichtigsten Scenen in Schlachten u. bei Belagerungen zu malen. Daneben übte M. auch die Genre- und Landschaftsmalerei. Zu seinen vorzüglichsten Arbeiten zählt man den Einzug Ludwigs XIV. in eine eroberte Stadt, dessen Einzug in Arras und die Belagerung von Mastricht; ferner einen Kavalier, der ein Glas in der Hand hält u. sich mit einer Dame unterhält, die eine Guitarre stimmt, u. A. dergleichen. Im Schloß Rambouillet befinden sich 10 Bilder von ihm, welche die Eroberungen Ludwigs XIV. behandeln, u. an andern Orten viele Ansichten verschiedener königlichen Schlösser. Zu Lebruns Gemälden der Schlachten Alexanders des Großen lieferte M. die Darstellung der Pferde. Er wurde 1673 Mitglied der Akademie und † den 15. Okt. 1690 zu Paris. J. von Huchtenburg, der berühmteste seiner Schüler, u. A. haben nach seinen Gemälden gestochen.

Meum *L.* (Bärwurz), Pflanzengattung aus der Familie der Umbelliferen, charakterisirt durch den verwischten Kelchrand, die ganzen, elliptischen, am Grunde und vorn zugespitzten Blumenblätter u. die halbstielrunden Früchtchen, mit 5 fadenförmigen, scharf gekielten Riefen und 3—4striemigem Thälchen, ausdauernde glatte Kräuter in Europa, mit einfachem Stengel und vielfach zerschnittenen Blättern, von deren 4 Arten mehre officinell sind, besonders M. athamanticum *Jacq.*, Bärendill, Bärenfenchel, Mutterwurz, auf Bergwiesen, auch der Alpen. Die durch ihren pinselartigen Schopf ausgezeichnete Wurzel, Radix Mei s. Anethi ursini s. Foeniculi ursini, Bärwurz, Mutterwurz, Herzwurzel, schmeckt bitterlich u. beißend gewürzhaft u. war bei Verdauungsschwäche, Schleimasthma, typhösen u. intermittirenden Fiebern, sowie als Emmenagogum in Gebrauch, findet aber jetzt nur noch in der Thierarzneikunde Anwendung. Die Pflanze ist ein treffliches Viehfutter, welches der Milch und der Butter einen balsamischen Geruch u. Geschmack gibt. M. Mutellina *Gaertn.*, Phellandrium Mutellina *L.*, wächst auf Alpentriften bis zum Schnee hinauf, war früher als Radix Mutellinae ebenfalls officinell und ist die Hauptnahrung der Murmelthiere.

Meung, Stadt im französischen Departement Loiret, an der Loire und der Eisenbahn von Orléans nach Tours, hat Fabrikation von Tuch u. wollenen Decken, Färberei, Gerberei, Scharfschmieden, Mehl-, Loh- und Walkmühlen, Weinbau, Bienenzucht, Steinbrüche, Kalkbrennerei, Getreide-, Mehl-, Vieh-, Leder-, Wein- und Essighandel und 3660 Einw.

Meurs, s. v. a. Mörs.

Meursius, Johannes, der Aeltere, eigentlich de Meurs, namhafter Alterthumsforscher, geboren 1579 zu Loosduinen beim Haag, studirte zu Leyden Philologie, ward sodann der Führer der Söhne des Großpensionärs Barneveldt auf einer Reise durch verschiedene Länder Europa's, 1610 Professor der Geschichte an der Universität Leyden und im folgenden Jahre Professor der griechischen Literatur, daneben Historiograph der Generalstaaten, später Professor der Geschichte an der Universität Sorõe, wo er am 20. September 1639 †. Er besorgte außer vielen andern Editionen späterer griechischen Schriftsteller besonders die der „Wundergeschichten“ des Antigonus Carystius (Leyden 1619), des Apollonius Dyscolus (das. 1620) und Phlegon Trallianus (das. 1620) und schrieb eine große Anzahl von Monographien über Gegenstände der griechischen Alterthumskunde, die sich in dem „Thesaurus antiquitatum graecarum“ des Gronov, sowie in der von Lami besorgten Gesammtausgabe der Werke M.' (Flor. 1741—63, 12 Bde.) finden. M.' Arbeiten zeichnen sich weniger durch Kritik u. Geschmack aus als durch eine umfassende Gelehrsamkeit im Sinne seiner Zeit. Sein Sohn, Johannes M., der Jüngere, geboren 1613 zu Leyden, widmete sich gleichfalls der Philologie und verfaßte mehre antiquarische Schriften; er † 1653 in Dänemark. Die unter seinem Namen erschienenen schmutzigen „Elegantiae linguae latinae“ (beste Ausgabe, Leyden 1757) sind von Chorier aus Grenoble.

Meurthe, Fluß im nordöstlichen Frankreich, entspringt in zwei Quellen am Westabhang der Vogesen an der Grenze des Departements Oberrhein, wird unterhalb Nancy schiffbar, ist jedoch fast nur zum Holzflößen geeignet, nimmt von rechts die Vézouse, von links die Mortagne und Sanon auf und fällt nach einem Lauf von 21 Meilen (wovon noch nicht ganz 2 Meilen schiffbar) bei Frouard in die Mosel.

Das nach demselben genannte Departement M., aus einem Theil der ehemaligen Herzogthümer Bar u. Lothringen u. aus dem südlichen Theile des Gebiets der vier Bisthümer gebildet, grenzt an die Departements Mosel, Niederrhein, Vogesen und Maas und umfaßt einen Flächenraum von 110,99 QMeilen mit (1861) 428,643 Einwohnern. Es wird von zahlreichen, aber nur hügelartigen Verzweigungen der Vogesen durchzogen und von der Mosel, M. (mit deren obengenannten Nebenflüssen), Seille und Saar, sowie von vielen Bächen, mehren Seen und Teichen bewässert. Die Höhen sind theilweise reich bewaldet, theilweise mit Wein bepflanzt; der Boden ist fruchtbar. Von der Oberfläche kommen auf Aecker 330,886, auf Wiesen 86,151, auf Weinberge 12,621, auf Wälder 93,509 Hektaren. Die Landwirthschaft ist hier sehr vorgeschritten; man baut besonders Getreide, Oelgewächse, Hülsenfrüchte, Hanf, Flachs, Cichorien, viel Kartoffeln, Gemüse, Handelsgewächse, Wein und Obst. Die Viehzucht erzeugt Pferde, Rindvieh, Schafe und Geflügel; die Waldungen bergen viel Wild (auch noch Wölfe), die Gewässer sind reich an Fischen. Das Mineralreich bietet Eisen (4 Bergwerke lieferten 1859 476,500 metrische Centner Erz, die in 5 Eisenhütten und Hohöfen zu 93,000 Centner Gußeisen u. 6000 Ctnr. Schmiedeeisen verarbeitet wurden) und viel Salz; Mineralbäder sind die von Mousson (bei Pont-à-Mousson) und von St. Thiebault (bei Nancy). Die Bevölkerung ist großentheils römisch-katholischer Konfession und von deutscher Abkunft; die Industrie besteht in der Fabrikation von Glas, irdenen Waaren, Wollzeuchen, Tuch, Leinwand, Leder rc. Der Handel vertreibt außer diesen Erzeugnissen besonders noch Salz, Holz, Getreide, Vieh und Wolle. Das Departement wird von der paris-straßburger Eisenbahn durchzogen, welche sich hier von Nancy aus nach Metz und von Blainville (bei Luneville) aus nach Favernay (Dijon, Mülhausen rc.) verzweigt. Es zerfällt in die 5 Arrondissements: Nancy, Luneville, Château-Salins, Sarrebourg und Toul und hat zur Hauptstadt Nancy.

Meuse, französischer Name der Maas.

Meusebach, Karl Hartwig Gregor, Freiherr von, ausgezeichneter Kenner der deutschen Literatur, geboren am 6. Juni 1781 zu Bockstedt bei Artern, besuchte die Schulen zu Roßleben u. Merseburg und studirte zu Göttingen und Leipzig, ward 1803 Kanzleiassessor in Dillenburg, später Prokurator am Obergerichtshofe daselbst, 1814 Präsident des provisorischen Kassationshofs zu Koblenz, 1819 geheimer Oberrevisionsrath zu Berlin und später Präsident des rheinischen Kassations- u. Revisionshofes daselbst. In fortdauerndem Verkehr mit ausgezeichneten Forschern der Wissenschaft widmete er seine Muße der Ergründung der vaterländischen Literatur von Erfindung der Buchdruckerkunst an bis auf die Gegenwart herab und sammelte eine Bibliothek, welche alle nur irgendwie bedeutenden Erscheinungen der deutschen Literatur seit Luther, besonders aber des 17. Jahrhunderts, fast vollständig vereinigte; dieselbe ward 1849 von der preußischen Regierung angekauft und der königlichen Bibliothek zu Berlin einverleibt. Im Jahre 1842 zog er sich wegen Gehörleidens aus dem Staatsdienste auf sein Landgut zu Baumgartenbrück unfern Potsdam zurück, wo er am 22. August 1847 †. Im Druck ist nur Weniges von ihm erschienen, u. auch dieses meist ohne seinen Namen. Von seinen Söhnen war Freiherr Karl von M., geboren den 12. Aug. 1814, † 1862, preußischer Gesandter in Rio Janeiro. Vgl. Zacher, Die deutschen Sprüchwörtersammlungen nebst Beiträgen zur Charakteristik der meusebachschen Bibliothek, Leipzig 1852.

Meusel, Johann Georg, verdienter deutscher Schriftsteller im Fache der Kunst- und Literargeschichte, geboren 1743 zu Eyrichshof bei Bamberg, studirte zu Göttingen, habilitirte sich sodann als Privatdocent zu Halle und ward 1769 Professor der Geschichte zu Erfurt, 1780 zu Erlangen, wo er den 19. Sept. 1820 als geheimer Hofrath †. Er hinterließ zahlreiche Schriften, welche ebenso sehr von seinem Fleiß, als von der Vielseitigkeit seines Wissens zeugen, u. A.; „Gelehrtes Deutschland" (fortgesetzt von Ersch und Lindner, Lemgo 1796—1834, 23 Bde.), „Lexikon der von 1750—1800 verstorbenen Schriftsteller" (Leipz. 1802—16, 5 Bde.), eine nicht vollendete Bearbeitung von Struve's „Bibliotheca historica" (Bd. 1—11, das. 1782—1804), „Deutsches Künstlerlexikon" (Lemgo 1778, 2 Bde.; neue Aufl. 1808—9, 3 Bde.); „Miscellaneen artistischen Inhalts" (Erfurt 1779—87, 30 Hefte); „Museum für Künstler und Kunstliebhaber" (Mannheim 1787—92, 18 Stück) rc. Um die Statistik erwarb er sich Verdienste durch seine „Anleitung zur Kenntniß der europäischen Staatenhistorie" (5. Aufl., Leipz. 1816), seine „Literatur der Statistik" (2. Aufl., das. 1806—7, 2 Bde.) und sein „Lehrbuch der Statistik" (4. Aufl., das. 1817). Auch schrieb er eine „Geschichte von Frankreich", die den 36.—39. Theil der „Allgemeinen Welthistorie" bildet, sowie einen „Leitfaden zur Geschichte der Gelehrsamkeit" (Leipz. 1799, 3 Bde.), worin er aber das zu reiche Material nicht gehörig bewältigt hat.

Meuselwitz, Flecken im Herzogthum Sachsen-Altenburg, Gerichtsamt Lucka, mit 2120 Einw. und Schloß.

Meuterei, das meist geheime Aufregen Anderer zur Unzufriedenheit u. Empörung wider die Obern und Vorgesetzten, sowie überhaupt wider die bestehende Ordnung. Das Verbrechen der M. ist stets strafbar und wird im Krieg und auf der See standrechtlich mit dem Tode geahndet.

Mewe (Gniew), Stadt in der preußischen Provinz Preußen, Regierungsbezirk und Kreis Marienwerder, am Einflusse der Ferse in die Weichsel, mit Garnison, einer Invalidenkompagnie, Getreidehandel und 3400 Einw.

Mexikanischer Meerbusen (Golf von Mexiko), großer Busen des atlantischen Meeres, an der Ostküste Amerika's, wird im Norden von den Vereinigten Staaten Nordamerika's, im Westen und Süden von Mexiko, im Osten von den Halbinseln Florida und Yucatan eingeschlossen und steht mit dem allgemeinen Ocean durch den Kanal Bahama, der zwischen der Insel Cuba und Florida hindurchläuft, in Verbindung; doch liegen vor dem Kanal wieder die zahlreichen Bahama- oder lukayischen Inseln, und der Golf scheint somit auch nach dieser Seite hin fast ganz abgeschlossen. Gegen Westen ist er durch die großen Inseln Cuba, Jamaica u. St. Domingo gedeckt, und nur zwischen Cuba und Yucatan bleibt ihm südlich ein weiter Ausweg, die Straße von Yucatan, welche in das Antillen- oder karaibische Meer führt. Die Gestalt des Meerbusens nähert sich der eines Eirundes, dessen größter Durchmesser von Südwesten gegen Nordosten eine Länge von 240 Meilen hat, während der kleinere, senkrecht auf demselben stehende nur 150 Meilen zählt. Der südliche Abschnitt des großen Wasserbeckens heißt Bai von Veracruz oder Campechebai, der nordöstlichste Apalachenbai. Im Meerbusen selbst liegen wenige kleine Inseln; doch hat er keine bedeutende Tiefe. An den seichten Ufern ziehen sich viele größere und kleinere Nehrungen und Lagunen hin, sowie in ungleicher Entfernung von den Küsten der Golfstrom. Vorgebirge sind: San Pedro, San Juan, Zapotitlan, Morillos, Lisardo, au Fer, St. Blasius, Roman rc. Die bedeutendsten Häfen sind die von Vecacruz in Mexiko, Neworleans in Louisiana, Pensacola in Florida, Havaña auf Cuba. Unter den Flüssen, welche der Golf von Mexiko aufnimmt, sind mehre sehr bedeutend, z. B. der Mississippi und der Rio del Norte. Außerdem sind zu nennen: Pearl, Chattahoochee, Alabama, Sabine, Trinidad, Brazos, Colorado di Tiras, Antonio, Santander rc.

Mexiko (Mejiko), früher Republik, seit 1864 Kaiserreich in Mittelamerika, liegt zwischen 15° 58′ und 32° 30′ nördl. Br. und zwischen 86° 42′ und 117° 13′ westl. L. von Greenwich oder 89° 3′ und 119° 34′ von Paris und grenzt gegen Norden an das Gebiet der Vereinigten Staaten, gegen Osten an diese, an den mexikanischen Meerbusen, das Antillenmeer und die britischen Besitzungen von Honduras, gegen Westen an den stillen Ocean und gegen Süden an den stillen Ocean und das Gebiet von Guatemala. Gegen letzteren Staat u. Honduras sind die Grenzen noch nicht genau bestimmt. Der Flächeninhalt des Landes beträgt nach neueren Angaben, die übrigens auch nur auf allgemeiner Schätzung beruhen, gegen 29,400 □M. Zum Seegebiete von M. gehören außer dem Golf von M., welcher mehr als ein offenes Meer zu betrachten ist, der Meerbusen von Kalifornien, welcher die Halbinsel Unterkalifornien von Sonora trennt, und der Meerbusen von Tehuantepec im stillen Meere. Die bemerkenswerthesten Meeresbuchten sind: die Allerheiligenbai (Bahia de todos los Santos) oder Bai von Sebastiano Biscagno und de la Magdalena an der Westküste der Halbinsel Kalifornien; die Baien von San Blas und von Telupan; am mexikanischen Meerbusen die beiden offenen Baien von Campeche und Guazacualco. Die Inseln, welche zu M. gehören, sind klein und wenig zahlreich; die größeren sind Santa Ynez und Tiburon im Innern des kalifornischen Meerbusens und Cozumel an der Ostküste von Yucatan, dann die Gruppe Revilla gigedo und die drei Marieninseln im stillen Meere, u. Tuxpan, Juan Ramirez und die Insel del Carmen im Golf von M. Das Land ist im Allgemeinen ein Hochland, ein ungeheurer, durch vulkanische Kräfte emporgehobener Erdrücken, welcher die Fortsetzung der Andes von Südamerika bildet und sich terrassenförmig auf der einen Seite nach Tabasco u. Veracruz, auf der andern zum stillen Ocean abstuft. In der Mitte liegt die weite Hochebene von Oaxaca; weiterhin beginnt das mexikanische Tafelland, das man in den südlichen Theil, das Plateau von Anahuac, und den nördlichen mit der Sierra Madre als Ostrand unterscheidet. Das Plateau von Anahuac ist ein unzerstückeltes zusammenhängendes Massengebirge, aus einer Menge einzelner, durch Hügelreihen gesonderter Ebenen zusammengesetzt, welche von ein paar tausend Fuß bis zu 9000 F. ansteigen, und über welche vereinzelte Berge bis gegen 17,000 F. sich erheben. Die drei höchsten dieser vulkanischen Spitzen sind der Popocatepetl, 16,630 pariser Fuß hoch, der Citlaltepetl oder Vulkan von Orizaba, 16,308 F., der Iztaccihuatl, 14,740 F. hoch. Zwischen 20°—24° nördl. Br. wird die Massenerhebung in ihrer Mitte von der bis über 10,000 F. hohen Bergkette Sierra Madre durchschnitten. Der nördliche Theil des Hochlandes von M. besteht in seiner Mitte aus der Fortsetzung der Bergkette Sierra Madre, welche durch ein bis 4100 F. hohes Plateau von den Rocky Mountains geschieden wird. Die Halbinsel Kalifornien wird von der Sierra Nevada durchzogen, die im vulkanischen Cerro de la Giganta die Höhe von 4500 F. erreicht. Die Küstenstriche am mexikanischen Golf sind, wie jene längs des stillen Oceans, eben; die ersteren sandig, sumpfig u. ungesund, die letzteren heftigen Stürmen ausgesetzt. Die wichtigsten Vorgebirge sind das von San Lucas in Unterkalifornien, das de Corrientes an der Küste von Xalisco und von Catoche an der Küste von Yucatan. Was die **Gewässer** M.'s anlangt, so berührt ein großer Strom nur die Grenze des Landes, der Rio Grande del Norte; ein kleinerer, Gila, 90 Meilen lang, ist im Nordwesten Grenzfluß. Das Tafelland hat nur kleinere Flüsse aufzuweisen, sie fließen theils zum Golf von M., wie der Rapido, der Panuco und der Tabasco (60 Meilen lang) u. a. m., theils in den Golf von Kalifornien, wie der Yaqui (60 Meilen lang), der Santiago (100 Meilen lang), der Balsas u. a. m. Weniger wichtige Flüsse sind: der Rio verde, Rio de Culicen in Sinaloa, R. del Fuerte, Grenzfluß zwischen Sinaloa u. Sonora, Rio Mayo und R. de Guayamas in Sonora, welcher an seiner Mündung den schönen Hafen von San José de Guayamas bildet, der R. Motezuma oder de Tula, R. Blanco, R. de San Juan, R. de Guazacualco, R. Alaman, R. del Paso, R. de Uspanapan, R. San Antonio u. a. m. M. hat eine große Zahl von Binnenseen, die aber meist von geringer Ausdehnung sind. Der größte ist der von Chapala auf der Hochebene von Xalisco, dessen Größe über 20 □M. beträgt. Kleinere sind: die Seen von Atenco, Coatetelco und Tenancingo in dem schönen, 7987 rheinische Fuß hoch gelegenen Thale von Toluca; der See von Chalco im Thale von M., mit einer bewohnten Insel in der Mitte; die Seen von Hochimilco, von Tezcuco, von San Christoval, im Norden des See's von Tezcuco, die Seen von Patzcuaro, Cuizeo oder Araron, Huango, Tanguato u. Huaniques in Mechoacan. Die mannichfaltige Abstufung des Tafellandes von den niedrigen Küstenstrichen bis über 7000 Fuß bringt eine große Mannichfaltigkeit des **Klima's** und der Vegetation hervor, u. das Vorherrschen des höheren Plateaulandes gibt M. im Ganzen den Charakter eines ausnehmend gesunden gemäßigten Landes mit ewigem Frühling, verbrämt mit heißen Vorterrassen u. Küstenstrichen von ächt tropischem Charakter und wiederum vereinzelte Hochregionen des Frostes einschließend. Man unterscheidet daher drei Zonen oder Landstriche. Die heiße Region oder tierra caliente, welche die beiden Küstenterrassen begrenzt, mit den tropischen Erzeugnissen der Bananen, des Kaffee's und Kakao's, der Vanille, Baumwolle und der Farbhölzer, zugleich mit gefährlichen Krankheiten im Sommer; die gemäßigte Region, tierra templada, von 1800 bis 7000 F. mit einer Mittelwärme von 20 und 21° und ewiger Frühlingsmilde; die kalte Region, tierra fria, von 7000—13,800 F. mit einer Mittelwärme von 16°, mit Tannen und zuweilen anhaltendem Frost. Der Norden hat vier Jahreszeiten, während vom 28.° nördl. Br. nach Süden nur zwei Jahreszeiten herrschen, die nasse von Mitte Mai bis Ende September und die trockene von Oktober bis Mitte Mai. Den größeren Theil des Jahres hindurch herrschen in M., besonders an den Küsten, die regelmäßigen Winde der tropischen Region vor, aber während mehrer Monate machen es heftige Stürme sowohl am mexikanischen Golf, wie an der Südsee sehr gefährlich u. für Segelschiffe fast unzugänglich. Auf den westlichen Küsten M.'s an der Südsee pflegen während der Sommermonate heftige Stürme aus Südwesten zu herrschen und besonders während der Monate Juli und August, und oft noch im September und Oktober ist es sehr gefährlich, in die Häfen von San Blas und Acapulco, sowie überhaupt an der ganzen Küste bis nach Guatemala hinab einzulaufen. Erdbeben, jedoch nicht gefährliche, kommen in M. nicht selten vor, besonders in Oaxaca, an den Küsten des stillen Oceans und in der Umgegend der Hauptstadt.

Die **Bodenerzeugnisse** von M. sind äußerst mannichfaltig; in den tiefen und heißen Thälern an den Küsten wachsen die riesigen Bäume, welche das

Mahagoni-, Fernambuk- od. Brasilien-, Campeche-, Gelb- und amerikanische Ebenholz liefern, Jacaranda-, Kürbisbäume, Cypressen, Riesenfarren, verschiedene Palmen u. dgl.; an den Flußufern indisches Rohr, woraus die Indianer ihre leichten Hütten bauen, Bambusrohr, Zwergpalmen, Jasmin &c.; in den höheren Gegenden an den Gehängen Magnolien, Carolinea, Bananen-, Seifenbäume, Robinien, Malven, Yucca, Lobelien, Zosteren, Begonien, Physalis, Lopezia, Bignonien mit prächtigen Blüthen und riesigen Früchten, Banisterien, Passifloren, Winden, Cyanen. In der Höhe von 3000 Fuß beginnen die verschiedenen Arten Eichen, Mimosen, Akazien, Asklepiadeen, Solaneen, Lorbeer, Eibenbäume, der peruanische Pfefferstrauch, die riesige Sonnenblume, zahlreiche Arten von Winden, Orchideen, Tillandsien, Bromeliaceen, Kakteen &c. In der Höhe von 6000—12,000 Fuß wachsen Tannen, Tuja, Sadebäume, Erdbeerbäume, Taxus, Cedern, Eschen, Agaven, Cassien, Georginen; Zinnien, mexikanische Rosen, Stechapfel &c. An der Grenze des ewigen Schnee's blüht das Sandkraut, die enzianartige Schildblume, verschiedene Arten Moose und Flechten. Specifische mexikanische Erzeugnisse sind das Campecheholz, die Magueÿpflanze oder Agave, der Cochenillecactus mit dem Cochenilleinsekt, welches den Karmin liefert. Von heilkräftigen Pflanzen finden sich außerdem die Jalape, Brechwurzel, Sarsaparille, Ipecacuanha, der weiße Rhabarber, Bleiwurz, der Wunderbaum oder die Christuspalme, Sassafras, der Storax-, Amber- und Guajakbaum, mehre Arten Sumach, der Drachenblut-, Gummilack- und Kopalbaum, das Rothholz, die Tamarinde, die Schlingpflanze Guaco, eine Art China u. a. m. Von Thieren hat M. die europäischen Hausthiere, u. die üppigen Grasgegenden des nördlichen Tafellandes sind voll von Heerden verwilderter Pferde u. Rinder; ferner gibt es viel Geflügel, darunter der dort einheimische Truthahn, welcher noch wild getroffen wird; in den Gebirgsgegenden hausen wilde Hunde und Katzen, Jaguare und Kuguare, sowie amerikanische Büffel, wilde Schafe und Ziegen, Hirsche, Elennthiere, Seeottern, Wölfe, Tapire, amerikanische Tigerkatzen, Vielfraße, Bären, Stachelschweine, Stinkthiere, Gürtelthiere, Affen, in den sumpfigen Niederungen auch Alligatoren, viele Gattungen von Amphibien, worunter der Leguan oder Iguana, die Panzereidechse, der Ochsenfrosch, giftige u. ungiftige Schlangen. Zu den merkwürdigsten Insekten M.'s gehört die Cochenille, welche gepflegt u. als kostbarer Stoff zum Rothfärben stark ausgeführt wird. Sehr reich ist M. an Mineralien, namentlich an Metallen, besonders an Silber und Gold. Seit Anfang des 16. Jahrhunderts hat M. allein fast die Hälfte von allem in der bekannten Welt gewonnenen Silber geliefert. Außer Silber und Gold finden sich noch: Kupfer gediegen und in reichen Erzen in bedeutender Menge, besonders in Chihuahua, Zacatecas und Veracruz; Eisen namentlich in den vormaligen Staaten M., Guerrero, Mechoacan, Durango, Xalisco, Oaxaca, Puebla und im Gebiet Tlascala; Schwefel theils an den Vulkanen, theils in den Flüssen; ferner Vitriolerde, Kochsalz, Zinn, Zink, Blei, Quecksilber und Soda. Alexander von Humboldt schrieb vor 50 Jahren über den Erzreichthum M.'s: „Ueberblickt man den ungeheuren Flächenraum, den die Cordilleren einnehmen, und die immense Zahl der noch nicht angegriffenen Erzlagerstätten, so begreift man, daß Neuspanien mit einer besseren Administration u. mit einer industriösen Bevölkerung einstmals für sich allein die 163 Millionen Francs in Gold und Silber liefern könnte, welche gegenwärtig das gesammte Amerika producirt. Europa würde mit edlen Metallen überschwemmt werden, wenn man frühzeitig mit allen durch die Vervollkommnung der Bergbaukunst dargebotenen Mitteln die Erzlagerstätten von Bolaños, Batopilas, Sombrerete, Rosario, Pachuca, Moran, Zultepec, Chihuahua und an so vielen anderen Orten angriffe, welche einen alten u. verdienten Ruhm genießen."

Die Zahl der Bevölkerung beträgt 8,300,000 Seelen. Die mexikanische Bevölkerung ist eine gemischte: die Bestandtheile sind eingeborne Indianer, Europäer u. Mischlinge aus diesen beiden od. Mestizen; die Schwarzen u. Mulatten bilden nur einen verschwindenden Theil. Die Indianer, über 4½ Millionen, gehören größtentheils der toltekisch-aztekischen Völkergruppe an, jener berühmten Nation, von deren bedeutender Kultur in vergangener Zeit noch viele Denkmale zeugen, u. theilen sich in die christlichen u. civilisirten, die „Indios fideles", u. die heidnischen, außer dem Staatsverbande stehenden Urindianer, „Indios bravos", deren bekannteste Stämme die Cumanches u. Apatches sind. Die Europäer sind theils Eingewanderte, vornehmlich Spanier (Chapetones), theils Eingeborne, sogenannte Kreolen oder Nachkommen der Spanier, etwa ein Achtel der ganzen Bevölkerung. Die Mestizen, Abkömmlinge von Weißen und Indianerinnen, bilden nach den Indianern die zahlreichste Bevölkerungsklasse. Die Zahl sämmtlicher Fremden in M. wird auf 25,000 geschätzt. Die Indianer haben bräunlich kupferrothe Hautfarbe, untersetzte Statur, glatte, grobe u. glänzendschwarze Haare, hervortretende Backenknochen, breite Lippen, sanften Mund und ernsten, finsteren Blick. Sie sind im Allgemeinen als ein kräftiger, gesunder und wohlgebildeter Menschenschlag zu bezeichnen, zu schwerer und andauernder Arbeit sehr gut zu gebrauchen und als Lastträger u. Fußgänger vortrefflich. Von Temperament ist der mexikanische Indianer vorwiegend ernst, still und melancholisch, dabei mäßig, gelehrig und leicht zu leiten, zugleich aber auch träge, unwissend und abergläubisch. Ihre Wohnungen sind gewöhnlich nur ärmliche Hütten aus Bambusrohr, nur einzelne reiche Gutsbesitzer haben ein in europäischer Weise aus Ziegeln erbautes Haus. Die Mestizen haben hellgelbe Farbe, schwarzes, äußerst weiches und glänzendes Haar u. sind im Allgemeinen ein schöner Menschenschlag. Sie sind vorherrschend fröhlich, leicht beweglichen Sinnes u. vergnügungssüchtig. In seinem äußeren Betragen besitzt der Mestize einen natürlichen, ungezwungenen Anstand, dabei viel Geist, leichte Auffassungsgabe, Schlauheit u. lebhafte Einbildungskraft. Der Kreole, d. h. der von weißen Aeltern in M. gezeugte Weiße, unterscheidet sich in seinem allgemeinen Charakter nicht von dem Spanier. Der Mexikaner ist durchgehends sehr höflich und gastfrei. Die Hauptbeschäftigung der Bewohner besteht in Ackerbau und Viehzucht. Die Landwirthschaft beschränkt sich im Allgemeinen nur auf die Produktion der nöthigen Lebensbedürfnisse. M. könnte, wenn es gut angebaut wäre, großartige Massen von Bodenprodukten zur Ausfuhr bringen; aber es kann sich unter den gegenwärtigen hemmenden Verhältnissen nicht entwickeln; es fehlt an den nöthigen Verbindungswegen, an hinreichender Bewässerung, geeigneten Ackergeräthschaften, Transportmitteln und an jeder Anregung zur Verbreitung nützlicher Kenntnisse unter dem Landvolke. Dabei sind die Abgaben und der Ländereienbesitz zu ungleich vertheilt, das Eigenthum im Allgemeinen unsicher, der Zustand der Küsten ist ungünstig und gute Handelshäfen mangeln von der Mündung des Rio Alvarado an bis zu der des Rio Bravo. Am meisten gebaut werden Mais, Bohnen, spanischer Pfeffer, hier Chile genannt; nächst diesen Bananen, besonders in den heißen feuchten Theilen des Departements Veracruz und den fruchtbaren Gegenden um Acapulco, San Blas und den Rio Guazacualco, wo ein einziger Fruchtbüschel Bananen oft 160—180 Früchte enthält und 60—80 Pfund wiegt. Der Mais (Tlaolli in der aztekischen Sprache) gedeiht von den Küsten an aufwärts in allen Theilen des Hochlandes bis zu dem Plateau von Toluca 8900 Fuß über dem Meere. Kakao wird als wichtige Nahrungspflanze viel, besonders in Tabasco, Soconusco und in Chiapas, gebaut. In großer Menge wird der Maguey oder die Agave gezogen, deren Saft jetzt vorzugsweise zur Bereitung eines berauschenden, in M. allgemein vorherrschenden Getränkes, des Pulque, benutzt wird. Den berühmtesten Pulque liefern die Agavepflanzungen um Cholula und in den Llanos de Sopram zwischen den Orten Huamantha, Tlascala, Apan und Otumba, sowie das 8000 Fuß hoch gelegene Thal von Toluca. Weizen wächst von vorzüglicher Güte, auch Gerste, Reis in der Tierra caliente, Maniok oder Yucca längs den niedrigen heißen Küsten am Golf von M., Mango gedeiht dort bis auf einer Höhe von 4000 Fuß über dem Meere. Unter den von Europa eingeführten Früchten gedeiht namentlich die Orange vortrefflich, sowie auch die gewöhnliche u. die süße Citrone. Ausgezeichnet schöne Apfelsinen liefern einige Gegenden von Oaxaca u. die Umgebung von Jalapa. Der Weinstock wird nur in geringer Menge, meist nur zum Genusse der Trauben, gezogen, die Kultur des Oelbaums ist auf die Umgebung der Hauptstadt beschränkt. Zuckerrohr wird nicht allein in dem heißen Küstenlande, sondern auch noch in vielen geschützten Thälern auf dem Abfall des Hochlandes bis zu einer Höhe von 6000 Fuß über dem Meere mit Erfolg gebaut und liefert einen für die Bedürfnisse des Landes hinreichenden Ertrag. Die bedeutendsten Zuckerpflanzungen befinden sich im Distrikt Cuernavaca und im Thale von Cuautla im vormaligen Staate M., 4—5000 Fuß über dem Meere, in mehren Theilen von Oaxaca und um Orizaba und Cordova auf dem östlichen Abfall des Hochlandes im vormaligen Staate Veracruz. Die Gesammtproduktion des Landes wird auf ungefähr 350,000 Centner Zucker zu einem Werthe von 7—8 Millionen Thaler geschätzt, u. man kann annehmen, daß M. im Stande wäre, für ganz Europa den Bedarf an Zucker zu liefern, wenn es diesen Industriezweig so ausdehnte, wie die physischen Verhältnisse es erlaubten. Der Kaffeebaum, welcher einen ganz vorzüglichen Kaffee liefert, wird in geringer Ausdehnung gebaut in der Umgegend von Orizaba und Cordova im vormaligen Staate Veracruz und in einigen Theilen der fruchtbaren Thäler von Cuautla-Amilpas und Cuernavaca. Der Tabaksbau, der unter andern Umständen einen Hauptausfuhrartikel für M. liefern könnte, da der hier wachsende Tabak von ausgezeichneter Güte ist, deckt den inländischen starken Bedarf nicht und wird meist in Veracruz, Tabasco und Yucatan betrieben. Die Kultur der Baumwolle, für welche die wärmeren Landstriche von M. sich besser eignen als die Vereinigten Staaten, hat ebenfalls nur geringe Ausdehnung u. liefert bei weitem nicht den nothwendigen Bedarf des Landes. Der Indigo- u. Seidenbau sind unbedeutend, der uralte Bau des Nopals, einer Cactuspflanze, zur Zucht der Cochenille wird besonders im Bezirke des vormaligen Staats Oaxaca mit Sorgfalt betrieben. Unter den Gewürzen wird die Vanille, welche in den Wäldern von M. wild vorkommt, in Pflanzungen gezogen, namentlich in den Distrikten von Papantla und Mizantla, wo die Vanilledörfer Papantla, Mizantla, Colipa und Nautla liegen. Die Viehzucht, hauptsächlich die Rinderzucht, ist in vielen Gegenden von M. ein Hauptzweig der Landwirthschaft, insbesondere in den Savannenstrichen am östlichen Fuße des Hochlandes u. an den Mündungen der Flüsse Alvarado, Guazacualco und Panuco, vorzüglich aber in den sogenannten inneren Provinzen, in Xalisco, Durango, Chihuahua und Sonora. Es gibt dort Viehwirthschaften u. Zuchtmeiereien (haciendas), deren Viehstand 30—40,000 Stück zählt. Die Landgüter auf diesen weiten und unbevölkerten Landstrichen, welche allein zur Viehzucht benutzt werden, haben häufig eine außerordentlich große Ausdehnung. Der Betrieb der Viehzucht auf diesen Haciendas, welche reichen Gutsbesitzern, Majoratsherren oder Klöstern gehören, ist meist ein sehr einfacher und nicht rationeller. Die Milch wird meist fast gar nicht benutzt; man begnügt sich, jährlich das Fleisch, das Fett und die Häute und Hörner zu gewinnen. Die Pferde, vornehmlich die auf den großen Haciendas gezogenen, sind sehr stark u. ausdauernd, wohl gebaut, leicht, feurig u. außerordentlich gelehrig u. sicher. Sie werden nie als Zugthiere, sondern fast ausschließlich zum Reiten gebraucht. Maulthiere werden in großer Menge gezüchtet und vorzugsweise zum Transport von Waaren, zum Reiten und Lasttragen gebraucht. Nach Mühlenpfordt rechnet man, daß im Thale von M. allein gegen 5000 Maulthiere zum Reiten und Fahren gehalten werden, und daß mindestens gegen 100,000 Stück im Handel und vielleicht ebenso viele in den Bergwerken des Landes in Benutzung sind. Die Schafzucht ist vernachlässigt und liefert Wolle von nur geringem Werthe. Schweine werden dagegen in außerordentlicher Menge gezogen, und der Zucht dieses Hausthieres wird in M. verhältnißmäßig am meisten Aufmerksamkeit zugewendet. Der Bergbau war früher in M. die Hauptindustrie, und aus demselben hat es bisher den größten Ertrag flüssig gemacht. Auf seinen Produkten an Silber und Gold beruht der ganze Handel von M. mit dem Auslande. Fast alle Hauptbergwerke liegen auf dem Plateau von Anahuac; die Centralgruppe, die silberreichste Region der bekannten Erde, die Minendistrikte von Guanaxuato, Zacatecas und Catorze, welche über die Hälfte sämmtlichen mexikanischen Silbers geliefert haben, umfassen einen Flächenraum von 610 QM. Der Distrikt von Guanaxuato hat von 1556 bis 1803 geliefert 856½ Millionen Pesos Silber, außer der beträchtlichen Menge von Gold, welche mindestens auf 27 Millionen Pesos anzuschlagen ist. Fast ebenso bedeutend ist die Silberausbeute von Zacatecas gewesen, u. seit Anfang dieses Jahrhunderts hat dieses selbst die des Distrikts Guanaxuato übertroffen. Es wird berechnet, daß die gesammte Silber- und Goldproduktion in M. von 1521 bis 1852 inklusive auf mehr als 3500 Millionen Pesos sich belaufen habe, wovon 3360 Millionen nach allen Theilen der Welt, hauptsächlich nach Europa, gegangen sind. Nach officiellen Angaben betrug das geschiedene und gemünzte Gold und Silber 1850—55 durchschnittlich im Jahre 17,830,681 Pesos. Quecksilberminen gibt es 25 in M., die jährlich 2500 Centner liefern; die reichsten Kupferminen sind jetzt die von Mazapil, welche jährlich 7000 bis 6000 Centner produciren. Die andern Metalle wurden schon oben erwähnt. Der Gesammtwerth dieser Bergwerke mit Ausschluß des Ertrags an edlen Metallen wird auf 2 Millionen Pesos jährlich veranschlagt.

Die Gewerbthätigkeit M.'s hat sich zwar in neuerer Zeit nicht unbedeutend gehoben, doch treten der gesunden Entwickelung derselben die Unsicherheit der politischen Verhältnisse des Landes, das Prohibitivzollsystem, sowie die Bequemlichkeit u. Genügsamkeit der Bewohner hindernd entgegen. Von den Gewerbszweigen, welche der Landwirthschaft sich anschließen, ist besonders die Cochenilleproduktion im Departement Oaxaca zu nennen. Im letzten Jahrzehnt hatte die jährliche Ausfuhr den ungefähren Werth von 700,000 Pesos. Ebenfalls in Verbindung mit der Landwirthschaft steht die Erzeugung der gegohrnen und gebrannten Getränke, besonders des Pulque (s. oben), des Maisbranntweins (Chica), welcher namentlich im Thale von Toluca viel bereitet u. in den Handel gebracht wird, u. des Zuckerbranntweins auf den Zuckerpflanzungen. Die wichtigeren Gewerbebetriebe in der Manufakturindustrie sind: die Baumwollspinnerei und Weberei, welche nach den statistischen Angaben der Regierung 1854 beschäftigte 42 Fabriken mit 3500 Maschinen und 620 Handwebestühlen, die jährlich 126,000 Centner Baumwolle verarbeiteten und 7,300,000 Pfund Garn producirten. Die meisten dieser Fabriken sind in Puebla (14), Veracruz (6), M. (6), Xalisco (5) und Durango (5). Die Wollenmanufaktur liefert besonders grobe Tuche, Kasimire, Serge und einige andere im Lande gebräuchliche Wollenwaaren; die Hutfabrikation wird besonders in Puebla gut betrieben. Von Bedeutung sind noch die Talg- und Wachslichtegießereien, die Tabaks- u. Pulverfabrikation, Monopole der Regierung, die Bereitung von Leder- und Töpferwaaren und besonders die Goldschmiedekunst, welche vorzügliche Arbeiten liefert.

Der Handel M.'s, besonders nach auswärts, ist nicht von großer Wichtigkeit. Obgleich die geographische Lage M.'s zwischen zwei Weltmeeren entschieden günstig ist, so wird die Entwickelung des Handelsverkehrs doch gehemmt durch den Mangel an natürlichen Straßen für die Verbindung des Innern mit dem Meere, durch die dürftige Ausstattung der Küsten mit natürlichen Häfen und die ungünstigen klimatischen Verhältnisse der vorhandenen Seehäfen, sowie durch die schroffe Trennung des inneren Hochlandes von dem Küstenlande. Die bisherige Regierung hatte auch nicht den Willen oder die Kraft, diesen ungünstigen natürlichen Verhältnissen durch Kanal- und Straßenbauten &c. abzuhelfen. Der Werth der Gesammteinfuhr in M. 1856 betrug 26 Millionen Dollars und die Ausfuhr 28 Millionen Dollars. Im Handelsverkehr mit M. stehen vornehmlich die Vereinigten Staaten, dann England, Frankreich, die Niederlande, Deutschland, Sardinien, Chile und Peru, und zwar direkt, in Deutschland besonders Hamburg, Altona und Bremen. Im Hafen von Veracruz, über den etwa drei Viertheile aller Einfuhren in M. eingehen, kamen 1859 an 183 Schiffe mit 2887 Tonnen Ladung. Die wichtigsten Einfuhrartikel sind Manufakturwaaren aus Baumwolle, Seide, Flachs, Wolle und gemischte Stoffe, welche zusammen über die Hälfte des Werthes der Gesammteinfuhr ausmachen. Im Jahre 1860 führte England in M. ein gegen 22 Millionen Yards Calico und nahe an ½ Million Pfund Baumwollgarn und Seiden- und Leinwandwaaren. Die Ausfuhr von Veracruz besteht größtentheils in gemünztem Silber und Gold, Cochenille, Farbhölzern, Jalape, Cigarren und rohem Tabak, trockenen Häuten. Außer Veracruz sind Mazatlan, Acapulco, Tampico und San Blas die vorzüglichsten Seehäfen. Die mexikanische Handelsmarine ist nicht bedeutend u. zählte im Jahre 1854, dem letzten, aus welchem Nachrichten darüber vorhanden sind, im Ganzen 79 Schiffe von zusammen 6551 Tonnen, welche größtentheils nur an der Küstenfahrt betheiligt waren. Der Großhandel, sowie auch ein bedeutender Theil des Detailhandels in M. ist ganz in den Händen fremder und vorzugsweise deutscher Kaufleute, und man zählt in M. über 100 reiche und wohlhabende deutsche Häuser. Eine große Bedeutung hat der Binnenhandel in M., welcher sich jedoch größtentheils ebenfalls in den Händen von Fremden, besonders von Spaniern, befindet. Er hat übrigens in den letzten Jahren noch mehr gelitten als der auswärtige Handel, theils durch die Unsicherheit der Wege, sowie durch die Plünderungen und Erpressungen politischer Parteien und durch die politischen Verwickelungen. Die großen Landstraßen M.'s sind theils Längenstraßen auf dem Plateau in der Richtung von Norden nach Nordwesten, welche leichten Verkehr vermitteln, theils Querstraßen zwischen dem innern Plateau u. den Küsten, wie die von M. nach Veracruz u. Acapulco, von Zacatecas nach Vittoria, von Guadaljara nach San Blas, von Valladolid nach dem Hafen von Colima u. von Durango nach Mazatlan. Der Waarentransport im Innern beschränkt sich noch fast ganz auf den Verkehr durch Saumthiere. Die schlechten Straßen werden überdies durch Räuber u. Wegelagerer unsicher gemacht. Der Straßenraub ist wie das Schmuggelwesen dort zu einem förmlichen Gewerbe geworden und hat eine große Ausdehnung gewonnen. Zur Beförderung von Personen gibt es nur auf einigen Hauptlinien regelmäßige Diligencefahrten, die Post befördert bloß Estafetten, Briefe und Zeitungen. Der Waarentransport geschieht größtentheils auch auf den fahrbaren Straßen durch Maulthiere oder Pferde, Lastwägen können nur auf einigen Straßen im Innern und auf der Straße von M. und Veracruz über Jalapa gehen. Von Eisenbahnen sind nur ganz kurze Strecken vollendet, die auf den Verkehr wenig Einfluß haben. Durch Telegraphen ist M. mit Veracruz, mit Zweiglinien nach Orizaba und Cerdova, mit Leon im Departement Guanaxuato und mit Toluca verbunden, u. bedeutende Verlängerungen dieser Linien gegen Norden und Westen sind in Vorbereitung.

Der **öffentliche Unterricht** steht in M. auf einer sehr niedrigen Stufe, man kann nach allen Nachrichten über den gegenwärtigen Zustand desselben behaupten, daß die mexikanische Bevölkerung darin seit ihrer Losreißung vom Mutterlande nur Rückschritte gemacht hat. Bezeichnend für den Stand des Volksunterrichts in M. ist das Urtheil des Ministers Lerdo de Tejado in der Statistik vom Jahre 1850: „Ungeachtet der Anstrengungen, die von manchen Seiten gemacht wurden, insbesondere auch von Staats- u. Kommunalbehörden, um die Erziehungs- und Unterrichtsanstalten in der Republik zu verbessern und auf einen angemessenen Fuß zu bringen, ist der Zustand, in dem sich dieselben noch gegenwärtig befinden, doch ein über alle Maßen trauriger, da man, wie die Dinge liegen, einräumen muß, daß mindestens 3 Viertheile der gesammten Nation nicht einmal wissen, daß es ein Ding in der Welt gibt, das man A B C nennt." Und seit jener Zeit hat sich dieser bedauerliche Zustand nicht erheblich gebessert. Am meisten ist noch in der Hauptstadt geschehen. Die dem höheren Unterrichte gewidmeten Anstalten sind 10 kirchliche Seminarien, welche durch die Geistlichkeit unterhalten und geleitet werden, Nationalkollegien, außer der Universität in M. 9 an der Zahl, nämlich das von San Ildefonso, von San Juan de Letran, in welchen ein Kursus für spanische, lateinische und französische Sprache, ein Kursus der Philosophie, der Jurisprudenz und der Humanitätswissenschaften, sowie Lehrstuhle für das Englische und Zeichenakademien bestehen; das von San Gregorio unter der Obhut der Jesuiten, die medicinische Schule, die Bergwerksschule, die Akademie der schönen Künste von San Carlos, das Militärkollegium u. die Specialschulen für Landwirthschaft u. Handel; ferner die Kollegien und Institute in der Hauptstadt M., in Puebla, Morelia, Guadaljara, Monterey, Oaxaca, Merida, Durango, Chiapas und Culiacan. Die Universität zu M., die sich zu Anfang dieses Jahrhunderts in vorzüglichem Zustande befand, hat ihren Ruf und Beruf als wissenschaftliche Lehranstalt fast ganz verloren. Die Professoren sind nicht mehr verpflichtet, durch Vorlesungen thätig zu sein, sondern nur Lehrbücher in ihren bezüglichen Fächern abzufassen, welche sie der Studiendirektion einzureichen haben. Außer den öffentlichen Lehranstalten gibt es in einigen der größeren Städte, besonders in M., noch eine Anzahl von Privatschulen, Lyceen oder Gymnasien genannt, welche kaum die Leistungen deutscher Realschulen erreichen. Die in M. anwesenden Fremden schicken deshalb ihre Kinder zu ihrer Ausbildung schon frühzeitig nach Europa. Unter den gelehrten Gesellschaften und Sammlungen für Künste und Wissenschaften sind hervorzuheben: die Academia nacional de San Carlos, welche eine herrliche Sammlung von Gypsabgüssen besitzt, die aber jetzt ganz verwahrlost ist; das Instituto nacional de Geografia y Estadistica zu M., das Athenäum zu M., eine mathematische Gesellschaft zu Guadalajara. Das Nationalmuseum enthält indianische Alterthümer, Bilderschriften und Naturalien; der botanische Garten zu M., zu Humboldts Zeit äußerst reich an seltenen und für Industrie und Handel interessanten Pflanzen, ist jetzt ganz vernachlässigt. In der Hauptstadt gibt es 3 unbedeutende öffentliche Bibliotheken. Noch unbedeutender sind die der Provinzialstädte. Die **eigentliche Staatsreligion** von M. ist die römisch-katholische, die Ausübung jeder andern war nach der Föderalverfassung von 1824 ausgeschlossen, doch sollen nach dem Entwurf des Konkordats, über welches gegenwärtig (Juli 1865) zwischen M. u. Rom verhandelt wird, auch andere Kulte geduldet werden. Es bestehen im Staate ein Erzbisthum, in der Hauptstadt M., 13 Bisthümer u. nach einer amtlichen Angabe 1222 Pfarreien mit 4615 Geistlichen, worunter 1043 vom Orden der Gesellschaft Jesu in 144 Klöstern, doch soll die Zahl derselben (s. unten, Geschichte) reducirt werden. Die Klöster beziehen ihr Einkommen aus den Erträgnissen ihrer großen Grundbesitze u. aus frommen Spenden für Messen u. kirchliche Verrichtungen. Der Gesammtbetrag, welchen der Klerus in ganz M. aus den Zehnten, den Stolgebühren, den frommen Spenden, Messen kirchlichen Verrichtungen und dem Verkaufe geweihter Gegenstände bezieht, soll sich jährlich auf mindestens 6—8 Millionen Pesos belaufen. Auch in dieser Hinsicht ist aber neuerdings eine bedeutende Beschränkung beschlossen.

Die **Konstitution** von M., welche bis zur Eroberung des Landes durch französische Truppen und Proklamirung des Kaiserreichs in Kraft war, datirt vom Jahre 1824 u. war jener der Vereinigten Staaten von Nordamerika ähnlich. Nach derselben bildete M. eine Föderativrepublik, in 20 Staaten getheilt, während diese Landestheile unter der Regierungsform der Centralrepublik Departements genannt wurden. Die oberste Regierung war in drei Haupttheile eingetheilt: in die gesetzgebende, exekutive und richterliche Gewalt. Die Gesetzgebung der einzelnen Staaten war jener der Republik im Allgemeinen ähnlich (Näheres s. unten, Geschichte). Durch die französische Invasion und die Thronbesteigung des österreichischen Prinzen Maximilian als Kaiser von M. wurde die Verfassung faktisch aufgehoben. Die politische Geschichte von M. seit seiner Begründung als selbstständiger Staat zeigt überhaupt eine stete Reihe von politischen Parteikämpfen und Bürgerkriegen. Ueber die Finanzen des Landes kann nichts Genaues angegeben werden. Im Allgemeinen steht nur fest, daß sich dieselben in kläglichem Zustande befinden; die durchschnittlichen Staatseinnahmen und Ausgaben von 1824—41 betrugen $17\frac{3}{4}$ Millionen Pesos. Für 1856 wurden sämmtliche Ausgaben auf $24\frac{1}{4}$ Mill. Pesos veranschlagt, die Gesammteinnahmen für dasselbe Jahr nur zu 15 Mill. Pesos. Der größte Theil der Einnahmen fließt aus den Zöllen. Andere Einnahmequellen sind die Münze, Tabaks-, Salz- und Schießpulvermonopole, die Lotterien, Stempel, direkte Steuern und Privilegien. Die öffentliche **Schuld** M.'s zerfällt in eine auswärtige und in eine innere. Sie betrug Anfangs 1863 im Ganzen 116 Mill. Pesos, wovon gegen 79 Mill. auf englische Gläubiger zu rechnen sind. Hierzu kommt nun noch die an Frankreich zu leistende Kriegsentschädigung von 270 Mill. Francs (s. unten, Geschichte). Es wird M. schwer oder unmöglich werden, die Interessen der Staatsschuld zu decken, oder sich Staatskredit zu verschaffen. wenn nicht das alte schlechte Finanz- und Steuersystem beseitigt u. eine kräftige Regierung Ruhe und Ordnung erhalten und die ungeheuren Hülfsquellen des Landes zur Entwickelung bringen kann.

Die **Militärmacht** besteht nach kaiserlichem Dekret vom 28. Januar im Friedensstand aus 22,374 Mann, im Kriegsstand aus 33,044 Mann mit 6046 Pferden. Die Fremdenlegionen haben eine Stärke von 15,000 Mann. Außerdem stehen gegenwärtig noch 12—15,000 reguläre französische Truppen im Lande. Die Marine von M. bestand 1855 aus 15 Fahrzeugen mit 40 Kanonen, die bedeutendste Festung ist die von Veracruz mit dem Fort San Juan d'Ulloa, viel unbedeutender sind die Befestigungswerke von Campeche, das Fort von Acapulco, von Guazacualco und San Carlos bei Perote. Das Wappen von M. besteht aus einem Nopal oder Cactus auf einem Stein, auf welchem ein Adler mit ausgebreiteten Flügeln, eine Schlange tödtend, sich niedergelassen hat. Die Nationalflagge bestand bis jetzt aus drei lothrechten Streifen: grün, weiß und roth, in der Mitte mit dem schwebenden Adler. Wie im ganzen spanischen Amerika bildet der Peso fuerte oder Piaster zu 8 Silberrealen die regulirende Geldmünze für alle Arten von Geschäften. Der Peso fuerte hat durchschnittlich den Werth von 1 Thaler 13⅓ Silbergroschen. Das allgemein angenommene Handelsgewicht ist der Quintal oder Centner, welcher in 4 Arrobas à 25 Libras oder Pfund zerfällt. Nach dem mexikanischen Handelstarif ist das mexikanische Pfund gleich dem spanischen oder kastilischen Pfund, dem Doppelten der Gold- u. Silbermark. Die mexikanische Legua oder Meile beträgt 100 Cordeles oder 5000 Varas; ein mexikanischer Fuß ist gleich 0,835 pariser oder 0,864 rheinländische Fuß; ungefähr 3⅐ Quadratleguas sind 1 deutsche geographische Quadratmeile. Die einzelnen Staaten oder Departements der Republik waren bis 1864: Aguas calientes mit 86,329, Cohahuila mit 67,590, Chiapas mit 167,472, Chihuahua mit 164,073, Durango mit 144,331, Guanaxuato mit 729,103, Xalisco mit 804,085, M. mit 1,029,629, Mechoacan mit 554,585, Nuevo Leon mit 145,779, Oaxaca mit 525,938, Puebla mit 658,609, Queretaro mit 165,155, San Luis Potosi mit 397,189, Sinaloa mit 160,000, Tabasco mit 70,628, Tamaulipas mit 109,673, Veracruz mit 349,125, Yucatan mit 668,623, Zacatecas mit 296,789 Einwohnern. Hierzu kommen noch der Distrikt M. mit der Hauptstadt mit 269,534 Einwohnern und die Territorien Kalifornien mit 12,000, Colima mit 62,109, Isla de Carmen mit 11,807, Sierra Gorda mit 55,258, Tehuantepec mit 82,295, Tlascala mit 90,158 Einwohnern und Sonora mit Guerrero mit noch unbekannter Einwohnerzahl.

Geschichte. Das weite Ländergebiet, welches man jetzt mit dem Namen M. bezeichnet, war vor der Eroberung durch die Europäer von Völkern sehr verschiedenen Ursprungs bewohnt, und zwar hat man unter diesen zu unterscheiden zwischen den zahlreichen, unter sich in Bezug auf Sprachen meist wenig oder gar nicht verwandten Urbewohnern, die aber schon Kulturvölker waren, wie die vielen Trümmer von Bauwerken und Skulpturen, namentlich in den südlicheren Theilen, beweisen, und den nordischen Einwanderern, die, sämmtlich einem einzigen großen Völkerstamme angehörend, sich seit dem 7. Jahrhundert in das Land zogen und sich als Herren zwischen der Urbevölkerung festsetzten. Als ältestes Einwanderervolk gelten die Tolteken, die im 6. und 7. Jahrhundert von Norden kamen und die Stadt Tula gründeten, welche der Mittelpunkt ihres sich über ganz Anahuac ausbreitenden Reichs ward. Sie waren geschickte Metallarbeiter, erfanden die komplicirte, später von den Azteken angenommene Zeiteintheilung und bedienten sich einer Hieroglyphenschrift, kurz, auf sie ist alle Kultur in Anahuac zurückzuleiten. Nachdem seit 667 acht Könige nach einander regiert, ward das Reich in der Mitte des 11. Jahrhunderts durch Hungersnoth, Pest und unglückliche Kriege zu Grunde gerichtet und die Tolteken verschwanden fast spurlos. Ungefähr ein Jahrhundert später, um 1170, wanderte aus Nordwesten das rohe Jägervolk der Chichemeken in das verödete Anahuac ein. Hauptort ihres Reichs war erst Tenayuca, 6 Meilen nördlich von der jetzigen Stadt M., später Tezcuco am östlichen Ufer des Großen See's in Anahuac. Es folgten noch in demselben Jahrhundert die Einwanderungen der sieben Stämme der Nahuatlaken (d. h. der das aztekische Idiom Redenden), nämlich der Xochimilker, Chalker, Tepancken, Acolhuer, Tlahuiken, Tlascaler und Azteken, sämmtlich vom Norden kommend und sich im Anahuac niederlassend. Von diesen vermischten sich die Acolhuer mit dem größten Theil der Chichemeken zu Einer Nation, die nach ihrer Hauptstadt Tezcuco gewöhnlich Tezcucaner genannt wird. Dieselben breiteten ihre Herrschaft über die roheren Horden im nördlichen Theile des Landes aus, wurden zwar zu Anfang des 15. Jahrhunderts von den kriegerischen Tepaneken unterworfen, doch von dem Prinzen Nezahualcoyotl († um 1470) mit Hülfe der Azteken oder Mexikaner wieder befreit. Dieser Sieg führte sodann zu einem Bündniß zwischen den Tezcucanern, Mexikanern und dem kleinen benachbarten Königreich von Tlacopan, welches über ein Jahrhundert, bis zur Ankunft der Spanier, währte und die Azteken (s. d.) zum mächtigsten Volk in Mittelamerika machte. Nachdem man von diesen Ländern durch die spanischen Seefahrer Solis und Pinzon, die 1508 Yucatan entdeckten, in Europa die erste Kunde erhalten hatte und der Gouverneur von Cuba, Velasquez, diese Entdeckungen durch ein kleines Geschwader unter Juan de Grijalva weiter hatte verfolgen lassen, ward das Aztekenreich von Anahuac 1519—21 von Ferdinand Cortez (s. d.) erobert und in ein Vicekönigreich, Neuspanien (Hispaniola), verwandelt. Dasselbe zerfiel in die Generalkapitanate von M. und Yucatan und die Generalkommandacias der Provincias internas orientales und occidentales, außerdem für die Civilverwaltung in 12 Intendancias. Der Vicekönig wechselte alle 5 Jahre und hatte ein Justiztribunal (audiencia) zur Seite. Schaaren von Franciskaner- u. Dominikanermönchen führten den ganzen äußerlichen Apparat des katholischen Kirchenthums nach spanischem Vorbild ein und gründeten zahlreiche Klöster, doch ward die mexikanische Kirche Rom wenigstens nicht unmittelbar unterstellt, vielmehr durch eine Bulle des Papstes Alexander VI. der König von Spanien als Oberhaupt der Kirche im gesammten spanischen Amerika anerkannt. Das reiche Land ward in rücksichtslosester Weise zum augenblicklichen Vortheil des Mutterlandes ausgebeutet, die Einwohner geknechtet u. zu gänzlicher Unwissenheit u. Unmündigkeit in staatlicher wie kirchlicher Beziehung verurtheilt; der Spanier war im Besitz aller bürgerlichen und kirchlichen Aemter, ihm gehörte der Handel des Landes ausschließlich, er allein verfügte über die Hülfsquellen des Landes, den Handel mit Europa durch den Hafen von Veracruz besorgten einige von der Regierung privilegirte sogenannte Registerschiffe. Erst 1778 gestattete Spanien mehren seiner Häfen eine freie Kommunikation mit M. Die mexikanischen Kreolen durften weder Weinstöcke oder Olivenbäume pflanzen, noch Hanf, Flachs oder Safran bauen, das Land keine anderen Erzeugnisse als die des Mutterlandes verbrauchen.

Drei Jahrhunderte hindurch lastete dieser Druck auf dem Lande. Nachdem sich aber Nordamerika von seinem Mutterlande losgerissen, als die französische Revolution auch Aufstände in den amerikanischen Kolonien zur Folge hatte, besonders aber als Napoleon I. die Bourbonen aus Spanien vertrieben hatte, begannen auch in M. Unruhen. Der damalige (56.) Vicekönig, Don José Iturrigaray, berief eine Junta, reizte aber dadurch, daß er den reichen, bis jetzt unterdrückten Kreolen gleiche Rechte mit den Spaniern einräumte, die spanischen Monopolinhaber zu einem Aufstande und ward am 18. September 1808 von diesen gefangen genommen und nach Spanien geschickt. Die spanische Centraljunta billigte dies Verfahren und betraute 1810 Francisco Xavier de Venegas mit der Würde eines Vicekönigs von M. Dieser suchte das Land im Gehorsam gegen die Cortes u. die Regentschaft in Cadix zu erhalten, vermehrte aber nur die Unzufriedenheit der Kreolen, u. bald bildete sich eine Verschwörung, an deren Spitze der Pfarrer zu Dolores, Don Miguel Hidalgo Castilla, stand und die namentlich im Militär ihre Verzweigungen hatte. Wiewohl sich die Kreolen bei diesem Aufstande nur wenig betheiligten, drang Hidalgo, um so kräftiger von den Indianern unterstützt, doch siegreich vor, eroberte Guanaxuato, wo er eine Regierung einrichtete, und Valladolid (20. Okt.), ließ sich zum Generalissimus ernennen und nahm die alten Farben der Aztekenkaiser (weiß und blau) an, wagte aber, obschon über 80,000 Mann verfügend, doch mit diesen undisciplinirten Banden nicht die Hauptstadt anzugreifen, sondern zog sich Anfangs November nach Aculco zurück. Hier griffen ihn die Generäle Calleja und Cadena (7. November) an, und er erlitt durch die Flucht der Indianer eine gänzliche Niederlage, die sich bei Guanaxuato (24. Nov.) wiederholte. Bald stand er zwar wieder an der Spitze von 70,000 Mann, doch ward er am 17. Januar 1811 bei Guadalaxara von Calleja nochmals geschlagen und bald darauf von seinen eigenen Genossen den Spaniern ausgeliefert (21. März), die ihn hinrichten ließen. Der Parteigängerkrieg dauerte in den Provinzen zwar fort, u. namentlich entwickelte Morelos, der die Südküste beherrschte und sich von einer in Zitacuara errichteten Junta zum Oberfeldherrn über die Revolutionstruppen und später (19. April 1812) von einem in Oaxaca zusammengetretenen Kongreß zum Diktator ernennen ließ, eine bedeutende Macht, doch ward auch er Anfangs 1814 durch Llano und den Kreolenobersten Iturbide geschlagen, gerieth durch Verrath in die Hände der Spanier (3. Nov. 1815) und ward kriegsrechtlich erschossen. Rayon, Teran, Bravo, Vittoria und Guerrero theilten sich hierauf in die Leitung des Insurrektionskriegs, der durch die Strenge, die Calleja als Vicekönig (seit 4. März 1814) entwickelte, nur neue Nahrung erhielt. Da er im Kriege mit seinen beiden Feldherren Llano und Iturbide wenig glücklich war, ward er vom spanischen Kabinet abberufen und im September 1816 durch den Admiral Apodaca ersetzt, der zu spät durch Milde der Bewegung Herr zu werden suchte. Wohl wurde (22. December 1817) Bravo gefangen, Vittoria verjagt und Xaver Mina, der 1817 mit einem in England organisirten Corps gelandet und anfangs vom Glück begünstigt war, durch Verrath gefangen (27. Oktober) und erschossen (11. November), und nur Guerrero hielt sich noch gegen die überall siegreichen Spanier; da jedoch die Kreolen, die zum Theil Führerstellen in der Armee bekleideten u. zu den seitherigen Erfolgen Vieles beigetragen hatten, sich nach wie vor gegen die Altspanier zurückgesetzt sahen und zudem die Bedürfnisse des Hofes die Schonung der Volkskräfte nicht erlaubten, griff die Unzufriedenheit mehr u. mehr um sich u. führte endlich zu einer Verschwörung angesehener Kreolen, deren Ausbruch noch durch die Nachricht von der Militärrevolution in Spanien beschleunigt wurde. Der Vicekönig, der keine Ahnung von der Verschwörung hatte, sendete ein Haupt derselben, den unternehmenden und ehrgeizigen Obersten Iturbide, gegen Guerrero aus, der mit seinen Guerrilla's wieder kühner im Süden auftrat. Iturbide und Guerrero vereinigten sich jedoch (Januar 1821) mit einander, zogen gegen die Hauptstadt, und ersterer erließ am 24. Februar 1821 in dem Städtchen Iguala den berühmten Grito d'Iguala, worin er eine konstitutionelle Monarchie unter Ferdinand oder einem anderen bourbonischen Prinzen, die Berufung eines Kongresses, Aufhören jedes Kastenunterschieds zwischen Spaniern, Kreolen und Indianern und Bildung eines Heeres zur Vertheidigung der drei Grundsätze: Unabhängigkeit M.'s, Erhaltung der katholischen Religion und Einheit der Nation, proklamirte. Bald traten auch die andern zersprengten Heerführer zu ihm über, die Städte ergaben sich, und in Kurzem sah er sich an der Spitze von 50,000 Mann den 5—6000 Spaniern gegenüber. Apodaca's Nachfolger als Vicekönig, O'Donoju, überzeugte sich von der Hoffnungslosigkeit seiner Sache und schloß am 24. August 1821 einen Vertrag mit Iturbide auf der Grundlage der Proklamation von Iguala, worauf die spanische Besatzung die Hauptstadt räumte und Iturbide (27. Sept.) einzog. Es ward eine provisorische Regierungsjunta eingesetzt, welcher Iturbide als Präsident vorstand, und die von ihr berufenen Cortes hielten am 22. Februar 1822 ihre erste Sitzung. Allein es traten sofort die verschiedensten Meinungen und Parteiungen zu Tage, und als überdies die Nachricht einlief, daß die spanischen Cortes am 13. Februar den Vertrag von Cordova verworfen hatten, ließ sich Iturbide in der Nacht des 18. Mai vom Heer und dem niedern Volke als Augustin I. zum Kaiser von M. ausrufen. Der Kongreß bestätigte nothgedrungen ihn folgenden Tags in dieser Würde. Die strenge Etikette, die der neue Kaiser annahm, Verfolgungsmaßregeln, die er ergriff, die Finanznoth und das durch sie erzeugte Papiergeld, sowie manche andere Maßregeln, die das Streben bekundeten, an die Stelle konstitutioneller Macht den Absolutismus zu setzen, erregten jedoch bald Unzufriedenheit im Volke und selbst unter den Truppen, so daß der General Santa Ana oder Santana (2. December) in Veracruz die Republik proklamiren konnte. Auch die übrigen Generäle schlossen sich dem Aufstande an und unterzeichneten am 1. Februar 1823 den Vertrag von Casa-Mata, in welchem sie die Wiederherstellung des am 30. Oktober 1822 vom Kaiser willkürlich aufgelösten Nationalkongresses forderten. Augustin berief denn auch denselben am 8. März, fand aber nur Opposition und dankte daher den 19. März 1823 ab, worauf der Kongreß M. zu einem Freistaat und am 16. Dec. 1823 für einen **Bundesstaat** erklärte, dessen Verfassung am 4. Oktober 1824 ins Leben trat. Dieselbe war, nur mit Annahme der römisch-katholischen Religion als ausschließlicher Staatsreligion, durchaus der nordamerikanischen nachgebildet und verwandelte M. in eine Föderativrepublik mit folgenden Staaten: Chiapas, Chihuahua, Cohahuila und Texas, Durango, Guanaxuato, M., Mechoacan, Nuevo Leon, Oaxaca, Puebla de los Angeles, Queretaro, San Luis Potosi, Sonora, Sinaloa, Tabasco, Tamaulipas, Veracruz, Xalisco, Yucatan und Zacatecas und den Gebieten: Oberkalifornien, Niederkalifornien, Neumexiko, Colima, Santa-Fé. Die Souveränetät ruhte nach dieser Konstitution einzig und allein im Volke. Die höchste Gewalt war sowohl für den Gesammtstaat, wie für die einzelnen Staaten in drei völlig von einander unabhängige Gewalten, die gesetzgebende, ausführende und richterliche, getheilt. Die erstere ward einem allgemeinen Kongreß übertragen, der aus der Kammer der Deputirten und der der Senatoren bestand. Die oberste ausführende Gewalt lag in den Händen eines Präsidenten, dem ein Vicepräsident zur Seite stand; beide wurden auf je 4 Jahre durch die Kongresse der einzelnen Staaten gewählt. Die oberste Rechtsgewalt war einem höchsten Gerichtshof von 11 Oberrichtern und einem Fiskal übertragen, die, durch die gesetzgebenden Körper der Staaten gewählt, ihr Amt lebenslang bekleideten. Zum ersten Präsidenten der Republik wurde am 31. Jan. 1824 der General Guadalupe **Vittoria** erwählt und der Sklavenhandel vom 13. Jan. 1825 an durch ein Gesetz abgeschafft. Die Republik M. ward zuerst von den Vereinigten Staaten, sodann von fast allen europäischen Mächten, Spanien ausgenommen, anerkannt; mit dem Fall des Forts San Juan d'Ulloa, das nach langer Belagerung am 19. November 1825 kapitulirte, verlor Spanien den letzten Punkt, den es in Mexiko noch inne gehabt. Allein der junge Freistaat sollte zu keiner ruhigen Entwickelung gelangen. Das durch 300jährige Knechtschaft herabgewürdigte Volk, dem so plötzlich die Unabhängigkeit gegeben war, konnte unmöglich sofort unter einer auf Bildung und Einsicht beruhenden Verfassung leben und sich selbst regieren. Daher jene beständigen Unruhen und Bürgerkriege, von denen M. seit jener Zeit bis zur Gegenwart fortwährend zerrissen worden ist. Die Präsidenten machtlos, der Kongreß wie das Land in Parteien gespalten, an der Spitze derselben ehrgeizige, nach dem Präsidentenstuhl strebende Offiziere, das Volk unter der Herrschaft der Pfaffen, dazu Bedrängnisse durch die Forderungen europäischer Staaten, welche die Ohnmacht des Präsidenten nicht zu erfüllen vermag — dies das Bild der neueren mexikanischen Geschichte. Die Parteien, die sich zunächst bekämpften, waren die der **Escoceses** oder die aristokratisch-kirchliche Partei, die, aus Hinneigung zu Spanien oder Ehrgeiz mit der bestehenden Ordnung der Dinge unzufrieden, ein Centralsystem anstrebte, und die der **Yorkinos** oder die demokratische, die Anhänger der Konstitution; beide Parteien so genannt nach den rivalisirenden Freimaurerlogen. An der Spitze der ersteren stand General Bravo, der Vicepräsident der Republik, welcher am 1. Januar 1828 von M. abreiste, sich mit Montano vereinigte und mit 600 Mann auf Tulancingo marschirte. Der General der Regierung, Guerrero, machte jedoch binnen einem Monat dem Bürgerkriege ein Ende, Bravo ward mit seinen Mitschuldigen zur Deportation verurtheilt u. die einflußreichsten Altspanier mußten das mexikanische Gebiet räumen. Die Präsidentenwahl am 1. September 1828 entfesselte die politischen Leidenschaften aufs Neue. Als Kandidaten standen sich gegenüber der General Guerrero, der Held der Südprovinzen und als Mestize der Abgott der Patrioten, ein guter Soldat, aber ohne Kenntnisse in der Staatsverwaltung, und der Kriegsminister Gomez Pedrazza, ein Mann nicht ohne Kenntnisse und Talente, aber ein entschiedener Anhänger der Aristokratie und angeblich im geheimen Einverständnisse mit den Spaniern. Als die Wahl auf **Pedrazza** fiel, während Guerrero Vicepräsident ward, griff der General Santana, Kommandant des Staats Veracruz, zu den Waffen, die Yorkinos erregten am 30. November 1828 in der Hauptstadt einen Aufstand der Leperos und riefen unter Plünderung, Mord u. Brand **Guerrero** zum Präsidenten aus. Derselbe ward denn auch am 1. Januar 1829 vom wieder versammelten Kongreß in dieser Würde bestätigt. Ein Gesetz vom 20. März verbannte hierauf alle Spanier für immer von dem Boden des mexikanischen Gebiets. 22,000 Spanier verließen in Folge dessen mit ihrem beweglichen Vermögen, das auf 140,000,000 Dollars geschätzt wurde, das Land. Bustamente ward Vicepräsident, General Santana Kriegsminister. Am 27. Juli 1829 landete ein spanisches Invasionsheer unter General Barradas und bemächtigte sich der Stadt Punta de Xeres, wurde aber von Santana eingeschlossen u. zur Kapitulation und Rückkehr nach Havaña gezwungen. Hierauf brach eine Verschwörung gegen den als Mestize den aristokratischen Parteien aller Farben gleich verhaßten Guerrero aus, an deren Spitze der Vicepräsident Bustamente stand. Guerrero legte nach kurzem Widerstande seine Präsidentenstelle nieder und begab sich mit den ihm treu gebliebenen Truppen in den südlichen Theil des Landes. Eine provisorische Regierung übernahm nun die Leitung der öffentlichen Angelegenheiten und berief den Kongreß, welcher am 1. Januar 1830 **Bustamente** zum Präsidenten erwählte. Zwar versuchte Guerrero im Juli 1830, sich wieder an die Spitze der Republik zu stellen; allein mehrmals geschlagen u. endlich gefangen, ward er am 17. Febr. 1831 zu Oaxaca erschossen. Auch Bustamente beleidigte jedoch durch aristokratisches Regiment und besonders durch Aufhebung des Dekrets, welches die Spanier verbannte, das Nationalgefühl der Patrioten und Indianer, und 1832 erhob Santana in Veracruz die Fahne der Insurrektion gegen ihn und den Kongreß, proklamirte Pedrazza als den allein rechtmäßigen Präsidenten und siegte gegen die Regierung bei Puebla (am 1. und 2. Okt. 1832). Bustamente schloß hierauf mit Pedrazza und Santana eine Uebereinkunft ab, nach welcher Pedrazza noch bis zum 1. April 1833 Präsident bleiben, das Föderativsystem nicht angetastet werden und für alle Ereignisse seit 1828 eine allgemeine Amnestie eintreten sollte. Im März 1833 wurde Santana zum Präsidenten u. der Arzt Valentin Gomez Farias zum Vicepräsidenten erwählt. Nachdem der Präsident mehre Aufstände der centralistischen Partei und der Geistlichkeit niedergeworfen, zog er sich für ein halbes Jahr auf ein Landgut zurück. Plötzlich aber wechselte er sodann die Farbe, stellte sich an die Spitze der Centralisten, löste am 13. Mai 1834 in völlig ungesetzlicher Weise den Kongreß auf, berief im Januar 1835 einen neuen und führte nach blutigen Kämpfen am 3 Okt. dieses Jahres eine neue, centralistische Konstitution ein, welche die gesetzgebende wie die vollziehende Gewalt in die Hände des Präsidenten u. eines Kongresses legte. Die gesetzgebenden Körper der einzelnen Staaten hörten auf, und diese wurden in 24 Departements verwandelt, denen Generäle als Gouverneure mit einer berathenden Junta zur Seite vorstanden. Verschiedene Aufstände der Föderalisten in einigen Departements wurden niedergeschlagen, nur Yucatan behauptete eine separatistische Stellung. Diese Ereignisse beschleunigten den Aufstand und den Abfall von Texas (s. d.), das sich am 2. März 1836 für unabhängig erklärte, nachdem Santana von den Texanern bei San Jacinto (20. April 1836) geschlagen und gefangen worden war. In M. entbrannten nun neue Kämpfe zwischen Santana's Anhängern und Gegnern, welche letztere das Uebergewicht behielten, auch als er selbst zurückgekehrt war (20. Februar 1837); der aus Frankreich zurückgekehrte Bustamente ward zum Präsidenten erwählt (25. Februar). Im December 1836 ward die Unabhängigkeit M.'s auch von Spanien anerkannt. Aber es begannen auch in Folge der Beeinträchtigung und Gewaltthätigkeiten, welche französische Bürger in M. erfuhren, die Zwistigkeiten mit Frankreich, die am Ende zum Kriege führten. Am 13. April 1838 erklärte der französische Kapitän Bazoche alle Häfen der mexikanischen Küste in Blokadezustand, und nachdem Frankreich die von M. angerufene britische Vermittelung abgelehnt, erschien im Oktober 1838 im mexikanischen Meerbusen ein französisches Geschwader unter Admiral Baudin, das, als die Regierung des Freistaats auf die Forderung, daß die Franzosen ermächtigt werden sollten, in dem ganzen Umfange der Republik Detailhandel zu betreiben, nicht einging, am 27. Nov. das Fort San Juan d'Ulloa beschoß und am folgenden Tage durch Kapitulation nahm. Der Präsident Bustamente verweigerte zwar die Genehmigung derselben, und Santana besetzte Veracruz wieder, woraus in Folge der Kapitulation die Regierungstruppen zurückgezogen waren, allein am 9. März 1839 kam unter britischer Vermittelung ein Friede zu Stande, laut welchem M. eine Entschädigung von 600,000 Piastern an Frankreich leisten mußte. Die nordöstlichen Provinzen Cohahuila, Tamaulipas und Durango, die sich 1839 von M. lossagten und die Republik Rio Grande gründeten, wurden trotz des Beistandes, den sie von Texas erhielten, von General Arista wieder unterworfen. Yucatan schloß sich ebenfalls M. wieder an, als es sich in seiner Hoffnung auf Unterstützung durch Nordamerika getäuscht sah. Im Juli 1840 hatte Bustamente einen Aufstand der Föderalisten unter General Urrea in der Hauptstadt zu bekämpfen. In Folge dieser Revolution entwarf Santana im Oktober 1841 neue Grundlagen für die Regierung der Republik, die sogenannten **Bases acordados en Tacubaya**, welche die Diktatur in die Hände des Generals legten, der sie dann abwechselnd mit den Generälen Nicolas Bravo und Valentin Canalizo führte, doch kehrte man in der am 12. Juni 1844 gegebenen Konstitution wieder zur Centralregierung zurück, die nach einander von Santana, Canalizo, Herrera, Paredes und Bravo als konstitutionellen und interimistischen Präsidenten geführt ward. Eine Revolution im August 1846 stellte die Föderalrepublik und die Verfassung von 1824 wieder her, die jedoch durch eine Reformakte vom 18. Mai 1847 in einigen Punkten modificirt ward. Inzwischen war der Krieg mit Nordamerika wegen Texas ausgebrochen. Herrera hatte zwar 1845 dessen Unabhängigkeit anerkannt, sein Nachfolger, Paredes, trat jedoch jeder Versöhnung mit Nordamerika, das Texas in eben jenem Jahre in seinen Staatenbund aufgenommen hatte, entgegen und gedachte die abgefallene Provinz durch Waffengewalt wieder für M. zu gewinnen. In Folge einiger Siege der Mexikaner zog der nordamerikanische General Taylor am 17. Mai sein Heer am rechten Ufer des Rio Grande del Norte zusammen. Ihm gegenüber standen die Mexikaner, zogen sich aber nach einigen kleinen Gefechten nach Monterey zurück und überließen dem Feind auch das linke Flußufer. Bei der Eröffnung des Kongresses in M. am 6. Juli erklärte Paredes, daß er selbst mit allen disponiblen Truppen an die Nordgrenze marschiren werde; ehe es aber dahin kam, wurde er durch die Partei Santana's gestürzt und am 5. August gefangen gesetzt. General Sales übernahm provisorisch die Regierung und rief den Kongreß zu einer neuen Präsidentenwahl zusammen. General Scott, der Oberbefehlshaber der nordamerikanischen Armee, hatte folgenden Operationsplan entworfen. Kearny sollte Neumexiko und die mexikanischen Provinzen am stillen Ocean besetzen, Wool im Centrum von Santa-Antonio de Bejar aus auf Cohahuila und Chihuahua marschiren, Taylor gegen die mexikanischen Länder im Norden und Osten vorrücken; 2 Flottenabtheilungen im stillen Ocean und eine im mexikanischen Meerbusen sollten diese Operationen unterstützen. Endlich sollte ein Corps unter Scott selbst bei Veracruz landen und sich gegen die Hauptstadt wenden. Am 15. September verließ Taylor Comargo u. erschien am 19. vor Monterey, welches General Ampudia vertheidigte. Schon am 24. Sept. aber kam eine Kapitulation zu Stande, wonach die mexikanische Armee freien Abzug erhielt, eine sechswöchentliche Waffenruhe festgesetzt und eine Demarkationslinie längs dem Rio del Tigre bestimmt wurde. Weder die Regierung zu Washington aber, noch Santana, der im September von Havanna zurückgekehrt war und am 1. Oktober zum Generalissimus der mexikanischen Armee ernannt ward, waren zum Frieden geneigt, u. der Waffenstillstand wurde nicht ratificirt. Nachdem Taylor darauf Saltillo im Staate Cohahuila und Vittoria, die Hauptstadt von Tamaulipas, besetzt, trat eine abermalige Pause in den Operationen ein. Unterdessen hatte General Wool die Hauptstadt von Cohahuila, Monclova, besetzt und vereinigte sich Mitte Dec. zu Saltillo mit Taylor. Oberst Kearny hatte gleichfalls ohne-

Kampf am 16. August Santa-Fé, die Hauptstadt von Neumexiko, erreicht und dies Gebiet der Union für einverleibt erklärt; am 1. Oktober trat er den Marsch nach Kalifornien an, während der von ihm detachirte Oberst Donniphan über Chihuahua nach Saltillo marschirte. Das Expeditionscorps unter Scott landete am 9. März 1847 bei Veracruz, besetzte nach dreitägigem Bombardement diese Stadt und das Fort Ulloa u. trat am 8. April 10—12,000 Mann stark den Marsch gegen die Hauptstadt an. Santana stellte sich ihm bei Cerro Gordo entgegen, erlitt aber eine Niederlage, und Scott zog nun ungehindert in Jalapa, Perote und Puebla ein und eroberte nach den Gefechten von San-Antonio, Contreras u. San-Mateo de Churubusco vom 17.—19. August, nach der Erstürmung von Casa-Mata und El-Molino del Rey am 8. Sept. und des Forts von Chapultepec am 13. Sept. in vierzehnstündigem Kampf am 14. Sept. die von Santana tapfer vertheidigte Hauptstadt. Letzterer zog sich nach Guadalupe-Hidalgo zurück, erklärte Queretaro zum Regierungssitz, berief einen Kongreß hierher und legte die Präsidentenwürde in die Hände Peña y Peñas nieder. Noch einmal wagte er bei Puebla einen ebenfalls unglücklichen Angriff gegen die dort stationirten nordamerikanischen Truppen, nahm sodann am 1. Febr. 1848 seine Entlassung und schiffte sich Anfangs April nach Jamaica ein. Am 2. Febr. 1848 kam zu Guadalupe-Hidalgo ein Friedensvertrag zu Stande, welcher, von dem mexikanischen Kongreß zu Queretaro unter dem Vorsitze des wieder zum Präsidenten ernannten Generals Herrera am 29. Mai 1848 ratificirt, von der Republik M. die jenseits des Rio Grande del Norte gelegenen u. nun zu Texas geschlagenen Theile der Staaten Tamaulipas, Cohahuila und Chihuahua, sowie Neumexiko und Neukalifornien, im Ganzen etwa 30,000 QM., oder die Hälfte des mexikanischen Gebiets abtrennte und den Nordamerikanern freie Schifffahrt auf dem untern Rio Colorado und im kalifornischen Meerbusen gewährte, wogegen die Union 15 Millionen Dollars an M. zahlen und außerdem die Entschädigungen, welche M. nordamerikanischen Bürgern laut frühern Uebereinkünften zu zahlen hatte, übernehmen sollte. Im Juli verließen die amerikanischen Truppen die Hauptstadt. Gegen dieselbe und die Friedenspartei zog hierauf der wieder zum Vorschein gekommene Expräsident Paredes, wurde aber am 14. Juli bei Marfil von den Regierungstruppen unter General Bustamente geschlagen und sah nach einer zweiten Niederlage im April 1849 seine gegen Herrera gerichteten Pläne völlig vereitelt. Das Budget, das dem am 1. Jan. 1849 eröffneten Kongresse vorgelegt wurde, ergab ein Deficit von 7 Mill. Thalern. Die Hebung der Finanzen und die Regelung der Nationalschuld war das Ziel, welches der Präsident Herrera in seiner Eröffnungsrede vom 1. Jan. 1850 den Arbeiten des Kongresses vorlegte. Gegen die angeblich durch nordamerikanische Intriguen aufgewiegelten Indianerhorden in den nördlichen u. westlichen Grenzstaaten, sowie die, wie es hieß, durch England aufgereizten Indianer von Yucatan ward ein Vernichtungskampf geführt. Am 15. Jan. 1851 trat der von den Republikanern aufgestellte Kandidat, der General und bisherige Kriegsminister Don Mariano Arista, als Präsident an die Spitze der Vollziehungsgewalt. Die Versuche der neuen Regierung, das restriktive Zollsystem in ein gemäßigtes Schutzsystem zu verwandeln, scheiterten an dem Widerstande der reichen Monopolisten und des von ihnen abhängigen Kongresses. Der Aufstand des Bürgergardenobersten Carbajal gegen die Föderalregierung (Sept. 1851), um Herabsetzung der Zölle und Aufhebung der Prohibitionen zu erzielen, ward zwar gedämpft, und in der Hafenstadt Mazatlan wurden der französische und der spanische Konsul, die an den Unruhen Theil genommen hatten, verhaftet und ausgewiesen, die Unzufriedenheit brach jedoch immer drohender in Empörungen aus. Einen Gesammtausdruck fanden dieselben in dem sogenannten Plan von Guadaljara, dem zufolge ein außerordentlicher Kongreß berufen werden sollte, um dem Lande eine neue Verfassung zu geben. Bis dies geschehen sei, sollte eine Diktatur eingeführt und Santana, der an diesen Unruhen aus der Ferne betheiligt war, zurückgerufen werden. Am 6. Jan. 1853 trat Arista von der Präsidentschaft zurück und an seine Stelle provisorisch Cevallos. Da dieser am 19. Jan. den Kongreß mit Waffengewalt auseinander trieb, erhob die Revolution ihr Haupt von Neuem, und Cevallos' Rücktritt (6. Febr.) war vollends die Losung zur allgemeinen Anarchie. Die Soldateska bekleidete den General Lombardini mit der höchsten Gewalt, aber auch jeder Kapitän, der eine Truppe zusammenbringen konnte, erklärte seine Unabhängigkeit. Dies rief bald das allgemeine Verlangen nach Einsetzung einer unumschränkten Herrschaft wach, und am 17. März ward Santana wirklich durch die Nation zum Präsidenten mit diktatorischer Gewalt erwählt. Er entwickelte sogleich eine gewaltige Thätigkeit und schonungslose Energie. Eine seiner ersten Maßregeln war die Entfernung seiner politischen und persönlichen Gegner, u. A. des Generals Arista. Am 22. April 1853 veröffentlichte er seine „Grundzüge für die Verwaltung der Republik bis zur öffentlichen Bekanntmachung der Verfassung". Er stellte sich einen Staatsrath von 20 Mitgliedern zur Seite, richtete statt des Bundessystems wieder eine centralisirte Regierung ein, ergriff strenge Maßregeln gegen die Presse, führte eine regelmäßige Rekrutirung ein, erließ ein lästiges Zollgesetz und dekretirte die Wiedereinführung des Jesuitenordens. Gleichwohl blieb äußerlich wenigstens die Ruhe gewahrt, ja Santana ward vom Senat am 16. Dec. mit lebenslänglicher Diktatur bekleidet und ihm zugleich der Titel Altezza serenissima beigelegt. Die Beziehungen zu der nordamerikanischen Union waren inzwischen durch den sogenannten Gadsdenvertrag geordnet worden, kraft dessen M. das streitige Mecillathal im mexikanischen Staate Chihuahua den Vereinigten Staaten für 10 Mill. Dollars überließ. Die Einfälle der Indianer wiederholten sich dagegen immer drohender, seit die Militärkolonien an der Grenze aufgelöst waren, besonders in Cohahuila, Sonora, Durango, Nuevo Leon und Zacatecas. Ein Einfall des Majors Walker aus Kentucky in Unterkalifornien im nordamerikanischen Interesse 1853 war anfangs vom Glück begünstigt und Unterkalifornien ward zu einer unabhängigen Republik erklärt, doch wurden die Rebellen Anfangs 1854 total zersprengt. Dazu kamen Beunruhigungen durch die Unternehmungen verschiedener Abenteurer, wie die des Grafen Karl von Pindray (1851) und die wiederholten

Flibustierzüge des Gaston de Raousset-Boulbon (1852—54) nach Sonora, beide mit französischer Unterstützung. Inzwischen hatten die harten Maßregeln Santana's im Lande selbst eine dumpfe Gährung hervorgerufen. Die Regierung versuchte zwar durch Verbannung oder Einziehung einflußreicher Persönlichkeiten, wie de la Rosas', Ledo's, de Laserna's, Samora's, den nahenden Sturm zu beschwichtigen, doch kam es schon in mehren Gegenden zu offenen Aufständen, deren bedeutsamster der des Generals Alvarez, des „Panthers des Südens" und Freundes der Nordamerikaner, war, der am 22. Jan. 1854 in Acapulco ein Pronunciamento erhob, Santana u. seinem System den Krieg erklärte u. zur Wiedereinführung des Repräsentativsystems aufforderte. Gegen die wider ihn ausgeschickten Regierungstruppen siegreich, insurgirte er im Laufe des Jahres von Süden aus auch die mittleren Länder. Andere rebellische Häuptlinge, unterstützt von texanischen Freibeutern, beunruhigten die nördlichen Provinzen der Republik. In dem ersten entscheidenden Treffen wider sie am 22. und 23. Juli bei Saltillo wurden die Anhänger Santana's geschlagen und völlig zerstreut, worauf Monterey in die Hände der Aufständischen fiel. Die Leiter der Revolution in Guerrero hatten am 1. März 1854 eine Proklamation, den sogenannten „Plan von Ayutla", erlassen und darin Santana und seine Genossen ihrer Aemter für verlustig erklärt; der Obergeneral der Armee sollte eine Repräsentation der einzelnen Staaten berufen, diese einen provisorischen Präsidenten wählen und letzterer binnen 15 Tagen einen außerordentlichen Kongreß zum Entwurf eines neuen Grundgesetzes veranstalten 2c. Schon verbreitete sich die Revolution rings um die Hauptstadt, u. in derselben erhob die liberale Partei das Haupt wider den Diktator. Nachdem ihm der Gesandte der Union die verlangte Auszahlung der von dem Verkaufe des Mecillathales noch rückständigen 3 Mill. verweigert hatte, raffte Santana den Rest der früher erhaltenen Kaufsumme zusammen und verließ am 9. Aug. mit 1400 Mann Garde die Hauptstadt unter dem Vorwande, die Rebellen zu bekämpfen, legte aber in einer am 12. Aug. von Perote aus erlassenen Proklamation an die Nation die Regierung abermals nieder und schiffte sich am 19. Aug. nach Havaña ein. General Carrera ergriff nun durch Proklamation vom 15. Aug. die oberste Gewalt, nannte sich Vicepräsident u. erklärte, den Plan von Ayutla als Richtschnur nehmen zu wollen. Ein außerordentlicher Kongreß sollte am 16. Sept. zu Dolores-Hidalgo zusammentreten. Sämmtliche Häupter der Revolution, u. A. Ignacio Comonfort mit dem Hauptsitz in Acapulco, Vidaurri in Nuevo Leon, Haro y Tamariz in San Luis Potosi, wurden zur Theilnahme am Kongreß eingeladen, dieselben schlossen indessen eine Art von Kompromiß, in welchem sie zunächst Alvarez als Haupt und Comonfort als seinen Stellvertreter anerkannten. Eine Versammlung in Cuernavaca wählte Alvarez dann zum Präsidenten, und dieser führte die Regierung anfangs von Cuernavaca aus, seit dem 15. Nov. 1855 in der Stadt M. selbst, trat sie aber in Folge der Entdeckung einer gegen ihn gerichteten Verschwörung am 10. Dec. an den General Comonfort ab, den 36. Präsidenten innerhalb 40 Jahren, den 5. innerhalb 4 Monaten. Auch dieser war nicht der Mann des allgemeinen Vertrauens. Gemäßigten Grundsätzen huldigend, hatte er die Demokraten gegen sich, und da er die Dekrete seines Vorgängers, welche die Vorrechte des Klerus und der Armee aufgehoben hatten, zur Geltung bringen wollte, auch diese, und die Truppen verließen massenweise die Fahnen. Der Regierungsrath verweigerte die Eidesleistung und vertagte sich; der Rath der Stadt M. löste sich auf, die Gouverneure der einzelnen Staaten regierten völlig selbstständig und hielten die Staatseinkünfte zurück. Inzwischen war General José Lopez Uraga, der mexikanische Gesandte in Berlin, von den Konservativen als Präsident berufen, Anfangs 1856 in Veracruz angekommen, aber sofort von Regierungstruppen verhaftet worden. Ein Theil der militärischen Eskorte revoltirte jedoch zu seinen Gunsten, und es gelang ihm, zu entkommen. Eine anderweite Truppensendung erfolgte unter Castillo gegen den Rebellen Haro y Tamariz, der Puebla belagerte, aber Castillo ging zu den Empörern über, Comonfort zog daher selbst gegen diese und nahm am 13. März die Stadt mit Sturm ein. Inzwischen hatte sich die Regierung Comonforts besonders dadurch gestärkt, daß sich der Präsident mehr und mehr der liberalen Partei zuneigte. Von besonderer Wichtigkeit war aber das am 28. Juni publicirte Gesetz, wonach der Klerus fortan kein Grundeigenthum besitzen sollte. Uebrigens sollte der Kaufpreis für dasselbe entweder baar, oder in sechsprocentigen Renten der Kirche übergeben werden, und die Regierung beanspruchte bloß die Verkaufssumme von 5 Procent, wobei sie 15 Millionen Dollars für ihren Schatz zu erhalten hoffte. Zugleich ward im ganzen Staate Gewissensfreiheit gewährleistet, die Jesuiten wurden aus dem Lande gewiesen und die Häfen Auswanderern geöffnet. Die Regierung ermangelte jedoch der hinreichenden Kraft zur Durchführung dieser Beschlüsse, da sie sich mit der Gesinnung der Bevölkerung im Widerspruch befand, und namentlich stießen die Maßregeln gegen den Klerus auf unüberwindliche Schwierigkeiten. Im Oktober 1856 empörte sich Puebla zum zweiten Male, es gelang jedoch der Regierung, sich mit dem im Norden eine gewisse Selbstständigkeit bewahrenden Vidaurri vorläufig zu verständigen und hierdurch freie Hand gegen Puebla zu erhalten, das am 3. December genommen ward. Allein die Aufstände dauerten an anderen Orten fort, und die Centralgewalt hatte keine Mittel, ihrer Herr zu werden, wenn sie auch einzelne Vortheile errang. Als am 11. März 1857 die neue, durchaus radikale Verfassung beschworen werden sollte, sprach Comonfort dabei den Vorbehalt aus, daß ihre Dauer vom Willen des Volks abhänge, die Geistlichkeit verweigerte die üblichen Ceremonien und der Erzbischof von M. versagte Allen, welche den Eid auf die Verfassung leisten würden, die Absolution, daher die meisten Beamten und mehre Generäle ihn verweigerten. Die neue Verfassung sollte am 16. September in Wirksamkeit treten, vorher aber ein definitiver Präsident und ein ordentlicher Kongreß gewählt werden. Aus diesen Wahlen im Juli 1857 gingen Comonfort als Präsident, Benito Juarez, ein entschiedener Radikaler indianischer Abkunft, als Vicepräsident und eine revolutionär gesinnte gesetzgebende Versammlung hervor. Die Verfassung, die M. wieder in eine Föderalrepublik verwandelte, zeigte sich jedoch als gänzlich unausführbar und hatte keinen Stand für sich. Comonfort ließ sich anfangs mit außerordentlichen Vollmachten, dann am 1. December 1857 mit diktatorischer Gewalt bekleiden, doch zeigte sich der unschlüssige, zwischen den Parteien hin- und herschwankende Mann der Sachlage in keiner Weise gewachsen, und schon am 11. Januar 1858 ward General Zuloaga in der Stadt M. vom Heer zum obersten Befehlshaber erhoben. Allein Comonfort befestigte sich mit einigen ihm treu gebliebenen Truppen im Regierungsgebäude, und es kam zu einem siebentägigen Kampfe, in Folge dessen Comonfort entfloh. Am 22. Januar ward hierauf General Zuloaga zum interimistischen Präsidenten und kommandirenden General ernannt und vom diplomatischen Corps auch als solcher anerkannt. Hiermit war der Sieg der Konservativen zwar in der Hauptstadt wieder entschieden; allein in den Provinzen erhob sich die demokratische Partei allenthalben. Der Vicepräsident Juarez stellte sich mit Zugrundelegung der Verfassung von 1857 an die Spitze derselben und richtete eine Regierung zu Veracruz ein. So bestanden in M. nun zwei Regierungen: eine konservative, unter dem interimistischen Präsidenten Zuloaga in der Stadt M., welche die Geistlichkeit und einen großen Theil des Heeres für sich hatte, und eine demokratische, unter Juarez und dem Banner der Konstitution von 1857 in Veracruz. Im Besitz dieser Hafenstadt fand letztere in den Zolleinnahmen die zu ihrem Bestande nöthigen Geldmittel. Der Bürgerkrieg war unausbleiblich. Gegen den Norden sandte Zuloaga die bewährten Generäle Osollo und Miramon aus; ersterer fiel zwar bald, letzterer aber schlug seine Gegner in jedem Zusammentreffen, ohne freilich hierdurch bedeutende politische Erfolge zu erlangen. Die unter General Echeagaray gegen Veracruz gesandte Armee verlor ihre Zeit mit nutzlosen Operationen und erklärte sich dann nach Veröffentlichung eines neuen Plans von Ayutla sogar gegen die Regierung Zuloaga's. Am 23. December 1858 folgte auch der Kommandant der Garnison von der Stadt M., General Robles Pezuela, diesem Beispiel und proklamirte ein Programm, das die Verschmelzung der beiden sich bekriegenden Parteien bezweckte. Zuloaga floh und Pezuela war Herr der Hauptstadt. Seine Vorschläge zur Einigung wurden jedoch von Juarez zurückgewiesen, und eine in der Stadt M. niedergesetzte Junta von 150 Notabeln wählte Miramon zum Präsidenten. Dieser schlug zwar, mit den letzten Vorgängen in der Stadt M. nicht einverstanden, diese Würde aus, ließ sich aber zum Oberbefehlshaber des Heeres ernennen u. setzte hierauf am 24. Jan. 1859 Zuloaga wieder als Präsidenten ein. Um die Mittel zu einem Feldzug gegen Juarez zu erhalten, legte Zuloaga eine außerordentliche Kontribution von 1 Procent auf alles bewegliche u. unbewegliche Eigenthum der Einheimischen wie der Fremden, wogegen England und die nordamerikanische Union vergeblich protestirten. Weiter hielt ihn aber von dem beabsichtigten Feldzug gegen Veracruz ein neuer Aufstand der von ihm früher niedergeworfenen Rebellen im Norden ab, die sengend und brennend gegen die Stadt M. heranzogen und ihn so seine Truppen zu deren Schutz zu verwenden nöthigten. Die Verlegenheit der Regierung benutzend, verlangte der nordamerikanische Gesandte Forsyth neue Gebietsabtretungen u. Zugeständnisse, namentlich das Recht der Durchfuhr durch den Isthmus von Tehuantepec, der Einmischung und bewaffneten Unterstützung der amerikanischen Unterthanen in M. ꝛc. Als Miramon diese Forderungen abschlug, wandte sich Forsyth's Nachfolger, Mac Lane, an die Regierung des Juarez in Veracruz, erkannte dieselbe förmlich an und schloß mit ihr im April 1859 einen Vertrag ab. Die von den beiden Regierungen, der in der Stadt M. und der zu Veracruz, zum Theil nur in Opposition wider einander erlassene Fluth von Dekreten, Gesetzen und Protestationen stürzte vollends die öffentlichen Zustände in die grenzenloseste Verwirrung. Kaum hatte Miramon seinen Feldzug gegen den rebellischen Norden beendet, als er sich am 8. Febr. 1860 gegen Veracruz wandte. Der Erfolg erschien um so gesicherter, als sich Juarez durch seine Ankündigung der Expropriation der Güter des Klerus die Sympathien eines großen Theils des Volks verscherzt hatte. Eben aber, als Miramon am 6. März die Operationen gegen den Platz beginnen wollte, nahmen ihm die Nordamerikaner ohne Weiteres die Schiffe, welche sein Corps mit Material und Proviant versehen sollten, hinweg, und er mußte daher unverrichteter Sache den Rückzug antreten. Ein Versuch Zuloaga's, durch einen Aufstand die Macht wieder zu erlangen, die er nur dem Namen nach noch besaß, ward von Miramon vereitelt; dagegen scheiterten alle Friedensvorschläge, die dieser, aller Geldmittel baar, an Juarez richtete, an dessen Erklärung, nur auf Grundlage der Verfassung von 1847 unterhandeln zu wollen. Am 8. August kam es endlich bei Silao zu einer Schlacht zwischen den Truppen der beiden Regierungen, in der Miramon vom General Jesus Gonzales Ortega vollständig geschlagen wurde. Gleichwohl ließ er sich in der Stadt M. nun zum interimistischen Präsidenten ernennen, während er bisher nur für Zuloaga stellvertretend die Präsidentenwürde bekleidet hatte, und ernannte ein neues Ministerium. Am 22. December bei Calculalpan jedoch nochmals geschlagen, schiffte er sich nach Havaña ein, von wo er erst 1863 nach M. zurückkehrte, um seine Dienste den Franzosen zur Verfügung zu stellen. Mit dem Schluß des Jahres 1860 war somit der Sieg der demokratischen, föderalistischen oder konstitutionalistischen Partei entschieden. Mitte Januar 1861 zog Juarez in der Stadt M. ein und setzte sofort eine neue Regierung ein. Nachdem er schon am 13. Juli 1859 das Kirchengut für Nationaleigenthum erklärt, am 28. December 1860 die Aufhebung der Mönchsklöster dekretirt und den Nonnenklöstern die Aufnahme von Novizen verboten hatte, verkündete am 4. Januar 1861 ein Regierungserlaß vollständige Religionsfreiheit. Der Erzbischof von der Stadt M. und die Mehrzahl der Bischöfe wurden wegen Theilnahme an den Aufständen des Landes verwiesen, und der päpstliche Nuntius erhielt aus gleichem Grund seinen Paß zugefertigt. Ein für den 9. Mai 1861 berufener demokratischer Kongreß wählte im Juni Juarez zum definitiven Präsidenten, und ein besonderes Gesetz vom 1. Juli bekleidete ihn mit unumschränkter Diktatur und suspendirte gleichzeitig in der ganzen Republik die konstitutionellen Garantien. Der Friede war indeß mit Juarez' Siege nicht hergestellt, die beiden sich bekriegenden

Parteien hatten vielmehr nur ihre Rollen vertauscht, indem die konservativen oder reaktionären Anführer, u. A. Marquez, Vicario, Cobos, Mejia, nun in den Provinzen ihre Fahnen erhoben und die Regierung in greuelvollem Bürgerkrieg befehdeten. Zu diesen anarchischen Zuständen traten für das unglückliche Land noch die ernstesten Verwickelungen mit dem Auslande hinzu. Bereits seit Jahren hatte England mancherlei Beschwerden gegen die mexikanische Regierung zu führen gehabt, so wegen Ausweisung eines seiner Konsuln und eines englischen Unterthanen aus Tampico (1856), wegen Plünderung des Münzhauses zu Guanaxuato zum Nachtheil seiner Unterthanen (Mai 1859) u. wegen Zwangsanleihen, welche auch die Fremden in M. trafen. Spanien hatte noch von früher her Schuldforderungen an M., die 1847 geregelt und für die von M. eine jährliche Summe von 5½ Millionen Realen als Zinsen versprochen waren. Im Jahre 1853 war hierüber noch eine besondere Konvention abgeschlossen, die Zahlung aber bald hernach eingestellt worden, angeblich, da mehre unbegründete Ansprüche auf Entschädigung zugelassen worden wären. Dazu kam, daß Anfangs 1857 mehre Spanier in M. unter den Augen der Behörden ausgeplündert und ermordet wurden. Da die mexikanische Regierung die vom spanischen Gesandten verlangte Bestrafung der Schuldigen unterließ, wurden im März desselben Jahres die diplomatischen Verbindungen zwischen beiden Ländern abgebrochen. Spanien überließ die Herbeiführung einer Vermittelung den Kabineten von England und Frankreich. Letztere Macht steigerte ihre Forderungen an M., welche anfangs aus 750,000 Francs anerkannter und 5 Millionen nicht anerkannter Schulden bestanden hatten, später auf 60 Millionen und fügte dieser dann weiter die 75 Millionen der berüchtigten jeckerschen Schuld hinzu. Auch die mexikanischen Emigranten, namentlich Almonte, der in Paris verweilte, hatten kein Mittel unversucht gelassen, um Frankreich zum Einschreiten gegen die Regierung des Juarez zu bestimmen. Als nun aber gar am 17. Juli 1861 der mexikanische Kongreß mit 112 gegen 4 Stimmen die Einstellung aller Zahlungen von Geldsummen beschloß, die durch diplomatisches Uebereinkommen für die fremden Mächte angewiesen waren, und Juarez diesem Dekret seine Zustimmung gab, brachen am 25. Juli die Repräsentanten von England und Frankreich allen Verkehr mit der mexikanischen Regierung ab, und die drei Mächte Frankreich, England und Spanien schlossen am 31. Oktober 1861 die Konvention von London, in welcher sie sich zu einer gemeinschaftlichen Intervention in M. einigten, „um ihre daselbst lebenden Unterthanen zu schützen und die Republik zur Erfüllung ihrer Verpflichtungen zu zwingen", doch verpflichtete sich auch jede Macht, keine Gebietserwerbungen zu machen und sich nicht in die inneren Angelegenheiten M.'s zu mischen. Die Vereinigten Staaten von Nordamerika wurden zum Beitritt zur Konvention eingeladen, lehnten denselben aber ab und wurden wohl nur durch ihren eigenen Bürgerkrieg von einer Parteinahme für M. gegen die europäische Einmischung abgehalten. In M. hatten inzwischen am 16. September 51 Mitglieder des Kongresses von Juarez verlangt, daß er resignire, 52 andere ihn gebeten, in seiner Stellung zu beharren. Ein zwischen der mexikanischen Regierung und dem englischen Gesandten am 21. November vereinbarter Vertragsentwurf ward am 22. vom mexikanischen Kongreß mit 75 gegen 22 Stimmen verworfen, und das am 24. von den Vertretern Englands und Frankreichs an M. gerichtete Ultimatum blieb ohne Antwort. Am 8. December traf das spanische Geschwader vor Veracruz ein u. besetzte am 17. die Stadt, sowie das Fort San Juan d'Ulloa. Am 18. hatte sich der mexikanische Kongreß vertagt, nachdem er dem Präsidenten umfassende Vollmachten ertheilt. Gleichzeitig hatte Doblado ein neues Ministerium gebildet. Am 6. und 7. Januar 1862 langten auch das französische und das englische Expeditionscorps an, doch dauerte das Einverständniß zwischen den drei Mächten nicht lange. So konnten sich schon am 13. Januar die Bevollmächtigten derselben nicht über die Formulirung der Entschädigungsforderungen an die mexikanische Regierung als ein gemeinsames Ultimatum einigen, da sich der spanische und der englische Bevollmächtigte nicht zur Unterstützung der „excessiven und der Belege entbehrenden" französischen Forderungen verstanden. Am 19. Februar schlossen General Prim, der Befehlshaber der spanischen Streitkräfte, und der mexikanische Minister Doblado die Konvention von Soledad, der zufolge Unterhandlungen zwischen den Verbündeten und der mexikanischen Regierung zur Feststellung aller Forderungen der ersteren und zum Abschluß von Verträgen eröffnet wurden. Während der Unterhandlungen sollten die europäischen Truppen von den ungesunden Küstengegenden in die Städte Cordova, Orizaba und Tehuacan vorgehen dürfen; sollten die Unterhandlungen aber zu einer friedlichen Lösung nicht führen, so waren die Verbündeten zur Rückkehr in ihre ersten Stellungen verpflichtet. Schon am 26. Februar bezogen die Franzosen ihre Quartiere in Tehuacan, die spanischen in Cordova und Orizaba. Als General Almonte, der frühere mexikanische Minister und ein Haupt der reaktionären Partei, der mit französischen Truppen nach M. zurückgekehrt war, Mitte März unter dem Schutze der französischen Waffen nach Cordova, dem Hauptquartier der Bevollmächtigten, geleitet ward, erblickten der spanische und englische Bevollmächtigte in der Hinzuziehung dieses Parteigängers ein Abgehen von der londoner Konvention, und es kam zu ernstlichen Zerwürfnissen zwischen den Alliirten. Am 24. März erklärte der französische Bevollmächtigte, in Folge der durch Almonte überbrachten Instruktionen seines Kaisers die Grundlage des Vertrags von Soledad seinerseits verlassen zu müssen. Da er sich auch der von der mexikanischen Regierung geforderten Entfernung Almonte's aus dem Quartier der Verbündeten widersetzte, erfolgte am 9. April der von Frankreich entschieden absichtlich herbeigeführte Bruch der Alliance, worauf sich die spanischen und englischen Truppen wieder einschifften, während nun die Franzosen die Expedition auf ihre eigene Hand fortsetzten. General de Lorencez war schon am 6. März mit Verstärkungen gelandet und übernahm das Kommando über das nun 7—8000 Mann starke französische Corps. Ihm gegenüber stand die mexikanische Armee unter dem Oberbefehl Zaragoza's. In zahlreichen Proklamationen suchte der französische General dem mexikanischen Volke begreiflich zu machen, daß er nur die schlechte Regierung des Juarez bekriege, dagegen das mexikanische Volk frei machen und in den Stand setzen wolle, sich selbst eine Regierung zu wählen, doch zog er nur einige Generäle, wie Galvez, mit ziemlich schwachen Abtheilungen zu sich herüber. Die Bevölkerung zeigte sich theils gleichgültig, theils den Franzosen entschieden feindselig. Bereits am 5. Mai standen dieselben vor Puebla. Der von ihnen sofort unternommene Sturm auf die beiden die Stadt deckenden Werke von Guadalupe und San Loretto mißglückte indeß gänzlich, sie mußten den Rückzug antreten und rückten am 18. Mai wieder in Orizaba ein. Am 26. Mai vereinigte sich General Marquez, ein Parteigänger Miramons und Almonte's, mit einigen tausend Mann mit den Franzosen, und ein Angriff Ortega's und Zaragoza's auf Orizaba am 13. u. 14. Juni ward glücklich abgeschlagen, allein die Lage des französischen Expeditionscorps war eine sehr üble. Vier Monate lang hatte sich das kleine Corps in Orizaba beständig des Angriffs des weit überlegenen Feindes gewärtig zu halten und unendliche Schwierigkeiten zu überwinden, um seine Verpflegung von Veracruz aus zu bewerkstelligen, da es an Transportmitteln fehlte, die Wege während der Regenzeit grundlos und durch mexikanische Guerillabanden durchaus unsicher waren und auch das gelbe Fieber die Reihen lichtete. Zu Statten kamen den Franzosen dagegen die auf der mexikanischen Seite herrschende Unthätigkeit und der Zwiespalt in der Regierung. Fuentos bildete am 8. September in M. ein neues Kabinet, in welchem General Blanco das Portefeuille des Kriegs erhielt. An die Stelle des Generals Zaragoza, der Seele des mexikanischen Widerstandes, der am 13. September starb, trat General Ortega. General Almonte hatte sich bereits im Juni in Veracruz selbst zum Präsidenten ernannt, ein Ministerium bestellt und Steuern ausgeschrieben. Auf die Nachricht von dem verunglückten Angriff auf Puebla verstärkte Napoleon III. das Expeditionscorps um 24,000 Mann, die am 25. Sept. zu Veracruz landeten, so daß das Expeditionscorps einschließlich der 13,500 starken Flottenmannschaft 45,000 Mann zählte. Den Oberbefehl erhielt gleichzeitig der Divisionsgeneral Forey. Nachdem derselbe das mexikanische Volk vergeblich durch eine Proklamation für sich zu gewinnen gesucht, ließ er seine Truppen über Jalapa und Orizaba vorrücken und eröffnete am 24. März 1863 die Belagerung Puebla's. Ortega leistete tapferen Widerstand, mußte sich aber am 27. Mai, nachdem das in der Nähe der Stadt auf der Straße nach der Hauptstadt stehende Unterstützungscorps Comonforts vom französischen General Bazaine am 8. Mai bei San-Lorenzo geschlagen war, ohne Bedingung ergeben, und Forey hielt am 29. Mai seinen Einzug in Puebla. Ohne Verzug setzten die Franzosen hierauf ihren Marsch nach der Hauptstadt fort, die Juarez am 31. Mai mit den Ministern und den Trümmern des mexikanischen Heeres verließ, um den Regierungssitz nach San Luis Potosi zu verlegen. Von hier aus erließ er ein Manifest zu fortgesetzter Bekämpfung der fremden Invasion an die Nation. Der Gemeinderath der Hauptstadt übernahm einstweilen die Zügel der Regierung und knüpfte durch die fremden Konsuln Unterhandlungen mit den Franzosen an. Am 10. Juni hielt Forey an der Spitze von 15,000 Mann, Almonte an seiner Seite, den Einzug in die Hauptstadt, setzte daselbst am 16. Juni eine Junta superior del gobierno ein, ernannte die 35 Mitglieder derselben und dekretirte die Einberufung einer Notabelnversammlung zur Entscheidung über die Regierungsform. Die Oberjunta ernannte hierauf am 22. Juni die neue Regierung: General Almonte, Erzbischof Labastida und General Salas. Die am 8. Juli eröffnete Notabelnversammlung, aus 215 Mitgliedern bestehend, beschloß mit Ausnahme einer einzigen Stimme die Einführung einer absoluten erblichen Monarchie u. proklamirte den von der Regierung ihr vorgeschlagenen Erzherzog Maximilian von Oesterreich zum Kaiser von M. Im Fall der Weigerung desselben, die Krone anzunehmen, sollte Napoleon III. ersucht werden, den Thron M.'s zu besetzen. Bis dahin sollte das Triumvirat Almonte, Labastida und Salas die Zügel der Regierung behalten. Maximilian antwortete der an ihn gesandten Deputation am 3. Oktober, daß er die Annahme der Krone von einer Abstimmung des ganzen Landes abhängig mache. Inzwischen war General Bazaine, seit Forey's Rückkehr nach Europa der Oberbefehlshaber der französischen Expeditionstruppen, am 24. December ohne Schwertstreich in San Luis Potosi eingezogen; Juarez war einige Tage zuvor von da nach Monterey, der Hauptstadt des Staats Nueva Leon, übergesiedelt. General Comonfort hatte ein Ueberfall von Seiten mexikanischer Parteigänger am 12. November zwischen San Luis und Calaya das Leben gekostet. Konflikte zwischen den französischen Autoritäten und dem Erzbischof Labastida über den Verkauf von Kirchengütern veranlaßte am 20. November den Rücktritt desselben von der Regentschaft. Auf seine Bedrohung Aller, die zu dem Verkauf der Kirchengüter mitwirken würden, mit Exkommunikation antworteten Almonte und Salas Anfangs Januar 1864 mit Amtsentsetzung aller widerspenstigen Richter. Die französischen Truppen besetzten noch die Städte Guadaljara (5. Januar) und Zacatecas (7. Februar), dagegen mußte Vidaurri, der sich in Monterey gegen Juarez empört hatte, mit seinen Truppen die Stadt gegen den anrückenden juarezischen General Ortega räumen. Nachdem das Ergebniß der Volksabstimmung in M. zu Gunsten Maximilians ausgefallen war und sich derselbe Anfangs Mai mit Napoleon III. über die Bedingungen seiner Annahme der mexikanischen Kaiserkrone verständigt hatte, erklärte er am 10. April 1864 der mexikanischen Deputation: „Ich übernehme die Konstituirung der Gewalt, mit der mich Ihre Nation bekleidet; ich werde dieselbe jedoch nur so lange behalten, als dies nöthig ist, um in M. eine geregelte Ordnung zu schaffen und verständige, liberale Institutionen zu organisiren. Ich werde mich beeilen, die Monarchie unter die Autorität der konstitutionellen Gesetze zu stellen, sobald die Pacifikation des Landes vollständig gelungen ist." Zugleich ernannte er den Joaquin Velasquez de Leon zu seinem Staatsminister und den General Almonte zu seinem Statthalter bis zu seiner Ankunft in M. Die Hauptpunkte seines gleichzeitig mit Frankreich abgeschlossenen Vertrags waren: Die französischen Truppen in M. werden baldmöglichst auf ein Corps von 25,000 Mann reducirt; diese bleiben zwar vorläufig in M., um die Interessen zu wahren, um derentwillen die Intervention Statt gefunden hat, räumen aber M. nach und nach in dem Maße, als der Kaiser dieses Landes die zu ihrem Ersatz nothwendigen Truppen wird organisiren können. Die im französischen Dienst stehende 8000 Mann starke Fremdenlegion bleibt noch 6 Jahre in M., nachdem alle übrigen französischen Streitkräfte schon zurückgerufen sein werden. An allen Punkten, wo die Garnison nicht ausschließlich aus mexikanischen Truppen besteht, kommt der militärische Oberbefehl dem französischen Kommandanten zu. Die von der mexikanischen Regierung an Frankreich zu leistende Kriegsentschädigung bis zum 1. Juli 1864 wird auf 270 Mill. Francs festgesetzt. Vom 1. Juli d. J. an fallen alle Ausgaben für die französischen Truppen in M. diesem Lande zur Last. Die ersten finanziellen Dekrete des Kaisers Maximilian betrafen die Einsetzung einer Finanzkommission in Paris, um ein Hauptbuch der auswärtigen mexikanischen Schuld anzulegen, u. das Kontrahiren eines Anlehens von 201,600,000 Francs Nominalkapital. Am 14. April schiffte sich die kaiserliche Familie in Triest ein, verweilte von 18.—20. April in Rom, um sich vom Papst die Weihe ertheilen zu lassen, u. landete am 29. Mai zu Veracruz. Am 12. Juni folgte der Einzug in der Hauptstadt. Santana, Miramon, Almonte und Marquez wurden noch an demselben Tage zu Feldmarschällen ernannt. Am 6. Juli erließ der Kaiser eine allgemeine Amnestie für alle rein politischen Vergehen und setzte zwei Kommissionen ein, die eine unter dem Vorsitz des Generals Bazaine behufs Organisirung der militärischen Streitkräfte, die andere unter dem Vorsitz des Staatsministers Velasquez de Leon zur Ordnung der Finanzen. Der liberal gesinnte Don José Fernando Ramirez ward zum Minister des Auswärtigen ernannt. Einen günstigen Eindruck machte auch die am 7. August dekretirte Aufhebung der Censur. Nachdem die Franzosen am 19. August auch Monterey besetzt hatten, zog sich Juarez, der sich noch immer Präsident nannte, nach Chihuahua zurück; am 21. September erlitten seine geringen Streitkräfte bei Cerro de Majoma eine neue Niederlage. Zum Vernichtungskrieg gegen die Guerillas und Räuber wurden im November sogenannte Ruralgarden errichtet. In den Verhandlungen über ein Konkordat mit Rom setzte der Kaiser den Forderungen des Papstes einen wesentlich liberaleren Entwurf entgegen, dessen Hauptbestimmungen sind: Duldung aller Kulte, die nicht gegen das bürgerliche Gesetz verstoßen, aber Anerkennung des Katholicismus als Staatsreligion; Anerkennung der Säkularisation der Kirchengüter; Investitur der Prälaten, Oberaufsicht über weltliche Angelegenheiten der Geistlichen, Regelung der geistlichen Sporteln und Beschränkung der Zahl der religiösen Brüderschaften und klösterlichen Orden sind Vorrechte der Krone. Bis zum December war bereits die Anerkennung des neuen Kaiserreichs von allen europäischen Mächten erfolgt. Die bedeutenden Truppenwerbungen, welche Juarez seit Beendigung des Bürgerkriegs in Nordamerika daselbst anstellt und die Gerüchte von neuen französischen Truppensendungen nach M. machen mehr als zweifelhaft, daß mit der Errichtung des Kaiserthrones für das so lange und schwer heimgesuchte Land eine glücklichere Aera angehoben hat. Vergl. Torrente, Historia general de la revolucion moderna hisp.-americana, Madrid 1829—30, 5 Bde.; Mora, Mejico y sus revoluciones, Paris 1834, 8 Bde.; Prescott, History of the conquest of Mexico, Bost. 1844, 3 Bde.; deutsch, Leipzig 1845, 2 Bde.; Mühlenpfordt, Versuch einer getreuen Schilderung der Republik M., Hannover 1844, 2 Bde.; John Macgregor, States of Mexico, London 1846; Young, History of Mexico, Newyork 1847; Thümmel, M. und die Mexikaner &c., Erlangen 1848; Alaman, Historia de Mejico, Mexiko 1849 bis 1852, 2 Bde.; Heller, Reisen in M., Lpz. 1853; Richthofen, Die politischen Zustände der Republik M., Berlin 1859; ferner die Reisewerke und Forschungen Humboldts, Boturini's, Gallatins, Buschmanns, Stephens, Catherwoods, Normans u. A.

Mexiko, Partikularstaat des mexikanischen Reichs, nach Einwohnerzahl, Industrie und Handel der wichtigste Theil desselben, grenzt gegen Norden an die Staaten Potosi und Veracruz, gegen Osten an Puebla, gegen Süden an Guerrero und gegen Westen an Mechoacan und Queretaro und hat einen Flächengehalt von 756 QMeilen mit (1857) 1,029,629 Einwohnern. Das Gebiet gehört ganz dem mexikanischen Hochland an und besteht aus Plateaux von 6000—7000 F. Höhe, über welche sich an mehren Stellen Gebirge von bedeutender Höhe erheben, z. B. der Nevado de Toluca, der nach Humboldt bis zu 14,718 Fuß ansteigt und die untere Grenze des ewigen Schnee's erreicht. Das Land ist gut bewässert, doch sind fast sämmtliche Flüsse nur reißende Bergströme. Die bedeutendsten sind: der Rio de Lerma, der im Lande entspringt und im Nordwesten dem Staate Mechoacan zufließt; der Rio Quautitlan, der sich ehemals in den Zumpangosee ergoß, jetzt aber durch einen Kanal dem Rio de Tula zugeführt wird, welcher letztere in den Staat Veracruz übertritt, der Rio Mextitlan u. a. Der schönste Distrikt ist das große Thal von M., ein Oval von etwa 40 Meilen Umfang u. 86,3 QM. Flächeninhalt. Ein Zehntel der Fläche nehmen 4 Seen ein, die in verschiedener Höhe liegen, nämlich die Seen von Tescuco, von Christoval, von Chalco und von Zumpango. Der See von Chalco ist mit dem Staat M. durch den schmutzigen Istacalcokanal verbunden, auf welchem die Gemüse und Blumen von den im See befindlichen schwimmenden Gärten oder Chinampas (bestehend aus mit Erde bedeckten verflochtenen Baumwurzeln und Zweigen, etwa 350 Fuß lang, 18—21 Fuß breit und durch schmale Gräben getrennt) zur Stadt gebracht werden. Andere nennenswerthe Seen sind der von Mextitlan, im Nordosten, der von Lerma und der damit in Verbindung stehende von Alengo, im Osten von Toluca. Das Klima des Landes läßt alle Kulturgewächse der gemäßigten Zonen beider Hemisphären gedeihen u. gestattet an günstigen Stellen auch den Anbau derjenigen der heißen Zone. Wo auf den Hochebenen Wasser zur Bewässerung der Felder vorhanden ist, sind diese größtentheils sehr fruchtbar, und viele Gegenden (z. B. die glückliche Vega von Tulancingo) sind wegen ihres Reichthums an Ackerbauerzeugnissen, besonders an Mais und Weizen, berühmt. Die Gebirge tragen zum Theil schöne Wälder und umfassen zugleich viele der berühmtesten Minenreviere des Reichs. Obgleich der Bergbau in den letzten Jahrzehnten sehr gesunken ist, so liefert er doch an Silber und Gold jährlich noch 3—4 Mill. Pesos an Werth. Die bedeutendsten Minenreviere sind jetzt noch die von Pachuca, Real del Monte, Zimapan, Moran, Sultepec und Temascaltepec. Wichtig sind Ackerbau, Industrie und Handel, für welch letztern die Reichshauptstadt Mexiko einen beherrschenden Centralpunkt bildet, indem die Haupthandelshäfen des Landes vornehmlich nur Importplätze für den großen Markt der Hauptstadt bilden. Der Staat M. hat Toluca zur Hauptstadt.

Mexiko (Mejiko), Hauptstadt des jetzigen Kaiserstaats M., liegt fast in der Mitte einer ausgebreiteten Ebene des Thales von Tenochtitlan oder M., 7255 rhein. Fuß hoch, in der Region des ewigen Frühlings und unter 19° 25′ 53″ nördl. Br. und 101° 27′ 9″ westl. L. von Paris (Kathedrale), an der Stelle des alten Tenochtitlan der Azteken, der von Cortez eroberten und zerstörten prachtvollen Residenz Montezuma's, welche damals eine weit größere Bevölkerung und gegen 2000 Tempel hatte. Das Thal erstreckt sich von Süden nach Norden 25 Stunden in die Länge und von Osten nach Westen gegen 16 Stunden in die Breite u. ist rings von Porphyrgebirgen umgeben, die auf der südlichen u. südöstlichen Seite am höchsten sind. Auf der Ostseite erhebt sich der Berg Ixtaccihuatl, dessen Spitze von ewigem Schnee bedeckt ist, über 15,700 Fuß; durch einen Gebirgszug ist er mit dem etwas südlich liegenden und über 17,700 Fuß hohen Popocatepetl verbunden. Ungefähr ein Zehntel der Thalfläche wird von 4 Seen eingenommen, von denen der größte, der Tezcucosee, in der Mitte des Thales liegt, etwa 3½ Fuß niedriger als das Niveau der Plaza mayor, des Hauptplatzes von M. Die Stadt bildet ein nicht ganz regelmäßiges Viereck und gilt als Amerika's schönste Stadt. Die Straßen durchschneiden sich meist im rechten Winkel, sind breit, schnurgerade u. vollkommen eben. Hinsichtlich der Regelmäßigkeit und Ausdehnung derselben, der Zahl und Großartigkeit der öffentlichen Plätze und öffentlichen Gebäude, sowie der reichen Bauart seiner Privathäuser kann M. den schönsten Städten der alten Welt an die Seite gestellt werden. Die Häuser haben flache Dächer u. sind im Viereck gebaut, mit offenen Höfen in der Mitte. Die besten Zimmer gehen nach der Straße, und die Fenster sind mit Balkonen geziert. Die öffentlichen Plätze sind sehr groß und meist von schönen Gebäuden eingefaßt, aber zum Theil schlecht gepflastert u. unreinlich. Der größte ist die Plaza mayor, ein regelmäßiges, schön gepflastertes Viereck von 1183 engl. Fuß Länge u. 768 F. Breite. Sie wird nördlich von der Kathedrale begrenzt, östlich vom Regierungspalast, südlich vom Rathhause und westlich von einer Reihe schöner Häuser, welche mit Arkaden und Kolonnaden versehen sind. Darunter ist der ehemalige Palast von Cortez, auf der Stelle gebaut, wo einst des aztekischen Königs Montezuma Residenz gestanden. Der Platz dient als Gemüse- und Fruchtmarkt. Unter den zahlreichen Kirchen ragt die imposante Kathedrale hervor, der heiligen Maria de la Assumcion geweiht und an der Stelle des großen aztekischen Haupttempels Teokalli in dorischem Styl gebaut und 1657 vollendet. Die Hauptfaçade hat 3 mit Reliefs und Statuen geschmückte Portale, 2 Thürme und Kuppeln, und das Innere enthält eine Menge Kostbarkeiten von großem Werthe, unter Anderem ein 3 Fuß hohes Hauptciborium, welches 88 Mark Gold wiegt und mit 5872 Diamanten und einer Menge anderer Edelsteine geschmückt ist, einen großen silbernen und reich vergoldeten Kronleuchter u. ein Bild der Maria, 139 Mark Gold schwer. Bemerkenswerth sind unter den kirchlichen Zwecken gewidmeten Gebäuden noch das Kloster San Francisco, welches 7 Kirchen und Kapellen in sich faßt; der große Konvent der Dominikaner, ein sehr weitläufiges Gebäude, das in der letzten Zeit als Staatsgefängniß benutzt wurde; die Kirche la Profesa, zum ehemaligen Jesuitenkollegium gehörig, und das schöne Kloster la Merced. Von sonstigen öffentlichen Gebäuden sind die bedeutendsten: die Bergschule (Colegio de Mineria), ein großartiges Gebäude aus hellgrünem Porphyr erbaut, mit einer prächtigen Hauptfaçade u. 2 Flügeln; das Universitätsgebäude, an der östlichen Seite des Marktplatzes, mit mexikanischen Alterthümern; der Nationalpalast (Palacio nacional), ehemaliger Palast der Vicekönige, welcher die Wohnungen des Präsidenten u. Vicepräsidenten der vormaligen Republik, sowie die Sitzungssäle des Senats und der Deputirten mit den Bureaux und die Münze enthielt; der erzbischöfliche Palast, die Akademie der schönen Künste, das Leihhaus (Monte Pio). Die Unterrichtsanstalten der Stadt, welche zu Anfang dieses Jahrhunderts so vorzüglich waren, daß A. von Humboldt sagen konnte: „Keine von allen Städten des neuen Kontinents, selbst die der Vereinigten Staaten nicht ausgenommen, ist im Besitze so großer und festgegründeter wissenschaftlichen Anstalten, als die Hauptstadt von M.“, sind äußerlich sehr zurückgekommen. Es besteht in M. eine Universität, auf welcher übrigens keine Vorlesungen mehr gehalten werden; mehre Kollegien mit ungefähr 500 Studirenden, eine medicinische Schule, die schon erwähnte Bergbauakademie, eine Militärakademie, die Akademie von San Carlos, in welcher Mathematik und Architektur, Malerei, Bildhauer- und Kupferstechkunst gelehrt werden, eine Landbau- u. eine Handelsakademie. Die wissenschaftlichen Sammlungen u. Vereine der Hauptstadt sind unter Mexiko (Kaiserthum) erwähnt. Von den vielen öffentlichen Wohlthätigkeitsanstalten aus der spanischen Zeit, welche früher reich ausgestattet waren, aber durch die politischen Parteiwirren in Verfall geriethen, sind noch zu nennen: das Armenhaus im westlichsten Theil der Stadt, das Hospital de San Andrés unfern der Alameda, das Hospital de San Hipolito im gleichnamigen Kloster der barmherzigen Brüder; das Hospital de San Lazaro, auch für Aussätzige; die Casa de Locas für weibliche Irre, das Findelhaus (Casa de niños expositos) und das Militärspital Santa Ana. M. zählt cirka 205,000 Einwohner, welche aus Kreolen, Mestizen, Indianern, Mulatten und Fremden (Europäern) bestehen. Für öffentliche Vergnügungen besitzt M. viele Spaziergänge, Theater und Plätze für die Stiergefechte. Unter den öffentlichen Spaziergängen ist der schönste die Alameda, ein länglich viereckiger, mit niedrigen Mauern umgebener Platz am nordwestlichen Ende der Stadt, zu der 6 Thore führen, mit schönem Springbrunnen und herrlicher Baumallee. Vom Westen der Stadt zieht sich der Paseo nuevo oder de Bucareli etwa eine Viertelstunde weit von Norden nach Süden und gewährt eine schöne Aussicht auf das Thal von M. Er ist durch 4 Reihen Bäume in 3 Alleen abgetheilt und hat an seinem Eingange die schöne Bildsäule Karls IV. An diesen schließt sich der Paseo de Aganza an, eine einfache Allee mit Wassergräben zu beiden Seiten. Auf der Südseite der Stadt liegt der Paseo de la

Viga und zieht auf der rechten Seite des Kanals von Chalco entlang, mit 4 Reihen Bäumen. Es gibt in M. an 9—10 Theater, von denen die bedeutendsten das von Santa Ana, das größte und schönste, das alte Haupttheater und das von Iturbide sind; die Bevölkerung von M., besonders der weibliche Theil derselben, hat leidenschaftliche Vorliebe für das Theater. Zum Abhalten von Stierkämpfen nach spanischer Weise hat M. 2 Plätze, einen älteren auf der Plazuela de San Pablo und den neuern großartigen Circus auf dem Paseo de Bucareli. Ein Lieblingsvergnügen der Mexikaner sind auch Glücksspiele, u. das sogenannte Montespiel, eine Art Pharao, wird in der Hauptstadt wie im ganzen Lande, besonders bei Gelegenheit großer kirchlichen Festtage, leidenschaftlich getrieben. In der Nähe der Hauptstadt ist insbesondere Tlalpan oder San Agostin de las Cuevas als Spielort renommirt. Während der Handel große Reichthümer in M. zusammenhäuft u. die großen mexikanischen Landeigenthümer hier ihre enormen Einkünfte verschwenden, sind von fünfzigtausend seiner Bewohner sogenannte Leperos, mexikanische Lazzaroni, welche in unruhigen Zeiten sehr gefährlich werden können u. z. B. 1828 die Stadt plünderten. Die Industrie ist bedeutend; eine eigene Straße füllen die Gold- u. Silberläden, eine zweite die in Eisen, Kupfer u. Zinn, eine dritte die in Seide, Baumwolle, Leder, die Töpfereien und Pulquebrennereien, auch eine große Tabaksfabrik läßt die Regierung betreiben. In der Saison kommen und gehen täglich an 30,000 Maulesel mit Waaren, besonders zwischen der Hauptstadt und ihren beiden Häfen, Veracruz und Acapulco. Das Trinkwasser wird durch 2 großartige Wasserleitungen der Stadt zugeführt u. durch eigene Wasserträger (aguadores) für die vornehmeren Haushaltungen herumgetragen u. verkauft. Die Kanäle des alten Tenochtitlan, welche die Stadt durchschnitten, sind größtentheils ausgefüllt, und es gibt nur noch 2 schiffbare, von denen der eine zum Tezcuco, der andere zum Chalcosee führt. Der letztere ist auch für die Versorgung der Stadt besonders mit Gemüsen, Früchten und Blumen, welche am Chalcosee und auf den sogenannten schwimmenden Gärten (chinampas) gezogen werden, von großer Wichtigkeit. Der nach dem Tezcucosee führende Kanal dient zur Unterhaltung eines regelmäßigen Bootverkehrs mit Tezcuco. Die Dämme, durch welche das alte, ganz vom Wasser umgebene Tenochtitlan mit dem festen Lande zusammenhing, sind jetzt große gepflasterte Landstraßen (calzadas) geworden, welche, für Wagenfuhrwerk dienend, zugleich gegen die Ueberschwemmungen der Seen schützen. Bemerkenswerthe Punkte in der Umgegend von M. sind Chapultepec, kaum eine Stunde südwestlich von der Hauptstadt an einer mit Bäumen eingefaßten Hochstraße, die der Wasserleitung von Chapultepec entlang läuft. Das Schloß, ursprünglich für die Vicekönige und zugleich als eine Art Festung für das Plateau von M. bestimmt, liegt auf einem Porphyrhügel und enthält gegenwärtig eine Militärakademie. Vom platten Dache des Schlosses hat man eine prächtige Aussicht über die Hauptstadt, das Thal von Tenochtitlan und die kahlen Gebirge, welche das Thal umschließen und aus welchen sich die Vulkane von Puebla, der Popocatepetl u. Ixtaccihuatl, erheben. Nördlich von der Stadt, etwa eine Legua entfernt, liegt Villa de Guadalupe-Hidalgo mit dem Kollegiatstifte der heiligen Jungfrau von Guadalupe. Zwei parallele Dammstraßen, wovon die eine mit 2 Reihen Silberpappeln bepflanzt ist, führen dahin. Guadalupe hat eine große, prachtvolle, im Innern äußerst reich ausgestattete Kirche und ist wegen seines wunderthätigen Marienbildes der berühmteste Wallfahrtsort des Landes.

Meyenburg, Stadt in der preußischen Provinz Brandenburg, Regierungsbezirk Potsdam, Kreis Ostpriegnitz, an der Stepenitz, mit Zeuchweberei und 1790 Einwohnern, war früher starke Grenzfestung.

Meyendorf, Freiherren von, ein in den russischen Ostseeprovinzen ansässiges, ursprünglich aus Sachsen stammendes Adelsgeschlecht, dessen erstes bekanntes Mitglied, Konrad von M., um 1200 mit den Schwertrittern nach Livland kam. Die übrigen hervorragendsten Glieder des Geschlechts sind:

1) Peter, Freiherr von M., geboren den 5. Aug. 1796, Sohn des russischen Kavalleriegenerals Kasimir von M., machte die Feldzüge von 1812 u. 1813 gegen Napoleon I. mit, widmete sich sodann der diplomatischen Laufbahn und ward 1820 Chargé d'affaires im Haag, später Legationssekretär in Madrid, 1828 Gesandtschaftsrath in Wien, 1832 Gesandter in Stuttgart, 1839 mit dem Charakter eines wirklichen russischen Staatsraths, 1839 russischer Gesandter in Berlin, wo er sich besonders seit 1848 als geschickter Diplomat bewährte. Im Aug. 1850 ward er als russischer Botschafter nach Wien gesendet, um in den Verwickelungen zwischen Preußen und Oesterreich eine Vermittlerrolle zu übernehmen, und betheiligte sich in dieser Stellung an den olmützer Konferenzen von 1851 und 1853. Im Juni 1854 von Wien abberufen, trat er in Petersburg als Reichsrath in das Departement für Staatswirthschaft und ward 1857 zugleich Oberst-hofmeister und Direktor des kaiserlichen Privatkabinets. Er † den 19. März 1863.

2) Alexander, Freiherr von M., jüngerer Bruder des Vorigen, bereiste zu wissenschaftlichen Zwecken Frankreich, Italien u. Deutschland, ward 1839 russischer wirklicher Staatsrath u. begleitete 1840 und 1841 Murchison und Verneuil auf ihrer geognostischen Reise durch den Norden Rußlands. Als Präsident der Handelskammer in Moskau hat er sich um die Hebung des russischen Handels und Gewerbfleißes verdient gemacht. Namentlich verdanken die großen russischen Fabrikschulen ihm ihre Entstehung. Mit Paul Sinowjew gab er 1842 zu Petersburg in russischer Sprache und 1844 zu Berlin in deutscher Uebersetzung eine industrielle Karte des russischen Reichs heraus. Außerdem schrieb er: „Opyt prikladnoi Geologii preimneschtschestwenno sjewernago basseina Jewrobeiskoi Rossii" (Moskau 1849). Im Jahre 1851 wurde er dem Statthalter Fürsten Woronzow zur Leitung des Handels und der industriellen Angelegenheiten Transkaukasiens beigegeben und im März 1853 zum geheimen Rath ernannt.

3) Georg, Freiherr von M., aus dem esthländischen Zweig der Familie, machte sich namentlich durch seine Reise von Orenburg nach Buchara, die er 1820 als Hauptmann im Generalstabe ausführte und in „Voyage d'Orenbourg à Boukhara fait en 1820" (Par. 1826; deutsch von Schridler, Jena 1826) beschrieb, bekannt. Während des pol-

nischen Revolutionskrieges 1831 kommandirte er das Kürassierregiment Prinz Albrecht von Preußen, womit er in der Schlacht von Grochow einen glänzenden Angriff machte, wurde nach der Eroberung Warschau's Generalmajor, dann Generaladjutant des Kaisers, 1843 Generallieutenant, 1852 Chef des kaiserlichen Marstalls und 1855 Oberstallmeister u. Präsident des Hofstallamts.

Meyer, 1) Friedrich Ludwig Wilhelm, Theaterdichter, geboren den 28. Jan. 1759 zu Harburg, ward nach beendeten Studien Regierungsauditor in Stade, hierauf Professor der Philosophie in Zallingen und privatisirte später in Berlin, wo er unter dem Ministerium Herzberg mehrfach mit diplomatischen Geschäften betraut wurde, Paris u. Hamburg. Er † den 1. Sept. 1840 auf seinem Gute Großbramstedt in Holstein. Außer Schau- und Lustspielen schrieb er die klassische Biographie F. L. Schröders (Hamburg 1819, 2 Bde.; 2. Aufl. 1823). Vgl. Zur Erinnerung an M., Braunschweig 1847.

2) Johann Heinrich, Maler, Alterthumsforscher und Kunstkenner, geboren am 16. März 1759 zu Stäfa am züricher See, widmete sich der Malerei erst unter Füßli in Zürich, sodann seit 1784 in Rom, Neapel und Venedig, kehrte 1789 nach der Schweiz zurück und erhielt durch die Vermittelung Goethe's, der ihn in Rom kennen gelernt hatte, 1792 eine Professur an der neu errichteten Zeichenakademie zu Weimar. Im Jahre 1795 ging er abermals nach Italien und hielt sich in Florenz und Neapel auf, bis ihn 1797 der Einmarsch der Franzosen zur Rückkehr zwang. Er begab sich zunächst nach der Schweiz, wo er mit Goethe zusammenkam und den Plan zu den „Propyläen" entwarf, sodann wieder nach Weimar. Der Umstand, daß ihm 1806 in den Kriegsunruhen eine Mappe mit seinen werthvollsten Skizzen entwendet wurde, veranlaßte ihn, sich fortan vorwiegend mit der Geschichte der alten Kunst zu beschäftigen. Er wurde 1807 Direktor der Zeichenakademie in Weimar, die er bis an seinen Tod, am 14. Okt. 1832, bekleidete. In seinem Testament vermachte er der Stadt Weimar 33,000 Thaler zur Gründung einer Armenstiftung, die den Namen Meyer-Amalienstiftung erhielt. Er schrieb: „Ueber die Altargemälde von Lucas Cranach in der Stadtkirche zu Weimar" (Weimar 1813) und „Geschichte der bildenden Künste bei den Griechen" (fortgesetzt von Riemer, Dresd. 1824—36, 3 Bde.), gab mit Fernow, dann mit Johann Schulze „Winckelmanns Werke" (das. 1808—17, 8 Bde.) heraus u. nahm großen Antheil an den „Propyläen", den „Horen" u. an Goethe's „Kunst und Alterthum". Seine artistischen Arbeiten bestanden in zart getuschten antiken Köpfen, Zeichnungen nach Werken Raphaels, Daniel da Volterra's, Carracci's, Domenichino's u. A. in Aquarell, sowie in Bildern eigener Erfindung.

3) Friedrich Johann Lorenz, Schriftsteller auf dem Gebiete der Länderkunde und Kunstgeschichte, ein Freund Klopstocks, geboren am 22. Jan. 1760 zu Hamburg, studirte in Göttingen und bereiste seit 1782 die Schweiz, Italien und Frankreich. Er war Mitglied der Deputation von Lübeck und Hamburg, welche 1796 an das französische Direktorium, sowie derjenigen, welche 1801 an den ersten Konsul abgesandt wurde. Außerdem machte er sich als Mitglied der patriotischen Gesellschaft zur Beförderung der Künste und Gewerbe um seine Vaterstadt verdient. Er † am 21. Okt. 1844 als letzter Präses des hamburger Domkapitels. M. schrieb u. A.: „Skizzen zu einem Gemälde von Hamburg" (Hamb. 1800—4, 6 Hefte), „Darstellungen aus Italien" (Berl. 1792), „Fragmente aus Paris" (Hamb. 1798, 2 Bde.), „Briefe aus der Hauptstadt und dem Innern Frankreichs" (Tüb. 1803, 3 Bde.) und „Darstellungen aus Rußlands Kaiserstadt" (1829).

4) Johann Friedrich von M., ein um die Stadt Frankfurt a. M. hochverdienter Beamter, auch bekannt als religiöser Schriftsteller, geboren zu Frankfurt am 12. Sept. 1772, studirte in Göttingen und Leipzig die Rechte, Philologie und Geschichte und machte sich dann in Wetzlar mit den Reichsprozessen bekannt, wurde 1795 fürstlich salm-kyrburgischer Kammerdirektor, unter dem Fürst Primas 1807 Rath und Beisitzer des Stadtgerichts in seiner Vaterstadt, 1816 Mitglied des Senats und des evangelisch-lutherischen Konsistoriums, 1821 Schöffe u. Syndikus, 1837 Gerichtsschultheiß oder Präsident des Appellationsgerichts und bekleidete 1825, 1839 und 1843 die Würde eines ersten Bürgermeisters, in welcher Stellung er zugleich die Stadt beim Bundestage vertrat. Als Mitglied u. Präsident der frankfurter Bibelgesellschaft war er für die Beförderung des geoffenbarten christlichen Glaubens sehr thätig. Er † den 28. Jan. 1849. Von seinen Werken sind hervorzuheben: „Die heilige Schrift in berichtigter Uebersetzung" (Hamb. 1819, 3 Bde.; 3. Aufl., Frankf. 1855), ferner sein episches Gedicht „Tobias" (2. Aufl., Kempten 1831, mit Zeichnungen von J. Schnorr), „Blätter für höhere Wahrheit" (Frankf. 1820—32, 11 Sammlungen), „Wahrnehmungen einer Seherin" (das. 1827), „Das Buch Jezira" (hebr. und deutsch mit Glossar, Leipz. 1830), „Inbegriff der christlichen Glaubenslehre" (Kempten 1832), „Hesperiden" (das. 1836 ff.), „Prosodisches Hülfsbuch" (das. 1836) u. „Zur Aegyptologie" (das. 1840).

5) Nikolaus, namhafter Schriftsteller, geboren den 29. Dec. 1775 zu Bremen, machte sich durch mehre medicinische Schriften, sowie viele novellistische und poetische Arbeiten bekannt; † den 24. Febr. 1855 als geheimer Regierungs- u. Medicinalrath zu Minden. Seinen Briefwechsel mit Goethe gab Hartung (Leipz. 1856) heraus.

6) Georg Friedrich Wilhelm, namhafter Botaniker, geboren 1782 in Hannover, ward 1806 Berg- und Forstamtsauditor am Harz, 1808 Forstinspektor im Paderbornschen, 1813 preußischer Regierungsrath u. Forstdirektor in den Fürstenthümern Paderborn, Hörter und Korvei, 1820 Physiograph des Königreichs Hannover und 1832 Professor der Botanik in Göttingen, wo er am 19. März 1856 †. Von seinen botanischen Werken ist die „Flora des Königreichs Hannover" (Hannov. 1832—36, 2 Bde.) hervorzuheben.

7) Ernst Heinrich Friedrich, namhafter Botaniker, geboren den 1. Juli 1791, studirte zu Göttingen erst Philologie, dann die Rechte, endlich, nachdem er die Freiheitskriege mitgemacht, Medicin und Botanik, ward 1819 Privatdocent der letzteren zu Göttingen und folgte 1826 einem Ruf als Professor der Botanik und Direktor des botanischen Gartens in Königsberg, wo er den 7. Aug. 1858 †. Sein Hauptwerk ist „Geschichte der Botanik" (Königsberg 1854—57, 4 Bde.).

8) Joseph, Gründer und Chef des „bibliogra-

phischen Instituts", geboren am 9. Mai 1796 zu Gotha, wo sein Vater das Schuhmachergeschäft betrieb, besuchte das dortige Gymnasium, kam nachher in ein Pensionat und trat 1809 in einem Kolonialwaarengeschäft zu Frankfurt a. M. in die Lehre, nach deren Beendigung er 1813 ins Vaterhaus zurückkehrte, um die merkantile Leitung des inzwischen zu einer fabrikmäßigen Ausdehnung gediehenen väterlichen Geschäfts zu übernehmen. Da ihm jedoch dieser Wirkungskreis zu eng ward, wanderte er 1816 nach London, wo er anfänglich in einem Handelshause eine Stellung nahm, bald aber dem Spekulationsgeschäft für eigene Rechnung oblag. Nach 3 Jahren einer bewegten kaufmännischen Carrière brachten ihn widrige Konjunkturen in Schulden, aus welchen ihn der Vater mit Aufopferung seines Vermögens befreite. Eine auf den Gütern der Herren von Boyneburg von M. gegründete „Gewerbs- und Hülfsanstalt", welche der dort ansässigen verarmten Weberbevölkerung neue Erwerbsquellen öffnen sollte, ging schon nach 3 Jahren durch die Ungunst äußerer Umstände zu Grunde. M. kehrte daher nach dem Tode seines Vaters nach Gotha zurück, wo er anfangs, als Privatlehrer der englischen Sprache lebend, ein „Korrespondenzblatt für Kaufleute" herausgab, das rasch Verbreitung fand und ihn auf die Bahn literarischer Unternehmungen führte. Es folgte nun im henningsschen Verlag zu Gotha seine Bearbeitung von Shakspeare (nur „Macbeth", „Othello" und „Der Sturm" sind aus seiner Feder), u. zugleich begann er eine Uebersetzung scottscher Romane („Waverley" und „Ivanhoe") in einer bis dahin ungewohnt billigen Ausgabe. In eigenem Verlag erschienen 1825 die englische belletristische Zeitschrift „Meyer's British Chronicle" u. ein „Handbuch für Kaufleute". Mit diesen Unternehmungen hatte M. dem lieferungsweisen Erscheinen größerer Werke und somit dem Subskriptionswesen, einer in Deutschland noch unbekannten buchhändlerischen Vertriebsmethode, so erfolgreiche Bahn gebrochen, daß er die Idee faßte, ein großes Verlagsgeschäft auf diesen Principien zu gründen. So entstand das „bibliographische Institut", aus dessen Pressen zunächst vier verschiedene Ausgaben (Miniatur-, Kabinets-, Hand- und Quartausgabe) der älteren deutschen Klassiker in geschickter Auswahl hervorgingen und in Hunderttausenden von Exemplaren abgesetzt wurden. Im Herbst 1828 siedelte M. mit seinem Geschäft nach Hildburghausen über. Das bewegungsvolle Jahr 1830 rief ihn, der an den öffentlichen Angelegenheiten den regsten Antheil nahm, auf das politische Gebiet. Zwar wurde das von ihm gegründete politische Blatt „Der Volksfreund" wegen seiner freisinnigen Ansichten bald unterdrückt, aber er schuf sich sogleich ein anderes Organ, welches durch die Kühnheit, Kraft und Originalität seiner Darstellung weltberühmt geworden ist: das Bilderwerk „Universum". Das Werk zählte in den dreißiger Jahren über 80,000 Abonnenten u. erschien zeitweilig in 12 Sprachen. Censur und Verbote schmälerten wohl den Absatz, vermochten aber nicht den Geist des Werks mit den herrschenden Staatsmaximen in Einklang zu bringen. Von den zahlreichen Unternehmungen des bibliographischen Instituts, die alle M.s Wahlspruch „Bildung macht frei!" folgten, sind zu nennen: Ausgaben der griechischen und römischen Autoren (unvollendet), die verschiedensten Ausgaben der Bibel, die M. in Millionen von Exemplaren verbreitete, der „Familientempel", ein Andachtsbuch, die „Bibliothek der Kanzelberedtsamkeit", die neuen und erweiterten Ausgaben der deutschen Klassiker („Familienbibliothek", „Groschenbibliothek", „Nationalbibliothek"), die „Volksbibliothek" für Naturkunde, die „Geschichtsbibliothek" u. das „Große Konversationslexikon" in 52 starken Oktavbänden, mit Tausenden von Bildern und Karten. Daran schlossen sich mehre geographische Werke, größere u. kleinere Kartensammlungen und ein reichhaltiger Kunstverlag, welcher klassische Kunstwerke durch namhafte Stecher, wie Amsler, Barth, Fr. Müller, Felsing, Lorrichon, Krüger, Neureuther, Rahl, Schuler, Wagner u. A., vervielfältigt, ebenso zum Gemeingut machen sollte, wie es M. mit den klassischen Schriftwerken gelungen war. Ende der dreißiger Jahre, mit dem ersten Erwachen des Interesse's am Eisenbahnbau in Deutschland, erfaßte er die Idee eines „centraldeutschen Eisenbahnnetzes", welche auch (1837) durch Aktienzeichnung realisirt wurde, aber an der Koncessionsverweigerung einer der betheiligten Regierungen scheiterte. Einmal der industriellen Thätigkeit zugewandt, strebte M. durch Aufdecken von Mineralschätzen im Bereich seines Heimatlandes dessen gesunkene Industrie neu zu beleben, u. es gelang seiner Energie und Ausdauer, durch langwierige und kostspielige Versuche reichhaltige Steinkohlen- und Braunkohlenwerke, Eisen-, Kupfer- und Silberminen, Kobalt- und Nickelgruben und andere werthvolle mineralische Vorkommen nachzuweisen und zu erwerben. Uebergroße Anstrengungen, die ihm kaum einige Stunden Nachtruhe vergönnten, warfen ihn 1842 auf ein langwährendes schweres Krankenlager, von dem er nur erstand, um ein neues großartiges Unternehmen ins Leben zu rufen, das ihm von dem patriotischen Gedanken eingegeben ward, die deutsche Eisenindustrie von der damals allein mächtigen Fremdherrschaft zu emancipiren und sein engeres Vaterland, Thüringen, zum Sitz u. Ausgangspunkt dieser Industrieblüthe zu machen. Reichlich vorbereitet und mit allen Faktoren zur Ausführung dieser Absicht in der Hand trat er (1845) mit seinem Plan der neuhäuser „deutschen Eisenbahnschienenkompagnie" an die Oeffentlichkeit u. begann, auf patriotische Unterstützung und seinen Genius vertrauend, den Bau der neuhäuser Eisen- und Kohlenwerke. Die Revolution von 1848 brachte das halbfertige Unternehmen aber ins Stocken. Trotz der materiellen Nachtheile, die sie ihm zufügte, fand die deutsche Erhebung M. als einen ihrer begeistertsten Anhänger, wie er es denn war, der zuerst die Wünsche des Volks in einer „Reformadresse" an den Landesfürsten formulirte. Die darauf folgenden Jahre der Reaktion fanden ihn auch unter den Verfolgten, und ein Preßvergehen hatte er im Gefängniß zu büßen. Damals griff er den Plan der „Werraeisenbahn" auf, dessen Ausführung zu dem Gedeihen obenerwähnter industriellen Pläne in engster Beziehung stand. Es gelang ihm auch, die Mittel zu seiner Ausführung zu finden, als im entscheidenden Moment der Plan selbst seinen Händen entwunden ward, um von Andern ausgeführt zu werden. Schon längere Zeit schlagähnlichen Anfällen ausgesetzt, endete durch einen solchen am 27. Juni 1856 sein thatenreiches Leben. Parteihaß, Mißgunst und Unverstand haben selbst den Todten mit Verunglimpfungen nicht verschont; aber seine geniale Begabung, seine unerschöpfliche Thatkraft, der nur das Glück fehlte, um zu den höchsten Zielen zu gelangen, hat Niemand zu leugnen vermocht. Sein Charakter als Mensch war über jeden Tadel erhaben. Ein noch liebevoll gepflegtes Denkmal seiner Mildthätigkeit ist der von ihm und Fr. Hofmann gegründete „Weihnachtsbaum", den M. in Tausenden von Exemplaren alljährlich drucken ließ und unentgeltlich an eine Anzahl deutscher Städte versandte, damit aus dem Erlös Weihnachtsbescherungen für arme Kinder veranstaltet werden.. Die gesammten von M. hinterlassenen montanistischen und metallurgischen Industrien gingen nach seinem Tode in die Hände der Gläubiger über; das bibliographische Institut wird von der Wittwe fortgeführt.

9) **Heinrich August Wilhelm**, namhafter Theolog, Bruder des Vorigen, geboren den 10. Jan. 1800 in Gotha, besuchte das Gymnasium daselbst, widmete sich sodann zu Jena dem Studium der Theologie u. erhielt bereits im 23. Jahre die Pfarrstelle zu Osthausen, von wo er 1830, nach Erlangung des Indigenats in Hannover, nach Harste bei Göttingen versetzt wurde. Im Jahre 1837 wurde er als Superintendent nach Hoya u. 1841 als Konsistorialrath, Superintendent und Pastor primarius an der neustädter Kirche nach Hannover berufen, welch letztere Stellung er jedoch aus Gesundheitsrücksichten 1848 aufgab. Von seinen Werken sind hervorzuheben eine lateinische Ausgabe der „Symbolischen Bücher" (Gött. 1830); „Kritische Ausgabe des Neuen Testaments nebst Uebersetzung" und „Kritisch-exegetischer Kommentar zum Neuen Testament", sein Hauptwerk, dessen einzelne Theile sämmtlich bereits in mehren Auflagen erschienen sind. Einige Bücher des Neuen Testaments hat M. durch andere namhafte Theologen, Lünemann, Huther und Düsterdieck, bearbeiten lassen. Seiner Richtung nach gehört er zu den sogenannten biblischen Orthodoxen; frei von allem Zwange der Symbole, ist ihm Norm das Neue Testament nach einer historisch-kritischen Auslegung.

10) **Christian Friedrich Hermann von M.**, deutscher Naturforscher, geboren den 3. Sept. 1801 zu Frankfurt a. M., Sohn von M. 4), erlernte die Handlung, studirte dann in Heidelberg Kameralwissenschaften u. Chemie, ward 1834 zum Mitglied der ständigen Bürgerrepräsentation seiner Vaterstadt gewählt und 1837 zum Kontroleur bei der deutschen Bundeskassenverwaltung ernannt. Von seinen Werken sind hervorzuheben: „Palaeologica zur Geschichte der Erde und ihrer Geschöpfe" (Frankf. 1832); „Die fossilen Knochen von Georgensgmünd" (das. 1834); „Neue Gattungen fossiler Krebse" (Stuttg. 1840); „Beiträge zur Paläontologie Würtembergs" (mit Plieninger, das. 1844); „Zur Fauna der Vorwelt" (Frankf. 1845 ff.); „Homöosaurus und Rhamphorhynchus" (das. 1847); „Palaeontographica" (mit Duncker, Kassel 1846 ff.); „Die Reptilien und Säugethiere der verschiedenen Zeiten der Erde" (Frankf. 1852).

11) **Johann Georg**, Genremaler aus der düsseldorfer Schule, geboren am 28. Okt. 1813 zu Bremen, bildete sich seit 1834 zu Düsseldorf, gründete 1841 daselbst ein eigenes Atelier und behandelte anfangs meist biblische Stoffe, wie Elias in der Löwengrube, den Weheruf Christi über Jerusalem, Abraham mit Sara rc., später vorwiegend Scenen aus dem Familienleben, die er bald heiter, bald elegisch behandelte. Am besten gelingen ihm Darstellungen aus der Kinderwelt, daher man ihn auch den „Kindermeyer" genannt hat. Seine bedeutendsten Bilder in dieser Richtung sind sein Märchen erzählendes Mädchen, die Blindekuh spielenden Kinder, das bescherende Christkindlein unter Kindern, ausruhende Kinder an einem Bach, Großvater und Enkelin, das jüngste Brüderchen, die Wittwe, die dem Begräbniß ihres Mannes aus der Ferne zusieht, rc.

12) **Georg Hermann**, namhafter Anatom u. Physiolog, geboren den 16. Aug. 1813 zu Frankfurt a. M., wirkt seit 1844 als Professor in Tübingen und hat sich außer durch Beiträge zur Lehre vom Sehen namentlich durch ein „Lehrbuch der physiologischen Anatomie (Leipz. 1855, 2 Bde.) u. „Lehrbuch der Anatomie des Menschen" (2. Aufl., das. 1861) bekannt gemacht.

Meyerbeer, Giacomo, eigentlich Jakob Meyer Beer, einer der berühmtesten Opernkomponisten der Gegenwart, geboren den 5. Sept. 1794 zu Berlin, Sohn des Bankiers Jakob Beer, spielte schon im 5. Jahre in Gesellschaftskoncerten und trat im 9. mit einem Klavierkoncert auf. Sein Klavierlehrer war Lauska, seine Lehrer in der Komposition der Kapellmeister B. A. Weber, sodann Zelter und seit 1810 Abt Vogler in Darmstadt, wo Karl Maria von Weber sein Mitschüler war. Aus jener Zeit stammen viele Psalmen, einzelne Fugen u. Kirchenstücke aller Art, sowie sein Oratorium „Gott u. die Natur". Hierauf zur dramatischen Komposition übergehend, welcher er fortan, einer unüberwindlichen Neigung folgend, seine Kräfte ausschließlich widmete, schrieb er die Oper „Jephtha's Gelübde", die in München zur Aufführung kam, aber nur mäßigen Beifall fand. Anfangs 1813 ging M. nach Wien und lag hier noch 10 Monate lang musikalischen Studien ob. Da auch seine zweite Oper, „Die beiden Khalifen", sowohl in Wien als in Stuttgart nur geringe Erfolge hatte, vertauschte er seine bisherige, von ernsterem künstlerischen Streben zeugende Richtung gegen eine gefällig einschmeichelndere und sinnlich effektvollere Kompositionsweise. Vielleicht hat auch Rossini's Beispiel, dessen glänzendes Gestirn eben im Aufgehen begriffen war, dazu mitgewirkt. M. wandte sich 1814 nach Paris und Ende 1815 nach Italien, wo er in dem durch Rossini begründeten neuitalienischen Opernstyl für die italienische Bühne eine Reihe von Opern schrieb, von denen aber nur „Emma di Resburgo", „Margherita d'Anjou" u. „Il Crociato in Egitto" (der Kreuzritter in Aegypten) in Deutschland bekannt wurden, ohne jedoch hier einen durchgreifenden Erfolg zu haben; die übrigen sind: „Romilda e Constanza", „La Semiramide riconosciuta", „L'Esule di Granada" u. „Almansor". Sie bekunden sämmtlich die von M. eingeschlagene überwiegend äußerliche Richtung. Im Jahre 1824 nach Paris zurückgekehrt, verband er sich hier mit Scribe, dem effektreichen Intriguendramatiker, und dieser Verbindung verdanken wir die Entstehung der modernen großen französischen Oper. Das erste hieher gehörige Werk war „Robert le Diable" („Robert der Teufel"), welche Oper, 1831 zum ersten Male aufgeführt, in Frankreich mit einem bis dahin ganz unerhörten

Beifall aufgenommen wurde und für den Augenblick selbst die beiden gefeierten Meister jener Tage, Rossini u. Auber, verdunkelte. Das Sujet derselben ist trotz mancher Ungereimtheiten in scenischer Hinsicht wirksam und in genauer Kenntniß des Bühnenwesens mit außerordentlichem Geschick zusammengestellt. Die Musik steigert den Eindruck der Handlung, sie ist ungewöhnlich prägnant, melodiös ins Gehör fallend, sinnlich ansprechend und energisch erregend, oft charakteristisch und bezeichnend für die Situation und effektreich durch grelle, kontrastirende Instrumentalfarben. Mit Hülfe dieser Eigenschaften, des Produkts einer talentvollen Begabung, eines spekulativen Raffinements und einer scharfsinnig reflektirten Kombinationsgabe, verdeckt M. geschickt manche Blöße seines Künstlerthums. Sein nächstes großes Werk war die ebenfalls von Scribe gedichtete Oper „Die Hugenotten", die, Anfangs 1835 vollendet, erst am 29. Februar 1836 gegeben werden konnte. Dieselbe steht in musikalischer Hinsicht wohl in gleicher Linie mit „Robert". Ist letzterem Kunstwerk auch der Vorzug größerer Frische und schöpferischer Kraft zuzuerkennen, so entschädigt ersteres dagegen durch höheren dramatischen Schwung, namentlich im 3. und 4. Akt. In beiden Opern, die auch in Deutschland und andern Ländern großen Beifall fanden, stellt sich uns der letzte Abschluß der großen historischen Oper dar. Im Jahre 1842 wurde M. vom König von Preußen als Nachfolger Spontini's zum Generalmusikdirektor ernannt, mit der Verpflichtung, 4 Monate im Jahre die Oper zu dirigiren; doch trug die Stellung in Wahrheit fast ganz den Charakter eines Ehrenamtes. Auf das damit verbundene Gehalt von 4000 Thalern verzichtete er zu Gunsten der Kapelle. Von Kompositionen folgten jetzt, außer einer Reihe kleinerer, wozu ihn seine Stellung veranlaßte, die Oper „Das Feldlager in Schlesien", zur Einweihung des berliner Opernhauses geschrieben und 1844 zuerst aufgeführt; ferner die Musik zum Trauerspiel „Struensee" von seinem verstorbenen Bruder, Michael Beer, die als das Gediegenste gilt, was M. für das Orchester geschrieben hat, und seine dritte große Oper: „Der Prophet", die erst 1849 aufgeführt wurde u. ebenfalls auf den größern deutschen Bühnen die Runde machte. In ihr ist bei allem Glanz der Effekte und individuellem Reichthum der Charakteristik gegen „Robert der Teufel" und „Die Hugenotten" ein Sinken der musikalisch schöpferischen Kraft des Komponisten unverkennbar, während das Aufgebot von scenischen Mitteln ungewöhnlichster Art überwiegend in den Vordergrund tritt. Die letzten Arbeiten des Komponisten, der abwechselnd zu Berlin und Paris lebte, waren die Umarbeitung des „Feldlagers" zu der für Paris bestimmten komischen Oper „L'étoile du nord" (1854) u. die andere komische Oper „Dinorah, oder die Wallfahrt nach Ploërmel" (1859 zuerst aufgeführt), deren Musik an Frische der Erfindung und Reinheit des Styls tief unter den komischen Partien des „Feldlagers" steht; ferner Gelegenheitsstücke, zu denen ihm das Schillerjubiläum, die preußische Königskrönung und die zweite londoner Industrieausstellung den Anlaß boten. Während er in Paris die endliche Aufführung seiner seit 20 Jahren vollendeten, aber immer zurückgehaltenen vierten großen Oper, „Die Afrikanerin oder Vasco de Gama", vorbereitete, † er plötzlich am 2. Mai 1864. Die Leiche wurde testamentarischer Bestimmung gemäß zur Bestattung nach Berlin gebracht, in Paris aber dem Dahingeschiedenen eine großartige Todtenfeier veranstaltet. Die „Afrikanerin" gelangte darauf, mit der verschwenderischsten Pracht der Scenerie ausgestattet, im April 1865 unter Fétis' Leitung in Paris zur Aufführung und fand die glänzendste Aufnahme. M. hinterließ ein fürstliches Vermögen, und auch was sonst das Leben an Glanz, Ehre und Auszeichnung zu bieten vermag, war ihm in verschwenderischer Fülle zu Theil geworden. Dabei blieb er selbst schlicht und prunklos und stets ein eifriger Freund und Beschützer jüngerer Kunstgenossen. Um schließlich ein allgemeines Urtheil über seine künstlerische Bedeutung und Eigenart auszusprechen, sei zuerst die außerordentliche Größe seines Talents u. seiner Herrschaft über die gesammte Kunsttechnik anerkannt. M. besaß alle Eigenschaften, die einen großen Opernkomponisten ausmachen: Reichthum an melodischer Erfindung, starke und warme Empfindung, bedeutende Charakterisirungsgabe, gründlichste Bühnenkenntniß, die Kunst, wirksam für die Stimmen zu schreiben, musterhafte Handhabung des Orchesters &c. Aber abgesehen davon, daß auch diese Eigenschaften sich immer nur vereinzelt bemerkbar machen, ist der Vorwurf begründet, daß M.s künstlerischer Gesinnung Lauterkeit und Adel zum großen Theil abgeht. Sein Schaffen war nicht von Motiven bedingt, die ihren Grund in einer hohen und heiligen Begeisterung, in einer idealen und sittlich ernsten Kunstanschauung haben, sondern von solchen, die aus einem rein äußerlichen Streben nach dem Beifall der Masse hervorgehen. Der Effekt war der Götze, dem er seine Opfer brachte, und ihm zu Liebe vergeudete er seine reiche Begabung in kleinlichen Spekulationen, Raffinements und Koketterien; ihm zu Liebe wendete er auch der deutschen Kunst den Rücken, um dem versunkenen Romanismus in Italien u. Frankreich stimulirende Mittel zu bereiten. So geschah es, daß er in Uebertreibungen aller Art verfiel, oft das Seltsamste, Wunderlichste, ja Verzerrte und Grimassenhafte zu Hülfe rief, nur um Effekt zu machen — kurz, daß er zu Gunsten der Drastik alle übrigen Kunstgrundsätze in den Hintergrund treten ließ.

Meyerheim, Friedrich Eduard, vorzüglicher Genremaler, geboren den 7. Januar 1808 in Danzig, bildete sich seit 1830 auf der Kunstakademie zu Berlin u. liefert hauptsächlich Genrebilder, die er, besonders im Bereiche der Dorfgeschichten, mit anmuthvoller Wahrheit auszustatten weiß. Die vorzüglichsten derselben sind: das Scheibenschießen westphälischer Bauern, die Kegelbahn (beide von Eichens lithographirt), die Altenburger im Korn (von M. selbst in Stahl radirt), der Feierabend, des Jägers Lebewohl, ein Milchmädchen, das seine Baarschaft zählt (bekannt durch den trefflichen Farbensteindruck von Winckelmann), die Harzerin, die am Gartenzaun nach ihrem Schatz aussieht (gestochen von Tüchel), eine Alte, die der Enkelin Strickunterricht ertheilt, die Kätzchen (gestochen von Grundmann), eine Dorfschule u. A. Von seinen lithographirten Blättern sind noch zu erwähnen 10 Ansichten von Danzig. Er ist seit 1838 Mitglied der berliner Akademie. Sein jüngerer Bruder u. Studiengenosse, Wilhelm Alexander, hat sich durch Darstellung von Pferden, Manövern und Schlachtenstücken bekannt gemacht.

Meyern, Wilhelm Friedrich von, Staatsmann und Schriftsteller, geboren 1762 in Ansbach, studirte in Altdorf die Rechte, trat aber sodann in die österreichische Artillerie, bereiste, nachdem er als Lieutenant seinen Abschied genommen, als Führer von zwei jungen Adeligen einen großen Theil Europa's, wurde 1807 der österreichischen Gesandtschaft in Sicilien beigegeben, trat dann 1809 als Artilleriehauptmann wieder in die Armee ein und entwickelte bei der Organisirung der Landesbewaffnung eine große Thätigkeit. Im Jahre 1813 ward er Hauptmann beim Generalstab. Im Jahre 1815 leitete er in Paris die Rückgabe der italienischen Kunstschätze. Nachdem er sodann einige Zeit bei den österreichischen Gesandtschaften in Rom und Madrid beschäftigt gewesen war, wurde er der Militärkommission beim Bundestag beigegeben; er † den 13. Mai 1829 in Frankfurt a. M. Sein politischer Roman „Dya-na-Sore oder die Wanderer" (Wien 1787—91, 5 Bde.; 3. Aufl. 1840—41) machte seiner Zeit viel Aufsehen. Seine „Hinterlassenen kleinen Schriften" gab Feuchtersleben (Wien 1842, 3 Bde.) heraus.

Meyern-Hohenberg, Gustav Wilhelm, Freiherr von, geboren den 10. Sept. 1820 zu Kalvörde im Herzogthum Braunschweig, widmete sich dem Studium der Rechte, ward 1843 zum geheimen Kabinetsrath des Herzogs von Koburg u. Intendanten der sachsen-koburg-gothaischen Hofkapelle und des Hoftheaters ernannt u. hat sich besonders durch „Das Welfenlied" (Berlin 1854), sowie die Dramen „Ein Kaiser" (2. Aufl., Leipzig 1861), „Heinrich von Schwerin" (Berl. 1858), „Die Braut Konradins" (1859) und „Prinz Eugen" (Leipz. 1860) bekannt gemacht.

Meyer von Knonau, 1) Ludwig, Dichter, Zeichner, Maler, Kupferstecher und Holzschneider, geboren 1705 zu Knonau im Kanton Zürich, stand einige Jahre in holländischen Kriegsdiensten und lebte dann auf einem Familiengut. Seine Landschaften, Jagdstücke 2c. zeugen von genauer Beobachtung der Natur. Er gab auch 50 neue Fabeln heraus, welche in mehren Auflagen erschienen. Er war mit Klopstock und Wieland befreundet; † 1785.

2) Ludwig, schweizerischer Geschichtschreiber, geboren zu Zürich am 12. Sept. 1769, Enkel des Vorigen, widmete sich in Halle philosophischen, geschichtlichen und juristischen Studien, bereiste darauf mehre Länder Europa's und betrat dann in seinem Vaterlande früh die politische Laufbahn. Er ward eidgenössischer Gesandtschaftssekretär auf dem Kongreß zu Rastadt, 1799 Kantonsrichter, 1803 Mitglied des Obergerichts u. 1805 des kleinen Raths u. bei Errichtung des züricher polytechnischen Instituts in demselben Jahre Professor des Staatsrechts. Im Jahre 1829 in den Staatsrath gewählt, trat er nach 1830 an die Spitze der züricher Tagsatzungsgesandtschaft, zog sich aber nach dem Aufstand am 6. Sept. 1839 von allen öffentlichen Geschäften zurück und † den 21. Sept. 1841. Sein Hauptwerk ist das „Handbuch der Geschichte der schweizerischen Eidgenossenschaft" (Zürich 1826—29, 2 Bde.).

3) Gerold, Staatsarchivar im schweizerischen Kanton Zürich, Sohn des Vorigen, geboren am 2. März 1804, gab schon in seinem 19. Jahre einen „Abriß der Erdbeschreibung und Staatskunde der Schweiz" (Zürich 1824, 2. Aufl. 1831) heraus, setzte hierauf seine Studien zu Berlin unter Ritter fort u. bereiste einen großen Theil Europa's. Im Jahre 1827 in sein Vaterland zurückgekehrt, arbeitete er mehre Jahre im Finanzfach, erhielt sodann die Leitung des Staatsarchivs, später auch die Oberdirektion des Bundesarchivs u. zugleich die Hauptredaktion der Bearbeitung der Tagsatzungsverhandlungen bis 1798 übertragen. Er † den 1. Nov. 1858 zu Zürich. Seine wichtigsten Schriften sind die unter seiner Leitung erschienenen und zum Theil von ihm bearbeiteten „Historisch-statistischen Gemälde der Schweiz" (St. Gallen 1834 ff.), sowie die „Erdkunde der schweizerischen Eidgenossenschaft" (2. Aufl., Zürich 1838—39, 2 Bde.) und die Fortsetzung des von Vögelin begonnenen „Historisch-geographischen Atlas der Schweiz" (Heft 1—5, das. 1846—55). Außerdem schrieb er „Die Heldinnen des Schweizerlandes" (das. 1832) und setzte Hallers „Bibliothek der Schweizergeschichte" fort.

Meyr, Melchior, deutscher Schriftsteller, geboren den 28. Juni 1810 zu Ehringen bei Nördlingen, widmete sich ausschließlich der Literatur und lebte 1840—52 in Berlin, seitdem abwechselnd in München und seiner Heimat. Von seinen Werken sind hervorzuheben: die Trauerspiele „Herzog Albrecht" (1852) und „Karl der Kühne" (1858); „Gedichte" (Berlin 1856); „Erzählungen aus dem Ries" (das. 1856) und „Neue Erzählungen aus dem Ries" (das. 1860); der politische Roman „Vier Deutsche" (Stuttg. 1861, 3 Bde.); „Novellen" (Berlin 1863) und als die Früchte seiner philosophischen Studien „Gott und sein Reich" (Stuttg. 1860) und „Emilie" (das. 1863).

Meyrunis (Meyruis), Stadt im französischen Departement Lozère, an der Yonte, hat Stricknadel-, Draht- und Spitzenfabrikation, Wollmanufaktur, Gerberei, Bienenzucht und 1995 Einw. In der Nähe ist eine merkwürdige Stalaktitengrotte.

Meza, Christian Julius de, dänischer General, geboren den 14. Januar 1792 in Helsingör, wo sein Vater Arzt war, trat 1807 bei dem Angriff der Engländer als Stückjunker in den Militärdienst u. wurde in der Citadelle Frederikshavn, späterhin als Lehrer am Artillerieinstitut und an der Kriegsakademie angestellt. Dieses Amt legte er nieder, als er 1842 Major bei einem Artillerieregiment wurde. Beim Ausbruch des Aufstandes in Schleswig und Holstein 1848 zum Oberbefehlshaber der ins Feld rückenden Artillerie ernannt, nahm er an mehren Treffen Theil, wurde Oberst, u. als 1849 Bülow, der bisherige Anführer, die Insel Alsen verließ, zum Chef über die auf der Insel befindliche Artillerie u. die übrigen Brigaden (15,000 Mann) ernannt. Mit seiner Brigade nahm er darauf Theil an der Schlacht bei Fridericia und wurde 1850 zum Generalmajor u. Chef der ganzen Artilleriebrigade befördert. Wegen Kränklichkeit übernahm er in diesem Jahre keinen Oberbefehl, begleitete aber dennoch jene u. nahm Theil an den Kriegsereignissen. Nach Beendigung des Krieges wurde er Inspektor der ganzen Artillerie; 1858 ging er nach Flensburg als kommandirender General in Schleswig, Jütland und Fünen, und 1860 wurde er zum Generallieutenant ernannt. In dem Kriege von 1864 war er anfangs der Oberbefehlshaber der dänischen Truppen, wurde aber, als er den Rückzug von Danavirke hatte antreten müssen, dieser Stelle enthoben.

Mèze, Küstenstadt im französischen Departement Hérault, am Etang Thau, hat Traubensirupfabrikation, Branntweinbrennerei, Weinbau, Weinhandel und 6100 Einw.

Mézeray, François Eudes de, französischer Geschichtschreiber, geboren 1610 in Rye bei Falaise, widmete sich zuerst der Dichtkunst, wandte sich aber bald der Geschichte und Politik zu. Nachdem er während zweier Feldzüge in Flandern die Stelle eines Richtoffiziers bei der Artillerie bekleidet hatte, nahm er seinen Abschied und erhielt eine Anstellung am Collége Sainte Barbe in Paris, 1643 nach dem Erscheinen des ersten Theils seiner „Histoire de France“ (Paris 1643—51, 3 Bde., fortgesetzt bis 1830, das. 1839) den Titel eines Historiographen von Frankreich, wurde 1648 Mitglied der Akademie und 1675 deren ständiger Sekretär, als welcher er theilweise die Redaktion des „Dictionnaire de l'académie“ besorgte. Aus seinem größern Werke „Abrégé chronologique de l'histoire de France“ (Paris 1668, 3 Bde.; beste Ausgabe 1775, 4 Bde.) lieferte er einen Auszug, der an Genauigkeit der Thatsachen u. Präcision der Darstellung das Hauptwerk noch übertrifft. Obgleich vom Hof besoldet, bewahrte er sich doch ein freies Urtheil u. da er die von der Regierung verlangte Abänderung einiger Stellen darin nicht eingehen wollte, wurde ihm seine Pension entzogen. Außer Anderem gab er noch einen „Traité de l'origine des Français“ (Amsterd. 1678) heraus. Er † am 10. Juli 1683 zu Paris.

Mézières, Hauptstadt des französischen Departements Ardennen, am rechten Ufer der Maas, über welche eine Brücke nach dem ehemals befestigten Charleville führt, ist Sitz der Departementalbehörden, Festung zweiten Ranges (sogenannte jungfräuliche Festung, da sie noch nie eingenommen wurde) und Knotenpunkt der Eisenbahnen nach Rheims (Epernay), Namur (Lüttich u. Brüssel) und Thionville (Mannheim und Straßburg). Die Stadt ist im Allgemeinen schlecht gebaut und ohne weitere merkwürdige Gebäude als die Pfarrkirche, in welcher 1590 die Vermählung Karls IX. gefeiert wurde. Auf der Ostseite erhebt sich die alte, mit 7 Bastionen versehene Citadelle, welche die Maas beherrscht, auf der Westseite ein Hornwerk, das wieder ein ähnliches Werk mit 3 Lünetten vor sich hat. M. hat eine Ingenieurschule und 5605 Einw.; Handel und Industrie sind ohne wesentliche Bedeutung. In der Nähe liegt die Pulverfabrik von St. Ponce. M. (Meseria) galt im Mittelalter für einen der festesten Plätze Frankreichs und wurde 1525 von Bayard gegen die kaiserlichen Truppen tapfer vertheidigt. Im Jahre 1815 wurde die Stadt von dem norddeutschen Armeecorps unter dem preußischen General von Haak belagert u. kapitulirte erst lange nach dem Sturz Napoleons I., am 13. August, die Citadelle am 5. September.

Mezin, Stadt im französischen Departement Lot-Garonne, an der Gélize, hat ein Kommunalcollége, Korkstöpsel-, Nägel-, Leinwand-, Oel- und Branntweinfabrikation, Ziegel- und Gypsbrennerei, Färberei, Bienen- und Merinozucht und 2990 Einw.

Mezö-Hegyes, Pußta im ungarischen Komitat Csanad, mit 250 Einw. und einem berühmten, 1785 von Joseph II. gegründeten Militärgestüt.

Mezzatinta (mezzotinto, ital.), Mittelfarbe, in der Malerei Farben, die durch den Uebergang von der einen in die andere Hauptfarbe entstehen, halbe oder gebrochene Farbe, auch den Uebergang zwischen Licht u. Schatten bildende Farbe. Mezzatintamanier ist gleichbedeutend mit der Schabmanier oder Schwarzkunst, s. Kupferstechkunst.

Mezza voce (ital.), abgekürzt M. v., d. h. mit halber Stimme, das allmählige Verstärken und Abnehmen der Gesangstimme.

Mezzo (ital.), s. v. a. halb, häufig in Zusammensetzungen zu musikalischen Bezeichnungen und bei Münzen, Maß und Gewicht.

Mezzofanti, Giuseppe, berühmter Sprachkenner, geboren am 19. Sept. 1771 zu Bologna, war als Bibliothekar daselbst angestellt, nahm 1831 an den Bewegungen Theil, durch welche die Besetzung Ancona's durch die Franzosen herbeigeführt wurde, und ging mit der Deputation nach Rom, welche bei dem Papst Vorstellungen machen sollte. Hier wurde er zum Monsignore ernannt und erhielt 1833 die Stelle als erster Custos an der vatikanischen Bibliothek. Am 13. Februar 1838 wurde er zum Kardinalpriester und Mitglied mehrer Kongregationen befördert. Er † zu Neapel den 14. März 1849. M.'s Weltruf gründet sich auf sein eminentes Talent, sich fremde Sprachen anzueignen, deren er gegen das Ende seines Lebens 58 sprach und verstand. Vgl. Malavit, Esquisse historique sur le cardinal M. (Paris 1853), und Russell, The life of Cardinal M. (London 1858).

Mglin, Kreisstadt im europäisch-russischen Gouvernement Tschernigow, an der Sudenka, mit 4 Kirchen, Handel mit Hanf und 7500 Einw.

Mi, bei den Franzosen und Italienern Name des Tones e; s. Solmisation.

Miako (Kio, d. h. Residenz), die alte Reichshauptstadt der Japaner, auf der Insel Nipon, Sitz des Mikado, liegt in einer von Hügeln umgebenen Ebene am Fluß Kamo, hat regelmäßig angelegte, aber enge Straßen, die voller Leben sind, u. 500,000 Einw. Der Palast des Mikado und was dazu gehört, bildet einen eignen, für sich befestigten Stadttheil von 13 Straßen; auch der Sjogun hat hier einen befestigten Palast. Unter den Tempeln ist besonders der dem Foköși geweihte Buddhatempel mit seinem 80—90 Fuß hohen Götzenbild berühmt. Letzteres stellt Buddha mit untergeschlagenen Beinen auf einer Lotosblume sitzend dar und bestand bis 1662 aus vergoldetem Erz. Nachdem es durch ein Erdbeben sehr gelitten hatte, wurde es 1667 durch ein mit Goldpapier überklebtes Holzgebilde ersetzt. Das Innere des Tempels tragen 96 Säulen aus Cedernholz. In einem benachbarten Gebäude findet sich eine der größten Glocken der Erde, die 17 Fuß $2^1/_2$ Zoll hoch ist u. über 2 Millionen Pfund wiegen soll. Im Tempel des Kwanvon steht ein Götzenbild mit 36 Händen, umgeben von 6 riesigen Heldenstatuen u. nach Angabe der Japanesen von 33,333 andern Götzenbildern verschiedenster Größe. M. ist der Hauptsitz japanesischer Gelehrsamkeit u. Schriftstellerei, wo z. B. die Reichsjahrbücher und der Reichsalmanach, der eine vielseitige Statistik des Reichs enthält, abgefaßt und veröffentlicht, wie überhaupt die meisten Bücher gedruckt werden. Der Dauri bildet eine Art von Akademie, welche die Wissenschaften und schönen Künste pflegt. Die kaiserliche Bibliothek soll 150,000 Bücher enthalten. Desgleichen scheinen auch Handel und Industrie in M. ihren Mittelpunkt zu haben. Man raffinirt dort das Kupfer am besten, fabricirt das beste Porzellan, viel Gold- und Silberwebereien, Seide und Stahlarbeiten; auch wird dort alles Geld für Japan gemünzt.

Miamis, Indianerstamm in Nordamerika, zu der Familie der Algonkins gehörig, wohnt im Süden des Michigan- und Eriesee's.

Miaotse, unkultivirter Volksstamm in China, in den Gebirgen von Yünnan, Kuei-tscheu, Hukang u. Kuan-si seßhaft, wahrscheinlich gleichen Stammes mit den hinterindischen Laos od. Schan, beunruhigten vormals öfters die chinesischen Grenzen, bis sie 1776 bezwungen wurden, und spielten auch in den jüngsten Revolutionen China's eine nicht unbedeutende Rolle.

Miask (Mijask), Bergwerksort im russischen Gouvernement Orenburg, 1776 gegründet, mit außerordentlich reichen Goldseifen in der Umgegend und einer ausgezeichneten Mineraliensammlung in den kaiserlichen Gebäuden.

Miasma (griech.), eigentlich Verunreinigung, ein die atmosphärische Luft verunreinigendes Krankheitsgift, wodurch bei vielen Menschen eine und dieselbe Krankheitsform hervorgerufen wird (Typhus-, Cholera-, Wechselfiebermiasma). Eine miasmatische Beschaffenheit der Luft bildet sich meist örtlich, in bestimmten Gegenden u. Ländern, aus. Ueberschwemmungen von Seen u. Flüssen erzeugen das Fiebermiasma in Holland u. Aegypten; die miasmatischen, gastrischen u. Schleimfieber sind oft durch Ausdünstung eines Sumpfes bedingt. Nach der Ursprungsstätte unterscheidet man das Sumpfmiasma, auch Malaria (s. d.) genannt, das Erdbodenmiasma (wohin das der Urwälder, der Kirchhöfe, gewisser alter Städte rc. gehört), das Thierdunstmiasma (z. B. aus Kloaken, aus Orten, wo viel Fleisch fault, aus eingeschlossenen Orten, wo viele Menschen zusammengedrängt sind, daher Hospital-, Feldlager-, Kerker-, Schiffsmiasma), Luftmiasma, wie es z. B. oft der Thauwind von den Alpen her oder aus den Nordpolgegenden zu uns führt, rc. Das eigentliche Wesen des M. ist unbekannt. Möglicherweise können auch mechanisch der Luft beigemischte mikroskopisch feine Körperchen (z. B. die Keimkörner der Schimmelpilze, die Eier mancher niedern Thiergattungen, die Luftinfusorien) an der Entstehung miasmatischer Krankheiten Schuld sein. Neuerdings hält man das Ozom (s. d.) sowohl bei Entstehung als bei Zerstörung gewisser Miasmen für wirksam. Alle Miasmen sind schwerer als die gewöhnliche Luft, wenigstens erhebt sich die miasmatische Krankheit nicht auf Berge; Wechselfieber kommen 1000 Fuß über dem Meeresspiegel nur selten vor (s. Ansteckung).

Miaulis, Andreas Vokos, Admiral der griechischen Flotte während des Freiheitskampfes, geboren 1768 zu Negroponte, war erst Matrose und erhielt den Namen M. von dem türkischen Miaul, was eine Felucke bezeichnet. Nachdem er sich durch Getreidehandel während der französischen Revolution ein ansehnliches Vermögen erworben hatte, ließ er sich auf Hydra nieder und zählte bald zu den angesehensten Schiffseigenthümern. Im Jahre 1821 schloß er sich der Sache des Aufstandes an und betheiligte sich mit seinem Schiff „Leonidas" an allen Streifzügen jenes Jahres. Zum Oberbefehlshaber der griechischen Flotte ernannt, siegte er am 5. und 6. März bei Patras, sowie am 20. Sept. 1822 im Kanal von Spezzia und vernichtete am 12. Mai 1825 von der im Hafen von Modon liegenden feindlichen Flotte 2 Fregatten, 2 Korvetten, gegen 20 Transportschiffe und alle Kriegsvorräthe des Feindes. Der Versuch, in Verbindung mit dem Admiral Sachturis gegen den Hafen von Alexandria einen ähnlichen Handstreich mit Brandern auszuführen, mißlang zwar, dagegen verbrannte er am 8. December 1825 eine feindliche Fregatte, kaperte mehre Transportschiffe u. nöthigte Ibrahim Pascha am 8. Januar 1826 zu der für diesen unglücklichen Seeschlacht am Kap Papas. Als 1827 Lord Cochrane von der Nationalversammlung zum griechischen Admiral ernannt wurde, zog sich M. zurück und lebte theils zu Poros, theils in Hydra. Erst nach der Schlacht bei Navarin und nach der Ankunft des Präsidenten Kapo d'Istrias übernahm er wieder den Oberbefehl über die griechische Flotte. Um ihn für die Regierung zu gewinnen, ernannte ihn der Präsident zum Chef und Oberaufseher des Hafens von Poros; M. trat aber 1830 offen zur Oppositionspartei, welche auf der Insel Hydra ihren Mittelpunkt hatte, und wurde Mitglied der Kommission, welche die Regierung der Insel übernahm. Er war auch bei der Deputation, welche 1831 den Präsidenten in Nauplia zu einem billigen Vergleich zu bestimmen suchte. Als dieser nicht zu Stande kam, bemächtigte er sich mit 200 Hydrioten des Hafens von Poros und verbrannte am 13. August die daselbst liegenden griechischen Kriegsschiffe, um sie nicht den Gegnern überlassen zu müssen. Er ward zwar deshalb vom Obergericht zu Nauplia in Anklagestand versetzt, die Ermordung Kapo d'Istrias' am 9. Oktober 1831 schützte ihn jedoch vor weiterer Verfolgung. Im Jahre 1832 ernannte ihn die neue Regierungskommission von Perachore zum Oberadmiral. Nach der Wahl des Prinzen Otto von Bayern zum König von Griechenland gehörte er mit zu den Huldigungsdeputirten. Bei der Organisation der Marine wurde er zum Kontreadmiral, am 9. Oktober 1833 zum Seepräfekten und am 5. April 1835 zum Viceadmiral ernannt. Er † jedoch schon am 11. (23.) Juni dieses Jahres zu Athen. Sein Grab am Piräeus wurde von der Regierung mit einem Denkmal geschmückt. Von seinen 6 Söhnen begleitete der dritte, Antonios, geboren 1802 auf Hydra, den Vater auf allen Seezügen. Unter Kapo d'Istrias ward er zum Mitglied des Obertribunals in Spezzia ernannt, als man ihn aber zum Werkzeug der Unterdrückung gebrauchen wollte, nahm er 1829 seinen Abschied und zog sich nach Hydra zurück. Nach der Ankunft der Regentschaft wurde er zum Seekapitän und 1835 vom König Otto zum Adjutanten ernannt. Als solcher begleitete er denselben 1836 nach München und auf seiner Brautfahrt nach Oldenburg, † aber auf dieser Reise am 12. Nov. 1836 zu Uffenheim. Sein Bruder Nikolaos Athanasios M., wurde 1855 griechischer Marineminister, 1859 Ministerpräsident und war nach dem Sturz des Königs Otto vom 22. Okt. 1862 bis 21. Febr. 1863 Mitglied der provisorischen Regierung.

Miava, Marktflecken im ungarischen Komitat Neutra, am gleichnamigen Flusse, der zur March fließt, mit bedeutender Tuch- und Leinweberei, ausgedehnter Schweinemäst (in den umliegenden Buchenwäldern), besuchten Jahrmärkten und 9270 Einw.

Micali, Giuseppe, italienischer Geschichtsforscher u. Archäolog, geboren 1780 zu Livorno, bereiste früh Italien, Frankreich u. Deutschland u. widmete sich dann geschichtlichen und archäologischen Studien. Die Früchte derselben sind die Werke „L'Italia avanti il dominio dei Romani" (Flor. 1810, 4 Bde.; 2. Aufl. 1831, 8 Bde.) und „Storia degli antichi popoli italiani" (das. 1832, 3 Bde.; 2. Aufl. 1835 bis 1836), eigentlich nur eine erweiterte Umarbeitung des ersten Werks. Als Beilage dazu erschien eine werthvolle Kupfersammlung der „Monumenti antichi" (Florenz 1844) auf 120 Foliotafeln. M. † den 28. März 1844 zu Florenz.

Micha, 1) Israelit, der sich zur Zeit der Richter auf dem Gebirg Ephraim einen besonderen Jehovahkult mit einem Bilde gründete. Die Daniten entführten ihm aber dasselbe nach ihrer Stadt Dan, wodurch dies Sitz eines besonderen Heiligthums wurde.

2) Prophet im Reiche Israel zur Zeit der Könige Ahab und Josaphat (917—889), ward von ersterem wegen einer demselben mißliebigen Weissagung ins Gefängniß geworfen.

3) M., einer der 12 kleinen Propheten des Alten Testaments, gebürtig aus Morescheth im Stamme Juda, wirkte unter den Königen Jotham, Ahas und Hiskias, etwa von 750—700. Sein im Kanon vorhandenes Buch rügt an Israel und Juda den Götzendienst und das sittliche Verderben, besonders in den höhern Ständen, und weissagt die Zerstörung der Hauptstädte in beiden Reichen, sowie das Kommen des Messias. Der Inhalt der Schrift ist nach Stoff und Form mit der des Jesaias nahe verwandt. Uebersetzt ward sie u. A. von Hartmann (Lemgo 1800), poetisch bearbeitet von Fr. Rückert. Vgl. Caspari, Ueber M. (Christiania 1852).

Michael (hebr. Name, s. v. a. „wer ist gleich dem Höchsten?"), bei den nacherilischen Juden einer der 7 Erzengel, und zwar aus der ersten Ordnung derselben, der Schutzengel des jüdischen Volks und als solcher dem Sammael gegenübergestellt; er stritt mit Satan über den Leib Mosis. Die Apokalypse stellt ihn als Sieger über den Drachen oder Satan dar, und die Christen nahmen ihn daher später zum Schutzengel für ihre Kirchen. Die katholische Kirche feiert drei Erscheinungen M.s: den 6. September, den 8. und den 16. Mai. Davon ist zu unterscheiden das eigentliche Michaelisfest, welches auf den 29. September fällt. Spuren desselben kommen schon seit dem 5. Jahrhundert vor.

Michael, eigentlich M. Thomas Koributh, König von Polen, geboren 1638, Sohn des als Krieger berühmten, von den Jagellonen abstammenden Woiwoden von Reußen, Jeremias Wisnowiecki, und von mütterlicher Seite ein Urenkel Johann Zamojski's, ward 1669 nach dem Rücktritt Johann Kasimirs von dem niederen Adel zum König von Polen erwählt und am 29. September zu Krakau gekrönt, wußte aber weder den gegen ihn eingenommenen Adel, noch den auswärtigen Feinden gegenüber Ansehen zu gewinnen. Die Kosaken empörten sich und fanden bei den Tataren und dem Sultan Mohammed IV. Beistand, u. dieser zwang M. durch einen Einfall in Polen, Podolien und die Ukraine abzutreten und einen jährlichen Tribut von 22,000 Dukaten zu zahlen. Aber der polnische Reichstag genehmigte den Frieden nicht, und Johann Sobieski, M.s Feldherr, Gegner und Nachfolger, trug bei Choczim einen großen Sieg über die Türken davon. M. † bald darauf, am 10. Nov. 1673, zu Lemberg. Vermählt war er mit Eleonore, Tochter des Kaisers Leopold.

2) Michael Attaliates, griechischer Jurist und Historiker in der zweiten Hälfte des 11. Jahrhunderts, hinterließ ein Gedicht juristischen Inhalts, im 2. Band von Leunclavius' „Jus graeco-romanum" enthalten, und ein Geschichtswerk, herausgegeben 1853 von Bekker im 47. Band des „Corpus scriptorum historicorum byzantinorum".

Michaelis, 1) Johann David, einer der gelehrtesten Theologen des 18. Jahrhunderts, geboren den 27. Februar 1717 zu Halle, wo sein Vater, Christian Benedikt M. (geboren den 26. Jan. 1680 in Ellrich, † den 22. Febr. 1764), ebenfalls als Theolog und Orientalist bekannt, Professor war. Er bildete sich auf der Schule des Waisenhauses und auf der Universität seiner Vaterstadt, machte dann eine wissenschaftliche Reise nach Holland und England, ward 1745 Privatdocent, im folgenden Jahr Professor der Philosophie und 1750 auch der orientalischen Sprachen in Göttingen. Auf seine Veranlassung verwilligte Friedrich V. von Dänemark die Mittel zu einer wissenschaftlichen Reise nach Arabien, welche durch Niebuhrs und Forskals Forschungen für die Erklärung der Bibel sehr wichtig wurde. Durch Lessing wurde M. selbst zu einer Uebersetzung der Bibel (Göttingen 1769—83, 13 Bde.) veranlaßt, welche für den Gelehrten wegen der Anmerkungen zum Text noch immer Werth hat. Für die Akademie in Göttingen entwarf er bei deren Begründung 1751 mit Haller die Grundgesetze und leitete erst als Sekretär, dann als Direktor eine Zeitlang die Geschäfte derselben. Von 1753—70 führte er die Direktion und Mitredaktion der „Göttinger gelehrten Anzeigen". Die Akademien von London und Paris ernannten ihn zu ihrem Mitgliede, der Kaiser zum Rath und der König von England 1787 zum geheimen Justizrath. Er † den 22. August 1791. Seine Hauptwerke sind: „Hebräische Grammatik" (Gött. 1745, 3. Aufl. 1778); „Einleitung in die göttlichen Schriften des neuen Bundes" (das. 1750, 2 Bde., 2. Aufl. 1787—88); „Mosaisches Recht" (das. 1770—75, 6 Bde.; 2. Aufl., 1776—80, 5 Bde.); „Orientalische und exegetische Bibliothek" (das. 1781—85, 23 Bde.); „Moral" (herausgegeben von Stäudlin, das. 1792—93, 3 Bde.). Seine Selbstbiographie, herausgegeben von Hassencamp, erschien Rinteln u. Leipzig 1793. Sein literarischer Briefwechsel ward von Buhle (Leipzig 1794—96) veröffentlicht.

2) Johann Benjamin, deutscher Dichter, geboren den 31. Dec. 1746 zu Zittau, studirte in Leipzig Medicin, sich seine Subsistenzmittel durch Gelegenheitsgedichte u. die Herausgabe einer Sammlung von Fabeln, Liedern und Satiren erwerbend, u. übernahm sodann in Hamburg die Redaktion des „Hamburger Korrespondenten". Bald aber fesselte ihn das Theater mehr als seine Zeitung, und er arbeitete bei der seilerschen Gesellschaft für die Bühne. Später zog ihn Gleim nach Halberstadt, wo er den 30. September 1772 †. Seine „Poetischen Werke"

wurden herausgegeben von Schmidt (Gießen 1780, 2 Bde.); seine „Sämmtlichen Werke" erschienen Wien 1791, 4 Bde.

3) **Adolf**, namhafter juristischer Schriftsteller, geboren 1797 in Hameln, ward 1818 Privatdocent der Rechte in Göttingen, dann in Tübingen und 1820 Professor daselbst. Unter seinen Werken sind hervorzuheben: „Grundriß zu Vorlesungen über das gemeine deutsche Privatrecht" (Tüb. 1819, 2. Aufl. 1831); „Darstellung des öffentlichen Rechts des deutschen Bundes und der deutschen Bundesstaaten" (das. 1820); „Uebersicht des gemeinen deutschen und des würtembergischen Lehnrechts (das. 1827); „Grundriß des würtembergischen Privatrechts" (das. 1829) u. „Grundriß der deutschen Staats- u. Rechtsgeschichte" (das. 1832).

Michaelsorden, königlich bayerischer Orden, gestiftet 1721 (nach Andern den 29. Sept. 1693) von Joseph Klemens, Herzog von Bayern u. Kurfürsten von Köln, zur Aufrechterhaltung des katholischen Glaubens und Unterstützung der Vaterlandsvertheidiger, kam 1777 an Bayern und ward 1837 in einen Verdienstorden für Vaterlandsliebe und nützliches Wirken verwandelt. Er zerfällt in 3 Klassen, Großkreuze, Komthure und Ritter, und wird ohne Unterschied des Bekenntnisses u. Standes verliehen. Ordenszeichen ist ein blau emaillirtes Kreuz, auf dessen 4 Seiten die goldenen Buchstaben: P. (Pietas) F. (Fidelitas) F. (Fortitudo) P. (Perseverantia) stehen. Die Vorderseite des runden Mittelschildes zeigt den Erzengel Michael, das Schild die Worte: Quis ut Deus. (die lateinische Uebersetzung von Michael). Die Ritter haben statt des Engels bloß den Schild mit der Devise und auf dem Revers die Worte: Dominus potens in proelio.

Michailowka, Kreisstadt im Gouvernement Rjäsan, an der Pronja, mit 4800 Einwohnern.

Michailowski-Danilewski, Alexander Iwanowitsch, russischer Geschichtschreiber, geboren 1790, studirte zu Göttingen Kameralwissenschaft, trat 1812 in die Kanzlei des russischen Finanzministers, machte sodann als Kutusows Adjutant die Feldzüge von 1814—15 mit, wohnte dem wiener Kongreß bei und folgte hierauf (1815—18) dem Kaiser Alexander I. auf dessen Reisen. Im Türkenkriege (1829) befehligte er unter Diebitsch als Generalmajor, ward 1835 zum Generallieutenant, 1839 zum Senator und Mitglied des Kriegsraths ernannt und † den 21. Sept. 1848 zu Petersburg. Seine Hauptwerke: „Beschreibung des türkischen Kriegs von 1806—12" (Petersburg 1843, 4 Bde.), „Denkwürdigkeiten über die Feldzüge der Jahre 1812 bis 1813" (das. 1834), „Denkwürdigkeiten über den Feldzug des Jahres 1813" (deutsch von Goldhammer, Leipzig 1837) und „Denkwürdigkeiten über den Krieg aus den Jahren 1814—15" (das. 1835, 2 Bde.; deutsch von Goldhammer, das. 1838), die theilweise zahlreiche Auflagen erlebten und gesammelt Petersburg 1849—50 in 7 Bänden erschienen, sind in einem gefälligen Styl geschrieben, entbehren aber der Wahrheit der Forschung und der Präcision der Darstellung.

Michaud, Joseph François, französischer Geschichtschreiber und Publicist, geboren den 19. Juni 1767 zu Albens in Savoyen, erhielt seine Erziehung in Bourg en Bresse und begab sich 1791 nach Paris, wo er die Redaktion verschiedener Journale übernahm und darin so entschieden für das Königthum auftrat, daß er 1795 zu Chartres verhaftet und zum Tode verurtheilt wurde. Er entkam jedoch und kehrte 1796 nach Frankreich zurück, nachdem jenes Urtheil kassirt worden war. Schon im folgenden Jahre als Begründer und Redakteur der royalistischen „Quotidienne" mit andern Journalisten zur Deportation nach Guyana verurtheilt, entfloh er in die Schweiz, wo er sein satirisches Gedicht „Le printemps d'un proscrit" (Par. 1804, vermehrte Aufl. 1827) schrieb. Nach dem 18. Brumaire lebte er wieder in Paris, widmete sich fortan aber meist historischen Studien. Früchte derselben sind: „Histoire des progrès et de la chute de l'empire de Mysore sous le règne d'Hyder-Aly et de Tippoo Saïb" (Par. 1801, 2 Bde.); „Histoire des croisades" (das. 1812—17, 3 Bde.; 6. Aufl., das. 1840—48, 6 Bde.; deutsch von Ungewitter und Förster, Quedlinburg 1827—32, 6 Bde.); „Bibliothèque des croisades" (Par. 1830, 4 Bde.), Auszüge aus den Quellenschriftstellern der Kreuzzüge enthaltend; „Biographie moderne" (das. 1802, 4 Bde.), die von der Polizei mit Beschlag belegt wurde, und die gegen Napoleon I. gerichtete „Histoire des XV semaines" (1816), von welcher in kurzer Zeit 27 Auflagen nöthig wurden. Im Jahre 1813 war er zum Mitglied der französischen Akademie und 1815 zum Deputirten in der Chambre introuvable gewählt worden. Die Stelle eines Generalkommissärs der Journale und eines Vorlesers des Königs, die er 1814 erhalten hatte, verlor er bald wieder wegen seiner Sympathie mit der freien Presse. Von 1820 bis 1824 war er vielfach bei der Redaktion der „Lettres champenoises" betheiligt. Die „Correspondance d'Orient" (Par. 1830—38, 7 Bde.) ist die Frucht einer orientalischen Reise. Gemeinschaftlich mit Poujalat gab er die „Collection de mémoires pour servir à l'histoire de France depuis le XIII siècle" (1835 bis 1839, 20 Bde.) heraus. Er † am 30. Sept. 1839 zu Passy. Sein jüngerer Bruder, Louis Gabriel M. (geboren 1772 zu Bourg en Bresse, † den 20. März 1858 zu Ternes), machte in den republikanischen Armeen mehre Feldzüge mit und legte sodann mit seinem Bruder zu Paris eine Buchdruckerei und eine Buchhandlung an, aus welcher u. A. die von ihm selbst redigirte „Biographie universelle ancienne et moderne" (1811—33, 55 Bde.; 2. Aufl., 1844 ff.; Suppl. 1834—54, 30 Bde.) hervorging.

Michauxia *Hérit.*, Pflanzengattung aus der Familie der Campanulaceen, charakterisirt durch den 8—10spaltigen Kelch, dessen Buchten mit Anhängseln der Zipfel bedeckt sind, die 8—10theilige, radförmige Korolle, 8—10 freie Staubgefäße mit sehr breiten Fäden und kurzgespitzten Antheren, den behaarten Griffel mit 8—10 fadenförmigen Narben und die hängende, 8—10klappige, an der Basis aufspringende, vielsamige Kapsel, zweijährige, in Syrien und Persien einheimische Gewächse, von deren Arten M. campanuloides *Juss.*, mit 6 Fuß hohem, oben rispenartig in Blüthenäste getheiltem Stengel, langgespitzten, stengelumfassenden, rauhen Blättern und großen, weißen und hellvioletten oder purpurröthlich schattirten, überhängenden, sehr zahlreichen Blumen, eine schöne Zierpflanze ist.

Michel, abgekürzt statt Michael, als Spottname gebraucht mit der Nebenbedeutung des Schwerfällig-gutmüthigen, Einfältigen; daher deutscher M., etwa seit dem Befreiungskriege gebrauchte Benennung der deutschen Nation, die deren politische Unreife und Indolenz andeuten soll.

Michel, Francisque, französischer Literarhistoriker, geboren am 18. Febr. 1809 zu Lyon, wirkt seit 1839 als Professor an der Faculté des Lettres zu Bordeaux, gehört zu den gründlichsten Kennern der ältern französischen Sprache und Literatur und hat sich durch zahlreiche Ausgaben älterer Literaturdenkmäler verdient gemacht. Von seinen kulturhistorischen Werken sind hervorzuheben: „Histoire des races maudites“ (Par. 1847, 2 Bde.), „Recherches sur le commerce, la fabrication et l'usage des étoffes de soie, d'or et d'argent“ (das. 1852—53, 2 Bde.), „Histoire des hôtelleries, cabarets, courtilles etc.“ (das. 1854, 2 Bde.), „Dictionnaire de l'Argot“ (das. 1857) und „Les Basques“ (das. 1860).

Michel Angelo, s. Buonarotti.

Michelet, 1) Jules, französischer Geschichtsforscher und Philosoph, geboren am 21. Aug. 1798 zu Paris, studirte im Collége Charles-Magne unter Villemain und Leclerc und ward schon 1821 zum Professor der Geschichte am Collége Rollin berufen, wo er auch alte Sprachen und Philosophie lehrte. Im Jahre 1826 erschien seine erste schriftstellerische Arbeit, das „Tableau chronologique de l'histoire moderne“, im folgenden Jahre seine Uebersetzung des Vico, dessen philosophische Ansichten großen Einfluß auf ihn gewannen. Die Julirevolution verschaffte ihm die Stelle eines Vorstehers der historischen Sektion im Reichsarchiv. Gleichzeitig berief ihn Guizot als seinen Substituten an die Sorbonne, und Ludwig Philipp ernannte ihn zum Geschichtslehrer der Prinzessin Clementine. Es folgte nun eine Reihe historischer Arbeiten: „Histoire de la république romaine“ (Par. 1831, 2 Bde.); „Précis de l'histoire de France, jusqu' à la révolution française“ (das. 1833); „Précis de l'histoire moderne“ (das. 1833, 6. Aufl. 1840); „Histoire de France“ (das. 1833—60, 14 Bde.); „Mémoires de Luther“ (das. 1835, 2 Bde, mit vielen schiefen Urtheilen); „Origines du droit français cherchées dans les symbols et formules du droit universel“ (das. 1837), ein Werk, auf dessen Anlage Grimms deutsche Rechtsalterthümer großen Einfluß ausgeübt haben. Im Jahre 1838 ward M. in die Akademie zu Paris aufgenommen und gleichzeitig zum Professor der Geschichte am Collége de France ernannt. Die vielfachen Anfeindungen, die ihm seine Sympathien für die demokratischen Ideen von Seiten der ultramontanen Partei zuzogen, trieben ihn nur noch mehr in die Opposition hinein, wie seine drei Werke: „Des Jésuites“ (1843, 7. Aufl. 1847); „Du prêtre, de la femme et de la famille“ (1845) und „Le peuple“ (1846) beweisen. Ihnen folgte seine berühmte „Histoire de la révolution française“ (Par. 1848—54, 7 Bde.). Wegen einer fortgesetzten demokratischen Propaganda vom Lehrstuhl aus ward er 1850 seiner Professur und, da er die Ablegung des Eides auf die Verfassung vom 14. Januar 1852 verweigerte, im Juni d. J. auch seiner Stelle als Chef der historischen Sektion in den Archiven enthoben. Er lebt seitdem in der Bretagne mit der Ausarbeitung seiner größeren Werke beschäftigt, u. A. einer „Histoire de France au dix-septième siècle“ (Paris 1860). Auch einige kleinere Arbeiten lieferte er noch: „L'oiseau“ (1856); „L'insecte“ (1857); „L'amour“ (1858); „La femme“ (1859), eine Philosophie der Liebe und Ehe, und „La mer“ (1861). Im Gegensatz zu dem pragmatischen Standpunkt, auf welchem die Geschichtschreibung von Guizot und Mignet steht, hat man die historische Darstellungsweise M.s die philosophische genannt. Aber bei aller Belesenheit fehlt ihm oft die kritische Besonnenheit; Hypothesen werden nicht streng genug von dem kritisch sicher gestellten Faktischen geschieden, vielmehr bringt es sein historiographisches Princip mit sich, daß er Alles zu einem abgerundeten, künstlerischen Ganzen verarbeiten will.

2) Karl Ludwig, geistvoller deutscher Philosoph, geboren den 4. Dec. 1801 zu Berlin, studirte daselbst die Rechte und wurde 1822 Auskultator beim königlichen Stadtgericht zu Berlin, widmete sich aber bald ausschließlich philologischen und philosophischen Studien, erhielt 1826 ein Lehramt am französischen Gymnasium, habilitirte sich zugleich an der berliner Universität und ward 1829 zum Professor der Philosophie ernannt. Er hat sich als einer der bedeutendsten Schüler Hegels bekannt gemacht. Von seinen Werken sind hervorzuheben: „Die Ethik des Aristoteles in ihrem Verhältnisse zum System der Moral“ (Berlin 1827); „Das System der philosophischen Moral“ (das. 1828), worin er namentlich die Principien der Lehre von der Zurechnung der menschlichen Handlungen erörterte; eine Ausgabe der „Nikomacheischen Ethik des Aristoteles“ (das. 1829—35, 2 Bde., 2. Aufl. 1848); das von der pariser Akademie der moralischen und politischen Wissenschaften 1835 gekrönte „Examen critique du livre d'Aristote, intitulé Métaphysique“ (Paris 1836); „Geschichte der letzten Systeme der Philosophie in Deutschland von Kant bis Hegel“ (Berlin 1837—38, 2 Bde.); „Entwicklungsgeschichte der neuesten deutschen Philosophie“ (das. 1843), woran sich die Streitschrift gegen Schelling „Schelling und Hegel, oder Beweis der Aechtheit der Abhandlung über das Verhältniß der Naturphilosophie zur Philosophie überhaupt“ (das. 1839) schloß; „Anthropologie und Psychologie“ (Berlin 1840), in einer von der hegelschen Darstellung vielfach abweichenden Bearbeitung; „Vorlesungen über die Persönlichkeit Gottes und die Unsterblichkeit der Seele oder die ewige Persönlichkeit des Geistes“ (das. 1841); „Die Epiphanie der ewigen Unsterblichkeit des Geistes, eine philosophische Trilogie“ (Nürnberg und Berlin 1844—52, 3 Bde.) und „Geschichte der Menschheit“ (Berlin 1860, 2 Bde.). Von 1832—42 nahm er an der Herausgabe der Werke Hegels Theil. Außerdem veröffentlichte er die interessanten Abhandlungen „De Sophoclei ingenii principio“ (Berlin 1830); „Ueber die sixtinische Madonna“ (das. 1837) und „Italienische Reisen in Briefen“ (das. 1856). Im Jahre 1845 stiftete er mit dem Grafen Lieszkowski eine philosophische Gesellschaft zu Berlin.

Micheli, San, ausgezeichneter Architekt, geboren 1484 in Verona, legte im Dienste der Republik Venedig Festungswerke auf Korfu, Cypern und in Venedig selbst an und erbaute in seiner Vaterstadt viele Thore, Bastionen, Paläste und Kirchen. Er † hier 1559.

Michelia *L.*, Pflanzengattung aus der Familie der Ranunculaceen, charakterisirt durch den 3blätterigen Kelch, die 6—15blätterige Korolle, die zahlreichen Staubgefäße mit einwärts gekehrten Antheren die zahlreichen, schlaff-ährenförmigen, freien Fruchtknoten und die fleischig-lederigen, vielsamigen Früchte, Bäume, meist in Ostindien einheimisch, von denen mehre als Arznei- und Zierpflanzen bekannt sind, besonders M. Champaca *L.*, Champacabaum, ein gegen 30 Fuß hoher Baum mit immergrünen, elliptisch-lanzettlichen, zugespitzten, häutigen Blättern und gelben, wohlriechenden Blüthen an seidenhaarigen Blüthenstielen, der in seiner Heimat häufig gezogen wird. Alle Theile sind gewürzhaft bitter und scharf. Die Blüthen und ein durch Infusion mit ihnen erhaltenes Oel sind flüchtig-reizend und krampfstillend.

Michelsberg, kleine Bergstadt im böhmischen Kreise Eger, nordöstlich von Plan, am Wünschelbach, mit Zechen auf Silber, Kobalt, Blei und Spießglanz, 2 eisenhaltigen Mineralquellen und 900 Einw.

Michelsen, Andreas Ludwig Jakob, ausgezeichneter Germanist, geboren den 31. Mai 1801 zu Satrup auf Sundewitt, widmete sich zu Kiel, Göttingen, Berlin und Heidelberg juristischen Studien, bereiste sodann zwei Jahre Deutschland, die Schweiz, Frankreich, Holland und Dänemark und privatisirte hierauf mehre Jahre in Kopenhagen, namentlich mit dem Studium der nordischen Geschichte, Sprachen und Rechte beschäftigt. Nachdem er sich mit seiner „Geschichte Nordfrieslands im Mittelalter" (Schleswig 1828) bekannt gemacht, erhielt er 1829 einen Ruf als Professor der Staatsgeschichte und des Staats- und Völkerrechts in Kiel. Hier gründete er die schleswig-holstein-lauenburgische Gesellschaft für vaterländische Geschichte u. veröffentlichte u. A. das „Urkundenbuch zur Geschichte des Landes Dithmarschen" (Alt. 1834), sowie die „Sammlung altdithmarscher Rechtsquellen" (das. 1842). Da er wegen seiner Wirksamkeit für die Aufrechterhaltung des alten Landesrechts u. der Zusammengehörigkeit der Herzogthümer Schleswig und Holstein mehre Zurücksetzungen in seinen amtlichen Verhältnissen erfahren hatte, nahm er 1842 einen Ruf als Professor in Jena an, wo er 1843 auch Mitglied der Juristenfakultät und des Schöppenstuhls und 1854 des Oberappellationsgerichts ward. Bei der Erhebung der Herzogthümer Schleswig und Holstein nahm er sofort Urlaub und stellte sich der provisorischen Regierung in Rendsburg zur Verfügung, die ihn alsbald in außerordentlicher Mission nach Berlin sandte. Kaum zurückgekehrt, wurde er von Femern und Nordschleswig für die deutsche Nationalversammlung gewählt, wo er seinen Sitz auf dem rechten Centrum nahm. Von hier kehrte er in seine frühere Stellung zu Jena zurück, die er bis 1861 bekleidete. Ende 1862 folgte er dem Ruf als erster Vorstand des Germanischen Museums nach Nürnberg, legte aber 1865 diese Stelle nieder u. begab sich nach Kiel. Von seinen neueren Schriften sind besonders zu erwähnen: die „Rechtsdenkmale aus Thüringen" (Jena 1852 ff.), „Ueber die Ehrenstände und den Rautenkranz als historische Probleme der Heraldik" (das. 1854), „Die Hausmarke" (das. 1855) und „Codex Thuringiae diplomaticus" (das. 1854 ff.).

Michelstadt, Stadt in der großherzoglich hessischen Provinz Starkenburg, Kreis Erbach, an der Mümling, im Odenwalde, mit Zeichenschule, Tuchmacherei, Gerberei, Potaschesiederei, Wollmaschinenspinnerei, Kattunfabrikation, Eisenhammer, Eisenbergwerk, Walk-, Loh-, Oel- und Schneidemühlen und 3330 Einw.

Michigan, nordamerikanischer Unionsstaat, liegt zwischen 41° 40′ und 48° nördl. Br. und 82° 12′ und 90° 30′ westl. L. und wird begrenzt gegen Norden, Nordosten und Osten von Canada, von dem es durch den Oberensee, die Straßen von St. Mary, den Huronsee, die Straße und den See von St. Clair, die Straße Detroit und den Eriesee getrennt wird; gegen Süden von den Staaten Ohio und Indiana und gegen Westen von dem Michigansee, der es von Illinois und Wisconsin trennt, dem Menomonie- und dem Montrealfluß, welche es gegen das Gebiet von Minnesota begrenzen. Die gesammte Landoberfläche des Staats beträgt 2645 □Meilen und die Wasserfläche innerhalb seiner konstitutionellen Grenzen 1709 □Meilen. Das Staatsgebiet besteht aus zwei von einander getrennten Halbinseln, aus der nördlichen oder oberen und der südlichen oder unteren, in denen die Oberflächenverhältnisse sehr verschieden sind. Die südliche Halbinsel (Southern Peninsula), ungefähr $^2/_3$ des Gesammtareals umfassend, ist durchgängig einförmig und ohne andere Bodenerhebung als die durchschnittlich etwa 300 Fuß über dem Niveau der Seen und 1000 Fuß über der Meeresfläche liegende Wasserscheide zwischen dem Michigan-, Erie- und Huronsee. Das Land ist wellenförmig; Hügel von 150—200 Fuß relativer Höhe sind selten, und nur die Küste am Michigan- und Huronsee, welche in sogenannten Bluffs bis zu einer Höhe von 100—300 Fuß steil ansteigt, hat ein weniger einförmiges, an einzelnen Stellen selbst wahrhaft pittoreskes Ansehen. Ganz anderer Natur und weit mannichfaltiger gestaltet ist die Oberfläche der nördlichen Halbinsel. Der östliche Theil von der Spitze der Halbinsel an bis zum Rock River reichend, ist ebenfalls wellenförmig und steigt gegen das Innere allmählig zu einem höhern Plateau an. Westwärts davon wird das Land von zahlreichen Hügelreihen durchzogen, zwischen denen sich Ebenen ausbreiten, und noch weiter westlich, etwa unter 90° L., nimmt es einen gebirgigen und rauhen Charakter an. Die höchsten Punkte der hier sich erhebenden Michigan- oder Porcupineberge, welche die Wasserscheide zwischen dem Oberen- u. Michigansee bilden, werden auf 1800—2000 Fuß angegeben. Nordwärts bis zum Oberensee sich erstreckend, bilden sie an demselben von der Westgrenze des Staats an bis zu den sogenannten Pictured Rocks am Rock River ein steiles Felsenufer. Gleich der Oberfläche ist auch die Bewässerung beider Halbinseln verschieden. An größern Flüssen fehlt es eigentlich ganz, denn die sogenannten Flüsse von Detroit, St. Clair u. St. Marie sind nicht eigentliche Flüsse, sondern wasserreiche Kanäle, welche die Seen mit einander verbinden. Die bedeutendsten Flüsse der untern Halbinsel sind: der Grand, Maskegon, St. Joseph u. Kalamazoo, die dem Michigansee zufließen; der Cheboygan-, Thunderbai- und Saginawfluß, die in den Eriesee einmünden. Alle diese Flüsse haben einen ruhigen, aber vielfach gewundenen Lauf. Die Flüsse der nördlichen Halbinsel haben mehr den Charakter von Bergströmen; als die bedeutendsten sind zu nennen: der Montreal, Great Iron, Ontonagon, Huron, St. Johns und Chocolate, welche in den Oberensee münden, der Menomonie, der in die Greenbai, und der Manistee, der in den Michigansee abfließt. Der Mangel von größeren Wasserstraßen, an welchem das Land leidet, wird reichlich ersetzt durch die 5 großen canadischen Seen, von denen es umgeben wird, nämlich den Obernsee, den Michigan-, Huron-, St. Clair- und Eriesee. Sie stehen unter sich durch die St. Clair-, Detroit- und St. Marystraße in Verbindung, und nur die letztere dieser Straßen bietet durch ihre Stromschnellen (Saults) ein Hinderniß für die Schifffahrt, welches man aber durch einen Kanal umgangen hat. Die Länge der Küsten von M. an diesen Seen beträgt über 1400 Meilen. Dessen ungeachtet hat M. nur wenig gute Häfen; nur einige bieten hinreichenden Schutz vor den Stürmen, denen die großen Binnenmeere so oft ausgesetzt sind. Das **Klima** von M. ist auf der untern Halbinsel ziemlich mild und hat wegen der Nähe der großen Seen mehr den Charakter eines Seeklima's, mit weit geringeren Temperaturgegensätzen als in den östlichen unter gleicher Breite liegenden Staaten. Mais gedeiht hier noch neben dem Wintergetreide. Das Klima der obern Halbinsel dagegen ist schon ein nordisches, das keinen Maisbau gestattet; der nördliche Theil derselben wird durch die Bezeichnung „Sibirien von M." hinlänglich charakterisirt; im südlichen gedeihen Roggen, Hafer und zum Theil selbst Weizen. Die **Bodenbeschaffenheit** ist im Allgemeinen eine günstige. Der größere südliche Theil der südlichen Halbinsel hat einen fruchtbaren, von zahlreichen kleinen Bächen und Landseen reich bewässerten Boden und bildet einen der schönsten Agrikulturdistrikte der Vereinigten Staaten. Weit weniger fruchtbar und zum Theil steil ist dagegen der nördliche Theil der untern Halbinsel, und hier namentlich das sogenannte Hochland von Au-Sable, eine plateauartige Ausbreitung der Wasserscheide im Quellgebiete des Au-Sableflusses. Auch der gebirgige Theil der obern Halbinsel ist für den Ackerbau wenig geeignet und gilt zum Theil als ganz unkultivirbar; dafür bieten sich hier reiche Erzlager, namentlich von Kupfer und Eisen, dar. Die **Hauptprodukte** des Staats sind auf der südlichen Halbinsel die der Landwirthschaft und Holz, auf der nördlichen ebenfalls Holz, besonders aber Kupfer und Eisen. Die Hauptholzarten der letzteren, die zum großen Theil, mit Ausnahme der Sandebenen, mit ausgedehnten Wäldern bedeckt ist, sind Nadelhölzer (Pinus alba, variabilis, canadensis), Eichen (besonders Quercus alba), Birken u. Espen; die der südlichen, die aber wenig ausgedehnte Wälder hat, Eichen, Ahorn, besonders Zuckerahorn, Buchen, Akazien (Robinia), Sykomoren (Platanus occidentalis) ꝛc. Auf der nördlichen Halbinsel gibt die **Fischerei** einen reichen Ertrag.

Die **Bevölkerung** von M. beträgt nach der letzten Zählung von 1860 749,113 Seelen; die Dichtigkeit der Bevölkerung per QM. beträgt 13,32, so daß der Staat hinsichtlich seiner Größe die 9. Stelle, hinsichtlich der Bevölkerung die 16. und hinsichtlich der Volksdichtigkeit die 26. Stelle unter den 33 Staaten der Union einnimmt. Die Bevölkerung besteht aus 742,314 Weißen u. 6799 freien Farbigen. Sklaven gab es nicht. Dem religiösen Bekenntniß nach bilden die Methodisten, Presbyterianer und Baptisten die Mehrzahl; von 399 Kirchen, welche der Census von 1850 aufzählte, besaßen die Methodisten 119, die Presbyterianer 72, die Baptisten 66. Nach diesen sind am zahlreichsten die römischen Katholiken mit 44, die Kongregationalisten mit 29, die Episkopalen mit 25 und die Lutheraner mit 12 Kirchen. Außerdem gibt es Quäker, Christians, Deutschreformirte, Anhänger der freien Kirche, Herrnhuter ꝛc. Der **Ackerbau** ist namentlich auf der untern Halbinsel von großer Ausdehnung; die wichtigsten Produkte desselben sind Weizen, Mais, Hafer, Holz und Wolle. Nach dem letzten Census von 1860 wurden producirt für 7,033,427 Dollars Holz, 8,313,185 Bushel Weizen, 494,197 Bushel Roggen, 12,152,110 Bushel Mais, 4,073,098 Bushel Hafer und 120,621 Pfund Tabak; sodann 182,195 Bushel Hülsenfrüchte, 5,265,349 Bushel Kartoffeln, 134,891 Bushel Gerste, 123,202 Bushel Buchweizen, für 925,519 Doll. Gartenprodukte, 13,733 Gallonen Wein, für 145,058 Doll. Handelsgärtnereiartikel, 14,650,384 Pfund Butter, 2,009,664 Pfund Käse und 756,908 Tonnen Heu. Der Ertrag von Wolle war 4,062,828 Pfund. Der Viehstand bestand nach dem letzten Census aus 154,506 Pferden, 359 Eseln, 200,635 Kühen, 65,949 Arbeitsochsen, 267,683 Stück anderes Vieh, 1,465,447 Schafen und 374,664 Schweinen. Den gesammten Werth des Viehstandes schätzt man auf 23,220,026 Doll., den Werth des geschlachteten Viehs auf 4,080,770 Dollars. Auch die **Industrie**, namentlich die Montanindustrie, steht auf einer hohen Stufe. Die Zahl der industriellen Etablissements betrug 2530, das darin zur Verwendung gekommene Kapital schätzte man auf 24,000,000 Doll., den Werth der darin verarbeiteten Rohmaterialien inklusive Feuerung auf 19,000,000 Dollars. Im Ganzen waren in den genannten industriellen Etablissements 22,800 Männer und 1260 Frauen beschäftigt, und den Gesammtwerth der jährlichen Produkte pro 1860 schätzte der Census auf 35,200,000 Doll. Als wichtigste industrielle Produkte sind in Werthen ausgedrückt folgende producirt: für 8,668,288 Doll. feines Mehl von Weizen und Roggen, für 412,192 Doll. landwirthschaftliche Instrumente, für 309,082 Dollars Dampf- und andere Maschinen, für 2,292,186 Dollars Kupfer, für 291,400 Doll. Eisenerz und Blockeisen, für 383,002 Doll. Gußeisen, für 209,729 Doll. Drucksachen, für 73,704 Doll. geistige Getränke, für 354,758 Doll. Getränke von Malz, für 174,398 Doll. Wollenwaaren, für 574,172 Doll. Leder, für 863,315 Doll. Schuhe und Stiefeln und für 450,028 Doll. Möbel und Hausgeräthe. Dem Handel und Verkehr dienen 8 Banken, deren Gesammtschuld am 30. November 1863 2,535,801 Doll. und deren Gesammtforderungen 2,585,801 Doll. betrugen. Der Staat hat an **Eisenbahnen** 799,30 Meilen. Die **Verfassung** des Staats ist eine rein demokratische. Die gegenwärtige Verfassung datirt von 1850. Die exekutive Gewalt ist einem Gouverneur übertragen, der zugleich mit einem Vicegouverneur alle 2 Jahre vom Volke gewählt wird. Die gesetzgebende Gewalt ist in den Händen eines Senats u. eines Hauses der Repräsentanten. Der erstere besteht aus 32, das letztere aus 64—100 Mitgliedern. Die legislative Versammlung tagt alle 4 Jahre in Lansing. Auch der Staatssekretär, der Staatsanwalt, der Schatzmeister, der Vorsteher des öffentlichen Unterrichts und die Mitglieder des Board of education werden alle 2 Jahre vom Volke erwählt. Zum aktiven Wahlrecht gehört ein Alter von 21 Jahren, dreimonatlicher Aufenthalt im Staate und zehntägiger Aufenthalt im Wahlbezirke.

Die richterliche Gewalt wird von einem Obergericht, Kreisgerichten ꝛc. ausgeübt. Alle Richter werden vom Volke gewählt. Das Obergericht besteht aus einem Präsidenten und den 7 Richtern der 7 Kreisgerichte, die alle auf 6 Jahre gewählt werden. Friedensrichter mit beschränkter Civil- und Kriminalgerichtsbarkeit werden auf 4 Jahre gewählt. Den Kongreß der Union beschickt M. mit 2 Senatoren und 4 Repräsentanten. Das **Schul- und Unterrichtswesen** charakterisirt sich nach dem „Superintendents Report" vom 26. Dec. 1862 folgendermaßen: Es gab da 261,323 schulpflichtige Kinder, davon besuchten die Schule 207,332; in den Schulen fungirten 2380 männliche und 5958 weibliche Lehrer; sämmtliche Lehrer ezogen ein Gehalt von 491,293 Dollars, und für Erbauung und Reparirung von Schulhäusern wurden 112,877 Doll. ausgegeben. Die Staatsnormalschule in Ypsilanti hatte 1862 zusammen 493 Schüler, sie liefert jährlich mehr als 100 Lehrer an die Elementarschulen des Staats. Die **Universität** von M. verdankt ihren Ursprung einer großen Landschenkung. Dieselbe hat Fakultäten für Medicin, Rechtswissenschaft und die höheren Zweige der Wissenschaften und Künste. Sie gehört zu den reichdotirtesten Universitäten und ist trefflich organisirt. Der Unterricht ist frei, bloß für die Matrikel werden 10 Doll. bezahlt. Das astronomische Observatorium, welches mit der Universität verbunden ist, hat durch die daselbst angestellten Beobachtungen bedeutenden Ruf erlangt. Die Zahl der Studenten von 1862 war 615; die Zahl der Professoren und Lehrer 25. Die vom Staate für Unterrichtszwecke verausgabten Gelder gibt der Schatzmeister pro 1862 folgendermaßen an: Schulfonds für Elementarschulen 753,802 Doll.; Fonds für die Universität 185,888 Doll., für die Normalschule 22,453 Doll. Daneben bezog die Universität noch 525,000 Doll. an Revenüen. In der Nähe von Lansing existirt eine staatliche landwirthschaftliche Lehranstalt, mit einer Musterfarm von 700 Acres, einem Laboratorium, einer Bibliothek und einem Museum. Im Jahre 1863 befanden sich daselbst 7 Lehrer und 80 Schüler. Der Kursus ist vierjährig, und es existiren 2 Klassen von Graduirten. In Lansing befindet sich eine Korrektionsschule, die 1856 gegründet wurde u. bis 1862 334 Schüler hatte. Sie hat in Bezug auf moralische und geistige Kultur der Knaben, sowie in der Heranbildung derselben zu gewimbringenden Berufsgeschäften sehr Vorzügliches geleistet.

Im Betreff der **Finanzen** enthält der „Report of the Auditor" pro 1862 folgende Thatsachen:

gesammte Einnahmen pro Jahr . .	1,124,595 Doll.,
gesammte Ausgaben	947,722 „
Bilance 1862:	176,873 Doll.

Die gesammte Schuld des Staats betrug 2,936,753 Doll. Nach bestehenden Gesetzen unterliegt diese Schuld einer raschen Tilgung durch einen entsprechenden Tilgungsfonds. Der Truppenbestand von M. betrug am Schluß des Jahres 1862: 28,224 Mann Infanterie, 7590 Mann Kavallerie, 1352 Mann Artillerie, welche sich auf 9 Batterien vertheilen; endlich 6 Kompagnien Scharfschützen, zusammen 634 Mann stark, und 101 Mann Garden. Während des Krieges hat M. zusammen 40,063 Mann ins Feld geschickt. Der Staat M. zerfällt in 37 Grafschaften (counties), die Hauptstadt des Staats ist seit 1847 Lansing am Grandriver, früher war Detroit, die bedeutendste Stadt des Staats, Hauptstadt. Das Gebiet von M., wo die ersten Ansiedelungen von den Franzosen in der zweiten Hälfte des 17. Jahrhunderts bei Detroit u. Michillimackinac Statt fanden, kam durch den Frieden von 1763 nebst anderen französischen Besitzungen in Nordamerika an Großbritannien, doch war es den Indianern, die sich nach dem Abzug der Franzosen unter ihrem Häuptling Pontiac gegen die Weißen erhoben, erst in blutigen Kämpfen wieder abzunehmen. Auch während des nordamerikanischen Freiheitskriegs war M. Schauplatz erbitterter Kämpfe, und erst 1796 räumten die Engländer Detroit, worauf das Gebiet zuerst zu dem sogenannten Nordwestterritorium gezogen, 1805 aber als besonderes Territorium konstituirt ward. Beim Ausbruch des Kriegs zwischen Großbritannien und den Vereinigten Staaten 1812 drangen die Engländer zuerst in M. ein, und das Land ward darauf der Schauplatz eines verwüstenden Kriegs, in welchem die Indianer meist zu den Engländern hielten. Zu Anfang 1813 nahmen die Nordamerikaner das Land wieder in Besitz, das sich nun schnell wieder erholte und 1835 schon eine so starke Bevölkerung hatte, als zur Konstituirung als Staat nothwendig war. Nachdem darauf durch eine nach Detroit berufene Konvention eine Staatskonstitution entworfen und vom Kongreß genehmigt worden war, erfolgte durch Kongreßakte vom 26. Jan. 1837 die Aufnahme des Staats in die Union.

Michigansee, einer der canadischen Seen in Nordamerika, bildet gleichsam eine südwestliche Abtheilung des Huronsee's, gehört aber ganz zu dem Gebiete der Vereinigten Staaten von Nordamerika. Er ist eine ungeheure Kluft, 74 Meilen lang, bis 18 Meilen breit, bis 940 Fuß tief, hat 205 Meilen im Umfange, bedeckt eine Fläche von 1053 □Meilen und liegt 544 Fuß über dem Meere. Er steht mit dem Huronsee durch die Mackinawstraße in Verbindung und ist von dem Obernsee durch eine lange Erdzunge getrennt. An der Ostseite des See's erheben sich 150 Fuß hohe Sandhügel, im Uebrigen aber ist die Umgebung meist niedrig, und die Ufer bieten wenig Häfen und Baien. Chicago, Milwaukee und Sheboygan an der Westseite sind nur indifferente Häfen. Der See scheint eine monatliche Fluthwelle zu haben, und seine Wasserfläche ist zu verschiedenen Jahreszeiten heftigen Stürmen ausgesetzt. Die Mackinawstraße, wo sich das Eis am längsten hält, ist vom 1. Mai bis 1. Dec. offen. Fischerei findet hauptsächlich bei Mackinaw Statt.

Michillimackinac (d. i. die große Schildkröte, Mackinaw), Stadt im nordamerikanischen Staat Michigan, auf einer Insel des Huronsee's, mit einem Fort, einem kleinen Hafen und 1500 Einwohnern, ein wichtiger Platz für den Pelzhandel.

Mickiewicz, Adam, berühmter polnischer Dichter u. Schriftsteller, geboren 1798 in Nowogrodek in Lithauen, studirte zu Wilna, wo 1822 die erste Sammlung seiner Balladen und Romanzen (Leipz. 1852) erschien, und ward sodann Lehrer an der Schule zu Kowno, aber 1823 wegen Theilnahme an politischen Verbindungen verhaftet und, obgleich ihm etwas Strafbares nicht nachgewiesen werden konnte, nach der Tatarei verbannt. Hier erwarb er sich durch seine trefflichen Sonette „Aus der Krim" (zum Theil übersetzt von Schwab im „Deutschen Musenalmanach" 1833 und von Gaudy) die Gunst des Militärgouverneurs von Moskau, Fürsten Galyzin, der ihn 1826 in sein Gefolge aufnahm. Unglückliche Liebe inspirirte den Dichter zu seiner ersten größern Schöpfung, einem dramatischen Fragment, „**Dziady**" (Todtenfeier) genannt, worin er neben seinem persönlichen Schmerz den Verzweiflungsruf seiner geknechteten Nation in ergreifender Weise ertönen läßt. Bald darauf erschien sein erstes Epos „Konrad Wallenrod" (Petersb. 1828, Leipz. 1858; deutsch von Kannegießer, das. 1834), das, künstlerisch vollendeter als die „Dziady", unter den Polen die Popularität eines Nationalepos gewann und viel zur Weckung des Nationalgefühls beitrug. Der Stoff dieses Gedichts wie auch M.s zweiter epischen Dichtung „**Grazyna**" (Leipz. 1852, deutsch von Nabirlak und Werner) ist den Verzweiflungskämpfen der Lithauer gegen den Orden der Deutschherren entlehnt, nur daß im erstern ein Mann, im zweiten ein Weib die Trägerin der patriotischen und poetischen Idee ist. Seit 1829 bereiste M. Deutschland, Frankreich und Italien. Auf die Nachricht von dem Ausbruch der polnischen Revolution wollte er nach Polen eilen, ward aber in Posen angehalten und ging hierauf nach Paris, wo er seinen Dichtungen, die 1828 in 3 Bänden erschienen waren, 1832 einen 4. Band hinzufügte. In seiner Schrift „**Ksiegi narodu polskiego i pielgrzymstwa polskiego**" (Paris 1832, deutsch unter dem Titel „Die Bücher des polnischen Volks und der polnischen Pilgerschaft", das. 1833) behandelte er in einer der heiligen Schrift nachgebildeten Diktion die Bestimmung Polens in der Vergangenheit und Zukunft. Zwei Jahre später erschien seine dritte epische Dichtung „**Pan Tadeusz**" (Paris 1834, 2 Bde.; deutsch von Spazier unter dem Titel „Herr Thaddeus oder der letzte Sajasd in Lithauen", Leipz. 1833), das vollendetste Werk des Dichters und die Perle der slavischen Literatur überhaupt. Die Fabel spielt in der neueren Zeit, im Jahre 1812, das durch Napoleons I. Feldzug die polnische Nation ihre Wiederherstellung hoffen ließ, und dreht sich um einen Sajasd, einen der vielen Mißbräuche, woran sich Polens Eintracht und Kraft zersplitterten. Der epische Faden, der sich durch das Gedicht zieht, ist nur ein dünner, desto reicher reihen sich daran Schilderungen lithauischen Volkslebens, Scenen in Haus u. Wald, idyllische Landschaftsgemälde und komische Genrebilder. Unter den Naturschilderungen verdient die Beschreibung der grauenvollen Waldeinsamkeit der lithauischen Urwälder besondere Hervorhebung. Nach diesem Werke hat M. kein größeres Produkt mehr geliefert, sondern sich in historische Studien über das Slaventhum vertieft. Im Jahre 1839 erhielt er eine Professur der lateinischen Literatur zu Lausanne, und 1840 wurde er von der französischen Regierung auf den zu Paris am Collége de France neugestifteten Lehrstuhl der slavischen Literatur berufen, wo er 1840—43 seine „Vorlesungen über slavische Literatur und Zustände" (deutsch, Leipzig 1843—44, 4 Bde.; 2. Ausg. 1849) hielt, die sich aber mehr durch Schwung der Phantasie als durch gründliches Quellenstudium auszeichnen, auch ein sehr engherziges katholisches Interesse bekunden. Wegen seiner Betheiligung an dem mystischen Treiben Towianski's wurde er längere Zeit von seinem Lehrstuhl dispensirt. Eine Sammlung seiner Werke erschien 1838 zu Paris in 8 Bänden, der 1845 eine neue Ausgabe folgte. Ludwig Napoleon ernannte ihn 1852 zum Bibliothekar einer der kaiserlichen Bibliotheken in Paris. M. † den 26. Nov. 1855 zu Konstantinopel, wo er im Auftrag seines Kaisers bei der Bildung einer polnischen Legion thätig sein wollte. In Posen ward ihm 1859 ein Denkmal errichtet. M. ist der eigentliche Reformator der polnischen Literatur und ohne Zweifel der bedeutendste Dichter, den die Slaven bis jetzt aufzuweisen haben. Neben der alten slavischen Volkspoesie haben Shakspeare, Schiller und vorzugsweise Byron auf ihn gewirkt; er ward so der Bannerträger der Romantik in seinem Lande, allein er wußte dieselbe so glücklich mit den nationalen Elementen zu verschmelzen, daß er mit Recht als der polnische Nationaldichter verehrt wird. Seine „**Pisma**" (Gedichte) erschienen in 7. Auflage Paris und Leipz. 1844, 4 Bände. Vergl. Adam M., eine biographische Skizze, Leipz. 1856.

Micon, einer der großen griechischen Maler in dem Zeitalter des Phidias, um 440 v. Chr., malte u. A. in der Stoa Poikile u. im Theseustempel die Amazonenschlacht, in letzterem mit Polygnot auch den Kampf der Centauren und Lapithen. Seine Hauptstärke hatte er in der Darstellung von Pferden.

Microtherium, nach H. von Meyer ausgestorbenes Dickhäutergeschlecht, mit hervortretenden und gekrümmten Eckzähnen; Reste finden sich in tertiären Schichten zu Weisenau und Hochheim im mainzer Becken, in der Molasse der Schweiz und im Departement de l'Allier.

Midas, phrygischer König, Sohn des Gordius und der Cybele, erhielt nach der Mythe von Dionysus den Wunsch gewährt, daß Alles, was er berühre, sich in Gold verwandele. Als aber auch Speise und Trank für ihn zu diesem Metall wurde, bat er jenen um Befreiung von dem Gnadengeschenk und erhielt sie dadurch, daß er sich im Pactolus badete, der seitdem Gold führte. Nach einer andern Sage entstellte ihn Apollo mit Eselsohren (Midasohren), da er in einem der Wettstreite Apollo's mit Pan dem letztern den Preis zuerkannt hatte. Lange verbarg er sie unter seinem Turban, und nur sein Barbier wußte um das Geheimniß. Als dieser es nicht mehr bei sich zu behalten vermochte, vertraute er es einer Grube an, aus der dann Schilfrohr wuchs, welches das Geheimniß Allen zuflüsterte.

Middelburg, befestigte Hauptstadt der niederländischen Provinz Seeland, mitten auf der Insel Walcheren und durch einen 1817 angelegten, jetzt sehr versandeten Hafen (von 1 St. Länge) mit den seeländischen Strömen und der Nordsee verbunden, ist Sitz der Provinzialregierung, nett gebaut, mit schönen offnen Plätzen, zahlreichen prächtigen Privathäusern und 16,100 Einw. Unter den öffentlichen Gebäuden zeichnen sich aus das von Karl dem Kühnen 1468 erbaute Rathhaus auf dem Markte, mit der merkwürdigen Alterthumskammer; die Mariaabtei, früher berühmtes Kloster, jetzt Sitz der Regierung; das Museum mit vielen kostbaren Alterthümern, einem schönen Planetarium, Münzkabinet &c., die Getreidebörse, die Handelskompagnie mit einer Leinbahn, die neue Kirche, mit dem Prachtgrabmal der Seehelden J. und C. Evertson. Die Stadt besitzt ferner ein Theater, ein Gymnasium, eine Zeichenakademie, die seeländische Gesellschaft für Wissenschaften, 2 Naturforschergesellschaften, eine klinische und eine Industrieschule, eine Wechselbank und ein freies Handelsentrepot (das frühere ostindische Haus). Früher bedeutende Handelsstadt (noch 1739: 25,000 Einw.), trieb sie einen ausgedehnten Handel mit Ost- und Westindien und der Levante, während der jetzige transatlantische Verkehr sehr unbedeutend ist. Der inländische Handel mit Getreide, Kartoffeln, Krapp ist ansehnlich, ebenso die Baumwollenindustrie. M. ist Geburtsort des Erfinders der Fernröhre, Zacharias Janssen.

Middelfaart, Stadt auf der dänischen Insel Fünen, auf der Nordwestküste, am kleinen Belt, nordwestlich von Odense, hat einen Hafen und 2120 Einw. Ueberfahrtsort nach Jütland.

Middendorff, Alexander Theodor von, namhafter Naturforscher und Reisender, geboren am 6. (18.) Aug. 1815 in Livland, wirkte als Professor der Zoologie erst zu Kiew, seit 1845 an der Akademie zu Petersburg und machte sich durch viele zoologische Arbeiten und die Beschreibung seiner Reise in den äußersten Norden und Osten Sibiriens (Petersb. 1847—57, 4 Bde.) bekannt.

Middlesex, nach Rutland die kleinste Grafschaft Englands, zwischen den Grafschaften Hertford nördlich, Essex östlich, Surrey u. Kent südlich u. Buckingham westlich, umfaßt 13,2 QMeilen mit (1861) 2,206,485 Einw., wovon 2,018,492 Seelen auf die zu M. gehörenden Theile von London kommen. Der südwestliche Theil der Grafschaft besteht aus einer ausgedehnten fruchtbaren Ebene, der Norden ist hügelig; eine Hügelreihe, bei Hampstead, 440 F. hoch, schützt London gegen Nordwinde; eine zweite Hügelreihe, nicht über 400 F. hoch, erstreckt sich an der Grenze von Hertford, und zwischen beiden erhebt sich der isolirte Harrow Hill. Die Hauptflüsse sind die Themse und deren Zuflüsse Colne und Lea. Londonund plastischer Thon ist vorherrschendes Gestein. Ackerbau und Viehzucht bilden außerhalb der Metropole die Hauptbeschäftigung, und London selbst ist von ausgedehnten Gemüsegärten umgeben. Die Industrie schließt sich größtentheils an die von London an. Die vorzüglichsten Orte nächst London sind Chelsea, Fulham, Hamptoncourt, Kensington, Cheswick, Brentford. M. war eins der von den einwandernden Sachsen gestifteten Reiche, das aber frühzeitig wieder einging, indem sein Gebiet unter die angrenzenden vertheilt ward.

Middleton, 1) Fabrikstadt in der englischen Grafschaft Lancaster, am Irk, nordöstlich von Manchester, mit bedeutender Baumwoll- und Seidenmanufaktur, Färberei und 9880 Einw. — 2) Stadt in der irischen Provinz Munster, Grafschaft Cork, nordöstlich am Hafen von Cork, mit 2 Kirchen, Nonnenkloster, lateinischer Schule und 3380 Einw.

Middleton, Conyers, englischer Theolog und Geschichtschreiber, geboren den 27. Dec. 1683 zu Richmond in der Grafschaft York, studirte in Cambridge und wurde 1717 Professor und Universitätsbibliothekar daselbst. Von 1724—25 bereiste er behufs antiquarischer Studien Italien. Im J. 1734 ward er Professor der Geschichte in Cambridge, wo er den 28. Juli 1760 †. Er machte sich namentlich durch „The history of the life of Cicero" (London 1741, 2 Bde.; Basel 1790, 4 Bde.; London 1801, 3 Bde.; deutsch von Seidel, Danzig 1791—93, 4 Bde.), auch die „Antiquitates Middletonianae" (London 1754) und „Miscellaneous works" (das. 1752—57, 4 Bde.) bekannt.

Middletown, Hauptort des nordamerikanischen Staats Connecticut, rechts am Connecticut, hat eine wesleyanische Universität, Handel, Schifffahrt, Fabriken für Waffen aller Art, Zinngeräthe, baumwollene Zeuche, Leder und 9000 Einw.

Middlewich, Marktflecken in der englischen Grafschaft Chester, am Dane, mit lateinischer Schule, Bibliothek, Salzwerken, Schiffswerfte u. 3150 Einw.

Midgard, in der nordischen Mythologie das von den Menschen bewohnte Land.

Midgardsschlange, s. Jormungandr.

Midhurst, Marktstadt in der englischen Grafschaft Sussex, am Rother, nördlich von Chichester, mit lateinischer Schule, bedeutendem Getreidehandel, Schloßruinen und 1350 Einw.

Midianiter, Volksstamm in Arabien, südlich von Palästina, Abkömmlinge Midians, Sohns Abrahams und der Ketura. Ein Zweig derselben, der sich mit den Ismaeliten verbunden hatte, unterstützte die Israeliten auf dem Zuge durch die Wüste; ein anderer aber trat mit den Moabitern und Ammonitern verbündet in feindselige Berührung mit jenen und ward von Pinehas geschlagen. Zur Zeit der Richter belästigten die M. die Juden durch wiederholte Einfälle, bis Gideon sie in der Ebene Jesreel aufs Neue besiegte. Das Volk trieb Viehzucht und Karawanenhandel und hatte einen üppigen Baalsdienst. Sein Name verlor sich endlich unter dem der Araber.

Midilly, türkischer Name der Insel Lesbos.

Midlothian, s. Edinburg.

Midou, Fluß im westlichen Frankreich, entspringt im Departement Gers und mündet bei Mont de Marsan in die Douze links, die nun Midouze heißt und sich rechts in den Adour unterhalb Tartas ergießt.

Midrasch (hebr., Mehrzahl Midraschin), das Studium des mosaischen Gesetzes und die hieraus hervorgegangenen Auslegungen, wie Mischna und Talmud, der öffentliche Vortrag und die freie exegetische Auslegung. Vergl. Jellinek, Bet-ha-M., Leipz. 1853—55, 3 Bde.

Midshipmen (engl., d. i. Mitschiffmänner), in der britischen Marine die Kadeten der Kriegsschiffe, meist junge Leute von guter Erziehung und wissenschaftlicher Bildung, welche zur Erlernung des praktischen Dienstes dienen und gewöhnlich zu Schiffslieutenants befördert werden. Auf einem Linienschiffe ersten Ranges von 120 Kanonen sind 24 M. In der amerikanischen Marine gibt es außerdem Passed-M., d. h. solche, die ihr Examen gemacht und die erste Anwartschaft zu den Lieutenantsstellen haben.

Mieczyslaw, 1) ein slavischer Nationalheld, der in Gestalt eines geharnischten Kriegers mit 4 Lichtstrahlen um das Haupt und einem Stierkopf auf der Brust abgebildet ward.

2) Herzöge und Könige von Polen: a) M. I. (Miesko I.), Sohn Szemomisls, regierte 962—992, ward durch seine achte Gemahlin, Dombrowka oder Dubrawka, eine Tochter des Herzogs Boleslaw I. von Böhmen, 965 zum Christenthum bekehrt und gründete das Bisthum in Posen. Mit den Deutschen, Böhmen und Russen hatte er mehre Kämpfe zu bestehen. Durch Gero den Großen,

Markgrafen von der Lausitz, ward er dem deutschen Reich unterworfen. Seine Bildsäule, von Rauch gefertigt, steht neben der seines Sohnes u. Nachfolgers, Boleslaws, des Besiegers der Russen, im Dome zu Posen. — b) M. II. oder der Träge, Enkel des Vorigen, regierte von 1025—34, machte 1028 und 1030 Einfälle in das östliche Sachsen, wurde aber 1032 von Konrad II. zum Frieden gezwungen und mußte die slavisch-deutschen Landschaften an den deutschen Kaiser abtreten und dessen Oberhoheit auf dem Hoftage zu Merseburg 1032 persönlich anerkennen, wofür er einen Theil Polens zu Lehn erhielt. Schon vorher hatte er Rothreußen an den Herzog Jaroslaw von Kiew und die Slowakei und Mähren an Ungarn verloren. Sein Sohn war Kasimir I. — c) M. III. oder der Alte, erhielt 1139 bei der Theilung Polens durch seinen Vater Großpolen und kam nach dem Tode seines Bruders Boleslaw IV. (1173) zur Oberherrschaft über Polen und in den Besitz Krakau's. Seine Bedrückungen veranlaßten aber seine Vertreibung, worauf ihm sein Bruder Kasimir II. folgte. Erst ein Jahr nach dessen Tode 1196 erhielt M. die Regierung Krakau's wieder zugestanden. Er † 1202.

Miene, das menschliche Angesicht in seiner individuellen Gestaltung, und zwar nicht bloß in seiner bewegungslosen Ruhe und Starrheit, sondern namentlich wie es sich bewegt zeigt und in sofern Ausdruck innerer Gemüths- und Seelenzustände ist. Man pflegt daher das Mienenspiel mit Recht als Spiegel der Seele zu betrachten. Zwar ist es zu weit getrieben, aus den feststehenden Gesichtszügen untrügliche Schlüsse auf den Geist und Charakter eines Menschen zu machen; aber unleugbar gibt es eine Kundgebung der Gedanken und Gefühle durch die M.n, welche um so deutlicher ist, je weniger der Mensch durch die Kultur oder durch Lebenserfahrungen es dahin gebracht hat, seine äußeren Gesichtszüge zu beherrschen oder zu verstellen.' Mit dem Mienenspiel verknüpft sich die unwillkürliche Geberdensprache, die wohl auch unter dem Mienenspiel im weiteren Sinne mit begriffen wird und sich theils in der den gerade obwaltenden Seelenzuständen entsprechenden Haltung und Stellung des ganzen Körpers, theils und ganz besonders in den Bewegungen der Arme und Hände wahrnehmbar macht. Dies Mienen- u. Geberdenspiel ist zunächst etwas Unabsichtliches und Unwillkürliches, wird aber auch sowohl von der Koketterie und Affektation, als von der Heuchelei gemißbraucht, um Andere zu täuschen. In sofern es Ausdruck innerer Seelenzustände ist, kann es auch ein Gegenstand künstlerischer Behandlung und Ausbildung sein; s. Mimik.

Mierevelt, Michel Janson, berühmter Porträtmaler, geboren zu Delft 1568, der Sohn eines Goldschmieds, hatte Ant. von Montfort, genannt Blocklandt, zum Lehrer und lebte meist in seiner Vaterstadt, wo er den 27. August 1641 †. Die Zahl seiner Bildnisse soll sich auf 10,000 belaufen. Sehr viele sind gestochen. Auch Historien und Bambocciaden, die aber sehr selten sind, malte er. Sein Sohn, Pietro M., geboren 1596, † 1632, war ebenfalls als Porträtmaler geschätzt.

Mieris, Frans van, der Aeltere, berühmter holländischer Genremaler, geboren zu Delft den 16. April 1635, ward ein Schüler Gerhard Dows und erlangte namentlich in ergötzlichen Darstellungen niederer Scenen eine Meisterschaft. Er † zu Leyden den 12. März 1681. Die Pinakothek zu München bewahrt mehre Hauptwerke von ihm, z. B. eine Dame im gelben Atlaskleid, die in Gegenwart des Arztes in Ohnmacht fällt, der in einem Gasthof liegende Stiefel des Künstlers und das Austernfrühstück. Das in der Pinakothek aufbewahrte Bildniß des Künstlers zeigt den Ausdruck der sorgenlosesten Fröhlichkeit eines Trinkers. Außerdem finden sich noch bedeutende Bilder von M. in den Gallerien zu Dresden (M. mit seiner Frau im Atelier), Wien, Berlin, im Haag, in Brüssel, in dem Louvre in Paris und in den Uffizien zu Rom. Die besten Stiche nach ihm hat J. G. Wille geliefert. Sein Sohn u. Schüler, Willem van M., geboren 1662 zu Leyden, war zwar weniger erfinderisch als sein Vater, malte auch nicht mit solcher Leichtigkeit, ersetzte aber diese Mängel durch fleißige, fast ängstliche Vollendung seiner Gemälde. Seine Bilder sind meist komischen Inhalts, erst in späteren Jahren lieferte er Darstellungen aus der heiligen Geschichte. Er † 1747. Jan van M., ein zweiter Sohn des Frans van M., geboren zu Leyden den 17. Juni 1660, lieferte namentlich Bildnisse, meist von bedeutender Größe, hielt sich einige Zeit in Deutschland auf und ging dann nach Florenz und Rom, wo er den 17. März 1690 †. Frans van M., der Jüngere, Sohn von Willem van M., geboren den 24. December 1689, malte verschiedene Genrebilder im Geschmack seines Vaters und Großvaters, aber nicht mit gleicher Kunst; auch verfertigte er Porträts und radirte einige kleine Blätter. Bekannter ward er durch seine „Historie des nederlandsche vorsten“ (Haag 1732—35, 3 Bde.); das „Groot charterboek der graaven van Holland, van Zeeland en herren van Vriesland“ (Leipzig 1753—56, 4 Bde.), in welchen Werken er die Münzen nach seinen Zeichnungen stechen ließ, und die „Handvesten der stad Leyden“ (Leyden 1759, 2 Bde.; den 2. Band, sowie die Zusätze zum ersten besorgte Daniel van Alphen). M. † den 22. Oktober 1763.

Mieroslawski, Ludwig von, polnischer Revolutionär und Schriftsteller, geboren 1812 zu Nemours in Frankreich als Sohn eines in der Verbannung gestorbenen polnischen Offiziers, erhielt seine Erziehung im Kadetenhause zu Kalisch. Beim Ausbruch des Novemberaufstandes von 1830 eben als Fähnrich in ein Infanterieregiment in Warschau getreten, schloß er sich jenem mit Begeisterung an u. gehörte in der Nacht des 29. Novembers zu den Vertheidigern des Zeughauses, wurde dann zum Unterlieutenant ernannt und diente abwechselnd im 5. Linienregiment und im 5. Schützencorps. Nach der Schlacht von Ostrolenka führte er als Lieutenant eine Plänklerkompagnie, wohnte allen Gefechten gegen die Russen unter Rüdiger bei und überschritt endlich mit seinem Corps die galizische Grenze. Er begab sich hierauf nach Frankreich und widmete sich hier, durch literarische Arbeiten für demokratische Journale und militärischen Unterricht sich die Subsistenzmittel erwerbend, dem Studium der Mathematik u. der Kriegswissenschaften. Von seinen umfänglicheren Werken aus jener Zeit sind hervorzuheben: „Kritische Darstellung des Feldzugs von 1831“ (deutsch, Berlin 1847, 2 Bde.); „Histoire de la révolution de Pologne“ (Paris 1836—37, 3 Bde.); „Theorie der Revolution, mit besonderer Beziehung auf den Zustand Polens“ und „Theorie des Krieges mit unmittelbarer Beziehung auf den nationalen Aufstand“. In den Jahren 1838—40 hielt er im historischen Institut zu Paris einen Kursus von Vorlesungen über die Geschichte des Slaventhums. Immer höher stieg sein Ansehen unter den politischen Verbannten seiner Nation, und 1842 ward er von denselben zum Mitglied ihrer Centralbehörde in Paris erwählt. Das Organ derselben, „Der polnische Demokrat“, erhielt in ihm einen ebenso thätigen als ausgezeichneten Mitarbeiter. Im Jahre 1845 ward er von der Centralbehörde zum Zweck einer Schilderhebung in seinem Vaterlande mit ausgedehnten Vollmachten nach Posen entsendet, hier aber verrathen, am 12. Februar 1846 verhaftet und nach einem anderthalbjährigen Prozeß den 17. November 1847 zum Tode verurtheilt, welches Urtheil der König von Preußen aber in lebenslängliche Gefängnißstrafe verwandelte. Während des Prozesses hatte sich M. durch Beredtsamkeit, Offenheit und unbeugsame Begeisterung für die Unabhängigkeit seines Vaterlandes, unterstützt durch eine einnehmende Persönlichkeit, viele Bewunderer erworben. Im Gefängnisse verfaßte er die Schrift „Débat entre la révolution et la contrerévolution en Pologne“, die in demokratischem Sinn die Ohnmacht der polnischen Aristokratie schildert, die Nothwendigkeit einer socialen Umgestaltung nachweist u. Polen als die Schutzmauer Westeuropa's gegen die asiatische Barbarei auffaßt. Die Märzrevolution von 1848 hatte ihm kaum die Freiheit gebracht, als er unter den Augen der Regierung die Wiederherstellung Polens proklamirte u. in Posen eine polnische Freischaar zu bilden begann. Der König von Preußen suchte ihn anfangs durch versöhnliche Maßregeln zu gewinnen, als M. aber selbst den deutschen Theil Posens für das künftige Königreich Polen begehrte und die deutsche Bevölkerung terrorisirte, trieb General Colomb die Insurgenten schnell zu Paaren, und M. mußte bei Bardo an der russischen Grenze kapituliren. Wiederum begnadigt, ging er nach Paris zurück und begab sich von da Anfang 1849 nach der Insel Sicilien, um hier den Oberbefehl über die Kriegsmacht der Aufständischen zu übernehmen. Er bewies in dieser Stellung zwar viel Muth und Ausdauer, konnte aber hier der Revolution ebenso wenig zum Sieg verhelfen, wie sodann in Baden, wohin er Anfangs Juni als Obergeneral der revolutionären Armee berufen wurde. Nach Unterdrückung des badischen Aufstandes floh er in die Schweiz, ging von da nach Frankreich und lebte längere Zeit zurückgezogen in Versailles, später in Paris von Privatunterricht. Nach dem Ausbruch des polnischen Aufstandes von 1863 am 25. Januar von der polnischen Nationalregierung zum Diktator ernannt, erschien er am 17. Februar auf dem Kriegsschauplatz, ward aber bereits am 22. und 23. Februar von den Russen entscheidend geschlagen und zur Flucht gezwungen und lebt seitdem wieder in Paris. Noch ist von seinen Schriften hervorzuheben die Darstellung des posenschen Aufstandes: „Powstanie poznanskie“ (Paris 1853), eine bittere Kritik seiner Parteigenossen in Posen.

Mies, Stadt im böhmischen Kreis Pilsen, am linken Ufer des gleichnamigen Flusses, Sitz eines Bergamts, mit Bergbau auf silberhaltiges Blei, einer Chemikalienfabrik, berühmter Weißbierbrauerei und 3600 Einw. Im Jahre 1417 wurde hier das Reichsheer durch die Hussiten besiegt.

Miesmuschel (*Mytilus L.*), Muschelgattung aus der Familie der Ungleichmuskler (*Heteromya*), zählt etwa 50 gesellig im Meere lebende und an 200 fossile Arten aus allen Formationen. Am bekanntesten ist die gemeine od. eßbare M. (*M. edulis L.*), charakterisirt durch eine länglich-eiförmige, fast keilförmige Schale mit gerader, zusammengedrückt-eckiger Vorder- und gekrümmter, bauchiger Hinterseite und einem meist mit 4 Zähnchen versehenen Schloß. Sie ist 2 Zoll lang und ihre Färbung ist meist einfarbig violettblau od. violett-gestreift auf hellerem Grunde. Diese Muscheln finden sich fast in allen Meeren rings um Europa, an den deutschen Küsten auf Sandbänken in unzähliger Menge, meist mit den Bärten zusammenhängend. Sie dienen nicht nur als Köder, sondern werden auch häufig sowohl roh, als gebraten gegessen und sind namentlich auf den londoner Märkten ein gewöhnlicher Artikel. Ihres Wohlgeschmacks wegen hat man sie auch in die Lagunen von Venedig versetzt. Sie finden sich auch zuweilen in süßen Gewässern, z. B. in der Moldau. Im apenrader Fjord rammt man seit alter Zeit Pfähle ein, an welche sie sich ansetzen (daher der Name apenrader Pfahlmuschel). Uebermäßiger Genuß derselben hat Vergiftung andeutende Erkrankung zur Folge gehabt.

Miethkontrakt, s. Pacht.

Mietzel, linker Nebenfluß der Oder, kommt aus dem Soldinersee und mündet bei Klewitz.

Miglio (ital.), die italienische Meile, deren 60 = 1 Grad des Aequators = 0,25 deutsche (geographische) Meile = 1,851 Kilometer.

Mignard, Pierre, französischer Historien- und Porträtmaler, geboren zu Troyes im November 1610, hatte Jean Boucher in Bourges und Simon Vouet zu Lehrern in der Kunst u. lebte sodann 22 Jahre in Italien, meist in Rom, weshalb er den Beinamen des Römers (le Romain) erhielt. Er malte die Bildnisse der Päpste Urban VIII. u. Alexander VII., mehrer römischen Fürsten und Adeligen, und eine bedeutende Anzahl anderer Bildnisse führte er in Venedig aus. Im Jahre 1658 von König Ludwig XIV. zum Hofmaler ernannt, malte er die Bildnisse des jungen Königs und des Kardinals Mazarin und schmückte hierauf im Auftrag der Königin-Mutter die Kuppel der Kirche Val de Grace mit über 200 Figuren von Propheten, Märtyrern ꝛc. Das Werk ist die größte Freskomalerei, die Frankreich besitzt, verlor aber schnell das schöne Kolorit, da der Künstler die Farben auf dem Kalkgrunde nicht gehörig zu behandeln gewußt. Der Saal von St. Cloud hat von M.s Hand namentlich Darstellungen mythologischer Gegenstände. Später führte er für das Schloß von Versailles verschiedene Bilder aus. In der Folge erhielt er auch die Stellen eines Direktors der königlichen Kunstsammlungen, eines Direktors und Kanzlers der Akademie der Künste u. die oberste Aufsicht über die Manufaktur der Gobelins übertragen. Er † den 31. Mai 1695. M. theilt die meisten Mängel seiner Schule, besonders die Kälte u. das konventionelle Wesen; dagegen ist sein aus der venetianischen Schule stammendes Kolorit wärmer und harmonischer, auch übertreffen seine Gestalten, namentlich die Madonnen, die seiner französischen Zeitgenossen an Anmuth. Seine Porträts sind wohl die besten dieser ältern französischen Schule. Im Louvre befindet sich eine bedeutende Anzahl seiner Gemälde; viele seiner Werke sind durch den Stich vervielfältigt worden. Sein Sohn, Pierre, geboren 1640 zu Avignon, ward Hofmaler der Königin Maria Therese, der Gemahlin Ludwigs XIV., wandte sich später der Architektur zu und erbaute mehre Paläste, unter andern die Abtei Montmajour bei Arles und das Portal der Kirche des St. Nikolauskollegiums; † 1725 als Professor der Architektur und Mitglied der Akademie.

Migne, Jacques Paul, namhafter katholischer Theolog, geboren den 25. Oktober 1800 zu St. Flour, wirkte erst als Geistlicher zu Puiseaux in Loiret, begründete aber später zu Petit-Montrouge bei Paris eine großartige Druckerei, aus welcher außer zahlreichen anderen katholisch-theologischen Werken der „Cours complet de théologie et d'écriture sainte" u. (seit 1833) der „L'univers religieux" hervorgegangen sind.

Mignet, François Auguste Alexis, ausgezeichneter französischer Geschichtschreiber, geboren am 6. Mai 1796 zu Aix, besuchte das Lyceum zu Avignon u. machte dann zugleich mit seinem Freunde Thiers seine juristischen Studien auf der Rechtsschule seiner Vaterstadt. Der Erfolg seiner Preisschrift „De la féodalité des institutions de St. Louis et de la législation de ce prince" (Paris 1822), die gekrönt ward, bestimmte ihn, sich der Literatur zu widmen. Er wandte sich mit seinem Freunde Thiers 1821 nach Paris und erhielt eine Anstellung bei der Redaktion des liberalen Oppositionsblatts „Courrier français", bis er 1830 zu dem von Thiers neugegründeten „National" überging. Gleichzeitig hielt er Vorlesungen am Athénée über die Reformation und die englische Revolution und schrieb seine berühmte „Histoire de la révolution française" (Par. 1824, 2 Bde.; 10. Aufl. 1840; deutsch von Burckhardt, Leipzig 1842, 2 Bde.), worin er weniger eine Charakteristik der hervorragenderen Männer jener Revolution gibt, als vielmehr den ursächlichen Zusammenhang der einzelnen Revolutionsereignisse nachzuweisen und die Knotenpunkte der historischen Entwickelung in helles Licht zu setzen suchte. Nach der Julirevolution, an der er durch Theilnahme an der Protestation der liberalen Journalisten thätig war, erhielt er den Titel eines Staatsraths und die einträgliche Stelle eines Archivdirektors im Ministerium des Auswärtigen. Als Mitglied der Kammer 1832—35 hat er dem Ministerium bei mehren Gelegenheiten wichtige Dienste geleistet. Bei der Gründung der 5. Klasse des Instituts der Akademie (Académie des sciences morales et politiques) 1832 ward er zum Mitglied derselben und später zu ihrem Sekretär, 1837 aber zum Mitglied der französischen Akademie ernannt. Die geistreichen Gedächtnißreden, die er als Sekretär der 5. Klasse des Instituts gehalten hat, sowie einige kürzere Aufsätze finden sich in den „Notices et mémoires historiques" (Par. 1843, 2 Bde.; deutsch von Stolz, Leipzig 1843, 2 Bde.). Als Mitglied des unter Guizots Ministerium gegründeten historischen Komité's hat M. die „Négociations relatives à la succession d'Espagne" (Par. 1835, 4 Bde.) herausgegeben und die von einem jüngeren Mitgliede besorgte Ausgabe der „Relations des ambassadeurs vénitiens" (2 Bde.) wesentlich gefördert. Die Februarrevolution beraubte ihn seiner Stelle im Ministerium und im Staatsrath, und nach dem 2. December 1851 verzichtete er auch auf den Titel des Vorsitzenden des historischen Ausschusses. Noch ist von seinen Werken hervorzuheben: „Antonio Perez et Philippe II" (Par. 1845); „Charles Quint, son abdication, son séjour et sa mort au monastère de Yuste" (das. 1854) u. „Histoire de Marie Stuart" (das. 1850, 2 Bde.; deutsch von Bülau, Leipzig 1852). In Aussicht gestellt ist von ihm eine Geschichte der Reformation, für welche er schon über 300 Bände Korrespondenzen u. Manuskripte gesammelt hat. Zahlreiche kleinere Arbeiten von ihm enthalten das „Journal des savants" und die „Revue des deux mondes".

Mignon (franz.), Liebling, besonders Bezeichnung der Günstlinge des Königs Heinrich III. von Frankreich.

Mignon (Minjon), Abraham, Blumen-, Früchte- u. Stilllebenmaler, geboren 1639 zu Frankfurt a. M., war Jakob Moreels und Jan David de Heems Schüler in Utrecht, malte Blumen, Früchte von frischestem Kolorit und von ungemeiner Naturtreue, oft mit Thauperlen darüber, die man wegwischen zu können glaubt. Auch seine Schmetterlinge, Raupen, Fische rc. scheinen zu leben. Er lebte zuletzt in Wetzlar und † daselbst 1679. Neben Maria Sibylla Merian (s. d.) waren seine beiden Töchter seine vorzüglichsten Schülerinnen.

Migräne (v. Franz., verstümmelt von Hemicrania [griech.], d. i. halbseitiges Kopfweh), besondere Art Kopfschmerz, die gewöhnlich nur Eine Seite des Kopfs einnimmt, heftiger ist als der gewöhnliche Kopfschmerz u. ohne äußere Veranlassung periodisch wiederkehrt, ist ihrem Wesen nach eine Neuralgie der Schädelnerven, besonders der Aeste des 5. Nervenpaars. Die Anfälle kommen in sehr verschiedenen Zwischenräumen, von einer Woche bis zu mehren Monaten, beginnen meist mit übler Laune u. Verdauungsbeschwerden, oft auch mit einer Fieberanwandlung, dauern 8 bis 12 Stunden u. enden mit einem erquickenden Schlafe. Die Anlage zur M. ist oft erblich. Das Uebel befällt besonders Erwachsene, aber auch Kinder von 7 bis 8 Jahren, und verschwindet meist im Alter. Blutarme, bleichsüchtige, hysterische Personen sind der M. am meisten ausgesetzt, besonders nach Gemüthsbewegungen. Es reicht gewöhnlich hin, den Kranken in einem finstern kühlen Zimmer unter Fernhaltung alles Geräusches, aller Gerüche, Besuche, Gemüthsbewegungen ruhig liegen zu lassen; die Füße werden sehr warm, der Kopf aber wird kühl gehalten. Er athme tief und lang ein und nehme kühlende Getränke, bisweilen nützen auch ableitende Mittel, Senffußbäder, Klystiere, Brausepulver, starke Magnete rc. Die Radikalkur richtet sich auf Stärkung (durch Stahlmittel, Chinin, Landluft rc.), Bethätigung der Haut durch Dampfbäder, Schwitzen in nassen Decken rc.

Miguel, San, 1) die größte u. wichtigste Insel der Azoren (s. d.). — 2) Departementshauptstadt in der mittelamerikanischen Republik St. Salvador, am Fluß gleichen Namens u. nahe am Fuße eines Vulkans, hat regelmäßige Straßen mit bequemen Häusern, einige hübsche Kirchen, viele Kaufläden, große Messen u. 10,000 Einw. Die Stadt wurde 1530 gegründet. Im Bürgerkrieg ward sie 1845 durch General Guardiola auf furchtbare Weise geplündert.

Miguel, Dom Maria Evarist, der Usurpator Portugals, geboren zu Lissabon am 26. Oktober 1802, war der dritte Sohn des Königs Johann VI. von Portugal und der spanischen Infantin Carlotta Joachime, wuchs als Liebling der Mutter in Brasilien ohne alle Erziehung und Bildung zum Jüngling heran. In die religiösen und politischen Pläne seiner Mutter eingeweiht, zeigte er sich, nachdem die königliche Familie 1821 aus Brasilien zurückgekehrt war, als einen fanatischen Gegner des konstitutionellen Princips, zettelte 1824 eine Verschwörung zum Sturz der von seinem Vater begünstigten Konstitution an, gewann einige tausend Mann Truppen für sich u. ließ plötzlich am 1. März die Minister verhaften und den Vater im Palast bewachen. Dieser aber entkam am 9. Mai mit Hülfe des englischen u. französischen Gesandten auf ein im Hafen liegendes englisches Linienschiff, u. die Königin u. M. wurden hierauf verbannt. Letzterer ging Mitte Mai über Paris nach Wien. Nach seines Vaters Tode (am 10. März 1826) überließ dessen ältester Sohn, Kaiser Dom Pedro von Brasilien, den portugiesischen Thron seiner Tochter, Donna Maria da Gloria, mit der Bestimmung, daß sich die Königin bei erlangter Altersreife mit ihrem Oheim Dom M., der bis zu ihrer Mündigkeit Regent sein sollte, vermählen solle. Dom M. beschwor hierauf die Charte Dom Pedro's u. übernahm im Februar 1828 die Regentschaft, doch nur, um alsbald die versammelten konstitutionellen Cortes aufzulösen, am 3. Mai die alten Cortes zu berufen und sich von ihnen am 25. Juni als legitimer König von Portugal ausrufen zu lassen. Zwar erklärte Dom Pedro seinen Bruder aller Rechte für verlustig und hob dessen Verlobung mit seiner Tochter auf, auch erkannte keine europäische Macht, Spanien ausgenommen, denselben an, gleichwohl aber blieb dieser im Besitz der Macht, die er hauptsächlich zur schonungslosesten Verfolgung der Liberalen durch Einkerkerung, Verbannung und Güterkonfiskation benutzte. Nur die Insel Terceira war im Besitz der Liberalen geblieben und ward der Zufluchtsort aller Verfolgten. Hier sammelte Dom Pedro, der im Juni 1831 selbst aus Brasilien kam, ein Heer, eroberte von hier aus am 8. Juli 1832 Oporto, besetzte am 28. Juli Lissabon und führte Donna Maria als Königin dahin zurück. Da sich auch England u. Spanien für die letztere erklärten, mußte Dom M. am 26. Mai 1834 zu Evora die Kapitulation unterzeichnen, nach welcher er gegen ein Jahrgeld von etwa 100,000 Thalern der portugiesischen Krone entsagte und das Land nie wieder zu betreten versprach. Auf einem englischen Schiffe schiffte er sich am 1. Juni nach Italien ein, protestirte aber von Genua aus gegen seine Entsetzung und wiederholte dies später in Rom, wohin er sich zurückzog, weshalb ihm das Jahrgeld wieder entzogen wurde. Im Jahre 1851 vermählte er sich mit der Prinzessin Adelheid von Löwenstein-Wertheim-Rosenberg und lebt seitdem meist auf der löwensteinschen Besitzung Heubach bei Miltenberg. Aus dieser Ehe entsprangen mehre Töchter u. ein Sohn, Dom Miguel, geboren den 19. Sept. 1853.

Mihiel, St., Stadt im französischen Departement Meuse, an der Maas, hat ein Tribunal, Kommunalcollége, eine öffentliche Bibliothek, Fabrikation von Stickerei-, Strumpf- und rouener Waaren, Tuch, Oel, Leder, Papier, Leinwand, Baumwollengarn, mathematischen Instrumenten, Brauereien, Handel mit Wein, Wolle, Oel, Getreide und 5470 Einw. In der Umgegend Eisenwerke.

Mihmandar (Mehmendar), türkischer Beamter vom Rang eines Kapidschi-Baschi's, der fremden Gesandten entgegengeschickt wird.

Mijares (Millares), Küstenfluß im östlichen Spanien, entspringt in der Provinz Teruel, bewässert die reizende Ebene von la Plana und mündet nach 16 Meilen Laufs ins Mittelmeer.

Mikado, Titel der weltlichen Kaiser in Jäpan (s. d.).

Mikania *Willd.*, Pflanzengattung aus der Familie der Kompositen, charakterisirt durch die 4blüthigen Blüthenköpfchen, den 4blätterigen, einreihigen, am Grunde mit Deckblättchen versehenen Hüllkelch, die kurze, am Schlunde erweiterte, fast glockenförmige Blumenkronenröhre mit beinahe vorstehenden Antheren und die eckige Achene, meist kletternde Kräuter und Sträucher in Amerika, deren bekannteste Art: M. Guaco *Humb.* et *Bonpl.*, Guaco, in Kolumbien gegen den Biß giftiger Schlangen gerühmt und innerlich, sowie äußerlich als Breiumschlag dagegen gebraucht wird. Seit 1830 kam die Pflanze als Mittel wider die Cholera nach Europa, hat sich aber in dieser Hinsicht nicht bewährt. Alle Theile riechen stark und durchdringend und schmecken etwas ekelhaft und bitter. Die getrockneten Blätter enthalten Guacin (Alkaloïd), Wachs, Chlorophyll, eine adstringirende und extraktive, gerbstoffähnliche Materie, Holzfaser, salz- u. schwefelsaures Natrum, schwefelsauren, phosphorsauren und kohlensauren Kalk, Kieselerde, Eisenoxyde.

Miklosich, Franz, gelehrter Slavist, geboren am 20. November 1813 bei Luttenberg in Steiermark, studirte zu Grätz die Rechtswissenschaft und ging sodann, um als Advokat zu prakticiren, nach Wien, nahm aber hier 1844 die Stelle eines Skriptors an der Hofbibliothek an und ward 1849 zum außerordentlichen und 1850 zum ordentlichen Professor der Slavistik an der wiener Hochschule und gleichzeitig zum wirklichen Mitglied der kaiserlichen Akademie der Wissenschaften ernannt. Durch den Text des „Glagolita Clozianus“ auf das genauere Studium des Slavischen hingeführt, drang er, namentlich an der Hand der Schätze der Hofbibliothek, immer tiefer in die Kenntniß des Altslavonischen ein. Als Früchte seiner Studien in dieser Richtung erschienen: „Radices linguae palaeoslovenicae“ (Leipz. 1845), „Lexicon linguae palaeoslovenicae“ (Wien 1850), die „Vergleichende Grammatik der slavischen Sprachen“ (1. u. 3. Bd., das. 1852—56), durch welche er das wissenschaftliche Studium der slavischen Sprachen begründete, „Formlehre der altslavischen Sprache“ (2. Aufl. das. 1854) und die „Chrestomathia“ (2. Aufl., Wien 1861) der altslowenischen Sprache u. als Textausgaben: „Vita S. Clementis“ (griech., Wien 1850), „Codex Suprasliensis“ (das. 1851), „Apostolus monasterii Shishatovacensis“ (das. 1853), sowie die „Chronik des Nestor“ (Bd. 1, das. 1860).

Mikowec, Ferdinand Bratislaw, böhmischer Dichter, Journalist und Alterthumsforscher, geboren den 24. December 1826 zu Burgstein im leitmeritzer Kreise, machte sich außer durch mehre Dramen und eine Reihe von Monographien durch das „Album des Königreichs Böhmen“ (Olmütz 1859) und „Die Alterthümer und Denkwürdigkeiten Böhmens“ (Prag 1860—62), sowie die Begründung der Zeitschrift „Lumir" (1851) bekannt. Er † den 22. Sept. 1862.

Mikrakustisch (v. Griech.), kleinhörig, nennt man die Instrumente, welche zur Verstärkung des Gehörs, d. h. zur Zuleitung des Schalles, dienen.

Mikrographie (v. Griech.), Beschreibung kleiner Gegenstände, die unter dem Mikroskop betrachtet sind.

Mikrokosmus (v. Griech.), s. Makrokosmus und Mikrokosmus.

Mikrolog (v. Griech.), s. v. a. Kleinigkeitskrämer, Pedant, Silbenstecher; daher Mikrologie, Lehre von kleinen Dingen, Haschen nach geringfügigen Dingen.

Mikrometer (v. Griech.), Vorrichtung zum Messen sehr kleiner Objekte od. Winkel bei Beobachtungen mit dem Mikroskop oder Fernrohr. Das Glasmikrometer ist eine kleine Glasscheibe, mit eingravirter Skala, welche so ins Mikroskop gelegt wird, daß man die Theilstriche und zugleich das Objekt erblickt, wobei es dann leicht ist, die Skalentheile zu zählen, die das Objekt umfaßt. Nobert fertigt solche M., bei denen die einzelnen Striche nur $^1/_{8000}$ pariser Linien von einander entfernt sind. Bei Fernrohren bringt man das M. genau im Brennpunkte des Objektivs an und findet dann die Differenz der Winkel der Visirlinien zweier entfernten Punkte, von denen der eine hinsichtlich seiner Lage bereits genau bestimmt ist, indem man die Linien zählt, welche scheinbar zwischen ihnen liegen. Unter welchem Sehwinkel aber 2 benachbarte Linien des M.s erscheinen, kann man leicht bestimmen, wenn man aus genau bekannter Entfernung nach einer Nivillirlatte visirt. Aus der Anzahl der Theilstriche der Stange, die zwischen je 2 Strichen des M.s liegen, berechnet man dann leicht den Sehwinkel, unter welchem sie, durch das Okular betrachtet, erscheinen. Das Fadenmikrometer ist ein im Brennpunkt des Objektivs eines Fernrohrs angebrachter und mit Spinnenfäden überzogener Ring, der ebenso wie das Glasmikrometer benutzt wird. Das Schraubenmikrometer besteht aus einer Mikrometerschraube, die den Objektivtisch eines Mikroskops so lange verschiebt, bis ein im Okularrohr angebrachtes Fadenkreuz erst den einen, dann den entgegengesetzten Rand des Objekts genau begrenzt. Das Fadenkreuz ist entweder ein mit Spinnenfäden überzogener Ring, oder eine geritzte Glasscheibe. In Fernrohren benutzt man es hauptsächlich zur Messung der Deklinationsunterschiede eines Planeten und eines gleichzeitig im Fernrohr erscheinenden bekannten Firsterns. Zu diesem Zweck stellt man das Fernrohr so ein, daß der bekannte Stern sich immer auf einem Strich eines gewöhnlichen Glasmikrometers fortbewegt, mit andern Worten, daß dieser Strich dem Himmelsäquator parallel liegt. Nun ist ein durch eine Mikrometerschraube beweglicher Schieber mit einem Faden vorhanden, welcher so verschoben werden kann, daß er mit den Strichen des Glasmikrometers parallel bleibt. Man stellt ihn so ein, daß er den Mittelpunkt des zu beobachtenden Sterns schneidet, und liest dann die Umdrehungen der Mikrometerschraube, deren Werthe bekannt sein müssen, ab. Hieraus ergibt sich dann der Unterschied in der Deklination beider Sterne. Mittelst derselben Vorrichtung kann man natürlich auch den Durchmesser bei bekannter Entfernung, oder die Entfernung bei bekanntem Durchmesser eines Sterns, oder eines terrestrischen Gegenstandes bestimmen. Das Kreismikrometer besteht aus einem in einen Ring von planem Glase eingesetzten Metallring, der im Sehfeld eines Fernrohrs freischwebend erscheint. Er dient zur Beobachtung der Zeitunterschiede zwischen dem Ein- und Austritt, den zwei Sterne zeigen, woraus man den Unterschied in der Rektascension und, wenn man den bekannten Durchmesser des Ringes zu Hülfe nimmt, den Deklinationsunterschied beider Sterne berechnen kann. Das rochonsche M. besteht aus 2 aneinander gekitteten dreiseitigen Prismen aus Bergkrystall, die zusammen einen Würfel bilden und so zwischen dem Okular u. dem Objektiv eines einfachen Fernrohrs verschoben werden können. Das Prismenpaar zeigt 2 Bilder des zu beobachtenden Gegenstandes und wird so lange verschoben, bis diese beiden Bilder sich gerade berühren. Die Stellung des M.s zwischen Okular und Objektiv, deren Werth man vorher besonders bestimmt hatte, ergibt die Entfernung bei bekannter Größe und die Größe bei bekannter Entfernung des Gegenstandes, doch eignet sich dies M. fast nur für terrestrische Messungen. Ueber Heliometer, welches sich besonders für Fernrohre eignet, s. Heliometer. Das Positionsmikrometer dient zur Messung der Winkeldistanz zweier Sterne und der Neigung der durch sie gelegten Geraden gegen die Deklinationsebene des einen der Sterne (des Positionswinkels). Die ganze Mikrometervorrichtung muß zu diesem Zweck um die optische Axe des Fernrohrs drehbar sein, wobei von einer Kreistheilung die Größe des Drehungswinkels abgelesen wird.

Mikrometerschrauben, Instrumente, um Messungen oder Eintheilungen auszuführen. Jede Schraube bewegt sich während einer ganzen Umdrehung um so viel in der Richtung ihrer Axe fort, als die Ganghöhe, d. h. die Steigung des Gewindes auf einem Umgange, beträgt. Wenn also eine Schraube auf 1 Zoll Länge n Gänge hat, so bewegt sie sich bei jeder Umdrehung um $\frac{1}{n}$ Zoll fort. Kann sich die Schraube drehen, aber nicht fortbewegen, so muß die Mutter jene Fortschreitung machen. Nun kann man die Schraube mit einer Scheibe versehen, deren Umkreis eine Theilung besitzt, und dann ist es leicht, die Schraube mittelst eines Zeigers jeden beliebigen Theil einer Umdrehung machen zu lassen und so in der Richtung der Axe der Schraube auch die kleinste Fortbewegung mit Sicherheit zu bestimmen. Die Genauigkeit der Messung oder Eintheilung durch M. ist, wie man sieht, wesentlich davon abhängig, daß die von der Schraube veranlaßte Fortbewegung wirklich im genauen Verhältniß der Umdrehung erfolge, was nur dann möglich ist, wenn die Steigung des Gewindes in allen Theilen desselben völlig gleich ist. Dies zu erreichen, ist äußerst schwierig, doch gibt es Einrichtungen, die Fehler fast vollkommen zu heben. Vgl. Poggendorffs „Annalen", 61, 129; Polytechn. Centralbl. VI, 144; Polytechn. Journ. 92, 86.

Mikrometerzirkel, Instrumente, welche ein genommenes Maß bedeutend vergrößert darstellen und daher sehr feine Abmessungen gestatten. Man wendet hauptsächlich drei Konstruktionen an. Die Schenkel eines Dickzirkels sind jenseits des Scharniers bedeutend u. geradlinig verlängert, am äußersten Ende trägt eine dieser Verlängerungen einen Gradbogen und die andere einen dazu gehörigen Nonius. Oder der eine Schenkel ist auf einem kleinen Gestell befestigt, der zweite, allein bewegliche Schenkel verlängert sich jenseits des Drehungspunktes in eine lange Nadel, welche auf einem festliegenden Gradbogen die Oeffnung vergrößert angibt. Endlich kann diese Einrichtung dahin abgeändert werden, daß die Fortsetzung des beweglichen Schenkels nicht selbst den Zeiger bildet, vielmehr auf irgend eine Weise einen besondern Zeiger treibt, der auf einem Gradbogen oder einem Zifferblatte seinen Weg durchläuft. Die M. werden besonders in der Uhrmacherei zum Messen von Federn, Zapfen, Drähten ꝛc. angewandt. Fehlt es an diesen Instrumenten, so kann man die Dicke eines feinen Drahtes auf die Weise messen, daß man ihn auf einen polirten Stab wickelt, die gut gezählten Windungen ganz dicht aneinander schiebt, mit Zirkel und Maßstab den Raum, welchen sie einnehmen, mißt und diese Größe durch die Zahl der Windungen dividirt. Nach demselben Princip mißt man den Durchmesser kleiner Kugeln, indem man sie längs eines Lineals aneinander legt. Geht ein mit dem Zirkel gefaßtes kleines Maß nicht in ganzen Theilen des Maßstabs auf, so trägt man es zu wiederholten Malen auf den Maßstab auf, bis man mit der Zirkelspitze genau einen Theilstrich trifft, und findet dann durch Division den Betrag des einfachen Maßes in kleineren Unterabtheilungen, als der Maßstab selbst darbietet.

Mikrophotographien (v. Griech.), photographische Aufnahmen der vergrößerten Bilder mikroskopisch kleiner Gegenstände, im Gegensatz zu den mikroskopischen Photographien, mikroskopisch kleinen Bildern großer Gegenstände.

Mikroskop (v. Griech.), optisches Instrument, welches dazu dient, sehr kleine u. nahe Gegenstände dem Auge vergrößert darzustellen. Die scheinbare Größe eines Gegenstandes hängt von der Größe des Sehwinkels ab, unter welchem wir ihn erblicken. Nun wird der Sehwinkel um so größer, je mehr wir den zu betrachtenden Gegenstand dem Auge nähern, allein das Auge fordert eine gewisse Entfernung der Gegenstände und gibt undeutliche Bilder, wenn wir ihm dieselben noch näher rücken. Der Zweck eines M.s ist daher lediglich der, die Beobachtung kleiner Gegenstände aus größerer Nähe (unter größerem Sehwinkel) zu ermöglichen, als dies mit unbewaffneten Augen geschehen kann. Deshalb ist ein Kartenblatt mit einem feinen Loch auch ein M., allein man rechnet für gewöhnlich nur Linsen und Linsenkombinationen zu den M.en. Sammellinsen von kurzer Brennweite, welche von Gegenständen, die sich innerhalb ihrer Brennweite befinden, ein vergrößertes Bild entwerfen, heißen Lupen, Vergrößerungsgläser und wenn sie mit einem Stativ und sonstigen Vorrichtungen zur genaueren Untersuchung versehen sind, einfache M.e. Bei bikonvexen Linsen, an welchen beide Flächen gleichen Krümmungshalbmesser haben, fallen die Fehler der sphärischen Aberration und der Farbenzerstreuung stets bedeutender aus als bei plankonvexen Linsen von gleicher Brennweite, wenn man die ebene Seite dem Objekt zuwendet. Theilweise werden diese Fehler durch die Cylinderlupen beseitigt, welche aus einem cylindrischen Stück Glas bestehen, dessen beide Endflächen konvex geschliffen, aber ungleich gekrümmt sind. Noch reinere Bilder geben die Lupen von Coddington u. Brewster (Concavside, Vogelaugenlinsen), bei welchen eine Kugel mit einer ziemlich tiefen Rinne versehen ist, so daß nur centrale Strahlen ins Auge gelangen können. Sie geben eine mehr als zwanzigfache Vergrößerung, haben aber wie die Cylinderlinsen ein sehr beschränktes Gesichtsfeld und müssen dem Objekt sehr nahe gebracht werden. Wesentliche Vortheile erreicht man durch Anwendung von 2 (Doublets) oder 3 (Triplets) Plankonvexlinsen, welche in bestimmter Entfernung von einander befestigt werden. Die Lupen von Pritchard u. Chevalier geben selbst noch eine 300malige Vergrößerung. Chevalier hat die Doublets noch mit einer achromatischen Konkavlinse versehen u. dadurch besonders einen größeren Abstand des Objekts erzielt. Sehr empfehlenswerth sind die ähnlich konstruirten achromatischen Stativlupen von Brücke, bei welchen die Linsen in einem Messingcylinder befestigt sind; letzterer ist mit einem Spalt versehen, in welchen man das zwischen 2 Glasplättchen befindliche Objekt hineinschiebt. Bei der immer mehr sich vervollkommnenden Einrichtung der zusammengesetzten M.e werden die einfachen allmählig ganz verdrängt, und man benutzt sie bei 60—100maliger Vergrößerung hauptsächlich nur noch zum Präpariren der Objekte für das große M. Diese Präparirmikroskope (Zeiß in Jena, Bénèche in Berlin) sind mit einem bequemen Gestell und mit Beleuchtungsapparaten versehen.

Bei dem zusammengesetzten M. befinden sich die zu beobachtenden Gegenstände stets nahe bei einer Sammellinse von kurzer Brennweite, u. zwar etwas jenseits des Brennpunktes. Diese Linse, die Objektivlinse, das Objektiv, entwirft ein vergrößertes Bild des Gegenstandes, welches nun durch eine zweite Linse, das Okularglas, Okular, abermals vergrößert wird; die Vergrößerung, welche das ganze Instrument hervorbringt, ist demnach das Produkt der Vergrößerungen jedes einzelnen dieser Gläser. Vergrößert z. B. das Objektiv 30mal, das Okular 10mal, so erhält man eine 300malige Gesammtvergrößerung des Gegenstandes. Das vom Objektiv entworfene Bild des Gegenstandes verhält sich in Bezug auf das Okular doch nicht ganz so, als wenn man den Gegenstand selbst durch diese Linse betrachten würde. Letzterer würde nämlich von jedem Punkt und nach allen Seiten hin Lichtstrahlen aussenden, die durch das Objektiv gegangenen Strahlen setzen dagegen ihren Weg geradlinig fort, und daher kommt es, daß das Gesichtsfeld des M.s von dem Durchmesser des Okulars abhängt und durch den Winkel gemessen wird, unter welchem das Okular von der Mitte des Objektivs aus erscheint. Man übersieht das ganze Gesichtsfeld, wenn man das Auge etwas vom Okular entfernt und es an die Stelle der Axe des Instruments bringt, an welcher die durch den Rand des Okulars austretenden Strahlenbündel diese Axe schneiden. Die mechanische Einrichtung des M.s ist für gewöhnlich der Art, daß an einem senkrechten Messingrohr unten das Objektiv und oben das Okular befestigt ist. Das Rohr ist gegen den unter dem Objektiv befindlichen Objekttisch verschiebbar, u. unter letzterem, der durchbrochen ist, befindet sich der Beleuchtungsapparat, durch welchen koncentrirtes Licht auf den zu beobachtenden Gegenstand geworfen wird. Das Ganze ist auf einem Stativ befestigt, welches verschieden geformt zu sein pflegt, am besten aber die von Oberhäuser eingeführte Hufeisenform besitzt. Kleine Instrumente werden oft so konstruirt, daß das Stativ auf den Deckel des Kästchens, welches zur Aufnahme des Instruments dient, aufgeschraubt werden kann. Die Gesammthöhe eines M.s beträgt in der Regel 300—360 Millimeter, und nur einige der größten erreichen eine Höhe von cirka 450 Millimeter, so daß man bei gewöhnlicher Tischhöhe nur stehend damit arbeiten kann. Bisweilen ist das Gestell so eingerichtet, daß das Mikroskoprohr mit dem Objekttisch um eine horizontale Axe beliebig geneigt werden kann. Die verschiedenen Objekte und die stärkere oder schwächere Vergrößerung derselben erfordern eine Veränderung der Entfernung des Objekts vom Objektiv. Diese *Einstellung* wird gewöhnlich in der Weise hervorgebracht, daß man durch ein gröberes Zahnrad das Mikroskoprohr zunächst in die ungefähr richtige Stellung bringt und dann durch ein feineres Rad die genaue Einstellung vollendet. Bisweilen ist auch das Rohr in einer etwas federnden Hülse verschiebbar, so daß beide Räder (oder wenigstens das gröbere) wegfallen. Selten wird der Objekttisch gegen das feststehende Rohr eingestellt. Der Tisch hat $2\frac{1}{2}$—3 Zoll Durchmesser u. eine sehr große Oeffnung. Unter der letzteren befinden sich verschiebbare Scheiben mit verschieden großen Oeffnungen, so daß man diese nach Belieben wechseln kann. Außerdem ist der Tisch mit Schlitten versehen, um mit Hülfe von 2 Schrauben das Objekt beliebig verrücken zu können. Größere Instrumente werden zweckmäßig so eingerichtet, daß der Tisch mit dem ganzen oberen Theil des M.s um dessen optische Axe drehbar ist, indem es dadurch möglich wird, das schief einfallende Licht unter jedem beliebigen Winkel auf das Objekt wirken zu lassen. Auf dem Tisch wird das Objekt, welches zwischen 2 Gläsern liegt, entweder gar nicht, od. durch Federn festgehalten, in neuerer Zeit wendet man hierzu aber auch Magnetismus an. Der *Beleuchtungsapparat* besteht aus einem Plan- oder Hohlspiegel von gewöhnlicher Größe, welcher dem Objekt hinreichend genähert und außerdem seitlich verstellt werden kann. Um das so erzielte Licht noch zu verstärken, wendet man Beleuchtungslinsen an; in beiden Fällen wird der einfallende Lichtkegel durch die Blendungen begrenzt. Selbstverständlich ist das von unten einfallende Licht nur für durchsichtige Körper brauchbar; undurchsichtige beleuchtet man von oben durch Linsen. Wenham wendet einen parabolischen Reflektor an, um einen durchsichtigen Gegenstand als einen undurchsichtigen erscheinen zu lassen, wodurch die Struktur seiner Oberfläche sich schärfer beurtheilen läßt als in Verbindung mit durchgelassenem Licht. Es kann in manchen Fällen unbequem werden, von oben herab ins M. zu blicken; um dies zu vermeiden hat man das Rohr des Instruments rechtwinklig gebogen. Das Objektiv sitzt am unteren Ende eines kurzen vertikal stehenden Rohrs senkrecht über dem Objekt, die Lichtstrahlen, die durch das Objektiv eingetreten sind, werden an der Hypotenuse eines Glasprisma's total reflektirt und gelangen so in ein horizontales Rohr, an dessen anderem Ende das Okular befindlich ist. Bei mikrochemischen Operationen können saure Dämpfe an das Objektiv gelangen und es beschädigen. Dies wird durch das *umgekehrte M.* vermieden, bei welchem der Beleuchtungsspiegel über und das Objektiv unter dem Objekttisch angebracht ist. Durch zweimalige innere Reflexion in einem entsprechend geschnittenen Prisma werden die Lichtstrahlen herumgelenkt und gelangen in ein aufrecht stehendes Rohr, an dessen oberem Ende das Okular sitzt. Das *photographische M.* steht auf einer Camera obscura und ist mithin umgekehrt, so daß das Objekt über dem Objektiv liegt. Durch ein kleines Perspektiv blickt man auf die empfindliche Platte und stellt das Bild auf dieselbe durch eine Schraube ein. In neuerer Zeit konstruirt man M.e, die, ohne das Objekt zu verrücken, horizontal gehalten werden können. Sie eignen sich besonders für Vorlesungen und Demonstrationen, um das Präparat aus einer Hand in die andere geben zu lassen. Sehr wesentlich war der Fortschritt in der Mikroskopie, als man anfing, achromatische Objektive zu benutzen. Man erzielte so viel reinere und hellere Bilder, allein die Objektive waren so schwach, daß man von stärkeren Vergrößerungen absehen mußte. Diese wurden erst durch Einführung von Kombinationen mehrer achromatischen Linsen anstatt einer einzigen möglich. Bei einer solchen verursacht die sphärische Aberration die Entstehung unreiner Bilder, und wollte man die Linse so weit bedecken, daß nur der centrale Theil derselben frei bleibt, so würde man wohl ein schärferes Bild gewinnen, aber an Lichtstärke bedeutend verlieren. Wendet man dagegen mehre Linsen an, die in einiger Entfernung von einander befestigt werden, so wird die sphärische Aberration vermieden und man kann den Objektiven zur Erreichung möglichster Lichtstärke doch noch einen großen Durchmesser geben. Die M.e von Plößl und von Schieck sind nun so eingerichtet, daß eine Konvexlinse von Crownglas und eine Hohllinse von Flintglas, die mit Canadabalsam zusammengekittet sind, das schwächste Objektiv geben. Für stärkere Vergrößerungen schraubt man ein ähnliches Objektiv an das erste an, ein drittes an das erste u. zweite, ein viertes an das zweite u. dritte u. ein fünftes an das dritte u. vierte. Oberhäuser setzt seine Objektivsysteme aus ein- für allemal zusammengehörigen Linsen zusammen, so daß dieselbe Linse nicht zu verschiedenen Kombinationen gebraucht wird. Bei den *katoptrischen* oder *Spiegelmikroskopen* ist die Objektivlinse durch einen kleinen Hohlspiegel ersetzt, doch haben diese Instrumente noch keine Verbreitung gefunden. Das Okular der jetzigen zusammengesetzten M.e ist auch keine einfache Sammellinse mehr, sondern eine Kombination von 2 Linsen, und am gebräuchlichsten ist das kampanische Okular. Dasselbe besteht aus 2 plankonvexen Crownglaslinsen, welche beide ihre konvexe Seite gegen das Objektiv hin kehren. Ist die Brennweite der äußeren Linse 1, so ist in der Regel der Abstand der beiden Linsen 2 und die Brennweite der inneren Linse 3. Letztere, das Kollektivglas, fängt die vom Objektiv kommenden Strahlen auf, ehe sie sich zu einem Bilde vereinigt haben, macht sie noch stärker konvergirend und verlegt das nun entstehende Bild in weitere Entfernung von der oberen Linse. Bei den oben angenommenen Verhältnissen würde das ohne die Kollektivlinse entstehende Bild ungefähr in die Mitte zwischen der äußeren Linse und dem durch das Kollektivglas erzeugten Bilde liegen. Es verhalten sich also die Entfernungen des entstehenden und des nicht entstehenden Bildes vom Kollektivglas wie 1 : 1,5. Sollte nun das ohne das Kollektivglas entstehende Bild durch eine Lupe ebenso stark vergrößert werden, als man das mit dem Kollektivglas entstehende Bild durch die äußere Linse sieht, so müßte die Brennweite der Lupe 1,5, also halb so groß sein als die des Kollektivglases, welches demnach bei gleichem Fehler wegen der sphärischen Aberration einen doppelt so großen Durchmesser haben kann als die dem kampanischen Okular an Vergrößerung äquivalente Lupe. Das kampanische Okular gibt also bei gleicher Vergrößerung ein doppelt so großes Gesichtsfeld als eine einfache Lupe u. liefert außerdem ein von chromatischer Aberration fast ganz freies Bild. Für dasselbe Instrument wendet man auch mehre Okulare von verschiedener Stärke an, und zwar vergrößern die plößlschen M.e mehr durch das Okular, die oberhäuserschen dagegen mehr durch das Objektiv. Das ramsdensche Okular ist im Wesentlichen eine aus 2 Linsen zusammmengesetzte Lupe, gibt ein besonders großes Gesichtsfeld u. eignet sich vortrefflich zu Messungen mit dem Okularmikrometer, indem die Vergrößerung von der Mitte bis zum Rande sehr annähernd dieselbe bleibt. Plößls aplanatisches Okular gibt zwar nur eine schwache Vergrößerung, hat aber ein sehr großes Gesichtsfeld u. zeigt namentlich opake, von oben beleuchtete Gegenstände mit großer Klarheit. Das gewöhnliche M. gibt bekanntlich ein umgekehrtes Bild des Gegenstandes, was beim Präpariren sehr unbequem ist. Man hat deshalb besondere Prismen konstruirt, welche auf das M. gesetzt werden können und das erzeugte Bild abermals umkehren, so daß es nun in der richtigen Lage erscheint. Uebrigens wendet man zu demselben Zweck auch ein Okular an, dessen Einrichtung mit der des terrestrischen Okulars von Fernrohren identisch ist und von kleinen Gegenständen ein verkehrtes, vergrößertes Bild gibt. Dies Okular wird nach dem Princip der pankratischen M.e benutzt, bei welchen man ohne Wechsel der Linsen verschiedene Vergrößerungen erreicht. Dies geschieht dadurch, daß man den Abstand des Okulars vom Objektiv ändert. Nähert man das Objekt dem Objektiv, so entfernt sich das Bild von demselben, und man muß das Okular gleichfalls vom Objektiv entfernen, um das Bild wieder deutlich zu sehen. Dabei wächst dann nothwendig die Vergrößerung, während das Gesichtsfeld kleiner wird. Sehr effektvoll, obgleich für sehr starke Vergrößerungen noch nicht recht geeignet sind die binokularen M.e (stereoskopische M.e), bei welchen der vergrößerte Gegenstand im Relief erscheint. Diese Instrumente besitzen ein gewöhnliches Objektiv u. über demselben eine Vorrichtung, welche die durch das Objektiv hindurchgegangenen Strahlen in 2 Bündel theilt, die nun in 2 Röhren nach 2 Okulargläsern gelangen. Bei den englischen Binokularen kann das zweite Rohr entfernt werden, so daß dann ein gewöhnliches M. entsteht. Dove wendet indeß hiergegen ein, daß der stereoskopische Effekt, wenn beide Bilder durch eine zwischen beide gleich vertheilte Reflexion gleiche Helligkeit haben, größer ist, als wenn die Helligkeit derselben dadurch verschieden wird, daß das eine direkt gesehen wird, das andere durch Reflexion, weil man dann unbewußt oft monokular sieht, indem man glaubt, binokular zu sehen. Eine andere Art binokularer M.e ist zur gleichzeitigen Beobachtung eines Objekts durch 2, 3, selbst 4 Personen eingerichtet.

Um die Vergrößerung des M.s zu messen, beobachtet man ein Glasmikrometer mit bekannter Theilung und zeichnet mit einem Zeichnenapparat das mikroskopische Bild nach. Ist nun z. B. 1 Millimeter auf dem Mikrometer in 100 Theile getheilt u. sind die Striche, welche man auf Papier gezeichnet hat, 3 Millimeter von einander entfernt, so ist die erhaltene Vergrößerung eine 300fache. Mit steigender Vergrößerung nimmt die Lichtstärke u. Schärfe der Bilder bedeutend ab, so daß eine über eine gewisse Grenze hinaus gesteigerte Vergrößerung keinen Vortheil mehr bringen kann. Harting untersuchte Objektive von Merz und Hartnack (Oberhäusers Nachfolger) mit einer vergrößernden Kraft von 430 bis 450. Durch stärkere Okulare konnte die Vergrößerung bis auf 1500 gesteigert werden, wobei zwar die Beobachtung leichter und deutlicher wurde, aber doch nicht mehr gesehen wurde als vorher. Sehr gute Resultate geben die Immersionslinsen, bei welchen zwischen der untersten Linse des Objektivs und dem dünnen Glasplättchen, mit welchem das Objekt bedeckt ist (Deckglas), ein Tropfen Wasser angebracht wird. Die optische Vollkommenheit der besten M.e steht aber bei allen Verbesserungen doch noch weit hinter der des menschlichen Auges zurück. Es bedarf zur Sichtbarkeit eines fadenförmigen Objekts nothwendig eines Durchmessers von $^1/_{25000}$ Millimeter, so daß dasselbe bei 1500maliger Vergrößerung $^1/_{20}$ Millimeter breit erscheint. Das bloße Auge aber kann noch Fäden von $^1/_{200}$ Millimeter Durchmesser unterscheiden. Bei der Prüfung eines M.s handelt es sich selten lediglich um die Bestimmung der Vergrößerung, eine Reihe anderer Verhältnisse ist maßgebend für die Brauchbarkeit eines Instruments. Deshalb pflegt man Probeobjekte anzuwenden, bei denen gewisse Details bei einer bestimmten Vergrößerung nur noch durch die besseren Instrumente gelöst werden, während die weniger guten sie entweder gar nicht, od. nur undeutlich zur Wahrnehmung bringen. Als solche Probeobjekte wendet man u. A. Schmetterlingsschuppen an. Die Schuppen vom Flügel der Hipparchia Janira zeigen schon bei 80facher Vergrößerung Längsstreifen, dagegen bei 200—300maliger Vergrößerung auch Querstreifen. Feinere Probeobjekte sind die Diatomeenpanzer, welche 2 oder 3 Liniensysteme erkennen lassen, die sich im ersten Fall unter einem rechten, im letzteren Fall unter schiefen Winkeln schneiden. Ein ganz vorzügliches Probeobjekt ist Pleurosigma angulatum (von Bourgogne in Paris zu beziehen), welches schon durch mittelstarke Objektive bei schiefer Beleuchtung 3 Liniensysteme erkennen läßt. Stärkere Objektive lösen die Liniensysteme in helle Punkte auf, und mit den besten Objektiven und der günstigsten Okularvergrößerung erkennt man diese hellen Punkte als nicht ganz regelmäßige Sechsecke.

Die Zubereitung der Objekte für die mikroskopische Beobachtung ist je nach der Natur derselben sehr verschieden, immer aber werden die Objekte auf kleine Glasplättchen gelegt u., wo es nöthig erscheint, mit einem Deckgläschen bedeckt. Flüssigkeiten breitet man auf den Plättchen zu einer dünnen Schicht aus und legt ebenfalls ein Deckgläschen auf. Feste Körper werden für gewöhnlich befeuchtet unter das M. gebracht, und man benutzt hierzu je nach Umständen Wasser, Glycerin, Canadabalsam ꝛc. Von kompakten Substanzen macht man mit einem Rasirmesser zarte durchsichtige Schnitte, die ebenfalls in Wasser gelegt werden; lassen sich die Körper nicht schneiden, so werden gröbere Bruchstücke auf einem Schleifstein genügend dünn geschliffen (Knochen, Zähne, Verkieselungen); weiche nicht schneidbare Substanzen werden in Alkohol, Chromsäurelösung ꝛc. erhärtet; sehr kleine Gegenstände, die man nicht fassen kann, z. B. kleine Samen, bringt man in großer Zahl in geschmolzenes Stearin, läßt dies erkalten und schneidet dann mit dem Rasirmesser geeignete Späne. Handelt es sich darum, Objekte zu prüfen, so werden dieselben häufig im polarisirten Licht beobachtet, oder man wendet chemische Reagentien an, die man in geringen Mengen mit den Objekten in Berührung bringt (Mikrochemie). Salzlösungen läßt man krystallisiren und untersucht die Krystallgestalt. Aufbewahrt werden mikroskopische Präparate zwischen dem Glasplättchen und dem Deckgläschen; aber nur selten können die Präparate trocken zwischen den Gläsern liegen bleiben, vielmehr legt man sie in Canadabalsam, Glycerin, Gelatine, Chlorcalciumlösung ꝛc. und klebt die Gläschen an einander. Die Behandlung eines M.s erfordert so große Sorgfalt, die Zurichtung der Objekte so viel Geschicklichkeit u. Kenntniß der Bedingungen, unter welchen man gute Beobachtungen machen kann, daß es unmöglich ist, in wenigen Worten hierüber zu belehren. Dazu kommt, daß es durchaus nicht genügt, ein M. zu besitzen, um nun auch ohne Weiteres richtige Beobachtungen machen zu können, es ist vielmehr ein sorgfältiges Studium des mikroskopischen Sehens nothwendig, um nichts Falsches zu sehen, u. so bleibt nur übrig, in den über Mikroskopie handelnden Werken gründliche Belehrung zu suchen, ehe man daran geht, mit dem M. selbstständig zu arbeiten. Als solche Werke empfehlen sich besonders: Harting, Das M., aus dem Holländischen von Theile, Braunschw. 1859; Hannover, Das M., seine Konstruktion u. sein Gebrauch, Leipz. 1856; Schacht, Das M. u. seine Anwendung für Pflanzenanatomie, Berlin 1855; Reinhardt, Das M. und sein Gebrauch für den Arzt, Leipz. und Heidelberg 1857; Nägeli und Schwendener, Das M., Theorie u. Anwendung desselben, Leipz. 1864.

Das M. hat in den letzten Jahren immer mehr an Wichtigkeit gewonnen, Botanik und Zoologie verdanken ihm den größten Theil ihrer neueren Erfolge, die mikroskopische Beobachtung hat neue Wissenschaften begründet, z. B. die Histiologie, die Cellularpathologie ꝛc., und aus diesen Wissenschaften hat die Medicin bereits eine tiefere Kenntniß der Krankheiten und die Mittel, sie zu heilen, gewonnen. Physik und Chemie sind durch das M. gefördert worden, die Technik bedient sich desselben zur Untersuchung von Naturprodukten, Nahrungsmitteln, Fabrikaten ꝛc. Verheerende Krankheiten sind in ihrem Wesen erst durch das M. erkannt worden, und schon ist es gelungen, durch Benutzung des M.s ein Schutzmittel gegen dieselben zu gewinnen. Die mikroskopische Fleischschau hat thatsächlich schon trichinenhaltiges Fleisch vom Verbrauch ausgeschlossen, welches ohne diese Untersuchungen als Nahrungsmittel verbraucht worden wäre. Die Benutzung des M.s in allen möglichen Fällen und seine Verwendung im gewöhnlichen Leben sind daher höchst wünschenswerth und werden sich für die Zukunft nicht umgehen lassen.

Schließlich ist noch des M.s als Unterrichtsmittels zu erwähnen. Man hat durch mechanische Zeichnungsapparate die mikroskopischen Bilder fixirt und sie dann auf gewöhnliche Weise vervielfältigt, in neuerer Zeit sind sie photographirt worden, und für Vorlesungen sind leicht bewegliche M.e konstruirt (s. oben). Allein man hat auch M.e ersonnen, die das Bild gleich für ein ganzes Auditorium sichtbar machen. Hierher gehört das Sonnenmikroskop und jene Apparate, bei denen das Sonnenlicht durch Knallgas oder elektrisches Licht ersetzt wird (Hydrooxygengasmikroskop). Das intensive Licht, durch Linsen koncentrirt, fällt hierbei auf das zwischen Glasplättchen befindliche Objekt, von welchem nun auf einen weißen Schirm, der sich in einem dunklen Raum befindet, mit Hülfe eines Linsensystems ein vergrößertes Bild entworfen wird. Dieser Schirm kann durchscheinend sein, so daß die hinter demselben sitzenden Personen das Bild erblicken. Bei diesen Apparaten sind immer nur schwache Vergrößerungen anwendbar, und selbst dann sind die Bilder selten scharf, so daß gute Abbildungen stets vorzuziehen sind.

Miktologie (v. Griech.), Lehre von den gemischten oder zusammengesetzten Körpern, Mischungslehre.

Mikulince, Stadt im galizischen Kreis Tarnopol, am Sereth, mit Schloß, Schwefelquelle, Wachshandel, Tuchfabrik und 3340 Einw.

Milan (Milvus *Briss.*), Untergattung aus der Raubvögelgattung der Falken, charakterisirt durch die sehr langen, den gegabelten Schwanz fast ganz bedeckenden Schwingen u. die hinten nackten, vorn fast zur Hälfte befiederten Läufe, welche kaum so lang als die Mittelzehe sind, Raubvögel, die wegen ihres schwächeren Schnabels und wegen ihrer schwächeren, weniger gekrümmten Krallen nur auf kleinere Thiere, vorzüglich Mäuse, Amphibien ꝛc., Jagd machen, ziemlich feig sind, aber dem jungen Geflügel sehr nachstellen. Die bekannteste Art ist der rothe M. (Milvus regalis *Briss.*, Falco Milvus *L.*, Gabelweihe, Königsweihe, Schwalbenschwanz). Er ist an der Oberseite rostroth, mit helleren Federrändern, an der Unterseite ziegelroth, mit dunkelbraunen Schaftstrichen, an Kopf u. Hals weißlich, hat einen rostfarbigen Gabelschwanz und klaftert bei einer Körperlänge von 2 Fuß 2 Zoll 5½ Fuß. Er bewohnt die Ebenen des gemäßigten und südlichen Europa, ist in Norddeutschland vom Februar oder März bis Anfang Oktober häufig, bleibt auch manchmal den ganzen Winter über bei uns. Sein Flug ist langsam und oft so, daß man keine Flügelbewegung bemerkt. Er nährt sich von jungen Vögeln, jungen Hasen u. Kaninchen, Maulwürfen, Schlangen, Eidechsen, Fröschen, Insekten und Würmern, verzehrt auch Aas, todte Fische u. dergleichen. Sein Horst steht auf alten Bäumen und enthält die 2—3 weißlichen, mit röthlichen Flecken bestreuten Eier. Dem jungen Hausgeflügel thut er viel Schaden; einen fliegenden Vogel kann er aber nicht erhaschen. Früher fing man den M. zum Vergnügen mit abgerichteten Falken. Der schwarzbraune M. (M. niger *Briss.*, Falco ater *L.*), unterscheidet sich vom vorigen fast nur durch seine mehr ins Schwarze ziehende Farbe. Er bewohnt Afrika, Mittelasien, Südeuropa, kommt aber auch im mittleren einzeln vor und zieht im Herbst nach Süden. Er haust vorzüglich am Rande der mit Wald umgebenen Seen und Flüsse u. frißt hauptsächlich Frösche, Schlangen, Fische, Mäuse u. dergleichen. In Konstantinopel, Kairo u. andern Städten reinigt er im Herbst die Straßen von Aas und anderem Auswurf.

Milano (ital.), s. v. a. Mailand.

Milano, Giovanni da, italienischer Maler, Schüler oder Gehülfe des Tadeo Gaddi, blühte um die Mitte des 14. Jahrhunderts. Seine Hauptwerke sind eine Tafel von 1365 mit einem todten Christus, den Maria und Magdalena unterstützen, im Grunde Johannes, das Altargemälde der Klosterkirche Ognisanti, mehre Figuren von Heiligen darstellend, und die 9 Darstellungen aus dem Leben der heiligen Jungfrau an dem Gewölbe des Kreuzschiffes in der untern Kirche des heiligen Franz zu Assisi. Alle diese Gemälde zeigen eine in jener Zeit seltene Weichheit der Behandlung u. Ausbildung der Form.

Milanollo, Therese, Violinvirtuosin, geboren den 28. August 1829 zu Savigliano bei Turin, Tochter des Malers Joseph M., machte schon seit ihrem siebenten Jahre durch Violinkoncerte in Madrid, Paris, Belgien, Holland u. England Aufsehen und bildete sich seit 1838 unter Habeneck, Musikdirektor des Konservatoriums und der großen Oper zu Paris, weiter aus. Auch von Bériots Manieren, den sie 1841 auf einer Kunstreise nach Belgien kennen lernte, machte sie sich Manches zu eigen. In den Jahren 1842 u. 1849 bereiste sie Deutschland, 1852 die Schweiz und später Frankreich, allenthalben ungemessenen Beifall findend. In letzterem Lande verheirathete sie sich 1857 mit dem Geniekapitän Parmentier. Auch ihre Schwester, Marie M., geboren 1832, † den 21. Okt. 1848 zu Paris, spielte die Violine mit ungemeiner Fertigkeit.

Milazzo (Melazzo), Stadt auf der Insel Sicilien, Provinz Messina, an der Küste, mit Kastell, Hafen, Leuchtthurm, bedeutendem Thunfischfang, Handel mit Fischen, Oel, Wein und 10,000 Einw. M. ist das alte Mylä, in dessen Nähe Duilius den ersten römischen Seesieg gewann.

Milben (Acarina *Latr.*), Ordnung der Spinnenthiere, begreift die kleinsten, oft mikroskopischen Gliederthiere von sehr einfachem Körperbau. Kopf, Bruststück und Hinterleib sind stets verschmolzen, höchstens ist das Kopf- u. Bruststück (Cephalothorax) durch eine Furche angedeutet. An der Unterseite des Körpers sind die 8 Beine eingelenkt. Die Freßwerkzeuge sind von verschiedener Beschaffenheit und bestehen entweder aus Scheerenkiefern, die zum Beißen (Nagen) geeignet sind, oder aus einem Saugrüssel, der, von der Unterlippe u. den in Stechborsten umgewandelten Kiefern gebildet, zum Verwunden der Beute dient. Als Sehorgan dienen 2 oder 4, oft sehr kleine Augen, die manchen auch ganz fehlen. Zu beiden Seiten des Saugrüssels sind bei den meisten M. 2 tasterartige, gegliederte Organe eingelenkt, welche bei den verschiedenen Familien von sehr verschiedener Bildung, bald klappenartig, innen gezähnelt, bald mit hakigem, einschlagbarem Glied versehen, bald spindel- oder borstenförmig, bald mehr oder weniger mit dem Rüssel verwachsen sind. Auch die Beine zeigen eine sehr verschiedenartige Bildung; während sie bei manchen Gattungen ganz fehlen, sind sie bei andern ordentliche Schreit- oder Schwimmorgane, u. zwischen diesen beiden Extremen liegen zahlreiche Zwischenstufen. Bei den höher entwickelten Familien finden sich eigne Athmungsorgane vor, u. zwar bestehen dieselben aus Röhren, welche, von 2 seitlichen Luftlöchern ausgehend, unverästelte Büschel bilden. Bei andern, besonders Parasiten, aber lassen sich dergleichen Organe nicht entdecken, und es scheint ihre Körperoberfläche mit ihren Wohnthieren in respiratorische Wechselwirkung zu treten. Die meisten M. legen Eier, und alle machen in der Jugend einen Larvenzustand durch, in welchem sie nur 6 Beine haben. Diese 6beinigen Larven hielt man früher für besondere Gattungen, bis man entdeckte, daß sie auch eine Art von Puppenzustand durchmachen, indem sie sich unter Steinen oder an andern geschützten Orten, auch an lebenden Insekten festsetzen und hier, von der Larvenhaut bedeckt, ihre vollkommene Entwickelung erlangen, worauf sie jene abstreifen. Ihre Lebensweise ist sehr verschieden; einige leben stets oder nur zeitweise als Parasiten auf oder unter der Haut der Thiere und bringen bei starker Vermehrung krankhafte Erscheinungen, Geschwüre, Pusteln (Krätze bei Menschen, Räude und knotige Auftreibungen bei Thieren) hervor; andere leben im Wasser von kleinen Wasserthieren; einige machen auch kleine Gewebe auf der Erde zwischen Steinen und Pflanzen; andere hausen in Nahrungsstoffen, Früchten 2c., deren Verderbniß sie dann beschleunigen; andere endlich siedeln sich auf den Blättern der Pflanzen an, die dadurch mißfarbig und krank werden. Einige Arten finden sich in bedeutender Höhe auf Gebirgen, so die rothe Schneemilbe (Rhyncholophus nivalis) auf den Alpen noch in einer Höhe von 9000 Fuß. Sie werden in folgende Familien eingetheilt. Die Lauf- (Land- oder Pflanzen-) Milben (Trombididae) sind meist rothe oder gelbe, mit sammtartigem Filze bedeckte, auf der Erde oder unter Moos 2c. umherlaufende M., deren 6beinige Larven auf Insekten schmarotzen. Hierher gehören: die gemeine Erdmilbe (Trombidium holosericeum *L.*), blutroth, fast 4eckig, etwas flachgedrückt, nach hinten verschmälert, $1\frac{1}{4}$ Linien lang, findet sich im Frühjahr häufig auf und in der Erde und verzehrt junge Räupchen, während die Larve häufig an den Beinen der Weberspinne sitzt; die Färbermilbe (T. tinctorium *L.*), 5 Linien lang, dient in Guinea und Surinam zum Rothfärben; die Milbenspinne (Tetranychus telarius *L.*), eiförmig, blaßgelb, feinbehaart, auf jeder Seite mit einem dunklen Fleck, etwa $\frac{1}{6}$ Linie groß und kaum mit bloßem Auge erkennbar, überzieht die Unterseite der Blätter der Linden, Eichen, Rosen, Bohnen 2c. mit einem seidenartigen Gespinnst und saugt sie aus, wird in Warmhäusern durch Räuchern mit Tabak oder Ueberpinseln der Blätter der Topfpflanzen mit einer Abkochung von Quassiaholz vertrieben; die Sumpfmilbe (Limnochares holosericea *L.*), scharlachroth, 4eckig, $1\frac{1}{2}$ Linien lang, findet sich überall in stehenden Gewässern an Wasserpflanzen. Die Wassermilben (Hydrarachnidae) leben stets im Wasser und athmen durch Luftröhren. Ihre 6beinigen Larven bohren sich als Schmarotzer in Wasserinsekten ein und gleichen, wenn sie sich vollgesogen und die Beine durch Abreiben verloren haben, nicht selten kleinen Eiern. Die Schnabel- oder Rüsselmilben (Bdellidae) sind an dem pfriemlichen, durch Einschnürung des Bruststücks gebildeten Rüssel kenntlich, gleichen einigermaßen kleinen Rüsselkäfern und leben an feuchten Orten. Die **Laus- oder Krätzmilben** (Sarcoptidae) leben meist parasitisch auf Thieren, so die **Krätz- oder Hautmilbe** (Sarcoptes scabiei, s. **Krätze**); ferner: S. equi, auf räudigen Pferden; S. nidulans *Nitz.*, unter der Haut der Grünfinken in knollenartigen Nestern; S. ovis *Nitz.*, die Urheberin der Schafräude; S. bovis *Nitz.*, auf räudigem Rindvieh; S. canis *Nitz.*, auf räudigen Hunden, rc. Die Gattung Acarus *Fabr.* lebt in Häusern in Sämereien, an Früchten und sonstigen Nahrungsstoffen. Hierher gehört die **Käsemilbe** (A. siro *L.*, A. domesticus *Deg.*). Dieselbe ist weißlichgelb; Schnabel und Beine sind bräunlich; der Rücken ist manchmal mit 2 dunkleren Flecken gezeichnet; am Kopfende stehen 2 Borsten. Diese $1/8$—$1/4$ Linie große, ohne Lupe fast nicht erkennbare Milbe lebt in altem Käse, den sie gleichsam pulverisirt, kann aber durch Bestreichen des Käse's mit Salzwasser leicht vertilgt werden. Gattungsverwandte sind die **Mehlmilbe** (A. farinae *Deg.*), in altem Mehl oft in Menge; die **Milchmilbe** (A. lactis *L.*), auf der Oberfläche von lange aufbewahrtem Rahm; die **Ruhrmilbe** (A. dysenteriae *L.*), welche, mit saurem Bier verschluckt, die Ruhr verursachen soll, und andere auf verschiedenen Früchten, gedörrten Zwetschen, Feigen rc. lebende Arten, welche den bekannten weißen Ueberzug derselben bilden. Die **Schmarotzer- oder Schildmilben** (Gamasidae) leben frei als Parasiten auf der Haut von Insekten und warmblütigen Thieren. Bemerkenswerth ist hier die **Vogelmilbe** (Dermanyssus avium *Dey.*). Dieselbe ist rothbraun, weißgefleckt, $3/8$ Linie lang u. hat sehr lange Klauenglieder und lange Vorderbeine. Besonders in Taubenschlägen, Hühnerställen, auch in Vogelkäfigen sich ansiedelnd, sucht sie nur des Nachts die schlafenden Vögel heim, um deren Blut zu saugen. Da sie gern Höhlungen aufsucht, so kann man die Stubenvögel von diesen Gästen befreien, wenn man die Sprunghölzer aushöhlt und durchlöchert und am Ende mit Quecksilbersalbe bestreicht. Man hat diese Läuse auch häufig in Beulen bei Menschen gefunden, bei denen sie ein unerträgliches Jucken, die sogenannte Milbenkrankheit (acariasis), verursachen. Einige oft zu den M. gerechnete Geschöpfe sind erst neuerdings entdeckt oder wenigstens hinsichtlich ihrer Lebensweise genauer bekannt geworden, weichen aber durch ihren geringelten, wurmartigen Körperbau so sehr von den M. ab, daß sie von Vielen als eigne Ordnung aufgestellt worden sind. Hierher gehören: die **Zungenwürmer** (Linguatulina), welche beinlos sind, geringelten, flachen Eingeweidewürmern gleichen u. auch in den Lungen und Stirnhöhlen von Säugethieren und Reptilien als Schmarotzer leben, gleichwohl aber zu den Gliederthieren (M. oder Krebsen) gestellt wurden, weil die birnförmigen Embryonen in den Eiern mit 2 Paar kurzen, gefiederten Beinen versehen sind, die sich später durch rückschreitende Metamorphose ganz verlieren; dann die sogenannten **Balgmilben** (Simonidae, Helminthogastra), ebenfalls mit wurmförmigem, geringeltem Körper, der in der Jugend mit 3 oder 4 Paar kurzen Fußstummeln versehen ist und mit zunehmendem Alter kürzer wird. Die neuerlich von Simon u. A. entdeckten **Balgmilben** (A. folliculorum *Tim.*, Macrogaster platypus *Miesck.*) leben als sogenannte **Mitesser** oder Komedonen in den Haarbälgen der Menschen, besonders an der Nase, und sind etwa $1/10$ Linie lang. Entstellung oder Krankheit verursachen sie nur bei zu großer Vermehrung, wenn viele M. an Einem Hautbalge sitzen, wo sie dann Jucken hervorrufen.

Milch, Absonderungsprodukt der weiblichen Brustdrüsen, bildet eine weiße undurchsichtige Flüssigkeit, die sich unter dem Mikroskop als eine wasserklare, farblose Lösung darstellt, in welcher zahllose kleine Fettkügelchen schwimmen. Diese zerstreuen das auffallende Licht nach allen Seiten und daher ist die M. weiß und undurchsichtig. Die Fettkügelchen sind mit einer Hülle von Käsestoff umgeben, und diese verhindert sowohl das Zusammenfließen derselben als auch die Lösung des Fetts in Aether. Setzt man Essigsäure oder Kalilauge hinzu, so wird die Käsestoffhülle gelöst und dann kann das Fett mit Aether ausgezogen werden. Beim ruhigen Stehen der M. sammelt sich ein großer Theil der Fettkügelchen an der Oberfläche und bildet den **Rahm** (**Sahne**), die M. aber bleibt stets undurchsichtig. Löst man dagegen viel Kochsalz in der M., so kann man sämmtliche Fettkügelchen abfiltriren u. erhält ein farbloses klares Filtrat, welches eine Lösung von Proteïnkörpern, Milchzucker und Salzen ist. Die Milchkügelchen haben einen Durchmesser von 0,0012—0,0018 Linie, in der M., die 3—4 Tage (und länger) abgesondert wird, im Colostrum, finden sich aber unregelmäßige, durch eine amorphe albuminöse Substanz zusammengehaltene Konglomerate von Fettkörnchen von 0,0063—0,0232 Linie Durchmesser und ohne besondere Hüllenmembran. Die **Proteïnkörper der M.** werden gewöhnlich kurzweg als Käsestoff bezeichnet, doch ist sicher, daß es sich hier um mehre u. wahrscheinlich um eine ganze Reihe von verschiedenen Körpern handelt, deren Trennung darauf beruht, daß sie unter dem Einfluß verschiedener Reagentien in den unlöslichen Zustand übergehen. Ein in der M. nicht gelöster Proteïnkörper umhüllt das Fett, ein anderer wird durch Essigsäure gefällt, ein dritter scheidet sich ab, wenn man das Filtrat zum Kochen erhitzt, und dann kann immer noch ein anderer Proteïnkörper durch salpetersaures Quecksilberoxydul gefällt werden. Ueber den **Milchzucker** s. d.; derselbe geht in Folge einer durch die Proteïnkörper eingeleiteten Gährung in Milchsäure über, welche dann die Ausscheidung des Käsestoffs bewirkt. Die M. wird sauer u. gerinnt, u. da alle chemischen Prozesse bei höherer Temperatur schneller verlaufen als bei niederer, so säuert die M. im Sommer leichter als im Winter. Auch Gewitter scheinen das Gerinnen zu befördern. Man kann den Käsestoff aus frischer M. durch jede stärkere Säure fällen, außerdem aber auch durch Labmagen, und die von dem Käsestoff getrennte Flüssigkeit heißt in allen diesen Fällen **Molke**. Wenn der Käsestoff sich ausscheidet, so schließt er die Fettkügelchen ein, und deshalb sind die Molken sehr arm an Fett. Die **Salze der M.** sind Verbindungen von Chlor, Kohlensäure u. besonders Phosphorsäure mit Kali, Natron, Kalk, Magnesia und sehr geringen Mengen Eisen. Schwefelsäure fehlt in der M. Die M. der Frau reagirt, wenn sie völlig frisch ist, stets alkalisch oder neutral, die M. der Pflanzenfresser ist häufig, die der Fleischfresser stets sauer. Wahrscheinlich ist die Art der Nahrung hierauf von Einfluß. Die quantitative Zusammensetzung der M. wechselt mit der Thierart und innerhalb der Art nach Nahrung, Race, Alter, Gesundheit, Jahreszeit, Klima und Pflege außerordentlich. Als Mittel von zahlreichen Analysen gibt Moleschott folgende Zahlen:

in 1000 Th.	Frau	Kuh	Ziege	Schaf	Büffelkuh	Eselin	Stute
Käsestoff . .	28,11	54,04	46,59	53,42	55,47	20,18	16,41
Butter . .	35,64	43,05	42,57	58,90	84,50	12,56	68,72
Zucker . .	48,17	40,37	40,04	40,98	45,18	57,02	86,50
Salze . . .	2,42	5,48	6,22	6,81	8,45		
Wasser . .	885,66	857,05	863,58	839,89	806,40	910,24	828,37

An mineralischen Bestandtheilen enthalten 1000 Theile Kuhmilch: 1,29 Kali, 0,38 Natron, 0,96 Kalk, 0,12 Magnesia, 0,03 Eisenoxyd, 1,54 Phosphorsäure, 0,003 Schwefelsäure, 0,14 Kohlensäure, 0,78 Chlorkalium, 0,26 Chlornatrium, 0,003 Kieselsäure; Frauenmilch enthält 0,38 Chlorkalium, 0,16 Natron, 0,22 phosphorsaures Natron, 1,37 phosphorsauren Kalk, 0,27 phosphorsaure Magnesia u. Spuren von phosphorsaurem Eisenoxyd.

Das specifische Gewicht der Frauenmilch schwankt zwischen 1018—1045 und beträgt gewöhnlich 1033. Die Frauenmilch wird weniger leicht sauer als Kuhmilch, ihr Käsestoff scheidet sich durch Säuren schwieriger, weniger vollständig und in leicht löslicherer Form aus, ihre Butter soll flüssiger sein als das Fett der Kuhmilch. Die Durchschnittsmenge der von der Frau täglich abgesonderten M. wird auf 1300 Gramm geschätzt. Das specifische Gewicht der Kuhmilch beträgt durchschnittlich 1032, das der Ziegenmilch 1036, das der Schafmilch 1035—1041. Ziegenmilch erhält bisweilen durch irgend eine noch nicht näher bekannte Substanz einen eigenthümlichen Beigeschmack. Die M. des Rens soll sehr fett sein, im Winter aber unangenehm nach Talg schmecken. Die M. des Kameels ist so dickflüssig, daß sie vor dem Genuß mit Wasser verdünnt zu werden pflegt; ihre Farbe ist bläulich, ihr Geschmack salzig bitter, auch soll sie sehr reich an Fett sein. Das specifische Gewicht der Eselinmilch schwankt zwischen 1023 und 1035, das der Stutenmilch zwischen 1034 und 1045. In Folge des hohen Milchzuckergehalts ist die M. der Einhufer sehr süß u. geht leicht in weinige Gährung über. Die Menge der M., welche eine Kuh gibt, wechselt nach der Race, dem Alter, den Nahrungsmitteln, der Zeit, welche seit dem Kalben verflossen ist, 2c. Am ergiebigsten ist die Kuh im Alter von 4 bis 10 Jahren u. jedesmal nach dem Kalben. Grünfutter, namentlich Klee, vermehrt die M., drückt aber ihren Gehalt an festen Substanzen herab, wie denn überhaupt die M. dünner zu werden pflegt, wenn sie reichlicher fließt. In England nimmt man 8 Quart, ja in einigen Gegenden 12 Quart als den täglichen Milchertrag im Durchschnitt des ganzen Jahres an. In Holland rechnet man auf 300 Tage im Durchschnitt etwa 6 preußische Quart. Nach Becquerel u. Vernais liefert die holländische Race den höchsten Milchertrag, und zwar ist die M. ebenso koncentrirt wie die der bretonischen Race, die nebst einigen österreichischen Unterracen den niedrigsten Ertrag liefert. Die Race von Angus gibt die butterreichste, die der Bretagne die käsereichste M. Ueberhaupt findet ein regelmäßiger Gegensatz zwischen dem Käsestoff u. dem Buttergehalt der M. Statt, so daß viele französische Landwirthe Käseküche und Butterkühe unterscheiden. Das gleiche Verhalten gilt auch für Frauen- und Schafmilch. Die M. von kräftigen Brünetten ist reicher an Käse, Butter und Zucker als die der schwachen Blondinen.

Die abweichende Beschaffenheit der M. kurz vor und nach der Geburt wurde schon angedeutet, sie heißt dann Colostrum. Dies ist im Allgemeinen dickflüssiger als M., schmutzig gelb und bei der Frau auffallend süß. Hier enthält es kurz vor der Geburt viel weniger feste Bestandtheile als unmittelbar nach derselben. Ueberhaupt aber enthält es mehr feste Bestandtheile als die M., und zwar nur mehr Proteinkörper und Salze, während die M. reicher an Butter und Zucker ist. Letzteres gilt nicht für das Colostrum, welches unmittelbar nach der Geburt abgesondert ist. Das Colostrum der Kuh ist meist alkalisch und gerinnt beim Erhitzen, indem es oft zu einem Kuchen erstarrt, es ist sehr reich an Eiweiß. Moleschott gibt folgende Zahlen für die Zusammensetzung des Colostrums:

in 1000 Theilen	Frau	Kuh	Ziege	Eselin
Käsestoff	52,78	126,98	275,0	166,95
Butter	33,47	34,99	52,0	7,18
Zucker	44,66	42,63	32,0	30,10
Salze	4,74	7,84	—	
Wasser	864,40	787,56	641,0	795,77

Die Menge des Rahms nimmt bei der Kuhmilch in den ersten 30 Tagen nach der Geburt ab. Frauenmilch wird in der ersten Zeit käsestoffreicher und zuckerärmer; der Buttergehalt schwankt fortwährend. Nach der Entwässerung nimmt der Käsestoff- und Zuckergehalt der Frauenmilch sehr schnell ab. Altmilchende Kühe geben eine butterreichere M. Die Wiederkehr der Menstruation während der Laktationsperiode ändert die Zusammensetzung der M. aber bald in dem einen, bald in dem andern Sinn. Eintretende Schwangerschaft vermindert den Käsestoffgehalt und steigert den Buttergehalt bedeutend. Kastrirte Kühe werden bald fett und schwächer milchend. Das Alter der Frauen übt nur in den äußersten Grenzen wesentlichen Einfluß aus. Die M. 15- bis 20jähriger Mütter ist reicher an festen Bestandtheilen als die von 35—40jährigen Frauen. Auch alte Kühe liefern weniger u. wässerigere M. Abends ist die Kuhmilch koncentrirter als Morgens und des vergrößerten Buttergehalts halber specifisch leichter. Der Gehalt an Käsestoff soll sich zu verschiedenen Tageszeiten gleich bleiben, der Zuckergehalt Mittags sein Maximum erreichen. Frauenmilch ist um so wässeriger, je längere Zeit seit dem letzten Säugen verflossen ist. Während Einer Melkung ist die zuletzt erhaltene M. am butterreichsten, auch bei Frauenmilch zeigt sich dieses Verhältniß. Im Sommer geben die Kühe mehr und fettreichere M. als im Winter, und bei 12—15° wird das Futter am besten verwerthet.

Mangel und schlechte Lebensmittel verringern die Quantität der M. und in ihr die Butter, umgekehrt erzeugt eine reichliche und kräftige Nahrung eine größere Menge sehr butterreiche M. In beiden Fällen zeigen dagegen die relativen Mengen des Käsestoffs und Milchzuckers bei der Frau nur geringe Abweichungen. Feuchte Wiesen machen die M. dünnflüssig, die Butter weich und vermindern den Käse, Maisstengel machen viel und sehr süße M. Klee, Kohl, Kartoffelkraut, besonders aber Heu u. Stroh vermindern den Milchertrag, Luzernerklee gibt butterreiche, Gerstenstroh und Kartoffeln die butterärmste M. Salz wirkt günstig auf die Milchabsonderung, besonders auf den Buttergehalt. Nach Thomson wächst die Quantität der M. und ihr Fettgehalt mit dem Stickstoff der Nahrung, auch fettreiche Nahrung vermehrt den Buttergehalt. Gute Weide erzeugt käsereichere M. als Stallfütterung, doch ist letztere bei Kühen nothwendig, deren M. als Ersatz der Muttermilch dienen soll. Manche Pflanzen ertheilen der M. und besonders der daraus gefertigten Butter einen eigenthümlichen Beigeschmack. Besonders thun dies Ackerhanf, die Rübenarten, Lauch, Runkelrübe ꝛc. Nach Vogelknöterich, Buchweizen, Bingelkraut u. Ochsenzunge erhält die M. die Eigenschaft, beim Stehen blau zu werden, dies geschieht nicht, wenn man etwas Buttermilch zusetzt. Kräuter von Bergwiesen machen die M. wohlschmeckend. Reinlichkeit wirkt sehr stark auf den Milchertrag und die Beschaffenheit der M. Schwere Arbeit verringert den Milchertrag. Durch starke Gemüthsbewegung wird die M. in einer noch nicht ermittelten Weise, doch so verändert, daß sie auf den Säugling sehr schädlich wirkt.

Nicht selten besitzt die M. *fehlerhafte Eigenschaften*, die vom Gesundheitszustand, von der Nahrung oder bei Kuhmilch von der Behandlung derselben abhängen. Säuerliche, schlickerige M. gerinnt bisweilen schon im Euter oder doch vorzeitig schnell beim Hinstellen oder beim Erhitzen, ohne daß sie sauer reagirt. Manche M. ist frisch gemolken völlig normal, verändert sich aber sehr bald so, daß sie schleimig wird und lange Fäden zieht. Solche M. erzeugen die Nordländer absichtlich, indem sie die frische M. über die Blätter des gemeinen Fettkrauts (Pinguicula vulgaris) gießen und dann ruhig stehen lassen. Die sauer gewordene M. wird Tätmjölk genannt und als Nahrungsmittel benutzt. Daß die M. nach dem Genuß mancher Pflanzen blau wird, wurde schon erwähnt, man unterscheidet aber blau gemolkene M. u. normal gemolkene, die erst beim Stehen blau wird. Der blaue Farbstoff haftet am Käsestoff u. geht nie in die Butter über. In ähnlicher Weise wie die blauen finden sich auch gelbe Flecken auf der M., und eine rothe Färbung derselben wird entweder durch Farbstoffe des Futters, oder durch Blut hervorgerufen. Bittern Geschmack erhält die M. durch einzelne Futterkräuter, aber auch als Folge mancher Krankheiten. Es ist nicht gerathen, fehlerhafte M. zu genießen, obwohl Manche behauptet haben, daß sie ohne Schaden als Nahrungsmittel benutzt werden könne. Wenn man sicher weiß, daß die Färbung nur von der Nahrung herrührt, so mag die M. allerdings unschädlich sein, aber wenn das Thier krank ist, sollte man doch Vorsicht anwenden. So muß auch, um den Milchfehler zu beseitigen, die Gesundheit und die Nahrung des Thieres vor Allem berücksichtigt werden. Häufig wird die Ursache der fehlerhaften Beschaffenheit aber auch in der Behandlung der M. zu suchen sein, und dann ist eine gründliche Reinigung des Stalls, aller Gefäße und Räume, in denen die M. aufbewahrt wird, dringend nothwendig. Die Gegenwart faulender oder sonstwie stark riechender Substanzen ist für die M. höchst nachtheilig u. zerstört das ihr eigenthümliche Aroma.

Die Gewinnung der M. besteht in der bekannten Operation des *Melkens*. Um dies schneller ausführen zu können u. um dabei eine größere Reinlichkeit zu erzielen, hat man eine *Melkmaschine* konstruirt. Dieselbe besitzt kurze trichterförmige Schläuche aus Kautschuk, welche die Zitzen aufnehmen u. mit einem Pumpwerk in Verbindung stehen, welches saugend wirkt. Indem nun die Luft in den Schläuchen verdünnt wird, legen sich dieselben eng an die Zitzen an und die M. wird aus dem Euter herausgepreßt. Die Maschine ist auf einem Eimer befestigt, in welchen die M. hineinfließt, sie bietet jedenfalls viele Vortheile dar u. wird von Landwirthen sehr empfohlen. Die gemolkene M. muß durchgeseiht werden, doch darf man sie nicht viel rütteln u. schütteln, weil sie sich sonst buttert.

Die Versorgung großer Städte mit M. bietet mancherlei Schwierigkeiten dar, weil die M. so sehr leicht sauer wird. In Paris gibt es koncessionirte Gesellschaften, deren Agenten die M. auf dem Lande an Eisenbahnstationen aufkaufen. Dort wird die M. mit Dampf abgekocht, durchgeseiht, mit Eis gekühlt in passende Gefäße gefüllt u. nach Paris geschickt, wo sie am andern Morgen gegen 2—3 Uhr ankommt. Soll unausgekochte M. transportirt werden, so ist es sehr wichtig, sie unmittelbar nach dem Melken stark abzukühlen, weil sie sich dann länger hält. Ist die M. im Sommer sauer geworden (was man durch wiederholtes Aufkochen hinausschieben kann), d. h. röthet sie blaues Lackmuspapier, so gerinnt sie bekanntlich in sehr kurzer Zeit und beim Erhitzen sofort. Solche M. kann wieder frisch und schmackhaft gemacht werden, wenn man so lange Natronlauge hinzutröpfelt, bis rothes Lackmuspapier ganz schwach gebläut wird oder bis der saure Geschmack eben verschwunden ist. Statt der Natronlauge kann man auch Soda nehmen, doch gewinnt die M. dann leicht einen seifenartigen Beigeschmack. Um der M. größere Haltbarkeit zu geben, muß sie durch Abdampfen koncentrirt werden, da sich aber beim anhaltenden Kochen stets eine bedeutende Menge Käsestoff in den bekannten, ganz unlöslichen Häuten ausscheidet, so hat dies Abdampfen große Schwierigkeit, denn der geronnene Käsestoff löst sich nicht wieder in Wasser auf, und außerdem fließt das Fett zu größeren Tropfen zusammen. Gute Resultate werden dagegen in Amerika erreicht, wo man in Wassaic bei Newyork die M. schnell auf 10—11° abkühlt, durchseiht, auf 70—72° erhitzt, um das Eiweiß zu koaguliren, wieder durchseiht, dann aufkocht und nun im Vacuum auf 1/4 ihres ursprünglichen Volumens eindampft. Das fertige Produkt wird sehr schnell abgekühlt, nach Newyork geschickt und für 12—13 Silbergroschen pro Quart verkauft. Diese koncentrirte M. ist sehr wohlschmeckend, verdirbt aber ebenso leicht wie die gewöhnliche M. und muß, um länger brauchbar zu bleiben, mit ihrem gleichen Gewicht Zucker vermischt und in luftdicht verschlossenen Blechgefäßen aufbewahrt werden. Alle Versuche, die M. bis zur Trockne zu verdampfen, haben bis jetzt nur übel schmeckende Präparate ergeben.

Zur *Analyse der M.* mischt man eine abgewogene Quantität mit einer ebenfalls gewogenen (etwa 1/3) Menge trockenem Schwerspath, erhitzt zum Sieden, verdampft im Wasserbade und wägt den bei 100° vollkommen getrockneten Rückstand (feste Bestandtheile). Aus diesem wird mit Aether die Butter extrahirt, deren Menge der Verlust ergibt; auf gleiche Weise bestimmt man durch Extraktion mit Alkohol von 0,85 specifischem Gewicht den Milchzucker. Der Rest wird geglüht und verascht, der Verlust ist Käsestoff und der Rückstand enthält den Schwerspath u. die Salze. **Zur Marktprüfung** der M. sind zahlreiche Methoden vorgeschlagen worden. Donné's Galaktoskop besteht aus 2 in einander verschiebbaren Cylindern mit Glasboden. Man füllt zwischen beiden Böden die M. ein und blickt durch das Instrument nach einem Licht von bestimmter Stärke. Je mehr M. man in das Instrument gießt, um so stärker wird die Schicht, und man mißt diejenige Dicke derselben, welche gerade hinreicht, die Flamme unsichtbar zu machen. Je reicher die M. an Butter ist, um so undurchsichtiger ist sie. Die Urtheile über zahlreiche andere Instrumente, z. B. Rahmmesser, Butyrometer &c., lauten im Allgemeinen nicht günstig. Bei jeder M. prüfe man zunächst Farbe, Geruch und Geschmack, seihe sie dann durch ein feines Sieb und lasse eine Probe in einem Glascylinder stehen, um sich zu überzeugen, daß kein Bodensatz von Stärke, Thon, Kreide &c. entsteht. Endlich prüft man die M. mit einem empfindlichen Aräometer. Passende Instrumente werden unter dem Namen Milchwagen konstruirt, und Otto empfiehlt besonders die von Dörffel in Berlin. Wäre die M. nur eine Lösung von Käse, Zucker u. Salzen, so würde das Aräometer sofort unzweifelhafte Resultate geben. Nun kommt aber das specifisch leichte Fett hinzu und hebt die Wirkung der gelösten Stoffe theilweise auf. Eine sehr käsereiche M. wird also ein um so geringeres specifisches Gewicht besitzen, je fettreicher sie ist, und sie kann am Aräometer dieselbe Zahl zeigen wie eine sehr wasserreiche M. Man muß also bei der Aräometerprüfung auch das Aussehen der M. beobachten, welches lehrt, ob das niedrige specifische Gewicht durch Wasser oder durch Rahm hervorgebracht wird. Darüber kann für gewöhnlich kein Zweifel sein, wenn auch zugegeben werden muß, daß das Aräometer keine absolut sicheren Resultate liefert und raffinirte Betrüger sich demselben anzupassen vermögen. Stärkekleister erkennt man in der M. durch Jodwasser, welches die Stärke blau färbt; über den Zusatz von Soda oder Potasche, um das Gerinnen alter M. zu verhindern, belehrt nur die Aschenanalyse. Ueberhaupt kann man sich völlige Sicherheit nur durch die vollständige chemische Analyse verschaffen, doch muß bemerkt werden, daß Verfälschungen der M. mit andern Substanzen als Wasser nur selten vorkommen.

Die M. ist die normale Nahrung des Säuglings, aber am besten gedeiht derselbe nur bei der M. seiner eigenen Mutter (vorausgesetzt, daß diese gesund ist). Größere Verschiedenheiten als bei Individuen derselben Art zeigen sich in der Zusammensetzung der M. verschiedener Thierarten, und die neuern Aerzte haben mit Nachdruck auf die Gefahren aufmerksam gemacht, welchen man junge Kinder durch die Ernährung mit Kuhmilch aussetzt. Sehr günstige Resultate sind dagegen durch künstliche Mischungen von der Zusammensetzung der Frauenmilch erzielt werden. Durch Verdünnen der Kuhmilch kann man ihren Käsestoffgehalt herabdrücken; das dann fehlende Fett ersetzt man durch Milchzucker, welcher ähnliche Funktionen wie jenes im Körper zu erfüllen hat. Endlich muß man noch diejenigen mineralischen Substanzen zusetzen, welche dieser Mischung fehlen und für den Säugling nothwendig sind. Mit dem Wachsthum des Säuglings muß sich die Zusammensetzung der Zusätze ändern. Endlich, beim Uebertritt des Säuglings in das Kindesalter (Durchbruch der Schneidezähne), hört die M. auf, das normale Nahrungsmittel zu sein, und der Körper des Kindes fordert konsistentere Speisen. Alkalisch reagirende M. gibt auf Zusatz von Säuren ein lockereres Coagulum als säuerlich reagirende M., u. je zarter der Käsestoff ausgeschieden wird, um so leichter ist er in der Verdauungsflüssigkeit des Magens löslich. Deshalb dürfen Kinder nur ganz frische Milch bekommen, und am besten vermischt man auch diese mit sehr wenig Potaschenlösung. Aufgekochte M. ist leichter verdaulich als rohe. M. in Kaffee oder gar in Thee ist sehr schwer verdaulich. Die M. von Säugethieren wird beinahe von allen Völkern als ein Hauptnahrungsmittel benutzt, eine seltene Ausnahme bilden die Garrows oder Nagahs, halbwilde Stämme in Hinterindien, bei denen die M. ebenso wie auch in Cochinchina als unrein verabscheut werden soll. Kühe, Ziegen und Schafe haben den Menschen seit den ältesten Zeiten M. zur Nahrung liefern müssen. In Ostindien, China und Japan ist die M. der Zebu und der Büffelkuh in Gebrauch; die letztere soll besonders von den Hindu's, welche sie Ghee nennen und ihre wässerigen Theile verdampfen lassen, verzehrt werden. Die Araber, Syrier und Aegyptier trinken die M. des Kameels und des Dromedars, die sie als Speise namentlich mit Gummi zu versetzen pflegen. Die M. des Rens ist im Norden Europa's, Asiens u. Amerika's gebräuchlich, die der Eselin, die auch bei uns häufig in Krankheiten genossen wird, u. die der Stute in der Tatarei, die der Lama's und Vikuña's in Südamerika. Die Kalmücken genießen besonders gern gesäuerte Stutenmilch, welche sie Tschigan nennen, u. mehre asiatische Steppenvölker bereiten durch Gährung ein geistiges Getränk aus der Stutenmilch; s. **Kumys**. In der Heilkunde erfährt die M. als innerliches wie äußerliches Mittel ziemlich ausgedehnten Gebrauch. Namentlich wird sie bei Vergiftungen, zu Bädern, Einspritzungen, zum Gurgeln &c. benutzt. Auch in Zehrkrankheiten und nach größeren Säfteverlusten wird M. angewendet. Lama's hat man mit jodhaltigen Fucusarten gefüttert und Kühen Jodkalium gegeben, um die jodhaltige M. für Phthisiker zu verwenden. Die technische Benutzung der M. zu Anstrichen, in der Färberei &c. ist untergeordnet.

Abnorm ist die Absonderung von M. in den Brüsten der Männer, wie sie ab und zu beobachtet wird. Auch bei Thieren kommt Aehnliches vor, und Schloßberger fand die M eines Bocks mit vollkommen ausgebildetem Euter ebenso zusammengesetzt wie Ziegenmilch. Fast alle Neugebornen, männliche und weibliche, sondern aus der Brustdrüse einige Tage nach der Geburt einen Saft, die **Hexenmilch**, ab; sie erscheint meist am vierten Tage nach der Geburt, erreicht am achten ihr Maximum und ist nur noch selten nach Verfluß eines Monats vorhanden. Die Hexenmilch besitzt die Zusammensetzung einer wässerigen M.

Pflanzenmilch kann man jede Emulsion (s. d.) nennen, doch kommen auch natürliche Milchsäfte, z. B. bei den Euphorbiaceen, Urticaceen &c. vor. Diese Milchsäfte enthalten statt der Butter Kautschukkügelchen und sind oft sehr heftige Gifte. Dagegen liefert der **Kuhbaum** oder **Milchbaum** eine wohlschmeckende und gesunde, etwas klebrige, milchartige Flüssigkeit, die von den Eingebornen in Südamerika in reichlicher Menge genossen wird. Ihre Zusammensetzung gleicht im Wesentlichen derjenigen der M., doch gerinnt der Proteïnkörper zum Theil schon unter dem Einfluß der Luft. In Ostindien und auf Ceylon wächst Asclepias lactifera *L.*, deren Milchsaft ebenfalls genossen wird. Tabernaemontana utilis *W. Arnott*, Milchbaum von Demerara, Hya-Hya liefert eine süßliche M., die ziemlich bedeutende Quantitäten eines Stoffes enthält, der zwischen Kautschuk und Harz steht. Der Milchsaft von Agave americana gährt leicht und liefert den Pulque. Die M. der Kokosnuß steht den Emulsionen am nächsten und gilt in den Tropen als Heilmittel.

Milchbaum, Pflanzengattungen: s. v. a. Tabernaemontana utilis *Arn.*; s. v. a. spitzblätteriger Ahorn, Acer platanoides *L.*, s. **Ahorn**.

Milchblattern, s. v. a. Kuhpocken.

Milchblume, Pflanzengattung, s. v. a. gemeine Kreuzblume, Polygala vulgaris *L.*

Milchborke (crusta lactea s. serpiginosa, porrigo larvalis), Bläschenausschlag, welcher vorzüglich bei Kindern vorkommt und die Haut der Wangen, des Kinns und die behaarte Kopfhaut befällt, ohne jedoch andere Hautstellen gänzlich zu verschonen. Die erkrankten Hautpartien bekommen ein rothes, glänzendes Aussehen, und nachdem einige kleine Bläschen und Eiterpustelchen aufgeschossen und zerplatzt sind, überziehen sie sich mit einer hellgelblichen Flüssigkeit, die später zu dicken, gelblichen, fest aufsitzenden Krusten und Schorfen eintrocknet. Die M. komplicirt sich häufig mit Schnupfen, Augenentzündungen und Drüsenanschwellungen unter dem Kinn und am Halse. Es ist gegenwärtig noch eine Streitfrage unter den Aerzten, ob man die M. durch örtliche Mittel zu heilen suchen dürfe. Es ist nämlich eine Thatsache, daß nach dem Verschwinden des Ausschlags sich oft schnell Luftröhrenkatarrhe, Croup, Wasserkopf entwickeln, und daß zuweilen, wenn die M. austritt, langwierige Bronchialkatarrhe &c. schnell verschwinden. Wenn man nun auch nicht den innern Zusammenhang zwischen der M. und jenen Krankheiten, ihrem wechselsweisen Auftreten u. Verschwinden, einzusehen vermag, so leiten doch viele aufgeklärte Aerzte daraus die Regel ab, daß man dergleichen Ausschläge nicht durch Anwendung äußerer Mittel vertreiben dürfe. Andere, nicht weniger erfahrene Aerzte dagegen hegen diese Befürchtung nicht und heilen die M. durch lokale Mittel. Zu den letzten gehört die weiße Präcipitatsalbe und der Sublimat in schwacher Lösung, das schwefelsaure Zink und kohlensaure Blei, am besten in Salbenform. Als von vorzüglicher Wirkung und ohne Nachtheil für das Allgemeinbefinden empfiehlt Bock folgende Schnellkur. Die Krusten werden in einem warmen Wasserbade aufgeweicht und abgelöst; auf die entblößten und schwach blutenden Stellen werden kalte Wasserumschläge gemacht, um das brennende Gefühl und die etwaige Blutung zu beseitigen, und wenn dies geschehen ist, werden die erkrankten Hautpartien mit frisch ausgelassenem Rindstalg in ziemlich dicker Schicht sanft bestrichen. Bei dieser Behandlung heilt der Ausschlag gewöhnlich in wenigen Tagen oder tritt wenigstens in viel geringerer Ausdehnung wieder hervor. Man wiederholt dann die Procedur ein- oder zweimal, wonach das Uebel vollständig verschwindet. An Stelle der Krusten bildet sich eine gesunde und glatte Epidermis, die man noch einige Zeit durch milde Salben vor Witterungs- und andern Einflüssen schützen muß. Die örtliche Kur der M. unterstützt man gern durch Darreichung von Leberthran und kräftigende Diät (Milch, rohe Eier &c.), welche Mittel man neben Jodkalium auch dann zu geben pflegt, wenn man gar keine örtliche Behandlung einleitet.

Milchbrustgang, s. **Lymphgefäße**.

Milchfleisch, s. **Thymus**.

Milchholz, Pflanzengattungen: s. v. a. Tabernaemontana alba *Mill.*; s. v. a. milchender Schellenbaum, Cerbera lactaria *Ham.*

Milchkraut, Pflanzengattungen: s. v. a. Glaux *L.* und s. v. a. gemeine Kreuzblume, Polygala vulgaris *L.*

Milchmachende Mittel, s. Lactificantia.

Milchmesser (**Milchwage**), s. **Milch**.

Milchner, die Männchen der Fische.

Milchpumpe, Instrument zum künstlichen Entleeren der weiblichen Brüste, besteht entweder aus einem Glase in Gestalt eines Schröpfkopfes, der mit einer gewöhnlichen kleinen Pumpe verbunden ist (Terelle), od. aus einer Kugel von vulkanisirtem Kautschuk, die eine mit einem Glasringe versehene Oeffnung hat. Man drückt die Kugel zusammen und setzt den Glasring auf die Brust. Der Kautschuk strebt alsdann sich auszudehnen und es entsteht ein luftverdünnter Raum, in welchen die Milch hineinfließt. Bei weitem nicht so bequem sind die Gläser, in welchen man durch Saugen den luftverdünnten Raum erzeugen muß.

Milchsäure (**Lactylsäure**, **Propylglykolsäure**), stickstofffreie chemische Verbindung, die in zwei Modifikationen auftritt. Die gewöhnliche M. entsteht in größter Menge bei gewissen Gährungsprozessen des Milchzuckers, des Stärkmehls u. Inosits, beim Sauerwerden von gekochten Gemüsen, Kohl, Reis, Lohe, Kleister &c. Die andere Modifikation, die Fleisch- oder Paramilchsäure, findet sich im Fleisch, wenigstens zuweilen im Magensaft und manchen Drüsensäften, nach Einigen auch im Harn und im Blut. Beide Modifikationen unterscheiden sich besonders durch den Wassergehalt ihrer Salze. Zur Darstellung der M. löst man Milchzucker in Milch, läßt diese bei 15—20° stark sauer werden, neutralisirt mit Soda, läßt wieder sauer werden u. s. f. Endlich kocht man auf, filtrirt, verdampft, zieht aus dem Rückstand das milchsaure Natron mit Weingeist aus und zerlegt es mit Schwefelsäure. Zur Reinigung der M. bindet man sie an Zinkoxyd u. zersetzt das gut krystallisirende Salz mit Schwefelwasserstoff. Man kann auch 6 Pfund Rohrzucker und $^1/_2$ Unze Weinsäure in 26 Pfund Wasser lösen, nach einigen Tagen 4 Unzen faulen Käse, 8 Pfund abgerahmte M. und 3 Pfund kohlensaures Zinkoxyd zusetzen u. die Mischung bei 30° C. 10 Tage stehen lassen. Das Zinksalz wird dann gereinigt und zersetzt. Milchsaurer Kalk mit Käse und Wasser verwandelt sich bei 36° C. in buttersauren Kalk. Die Bildung der M. aus Alanin durch salpetrige Säure und ihr leichtes Zerfallen in Acetaldehyd, Kohlensäure und Wasser machen es wahrscheinlich, daß sie eine gepaarte Verbindung von Acetaldehyd u. Ameisensäure ist. M. entsteht auch bei Oxydation von Propylglykol mit Platinschwarz u. beim Erhitzen von glycerinsaurem Kali. Die M. ist ein farb- und geruchloser, scharf sauer schmeckender Sirup von 1,21 specifischem Gewicht, der an der Luft Wasser anzieht, in diesem, wie in Alkohol und Aether leicht löslich ist und selbst bei —24° noch nicht fest ist. Bei 100° C. ist der Sirup reines Hydrat, bei 130° Anhydrid. Dieses ist amorph, gelblich, stark bitter, leicht schmelzbar, in Alkohol und Aether leicht, in Wasser kaum löslich, geht mit Wasser langsam, mit Alkalien schnell in Hydrat über und gibt bei 250° festes sublimirendes Lactid und zwei Flüssigkeiten, Aceton u. Lacton. Chlor erzeugt aus M. Acetaldehyd, Chloral und Chloroform. Es ist noch nicht mit Sicherheit nachgewiesen, ob die M. ein- oder zweibasisch ist. Ihre Salze sind meist in Alkohol u. kaltem Wasser schwer löslich, in kochendem Wasser lösen sie sich sämmtlich, bei 100° verlieren sie ihr Krystallwasser, halten sich aber theilweise noch bei 200° unzersetzt. Milchsaures Eisenoxydul erhält man aus milchsaurem Ammoniak, Eisenchlorür und Alkohol; es wird als mildes Eisenpräparat in der Medicin angewandt, das gut krystallisirende Zinksalz dient zur Erkennung der M. Der physiologische Werth der M. dürfte nach Lehmann nicht zu gering anzuschlagen sein, denn sie bedingt neben der freien Salzsäure wesentlich die verdauende Kraft des Magensaftes, sie trägt ferner in den ersten Wegen als freie Säure nach endosmotischen Gesetzen wesentlich zur Resorption oder Transsudation der verdauten Nahrungsmittel in das alkalische Blut oder die Lymphe bei, sie wird durch die leichte Verbrennlichkeit ihrer Salze im Blut einen erheblichen Beitrag zur Unterhaltung der thierischen Wärme liefern und endlich vielleicht in den Muskeln dem alkalischen Blute gegenüber eine elektrische Spannung erregen, welche möglicherweise auf die Muskelfunktion selbst von Einfluß ist.

Milchschorf, s. Milchborke.

Milchstraße, s. Fixsterne.

Milchwirthschaft, s. Viehzucht.

Milchzähne (Wechselzähne, dentes lactantes s. temporarii), beim Menschen diejenigen Zähne, welche am Schluß der Säugungsperiode hervorbrechen und etwa bis zum 7. Jahre bestehen bleiben, dann aber nach einander ausfallen und allmählig durch die bleibenden Zähne ersetzt werden. Das Kind hat im Ganzen 20 M., nämlich 8 Schneide-, 4 Eck- und 8 Backenzähne, während die Anzahl der bleibenden Zähne 32 beträgt. Der Durchbruch der M. beginnt etwa mit dem 8.—9. Lebensmonat und ist zu Ende des zweiten Lebensjahres gewöhnlich vollendet. Zuerst erscheint das mittlere Paar der untern Schneidezähne, nach einigen Wochen das der oberen Kinnlade; bald nachher brechen die äußern Schneidezähne, bald die obern, bald die untern zuerst durch. Zu Ende des ersten Jahres kommt der erste Backenzahn hervor, in der Mitte des zweiten Jahres der Eckzahn (die untern gewöhnlich zuerst), und mit dem Durchbruch der zweiten Backenzähne sind sämmtliche M. vorhanden. Die Form der M. entspricht so ziemlich derjenigen der bleibenden Zähne; nur ist zu erwähnen, daß die Milchbackenzähne in ihrer Gestalt den bleibenden hintern Backenzähnen, nicht den vordern ähneln, indem sie nicht, wie letztere, nur zwei, sondern mehre Kuppen an ihrer Kaufläche tragen. Dieser Umstand muß bei einer etwaigen künstlichen Entfernung eines Backenzahns zur Zeit der zweiten Zahnung scharf ins Auge gefaßt werden, damit nicht absichtslos ein bleibender Zahn entfernt wird, der fälschlich für einen Milchzahn gehalten wurde. Vergl. Zähne.

Milchzucker (Lactin), Zuckerart, welche nur in der Milch vorkommt und in der Schweiz und den bayerischen Alpen als Nebenprodukt aus den süßen Molken gewonnen wird. Man verdampft letztere über freiem Feuer zum Sirup, läßt denselben krystallisiren, wäscht den Krystallbrei wiederholt mit kaltem Wasser, löst das weiße Pulver in kochendem Wasser und läßt nun abermals krystallisiren. So erhält man den M. des Handels, welcher nochmals gelöst, mit Thierkohle behandelt und wieder krystallisirt werden kann. Der reine M. bildet weiße durchscheinende harte Krystalle, die sich in 2½ Theilen kochendem, 5—6 Theilen kaltem Wasser und schwer in kochendem Alkohol lösen, wenig süß und sandig schmecken und zwischen den Zähnen knirschen. Die wässerige Lösung lenkt die Polarisationsebene nach rechts ab, doch verliert sie dies Vermögen bei längerem Stehen, mit Fermenten gährt der M. (Kumys), viel leichter aber geht er in Gährung über, wenn er vorher mit verdünnten Säuren behandelt wurde, wobei Lactose und eine nicht gährungsfähige Zuckerart gebildet wird. Käsestoff verwandelt ihn in Milchsäure und später, besonders bei Gegenwart von Kalk, in Buttersäure. Mit Salpetersäure bildet er keine Zuckersäure, sondern Schleimsäure und etwas Oxalsäure. Wird die Mutterlauge von der Darstellung der Schleimsäure zur Hälfte mit Kali neutralisirt und sich selbst überlassen, so entsteht Weinstein. Mit starken Basen verbindet sich der M., beim Erhitzen mit Kali bräunt er sich schnell. Der M. reducirt bei Gegenwart von Kali 7 Aequivalente Kupferoxyd, und wenn letzteres im Ueberschuß vorhanden ist, so entsteht nur Galactinsäure. Der krystallisirte M. verliert bei 130° 5 Procent seines Gewichts Wasser, ist aber noch ungeschmolzen und verwandelt sich in Berührung mit Wasser wieder in M., bei 160° wird er gelb, bei 175° braun, schmilzt aber erst bei 203°. Der Lactokaramel verhält sich wie der Karamel des Rohrzuckers, gibt aber mit Barytwasser keinen Niederschlag. Salzsäure wird vom M. reichlich absorbirt, Schwefelsäure entwickelt das Gas wieder mit Aufbrausen aus der grauen Masse. Ein Gemisch von Schwefelsäure und Salpetersäure bildet mit M., ähnlich wie mit andern Kohlenhydraten, eine Nitroverbindung, die mit Wasser gefällt aus kochendem Weingeist umkrystallisirt werden kann u. bei über 100° explodirt. Der M. wird wahrscheinlich in der Brustdrüse gebildet u. nützt dem Säugling wohl durch die Leichtigkeit, mit welcher er in Milchsäure übergeht (s. Milchsäure). Kasein wird durch Magenschleimhaut nach Einigen gar nicht, nach Andern nur schwierig koagulirt, wenn nicht M. dabei ist.

Milde, Fluß in der preußischen Provinz Sachsen, entspringt bei Gardelegen und bildet mit der Biese die Aland, welche bei Schnackenburg in die Elbe fällt.

Milde Stiftungen (pia corpora), Stiftungen oder Anstalten, welche vom Staat oder von Gemeinden oder von Privatleuten zu irgend einem frommen oder mildthätigen Zweck errichtet worden sind, wie

Armenhäuser, Armenschulen, Hospitäler, Klöster u. dgl. Solche Stiftungen erhalten nur dann die Rechte juristischer Personen, wenn sie von Seiten des Staats anerkannt worden sind; vgl. Stiftungen.

Mile (engl.), Meile.

Miles (lat.), Soldat; im Mittelalter s. v. a. Ritter.

Milesische Märchen, Erzählungen, welche die Schwierigkeiten, die bei Eingehung und Unterhaltung von Liebesverhältnissen zu überwinden sind, zum Gegenstande haben, erhielten ihren Namen von Miletus, der Vaterstadt der schönsten und liebenswürdigsten Hetären, wo dergleichen Erzählungen besonders gang und gäbe waren. Aus ihnen bildeten die Erotiker den Roman.

Mileto, Stadt in der italienischen Provinz Catanzaro, ist Bischofssitz, hat eine Kathedrale, ein Schloß und 3000 Einw.

Miletus, im Alterthum berühmte Stadt Kariens in Kleinasien, am latmischen Meerbusen südlich von der Mündung des Mäander, wurde, durch diese Lage begünstigt, als jonische Kolonie bald eine blühende See- und Handelsstadt, deren Schiffe das ganze Mittelmeer durchsegelten, hauptsächlich aber nach dem Pontus Euxinus fuhren, an dessen Küste M. zahlreiche Kolonien anlegte. Ferner ist M. berühmt als die Vaterstadt der Philosophen Thales, Anaximander und Anaximenes und des Logographen Hecatäus, daher als die Stadt, in welcher die Anfänge der griechischen Philosophie und Geschichtschreibung zu suchen sind. Mit der Eroberung und Plünderung durch die Perser (494 v. Chr.) begann M.' Blüthe zu sinken, und durch Alexander wurde sie vollends vernichtet; doch blieb es bis zur völligen Zerstörung durch die Türken oder Mongolen immer noch eine mittelmäßige Handelsstadt. Jetzt das Dorf Palat. Südlich vor der Stadt lag der uralte Tempel des Apollo Didymeus, von dem noch jetzt Ruinen übrig sind; dagegen sind die Ueberreste der Stadt selbst in einem See begraben, den der Mäander am Fuß des Latmus bildet. Die Milesier dienten den Alten zur sprüchwörtlichen Bezeichnung verfallener Glückskinder. Vgl. Schröder, De rebus Milesiorum, Stralsund 1827; Soldan, Res Milesiae, Darmstadt 1829.

Milford, Seestadt im englischen Fürstenthum Südwales, Grafschaft Pembroke, nördlich an der Bucht Milfordhaven, die 1000 Schiffe faßt und 5 kleinere Buchten, 16 Arme, 14 Rheden hat, wird als Seebad viel besucht, hat 2 Schlösser, ein Observatorium, Schiffswerften, bedeutenden Handel (152 eigene Seeschiffe von 11,716 Tonnen), starke Austernfischerei und 3000 Einwohner. Etwa eine Stunde davon liegt New-M. Postdampfer gehen von hier nach Waterford.

Milha (portugies.), die kleine portugiesische Meile, s. Meile.

Milhau (richtiger Millau), Hauptstadt eines Arrondissements im französischen Departement Aveyron, am Tarn, hat ein Civil- und Handelstribunal, eine Gewerbekammer, ein Hospital, Theater, Handschuhfabrikation, bedeutende Gerbereien, Handel mit Wolle, Leder, Seide, Bauholz und Wein und 12,636 Einwohner. In der Nähe zwei kalte Mineralquellen.

Milianah, Stadt in Algerien, Provinz Algier, am Südabhang der ersten Atlaskette, mit vielen Springbrunnen und 4330 Einw.; Hafen ist das mehre Meilen entfernte Scherschel.

Miliaria (lat.), s. Friesel.

Milicz (Milicius, böhmisch Milleczi), Johann, Vorläufer von Johannes Huß, gebürtig aus Kremsier in Mähren, war erst Geistlicher, wurde dann Sekretär des Kaisers Karl IV., den er auf seinen Reisen nach Deutschland begleitete, u. wirkte hierauf als Kanonikus und Archidiakon in Prag. Im Jahre 1363 legte er aber diese Stellen nieder und eiferte gegen die Mißbräuche der Kirche und die Sittenlosigkeit des Klerus. Deshalb vom Papst Gregor XI. exkommunicirt, ging er 1367 nach Rom, um sich zu verantworten, ward dort zwar anfangs in den Kerker geworfen, schon im folgenden Jahr aber vom Papst Urban V. wieder freigegeben und kehrte nun in sein Vaterland zurück, wo er seine reformatorischen Bestrebungen fortsetzte. Im Jahre 1369 ward er Pfarrer in Teyn. In Folge einer neuen Verketzerung ging er zum Papst nach Avignon, wo er 1374 †. Seine Schriften ließ der Erzbischof Sbinko 1410 verbrennen, doch haben sich eine Postille und einige Fragmente von Predigten erhalten. Vgl. Zotte, Lebensbeschreibung dreier Vorläufer des berühmten Johann Huß von Hussinecz, Prag 1768, und Jordan, Vorläufer des Hussitenthums in Böhmen, Leipzig 1846.

Militär (v. Lat.), Gesammtbenennung für alle zum Kriegsdienste bestimmte bewaffnete Mannschaft, die einen besondern Stand, den Militärstand, bildet. Die Stärke des M.s eines Staats richtet sich nach der Zahl der Einwohner, der Beschaffenheit des Landes, der Eigenthümlichkeit seiner Bewohner und den besondern Verhältnissen zu den Nachbarstaaten; doch hängt sie nicht selten auch von den disponiblen Geld- und andern Mitteln und der größern oder geringern Vorliebe des Regenten für das M. ab. Sie ist im Frieden geringer und beschränkt sich in der Regel auf die Truppenzahl, welche zum Garnisons- und Arbeitsdienst, sowie zur Ausbildung der jungen Mannschaft erforderlich ist. Das Verhältniß der Truppengattungen richtet sich nach der Beschaffenheit des Landes, nach der Eigenthümlichkeit der Nation und nach dem Bedarf in besondern Fällen. Gebirgiges Terrain macht mehr Infanterie als Kavallerie nöthig; im Allgemeinen ist jedoch anzunehmen, daß die Zahl der Infanterie 5—6mal größer sein muß als die der Kavallerie. Auf 1000 Mann Infanterie rechnet man 2—3 Geschütze Fuß-, und auf 1000 Mann Kavallerie 5—6 Geschütze reitender Artillerie. Die Gliederung der Armee anlangend, so wird bei der Infanterie das Bataillon, bei der Kavallerie die Eskadron u. bei der Artillerie die Batterie als Einheit angenommen. Daraus bilden sich die Regimenter, Brigaden, Divisionen und Armeecorps x. Als Grundsatz gilt, daß jeder selbstständige Truppenkörper sich leicht in 2, 4 oder 8 Theile zerlegen lasse. Außer in England erfolgt der Ersatz des Heeres jetzt überall durch die Konskription, und die Militärpflicht trifft jeden gesunden jungen Mann, welcher das gesetzliche Alter erreicht hat, und nur ganz besondere Verhältnisse können ihn davon befreien. Doch darf in einigen Ländern der Militärpflichtige einen Stellvertreter für sich einstellen. Die Beförderung oder das Avancement zum Offizier erfolgt fast durchgängig nur in Folge einer abgelegten Prüfung. Die Ernennung der Offiziere jeden

Grades geschieht durch den Landesherrn. In England sind noch gegenwärtig die Offizierstellen käuflich. Das M. hat nicht nur den Landesgesetzen zu gehorchen, sondern auch den besondern, auf die Verhältnisse seines Standes Bezug nehmenden Kriegsartikeln. Es bildet fast überall einen eigenen Gerichtsstand. Die **Militärgerichtsbarkeit** ist eine höhere für schwere Verbrechen, eine niedere für leichtere Vergehungen (s. **Kriegsartikel**). Außerdem bestehen in Preußen noch Ehrengerichte (s. d.) für Fälle, die vor dem Gesetz nicht strafbar, aber der Ehre des Offizierstandes zuwider sind. Im Allgemeinen müssen die Strafen und ihre Ausübung das Ehrgefühl berücksichtigen. Im Kriege ist das Verfahren meist kurz, und der Verbrecher erleidet sofort die ihm gebührende Strafe (s. **Standrecht**). Das Medicinalwesen wird von besonderen Militärärzten verwaltet (s. **Militärheilkunde**). Die kirchlichen Angelegenheiten besorgen die Feldprediger (s. d.). Alles das Erwähnte und vieles Andere begreift man unter dem Namen **Militärverfassung**, wohin auch die Bedingungen zu rechnen sind, unter welchen die Militärs die Erlaubniß zur Verheirathung bekommen, sowie die Herbeiziehung der Truppen zu größeren Arbeiten (z. B. Straßen- und Kanalbau) und die Anordnungen zur Ausbildung der Soldaten im Allgemeinen und der militärischen Uebungen insbesondere. Einen besondern Zweig der Militärverfassung bildet die **Militärökonomie** oder **Militärverwaltung**, die es mit der Ausrüstung und Verpflegung der Truppen zu thun hat. Für die **Verpflegung** sorgt die Militärverwaltung theils durch Abgabe von Geld zur Selbstanschaffung, theils von Naturalien. Die Zubereitung der Nahrungsmittel überläßt die Militärverwaltung den größeren oder kleineren Kochvereinen der Mannschaft, mit Ausnahme des Brods, welches meist fertig an die Mannschaft abgegeben wird. Besonders wichtig ist die Verpflegung im Felde, wo Selbstanschaffung und Lieferungsverträge durch Requisitionen und, wo diese nicht mehr ausreichen, durch den Nothbehelf der Fourragirungen ergänzt werden müssen. Für die Bekleidung sorgt die Militärverwaltung theils durch Anschaffung und Abgabe von Bekleidungsstücken nach bestimmten Tragzeiten oder nach jeweiligen Bedürfnissen, theils durch Bewilligung bestimmter Gelder, namentlich für Anschaffung von Leibweißzeug und Fußbekleidung. Die Bewaffnung beschafft die Militärverwaltung theils durch dem Staat angehörige Fabriken, theils durch solche, welche zwar dem Betrieb von Privaten überlassen sind, die aber in ihren Arbeiten für das Heer von den Militärbehörden bei der Arbeit überwacht und kontrolirt werden. Die übrige Ausrüstung wird größtentheils durch Lieferungsverträge auf bereits fertige Stücke angeschafft. Für die Remontirung (s. **Remonte**) sorgt die Militärverwaltung theils durch eigene Stutereien, theils durch direkten Kauf von den Pferdebesitzern und durch Lieferungsverträge. Zur Unterkunft der Truppen dienen Kasernen und Stallungen überall da, wo die Truppen ständig in Garnison stehen; auf dem Marsche und überhaupt da, wo die Militärverwaltung nicht durch Kasernen ꝛc. hat Vorsorge treffen können, treten Einquartierungen als Hülfsmittel ein. Die Transportmittel können im Frieden nicht wohl in der Masse gehalten werden, wie sie im Krieg zur Fortbringung der Artillerie und Munition, des Gepäcks und der Vorräthe aller Art, zum Nachschub von Lebensmitteln, zur Fortbringung der Kranken ꝛc. nothwendig sind, weshalb, außer dem nothwendigsten Bedarf für die Artillerie, nur in größeren Staaten noch besondere Fuhrwesen- und Trainabtheilungen bestehen. Was sonst für gewöhnliche Fälle erforderlich ist, dafür sorgt die Militärverwaltung durch Verträge oder besondere Uebereinkommen, in Fällen aber, in welchen die Vorsorge der Militärverwaltung nicht ausreicht, tritt die Verpflichtung der Einzelnen zur Leistung der Militärfuhren ein. In Bezug auf die Befestigungen ist die Militärverwaltung als solche bei der Erwerbung des Grundes und Bodens und bei der Ausführung der Arbeit thätig. Das Hospitalwesen fällt in der Regel einer besondern Abtheilung der Militärmedicinaloberbehörde zu. Dagegen gehören zum Ressort der Behörden für die Militärverwaltung die Feststellung und Auszahlung der Pensionen für verabschiedete Soldaten, Offiziere und für Offizierswittwen. Die Mittel zur Bestreitung der Heeresbedürfnisse, in soweit sie überhaupt vom Staat bestritten oder doch vergütet werden müssen, erhält die Militärverwaltung vom Staate; die Größe des Bedarfs wird wie bei der übrigen Staatsverwaltung durch das Budget festgestellt. Wie jeder Staatsdienstzweig hat die Militärverwaltung über die Verwendung der ihr bewilligten Mittel Rechnung abzulegen und deshalb eine besondere Komptabilität zu führen. Das **Militärbildungswesen** umfaßt alle Anstalten, welche für den Unterricht der Militärzöglinge und die Heranbildung von Offizieraspiranten sowohl, als auch für die höhere wissenschaftliche Ausbildung von Offizieren errichtet sind (s. **Militärschulen**). Schon frühzeitig hat sich aus den wissenschaftlichen Bestrebungen gebildeter Militärs eine **Militärliteratur** gebildet, welche sich immer reicher und gediegener entwickelte. Repertorien derselben sind von Walter, Rumpf, Hoyer, Schütte, Scholl, von Witzleben erschienen, Militärkonversationslexika von von der Lühe, Löhr und einem Verein österreichischer Offiziere. Auch eine Militärjournalistik ist seit dem vorigen Jahrhundert entstanden und in allen europäischen Staaten von Bedeutung geworden. Ueber das Geschichtliche s. **Heer**.

Militärakademie, s. **Militärschulen**.

Militärehre, s. Honneurs.

Militärgerichtsbarkeit, s. **Militär**.

Militärgrenze, der lange schmale Landstrich der österreichischen Monarchie, welcher dieselbe von der Türkei scheidet, seine eigene militärisch-administrative Verfassung hat und 1849 zu einem eigenen Kronlande erhoben worden ist, grenzt im Norden an Kroatien u. Slavonien, Ungarn u. das temeser Banat, im Osten an Siebenbürgen und die Walachei, im Süden an das Fürstenthum Serbien, Bosnien und Dalmatien, im Westen an das adriatische Meer und enthält nach Ausscheidung der 1851 aufgehobenen **siebenbürgischen M.** ($104\frac{1}{8}$ □Meilen mit 283,000 Einw.) einen Flächenraum von 583,00 □Meilen mit 1,062,072 Einw. Das Grenzland zerfällt in die **kroatisch-slavonische** und in die **serbisch-banater M.**, welche erstere dem **Landesmilitärkommando zu Agram**, letztere dem **Generalkommando zu Temesvar** unterstellt ist. Die gesammte M. zerfällt in 14 k. k. Infanterie-

grenzregimenter und 1 Grenzbataillon mit ihren zugehörigen Landbezirken, als:
das agramer Generalat oder die kroatisch-slavonische M. enthält folgende Grenzregimenter:

Nr.	1	Likaner,	dessen	Stab	zu	Gospich,
„	2	Otočaner,	„	„	„	Otočac,
„	3	Oguliner,	„	„	„	Ogulin,
„	4	Sluiner,	„	„	„	Karlsstadt,
„	5	Kreuzer }	deren	„	„	Belovar,
„	6	St. Georger }				
„	7	Broder,	dessen	„	„	Vinkovce,
„	8	Gradiskaner,	„	„	„	Neugradiska,
„	10	1. Banal,	„	„	„	Glina,
„	11	2. Banal,	„	„	„	Petrinia;

das banater Generalat oder die serbisch-banater M. enthält 4 Grenzregimenter u. 1 Grenzbataillon mit ihren zugehörigen Landbezirken:

Nr.	9	Peterwardeiner,	dessen	Stab	zu	Mitrovic,
„	12	Deutsch-banater,	„	„	„	Pancsova,
„	13	Romanen-banater,	„	„	„	Karansebes,
„	14	Serbisch-banater,	„	„	„	Weißkirchen,
		Titeler Gr. Bataillon,	„	„	„	Titel.

Die Naturbeschaffenheit der M. ist meist der der angrenzenden Länder analog. Im Westen zieht der Hauptstamm der julischen Alpen bis Zengg, wo der Ogulinerkopf eine Meereshöhe von 6500 pariser Fuß erreicht. Vom Spamarberge, nordöstlich von Novi, verzweigt sich das Kapellagebirge in die Biszoka Kosza. Längs der Seeküste ziehen sich die dinarischen Alpen südostwärts ins türkische Gebiet. Ein Theil ihres Hauptrückens führt den Namen Vellebit od. morlakisches Gebirge, dessen höchster Gipfel, der Heiligenberg, 5400 F. aufsteigt. Die Gebirge, die sich im warasdiner und Banalbezirke der kroatischen Grenze nähern, gehören den kärnthischen Alpen an. Im Osten wird der Landstrich von den Ausläufern der Karpathen durchzogen, die unter dem Namen banater Gebirge bekannt sind, mit dem Gugu (7400 Fuß), Szarko und Godjan (7100 F.), Vervu Petri (6896 F.), Mik (5996 F.) als höchsten Punkten. Der Hauptrücken der banater Alpen endigt an der Donau bei Orsova mit dem Berge Alion, wo er mit der serbischen Verzweigung der Alpen zusammentrifft. In der banater und kroatischen Grenze gibt es einige schöne Thäler, z. B. das berühmte Almaserthal, das Zermagna-, das Korlowa- und das Kaverniczathal, sowie man in verschiedenen Gegenden auch Berghöhlen und Grotten trifft. Merkwürdig ist die Doppelhöhle bei Thuin in der großen Kapella, die Tropfsteinhöhle von Perussich und St. Peter, die Räuberhöhle bei Mehadia, die Veteranihöhle an der unteren Donau. Der slavonische und der westliche Theil der Banatgrenze sind größtentheils ebenes Land. Das ältere Kalkstein- und das Sandsteingebilde ist fast überall vorherrschend.

Im Westen berührt das adriatische Meer mit dem Morlakenkanal das Land; die Flüsse der karlsstädter Grenze verlieren sich zum Theil unter die Erde, um hier ihren Abfluß ins Meer zu nehmen, z. B. die Lika, Gaczka 2c. In den übrigen Theilen ist die Donau der Hauptfluß. Sie betritt bei Peterwardein das Grenzland, scheidet die slavonische von der banater Grenze, empfängt links die Theiß, rechts die Sau (Save) und setzt dann als Grenzfluß zwischen der banater Grenze und Serbien ihren Lauf östlich nach der Walachei fort. Die Drau (Drave) durchströmt einen kleinen Theil des Landes im Norden der kroatischen Grenze, und die Save trennt zuerst die Banatgrenze von Kroatien, dann die slavonische Grenze von Türkisch-Kroatien, Bosnien und Serbien. Von den Nebenflüssen der Save gehören die Unna und Kulpa hierher. In das Innere des durchhöhlten Gebirges Vellebit verlieren sich die Lika, Gaczka und die Korrniza; die Zermania geht nach Dalmatien. Im Osten mündet die Theiß unterhalb Titel; weniger bedeutende Flüsse sind die Bega, Temes, Nera, Karas u. Cserna in der Banatgrenze. Die kroatische Grenze hat auch mehre Wasserfälle, z. B. den unterirdischen Sturz der Dobra, die Fälle der Korana, den Fall der Sluinchicza unterhalb Sluin und der Plitvicza. Landseen hat nur die kroatische Grenze, und zwar die 11 Plitviczerseen u. die zwei kleinen, hochgelegenen Seen Koinsko Jessero und Czerno Jessero, bei Otočac durch die Gaczka gebildet. In der slavonischen und im Westen der Banatgrenze sind viele Sümpfe und Moräste. Zahlreich sind die Mineralquellen, von welchen einige, wie die Herculesbäder bei Mehadia, unter die ausgezeichnetsten der Monarchie gehören. Das Klima der M. ist in Folge der ungleichen Meereshöhe sehr verschieden. In den Gebirgsgegenden ist es rauh, in den Ebenen um Carlovicz, Semlin, Pancsova 2c. sehr mild. Ungesund ist die Luft in den sumpfigen Gegenden, wo sich nicht selten Fieber und andere Krankheiten erzeugen. An der Meeresküste erreicht nicht selten die Bora (ein Nordostwind) eine außerordentliche Heftigkeit; auch der Westwind (die Tramontana) ist oft stark und der Schifffahrt hinderlich. Die Ergiebigkeit des Bodens ist verschieden. Am unfruchtbarsten ist die obere kroatische Grenze, um so fruchtbarer aber die slavonische Grenze am Fuße der Fruska-Gora. Die Sandwüste Bieloberdo in der Banatgrenze ist auf zwei Seiten von sumpfigen Wasserniederungen, sonst aber von äußerst fruchtbarer Humuserde umgeben; ein Drittel dieser Wüste ist offener Flugsand, zwei Drittel sind theils mit Bäumen und Gestrüpp (Wachholder), theils mit dünnem Gras bedeckt. Groß und mannichfaltig ist die Produktenfülle. Aus dem Mineralreich liefert das Land an Produkten des Bergbau's etwas Waschgold, Silber, Kupfer, Blei und Roheisen; ferner Marmore, etwas Alabaster, Töpferthon, Alaun- und Thonschiefer, Walkererde, Serpentin, Quarz u. Quarzsand, Sandstein, Feuerstein, Granaten, Opal, Opaljaspis, natürlichen Schwefel, Bergtheer, Salz 2c.; aus dem Pflanzenreiche: Getreide, Wein, besonders das Weingebirge Fruska-Gora und jenes bei Weißkirchen, Futtergewächse, Holz, ferner Hülsenfrüchte, Kartoffeln, Kürbisse, Melonen 2c., eine bedeutende Menge Obst, Maulbeerbäume, Flachs und Hanf, Tabak und einige Farbepflanzen. Aus dem Thierreich finden sich alle in Ungarn und Siebenbürgen einheimischen Thiere, von Geflügel besonders Truthühner; ferner verschiedenes Wild, Rebhühner, Wachteln und Lerchen, Meer- und Flußfische, Krebse, eßbare Schnecken, besonders in der Almás, wo sie eigens gemästet werden, Bienen, Seidenraupen; von schädlichen Thieren viele Raubvögel, im Banat die kolumbatzer Mücken u. in manchen Jahren auch Zugheuschrecken.

Die 1,062,072 Einwohner, welche in 12 Städten, 4 Vorstädten, 16 Märkten und 1755 Dörfern wohnen, sind ihrer Abstammung nach größtentheils Slaven, namentlich Kroaten, Slavonier u. Serben (Raizen), dann Romanen (Walachen), Deutsche, Ungarn, Böhmen, Klementiner, Zigeuner, Juden,

Griechen, Armenier &c. Der Religion nach bekennen sich die meisten christlichen Einwohner theils zur griechisch-nichtunirten Kirche (587,288), deren Oberhaupt der Patriarch zu Carlovicz ist, theils zur römisch-katholischen Kirche (448,703); weniger zahlreich sind die unirten Griechen (5535), Reformirten (4274) und Lutheraner (15,864), am wenigsten die Israeliten (404) und Unitarier (4).

Der Ackerbau wird am stärksten in der warasdiner Grenze betrieben; die slavonische Grenze begünstigt ihn ungemein durch die Fruchtbarkeit des Bodens u. die Milde des Klima's. Der Gartenbau ist noch unerheblich, ungleich wichtiger ist der Obstbau, der besonders in Sirmien und im romanen-banater Regiment viele Pflaumen u. Zwetschen liefert, woraus der Zwetschenbranntwein (Slivovitz) gebrannt wird. Wein wird mit Ausnahme der Hochgebirge fast überall gebaut; am vorzüglichsten in Slavonien, welches seine karlowitzer rothen Weine, die Schillerweine, den Tropfwermuth weit versendet; an weißen Weinen wird im Banat in der Umgegend von Weißkirchen jährlich im Durchschnitt gegen 300,000 Eimer erzeugt, welche größtentheils nach Pesth, Wien &c. verkauft werden. Die Viehzucht ist zum Theil noch sehr vernachlässigt. In den Gebirgen hält man Ziegen, deren Haare gesponnen und zu Quersäcken u. Tornistern verwebt werden. Wichtig ist die Schweinezucht besonders in der slavonischen Grenze. Der Viehstand der gesammten Grenze enthält nach der Konskription von 1857 folgende statistische Zahlen: 207,451 Pferde, 502,547 Ochsen und Kühe, 879,813 Schafe, 128,682 Ziegen, 576,533 Schweine, 1697 Esel und 119 Maulthiere. Bienenzucht wird fast überall getrieben, in den wärmeren Landestheilen, wie in Slavonien u. Banat, auch die Seidenkultur, doch nicht mehr so stark als früher. Jagd u. Fischerei sind einträglich, besonders letztere, welche 1818 in der M. für nicht weniger als 19,460 Gulden Konventionsmünze verpachtet wurde. Hauptgegenstände des Bergbau's sind Steinkohlen und das Eisen, auf welches letztere in der Banatgrenze bei Rußberg im romanen-banater Regiment gegraben wird, wo sich zugleich ein großartiges Eisenhüttenwerk befindet. Das Erz, welches größtentheils in der nähern Umgebung der Hohöfen gewonnen wird, ist vorzüglich rother u. gelber Thoneisenstein u. Glaskopf. Früher wurde hier auch silberreicher Bleiglanz gewonnen und in einer Silberhütte zu Gute gemacht, allein die Ergiebigkeit der Gruben hat nachgelassen und sie sind eingestellt. Aus diesen Eisenwerken gingen die 3 schönen banater Hängebrücken hervor, wovon eine beim Herculesbad nächst Mehadia, eine zweite bei Karansebes über die Temes und eine dritte bei Lugos aufgestellt wurde, welche letztere aber eingegangen ist. Steinkohlen finden sich bei Berszászka an der Donau und in der Almás an verschiedenen Orten; auch auf etwas Kupfer und Blei gräbt man, gegen 500 Zigeunerfamilien sind mit Goldwäscherei beschäftigt. Zahlreich sind die Steinbrüche und Thongruben. Viele Zweige der Gewerbsindustrie werden zum eigenen Bedarf in den Haushaltungen betrieben, und in den größeren Ortschaften sind Handwerker ansässig. Das Landvolk treibt Flachs-, Hanf-, Wollen- und Baumwollenspinnerei, Weberei, Seilerei, Spitzenklöppelei, Netzstrickerei, Gerberei, Seifensiederei, Branntweinbrennerei &c., Schuhmacherei, besonders Fabrikation von Schnürschuhen (Opanken) und Fabrikation von Zischmen, Tischler- u. anderen Holzwaaren, Schiffbau, Potasche- und Salpetersiederei, Glas- und Papierfabrikation, Ziegel- und Pfeifenbrennerei, Fabrikation von Metallwaaren. Der Handel mit eigenen Erzeugnissen ist unbedeutend und von geringerem Belang als der Transitohandel. Bedeutende Handelsplätze sind neben den Haupthandelsplätzen Orsova und Semlin: Pancsova, Carlovicz, Peterwardein, Zengg u. Carlopago. Die Straßen, welche die M. durchschneiden, sind meist sehr gut gebaut, und zum Wassertransport eignen sich die Donau, Theiß, Save und Drau, die Unna, Kulpa und Temes. Die Seeküste wird wegen der Unzugänglichkeit der Gebirge für den Verkehr wenig benutzt. Für den Volksunterricht sorgen der Staat und die Gemeinden durch Elementarschulen, aber ihre Zahl ist noch gering. Von höhern Lehranstalten befinden sich zu Vinkovce ein katholisches, zu Karlovic ein nichtunirtes, zu Zengg ein Obergymnasium. Im größten Theil dieses Kronlandes bestehen seit neuerer Zeit höhere mathematische Militärschulen.

Die Verfassung des Landes hat durch das neue Grundgesetz für die M. vom 7. Mai 1850 wesentliche Veränderungen erfahren, die jedoch nicht die auch ferner beibehaltenen militärischen Einrichtungen, sondern nur die bürgerlichen Verhältnisse betreffen. Während letztere bis dahin einen rein feudalen Charakter hatten, nehmen jetzt die Grenzer an allen den übrigen Kronländern durch die Reichsverfassung vom 4. März 1849 verliehenen Rechten in soweit Theil, als dieselben mit den Zwecken und Bedürfnissen des Militärinstituts vereinbarlich sind. Die Grenzer stehen für Militärvergehen und Militärverbrechen unter den Gesetzen des kaiserlichen Heeres, in allen übrigen Fällen unter den allgemeinen Gesetzen des österreichischen Staats. Sie sind verpflichtet, dem Kaiser im Frieden und im Kriege, in und außer dem Lande alle vorgeschriebenen Militärdienste zu leisten und zur Unterhaltung der inneren Grenzanstalten beizutragen. Dagegen sind jetzt alle liegenden Güter der Grenzbewohner vollständiges Eigenthum der Kommunionen, indem das nach dem Grenzgrundgesetz von 1807 bisher bestehende Verhältniß, wonach der Grund und Boden Staatseigenthum, aber zu erblichem Nießbrauch unter völliger Abgabenfreiheit an Bauernfamilien gegen Verpflichtung des Kriegsdienstes verliehen war, aufgehoben ist. Der Grundbesitz der Grenzhäuser zerfällt in Stammgut und Ueberland. Ersteres bildet nebst den Wohn- und Wirthschaftsgebäuden die Grenzansässigkeit und ist in der Regel unveräußerlich; letzteres umfaßt alle übrigen Besitzungen der Grenzhäuser, welche nach den bestehenden Vorschriften veräußerlich sind. Die bisher von den Gemeinden benutzten Hutungen sind jetzt Eigenthum derselben. Die Waldungen sind zwar Staatsgut, aber es wird aus denselben, nach vorläufiger Deckung des Aerarialbedürfnisses für das Land, den Grenzern das Bau- und Brennholz zu den häuslichen Bedürfnissen unentgeltlich angewiesen. Die bisherigen Beschränkungen der Grenzbewohner in Erlernung des Handels, der Gewerbe und Künste, sowie in der Pflege der Wissenschaften haben aufgehört. Das patriarchalische Leben des Grenzvolks als Nationalsitte ist unter den Schutz der Gesetze gestellt. In jedem

Grenzhause bilden alle auf dasselbe eingeschriebenen Personen, sie mögen einander verwandt, oder nur in die Kommunionen aufgenommen sein, eine „Familie" (Kommunion), welche aber das Gesinde nicht mit begreift. Im Innern derselben herrscht eine vollständige patriarchalische Einrichtung, der Hausvater steht an der Spitze des Hauswesens (ihm zur Seite zuweilen die Hausmutter) und regiert das Ganze, unbeschadet, ob er wirklich Stammvater der Familie ist oder nicht. Als Hausvater erscheint häufig der Aelteste, nöthig ist nur, daß er ein dienstfreier Mann sei, er wird von der Hausgenossenschaft gewählt, oder, wenn sich diese nicht einigen kann, von dem Gemeindeausschuß. Alles, was von der Hausgenossenschaft erworben wird, dient zunächst nebst den zum Hause gehörigen Grundstücken zu ihrer Ernährung. Kein sogenannter obligater Grenzer, d. h. welcher noch Soldat ist, darf irgendwo auf Arbeit gehen oder über Nacht aus dem Hause bleiben ohne die Genehmigung des Hausvaters. Will er sich auch nur auf kurze Zeit aus dem Distrikt seiner Kompagnie entfernen, so bedarf er dazu des Urlaubs vom Hauptmann. Was auf diese Weise der Hausgenosse erwirbt, davon muß er einen Theil an die Hauskasse abgeben. Diese verwaltet der Hausvater und legt darüber, sowie über das Verhalten der Hausgenossen Rechenschaft ab. Sollen größere gemeinsame Unternehmungen vorgenommen werden, so wird darüber mit dem gesammten Hausstande berathen und die Mehrzahl entscheidet. Die Grenzer, welche sich von ihrem Hause trennen und in ein anderes begeben, oder aus den pflichtigen Grenzständen treten und dadurch von selbst aufhören, Mitglieder der Hauskommunion zu sein, haben kein Recht auf das unbewegliche Hausvermögen. Aus dieser abgeschlossenen Anzahl der Familien (1853 waren ihrer 112,739) entspringt die eigenthümliche Ausbildung des Familienverbandes in der M. Der Staat hat durch diese Einrichtung ein stets bereites Kriegsheer, das ihm im Frieden wenig kostet (?). Der gewöhnliche Etat ist auf 14 Regimenter zu 3 Bataillonen und ein Grenzbataillon festgesetzt, welche im Kriegsfall alle ausmarschiren können, da noch immer die Reserve, eine Art Landwehr, zu welcher die ausgedienten Grenzer gezogen werden, zur nöthigen Bewachung des Grenzkordons zurückbleibt. Das Heer ist gut eingeübt und wohl disciplinirt und beschützt in einem ununterbrochenen Grenzkordon gegen die Türkei nicht nur das Land gegen feindliche Angriffe und das Eindringen der Pest, sondern dient auch dem Staate für Sold im Kriege gegen eine fremde Macht, wie denn die Grenzer in allen Kriegen des Kaiserstaats wichtige Dienste geleistet haben. Der Wehrpflicht unterliegen vom 20. Jahr an alle männlichen Grenzbewohner, welche in der Grenze ein unbewegliches Vermögen besitzen und die Waffen zu tragen im Stande sind. Der Grenzsoldat empfängt vom Staate die vollständige Bekleidung, Bewaffnung, Rüstung und Munition; außerdem erhält jeder enrolirte Dienstmann der Feldbataillone einen jährlichen Beitrag, der im Felde und im Garnisonsdienste außerhalb des Grenzgebietes verdoppelt und noch mit einem Zuschusse vermehrt wird.

Die unter dem Namen **Militärgrenzkommunitäten** bestehenden Städte und Marktflecken haben ihre eigene Gemeindeverfassung auf Grundlage des allgemeinen Grundgesetzes mit Beachtung ihrer eigenthümlichen Verhältnisse und stehen als integrirende Theile der M. mit dieser im Verbande. Es kommt daselbst die allgemeine österreichische Konskriptions- und Rekrutirungsnorm in Anwendung. Einige dieser Grenzkommunitäten sind im Grundbesitz äußerst beschränkt, was daher kommt, daß sie sich außerhalb ihres Bereiches in der Grenze keine Liegenschaften erwerben, ja nicht einmal pachten dürfen, was, da die Bevölkerung in diesen Städten immer zunimmt, doch sehr zweckmäßig wäre. Grenzkommunitäten in der M. sind im Ganzen 12, und zwar folgende Städte: Zengg, Carlopago, Petrinia, Kostainica, Belovar, Ivanic, Peterwardein, Brod, Carlovicz, Semlin, Pancsova u. Weißkirchen. Die durch das kaiserliche Patent vom 3. Mai 1853 festgesetzten Bestimmungen über die innere Einrichtung und Geschäftsordnung sämmtlicher Gerichtsbehörden aller übrigen Kronländer kommen allein in der M. nicht in Anwendung. An der Spitze der Verwaltung steht der Kriegsminister in Wien, unter ihm zunächst die beiden Landesmilitärkommandanten zu Agram und Temesvar. Diesen kommandirenden Generälen stehen für die Grenze eigene Bau-, Rechnungs-, Schul- und Forstdirektionen nebst militärischen Kanzleien zur Seite. Der Oberst als Regimentskommandant hat die ganze Militär- und Civilverwaltung in dem Regimentsbezirk, auch er wird für die verschiedenen Zweige derselben durch ein gleiches Personal wie die kommandirenden Generäle unterstützt. Beim Regiment ist in Sachen der Rechtspflege das Militärgericht erste Instanz, von wo die Berufung zum Militärlandesgericht nach Temesvar oder Agram geht. Diese Gerichte sind mit rechtskundigen Personen besetzt, der Oberst ist Vorsitzender. Für die Vertretung armer Grenzer sind einige Anwälte angestellt, welche jene unentgeltlich zu leisten haben. Jeder Regimentsbezirk zerfällt in 12 Kompagniebezirke, an deren Spitze der Hauptmann als Kommandant steht. Er wohnt in dem Kompagnieorte, welcher durch eine Tafel mit der Nummer der Kompagnie dem Reisenden kenntlich wird, sowie auch jedesmal die Grenze des Kompagniebezirkes bezeichnet ist. In Rechtssachen fungirt der Hauptmann als eine Art Friedensrichter, er hat den Versuch der Sühne vorzunehmen, wobei ihn ein rechtskundiger Aktuar unterstützt. Die gesammte Polizei wird von der Kompagnie gehandhabt, und der Stock spielt dabei eine ansehnliche Rolle. Die Kompagniebezirke umfassen mehre Ortschaften, in jeder Gemeinde wohnt ein Offizier als Stationskommandant, und aus dem Stande der Mannschaft wird ein Ortsrichter erwählt, welcher die Ortspolizei zu besorgen hat. Die Interessen der Gemeinde werden von den Ortsältesten vertreten, welche der Kompagniekommandant ernennt. Alles, was Gegenstand der politischen, polizeilichen und Kameralverwaltung ist, fällt unter die Kompetenz der militärischen Administration. Obwohl nun dieses Institut im Ganzen genommen seine unverkennbaren Lichtseiten besitzt, so hat es auch der Schattenseiten nicht wenige. Eine derselben z. B. ist, daß gewöhnlich der Hausvater im Grenzhause wenig oder gar nicht zu arbeiten pflegt, sondern von den Uebrigen unterhalten wird, was zu mannichfachen Uebelständen führt, besonders zu dem, daß der Einzelne seine Kräfte nicht so anstrengt, als wenn er für sich und seine nächsten Angehörigen arbeitete. Es wird demnach durch eine solche Genossenschaft nicht so viel geleistet, als geleistet werden könnte, wenn Jeder eine Familie zu begründen im Stande wäre. Deshalb bemerkt man auch, daß in der Grenze die Ackerkultur und die Viehzucht auf einer niedrigen Stufe stehen, während der Boden u. das Klima eine bedeutendere Produktion gestatteten. Daneben kommen auch nicht selten Streitigkeiten im Hause vor, und nur die Angewöhnung einer strengen Disciplin von Jugend auf macht das Verhältniß erträglicher, als es sonst sein würde. Eine andere Schattenseite dieser Einrichtung ist die, daß industrielle Unternehmungen, die auf mehr Arbeitskräfte, als der Ort, wo sie etablirt sind, liefert, basirt werden müssen, mit irgend einer Sicherheit nicht unternommen werden können, weil man dabei immer von der Ansicht und dem Willen der Hauptleute abhängig bleibt. Versteht man es, sich mit diesen gut zu stellen, ist der Unternehmer ein Mann von Einfluß, so daß er die Offiziere für sich gewinnt oder dieselben ihn fürchten, so geht es gut, im entgegengesetzten Fall aber schlecht. Deshalb findet man auch in der ganzen Grenze fast gar keine industriellen Unternehmungen, und die wenigen, welche da sind, wie z. B. das große Eisenwerk Rußberg unweit Karansebes ꝛc., haben zum großen Theil fremde Arbeiter.

Die Verhältnisse des Grenzvolks finden sich in jener Petition, welche die 52 Vertreter der M. auf dem kroatischen Landtage von 1861 an den Kaiser gerichtet haben, in höchst ungünstiger Weise dargelegt. Der ursprüngliche Beruf der Grenzer, heißt es in dem Aktenstück, war bloß die Vertheidigung ihres Landes vor den Türken; der §. 3 des Grenzgrundgesetzes von 1850 besagt jedoch, daß von nun an die gesammte M. einen integrirenden Theil des Reichsheeres bildet, also, daß Klein und Groß, Weiber und Kinder, Lahme und Alte bei uns dem Heere beigerechnet werden und dem Militärgesetze unterstehen. Auf diese Weise leben die Grenzer in beständigem Belagerungszustand, und was man anderswo als Strafe für Ruhestörung und Aufruhr auferlegt, ist dort in Friedenszeiten normaler Zustand. Der §. 7 desselben Gesetzes bestimmt die deutsche Sprache als die amtliche bei allen Militärgeschäften; da nun in der Grenze Alles dem Militär beigezählt wird, so werden alle Geschäfte in den militärischen Wirkungskreis hineingezogen, und von der nationalen Sprache findet sich auch nicht die Spur in der Oeffentlichkeit. Nach §. 10 werden den Grenzern Häuser u. Grundstücke als wahres und ständiges Eigenthum zugewiesen. Allein diese Wohlthat ist eine bloß nominelle, weil mit dem Bodenbesitz die beständige Pflicht des Militärdienstes verbunden ist, der vom 20. Jahre an beginnt und (da es keine Kapitulation gibt) bis zum Tode währt, und überdies der Grenzer dieses angebliche Eigenthum weder veräußern, noch mit Schulden belasten darf. Die Grenzer sind daher in der That, was sie vor 1848 waren, erbliche Nutznießer ihrer Wohnorte. Die Aerarialrobot ist aufgehoben, statt derselben jedoch ist die Gemeinderobot in einem so ausgedehnten Maßstabe eingeführt, daß fast Alles, was früher im Namen des Aerars verrichtet ward, nun im Namen der Gemeinde verrichtet werden muß. So kommt es, daß die Grenzer jetzt größere Frohndienste leisten als vor 1848. Die unaufhörlichen Veränderungen bestehender Gesetze sind der Grund, daß Jedermann das Recht der Gesetzgebung nach seinem Interesse in Anspruch nimmt; so viel Offiziere, so viel Gesetzbücher, und da beim Militär blinder Gehorsam herrscht, darf Niemand die leiseste Einwendung machen. Auf diese Weise ist in der Grenze wegen der Ueberzahl der verschiedenen Verordnungen und Gesetze Gesetzlosigkeit eingerissen. In Folge der übermäßigen Abgaben sinkt der Werth des Grundbesitzes in der M., statt, wie anderwärts, zu steigen; der Wohlstand ist im raschen Sinken begriffen, und der Pauperismus nimmt in erschreckender Weise zu. Die Landwirthschaft liegt gänzlich darnieder, die Gewerbe- und Handelsthätigkeit kann nicht aufblühen, nicht bloß, weil es kein Ansiedlungsrecht gibt, sondern auch weil es den Grenzern nicht freisteht, in irgend einen andern Stand als den des Vaters einzutreten und sie demnach bloß auf Ackerbau oder Kriegsdienst hingewiesen sind. Alles dieses dürften wohl Gründe sein, die Auflösung des Grenzinstituts, dessen Erhaltung die schweren Kosten, welche es verursacht, durchaus nicht rechtfertigt, in ernste Erwägung zu ziehen; denn es ist faktisch erwiesen, daß der Staat jährlich gegen 1,600,000 Fl. ö. W. für die Erhaltung des Grenzinstituts zusetzen muß. Zur Zeit der Begründung der militärischen Grenzwache war sie gewiß nothwendig, um das Land auf die kräftigste Weise gegen die Einfälle der räuberischen und unruhigen Nachbarn zu schützen. Allein diese Zeit liegt in der Hauptsache hinter uns, und der nöthige Schutz, die Besetzung der Grenzposten, könnte sicher durch reguläres Militär wohlfeiler erreicht werden. In nationalökonomischer Hinsicht würde aber die Befreiung von dem schweren Militärdienst eine bessere Verwendung der Kräfte möglich machen, und bei einer übrigens geordneten Civilverwaltung, bei einer gehörigen Bildung des Volks müßte die Grenze, welche für Handel und Industrie so günstig liegt, einen höhern Aufschwung nehmen, denn es erleidet wohl keinen Zweifel, daß sich dann auch hieher fremde Kapitalien ziehen würden.

Geschichtliches. Den Grund zur M. legte König Sigmund von Ungarn durch die Errichtung des Kapitanats von Zengg. Eine weitere Ausbildung gewann diese Einrichtung im 16. Jahrhundert, als König Ludwig II. von Ungarn dem Erzherzog Ferdinand von Oesterreich die festesten Plätze Kroatiens übergeben hatte, um sie auf eigene Kosten gegen die Türken zu vertheidigen. Ferdinand I. sammelte nun Kroaten, Serben und Romanen, welche vor den Türken geflohen waren, schenkte ihnen Land zur Nutznießung, machte sie abgabenfrei und übertrug ihnen die Vertheidigung der Grenze. Die Ausbildung der kroatischen Grenze entstand 1580 durch Aufnahme mehrer Morlakenfamilien, vorzüglich aber durch die Ansiedlung zahlreicher Flüchtlinge aus der kleinen Walachei, welchen 1597 der nachmalige Kaiser Ferdinand II. Unterkunft in 70 verlassenen Schlössern gab. Ein Privilegium Rudolfs II. verlieh ihnen Religions- und Abgabenfreiheit und verpflichtete sie zur Bebauung ihrer Grundstücke und zur Vertheidigung der Grenzen gegen die Türken. Neue Ankömmlinge und Angeworbene schlossen sich ihnen in verschiedenen Zeiträumen an, so daß nach dem karlowitzer Frieden 1699 drei Grenzgeneralate, das karlsstädter, warasdiner und Banalgrenzgeneralat, entstanden. Das im Süden der karlsstädter Grenze 1689 eroberte Land, Lika, Korbavia und Zvonigrad, wurde 1711 ebenfalls der Militärverwaltung untergeben, wodurch die karlsstädter Grenze ihren Schlußstein erhielt. Unter Leopold I. entstand 1702 aus den längs der Save, Theiß und Maros gelegenen Gegenden die slavonische Grenze unter der Verwaltung des Hofkriegsraths und der kaiserlichen Kammer in Wien. Diese slavonische Grenze erfuhr 1747 eine Verminderung durch Verschmelzung eines beträchtlichen Theils derselben mit Ungarn; indessen wurde zum Ersatz für dieselbe das Grenzwesen im Banat ausgebildet und erhielt hier 1774 seine jetzige Ausdehnung. Zur Sicherung des Kordons in den Grenzplätzen von Slavonien und Sirmien wurde 1747 ein schon früher aufgestelltes Bataillon Tschaikisten in bester Wirksamkeit erhalten und 1763 auf Befehl der Kaiserin Maria Theresia in den Landstrich zwischen der Donau und Theiß versetzt. Von derselben Kaiserin wurde auch die siebenburgische Grenze errichtet, und zwar die Szeklergrenze 1764, die walachische 1766. Im Jahre 1807 erhielt die M. ihr bisher gültiges Grundgesetz. Nach den unglücklichen Ergebnissen des wiener Friedens 1809 vereinigte der pariser Friede 1814 die Grenzländer wieder mit der österreichischen Monarchie. Dieselben bildeten bisher staatsrechtlich einen Theil des ungarischen Reichs und des Großfürstenthums Siebenbürgen, waren aber in Ungarn nach Verfassung u. Verwaltung gänzlich von denselben getrennt, in Siebenbürgen dagegen, wo die Grenzsoldaten ohnehin keine geschlossenen Bezirke bewohnten, sondern im Provinzialgebiete zerstreut lebten, nur militärisch-administrativ, nicht politisch gesondert. Eingetheilt war die M. in vier von einander unabhängige, unter dem Hofkriegsrath stehende Generalkommando's oder Generalate als höchste Behörden, unter denen die Regimentskommando's standen, welche die Bezirksbehörden vorstellten und nicht nur alle rein militärischen Verrichtungen, sondern auch alle politisch-ökonomischen und Justizgeschäfte besorgten. Die vier Generalate waren: das kroatische mit den wichtigsten Orten Carlopago, Zengg, Belovar, Petrinia, Kostainica; das slavonische mit Alt- u. Neu-Gradisca, Brod, Mitrovic, Peterwardein, Carlovicz, Semlin, wohin auch der Distrikt der Tschaikisten gehörte; das banater oder ungarische mit Pancsova, Weißkirchen, Mehadia und Karansebes; das siebenbürgische. Im Jahre 1848 wurde die M. anfangs unter die Botmäßigkeit des ungarischen Ministeriums gestellt, schloß sich aber dann dem Kampfe gegen die ungarische Insurrektion an und half ihn siegreich beendigen. Zum Lohn für die bewiesene Treue der Grenzer in Italien und Ungarn wurde das Militärgrenzgebiet durch die Reichsverfassung von 1849 zu einem eigenen Kronlande erklärt und erhielt 1850 ihr oben erwähntes neues Grundgesetz mit wichtigen Vortheilen für das Land und seine Bewohner. Nachdem 1851 die siebenbürgische M. aufgehoben war, erfolgte die Eintheilung in drei Hauptabtheilungen: die kroatische Grenze, welche in 3 Grenzgebiete mit zusammen 8 Infanterieregimentsbezirken zerfiel, nämlich in die karlsstädter Grenze mit dem likaner, dem otočaner, oguliner und sluiner Regiment, die Banatgrenze mit dem ersten und dem zweiten Banalregiment und die warasdiner Grenze mit dem kreuzer und dem St.-Georgenregiment; die slavonisch-serbische Grenze (früher auch die sirmische genannt) mit 3 Infanterieregimentsbezirken, nämlich dem gradiskaner, broder und peterwardeiner Regiment und mit dem Distrikt des Tschaikistenbataillons; die banater Grenze mit 3 Infanterieregimentsbezirken, nämlich dem deutsch-banater, dem illyrisch-banater und dem romanen-banater. Ueber die jetzige Eintheilung s. oben. Vgl. Hitzinger, Statistik der M. des österreichischen Kaiserthums, Wien 1823; Fras, Vollständige Topographie der karlsstädter M. in Kroatien &c., Agram 1834; Jovitsch, Ethnographisches Gemälde der slavonischen M. &c., Wien 1835; von Mildenberg, Statistik der siebenbürgischen M., Hermannstadt 1837; Reigebauer, Die Südslaven und deren Länder in Beziehung auf Geschichte &c., Leipzig 1851; Bevölkerung und Viehstand von der M. nach der Zählung vom 31. Okt. 1857, Wien 1859; Utiesenovic, Die M. und die Verfassung, das. 1861; Hostinek, Die k. k. M. und ihre Verwaltung, das. 1861, 2 Bde.

Militärheilkunde (Kriegsheilkunde, medicina militaris s. castrensis), die Anwendung der Heilkunde auf den Militärstand. Da die Krankheiten, welche bei den Soldaten vorkommen, im Allgemeinen die aller übrigen Menschen sind, obwohl eine Anzahl Krankheiten und Verletzungen bei ihnen häufiger erscheinen als bei andern Menschen, muß auch der Militär- oder Feldarzt hinsichtlich seiner wissenschaftlichen Ausbildung denselben Erfordernissen genügen wie jeder Arzt überhaupt. Er muß aber außerdem eingeweiht sein in die aus den Verhältnissen des Kriegerstandes und der Kriegführung und Kriegsbereitschaft sich ergebenden Maßregeln und Anordnungen, und da, vorzüglich in Kriegszeiten, dem Feldarzte bei der Ausübung seiner Kunst manche Schwierigkeiten im Wege stehen, welche nur mit größter Mühe und Sorgfalt überwunden werden können, muß er eine feste Gesundheit, sowie Entschlossenheit, Muth und Ausdauer besitzen. Frankreich ging in der Organisation des Militärmedicinalwesens voran; seinem Beispiel folgten nach und nach die andern Staaten. Es wurden medicinisch-chirurgische Militärakademien und Schulen errichtet in Wien, Berlin, Dresden, Paris, Kopenhagen, Petersburg &c. Gegenwärtig findet man bei allen gut organisirten Heeren ein ziemlich zahlreiches Personal von Aerzten, welche theils größern, theils kleinern Heeresabtheilungen beigegeben sind und unter einander ein ebenso gegliedertes Ganzes bilden wie die fechtenden Soldaten selbst. Die oberste Behörde des Militärmedicinalwesens ist unmittelbar dem Kriegsministerium untergeordnet, und die obersten Aerzte haben die ärztliche Verpflegung des Kriegsheeres im Großen zu leiten, während die unmittelbare Behandlung der Kranken den Aerzten niederer Grade (Regiments-, Bataillonsärzten &c.) überlassen bleibt. Im Frieden ist die Wirksamkeit des Militärarztes, abgesehen von den durch das Dienstverhältniß gebotenen Leistungen, wie die Theilnahme an den Rekrutenaushebungen, Märschen, Kantonnements und dergl., von der eines andern praktischen Arztes, der eine öffentliche Stellung einnimmt, im Wesentlichen nicht verschieden;

im Kriege jedoch legen Märsche, Lager, Bivouaks, Belagerungen und Schlachten dem Militärarzte Pflichten und Beschwerden auf, welche im gewöhnlichen Leben nicht vorkommen. Besonders wichtig sind die Anordnungen bei Schlachten, wo der dirigirende Arzt zuvor für einen außerhalb der Schußweite liegenden Verbandplatz zu sorgen hat, um sich daselbst mit seinem ganzen Personal aufhalten zu können. Die Verwundeten werden durch eigens dazu bestimmte und unter die fechtenden Truppen vertheilte Leute nach diesen Plätzen gebracht, wo die Aerzte die ersten Verbände anlegen und die nöthigsten Operationen ausführen, zu welchem Behuf jetzt in den meisten Heeren sogenannte Sanitätskompagnien eingeführt sind. Da es indeß nicht fehlen kann, daß im Laufe der Schlacht oft eine Verlegung des Verbandplatzes nöthig wird, so verwandelte Larrey diese festen Verbandplätze in fliegende Ambulancen (ambulances volantes), bei denen sämmtliche Medicinalpersonen beritten und zweckmäßig eingerichtete Wägen zum Transport der Verwundeten bereit sind, um mit der größtmöglichen Schnelligkeit die ganze Anstalt an einen andern Ort versetzen zu können. Von den Verbandplätzen und aus den fliegenden Ambulancen kommen die Verwundeten in die eigentlichen und stehenden Ambulancen u. dann in die weiter entfernten Feldlazarethe. Die Anschaffung und Beaufsichtigung der nöthigen Wirthschaftsgegenstände, Nahrungsmittel ꝛc. liegt besonderen, zum Medicinalwesen gehörigen Oekonomiebeamten ob. Den Arzneibedarf liefern die gleichfalls militärisch organisirten Militärapotheken, und in manchen Staaten gibt es sogar besondere Arzneivorschriften für die militärärztlichen Verordnungen (die Militärpharmakopöen, pharmacopoeae castrenses). Vgl. Josephi, Grundriß der Militärstaatsarzneikunde, Berlin 1829.

Militärjustiz, s. Kriegsartikel und Kriegsgericht.

Militärkarten, Landkarten, die, den militärischen Zwecken angemessen, zunächst nach einem größern Maßstabe gezeichnet sind, der die genaue und deutliche Angabe aller Gegenstände, welche bei militärischen Operationen in Betracht kommen, erlaubt. Den gewöhnlichen Anforderungen genügt der Maßstab von $^1/_{100000}$, d. h. die Längeneinheit der Karte, z. B. die Meile ist der hunderttausendste Theil der wirklichen Meile und beträgt demnach 2 Decimalzoll. Die Bedeutsamkeit der Objekte muß durch verschiedene Schrift bezeichnet und die Karte orientirt sein, d. h. der Norden nach oben hin liegen. Vornehmlich aber müssen alle Gegenstände angegeben sein, welche von irgend welcher militärischen Bedeutung sind, weshalb zuweilen selbst einzelne Häuser, hervorragende Bäume, hochstehende Windmühlen, ja manchmal selbst Wegweiser u. dgl. darauf bezeichnet sein müssen, weil dies Alles bei nachheriger Orientirung auf dem Terrain förderlich ist. Von besonderer Wichtigkeit ist die genaue Angabe der Brücken und Furten. Oefters ist auch eine Kotirung erforderlich, d. h. die Bezeichnung einzelner Punkte mit Zahlen, welche durch ein beigesetztes + oder — angeben, um wie viel der in Rede stehende Punkt höher oder tiefer als der angenommene Horizont liegt. Von besonderer Wichtigkeit ist aber die eigentliche Terrainzeichnung, um die sich vor Allen J. G. Lehmann [s. d. 1)] und General Müffling verdient gemacht haben, welcher letztere neben der geraden die geschlängelte Bergschraffur einführte. Eine besondere Art der M. sind die Situationspläne, die in der Regel im Maßstab von $^1/_{50000}$, auch wohl in einem noch größern entworfen sind, um alle Details eines beschränkteren Terraintheils aufnehmen zu können. Gute M. sind bei militärischen Operationen unentbehrlich.

Militärkolonien, Ansiedlungen ganzer Truppentheile, die verschiedene Zwecke haben können, z. B. leichtere Vertheidigung oft bedrohter Landesgrenzen, Erleichterung des Unterhalts der Truppen in wenig bewohnten Gegenden, Urbarmachung unbewohnter, aber fruchtbarer Landstriche, Verschmelzung des Militärstandes mit dem Bauernstande ꝛc., deren charakteristisches Merkmal unter allen Umständen aber Vereinigung einer bedeutenden Truppenmacht auf verhältnißmäßig kleinem Raume und Ernährung derselben durch eigner Hände Arbeit ist. Schon Alexander der Große siedelte die Veteranen seiner Heere theilweise an, und bei den Römern findet man schon die Kolonisirung durch Legionen, namentlich waren die Limitanei in Illyrien und Pannonien und die Standlager am Rhein ähnliche Veranstaltungen. In Schweden wurde gegen Ende des 17. Jahrhunderts eine Art von M. errichtet, die mit geringen Abänderungen noch jetzt bestehen, die sogenannte Indeltaarmee, die Karl XI. zu dem Zweck einrichtete, stets eine größere Kriegsmacht mit geringerem Kostenaufwande bereit zu haben. Man siedelte nämlich Soldaten und Offiziere zerstreut auf Krondomänen an, die zu Uebungen und im Fall eines Krieges zusammengezogen wurden. Eigentliche M. aber wurden erst von Kaiser Alexander I. von Rußland angelegt, u. zwar nach dem Plan des Grafen Araktschejew, der dahin ging, die Soldaten bei den Kronbauern einzuquartieren und auf diese Weise völlige militärische Dörfer zu bilden. Die betreffenden Ukase datiren vom 26. April 1818, 12. Dec. 1821 und 18. Febr. 1825. Zuerst wurde eine Infanteriedivision im Gouvernement Nowgorod und eine Kavalleriedivision im Gouvernement Charkow angesiedelt; 1828 aber waren bereits 3 Infanterie- und 5 Kavalleriedivisionen, erstere in den nördlichen, letztere in den südlichen Gouvernements organisirt. Man verfuhr dabei folgendermaßen: In gewissen Distrikten, die man der Civilobrigkeit ganz entzog u. unter Militärgewalt stellte, wurden sämmtliche Kronbauern aufgezeichnet und aus ihnen die, welche älter als 50 Jahre waren oder Intelligenz und Ordnungsliebe bewiesen, zu Oberkolonisten (Meisterkolonisten) gemacht. Sie erhielten militärische Uniform, und jedem wurden 15 Dessätinen (64 preußische Morgen) Landes mit einem Wohnhause überwiesen. Jedem Oberkolonisten ward ein Assistent beigesetzt, gewöhnlich der älteste Sohn der Familie, der dann auch mit Genehmigung des Obersten den Hof erbte. In jedem Hof wurde ein Soldat einquartiert und verpflegt, der aber nur, wenn er in den Krieg zog, Sold erhielt und dem Bauer beim Ackerbau helfen mußte. Die übrige junge Mannschaft der Kolonie, bei der Infanterie vom vollendeten 12., bei der Kavallerie vom 14. Jahre an, ward ebenfalls uniformirt und für den Ackerbau und Kriegsdienst ausgebildet. Vom 17. Jahre an dienten diese jungen Leute als Reserve der ackerbautreibenden Soldaten, vom 21.

Jahre an in der Armee. Vom vollendeten 7. Jahre an wurden die Knaben in Lancasterschulen erzogen, talentvollere auch in besonderen Militärschulen zu Offizieren ausgebildet. Nach 25jähriger Dienstzeit konnte der Kolonist seinen Abschied und seine Entlassung aus der Kolonie verlangen, mußte dann aber noch 5 Jahre in der Reserve dienen. Die Rechtspflege wurde in den M. nach einem besonderen Militärcodex verwaltet, und zwar von Offizieren. Die Einrichtung und Ausstattung dieser M. verschlang große Summen; bis 1826 betrugen die Kosten bereits 32,500,000 Rubel. Aber dieselben erschienen nicht zu hoch, da man fast ohne Unterhaltungskosten eine bedeutende Streitmacht permanent beisammen hatte, durch die zugleich ein bedeutendes Areal urbar gemacht und die rohe Bevölkerung an Zucht und Ordnung gewöhnt ward. Durch Ukas vom 19. Nov. (1. Dec.) 1831 erhielten aber die M. eine andere Einrichtung, indem man ihre Verwaltung weniger militärisch machte, die von ihnen zu stellenden Truppenabtheilungen abwechselnd in verschiedene Quartiere legte und selbst den Namen M. in den der Distrikte der ackerbautreibenden Soldaten umwandelte ꝛc. Als nach Beendigung des letzten orientalischen Kriegs die russische Armee organisirt ward, hob Kaiser Alexander II. die Infanteriekolonien in den nördlichen Gouvernements auf, so daß nur die Kavalleriekolonien unter den Namen der südlichen Kolonien, und zwar als charkowsche, chersonsche und kiew-podolische fortbestanden, aber mit Gemeindeverfassung und ohne militärische Organisation. Vgl. Schubert, Ueber die M. Rußlands, Königsberg 1835.

Militärmusik, s. Kriegsmusik, vgl. Musik.

Militärschulen (écoles militaires), Bildungsanstalten, in welchen Militärpersonen den für ihren Stand und zur Erreichung der Zwecke desselben nothwendigen Unterricht erhalten, im engsten Sinne solche, in welchen die Leute eines Regiments oder Bataillons in Dem unterrichtet werden, was man für ihre Bildung für nothwendig hält, sowie auch solche Anstalten, in welchen Leute einer technischen Waffengattung den nöthigen theoretischen Unterricht erhalten. Solche Schulen werden Bataillons- oder Regimentsschulen genannt, sind gewöhnlich in mehre Klassen eingetheilt und werden von Individuen besucht, welche ihre Kenntnisse entweder aus eigenem Drange zu erweitern streben, oder welchen reglementmäßige Bestimmungen den Schulbesuch befehlen. Außer diesen Regiments- oder Soldatenschulen gibt es eigene militärische Bildungsanstalten, Militärakademien oder Kadetenhäuser, höhere Lehranstalten für die wissenschaftliche Bildung künftiger Offiziere, welche die Bestimmung haben, den jüngern Zöglingen zunächst diejenige allgemeine Bildung zu geben, welche ihr künftiger Stand erfordert, um dessen ehrenvolle Stellung im Staate und in der Gesellschaft zu behaupten, dann aber vorzüglich dieselben für ihren Beruf durch gründliche Kenntnisse in den Kriegswissenschaften (s. d.) vorzubereiten und zu weitern Studien zu veranlassen, den Offizieren endlich, welche eine höhere Ausbildung suchen, diese in vollem Maße zu gewähren. Die ersten Anstalten dieser Art waren die Ritterakademien, zu Anfang des 17. Jahrhunderts in Dänemark entstanden, in welchen Mathematik, Zeichnen, Fortifikation und etwas über den Gebrauch der Geschütze gelehrt wurde. Diese Anstalten hatten eine Einrichtung ähnlich den Gymnasien, und nach ihrem Muster entstanden bald in Deutschland Akademien zu gleichem Zweck in Stuttgart, Braunschweig, Kassel und andern Orten. Aehnlich eingerichtet war auch die Ecole militaire Friedrichs des Großen in Berlin zur Ausbildung junger Offiziere. Besonders aber gaben die Artillerieschulen hierin ein Vorbild, die schon vor dem siebenjährigen Kriege in Frankreich, später in Sachsen, Oesterreich und Preußen entstanden. Schon früher bestanden Ingenieurschulen. Doch war der Unterricht noch nicht systematisch organisirt. Erst seit 1810 u. 1815 besteht in den meisten Staaten das Gesetz, daß in Friedenszeiten Niemand mehr Offizier wird, der nicht in einem Examen Zeugniß von seinen wissenschaftlichen Kenntnissen ablegen kann. In Bezug darauf wurden in Preußen die Divisionsschulen errichtet, in denen die für ausreichend erachtete Summe militärischen Wissens gelehrt, dabei aber die größte Sorgfalt auf die dienstliche und technische Ausbildung verwendet wird. Um aber talentvolleren Köpfen Gelegenheit zu geben, sich umfassendere wissenschaftliche Kenntnisse zu erwerben, wurde die allgemeine Kriegsschule für Offiziere gegründet, in welcher namentlich Mathematik, Kriegswissenschaften und Sprachen gelehrt werden. In Frankreich führen seit der Revolution alle sonstigen Kadetenhäuser den Namen M. (écoles militaires). Garnisonschulen sind den Bürgerschulen gleichstehende Schulen, wo die Kinder dienender oder ausgedienter Militärs unentgeltlich Unterricht empfangen.

Militärstrafen, s. Strafe, vergl. Kriegsgericht.

Militärstraßen, im engern Sinne die Wege, welche für die Marschrichtung der Truppen besonders ausgewählt und zugerichtet sind. Die allgemeinen Erfordernisse solcher Straßen sind keine andern als die, welche überall das gute Fortkommen bedingen; da aber oft die gewöhnlichen Wege verdorben oder absichtlich gesperrt sind, oder in einer nicht günstigen Richtung laufen, und da größere Heeresmassen sich nicht auf Einem Wege allein bewegen können, so werden sehr oft die Kolonnenwege zu M. benutzt. Auch kann man die Etappenstraßen hierher rechnen, d. h. die Wege, welche den nach einer gewissen Richtung marschirenden Truppentheilen vorgeschrieben sind. Daß die unwegsamsten Gegenden zu M. gemacht werden können, zeigen die Züge Hannibals und Napoleons I. über die Alpen und die Uebersteigung des Balkan durch Diebitsch. Als M. sind in neuester Zeit besonders die Eisenbahnen wichtig geworden und werden es noch mehr werden, wenn sich das Eisenbahnnetz vervollständigt, überall Doppelgeleise und gleiche Spurweiten eingeführt u. die noch vorhandenen Transportschwierigkeiten überwunden werden. Man rechnet gegenwärtig, daß durch 16 Lokomotiven mit den nöthigen Transportmitteln 5 Bataillone, 2 Eskadrons und eine Batterie 12—24 Meilen in einem Tage auf der Eisenbahn befördert werden können.

Militärverwaltung, s. Militär.

Militärwissenschaften, s. v. a. Kriegswissenschaften.

Militello, 1) Stadt auf der Insel Sicilien, Provinz Catania, mit Getreide- und Weinbau, Handel mit Korn, Hanf, Seide, Südfrüchten u. 9150 Einw. — 2) Stadt daselbst, Intendanz Siragossa, mit Salzwerken und 7600 Einw.

Militia (lat.), Kriegsdienst; Kriegswesen; Miliz.

Militsch, Kreisstadt in der preußischen Provinz Schlesien, Regierungsbezirk Breslau, Hauptort der gleichnamigen Standesherrschaft, an der Bartsch, ist Sitz der standesherrlichen Behörden, hat ein Schloß, 2 katholische Kirchen und eine evangelische, eine Synagoge, ein Spital, Gerberei, Leinweberei, Tuchfabrikation und 3314 Einw.

Milium *L.* (Flattergras, Hirsegras, Milisgras), Pflanzengattung aus der Familie der Gräser, mit der bekanntesten Art: **M.** effusum *L.*, in Europa, Sibirien, Nordamerika in Wäldern, wird 3—4 Fuß hoch, riecht fast wie Steinklee und vertreibt daher die Motten. Der Halm wird zu feinen Strohhüten benutzt. Die Körner sind mehlig und werden Waldhirse genannt.

Miliz (v. Lat.), Bezeichnung derjenigen bewaffneten Mannschaft, welche außer dem stehenden Heere und der Landwehr im Kriege Dienste leistet und nach dessen Beendigung sich wieder auflöst, indem die Einzelnen in ihre frühern Verhältnisse zurücktreten. Hierher gehört z. B. der Landsturm, welcher zu Kriegszeiten aufgeboten wird, um Ordnung zu erhalten, Gefangene zu transportiren und zu bewachen 2c. Landmilizen kommen schon im Mittelalter vor, z. B. die **Milice** des communes in Frankreich während der englischen Kriege. Im 17. Jahrhundert werden sie allgemeiner in Sachsen (die sogenannten Defensioner), Schweden, Dänemark, Holland, Preußen. Hier schaffte sie König Friedrich Wilhelm I. ab und verbot sogar den Namen. Von größerer Bedeutung war dieser Theil der bewaffneten Macht in England, wo die M.en aus den Zeiten Alfreds des Großen herrühren, aber 1756, als die Franzosen mit einer Landung drohten, zu einer Stärke von etwa 40,000 Mann vermehrt und neu organisirt wurden. An der Spitze der M. steht jetzt in jeder Grafschaft der Lordlieutenant. Der Milizsoldat muß 5 Jahre dienen u. wird durch das Loos bestimmt. Nur Peers, Soldaten des stehenden Heeres, Mitglieder der Universitäten, Schullehrer, Beamte, Seeleute, Lehrlinge und Arme, welche mehr als Ein Kind haben, sind vom Dienst in der M. ganz frei, den man übrigens auch durch Ersatzmänner verrichten lassen darf. Das Milizwesen fand von England aus auch in den nordamerikanischen Freistaaten Eingang und war während des Unabhängigkeitskampfes mit dem Mutterlande trotz der mangelnden Subordination von großer Bedeutung. Die Republik Meriko hatte ebenfalls M.en. Auch in den südamerikanischen Republiken hat man seit 1810 ähnliche Mannschaften organisirt. Vgl. Volksbewaffnung.

Mill, 1) James, englischer Historiker u. Nationalökonom, geboren am 6. April 1773 zu Logie-Pert in der schottischen Grafschaft Forfar, widmete sich zu Edinburg dem Studium der Theologie, sodann aber in London der Schriftstellerei und ward Mitarbeiter an mehren Journalen. Zugleich wirkte er eifrig für die Errichtung von Lancasterschulen und war später einer der Gründer der londoner Universität. Seine „**History of British-India**" (Lond. 1818—19, 6 Bde.) ward mit allgemeinem Beifall aufgenommen, und obwohl sie die Mißbräuche der indischen Verwaltung schonungslos aufdeckte, erhielt ihr Verfasser doch von der ostindischen Kompagnie einen einträglichen Posten im **India House** und später den eines Chefs der indischen Korrespondenz. In seinen „**Elements of political economy**" (Lond. 1821) suchte er dieser Wissenschaft eine systematische Form zu geben; seine „**Analysis of the phenomena of the human mind**" (das. 1829) zeichnet sich durch Kühnheit der Ideen und Schärfe des Räsonnements aus. Außerdem nahm M. thätigen Antheil an der neuen Ausgabe der „**Encyclopaedia Britannica**" und an der von Bentham gegründeten „**Westminster review**". Seine letzte Schrift „**Fragment of Mackintosh**" (London 1835) ist eine scharfsinnige Zergliederung der Abhandlung desselben über Moralphilosophie. M. † am 23. Juni 1836 zu Kensington.

2) John Stuart, englischer Philosoph und Nationalökonom, Sohn des Vorigen, geboren 1806 zu London, folgte seinem Vater in dessen Amte bei der ostindischen Kompagnie und führte 1835—40 die Redaktion der vereinigten „**London and Westminster review**", die durch seine Feder die beste Revue der Zeit ward. Als Philosoph machte er sich durch das „**System of logic, ratiocinative and inductive**" (London 1843, 2 Bde.; 3. Aufl. 1852; deutsch von Schiel, Braunschweig 1849) bekannt; seine bedeutendste Arbeit sind jedoch die „**Principles of political economy**" (London 1848, 2 Bde.; deutsch von Soetbeer, Hamburg 1852, 2 Bde.). Beachtung verdienen auch seine „**Essays on unsettled questions of political economy**" (London 1851). In den ostindischen Angelegenheiten gilt M. für eine große Autorität.

Millais, John Everett, englischer Historienmaler, geboren den 8. Juni 1829 zu Southampton, zählt zu den Vertretern der sogenannten präraphaelitischen Schule.

Milledgeville, Hauptstadt des nordamerikanischen Staats Georgia, Grafschaft Baldwin, an der schiffbaren Alatahama, mit Akademie, Bank, Handel, besonders mit Baumwolle, und 2500 Einw.

Millefiori (ital., d. i. tausend Blumen), Art Glasmosaik, besteht aus der Zusammenstellung bunter Punkte und ward besonders zu Murano bei Venedig verfertigt, war aber bis 1834 verloren, wo Fuß in Schönebeck ein Verfahren zu ihrer Wiederherstellung erfand.

Millenarier (v. Lat.), s. v. a. Chiliasten, s. Chiliasmus.

Millennium (lat.), das tausendjährige Reich, s. Chiliasmus.

Millepedes (lat.), s. v. a. Asseln.

Miller, 1) Johann Martin, deutscher Dichter, geboren den 3. Dec. 1750 zu Ulm, wo sein Vater Prediger und Gymnasiallehrer war, studirte in Göttingen Theologie und schloß sich dort bald eng dem Kreise an, aus dem später der Hainbund hervorging. Schon damals sprach sich in seinem der Gemüthsart Hölty's verwandten Wesen eine ungemeine Weichheit und Rührseligkeit aus. Nach einem halbjährigen Aufenthalt in Leipzig (1774) trat M. in seiner Vaterstadt eine Vikarstelle am Gymnasium, dann, nachdem er 1780 Jahresfrist hindurch Pfarrer zu Jungingen bei Ulm gewesen, eine Professur an demselben Institut an. Im Jahre

1793 wurde er Prediger am ulmer Münster, stieg später zum Dekan und geistlichen Rath auf und † als solcher den 21. Juni 1814. M. ist hauptsächlich durch seine Romanschriftstellerei, die er eine Zeitlang, und zwar, was charakteristisch ist, nur bis er eine materiell gesicherte Lebensstellung erlangt hatte, mit großer Fingerfertigkeit betrieb, berühmt geworden. Vor allen seinen Werken erlangte der Roman „Siegwart, eine Klostergeschichte" (Leipzig 1776, 2 Bde.) große Popularität. M. gab darin der Sentimentalität der Zeit, welcher kurz vorher Goethe's „Werther" entsprungen war, diesen überbietend an Weichheit und Zärtlichkeit, Ausdruck u. Nahrung. Das Buch ist, gegen Goethe's Roman gehalten, das zwar künstlerisch werthlose, aber kulturhistorisch höchst merkwürdige literarische Denkmal einer in thränenfroher Gefühlszerflossenheit, Mondscheinwehmuth und schmachtender Verliebtheit sich behagenden Epoche, eine Geschichte voll überschwänglichsten Herzenspathos, dem man doch überall eine ihm zu Grunde liegende trockene Nüchternheit anschmeckt. Charakteristisch darin ist auch eine, das tiefe germanische Naturgefühl verzerrende weichmüthige Naturliebelei, die den „blassen Mond zum eigentlichen Gestirn des Tages macht". Neben der Sentimentalität nimmt in M.s Romanen, von denen noch hervorzuheben sind: „Beitrag zur Geschichte der Zärtlichkeit; aus den Briefen zweier Liebenden" (Leipzig 1776); „Briefwechsel dreier akademischen Freunde" (Ulm 1776—77)) und „Geschichte Karls von Burgheim und Emiliens von Rosenau" (Leipzig 1778—79), ewiges Moralgeschwätz und Nutzstifterei, die schon Voß, M.s Bundesbruder, rügte, breitesten Raum ein. Daß ein guter Roman unterrichten müsse und durch die Empfindung das Herz des Lesers bessern solle, war eine Ansicht, welche M. ganz bestimmt u. wiederholt in seinen „Wasserromanen" ausspricht und überall praktisch zu bethätigen sucht. Das Beste, was M. Dichterisches hervorgebracht, sind einzelne seiner weiland vielgesungenen Lieder, denen Innigkeit und zuweilen ein ans ächte Volkslied anklingender Charakter nachzurühmen ist. Vgl. Prutz, Der Göttinger Dichterbund, S. 362, u. M.s Selbstbiographie in Bocks und Mosers „Sammlung von Bildnissen Gelehrter und Künstler", Nürnberg 1803.

2) William, religiöser Schwärmer, geboren 1781, nannte sich Proli u. Graf Leon und wanderte 1831 nach Nordamerika aus, wo er eine neue chiliastische Sekte (Milleriten) gründete und zu verschiedenen Malen die Wiederkunft Christi u. den Untergang der Welt auf ganz nahe Termine prophezeite. Er † den 20. December 1850 zu Hampton.

3) Thomas, englischer Schriftsteller, geboren den 31. August 1809 in Gainsborough in der englischen Grafschaft Lincoln, gründete zu London eine Buchhandlung u. hat sich durch Romane, historische und biographische Schriften, besonders aber durch eine Reihe von Schilderungen aus dem Landleben literarisch bekannt gemacht.

Millesimo, Stadt in der italienischen Provinz Genua, Bezirk Savona, am Bormida, mit 1500 Einwohnern. Hier Sieg der Franzosen unter Bonaparte über die Oesterreicher am 13. und 14. April 1796.

Millevoye, Charles Hubert, französischer Dichter, geboren zu Abbeville am 24. Dec. 1782, studirte die Rechte, wurde aber dann Buchhändler und hat sich durch zahlreiche Dichtungen bekannt gemacht. Die namhaftesten derselben sind: „Plaisirs d'un poète" (Paris 1801), das Lehrgedicht „L'amour. maternel", das beschreibende Gedicht „Belzunce ou la peste de Marseille" und die nachlässig, aber schön geschriebenen Elegien „Chute des feuilles" und „Le poète mourant". Seine Epen „Charlemagne à Pavie" und „Alfred" haben geringeren Werth, noch unbedeutender sind seine dramatischen Versuche. Er † den 26. August 1816. Seine „Oeuvres complètes" sind u. A. von Pongerville (Paris 1837, 2 Bde.) herausgegeben worden.

Milliarde (v. Lat.), eigentlich Summe von 1000 Millionen (1,000,000,000); doch wird im Französischen das Wort M. auch gleichbedeutend mit Billion gebraucht.

Milliare, **Milligramm**, **Millimeter** (v. Franz.), der tausendste Theil einer Are, eines Gramms, eines Meters.

Milliarium (lat.), Meilenstein, Meilenzeiger. M. aureum, der goldene Meilenstein, hieß die Säule, welche Augustus auf dem Forum aufrichten ließ und bei welcher alle Landstraßen, welche durch die verschiedenen Thore nach Rom führten, zusammenliefen. Sie stand in der Nähe des Saturnustempels, und ihre Basis ist noch übrig.

Millin, Aubin Louis, französischer Archäolog, geboren zu Paris am 19. Juli 1759, widmete sich dem Studium der Literatur, der neuern Sprachen und der Naturwissenschaften und erhielt sodann eine Anstellung bei der königlichen Bibliothek. Wiewohl er während der Revolutionszeit den „Almanac républicain" für 1793 und andere Schriften republikanischer Färbung herausgab, mußte er doch ein Jahr im Kerker zubringen, ward hierauf nach einander Divisionschef im Bureau des öffentlichen Unterrichts, Professor der Geschichte an der Centralschule des Departements der Seine, Professor der Alterthümer zu Paris, Mitglied der Akademie der Inschriften und Konservator des Antiken- und Medaillenkabinets der Nationalbibliothek. Unter der Kaiserregierung bereiste er 1807 das südliche Frankreich und 1811—13 Italien. Er † am 14. August 1818 zu Paris. Durch das von ihm gegründete „Magacin encyclopédique" (Paris 1792—1816, 122 Bde.) u. die „Annales encyclopédiques" (das. 1817—18, 12 Bde.), das „Dictionnaire des beaux arts" (das. 1806, 3 Bde.) u. die „Monuments antiques inédits" (das. 1802—4, 2 Bde.) machte er den Franzosen die gründlichen Arbeiten der Deutschen zugänglich. Um die Archäologie erwarb er sich Verdienste durch die Werke: „Antiquités nationales" (Paris 1790—98, 5 Bde.), „Peintures des vases antiques" (das. 1808—10) und „Galerie mythologique" (das. 1811, 2 Bde.), um die Kunstgeschichte durch seine „Voyage dans les départements du midi de la France" (das. 1807—11, 5 Bde.) und die „Histoire métallique de la révolution française" (das 1806; fortgesetzt von James Millingen, Lond. 1818; „Supplement", 1822). Recht brauchbar sind seine Lehrbücher über Archäologie, Münzkunde, Gemmenkunde und Mythologie.

Millingen, 1) James, berühmter Alterthumsforscher, geboren zu London den 18. Januar 1775 aus einer ursprünglich holländischen Familie, widmete sich, u. A. in Westminster und Paris, dem

Studium der Alterthumskunde und lebte sodann abwechselnd zu Paris, wo er ein Bankierhaus besaß, welches 1802 fallirte, und, politisch verdächtigt, zweimal, 1794 und 1797, längere Zeit in Haft gehalten ward, und in Italien. Er † den 1. Oktober 1845 zu Florenz. Von seinen Schriften sind hervorzuheben: „Recueil de médailles grecques inédites“ (Rom 1812); „Peintures antiques inédites de vases grecs“ (das. 1813); „Peintures antiques de vases grecs de la collection de Sir John Caghill“ (das. 1817); namentlich aber die „Ancient inedited monuments of Grecian art“ (London 1823, 2 Bde.) und die „Ancient coins of Greek cities and kings“ (das. 1831). Auch setzte er A. L. Millins „Histoire métallique de la révolution française“ fort unter dem Titel „Histoire métallique de Napoléon“ (London 1818; Supplementband, das. 1822). Sein Sohn, James M., der als Sergeant in der Brigade des Lords Byron den griechischen Freiheitskampf mitmachte und nach der Schlacht bei Navarin für ein Jahr in Gefangenschaft gerieth, ist der Verfasser der interessanten „Memoirs on the affairs of Greece“ (London 1831).

2) J. G., praktischer Arzt zu London, Bruder des Vorigen, hat sich u. A. durch seine „Curiosities of medical experience“ und das Werk „Mind and matter“ (London 1847) bekannt gemacht.

Million (v. Lat.), die Zahl tausend mal tausend oder 1,000,000. Als Rechnungsmünze in Deutschland = 10 Tonnen Goldes.

Millischauer, s. v. a. Donnersberg 2).

Mills, Clark, amerikanischer Bildhauer, geboren 1815 in der Grafschaft Onondaga in Newyork, hat sich besonders durch die von ihm auch selbst gegossenen Reiterstatuen des Generals Jackson in Neworleans u. Washingtons in Washington (1860) bekannt gemacht.

Milman, Henry Hart, englischer Dichter und Historiker, geboren zu London am 10. Febr. 1791, besuchte das College zu Eton, ward 1817 Vikar zu St. Mary in Reading, wirkte von 1821—26 als Professor der Poesie zu Oxford, erhielt später die Pfründe von St. Margaret in Westminster und ward 1849 Dechant an der St.-Paulskirche in London. Als Dichter machte er sich durch die Trauerspiele „Fazio“ (1817), welches mit Erfolg auf dem Drurylanetheater gegeben wurde, „Fall of Jerusalem“, „Belzhazzar“, „Martyr of Antiochia“ und „Anna Boleyn“, die nicht für die Darstellung bestimmt sind, bekannt, als Historiker u. A. durch die „History of Christianity to the extinction of paganism“ (neue Aufl., London 1853, 3 Bde.), die er in der „History of Christianity down to the reformation“ (das. 1853, 4 Bde.) fortsetzte, und die „History of Latin Christianity“ (das. 1854—57, 6 Bde.).

Milnea *Roxb.*, Pflanzengattung aus der Familie der Meliaceen, charakterisirt durch den 5spaltigen Kelch, die 5 hohlen Blumenblätter, die kurze, kugelige Staubfadenröhre und die trockene, 2—3fächerige, im reifen Zustande einfächerige Beerenfrucht mit einem Samen in Hülle, Bäume in Ostindien, mit der bekanntesten Art: M. montana *Roxb.*, von dem die gelben, dickschaligen, innen bläulichen, saftigen, säuerlichen und weinartigen Früchte ein beliebtes Obst sind, aus dessen Saft mit Zucker man auch einen Sirup gegen Husten macht.

Milner, John, gelehrter katholischer Theolog, geboren 1752 in London, bildete sich auf dem Seminar zu Douai und ward 1779 Pfarrer an der Kapelle zu Winchester. Die literarische Laufbahn betrat er mit der „History civil and ecclesiastical and survey of the antiquities of Winchester“ (London 1798, 2 Bde.), der eine Abhandlung über die kirchliche Baukunst in England während des Mittelalters folgte. Später machte er sich als Verfechter der Ansprüche der Katholiken in England auf völlige Rechtsgleichheit mit den Bekennern der Hochkirche bekannt. Im Jahre 1803 wurde er zum apostolischen Vikar für den sogenannten mittelländischen Distrikt und zum Titularbischof von Castabala ernannt. Als Frucht einer zweijährigen Reise durch Irland, um die gegen die irischen Katholiken vorgebrachten Anschuldigungen zu untersuchen, erschien „Inquiry into certain vulgar opinions concerning the catholic inhabitants and the antiquities of Ireland“ (London 1808), worauf ihn die irische katholische Geistlichkeit zu ihrem Geschäftsführer wählte. Seine Schrift „The end of religions controversy“ (London 1818) ist eine Apologie mehrer katholischen Dogmen. Er † 1826.

Milo (das alte Melos), griechische Insel im ägäischen Meer, die westlichste der Cykladen, ist $1^1/_5$ □Meilen groß mit 4000 Einwohnern und vulkanischer Natur. Ein Erhebungskrater haucht aus seiner Spitze, dem Monte Calauro, Schwefeldämpfe; heiße Quellen sprudeln, und eine unterirdische Wärme erzeugt die üppigste Vegetation. Haupterzeugnisse sind Schwefel, der dem italienischen vorgezogen wird, Alaun, Eisenvitriol, Salz, Gyps, Bimsstein, Obsidian ꝛc.; ferner Getreide, vorzüglich Melonen, aber schlechter Wein; Oel, Honig und Wachs, die zum Theil ausgeführt werden; Esel, Maulthiere, Ziegen und Schafe. Die Einwohner sind als treffliche Seeleute bekannt. Hauptstadt ist Milo oder Kastro, an der nördlichen Bucht terrassenartig auf hoher Bergspitze gelegen, mit einem der schönsten Häfen des Mittelmeers. In der Nähe befinden sich die Ruinen der alten Stadt M.; Gräber u. unterirdische Gewölbe nehmen einen ganzen Berg ein. In diesen Katakomben hat man gemalte Vasen und antike Kleinode gefunden. Auch sonst ist die Insel reich an Resten des Alterthums; namhaft zu machen sind besonders ein unvollendetes Amphitheater, cyklopische Mauern und die berühmte Venus von M., die sich gegenwärtig im Louvre zu Paris befindet.

Milo, 1) M. von Croton, berühmter griechischer Athlet, um 520 v. Chr., errang 6 olympische, 7 pythische, 10 isthmische, 9 nemeische Siegeskränze im Ringen und gab auch außerdem viele Beweise seiner fast übermenschlichen Kraft. Er faßte z. B. mit jeder Hand den Fuß eines Stiers und hielt diesen so fest, daß er nicht zu entrinnen vermochte. Als er einen starken Baumstamm, den man mit Keilen zu spalten vergebens versucht hatte, auseinanderreißen wollte, klemmte er sich die Hände ein und ward so im hülflosen Zustande von wilden Thieren zerrissen.

2) Titus Annius, römischer Volkstribun, 57 v. Chr., gerieth als solcher, weil er auf den Wunsch des Pompejus Cicero's Rückberufung aus dem Exil betrieb, mit seinem Kollegen Clodius in Feindseligkeit, die Rom zum Schauplatz wilder Kämpfe zwischen den von beiden Männern wider einander gedungenen

Fechterbanden machte. Nach des Clodius Ermordung als deren Urheber verurtheilt und von Cicero vergeblich in der noch erhaltenen Rede („pro Milone“) vertheidigt, ging M. nach Massilia ins Exil, folgte 48 dem Aufruf des M. Cälius, der von dem Senat der Prätur entsetzt worden war, und belagerte mit einer in Kampanien gesammelten Schaar das Kastell Cassanum bei Thurii in Lucania, ward aber dabei getödtet. Er war seit 55 mit Fausta, Tochter Sulla's, vermählt.

Miloradowitsch, Inselgruppe, s. Niedrige Inseln.

Miloradowitsch, Michail Andrejewitsch, Graf von, russischer General der Infanterie, geboren 1770, trat jung in den russischen Militärdienst, nahm an den Kriegen gegen die Türken 1787 und 1794 gegen die Polen Theil und diente dann unter Suwarow in Italien und der Schweiz. Im Feldzuge von 1805 zeichnete er sich bei Ens, Krems und Austerlitz aus, führte dann ein selbstständiges Kommando in der Walachei und nahm Giurgewo und Stobodsejah. Im Feldzuge von 1812 focht er bei Borodino mit. Gemeinschaftlich mit Bennigsen schlug er die Franzosen am 18. Okt. 1812 bei Tarutino und am 24. Okt. unter Kutusows Oberbefehl bei Malojaroslawez, sowie als Befehlshaber der Avantgarde der Armee Kutusows bei Wiäsma, Dorogobush und Krasnoi. Am 8. Febr. 1813 besetzte er Warschau, deckte dann in der Schlacht bei Lützen die linke Flanke der Verbündeten und hatte als Kommandant der russischen Arrièregarde die Gefechte bei Rochlitz, Dresden, Bischofswerda und am Kapellenberge zu bestehen, worauf er zum Grafen erhoben ward. In der Schlacht bei Bautzen führte er die Avantgarde. Nach dem Waffenstillstande befehligte er unter dem Großfürsten Konstantin die russisch-preußischen Garden und Reserven und focht mit Auszeichnung bei Kulm und bei Leipzig. Nach dem Frieden zum Militärgouverneur von Petersburg ernannt, fiel er in dem Aufstande vom 26. Dec. 1825.

Milosch Obrenowitsch, 1) Fürst von Serbien, geboren 1784 in dem serbischen Dorfe Dobrinje, wo sein Vater, Tescho (Theodor), als Taglöhner lebte, diente in seiner Jugend mit seinen Brüdern Jowan (geboren 1787, † zu Neusatz im Jan. 1850) und Jefrem (geboren 1790) bei seinem Halbbruder Milan als Knecht und schloß sich 1801 dem Aufstand der Serben unter Czerny Georg an. Als Milan, der Befehlshaber der Bezirke von Rudnik, Poschega und Uschize, Anfangs 1810 als Unterhändler in das russische Hauptquartier in der Walachei abgeschickt wurde, aus dem er nicht wieder zurückkehrte, ward M. sein Erbe und hing nun seinem Namen Milosch die Bezeichnung Obrenowitsch an, durch die er den Schein der vornehmeren Abkunft von dem ersten Manne seiner Mutter erhielt. Das Volk übertrug ihm die Verwaltung von drei Kreisen, aber der auf seinen Einfluß eifersüchtige Czerny Georg beschränkte seine Macht auf einen unbedeutenden Kreis und würde ihn, als M. deshalb einer noch rechtzeitig entdeckten Verschwörung gegen ihn beitrat, haben hinrichten lassen, hätte er nicht die Volksrache fürchten müssen. Bei einem neuen Einfall der Türken 1813 vertheidigte M., mit der Deckung der Grenze gegen Bosnien hin beauftragt, ein offenes Dorf 17 Tage lang gegen die feindliche Uebermacht, und während Alles an Serbiens Rettung verzweifelte und selbst Czerny Georg flüchtete, blieb M. im Lande und erwirkte durch geschickte Unterhandlungen von den Türken eine allgemeine Amnestie und für sich die Würde eines Oberknes (Fürsten) der Bezirke Poschega, Kragujevatz u. Rudnik. Bald aber ward das türkische Joch den Serben unerträglich, u. M. erhob daher am Palmsonntag 1815 die Kriegsfahne von Neuem. Die folgenden Kämpfe waren an Wechselfällen merkwürdig reich. Bald stand M. an der Spitze eines Heeres, mit dem er bei Ertari u. Matschwa große Siege erfocht, bald war er von Allen verlassen und mußte im Gebirg Rettung suchen. Endlich gewann er aber die Oberhand, und im Frieden von 1816 ward er von den Türken als Oberhaupt der Serben faktisch anerkannt und am 6. November 1817 von den Knesen und der hohen Geistlichkeit zum erblichen Fürsten Serbiens erwählt, welche Wahl 1827 von der Volksversammlung von Kragujevatz erneuert und 1830 auch vom Sultan bestätigt ward. Ueber seine Regierung s. Serbien (Geschichte). Seines grausamen und willkürlichen Scepters endlich müde, zwangen ihn die Serben am 13. Juni 1839 die Regierung, zu Gunsten seines Sohnes Milan niederzulegen. M. lebte seitdem zuerst auf seinen Gütern in der Walachei und später meist in Wien, befand sich aber viel auf Reisen. Die Versuche, die er seit seiner Entsetzung und besonders nach der Vertreibung seines Sohnes 1843 machte, um seine Wiedereinsetzung in Serbien zu bewirken, hatten, wiewohl sie ihm große Summen kosteten, keinen anderen Erfolg als partielle Aufstände. Erst als Fürst Alexander, dem M.' zweiter Sohn, Michael, hatte weichen müssen, gestürzt wurde, ward M. am 13. Dec. 1858 wieder auf den Thron berufen; er † den 26. September 1860.

2) Fürst Milan M., Sohn des Vorigen, geboren den 12. Oktober 1819, folgte am 13. Juni 1839 seinem Vater in der Regierung, † aber schon am 8. Juli zu Belgrad.

3) Fürst Michael M., Bruder des Vorigen, geboren den 16. September 1825, ward nach Milans Tode (8. Juli 1839) von der Pforte zum Fürsten Serbiens ernannt, rief aber durch seine Hinneigung zu den russischen Interessen und willkürliche harte Besteuerungen schon 1842 einen Aufstand hervor, in Folge dessen er am 7. September nach Semlin flüchtete. Von der serbischen Nationalversammlung sammt seiner ganzen Familie verbannt, lebte er erst zu Wien und Berlin, von 1844—50 auf Reisen, sodann auf seinen Gütern in der Walachei.

Miloslaw, Stadt in der preußischen Provinz u. im Regierungsbezirk Posen, Kreis Wreschen, mit Gerberei und Tuchmacherei und 1600 Einwohnern. Hier am 30. April 1848 Gefecht zwischen polnischen Insurgenten unter Mieroslawski und preußischen Truppen.

Milphosis (Miltosis, griech.), das mit Entzündung verbundene Ausgehen der Augenwimpern.

Milreis (millrees), Rechnungsmünze in Portugal und Brasilien = 1000 Reïs (coroâ), in Portugal = 1 Thaler 18 Silbergroschen 8,9 Pfennige = 6 Francs 9,37 Cent. = 2 Gulden 50 Kreuzer 2,4 Pfennige rhn. = 2 Gulden 19 Kreuzer 1,3 Pf. österreich. 1 Conto de Reïs = 1 Million Reïs oder 1000 M. = 1650 Thaler.

Milseburg (Milzeburg, Gangolfsberg),

Bergspitze der Rhön, bei Kleinsassen im bayerischen Kreis Unterfranken und Aschaffenburg, wegen seiner Gestalt von den Anwohnern auch Heufuder oder Todtenlade genannt, 2654 Fuß hoch, mit der Wallfahrtskapelle des heiligen Gangolf und weiter Aussicht. Der oberste Theil des Bergs besteht aus Klingstein.

Miltenberg, Stadt u. Hauptort des gleichnamigen Verwaltungsdistrikts im bayerischen Kreise Unterfranken und Aschaffenburg, am Einfluß der Erf und Mudau in den Main, Sitz des Bezirksamts und eines Landgerichts, hat eine lateinische Schule, eine Taubstummenanstalt, ein Filialinstitut der armen Schulschwestern mit höherer Töchterschule und Kinderbewahranstalt, ein Franciskanerkloster, Hospital, Waisenhaus, 2 Armenstiftungen mit beträchtlichem Vermögen, Oel-, Loh- und Gypsmühlen, Wein- und Obstbau, Schiffbau, einen Mühlsteinbruch, Handel, Schifffahrt u. 3320 Einwohner. Hier Denkmal der am 11. April 1814 bei der Mainüberfahrt ertrunkenen sächsischen Freiwilligen; unweit der Stadt das alte Bergschloß Miltenburg und im nahen Walde die Hain- oder Hunnensäulen.

Miltiades, ausgezeichneter athenischer Feldherr, unterwarf um 516 v. Chr. seiner Vaterstadt Athen den Chersones und nahm an dem Zuge des Königs Darius gegen die Scythen Theil, wo er mit Anderen die Bewachung der Donaubrücke übertragen erhielt und für den Vorschlag der Scythen stimmte, dieselbe abzubrechen und so den König nebst seinem Heer dem Verderben preis zu geben. Hystiäus verhinderte jedoch die Ausführung dieses Planes. Um 500 v. Chr. besetzte M. Lemnos für Athen. Auf die Nachricht von dem Anzuge der persischen Flotte 494 nach Athen zurückgekehrt, ward er zwar wegen seiner Tyrannis im Chersones angeklagt, indessen freigesprochen. Beim Herannahen des persischen Heeres unter Datis und Artaphernes gegen Attica zu einem der 10 Strategen erwählt, gewann er am 29. Sept. 490 den glänzenden Sieg bei Marathon und vereitelte darauf den Versuch der Perser, Athen mit ihrer Flotte zu überrumpeln. Da ihm auf dem Rachezug der Athener gegen die Inseln im ägäischen Meer, die zu den Persern abgefallen waren, die Belagerung von Paros mißlang, ward er von seinem undankbaren Volke zum Ersatz der Kosten verurtheilt und, da er dieselben nicht entrichten konnte, ins Gefängniß geworfen, wo er 481 †. Einen Abriß seines Lebens lieferte Cornelius Nepos.

Miltitz, altes meißnisches Adelsgeschlecht, von dessen Sprößlingen hervorzuheben sind:

1) Karl von M., geboren um 1490, widmete sich dem geistlichen Stande, ward Kanonikus in Mainz, Trier u. Meißen, 1515 päpstlicher Notar u. Kämmerer zu Rom und 1518 als päpstlicher Nuntius nach Sachsen gesandt, um Luther zum Schweigen zu bewegen und den Kurfürsten Friedrich III. von dessen Sache abzuziehen. Er disputirte im Januar 1519 mit Luther in Altenburg, später auch in Liebenwerda und Lichtenberg, jedoch ohne die gewünschten Resultate zu erreichen, und ertrank auf seiner Rückreise im Main bei Steinau bei der Ueberfahrt.

2) Ernst Haubold von M., † den 5. März 1774 zu Pisa, ward als Gönner u. Freund Fichte's und Gellerts bekannt.

3) Dietrich von M., Sohn des Vorigen, geboren den 30. Januar 1769, stand erst in sächsischen, seit 1816 in preußischen Militärdiensten, nahm 1830 als Generallieutenant seinen Abschied und † den 29. Oktober 1853. Er machte sich durch seine deutsch-patriotischen Bestrebungen, sowie seine nahen Beziehungen zu dem Dichter Novalis bekannt. Sein Leben beschrieb Peters, Meißen 1853.

4) Karl Borromeus Alexander Stephan von M., geboren den 9. November 1781 zu Dresden, trat 1798 in die sächsische Garde, nahm 1811 als Hauptmann seinen Abschied, machte als Rittmeister in österreichischen Diensten die Befreiungskriege mit und ließ sich sodann auf Schloß Scharfenberg nieder, wo er sich vorzugsweise der Kunst widmete. Zur Vollendung seiner musikalischen Bildung machte er 1820 eine Reise nach Italien. Im Jahre 1824 ward er zum Oberhofmeister bei dem Prinzen Johann (jetzigen König von Sachsen) ernannt. Er † den 19. Januar 1845 zu Dresden. Von seinen Kompositionen sind zu nennen: eine Messe in G moll, eine Ossianouvertüre (1830) und die Opern „Saul" (1833) und „Georg Czerny" (1839). Als Dichter trat er mit Erzählungen hervor, die gesammelt in 4 Bänden (Leipz. 1825—28) erschienen.

5) Alexander von M., Bruder des Vorigen, geboren 1785 zu Dessau, stand erst in österreichischen, dann in preußischen Militärdiensten, machte hierauf große Reisen und ward später preußischer Gesandter zu Konstantinopel. Nachdem er seit 1828 längere Zeit privatisirt, ward er wieder zu Dresden im Ministerium der auswärtigen Angelegenheiten beschäftigt. Er † daselbst den 31. Januar 1843. Literarisch machte er sich besonders durch sein gediegenes Werk „Manuel des consuls" (Paris und London 1837—38, 2 Bde.) bekannt.

Milton, John, einer der größten Dichter Englands und einer der reinsten und festesten Charaktere aller Zeiten, war zu London am 9. Dec. 1608 geboren und stammte aus einer begüterten Familie, welche ihren Sitz auf dem Landgut zu Milton bei Thame in Oxfordshire hatte. Sein Vater war indessen wegen seines Uebertritts zur protestantischen Kirche von dem streng katholischen Großvater enterbt worden und betrieb damals in London die Geschäfte eines Notars. Außer John hatte er noch eine Tochter und einen Sohn, welcher letztere mit Entschiedenheit auf der royalistischen Seite stand und später unter Jakob II. zu Aemtern und Würden kam. Seine Erziehung erhielt M. zuerst im älterlichen, streng puritanischen Hause, dessen Stille nur dann und wann durch die feierlichen Klänge der Musik, welcher der Vater mit vieler Begabung oblag, unterbrochen wurde, und dann in der Schule von St. Pauls, bis er 1624 in seinem 15. Jahre in das Christchurchcollege zu Cambridge eintrat. Hier setzte er, unberührt von dem jugendlichen Treiben seiner Genossen, das in London begonnene Studium der alten Klassiker fort, versuchte sich selbst bereits im Dichten in englischer wie in lateinischer Sprache (z. B. Hymne on the nativity) und bewies einen so eisernen Fleiß, daß er augenleidend wurde und den Grund zu seiner spätern Blindheit gelegt haben soll. Dabei empörte ihn die Methode des englischen gelehrten Unterrichts, der auf bloße mechanische Abrichtung hinauslief, und er trat dem Vorschlag seines Vaters, Theolog zu werden, mit der Erklärung entgegen, daß er sich nie zu dem Sklavendienst herabwürdigen werde, die Artikel der bischöflichen Kirche zu unterschreiben. Diese puritanische Strenge bewies er sein ganzes Leben hindurch; sie bricht auch durch seine sämmtlichen Dichtungen hindurch. Nachdem er 1628 Baccalaureus und 1632 Magister der freien Künste geworden war, verließ er Cambridge, um zu seinem Vater zurückzukehren, der damals zu Horton in Buckinghamshire wohnte. Während der 5 Jahre, welche er seinen Studien obliegend dort verweilte, schrieb er mehre Gedichte in der Manier der italienischen Marinisten, wie sie durch Sidney am Hofe der Elisabeth Mode geworden waren, aber mit streng moralischer Tendenz. So das Maskenspiel „Comus", worin der Sieg der Keuschheit über die Versuchung gefeiert wird, die „Arcadia" und die Elegie „Lycidas", eine Klage über den Tod eines Freundes. Auch die berühmten Gedichte „L'allegro and il Penseroso" (der Heitere und der Gedankenvolle), obschon dieselben erst 1645 in den „Juvenile Poems" erschienen, fallen wahrscheinlich in jene Zeit. Im Allegro besingt der Dichter die lachende Schönheit der Erde, den Zauber des englischen Waldes, die Freuden der Jagd und ländlichen Feste, das trauliche Treiben am winterlichen Herde; diesen nichtigen Freuden stellt er im Penseroso das höhere Glück des Denkers gegenüber, der im Forschen die Welt vergißt, der seine Seele nährt an den großen Geisteswerken alter Tage und endlich im härenen Kleide die erhabene Weisheit des Propheten erlangt. Beide Gedichte gehören wegen der Pracht und anschaulichen Wahrheit der Schilderung zu dem Schönsten, was auf dem Gebiete beschreibender Dichtung zu finden ist. Aber in all den genannten, viel verheißenden Werken hatte M. sein heimisches Feld noch nicht betreten. Dreißig Jahre alt, verließ er (1638) nach dem Tode seiner Mutter England, um eine Reise nach dem Kontinent anzutreten, verweilte einige Zeit in Paris, wo er mit Hugo Grotius verkehrte, und hielt sich dann mehre Jahre in Italien (Florenz, Rom) auf, wo ihn die Beschäftigung mit den italienischen Epopöen zuerst auf den Gedanken gebracht haben soll, der Literatur seines Landes ein episches Gedicht zu geben, das mit jenen wetteifern könnte. Er befand sich zu Neapel, als ihn die Nachricht vom Ausbruch der bürgerlichen Unruhen nach England zurückrief. Hier sich anfänglich jeder Einmischung in die öffentlichen Angelegenheiten enthaltend, lebte er längere Zeit in stiller Zurückgezogenheit zu London, beschäftigt mit der Erziehung und Bildung junger Leute, wobei er durch eine besondere Manier erstaunliche Resultate erzielt haben soll. Seine Mitwirkung bei den politisch-kirchlichen Ereignissen beginnt mit einigen publicistischen Abhandlungen polemischer Natur (Prelatical Episcopacy, Reason of church etc.), welche sich auf obschwebende Fragen bezogen und bei der puritanischen und republikanischen Partei, zu welcher sich M. mit Entschiedenheit bekannte, großen Beifall fanden. Er hatte sich inzwischen im 35. Lebensjahre mit der Tochter eines Landedelmannes in Oxfordshire verheirathet, war aber bald seiner politischen Grundsätze wegen mit der Familie seiner Frau zerfallen und lebte in Folge dessen in unglücklichen häuslichen Verhältnissen. So lange das Glück der königlichen Partei hold erschien, behandelte ihn jene Familie schnöde und feindselig, was M. damit vergalt, daß er derselben nach dem Sturze des Königthums großmüthig Schutz und Hülfe angedeihen ließ. Seine nicht glückliche Ehe veranlaßte ihn zu mehren Schriften über „Ehe und Ehescheidung", worin er der sittlichen Bildung seiner Zeit weit vorauseilte; desgleichen schrieb er ein Buch „über Erziehung", worin er auf einen wahrhaft klassischen Jugendunterricht dringt, und als die Presbyterianer zur Herrschaft kamen und nun die gleiche Unduldsamkeit wie früher die Episkopalen, namentlich harten Preßzwang, ausübten, richtete M. ans Parlament die „Areopagitica" (1644), seine berühmte Rede zum Schutze der Preßfreiheit, die er zuerst als die Basis aller politischen und religiösen Freiheit hinstellte, unzweifelhaft die schönste von M.s prosaischen Schriften. Darauf verbrachte M. 4 Jahre (1645—49) in stiller Muße, an seiner „Geschichte Englands in der angelsächsischen Epoche" schreibend. Als die republikanische Partei zur Gewalt gelangt war, ernannte ihn der regierende Ausschuß des Parlaments zum Geheimschreiber des Staatsraths für die lateinischen Ausfertigungen. In dieser wichtigen und einflußreichen Stellung, die er während der ganzen Dauer der Republik bekleidete, veröffentlichte er 1649 die schon vor dem Tode des Königs begonnene Schrift „The tenure of kings and magistrates" (Ueber die Stellung der Könige und Obrigkeiten), die eine unbedingte Rechtfertigung der Hinrichtung König Karls nach Gründen des Naturrechts enthält, und bekämpfte die vom Bischof von Exeter verfaßte, aber dem König Karl zugeschriebene Schrift „Eikon Basilike, das Bildniß seiner geheiligten Majestät in seiner Einsamkeit und Qual" in seinem „Eikonoplastes" (Bilderstürmer), worin er den plumpen Betrug enthüllte u. treffende Worte über die Schwäche spricht, welche die großen öffentlichen Sünden eidbrüchiger Fürsten vergißt über die kleinen Tugenden ihrer Häuslichkeit. Den Gipfel seiner politischen Wirksamkeit erreichte M. endlich durch Veröffentlichung seiner berühmten „Defensio pro populo Anglicano" (Vertheidigung des Volks von England, 1651), worin er, gegenüber den erkauften Schmähungen des französischen Reformirten Claude Saumaise, die Freiheit als ein angebornes Recht der Völker verkündete, das göttliche Recht des Königthums mit schlagenden Gründen widerlegte und selbst das Recht der Nation, einen verrätherischen Tyrannen zu richten und zu strafen, darzuthun unternahm. Das Buch ist eine Oppositionsschrift von weltgeschichtlicher Bedeutung; es wurde das politische Erbauungsbuch der Puritaner und in ganz Europa begierig gelesen. In Paris und Toulouse ward die Schrift durch Henkershand verbrannt, während das Parlament dem Verfasser eine Belohnung von 1000 Pfd. Sterl. zuerkannte. Uebermäßige Anstrengung bei Ausarbeitung dieser Schrift, womit ihn der Staatsrath beauftragt hatte, hatte indessen M.s gänzliche Erblindung zur Folge, und wohl durfte er in einem Nachtrag zur genannten Schrift (Defensio secunda) sich rühmen, er habe das Augenlicht im Dienste des Vaterlandes verloren. Noch einige kleinere Flugschriften im Interesse der Republik („Upon the model of common wealth", „Ready and easy way to etablish a free common wealth") beschließen die Reihe von M.s prosaischen Schriften, deren unvergänglicher Werth in der Durchführung der ewigen Wahrheit liegt, daß die sittliche Tüchtigkeit eines Volks die Vorbedingung bleibt für seine staatliche Größe, für die Blüthe seiner Kunst und die Reinheit seines Glaubens. Nach dem Fall der Republik und der Wiedereinsetzung der Stuarts hatte M. von Seiten der rachedürstenden Royalisten und Presbyterianer harte Verfolgungen auszustehen. Am 16. Juni 1660 wurde die „Defensio“ öffentlich durch den Henker verbrannt, und nur der Verwendung einflußreicher Freunde gelang es, den bereits verhafteten Dichter zu befreien. Einsam und verlassen kehrte M. ins Privatleben zurück, das sich jedoch keineswegs glänzend für ihn gestaltete. Seine erste Frau war 1652 unter Hinterlassung von 3 Töchtern gestorben. Nach Jahresfrist, in den Tagen seines politischen Wirkens, hatte er sich zum zweiten Male vermählt mit Katharine Woodcock, mit der er sehr glücklich lebte, die aber schon vor Ablauf eines Jahres ebenfalls starb. Die dritte Ehe, die der fünfzigjährige hülfsbedürftige Blinde auf das Zureden seiner Freunde einging, war ebenso unglücklich wie die erste. Dazu war sein Vermögen in den Wirren des Bürgerkriegs verloren, sein Haus im großen londoner Brande zu Grunde gegangen. Aber der starke Geist M.s blieb vom persönlichen Leiden und häuslichen Kummer wie vom staatlichen Elende ungebeugt. Er nahm jetzt seine poetische Thätigkeit wieder auf und kehrte zum Vorsatz seiner Jugend zurück, ein englisches Epos zu schaffen. Aber alle Pläne weltlicher Dichtung, die er vor Zeiten gehegt hatte, stieß er jetzt von sich, nur dem Höchsten sollte sein Dichten gewidmet sein. So entstand das Werk, auf welchem M.s Dichterruhm vornehmlich beruht, „The Paradise lost“ (das verlorene Paradies, 12 Gesänge in reimlosen Jamben gedichtet), das den Sündenfall des ersten Menschenpaares episch darstellt, so aber, daß die Tragödie des Paradieses sich auf die Idee des tragischen Kampfes zwischen Himmel u. Satan baut. Das Gedicht erinnert an die „Göttliche Komödie“, das ältere große christliche Epos, wie überhaupt M. mit Dante die wesentlichsten Eigenschaften gemein hat, so die glühende, durch keine Enttäuschung geminderte Vaterlandsliebe, das unerschütterliche Haften an dem einmal gefaßten politischen und religiösen Ideal, die strenge Hoheit des Sinns, die Willenskraft, das persönliche Einwirken auf den Weltlauf, dann auf dem Gebiete der Poesie das kühne Erfassen der höchsten Stoffe, die edle Behandlung des Ganzen wie des Einzelnen, die Vortrefflichkeit der Gleichnisse und die Plastik der lebendigen Schilderung. Aber wenn Dante's Komödie in dem Glaubensbekenntniß kulminirt, welches der Dichter den Aposteln ablegt, und in der schließlichen Anschauung der Trinität, so ist bei M. der Grundton das Pathos der Freiheit, das ohne Selbstgewißheit sich keinem Dogma unterwirft; er ist der eigentliche Dichter der protestantischen Glaubensfreiheit. Zudem sind uns M.s Personen näher gerückt und erwecken eine lebendigere Theilnahme, weil der Dichter sein Material mehr zu einer dichterisch wirklichen Geschichte zu gestalten weiß. Ein vollkommenes episches Kunstwerk ist indessen das „Verlorene Paradies“ keineswegs. Dem widersteht zunächst bestimmt die ausgesprochene didaktische Tendenz des Ganzen, und auch die klassische Reminiscenz wie die Theologie wirkten störend ein; jene brachte hie und da ängstliche Nachahmung klassischer Muster in die Form, diese nicht selten dogmatische Grübelei in den Inhalt. In beiderlei Beziehung vermochte M. die Schranken nicht zu überspringen, welche sein Zeitalter seinem Geiste setzte. Der somit bedingte, aber dennoch unvergängliche Werth der Dichtung beruht auf der großen Persönlichkeit des Dichters, die hinter jeder Zeile hervorschaut. M. wollte seine Leser aus dem dumpfen Alltagsleben zu der großartigen Vorstellung emporreißen, daß die Geschichte der Welt mit dem Kampfe Gottes wider den Bösen anhebt. Dazu legte er das Höchste u. Edelste von Allem, was ihm je Kopf und Herz bewegte, in poetischer Form in dem Werke nieder. Die Darstellung der Kämpfe der himmlischen und höllischen Heerschaaren nimmt einen großen Platz ein; das Hauptinteresse knüpft sich an die Schilderung Satans, den der Dichter nicht bloß als titanisches Ungeheuer, oder als einen Gott dienenden Versucher, od. gar als einen Narren, sondern als einen denkenden Heros, einen tragischen Helden hinstellt, der nicht allein den Engeln, sondern Gott selbst „in der infernalischen Majestät seines revolutionären Selbstbewußtseins ebenbürtig gegenüber steht“, der die Fülle des Wissens und Könnens besitzt und herrliche Worte unbeugsamer Willenskraft u. des Titanentrotzes spricht. Unter den einzelnen Schilderungen und lyrischen Ergüssen sind zahlreiche vom höchsten poetischen Werthe. Wie düster erhaben ist die Beschreibung der Hölle und ihres Fürsten, von welcher eigenthümlichen Kühnheit der Flug Satans durch den ungeheuren Abgrund des Chaos, wie rührend der Hymnus des blinden Dichters an das Licht, wie kunstvoll die Beschreibung des Paradieses, wie lieblich die der Liebe des ersten Menschenpaares, wie prachtvoll das Gemälde der Erscheinung des Gottessohns in den Schlachtreihen der himmlischen Heerschaaren! Das Werk, 1665 vollendet, fand nicht sogleich einen Verleger u. erschien erst 1667 in erster Auflage, die dem Dichter 5 Pfd. Sterl. Honorar einbrachte. Die zweite Auflage erschien 1674; die dritte nach M.s Tode, 1678. Im Jahre 1680 kaufte ein gewisser Samuel Simmons der Wittwe das ganze Verlagsrecht für 8 Pfund Sterling ab. Unter den anerkannten Größen der englischen Dichtung trat das Werk erst im 18. Jahrhundert, besonders durch Addisons Bemühung, auf; in Deutschland gab es einen mächtigen Anstoß zum neuen Aufschwung der Nationalliteratur. Uebersetzt wurde es von Bodmer (Zürich 1732), Zachariä (Altona 1762), Bürde (Berlin 1793), Prieß (Rostock 1813), Rosenzweig (Dresden 1832), Kottenkamp (Stuttgart 1842), Böttger (Leipzig 1843), Schuhmann (Stuttgart 1856), Eitner (Hildburghausen 1865). M. hat später noch ein „Paradise regained“ (das wiedergewonnene Paradies) geschrieben, das die Versuchung Christi in der Wüste zum Stoff hat, aber ein trocken lehrhaftes und frostiges Gedicht ist, das keine ästhetische Freude zu erregen vermag. Sein letztes Werk ist das in griechischer Form geschriebene Trauerspiel „Samson Agonistes“ (1671), das vorwiegend lyrisch und daher als Drama verfehlt ist, aber als ein erhabener Klagehymnus in dialogischer Form betrachtet das ästhetisch vollendetste von M.s Gedichten genannt werden muß. Späterhin gab dasselbe die Unterlage für Händels berühmtes Oratorium. M. † am 8. Nov. 1674 zu Bunhill bei London und liegt in der Kirche St. Giles begraben. Im Jahre 1737 wurde ihm in der Westminsterabtei ein Denkmal gesetzt. Seine „Poetical works“ sind gesammelt worden von Hawkins (Lond.

1824, 4 Bde.) und Todd (neueste Aufl., das. 1842, 4 Bde.). Kommentare dazu lieferten Bentley, Newton, Pearce, Th. Warton u. A. M.s „Prosaik works" sind gesammelt von Fletscher (London 1833), die „Complete works" von demselben (das. 1834 bis 1838, 6 Bde.) u. Milford (das. 1851, 7 Bde.). M.s Leben beschrieben u. A. Keightley (London 1859) und Masson (das. 1859—60, 2 Bde.). Vgl. auch Schmidt, M.s dramatische Dichtungen (Königsberg 1864), u. Treitschke, Historische und politische Aufsätze (Leipz. 1865). Das Werk „De doctrina christiana", welches in M.s Nachlaß aufgefunden und von Sumner (London 1826, Leipzig 1827) herausgegeben wurde, ist wahrscheinlich unächt.

Milutinowitsch, Simeon, serbischer Dichter u. Schriftsteller, geboren am 14. Okt. 1791 zu Serajewo in Bosnien, war von 1806—13 Schreiber bei der Staatskanzlei in Belgrad u. während des Aufstandes der Serbier eine Zeitlang Sekretär beim serbischen Bischof, später bei dem Bruder des Fürsten Milosch in Belgrad. Da während seiner zufälligen Anwesenheit in Bessarabien die walachisch-türkischen Unruhen ausbrachen, blieb er dort und ging 1825, vom russischen Kaiser mit einer Pension bedacht, zu seiner weiteren Ausbildung nach Leipzig. Hier erschienen seine ersten Poesien, die „Serbianka" (1826, 4 Bde.), eine Reihe lyrisch-epischer Gedichte, welche den serbischen Aufstand verherrlichen, sowie zwei andere Sammlungen: „Nakolike pjesnice stare" (1826) und „Zorica" (1827). Auch unterstützte er damals Wilhelm Gerhard bei der Herausgabe seiner „Wila". Im Jahre 1827 folgte er einer Einladung des Metropoliten Petrowitsch nach Montenegro, wo er eine neue Sammlung serbischer Volkslieder vorbereitete, die unter dem Titel „Volkslieder der Montenegriner und herzegowiner Serben" in der Originalsprache 1837 in Leipzig erschien. Außerdem schrieb er noch in serbischer Sprache eine „Geschichte Serbiens in den Jahren 1813—15" (Leipzig 1837). Seit 1840 lebte er in Serbien und wurde der Mittelpunkt der hier neu auflebenden literarischen Thätigkeit. Seine Arbeiten zeichnen sich durch Patriotismus, Wärme des Gefühls und kühne Originalität im Ausdruck und in den Bildern aus.

Milwaukee, die größte und wichtigste Stadt des nordamerikanischen Staats Wisconsin, an beiden Ufern des Milwaukeeflusses, welcher hier nach einem Laufe von 25 Meilen in den Michigansee mündet, ist ein schnell aufblühender Handels- und Fabrikplatz, Sitz des katholischen Bischofs der gleichnamigen Diöces, hat 30 Kirchen (darunter 4 katholische), mehre höhere Lehranstalten (darunter ein katholisch-theologisches Seminar), ein Nonnenkloster mit einer berühmten höheren weiblichen Erziehungsanstalt, das St. Johnshospital unter Leitung der barmherzigen Schwestern, 2 Waisenhäuser und mehre andere Wohlthätigkeitsanstalten, 4 Banken, einen gegen Wind geschützten Hafen, zahlreiche Fabriken der verschiedensten Art, lebhafte Rhederei und Handel (besonders Getreideausfuhr). Von hier führt die Milwaukee-Mississippibahn nach Janesville und Dubuque (in Jowa) am Mississippi; ferner hat die Stadt Eisenbahnverbindung mit Madison, Chicago, Beloit und der Greenbai und Kanalverbindung mit dem Mississippi. Wo jetzt M. steht, stand 1835 inmitten einer Wildniß die Hütte eines Pelzhändlers, 1840 ein Dorf mit 1700 Einwohnern, 1846 wurde es als City inkorporirt, hatte 1850 bereits 20,061 u. 1860 45,323 Einwohner, worunter viele Deutsche, Schweizer, Holländer und Norweger.

Milyas, ursprünglich der alte Name von Lycien; im persischen Zeitalter Bezeichnung des ganzen Berglandes des Cadmus und Taurus zwischen Lycien, Pamphylien und Phrygien.

Milz (lien, splen), ein drüsenartiges Organ ohne eigentlichen Ausführungsgang, dessen Bau erst in den letzten 20 Jahren aufgeklärt worden ist, u. über dessen Funktion man noch bis in das zweite Viertel dieses Jahrhunderts völlig im Unklaren war. Die Forschungen der neueren Zeit lassen keinen Zweifel darüber, daß die M. ein lymphdrüsenartiges Organ ist, daß es zur Bluterneuerung in enger Beziehung steht, vielleicht auch der Ort ist, wo größere Mengen älterer Blutzellen untergehen. Die M. kommt nur bei den Wirbelthieren vor. Sie liegt in der Bauchhöhle, dicht unter dem Zwerchfell in der linken Seite, entsprechend den falschen Rippen, ist von einem Theil des Bauchfells überzogen und durch letzteres theils an das Zwerchfell, theils an den Magengrund angeheftet. Sie ist von blaurother bis bräunlichrother Farbe, weicher Konsistenz und halbeiförmiger, länglichrunder Gestalt. Ihre Länge beträgt beim erwachsenen gesunden Menschen $4\frac{1}{2}$, ihre Breite 3, ihre Dicke $1\frac{1}{2}$—2 Zoll. Sie besitzt eine äußere konvexe Fläche, welche nach oben und hinten gerichtet ist, und eine innere konkave Fläche, welche schräg vorwärts gewendet ist und an den Schwanz der Bauchspeicheldrüse stößt. Letztere Fläche hat in der Mitte eine von oben nach unten verlaufende schwach kantenförmige Erhabenheit, auf welcher sich ein flacher länglicher Ausschnitt (hilus) befindet. Durch letzteren treten die Blutgefäße in die M. aus und ein. Bisweilen hängt am untern Ende oder an der innern Fläche der M. noch ein kleineres, kirschengroßes, rundes Organ von gleichem Bau, welches man als Nebenmilz (lien succenturiatus) bezeichnet. Die M. besitzt eine weißliche, derbe Faserhaut, welche wieder von dem Bauchfell überzogen ist. Beim Menschen entbehrt die Faserhaut der glatten Muskelfasern, wie sie beim Hunde, Schweine und einigen andern Thieren vorkommen. Von der Faserhaut gehen zahlreiche Fortsätze in das Innere der M. hinein, und zwar theils in der Form von Gefäßscheiden, theils in der Form sogenannter Balken. Am Hilus der M., wo die Blutgefäße aus- und eintreten, ist nämlich die Faserhaut nicht durchbrochen, sondern sie schlägt sich trichterförmig nach einwärts und bringt, die Gefäße scheidenartig umgebend, in das Innere der M. Von diesen Gefäßscheiden sowohl, wie von der Innenfläche der Faserhaut gehen zahlreiche balkenartige Fortsätze aus, welche sich unter einander vielfach verbinden und somit ein festes Gerüstwerk (stroma) bilden, welches das weiche Milzparenchym durchzieht und stützt. Denn in den Räumen der netzartig zusammentretenden Balken ist das eigentliche Drüsengewebe der M., die sogenannte Pulpa, gleichsam eingebettet. Die Milzpulpe läßt noch mit bloßem Auge zweierlei Bestandtheile erkennen. Die Hauptmasse bildet eine weiche rothbraune Masse (rothe Milzsubstanz), und in dieser zerstreut liegen mehr oder minder deutliche, weiche, weißliche, runde Körperchen, die sogenannten Milzbläschen. Die rothe Milzsubstanz besteht wesentlich aus zwei, nur durch das Mikroskop erkennbaren Elementen, nämlich aus den zartesten Blutgefäßen und aus dem eigentlichen Milzgewebe. Das letztere ist ein cytogenes Gewebe, d. h. ein dichtes, äußerst zartes Fasernetz (reticulum), in dessen Maschenräumen die zelligen Elemente der M. eingebettet liegen. Die Parenchymzellen der M. füllen die Maschenräume jenes Fasernetzes in der Art aus, daß häufig nur Eine Zelle, manchmal auch 2 oder 3 in einer Masche liegen. Diese Zellen sind meist einkernig, farblos, rundlich und gleichen den Lymphkörperchen. Außerdem kommen freie Kerne, farblose Körnchenzellen und sogenannte blutkörperchenhaltende Zellen vor, d. h. kernhaltige, zellenähnliche Gebilde, welche ein Häufchen rother Blutkörperchen enthalten, die im Zerfall begriffen sind und in Pigment umgewandelt werden. Das Reticulum sammt den in seinen Maschen eingebetteten Zellen bildet also zusammenhängende Massen, welche die Lücken zwischen den etwas größeren Gefäßen der rothen Milzsubstanz einnehmen und ihrerseits wieder von den feinsten Blutgefäßen durchzogen werden. Die Milzbläschen od. Milzkörperchen (corpuscula Malphigii, vesiculae lienales) sind kleine, $^1/_4$—$^1/_3$ Linie im Durchmesser haltende, weißliche, runde, weiche Körperchen, welche am deutlichsten bei Wiederkäuern und kurz nach der Verdauung, beim Menschen aber besonders in der Jugend und wenn die betreffenden Individuen bei guter Gesundheit eines plötzlichen Todes gestorben sind, angetroffen werden. Sie sitzen traubenförmig gruppirt wie Beeren an den feineren Arterienästen und sind allenthalben von rother Milzsubstanz umgeben. Die Grundlage der Milzbläschen ist ein zartes, mit Blutkapillaren durchsetztes Netzwerk, ganz von der Art, wie es in der rothen Milzsubstanz vorkommt. Die Maschenräume des Netzwerks sind ebenfalls mit lymphkörperartigen Zellen ausgefüllt. Die Milzbläschen sind nicht schroff von dem umgebenden Gewebe abgegrenzt, sondern ihr Reticulum geht unmittelbar in dasjenige der rothen Milzsubstanz über. Von letzterer unterscheiden sie sich deshalb nur durch den Mangel an kapillaren Venen (s. unten). Man hat keinen offenen Zusammenhang der Milzkörperchen mit irgend einem Gefäßsystem auffinden können, besonders hat man keine Lymphgefäße mit ihnen in Verbindung gesehen. Die Blutgefäße der M. sind im Verhältniß zur Größe des Organs sehr zahlreich und von starkem Kaliber. Die Milzarterie, ein Zweig der Arteria coeliaca, tritt am Hilus in 6—12 Aeste gespalten in das Innere des Organs, wo sie sich sofort strauchartig in feinere und immer feinere Zweige auflöst. Wenn sich die Zweige bis auf $^1/_{15}$—$^1/_{10}$ Linie verdünnt haben, trennen sie sich von den sie bis dahin begleitenden Venen, dringen in die rothe Milzsubstanz ein und zerfallen büschelförmig in kleinste Arterien, welche sich in wirkliche Kapillaren auflösen. Die Milzvene übertrifft die Arterie in ihrem Kaliber um das 3—5fache, hat sehr dünne Wände und keine Klappen. Die Zahl ihrer Hauptäste gleicht derjenigen der Arterienäste; dieselben verzweigen sich zunächst wie die sie begleitenden Arterien, später treten sie von diesen ab. Die kleinsten Venen, von $^3/_{100}$—$^5/_{100}$ Linie Durchmesser, bilden allerwärts in der rothen Milzsubstanz ein sehr dichtes Netz, welches den Hauptbestandtheil jener Substanz ausmacht. Diese sogenannten kapillaren Venen (Billroth), welche wahrscheinlich unmittelbar in die Kapillaren übergehen, sind dadurch merkwürdig, daß sie keine ihnen eigenthümliche Wand mit besonderer Bewegung besitzen, sondern daß sie nur von einer etwas dichteren Lage des Reticulums des eigentlichen Milzgewebes umgeben sind, so daß sie nur als mit einem Epithel ausgekleidete Lücken des letzteren erscheinen. Lymphgefäße besitzt die M. nur in verhältnißmäßig geringer Anzahl. Kompetente Forscher stellen das Vorkommen von Lymphgefäßen im Innern der M. zum Theil ganz in Abrede. Ihre Nerven bekommt die M. vom Nervus sympathicus, u. zwar aus dem sogenannten Milzgeflecht.

Was die physiologische Bedeutung der M. anbetrifft, so ist dieselbe noch nicht so klar, daß man sagen dürfte, es seien alle Lebensbeziehungen dieses Organs sicher erkannt worden. Im Gegentheil gibt es noch im Augenblick zwei sich fast diametral gegenüberstehende Ansichten über die Funktion der M.: die eine betrachtet die M. als ein Organ, in welchem eine Neubildung von Lymphkörperchen, die später in farbige Blutkörperchen umgewandelt werden, vor sich gehe; die andere sieht in der M. ein Organ, in welchem der Zerfall älterer, farbiger Blutkörperchen normalmäßig erfolge. Die Anhänger der letztern Ansicht stützen sich darauf, daß in der M. farbige Blutkörperchen zu kleinen Häufchen zusammengeballt angetroffen werden, deren allmähligen Zerfall und deren Umwandelung in Pigment man daselbst verfolgen kann. Auch enthält der aus der M. ausgepreßte Saft eine Reihe stickstoffhaltiger Abkömmlinge von Eiweißkörpern (Leucin, Tyrosin, Hypoxanthin ꝛc.), ferner Milch-, Ameisen-, Essigsäure u. Inosit, worin Manche einen Beweis dafür finden wollen, daß die M. der Sitz eines energischen regressiven Prozesses des Stoffwechsels sei. Ungleich besser ist dagegen die erstere Ansicht gestützt, daß nämlich die M. eine wichtige Bildungsstätte farbloser Blutkörperchen ist. Das Milzvenenblut ist außerordentlich reich an farblosen Blutkörperchen. Letztere sind identisch mit den lymphoiden Parenchymzellen der M., welche auf eine nicht näher bekannte Weise in die Räume der sogenannten kapillaren Venen (s. oben) gelangen u. mit dem Blutstrom fortgeführt werden. Um über die Funktion der M. ins Klare zu kommen, hat man bei Thieren die M. künstlich entfernt und nun beobachtet, welche Veränderungen an dem fortlebenden, der M. beraubten Thiere eintreten. Oft folgen keine auffallenderen Verdauungsstörungen auf die Exstirpation der M. Die Galle soll nicht verändert werden, wohl aber verliert nach Schiff der pankreatische Saft sein Vermögen, Eiweißkörper zu verdauen, während die gleiche Fähigkeit des Magensaftes zunehmen soll. Greift die letztere kompensirende Wirkung gehörig ein, so können die Thiere wohlgenährt bleiben; ist dies nicht der Fall, so veranlaßt der Abgang unverdauter Eiweißkörper Abmagerung und selbst den Tod, falls nicht der Verlust durch eine erhöhte Gefräßigkeit des Thieres ersetzt wird. Manchmal wird das Blut fibrinreicher, wie denn auch gewisse krankhafte Milzanschwellungen oft mit Fibrinarmuth verbunden sind (das Milzvenenblut ist nach Funke sehr arm an Faserstoff). Die auffallendste anatomische Veränderung in Folge des Milzmangels ist die Anschwellung der Lymphdrüsen, besonders derjenigen des Unterleibes. Diese Schwellung erklärt sich daraus, daß die Thätigkeit der

Lymphdrüsen in kompensatorischer Weise sehr erhöht ist, um die fehlende Neubildung von Lymphzellen seitens der M. zu ersetzen. Eben hierin liegt der schlagendste Beweis dafür, daß die Hauptaufgabe der M. darin besteht, farblose Blutkörperchen zu bilden und in den Blutstrom zu schaffen, wo sie später in farbige Blutkörperchen umgewandelt werden.

Milzbrand (Milzseuche, Blutseuche, anthrax), ansteckende u. oft in großer Verbreitung auftretende Krankheit des Rindviehs, der Pferde, Schafe, Schweine u. selbst des Wildes, deren eigentliche Natur aber noch sehr ungenügend bekannt ist. Wahrscheinlich ist sie eine durch das Sumpfmiasma (Malaria) erzeugte Krankheit, die sich aber, wenn sie einmal einen gewissen Grad der Ausbildung erreicht hat, durch Ansteckung sehr rasch weiter verbreitet, eine Erscheinung, welche die beim Menschen durch Malaria hervorgerufenen Krankheiten nicht darbieten. Schon diese Art der Entstehung der M. macht es erklärlich, daß das Uebel vorzugsweise in Gegenden, wo die Malaria herrscht, vorzukommen pflegt, daß, von der Ansteckung abgesehen, der Genuß sumpfigen, fauligen Wassers, verdorbenen, schimmeligen, moderigen Futters, der Aufenthalt der Thiere in moorigen Niederungen oder in überfüllten, dumpfigen Ställen der Entstehung der Krankheit förderlich ist, sowie daß eintretende strengere Kälte die Verbreitung derselben hemmt. Was die pathologischen Veränderungen anlangt, welche den M. begleiten, so zeigen sich dieselben hauptsächlich im Blute und den daraus herrührenden Exsudaten. Das Blut ist nämlich dunkel, gallert- oder theerartig, gerinnt entweder gar nicht oder nur unvollkommen und scheint in einer fauligen Zersetzung begriffen zu sein, der auch die Ausflüsse und Ausschwitzungen von Blut in das Zellgewebe unterliegen, wodurch brandige Abscesse (Karbunkel) und rosenartige, schnell in Verjauchung übergehende Entzündungen hervorgerufen werden. Auch gehen die Leichen milzbrandiger Thiere außerordentlich schnell in Fäulniß und Verwesung über. Nächst dem Blute zeigen sich in der Milz die auffallendsten Veränderungen, indem dieselbe vergrößert, und zwar oft in sehr bedeutendem Grade, sehr blutreich und von brüchiger, breiig zerfließender Beschaffenheit ist und in Folge der jauchigen Zersetzung des in ihr enthaltenen Blutes kurze Zeit nach dem Tode des Thieres von Luft erfüllt und aufgetrieben erscheint. Aehnliche Veränderungen zeigen auch Leber, Nieren und Lungen. Die Krankheit tritt in sehr verschiedenen Formen auf, die aber häufig in einander übergehen und sich in zwei Gruppen bringen lassen: M. ohne äußeres, lokales Leiden und M. mit lokalem Leiden. Erstere Form ist die nervöse Form des Uebels, die des Milzbrandfiebers. Dasselbe hat oft einen höchst akuten Verlauf, so daß der Tod schon nach wenigen Stunden erfolgt. Es befällt vorzüglich die kräftigsten Stücke der Heerde und beginnt gewöhnlich mit einem heftigen Fieberschauer, worauf bald eine brennende Hitze folgt. Die weiteren Symptome sind heftiger Herzschlag, schnelles, krampfhaftes Athmen, schneller und undeutlicher Puls, Zittern und Zucken in einzelnen Muskeln und Gliedern, mitunter Krämpfe, Schaumkauen, blutiger Ausfluß aus Maul, Nase und After, dunkel gefärbte, trockene, oft mit Blutklümpchen untermischte Exkremente. Die Thiere zeigen entweder große Mattigkeit und stehen theilnahmlos, mit gesenktem Haupte da, oder sie sind aufgeregt und unruhig, toben, beißen und stampfen mit den Füßen, bis ein Zustand der Lähmung eintritt u. nach 2—3 Tagen der Tod erfolgt. Die akuteste Form, der Milzbrandblutschlag (Anthraxapoplexie), kommt am häufigsten beim Schafe, oft auch beim Rindvieh, seltener beim Pferde vor und befällt vornehmlich wohlgenährte, kräftige Thiere von jüngerem Alter. Die Thiere fangen dabei, oft während des Fressens, der Arbeit ꝛc., plötzlich an zu taumeln, stürzen zur Erde und sterben schon nach 5—10 Minuten unter Krämpfen und Zuckungen. Manchmal findet man am Morgen Thiere todt im Stalle liegen, welche Abends noch vollkommen gesund erschienen. In andern Fällen verläuft auch diese Form der Krankheit weniger rasch. Die Thiere zeigen einige Stunden vor dem schlagartigen Anfall Mattigkeit, Mangel an Freßlust, Zittern am ganzen Körper, schwankenden, taumelnden Gang, beschleunigtes, unregelmäßiges Athmen, unmerkbaren oder pochenden Herzschlag, erhöhte und ungleich vertheilte Körperwärme, bekommen dann Zuckungen, taumeln, stürzen zur Erde nieder und verenden unter Krämpfen. Der M. mit lokalem Leiden (Karbunkel) tritt ebenfalls in verschiedenen Formen auf. Es bilden sich dabei rosenartige, leicht brandig werdende Entzündungen (so beim sogenannten Flug- und Hinterbrand der Schafe und Schweine, bei der Bräune der letztern), oder es zeigen sich einzelne geröthete Flecken an der Zunge, im Maule und am Gaumen, auch an den Weichtheilen des Halses, am Mastdarm ꝛc., die bald zu größeren zusammenfließen, von leichter Geschwulst und Hitze begleitet werden, bald eine blaue Färbung annehmen und sich, nachdem sich Blasen darauf gebildet haben, aus denen eine wässerige Flüssigkeit aussickert, in brandige, rasch zerstörend um sich greifende Geschwüre umwandeln. In anderen Fällen, namentlich in Folge lokaler Infektion durch Milzbrandgift, bilden sich an den inficirten und weiterhin bei allgemeinerer Erkrankung an den verschiedensten Stellen des Körpers Knoten, welche mehr oder weniger tief in den Weichtheilen liegen, anfangs weißlich, unschmerzhaft sind, dann aber schnell an Umfang zunehmen und eine bläuliche bis blauschwarze Färbung annehmen und beim Ausbrechen eine brandig zerstörte Gewebsmasse od. blutige Jauche entleeren. Dies der Milzkarbunkel im engeren Sinne. Die prophylaktischen Maßregeln sind Abstellung oder Minderung der die Krankheit erzeugenden Ursachen durch Futter- oder Weideveränderung, knappe Fütterung, Kühlhalten, Vermeidung großer Anstrengungen ꝛc., dann Verabreichung von Säuren, bei Hartleibigkeit von laxirenden Salzen, bei kräftigen Thieren ein Aderlaß, beim Rindvieh auch ein Fontanell oder Haarseil. Die gesunden Thiere sind von den kranken zu sondern, auch besondern Wärtern zur Pflege zu übergeben. Die Wärter haben sich durch sorgfältige Vermeidung der Besudelung mit Milzbrandstoff vor Ansteckung zu hüten und sich fleißig mit lauem Seifenwasser zu waschen. Aderlaßblut, Haarseile und sonstige Abgänge von kranken Thieren sind tief zu verscharren, damit nicht Schweine, Hunde, Geflügel dadurch angesteckt werden. Die Kadaver der gefallenen Thiere sind nach vorheriger kreuzweiser Durchschneidung der Haut an einem entlegenen Orte wenigstens 4 Fuß tief zu verscharren und vor dem

Zuschütten der Grube mit Kalk zu bedecken. Das Schlachten milzbrandkranker Thiere oder auch nur der Krankheit verdächtiger, sowie der Verkauf der Milch von solchen ist aufs strengste zu verbieten.

Die Milz- oder Karbunkelkrankheit bei Menschen entsteht nur in Folge von Ansteckung durch milzbrandige Thiere. Träger des Kontagiums ist an erster Stelle das Blut, dann enthalten dasselbe die Exsudate, die Milz und die jauchigen Flüssigkeiten der Karbunkelbeulen, und zwar bewahren diese, sowie damit verunreinigte andere Theile der Thiere die ansteckende Kraft noch lange, nachdem sie bereits eingetrocknet oder anderen Veränderungen unterworfen worden sind. Daher sind nicht allein Viehknechte, Hirten, Thierärzte, Abdecker 2c., die unmittelbar mit milzbrandigen Thieren zu thun haben, sondern auch Gerber, Kürschner, Seifensieder 2c., welchen Rohprodukte milzbrandiger Thiere zur Verarbeitung in die Hände kommen können, der Ansteckung ausgesetzt. Ob sich beim M. auch ein flüchtiges Kontagium entwickeln könne, ist noch streitig. Der den Menschen befallende Karbunkel ist nicht ansteckend. Am schnellsten wirkt das Milzbrandgift, wenn es mit verletzten Hautstellen in direkte Berührung kommt; doch kann es auch durch Geräthe, Kleidungsstücke, Instrumente 2c., die mit dem Blute milzbrandiger Thiere verunreinigt sind, verbreitet werden, ja es sind Fälle bekannt, daß Fliegen, welche vorher auf milzbrandigen Thieren ihre Saugwerkzeuge mit dem Gifte inficirten, dasselbe auf Menschen übertragen haben. Zwischen dem Moment der Ansteckung und dem Ausbruch der Krankheit liegt meist eine kurze Inkubationszeit. Das Milzbrandfieber befällt den Menschen selten, doch soll der Genuß des Fleisches, der Milch, auch wohl längere Einathmung der Ausdünstung milzkranker Thiere dasselbe erzeugt haben. Die bei Menschen gewöhnlich vorkommende Form der Milzbrandkrankheit ist die lokale, die des Karbunkels. Dieselbe besteht theils in ausgebreiteten, rosenartigen Entzündungen, theils in der Bildung von Knoten und darauf eintretender Bildung von Blasen, die sich mit blutiger Jauche füllen und ein blaues schwärzliches Ansehen annehmen (schwarze od. blaue Blatter, pustula maligna). Beide Formen können nach erfolgter Ansteckung sofort primär auftreten, oder zeigen sich als lokaler Ausdruck allgemeiner Infektion sekundär erst später, nachdem sich bereits anderweite Symptome allgemeiner Milzbranderkrankung eingestellt haben. Der primäre Karbunkel beginnt oft mit einem eigenthümlichen Jucken oder Stechen; an der betreffenden Stelle erscheint gewöhnlich ein kleiner rother Fleck mit einem schwarzen Punkt in der Mitte; derselbe entwickelt sich bald zu einem Knötchen, auf dem eine Blase mit anfangs hellgelber, dann aber bläulicher Flüssigkeit sitzt. Dies die eigentliche Milzbrandblatter, nach deren Zerstörung durch Kratzen 2c. der Knoten sich sowohl nach der Seite, als nach der Tiefe weiter ausbreitet, indem immer neue, meist mit einem trockenen Schorfe bedeckte Bläschen entstehen, welche in derselben Weise verlaufen. Während sich so auf der Oberfläche der kranken Stelle ein trockener Brandschorf bildet und an Umfang mehr und mehr zunimmt, schreitet das brandige Absterben u. damit die jauchige Zersetzung auch nach der Tiefe hin fort, was Entzündung und Anschwellung der mit dem Brandherde in Verbindung stehenden Lymphgefäße und Lymphdrüsen, sowie heftiges Fieber, Magenschmerz, Stuhlverhaltung, Mattigkeit, Gliederschmerz, Kopfschmerz 2c. veranlassen kann. In dieser Weise verläuft das Uebel oft in wenigen Tagen, manchmal auch in längerer Zeit. Die Prognose ist in diesem Stadium der Krankheit zwar sehr ungünstig, doch Rettung noch möglich. Manchmal löst sich der Brandschorf durch gutartige Eiterung von der gesunden Umgebung, wird abgestoßen, und es erfolgt Heilung der Wunde. Dem sekundären Karbunkel pflegen Uebelkeit, Erbrechen, Schmerzen in der Magengegend, große Mattigkeit, Gliederschmerzen und Fieberfrösteln vorherzugehen. Bei sich steigerndem Fieber und zunehmender Schwäche leidet der Kranke an großer Beängstigung, Unruhe, Schwindel, Delirien, und seine Haut ist anfangs trocken, später mit kaltem Schweiß bedeckt. Inzwischen haben sich nicht nur an verschiedenen Stellen der Haut, sondern auch an inneren Organen, besonders in denen der Verdauung, Karbunkel von derselben Beschaffenheit wie bei der primären Form gebildet. Das Auftreten derselben zeigt manchmal eine günstige Krise an, und es erfolgt Heilung; in den meisten Fällen jedoch führt die Krankheit zum Tod, der bei der sekundären Form in weit kürzerer Frist, oft schon nach 24 Stunden erfolgt. Die Leichen gehen rasch in Fäulniß über; das Blut ist dick und theerartig, die Milz aber selten vergrößert und weich, wie bei den Thieren. Rettung ist nur bei möglichst frühzeitiger und energischer Behandlung möglich. Mit dem Blut und Exsudat besudelte Hautstellen müssen mit Chlorwasser, wunde verunreinigte Stellen ebenfalls mit Chlorwasser oder verdünntem Aetzammoniak sorgfältig und wiederholt ausgewaschen und letztere zu größerer Sicherheit noch mit Aetzkali, Höllenstein oder Schwefelsäure geätzt werden. Hat sich bereits eine Milzbrandblatter gebildet, so muß die ganze Stelle bis in das gesunde Fleisch hinein ausgeschnitten und die etwa noch darin vorhandene Brandjauche mittelst Schröpfköpfe ausgezogen oder mit Aetzkali, Höllenstein, Spießglanzbutter oder Schwefelsäure gründlich zerstört werden. Die darauf folgende Eiterung wird mit reizenden Fomenten (Abkochungen von Kellerhals, Chinarinde, Essig, Rothwein 2c.) behandelt, und diese lokale Behandlung ist selbst noch bei allgemein gewordener Krankheit anzuempfehlen. Innerlich reicht man ähnliche Mittel, nach Befinden mit Brechmitteln, Kalomel, Chlor, China 2c., wie bei typhösen Fiebern.

Milzen (Milzenen), die in dem gleichnamigen Gau der Oberlausitz bis nach Görlitz hin ansässigen slavischen Bewohner, welche 929 von König Heinrich I. besiegt u. zinspflichtig gemacht wurden. Die im Gebiet der M. errichtete Markgrafschaft kam 1002 wieder an Polen, 1030 aber auf immer ans deutsche Reich.

Milzkrankheiten, nur in verhältnißmäßig seltenen Fällen rein lokale und primär von der Milz ausgehende Uebel; ungleich häufiger nur begleitende Erscheinungen oder Folgezustände anderer theils lokaler Erkrankungen verschiedener Organe, besonders des Herzens und der Leber, theils und hauptsächlich der sogenannten Konstitutionsanomalien. Als primäre und selbstständige M. sind eigentlich nur gewisse Formen der Leuchämie (s. d.), der Krebs und die Blasenwürmer (Echinococci) in der Milz zu nennen. Der Krebs kommt in der Milz nur selten vor, u.

zwar ausschließlich in der Form des weichen, mehr oder weniger hirnmarkartigen Krebses. Gewöhnlich tritt übrigens Krebs der Milz sekundär nach der gleichen Erkrankung des Magens, der Leber oder der hinter dem Bauchfell gelegenen Lymphdrüsen auf. Echinococcussäcke von verschiedener Größe und Anzahl kommen in der Milz gleichfalls selten vor und fast nur bei gleichzeitiger Anwesenheit von Echinokocken der Leber. Tuberkulose der M. kommt bei Erwachsenen sehr selten, bei Kindern etwas häufiger vor. Sie ist bald Theilerscheinung einer meist sehr rapid verlaufenden Miliartuberkulose und tritt dann unter der Form zahlreicher feiner, durchscheinender Knötchen auf; bald geht sie mit Tuberkulose des Darms und der Bauchlymphdrüsen einher, in welchen Fällen die Milztuberkel als hanfkorn- bis haselnußgroße, gelbe, käsige Knoten angetroffen werden. Alle die genannten M. sind während des Lebens nicht, oder nur in vereinzelten Fällen zu erkennen u. bedürfen als unheilbar keiner eingehenden Besprechung. Von ungleich größerer praktischen Bedeutung sind die sekundären M., welche Theilerscheinungen von Konstitutionsanomalien oder anderen lokalen Erkrankungen sind. Von diesen M.en sind folgende zu erwähnen:

Die akute Schwellung der Milz (akuter Milztumor, Hyperämie der Milz) beruht auf einem vermehrten Zufluß oder verhinderten Abfluß des Blutes nach oder von dem genannten Organ, ohne daß es dabei zu Entzündungs- oder Exsudationsprozessen in demselben kommt. Vermehrter Zufluß von Blut bedingt die akute Milzschwellung, welche ganz konstant bei Typhus, bei frischen Wechselfieberfällen, bei Scharlach, Pocken 2c. vorkommt. Wodurch das vermehrte Einströmen des Blutes in die Milz in den genannten Fällen bedingt wird, ist vorläufig noch unbekannt. Eine physiologische Stauung des Blutes in der Milz kommt einige Stunden nach jeder Mahlzeit, also zu der Zeit zu Stande, in welcher der Seitendruck in der Pfortader durch stärkeren Zufluß aus den gefüllten Darmvenen vermehrt und der Abfluß aus der Milzvene gehemmt ist. Zu abnormen Stauungen führen Verengerungen und Verschließungen der Pfortader, wie sie bei manchen Leberkrankheiten vorkommen. Wenn die Milzkapsel nachgiebig ist, so kann die hyperämische Schwellung der Milz so hochgradig werden, daß das Organ in seinem Umfang wie in seinem Gewicht um das 4—6fache vergrößert erscheint. In seltenen Fällen führt die enorme Umfangszunahme der Milz sogar zur Zerreißung der Milzkapsel und dadurch zu einem schnellen Tode. Bei lang andauernder Blutüberfüllung der Milz kommt es ganz unverkennbar zu einer Vermehrung der Milzpulpe; das Organ bleibt dauernd vergrößert und es entsteht ein Zustand, welcher als chronischer Milztumor oder als Hypertrophie der Milz bezeichnet wird (s. unten). Die akute Schwellung der Milz entwickelt sich meist, ohne den Kranken durch Schmerzen oder andere subjektive Empfindungen bemerklich zu werden. Die im Verlaufe des Typhus und verwandter Zustände auftretende Milzschwellung pflegt mit Ablauf der Grundkrankheit sich zu verlieren, ohne Veränderungen im Milzgewebe zu hinterlassen. Aus diesem Grunde wird sie auch selten Gegenstand der ärztlichen Behandlung. Die Form der Milzschwellung aber, welche das Wechselfieber begleitet, schwindet nicht von selbst, doch besitzt der Arzneischatz in dem Chinin und den Chinapräparaten ein außerordentlich sicher wirkendes Mittel gegen akute Milzanschwellungen.

Die Hypertrophie der Milz (chronischer Milztumor) ist diejenige Form der Milzvergrößerung, bei welcher das Organ eine Zunahme seines Umfangs und seines Gewichts, aber keine Veränderung seiner Textur erkennen läßt. Sie tritt stets in Folge andauernder akuter Schwellungen ein und kommt vorzugsweise bei den durch das Malariagift bedingten intermittirenden und remittirenden Fiebern vor. Die Milz kann in Folge der Hypertrophie einen ganz ungeheuern Umfang erreichen, so daß ihr Längendurchmesser 1—1½ Fuß, ihr Querdurchmesser mehr als 6 Zoll beträgt. Die Form des Organs wird dabei nicht wesentlich verändert, das Gewicht desselben kann bis auf 12 Pfund und darüber steigen. Das Milzgewebe wird dabei fester u. kann eine fast bretartige Härte annehmen. Sehr oft erfreuen sich die mit einer Hypertrophie der Milz behafteten Individuen eines vollkommenen Wohlbefindens, in andern Fällen haben die Kranken eine blasse, kachektische Gesichtsfarbe, bleiche Schleimhäute, leiden häufig an Blutungen, namentlich an Nasenbluten, u. werden schließlich oft wassersüchtig. Daneben kann bei bedeutender Vergrößerung der Milz ein Gefühl von Druck u. Vollsein im linken Hypochondrium u. eine durch Aufwärtsdrängung des Zwerchfells bedingte Schweratmigkeit die Kranken belästigen. Eigentlicher Schmerz pflegt selbst bei Druck auf die Milzgegend zu fehlen. Die Behandlung der von Malariainfektion abhängigen Milzhypertrophie erfordert einen Wechsel des Aufenthaltsortes und den längere Zeit hindurch fortgesetzten Gebrauch von Chinapräparaten. Von dem günstigsten Einfluß auf die an Milzhypertrophie Leidenden sind auch die Eisenpräparate, besonders das Jodeisen und der Eisensalmiak. Gegen die von Leberkrankheiten abhängigen Milzhypertrophien ist die ärztliche Kunst ohnmächtig.

Die amyloïde Degeneration der Milz (Speckmilz) beruht auf der Umwandlung der Blutgefäßwände und vielleicht auch der Parenchymzellen der Milz in eine durchscheinende, homogene, feste Masse und auf gleichzeitiger Verengerung der feinen Blutgefäße (das Nähere hierüber s. bei Speckkrankheit). Die Ursachen der Speckmilz sind dieselben wie die der Speckleber (s. Leberkrankheiten) und der Speckkrankheit überhaupt. Die Speckmilz ist meist und oft sehr beträchtlich vergrößert, sie ist sehr derb, aber dabei eigenthümlich brüchig, blaß grauroth gefärbt, sehr blutarm, die Schnittfläche ist glatt, homogen, trocken und von speckwachsartigem Glanz, manchmal auch wie mit Fischrogenkörnern oder wie mit aufgequollenen Sagokörnern durchsetzt. Die Kranken, welche an Speckmilz leiden, sind in hohem Grade blutarm u. kachektisch; die Milzaffektion selbst ruft gewöhnlich keine besondern subjektiven Beschwerden hervor. Jede Behandlung der Krankheit ist vollständig fruchtlos.

Hämorrhagische Infarkte mit partieller Entzündung der Milz u. metastatische Abscesse in derselben (splenitis) kommen ziemlich häufig vor u. sind wahrscheinlich stets die Folge davon, daß mit dem Blutstrom kleine Gerinnselstücken und dergleichen, sogenannte Emboli, aus dem Herzen oder den Lungenvenen nach der Milz gelangen und dort in feinen Milzarterienästen eingekeilt werden. Am häufigsten kommen hämorrhagische Infarkte und Milzabscesse bei Krankheiten des linken Herzens, besonders Klappenkrankheiten, und bei Pyämie vor. Während des Lebens werden sie gewöhnlich nicht oder nicht sicher erkannt u. heilen häufig von selbst unter Zurücklassung einer Narbe. Milzabscesse führen wohl in den meisten Fällen zum Tode. Die Behandlung derselben kann nur die Linderung der begleitenden Schmerzen beabsichtigen (durch warme Umschläge, Narkotika, örtliche Blutentziehungen), die hämorrhagischen Infarkte an sich sind überhaupt keiner Behandlung zugängig.

Milzsucht, s. v. a. Hypochondrie.

Mimen (v. Griech., lat. mimi), bei den Alten im Allgemeinen kleine Dramen od. dramatische Spiele, die ohne kunstgemäße Ausbildung zunächst den Zweck hatten, eine poetische Schilderung der Wirklichkeit zu geben, oft nur aus einzelnen Scenen bestanden u. namentlich bei heiteren Gastmählern aufgeführt wurden; dann insbesondere eine vom Syrakusaner Sophron (um 420 v. Chr.) und dessen Sohn Xenarchus ausgebildete dramatische Dichtungsart, welche dialogisirte Lebensgemälde oder Darstellung menschlicher Sitten und Leidenschaften bald in ernster, bald in komischer Weise enthielt. Ton und Ausdruck waren derb, doch treffend, mit Sprüchwörtern und Späßen des gemeinen Mannes durchflochten, der Satzbau symmetrisch, so daß er den Anschein von Versrhythmen erhielt. Diese Stücke waren nicht für die Bühne, sondern mehr für andere festliche Lustbarkeiten bestimmt. Plato verpflanzte die M. nach Athen und benutzte sie für die Färbung seiner Dialogen. Theokrit gab ihnen, Ton u. Charakterzeichnung glücklich nachahmend, ein poetisches Gewand und schuf so als eine neue Gattung der Kunstpoesie die Idylle. Wie in Sicilien aus dem Volksleben der griechische Mimus hervorging, so bildete sich in Unteritalien der römische. Der mimische Dialog bot in Wettkämpfen eine extemporirte populäre, witzige Beredtsamkeit auf und bezweckte Lachen; die niedrigste Form dieser mimischen Späße war Nachahmung von Thierlauten, Personen und allerlei lächerlichen Situationen. Der theatralische Mimus dagegen gesellte sich den Tragödien als Gesang und Ergänzung unter dem Namen Exodia zu und darf als ein ächt römisches Produkt gelten. Der Stoff desselben war dem gemeinen Leben entnommen, und selbst wenn ein mythologischer Stoff zu Grunde lag, wurde derselbe in die gemeine Wirklichkeit hinabgezogen. Genaue Nachahmung des Lebens gibt Cicero als charakteristisches Merkmal der M. an. Obscönitäten machten einen Hauptbestandtheil der M. aus, u. namentlich spielte die eheliche Untreue dabei eine große Rolle. Ein bestimmter, streng durchgeführter Plan, wie im Drama, ward darin wohl kaum eingehalten, und auch die schriftlich abgefaßten Stücke dieser Art mögen nur Skizzen gewesen sein und aus einem Prolog und einigen Haupttheilen bestanden haben. Mienenspiel und Gestikulation war ein Hauptbestandtheil des mimischen Vortrags. Die Sprache war gleichfalls dem gemeinen Leben entlehnt, daher inkorrekt und nicht ohne pöbelhafte Ausdrücke. Ein Hauptakteur (archimimus) führte die Handlung in allen ihren Theilen vom Anfang bis zu Ende durch, die übrigen Mimen ordneten ihm, wo eine Mehrheit von Personen nöthig war, ihr Spiel ohne Selbstständigkeit unter u. gaben nur hier u. da nöthige Andeutungen. Der Vortrag und die ganze Darstellung wurde von der Flöte begleitet. Die Darsteller (M., mimi) traten ohne Maske auf, erschienen aber nach Bedürfniß in allerlei possierlichen Gestaltungen des Kopfes, mit einem Kahlkopfe, mit Bausbacken ꝛc. Das gewöhnliche Kostüm war ein aus bunten Lappen zusammengesetztes Röckchen (centunculus); auch trugen sie ein kurzes Frauenmäntelchen (ricinium). Die Tänzerinnen (mimae) erschienen in der bloßen Subucula, einem kurzen und dünnen Untergewande, welches die Formen und Bewegungen des ganzen Körpers sehen ließ. Die M. wurden als Nachspiele zu den eigentlichen Dramen auf der Bühne im gewöhnlichen Theater aufgeführt. Der Platz, welcher für ihre Aufführung bestimmt war, umfaßte aber nur den vordern Theil des Prosceniums; der hintere war durch einen besondern Vorhang (siparium) getrennt. Als Verfertiger solcher M. (Mimographen) zeichneten sich bei den Römern vorzüglich aus Decimus Laberius und sein Zeitgenosse Publius Syrus.

Mimesis (griech.), Nachahmung des Aeußern eines Andern, insbesondere aber diejenige Art der Ironie, wobei man die Worte eines Andern mit spöttelndem Tone anführt.

Mimetes *R. Br.*, Pflanzengattung aus der Familie der Proteaceen, charakterisirt durch den fast regelmäßigen Kelch mit 4 Einschnitten, die blattwinkelständigen, von Hüllblättern umgebenen Blüthenköpfchen, den flachen, mit abfallenden Spreublättchen versehenen Fruchtboden, die cylindrische Narbe und die ansitzende, oben bauchige Nuß, immergrüne, südafrikanische Ziersträucher, mit den bekanntesten Arten: M. cuculata *R. Br.*, M. Hartogii *R. Br.* u. M. hirta *R. Br.*

Mimik (v. Griech.), die Kunst, durch Mienen u. Geberden Empfindung, Gedanken und Willen zusammenhängend und mannichfaltig auszudrücken. Geht diese Kunst darauf aus, gewisse Individualitäten nach ihrer äußeren Erscheinung durch Modifikationen des eigenen Körpers nachzubilden, so ist sie porträtirende M., die lediglich in Nachahmung besteht und, je nachdem sie körperliche oder psychische Eigenthümlichkeiten anderer Personen zur Anschauung bringt, entweder somatologische, oder psychologische M. sein kann. Zu jener gehört z. B. die Nachahmung körperlicher Mängel, des Hinkens, Schielens ꝛc., zu dieser die Darstellung gewisser Charaktereigenthümlichkeiten, z. B. des Stolzes, der Furchtsamkeit, der Habsucht ꝛc. Knüpft die M. aber das Mienen- und Geberdenspiel an gewisse Ideen an, um dadurch innere Seelenzustände zur Anschauung zu bringen, so ist sie als selbstschaffende, idealisirende M. eine Kunst im eigentlichen Sinne des Wortes und ein Hauptmittel der dramatischen Darstellung, und wie diese einmal eine tragische und dann eine komische sein kann, so läßt sich auch die M. hiernach in eine tragische und eine komische eintheilen. Die M. hält zwischen den plastischen und tonischen Künsten die Mitte, in sofern sie bald mit diesen, wie bei dem nach der Musik sich bewegenden und diese zum Ausdruck bringenden Tanz, bald mit jenen, wie bei der Schauspielkunst als Ausdruck der Rede, verbunden erscheint. In ihrer Verbindung mit der Redekunst ist sie entweder theatralische (dramatische), oder oratorische M. (s. Deklamation), in ihrer Verbindung mit der Musik aber orchestische M. od. belebte Rhythmik. Die Schönheit der mimischen Darstellung an sich und abgesehen von der damit zu erzielenden Wirkung der Rede oder der Musik beruht in der natürlichen Anlage und insbesondere in dem wohlgestalteten Körper. Sonstige unentbehrliche Erfordernisse derselben sind Klarheit u. Deutlichkeit, Natürlichkeit, Grazie, Mannichfaltigkeit und Einheit. Für die relative Schönheit der M. gilt als Hauptsatz, aus welchem sich alle übrigen leicht herleiten lassen: Alle Geberden müssen mit dem Charakter der Rede od. Musik, die sie zu begleiten haben, auf das genaueste übereinstimmen und also zu dem, was die Gedanken der Rede oder Musik bewirken sollen, harmonisch mitwirken. Die Theorie der M. muß sich mit der Aufstellung allgemeiner Regeln begnügen und das Besondere dem Genie des Künstlers, dem freien Spiel seiner Kräfte überlassen. Spuren mimischer Darstellungsweise lassen sich bei den meisten kultivirten Völkern des Alterthums nachweisen. Bei den Griechen kündigte sich das mimische Element sogleich in der Orchestik an, welche ganz von jenem durchdrungen war; bei den Römern gewann es, von einfachen Anfängen ausgehend, in der Pantomimik (s. Pantomime) seine höchste Ausbildung. Die M. der Alten war übrigens im eigentlichen Sinne plastisch, d. h. sie diente zur Veranschaulichung der abgeschlossenen, selbstständigen Gestalt, wobei die Individualität des Darstellers, namentlich auch durch den Gebrauch der Masken, möglichst unterdrückt wurde. Die Römer hatten die ausgezeichnetsten Mimen; der berühmteste war Roscius (s. d.). Selbst noch gegenwärtig haben die Italiener ein ausgezeichnetes mimisches Talent. In der neuern Zeit war das Ziel der M., die sich als Kunst größtentheils auf die Bühne beschränkte, die möglichst ausgeführte subjektive Charakteristik. Vgl. Engel, Ideen zu einer M., Berl. 1785, 2 Bde.; Cludius, Grundriß der körperlichen Beredtsamkeit, Hamb. 1792; Schebest, Rede u. Geberde, Lpz. 1861.

Mimir, in der nordischen Mythologie weissagender Riese, Beherrscher des Oceans, bei dem sich selbst Odin Rath holt.

Mimnermus, berühmter griechischer Dichter, aus Jonien, lebte um 630 v. Chr. und war der Begründer der erotischen Elegie. Von seinen elegischen Liedern wird eine Sammlung erwähnt, die nach einer Flötenspielerin die Aufschrift „Nanno" trug. Ein anderes Gedicht hatte den Kampf der Smyrnäer mit König Gyges zum Gegenstand. Die noch vorhandenen Reste wurden u. A. von Schneidewin im „Delectus poetarum elegiacorum Graecorum" (Göttingen 1838) und Bergk in „Poetae lyrici graeci" (2. Aufl., Leipz. 1853) zusammengestellt u. von Bach (das. 1826) erläutert. Uebersetzungen von ihnen lieferten Herder in den „Zerstreuten Blättern", sowie Weber in den „Elegischen Dichtern der Hellenen" (Frankfurt 1826). Vgl. Schönemann, De vita et carminibus Mimnermi, Göttingen 1823.

Mimographen (v. Griech.), Mimenschreiber, s. Mimen.

Mimosa *L.* (Mimose, Sinnpflanze), Pflanzengattung aus der Familie der Mimoseen (Leguminosen), charakterisirt durch die polygamischen Blüthen mit 4—5spaltigem Kelch u. 4—5spaltiger Korolle mit 4—15 Staubgefäßen und die flach zusammengedrückte, ungegliederte oder querwandige Hülse mit stehenbleibenden Längsnähten, zwischen welchen die Klappen sich lösen und herausfallen, umfaßt, nachdem die Gattungen Acacia, Desmanthus, Inga u. a. ausgeschieden sind, noch gegen 120 Arten, meist stachelige Bäume und Sträucher, mit weißen od. rosenrothen, in kugeligen Köpfchen stehenden Blüthen und langen, haarfeinen Staubgefäßen, sämmtlich in wärmeren Ländern einheimisch. Die meisten Arten zeigen die eigenthümliche Erscheinung, daß bei leiser Berührung ihre Fiederblättchen sich zusammenlegen, ja bei stärkerer Berührung auch die Blattstiele und selbst die Zweige sich niedersenken. Am ausgeprägtesten besitzt diese Eigenschaft M. pudica *L.*, Noli me tangere), Halbstrauch in Brasilien u. Westindien, mit 4 ziemlich fingerförmig gestellten Fiedern, der in Europa häufig in Gewächshäusern gehalten wird. Die Blätter wendet man zu Bähungen bei Hüft- und Nierenschmerzen und zu Pflastern bei Kröpfen und Drüsengeschwülsten an. Man säet den Samen im Frühling in einen Topf in lockere, fette Dammerde, stellt denselben in ein warmes Mistbeet und hält die Erde mäßig feucht. Die jungen Pflänzchen werden dann mehrmals versetzt. Reichliche Feuchtigkeit und bei warmer Witterung viel Luft ist der Pflanze Bedürfniß. Man durchwintert sie bei 8—12° Wärme. Auch andere Arten, M. sensitiva *L.*, M. casta, M. pudibunda, M. somnians, M. palpitans, M. viva u. a., zeigen eine hohe Reizbarkeit der Blätter.

Mimoseen, den Leguminosen nahe verwandte Pflanzenfamilie mit folgenden charakteristischen Merkmalen: Der Kelch ist 4—5spaltig od. 4—5blätterig; die Korolle ebenfalls 4—5blätterig, fast stets hypogynisch; die Blumenblätter sind gleich, meist getrennt, nebst den Blättern und Zipfeln des Kelchs im Blüthenkopfe klappig; die Staubgefäße sind zahlreich, selten in gleicher od. doppelter Anzahl der Blumenblätter vorhanden, hypogynisch, am Grunde öfters monadelphisch. Die Hülse (Gliedhülse) ist arm- bis vielsamig, der Same eiweißlos, mit geradem Keim. Die Blätter sind gleichpaarig- und meist doppelt gefiedert; doch schlagen die Fiedern oft fehl, und es erscheinen dann Blattstiele und Blattspindeln stark verbreitert und einfachen Blättern ähnlich. Die freien Nebenblätter sind oft dornartig. Die Blüthen sind zwitterig und polygamisch, in Aehren od. Köpfchen zusammenstehend. Die Familie enthält Bäume und Sträucher, wenige Kräuter, über 550 Arten in 14 Gattungen, welche aber nur innerhalb der Tropen und in den angrenzenden Ländern einheimisch sind. In Europa ist keine Art einheimisch. Es sind zierliche Gewächse, und bei manchen zeigt sich eine hohe Reizbarkeit der Blätter. Ueberhaupt zeigen letztere, sowie die Blüthen und Früchte eine hohe Ausbildung, daher die M. von Vielen als die vollkommensten Pflanzen betrachtet werden.

Mimulus *L.* (Gauklerblume, Affenblume), Pflanzengattung aus der Familie der Skrophularineen, charakterisirt durch den prismatischen, ungleich 5zähnigen Kelch, die röhrig-trichterige, 2lippige Blumenkrone mit oft höckeriger Unterlippe u. 2mächtigen Staubgefäßen mit spreizenden, zuletzt zusammenfließenden Antherensäckchen u. die fachspaltig-2klappige Kapsel, zum größten Theil in Amerika einheimische, krautartige Gewächse, von denen mehre als Zierpflanzen bekannt sind, z. B.

M. cardinalis *Lindl.*, in Kalifornien, einjährig, mit scharlachrothen oder auch ziegelrothen, im Schlunde gelben oder orangen, dunkelroth gefleckten oder gestreiften, über der Unterlippe gelb gebarteten Blumen mit fast gleicher Röhre und zurückgeschlagenen Lappen der beiden Lippen; **M. luteus** *L.*, in Peru, Chile, ausdauernd, mit zolllangen, rein gelben, bisweilen im Schlunde und auf den Lappen des Saumes purpurroth punktirten oder gefleckten Blumen; **M. moschatus** *Dougl.*, in Kolumbien, ausdauernd, mit gelben, auf dem Gaumen gebarteten und fein braunpunktirten, bisamartig riechenden Blumen; **M. roseus** *Lindl.*, in Kalifornien, ausdauernd, mit rosenrothen, einzelnen Blumen. Der Same dieser Zierpflanzen ist so fein, daß er nicht mit Erde bedeckt werden darf.

Mimusops *L.* (Affenbaum, Spitzenblume, Olivenapfel), Pflanzengattung aus der Familie der Sapotaceen, charakterisirt durch den 8theiligen Kelch mit in 2 Reihen stehenden Zipfeln, die 24theilige Blumenkrone mit 16 nach außen abstehenden u. 8 nach innen zusammenneigenden Zipfeln und 8 Staubgefäßen, die mit 8 unfruchtbaren, schuppenartigen Staubfäden abwechseln, und die 1-, selten 2samige Beerenfrucht, milchende Bäume in Ostindien und Australien. Von **M. Balota** *Gaertn. fil.*, manilischer Affenbaum, in Australien und auf Manila einheimisch, in Ostindien kultivirt, werden die saftigen, purpurrothen, innen braunen, säuerlich-süßen Früchte zum Nachtisch gegessen und befördern die Verdauung. Die Blätter werden in Malabar bei Geschwülsten und Lähmungen angewendet. **M. Elengi** *L.*, Elengibaum, in Ostindien, Südasien, hat eirund-längliche, spitzige, lederartige, glänzende Blätter. Ueber die sehr stark und wohlriechenden, weißen Blüthen destillirt man ein Wasser, das nach Art gelind aromatischer Wässer benutzt wird. Die Wurzel u. die Rinde braucht man zu Gurgelwasser bei Halsweh, Schwämmchen und Zahnschmerzen u. bei Geschwülsten. Die gelben Früchte genießt man, und aus den Kernen derselben bereitet man ein für Maler brauchbares Oel. Das Holz ist sehr hart. **M. obtusifolia** *Lam.*, **M. Kauki** *L.*, Kaukibaum, in Ostindien, auf den Molukken, in Arabien, Neuholland, hat verkehrt-eirunde, stumpfliche, unten silberweiße Blätter, weiße Blumen und birnförmige, in der Reife schwarzbraune, süße und wohlschmeckende Früchte. Die Fruchtbäume sehen sehr schön aus, da unter dem frischen Laub hochgelbe, braune und schwärzliche Früchte beisammen stehen. Das Holz ist dicht, schwer und dauerhaft.

Mina, 1) Don Francisco Espoz y, berühmter spanischer Guerrillasführer und General, geboren den 17. Juni 1781 in bei Pampelona, trat nach dem Einfall Napoleons I. in Spanien als gemeiner Soldat in die Guerrillasbande seines Neffen [s. M. 2)] und führte nach dessen Gefangennehmung an der Spitze von 400 Mann eine Reihe der kühnsten Unternehmungen aus, wofür er 1811 von der Centraljunta in Cadix zum Obersten und von der Regentschaft 1812 zum Brigadegeneral ernannt ward. Im Jahre 1813 stand er an der Spitze von 11,000 Mann Infanterie und 2500 Reitern als Mariscal de campo. Mit dem Oberbefehl über Navarra, Oberaragonien und die baskischen Provinzen betraut, nahm er Pampelona, Tafalla, Saragossa, Monzon, Banazpua u. Huesca. Als 1814 Wellington in Spanien eindrang, bildete M. mit seiner Truppe die 4. Abtheilung des Heeres, nahm Jacas ein, rückte nach Oléron u. belagerte St. Pied de Port, als der Friede geschlossen wurde. Mit seinem Neffen machte er im September desselben Jahres den Versuch, die Konstitution von 1812 wiederherzustellen, sah sich aber genöthigt, auf französisches Gebiet zu flüchten, wo er auf spanische Requisition verhaftet, aber bald wieder freigegeben ward. Napoleon I. ließ ihm bei seiner Rückkehr von Elba glänzende Anerbietungen machen, wenn er in Spanien einen Aufstand errege; M. schlug aber dieses Ansinnen ab, begab sich nach Gent zum König von Frankreich u. kehrte mit diesem nach der Schlacht bei Waterloo, der er beigewohnt, nach Paris zurück. Als Anfangs 1820 das spanische Heer in Cadix die Fahne des Aufstandes erhob, ging er wieder nach Spanien, sammelte in Navarra seine Guerrillas u. zog gegen Pampelona, wo aber bereits die Konstitution angenommen war. Hierauf wurde er 1821 Generalkapitän von Navarra, bald darauf von Galicien u. im Juli des folgenden Jahres zum Generalissimus ernannt und der Glaubensarmee in Katalonien entgegengestellt. Es gelang ihm, dieselbe in Kurzem über die Pyrenäen zurückzudrängen und im November 1822 auch den letzten Stützpunkt derselben, Seu d'Urgel, zu nehmen. Hierauf zum Generallieutenant ernannt, organisirte er gegen den Einfall der französischen Armee eine allgemeine Erhebung, wurde aber nur von Barcelona aus kräftig unterstützt, mußte sich daher vor der dreimal überlegenen feindlichen Macht bald nach Barcelona zurückziehen und bot, das Zwecklose eines weiteren Kampfes einsehend, am 17. Oktober dem General Moncey eine Kapitulation an. Da die spanische Regierung die von ihm geschlossenen Verträge nicht erfüllte, ging er im December nach England. Hier verfaßte er eine Beschreibung seiner Schicksale in spanischer Sprache, die auch ins Französische übersetzt wurde (Paris 1825). Im Jahre 1830 unternahm er mit Valdez einen Einfall in Navarra, sah sich aber außer Stande, die Parteien der Konstitutionellen zu gemeinsamem Handeln zu vereinigen, ließ sich, dem Andrängen seiner Partei folgend, zu einem Kampfe im offenen Felde herbei, der für ihn unglücklich ausfiel, und flüchtete hierauf über die französische Grenze, wo er entwaffnet und in das Innere des Landes gebracht wurde. Seit 1831 lebte er wieder in London. Nach dem Ausbruch des Bürgerkriegs in den baskischen Provinzen von der Königin Christine am 23. Sept. 1834 zum Oberbefehlshaber der spanischen Nordarmee und zum Generalkapitän von Navarra ernannt, hatte er, zum Theil in Folge von Kränklichkeit, wenig Glück und trat endlich am 18. April 1835 vom Kommando zurück. Er kehrte nach Frankreich zurück und lebte später in Montpellier. Im Jahre 1835 wurde er von Mendizabal zum Generalkapitän von Katalonien ernannt, † aber schon am 26. Dec. 1836 zu Barcelona.

2) Don Xavier, spanischer Oberstlieutenant und Führer mexikanischer Insurgenten, geboren 1789 zu Idozin, Neffe des Vorigen, studirte in Logroño Theologie, begann aber 1808 bei dem Ausbruch des Krieges mit Frankreich an der Spitze einer von ihm angeworbenen Truppe von Parteigängern gegen die Franzosen den kleinen Krieg, bei dem ihm seine ge-

naue Kenntniß des größten Theils der Pyrenäen sehr zu Statten kam, und ward von der Regierung bald zum Befehlshaber von Navarra ernannt. Von den Franzosen gefangen, ward er auf Befehl Napoleons I. in Vincennes in Haft gehalten, wo er im Umgang mit gefangenen französischen Offizieren eine höhere militärische Ausbildung gewann. Im Jahre 1814 in sein Vaterland zurückgekehrt, nahm er an dem mißlungenen Unternehmen seines Oheims gegen Pampelona Theil und floh mit ihm nach Frankreich. Er wurde in Bordeaux festgehalten, entkam aber während der hundert Tage nach England, von wo er sich im Mai 1816 nach Meriko einschiffte, um dort der Insurektion seine Dienste gegen Spanien zu widmen. Nachdem er in Nordamerika eine Menge Freiwilliger an sich gezogen, landete er im April 1817 unweit Tampico bei Matagorda, trat bei Sotto la Marina an die Spitze der Insurgenten, schlug die Spanier bei Peotilos und bei San Felipe, warf sich sobann in die Festung Sombuero oz Conanja, wo er sich bis Ende August hielt, und begann hierauf seine Streifzüge von Neuem, bis er am 27. Okt., wahrscheinlich durch Verrath, im Paß von Benadito in die Hände der Royalisten fiel. Er ward am 13. Nov. 1817 zu Meriko kriegsrechtlich erschossen.

Miñano y Bedoya, Sebastian de, spanischer Publicist, Historiker und Geograph, geboren 1779 zu Bezerill de Campos, ward Sekretär des Erzbischofs in Sevilla, 1800 Domherr daselbst, gab aber 1810 diese Stelle auf. Von 1814—16 lebte er in Frankreich, hierauf in Madrid, wo er während der Ereignisse von 1820—23 die Konstitution vertheidigte. Später änderte er seine politische Gesinnung und ging nach der zweiten Restauration wieder nach Frankreich. Von seinen Werken sind hervorzuheben: „Histoire de la révolution espagnole 1820—1823“ (Paris 1825); „Examen crit. de las revoluciones en España 1820—23 y la de 1836“ (Paris 1838, 2 Bde.) u. „Diccionario geografico y estadistico de España y Portugal“ (Madrid 1826—28, 11 Bde.).

Minarets, die Thürme der Moscheen (s. d.).

Minas-Geraes, brasilianische Provinz, zwischen den Provinzen Bahia, Pernambuco, Goyaz, San-Paulo, Rio-Janeiro u. Espiritu-Santo, hat 11,413 □Meilen Flächeninhalt mit 1,300,000 Einw. Das Land umfaßt das obere Becken des San Francisco bis zum Carynhanha und das Hügelland um den oberen Parana und hat nirgends unter 2000 Fuß Meereshöhe. Längs des San Francisco erstrecken sich weite Ebenen; im Uebrigen erhebt sich der Boden vielfach zu Gebirgen bis zu 6000 Fuß Höhe. Die Hauptgebirgszüge sind: die Serra de Mantiqueira, Vertentes, Carasso, Marcella, nach Goyaz und Espiritu-Santo sich hinziehend u. in zwei große Zweige auslaufend, die Serra Canastro u. a. Eine der höchsten Spitzen ist der Itacolumi, 5700 Fuß hoch. Außer dem San Francisco, welcher durch die Provinz von Süden nach Norden, u. dem Parana, der von Osten nach Westen fließt, sind als Hauptflüsse der Rio Doce u. der Rio Grande de Belmonte zu nennen, die beide hier entspringen. Das Klima ist mäßig warm, der Boden fruchtbar. Er liefert Zimmerhölzer, Balsam, Droguen und Farbehölzer. Unerschöpflich sind seine Mineralreichthümer: Gold, Silber, Kupfer, Eisen und Edelsteine. Die Bewohner bestehen aus Weißen, Indianern, die vorzugsweise in den undurchdringlichen Waldwildnissen im Ostheile der Provinz wohnen, Mischlingen u. Negern. Die zahlreichsten Indianerstämme sind die Botokuden und die Puris. Man zählt gegen 200 öffentliche Schulen (darunter 26 lateinische) neben vielen Privatschulen. Die meisten Einwohner geben ihren Kindern eine Erziehung. An Straßen fehlt es gänzlich. Von der Hauptstadt, Ouro-Pereto, bis nach Rio (40 Meilen) brauchen die beladenen Maulthiere u. Pferde 14 Tage. Der Rio Doce u. San Francisco sollen mit Dampfern befahren werden. Zur Gewinnung der Mineralien ist seit 1825 besonders eine englische Kompagnie thätig, die mehre sehr werthvolle Goldminen ausgebeutet hat. Sie hat bei Gongosocco ein ganzes englisches Dorf angelegt, die bewährtesten Methoden eingeführt, läßt beständig zahlreiche Bergleute aus Cornwall arbeiten u. gibt dem Staat 20 Procent vom Gewinn. Der große Stapelartikel des Landes ist aber Kaffee; auch Zucker, Tabak, Baumwolle werden angebaut u. namentlich Mais in großer Menge. Auf den Campinos oder Hochlandsweiden findet man unzählige Rinder- und Schafheerden. Der Käse (Querjo) von M. wird nach Rio und längs der ganzen Küste versendet.

Minasnovas, Stadt in der brasilianischen Provinz Minas-Geraes, hat ein kaiserliches Kollegium, Hospital und 15,000 Einw.

Minatitlan, Hauptort des Gebiets von Tehuantepec, im Osten des merikanischen Departements Veracruz, 5 Meilen oberhalb der Mündung des Rio Coatzacoalces, hat erst 600 Einwohner, aber als der atlantische Endpunkt des projektirten Tehuantepeckanals (zur Verbindung des atlantischen mit dem stillen Ocean) und der im Bau begriffenen Isthmus- oder Tehuantepeceisenbahn (zu dem nämlichen Zweck) eine große Wichtigkeit u. vielversprechende Zukunft.

Mincha (hebr.), Opfergabe, besonders das unblutige Speis- u. Trankopfer der Hebräer im Gegensatz zu dem blutigen, Korban genannt. Minchagebet, das Abendgebet der Juden.

Mincio, Fluß in Oberitalien, entspringt am Berge Piscanno im tyroler Kreise Trient als Sarca, fließt unter diesem Namen in den Gardasee, verläßt denselben als schiffbarer Fluß unter dem Namen M., durchfließt, die Grenze zwischen dem österreichischen Venetien (östlich) u. den italienischen Provinzen Brescia und Cremona (westlich) bildend, noch einige kleinere Seen (z. B. den von Mantua) und Sümpfe, fließt anfangs südlich, dann östlich und südöstlich und mündet bei Governolo links in den Po. Geschichtlich denkwürdig wurde der Fluß durch die Schlacht vom 25. und 26. December 1800 zwischen den Franzosen unter Brune und den Oesterreichern unter Bellegarde, in welcher jene den Sieg davontrugen und über 4000 Gefangene machten, sowie durch die Schlacht vom 24. Juni 1859 zwischen den verbündeten Franzosen und Sardiniern unter Napoleon III. und den Oesterreichern unter dem Kaiser Franz Joseph, auch Schlacht bei Solferino (s. d.) genannt, in welcher erstere siegten. Durch den Frieden von Villafranca wurde die Lombardei bis an den M. von Oesterreich abgetreten. Das nach dem Fluß benannte frühere Departement des Königreichs Italien umfaßte $34^3/_4$ □Meilen mit 218,250 Einwohnern, begriff das Herzogthum Mantua u. die Fürstenthümer Castiglione u. Solferino in sich und hatte Mantua zur Hauptstadt.

Minckwitz, Johannes, namhafter Dichter, Uebersetzer und Philolog, geboren den 21. Januar 1812 in Lückersdorf bei Kamenz in der Oberlausitz, widmete sich zu Leipzig philologischen Studien, bereiste 1836—37 Süddeutschland und Italien, war 1840—42 Lehrer am blochmannschen Institut zu Dresden und habilitirte sich 1855 an der Universität zu Leipzig, wo er 1861 zum Professor ernannt wurde. Er lieferte treffliche Uebersetzungen des Lucianus (Auswahl, Leipz. 1836), Aeschylus (Stuttgart 1835, 2. Aufl. 1851), Sophocles (das. 1845, 2. Aufl. 1851), Homer (das. 1854—56, 2 Bde.), Euripides (das. 1854) und Aristophanes (Stuttgart 1855) und schrieb: „Lehrbuch der deutschen Verskunst" (Leipzig 1844, 3. Aufl. 1854); „Wörterbuch der Mythologie" (das. 1852, 2. Aufl. 1856); „Lehrbuch der rhythmischen Malerei der deutschen Sprache" (das. 1855, 2. Aufl. 1858); „Der illustrirte neuhochdeutsche Parnaß" (das. 1860) u. die „Vorschule zum Homer" (Stuttgart 1863). Als Dichter (Gedichte, Leipzig 1847; Lieder u. Oden, das. 1854) setzte er die Richtung Platens fort, dessen Leben er auch beschrieb, (Leipz. 1836) und dessen poetischen und literarischen Nachlaß (6. und 7. Bd. von dessen Werken) er herausgab.

Mind, Gottfried, schweizerischer Maler, geboren zu Bern 1768, lernte in Pestalozzi's Anstalt für arme Kinder zeichnen und dann bei dem Maler Freudenberger koloriren. Ein Kretin, lebte er fast nur im Umgange mit Katzen, deren täuschende Nachbildung ihm den Namen Katzenraphael erwarb. Auch Bären malte er mit außerordentlicher Treue. Seine Zeichnungen wurden nach seinem Tode, am 7. Nov. 1814, nach England verkauft. Zehn Blätter Katzengruppen nach M. lithographirt erschienen 1827 in Leipzig; auch Brodtmann lithographirte 6 Blätter Katzengruppen und 10 Blätter Kinderspiele nach M., und Johann F. Hegi radirte 4 Blätter Katzen. Vgl. Der Katzenraphael (12 Blatt Katzengruppen, Berlin 1861).

Mindanao (Magindanao, d. h. Landseeland, von seinen zahlreichen Seen den Namen führend, von den Eingebornen auch Molucka Bezar, d. h. Großmolucka, genannt, weil die Insel dieselben Produkte liefert wie die Molukken), die südlichste der Philippineninseln u. nächst Luzon die größte, liegt unter 5° 31' bis 9° 49' nördl. Br. und 139° 28' — 143° 42' östl. L., besteht eigentlich aus zwei durch eine Landenge verbundenen Halbinseln und hat bei sehr zerrissenen Küsten einen Umfang von 300 Meilen. Ihr Flächeninhalt wird auf 1680 □Meilen angegeben. Die Ostküste soll ein gesundes Klima haben, während die übrigen Küstenstriche als ungesund gelten. Hauptprodukte sind Reis, Bataten, Südfrüchte, Indigo, Zucker, Sago, Betel, Zimmt, Büffel, Schweine &c. Nur ein kleiner Theil der Insel gehört den Spaniern; der bei weitem größere Theil ist unabhängig. Der spanische Antheil zerfällt in 3 Provinzen: Caraga, ein schmaler Streifen an der nordöstlichen u. östlichen Küste, ist reich an Gold, hat Schiffbau und Handel mit Goldstaub, Wachs, Kakao, Reis, Pfeffer und Moschus und an 32,000 Einwohner. Von den einheimischen Thieren sind besonders der Orangutang u. die Zibethkatze hervorzuheben. Der Boden ist zum Theil von vulkanischer Beschaffenheit. Der Hauptort ist Surigao. Misamis, an der Nordküste, mit gleichnamigem Hauptort, hat 47,300 Einwohner u. an der Küste Befestigungen gegen die Seeräuber. Zamboanga, am südwestlichen Ende, ist eigentlich nur ein Presidio oder eine Festung zur Aufnahme von Verbrechern, die aber zugleich die wilden Eingeborenen im Zaum halten soll und 8600 Einwohner zählt. Den fruchtbarsten Theil der Insel nimmt das unabhängige Sultanat Magindanao mit der gleichnamigen Hauptstadt in der Nähe der Illanabucht ein. Der Sultan herrscht unumschränkt, hält eine spanisch gekleidete Leibgarde, und kann mit seinen Lehnsleuten 100,000 Mann Truppen stellen, wie er auch eine ansehnliche Flotte zur Ausübung von Seeräuberei unterhält. Der beste Hafen ist bei Pollok an der Illanabucht, wo auch ein nicht unbedeutender Handelsverkehr Statt findet. Ebur ist Hauptafen für die Seeräuberei. Unabhängig von diesem Sultanat sind die Illano im Westen, welche unter 16 Sultanen und 17 Radschas eine Eidgenossenschaft bilden, deren Hauptbeschäftigung Seeräuberei ist. Die noch sehr unbekannte Westküste wird von verschiedenen wilden Alfurenstämmen bewohnt.

Mindel, Fluß in Bayern, entspringt bei Reichholz im Kreis Schwaben und Neuburg, nimmt die Flossach auf und ergießt sich bei Gundremingen in die Donau.

Mindelheim, Stadt und Hauptort des gleichnamigen Verwaltungsdistrikts im bayerischen Kreis Schwaben und Neuburg, im Algau, an der Mindel und am Rechberg, hat ein Waisenhaus, Armeninstitut, Brauerei, Branntweinbrennerei, Gerberei, eine Papiermühle, Salzfaktorei, 2740 Einw. und Mineralquellen (Marienbad). M. war früher Sitz einer eignen Herrschaft, welche erst den Herzögen von Teck gehörte, nach deren Aussterben an das Haus Rechberg und 1612 an Bayern fiel. Als der Kurfürst von Bayern 1706 in die Acht erklärt worden war, erhob der Kaiser die Herrschaft zu einem Fürstenthum u. belehnte den zum Reichsfürsten erhobenen Herzog von Marlborough damit. Durch den Frieden von Rastadt 1714 fiel M. an Bayern zurück. In der Nähe der Stadt liegt die Ruine des Bergschlosses M.

Minden, vormaliges deutsches Fürstenthum (auch Bisthum) in der preußischen Provinz Westphalen, östlich von der Grafschaft Schaumburg, südlich von der Grafschaft Ravensberg, westlich vom Bisthum Osnabrück u. nördlich von den Grafschaften Hoya u. Diepholz begrenzt, zählte auf 20 □Meilen 70,000 Einw. in 4 Städten, 1 Flecken und 121 Dörfern, hatte mit der Grafschaft Ravensberg eine gemeinschaftliche Regierung und wurde eingetheilt in die 5 Aemter: Hausberge, Petershagen, Reineberg, Rhaden und Schlüsselburg und die beiden reichsunmittelbaren Städte M. und Lübbecke. Das Bisthum wurde von Karl dem Großen im Lande Engern wahrscheinlich zwischen 794 u. 799 gegründet. Der Sprengel reichte nordwestlich bis an die Hunte, nordöstlich über die untere Aller und Leine hinaus. Im westphälischen Frieden wurde das Stift säkularisirt und als Fürstenthum dem Kurhause Brandenburg für die abgetretenen pommerschen Lande als Entschädigung zugewiesen. Im Jahre 1807 ward M. zum Königreich Westphalen geschlagen und bildete einen Theil des Departements Oberems; 1814 nahm es Preußen wieder in Besitz. Jetzt bildet es mit den ehemaligen Fürstenthümern Ravensberg und Korvei, den Grafschaften Ravensberg, Rietberg, Rheda u. dem Amt

Reckenberg einen Regierungsbezirk der preußischen Provinz Westphalen (s. d.).

Minden (Preußisch-Minden), Hauptstadt und Festung des gleichnamigen Regierungsbezirks und Kreises in der preußischen Provinz Westphalen, liegt in angenehmer Gegend an der Weser, über welche hier eine steinerne, 600 Fuß lange Brücke führt. Die Häuser der Stadt sind größtentheils massiv, aber alt und unansehnlich, die Straßen eng u. unregelmäßig. Einen schönen Platz bildet der mit Bäumen bepflanzte Domhof. Von den 7 Kirchen zeichnet sich die Domkirche aus, welche den katholischen Einwohnern zum Gottesdienst dient und ein schöner Uebergangsbau aus dem 12. Jahrhundert von 200 F. Länge und 82 F. Breite mit schönen Skulpturen und Gemälden ist, dessen Inneres 1832 restaurirt ward. Auch die übrigen (evangelischen) Kirchen, namentlich die Martinikirche, sind durch ihr Alter und ihre Architektur bemerkenswerth. Sonstige hervorragende Gebäude sind das Regierungsgebäude im Rundbogenstyl, das große Proviantmagazin, das Oberpostamtsgebäude, die Kaserne und der stattliche, von 3 Forts vertheidigte Bahnhof. Die Stadt ist eine Festung dritten Rangs, Sitz einer Regierung, eines Landrathsamts, einer Kommandantur, eines Kreisgerichts, eines Domkapitels gemischter Konfession, einer Handelskammer, eines Gewerberaths und anderer Behörden u. hat an höheren Unterrichtsanstalten ein Gymnasium mit Realschule und eine Baugewerkschule, an Wohlthätigkeitsanstalten 2 Hospitäler und ein Militärlazareth. Auch hat sie einen Flußhafen. Sie zählt 16,500 Einw, worunter 2900 Mann Militär. In industrieller Beziehung besitzt sie Fabriken zur Erzeugung von Tuch, Leder, Wolle, Papiertapeten, Messing, Alaun, Vitriol, chemischen Produkten, Zucker, Seife, Tabak u. Cigarren, Lein- u. Baumwollenweberei, Bleicherei, Färberei, Zeuchdruckerei, Branntweinbrennerei, Schiffbau, Schiffahrt, lebhaften Handels- u. Eisenbahnverkehr. Unweit M. liegt das durch den Sieg des Herzogs von Braunschweig über die Franzosen am 1. Aug. 1759 bekannte Dorf Todtenhausen. M. (in alten Urkunden Mindun und Mindo genannt) war schon zur Zeit Karls des Großen eine bedeutende Stadt, in welcher nachher mehre deutsche Kaiser residirten. Kaiser Konrad II. hielt daselbst 1026 einen Reichstag, auf welchem sein Sohn Heinrich III. zum römischen König erwählt wurde. Wegen der 1529 erfolgten Einführung der Reformation u. Vertreibung des Kapitels wurde die Stadt 1538 in die Acht erklärt u. 1547 von den Truppen Kaiser Karls V. belagert u. erobert. Doch söhnte sie sich bald durch einen besondern Vertrag mit dem Kaiser aus u. erlegte 6000 Rthlr. Im dreißigjährigen Kriege besetzte 1626 Tilly die Stadt. Bald darauf (1634) wurde sie von Georg von Lüneburg erobert, sodann von den Schweden, welche die Stadt bis zur Besitzergreifung durch den Kurfürsten Friedrich Wilhelm von Brandenburg am 7. Sept. 1650 besetzt hielten und die Festungswerke wesentlich verstärkten. Im Jahre 1757 wurde sie von den Franzosen besetzt, 1758 von den Hannoveranern genommen, im Juni 1759 aber von dem Marschall Broglie wieder erobert. Kurz darauf, am 1. August, fand hier die Schlacht zwischen den Franzosen unter dem Marschall Contades und den verbündeten Engländern und Braunschweigern unter Ferdinand von Braunschweig Statt, in welcher die Franzosen eine solche Niederlage erlitten, daß sie alle den Verbündeten gehörenden Länder räumen mußten. Nach dem siebenjährigen Kriege ließ König Friedrich II. die Festungswerke schleifen. Während der Dauer des napoleonischen Königreichs Westphalen gehörte auch M. zu demselben. Nach der Auflösung dieses Königreichs kam es 1814 wieder an Preußen, dessen Regierung die Stadt seit 1816 neu befestigen u. zum Hauptwaffenplatz von Westphalen umschaffen ließ.

Mindensche Bergkette, eine Fortsetzung des Wesergebirges am linken Ufer der westphälischen Werre, fängt oberhalb Minden an der westphälischen Pforte an, durchzieht den preußischen Kreis Minden und geht in die hannöverische Provinz Osnabrück über, wo sie bei Bramsche an der Hase in einer Hügelreihe endet. Ihre höchsten Punkte erreichen nicht 1000 Fuß. In der Nähe der Weser führt sie den Namen Witzegebirge, mehr westlich erhält sie den Namen lübbensche Berge. Im Ganzen bildet sie ein bewaldetes Gebirge mit fruchtbaren Thälern.

Mindere, s. v. a. Regulirte Geistliche.

Mindererś Geist (Spiritus Mindereri), von dem bayerischen Arzt Raimund Minderer († 1621) eingeführtes Arzneimittel, ist eine Auflösung von essigsaurem Ammoniak in Wasser und wird durch Sättigen von Essigsäure mit kohlensaurem od. ätzendem Ammoniak gewonnen, eine farblose, kühlend salzig schmeckende, neutrale, schwach nach Essigsäure und Ammoniak riechende Flüssigkeit.

Minderherrschaften, sonst Bezeichnung für diejenigen Mediatherrschaften in Schlesien, deren Besitzer zwar alle sonstigen Rechte der Standesherren besaßen, aber nicht auf den schlesischen Fürstentagen erscheinen und mitstimmen durften. Als die Fürstentage nicht mehr abgehalten wurden, nahmen die Besitzer der M. an den Provinziallandtagen Theil, welches Recht jedoch allen Herrschaftsbesitzern zusteht.

Minderjährigkeit, s. v. a. Minorennität.

Mindoro, eine zu den Philippinen gehörige Insel aus der Gruppe der Bissayer (Südostasien), umfaßt 600 □Meilen mit 35,100 Einwohnern und bildet mit einigen kleinen Nachbarinseln eine spanische Provinz. M. ist gebirgig, aber trefflich bewässert, reich bewaldet und höchst fruchtbar. Hauptprodukte sind Bauholz, Wild, Häute, Honig, Wachs, Salanganennester, Goldstaub und Kakao. Die Bevölkerung besteht größtentheils aus wilden Malayenstämmen (Bissayern), die nominell sämmtlich, in der That aber nur an der Nordküste den Spaniern unterworfen sind. Der Hauptort der spanischen Niederlassungen ist Calapan, ein großer Flecken mit sicherem Hafen an der Nordküste. Ein anderer Hafen, Puerto Galera, ist zugleich die Seestation für die gegen die Seeräuber bestimmte Flottille.

Mine (lat. mina, eigentlich Mna), altgriechisches Gewicht und zugleich Münze, der 60. Theil des Talents und wie dieses zu verschiedenen Zeiten von sehr abweichendem Werthe. Die eigentliche griechische M. von 100 Drachmen war ein Gewicht von 324 französischen Grammen, die große attische M. = 450 Gr., die kleine attische = 337½ Gr. Als Geld war die Silbermine zu Solons Zeit = etwa 22½ Thlr., die große attische Goldmine, an Gewicht der Silbermine gleich, hatte den zehnfachen Werth der letztern.

Mine, unterirdisches, mit Pulver gefülltes Behältniß, durch dessen rechtzeitige Explosion man Kriegszwecke zu erreichen sucht. Beim Festungskriege bauen Vertheidiger und Angreifer, bei Feldbefestigungen nur die Vertheidiger M.n. Man gräbt zunächst vertikale Schächte oder Brunnen und zweigt von diesen horizontale Gallerien oder Gänge ab. Von letzteren aus legt man die Minenäste an, welche dann in der mit Pulver gefüllten Minenkammer enden. Für längere Dauer bestimmte Minengänge mauert man aus, begnügt sich im Uebrigen aber, sie mit Holz auszusetzen. Das Pulver befindet sich in einem Kasten und wird durch eine Zündschnurleitung oder durch den elektrischen Funken entzündet. Damit es gehörig wirken kann, füllt man den Minenast mit Holz oder Sandsäcken. Die Wirkung der M.n hängt natürlich von der Pulverladung ab, und man nennt die Grenze, bis zu welcher sich dieselbe erstreckt, die Trennungssphäre. Innerhalb derselben wird bei starker Ladung das Erdreich durch die Explosion in die Luft geschleudert und es entsteht der stumpf kegelförmige Minentrichter. Nach der verschiedenen Ladung und Wirkung der M.n und den Zwecken, zu welchen sie dienen, unterscheidet man mehre Arten: *einfache* oder *gewöhnliche* M.n, alle diejenigen, wo der Trichterhalbmesser der kürzesten Widerstandslinie gleich ist; *überladene* M.n oder *Druckkugeln*, wo die Minenladung so stark ist, daß der Trichterhalbmesser $1\frac{1}{2}$—3mal der kürzesten Widerstandslinie gleich kommt; *Quetschminen* oder solche M.n, wo die Ladung so schwach ist, daß sich ihre Wirkung nicht über die Erdoberfläche erstreckt; *Dampfminen*, bloße Pulverpatronen, die man durch ein in die Wand eines Minengangs gebohrtes Loch schiebt und anzündet, um den feindlichen Minirer durch den Pulverdampf aus seinem Gange zu vertreiben; *Fladder-* od. *Flatterminen*, alle einfachen und gewöhnlichen M.n, deren kürzeste Widerstandslinie weniger als 10 Fuß beträgt; *Breschminen*, solche, welche man unter oder hinter die Futtermauern der Festungswerke legt, um durch ihre Entzündung, anstatt durch Geschützfeuer, eine Bresche zu Stande zu bringen; *Demolirungsminen*, überhaupt alle M.n, durch deren Wirkung man irgend einen Befestigungstheil, ein Gebäude, eine Brücke ꝛc., zu zerstören oder umzustürzen sucht; *Bombenminen*, solche, wo über die Ladung, in einem Kasten vereint, mehre Bomben eingesetzt sind, die bei der Entzündung mit der Erde fortgeschleudert werden und dann noch durch ihr Zerspringen schaden; *Steinminen* oder *Erdwürfe*, eine Art von M.n, welche mit den vorigen gewissermaßen die Stelle eines Wurfgeschützes vertreten, indem man durch eine entsprechende Minenladung dem Gegner eine Masse eingegrabener Steine entgegenschleudert; *Perkussionsminen*, die in neuerer Zeit in Vorschlag gekommenen kleinen M.n, welche der Feind, indem er auf ihre Zündvorrichtung tritt, selbst zum Auffliegen bringt; *Schachtminen*, solche Minenanlagen, wo man, um die Pulverladung in die Erde an den Ort ihrer Bestimmung zu bringen, einen viereckigen Brunnen bis zur erforderlichen Tiefe ausgräbt; *Stockwerk-* oder *Etagenminen*, solche Anlagen, wo mehre Minenladungen unter einander liegen, um eine und dieselbe Terrainstelle zu wiederholten Malen in die Luft sprengen zu können; *doppelte* od. *T-Minen*, wenn zwei Minenladungen so neben einander liegen, daß sie entweder um ihren Trichterhalbmesser oder Durchmesser von einander entfernt sind; *dreifache*, *Kleeblatt-* oder *Trefleminen*, diejenigen, wo 3 Minenladungen in Gestalt eines gleichseitigen oder gleichschenkeligen Dreiecks in den vorher angegebenen Entfernungen von einander liegen; *gekoppelte* M.n, die beiden vorgenannten, wenn ihre Minenzündung so angeordnet ist, daß alle Ladungen zu gleicher Zeit gezündet werden; *Angriffsminen*, alle Minenanlagen, welche bei einer Belagerung von Seiten der Angreifenden gebraucht werden, wogegen endlich *Vertheidigungs-* und *Gegenminen* (*Kontreminen*) alle die heißen, deren sich der Belagerte zur Vertheidigung seiner Festungswerke bedient. Haben die Kontreminen eine größere Ausdehnung und sind sie nach einer bestimmten Ordnung angelegt, so bilden sie ein *Minensystem*, und der Angreifer sieht sich dann gezwungen, den gewöhnlich sehr zeitraubenden Minenkrieg zu beginnen, wenn es ihm nicht gelingt, sich durch einen Sturm des gedeckten Wegs und dadurch auch des Zugangs zu den Kontreminen zu bemächtigen. Im *Minenkrieg* ist es der Zweck des Vertheidigers, durch die Minenwirkung die Minenarbeiten des Angreifers und überhaupt dessen Belagerungsarbeiten zu zerstören. Die M.n, welcher er sich dabei bedient, sind gewöhnliche M.n od. schwach geladene Quetschminen, um des Gegners Belagerungsarbeiten zu zerstören, und Demolirungsminen, um die verlassenen Festungswerke zu schleifen. Der Angreifende aber wendet die M.n an, um die Minengallerien der Festung zu zerstören, um die Kontreskarpenfuttermauern in den Graben zu werfen und auf diese Weise eine Descente zu bilden, sowie um sich die Festungswerke selbst zu öffnen, oder um durch sie die Bresche zu erzeugen. Die hierzu bis jetzt in Anwendung gebrachten M.n sind theils Quetschminen, theils gewöhnliche, theils überladene M.n oder Druckkugeln. Die Hauptaufgabe für die sich gegenseitig unter der Erde bekämpfenden Mineure besteht nun darin, daß sie einander in der Entzündung der M.n zuvorzukommen suchen müssen; d. h. derjenige Mineur, der seine M. eher vollendet hat und sie mithin früher spielen lassen kann als sein Gegner, wird bei einer richtigen Anlage den Zweck erreichen, die unterirdischen Baue seines Gegners zu erdrücken oder zu zerstören. Auch besitzt der Vertheidiger in den bereits vorbereiteten Demolitionsminen ein Mittel, um sich durch sie von den verlorenen und durch ihre Lage den übrigen Festungstheilen nachtheiligen Werken durch einen Schlag zu befreien und dem Feinde vielleicht damit zugleich eine mit mancher Aufopferung erkämpfte und befestigte Besitzung zu vernichten. Schon die Alten wandten bei Belagerungen unterirdische Gänge an, um in das Innere der belagerten Stadt zu gelangen, oder um die Mauern zu untergraben und durch Verbrennen der hölzernen Stützen zum Einsturz zu bringen. So nahmen die Römer mit M.n Fidenä 664 v. Chr., Veji 393 ꝛc. Der erste, aber mißlungene Versuch, eine mit Pulver geladene M. zu sprengen, wurde 1487 durch einen genuesischen Ingenieur vor Sorezanella gemacht; dagegen gelang 1503 eine M. bei der Belagerung des Schlosses dell' Uovo bei Neapel durch Peter von Novara, indem ein Theil des Felsens, auf dem das Schloß stand, in die Luft gesprengt wurde. Bald verbreitete sich nun der Gebrauch der M.n weiter, namentlich bei den Türken, die sie sowohl zur Vertheidigung, als auch zum Angriff belagerter Städte (Kandia 1667 und Wien 1683) anwendeten. Vielfache Anwendung fanden die M.n im 16. und 17. Jahrhundert, doch war ihr Gebrauch auf Empirismus begründet, und erst Vauban scheint über die Bestimmung der zweckmäßigen Stärke der Minenladungen gründliche und wissenschaftliche Versuche und Untersuchungen angestellt zu haben, deren Resultate später aber noch manche Berichtigungen erhielten.

Minehead, Stadt in der englischen Grafschaft Somerset, am Bristolkanal, hat einen sichern Hafen, Seebäder, Fabriken von groben Zeuchen, Handel (besonders mit Getreide, Malz und Kohlen) nach Irland und Westindien, Häringsfischerei und 1582 Einwohner.

Minelli (Min-Elli), Johann, Schulmann, geboren 1625 zu Rotterdam, ward Rektor der Schule daselbst und † 1683. Er besorgte von einer großen Anzahl römischer Klassiker, namentlich von denen, die man damals auf den Schulen zu lesen pflegte, Ausgaben mit kurzen, meist oberflächlichen Anmerkungen, die so großen Beifall fanden, daß von Andern viele ähnliche Ausgaben erschienen, die auf dem Titel die Worte „ad modum Minelli“, d. i. nach der Art und Weise M.'s, führten, aber in ihren Anmerkungen fast nur wörtliche Uebersetzungen des Textes darboten, daher der Ausdruck „ad modum Minelli“ sprüchwörtlich für Eselsbrücke ward.

Mineo, Stadt in der italienischen Provinz Catania, auf der Insel Sicilien, hat ein Kolleg u. 8180 Einwohner. In der Nähe liegt der See Naphthia mit Erdpechquellen.

Mineralblau, s. Berlinerblau; auch s. v. a. Bremerblau.

Mineralbraun (Mineralbister), s. Bister.

Mineralfarben (Erdfarben, Deckfarben, Körperfarben), Farbkörper, die theils natürlich vorkommen (Blaueisenerde, Kreide, Bolus), theils aus mineralischen Rohstoffen künstlich dargestellt werden (Chromgelb, Mennige, Berggrün). Sie werden mit Wasser und Oel benutzt, sind meist sehr dauerhaft, häufig aber auch giftig, so daß bei ihrer Anwendung Vorsicht nöthig ist.

Mineralfeilen (Smirgelfeilen), Schleifinstrumente, die durch Zusammenschmelzen und Pressen von 1 Theil Schellack mit 3 Th nicht zu feinem, gleichkörnigem Smirgel hergestellt werden und trocken, naß oder mit Oel die gewöhnlichen Smirgelhölzer, Smirgelscheiben und selbst die feinsten Stahlfeilen für Glas und Metall ersetzen. Sind sie abgenutzt, so kann man sie durch Umschmelzen wieder brauchbar machen.

Mineralgelb (Kasselergelb, Turnersgelb, Parisergelb, Chemischgelb, Königsgelb, Englischgelb, Veronesergelb, Montpelliergelb, Patentgelb), giftige wenig deckende Farbe, die in der Dekorationsmalerei u. zum Wagenlackiren, selten für Tapeten angewandt wird; sie besteht aus Bleioxydchlorid und wird erhalten, indem man 4—10 Th. Mennige oder Bleiglätte mit 1 Th. Salmiak mischt u. dann gelinde u. später zum Rothglühen erhitzt, bis keine weißen Dämpfe mehr entweichen. Nach dem Erkalten zerreibt man die krystallinische Masse. Das M. ist ziemlich haltbar und goldgelb, wird durch Schwefelwasserstoff erst grün, dann schwarz und kann in Oel und in Wasser benutzt werden.

Mineralgrün, s. v. a. Scheelsches Grün oder Schweinfurtergrün.

Mineralien (v. Griech.), s. Mineralogie.

Minerallack, s. v. a. Pinkcolour.

Mineralöle, die durch trockene Destillation aus Braunkohlen, Torf rc. erhaltenen Oele, s. Photogen, Solaröl, Theer.

Mineralogie (Oryktognosie, v. Griech.), der Theil der Naturgeschichte, welcher sich mit den Mineralien od. unorganischen Naturkörpern beschäftigt. Die Mehrzahl der Mineralogen beschränkt sie auf die festen u. flüssigen derartigen Körper, welche die Erdrinde u. die Meteoriten zusammmensetzen, einige ziehen aber selbst die natürlich vorkommenden Gase in das Gebiet der M. Der Name stammt von Mine (Erzgrube), und Mineralien sind daher eigentlich gegrabene Körper, wie man sie ja auch Fossilien (vom lateinischen fossile) nennt. Während sich die M. mit den unorganischen Körpern an sich, nach ihren Eigenschaften u. ihrem Vorkommen, im weiteren Sinn auch mit ihrer Bildungsweise u. ihren Umbildungen beschäftigt, werden die Mineralien, in sofern sie, einzeln oder mehre mit einander im Gemenge, wie Feldspath, Quarz u. Glimmer im Granit, einen größeren Antheil an der Zusammensetzung der festen Erdrinde nehmen u. Gesteine bilden, ein Gegenstand der Geologie oder Geognosie; in sofern die einzelnen Mineralien oder Gesteine für den Menschen nutzbar sind, behandelt sie die Lithurgik oder angewandte M., von der als selbstständiger Theil sich die land- u. forstwirthschaftliche Bodenkunde abtrennen läßt, welche Mineralien und Gesteine betrachtet, in soweit sie durch ihre Verwitterung, d. h. Zerstörung durch die Atmosphärilien, Antheil nehmen an der Zusammensetzung und den Eigenthümlichkeiten des Bodens, worin die Pflanzenwelt wurzelt.

Die M. im engeren Sinn zerfällt in einen allgemeinen od. vorbereitenden Theil, welcher die Eigenschaften der Mineralien an sich betrachtet, und den man auch, weil sie zum Erkennen der Mineralien dienen, freilich zu eng, Kennzeichenlehre (Terminologie) nennt; in die Systematik, welche die Grundsätze feststellt, nach welchen man die Mineralien wissenschaftlich zu ordnen hat, und in die specielle M.

Die Eigenschaften der Mineralien sind zweifacher Art: solche der Form (morphologische) und solche der den Raum erfüllenden Substanz; letztere theilt man meist in physikalische und chemische. Die physikalischen Eigenschaften umfassen die der Dichtigkeit oder des specifischen Gewichts, die der verschiedenen Kohärenz (Härte, Geschmeidigkeit, Sprödigkeit, Zähigkeit), des Verhaltens gegen das Licht (optische), gegen Elektricität und Magnetismus, die Phosphorescenz, ihr Verhalten gegen unsere übrigen Sinne außer dem Gesicht, Anfühlen, Geschmack, Geruch. Die physikalischen Eigenschaften sind wahrnehmbar, ohne daß man die Körper wesentlich zu verändern braucht, während man ihr chemisches Verhalten nur aus den Veränderungen erkennen kann, welche die Mineralien durch Anwendung von Hitze oder anderen Substanzen (sogenannte chemische Reagentien) erleiden.

Bei den Formen selbst sind die äußere u. innere,

die der *Struktur*, zu unterscheiden. In Bezug auf beiderlei Formen stehen Mineralien und organische Körper in einem wesentlichen Gegensatz zu einander. Jedes organische Wesen ist individualisirt; die einfachste Gestalt, in der es auftritt, ist die Zelle, d. h. eine Blase mit ursprünglich flüssigem Inhalt, und auch der zusammengesetzteste Organismus besteht nur aus solchen Zellen und ihren Verschmelzungen. Unter den Mineralien finden wir dagegen außer den flüssigen auch unter den festen nicht wenige, welchen alle eigenthümliche Gestalt fehlt, die amorph (gestaltlos) sind; die individualisirten Mineralien aber sind *krystallisirt*, d. h. ihre nur zufällig Flüssigkeiten einschließende Masse besitzt eine Gestalt, die von Ebenen, welche unter bestimmten Winkeln gegen einander geneigt sind, außen begrenzt wird, also eine mathematisch bestimmte Form ist. Diese Krystalle sind die Mineralindividuen, welche aber nur da zu vollständiger, ringsum von Krystallflächen umschlossener Gestaltung gelangen können, wo sie sich in einem nachgiebigen weichen oder flüssigen Medium bildeten. So konnten sich die im Porphyr eingeschlossenen Quarz- und Feldspathkrystalle, die Gypskrystalle im Thon, die Schwefelkieskrystalle im Thonschiefer, im Mergel, der Granat im Glimmerschiefer (sogenannte *eingewachsene* Krystalle) vollständig ausbilden. Sitzen sie dagegen auf einer festen Grundlage fest, von wo sie krystallinisch anschossen, so ist das aufgewachsene Ende nur unvollständig ausgebildet; ebenso kommen nur die freien Enden zur vollständigen Ausbildung, wenn die Krystalle dicht neben und auf einander entstanden u. sich so gegenseitig begrenzten. Auch andere äußere Ursachen verhindern nicht selten die regelmäßige äußere Begrenzung oder verwischen sie wieder, wie an den körnigen Formen mit zerflossener Oberfläche. Wie aber auch die äußere Gestalt oft verkrüppelt oder unvollkommen begrenzt erscheinen mag, immer entspricht der äußeren Krystallisation eine eigenthümliche innere mathematisch bestimmte Anordnung der Moleküle, welche bewirkt, daß das Mineral sich nach bestimmten Richtungen, die bestimmten Krystallflächen entsprechen, leichter oder schwieriger spalten läßt und ebenflächig zerbricht, *blätterigen Bruch* besitzt. Bei nicht wenigen Mineralien ist derselbe aber so versteckt, daß es erst einer künstlichen Behandlung bedarf, um ihn hervorzurufen, so beim Quarz, wo er meist erst dann sichtbar wird, wenn man das Mineral glüht und rasch abkühlt, wonach es ebenfalls ebenflächig zerbricht. Diese innere und äußere gesetzmäßige Anordnung der Moleküle nach bestimmten Richtungen fehlt den *amorphen* Mineralien, ihnen gehn daher sowohl die ebenflächige äußere Begrenzung, wie der blätterige Bruch und manche andere mit der bestimmten inneren Anordnung der Theile zusammenhängende Eigenthümlichkeit (s. unten: *Optische Eigenschaften*) ab. Sind die amorphen Körper äußerlich gestaltet, so besitzen sie die Gestalt des Tropfens oder der Kugel und der aus Verbindung von solchen hervorgehenden getropften stalaktitischen Formen (nierenförmig, traubig), Gestalten, welche nicht specifisch eigenthümlichen Anziehungskräften ihr Dasein verdanken, sondern der allgemeinen Anziehungskraft gleichartiger Materien. Uebrigens verbinden sich solche Formen auch mit krystallinischen. Zu den nichtkrystallinischen gehören auch die Gestalten der Feuerstein- und Mergelkalkkonkretionen, welche Ehrenberg *Krystalloide* genannt hat (s. *Konkretionen*). Die amorphen Mineralien lassen sich mit Naumann in hyeline, porodine und pelitische eintheilen. Die *hyelinen*, glasartigen, sind rasch erstarrte feurig-flüssige Substanzen, wie Gläser u. Laven, z. B. der Obsidian; die *porodinen* sind durch Verdunstung aus gallertartigen entstanden, wie der Opal aus Kieselgallerte; *pelitische* nennt Naumann die durch Verwitterung hervorgegangenen, feinerdigen, losen oder wieder verdichteten Mineralien, wie die Thone. Außerdem treten die Mineralien aber oft auch ohne alle äußere regelmäßige Gestaltung auf: *derb*, wenn sie größer sind; *eingesprengt*, wenn kleinere derbe Massen von anderen Mineralien oder Gesteinen umschlossen sind. Die Mineralien können aber auch *fremde Gestalten* besitzen, die jedoch oft in ursachlichem Zusammenhang mit der Bildungsweise der ersteren stehen; so bei den *Afterkrystallen* oder *Pseudomorphosen* (s. d.), wenn z. B. der Brauneisenstein in der Form des Schwefelkieses, Rotheisenstein, Kalkspath, Quarz in der Gestalt des Kalkspaths auftreten; so, wenn die Braunkohle noch die Form des Holzes besitzt, Schwefelkies, Feuerstein &c. als Versteinerungsmittel dienen, röhrenförmige Gestalten durch Ueberrindung von Pflanzenstengeln entstanden, wenn ein Mineral Eindrücke eines fremden besitzt oder durch Auflösung von ihm umschlossener fremden Mineralien ein zerhacktes oder wie wurmstichiges Holz zerfressenes Ansehen erhält.

Die *äußeren krystallinischen Formen* sind entweder solche des einzelnen Individuums, od. zweier, oder mehrer nach mathematisch bestimmten Richtungen unter einander verbundenen Krystallindividuen (Zwillinge, Drillinge, polysynthetische Zwillinge), od. bloße Aggregate mehr od. minder unvollkommen ausgebildeter Individuen. Der Krystall selbst wird entweder von gleichartigen oder von ungleichartigen Flächen (Kombinationen) begrenzt. Gleichartig sind dem Mineralogen aber die Flächen, welche physikalisch übereinstimmen und deren Umrisse dabei einander ähnlich oder zu ähnlichen Figuren ergänzungsfähig sind, denn selten sind die gleichartigen Flächen der Krystalle auch gleich groß. So sind die Flächen der Bleiglanzwürfel statt quadratisch mehr od. minder oblong; auf dem regulären Oktaëder des Magneteisens finden wir, außer regulären Dreiecken, auch Vier- bis Fünf- u. Sechsecke. Erst wenn wir die Flächen des natürlichen Krystalls in gleiche Entfernung von Einem Punkt, dem Mittelpunkt des Krystalls, gelegt denken, erhalten wir die idealen Krystallformen, wie sie Gegenstand der *krystallographischen* Behandlung sind. Bei allen scheinbaren Unregelmäßigkeiten in der äußeren Erscheinung derselben Krystallform bleibt aber stets die gegenseitige Richtung der Flächen und die dadurch bedingte Neigung derselben gegen einander sowohl, wie die Richtung der Kanten unverändert. Stets verlaufen Komplexe von Kanten einander parallel, haben die Richtung, wenn wir sie durch den Mittelpunkt des Krystalls gelegt denken, die Axe, mit einander gemein; die in solchen Kanten sich schneidenden Flächen bilden eine *Zone*. Bei zahlreichen Mineralien finden wir unter den vielen möglichen Zonen 3 einander gleiche, deren Axen sich rechtwinkelig schneiden; solche Formen bilden das *reguläre* oder *tesserale Krystallsystem*, dessen Formen wir sämmtlich auf 3 gleiche, rechtwinkelige Axen beziehen können. Sie liefern uns, wenn wir ihre idealen Formen durch Ebenen schneiden, welche auf je einer dieser Axen senkrecht stehen, 3 einander gleiche Schnitte. Die Natur hat in diesem System alle möglichen Formen verwirklicht, welche wir uns entstehen denken können durch die verschiedenen möglichen Lagen von Ebenen gegen die den 3 Raumdimensionen entsprechenden 3 Axen. Liegen die Ebenen so, daß sie jede der 3 Axen in gleicher Entfernung vom Mittelpunkt schneiden, so erhält man das reguläre *Oktaëder* (Magneteisen); schneiden sie zwar die 3 Axen, aber nur 2 in gleicher Entfernung vom Mittelpunkt, so erhält man 24flächige Formen, wenn das Stück der dritten Axe kürzer ist als die der beiden anderen: *Leucitoëder* und *Leucitoïde* oder *Ikositetraëder* (Leucit, Granat), wenn länger als die beiden anderen, die *Pyramidenoktaëder* (Triakisoktaëder, Galenoïde von Bleiglanz); schneiden die Ebenen alle 3 Axen ungleich, so entsteht der Achtundvierzigflächner (Hexakisoktaëder, Adamantoïde von Bleiglanz), mit der größtmöglichen Zahl gleicher Flächen. Schneidet eine Ebene 2 Axen in gleicher Entfernung u. verläuft der dritten parallel, so ist es die Fläche eines 12flächigen Granatoëders (Granat); sind die Stücke jener 2 geschnittenen Axen ungleich, so ist es die Fläche eines 24flächigen Pyramidenwürfels (Fluoride, auch Flußspath), welche man erhält. Von Flächen, welche nur Eine Axe schneiden u. den beiden andern parallel verlaufen, sind nur 3 möglich, es sind die des Würfels oder Hexaëders: Bleiglanz, Bleisalz. Außer diesen vollflächigen Körpern gibt es aber auch solche, die nur die Hälfte der möglichen Anzahl der Flächen besitzen; so besitzen die Flächen des Tetraëders (Fahlerz) die Lage der Oktaëderflächen, aber das Tetraëder ist nicht 8-, sondern 4flächig; so besitzt das Pyritoëder oder Pentagondodekaëder (Schwefelkies) bei gleicher Lage der Flächen wie am Pyramidenwürfel nur 12 statt 24 Flächen; solche Formen nennt man daher *hemiëdrische Formen* oder *Hälftflächner*, die theils tetraëdrische, theils pyritoëdrische sind. Nicht alle diese Formen treten selbstständig auf, oder wenigstens sehr selten. Außer den Formen des regulären Systems gibt es aber noch zahlreiche abweichende Krystallformen der Mineralien, von denen die Flächen nach andern Gesetzen im Raum vertheilt sind, anderen Symmetriegesetzen folgen. Die gleichen Symmetriegesetzen folgenden Formen ordnet man in das *tetragonale* oder *quadratische* (4gliedrige), worin die Anzahl gleicher Flächen 16, 8, 4 u. 2 ist; in das *hexagonale* oder *3- und 1axige* (6- und 6gliedrige und 3- u. 3gliedrige), dessen einfache, d. h. aus gleichartigen Flächen gebildete, Formen je 24, 12, 6, 2 gleichartige Flächen besitzen; das *rhombische* oder *1- und 1axige System* (2- und 2gliedrige) mit je 8, 4 oder 2 gleichartigen Flächen; das *monoklinische* (monoklinoëdrische) oder 2- u. 1gliedrige System mit je 4 oder 2 gleichartigen Flächen; das *triklinische* (triklinoëdrische) od. 1- u. *1gliedrige System*, von dessen Flächen nur je 2, ein Paar, parallele Flächen einander gleich sind. Jede einfache Form des regulären Systems ist geschlossen, nicht so bei den übrigen Systemen. Hier finden wir geschlossene *pyramidale* Formen, nach einer Richtung ungeschlossene (Säulen oder *Prismen*) und einzelne Flächenpaare (Pinakoïd). Während die Formen des regulären Systems bei der Gleichheit der Axen meist sphäroïdisch, d. h. mehr oder minder gleich nach den 3 Richtungen des Raums ausgedehnt, erscheinen, gibt es in den übrigen Systemen außer den pyramidalen Formen, meist Doppeltpyramiden, häufig solche, die in der Richtung einer Axe verlängert: *säulenförmig*, oder verkürzt: *tafelförmig*, od. sehr fein als *Nadeln* und *Blättchen* erscheinen. Zum *tetragonalen System* gehören die quadratischen Pyramiden (Quadratoktaëder, tetragonale Pyramiden), die quadratischen Säulen (tetragonale Prismen), die 4- u. 4-Kantner (ditetragonale Pyramiden), 4- und 4kantige Säulen (ditetragonale Prismen), auch tetraëdrische Formen (Sphenoïde, so bei Kupferkies). Man bezieht alle diese Formen auf 3 rechtwinkelige Linien (Axen), um welche man sie geordnet denkt, von denen eine größer oder kleiner als die beiden übrigen ist und die Hauptaxe genannt wird; der Querschnitt senkrecht auf letztere läßt sich auf ein Quadrat zurückführen, die beiden andern Schnitte, die senkrecht auf voriger stehen, sind einander gleich und auf einen Rhombus zurückführbar. Hierher gehören die Krystallsysteme vom Zirkon, Vesuvian, Zinnstein, Kupferkies, von denen jedes wieder sein eigenthümliches quadratisches System besitzt. Im *hexagonalen* System finden wir doppeltsechsseitige Pyramiden od. Dihexaëder (hexagonale Pyramiden), 6- und 6-Kantner (dihexagonale Pyramiden) und die Hälftflächner beider: Rhomboëder und 3- und 3-Kantner oder Skalenoëder, außerdem 6seitige, 6- u. 6kantige und 3seitige Prismen (hexagonale, dihexagonale u. trigonale Prismen). Der Querschnitt der Krystalle läßt sich auf ein reguläres Sechseck oder Dreieck reduciren (Beispiele: Quarz, Beryll, Apatit, für die rhomboëdrische Form Kalkspath und seine Verwandten, Turmalin). Im *rhombischen System* ist die einzige den Raum völlig umschließende einfache Form die des rhombischen Oktaëders (*rhombische Pyramide*); außerdem hat man dreierlei rhombische Prismen (horizontale und 2 vertikale Säulen) u. dreierlei einzelne Flächenpaare (Pinakoïde), welche letzteren zusammen eine Oblongsäule bilden, während je 2 der Prismen zu einem Oblongoktaëder (Arsenikkies) zusammentreten können. Ausgezeichnete Beispiele für dies System bieten Topas, Schwerspath, Schwefel. Während die Formen dieses und der vorhergehenden Systeme sich nach mehr als Einer Richtung in gleiche Hälften theilen lassen, wenn wir von untergeordnet an ihnen auftretenden Hälft- oder selbst Viertelflächnern absehen, umfaßt dagegen das *monoklinische* oder 2- u. 1gliedrige System symmetrische Krystallformen, die man nur nach Einer Richtung halbiren kann. Wir finden bei ihnen keine einfache geschlossene Form mehr, sondern nur noch ungeschlossene rhombische Säulen und einzelne Flächenpaare. Die Krystallographen betrachten sie verschieden. Die neuern nehmen in ihnen, wie in denen des folgenden Systems meist nicht rechtwinkelige, sondern schiefwinkelige Neigung der 3 Axen an, im monoklinischen 2 rechtwinkelige Axen u. eine dritte gegen die eine der ersteren schief geneigte Axe, während im triklinischen System alle Axen einander schief schneiden. *Weiß* nahm dagegen 3 rechtwinkelige Axen an u. stellte bei den monoklinischen Formen eine rhombische Säule senkrecht, ihre Axe als Hauptaxe annehmend. Die 2 Linien, welche die stumpfen und scharfen Kanten der Säule verbinden, betrachtete er als Nebenaxen. Die gegen die

Hauptaxe geneigten einzelnen Flächen mit ihren Parallelen sind seine Schiefendfläche. Eine von ihnen bildet mit einer rhombischen Säule die Grundform des Hendyoëders, des schiefen rhombischen Prisma's; die gegen die Hauptaxe geneigten rhombischen Prismen, deren Flächen rechts und links von der Halbirungsebene liegen, sind seine *Augitpaare*. Indem man nun eine bestimmte Fläche im obern Ende sich zukehrt, tritt Verschiedenheit in der Bildung des Endes an der vordern, dem Betrachter zugekehrten, und an der von ihm abgewendeten, hintern Seite hervor, eine Verschiedenheit zwischen vordern und hintern Schiefendflächen und Augitpaaren. Gyps, Feldspath, Hornblende, Augit, Epidot sind ausgezeichnete, oft durch großen Flächenreichthum ausgezeichnete Beispiele dieses Systems. Im *triklinischen* oder 1- und 1gliedrigen System lassen sich die Krystalle nach keiner Richtung mehr halbiren, sondern sie sind völlig unsymmetrisch, indem sie nur aus einzelnen Flächenpaaren, Pinakoïden, zusammengesetzt sind. Die Formen mancher hierhergehörigen Mineralien schließen sich noch an die des vorigen Systems an, so die der triklinischen Feldspathe an die monoklinischen, aber statt der rhombischen, aus 4 gleichen Flächen zusammengesetzten Säulen finden sich rhomboïdische, aus zweierlei Flächen zusammengesetzte; statt daß die Schiefendfläche des Orthoklases gegen die Abstumpfungsfläche der rhombischen Vertikalsäule beiderseits gleich geneigt ist, ist sie bei den triklinischen Feldspathen entweder gegen die linke oder rechte entsprechende Abstumpfungsfläche oder rhomboïdische Säule mit einem etwas stumpferen und gegen die andere mit entsprechend schärferem Winkel geneigt. Noch verwickelter, unsymmetrischer sind die Systeme des Kupfervitriols und Axinits. Nur in den 4 ersten Systemen kommen von einerlei Krystallflächen begrenzte Formen vor, aber noch häufiger Kombinationen verschiedener Krystallflächen; in den beiden letzten gibt es überhaupt nur diese. Diese Krystalle einerlei Art treten nicht selten als Zwillinge, Drillinge, Viellinge mit einander regelmäßig verbunden auf, indem sie 1) entweder mit einer bestimmten Fläche an einander wachsen, gegen welche die übrigen umgekehrte Lage haben, wie bei Gyps, Feldspath, Augit, Hornblende, Zinnstein, vielfach die Verwachsung meist dünner Lamellen wiederholend, welche sich durch die Streifung gewisser Flächen zu erkennen gibt: *polysynthetische* Zwillinge bei Aragonit, Oligoklas, Labrador, oder 2) nach bestimmten Richtungen einander durchwachsen (Schwefelkies, Kreuzstein, Staurolith). Nicht selten kommen bei demselben Mineral beiderlei Zwillinge vor, wie am Aragonit. Nicht selten kommt es auch vor, daß Krystalle verschiedener Mineralsubstanzen regelmäßig mit einander verwachsen, so die verschiedenen Feldspathe, Orthoklas mit Albit und Oligoklas, Strahlstein und Diopsid im Smaragdit; so umrindet Hornblende den Hypersthen ꝛc. und finden sich Feldspathkrystalle in bestimmter Richtung von Quarz durchwachsen im Schriftgranit. Viele Krystalle vergrößern sich durch schichtweisen Ansatz einer Mineralmasse von außen. Sind diese Schichten ungleich in Durchsichtigkeit, Färbung, haben sich in Zeiten der Unterbrechung der Bildung fremde Mineralkörper, wie Chlorit auf Bergkrystallflächen, abgelagert, so wird dieses successive Wachsthum sichtbar und es entsteht bei mehrfacher Wiederholung eine *schalige Absonderung*, nach welcher sich die Krystalle nicht selten in Krystallschalen zertheilen lassen (Kappenquarz, Wolfram, Epidot). Nicht selten umschließen Krystalle dabei andere Mineralien, so Bergkrystall, Rutilnadeln, selbst Tropfen von Flüssigkeiten. Ob bei den sogenannten *Perimorphosen* Scheerers, bei denen Krystalle in ihrem Innern oft durch sehr verschiedenartige andere, so Granatkrystalle von Arendal durch Epidot, Quarz und viele andere, erfüllt sind, und die oft nur aus einer dünnen äußern Schale bestehen, sich dieser größere Krystall um die Einschlüsse herum im Ganzen gebildet habe, ist noch ungewiß.

Die *innere Gestalt* des einzelnen krystallisirten (Struktur) wie nichtkrystallisirten Minerals nennen wir, von obiger schaliger Absonderung abgesehen, den *Bruch*; es ist dies die Gestalt der Fläche, die man beim Zerbrechen erhält; er ist entweder krystallinisch-blätterig, nur bei krystallinischen Mineralien, od. muschelig, eben, uneben, erdig, bei gewissen metallischen Fossilien auch hakig (Silber u. a.); außer dem blätterigen kommen alle übrigen Brüche bei krystallinischen wie amorphen Mineralien vor, je blätteriger aber ein krystallinisches Mineral, um so schwieriger ist dieser sogenannte Querbruch hervorzurufen (s. *Bruch*).

Ausgebildete Krystalle sind selten, viele Mineralien, auch krystallinische, kennt man noch gar nicht in solchen. Meist kommen sie in Zusammenhäufungen oder *Aggregaten* von Krystallen mit mehr oder weniger deutlicher oder gehemmter Individualisirung vor. Darnach unterscheidet man *Krystallgruppen*, mit mehr oder weniger regelmäßiger, *Krystalldrusen*, mit unregelmäßiger Anordnung, und *krystallinische Massen*, mit durch Mangel an Raum verursachter Hemmung der Ausbildung äußerer Krystallbegrenzung. Von den *Krystallgruppen* nehmen manche die Form verzerrter einfacher Krystalle an, so die treppenförmige Gruppirung beim Kochsalz, die scepterförmige des Bergkrystalls, die garbenförmige des Desmins, die sattelförmige des Braunspaths, die linsenförmige des Spatheisensteins, die rosenförmige des Eisenglanzes, die wulstförmige des Chlorits. Häufig verbinden sich die mehr oder minder ausgebildeten Krystalle, vorzüglich des regulären und rhomboëdrischen Systems, wie bei den gediegenen Metallen, zahn-, draht-, feder-, baum-, strauch-, stauden- und moosförmig, gestrickt (schön bei Wismuth und Speiskobalt), zu Blechen, Blättchen, zu angeflogenen dünnen Partien; oft gruppiren sich säulenförmige und andere Formen kugelig, sternförmig (Wawellit), garben-, büschelförmig (Natrolith); tafelförmige Krystalle kamm- (Kammkies), rosen- (Eisenglanz), mandelförmig (Schwerspath) und in anderer Weise. Die freien Enden der Krystalle erscheinen dann häufig als Nadeln, Blättchen.

Die durch *gegenseitige Beschränkung* entstandenen festen oder loseren Aggregate besitzen eine dem Umriß der unvollkommen ausgebildeten und in ihren freien Enden oft regelmäßig begrenzten Individuen entsprechende *innere Absonderung* (Textur, s. *Absonderung*); sie sind nach deren Ausdehnung körnig, bei gleicher Ausdehnung der Individuen, wie beim Marmor, stängelig (Schörl, Strahlstein) oder faserig (Gyps, Aragonit, Asbest, Natrolith) bei säulenförmiger, schalig bei tafelförmiger Ausdehnung (Schwerspath). Stängel und

Fasern können gerade, strahlig (radial) oder verwirrt verlaufen, die schaligen eben oder krummschalig sein. Sind diese Individuen so klein, daß man sie mit bloßem Auge nicht mehr unterscheiden kann, so gehen alle diese sogenannten Strukturformen der Mineralien in die kryptokrystallinische Dichte über. Nicht selten ist die stängliche und faserige Absonderung mit durch Fortwachsen entstandener schaliger verbunden, und es erscheinen dann die gröber stänglichen festungsartig (Amethyst), die faserigen koncentrisch gestreift (Natrolith). Vorzüglich die radialfaserige Struktur vereinigt sich häufig mit den getropften oder stalaktitischen Formen, wie an den Kalkstalaktiten selbst, auch am Aragonit, u. stets mit koncentrisch schaliger innerer Absonderung verbunden, wie bei der Glaskopfstruktur, bei dem rothen und braunen Glaskopf, Malachit. Auch die Pisolith- oder Oolithstruktur ist eine solche zusammengesetzte Form, außen kugelig, innen radial faserig und koncentrisch schalig. Auch bei den amorphen Körpern kann die durch Fortwachsen entstandene schalige Absonderung vorkommen (schwarzer Glaskopf od. Hartbraunstein, Achat). Andere Ausdrücke für äußere Formen der Mineralien, wie das Vorkommen in Körnern, Platten, das zellige Vorkommen, bedürfen keiner Erklärung.

Mit der Krystallisation im innigsten Zusammenhang stehen die optischen Eigenschaften oder das Verhalten der Mineralien gegen das Licht, wenigstens zum Theil; er ist so innig, daß man gewisse optische Merkmale benutzen kann, um das Krystallsystem im Uebrigen sehr gleichartiger Mineralien zu unterscheiden, wie bei den Glimmern. Es gehören hierher die Durchsichtigkeit, das Verhalten gegen das durchgehende, Glanz, das Verhalten gegen das reflektirte, u. die Farbe, das Verhalten gegen das zerstreute Licht. Ein Theil der Mineralien ist undurchsichtig, so alle Metalle, aber auch ein Theil der Schwefelmetalle, Arsenik- u. Antimonmetalle u. die sehr dunkel gefärbten nichtmetallischen Mineralien. Die übrigen besitzen verschiedene Grade der Durchscheinenheit, vom vollkommen Durchsichtigen, wie Bergkrystall, durch den man die scharfen Bilder dahinter liegender Gegenstände wahrnehmen kann, durch das Durchscheinende, das noch Licht durch dickere Massen hindurchfallen läßt, durch das nur an den Kanten od. in dünnen Splittern Durchscheinende bis zum Undurchsichtigen. Von diesen lassen aber ebenfalls manche, wie Eisenglimmer, das Licht noch in sehr dünnen Blättchen durchfallen. Dabei geht der Lichtstrahl bei den durchsichtigen entweder einfach gebrochen, oder doppelt gebrochen hindurch; Ersteres ist der Fall bei allen amorphen u. im regulären Krystallsystem krystallisirenden Mineralien, Letzteres bei denen aus den andern Krystallsystemen, die daher beim Hindurchsehen 2 Bilder des dahinter liegenden Körpers geben, ein schärferes u. ein schwächeres, welche aber nach einer od. 2 Richtungen (Axen) zu Einem zusammenfallen, indem sie sich decken; nach Einer in den Systemen mit 4 Haupt- und gleichen Nebenaxen: dem quadratischen und hexagonalen, nach zweien in den übrigen Krystallsystemen. So gibt es hexagonalen 1axigen und 2- und 1gliederigen 2axigen Glimmer. Am Doppelspath ist dies ausgezeichnet wahrnehmbar. Diese doppelte Strahlenbrechung ist zugleich mit einer Polarisation des Lichts verbunden, so daß man durch die Untersuchung der Mineralien im Polarisationsapparat aus dem prachtvollen einfachen oder doppelten System von Farbenringen nicht allein die Zahl, sondern auch die Lage der optischen Axen und somit auch das Krystallsystem bestimmen kann, und zwar aus den kleinsten durchsichtigen Splittern und Blättchen. Der Glanz, erzeugt durch den Reflex des Lichts, ist nicht allein nach seinem Grade verschieden vom Starkglänzenden durch das Glänzende, Wenigglänzende, Schimmernde, wie am Feuerstein, bis zum Matten oder Glanzlosen, wie bei der Kreide, sondern auch in seiner Art: Undurchsichtige Körper reflektiren am vollkommensten, daher ihre Verwendung zu Spiegeln, und besitzen Metallglanz. Von dem nichtmetallischen Glanz nichtmetallischer Farben unterscheidet man den Diamantglanz, den sehr lebhaften Glanz des Diamanten, den von Zinkblenden, den durch bunte Farbenringe ausgezeichneten Perlmutterglanz ausgezeichnet blätteriger Fossilien, wie bei Kalkspath, blätterigem Gyps, Orthoklasfeldspath, den fettartigen bei Pechstein u. manchem gemeinen Quarz, den oft sehr lebhaften Glasglanz bei Bergkrystall und den Seidenglanz faseriger Mineralien an Flächen, wie bei Gyps. Diese Glanze können bei sehr geringer Durchscheinenheit in das Metallische übergehen; so besitzen dunkel Rothgülden metallartigen Diamant-, Glimmer u. Hypersthen metallischen Perlmutter-, Chromeisenstein fettartigen halbmetallischen Glanz. Der Glanz ist vor Allem auch für die Erkennung und Unterscheidung der verschiedenen krystallinischen Brüche wichtig und wird dann nicht selten durch Reflex von Sprungflächen im Innern erkannt.

Die Farbe hat vor Allem für die Unterscheidung der undurchsichtigen, metallglänzenden Mineralien große Wichtigkeit, indem von diesen jedes seine bestimmte Farbe besitzt; weniger wichtig ist sie für die an sich farblosen und nur durch die Beimengung einer geringen, chemisch oft kaum nachweisbaren Menge eines färbenden Mittels (Chrom-, Eisen-, Mangan-, Kohlenstoffverbindungen u. a.) gefärbten Mineralien, wie Quarz, Kalkspath, Schwerspath und zahlreiche andere. Man unterscheidet unter ihnen metallische Farben der undurchsichtigen und nichtmetallische der durchscheinenden Mineralien. Zu den metallischen gehören das gelblichbraune Tombakbraun (Glimmer), Kupferroth (Kupfer auf frischem Schnitt), Speisgelb, sehr blaß, grünlichgelb beim Schwefelkies, das grüngelbe Messinggelb (Kupferkies), das reine Goldgelb, das Silber- und bläuliche Zinnweiß, das Blei- u. Stahlgrau, das Eisenschwarz u. Stahlblau. Unter den nichtmetallischen Farben unterschied Werner 8 Hauptfarben: 1) Schneeweiß, das reine Weiß des Schnee's, Alabasters, carrarischen Marmors, durch Beimischung umwandelnd in das röthliche, gelbliche, grauliche, grünliche u. bläuliche Milchweiß, wie am grünen Quarz; 2) Aschgrau, von dem sich Perlgrau durch eine Zumischung von Violett, das Rauchgrau des Feuersteins durch Stich ins Braune unterscheidet; 3) Sammtschwarz des Obsidians, von dem sich das Rabenschwarz durch Stich ins Grüne (gemeine Hornblende), das Pechschwarz durch Stich ins Braune (basaltische Hornblende), das Kohlschwarz durch Stich ins Blaue auszeichnet; 4) Blau: Berlinerblau des Sapphirs und manchen erdigen Kupferlasurs, dem sich das schwärzliche

Indigblau (krystallisirter Vivianit), das ins Grünliche stechende Lasur- oder Himmelblau des Lasursteins, des strahligen Kupferlasurs, das grünlichschwärzliche Entenblau des blauen Spinells, das graulichblaue Smalteblau (Anhydrit, auch bei erdigem Kupferlasur und Vivianit), das mit Grün und Roth gemischte Lavendelblau des Porzellanjaspis, das Violblau des Amethysts anschließen. 5) Vom reinen Smaragdgrün des Smaragds und faserigen Malachits unterscheidet man das blaugrüne Spangrün des Grünspans, Eisenvitriols, das ins Graue u. Blaue ziehende Seladongrün der veroneser Grünerde, das ähnliche, aber blassere Berggrün od. Meergrün des Aquamarins, das Grasgrün mit Stich ins Gelbe, wie bei Strahlstein u. Grünbleierz, das noch lichtere gelblichgrüne Apfelgrün des durch Nickel gefärbten Chrysoprases, das bräunliche Lauchgrün des Prasems, das gelbliche und bräunliche, dem Saftgrün gleichende Pistaciengrün des Epidots, das blassere Spargelgrün des Spargelsteins (Apatit), das dunklere gelblichbraune Olivengrün des Olivins, das bräunlichgelbe Oelgrün (Olivin), endlich das licht gelblichgrüne Zeisiggrün (Uranglimmer). 6) Außer dem reinen Citronengelb des Rauschgelbs gibt es Schwefelgelb, Lichtgelb mit Stich ins Grüne, Wachsgelb mit etwas Grau und Grün (Wachsopal, Gelbbleierz), Honiggelb, ein röthlichbraunes Gelb (Honigstein, Bernstein), Weingelb, blaß mit etwas Bräunlichroth (sächsischer Topas), Ochergelb, ein dunkelröthlichbraunes Gelb, Strohgelb (Paille), blaßbräunliches Gelb, Isabellgelb, stark graues bräunliches Gelb des Natroliths von Hohentwiel, Gemsledergelb (Chamois), röthlichgelb bei Bolus, Pomeranzengelb (orange), dunkelröthliches Gelb beim Pulver des Rauschrothes. 7) Von rothen Farben unterscheidet man das hochgelbrothe ins Pomeranzengelbe übergehende Morgenroth (Feuerroth) des Rauschrothes, auch des doppeltchromsauren Kali's; Hyacinthroth: ein Roth mit Gelblichbraun, wie beim Hyacinth und Kaneelstein; Ziegelroth: das Roth der gebrannten Ziegel, bei Porzellanjaspis; Scharlachroth: das reine Hochroth des lichten Zinnobers; Blutroth: das dunkle des rothen Eisenkiesels; Karminroth: das schwach ins Bläuliche stechende Roth beim hochrothen Zinnober; Rosenroth: das lichte Karminroth des Rosenquarzes; Fleischroth: das gelbliche Rosenroth, oft beim gemeinen Feldspath; Cochenilleroth: ein Hochkarmin mit etwas mehr Blau und Grau bei Rothgüldig; Karmesinroth: ein noch mehr mit Blau gemischtes Karmin beim Rubin; Pfirsichblüthroth: ein Karmesin mit viel Weiß, bei Kobaltsinter u. Kobaltblüthe; Colombinroth: ein dunkelbräunliches Roth mit viel Blau, beim edlen Granat (Almandin); Kirschroth (Mordoréroth): Dunkelkarmesinroth mit Braun, ebenfalls beim edlen Granat u. Rothspießglanzerz; Bräunlichroth: das Roth des gemeinen Thoneisensteins. 8) Zum Braun gehören: Röthlichbraun, bei Zinnstein, Nelkenbraun der Gewürznelken, bei braunem Glaskopf, Rauchtopas; Haarbraun, wenn dem vorigen etwas Gelblichgrau beigemischt ist, bei Holzzinn, Holzopal, auch braunem Glaskopf; Kastanienbraun: Dunkelhaarbraun mit Gelblichgrau, bei Nilkiesel; Rostbraun, Kaffeebraun: ein reines Braun, bei Nilkiesel; Ocher- oder Gelbbraun des Eisenochers; Holzbraun wie vermodertes Holz: blasses Gelblichbraun, bei Lignit; Leberbraun, wie die gesottene Leber: licht mit Stich ins Grünliche, bei Halbopal, endlich Schwärzlichbraun, welches den Uebergang zum Schwarz bildet. Bei vielen Mineralien finden sich ganze Farbenreihen vertreten. Nicht immer sind übrigens selbst an Einem Krystall diese Farben durch denselben gleich vertheilt, oft ist z. B. beim Diopsid das eine Ende dunkler, das andere lichtgrün bis zum Farblosen. Auch dichte Mineralien sind mannichfach verschiedenfarbig gestreift, geflammt, gefleckt &c. Oft besitzt das Pulver eines Minerals eine andere Farbe, Farbe des Striches; so ist das des Rauschrothes pomeranzengelb, des Zinnobers scharlachroth, des Eisenglanzes kirschroth, des rothen Glaskopfs blutroth, des Serpentins weiß.

Zu den merkwürdigen optischen Eigenschaften der Mineralien gehört die, daß manche nach verschiedenen, und zwar mit ihrer Krystallisation zusammenhängenden Richtungen beim Durchsehen verschieden gefärbt erscheinen: der Dichroismus, oder besser Pleochroismus; so ist der Cordierit als Dichroit nach Einer Richtung sehr dunkelblau, senkrecht dagegen farblos oder grau. Diese wie noch einige andere Farbenerscheinungen: Irisiren, angelaufene Farben, Lichtschein, Lichtwandlung, hängen mit der Erscheinung bei der Brechung des Lichts zusammen.

Das Irisiren, d. h. die Bildung regenbogenfarbiger Farbenringe im Innern sehr blätteriger Mineralien, hat seinen Grund in mit Luft erfüllten feinen Sprüngen im Innern nach der Richtung des Bruchs, so beim blätterigen Gyps, Adular u. a. Das pfauenschweifige Angelaufensein mit dunklen blauen, braunen, grünen und gelben, fleckweise verbundenen Farben an der Oberfläche von Kupferkies, Eisenglanz, Steinkohlen; das höhere und lebhaftere regenbogenfarbige Angelaufensein, bei dem die Farben unmerklich in einander übergehen, bei Bleiglanz, Eisenglanz; das lichte taubenhälsige mit vorherrschendem Blau und Grün, untergeordnetem Roth und Gelb bei gediegen Wismuth, Buntkupfererz; das stahlfarbige, blaßblaue, ins Gelb verlaufende bei Kupferglanz und Speiskobalt haben ihren Grund in der Bildung einer dünnen, oberflächlichen, durchscheinenden Schicht durch chemische Einwirkung der Luft. Auch das Anlaufen vieler Mineralien mit einfachen Farben hat seinen Grund meist im Oxydiren an der Oberfläche, so das Grau bei Arsenikkies, Schwarz bei gediegen Arsenik, Braun bei Magnetkies, Röthlich bei Wismuth, oder in der Bildung von Schwefelmetall, wie das Braune u. Schwarze bei gediegenem Silber. Farbenwandlung nennt man die Erscheinung lebhafter violetter, blauer, grüner, gelber u. rother Farbenreflexe, die man am an sich grauen Labrador wahrnimmt, wenn man ihn nach einer bestimmten Richtung betrachtet. Das Farbenspiel des Opals zeigt rothe, grüne, blaue Lichtreflexe auf weißem durchscheinenden Grund von bestimmten Sprüngen im Innern aus; unter Opalisiren bei Adular u. gemeinem Opal versteht man den milden bläulichen Lichtschein aus dem Innern; beim Sternsapphir (Asterien) sieht man, wenn er auf die Hauptaxe gewölbt geschliffen wird, einen sechsstrahligen Lichtschein, beim gewölbt geschliffenen Katzenauge seidenartigen Schiller; alles Erscheinungen, die ihren Grund theils in der innern Struktur, theils in einigermaßen kleinen Blättchen und Fasern haben.

Das specifische Gewicht oder die Dichtigkeit ist eins der wichtigsten Kennzeichen der Mineralien; zur Vergleichung dient auch hier als Einheit die des Wassers. Wie man bestimmt, um wie viel mal ein Raumtheil eines Körpers schwerer oder leichter ist als ein gleicher Raumtheil Wasser, ist unter Artikel Gewicht erörtert. Das schwerste aller Mineralien ist das Iridium, welches 23,6mal schwerer ist als das Wasser; die leichtesten sind die natürlichen Kohlenwasserstoffe mit bis 0,8 sinkendem specifischen Gewicht.

Unter den Kohärenzeigenschaften, welche Grad und Art des Zusammenhaltes der kleinsten Theilchen eines Minerals betreffen, steht die Härte obenan, d. h. der Grad des Widerstandes, den ein Körper dem Eindringen eines andern entgegensetzt. Werner bestimmte sie mittelst des Fingernagels, der bei den weichen Mineralien Ritze macht (Gyps); des Messers, mit dem sich die halbfesten, wie Kalkspath, noch schaben lassen, u. des Feuerstahls, an dem die harten schwächere u. stärkere Funken geben, wie Feldspath, Quarz. Mohs bestimmte die Härte genauer, indem er eine Härteskala von Mineralien feststellte, von denen immer das nächstfolgende Glied die vorhergehenden ritzt und von den nächstfolgenden geritzt wird. Weiter benutzte er dazu den Grad des Widerstandes gegen eine feine englische Feile, der sich durch den Klang und die Menge des Strichpulvers beim Ritzen ausspricht. Die 10 Glieder der Skala sind: 1) Talk, 2) Steinsalz oder Gyps, beide weich, 3) Kalkspath, 4) Flußspath u. 5) Apatit, entsprechend dem halbhart, 6) Orthoklasfeldspath, 7) Quarz, 8) Topas, 9) Korund und 10) Diamant, sämmtlich hart, über 7) von Edelsteinhärte. Uebrigens zeigen manche Mineralien nach verschiedenen, mit der Krystallisation zusammenhängenden Richtungen ungleiche Härte, wie der Disthen. Die Art des Zusammenhaltes (Tenacität) gibt für einzelne Mineralien wenigstens ausgezeichnete Merkmale; man unterscheidet darnach: 1) geschmeidige Mineralien, wie Silber, Kupfer, Glaserz, von denen man zusammenhängende Stücke mit glänzender Schnittfläche abschneiden kann; sie sind zugleich mehr oder minder dehnbar, lassen sich unter dem Hammer breit schlagen u. zu Draht ausziehen, u. zwar um so dünner, je schwerer zerreißbar oder zäher sie sind (Gegensatz von Silber und Blei); 2) milde, die sich beim Schneiden zwar in Pulver verwandeln, welches auf dem Messer liegen bleibt, aber glänzende Schnittfläche erhalten, wie Bleiglanz. Die Mehrzahl ist spröde, ihr Pulver springt, oft unter Geräusch, beim Schaben mit dem Messer weg, und die Schnittfläche bleibt matt (Fahlerz); letztere sind leicht oder schwer zersprengbar (Opal und Quarz). Außerdem gehört hierhin die Biegsamkeit, hinsichtlich deren man elastisch-biegsame Mineralien unterscheidet, die beim Aufhören der biegenden Kraft in ihre alte Lage zurückspringen, wie die Glimmerblättchen, und unelastische, wie Chlorit und Talk, welche in der erhaltenen Lage verharren. Bei flüssigen Körpern unterscheidet man dick- und dünnflüssige. Von der Adhäsion bedingt ist das Abfärben erdiger oder weicher Mineralien und das Anhängen poröser Körper an der Zunge, wie bei manchen Thonen.

Magnetisch sind nur wenige Mineralien, u. zwar sind sie meist nur retraktorisch, d. h. kleine Theilchen von ihnen werden vom Magneten angezogen, seltener attraktorisch, d. h. selbst Pole besitzend, die anziehen und abstoßen. Eisen und Magneteisenstein sind stark, Rotheisenstein und Magnetkies, auch bisweilen Chromeisen schwach magnetisch, aber nur Magneteisensteine und manche magneteisensteinführende Gesteine, wie gewisse Basalt- u. Serpentinmassen, sind polar oder attraktorisch.

Elektricität wird in den Mineralien entweder auf mechanischem Wege, wie durch Reibung, Druck, bei einigen auch durch Wärme hervorgerufen, oder sie wird ihnen mitgetheilt; auf ersterem Wege ist allen Mineralien Elektricität zu verleihen. Sie ist dann bald positiv, bald negativ, oft bei denselben Mineralien je nach Zufälligkeiten eine verschiedene; so isolirt der Malachit bald unvollkommen und wird negativ, oder er isolirt und wird positiv; so werden die geriebenen Edelsteine bei glatter Oberfläche positiv-, bei rauher negativ-elektrisch. Durch Druck läßt sich die Elektricität nur bei einem Theil hervorrufen, so durch Fingerdruck schon beim Doppelspath. Auch durch Erwärmung werden viele Mineralien elektrisch. Die Mineralien, welche zum Theil durch eine eigenthümliche Hemiëdrie an beiden Enden von Krystallaxen verschiedenartige Krystallflächen besitzen, werden dabei polar-elektrisch, d. h. während an dem Einen Ende der Axe beim Erwärmen sich positive Elektricität zeigt, entwickelt sich am entgegengesetzten Ende negative; kühlt sich der Krystall ab, so wird das anfänglich positive Ende negativ und umgekehrt, so beim Turmalin, der daher Aschenzieher genannt wurde, bei Kieselgalmei, Skolezit mit Einer solchen Axe, beim tetraëdrischen Boracit mit 4 Axen.

Phosphorescenz nennt man die Lichtentwickelung, welche sich im Dunkeln bei Diamant, Schwefelbarium, Kalkspath ꝛc. zeigt, wenn man sie länger dem Sonnenlicht ausgesetzt läßt, u. bei Diamanten, Topasen, Flußspathen durch Erwärmung, am grünen Flußspath u. a. beim Hindurchschlagen elektrischer Funken, bei andern durch Reibung (manche Dolomite, Quarz), auch Zerreißen (Glimmer) hervorgerufen werden kann.

Physiologische Merkmale nennt Naumann Geschmack, Geruch, Gefühl, welche Mineralien veranlassen. Der Geschmack ist nur für die leicht löslichen Salze wichtig, für eine noch geringere Anzahl von Mineralien der Geruch, wie für Erdpech, Erdöl, Schwefel. Doch entwickeln manche Mineralien beim Schlagen durch Verflüchtigung, theilweise auch durch Oxydation von Bestandtheilen Geruch, wie Stinkstein den bituminösen, Arsenik und Arsenikkies knoblauchartigen, Schwefelkies den schwefeligen; erst durch angehende Verwitterung tritt an Hornblenden u. andern Mineralien beim Anhauchen der den Thonen eigene Geruch hervor. Das Gefühl beim Anfassen ist zum Theil von der Beschaffenheit der Oberfläche abhängig, wie das fettige beim Talk, das magere bei Tripel, theils von der Wärmeleitungsfähigkeit, wie das kalte Anfühlen nicht allein der Metalle, sondern auch mancher Edelsteine, Kohlen, Harze.

Die dritte Klasse von Merkmalen sind die chemischen. Die Zusammensetzung der Mineralien nach Art und Menge ihrer Bestandtheile zu bestimmen, ist Aufgabe des analytischen Chemikers, das Resultat seiner Arbeiten und Ansichten findet seinen Ausdruck in der Angabe der procentischen Zusammensetzung und in der *chemischen Formel*.

Nur wenige Mineralien sind Elemente, die Mehrzahl Verbindungen, oft von sehr zusammengesetzter Art. Die Feststellung chemischer Formeln, insbesondere für die letzteren, wurde durch die Entdeckung des *Isomorphismus* (s. d.) und *Dimorphismus* (s. d.) durch Mitscherlich wesentlich erleichtert, indem isomorphe Substanzen für einander stellvertretend (*vikariirende* Bestandtheile) eintreten können, ohne daß die Krystallformen dadurch wesentlich alterirt werden. So ist der Tarnovizit ein Aragonit, worin Bleioxyd einen Theil der Kalkerde vertritt; so kann im Grünbleierz Arseniksäure für einen entsprechenden Antheil Phosphorsäure und ebenso Kalkerde für Bleioxyd eintreten. Erst durch diese Entdeckung ist das Verständniß der gesetzmäßigen Zusammensetzung komplicirterer Verbindungen, so insbesondere der Silikate, wie der verschiedenen Granate, Hornblenden und Augite, möglich geworden, doch sind noch nicht alle Probleme (Glimmer, Turmalin) gelöst. Von großer praktischer Wichtigkeit für den Mineralogen ist das *chemische Verhalten* der Mineralien. Für die derb vorkommenden Mineralien ist es oft der einzige Weg, um zu einer sichern Bestimmung derselben zu gelangen. Der sogenannte *trockene Weg* mit Hülfe des *Löthrohrs* (s. d.) führt oft allein schon, oder nur von wenigen Versuchen auf *nassem Weg* unterstützt zum Ziel. Man erhitzt dabei den zu untersuchenden Körper entweder für sich, od. unter Zusätzen von mannichfacher Art, von sogenannten Reagentien (Soda, Phosphorsalz, Borax, salpetersaurem Kobaltoxyd, saurem schwefelsauren Kali u. a.). Die Behandlung erfolgt entweder in der Pincette, od. auf der Kohle, oder im offenen oder geschlossenen Glasröhrchen, oder im Oehr eines Platindrahts. Man prüft dabei zuvörderst auf *Schmelzbarkeit*, und zwar auf den Grad derselben und begleitende Nebenerscheinungen, in der Pincette oder auf der Kohle. Von Kobell hat folgende Skala der Schmelzbarkeit festgestellt: 1) Antimonglanz; 2) Natrolith, beide schon an der Lichtflamme schmelzend; 3) Almandingranat, der noch in stumpfen Stücken schmelzbar ist; 4) Strahlstein und 5) Adular, beide noch in Splittern schmelzend; 6) Bronzit, an dessen feinsten Splittern nur die Spitzen sich etwas abrunden. Dabei schmelzen einige Mineralien ruhig, andere unter Aufwallen, Aufblähen ꝛc. und liefern bald ein durchsichtiges Glas, bald eine lichte Emaille, bald eine dunkle Schlacke, bringen auch wie die alkalischen Verbindungen in die Kohle ein. Viele zerknistern beim Erhitzen. Ferner prüft man auf die *Flüchtigkeit* des Minerals oder gewisser Bestandtheile desselben, was am besten im Kölbchen oder an einem Ende geschlossenen Glasröhrchen geschieht. Es beschlägt die Wand desselben dann mit Wasser (Gyps), oder es entsteht ein Metallspiegel (Quecksilber, Arsenik, Antimon), oder es bilden sich nichtmetallische Sublimate, weiße (arsenige Säure, Salmiak), rothe oder gelbe (Schwefel, Realgar). Weiter prüft man auf *Färbung der Flamme*. Indem man nämlich dabei den in der Pincette gehaltenen Körper im Raume der innern gelben Flamme auf und nieder führt, färbt sich die äußere Flamme bei Natronverbindungen gelb, bei Lithion od. Strontianerde karminroth, bei Kalkerde gelbroth, bei Kali violett, bei Phosphorsäure blaßblau, bei Kupfer dunkelblau mit grün, bei Baryt, Bor- und Molybdänsäure grün. Charakteristische Unterscheidungsmerkmale gibt oft die Betrachtung der Flamme durch gefärbte Gläser. Außerdem benutzt man dabei noch das Benetzen der Probe mit Schwefelsäure, um schwächere, die Flamme färbende Säuren (Bor- und Phosphorsäure) in Freiheit zu setzen, ferner von Kupferoxyd gefärbte Phosphorsalzperlen, um Chlorverbindungen, oder umgekehrt das Betupfen mit Salzsäure oder Zusammenschmelzen mit Chlorsilberbrei, um aus der blauen Flamme die Gegenwart von Kupfer zu erkennen. Der *Magnetismus*, mit Schwarzwerden der Probe beim Erhitzen verbunden, kennzeichnet Eisenverbindungen. Zeigen Mineralien nach dem Erhitzen *alkalische Reaktion*, so sind sie Verbindungen von Alkalien oder alkalischen Erden. Die *Reduktion* wird meist auf der Kohle ausgeführt, auf der manche Mineralien schon beim bloßen Erhitzen sich reduciren (wie Silberglanz u. Rothgülden zu einem Silberbleiglanz und Weißbleierz zu einem Bleikorn), die meisten aber erst, nachdem sie mit zerfallener Soda gemengt sind. Auch Cyankalium befördert die Reduktion sehr. Das Metallkorn ist oft schon durch Farbe und Geschmeidigkeit (Silber, Blei, Gold, Kupfer) oder Sprödigkeit (Wismuth) kenntlich; Eisen, Nickel und Kobalt, welche in die Kohle eindringen, erhält man erst beim Ausschlämmen des ausgegrabenen Kohlengrübchens als magnetische Metallflimmerchen. Von den flüchtigen Metallen erkennt man dabei das Arsen an seinem Knoblauchgeruch, andere an dem Beschlag der Kohle, auf der sich ihre Oxyde absetzen; am weißen: Arsen-, Antimon- und Tellur-, am weißen, in der Hitze gelben: Zink- und Zinn-, am gelben: Blei- und Wismuth-, am rothbraunen: Selen- u. Kadmiumerze. Manche Beschläge (arsenige und antimonige Säuren) verflüchtigen sich wieder leicht, die anderen nur in der Reduktionsflamme. Schwefelmetalle und schwefelsaure Salze geben eine Schwefelleber, die, auf einer Silbermünze angefeuchtet, ein schwarzes Fleck macht. Bei Quecksilber- und Arsenverbindungen, die mit zerfallener Soda im Kölbchen erhitzt werden, entsteht ein Metallspiegel. Um obige Veränderungen durch *Oxydation* genauer wahrzunehmen, erhitzt man oft das zu untersuchende Mineral in der offenen Glasröhre; Schwefel, Selen, Arsen erkennt man dann am Geruch nach verbrennendem Schwefel, faulem Rettig und Knoblauch, andere an der Farbe der Metallspiegel oder nichtmetallischer Sublimate, die wie obige Beschläge gefärbt sind. Von den weißen Sublimaten schmilzt das der tellurigen Säure zu farblosen Tröpfchen. Auf Platinblech untersucht man mittelst Soda auf Mangan. *Borax-* und *Phosphorsalzperlen* lassen sich schon auf der Kohle, besser aber bei arsenfreien Körpern im Oehr des Platindrahts blasen. Der Körper muß oxydirt sein und nur in sehr kleiner Menge der Perle zugesetzt werden. Man erhält dann farblose, oder beim Erkalten oder mit der flatternden Flamme behandelt weiß werdende, oder gefärbte Gläser. Die Farbe ist oft verschieden bei der Behandlung in der äußern oder oxydirenden und in der innern reducirenden Flamme; die Reduktion wird durch Zusatz von etwas Zinnfolie oder Cyankalium unterstützt; auch beim Erkalten ändert oft die Farbe ab. Die *Boraxperle* in der äußern Flamme behandelt ist in der Hitze grün bei Kupfer, erkaltet blaugrün, rein blau bei Kobalt, violett in der Hitze bei Nickel u. Mangan, in der Kälte dagegen roth, in der Hitze bei Cer, Eisen, Uran und Chrom roth, in der Kälte bei Cer emailleweiß, bei Uran emaillegelb, bei Eisen gelb, bei Chrom grün, gelb heiß und kalt bei Vanadin, die übrigen Metalle liefern bei nicht starker Sättigung farblose Gläser. In der innern Flamme ändert nur das Kobaltglas die Farbe nicht; bei Chrom ist auch die heiße Perle grün; bouteillengrün werden die Perlen von Uran u. Eisen, gelb bis gelbbraun die vom Titan, Wolfram und Molybdän, auch von Vanadin, bei letzterem aber in der Kälte weniger grün. Dagegen werden bei kürzerem Blasen die Perlen durch reducirtes Silber, Zink, Kadmium, Blei, Wismuth, Antimon, Nickel, Tellur grau und trübe, bei Kupfer ebenso emailleartig roth bis rothbraun; die Manganperle wird dagegen farblos. Bei Phosphorsalz liefert der Wolfram in der äußeren Flamme eine farblose, in der innern eine blaue, Molybdän und Uran in der innern und äußern kalt eine grüne Perle. Kieselerde löst sich nicht und schwimmt bei Silikaten als Kieselskelet in der Perle. Die Kobaltsolution färbt die mit ihr benetzten Proben beim Glühen blau, wenn Thonerde, blaugrün, wenn Zinn, grün, wenn Zinkoxyd vorhanden ist, eisenfreie Bittererdeverbindungen fleischfarbig. Mit doppeltschwefelsaurem Kali erhitzt man die Proben im Kölbchen, um flüchtige Säuren auszutreiben. Salpetersaure Salze, die übrigens schon durch das Verpuffen auf der glühenden Kohle erkannt werden, geben gelbrothe Dämpfe, Fluorverbindungen das Glas angreifende Flußsäure 2c. Außerdem gibt es noch einige specielle Reagentien. Bei der Untersuchung auf nassem Wege kommt das Wasser nur selten in Anwendung, da nur wenige Mineralien sich darin lösen; die meisten müssen durch Säuren gelöst werden, viele sind auch in ihnen unlöslich. In Salzsäure lösen sich viele Salze, Oxyde, einige Metalle und Schwefelmetalle, letztere beiden unter Entwickelung von Wasserstoff u. Schwefelwasserstoff, Superoxyde unter Freiwerden von bleichendem Chlor, kohlensaure Salze unter Aufbrausen, Silikate unter Kieselerdeausscheidung. Salpetersäure dient vorzüglich als Lösungsmittel für Metalle und Schwefelmetalle, aus welch letzteren dabei der Schwefel frei wird, während bei Gegenwart von Antimon, Arsenik und Zinn die unlösliche antimonige Säure und schwerlösliche arsenige und Zinnsäure entstehen. Manche Metalle, wie Gold, Platin, Zinnober, verlangen Königswasser oder Salpetersalzsäure zur Lösung. Von den übrigen in Säuren unlöslichen Mineralien werden einige, wie Schwerspath, Cölestin, Gyps, schon durch Kochen mit kohlensaurem Natrium, alle aber durch Zusammenschmelzen mit demselben in einen durch Säuren löslichen Zustand umgesetzt. Von den Metallsalzlösungen sind nicht wenige charakteristisch gefärbt; bei Gegenwart von Eisen: grün, gelb oder roth, von Kupfer: blau oder grün, von Nickel: apfelgrün, von Kobalt: karmesinroth, aber auch blau oder grün, von Mangan: rosenroth. Die weitere Bestimmung erfolgt durch Anwendung verschiedener Reagentien, deren Anwendung mitzutheilen uns hier zu weit führen würde.

Zur Untersuchung der Mineralien bedarf es noch einiger Hülfsmittel; für die der Krystalle wenigstens eines Anlegegoniometers, für das specifische Gewicht einer guten Wage, für Härte der Mineralien der Härteskala u. feiner englischen Feilen, für chemische Versuche eines Löthrohrs, gut ausgeglühter Holzkohlen, einer Pincette mit Platinspitzen, eines Platindrahts, eines Streifens von Platinblech und der Reagentien, eines Magneten und gut verstählten Hammers mit Amboß, auch einer Achatreibschale. Von Anleitungen zum Löthrohrblasen sind außer den älteren, bahnbrechenden Schriften von Berzelius und Plattner Scheerers „Löthrohrbuch" u. Kerls „Leitfaden bei qualitativen u. quantitativen Löthrohruntersuchungen" (2. Aufl., Klausthal 1862) zu empfehlen. Sehr brauchbar sind von Kobells Tafeln zur Bestimmung der Mineralien, 8. Aufl., München 1862.

Die Systematik stellt zunächst den Begriff der Mineralspecies fest als die Grundlage jeder wissenschaftlichen Anordnung derselben. Nach Naumann ist Mineralspecies der Inbegriff aller Mineralkörper, welche vollständige oder verhältnißmäßige Uebereinstimmung ihrer Eigenschaften erkennen lassen; relative nämlich, in sofern die durch Stellvertretung in der Art und verhältnißmäßigen Menge der chemischen Bestandtheile eines Minerals bedingten Verschiedenheiten auch mit Verschiedenheiten in andern Eigenschaften verknüpft sind. Durch diese wechselnde chemische Zusammensetzung werden eine Reihe von Varietäten erzeugt, welche sich auch, wie es scheint, durch Uebergänge unter einander verknüpfen können, so bei Granat, Hornblende, Augit, Epidot 2c.; es sind dies Varietäten höherer Ordnung, und es dürften Species, die in Varietäten zerfallen, in Wahrheit Einheiten sein, welche in ihrer Art den Geschlechtern der andern Naturreiche zu vergleichen sind. Fuchs nennt sie Formationen, während Hausmann umgekehrt Varietäten eines Minerals, wie der Granatsubstanz diesen Namen gibt. Varietäten einer niedern Ordnung sind die, welche sich auf Form und physikalische Verschiedenheiten gründen, wie Kalkspath, Marmor, Faser- u. dichte Kalkkreide 2c. als Kalcitvarietäten, Bergkrystall, gemeiner Quarz 2c. bei Quarz. Nur Mohs und seine Nachfolger, Haidinger, Breithaupt, Dana u. A., haben aus nach ihren physikalischen (von ihnen naturhistorische genannten) Kennzeichen einander näher verwandten Arten (die Anwendung der chemischen Kennzeichen verwarf Mohs, da sie nur durch Zerstörung des Minerals wahrnehmbar seien) Mineralgeschlechter gebildet. In der Zusammenstellung der Species, respektive auch Mineralgeschlechter, zu den höheren Einheiten des Systems, zu Ordnungen (bei Weiß Familien) u. Klassen (bei Weiß Ordnungen) herrschen principielle Gegensätze. Die Einen, wie Hauy, Hausmann, Berzelius, von Leonhard, Fuchs, Naumann und G. Rose, gründen die Eintheilungen rein auf die chemische Zusammensetzung, von der Naumann nur bei den Schwefelmetallen abweicht, während Mohs und seine Schule die chemischen Verschiedenheiten zwar als Hülfsmerkmale anerkennt, die physikalischen Kennzeichen jedoch als die allein maßgebenden auch für die Feststellung der höheren Einheiten gelten läßt. Weiß und seine Nachfolger, wie Quenstedt, nehmen zu Werner eine vermittelnde Stellung ein, indem sie für die höheren Einheiten die chemische Zusammensetzung, doch mit einigen Abweichungen (sie stellen den Diamanten zu den Steinen, u. zwar mit den Silikaten zusammen), für die niedern die naturhistorischen Eigenthümlichkeiten als Eintheilungsgrund annehmen.

Was die *Nomenklatur* betrifft, so benennt man Mineralien meist nur mit Einem Namen; dabei hat man aber in neuerer Zeit einen großen Theil der gewöhnlichen, insbesondere der volksthümlichen, sogenannten Trivialnamen mit systematischen vertauscht und nennt z. B. den Schwefelkies Pyrit, den Kupferkies Chalkopyrit, den Kupfervitriol Chalkanthit, das Gelbbleierz Wulfenit, den Haarkies Millerit, den Zinkvitriol Goslarit, mit aus dem Griechischen entnommenen Namen, oder nach um die M. verdienten Männern oder nach Fundorten. Nur die mohssche Schule bildet ähnlich, wie der Botaniker und Zoolog, systematische Doppelnamen, indem sie jedem Mineral einen Geschlechts- u. Speciesnamen gibt; so benennt sie Schwefel-, Kamm- und Magnetkies als Glieder des Geschlechts Eisenkies heraëdrischen, prismatischen und rhomboëdrischen Eisenkies.

Im Folgenden geben wir eine Uebersicht des *naumannschen Systems*, als des neuesten konsequent durchgeführten. Naumann theilt die Mineralien in 15 Klassen: Klasse I. *Metalloïdoxyde* mit den Ordnungen des Wassers u. der natürlichen Säuren (Sassolin, Quarz, Opal). Klasse II. *Erden* u. analoge Verbindungen mit den Ordnungen der Erden (Korund) und der Fluoride u. Chloride (Flußspath od. Fluorit, Kochsalz). Klasse III. *Haloïde*, farblose oder zufällig gefärbte Mineralien von nichtmetallischem Ansehen, Sauerstoffsalze vorherrschend leichter Metalle, mit Ausnahme aller Silikate und Aluminate. 1. Ordnung, *wasserhaltige Haloïde* mit den Abtheilungen der Borate (Tinkal), Nitrate (Talksalpeter), Phosphate (Lazulith, Kalait, Wawellit), Karbonate (Trona), Sulphate (Gyps, Alaun u. a.). 2. Ordn., *wasserfreie Haloïde*, u. zwar Sulphate (Anhydrit, Baryt, Cölestin), Borate (Boracit), Phosphate (Apatit), Fluorsalze (Kryolith), Nitrate (Kali- und Natronsalpeter), Karbonate (Witherit, Strontianit, Aragonit, Kalcit, Dolomit, Ankerit, Magnesit). Klasse IV. *Chalcite*, meist eigenthümlich gefärbte Mineralien von nichtmetallischem Ansehen; Sauerstoffsalze mit schwermetallischem Radikal von Basis oder Säure, mit Ausnahme der Aluminate, Silikate und aller titan-, tantal- und niobsauren Verbindungen. 1. Gruppe: *krystallisirte Chalcite*. 1. Ordn., *wasserfreie Chalcite*, und zwar Karbonate (Eisenspath oder Siderit, Diallagit oder Manganspath, Smithsonit oder Zinkspath, Carussit oder Weißbleierz), Sulphokarbonate (Leadhillit), Sulphate (Anglesit oder Bleivitriol), Chromate (Krokoït oder Rothbleierz), Stibiate (Romeit), Molybdate (Wulfenit oder Gelbbleierz), Wolframate (Scheelit oder Tungstein, Wolfram), Vanadinate (Vanadinit oder Vanadinbleierz), Arseniate (Mimetesit oder Grünbleierz zum Theil), Phosphate (Pyromorphit oder Grün- und Braunbleierz). 2. Ordn., *wasserhaltige Chalcite*, und zwar Karbonate (wie Malachit, Azurit oder Kupferlasur, Zinkblüthe u. a.), Phosphate (wie Vivianit, Kakoxen, Libethenit, Uranit oder Uranglimmer), Arseniate (wie Kupferglimmer oder Chalkophyllit, Olivenit, Pharmakosiderit oder Würfelerz, Annabergit oder Nickelblüthe, Erythrin oder Kobaltblüthe), Vanadinate, Sulphate (Chalkanthit oder Kupfervitriol, Melanterit oder Eisen-, Goslarit oder Zinkvitriol). Man theilt diese verschiedenen Salze nach ihrer Basis noch weiter ein. 2. Gruppe: *amorphe Chalcite*, wie Pittizit von Eisensinter, Bleiniere u. a. Klasse V. *Geolithe*, Silikate u. Aluminate, deren Basen wesentlich Alkalien und alkalische Erden sind. 1. Ordnung: *Hydrogeolithe* oder wasserhaltige Geolithe. 1. Gruppe: krystallinische mit Talk oder Steatit, Bastit oder Schillerspath, Serpentin, Margarit oder Perlglimmer; die zahlreichen Zeolithe nebst Datolith u. a. werden in 8 Untergruppen vertheilt. 2. Gruppe: *amorphe Hydrogeolithe*, einen großen Theil der Thone nebst Talksilikaten, wie Meerschaum, umfassend, auch Gläser, wie Perlit und Pechstein. *2. Ordnung: *Xerogeolithe*, wasserhaltige Geolithe mit 11 Unterabtheilungen, wie denen der Gläser (Obsidian), der Alkalithonsilikate, und zwar nur der schwefelsaure und andere Salze enthaltenden (Nosean, Hauyn, Lasurstein) und der bloßen Silikate (Nephelin, Leucit, Orthoklas, Sanidin, Periklin, Oligoklas), der wesentlichen Kalkthonsilikate (Labrador, Anorthit, Saussurit, Gehlenit, Skapolith), der Kalksilikate (Wollastonit), Kalktalksilikate u. Aluminate (Nephrit), der vorherrschenden Talksilikate (Humit), vorherrschenden Thonsilikate (Disthen, Chiastolith, Andalusit, Teras), Kalkborsäuresilikate (Danburit), Kalkglycinsilikate (Melinaphan), Glycinsilikate und Aluminate (Beryll, Chrysoberyll, Euklas, Phänakit), der Zirkoninsilikate (Zirkon). Klasse VI. *Amphoterolithe*: Silikate od. Aluminate, deren erdige Basen theilweise oder großentheils durch isomorphe Oxyde schwerer Metalle vertreten sein können. 1. Ordnung: *wasserfreie*, wie Cordierit oder Dichroït, Spinell, Chrysolith, Axinit, Turmalin, Helvin, Granat, Vesuvian, Staurolith, Orthit, Epidot, Amphibol oder Hornblende, Pyroxen oder Augit, die Glimmer. 2. Ordnung: *wasserhaltige Amphoterolithe*, 1. Gruppe: krystallinische, wie Chlorit, Pinit u. ihre Verwandten, Krokydolith. 2. Gruppe: *amorphe Amphoterolithe*: Thone, Pelagonit. Klasse VII. *Metallolithe*: Silikate u. Aluminate, deren Basen wesentlich Oxyde schwerer Metalle sind. 1. Ordnung: *wasserhaltige*, 1. Gruppe *amorphe* Hydrometallolithe (wie Kupfergrün, Umbra, Bohnerz), 2. Gruppe: *krystallinische* Hydrometallolithe (wie Stilpnomelan, Cerit, Dioptas, Kieselgalmei od. Galmei). 2. Ordnung: *wasserfreie* Metallolithe (wie Willemit, Kieselmangan, Lievrit, Automolith). Sie sind nach dem vorwaltenden Metalloxyd weiter abgetheilt. Klasse VIII. *Tantalitoïde*: tantal-, niob- und titansaure Verbindungen von Metalloxyden oder Erden. Klasse IX. *Metalloxyde und analoge Verbindungen* schwerer Metalle. 1. Ordnung: Fluoride (Fluocerit), Chloride (Atakamit, Silberhornerz u. a.), Bromide und Jodide. 2. Ordnung: *Metalloxyde*, 1. Gruppe: wasserhaltige (wie Göthit, Brauneisenerz, Wad, Margarit, Psilomelan, Kupferschwärze, Erdkobalt, Antimonocker); 2. Gruppe: *wasserfreie* (wie Antimonoxyd, arsenige Säure, Wismuthocker, Uranpecherz, Rothkupfererz, Rutil, Zinnstein, Hausmannit, Braunit, Pyrolusit, Roth-, Titan-, Chrom-, Magneteisenerz), ebenfalls nach dem vorwaltenden Metall abgetheilt. Klasse **X. *Metalle*, gediegene Mineralien und deren Legirungen. Klasse XI. *Galenoïde* oder *Glanze*, Schwefel-, Selen- und Tellurmetalle von metallischem Ansehen und meist** schwarzer oder grauer Farbe. a) tellurische Glanze, wie Schrifterz, Nagyagit oder Blättertellur; b) selenische, wie Selenmerkur, Selensilber, Selenblei u. a.; c) sulphurische, wie Bleiglanz oder Galenit, Heteromorphit oder Federerz, Kupferglanz oder Chalkosin, Metallglanz oder Sprödglaserz, Eugenglanz oder Polybasit, Argentit oder Silberglanz, Bismutin oder Wismuthglanz, Molybdänit od. Molybdänglanz. Klasse XII. Pyritoide oder Kiese: Schwefel-, Arsen- od. Antimonmetalle von metallischem Ansehen und meist weißen, gelben oder rothen, selten grauen oder schwarzen Farben, wie Fahlerz oder Tetraëdrit, Buntkupfererz oder Bornit, Kupferkies oder Chalkopyrit, Zinnkies oder Stannin, Arsenikeisen oder Lölingit, Arsenikkies od. Mißpickel, Magnetkies oder Pyrrholin, Wasserkies oder Markasit, Pyrit oder Schwefelkies, Kobaltin oder Glanzkobalt, Speiskobalt oder Smaltin, Kobaltkies oder Linneït, Millerit oder Haarkies, Nickelin oder Kupfernickel, Nickelglanz oder Gersdorfit, Nickelspießglanz od. Ullmannit. Klasse XIII. Cinnabarite, Blenden: Schwefelmetalle von nicht- oder halbmetallischem Ansehen und meist Diamant- bis Perlmutterglanz, wie Covellin od. Buntkupfererz, Alabandin oder Manganblende, Sphalerit oder Zinkblende, Pyrostilbit od. Rothspießglanzerz, Pyrargyrit u. Proustit oder Rothgüldigerz, Cinnabarit od. Zinnober. Klasse XIV. Metalloide: Schwefel, Diamant, Graphit. Klasse XV. Anthracide, Kohlenstoffverbindungen, und zwar Kohlen, Harze u. organisch-saure Salze, wie Mellit od. Honigstein.

Ein dritter Theil der vorbereitenden M., dem physiologischen Theil der Botanik und Zoologie entsprechend, würde sich mit der Bildungsweise u. mit den Umbildungen der Mineralien und den Gesetzen ihres Nebeneinandervorkommens (Paragenesis Breithaupts) zu beschäftigen haben. Erstere hat erst in neuerer Zeit in einigen mineralogischen Lehrbüchern, so bei Quenstedt, die verdiente Aufnahme gefunden.

Was die Mineralbildung anlangt, so weist uns die Chemie auf verschiedene Wege der möglichen Bildungsweise der Mineralien hin; die Art des Auftretens weist uns nach, welcher Weg der wirklichen Bildungsweise der wahrscheinliche sei. Wenn man als Versteinerungsmittel von organischen Resten verschiedene Quarzvarietäten, Schwefelkies u. Kupferglanz, in den Hohlräumen der Versteinerungen Krystalle von Quarz, Schwerspath, Zinkblende u. Bleiglanz findet, so beweist dies die Bildungsweise derselben durch Vermittelung des Wassers, also auf nassem Wege. Ebenso spricht ihr Auftreten und das von Cölestin im Kalkstein, das von Albitkrystallen im Dolomit von Bourget in Savoyen, wo auch der Albit im dunkeln Dolomit schwarz gefärbt ist, das von Smaragd im ammonitenreichen Neokomkalk u. Neokomkalkschiefer von Muso in Neugranada u. in Kalkspathadern desselben für die gleiche Bildungsweise. Welchen Antheil dabei alkalinische Mineralwässer, welchen Verwesung und Fäulniß organischer Körper in andern Fällen dabei gehabt haben, ist in neuerer Zeit nachgewiesen. Wie groß der Einfluß der Temperatur bei diesen Bildungen war, beweisen Aragonit und Kalkspath, von denen ersterer sich aus heißen Lösungen, letzterer aus kalten bildet, ebenso der Absatz von Anhydrit und Gyps, von Rotheisenstein u. Brauneisenstein. Im altrömischen Mörtel der Thermen von Plombières und Luxeuil in Frankreich hat man Apophyllit, Chabasit und andere Zeolithe neugebildet gefunden. Außer der erhöhten Temperatur ist auch der verschiedene Druck von Einfluß. Wie mächtig zerstörend und wieder bildend das überhitzte Wasser wirken kann, darüber sind Senarmonts u. Anderer Versuche im Artikel Metamorphismus der Gesteine mitgetheilt. Wie aus verschiedenartigen Lösungen durch die ununterbrochene Thätigkeit elektrischer Ströme von schwacher Spannung sich krystallisirte Mineralien ausscheiden, hat Becquerel zuerst nachgewiesen, der auf diese Weise Schwefelkies, Kupferglanz, Silberglanz, regulinische Metalle u. a. erzeugte. Ein zweites Agens bilden die der Erde entströmenden Gase, wie Chlorwasserstoff, Schwefelwasserstoff, schwefelige Säure, Wasserstoff, mit welchen zugleich meist Wasserdämpfe im Spiel sind, so in den Solfataren u. in thätigen Vulkanen. Doch auch ohne Wasserdämpfe verwandelte Deville, indem er amorphes Zinnoxyd in einem Wasserstoffgasstrom erhitzte, dieses in kleine Zinnsteinkrystalle, gewann vermittelst eines langsamen Stromes von Chlorwasserstoff aus amorphem Eisenoxyd Eisenglimmer u. Rhomboëder von Eisenglanz; mit Hülfe von Schwefelwasserstoff krystallisirte Schwefelmetalle: Silberglanz, Schwefelkies, Greenockit u. a. Eine Reihe krystallisirter Mineralien erzeugten Deville und Caron durch Einwirkung von flüchtigen Fluorverbindungen auf feste od. flüchtige Sauerstoffverbindungen, so durch Einwirkung von Fluoraluminium u. Borsäure auf einander farblosen Korund, u. wenn man etwas Fluorchrom zusetzte, je nach dessen Menge, Krystalle von rothem Rubin, blauem Sapphir u. von smaragdgrünem durchsichtigen Korund; auf ähnliche Weise erzeugten sie Chrysoberyll, Gahnit; mittelst Fluorsiliciums ebenso mannichfache Silikate, darunter Zirkon, Staurolith u. A.

Sehr lehrreich für die Bildungsweise von Mineralien auf trockenem, feurig-flüchtigem Wege sind die Untersuchungen von Hüttenprodukten durch Hausmann, Mitscherlich, v. Leonhard u. A. geworden. Man hat nämlich im Ofenbruch des Kupferhohofens von Sangerhausen u. des Eisenhohofens der Josephshütte am Unterharz Orthoklaskrystalle als Neubildung gefunden, den Glimmer unter den Kupferschlacken des Garpenbergs in Schweden, Wollastonit an den Schlacken von Gamelbola in Schweden; Augite entstanden durch Krystallisation der Hohofenschlacke der olsberger Hütte bei Bigge in Westphalen und der neukirchner Hütte bei Saarbrück; die Eisenfrischschlacke krystallisirt zu Olivin; auch Gehlenit, Melilith und andere Silikate wurden in krystallisirten Schlacken gefunden. Bleiglanz gehört zu den gewöhnlichen Produkten des Bleihüttenprozesses, ebenso findet sich im Ofenbruch krystallisirte Zinkblende, entsteht Kupferkies beim Rösten von Kupferstein. Wie groß die Zahl der bei den Hüttenprozessen zufällig gebildeten und der auf trockenem Wege durch Mitscherlich, Ebelmann, Durocher u. A., zum Theil durch künstliche Zusammensetzung, erzeugten krystallisirten Mineralien ist, zeigt Gurlts Zusammenstellung (Pyrogenesis künstlicher Mineralien, Freiberg 1857). Bunsen hat selbst ein wasserhaltiges Mineral, einen krystallisirten Zeolith, künstlich in der Hitze erzeugt.

Was das Vorkommen der Mineralien betrifft, so ist es nur eine verhältnißmäßig sehr kleine

Anzahl von Mineralien, welche die feste Erdrinde zusammensetzen, Quarz und einige Silikate, sowie die verschiedenen Feldspathe und Glimmer, Chlorit, Talk, Hornblende und Augit mit Hypersthen und Diallage, Serpentin und Thone, von kohlensauren Salzen: Kalk und Dolomit, von schwefelsauren Gyps und Anhydrit, von Chlorverbindungen das Kochsalz, von Oxyden Magneteisen, Roth- und Brauneisenstein. In den aus ihnen zusammengesetzten Gesteinen sind die übrigen Mineralien äußerst ungleich verbreitet. Den größten Reichthum finden wir in den aus Silikaten mit oder ohne Quarz zusammengesetzten massigen, rein schieferigen Gesteinen und in den mit ihnen verbundenen Lagern von körnigem Kalk und Dolomit. Die größte Mannichfaltigkeit bieten außer letzteren Glimmerschiefer, Gneis und die in ihnen angehäuften sogenannten Erzlager; auch die vulkanischen Gesteine, insbesondere die blasigen, und die Auswürflinge der Vulkane sind mineralienreich. Arm sind im Ganzen die Sedimentgesteine, und nur wo sie mit ersteren zusammenstoßen, wie am Monzoni in Tyrol, entfaltet sich eine Mannichfaltigkeit verschiedener Mineralien. Ebenso groß oder noch größer ist der Mineralreichthum der Spaltenausfüllungen oder sogenannten Gänge, insbesondere in den krystallinischen und älteren Sedimentgesteinen, dagegen sind die jüngeren Sedimente ungemein mineralienarm. Daher sind in Europa der skandinavische Norden und Finnland, die Alpen, die Erzdistrikte, insbesondere des Harzes, Sachsens, Ungarns, Englands etc., die altvulkanischen Bildungen Tyrols, die Basalte, insbesondere von den Faröern, die vulkanischen Auswürflinge am Rhein, im Vesuv vorzüglich reich. In Asien bieten Sibirien und Indien, in Amerika Brasilien und die sogenannten Urgebirge der atlantischen Staaten von Nordamerika für den Mineralogen interessante Gebiete.

Mannichfach ist der Nutzen der Mineralien für den Menschen; er baut aus ihnen Hütten u. Paläste, schmückt sie und sich selbst mit ihnen, er spinnt feuerfeste Gewänder aus dem Asbest und braucht andere zum Feueranzünden, er dämmt mit den einen das Wasser und filtrirt es durch andere hindurch, das eine dient ihm als Würze, das andere als Gift, er gewinnt aus ihnen Metalle, Farben u. benutzt sie auf das mannichfaltigste in seinen Gewerben, so daß der Mineralreichthum eines Landes Hülfsquellen des Erwerbs und des Genusses für viele Tausende seiner Bewohner bietet. Es hat eine Zeit gegeben, wo man über diesen wirklichen Nutzen hinaus in den Mineralien noch mannichfache zauberhafte Kräfte suchte und auch zu finden glaubte. So benutzten nach Plinius die Magier den Gagat zum Wahrsagen (Axinomantie), so sollte der Amethyst gegen Trunkenheit schützen, während er nach dem Glauben der Rabbiner Dem, der ihn trug, die Gabe weissagender Träume verlieh. Noch das Mittelalter schrieb den Edelsteinen und anderen Steinen magische Kräfte zu, und bis heute dienen manche als Heilmittel.

Geschichte. Die mannichfachen Schmucksteine und Erze haben schon früher die Aufmerksamkeit des Menschen auf sich gezogen. Bis in die nordischen Meere schifften die Phönicier nach dem kostbaren Bernstein und nach Zinn. Afrika und Indien lieferten die Edelsteine, womit das Gewand des jüdischen Hohenpriesters geschmückt war. Onomacritus besang um 500 v. Chr. die magischen Kräfte der Edelsteine. Aristoteles legte den ersten Grund zur wissenschaftlichen M., indem er die Mineralien in oryota und metallenta unterschied. Die Fortschritte seiner Nachfolger, seines Schülers Theophrastes, Dioscorides, Plinius des Aelteren und Galens, konnten aber beim Mangel aller chemischen Kenntnisse nur sehr unbedeutend sein. Dem Araber Avicenna (980—1036) verdankt man die Grundzüge der Klassifikation der Mineralien, indem er sie in Steine, schmelzbare Substanzen (Lapides), Metalle, schwefelige Substanzen (Brenze) und Salze eintheilte. Mannichfache praktische Kenntniß hatte man durch Berg- und Hüttenbau erworben, u. von ersteren aus sollte sich auch die wissenschaftliche M. entwickeln. Georg Agricola (1490—1555), Arzt zu Joachimsthal, legte zu ihr den Grund durch genauere Feststellung der äußeren Kennzeichen, doch lagen seine Zeitgenossen gleich den Botanikern und Zoologen noch im Bann des Alterthums. Wichtig war des Dänen Bartholin Entdeckung des isländischen Doppelspaths u. der konstanten Neigung der Flächen seiner blätterigen Brüche gegen einander (1660). Bedeutende Anregung erhielt auch die M. durch Bechers und Stahls Begründung der wissenschaftlichen Chemie. Der Schwede von Bromell (1730) und Henkel (1734) führten ihre Resultate zuerst in die M. ein. Linné gab zuerst auch der M. ein festgegliedertes System, doch war er zu wenig Mineralog, als daß es ein naturgemäßes genannt werden könnte. Die Schweden Wallerius (1747 und 1772) und Cronstedt (1758) waren glücklicher darin, indem sie gleichzeitig chemische und äußere Kennzeichen berücksichtigten. Letzterer wandte zuerst Löthrohrversuche dabei an. Bergmanns, Scheele's u. Gahns genauere chemische Analysen der Mineralien legten aber den eigentlichen Grund zur chemisch-wissenschaftlichen Behandlung der M. Vauquelin in Frankreich, Klaproth in Deutschland (Beiträge zur chemischen Kenntniß der M., 1795—1815) u. A. wurden zu Hauptförderern dieses Zweigs der M. Ihnen folgten Fuchs, Berzelius, die beiden Rose, Rammelsberg u. A. Wie so in Schweden die chemische Seite der M. zu ihrer wissenschaftlichen Geltung kam, so ging von Frankreich der Anstoß zu einer wissenschaftlichen Behandlung der eigenthümlichen äußeren Formen der M. aus. Romé de l'Isle wurde durch seinen „Essai sur la crystallographie" der Schöpfer der Krystallographie, die aber erst durch den ebenso tiefen wie anspruchslosen Forscher René Just Hauy (1743 bis 1822) ihre wissenschaftliche Begründung erhielt, indem derselbe 1784 in seinem „Essai d'une théorie sur la structure des crystaux" den mathematischen Zusammenhang unter den Krystallformen der Mineralien von gleicher chemischer Zusammensetzung nachwies. Schon vor Hauy hatte die wissenschaftliche M. von Sachsen aus den mächtigsten Anstoß durch Werner (1750—1817) erhalten. Sein Schriftchen „Von den äußeren Kennzeichen der Mineralien", 1774, ein Muster in Schärfe und Klarheit des Ausdrucks und Folgerichtigkeit, wurde epochemachend. Von Freiberg aus verbreiteten zahlreiche Schüler Werners dessen leicht verständliche Methode und mit ihr sein Mineralsystem nicht nur über Deutschland, sondern über die Erde. Unter seinen Schülern war es zuerst Christ. Samuel Weiß (1780—1856), der die mathematische Behandlung der Krystallographie Hauy's, aber losgelöst von der atomistischen Betrachtungsweise, auf deutschen Boden verpflanzte. Er verwarf die durch Blätterdurchgänge bestimmten Primitivformen der Mineralien, aus denen er die anderen Formen ableitete. Im Jahre 1815 stellte er zuerst die 6 Krystallsysteme fest, die mit einigen Modifikationen allen späteren Behandlungen der Krystallformen zu Grunde liegen. Nur der durch Wollaston 1809 erfundene Reflexionsgoniometer ermöglichte eine so genaue Winkelmessung der Krystalle, daß dadurch Mohs zur Annahme schiefer Axen in den 2- und 1- und 1- und 1gliederigen Krystallsystemen geführt wurde. Dazu wurde Mohs der Begründer der ebenso konsequenten wie einseitigen naturhistorischen Methode, der auch seine Schüler Haidinger und Breithaupt sich anschließen. Außer diesen Genannten haben sich um die Erweiterung der krystallographischen Kenntnisse der Mineralien vor Allen Neumann, Naumann, G. Rose, um die graphische Darstellung der Zonenverhältnisse der Krystalle Quenstedt Verdienste erworben, um die Kenntniß der optischen Eigenthümlichkeiten Haidinger. Unter den vielen anderen verdienten Mineralogen nennen wir Karsten, von Leonhard, Hausmann.

Lehrbücher der M. schrieben Karsten, Reuß, Hoffmann, fortgesetzt von Breithaupt, Hauy, Hausmann, von Leonhard, Mohs, Haidinger, Jameson, Naumann, Beudant, Quenstedt (Handbuch der M., 3. Aufl., Tübingen 1863), Girard (Lehrbuch der M., Halle 1863).

Mineralsäuren, alle Säuren, welche keinen Kohlenstoff enthalten, besonders Schwefelsäure, Phosphorsäure, Kieselsäure, Borsäure 2c., im Gegensatz zu den Pflanzensäuren (Citronensäure, Aepfelsäure), die in lebenden Pflanzen gebildet werden.

Mineraltheer (Bergtheer), s. v. a. Asphalt.

Mineralwässer (Mineralquellen, Gesundbrunnen, Heilquellen), Quellen, welche reicher an mineralischen Substanzen sind als das gewöhnliche Quellwasser. Bisweilen werden auch die Quellen, deren Wasser auffallend warm ist, die heißen Quellen od. Thermen, hierher gerechnet. Die M. sind durchaus nicht selten, da die verschiedenartigsten geognostischen Verhältnisse zu ihrer Entstehung Veranlassung geben (s. Quellen), aber verhältnißmäßig nur wenige derselben besitzen irgend welche Wichtigkeit, da man nur diejenigen beachtet, welche zu medicinischen oder technischen Zwecken benutzt werden können. Diese Benutzbarkeit aber ist häufig wieder von ganz andern Verhältnissen als der Beschaffenheit der Quelle selbst abhängig. Die Stoffe, welche eine Quelle zu einem Mineralwasser machen, sind diejenigen, welche hauptsächlich die feste Erdrinde bilden oder doch allgemein verbreitet sind, also Kalk, Natron, Magnesia, Eisen, Thonerde, Mangan, Kali, Strontian, Lithion, Rubidium, Cäsium, Baryt, Ammoniak 2c., dann Kohlensäure, Chlor, Schwefel, Schwefelsäure, Kieselsäure, Jod, Brom, Phosphorsäure, Fluor, Bor, Salpetersäure. Daneben enthalten die M. freie Kohlensäure, Stickstoff, Sauerstoff, Schwefelwasserstoff, und oft sind es nur diese Gase, welche den Charakter des Mineralwassers bestimmen. Warme Quellen sind alle diejenigen, deren mittlere Temperatur höher ist als die mittlere Temperatur des Ortes, an welchem sie entspringen, so daß eine Quelle, welche bei uns zu den warmen gehört, unter den Tropen vielleicht noch zu den kalten gerechnet werden muß. In der Praxis zieht man die Grenzen enger und beachtet nur auffallend hohe Temperaturen. Bei der Eintheilung der M. beachtet man ihre vorwaltenden Bestandtheile oder jene Stoffe, welche ihren Charakter in physikalischer Beziehung und ihre medicinische Wirkung auf den menschlichen Organismus vorzugsweise bedingen. Salzquellen enthalten vorzugsweise Kochsalz. Soolquellen sind sehr starke Salzquellen und werden fast nur zu Bädern benutzt oder technisch zur Gewinnung von Kochsalz ausgebeutet. Neben dem Kochsalz enthalten diese M. häufig noch andere Bestandtheile, und man unterscheidet daher alkalische, erdige, eisenhaltige, jod- u. bromhaltige Salzquellen. Die wichtigsten sind Achselmannstein, Baden, Berg, Cannstadt, Burtscheid, Dürkheim, Elmen, Hall, Homburg, Ischl, Juliushall, Kissingen, Kösen, Kreuth, Kreuznach, Mergentheim, Nauheim, Oeynhausen, Rosenheim, Salzungen, Soden, Wiesbaden, Wittekind. Der Jodgehalt wird oft für die Salzquellen besonders charakteristisch, so daß man diejenigen, in welchen dies Element in nicht zu geringer Menge vorhanden ist, als Jodquellen bezeichnet. Die bekanntesten von diesen sind Saxon, Luhatschowitz, Kreuznach, Hall, Tölz, Adelheidsquelle, Salzbrunn. Bitterwässer enthalten vorwaltend schwefelsaure Magnesia oder schwefelsaures Natron, oft neben vielen andern Salzen. Am häufigsten werden benutzt Elster, Franzensbad, Friedrichshall, Karlsbad, Kissingen, Kösen, Marienbad, Oeynhausen, Püllna, Saidschütz, Sedlitz, Zwanda. Alkalische M. zeichnen sich durch ihren Gehalt an kohlensaurem Natron aus, welches darin als doppeltkohlensaures Salz enthalten und von verschiedenen andern mineralischen Bestandtheilen begleitet ist; so besonders in den Quellen von Bertrich, Bilin, Ems, Fachingen, Geilnau, Gleichenberg, Selters, Reinerz, Roisdorf, Salzbrunn, Schlangenbad, Tharnox, Vichy. Sind die alkalischen M. reich an Kohlensäure, so daß sie diese in Perlen oder schäumend entweichen lassen, so heißen sie Säuerlinge, von denen die berühmtesten die Quellen von Fachingen und Selters, Landskron, Heppingen, Apollinarisbrunnen und Roisdorf sind. Erdige M. enthalten vorwaltend Kalk-, Magnesia-, Strontiansalze, z. B. die M. von Leuk, Lippspringe, Paderborn, Wildungen. Stahlwässer sind durch ihren Eisengehalt charakterisirt. Das Eisen findet sich in ihnen entweder als doppeltkohlensaures Eisenoxydul (weiche, reine Stahlwässer), oder als Eisenvitriol (Muskau), od. Chloreisen (harte Stahlwässer), z. B. in der Quelle von Selkebrunnen. In Folge der leichten Oxydirbarkeit der Oxydulverbindungen des Eisens durch den Sauerstoff der Luft bedecken sich die Stahlwässer sehr schnell mit einem gelbbraunen Häutchen od. bilden einen Bodensatz, der aus Eisenoxydhydrat od. basischen Eisenoxydsalzen besteht. Schwefelwässer enthalten Schwefelwasserstoff u. riechen daher nach faulen Eiern. In Folge der Zersetzung dieses Gases ist eine sehr geringe Menge Schwefel in dem Wasser äußerst fein vertheilt, so daß es bläulichweiß opalisirt. In der Regel ist den Schwefelwässern auch ein bedeutender Antheil von Stickstoff eigen. Hierher gehören die Quellen von Aachen, Baden bei Wien, Baden in der Schweiz, Burtscheid, Eilsen, Landeck, Langenbrücken, Nenndorf, die Pyrenäenbäder, Schinznach, Warmbrunn,

Weilbach. Die wichtigsten warmen Quellen, welche lediglich wegen der Temperatur ihres Wassers benutzt werden, sind die von Liebenzell, Schlangenbad, Wildbad, Tüffer und Neuhaus, Pfeffers und Ragatz, Warmbrunn, Schönau u. Teplitz, Gastein und Plombières.

Zu den Mineralquellen muß man auch die salpeterhaltigen Quellen (in Ungarn) und jene, die Kupfervitriol (in manchen Bergwerken, Cämentwässer), freie Schwefelsäure oder Salzsäure (nur bei Vulkanen), oder Borsäure (Fumarolen bei Toskana) enthalten, obwohl diese nicht zu Heilzwecken benutzt werden. Manche M., die doppeltkohlensauren Kalk in großer Menge gelöst enthalten, setzen denselben als unlöslichen neutralen kohlensauren Kalk ab und inkrustiren das Bett, über welches sie fließen, z. B. der karlsbader Sprudel, die Quellen von Abano bei Padua, die von S. Filipe in Toskana ꝛc. Andere Quellen setzen in ähnlicher Weise Kieselsäure ab (Island).

Die M. werden als Gesundbrunnen an der Quelle getrunken oder zu Bädern benutzt, auch füllt man das Wasser in Krüge und verschickt es. Hierbei ist auf die Natur der M. Rücksicht zu nehmen, denn manche erfahren im Laufe der Zeit Veränderungen, andere verlieren sehr viel von ihrer Eigenthümlichkeit, indem die in ihnen enthaltene Kohlensäure beim Füllen entweicht. Es ist daher beachtenswerth, daß man in Roisdorf bei Bonn angefangen hat, Vorsichtsmaßregeln zu treffen, um das Wasser unverändert füllen zu können. Man hat zu dem Zweck die Quelle mit einem luftdicht schließenden Dom aus Metall überdeckt, so daß kein Gas entweichen kann, und zieht das Wasser aus Krahnen ab, die mehre Fuß unter dem Spiegel der Quelle liegen. Hier befindet sich das Wasser unter einem bedeutenden Druck und hält daher die Gase besser zurück, die Flaschen aber werden unmittelbar nach dem Füllen verkorkt. Um dies zu erleichtern, hat man Maschinen konstruirt, die mit Leichtigkeit sehr viele Flaschen auf einmal verkorken.

Als der Gebrauch der M. immer mehr in Aufnahme kam, hat Struve versucht, die hauptsächlichsten künstlich nachzuahmen, und dies ist ihm in solchem Grade gelungen, daß die künstlichen Mineralwässer die weiteste Verbreitung gefunden haben und die Versendung der natürlichen M. immer mehr abgenommen hat. Daß die Nachbildung keine vollkommene sein konnte, lag auf der Hand und wurde recht augenscheinlich in der letzten Zeit durch die Entdeckung des Rubidiums und Cäsiums in vielen M.n dargethan. Diese beiden Alkalien haben natürlich in den betreffenden künstlichen M.n stets gefehlt, ob mit ihnen aber nicht auch ein wesentlicher Theil der Heilkraft gefehlt hat, ist durchaus nicht erwiesen. Man ist indeß über diesen Mangel leicht hinweggegangen, weil in neuerer Zeit überhaupt ein Umschwung eingetreten ist und die künstlichen M. weniger gebraucht werden als bisher. Dagegen hat in außerordentlicher Weise der Verbrauch von sehr kohlensäurereichem reinen Wasser zugenommen. Man hatte schon lange „Sodawasser" bereitet, welches nur aus einer sehr schwachen, mit Kohlensäure stark imprägnirten Lösung von kohlensaurem Natron bestand; nun ließ man auch die Soda fort, pumpte die Kohlensäure in reines Wasser und erhielt ein Getränk (kohlensaures Brunnenwasser), welches rein oder mit Fruchtsäften vermischt, namentlich nach Einführung der Trinkbuden, eine ungewöhnliche Verbreitung fand. Die Bereitung desselben ist im Wesentlichen dieselbe wie die der künstlichen M., nur daß man nicht die Salze zusetzt, welche das M. als solches charakterisiren. Man unterscheidet zur Darstellung dieser Getränke zwei wesentlich verschiedene Apparate, die Selbstentwickler und die Pumpenapparate. Letztere werden bei großem Betrieb und zur Darstellung von medicinischen M.n, erstere besonders zur Bereitung von Luxusgetränken benutzt. Bei den Pumpenapparaten wird die Kohlensäure in einem mit Blei gefütterten Gefäß aus Marmor, Kalkstein oder Magnesit entwickelt. Die Säure fließt aus einem besonderen Gefäß hinzu, ein Rührapparat, der durch eine Stopfbüchse geht, befördert die Mischung, und das Gas entweicht in Waschgefäße, um dann entweder noch durch einen mit Holzkohle gefüllten Cylinder (um es geruchlos zu machen), oder direkt in einen gewöhnlichen Gasometer zu strömen. Ehe man die Kohlensäure auffängt, muß aus den Apparaten alle atmosphärische Luft verdrängt sein, weil diese die Absorption des Gases hindern würde. Das Wasser, welches in Mineralwasser od. in kohlensaures Brunnenwasser umgewandelt werden soll, befindet sich in einem liegenden Cylinder aus verzinntem Kupferblech, der mit einer horizontalen Welle versehen ist, an welcher mehre Flügel befestigt sind. Diese Welle ist durch eine Kurbel drehbar und dazu bestimmt, die Kohlensäure mit dem Wasser in innige Berührung zu bringen. Eine Saug- und Druckpumpe befördert die Kohlensäure aus dem Gasometer in den Mischcylinder, u. indem die Welle gedreht wird, sättigt sich das in dem Cylinder enthaltene Wasser unter einem Druck von 3 bis 4 Atmosphären vollständig mit dem Gase. Man hat die Einrichtung getroffen, genau abgemessene Quantitäten von Kohlensäure u. Wasser gleichzeitig und ununterbrochen in den Mischungscylinder strömen zu lassen, und dadurch den Vortheil erreicht, daß man kontinuirlich arbeiten kann, während bei den gewöhnlichen Apparaten der Mischungscylinder nach der Sättigung geleert und das Gas fortgelassen werden muß. Am Mischungscylinder befinden sich übrigens Wasserstandsrohr, Sicherheitsventil und Manometer. Otto beschreibt einen anderen Apparat, bei welchem das Gas nicht durch eine Pumpe zu strömen braucht. Die entwickelte Kohlensäure wird hier in einem verschlossenen stehenden Cylinder gesammelt. Dieser ist vorher mit Wasser gefüllt, welches in dem Maße abfließt, wie die Kohlensäure von oben her eintritt. Ist der Cylinder auf diese Weise gefüllt, so schließt man die Zuführungshähne u. drückt nun durch eine Druckpumpe reines Wasser von unten her in den Cylinder, so daß die Kohlensäure allmählig zusammengepreßt wird. Eine wesentliche Absorption findet hierbei nicht Statt, weil das Wasser dem Gase keine große Berührungsfläche darbietet. Setzt man nun das komprimirte Gas mit dem Mischungscylinder, der völlig mit Wasser gefüllt ist, in Verbindung, so treibt dasselbe durch einen seitlichen geöffneten Hahn etwas Wasser heraus und wird, wenn man diesen Hahn schließt und die Mischungswelle dreht, von dem Wasser absorbirt, wobei man den nöthigen Druck durch Nachpumpen von Wasser in den ersten Cylinder erhält. Um das Wasser auf Flaschen abzufüllen, ist ein besonders konstruirter Hahn angebracht, gegen welchen die Flasche unter Zwischenlage von Leder oder Kautschuk fest angepreßt werden kann, um sie luftdicht mit dem Apparat zu verbinden. Zur Entfernung der in der Flasche enthaltenen Luft ist eine seitliche Bohrung vorhanden, die sofort nach der Füllung verschlossen wird, damit der im Apparat enthaltene Druck auch in der Flasche erzeugt wird. Hierzu ist auch nöthig, daß der Kork in die Flasche gepreßt wird, so lange sie noch mit dem Apparat in Verbindung ist. Besondere Maschinen besorgen das Verkorken mit großer Schnelligkeit. Schlecht gekühlte Flaschen ertragen nicht den in dem Apparat erzeugten Druck und springen beim Füllen. Um die Arbeiter vor dem dabei herumgeschleuderten Glase zu schützen, steckt man die Flaschen beim Füllen in Drahtgitter. Bei den Selbstentwickelungsapparaten fehlen der Gasometer u. die Pumpe. Das Entwickelungsgefäß steht also in viel innigerer Verbindung mit dem Mischcylinder u. muß deshalb zunächst so konstruirt sein, daß es den erforderlichen Druck aushalten kann. Ferner muß wenigstens die Schwefelsäure, welche die Kohlensäure aus dem Magnesit austreiben soll, genau abgemessen werden, denn hier ist es ja lediglich die Quantität der entwickelten Kohlensäure, welche in dem geschlossenen Apparat den Druck erzeugt. Durch besondere Apparate, welche den Zufluß der Schwefelsäure sehr genau reguliren, sind die Selbstentwickler wesentlich vervollkommnet worden, und namentlich hat man erreicht, daß auch sie eine stets gleichmäßige Abfüllung gestatten.

Für den Privatgebrauch sind Apparate konstruirt worden, in denen man auf sehr einfache Weise eine Flüssigkeit mit Kohlensäure imprägniren kann. Diese Apparate haben verschiedene Konstruktion, die einfachsten gleichen einer Kruke und bestehen aus Steinzeug; sie sind durch eine horizontale Querwand in 2 Theile getheilt, von denen der obere der bei weitem größere ist; feine Oeffnungen in der Querwand verbinden die beiden Kammern. Durch die obere Oeffnung des Krugs füllt man die Flüssigkeit ein und verschließt sie dann mit einer Vorrichtung, von welcher ein Rohr bis auf den Boden der oberen Kammer reicht. Dies Rohr biegt sich außerhalb des Krugs um und ist mit einem Ventil versehen, welches sich auf einen Druck von außen öffnet. Die untere Kammer hat eine seitliche, durch eine Schraube verschließbare Oeffnung u. dient zur Aufnahme der Mischung, aus welcher sich die Kohlensäure entwickelt. Hierzu nimmt man doppeltkohlensaures Natron und Weinsteinsäure in Krystallen, und zwar von letzterer 10 Gramm auf jedes Pfund der Flüssigkeit und 8¾ Gramm Natron. Die obere Kammer muß bis auf einen kleinen Raum gefüllt sein, in die untere bringt man die Mischung und etwa ¼ Pfund Wasser, verschließt dann schnell die Oeffnung und läßt den Apparat unter zeitweiliger Bewegung einige Stunden stehen. Die Kohlensäure dringt durch die feinen Oeffnungen in die obere Kammer und löst sich in der Flüssigkeit auf. Oeffnet man dann das Ventil, so treibt der Druck die Flüssigkeit in dem Rohr in die Höhe und zur Ausflußöffnung. Bei Glasapparaten sind die Kammern durch besondere Gefäße gebildet und durch Zinnröhren mit einander verbunden. Besondere Gebrauchsanweisungen belehren über die beim Gebrauch der Apparate nothwendigen Vorsichtsmaßregeln.

Füllt man in die Mischungscylinder der großen oder in die obere Kammer der kleinen Apparate verdünnte Fruchtsäfte oder Wein, so erhält man moussirende Getränke, die als Limonade gazeuse weite Verbreitung gefunden haben und theilweise den Champagner zu ersetzen bestimmt sind.

Mineralweiß, s. v. a. Schwerspathpulver.

Minerva (d. i. Rathgeberin, bei den Griechen Athene oder Pallas Athene), eine der hervorragendsten Gottheiten der alten Griechen, die sinnige und wehrhafte göttliche Jungfrau. Nach dem Mythus hatte Zeus die von ihm schwangere Oceanide Metis (Klugheit) in Folge eines Orakelspruchs, nach welchem Metis zuerst eine Tochter, dann aber einen Sohn gebären sollte, der ihm die Herrschaft zu entreißen bestimmt sei, verschlungen, um diesem Schicksal zu entgehen. Als nun die Zeit der Geburt herankam, empfand Zeus einen gewaltigen Schmerz im Kopfe, weshalb er sich vom Hephästus den Kopf spalten ließ, worauf die Göttin, mit goldnen Waffen gerüstet, heraussprang. Nach kretischer Sage war sie aus einer von Zeus zertheilten goldnen Wolke hervorgegangen. Homer nennt sie die Lieblingstochter des Zeus, die des Vaters Donner handhabt u. seine Waffen anlegt, namentlich den furchtbaren Aegisschild, durch dessen Schütteln sie Furcht und Bestürzung über die Feinde bringt, ihre Freunde aber zur Tapferkeit begeistert. Doch führt sie nicht wie Mars den Krieg um des Krieges willen, sondern ist zugleich die sinnreiche Göttin für die Künste des Friedens. Als solche erscheint sie im langen Peplos, von hoher und schöner Gestalt. Als Athene Ergane, die Künstlerin, lehrt sie die Mädchen und Frauen Spinnen, Weben und Sticken; überhaupt alle Erfindungen, welche das menschliche Leben erhalten und verschönern, sind ihre Eingebung. Sie gibt dem Menschen die Zügel zur Lenkung des Rosses, erfindet Pflug und Hacke, um Feld und Garten zu bestellen, und auch der Oelbaum ist ihre Schöpfung und steht unter ihrem Schutze. Sie beschattet mit dem Wolkenschilde gnädig das Ackerfeld, daß nicht Dürre und Brand die Saaten verderben. Mit Hephästus verbunden, ist sie Urheberin aller Künste und Gewerbe. Auch das Schiff war ihr Werk, und schützend thront sie auf Vorgebirgen und an Seehäfen und beschwichtigt die Wuth der Stürme. Zu Lande geleitet sie den Wanderer, baut und erhält Brücken zum Verkehr unter den Menschen, begleitet die Heroen auf ihren Abenteuern zu Land und Wasser und flößt ihnen Rath, Muth und Kraft ein. Sie ist Helferin in jeder Noth, erhält Leben und Gesundheit, gibt durch Träume Mittel der Heilung und Rettung an, läßt warme Heilquellen aus der Erde hervorsprudeln, segnet die Mütter mit Fruchtbarkeit und mehrt die Geschlechter durch kräftigen Nachwuchs. Den Geschlechts-, Stamm- und Volksversammlungen steht sie als Beratherin vor u. ist Bundesgöttin der Amphiktyonen zu Ilon und Delphi. Sie gibt den Rathspersonen Einsicht, behütet die Rechtspflege, gewährt dem Schutzflehenden, der ihr Bild, das Palladium, berührt, Zuflucht vor den Verfolgungen der Blutrache, verhängt aber auch über den Schuldigen schwere Strafe, sendet den Frevlern Landplagen und legt Denen, die sich an dem Asylrecht des Palladiums vergangen, harte Bußungen auf. Alle Stände mit ihrer Fürsorge umfassend, wird sie Schirmgöttin der Staaten, der Städte und Burgen, die nur dann erobert werden, wenn das Bild der Schutzgöttin entfernt wird. Als Kriegsgöttin aber zerstört sie ebensowohl feindliche Städte, als sie befreundete schirmt. Unter ihrer Obhut üben sich die Jünglinge für den Kampf, und das Streitroß ist ihr geweiht. Auf dem vierspännigen Streitwagen, ihrer Erfindung, kämpft sie gegen Giganten u. Titanen. Sie ist Erfinderin der Trompete, die zur Schlacht ruft, und der Flöte, die den Marsch des Heeres begleitet, wie sie schon als Göttin der Künste M. Musica (mit der Flöte) und Aëdo, die Sängerin, heißt. Sie führt das Heer zum Siege u. zur Beute und wird daher durch Siegesfeste verherrlicht u. mit dem Zehnten der Beute beschenkt. Im gewöhnlichen Mythus wird sie als strenge, mannhafte Jungfrau (Parthenos, Pallas) dargestellt, das Ehebett fliehend und von Liebe nie bezwungen. Selbst dem Schönheitsrichter Paris erscheint sie im ältern Mythus nur bekleidet, erst nach dem späteren nackt. Tiresias, der sie unabsichtlich im Bade erblickte, erblindete. Selbst ihr Bild, das Palladium, wird vor Männerblicken gehütet, und Ilus und Metellus, die es beim Brande des Tempels retteten, verloren deshalb das Augenlicht. Die Idee der sinnigen Göttin, die alle Künste erfindet, wurde von den Philosophen weiter ausgebildet; bei Plato ist Athene die Erkenntniß des Göttlichen, bei den Stoikern die verkörperte Vorsehung Gottes, die dem Zeus inwohnende Einsicht, der alldurchdringende Feuergeist. Die älteste Heimat des Pallasdienstes scheint Thessalien zu sein, und durch thessalische Pelasger kam derselbe zuerst nach Kleinasien. Einen alten Kult hatte sie auf Kreta am Flusse Triton im Gefilde Thenä (Athenä), wo sie geboren worden sein sollte. In Böotien blühte der Athenekult am kopaischen See, zu Alalcomenä am Flüßchen Triton. Von hier verbreitete sich ihr Dienst besonders nach Attica, welches ihr geheiligt war. Auf der Burg zu Athen stand der herrliche Tempel der Athene Parthenos, das Parthenon, mit der kolossalen Bildsäule der Göttin von Elfenbein und Gold; ferner der ältere Tempel der Athene Polias, das Erechtheion, und in der dunkeln Cella im Schein des ewigen Lichts, das auf dem kunstvollen Leuchter des Callimachus brannte, das alte, vom Himmel gefallene Palladium aus Oelbaumholz. Den Gottesdienst auf der Burg besorgte das Geschlecht der Eteobutaden, aus welchen die Priesterin der Athene genommen wurde, welche im Tempel wohnte und reiche Einkünfte genoß; unter ihr dienten ein Jahr lang die Ersephoren oder Arrhephoren, 4 edelgeborne Mädchen zwischen 7 und 11 Jahren. Die glänzendsten Feste der M. in Athen waren die Panathenäen, von denen die großen alle 4 Jahre, die kleinen jährlich oder alle 3 Jahre gefeiert wurden. Aus Griechenland ging die Verehrung der M. nach Großgriechenland über, wo sie Tempel (Athenäen) zu Surrentum, Siris, Metapontum, Luceria, Salapia, Castrum hatte. Von Alba longa kam ihr Kult nach Rom, wo ihr mit Jupiter und Juno der Haupttempel auf dem Kapitol geweiht war. Ihr Hauptfest waren die größeren Quinquatrus mit dem Tubilustrium, mit Heerschau und Feier der Schuljugend, vom 19.—30. März; M. Musica ward an den kleineren Quinquatrus im Juni von den priesterlichen angesehenen Tubicines, der Flötenspielerzunft, gefeiert. Der etruskische Name Menerva kommt von menervare, monere, die Berathende. An den ältesten Bildern der M., den Palladien, wallt der Peplos weit und faltig zu den Füßen hinab, in der Mitte ein breiter, mit Figuren, dem Gigantenkriege, besetzter Streif, auf jüngern nach Phidias trägt sie über der jungfräulichen Tunica das Pallium, einen kürzern Ueberwurf, auf der Brust den Schuppenharnisch der Aegis, von Schlangen umgeben, in deren Mitte das Medusenhaupt, auf dem Kopfe oder in der Hand den Helm oben mit der Sphinx, an den Seiten mit Greifen geziert, auf dem runden argolischen Schilde ebenfalls die Medusa. Das Pallasideal, von Phidias vollendet, trägt mehr männlichen als weiblichen Charakter. Durch Phidias wurde auch das Käuzchen als Symbol des Nachsinnens der M. stete Begleiterin.

Minervae Promontorium (lat.), steiles Vorgebirge Kampaniens, einst Sitz der Sirenen, auf dessen Spitze schon frühzeitig ein Tempel der Athene stand; jetzt Punta della Campanello.

Minervini, Giulio, namhafter Archäolog, geboren um 1815 in Neapel, ist seit 1850 Direktor des bourbonischen Museums daselbst und machte sich u. A. durch die Werke „Monumenti antichi inediti“ (Neapel 1850—54, 2 Bde.) und „Bulletino archeologico“ (das. 1850 ff.) bekannt. Sein Bruder Gabriel M. ist Arzt in Neapel und hat sich als medicinischer Schriftsteller einen Namen erworben.

Minervino, Stadt in der italienischen Provinz Bari, ist Bischofssitz und hat 9500 Einwohner.

Mineurs (franz., Minirer, auch Schanzgräber), eine Abtheilung von Soldaten, welche als Arbeiter zum Minenbau, sowie zum Sprengen der Minen verwendet werden.

Minge, Küstenfluß in Ostpreußen, entspringt im russischen Departement Kowno, fließt erst nordwestlich, dann südlich u. mündet im preußischen Regierungsbezirk Königsberg bei dem Dorfe M. in das kurische Haff.

Mingolsheim, Pfarrkirchdorf im badischen Mittelrheinkreis, Amt Bruchsal, mit Markt und 1850 Einwohnern. Das nahe Schloß Kißlau, sonst Residenz der Bischöfe von Speyer, dient jetzt als Staatsgefängniß. Die $1/_{2}$ Stunde entfernte kalte Schwefelquelle wird vorzüglich empfohlen bei Hautkrankheiten exanthematischer und ulceröser Natur, chronischen Leiden der Schleimhäute, Krankheiten des Sexualsystems, Störungen der Blutcirkulation im Unterleibe, Rheumatalgien, hydropischen Zufällen und Kacherien.

Mingotti, Katharina, geborne Valentini, berühmte Sängerin, geboren 1728 zu Neapel von deutschen Aeltern, kam frühzeitig nach Deutschland und wurde von ihrem Gemahl, dem Venetianer M., der Unternehmer der Oper zu Dresden war, zur Sängerin herangebildet. Sie erhielt eine Stelle am dresdener Theater, sang hierauf in Neapel u. wieder in Dresden, bereiste Spanien, Frankreich, England und Italien, ließ sich 1763 zu München nieder und † 1807 zu Neuburg an der Donau.

Mingrelien (Mingreul, d. i. Land der tausend Quellen), ehemals selbstständiges Fürstenthum, in Kaukasien am schwarzen Meere, nördlich vom Rion und westlich von der Landschaft Imerethien, gehörte später zu Persien, fiel 1804 an Rußland und bildet gegenwärtig einen Theil des russischen Gouvernements Kutais in Transkaukasien, steht aber als sogenanntes Vasallenland noch unter seinem eigenen erblichen Fürsten aus dem Hause Dadian. Es grenzt gegen Westen an das schwarze Meer, gegen Norden an Abchasien, gegen Osten an die Hochkämme des Kaukasus, gegen Süden an Tiflis (durch den Rion davon getrennt) und umfaßt einen Flächenraum von ungefähr 160 QM. mit 88,000 Einwohnern. Das Land ist theilweise gebirgig, theilweise morastig, im Allgemeinen aber höchst fruchtbar. Dichte Waldungen bedecken große Strecken des Gebiets. Hauptprodukte sind: Getreide, Wein, Oel, Hirse, Holz, Seide, Honig, Pferde. Die Einwohner (Mingrelier, in ihrer eigenen Sprache Kadzariai) haben mit den Georgiern gleiche Abstammung, sind noch ziemlich roh, theilen sich in drei streng geschiedene Kasten (Fürsten, Edelleute u. Gemeine), bekennen sich zur griechisch-katholischen Kirche und leben unter despotischem Druck. Der ehemalige Czar von M. führte den Titel „Fürst des schwarzen Meeres". Seine Residenz war die kleine Hauptstadt des Landes Isgaur oder Iskuriah (das alte Dioscurias) am schwarzen Meer, welche zugleich der Haupthandelsplatz des Landes war. Herr des Landes ist der Dadian als russischer Lehnsfürst, der als russischer Vasall in Sugdidi residirt. Einige Fürstenfamilien und eine große Anzahl Adeliger sind wieder Lehnsleute des Dadian, aber dabei ziemlich unabhängig. Der Dadian, wie seine Vasallen, haben Bauern zu Unterthanen, die entweder die Felder ihrer Herren bestellen und dafür von diesen unterhalten werden, oder für eigene Rechnung ihre Felder bebauen u. den Herren eine Abgabe zahlen. Das Gebiet umfaßt 4 Kreise. M. ist das Colchis der Alten, bildete dann einen Theil von Georgien u. ward bei der Theilung dieses Landes (1241) zu Imerethien geschlagen. Die Könige von Georgien ließen das Land durch Gouverneure verwalten, deren einer, Dadian, sich unabhängig machte u. Stammvater der nachherigen Fürsten von M. wurde.

Minho (Miño), einer der Hauptflüsse Spaniens, entspringt auf der Sierra de Mondonedo in 2 Bächen (Mino und Minotolo) aus einem kleinen See bei Fuente-Minho in der spanischen Provinz Lugo (Galicien), fließt anfangs südwestlich, dann südöstlich, nachher wieder südwestlich, tritt in die Provinz Orense ein, bildet in seinem untern Laufe die Grenze zwischen Spanien u. Portugal u. mündet, nachdem er rechts die Narla, Ferreyra u. Tea, links den Sil (bedeutender als der M. selbst) und die Sarria aufgenommen, nach einem 36 Meilen langen Lauf bei Caminha in den atlantischen Ocean. Schiffbar wird er erst 5 Meilen vor seiner Mündung bei Salvatierra, aber auch nur für kleinere Fahrzeuge; größere können die an der Mündung liegende sehr versandete Barre nicht passiren. Sein Stromgebiet umfaßt 740 QM. Er hieß bei den Alten Bätis und wegen seiner menniggelben Farbe Minius, woraus der Name M. entstanden ist. Die nach ihm benannte portugiesische Provinz Entre-Douro e Minho (gewöhnlich nur M. genannt), bildet die nordwestliche Ecke des Landes, grenzt nördlich an die spanischen Provinzen Pontevedra und Orense (Galicien), östlich an die portugiesische Provinz Traz os Montes, südlich an Beira (durch den Douro davon getrennt), westlich an den atlantischen Ocean, ist nächst Algarve die kleinste, aber am dichtesten bevölkerte Provinz von ganz Portugal und umfaßt einen Flächenraum von 147,36 QM. mit (1861) 887,859 Einw. Sie wird bewässert von den Flüssen M., Douro (Grenzfluß gegen Beira), Lima, Cavado, Ave u. A. Die Provinz besteht aus dem von zahlreichen Thälern durchschnittenen Centralplateau von Braga, der nördlichen Hälfte des untern Dourothals, den Thälern der Flüsse Lima, Cavado und Ave und einem ziemlich niedrigen Küstenstriche. Unter den zahlreichen Gebirgen, welche sie durchziehen, erreicht die Serra do Gerez eine bedeutende Höhe. Der Boden ist zwar meist von felsiger, steiniger oder sandiger Beschaffenheit, aber in Folge der reichlichen Bewässerung und des milden, feuchten Klima's, sowie in Folge äußerst sorgsamer Bearbeitung sehr ergiebig. Hauptprodukte sind: Getreide (Mais und Weizen zur Ausfuhr), Hülsenfrüchte, Kastanien, Gemüse, gute Weine, Südfrüchte, Holz (Stein- und Korkeichen, Lorbeer, Cypressen u. a.), Zuchtvieh (Rinder, Ziegen, Schafe). Die Gebirge sind meist mit Laubwald bedeckt, die Thäler bieten fette Wiesen dar, und das bis auf das kleinste Fleckchen angebaute Land gleicht einem Garten. Auch hat es mehre Mineralquellen und Erzgänge, die aber meist noch nicht ausgebeutet werden. Die Einwohner sind gesittet, sehr gewerbfleißig, gastfrei und genügsam; sie treiben außer Ackerbau u. Viehzucht besonders Leinweberei, Handel mit Wein, Wolle 2c., Fischerei auf Lampreten, Störe, Sardinen 2c. Die Provinz zerfällt in die 3 Distrikte: Oporto (Porto), Braga und Vianna mit den gleichnamigen Hauptstädten; Provinzialhauptstadt ist Oporto.

Miniani Dii (lat.), bei den Römern mit Mennige geschminkte oder ganz damit bemalte Götterbilder.

Miniato, St. (San Miniato), Stadt in der toskanischen Provinz Florenz, Bischofssitz, mit schöner Kathedrale, 11 anderen Kirchen u. 4000 Einwohnern, ist denkwürdig als der Stammort der Familie Bonaparte.

Miniaturmalerei, eine Art Aquarellmalerei, welche vor Erfindung der Oelmalerei und des Holzschnitts bereits im 4. Jahrhundert in Gebrauch war und besonders durch die „Miniatoren" und „Briefmaler", namentlich in Klöstern, zur Illustration von Evangelienbüchern durch ornamentale Illuminirung der Initialen geübt wurde. Der Name selbst stammt von dem Worte Mennige (minia), welche Farbe besonders in Anwendung kam. Ueberhaupt waren die Farben Deckfarben, wie sie noch heute zum Aquarell gebraucht werden; dieselben wurden mit gummirtem Wasser verdünnt und mit sehr spitzem Pinsel aus Zobelhaar aufgetragen. Da die Malereien meist sehr klein und zierlich waren, weil sie nur zur Verzierung des Textes der Handschriften dienten, so nannte man jede kleine Malerei Miniatur. Heutzutage hat ihre Stelle der illustrative Farbendruck eingenommen. Doch bedient man sich ihrer noch zu kleinen Medaillenbildern auf Pergament, Elfenbein 2c.; im Ganzen aber hat sie ihren künstlerischen Werth verloren. In den älteren Zeiten spielte sie eine bedeutende Rolle, da sich die ganze Malerei neben der Wand- und Glasmalerei auf die M. beschränkte; daher wir einen kurzen geschichtlichen Rückblick über sie geben. Wie bemerkt, verdankt die M. ihre Entstehung und Ausbildung der Illustration von Heiligenbüchern, welche mit zierlichen Lettern auf sorgfältig vorbereitetes Pergament geschrieben und in vergoldete, nicht selten mit Schnitzwerk in Elfenbein belegte, ja mit Edelsteinen besetzte Deckel eingeschlossen wurden. Dem entsprechend mußte nun auch das Innere prachtvoll ausgestattet sein. Die Malereien beschränkten sich anfangs auf ornamentale Figuration der Initialen, später fügte man ganze Kompositionen hinzu, welche zur Erläuterung des Textes dienen sollten. Es ist eine nicht unbedeutende Menge von dergleichen Werken aus der ältesten Zeit auf uns gekommen, welche für den Gang der Kunstgeschichte in Deutschland, Frankreich, den Niederlanden und Italien vom 4. bis zum 15. Jahrhundert von großer Wichtigkeit sind. In den frühesten Denkmälern dieser Art zeigt sich eine gewisse Hinneigung zum antiken Styl, wie in den in der ambrosianischen Bibliothek zu Mailand befindlichen Handschriften des Homer und in denen zum Virgil (in der vatikanischen Bibliothek zu Rom), welche aus dem 4. oder 5. Jahrhundert stammen. Ja noch im 9. Jahrhundert zeigt sich dieser antikisirende Styl, aber in viel roherer Weise, wie die Handschrift des Terenz zeigt. Daß dieser Styl nicht bloß durch den Inhalt geboten war, beweisen eine ebenfalls dem 5. Jahrhundert angehörige griechische Handschrift der Genesis (in der Bibliothek zu Wien), sowie eine 32 Fuß lange Pergamentrolle mit einer illustrirten Darstellung der Geschichte des Buches Josua (in der vatikanischen Bibliothek zu Rom), welche dem 7. oder 8. Jahrhundert angehört. Einige Anklänge an den in der sonstigen Kunst bereits lange herrschenden byzantinischen Styl finden sich in den Miniaturen des 10.—11. Jahrhunderts, in welchem letzteren die antike Kunstweise ganz verschwindet. Die Gestalten werden hager und in die Länge gezogen, Starrheit und Eckigkeit prägt sich in den Formen aus, und auch die Färbung verliert an Harmonie. Zu den besseren Arbeiten dieser Art gehört eine Reihe von Manuskripten der pariser Bibliothek und des Vatikans. Im 13. Jahrhundert verlieren sie jedoch jeden Kunstwerth. Hauptsächlich von Bedeutung ist die durch Karl den Großen ins Leben gerufene Miniaturmalerschule am fränkischen Hofe. Die zahlreichen für diesen Kaiser angefertigten prachtvollen Andachtsbücher, darunter mehre Evangelienbücher (zu Paris, Trier 2c.), geben Belege für den hohen Standpunkt dieser Kunst in technischer Beziehung. Auch unter Karl dem Kahlen wurden mehre umfangreiche Prachtwerke ausgeführt, die jedoch schon roher erscheinen. Eine besondere Richtung zeigt die angelsächsische M., indem sie das Figürliche in das Arabeskenartige verschwinden läßt u. mehr auf kalligraphisches Schnörkelwesen Werth legt, bei übrigens sehr sauberer technischer Ausführung. Hierher gehört das aus dem 7. Jahrhundert stammende sogenannte Cuthbertbuch (im britischen Museum zu London). Doch auch sie artete seit dem 10. Jahrhundert in Rohheit aus. Dennoch ist nicht unerwähnt zu lassen, daß alle diese Kunstbestrebungen als die Vorläufer des romanischen Kunststyls der Tafel- und Wandmalerei zu betrachten sind. Mit dem 11. Jahrhundert schließt die erste Periode der M., und es beginnt nun die zweite mit dem romanischen Styl der Miniaturbilder in Deutschland, Frankreich und den Niederlanden. Der zwar konventionelle Charakter der byzantinischen Kunst, mit ihm aber auch die lebhafte Färbung und feine Technik, sowie die Anwendung von Vergoldungen sprechen sich in den handschriftlichen Malereien dieser Zeit entschieden aus. Es gehören dahin besonders die auf Veranlassung Otto's II. gefertigten Evangelienbücher (in den Bibliotheken zu Gotha, Trier, Paris 2c.), in denen sich ein Streben nach geheimnißvoller Symbolik, namentlich in der Illustration der Apokalypse, kund gibt. Dabei herrscht in der Färbung ein lebhafter Sinn für Schönheit u. Harmonie der Farben. Die schönsten dieser Miniaturen besitzt die Bibliothek zu München aus dem Domschatz zu Bamberg. Im 12. Jahrhundert macht die phantastische Symbolik einigermaßen einem unbefangenen Sinne für die realen Erscheinungen des Lebens Platz, wahrscheinlich durch die gleichzeitige Nationalpoesie darauf hingeleitet. Dahin gehören der „Hortus deliciarum" (in der Bibliothek zu Straßburg), das Gedicht des Wernher von Tegernsee vom „Leben der Maria" (in der berliner Bibliothek), die Handschriften des Konrad von Scheyern aus der Mitte des 13. Jahrh. (in der Bibliothek zu München), sowie ein „Psalter" des Landgrafen Hermann von Thüringen (Bibliothek zu Stuttgart) u. a. m. In Frankreich war vornehmlich Paris durch seine Miniaturmaler berühmt, daher die Bibliothek zu Paris den bedeutendsten Schatz von Denkmälern dieser Art enthält. Seit der Mitte des 13. Jahrhunderts entwickelt sich der germanische Styl bereits mit großer Zartheit. Namentlich gehört dahin das dreibändige Werk „Das Leben des heiligen Dionysius". Hiermit treten wir zugleich in die dritte Periode der M. ein, in welcher der romanische Styl dem germanischen Platz macht. Denn die englischen Miniaturen sind den französischen und deutschen nicht ebenbürtig und erscheinen meist als rohe Nachahmungen der letzteren, während die niederländischen eine frische Natürlichkeit zeigen. Die dritte Periode der M. beginnt in der zweiten Hälfte des 14. Jahrhunderts. In Frankreich u. den Niederlanden zeigt sich jetzt ein höherer Aufschwung, der sich bis zum Anfang des 15. Jahrhunderts steigert. Große Feinheit in der Durchführung bei ausgebildetem Gefühl für malerische Wirkung, edlere Stylisirung bei gesunderer Naturbetrachtung sind der fast durchgängige Charakterzug der schönen Blätter aus jener Zeit, namentlich der niederländischen Künstler. Es werden jetzt auch schon Meisternamen genannt, wie Beaunevin, Jacquevrart, Paul von Limburg u. A. Eifrige Beschützer u. Förderer der M. in Frankreich waren König Karl V. (1364—80), Herzog Johann von Berri (1340—1416) und Philipp von Burgund (1362—1405), sämmtlich Söhne König Johanns I. Sie riefen zahlreiche Prachtwerke ins Leben, von denen die pariser Bibliothek die meisten bewahrt. In Deutschland erreicht die M. nicht die hohe Stufe der Ausbildung wie in Frankreich u. den Niederlanden, tritt auch gegen die anderweitige einheimische Kunst zurück. Malerische Wirkung wird den festen Umrissen geopfert, wie die Bilder der manesse'schen Minnesänger-Handschrift (1300, in der Bibliothek zu Paris) beweisen. Doch bereits 1334 begegnen wir einer Handschrift des Wilhelm von Oranse (in der Bibliothek zu Kassel), welche mit zierlichster Anmuth ausgeführt ist und mit den gleichzeitigen französischen Miniaturen mindestens auf gleicher Höhe steht. Später zeigt sich ein entschiedener Einfluß der kölner Malerschule auf die M. Hiermit schließt die dritte Periode. In der vierten Periode ist es ebenfalls zunächst Frankreich, welches die M. in bedeutender Weise kultivirt, besonders in der zweiten Hälfte des 15. Jahrhunderts. Die innige Beziehung zwischen der niederländischen und französischen M., so daß die Meister der verschiedenen Länder zuweilen an demselben Werke arbeiten, dauert fort. Daneben bildet sich eine Richtung aus, welche einen Einfluß der florentinischen Kunst offenbart. Zu den Meistern, welche diese Richtung vertreten, gehört besonders Jean Fouquet von Tours, Hofmaler Ludwigs XI., von welchem der größte Theil der Miniaturen in einer französischen Uebersetzung des Josephus (in der pariser Bibliothek) um 1488, sowie ein Cyklus von Miniaturen in Frankfurt a. M. (in der Sammlung von Brentano) herrühren. Sie verbinden die größte Pracht und Sauberkeit der technischen Behandlung mit großartiger Erfindung und Auffassung. Auch ein Schüler Johann van Eycks, der Herzog René von Anjou, hat Miniaturen gemalt. Selbst im Anfang des 16. Jahrhunderts wird die M., obschon sie durch Erfindung des Buchdrucks u. besonders des illustrativen Holzschnitts an populärer Bedeutung bedeutend einbüßte, in Frankreich geübt, namentlich in der Richtung des florentiner Styls, der jedoch bald in gezierten Manierismus ausartete, welcher das stehende Gepräge der französischen Kunst bis auf David herab blieb. Als ein tüchtiger Miniaturmaler jener Zeit wird Godefroy genannt (1519), dessen Arbeiten noch eine gewisse Strenge des Styls zeigen. In Deutschland verschwindet die M. fast gänzlich, bis sie seit der Mitte des 16. Jahrhunderts überhaupt nur noch als sporadische Liebhaberei auftritt. Auch die modernen neuesten Leistungen auf diesem Gebiet können keinen Anspruch auf höhere Würdigung machen.

Minié, Claude Etienne, Erfinder eines neuen Feuergewehrs, geboren 1805 zu Paris, stieg in der französischen Armee vom gemeinen Soldaten zum Offizier, ging 1830 mit nach Algier und bemühte sich seitdem unausgesetzt um die Vervollkommnung der Feuerwaffen. Am bekanntesten ward er als Erfinder des nach ihm benannten Miniésystems, das zunächst in Frankreich, dann aber in fast allen europäischen Armeen Eingang fand. Im Jahre 1852 zum Chef eines Bataillons ernannt, war er längere Zeit Lehrer für das Büchsenschießen an der Normalschule zu Vincennes, ging aber 1858 nach Aegypten, wo er vom Vicekönig die Leitung einer Waffenfabrik u. einer Schießschule übertragen erhielt.

Minieh (Miniet ebn Khasym), Stadt in Mittelägypten, am Nil, hat ansehnliche Bazars, große Baumwollspinnereien, Fabrikation von Wasserkrügen, die das Trinkwasser kühl erhalten (Bardaks), in der Nähe Tempelruinen der alten Stadt Hermopolis und etwa 3000 Einw.

Minimen (Mindeste Brüder, Minimi fratres Eremitae), ein 1435 von Franciscus de Paula zu Paula in Kalabrien gestifteter Mönchsorden, führte erst den Namen „Einsiedler des heiligen Franciscus", verbreitete sich rasch über Kalabrien u. Sicilien u. ward 1474 von Papst Sixtus IV. als Kongregation bestätigt. Auch in Frankreich fand der Orden seit 1483, wo ihm Karl VIII. ein Kloster zu Amboise baute, Eingang. Hier wurden die Glieder des Ordens die guten Leute (les bons hommes) genannt, Papst Alexander VI. aber änderte, als er 1493 den Orden bestätigte, jenen Namen in M. um. In Deutschland nannte das Volk sie Pauliner oder Paulaner, in Spanien Väter des Sieges (Patres de Victoria), weil man glaubte, daß durch ihr Gebet die Entscheidung in dem Kampfe gegen die Mauren zu Gunsten Ferdinand des Katholischen herbeigeführt worden sei. Die Verleihung aller Privilegien der Bettelorden an den Orden der M., sowie die Kanonisation seines Stifters trugen viel zu seiner großen Verbreitung bei. In der Mitte des 18. Jahrhunderts zählte er über 450 Klöster mit 25,000 Religiosen in 31 Provinzen. Selbst in Indien gründeten die M. Missionskolonien. Der Orden besteht noch in Italien und seit 1852 auch wieder in Spanien. Die M. haben neben den Ordensregeln der Franciskaner als viertes Gelübde Enthaltung von allem Fleisch u. den daher rührenden Speisen angenommen. Auch halten sie streng auf ein fortwährendes Stillschweigen. Geld dürfen sie nie bei sich führen. Ihre Kleidung wird aus grobem schwarzen Tuch verfertigt. In Spanien trat auch ein Nonnenorden der M. (Mindeste Schwestern), von Don Pedro de Lucena Olit in Andujar begründet, ins Leben u. fand auch in Frankreich Eingang, zählte aber selbst zur Zeit seiner Blüthe nur 14 Klöster mit 300 Schwestern. Der noch von Franciscus de Paula 1493 gestiftete Orden der Minimentertiarier beiderlei Geschlechts hat nur Eine Regel und ward 1502 vom Papst Alexander VI. bestätigt. Seine Mitglieder stehen unter der geistlichen Aufsicht der M., ohne gemeinschaftliches Leben, und befleißigen sich namentlich strengen Fastens. Sie gehen in bürgerlicher schwarzer Tracht mit einem Strickgürtel mit Knoten.

Minimum (lat.), Kleinstes, s. Maximum.

Minister (v. Lat.), Titel der höchsten Staatsbeamten, die in Monarchien dem Monarchen, in Republiken dem Präsidenten berathend zur Seite stehen, die Beschlüsse des Staatsoberhauptes vorbereiten und einholen, den untergeordneten Behörden zur Vollziehung zufertigen und überhaupt, zunächst unter dem Regenten oder der sonstigen höchsten Regierungsautorität stehend, die Staatsverwaltung in ihren einzelnen Zweigen leiten und überwachen. Zu diesem Zweck hat man in größeren Staaten das ganze Gebiet der Staatsverwaltung in einzelne Zweige oder Departements eingetheilt, deren jedem ein M. vorsteht. Gewöhnlich sind dies die Departements des Innern, des Aeußern, des Kultus und öffentlichen Unterrichts, der Justiz, der Finanzen u. des Kriegs. Hierzu kommen in manchen Staaten noch eigene Staatsministerien für die Polizei, den Handel und Ackerbau und die öffentlichen Arbeiten, in Seestaaten noch ein Marineministerium. Alle Staatsminister, für gewisse Angelegenheiten kollegialisch vereinigt, bilden in manchen Staaten das Ministerium (Staatsministerium, Ministerrath, Conseil) als oberste Staatsbehörde. In kleineren Staaten sind mehre der oben genannten Ministerien gewöhnlich in Einem vereinigt. Jedes einzelne Ministerium ist meist in Bureaux oder Sektionen eingetheilt, von denen jedes wieder ein besonderes Fach bearbeitet. Die Bureauchefs führen zuweilen den Titel Ministerialräthe, haben jedoch selten eine kollegialische Stimme bei der Beschlußfassung. Den Vorsitz bei den Ministerberathungen führt entweder das Staatsoberhaupt selbst, oder ein besonderer Ministerpräsident (Premierminister, Staatskanzler). Letzterer kontrolirt auch wohl die andern Ministerien, obgleich er meist selbst einem eigenen Departement, in der Regel dem des Auswärtigen, vorsteht. Wo neben dem Ministerium noch ein Kabinet besteht (wie in Rußland), leitet dieses außer den Privatangelegenheiten des Regenten besonders die auswärtige Politik. Die Mitglieder desselben führen im Gegensatz zu den Staatsministern den Titel als **Kabinetsminister**. M. ohne ein eigentliches Portefeuille, welche der Fürst zu Ministerberathungen zuzieht, ohne ihnen ein besonderes Departement zu übertragen, heißen **Konferenzminister**. Die Stellung der M. ist selbstverständliich eine wesentlich andere im absoluten u. im konstitutionellen Staate. Während sie dort nur dem Monarchen verantwortlich und von dessen Befehlen unbedingt abhängig sind, kommt im konstitutionellen Staate dazu noch die **Verantwortlichkeit** der Volksvertretung gegenüber, vermöge deren die M. für alle Regierungsakte des für unverantwortlich erklärten Monarchen in Anspruch genommen werden. Alle Befehle des Herrschers müssen daher verfassungsmäßig je nach Maßgabe ihres Inhalts von Einem M. oder von mehren od. von allen M.n mitunterzeichnet (kontrasignirt) sein, nicht bloß, damit die Aechtheit derselben bezeugt, sondern auch damit erklärt werde, daß die Unterzeichneten für ihren Inhalt verantwortlich seien. Die Verantwortlichkeit der M. ist theils eine parlamentarische oder politische, theils eine strafrechtliche. Jene besteht darin, daß wegen aller Handlungen oder Unterlassungen der Regierungspolitik die M. als Rathgeber der Krone in den Verhandlungen der Volksvertreter wie in der Presse zur Rechenschaft gezogen werden. Die Spitze dieser politischen Verantwortlichkeit besteht in Staaten mit ausgebildetem konstitutionellen System darin, daß ein Ministerium, mit dessen Grundsätzen und Handlungen die Mehrheit der Volksvertretung nicht übereinstimmt, einem andern Platz machen muß (**parlamentarische Regierung**). Bei der strafrechtlicher oder Ministerverantwortlichkeit im engern Sinne handelt es sich um solche Handlungen oder Unterlassungen der Regierung, welche geradezu verbrecherisch oder doch staats- und gemeingefährlich erscheinen. Für solche macht das konstitutionelle Staatsrecht die M. verantwortlich, und zwar zunächst denjenigen, in dessen Departement der betreffende Akt einschlägt und welcher durch seine Mitunterschrift denselben hat vollziehen helfen. Da ohne eine solche Mitunterschrift eines M.s kein Regierungsakt gültig ist, durch dieselbe der M. aber die volle Verantwortlichkeit für den betreffenden Akt übernimmt, so kann kein M. sich durch die Einrede schützen, daß er den Befehl des Monarchen habe vollziehen müssen. Die Anklage der M. steht in den meisten Staaten der Wahlkammer, die Entscheidung dem andern Theile der Volksvertretung (Oberhaus, Senat) zu. In manchen Ländern ist die Entscheidung einem besonderen Gerichtshof überwiesen; meist ist zu einer Ministeranklage ein gemeinsamer Beschluß beider Kammern erforderlich. In Nordamerika beschränkt sich die Verurtheilung auf die Unschädlichmachung des für strafbar erkannten M.s, d. h. auf Amtsentsetzung und Unfähigkeitserklärung zur ferneren Bekleidung eines solchen Amts, wogegen der Begriff der strafbaren Vergehen ziemlich weit ausgedehnt wird (z. B. auf schlechte Verwaltung, grobe Fehler in der äußeren Politik rc.); in England und auf dem Kontinent kann nur wegen wirklich unter das Strafgesetz fallender Handlungen Anklage erhoben werden. In vielen Staaten gilt auch die Bestimmung, daß das Begnadigungs- und Abolitionsrecht des Staatsoberhaupts für solche Fälle außer Wirksamkeit tritt. Weil indeß Umstände eintreten können, wo die Macht der Thatsachen die M. über die Grenzen des Gesetzes hinausdrängen, pflegt in England das Parlament die in solchen Fällen von den M.n erbetene Bill of indemnity zu genehmigen. Vergl. **Mohl**, Die Verantwortlichkeit der M., Stuttgart 1837.

Ministerialen (ministeriales, d. i. Dienstleute), die schon in den ersten Zeiten des Mittelalters an den Höfen der Könige und ihrer Statthalter, sowie der Bischöfe fungirenden Hausbeamten, die anfangs wirkliche Dienste zu versehen hatten, später jedoch nur noch zum Hofstaat gehörten. Die vier ältesten und vornehmsten dieser Aemter waren die des Marschalls, des Kämmerers, des Schenken u. des Truchseß, denen sich später noch so viele anreiheten, als die vermehrten Funktionen des Hofdienstes forderten. Zum Lohn für die von ihnen geleisteten Dienste erhielten diese M. Hoflehen, die gleich den Kriegslehen, jedoch etwas später, namentlich unter Kaiser Friedrich I., erblich wurden. Da sie aber in einem dienstlichen Verhältniß standen und mithin nicht für vollkommen frei angesehen wurden, so zählten sie nicht zu dem hohen Adel, welchen Fürsten, Grafen und Herren bildeten, sondern machten mit den zu Kriegsdiensten Verpflichteten die Ritterschaft aus. Später aber fingen sie an, mit Genehmigung ihrer Herren ihre Dienste von Anderen verrichten zu lassen, die sie nun ihrerseits ebenfalls mit Uebertragung von Lehen entschädigten, woraus neben den Erzämtern (s. d.) die von ihnen sich herschreibenden Erbämter (s. d.) entstanden. Vgl. **Fürth**, Die M., Köln 1836.

Ministerium (lat.), s. **Minister**.

Ministerverantwortlichkeit, s. **Minister**.

Ministrales (v. Lat.), in früheren Zeiten u. in einigen katholischen Kirchen noch jetzt die Sänger, die beim Gottesdienste, namentlich bei den Altarverrichtungen, bei der Liturgie, mitwirken. Da sie auch zur Hofmusik gezogen wurden, entstanden daraus die Minstrels.

Ministrant (v. Lat.), s. v. a. Meßdiener; daher **ministriren**, die Funktion des Meßdieners versehen.

Minne (von dem altdeutschen man, denken, gedenken, sich erinnern, woher auch mahnen stammt), ursprünglich s. v. a. Erinnerung, Andenken. Die alten Deutschen pflegten nämlich bei festlichem Gelage dem Andenken eines Verstorbenen oder Abwesenden oder zu Ehren eines Gottes beim Opfer einen Becher zu weihen und nannten dies „M. trinken“. Im deutschen Mittelalter waren es aber vornehmlich zwei Heilige, denen zu Ehren, besonders von Scheidenden und Reisenden, M. getrunken zu werden pflegte, nämlich der Evangelist Johannes, weil derselbe, ohne an seiner Gesundheit Schaden zu nehmen, vergifteten Wein getrunken haben und daher der ihm geweihete Trunk die Gefahr der Vergiftung abwenden sollte, und die heilige Gertrud, die man mit Johannes zusammengesellte, weil sie ihn vor allen Heiligen ganz besonders verehrt hatte.

Daher die Redensart: „St. Johannes und St. Gertruden M. trinken". Bald aber entwickelte sich in Deutschland für das Wort M. die Bedeutung persönlicher u. besonders geschlechtlicher Zuneigung, während „Liebe" nur das Erfreuliche, Angenehme, das Wohlgefallen (im Gegensatze zu Leid) bezeichnete. In den Liebesliedern des Mittelalters, bei den Minnesängern (s. d.), erscheint die M. als Verehrung der Frauen auch personificirt als **Frau M.** Später erhielt das Wort M. den tadelnden Nebensinn des bloß sinnlichen Genusses, und seine frühere edlere Bedeutung ging auf das Wort Liebe über, bis die Dichter des 18. Jahr nderts das fast vergessene Wort M. in seiner edl edeutung wieder in die Dichtersprache einführten.

Minnehöfe (Liebeshöfe, franz. cours d'amour, ital. corti d'amore), Gerichte, welche zur Zeit der Troubadours in Südfrankreich zum Scherz niedergesetzt worden sein sollen, um über Zwistigkeiten zwischen Liebenden zu entscheiden. Eigentliche, namentlich von Frauen gebildete Gerichtshöfe dieser Art mit anerkannter richtlicher und exekutiver, oder auch nur sittenrichterlicher Gewalt hat es nie gegeben. Aus den Gedichten der Troubadours ergibt sich nur so viel, daß Liebespaare manchmal ihre Differenzen dem Urtheil eines Schiedsrichters, meist eines berühmten Minnesängers, unterwarfen, sowie daß bei gelegentlichen geselligen Zusammenkünften von Damen, Rittern und Sängern an den Höfen der Fürsten zur Kurzweil mitunter auch auf erotische Angelegenheiten bezügliche Fragen aufgeworfen und verhandelt wurden, und zwar mit der in jenem Zeitalter üblichen spitzfindigen Dialektik. Insbesondere war es der Gott Amor, den die allegorische Poesie des Mittelalters als König der Liebe darstellte, mit einem Hofhalt oder einem Parlament umgab u. förmliches Minnegericht halten ließ. In mehren Städten Süd- und Nordfrankreichs wurden dergleichen allegorische Festspiele von einem Prince d'amour oder einer Court amoureuse öffentlich aufgeführt; ja man veranstaltete eine Sammlung von Liebesregeln und Aussprüchen über Liebeshändel (Regulae amoris et amoris varia judicia), woraus ein förmliches Liebesgesetzbuch mit Liebestribunalen (Martials von Auvergne Arrêts d'amour et Parlement d'amour aus dem 15. Jahrhundert) entstand, das von den angesehensten Rechtsgelehrten der damaligen Zeit scherzhafter Weise mit großem Aufwand von Gelehrsamkeit kommentirt wurde. Man hat sich demnach unter Minne- oder Liebeshöfen nichts weiter zu denken, als gesellige Unterhaltungen der höfischen Zirkel, wobei vorgelegte, die Liebe betreffende Fragen oder auch Streitigkeiten zwischen Liebenden, besonders unter Vorsitz von Damen, in einer Form, die mehr oder weniger an das Verfahren der Gerichte erinnerte und der damals vorherrschenden allegorischen Richtung der Poesie ganz angemessen war, verhandelt zu werden pflegten. Vgl. Diez, Beiträge zur Kenntniß der romantischen Poesie, Heft 1, Berl. 1828.

Minnesänger (Minnesinger) werden, mit besonderer Hervorhebung des von ihnen vorzugsweise behandelten poetischen Stoffes, die deutschen Lyriker des 12. u. 13. Jahrhunderts in ihrer Gesammtheit genannt. Eigentlich lyrische Dichtungen treten in Deutschland erst in diesem Zeitraume auf, Alles, was Laien und Geistliche früher gesungen, trägt im Ganzen epischen Charakter, dessen Spuren auch noch den frühesten lyrischen Hervorbringungen anhaften. Mehr als die deutsche Epik in ihrer mittelalterlichen Glanzzeit darf die deutsche Lyrik als originales Erzeugniß unseres Volksgeistes gelten. Zwar hat auch sie erhebliche Einwirkungen von der romanischen Kunstpoesie erfahren, doch ist diese Beeinflussung, die vorzüglich von der provençalischen und nordfranzösischen Liebespoesie ausging, eine lediglich formelle geblieben, der Minnegesang, seinem Wesen nach, gehört zu den eigensten Schöpfungen des nationalen deutschen Genius. Die unsern germanischen Vorfahren schon von Tacitus zugesprochene Empfindung für das „Heilige und Ahnungsvolle" in der Frauennatur u. das Feingefühl für das Mysterium des weiblichen Wesens mußte dem im Geleite des Ritterthums auftretenden Frauendienst in Deutschland ganz natürlich, der chevaleresken Galanterie der Romanen gegenüber, einen tieferen, innigeren und gemüthvolleren Charakter verleihen. Da alle ächte Lyrik aus der lebendigen Herzenserregung des Dichters hervorgedrungen u. um so bedeutender sein muß, je tiefer sie aus der dichtenden Seele quillt, so konnte die eigenthümliche Innerlichkeit und Intensität des germanischen Gemüthslebens in keiner dichterischen Gattung zu so herrlicher und wunderreicher Entfaltung kommen als in der Lyrik. Jene ehrfürchtige Anerkennung des sanctum et providum im Weibe, von welcher der römische Historiker schreibt, äußert sich im deutschen Liebesleben, wie es die Minnepoesie darstellt, als eine fast blöde Scheu des Liebenden vor der Geliebten, als ein zagendes Sehnen u. schüchternes Verlangen aus der Ferne zu der Erkorenen, als eine zu dem Marienkultus in unverkennbarer Beziehung stehende demüthige Anschauung des geliebten Weibes, der „hehren Fraue" als eines in reinerer Lebenssphäre als der Mann heimischen Wesens. Darum erscheint der deutsche Minnegesang, verglichen mit der mehr auf kecken frischen Lebensgenuß, auf Waffenfreude und Fehdelust, auf galante Abenteuer und sinnlichen Liebeslohn gerichteten überrheinischen Troubadourspoesie nach J. Grimms treffendem Ausdruck „frauenhafter", und wenn er auch sinnlicher Elemente keineswegs ganz entbehrt, vielmehr solche hie und da allzu sehr hervortreten läßt, so ist doch im Großen u. Ganzen die deutsche Liebeslyrik des Mittelalters von ungleich idealerer Haltung als die romanische. Auch noch ein anderer Grundzug des Minnegesangs kennzeichnet diesen als ächt germanisches Geisteskind. Es ist das überall aus ihm hervorklingende tiefinnige Naturgefühl, das „bald freudig erregte, bald tiefwehmüthige Mitleben mit der Natur, die Freude an Laub und Gras und Blumen und Waldvögeln, an den langen lichten Sommertagen und der hellen wonniglichen Sommerszeit, die Trauer um die verwelkten Blüthen, die gefallenen Blätter und die in Reif und Schnee erstarrte Erde, welches sich in einer großen Menge von Minneliedern ebenso einfach und unschuldig als zutraulich und lieblich ausspricht". Ein großer Reichthum in stofflicher Hinsicht läßt sich der mittelalterlichen deutschen Lyrik nicht nachrühmen. Die ältesten, der Form nach noch völlig volksmäßigen Ueberbleibsel bestehen in Liebesliedern, religiösen Gesängen, gnomischen Stücken und einem Lob- und Klaglied auf Verstorbene. Von diesen vier Arten bleiben auch in der kunstmäßigen Lyrik die drei ersten die vornehmsten. Daneben finden sich noch Preis- und Klaggesänge beim Empfang oder Abschied der Jahreszeiten, Darstellungen aus dem Dorfleben, Lob- u. Straflieder, an einzelne lebende Personen oder an ganze Stände und Geschlechter gerichtet, politische, satirische u. allegorische Gedichte, deren meiste sich indeß mehr oder weniger nahe mit einer od. der andern jener drei Hauptarten berühren. Stofflich am umfassendsten sind die Dichtungen des größten deutschen Lyrikers im Mittelalter, Walthers von der Vogelweide. Zwischen seinem „Unter der Linden“ und seinem in Palästina gesungenen „Allererst lebe ich mir“ liegt die ganze Tonleiter menschlicher Empfindung durch Hunderte von Liedern ausgedrückt (Gödeke). Was die formelle Gestaltung des Minnegesangs angeht, so sind drei Hauptformen desselben zu unterscheiden: Lied, Leich und Spruch. Während die ältesten Lieder noch zum Theil in der Heldenstrophe abgefaßt sind, erscheint in der besten Zeit des Minnegesangs das Lied regelmäßig als ein aus drei symmetrischen Theilen bestehendes Ganzes, als dreitheilige Strophe. Eine Reihe solcher Strophen, die wir jetzt in ihrer einheitlichen Verbindung ein Lied nennen, hieß die Lied. Die drei Theile des Liedes bestehen aus zwei auf einander folgenden gleichmäßigen Vers- und Reimgeflechten, die Stollen genannt, welchen der Abgesang folgt, der in selbstständiger Gliederung die Strophe zusammenfaßt und abschließt. Neben dieser strophischen Kunstform geht eine andere, der Leich, her, der, aus dem alten Kirchengesang entsprungen, die Strophengliederung entbehrt u. sich als musikalisches Stück darstellt, dessen Thema mannichfach varirt wird. Es werden nur Brautleiche u. Hochzeitleiche genannt, dagegen sprechen die Dichter von „minneliet“, „brûtliet“, „trûtliet“, „tageliet“ (welches das Scheiden der Liebenden beim Tagesanbruch schildert), „kriuzliet“, Kreuzfahrerlied, „lobeliet“, „jageliet“, „klageliet“ 2c. Sprüche endlich heißen Gedichte lehrhaften religiösen oder poetischen Inhalts, einzeln stehende, meist größere mit langen Versen und wohl auch untheilig gebaute Strophen. Die Bezeichnungen „Wort“ und „Weise“ entsprechen den heutigen Ausdruck und Melodie. In ihrer Verbindung heißen sie „Ton“, worunter das musikalisch-rhythmisch gegliederte Versmaß verstanden wurde. Einen neuen Ton selbstständig erfinden, war wesentliches Erforderniß für den M., Aneignung fremder Strophenformen und Weisen galt für unrecht, u. gerade in dieser wunderlichen Anschauung lag sowohl der große und ungemeine Formenreichthum der Lyrik des Mittelalters gegenüber der Formenarmuth der heutigen, als auch die allmählig eintretende Ueberkünstelung des Minnegesangs nothwendig begründet. In innigster Beziehung stand derselbe zu der Musik. In der letzten Zeit wurden die Minnelieder zum Saitenspiel, zu der Fidel od. Geige gesungen, die „Fahrenden“ trugen die Gesänge berühmter Meister von Ort zu Ort, mit dem ästhetischen Sinken der mittelalterlichen Lyrik und ihrer formellen Verkünstelung aber lockerte sich auch das Verhältniß zwischen ihr und der Tonkunst. Die so eminent ausgebildete Technik des Minnegesangs, die in Feinheit und Strenge des Versbaues u. Reimes während der Blüthezeit eine nie wieder erreichte Vollendung zeigte, setzte natürlich eine kunstgerechte Unterweisung voraus. Doch war diese nicht eine wirklich schulmäßige, es gab keine eigentlichen Lehrer, keine Schulen des Minnegesanges, sondern die Kunst des Gesangs, der Musik und des Dichtens wurde von den Söhnen der Ritter neben den übrigen Gegenständen höfischer Bildung von ihren Erziehern, von Geistlichen oder Spielleuten erlernt. Drei Entwickelungsepochen lassen sich in der Geschichte der Minnedichtung unterscheiden. Die erste, etwa 1150 beginnende, zeigt die deutsche Lyrik in ihrer Loslösung von epischer Form und Haltung u. im Uebergang zu kunstmäßiger Gestalt. Die zweite umfaßt die glänzende Zeit künstlerischer Vollendung der Minnepoesie, die dritte läßt den Uebergang der Kunstlyrik aus den höfischen Kreisen in die bürgerlichen und ihr ästhetisches Herabsinken zu dem nüchternen Formalismus des Meistergesangs wahrnehmen. Der entstehende Minnegesang erklang von Oberösterreich aus zumeist die Donau auf und ab, schon gegen 1180 breitet er sich (und gerade um diese Zeit hebt die Glanzepoche der mittelalterlichen Lyrik an und dauert bis gegen die Mitte des 13. Jahrhunderts) von Südosten her nach dem Niederrhein hin aus, wo der französische Einfluß sich stärker geltend macht. Bald verzweigte sich die neue Kunst ostwärts nach Thüringen und Sachsen, über das Schwabenland, spärlicher nach dem nördlichen Osten. Die Dichter gehören bis auf wenige bürgerliche (auch ein Jude wird unter diesen genannt) dem ritterlichen Stande, meist dem niederen Dienstadel an, auch Fürsten übten die edle Kunst des Minnesingens, darunter sogar einige Kaiser des Hohenstaufengeschlechts. Es sind uns etwa 300 Namen von M.n und ungefähr von 160 unter denselben Lieder erhalten. „Der Nachtigallen, der ist viel“ singt um 1210 Gottfried von Straßburg. Die ältesten der uns bekannten Dichter sind Dietmar von Eist und der von Kürenberg, die sich in ihren einfach-kräftigen, naiven Liedern noch in der altvolksthümlichen Form der Nibelungenstrophe ergehen. Künstlerisch ausgebildet erscheint der Minnegesang zuerst bei Friedrich von Hansen und Heinrich von Veldeke, die, Beide noch dem 12. Jahrhundert angehörig, schon eine bewundernswürdige Formgewandtheit und bei natürlicher Einfachheit reiche Empfindungsfülle zeigen. Neben dem Alle überragenden Walther von der Vogelweide stehen als Vertreter der besten Zeit der Minnepoesie: Heinrich von Morungen, Hartmann von Aue, Reinmar (der Alte), Gottfried von Straßburg, Wolfram von Eschenbach, welcher letztere die sogenannten Tage- oder Wächterlieder“, wenn nicht zuerst eingeführt, doch in Schwung gebracht hat, u. A. m. Aus der Mitte des 13. Jahrhunderts sind mit Auszeichnung zu nennen: Otto von Botenlauben, Christian von Hamle, Ulrich von Lingenberg, Gottfried von Neifen, Schenk Ulrich von Winterstetten, Burkhart von Hohenfels, Heinrich von Sax, Konrad Schenk von Landeck, Reinmann von Brennenberg, Walther von Metz, Hiltbold von Schwanegau, Reinmar von Zweter u. A. Ganz besondere Erwähnung, seiner eigenthümlichen Sonderstellung wegen, fordert Neidhart von Reuenthal, der für den Erfinder der sogenannten höfischen Dorfpoesie gilt, jedenfalls aber diese am talentvollsten geübt hat. In frischer Eigenthümlichkeit und oft derbsinnlicher Lebendigkeit schildern seine Lieder das bäuerliche Treiben seiner Zeit, Tanz und Getümmel, Liebeshändel u. Schlägereien auf dem Dorfe. Die Spitze formeller Virtuosität und zugleich das Eindringen der Formenverkünstelung in den Minnegesang repräsentirt am deutlichsten Konrad von Würzburg. Aus der zweiten Hälfte des 13. Jahrhunderts endlich mögen als Vertreter des zur Unnatur und karikirenden Uebertreibung ausartenden Frauendienstes einerseits, der die Lyrik in ihren besten Elementen zerstörenden gelehrten Spitzfindigkeit andererseits noch Ulrich von Liechtenstein und Heinrich von Meißen (Frauenlob genannt) hier erwähnt sein. Die Hauptpflegestätten des Minnegesangs waren die Höfe der österreichischen Herzöge, des Königs von Böhmen, der Grafen von Henneberg, der Markgrafen von Meißen u. Brandenburg, das Hoflager der Hohenstaufenkaiser, vor Allen aber der Hof des Landgrafen Hermann von Thüringen. Des letzteren Ruhm hat in hellen Tönen besonders Walther von der Vogelweide verkündet, der sich freute, ihm die Tugenden der Freigebigkeit und Stätigkeit vor allen Herrschern seiner Zeit zuerkennen zu können. Frühe wohl wurden die Lieder einzelner Dichter gesammelt, wiewohl uns keine derartige Sammlung erhalten ist. Später bildete man aus den Einzelsammlungen größere. Solche sind uns überliefert in der sogenannten manesse'schen (pariser) Handschrift (s. d.) aus dem Ende des 13. Jahrhunderts, in der jetzt zu Stuttgart befindlichen, 1843 von Pfeiffer und Tellner herausgegebenen Handschrift aus dem Kloster Weingarten, in der heidelberger u. der benediktbeurer Handschrift (jene 1844 von Fr. Pfeiffer, diese, jetzt zu München befindlich, 1847 von Schmeller herausgegeben). Eine Gesammtausgabe der M. haben wir durch von der Hagen in 4 Bänden (Leipzig 1838) erhalten. Uebersetzungen gaben Tieck, Simrock, Wolf, F. Koch u. a. Vgl. Lachmann u. Haupt, Des Minnesangs Frühling, Leipzig 1860; Wolf, Ueber die Lais, Sequenzen und Leiche, Heidelberg 1841; Wackernagel, Altfranzösische Lieder und Leiche, Basel 1846; Lachmann, Ueber die Leiche, im „Rheinischen Museum" 1829.

Minnesota, einer der nordwestlichen Staaten der nordamerikanischen Union, der durch Kongreßakte vom 3. März 1849 als Territorium organisirt und 1857 als Staat in die Union aufgenommen ward. Er liegt ungefähr zwischen 42° 30′ u. 49° nördl. Br. u. zwischen 89° 30′ und 103° 30′ westl. L. und wird im Norden durch das britische Nordamerika, im Osten vom Superiorsee und dem Staate Wisconsin, im Süden vom Staate Jowa und dem Missouri- oder Nordwest- (jetzt Nebrasca-) Territorium und im Westen ebenfalls von dem jüngst organisirten Nebrascaterritorium begrenzt. Der Flächeninhalt des Gebiets beträgt ungefähr 7056 □Meilen. Seiner Oberfläche nach ist es im Allgemeinen ein hohes, wellenförmiges Prairieland, wo jedoch die Ufer der Ströme und Seen mit weißen Eichen, Ahorn, Birken, Espen, Linden ꝛc. bewaldet sind. Auch zieht sich in dem meist baumlosen Lande noch ein zwischen 15 und 20 Meilen breiter und 120 Meilen langer Wald von den St. Anthonyfällen des Mississippi westlich von diesem Fluß gegen Süden über den Minnesota oder St. Peters River gegen die Quelle des Makato- oder Blue-Earth River hin. Sonst finden sich ausgedehntere Waldungen nur noch am oberen Mississippi an der Grenze von Wisconsin im Thale des Rum und des St. Croix, wo besonders Nadelholz ein bedeutender Ausfuhrartikel nach den holzarmen Gegenden am untern Mississippi ist. Der Bodenbeschaffenheit nach soll sich das Land durchgängig für den Bau von Cerealien vorzüglich eignen. Auch sollen die Berge nutzbare Mineralien, namentlich Kupfer- u. Bleierze, in bedeutender Quantität enthalten. Das Land ist reichlich bewässert, doch ohne große natürliche Wasserstraßen. Es entspringen hier zwar viele wasserreiche Ströme, unter andern der Mississippi, aber von allen gehört nur der obere, durch Stromschnellen und Fälle unterbrochene Lauf hierher. Außerdem finden sich auch viele seeartige Gewässer von sehr verschiedener Größe vor, welche Reservoire für die nach Norden, Osten und Süden abfließenden Ströme bilden. Die größten von diesen Seen sind der Lake of the Woods (Wäldersee), Rainy Lake (Regensee), Red Lake, Minni-Wakan od. Devil Lake, Leech Lake und Milles Lake od. Spirit Lake. Bemerkenswerth sind noch der Itascasee, welchem der Minnesota entströmt, und der romantische Pepin Lake, eine seeartige Erweiterung des Mississippi im Südosten des Territoriums. Für große Fahrzeuge sind nur der Mississippi, ungefähr 200 Meilen unterhalb und an 300 Meilen oberhalb der Fälle von St. Anthony, der St. Petersfluß bis 56 Meilen oberhalb seiner Mündung in den M., jedoch nur bei hohem Wasserstand, u. der Missouri, der westliche Grenzfluß, schiffbar. Das Klima gilt für gesund und angenehm, obwohl die Winter verhältnißmäßig streng und die Sommer heiß sind, welche Gegensätze indeß durch große Trockenheit der Luft erträglicher gemacht werden. Weizen gedeiht noch im nördlichen Theil des Gebiets. Hauptprodukte sind die der Landwirthschaft und des Waldes, von denen jedoch nur die letzteren einen erheblichen Ausfuhrartikel abgeben. Die Bevölkerung betrug nach dem Census von 1850 nur 61,077, nach dem von 1860 aber bereits 155,945 Seelen, und zwar bilden die Deutschen mehr als die Hälfte der Bevölkerung. Haupterwerbszweig derselben ist die Landwirthschaft, welche vornehmlich Hafer, Mais, Weizen, Gerste, Bohnen, Erbsen und Kartoffeln erzeugt. Die industrielle Thätigkeit ist im Aufblühen begriffen; der Handel besteht vornehmlich in der Ausfuhr von Bauholz und in der Einfuhr der von auswärts bezogenen Bedürfnisse der Einwohner u. ist besonders auf dem Mississippi abwärts und auf dem Superiorsee sehr lebhaft. Ueber das religiöse Bekenntniß der Bevölkerung fehlen noch genauere Nachrichten. Verhältnißmäßig zahlreich scheinen die römischen Katholiken zu sein, wenigstens ist das Territorium schon 1850 zu einem katholischen Bisthum St. Paul erhoben worden. Schulen sind im Entstehen begriffen, und 1851 ward die Errichtung einer Universität zu St. Anthony votirt. Vor Errichtung des Territoriums M. bildete das Gebiet desselben einen Theil des ehemaligen großen Missouri- oder Nordwestterritoriums, wovon später der im Osten des Mississippi gelegene Theil zum Territorium Wisconsin, der im Westen des genannten Flusses gelegene aber zum Territorium Jowa geschlagen worden war. Den Namen M. erhielt das neue Territorium von Minni-Sotah (s. v. a. trübes Wasser), dem indianischen Namen des St. Peters River. Zuerst besucht u. untersucht ward das Land von französischen Missionären u. Pelzhändlern aus Canada, wie auch unter der französischen Herrschaft in Canada der östliche Theil zu dieser Kolonie gerechnet wurde, mit welcher er 1763 an England fiel. Später ward er von diesem an die Union abgetreten. Der westliche Theil des Landes gehörte zum französischen Louisiana, welches 1803 der Union käuflich überlassen ward. Der Sitz der Regierung u. Haupthandelsplatz ist St. Paul am Missisippi. M. sendet Einen Deputirten zum Kongreß.

Minor (lat.), s. Major und Minor.

Minorat (v. Lat.), im Gegensatz des Majorats diejenige Art der Erbfolge, wonach immer der Jüngste der Familie oder ein Glied der jüngsten Linie des Hauses nach einer festgesetzten Ordnung, welche selbst wieder Primogenitur oder Majoratfolge sein kann, als Erbe eintritt. Dieses deutschrechtliche Institut entspricht gewöhnlich der Analogie des eigentlichen Majorats; seine Hauptabsicht ist auf die möglichste Abwendung des bei der Primogenitur od. dem Majorat zu besorgenden Aussterbens eines Hauses gerichtet. Wenn das M. bei Bauerngütern vorkommt, so liegt der Grund theils in der auf dem Gut haftenden Dienst- und Zinspflicht, theils in politischen u. kameralistischen Principien, welche die Untheilbarkeit der Bauerngüter als zweckmäßiger erscheinen lassen, und deshalb wird die Nachfolge nur dem Jüngsten oder auch dem Aeltesten gestattet, welcher dann die übrigen Geschwister abzufinden hat.

Minoration (v. Lat.), gelinde Abführung.

Minorca (Menorca), die kleinere der Balearеninseln, liegt zwischen 40° 41′ und 39° 47′ nördl. Br. und 22° 4′ und 21° 29′ östl. L. von Ferro, nordöstlich von Mallorca und hat einen Flächenraum von 11½ QMeilen mit 45,000 Einwohnern. Die Küste ist fast überall steil und felsig und das Innere der Insel durchaus gebirgig, wiewohl die Berge keine bedeutende Höhe erreichen. Die Nord- und Ostküste ist von vielen tief einschneidenden Buchten zerrissen, während die übrigen Küsten ohne größere Buchten und daher wenig zugänglich sind. Die wichtigsten sind das Cabo M., der westlichste, das Kap de Calaveria, der nördlichste, das Kap de la Mola, der östlichste, und das Kap del Bispa, der südlichste Punkt der Insel. Alle diese und andere Vorgebirge werden von schroff abfallenden Felsenspitzen gebildet; namentlich bildet das Kap de la Mola einen hohen, isolirten, rings von Klippen und Untiefen umgebenen und nur durch eine schmale sandige Landenge mit der Insel zusammenhängenden Felsenberg. Die Oberfläche der Insel ist sehr uneben, voller Berge und Hügel und größtentheils baumlos, wovon nur die Gegenden von Ferrerias und Merabal eine Ausnahme machen, wo es Wälder von immergrünen Eichen gibt. Der Boden ist meist steinig und felsig und nur in den Thälern und Niederungen mit einer dünnen Schicht fruchtbarer Erde bedeckt. Das vorherrschende Gestein scheint Kalk zu sein; auch finden sich Marmor, Granit und Schiefer, ferner Spuren von Steinkohlen, Eisen, Kupfer und Blei. Mineralquellen fehlen. Unter mehren andern Höhlen in der Kalkformation ist als die ausgedehnteste die Cava perolla, südlich von Ciudadela, zu erwähnen, eine schöne Stalaktitenhöhle mit einem Salzsee. Das Klima ist weniger angenehm als auf Mallorca, indem die Temperatur großen Schwankungen unterworfen ist u. vom Golf von Lyon her rauhe Nordwinde wehen, die sich oft zu den heftigsten Stürmen steigern. Bewässert ist die Insel nur von einigen Bächen und zahlreichen Quellen. Sie erzeugt trotz der Dürftigkeit des Bodens Früchte aller Art, namentlich auch Getreide und Wein, doch nicht in hinreichender Menge für den Bedarf der Bevölkerung. Exportartikel sind Schafwolle und Käse. Außer Schafen werden besonders Ziegen und Schweine gezüchtet. Auch Honig kommt zur Ausfuhr. Die wohlbewässerte Huerta de S. Juan bei Mahon versorgt fast die ganze Insel mit Gemüse und Gartenfrüchten, wovon ebenfalls ein Theil ausgeführt wird. Die Bevölkerung wohnt meist in zerstreuten Caserios und Weilern und beschäftigt sich vornehmlich mit Ackerbau, Fischfang und Schifffahrt, der Handel ist, abgesehen von dem Mahons, geringfügig; dasselbe gilt von der Industrie. Die Bewohner sind gleicher Abstammung mit denen Mallorca's und haben, wiewohl die Engländer die Insel von 1713—82 in Besitz hatten, von diesen an Sitten und Gebräuchen nichts angenommen. Sie gelten für ziemlich indolent, die Frauen aber für schön und graziös. Die Hauptstadt ist Mahon, außerdem zählt man noch 8 Städte. M. war bis 1288 in den Händen der Mauren, denen es damals der König Alfons III. von Aragonien abnahm, worauf die maurische Bevölkerung nach Afrika übersiedelte. Gegenwärtig bildet die Insel einen eignen, nach der Hauptstadt Mahon benannten Gerichtsbezirk der Provinz Balearen.

Minore, österreichische Insel an der Küste von Istrien mit 100 Einwohnern und 2 guten Häfen.

Minore (ital.), musikalischer Satz, welcher zwar eine vollständige Melodie in sich begreift, aber doch nur als Unterbrechung eines Maggiore (s. d.) zu betrachten ist. Ein M. ist stets in Moll, ein Maggiore in Dur geschrieben.

Minorennität (v. Lat.), s. Majorennität.

Minores ordines (lat.), in der katholischen Kirche die vier untersten geistlichen Rangstufen, deren Mitglieder Kandidaten des geistlichen Ministeriums sind. Wer darin verblieb, durfte sich verehelichen u. hieß dann minor non sacer.

Minorität (v. Lat.), Minderzahl, Gegensatz zu Majorität.

Minoriten (Minores fratres), s. v. a. Franciskaner.

Minos, zwei sagenhafte Könige von Kreta, von denen der eine, M. I., Sohn des Zeus und der Europa, Vater der Ariadne, Bruder des Rhadamanthus und Sarpedon, nach seinem Tode mit Aeacus und Rhadamanthus Richter der Unterwelt wurde. M. II., Enkel des Vorigen, Sohn des Icastes u. der Ida, Gemahl der Pasiphaë, nach Andern der Crete, und Vater des Androgeus, Deucalion II., Glaucus, Catreus, der Acalle, Ariadne, Phädra und Xenodice, herrschte nach der Sage 9 Jahre über Kreta und gab die berühmte minoische Gesetzgebung, in der ihn Zeus alle 9 Jahre in einer heiligen Höhle unterrichtete. Auch soll er die erste bedeutende Seemacht geschaffen haben. Erst die alexandrinische Sage macht ihn zum grausamen Tyrannen. Als sein Sohn Androgeus vom attischen König Aegeus gegen den marathonischen Stier geschickt und von diesem getödtet worden war, überzog M. Attica mit Krieg und eroberte Athen, das sich durch einen alle 8 Jahre zu entrichtenden Tribut von 7 Jünglingen und 7 Jungfrauen löste. Seinen Tod soll er bei Verfolgung des Dädalus in Sicilien durch König Cocalus gefunden haben. Homer und Hesiod kennen nur Einen M., den Herrscher zu Cnossus, Sohn und Freund des Zeus.

Minotaurus, d. i. Stier des Minos, das Ungeheuer mit menschlichem Körper und Stierkopf, das nach der Mythe aus der unnatürlichen Liebe der Pasiphaë, Gemahlin des Minos, zu dem von Neptun dem letzteren gesandten schneeweißen Stier entsprungen war. Minos sperrte ihn in das von Dädalus erbaute knossische Labyrinth, wo ihm Verbrecher und auch die von Athen als Tribut zugesandten Jünglinge und Jungfrauen vorgeworfen wurden, bis endlich Theseus (s. d.) mit Hülfe der Ariadne das Ungeheuer tödtete und Athen vom Tribut befreite. Die meisten neuern Deutungen dieser Mythe laufen darauf hinaus, daß M. als Symbol des phönicischen Sonnengottes anzusehen sei. Darstellungen des Kampfes des M. mit Theseus finden sich auf einer Vase in der dresdener Sammlung und auf dem berühmten Gefäß des Taleides, welches bei Girgenti ausgegraben wurde, sowie auf Münzen, geschnittenen Steinen, Reliefs, Wandgemälden und Mosaiken. Vgl. Stephani, Der Kampf zwischen Theseus u. M., Leipz. 1842.

Minsk, Gouvernement im westlichen Rußland, wurde nach der zweiten Theilung Polens aus verschiedenen lithauischen Woiwodschaften gebildet, grenzt an die Gouvernements Witepsk, Mohilew, Tschernigow, Kiew, Volhynien, Grodno und Wilna und umfaßt 1621,52 QMeilen mit (1858) 986,471 Einwohnern, worunter über 100,000 Juden und an 3000 Mohammedaner. Das Land bildet eine weite, an vielen Stellen sehr fruchtbare Ebene, die im Norden von dichten Wäldern bedeckt und sehr trocken, im Süden dagegen sehr sumpfig ist. Im Frühjahre ist durch Ueberschwemmung des Landes der Verkehr oft viele Tage gehemmt. Die Dwina und der Dnjepr berühren das Gouvernement nur auf eine Strecke; andere Flüsse sind die Beresina, der Pripet, beide mit zahlreichen Zuflüssen in den Dnjepr sich ergießend, die Dissna, in die Dwina mündend, die Wilija und der Niemen, die hier entspringen. Der Schifffahrt dienen der Beresina- und der oginskische Kanal, der den Dnjepr mit dem Niemen verbindet. Die bedeutendsten Seen sind der Schib oder Knäs, der Potschejetskoje, die beiden Seen bei Mädsel, der bei Botschin und der bei Ikaomi. Das Klima ist im nördlichen Theile des Gouvernements gesund, im Süden feucht. Der Winter ist lang und streng und der Sommer meist sehr heiß. Das Pflanzenreich liefert: Korn, Weizen, Gerste, Hafer, türkisches Korn, Hanf, Lein, Hopfen, Tabak, Wachholder, Birken, Fichten, Tannen, Espen, Linden u. dgl. mehr; das Thierreich: Rindvieh, Pferde, Schafe, Schweine, Füchse, Wölfe, Bären, Luchse, Fischottern, Biber, viel Geflügel, Fische, Bienen, die polnische Cochenille ꝛc.; das Mineralreich: Kalkstein, Bruchstein, Mergel und etwas Eisen. Die Bevölkerung besteht meist aus Weißrussen, die entweder zur griechisch-orthodoxen, od. zur unirten Kirche gehören, aus Polen u. Lithauern, die sich zur katholischen Kirche bekennen, sowie aus Tataren u., wie erwähnt, zahlreichen Juden. Außerdem sind Großrussen, Armenier, Griechen u. Deutsche angesiedelt. Der Ackerbau, der vorzüglichste Nahrungszweig der Einwohner, u. Viehzucht lassen noch viel zu wünschen übrig. Die Waldungen liefern viel Bauholz, Masten, Breter, Pech, Theer u. Potasche. Die Bienenzucht wirft einen guten Ertrag ab, weniger bedeutend ist der Fischfang. Die Jagd aber ist bei dem Ueberfluß an Wild und Geflügel einträglich. Die Industrie ist noch in der Kindheit. In wenigen Fabriken werden hauptsächlich Tuch, Leinwand, Leder, Glas u. dgl. bereitet. Der Handel wird durch die vielen schiffbaren Flüsse begünstigt, doch ist die Stadt Minsk die einzige, wo er von Bedeutung ist. Die Ausfuhr besteht in Holz, Masten, Mehl, Potasche, Hanf, Lein, Hanföl, Honig, Wachs, Rindvieh, Pferden u. dgl. m. Das Oberhaupt der griechisch-orthodoxen Eparchie ist der Erzbischof von M. und Lithauen. Die Katholiken haben einen Bischof zu Minsk; unter dem von Polotzk stehen die Unirten. Das Gouvernement zerfällt in 10 Kreise: Minsk, Wileika, Dissna, Borissow, Igumen, Slutzk, Bobruisk, Rjetschitza, Mosür und Pinsk. Die gleichnamige Hauptstadt des Gouvernements, am Swisloez, einem Nebenfluß der Beresina, hat enge und unregelmäßige Straßen, meist hölzerne Häuser, eine Kathedrale, 13 andere Kirchen, eine Synagoge, eine Kreisschule, ein Gymnasium, mehre andere Schulen, ein Theater und ist Sitz eines griechisch-katholischen Erzbischofs und römisch-katholischen Bischofs. Die Stadt zählt 25,352 Einw., welche mehre Fabriken unterhalten und bedeutenden Handel treiben. Jährlich wird hier im März eine berühmte Messe, die sogenannten Josephskontrakte, abgehalten.

Minstrels (Menestrels, Menetriers), zur Zeit des Ritterwesens Diejenigen, welche zu den Liedern der Troubadours (s. d.) die Melodien machten. Gewöhnlich trugen die Troubadours selbst diese Lieder vor und wurden dabei von den Jongleurs auf einem geigen- oder lauteähnlichen Instrument begleitet; doch sangen öfters die M. auch selbst ihre Lieder an den Höfen der Fürsten und Großen. Am gebräuchlichsten war der Name M. in England, wo sie sich auch am längsten erhielten. Im Jahre 1381 errichtete Johann von Gaunt zu Tutbury in Staffordshire einen Gerichtshof der M. (Court of M.), der die Vollmacht erhielt, im Gebiete von 5 umliegenden Grafschaften den M. ihre Gesetze zu geben, ihre Streitigkeiten zu schlichten und Widerspenstige zu verhaften. Dieser Gerichtshof tagte jährlich am 16. August. Auch ward den M. das Recht bewilligt, einen König mit 4 Beamten zur Seite zu ernennen, welche ihre gemeinsamen Angelegenheiten leiteten. Nach und nach kamen aber diese Sänger herab, und schon gegen das Ende des 16. Jahrhunderts waren sie in der öffentlichen Meinung so sehr gesunken, daß 1597 die Königin Elisabeth eine Verordnung erließ, nach welcher vagabundirende M. als Landstreicher bestraft werden sollten. Seit dieser Zeit wird ihrer nicht mehr gedacht.

Mintao, Insel, s. Sumatra.

Minto, 1) Gilbert Elliot, Graf von M., britischer Staatsmann, Sohn des Dichters u. Parlamentsmitglieds Sir Gilbert Elliot, geboren am 23. April 1751, trat schon 1774 ins Unterhaus, wo er sich der Opposition anschloß, näherte sich aber später wieder der Regierung, ward 1793 Mitglied des geheimen Raths und bald darauf nach Korsika gesandt, um die Vereinigung dieser Insel mit Großbritannien zu unterhandeln. Im Juni 1794 huldigte dieselbe dem König Georg III., und M. führte selbst den Titel eines Vicekönigs, mußte aber Ende 1796 der französischen Partei weichen und die Insel verlassen. Im November 1797 als Lord M. zum Peer erhoben, ward er dann Botschafter in Wien, 1806 Präsident des indischen Amts, 1808 Gouverneur von Ostindien. Er besetzte dort im Einverständniß mit der portugiesischen Regierung Goa, dann Tranquebar und die übrigen dänischen Besitzungen in Indien, eroberte 1809 die Inseln Bourbon und Isle de France von den Franzosen, schlug 1810 den holländischen Gouverneur Daendels und nahm Amboina, Celebes und Ceylon, 1811 Java und 1812 die holländischen Kolonien auf Sumatra und Borneo. Seine zerrüttete Gesundheit zwang ihn, 1813 nach England zurückzukehren, wo er zum Viscount Melgund und Grafen von M. befördert wurde und am 21. Juni 1814 †.

2) **Gilbert Elliot-Murray-Kynynmond, Graf von M.**, Sohn des Vorigen, geboren den 16. November 1782, war beim Tode seines Vaters Mitglied des Unterhauses und stimmte nachher im Oberhause mit den Whigs für Katholikenemancipation und parlamentarische Reform. Im Jahre 1831 ward er zum Gesandten in Berlin, 1835 unter dem Ministerium Melbourne zum ersten Lord der Admiralität im Kabinet ernannt, aber nach der parlamentarischen Niederlage der Whigs im August 1841 entlassen. Im Juli 1846 trat er mit den Whigs als Geheimsiegelbewahrer ins Ministerium, ging im Herbst 1847 mit einer Mission nach Italien, die mit den bald darauf dort ausgebrochenen revolutionären Bewegungen in Verbindung gebracht wurde, und nahm im Februar 1852 mit den übrigen Gliedern des Ministeriums Russell seine Entlassung. Auch 1853 und 1854 besuchte er die Höfe zu Turin und Florenz. Er † den 31. Juli 1859 zu London.

Minturnä, Stadt in Latium, an der Grenze Kampaniens zu beiden Seiten des Liris, mit wichtigem Seehafen, eine alte Stadt der Ausones, die sich den Römern freiwillig ergab u. 297 v. Chr. römische Kolonie wurde. In ihrer Nähe befanden sich ein heiliger Hain, welcher der Nymphe Marica geweiht war, und große, durch das Austreten des Liris gebildete Sümpfe, in welchen sich Marius einige Tage versteckt hielt. Die Ruinen der alten Stadt finden sich bei dem heutigen Trajetta.

Minucius Felix, christlicher Apologet und später, um 220, berühmter Sachwalter in Rom, aus Afrika, schrieb nach seinem Uebertritt zur christlichen Kirche eine Schutzschrift für dieselbe unter dem Titel „Octavius“, in Form eines philosophischen Gesprächs, die sich durch Klarheit und Bündigkeit auszeichnet. Sie ward u. A. von Muralto (Zürich 1836; deutsch von Lübkert, Leipzig 1836) herausgegeben. Vergl. Meier, Commentatio de Min. F., Zürich 1824.

Minus (lat.), d. i. weniger, mathematisches Kunstwort, welches anzeigt, daß die Größe, der es vorgesetzt wird, von einer anderen, voranstehenden hinweggenommen werden soll. Das Zeichen dafür ist ein liegender Strich (—). Bei der Lehre von den negativen Größen bezeichnet man durch Minuszeichen die negativen Größen, während man den positiven das Pluszeichen (+) oder auch gar kein Zeichen vorsetzt.

Minuskel (v. Lat.), Schriftgattung, s. Majuskel.

Minute (v. Lat.), der 60. Theil einer Stunde; in der Kreiseintheilung der 60. Theil eines Grades; in der Baukunst der 30. Theil eines Modells. In der Malerei und Zeichenkunst versteht man unter M.n: kleinere Theile, wonach man die Verhältnisse des menschlichen Körpers bestimmt und deren 48 auf eine Kopflänge gehen.

Minutenglas, kleine Sanduhr, welche nur Eine Minute läuft und besonders auf Schiffen beim Lootsen gebraucht wird.

Minutoli, altes italienisches Adelsgeschlecht, das noch gegenwärtig in mehren gräflichen u. fürstlichen Linien blüht. Seine namhaftesten Sprößlinge sind:

1) **Heinrich, Freiherr Menu von M.**, geboren zu Genf am 12. Mai 1772, trat früh in die preußische Armee und wurde 1793 auf dem Feldzug am Rhein bei Bitsch schwer verwundet. Nach seiner Genesung ward er an das Kadetenhaus in Berlin versetzt, später von König Friedrich Wilhelm III. zum Gouverneur des Prinzen Karl und zum Generalmajor ernannt und 1820 mit der Leitung der Expedition betraut, welche auf Kosten der Regierung Aegypten bereisen sollte. Es begleiteten ihn u. A. die Naturforscher Hemprich u. Ehrenberg, der Architekt Professor Liman und der Orientalist Scholz. Ihre Reise ging von Alexandria über Siwah und Kairo und Theben bis Assuan und von da über Damiette nach Alexandria zurück; im August 1822 langten sie wieder in Berlin an. M.'s Sammlungen, von denen ein großer Theil durch Schiffbruch verloren ging, wurden vom König von Preußen für 22,000 Thaler angekauft und im ägyptischen Museum in Berlin aufgestellt. M. wurde zum Mitglied der Akademie der Wissenschaften ernannt, nahm bald darauf mit dem Charakter eines Generallieutenants seine Entlassung und zog sich auf eine Besitzung bei Lausanne zurück, wo er den 16. September 1846 †. Außer seinem Hauptwerke, der „Reise zum Tempel des Jupiter Ammon und nach Oberägypten“ (Berlin 1824, mit Atlas; Nachträge das. 1827) veröffentlichte er unter Anderem: „Ueber antike Glasmosaik“ (das. 1814); „Ueber die Anfertigung und Nutzanwendung der farbigen Gläser bei den Alten“ (das. 1836); „Friedrich und Napoleon, eine Parallele“ (das. 1840); „Beiträge zu einer künftigen Biographie Friedrich Wilhelms III.“ (das. 1843); „Militärische Erinnerungen“ (das. 1845); „Der Feldzug der Verbündeten in Frankreich 1792“ (das. 1847).. Seine Gattin, **Wolfradine Auguste Luise, Freifrau von M.**, geborne Gräfin von der Schulenburg, verwittwete von Walzdorf, geboren den 1. Februar 1794, begleitete ihren Gemahl auf seiner orientalischen Reise und schrieb „Souvenirs d'Egypte“ (Paris 1826, 2 Bde., deutsch von Gersdorf, Leipzig 1829).

2) **Julius, Freiherr von M.**, preußischer Generalkonsul zu Madrid, Sohn des Vorigen, geboren 1805 zu Berlin, studirte in Berlin und Heidelberg Rechts- und Kameralwissenschaften und trat als Kammergerichtsassessor in die Verwaltung. Zuerst in Koblenz, dann in Posen angestellt, wurde er daselbst 1832 Regierungsrath und 1839 Polizeidirektor und Landrath. Später wurde er als Hülfsarbeiter in das Ministerium des Innern berufen, 1843 zum Polizeipräsidenten der Provinz Posen ernannt und einige Jahre später in gleicher Eigenschaft nach Berlin zurück versetzt. In Folge der Märzereignisse von 1848 trat er von seinem Posten zurück. Im März 1851 wurde er Generalkonsul für Spanien und Portugal, in welcher Eigenschaft er mehre größere Reisen nach verschiedenen Theilen Europa's unternahm. Anfangs 1860 ging er als preußischer Gesandter nach Persien, † aber schon am 5. November desselben Jahres bei Schiras. Er

schrieb: „Ueber das römische Recht auf dem linken Rheinufer" (Berlin 1831); „Ueber die Straf- und Besserungssysteme Europa's" (das. 1843); „Ueber die Zustände Berlins im 15. Jahrhundert" (das. 1850); „Die weiße Frau" (das. 1850); „Friedrich I., Kurfürst von Brandenburg" (das. 1850); „Spanien und seine fortschreitende Entwickelung" (das. 1852); „Altes und Neues aus Spanien" (das. 1854, 2 Bde.). Sein Bruder, Adolf, Freiherr von M., 1802 geboren, studirte die Rechte und Kameralwissenschaften und folgte 1843 einem Rufe als Hofmarschall nach Meiningen, wo er am 5. April 1848 menchlerisch erschossen wurde.

3) Alexander, Freiherr von M., geboren 1807 zu Berlin, studirte die Rechte und Kameralwissenschaften, beschäftigte sich aber besonders mit kunsthistorischen Studien. Er war nach einander bei mehren Regierungen des preußischen Staats und beim Finanzministerium als Assessor beschäftigt, wirkte dann seit 1845 als königlicher Kommissar in Schlesien segensreich durch Gründung mehrer industriellen Anstalten und fungirte später als Rath beim Regierungskollegium zu Liegnitz. Er schrieb u. A.: „Denkmäler mittelalterlicher Baukunst in den brandenburgischen Marken" (Berlin 1836) und „Der Dom zu Drontheim" (das. 1853).

Minyer, in der griechischen Mythe der gemeinsame Name für viele Geschlechter, die in den ältesten Zeiten zu Jolcus in Thessalien, Orchomenus in Böotien, Pylus in Messenien und auf Lemnus, später zu Amyclä, Thera und Cyrene ansässig und als kühne Seefahrer berühmt waren. Da die meisten Argonauten von den Töchtern des Minyas oder von der Landschaft der M. in Thessalien herstammten, hießen auch jene selbst, sowie insbesondere ihre Nachkommen von den lemnitischen Weibern M. Vergl. Müller, Orchomenus und die M., Breslau 1820.

Minze, Pflanzengattung, s. v. a. Mentha *L.*

Miocen, nach Lyell s. v. a. mitteltertiär, s. Molassegruppe.

Mio conto (ital.), in Handlungsbüchern s. v. a. für eigene Rechnung; abbrevirt: M. C.

Mionnet, Theodore Edme, französischer Numismatiker, geboren am 2. September 1770 zu Paris, studirte die Rechte und wurde 1789 Parlamentsadvokat. Bei der großen Rekrutirung 1792 mußte er Soldat werden, kehrte aber bald nach Paris zurück, erhielt daselbst eine Anstellung bei der Nationalbibliothek, ward später Konservatoradjunkt des Medaillenkabinets, sodann beim Münzkabinet der königlichen Bibliothek und † den 7. Mai 1842 zu Paris. Auch das wiener Münzkabinet ist von ihm geordnet. Sein Hauptwerk ist die „Description des médailles antiques, grecques et romaines" (Paris 1806—13, 7 Bde., nebst „Supplément", Bd. 1—8, das. 1814—35), worin M. das von Eckhel begonnene System der geographischen Anordnung der Münzen weiter ausgebildet hat; außerdem veröffentlichte er noch: „Traité de la rareté et du prix des médailles romaines" (das. 1827, 2 Bde.), „Atlas de géographique numismatique" (das. 1838) und „Poids de médailles grecques d'or et d'argent du cabinet royal de France" (das. 1839).

Miquelets, Name der kriegerischen Gebirgsbewohner in den südlichen Pyrenäen, in Katalonien, sowie in den französischen Departements der obern und östlichen Pyrenäen an der Grenze zwischen Frankreich und Spanien. Sie sind im Kriege gefürchtete Parteigänger; im Frieden dienen sie den Gebirgsreisenden als Führer.

Miquelon, nordamerikanische Inseln, Klein-M. (Langlay) und Groß-M., durch einen Meeresarm getheilt, im Lorenzbusen, südlich von Neufoundland, einzige Besitzungen der Franzosen in Nordamerika, umfassen etwa 5 □Meilen mit 8—900 Einw., die sich namentlich mit Zubereitung der Stockfische beschäftigen.

Mira, wandelbarer Stern im Bilde des Wallfisches (s. d.).

Mirabeau, 1) Victor Riquetti, Marquis von M., französischer Physiokrat, geboren 1715 zu Pertuis in der Provence, stammte aus einer ursprünglich italienischen Familie, die dort Arrighetto hieß, 1267 als ghibellinisch aus Florenz vertrieben ward und sich in Frankreich niederließ, wo ihre Güter von Ludwig XIV. zu dem Marquisat M. erhoben wurden. M. war ein eifriger Vertheidiger des physiokratischen Systems und schrieb in diesem Sinne eine Menge Schriften, von denen aber nur der „Ami des hommes" (Paris 1755, 5 Bde.) Anerkennung fand. Sein Lebenswandel war ein durchaus zügelloser. Er † den 13. Juli 1789 zu Argenteuil.

2) Honoré Gabriel Victor Riquetti, einer der größten Charaktere der französischen Revolution, Sohn des Vorigen, geboren den 9. März 1749 zu Bignon in der Provence, erhielt seine Bildung seit 1761 in der militärischen Pensionsanstalt des Abbé Choquart zu Paris, wo er sich mit Vorliebe dem Studium der neuen Sprachen u. der Mathematik widmete, sich aber bei seinem athletischen Körperbau auch in allen gymnastischen Uebungen auszeichnete. Siebzehn Jahre alt trat er als Lieutenant in das Kavallerieregiment Berri, führte jedoch ein so wüstes Leben, daß ihn der Vater 1763 auf die Insel Ré bei Rochefort gefangen setzen ließ und ihn sodann mit der französischen Legion Lorraine nach Korsika sandte. Hier gewann M. durch ausgezeichnetes Verhalten das Vertrauen seiner Vorgesetzten und schrieb eine Geschichte von Korsika, die aber nicht im Druck erschien. Da der Vater ihm den Ankauf einer Kompagnie verweigerte, verließ M. mit dem Grade eines Hauptmanns den Dienst und ging auf ein Familiengut in Limousin, wo er das physiokratische System ausüben sollte. Im Jahre 1772 verheirathete ihn der Vater mit der einzigen reichen Tochter des Marquis von Marignane, die aber erst nach dem Tode ihres Vaters zum Besitz des Vermögens kommen konnte. Die Folgen dieser erzwungenen Heirath waren bald neue Ausschweifungen M.'s u. Schulden bis zum Betrag von 60,000 Franken, weshalb ihn der Vater im Mai 1774 erst in die Stadt Manosque verwies und ihn sodann im Schloß If bei Marseille gefangen halten ließ. Im folgenden Jahre erhielt er Joux bei Pontarlier als Aufenthaltsort angewiesen. Hier trat M. mit Sophie von Ruffey, der neunzehnjährigen Gattin des greisen Präsidenten Marquis de Monnier, in ein Liebesverhältniß und flüchtete 1776 mit ihr nach Amsterdam, wo er unter dem Namen Mathieu lebte. Nahrungssorgen zwangen ihn hier zur Schriftstellerei, namentlich zum Uebersetzen aus dem Englischen. Sein damals verfaßter „Essai sur le despotisme" machte durch kühne Frei-

heitsgedanken und kräftige Sprache großes Glück. Inzwischen sprach das Gericht zu Pontarlier das Todesurtheil über den Entführer aus, und sein Bildniß ward an den Galgen geheftet. Zufolge der auf Betrieb seines Vaters angestellten Recherchen ward M. auch bald entdeckt, im Mai 1777 von französischen Polizeibeamten verhaftet und ins Schloß Vincennes in Haft gebracht, während man Sophie in das St. Claraklostér zu Gien sperrte. Die Briefe, welche M. von seinem Gefängniß aus an seine Geliebte schrieb, wurden später von Manuel im Polizeiarchiv zu Paris aufgefunden und unter dem Titel „Lettres originales de M., écrites du donjon de Vincennes" (Paris 1792, 2 Bde., neue Aufl. 1820) veröffentlicht. Sie wurden in Frankreich als ein klassisches Buch der Liebe viel gelesen. Daneben verfaßte M. während seiner Haft in Vincennes seinen. durch gewaltigen Styl ausgezeichneten „Essai sur les lettres de cachet et les prisons d'état" (Hamburg 1782, 2 Bde.), aber auch eine Reihe obscöner Romane. Erst im December 1780 erhielt er die Verzeihung seines Vaters und lebte hierauf einige Zeit bei demselben. Im Februar 1783 erwirkte er auch durch seine Selbstvertheidigung vor dem Gericht zu Pontarlier die Aufhebung des gegen ihn u. Sophie ergangenen Urtheils. Ein längerer Prozeß mit seiner Gemahlin endete mit der Trennung der Ehe. Auf sich selbst gewiesen, trat M. zu Paris mit dem Akademiker Chamfort in eine Art literarischer Genossenschaft, die ihm viel Geld einbrachte. In Gesellschaft einer jungen Holländerin, Nehra, die er kurz zuvor aus einem Kloster in Paris entführt hatte, u. einem zweijährigen Adoptivkinde, dem nachherigen Verfasser der „Mémoires biographiques", ging er im August 1784 nach England, wo er seine „Considérations sur l'ordre de Cincinnatus" gegen den Versuch, aristokratische Unterschiede in die nordamerikanische Demokratie einzuführen, und seine „Doutes sur la liberté de l'Escaut" gegen Joseph II. schrieb. Im April 1685 nach Paris zurückgekehrt, verfaßte er daselbst fünf Flugschriften, in welchen er den Mißbrauch des Wuchers mit den Aktien und die Gefahr der spanischen Spekulationen aufdeckte, doch wurden sie sämmtlich verboten. Ende 1785 ging er nach Berlin, wo er Friedrich II. vorgestellt wurde. Hier begann er das Werk, das unter dem Titel „Sur Moses Mendelssohn, sur la réforme politique des juifs et en particulier sur la révolution tentée en leur faveur en 1753 dans la Grande-Brétagne" 1787 zu London gedruckt wurde. Im Mai 1786 nach Paris zurückgekehrt, reichte er ein Mémoire über die Lage der europäischen Staaten ein, worin er mit Freimuth die mißliche Stellung Frankreichs, namentlich zu Preußen, beleuchtete, und ward hierauf abermals nach Berlin gesandt. Bei seinem früheren Aufenthalt daselbst mit dem Major Mauvillon bekannt geworden, benutzte er die von diesem gesammelten Materialien zur Abfassung seines Werks „Sur la monarchie Prussienne sous Frédéric le Grand" (Paris 1787, 4 Bde.; London 1788, 8 Bde.; deutsch von Mauvillon und Blankenburg, Braunschweig und Leipzig 1794—96, 4 Bde.), das für die Erkenntniß vieler Zustände und Charaktere jener Zeit als Quelle gelten kann, aber in der historischen Kritik schwach ist. Auf die Nachricht, daß die Notabeln Frankreichs zusammenberufen werden sollten, kehrte er im Januar 1787 nach Paris zurück, mußte aber, wegen seiner Schrift „Dénonciation de l'agiotage au roi et à l'assemblée des notables" polizeilich verfolgt, bald flüchten und ging zum dritten Male nach Preußen, um sein begonnenes größeres Werk zu vollenden. Schon im September 1787 wagte er die Rückkehr nach Paris, schrieb seine „Adresse aux Bataves sur le Stathoudérat", eine Schrift über die Preßfreiheit, eine Fortsetzung der Denunciation der Wucherer, die „Réponse aux alarmes des bons citoyens", „Histoire secrète de la cour de Berlin", die der Hof jedoch verbrennen ließ, und nachdem seine Hoffnung, vom Adel der Provence in die Generalstaaten gewählt zu werden, fehlgeschlagen war, die „Réponse aux protestations faites au nom des prélats etc.", sowie eine Protestation an das Volk gegen Geistlichkeit und Adel. Zugleich trat er förmlich zum dritten Stand über und kaufte sich, um als Deputirter desselben gewählt werden zu können, in Marseille einen Tuchladen. Von Aix und Marseille zugleich gewählt, entschied er sich für Aix und ging als Deputirter nach Versailles. Hier gründete er am 7. Mai das „Journal der Generalstände", das zwar unterdrückt, aber von ihm unter dem Titel „Lettres du comte de Mirabeau à ses commettants" fortgesetzt wurde. In der Versammlung selbst verhielt er sich anfangs beobachtend, bald aber lösten ihm der Uebermuth der Aristokratie und der Haß gegen die Despotie die Zunge, und in der königlichen Sitzung am 23. Juni sprach er das entscheidende Wort, mit welchem die Revolution ihren Anfang nahm. In derselben Sitzung wurde auf seinen Vorschlag die Unverletzbarkeit der Deputirten erklärt. Als der Hof um Paris eine bedeutende Truppenmacht zusammengezogen hatte, verfaßte M. im Auftrag der Nationalversammlung die Adresse, in welcher der König um Entfernung dieser Truppen gebeten wurde. Uebrigens bezweckte M. von Anfang an nur die Vernichtung des Despotismus und der Privilegien und die Herstellung eines konstitutionellen Throns. Mit einigen Freunden gründete er den „Courier de Provence", in welchem die einzelnen Verfassungsgesetze der Jahre 1789 und 1790 mit Schärfe und Klarheit besprochen wurden. Um die Insurrektion zu unterdrücken, setzte er am 8. Juli 1789 die Errichtung der Nationalgarde durch. Bei den Verhandlungen über die königliche Sanktion sprach er sich für das absolute Veto aus, erschien aber nicht bei der Abstimmung über diese Frage. Er hauptsächlich bewirkte, daß der König die Beschlüsse des 4. August am 21. September anerkannte. Ueber M.'s Verhältniß zu dem Herzog von Orléans und seine Theilnahme an den Vorgängen vom 5. und 6. Oktober fehlen sichere Berichte. So viel steht fest, daß er in der Versammlung nichts that, um das Ansehen des Königs vor Beschimpfungen sicher zu stellen, doch war er auch frei von Fraternisiren mit den Massen. Fortan finden wir in ihm einen entschiedenen Konstitutionellen im Sinne des neueren Repräsentativsystems, aber bei dem Mißtrauen, das er in des Königs Schwäche setzen mußte, wendeten sich seine Blicke auf den Bruder des Königs, den Grafen von Provence, den er als letzte Stütze der wankenden Monarchie zu benutzen gedachte. M. setzte in der Versammlung das Martialgesetz durch, vertheidigte die vollziehende Gewalt und suchte den Ministern eine berathende Stimme in der Versammlung zu sichern. Unter den drohendsten Ereignissen mußte sich endlich der Hof entschließen, seine Augen ernstlich auf M. zu werfen. Kaum aber war das Projekt bekannt geworden, daß M. Minister werden solle, als die Nationalversammlung am 7. November 1789 den Beschluß faßte, wonach kein Deputirter diese Würde bekleiden konnte. M. näherte sich nun entschiedener dem Grafen von Provence, und in einem förmlich unterzeichneten Vertrag zwischen dem König und M. verpflichtete sich dieser, den König in der Nationalversammlung gemäß den Ansichten des Grafen von Provence als Redner zu unterstützen, oder wenigstens zu schweigen. Dagegen wurde ihm ein Gesandtschaftsposten in Aussicht gestellt und sogleich auf mindestens vier Monate die Summe von je 50,000 Livres versprochen, die er zur Wiederaufnahme seines früheren ausschweifenden Lebens benutzte. Gleichwohl entschied er, als in der Nationalversammlung über die Frage verhandelt wurde, ob dieselbe ein Konvent der Nation sei und ob sie sich selbst verlängern könne, die Sache durch wenige Worte zum Nachtheil des Hofes. Er hatte dadurch seine wankende Popularität wieder erlangt, gefährdete dieselbe jedoch aufs Neue bei den Verhandlungen im Mai 1790 über die Frage, ob dem König das Recht des Krieges u. Friedens zukomme. Aufgereizt durch eine Brochure Lacroix', „Der große Verrath des Grafen M.“, stürmten gegen das Ende der Debatte in der Sitzung vom 22. Mai die Zuhörer förmlich die Gallerien. M. aber bestieg ruhig die Tribüne, und nach einer seiner bewundernswürdigsten Reden siegte sein Vorschlag: „der Krieg kann allein durch einen Beschluß der Nationalversammlung erklärt werden, der auf den ausdrücklichen und nothwendigen Antrag des Königs gefaßt und vom ihm sanktionirt ist“. Es war dies einer seiner glorreichsten Siege; seine später errungenen waren meist nur halbe, oder zeigten nur die außerordentliche Wirkung seiner Persönlichkeit, ohne der Sache zu nützen, auf die es ankam. So vermochte oder wagte er es nicht, in den wichtigsten Beschlüssen über den Adel, über die Minister, über die bürgerliche Stellung der Geistlichkeit seine Ueberzeugung unbedingt gegen den Strom der öffentlichen Meinung geltend zu machen. Gegen Ende Mai 1790 sprach er die Königin in den Gärten von St. Cloud. Als er beim Abschied den Handkuß erbat und erhielt, soll er ausgerufen haben: „Madame, dieser Kuß rettet die Monarchie!“ Allein er hatte zu viel versprochen. Durch ein bösartiges Augenübel verhindert, erschien er in der nächsten Zeit nur selten in der Nationalversammlung. Seine untergrabene Popularität erlangte er theilweise wieder durch sein entschiedenes Auftreten, womit er die Civilkonstitution des Klerus, den Verkauf der Kirchengüter u. die Kreation neuer Assignaten unterstützte. Durch geschickte Manöver wurde er am 30. November 1790 zum Präsidenten des Klubs der Jakobiner ernannt. Am 18. Januar 1791 wurde er Chef eines Bataillons der Nationalgarde und im Februar Präsident der Nationalversammlung. Als solcher entfaltete er ein großes Talent, die Diskussion der zahlreichen und stürmischen Versammlung mit Würde zu leiten und ihren Inhalt auf das klarste zusammenzufassen. Seine Antworten auf verschiedene Adressen und an mehre Deputationen wurden berühmt, einige wurden stehende Redensarten im Munde des Volks. Seine Haltung gegen die Fraktion der äußersten Linken wurde von Tag zu Tag fester. Schon im December 1790 hatte M. einen Plan zur Wiederherstellung des Königthums auf dem Wege einer neuen Konstitution entworfen und ließ denselben durch den Grafen Lamark der Königin überreichen, auch verständigte er sich über denselben mit dem Minister Montmorin. Zunächst sollten hiernach der König u. die königliche Familie zu Fontainebleau oder Compiègne unter den Schutz der besten Truppen gestellt werden. Da bemächtigte sich plötzlich gegen Ende Februar 1791 M.'s eine tiefe geistige und körperliche Abspannung. Am 27. März erschien er zum letzten Male in der Versammlung, um über die Verwaltungsgrundsätze der Bergwerke fünfmal hinter einander das Wort zu nehmen. Er † am 2. April 1791. Sein Körper wurde feierlich in der Kirche St. Geneviève beigesetzt, mußte aber später der Leiche Marats Platz machen. Das Departement und die Municipalität, sowie der Jakobinerklub und mehre Departements legten auf 8 Tage Trauer an. Viele von M.'s politischen Entwürfen rühren von seinen Sekretären Comps, Pellenc, Clavière und Dumont her. In Barths Ausgabe der „Orateurs français“ bilden die „Discours et opinions de M.“ (Paris 1820) die 3 ersten Bände, und Etienne Méjean veröffentlichte eine „Collection complète des travaux de M. l'ainé à l'assemblée nationale“ (Paris 1792, 5 Bde.). Die erste vollständige Ausgabe sämmtlicher Schriften M.'s veranstaltete Mérilhou (Par. 1825—27, 9 Bde.). Die zuverlässigsten Nachrichten über sein Leben u. Wirken theilte sein natürlicher Sohn Lucas Montigny mit in den „Mémoires biographiques, littéraires et politiques de M.“ (Paris 1835; 2. Aufl. 1841, 8 Bde.). Vgl. Dumont, Souvenirs sur M. et sur les deux premières assemblées législatives, Brüssel und Leipzig 1832; Pipitz, M., eine Lebensgeschichte, Leipzig 1850, 2 Bde.

3) André Boniface Riquetti, Vicomte de M., jüngerer Bruder des Vorigen, geboren zu Vignon den 30. November 1754, ergab sich früh einem ausschweifenden Leben. Nachdem er im amerikanischen Befreiungskampf mitgefochten, erhielt er vom Hofe ein Dragonerregiment. Nach dem Ausbruch der Revolution ward er vom Adel von Limoges in die Versammlung der Generalstaaten gesandt, gerirte sich aber hier als heftiger Aristokrat. Vor der Nationalversammlung angeklagt, verließ er Frankreich und errichtete am Rhein die unter dem Namen Hussards de la mort bekannt gewordene Emigrantenlegion, mit der er 1792 einen blutigen Parteigängerkampf gegen sein Vaterland begann, doch † er schon den 15. September dieses Jahres zu Freiburg im Breisgau.

Mirabella, Flecken in der italienischen Provinz Avellino, mit 6000 Einw.; in der Umgegend römische Alterthümer.

Mirabellen, Pflaumensorten, welche sich von den gewöhnlichen Zwetschen besonders dadurch unterscheiden, daß die Bäume stachellos und die Früchte rundlich sind und rundliche Kerne enthalten. Die vorzüglichste ist die kleine gelbe Mirabelle, die, Ende August reifend und von zuckersüßem Geschmack, sich sowohl zum frischen Genusse, als zum Trocknen und Einmachen eignet. Der Baum ist durch seine dicken, dicht mit Zweigen besetzten Aeste und die kleinen dunkelgrünen spitzen Blätter von den andern

Pflaumenbäumen leicht zu unterscheiden. Er verlangt fetten guten Lehmboden und einen sonnigen Stand. Andere Sorten sind die doppelte Mirabelle oder Goldpflaume, die schwarze, rothe und grüne Mirabelle, welche aber weniger schmackhaft sind als die erstgenannte.

Mirabile dictu (lat.), wunderbar zu erzählen.

Mirabilis *L.* (Wunderblume), Pflanzengattung aus der Familie der Nyctagineen, charakterisirt durch den röhrigen 5spaltigen Kelch, die trichterförmige, langröhrige Korolle mit kugelrundem, den Fruchtknoten umgebendem Nectarium u. den nußartigen, von der bleibenden, rindenartig verhärtenden Basis der Kronröhre eingeschlossenen Samen, ausdauernde Kräuter in beiden Indien, Mexiko und Brasilien, mit großer, spindelförmiger, fleischiger Wurzel, gabeligen Aesten und einzelnen Achselblüthen, welche während des Tags geschlossen, des Nachts geöffnet sind. Als Arznei- und Zierpflanzen sind zu bemerken: **M. longiflora** *L.*, 2—4 Fuß hoch, gabelästig, klebrig-weichhaarig, mit eirund-herzförmigen, spitzigen Blättern und weißen, sehr langröhrigen, auswendig schmierig-klebrigen, Abends sehr wohlriechenden Blüthen, wächst wild auf den Bergen von Mexiko. Nach Nees von Esenbeck ist die Wurzel dieser Pflanze die **Radix Mechoacannae griseae, Radix Matalista**, Wunderblumenwurzel, die getrocknet in Scheiben von 2—3 Zoll Breite und 3—4 Linien Dicke vorkommt und als Abführungsmittel gebraucht wurde. **M. Jalapa** *L.*, falsche Jalape, 2—5 Fuß hoch, mit fast herzförmigen, glatten Blättern und schönen, rothgelben oder weißen, oder auch in diesen Farben gestreiften und gesprenkelten, geruchlosen Blüthen, ist in beiden Indien und Südamerika heimisch. Die Wurzel ist wie die ächte Jalapenwurzel ein Purgirmittel und wurde ehedem mit derselben verwechselt. Auch hielt man lange Zeit diese Pflanze für das Stammgewächs der Jalape. In Para wird aus den Wurzeln eine Art Satzmehl auf gleiche Weise wie Arrowroot bereitet, welches als gelindes Abführmittel für Kinder dient. Die Samen enthalten ein feines Mehl, dessen sich die Frauen zu Para zum Bepudern des Gesichts bedienen.

Mirage (franz.), s. v. a. Luftspiegelung, namentlich die Fata Morgana.

Miranda, François, General der französischen Republik, zu Caracas in Südamerika geboren, ward jung Oberst bei den spanischen Truppen in der Provinz Guatemala. In eine Verschwörung verwickelt, mußte er flüchten, diente als Freiwilliger im nordamerikanischen Kriege, bereiste sodann England, Frankreich, Italien und Spanien und ward 1792 Brigadegeneral bei der Armee Dumouriez'. Er focht mit diesem in der Champagne und in Belgien u. eroberte den 29. Nov. 1792 die Citadelle von Antwerpen, belagerte dagegen im Februar Mastricht vergeblich. Da ihm Dumouriez den Verlust der Schlacht bei Neerwinden (18. März), wobei M. den linken Flügel befehligte, zuschrieb, ward derselbe angeklagt, aber freigesprochen. Nach dem Sturze der Girondisten wurde er als angeblicher Theilnehmer an Dumouriez' Verrath verhaftet, und nur die Revolution vom 9. Thermidor öffnete seinen Kerker. In Folge der Katastrophe vom 18. Fructidor (4. Sept. 1797) zur Deportation verurtheilt, entfloh er nach England. Als er 1804 wieder in Paris erschien, wurde er aber als Theilnehmer geheimer Verbindungen abermals des Landes verwiesen, kehrte 1806 nach Amerika zurück und rüstete in Newyork, von England unterstützt, zur Vernichtung der spanischen Herrschaft in Amerika, zunächst in Caracas, 3 Schiffe aus, von denen jedoch die Spanier schon am 28. April zwei vernichteten. Am 1. August bewerkstelligte er darauf eine Landung in Venezuela, fand aber so wenig Unterstützung, daß er sich schon am 13. wieder einschiffen mußte. Im Jahre 1810 erschien er wieder in Caracas und erhielt im April 1811 den Oberbefehl über das Heer, mit welchem er am 13. August 1811 Valencia eroberte, welches zum Sitze des Kongresses der Vereinigten Staaten von Neugranada bestimmt ward. Der Kongreß ertheilte ihm am 26. April 1812 eine unbeschränkte Direktorialgewalt, allein die Geistlichkeit erklärte sich gegen die neue Verfassung, u. bald fiel Valencia wieder in die Hände der Spanier. Am 26. Aug. 1812 schloß M. mit denselben einen Vergleich, zufolge dessen in Caracas die Verfassung eingeführt werden sollte, welche die Cortes für die spanische Nation entworfen hatten, und eine völlige Amnestie zugesichert ward. Im Vertrauen darauf begab sich M. nach Cartagena, ward aber hier verhaftet, nach Cadix gebracht und in den furchtbarsten Kerker der Inquisition, la Caraca, geworfen, wo er Anfangs 1816 †.

Miranda de Ebro, Stadt in der spanischen Provinz Burgos (Altkastilien), am Ebro, 1395 F. über dem Meere, eine freundliche, lebhafte Stadt mit schöner Brücke, Fort und 2850 Einw.

Mirande, Hauptstadt eines Arrondissements im französischen Departement Gers, an der Baise, mit einem alten festen Schlosse, Gerberei, Messer- und Hutfabrikation, Ziegelei, Handel mit Getreide, Wein, Branntwein, Wolle, Federn 2c. u. 3380 Einw.

Mirandola, Stadt und Festung in der italienischen Provinz Modena, an der Burana und einem Kanal, gut gebaut, hat breite Straßen, alterthümliche Paläste, ist Bischofssitz mit Kathedrale und 15 anderen Kirchen, einem Schloß, Weberei in Seide und Leinen, Reisbau, Handel mit Seide, Flachs, Hanf, Reis, Wein und 12,270 Einw. M. war früher eine Grafschaft, welche 1619 vom Kaiser zu einem Herzogthum erhoben ward. Im Jahre 1705 belagerten u. eroberten die Franzosen die Stadt, u. 1710 ward das Herzogthum als erledigtes Reichslehen dem Herzog von Modena für 1 Million Gulden überlassen.

Mirano, Flecken in der österreichisch-venetianischen Provinz Venedig, am Musone u. am Beginn des mit der Brenta-morta in Verbindung stehenden Miranokanals, mit 6280 Einwohnern, die starken Weinhandel treiben.

Mirbel, 1) Charles François Brisseau, französischer Botaniker, geboren den 27. März 1776 zu Paris, machte sich namentlich durch die „**Histoire naturelle des végétaux**" (Paris 1802—26, 15 Bde.) bekannt. Er † den 12. Sept. 1854.

2) Lizinka Aimée Zoé, französische Miniaturmalerin, Gemahlin des Vorigen, geboren den 26. Juli 1796, ward zu Cherbourg Schülerin des berühmten Miniaturmalers Rue und von Ludwig XVIII. zur Hofminiaturmalerin ernannt. Sie † zu Paris den 31. Aug. 1849. Ihre Porträts sind außerordentlich zahlreich; mehre davon gehören zu dem Besten, was die neuere Miniaturmalerei gelie-

fert hat. Besonders gelangen ihr die Porträts von Männern u. älteren Frauen.

Mirbelia *Smith*, Pflanzengattung aus der Familie der Cassieen, charakterisirt durch den 5spaltigen, 2lippigen Kelch u. die 2samige, der Länge nach 2fächerige Hülse mit einwärts gekehrter Naht, Sträucher aus Neuholland mit schönen Schmetterlingsblumen, von welchen M. dilatata *R. Br.*, M. reticulata *Smith* u. M. speciosa *Sieb.* als Zierpflanzen vorkommen.

Mirecourt, Hauptstadt eines Arrondissements im französischen Departement Vogesen, am Madon, früher befestigt, hat bedeutende Fabrikation von Spitzen, Blonden, Stickereien, Tüll, sowie von Saiten- u. Blasinstrumenten (jährlich für mehr als 1 Million Franken) u. Stahlwaaren, Ziegelbrennerei, Gerberei, Handel mit Korn, Wein, Branntwein, Schafen, Holz, kurzen Waaren u. den eigenen Fabrikaten u. 5533 Einw. In der Umgegend Fabrikation von Holzgeräthen u. Steinkohlengruben.

Mirepoix, Stadt im französischen Departement Arriège, am Lers, über den eine schöne Brücke von 7 Bögen führt, mit Tuchfabrikation, Wollspinnerei, Merinozucht, Getreidehandel und 4180 Einw.; in der Umgegend Eisenwerke.

Mirès, Jules, einer der bedeutendsten französischen Bankiers, geboren 1809 zu Bordeaux von jüdischen Aeltern, ging 1842 nach Paris, wo er Hülfsarbeiter eines Agenten der dortigen Börse wurde, aber bald auf eigene Rechnung Geschäfte zu machen begann. Um 1849 ward er Eigenthümer des „Journal des chemins de fer“, sodann des „Pays“, betheiligte sich bei einer Anleihe, welche die Stadt Paris machte, gründete 1850 die „Caisse d'actionnaires réunis“ u. kaufte den „Constitutionnel“. In Marseille, wo er sich sodann niederließ, kaufte er bedeutende Ländereien, sowie viele Bergwerke in Südfrankreich. Im Jahre 1856 schloß er mit der päpstlichen Regierung einen Vertrag über den Bau von Eisenbahnen ab, 1857 übernahm er die spanische Anleihe von 300 Millionen Realen u. gründete den spanischen Crédit mobilier. Im Dec. 1860 einigte er sich auch mit der Pforte wegen einer Staatsanleihe. Ende 1861 ward er in einen skandalösen Prozeß verwickelt, aber 1862 freigesprochen. Seine Tochter, Marie M., ist seit Juni 1860 mit dem Fürsten Alphonse von Polignac verheirathet.

Mirgorod, Kreishauptstadt im europäisch-russischen Gouvernement Poltawa, am Khorol, mit 3 Kirchen und 9700 Einw.

Mirim (Merim), Küstensee in der brasilianischen Provinz Rio grande do Sul, nördlich von der Mündung des Rio de la Plata, auf der Grenze von Uruguay, ergießt sein Wasser durch den Gonzalofluß in den nördlicher gelegenen Patossee.

Mirkhond, Hamam-ed-din M. Mohammed, persischer Geschichtschreiber, geboren 1433, machte sich durch das Geschichtswerk „Rauzet es safa“ (Teheran 1852—54, 7 Bde., einzelne Theile deutsch von Wilken) berühmt; † 1498 zu Herat.

Mirow, Flecken im Großherzogthum Mecklenburg-Strelitz, Kreis Stargard, am gleichnamigen See, hat 2 Schlösser, ein Schullehrerseminar, Bierbrauerei und Branntweinbrennerei, Tabaksfabrikation, Tuchmacherei, Färberei und 1600 Einw. M. war seit 1227 eine Johanniterkomthurei u. gehörte als solche zum Herrnmeisterthum Sonnenburg. Mit Einwilligung des Ordens kam dieselbe im westphälischen Frieden an die Herzöge von Mecklenburg, die zuweilen hier residirten.

Mirza (pers.), wörtlich Sohn des Fürsten, in Persien Titel, der, nach dem Namen gesetzt, ein Glied der königlichen Dynastie bezeichnet, z. B. Abbas-M., vor dem Namen aber unserm „Herr“ entspricht.

Mirzapoor, Hauptstadt des gleichnamigen Distrikts (247 □M. mit 1,104,300 Einw.) in der britisch-vorderindischen Provinz Agra, am Ganges, mit zahlreichen Tempeln u. Moscheen, Fabrikation von Seiden- und Baumwollzeuchen, Teppichen, Hauptmarkt für Baumwolle in Ostindien, mit 79,500 Einw.

Mirza-Schaffy, türkischer Dichter, geboren zu Gjändscha in der Provinz Karabagh in Georgien, ertheilte Bodenstedt während dessen Aufenthalts in Tiflis 1844 Unterricht im Tatarischen; er † den 6. Juni 1856. Die Gedichte M.'s, die heiteren Lebensgenuß und praktische Weltklugheit preisen, übersetzte Bodenstedt in freier Nachbildung unter dem Titel „Die Lieder des M.“ (Berlin 1851, 10. Aufl. 1861).

Misanthropie (v. Griech.), Menschenhaß als habituell gewordene Denk- und Gesinnungsweise, greift meist in Folge falscher Beurtheilung der Menschen, indem man um der Schlechtigkeit willen, welche ein oder mehre Individuen bewiesen, das ganze Geschlecht verdammt, im Herzen Platz und äußert sich darin, daß man sich nicht nur von dem Verkehr mit Menschen zurückzieht, sondern auch dem verhaßt gewordenen Geschlechte mit Ernst alles Böse anwünscht. Die M. kann als abnorme Gemüthsstimmung auch den Charakter einer Geisteskrankheit annehmen, zumal wenn sie durch den Hinzutritt körperlicher Leiden, namentlich von Unterleibsbeschwerden, die gesunde Betrachtungsweise der menschlichen Zustände auf die Dauer stört u. zurückdrängt. Mit Unrecht nennt man oft auch die Menschenscheu M., wiewohl diese sich keineswegs in Haß äußert, sondern lediglich in einer abnormen Gefühlsrichtung beruht, wobei der Umgang mit Menschen gemieden wird und in Bezug auf menschliche Dinge und Verhältnisse ein entschiedener Indifferentismus sich geltend macht. Uebrigens ist M. nicht mit Melancholie (s. d.) zu identificiren, obwohl beide oft mit einander verbunden sind.

Miscellaneen (lat. miscellanea), Abhandlungen und Schriften verschiedenen Inhalts, wofür man später auch den Ausdruck Miscellen gebrauchte.

Mischabel, Gebirgsstock im schweizerischen Kanton Wallis, Bezirk Visp, 14,039 F. hoch.

Mischkolz, s. Miskolcz.

Mischlinge, die durch Vermischung verschiedener Racen erzeugten Menschen, s. Farbige.

Mischna, der erste Theil des Talmud (s. d.).

Mischung, die durch chemische Kraft hervorgebrachte Vereinigung verschiedenartiger Körper. Die Theile, woraus die Verbindung durch chemische Kraft entstanden ist, heißen chemische Theile, Mischungstheile. Sie sind von den mechanischen, gleichartigen u. Gemengtheilen, welche durch Kohäsion u. Adhäsion, auch durch die Lebenskraft zusammenhängende Massen bilden, wesentlich verschieden.

Mischungsgewicht, s. v. a. Aequivalent.

Mischungsrechnung, s. v. a. Alligationsrechnung.

Misdroy (Mistroy), Dorf auf der Nordküste der Insel Wollin, in der preußischen Provinz Pommern, Regierungsbezirk Stettin, mit 275 Einwohnern, bekannt durch seine Bernsteinfischerei und sein sehr besuchtes Ostseebad. Vergl. von Raumer, Die Insel Wollin und das Seebad M., Berlin 1851.

Misenum, Vorgebirge in Kampanien, südlich von Cumä, jetzt Miseno genannt. Die Bucht bei demselben machte Augustus zur Hauptstation für die römische Flotte auf dem tyrrhenischen Meere, in Folge dessen hier das Städtchen M. entstand, welches das Arsenal enthielt.

Miserere (lat.), d. h. Erbarme dich, berühmter Kirchengesang, der 57. Psalm, welcher in der Vulgata mit den Worten „Miserere mei Domine" beginnt. Besonders berühmt ist die Komposition des M. von Allegri, welche seit ihrer Entstehung im 17. Jahrhundert alljährlich in der Charwoche in der sixtinischen Kapelle zu Rom aufgeführt wird. Außerdem sind noch die Kompositionen von Leonh. Leo, Tom. Bai und Baini zu nennen.

Miserere (lat.), s. Kothbrechen.

Misericordia (lat., d. h. Mitleid, Barmherzigkeit), in Klöstern Bezeichnung des wider die Ordensregel Verabreichten.

Misericordias domini (lat., d. h. Barmherzigkeit des Herrn), der 2. Sonntag nach Ostern, nach den Anfangsworten der Messe an ihm benannt.

Mises, Pseudonym für Gustav Theodor Fechner (s. d.).

Misistra, Stadt, s. v. a. Mistra.

Misivri, Stadt in der europäisch-türkischen Provinz Bulgarien, Sandschak Silistria, am schwarzen Meere, unweit des Vorgebirgs Emineh, Sitz eines griechischen Metropoliten, mit Hafen, Fischerei und 3000 Einwohnern. M. ist das alte Mesembria.

Misogynie (v. Griech.), Weiberhaß, Weiberscheu. Ihre Ursachen beruhen sowohl im Verstand, als im Gefühl, sowie auch körperliche Leiden zu ihrer Entstehung mitwirken können, besonders wenn in Folge geschlechtlicher, namentlich widernatürlicher Ausschweifungen das Geschlechtssystem zerrüttet ist. Indessen wird sie auch durch körperliche Konstitution u. Neigung zur Melancholie, wie durch Erziehung, Lehre und Erfahrung bedingt.

Misologie (v. Griech.), Vernunfthaß, d. i. Abneigung, die Entscheidung über gewisse Fragen, namentlich religiösen Inhalts, der vernünftigen Untersuchung zu überlassen; daher Misolog, s. v. a. Obskurant, Mystiker.

Misopsychie (v. Griech.), Lebensüberdruß.

Mispel, s. Mespilus.

Miss (engl.), unverheirathetes Frauenzimmer.

Missa (lat.), s. v. a. Messe; Feiertag eines Heiligen.

Missalen (v. Lat., Meßbücher), in der römisch-katholischen Kirche die liturgischen Bücher, in welchen die von der Kirche angeordneten Messen für alle Sonn- und Festtage, sowie für besondere Gelegenheiten, z. B. für die Todtenfeier, dann die Perikopen, Gebete u. der Meßkanon enthalten sind. Vgl. Messe. Die alten handschriftlichen M. aus dem Mittelalter sind oft mit prächtigen Initialen und Miniaturbildern verziert und mit großen Buchstaben (Mönchsschrift) geschrieben, woher noch jetzt eine gewisse Schriftgattung den Namen Missalbuchstaben führt.

Mißbildungen, diejenigen Abweichungen des Organismus oder eines Organs, die mit der ersten Entstehung und Entwickelung derselben so innig verwebt sind, daß sie sich nur in den frühesten Perioden des Embryolebens oder wenigstens vor der vollendeten Entwickelung der Organe ereignen können. Von diesen Abweichungen, welche sämmtlich Entstellungen der äußern Form und Bildung bewirken, muß man diejenigen angebornen Krankheiten unterscheiden, welche durch anatomische Veränderungen der Organe und Gewebe des ausgebildeten Fötus bedingt sind und daher nicht mehr M., sondern Störungen der Textur darstellen, welche denen des Körpers nach der Geburt im kindlichen wie im reifen Alter vollständig gleich sind. Mit dem Namen M. (monstrositas, vitium primae formationis) bezeichnet man aber nicht bloß die Veränderung, sondern auch den in Folge dieser Veränderung mißgestalteten Fötus selbst (Mißgeburt, monstrum); doch pflegt man im gewöhnlichen Sprachgebrauch einen Fötus oder ein neugebornes Kind nur dann eine Mißgeburt zu nennen, wenn die Veränderung eine bedeutende, von der Norm weit abweichende, meist die Lebensfähigkeit ausschließende Störung der Bildung bewirkt hat. Geringere Grade der Abweichung von der Norm, welche zugleich meist ohne Nachtheil für das davon befallene Individuum sind, pflegt man als Naturspiel (lusus naturae, Bildungsfehler) zu bezeichnen. Die Genesis der M., ihre Ursachen u. Bedingungen sind ungeachtet der fleißigen Forschung, welche in der neuern Zeit auf dem fraglichen Gebiete Statt gefunden hat, keineswegs hinlänglich bekannt. Die Ansichten hierüber lassen sich unter zwei Kategorien bringen: nach der einen liegt die Ursache der M. in einer fehlerhaften Beschaffenheit der Keimstoffe, also des Eies und des Samens; nach der andern wird die M. durch verschiedene, den Keim während seiner Entwickelung treffende Einflüsse verursacht. Was die erste dieser Ansichten, also den Einfluß des Vaters und der Mutter (des Samens und des Eies) auf die krankhafte Entwickelung des Embryo, anbetrifft, so lehrt die Erfahrung, daß gewisse M. sowohl vom Vater, als von der Mutter auf den Fötus vererbt werden können. Es sprechen ferner manche Thatsachen dafür, daß zuweilen Eier mangelhaft gebildet werden, so daß, wenn sie später befruchtet werden, nothwendig die normale Entwickelung des Embryo gestört werden u. eine M. entstehen muß. Möglicherweise kann auch der männliche Same zuweilen mangelhaft sein und bei der Befruchtung die Veranlassung zu unregelmäßigen Vorgängen in dem sonst gesunden Ei geben. Was dagegen die den gesunden Keim während seiner ersten Entwickelung treffenden schädlichen Einflüsse als Ursache der M. anbelangt, so kommen folgende Verhältnisse in Betracht. Seit den ältesten Zeiten besteht die Ansicht, daß die Entstehung der M. von dem sogenannten Versehen, d. h. von unerwarteten und heftigen Eindrücken auf das Gemüth der Mutter, abzuleiten sei. Affekte der Mutter können zweifellos auf die Entwickelung des Embryo einen Einfluß haben, u. es gibt ganz sichergestellte Fälle, wo eine heftige Gemüthsbewegung der Mutter, besonders Schreck, die Entstehung einer M. veranlaßt hat. Eine schwangere Frau, welche sich beim Anblick einer gewissen Mißbildung entsetzt, sich hierauf fortwährend der Furcht hingibt, das Kind, welches sie eben trägt, möchte von derselben Mißbildung befallen werden, welche sie erblickt hat, bringt in seltenen Fällen wirklich ein Kind zur Welt, welches einige Aehnlichkeit mit jener Mißbildung hat. Ein solches Versehen ist natürlich nur für eine kleine Anzahl von M. möglich, nämlich nur für solche, welche sich auf der Straße oder sonst gelegentlich sehen lassen (z. B. Hasenscharte, Mangel der Hände und Füße 2c.), u. auch für diese ist es meist sehr unwahrscheinlich. Alle die dem Versehen zugeschriebenen M. sehen wir beim Menschen viel häufiger ohne Versehen eintreten, u. sie kommen auch bei Thieren vor, bei welchen doch kaum von einem derartigen Versehen die Rede sein kann. Die meisten Fälle von diesem Versehen ereignen sich ferner in so späten Monaten der Schwangerschaft, daß in ihnen die Mißbildung unmöglich entstanden sein kann, weil zu dieser Zeit der Fötus schon vollständig entwickelt war. Man wird daher den Vorgang des Versehens, obschon man ihn für ganz vereinzelte Fälle zulassen muß, doch in den meisten Fällen zurückweisen dürfen. Außer jenen psychischen Affekten können höchst wahrscheinlich gewisse theils örtliche, theils allgemeine Krankheiten des mütterlichen Organismus die Ursache der M. werden. Ebenso weiß man, daß durch äußere Schädlichkeiten, welche den mütterlichen Körper treffen, z. B. einen Schlag od. Stoß auf den Unterleib 2c., eine abnorme Entwickelung des Fötus, eine Mißbildung desselben, bedingt werden kann. Auch Krankheiten der Eihäute können Störungen der regelmäßigen Entwickelung des Embryo bedingen. Die Veranlassung zu M. kann ferner vom Embryo selbst ausgehen. Krankheiten des Fötus wirken bald hemmend nicht nur auf die Entwickelung des betroffenen Organs bezüglich seines Wachsthums, seiner Gestaltveränderung 2c., sondern auch mittelbar auf die Entwickelung benachbarter Organe; bald führen sie zu einer völligen Destruktion des ursprünglich befallenen Gebildes. Von den fötalen Krankheiten sind besonders die entzündlichen Vorgänge, die Wassersuchten, der Verschluß von Blutgefäßen 2c. als bekannte Ursachen der M. zu nennen. Endlich stellen viele M. gewisse Stufen der Entwickelung des Embryo und seiner Organe vor, auf welchen die Bildung stehen blieb u. von welchen aus sich die Organe nicht dem normalen Typus gemäß weiter entwickelten. Solche M. sind also ihrem Wesen nach Hemmungsbildungen, und es würde sich im einzelnen Falle nur noch darum handeln, welches die Ursachen dieser Hemmung sind. Da die M. aus Störungen der physiologischen Entwickelung hervorgehen, so können sie nur auf Grund genauer Kenntniß der Geschichte der letztern erkannt und verstanden werden. Die wissenschaftliche, von der physiologischen Entwickelung ausgehende Betrachtung der M. zeigt, daß letztere nicht zufällige, unberechenbare, in das Unendliche sich vervielfachende Gebilde darstellen, sondern eine zwar reiche, aber bestimmte Zahl von Formen, welche sich an die verschiedenen Stufen der Entwickelung des Embryo u. seiner Organe eng und gesetzmäßig anschließen, und daß die M. nicht nach neuen, willkürlichen, unerhörten Bildungsgesetzen entstehen, sondern nach den Gesetzen physiologischer Entwickelung, welche hier nur unter abnormen Bedingungen in Wirksamkeit treten. Die Grade der M. wechseln je nach der Zeit, in welcher die Störung der Entwickelung eintritt, und nach der Ausdehnung der davon betroffenen Gebiete und Theile in sehr mannichfacher Weise, so daß in den höchsten Graden die menschliche Form ganz verloren geht, während in den geringsten die Veränderung der Form kaum bemerkbar ist u. nur gelegentlich wahrgenommen wird. Die Klassifikation der M. hat außerordentliche Schwierigkeiten, da ein durchgreifendes Eintheilungsprincip sich noch nicht hat auffinden und festhalten lassen. Nach Förster lassen sich zunächst alle M. in zwei große Abtheilungen bringen, zu deren einer diejenigen zu stellen sind, bei denen es sich nur um eine quantitative Veränderung, eine Veränderung der Größe und Zahl, handelt, zu der andern aber diejenigen M. gehören, bei denen das Wesentliche in qualitativer Abweichung vom normalen Bildungsgange beruht. Die quantitave Bildungsstörung kann sich nun als eine Vermehrung oder als eine Verminderung der Bildung darstellen. Betrachten wir zunächst die erstere, so zerfallen die zugehörigen M. (monstra per excessum) in solche, bei denen die Größe, und in solche, bei denen die Zahl vermehrt ist. M. durch abnorme Größe des ganzen Körpers oder einzelner Organe u. deren Theile kommen nicht sehr häufig zur Beobachtung; hingegen werden die durch abnorme Zahl bedingten häufig beobachtet: es gehören hierher die Verdoppelungen und selbst Verdreifachungen des ganzen Körpers, einzelner Gegenden, Organe und Theile. Die durch Verminderung der Bildung charakterisirten M. (monstra per defectum) stellen sich bald als einfache Defekte, bald als Hemmungsbildungen dar; bei den erstern ist ein größerer oder kleinerer Theil des Körpers einfach gar nicht, oder zu klein und kümmerlich gebildet, es handelt sich also um eine vollständige Behinderung der Bildung; bei den Hemmungsbildungen aber sind die embryonalen Anlagen des Körpers oder der betreffende Theil desselben regelmäßig und vollständig gebildet, aber die Ausbildung derselben in die reifen, fertigen Körperformen wird gehemmt, bleibt auf einer gewissen Stufe stehen, und wir sehen demnach an dem Fötus oder ausgetragenen Kinde eine gewisse Form als M., welche für eine bestimmte Entwickelungsstufe des embryonalen Lebens normal war. Die einzelnen Arten der Hemmungsbildungen sind unter einander sehr verschieden; die beiden wichtigsten sind: die Spaltbildungen, hervorgehend aus Hemmung der gegenseitigen Verwachsung ursprünglich getrennter Theile; und die den vorigen entgegengesetzten Atresien (Undurchgängigkeit), bedingt durch Hemmung des Oeffnens ursprünglich solider Theile. Die dritte Abtheilung der M., bei welchen es sich wesentlich um qualitative Abweichung handelt (monstra per fabricam alienam), sind ebenfalls häufig u. von großem Interesse, indem sie ganz eigenthümliche Verirrungen der Entwickelung darstellen, welche sich in ihrem gesetzmäßigen Gange nur auf Grund der physiologischen Entwickelungsgeschichte erklären lassen. Es gehören hierher die sogenannten Zwitterbildungen, die Verdoppelungen des Uterus, die meisten M. des Herzens, Veränderungen, welche in ihrem Wesen sämmtlich erst durch die wissenschaftliche Verbindung der physiologischen und pathologischen Entwickelungsgeschichte der neuern Zeit erkannt worden sind. Die M., welche auf einzelne Organe od. Theile beschränkt sind, kommen häufig vor, dagegen die großartigen Formen, die eigentlichen Monstra, ziemlich selten. Die wichtigsten Einzelformen der M. s. unter den betreffenden Artikeln. Vgl. *Bischoff*, Entwickelungsgeschichte mit besonderer Berücksichtigung der M. in R. Wagners Handwörterbuch der Physiologie, Bd. 1, 1842; *Förster*, Die M. des Menschen, nebst Atlas, Jena 1861.

Mißgeburt, s. *Mißbildungen*.

Mißhandlung, jede unerlaubte gegen den Körper einer fremden Person absichtlich verübte Gewaltthätigkeit, bei welcher ein größeres Maß von Uebel zugefügt wird, als zur Befriedigung eines einfachen verbrecherischen Willens oder zur Erreichung des erlaubten Zwecks nothwendig ist. Das gemeine Recht kennt die M. als besonderes Verbrechen nicht, sondern faßt sie als Realinjurie auf oder stellt sie unter den Begriff anderer Verbrechen. In den neuern Gesetzbüchern wird dagegen für die Fälle, in denen es nicht auf eine Ehrenverletzung abgesehen war, ein besonderes Verbrechen der Körper- oder Gesundheitsverletzung aufgestellt, das nach der Schwere der Verletzung mit kurzem Gefängniß bis zu langwierigem Zuchthaus bestraft werden kann.

Mißheirath (disparagium, mésalliance), Heirath zwischen Personen ungleichen Standes, im Gegensatz zur *ebenbürtigen* Ehe. In Deutschland galt nicht nur die Ehe zwischen Freien und Unfreien als unerlaubt, sondern schon nach den Volksrechten und entschieden nach dem Sachsenspiegel und andern Rechtsbüchern des Mittelalters diejenige zwischen Freien verschiedenen Standes als M., wobei die Kinder der „ärgeren Hand" folgten, d. h. in den jeweilig niedern Stand des einen oder andern ihrer Aeltern eintraten, und die Lehnfolgefähigkeit hinsichtlich derer verloren, denen sie nicht ebenbürtig waren. Seitdem unter den Kaisern aus dem Hause Luxemburg Standeserhöhungen aufkamen und seit dem Eindringen des römischen Rechts, wonach die Kinder dem Stande des Vaters folgten, verschwanden jene Wirkungen der Unebenbürtigkeit für die Ehen zwischen dem niedern Adel u. dem Bürgerstande, und die neuere Entwickelung der gesellschaftlichen, politischen, rechtlichen und wirthschaftlichen Verhältnisse hat, indem sie den Werth des Einzelnen hob u. die Bedeutung des Geburtsstandes fast ganz vernichtete, den Begriff der M. aus dem Bewußtsein der Gegenwart verdrängt. Für die regierenden fürstlichen Familien und für den hohen Adel ist indessen die M. noch von thatsächlicher Bedeutung, indem in Gemäßheit des alten Rechts und der in den Wahlkapitulationen von 1742 und 1790 enthaltenen kaiserlichen Zusage, daß „den aus unstreitig notorischer M. erzeugten Kindern eines Standes des Reichs oder eines solchem Hause entsprossenen Herrn die väterlichen Titel, Ehren und Würden nicht ertheilt, viel weniger diese für ebenbürtig und erbfolgefähig erklärt werden sollen", die nicht ebenbürtige Ehefrau auch bei sonst gültiger Ehe in den Stand des Ehemanns nicht eintritt und der mit diesem verbundenen Würde nicht theilhaftig wird, die Kinder aus solcher Ehe aber dem Stande der Mutter folgen und nicht thronfolge- oder successionsfähig sind. Den Mediatisirten ist durch die Bundesakte ausdrücklich die Ebenbürtigkeit gewahrt. Hausgesetze u. Familienherkommen machen hie und da Ausnahmen, z. B. im Hause Augustenburg, und da die verheißene reichsgesetzliche Feststellung des Begriffs der M. nicht erfolgte, so bestehen im Einzelnen manche Zweifel und in mehren fürstlichen Häusern Erbfolgestreitigkeiten, unter welchen der gräflich Bentinck'sche besondern Ruf erlangt hat. Werden die rechtlichen Folgen einer M. gleich bei deren Eingehung vertragsmäßig bestimmt, so heißt die Ehe eine morganatische, Ehe zur linken Hand, Matrimonium ad legem salicam. Vgl. *Göhrum*, Geschichtliche Darstellung der Lehre von der Ebenbürtigkeit, 1846, 2 Bde.

Missinippi, indianischer Name des Flusses Churchill in Nordamerika (Hudsonsbaiterritorium).

Mission (v. Lat.), überhaupt Sendung, Auftrag, im engern Sinne die päpstlichen Gesandschaften an fürstliche Höfe, insbesondere der Inbegriff aller die Verbreitung u. Geltendmachung des Christenthums unter nichtchristlichen Völkern bezweckenden Bestrebungen. Die ersten *Missionäre*, d. h. Arbeiter am Werke der M., waren die Apostel Jesu; ihrem Beispiel folgten später besonders die Mönche. Die Geschichte der M. fällt zusammen mit der der Ausbreitung des Christenthums. Nach der Reformation war die katholische Kirche namentlich auch bemüht, durch M. die Protestanten zu gewinnen. Das erste eigentliche Missionsinstitut der Katholiken war die von Papst Gregor XV. 1622 gestiftete *Propaganda* in Rom (Congregatio de propaganda fide), womit Urban VIII. 1627 das Kollegium der Propaganda verband, und die das ganze Missionswerk nach einem festen Plane und unter Aufsicht u. Mitwirkung des römischen Stuhls leitet u. sich namentlich die Aufgabe stellt, der katholischen Kirche Glaubensboten für alle Völker aus deren eigenen Jünglingen zu bilden. Außerdem finden sich Institute zur Bildung von Missionären (*Seminarien*) zu Rom, Neapel, Palermo, Mailand, Loreto, Paris und in Irland. Die Missionsthätigkeit der Benediktinerorden und der Cistercienser, der Prämonstratenser und namentlich der Bettelorden, die Afrika, Nord- und Südamerika durchzogen, überall Kirchen, Klöster und christliche Gemeinden gründend, ward im 16. und 17. Jahrhundert fast verdunkelt von der der Jesuiten, die namentlich in Südamerika und China glänzende äußere Erfolge erzielten. Daneben wirken noch viele andere Kongregationen zum Zweck der äußern M., so die Lazaristen und die Kongregation der auswärtigen M.en zu Paris in Asien, die Redemptoristen, die Mechitaristen, die Dominikaner u. Franciskaner in Europa, Asien und Amerika, die Kapuziner außerdem noch in Afrika, die Kongregation des Oratoriums auf Ceylon. Auch Weltgeistliche, namentlich in Frankreich und Italien, traten in eigene, mehr oder minder mönchisch organisirte *Missionsvereine* zusammen, entweder um selbst von ihren Oberen ausgesendet zu werden, od. um Missionäre heranzubilden; die bedeutendsten dieser Vereine sind: Priester von St. Joseph oder Cretenetisten; die gottseligen Arbeiter; Priester des Oratoriums in Frankreich, 1611 gestiftet, leiteten nach Vertreibung der Jesuiten viele Kollegien u. Seminarien; Missionspriester vom heiligen Sakrament (Missionäre der Klerisei), gestiftet 1632 in Avignon; Seminaristen von St. Sulpice in Paris, gestiftet 1638, über Frankreich und Canada weit verbreitet; Missionspriester von Jesus u. Maria (Eudisten), gestiftet 1643, finden sich namentlich in Frankreich; Seminaristen von St. Nicolas von

Charbonnet, gestiftet 1612 in Rheims, über ganz Frankreich verbreitet; Oblaten des St. Ambrosius, gestiftet 1578 in Mailand von St. Borromeo; die Geweihten der heiligen Jungfrau; Passionisten; Theatiner; Barnabiten; Somasker; Arme der Mutter Gottes der gottseligen Schulen; Priester der christlichen Lehre in Frankreich (Doctrinaires); Missionspriester des heiligen Geistes, gestiftet 1703 in Paris, in Afrika, China, Indien und Amerika eine reiche Thätigkeit entfaltend; Missionspriester des Kalvarienbergs (Kalvaristen), gestiftet 1633 zunächst gegen die Hugenotten, seit 1666 mit dem Missionsverein von St. Sulpice vereint; Priester des Seminars der auswärtigen M.en, gegründet 1663, besonders thätig in China u. Tonkin; Missionspriester von St. Clément; Missionspriester von St. Joseph (Josephsorden); Missionspriester von St. Garde; Missionspriester von Frankreich, gestiftet 1815, u. a. m. Daneben entstanden in neuerer Zeit zahlreiche sogenannte Vereine zur Verbreitung des Glaubens, deren Mitglieder sich zu einem bestimmten Beitrag an Geld und einem täglichen Gebet für die Missionäre verpflichten; die verbreitetsten sind: der Xaveriusverein, gegründet 1822 in Lyon; die Leopoldinenstiftung in Oesterreich, gegründet 1829 zur Unterstützung der nordamerikanischen M.; der Ludwigsmissionsverein in Bayern; der Verein der heiligen Kindheit, gegründet 1845, ist über das ganze katholische Deutschland und Frankreich verbreitet u. bezweckt Erziehung heidnischer Kinder, besonders in China; der Bonifaciusverein, gegründet vom Grafen Joseph zu Stolberg; der Verein zur Unterstützung der Negerkinder, gegründet 1838 und in Italien und Frankreich sehr verbreitet.

In der **protestantischen** Kirche suchte schon Luther den Eifer für Heidenbekehrung anzuregen; allein diese Kirche war vorerst noch zu sehr durch innere Angelegenheiten in Anspruch genommen, sie hatte weder die Aufforderung zur auswärtigen M., welche der katholischen Kirche in den politischen und merkantilischen Beziehungen ihrer Staaten zu den fernen Heidenländern gegeben war, noch die Mittel zu ihrer Ausführung, welche jener in ihren Orden dargeboten waren. Doch machten die Evangelischen in Genf schon 1556 einen Versuch, eine M. in Brasilien zu gründen, die jedoch erfolglos blieb. Auch gründete Gustav Wasa in Schweden bereits 1559 eine M. unter den Lappländern. Dagegen erwachte gegen die Mitte des 17. Jahrhunderts ein großer Missionseifer unter den Protestanten. Friedrich IV. von Dänemark gründete für seine ostindischen Besitzungen die M. zu Tranquebar (1705), wo namentlich Bartholomäus Ziegenbalg und Christian Friedrich Schwarz wirkten. In Grönland arbeitete Hans Egede seit 1721 für die Wiederherstellung des Christenthums. Die Brüdergemeinde sandte ihre ersten Missionäre (Dober u. Nitschmann) 1732 nach St. Thomas und erweiterte in den nächstfolgenden Jahren ihre erfolgreiche Missionsthätigkeit über Grönland, Nordamerika, Westindien, Labrador und Kapland. In der reformirten Kirche wurde 1647 von englischen Puritanern eine Gesellschaft zur Ausbreitung des Evangeliums gegründet, in deren Dienst sich besonders John Elliot auszeichnete, 1760 in London die Gesellschaft zur Ausbreitung der christlichen Erkenntniß, 1792 ebenda die Baptistenmissionsgesellschaft und 1796 von Protestanten aus verschiedenen Bekenntnissen die große londoner Missionsgesellschaft. Nach dem Vorgang derselben entstanden 1796 zwei schottische, 1797 eine niederländische Missionsgesellschaft und 1800 zu London die kirchliche (Episkopal-) Missionsgesellschaft für die englischen außereuropäischen Besitzungen. In demselben Jahre stiftete Jänicke zu Berlin eine Missionsgesellschaft. Auch die 1804 zu London gegründete große britische und auswärtige Bibelgesellschaft hat sehr fördernd auf das Werk der M. eingewirkt. Die Missionsgesellschaften (Haupt- und Zweigvereine) mehrten sich fortan von Jahr zu Jahr. Den ersten Platz in dieser Hinsicht nimmt England ein, ihm reiht sich an Nordamerika, dann Deutschland. Auch die Brüdergemeinde leistet fortwährend Großes. Unter den neuentstandenen Hauptvereinen, jeder mit zahlreichen Zweigvereinen, zeichnen sich innerhalb der reformirten Kirche aus: die große amerikanische Missionsgesellschaft zu Boston seit 1810 (Board of foreign missions) und die amerikanische Baptistenmission seit 1814. Außerdem hat Nordamerika eine methodistische und eine bischöfliche Missionsgesellschaft von Bedeutung. In Deutschland entstand 1816 die baseler, deren Missionsschule gegenwärtig die besuchteste ist, 1823 die berliner, 1829 die rheinische Missionsgesellschaft mit dem Missionsseminar in Barmen, 1836 die norddeutsche mit Verpflichtung ihrer Sendboten auf die augsburgische Konfession, in demselben Jahre die dresdner mit streng lutherischem Charakter, deren Seminar 1848 nach Leipzig verlegt ward, 1846 in Kassel die deutsch-chinesische Stiftung zur Verbreitung des Christenthums in China. Alle diese Missionsbestrebungen beruhen lediglich auf Privatkräften. Ihr Zweck ist eigentlich nur Bekehrung der Heiden, doch suchen die meisten M.en auch im Inlande kirchliche Bestrebungen zu fördern, was ihnen Viele entfremdet hat. Ihre geistlichen Mittel sind Traktate, Missionspredigten u. Missionsfeste, deren fast jeder Verein jährlich eins feiert. Was ihre äußerliche Wirksamkeit betrifft, so geht das Streben der meisten protestantischen Missionsanstalten dahin, dadurch, daß sie sich des **Jugendunterrichts** unter den nichtchristlichen Völkern bemächtigen, diese auf die Stufe geistiger und sittlicher Bildung zu erheben, die sodann eine innerliche, geistige Auffassung und Aneignung des Christenthums ermöglicht, während den katholischen Missionären vielfach zum Vorwurf gemacht wird, daß sie auf Massenbekehrungen ausgehen und ihre Missionsthätigkeit mit dem Vollzug der Taufe als beendet ansehen. Mit Erfolg haben in neuerer Zeit auch die protestantischen Missionäre ein Hauptaugenmerk darauf gerichtet, sich aus der eigenen Mitte der heidnischen Jugend Gehülfen heranzuziehen.

Was das **Missionsgebiet** anlangt, so ist in Asien besonders Ostindien von der M. ins Auge gefaßt worden. Es wirken dort gegenwärtig 22 Missionsgesellschaften durch 450 Missionäre, 700 Katechisten und Tausende von Lehrern auf 313 Stationen mit einem jährlichen Kostenaufwand von 1,320,000 Thalern; die Frucht ihrer Arbeit u. Opfer soll bis jetzt die Bekehrung von etwa 80,000 Seelen sein. Wenig Erfolge hatte die M. bis jetzt in Hinterindien; in Singapur ist die Hauptstation für den malayischen Archipel. Im birmanischen Reiche, wo seit 1813 namentlich der Amerikaner Judson thätig war, sind Stationen der M. Rangur, Amherst, Maulmin, Tadoi u. Merull.

In China wirkten besonders die Missionäre Gützlaff, Medhurst, Brielghmann, Parker, Lockhardt und Milne. Die jetzt dort lebenden Missionäre, etwa 30, gehören theils der londoner, theils amerikanischen Gesellschaften an. Der Hauptsitz der M. ist Hongkong; daneben finden sich Stationen in Ningpo, Kanton, Macao, Emoy, Schanghai. In Siam (Bankok), Japan und auf Java schreitet die M. nur sehr langsam vor, mehr neuerdings auf Borneo. In Afrika bestehen an den Küsten des Südens zahlreiche M.en, namentlich der Methodisten, der Baptisten, der Herrnhuter, der Gesellschaft zur Ausbreitung des Evangeliums, der rheinischen Missionsgesellschaft, der französischen Gesellschaft und der berliner Gesellschaft. Für die Bekehrung der Hottentotten und Kaffern bildet die Kapstadt den Mittelpunkt. Auf der Ostküste Afrika's, namentlich in Abessinien und Aegypten, hindert die Eifersucht der koptischen und römischen Priester die evangelische Missionsthätigkeit. Auf Mauritius und den nahen Sayennen bestehen 14 Stationen mit 31 Schulen. In Madagaskar hat die M. trotz mehrfacher Verfolgungen immer wieder festen Fuß gefaßt. Auf der Westküste Afrika's ist der Erfolg der englischen, amerikanischen (Wilson) u. deutschen M.en fortwährend im Steigen begriffen, selbst auf Sierra Leone, trotz seines gefährlichen Klima's, welches unter den Missionären viele Opfer fordert. In den Barbaresken-Staaten hat sich bis jetzt noch kein evangelischer Glaubensbote halten können, in Algier tritt die französische Regierung jeder Ausbreitung des evangelischen Missionswesens entgegen. Im türkischen Reiche, namentlich von Smyrna aus, wirken zahlreiche amerikanische bischöfliche Missionäre. In Australien sind die Verhältnisse den M.en sehr ungünstig; nur auf der Süd- und Westküste bestehen zahlreichere M.en. Dagegen hat die M. auf den nordöstlichen Inseln, besonders den Gesellschafts-, Sandwich-, Freundschafts- und Marquesasinseln, namhafte Siege errungen. In Amerika ist Westindien das wichtigste Feld der M. Es arbeiten hier namentlich die Baptisten u. die schottische M. Von den Indianern hat sich nur ein sehr geringer Theil der M., namentlich der herrnhutischen und der englisch-amerikanischen Sektenmission, zugänglich gezeigt; um die Bekehrung der Negersklaven machten sich besonders die Quäker und Methodisten verdient. In Südamerika bestehen nur in Guyana protestantische M.en. Die M. unter den Juden ward nach mehren Versuchen der Brüdergemeinde in Holland, England und Böhmen namentlich durch Professor Kallenberg zu Halle organisirt, der 1728 zu diesem Zweck ein eigenes Institut errichtete, das bis 1792 bestand, aber im Ganzen nur etwa 20 Missionäre, durch Europa, nach Asien und Afrika, aussandte. Im Jahre 1808 ward die „Londoner Gesellschaft zur Verbreitung des Christenthums unter den Juden" gegründet, mit der seit 1831 das „hebräische Kollegium", ein Institut zur Bildung von Judenmissionären, sowie das Proselytenhaus, in welchem die bekehrten Juden zu Handwerken angeleitet werden, verbunden sind. Sie unterhält gegenwärtig 134 Missionäre auf 33 Stationen und verfügt jährlich über 43,000 Pfd. Sterl., womit sie etwa 60 Juden für die christliche Kirche gewinnt. Auch Berlin hat seit 1822 eine Gesellschaft zur Ausbreitung des Christenthums unter den Juden; andere entstanden in Königsfeld, Detmold, Oletzko, Posen, Breslau, Elberfeld, Stettin, Roßbach, Bremerlehe, Köln, Barmen und Basel (Verein von Freunden Israels). Sämmtliche Judenmissionen haben bis jetzt nur sehr geringe Erfolge aufzuweisen. Vgl. Steger, Geschichte der englischen M., Hof 1838 bis 1842, 2 Bde.; Wiggers, Geschichte der evangelischen M., Hamburg 1845; Hahn, Geschichte der katholischen M., Köln 1857 ff.; Vormbaum, Die Missionsgeschichte in Biographien, Elberfeld 1864 ff.; Langhans, Pietismus u. Christenthum im Spiegel der äußeren M., Leipzig 1864 (in polemischem Interesse geschrieben).

Ueberblicken wir das Feld der Missionsthätigkeit im Ganzen, so ergibt sich, daß ihre Aussichten am günstigsten auf den Südseeinseln, in Südafrika, Ostindien und China sind, das mohammedanische Asien und Amerika dagegen sind der unfruchtbarste Boden. Am meisten förderten das Missionswesen die Deutschen, Engländer und Amerikaner; die Holländer bethätigen auch hier ihren engherzigen Handelsgeist, Dänemark, Schweden und Norwegen kommen kaum in Betracht. Unter den romanischen Völkern betreiben nur die Franzosen die M. mit Energie. Fast alle aber verfolgen mit den M.en zugleich einen politischen Zweck. Wenn Frankreich die christlichen Glaubensparteien des Orients durch M. an sich zu fesseln sucht, wenn England mit Schwert und Bibel in der Hand in China eindringt, so sucht Nordamerika durch Heranziehung der Südseeinsulaner zur Bildung unabhängige Staaten zu erhalten, die seinem Handel in jenen Meeren die Thür öffnen. Deutschland allein hat bei seinen M.en keinen politischen Nebenzweck. Die gesammten jährlichen Geldkräfte der äußern M. in der Gegenwart werden auf 4 Millionen Thaler berechnet.

Nicht zu verwechseln mit der äußern M. ist die sogenannte innere M. in der protestantischen Kirche, deren Zweck ist, „diejenigen Massen in der Christenheit innerlich und äußerlich zu erneuern, die der Herrschaft des aus der Sünde entspringenden mannichfachen Verderbens anheimgefallen sind, ohne daß sie von den jedesmaligen christlichen Aemtern erreicht werden". Hiernach erstreckt sich der Einfluß der inneren M. auf alle Gebiete des menschlichen Lebens, auf das staatliche, kirchliche, allgemein sittliche und sociale Lebensgebiet. Auf dem staatlichen Gebiete will die innere M. sowohl das allgemeine Verbrechen gegen das Ganze des Staats, die Revolution, als auch die Verletzungen der einzelnen staatlichen Gesetze, die Empörungen Einzelner gegen dieselben mit den Waffen des in der Liebe thätigen Glaubens bekämpfen. Sie will bessernd einwirken auf Die, welche sich solche Verbrechen haben zu Schulden kommen lassen, und richtet daher ihr Augenmerk sowohl auf die in Gefängnissen befindlichen Verbrecher, als auch auf die entlassenen Sträflinge, die sie durch Darbietung von Gelegenheiten zu redlichem Broderwerb und durch fortgesetzte sittliche Einwirkung vor dem Rückfall in ihr früheres verbrecherisches Leben zu sichern sucht. Auf dem kirchlichen Gebiet sucht die innere M. dahin zu wirken, daß in allen Gemeinden Predigt und Sakramente recht verwaltet, die Zucht im rechten Geiste und die Seelsorge in ausreichender Weise ausgeübt werden. Auf dem allgemein sittlichen Gebiet will sie besonders der Prostitution durch

Unterbringung und Beaufsichtigung junger Mädchen, durch Dienstbotenpflege, durch Anstalten für reuige gefallene Mädchen und der Trunksucht durch Enthaltsamkeitsvereine entgegenwirken. Auf dem socialen Gebiete endlich hat sie es mit Erhaltung und Förderung der Ordnungen der Familie, des Besitzes und Eigenthums und der Arbeit, sowie der durch sie bedingten und begründeten gesellschaftlichen Lebensverhältnisse, Unterschiede u. Stände zu thun. In der Thätigkeit für die verschiedenen Zwecke der inneren M. ist insbesondere das protestantische England mit gutem Beispiel vorangegangen. Deutschland ist nicht zurückgeblieben, und auch in den übrigen Ländern des Kontinents, z. B. in Frankreich, u. ganz besonders in Nordamerika geschah Bedeutendes für die innere M. Die älteste der durch dieselbe hervorgerufenen Anstalten ist die Rettungsanstalt für verwahrloste Kinder unter der Leitung des Grafen Recke-Volmarstein zu Düsselthal seit 1816; nächst ihr die Armenschullehrer- und Kinderrettungsanstalt zu Beuggen (seit 1820), aus welcher Hunderte von Lehrern für Armenschulen u. Rettungsanstalten hervorgegangen sind. Durch seinen Umfang u. seine weit reichende Thätigkeit zeichnet sich das 1833 gegründete Rauhe Haus in Hamburg unter Wicherns Leitung aus. Zunächst für Krankenpflege stiftete 1836 Pastor Fliedner die Diakonissenanstalt zu Kaiserswerth, die sich ebenfalls von Jahr zu Jahr erweitert und in Deutschland, England und Frankreich mehre Nachbildungen hervorgerufen hat. Diesen Vereinen zur Seite stehen mehre Gesellschaften zur Pflege entlassener Sträflinge, Kleinkinderbewahranstalten, Bibelgesellschaften, Traktatgesellschaften, Vereine gegen Entheiligung des Sonntags, Enthaltsamkeitsvereine, Frauenvereine zur Unterstützung der Armen 2c. In Deutschland hat sich seit mehren Jahren ein Centralverein für innere M. gebildet, welcher die verschiedenen Bemühungen für das Werk der inneren M. zu einem Ganzen vereinigen will und bereits eine Menge von Zweigvereinen zählt. Sein Organ sind die von Wichern herausgegebenen „Fliegenden Blätter aus dem Rauhen Hause" nebst dem Beiblatt „Das Volksblatt für innere M.".

Missionspriester, in der katholischen Kirche überhaupt die Priester, welche in besonderen, nach Klosterform eingerichteten Lehranstalten zu Missionären für Nichtchristen, auch für Protestanten gebildet werden und in klösterlichen Vereinen für die Missionszwecke leben und thätig sind. Als religiöse Vereine betrachtet, bilden sie Kongregationen. Das Nähere s. Mission.

Missi regii (lat.), s. v. a. Sendgrafen.

Mississippi, der größte Strom Nordamerika's, der 9 Staaten und ein Gebiet berührt, in Gegenden entspringt, wo Schnee und Eis den Boden ein halbes Jahr bedecken, und mündet, wo in einem fast tropischen Klima beide nur dem Namen nach bekannt sind. Sein Quellbezirk, der erst 1832 von Allen und Schoolcraft aufgefunden ward, liegt auf dem unbedeutenden Höhenzug der schwarzen Hügel, die einen Theil der Wasserscheide zwischen dem merikanischen Meerbusen, der Hudsonsbai und dem atlantischen Meere bilden. Hier gibt der unter 47° 13′ 35″ nördl. Br. und 95° 2′ westl. L. von Greenwich nur 1575 Fuß über dem Spiegel des merikanischen Meerbusens gelegene kleine Itascasee dem Flusse den Ursprung. Als ein Bach von 16 F. Breite und kaum einem F. Tiefe tritt der M. (von den Algonkinwörtern Missi, Alles, das Ganze, und Sipi, Fluß, also der Fluß, der alle Flüsse in sich vereinigt, der Vater der Gewässer) aus diesem See heraus, fließt in nordöstlicher Richtung, bildet eine Anzahl Stromschnellen und vereinigt sich bei dem Temidji- oder Traverssee, den er nahe seiner Einmündungsstelle wieder verläßt, mit seinem andern Quellflusse, dem gleich langen la Place. Er durchfließt darauf noch mehre kleinere u. größere Seen, zuletzt den Caß- und kleinen Winipegsee, von welchem an er südliche Richtung annimmt, die er bis zu seiner Mündung beibehält. Die ersten beträchtlichen Fälle des M. sind die von Peckagama unterhalb des kleinen Winipegsee's, wo der Fluß in einem felsigen Kanal von 80 Fuß Breite in einem sehr geneigten Bette (von 20 F. Fall auf 300 Yards) dahin stürzt und die Schifffahrt unterbrochen ist. Dann folgen die Fälle von St. Anthony, wo sich der Fluß 17 Fuß hoch perpendikulär herabstürzt und oberhalb und unterhalb dieses Falles noch so bedeutende Stromschnellen bildet, daß auf einer Strecke von 3/4 engl. Meile das Gefälle 65 Fuß beträgt. Oberhalb dieser Fälle, welche das Ende des Oberlaufs bezeichnen, ist die Breite des M. 1/2 engl. Meile, unterhalb derselben aber wird sie auf 300 Yards eingeschränkt. Neun engl. Meilen weiter unten nimmt der M. den Minnesota- oder St. Peters River auf, von Westen her, seinen bedeutendsten Nebenfluß auf dieser Strecke. Etwa 80 engl. Meilen weiter stromabwärts empfängt er den St. Croix, von Osten her, und erweitert sich dann zu dem 25 engl. Meilen langen und 3 Meilen breiten Pipinsee, an dessen unterem Ende der Chippewa von Nordosten her einmündet. Unter 42° nördl. Br. wird der M. durch den Wisconsin, nahe unter 40° durch den Des Moines, beide von Westen her, u. unter 39° durch den Illinois, von Osten her, verstärkt. Achtzehn engl. Meilen weiter unten mündet von Nordosten her der Missouri ein, der bei seiner Vereinigung mit dem M. größer und wasserreicher als dieser ist und dessen bis dahin klares Wasser trübt. Die weiteren Nebenflüsse des M. sind von Osten her: der 100 engl. Meilen weit schiffbare Kaskaskia und der Ohio, der größte Nebenfluß von dieser Seite her. 300 engl. Meilen unterhalb der Einmündung des Ohio fließt dem M. von Westen her der St. Francis zu, der 300 engl. Meilen aufwärts schiffbar sein soll, unfern von diesem ebenfalls von Westen her der White River, der wie der vorige den Ozark Mountains entströmt. Zwischen 34° und 33° nördl. Br., 618 Meilen oberhalb Neworleans, ergießt sich der in den Rocky Mountains entspringende Arkansas, der eine Stromlänge von 2000 engl. Meilen hat, ebenfalls von Westen her in den M., ungefähr einen Grad südlicher von Osten her der Yazoo, dann unter 31° von Westen her der Red River, wie der Arkansas an den Rocky Mountains entspringend und jenem an Länge und Wasserreichthum wenig nachstehend. Unmittelbar unter der Mündung des Red River zweigen sich vom M. 4 Arme ab, die aber dem Hauptstrom an Wasserreichthum bedeutend nachstehen; der erste, der Atchafalaya, ein altes Bett des Flusses, mündet in die Atchafalayabai am Meerbusen von Merico; der zweite, der Iberville, zweigt sich auf der Ostseite vom Hauptstrom ab und mündet, den Maurepas-, Pontchartrin- und Borgnesee durchfließend, östlich in den mexikanischen Meerbusen; die beiden andern Arme, Plaquemine und Bayou Lafourche genannt, verlassen den M. auf der Westseite zwischen dem Atchafalaya und Neworleans, indem der erstere sich mit dem Atchafalaya verbindet, der letztere aber unmittelbar in den Meerbusen von Mexiko mündet. 105 engl. Meilen unterhalb Neworleans ergießt sich der Hauptstrom in 6 Mündungen von ungleicher Größe in den Meerbusen von Mexiko. Sein ganzer Lauf beträgt bis zu seiner Quelle 3267 engl. Meilen, wovon 2238 Meilen schiffbar sind. Die beiden Hauptmündungen heißen Balize oder Nordostpaß, unter 29° 7′ nördl. Br. und 89° 10′ westl. L., und Südwestpaß, unter 29° nördl. Br. und 89° 25′ westl. L.

Bei der Ohiomündung beginnt die Alluvialregion des M., d. h. der Fluß wird hier bald auf der einen, bald auf der andern Seite streckenweise von großen Niederungen begleitet, die er zu Zeiten überfluthet und auf denen er große Massen der Sedimente, die er mit sich führt, abgelagert hat. Diese sumpfigen, zum Theil unter dem Wasserspiegel des Stroms gelegenen Niederungen lassen sich nach den Hauptnebenflüssen, durch die ihre Gewässer abfließen, eintheilen in das St. Francisbassin, auf der rechten Seite des M. von der Ohiomündung bis etwa 200 Meilen abwärts; in die Yazoogründe, auf der linken Seite des Stroms noch 200 Meilen weiter abwärts, und in die sogenannten Tensassümpfe, auf der rechten Seite bis zur Mündung des Red River hinab. Jede dieser Niederungen ist bei einer Länge von 200 Meilen etwa 30–50 Meilen breit. Es sind außerordentlich unzugängliche, von Waldung und Schilf bedeckte Terrains mit wenig Anbau, die aber, wenn sie durch Deiche gegen die Ueberschwemmung gehörig geschützt werden, ungemein ergiebig werden können. Nur auf der östlichen Seite, und auch hier nur streckenweise, hat der M. hohes Uferland, welches kein Alluvialboden ist, zur Seite, namentlich auf der Strecke von der Ohiomündung bis Memphis, wo die erwähnten Yazooswamps beginnen, und dann von der Mündung des Yazooflusses bis zum Anfang des Delta's. Auf diesen hohen Uferrändern (bluffs) liegen die meisten Städte am M. Auf der ganzen, fast 1000 engl. Meilen langen Strecke von der Ohiomündung bis zum Meere ist das Bett des M. mit natürlichen Dämmen (banks) eingefaßt, welche sich der Strom selbst geschaffen hat, indem er bei Ueberfluthungen seine Sedimente zu beiden Seiten angehäuft hat. Sie sind 2—3 Meilen breit, am höchsten hart am Uferrande, landeinwärts sinken sie allmählig ab, und erst wo sie aufhören, beginnen die Sümpfe (swamps). Diese breiten, natürlichen Erdwälle des M. u. seiner Nebenflüsse, die in ihrem Unterlaufe ebenfalls damit eingefaßt sind, sind die ergiebigsten Bodenstriche des ganzen weiten Mississippithales, und auf ihrem gewöhnlich nicht überschwemmten Rücken hat der Anbau mit Erfolg begonnen; hier liegen die Zucker- und Baumwollplantagen am unteren M. Hart am Ufer des Stroms auf dem höchsten Kamm der Bänke hat man hier und da künstliche Deiche zur Verstärkung und Erhöhung der natürlichen aufgeführt, besonders um mehr Land vor Ueberschwemmung zu schützen. Die Bänke sind da am höchsten und breitesten, wo der Fluß am längsten seinen Lauf unverändert beibehalten hat. Hier und da aber zerstört er sein eigenes Werk wieder, indem er die Bänke unterminirt, so daß sie stückweise einstürzen, oder indem er sie völlig durchbricht und sich ein neues Bett gräbt. Bei sehr niedrigem Wasserstande haben die Bänke, vom Fluß aus gesehen, das Ansehen hoher Dämme; bei gewöhnlichem, mittlerem Wasserstande füllt der Fluß gerade die Rinnen zwischen den Bänken aus; bei Hochwasser aber überfluthet er sie und überschwemmt dann die vorerwähnten weiten sumpfigen Niederungen. Bei der Abzweigung des Atchafalaya fängt das durch die jüngeren Ablagerungen gebildete und in fortwährendem Wachsthum begriffene Delta des M. an, welches ungefähr 14,000 engl. □Meilen groß ist und wenige Zoll bis 10 Fuß hoch über dem Niveau des Meeres liegt. Der größte Theil desselben springt über die allgemeine Küstenlinie in den mexikanischen Golf hervor. Da es alljährlich fast ganz unter Wasser gesetzt wird, so besteht es großentheils aus Seen u. Sümpfen, die mit Rohr, Schilf und Bäumen, namentlich Cypressen, bewachsen sind, und deren Ausdünstungen das Klima jener Gegenden so ungesund machen und nur an wenigen Stellen den Anbau gestatten. Der eigentliche ursprüngliche Boden des Mississippibettes von der Ohiomündung bis zum Meere besteht aus einem harten, bläulichen, ungemein zähen Thon, der von dem Wasser kaum angegriffen wird. Dieser Thon ist von den Ablagerungen, welche der Fluß jetzt zurückläßt, ganz verschieden und von weit höherem Alter als diese, daher zahlreiche spätere Bildungen auf ihm niedergelegt sind. Dieselbe harte Thonschicht hat man auch auf dem Boden mehrer Nebenflüsse des M., sowie auf allen Seen des Delta gefunden, und aus artesischen Brunnenbohrungen bei Neworleans hat sich ergeben, daß er dort sehr nahe unter der Oberfläche liegt und, mit Sandschichten abwechselnd, 600 Fuß tief hinabgeht. Streckenweise fließt der M. unmittelbar auf diesem nackten, unbedeckten Thon hin, während er ihn anderwärts mit Sand und Grand oder mit Erde und Schlamm bedeckt hat. Große Bänke von reinem Kieselsand, völlig frei von schlammigen Sedimenten, mit denen das Wasser geschwängert ist, werden besonders unterhalb der Landspitzen, in engen Inselkanälen (chutes), zuweilen auch quer durch den Fluß hin, überhaupt überall da gefunden, wo der M. schnell genug fließt, um seinen Schlamm noch mit sich führen, und doch nicht schnell genug, um auch den Sand mit hinwegführen zu können. Da, wo er im sehr schnellen Fluß auch den Sand mit wegnimmt, erscheint dann im Flußbette jener harte Thon, der ohne Zweifel den ursprünglichen Boden des Flusses bildet. Da hingegen, wo der Fluß ganz langsam fließt oder beinahe still steht, z. B. an Inseln oder unterhalb derselben oder im inneren Rand von Krümmungen, hat der Fluß den Thon mit Schlamm und Erde bedeckt und Schlammbänke (willow-battures, Weidenbänke) gebildet, die, so weit sie aus dem Wasser hervorragen, mit Weidengebüsch bewachsen sind. Diese Schlammbänke liegen zwar oft lange an derselben Stelle, sind aber als loses, lockeres Material im Lauf der Jahrhunderte stets auf der Wanderung begriffen, indem sie der Fluß gelegentlich einmal aufnimmt, fortführt und im Delta oder im Meere absetzt.

Während die mittlere Hauptader des M. im Ganzen genommen ohne ausgedehntere Abweichungen von der geraden Richtung von Norden nach Süden fließt, macht er, namentlich von der Ohiomündung abwärts, desto mehr kleine Krümmungen u. Windungen (turns, bends), die erst im Delta aufhören. Sie sind zum Theil so extravagant, daß sie fast ringförmig in sich zurücklaufen u. nur einen schmalen Isthmus übrig lassen. Diese Isthmen hat aber der Fluß stellenweise durchbrochen u. sich einen geraden Lauf geschaffen, neben dem dann das alte Flußbett sichelförmige Seen bildet. Trotz dieser beständigen Rektificirungen, die der Fluß seit Jahrhunderten in seinem Bett selbst bewerkstelligt hat, wird dieses doch nie geradlinig, weil er sowohl wegen der Lockerheit der Materialien, die sein Bett begrenzen, als auch in Folge seines geringen Gefälles, das ihn leicht von der geraden Richtung abbiegen läßt, sich stets wieder neue Krümmungen ausspült. Das Gefälle des M. beträgt auf die ganze Länge seines Laufs etwa $^{3}/_{8}$ Fuß per Meile. Der bei weitem größere Theil seines Gefälles kommt selbstverständlich auf seinen obern Lauf, der bei weitem kleinere auf seinen Unterlauf von der Ohiomündung abwärts. Bei Hochwasser liegt der Wasserspiegel hier 322 F. über der Meeresfläche, u. da der Strom von da an bis zu seiner Mündung (die Krümmungen eingerechnet) noch etwa 1100 Meilen lang ist, so beträgt sein Gefälle auf dieser Strecke nicht ganz $^{3}/_{10}$ F. per Meile. Auch dies schwache Gefälle nimmt immer mehr ab und beträgt vom Anfang des Delta bei der Mündung des Red River bis zum Meere auf einer Länge von 316 Meilen nur 50 F., so daß also hier auf die Meile etwa 2 Zoll Gefälle kommen, die sich auf der letzten, 100 Meilen langen Strecke auf wenig über 1 Zoll verringern. Trotz dieses sehr geringen Gefälles behält der M. bis zu seiner Mündung eine große Geschwindigkeit bei und stürzt sich namentlich bei Hochwasser mit ungemein großer Rapidität in den Golf hinaus. Die mittlere Geschwindigkeit seines Laufs beim höchsten Wasserstand beträgt auf der Strecke vom Ohio bis zum Arkansas 6,15, von da bis zum Red River 6,03, von da bis Bayou Lafourche 6,00 und von da bis zum Anfang der Gabelspaltung 5,78 F. auf die Sekunde, so daß sie also sich ziemlich gleich bleibt. Erst in den Mündungsarmen nimmt sie beträchtlich ab, ist aber bei Hochwasser auch da verhältnißmäßig noch groß genug, indem sie noch an 4 F. in der Sekunde beträgt, während bei niedrigem Wasserstand und zur Zeit der Fluth oft ein Gegenstrom vom Meere in die Arme hinaufgeht. Die große Geschwindigkeit des Laufs des M. bei so geringem Gefälle erklärt sich, wenigstens zum Theil, aus der verhältnißmäßig großen Enge u. Tiefe seines Bettes, worin seine gewaltigen Wassermassen zusammengepreßt über einander hingleiten. Bei mittlerem Wasserstande ist er auf der Strecke vom Ohio bis zum Arkansas etwa 4500 F. ($^{2}/_{3}$ engl. Meile) breit und nimmt von da bis zur Gabeltheilung in der Nähe seiner Mündung allmählig an Breite bis auf die Hälfte ab. Unterhalb des Arkansas ist er 4000, in der obern Hälfte des Delta nur 3000 und unterhalb Neworleans nur 2500 Fuß breit. Erst bei der Gabeltheilung und an den äußersten Enden seiner Pässe erweitert er sich zu einer Breite von 7—8000 F. Diese Breitenverhältnisse sind bei einem so langen und wasserreichen Strome sehr unbedeutend, wie sich aus der Vergleichung derselben mit denen des Rheins ergibt, dessen Hauptarm, die Waal, eine Breite von 1300 F. hat, obwohl er kaum $^{1}/_{20}$ der Wassermasse des M. bei Neworleans führt. Je geringer aber die Breite des M. ist, desto größer ist seine Tiefe. Schon gleich unterhalb der Ohiomündung beträgt dieselbe bei Hochwasser in den tiefsten Rinnsalen 80 F., welche Tiefe der Strom auf eine Strecke von 1097 engl. Meilen beibehält u. in seinem Delta noch vermehrt. Gleich beim Anfang des letztern unterhalb der Mündung des Red River ist er 100 F., bei Neworleans u. der Gabeltheilung 120, stellenweise sogar 140 F. tief. Weniger tief sind die Pässe, durchschnittlich 40, nur der Südwestpaß ist 50 F. tief. Nur hart an den Mündungen dieser Pässe sind Sandbänke (Barren) aufgehäuft, die auf ihrem Kamm kaum eine Tiefe von 12—18 F. haben. Der M. schwillt in seinen verschiedenen Adern in verschiedener Weise und zu verschiedenen Zeiten an, weil Winter-, Frühlings- und Sommerregen in dem weiten Gebiete zu verschiedenen Zeiten eintreten. Die westlichen Nebenflüsse kommen aus hohen Gebirgen, wo der Schnee erst zu Anfang Juni schmilzt, die östlichen dagegen von niedrigeren Höhenzügen, die schon im März schneefrei werden. Im Allgemeinen aber zeigt der M. in seinem Lauf von der Ohiomündung bis zum Meere nur ein einmaliges Anschwellen und einmaliges Fallen im Jahr. Sieben Monate hindurch, von Ende December bis Ende Juli, steht er über seiner mittleren Höhe, die übrigen 5 Monate unter derselben. Selbst die stärksten Deiche am M. erfüllen ihren Zweck, das Land gegen Ueberschwemmung zu schützen, noch keineswegs, denn sie sind insgesammt weit niedriger und schwächer als die Wasserbauten am Rhein, am Po und an der Weichsel. Wie wichtig aber eine genügende Eindeichung des Stromes ist, geht daraus hervor, daß das jetzt noch wüste und versumpfte Alluvialland vom Ohio bis zum Red River einen Flächenraum von etwa 20,000 □Meilen einnimmt, wovon der größte Theil kulturfähig zu machen ist, und daß der Schaden, den eine einzige Ueberschwemmung, wie die große von 1858, in den Anpflanzungen am untern M. anzurichten pflegt, nur um wenige Millionen niedriger veranschlagt wird als die Kosten der Eindeichung, die 7 Millionen betragen sollen.

Was die Schifffahrt auf dem M. anlangt, so wird dieselbe nicht bloß durch Wirbel und Gegenströmungen, sondern auch durch losgerissene Uferstücke und Baumstämme (snags), die im Schlamm stecken, sehr erschwert. Segelschiffe brauchen oft 5—30 Tage zur Bergfahrt von der Mündung des Flusses bis Neworleans, während sie bei günstigem Wind die Thalfahrt auf dieser Strecke oft in 12 Stunden machen. Gegenwärtig wird der Fluß aufwärts fast nur noch mit Dampfbooten befahren; abwärts bedient man sich außerdem, besonders zum Transport der Landesprodukte, großer Flachboote (arks), die aber nicht wieder aufwärts gehen. Das erste Dampfboot für den M. wurde 1611 zu Pittsburg gebaut, gegenwärtig beträgt die Zahl der den M. und seine Nebenflüsse regelmäßig befahrenden Dampfboote über 400, durchschnittlich von 200 Tons, darunter auch einzelne von 1000—1800 Tons, die aber selten weiter aufwärts als bis Natchez, unter 31° 34′ nördl. Breite 292 engl. Meilen von Neworleans, gehen.

Mississippi, einer der südlichen Staaten der nordamerikanischen Union, liegt zwischen 30° 10′ und 35° nördl. Br. und 88° 12′ und 91° 36′ westl. L. und wird begrenzt gegen Osten von Alabama, gegen Süden vom Golf von Mexiko und Louisiana, gegen Westen vom Pearl- u. Mississippifluß, welche gegen Louisiana die Grenze machen, und gegen Norden von Tennessee. Die Ausdehnung des Gebiets beträgt mit Ausnahme eines schmalen, ungefähr 90 Meilen langen und 50 Meilen breiten Landstrichs im Süden des Haupttheils am mexikanischen Golf von Osten nach Westen durchschnittlich etwa 150, u. die von Norden nach Süden etwa 276 Meilen, und der Flächengehalt wird auf 2213 deutsche □Meilen angegeben. Die **Oberflächenbeschaffenheit** ist von großer Einförmigkeit. Das ganze Gebiet ist eine sanft gegen den mexikanischen Golf und den Mississippi abfallende Ebene, deren Oberfläche zwar vielfach wellenförmig ist, weniger jedoch durch Erhöhungen über das allgemeine Niveau als durch Senkungen unter dasselbe. Der dem Mississippifluß entlang sich erstreckende Theil besteht fast nur aus ausgedehnten Sümpfen, Morästen und Lagunen, u. insbesondere sind zwischen Memphis u. Vicksburg die breiten, ausgedehnten Niederungen bis auf eine Entfernung von 20—30 Meilen vom Flusse vielfachen Ueberschwemmungen ausgesetzt. Dies nahe an 7000 □Meilen große Ueberschwemmungsgebiet, der Mississippi- oder Yazooswamp genannt, nimmt zur Zeit des hohen Wassers den Charakter eines unterseeischen Waldes an. Die südöstlichen Counties des Staats sind durchgängig niedrig, und der südliche Theil des Staats besteht bis ungefähr 100 Meilen landeinwärts aus einer sandigen, mit Fichtenwäldern bestandenen Ebene mit darin zerstreut vorkommenden, mit Cypressen bewachsenen Sümpfen, Prairien, Morästen u. einzelnen Sandhügeln. Der Staat wird zwar von zahlreichen Flüssen bewässert, doch sind darunter wenige als Wasserstraßen für den Verkehr von Wichtigkeit. Der Tennessee berührt nur den nordöstlichen Winkel des Staats, und der Tombigbee, der in dieser Region entspringt, geht bald nach Alabama über, wird aber schon innerhalb des Staatsgebiets bei hohem Wasserstande mit Dampfschiffen befahren. Der Mississippi, der die Westgrenze des Staats 4 Breitengrade weit bildet, mit seinen bedeutenden Windungen aber eine Grenzlinie von 530 Meilen beschreibt, wird von Memphis bis nach Vicksburg von dem höhern Lande (den Uplands) durch ein breiteres oder schmäleres Ueberschwemmungsterrain geschieden und entbehrt auf dieser ganzen Strecke jedes Hafenplatzes; unterhalb Vicksburg ist Natchez der einzige Hafenort innerhalb dieses Staates am Mississippi. Mit diesem wird der Staat aber noch durch Nebenflüsse, die ihm aus demselben zufließen, in Verbindung gesetzt. Die bedeutendsten unter diesen sind noch der Yazoo, aus der Vereinigung zweier im nördlichen Theile des Staats entspringenden Flüsse entstehend und oberhalb Vicksburg in den Mississippi mündend, ist bei hohem Wasserstande ungefähr 50 Meilen für größere Boote und auch für Dampfboote schiffbar; der Big Black River mündet in den Mississippi ungefähr 60 Meilen unterhalb Vicksburg bei Grand Gulf und ist ebenfalls 50 Meilen aufwärts schiffbar. Die übrigen beträchtlicheren Flüsse des Staats fließen gegen Süden dem mexikanischen Golf zu. Es sind dies der Pearlfluß, der, in der Mitte des Staats entspringend, in den See Pontchartrain mündet und bei günstigem Wasserstande bis nach Jackson mit Dampfbooten befahren wird; der Pascagoula, 50 Meilen weit für 6 Fuß tief gehende Fahrzeuge schiffbar. Die **Seeküste** des Staats, welche ungefähr 60 Meilen Ausdehnung hat, besitzt merkwürdiger Weise keinen Hafen für größere Schiffe. Vor derselben zieht sich bis auf eine Entfernung von 6—7 Meilen von der Küste eine Kette niedriger, verschiedene Sunde bildender Inseln hin, von denen die Ship- und Cat-Island gute Stationen für Dampfboote abgeben. Die beiden Häfen des Staats M. an der Südküste, Mississippi City und Shiedsborough, sind unbedeutend, die Haupthäfen sind die am Mississippi liegenden von Vicksburg, Grand Gulf u. Natchez. Die **Bodenbeschaffenheit** ist vorherrschend von dreierlei Art. Die **Bluffzone**, d. h. das aus den Niederungen dem Mississippi entlang in einer Breite von 10—40 Meilen ansteigende höhere Land, ist von ausgezeichneter Qualität; nicht minder fruchtbar sind die **Alluvialländer** der Flüsse, sandig und wenig kulturfähig dagegen die höhern, trockenen Theile des Innern und des Südens, die sogenannten **Pine-Barrenländer** oder die Uplands, die zwar beim ersten Umbruch gute Ernten zu geben pflegen, aber dann leicht durch heftige Regen der den losen Sand bedeckenden dünnen fruchtbaren Erdschicht beraubt werden; auch die Thalländereien, die weit nachhaltigere Fruchtbarkeit besitzen, werden häufig bei den heftigen Regengüssen und den darnach entstehenden Ueberschwemmungen mit herbeigeführtem Sand aus den Uplands bedeckt und unfruchtbar gemacht. Der Nordosten des Staats, das sogenannte Prairie- oder Tombigbeeland, besteht fast ganz aus einer baumlosen Grasebene, hat aber dunkelgefärbten, fruchtbaren Boden, der sich ganz besonders zur Baumwollenkultur eignet. Das **Klima** von M. ist im Allgemeinen milde, jedoch verhältnißmäßig großem u. plötzlichem Wechsel von Wärme und Kälte ausgesetzt und in Bezug auf die Gesundheit wesentlich verschieden nach den Oberflächen- und Bodenverhältnissen des Staatsgebiets. Während im nördlichen, größeren Theil, z. B. zu Natchez, im Winter das Thermometer regelmäßig einige Grad unter Null fällt, steigt es in den Sommermonaten auf 27—28° und ist im südlichen Theil der Sommer sogar erschlaffend heiß und von schädlichem Einflusse auf die Gesundheit, namentlich für Eingewanderte. Die **Hauptprodukte** des Staats sind die landwirthschaftlichen u. besonders die des Plantagenbaues, insbesondere Baumwolle. Neuerdings hat im Süden auch der Bau von Reis und Zuckerrohr, welches letztere jedoch nördlich von 31° nicht mehr mit Erfolg kultivirt werden kann, große Bedeutung erlangt, wogegen der des Tabaks abgenommen hat. Auch die Wälder des Staats liefern einen bedeutenden Ertrag an Holz, Terpentin, Theer, Pech und anderen Nebenprodukten. Die **Bevölkerung** des Staats betrug nach dem letzten Census (1860) zusammen 791,305 Einwohner, darunter waren 353,901 Weiße, 773 freie Farbige u. 436,631 Sklaven. Wir geben diese Verhältnisse von Sklaven u. Weißen hier noch an, weil sie, trotz der nunmehr ausgesprochenen Freiheit aller Sklaven, auf die staatlichen und socialen Verhältnisse sehr einflußreich sind. In Bezug auf die Größe ist M. der 15. Staat unter den 33 der Union, in Bezug auf die Bevölkerung der 14.

in Bezug auf die Dichtigkeit der Bevölkerung pro □Meile nimmt es erst die 23. Stelle ein, indem durchschnittlich nur 16,78 Menschen auf der □Meile wohnen. Dem religiösen Bekenntnisse nach bilden die Methodisten, Baptisten und Presbyterianer die Mehrzahl. Von 914 Kirchen und Bethäusern besaßen die Methodisten 1850 406, die Baptisten 336, die Presbyterianer 135, die Episkopalen 13. Der Ackerbau ist in M. der weitaus vorherrschende Erwerbszweig der Bevölkerung. Nach den Angaben des letzten Census baute man 1860 29,563,735 Bushels Mais, 579,452 Bush. Weizen, 2,202,050 Bush. Hafer, 41,260 Bush. Roggen, 38,510 Pfund Tabak, 1,986,598 Bush. Hülsenfrüchte, 402,004 Bush. Kartoffeln, 125,130 Bush. Gerste, 27,740 Bush. Buchweizen; sodann für 298 Dollars Gartenprodukte, für 124,608 Doll. Handelsgärtnereiartikel, 10,106 Gallonen Wein und 32,885 Tons Heu; weiter erzeugte man 5,111,185 Pfund Butter und 3419 Pfd. Käse. Der Ertrag der Schäfereien an Wolle war 637,729 Pfd.; in Baumwolle war der Ertrag 1,195,699 Ballen. Holz wurde für 2,055,396 Doll. geschlagen. Der Werth des gesammten Viehstandes ward 1860 auf 40,245,097 Doll. geschätzt. Die Industrie ist gegenüber dem Ackerbau von geringer Bedeutung. Man zählte 1860 bloß 860 industrielle Etablissements; das darin verwendete Kapital ward auf 3,750,000 Doll. geschätzt, der Werth der verarbeiteten Rohmaterialien inkl. Feuerung auf 2,460,000 Doll., der Werth der jährlich verarbeiteten Produkte auf 6,000,000 Doll. In den genannten Etablissements waren zusammen 4690 Menschen beschäftigt. Die wichtigsten Erzeugnisse der Industrie waren Mehl für 541,994 Doll., landwirthschaftliche Instrumente für 280,037 Doll., Dampfmaschinen für 528,500 Doll., Gußeisen für 147,550 Doll., Baumwollenwaaren für 261,500 Doll., Wollenwaaren für 185,500 Doll., Leder für 223,862 Doll., Möbel für 203,142 Doll. Eisenbahnen hatte M. 1860 zusammen 872,30 Meilen, welche 24,100,009 Doll. Baukosten erforderten. Ueber die Verfassung des Staats lassen sich gegenwärtig keine Mittheilungen machen. Derselbe trat am 9. Januar 1861, also gleich zu Anfang der Mississippikonvention, zu den aufständischen Südstaaten über; er wurde von da ab als Staat von der Union nicht anerkannt, und es haben die officiellen Reports über den Stand der öffentlichen Angelegenheiten an die Union, welche sie dann publicirt, aufgehört. Da der Staat zum großen Theil Schauplatz des Krieges war, so befinden sich die socialen und staatlichen Verhältnisse noch in gährender Unordnung. Die bisherige Verfassung gründete sich auf die 1817 entworfene Konstitution, mit der M. in demselben Jahre als Staat in die Union aufgenommen ward. Der Gouverneur wurde auf 2 Jahre gewählt; die gesetzgebende Gewalt übten ein Senat und ein Repräsentantenhaus. Alle Richter, wie alle Staatsdiener wurden vom Volke auf Zeit gewählt. Die Finanzen waren schon vor dem Kriege in üblem Zustande und werden sich gegenwärtig in noch schlimmerem befinden. Die absolute Schuld betrug 1850 2,271,707 Dollars, die Ausgaben ohne die Verzinsung der Schuld ungefähr 220,000 Doll., zu deren Bestreitung dem Staat nur der Ertrag der direkten Taxen zu Gebote stand, welche unzureichend waren. Neuere Angaben fehlen. An höheren Unterrichtsanstalten besitzt der Staat das Oaklandcollege in Claiborne-County, die Universität Mississippi zu Oxford und das Mississippicollege zu Clinton. Für das Volksschulwesen ist noch wenig gethan. Es fehlt noch an einer allgemeinen Organisation desselben, da vorzüglich die große Zerstreutheit der Bevölkerung, sowie die Sklaverei bisher im Wege standen. Der Staat zerfällt in 60 Counties. Den Kongreß beschickt er mit 2 Senatoren und 5 Repräsentanten. Politische Hauptstadt ist Jackson am Pearlflusse. M., seit 1716 zuerst von Franzosen aus Louisiana kolonisirt, gehörte, mit Ausnahme des südlich vom 31. Parallelkreise gelegenen Theils, zu dem Territorium, welches 1763 von Frankreich an England abgetreten ward. Im Jahre 1798 erhielt es, damals mit Einschluß von Alabama, eine Territorialregierung; 1811 wurde der südlich vom 31. Parallelkreise gelegene, eigentlich Spanien gehörige Theil dem Territorium einverleibt, 1817 aber letzteres in 2 Theile getheilt, von denen der östliche das Territorium Alabama bildete, der westliche aber als Staat M. am 1. März desselben Jahres in die Union aufgenommen ward.

Missive (v. Lat.), Sendschreiben, gewisse amtliche Zufertigungen, z. B. in manchen protestantischen Staaten die Zufertigungen der geistlichen Aufsichtsbehörden an die Geistlichen, durch welche allgemeine Anordnungen zur Nachachtung mitgetheilt werden.

Missolunghi (Missulonghi), Festung und Hauptstadt der gleichnamigen Eparchie und der ganzen griechischen Nomarchie Akarnanien u. Aetolien, besonders berühmt geworden im griechischen Freiheitskampfe als Hauptwaffenplatz und strategisch wichtiges Bollwerk der Hellenen im westlichen Hellas, liegt am Eingange des Golfs von Patras (jonisches Meer) auf einer Landzunge zwischen den Mündungen der Flüsse Fidaris und Aspropotamos. M. ist Sitz des Nomarchen, eines griechischen Erzbischofs und mehrer Gerichtshöfe, hat eine hellenische Schule, einen ziemlich geräumigen, mit in die Befestigungen gezogenen Hafen, Schifffahrt, Handel und (1861) 6059 Einwohner. Die Stadt ist gegen die Meeresfluth durch Dämme gesichert, auf der Landseite mit Wällen und Gräben umgeben und von der Seeseite durch die auf Inseln gelegenen Forts Vasilades u. Anatoliko gedeckt. M. ist durchaus neueren Ursprungs. Von Fischern gegründet, gelangte es bald in Folge seiner strategisch u. kommerciell wichtigen Lage zu Bedeutung u. Wohlstand. Schon 1715 von den Türken verwüstet, betheiligte es sich 1770 am Aufstande gegen die Türken von Neuem. Es stand früher unter dem Pascha von Negroponte, seit 1804 unter dem von Janina, regierte sich aber nach eignen Gesetzen. Nach dem Ausbruch des griechischen Aufstandes erhob es sich schon am 7. Juni 1821 für die Sache der Freiheit. Am 5. November warf sich der Fürst Maurokordatos mit geringer Mannschaft in die fast entvölkerte Stadt, die am 7. von 11,000 Türken unter dem Pascha Omer Brione von der Land- u. Seeseite her eingeschlossen ward. Ein nächtlicher Angriff der Türken am 6. Januar ward von Maurokordatos, der davon Kunde erhalten hatte, so kräftig zurückgeschlagen, daß jene am 13. Januar 1822 abzogen. Die griechische Regierung ließ die Festungswerke hierauf noch bedeutend verstärken. Schon Anfangs September ward der Platz abermals von einem türkischen Heere unter Mustapha von der

Landseite her eingeschlossen, und bald erschien vor dem Hafen ein algierisches Geschwader, so daß die Besatzung bereits Mangel an Lebensmitteln litt, als Mustapha am 20. November abzog. Im Jahre 1825 legte sich der Seraskier Reschid Pascha mit 35,000 Mann vor M., das der tapfere Nolos Bozzaris mit 4000 Rumelioten vertheidigte, und am 10. Juli ward die Festung zugleich durch eine türkische Flotte von 10 Kriegsschiffen unter Topal Pascha zur See eingeschlossen. Alle Angriffe auf sie waren jedoch vergeblich, und auch der am 2. August und an den folgenden Tagen von der Flotte unterstützte Sturm ward abgeschlagen. Schon aber begann die Besatzung Mangel an Lebensmitteln, sowie an Munition zu leiden, als Miaulis mit 40 Briggs vor der Stadt eintraf und die türkische Flotte vertrieb. Ein nochmaliger Hauptsturm am 21. December scheiterte an der tapferen Gegenwehr der Griechen, und selbst Ibrahim Pascha, der mit 8000 Arabern und 600 Europäern vor der Festung erschien, vermochte nichts auszurichten. Nur der äußerste Mangel an Lebens- und Kriegsbedarf nöthigte endlich die Besatzung, am 22. April 1826 Abends nach 8 Uhr einen Versuch zu machen, sich durch die Belagerer durchzuschlagen. Doch nur Wenigen gelang dies; die in die Stadt Zurückgedrängten zündeten die Minen an u. sprengten sich mit den eingedrungenen Türken in die Luft. Vergl. Griechenland, das neue, Geschichte; Fabre, Histoire du siège de M., Par. 1826. Im J. 1828 räumten die Türken M. freiwillig, 1836 ward es von den ätolischen und akarnanischen Insurgenten belagert, aber von Almeida mit Glück vertheidigt. In M. befinden sich die Gräber des Mainoten Kyriako Jatranis, des Sulioten Markos Bozzaris u. des Grafen Normann, sowie das Mausoleum, welches das Herz des 1824 hier gestorbenen Lords Byron einschließt.

Missouri, Fluß in Nordamerika, der bedeutendste Nebenfluß des Mississippi, entspringt in den Rocky Mountains zwischen 42 und 43° nördl. Br., und zwar sind seine Quellen nicht über eine englische Meile von denen des Columbia entfernt. Seine 3 fast gleich großen Quellflüsse, Jefferson, Madison u. Gallatin, vereinigen sich nach einem nördlichen Laufe von ungefähr 150 englischen Meilen Länge unter 45° 10′ nördl. Br. und 110° westl. L., von wo an der Fluß den Namen M. führt. Er behält seinen nördlichen Lauf bei bis zu den großen Fällen unter 47° nördl. Br. und durchbricht auf diesem Wege in den sogenannten Gates (Thoren) Schluchten, in denen er, auf eine Breite von 150 Yards eingeengt, zwischen an 1200 F. hoch senkrecht aufsteigenden Felswänden 6 englische Meilen weit dahin stürzt. Ungefähr 100 englische Meilen unterhalb dieses Durchbruchs, 521 englische Meilen von seinen Quellen, 2575 englische Meilen von seiner Mündung in den M. beginnen die Katarakten des M., in denen er auf einer Strecke von 18 englischen Meilen 357 F., einmal 87 F. senkrecht, bei 350 Yards Breite herabfällt. Nächst denen des Niagara gehören diese Fälle zu den großartigsten der Welt. Von hier an fließt der Strom 54 englische Meilen weit nach Nordosten und wendet sich bei der Einmündung des Maria's-flusses nach Osten, welche Richtung er ungefähr 800 englische Meilen weit, bis zur Aufnahme des aus Südwesten kommenden Yellow Stone River unter 48° nördl. Br., beibehält. Von da an ist der Lauf wieder nordöstlich bis zur Einmündung des von Norden kommenden With Earth River, wo er sich nach Südosten wendet, welche Richtung er bis zur Mündung beibehält. Als bedeutende Nebenflüsse nimmt der M. auf dieser Strecke seines Laufs noch auf: den kleinen M., von Südwesten; den Schyenne (Chienne), White River und Running Water River von Westen; den Jacques (James) und Big Sioux von Nordosten her; den breiten, aber seichten Platte River, von Südwesten; den Kansas, von Westen; den Grand River, von Nordosten, den La Mine, Osage und Gasconade von Südwesten. Die Mündung des M. liegt 3096 englische Meilen von seinen Quellen entfernt, und er hat daher einen längeren Lauf als der Mississippi bis zur Einmündung des M. Bedeutende Hindernisse stehen der Schifffahrt nur in den großen Fällen entgegen, und auch die Hauptzuflüsse des M. sind schiffbar. Das Wasser ist meist trüb, fließt aber rasch. Die ergiebigen Landstriche an seinen Ufern sind ziemlich schmal, u. hinter denselben breiten sich endlose Prairien aus. Daher ist das Flußgebiet des M. weniger zur Ansiedlung geeignet als das der übrigen großen Nebenflüsse des Mississippi.

Missouri, einer der westlichen Staaten der nordamerikanischen Union, liegt zwischen 36° 30′ u. 40° 30′ nördl. Br. u. 88° 55′ u. 95° 38′ westl. L. u. wird begrenzt im Norden von Jowa, im Osten, wo der Mississippi die Grenze bildet, von Illinois, Kentucky und Tennessee, im Süden von Arkansas und im Westen von dem indianischen und dem Nebraskaterritorium; von dem letzteren durch den Missourifluß getrennt. Die größte Ausdehnung des Gebiets von Osten gegen Westen beträgt ungefähr 318, die von Norden nach Süden ungefähr 200 Meilen, und der Flächeninhalt wird auf 3169 deutsche Quadratmeilen geschätzt. Der Oberflächenbeschaffenheit nach zerfällt der Staat in zwei von einander wesentlich verschiedene Theile, die durch den Missouri, der das Gebiet von Ostnordosten nach Westsüdwesten durchfließt, von einander getrennt werden. Der südlich vom Missouri gelegene Theil hat bis zum Osagefluß im Westen im Allgemeinen eine wellenförmige Oberfläche. Südöstlich vom Osage wird das Land hügelig und selbst gebirgig, indem sich hier von Arkansas her die nördlichen Ausläufer der Ozark Mountains in mehren Ketten bis in die Nähe des Missouri hereinziehen. Doch scheinen diese Höhen nirgends sich mehr als 1500 Fuß über der Meeresfläche zu erheben. Im Westen des Osageflusses beginnen die weiten Prairielandschaften, welche von hier bis zum Fuße der Rocky Mountains sich ausdehnen. Der im Norden des Missouri liegende Theil des Staats ist nirgends bergig, sondern zum Theil wellenförmig, zum Theil ganz flach. Die Bewässerung des Staats ist eine reiche. Abgesehen von dem Mississippi, der den Staat gegen Osten auf eine Strecke von 470 Meilen begrenzt, ist der Hauptfluß desselben, von dem er auch seinen Namen hat, der Missouri, von dessen über 3000 Meilen langem Laufe die untern 400—500 dem Staate M. angehören. Das Thal, durch welches der Fluß fließt, ist 4—5 Meilen breit und wird von felsigen, hier u. da 100—300 Fuß hohen Wänden von Kalkstein eingefaßt, der überhaupt durch den ganzen Staat vorherrschend ist. Der Fluß ist bis zu seinen untern Fällen, an 2000 Meilen oberhalb seiner Mündung, schiffbar, doch kann er aufwärts wegen seines starken

Stroms nur durch Dampfschiffe befahren werden. Von den Zuflüssen, die der Missouri innerhalb des Staats empfängt, ist der bedeutendste der Osage, der ungefähr 200 Meilen oberhalb der Mündung des Missouri sich mit diesem vereinigt u. von leichten Booten bei hohem Wasserstande ungefähr 200 Meilen aufwärts befahren werden kann. Der Gasconade, wie der Osage aus Südosten kommend, ergießt sich weiter östlich in den Missouri und der La Mine westlich vom Osage. Der letztere ist, obgleich der kleinere von beiden, für leichte Boote eine beträchtliche Strecke aufwärts schiffbar, während der Gasconade vorzüglich wegen des Floßholzes, welches aus den Ozarkbergen auf ihm heruntergeschwemmt wird, als Wasserstraße nicht von Bedeutung ist. Auf der Nordseite empfängt der Missouri nur zwei bedeutendere schiffbare Zuflüsse, den Grand River und den Chariton. Direkt in den Mississippi münden im Süden des Missouri der Maramec, der St. Francis u. der White River, von denen sich der erstere 15 Meilen unterhalb St. Louis mit dem Hauptstrom vereinigt, während die beiden andern, nachdem sie im südlichen Theil von M. sich mehrfach verzweigt haben, in den Staat Arkansas übertreten. Der St. Francis ist trotz seines Wasserreichthums innerhalb des Staatsgebiets von Mississippi schwierig zu befahren, weil seit den Erdbeben von 1811 und 1812 sein Wasser sich oft weit über das eigentliche Flußbett hinaus ausbreitet, den sogenannten „Spread“ bildend, eine Ansammlung von Seen u. Kanälen, die von dem Flusse gespeist werden und an einigen Stellen über ein Areal von 20 Meilen Breite sich ausdehnen. Die Bodenbeschaffenheit des Staats ist sehr verschieden. Sehr fruchtbares Bottomland, aus Flußalluvionen bestehend, gibt es in den Flußthälern, namentlich auf der Nordseite des Missouri. Der im Süden des Missouri liegende Theil des Staats ist durchgängig von geringer Fruchtbarkeit, u. am wenigsten zur Kultur geeignet ist das Land in dem erwähnten gebirgigen Distrikt, in der Nähe des Missouri, wo jedoch große Fichtenwaldungen treffliches Bauholz liefern. Weiter nach Südosten, zum Mississippi hin, breiten sich weite sumpfige Niederungen aus, die reich an Seen und den Ueberschwemmungen des Mississippi ausgesetzt sind. Vor den großen Erdbeben von 1811 und 1812 soll dieser Distrikt, der einen Flächenraum von 1,517,000 Acres umfaßt, weniger sumpfig und zum Theil anbaufähig gewesen sein. Von besserer Beschaffenheit ist im Allgemeinen das Land nördlich vom Missouri; wirklich ergiebiger Boden findet sich aber auch hier nur in der Nähe der Flüsse und in größerer Ausdehnung nur am Missouri im westlichen Theil des Staats, wo der Kalkboden eine größere Menge von Thon beigemischt enthält. Weiter nach Osten zu ist der Boden zu sandig und daher wenig fruchtbar, und weiter gegen Norden fangen die Prairien an, die sich von hier aus bis zu dem Quellengebiet des Mississippi ausdehnen und wenig zum Anbau geeignete Stellen enthalten. Ungleich günstigere Verhältnisse als für den Ackerbau bietet das Land für den Bergbau dar, indem es mancherlei nutzbare Mineralien in außerordentlicher Fülle enthält, namentlich Eisen, Blei und Steinkohlen. Die Mineralregion von M. soll einen Flächenraum von 1,800,000 Acres oder 100 deutsche QMeilen einnehmen. Sie erstreckt sich von den Quellwassern des St. Francis bis zum Maramecfluß, 70 Meilen in die Länge, und vom Mississippi etwa 60 Meilen weit nach Südwesten. Außer Gold und Platina finden sich fast alle wichtigen nutzbaren Mineralien in diesem Distrikte, sein eigentlicher Reichthum besteht aber in Blei u. Eisenerzen. Ersteres wird vorzüglich in den Counties Madison, St. François, St. Louis und Washington gewonnen. Eisen findet sich fast durch den ganzen Distrikt in Menge; namentlich aber sind der Iron Mountain und der Pilot Knob, zwei der östlichsten Berge der Ozark Mountains, in der County St. François gelegen, durch ihren Eisenreichthum berühmt, indem ihre Spitzen ganz aus einem 60 Procent haltigen Eisenerze bestehen u. nach einer neuern Berechnung beide Berge 6,000,000 Tons Gußeisen enthalten sollen. Steinkohlen finden sich in den Counties Callaway und Cole am Missouri und bis 40 Meilen aufwärts am Osage, und zwar in mächtigen Lagern, die wahrscheinlich zu dem großen Kohlenfelde des Staats Illinois gehören. Mit Ausnahme der Prairien ist M. auch ziemlich gut bewaldet, Bauholz, Eichen u. Fichtenstämme aber liefert nur der gebirgige Distrikt. Die Flußalluvionen sind meist mit weichen, zu Bauholz weniger geeigneten Holzarten, wie Pappeln, Eschen, Ulmen, Wallnußbäumen &c. bestanden. Das Klima des Staats wird im Allgemeinen als gesund gerühmt; entschieden ungesund ist aber der südöstliche, niedrige Theil des Landes und das Land am Mississippi aufwärts bis St. Louis, wo weite Strecken, z. B. die ganze County Dunklin, wegen der Fieber erzeugenden Dünste fast völlig unbewohnbar sind. Auch ist das Klima schroffen Gegensätzen von Kälte und Wärme unterworfen; während des Winters pflegt der Missouri wochen-, ja monatelang so fest zugefroren zu sein, daß er mit beladenen Wägen passirt werden kann; im Sommer dagegen ist die Hitze oft sehr drückend. Die Hauptprodukte des Staats bestehen ungeachtet seines außerordentlichen Mineralreichthums doch nur in Erzeugnissen der Industrie, sowie des Ackerbaues und der Viehzucht, besonders in Mais, Weizen, Hafer, Tabak, Pferden, Rindvieh, Schafen und Wolle. Die Bevölkerung des Staats betrug nach dem letzten Census (1860) 1,182,012 Einw., nämlich 1,063,509 Weiße, 3572 farbige Freie und 114,931 Sklaven. In Gemäßheit einer Ordonnanz der Missouri-Sovereign-Convention vom 1. Juli 1863 ist die Emancipation der Sklaven gesetzlich ausgesprochen, doch so, daß sie erst den 4. Juli 1870 eintritt. In Bezug auf die Größe des Staatsgebiets ist M. der 5. Staat der Union, in Bezug auf die Größe der Bevölkerung der 8., in Bezug auf die Dichtigkeit der Bevölkerung der 22., da im Durchschnitt nur 17,54 Menschen auf der Quadratmeile wohnen. Dem religiösen Bekenntnisse nach bilden die Baptisten, Methodisten u. Presbyterianer die Mehrzahl. Von 773 Kirchen besaßen 1850 die Baptisten 273, die Methodisten 200, die Presbyterianer 108, die römischen Katholiken 64, die Lutheraner 21, die Christians 51, die Episkopalen 10. Obwohl sich nur der bei weitem kleinere Theil des Staatsgebiets für den Ackerbau eignet, so ist dieser doch Haupterwerbszweig der Bevölkerung. Man producirte nach dem Census von 1860 für 72,892,157 Dollars Mais, 4,227,586 Doll. Weizen, 293,262 Doll. Roggen, 121,033 Doll. Hafer, 675,293 Pfund Reis und 127,736 Pfund Tabak; ferner

107,999 Bushels Hülsenfrüchte, 6,339,341 Bushels Kartoffeln, 1596 Bushels Gerste, 1740 Bushels Buchweizen, für 259,380 Dollars Gartenprodukte, für 346,405 Doll. Handelsgärtnereiartikel, 401,070 Tons Heu, 12,704,837 Pfund Butter, 259,633 Pfund Käse, 2,069,778 Pfund Wolle und 27,824 Gallonen Wein. Die Wälder lieferten für 3,702,992 Dollars Holz. Der Werth des gesammten Viehstandes ward auf 53,693,673 Dollars veranschlagt. Auch die Industrie hat in M. in Folge der reichen Hüttenprodukte einen bedeutenden Umfang; 2800 industrielle Etablissements arbeiten mit einem Kapital von 20,500,000 Dollars, und der Werth ihrer Produkte beläuft sich nach den Aufnahmen von 1860 auf 43,500,000 Dollars. Die wichtigsten sind landwirthschaftliche, Dampf- und andere Maschinen, Drucksachen, geistige Getränke, Getränke von Malz, Baumwollenwaaren, Wollenwaaren, Schuhwerk u. Leder. An Mineralien wurden gewonnen für 575,000 Dollars Eisenerz u. Roheisen, für 535,000 Dollars Stangeneisen, für 1,021,520 Doll. Gußeisen, für 8200 Dollars Kohle, 50 Tons Kupfererz im Werth von 6000 Dollars, 4164 Tons Blei im Werth von 356,660 Dollars. Im Jahre 1860 bestanden im Staat 38 Banken. Eisenbahnen besitzt M. 817,45 Meilen. Die gegenwärtige Konstitution datirt vom 12. Juni 1820, u. 1821 ward der Staat in die Union aufgenommen. Die exekutive Gewalt ist einem Gouverneur übertragen, der auf 4 Jahre gewählt wird und dem ein Vicegouverneur, ein Staatssekretär, ein Auditor der öffentlichen Rechnungen und ein Schatzmeister zur Seite stehen. Die legislative Gewalt übt ein Senat von 33 und ein Repräsentantenhaus von 97 Mitgliedern aus. Die richterliche Gewalt ist einem Obergericht, unter dem Bezirks-, Countygerichte rc. stehen, übertragen. An höhern Unterrichtsanstalten hat M. das Masonic College (Freimaurergymnasium) bei Palmyra, die Universität zu St. Louis und zu Columbia, das Charlescollege zu St. Charles, das St. Vincentscollege zu Cape Girardeau und das Fayettecollege zu Fayette. Die öffentlichen Volksschulen werden unterhalten durch die Erträge eines Schulfonds, der 1862 687,968 Dollars betrug. Er wird der Staatsbank geliehen, und die Interessen werden jährlich unter die verschiedenen Counties nach Verhältniß der gemeldeten Schulkinder vertheilt. Ueber die Finanzen liegen wegen der kriegerischen Ereignisse seit einer Reihe von Jahren keine Nachrichten vor. Die Staatsschuld von M. besteht weitaus zum größten Theil in Verbindlichkeiten, die der Staat zu Gunsten der Eisenbahnkompagnien übernommen hat. Die eigentliche Staatsschuld beträgt bloß 602,000 Dollars, dazu kommen jedoch 24,132,000 Dollars eingezogene Verbindlichkeiten zu Gunsten der Eisenbahngesellschaften. Natürlich sind durch den Krieg die Schulden noch vermehrt worden. In der Session von 1862 erwarb die gesetzgebende Behörde 3,000,000 Dollars Bonds der Union für Militärzwecke; diese Bonds haben die Form von Papiergeld, welches cirkulirt. Ob damit der Antheil der Kriegsschuld für M. getilgt ist, war damals noch nicht bekannt, und der Governor hat seitdem weitere 1,500,000 Dollars Bonds Kriegsschuld übernommen. Der Staat beschickt den Kongreß mit 2 Senatoren und 7 Repräsentanten. Er zerfällt in 113 Counties. Die politische Hauptstadt ist Jefferson City oder Jeffersonville auf der Südseite des Mississippi, die wichtigste Stadt aber ist St. Louis in der Grafschaft gleichen Namens; anderweite Städte von Bedeutung, d. h. mit mehr als 3000 Einwohnern, gibt es nach dem Census von 1860 im Staat nicht. Die ersten Ansiedler in M. waren Franzosen. Im Jahre 1803 erkaufte die Union das Gebiet von Frankreich. Es zerfiel seitdem in 2 Territorien, das von Neworleans, das seit 1812 den Staat Louisiana bildet, und den Distrikt von Louisiana, der bei der Aufnahme des jetzigen Staats Louisiana in die Union den Namen Missouriterritorium erhielt. Als in Folge starker Einwanderung aus dem benachbarten Osten die Bevölkerung auf 60,000 Seelen gestiegen war, wandte sich das Territorium an den Kongreß um Aufnahme in die Union. Hier erhob sich in Folge dessen eine stürmische Debatte, indem eine starke Partei forderte, daß die zu entwerfende Konstitution die Sklaverei ausschließen solle. Der Streit, der die Union zu sprengen drohte, ward erst nach 2 Jahren durch die sogenannten Kompromißresolutionen Clay's beigelegt, denen zufolge die Sklaverei in M. gestattet, aber in keinem anderen nördlich von 36° 30′ gelegenen neuen Staate geduldet werden sollte. Darauf wurde zu St. Louis 1820 die Konstitution entworfen und M. 1821 in die Union aufgenommen.

Missouriterritorium, s. v. a. Nordwestterritorium.

Missunde, Dorf im Herzogthum Schleswig, Amt Gottorp, 1½ Meilen südöstlich von der Stadt Schleswig, am Südufer und an der engsten Stelle der Schley, wo die Hauptstraße von Eckernförde über Kosel nach Flensburg führt, ist auf beiden Seiten der Schley befestigt (auf der Südseite Fort mit Brückenkopf, auf der Nordseite der Margarethenwall) und bildete den äußersten linken Flügel der ausgedehnten Danewerklinie. Es ist um die Kapelle von „Mösunde in der Schliesharde“ entstanden, in deren Nähe der Herzog Abel den König Erich auf der Schley am 12. August 1250 ermorden ließ, und in neuester Zeit durch ein blutiges Gefecht am 12. September 1850 zwischen den Schleswig-Holsteinern unter Willisen und den Dänen, sowie durch einen von den Dänen zurückgeschlagenen Angriff (Rekognoscirungsgefecht) der Preußen unter Prinz Friedrich Karl am 2. Februar 1864 denkwürdig geworden.

Mist (Stallmist), im Allgemeinen ein Gemenge thierischer Exkremente mit irgend welchen zu deren Auffangung u. Sammlung bestimmten Materialien, speciell der in den Oekonomiewirthschaften gewonnene Dünger. Im Gegensatze zu rein mineralischen Düngstoffen bezeichnet man den M. auch als pflanzlich-thierischen (organischen) Dünger und spricht von Stallmistwirthschaft, d. h. solchem Betrieb, bei welchem nur die in der eigenen Wirthschaft gewonnenen Materialien zur Verwendung kommen. Im Großen wird nur der M. von Pferden, Rindern, Schweinen und Schafen (Ziegen) gewonnen; in Gegenden mit besonders fruchtbarem Boden hat der M. oft nur als Brennstoff einen Werth; auch an manchen Seeküsten dient er nur dazu, und es bildet dann Seetang das Düngmaterial. In unseren Klimaten basirt der Landwirthschaftsbetrieb mehr od. weniger auf dem Stallmist, den man aber erst neuerlich in seinen Bestandtheilen vervollständigen gelernt hat

(s. Landwirthschaft). Der M. enthält die Exkremente und den größten Theil des Urins der Hausthiere nebst dem Streumaterial, doch gewinnt man ersteren auch nicht selten ohne alle Streu. Am einfachsten und mühelosesten geschieht dies dadurch, daß man die Thiere selbst zur Bedüngung der Felder verwendet, in welchem Falle es nur der Arbeit zum Unterbringen des M.es bedarf. Der Boden, welchen man vorher durch sorgsamste Pulverung möglichst porös zu machen sucht, saugt alle Flüssigkeit sogleich auf und bindet die werthvollsten Düngstoffe, zum Theil auch die bei der bald eintretenden Zersetzung entweichenden Gase. Man treibt zu dem Zweck die Thiere in künstliche, leicht transportable Umzäunungen von Latten oder Flechtwerk (**Horden**), und zwar möglichst enge, meist nur zur Nachtzeit, u. läßt sie je nach beabsichtigter Stärke der Düngung längere oder kürzere Zeit innerhalb derselben verweilen. Diese Art der Düngung ist **Pferchdüngung**, **Hordenschlag**. In England pfercht man gern mit mehren Thiergattungen, entweder zugleich, oder nach und nach, und füttert die Thiere behufs reichlichster Bedüngung der Felder recht kräftig in den Umzäunungen selbst; in Norddeutschland pfercht man mit Rindern und mit Schafen, im mittleren u. südlichen Deutschland nur mit den letzteren. Man rechnet pro Nacht auf 10 Kühe 5—7 □Ruthen und pro Schaf im Durchschnitt 10—25 □Fuß als die zu bedüngende Fläche. Als Dünger ist der Pferch rasch, aber wenig nachhaltend, nur etwa auf 2 Jahre wirksam; auch lockert er den Boden nicht und muß gleich untergeackert oder mit Gyps bestreut werden; gegypster Pferch gibt gegen ungegypsten bis 20 Procent Mehrertrag. Beim Mangel aller Streu kann die gleiche Viehzahl im Pferch ungleich weniger Fläche bedüngen, als mit dem bei Stallhaltung gewonnenen M. bestellt werden kann; endlich ist der Pferch auch der Gesundheit der Thiere nachtheilig, weshalb man mit feinen Wollschafen höchstens noch in den wärmsten Sommertagen hordet; mit gewöhnlichen Schafen geschieht es in der Regel von Ende April bis Ende Oktober. Trotz der berührten Nachtheile ist der Pferch doch vielfach anderer Düngung vorzuziehen oder daneben zu empfehlen; weit entlegene oder schwer zugängliche Grundstücke können oft nur dadurch in Kraft gebracht werden. In anderer Art gewinnt man die thierischen Exkremente, ebenfalls ohne Streu, auf dem Wege der **flüssigen Düngung**, durch Einwerfen der Fäces in Wasser od. Vermischen damit; die erhöhten Transportkosten haben aber dieser Düngung, nachdem sich das Röhrensystem nicht bewährt hat, keinen rechten Eingang verschafft, wenn schon dadurch allein die gleichmäßigste Vertheilung der Düngstoffe auf dem Felde gesichert ist. In den Stallungen, in welchen das Vieh in der Regel besser gefüttert und reichlicher getränkt wird als auf der Weide, soll die **Streu** zunächst den Thieren ein reinliches, warmes u. gesundes Lager bieten, dann aber auch den Dünger an Masse und Werth vermehren und den M. der Bodenart angemessen machen; schließlich soll ihr Beschaffungspreis nicht zu hoch sein. Das **Stroh** steht, soweit es nicht bei der Fütterung höher genutzt werden kann (Futterstroh gegen Streustroh), in allen diesen Beziehungen obenan; es ist volumreich, gehaltvoll an Pflanzennährstoffen, sehr hygroskopisch, hat weite Hohlräume zur Aufnahme der Jauche, lockert den Boden und zersetzt sich in demselben mit den Exkrementen in gewünschter Weise, doch mischt es sich nicht gleich gut mit den Fäces der verschiedenen Thierarten; ihm ähnlich in Wirkung ist **Schilf-** und **Teichstreu**, aber härter und ärmer an werthvollen Mineralstoffen als das Stroh. **Stengel von Kartoffeln** und ähnlichen Gewächsen sind zu hart u. schwer zersetzlich. Die **Schneidelstreu** (junge kleine Zweige) ist nur als Ueberstreu zur Erhöhung der Reinlichkeit zu empfehlen. **Laub-** und **Nadelstreu** haben zwar viel Aetherbestandtheile, zersetzen sich aber schwer und geben weder warmes, noch reinliches Lager; **Plaggenstreu** (abgeschälte Rasenstücke) verdiente den Vorzug, wenn nicht deren Gewinnung zu theuer käme; dasselbe gilt von der **Moosstreu** (Torf), wenn ihr nicht die lockernde Eigenschaft fehlte. Mit Recht kann dagegen, trotz der nicht unbeträchtlichen Kosten der Anfuhr, Ausfuhr und Aufbewahrung in besonderen Trockenschuppen, wenigstens neben dem Stroh die **Erdstreu** (Sandstreu) empfohlen werden. Je nach Bodenart passend gewählt, dient sie zugleich als Bodenverbesserung, saugt, wenn trocken, alle Düngstoffe vollständig auf, bindet die entweichenden Gase und gibt, wenn mit Stroh überdeckt, auch ein gutes Lager; doch darf sie nicht zu lange im Stalle liegen bleiben. Auf ein Stück Großvieh rechnet man 12 Fuder Erde pro Jahr. Die genannten Materialien bieten so reiche Auswahl, daß kein Landwirth über Düngermangel klagen dürfte und die Waldstreu, wo nöthig, dem Walde erhalten bleiben kann.

Der M. wird entweder auf dem Felde sogleich untergeackert oder bleibt, mit Gyps bestreut, eine Zeitlang ausgebreitet liegen, oder man läßt ihn 3—4 Wochen im Stalle sich unter dem Vieh anhäufen, oder schafft ihn täglich an einen besonderen Aufbewahrungsort im Felde oder Hofe, auf die **Miststätte**. Sofortiges Ausfahren des M.es schützt gegen Verlust u. erfordert die geringste Arbeitskraft; es bietet jedoch nicht immer die gewählte Feldeintheilung die erforderlichen Flächen zu jeder Zeit. Das Liegenlassen des M.es im Stall ist wegen der gleichmäßigen, regulirbaren Gährung anzurathen, setzt aber (hohe) Stallungen und auf- u. abschiebbare Futterkrippen voraus; auch leiden die Thiere durch die erhöhte Wärme und die sich entwickelnden Gase, zumal dann, wenn nicht genügsam auf Bedeckung des M.es mit Erde, oder Bestreuen mit Gyps, respektive Begießen mit Schwefelsäure oder Vitriolwasser gesehen wird. Das tägliche Ausbringen des M.es auf die Miststätte wird trotz vielfacher Unbequemlichkeiten doch noch immer von den meisten Wirthschaftern vorgezogen. Abgesehen von den Kosten der Anlage der Miststätte selbst verursacht das Ausbringen u. Wiederabführen so beträchtlicher Mengen von M. großen Aufwand, u. zu dem wird die Masse, jeder Witterung ausgesetzt, selbst bei zweckmäßigster Anlage beträchtlich vermindert. Sonne und Wind trocknen den M. aus, der Regen schwemmt ab und löst gerade die wichtigeren Düngstoffe. Haupterforderniß einer guten Miststätte ist daher einmal die Anlage an möglichst geschütztem Orte, aber auch nicht zu weit von den Stallungen entfernt, sodann die Abhaltung des Tagwassers und die Anbringung eines zur vollständigen Auffangung der Jauche geeigneten Behälters; die Grundfläche muß nach diesem den erforderlichen Fall haben, auf der anderen Seite darf die Neigung das An- und Ausfahren nicht erschweren. Im Jauchenbehälter wird eine Pumpe angebracht, mittelst welcher, durch drehbaren Kopf, die Mistmasse überall vollständig besprengt werden kann. Ehemals glaubte man den Boden der Miststätte durch Pflasterung, Letten u. dergl. gegen Versinkung wichtiger Nährstoffe schützen zu müssen; die Kenntniß der Absorptionserscheinungen in der Ackerkrume (s. Bodenkunde) hat diese Fürsorge unnöthig gemacht; zeitweises Abheben der obersten Bodenschicht und deren Ausfüllung mit frischer Erde sichert gegen jeden Verlust. Zur Beförderung einer möglichst gleichmäßigen Gährung ist der M. stets fest zu schichten, wo möglich festzutreten u. zeitweise zu befeuchten, allwöchentlich mit Erde oder Gyps zu bedecken und nicht zu lange liegen zu lassen. Zweckmäßig vervollständigt man den M. auch gleich auf der Miststätte durch Zugabe der ihm fehlenden Bestandtheile, wie durch zeitweises Bestreuen mit Knochenmehl, Asche und dergleichen Düngstoffen, wobei noch der Vortheil besserer Gährung und der erhöhten Wirksamkeit der mineralischen Düngstoffe erreicht wird. Bei derartig rationeller Behandlung des M.es ist der Verlust durch dessen fortschreitende Zersetzung nur ein geringer.

10 Fuder frischem M. entsprechen
$6\frac{2}{3}$ " mäßig verrottetem,
5 " stark verrottetem bei guter Aufbewahrung und
3 " bei einjährigem Liegen.

Der Verlust betrifft jedoch nur die verbrennlichen, organischen Bestandtheile, während die mineralischen oder Aschenbestandtheile sich noch vollständig in dem verrotteten (speckigen) M. finden; lag derselbe zu feucht, so ist er zu sehr ausgelaugt, wenn zu trocken, so wird er kohlenartig. Frischer M. in mürbem Zustand enthält im Durchschnitt der Analysen 20—24 Proc. feste Stoffe, darunter 1—2 Proc. Mineralstoffe und bis $\frac{1}{2}$ Proc. Stickstoff; im halbverrotteten M. sind bis 6 Proc., im stark verrotteten bis 8 Proc. Mineralstoffe. Je nach Fütterung, Pflege, Alter und Gesundheit der Thiere ist der M. in seiner Zusammensetzung außerordentlich verschieden; die größten Unterschiede zeigen sich aber in dem von den einzelnen Thiergattungen gewonnenen M. Unter „Normalmist" versteht man immer aus gemischter Viehhaltung gewonnenen M. im mürben, frischen Zustand; auf diesen beziehen sich auch die angegebenen Analysen; solcher M. paßt für alle Bodenarten und Lagen, ganz frisch hauptsächlich für bündigen Boden, welchen er lockert. Der Rindviehmist gährt am normalsten, ist am besten mit der Streu gemischt, sehr hygroskopisch, mäßig warm, frisch gut lockernd, alt und speckartig mehr bindend; er wirkt gut absorbirend, zersetzt sich im Boden langsam, hält also auch lange an und eignet sich, je nach dem Grade der Verrottung, für alle Bodenarten, frisch für kalte und schwere, verrottet für trockene ꝛc. Der Pferdemist ist schlecht mit der Streu vermischt, sehr reich an Salzen und an Stickstoff; er zersetzt sich ungleich, entwickelt dabei rasch viel Wärme (daher für Treibbeete geeignet), ist aber nicht nachhaltig, trocknet leicht aus u. eignet sich vorzugsweise für kalte Gründe. Der Schafmist enthält wenig Urin, mehr trockene Kothballen, die sich schwer mit der Streu mischen, ist am reichsten an Stickstoff und Salzen, langsam, aber kräftig in seiner Wirkung und wird bei der Aufbewahrung in den unteren Schichten leicht speckartig und nach der Oberfläche hin zu trocken; fleißiges Begießen oder Erdbedeckung darf hier nicht fehlen. Man bringt ihn gern auf schweren, thonigen und kalten Boden, nicht auf trockene, warme Höhen, und verwendet ihn am liebsten zu Oelsaaten. Der Schweinemist hat am meisten Feuchtigkeit, die wenigsten pflanzlichen Reste, viel Unkrautsamen; er paßt vorzugsweise für Futterfelder und Wiesen, auf Ackerland für trockenen Boden; in Mischung mit Pferdemist ergänzen sich beide in ihren Wirkungen. Man gewinnt im Durchschnitt pro Stück Rindvieh von 1000 Pfund leichtes Gewicht (Großvieh) 12 Fuder M. à 20 Centner, pro Pferd 8—9 Fuder, pro Schaf $\frac{1}{2}$ Fuder, pro Schwein $1\frac{1}{2}$—2 Fuder. Zuverlässiger ist die Berechnung der zu erwartenden Mistmenge nach dem Futter und der Einstreu; nach allgemeiner Annahme multiplicirt man das (trockene) Gewicht beider mit 2,3—2,4, um die Gewichtsmenge des M.es zu erfahren. Der Preis des M.es ist durch lokale Verhältnisse bedingt und kann von $1\frac{1}{2}$—4 u. 5 Thaler pro Fuder schwanken.

Mistbeet, künstlich angelegtes Beet, welches dazu dient, die dem Klima oder der Jahreszeit mangelnde natürliche Wärme künstlich zu ersetzen, um entweder ausländische Gewächse, welche im Freien nicht wachsen und reifen, zu kultiviren, oder frühzeitiges Gemüse ꝛc. für die Küche zu produciren. Man theilt die M.e ein in warme, lauwarme und kalte. Doch versteht man unter letzteren wohl auch Rabatten mit oder ohne Umfassung von Backsteinen oder Holz, mit oder ohne Fensterbedeckung, mit besonderer Erdzubereitung, wie sich solche für die darin zu säenden Samen oder darin zu pflanzenden Gewächse (z. B. Kapzwiebeln, zarte Sträucher zum Ablegen u. dgl.) eignet. Solcher kalten M.e bedient man sich auch, um niedrige härtere Topfgewächse, die nur Schutz gegen Frost bedürfen, darin zu durchwintern. Man wählt zur Anlage der M.e am besten einen sonnigen Platz, der gegen Mittag liegt und sich etwas neigt, auch gegen Norden, Nordosten und Nordwesten durch eine Mauer, hohe Hecken od. Breterwände geschützt ist. Zu dem warmen M. braucht man gewöhnlich den frischen, unvergohrnen Stallpferdemist, welcher viel Stroh u. Harn enthält. Zu den lauwarmen M.en kann man alten Dünger, Eichen- oder Buchenlaub und andere Materialien, die durch Gährung eine dauernde Wärme geben, beimischen, allenfalls auch Laub allein gebrauchen. Die Wärme der Beete steigt und dauert nach Verhältniß des dazu verwandten Materials. Nach Noisette bringt der Schafmist 60—70° R. Hitze, bleibt aber nur bis 4 Monate warm; Esel- u. Pferdemist geben 55—60° R., und die Wärme dauert fast 6 Monate; ausgebeizte Gerberlohe gibt 30—40° R. und bleibt $\frac{1}{2}$ Jahr lang warm; der zur Hälfte mit trockenem Laub vermischte Pferdedünger gibt 40—50° R. Wärme, die 7—9 Monate dauert; trockenes, mit $\frac{1}{2}$ Mist vermischtes Laub erlangt 30—40° R. u. bleibt 9—11 Monate warm; trockenes Laub allein gibt 35 bis 40° R. Hitze, die 1 Jahr anhält; Kothstaub gibt 50—60° R. Hitze, die 1 Jahr dauert; Weintrestern erhitzen sich bis 40—50° und bleiben über 20 Monate hindurch warm. Die warmen M.e legt man sowohl in Warmhäusern oder Treibkästen, als auch im Freien an. Das M. im Freien wird entweder in einer $1\frac{1}{2}$—2 Fuß tiefen flachen Grube angelegt, deren Seitenwände mit Bretern oder Backsteinen eingefaßt werden (eingesenkte M.e), oder auf der Oberfläche, indem man von Backsteinen oder Eichenbohlen ein Behältniß errichtet und dessen Wände auswendig mit Erde anhöht. Auch hat man feststehende Mistbeetkästen von Mauerwerk oder Holz und von verschiedener Höhe und Abneigung. Eine besondere Art M.e sind die Lohbeete (s. d.), welche man benutzt, um Töpfe mit zarten Pflanzen, Samen und Stecklingen von Tropengewächsen, die viele und anhaltende Wärme verlangen, darin einzusenken. Zum Bedecken der Fenster gebraucht man Matten von Rohr oder Stroh, Holzladen, die man bei strenger Kälte mit Moos oder Laub bedeckt, oder dicke Woll- und Haardecken. Bei gelinderer Witterung werden die Fenster mittelst untergesteckter Luft- oder Kerbhölzer an der dem Winde entgegengesetzten Seite gelüftet, bei warmem und sanftem Regen ganz abgenommen. Je weiter das Jahr vorrückt und je wärmer das Wetter wird, desto mehr muß man die Pflanzen an die Luft gewöhnen, besonders wenn man diese auf den Stand im Freien vorbereiten will. Bei vielen kann man die Fenster am Tage ganz abnehmen u. braucht sie nur in kalten Nächten aufzulegen. Da das Sonnenlicht manchen Pflanzen verderblich werden kann, beschattet man die Fenster nach Maßgabe der Sonnenwärme mit dünnen und lockern Rohr- oder Bastmatten, Leinwandrahmen oder Gittern von Tuchecken od. dünnen und schmalen Latten. Stecklinge müssen meist bis zum Anwachsen ganz des Sonnenlichts beraubt werden, damit der Trieb nach oben nicht vor der Wurzelbildung geweckt werde. Das Begießen der M.e muß behutsam geschehen, im Frühling und Sommer niemals, während die Sonne noch auf die Fenster trifft. Die Erde halte man mäßig feucht und lasse sie niemals so weit austrocknen, daß das Wasser von der Oberfläche abläuft, statt einzuziehen. Die obere Hälfte trocknet gewöhnlich schneller als die untere am Vorderbret des Rahmens; daher säet man feinere Gesäme, die zum Keimen mehr anhaltender Feuchtigkeit bedürfen, nach unten, die gröberen nach oben; auch Stecklinge wurzeln in der Nähe des Vorderbrets am leichtesten. Die Pflanzen dürfen nicht zu nahe beisammen stehen, weil sie sonst leicht faulen und ersticken; je näher sie mit ihren Gipfeln unter dem Glase stehen (ohne jedoch gedrückt zu werden), desto besser gedeihen sie.

Misteck (Mistko), Stadt im österreichisch-mährischen Kreis Neutitschein, an der Ostrawitza, Fribeck gegenüber, mit Schloß, 3 Kirchen, Tuch- und Leinweberei, Bierbrauerei, Brennerei und 3300 Einw.

Mistel, Pflanzengattung, s. v. a. Viscum *L.*

Mistra (Misitra), Stadt in der griechischen Nomarchie Lakonien, auf der Halbinsel Morea, am Hebriopotamos und Panthalmo und am Ostabhange des Tagetos, ist Sitz eines griechischen Erzbischofs und eines griechischen Kollegiums, hat eine verfallene Citadelle, mehre Kirchen, Moscheen und Klöster, zählte vor den Freiheitskriegen 20,000, jetzt aber nur noch gegen 2000 Einwohner, welche Eisen- und Stahlwaaren verfertigen u. Seiden- u. Baumwollenweberei treiben. Die Stadt liegt in fruchtbarer, aber wenig angebauter Gegend und ist aus den Trümmern des alten Sparta erbaut, welche beim Dorfe Magoula, 1½ Stunden von M., am Eurotas liegen. M. war ursprünglich eine Festung, welche im 13. Jahrhundert von fränkischen Rittern erbaut wurde und Messire Guillaume (Messiriori) hieß. In ihrer Nähe erhob sich allmählig die Stadt M., die aber des ungesunden Klima's wegen an ihre jetzige Stelle verlegt ward. Während der Frankenherrschaft auf Morea war M. die Hauptstadt des Thales, ging aber zuerst von allen Theilen der Halbinsel den Franken verloren und wurde Sitz der byzantinischen Gegenfürsten. Im Jahre 1460 wurde es von Malatesta von Rimini verbrannt u. im griechischen Freiheitskampfe 1825 von Ibrahim Pascha erobert und verwüstet. Die griechische Regierung befahl 1836, daß sich die Bewohner von den Bergen herab nach der Ebene übersiedeln sollten, um dort das alte Sparta wieder aufzubauen, was aber nur langsam von Statten geht.

Mistral, kalter Nordwestwind an der Südküste Frankreichs, der zwar die Luft reinigt, aber der Gesundheit und dem Gedeihen der Vegetation sehr nachtheilig ist.

Mistress (engl.), Herrin, Frau vom Hause.

Mistretta, Stadt in der italienischen Provinz Messina, auf der Insel Sicilien, hat Industrie in verschiedenen Zweigen, lebhaften Handel und 11,960 Einwohner.

Mitau (russisch Mitawo, lettisch Jelgawa), Hauptstadt des russischen Gouvernements Kurland, in einer flachen sandigen Gebend unweit der Mündung der Drixe in die Aa, an der großen preußisch-russischen Heerstraße. Die Stadt ist theilweise noch mit Wällen umgeben, regelmäßig gebaut, hat aber viele niedrige und hölzerne Häuser. Außerhalb der Stadt liegt das große, nicht ganz ausgebaute kaiserliche Schloß, dessen Bau 1739 von Biron begonnen ward auf der Stelle der 1271 erbauten Ordensburg, welche ehedem Residenz der Herzöge von Kurland war; jetzt ist das Schloß Sitz des russischen Gouverneurs und der Gouvernementsbehörden. Die Stadt hat 6 Kirchen (3 lutherische, eine reformirte, eine russisch-griechische und eine römisch-katholische), ein akademisches Gymnasium (mit Bibliothek, physikalischem Kabinet und Sternwarte), mit welchem 1834 noch eine Forstlehranstalt verbunden wurde, ferner eine Kreisschule, mehre Privatunterrichtsanstalten, ein Provinzialmuseum (mit Sammlungen von Gemälden, Naturalien, Alterthümern, Münzen rc.), eine kurländische Gesellschaft für Literatur und Künste (seit 1816 bestehend), ein Schauspielhaus, ein Hospital, ein Armen- und Waisenhaus. M. ist Sitz der beständigen Vertretung des kurländischen Adels, der Direktion des landwirthschaftlichen Kreditvereins, zweier Sparkassen rc. Die Stadt zählt 18,224 Einw. (meist Deutsche, auch gegen 5000 Juden), welche Leinen- und Wollenweberei, Seifensiederei und lebhaften Handel, besonders mit Getreide, Lein- und Flachssaat, treiben. Im Sommer jeden Jahres findet ein vierwöchentlicher großer Markt (Johanniszeit) Statt, den namentlich der Adel der Umgegend besucht, um seine Produkte abzusetzen. Der 1822 vollendete Jakobskanal verbindet von hier aus die Drixe mit der Schwite. In der Umgegend von M. liegen die drei Lustschlösser und Vergnügungsorte: Schwerthof, Friedrichslust und Ruhethal, welches letztere der fürstlichen Familie Subow gehört, und eine Meile von M. das Dorf Barbara mit einer Schwefelquelle. Die 1274 unter Konrad von Medem gegründete Stadt war ursprünglich befestigt und mit hohen, jetzt großentheils abgetragenen Wällen umgeben und lange Zeit die Hauptstadt von Semgallen u. Residenz der Herzöge von Kurland. Im Jahre 1658 bemächtigten sich die Schweden der

Stadt, gaben sie aber im Frieden von Oliva 1660 wieder heraus; 1706 nahmen die Russen dieselbe ein und zerstörten das Schloß großentheils. Nachdem es, wenn auch nicht ganz, im vorigen Styl wiederhergestellt worden war, diente es 1798—1801 zur Residenz Ludwigs XVIII. von Frankreich.

Mitchella *L.*, Pflanzengattung aus der Familie der Rubiaceen, charakterisirt durch 2 auf einem und demselben Fruchtboden stehende Blumen mit 4zähnigem Kelch und trichterförmiger, 4spaltiger Korolle und die gepaarte, 4samige Beerenfrucht, mit 2 Arten, von denen besonders **M. repens** *L.*, ein kleiner Strauch mit kriechenden, wurzelnden Aesten, immergrünen, glatten Blättern, wohlriechenden, zierlichen, röthlichweißen Blüthen und rothen Beeren, in schattigen Wäldern Nordamerika's, in Deutschland als Zierpflanze dient, die bei einiger Bedeckung unsern Winter gut im freien Lande aushält.

Mitchelstown (Micheltown), Stadt in der irischen Provinz Munster, Grafschaft Cork, hat einen Gerichtshof, ein Zucht- u. Arbeitshaus, Versorgungshaus, Stadtbibliothek, schönes Schloß des Grafen von Kingstown (1823 erbaut) und 2920 Einw.

Mitella *L.*, Pflanzengattung aus der Familie der Saxifragaceen, charakterisirt durch den ziemlich freien, glockenförmigen, 5spaltigen Kelch, die 5 zerschlissenen Blumenblätter, die 10 kurzen Staubfäden und die 2klappige Hohlkapsel mit verwachsenen Griffeln und vielen Samen auf dem Boden, ausdauernde Kräuter im nördlichen Amerika und Asien, mit langgestielten, herzförmigen Wurzelblättern und Blüthen in schlaffen Aehren, von deren Arten als Zierpflanze in deutschen Gärten vorkommt **M. diphylla** *L.*, 1 Fuß hoch, mit weißen Blüthen.

Mitesser (Komedonen), die weißen oder weißgrauen, wurmförmigen Massen, welche sich an verschiedenen Stellen des Körpers, besonders im Gesicht, aus den Talgdrüsen der äußern Haut hervorquetschen lassen. Die M. sind keine Thierchen, wie man früher geglaubt hat, sondern Anhäufungen der Ausscheidung der Talgdrüsen in den Drüsen selbst, wodurch letztere mehr oder weniger ausgedehnt werden und das angehäufte Sekret eine festere Konsistenz annimmt. Der an der Ausmündungsstelle befindliche Theil des M.s ist bräunlich oder schwärzlich gefärbt, wahrscheinlich nur durch Schmutzpartikelchen, welche sich mit dem Hauttalg vermengt haben. Unter dem Mikroskop zeigen sich die M. aus Fettkörnchen und verfetteten Epithelzellen zusammengesetzt. In den durch das Drüsensekret vereiterten Talgdrüsengängen entdeckte Gustav Simon die sogenannte Haarsackmilbe (Acarus folliculorum). Dieselbe ist etwa $^1/_{10}$ Linie lang und $^1/_{50}$ Linie breit, hat einen dicken gewölbten Vorderleib mit 8 Beinen und einen langen schmalen Hinterleib, der durch Querstreifen gegliedert und an den Rändern fein gezähnelt ist. Zwei bis vier und mehr solcher Thiere finden sich zusammen in den Ausführungsgängen der Talgdrüsen vor, doch scheinen die Milben keine weitere Störung zu verursachen. Am häufigsten finden sie sich im Gesicht, besonders an der Nase. Der Grund für die Entstehung der M. ist noch nicht klar erkannt. Es ist möglich, daß sich zuerst die Mündung der Drüsengänge durch Schmutz oder zufällig angehäufte Epithelmassen verstopft und dadurch das Drüsensekret zurückgehalten wird. Wahrscheinlich jedoch bildet die übermäßige Talgsekretion selbst die eigentliche Ursache der M. Aus den kleineren M.n können unter Umständen, wenn die Talganhäufung fortbesteht, wirkliche Balggeschwülste sich entwickeln. Bildet sich in der Umgebung von M.n eine Entzündung der Haut aus, so entsteht das, was man Finne (acne) nennt. Bald stellt die Hautfinne nur eine röthliche knotige Erhebung, bald eine mit Eiter erfüllte Pustel dar. Zur Entfernung und Verhütung der M. kann man sich verschiedener Mittel bedienen. Am besten drückt man sie vorsichtig und wiederholt mit dem Fingernagel aus, und dann wäscht man die betreffenden Hautstellen mit Benzoëtinktur, oder auch mit schwacher Aetzkali- u. Sublimatlösung. Sehr wirksam hat sich das energische Bürsten der kranken Hautstellen mit einer Zahnbürste und Kaliseife erwiesen. Am meisten zu empfehlen ist die Anwendung der Schwefelpräparate, besonders in der Form des Kummerfeldschen Waschwassers, welches mit Recht in gutem Rufe steht. Dasselbe wird gut umgeschüttelt, Abends vor dem Schlafengehen auf die betreffenden Hautstellen aufgetragen, und am nächsten Morgen wird die Haut trocken abgerieben. Heba empfiehlt eine Paste, welche aus gleichen Theilen Schwefelmilch, Alkohol und Glycerin besteht, welche man über Nacht auf den betreffenden Hautstellen liegen läßt, nachdem man dieselben vorher tüchtig mit Wasser und Seife abgewaschen hat.

Mitford, Miß Mary Russell, englische Dichterin, geboren den 16. December 1786 zu Arlesford in Hampshire, machte sich durch die Trauerspiele „Julian“ (1823), „Rienzi“ und „The vespers of Palermo“, noch mehr aber durch ihre Erzählungen, namentlich „Our village“ (London 1824—32, 5 Bde.), dem sich als Fortsetzung „Belford Regis“ (das. 1835, 3 Bde.) anschließt, bekannt. Außerdem schrieb sie noch „Stories of american live by american writers“ (3 Bde.) und viele Erzählungen in Zeitschriften, besonders in „New monthly magazine“. Interessante Schilderungen aus ihrem Leben enthalten ihre „Literary recollections“ (London 1852, 3 Bde.). Ihre „Dramatic works“ erschienen 1854 in 2 Bänden. Sie † den 10. Januar 1855 bei Reading.

Mitgift, s. v. a. Aussteuer (s. d.).

Mithras (Mithra), bei den alten Indiern, sowie in der Zendreligion die Gottheit des Lichts, gewöhnlich mit Varunas, dem Uranos der Griechen, als Beschützer der Wahrhaftigkeit vorkommend, wohnt auf dem Berge Hara, ist mit 10,000 Augen und gleich viel Ohren begabt und allwissend, daher Zeuge aller Gedanken und Thaten. Als personificirte Wahrheit und Treue schützt er den Verkehr unter den Menschen und wird von allen, namentlich von den Armen und Unterdrückten, angerufen; begleitet von den Genien der Gerechtigkeit, des Siegs, des Fluchs und der Reinheit fährt er als gewaltiger Krieger auf seinem Schlachtwagen einher. Als Repräsentant des Lichts und der Wahrheit vernichtet er namentlich die verderblichen Einflüsse der Dämonen auf die Natur u. den Menschen. Auch mit dem zukünftigen Gericht ward er von den Ormuzddienern in Verbindung gebracht. Außer in Baktrien ward M. auch in Medien und Persien allgemein verehrt; von hier verbreitete sich sein Kultus während der Herrschaft der Perser über ganz Vorderasien und seit etwa 70 v. Chr. auch über den Occident, wo man ihn mit dem Sonnengott identificirte, daher die stehende Formel auf zahlreichen Monumenten: Deo soli invicto Mithrae. Dargestellt ist er auf ihnen als Jüngling mit phrygischer Mütze, fliegendem Mantel und orientalischem Leibrock, auf einem niedergeworfenen Ochsen knieend, dem er mit der Rechten einen Dolch in den Hals stößt. Selten fehlen daneben allerlei Symbole des Sonnenlaufs. Nach der Zendavesta ward M. nicht nur zu einer bestimmten Tageszeit angerufen, sondern es war ihm auch jeder 16. Monatstag, sowie der 7. Monat ganz geweiht. Die Mithrasmysterien (Coracia) wurden von den Römern zur Zeit des Frühlingsäquinoktiums in zoroasterschen Grotten gefeiert, in deren Innerem Embleme angebracht waren, welche die Konstellationen der Gestirne, die verschiedenen Zonen, die Fixsterne und Planeten, die Zeichen des Thierkreises, die Elemente, den Weg der Seele durch die Sonne und die Planeten ꝛc. andeuten sollten. Die Gebräuche, welche bei der Einweihung in diese Mysterien vorkamen, symbolisirten den Kampf der Mithrasdiener gegen Ahriman und dessen Dews und bestanden demgemäß in einer Stufenfolge von Prüfungen, die stets härter wurden und bis zur Lebensgefährlichkeit sich steigerten. Nach der Anzahl der Planeten gab es 7 Grade. Die Inhaber des ersten hießen Streiter, nämlich gegen Ahriman, die des zweiten, wenn sie Männer, Löwen, wenn sie Weiber waren, Hyänen, mit Bezug auf die Seelenwanderung durch den Thierkreis, die des dritten Raben; dann kamen die Grade des Perses, wie M. auch selbst hieß, des Dromios und Helios und der höchste Grad der der Väter, die in der mysteriösen Sprache auch Adler und Habichte hießen. Jeder Grad hatte seine eigenen Lehren und Gebräuche. Früher herrschte bei der Feier dieser Mysterien Frohsinn und Lust, später aber rigorose Strenge und Kasteiung. Vergl. Lajard, Recherches sur le culte public et les mystères de M., Paris 1853 bis 1855, 2 Bde.; Windischmann, M., Leipzig 1857.

Mithridat (electuarium Mithridatis, Damocratis), ehemals als Universalmittel, besonders als Alexipharmacum in hohem Ruf stehende, aus 54 meist erhitzenden Ingredienzien, unter anderen auch aus Opium (2 Gran in der Unze) bestehende Latwerge, die schon von Galenus sehr gerühmt wird und den pontischen König Mithridates Eupator zum Erfinder haben soll. Die alte Formel dieses Arzneigemisches wird einem römischen Arzte Servilius Damocrates, der zu Nero's Zeiten in Rom lebte und aus dessen verlorenen Schriften sich bei Galenus Fragmente erhalten haben, zugeschrieben. Es wurde sonst unter obrigkeitlicher Aufsicht bereitet, ist aber jetzt außer Gebrauch.

Mithridates, Name vieler Könige und Fürsten im pontischen, parthischen und bosporanischen Reiche, unter welchen M. VI. Eupator oder der Große der berühmteste ist. Im Jahre 136 v. Chr. geboren und zu Sinope, der Hauptstadt des pontischen Reichs, erzogen, folgte er 124 seinem Vater, M. V. Euergetes, und zwar unter Vormundschaft einiger Großen, die ihn vergeblich auf mehrfache Weise aus dem Wege zu räumen suchten. Nachdem M. seine Mutter getödtet, um die Ermordung des Vaters zu rächen, nahm er den Namen Eupator an, d. h. der von einem edeln Vater Entsprossene. Er unterwarf von 112—110 v. Chr. die Völkerstämme, die vom südlichen Ende des Kaukasus an bis gegen Thracien hin auf der Ost- und Nordseite des schwarzen Meeres wohnten, und ward so der Gründer des bosporanischen Reichs, eroberte mit König Tigranes von Armenien verbunden einen Theil von Paphlagonien, Kappadocien und Bithynien (92) und rüstete, als ihm die Römer diesen Besitz streitig machten, gegen sie ein Heer von 250,000 Fußsoldaten und 40,000 Reitern und 300 verdeckte Schiffe und 100 Zweiruderer. Ihm gegenüber standen die römischen Feldherren L. Cassius, Manius Aquilius und Oppius, die 89 den Krieg (erster mithridatischer Krieg) damit eröffneten, daß sie die von M. vertriebenen Könige von Kappadocien u. Bithynien wieder in ihre Reiche einsetzten. Bald aber hatte sich M. nicht nur diese Gebiete wieder, sondern Kleinasien bis nach Jonien hin unterworfen. Während nun zu Rom der Oberbefehl Sulla übertragen wurde, hatte M. an einem und demselben Tage alle in den Städten und Inseln Kleinasiens sich aufhaltenden Römer und Italioten mit Weib und Kind, nach einer Angabe 80,000, nach einer andern 150,000, ermorden lassen. Hierauf eroberte er die Inseln des ägäischen Meers, von denen ihm nur Rhodus widerstand, rief auch Griechenland zum Abfall von Rom auf und sandte ihm Hülfstruppen unter Archelaus und Dorylaus. Sulla eroberte jedoch 86 Athen trotz des Archelaus tapferer Vertheidigung und rieb bei Chäronea die pontischen Truppen unter Archelaus und Taxillas fast auf. M. rüstete hierauf ein neues Heer, ließ alle ihm verdächtigen Statthalter und Präfekten in Kleinasien ermorden und legte starke Besatzungen in die Städte, brachte aber dadurch die meisten Städte Kleinasiens so gegen sich auf, daß aus vielen seine Besatzungen vertrieben wurden. Zu Archelaus war indessen Dorylaus mit 80,000 Mann frischen Truppen gestoßen, aber Sulla trug bei Orchomenus über Beide einen neuen Sieg davon (85), und gleichzeitig vertrieb der Marianer Flavius Fimbria M. selbst aus Pergamum, und fast wäre derselbe in Pitana in Mysien gefangen worden. Diese Vorgänge machten M. endlich zum Frieden geneigt, der 84 zu Dardanus zu Stande kam. M. sollte nach demselben seine Flotte an die Römer ausliefern, alle in Asien gemachten Eroberungen aufgeben und 2000 Talente als Kriegskosten zahlen. Als jedoch der von Sulla zur Sicherung des Friedens in Asien zurückgelassene Legat Licinius Murena mit den zwei Legionen des Flavius Fimbria M. durch feindselige Handlungsweise mehrfach reizte und dessen Beschwerden in Rom kein Gehör fanden, griff M. wiederum zu den Waffen, warb aber auch diesmal bald vom Glück verlassen, und schon 81 beendete ein von Sulla gesandter anderer Legat den zweiten mithridatischen Krieg. Die bürgerlichen Unruhen in Rom benutzend, unterwarf sich M. hierauf den Bosporus, wo er seinen Sohn, Machares, zum König einsetzte, veranlaßte seinen Schwiegersohn, Tigranes von Armenien, in Kappadocien einzufallen (76), ließ sein Heerwesen durch römische Offiziere von der Partei des Marius organisiren, erwarb sich zahlreiche Völker Vorderasiens zu Bundesgenossen und gebot bald wieder über ein Heer von 140,000 Mann Fußvolk und 16,000 Reitern. Mit Beginn des Frühjahrs 74 eröffnete er den Krieg gegen Rom (dritter mithridatischer Krieg) mit der Eroberung

Bithyniens und der Erstürmung des Hafens von Chalcedon, wo er 4 römische Schiffe verbrannte und die übrigen 60 mit sich hinwegführte. Rom stellte ihm die Konsuln Marc. Aurelius Cotta und Luc. Licinius Lucullus entgegen. Ersterer ward zwar anfangs von M. hart bedrängt, dagegen warf Lucullus diesen 73 und 72 nach Pontus zurück und nöthigte ihn 71 zur Flucht zu Tigranes. Als dieser sich weigerte, den König auszuliefern, ward er selbst 69 bei Tigranocerta und 68 sammt M. am Flusse Arsanias abermals geschlagen. Tigranes zog sich darauf in das Innere seines Reichs zurück, M. aber eilte mit 8000 Mann nach dem Pontus, wo er 67 den Fabius und Triarius besiegte und bei der Unthätigkeit des Marcus Acilius Glabrio, des Lucullus Nachfolger im Oberbefehl, bald wieder mächtig den Römern gegenüberstand. Mit der Ankunft des Cn. Pompejus (66) wandte sich jedoch das Kriegsglück rasch, und M. erlitt bei Nikopolis eine entscheidende Niederlage. Er floh erst nach Armenien zum Tigranes, der aber einen Preis von 100 Talenten auf seinen Kopf setzte, hierauf nach dem Bosporus und in die Kaukasusländer, von wo aus er die scythischen Stämme u. die Völker der Mäotis zu gewinnen und sich des bosporanischen Reichs zu bemächtigen suchte, um, durch Thracien nach Macedonien und Pannonien vordringend, einen Einfall in Italien zu versuchen. Als jedoch sein eigener Sohn Pharnaces sammt dem größten Theil des Heeres von ihm abfiel, nahm er 63 in Panticipäum Gift, jedoch ohne Erfolg, worauf ihm auf seine Bitte ein treugebliebener celtischer Anführer den Tod gab. Pompejus ließ seine Leiche königlich bestatten. M. besaß neben körperlicher Stärke und Gewandtheit Klugheit, politischen Blick und unerschütterliche Ausdauer, war aber auch in der Wahl der Mittel nie verlegen. Er war ein Freund der Künste und Wissenschaften und sprach 22 Sprachen. Seine kostbare Gemmensammlung wurde von Pompejus auf dem Kapitol aufgestellt; die Bücher, die er über Medicin hatte zusammentragen lassen, ließ Pompejus durch Lenäus übersetzen.

Mithut (jus compascui), das Recht der Benutzung eines Weideplatzes in Gemeinschaft mit Mehren, s. Weidegerechtigkeit.

Mitigantia (sc. remedia, lat.), besänftigende, beruhigende Mittel.

Mitisgrün, s. v. a. Schweinfurtergrün.

Mitla, Dorf im mexikanischen Departement Oaraca, auf dem Plateau von Mixtecapan, hat 2000 Einwohner und war vor der spanischen Eroberung der Sitz der zapotekischen Priester und Fürsten, von dessen Pracht noch die Ruinen von Tempeln und Palästen zeugen.

Mitlauter, s. v. a. Konsonant.

Mitra (griech.), eine Binde, dann Kopfbedeckung der alten asiatischen Völker, bei Homer der über dem Leibrock getragene Gurt von Blech, der den Unterleib der Krieger gegen Verwundung schützen sollte. Bei den Frauen war die M. ein farbiges, um das Haar geschlungenes Tuch. In der christlichen Kirche wurde die M. zur Bischofsmütze oder Inful (s. d.).

Mitraille (franz.), der Kartätschenhagel; daher **Mitraillade**, die Niederschießung durch Kartätschen.

Mitralklappe (valvula mitralis s. bicuspidalis), der zum Verschluß der linken Kammer des Herzens dienende häutige Apparat, welcher zwischen der linken Vorkammer und linken Herzkammer liegt und aus zwei segelartigen Lappen besteht, die sich bei der Zusammenziehung der linken Herzkammer an einander legen und damit dem Blute den Rücktritt in den linken Vorhof verwehren (s. Herz). Die M. unterliegt von allen Klappen des Herzens am häufigsten krankhaften Veränderungen, doch tritt auch gerade bei den Mitralklappenfehlern am leichtesten Kompensation ein, indem der rechte Ventrikel des Herzens sich vergrößert und das Blut in den Lungenvenen unter so starkem Drucke hält, daß dadurch der Rückfluß des Bluts von der linken Kammer nach der linken Vorkammer wesentlich erschwert wird.

Mitrowitz, Marktflecken im österreichischen Militärgrenzland, serbisch-banater Bezirk, peterwardeiner Regiment, Stabsort, links an der Save, mit Unterreal- und Hauptschule, einer katholischen Kirche und 3 griechischen, gutem Weinbau und 5000 Einw. In der Umgegend viele römische Alterthümer u. Trümmer der alten Stadt Syrmium.

Mitscherlich, 1) Christoph Wilhelm, namhafter Philolog, geboren am 20. Sept. 1760 zu Weißensee in Thüringen, studirte in Leipzig u. Göttingen und ward hier 1785 zum außerordentlichen Professor der Philosophie und zum Custos an der Universitätsbibliothek, 1794 zum Professor der Philosophie, 1809 auch der Beredtsamkeit ernannt. Seit 1833 in den Ruhestand versetzt, † er den 6. Jan. 1854 zu Göttingen. Seine Ausgabe der Oden und Epoden des Horaz (Leipz. 1800—1, 2 Bde.) enthält viele Sacherklärungen und eine gute Auswahl von Parallelstellen griechischer Autoren. Von seinen übrigen schriftstellerischen Arbeiten ist noch die Sammlung der „Scriptores erotici graeci“ (Straßb. 1792 bis 1794, 4 Bde.) hervorzuheben.

2) Eilhard, berühmter Chemiker der Gegenwart, geboren am 7. Jan. 1794 zu Neuende bei Jever, widmete sich zu Heidelberg, Paris und Göttingen dem Studium der Geschichte, Philologie und orientalischen Sprachen, daneben auch dem der Naturwissenschaften u. seit 1818 zu Berlin ausschließlich dem der Chemie. Schon in jene Zeit fällt seine Entdeckung des Zusammenhangs zwischen Krystallform und chemischer Zusammensetzung der übrigen Verbindungen (Isomorphismus). Von Berzelius veranlaßt, setzte er seine Studien zu Stockholm fort, bis er 1821 zum Professor der Chemie an der Universität in Berlin berufen wurde. Später wurde er zum Mitglied der Akademie u. zum Geheimrath ernannt. Bald nach seiner Rückkehr nach Berlin entdeckte er die zweifache Krystallform des Schwefels (Dimorphismus), und seine Verbesserungen an dem Reflexionsgoniometer setzten ihn in den Stand, die ungleiche Veränderung (Ausdehnung) der Winkel an den Krystallen durch Wärme beobachten zu können. Die Untersuchungen über die Verbindungen des Benzins führten ihn zu richtigeren Ansichten über die Zusammensetzung der sogenannten organischen Verbindungen und Versuche über die Bildung des Aethers zu der Lehre von der chemischen Verbindung und Trennung durch Kontakt. Von Bedeutung sind auch seine Beobachtungen über das Verhältniß der Volumina und der specifischen Wärme zu dem Atomgewichte. Sein bedeutendstes, fast einziges selbstständiges Werk ist das „Lehrbuch der Chemie“ (Berl. 1829—40, 2 Bde.; 5. Aufl. 1853).

Sonst hat er sich fast ausschließlich der „Annalen" von Poggendorff als wissenschaftlichen Organs bedient. Seine Apparate haben weite Verbreitung auch im Ausland gefunden. Sein Bruder, **Karl Gustav**, geboren den 9. Nov. 1805 in Jever, wirkt seit 1842 als Professor zu Berlin u. hat sich namentlich durch ein „Lehrbuch der Arzneimittellehre" (Bd. 1—3, Berl. 1847—61) bekannt gemacht.

Mittag (Süden), diejenige der vier Weltgegenden, wo die Sonne und die übrigen Gestirne, von der nördlichen Halbkugel der Erde aus betrachtet, ihren höchsten Standpunkt haben. M. oder Mittagszeit nennt man denjenigen Moment der Tageszeit, in welchem der Mittelpunkt der Sonne in den Meridian oder Mittagskreis eines Ortes eintritt und also die Sonne für denselben Ort ihren höchsten Stand (Kulminationspunkt) hat. Verschieden von diesem wahren ist der mittlere M., welcher dann beginnt, wenn eine gedachte, sich nicht in der Ekliptik, sondern im Aequator, und zwar vollkommen gleichmäßig bewegende Sonne durch den Meridian eines Ortes gehen würde; derselbe erfolgt bald früher, bald später als der wahre und fällt nur viermal im Jahre mit diesem zusammen. Mittagsfläche heißt die Ebene, welche man sich durch den Meridian, die Scheitellinie und durch die Weltaxe gezogen denkt und die sowohl auf der Ebene des Horizonts, als auf der des Aequators senkrecht steht. Mittagshöhe ist die Höhe eines Sterns, die derselbe hat, wenn er bei seiner täglichen Bewegung in den Meridian eingetreten ist, oder die Entfernung eines Sterns in dieser seiner Stellung von dem Horizont. Unter Mittagslinie versteht man die Durchschnittslinie der Mittagsfläche, d. h. der Ebene des Meridians mit dem Horizont. Sie wird nicht nur zu astronomischen Beobachtungen, sondern auch im bürgerlichen Leben häufig gebraucht, da man ohne sie die Zeit nicht richtig bestimmen, keine Sonnenuhr richtig zeichnen, die Grade auf der Erdkugel nicht genau abmessen kann 2c. Zum Behuf astronomischer und geographischer Messungen hat man die Mittagslinie gewisser Oerter durch ganze Länder fortgezogen.

Mittagsfernrohr, s. Passageinstrument.

Mittagspunkt (Südpunkt), der Durchschnittspunkt des Mittagskreises mit dem Horizont nach der Mittagsgegend hin, nach welchem die ganze umliegende Gegend des Himmels M. oder Mittagsgegend heißt.

Mittel, in der Arithmetik s. v. a. Mitte, d. h. was von zwei einander entgegengesetzten Größen gleich weit entfernt ist. Das arithmetische M. zweier oder mehrer Zahlen wird gefunden, wenn man dieselben addirt und die Summe durch ihre Anzahl dividirt. Das geometrische M. zweier Zahlen findet man, wenn man dieselben multiplicirt und aus dem Produkt die Quadratwurzel zieht. Das harmonische M. zweier Zahlen wird erhalten, wenn man das doppelte Produkt beider Zahlen durch ihre Summe dividirt. Das arithmetische M. zweier Zahlen ist immer größer als das geometrische, und zwar in demselben Verhältnisse, in dem dieses größer ist als das harmonische.

Mittelalter, der große Zeitraum der Geschichte, der zwischen dem klassischen Alterthum und der neueren Zeit mitten inne liegt und dessen Dauer fast allgemein vom Untergang des weströmischen Reichs (476), von Einigen schon vom Beginn der Völkerwanderung (375), oder erst vom Tod des Ostgothenkönigs Theoderich (526) od. dem Regierungsantritt Karls des Großen (768) an bis zur Entdeckung von Amerika (1492), wohl auch bis zum Beginn der deutschen Reformation (1517) angenommen wird. Die Bezeichnung M. für diesen Zeitraum ist in vielfacher Beziehung unpassend. Denn will man, wie oft geschieht, das Alterthum, als die Zeit vorherrschend sinnlicher Empfänglichkeit, die Kindheit, die neuere Zeit dagegen wegen ihrer überwiegenden Neigung zur Reflexion und ihrer höheren sittlichen Reife das Mannesalter und endlich das dazwischenliegende M. wegen des Vorwaltens der rohen persönlichen Kraft, des Gefühls, der Abenteuerlichkeit, Schwärmerei und einer gewissen gesteigerten u. vergeistigten Sinnlichkeit das Jugendalter der Menschheit nennen, so ist dies schon in sofern unberechtigt, als man unter einem Manne in seinen mittleren Jahren im gewöhnlichen Sprachgebrauch gewiß niemals einen Jüngling verstehen wird. Als allgemeines geschichtliches Merkmal des M.s tritt uns zunächst die beginnende Entwickelung der Germanen u. Slaven in Europa u. der morgenländischen Völkerstämme in Asien und Afrika auf den Trümmern der römischen Macht vor Augen, dort unter dem Geleite des Christenthums, hier des Islams, die an die Stelle des untergehenden Heidenthums treten. Avaren und Bulgaren seit dem 5. und 6., Slaven u. Magyaren seit dem 9. Jahrhundert füllen mit den Oströmern oder Byzantinern im Abendlande den Hintergrund, während im Osten neben den lange dominirenden Arabern Neuperser, Mongolen, Tataren u. Turkomannen den Hebel der Begebenheiten darbieten, Inder und Chinesen dagegen in leidender Stellung die Befehle des Verhängnisses erwarten. Demnach reicht der Schauplatz des M.s von dem skandinavischen Hochnorden bis zum Atlasgebirg u. den Fällen des Nilstroms, von den Ufern des Baikalsee's und Ganges bis zum atlantischen Meere, und das in der alten Welt auf die Küsten des mittelländischen Meeres beschränkte Völkerleben breitet sich über drei Festlande aus. Als Resultat dieses bunten Völkertreibens aber kann angesehen werden, daß nach vielen Erschütterungen der Orient unter religiös-kriegerischem Despotismus erlag, während sich im Occident Nationalitäten und Verfassungen entfalteten u. das politische und kirchliche Leben unter den eigenthümlichen Gestaltungen des Lehnwesens und der Hierarchie zur Erscheinung kamen. Unter den Völkern, die in diesem Zeitraum auf den Schauplatz der Geschichte traten, sind ohne Zweifel die Germanen das hervorragendste, und alle andern Nationen sind nur in sofern von Bedeutung, als sie mit jenen in Berührung kamen. Während nun nach außen die Staatsverfassung und politische Eigenthümlichkeit der germanischen Völker sich konsolidirten, bildeten sich gleichzeitig im Innern mitgebrachte Sitte und Herkommen mit den vorgefundenen Formen des Lebens und der Kultur bei ihnen zu einem neuen, selbstständigen Ganzen aus. Die den Germanen eigenthümliche Achtung für das Weib ward die Grundlage eines edleren Familienlebens, Rittergeist und Bürgersinn erzeugten fromme Kraft u. biedere Männlichkeit. Neben dem allgemeinen Charakter des M.s treten aber in den einzelnen Perioden desselben, deren man am zweckmäßigsten drei annimmt, wieder verschiedene eigenthümliche Richtungen hervor. Die erste Periode, von dem Umsturze des weströmischen Reichs bis zur Theilung der fränkischen Monarchie (843), zeigt uns noch den gewaltigen Kampf zwischen den alten römischen und den neuen germanischen Elementen des Lebens. Die zwei größten Bildungen, welche hieraus hervorgegangen, sind das Kaiserthum mit dem damit zusammenhängenden Lehnwesen u. das Papstthum mit seiner vielgegliederten, mächtigen Hierarchie. Beide Bildungen gingen von der Idee nationaler und kirchlicher Einheit aus. Das bald folgende Uebergreifen der Hierarchie in das Gebiet des Staats führte aber zu langen heftigen Kämpfen zwischen Kaiserthum und Papstthum, welche den ganzen zweiten Zeitraum (bis gegen das Ende des 13. Jahrhunderts) ausfüllen. In diese zweite Periode fallen die bedeutendsten Gestaltungen des mittelalterlichen Lebens. Aus der Umgestaltung des Heerwesens bildete sich das Ritterwesen, dessen Blüthe in die Zeit der Kreuzzüge, eine der eigenthümlichsten Erscheinungen des M.s, fällt. Es war die traurige Zeit des Faustrechts (s. d.), aus der mittelbar wieder eine neue Gestaltung des M.s hervorging. Schifffahrt und Handel erhielten durch die Kreuzzüge, vornehmlich von Italien aus, neuen Aufschwung. Der Reichthum, welcher dadurch in die Städte floß, erhöhte das Selbstgefühl der Bürger, und während dieselben den Bedrückungen der Ritter entgegentraten, erwachte in ihnen, zuerst in den lombardischen, das Streben nach größerer Freiheit und Selbstständigkeit. So trat in den Städten ein bedeutendes Element neben die feudalistische Aristokratie, und es entstand ein gewisses Gleichgewicht der Gewalt u. Macht zwischen Königthum, Aristokratie und Volk, welches letztere indeß fast ausschließend durch die Städte repräsentirt wurde. In den letzteren herrschte aber ebenfalls noch das aristokratische Element vor, und nur sehr allmählig errangen sich die Zünfte eine Stimme in den städtischen Angelegenheiten. Das Schwankende in den Berechtigungen der verschiedenen Gewalten und ihrer Verhältnisse unter sich veranlaßte Städtebündnisse (Hansa), Landfrieden und Femgerichte. Mit der fortschreitenden Bildung des Zeitalters begann auch die Kultur der Nationalsprachen, und namentlich wandte sich die feudalistische Aristokratie der Poesie u. dem Gesange (Troubadours, Minnesänger) zu. Zugleich entstand eine neue bildende Kunst, namentlich war es die Baukunst, die am Ausgang dieses Zeitraums in ihrer schönsten Blüthe stand. Die ernsteren Wissenschaften, die Forschungen auf den Gebieten der Religion, Geschichte, Philosophie, die sich als Scholastik nur erst in verworrenen Formen bewegte, Naturkunde u. Mathematik, waren vorzüglich das Eigenthum der Geistlichkeit, namentlich einiger Mönchsorden. Alle freieren Regungen unter dem Volke, insbesondere auf dem Gebiet des Glaubens, wurden dagegen von der Hierarchie unterdrückt (Inquisition). In der dritten Epoche, bis zu Ende des 15. oder zu Anfang des 16. Jahrhunderts, bildeten sich ständische Staatsformen zu höherer und allgemeiner Freiheit aus, und es begann, wie in Frankreich, über den Gegensatz zwischen Aristokratie und Ständen das autokratische Königthum sich zu erheben. Im Allgemeinen sank der überwiegende Einfluß der feudalistischen Aristokratie, u. der Bürgerstand trat in den Vordergrund. Aus den alten Gewohnheitsrechten entstanden allmählig geschriebene Gesetzbücher, wie der Sachsenspiegel und der Schwabenspiegel, und mit dem Einbringen des römischen Rechts bildete sich ein ganz neuer Rechtszustand heraus. Die Entdeckung und die immer allgemeiner sich verbreitende Anwendung des Schießpulvers, die Auffindung des Seewegs nach Ostindien, die Erfindung der Buchdruckerkunst und die Entdeckung von Amerika trugen wesentlich zu diesen Umwandlungen bei. In der Kirche aber riefen die schreienden Mißbräuche eine immer mächtiger werdende Opposition hervor, welche endlich in der Reformation ihren Gipfelpunkt fand. Das M. nimmt im Ganzen der Weltgeschichte eine höchst bedeutsame Stelle ein: es hat die Entwickelung der allgemeinen Bildung der Menschheit mächtig gefördert, indem es die germanische Kraft mit der Innigkeit und Gemüthstiefe des Christenthums vermählte und so eine ganz neue Gestaltung des staatlichen u. bürgerlichen Lebens hervorrief; aber mit der vorangeschrittenen Bildung der Gegenwart verglichen, zeigt es auch viele Schattenseiten, um die es nur Diejenigen beneiden können, die das Volk wieder gern in die Verdummung früherer Zeiten zurückführen möchten. Das griechische Kaiserthum kennt kein M. in dem angegebenen Sinne; im Orient läßt sich der Zeitraum bis zum Sturz des Khalifats und dem Aufkommen der Osmanen nur entfernt damit vergleichen. Völlig entbehren aber einer solchen abgeschlossenen Uebergangsperiode die ostasiatischen Kulturvölker. Vgl. Rühs, Handbuch der Geschichte des M.s, Berlin 1818; Rehm, Handbuch der Geschichte des M.s, Marb. 1820—33, 3 Bde.; Derselbe, Geschichte des M.s seit den Kreuzzügen, Kassel 1831; Tillier, Geschichte der europäischen Menschheit im M., Frankfurt 1829, 2. Aufl. 1833; Leo, Lehrbuch der Geschichte des M.s, Halle 1830, 2 Bde.; Derselbe, Geschichte des M.s, das. 1836, 2. Aufl. 1839; Kortüm, Geschichte des M.s, Bern 1836, 2 Bde.; Rückert, Geschichte des M.s, Stuttg. 1853.

Mittelamerika (Isthmus von Amerika), derjenige Theil des amerikanischen Kontinents, welcher Nord- und Südamerika verbindet und früher größtentheils zu Nordamerika gerechnet zu werden pflegte, von diesem sich aber sowohl seiner physikalischen Beschaffenheit als seiner Geschichte nach wesentlich unterscheidet und am besten als selbstständige Abtheilung der neuen Welt aufgefaßt wird. Von dem atlantischen Meere im Osten und von der Südsee im Westen bespült, dehnt es sich von 7° bis 33° nördl. Br. aus. Es zerfällt gegenwärtig in das Gebiet von Mexiko (s. d.), in das der ehemaligen Bundesrepublik von Centroamerika, der Isthmusprovinzen (Azuero, Chiriqui, Panama u. Veragua) u. der Republik Neugranada und umfaßt von der Grenze der Vereinigten Staaten an bis zu der neugranadischen Provinz Choco einen Flächenraum von 42,700 QM. Central- oder Centroamerika ist in sofern nicht identisch mit M., als man darunter Mexiko nicht mit zu begreifen pflegt u. also nur den nach Nordwesten von Mexiko, nach Südosten von der Republik Granada, nach Nordosten vom Antillenmeere und nach Südwesten von der Südsee begrenzten Theil von M. darunter begreift, welcher, mit Ausnahme einzelner kleiner Theile, das Gebiet des vormaligen spanischen Generalkapitanats Guatemala ausmachte. Das Gebiet liegt, abgesehen von den kleinen Inseln an der Ostküste und dem zwischen

Mexiko u. Guatemala noch streitigen Gebiete zwischen 8° und 17° nördl. Br. und 65° und 76° westl. L. von Ferro. Der durch diese Breiten- u. Längengrade begrenzte Raum wird indeß kaum zur Hälfte durch das Gebiet von Centralamerika ausgefüllt, indem dasselbe eine fast einem rechtwinkeligen Dreieck ähnliche Gestalt hat, dessen Hypotenuse, die Südseeküste, mit der Diagonale des durch obige Breiten- u. Längengrade bezeichneten Parallelogramms beinahe zusammenfällt u. dessen beide Katheten ziemlich mit 16° nördl. Br. u. 65° westl. L. zusammenfallen. Der Gesammtflächeninhalt dieses Gebiets beträgt ungefähr 8500 QM. Die Küste am Antillenmeer oder der karaibischen See ist im Allgemeinen einförmig. An dem großen Meerbusen von Honduras, welcher von den fast rechtwinkelig auf einander treffenden Küsten von Yucatan (Belize) u. Honduras gebildet wird, ist im innersten Winkel die Bai von Amatique zu bemerken. An der Nordküste von Honduras sind die Baien von Omoa und Puerto Caballos (jetzt Port Cortez genannt), Puerto Sal, Sarsaparilla u. Truxillo zu bemerken, welche jedoch sämmtlich, wie die weiter östlich an dieser Küste befindlichen Lagunen als Hafenplätze nicht von großer Bedeutung sind. Wohl aber bietet die an dieser Küste liegende Inselgruppe der Guanaras einige treffliche Häfen dar. Die Ostküste von Honduras südlich vom Kap Gracias a Dios, die sogenannte Mosquitoküste, ist ebenfalls einförmig und hat nur an Flußmündungen (Rio grande), sowie an Lagunen (Pearl Cay, Bluefield) einige Häfen. Mannichfaltiger ist die Küste der Südsee gegliedert mit den Buchten und Baien Puerto de Acajutla, Jiquilisco (Espiritu-Santo, auch Puerto del Triunfo genannt), de Conchagua (de Fonseca), Realejo, Papagayo, Nicoya, Dulce u. a., welche zum Theil treffliche Häfen und Rheden darbieten. Centralamerika ist wie Mexiko Gebirgsland, hat aber weit ausgedehntere Ebenen als dieses. Im Norden ist das Gebirgsland von Centralamerika durch die Einsenkung in der Landenge von Tehuantepec von dem mexikanischen Gebirgssystem ebenso bestimmt getrennt wie im Süden von den Landschaften von Veragua u. Darien. Die centralamerikanischen Cordilleren bilden eine Doppelkette mit parallel streichenden kleineren Höhenzügen an den Rändern, zeigen aber nur in ihrem südlichen Theile, in Costarica, die Form eines eigentlichen Kettengebirgs. Durch die Querspalte des San Juanthales an der Grenze der Staaten Costarica u. Nicaragua u. durch die Einsenkung zwischen dem Uluathale und der Fonsecabai in Honduras und San Salvador ist das centralamerikanische Gebirgssystem in 3 Glieder getheilt, die aber ihren fast übereinstimmenden geologischen und hypsometrischen Verhältnissen nach als zusammengehörig betrachtet werden müssen. Hinsichtlich des Details verweisen wir auf die den einzelnen Territorien Centralamerika's gewidmeten Artikel. Nach M. Wagner beträgt die mittlere Kammhöhe des centralamerikanischen Gebirgssystems 6200 F., der höchste Gipfel aber 14,100 F. Eine große Zahl theils noch thätiger, theils erloschener Vulkane zieht sich in einer der Hauptrichtung der Cordillere entsprechenden Linie hin, welche aber größtentheils seitwärts von dieser der Südküste parallel läuft, indem diese Vulkane theils am südwestlichen Rande des Hochlandes (in Guatemala u. Salvador), theils in der Küstenebene selbst (in Nicaragua und dem östlichen Costarica), theils endlich in einem durch zwei zusammenstoßende Ketten gebildeten Gebirgsknoten (in Costarica) liegen. Hinsichtlich der geognostischen Verhältnisse ist Centralamerika, wovon erst ein kleiner Theil von wissenschaftlichen Reisenden besucht u. durchforscht worden ist, noch fast eine Terra incognita. Charakteristisch scheint das bedeutende Vorwiegen krystallinischer Gesteine plutonischen und vulkanischen Ursprungs (Trachyte, Phonolithe, Porphyre) über die sedimentären neptunischen zu sein. Das Land ist durchgängig reich bewässert, und zwar nach beiden Abdachungen hin. Der bedeutendste und wichtigste Fluß der Abdachung zur Südsee ist der Rio Lempa. Der längste, wenn auch vielleicht nicht der wasserreichste Fluß ist der Rio Wanks oder Segovia, der in das karaibische Meer abfließt. Hinsichtlich der übrigen Flüsse und der Seen s. die den einzelnen Territorien Centralamerika's gewidmeten Artikel. Wie alle tropischen Länder hat auch Centralamerika eigentlich nur zwei Jahreszeiten, eine Regenzeit als Winter und eine trockene Zeit als Sommer. Die wirkliche Regenzeit begreift die Monate Juli, August, September, die wirkliche trockene Zeit die Monate Februar, März, April; zwischen diesen beiden entgegengesetzten Perioden kommen intermittirende Regen vor, welche mit Tagen, oft auch Wochen von trockenem Wetter abwechseln. Außerdem üben noch lokale Verhältnisse großen Einfluß auf Anfang u. Dauer der beiden Hauptjahreszeiten aus, in welcher Beziehung zwischen der Abdachung zum Antillenmeere und der zur Südsee sich ein großer Unterschied bemerklich macht. Im Allgemeinen haben die südlichen Gegenden mehr Regen als die nördlichen; namentlich ist Costarica wegen seines vielen Regens berüchtigt. Hinsichtlich des Klima's ist Centralamerika eines der begünstigtsten Länder der Erde. Man unterscheidet wie in Mexiko heiße Landstriche (tierras calientes), welche die niedrigen Küstengegenden an beiden Meeren u. die wenig sich darüber erhebenden Landstriche des Innern, insbesondere die des Beckens der großen Seen von Nicaragua, gemäßigte (t. templadas), welche die höher gelegenen Gegenden, und kalte (t. frias), welche die höchsten Gipfel umfassen. Nur die niedrigen Küstenstriche, besonders am Antillenmeere, zeigen vollständig den Charakter der heißen Zone, und namentlich ist die Küste von Belize abwärts bis Izabel und Santo Tomas heiß und ungesund. Die Südseeseite hat im Ganzen ein weit gesunderes Klima, wie schon die weit beträchtlichere Bevölkerung spanischer Abkunft beweist, die an dieser Küste blühende Städte gegründet hat, während die atlantische Küste eine äußerst dünne, fast nur aus Indianern und Zambos bestehende Bevölkerung hat. Dagegen ist die Vegetation der Ebenen an der atlantischen Seite ungleich großartiger und reicher als auf der Südseeseite. Die kostbarsten Schmuck-, Nutz- und Färbehölzer, der Mahagonibaum, verschiedene Cedrelen, der Brasilholzbaum (Caesalpinia echinata) u. die Sarsaparille gedeihen im Osten reicher u. schöner als am westlichen Fuße der Cordillere, und auch die Kokospalme ist nur auf der Ostküste und am See von Nicaragua ein hoher Baum. Auf beiden Küstenstrichen wachsen der Vanillestrauch, die Banane, der Tabascopfeffer, der Seidenbaumwollenbaum (Bombax Ceiba), die Oelpalme, die Fächerpalme, die Kohlpalme und eine

Menge der köstlichsten Tropenfruchtbäume, die Anone, Aguacate (Persea gratissima), Guayava (Psidium Guayava), Mango, der Melonenbaum od. Papaya (Carica Papaya), Sapota, Pisang. Die Region der Tierras calientes mag über die Hälfte von ganz Centralamerika umfassen. Die gemäßigten Landstriche liegen etwa zwischen 3500 und 5500 F. absoluter Höhe und haben ein sehr gesundes Klima von ewiger Frühlingsmilde, bei welchem in günstigen Lagen tropische Gewächse noch neben mehr nordischen Pflanzenformen gedeihen. Hauptnahrungspflanze ist hier der Mais; die ausgedehntere Kultur der europäischen Cerealien beginnt erst auf der oberen Grenze dieser Region, in welcher dagegen die Orangen Südeuropa's und unsere Obstbäume und Gemüse fast allenthalben eine neue Heimat gefunden haben. Hier liefert auch der Kaffeebaum die reichsten Ernten, u. das Zuckerrohr lohnt noch bis zu einer Höhe von 4000 F. die Mühe des Anbau's, während Mais, Reis, Tabak, Yucca, Yams &c. sogar noch auf weit beträchtlicherer Höhe mit Vortheil gebaut werden. Die Urwälder dieser Zone zeigen nicht mehr die Ueberfülle der heißen, und es herrschen in ihnen Eichen und Fichten vor. Die Region der Tierras frias beginnt erst mit der absoluten Höhe von etwa 6000 F. und ist nur von geringer Ausdehnung; sie umfaßt einen Theil des Hochlandes von Guatemala, sowie kleinere Theile desjenigen von Honduras und Costarica. Hier, wo nur zuweilen u. hier und da im Januar Schnee fällt und Eis eine unbekannte Erscheinung ist, sind Hauptgegenstände des Anbau's besonders die nordischen Cerealien, Gemüse, Kartoffeln und Obst-, namentlich Pfirsich- u. Apfelbäume. Der Wald erstreckt sich bis auf die höchsten Gipfel der Berge, wenn er nicht in der steinigen Beschaffenheit des Terrains ein Hinderniß findet. Weiteres über die Produkte Centralamerika's s. unter den den einzelnen Territorien gewidmeten Artikeln. Die Zahl der **Bevölkerung** ward für das Jahr 1855 annäherungsweise zu 2,108,000 Seelen angenommen, worunter jedoch diejenigen Indianer, welche nicht direkt der Civilverwaltung eines Staats unterstellt sind, nicht mit begriffen waren. Die Weißen sind überwiegend spanische Kreolen. Die Neger sind insgesammt frei, da bei der Erklärung der Unabhängigkeit die übrigens in unbedeutender Anzahl vorhandenen Sklaven frei gegeben wurden. Die Indianer sind meist Nachkommen der von den spanischen Eroberern vorgefundenen Bevölkerung, die in zahlreiche Stämme mit verschiedenen Sprachen und verschiedenen Kulturzuständen zerfiel. Es werden allein in Guatemala 26 Sprachen aufgeführt, von denen jedoch viele unter einander verwandt sind. Die meisten derselben gehören zu der Mayasprache und sind als Dialekte derselben anzusehen, welche jedoch zum Theil bedeutend von einander abweichen. Auf dem hohen Plateau im Innern und auf der Südseeabdachung fanden die spanischen Eroberer große und volkreiche Gemeinwesen vor mit ausgebildeter religiöser u. bürgerlicher Organisation; auf der atlantischen Abdachung und auf den niedrigen, ungesunden Küstenstrichen dagegen trafen sie nur rohe Stämme ohne feste Wohnsitze u. mit kaum einer Spur socialer Einrichtungen. Die schwachen Ueberreste dieser Stämme werden als Indios bravos bezeichnet. Die Indianer, die zahlreichste Race, sind durchgängig indolent, sorglos, sanft und gastfrei, haben eine Abneigung vor der Betheiligung an politischen Angelegenheiten und repräsentiren als Bauern und ländliche Arbeiter entschieden das konservative Element der Bevölkerung. Den geraden Gegensatz bilden die Mestizen od. Ladinos, die Mischlinge von Weißen und Indianern, welche fast ausschließlich den Stand der Handwerker und sonstigen Gewerbtreibenden bilden und, auf ihre politischen Rechte sehr eifersüchtig, an den politischen Angelegenheiten mindestens ebenso viel Antheil nehmen als die Weißen, im Uebrigen aber ebenfalls von sanftem Charakter sind, was nicht von den nur in geringer Anzahl vorhandenen Zambos, den Mischlingen von Indianern und Negern, gilt, welche dagegen weit mehr Energie des Charakters zeigen. Ein allen Racen Centralamerika's gemeinsamer Charakterzug ist ihre Anhänglichkeit an den katholischen Glauben.

Geschichtliches. Die ersten Versuche zur Eroberung M.'s machten die Spanier nach 1524, nachdem schon Colombo 1502 die Ostküste u. Ponce 1516 die Westküste entdeckt hatte. Nach Mexiko's Eroberung sandte Cortez den Lieutenant Piedro Alvarado mit 400 Spaniern und 4000 mexikanischen Hülfstruppen gegen die südlich an Mexiko angrenzenden Länder. Ohne viel Widerstand nahmen sie das nördliche Chiapa in Besitz und unterwarfen dann nach einigen Kämpfen auch Guatemala, San Salvador, Honduras, Nicaragua u. Costarica. Alvarado gründete an der Stelle der alten Hauptstadt Utatlan die Stadt S. Jago de los Caballeros de Guatemala (Guatemala-Vieja) u. ward 1527 erster Generalkapitän daselbst. Von hier aus setzten die Spanier ihre Eroberungen nach und nach bis zur Landenge von Panama fort, u. nur die Mosquitoküste behauptete ihre Unabhängigkeit. Das Generalkapitanat Guatemala blieb um 3 Jahrhunderte der spanischen Krone treu, obwohl diese nicht das Geringste zur Hebung der Bevölkerung in industrieller und intellektueller Beziehung gethan hatte. Selbst die Aufforderungen zur Erhebung gegen die spanische Herrschaft, welche aus den südamerikanischen Kolonien an die Bevölkerung Centralamerika's ergingen, fanden lange keinen Anklang. Erst als die Kunde von den Ereignissen in Spanien von 1808 nach Centralamerika gelangte, entstand auch hier eine Bewegung, die durch die rücksichtslose Strenge des damaligen Gouverneurs, Don Jose Bustamente y Guerra's, vermehrt wurde. Aber erst 1811 schritt man zu offenem Aufstand. Die Städte Leon de Nicaragua und Granada erhoben sich, u. bald schloß sich ihnen die ganze Provinz Nicaragua an. Aber innerer Zwist, der unter den Aufständischen ausbrach, machte die Unterdrückung des Aufstands den Spaniern leicht. Beruhigung kehrte aber auch nach dem Sieg der Gewalt nicht in die Gemüther zurück. Es bildeten sich bald eine exaltirte Partei, welche auf völlige Unabhängigkeit von Spanien drang, und eine gemäßigte, welche verlangte, daß man dem Beispiel Mexiko's folgen und die Resultate der Unternehmungen Iturbide's abwarten solle. Die Exaltirten drangen durch, und am 15. December 1821 erfolgte die Unabhängigkeitserklärung Centralamerika's. Don Gavino Gainza, welcher keinen Widerstand geleistet hatte, blieb Gouverneur, doch wurde ihm eine aus den Repräsentanten der verschiedenen Provinzen zusammengesetzte konsultative Junta an die Seite gesetzt und auf den 1. März 1822 der erste Kongreß zusammenberufen. Die Lostrennung von Spanien war somit ohne Blutvergießen bewirkt worden; die Konstituirung aber führte zum Bürgerkrieg. Die Gemäßigten, welche besonders in Guatemala die Oberhand hatten, wußten auf dem Kongreß den Beschluß durchzusetzen, daß man sich der Monarchie Merico, wo am 19. Mai 1822 Iturbide zum Kaiser ausgerufen worden war, unterwerfen wolle. San Salvador und einige Theile von Honduras und Nicaragua griffen, um dies zu hintertreiben, zu den Waffen und besiegten Guatemala. Zwar kam diesem der merikanische General Filisola zu Hülfe, gewann über San Salvador die Oberhand u. brachte die Konvention vom 10. Sept. zu Stande. Als aber bald darauf Iturbide's Sturz erfolgte, erkannte Filisola die Unmöglichkeit einer Union mit Meriko und berief selbst einen Kongreß zur selbstständigen Konstituirung des Staats. Die 5 Staaten Guatemala, San Salvador, Honduras, Nicaragua u. Costarica erklärten sich auf einer konstituirenden Versammlung am 1. Juli 1823 unter dem Namen Vereinigte Staaten von Centroamerika für unabhängig. Erster Präsident war Don Pedro Molina. Am 20. Aug. 1824 ward die Republik von Meriko anerkannt. Der erste Kongreß trat am 5. März 1825 zusammen. Jede der Provinzen, zu denen damals auch Chiapa u. Quesaltenango gehörten, erhielt eine eigene Verfassung und Regierung, doch sollte erstere nichts enthalten, was mit der allgemeinen Konstitution nicht vereinbar sei. Aber die Einigkeit währte nur kurze Zeit. Zuerst ward der Klerus mißvergnügt, als ein Kongreßbeschluß die Steuerfreiheit der Privilegirten aufhob, und an ihn schloß sich der altspanische Adel mit den reichen Familien des Landes an. Der Hauptsitz dieser Partei war Guatemala, während die demokratische Partei ihren Hauptsitz in San Salvador und den General Morazan zum Führer hatte. Die Sitzungen des Kongresses endigten den 25. December 1825, und ihr Resultat war die Annahme der Konstitution von 1824. Auch der zweite Kongreß, von 1826, ging noch ohne Ruhestörung vorüber. Aber noch im Oktober desselben Jahres brach in der Provinz Quesaltenango eine Empörung aus u. verbreitete sich von da rasch nach Honduras und Nicaragua. Jenes löste alle Staatsbande auf, u. dieses sagte sich von der Centralregierung los. Unter diesen Umständen berief der Präsident Manuel Jose Arco, der an der Spitze der aristokratischen Partei stand, im November 1826 einen außerordentlichen Kongreß, auf dem jedoch keine Einigung zu Stande kam. In dem darauf zwischen San Salvador und Guatemala von Neuem ausbrechenden Kriege ward der Präsident Arco geschlagen und in seiner Hauptstadt selbst bedroht. Im Juni 1828 schloß man einen Waffenstillstand, aber nur, um nach kurzer Ruhe den Kampf mit Erbitterung wieder aufzunehmen. Guatemala unterlag abermals, und Morazan erhob erst Don Jose Francesco zum provisorischen Präsidenten, ließ sich aber 1830 auf 8 Jahre zum wirklichen Präsidenten der Bundesrepublik erwählen. Er war ernstlich bemüht, durch Beförderung des Handels den Staat wieder zu heben und schloß mit Frankreich u. England vortheilhafte Handelsverträge ab. Aber es gelang ihm nicht, die inneren Parteizwistigkeiten zu beschwichtigen u. der merkantilen und gewerblichen Thätigkeit die Herrschaft über die politischen Parteibestrebungen zu verschaffen. Schon im August desselben Jahres brach eine Insurrektion aus, die zwar im September wieder gedämpft ward; die Bewegung dauerte aber fort, Nicaragua und Honduras trennten sich abermals von der Centralregierung, u. der innere Krieg artete mehr und mehr in einen blutigen Racenkampf aus, bis man endlich in allen 5 Staaten zu der Ueberzeugung kam, daß nur die vollständige Trennung derselben und ihre Konstituirung als von einander ganz unabhängige Republiken zum Heil führe. So erfolgte denn im Frühjahr 1833 die Auflösung der centralamerikanischen Union ruhig und ohne Blutvergießen. Nur ein gegenseitiges Schutz- u. Trutzbündniß sollte die Getrennten fortan noch vereinigen. Doch scheint auch diese Trennung nicht von langer Dauer gewesen zu sein. Morazan kämpfte von Guatemala aus unaufhörlich für die Centralisation und drückte seinen Maßregeln mehr und mehr den Charakter unerbittlicher Strenge auf. Inzwischen ward das durch den Bürgerkrieg zerrüttete Land 1835 von verheerenden Erdbeben und Vulkanausbrüchen heimgesucht. Schon hatte Morazan die Opposition der Staaten Honduras und Nicaragua besiegt, als Ladinos- und Indianerhorden unter Anführung eines gewissen Carrera das Land plündernd u. mordend durchzogen, wodurch Morazans Sturz herbeigeführt ward. Am 1. Febr. 1839 löste sich die Union abermals auf. Ein neuer Unionsvertrag, zwischen Guatemala, Honduras, Nicaragua u. San Salvador den 7. Okt. 1842 abgeschlossen, kam nicht zur Ausführung, und eine abermalige Föderation von Honduras, San Salvador und Nicaragua 1849, welche auch Guatemala zum Beitritt zwingen wollte, endete im Febr. 1851 durch die Niederlage, welche der General Carrera dem zur Unterstützung der dortigen Unzufriedenen eingefallenen Heere der Verbündeten beibrachte, wie denn auch alle weiteren Versuche zu einer neuen Föderation, wie sie von den Resten der Föderalistenpartei in San Salvador u. Honduras wiederholt gemacht wurden, diesen Staaten selbst stets zum größten Nachtheil gereichten. Die Geschichte Centralamerika's, mit Ausnahme etwa von Costarica, ist seit der Unabhängigkeitserklärung eine ununterbrochene Folge innerer Kämpfe, welche, nachdem bei der fortschreitenden politischen u. sittlichen Verwilderung die ursprünglichen politischen Parteien sich völlig zersetzt hatten, zuletzt in mordbrennerische Raubzüge u. Familienfehden ausarteten, bis hier u. da völlige Erschöpfung zur Ruhe oder zur Unterwerfung unter die Zuchtruthe eines Despoten führte. Seit Ende 1859, wo die letzten Revolutionen in San Salvador u. Costarica Statt fanden, ist in Centralamerika keine neue Staatsumwälzung geschehen. S. die den einzelnen Staaten gewidmeten Artikel.

Mittelburg, s. v. a. Medzibor.

Mitteldeutschland, allgemeine Bezeichnung für das Königreich und die Herzogthümer Sachsen, die schwarzburgischen und reußischen Fürstenthümer, das Kurfürstenthum Hessen, das Großherzogthum Hessen-Darmstadt, das Herzogthum Nassau u. das Fürstenthum Waldeck.

Mitteldinte, s. v. a. Mezza tinta.

Mittelfleischgegend, s. Perinaeum.

Mittelfranken, Kreis (Regierungsbezirk) des Königreichs Bayern, besteht aus dem ehemaligen

Fürstenthum Ansbach, Theilen des Fürstenthums Baireuth und des Bisthums Würzburg, dem Fürstenthum Eichstädt, den ehemaligen freien Reichsstädten Nürnberg, Rothenburg a. d. Tauber, Dinkelsbühl, Windsheim, Weissenburg und mehren Standesherrschaften u. wurde 1838 aus dem größten Theil des früheren Rezatkreises u. dem Fürstenthum Eichstädt, die zum Regenkreise (der jetzigen Oberpfalz) gehört hatten, gebildet. M. liegt auf der sogenannten fränkischen Terrasse, mit seinen östlichen u. südlichen Theilen auf dem fränkischen Jura, grenzt an Ober- und Unterfranken, Oberpfalz, Oberbayern, Schwaben-Neuburg und Würtemberg und umfaßt einen Flächenraum von 138,15 □Meilen mit (1861) 545,285 Einwohnern (in überwiegender Mehrzahl Protestanten, ungefähr 110,000 Katholiken u. über 10,000 Juden). Der Hauptfluß des Kreises ist die zum Maingebiet gehörige Regnitz (mit Rezat, Pegnitz und Aisch); die Altmühl gehört zum Gebiet der Donau, welche letztere den südöstlichen Theil des Kreises durchschneidet; auch der Ludwigs- oder Donau-Mainkanal durchzieht einen großen Theil desselben. M. gehört zu den fruchtbarsten Gegenden Bayerns; die Viehzucht ist vortrefflich, der Feldbau steht auf einer hohen Stufe, besonders in der Umgegend von Nürnberg; außer Getreide wird auch viel Tabak, Wein, Gemüse u. Hopfen gebaut. Dagegen ist die Ausbeute an Mineralien gering u. nur allenfalls der lithographische Stein zu erwähnen, der im Jura gebrochen wird. Die technische Kultur steht namentlich in den größern Städten und ganz besonders in Nürnberg in hoher Blüthe, daher denn auch der Verkehr mit den Erzeugnissen der Industrie sehr ansehnlich ist; derselbe wird durch gute Kunststraßen u. Eisenbahnen (die Linien Augsburg-Nürnberg-Bamberg, Nürnberg-Regensburg, Nürnberg-Würzburg, Gunzenhausen-Ansbach-Würzburg) trefflich unterstützt. In administrativer Hinsicht wird der Regierungsbezirk in 8 unmittelbare Stadtbezirke und in 17 Verwaltungsdistrikte eingetheilt, welche rücksichtlich der Rechtspflege dem Appellationsgericht Eichstädt, 5 Bezirksgerichten u. 36 Stadt- und Landgerichten unterstehen. Die Protestanten sind dem Konsistorium in Ansbach, die Katholiken dem Bisthum in Eichstädt untergeordnet. Die Hauptstadt ist Ansbach, die größte u. wichtigste Stadt des Kreises aber Nürnberg.

Mittelfuß (metatarsus), der zwischen Fußwurzel und Zehen gelegene Theil des Fußes, welcher den größten Theil der Fußsohle und des Fußrückens ausmacht. Seine knöcherne Grundlage besteht aus 5 langen, prismatischen Knochen, von denen sich die ersten 3 mit ihrer Basis an die 3 Keilbeine, die beiden letzten an das würfelförmige Bein durch straffe Bänder fast unbeweglich ansetzen. Das vordere Ende der Mittelfußknochen besteht aus einem rundlichen Köpfchen, welches mit dem ersten Gliede der Zehen beweglich verbunden ist. In den Zwischenräumen der Mittelfußknochen liegen die innern und äußern Zwischenknochenmuskeln (musculi interossei), welche die Annäherung der Zehen unter einander und das Ausspreizen derselben zu besorgen haben. Am Fußrücken liegen über dem Mittelfußknochen die Sehnen der beiden Zehenstrecker, in der Fußsohle dagegen werden dieselben Knochen von reichlichen Fleischmassen bedeckt, welche den verschiedensten Bewegungen der Zehen mit Ausnahme der Streckung vorstehen.

Mittelgebirge (böhmisches M.), der von der nördlichen böhmischen Terrasse sich abzweigende Gebirgszug, welcher sich bis zur Biela erstreckt u. dem Erzgebirge in einer Entfernung von 1—2 Meilen vorgelagert ist, besteht aus Basalt- und Phonolithhügeln, welche gruppenweise beisammen liegen, sich kegelförmig auf einer welligen od. ebenen Fläche erheben und bald in eine Spitze, bald abgestumpft endigen. Es sind darunter ganz kleine, kaum 20 F. hohe, aber auch imposante, die über 1010 F. über die Ebene emporsteigen. Der höchste ist der Donnersberg oder Millischauer, 2 Meilen südlich von Töplitz, 2573 F. hoch, mit umfassender Aussicht über einen großen Theil von Böhmen bis Prag.

Mittelhand (metacarpus), der zwischen der Handwurzel und dem ersten Gliede der Finger gelegene Theil der Hand, dessen innere Fläche als Handteller, dessen äußere als Handrücken bezeichnet wird. Die knöcherne Grundlage der M. besteht aus 5 röhrenförmigen Knochen (ossa metacarpi), welche sich, mit Ausnahme des ersten, dem Daumen angehörigen, mit ihrer quer abgeschnittenen Basis durch straffe Gelenke an die untere Fläche der Knochen der zweiten Handwurzelreihe anlegen. Der erste Mittelhandknochen, an welchem sich der Daumen ansetzt, ist durch ein freies Gelenk mit dem großen vielwinkligen Knochen der Handwurzel sehr beweglich verbunden. Das untere Ende sämmtlicher Mittelhandknochen, an welches sich die Finger anreihen, ist abgerundet und durch ein Charniergelenk mit der Basis des ersten Fingerglieds verbunden. Der Zwischenraum zwischen je zwei benachbarten Mittelhandknochen wird durch die Zwischenknochenmuskeln (musculi interossei externi und interni) ausgefüllt, welche die Bestimmung haben, die Finger auseinander zu spreizen und dieselben wieder einander zu nähern. Am Handrücken werden die Mittelhandknochen mit den zwischen ihnen liegenden Muskeln und den darüber streichenden Sehnen des Fingerstreckers einfach von der äußern Haut überzogen, im Handteller dagegen liegen zwischen der äußern Haut und dem Skelet der M. noch die Muskeln des Daumen- und Kleinfingerballens, sowie die Sehnen der Fingerbeuger mit den daran befestigten Regenwurmmuskeln sammt den zu den Fingern hinziehenden Gefäßen und Nerven.

Mittelländisches Meer (Mittelmeer), so genannt von seiner Lage zwischen Europa, Asien und Afrika, ein Theil des atlantischen Oceans, mit dem es im Westen durch die Meerenge von Gibraltar zusammenhängt, bildet mit dem adriatischen, dem ägäischen u. dem Marmarameer ein 47,500 □Meilen großes Becken von 515 Meilen Länge und an der breitesten Stelle 240, im Mittel 80 Meilen Breite. Die südliche oder afrikanische Küste zieht sich von der Meerenge von Gibraltar geradeaus ostwärts bis nach Tunis, bildet dann die große und kleine Syrte, während die nördliche oder europäische Küste bedeutend nach Norden zurücktritt, zwischen Valencia und Barcelona eine in Spanien einschneidende Bucht macht, vor welcher die pithyusischen u. balearischen Inseln liegen, und dann noch weiter nordwärts läuft, um das Kap St. Sebastian und Creus herum und die Südseite Frankreichs bildend, in welche der Meerbusen von Lyon halbkreisförmig eingreift. An der französisch-italienischen Grenze steigt die Küste noch weiter nördlich bis nach Genua, und hier erreicht das ganze Meer seine größte Breite. Unterhalb des Meerbusens von Genua liegen in gerader Richtung übereinander die beiden großen Inseln Korsika und Sardinien, die mit Italien und Sicilien zusammen einen besonderen Kessel des mittelländischen Meeres abschließen, der ehedem von den Römern u. Griechen das tyrrhenische Meer genannt wurde, jetzt aber das italienische oder noch häufiger das toskanische Meer (s. d.) heißt. Segelt man aus dem toskanischen Meer durch die Meerenge von Messina nördlich um das Kap Spartivento herum und an den italienischen Küsten hinauf, so gelangt man zunächst in eine neue tiefe Bucht, welche das Meer gerade in den Fuß von Italien hineinmacht und die der Meerbusen von Taranto genannt wird. Um die Spitze der langen gebirgigen Landzunge, welche diesen Busen östlich einschließt, nördlich herumsegelnd, gelangt man durch die Enge, welche das Meer zwischen Italien und Albanien bildet, in den sehr tiefen Meerbusen, der gewöhnlich das adriatische Meer, in seinem nördlichsten Theile der Meerbusen von Venedig genannt wird und gleichsam als ein neues mittelländisches Meer betrachtet werden kann, da es rundum vom festen Lande eingeschlossen ist und nur an seinem untersten südlichen Ende durch die Meerenge von Otranto mit dem eigentlichen mittelländischen Meere in Verbindung steht. Der Insel Cephalonia östlich gegenüber, unter 38° nördl. Br., macht das Meer, das überhaupt hier viele Einbuchten und bald kleinere, bald größere Busen formirt, jenen historisch merkwürdigen, tiefen u. langen Busen in Griechenland hinein, der von den Alten der krissäische u. in neuerer Zeit der lepantische (sonst auch wohl der Meerbusen von Aniabachti) genannt wird und bis auf eine kurze und schmale Landenge (die korinthische) die Halbinsel Morea von dem griechischen Festlande trennt. Der Theil des mittelländischen Meeres, zu dem dieser Meerbusen gehört, also das fast wie ein Triangel geformte Becken zwischen Sicilien u. Unteritalien einer- u. Griechenland andererseits bis zum Eingange ins adriatische Meer hinauf, ward schon von den Alten und wird auch heute noch das jonische Meer genannt. Die südliche Wassergrenze dieses Meertheils ist eine Linie, welche westlich von dem Kap Passaro auf Sicilien bis östlich zu dem Kap Matapan auf Morea oder der davor liegenden Insel Cerigo beschrieben wird. Um diese Insel herum, nordwestlich an der Insel Kandia vorbei, treten wir in denjenigen Theil des mittelländischen Meeres, der, übersäet mit griechischen und türkischen Inselgruppen, der Archipel oder auch das ägäische Meer genannt wird. Die beiden südöstlich und nordwestlich hervortretenden europäischen und asiatischen Küsten bilden die Straße der Dardanellen (Hellespont), welche, nachdem sie sich direkt östlich gewandt hat, zunächst in ein breites Becken, das Marmarameer (Propontis), führt, von welchem aus nordöstlich die sehr enge Straße von Konstantinopel (Bosporus) zwischen beiden Ufern hindurch in das schwarze Meer leitet, mit dem nördlich durch die Straße von Kaffa wieder ein kleineres Binnenmeer, das asowische, zusammenhängt. Es ist kaum einem Zweifel unterworfen, daß einerseits Europa und Afrika bei Gibraltar u. Sicilien einst fest zusammenhingen, wie sich dies aus der geologischen Formation der Bergketten des Atlas und Spaniens und deren Parallelismus schließen läßt, während andererseits bei Konstantinopel Europa mit Asien verbunden war und das schwarze Meer, gleich dem jetzigen kaspischen Meere, ein Binnensee war, der erst später sich dort einen Ausweg öffnete. Aber nicht etwa eine schmale Landzunge mochte Europa mit Asien vereinen und das schwarze Meer abschließen, sondern ohne Zweifel hing, ehe der Durchbruch geschah, ganz Griechenland mit Kandia, Rhodus und Kleinasien zusammen, sowie das alte Thracien oder Rum Ili mit dem alten Troja, und vielleicht war die ganze Fläche des mittelländischen Meeres, wenn nicht bewohnt, doch bewohnbar, bis von Westen her der atlantische Ocean und von Osten der Pontus hereinbrachen in die Niederung u. sie zu dem Bette eines neuen, breiten, großen Meeres aushöhlten, bei dessen Bildung zu seiner jetzigen Gestalt auch Erdbeben und vulkanische Explosionen mitgewirkt haben mögen. Noch immer ist das Becken des Mittelmeeres von Feuer unterwühlt, welches zu Zeiten durch Vesuv und Aetna, fortwährend durch den Stromboli seinen Ausgang nimmt. Von den zahlreichen Inseln, die meist vulkanischen Ursprung sind, gehören viele offenbar der sekundärn geologischen Periode an. Auch die Küsten sind zum Theil heftigen vulkanischen Erschütterungen ausgesetzt. An einigen Orten haben sie sich in historischen Zeiten mehr als einmal gesenkt und sind wieder aufgestiegen, wie dies bei den Ruinen des Serapistempels bei Puzzuoli, sowie an den dalmatischen, sicilischen und sardinischen Küsten nachgewiesen werden kann. Hier sind große, noch in historischer Zeit blühende Städte vom Meere verschlungen worden, während dort berühmte Hafenstädte Meilen weit vom Meeresufer entfernte Landstädte geworden sind. So bemerkte man noch zu Ovids Zeiten im korinthischen Meerbusen die Trümmer der Städte Helica und Buris, die Herodot noch in ihrem vollen Glanze kannte, und Ravenna, einst der vornehmste Hafen der Römer im adriatischen Meer, liegt jetzt weit vom Meere entfernt. Damit stimmen denn auch die vielen Ueberlieferungen von wiederholten Ueberfluthungen bei allen Völkern jener Gegenden überein. Das mittelländische Meer hat eine bedeutende Tiefe, besonders in seinem westlichen Theile. An manchen Stellen ist es 3000 Fuß, bei Nizza, in geringer Entfernung von der Küste, über 4000 F., an manchen Stellen 6000 F. und darüber tief. Vermöge seiner natürlichen Lage hat es unregelmäßige, veränderliche Winde und eine schwache Ebbe u. Fluth. Im Meerbusen von Venedig steigt bei Neu- und Vollmond die Fluth 3 F. und in der großen Syrte 5 F., während an den meisten andern Orten die Gezeiten kaum bemerkbar sind. Eine merkwürdige Erscheinung ist, daß das mittelländische Meer von seiner ganzen langen afrikanischen Küste außer dem Nil keinen bemerkenswerthen Stromzufluß hat, was vielleicht darauf hindeuten möchte, daß Nordafrika das äußerste Ufer eines großen Binnenmeeres gewesen sei, das mit der Zeit einen Abfluß zum Senegal oder Nil nahm und sich endlich auf das Bett eines dieser Ströme beschränkte. Die bedeutendsten Zuflüsse des mittelländischen Meeres, Etsch, Po, Rhone und Ebro, gehören dem westlichen Europa an. Der gesammte Stromzufluß beträgt täglich höchstens 1287 Millionen Tonnen Wasser, wogegen es nach einem allgemeinen Erfahrungsgrundsatze täglich 5280 Millionen Tonnen wieder abgeben u. in die Luft senden muß. Dieser Mangel an Stromzufluß wird ausgeglichen durch das Zuströmen des Wassers aus dem großen Ocean u dem durch die einmündenden mächtigen Ströme an Wassermenge stets zunehmenden schwarzen Meer, die beide, in Folge ihres höheren Niveau's, in das mittelländische Meer abfließen. Wegen seiner ungemein starken Verdunstung, des verhältnißmäßig geringen Zuflusses von Süßwasser und der Einströmung salzigen Wassers hat das Mittelmeer einen stärkern Salzgehalt als der Ocean, und eben wegen dieser starken Verdunstung ist die Temperatur an seiner Oberfläche $1\frac{1}{2}°$ R. höher als im Ocean. Auch nimmt diese Temperatur in der Tiefe nicht so rasch ab, und in großen Tiefen ist sie ebenfalls höher als im Ocean. Der Grund davon ist das Vorhandensein einer beständigen Strömung erwärmten Wassers nach dem atlantischen Ocean hin, welche das Eindringen des kalten Polarstroms hindert und die obere Strömung, welche von dem Ocean aus durch die Meerenge von Gibraltar eindringt, in der Wirkung ausgleicht. Von Fischen hat das mittelländische Meer eigenthümliche Haifische, Schwertfische, 6 Species Makrelen, unter denen einer der größten der Thunfisch ist, zahlreiche Species von Rochen, namentlich Zitterrochen. Auch ist es vorzüglich reich an rothen Korallen, namentlich an den Balearen, an den Küsten der Provence, am südlichen Gestade von Sicilien und an der afrikanischen Küste von Bona und Barka. Da das Mittelmeer die längste Küstenerstreckung, die meisten Buchten, Häfen und Inseln an seiner Nordseite hat, so bietet es den Bewohnern Europa's mehr Gelegenheit zum Verkehr und mehr Vortheile als den Bewohnern Afrika's dar. Es bildete mit den rings um sein Becken liegenden Ländern den Hauptschauplatz der Völker des Alterthums, der Juden, Phönicier, Karthager, der Küstenvölker Kleinasiens, vor allen aber der Griechen und Römer. Das Mittelmeer war im Alterthum fast allein das Gebiet des ganzen Seehandels und blieb dies im Mittelalter, bis die Entdeckung des Seewegs nach Ostindien und der neuen Welt dem Völkerverkehr neue Bahnen brach.

Mittelmark, Theil der ehemaligen Kurmark Brandenburg, wurde von der Vormark oder der Priegnitz, dem Herzogthum Magdeburg, dem sächsischen Kurkreise, der Niederlausitz, Neumark, Uckermark und Mecklenburg-Strelitz begrenzt und zählte auf 230 □Meilen 560,000 Einw. Die M. war früher in 7, seit 1806 in 10 Kreise getheilt und hatte Brandenburg zur Hauptstadt. Als 1807 die beiden, nach Abtretung des Herzogthums Magdeburg, Preußen noch verbliebenen Kreise desselben, Jerichow und Ziesar, mit der M. vereinigt wurden, stieg ihre Einwohnerzahl bei einem Flächenraum von 271 □M. auf 620,000. Bei Gelegenheit der neuen Eintheilung des preußischen Staats wurde die M. mit Ausnahme des Kreises Lebus, der an Frankfurt kam, dem Regierungsbezirk Potsdam zugetheilt, die Kreise Jerichow u. Ziesar aber an den Regierungsbezirk Magdeburg zurückgegeben. Als Markgraf Albrecht der Bär dieses Land von dem Wendenkönig Pribislaw geerbt hatte, wurde es nach der Stadt Brandenburg die Mark Brandenburg, nachher aber, im Gegensatz zu der jenseits der Elbe gelegenen alten Mark, die neue Mark genannt. Im 15. Jahrhundert verblieb dieser Name der eigentlichen, östlicher gelegenen Neumark ausschließlich, und die hier in Rede stehenden Gegenden bekamen den Namen M. Vgl. Brandenburg.

Mittelmeer, s. v. a. Mittelländisches Meer.

Mittelpunkt, geometrischer, s. Centrum. In der Physik unterscheidet man M. der Anziehung oder Gravitation, M. der Bewegung, M. des Gleichgewichts oder Schwerpunkt, M. der Kräfte, M. des Schwungs, M. der Umdrehung ꝛc.; s. die betreffenden Artikel.

Mittelrheinkreis, Kreis des Großherzogthums Baden, umfaßt den größten Theil der alten Markgrafschaft Baden, Theile des Bisthums Speyer, der Pfalz, des Herzogthums Würtemberg und der Ortenau, die Herrschaft Lahr, mehre ehemalige freie Reichsstädte (wie Offenburg) und einige Standesherrschaften und wurde 1832 aus dem Pfinz- und Murgkreise und Theilen des Kinzig-, Dreisam- und Neckarkreises gebildet. Er grenzt nördlich an den Unterrheinkreis, östlich an den würtembergischen Neckarkreis, südlich an den Oberrheinkreis, westlich an Frankreich und die bayerische Pfalz (von beiden durch den Rhein getrennt) u. umfaßt einen Flächenraum von 75,73 □Meilen mit (1861) 469,782 Einwohnern (in überwiegender Mehrzahl Katholiken, über 174,000 Evangelische und über 7000 Juden). Der M. wird durch den Rhein, dem alle Flüsse des Kreises zufließen, bewässert (im Westen begrenzt); die bedeutendsten davon sind: Schutter, Kinzig, Rench, Murg, Alb, Pfinz und Kreich; die Enz (mit Nagold und Würm) mündet in den Neckar. Im Osten ist der Kreis durch den Schwarzwald gebirgig. Der Boden ist sehr fruchtbar; Hauptprodukte sind: Getreide, Holz, Wein, Tabak, Gemüse und Hopfen; unter den Mineralquellen ist vorzugsweise Baden-Baden zu nennen. Der M. wird von der Hauptlinie der badischen Staatseisenbahn (Mannheim-Basel) durchschnitten, welche von hier aus die Zweigbahnen Bruchsal-Bietigheim, Durlach-Pforzheim, Karlsruhe-Marau, Oos-Baden-Baden und Appenweier-Kehl (Straßburg) aussendet. In administrativer Beziehung zerfällt der Kreis in ein Stadtamt (Karlsruhe) und 18 Ober- und Bezirksämter, rücksichtlich der Rechtspflege in 21 Amtsgerichtsbezirke. Die Hauptstadt ist Karlsruhe.

Mittelstimmen, in der Musik im Gegensatze zu Außenstimmen alle Stimmen einer mehrstimmigen Komposition, die zwischen der Oberstimme und dem Basse liegen, im vierstimmigen Chor also der Alt u. Tenor, im mehrstimmigen alle Stimmen vom zweiten Diskant bis zum tiefsten Baß, im Streichquartett die 2. Violine und Viola, in der Harmoniemusik alle Instrumente, welche zwischen der ersten Flöte und dem tiefsten Fagott stehen.

Mitteltreffen, s. Schlachtordnung.

Mittelwald, diejenige Betriebsweise des Waldes, wobei man den Nachwuchs zugleich durch Samen und Stockausschlag zu erzielen sucht.

Mittelwalde, Stadt in der preußischen Provinz Schlesien, Regierungsbezirk Breslau, Kreis Habelschwerdt, an der Neisse, hat 2 Vorstädte, ein Schloß, 2 katholische Kirchen, ein Spital, bedeutende Schnupftabaksfabrikation, Woll- und Leinweberei, Ziegelei, Obstbau u. lebhaften Handel u. 1940 Einw.

Mittelwort, s. v. a. Participium.

Mittelzähne, s. v. a. Schneidezähne.

Mittelzeitig, s. v. a. Anceps.

Mittelzell, 1) Marktflecken im bayerischen Kreise Unterfranken u. Aschaffenburg, Verwaltungsdistrikt Würzburg, am Main, hat Mainüberfahrt, Wein- und Obstbau u. 2000 Einw. — 2) Eine 816 erbaute Benediktinerabtei auf der Bodenseeinsel Reichenau, hat eine schöne Kirche mit dem Grab des Kaisers Karl des Dicken, viele Antiquitäten und Reliquien.

Mittenwald, Marktflecken im bayerischen Regierungsbezirk Oberbayern, Verwaltungsdistrikt Werdenfels, an der Isar, hat Fabrikation musikalischer Instrumente (besonders Violinen), Holzhandel, Flößerei und 1760 Einwohner. In der Nähe der historisch berühmte Engpaß von Scharnitz, auf der Grenze zwischen Bayern und Tyrol.

Mittenwalde. Stadt in der preußischen Provinz Brandenburg Regierungsbezirk Potsdam, Kreis Teltow, zwischen der Notte, die von hier an Sühne heißt, und dem Hutgraben, hat Leinweberei, Tuchmacherei, lebhafte Märkte und 2070 Einw.

Mitterbad, Badeanstalt im österreichisch-tyroler Kreis Botzen, bei St. Helena, mit einer an Eisengehalt reichen Quelle. Damit verbunden ist eine Milch- und Molkenkuranstalt.

Mittermaier, Karl Joseph Anton, ausgezeichneter Rechtslehrer der Gegenwart, geboren am 5. August 1787 zu München, studirte zu Landshut und Heidelberg, habilitirte sich 1809 als Privatdocent in Landshut, wurde 1811 daselbst außerordentlicher Professor, folgte 1819 einem Rufe nach Bonn und 1821 nach Heidelberg. Im Jahre 1831 wurde er von Bruchsal in die badische Ständeversammlung gewählt und galt seitdem als einer der Hauptvertreter des gemäßigten Liberalismus. Zu seinen Motionen gehören die Anträge auf Trennung der Justiz u. Verwaltung, auf einen von allen Staatsangehörigen zu leistenden Verfassungseid u. auf Einführung einer neuen Civilprozeßordnung mit Oeffentlichkeit und Mündlichkeit des Verfahrens. Auf den Landtagen von 1833, 1835, 1837 u. 1847 war er Präsident der zweiten Kammer, 1848 Präsident des Vorparlaments, dann trat er für die Stadt Baden in die deutsche Nationalversammlung, war hier als Mitglied des Verfassungsausschusses thätig und wirkte für die Gründung eines Bundesstaats auf gesetzlichem Wege. Im April 1849 kehrte er jedoch nach Heidelberg zurück und nahm nur noch an einzelnen Verhandlungen des Parlaments Theil. Von seinen zahlreichen Werken, die sich namentlich auf das deutsche Privatrecht, die Theorie des Prozesses u. das Strafrecht beziehen, sind hervorzuheben: „Grundsätze des gemeinen deutschen Privatrechts" (7. Aufl., Regensburg 1847, 2 Bde.), in den spätern Ausgaben auch das Handels-, Wechsel- und Seerecht umfassend; „Der gemeine deutsche bürgerliche Prozeß" (1.—4. Beitrag, 1820—26); „Handbuch des peinlichen Prozesses" (das. 1810—12, 2 Bde.), später umgearbeitet unter dem Titel „Das deutsche Strafverfahren in der Fortbildung durch Gerichtsgebrauch und Partikulargesetzgebung" (Heidelb. 1832, 2 Bde.; 4. Aufl. 1847); „Theorie des Beweises in peinlichen Prozessen" (Darmst. 1821, 2 Bde.); „Die Lehre vom Beweise im deutschen Strafprozesse" (das. 1834); „Anleitung zur Vertheidigungskunst im Kriminalprozesse" (Landshut 1814; 4. Aufl., Regensburg 1844), die Umarbeitung von Feuerbachs „Lehrbuch des in Deutschland geltenden gemeinen und peinlichen Rechts" (14. Aufl., Gießen 1847); „Die Gesetzgebung und Rechtsübung über Strafverfahren" (Erlang. 1856); „Die Gefängnißverbesserung" (das. 1858). In den „Italienischen Zuständen" (Heidelb. 1844), dem Resultat von sieben italienischen Reisen, gibt er eine Uebersicht des sittlichen und politischen Zustandes der verschiedenen Staaten Italiens; das Werk „Die Mündlichkeit, das Anklageprincip, die Oeffentlichkeit und das Geschwornengericht" (Stuttg. 1845) prüft die neuesten wissenschaftlichen und legislativen Bestrebungen auf diesem Gebiet. Dahin gehört auch „Das englische, schottische und nordamerikanische Strafverfahren" (Erlang. 1851). Auch ist M. Mitherausgeber des „Neuen Archivs des Kriminalrechts", des „Archivs für civilistische Praxis", sowie der „Kritischen Zeitschrift für Rechtswissenschaft und Gesetzgebung des Auslandes".

Mitternacht, der dem Mittag gerade entgegengesetzte Zeitpunkt, an welchem also die Sonne bei ihrem scheinbaren Umlauf den tiefsten Stand unter dem Horizont eines Orts erreicht, indem sie zum zweiten Mal in dessen Meridian tritt. Von diesem Augenblick an nimmt der bürgerliche Tag seinen Anfang. M. nach mittlerer Zeit ist der Moment, in welchem astronomische Uhren, die nach der neueren Einrichtung von Mittag an die Stunden zählen, ihre 12. Stunde vollendet haben.

Mitternachtspunkt (Nordpunkt), der Durchschnittspunkt des Meridians mit dem Horizont nach der Mitternachtsgegend hin. Letztere, in der Schiffersprache Norden genannt, ist die dem Mittag od. Süden gerade entgegengesetzte Himmelsgegend.

Mitterteich, Marktflecken im bayerischen Regierungsbezirk Oberpfalz u. Regensburg, Verwaltungsdistrikt Tirschenreuth, an der Seibitz, hat Tuchmacherei, Feldbau und 1570 Einwohner. Dabei der Leonhardsberg, Fundort schöner Bergkrystalle.

Mittewald, Dorf im tyroler Kreis Brixen, am Fuße des Brenner, südöstlich von Sterzing; in dem dortigen Engpaß am 5. August 1809 Sieg Haspingers und Speckbachers über die Franzosen unter Lefebvre.

Mittfasten, der Mittwoch vor dem Sonntag Lätare; Mittfastensonntag, der Sonntag Lätare.

Mittler, Christus als Erlöser.

Mittlere Zeichen, die Zeichen der Ekliptik: Stier, Löwe, Skorpion und Wassermann.

Mittlere Zeit, bei Bestimmung der Tageszeit eine vollkommen gleichmäßig wiederkehrende Periode von genau 24 Stunden, wie solche astronomische Uhren und Chronometer zeigen; vergl. Tag und Zeitgleichung.

Mittweida (Mitweida), Stadt und Gerichtsamtssitz im königlich sächsischen Kreisdirektionsbezirk Leipzig, an der Zschopau u. der sächsischen westlichen Staatsbahn (Linie Chemnitz-Riesa), hat eine schöne Kirche, Bürgerschule, Maschinenbaumwollenspinnerei, Wollen-, Baumwollen- und Seidenzeuchfabrikation, Leinweberei und 8285 Einw.

Mittwoch, nach der Tagzählung der germanischen und romanischen Völker, welche die Woche mit dem Sonntag beginnen, der 4. Wochentag, hieß wahrscheinlich ursprünglich Wuotanes tac, entsprechend dem lateinischen dies Mercurii, wie noch jetzt im Englischen Wednesday, im Holländischen Woensdag, im Flämischen Goensdag, im Schwedischen u. Dänischen Onsdag, in Westphalen Godensdag.

Mitwissenschaft um ein verübtes Verbrechen, legt nur in besonderen persönlichen Verhältnissen die Rechtspflicht zu dessen Anzeige bei Gericht auf. Die Kenntniß von einem erst zu verübenden Verbrechen eines Anderen pflegt bei allen schweren Verbrechen, namentlich solchen, welche die Existenz des Staats bedrohen, die Verpflichtung zur zeitigen Anzeige nach sich zu ziehen. Vergl. Verbrechen.

Mitylene, s. Mytilene.

Miurisch (v. Griech.), nach und nach schwächer werdend; miurischer Vers, Hexameter, der am Ende einen Jambus statt des Spondeus hat.

Mixeolyse (v. Griech.), Methode, Mischfarben von größerer Reinheit u. Schönheit zu erzeugen, als durch mechanisches Mischen der zusammensetzenden Farbstoffe möglich ist. Man verschafft sich Lösungen derjenigen Substanzen, welche die Farbstoffe erzeugen, z. B. die Lösungen a und b, welche blau geben, und die Lösungen c u. d, welche gelb geben, durch deren Vermischung also grün entsteht, wählt aber die Substanzen so, daß die Lösungen a c und b d vermischt werden können, ohne daß ein Niederschlag entsteht. Vereinigt man dann die Lösungen zuerst in der angegebenen Weise und gießt endlich die Mischung ac in die Mischung bd, so fällt nun der blaue und der gelbe Farbstoff gleichzeitig u. in so inniger Mischung, daß das Grün vollkommen rein wird. Neutrales chromsaures Kali u. essigsaures Bleioxyd gibt gelbes chromsaures Bleioxyd. Gelbes Blutlaugensalz und essigsaures Eisenoxyd gibt Berlinerblau. Chromsaures Kali und gelbes Blutlaugensalz in gemeinschaftlicher Lösung mit essigsaurem Bleioxyd und essigsaurem Eisenoxyd ebenfalls in gemeinschaftlicher Lösung erzeugt also ein mixeolytisches Grün, dessen Nuance durch Veränderung der Koncentration der Lösungen beliebig modificirt werden kann.

Mixpickles, mit Essig und Gewürz eingelegte unreife Gemüsesorten, z. B. kleine Bohnen, Gurken, Blumenkohl, Spargelköpfe, Pilze.

Mixstadt, Stadt in der preußischen Provinz u. im Regierungsbezirk Posen, Kreis Schildberg, mit Bierbrauerei, Synagoge und 1375 Einw.

Mixteka, Land, s. Oaxaca.

Mixtur (lat. mixtura, mixtio), im Allgemeinen jedes Gemisch, besonders die vom Arzte zum innerlichen Gebrauche verordnete, aus mehren Ingredienzien bestehende flüssige Arznei; sind die Flüssigkeiten nicht konsistent genug, um die festen Theile schwebend zu erhalten, so muß die M. vor dem Einnehmen umgeschüttelt werden (Schüttelmixtur). In der Kupferstechkunst versteht man unter M. eine Mischung von Oel und Talg oder auch von Wachs, Terpentin, Baumöl und Schmalz, womit die Stellen der Kupferplatte bestrichen werden, welche das Scheidewasser nicht angreifen soll. Im Orgelbau ist die M. (auch miscella und nach alten Benennungen: Mixten, Mixtene, Mixtin, Mixtum) eine gemischte oder aus mehren Chören von verschiedener Größe bestehende Orgelstimme, oder auch eine solche Orgelstimme, bei der auf einem Pfeifenstocke mehre Pfeifenchöre von verschiedener Größe stehen, oder eine solche, die auf jeder Taste mehre Pfeifen, in Oktaven, Terzen und Quinten &c. gestimmt, gleichzeitig zum Tönen bringt, so daß also, wenn eine Taste auf der Klaviatur gegriffen wird, ihr Ton und dessen Oktave, oder Oktave und Quinte, oder diese Intervalle mehrmals in mehren Oktaven, allein oder endlich noch mit der großen Terz vereinigt ertönen.

Mizpa, 1) Stadt in Palästina, im Ostjordanland, der Wohnort des Richters Jephtha. — 2) Stadt daselbst, im Stamme Benjamin, war, mitten unter den Israeliten gelegen, zur Zeit der Richter und Samuels oft der Versammlungsort des Volks. Samuel schlug hier die Philister.

Mizraim (Mizr), s. v. a. Aegypten; auch s. v. a. Kairo.

Mjösen, der größte aller norwegischen Seen (gegen 20 □Meilen), ist gleich den übrigen Landseen dieses Landes eigentlich ein mit Wasser erfülltes Thal oder eine Erweiterung des Flußgebiets, zu welchem er gehört. Sein wichtigster Zufluß ist am nördlichen Ende bei Lillehammer der (Gudbrands-) Laagen; am südlichsten Ende, bei Minne, fließt der Vormen ab dem Glommen zu. Der Vormen ist durch Kunst von dem M. bis Eidsvoldsbakken schiffbar, und von dort führt eine Eisenbahn nach Christiania, die Strecke von Eidsvoldsbakken bis Lillehammer (über 14 Meilen) wird regelmäßig von Dampfschiffen befahren. Dieses ist der längste Wasserweg in dem Innern von Norwegen. Die Ufer des M., welcher etwa 400 Fuß über dem Meere liegt, im Osten Hedemarken, im Westen Thoten, sind romantisch schön (besonders die Insel Helgö) und dabei sehr fruchtbar und wohl angebaut; in neuerer Zeit sind hier drei Kaufstädte angelegt: Lillehammer im Norden, Hamar im Osten (Eisenbahn nach Grundset in Elverum) und Gjövik im Westen, welche in raschem Aufblühen begriffen sind.

Mk., Abbreviatur für Mark.

M. m., Abbreviatur, s. v. a. mutatis mutandis (lat.), d. i. mit den nöthigen Abänderungen.

Mna, altgriechische Münze, s. v. a. Mine.

Mnemonik (Mnemotechnik, v. Griech., Gedächtnißkunst), die Kunst, mittelst einer besonderen Methode die Kraft des Gedächtnisses zu ungewöhnlichen Leistungen zu steigern. Schon die Alten kannten eine Gedächtnißkunst, als deren Erfinder der Dichter Simonides genannt wird. Ihre Methode war folgende: Sie nahmen irgend einen begrenzten Raum, z. B. ein Zimmer, und merkten sich darin eine Reihe von 50 oder 100 Gegenständen, die ihre bestimmten Stellen hatten; mit diesen Plätzen verbanden sie dann die einzelnen Bilder der Wörter u. Namen &c., die sie sich in einer bestimmten Reihenfolge merken wollten. Waren größere Massen dem Gedächtniß einzuprägen, so vermehrte man jene Bilderstellen nach dem dekadischen Zahlensystem und stellte sich z. B. eine Stadt mit zehn Quartieren von je zehn Häusern mit je zehn Zimmern vor, welches Verfahren man dann wieder auf die Weise vereinfachte, daß man das auf die angegebene Art mit mnemonischen Bildern angefüllte Zimmer in zehn verschiedene Lagen des Hauses und dieses Haus wieder an zehn verschiedenen Orten &c. sich dachte. Diese kombinirende Methode der M. ist im Wesentlichen dieselbe geblieben und liegt auch noch den neuesten mnemotechnischen Systemen zu Grunde. Seit dem 15. Jahrhundert wurde die M. wieder eifrig kultivirt u. zum Theil als eine Art kabbalistischer Geheimlehre behandelt, wie von Giordano Bruno, dem Vervollkommner der sogenannten lullischen Kunst, und dem Deutschen Lambertus Schenkel, der als umherreisender Lehrer der M. großes Aufsehen erregte. Aber auch klare Köpfe widmeten dieser Kunst ihr ernstes Nachdenken, wie Konrad Celtes im 15. Jahrhundert und später Leibniz. Die damals erfundenen mnemonischen Methoden waren indeß nichts als Modifikationen der alten und unterschieden sich von dieser höchstens dadurch, daß man, wie Leibniz, Winckelmann, der Engländer Grey u. A. thaten, zum Behuf des Merkens von Zahlen den Ziffern Buchstaben substituirte u. diese auf verschiedene Weise mit dem zu behaltenden Worte verband, wie z. B. durch Umänderung der Endsilbe in diese Buchstaben. In dem ersten Jahrzehnt des 19. Jahrhunderts war es vornehmlich der kursächsische Landgeistliche Kästner, welcher durch seine Schrift „M. oder System der Gedächtnißkunst der Alten" (Leipzig 1804; 2. Aufl., das. 1805) das Interesse an dieser Wissenschaft von Neuem anregte. Während Kästner sich aber darauf beschränkte, die Methode der Alten zu erneuern und namentlich auf die Erlernung von Sprachen anzuwenden, stellte der Freiherr von Aretin in seiner Schrift „Systematische Anleitung zur Theorie und Praxis der M." (Sulzb. 1810; vergl. dessen „Kurzgefaßte Theorie der M.", Nürnberg 1806) ein wenigstens zum Theil neues System auf, indem er zwar die von den Alten gebrauchten Ordnungsbilder, nicht aber ihre Gedächtnißplätze beibehielt, sondern z. B. an die Stelle der Zahlen Buchstaben setzte, an deren alphabetische Reihenfolge sich leicht weitere Kombinationen, die mit den Bildern des dem Gedächtniß einzuprägenden Stoffs verbunden werden konnten, anknüpfen ließen. Kästner gab selbst öffentliche Proben seiner mnemonischen Methode, Aretin ließ solche durch seinen Schüler, den Licentiaten Duchet, ablegen. Neben ihnen trat Gregor von Feinaigle, ein ehemaliger Ordensgeistlicher, in seiner Schrift „Notice sur la mnémonique" (Par. 1805) mit einem aus älteren und neueren Methoden zusammengesetzten System auf. Neu und originell ist die von Aimé Paris in seinen „Principes et applications diverses de la mnémotechnie" (7. Aufl., das. 1833) veröffentlichte Methode. Hiernach werden die Wörter der französischen Sprache so betrachtet, wie sie nach ihrer Aussprache geschrieben werden sollten, und dann in Laute und Artikulationen aufgelöst, wodurch die chronologischen Ziffern und Zahlen zum Behuf des leichteren Merkens derselben ausgedrückt werden, während das Behalten von Nomenklaturen auf andere Weise, nämlich vermittelst gewisser Points de rappel, welche Zahlen entsprechen und aus denen man in Verbindung mit dem zu Merkenden eine Formel konstruirt, erleichtert wird. Eine Modifikation dieses Systems ist das der Brüder Feliciano und Alexander de Castilho, welche 1832 in Frankreich und Belgien mit Erfolg öffentliche Proben von ihrem Verfahren ablegten, auch einen „Traité de mnémotechnie" (5. Aufl., Bordeaux 1835) u. ein „Dictionnaire mnémonique" herausgaben. Einen eigenthümlichen Weg schlug der Pole Jazwinski ein, indem er mnemonische Quadrate konstruirte und diese, so wie ihre Kombinationen, mit Bildern belegen ließ. Diese Methode ward mehrfach auf den Unterricht mit Erfolg angewendet und später von dem polnischen General Bem vervollkommnet. Von den neueren Systemen verdient noch das des Grafen Mailáth (Wien 1842) Erwähnung, indem es zwar nichts Neues, aber doch eine sehr brauchbare Zusammenstellung des Nutzbarsten aus den früheren Leistungen gibt. Den bedeutendsten Namen als Mnemoniker erwarb sich aber in der neuesten Zeit (seit 1840) der Däne Karl Otto, genannt Reventlow, der die M. auf die Stufe der Ausbildung erhob, die eine unerläßliche Bedingung ihrer unmittelbaren Anwendung beim Unterricht ist. Er reducirt in seinem „Lehrbuch der Mnemotechnik" (Stuttgart 1843) u. seinem „Wörterbuch der Mnemotechnik" (das. 1844) alle Gedächtnißoperationen auf die reine Verstandesthätigkeit, indem er sich auf den allgemein anerkannten Grundsatz stützt, daß man Das am leichtesten und dauerndsten behalte, was zum Gedanken geworden u. in das verstandesmäßige Bewußtsein übergegangen ist. Demgemäß verwandelt er Alles, was außerhalb der Sphäre des Begriffs liegt, d. h. alle Zahlen und Laute, von denen man nichts als ihre numerischen und Lautbeziehungen kennt, nach einer bestimmten allgemeinen Regel in Begriffe. Sein Schema der Substitutionen für Zahlen ist der Hauptsache nach folgendes:

0	1	2	3	4	5	6	7	8	9
l z	t d	n v	m w	r q	s sch sz	b p	f pf ph	h j	g k ck

Die Wahl der substituirten Buchstaben ist bestimmt durch die Aehnlichkeit mit den Ziffern, wie g und 9, b und 6, s und 5, f und 7; die übrigen Buchstaben schließen sich organisch an, p an b, k an g; ferner nach der Zahl der Grundstriche: 2 = n, v; 3 = m, w, oder nach den Anfangs- und Endbuchstaben des Zahlwortes: zero, null (z, l = o), quatuor, vier (q, r = 4). Der Buchstabe x ist = gs = 95. Die Vokale haben bei der Substitution für die Zahlen nie einen Werth. Ein für eine Zahl substituirtes Wort heißt ein numerisches Wort. Die statt der Zahlen gesetzten Buchstaben geben eine Kombination, aus welcher sich durch Einfügung der Vokale das numerische Wort ergibt, z. B. 492 = rgn = regen; 525 = cns = Cens(ur). Da für jede Zahl viele Kombinationen gebildet werden können, so kommt es darauf an, immer diejenige zu wählen, aus welcher sich ein Wort gestalten läßt, das in enger Beziehung zu dem jedesmaligen Gegenstande steht. Diese Wahl wird aber nur Dem recht gelingen, der den gegebenen Begriff in allen seinen Beziehungen schnell zu überblicken im Stande ist. Am nächsten liegt die Anwendung der Methode auf die Chronologie. Soll z. B. das Jahr 1486, in welchem das Institut der Censur zuerst auftauchte, gemerkt werden, so braucht man nur das Wort Rhabarber (r = 4, h = 8, b = 6; die Substitution für 1 fällt weg, weil hinsichtlich der Jahrtausende nicht wohl ein Irrthum möglich ist) in irgend eine Beziehung zu dem Begriffe Censur zu bringen. Mit Hülfe dieser Methode können unter Beobachtung einiger sich leicht ergebender weiteren Regeln sehr große Zahlen und Zahlenreihen dem Gedächtniß leicht und auf die Dauer eingeprägt werden. Reventlow hat auf wiederholten Reisen durch Deutschland außerordentliche Proben seiner mnemotechnischen Gewandtheit abgelegt. Zugleich bemühte er sich, und zwar mit weit glücklicherem Erfolg als alle seine Vorgänger, seine leicht anzueignende Methode auch für den Unterricht, namentlich zur Erlernung geschichtlicher Daten, brauchbar zu machen. Nach einer ähnlichen Methode wie Reventlow verfährt Hermann Kothe, welcher ebenfalls ein „Lehrbuch der M." (2. Aufl., Hamburg 1853) herausgab.

Mnemosyne, in der griechischen Mythologie die Tochter des Uranus und der Gäa, eine Titanide, die Göttin des Gedächtnisses, von Zeus, bei dem sie 9 Nächte in Pierien weilte, Mutter der 9 Musen (Mnemosyniden). Der Hauptsitz ihrer Verehrung war Eleuthera in Böotien.

Mnemosyne, Asteroïd, s. Planeten.

Mnioch, Johann Jakob, deutscher Dichter, geboren am 13. Oktober 1765 zu Elbing, studirte in Jena, ward 1790 Rektor zu Neufahrwasser bei Danzig und 1796 erster Direktionsrath der preußischen Lotteriedirektion zu Warschau, wo er am 22. Febr. 1804 †. Schon als Student hatte er sich durch mehre Lieder bekannt gemacht. Wieland u. Herder, sowie Schlichtegroll, Faber u. A. standen mit ihm in Verkehr. Das vorherrschende Element seiner Individualität war das Gefühl, dessen Uebergewicht ihn an der Vollendung größerer Werke hinderte. Seine besseren Arbeiten sind vereinigt in „Sämmtliche auserlesene Werke" (Görl. 1798 ff., 3 Bde.) und „Analekten" (das. 1804, 2 Bde.). Seine Gattin, Maria M., geborne Schmidt, geboren den 1. Febr. 1777 zu Neufahrwasser bei Danzig, war eine hochgebildete Frau. Ihre Aufsätze erschienen gesammelt unter dem Titel „Zerstreute Blätter" (Görl. 1800, 2. Aufl. 1821). Sie † den 18. April 1797 zu Warschau.

Moabiter, heidnischer Volksstamm, östlich vom todten Meere, hatte zur Hauptstadt Ar od. Rabbath Moab. Als Stammvater des Volks wird Moab genannt, der Sohn Lots. In ihrer Verbreitung wurden die M. zuerst durch die Ammoniter beschränkt, u. der Name Gefilde Moab für die Ebenen am Jordan, Jericho gegenüber, zwischen Lirias u. Hesbon deutet auf ihre frühere Ausdehnung nach Norden. In der Periode der Richter hatten die M. die südlich gelegenen israelitischen Stämme auf 18 Jahre unterjocht, bis der Richter Ehud ihren König Eglon ermordete. Ruth (s. d.) stammte von den M.n. David machte sie später zinsbar, und bei der Theilung des davidschen Reichs (975) kam Moab an das Reich Israel, doch wußte es sich um 900 v. Chr. dem Tribut wieder zu entziehen, u. die M. benutzten fortwährend die Schwäche der Israeliten zu Plünderungszügen über den Jordan, bis Jerobeam II. sie wieder zur Zinspflichtigkeit zurückführte. Der Zug Nebukadnezars wälzte die M. mit zum Kampf gegen Jerusalem heran. Bald nach dem Abzuge des babylonischen Heeres forderten sie aber den jüdischen Zedekias zum Abfall von jenem auf, weshalb die Babylonier im 5. Jahre nach Jerusalems Fall auch gegen die M. zogen. Bei der Rückkehr der Juden widersetzten sie sich mit den Ammonitern dem Bau der Mauern von Jerusalem. Nach der Besiegung der M. durch Alexander Jannäus verlor sich der Name des Volks in dem der Araber. Die Religion der M. war ein wollüstiger Naturdienst mit Menschenopfern. Ihre politische Verfassung war monarchisch.

Moallakat (arab.), d. h. die Aufgehangenen, Name von sieben größeren arabischen Gedichten, welche aus der Zeit vor Mohammed stammen und wegen ihres großen Ansehens in dem Tempel zu Mekka in goldenen Buchstaben geschrieben aufgehängt waren. Ihren Ursprung verdanken sie den auf der Messe zu Okkat in Tehama gewöhnlich Statt findenden poetischen Wettkämpfen. Sie besingen die Tapferkeit und andere Tugenden und beginnen mit dem Preis der Geliebten. Eine englische Uebersetzung lieferte Jones, die von Hartmann unter dem Titel „Die hellstrahlenden Plejaden am arabischen poetischen Himmel" (Münster 1802) ins Deutsche übersetzt wurde. Eine vollständige Ausgabe mit Scholien erschien zu Kalkutta 1823 (kritisch bearbeitet von Arnold, Leipzig 1850). Einzelne der Gedichte wurden von verschiedenen Gelehrten herausgegeben, z. B. die „Moallaka" des Tarafa von Vullers (Bonn 1827), des Amr-ben-Kelthum von Kosegarten (Jena 1829), des Amr-ul-kais von Hengstenberg (Bonn 1822), des Zohair von Rosenmüller (Leipzig 1828), des Lebid von Peiper (Breslau 1828), des Antar von Willmet (Leyden 1816) und des Hareth von Vullers (Bonn 1827). Deutsche Bearbeitungen in poetischer Form gaben Hammer in seiner „Literaturgeschichte der Araber" u. Fr. Rückert in seiner Uebersetzung der „Hamasa".

Mob (engl.), s. v. a. Pöbel, Gesindel.

Mobile, Haupthandelsstadt im nordamerikanischen Staat Alabama, an dem westlichen Arme des gleichnamigen Flusses, 7 Meilen von dessen Mündung in die 6½ Meilen lange und 4 Meilen breite Mobilebai des mexikanischen Meerbusens, liegt in einer ausgedehnten Ebene, die sich 15 Fuß über den höchsten Wasserstand des Flusses erhebt, und hat einen durch das Fort Morgan geschützten Hafen, eine Wasserleitung, die Barton-Akademie, ein Gerichtshaus, eine schöne römisch-katholische Kathedrale, ein Marinehospital der Vereinigten Staaten, ein Stadthospital, ein katholisches und protestantisches Waisenhaus, ein Blindeninstitut, Werfte, 2 Banken, ein Theater u. (1860) 29,258 Einw. Die Stadt bildet nächst Neworleans den bedeutendsten Baumwollenmarkt der Vereinigten Staaten, wenngleich der dortige Hafen nicht für große Schiffe zugänglich ist. Auch betreibt sie ansehnlichen Handel mit Getreide, Eisen, Kaffee, Vieh 2c., der durch Eisenbahnverbindungen nach verschiedenen Richtungen begünstigt wird. Die Stadt steht wegen ihres ungesunden Klima's in üblem Ruf, doch ist dasselbe durch Austrocknung der die Stadt umgebenden Sümpfe etwas verbessert worden. Während der ungesunden Jahreszeit gewähren die einige Meilen von M. gelegenen Fichtenhügel (pine-hills) mit ihren Villen und Dörfern einen Zufluchtsort. Hier befinden sich auch im Dorfe Springhill ein geistliches Seminar der Katholiken und das St. Josephcollege, beide von Jesuiten geleitet. M. ist ursprünglich eine spanische Niederlassung, ward darauf zu Louisiana gezogen und fiel 1813 an die Union. Im Jahre 1830 betrug die Bevölkerung erst 3194, 1840 12,672 und 1850 20,513 Seelen.

Mobile Kolonnen (v. Lat.), Truppenabtheilungen, welche in verschiedenen Richtungen im Rücken der befreundeten Hauptarmee umherziehen, um die Verbindungs- u. Rückzugsstraße frei zu erhalten, die Militärverwaltungsbehörden bei ihren Maßregeln zu unterstützen, Aufstände des feindlich gesinnten Landvolks zu verhindern oder zu unterdrücken, Marodeurs aufzusuchen, der Plünderung und anderer Unordnung vorzubeugen rc. Eine andere Bestimmung haben die m.n K. dann, wenn sie zum sogenannten kleinen Krieg gebraucht werden, um den Feind in größeren Entfernungen zu beunruhigen, ihm Transporte und Magazine zu nehmen und überhaupt, um die Streitkräfte auf mehre Punkte zugleich auszudehnen, ohne die Hauptarmee auf nachtheilige Weise zu schwächen.

Mobiliarsteuer, s. Steuern.

Mobilien (v. Lat., d. i. bewegliche Güter, auch fahrende Habe, Fahrniß, Gereide), alles bewegliche Eigenthum im Gegensatze zu dem unbeweglichen oder Grundeigenthum. Das römische Recht bezeichnete nur Grund und Boden und was damit zusammenhängt als unbeweglich, alle anderen körperlichen Sachen als beweglich. Die deutschen Rechte haben den Begriff des unbeweglichen Gutes näher festzustellen gesucht und insbesondere als solches bezeichnet, was erd-, wand-, niet- und nagelfest ist. Partikularrechtlich ward der Begriff der körperlich beweglichen Sachen weiter gefaßt, wie z. B. nach dem Grundsatze „Was die Fackel verzehrt, ist Fahrniß" hölzerne Gebäude, Saaten, Früchte und Bäume auf dem Felde als M. gelten. Nach deutschem Recht war an den M. kein sogenanntes ächtes Eigenthum möglich, welches letztere sich lediglich auf Immobilien od. Grundeigenthum bezog; daher konnten an M. Freie wie Unfreie gleiche Rechte haben, während das Grundeigenthum die Freiheit voraussetzte. Auch konnte über M. in der Regel frei verfügt werden, während bei dem Gute die Veräußerung meist von der Zustimmung der nächsten Erben abhängig war. Weitere Unterschiede zwischen M. und Immobilien zeigten sich bei dem Erwerbe durch Verjährung, durch Abschluß von Ehen und durch Erbfolge. Neuere Partikularrechte stellen die beweglichen Sachen mit den unbeweglichen wenigstens in einzelnen Beziehungen auf gleiche Linie, wie z. B. Kleinodien, Gold und Silber häufig zu den unbeweglichen Sachen zählen. Auch bloße Forderungen und Rechte werden bald zu den einen, bald zu den andern gerechnet. Staatskapitalien können immobilisirt werden, wenn sie im Staatsschuldenbuche als unveräußerlich bemerkt oder unablöslich auf Immobilien hypothecirt werden. Der Unterschied zwischen M. und Immobilien ist noch besonders im Erbrechte wichtig. M. werden nach dem Rechte vererbt, welchem der Erblasser für seine Person unterworfen war, die Immobilien nach dem Rechte des Landes, wo sie liegen. Im gewöhnlichen Sprachgebrauch versteht man unter M. das Hausgeräthe, Möbeln rc.

Mobilmachung (Mobilisirung, v. Lat.), das in Bereitschaftsetzen der Truppen zu einem Feldzuge, wozu namentlich die Herbeischaffung der bei dem Fuhrwesen erforderlichen Bespannung, die Ergänzung der Mannschaften und Pferde nach Maßgabe des Kriegsetats, die Anschaffung hinreichender Munition, des Schanzzeugs und Kochgeschirrs, bei der Kavallerie die Remonte gehört. Eine gut eingerichtete Armee muß binnen wenigen Tagen mobil gemacht werden können.

Mochnacki, Maurycy, polnischer Publicist, geboren 1804 zu Bojanie in Galizien, studirte zu Warschau die Rechte, ward sodann, der Theilnahme an geheimen Verbindungen verdächtig, 9 Monate lang in Haft gehalten, redigirte von 1826—30 eine Zeitschrift für Industrie u. Landwirthschaft, daneben 2 Jahre lang die „Gazeta polska" u. seit 1830 den revolutionären „Kurjer polski". Kurz vor dem Ausbruch der Revolution erschien seine verdienstvolle Schrift „O literaturze polskiega wiecku dziewietnastym" (Ueber die polnische Literatur des 19. Jahrhunderts, Bd. 1, Warschau 1830). An der polnischen Revolution nahm er mit seinem Bruder Camill M. den thätigsten Antheil. Allein sein Einfluß wurde bald gebrochen, als ein angeblich von ihm während seiner frühern Haft der Regierung vorgelegter Plan, durch ein neues Erziehungssystem die Aufklärung des Volks zu hemmen, bekannt ward, u. all seine kühnen Vorschläge in der von ihm neugegründeten „Mcoda polska" (das junge Polen) fanden keinen Beifall. Er trat deshalb in das erste Jägerregiment zu Fuß und focht in mehren Schlachten mit Auszeichnung. Bei Ostrolenka schwer verwundet, lieferte er während seiner Heilung für die „Dziennik powszechny" sehr gediegene Artikel. Nach der Uebergabe Warschau's floh er nach Frankreich, wo er die „Powstanie narodw polskiego" („Geschichte des polnischen Aufstandes", Paris 1834, 2 Bde.) schrieb. Er † am 20. Dec. 1834 zu Auxerre, wo ihm ein schönes Denkmal errichtet ist. Seine Aufsätze erschienen von Jelowicki gesammelt als „Pisma rozmaite" (Vermischte Schriften, Paris 1836).

Mockerheide, große Ebene bei dem Dorfe Mock in der holländischen Provinz Geldern, bekannt durch den Sieg der Spanier unter Requesens über die Holländer unter Ludwig und Heinrich von Oranien den 14. April 1574.

Modalität (v. lat. modus), die Art und Weise, wie etwas existirt oder geschieht oder gedacht wird, also im Allgemeinen Alles, was man unter zufälliger, veränderlicher Bestimmung eines Dings zu begreifen pflegt. In diesem Sinn spricht man von der M. eines Geschäfts, einer Handlung rc. In der philosophischen Terminologie aber bedeutet M. eine Bestimmung des Urtheils, wodurch das Verhältniß des letzteren zu dem urtheilenden Subjekt bezeichnet wird. Dieses Verhältniß kann dreifacher Art sein, je nachdem ein Urtheil entweder als bloß möglich, oder als wirklich gültig, oder als nothwendig gedacht wird, also für den Urtheilenden entweder problematisch oder assertorisch oder apodiktisch ist. Hieraus ergeben sich die sogenannten Modalitätsbegriffe der Möglichkeit, Wirklichkeit und Nothwendigkeit. Kant nahm in diesen logischen Bestimmungen des Urtheils besondere Funktionen des Verstandes im Urtheilen an. Sie sind bei ihm die drei letzten unter den zwölf Kategorien, welche er für Stammbegriffe des menschlichen Geistes erklärte. Doch ist es nicht nöthig, behufs der Ableitung jener Modalitätsbegriffe dieselben auf eine besondere Organisation des menschlichen Geistes zurückzuführen. Jedes Urtheil als ein solches ist im Grunde nichts weiter als eine bloße Versicherung und also assertorisch; problematisch oder apodiktisch wird es erst, wenn man es mit seinem Gegentheil vergleicht. Ist nämlich das Gegentheil unmöglich oder undenkbar, so wird das Urtheil zu einem nothwendigen; ist dagegen das Gegentheil logisch möglich, so daß es keinen Widerspruch in sich schließt, so nimmt das Urtheil den Charakter des problematischen an. Vergl. Urtheil.

Mode (v. Lat.), im weiteren Sinne der Inbegriff alles Dessen, was in einem Orte, einem Lande od. auch in einer Zeit im gesellschaftlichen Leben rücksichtlich der Lebensweise und des Benehmens Sitte und Gewohnheit ist; im engeren Sinne aber die gerade herrschende Art der Kleidung, so jedoch, daß vornehmlich das Veränderliche, mehr oder minder rasch Wechselnde im Gegensatze zu dem Bleibenden und Stabilen damit bezeichnet wird. Da jener Wechsel sich entweder auf Entbehrliches, auf sogenannte Luxusgegenstände, bezieht, oder in Hinsicht auf die eigentlichen Lebensbedürfnisse nur die Art und Weise, sie zu befriedigen, der Veränderung unterliegt, wie z. B. der Schnitt der Kleidung, so ergibt sich hieraus, daß ganz unkultivirte Völker, denen Luxusbedürfnisse unbekannt sind, auch den Wechsel der M. nicht kennen. Nur wo lebendiger Verkehr mit auswärtigen Nationen den Blick auf neue Gegenstände des Genusses hinlenkt, wo emsige Industrie den mannichfaltigen Bedürfnissen vollkommen Genüge zu leisten sucht und wo dieser Zweig menschlicher Thätigkeit in Verbindung mit einem ergiebigen Boden nationalen Wohlstand schafft, wo das Klima den Menschen nicht an eine und dieselbe Art zu leben, sich zu kleiden, zu wohnen ꝛc. bindet, wo endlich nicht despotische Willkür der individuellen Freiheit und Laune Schranken setzt, wird die M. ihren umgestaltenden und erneuernden Einfluß ausüben können. Die M. ist die nothwendige Folge der Kultur, wie sie diese auch selbst wieder befördert. Unsere Industrie hätte nicht die staunenswerthe Höhe, auf welcher wir sie in der Gegenwart erblicken, erreichen können, wenn nicht der Wechsel und das Bedürfniß der M. der industriellen Thätigkeit den nöthigen Antrieb und die erforderliche Unterstützung gegeben hätte. Verwerflich ist nur die Modesucht, die zur gecken- und stutzerhaften Narrheit ausartet, indem sie das Wichtigere über dem Unwichtigen, Hauptsachen über Nebensachen verabsäumen läßt. Als tonangebend in Bezug auf die M. galten früher und gelten noch immer im christlichen Europa und Amerika die Franzosen. Die Zeitschriften, welche ihre Spalten den Veränderungen der M. öffnen, sind deutschen Ursprungs. Die erste dieser Art war die „Mode- und Galanteriezeitung oder unentbehrliches Handbuch ꝛc.“ (Erfurt 1758 ff.), der viele andere folgten, unter denen die wiener „Zeitschrift für Literatur, Kunst, Theater u. Mode“, das frankfurter „Journal de dames“, die leipziger „Modenzeitung“ und das pariser Wochenblatt „Album des salons, ou Revue des modes et galerie des moeurs“ zu bemerken sind. Die Geschichte der M. im Ganzen bildet einen nicht unerheblichen Theil der Kultur- und Sittengeschichte, namentlich der des modernen Europa, in dem sich die ganze Sinnes- u. Denkweise eines Zeitalters oft sehr charakteristisch in den äußeren, wandelbaren Lebensformen ausspricht. Vergl. Hauff, Moden und Trachten, Fragmente zur Geschichte des Kostüms, Stuttgart und Tübingen 1840; Weiß, Geschichte des Kostüms, Bd. 1, Berlin 1853; Falke, Die deutsche Trachten- und Modewelt, Leipzig 1859.

Model (Modul, v. lat. modulus), in der Baukunst ein Maß von relativer Größe, welches für die Dimensionen der Säulen gilt. Seine Größe hängt von der jedesmaligen Stärke der Säule ab, da der untere Durchmesser der Säule zwei M. gibt. Ein M. wird in 30 Theile (Minuten, Partes) getheilt, wodurch man den Maßstab für die Säulen und deren Gebälke erhält.

Modell (v. lat. modulus), Vorbild, Musterbild, in der Baukunst ein in verjüngtem Maßstab aus Holz, Thon, Papiermasse, Gyps, Kork, Wachs ꝛc. angefertigtes Abbild eines im Großen entweder schon vorhandenen oder auszuführenden Bauwerks, welches das wechselseitige Verhältniß der einzelnen Theile desselben zu einander zur Anschauung bringt. So fertigt man M.e von schwierigen Dachverbindungen, Gewölbkonstruktionen, weit gesprengten Brückenbögen, auch von ganzen Gebäuden. Es gibt auch M.e von Maschinen, deren ganz besonders die Mechaniker und Maschinisten bei ihren Erfindungen und Verbesserungen im Bereiche der praktischen Mechanik bedürfen. Eine ausgezeichnete Modellsammlung mittelalterlicher Kirchen bewahrt das berliner Museum. In der Bildhauerkunst und Bildgießerei versteht man unter M. den von dem Künstler aus Thon, Gyps oder Wachs geformten Körper, der als Vorbild bei der Herstellung desselben Körpers aus einem härteren Stoffe dient; in der Malerei solche männliche oder weibliche Individuen, welche nackt dem Künstler zum Gegenstande des Studiums dienen (M. stehen); auch nennt man den zu demselben Zweck gebrauchten Gliedermann M. Eine Nachbildung nach einem solchen M. heißt ein Akt oder eine Akademie.

Modeln (v. Lat.), einem Gegenstande eine bestimmte Gestalt geben, ihn nach einem gewissen Muster (s. Modell) bilden; Figuren od. Muster geben, z. B. bei der Schriftgießerei, beim Schönschreiben, bei der Weberei, Zuckerbäckerei ꝛc.

Modena, früheres Herzogthum in Italien, Landschaft Emilia, welches sich nördlich von der Centralkette der Apenninen bis zum Po erstreckte und im Norden vom venetianisch-lombardischen Königreich, im Osten von dem Kirchenstaate, im Süden vom Großherzogthum Toskana und im Westen von Parma und dem Meere begrenzt war. Das Gebiet desselben bestand aus verschiedenen kleinen vereinigten Staaten: dem eigentlichen Herzogthum M. mit Reggio, den Herzogthümern Mirandola u. Massa-Carrara, den Fürstenthümern Correggio, Carpi, Novellara, Guastalla u. einem Theile der Gebirgslandschaft Garfagnana, und umfaßte einen Flächeninhalt von 110 □Meilen mit etwas mehr als 600,000 Einwohnern. Ungefähr die Hälfte dieses Gebiets ist von der Apenninenkette und ihren Abzweigungen bedeckt, welche nach Norden allmählig abfallen, etwa ein Drittel bildet einen Theil der großen lombardischen Ebene und ist sehr fruchtbar, und ein kleiner günstig gelegener Strich erstreckt sich nach der Küste des mittelländischen Meeres. Von den gebirgigen Strichen sind einige Thäler ziemlich fruchtbar, aber der größte Theil hat entweder Felsboden, oder Eichen- und Kastanienbäume. Die höchsten Spitzen der Apenninen sind hier der Monte Cimone, San Pellegrino, Monteflorino ꝛc. Die Hauptflüsse des modenesischen Gebiets, welche in den Apenninen entspringen und in den Po fließen, sind: der Secchia, welcher die ganze Länge des Landes durchströmt u. an der Grenze der österreichisch-venetianischen Provinz Mantua mündet; der Panaro, welcher am Fuße des Monte Cimone entspringt und mit dem Secchia in paralleler Richtung fließt; der Crostolo, welcher bei

Reggio und Guastalla vorüberfließt und unterhalb der letzteren Stadt sich mit dem Po vereinigt. Kleinere Flüsse sind der Magra, der Avenza, Frigedo in Massa-Carrara, der Serchio in Garfagnana. Zur Bewässerung dienen noch drei schiffbare Kanäle. Auch finden sich zahlreiche Mineral- und Heilquellen, sowie auch Erdölquellen und von älterer Zeit her eine Menge von artesischen Brunnen, die oft von sehr beträchtlicher Tiefe sind und Wasser in Ueberfluß liefern. Die vorzüglichsten landwirthschaftlichen Erzeugnisse sind Korn, Reis, Mais, Hanf, Oel, Wein, Seide und Früchte. Die Viehzucht, besonders die Rindvieh- und Schweinezucht, wird gut betrieben, und die Ausfuhr in Schlachtvieh ist nicht unbedeutend. Bergbau findet Statt auf Eisen und verschiedene Steinarten und liefert besonders den vortrefflichen berühmten Marmor von Carrara. Die gewerbliche Industrie ist nicht von Belang, am bedeutendsten noch in Modena und Reggio; sie liefert vorzüglich Tuch- und Wollwaaren, Seide, Papier, Strohhüte, Glas- und Töpferwaaren. Für den inneren Handel ist Reggio, das jährlich eine stark besuchte Messe hält, der Hauptort; die Ausfuhr für den auswärtigen Handel besteht in Getreide, Reis, Wein, Seide, Marmor und Marmorarbeiten, Schlachtvieh ꝛc. M. war eine absolute Monarchie, erblich in männlicher Linie des Hauses Oesterreich-Este und wurde mit äußerster Strenge regiert. Die Unterrichts- und Bildungsanstalten, den Jesuiten überlassen, waren schlecht bestellt, und die Staatsschuld betrug über 12 Millionen Lire, od. 2$^7/_{10}$ Millionen Thaler. Seit 1860 dem neuen Königreich Italien einverleibt, bildet das frühere Herzogthum M. jetzt die Provinzen M., Massa-Carrara und Reggio.

Geschichte. Die Geschichte M.'s als eines selbstständigen Staats beginnt 1336 mit der Gründung der Herrschaft des Hauses Este in M. und Reggio. Borso von Este ward 1452 zum ersten Herzog von M. und Reggio erhoben. Als 1598 die Hauptlinie ausstarb, erhielt Cesare von Este, der Sohn eines unebenbürtigen Sohnes Alfons' I. von Ferrara, M. und Reggio. Cesare († 1628) ist der Stammvater der Herzöge von M. Sein Enkel Franz I. erhielt für seine Theilnahme am mantuanischen Erbfolgekrieg zu Gunsten Spaniens vom Kaiser Ferdinand 1633 das Fürstenthum Correggio, trat aber 1647, weil die Spanier sich weigerten, ihre Besatzung aus Correggio zu ziehen, auf die Seite der Franzosen und erhielt den Titel eines Generalissimus der französischen Truppen in Italien. Sein Sohn Alfons II., der ihm 1658 als Herzog und Generalissimus folgte, entsagte jedoch bald der Verbindung mit Frankreich. Franz II., der dem Vater 1662 unter der Vormundschaft seiner Mutter Laura Martinozzi folgte, begünstigte Künste und Wissenschaften und hatte 1694 seinen Vatersbruder, den Kardinal Reinald, zum Nachfolger. Dieser kaufte 1710 das vom Kaiser konfiscirte Herzogthum Mirandola und wurde 1737 von jenem mit dem erledigten Herzogthum Novellara belehnt. Sein Sohn und Nachfolger (seit 1737), Franz III. Maria, erklärte sich 1742 in dem Kriege zwischen Oesterreich und Spanien für neutral, ward aber vom König von Sardinien vertrieben und verband sich nun mit dem Hause Bourbon, worauf ihn der König von Spanien 1743 zum Generalissimus seiner Truppen in Italien ernannte. Der letzte Herzog von M. aus dem Hause Este war sein Sohn Hercules III. Reinald (seit 1780), der durch Heirath das Herzogthum Massa-Carrara an M. brachte. Seine einzige Tochter und Erbin, Maria Beatrix von Este, vermählte er 1771 mit dem Erzherzog Ferdinand von Oesterreich, dem Bruder Josephs II. und Leopolds II. Ferdinand verlor im Oktober 1796 sein Land an die Franzosen und erhielt im lüneviller Frieden 1801 den Breisgau zur Entschädigung, den er seinem Schwiegersohn überließ. Letzterer, der sich nun Herzog von M.-Breisgau nannte, verlor durch den preßburger Frieden 1805 auch den Breisgau und starb am 24. December 1806. Sein Sohn, der Herzog Franz IV., gelangte erst 1814 wieder zum Besitz der großväterlichen Staaten und ward durch den wiener Kongreß darin bestätigt. Er nahm den Namen Este an und ward dadurch der Stifter eines neuen Stammes dieses Hauses, des Hauses Oesterreich-Este. Auch seine Mutter, Maria Beatrix, trat 1814 die Regierung ihres schon 1790 von ihrer Mutter ererbten Herzogthums Massa-Carrara wieder an, wozu der Kongreß noch die kaiserlichen Lehen in der Lunigiana fügte, die nebst dem Herzogthum bei ihrem Tode am 14. November 1829 an ihren Sohn fielen. Die Reaktion, die sofort nach der Rückkehr Franz' IV. und der Jesuiten eintrat, konnte demselben unmöglich die Liebe des Volks erwerben. M. und Parma schienen fast wie österreichische Lehngüter angesehen zu werden. Die französische Julirevolution brachte die öffentliche Mißstimmung am 3. Februar 1831 zum Ausbruch. Der Herzog mußte flüchten und ging nach Wien, ward aber durch österreichische Truppen am 9. März nach M. zurückgeführt und ließ nun über die Anstifter des Aufstandes strenges Gericht ergehen. Fortan zeichnete sich die Regierung des Herzogs noch mehr als zuvor durch Verfolgung jeder Spur von Liberalismus aus. Die Jahre 1832—35 verliefen unter fortwährenden Verschwörungsgerüchten und Untersuchungen, welche meist blutig endigten. Nach dem Tode Franz' IV. (21. Januar 1846) folgte ihm sein Sohn Franz V. Ferdinand Geminian, geboren am 1. Juni 1819, der dem Regierungssystem seines Vaters treu blieb. In Folge früherer Verträge fiel nach der Abdankung des Herzogs von Lucca (4. Oktober 1847) dieses Land an Toskana, dagegen mußte dieses Fivizzano an M. abtreten (4. December 1847). Nach dem Ableben der Herzogin von Parma (18. December 1847) fiel in Folge des pariser Vertrags von 1817 am 8. Jan. 1848 Guastalla mit den am rechten Enzaufer gelegenen Distrikten von Parma an M., wodurch dieses eine Gebietsvergrößerung von 5$^1/_4$ □Meilen mit 50,000 Einwohnern erhielt. Tumultuarische Auftritte in mehren Städten hatten ein Schutz- und Trutzbündniß zwischen den Herzögen von Parma und M. und Oesterreich (Februar 1848) zur Folge, welches dieses berechtigte u. verpflichtete, in drohenden Zeiten die Herzogthümer zu besetzen. Demonstrationen seitens der Volkspartei, um liberale Reformen zu erlangen, hatten nur eine Verstärkung der Hülfstruppen zur Folge. Dennoch legte sich die Aufregung nicht, und im März 1848 mußte man die Vertreibung der Jesuiten geschehen lassen. Als am 20. März nähere Nachricht über die wiener Revolution einlief, versprach der Herzog am 21. März seinen Unterthanen binnen wenigen Tagen zeitgemäße neue Einrichtungen, sah sich aber, mit Hinterlassung einer Regentschaft, zur Flucht genöthigt. Nach dem Eintreffen einer Freiwilligenkolonne unter dem Grafen Livio Zambeccari von Bologna wurde darauf die Regentschaft für aufgelöst erklärt, eine provisorische Regierung ernannt, Franz V. des Thrones verlustig erklärt, Beschlag auf seine Güter gelegt und am 29. Mai der Anschluß an Sardinien proklamirt. Aber nach den Erfolgen Radetzky's in der Lombardei und der Räumung Mailands durch die Piemontesen am 6. August 1848 kehrte Franz V. unter dem Geleite österreichischer Truppen schon am 10. August 1848 in seine Hauptstadt zurück, nachdem er unterm 8. Aug. von Mantua aus das Versprechen zeitgemäßer Staatseinrichtungen proklamirt hatte. Nach seiner Rückkehr erließ er zwar eine Amnestie, die aber so viele Ausnahmen machte, daß sie nur sehr Wenigen zu Gute kam. Die Unruhen dauerten daher fort, und am 18. November versuchte sogar ein Gutsbesitzer, Rizzali, ein Attentat auf den Herzog. Als beim Wiederausbruch des Kriegs zwischen Sardinien und Oesterreich im März 1849 die Oesterreicher ihre Truppen aus M. zogen, verließ der Herzog am 14. März abermals die Residenz und begab sich nach Brescello, während das Ministerium die Geschäfte in M. unter dem Schutze eines Bataillons Oesterreicher fortführte. Im Mai kehrte der Herzog zwar nach M. zurück, konnte aber nach wie vor seine einzige Stütze lediglich in einer die materiellen Kräfte des Staats weit übersteigenden Militärmacht finden. Im Juli 1850 wurden durch ein herzogliches Dekret auch die Jesuiten in ihre Besitzungen und Gerechtsame wieder eingesetzt. Im December 1854 fanden neue zahlreiche Verhaftungen Statt und über Massa-Carrara wurde ein strenger Belagerungszustand verhängt. Die italienische Bewegung im Frühjahr und Sommer 1859 veranlaßte den Herzog abermals zur Flucht, worauf eine provisorische Regierung sich bildete und die berufene Landesversammlung die Entsetzung des Hauses Este und den Anschluß an Sardinien aussprach, der officiell am 18. März 1860 erfolgte. Vergl. Italien (Geschichte); Muratori, Delle antichita estensi ed italiane, Modena 1717—40, 2 Bde.; Tiraboschi, Memorie storiche Modenesi col codice diplomatico, das. 1811, 9 Bde.; Roncaglia, Statistica generale degli Stati Estensi, das. 1849 f., 2 Bde.; Campori, Annuario storico Modenese, das. 1851; Scharfenberg, Geschichte des Herzogthums M., Mainz 1859.

Modena, Stadt in Italien, Provinz Modena, Hauptstadt des früheren Herzogthums, liegt in der Mitte einer schönen weiten Ebene, welche einen Theil des großen Pobeckens bildet, und zwischen den Flüssen Panaro und Secchia, welche hier durch einen Kanal verbunden sind. Die Stadt hat etwas über 32,000 Einwohner, ist gut gebaut und hat einige schöne Kirchen und Paläste. Die Straßen sind breit und haben meist bedeckte Säulengänge auf beiden Seiten; besonders schön ist die Hauptstraße, welche die Stadt ihrer Länge nach durchschneidet. Der früher herzogliche Palast ist groß und prachtvoll gebaut und hat eine große Treppenhalle, reich ausgestattete Gemächer, eine vorzügliche Gemäldesammlung mit Gemälden von Guido, Guercino, den beiden Carracci, Garofalo u. andern Meistern, eine werthvolle Bibliothek und schöne große Gartenanlagen, welche dem Publikum offen stehen. Unter den 27 Kirchen ist die Kathedrale, ein gothisches Bauwerk aus dem 11. Jahrhundert, bemerkenswerth, mit ihrem schlanken marmornen Glockenthurm, genannt la Ghirlandina. Die Kirche S. Agostino enthält die Grabmäler der berühmten Modenesen Sigonio und Muratori. Andere bemerkenswerthe Gebäude sind das Theater, das Kollegium oder das Gebäude der Universität, welche 1849 vom Herzog aufgehoben, aber 1861 wieder hergestellt wurde, die Infanteriekaserne, das Hospital und die alte Citadelle, in letzterer Zeit als Gefängniß benutzt. Der künstliche Kanal, welcher von M. nach dem Flusse Panaro führt und diesen mit dem Po verbindet, ist für Boote schiffbar und für den inneren Handel, sowie für die Verbindung der Stadt mit Venedig und mit der Küste des adriatischen Meeres sehr vortheilhaft. Die Stadt hat Manufakturen von ordinärem Tuch und von Leinwand, Fabrikation optischer Instrumente, ziemlich bedeutenden Handel und führt hauptsächlich Getreide, Wein, Obst, Liqueur, Schlachtvieh und Würste aus. In der Umgegend von M. liegt das früher herzogliche Lustschloß Sasßuolo mit großem Garten. Die Stadt M., ursprünglich Mutina, wurde von den Etruskern gegründet. Später wurde M. von den Galliern erobert, diesen aber durch die Römer entrissen, welche 184 v. Chr. eine Kolonie dahin führten. Hier erfochten die Römer 194 v. Chr. unter dem Konsul Merula einen Sieg über die Bojer, und hier belagerte Antonius 44 v. Chr. den Decius Brutus, wurde aber von Pansa, Hirtius und Octavianus geschlagen (mutinensischer Krieg). Weil sie es mit Marentius gehalten, wurde die Stadt von Konstantin dem Großen zerstört, der sie aber auch wieder aufbauen ließ. Auch von den Gothen und Longobarden wurde sie fast ganz verwüstet. Karl der Große sammelte die Bewohner, ließ die Stadt wieder aufbauen und setzte daselbst Grafen ein. Später gehörte M. zu den mathildischen Besitzungen, machte sich aber frei. Im Jahre 1288 unterwarf es sich dem Markgrafen Obizzo von Este, 1598 wurde es die Residenz der neuern Herzöge von M. Hier am 12. Juni 1799 ein hitziges Arrièregardengefecht zwischen dem österreichischen General Hohenzollern und Klenau und den Franzosen unter Macdonald. Zur Zeit der französischen Herrschaft war M. die Hauptstadt des Departements Panaro. Vgl. Sossai, Descrizione della citta di M., Modena 1833.

Modena, 1) Tommaso da M., eigentlich Barisini oder Borisini, ausgezeichneter italienischer Maler, malte 1351 in Venedig zwei Madonnen und die heilige Katharina und um 1352 in Treviso (im Dominikanerkloster daselbst erhalten) eine Reihe von 40 Wandbildern der berühmtesten Mitglieder des Dominikanerordens. Im Jahre 1357 ward er vom Kaiser Karl IV. nach Deutschland berufen, wo er auf die Entwickelung der Malerei großen Einfluß ausgeübt hat. Sein bedeutendstes Werk ist das dreifache Bild der heiligen Mutter mit dem Kinde zwischen den Schutzpatronen Böhmens, Wenzel und Palmatius, jetzt in Belvedere bei Wien. Von fast gleichem Werthe ist der ebenfalls M. zugeschriebene Christuskopf in der St. Veitskirche zu Prag. In der Kreuzkapelle befindet sich von seiner Hand ein Ecce homo, das die eine Hälfte eines Gemäldes bildete, wovon die von der prager Universität aufbewahrte Madonna die zweite ausmachte. M.'s Bilder sind wahrscheinlich nicht in Oel gemalt, sondern mit einem Wachs- oder Oelfirniß überzogen.

2) Gustavo, berühmter italienischer Schauspieler, geboren 1803 zu Venedig, prakticirte nach vollendeten Rechtsstudien erst zu Rom, sodann zu Bologna als Advokat, ging aber 1826 zur Bühne über und erwarb sich bald europäischen Ruf. Wegen Theilnahme an revolutionären Bewegungen mußte er 1831 aus Italien flüchten und lebte fortan in Frankreich, Belgien und der Schweiz. Die Amnestie des Kaisers Ferdinand 1838 erlaubte ihm endlich die Rückkehr in sein Vaterland, wo er eine eigene dramatische Schule für die Reform des italienischen Theaters stiftete. Im Jahre 1848 nahm er wiederum thätigen Antheil an den Revolutionskämpfen, dagegen trat er 1859 weniger hervor. Er † den 22. Februar 1861 zu Turin.

Moder, die verwesenden Holzsubstanzen, s. Humus.

Moderationis jus (lat.), Minderungsrecht, besonders das Recht der Landstände, gegen Beeinträchtigung ihrer Rechte von Seiten der Regierung Verwahrung einzulegen.

Moderato (ital.), gemäßigt, in der Musik Bezeichnung des gemäßigten Tempo's.

Moderator (lat.), an einer Maschine der Theil derselben, mittelst dessen man die Bewegung ermäßigt.

Modern (v. Franz.), im gewöhnlichen Sprachgebrauch Alles, was der eben herrschenden Mode gemäß ist; im höheren Sinne, vornehmlich auf dem Gebiete der Kunst und Wissenschaft, gebraucht man das Wort von Dem, was, im Gegensatze zum Antiken, den eigenthümlichen Charakter der Kunstschöpfungen der neuern, d. i. besonders der christlichen, Zeit ausmacht.

Modern (Modor), Freistadt im österreichisch-ungarischen Komitat Preßburg, am Fuß der Karpathen, hat ein evangelisches Gymnasium, Acker- und Weinbau, Tuchweberei, Töpferei und 4880 Einw.

Moderstoff, s. v. a. Ulmin.

Modica (früher Motuca, arab. Mohac), Stadt auf der Insel Sicilien, Provinz Noto, liegt auf zwei durch eine Brücke verbundenen Hügeln rechts am Scicli, hat eine Kathedrale, mehre andere Kirchen, viele Klöster, ein Gouvernements- und Rathhaus, 2 Hospitäler, 2 Konservatorien, Pferde- u. Maulthierzucht, Bau vorzüglicher Südfrüchte, Ausfuhr von Getreide, Oel, Wein, Käse u. 30,870 Einw.

Modice (lat.), mäßig, gemäßigt.

Modicia, alter Name für Monza.

Modigliana (Castrum Mutilum), Stadt in der italienischen Provinz Florenz, am Marzeno, hat ein festes Schloß, mehre Kirchen und Klöster, ein Hospital, Piaristengymnasium und 6050 Einw.

Modillon (franz.), in der Baukunst der Sparrenkopf, eine Verzierung unter der Kranzleiste.

Modius (modium, lat.), die höchste Einheit für die römischen Maße des Trockenen, = $\frac{1}{3}$ Amphora, ungefähr 438 pariser Kubikzoll.

Modlin (russ. Neugeorgiewsk), Stadt im russisch-polnischen Gouvernement Plock, am Einflusse des Bug und der Narew in die Weichsel, jetzt eine der stärksten russischen Festungen, nur aus Garnisonsgebäuden bestehend. Die Werke wurden 1807 auf Napoleons I. Befehl angelegt. Am 5. Februar 1813 ward die Festung durch russische Truppen eingeschlossen, aber von dem französischen Divisionsgeneral Daendels bis aufs äußerste vertheidigt und erst am 1. December 1813 wegen Mangels an Lebensmitteln übergegen. Nach dem Ausbruch des polnischen Aufstands ward M. (5. Dec. 1830) den insurgirten Polen übergeben und von dem polnischen General Ledochowski heldenmüthig vertheidigt. Nach Polens Besiegung wurde die Festung zu ihrer jetzigen Stärke erhoben.

Modon (Mothoni, Motuni), Stadt auf einem Vorgebirge der südwestlichen Halbinsel Morea, in der griechischen Nomarchie Messenien, der Insel Sapienza gegenüber, seit 1827 durch die Franzosen stark befestigt, ist Sitz eines griechischen Bischofs, hat eine gute Rhede, aber Mangel an Trinkwasser, Handel mit Getreide, Käse, Oel, Fellen, roher Seide u. dergl., zählte vor dem griechischen Freiheitskampfe 7000, jetzt nur noch 1000 Einwohner. M. ist das alte Methone (s. d.). Nachdem es schon 1124 von den Venetianern erobert worden, ward es 1205 von den Franken unter Villehardouin genommen und an Wilhelm von Champlitte (s. Griechenland, das neue, Geschichte) abgetreten. Nachher vom Fürsten Gottfried II. von Achaja den Venetianern übergeben, ward es 1498 von den Türken unter Bajazet II. erobert. Im Jahre 1686 nahmen es die Venetianer unter Morosini ein, gaben es aber 1715 den Türken zurück. Im Jahre 1770 ward M. von den Russen vergeblich belagert, 1825 von den Türken völlig verwüstet, 1827 von den Franzosen erobert und von Neuem befestigt.

Modor, Stadt, s. v. a. Modern.

Modugno, Stadt in der italienischen Provinz Bari, mit Woll- und Baumwollmanufakturen, Gerberei und 9420 Einw.

Modul (v. Lat.), s. v. a. Model.

Modulation (v. Lat.), im Allgemeinen das ganze harmonische Gewebe eines Tonsatzes; im engern Sinne die Verknüpfung verschiedener Tonarten zu einem Ganzen, die Kunst, den Gesang und die Harmonie aus dem Haupttone durch andere Töne und Tonarten vermittelst schicklicher Ausweichungen durchzuführen und dann wieder in den ersten oder Hauptton zurückzuleiten.

Modulus (lat.), s. v. a. Model und Modell.

Modus (lat.), die veränderliche Art und Weise eines Dinges zu sein (m. essendi) u. zu handeln (m. agendi); besonders in der Grammatik die Art, wie etwas von einem Subjekt ausgesagt und eine Handlung in Beziehung auf das Subjekt des Redenden betrachtet wird. In der Konjugation des Verbums werden meist folgende 4 Modusformen unterschieden: der Indikativ als die Form für ein Urtheil oder eine Frage des Sprechenden; der Konjunktiv als die Form für einen Wunsch u. für ein logisch mögliches Urtheil, das aber nicht Urtheil des Sprechenden ist; der Conditionalis als die Form für einen Gedanken, der nicht der Wirklichkeit entspricht; der Imperativ als die Form für ein von dem Sprechenden an die angesprochene Person gerichtetes Geheiß. Vergl. Verbum. In der Musik versteht man unter M. eine Tonart (s. Tonarten). M. acquirendi, Erwerbsart; M. procedendi, Verfahrungsart.

Möbius, 1) August Ferdinand, berühmter Astronom und Mathematiker, geboren am 17. Nov. 1790 zu Schulpforta, studirte zu Leipzig, Göttingen und Halle erst die Rechte, dann Mathematik, ward 1816 Professor der letzten zu Leipzig und entwarf den Plan zu der 1818—21 hier errichteten Sternwarte. Im Jahre 1844 erfolgte seine Ernennung zum Professor der höheren Mechanik und Astronomie. Von seinen Schriften ist besonders sein „Barycentrischer Kalkul" (Leipzig 1827) als in der Geschichte der Geometrie Epoche machend hervorzuheben; ferner sein „Lehrbuch der Statik" (das. 1837, 2 Bde.) und „Die Elemente der Mechanik des Himmels" (das. 1843). Auch liefert er seit 1828 in Crelle's „Journal für Mathematik" sehr werthvolle Abhandlungen.

2) **Theodor**, namhafte Autorität auf dem Gebiete der altskandinavischen Sprache und Literatur, geboren 1821 zu Leipzig, Sohn des Vorigen, widmete sich hier u. in Berlin philologischen Studien, habilitirte sich 1852 für skandinavische Sprache und Literatur zu Leipzig und ward 1859 zum Professor ernannt. Von seinen Schriften sind hervorzuheben: „Ueber die ältere isländische Saga" (Leipzig 1852); „Catalogus librorum islandicorum" (das. 1856) und „Analecta Norroena" (das. 1859); auch veröffentlichte er vorzügliche Ausgaben der „Edda-Sämundar" (das. 1860) und der „Fornsögur" (das. 1860) und anderer altnordischen Literaturdenkmäler.

3) **Paul Heinrich August**, Novellist und dramatischer Dichter, geboren den 31. Mai 1825 zu Leipzig, ward nach beendeten philologischen Studien 1848 Lehrer an der Thomasschule seiner Vaterstadt, 1852 auch Direktor der Lehranstalt für Buchhändlerlehrlinge daselbst und hat sich durch Novellen und Gedichte, sowie den „Katechismus der deutschen Literaturgeschichte" (2. Aufl., Leipzig 1860) bekannt gemacht.

Möckern, 1) Stadt in der preußischen Provinz Sachsen, Regierungsbezirk Magdeburg, Kreis Jerichow I., an der Ehle, mit Streichgarnmaschinenspinnerei, Wollweberei und 1770 Einwohnern. Am 5. April 1813 hier **Gefecht** zwischen den Preußen unter General York und den Franzosen unter Eugen, in dem erstere siegten. — 2) Dorf im königlich sächsischen Kreisdirektionsbezirk und Amt Leipzig, mit landwirthschaftlicher Versuchsanstalt, Erziehungsanstalt für blödsinnige Kinder und 1300 Einw., bekannt durch die **Schlacht** am 16. Oktober 1813, worin die Preußen unter Blücher die Franzosen unter Marmont warfen (s. Leipzig). Zum Andenken an diese Schlacht ist bei dem Dorfe ein Denkstein errichtet.

Möckmühl, Stadt im würtembergischen Neckarkreis, Oberamtsbezirk Neckarsulm, am Einflusse der Seckach in die Jaxt, mit Schloß und 1700 Einw. M. wurde 1519 von Götz von Berlichingen, der hier Obervogt war, gegen den schwäbischen Bund vertheidigt.

Mödling, Flecken im Erzherzogthum Oesterreich unter der Ens, in schöner Gebirgsgegend 2 Meilen von Wien gelegen, Sitz eines Bezirksamts, hat eine alte gothische Kirche, eine unterirdische Kapelle, eine Kinderbewahranstalt, ein Armenhaus, ein Theater, eine Kaserne, Kattundruckereien, bedeutenden Weinbau und 3550 Einwohner. Im Jahre 1815 wurde hier eine eisen- und schwefelhaltige Mineralquelle entdeckt, deren Wasser eine konstante Temperatur von 10° R. hat und jetzt jährlich von cirka 150 Badegästen besucht wird. Außerdem zieht auch die schöne Gegend viele Sommergäste herbei. Im nahen **Windthale** (Prießnitzthale) ist eine Kaltwasserheilanstalt. Hinter M. eröffnet sich die **Brühl** (Briel), ein romantisches Felsenthal mit schönen Parkanlagen und den beiden Dörfern **Vorder-** und **Hinterbrühl**, beide mit schönen Villen. Den Eingang in die Brühl bildet ein Engpaß, die sogenannte Klause, über welcher sich die Ruinen der alten Burg M. erheben. Auch befinden sich hier die Ruinen der Burg Liechtenstein mit uralter Kapelle und Waffensammlung, sowie das neue Sommerschloß des Fürsten von Liechtenstein mit großem Park. Die Hügel u. Berge der Gegend sind mit Ruinen u. Kapellen xc. gekrönt, was die Reize der Landschaft nicht wenig erhöht. In der Brühl sind ergiebige Gyps- und Kalksteinbrüche.

Mödwäsch, Stadt, s. v. a. Mediasch.

Möen, von den Seefahrern „hvita Möen" (d. i. weiße Jungfer) genannt, dänische Insel an der südöstlichen Seite vor Seeland, davon getrennt durch den Ulvsund, sowie von Falster durch den Grönsund, bildet nebst einigen dabei liegenden kleinen Inseln (Nyord, Bogö u. Farö) das Herred Möenbo. Das Areal der Insel ist 3,6 □Meilen und das des ganzen Herreds etwas über 4 □Meilen groß, mit 12,369 Einwohnern (1860), von denen 1932 in der einzigen Stadt Stege wohnen. M. ist, Bornholm ausgenommen, von allen dänischen Inseln die höchste; doch bilden die Höhen keine zusammenhängenden Strecken, sondern es gibt zwischen dem Hochlande an vielen Orten bedeutendes Wiesenland. Die Insel besteht eigentlich aus 2 Theilen, zwischen denen Stegestrand mit Noret von Norden her tief ins Land einschneidet, so daß dieselben nur mittelst eines kaum $\frac{1}{8}$ Meile breiten Landstreifens zusammenhängen. In der östlichen Hälfte der Insel, „Hoch-M." („Höie-M."), erhebt sich „Möens Klint", eine Partie von parallelen, steilen, senkrecht vom Meere abgeschnittenen Hügeln, deren höchste Punkte, Aborrebjerget und Kongsbjerget, respektive 450 und 433 Fuß hoch sind, während die Höhen am Meere fast dieselbe Höhe erreichen (Sommerspiret 357 Fuß, Dronningstolen 403 F., Hyllefalds Klint 405 F.). Die Formation ist vorzugsweise Kreide, im Allgemeinen durchschnitten von parallelen Feuersteinlagern. Das Ganze bildet mit tiefen, am Fuße hoher Hügel liegenden kleinen Landseen, engen Thälern und steilen Anhöhen einen in Dänemark sehr ungewöhnlichen Bodenwechsel, während die steil ins Meer abstürzenden weißen Kreidefelsen, die sowohl auf ihrem Gipfel, dem Meere zugewendet, als auch in ihren Vertiefungen mit einer üppigen Wald- und Pflanzenvegetation bedeckt sind, eine Landschaft darbieten, die als eine der schönsten des Nordens bekannt ist, weshalb auch die Insel im Sommer viel von Fremden besucht wird. Uebrigens ist der Boden der Insel im Ganzen sehr fruchtbares Ackerland.

Möglich, im logischen Sinne Das, was sich überhaupt denken läßt, weil es, ohne einen Widerspruch zu enthalten, in einem Begriffe zusammengefaßt werden kann, also das Denkbare. In diesem Nichtvorhandensein eines Widerspruchs beruht die **formale** oder **absolute**, auch **innere**, **logische Möglichkeit**, welche sich nach dem logischen Grundsatze der Identität richtet. Was sich dagegen nicht denken läßt, weil dann etwas Widersprechendes (sich gegenseitig Aufhebendes) in die Einheit des Begriffs aufgenommen werden müßte, gilt als schlechthin **unmöglich**, wie z. B. ein viereckiger Kreis oder ein rundes Viereck. Man nennt dies auch einen Widerspruch im Beisatze (contradictio in adjecto). Möglichkeit und Unmöglichkeit im logischen Sinne sind demnach Bezeichnungen für die Verhältnisse der Begriffe und Gedanken zu einander, nicht der Dinge oder Ereignisse selbst. Im metaphysischen Sinne heißt Dasjenige möglich, was, nach unserer Kenntniß der Naturgesetze und der von ihnen abhängigen Bedingungen zu urtheilen, geschehen oder existiren kann, was also keinem ursprünglichen, in dem Erkenntnißvermögen selbst begründeten Gesetze der Erkenntniß widerstreitet. Diese Möglichkeit wird daher die **reale** oder **relative**, auch **äußere** oder **bedingte**, **metaphysische** genannt, wie auch die ihr entgegenstehende Unmöglichkeit. Was logisch möglich ist, kann wohl metaphysisch unmöglich sein; nie aber kann Das, was logisch schon unmöglich ist, als metaphysisch möglich gedacht werden. Ein alter, mißbräuchlicher, von Aristoteles eingeführter und besonders durch Wolf aufgefrischter Sprachgebrauch hat unter dem Möglichen (esse potentia) das ewige Wesen der Dinge verstanden, im Gegensatz zum Wirklichen (esse actu) als dem thätigen Hervortreten dieses Wesens aus seiner Latenz oder Verborgenheit in die Anschauung. Weil hier mit dem Möglichen etwas höchst Wirkliches bezeichnet wurde, was dem Begriff des Möglichen widerspricht, haben die Neuern, um das Wesenhafte und Unvergängliche in den erscheinenden Dingen auszudrücken, den Namen des absoluten Seins vorgezogen. Die Begriffe der Möglichkeit u. Unmöglichkeit werden übrigens auch zu den Modalitätskategorien gezählt. Vgl. **Kategorie** und **Modalität**.

Möglin (**Mögelin**), Dorf in der preußischen Provinz Brandenburg, Regierungsbezirk Potsdam, Kreis Oberbarnim, bei Wrietzen, mit 200 Einw., bekannt durch das von Thaer 1804 errichtete **landwirthschaftliche Institut**, seit 1819 königliche **Akademie des Landbaues**. Zu der Lehranstalt gehören ein abgesondert gelegenes Gut, ein Laboratorium, eine Bibliothek, physikalische und technologische Sammlungen, ein ökonomisch-botanischer Garten, eine Brauerei, Brennerei, Zucker- und Sirupsiederei und Ziegelei. In großem Rufe steht die dortige Schäferei. Die Lehranstalt hat besonders den Zweck, tüchtige Wirthschaftsdirigenten zu bilden. Die Lehrvorträge betreffen den Ackerbau, die Viehzucht, Buchführung, Mathematik, Physik, Chemie, landwirthschaftliche Technologie, Anatomie, Physiologie und Diätetik der Hausthiere. Die Anstalt ist in der neuern Zeit gegen früher sehr herabgekommen. Vgl. **Thaer**, Geschichte meiner Wirthschaft zu M., Berlin 1815.

Möhler, **Johann Adam**, Hauptvertreter der neueren wissenschaftlichen katholischen Theologie, geboren am 6. Mai 1796 zu Igersheim, erhielt seine Bildung auf den Gymnasien zu Mergentheim und Ellwangen, dem Wilhelmsstift in Tübingen und dem bischöflichen Seminar in Rottenburg, wurde 1819 zum Priester geweiht und fungirte darauf in Weil, dann in Riedlingen als Hülfsprediger. Im Oktober 1820 trat er als Präparant zum Gymnasiallehreramt in das Wilhelmsstift in Tübingen zurück, wurde bald darauf Repetent und 1822 Privatdocent der Theologie. Nachdem er mit einem königlichen Stipendium eine wissenschaftliche Reise gemacht, begann er 1823 zu Tübingen seine Vorlesungen über Kirchenrecht, Kirchengeschichte und Patristik; 1826 ward er zum außerordentlichen, 1826 zum ordentlichen Professor der Theologie daselbst ernannt. Im Jahre 1835 folgte er einem Ruf in gleicher Eigenschaft nach München, wo er, kurz zuvor zum Domdechanten in Würzburg ernannt, den 12. April 1838 †. Von seinen Schriften sind hervorzuheben: „Die Einheit in der Kirche oder das Princip des Katholicismus“ (Tübingen 1825, 2. Aufl. 1843), „Athanasius der Große und die Kirche seiner Zeit im Kampfe mit dem Arianismus“ (Mainz 1827, 2. Aufl. 1844), „Symbolik“ (Mainz 1832, 6. Aufl. 1844), in welcher er dem Protestantismus jedes andere Recht außer dem der politischen Existenz absprach, und die viele Gegenschriften der Protestanten hervorrief, auf welche, namentlich auf die von Baur M. in seinen „Neuen Untersuchungen der Lehrgegensätze zwischen den Katholiken und Protestanten“ (Mainz 1834, 2. Aufl. 1835) erwiederte. Seine „Nachgelassenen Schriften“ (Regensburg 1839—40, 2 Bde.) gab Döllinger, seine „Patrologie oder christliche Literaturgeschichte“ (das. 1839) Reithmayer heraus.

Möhra, Pfarrdorf im sachsen-meiningischen Amt Salzungen, am Mohrbache, mit 450 Einwohnern, bekannt als der Stammort der Familie Doktor Martin Luthers, mit einem den 15. Juni 1861 enthüllten Standbild desselben.

Möhre, Pflanzengattung, s. **Daucus**.

Möhringen, Stadt im badischen Seekreis, Bezirksamt Engen, an der Donau, mit Schloß, starker Schafzucht, Viehhandel und 1200 katholischen Einwohnern. Am 24. November 1643 hier Gefecht zwischen den Kaiserlichen und Franzosen, in dem letztere geschlagen wurden, auch **Schlacht bei Tuttlingen** genannt.

Möhringia *L.*, Pflanzengattung aus der Familie der Caryophylleen, charakterisirt durch den 4blätterigen Kelch, die 4blätterige Blumenkrone und die einfächerige, 4klappige Kapsel, mit der bekanntesten Art M. muscosa *L.*, einer niedlichen, ausdauernden, rasenbildenden Pflanze auf den mitteleuropäischen Alpen, mit kleinen weißen Blüthen, die sich gut als immergrüne Einfassung schattiger Blumenbeete benutzen läßt.

Möllendorf, Dorf in der preußischen Provinz Sachsen, Regierungsbezirk Merseburg, Gebirgskreis Mansfeld, am Thalbache, mit den Ruinen des 1596 erbauten Schlosses **Asseburg**, alkalisch-salinischer Eisenquelle und 250 Einwohnern.

Möllendorf, **Richard Joachim Heinrich, Graf von**, preußischer Generalfeldmarschall, geboren 1725 zu Lindenberg an der Priegnitz, kam 1740 als Page an den Hof Friedrichs II., begleitete in dieser Eigenschaft den König im ersten schlesischen Krieg und war in den Schlachten bei Mollwitz und Chotusitz an seiner Seite. Als Fähnrich beim ersten Gardebataillon machte er den zweiten Feldzug jenes Kriegs mit, ward bald darauf zum Hauptmann u. Flügeladjutanten des Königs ernannt, wohnte im zweiten schlesischen Kriege der Belagerung von Prag bei, focht 1757 bei Roßbach und Leuthen, wo er den Sieg mit entschied, und Hochkirch mit Auszeichnung und ward 1758 zum Major ernannt. Als Kommandeur eines Garderegiments erwarb er sich namenklich in der Schlacht bei Liegnitz Ruhm. Unmittelbar darauf zum Oberstlieutenant befördert, entschied er die Schlacht bei Torgau mit, fiel aber hier in österreichische Gefangenschaft und ward erst 1761 ausgewechselt und zum Obersten ernannt, worauf er sich durch die Wegnahme eines befestigten Postens bei Burkersdorf Generalmajorsrang erwarb. Im bayerischen Erbfolgekrieg kommandirte er als Generallieutenant eine Abtheilung der Armee des Prinzen Heinrich in Sachsen und Böhmen. Im Jahre 1783 ward er Gouverneur von Berlin, 1787 General der Infanterie. Als solcher befehligte er die Truppen, welche 1703 nach Polen gesandt wurden, um die zweite Theilung dieses Landes zu vollenden. Nach seiner Rückkehr ward er zum Feldmarschall und zum Gouverneur im südlichen Theile der preußischen Lande ernannt; 1794 erhielt er, trotzdem er nicht für eine Intervention Preußens in Frankreich gewesen war, das Kommando der preußischen Armee am Rhein. Er erfocht den Sieg von Kaiserslautern, soll aber auch die Schuld tragen, daß das preußische Kabinet den Einfall der Franzosen in Holland geschehen ließ. Er war einer der Haupturheber des baseler Traktats. Als Preußen 1806 wieder zu den Waffen griff, rieth er auch diesmal vom Krieg ab, trat aber doch wieder in aktiven Dienst, ward bei Jena verwundet u. fiel in Erfurt in französische Gefangenschaft. Nachdem die Franzosen Preußens Hauptstadt besetzt hatten, ertheilte ihm Napoleon I. das Kreuz der Ehrenlegion u. garantirte ihm sein Gehalt. Später zog sich M. nach Havelsberg zurück, wo er den 28. Januar 1816 †.

Möller, 1) **Jens**, dänischer Theolog, geboren den 19. März 1779 zu Karrebäck auf Seeland, wurde 1808 Professor der Theologie in Kopenhagen und † am 25. November 1839. Neben der Theologie, in der er einem gemäßigten Supernaturalismus huldigte, trieb er auch geschichtliche und ästhetische Studien und hat auch als ästhetischer Kritiker lange großen Einfluß geübt. Die Ergebnisse seiner vielseitigen schriftstellerischen Thätigkeit legte er größtentheils in Zeitschriften nieder, namentlich der „Mnemosyne eller Samling af fädrelandske Minder og Skildringer“ (Kopenhagen 1830—33); von 1811—32 gab er heraus „Theologisk Bibliothek“ und „Nytt theologisk Bibliothek“ (40 Bde.); 1811—18 war er der ästhetische Recensent und 1830—33 der Redakteur der „Dansk Litteratur-Tidende“ und lieferte zugleich theologische, geschichtliche und philologische Recensionen.

2) **Jens Peter**, dänischer Landschaftsmaler, geboren 1783 in Faaborg auf Fünen, bildete sich zuerst in Kopenhagen aus, machte dann 1810 eine Reise nach Paris und kehrte 1815 von dort über die Schweiz, deren großartige Natur ihn dermaßen ansprach, daß seine meisten nachherigen Gemälde schweizer Landschaften darstellen, nach Kopenhagen zurück; auch machte er späterhin noch öfter Reisen sowohl nach der Schweiz, als nach Norwegen, um sich Stoff für seinen Pinsel zu holen. In Kopenhagen ward er Mitglied der Akademie, Konservator bei der königlichen Gemäldesammlung und 1834 auch Inspektor der moltke'schen Gallerie. Er † 1854. Seine Gemälde zeichnen sich durch ein fleißiges und ernstes Naturstudium, sowie durch gute Farbenwahl aus.

3) **Poul Martin**, dänischer Dichter u. Schriftsteller, geboren den 21. März 1794 bei Veile, besuchte nach einander die gelehrten Schulen in Rakskov und Nykjöbing und studirte dann in Kopenhagen Theologie, widmete sich aber daneben mit Vorliebe dichterischen Arbeiten. Zuerst veröffentlichte er eine Uebersetzung des 9. Buches der Odyssee, sowie die nordische Erzählung „Eivind Skaldaspiller“ und das Gedicht „Torbisten og Fluen“. Nachdem er darauf einige Zeit als Hauslehrer auf dem Lande verlebt hatte, kehrte er (1818) nach Kopenhagen zurück, woselbst damals die baggesen-öhlenschlägersche Fehde in vollem Gange war, und nahm an derselben, auf Oehlenschlägers Seite stehend, in prosaischen und poetischen Schriften lebhaften Antheil. Im munteren Kreise lebend, dichtete er damals auch mehre treffliche Studentenlieder. Von Reiselust getrieben, ging er im Herbst 1819 als Schiffspastor mit nach China. Seine Erlebnisse auf dieser Fahrt schildern die „Optegnelser på Reisen til China“. Im Jahre 1821 in die Heimat zurückgekehrt, widmete er sich mit Eifer philologischen, philosophischen und dänisch-historischen Studien und begann zu gleicher Zeit einen Roman, von welchem er späterhin in „En dansk Students Eventyr“ mehre Partien benutzte. Im Jahre 1822 wurde er als Adjunkt im Lateinischen und Griechischen bei der Metropolitanschule in Kopenhagen angestellt und lieferte nun mehre Gedichte, Abhandlungen und Recensionen, sowie auch eine Uebersetzung der sechs ersten Gesänge der Odyssee. Als Lektor der Philosophie nach Christiania berufen, hielt er hier Vorlesungen über Psychologie, Logik, Metaphysik und Ethik; 1828 ward er zum Professor befördert. Um diese Zeit lieferte er ein dramatisches Gedicht in Einem Akt, „De opdigtede Historier“ (aufgeführt in Kopenhagen 1855), sowie einige kleine Gedichte. Im Jahre 1831 ward er als Professor der Philosophie nach Kopenhagen zurückberufen. Außer seinen Vorlesungen wirkte er jetzt durch die Zeitschrift „Maanedsskrift for Litteratur“; auch ließ er einige Gedichte, „Revuen“ (1837) und „Konstneren mellem Oprørerne“ (1838), drucken. Er † am 31. März 1838. Seine „Efterladte Skrifter“ wurden herausgegeben von seinem Halbbruder Chr. Winther und andern Freunden (Kopenhagen 1839—43, 3 Bde.; 2. Aufl., 1848—50, 6 Bde.; 3. Aufl. 1855—56, 6 Bde.); sie enthalten zugleich eine vortreffliche Biographie M.s, abgefaßt von Olssen.

4) **Peter Ludwig**, dänischer Aesthetiker, geboren den 18. April 1814 in Aalborg, wi[illegible]mete sich zu Kopenhagen theologischen, dann besond[illegible]rs ästhetischen Studien, gab bereits 1840 ein[illegible]n Band „Lyriske Digte“ heraus und gewann (1841) die goldene Medaille der Universität für eine [illegible]sthetische Abhandlung über den Geschmack für die [illegible]ichtkunst in Frankreich in den späteren Zeiten, wov[illegible] in dem von ihm und Andern herausgegebenen ä[illegible]hetischen Jahrbuche „Gäa“ Bruchstücke abgedruckt si[illegible] (1845). Eine 1842 nach Norwegen gemachte So[illegible]merreise gab ihm (1846) ebenfalls Stoff zu Mitthei[illegible]ungen in der „Gäa“. Nachdem er eine bedeutende [illegible]hätigkeit als Kritiker entwickelt hatte, sammelte er (1847) eine Auswahl seiner „Kritiske Skizzer 1840—[illegible]“, sowie den größten Theil seiner Gedichte unter [illegible]em Titel „Billeder og Sange“ und trat dann, [illegible]nterstützt

durch ein königliches Stipendium, eine Reise ins Ausland an; er hielt sich 1848—50 in Deutschland auf und lieferte nicht wenige Beiträge zur Aufklärung der literarischen und politischen Zustände in Dänemark; späterhin ließ er sich in Paris nieder. Unter dem Pseudonym Otto Sommer sind von ihm erschienen ein Band Gedichte unter dem Titel „Lövfald" (Kopenhagen 1855) und die interessante Arbeit „Det nyere Lystspil i Frankrig og Danmark" (das. 1858).

Mölln (Mulne), Stadt im Herzogthum Lauenburg, an der Steckenitz u. dem Möllnsee, mit landwirthschaftlichem Verein, Sparkasse, Eisengießerei, Leuchtgas-, Essig-, Mauerstein-, Dachpappe- und Lichtefabrik, 6 Tabaks- und Cigarrenfabriken, Bierbrauereien, Branntweinbrennereien, Handel mit Getreide, Bau- und Brennholz u. 3400 Einwohnern. Hier befindet sich das angebliche Grabmal Till Eulenspiegels. Die Stadt gehörte 1359—1748 zu Lübeck. Hier am 17. August 1813 Gefecht zwischen den Franzosen und Tettenborns Kosaken.

Mömpelgard, s. Montbéliard.

Mönch (v. lat. monachus), in der römisch- und griechisch-katholischen Kirche eine Person männlichen Geschlechts, welche in Zurückgezogenheit von der Welt in Gemeinschaft mit Anderen nach gewissen Regeln (Mönchsregeln) ascetischen Uebungen obliegt u. unter der unmittelbaren Aufsicht von Obern den abgelegten Gelübden der Armuth, Keuschheit u. des unbedingten Gehorsams gegen die Befehle seiner Vorgesetzten (Mönchsgelübde) gemäß lebt. Ueber das Mönchswesen im Allgemeinen s. Kloster u. Orden (geistliche); über die einzelnen Mönchsgesellschaften (Mönchsorden) und deren besondere Zwecke s. die diesen gewidmeten Artikel. Vergl. Weber, Die Möncherei oder geschichtliche Darstellung der Klosterwelt, Stuttgart 1819—20, 3 Bde.; 2. Aufl. 1834; Döring, Geschichte der Mönchsorden, Dresden 1828, 2 Bde.

Mönchgut, die südöstliche Spitze der Insel Rügen, mit dem Vorgebirge Peerd (Pferd), zählt 12 Dörfer und 700 Einwohner, die sich in Sprache, Kleidung und Gebräuchen von allen Einwohnern Rügens unterscheiden.

Mönchslatein (Klosterlatein), das Latein, das namentlich im Mittelalter in den Klöstern gesprochen und wegen barbarischer, der jedesmaligen Landessprache nachgebildeter Wendungen sprüchwörtlich für schlechtes Latein gebraucht wurde.

Mönchsschrift (gothische, neugothische Schrift), gewöhnliche Bezeichnung derjenigen Schriftgattung, in welcher die Urkunden und Handschriften des Mittelalters vom 13.—16. Jahrhundert geschrieben sind. Sie entstand aus der römischen Schrift und nahm unter den Händen der Mönche durch Verzierungen und Schnörkeleien eine mehr eckige und winkelreiche Gestalt an, daher sie in der diplomatischen Kunstsprache eckige Minuskel genannt ward. Am schönsten erscheint sie in der sogenannten Missaltype. Aus den romanischen Sprachen ward sie durch die runde römische (Antiqua), aus der deutschen durch die noch jetzt übliche Druckschrift (Fraktur) verdrängt, welche letztere sich im Laufe des 16. Jahrhunderts aus ihr entwickelte. Neuere Nachahmungen sind das englische black letter bei Verzierungen und Prachtdrucken, das Neugothische oder pariser Gothische.

Mönchswesen, s. Kloster, vergl. Mönch.

Mörder, s. Mord.

Mörike, Eduard, deutscher Dichter, geboren zu Ludwigsburg am 8. September 1804, empfing seine wissenschaftliche Vorbildung im Seminar zu Urach und studirte sodann im Stift zu Tübingen Theologie. Nachdem er als Pfarrgehülfe in verschiedenen Gegenden Würtembergs thätig gewesen, erhielt er die Pfarrstelle zu Cleversulzbach. Kränklichkeit veranlaßte ihn aber bald zur Niederlegung seines Amtes. Er privatisirte einige Jahre in Mergentheim und übernahm dann eine Lehrstelle am Katharinenstift zu Stuttgart, in der er sich noch jetzt befindet. M.'s erstes Werk, der Roman „Maler Nolten" (Stuttgart 1832), jetzt in unverdiente Vergessenheit gerathen, ist, trotz einer es beherrschenden ungesunden Tendenz, von ungemein reichem poetischen Gehalt, voll Frische und Ursprünglichkeit. Anspruchsloser, aber gleichfalls die Gaben einer wahrhaft edlen, keuschen und lieblichen Muse sind die späteren erzählenden Dichtungen M.'s: „Das Stuttgarter Hutzelmännlein" (Stuttgart 1853), ein überaus reizendes Märchen voll köstlichen, ächt schwäbischen Humors; die Novelle „Mozart auf der Reise nach Prag" (das. 1854); die „Vier Erzählungen" (das. 1857) und die anmuthige „Idylle vom Bodensee" (das. 1846, 2. Aufl. 1848). M.'s eigentliche Bedeutung aber liegt in seiner Lyrik (Gedichte, Stuttg. 1838; 3. Aufl. 1856). Durchaus originell, zierlich in der Form, reich an Zügen liebenswürdiger Schalkhaftigkeit, von seltener Frische und plastischer Abrundung nehmen seine Lieder, unter denen einige auf das glücklichste den Volkston getroffen, seine epigrammatischen Dichtungen, sowie seine, antiken Mustern in freier Selbstständigkeit nachgebildeten kleinen Idyllen und Elegien unter den Erzeugnissen der nachgoethe'schen Lyrik eine der ersten Stellen ein.

Möris, berühmter Landsee im alten Aegypten, auf der Westseite des Nil, nach der Sage ein Werk des alten Königs Möris u. zur Aufbewahrung und späteren Benutzung des überflüssigen Nilwassers bestimmt, daher durch einen Kanal mit dem Nil zusammenhängend, hielt im Umfang 3600 Stadien u. war bis 50 Klaftern tief. Sechs Monate floß das Wasser aus dem Nil in den See, die anderen 6 Monate aber durch einen zweiten Kanal aus dem See wieder in den Fluß. Ein dritter Kanal, der das westliche Gebirge durchschnitt, soll dem überflüssigen Wasser Abfluß in die libysche Sandwüste verschafft haben. Der See war so fischreich, daß der Ertrag der Fischerei in demselben in den Regenmonaten sich täglich auf 1 Talent und in den trockenen Monaten gar auf 20 Minen (über 300,000 Thaler) belaufen haben soll. In der Mitte des See's befanden sich zwei 400 Ellen hohe Pyramiden und auf beiden Seiten derselben steinerne Kolossalstatuen. Der See war aber jedenfalls kein Menschenwerk, sondern von Natur vorhanden. Er hieß nach neueren Forschungen Piom en Mere, woraus erst die Griechen einen König Möris machten, auf den sie dann übertrugen, was sie von den Aegyptern über den Urheber des See's vernahmen. Dieser König hieß bei den Aegyptern Amenemha III., war der vorletzte König der 12. Dynastie u. regierte um 2150 v. Chr. Man hält den Birket el Kerun in der Provinz El Fayûm für den Mörissee.

Möris, Aelius, mit dem Beinamen Atticista,

griechischer Grammatiker, lebte im 2. Jahrhundert n. Chr. unter Kaiser Hadrian und verfaßte unter dem Titel „Lexicon Atticum" ein kleines Wörterbuch, worin Ausdrücke oder besondere Formen der älteren Schriftsteller Athens zusammengestellt und durch die entsprechenden, später aufgekommenen erklärt werden. Am besten wurde dasselbe von Koch (Leipz. 1830—31, 2 Bde.) bearbeitet u. der bloße Text zuletzt von Bekker zugleich mit dem „Harpocration" (Berlin 1833) herausgegeben.

Mörlin (Morlin), Joachim, eifriger Vorkämpfer der strengen lutherischen Richtung im Reformationszeitalter, geboren den 6. April 1514 zu Wittenberg, fungirte seit 1537 nach einander als Diakonus daselbst, Pfarrer in Eisleben, Superintendent in Arnstadt, hierauf in Göttingen, Pfarrer zu Königsberg, Pastor primarius in Braunschweig und wieder Pfarrer zu Königsberg und † als Bischof in Samland den 23. Mai 1571. Die starrste Auffassung der lutherischen Orthodoxie vertretend, betheiligte er sich fast an allen theologischen Streitigkeiten jener Zeit, namentlich den osianderschen, durch Flugschriften und schrieb außerdem u. A. einen Katechismus, eine Postille und Psalterpredigten.

Mörs (Meurs), ehemaliges deutsches Fürstenthum, das von den Herzogthümern Kleve u. Berg, dem Erzstift Köln, dem Herzogthum Geldern u. dem Rhein begrenzt wurde und einen Flächenraum von etwa 6 □Meilen mit 28,000 meist reformirten Einwohnern umfaßte, stand im Mittelalter unter den Grafen von M., die auf der Grafenbank des westphälischen Kreises Sitz und Stimme hatten und bei Kleve zu Lehn gingen. Das Wappen war ein schwarzer Querbalken im goldenen Felde. Durch die Verheirathung der Tochter des letzten Grafen, Friedrich von M., mit dem Grafen Wilhelm III. zu Wied und Isenburg, ging M. an diesen über und sodann wieder an dessen Schwiegersohn, den Grafen von Nuenar oder Nuevenar. Nach dem Tode des letzteren vermachte die Gräfin, trotz der vertragsmäßigen Ansprüche Kleve's, die Grafschaft dem Prinzen Moritz von Nassau-Oranien, bei dessen Hause sie verblieb, bis nach dem Tode Wilhelms III., Königs von Großbritannien (1702), der König Friedrich I. von Preußen als Herzog von Kleve sie in Besitz nahm und 1708 zu einem Fürstenthum erheben ließ, aber ohne Sitz und Stimme im Reichsfürstenrathe zu erhalten. Im lüneviller Frieden von 1801 wurde M. mit dem linken Rheinufer an Frankreich abgetreten und dem Roerdepartement einverleibt; durch den pariser Frieden von 1814 kam es an Preußen zurück und gehört gegenwärtig, unter die Kreise Geldern und Krefeld vertheilt, dem preußischen Regierungsbezirke Düsseldorf an. Vergl. Altgelt, Geschichte der Grafen und Herren von M., Düsseldorf 1846. Die ehemalige gleichnamige Hauptstadt, an der Euler, in der preußischen Rheinprovinz, Regierungsbezirk Düsseldorf, Kreis Mörs, liegt 3¾ Meilen nordnordwestlich von Düsseldorf, hat 3400 Einw., ein Landrathsamt, Friedensgericht, eine Posterpedition, eine evangelische und katholische Kirche, ein evangelisches Schullehrerseminar, ein Progymnasium, eine Irrenanstalt u. ein altes Schloß. Die Stadt hat nicht unbeträchtliche Fabriken zur Fabrikation von Tuch, Strümpfen, Flanell, Barchent, Leinen-, Wollen-, Baumwollen- und Seidenzeuchen, Zwirn, Posamentierwaaren und Seife; sie besitzt ferner Streichgarnmaschinenspinnereien, Branntweinbrennereien u. Färbereien. In der Nähe werden römische Alterthümer gefunden u. ausgegraben, namentlich neuerdings römische Meilensteine.

Mörser, halbkugelförmiges Gefäß, worin mittelst einer Keule allerlei Gegenstände zerstoßen und zerrieben werden, gewöhnlich von gegossenem Eisen od. Glockenmetall, zum Zerreiben für chemische u. pharmaceutische Zwecke aber auch von Serpentinstein, Achat, Marmor, Glas, Stahl x. Zur Erleichterung des Stoßens in großen M.n wird die Mörserkeule an einem Hebel oder einer Rolle aufgehängt u. mit dem Fuße getreten. In der Artilleriewissenschaft versteht man unter M. (früher Mortier) ein kurzes, an der Mündung weites Geschütz, welches zum Werfen verschiedener Geschosse, vornehmlich der Bomben, in sehr hohen Bögen, meist unter Richtungswinkeln von 30—60°, gebraucht wird, nicht bloß um jede Deckung vor dem Ziele zu übersteigen, sondern vorzüglich um den Geschossen durch den Fall aus beträchtlicherer Höhe mehr Perkussionskraft zu geben. Die M. traten an die Stelle der früher gebrauchten Blyden, und man bediente sich ihrer bei Belagerungen zum Werfen großer steinerner Kugeln und Kunstfeuer, die aber durch die Erfindung der Bomben außer Gebrauch kamen. Doch bestimmt man in Deutschland noch jetzt das Kaliber des M.s gewöhnlich nach dem Steingewicht der in ihn passenden Bombe, so daß z. B. ein 10pfündiger M. ein solcher ist, in den eine 10pfündige Steinkugel passen würde. In Dänemark und Rußland dagegen wird das Kaliber nach dem wirklichen Eisengewicht der in den M. passenden Kugel, in England und Frankreich nach dem Durchmesser der Bohrung in Zollen bemessen. In der preußischen Armee sind 7-, 10-, 25-, 50- und 75pfündige die gewöhnlichsten. Nur bei außerordentlichen Fällen wendet man noch bisweilen ganz große u. schwere M. (M. à la Pairhans) an. Außerdem hat man besondere M. mit weiter Mündung, um Steine, Spiegelgranaten und Kartätschen zu werfen (Steinmörser). Sie sind meist 13-—15zöllig, erhalten schwächere Ladungen als die anderen M. und haben deshalb geringere Metallstärken, sowie kleinere Kammern. Die See- oder Schiffsmörser sind im Kaliber 10-—13-zöllig, im Metall stärker und häufig auch länger, da sie zur Erlangung größerer Wurfweiten auf größere Ladungen eingerichtet sein müssen als die Landmörser. Kleiner als die 7pfündigen M. sind die Handmörser oder Coehörner und die Schaftmörser, welche zum Werfen einzelner Spiegelgranaten aus Kasemattenscharten bestimmt und deshalb mit einem langen hölzernen Schaft statt der Laffeten versehen sind. Auch hatte man früher sogenannte Doppelmörser, wo von einem und demselben Stoß zwei Seelen ausgingen, woraus gleichzeitig 2 Bomben geworfen werden konnten. Die Einrichtung des Mörserrohrs kommt mit dem der Haubitze überein, nur stehen die Schildzapfen gewöhnlich am Boden u. die Traube fällt weg. Bei den sogenannten Fußmörsern fallen die Schildzapfen weg, das Rohr ist an eine Platte angegossen und bildet mit deren unteren Fläche einen Winkel von 45°. Die schwereren M. werden gewöhnlich von Eisen, die leichteren von Bronze gegossen. Die M. liegen auf einer Art Laffete ohne Räder (Mörserlaffete); zum Transport hat man in mehren Artillerien besonders eingerichtete Mörserwägen. Die zur Aufnahme der M. bestimmten Batterien vor Festungen (Mörserbatterien) sind 3 Fuß in den Erdboden versenkt u. haben keine Schießscharten. Eine Mörserbatterie besteht gewöhnlich aus 2, höchstens 3 M.n. Bedeckte M. (carnotsche Batterien) sind Mörserbatterienstände, die mit Balken, Faschinen und 3—4 Fuß Erde bedeckt u. vorn durch irgend einen vorliegenden Wall gegen die feindlichen Kanonenkugeln geschützt sind, so daß nur eine kleine Oeffnung für die Bomben oben bleibt. In Festungen legt man besondere Mörserbatterienkasematten an, welche vorn, mit Ausnahme einer 6—7 Fuß hohen Brustmauer, offen und nur mit einem Bogen von etwa 12 F. Spannung geschlossen sind, so daß man M. darin aufstellen und unter 45° Elevation Bomben aus ihnen werfen kann.

Mörtel (Mauerspeise, Speiß), eine aus gelöschtem Kalk u. verschiedenen andern Mineralsubstanzen auf nassem Wege bereitete Mischung, die theils zur Verbindung der Mauersteine, theils zum Abputz 2c. dient. Man unterscheidet Luftmörtel, gemeinen Kalkmörtel, u. Wassermörtel, hydraulischen M. (s. Cäment). Ersterer erstarrt nur unter Luftzutritt, aber nicht wie letzterer unter Wasser, wird vielmehr von diesem ausgewaschen u. zerfällt. Man kann deshalb den Luftmörtel nur dort anwenden, wo es sich lediglich um einen Widerstand gegen die Einwirkung der Luft handelt. Für Wasserbauten verwendet man die Cämente. Der gelöschte Kalk ist Kalkhydrat, er zieht an der Luft begierig Kohlensäure an und verwandelt sich in kohlensauren Kalk. Dabei zerklüftet er und bildet zuletzt eine nicht zusammenhängende Masse. Vermischt man dagegen den gelöschten Kalk mit Sand, so bildet sich beim allmähligen Austrocknen eine steinharte Masse. Der zur Mörtelbereitung taugliche Sand muß rein, d. h. frei von Thon und Humus, sein. Kieseliger Sand von quarzigen Felsen ist am meisten zu empfehlen, gegrabener Sand ist dem Fluß- und Seesand vorzuziehen, weil er scharfkörnig ist; beigemengte Erde muß man durch Abschlämmen entfernen. Sand von festem Kalkstein ist sehr brauchbar, und einige thonige Sande haben die Eigenschaft geringer Puzzolanen und geben mit gewöhnlichem Kalk hydraulischen M. Seesand enthält oft so viel Salz, daß dies auswittert und die Mauern verdirbt, er muß daher zunächst mit süßem Wasser gewaschen werden. Gesiebte Steinkohlenasche, Schmiede- und Hohofenschlacken geben ebenfalls guten M. Der Sand soll weder ganz fein, noch zu grobkörnig sein, am besten ist es, wenn die Größe des Korns verschieden, aber mehr fein als grob ist. Feiner weißer Fluß- oder Seesand von gleichmäßigem Korn eignet sich besonders zum Bewurf. Je fetter der Kalk (s. Kalk) ist, um so mehr Sandzuschlag verträgt er, Mergel- und Muschelkalk erfordern eine weit geringere Menge Sand, Kreidekalk erfordert dagegen mehr als Steinkalk. Auf 1 Kubikfuß eingesumpften steifen Kalkbrei nimmt man 1½—2—2½ Kubikfuß Sand oder auf 1 Gewichtstheil fetten Kalk 5–6 Gewichtstheile Sand. Der M. darf nicht mit zu viel Wasser angerührt sein und keine Kalkstreifen zeigen, beim Auftragen müssen die Mauersteine genetzt werden, damit der M. nicht zu schnell trocknet. Guter M. soll so viel Kalk enthalten, daß die Zwischenräume im Sande nur, aber auch vollständig mit Kalkbrei ausgefüllt sind. Ist der M. fetter (kalkreicher), so schwindet u. reißt er, ist er magerer (kalkärmer), so wird er mürbe und zerfällt, besonders unter dem Einfluß des Frostes. Das richtige Verhältniß erfährt man, wenn man ein tarirtes Gefäß mit Sand gestrichen füllt und dann so viel genau abgemessenes Wasser hinzugießt, bis dieses dem Rande des Gefäßes gleich steht. Der Rauminhalt des zugegossenen Wassers ist gleich den Zwischenräumen des Sandes. Ist grober Sand mit feinem gemischt, so erspart man Kalkbrei, die Kalkschicht wird dünner und reißt weniger leicht und die Adhäsion wird vergrößert. Für geringeren Bedarf bereitet man den M. in den Löschbutten, indem man zuerst den Kalk zu Brei löscht und dann den feuchten Sand einrührt; für größere Bauten benutzt man Maschinen, und zwar eine der gewöhnlichen Thonmühle ähnliche Maschine oder eine Göpelmühle mit Wagenrädern, die in einem kreisrunden ausgemauerten Trog laufen. Heusinger von Waldegg beschreibt (Die Kalk-, Ziegel- und Röhrenbrennerei, Leipzig 1861) die Maschine, welche sich beim Bau der hannöverischen Bahn und bei den Hafenbauten in Algier vollkommen bewährt hat. Diese Maschine liefert bei der Bedienung durch Einen Arbeiter in der Stunde 48 bis 50 Kubikfuß ordinären M. und absorbirt nicht ganz eine Pferdekraft. Die erzielte Ersparniß beträgt über 7 Groschen pro 100 Kubikfuß.

Die bindende Kraft des M.s ist zunächst auf Flächenanziehung zurückzuführen. Je scharfkörniger, oberflächenreicher der Sand und je dünner die Mörtelschicht ist, um so fester haftet diese. Schon auf Chausseesteinen, die mit Kalkmilch besprengt werden, bildet sich eine sehr fest haftende Schicht von kohlensaurem Kalk. Allmählig trocknet der M. aus und es bildet sich unter dem Druck des Mauerwerks ein fest werdendes Konglomerat und zugleich wird Kohlensäure verschluckt. Je länger der M. feucht bleibt, um so leichter kann sich krystallinischer kohlensaurer Kalk bilden, der die Festigkeit wesentlich vergrößert. Ist der Luftzutritt beschränkt, so entsteht basisch kohlensaurer Kalk, den man oft im Innern alter dicker Mauern findet. Kann aber Kohlensäure in reichlichem Maße zutreten, was am leichtesten durch die Feuchtigkeit geschieht, da durch das Wasser die Kohlensäure gelöst u. in das Innere der Mauer geführt wird, so geht die Umwandlung rasch vor sich und es entsteht schon in jungem M. neutraler kohlensaurer Kalk. Wenn auch die Bildung des basisch kohlensauren Kalks zur Festigkeit des M.s beiträgt, so dürfte doch eine durch das Alter herbeigeführte Umwandlung in neutralen kohlensauren Kalk kaum vortheilhaft sein, vielmehr die Festigkeit des M.s beeinträchtigen. War der M. mit Quarzsand bereitet, so kann sich kieselsaurer Kalk bilden. Diese Bildung ist aber unwesentlich, denn einmal gibt Kalksand oder dolomitischer Sand ebenfalls sehr festen M. und dann wird der kieselsaure Kalk später durch eindringende Kohlensäure zersetzt, so daß sich freie Kieselsäure im M. findet.

Ueber Gypsmörtel s. Gyps. Lehm mit Wasser erweicht und, falls er zu fett ist, mit Sand magerer gemacht, oder mit gehacktem Stroh vermischt, gibt den Lehmmörtel, welcher als Bindemittel für Lehmsteinwände u. bisweilen auch zum Vermauern der Backsteine im Innern der Gebäude verbraucht wird. Der Lehmmörtel erhärtet nicht, wie der Kalkmörtel, es treten keine chemischen Veränderungen ein. Da er sehr weich verarbeitet wird, so schwindet er stark und kann nur bei niedrigen Mauern u. beim Ausfüllen von Wandfächern mit einiger Sicherheit angewandt werden. Einmal getrocknet, scheidet der Lehmmörtel nicht weiter (wie der Kalkmörtel durch Aufnahme von Kohlensäure) Wasser aus, die mit Lehmmörtel geputzten Zimmer sind daher auch früher bewohnbar, als die mit Kalkmörtel verputzten. Dagegen zieht der Lehmmörtel sehr leicht Feuchtigkeit an. Ausgedehnte Anwendung findet er zum Aufführen des Mauerwerks für gewöhnliche Feuerungsanlagen, auch dient er als Schutzmittel gegen Feuersgefahr, in sofern das damit überzogene Holz ziemlich lange dem Feuer widersteht. Chamottemörtel besteht aus feuerfestem Thon (s. Thon) und dem Pulver der Porzellankapseln, der Chamottesteinbruchstücke oder Quarzsand. Man benutzt ihn zu feuerfesten Mauerwerken. Mischt man Kalkbrei mit gröblich gepulvertem Kalkspath oder krystallinischem Marmor, so erhält man die Masse, aus welcher der Stucco (s. d.) bereitet wird.

Möser, Justus, ausgezeichneter deutscher Staatsmann, Publicist und Historiker, wurde geboren am 14. December 1720 zu Osnabrück, wo sein Vater Kanzleidirektor war. Nachdem M. 1740—42 in Jena und Göttingen die Rechte studirt und daneben eifrige Studien in den schönen Wissenschaften u. der neueren Literatur des Auslands getrieben hatte, erhielt er 1742 in seiner Vaterstadt das Amt eines Sekretärs der Landstände und wurde zwei Jahre später dort Sachwalter. Als solcher zeichnete er sich durch redlichen Freimuth und besonders durch energisches Auftreten gegen die Willkürlichkeiten des damaligen Statthalters von Osnabrück so aus, daß er zum Advocatus patriae, d. h. zum Anwalt des Staats in Rechtsstreitigkeiten, ernannt wurde. Seit 1755 vertrat er zugleich als Syndikus die Rechte der Ritterschaft, befand sich also in einer Stellung, in der er den mannichfaltigsten und vielfach sich durchkreuzenden Interessen gerecht zu werden hatte. Sein eminentes Talent, seine überlegene gründliche Sachkenntniß, seine Uneigennützigkeit und Redlichkeit ließen ihn den so schwierigen Posten in bewundernswürdiger Weise behaupten. Die schwere Heimsuchung des Bisthums Osnabrück durch den siebenjährigen Krieg wurde durch M.s kluges und festes Verhalten in ihren Folgen erheblich gemildert, u. das Vertrauen, welches ihm der Höchstkommandirende der mit Friedrich dem Großen verbündeten Heere schenkte, ersparte dem Lande beträchtliche Summen. Im Jahre 1763 nach London geschickt, um die Zahlung der englischen Subsidiengelder für die Alliirten zu betreiben, bewährte M. auch hier sein hohes staatsmännisches Geschick u. zugleich eignete er sich damals eine gründliche Kenntniß der englischen Institutionen und des britischen Volkscharakters an. Als 1761 die Regierung des Bisthums Osnabrück an den hannöverischen Prinzen Friedrich, den minderjährigen Sohn des Königs von England, fiel, war M. von da an (wenn schon er erst 1768 officiell zum geheimen Referendär ernannt wurde) 20 Jahre hindurch die Seele der gesammten Landesverwaltung. Seine einflußreiche Thätigkeit hatte mit ungemeinen, in den eigenthümlichen Verhältnissen von Osnabrück begründeten Schwierigkeiten zu kämpfen. In dem kleinen Ländchen, wo sich mehr als irgend anderswo Reste altgermanischen Lebens in Verfassung u. Volkssitte erhalten hatten, fand sich ein seltsames Gemisch von Freiheiten und Einschränkungen des öffentlichen Wesens, und gerade die Eigenthümlichkeit dieser Zustände ist es gewesen, welche M.s politische Einsicht zu einer Höhe gelangen ließ, auf der er geradezu alle seine deutschen Zeitgenossen überragte. Er † am 8. Januar 1794. M. war eine Persönlichkeit von kerngesundem Schlage, stark und groß an Gestalt, humoristisch und voll festen Ernstes, treuherzig und Vertrauen weckend, ein deutscher Mann im besten Sinne des Wortes. Als Schriftsteller nimmt er im Fach der Publicistik und Geschichtschreibung eine hervorragende Stellung ein. Er begründete 1766 die „Wöchentlichen osnabrückischen Intelligenzblätter", die von ihm bis in die Mitte des Jahres 1782 geleitet, bis 1792 mit Beiträgen ausgestattet wurden. Aus den für diese Zeitschrift verfaßten Abhandlungen stellte er 1774 eine Auswahl unter dem Gesammttitel „Patriotische Phantasien" (3. Aufl., herausgegeben von seiner Tochter J. von Voigt, Berl. 1804, 4 Bde.) zusammen. Er hatte in ihnen nach seinen eigenen Worten die Aufgabe zu lösen versucht, „verkannten Wahrheiten unter einer angenehmen Hülle unvermerkt Eingang zu verschaffen, menschlichere Gesinnung zu verbreiten, häusliche Mäßigkeit zu befördern, durch feinere Empfindungen u. besseren Geschmack die Bewohner seiner abgelegenen Heimat zu bilden". Diese Aufsätze sind in ihrer Mehrheit unvergleichliche Muster populärer Behandlung der verschiedenartigsten Gegenstände, kleine Meisterwerke und Kabinetsstücke voll klarer Gedankenfülle, humoristischer Laune, psychologischen Tiefblicks, politischer u. volkswirthschaftlicher Weisheit, gründlichen Wissens u. sittlichen Ernstes. M. erscheint darin, nach Goethe's treffender Charakteristik, „als der gesunde Menschenverstand selbst, immer froh, mehr oder weniger ironisch, durchaus tüchtig, wohlmeinend, ja manchmal derb u. heftig und dies Alles so angemessen, daß man zugleich den Geist, die Leichtigkeit, Gewandtheit, den Geschmack und Charakter des Schriftstellers bewundern muß". In Form und Ton verrathen die „Patriotischen Phantasien" zwar entschieden das Vorbild der addisonschen Manier, aber volles Eigenthum M.s ist der sie beseelende Geist. Neben reinster Natürlichkeit bekunden die kleinen Abhandlungen ein entschieden künstlerisches Talent ihres Verfassers, wie denn M. u. A. auch durch seine gegen Gottsched gerichtete Abhandlung „Harlekin od. Vertheidigung des Groteskkomischen" in dem Aufsatz „Ueber die deutsche Sprache und Literatur" sehr helle ästhetische Einsichten an den Tag gelegt hat. Am bewundernswürdigsten erscheint er jedoch in der Klarheit und dem geradezu divinatorischen Tief- und Scharfblick seiner volkswirthschaftlichen und politischen Ueberzeugungen. Zeigte er sich auch auf diesem Gebiet in Einzelheiten durch grobe Irrthümer u. durch eine Art hartherziger Verbissenheit in gewisse, der ächten Humanität entschieden entgegenstehende Theorien und Grundsätze beschränkt, so entwickelt er doch andererseits in seinen Ideen über Gewerbe- u. Handelsfreiheit, Schwurgerichte, Volksbewaffnung rc. Anschauungen, die ihn seinem Zeitalter fast unbegreiflich weit vorgeeilt darstellen. Der Einfluß, den er als gelehrter und zugleich ächt populärer Schriftsteller geübt hat, ist unberechenbar. Sogar die in unserem Jahrhundert, vorzüglich unter den Händen der „Romantiker", erblühten Studien ſprachwiſſenſchaftlicher und rechtswiſſenſchaftlicher Richtung laſſen ſich als theilweiſe in ſeinen dieſem Gebiet angehörigen fruchtbaren Gedanken wurzelnd nachweiſen. Nicht geringere Bedeutung als der Publiciſt hat der Hiſtoriker M. Mitten in den Stürmen des ſiebenjährigen Kriegs und ſeinen mühſeligen Geſchäften entwarf er ſeine „Osnabrückiſche Geſchichte" (Osnabrück 1768, 2 Bde.; 2. umgearbeitete Aufl., Berlin 1780; 3. Aufl. 1820), ein Werk, in welchem, beſonders in der Einleitung, die hiſtoriſche Darſtellung, als „Naturgeſchichte der politiſchen Verfaſſung" aufgefaßt, in ſo großartiger Anlage u. mit ſo weit gedehnter wiſſenſchaftlichen Perſpektive auftritt, daß auch hier M. als vorbildender und mit einer Art wiſſenſchaftlicher Sehergabe ausgeſtatteter Genius erſcheint. Das Gleiche gilt von einzelnen Abhandlungen hiſtoriſcher Art in den „Phantaſien". Auch als Dichter hat ſich M. verſucht, doch zeigt er in ſeinem Trauerſpiel „Arminius" (Hannover und Göttingen 1749) ſich noch gänzlich in der Enge gottſchediſcher Aeſthetik befangen. Die ſämmtlichen Werke M.s gab Abeken in 10 Bänden (Berlin 1842—44) heraus. Vergl. Nikolai, Leben Juſtus M.s (Berlin und Stettin 1797); Kreyſſig, Juſtus M. (Berlin 1857). Am 12. September 1836 wurde ein Denkmal M.s, entworfen von F. Drake, in ſeiner Vaterſtadt aufgeſtellt.

Möſien (lat. Moesia, bei den Griechen auch Mysia), römiſche Provinz im Süden der unteren Donau, erſtreckte ſich von der Mündung der Save bis an den Pontus, ſo daß der Fluß die Weſt- und das Meer die Oſtgrenze machte, während gegen Norden die Donau, gegen Süden der Hämus die Grenze bildete. Der Fluß Ciabrus (jetzt Zibriz) theilte das Land in zwei Theile, in einen weſtlichen (Obermöſien) und einen öſtlichen (Niedermöſien). In den älteſten Zeiten ſchwärmten die Scythen hier umher, mit denen ſich dann die Geten verbanden. Von dem celtiſchen Volke der Scordisker wurden die Geten jenſeits der Donau verdrängt; doch blieben noch einzelne Schwärme derſelben zurück. Außerdem wohnten noch verſchiedene Völkerſchaften hier, die ſich endlich alle den Römern unterwerfen mußten. Vorzüglich gründeten Trajans Siege die Herrſchaft der Römer in dieſen Gegenden. Bald nachher wurden dieſe der Schauplatz der Einfälle der Barbaren. Zuerſt nahmen die ſlaviſchen Jazygen, dann die Gepiden und endlich die Oſtgothen davon Beſitz. Dann kamen die Slaven und ſetzten ſich vorzüglich in Obermöſien feſt, und endlich nahmen das Land die Bulgaren ein, von denen daſſelbe noch jetzt größtentheils bewohnt wird. M. macht jetzt die Landſchaften Serbien und Bulgarien aus. Unter den Städten, die in dem Lande hauptſächlich unter römiſcher Herrſchaft entſtanden, ſind in Obermöſien Viminacium (Widdin), Singidunum (unweit Belgrad), Naiſſus (Niſſa) und Scopi (Uskub), in Niedermöſien außer der Stadt Tomi am ſchwarzen Meere, in deren Nähe Ovid in der Verbannung lebte, Marcianopolis, Sardica (bei dem jetzigen Sophia), an der Donau Ariopolis (Raszovat), Doroſtorum (Siliſtria) und Nicopolis zu nennen.

Moesius lacus (lat.), ſ. v. a. Bodenſee.

Möskirch (Meßkirch), Amtsſtadt im badiſchen Seekreis, an der Ablach, mit Schloß, ſäkulariſirtem Kapuzinerkloſter, ſchöner alten Kirche mit einem Altargemälde von Schäuffelin, Oel- und Sägemühlen und 1730 katholiſchen Einw. Am 5. Mai 1800 ſiegten hier die Franzoſen unter Moreau über die Oeſterreicher unter Kray. In der Nähe die Burgruine Falkenſtein.

Möſtrich, zum Tiſchgebrauch mit Eſſig zubereiteter Senf.

Möttling (Metlika), Stadt im öſterreichiſchen Herzogthum Krain, am Oberchbach, am Uskochenberge, mit Deutſchordenskommende, Schloß, Wallfahrtskirche und 1050 Einw., war früher Hauptort der windiſchen Mark.

Möven (Laridae), Familie der Schwimmvögel, wird charakteriſirt durch ſehr lange, ſchmale u. ſpitzige Flügel, dreizehige, mit einer freien Hinterzehe verſehene Schwimmfüße, einen ſeitlich ſtark zuſammengedrückten, ſcharfſchneidigen, bisweilen leicht gekrümmten Schnabel, die Befiederung der Zügel- u. Kehlgegend und die in freien Naſengruben ſich öffnenden Naſenlöcher und durch große Flugkraft ausgezeichnet. Sie leben geſellig meiſt an den Seeküſten, wo ſie gemeinſame Brüteorte haben, nähren ſich von Molluſken und Fiſchen und erhaſchen ihre Beute, indem ſie an der Oberfläche des Waſſers hinſtreifen oder auch auf geringe Tiefe tauchen. Zu der Familie der M. gehören außer der Gattung Möve die Gattungen Seeſchwalbe (Sterna *L.*), Scheeren- od. Verkehrtſchnabel (Rhynchops *L.*) u. Scheidenvogel (Vaginalis *Gm.*). Die Gattung Möve (Larus *L.*) zeichnet ſich durch die hakig abwärts gebogene gewölbte Spitze des Oberkiefers und durch einen gerade abgeſtutzten Schwanz aus u. umfaßt gefräßige Vögel, welche in großen Schaaren an den Meeresküſten leben, aber nur ſelten ſchwimmen. Ihre Hauptheimat ſind die nördlichen Meere und Küſten, von wo ſie zum Theil im Herbſte ſüdlich ziehen. Ihre Hauptnahrung ſind Fiſche, Weichthiere, auch Aas. Sie niſten auf ſandigen Ufern, Felſen, Wieſen und legen wenig Eier. Die Jungen ſind mit dichtem Flaum beſetzt und werden lange auf dem Lande gefüttert. M. und Seeſchwalben zeigen, ſobald ſie ſich ſehen laſſen, dem Schiffer die Nähe des Landes an, weil ſie ſich ohne Noth nie weit vom Ufer entfernen. Wenn ſie ſich ins Innere des Landes begeben, ſo iſt dies ein Zeichen von eintretendem ſchlechten Wetter. Ihre Eier ſind ſchmackhaft, ihr Fleiſch aber iſt wegen des thranigen Geſchmacks faſt ungenießbar. Die Mantelmöve (L. marinus *L.*), 27 Zoll lang, weiß mit ſchwarzem Rücken und Flügeln, deren Spitzen jedoch weiß ſind, gelbem Schnabel und fleiſchfarbenen Füßen, findet ſich im Eismeer und im Nordmeer, von Island an bis zu den Orkaden und Hebriden und kommt des Winters auch an Deutſchlands Küſten. Die Silbermöve (L. argentatus *Bruenn.*), 21 Zoll lang, weiß, auf Rücken und Flügel bläulichgrau, mit gelbem Schnabel und gelblich fleiſchfarbenen Flügeln, kommt in der gemäßigten Zone von Europa und Amerika, bisweilen am Rhein und Bodenſee vor und brütet auf den Dünen. Sie findet ſich auch zahlreich am kaspiſchen Meer, am Baikalſee und in den ruſſiſchen Flüſſen, welche ins Eismeer fallen. Die Häringsmöve (L. fuscus *L.*), 19 Zoll lang, weiß, an Rücken u. Flügel bräunlichſchwarz mit ſchwarzen Schwungfedern, gelbem Schnabel und gelben Füßen, findet ſich häufig im Nordmeer, kommt auch an die Nord-

und Ostsee u. findet sich des Winters häufig an den Küsten von Nordamerika und selbst bis Jamaica, auch im Mittelmeer. Die weiße Möve (L. eburneus *Gmel.*, Rathsherr), 19 Zoll lang, schneeweiß, mit schwarzem Schnabel u. schwarzen Füßen, wohnt im höchsten Norden an den Küsten von Spitzbergen und Grönland, von wo sie sich bisweilen nach Europa verirrt. Die Sturmmöve (L. cyanorhynchus *Meyer*, blaufüßige Möve), 15 Zoll lang, ganz weiß mit hellgrauem Rücken und Flügeln von derselben Farbe, gelbem Schnabel und gelben Füßen, haust an den Küsten der Ost- und Nordsee u. kommt des Winters bisweilen auf deutsche Seen. Die Lachmöve (L. ridibundus *L.*, rothfüßige Möve), 15 Zoll lang, mit rothem Schnabel u. rothen Füßen, bewohnt schaarenweise die nordischen u. norddeutschen Küsten, Flußmündungen und großen Landseen, schreit krähenartig und liefert brauchbare Federn. Die Zwergmöve (L. minutus *Pall.*) ist 1 Fuß lang, weiß mit schwarzem Kopf, rostrothem Schnabel und hochrothen Füßen. Ihre Heimat sind eigentlich die Flüsse u. Seen Sibiriens, doch kommt sie auch an die Ostsee und brütet auf den dortigen Inseln u. hat sich sogar bis auf den Bodensee verirrt. Die dreizehige Möve (L. tridactylus *L.*) gleicht der Lachmöve fast ganz, ist aber etwas größer, 15 Zoll lang und hat eine sehr kurze Hinterzehe ohne Nagel, ein graublaues Band auf dem Nacken, schwarze Flügelspitzen, einen grünlichgelben Schnabel u. einen rothen Ring um die Augen. Ihr Aufenthalt sind die nordischen Gewässer bis Island und Grönland, und sie kommt nur im Winter auf unsere Seen. Sie geht sehr dem Wallfischspeck nach u. läßt sich damit an Angeln fangen. Die weißschwingige Möve (L. leucopterus *Fab.*), 20 Zoll lang, mit langen weißen, den Schwanz überragenden Schwingen, blaugrauem Mantel und gelbem, am Grunde rothem Schnabel, bewohnt die arktischen Küsten, namentlich Grönlands und Islands, kommt aber auch an die Ostsee. Den höchsten Grad der Ausbildung erreicht die räuberische Natur der M. in der Untergattung Raubmöve (Lestris *Ill.*), charakterisirt durch die Wachshaut am Grunde des Schnabels und die vor der Mitte des Schnabels stehenden spaltförmigen Nasenlöcher, deren Arten, selbst schlechte Stoßtaucher, andern geschickt und fleißig fischenden Seevögeln, vorzüglich den kleineren M., die Beute wieder abjagen. Dahin gehört die Schmarotzerraubmöve (L. parasitica *L.*), über $1^1/_2$ F. lang, wovon der Schwanz über $^1/_3$ wegnimmt u. die Flügel fast ebenso lang sind, braunschwarz, unten weiß, auf dem Scheitel schwarz, auf der Brust mit einem braunen Querstreifen, findet sich sehr häufig im Nord- und Eismeer, an den Küsten von Norwegen und Schweden, auf den Hebriden, Farörn, Island und Grönland und geht bis nach Kamtschatka. Im September zieht sie südlich. Die große Raubmöve (L. Catarrhactes *Gm.*), 20 Zoll lang, wovon der Schwanz $^1/_3$ wegnimmt, dunkelbraun, unten fast rostfarben, bewohnt den höhern Norden, besonders Grönland, Island und die Farör. Sie brütet gesellschaftlich, stiehlt den Sturmvögeln u. anderen ihre nackten Jungen und trägt sie oft 2 Meilen weit im Schlunde herbei, um sie den Ihrigen zu bringen. Sie verschlingt Alles, was Fleisch ist, Lebendiges u. Todtes, raubt nicht bloß Eier u junge Vögel, sondern zerschmettert mit einem einzigen Stoß dem Papageitaucher den Schädel, hackt neugeborenen Lämmern die Augen und das Gehirn aus und stößt sogar mit Wuth auf die Menschen, wenn sie sich ihrem Neste nähern. Die Eier sind sehr schmackhaft.

Mosetten (ital. mosetti), die kürzere oder längere Zeit andauernden Kohlensäureexhalationen, welche entweder während des Endes einer vulkanischen Eruption, oder unmittelbar, manchmal aber auch erst in längerer Frist nach derselben in der Nähe eines Vulkans hervorbrechen. Der Name M. ist dann auch auf die permanenten Ausströmungen von Kohlensäure übertragen worden.

Moffat, Kirchspiel und Stadt in der schottischen Grafschaft Dumfries, mit 3100 Einw., hat in der Nähe Mineralquellen, darunter die berühmtesten Hartfell-Spa u. Moffat-Well sind. Moffat-Hills ist der Name einer zwischen den schottischen Grafschaften Dumfries und Lanark sich hinziehenden Gebirgskette.

Mogador (Suirah), Stadt im Kaiserthum Marokko, an der Küste des atlantischen Oceans, ist befestigt, hat einen durch die gleichnamige kleine Insel gebildeten besuchten Hafen, zählt an 18,000 Einwohner, worunter mehr als 4000 Juden, die in einem besonderen Stadtviertel leben und den Handel größtentheils in den Händen haben. Ausfuhrartikel sind Wolle, Gummi, Wachs, Häute, Mandeln, Olivenöl, Datteln, Straußenfedern und Goldstaub; Einfuhrartikel: Zucker, Eisen, Zinn, Leinwand und Baumwollenzeuche rc.

Moghrib (Maghreb, d. i. der Westen, daher das Abendland), bei den Arabern ganz Nordafrika, mit Ausnahme von Aegypten, von den Moghribin bewohnt, eingetheilt in die Sahara, Biled-ulgerid und Tell (d. i. Hochland), das Land der Berbern, und das letztere wieder in Afrikiah (Tripolis und Tunis), Moghribausath (mittleres Abendland, Algier) und M. ul Aksa (äußerstes Abendland, Marokko).

Mogilalie (v. Griech.), erschwertes Sprechen.

Mogilas, Petrus, geboren um 1597, rumänischer Abkunft, war seit 1632 Metropolit von Kiew und † den 31. Dec. 1646. Er ist der Verfasser der „Orthodoxen Bekenntnißschrift der katholischen und apostolischen Kirche des Morgenlandes" (1642), der Hauptbekenntnißschrift der griechischen Kirche, welche auf der Synode zu Jerusalem 1672 zum Symbol erklärt wurde (herausgegeben von Kimmel, Jena 1843).

Mogilno, Kreisstadt in der preußischen Provinz Posen, Regierungsbezirk Bromberg, an einem See, hat 2 katholische Kirchen und eine evangelische, ein Bernhardinermönchkloster (1065 gestiftet), Leinweberei, Färberei, eine Post und 1840 Einw.

Moguer, Stadt in der spanischen Provinz Huelva in Andalusien, am atlantischen Ocean, alt und ehedem reich u. mächtig, jetzt herabgekommen, hat einen schlechten Hafen und 7330 Einw.

Mogul, s. v. a. Großmogul, s. Ostindien.

Moguntia und **Moguntiacum,** alter römischer Name von Mainz.

Mohacz, Flecken im österreichisch-ungarischen Komitat Baranya, an einem Arm der Donau, die hier die große Mohaczer- od. Margarethen-insel bildet, hat ein festes Schloß, eine katholische und reformirte Kirche, ein katholisches Gymnasium und 11,000 Einw. Historisch berühmt ist der Ort durch die Schlacht am 29. Aug. 1526, welche der letzte ungarische König, der jugendliche Ludwig II., gegen den Sultan Soliman II. verlor. Sie kostete dem König und über 10,000 Ungarn und Deutschen das Leben und führte den Verlust der Selbstständigkeit Ungarns herbei. Am 12. Aug. 1687 lieferte dagegen der Herzog Karl von Lothringen bei M. jene blutige Schlacht, welche den Türken 16,000 Mann kostete und der türkischen Herrschaft in Ungarn ein Ende machte.

Mohair, 1) s. v. a. Angora- oder Kämelhaar. — 2) Gewebe aus reinem Kämelhaar, oder aus diesem mit Baumwolle oder Seide, die besonders in England, in Bradford und Manchester, gewebt werden. In Frankreich werden die Gewebe aus hartem englischen Kammgarn, M. und Alpaka hauptsächlich in Roubain und Lille gefertigt. In Deutschland liefern Chemnitz, Schlesien, Berlin, Gera, Weida und der reichenberger Bezirk in Oesterreich M.s, doch sollen alle diese Gewebe den englischen hinsichtlich der Appretur nachstehen.

Mohammed (Muhammed, Muhamet, arabisch, d. i. der Gepriesene), eigentlich Abul Kasem ben Abdallah M., der Stifter der nach ihm benannten Religion, ward um 570 in Mekka aus dem Stamme der Koreischiten geboren, und zwar aus der Linie Haschem, welche in dem erblichen Besitz der Schlüssel zur Kaaba war und mit dem Schutzamt derselben die Herrschaft über Mekka verband. Seine Aeltern, Abdallah und Amina, müssen arm gewesen sein. Von seinen Jugendschicksalen weiß die Geschichte nur sehr wenig, um so mehr die Legende zu erzählen. Da sein Vater kurz vor oder nach seiner Geburt gestorben war und auch seine Mutter in M.s sechstem Lebensjahre starb, ward der Knabe von seinem Großvater Abdalmuttalib und nach dessen Ableben von seinem edlen Oheim Abu Talib erzogen. Auch dieser war arm, und M. mußte sich seinen Unterhalt durch Hirtendienste erwerben. Auch als untergeordneten Begleiter von Handelskarawanen finden wir ihn. Nach der Legende kam er schon als Knabe und dann wieder als Jüngling mit Abu Talib nach Syrien, und Mönche und Rabbiner erkannten hier seine prophetische Bestimmung. In seinem 25. Jahre heirathete er die reiche Kaufmannswittwe Chadidscha, in deren Dienst er vorher gestanden. Die Ehe war eine glückliche, und mehre Kinder entsprangen ihr, von denen aber nur die Tochter Fatima den Vater überlebte. Um jene Zeit nahm M. den jungen Ali, den Sohn seines Oheims Abu Talib, zu sich. Leider fehlen genaue verbürgte Nachrichten über die gewaltige Veränderung, die in M. gegen sein 40. Jahr vorging und ihn zum Religionsstifter machte. Veranlassung, über die Nichtigkeit der Religion seiner Landsleute nachzudenken, hatte er genug, da bereits einige Mekkaner, u. A. Waraka, ein Verwandter seiner Frau, sich vom Götzendienst losgesagt hatten, da ferner häufig Juden durch Handelsinteressen nach Mekka geführt wurden und auch einige Christen hier wohnten. Eine tiefere Kenntniß vom Juden- und Christenthum ging M. sicher ab; aus Beiden nebst einigen eigenen Zuthaten eine dritte, neue Religion auszudenken, dazu war er zu wenig der Mann der kühlen und scharfen Ueberlegung. Der Satz „Es ist nur Ein Gott", konnte nach dem Erwähnten ihm nicht sehr fern liegen; einmal gefaßt, mag derselbe aber seine Feuerseele entzündet haben; er zog sich brütend in die Einsamkeit zurück, Visionen und Träume kamen dazu, und bald trat der zweite Gedanke ans Licht, daß er, M., von Gott gesandt sei, jene Wahrheit der Welt zu verkünden. Alle ihn erfüllenden Ideen erschienen ihm fortan als absolute Offenbarungen, welche die übrigen Menschen ohne Widerrede hinzunehmen hätten. Es war in M. von Anfang an etwas Krankhaftes; er litt an epileptischen Zufällen, aber auch diese wurden ihm ein Zeichen, daß himmlische Mächte von ihm Besitz ergriffen hätten, und Hallucinationen und Träume bestärkten ihn in diesem Glauben. Aber erst, seit ihm um 610 eine Traumerscheinung in der Einsamkeit des Berges Hira unweit Mekka befohlen, seine Lehre zu verkünden und durch die Schrift seine Offenbarungen zu verbreiten, unterdrückte er die Furcht vor dem Spott u. dem Zorn seiner Landsleute und trat öffentlich als Gesandter Gottes auf. Die ersten Gläubigen waren seine Frau, seine Töchter, sein Pflegesohn Ali, sein Sklave Zaid und sein Freund Abu Bekr, ein Mann von edlem Gemüth und großer praktischer Klugheit, der fortan seine rechte Hand war. Seine übrigen Verwandten, namentlich sein Oheim Abu Lahab, erklärten ihn geradezu für einen Narren. Um so bereitwilliger fielen ihm bald die Sklaven und Leute der untersten Klassen zu. M.s Angriffe auf den Götzendienst in Predigten und fliegenden Blättern, die seine Offenbarungen enthielten, namentlich aber die Besorgniß, daß darunter der Besuch des Heiligthums zu Mekka, mithin ihr Einkommen leiden möge, brachten zwar die Koreischiten nicht wenig gegen den neuen Propheten auf, doch schützte diesen die altarabische Sitte der Blutrache vor thatsächlichen Mißhandlungen; um so härter trafen dieselben die recht- u. schutzlosen bekehrten Sklaven u. Freigelassenen. Uebrigens dürfen wir uns die damaligen Anhänger M.s nicht als eine geschlossene Gemeinde denken; die Stimmung für ihn schwankte vielmehr hin und her. Sein erbittertster Gegner war Abulhakam Amr, von M. Abu Dschahl, d. i. Vater der Thorheit, genannt. In große Verlegenheit brachte den Propheten die oft an ihn gerichtete Forderung, seine Sendung durch ein Wunder zu beglaubigen. Als die Lage der standhaften Gläubigen immer gefährdeter wurde, empfahl ihnen M. selbst das christliche Abessinien als Zufluchtsort, u. Viele, darunter der spätere Khalif Othman, begaben sich dahin, doch kehrten die Meisten bald nach Mekka zurück. Um 607 oder 608 traten zwei energische Männer zu M. über, sein Oheim Hanza und der redliche Omar, fortan neben M. u. Abu Bekr das dritte Haupt der Moslemin. Dagegen war der Tod Abu Talibs ein harter Schlag für M.s Sache, denn hatte sich jener auch nicht für den Neffen erklärt, so hatte er ihn doch stets treu beschützt, während sein Nachfolger in der Würde des Familienhauptes, Abu Lahab, ein entschiedener Gegner M.s war. Auch der Tod seiner Frau und seine wahrscheinlich ziemlich zerrütteten finanziellen Umstände mochten M. Mekka verleiden, kurz er siedelte bald darauf nach dem nächsten größern Ort, Taif, über. Da er jedoch hier einen noch unfruchtbareren Boden für seine Lehre fand, kehrte er bald nach Mekka zurück. Auf dem Rückwege soll er die Vision gehabt haben, in welcher ihn die Genien als Propheten anerkannten. Bald darauf heirathete er Sauda, die Wittwe eines verstorbenen Gläubigen. In diese Zeit scheint auch der Traum zu fallen, in welchem er zuerst nach Jerusalem und dann in den Himmel versetzt ward, und der von ihm als Faden benutzt ward, um eine vollständige Schilderung der jenseitigen Welt daran zu reihen. Vergeblich wandte er sich zur Zeit der Pilgerfahrt mit seiner Predigt an einen Stamm nach dem andern, bis er endlich einige Pilger aus Jathrib von den Stämmen Aus u. Chazradsch gewann, u. aus ihnen erwuchs dann der gewaltige Staat, an dessen Spitze stehend sich der Prophet nach Besiegung aller Feinde wegen der lang erduldeten Schmach trösten konnte. Schon bei der nächsten Pilgerfahrt verpflichteten sich 70 Leute aus beiden Stämmen zu seinem Schutze in Jathrib, und hiermit hatte der Islam eine Heimat gefunden. Nachdem etwa 100 seiner Bekenner dahin ausgewandert, folgten auch M. u. Abu Bekr im Juni 622. Dies ist die Hedschra oder Flucht, von der an die Moslemin ihre Aera beginnen. Jathrib erhielt in der Folge den Namen Almedina, d. i. die Stadt (nämlich des Propheten). Hier stand M. nun an der Spitze einer kriegerischen Gemeinde, und als Häuptling und göttlicher Prophet gebot er unbedingt über die kleine Schaar seiner ausgewanderten Landsleute (Muhadschirun) und die meisten Medinenser, die sogenannten „Hülfsgenossen" (Ansar). Mit viel Takt wußte er sich auch die nicht zu seinen Bekennern zählenden angesehenen Häupter Medina's geneigt zu machen. Zugleich begann er den für die damaligen arabischen Verhältnisse großen und kostbaren Bau einer Moschee, die das zweite Heiligthum des Islams ward (das erste ist die „heilige Moschee" in Mekka, das dritte „die entfernteste Moschee" in Jerusalem). Um die Juden Medina's für sich zu gewinnen, näherte er sich denselben vielfach und nahm selbst einige religiöse Einrichtungen von ihnen an, doch sah er sich in seiner Hoffnung getäuscht. Bald nach seiner Ankunft in Medina verheirathete sich der fünfzigjährige M. mit Abu Bekrs Tochter Aischa, u. fortan mehrte sich die Zahl seiner Frauen alljährlich. Nun konnte er allmählig auch daran denken, die Koreischiten zu züchtigen und sie mit Gewalt zur Bekehrung zu zwingen; zunächst freilich erlaubte ihm seine geringe Streitmacht nur, den Karawanen der handeltreibenden Mekkaner aufzulauern und so die Wege nach Syrien und nach Jamama im Innern Arabiens unsicher zu machen. Zugleich wurden diese Streifzüge von ihm dazu benutzt, mit den verschiedenen Beduinenstämmen Neutralitäts- und Freundschaftsbündnisse abzuschließen. Auf einem dieser Beutezüge, Anfang 624, kam es, da die Karawane sich um Hülfe nach Mekka gewandt hatte, zu einem sehr blutigen Kampfe, in welchem die Mekkaner 70 Todte, darunter die Vornehmsten der Stadt und M.s Todfeind, Abu Dschahl, und ebenso viele Gefangene zählten; M. hatte während des Kampfes in seinem Zelt gebetet, aber nach dem Glauben der Moslemin eben dadurch den Sieg entschieden. An diesen großen Erfolg, der viel zur schnellen Ausbreitung des Islam beitrug, schloß sich ein Beutezug gegen den tapfern jüdischen Stamm der Kainuka, die mit Zurücklassung ihrer Schätze zum Abzug nach Syrien gezwungen wurden; dasselbe Schicksal traf später die Juden in Cheibar. In diese Zeit fallen auch einige Ermordungen besonders verhaßter Feinde, welche M. entweder selbst anordnete, od. doch billigte. Kleinere Expeditionen gegen die Beduinenstämme des inneren Hochlandes trugen stets reiche Beute an Heerden ein. M.s Tochter Fatima gebar ihrem Gatten Ali in Medina zwei Söhne, durch welche sich das Prophetengeschlecht fortpflanzte; ihre zahlreichen Abkömmlinge bilden in den mosleminischen Ländern eine Art Adel. Im Frühjahr 625 rückten die Mekkaner 3000 Mann stark gegen Medina heran; M. hatte ihnen nur 1000 Mann entgegenzustellen, und auch von diesen verließen ihn noch 300 im entscheidenden Augenblick. So kam es, daß in dem sich am Berge Uhud bei Medina entspinnenden Kampfe der Prophet die erste Niederlage erlitt; 70 Moslemin und 20 Ungläubige deckten das Schlachtfeld. M. selbst war unter den Verwundeten, wiewohl er keinen besondern Muth bewiesen hatte. Im Sommer 626 verbanden sich die feindlichen Stämme des Nadsched mit den Koreischiten zu einem neuen Unternehmen gegen Medina, doch ward auch diese Gefahr von M. theils durch einen um seine Stadt gezogenen Graben, theils durch geschickte, den Feind theilende Unterhandlungen abgewandt. Ein Zug M.s gegen die jüdischen Kuraiza endete mit der Hinrichtung von 600—900 Juden. Den einzigen Luxus, den M. mit der Vergrößerung seiner Macht trieb, war die Erweiterung seines Harems, sonst wohnte, aß und kleidete er sich wie jeder Medinenser. Im Frühjahr 628 wagte er mit einer großen Schaar nach Mekka zu wallfahren; die Koreischiten wehrten ihm zwar anfangs den Eintritt in das heilige Gebiet, doch kam sodann zwischen beiden Parteien ein zehnjähriger Waffenstillstand zu Stande. Hierdurch vor seinen entschiedensten und besonnensten Feinden gesichert, konnte er seine ganze Kraft fortan auf die Ausdehnung seiner Macht unter den andern Arabern wenden. Wie weit sich M.s Pläne jetzt schon erstreckten, ersieht man daraus, daß er um diese Zeit an die nahen und fernen Fürsten, selbst an den Kaiser in Konstantinopel, die Aufforderung ergehen ließ, den Islam anzunehmen; daß alle Heiden auch ohne weitern Kriegsgrund bekämpft werden müßten, bis sie den Islam annähmen, daß den Christen und Juden aber die Wahl zwischen der Unterwerfung gegen Tributzahlung und der Annahme des Islams freigestellt würde, dieser Grundsatz kam in M. immer mehr zur Herrschaft. Sein Ansehen unter den Beduinen wuchs von Tag zu Tag; sie schlossen sich an ihn an, um von ihm beschützt zu werden und an seinen Beutezügen Theil nehmen zu können. Als Mekka einen mit M. verbündeten Stamm befehdet hatte, konnte der Prophet bereits 10,000 Mann gegen jenes aufbieten. Hierdurch eingeschüchtert, traten die Mekkaner zum Islam über, worauf M. sämmtliche Götzenbilder in der Kaaba zertrümmern ließ. Ein glänzender Feldzug gegen die weit verzweigten Hawazinstämme füllte die ersten Monate des Jahres 630 aus; ein anderer Zug gegen Norden, bis an das nordöstliche Ende des rothen Meeres, hatte dagegen verhältnißmäßig nur geringe Erfolge. Im März 632 unternahm M. eine große Pilgerfahrt, an der zum ersten Male kein Heide Theil nehmen durfte. Bei dieser Gelegenheit war es, daß er das reine Mondjahr zu 12 wahren Monaten ohne Schalttage einsetzte. Das letzte Unternehmen, welches ihn beschäftigte, war ein großer Kriegszug gegen die Byzantiner, dessen Erfolg er aber nicht erleben sollte. Seit Ende April von heftigen Fieberschauern mit Phantasien heimgesucht, † er den 8. Juni 632

Mittags. Er ward an der Stelle begraben, wo er gestorben war; sie befindet sich jetzt innerhalb der erweiterten Moschee zu Mekka. Als Schriften M.s sind zu betrachten die nach seinen mündlichen Aussprüchen aufgezeichneten Glaubensbücher der Moslemin, der Koran, die Sunna u. die dazu gehörigen Kommentare, die einen Zweig der arabischen Literatur bilden. Biographien von M. befinden sich in den Einleitungen zu den Uebersetzungen des Koran von Maraccio, Sale, Savary, Boysen, Wahl &c. Vgl. ferner: Turpin, Histoire de la vie de M., Paris 1773—80, 3 Bde.; deutsch, Halle 1781; Bush, The life of M., Newyork 1833; Weil, M. der Prophet, sein Leben und seine Lehre, Stuttgart 1843; Ibn Hisham, Das Leben M.s; deutsch von Wüstenfeld, Göttingen 1848—49; Irving, History of M., Lond. 1850, 2 Bde.; Muir, The life of Mahomet, Lond. 1861, 4 Bde.; Sprenger, Das Leben und die Lehre des M., Berl. 1862 ff.; Nöldeke, Das Leben M.s, Hannover 1863.

Mohammed, Name von 4 türkischen Kaisern oder Padischahs: a) M. I., geboren 1374, ward nach seines Vaters Bajazet I. Niederlage und Tod (1403) von dem Mongolenkhan Timur Beg mit Amasien belehnt, erkämpfte gegen seine Brüder und Gegensultane Soliman I. und Musa 1413 den Thron u. † 1421.

b) M. II., Bujuk, d. i. der Große, Enkel des Vorigen, Sohn Murads II., geboren 1430 zu Adrianopel, folgte 1451 seinem Vater auf dem Thron der Osmanen, eroberte und verwüstete am 29. Mai 1453 Konstantinopel (s. d.), erhob die Stadt aber sodann zu seiner Residenz und brachte sie bald wieder zur Blüthe. Um in die entvölkerten Provinzen seines neuen Reichs Einwohner herbeizuziehen, gewährte er den Griechen völlige Religionsfreiheit und gestattete ihnen auch, sich wieder einen Patriarchen zu wählen. Albanien konnte er erst nach des tapfern Skanderbeg (s. d.) Tode seiner Herrschaft einverleiben (1467). Im Jahre 1456 erschien er an der Spitze von 160,000 Mann und 300 Kanonen vor Belgrad, fand aber von Seiten Johann Hunyads so tapfern Widerstand, daß er unverrichteter Sache abziehen mußte. Serbien indeß ward größtentheils von ihm erobert, ebenso Griechenland und der Peloponnes, die meisten Inseln im Archipel und das griechische Kaiserthum Trapezunt. Den Venetianern nahm er 1470 die Inseln Negroponte und Lemnos und den Genuesen 1474 Kaffa, nachdem er schon 1473 den Khan der krimschen Tataren zur Anerkennung seiner Oberhoheit gezwungen hatte. Es folgten langwierige Kriege mit Persien. Im Jahre 1480 griff er die Insel Rhodus an, ward aber von den Johanniterrittern mit großem Verluste zurückgeschlagen. Hierauf machte er einen Angriff auf Unteritalien, und schon hatten seine Truppen die Stadt Otranto erobert, als M. 1481 auf einem Zuge gegen Persien †. Er hatte während seiner dreißigjährigen Regierung 12 Reiche und mehr als 200 Städte erobert. Persönlich war er durch glänzende Eigenschaften des Geistes ausgezeichnet, wie er sich auch durch Bildung und Sinn für Kunst und Wissenschaft vor andern orientalischen Fürsten hervorthat; dagegen charakterisiren ihn Grausamkeit, Treulosigkeit, Verachtung aller Gesetze und niedrige Ausschweifungen als einen orientalischen Despoten der schlimmsten Art.

c) M. III., Sohn und Nachfolger Murads III., geboren 1566, regierte von 1595—1603 als ein Tyrann, der seine eigene Familie nicht verschonte und besonders die Christen, die zu Anfang seiner Regierung sich gegen ihn erhoben hatten, grausam verfolgte.

d) M. IV., Sohn Ibrahims, geboren 1642, bestieg 1648 den Thron und bewies sich als schwacher und aller Ueppigkeit ergebener Regent; als seine Waffen gegen Deutsche u. Polen unglücklich waren, ward er 1687 abgesetzt u. † 1691 im Kerker. Seine Regierung ist durch die beiden Großwessire Mehemed und Ahmed Köprili (s. d.) berühmt.

Mohammedanische Religion (Mohammedanismus), die von Mohammed stammende Religionslehre, die von ihren Bekennern selbst Islam, d. h. völlige Hingebung an Gott, genannt wird, beruht auf den im Koran enthaltenen, für Offenbarung geltenden Aussprüchen des Stifters. Die Lehre Mohammeds oder der eigentliche Islam ist streng zu unterscheiden von den systematisch ausgebildeten und durch fremde Zusätze entstellten Dogmen der späteren Sekten. Mohammed war kein spekulativer Kopf, und ein förmliches System seiner Lehre läßt sich schon darum nicht aufstellen, weil er sich nicht immer konsequent blieb. Seine Lehren stammen aus verschiedenen Quellen und sind nur zum geringen Theil originell. Die Lehre von Gott und seinen Eigenschaften, vom Satan, von der jenseitigen Belohnung und Bestrafung, vom Weltgericht sind wesentlich jüdisch bei ihm; ebenso erhielt er von den Juden den größten Theil seines geschichtlichen Apparats, u. endlich ist ein großer Theil der äußerlichen und Rechtsbestimmungen den jüdischen nachgebildet. Die Uebereinstimmung von Sätzen im Koran und in Mohammeds mündlich überlieferten Aussprüchen mit Stellen in jüdischen Schriften ist oft fast wörtlich, wiewohl nur eine mündliche Mittheilung Statt gefunden haben kann. Mohammed hatte den Juden seiner Zeit fast nichts vorzuwerfen, als daß sie Jesus nicht als Propheten anerkannten, u. wenn der Islam mit einem ganz andern Selbstgefühl auftritt als das ihm innerlich doch so nahe verwandte talmudische Judenthum im Orient, so liegt der Grund wesentlich in der herrschenden Stellung, welche jener von Anfang an einnahm. Viel weniger nahm Mohammed vom Christenthum auf, und hätte er dasselbe genauer gekannt, würde er noch weit heftiger gegen dasselbe polemisirt haben. Ueber Christus war offenbar die Ansicht der Doketen zu ihm gedrungen, aber auch von ihm kennt er nur ganz vereinzelte Züge. Auch aus der altarabischen Religion oder vielmehr aus der ganzen Denk- und Anschauungsweise der alten Araber nahm er Vieles in den Islam herüber, namentlich Rechtssätze und ähnliche Anordnungen, sowie einige der wichtigsten rituellen Bestimmungen, z. B. Alles, was mit der Pilgerschaft zusammenhängt; auch seine Sittenlehre geht wesentlich von der arabischen Ansicht über Gut und Böse aus. Auch Mohammeds eigene Zuthaten zu diesen Einflüssen sind meist nur sekundär und bestehen mehr in bewußten oder unbewußten Modifikationen des Empfangenen als in wirklichen Neuerungen. In seinen Dogmen ist fast gar nichts Originelles als höchstens die phantastische Ausmalung des Jenseits mit schwarzäugigen Jungfrauen &c. Dagegen hat er manche für ihre Zeit sehr praktische Gesetze gegeben. Mehr oder weniger originell sind zum Theil auch seine ascetischen Bestimmungen. Die **Glaubenslehre** (Imam) der m.n R. enthält 6 Hauptsätze. Die beiden ersten sind: „Es ist nur Ein Gott (Gott ist Gott) u. Mohammed ist sein Prophet". Nach Mohammed ist die Offenbarung Gottes in der Welt eine fortschreitende, u. er nimmt 6 Stufen in derselben an: Adam, Noah, Abraham, Moses, Christus und Mohammed. Mohammed erhielt als Kreditiv weder das Gesetz, wie Moses, noch die unbefleckte Reinheit des Lebens, wie Jesus, oder überhaupt das Wunder, wie andere Propheten, sondern das Schwert, um den Unglauben zu überwinden. Da mithin die völlige Ueberwindung des Unglaubens seine Sendung ist, so bedarf es ferner keines Propheten, er ist der letzte und höchste derselben. Der 3. Hauptsatz handelt vom Koran (s. d.), der dem Gläubigen als ein Werk Gottes gilt und sein beständiger Begleiter ist. Den 4. Hauptsatz bildet die Lehre von den Engeln, die in gute und böse, mit vielen Unterabtheilungen, zerfallen. Der 5. Hauptsatz umfaßt den Glauben an den unbedingten Rathschluß Gottes. Derselbe ist wesentlich bedingt durch den Gottesbegriff u. dessen Alles widerstandlos beherrschende Macht. Denn wie der Natur, so steht dem Menschen das Göttliche als eine unendliche Macht gegenüber, an der all sein Thun und Ringen wirkungslos vorübergeht. Alle Geschicke des Menschen, die guten wie die widrigen, sind von vorn herein bestimmt. Wo es auf praktische und moralische Vorschriften ankommt, spricht sich dagegen Mohammed wieder aus, als hielte er den menschlichen Willen für frei. Offenbar ist ihm dieser Widerspruch nicht zum Bewußtsein gekommen. Die spätern theologischen Parteien haben heftige Streitigkeiten darüber geführt. Bei den jetzigen Moslemin ist die Prädenination herrschende Ansicht. Der 6. Hauptsatz enthält die Lehre von den letzten Dingen, die in ihren Hauptzügen nicht sehr von der biblischen Lehre abweicht. Für Die, welche im Kampf für den Glauben fallen, wird der Ausgang ihres irdischen Lebens der sichere Eingang in das Paradies. Der jüngste Tag beginnt mit der Auferstehung, und es verbindet sich die Seele wieder mit ihrem Leib. Es folgt dann das Gericht, das mit der Verdammung der Ungläubigen beginnt. Die oberste und mildeste Strafwelt wird für die Gläubigen offen erhalten, die im Gericht nicht bestehen; sie werden gerichtet nach ihren Thaten, die auf eine Wage (Mizan) gelegt werden. Auch findet dabei eine Abrechnung zwischen den Beleidigten und ihren Beleidigern Statt. Das Paradies ist nur eine Potenzirung der irdischen Freuden. Die Moral des Islam hat nicht entfernt die Erhabenheit der christlichen und steht auch der jüdischen an Ernst nach. Aber es wäre doch falsch, zu meinen, daß Mohammed auf Tugend und Bekämpfung der Leidenschaften keinen Werth gelegt hätte. Er predigte zwar nicht das große Princip der Liebe und Duldung, schärfte dagegen seinen Gläubigen die Tugenden der Ergebung in Gottes Willen, Verträglichkeit u. Wohlthätigkeit ein. Diebstahl, Lüge u. andere Laster werden streng bekämpft. Aber die Moral sucht sich doch gar zu oft mit der Praxis zu vertragen. So soll der Eid heilig gehalten werden, aber es wird doch ein Weg angegeben, sich von einem unüberlegten Eid loszusagen; der Mensch soll bei seinem Glauben beharren, aber im Nothfall darf er ihn wohl verleugnen u. dergl.

Die Religionsübung oder der **Kultus** beruht auf 5 unerläßlichen Geboten (Fahradh). Als 1. Gebot wird verlangt die Abbetung des Glaubens, bestehend im Lesen des Koran. Das 2. Gebot fordert die Abhaltung der 5 täglichen Gebete (Ikam eß Ssalat). Dem Gebete voran geht eine Waschung der Hände und des Angesichts (Thiharet), eventuell bei Wassermangel eine Abreibung mit Sand. Die Stellung beim Gebet, wie die Worte desselben sind genau bestimmt. Das Gesicht ist dabei nach Mekka gewandt, die eifrigen Beter werfen sich dazu nieder. Der Tag der gemeinsamen Gottesverehrung, nicht aber leiblicher Ruhe, ist der Freitag. Außerdem feiern die Moslemin noch die beiden Beiramfeste und die Geburt des Propheten (Mewlud). Die 7 heiligen Nächte (el Lajzal es Saba), welche sich auf die größten Geheimnisse des Glaubens beziehen, werden nicht öffentlich gefeiert, doch sind während derselben die Minarets und Moscheen erleuchtet. Das 3. Gebot betrifft die Entrichtung der Liebessteuern, deren Maß durch das Gesetz auf das genaueste bestimmt ist und die eigentlich als Steuern anzusehen sind. Kein Moslem erfüllt das Gebot, der nicht den 10. Theil seines Einkommens zu Almosen verwendet. Außer von den Privaten wird die Wohlthätigkeit auch von der Kirche geübt. Bäder, Brunnen, Brücken, Mausoleen, Spitäler, Speiseanstalten für die Armen, Hospitäler, Irrenhäuser, Schulen, Bibliotheken, selbst Festungswerke werden durch Stiftungen erhalten. Das 4. Gebot fordert die gewissenhafte Beobachtung der Fasten. Zwar verwarf Mohammed die freiwilligen Bußübungen, wie sie die orientalische Ascese sich aufzuladen liebte, aber das alte Herkommen seines Volks war zu mächtig, als daß er es ganz aufzuheben vermochte, und so blieb der Monat Ramadan mit seinem Fasten in Geltung, während dessen der Moslem, so lange die Sonne am Himmel steht, weder Flüssiges, noch Festes genießen und sich überhaupt alles dessen, was ihm Vergnügen schafft, enthalten muß. Hinsichtlich des 5. Gebots, das die Bestimmungen über die Wallfahrten enthält, ist eine Dispensation möglich, insofern man einen Ersatzmann stellt oder die Kosten für diesen an die Armen vertheilt. Nach dem Gesetze soll jeder Moslem wenigstens einmal in seinem Leben die Kaaba besuchen. Neben diesen Geboten treten im Koran eine große Reihe von Verboten auf. Außer denen in den 10 Geboten enthaltenen sind die bemerkenswerthesten: das Verbot des Weintrinkens, des Spiels, vorzüglich des Glücksspiels u. Lotto's (nur das Schachspiel ist erlaubt), des Genusses von Schweinefleisch und von ersticktem Vieh, des Wuchers, der Wahrsagerei und Anwendung gewisser Zauberformeln. Einen Unterschied zwischen Staat u. Kirche kannte Mohammed nicht, aber seine staatsrechtlichen Einrichtungen konnten nur sehr wenig zahlreich sein; sie begannen erst unter seinen Nachfolgern sich zu entwickeln. Der Padischah od. Großherr ist nicht bloß weltlicher Regent, sondern auch Khalif. In ersterer Beziehung vertritt ihn der Großwessir, in letzterer, als Glaubensoberhaupt, Nachfolger und Stellvertreter des Propheten, der Großmufti, gewöhnlicher Scheikh-ul-Islam, d. i. Glaubensältester, genannt. Ihm steht die höchste Entscheidung in Glaubenssachen zu, und unter ihm steht die ganze Gilde der Ulema's oder der zur Kirche und Justiz gehörenden Personen. Die Priestergenossenschaft ergänzt sich aus frei sich heranbildenden Mitgliedern. Der Eintritt in die Gemeinde geschieht durch die Beschneidung, die in religiöser Beziehung ganz dasselbe ist, was bei den Christen die Taufe. Sie findet zwischen dem 8. und 14. Jahre Statt. Auch die Ehe wird als ein bürgerlicher Akt angesehen, doch erhält sie ebenfalls einen religiösen Charakter, indem der Vollzug des Ehekontrakts vor dem Imam geschieht. Der Koran erlaubt jedem Moslem 4 rechtmäßige Frauen und gesteht ihm eheliche Rechte über seine Sklavinnen zu. Wenn eine Sklavin dem Herrn ein Kind geboren hat, so ist dieser dadurch verbunden, sie für immer bei sich zu behalten, denn die mit Sklavinnen gezeugten Kinder haben gleiche Rechte mit den legitimen. Die Freigebung der Sklaven gilt für ein verdienstliches Werk, und das Loos der mosleminischen Sklaven ist ein ziemlich mildes. Obgleich Mohammed selbst ein Gegner der orientalischen Ascese war, hat diese dennoch auch im Islam Platz gegriffen. Ausgebildet hat sich ihr System zu den 3 Gelübden der Armuth, der Keuschheit und des Gehorsams in den Vereinen der Derwische, u. ihre höchste Anstrengung hat sie in den Büßungen der Fakirs entfaltet. Vgl. Döllinger, Mohammeds Religion ꝛc., München 1838; Vincent, Etudes sur la loie musulmane, Par. 1843; Oelsner, Des effets du musulmanisme pendant les trois premiers siècles, Par. 1810.

Der Islam steht in der Geschichte der Religionen als ein Anachronismus da. Eine Religion, welche gewisse äußere Gebräuche für durchaus wesentlich erklärt, welche das Princip der Liebe nicht kennt, dagegen ihren Bekennern Fanatismus einpflanzt u. welche den Staat nicht von der Kirche scheidet, kann nach dem Christenthum keinen Anspruch darauf erheben, die Weltreligion zu werden. Hätte sich der Islam darauf beschränkt, nur die Religion der Araber sein zu wollen, so würde sein Auftreten wenig befremden können, denn dem Geist jenes Volks ist er allerdings in vieler Hinsicht sehr angemessen, und seine Fehler wie seine Vorzüge erklären sich zum großen Theil aus dem Charakter dieses Volks. Als Hauptgrund des schnellen Siegs, den der Islam über so große Ländermassen davontrug, ist neben der durch Fanatismus, Eroberungs- und Beutesucht gehobenen Volkskraft der Araber, neben der Größe seiner Staatsmänner und Feldherren wohl die damalige Verkommenheit des Christenthums im Morgenlande anzusehen. Im Gezänke spitzfindiger Eiferer für die Formeln, in welche die Geheimnisse der Dreieinigkeit und der Natur Christi zu fassen seien, war alles christliche Leben erstorben; die Parteien haßten und verfluchten sich und waren meist willige Werkzeuge des elenden byzantinischen Despotismus. Da traf die Wetterwolke der jugendfrischen begeisterten Araber auf das morsche Gebäude, und rasch sank es. Auf den Trümmern erhob sich bald ein neuer Bau. Die Araber entwickelten sich schnell zu einer hohen Blüthe, und bald überragten sie die Europäer weit an Bildung und Wissenschaftlichkeit, doch ebenso rasch erstarrte auch die mohammedanische Kultur wieder, denn jede Wissenschaft, die über den Buchstaben und Geist des Koran vordringen will, gilt dem Islam für Frevel. Eine Versöhnung des Islam mit der Humanität erscheint als unmöglich. Aber ist der Mohammedanismus auch der Theorie nach unwandelbar (Neuerung, bida, ist dem Moslem der schwerste Frevel), so konnte er sich dennoch bei seiner Verbreitung über so verschiedenartige Völker dem Einflusse der von diesen aus auf ihn einwirkenden Bildungselemente nicht ganz entziehen. Daher die große Anzahl von mohammedanischen Sekten. Ein vollständiges Verzeichniß derselben findet sich in Aschschahrastani's „Religionsparteien und Philosophenschulen" (arabisch Lond. 1842—46; deutsch von Haarbrücker, Halle 1850—51). Es mag hier die Hervorhebung der Hauptpunkte, welche jene Entzweiungen hervorriefen, genügen.

Die streitigen Fragen waren theils dogmatischer, weit häufiger aber zugleich politischer Natur. Der Streit über die Freiheit oder Unfreiheit des menschlichen Willens rief die Gegensätze der Kadarija, später meist Mutazila genannt, und der Dschabarija hervor. Es folgten Streitigkeiten über die Ewigkeit oder Geschaffenheit des Koran, die Eigenschaften und Attribute Gottes, die von den Einen wörtlich genommen, von Anderen allegorisch gedeutet wurden. Seit die Araber die Philosophie und dialektische Methode der Griechen kennen gelernt, gewannen die theologischen Streitigkeiten ein wissenschaftlicheres, spekulativeres Gepräge. Die dogmatisch-politischen Kämpfe drehten sich hauptsächlich um das Imamat (Khalifat) oder die Vorsteherschaft der Gemeinde aller Moslemin. Nach dem Tode des Khalifen Othman wählte man in Medina Mohammeds Schwiegersohn, Ali, in Syrien dagegen Muawija zum Khalifen, während eine dritte Partei, die Chawaridsch (die Aufständigen), beide Bewerber als Gewaltherrscher des Throns für unwürdig erklärte. Fortan stehen sich nun 3 Parteien, die Schia (eigentlich Schiat Ali, d. h. Anhängerschaft Ali's), sodann die Anhänger der gerade bestehenden Khalifen, welche sich selbst „Leute der Sunna, Sunniten" nennen, u. die Chawaridsch, welche die Herrschaft je dem Besten ertheilen wollen, gegenüber. Näheres über die folgenden Kämpfe s. Khalif. In der Folge entwickelte sich unter der Schia die absolutistisch-theokratische Anschauung, daß, da sich das Imamat durch Erbschaft fortpflanze, mithin Einer von Gott selbst zum Imam bestimmt sei, diesem blinder Gehorsam zu leisten sei; ja einige der zahlreichen schiitischen Sekten schreiben dem Imam geradezu ein übermenschliches Wesen zu. Die Fortleitung des Imamats unter den zahlreichen Nachkommen Ali's machte aber große Schwierigkeiten, da das Recht der Erstgeburt nirgends feststand, und so hielten verschiedene Sekten auch Verschiedene für den wahren Imam. Die Zahl der Imame gilt für eine beschränkte, und der letzte, nach der Ansicht der meisten Schiiten der zwölfte, wird in der rechten Stunde erscheinen, um seinen Anhängern den Sieg zu geben. Diese mystischen Lehren von der Gottähnlichkeit der Imame, der Uebertragung ihres Geistes auf ihre Nachfolger ꝛc. sind dem Geiste des Islam offenbar entgegen, und diese große Abweichung vom ursprünglichen Islam machte es leicht, daß sich auch rein heidnische Ideen mit schiitischen vermengten; so haben wir in den Ismaeliten, Ali Ilahis, Nussairiern und Drusen Sekten, die, von der Schia ausgegangen, doch nur ganz lose mit dem Islam zusammenhängen. Gegenwärtig sind fast alle Perser und sehr viele Inder Schiiten. Sunniten und Schiiten sind bis auf den heutigen Tag die erbittersten Gegner. Weniger treten die Chawaridsch hervor, da sie sich bei ihrem demokratischen Princip, daß nur der Beste Imam sein dürfe, u. wenn er schlechter werde, abgesetzt werden müsse, nie zu einer großen Gesammtpartei vereinigen konnten. Im Ganzen herrscht bei ihnen ein großer sittlicher Rigorismus. Die 4 großen theologisch-juristischen Schulen der Sunniten, nämlich die Schafiiten, Hanefiten, Malikiten (hauptsächlich in Nordafrika) und Hanbaliten, die fälschlich oft Sekten genannt werden, weichen nicht im Dogmatischen von einander ab, sondern nur in den Bestimmungen über die zahllosen Einzelheiten der Rechtsgelehrsamkeit und der religiösen Gebräuche. Eine Restauration des ursprünglichen Islam ist die im vorigen Jahrhundert in Arabien aufgetauchte Sekte der **Wahabiten**. Gegenwärtig ist der Islam nur in Afrika im Wachsthum begriffen.

Mohar, Pflanze, s. **Panicum** und **Sorghum**.

Moharrem (arab.), im mohammedanischen Jahr der erste Monat, weil in ihm Kampf und Krieg verboten sind.

Mohatra (contractus mohatrae, lat.), Scheinvertrag, der zum Verstecken eines andern gesetzwidrigen Vertrags dienen soll.

Mohawk, Fluß im nordamerikanischen Staate Newyork, mündet nach 28 Meilen langem Laufe bei Waterford in den Hudson, ist nächst dem Sacandaga der bedeutendste Nebenfluß des letzteren und verbindet ihn vermittelst des Erie- und Onondagakanals mit dem Erie- und Ontariosee.

Mohawks, zu den nördlichen Irokesen gehöriger nordamerikanischer Indianerstamm, eine der sogenannten Sechs Nationen, einst mächtig und gefürchtet, jetzt auf wenige Ueberreste herabgekommen, indem nur noch etwa 300 Individuen, welche sich M. nennen, zerstreut an der Bai von Quinté nördlich vom Ontariosee, im Innern von Obercanada am Simcoe-, Mud-, Rice- und Balsamsee und an der westlichen Grenze dieses Landes, an den Flüssen St. Claire, aux Sables, Detroit und Thames wohnen, und zwar auf Kronländereien und im Genuß einer Jahresrente, die ihnen die Regierung für abgetretenen Grund und Boden verwilligt hat.

Mohikaner, jetzt ausgestorbener Indianerstamm von der Gruppe der östlichen oder atlantischen Algonkins, der mit den Narragansetts und Massachusetts die Gebiete zwischen Saco und Hudson bewohnte.

Mohilew, 1) (russisch **Mogil w**, polnisch **Mohylew**) Gouvernement im westlichen Rußland, bildete vor 1772 das polnische Palatinat Mscislaw, wurde 1778 organisirt, 1796 mit Witebsk zu einem Gouvernement unter dem Namen Weißrußland vereinigt, 1802 aber wieder als eigenes Gouvernement abgesondert. Es grenzt im Norden an das Gouvernement Witebsk, im Osten an Smolensk, im Südosten und Süden an Tschernigow, im Westen an Minsk und umfaßt 867,76 QM. mit (1858) 884,640 Einwohnern. Das Land ist fast ganz eben, reich bewaldet, theilweise morastig und gilt im Allgemeinen als sehr fruchtbar. Die Hauptflüsse sind der Dnjepr, dem die Swinaja, Bolotimka, Sosha, Beresina und Druez hier zufließen, und die Düna. Unter den Seen sind die bedeutendsten der Dolgoje und Sennoje. Das Klima ist gemäßigt, im Allgemeinen ziemlich trocken und gesund. Hauptprodukte sind: Getreide, Gemüse, Obst, Rindvieh, Pferde, Schafe, Ziegen, Schweine, viel Hasen, Geflügel und Fische. Das Mineralreich liefert viel Sumpfeisen u. Kalksteine. Die **Einwohner** bestehen vorzugsweise aus Rußniaken (die größtentheils Bauern sind), Großrussen und Polen (welche den Adel bilden); sie sind meist griechisch-russischer Konfession. Außerdem finden sich noch ungefähr 100,000 Juden, eine kleine Anzahl Litthauer und Deutsche und in der Gegend von Mstislawl eine Kolonie Moldauer u. Walachen. Der Ackerbau, sowie die Forstkultur sind noch ziemlich vernachlässigt, ebenso steht die Industrie noch auf einer niedern Stufe; man fabricirt besonders viel Branntwein, dann Leder, etwas Leinwand, Talg, Potasche &c. Der Handel vertreibt Getreide, Mehl, Hanf, Lein, Bau- und Brennholz, Vieh, Honig, Wachs, Schweinborsten und andere Landesprodukte. Die bedeutendsten Handelsplätze sind: Mohilew und Mstislawl. Das Gouvernement wird seit 1840 in 11 Kreise getheilt. Die gleichnamige **Hauptstadt** des Gouvernements, in einer schönen, fruchtbaren Gegend am Dnjepr gelegen, eine der freundlichsten Städte Rußlands, ist Sitz eines griechischen u. eines römisch-katholischen Erzbischofs, hat ein altes Schloß, 22 Kirchen (darunter 5 katholische und eine protestantische; die schönste die von Katharina II. 1780 erbaute Kathedrale oder Josephskirche), 22 Synagogen, mehre Klöster (früher auch ein Jesuitenkollegium), ein griechisches Priesterseminar, Gymnasium, eine Kreisschule, Lancasterschule, mehre Armen- und Krankenhäuser, eine Bibelgesellschaft, Industrie in Eisen und Leder, Handel mit Getreide, Branntwein, Honig, Hanf, Holz und Leinöl (bis nach Riga und Danzig) und 19,112 Einwohner (darunter ungefähr 5000 Juden). Hier am 23. Juli 1812 **Gefecht** zwischen den Franzosen unter Davoust und den Russen unter Bagration, in welchem letztere geschlagen wurden. Unweit der Stadt liegt der schöne **Jantschinsche Park** mit Schloß, worin 1780 die Kaiserin Katharina II. mit dem Kaiser Joseph II. eine Zusammenkunft hielt. — 2) Kreisstadt im europäisch-russischen Gouvernement Podolien, am Dnjestr, Sitz eines armenischen Bischofs, hat mehre griechisch- und römisch-katholische und eine armenische Kirche, einige Klöster, Seidenindustrie, Fischerei, Weinbau, Handel (besonders mit den Donaufürstenthümern) und 9500 Einwohner.

Mohl, 1) **Robert von M.**, ausgezeichneter deutscher Jurist, geboren den 17. Aug. 1799 zu Stuttgart, Sohn des Oberkonsistorialpräsidenten und Staatsraths **Ferdinand Benjamin von M.** (geboren den 4. Jan. 1766, † im Aug. 1845), studirte zu Tübingen und Heidelberg die Rechte und Staatswissenschaften, ward 1824 außerordentlicher Professor der Rechte und 1827 ordentlicher Professor der Staatswissenschaften zu Tübingen, 1836 zugleich Oberbibliothekar. Als er 1845 als Wahlkandidat für die Stadt Bahlingen auftrat, legte er in einem Schreiben an seine Wähler, welches durch den Druck veröffentlicht ward, sein politisches Glaubensbekenntniß dar, gab aber darin zugleich auch eine schonungslose Kritik damaliger Regierungsmaßregeln, weshalb er von einem Lehrstuhl entfernt und als Regierungsrath nach Ulm versetzt werden sollte. Er zog es aber vor, aus dem Staatsdienst auszuscheiden, und wurde bald nachher in die würtembergische Kammer gewählt. Im Jahre 1847 folgte er einem Rufe als Professor der Rechte nach Heidelberg. Nachdem er 1828 dem Vorparlament beigewohnt, ward er von den Oberämtern Mergentheim und Gerabronn in die Nationalversammlung gewählt, wo er seinen Sitz im linken Centrum nahm und mit Eifer für Reformbestrebungen weise Mäßigung und politischen Takt verband. Am 24. Mai ward er in den ständigen Verfassungsausschuß und von diesem wieder in die Vorkommission zum Entwurf über die Volksrechte gewählt. Am 25. Sept. 1848 übernahm er im Reichsministerium das Portefeuille der Justiz, trat aber am 17. Mai 1849 zurück und widmete sich wieder seinem Lehramte zu Heidelberg. Seit dem Juli 1861 ist er badischer Bundestagsgesandter. Von seinen Schriften sind hervorzuheben: „Staatsrecht des Königreichs Würtemberg" (Tüb. 1829, 2. Aufl. 1846); „Die Polizeiwissenschaft nach den Grundsätzen des Rechtsstaats" (Tüb. 1832—34, 3 Bde.; 2. Aufl. 1844—46); „Die Ministerverantwortlichkeit" (das. 1837); „Geschichte und Literatur der Staatswissenschaft" (Erlangen 1855—58, 3 Bde.); „Encyklopädie der Staatswissenschaften" (Tüb. 1859) und „Staatsrecht, Völkerrecht und Politik" (das. 1860—62, 2 Bde.). Auch gab er mit Andern seit 1844 die „Zeitschrift für die gesammte Staatswissenschaft" heraus.

2) Julius von M., ausgezeichneter Orientalist, Bruder des Vorigen, geboren am 25. Okt. 1800 zu Stuttgart, widmete sich in Tübingen dem Studium der Theologie, sodann in England und zu Paris unter Sylvestre de Sacy und Rémusat dem der orientalischen Sprachen und erhielt 1816 eine außerordentliche Professur der orientalischen Literatur zu Tübingen, lebte aber bis 1831 abwechselnd auch in London u. Oxford. Mit besonderer Vorliebe wandte er sich dem Persischen zu und gab in Verbindung mit Olshausen anonym die „Fragments relatifs à la religion Zoroastre" (Paris 1829), sodann allein „Confucii Chi-king sive liber carminum, ex latina P. Lacharme interpretatione" (Stuttg. 1830) und „Y-king, antiquissimus Sinarum liber ex interpretatione P. Regis" (Stuttg. 1834—39, 2 Bde.) heraus. Im Jahre 1832 von der französischen Regierung mit der Herausgabe des „Schah-nameh" von Firdusi für die „Collection orientale" beauftragt, nahm er in Tübingen seine Entlassung und siedelte ganz nach Paris über. Jenes Werk erschien in Paris (Bd. 1—4, 1838—55). Als Mitglied der asiatischen Gesellschaft in Paris hat er eine große Thätigkeit entwickelt, und das „Journal asiatique" verdankt ihm viele vorzügliche Aufsätze. Im Jahre 1844 wurde er zum Mitglied der Akademie der Inschriften, 1845 zum Professor des Persischen am Collège de France und 1852 zum Inspektor des orientalischen Drucks in der kaiserlichen Druckerei ernannt. Die Ausgrabungen Botta's in Ninive wurden auf seine Veranlassung und nach seinem Plan unternommen.

3) Hugo von M., ausgezeichneter Botaniker, Bruder der Vorigen, geboren 1801 zu Stuttgart, studirte Medicin und Naturwissenschaften und ward außerordentlicher, dann ordentlicher Professor der Botanik und Direktor des botanischen Gartens zu Tübingen. Von seinen Schriften sind hervorzuheben: „Ueber die Poren des Pflanzenzellgewebes" (Tüb. 1828); „Beiträge zur Anatomie und Physiologie der Gewächse" (Bern 1834); „Liebigs Verhältniß zur Pflanzenphysiologie" (Tüb. 1843); „Mikrographie, oder Anleitung zur Kenntniß und zum Gebrauche des Mikroskops" (das. 1846); „Grundzüge zur Anatomie und Physiologie der vegetabilischen Zelle" (Braunschw. 1851). Kleinere Abhandlungen und Untersuchungen sind in seinen „Vermischten Schriften botanischen Inhalts" (Tüb. 1845) enthalten.

4) Moritz, Nationalökonom, Bruder der Vorigen, geboren 1802 in Stuttgart, studirte Staatswirthschaft in Tübingen, besuchte darauf die landwirthschaftliche Anstalt in Hohenheim, ward 1826 Referendar im würtembergischen Finanzministerium, nach Gründung des süddeutschen Zollverbandes Assessor bei der würtembergischen Oberzollverwaltung und 1831 Assessor der Finanzkammer zu Reutlingen. Nachdem er sich darauf 5 Jahre lang in Frankreich der Erforschung der staatswirthschaftlichen Zustände und des Schulwesens dieses Landes gewidmet, ward er 1841 zum Obersteuerrath in Stuttgart ernannt. Er wohnte 1848 dem Vorparlament bei, wurde von dem Wahlbezirk Heidenheim-Aalen in die Nationalversammlung gewählt, wo er zu der gemäßigten Linken gehörte, und gab seine Anstellung, sowie seinen Geburtsadel auf. Auch am Rumpfparlament nahm er Theil. Auf allen nachherigen würtembergischen Ständeversammlungen gehörte er der äußersten Linken an, dagegen unterstützte er die Regierung stets in der Opposition gegen jede Reform des Zollvereins im Sinne der Handelsfreiheit. Er schrieb u. A. „Aus den gewerbswissenschaftlichen Ergebnissen einer Reise in Frankreich" (Stuttgart 1845).

Mohn, Pflanzengattung, s. Papaver.

Mohn, Sigismund, einer der ersten unter den neuern deutschen Glasmalern, geboren zu Weißenfels 1760, war erst Tischler, dann Soldat, machte 1809 zu Leipzig seine ersten Versuche in der Glasmalerei und † 1815 zu Dresden. Sein Sohn Gottlob Samuel, geboren 1789 in Weißenfels, machte sich unter Leitung seines Vaters, mit dem er die Fenster in der katholischen Kirche zu Ludwigslust in Mecklenburg malte, mit der Glasmalerei vertraut, besuchte sodann zu seiner weiteren Ausbildung Berlin, Leipzig, Dresden und Wien und erfand, durch tüchtige chemische Kenntnisse unterstützt, die Bereitung des glühenden Roths, welches wir an der alten Glasmalerei bewundern. Für seine schönsten Arbeiten gelten die Glasmalereien in der kaiserlichen Kapelle zu Laxenburg und die 6 Kirchenfenster in Maria Stiegen. M. † zu Laxenburg den 2. Dec. 1825.

Mohnike, Gottlieb Christian Friedrich, Theolog und Literarhistoriker, geboren am 6. Jan. 1781 zu Grimmen in Neuvorpommern, studirte zu Greifswald und Jena Theologie, ward 1810 Konrektor u. 1811 Rektor an der Stadtschule zu Greifswald, 1813 Pastor an der Jakobikirche und zugleich Assessor im Stadtkollegium zu Stralsund und 1819 Konsistorial- und Schulrath bei der Regierung von Neuvorpommern und Rügen. Er † zu Greifswald den 6. Juli 1841. Von seinen literarhistorischen Werken sind hervorzuheben: „Hymnologische Forschungen" (Greifsw. 1831—32, 2 Bde.), „Geschichte der Buchdruckerkunst in Pommern" (Stuttg. 1840) und seine Uebersetzungen von Tegnérs „Frithjofs Saga" (Stralf. 1826; 5. Aufl., Leipz. 1842), „Auerhahn" (Stralsund 1828) und „Sämmtlichen Gedichten" (Leipz. 1840, 3 Bde.), sowie von Ricanders „Ruinen" (Stuttg. 1829), der „Volkslieder der Schweden" (Bd. 1, Berlin 1830), der „Altschwedischen Balladen, Märchen und Schwänke" (Stuttg. 1836), der „Heimskringla" (Bd. 1, Stralf. 1835—1837), der „Saga von Frithjof dem Starken" (das. 1830) ꝛc.

Mohnöl (lat. oleum papaveris, franz. huile de pavot, engl. poppy-oil), fettes Oel der Samen des Mohns (Papaver somniferum), welche davon beim kalten Pressen 33, beim warmen Pressen gegen 50 Proc. geben. Das M. ist blaßgelb, dünnflüssig, von angenehmem Geruch u. Geschmack, besitzt das specifische Gewicht 0,9243—0,9249, erstarrt erst bei 20° zu einer dicken weißen Masse, trocknet langsam an der Luft, löst sich in 25 Theilen kaltem und 6 Theilen heißem Alkohol, verbrennt langsamer als die übrigen fetten Oele und liefert mit Kali eine graue Seife. Es enthält eine flüssige, wahrscheinlich mit der Leinölsäure identische Säure mit 32 Atomen Kohlenstoff und zwei feste Säuren, nämlich Palmitinsäure (Schmelzpunkt 62°) und Stearinsäure (Schmelzpunkt 69°). Myristinsäure und Laurinsäure konnte Oudemans nicht finden. Man benutzt es vielfach als Speiseöl, oder siedet es zu Oelfirniß, der nicht leicht gelb wird und sich deshalb für feinere Farben eignet. Olivenöl wird häufig mit M. verfälscht.

Mohr, eigentlich ein Bewohner Mauritaniens, richtiger Maure; früher Bezeichnung jedes Mohammedaners im südlichen Asien und auf den Küsten u. Inseln des indischen Oceans; jetzt s. v. a. Aethiopier und Neger.

Mohr (Moir, Moor), gewässerte (moirirte) Gros de Tours oder Gros de Naples, dicht gewebte seidene Zeuche, mit damastartigen Blumen, die einen Atlasköper haben. Die Seide der Kette muß sehr gut sein, damit sie die Wässerung annimmt. Oft sind Kette und Einschlag von verschiedener Farbe, so daß das Gewebe changirt. Der halbseidene M. hat einen Einschlag von Kameelhaar, Wolle oder Baumwolle. Ganz wollene M.s heißen Moirés. Dies sind berkenartige Gewebe mit einer Kette von sehr fest 2fädig gezwirntem und einem Einschlag von 3—6fädig gezwirntem Kammgarn; sie werden sehr stark beim Weben geschlagen, wie die seidenen appretirt und dann stark gepreßt. Häufig kommen auch leichtere, aus nicht gezwirntem Garn verfertigte, gewässerte Stoffe unter demselben Namen vor. Die Moirés waren früher sehr in Aufnahme und wurden besonders zu Möbelüberzügen benutzt. Jetzt sieht man sie seltener.

Mohr, Karl Friedrich, namhafter Chemiker, geboren den 4. Nov. 1806 zu Koblenz, ist gegenwärtig Medicinalrath und Hofapotheker daselbst und hat sich u. A. durch folgende Werke bekannt gemacht: „Lehrbuch der pharmaceutischen Technik" (2. Aufl., Braunschweig 1853), „Kommentar zur preußischen Pharmakopöe (2. Aufl., das. 1853—54, 2 Bde.) und „Lehrbuch der chemisch-analytischen Titrirmethode" (das. 1855—59, 2. Bde; 2. Aufl. 1862); „Der Weinstock und der Wein", Koblenz 1864.

Mohrin, Stadt in der preußischen Provinz Brandenburg, Regierungsbezirk Frankfurt, Kreis Königsberg an der Schlippe und dem Mohrinersee, der reich an Maränen ist, hat eine schöne evangelische Kirche, bedeutende Fischerei und 1560 Einw.

Mohrungen, Kreisstadt in der preußischen Provinz Preußen, Regierungsbezirk Königsberg, am gleichnamigen See, hat eine evangelische und eine katholische Kirche, ein altes, 1279 erbautes und ein neueres Schloß, Woll- und Leinweberei, Zeuchdruckerei, Garnhandel und Fischfang und 3800 Einwohner. In der Nähe liegt das Dorf Neuhof mit einer Mineralquelle. M. ist Geburtsort Herders, dessen Geburtshaus mit einer eisernen Gedenktafel versehen ist.

Mohs, Friedrich, der Begründer der naturhistorischen Methode in der Mineralogie, geboren den 29. Jan. 1773 zu Gernrode am Harz, studirte in Halle und auf der Bergakademie zu Freiberg, ging 1802 nach Wien, wo er die Herausgabe einer Beschreibung der Mineraliensammlung des Bankiers von der Null (Wien 1804, 2. Aufl. 1806) übernahm, bereiste hierauf, theilweise im Auftrage der österreichischen Regierung, zu geognostischen und bergmännischen Zwecken einen großen Theil Oesterreichs, ward 1811 Professor der Mineralogie an dem Johanneum in Gratz, 1817 in gleicher Eigenschaft nach Freiburg, 1826 aber nach Wien zurückberufen und hier 1838 auch zum Bergrath ernannt. Er † zu Agordo bei Belluno am 29. Sept. 1839. Seine namhaftesten Schriften sind: „Versuch einer Elementarmethode zur naturhistorischen Bestimmung und Erkenntniß der Fossilien" (Bd. 1, Wien 1813); „Charaktere der Klassen, Ordnungen, Geschlechter u. Arten und Charakteristik des naturhistorischen Mineralsystems" (Dresd. 1820); „Grundriß der Mineralogie" (das. 1822—24, 2 Bde.; 2. Aufl. 1839; englisch mit Zusätzen von Haidinger, Edinb. 1825, 3 Bde.); „Anfangsgründe der Naturgeschichte des Mineralreichs" (Wien 1832; 2. Aufl., fortgesetzt von Zippe, das. 1836—39, 2 Bde.).

Moigno, François Napoléon Maria, ausgezeichneter französischer Mathematiker, geboren den 20. April 1804 zu Guémené im Departement Morbihan, wirkt seit 1848 als Kaplan am Kollegium St. Louis zu Paris und hat sich außer seiner Zeitschrift „Cosmos" (seit 1852) durch folgende Werke bekannt gemacht: „Leçons de calcul différentiel" (Par. 1840—44, 2 Bde.); „Répertoire d'optique" (das. 1847—50, 4 Bde.), „Traité de télégraphie électrique" (2. Aufl., das. 1852) und „Manuel de la science" (das. 1859, 2 Bde.).

Moira (griech.), Schicksal, Loos, personificirt als die Schicksalsgöttin, der Parce der Römer entsprechend.

Moiré métallique (Metallmoor), krystallinisches, Eisblumen ähnliches Ansehen von Weißblech, wird hervorgebracht, indem man Weißblech mit einer Mischung von 1 Theil Salpetersäure und 3 Theilen Wasser mittelst eines Pinsels überstreicht, abwäscht, trocknet und diese Operation mehrmals wiederholt. Es tritt dabei die krystallinische Struktur des Zinns hervor. Dasselbe erreicht man, wenn man die Verzinnung des Blechs auf verschiedene Weise ganz oder theilweise zum Schmelzen bringt und dann nach verschiedenen Methoden abkühlt. Um so verzinntes Metall vor der Oxydation zu schützen, wird es gefirnißt.

Moirirung (moiré), eigenthümliches Ansehen eines Gewebes, wird beim Kalandern hervorgebracht, indem man entweder zwei aufeinander liegende Zeuchstücke zusammen durch die Walzen gehen läßt, oder dem einfachen Zeuche während des Durchgangs eine geringe hin- und hergehende Schiebung in der Richtung seiner Breite ertheilt, oder endlich das Gewebe vor seinem Eintritt zwischen die Walzen straff angespannt über die wellenförmig (nach einer sogenannten Schlangenlinie) ausgeschweifte Kante einer Eisenschiene streichen läßt, wodurch eine geringe Verschiebung der Schußfäden bewirkt wird. Der Erfolg beim Moiriren (Wässern) besteht in einem solchen Plattquetschen der Eintragfäden, daß letzteres in mit dem Faden nicht parallelen Linien, daher auf verschiedenen Stellen desselben in ungleichem Maße Statt findet. Stoffe mit dickem, rippenartig hervortretendem Einschusse und aus einem an sich glänzenden Material (Gros de Naples ꝛc.) nehmen die schönste M. an.

Moissac, Hauptstadt eines Arrondissements im französischen Departement Tarn-Garonne, am Tarn unweit dessen Mündung in die Garonne und an der Eisenbahn von Bordeaux nach Montauban und Marseille, hat einen Gerichtshof, ein Handelsgericht, Kommunalcollége, große Mühlen, Oelfabrikation, lebhaften Handel, besonders mit Getreide und Mehl, nach der Levante und den Kolonien, sowie mit Wolle, Wein, Oel und Safran und 10,445 Einwohner. M. war ehedem befestigt, wurde von Simon von Montfort verwüstet und später in den Religionskriegen zerstört.

Moitié (franz.), die Hälfte; daher M. machen, auf gemeinschaftlichen Gewinn und Verlust etwas betreiben.

Moitte, Jean Guillaume, französischer Bildhauer, geboren zu Paris 1747, bildete sich unter Pigalle und Lemoine und von 1771—73 zu Rom. Seine Statue eines Opfernden verschaffte ihm 1783 die Aufnahme in die Akademie. Im Jahre 1792 schmückte er das Pantheon in dem Fronton mit einem kolossalen Relief, das bei der Wiedereinrichtung des Pantheons als Genovevakirche abgenommen werden mußte. Als sein vollendetstes Werk aber gilt ein Basrelief im Louvre, die Muse der Geschichte, an eine Tafel gelehnt, auf die sie die Worte L'an VI et Napoléon le grand eingräbt, darstellend. Vortrefflich ist auch sein jetzt im Luxembourg befindliches Basrelief, welches das Vaterland vorstellt, wie es seine Kinder zu seiner Vertheidigung aufruft. Von seinen übrigen Werken sind zu nennen: das Grabmal des Generals Leclerc in der Genovevakirche, die Statuen Cassini's und des Generals Custine, eine Vestalin mit der Opferschale, die kolossale Figur der Bretagne und Normandie an der Barrière Bons hommes, eine kleine Reiterstatue Napoleons I. und ein Modell zu der im Garten der Tuilerien befindlichen Statue J. J. Rousseau's. M. † als Professor an der Maler- und Bildhauerschule zu Paris den 2. Mai 1816.

Mojacar (Mujacar), Stadt in der spanischen Provinz Almeria (Andalusien), am mittelländischen Meere, hat einen Hafen, Sodabereitung, Fischerei u. 3459 Einwohner.

Mojaisk, Stadt, s. v. a. Mosaisk.

Mokassins, Riemenschuhe der Araber; bei den nordamerikanischen Indianern Sandalen von Pelzwerk.

Moke, Henri Guillaume, namhafter belgischer Geschichtschreiber, geboren den 11. Jan. 1803 zu Havre, wirkt seit 1835 als Professor zu Gent und hat sich durch folgende Werke bekannt gemacht: „Histoire de la Belgique" (4. Aufl., Gent 1856, 2 Bde.); „Moeurs, usages etc. des Belges" (das. 1846, 2 Bde.); „Histoire de la littérature française" (Brüssel 1849—50, 4 Bde.); „Précis de l'histoire moderne" (das. 1853, 4 Bde.) und „La Belgique ancienne" (Gent 1855).

Mokka (Mokha, Mocha), Stadt in der arabischen Landschaft Jemen, am arabischen Meerbusen, hat meist enge, unreinliche Straßen, aber einige schöne Plätze, einen durch 2 Kastelle und Strandbatterien vertheidigten Hafen, eine große Moschee, einen Gouvernementspalast, Faktoreien der Engländer, Franzosen und Dänen, große Magazine, lebhaften Handel und gegen 6000 Einwohner. Haupthandelsartikel ist Kaffee (Mokkakaffee), der für die feinste Kaffeesorte gilt, aber meist nach der Levante u. Indien geht u. nur in sehr geringer Quantität nach Europa kommt; weitere Handelsartikel sind verschiedene Gummata, Datteln, Sennesblätter, Häute, Elfenbein, Goldstaub, Zibeth, Aloë ꝛc., während Reis, Eisen, kurze Waaren ꝛc. eingeführt werden. M. ist überhaupt das allgemeine Entrepot der aus Japan, China, Indien, Persien und Abessinien kommenden Waaren. Früher war es ein unbedeutendes Dorf, bis im 16. Jahrhundert der Beherrscher von Jemen den Handel von Aden, welchen die Portugiesen in der Hand hatten, dorthin zog. Es soll dies der Scheikh Schädeli gewesen sein, dessen stark besuchte Grabmoschee sich außerhalb der Stadt befindet und der auch den Gebrauch des Kaffee's eingeführt haben soll.

Mokkastein, s. Chalcedon.

Mokoko, Affe, s. Maki.

Mokscha, Fluß im europäischen Rußland, entspringt im Gouvernement Pensa, nimmt die Flüsse Zna und Lomo auf, ist im Frühjahr schiffbar und mündet nach einem Lauf von 80 Meilen im Gouvernement Tambow rechts in die Oka. Danach benannt sind die Mokschanen, ein Stamm der Mordwinen.

Mokschansk (Mokschan) Kreisstadt im europäisch-russischen Gouvernement Pensa, an der Mokscha, hat mehre Kirchen und 10,100 Einwohner.

Mola, Stadt in der italienischen Provinz Bari, am adriatischen Meer, mit befestigtem Hafen, Wein- und Obstbau und 10,000 Einwohnern.

Mola, 1) Pietro Francesco, gewöhnlich Mola di Roma genannt, italienischer Maler der bolognesischen Schule, geboren 1612 zu Coldre im Kanton Tessin, ward ein Schüler Giuseppi Cesari's in Rom u. Albani's in Bologna, lebte sodann meist zu Rom und gehörte eine Zeitlang zum Gefolge der Königin Christine von Schweden. Er † 1665 zu Rom. Die Kapelle Ravenna der Kirche al Giesu zu Rom hat von seiner Hand das Wunder Petri im Kerker und die Bekehrung Petri al fresko, die Gallerie auf Monte Cavallo die Geschichte Josephs; andere Werke M.'s finden sich in mehren Kirchen u. Palästen Roms, historische Darstellungen und schöne Landschaften mit Figuren, die man oft dem Albani zuzuschreiben geneigt war, in auswärtigen Gallerien, so im Louvre zu Paris 7 schöne Bilder, in der königlichen Pinakothek zu München 2 vorzügliche historische Bilder mit lebensgroßen Figuren und ein Bildniß, in der esterhazy'schen Gallerie zu Wien eine Madonna mit dem Kinde Jesus.

Mehre seiner Werke wurden gestochen; er selbst radirte einige Blätter in breiter Manier, kühn und geistreich. M. übertraf seinen Lehrer Albani in der Farbengebung und der Mannichfaltigkeit der Erfindung, nicht aber in der Grazie.

2) **Giovanni Battista**, namhafter Landschaftsmaler, geboren 1614, † 1661, hinterließ reizende Landschaften, die er mit historischen und mythologischen, meist erotischen, Scenen staffirte. Seine meisten Arbeiten finden sich zu Bologna und Rom.

3) **Gasparo**, Medailleur, geboren zu Ende des 16. Jahrhunderts in Lugano, arbeitete einige Zeit zu Florenz, wo er Abgüsse von geschnittenen Steinen, Medaillen ꝛc. fertigte, sodann zu Rom, wo ihn die Päpste Urban VIII. und Alexander VII. beschäftigten. Seine Köpfe sind weich, doch kräftig gearbeitet.

Molasse, in der Schweiz ein einkörniger, meist grauer Sandstein, welcher besonders das Hügelland der Schweiz bildet und viel als Baustein verwendet wird. Der Löwe von Luzern ist aus demselben gehauen.

Molassengebirge, s. Tertiärgebirge.

Molay, Jakob Bernhard von, der letzte Großmeister des Templerordens, um die Mitte des 13. Jahrhunderts in Burgund geboren, wurde jung in den Ritterorden der Templer aufgenommen und 1298 zum Großmeister desselben erhoben. Als er eben auf Cypern zum Krieg gegen die Saracenen rüstete, erhielt er 1306 eine Aufforderung des Papstes Klemens V. und des Königs Philipp des Schönen, nach Frankreich zurückzukehren. Er leistete ihr Folge und wurde vom König auf das freundlichste aufgenommen, sodann aber, in das Schicksal seines Ordens verflochten, am 13. Oktober 1307 nebst allen in Frankreich lebenden Templern verhaftet und am 18. März 1314 zu Paris bei langsamem Feuer verbrannt.

Molbech, 1) **Christian**, namhafter dänischer Schriftsteller, Philolog, Historiker u. Kritiker, geboren den 28. Okt. 1783 in Sorö, wo sein Vater Professor an der Akademie war, studirte zu Kopenhagen die Rechte, ward aber schon 1804 als Volontär bei der königlichen Bibliothek angestellt, 1823 zum ersten Bibliothekssekretär, 1829 zum außerordentlichen Professor der Literaturgeschichte und 1830 zum Mitglied der Theaterdirektion in Kopenhagen befördert, welchen Posten er bis 1843 bekleidete. Er † 23. Juli 1857. Unter seinen zahlreichen Schriften historischen Inhalts sind hervorzuheben: „Historie om Dithmarskerkrigen“ (Kopenhagen 1813), „Kong Erik Plovpennings Historia“ (1821), „Fortällinger og Skildringer af den danske Historie“ (1837—40 2 Bde.), „Kong Christian 4des egenhändige Breve“ (Bd. 1, 1848), „Uddrag af Biskop Birckerods historisk-biographiske dagböger fra Aaren 1658—1708“ (1838—46), „Udvalg af hidtil utrykte danske Diplomer og Breve fra det 14, 15 og 16 Aarhundrede“ (1842—43, unvollendet), „Videnskabernes Selskabs Historie i dets förste Aarhundrede 1742—1842“ (1843). Er stiftete (1839) „Den danske historiske Forening“, welcher mehre Zeitschriften („Historisk Tidskrift“, „Historiske Aarböger“ und „Historisk-biographiske Samlinger“) herausgab, in denen seine Beiträge die Mehrzahl bilden. Von seinen poetischen Arbeiten nennen wir „Dansk poetisk Anthologie“ (1830—40, 3 Bde.), „Evalds Levnet“ (1831), „Forelåsninger over den danske Poesie“ (1831), „Studier over Oehlenschlägers Poesie“ (1850), „Schack Stoffeldts Levnet“ (1851), „Rosenstrand-Goiskes kritiske Efterretninger om den kongelige danske Skueplads, dens Forandringer efter 1743“ ꝛc. (1839). Nachdem er einige vorbereitende Arbeiten für die Wörterbuchskommission der Gesellschaft der Wissenschaften veröffentlicht hatte, erschienen sein „Dansk Haand-Ordbog“ (1813) und sein Hauptwerk „Dansk Ordbog“ (1833, 2 Bde.), von welchem die 2. Auflage 1854 begonnen, durch seinen Tod zwar unterbrochen, aber doch nach seinen hinterlassenen Manuskripten vollendet wurde, ferner: „Dansk Glossarium eller Ordbog over föraldede danske Ord“ (1853, ebenfalls durch seinen Tod unterbrochen, aber nach seinen Manuskripten fortgesetzt), „Dansk Dialekt-Lexikon“ 1833—41), „Danske Ordsprog, Tänkesprog og Riimsprog“ (1850), „Bidrag til en Historie og Sprogskildring af de danske Bibeloversätteiser fra det 16 Aarhundrede“ (1840), „Den Danske Riimkrönike“ (1825), „Henrik Harpestrengs danske Lägebog“ (1826), „Den äldste danske Bibeloversättelse“ (1828). Außerdem gab er heraus: „Ungdomsvandringer i mitt Födeland“ (1811), fortgesetzt in „Fragmenter af en Dagbog, skrevne paa en Reise i Danmark 1813“ (1815), „Breve fra Sverrig 1812“, „Lund, Upsala og Stockholm 1812“, „Reise gjennem en deel af Tydskland, Frankrig og Italien 1819 og 1820“, „Julegave for Börn“ (1837—39), „Udvalgte Eventyr og Fortellinger“, „Dansk Läsebog“ u. a. m. In der letzten Periode seines Lebens führte der Zeitgeist ihn oft auf das politische Gebiet. Hier war er konservativ; er eiferte zwar für Dänemarks Einheit, bekämpfte aber noch in seiner letzten größeren Schrift, „Den skandinaviske Eenhedstanke“ (1857), den modernen Skandinavismus. Als Kritiker war er zwar äußerst bitter, entfaltete aber doch eine bedeutende und verdienstvolle Thätigkeit, unter andern durch die Herausgabe der Zeitschriften „Athene“ (1813 bis 1817), „Nordisk Tidskrift for Historie, Literatur og Kunst“ (1827—36) und „Analekter“ (1846—47). Besonders behandelte er dänische sprachliche, literaturgeschichtliche, geschichtliche und ästhetische Gegenstände.

2) **Christian Knud Frederik**, dänischer Dichter, Sohn des Vorigen, geboren den 20. Juli 1821 in Kopenhagen, gewann schon als Student die goldene Medaille der Universität für die Abhandlung „Om Bildhuggerkunsten og deß Poesie“ (Kopenh. 1841) u. gab einen Cyklus von Gedichten heraus: „Billeder af Jesu Liv“ (1841). Nachdem er 1842 eine Reise durch das südliche Norwegen gemacht hatte, wurde er bei der königlichen Bibliothek in Kopenhagen angestellt u. gab heraus „Digtninger“ (1845), unter denen sich auch ein romantisches Drama, „Venusbjerget“, befindet, sowie besonders das lyrische Drama „Klintekongens Brud“ (1845). In den Jahren 1846—47 machte er eine Reise nach dem südlichen Spanien, Malta, Sicilien, Italien (wo er 9 Monate lang in Rom weilte u. besonders Dante's Divina comoedia studirte), Schweiz, Frankreich und Deutschland, worauf er herausgab: „En Maaned i Spanien“ (1848), „Den guddommelige Comödie“ (1851—55), „Dämring, lyriske Digte“ (1852), welche ganz besonders gefielen, und „Dante, tragisk Drama“ (1852). Wiederum machte er (1852 und 185?) eine Reise durch Deutschland und die Schweiz nach Italien, wo er sich abermals längere Zeit in Rom aufhielt,

bis ihn seine Ernennung zum Professor der dänischen und norwegischen Sprache und Literatur an der Universität Kiel zurückrief.

Molche (Schwanzlurche, Caudata), Familie der nackthäutigen Reptilien, wird charakterisirt durch die gestreckte, eidechsenartige Körperform, 4, selten 2 Beine und den langen Schwanz, der nicht durch Knorpel, sondern durch Wirbel gestützt wird und nicht der Metamorphose unterworfen ist. Der Kopf ist niedergedrückt, breit, vorn mehr oder minder abgerundet; die Augen sind verschieden entwickelt, entweder sehr klein, rudimentär und ganz von der undurchsichtigen Haut überzogen, oder größer u. deutlicher, aber stets ohne Augenlider. Eine äußere Ohröffnung fehlt. Das Skelet zeigt keine Spur von Rippen. Die Kloakenöffnung besteht in einer länglichen Spalte. Alle M. haben im Oberkiefer sowohl, als in den Gaumenbeinen Zähne, welche gewöhnlich 2 parallele Bögen bilden, aber meist so klein sind u. so im Zahnfleisch verborgen stehen, daß man sie nur durch das Gefühl bemerkt. Der Raum zwischen den bogenförmigen Unterkieferästen wird von der runden Zunge ausgefüllt, welche meist an ihrem ganzen Grunde festgewachsen und nur am Rande frei ist. Die M. leben meist im Wasser, vornehmlich in seichten Sümpfen, wo sie auch ihre Metamorphose durchmachen, seltener in größeren Seen, niemals im Meere. Nur die am höchsten ausgebildeten Gattungen leben auf dem festen Lande, aber auch hier nur an feuchten, schattigen Orten und verlassen ihre Schlupfwinkel nur nach Regen od. starkem Thau, um ihrer aus Insekten und Würmern bestehenden Nahrung nachzugehen. Sie athmen im ersten Stadium ihres Lebens durch Kiemen; bei den Jungen, den sogenannten Kaulquappen, wachsen nämlich auf jeder Seite des Halses 4 in zahlreiche Aeste und Zweige ausgehende Kiemen hervor, in welche die Lungenarterie jederseits einen Ast sendet, während zugleich ein Zweig in die Lungen abgeht. Während die Kiemen noch in der Entwickelung begriffen sind, wachsen die Stummel der Füße (zuerst der Vorder-, dann der Hinterfüße) und aus diesen die Zehen hervor. Nach etwa 90 Tagen sind die äußeren Kiemenäste und die inneren Kiemengefäße verkümmert; die Lungen haben sich vergrößert und nehmen zuletzt alles vom Herzen ausgehende Blut in sich auf. Da die M. nach dieser Metamorphose mittelst Lungen athmen, so müssen sie von Zeit zu Zeit an die Oberfläche des Wassers kommen, um Luft zu athmen. Als Kaulquappen leben sie nur im Wasser von Wasservegetabilien; nach vollendeter Metamorphose können sie sich auch aufs Land begeben. Bei den Fischmolchen bleiben entweder äußere Kiemen, oder statt derselben Löcher an den Seiten des Halses lebenslänglich. Die M. besitzen außerordentliche Reproduktionskraft, indem Augen und abgeschnittene Glieder, namentlich der Schwanz, wieder nachwachsen. Wasser- und Erdmolche sondern aus den Drüsen der nackten Haut einen milchigen Saft ab, welcher im Magen schädlich wirken soll; doch werden sie irriger Weise für giftig gehalten. Man theilt die M. in eigentliche M. oder Salamander (s. d.) u. Fischmolche (Ichthyodea) ein. Als zu den letzteren gehörige Arten sind hervorzuheben: der Riesenmolch (Salamandrops giganteus *Harl.*, Hellbender, Schlammteufel, Bergalligator), schiefergrau mit hellern Längsstreifen, 2 F. lang, in den Gewässern des Alleghanygebirgs in Nordamerika, erst seit 1812 bekannt; der dreizehige Aalmolch (Amphiuma tridactylum *Wagl.*), mit aalförmig verlängertem Körper, Kiemenspalten u. 4 sehr weit von einander entfernt stehenden verkümmerten Beinen, im südlichen Nordamerika im Schlamm lebend; der mexikanische Kolbenmolch (Stegoporus mexicanus *Cuv.*, Axolotl), 10—15 Zoll lang, grau, weiß und schwarz gefleckt, hat schmackhaftes Fleisch und findet sich in den Seen um die Stadt Mexiko so häufig, daß er eine Hauptnahrung der dortigen Landleute bildet. Auch die Gattung Olm (s. d.) gehört hierher.

Mold, Hauptstadt der Grafschaft Flintshire im englischen Fürstenthum Wales, am Allen, über welchen 3 Brücken führen, ist durch eine Zweigbahn mit Chester verbunden, hat das Grafschaftshaus, eine Markthalle, Baumwollen- und Papierfabrikation u. 3735 Einwohner. In der Nähe sind Kohlenminen.

Moldau (Moldawa), der Hauptfluß Böhmens, entspringt auf dem Böhmerwalde zwischen dem Bretterwalde, dem schwarzen Berge u. dem Vogelstein, hart an der bayerischen Grenze im früheren prachiner Kreise bei dem Dorfe Obermoldau in 2 Quellen, der kalten und warmen M., fließt anfangs in einem tief eingeschnittenen Thale nach Südosten, wendet sich aber bei Hohenfurt nach Norden. Sie ist von Hohenfurt aus flößbar, von Budweis an für Kähne von 200 bis 300 Centner Last schiffbar und mündet, nachdem sie Rosenberg, Krumau, Budweis, Moldau-Thein und Prag berührt hat, Melnik gegenüber in die Elbe. Nebenflüsse der M. auf der rechten Seite sind: die Malsch, Luschnitz, Sazawa; auf der linken Seite: die Wottawa, Beraunka rc. Ihr Gebiet wird auf 586 □Meilen angegeben.

Moldau (türkisch Bogdan), Fürstenthum und zinspflichtiger Vasallenstaat des osmanischen Reichs, liegt zwischen 45° 24′ und 48° 17′ nördl. Br. und 22° 58′ und 27° 47′ östl. L. von Paris und wird begrenzt im Norden von Rußland (bessarabisches Gebiet) und Oesterreich (Bukowina), im Westen von Oesterreich (Siebenbürgen), im Süden von der Walachei und von Bulgarien, im Osten vom schwarzen Meer u. von Rußland (bessarabisches Gebiet). Der Flächeninhalt des Fürstenthums beträgt mit dem türkisch-bessarabischen Grenzgebiete, welches Rußland nach Beendigung des Krimkrieges 1856 abgetreten hat, 941 Quadratmeilen, und die Bevölkerung beläuft sich auf ungefähr 2 Millionen Seelen. Der Oberflächenbeschaffenheit nach ist das Land im Westen Hochland, im Nordosten Berg- u. Plateauland, im Südosten Flachland. Von der siebenbürgischen Grenze ziehen sich Verzweigungen der Karpathen herein, wildes zerklüftetes Felsengebirge, mit tiefen, dichtbewaldeten Thälern, dessen Vorberge sich bis zum Sereth u. Pruth hinabsenken, wo sie in Rebenhügel auslaufen. In den Gebirgen gibt es noch Bären, Wölfe, Luchse, Füchse, Wild, hier und da selbst Gemsen, ferner Falken, Adler, Pfauen rc. Heuschrecken treten manchmal als Landplage auf. Im Ganzen ist die M. mehr von Gebirgsrücken durchschnitten und waldiger als das mit ihr politisch verbundene Nachbarland, die Walachei. Waldströme, fruchtbare Thäler, weite Ebenen machen die M. zu einer reizenden Landschaft, wo nichts als die pflegende und verschönernde Hand des Anbauers fehlt. Die Donau, welche nur einen kleinen Theil der Südgrenze berührt und den Verkehr mit Oesterreich und dem schwarzen Meere erleichtert, empfängt die beiden Hauptströme des Landes, den Pruth u. den Sereth mit der goldführenden Bistritza, außerdem den Kagul, Jalpuch, Taschlük. Bedeutendere Seen sind der Bratysch-, Kagul-, Jalpuch-, Kattabug-, Kunduk- und Schassanüsee. Die Nähe des schwarzen Meeres und der Gebirge machen das Klima unbeständig. Im Sommer gibt es viel Regen, von Gewittern begleitet. Wenn zu Anfang des Sommers das Schmelzen des Schnee's in den Gebirgen schnell eintritt u. der Südostwind weht, entstehen furchtbare Ueberschwemmungen der Donau und der anderen Flüsse. Im Juli ist die Hitze gewöhnlich am drückendsten, die Nächte aber sind stets kühl. Im September gibt es wieder Regen. Vom Oktober bis um die Mitte des Novembers man das schönste Wetter, die Luft ist angenehm, der Himmel klar u. heiter, die Nächte sind dann jedoch sehr kalt und ungesund. Der Winter dauert immer lange, und die Donau u. die übrigen Flüsse bleiben viele Wochen hindurch fest gefroren.. Die Luft ist im Ganzen gesund, und chronische Krankheiten kennt man kaum. Die Bewohner sind bulgarischen und russischen, in dem bessarabisch-türkischen Grenzgebiete ostromanischen Stammes; auch sind einige tausend Armenier, sowie eingewanderte Magyaren unter ihnen, ferner über 60,000 Juden, meist als österreichische Unterthanen, Zigeuner, Griechen und viele fremde Europäer, besonders deutsche Handwerker, welche größtentheils ihre betreffenden Konsulate zur Obrigkeit haben. Der Boden der M. ist in den Thälern üppig und fett und hoch mit Dammerde bedeckt, die stark mit Salz und Salpeter durchzogen ist. Die M. ist in Bezug auf Fruchtbarkeit des Bodens ein sehr gesegnetes Land, aber die weiten und fruchtbaren Ebenen sind noch wenig angebaut, und Mangel an gehöriger Bildung der Bewohner, sowie der eingewurzelte bisherige Feudalzustand u. ungünstige politische Verhältnisse ließen den Ackerbau im Allgemeinen noch nicht zur Entwickelung und zu rationellem Betriebe kommen. Das reichste Erzeugniß des Bodens ist Weizen; auf einem großen Theile werden auch Mais, Gerste (nur zur Viehfütterung) und Hanf, sowie Hafer, Hirse, Tabak ꝛc. gebaut. An den Bergabhängen wird viel und guter Wein gebaut; der vorzüglichste wächst bei Odobeschl unweit Fokschan, welcher besonders nach Rußland ausgeführt wird. Auch alle anderen europäischen Früchte gedeihen in Ueberfluß. Die Viehweiden sind vorzüglich u. hinreichend, um die vielen Heerden zu ernähren, die den Hauptreichthum des Landes u. einen der wichtigsten Zweige seines Handels bilden. Die M. hat vortreffliches Hornvieh und gute, ausdauernde Pferde, besonders ausgebreitet ist die Schafzucht. Die Viehzucht wird übrigens ebenso unvollkommen wie der Ackerbau betrieben; man hält das Vieh, das selbst im Winter unter freiem Himmel bleibt, bloß um Fleisch, Talg und Häute zu gewinnen, und benutzt die Milch weder zu Butter, noch zu Käse. Ein wichtiger Zweig der Landwirthschaft ist außerdem noch die Bienenzucht; das Wachs, welches diese liefert, ist das schönste in Europa. Das Klima, der Boden und die trefflichen Kräuter, woran das Land Ueberfluß hat, sind der ausge reiteten Bienenzucht sehr förderlich. Holz in dend ungeheuren Waldungen, auch für den Schiffbau geeignet, und Wild ist in Ueberfluß vorhanden, auch die Fischerei ist bedeutend. Von Mineralien finden sich an verschiedenen Orten Gold, Silber, Eisen, Kupfer, Quecksilber, Schwefel, Bergharz (Erdwachs od. Ozokerit, eine Art unreifer Bernstein) und Steinkohlen. Von Mineralquellen werden besonders die Soolquellen zu Okna und die salinischen Bäder von Slanik benutzt; der Bergbau wird jedoch vernachlässigt. Am meisten gewinnt man noch Steinsalz, besonders in der großen Salzgrube Okna Mare bei Rimnik, die auch das südliche Polen und die türkischen Provinzen südlich von der Donau mit Salz versorgt. Nicht minder schlecht als der Landbau ist in der M. die Industrie bestellt. Die meisten Handwerke werden von Fremden und in Jassy vorzugsweise von Juden und Deutschen betrieben; eine eigene gewerbetreibende Klasse von Bürgern, abgesehen von den Gewerben, welche für die nothwendigsten Lebensbedürfnisse der unteren Volksklassen sorgen, gibt es nicht; Alles, was der Bojar oder der wohlhabendere Bürger braucht, wird vom Auslande bezogen, oder von Ausländern, die sich hier niedergelassen haben, gefertigt. Zwar existirt eine von der moldauischen Regierung errichtete Industrieschule, u. die Regierung hat auch in neuerer Zeit viele Opfer gebracht, um die heimische Industrie zu heben, aber die Versuche sind größtentheils mißlungen. Wichtiger ist für die M. der Handel, welcher aber ebenfalls hauptsächlich in den Händen von Fremden, namentlich Griechen, Armeniern und Juden, ist. Die vorzüglichsten Einfuhrgegenstände sind Fabrikwaaren von Baum- und Schafwolle, Porzellan und Töpferwaaren aus Oesterreich, die zu Lande und auf der Donau ankommen; einfarbige und gedruckte Baumwollenzeuche, feine Kattune, Glaswaaren, feine Tücher, französische Battiste, englische Musseline, Pelzwerk aller Art aus Rußland, das einen Theil der Landestracht bildet und wegen der natürlichen Kälte des Klima's ein nothwendiges Bedürfniß ist. Zur Ausfuhr kommen vorzüglich Weizen, Mais, Flachs, Leinsaat, Wein, Bauholz, Schiffmasten, Hasenfelle, Wolle, Talg, Häute, Schlachtvieh, Speck, getrocknetes Fleisch, Schweineborsten, Steinsalz, Blutegel u. A. Der größte Handelsplatz des Fürstenthums ist Galatz, zugleich der wichtigste Hafen für die M. und Walachei. Auch die beiden Donauhäfen Ismail und Reni, welche nach dem Krimkriege an die M. abgetreten wurden, sind von Wichtigkeit. Für den inländischen Handel sind die Messen zu Folticzeny sehr förderlich. In Jassy wurde 1856 eine moldauische Landesbank gegründet, als Zettel-, Hypotheken- und Kreditanstalt im weitesten Sinne, mit 10 Mill. Thalern Grundkapital, welche zu Bukarest eine Filiale hat. Eine Eisenbahn zur Verbindung mit der Bukowina ist koncessionirt, und eine Telegraphenlinie läuft durch die M. über Nemeritseni nach Folticzeny, Jassy, Berlat u. Fokschan, welche bei Roman durch Zweigdrähte mit Piatra u. Bakan, bei Fokschan mit Galatz und Braila in Verbindung steht. Als Landessprache herrscht die romanische, die aus dem Lateinischen entstanden und mit Byzantinisch-Griechischem und Altslavischem vermischt ist. Die Landeskirche ist die morgenländisch-griechische, doch haben alle anderen Bekenntnisse hier vollkommene Freiheit des Kultus. Die griechische Kirche steht unter dem Metropoliten zu Jassy und zwei Bischöfen zu Roman und Husch, die katholische unter österreichischem Schutze u. die evangelische unter dem Schutze Preußens. Es besteht auch eine große Anzahl von Klöstern, welche durch Geschenke an Ländereien, Häusern, Waaren u. Geld allmählig die reichsten Anstalten des Landes wurden und die Geistlichkeit mit bedeutenden Einkünften versehen. Die Bevölkerung ist in 3 Klassen eingetheilt: die Bojaren oder Adeligen von verschiedenem Range und mit verschiedenen Titeln, die Geistlichkeit und die Landleute mit Anderen, welche die Abgaben und gewöhnlichen Steuern entrichten müssen. Erst in neuerer Zeit hat sich ein eigentlicher Bürgerstand in schwachem Maße entwickelt. Die Zigeuner, früher als Sklaven behandelt, sind seit 1856 emancipirt und in die Klasse der Bauern versetzt. In der M. sind die Bojaren wie in der Walachei die großen Gutsbesitzer. Die Landeinkünfte einiger der Reichsten belaufen sich auf 300,000 Thaler und darüber. Sie haben zugleich die wichtigeren Staatsämter in Händen. Die niederen Geistlichen werden gewöhnlich aus den Landleuten genommen, von welchen sie sich in ihrem Aeußeren nur durch einen langen Bart unterscheiden. Sie führen dieselbe Lebensart und verrichten dieselben Arbeiten, wenn sie nicht ihre Amtspflichten erfüllen, sind aber von allen öffentlichen Abgaben befreit und zahlen nur eine kleine jährliche Steuer an den Erzbischof. Sie haben im Allgemeinen so wenig Bildung, daß sie weder lesen, noch schreiben können und die gottesdienstlichen Formeln bloß auswendig lernen. Der Bauer in der M. ist durch jahrhundertelangen Druck des Despotismus sittlich entwürdigt, abergläubisch und ohne Ausdauer für härtere Arbeiten. Er ist daher lieber Hirt als Ackerbauer. Im Ganzen sind aber die Landleute ein schöner Menschenschlag. Sie tragen eine Art weiter Hosen, welche vom Knie bis zum Fußknöchel enger anliegen; eine enge Weste, über welche sie einen kurzen Rock von grobem Kattun ziehen, im Winter noch ein weißes Schaffell, das über die Schultern hängt; ihre Füße sind mit Sandalen von Ziegenfell bedeckt. Die Haare werden nicht geschnitten, sondern nach hinten geflochten, u. mit einer Mütze von Schaffell, im Sommer mit einem großen runden Hute bedeckt. Die Dörfer bestehen hauptsächlich aus Hütten, die alle von derselben Größe und auf dieselbe Weise gebaut sind. Die Mauern sind von Lehm und die Dächer mit Stroh gedeckt, die Wohnungen in vielen Gegenden ganz unterirdisch. Die Zigeuner leben zerstreut u. wohnen unter Zelten familienweise zusammen. Ihre Hauptbeschäftigung besteht in Verfertigung und Verkauf von grob gearbeiteten eisernen Werkzeugen, sowie von Körben und anderen Holzarbeiten. Ein Ferman des Sultans vom 12. November 1861 genehmigte die Vereinigung der beiden sogenannten Donaufürstenthümer, der Walachei u. der M., vor der Hand nur auf die Lebenszeit des gegenwärtigen gemeinsamen Regenten der beiden Länder. In Folge dieses Fermans wurde die Vereinigung der Walachei und der M. unter dem Namen „Rumänien" zu Bukarest u. Jassy am 23. December 1861 feierlich verkündet. Der jetzige Regent oder Fürst von Rumänien ist der frühere Oberst Johann Alexander Cusa. Die Regierungsform ist dem Namen nach konstitutionell. Die Gesetzgebung und Beaufsichtigung der Finanzangelegenheiten ist in den Händen eines vom Volke gewählten Landtages; die Exekutive hat der regierende Fürst mit einem Rathe von sieben Ministern. Mit Ausschluß des von Rußland 1856 abgetretenen bessarabischen Gebiets (205 □M. mit 180,000 Einw.) zerfällt das Fürstenthum in die obere u. untere M., in administrativer Beziehung erstere in 6, letztere in 7 Kreise, die wieder in Kantone eingetheilt werden. Die M. ist in Verwaltungsdistrikte eingetheilt, jeder mit einem obersten Regierungsbeamten oder Gouverneur, einer Steuer- und einer Gerichtsbehörde. Jede Stadt hat einen Polizeidirektor und einen Stadtrath. Die Richter können nach Gutdünken der oberen Behörden entlassen werden. Die Rechtsverhältnisse lassen überhaupt Manches zu wünschen übrig, und die Handhabung der Gesetze steht nicht im Rufe der Strenge und Unparteilichkeit. Die Quellen der Staatseinnahmen sind hauptsächlich die Einkommensteuer sämmtlicher Grundbesitzer, die direkten Steuern der Landleute, 40 Piaster auf den Kopf, die Patentsteuern der Kaufleute. Die Zollgebühren, der Bezug aus den Staatsländereien und das Salzmonopol ergeben ungefähr ein Drittel der Staatseinkünfte für beide Fürstenthümer. Nach dem Budget von 1862, wie es dem vereinigten Landtage von Rumänien vorlag, war die Gesammteinnahme zu 164 Millionen Piastern, die Ausgabe zu gleicher Summe veranschlagt. Die M. hat an die türkische Regierung einen Tribut von 3000 Beuteln oder 100,000 Thalern zu entrichten. Seit der Vereinigung der M. mit der Walachei ist der Staatshaushalt mit regelmäßigem jährlichen Deficit belastet, der Stand der Staatsfinanzen überhaupt nicht erfreulich, so daß der Finanzminister der vereinigten Fürstenthümer bei Vorlage des Budgets für 1863 wohl mit Recht sagte: „Wir sind nicht bankerott, aber in vollständiger finanzieller Unordnung." Für die vereinigte Militärmacht, welche nach russischem System eingerichtet ist, stellt die M. 16,000 Mann. Das Unterrichtswesen ist in der M. noch schlecht bestellt; nur die Städte haben wenig besuchte Schulen und Privaterziehungsanstalten; Dorfschulen sind noch selten. Als höhere Lehranstalten bestehen ein Gymnasium zu Jassy, die Michaelsakademie ebendaselbst u. ein Seminarium für griechische Geistliche zu Sokala bei Jassy, ferner zu Jassy eine chirurgische und eine Hebammenschule, eine Real- und Industrieschule, ein Verein der Aerzte u. Naturforscher, eine öffentliche Bibliothek und ein physikalisches und Naturalienkabinet. In Bezug auf Münze rechnet die M. nach türkischen Piastern, und als Handelsgewicht gilt die türkische Oka, von der 44 auf 100 wiener Pfund gerechnet werden. Ueber die Geschichte der M. s. Walachei.

Moldau-Thein, Stadt im österreichisch-böhmischen Kreis Budweis, an der Moldau, hat eine Vorstadt (Kleinseite), eine Dechanteikirche, Begräbnißkapelle, ein Schloß, eine Kaserne, Badeanstalt mit eisenhaltiger Quelle, Armenspital und 4000 Einw.

Moldgarn (Moltgarn), ein feines, loses Leinengarn, nur zum Einschuß der Leinwand brauchbar.

Mole (mola, Windei, Mondkalb), eine mehr oder weniger formlose Masse, welche einem unregelmäßig entwickelten und entarteten Ei entspricht. Das in die Gebärmutterhöhle gelangte Ei artet bisweilen schon in den ersten Wochen seiner Entwickelung daselbst so krankhaft aus, daß es zu einer unförmlichen Masse wird, welche zuletzt keine Aehnlichkeit mehr mit dem regelmäßig gebildeten

Ei zeigt. Die M. ist stets nur das Produkt einer Befruchtung, d. h. es kann sich keine M. entwickeln, wenn nicht eine Empfängniß vorausgegangen ist. Daher ist auch die Eintheilung der M.n in wahre und falsche ganz unstatthaft, denn letzteren (unter welchen man membranöse Bildungen in Folge exsudativer Prozesse an der innern Oberfläche der Gebärmutter versteht, die bisweilen von dieser unter wehenartigen Schmerzen ausgestoßen werden) kommt der Name M. gar nicht zu. Hinsichtlich ihrer Beschaffenheit und äußeren Form zeigen die M.n eine ziemliche Mannichfaltigkeit, doch unterscheidet man gewöhnlich drei Arten der Molenbildung, nämlich das Abortivei, die Fleischmole und die Blasenmole. Das Abortivei (ovum abortivum, faux-germe) stellt einen aus den Eihäuten bestehenden, mit Flüssigkeit gefüllten Sack ohne Spur eines Embryo, gleichsam ein taubes Ei vor. Die Flüssigkeit ist in der Regel nicht ganz klar, in manchen Fällen mit Blut gemengt. Solche Abortiveier werden gewöhnlich nicht über zwei Monate getragen. Die Fleischmole (mola carnosa) ist eine mehr kompakte, faserige, dem Fleische ähnliche Masse, häufig stellt sie ebenfalls eine mit farbloser oder blutiger Flüssigkeit erfüllte, bald größere, bald kleinere Höhle ohne Spur einer Frucht dar. Sie scheint davon herzurühren, daß in einer sehr frühen Periode der Schwangerschaft Blutungen u. Entzündungen in den Eihäuten Statt finden, in deren Folge letztere entarten. Die Fleischmole wächst in der Regel langsam, überschreitet selten die Größe einer Faust u. wird gewöhnlich im dritten bis fünften Monat ausgestoßen. Wenn sie länger in der Gebärmutter verweilt, wird sie manchmal in eine sehnige oder kalkige Masse umgewandelt. Die Blasenmole (Hydatiden- oder Traubenmole) beruht auf einer Degeneration der Zottenenden des Chorions in größeren u. kleineren Blasen, die mit einer farblosen Flüssigkeit erfüllt sind und mittelst lockeren Zellgewebes an einander gereiht an Stielen hängen, so daß das Ganze dadurch ein traubenartiges Ansehen gewinnt. Diese Blasenbildung wuchert sehr üppig, so daß die M. in 3—5 Monaten oft mehr als den Umfang eines Kindskopfes und das Gewicht von mehren Pfunden erlangt. Nach neueren Untersuchungen von Virchow sind jene Blasen nichts Anderes als myxomatös entartete Chorionzotten (myxoma). Alles, was abnormen Blutreichthum und Entzündung in den peripherischen Gebilden des Eies begünstigt, kann Veranlassung zur Molenbildung geben, weil die äußern Eihüllen in demselben Maße, als sie sich krankhaft verändern, auch zu ihren physiologischen Funktionen untauglich werden, so daß die innern Theile des Eies immer mehr verkümmern und der Embryo schon sehr bald nach seinem Entstehen abstirbt und resorbirt wird. Indessen lassen sich die Momente, welche die erwähnten krankhaften Prozesse in den Eihäuten herbeiführen, keineswegs immer mit Sicherheit nachweisen. Vor allen Dingen scheinen Krankheiten des mütterlichen Organismus, besonders solche der Gebärmutter, häufig Ursache der Molebildung zu werden od. wenigstens eine Anlage zu letzterer zu bedingen. Molenschwangerschaft (graviditas molaris) heißt eine solche, wo die Frau nicht mit einem regelmäßig gebildeten Ei, sondern eben mit einer M. schwanger geht. Die Molenschwangerschaft ist meist mit allerhand krankhaften Zufällen verbunden, welche ihre Endschaft erst mit der Ausstoßung der M. erreichen und noch längere Zeit einen auffallenden Schwächezustand zurücklassen. Am nachtheiligsten wirkt in dieser Beziehung der fast beständige Blutabgang aus der Gebärmutter, welcher oft schon nach den ersten vier Wochen sich einstellt u. von der Zerreißung kleiner Gefäße bei Abtrennung einzelner Theile der M. herrührt. Die Blasenmole belästigt auch durch die schnelle Ausdehnung der Bauchwände. M.n werden nur in seltenen Fällen länger als 3—4 Monate getragen. Ihre Ausstoßung ist fast immer von starkem Blutabgang begleitet, welcher einen lebensgefährlichen Grad erreichen kann. Bei Blasenmolen trennen sich oft einzelne Blasen ab und die M. geht stückweise fort. Die Genesung findet gewöhnlich sehr langsam Statt. Während der Dauer der Schwangerschaft ist es meist schwierig od. unmöglich, das Vorhandensein einer M. sicher zu diagnosticiren. Die ärztliche Behandlung während der Molenschwangerschaft hat wesentlich nur mit den Blutungen sich zu befassen und für die Kräftigung der Patientin nach Ausstoßung der M. zu sorgen.

Mole, le, Stadt an der gleichnamigen Bucht auf der Nordküste der westindischen Insel Hayti, hat einen befestigten Hafen und Ausfuhr von Kaffee, Baumwolle und Indigo.

Molé, 1) Matthieu, ausgezeichneter französischer Staatsmann, geboren 1584, war Generalprokurator und folgte 1641 seinem Vater auf dem Präsidentenstuhl des pariser Parlaments. In den Unruhen der Fronde trat er ebenso entschieden für die Rechte des Volks wie für die Prärogative der Krone auf; auch bei den Aufständen des pariser Pöbels bewies er große Festigkeit. Im Jahre 1651 ward er zum Siegelbewahrer ernannt. Er † den 3. Januar 1656.

2) Matthieu Louis, Graf, französischer Ministerpräsident, ein Nachkomme des Vorigen, Sohn des Parlamentspräsidenten Edouard François Matthieu M. de Champlatreux (geboren den 5. März 1760, ward 1788 Parlamentspräsident und † den 20. April 1794 unter der Guillotine), geboren zu Paris am 24. Januar 1781, lebte während der Revolution in der Schweiz und in England, kehrte um 1796 in sein Vaterland zurück, erwarb sich durch den „Essai de morale et de politique“ (Paris 1806, 2. Aufl. 1809), worin er die Herrschaft Napoleons I. als eine politische Nothwendigkeit darlegte, die Gunst des Kaisers, ward Requetenmeister, 1807 Präfekt der Departements Côte d'or, 1809 Staatsrath, bald darauf Generaldirektor der Brücken und Chausseen, Graf des Kaiserreichs und 1813 Justizminister und Großrichter. Bei der Abdankung Napoleons I. legte er seine Aemter nieder, übernahm aber nach der Rückkehr des Kaisers von Elba wieder die Stelle als Weg- und Brückenbaudirektor und blieb auch nach der Restauration im Besitz derselben. Im August 1815 wurde er zum Pair von Frankreich erhoben; vom September 1817 bis December 1818 verwaltete er das Marinedepartement. Nach der Julirevolution erhielt er im ersten Ministerium Ludwig Philipps das Departement des Auswärtigen, in welchem er aber schon am 2. November 1830 dem Herzog von Broglie weichen mußte. Nach dem Rücktritt des Ministeriums Thiers (am 25. August 1836) wurde M. mit der Bildung eines neuen Kabinets beauftragt, das er am 6. September aus den

Doktrinärs Guizot, Gasparin, Persil, Rosamel und Duchatel zu Stande brachte, und in dem er selbst den Vorsitz und das Ministerium des Auswärtigen übernahm. Als im folgenden Jahre die Doktrinärs zurücktraten, blieb M. nach dem Wunsche des Hofs und bildete mit Montalivet, Salvandy, Laplace und Barthe ein neues Kabinet, in welchem er gleichfalls den Vorsitz führte. Da aber die reaktionäre Haltung desselben nicht nur die Erbitterung der Liberalen, sondern auch der Doktrinärs hervorrief, die sich in der Kammeradresse vom 4. Januar 1839 in den stärksten Ausdrücken Luft machte, gab M. seine Entlassung ein. Weil indeß kein anderes Ministerium zu Stande kam, wurden die Kammern aufgelöst und M. nochmals die Leitung der Geschäfte übertragen. Die Wahlen fielen aber so ungünstig aus, daß er am 9. Mai 1839 mit seinen Kollegen definitiv seine Entlassung nahm. Seitdem betheiligte er sich auch in der Pairskammer nur noch selten an den politischen Debatten. Nach der Februarrevolution von 1848 in die konstituirende wie in die legislative Nationalversammlung gewählt, war er hier ein hervorragender Redner und gehörte zu den sogenannten Burggrafen. Nach dem Staatsstreiche vom 2. December 1851 trat er ins Privatleben zurück und † den 23. November 1855 auf seinem Schlosse Champlatreux. Er ließ durch Champollion-Figéac eine Ausgabe der „Mémoires“ von M. 1) (Paris 1854—55, 2 Bde.) besorgen.

3) René François, französischer Schauspieler, geboren zu Paris am 25. November 1734, leistete in den fein-komischen Rollen das Beste, was vielleicht je auf dem französischen Theater geleistet worden ist. Während der Schreckenszeit ward er eingekerkert, später aber zum Mitglied des Instituts und unter der kaiserlichen Regierung zum Lehrer der Deklamation an der Schule bei der Oper und Direktor der Schule beim Théâtre français ernannt. Er † 1805 zu Paris. Etienne gab seine „Mémoires“ (Paris 1825) heraus.

Molekülen (v. Lat.), Bezeichnung der kleinsten, durch mechanische u. optische Werkzeuge nicht mehr unterscheidbaren Theilchen der Materie, also entweder s. v. a. Atome (s. d.), od. Gruppen der Atome bedeutend. Die der atomistischen Ansicht anhängenden Physiker führen die im Innern der Körper wirkenden Kräfte der Kohäsion, Adhäsion, Krystallisation 2c. auf Anziehungen und Abstoßungen dieser M. zurück und nennen dieselben deshalb Molekülarkräfte. Häufig versteht man unter M. oder Massentheilchen überhaupt nur kleine Theile der Materie, ohne gerade die Atome bezeichnen zu wollen.

Molenaer, Cornelis, berühmter niederländischer Landschaftsmaler, genannt Strabo Neel de Scheeler, um 1540 geboren, soll in Einem Tage eine große Landschaft haben malen können. Seine Bilder sind noch immer geschätzt. Im königlichen Museum zu Berlin ist von seiner Hand ein Waldbild, das sich durch das Bedeutsame der Komposition in den dunkeln, hochgewölbten Baumgruppen und den Durchsichten auf die Landschaft auszeichnet; in der Gallerie zu Schleißheim eine Winterlandschaft. Auch gute Genrestücke in Brouwers Manier malte er.

Moleschott, Jakob, namhafter Physiolog der Gegenwart, geboren den 9. August 1822 zu Herzogenbusch, besuchte das Gymnasium zu Kleve, widmete sich seit 1842 zu Heidelberg dem Studium der Chemie, Physik und Physiologie, daneben dem der Philosophie Hegels und erwarb sich noch als Student durch seine „Kritische Betrachtung von Liebigs Theorie der Pflanzenernährung“ (Haarlem 1845) den von der Universität zu Haarlem ausgesetzten Preis. Im Jahre 1845 ließ er sich als praktischer Arzt in Utrecht nieder, 1847 habilitirte er sich zu Heidelberg als Privatdocent für Physiologie und Anthropologie, sowie für allgemeine u. vergleichende Anatomie, und im Sommer 1853 gründete er ein physiologisches Laboratorium. In diese Zeit fallen auch seine Hauptschriften, mit denen er seinen Ruhm begründete, die „Physiologie der Nahrungsmittel“ (Darmstadt 1850; 2. Aufl., Gießen 1859), für Fachmänner, und die „Lehre der Nahrungsmittel“ (Erlangen 1850; 3. Aufl. 1857), für das Volk, die „Physiologie des Stoffwechsels in Pflanzen und Thieren“ (das. 1851) und „Kreislauf des Lebens. Physiologische Antworten auf Liebigs „Chemische Briefe“ (Mainz 1852, 4. Aufl. 1863). Diese Schriften stützen sich sämmtlich auf den Grundsatz, daß der Mensch ein vollkommenes Erzeugniß der Stoffe sei, aus denen er besteht, ein chemisches Produkt im strengsten Sinne des Worts. Nach M. geht nicht nur ein Stoffwechsel im Menschen vor, sondern die ganze Person ist selbst dieser Stoffwechsel, alle sogenannten Lebens- und Seelenkräfte sind nichts als bloße Eigenschaften am Stoffe, und da das chemische Produkt sich genau nach seinen Faktoren richten muß, so hängen die politischen, religiösen und sittlichen Zustände der Völker ganz vorzüglich von deren Nahrung ab. Als M. wegen dieser materialistischen Auffassung aller Lebensthätigkeit im Juli 1854 im Namen des engern Senats der Universität und auf Befehl des Ministeriums eine Verwarnung erhielt, legte er sein Lehramt nieder und behielt nur die Leitung seines physiologischen Laboratoriums, bis er 1856 einem Ruf als Professor der Physiologie am eidgenössischen Polytechnicum zu Zürich folgte, in welcher Stelle er sich mit der Rede „Licht u. Leben“ (Frankfurt 1856) einführte. Im Jahre 1861 ward er an die Universität zu Turin berufen. Noch sind von seinen Schriften hervorzuheben: „Untersuchungen zur Naturlehre des Menschen und der Thiere“ (Frankfurt 1856 ff.), „Georg Forster, der Naturforscher des Volks“ (das. 1854; 2. Aufl., Berl. 1862) und „Physiologisches Skizzenbuch“ (Gießen 1861). Sämmtliche Arbeiten M.s bekunden philosophische Dialektik, große Klarheit und ein reiches Wissen und zeichnen sich durch meisterhafte Darstellung aus. M. ist nicht als Materialist im gewöhnlichen Sinne zu bezeichnen. Ihm ist die Materie nicht ein bloßes mechanisches Bewegungsphänomen, sondern selbst in ihren ersten Anfängen unmittelbar Geist, Leben und That. Alles ist ihm Geist und Stoff zugleich. Er statuirt keinen unbegeisteten Stoff; denn derselbe müßte ein Stoff ohne alles Princip der Thätigkeit sein, der nicht gefunden wird. Aber er statuirt auch keinen unmateriellen Geist, der in die Kategorie der unmateriellen Kräfte gehören würde, die es ebenfalls nicht gibt. Während nach Hegel die Kraft das Erste und der Stoff das Produkt aus ihr ist, sind nach M. Stoff und Kraft in unzertrennlicher Einheit von Ewigkeit her verbunden.

Moleskin, englische Westenzeuche aus Wolle oder Baumwolle, oder feiner dichter, rauher, geschorner und gefärbter Barchent.

Molesworth, Sir William, britischer Staatsmann, geboren am 23. Mai 1810 zu Camberwell in Surrey, trat 1832 für Cornwall ins Parlament, wo er bald das Haupt der „philosophischen Radikalen" ward und sich namentlich 1837—38 durch seine Reden gegen das Transportationssystem und für größere Unabhängigkeit der britischen Kolonien vom Mutterlande bekannt machte, und gründete als Organ seiner Partei 1835 die „London review", die sich kurz darauf mit der „Westminster review" vereinigte. Auch gab er von 1842—45 die Werke des Skeptikers Thomas Hobbes heraus. Im Jahre 1845 ward er von Southwark ins Parlament gewählt, im December 1852 im Ministerium Aberdeen zum Oberkommissär der Wälder, Forsten und öffentlichen Bauten und nach Russells Rücktritt im Juli 1855 zum Staatssekretär der Kolonien ernannt, † aber schon den 22. Oktober dieses Jahres.

Moletten (v. Lat.), gehärtete Stahlprägwalzen, um in Druckplatten oder Druckcylinder von Kupfer oder Messing vertiefte Zeichnungen zu pressen, welche die Farbe aufnehmen und auf Zeuche wiedergeben.

Molfetta, Stadt in der italienischen Provinz Bari, am adriatischen Meere, bildet ein eigenes, dem Hause Spinola gehöriges Fürstenthum, ist Bischofssitz, hat eine schöne Kathedrale, 6 andere Kirchen, eine Abtei, ein Kollegium, Museum, Theater, einen Hafen, Schiffswerfte, Leinweberei, Handel mit Getreide, Mandeln und Oel und 24,648 Einwohner. An der Stelle von M. soll früher die alte Stadt Respa gelegen haben. Im Jahre 988 wurde M. von den Saracenen zerstört, 1529 von den Franzosen in Besitz genommen. In der Nähe von M. befindet sich der Pulo, ein Kessel von 90 Fuß Tiefe und 1000 F. Umfang, in welchem sich von selbst Salpeter erzeugt.

Molfetten, Salpeterhöhlen, d. i. Höhlen, an deren Wänden Salpeter ausblüht.

Molière, eigentlich Jean Baptiste Poquelin, berühmter französischer Lustspieldichter, geboren am 15. Januar 1622 zu Paris, erhielt seine Bildung auf dem Jesuitenkollegium Clermont (jetzt Louis-le-Grand) in Paris und war eben im Begriff, die advokatorische Praxis anzutreten, als er sich genöthigt sah, als Stellvertreter seines Vaters, der Kammerdiener des Königs war, den Hof nach Narbonne (1641) zu begleiten. Nach Paris zurückgekehrt, verband er sich, den Namen M. annehmend, 1642 mit einer Schauspielertruppe, mit der er in der Vorstadt Saint Germain komische Vorstellungen gab. Während der Jahre 1646—53 war er Mitglied von wandernden Theatertruppen, seine Muße dem Studium italienischer und spanischer Komiker, sowie des Plautus, Terenz und Rabelais widmend. Zugleich versuchte er sich selbst im Schreiben von Theaterstücken. Sein Trauerspiel „Thebaïde" hatte zwar ungünstigen Erfolg, um so größeren Beifall aber ernteten seine ersten Lustspiele „Etourdi", das er 1653 zu Lyon aufführte, und „Débit amoureux" und „Les précieuses ridicules", die 1654 zu Béziers über die Bühne gingen. Seit 1658 zu Paris spielend, ward er 1665 sammt seiner Truppe von Ludwig XIV. angeworben, zum Direktor der Hofschauspielergesellschaft ernannt und soll als Dichter und Schauspieler eine jährliche Einnahme von 30,000 Livres gehabt haben. Seine häuslichen Verhältnisse waren bei der Eifersucht seiner Frau, gebornen Armand Béjard, wenig glücklich. Das Urtheil seiner alten Haushälterin Laforest hielt er so hoch, daß er ihr alle seine Dichtungem, ehe sie ins Publikum kamen, erst vorzulesen pflegte. Am 7. Februar 1673 trat er in „Le malade imaginaire" als Argan auf. Als er das „Juro" in dem Promotionsakte aussprach, überfiel ihn ein Blutsturz, der nach wenigen Stunden seinem Leben ein Ende machte. Der Erzbischof von Paris versagte ihm das kirchliche Begräbniß, dagegen ward seine Büste von der Akademie in ihrem Sitzungssaal aufgestellt, u. während der Revolution wurde seine Asche in das Museum der französischen Denkmäler gebracht und von da am 6. März 1817 auf Père-Lachaise neben Lafontaine bestattet. Im Jahre 1845 ist ihm in der Rue Richelieu ein Denkmal errichtet worden. Hatte man bis zu M.'s Zeit fast alle komischen Sachen nach spanischen Intriguenstücken bearbeitet und meist ganz lose zusammengewürfelte Scenen, in denen es nur um derb lächerliche Situationen zu thun war, zur Aufführung gebracht, so legte M., der mit der Kenntniß des antiken Drama's und der spanischen Bühne tiefe Menschenkenntniß und Verständniß seiner Zeit und ihrer Gebrechen verband, mehr Gewicht auf die Festhaltung und Durchführung der eigenthümlichen Charaktere seiner Personen. Aber obgleich er seine Vorgänger bei weitem übertraf, konnte auch er nicht allen höheren dramatischen Anforderungen genügen. Das stark Komische u. Possenhafte gelang ihm am meisten. Seine Sprache ist eigenthümlich glatt und dabei plastisch, sein Dialog leicht und gewandt, die Versifikation meisterhaft. Was ihn aber über alle französischen Schauspieldichter, selbst über Racine, stellt, ist sein freier, über den Gebrechen seiner Zeit erhabener Standpunkt. Seine Charaktere sind so lebensvoll, daß sie Typen geworden sind, die, wie z. B. Tartuffe, von allen Gebildeten ohne Weiteres verstanden werden. Uebrigens muß man unter M.'s Dramen die schnell entworfenen Gelegenheitsstücke (wie „La princesse d'Elide", „L'amour médecin" und selbst „Les fâcheux") von den ausgearbeiteten und klassischen Stücken wohl unterscheiden, in denen er die antike Charakterkomödie und ihr moralisches Ziel mit den spanischen Intriguenstücken, in denen die Anlage, die Verwickelung des Knotens und der Begebenheit, die Hauptsache ist, zu verbinden wußte. Die berühmtesten unter seinen zahlreichen Stücken sind: „Les précieuses ridicules", „L'école des femmes" (1662), „L'école des maris", „Le misanthrope", „L'avare" u. namentlich „Tartuffe" (1664), der, das Treiben der Frömmler und Philister geißelnd, 1669 nur durch ein Machtwort des Königs auf die Bühne gelangen konnte. Selbst noch 1825 wurde die Aufführung des Stücks von der geistlichen Behörde zu Rouen verboten. Diese Schwierigkeiten und die gegen M. gesponnenen Intriguen sind von K. Gutzkow in dem „Urbild des Tartüffe" wieder dramatisch behandelt worden. Unter den unzähligen Ausgaben von M.'s Werken sind hervorzuheben die von Auger (mit Kommentar, Paris 1819, 9 Bde.), von Nodier, Didot, Aimé Martin (mit Varianten, das. 1845) u. Lefebre (das. 1854, 4 Bde.). Eine deutsche Uebersetzung von M.'s Lustspielen gab Zschokke (Zürich 1806 ff., 6 Bde.). Vgl Cailhava, Etudes sur M., Paris 1802; Taschereau, Histoire de la vie et des ouvrages de M., das. 1825; 2. Aufl. 1828, und Bazin, Notes historiques sur M., das. 1851.

Molimina (lat.), die Heilbestrebungen der Natur, meist in schmerzhaften Beschwerden, gewöhnlich in Andrang des Bluts nach gewissen Theilen bestehend. M. abortus, die Vorboten einer Fehlgeburt.

Molin, Johan Peter, berühmter schwedischer Bildhauer, geboren 1814, war 6 Jahre Kaufmann in Göteborg, reiste 1843 nach Kopenhagen, um unter Thorwaldsen die Skulptur zu studiren, u. machte dort 1844—45 seinen Kurs in der Kunstakademie. Darauf reiste er über Paris nach Rom, woselbst er 8 Jahre blieb. Nach seiner Rückkehr ins Vaterland wurde er (1853) als Professor an der Akademie der freien Künste angestellt. Seine vornehmsten Arbeiten sind außer verschiedenen Genien und Amorinen: David (in Rom exponirt), ein Bacchant, ein neapolitanischer Wasserträger, Tessin, vor allen aber seine vielbewunderte Gruppe der Gürtelspanner.

Molina, 1) (M. de Aragon), Stadt in der spanischen Provinz Guadalajara (Neukastilien), am Gallo, hat mehre ansehnliche Kirchen und Klöster von gothischer Bauart, Tuch-, Seifen- und Leinwandfabrikation, Getreide- und Wollhandel und 3171 Einw. Nordwestlich von der Stadt sind ergiebige Kupferbergwerke und südlich große Brauneisensteinlager. — 2) Stadt in der spanischen Provinz Murcia, hat eine Saline und 3556 Einw.

Molina, 1) Luis, namhafter Jesuit, geboren 1535 in Cuença in Neukastilien, trat früh in den Jesuitenorden, studirte Theologie, ward Lehrer derselben zu Evora und † den 12. Oktober 1601 zu Madrid. In seinem Buche „Liberi arbitrii cum gratiae donis etc. concordia" (Lissabon 1588) suchte er Augustinismus und Semipelagianismus mit einander auszugleichen, indem er lehrte, die Gnade Gottes sei zwar die Bedingung zur Seligkeit, aber sie werde Jedem zu Theil, der mit den noch übrigen Kräften des freien Willens das Seinige thue. Diese pelagianische Ansicht ward besonders von den Dominikanern heftig bestritten, dagegen von vielen Jesuiten (Molinisten) vertheidigt, wodurch ein Streit entstand, zu dessen Entscheidung Papst Klemens VIII. eine Kongregation von Prälaten niedersetzte (1597), und der nachmals in den jansenistischen Streitigkeiten (s. Jansen) sich fortsetzte.

2) Don Pedro, namhafter Staatsmann und Dichter Guatemala's, geboren 1776 in Guatemala, machte sich früh als Führer der liberalen Partei seines Landes bekannt, namentlich durch die Redaktion der ersten politischen Zeitschrift in Mittelamerika, ward 1823 Mitglied der ersten Nationalerekutive, 1825 außerordentlicher Gesandter der Vereinigten Staaten Mittelamerika's in der Republik Columbia und 1826 auf dem Kontinentalkongreß zu Panama, 1829 Gouverneur des Staats Guatemala, 1832 Minister des Auswärtigen bei der Bundesregierung und 1848 Deputirter zu der konstituirenden Versammlung der Republik Guatemala. Auch wirkte er viele Jahre als Professor, Präsident der medicinischen Fakultät und Hauptdirektor der Universität in Guatemala, und endlich machte er sich noch als Dichter und Arzt bekannt.

3) Felipe, namhafter Staatsmann und Schriftsteller Guatemala's, Sohn des Vorigen, geboren 1812 in Guatemala, ward nach einander Staatssekretär seines Vaterlandes, Mitglied der Legislatur, Staatssekretär und Distriktsgouverneur von Salvador, unterstützte General Mazarin in seinen Versuchen, die Föderation aufrecht zu erhalten, mußte aber, als sich das Glück gegen sie erklärte, nach Costarica fliehen und mißbilligte alle ferneren feindseligen Bewegungen von Seiten der Föderalisten. Nachdem er von 1841—43 in kaufmännischen Geschäften in Chile und Peru gelebt, ließ er sich in Costarica nieder und ward 1848 zum außerordentlichen Gesandten dieses Staats zu Nicaragua ernannt. In derselben Eigenschaft ging er hierauf nach England, Frankreich, Spanien, Italien und den Hansestädten, um internationale Beziehungen zwischen diesen Ländern und der Republik Costarica anzuknüpfen; auch mit der Regierung der Vereinigten Staaten Nordamerika's schloß er einen Freundschafts-, Handels- und Schifffahrtsvertrag ab. Außerdem hat er sich durch verschiedene auf die Geschichte u. Geographie Centralamerika's bezügliche Schriften bekannt gemacht.

Molinia *Schr.*, (Steifhalm), Pflanzengattung aus der Familie der Gramineen, charakterisirt durch den bis auf einen od. 2 über der Wurzel befindlichen Knötchen knotenlosen Halm, die 2—4blüthigen, konischen Aehrchen, die kegelförmigen, am Grunde nach innen bauchigen Blüthchen mit lederigen, grannenlosen oder stachelspitzigen Spelzen, ziemlich langem Griffel und federigen Narben und die freien Samen mit 2 durch die bleibenden Griffelreste gebildeten Stachelspitzen. Die bekannteste Art ist M. coerulea *Moench*, Melica coerulea *L.*, Festuca coerulea *Dec.*, blauer Steifhalm, Schmelme, Pfeifenbinse, Hirschgras, Blaugras, Wiesenschmiele, Waldrohr, 2—5 Fuß hoch, auf feuchten Wiesen und Triften, in Nadel- u. Laubwäldern durch ganz Deutschland, ausdauernd, wird auf dem Odenwald und in der Gegend von Heidelberg zur Streu, namentlich aber zum Reinigen der Tabakspfeifen gebraucht. Auch zum Gauffriren der Spitzen und Halskrausen wendet man die Halmen dieses Grases in einigen Gegenden an. Eine Varietät findet sich auf torfigem, moorigem Grunde, besonders auf den Hochebenen, auch in niedrigen Torfwiesen, die sich durch kürzere und weichere Halmen auszeichnet und zur Anlegung von Wiesen auf Torfmooren als Futterkraut empfohlen wird.

Molinos, Michael, spanischer Mystiker, geboren 1627 zu Patacina in Aragonien, studirte zu Coimbra, lebte seit 1662 als Weltpriester in Rom und erwarb sich durch seine Schrift „Guida spirituale" (d. h. Geistlicher Führer, Rom 1675; lateinisch von Franke, Leipzig 1687; deutsch von Arnold, Frankfurt 1699), worin er im Gegensatz zu dem kirchlichen Mechanismus Seelenruhe, reine Gottesliebe und Vernichtung alles eigenen Lebens, um in Gott unterzugehen, als den Weg des Heils empfahl (daher diese Gefühlsschwärmerei den Namen Quietismus [s. d.] erhielt), Ansehen und die Gunst des Papstes Innocenz XI., dagegen den Haß der Jesuiten, von welchen veranlaßt die Inquisition 1685 68 Sätze in dem Werk als ketzerisch verdammte. M. mußte seine Irrthümer abschwören und unter harten Bußübungen in einem Dominikanerkloster zu Rom sein Leben beschließen. Er † den 29. Dec. 1696.

Molise, ehemalige neapolitanische Provinz, seit

1860 in ihrem ganzen Umfang die gegenwärtige italienische Provinz **Campobasso** bildend, an die Provinzen Neapel, Capitanata (jetzt Foggia), die beiden Abruzzen (jetzt Aquila und Chieti) und Principato ulteriore (jetzt Avellino) grenzend, mit einem Flächenraum von 84 □Meilen und (1862) 346,007 Einwohnern. Das Land ist größtentheils gebirgig durch Zweige des Apennin (Matese, Paterne, Communo), südöstlich wellenförmig eben und fruchtbar u. wird von den Flüssen Biferno, Trigno, Fortore, Tammaro u. a. bewässert. Hauptprodukte sind: Getreide, Wein, Hanf, Oel, Obst, Kastanien, Schafe, Ziegen, Schweine, Wildpret, Bienen, auch Mineralien, die aber nicht ausgebeutet werden. Die Industrie liegt noch ganz darnieder. Hauptstadt ist **Campobasso**. Die **Stadt M.**, nordwestlich von Campobasso, hat Safranbau und 2000 Einw.

Moliterno, Stadt in der italienischen Provinz Potenza (ehemalige neapolitanische Provinz Basilicata), am Moglio, mit 6500 Einw.

Molitor, **Gabriel Jean Joseph, Graf**, Marschall und Pair von Frankreich, geboren den 7. März 1770 zu Havange im Departement Mosel, trat nach dem Ausbruch der Revolution als Hauptmann in ein Freiwilligenbataillon, kommandirte im Feldzug von 1793 unter General Hoche bei Kaiserslautern und Weißenburg als Generaladjutant eine Infanteriebrigade, war dann abwechselnd bei der Rhein-, Mosel- und Donauarmee unter Pichegru, Kleber, Moreau und Jourdan thätig und ward 1795 bei einem Angriff auf Mainz gefährlich verwundet. Im Jahre 1799 focht er als Brigadegeneral unter Masséna in der Schweiz, trug an der Spitze einer schwachen Brigade gegen die vereinigten Oesterreicher und Russen mehre namhafte Vortheile davon und zwang sogar den ihm an Truppenzahl weit überlegenen Suwarow zum Rückzug. Im Feldzuge von 1800 befehligte er unter Moreau bei der Rheinarmee, mit Auszeichnung, u. A. beim Uebergang über den Rhein zwischen Stein und Diessenhofen (1. Mai) und trug wesentlich zum Sieg bei Mößkirch bei. Darauf mit einem Corps von 5000 Mann nach Tyrol gesandt, nahm er Bregenz und Feldkirch und besetzte Graubünden. Noch vor dem Frieden vom ersten Konsul zum Divisionsgeneral und bald darauf zum Kommandanten der 7. Militärdivision ernannt, war er bis zum Wiederausbruch des Kriegs (1805) in Grenoble stationirt, folgte dann Masséna nach Italien und zeichnete sich an der Spitze der Avantgarde bei Vago, besonders aber bei Caldiero aus. In Dalmatien, wohin er nach dem Frieden von Preßburg als Generalgouverneur gesandt wurde, erwarb er sich um die neue Organisation des Landes Verdienste, entsetzte 1806 Ragusa und erfocht mehre Vortheile über die Russen und Montenegriner. Im Jahre 1807 befehligte er in Pommern, focht bei Damgarten und Löbnitz mit Glück gegen die Schweden und befehligte, nachdem er sie bis unter die Mauern von Stralsund zurückgeworfen, den linken Flügel des Belagerungscorps vor diesem Platze, zu dessen Eroberung er viel beitrug. Napoleon I. übergab ihm darauf den Oberbefehl über das Observationsheer, das Generalgouvernement von Schwedisch-Pommern, den Grafentitel und große Dotationen. Im Feldzuge von 1809 machte M.s Division einen Theil des masséna'schen Corps aus. Im Jahre 1810 kommandirte er als General en chef in den Hansestädten, 1811—13 in Holland, 1814 unter Macdonald bei Chalons sur Marne u. la Ferté sous Jouarre. Nach der Abdankung Napoleons I. unterwarf er sich den Bourbons und ward als Generalinspekteur der Infanterie angestellt. Während der hundert Tage für Napoleon I. thätig, verlor er bei der zweiten Restauration seine Stellung, erhielt sie aber 1818 wieder. Im Jahre 1823 befehligte er das zweite Corps der Pyrenäenarmee und trug durch seine glücklichen Operationen im östlichen Spanien nicht wenig zur schnellen Beendigung des Kriegs bei, worauf er den Marschallsstab und die Pairswürde erhielt; 1827 ward er Sekretär der Pairskammer, in welcher er öfters als Redner auftrat. Seine Muße benutzte er zu literarischen Arbeiten. Die Julirevolution ließ ihn im Besitz seiner Aemter und Würden. Später wurde er von Ludwig Philipp zum Kommandanten der Invaliden, 1849 von Louis Napoleon zum Großkanzler der Ehrenlegion ernannt. Er † den 28. Juli 1849 zu Paris. In Nancy ward ihm eine Statue errichtet.

Molitz, Dorf im französischen Departement Ostpyrenäen, Arrondissement Prades, hat 750 Einwohner und berühmte Schwefelquellen, die gegen chronische Hautausschläge und Rheumatismen empfohlen werden.

Molken (**Wadicke**, **Schotten**, lat. serum lactis, franz. petit lait, engl. whey), die Flüssigkeit, welche zurückbleibt, wenn in der Milch der Käsestoff gerinnt. Da hierbei die Butter von dem Käsestoff eingeschlossen wird, so enthalten die M. nur noch Zucker und die Milchsalze, neben wechselnden Mengen eiweißartiger Körper, die zum Theil sich ausscheiden (Zieger), wenn die M. aufgekocht werden. Die M. werden entweder als Nebenprodukt bei der Käsebereitung erhalten u. dann oft auf Milchzucker weiter verarbeitet, oder als Viehfutter benutzt, oder man bereitet sie absichtlich zu medicinischen Zwecken u. unterscheidet dann je nach dem angewandten Verfahren verschiedene Arten. **Süße M.** werden mit Lab bereitet. Man wäscht einen frischen Labmagen vorsichtig mit Wasser, entfernt das Fett, bläst den Magen auf und läßt ihn 36—48 Stunden hängen, dann schneidet man ihn auf, läßt ihn völlig trocknen und bewahrt ihn in verschlossenen Glasgefäßen auf. Fünf Gran von diesem Präparat und 1 Gran Citronensäure übergießt man mit 2 Quentchen Wasser und mischt die Flüssigkeit nach 6—12 Stunden mit 1—1½ Quart gut abgerahmter Milch. Man erwärmt die Mischung ¼—½ Stunde auf 30—40° R., bis die Milch geronnen ist, rührt leise um, erhitzt zum Kochen und seiht durch Leinwand. Diese M. sind opalisirend, sie werden klar, aber weniger wohlschmeckend, wenn man doppelt so viel Lab und Citronensäure nimmt, die Milch ½—1 Stunde auf 30—40° R. erwärmt, durchseiht und dann ¼ Stunde kocht. Auch mit Labessenz (s. **Lab**) kann man M. bereiten. Erhitzt man 1 Quart Milch und setzt beim beginnenden Kochen 2 Quentchen Essig hinzu, so erhält man auch süße M., die vollständig klar werden, wenn man die durchgeseihte Flüssigkeit mit dem Schaum von einem Hühnereiweiß mischt, aufkocht und filtrirt. Sind diese M. etwas sauer, so versetzt man sie mit wenig Magnesia. **Saure M.** bereitet man durch Zusatz von ½ Loth gereinigtem Weinstein zu 1 Quart kochender Milch und Filtriren. Zu Tamarindenmolken nimmt man statt des Weinsteins gleich viel Tamarindenmus, zu Weinmolken 10 Loth Rheinwein, zu Kräutermolken die vom Arzt verordneten Kräuter. Die M. werden als umstimmendes, verdünnendes u. die Säftemasse verbesserndes Mittel allein oder mit Mineralwasser getrunken. Die berühmtesten Molkenkuranstalten sind Gais, Heinrichsbad, Appenzell, Rigi, Selisberg, Meiringen, Interlaken, Kreuth, Salzbrunn ꝛc. Vgl. Beneke, Ueber Molkenkuren, Hannover 1853.

Moll (v. lat. mollis, weich), s. Tonarten.

Moll, wollenes, dem Molton ähnliches Zeuch.

Molla (türk.), bei den Türken und Persern Titel des Oberrichters, der in den Städten und in ganzen Distrikten die bürgerliche u. peinliche Jurisdiktion übt.

Moller, 1) (gewöhnlich Heinrich von Zütphen genannt), einer der ersten Märtyrer der Protestanten, geboren 1488 in der niederländischen Grafschaft Zütphen, trat 1504 in den Augustinerorden, ging 1515 an die Universität Wittenberg, wo er sich eng an Luther anschloß, ward 1516 Augustinerprior in Dortrecht, dann Subprior in Antwerpen und wirkte hier, nachdem er von 1521—22 wieder in Wittenberg gelebt, unter Verfolgungen für die Ausbreitung der reformatorischen Principien. Seit Anfangs 1524 Pfarrer in Bremen, ging er im Nov. desselben Jahres nach Meldorf in Dithmarschen, um daselbst die Reformation einzuführen, ward aber vom Pöbel gefangen genommen und am 11. Dec. hier verbrannt.

2) Georg, namhafter Architekt, geboren den 21. Jan. 1784 zu Diepholz im Hannöverischen, bildete sich zuerst unter Weinbrenner, sodann drei Jahre lang in Italien in der Architektur und trat 1810 als Hofbaumeister in großherzoglich hessische Dienste. Die Zeitrichtung wies damals auf das Mittelalter hin, und M. hat sowohl durch seine Bauten, wie durch seine literarischen Arbeiten zur Würdigung desselben in architektonischer Beziehung nicht wenig beigetragen. Uebrigens will er aus dem mittelalterlichen Styl nur die von ihm zuerst wieder aufgefundenen Grundgesetze desselben beibehalten wissen, deren wesentlichstes Princip er mit dem Namen des Netz- oder Knotensystems bezeichnet und in mehren seiner Bauten angewendet hat. Namentlich gilt er als der vorzüglichste Meister in der Struktur des Daches. Er erbaute u. A. das Casino (1817), das Opernhaus (1819), die katholische Kirche (1824) u. die neue Kanzlei in Darmstadt (1826), die katholische Kirche zu Bensheim (1827), das herzogliche Residenzschloß in Wiesbaden, den Viadukt im Gölsthale bei Aachen u. A. Die unter seiner Leitung 1828 gebaute Domkuppel zu Mainz, sowie das Dach des dortigen Theaters (1833) sind Meisterwerke sinnreicher Einfachheit. Bei dem mainzer Theater ließ er zuerst das innere Halbrund auch im Aeußern hervortreten, ein Princip, welches später vom Professor Semper bei dem Bau des dresdener Theaters noch prachtvoller ausgeführt worden ist. Unter M.s zahlreichen Schülern sind die namhaftesten Lerch, Hessemer u. Andrä. M. † den 13. März 1852. Von seinen zahlreichen Schriften sind hervorzuheben: „Denkmäler deutscher Baukunst“ (Darmstadt 1815—45, 3 Bde.); „Der Originalriß des Doms zu Köln“ (das. 1818); „Die Elisabethkirche zu Marburg“ (das. 1822); „Die Domkirche zu Limburg an der Lahn und die Paulskirche zu Worms“ (das. 1824); „Der Münster zu Freiburg im Breisgau“ (das. 1826); „Ueber altdeutsche Baukunst (das. 1831); „Beiträge zur Lehre von den Konstruktionen“ (das. 1833 ff.).

Mollusken (v. Lat.), s. Weichthiere.

Mollusken (v. Lat., Hautpolypen), rundliche, mehr oder weniger deutlich gestielt aufsitzende, weiche u. schlaffe Geschwülste an der äußeren Haut. Diese Geschwülste bestehen aus einer kleinen sackförmigen Vorstülpung der Haut, deren Inneres mit wucherndem Fettgewebe oder weichem, saftigem Bindegewebe ausgefüllt ist. Die Haut über diesen Geschwülsten ist nie verdickt, im Gegentheil zuweilen stark verdünnt, gewöhnlich glatt, aber leicht in Falten legbar und in verschiedenen Nüancen roth gefärbt. Manchmal enthält die Haut vergrößerte Talg- und Schweißdrüsen, welche sich als gelbe Punkte darstellen. Die Größe der M. übersteigt selten die einer Erbse, kann aber auch die einer Kirsche oder Wallnuß erreichen. Am zweckmäßigsten entfernt man die M. dadurch, daß man einen Faden um den Stiel der Geschwulst legt und diesen allmählig fester und immer fester zuzieht, wodurch die Blutzufuhr zur Geschwulst abgeschnitten wird und letztere selbst in wenig Tagen abstirbt u. abfällt. Im Gegensatz zu der bisher geschilderten Form, dem **Molluscum simplex**, hat man auch ein **M. contagiosum** aufgestellt. Es sind dies derbe Geschwülste, welche den Hautpolypen ähnlich sehen und auf einer sehr bedeutenden Hypertrophie der Wandung der erweiterten Haarbälge u. Talgdrüsen beruhen. Sie sind meist in größerer Anzahl über die Körperoberfläche verbreitet, und es pflegt bei ihnen eine vermehrte Absonderung des Hauttalgs in Form einer weißlichen Schmiere fortzubestehen. Vereinzelte Beobachtungen scheinen dafür zu sprechen, daß das **Molluscum contagiosum**, wie sein Name sagt, wirklich unter Umständen ansteckend ist. S. Virchow, Die krankhaften Geschwülste, Bd. 1, Berlin 1863.

Mollwitz, Pfarrdorf in der preußischen Provinz Schlesien, Regierungsbezirk Breslau, Kreis Brieg, mit 800 Einw., bekannt durch den entscheidenden Sieg Friedrichs des Großen am 10. April 1741, der die Abtretung Schlesiens zur Folge hatte. Friedrich war nach dem Tode Kaisers Karl VI. wieder mit den alten Ansprüchen seines Hauses auf die schlesischen Fürstenthümer Jägerndorf, Liegnitz, Brieg und Wohlau hervorgetreten. Das österreichische Kabinet wies mit Verachtung die Ansprüche eines in seinen Augen so ohnmächtigen Fürsten zurück. Friedrich, der eine solche Antwort erwartet haben mochte, ließ jedoch sofort mit der Anfrage am 23. Dec. 1740 40,000 Mann in das schlecht bewachte Schlesien einrücken, während der Fürst Leopold von Dessau ein starkes Corps bei Magdeburg zusammenzog, um etwaigen Ansprüchen und Angriffen Hannovers begegnen zu können. Das großentheils protestantische Schlesien empfing die Preußen willig. Dieselben verbreiteten sich daher schnell über Schlesien und nahmen Ohlau und die andern Festungen. Durch Gefangene war bekannt geworden, daß die Oesterreicher sich Brieg genähert hätten, daher eine Schlacht zur Nothwendigkeit wurde, um Breslau und die Magazine von Ohlau nicht in deren Hände fallen zu lassen. Die feindliche Armee kantonnirte in den Dörfern an der Straße von Grottkau nach Ohlau, ihr Hauptquartier war in M., eine Meile westlich von Brieg. Ein heftiges Schneegestöber verhinderte am 9. April den Angriff der Preußen. Am 10. wurde das Wetter heiter u. das preußische, 27 Bataillone und 32 Eskadronen starke Heer setzte sich in 5 Kolonnen trotz des 2 Fuß tiefen Schnee's in der Richtung auf M. in Bewegung. Im Fall einer Niederlage wäre dasselbe, da ihm die Operationsbasis und eine gesicherte Rückzugslinie fehlte, in eine sehr üble Lage gekommen, und der Gewinn der Schlacht war das einzige Rettungsmittel zur Behauptung Schlesiens. Die preußische Armee machte im Angesicht des überraschten Feindes erst einen regelrechten Aufmarsch rechts und links, wie auf dem Exercirplatz, und ließ demselben so Zeit, sich ebenfalls in Schlachtordnung zu stellen. Hierauf rückte sie in schönster Ordnung unter den Klängen des dessauer Marsches vor und ihre Geschütze, trefflich bedient, thaten dem Feinde erheblichen Abbruch, als plötzlich der General Römer mit seiner überlegenen und tüchtigen Kavallerie hervorbrach und die damals noch unbeholfene preußische im ersten Anrennen über den Haufen warf. Die preußischen Grenadierbataillone standen jedoch wie Mauern und ihr furchtbares, auf kurze Distanz abgegebenes Feuer riß die näher anstürmende österreichische Kavallerie nieder. Ein zweiter heftiger Angriff der österreichischen Kavallerie auf den rechten preußischen Flügel entblößte diesen, und nur den übermäßigen Anstrengungen dreier Grenadierbataillone, welche die Kavallerie mit dem Bayonnet anfielen, verhinderte dort eine vollständige Niederlage. Der König verließ in diesem kritischen Augenblick das Schlachtfeld, um sich nach Oppeln zu begeben, fand jedoch diesen Ort schon besetzt und ritt deshalb nach M. zurück, wo sich inzwischen die Scene geändert hatte. Die preußische Infanterie des linken Flügels war nämlich unter Schwerins Führung vorgerückt und hatte den Feind über den Haufen geworfen. Auch 10 Eskadronen Preußen, welche noch spät aus Ohlau auf dem Schlachtfelde eintrafen, hatten zum Siege mitgewirkt. Im Ganzen hatten sich etwa 50,000 Mann gegenüber gestanden. 7000 österreichische und 2500 preußische Leichen bedeckten die winterliche Wahlstatt. Es fielen der General Graf von der Schulenburg, der Markgraf Friedrich von Brandenburg, der Oberst von Borke, der Oberstlieutenant von Möllendorf, der Major von Knobelsdorf und 30 Offiziere.

Molly, englische Namensform für Mariechen.

Molo (v. Ital.), von großen Steinen errichteter Damm, welcher, vom Lande aus in das Meer hineingeführt, die Mündung eines nicht tief genug ins Land hineingehenden Hafens abschließt, vor Anker liegende Schiffe vor Sturm und Wellenschlag sichert und die Versandung und Verschlämmung der Ausmündung hindert. Um einen solchen M. herzustellen, versenkt man große Steine oder auch mit kleineren Steinen gefüllte Kästen in das Meer und gibt diesen Steinmassen, damit sie eine feste Lage bekommen, eine bedeutende Böschung, so daß, wenn der Damm auf dem Meeresgrunde etwa 200 Fuß breit ist, derselbe in der Gegend des Meeresspiegels etwa 100 Fuß u. auf der Kappe 50 Fuß breit wird. Auch schüttet man über die Steine Sand und Kies, so daß sich eine Decke über denselben bildet. Zunächst über dem Wasserspiegel bekommt der M. gewöhnlich ein Bankel, in welchem große Steine mit starken eisernen Ringen eingemauert sind, an denen die anlegenden Schiffe befestigt werden. Die Bekleidung des M.'s über dem Wasser besteht aus Quadersteinen, welche in guten Mörtel eingelegt sind. Die im Damm befindliche Oeffnung kann an manchen Orten, z. B. in der Havaña, mit Ketten gesperrt werden.

Moloch (Molech, hebr. s. v. a. König), ein im Alten Testament mehrfach erwähntes Götzenbild vorderasiatischer Völkerstämme, besonders der Ammoniter, identificirt mit der Sonne, hieß bei den Phöniciern Melkarth. Sein weibliches Gegenbild war die Melechet, die Mondgöttin. Dargestellt ward er als hohle, eherne Statue mit Stierkopf, der eine Krone trug, und ausgestreckten Menschenarmen zur Aufnahme der zu verbrennenden Kinder; das Feuer ward in der Statue selbst angezündet. Auch die Israeliten huldigten unter Salomo, Ahas, Manasse und Josias diesem Kultus, namentlich im Thal Hinnom. Ganz ähnlich wird auch die Statue des Kronos bei den Karthagern beschrieben.

Molochen, das scheinbare Verjüngen der Pferde durch Einsetzen künstlicher Bohnen an die Zähne.

Molodetschno, Flecken im russischen Gouvernement Minsk, Kreis Wileyka, war im Feldzug von 1812 einige Zeit das Hauptquartier Napoleons I.; von hier sind mehre Bulletins der großen Armee datirt.

Mologa, Kreisstadt im russischen Gouvernement Jaroslaw, an der Mündung des gleichnamigen Flusses in die Wolga, hat Handel mit Getreide u. Viktualien, Schifffahrt und 4680 Einw.

Molosser (lat. Molossi), Volk hellenischen Stammes, welches seinen Namen von Molossus, dem Sohne des Pyrrhus und der Andromache, ableitete u. von Pyrrhus oder von Neoptolemus aus Thessalien nach Epirus geführt wurde, wo es sich nördlich vom ambracischen Meerbusen um Dodona her in der nach ihm benannten Landschaft Molossis oder Molossia, besonders durch die zur Jagd tauglichen molossischen Hunde berühmt, festsetzte u. in Besitz des pelasgischen Orakels von Dodona kam. Die epirotischen M. vermischten sich mit den zurückgebliebenen alten Bewohnern des Landes, weshalb sie von den übrigen Griechen als halbe Barbaren angesehen wurden und nicht an den Amphiktyonenversammlungen Theil nehmen durften. Sie unterwarfen sich allmählig den größten Theil von Epirus, daher sich ihre Könige, die gegen 1000 Jahre lang daselbst herrschende Dynastie der Aeaciden oder Pyrrhiden, später selbst Könige von Epirus nannten. Unter ihren Städten war Passaron, die Residenz der Könige, die bedeutendste. Nach dem peloponnesischen Kriege eroberten die M. das akarnanische Ambracia und erhoben es zu ihrer Hauptstadt. Nach dem Tode von Pyrrhus III. (192 v. Chr.) zerfiel das Reich der M. in mehre Demokratien und wurde eine Beute der Macedonier und dann der Römer.

Molossus (lat.), Name eines aus drei Längen (— — —) bestehenden Versfußes, kommt ausschließend in längeren Strophen nicht vor, sondern nur mit flüchtigen Rhythmen gemischt.

Molsheim (Moltzen), Stadt im französischen Departement Niederrhein, Arrondissement Straßburg, an der Breusch, hat bedeutende Viehmärkte, Fabrikation von Stahl, Waffen, Quincailleriewaaren, Sicheln, Sägen, Schrauben, Tuch, Strumpf- und Seilerwaaren und Papier, Leinwandbleichen, Färberei, Gerberei, Töpferei, Korn- und Viehhandel, Weinbau (Finkenwein genannt) und 3367 Einw. M. ist das Entrepot der Weine des Departements. Der **Kanal von M.** führt aus der Breusch in die Ill oberhalb Straßburg. M. gehörte zu den Gütern des Kapitels von Straßburg, das 1560 seinen Sitz hier nahm und eine Jesuitenschule daselbst gründete. Im 17. Jahrhundert kehrte das Kapitel nach Straßburg zurück; 1677 wurde M. von den Kaiserlichen verwüstet.

Moltke, mecklenburgisches Adelsgeschlecht, theilt sich in zwei Hauptlinien: die ältere oder mecklenburgische, welche 1776 in den Reichsgrafenstand, und die jüngere oder dänische, die schon 1750 in den dänischen Grafenstand erhoben ward. Die namhaftesten Sprößlinge des Geschlechts sind:

1) **Adam Gottlob von M.**, Stifter der jüngeren Linie, geboren den 10. Nov. 1710 zu Riesenau, war ein vertrauter Freund des Königs Friedrich V. von Dänemark u. Klopstocks u. † 1792 mit Hinterlassung von 22 Kindern.

2) **Joachim Godske M.**, dänischer Staatsmann, Sohn des Vorigen, geboren 27. Juli 1746, trat in den Militärdienst, verließ denselben aber 1766 wieder, studirte in Kopenhagen, trat, nachdem er sich durch eine fünfjährige ausländische Reise ausgebildet hatte, in den Staatsdienst und bekleidete bei mehren Kollegien hohe Stellen. Im Jahre 1781 wurde er zum Staatsminister ernannt, 1784 aber entlassen. Nachdem er bis 1813 auf seinen Gütern gelebt, wurde er später wieder zum geheimen Staatsminister ernannt u. † als solcher den 5. Okt. 1818. Er erwarb sich besonders um Herstellung der zerrütteten dänischen Finanzen Verdienste.

3) **Adam Wilhelm von M.**, Sohn des Vorigen, den 25. Aug. 1785 geboren, erwarb sich durch seine Hingebung an das Interesse Dänemarks das Vertrauen der Könige Friedrich VI. und Christian VIII., unter welch letzterem er die Finanzen und die Rentenkammer verwaltete und später als Gesandter nach Paris ging. Von da bei den Märzereignissen in Kopenhagen zurückgerufen, ward er unter Belassung des Portefeuille's der Finanzen am 22. März 1848 an die Spitze des Staatsministeriums gestellt. Die nächste Folge hiervon war die königliche Proklamation vom 24. März über die unzertrennliche Verbindung Schleswigs mit Holstein. Am 16. Nov. 1848 trat M. die Finanzen an den Grafen Sponneck ab und übernahm die Oberleitung des Auswärtigen, sowie der Angelegenheiten Schleswigs, übergab jedoch am 10. Aug. 1850 das Portefeuille des Aeußeren an Reedtz. Am 27. Jan. 1852 reichte er auch als Vorsitzender im Staatsrath seine Entlassung ein. Ende August 1854 ward er zum Präsidenten des Reichsraths ernannt. Er hat sich vielfach als Freund von Kunst und Wissenschaft bekundet. Von seinen übrigen Brüdern war Graf **Adam Ferdinand von M.** dänischer Admiral; Graf **Otto Joachim von M.**, geboren 1770, † im Febr. 1853, dänischer steinischen Staatskanzlei in Kopenhagen, eifriger Verfechter des Dänenthums in Schleswig, und der Staatsminister und Präsident der schleswig-holälteste, Graf **Christian Friedrich von M.**, geboren 1736, † 1771, dänischer Konferenzrath und Oberhofmarschall.

4) **Adam Gottlob Detlev von M.**, Sohn des ebengenannten Christian Friedrich von M., geboren den 15. Jan. 1765, legte zur Zeit der französischen Revolution den Grafentitel ab und nannte sich Citoyen M., nahm an den Bestrebungen der schleswig-holsteinischen Ritterschaft 1815—23 unter Dahlmanns Leitung zur Erlangung einer Verfassung thätigen Antheil und † den 17. Juni 1843. Er schrieb: „Einiges über die Verfassung Schleswig-Holsteins und die Ritterschaft als eine in fortwährender Wirksamkeit stehende Landesstandschaft" (Lübeck 1833).

5) **Magnus von M.**, Bruder des Vorigen, geboren am 20. Aug. 1783, studirte zu Kiel u. Göttingen, bekundete in seiner Schrift „Ueber den Adel und dessen Verhältniß zum Bürgerstand" (Hamburg 1831), welche die vortreffliche Gegenschrift Kahldorfs „Ueber den Adel, an den Grafen Magnus von M." (das. 1831) hervorrief, eine streng konservative Gesinnung, neigte sich aber später, wie seine Schriften „Ueber das Wahlgesetz und die Kammern mit Rücksicht auf Schleswig und Holstein" (das. 1834) u. „Ueber die Einnahmequellen des Staats" (das. 1846) beweisen, dem Liberalismus zu. Als Präsident der schleswigschen Provinzialstände sprach er für Preßfreiheit und Ordnung in den Finanzen und forderte Trennung der Finanzen Schleswig-Holsteins von den dänischen, sowie einen verantwortlichen Finanzminister. Noch ist von seinen Arbeiten hervorzuheben „Die schleswig-holsteinische Frage" (Hamburg 1849).

6) **Karl von M.**, ältester Sohn von M. 4), geboren den 15. Nov. 1800, das jetzige Haupt der jüngern Linie M., war früher den schleswig-holsteinischen Interessen zugethan, trat jedoch in Kopenhagen zur absoluten Partei über, ward Präsident der schleswig-holsteinischen Kanzlei, am 21. Jan. 1848 Staatsminister, ging 1849 als dänischer Gesandter nach Rußland, war vom 13. Juli bis 18. Nov. 1851 Minister ohne Portefeuille und vom 27. Jan. 1852 bis 18. Dec. 1854 Minister für Schleswig, in welcher Stellung er seine Abneigung gegen die Herzogthümer durch eine Reihe von drückenden Maßregeln zu erkennen gab.

Molto (ital.), viel.

Molton (**Molleton**, **Multong**, **Multum**), leicht gewalktes langhaariges Wollentuch aus guter Mittelwolle, aus welcher die Kettenfäden wie beim Tuch rechts und die Einschlagfäden links gesponnen werden müssen. M. wird entweder wie das Tuch glatt leinwandartig, oder geköpert gewebt, entweder auf beiden Seiten gerauht und mit einem Schnitt geschoren, od. nur auf Einer Seite. Der M. wird weiß, farbig oder getigert hergestellt und zu Futter, Unterjacken xc. benutzt. **Doppelte M.s** haben auf jeder Seite eine andere Farbe. **Baumwollener M.**, eine Art von dickem baumwollenen Barchent, ist auf beiden Seiten stark gerauht und erhält dadurch eine weiche langhaarige Oberfläche. Man benutzt ihn besonders zu Unterröcken. **Baumwollener Moltonpiqué** ist ein dichter, in verschiedenen Mustern gewebter Piqué, dessen Kehrseite gerauht und langhaarig ist; **seidener M.** ist geköperter Velpel. **Moll** ist M. aus kurzer feiner Wolle.

Molukken (Gewürzinseln), eine Reihe von Inseln im indischen Archipel, die zwischen 5° nördl. Br. und 9° südl. Br. und 122° und 131° östl. L. von Greenwich, östlich von der Insel Celebes bis gegen die Westküste von Papua oder Neuguinea hin liegen, zwischen der Molukkenstraße westlich und der Dschilolopassage östlich. In engerem Sinne bezeichnet man mit dem Namen M. insbesondere die Gewürzinseln Amboina, Banda, Ceram und einige andere. Die Zahl der zu den M. in weiterem Sinne gehörigen Inseln beläuft sich auf einige hundert, von welchen jedoch viele sehr klein u. unbewohnt sind. Man kann sie in drei Gruppen eintheilen: die Dschilologruppe (Halmahera) oder die eigentlichen M., die Ceram- und die Timorlautgruppe. Die Dschilologruppe ist die nördlichste, zwischen 2° südl. u. 3° nördl. Br. gelegene u. umfaßt die in vier Halbinseln gegliederte Insel Dschilolo oder Halmahera, Morotai (Morty) Mandolei (Mandioly), Batschian, Ubi oder Talabato und Meisol, sowie zahlreiche kleinere, dazwischen und neben liegende Inseln, unter welchen Ternate und Tidore die bedeutendsten sind. Die Insel Dschilolo hat etwa 292 □Meilen Flächeninhalt, beträchtliche Bevölkerung und seine eigenen Herrscher. Ternate, eine kleine Gestadeinsel von Dschilolo, ist Sitz eines Sultans und eines holländischen Residenten. Auch Tidore ist Sitz eines Vasallenfürsten. Die Ceramgruppe umfaßt die mittlere oder südliche Abtheilung zwischen 3° und 5° südl. Br. Die größte Insel dieser Gruppe ist Ceram (330 □Meilen) mit dem Hauptort Tobo, aber wichtiger als sie selbst sind die kleineren Amboina und Banda, weil dieselben vor 1830 die Monopole des Hauptprodukts der Gewürzinseln hatten, nämlich in der ausschließlichen Kultur der Gewürznelken u. Muskatnüsse. Von jenen ist der Hauptsitz Amboina, zugleich die Hauptinsel sämmtlicher M. u. nächst Java die wichtigste niederländische Kolonie. Banda, die Hauptheimat der Muskatnüsse, ist eine Gruppe ganz kleiner Inseln. Noch gehört zu den südlichen M. Burn mit 60 □Meilen u. gleichnamiger Stadt, im Westen von Ceram. Die Timorlautgruppe, die man füglich noch zu den M. rechnen kann, ist die südlichste und am wenigsten bekannte. Sie besteht aus der großen Insel Timorlaut, vier anderen von beträchtlicher Größe: Larat, Groß- und Klein-Key und Key Watela und einigen kleinern Inseln. Das Meeresbecken südlich von Ceram und Burn heißt im Osten nach der kleinen Inselgruppe zu Banda-See, im Westen Molukken-See. Letztere erscheint durch die Doppelinsel Xula in ein südliches und in ein nördliches Becken abgetheilt, welch letzteres dann in die Molukkenstraße, zwischen Celebes und Dschilolo, übergeht. Fast alle Inseln der M. sind gebirgig, manche haben Berge bis zu 7000 oder 8000 Fuß Höhe. Die Gebirge sind vulkanischer Natur, und es sind noch ziemlich viele Vulkane auf den M. in Thätigkeit. Die Oberfläche aller dieser Inseln ist sehr unregelmäßig und zerrissen, die tiefer gelegenen Theile sind ungemein fruchtbar, und die Küste, welche an manchen Stellen bis zu beträchtlicher Höhe steil aufsteigt, hat eine große Anzahl von Häfen. Die Berge sind mit Wäldern bedeckt, welche sehr viele Arten von vortrefflichem Bauholz liefern. Das Klima der M. ist das ganze Jahr hindurch heiß, aber die Hitze ist nicht übermäßig und wird durch die den größten Theil des Jahres hindurch wehenden Monsuns gemildert, die Regenzeit beginnt im Oktober oder November mit dem nordwestlichen Monsun; so lange diese Windrichtung andauert, fällt der Regen in Strömen, aber selten länger als 2 bis 3 Stunden anhaltend, gewöhnlich von 2—5 Uhr Nachmittags, oder in der Nacht. Die Regenzeit hört zu Ende April oder im Mai auf, wenn der Wind sich nach Südosten wendet u. die Hitze gemäßigter wird. Die landwirthschaftlichen Erzeugnisse der M. sind dieselben wie von Java, Reis ausgenommen, der auf den M. nicht gebaut, sondern eingeführt wird. Das Sagomehl ist die Hauptnahrung. Die Sagopalme wächst dort wild und wird auch angepflanzt. Man hat sie nur zu fällen und den faserigen Stoff in einen aus Kokosfäden gewobenen Sack zu schöpfen; wenn man denselben dann in fließendem Wasser hin und wieder schwingt, um die Holztheile von dem Pflanzenmehl abzuscheiden, gewinnt man in einer Stunde fast 400 Pfund Mehl. Auch Fische, Wild und Schweinefleisch dienen zur Nahrung. Die wichtigsten Erzeugnisse und Ausfuhrgegenstände der Inseln nach Europa sind Nelken und Muskatnüsse. Die Insel Amboina hat ungefähr $^1/_2$ Million Gewürznelkenbäume, welche im Durchschnitt $^1/_2$ Million Pfund Nelken liefern. Auch Kaffee, Kakao und Waldprodukte werden von Amboina ausgeführt. In Banda lieferten die ansehnlichen, theilweise durch Sträflinge bearbeiteten Muskatbaumpflanzungen in den letzten Jahren über 700,000 Pfd. Muskatnüsse und gegen 200,000 Pfd. Muskatblumen. Nach China senden die M. eßbare Vogelnester, Seeschnecken &c. Wie fast alle Inseln des indischen Archipels sind die M. von Malayen u. Papuas bewohnt. Die ersteren wohnen an den Küsten, wo sie sich durch Landbau oder Fischerei ernähren, und bekennen sich zur mohammedanischen Religion. Die Papuas sind auf den kleineren Inseln ausgerottet worden und finden sich nur noch in den Gebirgskreisen der größern Inseln. Sie sind harmloser Natur und bebauen den Boden. Zu dieser Bevölkerung kommen noch etwa 3000 Europäer und 2000 Chinesen. Die Niederlande besitzen von den M. die Inseln Menado oder Nordcelebes, Ternate, Amboina und Banda, welche zusammen im Anfang des Jahres 1860 eine Bevölkerung von 568,000 Seelen hatten. Die Portugiesen kamen 1510 nach den M. und gründeten einige Ansiedelungen. Ungefähr ein Jahrhundert darauf nahmen die Holländer diese Inseln den Portugiesen und gründeten fast auf allen viele kleine Kolonien, um sich den ausschließlichen Handel mit Gewürznelken und Muskatnüssen zu sichern. Sie unterwarfen sich die kleinen Herrscher und rotteten alle Gewürzbäume auf den Inseln aus, mit Ausnahme von Amboina und Banda, die sie vollständig in die Gewalt bekamen. Im Jahre 1796 nahmen die Briten die Inseln in Besitz und behielten sie bis zum Frieden von Amiens 1801, durch den sie Holland zurückerhielt. Im Jahre 1810 kamen die M. wieder in die Hände der Briten, durch den Friedensvertrag von Paris 1814 aber an Holland zurück.

Molybdän, chemisch einfacher Körper, findet sich nicht häufig in der Natur, mit Schwefel verbunden als Molybdänglanz (Wasserblei) und mit Sauerstoff als molybdänsaures Bleioxyd, Gelbbleierz.

Zur Darstellung des M.s röstet man Molybdänglanz, so lange noch schweflige Säure entweicht, und löst die entstandene gelbe unreine Molybdänsäure in Ammoniak, fällt Kupfer durch einige Tropfen Schwefelammonium, verdampft zur Trockne, löst den Rückstand wieder in Ammoniak, filtrirt und krystallisirt. Fein gepulvertes Gelbbleierz kocht man mit koncentrirter Schwefelsäure bis zur vollständigen Zersetzung, verdünnt den blauen Brei mit Wasser, entfernt das ausgewaschene schwefelsaure Blei, filtrirt, oxydirt mit wenig Salpetersäure bis zur Farblosigkeit und verdampft, bis sich die Molybdänsäure ausscheidet, die gut ausgewaschen werden muß. Krystallisirte Molybdänsäure erhält man rein, wenn man Molybdänglanz in Stücken in einem Glasrohr und in einem Strom atmosphärischer Luft bis zur völligen Oxydation glüht. Metallisches M. entsteht bei der Reduktion eines Molybdänoxyds durch Wasserstoff als aschgraues Pulver, welches gedrückt Metallglanz annimmt. Im Kohlentiegel, mit Kohle geglüht, gibt Molybdänsäure abgerundete Körner von silberweißem M. vom specifischen Gewicht 8,6. Auch im Knallgasgebläse wird die Molybdänsäure zu silberweißem Metall reducirt. Das M. hält sich an der Luft unverändert, beim Erhitzen entsteht blaues, dann braunes Oxyd, zuletzt in höherer Temperatur Molybdänsäure. Koncentrirte Schwefelsäure, Königswasser und Salpetersäure lösen das M., schmelzendes Kalihydrat oxydirt es schwierig, Salpeter aber mit Heftigkeit. Molybdänverbindungen bilden in der innern Löthrohrflamme eine schöne grüne Phosphorsalzperle, die in der äußern Flamme schwächer und durch Zinn nicht braunroth wird. Die Boraxperle wird von den Molybdänverbindungen in der innern Flamme braunroth gefärbt. **Molybdänoxydul** (gleiche Aequivalente M. u. Sauerstoff) entsteht, wenn man eine salzsaure Lösung von Molybdänsäure mit Zink zu Molybdänchlorür reducirt und dessen Lösung mit Ammoniak fällt, es ist schwarz, oxydirt sich an der Luft, löst sich in Säuren, gibt aber keine krystallisirenden Verbindungen. Kali und kohlensaures Kali fällen aus den Lösungen Oxydulhydrat, welches im Ueberschuß des Fällungsmittels nicht, wohl aber in kohlensaurem Ammoniak löslich ist. **Molybdänoxyd** (1 Aeq. M., 2 Aeq. Sauerstoff) entsteht als braunes Pulver beim Glühen von molybdänsaurem Ammoniak (am besten in einem Strom Wasserstoff), es ist unlöslich in Salzsäure u. Flußsäure, wenig löslich in Schwefel- und Weinsäure und wird von Salpetersäure zu Molybdänsäure oxydirt. Digerirt man Molybdänsäure mit Salzsäure und Kupfer bei Luftabschluß, so fällt Ammoniak aus der dunkelrothen Lösung von Chlorid Molybdänoxydhydrat. Dies ist rostfarben, frisch bereitet in Wasser etwas löslich, röthet Lackmuspapier, wird an der Luft blau und verliert beim Erhitzen sein Wasser. Die Salze des Molybdänoxyds sind wasserhaltig meist purpurroth, wasserfrei schwarz, nur wenige krystallisiren, die Lösungen werden an der Luft blau, das phosphor-, arsen-, essig- und bernsteinsaure Salz ist unlöslich. Kali u. Ammoniak fällen das Hydrat, welches im Ueberschuß des Fällungsmittels unlöslich ist, kohlensaure Alkalien fällen ebenfalls Hydrat, lösen es aber wieder. Das Schwefelmolybdän, welches dem Oxydul entspricht, ist in Schwefelammonium löslich, das dem Oxyd entsprechende unlöslich. **Molybdänsäure** (1 Aeq. M., 3 Aeq. Sauerstoff) erhält man rein und flüssig, wenn man eine Lösung von molybdänsaurem Natron mit überschüssiger Salzsäure auf den Dialysator bringt. Die feste Molybdänsäure ist ein weißes lockeres Pulver, schmilzt bei Rothgluth, erstarrt zu einer gelben krystallinischen Masse vom specifischen Gewicht 4,39 u. sublimirt im Luftstrom zu Blättchen oder Schuppen. Sie bildet mit Wasser kein Hydrat, löst sich aber in 570 Theilen desselben. Säuren lösen nur die ungeglühte Molybdänsäure, aber Weinstein löst auch die geglühte. Zink und Zinn färben die Lösung der Molybdänsäure in Säuren blau, grün und endlich schwarz, Kupfer färbt sie roth. Schwefelwasserstoff färbt sie zuerst ebenfalls blau und erzeugt dann einen schwarzbraunen Niederschlag. Blutlaugensalz erzeugt einen rothbraunen, Galläpfelaufguß einen grünen Niederschlag. Aus den Molybdänsäuresalzen fällen Säuren die Molybdänsäure, Zinnchlorür gibt einen grünblauen Niederschlag, Schwefelwasserstoff bildet eine Lösung von Sulfomolybdänsalz, aus welchem Säuren Schwefelmolybdän fällen. Galläpfelaufguß färbt die Lösungen blutroth und gibt auf Zusatz von Salzsäure einen blutrothen Niederschlag. Die empfindlichste Reagenz auf M. ist Schwefelcyankalium. Man setzt davon etwas zu einer Lösung von Molybdänsäure u. fügt ein Körnchen Zink und etwas Salzsäure hinzu. Hierbei entsteht eine vorübergehende karminrothe Färbung, die noch $^{1}/_{300000}$ Molybdänsäure erkennen läßt. Eisenoxyd und Untersalpetersäure macht man unschädlich, indem man mit etwas Salzsäure erhitzt u. dann etwas Phosphorsäure hinzufügt. Eine Lösung von Molybdänsäure in verdünnter Schwefelsäure wird im direkten Sonnenlicht ohne Gasentwickelung gebläut, entfärbt sich aber wieder im Dunkeln. Dies benutzt Phipson zur vergleichenden Prüfung der chemischen Wirkung des Lichts, indem er die gebläute Lösung mit Uebermangansäure titrirt. **Dreifachmolybdänsaures Kali** entsteht, wenn man kochende Kalilösung vollständig mit Molybdänsäure sättigt. Das Salz löst sich in kochendem Wasser, scheidet sich langsam aus der Lösung wieder ab und ist dann in kaltem Wasser fast unlöslich. Bei höherer Temperatur im Wasserstoffstrom zerfällt das Salz in molybdänsaures Molybdänoxydul u. neutrales Salz. Aus einer Lösung von Molybdänsäure in kohlensaurem Kali fällt stark überschüssige Salpetersäure, ein Gemisch von sauren Salzen. Gibt man nur so viel Salpetersäure hinzu, bis der Niederschlag sich nicht mehr völlig auflöst, so krystallisirt ein Doppelsalz von zweifach und dreifach saurem Salz, welches mit Wasser übergossen sich langsam in dreifach saures Salz verwandelt. **Neutrales molybdänsaures Natron** kann aus seinen Bestandtheilen zusammengeschmolzen werden u. krystallisirt aus einer Lösung, ebenso verhält sich das zweifach saure Salz, welches aber schwer löslich ist. Das dreifach saure Salz kann wie das Kalisalz erhalten werden und wird auch durch Salpetersäure aus einer Lösung von Molybdänsäure in Soda direkt gefällt. **Neutrales molybdänsaures Ammoniak** fällt Alkohol aus der Lösung von Molybdänsäure in sehr starkem Ammoniak. Dieselbe Lösung gibt beim Verdampfen das Doppelsalz aus zwei- und dreifach saurem Salz und, wenn sie stets ammoniakalisch bleibt, zweifach saures Salz. Setzt man zu molybdänsaurem Ammoniak etwas o Phosphorsäure und dann Salpetersäure, so scheidet sich allmählig ein citronengelber Niederschlag aus, welcher 3 Procent Phosphorsäure, 86 Proc. Molybdänsäure und 11 Proc. Ammoniak und Wasser enthält. Derselbe ist löslich in Phosphorsäuresalzen, Alkalien und kohlensauren Alkalien. Er dient als charakteristisches Erkennungszeichen für die Phosphorsäure und zur quantitativen Bestimmung derselben. Ist nur wenig Phosphorsäure vorhanden, so entsteht nur eine gelbe Färbung der Flüssigkeit. Löst man den gelben Niederschlag in kohlensaurem Natron, verdampft, glüht und löst 1 Theil der trockenen Salzmasse in 10 Th. verdünnter Salpetersäure, so erhält man ein sehr empfindliches Reagenz auf Ammoniak und stickstoffhaltige Alkaloïde, durch welches letztere bei gerichtlichen Untersuchungen ermittelt und selbst quantitativ bestimmt werden können (Journ. für praktische Chemie, Bd. 71, S. 498). Molybdänsaurer Baryt wird durch wechselseitige Zersetzung von Chlorbarium mit den Alkalisalzen erhalten. Molybdänsaure Magnesia entsteht beim Kochen von kohlensaurer Magnesia mit Molybdänsäure u. Verdampfen des Filtrats. Molybdänsaures Eisenoxyd ist ein gelbes Pulver, welches sich bildet, wenn man molybdänsaures Kali mit Eisenvitriol mischt, die Flüssigkeit mit Chlor behandelt und den braunen Niederschlag trocknet. Ein basisches Kupfersalz entsteht beim Vermischen von molybdänsaurem Ammoniak mit kochender Kupfervitriollösung. Digerirt man frisch gefälltes Kupferoxydhydrat mit ammoniakalischem molybdänsauren Ammoniak, so erhält man beim Verdampfen Krystalle von molybdänsaurem Ammoniakkupferoxyd. Beim Vermischen von dreifach molybdänsaurem Kali mit salpetersaurem Bleioxyd fällt weißes neutrales molybdänsaures Bleioxyd, welches in der Natur als Gelbbleierz vorkommt. Durch Kochen der molybdänsauren Alkalien mit frisch gefälltem Thonerdehydrat, Chromoxydhydrat ꝛc. entstehen alaunartige Doppelsalze. Molybdänsaures Molybdänoxyd fällt als blauer Niederschlag, wenn man eine koncentrirte Auflösung von molybdänsaurem Ammoniak mit Molybdänchlorid fällt. Derselbe ist löslich in Wasser, Säuren und Alkohol, unlöslich in Salzwasser. Aus seiner sauren Lösung fällen Alkalien Molybdänoxydhydrat, während molybdänsaures Alkali in Lösung bleibt. Zinnchlorür fällt aus Molybdänsäurelösung molybdänsaures Molybdänoxyd mit molybdänsaurem Zinnoxyd (blauer Karmin der älteren Chemiker). Die blaue Verbindung entsteht auch bei der Oxydation des Molybdänoxydhydrats an der Luft und bei der Reduktion der Molybdänsäure durch Zink. Molybdänbissulfuret, dem Molybdänoxyd entsprechend, kommt in der Natur als Wasserblei, Molybdänglanz vor, bildet sich beim Erhitzen von Molybdänsäure mit Schwefel und hinterbleibt beim Erhitzen höherer Schwefelungsstufen. Beim Rösten an der Luft und mit Salpetersäure gibt es Molybdänsäure, koncentrirte Schwefelsäure löst es unter Entwickelung von schwefliger Säure mit blauer Farbe. Molybdänsupersulfid, der Molybdänsäure entsprechend, wird erhalten, wenn man die Lösung eines Salzes der letzteren mit Schwefelwasserstoff sättigt und dann mit Säure fällt. Der schwarzbraune Niederschlag ist eine Sulfosäure, die rothe krystallisirbare Sulfomolybdate bildet, von denen nur die der Alkalimetalle in Wasser löslich sind. Das Kaliumsalz bildet rothe Krystalle, die im reflektirten Licht grün erscheinen und mit Salpeter ein grünes Doppelsalz geben. Es existirt auch noch eine Verbindung von 1 Aequivalent M. mit 4 Aeq. Schwefel. Mit Chlor bildet das M. eine größere Reihe von Verbindungen. Molybdänchlorür, dem Molybdänoxydul entsprechend und, da dies von Manchen für Sesquioxyd gehalten wird, auch als Molybdänsesquioxyd zu betrachten, entsteht durch Reduktion des Chlorids durch Wasserstoff bei niederer Temperatur, durch Einwirkung von M. auf Chlorid und auch durch bloßes Erhitzen des Chlorids in einer indifferenten Atmosphäre, wobei das Chlorür sublimirt. Dies ist kupferroth, unlöslich in Wasser und Salzsäure und gibt mit Alkalien schwarzes Oxydulhydrat. Behandelt man auf andere Weise dargestelltes Oxydulhydrat mit Salzsäure, so erhält man lösliches Chlorür als schwarze Masse. Molybdänchlorid, dem Oxyd entsprechend, entsteht bei der Behandlung von sauerstofffreiem Bissulfuret mit Chlor, es bildet jodgraue Krystalle, ist sublimirbar, raucht an der Luft und zerfließt zu einer Flüssigkeit, die bei starker Verdünnung gelb wird. Auch auf nassem Wege kann diese Verbindung erhalten werden. Wirkt Chlor auf M. bei Gegenwart von chemisch gebundenem Sauerstoff, so entstehen sauerstoffhaltige Chlorungsstufen, Acichloride, die aber noch nicht mit Sicherheit erforscht sind (Journal für praktische Chemie, Bd. 71, S. 459). Molybdänoxydul löst sich in Fluorwasserstoffsäure mit purpurrother Farbe, Fluorkalium fällt aus dieser Lösung blaßrothes Kaliummolybdänfluorür. Blutlaugensalz fällt Molybdänoxydul und Molybdänoxyd dunkelbraun, Molybdänsäure rothbraun. Der letztere Niederschlag löst sich in Ammoniak farblos, die beiden ersteren lösen sich mit brauner Farbe.

Molybdänblau, mineralisches Indigo, blauer Karmin, s. Molybdän.

Molybdänblei, s. v. a. Gelbbleierz.

Molybdänglanz (Wasserblei, Molybdänit), Mineral aus der Klasse der Glanze, krystallisirt selten in heraëdrischen Tafeln oder kurzen Säulen, ist meist derb und eingesprengt, schalig oder krummblätterig, sehr vollkommen spaltbar nach der Geradendfläche von röthlich bleigrauer Farbe, metallisch glänzend, undurchsichtig, mild, in dünnen Blättchen biegsam, stark abfärbend, und zwar auf Porzellanbiscuit grünlichblau, fettig anzufühlen, besteht aus 59 Theilen Molybdän und 31 Theilen Schwefel (Schwefelmolybdän), schmilzt vor dem Löthrohr nicht, färbt aber, in der Zange gehalten, die Flamme zeisiggrün, entwickelt schwefelige Säure und gibt auf Kohle einen weißen Beschlag, verpufft mit Salpeter und bildet eine im Wasser auflösliche Masse und löst sich in Königswasser zu einer grünlichen Flüssigkeit. Es kommt vor auf Gängen und Lagern älterer Gebirge bei Altenberg, Schlaggenwalde im Erzgebirge, den Alpen, Cornwallis, Natchinska, Grönland u. an a. O. Es dient zur Bereitung des blauen Karmins und zum Blaufärben wollener Zeuche. Selenmolybdän, edler Molybdänglanz, auch Silberphyllingglanz, ist eine Verbindung von Molybdän mit Selen und etwas Gold und Silber, stimmt äußerlich mit Schwefelmolybdän überein, hat aber 5,89 Gewicht u. entwickelt vor dem Löthrohr Selengeruch. Es findet sich bis jetzt nur im Gneis bei Deutschpilsen in Ungarn.

Molybdänocker (Wasserbleiocker, Molybdänsäure), Mineral aus der Ordnung der wasserfreien Metalloxyde, als Ueberzug u. eingesprengt vorkommend, mit feinerdigem Bruch, zerreiblich, schwefel-, citronen- bis orangegelb, matt, undurchsichtig, vor dem Löthrohr schmelzbar, erscheint auf Molybdänglanz u. Quarz in Schweden, Norwegen, Schottland, Sibirien, Tyrol.

Molybdänoxyd und **Molybdänoxydul**, s. Molybdän.

Molybdänsäure, s. Molybdän und Molybdänocker.

Molybdänsilber, eine mit dem Silberphyllinglanz in Pilsen in Ungarn vorkommende Verbindung von Wismuth mit Silber, Tellur und Schwefel, die in elastisch biegsamen hexagonal licht stahlgrauen Blättchen krystallisirt.

Molyn, Peter de, Maler, s. Tempesta.

Mombaça (Mombas), afrikanische Insel im indischen Ocean an der Küste von Zanguebar, dem Imam von Maskat gehörig, wird von einem Mischvolk von Arabern und Eingebornen bewohnt und ist zum Theil bewaldet und sehr fruchtbar. Die Produkte sind Reis, Kakao, Betel, Zuckerrohr, Pfeffer, Honig, Wachs, Gummi, Hyänen, Tigerkatzen. Der gleichnamige Hauptort liegt in einer Bucht u. hat einen Hafen, ein 1594 von den Portugiesen erbautes Fort und 3000 Einw.

Mombuy (Caldas de M.), Stadt in der spanischen Provinz Barcelona, an der Nordbahn (Linie Barcelona-Granollers), das berühmteste spanische Bad mit Schwefelquellen von 45—56° R. und 3595 Einwohnern.

Moment (v. Lat.), im Allgemeinen s. v. a. Augenblick, Zeitpunkt; daher momentan, augenblicklich, vorübergehend. In der bildenden Kunst versteht man unter M. den Augenblick der Handlung oder Begebenheit, welcher als der bedeutendste und für die Anschauung geeignetste vom Künstler besonders hervorgehoben werden muß. In der Mechanik nennt man statisches M. einer Kraft das Produkt derselben in den senkrechten Abstand ihrer Richtung von einem Punkte oder einer geraden Linie oder einer Ebene; M. der Trägheit eines Körpers oder körperlichen Punktes aber das Produkt der Masse des betreffenden Körpers in das Quadrat seiner Entfernung von einem gegebenen Punkte oder einer gegebenen Linie. Im tropischen, von dem eben angegebenen mechanischen hergenommenen Sinne heißt M. das, was bei der prüfenden Betrachtung eines Gegenstandes einen Grund der Entscheidung nach dieser oder jener Seite hin darbietet. Bei Hegel ist das Wort M. Bezeichnung der einzelnen Begriffsbestimmungen, welche der dialektische Prozeß durchläuft, so daß demnach jeder Begriff M., aber auch nur ein solches, d. h. eine Gedankenbestimmung sein kann, die einestheils aus den früheren hervorgeht, anderentheils aber auch in die nachfolgenden übergeht u. mithin an und für sich keine selbstständige Bedeutung hat.

Momiers (v. Franz., d. i. Mummerei Treibende, heuchlerische Schauspieler), spottende Benennung einer Methodistenpartei in Genf, später auch im Waadtland, welche, im Gegensatz zu der milderen Auffassung der Staatskirche der strengsten Erbsündentheorie anhing, sich in Konventikeln erbaute und eine sehr ernste Lebensrichtung hatte. Hervorgerufen und geleitet war die Bewegung von den genfer Geistlichen Empaytaz, Malan, Gaussen, Bost und Galland, die bald eigene Gemeinde gründeten. Im Waadtlande erging im Mai 1824 ein Verbot gegen ihre Versammlungen, doch leistete dies der Sache der M. nur Vorschub, u. 1830 stand die Regierung daher der Partei freie Religionsübung zu. Aus den M. ging 1831 die Evangelische Gesellschaft in Genf hervor, die 1832 eine besondere Lehranstalt errichtete. Im Jahre 1848 vereinigten sich die verschiedenen Dissidentengemeinden zu einer freien evangelischen Kirche im Gegensatz zur Staatskirche. Die Zahl der Glieder derselben ist nicht im Wachsen.

Mommsen, 1) Theodor, ausgezeichneter Alterthumsforscher, geboren den 30. November 1817 zu Garding in Schleswig, besuchte das Gymnasium zu Altona, widmete sich dann zu Kiel philologischen, juristischen und historischen Studien und lebte hierauf einige Zeit als Privatlehrer zu Altona. Von 1844 bis 1847 bereiste er mit Unterstützung der berliner Akademie Frankreich und Italien in archäologischem Interesse, redigirte 1848 in Rendsburg die „Schleswig-holsteinsche Zeitung" und ward im Herbst 1848 als Professor der Rechte nach Leipzig berufen. Seine Theilnahme an den politischen Bewegungen von 1848 und 1849 hatte indeß 1850 seine Entlassung zur Folge, worauf er im Frühjahr 1852 eine Professur des römischen Rechts in Zürich erhielt, die er 1854 mit einer solchen in Breslau und 1857 zu Berlin vertauschte, wo er auch mit der Leitung des „Corpus inscriptionum latinarum" (Bd. 1, Berlin 1863) betraut ward. Außer seiner epochemachenden „Römischen Geschichte" (Leipzig 1854 und 1855, 2 Bde.; 3. Aufl., das. 1861 ff.), seinem Hauptwerke, sind von seinen Arbeiten hervorzuheben: „De collegiis et sodaliciis Romanorum" (Kiel 1843); „Die römischen Tribus in administrativer Beziehung" (Altona 1844); „Oskische Studien" (Berlin 1845; Nachträge, das. 1846); „Die unteritalischen Dialekte" (Leipz. 1850); „Corpus inscriptionum neapolitanarum" (daselbst 1851); „Inscriptiones confoederationis helveticae" (Zürich 1854); „Inscriptiones regni neapolitani latinae" (Leipz. 1856); „Ueber die Chronographen vom Jahre 354" (das. 1850); „Das Edikt Diocletians de pretiis rerum venalium vom Jahre 301" (das. 1851); „Die römische Chronologie bis auf Cäsar" (Berlin 1858; 2. Aufl., das. 1859); „Die Rechtsfrage zwischen Cäsar und dem Senat" (Breslau 1858); „Geschichte des römischen Münzwesens" (das. 1860).

2) Johannes Tycho M., Bruder des Vorigen, namhafter Philolog, geboren 1819 zu Garding, bereiste 1846—48 Italien und Griechenland u. wurde dann Lehrer am Gymnasium zu Husum. Durch die Schlacht bei Idstedt 1850 von dort vertrieben, ward er bald darauf als Professor am Realgymnasium zu Eisenach berufen. Von seinen Schriften sind zu nennen: „Ueber Pindaros" (Kiel 1845), eine Uebersetzung von dessen Gedichten (Leipzig 1846), sowie eine Ausgabe derselben mit kritischen Anmerkungen (Berlin 1864); „Die Kunst des deutschen

Uebersetzens aus neueren Sprachen" (Leipzig 1858) u. eine kritische Ausgabe von Shakspeare's „Romeo und Julia" (Oldenburg 1859). Auch ein dritter Bruder, August M., geboren 1821 zu Oldesloe, Lehrer am Gymnasium zu Flensburg, nach seiner Vertreibung aus Schleswig am Johanneum zu Hamburg, machte sich als Philolog bekannt.

3) Friedrich, Rechtsgelehrter, nicht mit den Vorigen verwandt, aber ebenfalls ein Schleswig-Holsteiner, war eine Zeitlang Chef des Justizdepartements in Kiel, habilitirte sich nach seiner Vertreibung als Privatdocent zu Göttingen und machte sich u. A. durch „Beiträge zum Obligationenrecht" (Braunschweig 1853, 2 Bde.) und „Erörterungen aus dem Obligationenrecht" (das. 1859) literarisch bekannt.

Momordica *L.* (Balsamapfel, Balsamgurke), Pflanzengattung aus der Familie der Cucurbitaceen, charakterisirt durch die monöcischen Blüthen (Kelch und Korolle der männlichen 5spaltig, der weiblichen 5theilig) mit 3 Staubgefäßen, 3spaltigem Griffel u. elastisch aufspringender Kürbisfrucht, einjährige, kletternde Kräuter mit Ranken und lappigen Blättern in heißen Ländern, von denen mehre als Arznei- u. Zierpflanzen vorkommen, z. B. M. Balsamina *L.*, in Ostindien, wo sie, wie in Westindien, auch kultivirt wird, hat handförmige, 5—7lappige, gezähnte, glänzend grüne Blätter, weißlichgelbe Blüthen und scharlachrothe, rundlich-eiförmige, an beiden Enden verdünnte, eckige, höckerige Früchte, die sogenannten Balsamäpfel, Wunderäpfel, Poma Hierosolymitana. Man übergießt sie mit Olivenöl und hält dieses Oleum Momordicae für ein besonderes Heilmittel bei Wunden, Verbrennungen, Frostbeulen, Hämorrhoidalknoten ꝛc. Der Saft ist ätzend-scharf. Auch die bitterlichen, etwas scharfen Blätter benutzt man in Westindien gegen Wunden und im Theeaufguß gegen verschiedene Krankheiten, eine Abkochung der Früchte als Brechmittel, ein Extrakt derselben als Hydragogum bei Wassersucht. Die unreifen Früchte werden mit Salz eingemacht u. gegessen. Die Blätter von M. Charantia *L.*, in Ostindien, haben einen starken, unangenehmen Geruch und bitteren Geschmack und werden in der Heimat bei Koliken, gegen Würmer, bei lang dauerndem Husten, zur Beförderung der Lochien und äußerlich gegen Hautkrankheiten gebraucht. Das Gewächs dient auch als Surrogat des Hopfens beim Bierbrauen. Die Früchte werden reif u. unreif gegessen. Die Frucht von M. Elaterium *L.* (gemeiner Springkürbis, Eselsgurke), in Südeuropa, wird $1\frac{1}{2}$—2 Zoll lang und einen Zoll dick, ist fleischig, sehr rauh und borstig-weichstachelig, gelblichgrün, 3fächerig, überhängend. Im reifen Zustande springt sie entweder von selbst, oder bei der leisesten Berührung elastisch vom Stiel ab und schleudert dabei mit Heftigkeit die schwärzlichbraunen Samen nebst dem schleimigen Safte, den sie enthält, mehre Fuß weit weg. In allen Theilen dieser den ältesten Aerzten bereits bekannten Pflanze (Sikys agrios *Diosc.*) ist Elaterin (s. d.) und bitterer Extraktivstoff enthalten. Früher waren besonders die Wurzel und die Früchte gebräuchlich. Die Früchte besitzen einen sehr bitteren, nicht widerlichen Geschmack und wirken drastisch-purgirend. Man läßt ihren Saft entweder freiwillig an der Luft verdunsten (Elaterium album s. Anglicum), oder verdampft ihn in der Wärme (Elaterium nigrum). Beide Präparate werden nur noch selten benutzt. Die Wurzel hat einen widrigen, brennenden Geschmack und unangenehmen Geruch und wurde gleichfalls als Purgirmittel, besonders bei Wassersucht, angewendet. Die frischen Blüthen erregen, eine Zeitlang auf dem Kopf getragen, sehr heftige Reizungen des Darmkanals, Erbrechen, Durchfall, Fieber u. Kopfreißen. Der Same dieser Art, die sich in vielen deutschen Gärten findet, wird im Herbste oder im März und April an geschätzter Stelle ins freie Land gesäet.

Mompox, Stadt im kolumbianischen oder Neugranadakonföderationsstaate Magdalena, an der Mündung des Cauca in den Magdalenenstrom, Sitz eines Civilrichters, eines Militärgouverneurs, hat einige schöne Kirchen, Fabrikation von Goldarbeiten, lebhaften Handel und 10,000 Einw., meist Schwarze und Zambos; in den neueren Kriegsunruhen hat die Stadt mehrfach sehr gelitten.

Momus, der Gott des Spottes und des Tadels, nach Hesiod ein Sohn der Nacht, kommt am meisten bei Lucian vor, der ihn zum Alles verspottenden Liberalen unter den aristokratischen Göttern macht. Dargestellt wird er entweder als abgelebter Greis, oder als hagerer Jüngling mit Satyrgesicht und der Narrenkappe.

Mona, alter Name für Anglesey.

Monaco, bis 1848 kleines selbstständiges Fürstenthum am westlichen Gestade des Meerbusens von Genua, bestand aus den Städten Monaco und Mentone und dem Dorfe Roccabruna mit einem Gebiete von $2\frac{1}{2}$ □Meilen, das sich längs der Küste des Mittelmeers zwischen Nizza und Ventimiglia und $1\frac{1}{2}$ Stunden nach dem Innern zu erstreckte und etwa 8000 Einwohner zählte. Die Landschaft ist gebirgig und liegt am südlichen Abhange der Seealpen, welche hier hart bis an das Meer sich herabziehen; es ist ein wahrhaft paradiesischer Landstrich, mit dem üppigsten Pflanzenleben, geschmückt mit Feigen-, Orangen-, Oelbäumen, Cactus, Agaven, Myrten, Granaten, Johannisbrodbäumen, immergrünen Eichen und vom angenehmsten und gesundesten Klima begünstigt. Die Stadt Monaco, im jetzigen französischen Departement Seealpen, bei Nice (Nizza), liegt auf einem steilen Felsen, welcher sich über die Meeresküste erhebt, ist befestigt, hat einen Hafen für kleine Schiffe, einen Palast des ehemaligen Fürsten, Fabriken für Seidenstoffe und Branntwein, Essenzen u. Liqueure u. 1687 Einw. In der Umgebung sind Olivengärten, Orangen- und Citronenpflanzungen und Weinberge. Auf der Spitze der steil in das Mittelmeer abfallenden Felsenplatte ist eine Terrasse mit prachtvoller Aussicht. Der Name M. wird abgeleitet von einem Tempel, welcher, dem Hercules monoecus geweiht, auf dem Felsen stand, auf welchem die jetzige Stadt gebaut ist. Die größere Stadt und Residenz des früheren Fürstenthums ist Mentone (s. d.). Kaiser Otto I. soll das Fürstenthum zu Gunsten der genuesischen Familie Grimaldi gegründet haben; 1450 kam es unter spanische, 1641 unter französische Oberhoheit. Beim Erlöschen der Familie Grimaldi im Mannesstamme 1731 erbte das Fürstenthum Jacques François Leonard de Goyon-Matignon, Graf von Thorigny, der Gemahl der Tochter und Erbin des letzten Grimaldi, wobei er den Namen dieser Familie annahm. Im pariser Vertrage vom 20. Nov. 1815 wurde M. in ein Schutzverhältniß zu Sardinien gestellt, das durch die Deklaration vom 8. Nov. 1817 die Souveränetät des Fürstenthums anerkannte, sich aber das Recht der militärischen Besetzung und der Ernennung des Platzkommandanten in der Stadt M. vorbehielt. Da Fürst Florestan Roger Louis de Grimaldi, vor der pariser Februarrevolution zugleich Pair von Frankreich und meist in Paris lebend, die immer lauter werdenden Forderungen von Reformen nicht gewährte, brachen am 12. Februar 1848 auch in M. Unruhen aus, die durch eine hierauf von jenem veröffentlichte, aber den Wünschen des Volks allzu wenig entsprechende Verfassung nur noch vermehrt wurden. König Karl Albert von Sardinien ließ darauf unter Zustimmung der Einwohner die zwei Orte Mentone und Roccabruna besetzen und vereinigte sie durch ein Dekret vom 18. September 1848 mit seinem Königreiche. Fürst Florestan legte hiergegen vergeblich Protest ein. Im Jahre 1852 soll er mit der österreichischen Regierung wegen Verkaufs seines Ländchens in Unterhandlung getreten sein, hiergegen aber sollen, auf Vorstellungen der sardinischen Regierung, die Kabinete von Paris und London ein Veto eingelegt haben. Florestan † am 20. Juni 1856 zu Paris. Ihm folgte sein Sohn Karl Honorius unter dem Namen Karl III., geboren am 8. December 1818, vermählt seit 1856 mit Antoinette Ghislaine, Gräfin von Merode. Als nach der Konstituirung des Königreichs Italien Savoyen und die Provinz Nizza 1860 in Frankreich einverleibt wurden, trat Karl durch Vertrag vom 2. Februar 1861 gegen eine Entschädigung von 4 Millionen Francs sein Fürstenthum ebenfalls an diese Macht ab. Es gehört jetzt zu dem neugebildeten Departement Seealpen.

Monade (v. griech. Monas), ursprünglich s. v. a. Einheit, in welchem Sinne es schon die alten Mathematiker gebrauchten, wie denn Euclides in seinen Elementen die Zahl für eine aus Einheiten (Monaden) zusammengesetzte Vielheit erklärt. Pythagoras setzte in seinem philosophisch-arithmetischen System die Monas und die Dyas einander entgegen und betrachtete beide als die Principien nicht nur aller Zahlen, sondern auch aller Dinge, weil und in sofern diese zählbar seien. Plato hingegen verstand unter M.n, wofür er auch den Ausdruck Henaden gebrauchte, seine Ideen, die ihm als Einheiten galten und das Viele oder das Unendliche, d. i. die unbestimmbare Mannichfaltigkeit der Einzeldinge unter sich, befassen sollten. Leibniz endlich verstand unter M.n absolut einfache Substanzen mit vorstellender Kraft und erbaute auf diesem Begriffe sein monadologisches System.

Monadelphus (lat., v. Griech.), einbrüderig, in der botanischen Terminologie Bezeichnung einer Blüthe, in welcher von allen Staubgefäßen die Träger zu einer Röhre verwachsen, die Staubkolben aber entweder frei (wie bei Passiflora u. Malva), oder ebenfalls verwachsen sind (wie bei Canella und Lobelia). Davon Monadelphia, Benennung der 16. Klasse des linné'schen Pflanzensystems.

Monadologie (v. Griech., Monadenlehre), diejenige spekulative Ansicht von der Natur, welche die letzten Gründe aller Erscheinungen in einfachen, unkörperlichen Wesen (Monaden) sucht. Wie der Atomismus (s. Atom) nimmt auch die M. eine Vielheit des Realen an. Während aber die Atome als körperlich ausgedehnt und als undurchdringlich aufgefaßt werden, so daß demnach die Atomenlehre zu einer mechanischen Naturerklärung führt, hat die M. einen mehr dynamischen Charakter. Die beiden bedeutendsten Repräsentanten der M. sind Leibniz (s. d.) und Herbart (s. d.).

Monaghan, Grafschaft in der irischen Provinz Ulster, zwischen den Grafschaften Louth, Armagh, Tyrone, Fermanagh, Cavan und Ostmeath, umfaßt 23,6 □Meilen, ist theils von bergiger (der Creeveberg ist der höchste in der Grafschaft), theils von sumpfiger Beschaffenheit, gilt aber im Allgemeinen für fruchtbar. Gebaut werden vornehmlich Flachs, Weizen, Hafer, Kartoffeln und Hülsenfrüchte. Die Grafschaft wird von vielen kleinen Flüssen bewässert, von denen jedoch keiner schiffbar ist; auch ist der Boden nicht gehörig kultivirt. Die Viehzucht ist ebenfalls unbedeutend. Der Holzmangel wird durch Torf ersetzt. Die Bevölkerung ist fortwährend stark im Abnehmen; sie betrug 1841 200,442, 1851 nur 143,410 und 1861 sogar nur noch 126,340 Einwohner, die Fischerei, Ackerbau, Viehzucht nud besonders bedeutende Leinweberei treiben. Einige Berge enthalten Brüche von vorzüglichen Mühlsteinen; auch Marmor, Blei und Steinkohlen kommen vor. Die Grafschaft wird vom Ulsterkanal durchschnitten. Die gleichnamige Hauptstadt ist unregelmäßig gebaut, war früher befestigt, hat ansehnliche Leinwandbleichen und Leinwandhandel und 3484 Einwohner.

Monaldeschi, Giovanni, Marchese, Günstling der Königin Christine von Schweden, stammte aus einer italienischen Adelsfamilie zu Ascoli, ging nach Schweden, ward Stallmeister der Königin Christine, 1653 und 1654 schwedischer Gesandter in Polen und an mehren italienischen Höfen und begleitete jene nach ihrer Abdankung, zu welcher er sie, in der Hoffnung, sich dann mit ihr öffentlich vermählen zu können, mit überredet haben soll, als Oberststallmeister auf ihren Reisen, ward aber auf ihren Befehl am 10. November 1657 in der sogenannten Hirschgallerie des Schlosses zu Fontainebleau ermordet, angeblich wegen Hochverraths, wahrscheinlich aber wegen einer Untreue. Vgl. Relation de la mort de M., Paris 1701. Der Stoff ist mehrfach, z. B. von Van der Velde, zu Romanen, von H. Laube zu einem Trauerspiel (Leipz. 1845) benutzt worden.

Monandrus (lat., v. Griech.), einmännig, in der Botanik: mit einem Staubgefäße in den einzelnen Blüthen. Davon Monandria, Benennung der 1. Klasse des linné'schen Pflanzensystems.

Monarchianer (v. Griech.), häretische Partei der ältesten christlichen Kirche, welche, die Trinitätslehre verwerfend, die Lehre von der Einheit Gottes und seiner göttlichen Alleinherrschaft (Monarchianismus) festhielt und in den Namen Vater, Sohn und Geist nur die besonderen Verhältnisse, unter welchen, und die verschiedenenen Kräfte, in welchen sich das einige Wesen Gottes bethätige, also die Offenbarungsweisen Gottes, ausgedrückt fand.

Monarchie (v. Griech.), Einherrschaft, diejenige Staatsform, nach welcher ein mit persönlicher Majestät bekleideter, meist erblicher Herrscher (Monarch) an der Spitze des Staats steht. Eigentlich gibt es bloß Erbmonarchien; die Wahlmonarchien, welche die Geschichte kennt, z. B. Polen, waren ihrem Wesen nach eigentlich Republiken. Außerdem unterscheibet man zwischen unumschränkter u. beschränkter

M. Die unumschränkte oder absolute M., welche alle Gewalten, ohne irgend einer anderen Auktorität Theilnahme daran zu vergönnen, in der Person des Monarchen vereinigt, ist in der That identisch mit Despotie und mithin kein Rechtszustand. Ihr gegenüber steht die beschränkte oder konstitutionelle M., welche durch Theilung der Staatsgewalten, namentlich der die Gesetzgebung u. Besteuerung betreffenden Befugnisse, zwischen dem Regenten und einer auf verschiedene Weise modificirten Volksrepräsentation die Vortheile, welche der Theorie nach beiden Staatsverfassungsformen, der monarchischen und republikanischen, zugeschrieben werden, zu vereinigen strebt. Zwischen beiden steht die sogenannte ständische M., in welcher das Königthum zwar beschränkt ist, aber nur durch die Rechte u. zu Gunsten gewisser privilegirter Stände. Mit dem Namen monarchisches System bezeichnet man einestheils den Zusammenhang der Grundsätze, Richtungen und Klugheitsmarimen, wodurch die M. in einem einzelnen Staate errichtet, forterhalten und mit harmonischen Institutionen und Gesetzen versehen werden soll, in welchem Sinne derselbe entweder mit Konstitutionalismus oder dem System der konstitutionellen M., oder bei vorwaltender Tendenz zum Absolutismus mit dem Begriffe des Monarchismus (s. unten) zusammenfallen würde; anderntheils versteht man darunter den Grundsatz der monarchischen Partei, wonach die Koeristenz von Republiken mit M.n im europäischen Staatensystem unmöglich u. daher die monarchische Verfassung die alleinherrschende in unserem Welttheil sein müsse. Unter monarchischem Princip versteht man aber die Ansicht, daß zur Reinheit der M. und zur Sicherstellung ihrer Fortdauer auch die monarchische Vollgewalt nöthig sei, daß also jedem Aufglimmen irgend eines Funkens des republikanischen Geistes in monarchischen Staaten, also auch jeder Theilung der Gewalt zwischen Fürst und Volk, mit aller Entschiedenheit müsse entgegengetreten, und daß durchaus keine Nachgiebigkeit oder Hinneigung eines dem europäischen Gemeinwesen angehörigen Fürsten zu jenem gefährlichen Geiste dürfe geduldet werden. Beide Grundsätze, der des monarchischen Systems u. der des monarchischen Princips, haben im europäischen Völkerrecht praktische Gültigkeit gewonnen, wie die mancherlei verhängnißvollen Interventionen u. offenen u. geheimen Hemmungen liberaler Regierungspläne beweisen. Dieses Streben bezeichnet man auch mit dem Ausdruck Monarchismus, welcher theils im objektiven Sinne das theoretische und praktische System der M., theils im subjektiven die Anhänglichkeit an dieses System und die Geneigtheit oder den Eifer bezeichnet, dasselbe zu verwirklichen, oder zu schirmen, oder auszubreiten, oder ihm zum vollständigen Siege zu verhelfen.

Monarda *L.* (Monarde), Pflanzengattung aus der Familie der Labiaten, charakterisirt durch den röhrigen, 5zähnigen Kelch und die rachenförmige Korolle mit linienförmiger, die Staubgefäße umhüllender Oberlippe, ausdauernde, sehr gewürzhafte Kräuter und Stauden in Nordamerika, mit länglichen Blättern u. prächtigen Blüthen in großen Köpfchen, von deren Arten mehre als Zier- u. Arzneipflanzen zu bemerken sind, namentlich *M. dydyma L.*, virginische Melisse, 1—3 F. hoch, hat eirunde, spitzige, gesägte, glatte Blätter und scharlachrothe Blüthen, die meist 2, selten 3 über einander stehende Köpfe bilden. In mehren Ländern Nordamerika's werden die angenehm gewürzhaften Blätter in Theeaufgüssen ähnlich wie Pfeffermünze und Melisse gebraucht. In England werden sie Oswegothee genannt. Von *M. fistulosa L.*, Bienenmonarde, werden die aromatisch-bitter schmeckenden Blätter u. angenehm riechenden purpurrothen Blüthen in Nordamerika als zertheilende, reizende u. stärkende Mittel angewendet. Die Monarden lieben einen guten Standort, einen fetten, lockern, mäßig feuchten Boden und werden durch Wurzeltheilung und Samen vermehrt.

Monas (griech.), s. Monade.

Monasterium (lat., v. Griech.), Mönchszelle; dann Kloster; auch s. v. a. Münster.

Monastir, 1) (Toli-Monastir), Hauptstadt des europäisch-türkischen Ejalets Rumili, an der Bistritza, unweit der albanesischen Grenze, Sitz des Generalgouverneurs, hat Baumwollenbau u. 15,000 Einw. M. wurde 1806 durch Ali Pascha von Janina verheert und geplündert. — 2) Hafenstadt auf der Ostküste von Tunis, östlich von Suza, an der Bucht Hammamet des mittelländischen Meeres, hat bedeutende Wollweberei, Handel und über 40,000 Einwohner.

Monat (Mond), im Allgemeinen die Umlaufszeit des Mondes um die Erde, die schon in den frühesten Zeiten als Zeitmaß gebraucht wurde. Im Alterthum verstand man die Zeit von einem Neumond bis zum folgenden darunter, d. h. eine Zeit von $29\frac{1}{2}$ Tagen, die man aber bei der Zeitrechnung bald zu 29, bald zu 30 Tagen nahm, um jeden M. mit einem vollen Tage anfangen zu können. 12 solcher M.e bildeten ein Mondjahr, welches demnach eine Dauer von $12 \times 29\frac{1}{2}$ Tag $=$ 354 Tagen hatte. Nach solchen Mondjahren rechnen gegenwärtig noch die Türken. Es läßt sich aber der Mondumlauf von verschiedenen Gesichtspunkten aus betrachten, woraus sich verschiedene Arten von M.en ergeben. Die Zeit, in welcher der Mond einen ganzen Umlauf oder 360° vollendet, beträgt 27 Tage 7 Stunden 43 Minuten 11,5 Sekunden und heißt ein siderischer M., da innerhalb derselben der Mond wieder zu demselben Firstern zurückkehrt. Die Umlaufszeit des Mondes aber vom Frühlingspunkte an gerechnet bis wieder zu dem nämlichen Punkte gibt den tropischen oder periodischen M., der wegen des Vorrückens der Nachtgleichen etwas kürzer als der siderische ist, nämlich 27 Tage 7 Stunden 43 Minuten 4,7 Sekunden umfaßt. Die Zeit, binnen welcher der Mondwechsel erfolgt, d. h. von einem Neumonde bis zum andern, heißt der synodische M., welcher wegen des Vorrückens der Erde auf ihrer Bahn der längste sein muß und 29 Tage 12 Stunden 44 Minuten 2,9 Sekunden enthält. Der Umlauf von dem aufsteigenden Knoten bis wieder zu demselben heißt der Drachen- oder Knotenmonat, welcher 27 Tage 5 Stunden 5 Minuten 36 Sekunden beträgt. Betrachtet man endlich den Umlauf des Mondes hinsichtlich seiner Syzygien, so ergibt sich der anomalistische M., der gleich der Zeit ist, während welcher der Mond wieder zu seinem Perigäum oder auch zu seinem Apogäum zurückkehrt und 27 Tage 13 Stunden 21 Minuten 3,36 Sekunden beträgt. Außer diesen fünf Mondmonaten gibt es noch einen sogenannten Sonnenmonat, worunter man den 12. Theil des tropischen Sonnenjahres versteht (= 30 Tage 10 Stunden 29 Minuten 4,272 Sekunden). Alle die bisher genannten M.e stehen in unmittelbarer Beziehung zu den Gestirnen und werden daher astronomische genannt. Die bürgerlichen M.e dagegen sind diejenigen, die man behufs der Jahreseintheilung gemacht und denen man daher eine gewisse Anzahl von vollen Tagen, meist 30 oder 31 ohne weitere kleinere Theile des Tages, gegeben hat.

Im Alterthum war weder die Zahl der M.e, noch ihre Reihenfolge zu allen Zeiten gleich. Bei den Aegyptern wurde das Jahr in den ältesten Zeiten in 2, später in 4 und zuletzt in 13 M.e und 5 Tage eingetheilt. Bei den Griechen fiel der bürgerliche M. mit dem natürlichen zusammen, und erst als die julianische Zeitrechnung bei ihnen eingeführt wurde, machte man einen Unterschied zwischen beiden. Um Bruchtheile zu vermeiden, theilte man die M.e in 30tägige und 29tägige ein, die mit einander wechselten, und nannte erstere volle, letztere hohle. Der attische M. wurde in drei Dekaden getheilt; die einzelnen M.e hießen: Hekatombäon (Julius), Metageitnion (August), Budromion (September), Panepsion (Oktober), Mämakterion (November), Poseideon (December), Gamelion (Januar), Anthesterion (Februar), Elaphebolion (März), Mönychion (April), Thargelion (Mai), Skirophorion (Juni). Das Jahr der Lacedämonier begann zur Zeit der Herbst-Tag- und Nachtgleiche; ihre M.e waren: Herasios (Oktober), Apelläos (November), Dios-thyos (December); der Name für unseren Januar ist unbekannt, Eleusinios (Februar), Gerastios (März), Artemisios (April), Delphinios (Mai), Phliasios (Juni), Hekatombeos (Juli), Karneios (August), Panamos (September).

Die Römer theilten ursprünglich das Jahr in 10 M.e ein: Martius (31 Tage), Aprilis (30 Tage), Maius (31 Tage), Junius (30 Tage), Quintilis (31 Tage), Sextilis (30 Tage), September (30 Tage), Oktober (31 Tage), November (30 Tage), December (30 Tage). Von diesen M.en hießen die 4 mit der größeren Anzahl von Tagen die vollen (pleni), die übrigen 6 die hohlen (cavi). Als später das Jahr in 12 M.e oder 355 Tage eingetheilt ward, wurden Januarius und Februarius hinzugefügt. Um zu große Differenz in der Zahl der Tage abzuwenden, verkürzte man die hohlen M.e um einen Tag, wodurch man im Ganzen 6 Tage gewann, welche den 51, um die man das Jahr verlängert hatte, hinzugelegt 57 Tage ausmachten, von denen nun auf den Januar 29, auf den Februar 28 kamen. Um aber den Unterschied zwischen dem Mondjahr von 355 und dem Sonnenjahr von 365 Tagen auszugleichen, schaltete man alle 2 Jahre einen M. ein, dem man eine Dauer von 22 oder 23 Tagen gab. Cäsar hob 46 v. Chr. diesen Schaltmonat auf und führte an seiner Stelle einen alle 4 Jahre wiederkehrenden Schalttag ein. Dem Januar, Sextilis und December legte er je 2 Tage zu, dem April, Juni, September und November je Einen. Die Ordnung der M.e wurde die noch jetzt gebräuchliche. Im Jahre 45 v. Chr. erhielt der Quintilis den Namen Julius, und 8 v. Chr. wurde der Sextilis dem Augustus zu Ehren Augustus genannt. Weil aber dieser M. nur 30 Tage hatte und der M. Augustus dem Julius hinsichtlich der Zahl der Tage nicht nachstehen sollte, so nahm man einen Tag aus dem Februar heraus, um ihn dem August einzuschalten. Bloß in den Schaltjahren behielt der Februar seine 29 Tage. Zu Nero's Zeit ward durch einen Senatsbeschluß bei Lebensstrafe geboten, den April künftig Nero u. den Mai Claudius zu nennen, und Domitian befahl, daß der Oktober fortan seinen Namen, Domitianus, tragen solle. Auch diese neuen Namen wurden wieder abgeschafft, um denen der nachfolgenden Imperatoren Platz zu machen. Von den 10 M.en, welche die Römer ursprünglich gehabt haben, war der März der erste und bildete somit den Anfang des Jahres. Vor der Sitte des Einschaltens bildete der Februar den letzten M. und scheint dies auch noch eine geraume Zeit geblieben zu sein. Erst seit dem 6. Jahrhundert der Stadt mag das Jahr mit dem Januar angefangen zu haben.

Die Juden haben 12 M.e für ihre gemeinen Jahre und 13 für ihre Schaltjahre. Die M.e heißen: Tisri, Marchesvan, Kislaw, Tebet, Schwat, Adar, W'Adar (für das Schaltjahr), Nisan, Ijar, Sivan, Thamuz, Ab, Elul. Das kirchliche Jahr beginnt mit dem Nisan, in den das Osterfest fällt. Die Mohammedaner haben 12 M.e, die abwechselnd 29 und 30 Tage zählen: Moharrem, Safer, Rebiulewel, Rebiulachir, Dschemasiulewel, Dschemasiulachir, Redscheb, Schaban, Ramadan, Schwal, Silkide, Silhidsche. Die Namen der M.e des gregorianischen Kalenders sind die schon bei den Römern gebräuchlichen. Der französische republikanische Kalender, der das Jahr mit der Proklamirung der Republik (21. Sept. 1792) begann, gab auch den M.en andere Namen: Vendémiaire (vom 22. Sept. an), Brumaire (vom 22. Oktober an), Frimaire (vom 21. November an), Nivôse (vom 21. December an), Pluviôse (vom 20. Januar an), Ventôse (vom 19. Februar an), Germinal (vom 21. März an), Floréal (vom 20. April an), Prairial (vom 20. Mai an), Messidor (vom 19. Juni an), Thermidor (vom 19. Juli an), Fructidor (vom 18. August an), Schalttage (vom 17.—21. September an). Doch hatte der republikanische Kalender, wie die Republik selbst, keinen Bestand. Im Handelsverkehr versteht man unter M. auch die Zeit von einem Tag im Monat zu dem der Zahl nach gleichen im folgenden Monat, z. B. vom 20. April bis 20. Mai.

Monatliche Reinigung, s. Menstruation.

Moncada, Don Francisco de M., Graf von Osona, spanischer Feldherr u. Geschichtschreiber, geboren am 29. December 1586 zu Valencia, gehörte einem der mächtigsten Geschlechter Kataloniens an und wurde kurz nach einander Staats- u. Kriegsrath, Gesandter am Hofe zu Wien, Obersthofmeister der Infantin Clara Eugenia, Gouverneur in den Niederlanden und Oberbefehlshaber der dortigen spanischen Truppen. Er fiel 1635 bei der Belagerung von Goch, einer Festung im Herzogthum Kleve. Sein Hauptwerk ist „Historia de la expedicion de Catalones y Aragoneses contra Turcos y Griegos" (Barcelona 1623, Madrid 1777 u. 1805; auch in Ochoa's „Tesoro de historiadores espagnoles", Paris 1840, und in Jaime Tio's „Tesoro de los autores illustres", Barcelona 1840).

Moncalieri, Stadt in der italienischen Provinz Turin, am Po und an der Eisenbahn von Turin nach Alessandria und Coni, hat ein königliches Schloß mit Park und 9130 Einwohner.

Moncalm, Pyrenäenspitze im französischen Departement Arriège, 9600 Fuß hoch.

Moncalvo, Stadt in der italienischen Provinz Alessandria, hat mehre Klöster u. 3970 Einwohner. In der Nähe eine Kirche der Madonna von Crea.

Monçao, befestigte Stadt in der portugiesischen Provinz Minho, Distrikt Vianna, am Minho, hat 1500 Einwohner.

Moncey, Bon Adrien Jeannot, Herzog von Conegliano, Pair u. Marschall von Frankreich, geboren den 31. Juli 1754 zu Besançon als Sohn eines Parlamentsadvokaten, sollte sich dem Studium der Jurisprudenz widmen, trat aber 1769 in die Armee u. machte 1773 einen Feldzug an die Küste der Bretagne mit. Erst die Revolution eröffnete ihm eine glänzendere Laufbahn. Nachdem er 1793 ein Kommando bei der Armee der Ostpyrenäen geführt, wurde er 1794 zum Brigadegeneral, bald darauf zum Divisionsgeneral u., nachdem er zur Einnahme der festen Plätze Fontarabia, St. Sebastian u. Tolosa beigetragen, am 17. Aug. 1795 zum General en chef der Westpyrenäenarmee befördert, in welcher Eigenschaft er nach der Unterwerfung von ganz Biscaya den Waffenstillstand von San Sebastian schloß, welchem der Friede von Basel folgte. Im September 1796 erhielt er das Kommando der 11. und später vom ersten Konsul, den er am 18. Brumaire unterstützt hatte, das der 15. Militärdivision. Im Feldzuge von 1800 führte er ein Corps von 20,000 Mann über die Alpen, focht mit Auszeichnung bei Marengo und schlug 1801 die Oesterreicher bei Monzambano und Roveredo. Nach dem Frieden von Luneville übernahm er den Oberbefehl in den Departements Oglio und Adda und ward im December 1801 zum Inspekteur der Nationalgensdarmerie, 1804 zum Marschall und 1805 zum Herzog von Conegliano ernannt. Im Jahre 1808 befehligte er ein Beobachtungscorps an der Küste des atlantischen Meeres, mit welchem er dann die Bidassoa überschritt, die Insurgenten in der Provinz Valencia schlug u. mit Murat vereinigt an den Gefechten am Ebro u. unter den Mauern von Saragossa Theil nahm. Als Gegner der Eroberungspolitik des Kaisers erhielt er von diesem in den Feldzügen von 1812 und 1813 nur die Inspektion über die Reservecadres übertragen. Im Januar 1814 ward er zum Generalmajor und zweiten Kommandanten der Nationalgarde zu Paris ernannt. Nach der Abdankung Napoleons I. ward er von Ludwig XVIII. nicht nur in seinen Würden und Aemtern bestätigt, sondern auch zum Pair erhoben, verlor jedoch wegen seines Benehmens in den hundert Tagen diese Würde und erhielt sie erst 1819 wieder. Im Jahre 1820 ward er zum Kommandanten der 9. Militärdivision ernannt; 1823 befehligte er in Spanien, wo er den kleinen Krieg gegen Milans und Mina mit Glück führte u. im Oktober Barcelona durch Kapitulation nahm. Nach seiner Rückkehr hielt er sich bis zur Julirevolution in der Pairskammer zu der gemäßigten Opposition. Ludwig Philipp ernannte ihn 1833 zum Gouverneur des Invalidenhauses. Er † den 20. April 1842.

Monchique, Stadt in der portugiesischen Provinz Algarve, an der gleichnamigen Bergkette des algarbischen Gebirges, malerisch gelegen inmitten von Kastanienwäldern und Orangenhainen, hat eine gothische Kirche, Obst- u. Holzhandel u. 3000 Einw.

Moncontour, Stadt im französischen Departement Nordküsten, hat Wollmanufakturen, Gerberei, Wollhandel und 1900 Einwohner. Hier am 3. Oktober 1569 Niederlage der Hugenotten unter Coligny durch die Katholischen unter dem Herzog von Anjou.

Moncrif, François Augustin Paradis de, französischer Dichter und Günstling Ludwigs XV., geboren 1687 zu Paris, ward durch Maurepas in die Kreise des Hofes eingeführt, sodann geheimer Sekretär bei dem Grafen d'Argenson, als dieser ins Ministerium trat, und hierauf bei dem Grafen von Clermont, 1734 Vorleser der bei Königin Maria Leszczynska u., als d'Argenson das Kriegsministerium übernahm, dessen Generalsekretär. Im Jahre 1733 war er in die Akademie aufgenommen worden. Er stand mit den berühmtesten Gelehrten seiner Zeit, u. A. Marmontel, Grimm und besonders mit Voltaire, in engem Verkehr. M. † den 13. Nov. 1770 zu Paris. Von seinen Schriften ward am bekanntesten der „Essai sur la nécessité et sur les moyens de plaire“ (Paris 1738). Unter seinen „Poésies diverses“ zeichnen sich namentlich die Romanzen aus. Satirischen Inhalts ist die „Histoire des chats“ (Paris 1727—48, Amsterdam 1767). Seine „Oeuvres“ erschienen Paris 1796 in 2 Bänden.

Mond (lat. luna), der Nebenplanet oder Trabant der Erde, der sich um dieselbe von Westen nach Osten in monatlichen Umläufen und gemeinschaftlich mit ihr um die Sonne bewegt, ist nach der letzteren für uns das wichtigste Gestirn. Die Zeit der Sichtbarkeit des M.es hängt genau mit den Mondphasen oder Lichtgestalten desselben zusammen und beruht wie diese auf der Stellung des M.es gegen die Sonne, welche immer die ihr zugekehrte Hälfte des an sich dunklen M.es erleuchtet. Steht der M. gerade zwischen Erde und Sonne, so findet Neumond Statt; der M. steht dann nur bei Tage am Himmel u. ist, da er uns seine dunkle Seite zukehrt, für uns unsichtbar. Hat er sich um 90° von der Sonne nach Osten entfernt, was wir das erste Viertel nennen, so erscheint er uns als halb erleuchtete Scheibe; er geht dann um Mittag auf und um Mitternacht unter. Steht die Erde in gerader Linie zwischen M. und Sonne, so ist Vollmond eingetreten, d. h. der M. zeigt uns eine ganz erleuchtete kreisrunde Scheibe und scheint die ganze Nacht hindurch. Ist endlich der M. wieder so weit fortgerückt, daß er 90° von der Sonne nach Westen zu entfernt ist, so erscheint er abermals halb erleuchtet und steht im letzten Viertel; er geht dann um Mitternacht auf und um Mittag unter. Vom Neumond bis Vollmond ist zunehmender, vom Vollmond bis Neumond abnehmender M. Zwischen dem Neumond und den beiden Vierteln erscheint der M. nur als glänzende, mehr oder weniger schmale Sichel, doch sieht man dann zu gewissen Zeiten auch den dunklen Theil der Mondscheibe schwach erleuchtet, was von dem Reflex des Lichts der dem M.e zur Zeit des Neumondes zugewendeten erleuchteten Seite der Erde herrührt. Zwischen dem Vollmond und den beiden Vierteln ist mehr als die Hälfte der Mondscheibe erleuchtet u. sichtbar. Die bezeichneten vier Erscheinungen heißen die Mondviertel und bilden zusammen einen Mondwechsel, dessen Dauer ein synodischer Monat heißt und 29 Tage 12 Stunden 44 Minuten 2,9 Sekunden beträgt, während die wahre oder siderische Umlaufszeit, nach welcher der M. wieder bei demselben Fixstern steht, von dem er ausgegangen, 27 Tage 7 Stunden 43 Minuten 11,5 Sekunden beträgt. Der Grund dieser Verschiedenheit liegt darin, daß die Erde während der Zeit, in welcher der M. seinen Umlauf macht, etwa um den 13. Theil ihrer eigenen Bahn fortrückt, die Richtungslinie von der Erde zur Sonne daher gegen das Ende des Monats eine ganz andere ist als zu Anfang desselben, und der M. nach Beendigung eines siderischen Umlaufs noch einen beträchtlichen Bogen (etwa 29°) zurücklegen muß, um in die so veränderte Richtungslinie zu gelangen. Auf demselben Grunde beruht auch die cykloïdische Form der Bahn des M.es im Weltenraum. Da die Erde nun in jeder Minute 241 Meilen, der M. aber durchschnittlich nur 8 Meilen geradlinige Fortbewegung macht, so kann er jene niemals überholen, braucht daher auch nicht zu ihr zurückzukehren, sondern zieht ihr immer nach, woraus folgt, daß er in Beziehung auf die Sonne niemals retrograd werden kann, sondern immer in der Folge der Zeichen von Westen nach Osten vorrückt. Seine Bahn um die Erde ist eine Ellipse, deren Excentricität 0,0549081 der halben großen Axe oder 2844 Meilen ist, woraus sich ergibt, daß, abgesehen von den Störungen, die größte Entfernung des M.es von der Erde 54,605, die kleinste 48,918, die mittlere 51,762 Meilen beträgt. Da mit der größern Nähe auch die Geschwindigkeit der Bewegung beträchtlich zunimmt, so entsteht eine ungleiche Winkelbewegung des M.es in seiner Bahn, vermöge deren der wahre Stand desselben von demjenigen, welchen er nach einer Durchschnittsberechnung seiner Schnelligkeit einnehmen sollte, um mehr als 6¼° differiren kann. Die Mittelpunktsgleichung nämlich ist für den M. 6° 17′ 40″,7; durch mancherlei Ursachen kann indeß der wahre Ort des M.es vom mittleren sich beträchtlich weiter entfernen. Die Neigung der Mondbahn gegen die Erdbahn beträgt 5° 8′ 40″ und ist gleichfalls veränderlich. Sie kann bis zu 5° 0′ sinken u. auf 5° 18′ steigen. Der Durchschnittspunkt dieser Bahn mit der Ekliptik ist einer raschen Veränderung unterworfen; er geht innerhalb 18 Jahren 218 Tagen 21 Stunden 22 Minuten 46 Sekunden, und zwar von Osten nach Westen, um den Himmel herum, so daß der M. nicht volle 360° zu durchlaufen hat, um wieder zum aufsteigenden Knoten zu gelangen. Dieser Umlauf (drakonitischer Umlauf oder Drachenmonat) dauert nur 27 Tage 5 Stunden 5 Minuten 36 Sekunden. Die Ursache dieser Veränderungen ist die Sonne, die auf Erde und M. gleichzeitig, aber nicht mit gleicher Stärke, wirkt und dadurch auch noch andere Erscheinungen hervorbringt. Die Kraft, mit welcher die Sonne Körper anzieht, verhält sich bekanntlich umgekehrt wie das Quadrat der Entfernungen, also z. B. viermal schwächer, wenn der angezogene Körper doppelt so weit entfernt ist, ꝛc. Stehen nun Erde (E), Sonne (S) und M. (M) in gerader Linie, entweder in der Ordnuug SEM, oder SME, so wird im ersteren Falle die Erde stärker als der M., im letzteren der M. stärker als die Erde angezogen, in beiden Fällen aber die Distanz zwischen Erde und M. dadurch vergrößert und folglich die Kraft, mit welcher die Erde auf den M. wirken kann, vermindert, sowie die Bewegung des letzteren verlangsamt. Wenn dagegen M., Erde und Sonne einen rechten Winkel bilden, der Abstand beider Körper von der Sonne also beiläufig gleich ist, so ist zwar die Kraft selbst, mit welcher die Sonne anzieht, für beide nicht verschieden, wohl aber die Richtung der Anziehung. Beide Richtungen konvergiren nämlich zur Sonne, woraus folgt, daß M. und Erde einander etwas genähert, die Wirkung beider auf einander verstärkt und die Bewegung des einen um die andere beschleunigt wird. Schon Ptolemäus hat diese Beschleunigung in den Quadraturen des M.es (erstes und letztes Viertel) bemerkt und mit dem Namen Evektion bezeichnet. Sie kann den Ort des M.es, wie er außerdem Statt finden würde, um mehr als einen Grad verändern. Da ferner im Winter die Erde der Sonne näher steht als im Sommer, so ist auch um diese Zeit ihre Anziehung am größten und folglich auch der Lauf des M.es im Winter etwas langsamer als im Sommer, oder, genauer, es tritt eine Verzögerung des Mondlaufes ein, wenn die Erde der Sonne näher kommt und folglich die Wirkung der letzteren stärker wird. Diese Verzögerung heißt die jährliche Gleichung, da ihre Periode nicht der Mondumlauf, sondern das Jahr der Erde ist. Sie würde wegfallen, wenn die Bahn der Erde um die Sonne kreisförmig wäre, dagegen stärker hervortreten, wäre die Excentricität der Erdbahn größer. Da sich nun die Excentricität der Erdbahn bis jetzt fortwährend vermindert hat, so ist auch die Anziehungskraft der Sonne eine etwas geringere geworden, folglich der Einfluß der Erde auf den M. größer, und daraus erklärt sich, warum ehemals die Entfernung und folglich auch die Umlaufszeit des M.es eine größere war als jetzt; mit einer Verminderung der Excentricität erfolgt auch eine Verminderung der periodischen Gleichung. Seit 2000 Jahren hat sich der M. der Erde um etwa 180 Fuß genähert. Er wird ihr auch in den nächsten Jahrtausenden noch näher rücken u. sie noch rascher umkreisen, bis die Periode ihr Ziel erreicht hat und eine allmählige Entfernung des M.es von der Erde beginnt. Seit Tycho de Brahe kennt man noch eine andere Verlangsamung, respektive Beschleunigung des Mondlaufs, die sich am merklichsten in den sogenannten Oktanten, d. h. denjenigen Punkten macht, die zwischen dem Vollmond und dem letzten Viertel, letztem Viertel und Neumond ꝛc. sich in der Mitte befinden. Sie führt den Namen der Variation und entsteht dadurch, daß die Richtung, nach welcher die Sonne auf Erde und M. wirkt, mit der vom M.e zur Erde gehenden einen schiefen Winkel macht. Um die Berechnung dieser und anderer Ungleichheiten möglichst zu erleichtern und dadurch, was besonders für die Schifffahrt von größter Wichtigkeit ist, den Lauf des Mondes möglichst genau zu erhalten, hat man Mondtafeln entworfen, in denen Alles auf feste Perioden gebracht und in Zahlen dargestellt ist. Die neuesten und besten dieser Mondtafeln sind die von Hansen, dem wir überhaupt die genauesten Arbeiten in diesem Fach verdanken. Da der M., abgesehen von einzelnen Schwankungen, der Erde immer dieselbe Seite zukehrt, so muß er genau in derselben Zeit, in welcher er um die Erde läuft, um seine Axe rotiren. Dieselbe macht dabei mit der Ekliptik einen unveränderlichen Winkel von 88° 31′ 15″, und der Mondäquator neigt sich also gegen diese um 1° 28′ 45″; dagegen ist die Neigung des Mondäquators gegen seine eigene Bahn veränderlich, wie diese selbst, und kann von 6° 29′ bis 6° 47′ gehen. Die durch den Umlauf erzeugten Ungleichheiten bewirken eine Veränderung in der Lage eines bestimmten Punktes des M.es gegen die Erde, welche Schwankung (Liberation) genannt wird und sich sowohl in der Richtung des Mondäquators (Schwankungen der Länge), als auch der Mondaxe (Schwankungen der Breite) bemerklich macht. Durch dieselben wird es uns möglich, nach und nach etwas mehr als die Hälfte des M.es zu sehen, so daß nur überhaupt $^{3}/_{7}$ des Areals desselben uns gänzlich u. für immer verborgen bleiben. Die Liberation in der Länge beträgt im Maximum 7° 53′ auf jeder Seite, die in der Breite dagegen 6° 47′. Eine dritte Art der Verschiebung der Mondscheibe findet dadurch Statt, daß für verschiedene Erdorte gleichzeitig ein etwas verschiedener Anblick derselben entsteht. Die Berechnung dieser Verschiebung fällt mit der Parallaxe des M.es zusammen und wird daher auch die parallaktische Libration genannt. Aus der Uebereinstimmung der mittleren Rotations- und mittleren Umlaufszeit des M.es folgt, daß der mittlere Tag des M.es gleich der halben Dauer seines Umlaufs ist. Er erleidet auch im Laufe des Jahres, abgesehen von den äußersten Polargegenden, nur geringe Veränderungen. Wie aber die Tage selbst auf dem M.e wenig verschieden sind, so ist es auch die Mittagshöhe der Sonne für einen gegebenen Mondort; der ganze Unterschied zwischen dem höchsten und niedrigsten Stande der Sonne beträgt nicht völlig 3°, während er für einen Erdort 46° 55′ ist. Daher sind auf dem M.e auch alle Tage gleich hell und alle Nächte gleich dunkel, und bei dem Mangel einer strahlenbrechenden und reflektirenden Atmosphäre würde auch keine Dämmerung Statt finden, wenn nicht die Langsamkeit des Sonnenauf- u. Sonnenunterganges den Uebergang in etwas mäßigte. Seiner Form nach ist der M. nahe eine Kugel, die uns in mittlerer Entfernung einen Durchmesser von 31′ 6″ zeigt. In eben dieser Entfernung beträgt die Parallaxe des M.es nach den neuesten Ermittelungen 57′ 2″,2. Daraus ergibt sich die wirkliche Größe des Monddurchmessers = 0,27234 des Erddurchmessers oder 468 geographische Meilen. Sein Flächeninhalt beträgt 688,635 □Meilen, der körperliche Inhalt 53,735,000 Kubikmeilen. Daher ist der Flächeninhalt der Erde fast 14mal, der körperliche fast 50mal (49,6) größer als der des M.es. Nach den neuesten Untersuchungen Hansens und Gussews muß angenommen werden, entweder daß die Dichtigkeit des M.es bei kugelförmiger Gestalt eine ungleiche, oder daß der M. eine Art von Rotationsellipsoïd sei; es findet sich nämlich, daß der Schwerpunkt des M.es am Mittelpunkt der Erde 8 geographische Meilen weiter entfernt ist als sein Mittelpunkt. Die Masse des M.es ist nach Lindenau $^{1}/_{87,74}$, nach Peters und Schidloffsky $^{1}/_{81}$, nach Hansen $^{1}/_{79,7}$ der Erdmasse. Da nun der körperliche Inhalt des M.es $^{1}/_{49,6}$ des Erdinhalts ist, so erhalten wir die Mondbichtigkeit = $^{61}/_{100}$ der Erddichtigkeit, oder = der $3^{1}/_{2}$fachen Dichtigkeit des reinen Wassers. Die hieraus sich ergebende Schwere auf der Mondoberfläche ist 6mal geringer als auf der Erde, und die Fallgeschwindigkeit beträgt in der ersten Sekunde 2,52 Fuß; das Sekundenpendel ist nur 6 Zoll lang, u. ein Centner (110 Pfund) von unserer Erde dorthin versetzt würde nur 18 Pfund wiegen, d. h. nur so viel Kraft als diese zur Fortbewegung erfordern. Ob der M. eine unserer Atmosphäre ähnliche Dunsthülle habe und ob sich in Folge davon wässerige Niederschläge auf seiner Oberfläche bilden, ist lange eine Kontroverse der Astronomen gewesen. Jedenfalls muß die Mondatmosphäre sehr dünn sein, da ein Lichtstrahl, auch wenn er hart an dem M.e vorbeigeht, durchaus keine Brechung erleidet. Bessel hat aus Beobachtungen der durch den M. bewirkten Sternbedeckungen als äußerste Möglichkeit einer Mondluft die Dichtigkeit von $^{1}/_{968}$ der Erdluft gefunden. Entbehrt aber der M. der Luft und des Wassers in unserem Sinne, so kann er auch unser Feuer nicht besitzen. Einen blauen Himmel gibt es auf dem M.e nicht; wir müssen vielmehr aus allen Umständen schließen, daß auch der Taghimmel dort schwarz sei. Die Nächte der jenseitigen Halbkugel, wo kein großer Himmelskörper am Horizont erscheint, sind völlig dunkel, auf der diesseitigen Mondhalbkugel dagegen sämmtlich von dem Reflex der erleuchteten Erde hell, und zwar ist diese Helle fast 14mal stärker als der Mondschein für uns, da die Erde dem M.e mit einer fast 14mal größeren Fläche leuchtet. Die Frage, ob das Mondlicht, d. h. das vom M.e reflektirte Sonnenlicht, Wärme errege, hat man bis auf die neueste Zeit verneinen zu müssen geglaubt, weil eine Erhöhung der Temperatur, die dem Gefühl oder dem feinsten Thermometer bemerklich wäre, vom M.e nicht verursacht wird. Versuche der neuern Zeit haben erwiesen, daß im Mondlicht gewisse Silberpräparate geschwärzt und manche Farben, besonders Chamois, ebenso gebleicht werden wie im Sonnenlicht, sowie daß das Mondlicht einerseits die chemische Zersetzung todter organischer Körper, andererseits die Vegetation befördert.

Während das unbewaffnete Auge in allen übrigen Himmelskörpern nur strahlende Punkte und in der Sonne eine monotone Scheibe erblickt, nimmt es im M.e hellere und dunklere Flecken wahr, welche die Idee einer landschaftlichen Mannichfaltigkeit erwecken und unwillkürlich zur Vergleichung mit unserer Erde auffordern. Aber erst das Fernrohr eines Galilei vermochte uns näher in diese räthselhafte Welt einzuführen, und wenn auch die ersten Versuche Galilei's selbst, die Mondscheibe abzuzeichnen, nicht gelangen, so brachte doch schon Hevel 1643 die erste Mondkarte wirklich zu Stande, u. bald folgte ihm Grimaldi mit einer ähnlichen, wiewohl weit unvollkommneren. Vierzig Jahre später folgte Dom. Cassini, hierauf Lahire mit einer sehr großen, die aber nur im Manuskript vorhanden ist; doch blieb Hevels erste Mondkarte länger als 100 Jahre die beste. Erst Tob. Mayer in Göttingen gab uns eine kleine, aber höchst sorgfältig nach wirklichen Messungen gezeichnete, und diese blieb wieder die Hauptquelle bis auf die neuesten Zeiten herab. Schröter lieferte in seinen „Selenotopographischen Fragmenten" (Gött. 1791, 2 Bde.) eine schätzenswerthe Arbeit. Die ersten 4 Blätter von Lohrmanns Mondkarte (etwa $^{1}/_{7}$ des Areals der sichtbaren Mondhalbkugel darstellend) erschienen 1824 u. übertrafen bei weitem alles Frühere durch höchst sorgfältige Detaillirung, nach richtigen Principien entworfene Zeichnung und Genauigkeit der Angaben. Leider hemmten äußere Hindernisse die Durchführung seines Plans, und eine 1838 erschienene Generalkarte des M.es ist Alles, was von seinen späteren Arbeiten veröffentlicht ist. Eine nach Lohrmanns Plane, aber gänzlich und ausschließlich auf eigene Beobachtungen gegründete Karte von Beer u. Mädler erschien 1836 in 4 Blättern, woran sich später eine erläuternde Beschreibung des M.es („Allgemeine vergleichende Selenographie", Berlin 1837, 2 Bde.) schloß. Auch künstliche Mondgloben, nach Analogie der Erdgloben, sind versucht worden. Die gelungensten Arbeiten in dieser Beziehung sind die von Russell aus dem Anfange dieses Jahrhunderts, von der Hofräthin Witte in Pyrmont (1839) und von Schmidt in Bonn. In neuester Zeit ist auch die Photographie auf den M. angewendet worden, besonders von Warren de la Rue, dem es gelungen ist, Mondphotographien von 3 Fuß Durchmesser herzustellen. Der volle M. zeigt uns beim ersten Anblick ein Gemisch von anscheinend unsymmetrischen hellen und dunklen Flecken. Die Völker von Europa erblicken darin gewöhnlich ein Gesicht; nach Ansicht der Indier stellen sie einen Hasen oder ein Reh vor. Die noch von Kepler und Hevel ausgesprochene Meinung wollte in den grauen Flecken Meere, in den helleren dagegen Landstrecken erkennen. Indeß mußte die erstere Vorstellung mit dem Nachweise, daß auf dem M.e kein flüssiges Wasser existirt, schwinden. Bei genauerer Betrachtung mit dem Fernrohr findet man die grauen Landschaften verhältnißmäßig eben, die helleren gebirgig; doch gibt es auch sehr helle Ebenen und sehr dunkle Berglandschaften in mehren Gegenden des M.es, u. namentlich sind die starkglänzenden Punkte, die uns der Vollmond in so großer Anzahl zeigt, in der Regel schroff absteigende Vertiefungen. Es existirt nämlich auf der Mondoberfläche eine Fundamentalform der Gebirgsbildung, die von der auf der Erde vorherrschenden gänzlich verschieden ist und sich am einfachsten charakterisiren läßt als ein kreisförmiger, ringsherum geschlossener Wall, der eine konkav geböschte Tiefe umschließt. Man hat dieser Form da, wo sie sich am bestimmtesten ausgeprägt hat, in den mittelgroßen Kreisbildungen, den Namen Ringgebirg gegeben; bei den größeren, meist zusammengesetzteren Wällen dieser Art, die eine ebene Fläche umschließen, hat man die Benennung Wallebene gewählt und die kleineren und kleinsten Bildungen dieser Art als Krater und Gruben aufgeführt. Die größten Wallebenen sind im südlichen und namentlich im südwestlichen Theile des M.es am häufigsten. Eine große Kette läuft aus der Mondmitte nach Süden, anfangs in zusammenhängenden Reihen, jenseits 36° aber in getrennten Gliedern. Zwei ähnliche Reihen ziehen eine 60° östlich, die andere 60° westlich von der eben erwähnten. Alle 3 Reihen beginnen in der Nähe des Aequators und enden in den mittleren Breiten der südlichen Halbkugel. Die eigentlichen sogenannten Ringgebirge, die der Kreisform mehr oder weniger nahe kommen, stehen in einigen Mondgegenden so dicht gedrängt zusammen, daß fast nichts Anderes zwischen ihnen Platz hat u. ihre Form der polygonen sich nähert. Meist haben diese Gebirge ringsum dieselbe Höhe. Häufig fällt der Wall nach innen u. nach außen terrassenförmig ab, oder Ausläufer verzweigen sich vom Walle aus nach verschiedenen Seiten. Im Innern zeigt sich am häufigsten ein sogenannter Centralberg, oft nur wie eine schwache Narbe von sehr geringer Höhe, oft aber auch pikförmig, oder in den größeren Ringflächen als ein kleines Massengebirge. Die Zahl der Ringgebirge bis zu 2 Meilen Durchmesser abwärts übersteigt schon 1000; doch noch ungleich größer ist die Zahl der Krater, von denen ein Fernrohr von 5 Fuß Brennweite gegen 15—20,000 entdeckt. Die meisten haben eine durchaus regelmäßige Form; Ungleichheiten des Kammes, kleine Verzweigungen ꝛc. gehören zu den Ausnahmen von der Regel. Sehr gewöhnlich sieht man zwei oder mehre reihenweise wie Perlenschnüre aneinander gereiht, in welchem Falle gewöhnlich zwei benachbarte einen gemeinschaftlichen Wall haben. An einzelnen Stellen zeigt der M. auch Gebirgsketten, welche unsern terrestrischen gleichen; doch sind dieselben seltener u. weniger ausgedehnt. Die Thäler sind auch hier kraterähnlich, die Gipfel vorherrschend, zuweilen jedoch pikförmig. Weit häufiger als auf der Erde sind isolirte Berge ohne allen Zusammenhang, oder Gruppen von oft unzähligen Hügeln. Die grauen ebeneren Landschaften sind ohne Ausnahme von langen, flachen, meist geraden, oder doch nur in großen Krümmungen dahin streichenden Höherücken durchzogen, die man Bergadern zu nennen pflegt. Sie stehen nicht mit Gebirgen in Verbindung, sondern steigen unmittelbar aus der Ebene empor; ihre Höhe ist unbeträchtlich, oft nicht über 50, selten gegen 1000 Fuß, so daß sie nur bei Sonnenauf- u. Sonnenuntergang einigen Schatten werfen, der sie kenntlich macht. Eine noch räthselhaftere Formation stellt sich uns in den sogenannten Rillen dar: schmalen, tiefen Furchen, die geradlinig oder nur in sehr mäßigen Krümmungen durch Ebenen oder auch durch Gebirgslandschaften hinstreichen. Bis jetzt sind deren gegen 90 aufgefunden; die beiden ersten fand Schröter 1788. Man kann sie als glänzende Lichtlinien und als schwarze Fäden erblicken, Ersteres im Vollmonde, Letzteres bei schräger Beleuchtung. Sie durchschneiden oft die Krater, so daß sie den Rand derselben sprengen und mit selbstständigen Wällen durch das Innere fortziehen. Schlängelnde Krümmungen kommen bei ihnen fast gar nicht vor; dagegen sieht man sie an einigen Stellen zu zwei, drei und vier nebeneinander parallel fortstreichen. Ihre Breite ist fast durchweg gleich. Man hat diese Rillen bald für Flüsse, bald für künstliche Kanäle, bald für Landstraßen angesehen; aber keine dieser Annahmen kann auf einige Wahrscheinlichkeit Anspruch machen. Ob der M. Vulkane besitze, wie man aus der Gestalt vieler Berge schließen will, ist unentschieden; allein jedenfalls kann von einer eigentlich vulkanischen Kraft in unserem Sinne nicht die Rede sein, auch ist von neueren Eruptionen derselben keine Spur zu bemerken. Die Verschiedenheiten in der Beleuchtung der Mondfläche mögen ihren Grund in der eigenthümlichen Formation des Mondbodens haben. Die dunkleren Stellen sind wahrscheinlich lockerer, die helleren starrer, u. die merkwürdigen Lichtstreifen, welche zum Theil als Strahlensysteme erscheinen, sind vielleicht der Reflex eines ganz verglasten oder vereisten (Bodens); denn es ist neuerdings von Zöllner gezeigt worden, daß Wasser von — 20° C. Temperatur (also Eis) vorhanden sein könne, ohne daß die dadurch hervorgebrachte Wasserdampfatmosphäre sich in den Beobachtungen irgendwie bemerkbar machte. Was wir von den Mondbewohnern, sobald wir solche annehmen wollen, mit Sicherheit aussagen können, stützt sich nicht auf unmittelbare Beobachtungen, sondern auf indirekte Folgerungen. Die scharfen Gegensätze zwischen Licht und Schatten, der Mangel eines vermittelnden Helldunkels, der Dämmerungen und der den Strahl der Sonne mildernden Atmosphäre macht es nothwendig, daß die Sehwerkzeuge der Seleniten anders als die unserigen eingerichtet sind. Die Tage und Nächte sind auf dem M.e fast 30mal länger als bei uns; wenn nun dort wie hier die Nächte zur Ruhe, die Tage zur Arbeit bestimmt sind, so muß der Körper der Seleniten weit langsamer ermüden als der der Erdbewohner, also in dieser Beziehung kräftiger und ausdauernder sein. Ebenso wird sich die große Leichtigkeit, mit welcher auf dem M.e alle Bewegungen hervorgebracht werden, auch in den Bewegungswerkzeugen der Mondbewohner aussprechen. Aller Wahrscheinlichkeit nach ist aber der M. von Organismen, die mit den auf der Erde anzutreffenden auch nur entfernte Aehnlichkeit hätten, nicht bewohnt.

Da der M. von allen Weltkörpern derjenige ist, welcher der Erde am nächsten steht, so läßt sich schon aus diesem Grunde ein Einfluß desselben auf die Erde vermuthen. Am augenfälligsten ist diese Einwirkung in der bekannten Erscheinung der Ebbe und Fluth (s. d.). Wenn aber der M. schon auf das Wasser eine so bedeutende Anziehungskraft ausübt, so muß dasselbe auch in Hinsicht auf die Luft Statt finden und ebenso wie im Wasser in der Luft eine Ebbe und Fluth eintreten, welche sich durch Luftströmungen kund gibt. Auf diesem Einfluß, welchen der M. auf die Luft und durch diese mittelbar auf die organische Natur ausübt, mögen die Regeln beruhen, welche sich bei den Landbebauern aller Erdstriche in Hinsicht auf Pflanzen, Säen, Pfropfen 2c., soweit sie sich auf den M. beziehen, durch lange Erfahrungen Geltung verschafft haben. Kann nun ein Einfluß des M.es auf das Leben der Pflanzen nicht abgeleugnet werden, so ist ein solcher auf den thierischen Körper, hauptsächlich durch Vermittelung des für solche Reize empfänglicheren Blut- und Nervensystems, ebenfalls nicht wohl zu bestreiten. Meat und Andere haben beobachtet, daß Entstehung, Verschlimmerung und Nachlassen gewisser Krankheiten mit gewissen Mondphasen im Zusammenhang stehen, wie dies namentlich mit der dem Mondlaufe ähnlichen und mit siebentägigem oder in seiner Quadruplikation viermal siebentägigem Typus durch einen großen Theil der pathologischen Erscheinungen sich hindurchziehenden Periodicität der Fall sein soll. Indessen gestehen diese Beobachter selbst, daß bei Gesunden der Einfluß des M.es auf die Lebensäußerungen weniger bemerkbar sei. Ueber die Wirkungen des Mondlichts s. oben. Vgl. Schübler, Untersuchungen über den Einfluß des M.es auf die Veränderungen in unserer Atmosphäre, 1830.

Monda, Stadt in der spanischen Provinz Malaga, südwestlich von Alhaurin, hat 3557 Einwohner. Hier soll angeblich die große Schlacht Statt gefunden haben, in welcher 45 v. Chr. Cäsar die Pompejaner schlug; vgl. Munda.

Mondbein (os lunatum), kleiner Knochen der ersten Handwurzelreihe, welcher einer Mondsichel einigermaßen ähnlich sieht, liegt nach außen von dem sogenannten Kahnbein, nach innen von dem dreiseitigen Bein, mit welchen beiden es durch straffe Bänder verbunden ist, und bewegt sich mit seiner oben konvexen Fläche an der Gelenkfläche des Radius, mit seiner unten konkaven Fläche dagegen an dem Köpfchen des Os capitatum.

Mondberg, s. Chiromantie.

Mondblindheit, eine dem Pferde und dem Esel und den Bastarden von beiden eigenthümliche periodisch bis zur Erblindung wiederkehrende Entzündung der Augen, über deren Ursachen man wenig Sicheres weiß. Die ärztliche Behandlung wird nur selten von einem befriedigenden Erfolge gekrönt. Am wohlthätigsten zeigen sich noch Umschläge von gelind narkotischen Mitteln, die Anwendung der Wärme, Einreibungen der grauen Quecksilbersalbe in Verbindung mit narkotischen Extrakten in der Nähe der leidenden Augen und dergleichen. Die Krankheit ist fast in allen europäischen Ländern ein Gewährsfehler, dessen Gewährszeit jedoch verschieden festgesetzt ist. Nach dem preußischen Landrechte beträgt sie 28 Tage.

Mondego, Fluß in der portugiesischen Provinz Beira, entspringt auf der Serra d'Estrella, fließt erst nördlich, dann südlich, nimmt rechts den Dao, links den Ceira auf und fällt, nachdem er die reiche Ebene von Coimbra bewässert hat, bei dem Vorgebirge M. in den atlantischen Ocean, durch seine Mündung die Häfen Figueira und Buarcos bildend. Er führt Goldsand mit sich. Sein Lauf beträgt 24 Meilen, wovon 15 schiffbar sind.

Mondfinsterniß (eclipsis s. defectus lunae), das bekannte Phänomen, bei dem wir den Mond zur Zeit seiner Opposition mit der Sonne, od. zur Zeit des Vollmondes in der Weise seines Lichts beraubt sehen, daß uns eine schwarze Scheibe von Osten gegen Westen durch den Mond, diesen mehr od. weniger bedeckend, zu rücken scheint.

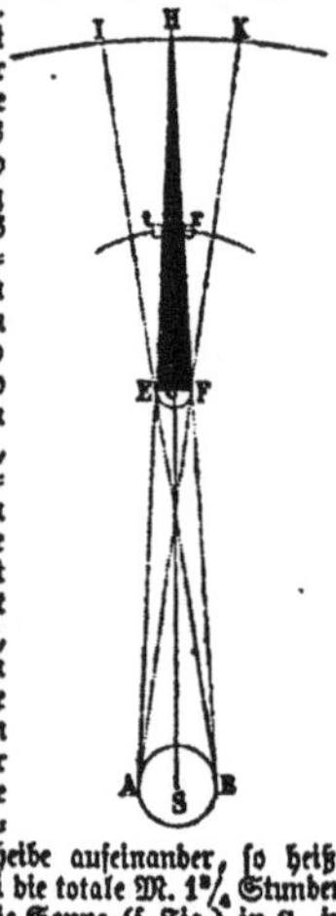

Diese schwarze Scheibe ist nichts Anderes als der Schatten der Erde, welche zur Zeit des Vollmondes zwischen Sonne u. Mond steht, die Verfinsterung des Mondes daher nichts Anderes als das Eintreten des Mondes in den Erdschatten. Geht nun der ganze volle Mond durch den Erdschatten, so daß er gar kein Licht von der Sonne erhalten kann, so ereignet sich eine totale M., in jedem andern Falle hat man nur eine partielle M. Jene ist entweder eine totale mit Dauer, od. ohne Dauer, je nachdem der in den Erdschatten eingesenkte Mond eine Zeitlang in demselben verweilt oder nicht. Fallen endlich die Mittelpunkte des Schattens und der Mondscheibe aufeinander, so heißt die M. central, wobei die totale M. $1\frac{3}{4}$ Stunden dauern kann. Es sei die Sonne (s. Fig.) in S, in C di Erde, EHF der von den äußersten Sonnenstrahlen AH und BH begrenzte wahre Erdschatten, welcher nach Grundsätzen der Optik kegelförmig ist und sich bis nach H, etwa 217 Erdhalbmesser weit von ECF, erstreckt. Da nun der Mond nur 60 Erdhalbmesser von C entfernt ist, so kann er, wenn ML einen Theil der Mondbahn vorstellt, bei r, wo er von der Erde aus der Sonne gegenüberstehend gesehen wird, mit seinem östlichen Rande in den Schatten treten, bei m gänzlich verfinstert werden u. bei t wieder den Schatten verlassen. Die Ursache, warum nicht bei jedem Vollmonde eine Finsterniß entstehen müsse, ist auf folgende Art zu erklären: Wenn die Papierfläche, worauf die Figur verzeichnet ist, die Ebene der Ekliptik vorstellt, so wird diese von der Mondbahn ML unter einem Winkel von $5\frac{1}{2}°$ geschnitten. Die gerade Linie, in welcher dieser Schnitt geschieht, heißt die Knotenlinie; von dieser wird also die Mondbahn in 2 Theile getheilt, deren einer über, der andere unter die Fläche der Figur fällt, in welcher die Knotenlinie selbst liegt. Wenn demnach zur Zeit des Vollmondes, wo der Mond nach r kommt, die Knotenlinie nicht weit von der Lage Cm abweicht, d. i. wenn ein Mondknoten in oder nahe bei M fällt, so wird der Mond der Ebene der Ekliptik nahe kommen u. folglich den Erdschatten treffen können. Ist er aber zur Vollmondzeit von seinem Knoten zu weit entfernt, so kann er entweder unter oder über den Erdschatten weggehen, mithin gar nicht verfinstert werden. Nun ist der größte scheinbare Halbmesser dieses Schattens 47 Minuten und der des Mondes 17'; folglich kann keine partielle M. mehr eintreten, wenn der Abstand des Mittelpunktes des Mondes von der Ekliptik oder seine Breite im Augenblick des Vollmondes $64' = 47' + 17'$ übersteigt, wo dann der Mond von seinem nächsten Knoten 12° bis 13° entfernt wäre. Eine totale Verfinsterung wird unmöglich, wenn die Mondbreite $30' = 47' - 17'$ übersteigt, in welchem Falle die Entfernung des Mondes vom nächsten Knoten über 6° betragen muß. Allen denjenigen Gegenden, welche den Mond sehen können, erscheint derselbe zu gleicher Zeit und auf gleiche Weise verfinstert, was bei einer Sonnenfinsterniß hinsichtlich der Sonne nicht der Fall ist. Uebrigens wird der Mond durch seine totale Verfinsterung sehr selten (z. B. 1606 u. 1816) völlig unsichtbar; in der Regel erscheint er in einem kupferrothen Licht, während bei partieller Verfinsterung der Erdschatten dunkelgrau erscheint. Die ersten Beobachtungen über M.e wurden von den Chaldäern angestellt. Ptolemäus berichtet, daß Hipparch zur Entdeckung der Ungleichheiten im Mond 3 M.e beobachtet habe, wovon die erste zur Zeit des Archonten Phanostrates (zu Athen) sich ereignete, mithin in das Jahr 480 v. Chr. fiel. Thales war wohl der Erste, welcher auf die Entstehung der Finsternisse durch den Erdschatten hinwies.

Mondgebirge, bei arabischen Schriftstellern Dschebel-el-Komr, ein bisher auf die Autorität des Ptolemäus hin, der den Nil in einem Gebirge dieses Namens entspringen läßt, angenommenes Gebirge, das man, als den vermeintlichen Nordrand des Hochlandes von Südafrika, vom Kap Guardafui am indischen Meere quer durch den ganzen Erdtheil bis zur Bai von Benin am atlantischen Ocean sich erstrecken ließ. Da die Reisenden es daselbst nicht fanden, so zweifelte man überhaupt an der Existenz dieses Gebirges. Im Jahre 1848 sah jedoch der Missionär Rebmann auf einer Wanderung von der Küste Zanguebar ins Innere Südafrika's aus weiter Ferne, etwa unter $1\frac{1}{2}°$ südl. Br. und 52° östl. L., einen mit Schnee bedeckten hohen Gipfel, den Kilimandscharo, dessen Höhe von ihm zu 18,765 pariser Fuß angegeben wird. Die Umgegend heißt bei den Eingebornen Mono-Moezi, gleichbedeutend mit M. Das M. erstreckt sich wahrscheinlich auf dem Ostrande Hochafrika's von dem N'Yassisee nach Norden bis zum Alpenlande Abessinien. Der Engländer Speke nimmt dagegen an, daß der auf seiner Expedition nach dem Innern von Afrika 1858 bemerkte im Norden des Tanganyikasee's von Westen nach Osten gehende Gebirgszug (6—8000 Fuß hoch) das M. sein möchte. Indeß ist die Existenz des ganzen Gebirges überhaupt noch keineswegs als erwiesen zu betrachten.

Mondgleichung, die Ausgleichung des Epaktencykels, in welchen außerdem alle 300 Jahre (genauer alle 310 Jahre) der Neumond um 1 Tag früher fallen würde; s. Epakten.

Mondgöttin, s. Selene.

Mondidier, Hauptstadt eines Arrondissements (17,6 QM. mit 68,012 Einw.) im französischen Departement Somme, am Dam, hat einen Gerichtshof, ein Lazaristencollége, Fabrikation von Webstühlen, Baumwollenwaaren, Oel und Leder, Korbflechterei, Färberei, Handel mit Getreide, Rindvieh und Geflügel und zählt 4292 Einwohner. M. ist der Geburtsort Parmentiers, welchem hier eine Statue errichtet wurde.

Mondkalb, s. Mole.

Mondkarten, s. Mond.

Mondkraut, s. v. a. Lunaria rodiviva *L.*

Mondoñedo, Stadt in der spanischen Provinz Lugo (Galicien), Hauptort des gebirgigen Nordens der Provinz, malerisch in einem Thale der Sierra Lorenzana gelegen, ist Sitz eines Bischofs, hat eine Kathedrale, Posamentirerei, Leinweberei, Gerberei u. 2452 Einwohner. In der Umgegend, welche auch reich an Holz und Eisen ist, wird starke Ziegen- und Schafzucht getrieben.

Mondovi, befestigte Stadt in der italienischen Provinz Cuneo, Sitz eines Bischofs, hat ein Schloß, eine Citadelle, Kathedrale, bischöfliches Seminar, 15 Klöster, Fabrikation von Wollen-, Baumwollen- und Seidenwaaren, von Papier und Konfitüren, ansehnlichen Handel und 18,000 Einwohner. M. war seit 1347 von dem Grafen Amadeus V. von Savoyen seinem Gebiet einverleibt, machte sich zwar auf kurze Zeit wieder frei, blieb aber seit 1396, wo es sich dem Grafen Amadeus VI. unterwarf, ununterbrochen unter savoyischer Herrschaft. In neuerer Zeit wurde M. merkwürdig durch die Schlacht am 21. April 1796 zwischen den Franzosen unter Masséna und Augereau und den Oesterreichern unter Beaulieu, in welcher die letzteren unterlagen.

Mondragon, Stadt in der spanischen Provinz Guiposcoa (baskische Provinzen), hat 4 Kirchen, 3 Klöster, ein Spital, Eisenwerke, Fabriken von Eisen- und Stahlwaaren (zu den besten von ganz Spanien gehörig) und Gewehren, Obstbau und 2922 Einw. In der Nähe die Bäder von Santa Agueda.

Mondstein, s. Adular.

Mondsucht, s. Somnambulismus.

Mone, Franz Joseph, deutscher Alterthumsforscher, geboren am 12. Mai 1796 zu Mingolsheim bei Heidelberg, studirte zu Heidelberg vorzugsweise Philosophie und Geschichte, habilitirte sich 1817 daselbst, wurde 1818 Sekretär an der Universitätsbibliothek, 1819 außerordentlicher und 1822 ordentlicher Professor der Geschichte und 1825 Direktor der Universitätsbibliothek. Im Jahre 1827 folgte er einem Ruf als Professor der Statistik und Politik an die Universität Löwen, verlor aber nach dem Ausbruch der Revolution seine Stelle und begab sich nach Heidelberg zurück, wo er eine Zeitlang die Redaktion der „Karlsruher Zeitung" führte, bis er 1835 geheimer Archivrath und Direktor des Generallandesarchivs zu Karlsruhe wurde. Von seinen Werken sind hervorzuheben: „Einleitung in das Nibelungenlied" (Heidelberg 1818); „Geschichte des Heidenthums im nördlichen Europa" (das. 1822 bis 1823, 2 Bde.); „Quellen und Forschungen zur Geschichte der deutschen Literatur und Sprache" (Bd. 1, Aachen und Leipzig 1830); die Ausgabe des lateinischen „Reinardus vulpes" (Stuttgart 1832); „Untersuchungen zur deutschen Heldensage" (Quedlinburg 1836); „Uebersicht der niederländischen Volksliteratur älterer Zeit" (Tübingen 1838); „Altdeutsche Schauspiele" (Quedlinburg u. Leipzig 1841); „Urgeschichte des badischen Landes" (Karlsruhe 1845, 2 Bde.); „Die gallische Sprache und ihre Brauchbarkeit für die Geschichte" (das. 1851); „Celtische Forschungen" (Heidelb. 1857).

Monein, Stadt im französischen Departement Niederpyrenäen, Arrondissement Oléron, hat Weinbau und 4637 Einwohner. In der Umgegend Blei-, Kupfer- und Eisengruben.

Monembasia, s. Napoli di Malvasia.

Monemerisch (v. Griech.), eintägig, für Einen Tag geltend oder bleibend.

Monesia, Extrakt aus der Monesiarinde, die von Chrysophyllum glycyphloeum Caserelli, einer in den Wäldern von Rio Janeiro einheimischen Sapotea, stammt. Das im Vaterlande des Baums bereitete Extrakt bildet harte, 1 Pfund schwere Brode, von dunkelbrauner Farbe und im Bruch stark gewässertem Kakao ähnlich. Es wurde früher in der Medicin benutzt.

Monestiés, Stadt im französischen Departement Tarn, Arrondissement Albi, am Cérou, mit 1596 Einw., die Garn- und Viehhandel treiben.

Moneta (lat.), die Münze; auch der Stempel, womit Geld geprägt wird.

Monetia *Hérit.*, Pflanzengattung aus der Familie der Asclepiadeen, Sträucher in Ostindien und auf dem Kap, mit der bekanntesten Art: M. barlerioides *Hérit.*, von welcher die Blüthen auf dem Kap als ein ausgezeichnetes Mittel bei Husten, Auszehrung und schleimigem Asthma gebraucht werden.

Monfalcone, Stadt in der österreichischen Grafschaft Görz, am Fuße eines Berges, $1^1/_4$ Stunden vom adriatischen Meere entfernt, das hier den Meerbusen von M. bildet, an der Straße von Görz nach Triest, in sumpfiger Gegend, hat ein altes Bergschloß (la Rocca), eine Hauptschule, ein Gemeindespital, einen Hafen (Ponto Rosega), Wein- u. Obstbau und 3000 Einwohner. Die dortigen Thermalquellen waren schon den alten Römern bekannt, blieben aber unbeachtet, bis 1433 Francesco Nani, damals Podesta von M., das Bad wieder herstellte. Das Wasser hat gewöhnlich die Temperatur von 30° R. und salzigen Geschmack. Es enthält Schwefelwasserstoffgas, schwefelsaure Magnesia, schwefelsaure Kalkerde, Chlornatrium, Chlormagnesium u. kohlensaure Kalkerde. Man rühmt diese Bäder vorzüglich gegen Rheumatismen und Gicht, chronische Haut- und Nervenkrankheiten, sowie veraltete, schwerheilende Wunden.

Monfia, kleine Insel in der südlichen Ostküste von Afrika, südlich von Zanguebar, von Felsen umgeben, dem Imam von Maskat unterworfen.

Monforte, 1) Stadt in der italienischen Provinz Turin, südwestlich von Alba, mit 2500 Einwohnern. — 2) Flecken in der italienischen Provinz Messina, auf der Insel Sicilien, mit 3200 Einwohnern. — 3) Stadt in der spanischen Provinz Alicante (Valencia), an der spanischen Mediterranbahn (Linie Vilena-Alicante), in freundlicher, aber wasserarmer Gegend, erzeugt Wein, Anis, Johannisbrod u. hat 3898 Einwohner. — 4) (M. de Lemos) Stadt in der spanischen Provinz Orense (Galicien), hat Leinen- und Seidenweberei und 5100 Einwohner.

Monge, Gaspard, ausgezeichneter französischer Mathematiker und Physiker, geboren am 10. Mai 1746 zu Beaune, bildete sich auf dem Collége von Lyon und erhielt schon im 16. Lebensjahre ein Lehramt der Physik und Mathematik an demselben, später an der Artillerieschule zu Mézières übertragen. Hier machte er mehre für das Geniewesen wichtige Entdeckungen und ward in Folge dessen 1780 in die Akademie der Wissenschaften aufgenommen u. 1783 als Professor der Hydrodynamik nach Paris berufen. Den Revolutionsideen ergeben, erhielt er nach dem 10. August 1792 das Ministerium der Marine. In dieser Stellung wurde er vom Konvent beauftragt, an Ludwig XVI. das Todesurtheil vollstrecken zu lassen. Bald darauf legte er sein Portefeuille nieder und übernahm die Leitung der sämmtlichen Gewehrfabriken, Geschützgießereien und Pulvermühlen der Republik. Unter der Direktorialregierung gründete er die polytechnische Schule und übernahm selbst das Lehrfach der Mathematik, reiste dann im Auftrag der Regierung nach Italien, um die eroberten Kunstschätze nach Paris zu geleiten, ging 1798 mit Bonaparte nach Aegypten und übernahm das Direktorium des ägyptischen Instituts, sowie die Leitung der Aufsuchung und Durchforschung der ägyptischen Alterthümer. Nach seiner Rückkehr nach Frankreich trat er in seine Stellung als Professor an der polytechnischen Schule zurück. Im Jahre 1805 ernannte ihn der Kaiser zum Senator und 1806 zum Grafen von Pelusium mit einer Dotation von 200,000 Frs., welche M. für die Bildung armer Zöglinge verwendete. Nach der zweiten Restauration verlor er seine Aemter, ward 1816 auch aus dem Institut ausgeschlossen und † den 18. Juli 1818. In Beaune ward ihm 1849 eine Statue errichtet. In der Wissenschaft nimmt er als Entdecker vieler wichtigen physikalischen Gesetze und Erfinder der sogenannten deskriptiven Geometrie eine hervorragende Stelle ein. Von seinen Schriften sind hervorzuheben: „Traité élémentaire de statique" (5. Aufl., Paris 1845; deutsch von Hahn, Berlin 1806); „Leçons de géométrie descriptive" (7. Aufl., das. 1846; deutsch von Schreiber, Freib. 1822); „Application de l'analyse à la géométrie des surfaces du I et II degré" (4. Aufl., Par. 1809). Vgl. Dupin, Essai historique sur les services et les travaux scientifiques de M., Par. 1819.

Monghyr (Mongheer), Hauptstadt des gleichnamigen Distrikts in der indobritischen Präsidentschaft Kalkutta (Bengalen), am Ganges und an der Straße von Dinopore nach Berhompore, hat viele Pagoden und auf einem vom Ganges bespülten, bei den Hindus für heilig geltenden Felsen ein Fort mit den Gebäuden für die meisten britischen Militär- und Civilbehörden, lebhaften Handel und Industrie, besonders in Eisenwaaren, und 30,000 Einwohner.

Mongolei, Land im Nordosten von Hochasien, liegt zwischen 37° u. 53° 30′ nördl. Br. u. 85° 30′ bis 123° östl. L. von Paris u. wird im Osten von der Mandschurei, im Süden von China, im Westen von der Dsungarei, im Norden von Sibirien begrenzt. Ihr Flächenraum wird auf 90,000 □Meilen u. die Bevölkerung auf 3½ Millionen Seelen geschätzt. Das Land ist größtentheils eine noch wenig bekannte Hochebene. Sein Inneres ist der östliche Theil der großen Wüste Gobi, eine wasserlose Steppe, ohne Waldung und Gras, nur mit Sand und kleinen Steinen bedeckt. Eben durch diese Wüste zerfällt die M. in einen nördlichen und südlichen Theil, wozu noch das Land der Mongolen am Kuku-Nor kommt, welches durch die chinesische Provinz Kansu von jenem südlichen Theil getrennt ist und nach seiner Gebirgsbildung dem tübetanischen Gebirgsland angehört, u. wird in verschiedene Aimaks, d. h. Länderantheile oder Fürstenthümer, eingetheilt, welche ihre besonderen Rechte und Obliegenheiten, auch besondere Oberhäupter haben. Die nördliche M. ist das Land der Khalkhas, welches im Norden an die Gebiete des östlichen und westlichen Sibiriens grenzt und die südlichen Grenzen der russischen Gouvernements Irkutsk, Jenisseisk, Tomsk und Tobolsk berührt. Gegen Westen erstreckt sich das Land der Khalkhas bis zum östlichen Turkestan u. zu den Ländern von Ili, gegen Süden grenzt es an die Nomadenplätze der Suniten und andere mittlere mongolische Länderantheile und gegen Osten an die barguburätischen und mandschurischen Länder. Es bildet einen einzelnen Aimak mit 4 Distrikten (Lu), deren jeder seinen eigenen Khan hat. Die südliche M., oder das Land der Scharra, enthält eine große Anzahl zum Theil kleiner Aimaks. Zwei der südöstlichsten, im Gebiet des Sira-muren, Unhiot und Kartschin, sind in dem zur Provinz Petscheli geschlagenen chinesischen Regierungsbezirk eingeschlossen. Westlich hiervon, in dem Bergland im Norden der Mauer von Chingan bis zum Hoang-ho, befinden sich die Aimaks, welche vorzugsweise die der Mongolen genannt werden und im nächsten Verkehr mit China stehen. Der Aimak der Mongolen am Kuku-Nor (d. h. am blauen See) oder Tangut ist im Norden und Osten von China begrenzt, im Westen von Tian-schan-nan-lu und im Süden von Tübet und umfaßt gegen 9500 □Meilen mit etwa 400,000 Einwohnern, Oluten, Torgouten, Khalkhassen und Guiten. Es ist ein mächtiges Alpenland, vom Hoang-ho und Jantse-kiang, sowie von vielen Steppenflüssen und Steppenseen (der größte, Kuku-Nor, 65 □Meilen) bewässert. Die M. bildet eine Hochfläche, welche im Süden von dem tübetanischen u. im Norden von dem Altaigebirge abfällt. Sie ist Steppenland, denn sie hat keine großen Waldungen, und der Boden besteht hauptsächlich aus schwarzem Sand und aus Steinen. Die Ufer der Flüsse u. die Ränder der Bergschluchten haben Ueberfluß an gutem Grase, und stellenweise, näher an den Flüssen, gibt es auch zum Ackerbau taugliches Land. Jenseits des südlichen Strichs der dürren Steppenfläche Gobi beginnen fruchtbare Landschaften. An die große chinesische Mauer grenzen die Nomadenplätze der Zacharen, Oetassen und anderer mongolischen Stämme. Die Steppen derselben haben einen fruchtbaren Boden, sind von Flüssen bewässert und zur Viehzucht geeignet. In Kuku-Noor beschäftigt man sich auch mit gutem Erfolge mit dem Ackerbau. Die nördliche M. enthält die Oberläufe des Ulonken, eines Quellarms des Jenissei, der Selenga mit dem Orchon und des Kerulun, eines Hauptquellarms des Amur, und hat Steppenseen und Steppenflüsse, so im Westen den Ubsasee und den Dschabganfluß nebst See. Vier parallele Gebirgszüge ziehen durch den westlichen Theil der nördlichen M.; der nördlichste ist der Tagnu, im nächsten Zusammenhang mit dem eigentlichen Altai; dann, durch den Ubsasee getrennt, folgt der Ulangkum; südlich vom Flusse Dschabgan ziehen dann noch zwei niedrigere Ketten hin. In der Mitte, östlich von der Selenga, ist der Kentei mit den Amurquellen das höchste Gebirge der nördlichen M. Am Fuße des Kuku Daban, welcher die Quellen des Orchon und der Selenga enthält, liegen die Ruinen von Karakorum, der altberühmten mongolischen Hauptstadt, Residenz Dschingiskhans und der mongolischen Großkhane; nordöstlich davon die jetzige Hauptstadt der nördlichen M., Urga oder Takuren, ein großer eingefriedigter Ort am Fuß des Kentei mit dem großen Kloster des Guison Tamba oder Bogdo-Lama, des höchsten Lamas der Mongolen. An der Grenze und an der vereinigten Selenga liegt die chinesische Handelsniederlassung Maimatschin, ein berühmter Grenzmarkt. Die südliche M. bildet mit dem Gebirge Chingan-oola, Ongian-oola oder Inschan u. A. den Ost- und Südostarm von Hochasien. Hauptflüße sind hier der Hoang-ho und der Sira-muren. Westlich vom Hoang-ho befindet sich der Aimak der südlichen Oelöd oder Kalmücken in ödem städtelosen Lande. Das Klima in der M. ist rauh und kalt, im Sommer kommen in den Gebirgen oft dicke Nebel und kalte Reife vor. In den zwischen Urga und den Zacharen liegenden Steppen, als den höchsten und freiestgelegenen der M., wehen fast unaufhörlich heftige Winde, welche die Schnee- und Regenwolken auseinander treiben. In der großen Wüste Gobi dauert der Sommer kaum zwei Monate, und Nachtfröste sind selbst während dieser Zeit nicht selten, während bei Tage die Hitze wegen des sandigen und steinigen Bodens und des Mangels an Bäumen ungemein drückend ist. Es fällt im Allgemeinen selten tiefer Schnee, aber in kurzer Zeit wechselt die Witterung von der Hitze des tropischen Sommers zur Kälte des arktischen Winters. Die nördlichen Gegenden der M. haben Ueberfluß an Waldungen verschiedener Gattungen. Die Berge sind bestanden mit Fichten, Tannen, Birken, Espen, zahlreichen Ulmen, stellenweise auch Cedern und weißen Pappeln; in den Bergschluchten diesseits Urga wachsen wilder Lein, wilder Hanf u. Rhabarber, der hier seine Heimat hat. Die Flüsse sind sehr fischreich; von vierfüßigen Thieren hat die M. wilde Pferde, wilde Schweine, wilde Ziegen verschiedener Gattungen, Bären, Wölfe, Hasen, Füchse, Zobel, Kameele, Schafe, Eichhörnchen, viele Murmelthiere u. von Vögeln Kraniche, wilde

Gänse und Enten, schwarze Enten, Haselhühner, Wachteln, Schwäne u. a. In den Landen der Sumiten gibt es viel Salz, das auf Salzseen sich von selbst ansetzt. In Gobi kommen in großen Strichen Steine der Kieselgattung vor, besonders Karneole, Chalcedone u. a. Die zahmen Pferde sind klein und nicht sehr ansehnlich, aber stark und schnell; die Kameele haben sämmtlich doppelte Höcker; die Schafe sind ausschließend weiß, mit Fettschwänzen und schwarzen langen Ohren. Sie machen den Hauptreichthum und die Hauptspeise der Mongolen aus. Ackerbau wird wenig, etwas mehr im Südosten des Landes betrieben, nur Gerste, Hirse und Weizen werden in geringer Menge und nachlässig gebaut. Alle Einwohner der M. gehören, von den eingewanderten Chinesen (etwa 1/2 Million) abgesehen, zu dem Einen Stamme der Mongolen, welche eine der fünf Hauptvarietäten des Menschengeschlechts (s. Menschenracen) ausmachen, mit folgender charakteristischer Physiognomie: mittlere Körpergröße und mehr mager als feit, schwarze Haare, vorn abgeschoren, hinten in einem Zopf, bei den Frauen in mehren Flechten herabhängend, rundes, gelb- bis schwarzbräunliches Gesicht mit wenig gerötheten Wangen, flacher Stirn u. spitzem Kinn mit dünnem Bart, der Ober- und Hinterkopf groß und fast kugelförmig, tiefliegende, durchdringende Augen in schief geschlitzten Augenlidern, große, abstehende, hängende Ohren, breite, vorstehende Backenknochen, platte Nase, großer Mund, etwas aufgeworfene Lippen, der Oberkörper ungemein breit und ruhend auf schwachen Beinen mit ausgebogenem Knie und eingebogenem Fuß (von dem vielen Reiten herrührend); Gesichts- und Geruchsorgane sind bei ihnen sehr scharf und ausgebildet. Selbst bei Vermischung mit andern Völkern behalten die Mongolen stets das Gepräge ihrer Nationalität. Sie zerfallen in drei Hauptstämme: die Burälen (s. d.) oder Bargu-Borität um den Baikalsee, jetzt unter russischer Herrschaft, die Oelöd, d. h. die Abgesonderten, oder Kalmücken (s. d.) und die eigentlichen Mongolen (Ostmongolen) in der M., die sich wieder, wie oben erwähnt, in die Süd- und Nordmongolen theilen. Die mongolische Sprache ist eine Ursprache von vielsilbigen, harten, aber ausdrucksvollen Lauten. Alle Mongolen reden Eine Sprache, obwohl in verschiedenen Dialekten, deren bemerkenswertheste Verschiedenheit in der Aussprache des Kh und Z und in dem Ausfall eines g in der Mitte eines Wortes besteht. Ihre Schrift ist aus der uigurischen gebildet, die wieder aus der syrischen Estrangelo hervorgegangen war; in alter Zeit hatten die Geistlichen auch eine der tübetanischen entlehnte. Die mongolische Literatur ist verhältnißmäßig reich; die Kaiser haben nicht nur manche chinesische Werke ins Mongolische übersetzen lassen, sondern die Lamas haben auch die ganze buddhaistische Literatur aus dem Tübetanischen ins Mongolische übertragen, wodurch in dasselbe viele Sanskrit-, besonders aber viele tübetanische und chinesische Wörter übergegangen sind. Die bedeutendsten tübetanischen Klöster in Peking besitzen Buchdruckereien, in welchen Wörterbücher und verschiedene gottesdienstliche und moralische Schriften bloß in mongolischer Sprache gedruckt werden, u. die höhere Geistlichkeit in Hlassa besitzt durchgängig die Kenntniß der mongolischen Sprache. Zahlreich sind die religiösen Heldengesänge, geselligen, Liebes- u. Jagdlieder der Mongolen, doch meist von düsterem Charakter. Die besten Arbeiten über die mongolische Sprache und Literatur lieferten J. J. Schmidt, Kowalewski und Schiefner. Der Charakter der Mongolen wird als offen, gastfrei, freundlich, dienstfertig, ehrlich, gutherzig, aber auch als stolz u. zanksüchtig geschildert. Der Arbeit und jeder sitzenden Lebensweise sind sie abgeneigt. Die Südmongolen an der chinesischen Mauer haben durch den langen Verkehr mit China chinesische Feinheit, aber auch chinesische Verschlagenheit und Habsucht angenommen. Von Kindheit auf an alle Entbehrungen eines rauhen Lebens gewöhnt, ertragen die Mongolen ohne Nachtheil Kälte, Nässe u. Hunger; auf dem Pferde mit dem Bogen in der Hand erzogen, gelten sie für die besten Reiter und sind stark und körpergewandt. Bei wenig Nahrung leben sie einzeln zerstreut, nur die Zacharen in Dörfern (Ulussen) von 15—20 Zelten zusammen. Ihre Wohnung ist das wandelnde Zelt, eine runde Jurte aus hölzernem, mit Filz bedecktem Gitterwerke, von 8—20 Fuß Durchmesser, höchstens 10 Fuß hoch, oben in einen abgestumpften Kegel auslaufend; das Licht fällt nur durch die Thür oder das Rauchloch ein. Reiche bedecken die Fußböden und die Wände mit Teppichen. Die linke Seite der Jurte ist für die Männer, die rechte für die Frauen bestimmt. Die Kleidung der ersteren sind weite Beinkleider und langer Rock, zusammengehalten von einem Ledergürtel, an dem sich stets Messer und Feuerzeug befinden, im Sommer meist aus blauem Nanking, im Winter aus Schafpelz, da Holz sehr mangelt. Die Tracht der Frauen weicht von der der Männer nur in Schnitt und Farbe ab. Die Priester tragen gelbe Kleidung. Die Nahrung besteht hauptsächlich aus Milch, Butter u. Käse, seltener aus Fleisch, namentlich vom Schafe; Brod kennt man nicht. Das Hauptgetränk ist Thee; eine Art Branntwein destilliren sie aus gesäuerter Stutenmilch oder Kuhmilch. Wiewohl Polygamie gestattet ist, so begnügen sich doch die Meisten mit Einer Frau, u. dieselbe hat, namentlich die erste, eine ziemlich unabhängige Stellung. Auf den Zügen nach anderen Weideplätzen, die jährlich wohl 10—15mal vorkommen, beobachtet der Stamm eine bestimmte Ordnung. Die gewöhnliche Beschäftigung der Männer ist der Kriegsdienst, im Herbst die Jagd; sonst liegen sie Thee trinkend und rauchend vor oder in den Jurten. Flöte oder Zither begleiten ihre melancholischen Gesänge. Timkowski traf Mongolen, die 1000 Kameele, 2000 Pferde und 7000 Schafe besaßen. Alle häuslichen Arbeiten fallen den Weibern und Sklaven zu. Das Vieh muß auch im Winter sein Futter im Freien suchen, daher bei tiefem Schnee viel zu Grunde geht. Im Sommer erzeugen große Dürre und Heuschrecken oft Hungersnoth. Die Industrie des Landes beschränkt sich auf das Gerben von Fellen, Bereiten von Filzen, Flechten von Stricken und Anfertigung der Jurten, Sättel, Bogen und Pfeile. Die übrigen Bedürfnisse, namentlich Thee, Tabak und Hausgeräthe, tauschen die Mongolen von China gegen Vieh ein. Einen einträglichen Gewerbszweig bildet für sie der Transport chinesischer Waaren von Chalgan nach Kiachta und der dafür zurückgebrachten Erzeugnisse. Sie bedienen sich dazu gewöhnlich der Kameele, die Zacharen der Ochsen, vor zweirädrige Karren gespannt. Andere Handelsstraßen gehen von Westen nach Osten. Die M. ist, seit sie sich den Mandschu unterwarf, der politischen Einheit und Selbstständigkeit verlustig gegangen; ihre Aimaks sind von einander unabhängig und in kleine Theilgebiete oder Fahnen zerstückelt worden. Die Fürsten der Südmongolei sind in 5 Klassen getheilt, in der Nordmongolei nehmen die Khane einen noch höheren Rang ein. Außerdem gibt es regierende Taidschis, welche Theilgebiete mit denselben Rechten wie die Fürsten besitzen. In der Südmongolei soll es 85 Fürsten, darunter 35 nichtregierende, in der Nordmongolei 124 Fürsten und 85 Taidschis geben. Die Würde der Fürsten, sowohl der regierenden als der bloß persönlichen, vererbt nach dem Rechte der männlichen Erstgeburt. Die Einkünfte der regierenden Fürsten bestehen in bestimmten Naturalabgaben von ihren Unterthanen, sowie einem Gehalt vom Hof in Peking. Insgesammt erhalten die mongolischen Fürsten vom chinesischen Hof jährlich 120,000 Leang Silber (240,000 Thaler) und 3500 Stück Seidenzeuche (à 8 Klaftern lang). Hierfür haben sie dem Kaiser zu huldigen und zu Neujahr Geschenke zu überschicken oder in bestimmten Zeiträumen selbst zu überbringen. Die zahlreichen persönlichen Fürsten und Taidschis bilden den Adel und sind die eigentlichen Gutsbesitzer. Die Geistlichen, die den dritten Theil der Bevölkerung bilden, sind zugleich Aerzte, lernen allein lesen, schreiben und beten und genießen eines hohen Ansehens. Sie haben große Tempel mit Tausenden von Lamas. Jeder Oberpriester (Gelong) an einem Tempel erhält vom Kaiser eine Pension. Die Religion der Mongolen ist der Buddhaismus in der Form des Lamaismus, wie er in Tübet herrscht; im Dalai-Lama verehren sie ihr geistliches Oberhaupt, und viele pilgern nach Hlassa. Die Sklaven stammen von Kriegsgefangenen her oder wurden es durch Urtheilsspruch. Alle übrigen Mongolen sind geborne Soldaten, und zwar zu Pferde, und sind militärisch in Choschane (Banner od. Fahnen), Dsalane (Regimenter) und Somune (Schwadronen) getheilt. Jeden Herbst ist Truppenrevision. An der Spitze der Fahne stehen der Fürst und sein Gehülfe, der Tussalakzi. Die Djasaks der Südmongolei haben unmittelbare Autorität über ihre Untergebenen, aber bei denen der Nordmongolei haben die Mandschu besondere Generalinspektoren angestellt. Für die Civil-, Kriminal- und Administrativsachen hat der Fürst eine Kanzlei. Weniger wichtige Sachen entscheidet er mit dieser nach dem mongolischen Gesetzbuche (1690 in Peking revidirt); wichtigere gehen an die Landtage, die alle 3 Jahre zusammentreten und aus den Fürsten und Beamten bis zum Zehntmann herab zusammengesetzt sind; das höchste Justiztribunal ist das Tribunal der auswärtigen Angelegenheiten zu Peking, dessen Mitglieder bloß Mandschu u. Mongolen sind. Mit mehren Strafen ist Konfiskation des Vermögens und Sklaverei der Familie verbunden. Früher war die M. den Europäern verschlossen und nur Rußland war es gestattet, zu genau bestimmten Fristen und auf vorgezeichnetem Wege eine Karawane von Kiachta an der sibirisch-mongolischen Grenze nach Peking zu schicken. Seit 1859 ist sie jedoch vertragsmäßig dem europäischen Verkehr geöffnet. Bis zur Nordgrenze der M. reicht schon der elektrische Telegraph, der durch die M. bis Peking geführt werden soll.

Die älteste Geschichte der Mongolen ist sehr dunkel. Erst mit dem Auftreten Dschingiskhans (s. d.) im Anfange des 13. Jahrhunderts wird sie heller. Derselbe vereinigte die getrennten Stämme Mittel- und Ostasiens, unter denen die der Tataren und Mongolen die vornehmsten waren, und erhob durch Eroberungen sein Volk rasch zu welthistorischer Bedeutung. Zugleich drang um jene Zeit mit den Religionen des Buddhaismus u. des Islam auch das erste Licht der Kultur zu den Mongolen, und die ersten Anfänge ihrer Literatur datiren aus jener Periode. Nach Dschingiskhans Tode (1227) setzten dessen Söhne, unter die er sein Reich so getheilt hatte, daß einer derselben, Oktai, als Großkhan die Oberleitung behalten sollte, die Eroberungszüge fort. Um 1235 drangen mongolische Horden unter Batu verwüstend in Rußland ein, eroberten Wladimir, Moskau, Kiew u. viele andere Städte, überschwemmten dann Polen, verbrannten Krakau und gingen nach Schlesien, wo sie Breslau verbrannten und gegen das vereinigte Heer der deutschen Ritter, der Polen und der Schlesier am 9. April 1241 auf der Ebene von Wahlstadt bei Liegnitz zwar siegten, aber so großen Verlust erlitten, daß sie keine Lust empfanden, ihren Zug in der Richtung nach Westen fortzusetzen. Sie wendeten sich südlich nach Mähren, das sie gleichfalls verwüsteten, bis sie am 21. Juni 1241 durch Jaroslaw von Sternberg am Berge Hostein vor Olmütz eine Niederlage erlitten, hierauf nach Ungarn, das sie ebenfalls verheerten, und kehrten hierauf nach Asien zurück. Inzwischen hatte nach Oktai's Tode seine Gemahlin Tarakina Chatun die Regierung des Mongolenreichs übernommen und brachte es dahin, daß ihr Sohn Kajuk wider Oktai's Willen zum Nachfolger ernannt ward. Derselbe starb aber schon 1248, und ihm folgte nicht ohne Widerspruch Mangu-Khan, der, unterstützt von seinen Brüdern Hulagu und Kublai, das Reich bedeutend erweiterte; er selbst eroberte China, Tübet und verschiedene an Indien grenzende Landschaften, Hulagu erstürmte 1258 Bagdad und machte sich die seldschukkischen Sultane von Iconium zinsbar. Das große Mongolenreich erstreckte sich in der zweiten Hälfte des 13. Jahrhunderts vom östlichen chinesischen Meere bis an die Grenze Polens und von dem Himalaya bis hinauf in die Niederungen Sibiriens. Die Hauptstadt war Karakorum, zwischen den beiden Flüssen Onon u. Tamir, der Hauptsitz des Großkhans aber China; die andern Ländern wurden von mehr oder weniger abhängigen Unterkhans beherrscht. Aber eben diese Theilung, sowie die Schwäche von Dschingiskhans Epigonen führten den Verfall des Riesenreichs herbei. Schon nach Kublai's Tode hörte selbst der Schein der Unabhängigkeit der Unterkhanate auf. In China dauerte die mongolische Herrschaft unter dem Namen der Dynastie Jüen bis 1363, wo einem gemeinen Chinesen ihre Vertreibung gelang (s. China, Geschichte). Die Mongolen zogen sich nach den Gegenden außerhalb der großen Mauer zurück, wo sie sich mit ihren zurückgebliebenen Stammgenossen in dem Lande zwischen dem Amur bis zur Selenga vereinigten. Anfangs herrschten noch die Abkömmlinge Dschingiskhans, allein bald trennte sich das Volk in unabhängige Horden; die verschiedene Namen erhielten (s. oben). In Persien hatte Hulagu eine Dynastie gegründet; allein die Mongolen nahmen hier ganz die Sitten und die Sprache des Landes an. Die Sultane bekannten sich zum Islam; selbst die arabisch-persische Verfassung ward eingeführt, und die höchsten Emirs rissen bald alle Gewalt an sich. Die ganze Geschichte der Mongolen in Persien ist eine Kette von inneren Kriegen und Empörungen, bis ein neuer Eroberer mongolischen Stammes, Timur, das verwirrte Reich unterjochte. In dem Lande nördlich vom kaspischen Meere zwischen dem Jaik und der Wolga oder Kaptschak hatte Tudschi ein Reich gestiftet, das sich bis an den Dnjepr erstreckte, sich aber bald in mehre kleine Khanate auflöste, die nach und nach sämmtlich von den Russen unterjocht wurden. Ihrer ursprünglichen nomadisirenden Lebensart am getreuesten blieben die M. in der Bucharei, wo Dschaggatai eine Herrschaft gegründet hatte, die sich vom Gihon bis an den Irtysch erstreckte. Unter ihnen erstand auch jener zweite große Eroberer, **Timur** od. **Tamerlan**, der die Macht der Mongolen vereinigte und sie zu neuen Eroberungen führte. Timurs erste Siege unterwarfen ihm ganz Khowaresmien; dann eroberte er Persien und Indien, drang bis Vorderasien vor, unterjochte auf dem Rückwege nach Osten Georgien und war eben in Begriff, in China einzufallen, als er 1405 starb. Die Zerwürfnisse unter seinen Verwandten über die Nachfolge führten bald eine gänzliche Auflösung des Reichs herbei. Nur in Dschaggatai erhielt sich die Dynastie Timurs, und von hier aus gründete **Babur** (s. d.) 1519 in Hindostan ein neues mongolisches Reich (das **großmogulische**, s. **Ostindien**, Geschichte). Aber auch hier errangen sich die Statthalter, sowie die zinspflichtigen Rajahs allmählig eine unabhängige Stellung. So entstanden allmählig eigene Reiche, und dem Großmogul war wenig mehr als ein Schatten von Macht geblieben, als Nadir Schah 1739 Delhi eroberte und sich alle vom Indus westlich gelegenen Länder abtreten ließ. So verloren die Mongolen seit dem Anfang des 16. Jahrhunderts alle welthistorische Bedeutung und wurden zum größten Theil den benachbarten Völkern, den Russen, Türken, Persern und Chinesen, mehr oder weniger unterthan. In Dschaggatai (s. **Turkestan**) allein behaupteten sich die mongolischen Herrscher, und dort herrschen noch jetzt als Großkhane Nachkommen Dschingiskhans und Timurs. Vgl. **Hüllmann**, Geschichte der Mongolen bis 1206, Berlin 1796; **D'Ohsson**, Histoire des Mongols etc., Par. 1824; **Schmidt**, Forschungen im Gebiete der älteren religiösen, politischen u. literarischen Bildungsgeschichte der Mongolen u. Tübetaner, Petersb. 1824; **Hammer-Purgstall**, Geschichte der goldenen Horde, Pesth 1840; **Derselbe**, Geschichte der Ilchane, d. i. der Mongolen in Persien, Darmstadt 1842, 2 Bde. Eine Sammlung der bedeutendsten orientalischen Quellenwerke zur Geschichte der Mongolen hat Beresin in der „Bibliothèque Mongole“ (Kasan 1849 ff., auf 6 Bde. berechnet) begonnen.

Mongolen, s. **Mongolei**.

Monheim, Stadt im bayerischen Regierungsbezirk Schwaben und Neuburg, Verwaltungsdistrikt Donauwörth, am Hahnenkamm und Gaslachbache, Landgerichtssitz, hat eine katholische Pfarrkirche, ein ehemaliges Benediktinerkloster, Nadelfabrikation und 1230 Einwohner.

Monica, Heilige, die Mutter des heiligen Augustinus, geboren 332 in Tagaste von christlichen Aeltern, bekehrte ihren Mann Patricius zum Christenthum, ging später mit ihren Söhnen nach Italien und † 387 auf der Rückkehr zu Ostia. Papst Martin V. ließ ihre Ueberreste nach Rom bringen. Ihr Gedächtnißtag ist der 4. Mai.

Monies, **David**, dänischer Genremaler, geboren den 3. Juni 1812 zu Kopenhagen, reiste mit einem Stipendium 1835 nach München und wurde 1859 Professor in seiner Vaterstadt. Er hat sich einen großen Ruf erworben durch seine Genrebilder, zu denen er den Stoff aus dem kopenhagener Volksleben nimmt; auch hat er mehre große Gemälde aus der jüdischen Geschichte geliefert, während er als Porträtmaler sehr gesucht wird.

Monile (lat.), Halsband, besonders der Frauen, auch der Pferde und anderer Thiere.

Monismus (v. Griech.), s. v. a. Monotheismus.

Monistrol (**M. l'Evêque**, **M. sur Loire**), Stadt im französischen Departement Oberloire, Arrondissement Issingeaux, hat Fabrikation von Spitzen, Blonden, Bändern, Atlas, Foulards und Papier, Gerbereien, Färbereien u. 4100 Einwohner. In dem ehemaligen bischöflichen Schloß ist jetzt eine Bandfabrik.

Moniteur (franz.), eine der berühmtesten französischen Zeitungen, begann, von dem Buchhändler Panckoucke gegründet, als ein täglich erscheinendes Journal mit dem 24. Nov. 1789 unter dem Titel „Gazette nationale, ou le Moniteur universel“ u. war dazu bestimmt, sowohl über die äußern Begebenheiten, als auch vorzüglich über die Verhandlungen der Nationalversammlung Rechenschaft abzulegen. Seit dem 11. Nivôse VIII zerfiel das Journal in zwei geschiedene Abtheilungen, von denen die erstere die Bezeichnung „Actes du gouvernement“ erhielt, wodurch das Blatt wenigstens zum Theil einen officiellen Charakter bekam. Seit dem 1. Januar 1811 verlor es den Titel „Gazette nationale“ und erhielt bloß den „Moniteur universel“. Die Restauration machte das Journal zu ihrem Organ und ließ den Unterschied zwischen „partie officielle“ und „partie non officielle“ fortbestehen, und so ist es unter allen folgenden Regierungen geblieben. Das Eigenthumsrecht ging von Panckoucke auf seinen Schwiegersohn Henri Agasse, von diesem 1813 auf seine Wittwe und nach deren Tode auf ihre Erben über, die sich als Gesellschaft konstituirt haben. Erster Redacteur en chef war Marcilly, dann Thuau-Grandville, seit 1793 Thoré, nach dem 9. Thermidor (27. Juli 1794) Jourdan, der sich bis zur Konsularregierung behauptete und dann die Hauptredaktion in die Hände von Sauve niederlegte. Dieser letztere führte sie bis zum 1. April 1840, wo sie Adolf Grün übernahm. Den Gebrauch des M., der besonders für die Revolutionszeit eine wichtige Geschichtsquelle ist, erleichtern die „Tables chronologiques du Moniteur universel“ (Paris 1828, 8 Bde.) vom 5. Mai 1789—1824. Nach dem Muster des französischen M. entstanden auch in andern Staaten officielle Blätter unter diesem Titel.

Monk, **George**, **Herzog von Albemarle**, der Beförderer der englischen Restauration von 1660, geboren den 6. Dec. 1608 zu Potheridge in Devonshire, nahm im 17. Jahre Militärdienste, machte 1625 eine Seeexpedition gegen Spanien mit, wohnte darauf dem Angriff auf die Inseln Ré u. Oléron als Fähnrich bei und machte mehre Feldzüge in Flandern mit. Beim Ausbruch des Bürgerkriegs in seinem

Vaterlande zum Oberstlieutenant ernannt, focht er unter Ormond in Irland, gerieth aber 1644 in Gefangenschaft u. ward auf Befehl des Parlaments im Tower eingekerkert. Erst 1646 erlangte er seine Freiheit unter der Bedingung, daß er den Covenant beschwor. Hierauf mit dem Kommando der Parlamentstruppen in Nordirland betraut, entsetzte er das von den Royalisten belagerte Londonderry u. entriß ihnen mehre andere Plätze, knüpfte aber daneben mit dem königlichen Befehlshaber Lord Inchiquin Unterhandlungen an, in Folge deren er Irland räumte, doch ratificirte das Parlament den Vertrag nicht. Nach Karls I. Hinrichtung ward M. von Cromwell zum Generallieutenant der Artillerie ernannt und begleitete ihn nach Schottland, wo er sich besonders bei Dunbar auszeichnete und sodann an der Spitze eines Armeecorps das Schloß Stirling u. Dundee eroberte. Im Jahre 1652 kehrte er nach England zurück, wo er sich an den Kommissionen betheiligte, welche die Vereinigung Schottlands mit England betrieben. Im folgenden Jahre erhielt er das Kommando einer Division unter dem Admiral Blake im Seekrieg gegen Holland, schlug am 2. August auf der Höhe von Nieuwport den Admiral Tromp und lieferte am 8. ein zweites Treffen auf der Höhe von Katwijk, wobei der Sieg zweifelhaft blieb, Tromp aber fiel. Cromwell überreichte ihm dafür eigenhändig eine goldene Kette und gab ihm 1654 das Oberkommando in Schottland. Nachdem M. hier die aufständischen Bergbewohner entwaffnet, zog er sich auf seine Güter zurück. Nach Cromwells Tode erklärte er sich auch für den Sohn desselben u. nach dessen Sturz für das sogenannte Rumpfparlament. Erst als der General Lambert gegen die schottische Grenze marschirte, warf sich M. zum Vertheidiger der öffentlichen Ordnung auf, erwirkte vom Parlament Lamberts Verhaftung, überschritt am 1. Jan. 1660 mit 6000 Mann die englische Grenze, vereinigte sich zu York mit Fairfax, der für Karl II. ein Corps zusammengebracht hatte, und rückte am 3. Febr. ohne Schwertstreich in London ein. Nun erst warf er die Maske des Gehorsams, die er bisher dem Parlament gegenüber angenommen, ab, indem er die im Dec. 1648 vertriebenen presbyterianischen Parlamentsdeputirten am 21. Febr. wieder einsetzte, u. ließ am 8. Mai Karl II. in London als König proklamiren, wofür ihn dieser sodann zum Mitglied des geheimen Raths, zum Großstallmeister und Kammerherrn, zum ersten Kommissär des Schatzes u. zum Herzog von Albemarle, sowie zum Gouverneur der Grafschaften Devon u. Middlesex ernannte. M. betheiligte sich fortan wenig an den öffentlichen Angelegenheiten und beschränkte sich darauf, die Restauration gegen innere Aufstände mit dem Degen zu vertheidigen. Im Jahre 1666 befehligte er unter dem Herzog von York auf der gegen die Holländer ausgesandten Flotte, ward von Ruyter im Juni in einer dreitägigen Seeschlacht auf der Höhe vor Dünkirchen geschlagen, errang aber noch in demselben Monat (25. Juni) über denselben einen blutigen Sieg bei North-Foreland. Er † am 3. Jan. 1670 u. ward in der Westminsterabtei in der Kapelle Heinrichs VII. bestattet. M.s Leben beschrieb Guizot (Par. 1851).

Monmouth (Monmouthshire), Grafschaft im westlichen England, an die Grafschaften Glamorgan, Brecknock, Hereford u. Gloucester grenzend, im Südosten und Süden von den Aestuarien des Severn und dem Bristolkanal des atlantischen Oceans umgeben, umfaßt 27,1 QMeilen mit (1861) 174,633 Einwohnern. Der Fluß Wye mit seinem Nebenfluß Munnow bildet die östliche, der Rumney die westliche Grenze, zwischen beiden mündet der Usk. Die Küste ist niedrig und wird durch starke Eindeichungen gegen die Fluth, die hier oft bis zu 60 F. steigt, geschützt, im Innern ist das Land hügelig, theilweise bewaldet, im Nordwesten und Nordosten gebirgig. Verzweigungen der schwarzen Berge treten im Nordwesten in die Grafschaft ein. Die höchsten Höhen erreichen cirka 1800 F. Im Nordwesten liegt ein ergiebiges Kohlenfeld, und in der Mitte treten silurische Schiefer auf. Im Jahre 1860 wurden cirka 2,500,000 Tons Rohkohlen zu Tage gefördert und 349,670 Tons Roheisen erzeugt. Besonders wohl angebaut ist der mittlere Theil des Landes. Hauptflüsse sind: der Usk, der Wye mit dem Munnow u. der Rumney (Rhyney). Produkte sind: Getreide (namentlich Gerste und Hafer), Gemüse, Flachs, Holz, die gewöhnlichen Hausthiere, Eisen u. Steinkohlen. Die Einwohner beschäftigen sich mit Ackerbau, Viehzucht, Fischerei u. Bergbau; Hauptindustriezweige sind: Flanellweberei, Lohbereitung, Fabrikation von Eisen- und Zinnwaaren, Porzellan und Papier. Der Handel wird durch die günstige Lage an der See, gute Häfen, Flüsse, die Kanäle von M. u. Brecknow u. zahlreiche Eisenbahnen unterstützt. Die gleichnamige Hauptstadt, am Zusammenfluß des fischreichen Munnow mit dem Wye und an einer der Verbindungsbahnen des Eisenbahnnetzes zwischen Newport, Hereford und Gloucester, hat eine reich dotirte Freischule, Schloßruine, mehre Kirchen (darunter die Marien- u. die Thomaskirche ausgezeichnet), einen schönen Markt mit der Bildsäule Heinrichs II., Industrie in Eisen u. Zinn (früher auch Fabrikation wollener Kappen) und 5783 Einwohner. Die Stadt ist sehr alten Ursprungs; im dasigen Schloß wurde der nachmalige König Heinrich V. geboren. Der Wahlbezirk M. hat 30,577 Einwohner und sendet ein Mitglied ins Parlament.

Monmouth, James, Herzog von, natürlicher Sohn Karls II. von England und der Lucy Walters, der früheren Mätresse des Obersten Sidney, geboren 1649 zu Rotterdam. Karl ließ den Knaben in Frankreich in der katholischen Religion erziehen, berief ihn nach der Restauration an seinen Hof und ernannte ihn zum Grafen von Orkney, später zum Herzog von M. und zum Hauptmann der Garde. M. diente 1678 unter dem Prinzen von Oranien in den Niederlanden u. stillte sodann 1679 als Gouverneur Schottlands durch Milde die daselbst ausgebrochenen Unruhen. Der Herzog von York, der spätere König Jakob II., verdrängte ihn jedoch aus der Gunst des Königs und bewirkte, daß M. nach den Niederlanden verwiesen ward. Hier trat derselbe zum Protestantismus über und war fortan fast in alle Verschwörungen gegen die Partei des Herzogs von York verwickelt, u. A. nach eigenmächtiger Rückkehr nach England in das Komplot vom Ryehouse, welches die Ermordung des Königs bezweckte, doch denuncirte er sodann, um sich die Verzeihung des Königs zu erwirken, demselben die übrigen Mitverschwornen und kehrte hierauf nach Holland zurück. Nach Jakobs II. Thronbesteigung (1685) verband sich M. mit dem Grafen von Argyle und landete, während dieser einen Einfall in Schottland versuchte, den 11. Juni 1685 zu Lyme in der Grafschaft Dorset an der Südküste von England. Von hier aus erließ er eine Proklamation, worin er den König beschuldigte, Karl II. durch Gift aus dem Wege geräumt und den großen Brand zu London angestiftet zu haben, und in Kurzem sah er sich an der Spitze einer Schaar von 3000 Mann. Aber schon hatte Jakob II. beim Parlament eine Anklagebill gegen ihn ausgewirkt u. einen Preis von 5000 Pfd. Sterl. auf seinen Kopf gesetzt. Auch war Argyle bereits in Schottland ergriffen worden u. hatte sein Unternehmen mit dem Leben gebüßt. Dennoch rückte M. gegen Taunton vor, verstärkte hier sein Corps auf 6000 Mann, erließ eine zweite Proklamation, worin er als rechtmäßiger Sohn des verstorbenen Königs den königlichen Titel annahm, und marschirte gegen Bridgewater, ward aber am 6. Juli 1685 von den Truppen Jakobs überfallen, geschlagen und gefangen nach London gebracht und hier am 15. Juli 1685 ohne ordentlichen Prozeß auf Tower-Hill enthauptet. Sein Leben beschrieb Roberts (1844, 2 Bde.).

Monnieria *L.*, Pflanzengattung aus der Familie der Diosmeen, charakterisirt durch den ungleich 5theiligen Kelch, 5lippig verwachsene Blumenblätter und 5 Staubfäden, wovon 3 beutellos, mit der einzigen Art M. trifolia *L.*, einem einjährigen Kraut auf Wiesen und Feldern in Brasilien und Cayenne mit weißen Blüthen. Die Wurzel ist aromatisch-scharf und wirkt schweiß- und harntreibend. Daher wird die Pflanze in der Heimat als Arzneimittel, namentlich gegen die Folgen von Schlangenbiß, kultivirt.

Monnikendam, Stadt in der niederländischen Provinz Nordholland, Bezirk Hoorn, an dem monnikendamer Gat, einer Bucht der Zuydersee, hat eine ansehnliche reformirte Kirche mit prächtigem Thurm, römische katholische Kirche, Synagoge, Rathhaus mit Glockenspiel, bedeutenden Handel mit Anchovis und Käse, Seidenweberei, Fischerei und 2691 Einwohner. M. ist eine Stiftung von Franciskanermönchen, welche früher die Insel Marken bewohnten.

Monnina *Ruiz* et *Pav.*, Pflanzengattung aus der Familie der Polygaleen, charakterisirt durch den 5blätterigen, abfälligen Kelch, 3 schmetterlingsartige Blumenblätter, wovon das Lippenblatt sehr groß, hohl und 3zähnig ist, 8 in 2 Bündel verwachsene Staubfäden und 2fächerige Pflaumen, strauchartige, ausdauernde Kräuter in Südamerika, einige auf Java, mit der bekanntesten Art M. polystachia *Ruiz* et *Pav.*, in den Wäldern von Peru mit blauen Blüthen und saftigen Beeren. Die Rinde der Wurzel wird in der Heimat gegen Durchfälle und Ruhr angewendet.

Monochord (v. Griech.), ein mit Einer Saite bezogenes hohles Instrument, ungefähr 1½ Ellen lang und ¼ Elle breit, worauf mittelst des Zirkels und eines beweglichen Stegs die Höhe oder Tiefe der Töne nach Verhältniß der ab- und zunehmenden Länge der Saite gefunden und ausgemessen werden kann. Man bedient sich desselben bei akustischen Untersuchungen, besonders um Intervalle darzustellen, deren Abstand weniger als einen halben Ton beträgt, und die unsere musikalischen Instrumente nicht anzugeben vermögen.

Monochromen (v. Griech., monochromatische Bilder), einfarbige Gemälde, mit Einer Farbe ausgeführte Umrisse, die älteste Art der Malerei (s. d.). Gewöhnlich sind die M. roth auf weißem oder auf schwarzem, oder schwarz auf rothem Grunde ausgeführt.

Monoclinicus (v. Griech.), einbettig, in der botanischen Terminologie Bezeichnung solcher Blüthen, deren beiderlei Befruchtungsorgane (Staubgefäße u. Pistille) in der nämlichen Blüthe enthalten sind. Davon Monoclinia, Pflanzenabtheilung, Gewächse mit Zwitterblüthen enthaltend, die 20 ersten Klassen des linné'schen Systems.

Monod, Adolphe, namhafter reformirter Theolog, geboren 1802 in Kopenhagen, studirte in Genf Philosophie u. Theologie, wirkte sodann nach einander als Prediger zu Neapel, wo er die evangelische Gemeinde gründete, und Lyon, seit 1836 als Professor zu Montauban u. seit 1849 als Prediger an der reformirten Kirche zu Paris, wo er am 6. April 1856 †. Außer vielen kleineren, meist ascetischen Schriften veröffentlichte er: „Sermons" (Par. 1855 bis 1857, 2 Bde.) und „Adieux à mes amis et à l'église" (das. 1856). Eine Auswahl aus seinen Schriften übersetzte Seinecke (Bielefeld 1860, 3 Bde.).

Monodie (v. Griech.), Gesang für Eine Stimme.

Monodon (griech.), Einzahn, s. Narwal.

Monodora *Dunal.* (Gewürzbeere), Pflanzengattung aus der Familie der Anonaceen, charakterisirt durch den 3theiligen, umgeschlagenen Kelch, zweimal 3 Blumenblätter, zahlreiche kurze Staubfäden und die rundliche Beere mit zahlreichen Samen, mit der bekanntesten Art M. myristica *Dun.*, einem Baum mittlerer Größe auf Jamaica, von dem die Früchte (amerikanische Muskatnüsse) in Westindien als Gewürz häufig im Gebrauch sind.

Monodrama (griech.), ein Melodrama (s. d.), welches nur von Einer Person gespielt wird.

Monoecus (lat., v. Griech.), einhäusig, in der botanischen Terminologie Bezeichnung solcher Blüthen, wo zweierlei eingeschlechtige Blüthen auf der nämlichen Pflanze vorkommen; davon Monoecia, die 21. Klasse des linné'schen Pflanzensystems.

Monogamie (v. Griech.), im Gegensatze zur Polygamie die geschlechtliche Verbindung Eines Mannes mit Einer Frau, also die einfache Ehe; auch spricht man bei den Thieren von M., und in der Botanik führte eine besondere Ordnung des linné'schen Systems den Namen Monogamen, diejenigen Pflanzen enthaltend, deren 5 Staubbeutel in einer einzeln stehenden Blume um das Pistill herum zu einer Röhre verwachsen sind.

Monogramm (v. Griech., Handzeichen, lat. signum, franz. chiffre), eigentlich ein einziger Buchstab oder Schriftzug, dann besonders eine Figur, welche, aus einem od. auch mehren in einen Schriftzug verschlungenen Buchstaben od. aus einer andern Figur bestehend, den Namen od. auch den Charakter einer Person ausdrücken soll. Man bediente sich solcher M.e bei Unterschriften u. auf Petschaften; auch finden sich dergleichen auf Münzen, Medaillen &c. Die mittelalterlichen M.e sind für die Erklärung u. Kritik der Denkmäler und Urkunden jener Zeit sehr wichtig, u. die Lehre von diesen Zeichen bildet daher einen besondern Theil der Urkundenlehre oder Diplomatik (s. d.). Später belegte man mit dem Namen M.e auch die Namenschiffren, Schriftzüge und sonstigen Zeichen, deren sich die Maler, Kupferstecher rc. bedienten, um ihre Werke als die ihrigen zu bezeichnen. Vgl. Heller, Monogrammenlexikon, Bamberg 1831; Bruillot, Dictionnaire des monogrammes, neue Aufl., 3 Bde., Stuttg. 1832 bis 1834. Im Alterthum bedeutete M. auch die ersten, nur in Linien bestehenden Umrisse einer Zeichnung. Ferner nennt man M. eine Strophe, worin die Anfangsbuchstaben einer jeden Zeile einen Namen ausdrücken.

Monographie (v. Griech.), eine Schrift, in welcher ein einzelner Gegenstand aus irgend einer Wissenschaft nach allen Richtungen und Beziehungen in erschöpfender Art als ein besonderes Ganzes abgehandelt wird.

Monogynus (v. Griech.), einweibig, in der botanischen Terminologie Bezeichnung solcher Blüthen, die mit Einem Pistill oder auch nur mit Einem Griffel versehen sind. Davon: Monogynia, Bezeichnung der ersten Ordnung der 13 ersten Klassen des linné'schen Pflanzensystems, welche nur Phanerogamen mit Einem Pistill enthält.

Monokolon (griech.), ein eingliederiges, d. h. gleichversiges Gedicht.

Monokotyledonen (v. Griech., monokotyledonische od. einsamenlappige Pflanzen), im Gegensatz zu den Dikotyledonen diejenigen phanerogamischen Gewächse, deren Keimling (Embryo) nur einen einzigen Samenlappen (Kotyledon) besitzt. Derselbe liegt als kleines, ungetheiltes Körperchen, gewöhnlich von Eiweiß umgeben, selten ohne solches, im Samen u. erscheint beim Keimen als scheidenartige Verlängerung, aus der das Knöspchen später hervorbricht, oder er liegt seitlich an, den Embryo umschließend, in welchem Falle nicht der blattartige Theil des Kotyledon, sondern nur die Scheide desselben sich entwickelt. Sonst unterscheiden sich die M. von den übrigen Gewächsen sowohl in ihrem Habitus, als hinsichtlich ihrer innern Struktur. Sie haben stets eine zaserige, zuweilen knollig verdickte Wurzel, niemals eine eigentliche Stammwurzel, wohl aber öfters einen unterirdischen, gewöhnlich aus sehr verkürzten Internodien gebildeten oder knollen- oder zwiebelartigen Mittelstock (Rhizom), der mitunter auch stengelartig wird. Der Stengel ist gewöhnlich einfach, selten ästig und besteht nur aus Zellgewebe, in welchem die geschlossenen Gefäßbündel unregelmäßig zerstreut sind. Der Stengel verdickt sich durch Anlage neuer Gefäßbündel im Umfange der älteren und verwandelt sich bald durch Hohlwerden ganz in Rinde, bald durch Ueberhandnehmen der Gefäßbündel in Holz. Er wird bei den Palmen u. anderen tropischen M. baumstammartig, zeigt aber im Querschnitt nie koncentrische Jahresringe. Die Blätter sind am Grunde meist scheidig und stengelumfassend und haben einfache gleichlaufende Nerven, welche durch Queradern verbunden sind. Die Zahl der Blüthentheile beträgt gewöhnlich 3, 6, 9 oder 12. Eine Blumenkrone ist selten vorhanden, und die häufig prächtigen Umhüllungen der Befruchtungstheile, z. B. bei der Tulpe, sind Blüthenhüllen (Perigonien). Die Früchte sind meist 1- oder 3- oder 6fächerig. Die vorzüglichsten hierher gehörigen Gewächsfamilien sind die Typhaceen, Aroideen, Orchideen, Irideen, Amaryllideen, Asparageen, Liliaceen, Colchicaceen, Juncaceen, Cyperaceen, Gramineen, Bromeliaceen, Scitamineen, Musaceen und Palmen. Nach A. von Humboldt betragen die M. in den Tropengegenden $\frac{1}{6}$, zwischen 36 u. 52° der Breite $\frac{1}{4}$, weiter nach den Polen zu fast $\frac{1}{3}$ aller Phanerogamen. Die monokotyledonische Flora der Urwelt ist sehr wenig vertreten. Mit Sicherheit treten die M. zuerst in der Kohlengruppe auf.

Monokratie (v. Griech.), s. v. a. Monarchie.

Monolith (v. Griech.), ein aus einem einzigen Steinblock gehauenes Monument oder sonstiges Kunstwerk.

Monolog (v. Griech.), Alleinrede, Selbstgespräch, im Drama im Gegensatze zum Dialog eine solche Scene oder Rede, in der eine einzelne Person für oder mit sich selbst spricht. Der M. dient dazu, die inneren Gemüthszustände der handelnden Hauptpersonen zur lebendigen Anschauung zu bringen u. die Triebfedern ihres Handelns darzulegen. Doch ist er nur da an seiner Stelle, wo mittelst des Dialogs der eben angegebene Zweck nicht erreicht werden könnte, und muß, die einzelnen dialogischen Scenen mit einander verbindend, durch eine bedeutende Veränderung, welche in dem Seelen- und Gemüthszustande eingetreten, gehörig motivirt sein, also entweder dem Folgenden zur Erklärung dienen, oder als Wirkung des Vorhergegangenen erscheinen. Selbstverständlich muß er auch der Lage der sprechenden Personen angemessen sein.

Monom (Monomium, v. Griech.), in der Mathematik jede einzelne nicht durch Addition oder Subtraktion aus mehren Gliedern zusammengesetzte Größe, z. B. 4 a, im Gegensatz zum Binom, Trinom, Polynom (s. d.).

Monomachie (v. Griech.), s. v. a. Zweikampf.

Monomanie (v. Griech.), eine Art Wahnsinn, welche sich lediglich auf eine einzige, od. doch auf eine geringe Anzahl von vorherrschenden irrigen u. fixen Ideen beschränkt, während die Denkthätigkeit in Beziehung auf alle übrigen Funktionen normal operirt; abnorme Steigerung einer einzelnen Neigung, Leidenschaft, eines Triebes, z. B. zum Stehlen, Morden, Brandstiften rc., während nicht nur alle übrigen Neigungen und Triebe sich durchaus in gewöhnlicher u. normaler Weise äußern, sondern auch die intellektuellen Funktionen normal von Statten gehen.

Monomerie (v. Griech.), Eintheiligkeit, die Eigenschaft eines Dinges, wonach es nur aus einerlei Theilen besteht; s. v. a. Einfachheit.

Monometrie (v. Griech.), diejenige Beschaffenheit eines Gedichtes, wonach es nur aus einerlei Versmaß gebildet ist.

Monomorphie (v. Griech.), Einförmigkeit, Gestaltung nach Einem Typus, wobei jedoch Unterscheidbarkeit besteht.

Monomotapa, ehemals ein ansehnliches Reich auf der Küste von Sofala (Südostafrika) zu beiden Seiten des Furra- und des Lupatagebirges, vom Fluß Zambese durchströmt, bis an dessen südlichen Mündungsarm es reichte. Es soll einen Flächenraum von nahe an 7000 □Meilen gehabt haben; Hauptstadt und Residenz des Herrschers war Zimbanoe. Seit Mitte des 18. Jahrhunderts ist M. jedoch in eine Anzahl kleinerer Reiche zerfallen; die Bevölkerung gehört verschiedenen Kaffernstämmen an.

Monongahela, Quellfluß des Ohio (s. d.).

Monophonie (v. Griech.), Eintönigkeit.

Monophyllus (v. Griech.), einblätterig, in der

botanischen Terminologie s. v. a. nur aus Einem Blatte bestehend, z. B. die Hülle der Dolde bei Heracleum Sphondylium; aus Einem oder mehren Kreisen verwachsener Blätter gebildet, z. B. das Perigon von Convallaria.

Monophysiten (v. Griech.), Ketzername, von den Orthodoxen der kirchlichen Partei beigelegt, die nur Eine Natur, die Mensch gewordene göttliche in Christo annahmen. Die Beschlüsse des Konzils zu Chalcedon (451), daß in Christo zwei Naturen unvermischt und ungetrennt, aber zu Einer Person verbunden seien, fanden nämlich nur im Abendland allgemeine Billigung, riefen dagegen im Orient, namentlich in Alexandria, Palästina und Antiochia, langwierige und heftige Streitigkeiten hervor. So wurden in Palästina alle dyophysitischen (d. i. zwei Naturen bekennende) Bischöfe vertrieben u. der Monophysit Theodosius zum Patriarchen Jerusalems erhoben, u. in Aegypten trennten sich die M. unter ihren Oberhäuptern, dem Presbyter Timotheus Aelurus und dem Diakon Petrus Mongus, von der orthodoxen Kirche und wählten nach Kaiser Marcians Tode den erstern zum Patriarchen von Alexandria, der jedoch von Kaiser Leo I. wieder entsetzt ward. In Antiochia versuchte der monophysitische Mönch Petrus Fullo, nach welchem die M. auch Fullonianer hießen, die von den M. gern gebrauchte Formel „Gott ist gekreuzigt" in das Trisagion der Liturgie einzuschieben u. trat 463 an des verdrängten dyophysitischen Patriarchen Stelle, ward aber nach stürmischen Auftritten 470 auf kaiserlichen Befehl verbannt. Auch das vom Kaiser Zeno 482 erlassene Henotikon, welches die streitigen Sätze auf allgemeine Punkte zurückführte, die Ausdrücke Eine u. zwei Naturen vermied und Nesterius und Eutyches verdammte, vermochte die Parteien nicht zu versöhnen, ja Papst Felix II. hob 484 alle Kirchengemeinschaft mit den M. auf, u. auch die Kaiser Anastasius u. Justinianus suchten wieder den Beschlüssen des Koncils von Chalcedon Geltung zu verschaffen. Harte Verfolgungen ergingen allenthalben über die M., nur in Aegypten, wo ihre Partei am stärksten vertreten war, wagte man nicht feindlich gegen sie vorzugehen. Bald entstanden unter den M. selbst Trennungen. Aus dem Streit des Severus u. Julianus über die Verweslichkeit des Leibes Christi gingen die Parteien der Julianisten, welche die Unverweslichkeit des Leibes Christi annahmen (daher auch Aphthartodoketen od. Unverweslichkeitslehrer genannt), u. der Severianer hervor, welche die Verweslichkeit festhielten (Phthartolatren, Corrupticolä oder Verweslichkeitsdiener, auch Theodosiani, nach ihrem späteren Haupte Theodosius). Von letzteren sonderten sich wieder die Agnoëten aus, die Christo nach seiner menschlichen Natur ein Nichtwissen vieler Dinge zuschrieben; von ersteren die Aktisteten, die den Leib Christi für geschaffen hielten, und die Ktistolaträ, die das Gegentheil behaupteten. Im Gegensatz zu den Tritheiten (auch Philoponisten nach ihrem Stifter genannt), welche die göttliche Vollkommenheit unter die drei auch der Zahl nach geschiedenen göttlichen Personen vertheilten, gründete Damianus die sabellianischen Damianisten. Während die ersteren die Auferstehung als eine neue Schöpfung des unverweslichen Körpers aus dem verweslichen ansahen, behaupteten die Cononiten, nach Conon, Bischof von Tarsus, benannt, daß die auferstandenen Körper aus demselben, nur vollkommenerem u. unverweslichem Stoff bestehen würden. Die Niobiten wollten nach dem Vorgange des Stephan Niobes nach der Vereinigung der beiden Naturen in Christo gar keine Verschiedenheit derselben in diesem mehr anerkennen. Kaiser Justinian I. und seine Gemahlin Theodora, eine heimliche Monophysitin, versuchten seit 527 umsonst eine Beseitigung der häretischen Parteien durch Unterredungen zwischen katholischen und monophysitischen Bischöfen anzubahnen; auch dies blieb erfolglos, daß der Kaiser, um den Katholiken zu genügen, den von den M. hochgeachteten Origenes, und um die M. zu gewinnen, die sogenannten Drei Kapitel (s. Dreikapitelstreit) verdammen ließ. Die ägyptischen M. dauerten unter dem Namen der Kopten fort und gewannen auch in der abessinischen und äthiopischen Kirche viele Anhänger. In Armenien bildeten die M. seit 536 eine abgesonderte Gemeinde; in Syrien u. Mesopotamien konstituirte der Mönch u. Presbyter Jakob Baradai (daher hier die M. Jakobiten genannt) die monophysitische Kirche. Gegenwärtig ist ein großer Theil der Jakobiten unter einem Patriarchen zu Aleppo mit der römischen Kirche unirt; die nichtunirten, die auch die Beschneidung haben, stehen unter dem Patriarchen von Antiochia. Die Gesammtzahl der M. mag 9 Millionen betragen. Vgl. Gieseler, Monophysitarum variae de Christi persona opiniones (Gött. 1835—38, 2 Bde.).

Monopodie (v. Griech.), in der Prosodie eine Abtheilung des Verses nach einzelnen Versfüßen, im Gegensatz zur Dipodie.

Monopol (v. Griech.), Alleinhandel, das Gegentheil der freien Konkurrenz. Es gibt natürliche M.e, wo die zur Hervorbringung eines Guts erforderlichen Produktivkräfte nicht beliebig vermehrt werden können, wie denn z. B. manche vorzügliche Weinlagen, ausgezeichnete Künstler ꝛc. eine Art Naturmonopol haben, und künstliche M.e, welche auf dem Wege menschlicher Gesetzgebung oder Verabredung entstehen. Letztere waren im Mittelalter sehr gewöhnlich, so die Bannrechte, die Zunftprivilegien ꝛc. In der neuern Zeit wurden besonders die auswärtigen Handelsmonopole großer Aktiengesellschaften, wie der holländisch- und englisch-ostindischen Kompagnie, bedeutend. Wie aber jene innern M.e zum Theil dem System der Gewerbefreiheit haben weichen müssen, so diese äußern dem System der Handelsfreiheit. Während diese beiden Arten von M.en auf volkswirthschaftlichen Ansichten beruhen, sind die M.e der Regierung selbst aus Finanzzwecken hervorgegangen, indem sie in manchen Staaten, z. B. in England, in Frankreich, in Preußen unter Friedrich II., eine höchst bedeutende Staatseinnahmequelle waren. Je mehr man erkannte, daß das M., d. h. die Ausschließung des Mitbewerbs, welche dem Producenten oder Verkäufer die Möglichkeit bietet, seine Waare nach Belieben zu steigern, nicht nur den Konsumenten, also der großen Mehrzahl des Volks, höchst nachtheilig, sondern auch dem Fortschreiten hinderlich ist, indem mit der Konkurrenz der Hauptsporn zu Verbesserungen wegfällt, haben sich mehr und mehr Stimmen gegen das Monopolwesen erhoben, und selbst in Bezug auf den Staat ist man zu der Einsicht gelangt, daß eine Deckung seiner Bedürfnisse durch M.e nur zum Nachtheil der Staatsangehörigen geschehen kann.

Daher hat man die meisten M.e neuerdings mit Accisen oder Zöllen vertauscht, und nur einige wenige sind noch geblieben, wie das Tabaksmonopol in Oesterreich, Frankreich, Spanien, das Salzmonopol in Preußen und Oesterreich, das Branntweinmonopol in Rußland, in fast allen Ländern aber das M. der Briefpost u. des Münzens. Nicht nachtheilig, vielmehr fördernd wirken die M.e, welche einem Erfinder für die von ihm erfundenen Waaren durch sogenannte Erfindungspatente zugestanden werden.

Monopoli, Stadt in der italienischen Provinz Bari, am adriatischen Meere, Sitz eines Bischofs, mit den Trümmern eines alten Kastells, einem Hafen, verfallenen Festungswerken, Baumwoll- und Leinweberei, Handel mit Oel u. Wein u. 20,200 Einw. In der Nähe der Stadt sind mehre große Klöster, ein Civilhospital, ein Camposanto u. Landhäuser.

Monotheismus (v. Griech.), im Gegensatz zum Polytheismus die Anerkennung u. Verehrung Eines Gottes. Monotheistische Religionen sind das Juden- und Christenthum u. der Islam. Der Kindheit des menschlichen Geschlechts entsprach der Polytheismus, indem die Erfahrung zuerst die Vorstellung einzelner Vollkommenheiten der Gottheit weckte, welche die Phantasie personificirte. Erst als das Göttliche als das Absolute gefaßt wurde, mußte sich das religiöse Gefühl durch die Vielheit der Wesen, an welche das Göttliche vertheilt erschien, verletzt fühlen, und man kam zur Erkenntniß, daß alle Vollkommenheit, wenn sie vollkommen sein solle, nur in einer Einheit des Bewußtseins befaßt sein könne. So geschah es, daß sich auch unter den polytheistischen Völkern immer Einzelne fanden, welche die Einheit Gottes erkannten, wie unter den Aegyptern Psammon, bei den Griechen Socrates und Plato. Das Volksbewußtsein aber ging nur allmählig von der Vorstellung einer Götterfamilie, die immer noch ein gutes Theil der Beschränkung und des Endlichen an sich trägt, fort bis zu der abstrakten Einheit des Fatums, einer über alle die einzelnen Gestalten des Götterkreises hinaus liegenden höhern Ordnung. Doch blieb dies immer eine Abstraktion, die nie ein Gegenstand des Kultus werden konnte, da das religiöse Bedürfniß im Menschen einen Gott verlangt, mit welchem es in ein Verhältniß treten kann. Daher umkleidete der Mensch den abstrakten Begriff der Gottheit mit Fleisch und Blut, verband aber damit die Idee des höchst Guten und gelangte so zur ersten Form des M., zum Deismus, der sich historisch im Islam ausgeprägt hat. Nach demselben steht Gott als der Gegensatz des Endlichen außerhalb der Welt, und diese ist von ihm nur in ihrem Ursprung abhängig, in ihrem Bestehen dagegen selbstständig. Wie sich aber aus dem Polytheismus die erste Stufe des monotheistischen Glaubens herausbildete, so aus dem Pantheismus die zweite, der Theismus. Die unterschiedslose Identität, welche der Pantheismus zwischen den beiden Faktoren der Religion, Gott und Welt, setzt, wird vom theistischen Bewußtsein negirt, wie die abstrakte Gegenüberstellung derselben im Deismus, und jedes der beiden in Frage stehenden Glieder in seiner Selbstständigkeit festgehalten, aber in eine lebendige Beziehung gesetzt. Während im Sinne des Pantheismus Gott das substantielle Wesen der Dinge ausmacht, trägt im Theismus seine Macht das Wesen der Dinge in jedem Augenblick oder macht ihr Wesen auf potentielle Weise aus. Der reine M. hat seine Vorstufe im Judenthum, seine Vollendung in der christlichen Religion, und wenn in der Gegenwart die christliche Religion vielfach eine deistische Färbung erhalten hat, so liegt dies nicht in ihrem Princip, sondern an den mangelhaften Systemen der Dogmatik.

Monotheleten (v. Griech.), die Anhänger einer kirchlichen, den Monophysiten (s. d.) verwandten Partei im 7. Jahrhundert, welche zwar die Zweiheit der Naturen in Christo anerkannte, aber nur Einen Willen in ihm statuirte, weil sein menschliches Wollen und Thun vom göttlichen gleichsam verschlungen gewesen sei. Die Partei entstand in Folge des Versuchs, den der Kaiser Heraclius auf den Rath der Bischöfe Cyrus von Alexandria und Sergius von Konstantinopel 633 machte, die Monophysiten mit der orthodoxen Kirche durch die Formel zu vereinigen, daß in Christo Ein gottmenschlicher Wille gewesen sei. Hiergegen erhob sich der dyophysitische Mönch Sophronius, namentlich, seit er 634 Patriarch von Jerusalem geworden war, indem er auf einer Synode die Anhänger der Union als Eutychianer mit dem Bann belegte. Heraclius gebot zwar durch das Edikt „Ekthesis" 638 Stillschweigen über die Kontroverse; aber der Kampf dauerte dessen ungeachtet fort, daher der Kaiser Constans II. 648 nach Zurücknahme der „Ekthesis" in einem neuen Edikt, dem „Typos", wiederum vergeblich, alle Wiederaufnahme des Streites mit strenger Strafe bedrohte. Nachdem schon der römische Bischof auf dem ersten Laterankoncil 649 den M. verdammt, bestimmte auch das 6. ökumenische Koncil zu Konstantinopel (680), daß in Christo zwei den beiden Naturen entsprechende Willen u. Wirkungsweisen, ohne Zwiespalt u. Gegensatz und ohne Vermischung, seien, wobei sich der menschliche Wille dem göttlichen stets unterordne. Aus den Ueberresten der kirchlich ausgeschiedenen M. ging die Sekte der Maroniten (s. d.) hervor.

Monotonie (v. Griech.), Eintönigkeit, Mangel an Modulation und Biegsamkeit der menschlichen Stimme beim Sprechen oder Singen. In den schönen Künsten versteht man unter M. Einförmigkeit der Manier in der Behandlung und Darstellung der Gegenstände, überhaupt Mangel an Abwechslung und Mannichfaltigkeit, auch in Bezug auf Gegenstände der Natur.

Monovar, Stadt in der spanischen Provinz Alicante (Valencia), auf einem Hügel unweit des Vinolapo und an der spanischen Mediterranbahn (Linie Villena-Alicante), hat Wollenindustrie und 6544 Einw. Unweit davon nordwestlich ein Salzsee mit Salinen.

Monrad, 1) Ditlev Gothard, dänischer Gelehrter, Geistlicher und Staatsrath, geboren den 24. November 1811 in Kopenhagen, trat, nachdem er Theologie studirt und eine wissenschaftliche Reise ins Ausland gemacht hatte, mit einer Reihe von „Flyvende Blade" (1840—42) als politischer Schriftsteller auf, war auch eine Zeitlang einer von den Herausgebern der Zeitung „Fädrelandet" in Kopenhagen und wurde 1841 zum Bürgerrepräsentanten Kopenhagens erwählt. Im Jahre 1842 zum Mitglied der Direktion des Schulwesens der Stadt ernannt, machte er eine neue Reise ins Ausland, deren Resultate niedergelegt sind in seiner Schrift „Om Skolväsenets Ordning". Im Jahre 1843 übernahm er die Redaktion des Tageblatts „Dansk Folkeblad", welches die „Trykkefrihedsselskab" herausgab, und in welchem er viele Reformfragen behandelte. Im Jahre 1846 wurde er Pastor auf Lolland, trat aber schon 1848 als Kultusminister in das Ministerium Orla Lehmann, welches indeß schon in demselben Jahre wieder zurücktrat, worauf er 1849 zum Bischof des Stifts Lolland-Falster ernannt wurde. Bald darauf wurde er zum Mitglied des Folkething und von diesem auch zum Mitglied des Reichsraths erwählt, dagegen von dem Ministerium Oersted seines Amtes als Bischof entsetzt. Nach dem Sturze dieses Ministeriums wurde er Oberdirektor des dänischen Schulwesens und Departementschef unter dem Kultusminister; am 6. Mai 1859 nahm er das Portefeuille als Kirchen- und Unterrichtsminister im Ministerium Hall an, trat zwar schon am 2. Dec. mit dem ganzen Ministerium ab, aber am 24. Febr. 1860 wiederum mit demselben an den vorigen Platz, von welchem die Kriegsereignisse des für Dänemark so unheilbringenden Jahres 1864 ihn nebst dem ganzen Ministerium Hall entfernten.

2) Markus Jakob, norwegischer Philosoph, geboren auf dem Pfarrhofe Röterö am 19. Januar 1816, studirte Theologie und wurde 1845 Lektor und 1851 Professor der Philosophie an der Universität zu Christiania. Von seiner Thätigkeit nicht nur in der Philosophie, sondern auch in der klassischen Philologie zeugen seine Vorlesungen und viele Schriften, von denen wir nennen: „Psychologie" (1850), „Ethik" (1851), „Philosophiens Propädeutik" (1849, 2. Aufl. 1847) u. a. m.; außerdem hat er eine Menge von Abhandlungen über ästhetische, sprachliche und pädagogische Gegenstände für mehre norwegische Zeitschriften verfaßt und auch „Tolv Forelåsninger over det Skjönne" (1859) herausgegeben.

Monreale (Morreale), Stadt in der italienischen Provinz Palermo auf der Insel Sicilien, am Ammiraglio, eine Meile westlich von Palermo, ist Sitz eines Erzbischofs, hat eine prächtige Kathedrale aus dem 12. Jahrhundert, mit den Grabmälern mehrer normannischen Könige, ein reiches Benediktinerkloster mit Bibliothek, ein altes Schloß, mit dessen Glöckchen am 30. März 1282 das Zeichen zur sicilianischen Vesper gegeben wurde, u. 14,400 Einw., die beträchtlichen Mandelbau treiben.

Monro, 1) Alexander, berühmter englischer Anatom u. Chirurg, geboren 1697 zu London, studirte in Edinburg, London, Paris u. Leyden u. ward 1721 Professor der Anatomie und Chirurgie in Edinburg, wo er auch das akademische Krankenhaus gründete, an welchem er die Leitung des klinischen Unterrichts übernahm. Er † den 16. Juli 1767. Als Sekretär der königlichen Gesellschaft der Aerzte zu Edinburg redigirte er die „Medical essays and observations" (Edinb. 1732 ff., 6 Bde.), welche viele werthvolle Abhandlungen von ihm enthalten. Eine Gesammtausgabe seiner Werke besorgte sein älterer Sohn Donald (Edinb. 1781; 2. Aufl. 1781; deutsch, Leipzig 1782).

2) Donald, gleichfalls namhafter Mediciner, Sohn des Vorigen, geboren zu Edinburg 1729, trat in den Militärdienst, ward Oberfeldarzt und † zu Edinburg den 9. Juni 1802. Er hat mehre pathologische und militär-medicinische Werke und eine „Medical and pharmaceutical chymistry and materia medica" (London 1788, 4 Bde.; deutsch von Hahnemann, Leipzig 1791, 2 Bde.) hinterlassen.

3) Alexander, berühmter Anatom u. Chirurg, Bruder des Vorigen, geboren 1732 zu Edinburg, folgte seinem Vater 1759 in der Professur der Anatomie und Chirurgie nach und † den 2. Oktober 1817. Er schrieb mehre wichtige anatomische Werke.

4) Alexander, gleichfalls berühmter Anatom und Chirurg, geboren 1760, wirkte lange als Professor in Edinburg und hat u. A. folgende pathologische und anatomische Werke hinterlassen: „On crural hernia" (Edinburg 1803); „The morbid anatomy of the human gullet, stomach and intestines (das. 1811); „Outlines of the anatomy of the human body" (Lond. 1811—15, 4 Bde. f.); „Elements of the anatomy" (2. Aufl., das. 1827); „The morbid anatomy of the brain" (das. 1827).

Monroe (M. City), Hauptstadt der gleichnamigen Grafschaft im nordamerikanischen Staate Michigan, unweit der Mündung der Raisin in den Eriesee, östlicher Endpunkt der Michigan-Südbahn, hat Industrie in Wolle, Leder und Handel, besonders mit Getreide, und 5000 Einw.

Monroe, James, fünfter Präsident der Vereinigten Staaten von Nordamerika, geboren den 28. April 1758 in Virginien, hatte das Studium der Rechte begonnen, als ihn der Unabhängigkeitskrieg seines Vaterlandes 1776 zu den Waffen rief. Er zeichnete sich bei mehren Gelegenheiten aus u. rückte bis zum Obersten auf, kehrte aber 1778 zu seinen Studien zurück, ward 1782 Mitglied der gesetzgebenden Versammlung und 1783 des Kongresses von Virginien, 1790 aber des Nationalkongresses, in welchem er bis 1794 saß, wo er als Gesandter nach Frankreich ging. Zwar fand sich Washington veranlaßt, ihn 1796 zurückzurufen, doch wußte M. sein Verhalten in jener Stellung durch Veröffentlichung seines diplomatischen Briefwechsels zu rechtfertigen. Er fungirte hierauf von 1799—1802 als Gouverneur von Virginien, ging 1803 abermals als Gesandter nach Paris, um die Verhandlungen über die Abtretung Louisiana's zum Abschluß zu bringen, und erhielt dann Missionen nach London, 1804 nach Madrid und 1806 nach London. Im Jahre 1810 ward er abermals Gouverneur von Virginien und 1811 unter Madisons Präsidentschaft Staatssekretär. Als 1814 Washington von den Engländern erobert worden war, erhielt er den Oberbefehl über die Streitkräfte. Nach dem Abschluß des Friedens zu den Geschäften des Staatssekretariats zurückgekehrt, ward er 1817 zum Präsidenten der Vereinigten Staaten erhoben u. 1821 einstimmig abermals als solcher gewählt. M. that viel für die Verstärkung der Unionsregierung, hob das Kriegswesen, vermehrte insbesondere die Seemacht und veranlaßte zum Schutz des Handels die Aussendung von Kriegsschiffen in die westindischen Gewässer, in das mittelländische Meer und an die Küste von Afrika. Während seiner Verwaltung ward Florida erworben, die Unabhängigkeit der ehemaligen spanischen und portugiesischen Kolonien anerkannt und von Seiten der Regierung der Vereinigten Staaten der Entschluß ausgesprochen, keine Einmischung europäischer Mächte in die inneren Angelegenheiten der südamerikanischen Staaten zu dulden (Monroedoktrin). Es wurden ferner die kräftigsten Maßregeln zur Unterdrückung des Sklavenhandels ergriffen und der Handelsverkehr mit allen Völkern auf der Grundlage freier und vollkommener Gegenseitigkeit begünstigt. Nachdem M. am 9. April 1825 sein Amt in die Hände Adams' niedergelegt hatte, führte er den Vorsitz bei der Berathung über das neue Grundgesetz des Staats Virginien und verband sich mit Jefferson und Madison zur Gründung einer neuen Universität in diesem Staate. Er † zu Newyork den 4. Juli 1831.

Monrovia, Hauptstadt der Negerrepublik Liberia, an der Mündung des Mesurado, mit kleinem Hafen, Fort, Lyceum und 12,000 Einw.

Mons (lat.), Berg.

Mons (flämisch Bergen), stark befestigte Hauptstadt der belgischen Provinz Hennegau, auf einer Anhöhe an der Trouille und an der paris-brüsseler Eisenbahn, welche sich von hier aus nach vier verschiedenen Seiten hin verzweigt. M. ist Sitz des Gouverneurs und der Provinzialbehörden, eines Tribunals erster Instanz, eines Friedensgerichts u. eines Handelsgerichts. Unter den merkwürdigen Gebäuden zeichnen sich besonders aus: die Waltrudiskirche (Cathedrale de St. Waudru, 1460—1589 erbaut, ein Meisterwerk mittelalterlicher Baukunst u. eins der schönsten gothischen Gebäude Belgiens), das schöne Rathhaus (1440—43 erbaut, mit einem der höchsten Thürme des Landes), das ehemalige Schloß (jetzt Irrenanstalt), die Elisabethkirche, der Justizpalast, die Börse und das Schauspielhaus. M. hat ferner ein Gymnasium, eine öffentliche Bibliothek, Gemäldegallerie, 5 gelehrte Gesellschaften, ein Landesarmenhaus, 2 Hospitäler, eine chirurgische und eine Hebammenschule, Zucker-, Seifen-, Tabaks-, Spitzen-, Fayence- und Thonpfeifenfabrikation, Woll- u. Baumwollenspinnereien, Brauerei, Eisengießerei, Steinkohlengruben und Handel, besonders mit Getreide und Steinkohlen. Ein Kanal (Kanal von M. oder Canal de Condé) führt von M. in gerader Linie nach Condé in die Schelde. Die Bevölkerung betrug am 31. Dec. 1862 26,943 Einw. M. verdankt seinen Ursprung einem Castrum, welches von Cäsar im Kriege gegen die Gallier hier angelegt ward, und war schon im Mittelalter ein ansehnlicher und reicher Ort. Im niederländischen Befreiungskriege ward es 1572 vom Prinzen Ludwig von Nassau unter Beistand der Franzosen genommen, aber noch in demselben Jahre von den Spaniern unter Friedrich von Toledo und Chiapene Vitellio wieder erobert und sowohl gegen Coligny, als gegen den Prinzen von Oranien behauptet. Nachdem es später (1677) vom französischen Marschall Humières schon einmal blokirt worden, ward es den 8. April 1691 vermittelst Verraths dem französischen General Vauban in die Hände gespielt, aber im Frieden von Ryswick 1697 wieder an Spanien zurückgegeben. Im spanischen Erbfolgekriege gerieth M. abermals in die Hände der Franzosen, ergab sich aber 1709 an die Alliirten und ward im Frieden von Utrecht 1713 der Republik Holland, im Frieden von Baden 1714 aber den österreichischen Niederlanden einverleibt. Nochmals ward die Stadt den 10. Juli 1746 von den Franzosen unter Conti eingenommen, doch kam sie bald darauf wieder an Oesterreich zurück. Endlich fiel sie 1792 nach der Schlacht bei Jemappes in die Gewalt der Republik Frankreich. Damals wurden die Festungswerke geschleift und erst seit 1816 mit den französischen Kontributions- und englischen Subsidiengeldern wieder hergestellt. Im Mai 1852 wurde in M. dem hier geborenen berühmten Tonkünstler Orlando di Lasso (Roland de Lattre) ein Denkmal (von B. Frison) gesetzt.

Monsanto, Stadt und Festung zweiten Ranges in der portugiesischen Provinz Beira, Distrikt Castello Bramo, 2 Meilen von der spanischen Grenze auf einem hohen, mit einem Kastell gekrönten Berge, hat 2 Kirchen und 1350 Einw.

Mons Alaunus, bei den alten Römern Name des Waldaigebirgs.

Monseigneur (franz.), gnädigster Herr, früher ausschließlicher Titel des Dauphins und des ältesten Bruders des französischen Königs; vgl. Monsieur.

Monselice, Stadt in der österreichisch-venetianischen Provinz Padua, am Kanal von Battaglia und am Fuße des Berges Silice malerisch gelegen, ist mit Mauern umgeben, hat einen Konvent der Franciskaner, eine alte Burg, eine Seidenfilande, Hutfabrikation, eine Fabrik zur künstlichen Nachahmung ausländischer Weine, ein Spital, bedeutenden Handel und 8160 Einw.

Mons en Puelle, Dorf im französischen Departement Nord, hat eine Zuckerfabrik und 1800 Einwohner; ist geschichtlich merkwürdig durch den hier am 18. August 1304 erfochtenen Sieg des Königs Philipp IV. von Frankreich über das aufständische Flandern.

Monsieur (franz., im Plural messieurs), mein Herr, im Französischen Höflichkeitsprädikat bei der Anrede jeder männlichen Person; ehemals Titel des ältesten Bruders des Königs von Frankreich, wenn man von ihm sprach; redete man ihn an, so bediente man sich des Ausdrucks Monseigneur (s. d.).

Monsigny (Moncigny), Pierre Alexandre, Begründer der komischen französischen Oper, geboren am 17. Febr. 1729 zu Fauquemberg in Artois, war erst Rechnungsbeamter zu Paris, studirte sodann unter Giannotti die Komposition und ward, nachdem er sich durch Opern bekannt gemacht, welche im Verein mit den Werken Grétry's und Philidors der Geschmacklosigkeit Rameau's den Todesstoß gaben, als Komponist bei der komischen Oper zu Paris angestellt. Durch die Revolution kam er um Amt und Vermögen, dagegen ward an dem Fest der Republik im Sept. 1798 sein Name neben denen Cherubini's, Lesueurs und Martini's öffentlich ausgerufen und M. in das Nationalinstitut aufgenommen; 1800 ward er Mitdirektor des Konservatoriums zu Paris. Er † hier den 15. Jan. 1817.

Monsonia *L.*, Pflanzengattung aus der Familie der Geraniaceen, charakterisirt durch den 5blätterigen Kelch u. die 5blätterige Korolle, 15 in 5 Bündel verwachsene, am Grunde vereinigte Staubfäden, den 5theiligen Griffel und die am Grunde eines schnabelförmigen Fruchtbodens sitzenden 5 gegrannten, einsamigen Behälter, ausdauernde Kräuter im Kapland, von denen M. lobata *Mont.*, mit großen weißen, im Grunde hellrosenrothen, dunkler geaderten Blüthen; M. pilosa *Willd.*, mit weißen, am Grunde blutroth gefleckten Blüthen; M. speciosa *L.*, mit röthlichweißen, innen dunkel gestreiften Blüthen, schöne

Zierpflanzen sind und wie die Pelargonien kultivirt werden.

Mons Sylvius, bei den alten Römern der Monte Rosa.

Monster (engl.), Ungeheuer; in Zusammensetzungen etwas ungeheuer Großes, Unermeßliches bezeichnend, z. B. Monster-meeting, eine sehr volkreiche Versammlung; Monster-petition, eine Bittschrift mit sehr vielen Unterschriften rc.

Monstranz (v. Lat., Allerheiligstes), bei den Katholiken das meist aus Gold oder Silber verfertigte, oft mit Edelsteinen verzierte Gefäß, welches die geweihte Hostie enthält, an besonderen Tagen zur kniefälligen Verehrung auf den Hochaltären ausgestellt und mit welchem der Gemeinde beim Gottesdienst der Segen ertheilt wird. Sie ist für gewöhnlich im Tabernakel des Hochaltars verschlossen und darf nur von einem mit Weihen versehenen Priester berührt werden.

Monstrativ (v. Lat.), was unmittelbar auf sinnlicher Wahrnehmung beruht und daher gewiß ist, im Gegensatz von demonstrativ, was des Beweises bedarf.

Monstre (franz.), s. v. a. Ungeheuer.

Monstrosität (v. Lat.), s. Mißbildungen.

Monstrum (lat.), jeder Gegenstand, der in seiner Gestaltung von Gegenständen derselben Art in auffallender Weise abweicht, wird sowohl im physischem, als moralischem Sinne gebraucht. Das Adjektiv ist monströs. Vergl. Mißbildungen.

Monsuns, s. v. a. Moussons, s. Wind.

Montabaur, Amtsstadt im Herzogthum Nassau, auf dem Westerwalde und am Anebache, hat 2 Vorstädte (Allmannshausen und Sauerthal), 3 Kirchen (darunter die Georgskirche mit altdeutschen Gemälden), ein Schloß (Mons Tabor, jetzt katholisches Schullehrerseminar), eine Realschule, Wollspinnerei, Papiermühle, Gerberei, Salzmagazin, ein Kupferbergwerk, eine Mineralquelle und 2959 Einw.

Montag (althochdeutsch mânintac, mittelhochdeutsch mântac, holländ. mândag, angelsächsisch monandäg, englisch monday, altnord. mânadagr, schwedisch måndag, dänisch mandag), der zweite Tag der Woche, wenn man diese mit dem Sonntag beginnt. Die Benennung ward aus dem lat. dies Lunae gebildet.

Montagna, 1) Benedetto, Maler und Kupferstecher, um 1458 zu Vicenza geboren, † 1530 zu Verona. Seine Gemälde sind sehr selten. Eine Dreieinigkeit und eine Madonna mit Johannes finden sich im Dom zu Vicenza, einige Heilige in S. Corona daselbst. Seine Kupferstiche, von denen man 47 Blätter kennt, sind zwar hart und kalt in der Behandlung, aber mit Sorgfalt gestochen und im Geschmack der venetianischen Schule gehalten. M. bildete sich zum Theil nach Albrecht Dürer. Er fertigte auch Zeichnungen zum Schmuck für Druckwerke und schnitt selbst in Holz; die sehr seltene „Hypnerotomachia Poliphili“ (2. Ausg., Vened. 1545) soll sein Werk sein.

2) Bartolomeo, Maler, Neffe des Vorigen, aus Vicenza gebürtig, soll ein Schüler Andrea Mantegna's gewesen sein und † nach 1507. In seinen Gemälden, deren sich in Italien, namentlich in Vicenza, mehre finden, gibt sich eine schlichte und ernste Auffassungsweise kund, doch ist die Färbung etwas monoton. Im berliner Museum ist von ihm eine Madonna auf dem Throne, von Heiligen umgeben, und eine Krönung derselben mit St. Peter und Paulus.

Montagnac, Stadt im französischen Departement Hérault, links am Hérault, mit Branntweinbrennerei, Oelfabrikation, Weinhandel und 3720 Einw.

Montagnana, Stadt in der österreichisch-venetianischen Provinz Padua, am Frassine, hat einen Palast Pisani mit merkwürdigem Monument, eine große Kirche mit schönen Gemälden, ein Theater, ein weibliches Erziehungsinstitut, Seidenspinnerei, Wollzeuch- und Hutfabrikation, Gerberei, Handel mit Seide, Hanf, Getreide und 7660 Einw.

Montagnards, in der ersten französischen Nationalversammlung s. v. a. Bergpartei (s. d.); republikanische Garde, eine 1850 in Südfrankreich verbreitete revolutionäre Gesellschaft, welche der Regierung, besonders durch Steuerverweigerung, Verlegenheiten bereiten wollte.

Montagne, Landschaft im französischen Departement Côte d'or, mit den Städten Châtillon und Bar-sur-Seine.

Montague, 1) Mary Pierrepont, Lady Wortley, englische Schriftstellerin, auch durch ihre Bemühungen um die Einführung der Schutzpockenimpfung bekannt geworden, Tochter des Herzogs Evelyn Pierrepont von Kingston, geboren 1690 zu Thoresby in der Grafschaft Nottingham, lebte von 1716—19 mit ihrem Gemahl, dem Lord Edward Wortley M., zu Konstantinopel, wo derselbe als britischer Gesandter fungirte, und suchte, nach England zurückgekehrt, der im Orient kennen gelernten Schutzpockenimpfung auch in ihrem Vaterlande Eingang zu verschaffen. Auf ihrem Landsitz Twickenham versammelte sie einen Kreis geistreicher Schriftsteller um sich, unter denen besonders Addison, Steele, Young und Pope zu nennen sind. Letzterer aber zerfiel mit ihr und rächte sich durch beißende Satiren an ihr. Hierdurch, sowie durch die Niederlage der Whigs, deren Grundsätze sie vertrat, und durch Zerwürfnisse mit ihrem Gatten ward sie bewogen, 1739 nach Italien zu gehen, wo sie zu Venedig und Lovère am Iseosee wissenschaftlichen und ländlichen Beschäftigungen lebte. Nach dem Tode ihres Gemahls (1761) nach England zurückgekehrt, † sie hier den 21. August 1762. Ihre „Letters and works“ gab am besten Wharncliffe (2. Aufl., Lond. 1837, 3 Bde.) heraus. Ihre Dichtungen sind unbedeutend; in ihren Briefen dagegen zeigt sich klassische Bildung, Geist und Energie des Ausdrucks.

2) Edward Wortley, als abenteuernder Sonderling bekannt, Sohn der Vorigen, geboren im Oktober 1713 zu Wharncliffe-Lodge bei Sheffield, besuchte seit 1719 einige Jahre die Schule von Westminster, entlief dann aber derselben u. entfloh, dreimal entdeckt, das eine Mal zu Oporto, und zu seinen Aeltern zurückgebracht, denselben immer wieder. Nach seiner Rückkehr von einem mehrjährigen Aufenthalt in Westindien 1747 in London angestellt, entwich er Schulden halber 1751 nach Paris, wo ihn Betrug im Spiel kurze Zeit ins Gefängniß brachte. Im Jahre 1754 ward er ins Parlament gewählt, lebte nun aber mehre Jahre zurückgezogen und benutzte diese Muße zur Abfassung der gehaltreichen „Reflexions on the rise and the fall of the ancient republics“ (Lond. 1759). Nach dem Tode seiner Aeltern durchreiste er Palästina, Aegypten u. Armenien, verfolgte mit dem Alten Testament in

der Hand den Zug der Israeliten durch die Wüste und spielte in der Folge nach seiner eigenen Aussage in Deutschland den Stallknecht, in Holland den Postillon, in der Schweiz den Bauer, in Paris den Stutzer, in Hamburg den eifrigsten Lutheraner, in Rom den Abbé und in der Türkei schließlich für die Dauer den gläubigen Muselmann. Daneben trieb er hier archäologische Studien und schrieb für die Akademie zu London mehre Abhandlungen über ägyptische Alterthümer. Im Jahre 1773 kehrte er aus dem Orient nach Venedig zurück und †, nachdem er sich offen zum Islam bekannt, zu Padua am 2. Mai 1776.

Montaigne, Michel Eyquem de, geistreicher französischer Moralphilosoph, geboren den 28 Febr. 1533 auf dem Schlosse Montaigne in Perigord, besuchte das Collége zu Bordeaux, studirte hierauf die Rechte und erhielt schon 1554 die Stelle eines Raths im Parlament zu Bordeaux. Mit Vorliebe widmete er sich daneben fortgehend dem Studium der alten Philosophie. Als Schriftsteller machte er sich zuerst durch eine treffliche Uebersetzung der natürlichen Theologie des Raimund von Sabunde (Par. 1569) bekannt. Nach dem Tode seines Vaters legte er sein Amt nieder u. zog sich auf sein Stammschloß Montaigne zurück, wo er die hinterlassenen Schriften seines Freundes Laboëtie herausgab (Bordeaux 1571) u. die zwei ersten Bücher seines berühmten Werks „Les essais de messire Michel, seigneur de M.“ (das. 1580, 3 Bde., 1588, 2 Bde.) schrieb. Im Jahre 1580 bereiste er Deutschland, Italien und die Schweiz, bekleidete hierauf einige Jahre das Amt eines Maire von Bordeaux und kehrte sodann auf sein Schloß zurück. In den damaligen Bürgerkriegen suchte er mehrfach zu vermitteln. Er † den 13. September 1592 auf seinem Stammsitze. M. eröffnete in Frankreich die Reihe der selbstständigen und originellen Denker u. brach dem als Schulphilosophen noch berühmteren Descartes die Bahn. Seine „Essais“ gehören zu den bedeutendsten moralphilosophischen Werken der neueren Zeit und bieten nicht bloß dem praktisch thätigen Weltbürger, sondern auch dem strengen Denker reichen Stoff dar. M.'s Styl ist zwar weder korrekt, noch eigentlich edel, aber einfach, lebhaft und kraftvoll. Allem Zwange abhold, verschmähte er, seinen Reflexionen Methode oder ein streng systematisches Gewand zu geben. Der spekulativen Philosophie war er abgeneigt, hing auch sonst keinem bestimmten System an, sondern huldigte einem konsequent durchgeführten Skepticismus. Auch in politischer und religiöser Beziehung war er völlig indifferent, in moralischer neigte er sich zum Epikureismus. Seine „Essais“ wurden zuletzt herausgegeben von Leclerc (Par. 1826—29, 5 Bde.; deutsch von Bode unter dem Titel „M.'s Gedanken u. Meinungen“, Berlin 1793, 6 Bde.). Sein „Journal du voyage de Michel M. en Italie, par la Suisse et l'Allemagne“ ward durch Guerlon (Paris 1774) veröffentlicht. Sein Leben beschrieben Grün (Paris 1855) und Payen (das. 1856).

Montaigu, 1) Stadt im französischen Departement Vendée, an der Maine, mit 1802 Einw., bekannt durch den am 27. Sept. 1793 erfochtenen Sieg der royalistischen Vendéer über die republikanische Armee unter General Beysser. — 2) Marktflecken in der belgischen Provinz Brabant, mit viel besuchter Wallfahrtskirche, bedeutendem Holzhandel u. 2534 Einw.

Montaigut, Stadt im französischen Departement Puy-de-Dôme, auf einem hohen Berge an der Bourbe gelegen, mit Gewehrfabrik, Steinkohlengruben und 1700 Einwohnern.

Montalbano, Flecken in der italienischen Provinz Messina, auf der Insel Sicilien, mit 4260 Einwohnern.

Montalboddo, Hafenort in der italienischen Provinz (ehemaligen päpstlichen Delegation) Ancona, am adriatischen Meer, mit Tabaksbau u. 5420 Einw.

Montalcino, Stadt in der italienischen Provinz (ehemaligen toskanischen Präfektur) Siena, Bischofssitz, hat ein Schloß, eine Kathedrale, Weinbau (vorzüglichen Muskateller) und 7240 Einwohner.

Mont-Alegre, Stadt in der brasilianischen Provinz Para, an der Mündung des Gurapatuba in den Amazonenstrom, mit 4000 Einwohnern. In der Umgegend reiche Kaffee- und Baumwollenplantagen.

Montalembert, 1) Marc René, Marquis de M., ausgezeichneter französischer Ingenieur, geboren den 15. Juli 1714 zu Angoulême, trat in seinem 17. Jahre in die Armee, machte den Feldzug von 1736 mit, zeichnete sich bei den Belagerungen von Kehl u. Philippsburg aus und ward Kompagniechef bei der Garde des Prinzen Conti. Nachdem er darauf auch den Feldzügen in Italien, Flandern rc., sowie 1741 dem gegen Oesterreich beigewohnt, widmete er während der folgenden Friedensjahre seine Muße wissenschaftlichen Studien und schrieb für die Akademie, die ihn 1747 unter ihre Mitglieder aufnahm, zahlreiche Abhandlungen. Auch legte er aus eignen Mitteln Munitionsgießereien in Perigord und Angoumois an, aus denen er die französische Flotte mit eisernen Kanonen und Projektilen versorgte. Während des siebenjährigen Kriegs war er zwei Jahre bei den russischen und schwedischen Truppen als französischer Kommissär thätig, leitete die Befestigung von Anklam und die Verstärkung von Stralsund, ward später nach den Inseln Aix und Oléron gesandt und befestigte die letztere nach dem von ihm erfundenen System (s. Kriegsbaukunst). Auch um das Artilleriewesen erwarb er sich durch Erfindung der niedrigen Rahmenlafleten Verdienste. Trotz seines alten Adels war er ein entschiedener Anhänger der Revolution. Er † zu Paris den 26. März 1800. Sein Handwerk ist „La fortification perpendiculaire“ (Paris 1776 ff.; neue Aufl., das. 1796, 11 Bde.; theilweise deutsch von Hoyer unter dem Titel „Die Vertheidigung stärker als der Angriff“, Berlin 1818 bis 1820). Außerdem sind noch zu erwähnen seine „Correspondance avec les généraux et les ministres depuis 1761 jusqu'à 1791“ und sein „Mémoire historique sur la fonte des canons“ (Paris 1785), sowie mehre kleine Komödien, Erzählungen und Chansons.

2) Marc René Anne Marie, Graf von M., französischer Oberst und Diplomat, Sohn des Vorigen, geboren den 10. Juli 1777 zu Paris, trat als Emigrant zu Condé's Corps, sodann in britische Dienste, in denen er 1810 zum Major avancirte. Nach der Restauration ging er als Oberst zur französischen Armee über, ward 1817 bevollmächtigter Minister zu Stuttgart, 1819 Pair und später Gesandter in Stockholm. Nach der Julirevolution nahm er seinen Abschied und † zu Paris den 20. Juni 1831.

3) **Charles Forbes, Graf von M.**, französischer Vorkämpfer der streng-katholischen Interessen, Sohn des Vorigen, geboren den 10. März 1810 zu Paris, ward Mitarbeiter an Lamennais' Journal „L'avenir". Seit 1830 Pair von Frankreich, machte er sich zuerst 1843 bei Gelegenheit der Diskussion über die Unterrichtsfrage durch eine im ultramontanen Sinn verfaßte Broschüre über die Pflicht der Katholiken in Frankreich bemerklich, 1844 durch sein katholisches Manifest in der Pairskammer bei Besprechung der Frage über Kirche und Staat, 1845 durch seine Vertheidigung des Jesuitenordens und 1847 durch die Gründung eines Komité's für religiöse Freiheit, welches in Frankreich zur Unterstützung der Mitglieder des in der Schweiz bezwungenen Sonderbundes Subskriptionen eröffnete. Am 28. Febr. 1848 erklärte er sich in einem republikanischen Manifest für die Republik Frankreich. Im Departement Doubs in die konstituirende und dann in die legislative Versammlung gewählt, nahm er auf der äußersten Rechten Platz und ward im Juni 1851 Mitglied des Revisionskomité's. Nach dem Staatsstreich vom 2. December 1851 verlangte er mit mehren Mitgliedern der Majorität die Freilassung der Nationalvertreter und nahm im Januar 1852 seine Entlassung aus der konsultativen Kommission, ward noch in demselben Jahre Mitglied der Akademie u. im März in den legislativen Körper gewählt, wo er zur parlamentarischen Opposition gehörte. Er schrieb: „Histoire de Ste. Elisabeth de Hongrie" (Paris 1836; deutsch von Städter, Aachen 1845); „Du vandalisme et du catholicisme dans les arts" (Paris 1840); „Des interêts catholiques en notre siècle" (das. 1852) und „Les moines d'occident" (das. 1860—62, 2 Bde.).

Montalivet, 1) **Jean Pierre Bachasson, Graf**, französischer Minister unter Napoleon I., geboren den 5. Juli 1766 zu Saargemünd, trat früh in den Militärdienst, studirte dann noch die Rechte u. erhielt bereits mit 19 Jahren die Stelle eines Raths am Parlament zu Grenoble. In Folge der Zerwürfnisse der Parlamente mit dem Minister Loménie de Brienne zog er sich nach Valence ins Privatleben zurück. Während der Revolution trat er, um den Verfolgungen der Schreckensmänner zu entgehen, 1794 in die Armee von Italien. Nach Einsetzung des Direktoriums ward er Präfekt zu Valence, sodann im Departement La Manche, in welcher Stellung er viel zur Beilegung des Bürgerkriegs beitrug, endlich im Departement Seine-Oise; 1804 ward er Staatsrath, 1806 Direktor der Brücken und Chausséen und am 1. Oktober 1809 Minister des Innern. In dieser Eigenschaft führte er die großartigen Bauten Napoleons I. aus, u. A. die Siegesbrücke von Jena u. mehre Triumphbögen u. Quais. Nach Napoleons erster Abdankung suchte er im Interesse der gestürzten Dynastie zu wirken. Während der hundert Tage führte er die Verwaltung der Krongüter; nach der zweiten Restauration zog er sich aus dem öffentlichen Leben auf sein Landgut Duberri zurück, trat 1819 in die Pairskammer und zeigte sich in derselben als entschiedener Vertheidiger der konstitutionellen Freiheit. Er † den 23. Januar 1823 auf dem Landgute Lagrange im Departement Nièvre.

2) **Marthe Camille Bachasson, Graf M.**, französischer Staatsmann, Sohn des Vorigen, geboren zu Valence den 25. April 1801, besuchte die polytechnische Schule und ward dann bei der Verwaltung der Brücken u. Chausséen angestellt. Im Jahre 1826 gelangte er durch Hintansetzung seines älteren Bruders zur Pairswürde. Als Mitglied und Sekretär der Gesellschaft Aide-toi, le ciel t'aidera mit den Häuptern der liberalen Partei bekannt geworden, erhielt er nach der Julirevolution im Ministerium Laffitte das Portefeuille des Innern. Seine Entschlossenheit rettete die angeklagten Minister Karls X. vor den Wuthausbrüchen des Volks. Als nach Laffitte's Rücktritt im März 1831 Périer mit der Präsidentschaft auch das Ministerium des Innern übernahm, erhielt M. das Ministerium des Unterrichts, trat aber nach Périers Tode (1832) wieder in seine frühere Stellung zurück. Die blutige Unterdrückung der bei Lamarque's Leichenbegängniß ausgebrochenen Unruhen (Juni 1832) und die Erklärung der Hauptstadt in Belagerungsstand machten seine Verwaltung so verhaßt, daß er am 11. Oktober 1832 zurücktrat. Der König ernannte ihn darauf zum Intendanten der Civilliste. Vom Februar bis September 1836 verwaltete er abermals und vom März 1837—39 zum dritten Male das Ministerium des Innern, hierauf wiederum die Intendanz der Civilliste, in welcher Eigenschaft er das Museum zu Versailles gründete. Nach der Februarrevolution 1848 trat er ins Privatleben zurück; 1850 war er einer der Vollstrecker von Ludwig Philipps Testament.

Montalto, Stadt in der italienischen Provinz Ascoli Piceno (ehemaligen päpstlichen Delegation Ascoli), am Aso, ist Bischofssitz, hat eine Kathedrale und 4000 Einwohner.

Montalvan (**Montalban**), Stadt in der spanischen Provinz Teruel (Aragonien), am San Martin, hat ein festes Schloß, Großkomthurei des Ordens von Santiago und 3700 Einw. Dabei Steinkohlengruben, Alaunwerke, Marmorbrüche und Mineralquellen.

Montalvan, **Don Juan Perez de**, spanischer dramatischer Dichter, geboren 1602 zu Madrid, trat 1625 in den geistlichen Stand, ward apostolischer Notar der Inquisition und † den 25. Juni 1638. Seine „Comedias", in denen er seines Lehrers Lope de Vega Manier nachahmte, ohne freilich dessen Genialität zu besitzen, die sich aber durch ächt nationale Haltung auszeichnen, erschienen 1638 zu Alcala in 2 Bdn., in 2. Aufl. Valencia 1652. Außerdem hat man von ihm „Sucesos y prodigios de amor en ocho novelas ejemplares" (Madrid 1604), „Para todos" (Huesca 1633), eine Sammlung Novellen u. moralischer Betrachtungen, und „Orfeo" (Madrid 1624), ein Gedicht in Oktaven, das öfters dem Lope de Vega zugeschrieben ward.

Montana, Landschaft im nördlichen Spanien (Altkastilien), zwischen dem biscayischen Meerbusen, dem kantabrischen Gebirge und dem Ebro, bildet Theile der Provinzen Burgos, Santander u. Alava.

Montanaro, Stadt in der italienischen Provinz Turin, an der Eisenbahn von Ivrea nach Chivasso (Anschluß an Turin-Mailand), hat ein Waisenhaus für Mädchen und 4360 Einwohner.

Montanisten, Anhänger einer ketzerischen Sekte von fanatisch-ascetischer Richtung des 2. Jahrhunderts. Ihr Stifter, **Montanus**, aus Ardaba in Mysien, war wahrscheinlich erst Priester der Cybele, ward dann Christ u. trat, von zwei schwärmerischen Frauen, Maximilla und Priscilla, unterstützt, mit der Behauptung auf, die vollkommene Offenbarung des von Christus verheißenen Paraklet zu sein. Er lehrte Fortdauer der Gnadengaben, besonders der neuen christlichen Prophetie, und verwarf dem entsprechend jede hierarchische Gliederung und die meisten Institute der sichtbaren Kirche, namentlich die Kindertaufe und die kirchliche Absolution. Da die Wiederkunft Christi und die Vollendung der Kirche im tausendjährigen Reiche, dessen Mittelpunkt Pepuza sein werde, nahe bevorstehen sollte, drang er auf Reformation des christlichen Lebens durch möglichste Lösung aller Banden, die noch durchs Fleisch an die gegenwärtige Welt fesseln; hieraus entsprangen seine Forderung der strengsten Ascese und einer harten Bußdisciplin, die Verwerfung der zweiten Ehe, wiewohl auch die erste eigentlich nicht zu empfehlen sei, und feindselige Stimmung gegen alle Kunst, weltliche Bildung und jede heitere Lebensform. Im Allgemeinen theilte der **Montanismus** zwar mit der damaligen katholischen Kirche dieselbe dogmatische u. ethische Richtung, allein er suchte sein Ideal im alttestamentlichen Prophetenthum, während es der Katholicismus im alttestamentlichen Priesterthum fand. Die M., auch **Phrygier**, **Kataphrygier**, **Pepuzianer** genannt, während sie sich selbst als Pneumatiker, d. i. Geisterfüllte, bezeichneten, fanden in Kleinasien viele Anhänger und erhielten sich hier, wiewohl schon um 170 von den Bischöfen aus der Kirche exkommunicirt, bis ins 6. Jahrhundert mit eigener Kirchenverfassung. Auch in den abendländischen Gemeinden Lugdunum und Vienne hatte ein gemäßigter Montanismus Eingang gefunden. Der namhafteste Vertreter der M. war Tertullian in Afrika, der bei seiner gebildeten Weltanschauung den montanistischen Lehren ohne die phrygische, schwärmerische Beimischung großen Einfluß verschaffte. Vergl. **Kirchner**, De Montanistis, Jena 1832; **Schwegler**, Der Montanismus &c., Tübingen 1841; **Baur**, Das Wesen des Montanismus, „Theologische Jahrbücher“ 1851, Heft 4.

Montanvert, Berg im französischen Departement Hochsavoyen, in den penninischen Alpen, zwischen dem Chamounythal u. dem sogenannten **Eismeer** (Mer de glace), 5724 Fuß über dem Meere.

Montargis, Hauptstadt eines Arrondissements im französischen Departement Loiret, an der Vereinigung der Kanäle von Orléans, Briare u. Loing, hat eine sehenswerthe Kirche (Magdalenenkirche), ein altes Schloß, Civil- und Handelstribunal, ein Kommunalcollège, Tuchfabrikation, Gerberei, bedeutenden Handel mit Korn, Holz, Honig, Wachs, Safran, Wolle, Eisen, Rindvieh u. den eignen Erzeugnissen und Weinbau (Gatinaisweine). Früher Hauptstadt des Gatinais und befestigt, wurde die Stadt im 14., 15. u. 16. Jahrhundert von den Engländern u. Franzosen zu wiederholten Malen erobert und 1528 fast völlig in Asche gelegt.

Montauban, Hauptstadt eines Arrondissements des französischen Departements Tarn-Garonne, am schiffbaren Tarn u. an der Eisenbahn von Bordeaux nach Toulouse, welche von hier nach Capdenac zum Anschluß an die Bahn Perigueur-Rodez abzweigt, ist Sitz eines Bischofs, hat eine sehr alte Kathedrale, ein katholisches Seminar, eine evangelisch-theologische Fakultät, ein Collège, eine Zeichenschule, Sternwarte, öffentliche Bibliothek, einen Gerichtshof, ein Handelsgericht, eine Gewerbekammer, Fabriken für gewöhnliche Wollenzeuche, wollene Decken, Mitteltuche (Cadis-Montauban), Baumwollenwaaren, Papier, Fayence und Zucker, ferner Färbereien, Bierbrauereien, Branntweinbrennereien, Handel mit den eigenen Landesprodukten und zählt 27,054 Einw. Unter dem in der Umgegend gebauten **montaubanschen Weinen**, weißen und rothen, sind die von Dusau, Beausoleil und St. Martial die beliebtesten; sie sind stark und süß und werden besonders über Bordeaux verfahren. M. ist eine sehr alte Stadt, stammt bereits aus dem 12. Jahrhundert, wurde 1317 Bischofssitz, nahm aber 1572 die Reformation an, gab sich eine Art von republikanischer Verfassung und legte starke Befestigungen an. Die Stadt wurde bald eines der festesten Bollwerke der Calvinisten u. hatte in den Religionskriegen daher vielfach zu leiden, namentlich 1580, besonders aber seit 1621, wo sie von Ludwig XIII. lange vergebens belagert wurde, dem sie sich erst 1629 ergab; Richelieu ließ darauf die Werke schleifen. Auch unter Ludwig XIV. hatten die Einwohner nach der Aufhebung des Edikts von Nantes (1685) um der Religion willen wieder viele Drangsale zu dulden.

Montauban, **Charles Guillaume Marie Apollinaire Antoine Cousin-**, **Graf von Palikao**, französischer General, geboren den 24. Juni 1796 in Verneuil, stand längere Zeit in nordamerikanischen Kriegsdiensten, in denen er zum Obersten stieg, war 1840 beim Landungsversuch Ludwig Napoleons zu Boulogne betheiligt u. ward deshalb vom Pairshof zu 5 Jahren Gefängniß verurtheilt. Wieder frei, trat er in die afrikanische Armee, trug 1847 wesentlich zur Gefangennahme Abd-el-Kaders bei und zeichnete sich 1852 bei der Verfolgung des Stammes Beni-Senassen aus. Im Jahre 1855 zum Divisionsgeneral aufgerückt, ward er 1857 nach Frankreich zurückgerufen und zum Kommandanten der 21. Division zu Limoges ernannt. Als Oberbefehlshaber des französischen Expeditionscorps in China operirte er 1860 mit dem besten Erfolg und ward deshalb zum Grafen von Palikao erhoben.

Montausier, **Charles de Sainte-Maure**, **Herzog von**, französischer Diplomat, geboren den 6. Oktober 1610, trat früh in die Armee, zeichnete sich in Italien u. in Lothringen aus u. ward im Alter von 28 Jahren Maréchal de camp, bald darauf Gouverneur im Elsaß und, nachdem er von der reformirten zur katholischen Kirche übergetreten war, Generallieutenant und Gouverneur von Saintonge u. Angoumois. Im Krieg der Fronde blieb er dem Hofe treu. Im Jahre 1662 erhielt er das Kommando in der Normandie, 1665 ward er zum Herzog u. Pair, 1668 zum Gouverneur des Dauphins und 1680 zu dessen erstem Kammerherrn ernannt. Unter seiner Aufsicht besorgten Bossuet und Huet die Ausgaben in usum Delphini. Er † den 17. Mai 1690. Seine Gemahlin, **Julie Lucine d'Angennes**, geborene **Marquise von Rambouillet**, geboren 1607, machten ihr Haus zum Sammelpunkt der berühmtesten Gelehrten, Künstler und Schöngeister, ward 1661 von Ludwig XIV. zur Erzieherin der königlichen Prinzen und Prinzessinnen ernannt und † den 15. November 1671. Ihr Album „Guirlande de Julie“, in welches die berühmtesten Maler ihrer Zeit Blumen eingezeichnet und die namhaftesten Dichter eigenhändig Gedichte eingeschrieben hatten, erschien 1784 und 1818 im Druck.

Montbard, Stadt im französischen Departement Côte d'or, an der Brenne, dem Kanal von Burgund und der Eisenbahn von Paris nach Dijon gelegen, hat ein altes Schloß, Fabrikation von Oel, Papier und Töpferwaaren, Wollspinnerei, Eisenhammer, Dampflohgerberei, wichtige Merinoschäferei, Handel u. 2742 Einw. M. ist der Geburtsort Daubentons und der Geburts- und Sterbeort Buffons, welchem letzteren hier auch ein Denkmal errichtet wurde.

Montbarri, Badeort im schweizer Kanton Freiburg, Bezirk Greierz, am Fuße des Moléson, unweit des Dorfes le Paquier. Die dortige Schwefelquelle wird besonders gegen Hautkrankheiten, Nervenschwäche ꝛc. empfohlen.

Montbazon, Stadt im französischen Departement Indre-Loire, am Indre und an der Eisenbahn von Tours nach Bordeaux, hat bedeutenden Getreide- und Weinbau und 1074 Einw.

Montbéliard (deutsch Mömpelgard), Hauptstadt eines Arrondissements im französischen Departement Doubs, an der Alaine am Rhone-Rheinkanal u. an der Eisenbahn von Mülhausen nach Dijon u. Lyon gelegen, hat ein altes Felsenschloß, das jetzt als Gefängniß u. Gensdarmeriekaserne dient, einen Gerichtshof, ein Kommunalcollège, Naturalienkabinet, eine öffentliche Bibliothek, lebhafte Industrie, besonders in Uhren, Instrumenten und Ackerbaugeräthschaften, große Baumwollenspinnereien, Wollmanufakturen, zahlreiche Gerbereien, Handel mit Holz, Bretern, Käse ꝛc. und zählt 6353 großentheils protestantische Einw. M. ist der Geburtsort Cuviers, dem auch hier ein Denkmal errichtet wurde. Es war früher der Hauptort einer seit 1395 dem Hause Würtemberg unter französischer Oberhoheit gehörigen Grafschaft in Burgund, die 1793 von den Franzosen in Beschlag genommen und im Frieden zu Luneville 1801 förmlich an Frankreich abgetreten wurde.

Montblanc, der höchste Berg der Alpen u. Europa's überhaupt, ist zugleich der höchste Gipfel einer der ausgezeichnetsten, in sich abgeschlossensten Centralmassen der Alpen, die, mit einer Länge von $5^1/_2$ Meilen aus Südwesten nach Nordosten verlaufend, das Faucigny, eine Provinz des jetzt französischen Savoyens, von dem italienischen Piemont scheidet und mit ihrem Nordosten bis in das schweizerische Wallis hereinreicht. Eingefaßt im Norden und Süden durch tiefe Längenthäler, dort durch das Chamounythal, hier durch das walliser und piemontesische Ferretthal und die Allée blanche, aus welch letzteren beiden sich beim 3970 Fuß hoch gelegenen Entrèves die Dora baltea sammelt, reicht das Gebirge nach Nordosten bis zur Rhone, nach Südwesten bis zum 7520 F. hohen Col de Bonhomme. In 4—5 Tagen umgeht man den Gebirgsstock den Längenthälern folgend und die sie trennenden Gebirgsjoche übersteigend; über den Col de Balme (7900 F.) steigt man aus dem Rhone- ins Chamounythal, über den Col de la Seigne (7530 Fuß) vom Bonhomme her nach der Allée blanche, über den Col de Ferret (7250 F.) ins Rhonegebiet. Innerhalb dieser Grenzen erhebt sich die Montblancmasse als ein mächtiges Protogynmassiv, umringt von Gneis und Glimmerschiefer und sedimentären Bildungen, die am Fuß hervortreten. Schon Saussure beobachtete die ausgezeichnet fächerförmige Stellung der Bänke. Der steilen Aufrichtung der festeren Gneistafeln und geschichteten Protogyne verdanken die zum Theil unersteiglichen, steilen Felspyramiden (Felsnadeln, aiguilles) des Montblancgebirgs ihre Gestaltung, während der Gipfel des M. selbst sich in der Form eines Kameelrückens von nur 150 Fuß Länge und 50 F. Breite mit steilem Absturz nach Norden über alle diese Nadeln erhebt. Er ist nach den neuesten Messungen 14,776 F. hoch (15,744 engl. F. nach Forbes, 14,700 par. F. nach Saussure), während die kühnen Aiguilles zwischen 9000 u. 13,000 Fuß, die Aiguille du Midi im Norden 12,031 F., die Aiguille verte im Nordosten 12,603, die Aiguille du Géant im Osten des Montblancgipfels 12,022 F. Höhe haben. Während der Westen der Gebirgsmasse bis zum Montblancgipfel ein geschlossenes Ganzes bildet, ordnen sich nordöstlich von ihm die Nadeln in 2 Hauptreihen, welche ein Thalsystem umschließen, aus dem sich die Mer de glace von Chamouny sammelt, über die der Montanvert (5911 F.) den besten Blick gewährt. Kein Thal, nicht einmal ein tiefeinschneidender Paß theilt den südlichen höchsten Gebirgskamm, über den nur der schwierig gangbare Paß des 10,458 F. hohen Col du Géant nach Süden führt. Wo nicht die Steilheit der Felsen das Festhaften des Schnee's verhindert, umhüllt alle Höhen der ewige Schnee oder Firn, aus dessen Feldern sich die Gletscher durch alle Schluchten nach der Tiefe drängen. Von den etwa 20 kleineren und größeren Gletschern der Nordseite sind als die bedeutendsten hervorzuheben der Glacier du Miage, de Bionassais, des Bossons, die Mer de glace, der Glacier d'Argentien; unter den noch zahlreicheren, aber kürzeren der Südseite der Ruiz de Miage u. der Glacier de Brenva. Vom Gipfel des Brevent, der im Norden gerade gegenüberliegt, und von den beiden Felsthürmen über der Schlucht, durch welche die Dora südlich das Montblancgebiet verläßt, dem M. Chetif und M. de la Saxe im Süden, erblickt man den mächtigen Gebirgsstock vom Fuß bis zu den höchsten Höhen in allen seinen Einzelnheiten. Es sind dies Landschaftsbilder, die an Großartigkeit die der Andes weit hinter sich lassen und nur in dem einzigen Himalaya siegreiche Rivalen auf der ganzen Erde finden. Die Höhen über dem Col de Balme und dem Col de la Seigne sind ebenfalls ausgezeichnete Aussichtspunkte auf die Montblanckette. Der M. ward zum ersten Mal bestiegen von Jacques Balmat aus Chamouny im Juni 1786, dann vom Doktor Paccard aus Genf am 8. August 1786 u. von Saussure am 1. August 1787. Seitdem ist derselbe noch mehrfach bestiegen worden, in neuester Zeit sogar von unternehmenden Frauen. Man berechnet die Kosten einer Besteigung, zu der man 2—3 Tage braucht, auf 600—700 Franken. Wie umfassend das Montblancpanorama unter freilich nur sehr selten zusammentreffenden günstigen Umständen sein muß, geht aus den Fernen her, aus welchen man den M. sieht; man erblickt ihn von Lyon, von den Bergen bei Dijon, von der Höhe von Langres, von den Höhen des Weißensteins im Jura, wie von denen der ligurischen Alpen u. vom Dom zu Mailand aus. Zur Zeit der französischen Herrschaft wurde nach dem M. ein Departement benannt, welches den größten Theil von Savoyen, 109 □M mit 301,000 Einw., umfaßte mit der Hauptstadt Chambéry.

Montblanch, Stadt in der spanischen Provinz Tarragona (Katalonien), in einer fruchtbaren Ebene, am Francoli und an der Eisenbahn von Reus nach Lerida, hat Wollen- u. Baumwollenweberei, Wein- und Olivenbau und 4656 Einwohner.

Montbrison, Hauptstadt des französischen Departements Loire, am Vizezy u. an der Eisenbahn von Clermont-Ferrand nach St. Etienne, ist Sitz der Departementsbehörden, hat eine alte Kathedrale, Bibliothek von 16,000 Bänden, ein Lehrerseminar, eine landwirthschaftliche Schule, landwirthschaftliche Gesellschaft, ein Theater, eine Getreidehalle, Fabrikation von Leinwand, Battist, Kattun, Papier und Tapeten, berühmte Mineralquellen, welche gegen Unterleibsleiden und Frauenkrankheiten empfohlen werden, u. 7200 Einw.

Montcalvo, s. Montecalvo.

Mont Cenis, Berg auf der Grenze des französischen Departements Savoyen und der italienischen Provinz Turin, Eckpfeiler zwischen den cottischen u. grajischen Alpen, dessen höchste Spitze, la Roche Michel, sich 11,058 Fuß hoch erhebt, und zwar auf einem Plateau, dessen höchster Punkt 6350 Fuß über dem Meere liegt u. von überragenden Schneehäuptern, z. B. im Westen von dem kleinen Cenis, im Osten vom La Roche Melon, umgeben ist. Das Plateau ist an 4 Lieues groß und umfaßt Weiden nebst einem im Süden in Kaskaden durch die Cenise in die Dorea Ripera abfließenden See. Die Nordseite des M. fällt steiler ab als die Südseite. Der Berg ist reich an Gemsen und Murmelthieren. Seine Masse ist vorwiegend Gyps, auch viel Eisen enthält er. Ueber das Plateau führt zwischen dem großen u. kleinen M. C. hindurch eine Straße von Lans le Bourg in Savoyen nach Susa in Piemont. Napoleon I. ließ den Bergpaß 1802—11 bis zu 20 Fuß erweitern, mit Bäumen bepflanzen u. an der Ostseite des Bergsee's u. des Dorfes Tavernettes das schon von Ludwig dem Frommen gestiftete, aber eingegangene Hospiz wieder herstellen. Die Straße hat zum Schutz vor Lawinen 26 Zufluchtshäuser (refuges), die zugleich Wirthshäuser sind. Es befindet sich daselbst auch ein Militärposten mit Kaserne. Der höchste Punkt des Passes ist 6195 F. Seit 1859 wird durch den M. ein Tunnel für die Victor-Emanuel-Eisenbahn gebohrt. Hannibal überschritt den M. wahrscheinlich, Pompejus gewiß, dann Pipin u. Karl der Große.

Montdauphin, befestigte Stadt im französischen Departement Oberalpen, auf einem hohen Felsen am Einfluß des Guil in die Durance gelegen, beherrscht vier Thäler, deckt eine Straße aus Italien nach Frankreich u. hat 669 Einw. Am Fuße der Felsen sind warme Quellen.

Mont de Marsan, Hauptstadt des französischen Departements Landes, am Zusammenfluß des Midou u. Douze (die nun den Namen Midouze annehmen) und an der von der Linie Bordeaux-Bayonne abzweigenden Eisenbahn nach Toulouse gelegen, ist Sitz der Departementsbehörden, hat ein Kommunalcollége, eine Bibliothek, ein Theater, einen Gerichtshof, bedeutende Seidenspinnerei, Wollweberei, ansehnlichen Handel, besonders mit Wein, Harz, Hülsenfrüchten, Oelsamen und Schweinen, ist Entrepot des Wein- u. Branntweinhandels von Bayonne und zählt 5574 Einwohner. Hier wurde am 9. August 870 der Theilungsvertrag zwischen Kaiser Lothar u. Ludwig dem Deutschen abgeschlossen.

Montdidier, Stadt, s. Mondidier.

Mont-Dore (Mont d'or), ein Gebirgszug vulkanischer Natur, zur Hauptkette der auvergner Gebirge gehörig, im französischen Departement Puy-de-Dôme, zwischen den Flüssen Allier, Dordogne u. Sioule, enthält im Puy-de-Sancy (bisweilen auch vorzugsweise M. genannt, 5815 Fuß) den höchsten Gipfel im Innern von Frankreich. Innerhalb dieses Gebirges in einem pittoresken Thale an der Dordogne, im Arrondissement Issoire, liegt das Dorf Mont-Dore-les-Bains mit Alaungruben, Käsebereitung und 1061 Einwohnern, namentlich berühmt durch seine Mineralquellen, welche besonders gegen Lungenkrankheiten, katarrhalische Affektionen, Rheumatismen, chronische Unterleibsbeschwerden, Lähmungen &c. empfohlen werden. Die wichtigste dieser zum Trinken wie zum Baden benutzten Quellen ist Bains de César.

Montdoubleau, Stadt im französischen Departement Loir-Cher, hat bedeutende Fabrikation von Serge, Kattun u. Leinwand, Gerberei, Kalk- und Ziegelbrennerei, Handel mit Eisen, Kleesaat und trockenen Gemüsen u. zählt 1621 Einwohner.

Monte (ital.), Berg. M. di pieta (mons pietatis), Berg der Frömmigkeit, Bezeichnung milder Stiftungen, besonders der Leihhäuser, in Italien.

Monte-Allegre, Stadt in der spanischen Provinz Murcia, südöstlich von Chinchilla, hat Tuch- und Wollenzeuchweberei, Branntweinbrennerei und 3000 Einwohner.

Monte-Aperto, Dorf auf der Insel Sicilien, Provinz Girgenti, hat 1000 Einwohner u. war bis auf die neueste Zeit ein Asyl für Verbrecher.

Monte-Baldo, Berg in der venetianischen Provinz Verona, zwischen dem Gardasee und der Etsch, bekannt durch seine seltenen Pflanzen und Versteinerungen, historisch berühmt durch den am 12. und 13. Jan. 1797 hier erfochtenen Sieg der Oesterreicher unter Alvinczy über die Franzosen unter Joubert.

Montebello, 1) Schloß mit Park in der italienischen Provinz Mailand, ungefähr 5 Meilen nördlich von Mailand, zur Gemeinde Limbiade gehörig. Hier hatte 1797 der General Bonaparte, nach Abschließung des Vertrags von Leoben, 3 Monate lang sein Hauptquartier, und dort wurden die Verhandlungen gepflogen, welche dem Frieden von Compo-Formio vorausgingen. — 2) Dorf in der italienischen Provinz Pavia, Distrikt Casteggio, am Coppa und unweit der Eisenbahn von Alessandria nach Piacenza, hat 1475 Einwohner und ist in der Kriegsgeschichte durch zwei Treffen berühmt, in denen sich beide Male Franzosen und Oesterreicher gegenüberstanden. In dem ersten, am 9. Juni 1800, ward eine von Ott befehligte Abtheilung der österreichischen Armee vom französischen General Lannes geschlagen, der wegen dieses Siegs den Titel eines Herzogs von M. erhielt. Das zweite, am 20. Mai 1859, war der erste bedeutende Zusammenstoß, der in dem Feldzuge dieses Jahres zwischen der franco-sardischen (unter General Forey) und der österreichischen Armee (unter Stadion) Statt fand und zu Gunsten der Franzosen ausfiel. — 3) Marktflecken in der venetianischen Provinz Vicenza, am Aldego und an der Eisenbahn von Verona nach Venedig, hat ein stattliches Schloß und 3719 Einwohner; war früher befestigt. Hier am 12. November 1796 Sieg der Oesterreicher unter Alvinczy über die Franzosen unter Masséna und Augereau und am 2. Nov. 1805 Treffen zwischen den auf dem Rückzug befindlichen Oesterreichern unter Erzherzog Karl und den Franzosen unter Masséna, wobei erstere 500 Gefangene verloren.

Montecalvo (Montcalvo), 1) Dorf in der italienischen Provinz Pavia, auf dem Gipfel eines Berges gelegen, hat ein Minoritenkloster mit Gemälden des hier geborenen Malers Caccia u. ungefähr 1000 Einw. Eine Meile davon der Berg Crea mit Marienkirche, worin schöne Fresken. — 2) Marktflecken in der italienischen Provinz Salerno (ehemaligen neapolitanischen Provinz Principato ulteriore), mit 6400 Einwohnern.

Monte-Cassino, berühmte Stiftsabtei des Benediktinerordens auf dem gleichnamigen Berge in der italienischen Provinz Caserta (ehemaligen neapolitanischen Provinz Terra di Lavoro), ehemals von 300—400 Mönchen, jetzt nur noch von ungefähr 20 Mönchen und ebenso viel Novizen bewohnt. Sie wurde als das Mutterkloster des Benediktinerordens 529 von Benedikt von Nursia gegründet, 589 von den Longobarden zerstört und 720 von Gregor II. neu erbaut, wobei das Salvatorkloster am Fuße des Berges hinzukam, das auf der Stelle des alten Casinum lag, u. um welches später das Städtchen San Germano entstand. Das Kloster erhielt bald großes Ansehen u. reiche Einkünfte u. dehnte seinen Einfluß auf alle Benediktinerklöster Italiens aus. Auch nach der Zerstörung beider Klöster durch die Saracenen 884 erstand es wieder (904). Bei der Ansiedelung der Normannen wurde M. 1030 aufs Neue der Schauplatz der Zerstörung und wilder Kämpfe; 1040 fielen in der Kirche zu M. viele Normannen der Rache zum Opfer. Der Neubau der prachtvollen Kirche geschah 1066 durch den Abt Didier, den späteren Papst Victor III. Die fortdauernden Unordnungen in dem Mönchsleben veranlaßten den Papst Cölestin, das Kloster 1294 mit Cölestinermönchen zu besetzen, doch kam es unter Bonifacius VIII. wieder in den Besitz der Benediktiner und wurde von Johann XXII. unter die Aufsicht des Patriarchen von Alexandria gestellt. Nach dessen Tode (1313) wurde die Abtei zu einem Bisthum erhoben. Im Jahre 1367 ernannte sich der Papst Urban V. selbst zum Abt. Im Jahre 1454 wurde M. zu einer Kommende für den Kardinal Scarampi gemacht. Julius II. vereinigte es 1504 mit der Kongregation der heiligen Justina von Padua, so daß nicht weniger als 95 Abteien u. 100 Klöster zu einem Güterkomplex zusammengeworfen wurden. Der Titel des Abtes war seitdem: Haupt aller Aebte des Benediktinerordens, Kanzler und Großkaplan des römischen Reichs, Fürst des Friedens. Noch hat das Kloster eine reiche Bibliothek und eine werthvolle Gemäldesammlung mit dem Originalbildniß Dante's. Gegenwärtig wohnt der Abt in dem nahen Städtchen San Germano. Vergl. Tosti, Storia della Badia di M. C., Neapel 1841 ff., 3 Bde.; Derselbe, Archivo Casinese, daf. 1847.

Montecatini (M. di Rievole), Flecken in der italienischen Provinz (vormaligen toskanischen Präfektur) Lucca, hat ein Kastell und 6480 Einwohner. Besonders berühmt ist es durch seine Chloride und Jodide enthaltenden Mineralquellen, welche namentlich gegen Hautkrankheiten, Skropheln, Rheumatismus, Gicht, Lähmungen, Frauenkrankheiten ꝛc. mit Erfolg angewandt werden. M. gehört zu den bedeutendsten Badeetablissements von ganz Italien.

Monte-Cerboli, Berg in der italienischen Provinz (ehemaligen toskanischen Präfektur) Pisa; an seinem Fuße Boraxlagunen und warme Quellen, die zu Bädern benutzt werden.

Monte Christo, 1) (Monte Cristo), kleine zur italienischen Provinz (ehemaligen toskanischen Präfektur) Grosseto gehörige Insel, südlich von Elba, durchgehend felsig, mit Wachtthürmen besetzt und nur von Fischern bewohnt. Im Mittelalter war hier ein Kamaldulenserkloster, dessen Kirche noch steht. In neuerer Zeit ist die Insel namentlich bekannt geworden durch den Roman „Le comte de M. C." von Alexander Dumas. — 2) Stadt auf der Nordküste der westindischen Insel Hayti, am Abhange des gleichnamigen Gebirges u. an einer von der Mündung des Grand-Yacque in den atlantischen Ocean gebildeten Bucht, hat lebhaften Handel und 3000 Einwohner.

Montecorvino, Stadt in der italienischen Provinz Salerno (ehemaligen neapolitanischen Provinz Principato citeriore), hat eine Mädchenversorgungsanstalt, Schwefelquelle und 4750 Einwohner.

Montecuculi (Montecucoli), Raimund, Graf von, deutscher Reichsfürst und Herzog von Melfi, ausgezeichneter österreichischer Feldherr, geboren im Modenesischen 1608, begann seine militärische Laufbahn bei der österreichischen Artillerie unter seinem Oheim, dem Generalfeldzeugmeister Ernst, Grafen von M., machte 1627 einen Feldzug in Deutschland mit und avancirte 1629 zum Hauptmann. Als Rittmeister zum Dragonerregiment seines Oheims versetzt, focht er 1631 bei Breitenfeld, wo er schwer verwundet in Gefangenschaft gerieth. Wieder frei, trat er im folgenden Jahre als Major von Neuem in kaiserliche Dienste, focht mit Auszeichnung bei Nördlingen (6. Sept. 1634) und entschied bei dem Sturme auf Kaiserslautern (17. Juli 1635) den Sieg, worauf er zum Obersten ernannt ward. In Böhmen, wohin er 1639 gesandt wurde, um den Schweden unter Banner den Elbübergang bei Melnik streitig zu machen, wurde er geschlagen u. gerieth beim Rückzuge in Gefangenschaft. Nach seiner Auswechselung (1642) trat er wieder bei der kaiserlichen Armee in Schlesien ein, schlug bei Troppau ein feindliches Corps und entsetzte Brieg. Im Jahre 1644 zum Feldmarschalllieutenant u. Hofkriegsrath ernannt, unterstützte er 1645 mit seinem Corps den Erzherzog Leopold auf dessen Zuge gegen den Fürsten Rakoczy von Siebenbürgen u. operirte dann gegen den dem Rhein sich nähernden Turenne, sowie im folgenden Jahre gegen die Schweden in Schlesien und Böhmen, die er in Verbindung mit Johann von Werth bei Triebel in Schlesien entscheidend schlug, wofür er zum General der Kavallerie ernannt ward. Seit 1651 nahm er an den Sitzungen des Hofkriegsraths Theil, 1653 ward er zum stellvertretenden Präsidenten des obersten Kriegsraths zu Regensburg ernannt und in den folgenden Jahren zu mehren diplomatischen Sendungen verwendet. Im Jahre 1657 unterstützte er den polnischen König Johann Kasimir gegen Rakoczy und die Schweden und zwang Rakoczy zum Frieden mit Polen und zur Aufhebung des Bündnisses mit Schweden. Im folgenden Jahre zum Feldmarschall ernannt und dem von den Schweden bedrängten Dänenkönig zu Hülfe gesandt, vereinigte er sich bei Küstrin mit den Truppen des Kurfürsten von Brandenburg, befreite Kopenhagen von der Landseite, vertrieb die Schweden aus Jütland und Fünen, wandte sich darauf nach Pommern und eroberte Damgarten, Anklam, Demmin, Uckermünde. Nach dem Frieden von Oliva (1660) ward er Geheimerath und Gouverneur von Raab und erhielt noch in demselben Jahre das Kommando über das Armeecorps, welches gegen die in Siebenbürgen eingefallenen Türken operiren sollte. Er zwang dieselben, Siebenbürgen zu räumen, und vereitelte durch kluges Zögern alle Unternehmungen des feindlichen Heeres bis zur Ankunft der Franzosen, welche ihm den Sieg bei St. Gotthard (August 1664) erfechten halfen. Im Jahre 1668 erhielt er das Präsidium des Hofkriegsraths und bald darauf auch die Direktion der Artillerie. Als Ludwig XIV. 1673 Holland angriff, führte M. diesem kaiserliche Hülfe zu, eroberte Bonn, vereinigte sich mit dem Prinzen von Oranien und hemmte so Ludwigs XIV. Fortschritte. In Folge der Ernennung des Kurfürsten von Brandenburg zum Obergeneral der kaiserlichen Armee legte er 1674 sein Kommando nieder, ward aber schon 1675 wieder mit demselben betraut, um am Rhein dem Marschall Turenne die Spitze zu bieten. Beide manövrirten 4 Monate lang erfolglos gegen einander, bis endlich Turenne am 27. Juli 1675 fiel, worauf M. die sich zurückziehenden Franzosen bis nach dem Elsaß verfolgte und Hagenau und Zabern belagerte. Aber Condé's Erscheinen auf dem Kampfplatze nöthigte ihn, Elsaß wieder zu verlassen, worauf er mit der Belagerung von Philippsburg seine militärische Laufbahn schloß. Er lebte fortan meist am kaiserlichen Hofe, im Umgang mit Gelehrten. Die Stiftung der Akademie für Naturforschung ist wesentlich sein Verdienst. Auch an den Staatsgeschäften nahm er noch Antheil. Im Jahre 1679 ward er vom Kaiser Leopold zum deutschen Reichsfürsten ernannt und vom König von Neapel mit dem Herzogthum Melfi belehnt. Er † den 16. Okt. 1681 zu Linz. Seine „Commentarii bellici" (Köln 1702, zuletzt Turin 1821, 2 Bde.) enthalten Abhandlungen über die Kriegskunst und Berichte über den Türkenkrieg und den Krieg von 1664.

Das Geschlecht der Grafen von M. blüht gegenwärtig in zwei Hauptlinien, der älteren oder österreichischen (M. Laderchi) und der jüngern oder modenesischen (Marchesi di Polignano), von denen erstere wieder in die beiden Häuser der Marchesi di Guiglia e Merano und der M. Laderchi im engern Sinne zerfällt. Der letzteren gehört an Graf Albert M., geboren den 1. Juli 1802, † den 19. August 1852, der eine Zeitlang österreichischer Staatsminister und Chef der ersten Sektion im Ministerium des Innern war.

Monte d'oro, 1) eine Spitze des Gebirgszugs Septimer im schweizer Kanton Graubünden, 9894 Fuß hoch. — 2) Der höchste Gipfel der Insel Korsika, 8168 Fuß hoch.

Montefalcione, Flecken in der italienischen Provinz Avellino (ehemaligen neapolitanischen Provinz Principato ulteriore), mit 5500 Einwohnern.

Montefalcone, 1) Flecken in der italienischen Provinz Foggia (ehemaligen neapolitanischen Provinz Capitanata), mit 5000 Einwohnern. — 2) Flecken in der italienischen Provinz Campobasso (ehemaligen neapolitanischen Provinz Molise), mit 3500 Einwohnern.

Montefano, Flecken in der italienischen Provinz (ehemaligen päpstlichen Delegation) Macerata, mit 3400 Einwohnern. Davon haben die Silvestriner den Namen Orden von M.

Montefiascone, Stadt in der päpstlichen Delegation Viterbo, liegt höchst malerisch auf einem Hügel am See von Bolsena, ist Bischofssitz, hat ein altes Schloß, Seminar, eine schöne Kathedrale, eine Kirche San Flavian (mit Krypten) und 5515 Einwohner. Der hier gebaute angenehme Muskatellerwein ist unter dem Namen Est, est, est (s. d.) bekannt. M. wurde 1849 von den Franzosen besetzt.

Montefrio, Stadt in der spanischen Provinz Granada (Andalusien), mit 4900 Einwohnern.

Montefusco, Stadt in der italienischen Provinz Avellino (ehemaligen neapolitanischen Provinz Principato ulteriore), ist Bischofssitz, hat Baumwollenmanufakturen und 9600 Einwohner.

Monte-Gibello, der in Sicilien gebräuchliche Name des Aetna.

Montego, Hafenstadt auf der Nordküste der englisch-westindischen Insel Jamaica, an der gleichnamigen Bai, welche den Great River aufnimmt, hat große Waarenniederlagen, ausgebreiteten Handel u. 4000 Einw.

Monteleone, 1) Stadt in der italienischen Provinz Catanzaro (ehemaligen neapolitanischen Provinz Calabria ulteriore II), unweit des Golfs von Santa-Eufemia (tyrrhenisches Meer), ist Distriktshauptort mit dem Titel eines Herzogthums und Bischofssitz, hat ein Kollegium, ein Kastell, Oel- und Seidenhandel und 7600 Einwohner. M. ward 1783 durch ein Erdbeben fast gänzlich zerstört. In der Nähe die Ruinen des von den Saracenen zerstörten Hipponium (Vibo Valentia). Die Herzöge von M. stammen aus dem Hause Pignatelli. — 2) Stadt in der italienischen Provinz Foggia (ehemaligen neapolitanischen Provinz Capitanata), mit Handel u. 3600 Einwohnern.

Montélimart, Hauptstadt eines Arrondissements im französischen Departement Drôme, am Zusammenfluß des Rubion und Jabron und an der Eisenbahn von Lyon nach Marseille gelegen, ist von Mauern mit äußern und innern Boulevards umgeben, von Kanälen durchschnitten und von einer alten Citadelle beherrscht, hat ein Civiltribunal, Kommunalcollége, fabricirt Seide und Schuhmacherwaaren, treibt Handel mit Wein, Seide, Bauholz, Trüffeln und zählt 12,044 größtentheils reformirte Einwohner. Hier faßte die Lehre Calvins zuerst in Frankreich festen Grund.

Montella, Stadt in der italienischen Provinz Avellino (ehemaligen neapolitanischen Provinz Principato ulteriore), am Calore, hat 7000 Einwohner.

Montellano, Stadt in der spanischen Provinz Sevilla (Andalusien), südwestlich von Sevilla, hat ein maurisches Kastell, Jaspisbrüche u. 4790 Einw.

Monte maggiore, Stadt in der italienischen Provinz Palermo auf der Insel Sicilien, am Tordo, mit 6500 Einwohnern.

Montemarano, Stadt in der italienischen Provinz Avellino (ehemaligen neapolitanischen Provinz Principato ulteriore), Bischofssitz, hat 4000 Einw.

Montemayor, Jorge de, portugiesischer Dichter, geboren um 1052 zu Montemayor od. Montemor, wovon er den Namen führt, trat früh in Militärdienste, begab sich dann nach Kastilien, wo er Sänger in der königlichen Kapelle wurde, begleitete Philipp II. auf seinen Reisen, wurde endlich an den portugiesischen

Hof berufen und † um 1562. Durch seine berühmte, aber unvollendet gebliebene „Diana" (erste Ausgabe 1545; neueste Ausgabe, Madrid 1802) wurde M. Erfinder des spanischen Schäferromans. Die beste Fortsetzung desselben lieferte Gil Polo. Außerdem besitzen wir von M. eine Gedichtsammlung „Cancionero" (Saragossa 1561 u. öfter).

Montemigliano, Stadt, jetzt officiell Montmeillan (s. d.).

Montemolin, Stadt in der spanischen Provinz Badajoz (Estremadura), südwestlich von Llerena, mit einem Schloß und 2954 Einw.; hiernach führte der Sohn des spanischen Prätendenten Don Carlos den Namen Graf von Montemolin (s. d.).

Montemolin, Don Carlos Ludwig Maria Fernando von Bourbon, Graf, Prinz von Asturien, geboren den 31. Januar 1818 zu Madrid, der älteste Sohn des spanischen Prätendenten Don Carlos, des Bruders Ferdinands VII., in Folge der Verzichtleistung seines Vaters vom 18. Mai 1845 von den Karlisten als legitimer König von Spanien betrachtet, hielt sich, von da vertrieben, erst in Frankreich, dann in England auf, von wo aus er, durch seine Anhänger in Spanien, die Montemolinisten, dazu aufgefordert, einen vergeblichen Versuch machte, wieder zum spanischen Thron zu gelangen. Auch ein zweiter Versuch, den er bei Gelegenheit des marokkanischen Kriegs zugleich mit seinem Bruder Don Fernando († den 2. Januar 1860), unterstützt vom General Ortega, wagte, mißlang; Ortega büßte mit dem Leben, und M. erhielt die Freiheit nur gegen seine förmliche Verzichtleistung auf alle Ansprüche auf den spanischen Thron (23. April 1860) zurück. Schon am 15. Juni aber nahm er von Köln aus diese Entsagung zurück. Er † den 13. Januar 1861 zu Triest. Seine Ehe mit der Schwester König Ferdinands II. von Neapel blieb kinderlos.

Montemor, 1) (M. o Novo), Stadt in der portugiesischen Provinz Alentejo, Distrikt Evora, am Canha, hat ein altes maurisches Schloß, Töpfereien und 2747 Einw. In der Umgegend starker Obstbau. — 2) (M. o Velho), Stadt in der portugiesischen Provinz Beira, Distrikt Coimbra, am Mondego, ist sehr alt und von hohen, verfallenen Mauern umgeben, hat ein großes Kastell, 5 Pfarrkirchen, 4 Klöster und 3275 Einwohner.

Monten, Dietrich, ausgezeichneter Schlachtenmaler, geboren 1799 zu Düsseldorf, bildete sich auf der Akademie seiner Vaterstadt, sowie zu München, hier namentlich unter Peter Heß, besuchte später auch Italien und lebte seitdem meist zu München, wo er den 13. December 1843 †. Zu seinen frühern Werken gehören drei Freskobilder in den Arkaden des Hofgartens zu München: die Erstürmung einer türkischen Schanze, der Akt der Konstitutionsertheilung und eine Scene aus der Schlacht bei Arcis-sur-Aube. Im Auftrag des Königs Ludwig malte er die 1815 bei Saarbrück zwischen dem Corps des Generals Becker und der französischen Arrièregarde vorgefallene Affaire. Ein kleineres, den Abschied der Polen vorstellendes Blatt hat F. Hohe lithographirt. Eine andere Komposition stellt den König Ludwig im Familienkreise dar, wie er das Gemälde des Einzugs des Königs Otto I. in Nauplia betrachtet. An diese Werke reihen sich verschiedene andere, unter denen besonders Gustav Adolfs Tod bei Lützen (in der königlichen Gallerie zu Hannover), Napoleon I., umgeben von seinen berühmtesten Generalen, Georg I. in der Schlacht bei Neerwinden, sowie der Tod des Herzogs Friedrich Wilhelm von Braunschweig in der Schlacht bei Quatrebras ꝛc. zu erwähnen sind. Mit Eckert und Schelver gab er 200 lithographirte Blätter mit Kostümfiguren des deutschen Bundesheeres in militärischen Gruppen heraus. Seine Darstellungen sind voll Leben und Wahrheit und korrekt in der Zeichnung.

Montendre, Stadt im französischen Departement Charente inférieure, fabricirt Palmblätterhüte, hat bedeutenden Handel mit Rindvieh, Geflügel, Getreide ꝛc. u. 1134 Einw. Dabei eine Mineralquelle mit Badeanstalt.

Montenegro (slav. Černagora, türk. Karadagh, d. i. schwarzer Berg), unabhängiges Land im türkischen Reiche unter vorwiegend russischem Einflusse und Schutze, hat seinen Namen von Iwo Crnoj (Iwo dem Schwarzen, dem Geächteten), dem ersten Häuptlinge der nach der Zertrümmerung des großen Serbenreiches in der Schlacht am Kossovopolje (Amselfeld) 1389 in dieses Hochland geflüchteten Serben, und bildete ehemals einen Bestandtheil des serbischen Herzogthums Zenta. Es liegt zwischen 36° 21' u. 37° 13' östl. (von Ferro) u. 42° 9' u. 42° 55' nördl. Br. Auf ungefähr 70 deutschen QMeilen dehnt es sich zwischen Dalmatien und Albanien vom dinarischen Gebirgsstocke bis nahe zum adriatischen Meere aus, ohne jedoch letzteres zu berühren. Der Küstenstrich selbst ist die zu Türkisch-Albanien gehörige Landschaft Spic (alban. Spuz, auch Spizza), eines der verschiedenen Ziele montenegrinischer Vergrößerungssucht. In diesem Streben wurde es in der Neuzeit von Rußland und Frankreich beharrlich unterstützt; denn diese Buchten bieten gute Ankerplätze, welche M. den genannten Mächten bereitwilligst öffnen würde, wodurch dieselben bequeme Flottenstationen im adriatischen Meere erhielten. Die Türkei, unterstützt von Oesterreich, weigerte sich bis jetzt jedoch entschieden, jenem Ansinnen nachzukommen. M. grenzt vom Berge Divlji-Vrh (Wildspitze) bis zum Berge Trnovo (Dornenberg) an den dalmatinischen Kreis Cáttaro, von da im Nordwesten bis zum Berge Silljewac u. westlich bis zum Berge Dormitor an die Herzegowina, vom Dormitor bis zum Berge Rovci im Nordnordosten an Bosnien und von da bis zum genannten Divlji-Vrh im Südwesten an Türkisch-Albanien. Fast auf allen Seiten bilden mächtige Bergmassen eine natürliche Grenze; nur das Kukathal mit dem Morackafluß im Nordwesten macht davon eine Ausnahme. Im Südosten bildet theils der Zevnafluß die Grenze, theils sind die Grenzen gar nicht festgestellt, die montenegrinischen Thäler münden in albanische, Schauplätze häufiger Kämpfe und Greuelscenen. Der mächtige Gebirgsrücken, welcher südlich vom 44.° nördl. Br. als Scheidewand zwischen der Herzegowina und Bosnien, in südöstlicher Richtung fast parallel mit dem adriatischen Meere sich hinzieht, entsendet unter 36° 30' und 37° 10' östl. L. zwei Aeste: den ersten gegen Cáttaro und das Adriameer, den zweiten in der Richtung gegen den See von Skutari; dazwischen liegt der durchgehends gebirgige, wenig zugängliche, gegen den See von Skutari geneigte Kessel von M. Die Gebirge gehören der Karstformation an und erreichen hier fast die größte Höhe im ganzen Karstsystem; mehre Gipfel überragen 6—7000 Fuß, der Lovčen (spr. Lowtschen) sogar 7500 Fuß, doch erreicht keiner die Schneelinie. Es sind zumeist nackte, wildzerrissene Felsmassen; die vorherrschende Felsart ist ein grauer od. weißlicher, selten röthlicher Kalkstein, welcher dem sekundären Alpenkalkstein gleicht und stellenweise Mergelschiefer eingelagert enthält. Dieses Felsengemenge sinkt nur selten zu beachtenswerthen Thalflächen herab, ausgenommen im Bezirke Bjélopavlic (spr. Bjelopawlitsch) u. im Thal Kuka, welche beide von Randgebirgen eingefaßte Hochthäler sind. Kleinere Thäler sind jene von Négus (Ngegusch) und Crnica (spr. Zerniza). Der Boden ist im Südwesten und im Bezirke Katunska, dem Sitze der vorwiegend zu Raub und Plünderung geneigten Bevölkerung, größtentheils steinig, kahl u. zerspalten. Der fruchtbarste Landstrich ist um den See von Scutari; auch die beiden früher erwähnten Hochthäler haben einen dem Ackerbau günstigen wohlbewässerten Boden. Die Gewässer von M. münden in den See von Scutari, dessen vollständiger Besitz nebst dem der Küstenlandschaft Spic der heißeste Wunsch der Crnagorcen ist. Als bedeutendere Flüsse sind folgende zu nennen: die Moracka entspringt am Dormitor, hat einen südlichen Lauf und mündet in der Nähe der Festung Cabljak (spr. Schabljak) in den Scutarisee (Skadar). Sie nimmt rechts die Suzica, die Zeta (mit der Zlatina) und die Sitnica (mit der Golac), links die Mala-Récka, die Ribnica und die Zevna auf. Am Crnojevic liegt der Hauptort des Landes, Cetinje. Die Orocovka u. die Crnica ergießen sich nach kurzem Laufe in den Scutarisee. Von Seen sind zu nennen: ein kleiner See bei Beziovo in der Nahia Kuka, der Gornjeblato (oberer Sumpf) in der Nahia Recka u. der See von Scutari, dessen beide Inseln, Lesendria und Branina, zwischen M. und Albanien streitig sind. Unter den Karsthöhlen sind bemerkenswerth: eine in der Nahia Recka bei den Trümmern der Burg Obod, in welcher der Heldenvater der Montenegriner, Jwo Crnoj, in den Armen der Vilás (Nymphen), die ihn bewachen, ruht, bis er sich einstens wieder erhebt, um „seinen geliebten Brüdern Cáttaro und das blaue Meer zu erkämpfen". Nordöstlich von Cetinje, bei dem Kloster Basilius, ist die geweihte Grotte, in welcher die irdischen Ueberreste des heiligen Basilius ruhen. Das Klima ist im Norden und Nordwesten rauhes Bergklima; der Schnee fällt tief herab und bleibt namentlich in den Bergklüften bis tief in den Sommer liegen. Milder ist es im östlichen Theile; um den Scutarisee ist es mild, gesund u. in jeder Hinsicht ausgezeichnet. In den engen Thälern ist der Sommer drückend heiß, so daß die Bäche häufig in dem kalkhaltigen Karstboden versiegen.

Die Montenegriner sind Südslaven serbischen Stammes, welche die illyrische Sprache in großer Reinheit sprechen. Sie bekennen sich (mit Ausnahme einer kleinen Anzahl Katholiken in der Nahia Kuka) zur griechisch-orientalischen Kirche und verehren in dem Kaiser von Rußland ihr geistliches Oberhaupt. Seitdem 1852 die höchste geistliche Gewalt im Lande von der fürstlichen Würde getrennt wurde, ist mit jener der Archimandrit des Klosters Ostrog bekleidet. Die Gesammtbevölkerung beträgt nach der neuesten Zählung (Ende 1864) 196,250 Einwohner, wovon ungefähr 99,900 auf das männliche und 96,350 auf das weibliche Geschlecht entfallen. Im ganzen Lande bestehen 11 Klöster, 3 Erzpriesterschaften und an 400 Pfarrämter. An Schulen gibt es bloß eine vierklassige Volksschule in Cetinje und 11 andere mit je 2 Klassen in kleineren Ortschaften. Die Herausgabe einer Zeitung ist in neuester Zeit vom Fürsten projektirt. Die Geistlichen treiben, gleich den übrigen Montenegrinern, Ackerbau und Viehzucht, tragen Waffen und ziehen in den Krieg mit. Die Montenegriner sind ein kräftiges, kriegerisches, aber noch rohes Volk, das die Freiheit über Alles liebt und sich seine Unabhängigkeit von den Türken durch Jahrhunderte in fortwährenden blutigen Kämpfen bewahrt hat. Von geistiger Kultur des Volks in christlich-germanischem Sinne kann ebenso wenig wie von technischer Ausbildung desselben die Rede sein. Der zweitletzte Vládika, Peter II., bezeichnete sich, und sicherlich sehr zutreffend, mehr als einmal gegenüber dem Verfasser dieser Skizze als einen „Gebildeten unter Barbaren", „als Barbaren unter Gebildeten", als eine „Schmuggelwaare unter den europäischen Souveränen" und war ernstlich bemüht, mildere Sitten einzuführen, Schulen zu errichten, die Blutrache und die Raubzüge nach den Nachbarländern abzuschaffen; allein seine Bemühungen scheiterten meist an dem rohen Uebermuthe dieses schwer zu bändigenden Bergvolks. Er war ferner einer der begabtesten südslavischen Dichter und arbeitete lange Zeit mit rastlosem Fleiße in der St. Marcusbibliothek zu Venedig an einer dokumentirten Geschichte der Südslaven. Allein sein Volk verstand ihn nicht, und die Resultate seiner Bestrebungen waren verschwindend klein; die des Lesens und Schreibens kundigen Individuen sind noch heute in M. eine Seltenheit. Diesem geringen Standpunkt geistiger Kultur entspricht auch jener der materiellen Kultur. Der rauhe Karstboden ist dem Ackerbau nicht günstig, auch hat der Montenegriner wenig Lust an dieser friedlichen Beschäftigung. Vorherrschend ist die Viehzucht der wichtigste Nahrungszweig. Auch der Fischfang ist ansehnlich; geräuchertes Fleisch (castradina) u. an der Luft getrocknete od. geräucherte Fische (auf welche Zubereitung sich dieses Volk trefflich versteht) werden nach Dalmatien u. über Cáttoro sogar nach Italien abgesetzt. Auch die gewerbliche Beschäftigung hat für diese wilden Natursöhne keinen Reiz, sie zeigen Geringschätzung und Mißachtung für das Handwerk; die wenigen Gegenstände des dringendsten Bedarfs erzeugt sich Jeder so rasch und gut als möglich. Viele der allernothwendigsten Ackergeräthe hatten dem Schreiber dieses Aufsatzes schon unter den Morlaken Dalmatiens primitive Zustände halbcivilisirter Völker vor Augen geführt; diese stehen jedoch schon auf höherer Stufe als jene, welche der obengenannte Vládika (Fürst von M.) uns zeitweise in der St. Marcusbibliothek in originellen Skizzen scherzend vorzeichnete und als in den Hochthälern im Gebrauch erklärte. Die pfadlosen hohen Gebirge hemmen den Verkehr mit den Nachbarländern, und die kleinen Versuche von Landstraßen sind kaum mehr als nothdürftige Sumpfpfade. Die Gewässer sind vollständig frei, der Montenegriner knechtete dieselben bis jetzt noch nicht durch Schiffe oder Flöße. Daß unter solchen Zuständen von einem ordnungsmäßigen Handelsbetriebe keine Rede sein kann, ist selbstverständlich. Cáttaro versorgt M. mit dem dringendst Nothwendigen und erhält dagegen die wenigen Produkte der Vieh- und Fischzucht. Kursirende Münzen sind österreichisches und türkisches Silber- und Goldgeld.

M., ehemals ein Bestandtheil des Herzogthums Zenta, ein Lehensland des Serbenreichs, ist seit Eroberung des letzteren nach der Schlacht am Kosowopolje 1389 ein faktisch unabhängiger Staat, aber im fortwährenden Kampfe mit der Pforte. Die Ansprüche der Türkei auf M. gründen sich nur darauf, daß M. einst einen Bestandtheil eines Reichs bildete, welches in der Folge eine türkische Provinz ward, und daß es geographisch zur Türkei gehören könnte. Wirkliche Souveränetätsrechte oder eine Lehensherrlichkeit, ein Protektorat sind von der Pforte niemals ausgeübt, von M. niemals anerkannt worden; Tribut oder Steuern sind nur vorübergehend von einzelnen Landestheilen so lange ausbezahlt worden, als türkische Truppen dieselben besetzt hielten. Seit 1777 riß sich das Land vollständig von der Türkei los und bildet gegenwärtig einen eingeschränkt monarchischen Staat. Bis 1499 wurde es von weltlichen Fürsten regiert. In jenem Jahre übergab Georg Crnojewich die Regierung in die Hände des ersten geistlichen Würdenträgers (Metropoliten, Vládika) und zog sich nach Venedig zurück, wo seine Familie 1660 ausstarb. Die Würde des Vládika (Herrscher, Herzog) gelangte 1697 an die Familie Petrovič-Njéjus, welche seitdem die herrschende blieb. Der Vládika Peter II. Petrovič-Njégus († den 19. Okt. 1851) hatte seinen Neffen Danilo (geboren den 25. Mai 1826, † am 13. Aug. 1860) zum Nachfolger bestimmt, welcher die geistliche Würde wieder von der weltlichen trennte und sich als Danilo I. zum Fürsten erklärte. Durch das Erbfolgestatut vom 5. Mai 1855 ist die Würde des Fürsten in der männlichen Nachkommenschaft nach dem Rechte der Erstgeburt erblich. In Ermangelung direkter männlicher Descendenz sollte der Brudersſohn Danilo's (Nikita = Nikolaus) folgen. Beim Aussterben des männlichen Stammes fällt dem Volke das Recht zu, sich wieder ein Oberhaupt, jedoch immer aus dem Geschlechte Petrovič zu wählen. Der Thronerbe wird mit 20 Jahren großjährig, bis dahin fungirt eventuell ein Regentschaftsrath von 3 Mitgliedern aus der Familie Petrovič. Die Frauen sind von der Erbfolge ausgeschlossen, ebenso „Jeder, welcher für die Türkei Sympathien an den Tag legt". Der Titel lautet „Fürst und Herr des freien M. und der Brda"; das Wappen ist ein Doppeladler. Der Vládika Peter II. stiftete die große goldene „Melos-Obilin-Medaille" für Verdienste um das Vaterland, und Danilo I. 1853 den Daniloorden als Belohnung für Verdienste im Unabhängigkeitskampfe, insbesondere 1852 und 1853.

Am 23. April (alten Styls) 1855 erhielt das Fürstenthum das „allgemeine Landesgesetzbuch", ein Civil- und Strafgesetzbuch. Die wichtigsten Punkte desselben, welche ein ausreichendes Licht auf die Kulturzustände und Rechtsbegriffe dieses Landes werfen, dürften folgende sein: Alle Montenegriner u. Brdaner sind vor dem Gesetze gleich. Ehre, Eigenthum, Leben und Freiheit sind kraft angestammter u. stets bewahrter Freiheit gewährleistet. Der Fürst ist unverletzlich, Niemand darf von ihm Uebles reden, ihm werden Todesurtheile vorgelegt, er hat das Begnadigungsrecht. Einen Vaterlandsverräther kann Jedermann tödten. Wer zur Kriegszeit sich weigert, in den Kampf zu ziehen, wird für ehrlos erklärt; er darf keine Waffen mehr tragen, und es ist ihm eine Weiberschürze umzubinden. Wer sich gegen die vom Gerichte zur Ergreifung eines Schuldigen abgesandten Personen zur Wehr setzt, wird sofort erschossen. Streifzüge nach dem benachbarten Gebiete u. Diebstähle auf demselben sind in Friedenszeiten verboten. Wer einen Montenegriner oder Brdaner tödtet, wird sofort nach der Habhaftwerdung erschossen; desgleichen Jeder, der einen solchen Mörder beherbergt, vertheidigt oder verheimlicht. Wer einen Montenegriner mit dem Fuße stößt, oder mit dem Pfeifenrohre schlägt (die Montenegriner haben mitunter 4—6 Fuß lange Pfeifenröhre), zahlt 50 Dukaten Strafe; tödtet der Geschlagene den Angreifer sofort in der ersten Aufwallung, so ist die Sache abgethan (ebenso wenn ein Dieb beim Stehlen ums Leben kommt); tödtet er ihn aber später, auch nur eine Stunde später, so wird er als vorsätzlicher Mörder behandelt. Eine Verwundung an der Hand od. am Fuße (in Folge deren der Verwundete verstümmelt bleibt), wird mit 100 Thlrn. bestraft; nicht vorsätzliche Verwundung mit 50 Thalern; Kopfverletzung od. Ausschlagen eines Auges mit 60 Thlrn., wenn nicht vorsätzlich, mit 30 Thlrn.; jedesmal sind dazu noch die Krankheitskosten zu tragen. Aus Nothwehr tödten ist erlaubt. Der Brandstifter kann vom Beschädigten sofort getödtet werden. Ein Erbrecht besteht nicht. Steuerverweigerung wird wie Verrath am Vaterlande mit dem Tode bestraft. Jeder Priester ist verpflichtet, jeden Sonntag in die Kirche zu gehen, für Reinhaltung der Kirche zu sorgen 2c. Die Ehescheidung (welche bis dahin an der Tagesordnung war) ist nicht gestattet. Wer ein Weib noch bei Lebzeiten ihres Mannes, oder ein Mädchen ohne Einwilligung der Aeltern (oder Verwandten) heirathet, wird des Landes verwiesen; „folgt aber ein Mädchen dem ledigen Manne freiwillig ohne Vorwissen der Aeltern, so kann man ihnen nichts anhaben, da sie die Liebe selbst verband". Trifft der Montenegriner sein Weib beim Ehebruch, so kann er beide Schuldige tödten. Kindermord wird mit dem Tode bestraft. Wird der Dieb zum dritten Male auf dem Diebstahl betroffen, so wird er zum Tode verurtheilt; Kirchendiebstahl oder Entwendung von Landesmunition wird sofort mit dem Tode bestraft. Wer einen Dieb erschießt, erhält 20 Thlr. Belohnung. Die häufigen Gastgelage, das Abschneiden der Haare u. das Zerkratzen des Gesichts als Zeichen der Trauer sind abgeschafft. Jeder Flüchtling findet in M. Asyl und Schutz und ist so lange unverletzlich, als er sich den dortigen Gesetzen unterwirft. Die Freiheit des Kultus und der Nationalität ist gewährleistet. Der letzte Paragraph bestimmt, daß die zur Kerkerstrafe Verurtheilten zum Straßenbau und zu anderen Gemeindearbeiten zu verwenden sind. Die **Regierung** ist in den Händen des Fürsten Nikolaus, welcher sie ohne Minister ausübt; dagegen hat er 2 Sekretäre und 5 Adjutanten, und der Senat der Crnagorcen steht ihm berathend zur Seite. Der Senat zählt einen Präsidenten, einen Vicepräsidenten, 16 Senatoren u. einen Sekretär; er ist die höchste legislative, administrative und richterliche Behörde. Vom Volke erwählte u. besoldete Richter handhaben die Justiz; die Verwaltung der Gemeinde wird vom Dorfältesten besorgt. Mehre Gemeinden sind zu einer Nahia (Bezirk) verbunden, deren Verwaltung je ein vom Fürsten ernannter Kapitän besorgt. Die übrigen Einrichtungen des Landes sind patriarchalisch. Das Oberhaupt der Familie und der Leiter der häuslichen Angelegenheiten ist der Hausvater (gospodàr), das Haupt der Gemeinde der Dorfälteste (starašina); der Aelteste des Stammes (glàvar, Häuptling) leitet die Stammesangelegenheiten; mehre durch Verwandtschaft verbundene Stämme wählen sich einen Knjas (Fürsten) als obersten Schieds- u. Friedensrichter für ihre inneren Angelegenheiten. Die Versammlung dieser verschiedenen Oberhäupter ist die Skupčina (Skuptschina, Vereinigung), welche in wichtigen Fällen zur Entscheidung einberufen wird. Die Hauptsonderung des ganzen Volks ist die in Stämme (plemen, Pluralis plemena); einen Stamm bilden die in Einem Landstriche wohnenden Familien, die von gleichen Stammältern abstammen (z. B. der regierende Stamm der Njeguš), die in kürzerer Linie verwandten Familien bilden eine Bruderschaft (bratštvo), etwa Verwandtschaft bis zum vierten Glied. Das Finanzwesen wird vom fürstlichen Sekretariat besorgt. Peter II. war es, der die jetzige Steuererhebung in das Leben rief, was keine kleine Aufgabe war. Die Staatseinkünfte sind überhaupt gering und bestehen in einer Kopfsteuer von etwa 30,000 Gulden, dem Tabakspacht von 200 Gulden, der Salzsteuer von 200 Gulden, der Fischsteuer von 250 Gulden, der Abgabe von geräuchertem Fleisch von 200 Gulden und dem Pacht von Staatsländereien von 600 Gulden, zusammen also ungefähr in 31,450 Gulden. Gegenwärtig sollen die meisten Steuern nicht unerheblich höher sein, namentlich wurden eine Grundsteuer und ein Wiesengeld eingeführt, wornach sich die Staatseinkünfte jährlich auf 40,000 Gulden belaufen dürften. Die Ausgaben sind nahezu ebenso hoch. Unter verschiedenen Titeln, insbesondere „zum Unterhalt der Kirche" erhält der Fürst jährlich von Rußland 8000 Dukaten, dann von Frankreich eine Unterstützung von 50,000 Francs (zu welchem Zwecke, ist uns nicht bekannt); auch von Oesterreich erhielt M. in neuester Zeit „Geschenke" an Gewehren, Pistolen u. dergl. (wohl nur aus besonderer Sympathie für die Südslaven ?). Die Militärmacht ist verhältnißmäßig ansehnlich. In die Kriegslisten sind als kriegsbereit 25,000 Mann eingezeichnet, welche jedoch im Falle der Noth um mindestens 10,000 vermehrt werden können, so daß M. sofort 35,000 streitbare Männer wohlbewaffnet ins Feld stellen kann. Gewissermaßen als Generalissimus dieser Armee fungirt Mirko Petrowich, der Vater des jetzt regierenden Fürsten. Im Jahre 1857 wurde ein aus 800 Mann bestehendes Elitencorps organisirt; jeder Mann desselben erhält einen bestimmten Sold, der im Fall des wirklichen Dienstes verdoppelt wird. Eine besondere Dienstleistung dieses Corps bildet die Eintreibung der Steuern. Ueberdies hat der Fürst eine eigene Leibwache (perjanci), das „Perjankencorps". Der jetzige Fürst des Landes ist Nikolaus I. Petrovic-Njeguš.

Das Fürstenthum M. besteht aus der eigentlichen Črnagora, dem eigentlichen Hochlande, und dem später am Morackafluß hinzugekommenen Lande Brda. Das Land ist in Nahien eingetheilt (Nahija, türk. nahije, Kreis, Gegend), und zwar zerfällt jeder der beiden obgenannten Landestheile in 4 Nahien. Črnagora begreift die Nahien: Katunska (vom albanesischen Katun, Sennhütte), Crnicka (vom Flusse gleichen Namens), Recka (nach dem Orte gleichen Namens) und Lesanska (nach dem Flusse Lisica); die Brda die Nahien: Bjělopavlic, Piperi, Moracka und Kuka. Diese Letztern führen noch immer den Beinamen Zeta. Außer diesem Gebiete gilt der Fürst als Beschützer des alten Fürstenthums Grahowo (welches von 1841—45 ganz zu M. gehörte) und der christlichen Grenzdistrikte der Herzegowina.

Einen genaueren Einblick in die Eintheilung des Landes und den Stand seiner Bevölkerung dürfte folgende Uebersicht gewähren:

Nahia.	Zahl der Stämme.	Zahl der Ortschaften.	Zahl der Familien.	Kampffähige Männer.	Namen sämmtlicher Stämme des Landes.
1. Katunska	9	88	3000	5000	Njeguš, Cetinje, Ceklik, Bešice, Cuce, Čevo, Komani, Zagarac, Pješivic.
2. Crnicka	7	28	1500	3000	Uterg, Dupilo, Bererii, Gotonic, Boljevic, Gluhido, Limljani.
3. Recka	5	25	1500	2800	Gradjani, Ljubetin, Ceklin, Debrskoselo, Koseri.
4. Lesanska	3	8	600	1300	Drajevina, Grabac, Stitari.
5. Bjelopavlic	4	53	1500	3500	Martinic, Pavkovic, Petuklinovic, Brazegerci.
6. Piperi	3	10	800	2000	Cruci, Stena, Curkovic.
7. Moracka	4	15	1000	2200	Rovci, Donja-Moracka, Gornja-Moracka, Uskoci.
8. Kuka	4	13	1800	4000	Drekalovic, Bratonosic, Kasoevic, Arbanas.
	39	240	11,700	32,800	

Die Ortschaften bestehen aus Häusergruppen, welche von den nächsten Verwandten gleichen Stammes bewohnt werden. Die dicht aneinander gebauten Häuser sind 8—9 Fuß hoch, im Viereck aus Stein aufgeführt, mit Stroh oder Baumrinde (bei Reichen wohl auch mit Ziegelsteinen) gedeckt und fast alle festungsartig mit Schießscharten versehen. Der Bezirk Katunska, mit einer Volkszahl von über 30.000 Seelen, der höchste u. unzugänglichste, nimmt fast die Hälfte der eigentlichen Črnagora ein. Hauptort und Residenzstadt des Fürsten ist Cetinje (s. d.). Der einzige auf europäische Art gebaute Ort ist Njeguš, zugleich der größte des Landes, eine Besitzung des Fürsten. Im Cetinjethale liegen Dubovnik, Donjikraj u. andere kleinere Ortschaften. In Crnicka ist der größte Ort Gluhido. Andere Orte von lokaler Bedeutung sind: Bjelopavlic, Piperi; die übrigen zerstreuten Häusergruppen können jedoch nach deutschen Begriffen als Ortschaften nicht angesehen werden.

Land und Leute von M. haben mitunter ebenso begeisterte Beschreiber gefunden, als sie andererseits auch zu übertrieben wegwerfend behandelt worden sind. Die Montenegriner sind sicherlich ein wichtiger Vorposten für die nicht ausbleibenden Kämpfe auf der Balkanhalbinsel, dazu wenigstens zum Theil für abendländische Kultur empfänglich und zugänglich und verdienen, von diesen Gesichtspunkten aus betrachtet, unleugbar die Aufmerksamkeit Europa's.

Geschichte. Das Gebiet des jetzigen Fürstenthums M. ward im 14. Jahrhundert vom Fürstenthum Zenta umschlossen, welches vom Slavenreich in Serbien abhängig war. Als letzteres 1389 unter das türkische Joch fiel, flüchteten viele Serben und seitdem überhaupt zahlreiche von den Türken verfolgte Christen nach den Wäldern Zenta's und gründeten hier eine kleine Gemeinde, die sich Crnagora oder M. nannte. Die Geschichte derselben ist eine endlose Reihe von Unabhängigkeitskämpfen gegen die Türken. Nach dem Erlöschen ihrer Fürstenfamilie Balschich 1421 wählten sie den tapfern Stephan Czernojewich zu ihrem Woiwoden; dieser gründete zwei Handelsplätze an der Küste des adriatischen Meeres und (1485) das Kloster Cetinje, welches fortan Regierungssitz ward, schloß mit Venedig ein Schutz- und Trutzbündniß und bestand 63 siegreiche Kämpfe gegen die Türken. Auch sein Sohn Iwan, noch hochgefeiert in Volksliedern, lebte im beständigen Kriege mit denselben, bald siegreich, bald auf sein Hochland zurückgedrängt. Mit der Abdankung Georgs Czernojewichs 1516 zu Gunsten des ersten geistlichen Würdenträgers (Metropoliten) Bavil beginnt die Reihe der geistlichen Herrscher des Landes. Neben diesem bestand zwar noch ein weltlicher Anführer (Wládika, Oberrichter, zugleich Administrativbehörde), doch war dessen Macht eine geringe. Beide Würden waren erblich, die erste in der Familie Petrowich von Ngegusch, die andere seit 1658 im Hause Radonich. Das Manifest Peters des Großen zur Erhebung gegen die Türken 1711 ward in M. mit ungeheurem Enthusiasmus aufgenommen und hatte die freiwillige Unterstellung M.'s unter Rußland zur Folge. Die Montenegriner beschäftigten die Türken vielfach in Albanien und der Herzegowina, sahen sich aber bei dem Frieden, den Peter mit der Pforte schloß, nicht berücksichtigt und blieben dadurch der Rache Achmets III. ausgesetzt, der im Frühjahr 1712 ein Heer von 60,000 Mann gegen sie sandte, das aber fast zur Hälfte von letzteren aufgerieben worden sein soll. Im Jahre 1714 verwüstete dagegen Duman-Kiuprili-Pascha, einer der berühmtesten Wessire der Türken, an der Spitze von 120,000 Mann ausgesuchter Truppen, nachdem er 37 Häuptlinge der Montenegriner verrätherischer Weise hatte umbringen lassen, einen großen Theil M.'s, zerstörte Cetinje u. schleppte mehre tausend Frauen und Kinder als Sklaven fort. Schon 1718 aber hatten die Montenegriner, von den Venetianern unterstützt, ihr Land zurückerobert. In den Jahren 1739—40 und 1756 folgten neue blutige Kämpfe mit den Paschas von Scutari und Bosnien. Im Jahre 1767 trat ein Abenteurer aus Kroatien, Stephan Mali, der sich für den (von den Orlows erdrosselten) Kaiser Peter III. von Rußland ausgab, in M. auf, fand Anhang, wußte die verschiedenen Parteien M.'s zu vereinigen u. vertheidigte das Land mit Glück gegen die Uebermacht des Paschas von Rumelien und Bosnien, verlor aber 1774 in einer Empörung das Leben. In Folge der Manifeste, welche der Kaiser Joseph II. von Oesterreich und die Kaiserin Katharina II. von Rußland beim Ausbruche des Krieges gegen die Pforte 1788 an die Montenegriner erließen, ergriffen diese die Waffen und beschäftigten 50,000 Türken bis 1791, wurden aber in dem Friedensschluß von Sistowa (4. August 1791) trotz aller erhaltenen Versprechungen nicht berücksichtigt. Doch entschädigte sie Kaiser Leopold für die aufgewendeten Kosten. Nachdem 6000 Montenegriner das 30,000 Mann starke türkische Heer des Kara-Mahmud-Pascha von Scutari am 22. Sept. 1796 geschlagen hatten, folgte eine lange Zeit der Ruhe, die der Wládika Peter Petrowich I. (seit 1787) zur Ordnung der innern Verhältnisse des Landes benutzte. Er erweiterte die Befugnisse des obersten Gerichtshofs, erließ 1796 eine Art Militärrecht und gab 1798 in dem Grund- und Staatsgesetzbuch von M. eine Zusammenstellung aller in M. hergebrachten Gesetze und Gewohnheiten. Zur Aufrechthaltung der Ordnung im Frieden und zur Anführung im Kriege hatte jede Nahia einen Serdar, jeder Stamm einen Knjas, Woiwoda und Bajakdar, deren Würden in bestimmten Familien erblich waren. Die Vornehmsten jedes Stammes leiteten die öffentlichen Versammlungen desselben; ein Gouverneur stand dem Wládika in der Leitung der weltlichen Angelegenheiten zur Seite, die, wenn sie das ganze Land betrafen, in der Generalversammlung des Volks (s. oben) berathen und entschieden wurden. Beim Ausbruch des russisch-französischen Kriegs 1805 leisteten die Montenegriner sofort dem Aufrufe des Kaisers Alexander I. Folge und kämpften im Verein mit den Russen im dalmatinischen Küstenlande gegen die Franzosen bis zum Frieden von Tilsit 1807. Im Jahre 1810 suchte der Pascha von Scutari Piperi, welches sich 1789 an M. angeschlossen hatte, wieder zu unterwerfen, aber mit so wenig Erfolg, daß er auch Bjelopavic in den Händen der Montenegriner lassen mußte u. ein zweiter Feldzug 1812 schon an der Grenze mit einer entschiedenen Niederlage der Türken endete. Unterstützt von einigen englischen Schiffen eroberte Peter nach u. nach alle Punkte der Bocca u. zwang die Franzosen am 22. Dec. in Cáttaro zur Kapitulation, doch mußte er jenes Gebiet zufolge des pariser Friedens 1814 an Oesterreich abtreten. Neue Einfälle der Türken (1819 und 1821) wurden zurückgeschlagen. Daneben aber bekämpften sich, trotz Peters kraftvoller Regierung die montenegrinischen Stämme auch vielfach unter einander. Sein Nachfolger war der junge, in Petersburg gebildete, edle Peter Petrowich II. (seit 17. Okt. 1830), der, die weltliche und geistliche Würde in sich vereinigend, sich hohe Verdienste um die Civilisation seines Volks erwarb. Er richtete sofort eine regelmäßige Regierung ein, bestehend aus einem Senat von 6 Personen und einem Tribunal von 155 Mitgliedern. Wiederholte Kämpfe mit den Türken seit 1840 endeten in der Regel mit dem Siege der tapfern Bergbewohner, doch konnten die gemachten Eroberungen nicht behauptet werden. Ein schwerer Verlust traf die Montenegriner durch die Wegnahme der Inseln Vrabina und Lesendria durch die Albanesen, die seitdem die wichtigste Einnahmequelle M.'s, die Fischerei auf dem See von Scutari, störten. Ernster wurden die Verwickelungen mit den Grenznachbarn nach dem Tode Peter Petrowichs II. (31. Okt. 1851). Zu seinem Nachfolger hatte er seinen Neffen Danilo I. Petrowich-Ngegusch (s. Danilo) bestimmt. Derselbe ließ sich im Februar 1852 in Petersburg investiren. Eine seiner ersten Regierungsmaßregeln war die Trennung der geistlichen von der weltlichen Macht des Staatsoberhaupts, worin zugleich die Absicht der

Herbeiführung einer völligen Unabhängigkeit des Landes ausgesprochen lag. Letztere ward denn auch auf Nachsuchen von dem russischen Kaiser zugestanden und Danilo I. zum Fürsten von M. ernannt. Auch die österreichische Regierung erkannte diesen Titel an. Auf der Nationalversammlung zu Cetinje im Oktober ward auf Grund der Gesetzsammlung von Peter I. ein neues Gesetzbuch vereinbart (s. oben). Die weiteren Reformpläne Danilo's erhielten durch neue Konflikte mit der Türkei einen Aufschub. Osmar Pascha, Statthalter von Scutari, hatte nämlich, den Regierungswechsel benutzend, einen Theil des montenegrinischen Stammes der Nahia Piperi zum Abfall verleitet. Danilo brachte zwar dieselben an der Spitze von 1000 Mann bald wieder zur Unterwerfung, der gleichzeitige Angriff von Montenegrinern auf die türkische Festung Schabljak gab aber den Türken erwünschten Anlaß zu einem förmlichen Krieg gegen M. Doch gelang ihnen bei vielfach wechselndem Waffenglück bis Mitte Februar nur die Besetzung der Vorlande, nicht aber die Erstürmung der Felsenwände im Innern des Landes, und die ungünstige Witterung, Krankheiten und Mangel entmuthigten das türkische Heer so, daß die Pforte auf die Vorstellungen des österreichischen Botschafters ihre Truppen Ende Februar wieder zurückzog. Schon das Jahr 1854 brachte wieder blutige Konflikte mit den Türken an den Grenzen. Im Juli eben dieses Jahres proklamirte das ganze nördliche M., die sogenannte Brda, die Unabhängigkeit seines Gebiets und setzte, gleichzeitig ein Schutz- und Trutzbündniß mit den Türken schließend, eine provisorische Regierung ein, ward aber von Danilo bald wieder zur Unterwerfung gezwungen. Von Neuem richtete nun derselbe sein Augenmerk auf die innere Organisation M.'s und die Befestigung seiner Stellung. Letzteres war nicht leicht. Danilo besaß weder das imponirende Aeußere, noch die geistige Fähigkeit seines Vorgängers; dazu konnte er den Montenegrinern nicht einmal materielle Vortheile bieten, da Rußland, sobald es seinen Einfluß in M. durch den österreichischen verdrängt sah, aufhörte, Subsidien zu zahlen. So mußten alle nöthigen Geldmittel aus dem Lande selbst durch Steuern beschafft werden. Indessen suchte Danilo seine Regierungsmaßregeln mit großer Strenge durchzuführen und beseitigte gewaltsam die Opposition, die sich dagegen erhob. Es erfolgten zahlreiche Hinrichtungen und Verbannungen. Unter den Verbannten war selbst der frühere Präsident des Senats, Djaud Petrowich, der greise Pero Petrowich, der Serdar Milo Martinowich u. der Schwestersohn und Liebling des vorigen Vládika, der junge Dichter Stjevan Perowich Cuca. Das neue Gesetzbuch, welches der Fürst am 23. April 1855 erließ, war in seiner drakonischen Strenge ganz besonders darauf berechnet, seinen Befehlen Gehorsam und seiner fürstlichen Würde Ansehen zu verschaffen. Als 1858 ein Aufstand gegen die türkische Herrschaft in der benachbarten Herzegowina ausbrach, verbot Danilo zwar seinen Montenegrinern, irgendwie feindlich in das türkische Gebiet einzudringen; dennoch kam es bald zu blutigen Konflikten. Zuerst war es der Anschluß der Dörfer Djurmani und Missitsch an M., welcher vom Senator Turo Plamenah dazu benutzt wurde, um sich mit 500 Montenegrinern in Spizza festzusetzen. Aber der Anmarsch von 3000 Mann Türken nöthigte die Montenegriner, der Uebermacht zu weichen. Einen neuen Ausbruch der Feindseligkeiten rief sodann der Einfall der Türken in das Gebiet von Grahowo hervor, das zwar auf türkischem Boden liegt, aber unter dem Protektorat von M. steht. Die Montenegriner brachten am 11. Mai den Türken eine vollständige Niederlage bei, worauf die Pforte, zudem von den europäischen Mächten, namentlich Frankreich, gedrängt, am 14. Mai ihre Truppen zurückzog. Verschiedene Unterhandlungen zwischen Danilo und der Pforte, gegen Vergrößerung des Gebiets von M. dem Sultan die Souveränetät über M. zuzugestehen, scheiterten an dem entschiedenen Widerspruch des montenegrinischen Senats. Am 12. Aug. 1860 wurde Fürst Danilo von einem Montenegriner aus Rache meuchlerisch durch einen Pistolenschuß verwundet, an dessen Folgen er am nächsten Tage starb, worauf sein Neffe Nikita (Nikolaus), Sohn des Mikro Petrowich, als Nikolaus I. Petrowich-Ngegusch zum Fürsten von M. ausgerufen ward. Unter diesem kam es in Folge vielfacher Parteinahme M.'s für die von der Türkei abgefallene Herzegowina wieder zum offenen Krieg mit der Pforte. Nachdem Nikita das türkische Ultimatum vom 9. April 1862, welches an ihn die Forderung stellte, sich jeden materiellen und moralischen Beistandes für die Distrikte der Herzegowina zu enthalten, ausweichend beantwortet, überschritten die Türken in zwei Abtheilungen unter Derwisch Pascha und Abdi Pascha vom 19.—23. Nov. bei Nicsich und Sgucz die Grenze M.'s, trugen bei Ostrog (10. Juli) und Ricka (24.—25. Aug.) entscheidende Siege davon und besetzten Anfangs Sept. Cetinje, worauf Nikita die ihm schon am 31. Aug. gestellten Friedensbedingungen annahm. Die innere Verwaltung M.'s blieb nach denselben die seitherige, doch mußten mehre Punkte an der Straße von der Herzegowina nach Scutari durch das Innere M.'s türkischen Besatzungen eingeräumt werden. Letztere Bestimmung ward durch einen neuen Vertrag vom 28. Febr. 1863 wesentlich gemildert und gleichzeitig die Feststellung der Grenzen des Landes gegen die Türkei eingeleitet. Vergl. Wilkinson, Dalmatia and M., London 1848, 2 Bde., deutsch von Lindau, Leipzig 1849, 2 Bde.; Kohl, Reise nach Istrien, Dalmatien und M., Dresden 1851, 2 Bde.; Andrić, Geschichte des Fürstenthums M. bis 1852, Wien 1853; Vaclik, La souveraineté du M., Leipzig 1858; Reinsberg-Düringsfeld, M., in der „Zeit", Leipzig 1858, 2. Bd.

Montenero, 1) (M. di Bisaccia), Flecken in der italienischen Provinz Campobasso (ehemaligen neapolitanischen Provinz Molise), mit Seidenzucht, Wein- u. Oelbau u. 3900 Einw. — 2) Ort in der spanischen Provinz Gerona (Katalonien), bekannt durch die Gefechte vom 17.—20. Nov. 1794 zwischen den Franzosen unter Dugommier u. den Spaniern unter de la Union.

Montenotte, Dorf in der italienischen Provinz Genua, Distrikt Savona, auf dem Apennin und am Erro, bekannt durch das Gefecht am 11. April 1796, in welchem Bonaparte die Oesterreicher unter General Argenteau zurückwarf und letztere einen Verlust von 500 Todten, 2000 Gefangenen und zahlreichen Fahnen und Kanonen erlitten. Dies war der erste Sieg Bonaparte's; zur Verherrlichung desselben wurde 1805 nach der Gründung des ersten Kaiserreichs aus piemontesischen und genuesischen

Landesantheilen ein **Departement M.** gebildet, welches 59½ QMeilen mit 290,000 Einwohnern umfaßte.

Monte-Peloso, Stadt in der italienischen Provinz Potenza (ehemaligen neapolitanischen Provinz Basilicata), ist Bischofssitz, hat eine Kathedrale, Wein- und Oelbau, Seidenzucht und 7000 Einw.; gibt einem Fürstenthum Monte-Peloso den Titel.

Monte-Pulciano, Stadt in der italienischen Provinz (vormals toskanischen Präfektur) Siena, am Chiana, ist Bischofssitz, hat eine schöne Kathedrale, ein bischöfliches Seminar, Gymnasium, Seifen- und Oelfabrikation und 3100 Einw. M. ist besonders seines Weines wegen berühmt, der als der beste toskanische gilt; auch ist die Stadt der Geburtsort des Kardinals Bellarmin. In dem nahen Dorf Chianciano sind Mineralquellen.

Montereale, Stadt in der italienischen Provinz Aquila (ehemaligen neapolitanischen Prov. Abruzzo ulteriore II), ist Bischofssitz, hat ein Schloß und 3600 Einwohner.

Montereau (M.-Fault-Yonne), Stadt im französischen Departement Seine-Marne, am Zusammenfluß der Seine u. Yonne, welche beide überbrückt sind, u. an der Südostbahn (Paris-Dijon-Lyon), welche hier nach Troyes (Basel) abzweigt, wird von dem auf einer steilen Höhe gelegenen Schlosse Surville beherrscht, hat ein Handelsgericht, bedeutende Fabrikation von Fayence, Töpferwaaren, römischem Mörtel und Mosaikziegeln, lebhaften Getreide- und Holzhandel, Thongruben und 6217 Einwohner. Auf der Yonnebrücke ward den 10. September 1419 der Herzog Johann von Burgund von den Begleitern des Dauphins, nachmaligen Königs Karl VII., bei einer Zusammenkunft getödtet. Hier am 18. Febr. 1814 siegreiches Treffen der Franzosen unter Napoleon I. über die Alliirten unter dem Kronprinzen von Würtemberg.

Monterey (Monterrey), 1) kleine befestigte Stadt in der spanischen Provinz Orense (Galicien), am Tamega u. an einem der wenigen Kommunikationswege mit Portugal, hat 117 Einwohner und in der Nähe große Zinnbergwerke. — 2) (San Carlos de M.), Hauptstadt der gleichnamigen Grafschaft im nordamerikanischen Staate Kalifornien, an der gleichnamigen großen, gegen Nordwesten offenen Bai des stillen Oceans, hat einen Hafen, ein Fort, lebhaften Handel und Verkehr und 7000 Einw. Im dortigen Hafen erließ am 6. Juli 1846 der Commodore Sloat, Befehlshaber der nordamerikanischen Südseeflotte, eine Proklamation, durch welche er Kalifornien für die Vereinigten Staaten in Besitz nahm. — 3) Hauptstadt des mexikanischen Departements Neuleon, auf einer Hochebene an einem der oberen Zuflüsse des Rio Tigre, ist Bischofssitz, hat eine Kathedrale und 13,531 Einw. M. wurde 1599 gegründet und am 24. September 1846 von den Nordamerikanern unter Taylor durch Kapitulation genommen.

Monte Rosa, der zweithöchste Gebirgsstock der Alpen, der mit seinen 9 an Höhe wenig von einander verschiedenen (13,002—14,284 Fuß) Gipfeln von Süden gesehen, wohin seine blendend weißen Firnfelder und Gletscher weit leuchten, einer sich eben erschließenden Rose gleicht, bildet den Westpfeiler der penninischen Alpen, wie der Montblanc den Ostpfeiler. Näher als jener dem Gebirgsrand gerückt, tritt er vor allen andern Alpengipfeln im großartigen Panorama von der Höhe des mailänder Doms hervor. Er bildet wie der Montblanc eine selbstständige Centralmasse, aber von einfacherem Bau und weder topisch, noch geognostisch so scharf gesondert wie jener; nach Osten geognostisch so wenig, daß ihn Studer zu der Centralmasse der Tessineralpen rechnet. Keine ausgedehnten Längenthäler schließen ihn ein, über zahlreiche hohe Joche u. durch tiefe Thäler müßte der Reisende steigen, der ihn umwandern wollte; zur Umwanderung des Monterosamassivs selbst bedarf es drei Tage. Einer der höchsten Alpenpässe, das Matterjoch oder der Paß von S. Theodule (10,322 Fuß), liegt in den Schiefern, welche die Monterosamasse von der schwer zugänglichen walliser Gebirgsmasse, mit dem 13,990 F. hohen Weißhorn im Nordwesten, trennen; noch jenseits des 7711 F. hohen Montemoropasses liegt die Grenze gegen die nordöstlich angrenzende Simplon- od. Monteleonemasse. Die Monterosamasse besteht aus einem hochangeschwellten Gneisgewölbe mit zerrissener Umhüllung aus Glimmerschiefer, grauem und grünem Schiefer (Hornblende, Chlorit, Talkschiefer), mit Kalk- u. Dolomitlagern u. ausgedehnten Serpentinen zusammengesetzt. Granit kennt man eingelagert im Gneis und gangförmig; Quarzgänge mit güldischem Schwefelkies haben hier zum höchstgelegenen Bergbau in Europa Anlaß gegeben; die Vincenthütte liegt 9734 F., die höchste Grube 9800 F. über dem Meere. Aus einem Einsturz des Gewölbes leitet Studer die Bildung des großartigsten Cirkusthals der ganzen Alpenkette, des Thals von Macugnaga, ab, gegen das die über 9000 F. hohen Felsgehänge des M. R. abstürzen. Neun Gipfel krönen jenes hohe Gewölbe, die höchsten noch Reste der alten Glimmerschieferdecke. Sie liegen in nordnordöstlicher Richtung, am nördlichsten die leicht ersteigbare, aussichtsreiche Cima di Jazi (Rofelstafelhorn, 12,874 F.), abgetrennt durch den 11,838 F. hohen Weißthorpaß vom Hauptkörper; ihr folgen das Nordende (14,153 F.), die Höchste Spitze (14,484 F.), die Zumsteinspitze (14,064 F.), die Signalkuppe (14,044 F.), die Parrotspitze (13,668 F.), die Ludwigshöhe (13,350 F.), das Schwarzhorn (13,222 F.) und die Vincentpyramide (13,002 F.). Unter rechtem Winkel stößt auf die Parrotspitze ein mit den hohen Gipfeln des Lyskamms (Silberbast 13,074 F.), der Zwillinge (12,644 F.), des Breithorns (12,766 F.), des kleinen Mont Cervin oder kleinen Matterhorns gekrönter Gebirgskamm, der westnordwestlich zum Matterjoch fortzieht, steil aufsteigend aus dem Thal des Gornergletschers, der aus den zahlreichen Firnmulden zwischen diesen beiden Reihen gespeist wird. Kühne Gipfel gehören noch der äußern grünen, serpentinreichen Schieferhülle an, so Strahl-, Nymphisch-, Riffelhorn im Norden und der steilste aller Alpengipfel, der Grand Mont Cervin (Mons Sylvius, großes Matterhorn, 13,848 F.) im Westen; sie wetteifern an Höhe mit den höchsten Alpengipfeln.

Tief herab, nur von dunklen Felsgewänden unterbrochen, umhüllt Firn und Schnee, der bei 9000 Fuß im Norden, höher im Süden beginnt, die Höhen. Seine ausgedehnten Felder sind die unerschöpflichen Quellen zahlreicher Gletscher. An der Nordseite sammelt sich aus 9 Gletschern der 4 Stunden lange, prachtvolle, bis 5672 F. herabsteigende **Gornergletscher**, einer der größten Gletscher der Alpen; nördlich von ihm liegt der große **Findelengletscher**; im Westen kommt vom Matterjoch der **S. Theodulegletscher**. Unter den zahlreichen Gletschern der Südseite sind der **Lys-** und der großartige **Macugnagagletscher** die wichtigsten. Auf der Nordseite fließen alle Gewässer dieser Gehänge durch die Visp zur Rhone ab; das St. Nikolaithal, in dem Zermatt 5073 F. hoch liegt, führt mitten in das Monterosagebirge hinein; der darüber, zwischen Gorner- und Findelengletscher, gelegene **Gornergrat** (9757 F.) ist neuerlich wegen seines großartigen Panorama's einer der besuchtesten Aussichtspunkte der Alpen geworden. Von der Süd- u. Südostseite des Gebirgsstocks fließen die Gletscherbäche sämmtlich zum Po, die Lys durch die Dora baltea, andere sammeln sich zur Sesia, und der Abfluß des Macugnagagletschers, die Anzasca, ist ein mittelbarer Zufluß des Lago Maggiore. Von Süden her bietet das Rothhorn über dem Lysthal eine prachtvolle Ansicht des M. R. dar. Hoch reicht in diese Thäler der Anbau der Cerealien hinauf und mit ihnen die Winterwohnungen des Menschen, an der Südseite im Lysthal bis 5925 F., bei der Findelenkapelle im Norden noch bis 6220 F. Die Grenze der Koniferenwälder (Lärche) liegt an der Nordseite zwischen 6800 u. 7200 F. (Zermatt), im Süden zwischen 6300 u. 7000 F. (Lysthal). Ueber dem Nadelwald folgt der Gürtel der strauchigen Grünerle u. der Alpenrosen, noch einige hundert Fuß höher reichend. Die Alpen des Monterosagebiets sind ein Eldorado an Schätzen seltener Pflanzen für den Botaniker; noch bis 11,464 F. reichen an der Nordseite, bis 11,770 F. an der Südseite einzelne phanerogamische Pflanzen als verlorne Vorposten. Nirgends rücken die Pflanzenregionen so dicht zusammen wie am M. R.; 6 Meilen Entfernung sind es nur von den Grenzen des ewigen Eises bis zu den Citronengärten, zu Lorbeer und Myrtengebüsch auf den borromeischen Inseln. Die Felikalp im Lysthal ist bei 7800 F. Höhe wohl die höchste der ganzen Alpenkette. Von jagdbaren Thieren hat sich, unter den Schutz der Gesetze gestellt, hier noch der seltene Steinbock erhalten. Der Monterosastock ist ringsum von Deutschen bewohnt, selbst die Bewohner der obersten Thalgründe der italienischen Südseite sind Deutsche, wahrscheinlich über die einst gangbareren hohen Pässe eingewanderte Walliser. Gressoney im Lysthal, Macugnaga im Anzascathal sind die Hauptorte dieser deutschen Kolonie. Einst war hier blühender Bergbau; schon die Römer betrieben die Bergwerke, insbesondere die Goldbergwerke des Anzascathals (Vallis Antuatium), mittelst 5000 Sklaven zu Plinius' Zeiten, und noch im Mittelalter waren sie sehr ergiebig, jetzt sind sie verlassen. Saussure, der Gründer der Physik der Alpen, machte einen ersten Versuch zur Besteigung des M. R., erreichte aber nur den 9564 F. hohen Pizzo bianco (weiße Spitze). Den Versuch des Physikers Parrot 1817 vereitelten Nebel; glücklicher war sein Begleiter Zumstein aus Gressoney, der in Gesellschaft seines Freundes Vincent 1819 zuerst eine der Monterosaspitzen erklomm. Zumstein wiederholte die Besteigung noch viermal in den Jahren 1820—22 und maß zuerst den Gipfel barometrisch. Ludwig v. Welden, Chef der damals durch den österreichischen Generalstab vorgenommenen Triangulirung, bestieg die dritte Spitze u. gab eine von einer Karte begleitete Monographie des Bergs (Wien 1824) heraus, lenkte auch zuerst die Aufmerksamkeit auf die deutschen Kolonien am M. R., die später mehrfach der Sprachstudien wegen besucht wurden (**Schott**, Deutsche Kolonien in Piemont, 1842). **Hirzel-Escher** (Wanderungen in wenig besuchten Alpengegenden der Schweiz) u. **Engelhard** (Naturschilderungen in den höchsten Schweizeralpen, 1850; Das Monterosa- u. Matterhorngebirge, 1852) machten auf die reiche Alpennatur aufmerksam. **Agassiz** (Etudes sur les glaciers, Neufchat. 1840, mit Atlas, übersetzt) u. **Forbes** (Travels through the Alps of Savoy, 1844), später die Brüder **Schlagintweit** (Neue Untersuchungen über die physikalische Geographie u. die Geologie der Alpen, 1851) wurden durch ihre wissenschaftlichen Arbeiten hierher geführt. Seitdem ist Zermatt mit dem Riffelhaus ein Ziel vieler Touristen, und den Brüdern Smitz gelang es, von dort auch die höchste Spitze zu erreichen, die jetzt jährlich bestiegen wird, und zwar gefahrloser als die des Montblanc.

Montesa, Stadt in der spanischen Provinz Valencia, mit 1216 Einwohnern und einem 1748 durch ein Erdbeben zerstörten Schloß, dem ehemaligen Sitz des gleichnamigen **Ritterordens**.

Monte-San-Angelo, Stadt in der italienischen Provinz Foggia (ehemaligen neapolitanischen Provinz Capitanata), hat eine Wallfahrtskirche, Oelbau und 12,000 Einw.

Monte-San-Giuliano, Stadt in der italienischen Provinz Trapani, auf der Insel Sicilien, auf dem gleichnamigen **Berge**, dem alten Eryx; auf ihm die Ruinen des alten Drepanum, jetzt Schloß Trepanto de Monte, Trümmer eines Venustempels und Karmeliterkloster mit einem wunderthätigen Marienbild; die Stadt hat 12,340 Einw.

Monte-San-Savino, Stadt in der italienischen Provinz (ehemaligen toskanischen Präfektur) Arezzo, am Chiana, mit Seidenzucht und 7380 Einw.

Montesarchio, Stadt in der italienischen Provinz Avellino (ehemaligen neapolitanischen Prov. Principato ulteriore), am östlichen Abhange des Monte Taburno, mit Kastell, Kathedrale und dem Titel eines Fürstenthums, zählt 8000 Einw.

Monte-Scaglioso, Stadt in der italienischen Provinz Potenza (ehemaligen neapolitanischen Prov. Basilicata), auf einem hohen Berge am Brandand, ist Bischofssitz, hat ein Schloß, eine Kathedrale, Baumwollenbau und 7000 Einw.

Montespan, **Françoise Athenaïs, Marquise von**, Mätresse Ludwigs XIV. von Frankreich, geboren 1641, Tochter Rochechouarts, Herzogs von Mortemart, verheirathete sich 1663 mit dem Marquis von M. u. ward durch ihn Ehrendame der Königin. Weniger durch Schönheit als durch anmuthiges u. geistreiches Wissen ausgezeichnet, erregte sie die Aufmerksamkeit Ludwigs XIV., der um ihretwillen die Lavallière verließ. Der Marquis, der das Verhältniß nicht zugeben wollte, ward erst in die Bastille gesetzt, dann auf seine Güter verbannt, und 1676 ward seine Ehe endlich durch ein Urtheil des Châtelet geschieden. Seit 1668 beherrschte die M. den König völlig und wußte ihre Macht zur Befriedigung ihres Ehrgeizes zu benutzen. Als Erzieherin ihrer Kinder hatte sie die Frau Scarron, nachmalige Frau von Maintenon (s. d.), angenommen, sah sich aber von derselben allmählig aus der Gunst des Königs verdrängt u. ward 1686 vom Hof, 1691 auch aus Paris verwiesen, worauf sie theils auf ihren Gütern, theils zu Bourbon lebte. Später trat sie in den Orden der Töchter des heiligen Jakob. Sie † im Mai 1707 in den Bädern zu Bourbon l'Archambault. Ihrem Gemahl hatte sie Einen Sohn, den Herzog von Antin, Ludwig XIV. 8 Kinder geboren, u. A. den Herzog von Maine, den Grafen von Verin († 1683), Mademoiselle de Nantes, vermählt mit dem Herzog von Bourbon, Mademoiselle de Tours († 1681), Mademoiselle de Blois, vermählt mit dem Herzog von Orléans, und den Grafen von Toulouse. Vgl. Mémoires de Madame la marquise de M., Paris 1829, 2 Bde.

Montesquieu, Charles de Sécondat, Baron de la Brède et de, berühmter französischer philosophisch-politischer Schriftsteller, geboren den 18. Januar 1689 zu Brède bei Bordeaux, widmete sich dem Studium der Rechte, ward 1714 Rath beim Parlament zu Bordeaux und zwei Jahre später Präsident desselben. In dieser Stellung ward er auch Mitbegründer der Akademie daselbst. Die literarische Laufbahn betrat er mit den „Lettres persanes" (Paris 1721; deutsch von Michaelis, Landshut 1803), worin er unter der Maske eines Persers vom Standpunkt des Naturmenschen aus das damalige politische, sociale und literarische Treiben der Franzosen mit geistreichem Spott geißelte. Einen Kommentar zu diesen Briefen lieferte Meyer (Paris 1841). Um die Gesetze und Verfassungen der europäischen Kulturstaaten, die er in seinem „Esprit des lois" darzustellen beabsichtigte, näher kennen zu lernen, legte er seine Stelle nieder (1726) und bereiste Deutschland, Ungarn, Italien, die Schweiz, Holland und England, wo er zwei Jahre blied und zu London in die königliche Societät der Wissenschaften aufgenommen ward; kurz zuvor war er auch zum Mitglied der pariser Akademie ernannt worden. Nach seiner Rückkehr auf sein Schloß Brède schrieb er die „Considérations sur les causes de la grandeur et de la décadence des Romains" (Paris 1734; deutsch von Hacke, Leipzig 1828), nach Inhalt und Form sein vollendetstes Werk, sowie unter dem Pseudonym Charles d'Outrepont die „Dialogues de Sylla et de Lysimaque" (Paris 1748), worin er das Wesen eines Despoten aufs feinste darlegt. Nach langen Vorstudien erschien endlich sein Hauptwerk „Esprit des lois" (Genf 1748, 2 Bde.; deutsch von Hauswald, Halle 1829, 3 Bde.), der erste Versuch, die Entwickelung gesetzlicher Institutionen und ihr Naturverhältniß zu lokalen u. socialen Bedingungen in den verschiedenen Ländern in einem Ueberblick darzustellen. Indem er jedoch die Religion und Moral lediglich von klimatischen und Bodenverhältnissen abhängig wähnte, dem Rechts- und Pflichtsgefühl in der Staatsmaschine eine untergeordnete Stellung anwies und die absolute Rechtsidee dem Princip opferte, daß des Volks Wohl das höchste Gesetz sei, konnte das von ihm aufgestellte System keinen Anspruch auf allgemeine Zustimmung erheben. Einen geistreichen Kommentar zu dem Werke lieferte Destutt de Tracy (Paris 1819). Von M.'s übrigen Werken sind seine „Lettres familiaires" (Rom 1767) und der „Temple de Guide", letzteres, eine Art Gedicht in Prosa, ein der frivolen Zeitrichtung dargebrachtes Opfer, zu nennen. Er † zu Paris den 10. Februar 1755. Ausgaben seiner sämmtlichen Werke lieferten u. A. Auger (Paris 1819, 8 Bde.), Destutt de Tracy und Villemain (das. 1827, 8 Bde.) und Lefebvre (das. 1839, 2 Bde.). Eine deutsche Uebersetzung lieferte Schäfer (Hamburg 1827, unvollendet). Die „Oeuvres posthumes" erschienen London 1783; deutsch von Köster, Altenburg 1798 und Leipzig 1805. Vergl. Villemain, Eloges de M., Paris 1826.

Montesquiou-Fézensac, 1) Anne Pierre, Marquis von M., geboren zu Paris den 17. Oktober 1739, war beim Ausbruche der Revolution Oberstallmeister bei dem nachherigen König Ludwig XVIII. und Maréchal de camp, ward vom pariser Adel zur Nationalversammlung beordert und entfaltete hier bei den Verhandlungen über die finanziellen Angelegenheiten bedeutende Talente. Gegen das Ende der Session mit dem Oberkommando bei der Südarmee betraut, fiel er im September 1792 in Savoyen ein, ward jedoch von den Jakobinern als Adeliger angeklagt und entfloh in die Schweiz, wo er in näherem Verkehr mit dem nachmaligen König Ludwig Philipp lebte. Er † zu Paris am 30. December 1798.

2) François Xavier Marc Antoine, Herzog von M., geboren 1757 auf dem Schlosse Marsan bei Auch, war Abbé und Generalagent des Klerus, als ihn die Geistlichkeit 1789 zum Deputirten zur Versammlung der Generalstaaten erwählte. Hier vertheidigte er anfangs die alten Zustände, schloß sich dann aber der siegenden Partei an. Im Lauf des Jahres 1790 nahm er zweimal den Präsidentenstuhl in der konstituirenden Versammlung ein und verfocht mit Energie die Rechte der Volksrepräsentation, wogegen er sich der gänzlichen Aufhebung der religiösen Orden und der Einführung der Civilkonstitution des Klerus widersetzte. Nach Eröffnung der gesetzgebenden Versammlung zog er sich ins Privatleben zurück, wanderte nach den Ereignissen des 10. August 1792 aus und kehrte erst unter dem Direktorium nach Frankreich zurück, wo er in jenem berühmten Brief den Konsul Bonaparte aufforderte, den Thron für die Bourbons wieder aufzurichten. Nach der ersten Restauration ward M. Mitglied der provisorischen Regierung, und vom 13. Mai 1814 bis zu Napoleons I. Rückkehr war er Minister des Innern, in welcher Stellung er den Ultrakonservativen zu den reaktionärsten Maßregeln die Hand bot. Nach der zweiten Restauration ward er im August 1815 zum Pair, 1821 zum Herzog ernannt. Er † am 4. Februar 1832 auf dem Schlosse Cirey.

3) Ambroise Anatole Auguste, Graf von M., französischer Pair, geboren am 8. August 1788, ward Maréchal de camp und 1841 Pair von Frankreich, war unter Ludwig Philipp Ehrenkavalier der Königin und begleitete im Februar 1848 die Herzogin von Orléans mit ihren Söhnen auf der Flucht von Paris über den Rhein.

Monte-Tonale, Berg auf der Grenze der italienischen Provinz Sondrio (Veltlin) und des tyroler Bezirks Sulzberg, 6287 Fuß hoch. Seit neuester Zeit führt über denselben eine der wichtigsten Militärstraßen aus Tyrol nach dem Veltlin. Hier 1799 und 1809 Treffen zwischen Tyrolern und Franzosen, 1848 zwischen Tyrolern und Italienern.

Monteur (franz.), ein Arbeiter, der die Maschinen einrichtet und in Stand erhält.

Monteverde, 1) Stadt in der italienischen Provinz Avellino (ehemaligen neapolitanischen Provinz Principato ulteriore), am Ofanto, Bischofssitz, mit 3000 Einwohnern. — 2) Inselgruppe im großen Ocean, zum Karolinenarchipel gehörig, umfaßt 29 niedrige, waldige Inseln, 1806 entdeckt, von Malayen bewohnt.

Monteverde, Claudio, berühmter Tonsetzer, geboren zu Cremona um 1566, kam als Virtuos auf der Bratsche in die Dienste des Herzogs von Mantua, genoß hier noch den Unterricht Ingegneri's in der Komposition und ward 1620 Kapellmeister an der St. Marcuskirche zu Venedig. Er † im Oktober 1649. Außer seinen Opern: „Orfeo", „Proserpina rapita", „Ariana", „Adone" u. „L'incoronazione di Papea", schrieb er noch zahlreiche Messen, Madrigale, Hymnen ꝛc., welche meist zu Venedig erschienen. Er war einer der Ersten, welche für Instrumente komponirten.

Montevideo, Hauptstadt der südamerikanischen Republik Uruguay (welche früher selbst M. genannt wurde), am nördlichen Ufer der Mündung des Rio de la Plata in den atlantischen Ocean, amphitheatralisch auf einer kleinen Halbinsel gelegen, besteht aus der alten Stadt, die sich vom Fort San Jose bis zum großen Markt erstreckt, und aus der neuen Stadt, beinahe gänzlich von fremden Einwanderern erbaut und fast nur eine einzige Straße bildend. M. hat einen Hafen (einer der besten an der atlantischen Küste von Südamerika) mit Leuchtthurm, eine Citadelle auf einem sich 450 Fuß über das Meer erhebenden Berge (Cerro), eine schöne Kathedrale, ein Kollegium, chirurgisch-medicinisches Institut, historisches Institut, eine Münze u. lebhaften Handel mit Buenos-Ayres, Brasilien, den Vereinigten Staaten, Frankreich, England, Spanien, Portugal und Italien (Kurse werden auf London notirt; in handelsrechtlicher Beziehung gilt der Code Napoléon). Hauptausfuhrartikel sind Felle und getrocknete Häute, Fett, Oel, Knochen, Horn, Wolle, getrocknetes und gesalzenes Fleisch, Ochsenzungen ꝛc.; Haupteinfuhrartikel: Manufakturwaaren, Bijouterien, Weine, Branntwein, Mehl, Tabak, Möbeln ꝛc. Der Handel hat in neuerer Zeit durch die fortwährenden Wirren ziemlich gelitten. Die Bevölkerung der Stadt betrug 1860 37,787 Einwohner und 1862 nach Vereinigung der Ortschaften Cordon und Aguada mit ihr 45,756 Einw. M. wurde 1726 unter dem Namen M. oder San-Felipe von dem spanischen Gouverneur von Buenos-Ayres durch Ansiedelung kanarischer Familien gegründet und war während des Unabhängigkeitskampfes ein Hauptschauplatz der Kriegsereignisse. In Folge von feindseligen Beziehungen zu Brasilien ward es nach am 21. Februar 1865 erfolgter Kapitulation von brasilianischen Truppen besetzt.

Monte Viso, Berg der cottischen Alpen, auf der Grenze der französischen Departements Ober- und Niederalpen und der italienischen Provinz Turin; der höchste Gipfel desselben, 9312 Fuß hoch, liegt auf italienischem Gebiet. Hier sind die Quellen des Po auf italienischer und der Guil auf französischer Seite.

Montez, Lola, eine durch ihre Abenteuer bekannte Tänzerin, 1820 zu Montrose in Schottland als illegitime Tochter eines schottischen Offiziers, Namens Gilbert, und einer Kreolin geboren, ward in einer Pensionsanstalt zu Bath erzogen und heirathete 1837 einen Lieutenant, Namens James, dem sie 1838 nach Ostindien folgte. Aber schon im Herbst 1840 verließ sie ihren Gatten und kehrte nach Europa zurück. Auf der Ueberfahrt trat sie in ein intimes Verhältniß mit einem jungen schottischen Adeligen, dem Lieutenant Lennox, u. führte hierauf in verschiedenen Städten Englands ein abenteuerliches Leben. Auch Lord Malmesbury unterhielt eine Zeitlang ein Verhältniß mit ihr. In Paris vertauschte sie ihren englischen Namen Rosanna Gilbert oder Mrs. James mit dem Namen Lola oder Dolores M. und bereiste sodann als spanische Tänzerin einen großen Theil von Europa. Ihre Konflikte mit der deutschen und russischen Polizei, die zahlreichen Duelle, die um ihretwegen ausgefochten wurden, verschafften ihr einen gewissen Ruf; zuletzt aber wurde sie fast überall ausgewiesen. Im Jahre 1846 wußte sie zu München, wo sie ebenfalls als Tänzerin auftrat, die Gunst des Königs zu gewinnen. Ihrem Einflusse wurde der Sturz des ultramontanen Ministeriums Abel zugeschrieben, welches sich ihrer Erhebung in den Grafenstand, die der König seiner Favoritin hatte angedeihen lassen wollen, widersetzt hatte. Mit Einwilligung des neuen Ministeriums erhielt sie darauf das bayerische Indigenat und den Titel und Rang einer Gräfin von Landsfeld. Aber durch ihre Verschwendung und ihren Uebermuth erregte sie bald Erbitterung im Volke, und als Anfang Februar 1848 durch Lola hervorgerufene studentische Konflikte die Schließung der Universität veranlaßten, bewirkte dies eine solche Gährung im Volke, daß Ludwig I. in die Entfernung der Gräfin willigen mußte. Nachdem Ludwig die Krone niedergelegt, ward Lola auch das bayerische Indigenat officiell entzogen, u. die Polizei erhielt Auftrag, auf ihre Person zu fahnden. Lola wandte sich nun nach mancherlei Irrfahrten nach London, wo sie sich 1849 mit einem Lieutenant der Garde, Namens Heald, verheirathete, doch trennte sich dieser schon im folgenden Jahre in Spanien wieder von ihr. Im Jahre 1852 begab sich Lola nach Nordamerika, betrat hier als Darstellerin und Tänzerin wieder die Bühne und spielte sogar in eigens dazu verfaßten Stücken ihre Erlebnisse in Bayern, wobei sie als vom Volk hoch gefeierte Befreierin dieses Landes vom ultramontanen Joch erschien. Im Sommer 1853 reiste sie nach Kalifornien u. verheirathete sich hier noch zweimal, mit dem Zeitungsredakteur Hull, sodann mit einem deutschen Arzte. Nach des letzteren Tode kehrte sie nach Newyork zurück und hielt hier öffentliche Vorlesungen über politische und sociale Verhältnisse. Im Jahre 1855 ging sie nach Australien, wo sie wieder theatralische Vorstellungen gab; 1856—58 finden wir sie wieder in den Vereinigten Staaten, 1859 in London, Anfangs 1860 wieder in Newyork. Hier † sie den 17. Jan. 1861 in großer Dürftigkeit.

Montezuma, der letzte Beherrscher des mexikanischen Reichs vor dessen Eroberung durch die Spanier, folgte 1502 seinem gleichnamigen Vater auf dem Thron, entfremdete sich aber durch Bevorzugung der Vornehmen und durch seine Nachgiebigkeit gegen die 1519 unter Cortez gelandeten Spanier sein Volk und ward bei einem Aufstand desselben gegen jene 1520 getödtet. Näheres s. Cortez. Seine hinterlassenen Kinder nahmen die christliche Religion an. Sein ältester Sohn erhielt von Karl V. den Titel eines Grafen von M. Der letzte Nachkomme seines Geschlechts, Don Marsilio de Terual, Graf von M., spanischer Grande erster Klasse, geboren 1786, ward als Anhänger der liberalen Partei von Ferdinand VII. aus Spanien verwiesen, ging darauf nach Mexiko, wurde aber auch hier verbannt und † zu Neworleans den 22. Okt. 1836.

Montfaucon, Stadt im französischen Departement Oberloire, Arrondissement Yssingeaux, hat Bandfabrikation, Holzhandel und 1300 Einwohner. Hier am 18. Januar 1800 Friede zwischen der französischen Republik und den aufständischen Vendéern.

Montfaucon, Bernard de, gewöhnlich latinisirt Montefalco genannt, namhafter Alterthumsforscher, geboren den 13. Januar 1655 auf Soulage im Languedoc, widmete sich anfangs dem Kriegsdienst, trat aber 1675 in den geistlichen Stand und ward Mitglied der Kongregation der Benediktiner von Saint-Maur. Von 1698—1701 bereiste er behufs gelehrter Forschungen Italien und zog sich sodann in das Kloster St.-Germain zu Paris zurück, wo er den 21. December 1741 †. Von seinen Werken sind hervorzuheben: „Palaeographia graeca" (Paris 1708), „L'antiquité expliquée et représentée en figures" nebst Supplementen (französisch und lateinisch, das. 1719—24, 15 Bde.; deutsch im Auszuge von Roth, Nürnberg 1807); „Les monuments de la monarchie française" (französisch und lateinisch, Paris 1729—33, 5 Bde.); „Diarium italicum" (das. 1702); „Collectio nova patrum et scriptorum graecorum" (das. 1706, 2 Bde.); „Bibliotheca Coisliniana, olim Segueriana" (das. 1715) und „Bibliotheca bibliothecarum manuscriptorum nova" (das. 1739, 2 Bde.).

Montferrand, ehemalige Stadt im französischen Departement Puy-de-Dôme, jetzt eine Vorstadt von Clermont (s. d.).

Montferrand, Augustin Ricard, genannt de M., namhafter Architekt, geboren den 24. Jan. 1786 zu Chaillot in Frankreich, bildete sich in seinem Vaterland und kam 1816 nach Petersburg, wo er 1819 den Bau der Isaakskathedrale übertragen erhielt. Daneben entwarf er von 1817—21 die Pläne für die Jahrmarktsbauten in Nishnij-Nowgorod, das Exercirhaus in Moskau, den Vauxhall und den gothischen Pavillon zu Katharinenhof und leitete 1836 die Ausgrabung und Aufstellung der großen Glocke im moskauer Kreml, 1829 die Errichtung der Gedenksäule des Kaisers Alexander I. und 1856 des Monuments des Kaisers Nikolaus. Er † wenige Wochen nach Vollendung der kolossalen Isaakskathedrale, den 10. Juli 1858.

Montferrat, ehemals selbstständiges, von Piemont, Mailand und Genua begrenztes Herzogthum, jetzt ein integrirender Theil des Königreichs Italien, zur Provinz Turin gehörig. Es zieht sich lang und schmal von Norden nach Süden in zwei getrennten Theilen zwischen den Seealpen und dem Po liegend und umfaßt 50 □Meilen. Die Hauptstadt war Casala. M. war zur Zeit des römischen Reichs ein Stück von Ligurien und kam um 250 v. Chr. unter römische Herrschaft. Seit 568 n. Chr. gehörte es zum longobardischen, seit 773 zum fränkischen Reiche. Karl der Große setzte zur Verwaltung desselben Grafen ein, die später zu Markgrafen erhoben wurden. Durch Erbschaft kam das Land 1306 an einen Seitenzweig des griechischen Kaiserhauses der Paläologen und 1536 an Mantua. Im Jahre 1574 wurde M. von Maximilian II. zu einem Herzogthum erhoben. Als 1627 der männliche Stamm des Herzogs Friedrich von Gonzaga erlosch, ward M. nebst Mantua dem Herzog Karl I. von Nevers und Rethel übertragen. Erst als 1703 der Kaiser Leopold I. dem der Felonie schuldigen Herzog Karl IV. von Mantua M. abgenommen hatte, kam dieses an Savoyen.

Montfoort, Stadt in der niederländischen Provinz Utrecht, Bezirk Amersfoort, links an der Yssel, hat ein Schloß mit einer Erziehungsanstalt, bedeutende Viehmärkte und 1746 Einw.

Montfort, 1) (M. l'Amaury), Stadt im französischen Departement Seine-Oise, amphitheatralisch an einem mit einer Schloßruine gekrönten Hügel gelegen, fabricirt vorzüglichen Käse, treibt ansehnlichen Handel mit Obst, Obstwein, Getreide ꝛc. und hat 1596 Einwohner. — 2) (M. la Canne), Hauptstadt eines Arrondissements (18 □Meilen mit 60,375 Einwohnern) im französischen Departement Ille-Vilaine, am Zusammenfluß des Meu mit dem Chaillour, mit alten Mauern umgeben, hat einen Gerichtshof, ein Collége, Leinwand- und Papierfabrikation, Handel mit Eisen, Korn, Wolle, Leder, Schmiede-, Kupfer-, Blech- und Messingwaaren, eine Mineralquelle u. 2168 Einw.

Montfort l'Amaury, ausgestorbenes französisches Dynastengeschlecht, das seinen Ursprung von Amaury (Amalrich), Grafen von Hennegau, um 952, herleitet. Die namhaftesten Sprößlinge desselben sind:

1) Simon IV., Graf von M. und von Leicester, geboren um 1150, betheiligte sich 1199 bis 1200 an einem Kreuzzug nach Palästina, befehligte sodann eine Kreuzfahrt gegen die Albigenser und siegte 1213 bei Murat gegen den König von Aragonien und Raimund VI., Grafen von Toulouse, wobei ersterer blieb, M. aber des letzteren Besitzungen raubte. Im Jahre 1218 von Raimund in Toulouse belagert, fand M. am 25. Juni bei einem Ausfalle den Tod.

2) Amaury VI., Graf von M., Sohn des Vorigen, setzte den Kampf gegen die Albigenser fort, wurde aber so in die Enge getrieben, daß er dem König Ludwig III. seine Rechte auf alle erhaltenen Staaten abtrat. Im Jahre 1239 ging er nach Palästina, ward bei Gaza gefangen und nach Kairo gebracht, 1241 aber wieder freigegeben. Er † auf der Rückkehr zu Otranto.

3) Simon von M., Graf von Leicester, der englische Catilina genannt, Bruder des Vorigen, geboren 1206, verließ Frankreich in Folge eines Streits mit dem Hofe, ging nach England und ward hier zum Grafen von Leicester ernannt. Im Jahre 1239 beim König in Ungnade gefallen, kehrte er in sein Vaterland zurück, ging aber 1246 wieder nach England und stellte sich hier an die Spitze der aufrührerischen Barone. In dem 1258 ausbrechenden Bürgerkriege focht er mit Glück gegen die königliche Armee, nahm den Kronprinzen Eduard gefangen und zwang den König 1263, einen schimpflichen Vergleich zu unterzeichnen. Bald aber brachen die Unruhen von Neuem aus, und der König verlor 1264 bei Lewes gegen M. Sieg und Freiheit. Letz-

terer berief hierauf, des päpstlichen Bannes nicht achtend, 1265 ein demokratisches Parlament, fiel aber am 5. August 1265 in dem Treffen bei Evesham.

Montfrin, Stadt im französischen Departement Gard, Arrondissement Nismes, am Einfluß der Gardon in die Rhone, fabricirt Oel und Leinwand, hat Salpetersiedereien, eine Mineralquelle und 2667 Einwohner.

Montgelas, Maximilian Joseph, Graf von, bayerischer Minister, geboren zu München den 12. Sept. 1759 aus einem savoyischen, in Bayern eingebürgerten Geschlechte, studirte zu Nancy und Straßburg, ward 1777 kurbayerischer Hofrath und 1779 Kammerherr des Kurfürsten Karl Theodor und Rath bei der Büchercensur, verlor diese Stellen aber 1785 wegen seiner Hinneigung zu den Ansichten des Illuminatenordens u. lebte hierauf eine Zeitlang am Hofe zu Zweibrücken. Maximilian Joseph ernannte ihn 1795 zum Regierungsrath, 1796 zum wirklichen geheimen Rath, 1799 zum Minister der auswärtigen Angelegenheiten, 1803 der Finanzen, 1806 des Innern und 1809 wieder der Finanzen. In diesen Stellungen hat sich M. um die politische, administrative und geistige Hebung des bayerischen Volks- und Staatslebens unbestreitbare Verdienste erworben. Im Jahre 1810 ward er in den Grafenstand erhoben. Der Einführung einer Konstitution, welche Max Joseph beabsichtigte, durchaus abgeneigt, erhielt er 1817 seine Entlassung. Im Jahre 1819 zum erblichen Reichsrath ernannt, † er zu München den 13. Juni 1838. Sein ältester Sohn, Maximilian Joseph Philipp Wilhelm, Graf von M., den 16. April 1807 geboren, ist erblicher Reichsrath und Direktor der bayerischen Hypotheken- und Wechselbank, der jüngere, Ludwig Max Joseph, Graf von M., geboren den 19. März 1814, bayerischer Gesandter am preußischen Hofe.

Montgolfier, Jacques Etienne, der Erfinder des Luftballons, geboren den 5. Januar 1745 zu Vidalon les Annonay im französischen Departement Ardèche, widmete sich mit seinem Bruder Joseph Michel dem Studium der Mathematik, Mechanik und Physik und übernahm sodann mit demselben die Papierfabrik des Vaters, die das erste Velinpapier lieferte. Die Bemerkung, daß die von der Hitze verdünnte Luft papierne Deckel in die Höhe zu heben vermag, leitete Etienne zur Erfindung des nach ihm anfangs Montgolfière genannten Luftballons, (s. d.), mit dem die Brüder 1783 zu Annonay den ersten großen Versuch machten. Diese Erfindung, über die sie auch mehre Schriften veröffentlichten, verschaffte Beiden die Aufnahme in die Akademie der Wissenschaften. Etienne † den 2. August 1799 zu Servières. Sein Bruder, Joseph Michel, geboren 1740, machte sich außerdem noch durch mehre eigene Erfindungen, besonders die der Wasserschraube und des Kalorimeters, berühmt. Nach Ausbruch der Revolution ging er nach Paris, wo er später als Administrator am Kunst- und Gewerbskonservatorium angestellt wurde. Von ihm ging 1807 die erste Idee zur Errichtung einer Gesellschaft zur Ermunterung der Industrie aus. Er † den 26. Juni 1810 in den Bädern zu Balarne.

Montgolfiersche Wassermaschine, s. v. a. Hydraulischer Widder.

Montgomery, 1) (Montgomeryshire), Grafschaft im nördlichen Theile des englischen Fürstenthums Wales, zwischen den Grafschaften Merioneth, Denbigh, Salop, Radnor u. Cardigan, umfaßt 38,26 □Meilen mit (1861) 66,916 Einwohnern. Der größte Theil der Grafschaft ist mit kahlen, höchstens mit Heidekräutern bewachsenen Bergen bedeckt; die höchsten davon sind der Plinlimon, 2463 Fuß hoch, im Südwesten u. die Berwynkette, 2037 F. hoch, im Nordwesten. Nach Osten zu erweitern sich die Thäler u. werden fruchtbar. Die bedeutendsten Flüsse sind: der Severn (Savern), welcher im Norden des Plinlimon entspringt, gegen Nordosten fließt u. den Rhiw u. Virnvy aufnimmt; die Wye entspringt im Süden des Plinlimon u. fließt südlich zum Bristolkanal, der Dovey zum St. Georgskanal. Die Grafschaft wird von mehren Kanälen durchschnitten; der bedeutendste davon, der Montgomerykanal, fließt längs des Severn. Das Klima ist mild und gesund. Hauptprodukte sind: Getreide, Flachs, Hülsenfrüchte, Gemüse, Eichenholz; kleine, aber ausdauernde Pferde, Schafe, Rindvieh, Wild (besonders Geflügel); Blei, Silber, Kupfer u. Zink, Bau-, Schiefer- u. Mühlsteine. Die Industrie beschäftigt sich besonders mit Wollenwaaren u. Flanell, nächstdem mit Bergbau; der Handel ist ziemlich lebhaft. Die gleichnamige Hauptstadt, an einem vom Severn bespülten Hügelabhange, dessen Gipfel die Ruine einer ehemaligen Burg trägt, hat ein schönes Rathhaus, eine Freischule, das Grafschaftsgefängniß und 1276 (einschließlich des Wahlbezirks 18,037) Einw. — 2) (M.-City) Hauptstadt des nordamerikanischen Staats Alabama, an dem hier schiffbar werdenden Alabamaflusse, hat Eisenbahnverbindung nach Atlante in Georgia (Montgomery-Westpointbahn) u. nach der Mobilebai, lebhafte Dampfschifffahrt, bedeutenden Baumwollenhandel und 10,000 Einw. Im Jahre 1849 brannte das hiesige Staatenhaus nieder. Auch eine Menge Grafschaften u. Ortschaften (Townships) in andern nordamerikanischen Staaten heißen M. — 3) Gruppe des Lieu-khieu-archipels (Südostasien).

Montgomery, 1) Gabriel de M., französischer Ritter, stammte aus einer ursprünglich schottischen Familie u. war Offizier in der schottischen Leibgarde. Bei einem Turnier am 30. Juni 1559 hatte er das Unglück, dem König Heinrich II. von Frankreich, mit dem er eine Lanze brach, durch einen Splitter derselben ein Auge auszustechen u. dadurch den Tod desselben zu veranlassen. Nachdem sich M. in Folge dieses Vorfalls eine Zeitlang auf seinen Gütern u. in England, wo er zum Protestantismus übertrat, aufgehalten, kehrte er beim Ausbruch des Bürgerkriegs zurück, focht in den Reihen der Reformirten u. vertheidigte 1562 Rouen gegen die königliche Armee. Nach dem Fall der Stadt entfloh er nach der Normandie. Im Jahre 1569 eilte er der bedrängten Königin von Navarra, Jeanne d'Albret, zu Hülfe, besiegte den Marschall Terrides u. nahm ihn bei der Einnahme von Orthez gefangen. Obgleich mit Coligny zum Tode verurtheilt, kam er doch nach dem Frieden von St. Germain nach Paris. Den Metzeleien der Bartholomäusnacht durch glückliche Umstände entgangen, begab er sich nach England und führte 1573 von hier aus eine von ihm geworbene Flotte zum Entsatz von Rochelle herbei, wandte sich, da dieses Unternehmen nicht gelang, in die Normandie, sammelte hier ein ziemlich starkes Corps

Hugenotten u. begann auf eigene Faust den Krieg, mußte sich aber den 27. Mai 1573 bei Domfront ergeben u. ward nach längerer Einkerkerung auf Befehl der Katharina von Medici den 27. Mai 1574 zu Paris enthauptet. Er hinterließ 9 Söhne, sämmtlich tapfere Krieger.

2) **James**, englischer Dichter und Publicist, geboren den 4. Nov. 1771 zu Irvine in Schottland, der Sohn eines Predigers der mährischen Brüdergemeinde, wurde in der Brüderanstalt zu Fulneck bei Leeds erzogen, erlernte dann die Kaufmannschaft, ward Kommis bei einem Buchhändler zu London u. 1792 Theilnehmer u. Mitarbeiter an dem liberalen „Sheffield register“ (später von ihm „Sheffield-Iris“ benannt). Seine politische Richtung zog ihm viele Verfolgungen u. 1794—95 zweimal längere Haft zu. Als Dichter trat er 1806 mit „The wanderer of Switzerland and other poems“ hervor. Es folgten u. A. „The West-Indies“ 1809, worin die Abschaffung der Sklaverei durch das britische Parlament verherrlicht wird; „The world before the flood“ (1813), eine poetische Schilderung des Zustandes der ersten Menschen; „Greenland“ (1819), ausgezeichnet durch seine Schilderungen der arktischen Natur, u. „Original hymns, for public, private and social devotion“ (Lond. 1853). M. † den 30. April 1854 bei Sheffield. Seine Poesien, als „Poetical works“ gesammelt Lond. 1854 in 4 Bdn., bekunden eine edle Gesinnung, Wärme u. Tiefe der Empfindung u. Reichthum an Phantasie, sind aber zu oft mit breiten moralischen Betrachtungen durchwebt. Vergl. Holland u. Everett, Memoirs of the life and writings of J. M., Lond. 1855—56, 7 Bde.

3) **Robert**, englischer religiöser Dichter, geboren 1807 zu Bath, erwarb sich in seinem 20. Jahre durch ein Gedicht „The omnipresence of the deity“ (Lond. 1828, 26. Aufl. 1857) Ruf und die Mittel, zu Oxford Theologie studiren zu können. Er wirkte als Geistlicher seit 1838 zu Glasgow, später zu London; † den 3. Dec. 1855 zu Brighton. Eine Gesammtausgabe seiner poetischen Werke erschien zu London 1853 in Einem Bande.

Montgomery-Martin, Robert, englischer Statistiker, geboren 1803 in der irischen Grafschaft Tyrone, studirte in Dublin Arzneikunde, besuchte 1820—30, zum Theil als Schiffsarzt, u. A. die Ostküste Afrika's, Arabien und Ostindien u. entwickelte nach seiner Rückkehr eine große schriftstellerische Thätigkeit. Von 1843—46 fungirte er als Kassenbeamter auf Hongkong. Von seinen Werken sind hervorzuheben: „History of the British colonies“ (Lond. 1834—35, 5 Bde., u. öft.), „British colonial library“ (das. 1838—43, 10 Bde.), „British colonies“, „History, topography and statistics of Eastern India“ (3 Bde.), „China“ (das. 1847, 2 Bde.), „Ireland before and after the union with Great-Britain“ (3. Aufl., Lond. 1848) u. „Dispatches of the Marquis of Wellesley“ (5 Bde.).

Monthey, Hauptort des gleichnamigen Bezirks im schweizer Kanton Wallis, am Vieze gelegen, hat ein altes Felsenschloß, Obst- und Kastanienbau und 1840 Einwohner.

Montholon, Charles Tristan de, Graf von Lee, Generaladjutant des Kaisers Napoleon I., geboren zu Paris 1782, trat im 15. Jahre in die Armee, zeichnete sich schon 1792 auf der Eskadre des Admirals Truquet während der Expedition nach Sardinien aus und trat 1797 in ein Kavallerieregiment ein. Am 18. Brumaire zeigte er als Eskadronchef eine große Hingebung für Bonaparte und erhielt von ihm einen Ehrensäbel. Er focht hierauf mit in Italien, Deutschland und Polen und wurde 1807 zum Obersten befördert. Als Adjutant Berthiers erhielt er in der Schlacht bei Wagram fünf Verwundungen. Zum Kammerherrn ernannt, ward er in die unmittelbare Nähe des Kaisers gezogen, 1811 aber als bevollmächtigter Minister an den Hof des Großherzogs Ferdinand von Würzburg gesandt, in welcher Stellung er in einer Denkschrift an Napoleon I. die Lage der deutschen Höfe u. ihre feindselige Stimmung gegen Frankreich darlegte. Nach seiner Zurückberufung wurde er Brigadegeneral, erhielt 1814 den Befehl im Loiredepartement, fungirte während der hundert Tage als Generaladjutant u. folgte sodann Napoleon I. nach St. Helena. Von demselben mit dem Vollstrecken seines Testaments u. der Bewahrung eines Theils seiner Manuskripte betraut, gab er 1823 zu Paris mit dem General Gourgaud die „Mémoires pour servir à l'histoire de France sous Napoléon écrits à Ste.-Hélène sous sa dictée“ (8 Bde.) heraus. Da in den Proklamationen, welche Ludwig Napoleon bei seiner Landung in Boulogne 1840 ausstreuen ließ, M. als Chef des Generalstabs des Prinzen genannt war, ward er verhaftet und vom Pairshof zu zwanzigjähriger Haft verurtheilt, doch ward ihm gestattet, die Haft mit Ludwig Napoleon in Ham zu theilen. Die Februarrevolution 1848 gab ihm die Freiheit wieder, und das Departement Niedercharente wählte ihn 1849 in die Legislative. Er † den 24. August 1853 zu Paris.

Monthyon (Montyon), Jean Baptiste Robert Auget, Baron de, durch Stiftung vieler Wohlthätigkeitsanstalten und Förderung wissenschaftlicher u. künstlerischer Bestrebungen bekannt geworden, geboren zu Paris am 23. oder 26. Dec. 1733, war nach einander Advokat im Châtelet, Staatsrath, Maitre des requêtes, Intendant von Auvergne und Provence und seit 1780 Kanzler des Grafen von Artois, dem er nach England folgte. Im Jahre 1815 in sein Vaterland zurückgekehrt, lebte er fortan als Privatmann. Er † den 29. Dec. 1820 zu Paris. Sein Testament bestimmte den größten Theil seines bedeutenden Vermögens zu wohlthätigen Zwecken, sowie zu Gunsten von künstlerischen oder wissenschaftlichen Bestrebungen. Am bekanntesten ist der nach ihm genannte Tugendpreis (prix de vertu). Auch als Schriftsteller hat er sich bekannt gemacht, u. A. durch die „Eloge de Corneille“ (Paris 1807) u. die „Particularités et observations sur les ministres des finances de France les plus célèbres depuis 1660 jusqu'en 1791“ (Lond. 1812).

Monti, Vincenzo, berühmter italienischer Dichter, geboren den 19. Febr. 1754 zu Fusignano bei Ferrara, studirte in dieser Stadt, ging 1778 nach Rom, wurde daselbst Sekretär des päpstlichen Nepoten Luigi Brachi und, nachdem er sich als Dichter bekannt gemacht, Mitglied der Arkadier, dann in Mailand Sekretär der cisalpinischen Republik, floh 1799 beim Vorrücken Suwarows nach Paris, kehrte aber nach der Schlacht bei Marengo in sein Vaterland zurück, ward Professor der schönen Wissenschaften in Brera, dann in Pavia u. nach Errichtung des Königreichs Italien von Napoleon I. als Beisitzer des Ministeriums, Hofpoet u. Staatshistoriograph nach Mailand berufen. Später brachte er längere Zeit bei dem König Joseph Bonaparte in Neapel zu. Er † den 13. Okt. 1828 zu Mailand. Unter seinen „Opere varie“ (Mail. 1825—27, 8 Bde.) und den „Opere inedite e rare“ (das. 1832—33, 5 Bde.) sind besonders hervorzuheben die Tragödien „Galeotto Manfredi“, „Aristodemo“ u. „Cajo Greco“, die ausgezeichnete „Basvilliana“, durch die Ermordung des französischen Gesandten in Rom veranlaßt, u. die Dichtungen „Musogonia“, „Mascheroniana“ und „Feroniade“. Vielfach freilich hat M. seine dichterische Gabe auch dazu benutzt, den verschiedenen Machthabern, die in Italien auftraten, Weihrauch zu streuen. In seinem lexikalischen Werke „Correzioni“ (Mail. 1818, 4 Bde.) setzte er den in seiner „Proposta“ mit Giulio Perticari unternommenen Kampf gegen den Dogmatismus der Crusca fort u. bewies sich ebenso als einen gründlichen Kenner der Sprache, wie durch seine Ausgabe des „Convito“ als begeisterten Verehrer Dante's.

Monticelli (M. d'Ongina), Flecken in der italienischen Provinz Parma, Bezirk Borgo-San-Domino, mit Seidenzucht, Oelbau u. 7780 Einw.

Montiel, Flecken in der spanischen Provinz Ciudad Real (Neukastilien), am gleichnamigen Nebenfluß des Guadiana, mit vorzüglicher Schaf- und Mauleselzucht und 1200 Einw. Hier im März 1369 Sieg Heinrichs Transtamare über Peter den Grausamen.

Montigny, 1) (M. le Roi, M. le Meuse), Stadt im französischen Departement Obermarne, an der Maas, fabricirt Kupfer-, Blech- und Messingwaaren und ist Entrepot von Mühlsteinen, hat 1200 Einwohner; früher war es befestigt. — 2) (M. sur Sambre), Dorf in der belgischen Provinz Hennegau, Bezirk Charleroi, an der Sambre, hat Hohöfen, Steinkohlengruben und 10,215 Einw.

Montijo, Stadt in der spanischen Provinz Badajoz (Estremadura), unweit des Guadiana, westlich von Merida, mit einem alten Schloß, Stammschloß des gleichnamigen Grafengeschlechts, hat Woll- u. Leinweberei und 5866 Einwohner.

Montijo, spanisches Grafengeschlecht, dessen Stammvater, ein genueser Patricier, Aegidius Bocanegra, von der Republik Genua 1340 dem König Alfons XI. von Kastilien gegen die Mauren zu Hülfe gesandt u. von diesem zum Admiral u. Grafen von Palma erhoben wurde. Er erwarb das Besitzthum gleichen Namens in Estremadura. Sein Enkel vermählte sich mit Francisca, der Erbtochter der Porto-Carrero u. nahm deren Namen u. Wappen an. Zu Gunsten des Johann von Porto-Carrero ward die Besitzung M. 1697 von Karl II. zur Grafschaft erhoben. Johanns Sohn, Christoph von Porto-Carrero, Graf von M., Marquis von Barcarota, spanischer Gesandter an verschiedenen Höfen, vermählte sich mit der Schwester des Grafen von Teba aus der alten Familie Guzman u. brachte dadurch auch diesen Grafentitel an sein Haus. Ein Nachkomme desselben, Graf von M., Herzog von Penaranda, diente in dem Kriege Napoleons I. mit Spanien als Artillerieoberst im französischen Heere, nahm 1814 an der Spitze der polytechnischen Schüler an der Vertheidigung von Paris Theil, saß dann in seinem Vaterlande mehre Jahre im Senat und † 1839. Seine Tochter ist die Kaiserin der Franzosen, Eugenia [s. d. 4)].

Montilla, Stadt in der spanischen Provinz Cordova (Andalusien), auf zwei Hügeln am Castro und Rio frio, hat viele Kirchen und Klöster, ein theologisches Kollegium, Leinweberei, Weinbau, Weinhandel und 12,696 Einw.

Montirung (Montur, v. Franz.), Alles, was zum vollständigen Anzug eines Soldaten gehört. Anfangs mußte jeder Krieger selbst für seine Bekleidung sorgen, bis mit der Einführung der stehenden Heere der Staat es übernahm, seine Truppen zu montiren, d. h. auszurüsten, welcher Ausdruck dann auf die Bekleidung beschränkt wurde. Da letztere gleichförmig geschah, so brauchte man für Montur auch das Wort Uniform. Die Montirungsangelegenheiten bilden seitdem einen wichtigen Theil der Militärverwaltung. Die M.en werden in den meisten Armeen nach einem bestimmten Schnitte u. Preise von besondern Militärschneidern gefertigt u. unter gewissen Bedingungen (Soldabzügen in Betrag der mehrgebrauchten M.) an die Bedürftigen zu jeder Zeit oder an die Truppen in bestimmten Perioden u. in Berücksichtigung einer festgesetzten Haltezeit abgegeben. Die dazu erforderlichen Anschaffungen unterliegen sorgsamen Proben u. werden entweder, wie in Oesterreich, durch ein die ganze Armee versorgendes Montirungsdepot, oder durch die den Truppen beigegebenen Wirthschaftskommissionen bewirkt.

Montivilliers, Stadt im französischen Departement Seine inférieure, an der Lezarde und unweit der Eisenbahn von Rouen nach Havre gelegen, hat ein Kommunalcollége, Zucker-, Papier-, Tuch-, Spitzen-, Tabaks- u. Lederfabrikation, Baumwollenweberei, Bierbrauerei, große Mahlmühlen, Leinwandbleichen, Handel mit den eigenen Erzeugnissen, Kupfer-, Blech- und Messingwaaren und zählt 4564 Einw. In der Nähe eine gothische Kirche mit einem schönen Thurm.

Montjoie, Stadt in der preußischen Rheinprovinz, Regierungsbezirk Aachen, Kreis Montjoie, liegt am Fuße des Steinlei in einem rauhen Gebirge, an der Roer, ist Sitz eines Landrathsamts, Friedensgerichts, eines landwirthschaftlichen Lokalvereins, hat eine katholische Kirche, ein Ursulinernonnenkloster mit einer Mädchenerziehungsanstalt, ein altes Bergschloß und 3200 Einw., welche zahlreiche Tuch- und Kasimirfabriken unterhalten, mit deren Produkten ein sehr ausgedehnter Handel getrieben wird. Ferner sind hier Streichgarnmaschinen-, Flachs- u. Zwirnspinnereien in schwunghaftem Betriebe, wie auch die Färberei von M. von Bedeutung ist.

Montl'héry, Stadt im französischen Departement Seine-Oise, mit 1800 Einw. Hier 1465 unentschiedene Schlacht zwischen Ludwig XI. und den Konföderirten unter dem Herzog von Berri.

Montlignon, Dorf im französischen Departement Seine-Oise, hat einen großen botanischen Garten, eine noch unbenutzte eisenhaltige Mineralquelle und 380 Einw.

Montlosier, François Dominique Reynaud, Graf von, Pair von Frankreich, geboren den 11. April 1755 zu Clermont in der Auvergne, begann, vom Adel 1789 in die Versammlung der

Generalstaaten gewählt, seine politische Laufbahn als eifriger Vertreter seines Standes. Nach dem Schluß der Versammlung flüchtete er nach Koblenz, von da nach London, wo er ein der Revolution feindliches Blatt, den „Courrier de Londres“, herausgab. Im Jahre 1800 erhielt er von den Bourbons den Auftrag, Bonaparte für die Niederlegung seiner Gewalt ein kleines Fürstenthum in Italien in Aussicht zu stellen, ließ sich aber von diesem gewinnen u. erhielt hierauf unter der Form einer Anstellung im Ministerium des Auswärtigen eine anständige Pension. Im Jahre 1812 sandte ihn der Kaiser in die Schweiz, von wo er über deren Politik regelmäßige Berichte erstatten sollte. Doch entzog sich M. schon nach 5 Monaten dieser Stellung u. begab sich nach Italien. Nach der ersten Restauration kehrte er in sein Vaterland zurück u. veröffentlichte nun das schon früher in Napoleons Auftrag geschriebene, aber von diesem dann verworfene Werk „De la monarchie française depuis son établissement jusqu' à nos jours“ (Paris 1814, 3 Bde.; 1815, 4 Bde.), das nichts als eine Lobrede auf den Feudalstaat ist. Nachdem er hierauf, wegen seiner politischen Gesinnungslosigkeit allgemein mißachtet, 10 Jahre auf einem Landgute bei Clermont in Zurückgezogenheit gelebt, trat er 1826 mit einem neuen Werke „Mémoire à consulter“ hervor, welches, von allen feudalistischen und absolutistischen Tendenzen frei, namentlich gegen die Umtriebe der Jesuiten zu Felde zog; auch betheiligte er sich fortan am „Constitutionnel“ in liberalem Sinne, daher er seine Pension verlor. Mit seiner Flugschrift „De la crise présente et de celle, qui se prépare“ (1829) suchte er sich noch versöhnend in die Mitte der Parteien zu stellen, schon in seinen „Mémoires sur la révolution française, le consulat, l'empire et la restauration“ (Paris 1829, 2 Bde.) aber kehrte er zu seinen früheren aristokratischen Ideen zurück, u. nach der Errichtung der Julidynastie trat er als deren Verfechter auf, wofür er mit der Pairswürde belohnt ward. Seit 1833 lebte er zurückgezogen in der Auvergne, u. nur 1835 erregte er in der Pairskammer als Vertheidiger der Sklaverei wieder Aufsehen. Er † auf seinem Landgut bei Clermont den 9. December 1838.

Montlouis, 1) befestigte Stadt im französischen Departement Ostpyrenäen, auf einem steilen, von Bergen umgebenen Felsen, am Tet, hat eine Citadelle, bombenfeste Kasematten und Kasernen, Wollspinnerei, Wollstrumpffabrikation, bedeutende Viehmärkte und 745 Einw.; ist von Vauban angelegt. — 2) (M.-Touraine) Stadt im französischen Departement Indre-Loire, unweit der Loire und an der Eisenbahn von Orléans nach Tours, hat bedeutenden Weinbau, Weinhandel und 2214 Einwohner; Geburtsort des berühmten Buchdruckers Christophe Plantin.

Montluçon, Hauptstadt eines Arrondissements im französischen Departement Allier, am Cher, am Anfang des Berrikanals und an einer der beiden Eisenbahnen von Bourges nach Moulins (Lyon ꝛc.), welche hier zur Verbindung mit dem südwestlichen Eisenbahnnetz nach Laurière abzweigt, fabricirt Glas u. Spiegel, Eisen- u. Stahlwaaren, chemische Produkte, Leinwand, Hüte, Serge u. Bänder, hat große Hohöfen, eine Metallgießerei, Handel mit Getreide u. Geflügel u. zählt 16,212 Einwohner. Unweit südöstlich davon die kleine Stadt Néris, ein berühmter Badeort, mit römischen Alterthümern u. 2000 Einwohnern.

Montluel, Stadt im französischen Departement Ain, an der Eisenbahn von Lyon nach Genf und Turin, hat ein altes Schloß, fabricirt Tuch (besonders für die Armee), Teppiche, Decken, gedruckte Shawls, handelt mit Getreide und Hanf und zählt 2737 Einwohner.

Montmartre, eine unmittelbar nördlich von Paris gelegene Anhöhe, an deren südlichem Abhange das gleichnamige große Dorf (mit Seidenweberei, Bronzegießerei, verschiedenartiger anderer Industrie u. über 20,000 Einwohnern) liegt, welches früher zum Arrondissement Saint Denis des Seinedepartements gehörte, 1860 aber mit den zunächst liegenden Ortschaften als 18. Arrondissement unter dem Namen Butte-Montmartre zur Hauptstadt geschlagen wurde. Die 400 Fuß hohe Anhöhe, von welcher aus man eine herrliche Aussicht auf Paris hat, war schon in den ältesten Zeiten bebaut u. hieß angeblich nach einem dem Kriegsgott geweihten Tempel Mons Martis, welcher Name später in Mons Martyrum verwandelt ward, weil am Fuße der Anhöhe der heilige Dionysius mit seinen Genossen den Märtyrertod erlitt. Seit dem 12. Jahrhundert stand hier ein Nonnenkloster, sowie eine reiche, von Pilgern vielbesuchte Benediktinerabtei, welche in der Revolution aufgehoben, in neuerer Zeit aber wiederhergestellt wurde. Am Fuße des M. liegt der gleichnamige Kirchhof (Cimetière de M. oder du Nord) für die nördlichen Arrondissements von Paris. Der Berg enthält reiche Kalk- u. Gypslager, aus denen Paris seinen Bedarf bezieht. Als 1814 die Verbündeten in Frankreich eindrangen, ließ Napoleon I. den M. befestigen u. übertrug die Vertheidigung seinem Bruder Joseph. Nach der Schlacht am 30. März 1814 wurde in der darauf folgenden Nacht die Kapitulation von Paris unterzeichnet. Im Jahre 1815 wurden die Werke zum Schutze der Hauptstadt noch vermehrt, nach der Schlacht von Waterloo aber nach tapferer Vertheidigung den Engländern übergeben. Nach dem M. ist im nördlichen Theile von Paris eine Vorstadt, ein Boulevard u. eine Hauptstraße Faubourg M., Boulevard M., Rue M. genannt.

Montmédy, Hauptstadt eines Arrondissements im französischen Departement Maas, am Chiers und an der Eisenbahn von Charleville nach Thionville (Metz u. Trier), ist Festung vierten Ranges, liegt auf dem felsigen u. steilen Ausgang eines Bergrückens, zerfällt in die Oberstadt, die auf diesem Felsen, u. die Unterstadt Medybas, die östlich im Thale liegt, hat einen Gerichtshof, ein Kommunalcollège, fabricirt Leder, Essig u. Nägel, handelt mit Leder, Handschuhen u. Pelzwaaren u. zählt 2376 Einw. Die Oberstadt wurde 1235 von Arnoux III., Grafen von Cos u. Chiny, erbaut u. mit Mauern u. Thürmen umgeben. Um 1452 besaß sie Philipp der Gute von Burgund als Lehn. Im Jahre 1542 ward die Stadt von dem Herzog von Guise eingenommen, 1544 aber den Franzosen wieder entrissen. Als diese 1555 unter dem Herzog von Nevers über die Maas vordrangen, nahmen sie die Stadt von Neuem ein, gaben sie jedoch 1556 an Philipp II. von Spanien zurück. Im Kriege Heinrichs IV. mit Spanien (1596) ward der Platz zum dritten Male von den Franzosen eingenommen, nach abgeschlossenem Frieden aber auch wieder geräumt. Nachdem sich aber 1657 unter Ludwig XIV. die Franzosen nach einer regelmäßigen Belagerung von 47 Tagen zum vierten Male der Stadt bemächtigt hatten, blieb sie unter französischer Herrschaft u. ward 1659 derselben förmlich überlassen. Ludwig XIV. ließ die Festung von Vauban durch Herstellung neuer Bastionen u. Ravelins verstärken. Im Jahre 1815 ward sie von den norddeutschen Bundestruppen u. Preußen belagert u. nach Erstürmung der Unterstadt zur Kapitulation gezwungen.

Montmeillan (früher ital. Montemigliano), befestigte Stadt im französischen Departement Savoyen (vor dem Vertrag vom 24. März 1860 sardinische Generalintendanz Chambéry), an der Isère und der Victor-Emanuelbahn (Linie Culoz-St.-Jean de Maurienne-Turin), die hier nach Grenoble abzweigt, hat Weinbau, Weinhandel und 1540 Einw. Das alte feste Schloß ward mehrmals belagert u. erobert, hat aber jetzt seine strategische Wichtigkeit verloren.

Montmirail, 1) Stadt im französischen Departement Marne, rechts am Petit-Morin, hat Uhrenfabrikation, Getreide-, Woll- und Viehhandel, berühmte Mühlsteinbrüche und 2610 Einwohner. Hier am 11. Februar 1814 siegreiches Gefecht Napoleons I. gegen die Preußen unter Blücher und die Russen unter Sacken. — 2) Zwei Mineralquellen im französischen Departement Vaucluse, östlich vom Dorf Vaqueiras, zuweilen auch nach diesem benannt, werden gegen Haut-, Unterleibs- u. Frauenkrankheiten empfohlen. — 3) Früher Landgut, seit 1766 weibliche Erziehungsanstalt der Herrnhuter im schweizer Kanton Neuenburg am neuenburger See.

Montmorency, 1) Stadt im französischen Departement Seine-Oise, 4 Stunden nördlich von Paris, mit Spitzen- und Stickereiwaarenfabrikation, vielen schönen Landhäusern, Obstbau, Schwefelquellen und Bädern (gegen Rheumatismen, katarrhalische Affektionen, Hautkrankheiten, Skropheln, Lungenleiden ꝛc. empfohlen) und 2613 Einwohner. In dem schönen Thale von M. liegt das Landhaus Eremitage, in welchem Rousseau einige Zeit wohnte u. seinen „Emile" u. seine „Nouvelle Héloïse" schrieb; nach ihm wurde die Stadt während der Revolutionszeit auch M. Emile, später jedoch d'Enghien genannt. Das Schloß M., aus welchem die Familie M. stammt, ist während der Revolution von der Bande noire abgetragen worden. — 2) Fluß in Canada, stürzt 2 Meilen unterhalb Quebek mit einem 230 Fuß hohen Fall in den Lorenzstrom.

Montmorency, altes Adelsgeschlecht in Frankreich u. den Niederlanden, dessen Glieder seit 1327 den Titel „erste Barone von Frankreich" führten. Als Stammvater wird Lesbius (Lisbieus od. Lisoie) genannt, welcher von dem heiligen Dionys bekehrt u. mit ihm den Märtyrertod gestorben sein, nach Anderen mit Chlodowig die Taufe angenommen haben soll. Bouchard I. von M., gestorben um 980, war der älteste nachweisbare Besitzer der Baronie M. Matthieu II., mit dem Beinamen der große Connetable, zeichnete sich unter Philipp August schon bei der Eroberung der Normandie 1203, dann in dem Kriege gegen England u. Deutschland u. vorzüglich in der Schlacht bei Bovines aus, zwang die Albigenser 1226 zur Unterwerfung u. beschützte den unmündigen Sohn seines Königs, Ludwig VIII., gegen die aufrührerischen Großen im Lande. Er starb den 24. Nov. 1230. Nach seinem Tode spaltete sich das Haus in zwei Hauptäste, einen älteren oder den der Barone von M. und einen jüngeren oder den der M.-Laval. Zu Anfang des 15. Jahrhunderts ward Jean II., geboren 1402, starb den 6. Juli 1477, aus ersterem Hauptast wieder Stammvater von drei Linien, indem er seinen Sohn, Guillaume, starb den 24. Mai 1531, aus einer zweiten Ehe zum Haupterben einsetzte, während seine beiden Söhne erster Ehe, Jean u. Louis, mit den Gütern ihrer Mutter, der Erbin von Nivelle u. Fosseux, in Brabant ausgestattet, die Linien Nivelle u. Fosseux begründeten. Die Linie Nivelle fixirte sich in den Niederlanden u. nahm mit der Hinrichtung des Grafen von Hoorn 1568 durch Alba u. die seines Bruders Floris 1570 ein blutiges Ende. Die von Guillaume gegründete Linie der Barone von M. erhielt durch dessen Sohn Anne de M., einen der größten Feldherren des 16. Jahrhunderts, Pair, Marschall und Connetable von Frankreich, den Herzogstitel. Anne, geboren den 15. März 1492, wurde mit Franz I. erzogen, focht 1515 mit bei Marignano u. vertheidigte 1521 mit Bayard die Stadt Mézières, wobei er sich dem Grafen von Egmont, der den Bravsten der Besatzung zum Zweikampf gefordert hatte, stellte und die Ehre des Sieges erstritt. In der Schlacht von Bicoca gewann er den Marschallsstab, ward aber bei Pavia 1225 mit Franz I. gefangen. Früher als dieser frei geworden, bot er in Frankreich Alles zur Befreiung des Königs auf u. ward dafür von diesem mit dem Gouvernement in Languedoc u. dem Titel Grand maitre de France belohnt. Bei der Wiederaufnahme des Kampfes 1536 eilte M. Karl V. mit 60,000 Mann entgegen und erfocht den glänzenden Sieg bei Suza. Mit gleichem Glück kommandirte er in der Picardie und in Piemont und wurde 1538 zum Connetable erhoben. Durch seine nahen Beziehungen zu dem Dauphin Heinrich II. dem König verdächtig geworden, mußte er seit 1541 bis zur Thronbesteigung Heinrichs II. (1547) den Hof meiden, ward aber von diesem sogleich zurückgerufen u. in seine frühern Würden wiedereingesetzt. Bei seinem Versuch (1557), das von den Spaniern belagerte St. Quentin zu entsetzen, fiel er in die Hände der Feinde u. wurde nur gegen ein bedeutendes Lösegeld wieder frei. Der von ihm veranlaßte unvortheilhafte Friede zu Château-Cambresis brachte ihn um das Vertrauen Franz' II., dagegen genoß er wieder die Gunst Karls IX. Nach dem berüchtigten Triumvirat, das er mit dem Herzog von Guise u. dem Marschall St. André geschlossen hatte, trat er eine Zeitlang auf die Seite Condé's u. der Reformirten; aber nur zu bald wieder mit den Guisen versöhnt, lieferte er dem Prinzen Condé das Treffen von Dreux (1562), wobei er gefangen wurde. Schon im folgenden Jahre wieder frei geworden, vertrieb er die Engländer von Havre u. schlug Condé bei St. Denis. Er starb zu Paris an den in dieser Schlacht erhaltenen Wunden am 11. November 1567 u. hinterließ 5 Söhne, von denen sich namentlich zwei bekannt machten: François von M., geboren den 17. Juli 1530, der Günstling der Maria Stuart, unter Heinrich IV Connetable von Frankreich, starb den 15. Mai 1579, u. Henri I., geboren den 15. Juni 1531, Marschall von Frankreich, treuer Anhänger

Heinrichs IV., starb den 2. April 1614. Der Sohn des Letztgenannten, Henri II., Herzog von M., geboren den 30. April 1595 zu Chantilly, ward von Ludwig XIII. schon im 17. Jahre zum Admiral ernannt, siegte in Languedoc, entriß 1625 auch den Vertheidigern von Rochelle die Inseln Ré u. Oléron, focht glücklich in Piemont u. nahm den General Doria 1630 gefangen. Er erhielt für diesen Sieg den Marschallsstab, schloß sich aber dann an die Königin-Mutter u. den Herzog von Orléans an u. erhob für sie in Languedoc die Waffen. Richelieu erklärte ihn darauf zum Majestätsverbrecher, u. der Marschall Schomberg lieferte den Aufrührern am 1. September 1632 bei Castelnaudary ein Treffen, in dem M. verwundet und gefangen wurde. Das Parlament zu Toulouse sprach das Todesurtheil über ihn aus, welches am 30. Okt. in dieser Stadt vollzogen ward. Seine Güter erbte, da er kinderlos war, seine Schwester, die Gemahlin Heinrichs II. von Bourbon-Condé. Der Linie M. Fosseux gehörte an: Anne Charles François, Herzog von M.-Fosseux, geboren den 28. Juli 1768, wanderte in der Revolution aus und diente in der Armee des Prinzen Condé, kehrte aber unter Napoleon I. nach Frankreich zurück u. lebte bis 1814 als Privatmann, wo er Generalmajor in der pariser Nationalgarde wurde. Ludwig XVIII. ertheilte ihm die Pairswürde. Er starb 1847. Sein Sohn, Anne Louis Victor, Raoul, Herzog von M., gegenwärtiger Repräsentant des Hauses, geboren den 14. December 1790, wurde, nachdem er in der Armee Bonaparte's seine militärische Laufbahn begonnen hatte, Kammerherr des Kaisers. Unter den Bourbons wurde er dem Herzog von Orléans als Adjutant beigegeben, trat aber schon 1820 ins Privatleben zurück. Der namhafteste unter den zahlreichen, jetzt aber sämmtlich ausgestorbenen Nebenzweigen der Marquis von M.-Fosseux ist der der Herzöge von Luxembourg, welchem der berühmte Marschall von Luxembourg (s. d.) angehört; letzterer Zweig starb erst am 5. März 1861 mit Charles Emanuel Sigismund von M., Herzog von Luxembourg, ehemaligem französischen Generallieutenant, aus. Das Haupt der Nebenlinie Luxembourg-Beaumont ist gegenwärtig Eduard, Herzog von Beaumont, Fürst von Luxembourg, geboren den 9. Sept. 1802, der jedoch keine männlichen Nachkommen hat. Dem 1230 von Gui von M. gestifteten Hause M.-Laval, das 1822 die herzogliche Würde erhielt u. sich wiederum mehrfach spaltete, gehörten an: Matthieu Jean Felicité von Laval-M., französischer Minister u. Pair während der Restauration, wurde zu Paris den 10. Juli 1766 geboren, kämpfte in dem nordamerikanischen Freiheitskriege u. stieg bis zum General empor. Beim Ausbruch der Revolution vertrat er in der Assemblée constituante als Abgeordneter seines Standes die Ideen des Fortschrittes u. diente, als die fremden Mächte Frankreich angriffen, unter dem Marschall Luckner. Die Ereignisse von 1791 bewogen ihn jedoch, in die Schweiz zu fliehen, wo er in Coppet zu Frau von Staël in so vertrauten Verkehr trat, daß er dadurch den Argwohn Napoleons I. erregte. Nach dem 9. Thermidor kehrte er in sein Vaterland zurück und bekundete sich fortan als Anhänger der Restauration. Im Jahre 1814 wurde er Adjutant des Grafen von Artois, geleitete 1815 die Herzogin von Angoulême nach Bordeaux und London und begab sich zu Ludwig XVIII. nach Gent. Am 17. August 1815 erfolgte seine Erhebung zum Pair, am 24. Dec. 1821 zum Minister des Auswärtigen u. bald darauf zum Präsidenten des Kabinets. Als Gesandter wohnte er 1822 dem Kongreß in Verona bei u. betrieb 1823 den Krieg gegen die Cortes. Doch mußte er noch in diesem Jahre wegen eines Zerwürfnisses mit Villèle zurücktreten. Karl X., der ihn als Freund der Jesuiten besonders liebte, ernannte ihn zum Erzieher des jungen Herzogs von Bordeaux. Die Akademie nahm ihn unter ihre Mitglieder auf. Er starb den 24. März 1826. Anne Pierre Adrien, Herzog von Laval-M., Pair von Frankreich u. Grand von Spanien, geboren am 29. Oktober 1768, ward 1814 Gesandter am spanischen Hofe, 1822 am päpstlichen, 1828 am österreichischen u. 1829 am englischen. Im Jahre 1830 verlor er die Pairswürde, da er den Eid verweigerte. Er starb am 8. Juni 1837. Mit seinem Bruder, Eugène Alexandre de M., Herzog von Laval-M., geboren den 20. Juli 1773, Generallieutenant, erlosch am 7. Juni 1851 die männliche Nachkommenschaft des Zweiges Laval-Lezai. Vgl. Les Montmorency de France et les Montmorency d'Irlande, Paris 1828.

Montmorillon, Hauptstadt eines Arrondissements im französischen Departement Vienne, an der Gartempe u. der Eisenbahn von Poitiers nach Limoges, hat ein kleines Seminar, berühmte Papierfabrikation, Leinwandbleichen, Gerberei, bedeutende Zwieback- und Makronenbäckereien, ansehnlichen Vieh- u. Produktenhandel, ein merkwürdiges achteckiges Monument mit rohen Basreliefs, wahrscheinlich druidischen Ursprungs, u. 5130 Einwohner.

Montoire sur Loire, Stadt im französischen Departement Loir-Cher, am Loir, hat Fabriken von Kattun, Hanfleinwand, grobwollenen Strümpfen und Leder, Branntweinbrennereien u. 3100 Einw.

Montolmo (San Pansula), Stadt in der italienischen Provinz (ehemaligen päpstlichen Delegation) Macerata, mit Seidenzucht, Olivenbau und 8037 Einwohnern.

Montona, Marktflecken in der österreichischen Markgrafschaft Istrien, mit Handel mit Schiffbauholz und 1300 Einw.

Montone, Fluß in Italien, entspringt in Toskana, fließt nach Nordosten und mündet unweit Ravenna in das adriatische Meer.

Montoro, 1) (M. inferiore u. M. superiore), Marktflecken in der italienischen Provinz Salerno (ehemaligen neapolitanischen Provinz Principato citeriore), am Berge Saro, mit Leinweberei u. 10,000 Einw. — 2) Stadt in der spanischen Provinz Cordova (Andalusien), liegt wildromantisch im Durchbruchsthale des Guadalquivir auf einem steilen Felshügel, hat eine schöne Hauptkirche mit sehr hohem Thurm, Tuch- u. Leinweberei, Olivenölfabrikation u. 11,000 Einwohner. In der Umgegend große Olivenhaine. Die Stadt wurde 1808 von den Franzosen geplündert und in Brand gesteckt.

Montpellier, 1) Hauptstadt des französischen Departements Hérault, an der Eisenbahn von Nismes nach Cette, in einer reizenden Gegend 2 Stunden vom mittelländischen Meere, auf dem Plateau eines Hügels gelegen, an dessen Fuß der Lez vorüberfließt, steht durch den Kanal von Lez mit dem mittelländischen

Meer in Verbindung. Die Stadt gewährt von außen mit ihren zahlreichen Thürmen und Kuppeln einen imponirenden Anblick, ist aber im Innern, mit Ausnahme der neuern Vorstädte, eng, bergig und winkelig gebaut. Die hervorragendsten Gebäude sind: das sogenannte Wasserschloß (Château d'eau) am Ende des großen, unter dem Namen Peyrou bekannten Gartens, eine durch drei Reihen übereinander gesetzter Arkaden gebildete Wasserleitung von tempelartigem Ansehen mit einer herrlichen Kuppel, ferner das Theater, der Koncertsaal, das Präfekturhotel, der erzbischöfliche u. der Justizpalast, das Universitäts-, das Börsen- u. das Gouvernementsgebäude. Unter den 21 Kirchen zeichnet sich besonders die Kathedrale zu St. Peter aus, die unter andern Seltenheiten das Gemälde Simons, des Magiers enthält, eine der berühmtesten Arbeiten von Bourdon. M. ist der Sitz eines Bischofs, eines protestantischen Konsistoriums, eines Akademiebezirks, Appellhofs, Gerichtshofs erster Instanz, einer Handelskammer, der 10. Militärdivision und mehrer gelehrten Gesellschaften. Die Universität, eine der ältesten von Europa, hat 3 Fakultäten: eine medicinische (eine der drei, welche Frankreich besitzt), welche von jeher einen sehr hohen Ruf genoß, eine mathematische und eine der schönen Wissenschaften. Sie wurde 1180 von dem Grafen Wilhelm IV. von M. gestiftet, nachdem schon seit Anfang des 10. Jahrhunderts eine von arabischen, aus Spanien vertriebenen Aerzten gegründete medicinische Schule hier bestanden hatte. Der mit ihr verbundene botanische Garten ist der älteste öffentliche in ganz Frankreich (seit 1598). Ferner besitzt M. ein großes Seminar, Lyceum, eine Zeichen-, Maler-, Bildhauer- und Gewerbschule, eine öffentliche Bibliothek von 35,000 Bänden, ein Museum, Naturalienkabinet, eine Sternwarte u. andere auf Wissenschaft u. Kunst Bezug habende Institute, mehre Spitäler, eine Irrenanstalt u. andere Wohlthätigkeitsanstalten. Die Industrie ist von großer Bedeutung; sie liefert besonders berühmte Branntweine, chemische Produkte, Grünspan, Parfümerien, Essenzen, Seiden-, Wollen- und Baumwollenstoffe, Leder, Seifen, Korkstöpsel, Zucker &c. Der Handel ist ebenfalls sehr lebhaft und erstreckt sich über diese Produkte, wie über Wein, Baumöl, Seide, Getreide &c. Die Stadt ist von einer alten, verfallenden Mauer umgeben und wird von einer Citadelle beherrscht. Die Bevölkerung belief sich 1861 auf 51,865 Einwohner, worunter ungefähr 8000 Reformirte. M. wird wegen seiner schönen Lage und seines gesunden Klima's, sowie der nahe gelegenen Bäder von Joucasse halber häufig von Fremden besucht. Malerische Punkte in der Nähe sind am Lez Castelnau u. Mont Ferrier. Die Stadt ist der Geburtsort Cambacérès', Chaptals, Broussonets u. des Malers Bourdon. M. (Mons pessulus oder Mons puellarum der Römer) war ursprünglich ein Dorf, welches gegen das Ende des 10. Jahrhunderts dem Bischof Rituinus von Maguelonne geschenkt wurde. Dieser gab es dem Ritter Guido zu Lehn, welcher daher als erster Herr von M. gilt. Von 1162—1258 wurden hier mehre Koncilien (Monspeliensia concilia) gehalten. Zu Ende des 13. Jahrhunderts kam die Herrschaft durch Maria, die Erbtochter Wilhelms von M., an König Peter II. von Aragonien und dann durch Erbschaft an die Könige von Mallorca, denen sie 1350 König Philipp VI. von Frankreich abkaufte. Im Jahre 1538 wurde das Bisthum von Maguelonne nach M. verlegt. Unter Heinrich III. bemächtigten sich die Hugenotten der Stadt u. errichteten daselbst eine Art Republik. Erst nach langer Belagerung unterwarf sich M., u. durch den hier abgeschlossenen Frieden vom 19. Oktober 1622 wurde der 9. Hugenottenkrieg beendigt (s. Hugenotten).

2) (Montpellier), Hauptstadt des nordamerikanischen Staats Vermont, am Onion und der Atlantic-St.-Lawrence-Eisenbahn, ist Sitz des Gouverneurs und der Staatsbehörden, hat 5 Kirchen, 2 Banken, lebhaften Binnenhandel und 4000 Einw.

Montpensier, 1) Katharina Maria von Lothringen, Herzogin von M., seit 1570 Gemahlin Ludwigs II. von Bourbon (geboren den 10. Juni 1513, † den 23. Sept. 1582), geboren den 18. Juli 1552 als eine Tochter des Herzogs von Guise, spielte, von Haß gegen Heinrich III. erfüllt, da derselbe ihren Bruder hatte ermorden lassen, seit 1587 eine bedeutende Rolle in der Ligue; sie † den 6. Mai 1596.

2) Anne Marie Louise von Orléans, bekannt unter dem Namen Mademoiselle, Herzogin von M., Tochter des Herzogs Gaston von Orléans, des Bruders Ludwigs XIII., und der Maria von Bourbon, der Erbin des Hauses M., geboren den 29. Mai 1627 zu Paris, ward vom königlichen Hofe, der ihr in 20 Mill. Franken, vier Herzogthümern, der Herrschaft Dombes und der Grafschaft Eu bestehendes Vermögen nicht in andere Hände übergehen lassen wollte, fort und fort an der Ausführung ihrer Heirathspläne, mit denen sie sich den größten Theil ihres Lebens beschäftigte, verhindert, verband sich daher, als ihr Vater auf die Seite Condé's trat, mit den Frondeurs und leistete, kühnen u. festen Charakters, diesen nicht unwesentliche Dienste, z. B. 1652 bei der Behauptung von Orléans gegen die königlichen Truppen und bei dem Treffen in der Vorstadt St. Antoine, wo sie den Einlaß der Insurgententruppen ertrotzte und den nachdringenden Turenne durch die Kanonen der Bastille zum Rückzug nöthigte. Nachdem sich ihr Vater 1653 mit dem Hof ausgesöhnt hatte, zog sie sich auf ihr Landgut St. Fargeau zurück, wo sie im Umgang mit geistreichen Männern und in stetem Verkehr mit dem nach Spanien übergetretenen Condé lebte und ihre Memoiren schrieb. Erst 1657 durfte sie wieder am Hof erscheinen, wo sie eine leidenschaftliche Liebe zu dem jungen Grafen Lauzun faßte. Schon hatte Ludwig XIV. seine Einwilligung zu dieser Verbindung gegeben, als die Montespan dieselbe hintertrieb. Da sich aber Lauzun heimlich mit der reichen Erbin vermählt hatte, ließ ihn Ludwig 1670 einkerkern, und nur durch die Abtretung der Herrschaft Dombes und der Grafschaft Eu an den Sohn der Montespan, den Herzog von Maine, öffnete nach 10 Jahren M. den Kerker ihres Geliebten, der ihr aber für alle ihre Aufopferung keinen Dank wußte und 1685 nach England ging. M.s Güter fielen nach ihrem am 5. März 1693 erfolgten Tode an den Herzog von Orléans, den Bruder Ludwigs XIV. Ihre „Mémoires“ (Amsterd. 1746, 8 Bde.) sind reich an Material für die Sittengeschichte des französischen Hofs.

3) Anton Philipp, Herzog von M., geboren den 3. Juli 1775, Bruder des Königs Ludwig Philipp, lebte mit diesem in Amerika und † den 18. Mai 1807 zu Twickenham in England. Auch der jüngste Sohn Ludwig Philipps, Anton Maria

Philipp Ludwig, geboren den 31. Juli 1824, führt den Titel eines Herzogs von M.; s. Orléans.

Montperdu, Pyrenäengipfel im französischen Departement Oberpyrenäen, 10,482 F. hoch; Schneelinie 8100 Fuß.

Mont rachet, ausgezeichneter weißer Burgunderwein aus der Gegend von Beaune.

Montreal, Stadt in Unter- oder Ostcanada, die volkreichste Stadt und wichtigste Handelsstadt des gesammten britischen Nordamerika, am Südende einer 7 Meilen langen und 2 Meilen breiten überaus fruchtbaren und gut angebauten Insel in dem vom Lorenzstrom gebildeten See St. Louis, an dem Punkte, bis zu welchem der Lorenzstrom für Seeschiffe fahrbar ist. Die Straßen sind meist breit, besonders der in die neuern Zeit gebauten; die Notre-Damestraße ist die längste und enthält die meisten öffentlichen Gebäude. Die Oberstadt ist schöner als die Unterstadt. Die 7 Vorstädte stehen mit den beiden Haupttheilen in unmittelbarer Verbindung. Das schönste Bauwerk im britischen Amerika und nächst der Kathedrale in Mexiko die großartigste Kirche in der neuen Welt ist ohne Zweifel der prächtige, 255 Fuß lange katholische Dom, welcher erst 1829 vollendet wurde. Der Styl ist gothisch; im Innern finden 10,000 Menschen Platz. Die bedeutendsten unter den übrigen öffentlichen Gebäuden sind: das schöne Courthaus, das alte Gouvernementshaus, die Bank, 5 katholische Kirchen (mit Einschluß der Kathedrale), 2 anglikanische Kirchen, die eine mit einem achteckigen Thurme, eine schöne Methodistenkapelle, das katholische Seminar, 3 Nonnenklöster, das Hôtel-Dieu, di. Kaserne, das neue Gefängniß und die Hauptwache, ein ehemaliges Kloster der Rekollekten. Auf dem Markte steht die 30 Fuß hohe Statue Nelsons. Die Stadt hat mehre höhere Lehranstalten, seit 1821 auch eine englische Universität. Die Bevölkerung von M. betrug 1861 mit den Vorstädten 90,323 Einwohner, großentheils französischer Abkunft, wie denn das Französische auch die allgemeine Umgangssprache ist. Die Rhederei der Stadt, deren Hafen man mit großen Kosten verbessert hat, ist bedeutend. Die Einfuhr besteht meist in englischen Fabrikaten, die Ausfuhr in Landesprodukten, namentlich Pelzwerk, Potasche, Perlasche, Weizen, Gerste, Hafer, Mais, Erbsen, Bohnen, Mehl, Schweinefleisch, Butter, Honig und Fischen, von welchen letzteren für 70—80,000 Pfd. Sterl. nach Westindien verführt werden. Von großer Erheblichkeit ist insbesondere der Holzhandel. Zwischen M. u. Quebek wird ein lebhafter Verkehr durch Dampfschiffe unterhalten. Mit dem übrigen Canada u. den Vereinigten Staaten ist M. durch Eisenbahnen in Verbindung gesetzt, und hier führt die im Januar 1860 eröffnete berühmte Victoriabrücke über den Lorenzstrom, eine Gitterbrücke, von Robert Stephenson nach dem Muster der Britanniabrücke (über die Menaistraße) erbaut; sie verbindet das Eisenbahnsystem Canada's mit dem der Vereinigten Staaten. M. ist auch der Hauptstationsplatz für den großen Pelzhandel der vereinigten Hudsonsbai- u. Nordwestkompagnie, die nach dieser Stadt auch M.-Handelsgesellschaft genannt wird. M. wurde 1640 angelegt und hieß früher Villemarie. Im Jahre 1688 richteten die Indianer ein fürchterliches Blutbad unter den Franzosen in M. an. Die Stadt wurde 1760 den Franzosen als ihr letztes Besitzthum in Canada von den Engländern entrissen, am 23. Nov. 1775 von den Nordamerikanern unter Montgomery durch Kapitulation genommen, im Frühjahr 1776 aber wieder geräumt. Am 25. April 1849 wurde bei einem Aufstandsversuche gegen die britische Regierung das Parlamentsgebäude zerstört, und 1856 brannte die Christ-Church, die anglikanische bischöfliche Kathedrale, ab.

Montréjeau (Montréjaux), Stadt im französischen Departement Obergaronne, an der Mündung der Neste in die Garonne, hat Stearinkerzenfabrikation, Wollspinnerei, Holz- und Steinschneidemühlen, Handel mit Tuch, Strickereien, Holz, Eisen, Nägeln, Leder, kurzen Waaren und Wein und zählt 3670 Einwohner.

Montreuil, 1) (M.-sur-Mer), befestigte Hauptstadt eines Arrondissements im französischen Departement Pas-de-Calais, an der Canche und unweit der Eisenbahn von Amiens nach Boulogne, hat einen Gerichtshof, Tabaksmagazine, Schneidemühlen für Maschinen, Salzraffinerie, Leinwandfabrikatien und 3686 Einwohner. M. wurde 1537 von Kaiser Karl V. erobert, 1554 von den verbündeten Engländern und Kaiserlichen vergebens belagert, 1665 definitiv mit Frankreich vereinigt. — 2) (M.-sous-Bois) Marktflecken im französischen Departement Seine, östlich von Paris, jetzt mit zum Weichbild der Stadt gehörig, hat zahlreiche ausgezeichnete Gärtnereien, vorzüglichen Pfirsichenbau, Porzellanmanufaktur, Steinbrüche und 6870 Einwohner.

Montreux, Stadt im schweizer Kanton Waadt, Bezirk Vevay, am Westende des Genfersee's und an der Eisenbahn von Vevay nach St. Maurice, hat eine außerordentlich schöne, milde und gesunde Lage, wegen deren es im Winter vielen Brustkranken zum Aufenthalt dient, und 2400 Einwohner.

Montrose, Hafenstadt in der schottischen Grafschaft Forfar (Angus), an der Mündung des South-Esk (mit Kettenbrücke) in die Nordsee, hat ein Seminar, lateinische Schule, Museum, Bibliothek, Theater, Irrenanstalt, Gefängniß, Docks, Werfte, Seilerbahnen, Fabrikation von Leinwand, Segeltuch, Leder, Seife 2c., Getreidehandel, Lachs-, Stockfisch- und Hummerfang, Küsten- und Grönlandsschifffahrt, Schiffbau und 13,443 (mit dem Wahlbezirk 49,545) Einw. M. ist mit Angus durch eine Eisenbahn verbunden.

Montrose, 1) James Graham, Marquis von M., englischer Parteigänger, aus einem schottischen Adelsgeschlechte (s. Graham) 1612 zu Edinburg geboren, bildete sich durch Reisen u. einen längeren Aufenthalt in Deutschland während des dreißigjährigen Kriegs, wo er auch in dem protestantischen Heere mit Auszeichnung focht, und bot dann Karl I. von England seine Dienste an. Von dem Herzog von Hamilton jedoch schroff zurückgewiesen, ging er zu der Partei der Covenanter über u. kommandirte die Armee derselben in Schottland. Auch hier von den presbyterianischen Häuptern zurückgesetzt, ließ er sich wieder in das Interesse des Königs ziehen, stürzte Hamilton, sammelte in Schottland die Royalisten und eröffnete 1644 gegen die Covenanter den förmlichen Krieg. Nachdem er im Dec. Argyle bei Inverlochy aufgerieben, schlug er den General Baillie im August 1645 bei Kilsith und berief hierauf zu Glasgow ein königlich gesinntes Parlament, das

Subsidien bewilligen mußte. Im Sept. 1645 bei Selkirk geschlagen, führte er einen nutzlosen Parteigängerkrieg fort, bis ihm der im schottischen Lager gefangen gehaltene König gebot, die Waffen niederzulegen. Er wandte sich nach Deutschland, trat hier in kaiserliche Dienste und stieg in den letzten Jahren des dreißigjährigen Kriegs bis zum General. Nach der Hinrichtung Karls I. bot er Karl II. seine Dienste an und landete mit einem Truppencorps 1650 an der Küste der Grafschaft Caithneß, wurde aber bald durch Lesly geschlagen und, nachdem er einige Zeit in Verkleidung umhergeirrt, an diesen ausgeliefert, vom Parlament zu Edinburg zum Tode verurtheilt und den 21. Mai 1650 gehängt und dann geviertheilt. Sein Leben hat sein Kaplan Wishart beschrieben. H. Laube wählte ihn zum Helden eines Trauerspiels (1858). Nach der Restauration Karls II. ward der Sohn M.s in die Würden und Güter seines Vaters wieder eingesetzt. Dessen Enkel, **James Graham**, 4. Marquis von M., ward 1807 zum **Herzog von M.** erhoben, bekleidete unter Georg I. das Amt eines Staatssekretärs für Schottland und † 1742.

2) **James Graham**, 3. **Herzog von M.**, geboren den 8. Sept. 1755, trat als Abgeordneter für Cambridge ins Parlament, wurde 1783 Lord des Schatzes, 1789 Kriegszahlmeister u., nachdem er seinem Vater 1790 in dem Herzogstitel gefolgt war, Oberstallmeister. Seit 1795 Mitglied des indischen Amts, zog er sich 1802 mit Pitt von der Regierung zurück. Als dieser 1804 wieder an die Spitze des Ministeriums trat, ward M. Präsident des Handelsraths bis zu Pitts Tode (1806). Von 1808—24 war er abermals Oberstallmeister, dann Oberkammerherr bis 1827, wo er sich zurückzog. Er † zu London den 30. Dec. 1836. Sein ältester Sohn, **James Graham, Herzog von M.**, geboren den 16. Juli 1799, ebenfalls eifriger Tory u. Protektionist, war unter Derby's Ministerium vom Febr. 1852—53 Oberhofmeister des königlichen Hauses.

Montrouge, Dorf im französischen Departement Seine, hat eine Handelsschule und zahlreiche Fabriken, besonders von chemischen Produkten, und 8534 Einwohner. In dem dazu gehörigen Dorfe **Petit M.** sind viele Fabriken verschiedener Art.

Montsalvatsch, s. v. a. Mons Salvatoris, s. **Graal**.

Montsalvy, Stadt im französischen Departement Cantal, hat eine alte gothische Kirche, bedeutende Leinwandfabrikation, Obst- u. Gemüsebau, Bienenzucht und 1200 Einwohner.

Montserrat (d. i. gesägter Berg), 1) ein seltsam zerklüftetes Felsengebirge in der spanischen Provinz Barcelona (Katalonien) von 3805 Fuß Höhe, am Llobregat, eine der größten Naturmerkwürdigkeiten Spaniens, benannt nach seinen vielen den Zacken einer Säge (serra) ähnlichen Spitzen, berühmt durch die ungefähr auf der halben Höhe befindliche uralte, jetzt zum Theil zerstörte **Benediktinerabtei M.**, in welcher sich Ignaz von Loyola eine Zeitlang aufhielt und worin sich viele Heiligthümer befanden. Der M. fällt nach allen Seiten hin jäh hinunter. Der hinaufführende Pfad ist, obgleich er ein fortwährendes Zickzack um die Felsenkegel beschreibt, aus denen das Gebirge besteht, außerordentlich steil und geht fast beständig am Rand tiefer Abgründe hin. Buchsbaumgestrüppe und Gebirgskräuter sind die einzige Vegetation, welche in den Ritzen und Schluchten fortkommt, so weit das Auge sie übersehen kann; einige armselige Reste ehemaliger Waldung, ein Paar Dutzend vereinzelte Steineichen, werden erst nach zweistündigem Steigen sichtbar. Auf einem Absatz des Gebirges, der nach vorn senkrecht in den Llobregat hinunterfällt und hinten von einem Halbkreis ungeheurer und ebenfalls senkrechter Felsen eingefaßt ist, liegt das Kloster, eine dunkle, von einem alterthümlichen Thurm überragte Häusermasse. Das hier befindliche wunderthätige Marienbild verschwand beim Ausbruch des Klostersturms von 1835 und kam erst 1844, nachdem die Regierung Bürgschaft für seine Sicherheit gegeben, wieder zum Vorschein. Nur die Kirche und das von 6 Mönchen und 2 Laienbrüdern bewohnte Gebäude sind in ziemlich baulichem Zustande erhalten; alles Uebrige ist kaum mehr als Ruine u. von der reichen Klosterbibliothek nichts mehr vorhanden als ein altes handschriftliches Brevier. Der Gipfel des Berges liegt fast ebenso hoch über dem Kloster als das Kloster über der Ebene. Steile, jedoch für Maulthiere, selbst für Pferde gangbare, nun aber durch dreißigjährige Vernachlässigung ganz verfallene Wege, von denen der eine die Leiter (Escala) heißt, führten zu den 13 Einsiedeleien, die auf den einzelnen Felsenspitzen erbaut waren, und von denen einige in der Luft zu hängen schienen. Die Einsiedler standen unter dem Abte des Klosters und unter der besonderen Leitung eines Klosterbruders, welcher die erste Einsiedelei, die des heiligen Benedikt, bewohnte. Die Einsiedelei des heiligen Hieronymus stand auf dem höchsten Gipfel des Berges u. war jedesmal von dem jüngsten Einsiedler bewohnt, der, wenn einer seiner Brüder starb, in die nächstfolgende herabzog, so daß die Mönche mit dem wachsenden Alter auch dem Kloster immer näher kamen, bis sie endlich in das Kloster selbst gelangten. Die Lebensart der Einsiedler war sehr beschränkt. Nur an einigen großen Festtagen versammelten sich sich zu gemeinschaftlichem Gottesdienst in der Klosterkirche. Ihre Nahrung bestand in einigen Hülsenfrüchten, Fischen, Brod und Wein, mit denen sie durch abgerichtete Maulthiere vom Kloster aus versorgt wurden. Ihre Zellen enthielten eine kleine Kapelle, eine Küche, eine Cisterne, ein Betzimmer und eine Kammer, wo die Einsiedler auf einer Streu schliefen. Nahe dabei war ein kleines Gärtchen, wo es der Raum erlaubte, und bisweilen gab es auch noch eine offene Gallerie, wo sie Blumen in Töpfen zogen. Fast ihre ganze Zeit war den Andachtsübungen gewidmet. Die Einsiedeleien liegen jetzt in Trümmern. Auf der höchsten Spitze des Gebirges liegen die vier Mauern einer ehemaligen Kapelle der Jungfrau Maria, von denen aus man nach allen Weltgegenden hin eine unermeßliche Aussicht über Land und Meer hat. Zum Theil schon am 28. Juli 1812 von den Franzosen zerstört, litt das Kloster noch mehr 1827, wo es der Hauptherd des karlistischen Aufstandes in Katalonien war. — 2) Insel in Westindien, südwestlich von Antigua, den Briten gehörig, mit dem Hauptorte Plymouth und etwa 7000 Einwohnern.

Mont St. Jean, Weiler in der belgischen Provinz Brabant, Bezirk Nivelles, zum Dorfe Braine l'Alleud gehörig. Hiernach benennen die Franzosen die Schlacht von Belle-Alliance oder Waterloo; hier steht auch auf einem künstlichen Hügel der kolossale Löwe, das Denkmal dieser Begebenheit.

Mont terrible, einzeln stehender Berg im Schweizer Kanton Bern, Bezirk Pruntrut, an der Vereinigung des Jura und der Vogesen, 2910 Fuß hoch; auf seinem Gipfel ein Plateau, worauf ein römisches Lager stand. Das nach demselben benannte Departement des ersten französischen Kaiserreichs umfaßte das Bisthum Basel, Mömpelgard und einige schweizerische Distrikte u. wurde 1802 mit dem Departement Oberrhein vereinigt.

Montucla, Jean Etienne, namhafter Mathematiker, geboren zu Lyon den 5. Sept. 1725, fungirte von 1766—92 als Oberaufseher der königlichen Gebäude zu Paris und † den 18. Dec. 1799 in Versailles. Er hat sich namentlich durch seine „Histoire des mathématiques" (2. Aufl. 1799—1802, 4 Bde.) bekannt gemacht.

Montur (v. Franz.), s. v. a. Montirung.

Monumente (v. Lat., Denkmale), zum Andenken an eine wichtige Begebenheit oder eine hervorragende Persönlichkeit errichtete äußere Zeichen, meist von größerer Ausdehnung, Werke theils der Baukunst, theils der Skulptur, theils der Malerei, theils auch der vereinigten Künste. Wir finden sie fast bei allen Völkern, und sie sind für die Staaten- u. Kulturgeschichte derselben meist die ältesten und sehr wichtige Quellen. In frühesten Zeiten nur in behauenen Steinen, Steinhügeln u. Altären bestehend, wurden sie mit der Entwickelung der Kunst immer kunstvoller und prächtiger. Als Hauptbedingungen der M. galten von jeher im Allgemeinen hinsichtlich des Stoffs Dauer, hinsichtlich der Form Einfachheit, vor Allem aber nationale Eigenthümlichkeit. Schon die Hebräer errichteten zum Andenken an bedeutungsvolle Begebenheiten Steine (1. Mos. 31, 45; Jos. 4, 5; 24, 26 f.). Besonders reich an M.n aber muß das alte Aegypten gewesen sein. Noch jetzt erinnern die Pyramiden u. Obelisken, sowie die Trümmer der Tempel und Paläste mit ihren Statuen, Malereien und Inschriften an die ägyptischen Könige der Vorzeit, u. den Nil entlang, überall an der libyschen Bergkette und in den angrenzenden Sandebenen finden sich tief in die Erde gehende, aus verschiedenen Sälen bestehende Kammern (Hypogäen), welche die Todten jenes Landes bargen. Die Perser begruben ihren Cyrus zu Pasargadä in einem hohen Thurme; die Völker Kleinasiens, die Lyder und Phrygier, errichteten ihren Königen Halyattes und Midas kolossale Grabdenkmäler auf gewaltigen Unterbauten, und der Inder riesenhafte Pagoden waren ebensowohl Tempel, als M. der Götter und Heroen. In allen diesen Bauwerken gibt sich ein Streben kund, die geistige Größe durch entsprechende kolossale Massen darzustellen; das ächt künstlerische Gepräge ist ihnen aber allen noch fremd. Dies begegnet uns erst an den M.n der Griechen. Auch bei ihnen waren die ältesten M., die in den Quellen der klassischen Kunst erwähnt werden, Grabmäler gefallener Helden. Griechische und römische Tempelbauten sind nicht allein aus dem Kultusbedürfniß hervorgegangen, sondern auch als M. für Götter u. wichtige Ereignisse anzusehen. Hatte die ältere klassische Kunst nur Götter zu bilden gewagt, so errichtete die spätere auch ausgezeichneten Männern Ehrenbildsäulen, und seit 548 v. Chr. pflegte der Preis in den Kampfspielen eine Statue, später ein Porträt des siegreichen Athleten oder Dichters zu sein. Dem Miltiades zu Ehren stellte man ein Gemälde in der Pöcile zu Athen auf, und zu Pericles' Zeit prangten nicht bloß Hermen auf den Straßen und Götterstatuen in den Tempeln, sondern fast kein freier Platz Athens ermangelte einer Statue irgend einer mythischen Person oder eines ausgezeichneten Feldherrn, Staatsmanns, Dichters oder Philosophen. Bald ahmten auch andere Städte den Athenern nach, z. B. Argos und Eleusis. Alexanders u. seiner Feldherren Siegerlaufbahn bot neuen Anlaß zur Errichtung von M.n. Im Götterkostüm mit den Hörnern des Jupiter Ammon und mit den Attributen des Hercules stand Alexanders Statue auf öffentlichen Plätzen, als Dionysus und Poseidons Sohn mit dem Dreizack ließ sich Demetrius Poliorcetes abbilden, als Helios die Epiphanes benannten Könige, u. dem Demetrius Phalereus setzten die Athener sogar 360 Statuen, für jeden Tag des Jahres eine. In Italien scheinen die Etrusker die ersten M., und zwar ebenfalls Grabdenkmäler, errichtet zu haben. Als die Römer an der Kunst der Griechen Geschmack zu finden begannen, blieben sie hinter diesen auch in dem Schaffen von M.n nicht zurück. Eigenthümliche Gattungen einer solchen bildeten bei ihnen die Triumphbögen und Ehrensäulen. Die griechischen Künstler wanderten nach der Metropole des Weltreichs, und bald füllten sich hier Plätze und Straßen, Atrien, Villen mit Statuen von Göttern und Menschen, ja die Sitte, solche zu errichten, nahm so überhand, daß 161 v. Chr. die Censoren Scipio und M. Popilius einmal alle Statuen von Magistraten, die nicht vom Volk oder vom Staat errichtet waren, in der Nähe des Forums hinwegnehmen ließen. Verbat sich auch Kaiser Augustus goldene und silberne Standbilder, sowie Ehrenbögen zu Rom, so stehen doch von den letzteren ihm geweihten heute noch mehre zu Rimini, Aosta und Susa, und Eitelkeit von der einen, Schmeichelei von der anderen Seite schuf unter seinen Nachfolgern zahllose Kaiserstatuen und Büsten, meist von heroisirtem oder gar vergöttlichtem Charakter. Auch Denkmünzen erhielten durch Köpfe oder Inschriften den Charakter von M.n. Das Christenthum konnte bei der feindlichen Stellung, die es anfangs zur Kunst überhaupt als einer heidnischen Schöpfung einnahm, der Errichtung u. Erhaltung der M. nur ungünstig sein, und zahllose M. des Alterthums gingen in Folge dieses Umstandes, sowie bei den Einfällen barbarischer Völker in Italien und Griechenland zu Grunde; der Kunstsinn einiger Päpste, u. A. Gregors I. u. Julius' II., vermochte nur Weniges wieder herzustellen. Das Mittelalter erbaute wohl zahlreiche herrliche Dome, M. aber nur sehr vereinzelt, und zwar nur in Kirchen und auf Gräbern als Statuen. Gewöhnlicher wurden dieselben auf öffentlichen Plätzen in Frankreich seit der Zeit Ludwigs XIV., in Deutschland nach dem westphälischen Frieden. Namentlich aber seit 1830 erstanden zahllose M., u. zwar war es nicht bloß die Pietät gegen Fürsten, Krieger und Männer, die sich um Wissenschaft, Kunst und Leben Verdienste erworben hatten, auch nicht bloß der Luxus, welcher den Sinn für Errichtung von M.n so lebendig machte, sondern namentlich auch der wieder erwachende Kunstsinn, verbunden mit dem neubelebten Nationalgefühl und dem Streben, die

Heimat und das Vaterland durch die Denkmale ihrer großen Söhne und das Andenken an die Großthaten der Vorfahren zu verherrlichen. Die moderne Plastik hat hierin Vortreffliches hervorgebracht und insbesondere auch die Aufgabe, unkünstlerischen Kostümen das Auffallende zu nehmen und die Gefeierten in der Tracht ihrer Zeit dem Auge vorzuführen, mit immer glücklicherem Erfolge gelöst. Da öffentliche Kunstwerke zugleich bedeutungsvoll und für lange Dauer bestimmt zu sein pflegen, so hat man auch auf sie den Ausdruck **monumental** übertragen u. spricht z. B. bei der Errichtung von Staatsgebäuden und Kirchen, sowie bei der Ausführung von großen historischen Wandgemälden an denselben von **monumentaler Baukunst** u. **monumentaler Malerei**. Vgl. Lubersac, Discours sur les monuments publics de tous les âges et de tous les peuples, Par. 1776.

Monvoisin, Pierre Raimond Jacques, ausgezeichneter französischer Maler der modernen Schule, geboren 1793 zu Bordeaux, ward ein Schüler Guerins zu Paris, gewann mit einem Gemälde, die heilige Jungfrau darstellend, in der neuen Kirche Notre Dame de Lorette zu Paris, den ersten Preis und bildete sich hierauf zu Rom weiter aus. Hier lieferte er die Bilder: der Messenierkönig Aristodemus, wie er mit Hülfe eines Fuchses aus der Cisterne entkommt; Telemach und Eucharis, gestochen von Lorichon, und für die Kirche St. Leu den heiligen Egidius, wie er in der Einsamkeit von einem gothischen König überrascht wird. Im Auftrag des Königs von Frankreich malte er eine 8 Fuß hohe Himmelfahrt der Maria und mehre Genrebilder, später Papst Sixtus V., wie er in der Versammlung der Kardinäle die Krücken wegwirft, in der Gallerie des Luxembourg, und den Tod des Herzogs Philipp von Oesterreich, daselbst, beide ausgezeichnet hinsichtlich Auffassung und Durchführung. Auch treffliche Porträte und Aquarellen haben wir von ihm.

Mony, Fluß in der brasilianischen Provinz Maranhao, nimmt rechts den Perito, links den Iguara auf und mündet in der Bai San Jozé in den atlantischen Ocean.

Monza, Stadt in der italienischen Provinz Mailand, am Lambro und an der Eisenbahn von Mailand nach Como, hat ein altes Schloß (ehemals Residenz der longobardischen Könige), ein prachtvolles Lustschloß mit Park (einer der größten Gartenanlagen Italiens), eine Domkirche zu St. Johannes, 595 von der lombardischen Königin Theudelinde gegründet, im 14. Jahrhundert von M. Campione erneuert, mit dem Sarkophag der Gründerin aus dem 13. Jahrhundert, mehren alten Reliquien und Kostbarkeiten (darunter bisher auch die eiserne Krone), ein erzbischöfliches Seminar, eine Elementarhandelsschule, Fabriken in Leder, Wollenwaaren und Hüten, Seidenweberei, Weinbau und 15,587 (Gemeindebezirk 24,662) Einw. M. hieß im Alterthum und Mittelalter **Modicia** und **Modiccia**. Der Ostgothenkönig Theoderich baute das Palatium daselbst. Neue Berühmtheit erlangte die Stadt durch Kaiser Friedrich Barbarossa.

Monzon, Stadt in der spanischen Provinz Huesca (Aragonien), links am Cinca, über den eine imposante Hängebrücke führt, und am Abhange eines steilen Berges, auf dessen Gipfel ein stark befestigtes Kastell steht, hat Fabriken von Seife, Fayence- und Töpferwaaren und 4683 Einwohner. M. war früher Versammlungsort der aragonischen Stände.

Moohoda, Fluß in Guinea, mündet unter dem Namen **Rio d'Angra Danger** bei dem Vorgebirge St. Jean in den atlantischen Ocean.

Moor (in Oberdeutschland **Moos**), ein unangebautes, feuchtes u. sumpfiges Land von meist schwarzer Beschaffenheit, im Gegensatz zum Sumpf (s. d.); zwischen beiden steht der Bruch (s. d.). Man unterscheidet **Grünmoore** (**Grünlandmoore**), welche mit einem grünen Rasen und oft hochwachsenden Gräsern überzogen sind, **Hochmoore**, wenn das M. sehr hoch liegt, und **Schwarz-** und **Heidemoore**, auf denen nur die eigentlichen Torfpflanzen und einige andere, z. B. Ornithogalum luteum, Ledum palustre, Myrica Gale und Erica vulgaris und tetralix, wachsen. Die ersteren geben zwar in ihrem feuchten Zustande einen Heuertrag; derselbe ist aber wenig nahrhaft, dem Viehe meist unschmackhaft und oft ungesund u. kann nur bei sehr trockener Jahreszeit gewonnen werden. Die Torfmoore geben fast gar keine Produktion, als zuweilen eine höchst kümmerliche Weide, sind jedoch des Torfstiches wegen von Werth. Die größten M.e findet man in Amerika und Westindien, in Europa besonders in Irland, Ungarn und Polen. In Deutschland sind die bedeutendsten die in Ostfriesland, in der lüneburger Heide, das Teufelsmoor bei Bremen, das Burtangermoor in der Provinz Gröningen und das zum Theil trocken gelegte Donaumoos in Bayern.

Moor, in Ostfriesland Ackerfläche von 700 Quadratzoll.

Moor, 1) **Antonis de M.**, geschätzter Bildnißmaler, geboren 1512 in Utrecht, ward ein Schüler des Jean Schoreel, übte hierauf seine Kunst in den Diensten Karls V. u. des Herzogs Alba in Brüssel u. † 1575 in Antwerpen. Seine Bildnisse sind sehr selten; die berühmtesten finden sich in Hamptoncourt bei London.

2) **Karl**, Historien- und Porträtmaler, geboren 1656 zu Leyden, malte u. A. für den kaiserlichen Hof die Bildnisse von Marlborough und dem Prinzen Eugen und ward später vom Kaiser in d n Reichsritterstand erhoben. Er † 1738 im Haag. Seine seltenen Gemälde sind sehr sauber ausgeführt.

Moorbrennen, s. **Rasenbrennen**.

Moore, 1) **Sir John**, britischer General, geboren 1761 zu Glasgow, erhielt seine Erziehung auf dem Kontinent, trat 1776 als Fähnrich in die englische Armee, machte in derselben den mexikanischen Krieg, 1793 die Expedition gegen Gibraltar und später gegen Korsika mit, focht 1795 als Brigadegeneral in Westindien und ward im Mai 1796 Gouverneur von Sta.-Lucia, mußte aber 1797 wegen Gesundheitsrücksichten nach England zurückkehren. Er wurde darauf gegen die Rebellen in Irland verwendet, nahm 1799 als Generalmajor am holländischen Feldzug Theil und folgte 1800 Abercromby nach Aegypten, wo er sich, obschon bei Abukir verwundet, besonders bei der Belagerung von Kairo auszeichnete. Im Jahre 1805 erhielt er ein Kommando auf Sicilien und 1808 ein solches über 10,000 Mann, welche Schweden gegen die Franzosen, Russen und Dänen unterstützen sollten. Da er sich aber dabei mit Gustav IV. überwarf und von diesem sogar kurze Zeit festgenommen ward, ging er mit seinen Truppen nach England zurück.

In Portugal, wohin er darauf beordert wurde, traf er erst ein, als Cintra die Kapitulation abgeschlossen hatte. Nachdem sich jedoch der General Baird mit ihm vereinigt hatte, drang er nach Burgos vor, wo er von den spanischen Insurgententruppen Unterstützung zu finden hoffte, mußte sich aber nach der Schlacht von Talavera nach Coruña zurückziehen. Allein eben, als er die Einschiffung der Truppen anordnete, erreichten ihn am 16. Januar Soult und Napoleon. M. fiel in dem sich entspinnenden Kampfe, doch ward sein Corps gerettet. In der Westminsterabtei ist ihm ein Denkmal errichtet. Die Geschichte seines Feldzugs in Spanien gab sein Bruder 1809 zu London heraus.

2) **Thomas**, berühmter englischer Dichter und Schriftsteller, geboren am 28. Mai 1779 zu Dublin, wo sein Vater Kaufmann war, bezog schon im 14. Jahre die Universität seiner Vaterstadt u. veröffentlichte bereits damals Gedichte und einige Piecen für ein Liebhabertheater. Seit 1799 widmete er sich noch im Middle Temple zu London dem Studium der Rechte. Hier vollendete er auch seine freie Nachahmung des Anacreon (London 1800) und veranstaltete die unter dem Namen „Little's Poems" bekannte Gedichtsammlung, deren Gedichte nicht selten gegen den Anstand verstoßen, sich aber durch Anmuth und Wärme auszeichnen. Im Jahre 1803 erhielt er die Stelle eines Schreibers beim Admiralitätsgericht auf der Insel Bermuda, verweilte jedoch daselbst nicht lange, besuchte die Vereinigten Staaten und kehrte von da nach England zurück. Eine Frucht dieser Reise sind die „Odes and epistles" (London 1806, 2 Bde.), eine scharfe Kritik der amerikanischen Zustände. Bald darauf veranlaßte eine Recension seiner Gedichte in der „Edinburgh Review" ein Duell zwischen ihm und dem berühmten Kritiker Jeffrey. In der Folge trat M. in näheren Verkehr mit Byron und Th. Campbell und lebte, mit der reichen Miß Dyke verheirathet, theils auf seinem Landgute bei Devizes, theils in London. Geringen Erfolg hatten seine dramatischen Versuche: „The gipsy prince" (1803) und „M. P., or the bluestocking" (1811). Einigen politischen Satiren, in denen er die Torypartei mit beißendem Witz verfolgte, folgten seine werthvollen „Irish melodies" (1817—37), Texte zu Stevensons irischen Nationalmelodien, von Freiligrath ins Deutsche übersetzt. Ein Seitenstück dazu bilden die „Sacred songs, duets and trios" (1816), mit Musik von M. und Stevenson. Sein größtes und vollendetstes Werk, die morgenländische Dichtung „Lalla Rookh", erschien 1817 u. öfter. Die Frucht einer Reise auf das Festland war das satirische Gedicht „The fudge family in Paris" (1818). Im folgenden Jahre traf er Byron in Italien, der ihm bei dieser Gelegenheit die Herausgabe seiner Memoiren übertrug. Dieselbe unterblieb jedoch, u. was M. 1830 unter dem Titel „Letters and journals of Lord Byron with notices of his life" veröffentlichte, bietet keinen Ersatz für jene. Geldverlegenheiten nöthigten ihn, auf einige Zeit nach Paris zu flüchten, wo er seine „Loves of the Angels" (1823), ein Seitenstück zu „Lalla Rookh", schrieb. Im Jahre 1823 nach England zurückgekehrt, ließ er sich bei Devizes, später zu Sloperton-Cottage in Wiltshire nieder. Von dichterischen Werken erschien nur noch der Roman „The Epicurean" (1827). Außerdem beschränkte sich seine Thätigkeit auf die Sammlung seiner Werke u. auf historische Studien. Die Geschichte seines Vaterlandes und die Leiden desselben in der Gegenwart hatte er schon 1823 in seinen „Memoirs of the life of captaine Rock" geschildert, nicht überall frei von Parteileidenschaft. Auch seine „Memoirs of Lord Edward Fitzgerald" (London 1831, 2 Bde.) sind ein schätzbarer Beitrag zur irischen Geschichte. Seine „Travels of an irish gentleman in search of religion" (London 1833, 2 Bde.) sind mehr ein Zeugniß von des Dichters scharfem Verstande als der Ausdruck einer ethischen Betheiligung an der Sache selbst. Für Lardners „Cyclopedia" lieferte er eine „History of Ireland", die dann vervollständigt London 1835 in 4 Bdn. u. öfter erschien. Auch gab er 1821 Sheridans Werke heraus und schrieb 1825 dessen Biographie. Er † nach längerem Siechthum zu Sloperton-Cottage in Wiltshire am 26. Febr. 1852. Zu Glasgow u. Dublin wurden ihm Statuen errichtet. Die „Memoirs, journal and correspondence of Th. M." (Lond. 1853, 4 Bde.) veröffentlichte Lord John Russell. M.'s Poesien sind weniger warme Ergüsse des Herzens als Produkte des Witzes; eigenthümlich ist ihnen eine bedeutende Beherrschung der Sprache. Seine sämmtlichen Werke erschienen 1840 zu London in 10 Bänden.

Moorhirse, Pflanzengattung, s. Sorghum.

Moorlautern, Dorf im bayerischen Regierungsbezirk Pfalz, Verwaltungsdistrikt Kaiserslautern, mit 530 Einw. Hier ward eigentlich die Schlacht bei Kaiserslautern (29. und 30. November 1793) geschlagen.

Moorrauch, s. Höhenrauch.

Moorseele, Marktflecken in der belgischen Provinz Westflandern, Bezirk Courtray, an der Heule, hat Flachsbau, Spitzen- und Leinwandfabrikation u. 3845 Einwohner.

Moorshedabad (Murschedabad), Hauptstadt des gleichnamigen Distrikts (90 □Meilen mit 1,045,000 Einw.) in der indobritischen Präsidentschaft Bengalen, am Baghirati, hat ein Kollegium, mehre Moscheen, Fabriken in Seide, Baumwolle u. Shawls, lebhaften Handel und 146,963 Einwohner, worunter über 50,000 Mohammedaner. M. war ehedem die Hauptstadt von Bengalen u. ist noch jetzt die Residenz des nominellen Nabob.

Moorslede, Dorf in der belgischen Provinz Westflandern, Bezirk Ypern, hat ein Schloß, starke Leinweberei, Holzschuhfabrikation und 6180 Einw.

Moorva, Faserstoff von Sanseviera ceylonica, einer Pflanze, die in Bengalen und China, auf Ceylon und Java vorkommt. M. soll sehr bedeutende Festigkeit besitzen und sich besonders zu den feineren Sorten von Zwirn, Schnüren ꝛc. vortrefflich eignen.

Moos, s. Moor.

Moosberger Bad, s. v. a. Heinrichsbad.

Moosbrugger, Friedrich, namhafter Genremaler, geboren 1801 zu Konstanz, bildete sich seit 1821 auf der Akademie zu München und machte sich schon damals durch mehre Gemälde, z. B. den Bockkeller, den Invaliden, den Tänzer, den Bretspieler, die Kameraden ꝛc., bekannt. Von 1827—29 bereiste er Italien und kehrte mit einem seltenen Reichthum von Studien nach Deutschland zurück, von denen er mehre in Oel ausführte, z. B. den Improvisator im Golf zu Neapel; zwei Räubergruppen; das Brustbild einer Römerin im Atelier des Künstlers. Zu

Karlsruhe komponirte er eins seiner größten u. trefflichsten Bilder, eine schöne Landschaft bei Civitella, mit einem alten, von Soldaten beschossenen Raubschloß im Hintergrunde. Im August 1830 begab sich M. nach Petersburg, † aber daselbst schon am 17. Oktober.

Moosburg, Stadt im bayerischen Regierungsbezirk Oberbayern, Verwaltungsdistrikt Freising, unweit der Mündung der Amber in die Isar und an der Eisenbahn von München nach Regensburg, Sitz eines Landgerichts und eines Rentamts, hat ein Schloß, 3 Kirchen, ein Hospital, ein Armen- u. Findelhaus, Brauerei und 2260 Einw. Die Stadt war einst als Mittelpunkt der mächtigen Grafschaft gleichen Namens von Bedeutung.

Moosschokolade, s. Lichenchokolade.

Moose (Musci), kryptogamische Pflanzen, welche den Uebergang von den höheren Gefäßkryptogamen (Farrenkräutern) zu den niederen Zellenkryptogamen (Algen, Flechten, Pilzen) bilden und sich im Allgemeinen dadurch charakterisiren, daß Axe (Stengel) und Blatt deutlich auseinander treten, die Frucht mit einer losen Außenhülle (Haube) versehen ist und der Befruchtungsakt an der Fruchtanlage vor sich geht. Sie zerfallen in Laubmoose und Lebermoose.

Die Laubmoose (M. frondosi) sind krautige Pflanzen mit Haarwurzeln, aufrechtem oder kriechendem, zuweilen sehr verkürztem Stengel, wechselständigen, häufig gedrängt stehenden, bei sehr verkürztem Stengel grundständigen und gehäuften, sitzenden, stengelumfassenden oder herablaufenden, meist schmalen, stets ganzen, ganzrandigen oder gesägten, oft von einem Mittelnerven durchzogenen Blättern und gehäuften, ein- oder zweihäusigen, oft androgynischen, winkel- od. gipfelständigen, meist mit haarähnlichen Fäden (Saftfäden) untermengten und von einer gemeinschaftlichen, knospenartigen od. (bei dem männlichen Blüthenstande) zuweilen sternförmig ausgebreiteten Hülle (Borstenhülle) umgebenen Blüthen. Die Keimkörner oder Sporen sind in einem derben lederigen Behälter eingeschlossen. Die Befruchtung wird durch sack- oder kolbenartige, gestielte Organe vermittelt, welche den Antheren der Phanerogamen entsprechen und Antheridien genannt werden. Die Fruchtansätze sind mit einer griffeltragenden, zelligen Haut (der sogenannten Fruchtknopfdecke) überzogen, die sich vor der Fruchtreife an ihrem Grunde ablöst, seltener am Scheitel aufreißt und eine scheitel-, selten grundständige Haube bildet. Die Sporenbehälter bestehen aus zwei deutlich von einander unterschiedenen Schichten, der Außen- u. Innenhaut, sind unter dem Scheitel umschnitten (bedeckelt), selten geschlossen bleibend oder an den Seiten in Längsspalten klaffend und von einem Mittelsäulchen durchzogen. Sie haben einen längeren oder kürzeren, oft sehr hygroskopischen Stiel (die sogenannte Borste), der von dem in Röhrenform sich erhebenden Blüthenlager (dem Scheidchen) umgeben und manchmal darin verborgen ist. Der Vorkeim besteht aus ästigen, konfervenähnlichen, grünen Fäden. Obgleich die Laubmoose über die ganze Erde verbreitet sind, so gehören sie doch vorzugsweise der gemäßigten u. kalten Zone an, da sie zu ihrem Gedeihen vornehmlich Feuchtigkeit bei einem nicht zu hohen Wärmegrad nöthig haben. Wie sie bis weit nach den Polen hin vorkommen, so finden sie sich auch auf den Alpen bis zur Schneegrenze. In den Tropenländern wachsen sie nur in Sümpfen oder in schattigen, feuchten Wäldern. Jeder Erdgürtel hat zwar seine eigenen Arten, doch sind nicht wenige über verschiedene Zonen u. einige sogar über alle Erdtheile verbreitet. Die Laubmoose kommen übrigens auf den verschiedensten Standorten vor; sie siedeln sich, da ihre staubfeinen Sporen vom Winde überall hingeführt werden, allenthalben an, wo sie nur irgend etwas Boden zu ihrer Anheftung finden; von dem ersten Anfluge der Dammerde auf Felsen, Mauern u. Baumstämmen, auf Ziegel- u. Strohdächern verbreiten sie sich über alle Bodenarten, vom losen Sande bis zum schlammigen Torfgrunde, über Ebenen und Berge, vorzugsweise dichte Rasen und Polster bildend und oft bedeutende Strecken mit einem grünen Teppich überkleidend. Manche Arten wachsen auch im Wasser, bald untergetaucht, bald auf Steinen, Pfählen oder am Ufer befestigt, auch in Gräben, Teichen und Flüssen schwimmend. Eigentliche Schmarotzer finden sich nicht unter ihnen, da die Pflanzen, auf denen sie wachsen, eben nur den Boden für ihre Befestigung bilden, sie aber nicht von deren Säften leben. Im großen Haushalt der Natur spielen die M. eine wichtige Rolle; sie erzeugen durch ihr meist unbegrenztes Wachsthum und ihre Verwesung auf früher sterilen oder nur mit Flechten bewachsenen Stellen eine fruchtbare Dammerdeschicht für größere Gewächse; nehmen begierig die Feuchtigkeit aus der Atmosphäre auf und theilen sie dem einsaugenden Boden mit, welchen sie überdies vor zu großer Austrocknung durch die Sonnenstrahlen bewahren; sie bilden in der kalten Jahreszeit eine schützende Decke nicht nur für die zarten Wurzeln und Samen vieler Pflanzen, sondern auch für zahlreiche Insekten und andere kleinere Thiere und dienen den größeren zum Lager, zum Bau ihrer Nester &c. Die in dichten Rasen wuchernden Sumpf- und Heidemoose sind ein wesentliches Element bei der Torfbildung (s. Torf). Auch dem Menschen gewähren sie mehrfachen Nutzen; sie liefern dem Nordländer Material zur Bereitung seines Lagers u. zum Bau seiner Wohnung, werden auch bei uns nicht selten zu Polstern, als Packmaterial &c. benutzt und geben als Streu Dünger. In Irland bereitet man sogar aus Torfmoosarten Brod. Früher waren auch mehre M. in der Heilkunde gebräuchlich, doch haben sie höchstens eine schwach adstringirende, gelind schweißtreibende Wirkung und sind daher jetzt obsolet oder höchstens noch als unschuldige Volksmittel in Gebrauch. Die Laubmoose lassen sich am bequemsten in folgende 8 Gruppen eintheilen: I. Hüllscheidige, mit sitzenden, in der Borstenhülle versteckten Scheidchen. A) Winkelfrüchtige, der Blüthenstand und die Früchte an den Seiten des Stengels und der Aeste aus den Blattwinkeln entspringend oder auf sehr kurzen Aestchen getragen. 1. Gruppe, Hypnoideen (Hypnoidei), Stengel ästig, meist niederliegend; Sporenbehälter aufrecht bis nickend; Mündungsbesatz einfach oder doppelt. B) Gipfelfrüchtige, Blüthenstand u. Früchte gipfel- oder gabelständig. 2. Gruppe, Bryoideen (Bryoidei), Stengel meist aufrecht und ästig; Blätter spiralständig; Sporengehäuse bedeckelt, nickend oder überhängend; Mündungsbesatz doppelt, selten einfach, aus ganzen, mit den Spitzen zusammengewachsenen Zähnen bestehend. 3. Gruppe, Polytrichoideen (Polytrichoidei), Stengel aufrecht, einfach oder wenig ästig; Blätter spiralständig; Sporengehäuse bedeckelt, aufrecht oder schief; Mündungsbesatz bald doppelt, bald einfach, aus kurzen, durch ein Querfell verbundenen Zähnen bestehend, selten pinselförmig oder fehlend. 4. Gruppe, Fissidentinen (Fissidentini), Stengel aufrecht oder schief, einfach oder wenig ästig; Blätter zweizeilig und zweiseitswendig; Sporengehäuse bedeckelt, aufrecht oder nickend; Mündungsbesatz einfach, mit ganzen od. gespaltenen Zähnen, selten fehlend. 5. Gruppe, Dikranoideen (Dicranoidei), Stengel meist aufrecht, einfach oder ästig; Blätter spiralständig; Sporengehäuse bedeckelt, aufrecht oder schief; Mündungsbesatz bald einfach, bald doppelt, bald fehlend. 6. Gruppe, Phaskoiden (Phascoidei), Stengel aufrecht, einfach, selten wenig ästig; Blätter spiralständig; Sporengehäuse aufrecht, geschlossen, ohne Mündung. II. Nacktscheidige, mit einem auf der stielförmig verlängerten Spindel emporgehobenen od. sammt den Sporen über die Borstenhülle hervortretenden Scheibchen. 7. Gruppe, Sphagnoideen (Sphagnoidei), Sporengehäuse mit einem Deckel aufspringend. 8. Gruppe, Andreäineen (Andreaeini), Sporengehäuse an den Seiten in 4 Spalten klaffend.

Die Lebermoose (M. hepatici) sind ebenfalls krautige Pflanzen mit Haarwurzeln, meist kriechendem Stengel, bald getrennten, wechselständigen, stengelumfassenden oder mit breitem Grunde flügelartig herablaufenden, meist breiten, ganzrandigen oder auf verschiedene Weise zertheilten, gesägten oder gezähnten, niemals von einem verdickten Mittelnerven durchzogenen, bald zum Theil oder insgesammt unter sich und mit dem Stengel zu Einem Laube verschmolzenen Blättern und einzeln oder gehäuft stehenden, ein- oder zweihäusigen, winkel- oder gipfelständigen, nackten oder mit einer kelchähnlichen Hülle umgebenen, manchmal mit Saftfäden umstellten oder dem Laube eingesenkten Blüthen. Die Sporenbehälter sind ebenfalls derb und lederig, oder zart und häutig, einfach, d. h. nicht aus mehren trennbaren Schichten bestehend, sehr selten von einem Mittelsäulchen durchzogen, auf verschiedene Weise (in Klappen, Zähnen, mit einem Deckel) aufspringend, mit Schleudern zwischen den Sporen oder unregelmäßig aufbrechend und ohne Schleudern. Die Borste ist weich, meist zart und welkend, oft verkürzt und dem Laube oder dem unveränderten Blüthenlager eingesenkt, manchmal ganz fehlend. Die Antheridien sind gestielt, sitzend oder eingesenkt, fast kugelig, elliptisch oder eiförmig. Die Fruchtansätze sind ebenfalls mit einer griffeltragenden Haut, der erwähnten Fruchtknopfdecke, überzogen, die sie vor der Fruchtreife am Scheitel durchbohren, worauf sie eine grundständige Haube bilden. Hinsichtlich ihrer Verbreitung und ihres Vorkommens gilt von den Lebermoosen das oben von den Laubmoosen Bemerkte; nur lieben erstere noch mehr feuchte, schattige Standorte; auch bedürfen sie noch weniger einer erdigen Unterlage als diese, und manche Arten überziehen daher die noch glatte Baumrinde, die Moosrasen selbst und größere Erdflechten und wuchern in heißen Ländern selbst auf den Blättern der immergrünen Sträucher und Bäume, wie sie überhaupt in den Tropengegenden die höchste Ausbildung u. die größte Mannichfaltigkeit der Formen zeigen. Sie haben fast durchgängig einen zarteren Bau als die Laubmoose, aber ebenfalls das Vermögen, die Feuchtigkeit durch ihre ganze Oberfläche schnell einzusaugen, weshalb sie, wenn sie auch völlig ausgetrocknet und leblos erschienen, beim Eintreten nasser Witterung an ihrem Standorte sofort wieder aufleben. Auch hinsichtlich ihres Nutzens im Haushalte der Natur stimmen sie in manchen Stücken mit den Laubmoosen überein, während sie für den Menschen von weit geringerem Belang sind. Einige Arten waren früher und sind zum Theil noch, namentlich in den südlichen und den Tropenländern, als Heilmittel in Gebrauch. Die Lebermoose zerfallen in folgende 5 Gruppen: 1) Jungermannien (Jungermannieae), Früchte einzeln, selten zu mehren, in den unmittelbar aus dem Stengel oder Laube entspringenden, perigonähnlichen Hüllen sitzend; Sporenbehälter 4klappig, selten 1klappig, gestielt; Sporen mit Schleudern vermischt; Antheridien zerstreut, gestielt oder sitzend, oft eingesenkt; ein deutlicher, getrennt-blätteriger Stengel oder Ein Laub. 2) Marchantieen (Marchantieae), Früchte zu einem gestielten Knöpfchen gehäuft, von perigonähnlichen oder kuppel- u. röhrenförmigen, oft doppelten Hüllen umgeben; Sporenbehälter auf verschiedene Weise (in Zähnen, Klappen oder umschnitten) aufspringend, gestielt, mit einem öfters eingesenkten Stiel; die Sporen mit Schleudern untermischt; Antheridien bald in sitzenden oder schildstieligen Scheiben, bald im Laube selbst eingesenkt; laubartige Gewächse. 3) Targonieen (Targonieae), Früchte einzeln, von einer ungestielten, endständigen, 2klappigen Hülle umgeben; Sporenbehälter unregelmäßig oder in Zähnen aufspringend, kaum gestielt; zwischen den Sporen eingemengt; Antheridien in gestielten, seitlichen Scheiben eingesenkt; laubartige Gewächse. 4) Anthoceroteen (Anthoceroteae), Früchte zerstreut, von einer röhrigen Hülle umgeben; Sporenbehälter lang gestreckt, halb 2klappig, mit einem Mittelsäulchen u. einem kurzen, dicken, eingesenkten Stiel; zwischen den Sporen Schleudern; Antheridien sitzend; gehäuft, in becherförmigen Hüllen eingeschlossen; laubartige Gewächse. 5) Riccieen (Riccieae), Früchte einzeln in schlauchigen oder zu mehren in schuppigen Hüllen befindlich oder ohne letztere; Sporenbehälter dünnhäutig, von der geschlossenen Fruchtknopfdecke eingeschlossen oder aus dieser selbst gebildet, zuletzt unregelmäßig platzend, kurz gestielt, sitzend oder eingesenkt; keine Schleudern zwischen den Sporen; Antheridien eingesenkt, zerstreut oder in schmale Scheiben zusammengedrängt; laubartige Pflanzen.

Moose, Fluß in Obercanada, entsteht aus dem See Misinabe, fließt nordöstlich und mündet in die St. Jamesbucht der Hudsonsbai.

Moosstärke, s. v. a. Lichenin.

Mopeha, Inselgruppe, s. Cooksarchipel.

Moplahs (Mapillahs, Moplays), ostindischer Volksstamm, die moslemitischen Bewohner von Malabar (s. d.), eine gemischte Race, die aus der Vermischung der ersten arabischen Ansiedler mit den Frauen des Landes entsprang. Sie sind ein hellfarbiger, gut aussehender Menschenschlag mit den starken Zügen, dem stolzen Ausdruck und den sehnigen Formen der Nachkömmlinge Ismaels. Sie rasiren ihr Haar und tragen statt des Turbans eine kleine Mütze von Seide oder Tuch auf dem Kopfe. Brust und Schultern sind bloß, und ein weißes oder gefärbtes Stück Linnen ist um die Hüften gebunden. Bei den Frauen ist der obere Theil des Körpers durch eine um den Hals geknüpfte Tunika mit weiten Aermeln und der Oeffnung nach vorn bedeckt, und nach der Sitte der Gläubigen wird stets ein Schleier über den Kopf geworfen. Die Priester nähren den tiefen Haß der M. gegen die Ungläubigen. Ihre Lieblingswaffe ist das lange Messer, das gewöhnlich von der Hüfte herabhängt; zum Kampfe bereiten sie sich durch eine mächtige Dosis Hanf oder Opium vor, fechten dann aber mit äußerster Hartnäckigkeit.

Mops, Hunderace, s. Hunde.

Mopsus, zwei mythische Seher; der eine, der Sohn des Ampyx und der Nymphe Chloris, aus Thessalien, nahm an der kalydonischen Jagd und an dem Zuge der Argonauten Theil, starb in Libyen an einem Schlangenbisse, ward von den Argonauten bestattet und erhielt Heroendienst und Orakel; der andere, der Sohn des Apollo und der Mantho, hatte bei Colophon einen Wettstreit mit Calchas und erbaute mit Amphilochus nach der Rückkehr von Troja Mallos; über den Besitz der Stadt aber kam es zwischen ihnen zum Zweikampf, worin Beide blieben.

Moquega, Departement in der südamerikanischen Republik Peru, hat 61,440 Einwohner und Tacua zur Hauptstadt. In demselben liegt auch die Stadt M.

Moquis, ein Stamm der Puebloindianer in Neumeriko, etwa 10,000 Seelen stark, mit Oriva als Hauptort.

Mora (lat.), Verzug, Verzögerung, in der Musik s. v. a. Pause und Interpunktion als Zeichen der Pause, bei den alten Musiktheoretikern Bezeichnung der Zeitdauer oder das Zeitmaß der Silben, worin diese singend ausgesprochen wurden, in der Prosodie Zeittheile, deren 1 auf einen kurzen Vokal, 2 auf einen langen gerechnet werden. In der Rechtssprache heißt M. eine Zögerung, die mit Verschuldung verknüpft ist und einem Anderen, der mit dem Zögernden in einem obligatorischen Verhältniß steht, Nachtheil bringt. Sie ist eine M. des Schuldners (m. in solvendo), wenn derselbe rechtswidrig die Leistung verzögert, oder des Gläubigers (m. in accipiendo), wenn dieser die Annahme der dargebotenen Leistung hinauszieht. Die Wirkungen der M. in solvendo sind: daß der säumige Schuldner den verursachten Schaden erstatten und die Gefahr des Zufalls tragen muß, sowie daß er zur Zahlung von Verzugszinsen und bei der Herausgabe von fruchttragenden Sachen auch zur Leistung der gezogenen Früchte u. derer, die hätten gezogen werden können, verpflichtet ist. Die M. in accipiendo hat die Wirkung, daß der Gläubiger Schaden und Zufall tragen und alle Kosten, die der Schuldner auf die Sache verwendete, ersetzen muß.

Mora, Abtheilung des spartanischen Fußvolks, deren Stärke zu verschiedenen Zeiten verschieden war.

Mora (ital.), ein schon im Alterthum bekanntes Spiel, darin bestehend, daß Jemand die Hand oder auch beide Hände mit mehr oder weniger eingeschlagenen Fingern schnell ausstreckt und ein Anderer in demselben Augenblicke angibt, wie viel Finger jener nicht eingeschlagen hat, ähnlich dem deutschen Gerade und Ungerade.

Mora, 1) (M. de Ebro), Stadt in der spanischen Provinz Tarragona (Katalonien), am Ebro, nordöstlich von Tortosa, hat Seifen- u. Branntweinfabrikation und 3836 Einw. — 2) Stadt in der spanischen Provinz Toledo (Neukastilien), hat Seifenfabrikation, Sparteriesflechterei und 4800 Einw.

Mora, 1) Don José Joaquin de, spanischer Dichter, geboren 1783 zu Cadix, studirte in Granada, als die französische Invasion 1808 ihn unter die Waffen rief, fiel in französische Gefangenschaft, kehrte erst 1814 in sein Vaterland zurück und redigirte hier nach einander mehre Zeitungen. Politisch verdächtig, mußte er 1823 flüchten und ging nach London, wo er sich durch das Taschenbuch „No me olvides“ (1824—27), die „Gimnastica del bello sexo“ (1824, 2. Aufl. 1827), „Cuadro de la historia de los Arabes“ (1826, 2 Bde.) und „Meditaciones poeticas“ (1826) bekannt machte. Später lebte er als Beamter nach einander in Chile, Peru und Bolivia, von wo er 1856 als Generalkonsul dieser Republik nach London zurückkehrte. M. hat sich fast in allen Gattungen der Poesie versucht. Seine Versifikation ist leicht, seine Sprache anmuthig. Am meisten gelangen ihm satirische und scherzhafte Gedichte. Eine Sammlung seiner Poesien enthalten die „Leyendas en verso y prosa“ (Lond. 1840).

2) Don José Maria Luis, spanischer Schriftsteller in Mexiko, schrieb: „Mejico y sus revoluciones“ (Paris 1826, 8 Bde.) und „Obras suettas“ (das. 1838, 2 Bde.).

Morabiden, s. Almoraviden.

Moradabad, Hauptstadt des gleichnamigen Distrikts (140 QMeilen mit 1,138,460 Einw.) in der indobritischen Präsidentschaft Agra, an der Ramganga, hat lebhaften Handel und 57,414 meist mohammedanische Einwohner.

Moräa *L.*, Pflanzengattung aus der Familie der Irideen, charakterisirt durch die 6theilige ausgebreitete Korolle, deren 3 innere Theile kleiner sind, die den 2spaltigen, blumenblattartigen Griffellappen entgegengesetzten Antheren u. die 3seitige, 3fächerige Kapsel, Zwiebelgewächse, meist auf dem Kap, einige mit eßbaren Zwiebeln, viele als Zierpflanzen in europäischen Gärten. Die Zwiebeln von M. edulis *Ker.*, M. vegeta *Jacq.*, mit schönen, wohlriechenden, lillafarben-blauen Blüthen, werden von den Hottentotten in Südafrika gern gegessen. M. Sisyrinchium *Ker.*, Iris Sisyrinchium *L.*, in Südeuropa, hat sehr schöne, himmelblaue Blüthen. Die Zwiebel enthält Schleim und Stärkmehl mit etwas Schärfe, welche sich beim Trocknen verliert; man ißt sie in Südeuropa roh und zubereitet, braucht sie aber auch in Spanien als Arznei bei Krankheiten der Brustorgane und des Unterleibes.

Moränen, s. Gletscher.

Morai, auf den Südseeinseln die dem Kultus gewidmeten heiligen Stätten, zugleich Asyle für Verbrecher; auch werden da die Grabgerüste der Häuptlinge errichtet.

Moral (Moralität, v. lat. mores, die Sitten), der Inbegriff der Grundsätze der Sittlichkeit und ihre Ausführung im Leben, als Lehre oder Wissenschaft gleichbedeutend mit Sittenlehre (s. d.) oder Ethik. Während der sittliche Lebenswandel sowohl ein bloßes natürliches Gutsein, als auch eine bloß äußerliche Gesetzmäßigkeit des Handelns sein kann, beruht die Moralität auf einem klaren Bewußtsein über Recht und Unrecht, mit dem Willen, stets das erstere zu wählen. Ein Mensch ohne M. ist ein solcher, dem entweder feste Grundsätze überhaupt, od. doch eine konsequente Befolgung derselben abgeht, ein unmoralischer dagegen ein Mensch von schlechten Grundsätzen. Moralisch nennt man Alles, was in das Gebiet der Sittenlehre und des sich frei bestimmenden Menschen gehört; dann, was den Sittengesetzen gemäß, also entweder an sich gut ist, oder doch Gutes befördert, endlich was überhaupt Moralität fördert oder auch einzelne Sittenlehren erläutert und für sie empfänglich macht. Oft wird das Moralische auch dem Physischen entgegengesetzt; so spricht man von einem moralischen Zwang, d. h. einer Einwirkung auf den Willen durch Beängstigung des Gewissens, Furcht vor zukünftigen Uebeln u. dergl., und nennt einen Menschen, dessen sittliche Ehre vernichtet ist, moralisch todt. Andererseits wieder bilden die moralischen oder praktischen Fähigkeiten als die des bewußten Handelns den Gegensatz zu den intellektuellen od. theoretischen als den Fähigkeiten des Erkennens. Moralische Wissenschaften, im Gegensatze zu den sogenannten exakten Wissenschaften, sind alle diejenigen Disciplinen, welche die Erforschung und Ergründung des geistigen Lebens des Menschen, seiner Gesetze und Aeußerungen zur Aufgabe haben, z. B. die Psychologie, Kultur- und Religionsgeschichte, Literatur- und politische Geschichte rc. Unter moralischer Ueberzeugung versteht man eine zwar nicht beweisbare, aber doch im Gefühl so festgewurzelte Ueberzeugung, daß uns das Gewissen nicht erlaubt, von ihr abzugehen. Ueber den moralischen Beweis für das Dasein Gottes s. Gott. Mit dem Ausdruck Moralprincip bezeichnet man einen bestimmten Grundsatz oder eine doktrinelle Formel, aus welcher sich andere Grundsätze u. Pflichtgebote, überhaupt die verschiedenen Sittenlehren ableiten lassen. Dieselben sind von der Philosophie der alten und neuern Zeit sehr verschieden ausgedrückt worden (s. Sittenlehre). Moralische Weltordnung nennt man nach Fichte den sittlich gesetzmäßigen Zusammenhang der Welt, den nothwendigen Zusammenhang zwischen Tugend und Glückseligkeit. Die Moraltheologie (theologia moralis), ein Theil der Theologie und im Gegensatz zur theoretischen Theologie (Dogmatik) auch die praktische genannt, ist die Wissenschaft der ihre Lehren aus der Bibel schöpfenden M., im Gegensatz zur Moralphilosophie als der Wissenschaft der philosophischen M. Unter M. einer Fabel oder Parabel versteht man die Lebensregel, welche darin veranschaulicht werden soll.

Morales, 1) Luis de M., ausgezeichneter spanischer Maler, genannt el divino, d. i. der Göttliche, weil er nur heilige Geschichten malte, geboren 1509 zu Badajoz, lebte meist in Sevilla u. Madrid u. † 1586 in seiner Vaterstadt. Fast alle namhaften Kirchen u. Klöster Spaniens besitzen Bilder von seiner Hand. Für sein Hauptwerk erklärt man ein Altarblatt mit Thüren in der Sakristei von N. S. Antigua in der Kathedrale zu Sevilla. In der Mitte befinden sich das Ecce homo und Maria und Joseph zur Seite. Das Haupt Christi malte er oft und vortrefflich. Berühmt sind besonders seine Pietas. Alle Bilder M.' sind bis in die kleinsten Details mit Fleiß ausgeführt und die Farben zart verschmolzen, wie bei Correggio. Die königliche Gallerie zu Dresden enthält ein ungemein zartes Ecce homo von M.

2) Christofero de M., Kirchenkomponist, der Vorläufer Palestrina's, war aus Sevilla und seit 1546 Sänger in der päpstlichen Kapelle. Die berühmtesten unter seinen Kompositionen sind: ein Magnifikat über die 8 Kirchentöne und seine 4- bis 6stimmigen Lamentationen (Venedig 1564). Von seinen übrigen Kompositionen befinden sich viele auf der münchener Bibliothek.

Moralisch, s. Moral.

Moralische Person (universitas, Personengemeinheit), Vereinigung mehrer Personen zu gewissen Zwecken, so daß dieselben in dieser Vereinigung ein einziges Rechtssubjekt bilden. Inhaber der Rechte einer solchen Universitas, zu deren Bildung das Recht nur von Seiten der Staatsgewalt ertheilt werden kann, sind nicht die einzelnen Mitglieder, sondern die Universitas selbst, d. h. der Komplex aller Mitglieder als ein Ganzes, z. B. Stadt-, Landgemeinden rc.

Moralist (v. Lat.), Sittenlehrer, Sittenrichter, insbesondere Bezeichnung derjenigen Scholastiker, welche in der Sittenlehre dem Thomas von Aquino folgten, im Gegensatz zu den Kasuisten; moralisiren, sittlich machen, sittliche Betrachtungen anstellen, Sitten richten, den Sittenlehrer spielen.

Moralität, s. Moral.

Moralitäten (v. Lat.), im späteren Mittelalter geistliche Schauspiele, welche neben den Mysterien (s. d.) u. denselben nachgebildet in Frankreich u. England, auch in Italien vielfach üblich waren. Sie sind ernsthafterer Art als die Mysterien und haben meist eine moralische Tendenz, daher der Name. In zwei der ältesten Stücke dieser Art, „Every Man“ und „Hick-Scorner“, sind die Hauptpersonen: Jedermann (ein Repräsentant des menschlichen Geschlechts) und ein Freigeist, neben denen verschiedene Tugenden und Laster als allegorische Personen auftreten. Alle M. sind gereimt, in unregelmäßigen Stanzen und schließen mit einem Gebet. Im 15. Jahrhundert waren sie in England und auch in Schottland sehr gebräuchlich und erhielten sich auch nach der Reformation in der Form von theologisch-polemischen Schauspielen, wie denn ein solches Stück, das den Titel „New Gastorn“ führt, für Vertheidigung der Reformation geschrieben und aufgeführt wurde. Später erhielten sie den Namen Maskes u. wurden erst unter Cromwell förmlich abgeschafft. In Frankreich finden wir sie gleichzeitig mit den Mysterien unter Philipp dem Schönen, wahrscheinlich im Gegensatz zu den letzteren, für welche die Passionsbrüderschaft privilegirt war, von der Confrèrie de la Bazoche, einer Gilde der Gerichtsschreiber, aufgeführt. Sie hatten hier mehr einen komischen Charakter und arteten bald aus. In Deutschland wurde die Stelle der M. durch die seit Ende des 15. Jahrhunderts üblichen Schulkomödien ersetzt. Eine Erneuerung der M. in Spanien sind die Autos sacramentales (s. Autos).

Morast, größere Strecke versumpften und unzugänglichen Landes; s. Bruch, Moor u. Sumpf.

Morata, Fulvia Olympia, eine der gelehrtesten Frauen des 16. Jahrhunderts, geboren 1526 zu Ferrara, Tochter des Gelehrten und Dichters Fulvio Pellegrino Moratus, erhielt eine klassische Bildung und hielt schon in ihrem 16. Jahre gelehrte Vorträge in Ferrara. Im Jahre 1548 heirathete sie den deutschen Arzt Gundler und folgte ihm nach Schweinfurt und 1553 nach der Eroberung dieser Stadt durch Albrecht von Brandenburg-Kulmbach nach Heidelberg, wo sie den 26. Oktober desselben Jahres †. Cölius Secundus Curio gab ihre zahlreichen griechischen u. lateinischen Gedichte zu Basel 1562 heraus; andere Ausgaben erschienen zu Augsburg 1570 und 1578. Ihr Leben beschrieb u. A. Bonnet (Paris 1855, auch deutsch erschienen).

Moratalla, Stadt in der spanischen Provinz Murcia, am Segura, hat Tuch- und Leinweberei, Steinkohlengruben und 4335 Einw. Unweit westlich davon die Saline Zacatin.

Moratin, 1) Nicolas Fernandez de M., spascher Dichter, geboren zu Madrid den 20. Juli 1737, studirte zu Valladolid die Rechte, widmete sich aber daneben den schönen Wissenschaften und lebte längere Zeit am Hofe seiner Vaterstadt. Die Anfeindungen, welche ihm sein Streben, die Bühne durch französische Muster umzugestalten, zuzog, bewogen ihn, 1772 zur Advokatur überzugehen. Doch ward er bald darauf zum Professor der Poetik ernannt. Er † den 11. Mai 1780. Von seinen übrigen Werken, die in einer Auswahl (Barcelona 1821 und London 1825) erschienen, sind hervorzuheben: „Canto epico de las naves de Cortes destruidas" (Madrid 1785) und die Tragödien „Hormeswinda" (1770) und „Guzman el Bueno". M. ist am ausgezeichnetsten als lyrischer und lyrisch-epischer Dichter, u. trefflich sind seine Schilderungen nationaler Sitten u. Großthaten. Auch leistete er Gutes in der Romanze.

2) Leandro Fernandez de M., berühmter spanischer Dramatiker, Sohn des Vorigen, geboren am 10. März 1760, mußte nach dem Willen seines Vaters als Juwelier lernen, bildete aber daneben sein poetisches Talent aus, erwarb sich mit der heroischen Romanze „La toma da Granada" 1779 das Accessit der Akademie und bildete sich seit 1786 zu Paris, wohin er als Sekretär eines Grafen gekommen war, weiter aus. Nach der Rückkehr in sein Vaterland durch die Gunst des Friedensfürsten Godoy in den Genuß mehrer Präbenden gelangt, lebte er nun ganz der Poesie und bereiste Frankreich, Italien, die Schweiz und Deutschland. Im Jahre 1796 ward er im Ministerium des Aeußeren als Translator und zugleich bei der Theaterdirektion angestellt. Als Günstling Godoy's mußte er nach dessen Sturz 1808 flüchten, doch kehrte er unter dem Schutz der Franzosen nach Madrid zurück u. ward von Joseph Bonaparte zum Bibliothekar ernannt. Schon 1812 aber mußte er wiederum fliehen, und obschon er 1816 die ihm entzogenen Einkünfte zurück erhielt, zwangen ihn schon 1817 neue Verfolgungen zur Uebersiedelung nach Paris. Im Jahre 1820 kehrte er nochmals nach Madrid zurück, 1822 aber nahm er seinen bleibenden Wohnsitz zu Paris, wo er den 21. Juni 1828 †. Seine besten Lustspiele sind: „El vieyo y la niña" (1790), „La comedia nueva" (1792), „El baron", „La mogigata", „El Si de las miñas". Sie erschienen, wie seine lyrischen Gedichte, in unzähligen Ausgaben und wurden in viele Sprachen übersetzt. Wenn sie auch an Originalität und Genialität den Werken der großen Dramatiker Spaniens nachstehen, so läßt sich ihnen doch korrekte Sprache, klare Komposition u. treffliche Zeichnung der Charaktere nicht absprechen. In seinen letzten Lebensjahren war M. theils mit einer Auswahl seiner „Obras poeticas" (Paris 1825, 3 Bde.; 2. Aufl. 1826) beschäftigt, theils arbeitete er an einer Geschichte des Drama's in Spanien, welche die beiden ersten Bände der von der Akademie veranstalteten Ausgabe seiner „Obras completas" (Madrid 1830—31, 6 Bde.) bildet. Eine Auswahl seiner lyrischen Gedichte gibt Wolfs „Floresta de rimas modernas castellanas" (Paris 1837, 2 Bde.).

Moratorium (lat., Anstandsbrief, Indult, Literae quinquennales, dilatoriae, securitatis), eine auf Bitten des Schuldners erlassene richterliche Verfügung, wonach jener eine Frist erhält, binnen welcher er von seinen Gläubigern nicht belangt werden kann. Der Schuldner muß zu dem Ende nachweisen, daß er hinreichendes Vermögen besitzt, seine Gläubiger zu befriedigen, daß er aber, wenn er jetzt gezwungen würde, Zahlung zu leisten, insolvent werden würde. Ferner darf der Schuldner nicht durch sein eigenes Verschulden in diese bedrängte Lage gekommen sein und muß die Gläubiger wegen der späteren Zahlung durch Bürgen od. Pfand sicher stellen. Die Länge der Befristung, welche nach römischem Rechte den Zeitraum von 5 Jahren (daher Quinquennell) nicht übersteigen durfte, hängt wie die nochmalige Verlängerung von den Umständen ab. In manchen Ländern werden die Moratorien als landesherrliche Dispensationen u. Gnadensachen behandelt, in andern sind sie den Gerichten zugewiesen, in noch anderen, wie z. B. im Königreich Sachsen, sind sie durch die Verfassungsurkunde untersagt.

Moratscha (Moracka), Fluß im Westen der europäischen Türkei, entspringt am Dormitor in den dinarischen Alpen, bildet die Grenze zwischen Montenegro und der Türkei, fällt in den See von Scutari, verläßt diesen wieder als Bogona u. mündet als solcher ins adriatische Meer.

Morawiden, s. Almoraviden.

Morawa, 1) Fluß in Serbien, entsteht aus der östlichen oder bulgarischen u. der westlichen oder serbischen M. Jener entspringt am Glubotingebirge und vereint sich mit der Westmorawa bei Kruschevacz; Nebenflüsse von ihm sind die Toplicza und die Nissava. Die Westmorawa entspringt auf dem Czemernozebirg und nimmt rechts den Ibar mit Oraschka, links die Kirucha auf. Die vereinigten Flüsse nehmen eine nördliche Richtung; gegen die Mündung hin trennt sich ein Arm, die Jessava, ab und mündet bei Semendria, während der Hauptarm östlicher in die Donau fällt. Die Stromlänge der M. beträgt 45 Meilen. Nebenflüsse sind noch: rechts die Besava, links die Levazka, Lepeniza und Jerenitze. — 2) Fluß in Mähren, s. v. a. March.

Morawiese, Wiese in Schweden, eine Meile von Upsala, wo in alter Zeit die Könige des Landes von der Versammlung der Richter (Morathing) gewählt wurden. In der Mitte der Wiese stand ein großer Stein (Morastein), auf den der König nach der Wahl gehoben ward, rings herum 12 kleinere. Auf oder neben den Morastein wurde nach vollzogener Königswahl jedesmal ein neuer Stein gelegt, auf den das Datum des Wahlakts eingehauen war. Der alte Morastein war schon zu Gustav I. Adolfs Zeiten nicht mehr vorhanden, und jetzt liegen auf dem Platze nur noch einige kleinere Steine mit verwitterten Inschriften.

Morawski, Theodor, Minister der auswärtigen Angelegenheiten während der polnischen Revolution von 1830, geboren 1797 in Großpolen, studirte zu Warschau und trat 1817 in die Kanzlei des

Ministeriums des Innern, mußte aber wegen seiner journalistischen Thätigkeit 1820 den Staatsdienst verlassen. Der Theilnahme an der von Lukasinski gestifteten geheimen Verbindung verdächtig, ward er 1825 verhaftet, aber wegen Mangels an Beweis wieder freigegeben. Als ihm eine neue Verhaftung drohte, begab er sich nach Frankreich und England. In Paris schrieb er für die „Revue des deux mondes“ mehre Artikel über Polens Geschichte u. Gesetzgebung. Nach dem Ausbruch der polnischen Revolution wirkte er in Frankreich in ihrem Interesse, kehrte im Juli 1831 nach Warschau zurück, nahm seinen Sitz als Landbote von Kalisch in der Reichsversammlung und wurde am 20. Aug. Minister des Auswärtigen, legte aber diese Stelle nieder, als Krukowiecki mit Paskewitsch in Unterhandlungen trat. Die Katastrophe von Warschau bestimmte ihn, wieder nach Paris zu gehen, wo er seine Schriften: „Sur l'état des paysans en Pologne“ (Paris 1833) und „Powstanie Kosciuszki“ (das. 1838) herausgab. Sein Bruder, Theophil, geboren 1793, war Mitglied der polnischen Nationalversammlung während der Revolution von 1831 und lebt ebenfalls im Exil. Derselben Familie gehört General Franciszek M. an, der als Gutsbesitzer im Posenschen lebt u. sich durch „Pisma“ (Bresl. 1841) bekannt gemacht hat.

Morba, berühmte eisenhaltige Mineralquelle in der italienischen Provinz Toskana, im Val di Cecina; in der Nähe auch Borarlagunen.

Morbegno (Morben), Marktflecken in der italienischen Provinz Sondrio, hat eine Kathedrale, Seidenindustrie, Weinbau und 3170 Einw.

Morbihan, ein nach dem gleichnamigen, 4 Stunden langen, 1½ Stunden breiten Meerbusen des atlantischen Oceans an der nördlichen Westküste von Frankreich benanntes französisches Departement, ein Theil der Niederbretagne, außer dem Meerbusen noch von den Departements Finisterre, Côtes-du-Nord, Ille-Vilaine und Loire inférieure begrenzt, mit einem Flächenraum von 123,89 □Meilen. Der nördliche Theil ist hügelig durch Ausläufer des Arréegebirges, die Küstengegend eben und theils morastig, theils heidig, zum Theil auch fruchtbarer Boden, aber nicht hinreichend kultivirt. Die Küste hat viele kleine Buchten und Inseln. Die bedeutendsten Flüsse sind: die Vilaine, der Auray, Blanet und Oust. Das Klima ist gemäßigt und feucht, die Luft meist nebelig. Hauptprodukte sind: Getreide, Hanf, Obst (besonders Aepfel zu Cider), Hülsenfrüchte, Wein (von geringer Güte), die gewöhnlichen Hausthiere, Wild, Geflügel, Fische, Bienen; Eisen, Meersalz, Schiefer, Töpferthon und Bausteine. Dagegen leidet das Land Mangel an Holz, weshalb vielfach mit Mist gefeuert wird. Die Bevölkerung betrug 1861 486,504 Einwohner. Die Hauptbeschäftigung derselben bildet Ackerbau und Fischerei. Die Industrie ist nicht erheblich; die Verarbeitung des Eisens, Fabrikation von Tuch und Leinwand sind deren wichtigste Zweige. Der vorzüglichste Hafen ist Lorient, der aber mehr als Kriegshafen dient; der Haupthandelsplatz ist Nantes. Der Kanal von Brest nach Nantes und die Eisenbahn von Angers nach Nantes durchschneiden das Departement. Dasselbe zerfällt in die 4 Arrondissements Vannes, Lorient, Napoléonville (früher Pontivy) u. Ploërmel. Die Hauptstadt ist Vannes.

Morbilli (lat.), s. Masern.

Morbonia, bei den alten Römern die Göttin der Krankheiten.

Morbus (lat.), Krankheit. M. major oder comitialis, s. v. a. Epilepsie; M. niger, s. v. a. Blutbrechen; M. pallidus, die Bleichsucht; M. regius, s. v. a. Gelbsucht; M. sonticus, nach dem römischen Recht eine Krankheit, wodurch Jemand gehindert wird, seine Obliegenheiten zu versehen; auch s. v. a. Epilepsie; M. solstitialis, der Sonnenstich.

Morcheln, Pilzfamilie, charakterisirt durch den fast stets hohlen Strunk u. den häutigen, wachsartig-fleischigen, mehr oder minder aufgeblasenen, buchtig-faltigen oder netzig-zelligen Hut, der nur auf der Spitze des Strunkes befestigt ist und in den in seiner Außenschicht befindlichen röhrigen Schläuchen 6—8 Sporen trägt. Die M. wachsen nur auf dem Erdboden, besonders in Wäldern u. Grasgärten, oft an Waldwegen, wo die Feuchtigkeit etwas herabsickert, und an Stellen, wo Meiler waren. Frisch haben sie einen eigenthümlichen Geruch. Sie enthalten besonders Eiweiß, Schwammzucker, Phosphorsäure, milchsaure Alkalien und alkalische Erden. Man findet sie vornehmlich im Frühling, selten im Herbst. Die Gattung Hutmorchel (Morchella *L.*) zeichnet sich aus durch den kugelig-, glocken- oder walzenförmigen, mehr oder weniger angewachsenen, wachsartig-fleischigen, außen durch zahlreiche Falten in netzförmige Zellen getheilten und von der gefärbten, wachsartigen Fruchtschicht ganz bedeckten Hut auf fleischigem Stiel. Zu ihr gehört die gemeine Morchel (M. esculenta *Pers.*, Mauroche, Speisemorchel), mit einem etwa 1 Zoll hohen Strunk u. einem oft rundlich-eiförmigen, seiner ganzen Länge nach angewachsenen, blaß-gelbbraunen oder löwengelben Hute, ist weit über Europa, Asien u. Nordamerika verbreitet, liebt sandigen Boden auf schattigen Triften, in Gärten und Wäldern und erscheint besonders nach warmem Regen. Die Form mit kegelförmigem Hute nennt man Spitzmorchel (M. conica *Pers.*), zu welcher die böhmische Hutmorchel (M. bohemica) gehört, die in Prag unter dem Namen Katcenky in großer Menge zu Markte gebracht und auch ausgeführt wird. Sie ist 4—8 Zoll hoch u. hat einen fingerhutförmigen, stumpfen, weißrandigen Hut mit länglichen, schmalen, vielgestaltigen Feldern. Zur Gattung Faltenmorchel (Lorchel, Helvella), mit aufgeblasenem, buchtig-faltigem, aber nicht in Felder abgetheiltem Hute, gehört die gemeine Faltenmorchel (Helvella esculenta, gemeine Morchel, Stockmorchel), die 1—3 Zoll hoch wird und auf weißlich-zottigem Strunk einen unförmlichen, weit aufgeblasenen, abgerundeten od. lappigen, braunen, unterhalb weißzottigen Hut trägt. Die M. werden theils frisch, theils getrocknet als Zuthat zu Suppen und Saucen, auch als Gemüse auf mehrfache Art zubereitet. Getrocknet lassen sie sich lange aufbewahren Das Trocknen geschieht so, daß man sie mittelst einer Nadel an Schnuren gereiht an einem luftigen Orte aufhängt. Sehr haltbar und sicher gegen Ungeziefer bleiben sie, wenn man sie getrocknet in abwechselnden Schichten mit Salz in ein Glas einlegt und dieses zubindet. Vor dem Gebrauche muß man sie dann gut mit Wasser abspülen. Will man übrigens die M. bloß dazu benutzen, andern Speisen einen angenehmen Geschmack zu ertheilen, so ist es am besten, sie zu pulvern und dieses Pulver in wohlverschlossenen Gläsern aufzubewahren.

Mord, die in Folge eines mit Vorbedacht gefaßten Entschlusses oder mit Ueberlegung u. planmäßig ausgeführte gesetzwidrige Tödtung eines Menschen. Das Erforderniß des Vorbedachts oder der Planmäßigkeit unterscheidet ihn wesentlich von dem Todtschlag, d. i. der im Affekte, in der Hitze der Leidenschaft beschlossenen und ausgeführten Tödtung, der Tödtung durch Handlungen, bei welchen nicht dieser Erfolg, aber eine andere Rechtsverletzung, z. B. eine Körperverletzung, beabsichtigt war, der fahrlässigen Tödtung, welche bei einer Handlung erfolgt, wobei der Beschädigende den Zweck nicht gehabt hat, das Leben zu nehmen, die Tödtung aber durch aus Nachlässigkeit, Unvorsichtigkeit oder Ungeschicklichkeit verübte Handlungen oder Unterlassungen bewirkt worden ist. Dem eigentlichen M. kommt es sehr nahe, wenn der Thäter vorsätzlich solche Handlungen unternahm, wobei er sich zwar der Absicht zu tödten nicht bestimmt bewußt war, welche aber nach dem gewöhnlichen Laufe der Dinge den Tod herbeiführen konnten und wo auch dieser Erfolg der Absicht des Thäters nicht entgegen war. Bei der Tödtung aus reinem unverschuldeten Zufall findet keine Zurechnung Statt. Der M. erfordert, wie jedes Verbrechen der Tödtung, zu seiner Vollendung einen lebenden Menschen, an welchem er begangen wird. An Mißgeburten ohne menschliche Gestalt und Anlage, an unreifen, lebensunfähigen Geburten, an Todten und Thieren kann kein M. begangen werden. Ferner muß durch die mit Vorbedacht ausgeführte verbrecherische Handlung selbst der Tod auch wirklich erfolgt sein; derselbe muß nach den Gesetzen des Kausalzusammenhangs auf die verbrecherische Handlung als Ursache zurückgeführt werden können. Ist derselbe erst durch das Hinzukommen von zufälligen Ereignissen mitbewirkt worden, so wird dadurch die Tödtung als unmittelbare Folge der verbrecherischen Handlung in Frage gestellt und diese mithin nur als Mordversuch bestraft werden können. Auf den Inhalt des Beweggrundes zur vorsätzlichen Tödtung, ob er in sittlicher Hinsicht mehr oder minder verwerflich war, kommt bei der rechtlichen Beurtheilung wenig an. Manche Arten des M.s sind durch die Art der Ausübung (gebungener M. oder Banditenmord, Gift- und Meuchelmord), durch den Zweck (Raubmord) u. durch den Gegenstand (Verwandten- und Gattenmord) ausgezeichnet und werden härter bestraft, wogegen aus besonderen Gründen die von der Mutter an ihrem unehelichen neugeborenen Kinde begangene Tödtung (s. Kindesmord) nicht als eigentlicher M. bestraft zu werden pflegt. Die peinliche Halsgerichtsordnung Art. 157 straft den Mörder als einen „fürsätzlichen muthwilligen" Verbrecher mit dem Rade, den Todtschläger aus Jähheit und Zorn mit dem Schwerte. Die neuen Gesetzbücher setzen auf den M. entweder die Todesstrafe, oder, wo diese abgeschafft ist, lebenslängliche Zuchthausstrafe. Ueber den von den hier darstellten Arten des M.s ganz verschiedenen Selbstmord s. d.

Mordant (franz.), der Grund zum Vergolden und Versilbern, in der Musik s. v. a. Mordent.

Mordbrand, s. Brandstiftung.

Mordent (ital.), eine Manier der Tonverzierung, bei welcher der also bezeichnete Ton mehrmals mit dem nächst unter ihm liegenden schnell abwechselt, dergestalt, daß der wesentliche Melodieton stets Hauptton in der Takteintheilung bleibt.

Mordschläge, ehedem etwa 3—4 Zoll lange, an einem Ende zugeschmiedete und mit einem Zündloche versehene Flintenlaufstücke, welche man mit mehren Kugeln geladen in die Brand- und Leuchtgeschosse steckte, um den Feind abzuhalten, dieselben zu löschen.

Mordsucht, s. Wahnsinn.

Mordtmann, A. D., verdienter Forscher auf dem Gebiete der Geschichte und Alterthumskunde Vorderasiens, geboren den 11. Febr. 1811 zu Hamburg, lebt seit 1845 zu Konstantinopel, erst als Gesandtschaftssekretär, dann, von Nov. 1847 bis Juni 1859, als Geschäftsträger der Hansestädte und seitdem als Richter am dortigen türkischen Handelsgericht. Er hat sich große Verdienste um die Erforschung der alten Geographie und Sprachkunde Kleinasiens, die Entzifferung der Keilinschriften zweiter Gattung und die Erklärung der Pehlewimünzen erworben. Die Resultate seiner Untersuchungen legte er theils in der „Zeitschrift der deutschen morgenländischen Gesellschaft", theils in den Sitzungsberichten der bayerischen Akademie nieder. Außerdem veröffentlichte er eine deutsche Uebersetzung der arabischen Geographie des Istrakhri (Hamburg 1845), „Die Belagerung und Eroberung von Konstantinopel" (Stuttgart 1858) und „Die Amazonen" (Hannover 1862).

Mordwinen, Volk, s. Finnen.

More, Miß Hannah, englische Schriftstellerin, geboren 1745 zu Stapleton in Gloucestershire, trat bereits im 17. Jahre mit einem Schäferschauspiel, „The search after happiness", auf, das in kurzer Zeit drei Auflagen erlebte, und dem im nächsten Jahre das Trauerspiel „The inflexible captive" folgte. Garrick bestimmte sie, sich zu London ausschließlich literarischer Beschäftigung zu widmen, u. führte sie in jenen Kreis ein, der damals die hervorragendsten Geister Englands, Reynolds, Burke, Johnson u. A., vereinigte. Im Jahre 1777 erschien ihre Tragödie „Percy", 1779 ihr drittes und letztes Trauerspiel, „The fatal falsehood", das wenig Beifall fand. Da um diese Zeit auch Garrick starb, zog sie sich von der Bühne zurück, begab sich nach Cowslip-Green bei Bristol und später nach Barley-Grove, wo sie in Verbindung mit ihren Schwestern eine Erziehungsanstalt für verwahrloste Kinder errichtete, der sie fortan ihre Thätigkeit widmete. In der letzten Zeit ihres Lebens führte sie ihre Unduldsamkeit gegen alles Weltliche bis zum Absurden. Sie † den 7. Dec. 1833 zu Clifton. Ihre späteren schriftstellerischen Werke sind der Religion, Sittlichkeit und Erziehung gewidmet und zum Theil in die Form des Romans gekleidet. M. war ausgezeichnet im sprachlichen Ausdruck, besaß eine lebhafte Phantasie und treffenden Witz, entbehrte aber der poetischen Produktionskraft und klammerte sich ängstlich an die bestehenden Formen. Vgl. Roberts, Memoirs of the life and correspondence of Mrs. H. M., Lond. 1834, 4 Bde.

Morea (Moria), seit dem Mittelalter gebräuchlicher Name der großen griechischen Halbinsel, welche die Alten Peloponnesus nannten. Man leitet den Namen gewöhnlich von der maulbeerblattähnlichen Gestalt der Halbinsel ab, Andere aber, wie

Fallmerayer, führen ihn auf das slavische Wort more, d. i. Meer, zurück. M. ist der südöstlichste Theil von Europa und hängt nördlich durch die schmale korinthische Landenge (Isthmus) mit dem Festlande zusammen, von dem ihn im Osten der Meerbusen von Aegina, im Westen der Meerbusen von Korinth trennt. Auf der Ostseite von M. erstreckt sich gegen Südosten in das ägäische Meer zwischen dem Meerbusen von Aegina und dem von Anapli oder Nauplia die argolische Halbinsel. Gegen Süden läuft M. in drei große Landspitzen aus, in die lakonische im Osten, durch den Golf von Kolokythia von der Mainalandzunge und diese wieder gegen Westen durch den Golf von Kalamata von der messenischen Landzunge getrennt. In der Mitte der Halbinsel befindet sich das gegen 2000 Fuß hohe Plateau von Arkadien, an dessen Nordseite sich der 7266 Fuß hohe Cyllene und an der Südseite der 7640 Fuß hohe Pentedaktylon erheben. Unter den Flüssen sind die bedeutendsten: der Basiliko (Eurotas), welcher südlich sich in den Meerbusen von Kolokythia ergießt, der Rufia (Alpheus), der westlich dem jonischen Meere zufließt, und der Gastuni (Peneus), der in derselben Richtung strömt. In Folge der Ausrottung der meisten Wälder ist das Land weniger gesund, heißer und dürrer als im Alterthum. Wo Bewässerung möglich ist, herrscht noch immer große Fruchtbarkeit; aber der Anbau ist überaus dürftig. Die Städte des alten Peloponnesus sind fast nur noch Trümmerhaufen mit wenigen Bewohnern, viele Dörfer sind verlassen. Die **Bevölkerung** der 478 □Meilen großen Halbinsel belief sich 1851 auf 566,303 Seelen, bis auf wenige Albanesen und Franken sämmtlich Griechen. Die wichtigsten Produkte bestehen in Oliven, roher Seide, Baumwolle, Reis, Feigen und anderen Südfrüchten, Honig, Wein und Korinthen. Auch wird starke Bienenzucht und auf den Gebirgen in der Mitte des Landes einträgliche Viehzucht getrieben. Die Industrie liegt noch sehr darnieder; kaum findet man die nothwendigen Handwerke. M. zerfällt in die Nomarchien Argolis, Korinth, Lakonien, Messenien, Arkadien, Achaja u. Elis. Vgl. **Griechenland, das neue.**

Die ältere **Geschichte** M.'s fällt mit der des alten Griechenlands zusammen. Als Bestandtheil des oströmischen Reichs bildete es eine eigene, von Strategen verwaltete Provinz. Nachdem es schon zur Zeit der Völkerwanderung von den Gothen u. Vandalen verheert worden war, wurde es in der zweiten Hälfte des 8. Jahrhunderts die Beute einwandernder Slavenhaufen, die sich namentlich am Fuße des Taygetus festsetzten. Es entstanden um diese Zeit neben den althellenischen Stadtgemeindeh slavische Gemeinwesen, welche sich unter eigenthümlicher Stammverfassung zu besonderen Distrikten (Zupanien) vereinigten, nach und nach aber von den byzantinischen Griechen unterworfen und gräcisirt wurden. Nur allmählig begann durch die Verschmelzung der slavischen und hellenisch-romäischen Bevölkerung zu einem Ganzen eine regsame Betriebsamkeit und ein lebendiger Verkehr in den Seestädten M.'s, so daß dieselben den Versuchen der Araber, in M. festen Fuß zu gewinnen, erfolgreichen Widerstand entgegensetzen konnten. Dagegen erschütterten die Bulgarenstürme, wie Macedonien u. Thracien, so auch Hellas und einen Theil M.'s (995), und vom Ende des 11. Jahrhunderts an suchten die Normannen das Land heim. Kaum hatte es sich wieder erholt, als die Kreuzzüge seine Entwickelung von Neuem hemmten. Zwar scheiterte der Versuch des Markgrafen Bonifacius von Montferrat, von Thessalonich aus in M. einzudringen, an den Mauern Korinths und Napoli's (1204); zu derselben Zeit aber stieg Wilhelm von Champlitte mit einer Schaar fränkischer Ritter bei Patras ans Land, eroberte schnell nach einander Andravida, Korinth, Argos bis auf die sehr festen Burgen, und ein entscheidender Sieg bei dem Olivenwalde von Kondura gründete die Herrschaft der Franken über den westlichen Theil von M. bis zu dem Fuße des Taygetus (1205). Als Champlitte kurz darauf nach Frankreich zurückkehrte, vertheilte er das eroberte Land unter seine Ritter zu Lehen und übertrug die Oberlehnsherrschaft Gottfried von Villehardouin. Zum Behuf der Vertheidigung des Landes ward nach fränkischen Feudalgesetzen der Heerbann eingeführt, als Norm rechtlicher Entscheidungen aber das Gesetzbuch der Assisen von Jerusalem angenommen, wogegen in geistlichen Dingen durch die Einführung des lateinischen Ritus bald das kanonische Recht u. die Jurisdiktion des römischen Stuhls Geltung erhielt. Gottfried von Villehardouin erweiterte und befestigte durch fortgesetzte Eroberungen, sowie durch milde Behandlung der Unterworfenen seine Macht so, daß er durch den Ausspruch seiner Ritter zum Oberherrn von M. erklärt wurde. Der 1261 nach Konstantinopel zurückgekehrte griechische Kaiser Michael VIII. Paläologus eroberte zwar einen Theil M.'s zurück, der sodann ein eigenes Despotat bildete; das Fürstenthum Achaja blieb aber als Lehn des Königreichs Sicilien bei der Familie Villehardouin bis 1346, wo es nach Erlöschung des Mannsstammes bei der Menge auftretender Prätendenten den Osmanen leicht wurde, sich des größten Theils zu bemächtigen (1460). Dagegen blieben Modon, Koron, Argos, Napoli di Romania und einige andere wichtige Punkte im Besitz der Venetianer und wurden Veranlassung erbitterter Kämpfe zwischen der Republik Venedig und dem Sultan. Erst nachdem alle Cykladeninseln der türkischen Herrschaft einverleibt worden waren, verstand sich Venedig im Frieden von 1540 zur Räumung seiner letzten Besitzungen auf dem griechischen Festlande. Zwar ward durch den Seesieg bei Lepanto (7. Okt. 1571) die Seemacht der Osmanen auf lange Zeit vernichtet, allein die Ungunst der Jahreszeit und Uneinigkeit verhinderten die Verbündeten an der Benutzung des Sieges, und 1573 mußte sich Venedig den Frieden durch förmliche Verzichtleistung auf seine Besitzungen in Griechenland erkaufen. M. bildete seitdem ein türkisches Sandschak mit der Hauptstadt Trivolizza, welches von dem zu Modon residirenden Mora-Bey unter der Jurisdiktion des Beglerbeg von Griechenland verwaltet wurde. Nachdem sich Venedig 1684 dem Bündniß gegen die Pforte angeschlossen, eroberte der venetianische Feldherr Morosini ganz M., das durch den Frieden von Carlovicz (1699) förmlich wieder an die Republik Venedig fiel. Aber schon 1714 ward die Halbinsel von den Türken wieder erobert, und der Friede von Passarowitz (21. Juli 1718) bestätigte dieselben in dem Besitz. Von nun an theilte die Halbinsel die Geschicke Griechenlands (s. d.). Vergl. **Buchon**, Histoire de la domination française aux XIII, XIV et XV siècles dans les provinces de l'empire grecque, Paris 1840, 2 Bde., und Fallmerayer, Geschichte der Halbinsel M., Stuttgart 1830—36, 2 Bde.

Morea Kavak, s. Dardanellen.

Moreas, halbseidene, gestreifte, zu Frauenkleidern gebrauchte Lustrine, werden besonders in Lyon und vielen sächsischen Fabriken verfertigt.

Moreau, Jean Victor, nach Bonaparte der größte General der französischen Republik, geboren den 11. August 1761 zu Morlair im Departement Finisterre, widmete sich zu Rennes seit 1778 dem Studium der Rechte. Als in dem Streite des Parlaments mit dem Minister Loménie de Brienne 1787 die Studenten gegen die Besatzung der Stadt die Waffen ergriffen, stellte er sich an die Spitze derselben; als aber im folgenden Jahre das Parlament sich der Berufung der Generalstaaten widersetzte, erklärte er sich im Namen der bewaffneten Bürger von Rennes und Nantes gegen jenes. Beim Ausbruch der Revolution von dem in Rennes gebildeten Freiwilligenbataillon zum Anführer gewählt, wohnte er als solcher dem Feldzuge von 1793 unter Dumouriez bei; 1794 leitete er als Brigadegeneral den Angriff auf die Preußen bei Pirmasens, eroberte als Divisionsgeneral Menin, zwang Ypern zur Kapitulation, besetzte Brügge und Ostende u. nahm Nieuport. Die Hinrichtung seines Vaters, eines Advokaten, die an demselben Tage (28. Juli 1794) erfolgte, an welchem M. die Insel Cadsand in Flandern wegnahm, bewog ihn zu dem Entschluß, Frankreich zu verlassen, und nur Pichegru's Freundschaft konnte ihn bestimmen, zu bleiben. Während des letztern Kränklichkeit von demselben mit dem Oberbefehl betraut, schob er die Nordarmee über die gefrorene Waal vor und nahm Holland ein. Am 3. März 1795 übertrug ihm der Konvent das Oberkommando der Nordarmee, und nach dem Frieden zu Basel erhielt er das Kommando über die vereinigte Rhein- und Moselarmee. Er drängte Wurmser bis Mannheim zurück, schlug Latour bei Rastadt, verfolgte den Erzherzog Karl von da über Heidenheim bis nach Ettlingen, wo er abermals siegte, und drang durch den Schwarzwald auf dem rechten Donauufer bis nach Regensburg vor, verlor aber das Treffen bei München und mußte vor dem Erzherzog weichen. Auf diesem meisterhaft bewerkstelligten Rückzug schlug er die ihn erreichenden Oesterreicher am Lech und bei Biberach, ging durch das Höllenthal des Schwarzwaldes und erreichte, obgleich er auf den Höhen von Schlingen noch einmal mit der ganzen Armee des Erzherzogs Karl zu kämpfen hatte, Ende Oktobers den Rhein, auf dessen linkem Ufer, nachdem bei Breisach der Uebergang genommen war, er sich hielt und den Erzherzog Karl noch durch die Besetzung Breisachs und Kehls beschäftigte. Im Jahre 1797 überschritt M. abermals den Rhein, nahm Kehl u. drang bis nach Lichtenau vor, wo er die Kunde von den zu Leoben abgeschlossenen Friedenspräliminarien erhielt (23. April). M. hatte im vorigen Feldzug in einem österreichischen Bagagewagen eine zwischen Condé u. Pichegru geführte verrätherische Korrespondenz gefunden, dieses aber aus Freundschaft für letzteren verschwiegen. Dies ward jetzt bekannt und gab dem Direktorium Anlaß, M. im Sept. 1797 abzuberufen. Schon Ende 1798 aber ward er zum Inspecteur général bei der italienischen Armee ernannt und im April 1799 dem General Scherer beigegeben. Nach der Schlacht bei Magnano übernahm er auf Bitten der Generale den Oberbefehl über die von Suwarow bedrängte Armee, führte dieselbe trotz der ihm weit überlegenen Anzahl der Feinde von der Adda über den Tessino, schlug die Russen bei Bassignano und zog sich hierauf in die Gebirge bei Genua zurück. Von hier aus bewerkstelligte er durch klug verdeckte Märsche eine Vereinigung mit Macdonald, der von Neapel heranzog, bei Marengo, wurde aber durch dessen Niederlage bei Piacenza außer Stand gesetzt, weiter gegen den Feind zu operiren. Als er bei Novi den Kampf gegen Suwarow wieder aufnahm, erhielt er seine Abberufung zu der Rheinarmee. Doch wohnte er auf Jouberts Veranlassung, der ihn im Kommando ablösen sollte, der Schlacht noch bei und übernahm nach dessen Tode, der gleich beim Beginn der Schlacht erfolgte, wiederum den Oberbefehl. Ehe sich M. nach dem Rhein begab, reiste er nach Paris, wo er das Direktorium in der Auflösung fand. Er lehnte es zwar ab, an die Spitze des Staats zu treten, erklärte sich aber bereit, unter Bonaparte mit zum Sturz des Direktoriums zu wirken. Nach dem 18. Brumaire, an dem er mit 500 Mann die Direktoren bewachte, erhielt er den Oberbefehl über die Rheinarmee und schuf mit Carnot ein neues Heer von 90,000 Mann, mit welchem er zum dritten Mal (Ende April) bei Stein über den Rhein ging. Das Verhalten M.'s als Oberbefehlshaber der Donau- und Rheinarmee kreuzte nicht selten Bonaparte's Pläne, was zwischen Beiden mancherlei Eifersüchteleien veranlaßte, die indeß dadurch beseitigt wurden, daß M. die Mittel zu selbstständiger Führung des Kriegs erhielt. Seit dem 2. Mai hatte er die Oesterreicher, die unter Kray etwa 120,000 Mann stark ihm gegenüber standen, durch eine Reihe glücklicher Gefechte bei Stockach, Engen, Möskirch und Biberach vom Bodensee bis nach Ulm zurückgedrängt u. Bonaparte den Uebergang über den St. Gotthard ermöglicht. Darauf warf er die Oesterreicher aus ihrer Stellung im Lager von Ulm heraus, drang über die Donau und bahnte sich durch die Siege bei Höchstädt, Nördlingen und Neuburg den Weg bis Regensburg, worauf die Oesterreicher am 15. Juli mit ihm den Waffenstillstand zu Parsdorf schlossen. Als sich aber bis November die Friedensunterhandlungen zerschlugen, gewann M. am 3. Dec. die Schlacht bei Hohenlinden, die ihm den Weg in das Herz von Oesterreich öffnete und den Frieden zu Luneville herbeiführte. Er zog sich hierauf auf sein Landgut Gosbois zurück. Dem ersten Konsul schon dadurch, daß er den ihm angetragenen Oberbefehl über die zur Landung in England bestimmte Armee abgelehnt, sowie überhaupt durch seine republikanische Gesinnung mißliebig, ward er, als in der Untersuchung über das angeblich von Pichegru und Cadoudal gegen Bonaparte gestiftete Komplot mehre Mitschuldige Aussagen gegen M. machten und einige Briefe dies zu bestätigen schienen, am 4. Febr. 1804 verhaftet, in den Temple gesetzt und angeklagt, daß er sich zum Diktator habe machen wollen, um die Bourbons zurückzuführen. Die Verhandlungen begannen am 26. Mai 1804. Das Volk drang Nachts mit Gewalt in sein Gefängniß, um ihn zu befreien, allein M. war nicht zu bewegen, es zu verlassen. Am 7. Juni erfolgte zwar seine Freisprechung mit 7 gegen 5 Stimmen, allein Bonaparte, dem es darauf ankam, ihn schuldig zu finden, ließ die Richter durch Savary so lange bearbeiten, bis sie ihn mit 2 Jahren Gefängniß bestraften. Bonaparte verwandelte die Strafe in Verbannung, und M. schiffte sich 1805 nach Nordamerika ein, wo er sich in Morisville bei Trenton in Newjersey ansiedelte. Den Winter verlebte er meist in Newyork. Im Frühjahr 1813 folgte er einer Einladung des russischen Kaisers, mit ihm Napoleon I. zu bekämpfen, landete am 26. Juli in Gothenburg und ward von Alexander I. zu seinem Generaladjutanten ernannt. Gegen seinen Willen unternahm man den Angriff auf Dresden. Als er am 27. Aug. beim Rückzug der Verbündeten bemerkte, daß Napoleon den linken Flügel derselben umgehen wollte, eilte er zu dem Kaiser Alexander I., der hinter einer preußischen Batterie mitten im Centrum hielt, um ihn darauf aufmerksam zu machen. Während er noch mit dem Kaiser sprach, zerschmetterte ihm eine Kanonenkugel beide Beine. Man amputirte ihn und brachte ihn über das Gebirg nach Böhmen, wo er zu Laun am 2. Sept. 1813 †. Ludwig XVIII. ertheilte seiner Wittwe später den Titel einer Marschallin und ließ M. 1819 ein Denkmal in Paris errichten. Das Denkmal auf der Höhe von Recknitz, von dem russischen Fürsten Repnin 1814 errichtet, deckt nur die beiden Beine M.'s, der Körper ward zu Petersburg beigesetzt. Vgl. Hasse, Victor M. und seine Todtenfeier, Dresd. 1815.

Morelia, Hauptstadt des mexikanischen Departements Mechoacan, s. d.

Morella, Stadt in der spanischen Provinz Castellon (Valladolid), Hauptort des rauhen Gebirgskantons el Maezstrasgo, amphitheatralisch am Abhang eines Felsens gelegen, hat ein starkes Kastell auf dem Gipfel desselben, ist mit Mauern umgeben, hat mehre Kirchen und Klöster, Wollenindustrie und 4041 Einwohner. M. hat in allen Kriegen u. Revolutionen eine hervorragende Rolle gespielt; nach ihm erhielt Cabrera den Titel Graf von M.

Morellen, s. v. a. Amarellkirschen, s. Kirschbaum.

Morellet, André, französischer Encyklopädist, geboren den 7. März 1727 zu Lyon, studirte in Paris und ging sodann nach Rom. Hier bearbeitete er einen Auszug aus Eymericks „Directorium inquisitorium", den er nachher unter dem Titel „Manuel des inquisiteurs" (Par. 1762) erscheinen ließ. Nach seiner Rückkehr nach Paris trat er mit den Encyklopädisten in Verkehr und zog sich durch seine Vertheidigung derselben gegen Palissot ein halbes Jahr Gefängniß in der Bastille zu. Seit 1766 arbeitete er mehre Jahre hindurch an einem „Dictionnaire de commerce", welches später von Peuchet bei der Bearbeitung seines „Dictionnaire universel de géographie commerciale" benutzt ward. Wegen der Dienste, die er bei dem Friedensschlusse zwischen England u. Frankreich seinem Vaterlande geleistet, erhielt er 1783 eine Pension von 4500 Franken u. gleichzeitig ward er Mitglied der Akademie. Obgleich er in verschiedenen Flugschriften, z. B. in seinen „Observations sur la forme des états de 1614" (Paris 1788), auf Reformen in der Staatsverwaltung gedrungen hatte, bekämpfte er doch sodann die Revolution in mehren Broschüren. Daß die Archive der Akademie bei der Aufhebung dieser Anstalt nicht zu Grunde gingen, ist vornehmlich sein Verdienst; gleichwohl ward er erst 1803 in das neu organisirte Institut aufgenommen. Im Jahre 1807 wurde er in den gesetzgebenden Körper gewählt. Nachdem er noch seine „Mélanges de littérature et de philosophie du XVIII siècle" (Paris 1818, 4 Bde.) veröffentlicht, † er den 12. Januar 1819 zu Paris. Lemontey veröffentlichte seine reichhaltigen „Mémoires inédits" (Paris 1821, 2 Bde.).

Morelli, Giacomo, Archäolog und Kritiker, geboren zu Venedig den 14. April 1745, erwarb sich als Autodidakt eine klassische Bildung und ward, nachdem er sich u. A. durch seine „Dissertazione storica intorno alla publica libreria di S. Marco" (das. 1774), worin er eine Menge literargeschichtlicher Fragen erörterte, bekannt gemacht, 1778 zum Bibliothekar an der St. Marcusbibliothek ernannt. In dieser Stellung bekundete er seinen kritischen Scharfsinn und sein umfassendes Wissen namentlich durch seine „Bibliotheca manuscriptorum graecorum et latinorum", von der aber nur Ein Band (Bassano 1802) erschienen ist. Seine letzte Schrift waren die „Epistolae septem variae eruditionis" (Padua 1819). Er † den 5. Mai 1819. Seine kleinen Schriften, bibliographischen u. antiquarischen Inhalts, Biographien berühmter Gelehrten &c., erschienen gesammelt als „Operette" (Venedig 1820, 3 Bde.).

Morelly, socialistischer Schriftsteller Frankreichs, Sohn eines Beamten zu Vitry-le-Français, der mehre moralphilosophische Werke verfaßte, betrat die schriftstellerische Laufbahn mit dem Werke „Le prince" (Amsterdam 1751, 2 Bde.), worin er ein Staatsoberhaupt schildert, das sein Volk durch die Verwirklichung philosophischer Ideen glücklich macht. Auch sein berühmter Roman „Basiliade, ou naufrage des iles flottantes" (angeblich Messina 1753, 2 Bde.) stellt einen Musterkönig dar. Zur Abwehr der gegen die darin enthaltenen utopischen Träumereien erhobenen Angriffe schrieb er „Le code de la nature" (Amsterdam 1755), das Hauptwerk in der socialistischen Literatur des vorigen Jahrhunderts, das mit Unrecht Diderot zugeschrieben wurde, selbst noch in einer neuen deutschen Uebersetzung von Arndt (Leipzig 1846).

Morenu (hebr., d. i. unser Lehrer), Titel der Gelehrten bei den Juden, welcher von Rabbinen ertheilt wird; in Norddeutschland s. v. a. Hattarath Horaah, schriftliche Befugniß zur Ausübung des Rabbineramtes.

Moresken (v. Ital.), s. Arabesken.

Moret, Stadt im französischen Departement Seine-Marne, an der Seine, dem Loingkanal und der Südostbahn, die sich hier nach Dijon und nach Nevers theilt, hat Mehl- und Lohmühlen, eine Marmorsäge, lebhaften Handel mit Wein, Getreide, Kartoffeln, Holz &c. und 1932 Einwohner.

Moretes (Rio des M.), 1) schiffbarer Fluß in Brasilien, entspringt in der Provinz Matto-Grosso, nimmt den Colobelo u. Rio des Pindehas auf und mündet links in der Provinz Goyaz in den Araguay. — 2) Fluß ebendaselbst, Provinz Minas-Geraes, mündet rechts in den Rio Grande (Parana).

Moreton, Insel an der Ostküste von Neusüdwales (Australien), südlich vom Kap Sandy, schließt die Moretonbai auf der Ostseite ab, welche einen guten Hafen bildet.

Moreto y Cavaña, Don Augustin, spanischer dramatischer Dichter, stammte aus Valencia u.

† am 28. Okt. 1668 als Rektor des Hospitals del Refugio in Toledo. Er hatte theils allein, theils mit Andern eine Menge Komödien geschrieben, welche sich durch komische Wirkung und treffliche Charakteristik auszeichneten, und deren mehre von Scarron, Molière und Andern für die französische Bühne bearbeitet wurden, z. B. sein Lustspiel „El desden con el desden“, eins der vier klassischen Stücke des älteren spanischen Theaters, von Molière in seiner „Princesse d'Elide“, sowie von Schreivogel (West) unter dem Titel „Donna Diana“ für die deutsche Bühne. Auch für das ernste Drama besaß M. Talent, wie seine Stücke „El Valiente justiciero“ u. „La fuerza de la sangre“ (von Aloys Zeitteles für die deutsche Bühne bearbeitet) beweisen. Die „Comedias“ erschienen u. A. zu Valencia 1676 bis 1703 in 3 Bänden.

Moretum (lat.), bei den Römern Gericht aus Lauch, Eppich, Koriander, Raute, Käse, Oel, Essig, Zwiebeln und Salz, das in einem Mörser gestoßen ward; in der Pharmacie der Maulbeertrank, vermeintliches Stärkungsmittel für Schwangere und ihre Leibesfrüchte.

Morewee, Stadt auf der vorderindischen Halbinsel Kattywar, Sitz des Takoor (Lehnsfürsten) von Guicowar, dessen Gebiet 110 Ortschaften mit 24,000 Einwohnern hat.

Morfling, ein Karpfen ohne Milch und Rogen.

Morgagni, Giovanni Battista, der Begründer der pathologischen Anatomie, geboren den 25. Februar 1682 zu Forli im Kirchenstaat, studirte zu Bologna die Heilkunde u. dann zu Venedig u. Padua insbesondere die vergleichende Anatomie, wirkte hierauf in seiner Vaterstadt einige Zeit als praktischer Arzt und seit 1711 als Professor der Anatomie zu Padua, wo er den 5. November 1771 †. Sein Hauptwerk ist „De sedibus et causis morborum per anatomen indagatis“ (Venedig 1761, 2 Bde.; neueste Ausg., Leipzig 1827—29, 6 Bde.; deutsch von Königsdörfer u. Herrmann, Altenburg 1771—76, 5 Bde.), worin er den Grund zur pathologischen Analogie legte. Von seinen übrigen zahlreichen Schriften sind noch hervorzuheben „Adversaria anatomica“ (Bologna u. Padua 1706—19, 3 Bde.; neue Aufl. 1741) u. „Epistolae anatomicae XVIII“ (Venedig 1764). Seine „Opuscula miscellanea“ erschienen Venedig 1763, 2 Bde. Auch philologischen und archäologischen Studien widmete er sich, wie seine „Opera omnia“ (Venedig 1765 f., 5 Bde.) beweisen. Sein handschriftlicher Nachlaß wird in Padua aufbewahrt. In der Anatomie sind nach ihm benannt die morgagni'sche Feuchtigkeit, die lymphatische Feuchtigkeit zwischen der Krystalllinse des Auges und ihrer Kapsel; die morgagni'sche Höhle, die kahnförmige Grube der Harnröhre; die morgagni'schen Muscheln, die obern Nasenmuscheln, u. das morgagni'sche Knötchen, das Knötchen der halbmondförmigen Klappen.

Morgan, 1) Sidney, Lady, namhafte britische Schriftstellerin, geboren 1778 zu Dublin, Tochter des Schauspielers Owenson, machte sich als Schriftstellerin zuerst durch einige Romane bekannt, in denen sie die Sitten u. Gebräuche Irlands in geistreicher Weise schilderte. Nach ihrer Verheirathung mit dem Arzt Sir Charles M. bereiste sie 1816—23 Frankreich und Italien, worauf sie nach Dublin zurückkehrte. Außer einigen Romanen, wie „The missionary“, „The O'Briens and O'Flahertys“ (1827) u. „Wild Iris'h girl“ (2. Aufl., Lond. 1847), und den irischen Sittengemälden „O'Donnel“ und „Florence M'Carthy“ (1818) sind als ihren literarischen Ruhm vorzüglich begründend die beiden Werke: „France“ (Lond. 1817, 2 Bde.), eine geistreiche, aber oft einseitige Schilderung der französischen Zustände, und „Italy“ (das. 1821, 2 Bde.), welches letztere von Byron als treu bezeichnet wurde, zu bemerken. Im Jahre 1829 besuchte sie nochmals Frankreich, wo sie ihr „Book of the boudoir“ schrieb, das Einzelnheiten aus ihrem Leben enthält, und 1833 Belgien. Die Zustände Frankreichs schilderte sie in „France in 1829“ (London 1830) und die Belgiens in dem Roman „The princess or the beguine“ (das. 1835). Später gab sie heraus: „Woman and her master“, eine philosophische Geschichte des Weibes, und „The book without a name“ (1841), eine Sammlung von Aufsätzen aus ihrer eigenen Feder und der ihres Mannes, der 1843 starb. An den italienischen Freiheitsbestrebungen von 1847 u. 1848 nahm sie mit mehren Broschüren Antheil. Im Genuß einer Pension, die ihr unter dem Ministerium Grey vom Staate bewilligt worden war, lebte sie auf einer Villa bei London, wo sie den 13. April 1859 †.

2) Augustus de M., namhafter Mathematiker, geboren den 27. Juni 1806 zu Madura in Ostindien, wirkt gegenwärtig als Professor der Mathematik am Universitycollege in London und hat sich durch eine Reihe geschätzter Handbücher über die einzelnen Zweige der Mathematik bekannt gemacht.

Morgana (eigentlich Morgain, celtisch, d. i. weißes Mädchen oder meergeboren), in der bretonischen Sage die Tochter des Königs Uther Pandagron, Schwester Königs Arthur, Lancelots verschmähte Geliebte. In Italien ward ihr vom Volk die Fata Morgana (s. Luftspiegelung) zugeschrieben.

Morganatische Ehe (matrimonium ad morganaticam oder matrimonium ad legem salicam, Ehe zur linken Hand), abgeleitet von dem altgothischen Worte morgjan, d. i. abkürzen oder beschränken, Bezeichnung einer solchen Ehe, bei welcher durch die Ehegatten bestimmt ist, daß die nicht ebenbürtige Frau u. deren Kinder von den Standesvorrechten u. der Erbfolge des Gatten und Vaters ausgeschlossen sein sollen. Eine solche Ehe können auch Frauen eingehen. Sie ist nach dem gemeinen Rechte nur den Mitgliedern regierender Häuser und dem hohen Adel, nach dem preußischen Landrechte aber auch dem niedern Adel und königlichen Räthen gestattet.

Morgarten, Bergabhang im schweizerischen Kanton Zug, an der östlichen Seite des Egerisee's, mit der Kapelle an der Haselmatt, berühmt durch den glorreichen Sieg, welchen die Waldstädte Schwyz, Uri und Unterwalden über die Oesterreicher den 6. December (16. Nov.) 1315 erfochten (s. Schweiz, Geschichte).

Morge, 1) linker Nebenfluß der Rhone im schweizerischen Kanton Wallis, entspringt auf dem Sanetschgletscher am Südabhange der berner Alpen, durchfließt das gleichnamige Thal in südlicher Richtung und mündet westlich von Sitten. — 2) Linker Nebenfluß des Allier im französischen Departement

Puy-de-Dôme, entspringt bei Manzat, mündet bei Maringues.

Morgen (Morgengegend, Osten), diejenige Himmelsgegend, in welcher die Gestirne aufgehen, im gewöhnlichen Leben die ganze Hälfte des Horizonts, welche auf der Ostseite des Meridians zwischen Süden und Norden liegt. Man pflegt den wahren M., nämlich die Himmelsgegend, wo die Sonne zur Zeit der Tag- und Nachtgleiche aufgeht, von dem scheinbaren, wo sie in der übrigen Zeit des Jahres aufgeht, zu unterscheiden. Auch gebraucht man M gleichbedeutend mit Morgenzeit.

Morgen, Feld- oder Ackermaß, eigentlich so viel Areal, als ein Mann mit einem gewöhnlichen Gespann vom Morgen bis zum Abend zu bearbeiten im Stande ist. Der M. hält in Baden 400 □Ruthen = 36 französische Aren = 1,409 preußische M. = 1,3 sächsische M.; in Bayern 400 □Ruthen = 34,07 französische Aren = 1,334 preußische M. = 1,23 sächsische M.; in Braunschweig 120 □Ruthen = 25,015 französische Aren = 0,979 preußische M. = 0,904 sächsische M.; in Hannover 120 □Ruthen = 26,21 französische Aren = 1,026 preußische M. = 0,945 sächsische M.; im Großherzogthum Hessen 400 □Ruthen = 25 französische Aren = 0,979 preußische M. = 0,903 sächsische M; in Preußen 180 □Ruthen = 25,532 französische Aren = 0,922 sächsische M.; in Sachsen 150 □Ruthen = 27,671 französische Aren = 1,08 preußische M.; in Würtemberg 384 □Ruthen = 31,517 französische Aren = 1,234 preußische M. = 1,102 sächsische M.

Morgengabe, ursprünglich das Geschenk, welches der Gatte der Gattin am Morgen nach der Hochzeit machte. Früher war es allgemein Sitte, ein solches Geschenk, dessen Betrag im Ehekontrakt bestimmt ward, zu machen, später nur beim Adel. Bei den sogenannten unstandesmäßigen Ehen vertrat diese M. die Stelle einer vollkommenen Abfindung, und es hatte die Frau davon alle Ausgaben für sich und ihre Kinder zu bestreiten. Die sogenannte sächsische oder gesetzliche M. begreift diejenigen beweglichen Sachen, welche einer adeligen Frau nach dem Tode ihres Mannes aus dessen Gütern zufielen. Dahin gehörten alles feldgängige Vieh weiblichen Geschlechts, Schafe, Gänse, zugelegtes Bauholz, nicht eingefügte Zaunstöcke rc. Diese M. ward indeß meist nicht in Natur gegeben, sondern es pflegten sich die Erben des Mannes mit der Frau über eine gewisse Geldsumme, welche letztere erhalten sollte, abzufinden. Durch Mandat vom 31. Jan. 1829 ward die M. im Königreich Sachsen aufgehoben. In Luthers Bibelübersetzung ist die M. die Summe, welche der Vater des Bräutigams der Familie der Braut als Kaufpreis der letzteren zu zahlen hatte.

Morgengabskinder, s. v. a. uneheliche Kinder.

Morgenland (Orient), Länder, von Europa nach Morgen gelegen, also der größte Theil von Asien; besonders Palästina, Syrien, Aegypten, Persien, Arabien und die Levante.

Morgenpunkt (Ostpunkt), der Durchschnittspunkt des Aequators mit dem Horizont in derjenigen Gegend des Himmels, wo die Sterne aufgehen. Er ist einer der 4 Kardinalpunkte, welche die Lage der 4 Welt- oder Himmelsgegenden bestimmen. An den Tagen der Nachtgleichen, um den 21. März und 23. September, geht die Sonne im M.e, an allen übrigen Tagen des Jahres im Sommer jenseits des M.es nach Norden hin und im Winter diesseits desselben nach Süden hin auf. Die jedesmalige Entfernung eines aufgehenden Gestirns von dem M.e nennt man die Morgenweite.

Morgenröthe, eine Erscheinung am Horizont, die auf denselben Gründen beruht wie die Abendröthe (s. d.).

Morgenstern, der Planet Venus (s. d.) zu der Zeit, in welcher er vor der Sonne aufgeht u. daher in den letzten Stunden der Nacht am östlichen Himmel sichtbar ist; vgl. Lucifer.

Morgenstern (Streitkolben), Schlagwaffe, welche im Mittelalter gebräuchlich war u. aus einer an ihrem kolbigen Ende mit Zacken und Stacheln versehenen Keule bestand.

Morgenstern, Christian Ernst Bernhard, namhafter Landschaftsmaler, geboren 1805 zu Hamburg, widmete sich unter Professor Suhr in Hamburg u. Siegfried Bendixen der Malerei, trat dann eine Reise nach Norwegen an, um landschaftliche Studien zu machen, u. begab sich 1829 nach München, wo er noch eine Zeitlang die Akademie der Künste besuchte. Von hier aus unternahm er Reisen nach dem Elsaß, nach Frankreich, in die Schweiz u. nach Italien. Seine Landschaften sind großartig u. von treuer, inniger Naturwahrheit bei einer bis ins Kleinste gehenden sorgfältigen Behandlung.

Morghen, Raffaello, ausgezeichneter Kupferstecher, geboren zu Florenz am 19. Juni 1758, hatte erst seinen Vater, Filippo M. (geboren 1730), sodann dessen Bruder Giovanni Elia M. (geboren 1721), die Beide zu Neapel an dem Prachtwerke über die herkulanischen Alterthümer arbeiteten, endlich seit 1778 zu Rom Volpato zu Lehrern in der Zeichen- u. Kupferstechkunst und verband sich dann mit letzterem zu gemeinschaftlichen Arbeiten. Im Jahre 1793 ward er als Professor der Kupferstechkunst an die Akademie der Künste zu Florenz berufen, wo er am 8. April 1833 †. Die bekanntesten unter seinen zahlreichen vortrefflichen Stichen sind: die Messe von Bolsena, nach Raphaels großem Gemälde in einer der vatikanischen Stanzen, die Madonna della Seggiolia und die Verklärung nach Raphael, die Madonna del Sacco nach Andrea del Sarto, Aurora nach Guido, die Jagd der Diana nach Domenichino, der Tanz der Jahreszeiten nach Poussin, besonders aber das Abendmahl nach Leonardo da Vinci (1800). Ausgezeichnete Arbeiten M.s sind auch die Bildnisse Dante's, Petrarca's, Ariosts, Tasso's u. A. Ein vollständiges Verzeichniß seiner 254 Blätter gab sein Schüler Palmerini (Florenz 1810, 3. Aufl. 1824). Auch seine Brüder, Antonio M. und Guglielmo M., waren tüchtige Kupferstecher, ein Sohn von ihm erwarb sich als Landschaftsmaler einen geachteten Namen.

Morgue (franz.), Ausstellungsort Verunglückter in Paris (s. d.).

Morhof, Daniel Georg, berühmter Literator, geboren den 6. Februar 1639 zu Wismar, lehrte seit 1660 als Professor der Dichtkunst zu Rostock, seit 1665 zu Kiel, wo er später auch Professor der Geschichte und Bibliothekar wurde, machte mehre Reisen nach Holland u. England u. † 1691 den 30. Juli, von einer Badereise nach Pyrmont zurückkehrend, in Lübeck. Als Dichter (Opera poetica, Lübeck 1697) unbedeutend, ist M. wichtig als Begründer der allgemeinen Literaturgeschichte. Sein „Unterricht von der deutschen Sprache u. Poesie“ (Kiel 1682; 3. Aufl., Lübeck u. Leipz. 1718), der zugleich den frühesten Versuch historischer Begründung der deutschen Grammatik enthält, gibt in der ersten Hälfte einen Ueberblick über die neueuropäischen Literaturen. Das Buch ist u. A. auch deshalb merkwürdig, weil es das erste deutsche ist, in dem Shakspeare's Erwähnung geschieht. M.s berühmter „Polyhistor, sive de auctorum notitia et rerum commentarii“ (Lübeck 1688; 4. Aufl. 1747, 2 Bde.) darf als erster Grundriß der allgemeinen Literaturgeschichte gelten und war geraume Zeit die Hauptquelle derselben.

Moria (Morosis, griech.), bei den griechischen Aerzten Bezeichnung des Blödsinns und zum Theil der geringeren Grade desselben, zum Unterschiede von dem Idiotismus, bei späteren gleichbedeutend mit Fatuitas oder Narrheit (s. d.).

Moria (Morijah), der Hügel zu Jerusalem (s. d.), auf welchem Salomo den Tempel erbaute.

Morier, James, englischer Reise- u. Romanschriftsteller, geboren um 1780 in der französischen Schweiz aus einer englischen Familie, fungirte lange Zeit als Geheimschreiber bei der englischen Gesandtschaft in Persien, sodann von 1810—46 als britischer Gesandter daselbst. Als Früchte seines dortigen Aufenthalts erschienen: „Travels in Persia, Armenia and Asia minor to Constantinopel“ (London 1812) und „A second journey through Persia, Armenia and Asia minor“ (das. 1818). Sein Roman „The adventures of Hajji Baba of Ispahan“ (London 1824—28, 3 Bde.; deutsch von Lindau, Leipzig 1824 ff.) gibt ein lebendiges Gemälde persischer, kurdischer und türkischer Sitten in ächt morgenländischer Färbung. Von einer Sendung nach Mexiko zurückgekehrt, ließ er als Fortsetzung erscheinen „The adventures of Hajji Baba of Ispahan in England“ (London 1828, 2 Bde.; deutsch, Stuttgart 1829). M. weiß sich mit großer Gewandtheit in den Charakter des Persers zu versetzen, den er als Beobachter in das europäische Volksleben stellt. Hierher gehören die Schriften: „Zohrab, the hostage“ (London 1832, 3 Bde.; deutsch von Sporschil, Braunschweig 1833), „Ayesha, the maid of Kars“ (London 1834, 3 Bde.) u. „The Mirza“ (das. 1841, 3 Bde.). Er † im März 1849. Sein Bruder, David R. M., widmete sich ebenfalls der diplomatischen Laufbahn und war bis 1847 Gesandter in der Schweiz. Er schrieb: „What has religion to do with politics?“ (London 1848; deutsch von Wagner unter dem Titel „Politik und Christenthum“, Basel 1851), worin er nachzuweisen sucht, daß zur wahren staatsmännischen Bildung vor Allem tiefe Religiosität gehöre.

Morillo, Don Pablo, Graf von Cartagena u. Marquis de la Puerta, spanischer General, geboren 1777 zu Fuente in der Provinz Toro, diente anfangs in der Marine und machte sich zuerst in dem Kriege gegen Napoleon I. seit 1808 als Anführer einer Guerrilla in Murcia bekannt, stieg in den folgenden Jahren bis zum General u. erkämpfte namentlich 1813 mehre Vortheile über die französischen Heere. Anfangs 1815 führte er eine Expedition nach Neugranada, um Südamerika wieder dem Mutterlande zu unterwerfen, eroberte Cartagena und Santa Fé de Bogota, mußte sich aber seit Anfang 1817 vor Bolivar (s. d.) in die festen Plätze zurückziehen und endlich am 26. Nov. 1820 mit demselben den Waffenstillstand von Truxillo schließen, worauf er nach Spanien zurückkehrte. Hier war sein Benehmen während der Cortesverfassung ein zweideutiges. Er unterstützte das Unternehmen der absoluten Partei, mit Hülfe der Garden im Juli 1822 die Konstitution zu stürzen; als aber dasselbe gescheitert war, schloß er sich den Konstitutionellen an und wurde Generalkapitän von Asturien und Galicien, machte sich jedoch durch seine Unthätigkeit bald wieder verdächtig. Nach der Suspendirung der königlichen Macht durch die Cortes trug er dem französischen Generallieutenant Bourck zu Anfang des Juli einen Waffenstillstand an und übergab, sich der Regentschaft in Madrid unterwerfend, den Franzosen Galicien ohne Schwertstreich. Anfangs 1824 mußte er nach Frankreich fliehen, doch ward er 1832 zurückberufen u. wieder als Generalkapitän von Galicien eingesetzt. Nach dem Tode Ferdinands VII. befehligte er eine Zeitlang die Christinos gegen Don Carlos, wurde aber dann abberufen u. † zu Madrid 1838. Seine „Mémoires“ erschienen Paris 1826.

Morin (Morinsäure), stickstofffreie chemische Verbindung, findet sich an Kalk gebunden neben Moringerbsäure (s. d.) im Gelbholz und wird aus dem Niederschlag, der sich beim Stehen eines koncentrirten Dekokts von Gelbholz bildet und welcher aus der Kalkverbindung besteht, durch Kleesäure abgeschieden. Erhitzt man den Niederschlag mit Wasser und etwas Salzsäure und löst ihn dann nach dem Auswaschen mit Wasser in heißem Alkohol, so setzt sich aus dem mit $\frac{5}{4}$ Volumen heißem Wasser gemischten Filtrat das meiste M. in Krystallen ab. Das M. ist ein weißes krystallinisches Pulver, das an der Luft bald gelb wird, in kaltem Wasser fast unlöslich, in siedendem Wasser wenig, in Alkohol u. Aether aber leicht löslich ist. Wenig Ammoniak färbt die Lösung gelb, viel Ammoniak erzeugt humusartige Substanzen. Säuren lösen das M. farblos, Alkalien mit gelber Farbe. Beim Erhitzen liefert das M. Phenyl- und Oxyphensäure, Eisenchlorid färbt es tiefolivengrün (roth?), die ammoniakalische Lösung reducirt schon in der Kälte salpetersaures Silberoxyd, die alkalische in der Wärme Kupferoxyd. Natriumamalgam bildet in der alkalischen Lösung des M.s neben einem andern Körper Phloroglucin. Schwefelsäure erzeugt aus dem M. keine Rufimorinsäure.

Morina *L.*, Pflanzengattung aus der Familie der Dipsaceen, charakterisirt durch die einblätterige, röhrig-glockenförmige, am Rande dornig gezähnte Hülle, den mit eiförmiger Röhre und 2spaltigem, blätterigem Rande versehenen Kelch, die langröhrige Korolle mit rachenförmigem, 2lippigem Rande, 4 zweimächtigen, bald freien, bald je zu 2 vereinigten Staubgefäßen und schildförmiger Narbe und die mit den Kelchlappen gekrönte, von der Hülle umgebene Frucht, perennirende, distelähnliche, aufrechte Pflanzen mit einfachem Stengel, länglich-buchtigen, dornig-gezähnten, selten ganzrandigen Blättern und quirlförmigen, in den obern Blattwinkeln gehäuften Blumen, worunter namentlich **M. persica** *L.*, **M. orientalis** *Mill.*, mit rosenrothen, wohlriechenden Blüthen, eine prächtige Zierpflanze der Gärten und Gewächshäuser ist. Man steckt den Samen bald nach der Reife, Ende September oder Anfang Oktober, an der bestimmten Stelle, wo die Pflanzen blühen sollen, 10 Zoll von einander entfernt in sehr lockere, nur mäßig feuchte, nahrhafte und etwas sandige Dammerde, oder 4 Zoll von einander in Töpfe, die man in kaltem Glashause vor dem Fenster durchwintert, nur mäßig feucht hält und, wenn im Frühling noch nicht alle Samen gekeimt haben, in ein lauwarmes Mistbeet stellt. Uebrigens gedeihen und blühen sie nur gut im freien Lande; sie müssen jedoch daselbst gegen Frost und Winternässe sorgfältig geschützt werden. Die in Töpfen kultivirten Pflanzen können vor dem Fenster des Orangeriehauses oder in einem Mistbeetkasten durchwintert werden. Das Begießen geschieht im Sommer nur im Nothfalle und stets mäßig, und zwar nicht nahe an der Wurzel, sondern in einer 6—8 Zoll von derselben gemachten flachen Kreisfurche. Um das schnelle Austrocknen zu verhüten, bedeckt man die Oberfläche mit etwas Kuhlager, doch so, daß derselbe nicht das Kraut beschmutze.

Morinda *L.*, Pflanzengattung aus der Familie der Rubiaceen, charakterisirt durch den kaum gezähnelten Kelch, die trichterförmige Blumenkrone mit 5 kurzen Staubfäden und gespaltener Narbe und die gedrückte, eckige, meist 4körnige Beere, Sträucher u. Bäumchen in heißen Ländern, mit Gegenblättern u. Blüthenköpfchen in Achseln und gedrängten Beeren. M. bracteata *L.* ist ein 20—30 Fuß hoher Baum in Ostindien, häufig in den Wäldern am Strande, mit weißen, inwendig behaarten Blüthen und gelben, gewürzhaft, aber herb und bitter schmeckenden Früchten, die man den Kindern gegen die Würmer gibt. Das Holz ist ziemlich hart und zäh, weißlich, unten röthlich und riecht wie Heu. Die Wurzeln werden häufig zum Rothfärben der Leinwand u. des Garns gebraucht, sowohl allein, als mit Sappanholz. Die Blätter von M. citrifolia *L.*, einem kleinen, schönen, 8—10 Fuß hohen Baum in Ostindien, gebraucht man mit andern gewürzhaften Mitteln gegen Durchfälle. Die Früchte, welche aus den verwachsenen Beeren bestehen und gelblichweiß, saftig und übelriechend sind, benutzt man bei Urinverhaltungen, Milzbeschwerden, auch bei Ruhren, Asthma und Phthisis. Die Eingebornen gebrauchen sie auch als Nahrungsmittel. Die Wurzel der strauchartigen M. Royoc *L.* (Dintenwurzel) wirkt Erbrechen und Purgiren erregend und dient in Westindien als Arznei. Mit der Rinde färbt man Zeuche dunkelbraun. M. tetrandra *Jack.* ist ein 14 Fuß hoher Strauch in Malabar und auf den malavischen Inseln, dessen ausgepreßter Saft gegen Kolikschmerzen gebraucht wird. Zum Rothfärben werden auch die Wurzelrinden von M. tinctoria *Roxb.*, M. angustifolia *Roxb.* und M. Chachuca *Ham.* benutzt.

Morindin (Morindagelb), stickstofffreie chemische Verbindung, findet sich im Soranjee (der Wurzel von Morinda citrifolia), krystallisirt in gelben, feinen Nadeln, ist in heißem Wasser und Alkohol leicht, in Aether nicht löslich. Alkalien färben es orangenroth, koncentrirte Schwefelsäure purpurroth, Bleiessig erzeugt in der Lösung einen scharlachrothen, alkalische Erden einen rothen Niederschlag. Mit gewöhnlichen Beizen gibt das M. keine brauchbare Färbung, aber die für Türkischroth gebeizten Gewebe nehmen damit eine ächte braunrothe Farbe an. Beim Erhitzen gibt das M. einen rothen Dampf, der sich zu schönen rothen Nadeln verdichtet. Diese (Morindon) sind im Wasser nicht, in Alkohol u. Aether leicht löslich und werden durch Alkalien und Schwefelsäure prächtig violett. Das M. ist wahrscheinlich mit der Ruberythrinsäure und das Morindon mit dem Alizarin identisch.

Moringen, Stadt in der hannöverischen Landdrostei Hildesheim, Fürstenthum Göttingen, unweit der Eisenbahn von Göttingen nach Hannover, hat eine Gewerbschule, ein Werkhaus (Arbeitshaus für Männer), bedeutende Steinbrüche, Oel- u. Papiermühlen und 1660 Einw.

Moringerbsäure (Maclurin), stickstofffreie chemische Verbindung, findet sich als wesentliches Pigment im Gelbholz neben Morin, besonders im Innern der Blöcke in rothgelben Ablagerungen, welche sich in siedendem Wasser fast völlig lösen. Beim mehrtägigen Stehen der stark verdampften wässerigen Abkochung des Gelbholzes scheidet sich Morin mit Morinkalk ab und die Mutterlauge liefert beim Verdampfen, besonders nach Zusatz von etwas Salzsäure, die M., welche durch Umkrystallisiren, anfangs aus salzsäurehaltigem Wasser, zuletzt unter Erzeugung von etwas Schwefelblei bei Gegenwart von Essigsäure rein erhalten wird. Sie schmeckt süßlich zusammenziehend und ist mit gelber Farbe in Wasser, Alkohol und Aether löslich. Thierische Haut fällt sie aus ihrer Lösung, und mit Eisenoxyduloxydholz gibt sie einen grünschwarzen Niederschlag. Sie schmilzt bei 200° und gibt bei 300° Kohlensäure, Phenylalkohol u. Oxyphensäure. Durch Brechweinstein wird sie theilweise ausgefällt, dagegen nicht durch Säuren. In koncentrirter Schwefelsäure löst sie sich und scheidet sich beim Verdünnen mit Wasser wieder ab. Nach einigen Tagen setzt sich aus der Schwefelsäurelösung Rufimorinsäure ab, die auch beim Kochen der M. mit verdünnter Salzsäure entsteht. Heiße Salpetersäure liefert Oxypikrinsäure. Die Lösung der M. in Alkalien wird an der Luft dunkelbraun. Beim Verdampfen mit Aetzkali gibt die M. Phloroglucin und Protokatechusäure.

Morini, Volk in Gallia Belgica, westlich neben den Nerviern u. Menapiern. Ihr wichtigster Ort war der Hafen u. Handelsplatz Gessoriacum (jetzt Boulogne).

Morioplastik (v. Griech.), die Wiederherstellung verstümmelter Theile des menschlichen Körpers, wie z. B. der Nase, der Augenlider. Vgl. Physioplastik.

Morisko's (Morisken), s. Mauren.

Morisonsche Pillen, Geheimmittel, zu dessen Bereitung mehre Vorschriften gegeben worden sind. Hager schreibt vor: I. 50 Theile Aloë, 20 Th. Gutti, 10 Th. Scammonium, 50 Th. Jalapenharz, 60 Th. Jalapenwurzel und 60 Th. Althäwurzel zu Pillen mit $^1/_2$ Gran Aloë zu verarbeiten; II. 5 Th. Gutti, 120 Th. Aloë, 120 Th. Weinstein u. 50 Th. Althäwurzel zu Pillen mit 1 Gran Aloë zu verarbeiten. Die m. P. wirken sehr stark und sind jedenfalls nicht ohne ärztliche Verordnung zu benutzen. Sie wurden natürlich gegen zahlreiche Krankheiten empfohlen.

Moritz, St., Dorf im schweizer Kanton Graubünden, im Oberengadin, 5710 Fuß über dem Meere in prachtvoller Lage über dem gleichnamigen See, mit 287 Einw., gegenwärtig ein stark frequentirter Bade- und Trinkkurort. Die $^1/_4$ Stunde vom Dorf jenseits des See's gelegene Mineralquelle enthält vorzugsweise Eisen u. kohlensaures Gas, letzteres in großer Quantität, u. wirkt gelind eröffnend, sehr diuretisch, aber zugleich belebend stärkend, zusammenziehend u. hat sich besonders hülfreich erwiesen bei Verschleimungen, Blennorrhöen, Leiden der Digestion und

Assimilation und anderen Krankheiten von atonischer Schwäche. Dabei ein schönes Kurhaus.

Moritz, männlicher Name, s. v. a. der Dunkelfarbige, germanisirt für Mauritius; die hervorragendsten Träger desselben sind:

1) M., erst Herzog, dann Kurfürst von Sachsen, der älteste Sohn Herzog Heinrichs des Frommen, geboren den 21. März 1521 zu Freiberg, erhielt an den Höfen seines Oheims, des Herzogs Georg, in Dresden, dann des Kurfürsten Albrecht zu Mainz, hierauf des Kurfürsten Johann Friedrich des Großmüthigen in Torgau eine mehr gelehrte als ritterliche Erziehung. Nachdem er 1539 in Torgau zur protestantischen Kirche übergetreten, vermählte er sich Anfangs 1541 mit Agnes, der Tochter des Landgrafen Philipp von Hessen. Noch in demselben Jahre folgte er seinem Vater in der Regierung der albertinischen Lande, indem er seinen Bruder August, den das väterliche Testament zum Miterben bestimmt hatte, durch mehre Aemter und Städte absand. Obgleich ein eifriger Protestant, nahm er doch an dem schmalkaldischen Bunde keinen Theil, was eine Spannung M.' mit dem Kurfürsten Johann Friedrich herbeiführte, die ihren Ausbruch in der wurzener Fehde fand (s. Fladenkrieg). Nach 1542 zog der Herzog dem Kaiser Karl V. zwar mit einem Corps gegen die Türken in Ungarn und im folgenden Jahre gegen die Franzosen zu Hülfe, dagegen unterstützte er 1545 die beiden Häupter des schmalkaldischen Bundes im Kampfe gegen den Herzog Heinrich von Braunschweig und lieferte den gefangen genommenen Herzog an den Landgrafen von Hessen aus. Als aber 1546 der schmalkaldische Bund sich gegen den Kaiser wandte, schloß M. am 19. Juni 1546 mit letzterem zu Regensburg einen geheimen Vertrag, in welchem er versprach, sich dem Kaiser treu zu erweisen und in Sachen der Religion alle Neuerung bis zum Ausspruch eines Koncils zu unterlassen, dagegen Schutz zugesichert und ein Provisionsgeld von 5000 Gulden jährlich für seine Dienste, „geleistete und noch zu leistende", bewilligt erhielt. M. übernahm nun die Achtsvollstreckung gegen den Kurfürsten, der in der Schlacht bei Mühlberg in die Gefangenschaft des Kaisers fiel und in der wittenberger Kapitulation auf sein Kurfürstenthum verzichtete. Am 1. Juli 1547 ertheilte der Kaiser M. die Kurwürde und belehnte ihn mit einem großen Theil der ernestinischen Erblande. Da der Kaiser jedoch M.' Schwiegervater, für dessen Freiheit letzterer sein Wort eingesetzt hatte, gefangen hielt und überhaupt immer offener auf Begründung eines politischen und kirchlichen Absolutismus ausging, begann M. unter dem Scheine der ihm vom Kaiser 1550 übertragenen Vollziehung der Reichsacht gegen Magdeburg gegen jenen zu rüsten. Während er sich durch die Einnahme der Neustadt von Magdeburg u. die Zerstreuung der von den Seestädten angeworbenen Truppen bei Verden in dem wankenden Vertrauen des Kaisers befestigte, schloß er insgeheim mit Johann von Brandenburg, Johann Albrecht von Mecklenburg u. Wilhelm von Hessen im Mai 1551 zu Torgau ein Bündniß zur Aufrechthaltung des augsburgischen Glaubensbekenntnisses, zur Befreiung der gefangenen Fürsten und zur Vertheidigung der Freiheiten des gemeinsamen Vaterlands, trat am 5. Okt. 1551 auch mit dem König Heinrich II. von Frankreich in ein Bündniß gegen den Kaiser u. eröffnete den Feldzug gegen denselben. Er stand so schnell vor Innsbruck, daß der Kaiser fast in seine Hände gefallen wäre und bereitwillig auf Unterhandlungen einging, die schon den 22. August 1552 zum Vertrag von Passau führten, durch den der Landgraf von Hessen und der Kurfürst von Sachsen ihre Freiheit erhielten. Nachdem M. hierauf an einem Feldzuge für den Kaiser gegen die Türken in Ungarn Theil genommen, verbündete er sich mit den Bischöfen in Franken u. dem Herzog Heinrich dem Jüngern von Braunschweig gegen den Markgrafen Albrecht von Brandenburg-Baireuth, der, den passauer Vertrag nicht anerkennend, den Krieg allein fortgesetzt hatte, u. schlug denselben am 9. Juli 1553 bei Sievershausen, † aber zwei Tage darauf an einer in dieser Schlacht erhaltenen Schußwunde im Feldlager. Da er keinen Sohn hinterließ, folgte ihm sein Bruder August. Seine Wittwe vermählte sich 1555 mit Johann Friedrich dem Mittlern, seine einzige Tochter Anna mit dem Prinzen Wilhelm von Oranien. Um sein Land hatte sich M. durch Förderung des Bergbau's und Hüttenwesens, Begründung der drei Fürstenschulen aus eingezogenen Klostergütern und die Stiftung mehrer nützlichen Institute bei der Universität Leipzig, die Befestigung der Städte Dresden, Leipzig und Pirna u. eine neue Organisation des Militärs Verdienste erworben. Vgl. Langenn, M. von Sachsen, Leipzig 1812, 2 Bde.

2) Prinz von Oranien, Graf von Nassau, Statthalter der Niederlande, zweiter Sohn Wilhelms I. von Oranien und Anna's von Sachsen, geboren zu Dillenburg den 14. Nov. 1567, studirte zu Heidelberg und Leyden und ward nach der Ermordung seines Vaters 1585 von den Provinzen Seeland und Holland und 1590 auch von Utrecht, Overyssel und Geldern zum Statthalter, sowie gleichzeitig zum Oberbefehlshaber der Land- und Seemacht der Vereinigten Staaten der Niederlande erwählt. Im Jahre 1596 nahm er durch Ueberfall Breda und befreite darauf bis 1597 Geldern, Overyssel, Friesland und Gröningen fast gänzlich von den Spaniern. Ueberhaupt schlug er diese während des Kriegs bis 1609 in drei großen Feldschlachten und nahm ihnen gegen 40 feste Plätze weg. Am berühmtesten wurde seine Vertheidigung von Ostende, vor welchem Platz er 4 Jahre lang den größten Theil der spanischen Armee beschäftigte. Da er den Abschluß des Waffenstillstandes als das Werk Oldenbarneveldts erkannte, stürzte er denselben endlich 1619 mit Hülfe der Gomaristen, vermochte aber gleichwohl seine herrschsüchtigen Pläne nicht durchzusetzen. Nach dem Wiederausbruch des Kriegs 1621 hatte ihn das Glück verlassen. Er † unvermählt im Haag den 23. April 1625 und hatte seinen Bruder Heinrich zum Nachfolger. Die Kriegskunst verdankt ihm viele Verbesserungen.

3) Graf von Sachsen, bekannt unter dem Namen Marschall von Sachsen, geboren als der natürliche Sohn August des Starken von Sachsen und der Gräfin Aurora von Königsmark zu Goslar am 28. Okt. 1696, ward in Berlin und Warschau erzogen und erhielt von seinem Vater während dessen Reichsvikariats den Titel eines Grafen von Sachsen u. bald darauf die Stelle eines Obersten in einem Kürassierregiment. Im Jahre 1709 focht er in Flandern unter Eugen und Marlborough mit Auszeichnung, u. ebenso zeichnete er sich

1711 bei Stralsund unter den Augen seines Vaters aus. Kurz darauf vermählte ihn seine Mutter mit der reichen Gräfin Löben; doch war die Ehe nicht glücklich und wurde 1721 wieder getrennt. Bei allem Hang zu Ausschweifungen betrieb M. aufs eifrigste das Studium der Kriegskunst. Im Jahre 1717 nahm er in Ungarn unter Eugen an dem Kampfe gegen die Türken Theil; 1720 trat er in französische Militärdienste und erhielt 1722 ein Regiment. Im Jahre 1726 wählten ihn die Stände von Kurland, auf Antrieb der Anna Iwanowna, der Tochter des Czars Iwan Alexiewitsch, die sich Hoffnung auf seine Hand gemacht haben soll, zum Herzog. Doch Mentschikow, der selbst nach dem Herzogthum strebte, ließ den neuen Herzog in seinem Palast von 800 Russen belagern. Dieser vertheidigte sich indessen mit nur 60 Mann so tapfer, daß die Belagerung aufgehoben werden mußte. Durch den Einfluß der Russen verdrängt, ging M. 1729 wieder nach Frankreich und blieb selbst dann hier, als ihm nach dem Tode seines Vaters (1733) sein Halbbruder, der Kurfürst August III. von Sachsen, den Oberbefehl über seine Truppen antrug. In der Armee des Marschalls von Berwick entschied er 1734 bei Ettlingen an der Spitze einer Grenadierabtheilung den Sieg, und gleiche Tapferkeit bewies er bei der Belagerung von Philippsburg, wo er sich den Generallieutenantsrang erwarb. Im österreichischen Erbfolgekrieg nahm er am 26. Nov. 1741 Prag mit Sturm, eroberte Eger und Elnbogen und führte hierauf die Armee des Marschalls von Broglio an den Rhein zurück, wo er sich der Linien von Lauterburg bemächtigte. Im März 1744 ward er zum Marschall von Frankreich ernannt, konnte aber als Protestant in dem Marschallskollegium keinen Sitz einnehmen. Sein Feldzug in Flandern (1744) gilt als ein Meisterstück der Kriegskunst, indem er den an Zahl überlegenen Feind zur Unthätigkeit nöthigte. Im folgenden Jahre erfocht er in den mit Oesterreich und England verbündeten Niederlanden am 12. Mai 1745 den Sieg bei Fontenoy, durch welchen Brüssel in französische Gewalt kam, und einen neuen bei Roucourt (am 11. Okt. 1746) und ward hierauf zum Generalmarschall aller französischen Armeen und nach der Einnahme von Bergen op Zoom (am 16. Sept. 1747) zum Oberbefehlshaber in den eroberten Niederlanden ernannt. Seine Belagerung der Festung Mastricht im April 1748 nöthigte die Republik, den früher von ihr verweigerten Frieden selbst anzubieten. Nachdem dieser zu Aachen am 18. Okt. 1748 geschlossen war, zog sich M. auf das ihm vom König geschenkte Schloß Chambord zurück und machte dasselbe zu einem Sammelpunkt von Gelehrten, Künstlern u. Philosophen. Auch sollen ihn viele chimärische Pläne beschäftigt haben, z. B. die Juden nach Palästina zurückzuführen, sich zum König von Korsika aufzuwerfen u. dgl. Er † zu Chambord am 30. Nov. 1750 und ward zu Straßburg in der protestantischen Kirche St. Thomas bestattet. Ludwig XV. ließ ihm daselbst durch Pigalle 1765—76 ein großartiges Denkmal setzen. Zu seinem Erben hatte M. den sächsischen Grafen Friese eingesetzt. Von einem natürlichen Sohn des M. stammt die Marquise Dudevant (George Sand) ab. Die neuen Ansichten in der Kriegswissenschaft, die er in seinen „Rêveries" (beste Ausg., Paris 1751, 2 Bde.) aufstellte, fanden erst in späterer Zeit Beachtung. Auch hinterließ er „Lettres et mémoires choisis parmi les papiers originaux du maréchal de Saxe" (Paris 1794).

Moritz, Karl Philipp, trefflicher Schriftsteller und eine der eigenthümlichsten Persönlichkeiten des vorigen Jahrhunderts, wurde geboren zu Hameln den 15. Sept. 1757. Traurige Familienverhältnisse, der stete Hader zwischen seinen Aeltern, die in Dürftigkeit lebten, die verschrobene religiöse Richtung seines Vaters (der Quintist war u. der Sekte der Madame Guyon anhing), die Lektüre frommer Traktätlein und andere Einwirkungen brachten den hochbegabten, phantasieüberreichen Knaben auf verkehrte geistige Wege. In Braunschweig sollte er die Hutmacherei erlernen, mußte aber von seinem pietistischen Meister entlassen werden; er ging dann nach Hannover, wohin seine Aeltern gezogen waren, erregte dort durch seine großen Fähigkeiten die Aufmerksamkeit eines fürstlichen Gönners, erhielt dadurch Gelegenheit, die Anfänge wissenschaftlicher Bildung zu erlangen, entfloh aber, von dem Gelüst Schauspieler zu werden getrieben, seinen Aeltern und suchte Eckhof in Gotha auf. Bald darauf finden wir ihn als Studenten der Theologie in Erfurt, dann, nachdem er zu Leipzig abermals einen vergeblichen Versuch gemacht, seine Neigung zur Bühne zu befriedigen, bei den Herrnhutern in Barby. Auch hier hielt es ihn nicht, er studirte einige Jahre in Wittenberg, wo er sich durch rohes Treiben auszeichnete, und trat dann zu Dessau als Lehrer im Philanthropin ein. Basedows Geistestyrannei trieb ihn aufs Neue zum Wandern, er ging nach Potsdam u. wurde dort 1778 Lehrer am Militärwaisenhaus, einige Zeit später am Grauen Kloster zu Berlin. Hier machte er sich als Schriftsteller, Prediger und Dichter, vorzüglich als excentrisches Original bald bekannt. Er unternahm 1782 eine Reise nach England, die er in einem sehr lesenswerthen Buch beschrieb, verfiel nach der Rückkehr in Melancholie, wurde Professor am kölnischen Gymnasium in Berlin, versuchte als Redakteur der „Vossischen Zeitung" ohne Erfolg diese zu einem Blatt „für das Volk" umzugestalten, kam durch die Leidenschaft für eine verheirathete Frau nahe dazu, das Schicksal des von ihm seit den Jünglingsjahren mit überschwänglicher Begeisterung geliebten goethe'schen Werthers zu verwirklichen u. suchte 1786 geistige Genesung durch eine Reise nach Italien. Hier traf er mit Goethe zusammen, der ihn schätzen lernte, sich seiner liebevoll annahm, ihn in einer Krankheit pflegte und, 1788 zurückgekehrt, ihn eine Zeitlang in Weimar beherbergte. Durch Empfehlung des Herzogs Karl August erlangte M. die Mitgliedschaft der berliner Akademie der Wissenschaften, u. 1789 wurde er Professor der Alterthumskunde und der Theorie der freien Künste an der Akademie der bildenden und mechanischen Künste in Berlin. Er †, nachdem er so eben eine unglückliche Ehe geschlossen, sich wenig später von seiner ungetreuen Frau getrennt u. dann wieder mit ihr vereinigt hatte, auf einer Reise zu Dresden am 26. Juni 1793. Unter M.' Schriften ist die merkwürdigste der psychologische Roman „Anton Reiser" (Berlin 1785—90, 4 Bde.; in einem 5. Bande fortgesetzt von Klischnig 1794), der die wunderlichen Seelenzustände des Verfassers während seiner Jugendjahre in ganz einziger Lebendigkeit u. mit meisterlicher Kunst darstellt. Auch in „Andreas Hartknopf" (Berlin 1786) schildert M. eigene Erlebnisse. Geistreich u. durch originelle Ideen, sowie durch klare, treffliche Darstellung werthvoll sind auch andere unter M.' zahlreichen Schriften, z. B. der „Versuch einer Prosodie" (Berlin 1786, neu aufgelegt 1815), die oft aufgelegte „Götterlehre" (zuerst das. 1791), die „Reisen eines Deutschen in England" (das. 1783), die „Reise durch Italien" (das. 1792—93, 3 Bde.) u. A. m. In den Jahren 1783 bis 1793 gab M. ein „Magazin für Erfahrungsseelenkunde" (10 Bde.) heraus. Vergl. Alexis in Prutz' „Literarhistorischem Taschenbuch" für 1847, S. 1—71.

Moritzburg, Dorf und Sitz des gleichnamigen Gerichtsamtes im königlich sächsischen Kreisdirektionsbezirk Dresden, im Friedwalde 3 Stunden nordnordwestlich von Dresden gelegen, mit 151 Einwohnern. M. hat ein berühmtes königliches Jagd- und Lustschloß, im 18. Jahrhundert häufig die Dianenburg genannt; dasselbe wurde vom Kurfürsten Moritz 1542 begonnen, aber erst unter Christian I. 1589 beendet und von August (II.) dem Starken, der dort oft glänzende Jagden und Feste gab, erweitert und verschönert; es hat 4 Thürme, 4 große Säle, eine Kapelle und 220 Zimmer; dazu gehört ein großer Park mit schönem Teich, Fasanerie, Hirsch- und Saugarten u. die königliche Landesbeschälanstalt mit 80 Hengsten. Südlich daran stößt der Marktflecken Eisenberg mit starkem Vieh- und Pferdehandel und 964 Einwohnern.

Morlaix (bretanisch Montroules), Hauptstadt eines Arrondissements im französischen Departement Finisterre, am Zusammenfluß des Jarlot u. des Ossen, hat einen Gerichtshof, ein Handelsgericht, eine Handelskammer, ein Kommunalcollége, eine Irrenanstalt, eine kaiserliche Tabaksmanufaktur, Industrie in Leinwand (besonders Betttücher u. Tischzeug), eine sichere Rhede, Stockfischfang und regelmäßige Dampfschifffahrt nach Havre, ist Entrepot ausländischer Waaren, treibt beträchtlichen Handel mit Getreide, Butter, Oelsamen, gesalzenem Schweinefleisch, Talg, Honig, Wachs, Leder, Pferden, Garn, Papier, Blei und Bleiglanz und zählt 14,008 Einw. Die sich hier vereinigenden Flüsse Jarlot und Ossen nehmen von da den Namen M. an und bilden einen Hafen, welcher vom Fort Tareau vertheidigt wird.

Morlaken (Morlachen, slavisch Primorci, d. i. die am Meere Wohnenden), die slavischen Bewohner des ganzen Küstenlandes am adriatischen Meer von Istrien ab, etwa 120—140,000 an der Zahl, sollen um die Mitte des 14. Jahrhunderts aus Bosnien vor der türkischen Botmäßigkeit hierher geflüchtet sein. Obschon im Ganzen ein schöner Menschenschlag, durchgängig groß und stark, sind sie doch äußerst roh. Ihre Wohnungen bestehen meist nur aus Steinwerk mit Schilfdach, entbehren fast jeglichen Hausgeräths und werden mit dem Vieh getheilt. In der Tracht nähern sich die M. am meisten den Kroaten; ihr einziger Luxus besteht in schön verzierten Flinten, Pistolen und Handschars und silbernen Knöpfen auf einer scharlachtuchenen Weste. Den Kopf deckt ein rothes Käppchen. Die Frauen haben alle Geschäfte im Hause und auf dem Felde zu besorgen, während der Mann sich träger Ruhe überläßt. Die Hauptnahrung der M. besteht in Brod aus Gerste, Korn oder Moorhirse, Zwiebeln, Käse und Milch. Ihr Land ist steinig und wenig fruchtbar. Sie lieben Gesang und Tanz und zeigen durchgängig gute geistige Eigenschaften, sind aber im hohen Grade unwissend und abergläubisch. Sie bekennen sich sämmtlich zur römisch katholischen Kirche. Schulen gab es bis in die neuere Zeit in den morlakischen Dörfern nicht. Als tüchtige Schiffs- und Seeleute bilden die M. den Kern der österreichischen Marine.

Morland, George, englischer Bambocciadenmaler, geboren den 23. Juni 1763 zu London, bildete sich auf der königlichen Akademie und nach niederländischen Mustern und † den 29. Okt. 1804. Zu seinen besten Werken gehören die Darstellungen betrunkener Matrosen, vierschrötiger Bauern und des bunten Lebens jener gemeinen Kneipen (the cabin), in denen er selbst einen großen Theil seines Lebens zugebracht. Auch hat man von ihm schöne Seeaussichten. Die meisten seiner Gemälde sind von Ward in Kupfer gestochen worden.

Mormo (Mormon, griech.), unter weiblicher Gestalt gedachtes Schreckbild, Gespenst, Popanz, mit dem besonders kleine Kinder geschreckt und zum Schweigen gebracht wurden; auch tragische und komische Larve mit ungewöhnlich weiter Mundöffnung.

Mormon (Larventaucher), Vögelgattung aus der Ordnung der Schwimmvögel und der Familie der Alken, charakterisirt durch den seiner ganzen Länge nach von der Seite her plattgedrückten, quergefurchten und am Grunde mit einem punktirten Wulst versehenen Schnabel, leben auf dem Meere wie die Fettgänse und brüten auf Felsen. Die bekannteste Art ist der gemeine Larventaucher (M. Fratercula *Cuv.*, Papageitaucher, Seepapagei), gegen einen Fuß lang, oben schwarz, unten weißgrau, mit fast scheibenförmigem, vorn rothem, hinten grauem, mit einer Art Wachshaut versehenem Schnabel und rothen Beinen, findet sich häufig im Eismeer, an den Küsten von Island und Norwegen und geht südlich bis zu den Faröern und den englischen Inseln. Diese Vögel graben mit ihren scharfen Klauen über ellenlange Gänge in die Erde unter dem Rasen und legen Anfangs Juni ein einziges schmutzig weißes Ei hinein. Den flaumigen Jungen tragen die Alten kleine Fische zu Uebrigens fressen sie auch Würmer, Garneelen und Meersterne. Ende August verlieren die Jungen ihren dichten Flaum und werden dann von den Einwohnern zur Speise weggenommen. Außerdem bleiben sie so lange im Nest, bis sie Schwungfedern haben. Sie fliegen sehr rasch u. stürzen sich mit dem Kopf voran ins Wasser. An der Nordküste von Norwegen, wo sie im Mai in Menge erscheinen, werden sie mit Hunden den ganzen Sommer hindurch gefangen u. in Menge gegessen, die Federn als Dunen gebraucht. Aus ihren Bälgen macht man Röcke, und die Schnäbel trägt man an ledernen Riemen angereiht als Halsbänder.

Mormonen (Latter Day Saints oder Heilige des jüngsten Tages), religiöse Sekte in Nordamerika. Ihr Stifter war Joe Smith, geboren den 23. Dec. 1805 zu Sharon im Staate Vermont. Nachdem er sich im Staate Newyork in verschiedenen Berufsarten versucht, sich besonders auch mit Schatzgräberei beschäftigt hatte, befahl ihm nach seiner Behauptung im September 1827 eine Engelserscheinung, an einem Hügel zwischen Palmyra und Canandaigua nach „heiligen Messingplatten" zu graben.

Er fand die bezeichneten Platten auch, dieselben waren aber mit einer Schrift überdeckt, die er nicht lesen konnte. In dieser Rathlosigkeit erschien ihm Moses und lehrte ihn die Entzifferung mit Hülfe des wunderbaren Steins Urim u. Thummim. Smith übersetzte nun die Schrift und gab sie unter dem Titel „Book of the Mormons" heraus. Dieselbe wurde 1830 zuerst in Amerika, 1841 auch in Europa gedruckt und von John Taylor unter dem Titel „Das Buch Mormon" (Hamb. 1851) ins Deutsche übertragen. Sie enthält 15 Bücher und erzählt in einer der biblischen nachgebildeten Sprache, wie zur Zeit des Königs Zedekia von Jerusalem ein frommer Israelit, Lehi, sammt seiner Familie von Palästina nach Amerika auswanderte und hier seine wunderbaren Reiseabenteuer, sowie die Offenbarungen, welche ihm Gott hinsichtlich der künftigen Schicksale seines Volks und des menschlichen Geschlechts mittheilte, auf Messingplatten verzeichnete. Mehre seiner Söhne, und A. Laman, gingen in die Wildniß und wurden die Häuptlinge verschiedener Stämme. Die Nachkommen seines Sohnes Nephi aber waren schon mehre Jahrhunderte vor Christi Geburt gute Christen, die an dieselben Lehrsätze wie die neueren Theologen glaubten und Taufe und andere christliche Gebräuche hatten. Die Priesterwürde und die Messingplatten erbten in Nephi's Familie fort. Ihr erschien auch der auferstandene Christus, wählte aus ihr 12 Apostel, die in Kurzem das ganze Land zum Christenthum bekehrten, und stiftete das Abendmahl. Als zu Anfang des 4. Jahrhunderts die Kirche in Folge von Spaltung und Kriegen zerfallen war, erschien Mormon, ein gewaltiger Kriegsheld u. ein frommer Christ, und vertrieb die dem Fluche Gottes verfallenen Lamaniten nach Südamerika, doch kehrten dieselben um 400 zurück, und die Nephiten erlagen ihrem Schwert. Mormons Sohn Moroni vollendete die Geschichte seines Volks 420 n. Chr. auf den Messingplatten u. bezeichnete auf denselben ausdrücklich Joe Smith als ihren zukünftigen Entdecker.

Wiewohl Smiths Bibel bald mit großer Wahrscheinlichkeit als ein 1812 von dem Pfarrer M. Davison verabfaßter geschichtlicher Roman nachgewiesen ward, der, ungedruckt geblieben, durch den Buchdrucker Sidney Ridgon, einen der eifrigsten Anhänger Smiths, diesem zugekommen war, fand der neue Prophet doch Glauben und organisirte am 1. Juni 1830 die Sekte zu einer Gemeinde zu Fayetteville in Ohio. Bald darauf siedelte, dieselbe, schon mehre hundert Glieder zählend, nach Independence im Westen Missouri's über und gründete hier das „Arsenal des Herrn" (Lords Store House). Ihre Intoleranz gegen Andersglaubende, sowie ihre von diesen als Diebstahl gedeuteten Versuche, die Lehre, daß alles Land den Heiligen gehöre, praktisch durchzuführen, riefen jedoch vielfache Konflikte hervor, welche die Regierung zur Ausweisung der M. aus dem County veranlaßte. Nach kürzerem Aufenthalt im Claycounty u. Claldwellcounty wandte sich die Sekte nach Illinois, wo sie im Hancockcounty 1840 die aus 2100 Häusern bestehende Stadt Nauvoo und einen schönen Tempel nach dem von Smith in einer Vision geschauten Bilde erbaute. Die Stadt erhob sich bald zu bedeutendem Wohlstand. Smith übte eine unbedingte Gewalt über die Gemeinde und hielt streng auf Ordnung und Sittlichkeit in derselben. Am Morgen hielt er als General, gefolgt von seinem Stabe, die Inspektion über die Miliz ab, Nachmittags verkündigte er mit der Bibel in der Hand das Wort Gottes. Bald aber entstanden auch hier feindselige Beziehungen zu den übrigen Einwohnern, u. 1846 kam es zum offenen Kampfe, in welchem Smith nebst seinem Bruder Hiram den Tod fanden und Nauvoo in Trümmer gelegt ward. Die M. zogen hierauf von 1845—48 auf höchst beschwerlichen Pfaden über das Felsengebirge nach dem großen Ocean und ließen sich am großen Salzsee (Salt-Lake) im Utahgebiete nieder. Zwei Jahre nach Erbauung des ersten Hauses zählte die Stadt Great Salt Lake City schon 900 Einwohner, und in der Gegenwart beläuft sich die Bevölkerung des ganzen Mormonenstaats, der von den Vereinigten Staaten 1850 unter dem Namen Utah (s. d.) als Territorium anerkannt ward, auf etwa 50,000 Seelen. Die Ursache dieser schnellen Blüthe ist theils in der günstigen Lage ihrer Hauptstadt, eines Hauptpunktes für die Karawanen auf dem Wege nach Kalifornien, theils in der strengen Ordnung, die unter den Kolonisten gehandhabt wird, und ihrem regen Fleiße, theils in der begeisterten, immer neue Einwanderer herbeiführenden Proselytenmacherei und dem allen Besitz an sich reißenden und Andersgläubige von ihm ausschließenden Fanatismus der M. zu suchen. Die Unionsregierung hatte den Nachfolger Smiths im Prophetenthum, Brigham Young, wegen seines großen Einflusses zum Gouverneur des Territoriums ernannt und der Kongreß diesem 20,000 Dollars für die Errichtung öffentlicher Gebäude und 5000 Dollars für die Anlegung einer Bibliothek übersandt, und eine Kongreßakte vom 7. Sept. 1850 ordnete das Verhältniß der M. zur Union. Gleichwohl lehnten sich erstere mehrfach gegen die von der Unionsregierung gesandten Verwaltungs- und Gerichtsbehörden auf und zwangen dieselben 1856 die Hauptstadt zu verlassen. Die Union ernannte hierauf 1857 A. Cumming zum Gouverneur an Brigham Youngs Stelle und sandte ihn mit 2500 Mann nach Utah. Die Expedition stieß jedoch bei der vorgerückten Jahreszeit auf viele Schwierigkeiten, und es mußten im folgenden Jahre Verstärkungen nachgesandt werden. Nach einem Gefechte den 15. Febr. 1858 kam es zu Unterhandlungen, es wurde den M. Amnestie ertheilt und im Juni Young als Gouverneur restituirt. Auch in anderen Ländern, namentlich in England, Dänemark, Norwegen und Schweden und auf den Sandwichinseln suchten sich die M. auszubreiten; alle Bekehrten haben die Pflicht, nach Utah überzusiedeln, denn nur die dort Wohnenden können an der erwarteten Verjüngung der Erde Theil haben. Allein im Frühjahr 1865 sollen 1530 Seelen aus Skandinavien nach dem Salzsee ausgewandert sein.

Das Mormonenthum wurde mit keiner fertigen Glaubenslehre eröffnet. Der Glaube, daß Joe Smith Prophet, daß die heilige Schrift durch ihn zu reformiren, daß das Buch Mormon authentisch, endlich daß die Tage des letzten Gerichts nahe seien, waren die einzigen Elemente, aus denen sich die religiöse Meinung der Sekte entwickelte. Erst im Verlauf der Zeit sollte nach Smiths Plan die volle Wahrheit enthüllt und den Bedürfnissen der Heiligen angepaßt werden. Die Form dabei blieb die der Offenbarung. Im Jahre 1835 erschien eine Sammlung solcher Offenbarungen unter dem Titel „Doctrines and covenants", die nicht nur zu einander, sondern noch weit mehr zu dem Buche Mormon selbst im vielfachen Widerspruche stehen. Zur Widerlegung der Beschuldigung des Heidenthums veröffentlichte die Gemeinde selbst eine Reihe von Glaubensartikeln, die neben den chiliastischen Träumereien von der Wiedervereinigung der zehn Stämme Israels im tausendjährigen Reich ꝛc. im Wesentlichen mit dem christlichen Bekenntniß übereinstimmen, aber als Schlußstein den Grundsatz enthalten, daß ein Müßiggänger keinen Antheil an der Erlösung haben könne. In seiner spätern Ausbildung schlug das Mormonenthum in Materialismus um, womit sich zugleich das Institut der Polygamie entwickelte. Das Buch Mormon verbot dieselbe noch; aber schon 1842 verkündete Smith als Offenbarung, daß die Heiligen der letzten Tage in die Fußstapfen Salomo's u. Davids zu treten hätten, u. seit 1852 besteht die Polygamie unter den M. allgemein als ein „Privilegium, welches die höchste Stufe menschlicher Vollkommenheit voraussetzt". Brigham Young hat 50 Frauen, unter diesen 20, welche schon Joe Smith besaß. Es sind selbst Fälle vorhanden, daß ein Mann Wittwe und Tochter, einer sogar eine Mutter mit mehren Töchtern ehelichte. Der kirchliche Gottesdienst der M. unterscheidet sich äußerlich nicht wesentlich von dem der christlichen Gemeinden. Die Hierarchie der M. theilt sich gegenwärtig in zwei Ordnungen, deren eine dem Nichteingeweihten verschlossen bleibt. Die andere besteht aus zwei Priesterklassen: der Aarons, welche die levitische einschließt, und der Melchisedeks. Die letztere ist die höhere, und ihre Autorität ist, „die Schlüssel aller geistlichen Segnungen der Kirche zu führen, das Privilegium des Empfangs der Geheimnisse des Himmelreichs zu besitzen und den Himmel stets offen für sich zu haben". Die Klasse Melchisedeks zerfällt in hohe Priester und Aelteste, die Aarons in Bischöfe, Priester, Lehrer und Diakonen. An der Spitze der Klasse Melchisedeks und somit der ganzen Kirche steht ein Quorum oder Rath von Dreien, der die höchste Gewalt hat und die letzte Instanz in allen zweifelhaften Fällen und Streitfragen bildet; unter ihm das Quorum der „zwölf Apostel", aus dem von den Dreien die Missionäre gewählt werden, und das Quorum der Siebzig, die Predigerfahrten vorzunehmen und theoretische Lehrfragen zu entscheiden haben. Das höchste Haupt der Kirche ist der Präsident, der „Seher, Offenbarer u. Prophet, welcher alle Gaben von Gott empfängt". Er wird alle halbe Jahre von Neuem gewählt. Die Mittel, durch welche er die Kirche regiert, sind, wie die Organisation derselben, absolutistisch-aristokratisch. Von Zeit zu Zeit eine Offenbarung, die Verrichtung eines Wunders, das Reden in unbekannten Zungen, die Bestellung von Spionen, die Entfernung der Unruhigen auf Missionen gehören zu den gewöhnlichen Maßregeln. Als besonders praktisch erweist sich aber der Kirchenzehnt, der dem Propheten volle Kenntniß über die Verhältnisse jedes Einzelnen gibt. Trotz der Straffheit, mit welcher Brigham Young die Zügel führt, sind doch unter den M. schon mehre Sekten, z. B. die Gladdeniten, nach ihrem Bischof Gladden benannt, aufgetaucht, was zu blutigen inneren Konflikten führte. Vgl. Gunnison, The Mormons or Latter Day Saints in the valley of the Great Salt Lake, Philadelphia 1852; Olshausen, Geschichte der M., Göttingen 1856; Busch, Die M., Leipzig 1855, und Hyde, Mormonism, Newyork 1857.

Mornay, Philippe de, Seigneur du Plessis-Marly, französischer Staatsmann, geboren den 5. November 1549 auf Buhy in der Normandie, erhielt seine Bildung zu Paris und war vom Vater für den geistlichen Stand bestimmt, trat aber, herangewachsen, zur reformirten Kirche über und bereiste Italien, Deutschland, Holland und England. Nach den Greueln der Bartholomäusnacht suchte er erfolglos die Königin Elisabeth von England zur Beschützung seiner Glaubensgenossen zu bewegen. Im Jahre 1575 trat er in die Dienste Heinrichs von Navarra, des nachmaligen Königs Heinrich IV., der sich seiner namentlich während des Kriegs mit der Ligue als diplomatischen Unterhändlers bediente und, auf den Thron von Frankreich gehoben, ihn zum Staatsrath und später zum Gouverneur von Saumur ernannte. Hier errichtete M. eine protestantische Akademie. Bei der Erhebung der Hugenotten 1620 suchte er Heinrich IV. zur Milde gegen dieselben zu bestimmen, verlor aber deshalb seine Stelle. Er † den 11. November 1623 auf seiner Baronie Laforêt-sur-Sèvre. Die wichtigste seiner Schriften sind die „Mémoires et correspondance" (1624; neue Aufl., Paris 1824, 12. Bde.).

Morny, Charles Auguste Louis Josephe, Graf von, französischer Staatsmann, natürlicher Sohn der Königin Hortensie von Holland, der Gemahlin Ludwig Napoleons, und ihres Großstallmeisters, des Grafen Flahault, ward den 23. Okt. 1811 zu Paris geboren und von dem kinderlosen Grafen Morny aus Isle de France gegen eine ihm von Flahault erlegte Summe von 800,000 Francs an Kindesstatt angenommen. Der junge M. erhielt seine erste Erziehung im Hause der Frau von Souza, Flahaults Mutter, später besuchte er das Collége Bourbon und die Schule des Generalstabs, aus der er 1830 als Lieutenant in ein Uhlanenregiment zu Fontainebleau trat. Von da ging er zur afrikanischen Armee und nahm an der Expedition gegen Mascara und an der Belagerung von Konstantine Theil, wobei er sich den Ehrenlegionsorden erwarb. Von der im Oktober 1837 verstorbenen Königin Hortensie mit einer Jahresrente von 40,000 Francs bedacht, nahm er 1838 seinen Abschied vom Militär und ließ sich zu Clermont in der Auvergne als spekulirender Runkelrübenzuckerfabrikant nieder. Vier Jahre später von Puy-de-Dôme in die Deputirtenkammer gewählt, unterstützte er das Ministerium Guizot. Da Unglück in industriellen Spekulationen und im Spiel seine Vermögensverhältnisse gänzlich zerrüttet hatten, suchte er die politischen Wandlungen seit 1848 zu benutzen, sich eine neue Zukunft zu gründen, und wirklich erlangte er 1848 und 1849 einen Sitz in der Konstituante u. der Legislative. Insgeheim schon länger ein ergebener Anhänger Ludwig Napoleons, war er Derjenige, welchem dieser den Plan zu dem Staatsstreich vom 2. December 1851 anvertraute. Hierauf zum Minister des Innern ernannt, gab er schon am 23. Januar 1852 sein Portefeuille wieder ab. Im März trat er in den gesetzgebenden Korper, 1853 ward er zum Senator und zum Direktor der englisch-französischen Kompagnie des französischen Centraleisenbahnnetzes, im November 1854 zum Präsidenten des gesetzgebenden Körpers ernannt. Von Mai 1856 bis August 1857 war er französischer Gesandter in Petersburg, wo er sich im Januar des letzten Jahres mit der jungen Fürstin Sophie Trubetzkoi vermählte. Die bedeutenden Geldmittel derselben verwandte er auf den Ankauf von Ländereien nahe bei Petersburg. Am 24. Juni 1863 trat er wieder an die Spitze der Legislative. Er † am 10. März 1865 und ward auf Staatskosten bestattet. M. war ein gewandter, schlauer Diplomat, aber weder ein Staatsmann, noch ein Finanzmann im eigentlichen Sinne. Seinem Wahlspruch „Memento sed tace“ entsprechend, bestand seine staatsmännische Kunst öfter darin, zu rechter Zeit zu schweigen, als zu rechter Zeit zu reden. Er war vielfach bei großartigen Schwindelgeschäften betheiligt, wie überhaupt seine Antecedentien bedenklich genug sind. Die von ihm hinterlassenen Memoiren sollen laut testamentarischer Bestimmung erst 10 Jahre nach seinem Tode eröffnet werden. Er hinterließ ein Vermögen von 35 Millionen Fr., aber auch 12—15 Mill. Fr. Schulden. Seine reiche Bibliothek u. Gemäldesammlung ward versteigert. Seiner hinterlassenen Wittwe ward vom Kaiser eine Pension von 100,000 Fr. ausgesetzt.

Morone, Giovanni de, berühmter Kardinal, geboren 1509 in Mailand, ward 1536 zum Bischof von Modena ernannt, aber gleichzeitig vom Papst Paul III. nach Deutschland gesandt, um den Gang der Reformation zu beobachten, wohnte den Religionsgesprächen zu Speyer und Worms und dem Reichstag in Speyer 1542 bei, ging 1544 als päpstlicher Gesandter zu Karl V., nahm 1555 am Reichstag zu Augsburg Theil u. erhielt 1562 eine Mission an Kaiser Ferdinand. Er † den 1. Dec. 1580 in Rom. M. soll im Wesentlichen den Principien der Reformatoren zugestimmt haben.

Moroni, Giovanni Battista, italienischer Maler, geboren zu Albino im Gebiet von Bergamo um 1510, Schüler Moretto's, malte viele Altarblätter und historische Darstellungen, zeichnete sich aber vornehmlich als Bildnißmaler aus. In der münchener Pinakothek ist von ihm ein herrliches Bildniß eines Geistlichen mit langem Barte und ein nicht minder treffliches Porträt einer Frau. Auch die dresdener Gallerie bewahrt einige schöne Bildnisse von M.'s Hand, viele andere finden sich in den italienischen Sammlungen.

Moropua, ein Negerreich im Innern von Südafrika, waldig, reich bewässert, liefert Eisen- und Kupfererze, wird von den heidnischen Moluwas bewohnt, die auf 1 Million Köpfe geschätzt werden; die Hauptstadt ist Kabeba.

Moroxit, Varietät des edlen Apatits (s. d.).

Morpeth, Stadt in der englischen Grafschaft Northumberland, am Wansbeck u. an der Eisenbahn von Newcastle nach Berwick, hat 5 Kirchen, eine lateinische Schule, ein Handwerkerinstitut, Gefängniß, Hut- und Flanellfabrikation, Eisengießerei, Bierbrauerei und 4296 (mit dem Wahlbezirk 10,000) Einw. Dabei die Ruinen eines alten Schlosses.

Morpeth, Lord, s. Carlisle 3).

Morpheus, in der griechischen Mythologie der Sohn des Schlafes u. der Gott der Träume, eigentlich der Gestalter, weil er den Schlafenden verschiedene Bilder vorführt. Er stellt übrigens nur menschliche Gestalten dar, hat aber zwei Brüder, deren einer die Gestalt aller möglichen Thiere annimmt (Phobetor), der andere (Phantasus) sich in Erde, Wasser, Stein, Holz und alle möglichen leblosen Dinge verwandelt. Dargestellt wird er als geflügelter Greis mit einem Füllhorn, woraus die buntesten Dinge herausfallen, auch mit einem Mohnkranz, oder aus einem Horne schlafbringenden Duft ausgießend.

Morphium (Morphin), stickstoffhaltiges Alkaloid, der wirksamste Bestandtheil des Opiums, dessen verschiedene Handelssorten sehr ungleiche Mengen davon enthalten. Im smyrnaer Opium fand Guibonet 11,7—21,5 Proc., im Mittel 14,7 Proc., im ägyptischen 5,8—12,2 Proc., im persischen 11,4, im Patnaopium zum Arzneigebrauch 7,7, im Patnaopium zum Rauchen 5,3, im französischen Opium 12—22,9 Proc., im Opium von Algier 12 Proc. (Guibonet analysirte stets bei 100° getrocknetes Opium.) In Berlin erzeugtes Opium enthielt nach Karsten 10 Proc. M. Zur Gewinnung des M.s zieht man nach Wittstein Opium mit angesäuertem Wasser aus, löst in dem Auszug Kochsalz, filtrirt nach einigen Tagen von dem abgeschiedenen Narkotin und übersättigt das Filtrat mit Ammoniak. Der getrocknete Niederschlag wird mit Alkohol von 0,82 erschöpft und die erhaltene Lösung zur Krystallisation verdampft. Löst man die Krystalle in Salzsäure, so erhält man reines salzsaures M. in Krystallen, während Narkotinsalz in der Mutterlauge bleibt. Durch Umkrystallisiren des salzsauren M.s, Fällen mit Ammoniak und Krystallisiren aus Alkohol erhält man reines M. Dies krystallisirt in farblosen rhombischen Säulen, ist geruchlos, schmeckt stark bitter, schmilzt beim Erwärmen, verliert 2 Aequivalente Krystallwasser und erstarrt beim Erkalten strahlig. Es löst sich in 1000 Theilen kaltem und 400 Th. kochendem Wasser, viel leichter ist es in siedendem Alkohol, dagegen gar nicht in Aether löslich. Von überschüssigem Kali, Natron und von Kalkmilch wird es leicht, von Ammoniak nicht gelöst. Die alkoholische Lösung reagirt stark alkalisch und lenkt die Ebene des polarisirten Lichts nach links ab. Koncentrirte Salpetersäure färbt das M. roth, dann gelb, Ammoniak macht die gelbe Lösung dunkelbraun bis schwarz. Löst man M. in kalter koncentrirter Schwefelsäure, so wird die frische Lösung durch Salpetersäure rosenroth, dann rasch gelb, grünlich und bräunlich; war die Lösung vorher etwas verdünnt, so wird sie intensiv karmoisinroth, auf 100—150° C. erhitzt oder nach 12—24 Stunden wird die Lösung durch Salpetersäure dunkelblauviolett und im Centrum blutroth. Das M. reducirt Jodsäure und Ueberjodsäure unter Abscheidung von Jod, und hierauf ist ein Verfahren gegründet worden, noch sehr kleine Mengen von M. ($^1/_{30000}$) zu erkennen. Aus Goldchlorid scheidet das M. Gold, aus Silberlösung metallisches Silber ab und unterscheidet sich durch letzteres Verhalten von allen organischen Basen. Eine neutrale Lösung von M. färbt Eisenoxydsalze blau, doch verschwindet diese Farbe wieder durch Wärme, Säuren und Alkohol; das Oxyd wird zu Oxydul reducirt. Chlor färbt M. gelbroth, roth, dann gelb. Beim Verdampfen von M. mit verdünnter Schwefelsäure entsteht Sulfomorphid, welches durch Wasser weiß gefällt wird, sich beim Erwärmen grün färbt und sich dann in kochendem Wasser mit grüner Farbe löst. Beim Erhitzen mit Kalihydrat gibt das M. Methylamin. Mit Jod bildet das M. eine eigenthümliche Verbindung. Jodmethyl und Jodäthyl erzeugen jodwasserstoffsaures Methyl-M. u. Aethyl-M. Die Morphiumsalze sind meist krystallisirbar, in Wasser und Alkohol löslich, unlöslich in Aether. Das salzsaure M. löst sich in 20 Th. kaltem und 1 Th kochendem Wasser, gibt mit Platinchlorid einen gelben käsigen Niederschlag, der in heißem Wasser schmilzt und sich etwas darin löst. Schwefelsaures M. ist leicht löslich in Wasser, ebenso das essigsaure M., welches namentlich als Arzneimittel benutzt wird. Das M. wirkt rein narkotisch. Spritzt man eine Morphiumlösung in das lockere Zellgewebe unter die Haut eines durch Chloroform in den Zustand der Narkose versetzten Menschen, so kann man die Narkose in ihrem vollen Grade ohne Gefahr auf mehre Stunden verlängern.

Morphologie (v. Griech.), Pflanzengestaltlehre, ein zuerst durch Goethe in die Naturgeschichte eingeführter technischer Ausdruck, der die Lehre von der Bildung und Umbildung der organischen Stoffe bezeichnet. Sie zerfällt in den allgemeinen Theil, in welchem die Gestalten der Pflanzen und der Pflanzenorgane im Allgemeinen abgehandelt werden, und in den speciellen, welcher die Gestalt der Pflanzen nach ihren Hauptgruppen sammt ihren Organen behandelt. Die Darstellung der inneren Gestaltung der Pflanzen und ihrer Organe gehört der Pflanzenanatomie an. Zur M. gehört auch die Darstellung der Umwandlung (Metamorphose) der Pflanzen. Vergl. Goethe, Beiträge zur Naturwissenschaft überhaupt und zur M. insbesondere, Stuttgart und Tübingen 1817.

Morphy, Paul, berühmter Schachspieler, geboren den 22. Juni 1837 zu Neworleans, ist seit 1857 Rechtsanwalt daselbst und hat sich schon seit seinem 13. Jahr, wo er den ersten europäischen Meister im Schachspiel, Löwenthal, bei dessen Durchreise durch Neworleans in diesem Spiel besiegte, durch viele Triumphe auf den nordamerikanischen Schachkongressen, sowie in den Jahren 1858—59 in Europa bekannt gemacht. Der Grundzug seiner praktischen Spielstärke, welche durch ein ungemeines Gedächtniß und große Geistesruhe unterstützt wird, besteht in entschiedener Vorliebe für rasche und glänzende Angriffe mit den Offizieren.

Morra, Stadt in der italienischen Provinz Avellino (ehemaligen neapolitanischen Prov. Principato ulteriore), mit 4600 Einwohnern.

Morrison, 1) Robert, protestantischer Missionär, geboren am 5. Januar 1782 zu Merpeth in Northumberland, wurde von der britischen Bibelgesellschaft 1807 nach Macao und Kanton gesendet, um das Chinesische zu erlernen und dann die Bibel in diese Sprache zu übersetzen, welchem Auftrag er 1813 nachkam. Seit 1809 bekleidete er zu Macao auch die Stelle eines Dolmetschers und Sekretärs der ostindischen Kompagnie. Im Jahre 1818 errichtete er zu Malakka ein Anglochinese college für englische und chinesische Literatur und zur Verbreitung des Christenthums. Im Jahre 1823 kehrte er nach England zurück und brachte eine Sammlung von 10,000 Büchern in chinesischer Sprache mit dahin, schon 1826 aber ging er wieder im Auftrage der ostindischen Kompagnie nach China, wo er später bei den eintretenden Streitigkeiten der Engländer mit der chinesischen Regierung mit Erfolg als Vermittler fungirte. Er † als Dolmetscher des britischen Gesandten Lord Napier zu Kanton am 1. Aug. 1834. Noch veröffentlichte er: „Horae sinicae" (London 1812), „Chinesische Grammatik" (Serampore 1815) und „Chinesisch-englisches Wörterbuch" (Macao 1815 bis 1819, 6 Bde.).

2) John Robert, gründlicher Kenner der chinesischen Sprache, Sohn des Vorigen, geboren im April 1814 zu Macao, ward Kolonialsekretär bei dem britischen Generalgouvernement zu Hongkong und † hier den 29. Aug. 1843. Er ist Verfasser des „Chinese Commercial Guide" (1834), schrieb auch über die Geographie China's und veranstaltete eine neue Ausgabe des „Chinese Dictionary" seines Vaters, welche Arbeiten jedoch durch den Krieg seit 1839 unterbrochen wurden.

Morristown, Stadt im nordamerikanischen Staate Newjersey, am Whippany River und der Morris-Essex-Eisenbahn, hat 6 Kirchen, 2 Banken, 2 Akademien und 6024 Einwohner.

Mors (lat.), Tod.

Mors, die größte Insel Jütlands, liegt im westlichen Theile des Lijmfiords (s. d.), ist gegen 5 Meilen lang, bis $2\frac{1}{2}$ Meilen breit, $6\frac{1}{2}$ QM. groß, (1860) mit 15,817 Einwohnern, ist ziemlich hochliegend mit steilen Ufern gegen den Fjord, der mit mehren Buchten in das Land einschneidet; der höchste Punkt, Salgjerhöi, im Norden, ist 282 Fuß hoch. Der Boden, bestehend aus schwarzer Dammerde mit Lehm untermischt, ist durchgehends fruchtbar, besonders im Norden; in der Mitte sind mehre kleine Kalkbrüche. Die Insel ist fast waldlos, sie gehört zu dem Amte Thisted. Die einzige Stadt der Insel, Nykjöbing (2034 Einw.), zur Unterscheidung von andern „auf Mors" genannt, liegt an der Ostseite der Insel.

Morschansk, Kreishauptstadt im europäisch-russischen Gouvernement Tambow, hat Segeltuchfabrikation, Seilerei, eine Vitriolhütte, Getreide- und Viehhandel und 13,812 Einwohner.

Morse, Samuel Finley Breese, Erfinder des Schreibtelegraphen, geboren den 27. April 1791 zu Charlestown in Massachusetts, Sohn des durch seine Geographie von Amerika bekannten Geistlichen Jedediah M. (geboren 1761 zu Woodstock in Connecticut, † den 9. Juni 1826 in Newhaven), besuchte das Yalecollege in Newhaven, widmete sich seit 1811 auf der königlichen Akademie zu London der Malerei und machte durch sein 1813 ausgestelltes Gemälde, der sterbende Hercules, Aufsehen. Nach den Vereinigten Staaten zurückgekehrt, lebte er nach einander zu Newhampshire in Südcarolina und zu Newyork als Porträtmaler. Hier malte er im Auftrage des Gemeinderaths das lebensgroße Porträt Lafayette's und stiftete den Künstlerverein, der sich später zu der National academy of design erweiterte, bei welchem er die Würde eines Präsidenten bekleidete und zum ersten Male in Amerika Vorlesungen über die Kunst hielt. Von 1829—32 bereiste er Frankreich, England und Italien. Auf der Rückfahrt wurde er durch den Bericht eines Passagiers über die in Paris vorgenommenen elektromagnetischen Experimente auf die Idee gebracht, diese Kraft zur Herstellung einer telegraphischen Verbindung zu verwenden. Nach mehren mißglückten Versuchen konnte er 1835 der newyorker Universität ein Modell seines Recording electric telegraphe vorlegen. Im Jahre 1837 nahm er in

Washington ein Patent auf seine Erfindung, gerade zu derselben Zeit, wo Wheatstone in England und Steinheil in München ebenfalls magnetische Telegraphen zu Stande gebracht hatten. Der erste elektromagnetische Telegraph in den Vereinigten Staaten trat 1844 zwischen Washington und Baltimore in Wirksamkeit, und seitdem haben sich seine Drähte über das ganze Land verbreitet. Auch für Oesterreich, Preußen, Sachsen, Bayern und Würtemberg wurde auf der Telegraphenkonferenz in Wien 1851 auf Steinheils Vorschlag M.'s System angenommen.

Morsee (Morsen, Morges), Stadt im schweizer Kanton Waadt, an der Mündung des gleichnamigen kleinen Flusses in einer Bucht am nördlichen Ufer des Genfersee's, Knotenpunkt der Eisenbahnen von Genf nach Freiburg und Lausanne, hat ein altes Schloß (jetzt Zeughaus), Collége, Artillerieschule, Realschule, Bibliothek, Kupfer- und Eisengießerei, mechanische Werkstätte, Gerbereien, sehr lebhaften Handel und 3550 Einwohner.

Mortagne (M.-sur-Huisne), Hauptstadt eines Arrondissements im französischen Departement Orne, an der Huisne (oder Huison), hat einen Gerichtshof, starke Fabrikation von Leinwand und Lederzeug, zahlreiche Gerbereien, Handel mit Vieh u. den Landesprodukten, Kalkbrennerei und 4887 Einwohner. Zur Zeit der Ligue wurde M. binnen 3½ Jahren 22mal gegenseitig erobert.

Mortain, Hauptstadt eines Arrondissements im französischen Departement Manche, an der Cance, hat ein Kommunalcollége, Bibliothek, Fabrikation von Leinwand, Spitzen, Stickereien, Töpferwaaren und Nägeln, Handel mit Vieh, Butter, Leder und Hanf und zählt 2490 Einwohner. In der Nähe Mineralquellen.

Mortalität (v. Lat.), s. Sterblichkeit.

Mortara, ummauerte Stadt in der italienischen Provinz Pavia, am rechten Ufer der Arbegna, ist Hauptort der Lomellina und Knotenpunkt der Eisenbahnen nach Mailand, Novara, Vercelli und Alessandria und hat 5700 Einwohner, welche starken Reisbau treiben. M. ist in der neuesten Kriegsgeschichte denkwürdig geworden durch ein Gefecht am 21. März 1849, in welchem die Oesterreicher unter dem Erzherzog Albrecht und Grafen Wratislaw die Piemontesen unter dem Herzog von Genua besiegten und die Stadt erstürmten, worauf Radetzky auf Novara vorrückte.

Mortes (Rio das M.), 1) Fluß in Brasilien, Provinz Matto Grosso, mit den Nebenflüssen Colobelo, Rio das Pindebas, rechts, Arayes, Mangaruro, links, mündet in den Araguaya, links. — 2) Fluß daselbst, Provinz Minas-Geraes, mündet in den Rio Grande rechts.

Mortier (franz.), s. v. a. Mörser.

Mortier, Edouard Adolphe Casimir Josephe, Herzog von Treviso, Marschall und Pair von Frankreich, geboren den 13. Febr. 1768 zu Château-Cambresis im Norddepartement, trat 1791 in die Armee, focht bei Quiévrain, Jemappes und Neerwinden, sowie bei den Belagerungen von Namur und Mastricht und erwarb sich bei Hondtschoote den Generaladjutantenrang. Bei dem Entsatze von Maubeuge ward er verwundet, leitete aber doch bei der Belagerung von Mastricht persönlich den Angriff auf das Fort St. Pierre. Bald darauf zeichnete er sich unter Lefebvre und Kleber bei Altenkirchen und Friedberg aus, bemächtigte sich der Stadt Schweinfurt und unterhandelte mit dem Kurfürsten über die Uebergabe von Mainz; 1798 focht er als Brigadegeneral bei Liptingen und Stockach, ward dann zum Armeecorps Masséna's in die Schweiz beordert und kommandirte die 4. Division desselben. Im Jahre 1800 erhielt er das Kommando von Paris; 1803 befehligte er das Hannover besetzende Corps. Nach der Rückkehr von dort ward er vom ersten Konsul zu einem der vier Generale der Konsulargarde ernannt und ihm der Oberbefehl über die Artillerie zugetheilt, im Mai 1805 ward er zum Reichsmarschall und Großkreuz der Ehrenlegion befördert. Er führte hierauf das zweite Corps gegen Oesterreich, ward aber vor Dürrenstein (11. November) von Kutusow geschlagen. Während der Schlacht bei Austerlitz war er zur Deckung Wiens beordert. In dem Kriege mit Preußen besetzte er den 1. November 1806 das Kurfürstenthum Hessen, sodann die Hansestädte und leitete den Feldzug gegen die Schweden, die er bei Anklam (16. und 17. April 1807) schlug, worauf er (18. April) einen Waffenstillstand mit ihnen schloß. Mit seinem Corps zur Hauptarmee berufen, kommandirte er bei Friedland deren linken Flügel. Im Jahre 1808 zum Herzog von Treviso erhoben, befehligte er in Spanien, wo er mit Lannes Saragossa eroberte, die Schlacht bei Ocaña gewann und Soult in seinen Operationen gegen Badajoz unterstützte. Im Feldzug gegen Rußland erhielt er das Kommando über die junge Garde, ward nach dem Einrücken in Moskau zum Gouverneur dieser Stadt ernannt und von Napoleon I. nach dessen Ausmarsch aus Moskau im Kreml mit dem Befehle zurückgelassen, denselben in die Luft zu sprengen. An der Spitze der jungen Garde focht er 1813 bei Lützen, Bautzen, Dresden, Wachau, Leipzig und Hanau. Während des Feldzuges von 1814 stand er zuerst mit zwei Divisionen der alten Garde in Belgien, war dann beim Kaiser, befehligte bei dessen Rückzug von Troyes nach Nogent die Nachhut, focht mit bei Montmirail und vertheidigte mit dem Marschall Marmont Paris. Am 8. April unterwarf er sich Ludwig XVIII. und erhielt bald darauf das Kommando der 16. Militärdivision zu Lille, sowie die Ernennung zum Pair von Frankreich. Im März 1815 wurde ihm das Kommando einer bei Peronne aufzustellenden Reservearmee bestimmt. Hierauf schloß er sich an Napoleon an und ward von diesem unter die Zahl der Pairs aufgenommen und mit der Inspektion der Nord- und Westgrenzen Frankreichs beauftragt. Nach der zweiten Restauration verlor M. die Pairswürde, wurde aber zum Mitgliede des Kriegsgerichts bestimmt, das den Marschall Ney richten sollte, erklärte jedoch die Inkompetenz dieses Gerichts. Gleichwohl wurde er im Januar 1816 zum Gouverneur der 15. Militärdivision in Rouen ernannt, in demselben Jahre im Norddepartement zum Mitgliede der Deputirtenkammer erwählt, in welcher er bis Ende 1818 blieb, und endlich im März 1819 in die Pairswürde wieder eingesetzt. Nach der Thronbesteigung Ludwig Philipps ging er 1832 für kurze Zeit als Botschafter nach Petersburg. Im Jahre 1833 ward er Großkanzler der Ehrenlegion und am 18. November 1834 Kriegsminister und Präsident des Ministerraths, nahm aber schon den 20. Februar 1835 seine Entlassung. Er fiel am 28. Juli 1835 an des Königs

Seite auf dem Boulevard du Temple als ein Opfer der Höllenmaschine Fieschi's. Denkmale wurden ihm in seiner Vaterstadt und zu Lille errichtet. Sein Sohn, Napoléon, Herzog von Treviso, geboren am 7. August 1804, wurde 1845 zum Pair erhoben.

Mortifikation (v. Lat.), Tödtung, Todtschlag; in der Medicin das Absterben organischer Theile, Verschwinden jeder Lebensspur in denselben, so daß sie in Fäulniß übergehen (s. Brand); in der kirchlichen Sprache Ertödtung der sinnlichen Begierden durch Kasteien, Fasten, Geißeln u. sonstige freiwillig übernommene Entbehrungen u. Qualen; in der Gerichtssprache Ungültigkeitserklärung in Betreff eines Schuldscheins oder einer sonstigen Urkunde, daher Mortifikationsschein (Tilgungsschein), ein Schein, wodurch eine Forderung, eine Obligation, ein Wechsel 2c. für ungültig erklärt wird.

Mortimer, Roger, Graf von, Mitmörder des englischen Königs Eduard II., geboren 1284, ward Geliebter der Königin Isabella, unterstützte dieselbe in der Entthronung ihres Gemahls u. beherrschte sodann durch sie das Reich, wurde jedoch auf Befehl des mündig gewordenen Eduard III. am 29. Nov. 1330 hingerichtet.

Mortis causa donatio (lat.), eine Schenkung auf den Todesfall.

Morton, James, Graf von, Regent von Schottland, s. Douglas 13).

Morton, Samuel Georg, namhafter Kraniolog, geboren den 26. Jan. 1779, wirkte als Professor der Anatomie und Physiologie am Medical College zu Philadelphia und ward durch seine kraniologischen Untersuchungen und durch die Werke „Crania Americana“ (Philad. 1840) und „Crania Aegyptiaca“ der Stifter der sogenannten amerikanischen ethnologischen Schule; † den 15. Mai 1851.

Mortuarium (lat.), s. Todte Hand.

Morumbidgee (Murrumbidschi), Fluß im östlichen Australien, Neusüdwales, entspringt am Ostabhange des Warragong, fließt erst nördlich durch die Ebene Monaru, dann westlich, nimmt den Lachlan auf u. fällt in den Murray. Seine Stromlänge wird auf 160 Meilen geschätzt.

Morungen, Stadt, s. v. a. Mohrungen.

Morus, Pflanzengattung, s. Maulbeerbaum.

Morus, 1) Thomas, eigentlich More, der berühmte Kanzler Heinrichs VIII. von England, geboren als der Sohn eines Richters an der Kingsbench 1480 zu London, war längere Zeit Page des Kardinals Morton, Bischofs von Canterbury, studirte zu Oxford, ward in London Sachwalter und Untersheriff, später aber von König Heinrich VIII. zum Mitglied des geheimen Raths ernannt u. mit verschiedenen diplomatischen Missionen in Frankreich u. in den Niederlanden betraut. Er empfing sogar das Reichssiegel, das zuvor nie einem Weltlichen anvertraut war. Seine Erhebung zum Großkanzler an Wolsey's Stelle war der Lohn für seinen Abschluß des Friedens von Cambray (1529). Der Reformation trat M. entschieden entgegen, weniger aus religiösen als politischen Gründen. Als Heinrich VIII. nach seiner Lossagung vom Papste durch Thomas Cranmer seine Reformationsideen zu verwirklichen strebte, legte M. seine Aemter nieder u. zog sich nach Chelsea zurück. Da er 1534 das Successionsstatut beschwören sollte, aber des Königs Scheidung von Katharina nicht als rechtmäßig anerkennen wollte, wurde er in den Tower gesetzt, wo man 13 Monate lang vergeblich durch harte Behandlung seine Festigkeit zu brechen suchte. Um ihn völlig zu verderben, ließ ihm der König den Suprematseid vorlegen. M. verweigerte ihn und ward hierauf nach einem völlig widerrechtlichen Verfahren im Mai 1535 zum Galgen verurtheilt, welche Strafe der König in den Tod durch das Beil verwandelte. Sein Haupt fiel am 6. Juli 1535. Sein Schicksal diente mehren Dichtern, z. B. Silvio Pellico u. Redwitz, als Stoff dramatischer Darstellung. Die bekannteste von M.' Schriften ist „De optimo statu rei publicae deque nova insula Utopia“ (Löwen 1516; deutsch mit Einleitung von Oetinger, Leipz. 1846), die erste kommunistische Schrift eines Engländers. Seine sämmtlichen Werke wurden zuerst in 2 Bänden herausgegeben, von denen der erste (London 1559) die englischen, der andere (Löwen 1566) die lateinischen Werke enthält. Sein Leben beschrieben Rudhart (Nürnb. 1829, 2. Aufl. 1855) u. Mackintosh (Lond. 1830).

2) Samuel Friedrich Nathanael, namhafter Theolog, geboren zu Lauban in der Oberlausitz am 30. Nov. 1736, studirte zu Leipzig, habilitirte sich hier 1760 als Privatdocent u. erhielt 1768 eine außerordentliche Professur der Philosophie, 1771 die ordentliche Professur der griechischen u. lateinischen Sprache, 1782 eine Professur der Theologie. Er † am 11. Nov. 1792. M. hat sich u. A. durch Ausgaben des Isocrates, Xenophon, Plutarch, Antonin, Longin u. Julius Cäsar, ferner durch die „Epitome theologiae christianae“ (2. Aufl., das. 1790; deutsch von Schneider, 1795) u. die Sammlung seiner „Dissertationes theologicae et philologicae“ (2. Aufl., das. 1798, 2 Bde.; deutsch von Reichel, das. 1793—94) bekannt gemacht. Aus seinem Nachlasse wurden seine „Vorlesungen über die christliche Moral“ (Lpz. 1794—95, 2 Bde.), seine „Hermeneutica“ (das. 1797—1802, 2 Bde.) u. mehre exegetische Werke u. Predigten herausgegeben.

Morveau, Louis Bernard Guyton de, s. Guyton de Morveau.

Mos (lat.), Sitte im moralischen Sinne; Gewohnheit, Herkommen, Mode.

Mosaik (Musivische Arbeit, ital. opere musaico, franz. oeuvre mosaique) wird zur Malerei gerechnet (daher auch Mosaikmalerei), obgleich sie mit der eigentlichen Malerei nur durch die allgemeine künstlerische Wirkung Aehnlichkeit hat. Die M. reproducirt die Malerei, indem sie die in der letzteren kontinuirlich verschmolzenen Farben durch Zusammenfügung von natürlich farbigen oder künstlich gefärbten Steinen, Glasstiften und Holzklötzchen nachzuahmen sucht. Je kleiner die einzelnen Farbenstifte sind, desto malerischer wird die Wirkung sein, weil sie sich weniger von der Kontinuität der Farbennüancen entfernt. Neben dieser Reproduktion von Gemälden nennt man auch die bloß in ornamentalen Mustern zusammengefügten Täfelchen von verschiedenfarbigen Hölzern, womit Tischplatten und Möbeltheile geschmückt werden, M. (Marqueterie), jedoch im uneigentlichen Sinne. Die Geschichte der M. geht bis ins Alterthum zurück. Wahrscheinlich stammt sie aus dem Orient, von wo aus sie den Griechen bekannt wurde. Vor Alexanders des Großen Zeit benutzte man sie nur zur Verzierung der Fußböden, namentlich in den inneren Tempelhallen, sodann auch in den Vorhöfen, Säulengängen und Prunkgemächern. Die Griechen nannten solche Fußböden „Lithostrata“. Nach Alexanders des Großen Zeit wurden auch Wände mit M. belegt und damit — als Ersatz der Freskomalerei — die M. zur Darstellung von scenischen Kompositionen benutzt. Sosus aus Pergamus wird als der Erste genannt, welcher den Versuch mit Mosaikmalerei machte. Zu Sulla's Zeiten war die M. den Römern schon bekannt geworden und erhielt hier eine luxuriöse Ausbildung. Die Pavimenta tesselata oder lithostrata durften in keinem anständigen Hause fehlen. In den Villen der Reichen u. in den städtischen Wohnhäusern der Vornehmen wurden nicht nur alle Fußböden mit M.en (opus tesselatum oder quadratarium, weil meist würfelförmige Steine dazu genommen wurden) belegt, sondern auch ganze Wände mit Mosaikgemälden geschmückt. Unter den in den verschütteten Städten Herculanum und Pompeji ausgegrabenen Häusern gibt es kaum eins, welches nicht M.en enthielte. Diese Fußbodenmosaiken bestehen meistens aus weißem Grunde, der durch weiße Marmorwürfel gebildet ist, u. dazwischen sind Verzierungen, symmetrische Streifen und architektonische Figuren von schwarzem oder röthlichem Marmor eingelassen. Zu den bekanntesten und schönsten M.en dieser Art gehören die sogenannte „Taubenmosaik“ der Villa Hadrians und der „Alexanderzug“ zu Präneste, die „Alexanderschlacht“ in der Casa del Fauno zu Pompeji, das „Medusenhaupt“ im Palazzo d'Otricoli zu Rom u. a. m. Die „Taubenmosaik“, welche in der Villa Hadrians bei Tivoli gefunden wurde und sich jetzt im kapitolinischen Museum befindet, ist schon von Plinius als bemerkenswerthes Werk beschrieben worden und stellt eine große Schale dar, auf deren Rande mehre Tauben sitzen. Die sogenannte „Alexanderschlacht“ wurde bei der Ausgrabung Pompeji's 1831 gefunden. Dieselbe stellt eine Schlacht zwischen Griechen (oder Römern) und Barbaren (Celten) dar, deren Komposition von großer Kühnheit und voll tumultuarischen Lebens ist, ganz abweichend von dem gemessenen Styl der hellenischen Blüthezeit, also jedenfalls der alexandrinischen Zeit angehörig. Aus den angeführten Beispielen erkennt man schon die Motive, welche meist bei der M. dargestellt wurden: es waren Kämpfe, mythologische Scenen, Genrestücke, bacchische Festzüge, Jagden, Thierkämpfe, auch einzelne Figuren, wie Centauren, Faune, Nymphen und Flußgötter. In der ersten Zeit der römischen Kaiser verwandte man große Sorgfalt auf die M.en, so daß, wie z. B. in der „Taubenmosaik“, deren Stifte nicht viel größer als ein Stecknadelknopf sind, obschon sie sämmtlich aus natürlich farbigen Steinen bestehen. Uebrigens beschränkten die Römer ihre Mosaikarbeiten nicht bloß auf Rom und Italien, sondern brachten sie auch nach allen Ländern, in die sie erobernd einzogen, nach Afrika, Spanien, Deutschland, Siebenbürgen ꝛc. So wurde 1799 im alten Italica in Spanien eine M. entdeckt, welche einen großen prachtvollen Fußboden darstellte. Von bedeutenden altrömischen M.en sind noch namhaft zu machen die in der Villa Borghese, im Lateran, im Palast des Marchese Massimo d'Azeglio u. anderen Orten, welche meist Gladiatoren- und Thierkämpfe darstellen. Diese Art von Gemäldemosaik bezeichneten die Römer, im Unterschiede von dem Opus tesselatum, mit dem besonderen Namen Opus museum (musivum), welcher später für die ganze Technik beibehalten wurde, so daß auch die Fußbodenmosaik darunter verstanden wurde. In der späteren Kaiserzeit kam die M. allmählig außer Mode, wahrscheinlich weil sie zu gewöhnlich geworden war. In Folge dessen verwandte man denn auch immer weniger Sorgfalt auf sie, bis sie roh u. ungeschlacht wurde. Eine besondere Ausbildung erfuhr die M. durch das Christenthum, schon im Anfang des Mittelalters. dieser Theil der Geschichte der M. kann als die zweite Periode derselben betrachtet werden, welche vom 5. — 12. Jahrhundert reicht, da sie später, verdrängt durch die Freskomalerei, nur noch in einzelnen Fällen zur Anwendung kam. Den ersten Anstoß zur Ausschmückung der Chornischen, Kuppeln und Seitenwände, auch der Façaden in den Kirchen gab das byzantinische Kaiserthum. Man brauchte meist farbige Glasstifte dazu und für die Gründe, auf denen sich die farbigen Figuren abhoben, wie auch bei der eigentlichen byzantinischen Malerei, einen Goldgrund, der ebenfalls mit durchsichtigem Glasfluß überzogen war, so daß diese Art der Malerei ebenso glänzend wie dauerhaft in der Wirkung war. In diesen musivischen Malereien lehnte sich die altchristliche Kunst noch in sehr entschiedener Weise an den antiken Styl an. In der Halbkuppel der Altarnische wurde meist der thronende Erlöser, als Richter der Welt, dargestellt; an der Mauer, die den Bogen der Nische umgab, führte man meist Symbole und apokalyptische Scenen aus, namentlich kommen die 24 Aeltesten der Offenbarung, die Propheten und die Apostel häufig vor. Zu den frühesten Werken dieser Art gehören die aus der Zeit Konstantins stammenden M.en an den Gewölben des Mausoleums der Constantia bei Rom; sie enthalten zwar bacchische Embleme, jedoch in der Weise der christlichen Symbolik, da der Weinstock auf Christus, als den Herrn im Weinberge, deutet. Bedeutender sind die M.en des Baptisteriums beim Dom zu Ravenna, aus dem Anfang des 5. Jahrhunderts, welche in der Kuppel die 12 Apostel, im Mittelbild die Taufe Christi darstellen. Ferner sind zu erwähnen die M.en in der Grabkapelle der Galla Placidia zu Ravenna, in der Kirche Sta. Maria Maggiore zu Rom mit Scenen aus der alttestamentlichen Geschichte, an dem Triumphbogen der Paulskirche bei Rom mit apokalyptischen Darstellungen, die M.en in der Tribüne von S. Cosmo e Damiano, welche Christus zwischen fünf Heiligen schwebend in majestätischer Würde darstellen (526). Etwas späterer Zeit gehören die für die Ausbildung des altchristlichen Styls sehr wichtigen M.en in den Kirchen von Ravenna an, namentlich in den Baptisterien der Kirche Sta. Maria in Cosmedin, in S. Apollinare nuovo und im Thore von San Vitale (um 550). Aehnlichen Styls sind die M.en, welche unter Justinian in den Kirchen von Konstantinopel ausgeführt wurden; auch an den Wänden des Hauptsaals in seinem Palaste ließ er M.en anbringen, welche die siegreichen Thaten seiner Regierung veranschaulichten. Alle diese M.en zeigen noch Anklänge an die Antike, bis im 7. Jahrhundert der eigentliche byzantinische Styl, namentlich in Italien, in Aufnahme kam, welcher in seiner starren Leblosigkeit und konventionellen Inhaltsleere für die Schöpfungen der Kunst überhaupt stereotyp wurde. So die M.en in der Altartribüne von S. Agnese in Rom (630), in den Baptisterien des Lateran und in S. Pietro in vincoli. Noch mehr zeigt sich der Verfall in den M.en des 9. Jahrhunderts, z. B. in den Kirchen von S. Cecilia und S. Maria della navicella zu Rom. Selbst die äußere Arbeit ist schon sehr roh, die Gestalten sind mit breiten dunkeln Strichen umrahmt, dagegen die Flächen der Figuren eintönig und ohne Schattenangabe. Sonst kommt das M. in dieser Periode nur selten vor. Die longobardische Königin Theodolinde soll in ihrem Palaste zu Monza Scenen aus der longobardischen Geschichte haben „malen" lassen, worunter wohl M.en gemeint sind. Die Kuppel der Münsterkirche in Aachen war mit wirklichen M.en bedeckt. Die dritte Periode der M.en fällt mit der Erhebung der italienischen Malerei in der romanischen Kunstepoche zusammen. Der Einfluß der höheren Kunstbildung ist hier unverkennbar. Der trockene byzantinische Styl macht einer tieferen, inhaltsvollen Auffassung Platz. Der erste Fortschritt auf dem Gebiet der M. zeigt sich in den Arbeiten der Tribüne von Santa Maria in Trastevere zu Rom (1140), denen sich die M.en von S. Clemente und S. Francesca Romana anschlossen. In dieser Zeit hatte sich eine förmliche Schule griechischer Mosaisten gebildet, von denen die M.en des Doms zu Salerno (1080) und in den normannischen Basiliken Siciliens, namentlich in der Kirche S. Maria dell' Ammiraglio und in der Schloßkapelle zu Palermo (1140), sowie in der Kathedrale von Cephalu und von Monreale (1174) herstammen, während die am Ende des 10. Jahrhunderts begonnene Mosaicirung der Marcuskirche in Venedig noch das treue Bild des gänzlich abgestorbenen byzantinischen Styls darbietet. Von späteren, dem 13. Jahrhundert angehörigen M., welche den byzantinischen Styl verlassen haben und einen reineren romanischen Charakter zeigen, sind anzuführen die Arbeiten in der Kapelle S. Zeno und des rechten Querarms in S. Marco in Venedig, das große M. des Doms von Torcello bei Venedig, welches die Auferstehung und das Weltgericht darstellt, ferner die M.en in dem Kuppelgewölbe von S. Giovanni zu Florenz, ausgeführt von dem Mönch Jacobus (1225), von Andrea Tafi und dem Griechen Apollonius. Ein anderer Mosaist, Solsereus, hat seinen Namen und die Jahreszahl 1207 auf dem M. verewigt, welches die Vorderseite des Doms zu Spoleto schmückt. Am vollkommensten spricht sich der abendländisch-romanische Styl in den M.en aus, welche die Gewölbe und Lünetten des um die Marcuskirche zu Venedig laufenden Umgangs mit Darstellungen aus dem Alten Testament schmücken. Endlich sind noch aus dem Ende des 13. und Anfang des 14. Jahrhunderts verschiedene große Mosaikarbeiten zu erwähnen, welche im Styl der florentiner Schule des Cimabue ausgeführt sind. Dahin gehören eine „Krönung der Maria" im Dom zu Florenz und eine „Himmelfahrt der Maria" im Dom von Pisa, gearbeitet von dem Florentiner Gaddo Gaddi († 1312), das Tribünenmosaik in der Kirche S. Miniato zu Florenz, in S. Giovanni in Laterano und S. Maria Maggiore zu Rom, von Jacobus Turriti, Jac. de Camerino und Rusuti (1300), das M. einer Seitennische in S. Restituta zu Neapel und einige Grabmäler in S. Maria sopra Minerva zu Rom. Inzwischen hatte die Freskomalerei allmählig einen solchen Aufschwung und solche Verbreitung genommen, daß dadurch die Mosaikmalerei mehr und mehr in den Hintergrund trat und endlich gegen das 15. Jahrhundert von der eigentlichen Kunstdarstellung im größeren Styl sich fast gänzlich zurückzog. Ausnahmsweise kam sie wohl noch in Anwendung, z. B. in der inneren Kuppel der Peterskirche, welche durch Papst Klemens VIII. gegen Anfang des 17. Jahrhunderts von Zucchi und Rosetti mit M.en geschmückt wurde. Auch diente sie zuweilen zur Kopirung von Originalgemälden alter Meister, wie noch in neuerer Zeit das „Abendmahl Leonardo da Vinci's" auf Veranlassung Napoleons I. in der Größe des Originals in M. nachgebildet wurde. Im 18. Jahrhundert entstand sogar in Rom eine neue Schule Mosaisten, welche Pietro Paulo Christophoros gründete, die bis auf die neueste Zeit in sofern wirksam gewesen, als sie den modernen römischen M.en, im Gegensatz zu der mehr industriellen Fabrikmosaik der Florentiner, einen mehr künstlerischen Charakter bewahrt hat. Seit Gründung dieser römischen Mosaistenschule kann man die vierte Periode der Mosaikmalerei rechnen, welche einen der früheren Periode ganz unähnlichen Charakter angenommen hat. Beide, die heutige römische u. die florentinische M., beschäftigen sich, außer (in Rom) mit Nachbildung älterer Meisterwerke, nur noch mit kleineren Arbeiten, und zwar die römische mit musivischen Verzierungen von Schmuckgegenständen, wie Brochen, Halsbändern ꝛc., die florentinische mit Herstellung musivischer Tischplatten, Thürpfosten, Kaminen, Vasen u. dergl., welche mit Vögeln, Architekturansichten, Blumen u. freieren Ornamenten verziert werden. Das technische Verfahren ist ebenfalls bei Beiden wesentlich verschieden. In Rom ist seit längerer Zeit eine officielle Fabrik im Vatikan errichtet, aus welcher namentlich für Kirchen zahlreiche Werke hervorgehen. Das Verfahren bei der Kopie von Originalgemälden besteht darin, daß eine Kupferplatte in der Größe des Originals mit einem Rande versehen und dann etwa $^1/_4$—$^1/_2$ Zoll mit dickem Cämentbrei, bestehend aus Travertinpulver, Kalk u. Firniß, bedeckt wird, welcher, nachdem er darin fast erhärtet, noch mit Gyps bestrichen und geebnet wird. In diesen Gypsüberzug werden nun erst die Umrisse aufgezeichnet und eingravirt, sodann das Mosaikglas (smalto) in kleineren Stücken und entsprechender Farbe eingesetzt. Diese bestehen in kleinen Würfeln, welche scharfkantig geschliffen und aneinandergefügt werden. Ist das ganze Bild so zusammengesetzt, so wird die Oberfläche geschliffen und polirt. Die römische Fabrik besitzt eine Auswahl von vielen tausend Farbennüancen in Glasfluß. Bei der florentiner M. werden nur Stein, Marmor, Achat, Jaspis und andere Halbedelsteine gebraucht, welche in dünnen Plättchen auf Schiefer geklebt werden. In der neueren Zeit hat man künstliche Marmorwürfel angewandt, die aus Cämentguß bestehen und durchweg gefärbt sind. Dieselben werden hauptsächlich zu Fußbodenverzierungen gebraucht. Auch glasirter Thon kommt hierbei vielfach in Anwendung, namentlich in England. Was die Holzmosaik (Marqueterie) betrifft, so war sie ebenfalls schon im

Alterthum bekannt u. wurde auch in den ersten christlichen Jahrhunderten, sowie später vielfach angewendet. Besonders in italienischen Kirchen findet man Holzmosaiken aus dem Mittelalter und späterer Zeit. Zu den schönsten Arbeiten dieser Art gehören die Holzmosaiken des Benedetto da Masano und Giovanni da Verona (1500), eines Schülers Brunelleschi's. Auch aus dem 17. Jahrhundert gibt es schöne Holzmosaiken, z. B. die für den Prinzen Karl von Lothringen zu Neuwied ausgeführten Holztapeten, welche den „Raub der Sabinerinnen" darstellen. Außerdem wird die Holzmosaik auch mit Inkrustationen, Elfenbein, Metall ꝛc. verbunden. Alle diese verschiedenen Techniker gehören jedoch nur im uneigentlichen Sinne zur M. Vergl. Ciampini, Vetera monumenta, in quibus praecipua musiva opera illustrantur" (Rom 1690—99, 2 Bde.); Furcetti, De musivis (das. 1752); Gurlitt, Ueber Mosaikmalerei (Magdeburg 1798) u. A.

Mosaikdruck, s. Senefelder.

Mosaisches Gold, eine messingähnliche Legirung von angeblich 100 Theilen Kupfer und 52 bis 55 Theilen Zink; mitunter auch s. v. a. Musivgold (s. d.).

Mosaisk (Moshaisk, Mojaisk), Kreishauptstadt im europäisch-russischen Gouvernement Moskau, an der Mündung der Mosaiska (Moshaiska) in die Moskwa, hat eine neue u. eine alte Kathedrale, 8 andere Kirchen, eine Kreisschule, lebhaften Handel mit Getreide u. Holzwaaren, einen neuntägigen Jahrmarkt u. 4500 Einw. Hier fand am 7. Sept. 1812 die große Schlacht zwischen den Franzosen unter Napoleon I. u. den Russen unter Kutusow Statt, welche von den Franzosen die Schlacht an der Moskwa, von den Russen dagegen gewöhnlich nach einem nahe gelegenen Dorfe die Schlacht von Borodino (s. Borodino) genannt wird.

Mosaismus, der Inbegriff aller der Ideen und Wahrheiten, Einrichtungen u. Gewohnheiten, Sitten u. Gesetze, die sich auf der Grundlage der religiös-politischen Gestaltung entwickelten, welche das israelitische Volk durch Moses erhielt; s. Hebräer.

Mosander, Carl Gustaf, einer der tüchtigsten schwedischen Chemiker, geboren den 10. Sept. 1797 zu Kalmar, wurde 1829, nachdem er Medicin studirt hatte, Adjunkt u. bald darauf Professor am karolinschen Institut zu Stockholm, 1830 Amanuensis beim mineralogischen Museum der Akademie der Wissenschaften, später Mitglied dieser Akademie, Direktor des Mineralienkabinets derselben, Ritter mehrer Orden ꝛc; † 1858 zu Stockholm. Er hat viele wichtige Entdeckungen in der Chemie gemacht, besonders in der unorganischen, auch mehre chemische Elemente gefunden, z. B. Lanthan, Didym, Terbin- u. Erbinerde u. a., auch viele Schriften u. Abhandlungen herausgegeben, besonders in der Zeitschrift der Akademie der Wissenschaften (Wetenskaps Akademiens Handlingar), unter andern in den späteren Jahren alljährliche Berichte über den Zustand der Chemie.

Mosbach, 1) Amtsstadt im badischen Unterrheinkreis, im Odenwald am Elzbach und an der Eisenbahn von Heidelberg nach Würzburg, hat ein Bezirksamt, ein Amtsgericht, altes Schloß, reiches städtisches Archiv, eine höhere Bürgerschule, Gewerbschule, Fayencefabrikation, Eisenhammer, Bierbrauerei, Weinbau u. 2666 Einw. — 2) Marktflecken im nassauischen Amte Wiesbaden, am Rhein und an der Taunusbahn (Linie Kastel-Wiesbaden), von welcher hier eine Zweigbahn nach Biebrich abgeht, hat ein evangelisches Dekanat u. bildet mit Biebrich eine Gemeinde von 4760 Einw.

Moscati, Pietro, berühmter italienischer Staatsmann, geboren zu Mailand 1736, suchte als Arzt in seiner Vaterstadt die Ideen Rousseau's, vorzüglich dessen Ansicht vom Naturzustande, in einer eigenen Schrift (Delle corpere differenze essenziali etc., Mail. 1760 u. 1671; deutsch, Gött. 1771) mit allen Gründen der Anatomie und Physik zu erhärten. Als eifriger Patriot hatte er beim Ausbruch der Revolution viele Verfolgungen zu erdulden, wurde jedoch 1798 einer der Direktoren und bald darauf Präsident der cisalpinischen Republik. Beim Einrücken der Russen u. Oesterreicher in die Lombardei 1799 ward er verhaftet, aber bald wieder freigegeben u. nach der Schlacht bei Marengo zu der Consulta in Lyon berufen, welche im Januar 1802 die cisalpinische Republik in die italienische umgestaltete. Auch war er Mitglied der Staatsconsulta, die im März 1805 zu Paris dem Kaiser Napoleon I. die italienische Königskrone anbot. Hierauf wurde er Generaldirektor des öffentlichen Unterrichts, Senator des Königreichs Italien, Mitglied des italienischen Instituts u. Präsident der italienischen Akademie und Graf. Seit 1814 lebte er zurückgezogen in Mailand, wo er am 19. Jan. 1824 †. Seine hohe Stellung und seinen Reichthum benutzte er hauptsächlich zur Förderung von Wissenschaften und Künsten.

Moscharia *Ruiz et Pav.* (Bisamkraut), Pflanzengattung aus der Familie der Kompositen, charakterisirt durch den aus 5—6 eirunden, gleichen Blättchen bestehenden Kelch, den mit Spreublättchen besetzten Fruchtboden, die 2lippige Korolle u. den nach Bisam duftenden Samen, mit der einzigen Art M. pinnatifida *R. et P.*, Sommergewächs in Chile, mit zierlichen weißen oder blaßrothen Blüthen, das seines Bisamduftes wegen häufig in den Gärten gezogen wird.

Moschata (lat.), Bisam enthaltende Mischungen.

Moschatae nuces (lat.), Muskatnüsse.

Moschee (durch Vermittelung des ital. moschea vom arab. medschid, d. i. Anbetungsort), Benennung der mohammedanischen Bethäuser, besonders der kleineren, welche zuweilen nur von Holz aufgeführt sind, auch nicht mehr als Einen Thurm haben und zur Abhaltung des gewöhnlichen Gottesdienstes an den Wochentagen bestimmt sind. Die größeren M.n, in denen der Feiertagsgottesdienst abgehalten und in der Türkei die öffentliche Fürbitte für den Sultan gethan wird, heißen Dschamis oder Kullijjets. Diese haben zwei und mehre sehr schlanke, oft achteckige, etagenweise übereinander emporsteigende u. gewöhnlich mit einem Balkon versehene Thürme (Minarets), mit halben Monden auf der Spitze, von denen herab ein gewöhnlich blinder Ausrufer das Volk täglich fünfmal zum Gebet ruft. Bei hohen Festen u. öffentlichen Feierlichkeiten werden die Minarets mit Lampen erleuchtet (daher der Name Minaret, welcher Leuchtthurm bedeutet). Die M.n sind gewöhnlich im Viereck erbaut, haben meist bleierne Dächer u. sind oft mit großen Reichthürmern ausgestattet. Nach außen sind sie mit einer Mauer umgeben, deren Eingänge mit Ketten verwahrt u. so niedrig sind, daß man nur gebückt hineingehen kann. Die Wände im Innern sind weiß angestrichen, nur manchmal mit Arabesken u. Sprüchen aus dem Koran geschmückt. Bilder fehlen ganz. Der Boden ist mit Teppichen belegt u. ohne Tische u. Bänke. Im Südosten des Raums ist eine Art von Kanzel für den Imam angebracht, und nach der Gegend hin, wo Mekka liegt, befindet sich ein verzierter Schrank, die **Kebla** od. **Kiblah**, in dem ein oder mehre Korane liegen, zum Zeichen, daß man dahin während des Gebets blicken soll. Vor den M.n sind gewöhnlich Vorhöfe. Mit größeren M.n sind in der Regel öffentliche Schulen (Medresses), Hospitäler (Imarets) oder Küchen für die Armen verbunden. Als Einkünfte sind den M.n besondere liegende Gründe zugewiesen. Eigentlich dürfen die M.n nur von den Bekennern des Islam betreten werden; doch ist man in der Türkei u. den von ihr abhängigen Ländern, sowie in Ostindien in dieser Beziehung jetzt weniger streng. Die an den M.n angestellten Beamten sind: der Kadi, der Khatib (Vorbeter), der Naib (dessen Stellvertreter), der Ferrasch (Auskehrer, Tapetenausbreiter), der Ghassal (Todtenwäscher), die Kaim (Küster), worunter die Kandildschi (Lampenanzünder) und zwei Boten.

Moscheles, Ignaz, berühmter Komponist und Pianofortevirtuos, geboren am 30. Mai 1794 zu Prag als Sohn eines israelitischen Kaufmanns, bildete sich seit 1804 unter der Leitung Friedrich Dionys Webers, Direktors des prager Konservatoriums, u. seit 1808 in Wien, wo er Albrechtsberger zum Lehrer im doppelten Kontrapunkt u. Fugensatz u. Salieri zum Leiter seiner Studien hatte. Zugleich entfaltete sich seine Virtuosität in einer Weise, die den Jüngling bald zu einem Liebling des wiener Publikums machte. Nach mehren kleineren Kunstreisen unternahm er 1820 eine Reise durch Holland, Frankreich u. England u. erregte überall durch seinen feurigen Vortrag, seine effektreichen Kompositionen u. sein glänzendes Talent, frei zu phantasiren, Bewunderung. Zwar kehrte er 1823 ins Vaterland zurück, ließ sich aber schon 1825 in London nieder, wo er als Professor an der Akademie der Musik u. als Mitdirektor der philharmonischen Koncerte eine rühmliche Thätigkeit entfaltete u. neben den Sympathien für die ausgezeichnetsten Musiker Englands auch ganz besonders die für seine deutschen Kunstgenossen, u. A. Beethoven, Weber, Mendelssohn, Hummel, die alle öfters persönlich mit ihm zu Koncerten vereinigt waren, anregte und förderte. Auch durch neu redigirte Ausgaben der klassischen deutschen Meisterwerke that er viel für deren Einführung in England. Im Jahre 1844 folgte er einem Ruf an das von Mendelssohn gegründete Konservatorium zu Leipzig, dem er seit des Stifters Tode (1847) vorsteht u. das namentlich ihm seinen großen Ruf zu danken hat. In seinem Pianofortespiel zeichnete sich M. durch eine so vollkommene Beherrschung der Technik aus, daß es ihm leicht ward, seine geistigen Intentionen im vollkommensten Ausdruck wiederzugeben. Unter den 8 von ihm komponirten Klavierkoncerten hat sich das dritte (G moll) die meiste Popularität erworben. Die späteren, die, was Erfindung u. musikalischen Schwung anlangt, nach immer höheren Aufgaben strebten, sind weniger verstanden u. verbreitet, vielleicht weil sie M., seit mehren Jahren sich mehr u. mehr zurückziehend, weniger öffentlich vorgeführt hat. Daß er sich jede auch von der Neuzeit dargebotene Bereicherung an Gedanken angeeignet hat, bekunden seine neuesten Kompositionen. Noch ist seine große Klavierschule „Méthode des méthodes" (Berlin 1841) zu erwähnen, die er gemeinschaftlich mit Fétis herausgab.

Moschelhorn, Felsenkamm in den rhätischen Alpen, zur Adulagruppe gehörig, 9910 F. hoch.

Moscherosch, Hans Michael, deutscher Satiriker, stammte von einem Spanier, de Musenrosh, ab, der sich unter Karl V. in Deutschland niedergelassen hatte, und wurde am 5. März 1601 zu Wilstädt bei Straßburg geboren. Er studirte in Straßburg die Rechte, wurde 1626 Amtmann, zuerst in Krichingen, dann, durch den Krieg vertrieben, in Vistingen. Hier durch Plünderung seiner Habe beraubt und zur Flucht gezwungen, ging er nach Straßburg, von dort als schwedischer Kriegsrath nach der altsächsischen Festung Bennfelden. Später bekleidete er lange das Amt eines Fiskals in Straßburg, bis er 1656 in den Dienst des Grafen Friedrich Kasimir von Hanau berufen und in demselben bald bis zum Kanzlei- und Kammerpräsidenten befördert wurde. Intriguen bewogen ihn zur Niederlegung seines Amtes. Er diente dann als Geheimerath dem Kurfürsten von Mainz, später zugleich der Landgräfin von Hessen (die ihn 1661 nach Kassel zog) und noch zwei anderen fürstlichen Herren. Eben im Begriff, aus dem Geschäftsleben in den Ruhestand zu treten, † er am 4. April 1669 auf einer Reise in Worms. M. gehört zu den ausgezeichnetsten Schriftstellern des 17. Jahrhunderts. Sein Hauptwerk sind die unter dem Pseudonym Philander von Sittewald (Umstellung des Namens seines Heimatortes) herausgegebenen „Wunderlichen und wahrhaftigen Gesichte, das ist Strafschriften". Die formelle Anlage dieser Arbeit ist den „Sueños y Discursos" des Spaniers Quevedo (erschienen 1628) nachgebildet, Tendenz und Geist derselben, vorzüglich der 7 letzten unter den 14 Gesichten, sind M.' Eigenthum. In der Form von Berichten über Visionen, die ihm geworden, gibt M. darin bitter-satirische Darstellungen und Verhöhnungen der Unsitten seiner Zeit, der deutschen Nachäffung ausländischer Moden in Tracht und Sprache, der ärztlichen Charlatanerie, der verliebten Liederlichkeit, der Verwilderung des Soldatenlebens ꝛc. Als eigentliche Satiren betrachtet, sind die Gesichte weit weniger bedeutend wie als Zeitschilderungen. In dieser Eigenschaft verdienen sie höchste Werthschätzung um ihrer freilich oft entsetzlichen Naturwahrheit willen. M.' Darstellung ist schwerfällig, oft langweilig, mit Citaten bis zum Widerwärtigen (wenn auch mit satirischer Absichtlichkeit) verquickt, aber sie athmet einen gesunden patriotischen Zorn, ein aufrichtiges Empörtsein über das Schlechte, eine unverfälschte Wahrheitsliebe. Die zuerst einzeln herausgegebenen Gesichte wurden 1645 (in Straßburg) mit M.' Bewilligung gesammelt herausgegeben, dann erschienen verschiedene, zum Theil mit fremden Zusätzen und Stücken erweiterte Nachdrücke, so daß M. sich veranlaßt sah, selbst eine authentische Ausgabe zu veranstalten (Straßb. 1643, 2. Bde.; neue Ausgaben das. 1650, 1666—67, 1677). Dittmar gab etwas modernisirt die 4 ersten Gesichte heraus (Berlin 1830); die Einleitung dazu handelt von M.' Leben u. Schriften. Unter den letzteren wird die überaus selten gewordene „Insomnis cura parentum, Christliches Vermächtnis od. schuldige Vorsorg eines treuen Vaters" (Straßburg 1643) gerühmt. Sein Bruder Quirinus M., unter dem Namen Philander Mitglied des Pegnitzordens, gab u. A. ein „Poetisches Blumenparadies" (Nürnb. 1673) heraus.

Moschin, Stadt in der preußischen Provinz und im Regierungsbezirk Posen, Kreis Schrimm, liegt am Obrakanal, hat eine katholische Kirche, eine Synagoge, Terpentinfabrikation, Leinweberei, Töpferei und 1400 Einw.

Moschosma *Reichenb.* (Moschuspflanze), Pflanzengattung aus der Familie der Labiaten, charakterisirt durch den 2lippigen Kelch mit ganzer Ober- und 4spaltiger Unterlippe, die kurzröhrige Korolle mit kurz-4spaltiger Ober- und ganzer Unterlippe u. ungezahnten Staubfäden, Sommergewächse in Ostindien und Neuholland, mit der bekanntesten Art M. polystachyum *Benth.*, in Ostindien, mit nach Moschus duftenden Blättern, die unter dem Namen Patchouly oder Patchoully in Frankreich als ein sehr aromatisches Mittel angewendet werden.

Moschus, griechischer Idyllendichter aus Syrakus, im 3. Jahrhundert v. Chr., Schüler des Aristarch u. Zeitgenosse des Bion und Ptolemäus Philometor, ahmte dem Theokrit nach. Die von ihm noch vorhandenen Poesien sind mehr episch-mythische u. zum Theil elegische Schilderungen und hymnische Expektorationen als eigentliche Idyllen, die kleineren Gedichte aber epigrammatische Lieder u. poetische Tändeleien. Meist finden sie sich in den Ausgaben des Bion und Theocritus.

Moschus, s. Moschusthier.

Moschusblume, s. v. a. Flockenblume, Centaurea moschata *L.*

Moschusthier (Bisamthier, Bisamziege, Moschus *L.*), Säugethiergattung aus der Ordnung der Wiederkäuer, charakterisirt durch zwei 2—3 Zoll aus dem Munde hervorragende Eckzähne in der obern Kinnlade des Männchens, die vorgestreckte Schnauze, mittelmäßige Ohren, zwei Zehen u. zwei Afterzehen, zwei Zitzen am Euter und den sehr kurzen Schwanz, rehartige, schüchterne Wiederkäuer ohne Geweih und Thränengruben in den gemäßigten Gegenden u. auf den höchsten Gebirgen Asiens und Afrika's. In medicinischer Hinsicht wichtig ist das ächte M. (M. moschiferus *L.*, Bisambock, Bisamreh), mit sehr entwickelten Neben- und Afterklauen, graubraunem, starrhaarigem Fell und einem vom Halse jederseits zwischen die Vorderbeine herablaufenden weißen Streif. Das Vaterland des Thieres sind die Gebirge Hinterasiens, und zwar findet es sich vom Amur an bis zum Hindukusch und von 60° nördl. Br. bis nach Indien und China hinein, am häufigsten auf den tübetanischen Abhängen des Himalaya, in der Umgebung des Baikalsee's und in den Gebirgen der Mongolei, wo es zu Hunderten erlegt werden soll. Es bewohnt am liebsten die schroffen, zertrümmerten Bergwände u. die stumpfen Kegelspitzen von 4000—7000 Fuß Höhe, steigt aber nach oben hin ebenso wenig über die Grenze des Baumwuchses hinan, als es in die vegetationsreichen Thäler herabkommt. Nur zur Brunstzeit leben mehre Individuen gesellig bei einander, die übrige Zeit lebt es einzeln. Seine Bewegungen sind ebenso rasch als sicher; es läuft mit der Schnelligkeit der Antilope, springt mit der Sicherheit des Steinbocks und klettert mit der Kühnheit der Gemse. Auf Schneeflächen eilt es so flüchtig dahin, daß es kaum eine Spur zurückläßt. Verfolgt, schwimmt es auch über Ströme. Seine Sinne sind scharf, seine Geistesfähigkeiten aber gering; es ist zwar sehr scheu, aber nicht klug und berechnend; vom Verfolger überrascht, rennt es planlos umher. Zur Brunstzeit im November und December kämpfen die Männchen wüthend mit einander, wobei sie sich ihrer scharfen Eckzähne als Waffen bedienen. Sie verbreiten um diese Zeit einen außerordentlich starken Moschusgeruch. Das Weibchen wirft im Mai oder Juni 1—2 graubraune, mit blassen, reihenweise gestellten Punkten gezeichnete Junge, welche gegen den Winter hin schon die halbe Größe der Alten erreicht haben. Das ausgewachsene Thier ist $2\frac{1}{2}$ Fuß lang und 2 F. hoch. Im Winter nährt es sich hauptsächlich von Baumflechten, im Sommer von den würzigen Alpenkräutern der höher gelegenen Matten des Gebirgs. Das Männchen hat nämlich am Hinterbauche zwischen dem Nabel und den Genitalien einen sackartigen, rundlichen Beutel von 2—$2\frac{1}{2}$ Zoll Länge, $1\frac{1}{2}$ Zoll Breite und $1\frac{1}{4}$—$1\frac{1}{2}$ Zoll Höhe, welcher auf beiden Seiten, bis auf eine kreisförmige Stelle in der Mitte, mit straff anliegenden Haaren besetzt ist. An der kahlen Stelle liegen 2 kleine Oeffnungen hinter einander, welche durch kurze Röhren in das Innere des Beutels führen. Hier sondern seine Drüsen den Moschus ab, welcher, wenn er sich zu sehr angehäuft hat, durch die vordere Röhre entleert wird. Der Beutel erreicht erst bei dem erwachsenen Thiere seine volle Größe und seinen vollen Gehalt an Moschus. Im Durchschnitt beträgt letzterer 1 Loth, selten bis 2 Loth. Junge Böcke liefern nur $\frac{1}{2}$ Loth. Die Jagd des wegen dieses Beutels sehr werthvollen Thieres ist sehr schwierig; gewöhnlich wendet man Schlingen an, die man auf die Wechsel legt. In Sibirien lockt man es im Winter mit Flechten an. Die Tungusen erlegen es mit dem Bogen und locken es durch Blatten, d. i. Nachahmen des Blökens der Kälber, herbei. Das Fleisch ist für den Europäer ungenießbar; der Moschusbeutel aber wirft reichlichen Gewinn ab. Nach amtlichen Berichten werden in Sibirien jährlich an 50,000 M.e erlegt, darunter etwa 9000 Männchen. Doch haben die sibirischen Moschusbeutel einen weit geringeren Werth als die tübetanischen und chinesischen. In Tübet darf das M. nur mit Erlaubniß der Regierung gejagt werden, welche auf die Beutel das fürstliche Siegel drückt. Man unterscheidet im Handel mehre Sorten Moschus. Der chinesische, tonkinesische, tübetanische Moschus kommt besonders aus Kanton. Die Beutel sind ziemlich kreisrund, auf der Haarseite stark gewölbt, auf der Hautseite flach, 1—$1\frac{3}{4}$ Zoll im Durchmesser, bis $1\frac{1}{2}$ Zoll hoch, 4—10 Drachmen schwer und enthalten 1—6 Drachmen Moschus. Sie sind auf der kahlen Fläche meist mit rothen Chiffern bezeichnet und enthalten noch den Rest der Ruthe. Im Umfange der Haarseite sind die Haare gewöhnlich kurz geschnitten, gelb oder bräunlich, auf der Fläche weicher, biegsamer, an der Spitze röthlichbraun. Der kabardische, russische od. sibirische Moschus stammt von Thieren, die im südlichen Sibirien erlegt werden, und kommt über Petersburg in den

Handel. Die Beutel sind mehr eiförmig, platter, mehr oder weniger geschoren oder ungeschoren, der Inhalt riecht unangenehm harnartig. Der *bucharische* Moschus hat kugelrunde, etwa wallnußgroße, auf beiden Flächen gewölbte, spärlich behaarte Beutel, der *Assammoschus* kleine, mit einem beträchtlichen Theil des Bauchfells versehene und durch die langen Haare fast versteckte Beutel von geringer Güte. Officinell ist nur der chinesische Moschus, alle anderen Handelssorten, sowie der bereits aus den Beuteln herausgenommene Moschus sind für medicinische Zwecke durchaus zu verwerfen. Beim Ankauf des Moschus ist die größte Vorsicht nothwendig, weil derselbe in jeder Beziehung gefälscht wird; man bringt in die ächten Beutel Leder, Blei, Steinchen rc., um sie schwerer zu machen, nimmt den guten Moschus ganz oder theilweise heraus und ersetzt ihn durch eine Mischung von geronnenem Blut mit Erde. Derartig behandelte Beutel zeigen eine Naht, es kommen aber selbst künstliche Beutel vor, die mit der erwähnten Mischung gefüllt sind (*Wampomoschus*). Gute Beutel enthalten 50—60 Proc. Moschus. Dieser bildet im frischen Zustande eine bräunliche schmierige Substanz von bitterlichem Geschmack und eigenthümlichem, sehr lange anhaltendem und höchst durchdringendem Geruch. $^1/_{3000000000}$ Gran Moschus kann bisweilen noch deutlich mit der Nase wahrgenommen werden. $^1/_{3000000}$ Gran verbreitet schon starken Moschusgeruch. In Parfüms verräth sich Moschus stets dadurch, daß sein Geruch unverkennbar zurückbleibt, wenn alle ätherischen Oele verdunstet sind. Der koncentrirte Moschusgeruch ist für viele Menschen unerträglich und verursacht selbst krampfhafte Zufälle. Kräftige Männer verabscheuen ihn, Jünglinge u. gesunde (nicht bleichsüchtige) junge Mädchen lieben ihn in der Regel am meisten. Im Allgemeinen ist der Moschus besonders in nördlichen Gegenden beliebt, während Italiener und Spanier ihn widerwärtig finden. Beim Austrocknen wird der Moschus dunkel, bröckelig u. zuletzt fast geruchlos. Angefeuchtet nimmt er allmählig seinen Geruch wieder an; er verliert denselben auch beim Vermischen mit Mandelsyrup, Schwefel, Goldschwefel, Kampher rc. Beim Erhitzen verbrennt der Moschus unter Verbreitung eines stinkenden empyreumatischen Geruchs und endlich hinterläßt er eine poröse Kohle, die beim Verbrennen 10 Proc. grauweiße Asche liefert. Kaltes Wasser löst $^3/_4$, kochendes $^4/_5$ und Alkohol etwa die Hälfte des Moschus. Die wässerige Lösung trübt sich beim Erhitzen, wird durch Säuren in Flocken gefällt, durch salpetersaures Silberoxyd und essigsaures Bleioxyd, nicht durch Sublimat, und durch Galläpfelabkochung nach längerer Zeit schwach gefällt. Die chemische Untersuchung des Moschus hat bis jetzt keine befriedigenden Resultate geliefert, der Träger des Geruchs scheint nicht in dem Moschus fertig gebildet vorhanden zu sein, sondern sich aus irgend einem anderen Stoff fortwährend neu zu bilden. Man benutzt den Moschus in der Arzneikunde als Erregungsmittel, bei krampfhaften Anfällen, selbst bei Wasserscheu, u. er wirkt höchst energisch, keineswegs aber ist die Annahme gerechtfertigt, daß er nur in der äußersten Gefahr von den Aerzten angewandt werde. In der Parfümerie dient der Moschus zur Bereitung von Tinkturen für Seife, Riechpulver, Essenzen rc., er gibt den flüchtigen Wohlgerüchen mehr Körper und mehr Beständigkeit, und wenn es auch Mode geworden ist, zu sagen, Moschus rieche widerlich, so findet man doch nur die Parfüms angenehm, welche, ohne daß man davon weiß, Moschus enthalten. Ueber die Entstehung des Moschus in dem männlichen Thier weiß man nichts; sicher ist, daß die Substanz durch den Stoffwechsel gebildet und nicht fertig in der Nahrung aufgenommen wird. Letztere dürfte nicht ohne Einfluß auf die Moschusabsonderung sein, wie sie ja auf das Allgemeinbefinden des Thieres jedenfalls einwirkt, allein nichts berechtigt zu der Annahme, daß das männliche Moschusthier sich von anderen Pflanzen ernähre als das Weibchen, welches keinen Moschus absondert.

Der Moschusgeruch findet sich in der Natur bei Thieren und Pflanzen ziemlich verbreitet. Ein sehr widerlicher Moschusduft durchdringt das Fleisch des Moschusochsen in Nordamerika, das Bisamschwein in Südamerika besitzt eine Moschusdrüse auf dem Rücken; zu erwähnen sind ferner die indische Moschusratte, der Desmon oder Wychochol im Südosten Europa's und die canadische Bisam- oder Moschusratte. Die Bisamente (türkische Ente) riecht im Frühjahr aus der Fettdrüse nach Moschus, und das Fleisch des Alligators besitzt denselben Geruch. Der Moschusbock od. Moschuskäfer ist allgemein bekannt, kürzlich wurde aber auch ein Schmetterling (**Saturnia [Faidherbia] Bubiniae** vom Senegal) entdeckt, der nach Moschus duftet. Von niederen Thieren war der Moschuspolyp (**Eledone moschata**, Muscardino der Italiener) schon den Alten bekannt, und von einer Schnecke (**Fasciolaria trapezium**) wurde der Deckel, Bisamnagel, früher zum Räucherwerk benutzt. Von den Pflanzen ist die Sumbucwurzel, die 1845 aus Rußland eingeführt wurde, ein viel benutztes Moschussurrogat geworden. Sehr bekannt ist die kleine gelbblühende **Mimulus moschatus**, als Zierpflanzen dienen ferner das stark riechende **Delphinium glaciale** und das schwächer riechende **D. brunonianum**, beide vom Himalaya, dann **Moschoxylon Swartzii** *Juss.* aus Jamaica und **Moschosma polystachyum** *L.* aus Ostindien. Von unseren einheimischen Gewächsen erinnert wenigstens **Adoxa moschatellina** an Moschus, und auch die gemeine weiße Rübe riecht bisweilen schwach nach demselben. Eine nach Moschus riechende Substanz, *künstlichen Moschus*, erhält man beim Kochen von Bernsteinöl mit koncentrirter Salpetersäure. Griechen u. Römer kannten den Moschus nicht, wohl aber die Chinesen. Später berichteten besonders die Araber über das Moschusthier; Abu Senna beschreibt es recht vollständig, aber er so wenig, als Marco Polo hatten eine richtige Kenntniß von den Moschusbeuteln. Pallas gab die ersten genaueren Nachrichten darüber.

Mosdok, Kreisstadt im russischen Kaukasusgouvernement Stawropol, am Terek, ist stark befestigt, vertheidigt den wichtigen Paß Dariel, hat mehre Kirchen verschiedener Konfessionen, ein Hospital, eine Quarantäneanstalt, Maroquinfabriken, Branntweinbrennerei, Handel und 10,000 Einwohner.

Mosel (lat. **Mosella**, franz. **Moselle**), linker Nebenfluß des Rheins, entspringt auf der südlichen Spitze der Vogesen in 2 Quellenflüssen (der bedeutendere davon am Fuße des Ballon d'Alsace im französischen Departement Oberrhein, 1674 Fuß über dem Meere), die sich bei Remiremont im Departement Vogesen vereinigen. Sie fließt nun, anfangs in nordwestlicher, dann in nördlicher, zuletzt in nordöstlicher Richtung, durch die französischen Departements Vogesen, Meurthe und Mosel, bildet dann eine Strecke die Grenze zwischen Preußen und dem Großherzogthum Luxemburg, tritt bei Wasserbillig ganz ins preußische Gebiet über und durchströmt nun die preußische Rheinprovinz, wo sie bei Koblenz in den Rhein mündet. Die bedeutendsten Städte, welche sie auf diesem Laufe berührt, sind: Epinal, Toul, Pont-à-Mousson, Metz, Thionville und Trier; ihre bedeutenderen Nebenflüsse sind in Frankreich: die Bologne, Meurthe, Seille von rechts, der Madon, Math, Ornes von links; in Preußen die Saar (franz. Sarre) von rechts, die Sure (Sauer), Kill und Elz von links. Ihre vollständige Stromentwickelung beträgt gegen 80 Meilen, die direkte Entfernung von der Quelle bis zur Mündung indeß nur 39 Meilen. Schiffbar wird sie für kleine Fahrzeuge bei Charmes, für größere bei Pont-à-Mousson, für Schiffe von 300 Centnern bei Metz. Sie ist bei Toul über 100, bei Metz über 200 und von Trier ab 400—600 Fuß breit. Anfangs fließt sie zwischen felsigen Höhen in feuchtem Wiesengrunde bis Epinal, wo sie aus den Vogesen in das Thal von Lothringen tritt, die Thalseiten aber meist noch steil bleiben, namentlich bei Toul und Metz. Von Metz bis Thionville treten die Höhen am linken Ufer mehr zurück u. die fruchtbaren Thalgründe sind mit Wiesen und Aeckern angefüllt. Von Sierk ab bis zur Mündung ist aber das Flußthal größtentheils von steilen und felsigen Höhen eingeschlossen, denn am Einfluß der Saar tritt die M. in das niederrheinische Bergland und scheidet den Hundsrück von der Eifel. Die Schifffahrt auf der M. ist zwar wegen der Krümmungen, die sie besonders zwischen Trier und Koblenz macht, sehr langwierig und wegen der Stellen am Müdenloch, am Sommerloch und an den Felsen bei Briedern und Alff ziemlich gefährlich, aber dennoch für den Rheinhandel von großer Wichtigkeit. Die Moselschiffe (Traubenkähne und Bohrnachen genannt) sind sehr stark gebaut, mit plattem, engem Boden versehen, bis 80 Fuß lang und bis 1000 Centner tragfähig. Nachdem bedeutende Korrektionen des Flußbettes vorgenommen worden sind, wird der Fluß von zwei Moseldampfschifffahrtsgesellschaften befahren, von denen die eine seit 1840 von Trier bis Koblenz fährt, die andere die Verbindung zwischen Trier, Toul, Metz und Nancy unterhält, aber auch bis Koblenz fährt. Sämmtliche an der M. gelegenen größeren Städte sind durch weitverzweigte Eisenbahnen mit dem großen Eisenbahnnetz Rheinpreußens, Belgiens und des östlichen Frankreichs verbunden. Die Haupthandelsgegenstände, welche die M. herab in den Rhein geführt werden, sind Dachschiefer, Holz, Holzkohlen, Kalk, Steinkohlen, Potasche, Salz, Schleifsteine, Lohrinde, französische und besonders Moselweine; aus dem Rhein die M. stromaufwärts gehen namentlich Stahl, Eisen, Kupfer, Blei, Zinn u. Kolonialwaaren. Die unteren Stromufer sind zum Theil mit Wein bepflanzt und erzeugen die geschätzten Moselweine (s. d.). Die Fahrt auf der M. von Trier bis Koblenz ist äußerst interessant, denn die Ufer bieten die mannichfachsten und malerischsten Ansichten dar. Unter den Alten besang schon der Dichter Ausonius die M.

Das danach benannte französische Departement, aus dem Ländchen Messin, einem Theil des Herzogthums Lothringen u. Bar und einem Theil der drei Bisthümer gebildet, grenzt an das Großherzogthum Luxemburg, an Rheinpreußen, Rheinbayern u. die französischen Departements Niederrhein, Meurthe und Maas. Es hat einen Flächenraum von 97,85 □Meilen mit einer Bevölkerung (1861) von 446,457 größtentheils katholischen Einwohnern; es ist ein meist hügeliges, bergiges Land, von den niederen Bergketten der Vogesen und Ardennen durchzogen und nicht überall zu ergiebigem Anbau geeignet; bewässert wird es von der M. und deren Nebenflüssen Seille, Ornes und Saar (mit der Nied). Das Klima ist auf den Höhen rauh, in den Thälern aber mild u. besonders an der M. zum Weinbau geeignet. Von der Oberfläche (586,889 Hektaren) kommen 306,018 auf Aecker, 47,202 auf Wiesen, 5382 auf Weinberge, 91,518 auf Waldungen. Hauptprodukte sind: die gewöhnlichen Hausthiere, Wild (auch Wölfe), Fische; Acker- und Gartenfrüchte, Obst; Eisen u. Steinkohlen. Hauptbeschäftigung der Einwohner sind Acker- u. Weinbau, Viehzucht, Bergbau, Industrie in Eisen (von großer Bedeutung), Glas, Fayence- u. Töpferwaaren, Leinwand, Tuch u. anderen Wollenzeuchen. Der Handel vertreibt fast nur die Kunst- und Naturprodukte des Landes. Die Eisenbahn von Forbach über Metz nach Nancy (Anschluß an die paris-straßburger Bahn) durchschneidet das Departement und verzweigt sich von Metz über Thionville nach Charleville, Luxemburg und Trier. Das Departement zerfällt in die 4 Arrondissements: Metz, Briey, Sarreguemines u. Thionville und hat zur Hauptstadt Metz.

Mosellanus, Petrus, eigentlich Schade, einer der Beförderer der klassischen Studien im Zeitalter der Reformation, geboren 1493 zu Proteg an der Mosel im Trierschen, studirte zu Leipzig und wirkte seit 1514 daselbst als Professor der griechischen und lateinischen Sprache. Er † hier am 19. April 1524. Er stand mit Erasmus, Melanchthon, Eobanus Hessus und Camerarius in enger Freundschaft und hat sich um Hebung der gelehrten Schulen, sowie überhaupt der Wissenschaften verdient gemacht. Vergl. **Köhler**, P. Mosellani memoria, Leipzig 1805.

Moselweine, Weine, welche an der Mosel u. den nächstliegenden Gegenden gebaut werden, gehören nach den Rheinweinen zu den angenehmsten und geschätztesten u. sind besonders als leichtere Tischweine sehr zu empfehlen. Es gibt rothe u. weiße Sorten. Sie werden nicht nach den Gegenden, wo sie wachsen, sondern nur als Ober- und Niedermoseler od. auch nach den Jahrgängen unterschieden. Die vorzüglichsten Sorten liefern Conz, Kochheim, Bernkastel, Zell, Dusemond, Wehlen und Zeltungen. Auch werden die Weine aus den angrenzenden Gegenden Luxemburgs, Lothringens und Lüttichs unter den M.n mitbegriffen, u. es stehen von diesen namentlich der Neumagner, Drobner und Piesporter in gutem Ruf. Den bedeutendsten Handel mit diesen Weinen treiben Lüttich, Köln und Frankfurt a. M.

Mosen, Julius, eigentlich Moses, deutscher Dichter, geboren am 8. Juli 1803 in Marieney im sächsischen Voigtlande, wo sein Vater Schullehrer war, besuchte das Gymnasium zu Plauen, studirte seit 1822 zu Jena und, nachdem er Italien bereist, zu Leipzig die Rechte, ward 1831, nach erlangter Erlaubniß zur advokatorischen Praxis, Aktuar am Patrimonialgericht Kohren, lebte seit 1834 als Advokat zu Dresden und folgte 1844 mit dem Titel als Hofrath einem Ruf als Dramaturg an das Hoftheater in Oldenburg. Seit Jahren völlig gelähmt, ward er in neuerer Zeit pensionirt. M. trat als Dichter zuerst mit der Bearbeitung einer italienischen Sage „Das Lied vom Ritter Wahn“ (Leipzig 1831) hervor, worin er das Absterben der hellenischen Welt und die Sehnsucht nach den Verheißungen des Christenthums schildert. Geistig hiermit verwandt war sein „Ahasver“ (Dresden und Leipzig 1838). Da aber in beiden Gedichten des Dichters subjektive Geistesstimmung zu sehr vorwaltete und sie nur auf dem Wege der Allegorie zur dichterischen Anschaulichkeit gestaltet waren, so konnten sie eine bedeutende Wirkung nicht hervorbringen. Ungleich natürlicher, lebensvoller und volksthümlicher erscheint M. in seinen „Gedichten“ (Leipzig 1836; 2. Aufl. 1843), von denen „Andreas Hofer“ und „Die letzten Zehn vom vierten Regiment“ in den Mund des Volks übergegangen sind. Weniger gelesen wurden seine Erzählungen, z. B. „Georg Venlot“ (Leipzig 1831), die „Novellen“ (das. 1837), sein „Kongreß zu Verona“ (das. 1842, 2 Bde.), „Die blauen Blumen“ in der „Urania“ für 1840 u. 1844, sowie „Die Bilder aus dem Moose“, die sämmtlich viel poetische Färbung, aber unbestimmte Umrisse und schwache Gestaltungskraft zeigen und an dem innern Widerspruch leiden, daß sie in idyllische Natur- und Sittenschilderungen eine geheimnißvolle, romanhafte Märchen- und Gespensterwelt ziehen. Eine neue Entwickelungsstufe des Dichters, seit 1836, bezeichneten seine Dramen „Heinrich der Finkler“, „Cola Rienzi“, „Die Bräute zu Florenz“, „Kaiser Otto III.“, „Wendelin u. Helene“, welche in seinem „Theater“ (Stuttgart 1842) im Druck erschienen. Sie sind zwar nicht ohne ethische und ästhetische Vorzüge, aber der praktischen Kenntniß von den Gewohnheiten und Bedingungen der Bühne hat der Verfasser vielfach ermangelt. Auch fehlt in den geschichtlichen Dramen die Treue des historischen Kolorits und die freie großartige Bewegung der Figuren. Die ungedruckten sind: „Bernhard von Weimar“ (1855), „Der Sohn des Fürsten“ (1858), „Johann von Oesterreich“ (1847) und das Lustspiel „Die Wette“. Dieselben bezeichnen in technischer Hinsicht einen Fortschritt des Dichters. Eine Ausgabe M.s „Sämmtlicher Werke“ (auf 8 Bände berechnet) erscheint seit 1863 zu Oldenburg.

Mosengeil, Friedrich, beliebter deutscher Erzähler, geboren am 26. März 1773 in Schönau bei Eisenach, studirte in Jena Theologie, ward 1798 Amtsgehülfe seines Vaters, damals Pfarrers in Frauenbreitungen, 1805 Erzieher des damaligen Erbprinzen, des jetzigen Herzogs Bernhard von Meiningen, den er auch auf die Universitäten Jena und Heidelberg und auf seinen Reisen nach der Schweiz, Oberitalien, Belgien, Holland u. Frankreich begleitete, und 1821 Konsistorialrath zu Meiningen, wo er den 2. Juni 1839 †. Seine in verschiedenen Blättern zerstreuten Erzählungen vereinigte er später in den Sammlungen: „Liebenstein und die neuen Arkadier“ (2. Aufl., Frankfurt 1826), „Reisegefährten“ (das. 1825—28, 3 Bde.), „Drei Freunde auf Reisen“ (Leipzig 1828, 3 Bde.) und „Sommerabendstunden“ (Hildburghausen 1831, 2 Bde.). Auch sammelte er die Werke Ernst Wagners (Leipzig 1824—28, 12 Bde.) und die „Briefe“ über denselben (Schmalkalden 1826, 2 Bde.). Noch ist zu erwähnen, daß er sich zuerst unter den Deutschen mit Stenographie beschäftigte, über die er auch ein Schriftchen herausgab.

Mosenthal, Salomon Hermann, namhafter deutscher dramatischer Dichter der Gegenwart, geboren den 14. Januar 1821 in Kassel, bekleidet seit 1851 zu Wien eine Stelle im Unterrichtsministerium u. hat sich durch folgende Stücke: „Deborah“ (1849), „Der Sonnenwendhof“ (1854), „Cäcilie von Albano“, „Ein deutsches Dichterleben“, „Der Goldschmied von Ulm“, „Düweke“ (1860) und „Die deutschen Komödianten“ (1862), ferner eine Sammlung lyrischer „Gedichte“ (Wien 1854) und „Das gefangene Bild“ (Stuttgart 1858) bekannt gemacht.

Moser, 1) Johann Jakob, fruchtbarer Publicist Deutschlands, geboren den 18. Januar 1701 in Stuttgart, studirte zu Tübingen und wurde schon 1720 Professor der Rechte daselbst, ging 1721 nach Wien, wo er jedoch die gehoffte Anstellung nicht erhielt, da er sich nicht zum Uebertritt zur katholischen Kirche bestimmen ließ, ward 1726 als Regierungsrath nach Stuttgart berufen und 1727 als ordentlicher Professor der Rechte bei dem fürstlichen Kollegium, 1729 bei der Universität angestellt. Streitigkeiten mit der Censur bewogen ihn aber 1732 zur abermaligen Niederlegung der Lehrstelle u. zur Rückkehr in das Regierungskollegium, aus welchem er 1736 wieder austrat, um einem Rufe als preußischer Geheimerath und Direktor der Juristenfakultät nach Frankfurt a. d. O. zu folgen. Auch dieses Verhältniß löste sich jedoch nach mehrfachen bedenklichen Zusammentreffen mit König Friedrich Wilhelm I. schon 1739 wieder, und M. lebte nun 8 Jahre lang in Ebersdorf im Voigtlande, seine Zeit schriftstellerischer Thätigkeit widmend; 1747 trat er als Geheimerath und Chef der Kanzlei in die Dienste des Landgrafen von Hessen-Homburg. Schon 1749 aber finden wir ihn wieder zu Hanau, wo er eine „Staats- und Kanzleiakademie“ gründete, endlich 1751 als Konsulent der Landschaft zu Stuttgart. Nachdem er 8 Jahre lang unter beständigen Kämpfen gegen den die Landesrechte mit Füßen tretenden Fürsten in dieser Stellung zugebracht, ward er nach der Ablehnung einer neuen Geldforderung des Herzogs als angeblicher Verfasser der gegen denselben gerichteten Schriften vom Herzog selbst (1759) im Audienzsaale verhaftet und 5 Jahre lang auf der Bergfestung Hohentwiel in harter Gefangenschaft gehalten. Schreibmaterialien und Bücher, außer Bibel u. Gesangbuch, waren ihm entzogen, daher er mit der Spitze der Lichtschere die Wände des Zimmers u. die Ränder seiner Bibel beschrieb. Ueber tausend geistliche Lieder, zahlreiche politische Satiren, ja selbst ausführliche staatsrechtliche Abhandlungen, welche zum Theil später gedruckt wurden, waren das Ergebniß dieser Beschäftigung. Erst 1764 befreiten den Unschuldigen, der eine Entlassung unter ehrenrühriger Bedingung standhaft verworfen hatte, die Fürsprache Friedrichs des Großen beim Kaiser und ein reichshofräthlicher Befehl. Der Herzog erklärte M. nun zwar für schuldlos und setzte ihn wieder in sein Amt als Landschaftskonsulenten ein, doch nahm M. seitdem wenig und seit 1770 fast gar keinen Antheil mehr an den Geschäften, sondern widmete den Rest seines Lebens bloß seiner Thätigkeit als

Schriftsteller. Er † am 30. September 1784. Sein bedeutendstes Werk unter seinen 400 Schriften ist sein „Deutsches Staatsrecht" (Nürnberg 1737—54, 50 Bde. nebst 2 Supplementbänden und 1 Bd. Register). Außerdem sind zu erwähnen: „Neues deutsches Staatsrecht" (Stuttgart u. Frankfurt 1761—75, 21 Bde.), „Deutsches Staatsarchiv" (Hanau und Frankfurt 1751—54, 13 Bde.) und „Grundriß der heutigen Staatsverfassung von Deutschland" (neue Ausgabe, Tübingen 1754). Andere Schriften handeln von dem positiven europäischen Völkerrecht, welches er zuerst in ein System brachte. Auch schrieb er eine Selbstbiographie (3. Aufl., Frankfurt und Leipzig 1777—83, 4 Bde.). Die oben genannten staatsrechtlichen Werke enthalten mehr Materialien als durchdachte Sätze und entbehren auch des gehörigen systematischen Zusammenhangs; doch sind sie keineswegs bloße Kompilationen, sondern voll trefflicher eigener Gedanken. Vergl. Ledderhose, Aus dem Leben J. J. Mosers, 1843, 2. Aufl. 1852.

2) Friedrich Karl von M., ebenfalls staatsrechtlicher Schriftsteller, Sohn des Vorigen, geboren den 18. December 1723 zu Stuttgart, studirte zu Jena die Rechte, trat mit dem Vater 1747 in hessen-homburgische Dienste, folgte ihm nach Hanau als Gehülfe und Lehrer bei dessen Staats- und Kanzleiakademie, übernahm dann einen gesandtschaftlichen Posten von Hessen-Darmstadt, später einen ähnlichen von Hessen-Kassel, trat 1766 in den österreichischen Staatsdienst, ward im folgenden Jahre Reichshofrath in Wien, führte 1770 die Verwaltung der kaiserlichen Herrschaft Falkenstein u. wurde 1772 dirigirender Minister und Kanzler in Hessen-Darmstadt. Im Jahre 1780 plötzlich entlassen, privatisirte er an mehren Orten, überall durch halbamtliche Zeitungsartikel verfolgt und sogar von einer deutschen Juristenfakultät wegen angeblicher Amtsverbrechen zu sechsjährigem Kerker verurtheilt, bis endlich der Großherzog Ludwig I. den Prozeß niederschlug und M. wenigstens theilweise Entschädigung für die zugefügten Verluste bot. M. † zu Ludwigsburg am 10. September 1798. Von seinen Werken sind hervorzuheben: „Kleine Schriften zur Erläuterung des Staats- und Völkerrechts" (Frankf. 1751 bis 1765, 2 Bde.), „Sammlung von Reichshofrathsgutachten" (das. 1752—54, 6 Bde.), „Sammlung der wichtigsten Deduktionen in deutschen Staats- u. Rechtssachen" (Ebersdorf 1752—64, 9 Bde.), „Patriotische Gedanken von der Staatsfreigeisterei" (1755), „Der Herr und der Diener" (1759), „Patriotisches Archiv" (Frankfurt und Leipzig 1784 bis 1790, 12 Bde.), „Neues patriotisches Archiv" (Mannh. 1792—94, 2 Bde.), „Geschichte der Waldenser" (Zürich 1798) u. „Luthers Fürstenspiegel" (neue Ausgabe von Meyer, Frankfurt 1834).

Moses, der Befreier der Israeliten aus Aegypten und ihr Gesetzgeber, der Sohn Amrams und der Jochebeth aus dem Stamm Levi, geboren um 1600 v. Chr. in Aegypten, zu einer Zeit, wo der Druck der Pharaonen schwer auf seinem Volke lastete. Einem königlichen Befehl, der alle neugeborenen männlichen Kinder der Israeliten zu tödten gebot, gemäß ward der Säugling drei Monate nach der Geburt an das Ufer des Nils ausgesetzt; hier fand ihn die Tochter des Pharao und gab ihn, da dessen nahe stehende Schwester Mirjam die Mutter herbeirief, dieser zur Pflege. Er erhielt den Namen M., d. i. der aus dem Wasser Gezogene, kam als lehrfähiger Knabe in die Pflege der Königstochter, die ihn an Kindesstatt annahm, und ward am königlichen Hofe von den Priestern in allen ägyptischen Künsten und Wissenschaften unterrichtet. Von seiner Theilnahme an einem Feldzuge in Aethiopien weiß nur die jüdische Sage bei Josephus. Im Eifer erschlug er einst einen ägyptischen Vogt, der einen Israeliten mißhandelte, und mußte flüchtig werden. Er lebte nun mehre Jahre unter den Midianitern auf der Halbinsel des Sinai, wo er Zippora, die Tochter des Hirten Jethro, heirathete, die ihm zwei Söhne, Ephraim und Manasse, gebar. Nach der biblischen Erzählung wurde er durch unmittelbare Eingebung Gottes, der ihm in einem feurigen Busche erschien, auf den Plan der Befreiung seines Volks aus Aegypten geführt. Bereits 80 Jahre alt, begab er sich nun nach Aegypten, wo er, durch die Beredtsamkeit seines Bruders Aaron unterstützt, von Pharao verlangte, dem Volke zu erlauben, daß es am Sinai seinem Gott ein Fest feiere; doch willigte der König erst dann ein, nachdem zehn Landplagen Aegypten verheert hatten. M. führte nun die Israeliten mit aller ihrer Habe und den goldenen und silbernen Gefäßen, die sie von den Aegyptern geliehen, aus Aegypten und zur Zeit der Ebbe durch den arabischen Meerbusen. Fort und fort aber hatte er auf dem folgenden Zuge durch die Wüste mit seines Volks Halsstarrigkeit und Wankelmuth, Ungeduld und Lüsternheit zu kämpfen. Im dritten Monat nach dem Auszug am Berge Sinai in Arabien angelangt, ließ er das Volk sich lagern, brachte das erste Versöhnungsopfer, bestieg mit den erwählten Priestern und den 70 Aeltesten Israels den Berg und ging dann allein noch weiter in das den Berg umhüllende Dunkel, wo er in 40 Tagen und Nächten weitere Unterweisung von Gott erhielt, das Urbild der heiligen Wohnung Gottes schaute, die als Stiftshütte nach seiner Angabe in Israel aufgerichtet ward, und die Tafeln des Gesetzes, geschrieben mit dem Finger Gottes, empfing. Da sich aber während seiner Abwesenheit das Volk selbst einen Götzen errichtet hatte, zerbrach er in Zorn die zwei Tafeln. Er bestieg nun aufs Neue den Berg, erneuerte im Namen des Volks den gebrochenen Bund mit Gott und kehrte mit den wiederhergestellten Gesetzestafeln zurück. Erst nach Jahresfrist brach er wieder vom Sinai auf. Schon hatte der Zug der Israeliten die Grenzen des verheißenen Landes erreicht, als sich M. durch neue Gährungen und neuen Unglauben des Volks genöthigt sah, das Volk in die Wüste zurückzuführen, und erst nach 40 Jahren eines mühseligen Umherziehens in derselben, während welcher Alle, die im Mannesalter aus Aegypten gezogen waren, starben, näherte er sich zum zweiten Male dem Lande der Verheißung. Sein Ende nahe fühlend, bestimmte er den Feldherrn Josua zu seinem Nachfolger, vertheilte das bereits eroberte Ostjordanland, nahm feierlich Abschied von dem Volke und bestieg den Berg Nebo in Peräa jenseit des Jordan, von dem er das gelobte Land überschaute u. wo er im 120. Jahre sein Leben beschloß. Die Sage von dem gehörnten Haupte M.', mit dem ihn mehre alte Maler abbildeten, beruht auf einer falschen Uebersetzung der Vulgata von der Stelle 2 Mos. 34, 29, wo die hebräischen Worte bloß bedeuten: sein

Antlitz leuchtete. Als M. nämlich vom Sinai zurückkam, hatte er ein so glänzendes Angesicht, daß Niemand es ansehen konnte; daher trug er jederzeit ein Tuch über sein Haupt (Decke Moses'). Ueber die ihm zugeschriebenen mosaischen Bücher s. Pentateuch; über seine Gesetzgebung, die ihn in die Reihe der größten und weisesten Gesetzgeber stellt, s. Hebräer. Auch der 90. Psalm wird ihm zugeschrieben.

Moses von Khorene, armenischer Geschichtschreiber, geboren 370 v. Chr. zu Khorene in Armenien, besuchte in wissenschaftlichem Interesse Edessa, Antiochia, Alexandria, Rom, Athen und Konstantinopel, ward Erzbischof von Pakrevant und Arscharuni und † 489. Von seinen Werken (Vened. 1843) sind außer Hymnen und einer Rhetorik besonders seine „Geschichte Armeniens" (herausgegeben von Whiston, London 1736; mit französischer Uebersetzung von Florival; 2. Aufl., Paris 1849, 2 Bde.) hervorzuheben.

Moshaisk, Stadt, s. v. a. Mosaisk.

Mosheim, Johann Lorenz von, berühmter deutscher Theolog, geboren zu Lübeck den 9. Oktober 1694, studirte zu Kiel, wo er 1719 Beisitzer der philosophischen Fakultät ward und von 1721—23 als Professor Logik und Metaphysik las, folgte darauf einem Ruf als Professor der Theologie nach Helmstädt und wurde 1726 auch Konsistorialrath und Abt zu Marienthal, sowie 1727 zu Michaelstein und 1747 erster Professor der Theologie und Kanzler der Universität zu Göttingen, wo er den 9. September 1755 †. Er gab der Kirchengeschichte zuerst eine pragmatische Gestalt. Hierher gehören die Werke: „Institutiones historiae ecclesiasticae" (Helmstädt 1755; neue Ausgabe, das. 1764; deutsch durch von Einem, Leipzig 1769—78, 9 Bde.; auch von Schlegel, Heilbronn 1786—96, 7 Bde.), „Institutiones historiae christianae majores" (1. Abth., 2. Aufl., Helmstädt 1763), „De rebus Christianorum ante Constantinum M. commentarii" (das. 1753), „Dissertationes ad historiam ecclesiasticam pertinentes" (neue Aufl., Altona 1767, 2 Bde.) und der „Versuch einer unpartheiischen u. gründlichen Ketzergeschichte" (Helmstädt 1746—48, 2 Bde.). Schätzbar sind auch seine „Commentationes et orationes varii argumenti" (herausgegeben von Miller, Hamburg 1751), sowie mehre einzelne Abhandlungen. Seiner „Sittenlehre der heiligen Schrift" (4. Aufl., Helmstädt 1753—61, 5 Bde., fortgesetzt von Miller, 6.—9. Thl., 1762—70) fehlte es an einem Plan. Auch in der Kanzelberedtsamkeit machte er durch seine für ihre Zeit musterhaften „Heiligen Reden" (Hamb. 1732 f., 3 Bde.; 4. Aufl. 1765) Epoche.

Moskau (Moskwa), Gouvernement in Rußland, im südlichen Großrußland, dem alten Großfürstenthum der Moskowiter, wird begrenzt im Nordwesten vom Gouvernement Twer, im Nordosten von Wladimir, im Südosten von Rjäsan, im Süden von Tula, im Südwesten von Kaluga u. im Westen von Smolensk. Sein Flächeninhalt beträgt 590 QM. u. die Bevölkerung 1,600,000 Seelen. Die Oberfläche des Landes besteht aus einer wellenförmigen Ebene, hie u. da unterbrochen von niedrigen Hügeln u. steilen Flußufern, der Boden ist im Allgemeinen ziemlich fruchtbar, etwa die Hälfte davon besteht aus Kulturland u. ist reich angebaut, fast den halben Theil bedecken Waldungen. Die Bewässerung des Gouvernements ist vortrefflich, es hat über hundert Seen, wenn auch nicht von beträchtlicher Größe, u. einige tausend Flüsse u. Bäche. Die Hauptflüsse sind die Wolga, welche übrigens das Gouvernement nur auf eine kurze Strecke im Norden berührt, die Oka im Süden u. die Moskwa. Die Flüsse sind im Allgemeinen von der Mitte des November an bis Ende des März gefroren. Die Landwirthschaft ist die vorzüglichste Beschäftigung der Bewohner. M. ist eine der am besten angebauten Provinzen von Rußland, doch reichen die landwirthschaftlichen Erzeugnisse nicht für den Bedarf der starken Bevölkerung aus, u. bedeutende Einfuhr von außen ist selbst in guten Erntejahren erforderlich. Man baut außer Getreide noch Flachs, Hanf, Hopfen, Gartengewächse, besonders Zwiebeln, Knoblauch, Gurken u. Spargel, auch etwas Obst. Von letzterem werden jährlich große Massen eingeführt. Auch die Viehzucht kann den Bedarf der Provinz nicht vollständig decken. Von hoher Bedeutung ist die industrielle Thätigkeit, sowohl für den eigenen Bedarf, wie für den Handel, in den Städten u. Dörfern, vornehmlich in der Hauptstadt Moskau, welche entschieden die wichtigste Fabrikstadt des russischen Reichs ist. Die Industrie schafft Tuch, Baumwolle u. Seidenzeuche, Papier, Leinwand, Töpfer- u. Kupferwaaren, Porzellan, Fayence, Stearin- u. Wachskerzen, Leder u. a. Besonders wichtig ist auch für das Gouvernement der großartige Binnenhandel. Eine große Anzahl von Verkehrskanälen vereinigt sich im Großfürstenthum Moskau, dem mittleren Kernlande des ganzen russischen Reichs, zu einer Reihe großer Straßen, welche in dem Herzpunkte M.'s in einander fallen, zugleich wird das Gouvernement von der petersburg-moskauer Eisenbahn durchschnitten. Für die Verwaltung wird das Gouvernement eingetheilt in die Kreise Moskau, Bogorodsk, Bronnizy, Dmitrow, Klin, Kolomna, Mosaisk, Podolsk, Rusa, Serpuchow, Swenigorod, Wereja u. Wolokalamsk. Die Hauptstadt ist Moskau.

Moskau, die alte und erste Hauptstadt des russischen Reichs und zweite kaiserliche Residenz im gleichnamigen Gouvernement, liegt in fruchtbarer und reich angebauter hügeliger Ebene an der Moskwa und Jausa in 55° 45′ 21″ nördl. Br. und 35° 13′ 44″ östl. L. von Paris und hat nach neuerer Zählung eine Bevölkerung von 390,000 Seelen. Der Hauptkörper der Stadt besteht aus 4 Theilen: dem Kremlin oder Kreml, dem Mittelpunkte und jedenfalls der ersten Ansiedlung von M., dem Kitai-Gorod oder der Chinesenstadt, dem ältesten Theile der Stadt, dem Beloi-Gorod (Weißstadt) und Semlanoi-Gorod (Erdstadt). Beloi-Gorod od. die weiße Stadt schließt sich um den Kremlin u. Kitai-Gorod an u. wird von Boulevards völlig kreisförmig umgeben, um Beloi-Gorod schließt sich wieder der regelmäßige Ring von Semlanoi-Gorod. Die Vorstädte liegen unregelmäßig um diese Ringe des eigentlichen Körpers von M., umfassen große Gärten, Fabriken u. Landhäuser u. bilden, sich dicht aneinander anschließend, noch 8 Stadttheile. Das Ganze wird von einem großen fortlaufenden Damm und Graben, dem Stadtwall, umschlossen, welcher durch 18 Pforten durchbrochen ist; der ganze Umfang der Stadt, so weit sie vom Stadtwall umgeben ist, mag über 5 deutsche Meilen betragen. Die äußere Ansicht von M. ist prachtvoll. Eine unzählige

Menge von Thürmen, von denen sehr viele vergoldete oder grün bemalte Kuppeln haben, erheben sich über das große Häusermeer, das, mit großen Gärten und Baumanlagen geschmückt, sich wie eine Schaar von Städten und Dörfern um den goldgekrönten Kremlin drängt und ein in den lebhaftesten Farben anmuthig wechselndes Bild bietet. Die Straßen haben nicht die schnurgerade und einförmige Länge moderner europäischer Residenzstädte, sie schlängeln sich fast alle wie Gartenwege in den englischen Parks anmuthig durch die hügeligen Quartiere. Die breitesten sind die 3 freien Ringe, welche die 3 innern Hauptabtheilungen der Stadt trennen, die Gartenstraße mit ihren Fortsetzungen, die Boulevards und die den Kremlin und Kitai-Gorod umgebenden freien Plätze. Die Hauptstraßen gehen vom Centrum der Stadt aus, von den Plätzen, welche den Kremlin umgeben, und durchschneiden den innern Ringkörper nach der äußeren Stadt zu. Der Kremlin, zuerst 1367 aufgebaut, die Festung u. der eigentliche Herzpunkt der Stadt, ist im Ganzen genommen ein einfaches, aber schönes und im Innern glänzendes Gebäude. Zu ihm führen 3 Haupteingänge, das Nikolai-, das Dreieinigkeits- und das Erlösenthor. Die beiden andern Kremlinzugänge sind unbedeutend. Das wichtigste dieser 3 Thore ist das Erlöserthor (Spass worota) mit einem wunderthätigen Heiligenbilde, das bei den Russen die größte Verehrung genießt. Alle Thore des Kremlin sind durch hohe, 12—16 Fuß dicke Mauern mit einander verbunden, welche in einem großen Dreieck, mit vielen Thürmen geziert, den Kremlin umgeben. Innerhalb dieser Mauern liegen die interessantesten und historisch wichtigsten Gebäude M.'s, die heiligsten Kirchen der Stadt mit den Gräbern der alten Czaren, Patriarchen und Metropoliten, bedeutende Ueberreste des alten Czarenpalastes, neuere Paläste der jetzigen Kaiser, berühmte Klöster, das Arsenal, das Senatsgebäude &c., Baudenkmäler aus allen Zeiten der russischen Geschichte. Am interessantesten ist unter diesen die Granowitaja Palata oder der Winterpalast, ein kleines, von außen bescheiden aussehendes Gebäude, welches den alten Krönungssaal der Czaren und der jetzigen Kaiser enthält. Das Innere dieses Palastes ist äußerst kostbar: die Fußböden sind von kunstvoller Zeichnung und kostbarem Holz, die Kapitäle und Deckengetäfel von Gold, die Wände mit gefalteter Seide belegt, riesige Kandelaber bestehen aus Silber u. Malachit, die Zimmergeräthe aus massivem Silber. In einem unteren Stockwerke befindet sich die Bankethalle, behangen mit hochrothem Sammet, der mit goldgestickten Adlern reichlich besetzt ist. Hier bewirthet der Kaiser am Krönungstage zum ersten Male die Großen des Reichs. Die Orusheinaja Palata oder der Waffenpalast enthält eine Sammlung von Waffen und Trophäen, goldenen Bechern, Vasen, Kronen, Sceptern und kaiserlichen Kleidungsstücken. Das Arsenal am Senatsplatze hat ein Magazin von fertigen Waffen, die zur Bewaffnung einer Armee von 100,000 Mann hinreichen; das große und das kleine Schloß oder der Alexander- u. Nikolauspalast sind unter den Kaisern Alexander I. und Nikolaus gebaut worden. Das Kitai-Gorod, welches sich an den Kremlin schließt, ist von einer Mauer mit 12 Thürmen und 5 Thoren umgeben und kann die eigentliche Stadt oder City genannt werden. Die Häuser sind hier meist von Stein, eng aneinander gebaut, und der Hauptverkehr entwickelt sich hier; es ist der Mittelpunkt des moskauer Handels und enthält die Bazare, Magazine und reichsten Waarenläden. Die bedeutendsten öffentlichen Gebäude im Kitai-Gorod sind: die Pokrowskoi-Kathedrale, ein Komplex von verschiedenen zusammengebauten Kirchen und Kapellen, das Stadthaus, die Börse, die Druckerei der heiligen Synode. Ein schönes Denkmal, 2 kolossale Bronzestatuen, ließ Kaiser Alexander I. im Kitai-Gorod zu Ehren von Minié und Pogarky errichten, welche das Land im 17. Jahrhundert von fremden Eroberern befreiten und Michael Romanow, den ersten Souverän aus der jetzt regierenden Kaiserfamilie, auf den Thron hoben. Beloi-Gorod, die dritte große Abtheilung von M., enthält viele schöne Paläste des Adels, die Universität, das kaiserliche Theater, die medicinisch-chirurgische Akademie, das Findelhaus, die Post, das Staatspapieramt, das Adelshaus mit großer Halle, die Residenz des Gouverneurs, das große Militärexercirgebäude und viele Klöster und Kirchen. Im Semlanoi-Gorod oder der Erdstadt sind zu bemerken: das Kommissariatsdepot, ein großes Gebäude mit 2 Flügeln und mit dorischen Säulen geziert, die Branntweinniederlage für die früher der Krone als Monopol gehörigen Destillationen, das Gebäude der kaiserlichen philanthropischen Gesellschaft, die Handelsschule, die chirurgische Akademie, ein großes Gebäude mit 2 Seitenflügeln und 6 dorischen Säulen, und das Kloster von der Empfängniß der heiligen Anna. In den Vorstädten oder Slobodi, die ein Gemisch von Holz- und Steinhäusern, prächtigen Gebäuden und niedrigen Hütten zeigen und viele Gartenanlagen, Felder, Baumpflanzungen und unbebautes Land umschließen, so daß viele derselben eher Dörfern gleichen, gibt es verschiedene hervorragende Gebäude, besonders große Klöster, Hospitäler u. Kasernen. Es gibt in M. viele Hunderte für den Gottesdienst bestimmte Gebäude, und alle Gegenden der Stadt wimmeln von den vielen kleinen goldenen, silbernen und grauen Kuppeln und Thürmchen der Kirchen und Kapellen. Die von den Russen für die heiligsten gehaltenen liegen auf dem Kathedralenplatz (Sabornoi-Ploschtschad) im Kreml; wir heben unter ihnen hervor: die Uspenski Sabor od. die Kathedrale der Auferstehung Christi, eine einfache im Viereck gebaute Kirche mit einer größeren u. 4 Nebenkuppeln, im Innern reich vergoldet, besonders merkwürdig, weil sie zur Krönung der russischen Kaiser u. zum Begräbnisse der russischen Patriarchen dient; die Archangelski Sabor od. Kathedrale des Erzengels Michael, mit einem Dache von 5 Kuppeln, die Ruhestätte der meisten Herrscher Rußlands; die Blagoweschtschenskoi Sabor, die Kathedrale der Verkündigung, mit prachtvollem Dach u. 9 reich vergoldeten Kuppeln; die Kirche des Patriarchenhauses mit der Bibliothek, Schatzkammer und Garderobe der Patriarchen; die Kirche des heiligen Nikolaus mit dem Glockenthurme Iwan Welikoi oder großen Johann, 1600 vollendet. Dieser Glockenthurm enthält 32 Glocken in verschiedenen Abtheilungen, zum Guß der größten wurden nicht weniger als 160,000 Pfund Metall gebraucht. Am Fuße des Thurmes steht die berühmte Riesenglocke, auf einem 3 Fuß hohen Mauerkranze, welche 20 Fuß im Durchmesser hat. Die Kirche des Schutzes der Maria Pakrofskoi Sabor, welche Iwan IV. oder der

Schreckliche erbauen ließ, hat eine Menge Thürme, Thürmchen, Kuppeln und Dächer und besteht aus verschiedenen einzelnen an einander gebauten Kirchen und Kapellen. Die Kapelle der iberischen Mutter Gottes am Fuße des Hügels, der zum rothen Platze aufsteigt, steht bei den Russen wegen des wunderthätigen Marienbildes in besonderer Verehrung. Auf dem höchsten Punkte des Kremlberges liegt die älteste Kirche M.'s, die Kirche „des Heilands am Ufer". Die vielen übrigen Kirchen M.'s sind wenig bedeutend, doch bilden sie in den verschiedenen Stadttheilen die Mittelpunkte malerischer Häusergruppen u. erhöhen den Reiz der moskauischen Stadtansichten. Auch die Protestanten und Katholiken haben ihre Gotteshäuser, nur die Juden keine Synagoge in M. Eine kleine Moschee hat die geringe mohammedanische Gemeinde. Die Klöster, über 20 an der Zahl, sind in der innern und äußern Stadt vertheilt. Die bemerkenswerthesten sind das simonowsche an den Ufern der Moskwa, mit vielen goldenen, silbernen, grünen und auf blauem Grunde goldbesternten Kuppeln; das neue Kloster des Heilands an der Moskwa, mit einfach grünen Kuppeln; das Kloster der donischen Mutter, 1591 gegründet, mit 6 Kirchen und Kapellen, von einer hohen Mauer umgeben und mit festen Thürmen und Brustwehren versehen; das Mädchen- oder Jungfrauenkloster außerhalb Semlanoi-Gorod am Ende des Jewitschei Pole oder Jungfernfeldes, auf welchem die russischen Kaiser nach ihrer Krönung das Volk bewirthen; das andronie wsche und das Kloster der Wunder (Tschudow Monastir). Letzteres wurde 1765 gegründet, war früher Sitz der Metropoliten und gehört zu den reichsten Klöstern Rußlands. Von den Lehranstalten M.'s sind hervorzuheben: die Universität mit dem anatomischen Kabinet von Loder und mikroskopischen Präparaten, botanischem Garten und Observatorium, das Kadetencorps, eine geistliche Akademie, die praktische Handelsakademie, die medicinisch-chirurgische Akademie, die Handelsschule, Bauschule, das lasarewsche Institut, das adelige Institut, 4 Gymnasien, das armenische Institut mit Gymnasium und hoher Schule, worin die geistlichen Lehrer und Dolmetscher in der Theologie, im Türkischen, Arabischen u. Persischen unterrichtet werden, mit Bibliothek, Buchdruckerei u. Sammlungen, die Handwerker- u. Landwirthschaftsschule, Theaterschule und mehre weltliche und geistliche Kreisschulen. An Wohlthätigkeitsanstalten hat M. ein Findel- und Waisenhaus, ein Irrenhaus, verschiedene Hospitäler u. Armenhäuser, ein großes Militärhospital, Hospiz für Wittwen, viele Hospitäler in Privatstiftungen, zahlreiche Asyle für Arme, einige hundert öffentliche Bäder u. dergl. Nach seiner centralen Lage ist M. die große Waarenniederlage für den innern Handel von Rußland. Eine große Förderung findet derselbe in den Wasserverbindungen, die auf der einen Seite bis zur Ostsee, auf der andern bis zum schwarzen und kaspischen Meere reichen. Zu diesen Wasserstraßen ist jetzt noch die Eisenbahn nach Petersburg gekommen, der sich die große Wolgabahn zugesellt. Zur Förderung des Handels besteht ein Kontor der kaiserlichen Bank zu Petersburg. M. ist auch der Sitz der russisch-amerikanischen Pelzhandelskompagnie. Für den asiatischen Handel ist insbesondere der Thee ein bedeutender Gegenstand. Der moskauische Bazar im Kitai-Gorod ist nach dem der großen Messe von Nishnij-Nowgorod der größte in ganz Rußland. Es ist ein riesenmäßiges, dreistockiges Gebäude, mit 3 Budenreihen und 3 Säulengängen über einander, wo sich die ungeheuren Waarenvorräthe für den großartigen Handel M.'s befinden. Dieser Bazar ist die größte bleibende Waarenniederlage des ganzen Reichs und eine beständige Messe. Es strömt hier vom schwarzen Meer her Alles zusammen, was die Levante bietet, von der Ostsee, was die Märkte und die Industrie Westeuropa's liefern, und von Sibirien her, was Tatarei und China senden. Außer diesem Bazar für den Großhandel gibt es in M. noch viele Märkte in allen Stadttheilen für den Kleinhandel. Der bedeutendste unter den letzteren ist das sogenannte Rjädi (Budenreihen), den „rothen Platz" entlang zwischen der Nikolai- und ilinski'schen Straße, aus Tausenden von Buden für den Verkauf von Manufakturwaaren, Droguerien, Papieren, Heiligenbildern u. verschiedenen anderen Dingen bestehend. Unter den Buchhandlungen, von denen die meisten und größten auf der Nikolskaja sind, befinden sich viele französische, sowie 3 große deutsche, 2 verbunden mit Leihbibliothek. M. treibt starke Industrie und hat eine Menge Fabriken und Manufakturen. Am bedeutendsten sind die Seidenfabriken, die größten in Rußland, an diese schließen sich besonders an große Spinnereien u. Webereien von Baumwolle, Druckereien, Färbereien und Bleichen, Gerbereien, Kupfer- und Messingschmieden, Hanf- und Leinwebereien, chemische Fabriken, zahlreiche Branntweinbrennereien, Bier- und Methbrauereien, Fabriken für Silberwaaren, Goldgespinnst und Tressen, Nadeln, Posamentierwaaren, Tapeten-, Handschuh-, Hut-, Wachslichte-, Leder- und Saffian-, Stearinlichte- und Maschinenfabriken u. a. Für die allgemeine Erholung und Spaziergänge dienen in M. der Alexandergarten, der sich an der Moskwa und am Fuße der riesenhohen Mauer des Kremlin hin erstreckt, und in dessen Hauptstraße die feine Welt an den Festtagen unter den Tönen von Musikchören sich umhertreibt; ferner die twerschen Boulevards, welche Beloi-Gorod eine deutsche Meile weit umgeben, eine breite, mit Bäumen, Büschen u. Baumanlagen besetzte Straße, die schöne Gartenstraße, die sich, mit Gärten, Büschen und Bäumen verziert, um die ganze innere Kernmasse der Stadt herumschlingt, der kaiserliche Park vor der Barrière, der Garten von Sanssouci (Nieskutschna) bei den Sperlingshügeln, der petrowski'sche Garten mit dem Vauxhall und andern Anlagen. Mit Trinkwasser wird die Stadt durch eine über 2 Meilen lange Wasserleitung versorgt. Zur Leitung und Vertheilung des Wassers in der Stadt dient ein hoher achteckiger Thurm, der Thurm des Sacharew. M. ist der Geburtsort des Grafen Iwan Iwanowitsch Schuwalow, des Statistikers Pleschtschejaw, der Fabeldichter Krülow und Alex. Ismailow. In der Nähe von M. befinden sich große Torflager. In der Umgegend liegen verschiedene bemerkenswerthe Orte, wie: der Peterspalast mit schon erwähntem schönen Park, den die Moskauer im Sommer gern besuchen; Archangelskoje, Dorf und Schloß mit großer Gemäldegallerie u. andern Kunstschätzen; Ismailowskoje, ein altes Lustschloß der frühern Czaren, u. a.

M. ward 1147 von dem Großfürsten Jurje Wladimirowitsch Dolgoruki von Kiew gegründet, 1176 aber durch den Fürsten von Rjäsan und wieder 1237 durch die Mongolen zerstört. Michael der Tapfere, der jüngere Bruder Alexander Newsky's, führte 1248 zuerst den Titel eines Fürsten von Moskwa, und 1328 verlegte Johann Danilowitsch, welcher den Titel Großfürst führte, seine Residenz von Wladimir nach M., das seitdem Hauptstadt des davon benannten Großfürstenthums blieb, auch der Sitz eines Metropoliten ward. Im Jahre 1381 zerstörten die Mongolen die Stadt abermals, und 1493 und 1547 legten Feuersbrünste dieselbe fast ganz in Asche; 1571 ward sie von Dewlet-Gerai-Khan von der Krim eingeäschert. In Folge der politischen Wirren zu Anfang des 17. Jahrhunderts ward die Stadt von den Polen besetzt und sodann angezündet. Im Jahre 1714 verlegte Peter der Große seine Residenz nach Petersburg. Der härteste Schlag aber traf M. 1812, wo Napoleon I. in das Innere des russischen Reichs vordrang und, an der Moskwa bei Borodino (s. d.) vergebens aufgehalten, am 14. und 15. Sept. in die verlassene Stadt einzog. Die Vorräthe des Zeughauses und die öffentlichen Schätze waren aus M. gerettet worden, der größte Theil der Einwohner mit seinen Schätzen geflohen und das russische Heer hatte sich nach Kaluga gezogen, so daß die Zahl der in M. Zurückgebliebenen 12—15,000 betragen mochte, zur Hälfte Gesindel, außerdem größtentheils Lazarethkranke in den Hospitälern. Schon in der ersten Nacht nach dem Einzuge der Franzosen geriethen die großen Kaufläden in der Nähe des Kreml in Brand. Hierauf brach in mehren Gegenden der Stadt Feuer aus; doch erst am 5. Tage verbreitete ein heftiger Wind die Flammen nach allen Seiten hin, so daß sehr bald ganz M. in Feuer stand. Am 19. Sept. verließ Napoleon den Kreml u. eilte nach dem Lustschlosse Petrowski, eine Stunde vor der Stadt, worauf das Feuer immer mehr überhand nahm, da die Soldaten, statt zu löschen, plünderten. Der Brand von M. war nach der allgemeinen Meinung ein vorher berechneter Plan und das Werk des Grafen Rostopschin. Letzterer widersprach zwar in seiner Schrift „La vérité sur l'incendie de M." (Paris 1823) diesem Verdacht, doch gab er zu, daß Brandstifter mit Raketen und Brandern von den Franzosen ertappt worden seien. Auch diese Behauptung aber erklärte der französische Emigrirte u. Augenzeuge Surrugues in seinen „Lettres sur l'incendie de M." (Paris 1823) für irrig. Die Russen selbst schrieben den Brand auf Rechnung des Zufalls; er dauerte bis zum 21. Sept. Napoleon hielt sich unklugerweise noch 4 Wochen auf den Trümmern auf, und als endlich der Abzug unvermeidlich ward (19.—22. Okt.), waren von 150,000 Kriegern, die in M. eingerückt waren, 50,000 Mann verloren. Von ungefähr 2600 steinernen Häusern waren 525 und von 6600 hölzernen nur 1797 übrig geblieben. Der gesammte Verlust an Brand- und Kriegsschäden in der Stadt und dem Gouvernement M. ward auf 321 Mill. Rubel geschätzt. Nach der Befreiung des Landes erhob sich M. schöner aus seiner Asche. Schnitzler, Moscou, Petersb. u. Par. 1834.

Moskenäsö, Insel, s. Lofoten.

Moskowiten, frühere Benennung der Russen.

Moskwa, 1) linker Nebenfluß der Oka, entspringt im russischen Gouvernement Smolensk, fließt östlich in das Gouvernement Moskau bis zur Hauptstadt Moskau, wendet sich dann südöstlich und mündet nach einem Lauf von 61 Meilen bei Kolomna. Seine bedeutenderen Nebenflüsse sind: Jskna, Ruza, Jstra links, Pakra rechts. Ueber die Schlacht an der M. s. Borodino. — 2) Gouvernement u. Stadt, s. v. a. Moskau.

Moslem, in der Mehrzahl Moslemin, s. v. a. Mohammedaner.

Mosna, Gebirgszweig des Balkan, der unter dem Namen Suchagebirge vom Egrisu-Dagh ausgeht, sich jenseits der Nissawa nach Serbien wendet u. hier Mosnagebirge, nördlicher Golubiniangebirge heißt.

Mosquitoküste, oder das Mosquitogebiet, auch Mosquitia genannt, ein Gebiet in Mittelamerika, zur Republik Nicaragua gehörig, erstreckt sich von 13° — 16° nördl. Br. und von 85° 30′ bis 85° 15′ östl. L. von Ferro und grenzt im Norden u. Osten an das karaibische Meer, im Süden an Costarica, im Westen an Honduras u. die Departements Segovia oder Setentrional u. Granada oder Oriental der Republik Nicaragua. Der Flächeninhalt dieses Gebiets wird auf 1100 □Meilen geschätzt und die Bevölkerung des Küstenlandes auf 5 — 6000 Mosquitoindianer oder Zambos, eine Mischlingsrace von Indianern und Negern, nebst etwa 1500 Weißen. Im Innern des Landes hausen verschiedene Indianerstämme, die von der Jagd und Fischerei u. wilden Baumfrüchten leben und größtentheils unabhängig sind. Der größte Theil des Gebiets ist Hochland, und zwar ziehen sich die weiten Plateaux von Nicaragua u. die östlichen Abfälle der Terrassen von Honduras herein. Auf dem südlichsten Striche, von San Juan del Norte bis zur Blewfieldslagune, nähern sich hohe Bergketten dem Uferrande und bilden kühne Vorgebirge, die bis zum Kamme mit schönen Waldungen bestanden sind. Von Blewfields gegen Norden wird das Küstenland ganz flach. Von der Pearl-Keylagune bis zum Kap Gracias a Dios und von hier bis zur Brewerslagune besteht der Strand aus Sand mit hohem Manglegebüsch dahinter, ohne irgend eine Erhöhung oder ein Vorgebirge zur Abwechslung. Das Hochland bietet größtentheils große Savannen oder Grassteppen dar, die oft mit Fächerpalmen- u. Pechtannengruppen bewachsen sind. Urwälder kommen vornehmlich nur in den Flußthälern und Bergzügen vor, in den trockenen und sandigen Landstrichen bestehen sie aus Nadelholz. Die starken Niederschläge des Binnenlandes erzeugen eine Menge wasserreicher Küstenflüsse, in dem südlicheren Theile fließen die Gewässer fast sämmtlich in den Blewfield oder Rio Escondido, im nördlichen Theile in den Rio Segovia. Eigenthümlich sind der M. ihre Lagunen und Kanalbildungen, welche eine Flußmündung mit der andern, eine Lagune mit der nächsten verbinden. Die Temperatur von Mosquitia ist sehr gleichmäßig u. in Anbetracht seiner geographischen Lage ziemlich kühl. Dagegen ist der Wechsel zwischen feuchtem und trockenem, stillem und stürmischem Wetter ebenso häufig als plötzlich. Im Allgemeinen ist das Klima sehr feucht und an der Küste heiß und ungesund, auf dem Hochlande jedoch frisch und gesund. Der Boden des Küstenlandes ist größtentheils fruchtbar, das Savannenland eignet sich vielfach zur Viehzucht. Kokosnüsse, elastisches Gummi, Sarsaparilla, Balsam, Koval, Kopaiba und Seidengras finden sich wild in den Wäldern; Zucker, Kaffee, Kakao, Ingwer, Pfeilwurz, Indigo, Reis, Tabak und Baumwolle gedeihen unter Pflege aufs Beste. Die großen Waldungen liefern vorzügliches Nutzholz, vornehmlich Mahagoni, Cedern und Rosenholz. Unter den Palmen wächst die stachlige Supa, die Früchte zum Essen liefert, im Freien. Das Thierreich ist durch viele Hausthiergattungen vertreten, in den Wäldern u. Savannen gibt es Spielarten des amerikanischen Tigers; friedlichere Thiere sind der Arari, eine große Art von Wieseln, der Ameisenbär, das Warri und Pekari, zwei Wildschweinarten, Rehe, Tapire und Affen. Ferner hat Mosquitia viele Arten von Vögeln: Wachteln, Rebhühner, Tukane, Papageien, Adler, Königsgeier, Bananen- u. Ananasvögel u. a., viele Giftschlangen und andere Reptilien, darunter die große Eidechse Leguan, deren Fleisch und Eier genossen werden. Von Erzeugnissen des Mineralreichs hat schon die bisherige oberflächliche Kenntniß des Landes Spuren von Silber und Eisen angezeigt; in neuerer Zeit hat man an den Quellen des Rio Mico auch Goldlager entdeckt. Die Ausfuhr von der M. ist ganz unbedeutend. Die eingebornen Indianer und die Zambos, die zu den demoralisirtesten Völkerschaften gehören, sind viel zu träg, um die Erzeugnisse des Landes auszubeuten. Sie führen fast nichts aus als ausgezeichnet schöne Schildkrötenschalen, die sich an der Küste in ziemlichen Mengen und ohne große Mühe sammeln lassen. Der Hauptort des Gebiets ist San Juan del Norte, von den Engländern früher Greytown genannt, seit 1860 als Freihafen für den Handel aller Nationen geöffnet. In neuerer Zeit hat die M. zu langen Streitigkeiten zwischen England und den Vereinigten Staaten Veranlassung gegeben. Die Engländer behaupteten 1841 und 1848, als der Hafen von S. Juan im Süden der Küste für die Transitoroute von Bedeutung wurde, die Schutzherrschaft über das Land, um die Kontrole über den Fluß Juan zu bekommen, welcher die leichteste Wasserverbindung von Meer zu Meer gewährt. Sie stützten sich dabei auf einen 1720 von dem damaligen Gouverneur von Jamaica mit dem sogenannten Mosquitokönig abgeschlossenen Vertrag und ließen 1849 die Behörden von Nicaragua, welche nach Auflösung der Föderalregierung von Centralamerika den Hafen San Juan del Norte beanspruchten, vertreiben. Die Vereinigten Staaten protestirten gegen dieses Verfahren Englands, und 1849 wurde der clayton-bulwersche Vertrag abgeschlossen, nach welchem San Juan del Norte, oder damals Greytown genannt, zu einem Freihafen und die Verbindungsstraße am atlantischen Ocean für ein neutrales Gebiet erklärt wurden. Es folgten später 1855 das Bombardement der Stadt Greytown durch die Nordamerikaner, der bekannte Flibustiereinfall des Amerikaners Walker und endlich 1860 in einem mit Nicaragua abgeschlossenen Traktat die Rückgabe des Mosquitogebiets an die Republik Nicaragua.

Mosquitos, in heißen Ländern mehre stechende Mückenarten, besonders die Amazonenstechmücke, die blauflügelige Stechmücke, die gestreifte Stechmücke, einige Kriebelmücken (Simulia) ꝛc. In Südamerika unterscheidet man diese stechenden Mücken durch besondere Namen und nennt M. insbesondere und Jegenes diejenigen Kriebelmücken, welche von früh bis gegen Abend die Luft erfüllen, Tempraneros aber diejenigen kleinen Stechmücken (Culices), welche gegen Abend erscheinen und nach kaum 2 Stunden den Zecundos für die Nacht Platz machen. Letztere sind wegen ihres höchst schmerzhaften Stichs am meisten gefürchtet. Am größten ist die Mosquitosplage am Orinoco und Amazonenstrom. Man sucht die M. abzuhalten durch Netze, Feuer, Räuchern, sowie dadurch, daß man sich auf Schaukelstühlen beständig bewegt. Vgl. Mücken.

Moß, Stadt im südlichen Norwegen im Amte Smaalenene an der Ostseite des Christianiafjords auf der niedrigen und sandigen Nehrung Värlesand, welche die Halbinsel Gjelön mit dem Festlande verbindet, jetzt aber durchstochen ist, so daß durch diesen Kanal den größten von Süden kommenden Schiffen ein weiter Umweg erspart wird. Die Stadt besitzt ein bedeutendes Eisenwerk, mehre Branntweinbrennereien, bedeutende Holzausfuhr und (1855) 4339 Einw. Eine Feuersbrunst am 16. April 1858 legte sie fast ganz in Asche. Hier ward am 14. Aug. 1814 zwischen Schweden und Norwegen die Konvention abgeschlossen, welche die Vereinigung der beiden skandinavischen Staaten zur Folge hatte.

Moßdorf, Friedrich, namhafter Schriftsteller über Freimaurerei, geboren 1757 zu Eckartsberga, wirkte seit 1785 als Hof- und Justizkanzleisekretär in Dresden, wo er den 16. März 1843 †, und hat unter dem Namen Lenning u. A. eine „Encyklopädie der Freimaurerei" (Leipz. 1822—28, 3 Bde.; 2. Aufl., unter dem Titel „Allgemeines Handbuch der Freimaurerei", 1860 ff.) veröffentlicht.

Mossul (Mosul), Stadt in der asiatischen Türkei, im gleichnamigen Ejalet oder in Mesopotamien, liegt am rechten Ufer des Tigris, in niedriger, flacher Landschaft auf dem Wege von Bagdad nach Diarbekr und dem armenischen Hochlande, sowie von Bagdad nach Aleppo und Kleinasien. Sie ist mit Mauern umgeben, hat enge u. ungepflasterte Straßen, einige Bazare, zahlreiche Kaffeehäuser und Bäder, mehr als 20 Moscheen und einige Kirchen der Nestorianer, Jakobiten und anderer christlichen Sekten. Die Bevölkerung der Stadt ist eine sehr gemischte, ihre Zahl wird zwischen 30—50,000 angegeben. Die Umgebung von M. ist eine wüste Landschaft, von großen Heerden Wild und rohen Völkerschaften bewohnt: von den Kurden von Rowandiz und Amadia im Osten, von den Bahdianen, Kurden u. den Mossul-Aschiratarabern im Norden, von den Jeziden Sindjars im Westen und von den Schammarbeduinen im Süden. Die Stadt selbst ist von Weideland umgeben, an den Bächen und am Stromufer wachsen auch Granatbäume, Maulbeerbäume, Oliven, Feigen und Weinreben; auch die Palme gedeiht noch, bringt aber keine reifen Datteln. In M. wohnt ein türkischer Pascha u. ist eine ständige militärische Besatzung. Der Handel der Stadt war früher bedeutend, ist aber in neuerer Zeit stark in Verfall gerathen, doch hat es noch immer einen beträchtlichen Transithandel zwischen Bagdad, Syrien, Konstantinopel und ins Innere von Kurdistan. Die vorzüglichen Musseline, die hier früher gefertigt wurden und die nach Marco Polo von dieser Stadt ihren Namen herleiten, bilden jetzt keinen Theil ihrer Industrie mehr, wohl aber gewöhnliche blaugefärbte Baumwollstoffe und Shawls für Turbane. Eine Schiffsbrücke verbindet M. mit dem linken od. östlichen Ufer des Tigris, wo das alte Ninive, die große Hauptstadt der Assyrier, mit ihren Prachtbauten gestanden.

Most, s. Wein.

Mostaganem, Stadt in der französisch-algerischen Provinz Oran, unweit der Mündung des Schelif in das mittelländische Meer, ist Sitz eines französischen Unterpräfekten, hat eine unsichere Rhede, ein Fort, altrömische Cisternen, wichtigen Handel nach dem Innern, große Pferdemärkte und 7258 Einw. (meist Mauren und Juden).

Mostar, Stadt im europäisch-türkischen Ejalet Bosna (Herzegowina), an der Narenta, über die eine Brücke führt, ist stark befestigt, hat ein Schloß, vorzügliche Waffenfabriken, welche besonders Damascenerklingen liefern, Vieh-, Getreide- u. Weinhandel und 10,000 Einw.

Mostrich (Möstrich, moutarde), s. Senf.

Mostwage, s. v. a. Aräometer.

Mosul, Stadt, s. v. a. Mossul.

Mota del Cuervo, Stadt in der spanischen Provinz Cuenga (Neukastilien), verfertigt irdene Wein- und Oelkrüge, hat 3529 Einwohner und ist bekannt durch Don Quixote's Abenteuer mit den Windmühlen.

Motala, der wasserreiche Abfluß des großen Wettersee's, durchfließt die Landseen Boren, Norrby, Roxen und Glan und mündet nach einem Laufe von ungefähr 11 deutschen Meilen unterhalb Norrköping in den Bråviken, einen Busen der Ostsee. Wegen der vielen Wasserfälle, die übrigens als Triebkraft benutzt werden, besonders in der Stadt Norrköping, ist der Fluß nicht höher hinauf als bis Norrköping schiffbar, dort aber bildet er einen guten Hafen. In den Wenersee führt der Götakanal hinauf. Wo der Motalafluß u. der Götakanal aus dem Wettersee kommen, liegt in schöner Gegend der Landschaft Oestergötland der lebhafte, stadtähnlich angelegte, schnell zunehmende Flecken M., welcher seinen Ursprung der mechanischen Werkstatt zu verdanken hat, die hier 1822 angelegt wurde, als der Götakanal in Anlage begriffen war, späterhin, nach der Vollendung desselben (1840) an eine besondere Aktiengesellschaft verkauft wurde und jetzt das größte Etablissement dieser Art in Schweden ist, zwei Schiffswerfte (eines bei M. selbst u. eines bei Norrköping) für den Bau der Dampfschiffe besitzt, etwa 700 Arbeiter beschäftigt und jährlich Fabrikate zu einem Werthe von über 1 Million Rthlr. liefert.

Motenebbi, der größte arabische Lyriker, geboren 915 n. Chr. zu Kufa, studirte zu Damascus und gab sich später für einen Propheten (Nabi) aus, weshalb er den Beinamen al M. (der Prophetisirende) erhielt. Seit 948 lebte er zu Aleppo, seit 957 in Aegypten, seit 961 am persischen Hofe zu Schiras. Im Jahre 965 ward er auf einer Reise von Beduinen ermordet. Sein „Divan", eine Sammlung von 289 Gedichten, hat unzählige Kommentatoren gefunden und ward zuletzt mit dem Kommentar des Wahidi von Dieterici Berlin 1858—61 herausgegeben; übersetzt ist er von Hammer-Purgstall (Wien 1823). M. ist vorzugsweise Panegyriker und Schlachtensänger und nähert sich schon dem gekünstelten Styl der späteren arabischen Dichter. Vergl. Bohlen, De Motenebbio, Bonn 1824; M. und Seifeddaula, Leipz. 1847.

Motette, eine sehr alte Form der Vokalmusik, deren bereits Franco von Köln (im 13. Jahrhundert) erwähnte. Nach letzterem waren M.n ursprünglich mehrstimmige Kirchengesänge, die ihren Text aus der heiligen Schrift, einen als Grundlage oder zusammenhaltenden Faden dienenden Cantus firmus aus dem gregorianischen Kirchengesange nahmen; während Eine Stimme diesen Cantus firmus (als Hauptinhalt tenor genannt) vortrug, führten die andern Stimmen ihren Text zu Motiven aus dem Cantus firmus oder auch aus freier Erfindung durch und umgaben so den strengen, ernsten, oft in überlange Noten ausgedehnten Kirchengesang mit lebhafteren, wechselvollen Weisen. Im 16. Jahrhundert finden wir M.n fugenartig gesetzt. Weniger hierdurch, als durch ihren stets der heiligen Schrift entnommenen Inhalt unterscheiden sich die M.n von den überaus beliebten und verbreiteten Madrigalen (s. d.), die weltlichen Inhalt hatten, im Uebrigen theils freier, theils auch in derselben strengen Weise wie die M.n gesetzt wurden. Der Name M. (motetto, motet, muteta, motecta) wird daher am wahrscheinlichsten von dem provençalischen Wort mót, mote (lat. mutum), d. i. Wort, Sprüchlein, Bibelspruch, abgeleitet. In der katholischen Kirche erhielt die M. durch Orlando Lasso eine feste u. geregelte, altkirchlichen Vorbildern sich anschließende Form; von den Protestanten wurde sie mit besonderer Liebe gepflegt und mannichfaltiger behandelt, indem man tiefer und freier in den Text einzudringen sich bestrebte, woraus schärfere Betonung der Einzelnheiten, größerer Ausdruck und Lebhaftigkeit erwuchsen. Hierdurch gewinnt diese an sich immer lyrisch bleibende Kunstform häufig ein dramatisirendes Ansehen, so daß sie sich zuweilen der Kantate nähert; Recitative und Arien aber enthält sie ihrem Wesen nach nicht, nur ab und zu mehrstimmige Solosätze, die entweder ganze Stücke für sich bilden, oder in den Chor eingeflochten sind. Der Doppelchor spielt eine wichtige Rolle in der M., obligate Instrumentalmusik aber schließt sie (abgesehen von einem Orgelcontinuo in einzelnen Fällen) ursprünglich streng aus. Die größten Meister im Motettenstyl sind Palestrina und Lasso für die ältere katholische M., Seb. Bach für die Protestanten; letzterer verflocht auch zuerst den Choral in die M., indem er ihn entweder als Motivstoff oder Cantus firmus für einzelne Sätze verwendete, oder einzelne Strophen mit verschieden harmonisirter Melodie zwischen die andern freien Sätze einschob (z. B. die herrliche M. „Jesu meine Freude"). Außer Bach leisteten Achtungswürdiges Homilius, Rolle, Wolf, Hiller, Fasch, Schicht u. A. Die neueren Italiener und Franzosen haben den Namen M. ungebührlicher Weise auf kirchliche Solokantaten übertragen.

Motherwell, William, schottischer Dichter, geboren zu Glasgow am 13. Okt. 1797, bekleidete zu Paysley die Stelle eines Untersekretärs des Sheriffs. Schon 1819 gab er eine Sammlung von eigenen und fremden Liedern, „The harp of Renfrewshire", heraus. Die Ergebnisse seiner Forschungen über die vaterländische Dichtkunst legte er in seiner Ausgabe von Burns' Werken u. in der „Minstrelsy ancient and modern" (1827), viele seiner Gedichte in einer 1825 von ihm begründeten Monatsschrift nieder. Er † in Glasgow am 1. November 1835. Seine „Poems narrative and lyrical" (Glasgow 1832) weisen ihm einen ehrenvollen Platz unter den schottischen Lyrikern an. Am glücklichsten war er im Rührenden und Elegischen.

Motiers (M. Travers), Pfarrdorf und Hauptort des Bezirks Val de Travers im schweizer Kanton Neuenburg, an der Reuse und der Eisenbahn von Neuenburg nach Dijon, hat ein Schloß (jetzt Gefängniß), Fabrikation von Uhren, Spitzen und Extrait d'Absinthe u. 950 Einw. M. war eine Zeitlang der Aufenthalt Rousseau's nach seiner Verbannung aus Paris und Genf.

Motilität (v. Lat.), Beweglichkeit, besonders eine eigenthümliche, wie die der Muskeln.

Motion (v. Lat.), Bewegung, besonders des Körpers in diätetischer Hinsicht; dann in der parlamentarischen Sprache mancher Staaten ein von einem oder mehren Mitgliedern der Kammer gestellter Antrag, wodurch etwas Neues in Anregung gebracht wird; in der Grammatik s. v. a. Geschlechtsverwandlung, z. B. cervus, Hirsch, in cerva, Hirschkuh.

Motiv (causa motiva), der Beweggrund oder die Triebfeder zu einer Handlung, die, wenn die Handlung als eine mit Bewußtsein vollzogene in Betracht kommen soll, vorzüglich berücksichtigt werden muß. Daher fragt die Moral vor Allem nach den M.en einer That, um danach die That selbst zu würdigen. Man unterscheidet öfters zwischen subjektiven M.en, die in subjektiven Neigungen, Gemüthsstimmungen u. dergl. beruhen, und objektiven M.en oder Vorstellungen objektiver Zwecke als Gründen des subjektiven Wollens und Thuns. Daher motiviren, Beweggründe oder Ursachen angeben. Bei Kunstschöpfungen, insbesondere solchen, deren Darstellung succesiv ist, bezeichnet man durch den Ausdruck Motivirung die innere Vorbereitung eines bestimmten Moments der Darstellung durch einen in die letztere verwebten Umstand, welcher demnach das M. oder Mittel abgibt, wodurch irgend eine Veränderung oder ein Bestandtheil des Kunstwerks in Gemäßheit der dem Ganzen zu Grunde liegenden Idee herbeigeführt und gerechtfertigt wird. M.e in der Gesetzgebung heißen die Gründe, aus welchen die einzelnen Bestimmungen eines Gesetzes hervorgegangen sind.

Motley, John Lothrop, amerikanischer Geschichtschreiber, geboren den 15. April 1814 in Dorchester in Massachusetts, studirte auf der Harvardsuniversität in Cambridge, sodann zu Göttingen und Berlin, bereiste hierauf Frankreich, Italien, die Schweiz und England und erhielt 1841 eine Anstellung als Legationssekretär in Petersburg. Schon im folgenden Jahre aber kehrte er in seine Heimat zurück und widmete sich fortan der schriftstellerischen Thätigkeit, namentlich als Mitarbeiter der in Boston erscheinenden „North-American Review". Seine Novelle „Mortons Hope" (1839) enthält Schilderungen aus dem deutschen Studentenleben, sein Roman „Merry Mount" lehnt sich an die Erlebnisse der ersten Einwanderer in Massachusetts an. Später faßte er den Plan, die Kämpfe der niederländischen Provinzen zu beschreiben, ging zu dem Zweck wieder nach Europa und ließ sich zunächst in Dresden nieder, von wo aus er die Archive und Bibliotheken Hollands und Belgiens durchforschte. Das Resultat mehrjähriger Arbeit war „Rise of the Dutch Republic" (Lond. 1856, 3 Bde.; deutsch, Dresden 1857—60, 3 Bde.), mit dem Tode Wilhelms des Schweigenden abschließend. Das Werk läßt in Styl und Behandlungsweise deutlich als Vorbild Macaulay erkennen, bekundet aber gründliche Forschung, Bestimmtheit des Urtheils und Adel der Gesinnung. Die Fortsetzung erschien unter dem Titel „History of the United Netherlands" (Lond. 1860, 2 Bde.). Gegenwärtig lebt L. zu London mit der Vollendung seines großen Werks beschäftigt.

Motola (Mottola), Stadt in der italienischen Provinz Lecce (ehemaligen neapolitanischen Provinz Terra di Otranto), mit dem Titel eines Fürstenthums (des Hauses Carraccioli), ist Bischofssitz, hat eine Kathedrale, ein Seminar, Wein-, Oliven- und Mandelbau und 3400 Einw.

Motril, reiche und blühende Stadt in der spanischen Provinz Granada (Andalusien), unweit des mittelländischen Meeres, hat mehre Kirchen u. Klöster, eine Zuckerfabrik, Baumwollenmanufakturen, Bleiminen, Salinen, Mineralquellen, Weinbau, Zucker- und Baumwollenplantagen und 10,858 Einwohner. Eine Stunde südöstlich davon der Hafenort Calahonda.

Motte, s. Lamotte und Fouqué.

Motten (Schaben, Tineadae), Schmetterlingsfamilie aus der Abtheilung der Kleinfalter, charakterisirt durch die schmalen, nicht geschulterten, lang gefransten, in der Ruhe fächerförmig gefalteten oder um den schlanken Leib gerollten Flügel, die oft sehr hervorragenden Taster, die borstenförmigen Fühler und die nicht hervorragenden Hinterbeine. Die Schmetterlinge sind auf den ersten Blick unansehnlich, zeigen aber bei genauer Betrachtung oft die feinsten Zeichnungen und einen gold- und silberschimmernden Farbenglanz. Die meist sehr kleinen, 16-, selten 14- oder 18beinigen, kahlen oder unmerklich behaarten Raupen, leben frei oder im Innern verschiedener Substanzen und machen ihre Metamorphose in einer selbstgesponnenen Hülle von zernagten Pflanzen- oder Thierstoffen durch. Hierher gehören auch die sogenannten Miniraupen, welche zwischen der Ober- und Unterhaut der Blätter leben, sowie die Thierfresser, welche Pelzwerk, Federn etc. zerfressen. In Naturaliensammlungen sind die Raupen am sichersten durch Arsenikdämpfe zu vertilgen. Kleider, Möbeln etc. reinigt man von ihnen, indem man sie starker Ofenhitze aussetzt. Außer der Kornmotte (s. Kornwurm) ist am berüchtigtsten die Pelzmotte oder Haarschabe (Tinea pellionella *L.*). Dieselbe hat einen weißen Kopf u. Halskragen, silbergraue, in der Mitte mit 1—2 dunkelbraunen Punkten gezeichnete Vorderflügel und gelblichweiße Hinterflügel und ist 3 Linien lang und 6 Linien breit. Das Weibchen legt im Mai seine Eier an Pelzwerk, Wolle, Pferdehaare etc. Die nach 14 Tagen auskriechenden Räupchen beißen die Haare am Grunde ab, wodurch die bekannten glatten Flecken im Pelzwerk entstehen. Man tödtet sie am sichersten durch trockene Wärme (Sonnen- oder Ofenhitze). Die Kleidermotte (T. sarcitella *L.*) hat silbergraue, an der Wurzel zu beiden Seiten des Rückens mit einem weißen Punkt bezeichnete Flügel und ist 3 Linien lang und 7 Linien breit. Die Raupen leben in Kleidern, Teppichen, Tapeten, Pelzwerk etc. Das Weibchen legt seine Eier im Mai und Juni; nach 3 Monaten sind die Raupen ausgewachsen; sie überwintern, verpuppen sich im März oder April in einem braungrauen, mit Unrath gemengten Gewebe, aus welchem der Schmetterling nach 4 Wochen auskriecht. Bekannt ist auch die Tapeten- oder Kutschenmotte (T. tapeziella *L.*), mit schneeweißem Kopf, an der Wurzel schwarzen, an der Spitze weißen, braun gewellten Flügeln, 3 Linien lang und 7 Linien breit. Die Raupe lebt in Pelzwerk, Wolltapeten, Federn, todten Insekten und besonders häufig im Tuche, womit alte Kutschen ausgeschlagen sind, und verpuppt sich in einer Hülle aus den genannten Stoffen. In dem Wachse der Honigbiene lebt die Raupe der Bienenmotte oder Honig- oder Wachsschabe (Galleria cereana *L.*, G. cerella *Hb.*), welche Gänge in die Waben frißt und, wo sie festen Fuß gefaßt hat, den Stock unfehlbar zerstört. Der Schmetterling hat aschgraue, am Innenrande mit purpurbraunem Längsstreifen gezeichnete Flügel und fliegt meist in der Nähe der Bienenstöcke umher. Die Anwesenheit von Wachsschaben in einem Bienenstocke erkennt man leicht an dem platten, länglichen, gekerbten Koth der Raupen. Man muß die angefressenen Waben sogleich beseitigen. Die aus Faulbaum und Spindelbaum bestehenden Hecken sind im Frühjahre öfters mit einem sehr dichten weißen Gespinnst überzogen, in denen kleine dottergelbe schwarzköpfige Raupen wohnen, die Larven der gemeinen Spindelbaummotte (Hyponomenta evonymella *L.*), deren schneeweiße Oberflügel 50 schwarze Punkte tragen. Dieselben thun auch den Birn- und Aepfelbäumen Schaden und können durch Abraupen wohl beschränkt, aber nicht vertilgt werden. Von H. padella *L.*, mit grau gefransten Hinterflügeln, lebt die schwarz punktirte Raupe auf Birn-, Mispel-, Vogelbeerbäumen ꝛc. und wird in Gärten nicht allein durch das Abfressen der Blätter und Blüthen, sondern auch durch ihr klebriges Gespinnst lästig.

Mottlau, Nebenfluß der Weichsel, kommt im Kreise Stargard des preußischen Regierungsbezirks Danzig aus dem liebschau'schen See, geht durch den danziger Werder nach Danzig, wo sie die Speicherinsel bildet und ansehnliche Seeschiffe trägt, und mündet unterhalb dieser Stadt.

Motto (ital.), Sinn- oder Denkspruch; Bezeichnung einer einem Schriftsteller entlehnten Stelle, welche einer Schrift zur Andeutung ihres Inhalts oder ihrer Tendenz vorangestellt wird.

Motu proprio (lat.), auf eignen Antrieb, eine Formel in den päpstlichen Reskripten, die bezweckt, daß die vorliegende Entscheidung unter keinem Vorwande bestritten werden soll.

Motus (lat.), Bewegung.

Mouchard, in Frankreich spottweise Bezeichnung der Polizeispione zur Erforschung politischer Gesinnungen u. Anschläge, im Munde des Volks s. v. a. Schuft. Einige leiten das Wort von einem gewissen Mouchy her, dem zur Zeit der katholischen Ligue in Frankreich unter dem Titel eines Inquisiteur de la foi die Ausspürung der Ketzer übertragen war; Andere behaupten, M. sei aus mouche, d. i. Fliege, entstanden, weil die Spione Die, welche sie aushorchen, wie Fliegen umschwärmen. Schon Plutarch bedient sich dieses Gleichnisses.

Mouche (franz.), kleines, länglich oder halbrund geschnittenes Stückchen Taffet oder Atlas, welches auf der einen Seite mit Gummi bestrichen und von den Frauenzimmern des Putzes wegen auf das Gesicht geklebt ward.

Moucheron, Frederik de, ausgezeichneter niederländischer Landschaftsmaler, geboren 1633 zu Emden, erhielt seine künstlerische Ausbildung von J. Asselyn und zu Paris u. ließ sich dann in Amsterdam nieder, wo er 1686 †. Besonders treu wußte er Wasser, in dem Gegenstände sich spiegeln, sowie die Luft wiederzugeben; die Staffagen sind meist von Helmbreker und Adrian van der Velde. Sein Sohn Isaak, genannt Ordonnanz, geboren zu Amsterdam 1670, † daselbst den 20. Juli 1744, zeichnete sich ebenfalls als Maler, daneben auch als Kupferstecher aus. Seine Bilder sind mit leichtem Pinsel gemalt und namentlich in der Perspektive ausgezeichnet.

Mouchoir Carée, westindische Gruppe von Felsen u. Sandbänken, zu den Bahamainseln gehörig, südöstlich von Caicos, durch die gleichnamige Passage von den Tarks geschieden.

Mouchoirs (franz.), Schnupftücher.

Moudania (Mudania), Stadt im türkischen Ejalet Khudavendiglar (Kleinasien), am gleichnamigen Golf des Marmarameers, nordwestlich von Brussa, hat einen kleinen Hafen, über den Brussa seinen Handel mit Konstantinopel treibt, lebhaften eigenen Handel und 20,000 Einw.

Moudon (Milden), Stadt und Bezirkshauptort im schweizer Kanton Waadt, an der Broye, hat außer einem alten von Berthold von Zähringen gegründeten Schlosse (der Stäffis) noch 2 neuere Schlösser (Carouge und Rochefort), ein Zeughaus, altes Rathhaus, Realschule, Gymnasium, höhere Knaben- und Töchterschule, Tuch-, Chokoladen- und Stärkefabrikation, Gerbereien, Getreidehandel und 2450 Einw.

Mouflon (Mufflon), s. Schaf.

Moulins (M.-sur-Allier), Hauptstadt des französischen Departements Allier, sowie des ehemaligen Herzogthums Bourbonnais, am Allier u. an der Eisenbahn von Orléans nach St. Etienne, die sich hier nach Montluçon abzweigt, ist Sitz der Departementalbehörden, eines Bischofs, eines Civil- und eines Handelsgerichts, hat eine sehr schöne Brücke, 12 Kirchen (darunter die Kathedrale Notredame mit dem Mausoleum des letzten Connetable von Montmorency), Kasernen, einen Justizpalast, ein Museum, Naturalienkabinet, eine Bibliothek, ein Theater, Lyceum, eine Normalschule, Woll- u. Baumwollspinnereien, Seidenweberei, Fabrikation von Messerschmiedewaaren und Handel damit, sowie mit Oel, Vieh, Holz, Kohlen ꝛc., Dampfschifffahrt in Verbindung mit der auf der Oberloire und zählt 18,070 Einw.

Mounier, 1) Jean Josephe, hervorragendes Mitglied der französischen Nationalversammlung, geboren am 12. Nov. 1758 zu Grenoble, studirte zu Ora ge die Rechte und prakticirte dann als Advokat, kaufte sich aber 1783 zu Grenoble ein Richteramt, ward 1789 von der Dauphiné als Deputirter für die Generalstaaten gewählt und galt bei dem Zusammentritt derselben als der wärmste und fähigste Vertheidiger der Volkssache. Auf seinen Antrag erklärte sich die liberale Majorität zur Nationalversammlung und leistete am 17. Juni 1789 den bedeutungsvollen Eid im Ballhause; auch ward er in das Komité gewählt, welches die Grundzüge einer neuen Verfassung entwerfen sollte. Aber M. sah sich bei seiner gemäßigten und rechtlichen Gesinnung bald von der politischen Bewegung überflügelt. Schon als die Versammlung das von ihm vorgeschlagene Zweikammersystem mit dem absoluten Veto verwarf, schloß er sich den sogenannten Monarchisten an, und in der Nacht vom 4. Aug. erhob er sich eifrig gegen die Verletzung der Eigenthumsrechte. Gleichwohl ward er am 29. Sept. 1789 zum Präsidenten der Versammlung erwählt. In dieser Eigenschaft bekundete er bei den Ereignissen vom 5. und 6. Okt. Muth und Energie. Nachdem aber die Versammlung den Beschluß gefaßt hatte, nach Paris überzusiedeln, reichte er seine Entlassung ein und begab sich in die Dauphiné, wo er zu einer Versammlung der Provinzialstände aufforderte. Als die Nationalversammlung dieselbe untersagte, ging M. nach Savoyen und von da in die Schweiz. Um diese Zeit veröffentlichte er seine berühmte Schrift „Recherches sur les causes qui ont empêché les Français de devenir libres" (Genf 1792, 2 Bde.; deutsch von Genz, Berl. 1794, 2 Bde.). Im Jahre 1793 ließ er sich in Weimar nieder u. errichtete auf dem Schlosse Belvedere eine Unterrichtsanstalt für junge Engländer. Nach dem 18. Brumaire in sein Vaterland zurückgekehrt, ward er von Bonaparte zum Präfekten im Departement Ille-Vilaine ernannt und nach Errichtung des Kaiserthums in den Staatsrath berufen. Er † am 28. Januar 1806. Unter seinen Schriften ist noch hervorzuheben „De l'influence attribuée aux philosophes, aux francs-maçons et aux illuminés sur la révolution de France" (Tüb. 1801; neue Aufl., Paris 1821).

2) Claude Edouard Philippe, Baron M., französischer Staatsmann, Sohn des Vorigen, geboren den 2. Dec. 1784 zu Grenoble, ward 1806 Auditeur im Staatsrath und versah 1807 und 1808 in Deutschland mehrmals das Amt eines Intendanten, ward 1809 von Napoleon I. zum Kabinetssekretär ernannt und erhielt den Baronstitel mit einer Dotation in Schwedisch-Pommern. Im Jahre 1812 wurde er Requetenmeister und 1813 Intendant bei dem Bauwesen, welche letztere Stelle er bis zur Julirevolution behielt. Auch berief ihn der König 1815 in den Staatsrath u. im Januar 1817 in die Kommission, welche mit der Liquidation der auswärtigen Kriegsentschädigungen beauftragt war. In letzter Eigenschaft wies er nach, daß die unmittelbare Ausgleichung der Privatansprüche der französischen Regierung ungeheure Opfer kosten würde, und bewog den Minister Richelieu, auf dem Kongresse zu Aachen mit jeder einzelnen der betheiligten Mächte über ein Abfindungsquantum zu verhandeln. Im Jahre 1819 zum Pair erhoben, lehnte er im Febr. 1820 das ihm angebotene Portefeuille des Innern ab, trat aber unter dem Titel eines Generaldirektors der Polizei und der Departementalverwaltung in die Regierung. Unter dem Ministerium Villèle trat er in den Privatstand zurück, übernahm dagegen unter der Verwaltung Martignacs die Ausarbeitung der Gesetzentwürfe über die Departemental- und Municipalverwaltung. Nach der Julirevolution zog er sich aus dem Staatsrathe zurück, entfaltete dagegen in der Pairskammer im Interesse der konstitutionellen Freiheit eine gediegene Thätigkeit. Er † zu Passy bei Paris am 11. Mai 1843.

Mountains (engl.), Berge, Gebirge.

Mounteagle, Lord, s. Spring Rice.

Mount Vernon, Landgut im nordamerikanischen Staate Virginien, am Potomac, 3 Stunden unterhalb Alexandria, gehörte George Washington, der hier seine letzten Jahre verlebte, den 14. Dec. 1799 daselbst starb, u. dessen Haus, Grab (die Leiche selbst ist später nach der Bundeshauptstadt Washington gebracht worden) und Denkmal sich dort noch finden.

Moura, Stadt in der portugiesischen Provinz Alentejo, Distrikt Beja, am Guadiana, ist befestigt, hat 2 Pfarrkirchen, 5 Klöster und 3680 Einw.

Mouradgea d'Ohsson, Ignaz, Diplomat und Orientalist, geboren zu Konstantinopel als Sprößling einer armenischen Familie, trat früh in die Dienste der schwedischen Gesandtschaft bei der ottomanischen Pforte u. wurde zum Geschäftsträger u. 1782 zum außerordentlichen Gesandten des Hofs von Stockholm in Konstantinopel ernannt. Später zog er sich auf ein Landgut in Frankreich zurück, um nach langjährigen Vorstudien eine vollständige Darstellung des ottomanischen Reichs in drei für sich bestehenden Abtheilungen (zusammen 7 Bde., Paris 1804—24) zu liefern, mit den besondern Titeln: „Tableau historique de l'Orient" (eine Geschichte aller Völker unter ottomanischer Botmäßigkeit), „Tableau général de l'empire ottoman" (eine Darstellung der Gesetzgebung, Religion, Sitten etc.) und „L'histoire de la maison ottomane" (die Geschichte von Osman I. bis 1758). Das Ganze war der Beendigung nahe, als M. am 27. August 1807 †. Sein Sohn, der Freiherr Konstantin d'Ohsson), hat das Werk fortgesetzt.

Mourmelon-le-grand, Dorf bei Châlons-sur-Marne im französischen Departement Marne, hat Parkanlagen mit Denkmalen, kaiserliches Theater und 5719 Einw.; es hat sich durch die in der Nähe gehaltenen großen Feldlager und vom Kaiser bedeutend unterstützt schnell zu großer Blüthe entwickelt.

Mousquetaires du Roi, ehemals berittene und prächtig uniformirte adelige Leibgarde des Königs von Frankreich.

Mousqueton (franz.), Schießgewehr mit kurzem, nach vorn konisch sich erweiterndem Laufe, ward früher von der Kavallerie als Karabiner gebraucht, ist jetzt aber nur noch bei italienischen Räubern und Türken in Gebrauch.

Moussa, afrikanischer Fluß in Nigritien, scheint die Grenze zwischen Borgu und Yariba zu bilden, mündet rechts in den Quorra; links davon liegt der gleichnamige Ort.

Mousselin, s. Musselin.

Moussiren (v. Franz.), das Schäumen mancher Getränke, wenn sie aus vorher luftdicht verschlossenen Bouteillen in ein Glas geschüttet werden, kommt am häufigsten beim Bier und Champagner vor und beruht auf dem überwiegenden Antheil von kohlensaurem Gas, das sich in der weinigen Gährung, u. zwar vor dem Ausgang derselben entwickelt und entweicht, sobald der die Entwickelung desselben hindernde Druck vermindert wird. Man bedient sich des Ausdrucks M. auch bei Mineralwässern, die an kohlensaurem Gase reich sind.

Moussons (engl. monsoons), Passatwinde, an bestimmte Jahreszeiten gebundene Winde, besonders im indischen Ocean; s. Wind.

Moutiers (M. en Tarentaise), Hauptstadt eines Arrondissements im französischen Departement Savoyen, von hohen Bergen umgeben, an der Isère, ist Sitz eines Bischofs und eines Civilgerichts, hat eine Kathedrale, ein Kommunalcollège, eine praktische niedere Bergschule, Kohlengruben, Salinen, Viehhandel und 1975 Einw.; es ist der Geburtsort des Papstes Innocenz I.

Mouton (franz.), s. v. a. Schöps, Hammel.

Mouton, Georg, Graf Lobau, s. Lobau.

Mouy, Stadt im französischen Departement Oise, am Thérain und an der Zweigbahn Creil-Beauvais der Nordbahn, hat bedeutende Fabrikation von Tuch, Merinos, Strumpfwaaren, Kämmen, Spangen u. Wollkratzen und zählt 2955 Einw.

Mouzangaye, eine ehemals bedeutende, von Arabern bewohnte Stadt an der Bambetokbai an der Westküste der afrikanischen Insel Madagaskar. Auf den Trümmern derselben wurde 1824 durch Hovas die Stadt Madschongo angelegt.

Mouzon, Stadt im französischen Departement Ardennes, an der Maas, hat Tuchfabrikation, Lohgerberei, Bierbrauerei, Handel mit kurzen Waaren und 2220 Einw.

Movers, Franz Karl, ausgezeichneter Forscher auf dem Gebiete des phönicischen und biblischen Alterthums, geboren den 17. Juli 1806 zu Koesfeld in Westphalen, studirte zu Münster Theologie und orientalische Sprachen, fungirte 1830—33 als Vikar zu Rath bei Deutz, 1833—39 als Pfarrer zu Berkum bei Godesberg und folgte 1839 einem Ruf als Professor der alttestamentlichen Theologie an der katholischen Fakultät zu Breslau, wo er den 28. Sept. 1856 †. Sein durch Scharfsinn, Gründlichkeit und umfassende Gelehrsamkeit ausgezeichnetes Hauptwerk sind „Die Phönicier“ (Bresl. 1840—56, 3 Bde.). Zur Vervollständigung und Erläuterung dienen „Phönicische Texte“ (das. 1845—47, 2 Bde.) und mehre Abhandlungen in der „Zeitschrift für Philosophie und katholische Theologie“. Noch sind von seinen Werken zu erwähnen: „Kritische Untersuchungen über die alttestamentliche Chronik“ (Bonn 1834) und „De utriusque recensionis vaticiniorum Jeremiae indole et origine“ (Hamb. 1837).

Mown, Stadt, s. v. a. Munster.

Moxa (Brenncylinder), kleiner, ungefähr $1\frac{1}{2}$ Zoll hoher und an seiner Basis $\frac{1}{2}$ Zoll dicker, aus irgend einem ohne Flammen mit Leichtigkeit brennenden Stoff angefertigter Kegel oder Cylinder, welcher auf der Haut verbrannt wird. Man bezweckt dadurch bei Gicht, chronischem Rheumatismus 2c. eine Ableitung von den tiefer liegenden Theilen nach der äußeren Haut, indem schon der durch den Brand verursachte Reiz diesem Zweck entspricht und dann die verletzte Stelle beliebig in Eiterung erhalten werden kann. Gewöhnlich bedient man sich zur Anfertigung der M. der rohen gezupften Baumwolle. Die Chinesen und Japanesen bedienen sich der wolligen Substanz von den Blättern der Artemisia vulgaris latifolia. Eine neue Art M. hat von Gräfe angegeben: Man nimmt gewöhnliche Oblaten, tränkt diese mit einer Mischung von 3 Theilen Terpentinöl und einem Theil Schwefeläther, ergreift diese Oblate mit einer Pincette, legt dieselbe auf die betreffende Körperstelle und zündet sie an. Die Moxen waren im Orient schon seit langer Zeit gebräuchlich, und ihre Kenntniß kam wenigstens schon durch Prosper Alpinus nach Europa.

Moya, Pedro de, spanischer Maler, geboren in Granada 1610, trat in Kriegsdienste und kam mit der Armee nach Flandern, ging dann 1641 nach London, wo er Vandycks Schüler ward, und ließ sich in der Folge in Granada nieder, wo sich seine vorzüglichsten Arbeiten befinden, u. A. eine Madonna in der Kathedrale, Darstellungen aus dem Leben des heiligen Johannes de Mata, bei den Trinitariern, St. Alypius, der die heilige Jungfrau anruft, bei den Augustinern, eine Geburt Christi, bei den Barfüßermönchen, 2c. Er † 1666. Seine Werke sind zwar nicht selten styllos, doch voll Leben und Ausdruck. Unter seinen Schülern war Juan de Sevilla der vorzüglichste.

Moyenvic, Stadt im französischen Departement Meurthe, an der Seille, hat bedeutende Wollzeugfabrikation, ein großes Steinsalzbergwerk und 3100 Einwohner.

Moys, Dorf in der preußischen Provinz Schlesien, Regierungsbezirk Liegnitz, am rothen Wasser, mit Papiermühle, Essig- und Liqueurfabrikation und 450 Einwohnern, bekannt aus dem siebenjährigen Kriege durch das Gefecht am 7. Sept. 1757 zwischen den Preußen unter General Winterfeld, der hier fiel, und den Oesterreichern unter Nadasdy; letztere blieben Sieger.

Mozambique (Mozambiqueküste), Landstrich an der Ostküste von Südafrika, welcher zwischen dem Kap Delgado (10° 41′ südl. Br. und 40° 34′ östl. L. v. Greenw.) und der nördlichen Mündung des Zambese (17° 30′ südl. Br. und 33° östl. L. v. Greenw.) liegt und die westliche Seite der großen Wasserstraße bildet, welche unter dem Namen Kanal von Mozambique die Insel Madagaskar von dem Festlande Afrika's scheidet. Dazu gehören noch mehre Inselgruppen an der Küste, wie die Querimba-, Mozambique- und Angoscheinseln. Zunächst dem Ocean ist das Land sehr flach, mit großen Sümpfen bedeckt und ungesund. Längs der zahlreichen Flüsse wird es höher und trockener und ist im Allgemeinen mit Waldungen besetzt. Es finden sich Kasuarinen und Kokospalmen und ausgedehnte Wälder von Kaffee- und Kopalbäumen. Die ansehnlichsten Flüsse des Landes sind der Zambese, der Musalo, Muitipuësi und Angosche. Die einheimische Bevölkerung gehört dem Kaffernvolke an. Längs der Küste von Kap Delgado bis zum Angoschefluß und 10—15 Meilen nach dem Innern des Landes wohnt vorzugsweise der große Stamm der Makua oder Makawa, tiefer im Innern am Zambese wohnen die Mororo, an der Nordseite des Zambese die Maravi und die Moviza. Die Makua haben ein breites flaches Gesicht, Wollenhaar, dicke Lippen und flache Nasen, ähnlich den Negern von Guinea, und sind die rohesten und häßlichsten des Kaffernvolks, aber sehr kräftig gebaut und von friedlichem, zuverlässigem und tapferem Charakter. Sie stehen mit den Portugiesen in Handelsverkehr und dienen denselben als Sklaven und Soldaten. Die Mororo haben langes glattes Haar, das sie in dünne Zöpfe flechten und herabhängen lassen, und eine musterhafte Körperbildung. Der große Stamm der Moviza auf der Nordseite des Zambese und nordwestlich von Tete, zeichnet sich durch seine Geschicklichkeit in der Eisenverarbeitung aus. Das Innere des Landes ist nicht genau bekannt. Das Jahr theilt sich hier, wie in allen Tropenländern, in die trockene und die Regenzeit. Das Regenwetter beginnt im November und dauert bis zum Ende des März. Im Sommer ist die Hitze außerordentlich, u. die vielen Sümpfe machen fast die ganze Küstengegend, besonders für die Europäer, sehr ungesund. M. ist reich an Bodenerzeugnissen; es wird Reis,

Mais und Hirse gebaut, Zwiebeln, auch europäische Gemüse, Erbsen, Bohnen, Melonen, Gurken, Pfeffer, in verschiedenen Arten, Kaffee und Baumwolle, sowie Kokosnüsse, Orangen, Citronen, Bananen und verschiedene andere Früchte. Fische und Schildkröten gibt es in Ueberfluß an den Korallenbänken u. Inseln. Auch Rindvieh, Schafe u. besonders Ziegen hat das Land in Menge. Ausgeführt werden aus M. Ebenholz, Zähne von Flußpferden, Schildpatt, Kopal, Goldstaub, Gummi und etwas Ambra, der vom Meer ausgeworfen wird. Der frühere, für die portugiesischen Besitzungen äußerst gewinnreiche Sklavenhandel ist großentheils unterdrückt. Die technische Geschicklichkeit der einheimischen Bewohner, wie der Kaffern überhaupt, ist sehr wenig entwickelt; die Moviza verschmelzen Eisenerze und fertigen daraus Waffen und Geräthe für sich und für den Handel; die Anwohner des Zambese arbeiten auch sehr geschickt in Gold mit den einfachsten Werkzeugen. Die Portugiesen besitzen in M. 6 Distrikte: Lourenzo Marquez (Dalagoabai), Inhambana, Sofala, Quilimane, Mozambique u. den Inseldistrikt vom Capo Delgado mit etwa 300,000 Bewohnern, worunter 20,000 Sklaven. Nur ein Gebiet mit etwa 70,000 Bewohnern ist übrigens den Portugiesen unmittelbar unterworfen, der Rest ist nur tributpflichtig. Diese Posten stehen unter einem auf 3 Jahre ernannten Generalgouverneur, welcher auf der Insel M. wohnt, und welchem in jedem Distrikt ein Untergouverneur untergeordnet ist. Die kirchliche Verwaltung besteht aus einem Prälaten, einem Prior und 10 andern Geistlichen, die Militärmacht aus etwa 1000 Mann Linientruppen und 6 Milizbataillonen. Die Erträge, welche die portugiesische Regierung aus den Besitzungen von M. zieht, sind gering, sie bestehen fast nur aus den Produkten der großen Krongüter und den Zöllen von Mozambique u. Quilimane, welche sich jedoch nach der Unterdrückung des Sklavenhandels sehr vermindert haben. Die Mozambiquebesitzungen dienen den Portugiesen vorzugsweise als Verbannungsorte. Die wenigen Europäer, welche hier wohnen, können das verderbliche Klima der Küstenstriche nur kurze Zeit aushalten, die portugiesische Regierung schickt deshalb nur schwere Verbrecher, selbst als Beamte und Soldaten nur solche Schuldige hierher. Der Einfluß der Portugiesen auf das Innere des Landes hat seit Anfang dieses Jahrhunderts völlig aufgehört. Den Handelsverkehr aus dem Innern mit den portugiesischen Stationen betreiben meist sogenannte Kanarier oder Abkömmlinge von Portugiesen mit indischen Weibern, denn die Grausamkeit und Treulosigkeit der Portugiesen gegen die Eingebornen hat diese so erbittert, daß sie den portugiesischen Händlern den Eingang in das Innere nicht mehr gestatten.

Mozambique, Stadt u. Hauptstation der Portugiesen an der Ostküste von Südafrika, liegt auf der gleichnamigen Insel, einer von der Gruppe der Mozambiqueinseln, unter 15° 2′ südl. Br. u. 40″ 43′ östl. L. v. Greenw. Die Insel, eine Korallenbildung, ist kaum eine Meile lang, sehr flach und schmal und hat ein ungesundes Klima. Die zwei andern Inseln der Gruppe, St. George nördlich und St. Jago südlich, liegen von der Insel Mozambique etwa eine halbe Meile entfernt, sind gleichfalls aus Korallen gebildet und haben Vegetation, aber keine Bewohner. Die Stadt, Sitz des portugiesischen Gouverneurs u. eines Bischofs, hat enge Straßen, aber im Allgemeinen gut gebaute Häuser, auch 3 Kirchen. Fast in ihrem Mittelpunkte ist ein geräumiger Platz, auf der einen Seite nach dem Ufer zu mit einem langen Steindamm als Ladungsplatz, auf den andern Seiten mit der Residenz des Gouverneurs, dem Zollhaus und der Hauptwache. Die Residenz ist ein großes steinernes Gebäude mit flachem Dach und großem Hof. Die Stadt nimmt ungefähr die Hälfte der Insel ein; nach Süden zu liegt die sogenannte „schwarze Stadt“, nur von Farbigen bewohnt und mit armseligen Bambushütten zerstreut und unregelmäßig besetzt. Die Bevölkerung der Stadt besteht aus wenigen Portugiesen, einem kleinen Theil von Kanariern, wie die Abkömmlinge der Portugiesen mit indischen und eingebornen Weibern genannt werden, und einigen Hindustanern und zum größten Theil aus Sklaven und freien Farbigen, und wird etwas über 6000 Seelen betragen, wozu noch die portugiesische Garnison von ungefähr 700 Mann kommt. Der Hafen wird durch eine $1^1/_4$ Meilen lange und $1^1/_2$ Meilen breite Bucht gebildet, in welche 3 Flüsse münden, u. ist geräumig u. vortrefflich. Der früher so bedeutende Handel, besonders als die Portugiesen den Sklavenverkauf noch in großartigem Maße betrieben, ist in neuerer Zeit immer mehr heruntergekommen. Ausfuhrartikel sind noch Elfenbein, Goldstaub, Gummi und einige andere Gegenstände geringeren Werths; der Elfenbeinhandel hat sich größtentheils nach Zanzibar gezogen. An Trinkwasser fehlt es der Stadt, sie muß damit vom Festlande aus versorgt werden. Die Insel Mozambique wurde zuerst von Vasco de Gama besucht, die Stadt wurde 1506 von den Portugiesen Tristan da Cunha und Albuquerque besetzt und ward der Mittelpunkt der portugiesischen Besitzungen an den ostafrikanischen Küsten, zugleich der Sitz eines Vicekönigs, dem die übrigen portugiesischen Gouverneure in Afrika untergeordnet waren. So lange die Portugiesen ihre ausgedehnten Besitzungen in Indien und Mozambiqueland hatten, war auch die Insel und Stadt M. in Blüthe, aber im 17. Jahrhundert begann der Verfall der portugiesischen Kolonialherrschaft, wovon die schlechte Verwaltung die Hauptschuld mit trug, und damit hat auch der Hafen seine Handelsbedeutung verloren.

Mozaraber (Mos charaber, Mostaraber, v. Arab.), d. i. unächte Araber, Fremde unter den Arabern, abgeleitete Bezeichnung der christlichen Einwohner Spaniens, welche unter die Herrschaft der Araber kamen, aber ihrem Glauben treu blieben. Sie behielten ihre alte Liturgie (die sogenannte mozarabische, auch gothische) bei und verweigerten die Annahme der römischen. Erst Gregor VII. drang vielen Kirchen und Klöstern, vornehmlich in Kastilien, die letztere auf, gestattete aber sechs mozarabischen Gemeinden in Toledo und Leon, bei ihrer alten Liturgie zu bleiben, die deshalb auch der toletanische Ritus heißt. Dieselbe war aber schon 1285 sehr verändert und nur noch an einigen hohen Festtagen in Gebrauch. Um sie nicht ganz in Vergessenheit gerathen zu lassen, stiftete der Erzbischof von Toledo, Fr. von Ximenez, eine Kapelle, in welcher die Messe täglich nach mozarabischem Ritus gelesen werden sollte. Nach Vergleichung aller liturgischen Handschriften der mozarabischen Gemeinden ließ Ximenez das mozarabisch-isidorische „Missale mixtum secundum regulam beati Isidori dictum Mozarabicum" (1500, 1502) drucken; doch ist darin manches Alte weggelassen und manches Neue eingeschoben worden. Noch jetzt wird in mehren Kirchen des Erzbisthums Toledo nach dieser Liturgie der Gottesdienst abgehalten.

Mozart, Johannes Chrysostomus Wolfgang Gottlieb, gewöhnlich Wolfgang Amadeus genannt, einer der größten deutschen Tonkünstler, wurde geboren den 27. Januar 1756 zu Salzburg, wo sein Vater, Leopold M. (geboren den 14. Nov. 1719 zu Augsburg, † den 28. Mai 1787), als Unterdirektor der erzbischöflichen Kapelle angestellt war, und zeigte auffallend frühzeitig Spuren eines außerordentlichen musikalischen Talents. Er war 3 Jahre alt, als seine 5 Jahre ältere Schwester Maria Anna den ersten Unterricht auf dem Klavier bekam. Die ersten Töne, welche sie anschlug, weckten das Echo in der Brust des Knaben; er eilte an den Flügel und beschäftigte sich Stunden lang mit dem Zusammensuchen der Terzen. Dies bewog den Vater, ihm leichte Stücke spielend beizubringen. Der Schüler übertraf alle Erwartung; er lernte in einer halben Stunde eine Menuet oder ein Liedchen u. trug es dann mit dem angemessensten Ausdruck vor. Im 6. Jahre komponirte er bereits selbst kleine Stücke auf dem Klavier, welche sein Vater dann in Noten setzte; im Spiel selbst war er so weit fortgeschritten, daß der Vater sich entschloß, mit ihm u. seiner Tochter Maria Anna 1762 eine Kunstreise zu machen. Der erste Ausflug ging nach München, wo der kleine Virtuos beispiellosen Beifall erntete. Die zweite Reise unternahm die Familie im Herbst d. J. nach Wien, wo ihr einflußreiche Gönner Zutritt bei Hofe verschafften. Kaiser Franz I. überschüttete den Knaben mit Gunstbezeigungen. Schon damals wollte M. nur vor Kennern spielen und zeigte sich gleichgültig gegen den Beifall der Menge. Als man ihm in Wien eine Geige schenkte, versuchte er sich auch im Violinspiel und machte auch hierin ungemeine Fortschritte. Daneben betrieb er mit Eifer Arithmetik. Von 1763—66 unternahm die Familie die erste größere Kunstreise, durch Bayern, die Rheinprovinzen, die Niederlande und Frankreich, wo sich der achtjährige M. in der königlichen Kapelle zu Versailles vor dem König und dem ganzen Hof auf der Orgel hören ließ und zu Paris seine ersten Kompositionen, Sonaten fürs Klavier, veröffentlichte. Von Frankreich aus begab sich die Familie 1764 nach England. M.s Virtuosität war in dieser Zeit schon so bedeutend, daß er Sachen von Händel und Bach vom Blatt spielte; ja, als er zu London vor dem König spielte, legte man ihm einen bloßen Baß vor, und er erfand hierzu augenblicklich eine vortreffliche Melodie. Trotz allen Beifalls übrigens, den er überall erntete, bewahrte er sich seine kindliche Bescheidenheit. Während seines Aufenthalts in England komponirte er 6 Klaviersonaten, welche in London gestochen und der Königin gewidmet wurden. Den Sommer des nächsten Jahres verlebte die Familie in Flandern, Brabant und Holland. Hier mit seiner Schwester durch die Blattern mehre Monate lang an das Krankenbett gefesselt, setzte M. wiederum 6 Sonaten, welche er später dem Prinzen von Nassau-Weilburg widmete. Anfangs 1766 komponirte er für das Installationsfest des Prinzen von Oranien einige Sinfonien, Arien und Variationen. Einige Monate darauf kehrte die Familie über Paris und Lyon durch die Schweiz und Schwaben nach Salzburg zurück. Die beiden folgenden Jahre widmete der junge Künstler vorzüglich dem höheren Studium der Komposition, worin Emanuel Bach, Hasse und Händel, sowie die älteren italienischen Meister seine Vorbilder waren. Als er 1768 während seines Aufenthalts zu Wien vor dem Kaiser Joseph II. spielte, erhielt er von demselben den Auftrag, eine Opera buffa zu schreiben; er nannte sie „La finta semplice", doch kam sie, obschon vom Kapellmeister Hasse und dem Dichter Metastasio sehr beifällig aufgenommen, nicht zur Aufführung. Bemerkenswerth ist noch aus dieser Zeit ein „Te deum", welches der junge Künstler zur Einweihung der Kirche des Waisenhauses komponirte und persönlich dirigirte. Im Jahre 1769 ward er zum Koncertmeister bei dem salzburgischen Hofe ernannt. Anfangs 1770 unternahm er mit seinem Vater eine Reise nach Italien, wo er in Bologna, Rom und Neapel neue Triumphe feierte. In Rom legte er eine glänzende Probe seines musikalischen Gedächtnisses ab, indem er das „Miserere" von Allegri, das zu kopiren den päpstlichen Musikern bei Strafe der Exkommunikation verboten ist, nach einmaliger Anhörung am Mittwoch der Charwoche niederschrieb und seine Musik während der zweiten Aufführung am Charfreitag verbesserte. In Mailand, wo er gegen Ende Okt. 1770 anlangte, komponirte er die Oper „Mitridate", die schon den 26. Dec. unter der persönlichen Leitung des jungen Meisters über die Bühne ging und zwanzigmal hinter einander aufgeführt wurde. Für den Karneval 1773 schrieb er, ebenfalls für die mailänder Bühne, die Opera seria „Lucio Sylla", welche noch größern Beifall fand und 26 Aufführungen hinter einander erlebte. Nachdem er noch Venedig und Verona besucht und die bedeutendsten Auszeichnungen, wie der päpstliche Orden u. die Diplome der philharmonischen Akademien von Bologna und Verona, dem Knaben zu Theil geworden, kehrte er 1771 nach Salzburg zurück. Hier komponirte er darauf zur Vermählung des Erzherzogs Ferdinand das große Festspiel „Ascanio in Alba", zur Einführung des neuen Erzbischofs von Salzburg 1772 die Serenade „Lo sogno di Scipione" und 1774 die Oper „La finta giardiniera", sowie mehre Messen für die münchener Hofkapelle, und 1775 die Opera buffa „Il rè pastore" u. einige deutsche Operetten, „Bastien und Bastienne" und „Zaide". M.s Stellung in Salzburg war indessen bei der Persönlichkeit des Erzbischofs eine sehr unwürdige; noch 1781 mußte er mit dessen Kammerdienern und Köchen den Tisch theilen. Vergebens bemühte er sich 1777 um eine Anstellung in München. Auch seine Versuche, in Mannheim als Musiklehrer der fürstlichen Kinder oder in Paris eine Anstellung zu erhalten, blieben erfolglos, und enttäuscht kehrte er im Januar 1779 nach Salzburg zurück. Bald darauf erhielt er vom Hofe zu München den Auftrag, die Oper „Idomeneo" zu schreiben, welche den 26. Jan. 1781 in Scene ging und den Uebergang aus seiner ersten Epoche in die klassische Zeit bildet. Im März 1781 legte er endlich seine Stelle als Hof- und Domorganist in Salzburg nieder und siedelte nach Wien über, wo er ziemlich kümmerlich von dem Ertrage seiner Koncerte, Kunstreisen, Kompositionen und von Musikunterricht lebte. Im Auftrag des Kaisers Joseph II., der selbst das lyrische Theater in seine Reformprojekte eingeschlossen hatte, schrieb er hier 1782 seine zweite Hauptoper, „Belmonte und Konstanze oder die Entführung aus dem Serail“, die im vollsten Sinne des Worts Furore machte. Der Kaiser sagte zu M.: „Zu schön für unsere Ohren u. gewaltig viel Noten, lieber M.!“ worauf dieser freimüthig versetzte: „Gerade so viel, Eure Majestät, als nöthig sind.“ Im August 1782 verheirathete sich M. mit Konstanze Weber, einer Schwester der berühmten Sängerin Lange. In jener Zeit, in welcher M. trotz seines Ruhms nicht selten mit Mangel zu kämpfen hatte, schrieb er auch seine schönsten Klaviersachen, Sonaten mit u. ohne Begleitung u. die herrlichen Koncerte. Im Jahre 1785 folgten seine 6 Joseph Haydn gewidmeten Quartette, sowie das mit Zuziehung früherer Sätze rasch komponirte Oratorium „Davidde penitente“ und außer vielen kleineren Sachen sein unsterblicher, in 6 Wochen geschriebener „Figaro“, den er später selbst sein Lieblingslied nannte. Die Oper, am 1. Mai 1786 zuerst aufgeführt, gefiel damals nur Wenigen, da man die Musik für eine komische Oper zu schwer u. zu ausgesponnen fand. Um so größeres Glück machte sie ein Jahr später in Prag. Einer Einladung des Kunstkenners Grafen Johann Joseph Thun, welcher selbst eine vortreffliche Kapelle hielt, folgend, besuchte er im Febr. 1787 die böhmische Hauptstadt, für die er nach seiner Rückkehr nach Wien noch in demselben Jahre die Krone seiner Meisterwerke, die Oper „Don Juan“, komponirte, die am 29. Okt. 1787 die erste ihrer unzähligen seitdem erfolgten Aufführungen erlebte. Im folgenden Jahre entstanden außer andern Instrumentalsachen seine 3 Meistersinfonien in Es dur, G moll und C dur (mit der Fuge), welche in dieser Folge in anderthalb Monaten niedergeschrieben wurden. Im December 1789 folgte das italienische komische Singspiel „Cosi fan tutte oder die Schule der Liebenden“, das, am 26. Januar 1790 zuerst aufgeführt, trotz des schlechten Textes außerordentlich gefiel und den unerschöpflichen Klangschatz des großen Tondichters aufs Neue bekundete. In jene Zeit fällt M.s Reise über Leipzig u. Dresden nach Berlin. Der König Friedrich Wilhelm II. von Preußen bot ihm die Stelle eines Kapellmeisters mit einem Jahrgehalt von 3000 Thalern an, aber M., wiewohl zu Wien mit dem Titel eines kaiserlichen Kammerkomponisten eine Besoldung von nur 800 Gulden beziehend, antwortete ihm: „Kann ich meinen guten Kaiser verlassen?“ Letzterer eröffnete zwar hierauf dem Künstler die Aussicht, daß in Zukunft auf ihn Bedacht genommen werden solle, das bald darauf erfolgende Ableben des Kaisers aber vernichtete jede Hoffnung M.s auf eine Verbesserung seiner Lage; er blieb Kapellmeister mit 800 Gulden. Noch komponirte er für seinen alten, in Schulden gerathenen Freund Schikaneder die Oper „Die Zauberflöte“, für die Krönungsfeierlichkeiten des Kaisers Leopold die Oper „La Clemenza di Tito“ und sein berühmtes „Requiem“, letzteres für die verstorbene Gräfin Waldperg, deren Gemahl es bei M. bestellt hatte und nach dessen Tode unvollendet abholen ließ; vollendet ward es von Süßmayer, M.s Freund und Schüler. Es war des großen Künstlers letzte Arbeit. Noch in seinen letzten Phantasien mit dieser Komposition beschäftigt, † M. am 5. Dec. 1791 im 37. Jahre seines Lebens. Volle 50 Jahre nach des Künstlers Tode, am 4. Sept. 1842, ward ihm zu Salzburg eine Erzstatue (von Schwanthaler) errichtet, u. erst seit Kurzem bezeichnet ein allegorisches Denkmal (die trauernde Muse darstellend, welche die Partitur des Requiem zu den übrigen des Meisters legt) seine (muthmaßliche) Grabstätte. Wien und Prag wetteiferten in dem Bestreben, durch Koncerte und Theatervorstellungen seine Wittwe zu unterstützen, und Kaiser Leopold verwilligte ihr eine Pension von 260 Gulden. Sie verheirathete sich 1809 mit dem dänischen Etatsrath von Nissen, ward 1826 zum zweiten Male Wittwe und starb zu Salzburg den 6. März 1842. M. war von kleiner Statur und angenehmer Gesichtsbildung, hatte aber in seiner Physiognomie, von den großen feurigen Augen abgesehen, nichts seinen inneren Werth Verrathendes. Eine unendliche Geschmeidigkeit der Hand, Feinheit und Zartheit, der sprechendste Ausdruck und ein Gefühl, das unwiderstehlich zum Herzen drang, waren die Vorzüge seines Spiels, welche mit seiner Gedankenfülle und tiefen Kenntniß der Komposition nach dem Ausdruck Niemtschels den Hörer in die Fesseln des Entzückens schlugen. Die berühmtesten Tonkünstler erkannten und würdigten sein Talent; Haydn erklärte ihn für den größten Komponisten, von dem er gehört habe, Gluck betrachtete ihn als einen Ebenbürtigen und war stolz auf ihn wie ein Vater auf seinen gefeierten Sohn. Erstaunenswerth war M.s Thätigkeit, besonders in seinen letzten Lebensjahren. Der Katalog seiner Werke enthält 800 Nummern, von denen einige Hefte 600 Seiten füllen. Diese Fruchtbarkeit in einem so kurzen Leben, von welchem die Reisen zwei Drittel in Anspruch nahmen, ist um so bewundernswürdiger, wenn man erwägt, daß, da M. fast den ganzen Tag von seinen Geschäften als Kapellmeister und dem Ertheilen von Unterricht in Anspruch genommen war, für die Kompositionen nur die frühesten Morgenstunden und die Nacht übrig blieben, u. nur erklärlich durch die Leichtigkeit und Schnelligkeit, mit der er dichtete. Die Ouvertüre zum „Don Juan“ schrieb er am Morgen vor der ersten Vorstellung, die Oper „La Clemenza di Tito“ in 18 Tagen. Außer seiner Muttersprache sprach er noch Französisch, Englisch und Italienisch; von der lateinischen Sprache eignete er sich erst später so viel an, als er zum Verstehen der lateinischen Kirchentexte bedurfte. Biederkeit, Liebenswürdigkeit, Bescheidenheit und ein trefflicher Humor gewannen ihm die Herzen Aller, die näher mit ihm verkehrten.

M. hat sich auf fast allen Gebieten der musikalischen Komposition bethätigt und überall Ausgezeichnetes geleistet. Am größten und wahrhaft epochemachend ist seine Bedeutung auf dem Gebiete der Oper, die durch ihn vermöge der reichen Innerlichkeit, welche einen Grundzug seines Wesens bildete, ihre Vollendung erhielt, und als romantische Oper, die ihre Stoffe in allen Landen und allen Zeiten findet, die Leidenschaft zu einem Hauptfaktor der gesammten Handlung macht, die Witz und Humor als neue Elemente in sich aufnimmt und Menschen mit warmem Blut, wie sie Zeit und Umstände erzeugen, darstellt, der historischen Oper Glucks gegenübertritt. M.'s klassische Bedeutung in diesem Punkte beginnt mit dem „Idomeneo“. Die vor diesem entstandenen, obengenannten Opern und Festspiele, selbst die in Hinsicht der Instrumentation und des dramatischen

Ausdrucks reifere „La finta giardiniera“, sind durchaus in den herkömmlichen Formen gehalten und haben weder an sich, noch für uns eine höhere Bedeutung, wenn auch der feine Sinn des Knaben für den Unterschied des Nationalen und des Charakteristischen der jedesmaligen Gattung stets zu bewundern bleibt. Auch „Idomeneo“ steht im Ganzen noch auf dem Boden der altitalienischen Opera seria, wofür schon die große Zahl der Arien, sowie der Umstand charakteristisch ist, daß die Rolle des Idamante einem Kastraten bestimmt war. Aber trotz aller der bloßen Gesangsvirtuosität gemachten Koncessionen und neben der in der Behandlung der Recitative ersichtlichen Nachahmung der gluckschen Muster tritt M.s Genius in den großartigen Chören u. noch mehr in der für jene Zeit unerhört kühnen u. durch feinste Charakteristik musterhaften Instrumentirung bereits mächtig hervor. Erscheint M. in dieser (wie auch in seinen beiden letzten italienischen Opern, „Cosi fan tutte“ und „Titus“) vielfach von der italienischen Weise abhängig, so sehen wir ihn in allen seinen übrigen dramatischen Schöpfungen durchaus neue Gebiete erobern und mit jedem folgenden ein Muster der Gattung aufstellen. Die „Entführung aus dem Serail“, welche zunächst folgt, ist größern Theils in der Weise und nach dem Maße des damaligen Singspiels angelegt, aber bedeutsam durch vielfach reichere Ausführung, treffende Charakteristik und Innigkeit des Ausdrucks, womit die gehobene Stimmung des Komponisten, der damals glücklicher Bräutigam war, die lyrischen Klänge voller austönen ließ. Zugleich aber stellte M. gerade hier der Schilderung zarter und treuer Liebesgefühle die tollste Laune und (im Osmin) eine von ihm selbst kaum wieder erreichte Komik entgegen, welche die Sentimentalität des Stücks auf das glücklichste paralysirt. Mit der folgenden, nach eigener Wahl des Stoffes in 6 Wochen geschriebenen Oper, „Die Hochzeit des Figaro“, tritt der Genius M.s in seiner ganzen Größe auf. Die schwierige Aufgabe, den eleganten Konversationsstyl des beaumarchaisschen Lustspiels in die natürliche Sprache des Gefühls zu übersetzen, seine ausgelassene Laune in musikalische Formen zu fassen, hat M. wie spielend bewältigt. Er vermochte die kalte Ironie und Satire und selbst die unverdeckte Frivolität des Stücks zu überwinden und verlieh dem Stoffe Poesie, indem er als Grundmotiv des unaufhörlichen Intriguenspiels die ächte Liebe darstellte, die er mit durchdringender Herzenskenntniß in allen denkbaren Beziehungen schildert und wie im Feuer der Leidenschaft erprobt aus allen Verwickelungen siegreich hervorgehen läßt. In dramatischer Beziehung ist „Figaro“ (wie in musikalischer „Don Juan“) M.s größtes Meisterwerk. Die ganze Beweglichkeit des Lebens erscheint in dieser musikalischen Komödie vorzüglich in den großen Ensembles und Finales, wo eine jede Person in ihrem Charakter gehalten ist u. außerdem das Ganze einen von allem Einzelnen gesonderten, ideal gestalteten Gesammtcharakter trägt. Der darauf folgende „Don Juan“, M.s vollendetstes Werk, hat vor allen andern Opern des Meisters einen durchaus energischen Charakter. Da findet man keine subjektive Gefühlsschilderung, sondern das ganze, abwechselnd von Liebe und Haß beherrschte Menschenschicksal. Die ganze, reichste Fülle sinnlichen und seelischen Lebens faßt das Werk in sich, und bei der größten Mannichfaltigkeit der Zustände und Charaktere ist doch die Handlung ganz einfach und natürlich fortschreitend. Zum Unterschied von allen andern Opern ist Charakter u. Grundstimmung des „Don Juan“ aus beiden Gattungen, dem Tragischen und Komischen, gemischt; M. faßt diesen Gegensatz in seiner tief in der Menschennatur begründeten Einheit. Der „Don Juan“ ist unzählige Male mit stets neuem Beifall aufgeführt worden, aber doch ist die poetische Bedeutung des durchdachten und tief empfundenen Werks, dessen hochtragischen Charakter schon die Ouvertüre mit Flammenzügen malt und dem in seiner alle Gegensätze des Lebens umfassenden Universalität poetischerseits nur Goethe's „Faust“ gegenübergestellt werden kann, noch wenig erkannt, ein Umstand, zu welchem die verstümmelte Gestalt, in welcher es bis heute aller Orten zur Aufführung kommt, nicht wenig beiträgt. Dem „Don Juan“ folgte die Oper „Cosi fan tutte“ mit einem muthwilligen, originell dummen Text, den M. ebenso leicht, frei u. muthwillig behandelt hat. Es ist eine ächte Buffooper, in welcher die Musik Alles, die Worte nichts sind, in der Lust und Laune das Scepter führen, u. die durch Lebendigkeit des musikalischen Ausdrucks ersetzt, was ihr an poetischer Motivirung und Beglaubigung für den Verstand abgeht. M. folgte darin im Allgemeinen der hergebrachten italienischen Weise, nur in den Ensemblestücken u. den beiden Finalen erkennt man den früheren dramatischen Komponisten. Das Gleiche gilt, vielleicht noch in höherem Maße, von der Oper „Titus“, die im Ganzen als die wenigst vollkommene unter den 7 klassischen Opern M.s erscheint, deren erster Akt jedoch mit einem Finale schließt, das in seiner erschütternden dramatischen Wahrheit ein erhabenes Muster des rein tragischen Styls ist. Wie nur Shakspeare in seinen Römertragödien hat M. hier das von einem gewaltigen Schicksal bewegte öffentliche Leben des römischen Volks dargestellt, ein großes historisches Bild, das musikalisch anschaulicher und ergreifender nicht gedacht werden kann. Weit bedeutender als Titus ist die unmittelbar nach diesem vollendete „Zauberflöte“, die M. für ein wiener Volkstheater bestimmte u. anspruchslos den damals beliebten scherzhaften Zauberspielen anreihte. Mehr als je ward M. bei der Komposition dieses Stücks zum Dichter u. wußte durch seine weihevolle Musik dem kindisch scheinenden Schauspiel einen poetischen u. sittlich großen Gehalt zu verleihen. Schon die Ouvertüre mit ihrem reizenden Wechsel von melodischen u. kontrapunktischen Schönheiten, den Posaunendreiklängen u. dem unwiderstehlich fortreißenden Schlusse muß es uns sagen, daß uns durch das bunte Märchenspiel eine ideale Welt aufgethan werden soll. Ein Bild schwergeprüfter edler Menschlichkeit geht in symbolischer Bedeutsamkeit an uns vorüber. Dabei ist es nicht genug zu bewundern, wie der Meister seinen Personen die ganze Natürlichkeit menschlichen Denkens und Fühlens zu bewahren wußte, wie er, besonders durch die mit gleicher Liebe behandelte Darstellung des naiv komischen Elements, die selbstgeschaffene Phantasiewelt mit dem wirklichen Leben in stetem reizvollen Wechselspiel hielt. So hat M. auch hier seine das ganze Leben umfassende Allseitigkeit, die liebenswürdige Beweglichkeit des Geistes, den jugendlich heitern, Schmuck u. Wechsel liebenden Sinn nicht verleugnet u. das ideal schöne Werk dem Volk wie den Kennern gleich theuer gemacht. Die genannten 7 klassischen Opern M.s umfassen alle bekannten Gattungen des musikalischen Drama's: Idomeneo, Titus und Cosi fan tutte repräsentiren die Opera seria und buffa des 18. Jahrhunderts, die erstere noch dazu im Idomeneo mit gluckschen Anklängen; die Entführung und die Zauberflöte begründen eine selbstständige deutsche Schule; Figaro und Don Juan endlich sind die allumfassenden für die italienische, französische und deutsche Oper gleich einflußreich gewordenen Werke. Kaum minder groß als in der Oper war M. auch in der kirchlichen und Instrumentalmusik, wenn man ihm auch hier nicht die gleiche geschichtliche Bedeutung beilegen kann. Seine Messen stammen sämmtlich aus der salzburger Zeit (1773—80), gehören also der Zeit vor der Komposition des Idomeneo an. Die 4 frühesten sogenannten Breves sind im ernsten kontrapunktischen Styl geschrieben, bloß mit 2 Violinen und Orgel; die in F (1774) erinnert an die schönsten Muster der ältern neapolitanischen Schule. Die spätern sogenannten Solennes, mit ganzer Instrumentalbegleitung, enthalten schöne Momente, voll Innigkeit und ächt religiöser Empfindung, aber es fehlt den meisten Gleichartigkeit des Styls, feste Haltung des Ganzen. Unter den übrigen Kirchensachen sind auszuzeichnen: die Vespern (Vesperpsalmen) und Litaneien, ebenfalls aus den siebenziger Jahren, die kunstreiche, kontrapunktisch gearbeitete Motette „Misericordias Domini“ (1781), das unvergleichliche Chorgebet „Ave verum corpus“ (1791) und vor Allem sein unsterbliches Requiem, das Höchste, was die neueste Kunst für den kirchlichen Kultus aufzuweisen hat. „Die ideale Aufgabe der modernen Kirchenmusik, die Subjektivität der eigenen Empfindung und die Objektivität des allgemeinen Glaubens, Wahrheit und Idealität des Ausdrucks mit einander zu verbinden und aus dem Zusammenwirken beider Elemente ein gediegenes, musikalisch schönes u. kirchlich würdiges Ganzes zu bilden, scheint uns in M.s Requiem am vollkommensten erreicht“ (Schlüter). Der Charakter des Werks ist der große chorisch-polyphone, welcher durch die herrlichen Soloquartettsätze Tuba mirum, Recordare und Benedictus nur noch ergreifender und erschütternder hervortritt. Unter M.s zahlreichen Instrumentalkompositionen sind manche, als jugendliche od. Gelegenheitsarbeiten, von untergeordnetem Werthe, andere nur in einzelnen Sätzen (meist den Andante's) bedeutend zu nennen. Wir meinen, außer den vor 1784 geschriebenen Sinfonien, hauptsächlich die Klaviersonaten, unter denen vielleicht nur die reich und sorgfältig ausgeführte „Phantasie und Sonate“ und etwa noch 5 oder 6 andere Sonaten (2 in D, 2 in F, eine in B u. die in A mit den Variationen) den sonstigen Schöpfungen M.s ebenbürtig sind. Die übrigen enthalten ein eigenthümliches Gemisch genialer Ideen mit musikalischen Gemeinplätzen, tiefster Empfindung mit flacher Tändelei, unübertrefflicher Kunst mit flüchtigster Arbeit. Die gereifte Meisterschaft zeigen M.s Kammermusiken: die Haydn gewidmeten Streichquartette, die glanzvolleren, pathetischen Streichquintette, das prächtige Klavierquartett in G moll u. a. Die bedeutendsten der kleinern Orchesterkompositionen sind die anmuthigen, feingearbeiteten „Serenaden“ für Harmoniemusik. Von den Sinfonien sind die schönsten die 3 obengenannten in Es dur, G moll u. C dur mit der Fuge. Die der ersten, in Es dur, beigelegte Benennung „Schwanengesang“ könnte nur die beschauliche Ruhe, den elegischen Ton des Andante charakterisiren, die beiden Allegrosätze haben durchaus einen jugendlich heitern, kräftig strebenden Charakter, und das Ganze athmet gleichsam „die ruhige sommerabendliche Stimmung, welche mit seliger Zufriedenheit des Tags Eindrücke in sich sammelt und das Gelebte im Gesange ergießt“. Die Welt des Leidenschaftlichen, die wir bereits in dem übermüthigen Finale, besonders dem M. ganz ungewohnten Unterbrechen des musikalischen Flusses, dem abschnappenden Schlusse ahnen, lebt in der größeren G-moll-Sinfonie, der leidenschaftlichsten der Sinfonien M.s, in welcher der Schmerz „von leiser Klage an in fortdauernder Steigerung wächst bis zu einer wilden Lust, die den Schmerz übertäuben will“ (Jahn). Den Sieg nach dem Kampfe feiert die C-dur-Sinfonie (Jupitersinfonie), gleichsam die Apotheose des Meisters selbst, von dessen siegesfroher Stirn die Unsterblichkeit strahlt. Mit künstlerischer Einsicht wählte M. im Finale zum höchsten Ausdruck des Idealen die idealste, geistigste aller Formen, die Fuge, die hier als ein wahrer Triumph der Kunst in Durchdringung der strengsten Gesetzmäßigkeit und der freiesten Schöpferkraft zu vollkommener Klarheit u. Schönheit erscheint. Diese 3 größten Sinfonien M.s, die erste lyrischen, die zweite tragisch-pathetischen, die dritte ethischen Charakters, stehen, wie sie kurz hinter einander mit immer steigender Begeisterung geschaffen wurden, offenbar in einem tief innern Zusammenhang und bilden als Ganzes gedacht eine großartige trilogische Komposition. Unter den übrigen (30) Sinfonien ist noch die sehr frisch gestimmte dreisätzige in D dur hervorzuheben. Weit bedeutender als viele Sätze der andern sind M.s Klavierkoncerte, die er für den eigenen Vortrag und daher mit ganzer Liebe gearbeitet hat. Er gab zuerst dem Koncert den (von Beethoven nachher vollendeten) großen sinfonischen Charakter, wonach das Klavierspiel mit dem des Orchesters zu einem innerlich belebten, durch stete Wechselwirkung reizvollen Ganzen zusammentritt. M.s Leben beschrieben: Niemtschek (Prag 1798), Nissen (Leipzig 1828), Oulibicheff (Mosk. 1843, übersetzt von Schraishuon, Stuttg. 1847; 2. Aufl. von Ganter, das. 1858—59), Holmes (London 1815), Jahn (das Hauptwerk über M., Leipz. 1856—59, 4 Bde.) und Nohl (Stuttg. 1863). Letztere gab auch die Briefe M.s heraus (Stuttg. 1864). Als Roman behandelte sein Leben Rau (Frankf. 1858, 6 Bde.). M.s Schwester, Maria Anna Walburga Ignatia M., geboren den 30. Juli 1751, war ebenfalls ein musikalisches Talent, trat auf den Kunstreisen der Familie 1762—66 als Klaviervirtuosin auf, lebte dann bei ihrer Mutter in Salzburg und verheirathete sich 1784 mit Freiherrn Johann Baptist von Sonnenberg. Nach dessen Tode (1801) kehrte sie nach Salzburg zurück, wo sie, anfangs als Klavierlehrerin, seit 1820 aber erblindet, den 29. Okt. 1829 †. M.s ältester Sohn, Karl M., geboren 1784, † 1859 zu Mailand als Steuerbeamter. Sein zweiter Sohn, Wolfgang Amadeus, geboren zu Wien den 26. Juli 1791 u. von Siegmund Neukomm, Andreas Streicher u. Johann Georg Albrechtsberger gebildet, trat im 14. Jahre zum ersten Male als Virtuos und Komponist auf, ging dann 1808 nach Galizien, wo er als Privatlehrer auf dem Lande, seit 1823 zu Lemberg wirkte, gründete 1826 einen Cäcilienverein und übernahm später die Kapellmeisterstelle am dortigen Theater. Er † den 30. Juli 1844 in Karlsbad. Er hat eine ziemliche Anzahl von Werken verfaßt, unter denen sich eine der Kaiserin von Oesterreich zugeeignete Kantate durch gediegene Arbeit auszeichnet. Von den vielen von ihm gesetzten Liedern verdient vorzüglich das Gedicht „An Emma" von Schiller Erwähnung.

Mozin, Dominique Joseph, bekannter unter dem Namen Abbé M., französischer Grammatiker, geboren 1769 zu Paris, wanderte während der Schreckenszeit nach Deutschland aus und war anfangs als Privatlehrer, dann eine Zeitlang als Lehrer an der Handelsschule zu Stuttgart thätig, wo er den 2. Mai 1840 †. Er gab eine große Anzahl vielverbreiteter Schulschriften, wie Grammatiken, Sammlungen von Redensarten, Uebersetzungsbücher u. dgl., heraus, sein bedeutendstes Werk aber ist das „Vollständige Wörterbuch der deutschen und französischen Sprache" (3. Auflage von Peschier, Stuttgart und Tübingen 1842 f., 4 Bde.).

Mozufferpore, Stadt in der indobritischen Präsidentschaft Bengalen, Distrikt Tirhoot, am Little Gunduck, hat eine Gouvernementsschule und 8950 Einwohner.

Mozuffurnuggur, Hauptstadt des gleichnamigen Distrikts (76,4 □Meilen mit 672,861 Einwohnern) in den nordwestlichen Provinzen des indobritischen Reichs, am westlichen Kalee Nuddy, hat 9646 Einw.

Mozyr, Kreisstadt im Gouvernement Minsk (Westrußland), am Pripet, hat eine adelige Kreisschule, 7 Kirchen und 5000 Einwohner.

Mozzeta (ital.), nicht über die Schultern reichende Tunica ohne Aermel, welche hohe katholische Geistliche über der Dalmatica und dem Rochetum, Bischöfe aber nur in ihrem Sprengel tragen. In Rom trägt bloß der Papst die **M.**, und zwar über dem Rochetum ohne Dalmatica.

M. P., auf Recepten Abbreviatur für **Massa pilularum** (Pillenmasse); sonst auch s. v. a. **Mensis praeteriti**, des vergangenen Monats.

Mpongwe, einer der civilisirtesten Negerstämme des westlichen Afrika's, am untern Gabunflusse in Niederguinea, dessen Sprache bis weit ins Innere von Afrika gesprochen wird; steht in lebhaftem Verkehr mit England und Amerika.

M. pp., Abbreviatur, s. v. a. **Manu propria**, oft in Urkunden dem Namen des Unterzeichners beigefügt.

Mr., Abbreviatur für **Monsieur** und **Master**; Mrs. für **Messieurs** und **Mistress**.

Mroczen (Mrotschen), Stadt in der preußischen Provinz Posen, Regierungsbezirk Bromberg, Kreis Wirsitz, an der Rakitka, hat eine evangelische und katholische Kirche, eine Synagoge, bedeutende Leinweberei und Färberei u. 1700 Einwohner.

MS., Abbreviatur für Manuskript; auf Blaufarbenfässern s. v. a. Mittelsorte oder Mittelsaflor.

Mscheno, Dorf im österreichisch-böhmischen Kreis Leitmeritz, mit 600 Einw., einem Schlosse u. schwefelsauren Mineralquellen mit Badeanstalt.

M. sin. (ital.), Abbreviatur für **Mano sinistro**, linke Hand.

Msta, Fluß in Rußland, entspringt im Gouvernement Twer aus dem kleinen See Mstine, fließt durch das Gouvernement Nowgorod und fällt nach einem Lauf von 60 Meilen in den Ilmensee; er ist durch Schleußen und Kanäle schiffbar gemacht und steht durch Kanäle mit dem Wolchow u. der Twerza in Verbindung.

Mstislaw, russische Fürsten, s. Russisches Reich.

Mstislawl, Kreisstadt im Gouvernement Mohilew (Westrußland), an der Wechra, hat 10 Kirchen, 3 Klöster, eine Synagoge, Handel mit Getreide und Hanf und 6600 Einw. Hier 1500 Sieg der Russen über die Lithauer.

Muchaver-Pascha, eigentlich Adolf Slade, türkischer Admiral, geboren 1802 in der englischen Grafschaft Somerset, nahm 1817 britische Flottendienste u. ward erst der Flotte in den Gewässern Südamerika's, sodann der im mittelländischen Meer zugetheilt, wo er an der Expedition gegen Algier und der Schlacht von Navarin Theil nahm. Beim Ausbruch des russisch-türkischen Kriegs 1828 trat er in türkische Dienste und befehligte eine Fregatte im schwarzen Meer. Nach dem Frieden studirte er zu Portsmouth noch Marinewissenschaften und stieg hierauf im britischen Seedienst bis zum Postkapitän. Im Jahre 1849 stellte er sich abermals der Pforte zur Verfügung, erhielt das Kommando eines Flaggenschiffs und wurde, obwohl er nicht zum Islam übertrat, unter dem Namen Muchaver zum Pascha ernannt. Er wandte seine Thätigkeit besonders der Organisation der türkischen Marine zu und brachte nach der Katastrophe von Sinope (Nov. 1853) die türkische Flotte wieder in Stand. M. schrieb „**Turkey, Greece and Malta**" (Lond. 1838).

Mucilago (lat.), Pflanzenschleim; vgl. Gummi.

Mucius (**Mucia Gens**), römisches plebejisches Geschlecht, das zuerst im 2. Jahrhundert v. Chr. in den Besitz höherer Staatsämter kam und in Folge dessen zur Nobilität gerechnet wurde. Als 507 v. Chr. der Etruskerkönig Porsenna Rom belagerte, ging Cajus M. nach der Sage mit Genehmigung des Senats ins feindliche Lager, um den König zu tödten, erstach aber aus Irrthum den Kassirer. Vor den König gebracht und mit Folter und Tod bedroht, streckte er, zum Zeichen, daß ihn das nicht schrecke, seine rechte Hand in das Feuer eines nahen Altars und ließ sie rösten. Porsenna schenkte ihm hierauf das Leben u. zeigte sich, zumal ihm M. vorspiegelte, daß sich 300 römische Jünglinge gegen des Königs Leben verschworen hätten, zum Frieden geneigt. Für seine That wurde M. vom Senat mit einem Stück Acker jenseits des Tiber, welches fortan **Mucia prata** hieß, u. durch den Beinamen Scävola, d. i. Linkhand, belohnt. Publius M. Scävola, mit seinem Bruder Quintus Prätor 179 v. Chr., beendete 175 als Konsul einen Aufstand in Ligurien und erhielt hierfür einen Triumph. Ein anderer Publius M. Scävola unterstützte als Konsul für 133 v. Chr. die Pläne des Sempronius Tiberius Gracchus und ward 130 durch dessen Einfluß Pontifex maximus. Er verband mit gründlichen Rechtskenntnissen eine bedeutende Beredtsamkeit. Sein Vetter, Quintus M. Scävola, der Augur, verwaltete als Prätor 127 v. Chr. die Provinz Asien, war 117 Konsul und widersetzte sich (88) der Ächtung des Marius durch Sulla. Atticus und Cicero waren seine Schüler. Ein anderer Quintus M. Scävola erwarb sich als Prätor für Kleinasien (99) durch seinen unbeugsamen Rechtssinn und seine liberalen Anordnungen die Liebe der

Provincialen in dem Grade, daß sie ihm zu Ehren ein Mucia benanntes Fest einführten. Er ist Verfasser eines Jus civile in 18 Büchern; 83 ward er auf Befehl des jüngern Marius ermordet.

Mucker, allgemeiner Name für religiöse Sekten, die unter dem Deckmantel strenger Frömmigkeit sich verbotenen Lüsten hingeben. Der Name ward zuerst in Königsberg den Anhängern Joh. Heinrich Schönherrs beigelegt. Die Lehre ihres Meisters, daß die Welt aus der Mischung eines geistigen und sinnlichen Princips entstanden sei, sollten Schönherrs Schüler, die Prediger Ebel und Distel, auf das Geschlechtsverhältniß angewandt haben, in der Weise, daß sie in paradiesischer Unschuld die Sinnenlust zu einem Gottesdienst erheben wollten. Ebel und Distel wurden 1835 ihres Amtes enthoben und später abgesetzt. Die weitere Untersuchung ergab aber kein Resultat und wurde wegen der weit und in höhere Kreise reichenden Verzweigungen der Sekte eingestellt. Später suchte von Hahnenfeld in der Schrift „Die religiöse Bewegung zu Königsberg in Preußen rc." (Braunsberg 1858) die gegen die Sekte und ihre Führer erhobenen Beschuldigungen als völlig ungegründet nachzuweisen.

Mucuna *Adans.* (Juckbohne), Pflanzengattung aus der Familie der Papilionaceen, charakterisirt durch den 2lippigen Kelch mit ungespaltener Oberlippe, die aufrechte Fahne, 5 längliche und 5 ovale Staubfäden und die wulstige Hülse, weitlaufende Kräuter u. Sträucher in Ostindien, Westindien und Südamerika, mit sehr stechenden Borsten an den Hülsen. M. pruriens *Dec.*, Kratzbohne, Kuhkrätze, ist ein Strauch in Ost- u. Westindien, mit röthlichviolетten Blüthen, dessen windender Stengel häufig an Hecken und Gebüschen emporsteigt. Die Hülsen sind noch bisweilen als Siliquae hirsutae im Handel. Die darauf stehenden Brennborsten wurden sonst innerlich angewendet und werden auch jetzt noch häufig in Westindien als wurmtreibendes Mittel benutzt. Auf der Haut bringen sie ein unerträgliches Jucken und heftiges Brennen hervor. Die ganzen Hülsen werden im Aufgusse gegen Wassersucht gerühmt, und in Ostindien hält man die widrig riechende, faserige Wurzel für harntreibend und wendet sie gegen Gicht und Cholera an. M. urens *Dec.* ist ein Strauch in Westindien und Südamerika, der mit seinen sehr langen windenden Stengeln bis in die Spitze hoher Bäume steigt, dieselben überzieht und von ihnen herabhängt. Die Brennborsten dieser Art werden in Westindien mit Melasse oder einem dickflüssigen Safte verbunden gegen die Würmer angewendet; eine Emulsion der Samen benutzt man gegen Harnstrenge. M. gigantea *Dec.*, in Ostindien Kaku Valli, holländisch Groot Maagde Kruid, am Seestrande in Ostindien, hat einen mannsdicken Strunk, woraus bei Einschnitten Gummi fließt und ein windenartiger, nicht dicker und vieljähriger Stengel kommt, welcher unter dem Gebüsche fortkriecht. Die Brennborsten werden wie die von M. pruriens *Dec.* angewendet. Die gepulverten Samen von M. inflexa *Dec.*, in Peru und Kolumbien, gelten daselbst für das beste Linderungsmittel bei schmerzhaften Insektenstichen.

Mucuri, Fluß in Brasilien, entspringt in der Provinz Minas-Geraes, fließt durch die Provinz Espiritu-Santo und mündet bei Porto Allegre in den atlantischen Ocean. An seinen Ufern sind viele Ansiedelungen deutscher Kolonisten, die sich aber sämmtlich in traurigem Zustande befinden; der Hauptort derselben ist Philadelphia.

Mucus (lat.), s. Schleim.

Mudania, Stadt, s. v. a. Moudania.

Muddy, 1) (M. Creek), eine Anzahl kleiner Flüsse in den Vereinigten Staaten von Nordamerika, Nebenflüsse des Mississippi, Susquehannah, Monangahela, Ohio, Seneca u. a. — 2) (M. Lake), ein durch eine Ausweitung des in den Winipegsee mündenden Saskatchewanflusses gebildeter See im britischen Nordamerika.

Mudki, Dorf in der indobritischen Provinz Pendschab, südlich vom Setledsch, an der Straße von Ferozpur nach Delhi; hier am 18. December 1845 Sieg der indobritischen Armee über die Sikhs.

Mudupallane, Dorf unweit Porto Novo in der indobritischen Präsidentschaft Madras, Provinz Karnatik. Hier am 1. Juni 1781 Sieg der 7400 Mann starken Truppen der ostindischen Kompagnie über das 100,000 Mann zählende Heer Hyder Ali's (Schlacht bei Porto Novo).

Mücheln, Stadt in der preußischen Provinz Sachsen, Regierungsbezirk Merseburg, Kreis Querfurt, liegt am Geißelbach, $2^{1}/_{2}$ Meilen südöstlich von Querfurt, hat 1500 Einw., eine Gerichtskommission, ein Untersteueramt, eine Posterpedition und betreibt Leinen- u. Baumwollenweberei u. Salpetersiederei.

Müchler, Karl Friedrich, lyrischer und dramatischer Dichter und Romanschriftsteller, geboren den 2. Sept. 1763 zu Stargard in Pommern, erhielt 1785 eine Anstellung bei dem Generalauditoriat und 1794 den Titel Kriegsrath, beschäftigte sich seit 1806, wo er in Folge der Kriegsunruhen seine Stelle verloren hatte, mit dichterischen und literarischen Arbeiten und war 1814—15 in Dresden beim russischen Gouvernement in der Verwaltung der Kriegs- und Sicherheitspolizei angestellt, in Folge dessen er hierauf eine russische Pension bezog. Er lebte seitdem in Berlin, wo er den 12. Jan. 1857 †. Von seinen Schriften sind hervorzuheben vor allen der „Anekdotenalmanach", der mit einzelnen Unterbrechungen von 1818—40 erschien, außerdem „Taschenbuch für Frauenzimmer" (Berl. 1779—84), „Aristipp" (das. 1781), „Kleine Frauenzimmerbibliothek" (das. 1782 bis 1786, 5 Bde.), „Dramatische Bagatellen" (das. 1794, 2 Bdchn.), „Gedichte" (das. 1802; neue Aufl. 1810, 2 Bde.), einige Romane, „Kleine Bühnenspiele" (das. 1820), „Polterabendscenen" (das. 1830, 2. Aufl. 1841) u. „Geist Friedrichs des Großen" (das. 1841).

Mücke, Heinrich Karl Anton, Historienmaler der Gegenwart, geboren den 9. April 1806 zu Breslau, erhielt seine künstlerische Ausbildung erst von dem breslauer Maler König, wo er Lessing zum Mitschüler hatte, sodann seit 1824 auf der berliner Akademie. Unter Schadows Leitung malte er hier Odysseus und Leucothea im Seesturm u. Narcissus an der Quelle. Nachdem er Schadow nach Düsseldorf gefolgt, schmückte er im Auftrage des Grafen Spee das nahe Schloß Heltorf mit einem Freskencyklus aus Friedrich Barbarossa's Leben u. lieferte auch mehre Oelgemälde, unter denen besonders eine heilige Genoveva und Eginhard u. Emma hervorzuheben sind. Nach einer Kunstreise über München nach Italien und Sicilien 1833 lieferte er für Kirchen und Ausstellungen Treffliches, sowie auch zahlreiche Illustrationen zu Prachtdruckwerken. Namentlich anzuführen von seinen Werken sind noch: die heilige Katharina von Engeln auf den Berg Sinai getragen; Friedrich Barbarossa's letztes Zusammentreffen mit seiner vormaligen Braut Gela; der heilige Ambrosius, den Kaiser Theodosius zu Mailand vor der Kirchenthür zurückweisend; die heilige Elisabeth, Almosen spendend; Dante, die Göttliche Komödie vorlesend; die Auferstehung Christi; der kleine Johannes am Quell. M. ist seit 1848 Professor an der königlichen Akademie zu Düsseldorf. In allen seinen Werken bekundet er außer einem eminenten Talent zur Historienmalerei einen freien Sinn für Form und Farbe, indem er die erstere in voller Schönheit und im reinsten Ebenmaße zur Anschauung bringt und die letztere bei aller Pracht im Einzelnen stets harmonisch zu verbinden weiß. Dann erfreut an seinen Gemälden auch die treffliche Charakteristik und der liebevolle, sich selbst auf die Beiwerke erstreckende Fleiß in der Ausführung.

Mücken (Nematocera), Insektenfamilie aus der Ordnung der Zweiflügler oder Dipteren, charakterisirt durch 6—24gliedrige, hakenförmige, behaarte oder bei den Männchen oft federbuschartige Fühler, welche gewöhnlich vielmal länger als der Kopf sind, und die langen, meist weit hervorragenden Taster, die schlanksten unter den Zweiflüglern. Sie haben lange dünne Beine, von denen sie beim Sitzen oft das hinterste Paar frei ausstrecken, und einen öfters mit 4 Stechborsten versehenen Rüssel. Zwar stechen nur die Weibchen, doch können sie, wo sie in großen Schaaren vorhanden sind, zu einer Landplage werden. In den Tropenländern sind es die unter dem Namen Mosquitos (s. d.) bekannten Stechmücken, welche ganze Gegenden unbewohnbar machen; aber auch in Lappland und dem nördlichen Sibirien erreicht die Mückenqual zuweilen eine solche Höhe, daß die nomadischen Bewohner diese Gegenden verlassen und höher gelegene aufsuchen müssen. Bei uns allbekannt ist die gemeine Stechmücke (Schnake, Culex pipiens *L.*), mit gelbbraunem, mit 2 dunklen Längslinien gezeichnetem Thorax, hellgrauem, weiß geringeltem Hinterleib und blassen Beinen, $2\frac{1}{2}$—3 Linien lang. Sie verfolgt Thiere und Menschen Tag und Nacht und geht des Nachts der Ausdünstung der Schlafenden nach. Sie saugt Blut, doch kann sie auch von Pflanzensäften und mancherlei andern Feuchtigkeiten leben, u. unzählige derselben kommen wohl nie zum Blutsaugen, wie auch die Männchen selten stechen. Die Stechmücke läßt beim Stich einen Saft in die Wunde fließen, der reizend wirkt und den Blutzufluß befördert, besonders aber dann eine bedeutende Entzündung und Geschwulst veranlaßt, wenn beim schnellen Wegjagen der Mücke die Spitzen der Stechborsten abbrechen und in der Wunde stecken bleiben. Man schützt sich am besten durch Tabaksrauch gegen sie. Das Weibchen legt 4—6mal 300 Eier in stehendes Gewässer, die zu einer ovalen Scheibe zusammenkleben und aus denen nach wenig Tagen die Larven schlüpfen, die sogleich, aber in verkehrter Richtung, weil sich die zum Athmen dienende Röhre am Schwanzende befindet, im Wasser herumschimmen. Diese M. sind eine Lieblingsspeise der Vögel, besonders der Schwalben. Die tief schwarze gemeine Bartmücke (Ceratopogon communis *Fabr.*), schwarz mit aschgrau schillerdem Thorax und weißen, braunpunktirten Flügeln, ist ebenfalls ein sehr häufiges und lästiges Insekt, und die nur eine Linie große Flohschnake (C. pulicaris *L.*) fällt, namentlich in Lappland, die Menschen oft schaarenweise an und kriecht ihnen in Mund und Nase. Im Frühling ist in unsern Wäldern die gemeine Kriebelmücke (Simulia reptans *L.*), mit schön irisirenden Flügeln, häufig und lästig. Zu dieser Gattung gehört auch die berüchtigte kolumbaczer Mücke (Simulia maculata *M.*, S. Columbacschensis *Fabr.*). Sie ist aschgrau am Thorax, mit 3 schwärzlichen Linien und am Hinterleib mit schwarzen Flecken gezeichnet und eins der berüchtigtsten Insekten. Vorzugsweise beim Dorfe Kolumbacz (Gollubatz) in Serbien am rechten Ufer der Donau lebend, erscheinen diese Mücken im April und Mai und dann wieder im August in den Wäldern in der Nähe von Gewässern in wolkenähnlichen Zügen und fallen über Menschen und Thiere her, oft den ganzen Körper bedeckend und durch ihre Stiche allgemeine Geschwulst, Entzündungsfieber und Krämpfe, zuweilen selbst den Tod herbeiführend. Einzeln kommen sie auch bei uns vor, sind aber nicht gefährlicher als die vorhin genannten. Im Jahre 1783 fielen im Banat durch dieses Insekt 52 Pferde, 131 Rinder u. 316 Schafe; 1830 an den Ufern der March mehre hundert Pferde und Kühe. Im Jahre 1785 wurde ein ungeheurer Zug dieser M. aus Serbien nach Siebenbürgen verschlagen und, nachdem er in wenigen Stunden 11 Stück Rindvieh getödtet hatte, durch einen wolkenbruchähnlichen Regen vernichtet. Man sucht das Vieh durch Einreibung mit einer Abkochung von Tabaksblättern vor diesen Plagegeistern zu schützen. Ueber die zur Gattung Gallmücke (Cecidomyia *M.*) gehörige Hessenfliege s. d. Derselben Gattung gehört die Weizenmücke (C. tritici *Kirby*, rother Wibel) an. Das Weibchen, welches weit häufiger ist als das Männchen, ist ohne Legröhre etwa eine Linie lang, gelblich und flaumhaarig, hat aus 13 Gliedern zusammengesetzte, borstenhaarige Fühler von Körperlänge und an den Rändern lang, auf den Flächen kurz behaarte, gelblichweiße Flügel mit 3 Längsadern. Das Männchen ist gedrungener, kleiner, düsterer gefärbt und mit einem zangenartigen Haftorgan am Hinterleib versehen. Diese Mücke umschwärmt die eben hervorgewachsenen Weizenähren bis zur Blüthezeit (Mitte Juni bis Mitte Juli) Abends in ungeheurer Menge und bringt mittelst seiner langen Legröhre die oblongen bleichgelben Eier bis zu 10 Stück in eine Blüthe. Nach etwa 10 Tagen schlüpfen die anfangs weißlichen, später gelben, 1—$1\frac{1}{2}$ Linien langen Larven aus und nähren sich vom Blüthenstaub und von dem noch milchigen Korn, welches dadurch verkümmert. Zur Erntezeit sind die Larven ausgewachsen, begeben sich unter die Erde, überwintern hier und verpuppen sich im Frühjahr, worauf Mitte Juni das vollkommene Insekt ausschlüpft. Da diese M. in großer Menge die Getreidehalme umschwärmen, so empfiehlt sich das Wegfangen mit dem Hamen, außerdem Reinigen der Weizenkörner, Beseitigung des Staubes nach dem Ausdrusch und tiefes Umpflügen der Stoppeln. Die Larven der Marcushaarmücke (Bibio Marci *L.*) und der Johannishaarmücke (B. Johannis *L.*) leben im Miste und zerstören in den Mistbeeten viele Pflanzenwurzeln. Den Knollengewächsen in Gärten ist die Larve der **Gartenhaarmücke** (B. hortulanus *L.*) sehr schädlich. Die Arten der Gattung **Bachmücke** (**Schnake**, Tipula), der langbeinigsten aller Zweiflügler, stechen nicht. Gemein ist die **Wiesenschnake** oder **Bach-** oder **Pferdemücke** (T. pratensis *L.*). Die Larve der **Gemüseschnake** (T. oleracea) frißt zwar nur faulende Pflanzen, lockert aber die Erde um die Wurzeln so auf, daß die Pflanzen absterben und große Plätze auf den Wiesen gelb werden. In die Familie der M. gehören auch die Insekten, welche den Heerwurm (s. d.) ausmachen.

Mückenfangen (Mückengreifen), s. Flockenlesen.

Mückensehen (Flecken- oder Nebelsehen, Myiddesopsie, franz. mouches volantes), eine Augentäuschung, welche darin besteht, daß sich vor dem Auge kleine Erscheinungen von verschiedenen Gestalten auf die mannichfachste Weise unter und durch einander bewegen u. drehen. Bald bilden jene Erscheinungen Flecken, Punkte, Kreise und Ringe, Streifen od. Schlängelchen, bald sind sie durchsichtig oder halb durchscheinend, schwärzlich oder gräulich; in andern Fällen gleichen sie kleinen, dunkeln, starren Netzen od. Maschen, daher auch der Name Netzsehen. Nur in sehr seltenen Fällen bleiben sie (als Punkt) bei Bewegungen des Auges an ihrer ursprünglichen Stelle; meist verlassen sie dieselbe bei der geringsten Augenbewegung. Zu den entfernten Ursachen gehören Blutkongestionen u. Atonie, allgemeine Schwäche und alle sie bedingenden Einflüsse, wie anhaltendes Bücken, Erhitzungen, Gemüthsbewegungen, Spirituosa, narkotische Substanzen, Alles, was Kopfkongestionen veranlassen kann, sowie auch Fieberhitze rc.; ferner Mangel an Bewegung, anhaltend herabstimmende Leidenschaften, Anstrengungen der Augen, Sehen nach glänzenden Gegenständen, Gebrauch scharfer Gläser, Störungen der Verdauung u. überhaupt in den Eingeweiden, Hämorrhoidal- u. Menstrualstörungen, Hypochondrie u. Hysterie. Der Arzt hat zunächst die veranlassenden Gelegenheitsursachen aufzusuchen und seinen Heilapparat nach denselben einzurichten. Wo Blutkongestionen obwalten, empfiehlt man dem Kranken außer einem passenden Regimen antiphlogistische Laranzen. Bei Kongestionen u. phlogistischen Zuständen thun kalte Bähungen den Augen gute Dienste, sowie bei Atonie spirituöse Einreibungen um das Auge.

Müffling, Friedrich Ferdinand Karl, Freiherr von, mit dem Familiennamen Weiß, preußischer General der Infanterie, geboren den 12. Juni 1775 zu Halle, trat als Junker in ein Füsilierbataillon, mit welchem er 1790 nach Schlesien ging u. 1792 den Feldzug in Frankreich mitmachte. Von 1798—1802 ward er bei der trigonometrischen Vermessung Westphalens für die lecoqsche Karte, sodann 1803 als Premierlieutenant bei der Gradmessung in Thüringen beschäftigt. Im folgenden Jahre trat er als Hauptmann in den Generalstab. Im Feldzuge von 1806 stand er bei dem Corps des Herzogs von Weimar u. erhielt nach dem Treffen bei Lübeck den Auftrag, die Kapitulation von Rattkau abzuschließen. Im Jahre 1809 trat er als Mitglied des sogenannten geheimen Conseils in weimarische Dienste, 1812 aber wieder in die preußische Armee u. ward als Oberstlieutenant dem Generalstab Blüchers zugetheilt. Nach dem Gefecht bei Hainau in Schlesien avancirte er zum Obersten, nach der Aufkündigung des Waffenstillstandes ward er Generalquartiermeister bei der schlesischen Armee unter Gneisenau, nach der Schlacht bei Leipzig Generalmajor, nach Abschluß des ersten pariser Friedens Chef des Generalstabs der unter dem Grafen Kleist von Nollendorf am Rhein zurückgebliebenen Armee. Im April 1815 kam er in Lüttich wegen der Theilung der sächsischen Truppen mit diesem in Mißhelligkeiten, die sehr verschieden dargestellt worden sind. Nach dem Wiederausbruch des Kriegs ward er der britischen Armee unter Wellington zugetheilt. Nach der zweiten Einnahme von Paris schloß er die Konvention wegen Räumung der Hauptstadt mit ab, ward dann zum Gouverneur derselben ernannt u. blieb 1816 als Bevollmächtigter Preußens im Hauptquartier des Besatzungsarmee der Alliirten befehligenden Herzogs von Wellington. Hier verband er sich mit französischen Offizieren u. Gelehrten zu einer Gradmessung zwischen Dünkirchen u. Seeberg. Im Jahre 1818 wohnte er dem Kongresse in Aachen bei. Seit 1820 Chef des Generalstabs der preußischen Armee, führte er weitere Gradmessungen aus. Als Generallieutenant erhielt er 1829 eine Mission nach Konstantinopel, um die Pforte für den Frieden mit Rußland geneigt zu machen, u. wurde im März 1832 General des 7. Armeecorps, 1837 Gouverneur von Berlin, 1841 Präsident im Staatsrath. Im Jahre 1847 erhielt er die erbetene Entlassung mit dem Titel eines Generalfeldmarschalls u. als Geschenk die Domäne Wandersleben u. ließ sich hierauf in Erfurt nieder, wo er am 16. Jan. 1851 †. Seine namhaftesten Schriften, die unter der Chiffre C. von W. erschienen, sind: „Operationsplan der preußisch-sächsischen Armee 1806" (Weimar 1806); „Marginalien zu den Grundsätzen der höheren Kriegskunst für die österreichischen Generale" (das. 1808, 2. Aufl. 1810); „Die preußisch-russische Campagne im Jahre 1813" (Breslau 1813; 2. Aufl., Leipzig 1815); „Geschichte des Feldzugs der englisch-hannoversch-niederländischen u. braunschweigischen Armee unter dem Herzog von Wellington u. der preußischen unter dem Fürsten Blücher im Jahre 1815" (Stuttg. 1815); „Beiträge zur Kriegsgeschichte der Jahre 1813 u. 1814; die Feldzüge der schlesischen Armee" (Berlin 1824, 2 Bde.); „Betrachtungen über die großen Operationen u. Schlachten rc." (das. 1825); „Napoleons Strategie im Jahre 1813" (das. 1827). Die nachgelassene Schrift „Aus meinem Leben" (Berl. 1851) gab sein Sohn heraus.

Mügeln, Stadt und Amtssitz im königlich sächsischen Kreisdirektionsbezirk Leipzig, an der Döllnitz, hat ein Schloß (Ruhethal), eine alte Kirche, Weberei, Brauerei, Sonntagsschule u. 2562 Einw.

Mügge, Theodor, deutscher Schriftsteller, geboren den 8. November 1806 in Berlin, war zuerst Kaufmann, dann Soldat u. war 1825 im Begriff, nach Peru zu gehen und unter Bolivar zu dienen, als die Nachricht von der bereits erfolgten Vertreibung der Spanier aus Südamerika ihn zurückhielt. Er ging nun über Paris nach Berlin zurück, wo er Naturwissenschaften, Geschichte u. Philosophie studirte, um an einer preußischen Universität eine Anstellung zu erlangen. Diese Aussicht verscherzte er jedoch durch die beiden Schriften „Frankreich und die letzten Bourbonen" (Berlin 1831) u. „England und die Reform" (Leipzig 1831). Er widmete sich nun ausschließlich der Schriftstellerei u. ward Mitarbeiter an mehren politischen Journalen und der „Zeitung für die elegante Welt“, was ihm, besonders seit Veröffentlichung seiner Schrift „Die Censurverhältnisse in Preußen“, wiederholt polizeiliche und gerichtliche Verfolgungen zugezogen hat. In weiteren Kreisen bekannt machte ihn seine bereits in den zwanziger Jahren begonnene und bis an seinen den 18. Febr. 1861 zu Berlin erfolgten Tod mit rastlosem Fleiß und unerschöpflicher Produktivität fortgesetzte belletristische Thätigkeit. Seine Romane u. Novellen zeichnen sich sämmtlich durch moralische Haltung, Reichthum der Erfindung, gründliche u. durchdachte Behandlung des Stoffes, sowie leichte und gefällige Darstellung aus. Er begann seine belletristische Thätigkeit mit „Bildern aus meinem Leben“ (1829). Seine in Zeitschriften u. Taschenbüchern zerstreut erschienenen kleineren Werke vereinigte er später in vier Sammlungen: „Novellen und Erzählungen“ (Braunschweig 1836, 3 Bde.), „Novellen und Skizzen“ (Berlin 1838, 3 Bde.), „Gesammelte Novellen“ (Leipzig 1842—43, 6 Bde.) und „Neue Novellen“ (Hannover 1845, 3 Bde.). Seit 1850 gab er das Taschenbuch „Vielliebchen“ heraus, wie er damals auch eine Zeitlang das Feuilleton der „Nationalzeitung“ redigirte. Von seinen späteren Romanen sind hervorzuheben: „Der Voigt von Sylt“ (Berlin 1851, 2 Bde.), „Der Weihnachtsabend“ (das. 1853), „Der Majoratsherr“ (das. 1853, 2 Bde.), „Afraja“ (Frankfurt 1854) u. „Erich Randal“ (das. 1856), die Novellensammlung „Leben und Lieben in Norwegen“ und der nach des Verfassers Tod erschienene „Prophet“. Ein neues Gebiet betrat M. mit seinen „Skizzen aus dem Norden“ (Hannover 1844, 2 Bde.), die außer einer sehr glücklichen Darstellung der geographischen Verhältnisse des Nordens auch die politischen Zustände der skandinavischen Staaten mit Umsicht u. Sachkenntniß besprechen. In derselben Richtung folgten die „Streifzüge in Schleswig-Holstein“ (Frankf. 1846, 2 Bde.), „Die Schweiz“ (Hannover 1847, 3 Bde.) u. „Bilder aus Norwegen“ (Frankfurt 1858). An M.'s Lustspiel „Neues Leben“, acht Tage vor des Dichters Tod im hamburger Thaliatheater aufgeführt, wird das Vorwiegen des novellistischen Elements getadelt. In seiner Vaterstadt war M. auch mehrfach auf gemeinnützige Weise thätig gewesen.

Mühlarzt, s. v. a. Mühlzeugarbeiter, vergl. Mühle.

Mühlbach, Marktflecken im österreichisch-tyroler Kreis Brixen, am Eingang in das Pusterthal, an der Rienz, mit einem Kloster der Tertiarierinnen, Pfannenschmieden und 600 Einwohnern. Dabei die mühlbacher Klause, Trümmer einer 1809 von den Franzosen gesprengten Veste. Der Paß wurde am 7. Okt. 1813 von den Oesterreichern erstürmt.

Mühlbach, Luise, s. Mundt 2).

Mühlberg, 1) Stadt in der preußischen Provinz Sachsen, Regierungsbezirk Halle, Kreis Liebenwerda, am rechten Ufer der Elbe, Sitz einer Gerichtskommission, hat 3460 Einw., Leinweberei, Strumpfwirkerei u. lebhafte Schifffahrt. Geschichtlich berühmt ist die Stadt durch den bekannten Sieg Kaiser Karls V. über Johann Friedrich den Großmüthigen, Kurfürsten von Sachsen, den 24. April 1547. Vgl. Schmalkaldischer Bund. — 2) Marktflecken in der preußischen Provinz Sachsen, Regierungsbezirk und Kreis Erfurt, Enklave im Gothaischen, 2½ Meilen südwestlich von Erfurt, mit 1340 Einw. In der Nähe liegen auf 3 abgesonderten Bergen die Ruine Mühlberg, das alte Schloß Gleichen u. (im Herzogthum Gotha) die zum Staatsgefängniß dienende Wachsenburg, welche man die „drei Gleichen“ nennt.

Mühlburg, Stadt im badischen Mittelrheinkreise, Landamt Karlsruhe, an der Alb, hat ein Schloß, Essig-, Cichorien- und Krappfabrikation, Leinen- und Damastweberei und 2022 Einw.

Mühldorf, Stadt und Hauptort des gleichnamigen Verwaltungsdistrikts im bayerischen Regierungsbezirk Oberbayern, am Inn, über den eine neue gedeckte Brücke führt, hat das Bezirksamt u. ein Landgericht, 3 Kirchen, ein Schloß, eine lateinische Schule, Kranken- und Waisenhaus, Eisenhammer, ansehnlichen Hopfen- und Gemüsebau, Schifffahrt, Getreidehandel und 1900 Einw. Dabei die Mineralquelle Annabrunnen. Im Jahre 1258 erlitten hier die Böhmen unter Ottokar einen großen Verlust durch den Einsturz einer Brücke. Bekannter noch ist die Stadt durch die Schlacht am 28. September 1322 (auch Schlacht bei Ampfing genannt), in welcher Kaiser Ludwig IV. oder der Bayer seinen Gegenkönig, Herzog Friedrich von Oesterreich, besiegte und gefangen nahm. Die Oesterreicher waren, 2500 Ritter und etwa 30,000 Mann Fußvolk stark, bei M. über den Inn gegangen und hatten sich, um den Herzog Leopold zu erwarten, der um diese Zeit über den Lech gehen sollte, auf den Anhöhen zwischen M. u. dem Dorfe Ampfing gelagert. Während aber Leopold durch den Abfall des Grafen von Montfort zu Ludwigs Partei aufgehalten wurde, konnte dieser seine Freunde vereinigen und rückte schnell gegen M. Trotz der Abmahnung seiner Ritter nahm Friedrich die Schlacht an, theilte sein Heer in vier Haufen, deren mittlern er selbst befehligte, u. führte dasselbe am Morgen des 28. September 1322 auf die Vehmwiese bei Ampfing zum Angriff. Auf bayerischer Seite führte der fränkische Ritter Seyfried Schweppermann den Oberbefehl. Auch er theilte sein Heer in vier Schaaren, bestimmte aber zugleich, daß der Burggraf Friedrich von Nürnberg, wenn der Kampf am heftigsten wüthe, mit einem Haufen von 600 Rittern dem Feinde in die Flanke fallen sollte. Ein Angriff der Oesterreicher, den tapfern Friedrich an der Spitze, brachte zunächst die Böhmen zum Weichen. König Johann entkam nur durch Verrätherei aus den Händen des Marschalls von Pillichsdorf, und Ludwig selbst entriß nur der Rittermuth der münchener Bäcker der Gefahr, gefangen zu werden. Zwar hatte Schweppermann durch das Zurückziehen des linken Flügels die Front so verändert, daß die Feinde Sonne u. Staub im Gesicht hatten, aber diese schritten doch unaufhaltsam zum Siege. In diesem Augenblicke brach zwischen den waldigen Höhen der Burggraf von Nürnberg in den Rücken des Feindes u. verbreitete panischen Schrecken in dem österreichischen Heere. In ungeordnetem Knäuel wälzten sich die vorgedrungenen Oesterreicher über die Isen zurück u. lösten sich endlich, von allen Seiten angegriffen, in wilder Flucht auf. Nach zehnstündiger Arbeit war die Schlacht entschieden. Auf der großen Wiese beim heutigen Schloß Zangberg ergaben sich die Herzöge Heinrich von Oesterreich u. Heinrich von Kärnthen u. der Kern des Adels von Oesterreich, Steiermark u. Salzburg. König Friedrich, von Rindsmaul gefangen, ergab sich dem Burggrafen von Nürnberg. Ueber 5000 Leichen von beiden Seiten deckten den Wahlplatz; über 1400 Ritter wurden gefangen. Leopolds Heer lief bei der Nachricht vom Ausgang der Schlacht aus einander. Friedrich von Oesterreich ward auf das Schloß Trausnitz an der Pfreimt bei Nabburg gebracht und erst am 13. März 1325 durch Vertrag in Freiheit gesetzt. Ludwig hatte durch den Sieg den Alleinbesitz des Kaiserthrons gewonnen.

Mühldorfer, Joseph, ausgezeichneter Dekorationsmaler u. Maschinist, geboren den 10. April 1800 zu Meersburg in Baden, bildete sich zu München und wurde hier bereits in seinem 17. Jahre mit der scenischen Einrichtung des schweigerschen Sommertheaters beauftragt. Nachdem er bei mehren Stadtbühnen als Maschinist und Dekorationsmaler gewirkt, erhielt er 1824 einen Ruf in diesen Eigenschaften an das Theater in Nürnberg, 1826 an das zu Aachen und 1832 an das zu Mannheim, wo er im März 1863 †. Er versah die neuen Hoftheater zu Cannstadt, Dresden, Hannover, Karlsruhe, München (1853), die Stadttheater zu Köln, Bremen, Würzburg, Heilbronn, Landau, Heidelberg, Bukarest ꝛc. mit sämmtlichen Maschinen und theilweise auch mit Dekorationen u. übernahm die scenische Einrichtung mehrer großen Opern in Hamburg, Wien, Frankfurt und Augsburg. M. hat sich um die Verbesserung der deutschen Theatermechanik und des Dekorationswesens sowohl durch eigene Erfindungen, als durch Einführung fremder Verbesserungen wesentliche Verdienste erworben.

Mühle, bekanntes Spiel, das von zwei Personen auf einer aus drei koncentrisch in der Mitte jeder der vier Seiten durch eine Linie durchschnittenen Vierecken bestehenden Figur, dergleichen sich meist auf der untern Seite des Damenbrets befinden, gespielt wird. Jeder der Spielenden hat 9 Damensteine u. sucht, indem er die Steine, einen nach dem andern, entweder in die Ecken, od. in die Mitte aufsetzt, eine M. zu bekommen, d. h. 3 Steine neben einander in Einer Linie zu erhalten. Dann zieht er seine M. auf und schlägt, wenn er sie wieder zuzieht, einen Stein des Gegners, der nicht in einer M. steht. Man sucht besonders eine Zwickmühle zu bekommen, d. h. eine solche M., die auf den einander parallelen Linien steht und, wenn sie aufgezogen wird, zugleich die andere zuzieht, indem man da bei jedem Zuge einen feindlichen Stein schlägt. Das Spiel hat Der verloren, welcher alle Steine eingebüßt hat, oder so weit reducirt ist, daß es ihm unmöglich ist, das Spiel zu gewinnen. Hat man bloß noch 3 Steine, so kann man springen, d. h. man braucht nicht mehr bloß von einem Durchschnittspunkt zum andern zu ziehen, sondern kann die Steine nach Willkür setzen, wohin man will, wofür man aber, wenn der Gegner eine M. zuzieht, auch alle 3 Steine auf einmal verliert, so daß das Spiel ein Ende hat.

Mühlen, Maschinen zum Zertheilen von Körpern. Ursprünglich nannte man nur die zum Getreidemahlen bestimmten Maschinen M., dann aber wurde der Begriff erweitert und auf alle Maschinen ausgedehnt, welche zum Zerquetschen, Zerreiben ꝛc. von Samen u. Früchten, von mineralischen Substanzen ꝛc. dienten, womit man Holz od. Steine zersägte u. zerschnitt, Lumpen zerriß u. zertheilte, aus Fasern Fäden bildete, gewebte oder gewirkte Stoffe verdichtete, Erze und Steine durch Stampfen zerkleinte ꝛc. Aus dieser Periode stammen die Namen Oelmühlen, Sägemühlen, Papiermühlen, Spinnmühlen, Walkmühlen, Pochmühlen ꝛc., die später wieder verschwanden, als die betreffenden Maschinen wesentlich vervollkommnet wurden. Aus der Spinnmühle ist die Spinnmaschine, aus der Pochmühle das Pochwerk, aus der Sägemühle die Sägemaschine geworden. Dagegen bezeichnet man noch heute die Maschinen als M., welche zur Darstellung von Gries, Schrot, Knochenmehl, Schnupftabak, zum Zermahlen der Oelfrüchte, zum Zerschneiden der Baumstämme ꝛc. dienen. Die früher beliebte Eintheilung der M. nach den zu ihrem Betrieb verwandten Kräften in Hand-, Roß-, Wasser-, Wind- und Dampfmühlen entbehrt gegenwärtig des reellen Grundes.

Die Aufgabe der Getreidemühlen besteht darin, die Bärtchen am oberen Ende eines jeden Korns, den Keim am unteren Ende und den Schmutz aus der Spalte zu entfernen, sodann die Häute, welche die Frucht- und Samenhülle bilden, zu zerstören u. endlich den übrig gebliebenen inneren Kern nach u. nach abzumahlen, wobei man die besseren u. besten Mehlsorten beziehungsweise später u. zuletzt erhält. Der vollkommenste Mahlprozeß würde darin bestehen, die Körner von den Häuten durch Abschälen zu befreien, ohne den Kern selbst zu verletzen. Derartige Schälmaschinen sind konstruirt worden von Nolden in Frankfurt am Main (Kunst- und Gewerbeblatt für Bayern, 1862) u. von Henkel und Seck in München (Deutsche illustrirte Gewerbezeitung, 1865). Doch konnten sich dieselben noch nicht Geltung verschaffen. Zur Reinigung des Getreides begnügte man sich früher mit den gewöhnlichen Maschinen (Kornfegen, Kornrollen, s. d.), auch wurden viele Unreinigkeiten durch das bei der alten Mahlmethode nothwendige Nässen des Getreides entfernt. Gegenwärtig wird das Getreide vor dem Mahlen gespitzt. Dies besteht darin, daß man die Körner zwischen weitläufig gestellten Mühlsteinen bearbeitet, wo sie nicht zerrissen, sondern nur bestoßen werden und ihre Spitzen verlieren. Durch den sich drehenden Stein werden die Körner alsdann an den mit Reibeisenblech beschlagenen Umlauf getrieben und endlich in eine Bürstenmaschine geführt, in welcher sich Bürsten über einem Siebboden drehen, während die ganze Reibvorrichtung wie beim Spitzgang vom durchlochten Blech umgeben ist. Endlich gelangt alles Getreide in ein schräg nach unten auslaufendes Rohr. Zwischen der unteren Mündung dieses letzteren und dem tiefer stehenden Auffangetrichter haben die Körner einen Raum frei zu durchfallen, und hier liegt die Mündung einer Windfege, welche die schließliche Abstäubung zu besorgen hat. Die Reibeisen haben manche Nachtheile, und es erscheint daher eine Reinigungsmaschine beachtenswerth, welche Nagel in Hamburg anwendet. Bei dieser wird das Getreide in dem ringförmigen Raum, welchen zwei koncentrisch in einander liegende Cylinder zwischen sich lassen, der Einwirkung von Schlägern u. Riffeln ausgesetzt, während gleichzeitig ein saugender Ventilator für Entfernung der specifisch leichten Beimischungen sorgt. In mehren neuen Mühlenanlagen zieht man eigenthümlich angeordnete Steine den beschriebenen Reinigungsmaschinen vor. Ein Mühlstein, dessen Seitenwände zur Hälfte kegelförmig zulaufen, dreht sich in einem entsprechend ausgehöhlten Stein. Das abgesiebte Getreide tritt durch die centrale Oeffnung des sich drehenden Steins (des Läufers) ein, wird zunächst zwischen den horizontalen Flächen bearbeitet und steigt dann zwischen den schrägen Flächen in die Höhe, um an einer bestimmten Stelle in ein Rohr zu gelangen, welches durch den unteren Stein hindurchgeht. Sehr gut arbeitet die in England allgemein gebräuchliche Maschine von Walworth und Harrowby (Taf. Mühlen Fig. 1). Bei derselben sitzen Hohlkegel auf einer rotirenden vertikalen Welle und werden umgeben von anderen unbeweglichen Kegeln, wobei die Mäntel der ersteren nach außen, die der letzteren nach innen kannelirt sind, ohne dabei scharfe Ecken und Kanten zu besitzen. Die obersten in einander steckenden Kegel sind dachförmig nach außen geneigt, die dann folgenden wieder nach innen u. s. f., so daß das Getreide, welches zwischen die Kegel gelangt, im Zickzack nach unten fällt. Zwischen dem ersten und zweiten, dem dritten und vierten und dem fünften und sechsten Kegelpaar sind nun aber Zwischenräume geblieben, und diese dienen zum Anbringen von Ventilationsvorrichtungen. Es sind nämlich die äußern Kegel durch Drahtnetze verbunden, während an den innern Kegeln vertikal gerichtete, dünne, radial gestellte Flügel angegossen sind. An den äußersten Kanten dieser Flügel sind ebenfalls cylindrische Drahtnetze befestigt, so daß wiederum ein geschlossener, aber mit der Axe drehbarer Cylinder gebildet wird. Das oben eingeschüttete Getreide gelangt also zunächst zwischen die kannelirten Kegelflächen, dann zwischen die vertikalen Drahtnetzflächen, zwischen die folgenden Kegel u. s. f. Ein an einer vertikalen Nebenwelle am untern Theil der Maschine befestigter Ventilator führt die abgeriebenen leichten Theile aufwärts, während die guten schweren Körner nach unten fallen und durch ein Rohr abgeführt werden. Zur energischen Absonderung aller Theile, die kein gutes Mehl geben, ist die Maschine von Child am empfehlenswerthesten. Das Getreide fällt auf ein horizontales grobes Sieb, welches nur die Getreidekörner u. Staub durchläßt. Unter diesem Sieb liegt schräg ein zweites, feineres, welches den Staub hindurchfallen läßt, während die Körner auf ihm herabrutschen. Zur Unterstützung dieses Vorgangs werden die Siebe in rüttelnde Bewegung versetzt. Am Ende des Siebes gelangen die Körner in den Bereich eines Ventilators, der die leichteren Theile wegbläst. Dieser Ventilator bezieht seine Luft nur durch einen vertikal absteigenden Kanal, und die Körner rutschen eine schiefe Ebene hinab, um in diesen Kanal zu gelangen. Dort fallen sie also dem starken Luftstrom entgegen, welcher nun jedes einzelne Korn abwägt und die zu leichten aufwärts führt. Hier, wo sich der Luftstrom ausbreitet, wird er schwächer und die leichten Körperchen können niederfallen und sich in einem besondern Behälter sammeln.

Bei der gewöhnlichen deutschen Mühle (Tafel Mühlen Fig. 2) wird das Getreide durch den Rumpf A zugeführt. Dieser kann durch die drehbare Welle P ganz entfernt werden. Der während des Mahlens rüttelnde u. durch die Riemen a verstellbare Schuß B regulirt den Ausfluß des Getreides aus A. Das Mahlwerk besteht aus den beiden Steinen A und B, von denen der letztere, der Bodenstein, fest in dem Steingeschirre ruht und mit einer centralen Durchbohrung (Auge) versehen ist. Durch letztere hindurch geht das Mühleisen C u. wird durch die Büchse g fest gehalten. Der obere Stein, der Läufer, ist ebenfalls durchbohrt u. in seinem Auge mit einem horizontal liegenden Eisen, der Haue b b, versehen. Die Haue hat ein Loch und steckt mit diesem fest auf dem Mühleisen, so daß der Läufer an der Drehung des letzteren Theil nehmen muß. Das Mühleisen ruht mit seinem untern Ende auf der Pfanne f, die auf dem starken Querbalken D liegt. Letztere kann durch G gehoben und gesenkt werden, so daß hierdurch die Entfernung der Steine von einander regulirt wird. Die Kraft, welche die Mühle bewegt, versetzt zunächst die große Welle Z in Umdrehung, u. das an dieser befestigte Kammrad greift in das Getriebe oder den Drehling (Trilling) E, welcher auf dem Mühleisen befestigt ist. Das Getreide gelangt durch das Auge des Läufers zwischen die Steine, wobei der Rührnagel K jede Verstopfung verhindert. Durch die Centrifugalkraft und die zweckmäßige Form der Steine wird das zu mahlende Getreide ununterbrochen dem Umfang der Steine zugeführt. Durch den Zarg oder Lauf N aufgehalten, passirt es das Mehlloch und gelangt in den Mehlbeutel R. Dies ist ein wollener oder seidener, in dem Kasten Q ausgespannter Schlauch, welcher bei jeder Umdrehung der Steine durch den Stab s dreimal erschüttert wird. In Folge dessen fällt das feine Mehl durch die Maschen des Gewebes, während die gröberen Theile aus der untern Oeffnung des Schlauches in den Schrot- oder Kleienkasten T gelangen. Das Sieb S, welches durch den Stab d ebenfalls gerüttelt wird, trennt die Hülsen von dem ihnen beigemengten Theil der gröblich zermahlenen Körner. Der durch das Sieb fallende Gries wird von Neuem gemahlen und liefert dann ein Mehl, welches feiner als das soeben gewonnene u. überhaupt das feinste des ganzen Mahlprozesses ist. Der Gries wird so oft auf die Steine zurückgegeben, bis er nahezu aufgemahlen ist, der Rest wird dann unter die Hülsen gemischt u. liefert, wenn er mit diesen zusammengemahlen ist, das Schwarzmehl, die ausgemahlenen Hülsen sind die Kleie. Auf diese Art kann man indeß nur beim Weizen verfahren, beim Roggen theilen sich die Fragmente der Hülsen nicht so vollständig vom Gries, daß sie sich durch Sieben sondern ließen, und man muß daher den Roggen bis zur Kleie rein aufmahlen. Bei jedem Durchgang des Mahlgutes durch die Steine resultirt eine andere Qualität des Mehls, deren Beschaffenheit vom Getreide und vom Mahlprozeß selbst in der Art abhängig ist, daß die Namen der verschiedenen Mehlsorten nur für bestimmte Fälle Geltung haben.

Die Mühlsteine, die wichtigsten Theile der M., sind mit besonderer Sorgfalt auszuwählen. Ihr Zweck ist nicht, das ganze Korn in ein gleichmäßiges Pulver zu verwandeln, sondern vielmehr die zäheren Theile zu zerschneiden u. zu zerreißen, diese gewissermaßen von dem Kern abzuschälen und nur den letzteren zu zermahlen. Um dies zu erreichen, sind die Steine mit Rillen versehen, deren Form u. Verlauf bei den verschiedenen Systemen mannichfach wechselt (s. Mühlsteine).

Für die oben beschriebene Konstruktion der M., insbesondere für die bei derselben gebräuchlichen Steine ist die Schale des Getreides zu zerreiblich u. spröde u. man muß ihr durch Befeuchten eine gewisse Zähigkeit geben, um den Kern glatt herausarbeiten zu können. Je nach dem Feuchtigkeitsgehalt des Getreides erschüttet man das Getreide mit Wasser, oder besp gt es mit einer Brause. Im erstern Falle muß man das Wasser sehr schnell wieder ablassen und hat dabei den Vortheil, eine gründliche Reinigung zu erzielen. Das Anfeuchten ist aber unter allen Umständen ein sehr großer Uebelstand bei dem alten Mahlprozeß, denn das feuchtere Mehl erhitzt sich sehr leicht und nimmt einen widerlichen Geruch und Geschmack an. Das Mehl der neueren M., welches aus trockenem Getreide bereitet wird, verdient daher mit Recht den Namen Dauermehl.

Während die gewöhnlichen Wasser- u. Windmühlen bei uns noch heute deutsche Werke haben, was sie durch ihr Klappern schon von weitem anzeigen, hat sich in neuerer Zeit eine neue Konstruktion von M. eingebürgert, die man *amerikanische*, *englische* od. *Kunstmühlen* nennt u. die in ihren Leistungen die alten M. weit übertreffen, obwohl die Hauptsache, das Mahlen zwischen den Steinen, bei ihnen nicht anders geschieht als nach dem alten System. Die Hauptvorzüge der neueren Konstruktion liegen in einer exakteren und zweckmäßigeren Ausführung aller einzelnen Theile mit Anwendung von Eisen, wodurch ein viel leichterer Gang u. eine bedeutende Krafterspարniß erzielt u. mit einer gegebenen Kraft der Betrieb mehrer Mahlgänge ermöglicht wird. Auf die Mühlsteine wird bei den neueren M. ebenfalls die größte Rücksicht genommen, u. durch Auswahl besserer Gesteine u. eine zweckmäßigere Bearbeitung ermöglicht man eine größere Ausbeute an Mehl u. bedeutende Ersparniß an Zeit. Während der Läufer bei den alten M. mit der Haue auf dem Mühleisen befestigt ist, hat man dieses letztere bei den neuen M. oben abgerundet und der Haue eine ebenso ausgerundete platte Pfanne gegeben, mittelst welcher der Stein auf der Spindel nur balancirend hängt (*schwingende Haue*). Durch zwei Arme, die an der Spindel befestigt sind und sich gegen die Haue legen, wird der Stein umgetrieben. Diese Arme können aber andererseits die freie Einstellung des Steins, die man doch bei der schwingenden Haue besonders bezweckt, leicht verhindern, u. man hat deshalb in neuerer Zeit eine Aufhängung des Läufers wie bei den Schiffskompassen, nämlich zwischen zwei ins Kreuz gestellten Zapfenpaaren, eingeführt und dadurch die volle Beweglichkeit des Steins gesichert. Bei einer nicht absolut vertikalen Stellung des Mühleisens erhalten die Steine mit fester Haue stets eine mehr oder weniger gegen den Horizont geneigte Lage, so daß sie nur mit der Einen Seite wirken. Eine Folge davon ist eine geringere Leistung des Mahlgangs und eine schnellere Abnutzung des Steins, außerdem aber auch eine Vermischung des Mehls mit Steinpulver. Alles dies wird durch die schwingende Haue vermieden; der Stein stellt sich bei derselben noch horizontal, wenn auch das Mühleisen etwas schräg steht, es kann leicht von letzterer abgehoben werden und gibt frei nach, wenn sich auf der einen oder andern Seite besondere Anhäufungen von Mahlgut oder sonstigen zufälligen Hindernissen zwischen den Mahlflächen einstellen. Die *Haltbarkeit des Mehls* wird sehr wesentlich beeinträchtigt durch die beim Mahlen erzeugte Wärme. In England läßt man das Mehl in Säcken auskühlen; man trachtet aber auch danach, zwischen die Steine möglichst viel kalte Luft zu führen, und haut wohl zu diesem Zweck quer durch den Läufer eine tiefe Furche, welche bei der raschen Drehung die Luft dem Mittelpunkt zuführt. Um eine weitere Abkühlung herbeizuführen, was besonders dann nothwendig ist, wenn das Mehl nicht für den sofortigen Konsum bestimmt ist, bringt man es aus der Siebvorrichtung in besondere Kühlapparate. Dies sind große flache Kästen, in denen das Mehl in einer dünnen Schicht ausgebreitet und durch mechanische Vorrichtungen bis zu seinem völligen Erkalten bewegt wird. Die *Beutelwerke* der neueren M. sind nicht mehr Schläuche, wie bei den alten deutschen M., sondern aus hölzernen Latten gebildete, meist sechseckige oder runde, gegen den Horizont geneigt liegende Behälter, die mit verschiedenen Geweben, deren Maschen der Feinheit des Mahlguts entsprechen, überzogen sind. Diese Behälter werden in rotirende Bewegung versetzt, u. damit sich die Maschen des Gewebes nicht verstopfen, sind Vorrichtungen getroffen, welche die Leisten fortwährend heftig erschüttern. Dies geschieht z. B. dadurch, daß auf den Speichen, welche von der Welle nach den Latten hin verlaufen, hohle eiserne Cylinder gleitend angebracht sind, die bei der Umdrehung des Beutelwerks von den Latten zur Welle u. von der Welle wieder auf die Latten fallen. Das Mehl wird dem Beutelwerk am obern Ende zugeführt, und da dasselbe seiner Länge nach mit Geweben von verschiedener Feinheit bespannt ist, so liefert es auch verschieden feine Mehlsorten, die in entsprechenden Abtheilungen des Mehlkastens aufgefangen werden. Unten ist der Beutel ganz offen, so daß sich in der letzten Abtheilung des Kastens die Kleie ansammelt.

Bei dem Mahlprozeß kann man wesentlich zwei Methoden unterscheiden. Der Müller läßt nämlich entweder das Korn nur einmal durch die Mühle gehen u. zermalmt es dabei so, daß durch Anwendung mehrer Siebwerke die Kleie vom Mehl gesondert wird, oder er schüttet es zu wiederholten Malen auf, indem er die Steine immer enger stellt, und läßt so die Mehlbildung allmählig erfolgen. Bei der ersten Methode, dem *Grobmahlen*, erhält man auf den alten M. ein schwarzes Mehl, weil sich viel Hülse zu Staub reibt und dem Mehl beimischt. Auf den neuen M. gestaltet sich die Sache wesentlich anders, und es ist diese Methode auch auf den amerikanisch-englischen M. gebräuchlich (*Flachmüllerei*, mouture à la grosse). Bei der zweiten Methode, dem *Weißmahlen* (*Griesmüllerei*, mouture économique), werden die Steine weit gestellt und man erzeugt zuerst nur gröblich zerbrochene Körner (Hochschrot), wobei sich nur wenig Mehl bilden darf. Sodann sondert man letzteres ab u. sucht aus dem verbliebenen Gemenge von Kleie und Gries zuerst die grobe, nachher aber auch die ganz feine Kleie zu entfernen. Aus den zuletzt erhaltenen Griesen erzeugt man endlich die verschiedenen Mehlgattungen, welche der amerikanisch-englische Müller zufolge geeigneten Beutelns durch einen einzigen Mahlprozeß zu gewinnen sucht. Zwei andere Unterschiede der Gries- und amerikanischen Müllerei sind noch die, daß bei ersterer durchaus kalt gemahlen wird, während dies bei letzterer niemals der Fall ist, sowie daß man beim Griesprozeß die ordinären Mehlsorten zuerst, die bessern u. besten zuletzt erhält und bei der amerikanischen Vermahlungsart gerade das Umgekehrte Statt findet. Obgleich diese beiden Mahlmethoden die auf den meisten verbesserten M. hauptsächlich gebräuchlichen sind, so kann man sie doch nicht zum Eintheilungsgrunde der heutigen M. nehmen, weil einmal eine sehr hervortretende Verschiedenheit der angewandten Maschinen nicht existirt, und zweitens hinsichtlich des Mahlverfahrens, namentlich in Deutschland u. Frankreich, bei vielen Werken weder die rein amerikanische Müllerei, noch der bloße Griesprozeß konsequent durchgeführt, sondern eine den Verhältnissen angepaßte Kombination beider Systeme angewandt wird.

Als besonders hervortretendes u. beliebtes System der heutigen Getreidemühlen Englands kann die fairbairnsche Anordnung u. Konstruktion aufgeführt werden, die sich durch Aufstellung der Mahlgänge in Reihen, Einführung gußeiserner, tulpenartig geformter Mühlgerüste von verhältnißmäßig einfacher Konstruktion, wodurch zugleich jedes Steinpaar als isolirtes System auftreten kann, u. durch den Betrieb der Mühlspindel mit konischen Räderpaaren charakterisirt. Fig. 3, 4, 5 zeigen eine von Fairbairn ausgeführte Mühle, deren Betrieb durch die links stehende Dampfmaschine F erfolgt. Das Schwungrad K ist am äußeren Umfang stirnradartig verzahnt u. greift in ein Getriebe L, durch dessen Umdrehung die Hauptwelle M, die Kegelräderpaare N u. endlich die in P eingeschlossenen Mühlsteine bewegt werden. Das Getreide wird mittelst eines Aufzugs H' in den obersten Raum des Gebäudes, u. zwar in den Kasten Q geführt, aus welchem es vermittelst einer Gosse in das Reinigungssieb S gelangt. Die aus S abfallenden guten Körner gelangen nach U und in den Elevatorkasten V, während die leichten Körper zum Entweichen nach außen durch einen Windstrom veranlaßt werden, welchen ein Flügelgebläse herbeiführt. Der Elevator läßt das Getreide auf die schräge Rinne X fallen, auf welcher sie nach dem Kasten einer endlosen Schraube Y gleiten und durch deren Umdrehung dem Rumpfkasten Z zugeführt werden. Von hier ab gelangen die Körner in die Speiseröhren A' u. durch einen Regulirungstrichter zwischen die Steine. Das von letzteren ablaufende Mehl fällt durch Weißblechröhren B' in einen Schraubenkasten Y' und wird nach der Mündung eines Elevators gebracht, der es zu dem Siebbeutel führt, welcher in derselben Höhe wie der Reinigungsapparat S an der andern Seite des Gebäudes liegt. Die Bewegung der einzelnen Theile geht von der Hauptwelle M aus, indem mittelst des Kegelradpaares a die stehende Welle C' in Umdrehung versetzt wird; diese trägt wieder das Kegelradpaar b, welches die horizontale Welle E' treibt. Auf letzterer sind die Riemenscheiben d u. e, sowie ein kleines Kegelrad c festgekeilt. Von d aus geht ein Riemen auf die Scheibe des Reinigungscylinders S, von e ein anderer Riemen zur Umdrehung der Scheibe auf der Axe des Siebbeutels an der andern Seite des Gebäudes. Durch das kleine Kegelrad c, das mit einem etwas größeren Paar solcher Räder in Eingriff steht, wird die Bewegung auf zwei andere Wellen übertragen, welche gegen die Welle C' einen rechten Winkel bilden. Auf der einen dieser Wellen ist eine Riemenscheibe, welche die Bewegung der Windflügelscheibe des Ventilators T hervorbringt, während die andere die der Scheibe des Sackaufzugs H' bewirkt. Der Mahlapparat (Fig. 5) besteht aus folgenden Theilen: O ist ein starker gußeiserner Kasten, welcher das nach oben sich erweiternde Rohrstück trägt, das zugleich den cylindrischen Steinboden bildet. Auf diesen ist die aus Eisenblech gearbeitete Zarge oder Steinbütte gesetzt. Auf dem Deckel der letztern ruht der Regulirungstrichter nebst zugehörigem Hebelapparat für die Zuführung der Körner. Der Bodenstein wird durch Schrauben h und i in seiner Lage festgehalten und justirt, während der obere Stein (der Läufer) mit der Mühlspindel durch Mitnehmer u. schwebende Haue verbunden ist. Die Regulirung des Zuführapparats geschieht durch das Höher- u. Tieferstellen der Röhre n, welches durch Hebel n p und den Kettenzug q leicht bewirkt wird. Die Spindel nebst ihrem Spurlager ruht auf dem Hebelstück x, und es kann daher der Läufer durch den Hebel r mit der Stellschraube S leicht gehoben oder gesenkt werden. Die Ausrückung des Triebrades an der Mühlspindel während des Ganges der Hauptwelle geschieht auf folgende Weise: u ist ein Standrad, dessen Nabe mit der Mutter einer Schraube versehen ist. Auf dieser Nabe ruht ein dreiarmiger Steg, durch dessen Mitte die Schraube ganz ungehindert durchtreten kann. In jedem Arm des Stegs ist eine vertikale Stange befestigt und alle drei Stangen tragen an ihrem obern Ende einen Ring. Da die Scheibe nicht in Umdrehung versetzt werden kann, so schraubt sich das Handrad u an der Spindel herauf oder hinab und im ersteren Falle legt sich der erwähnte Ring endlich unter das Mühlspindelgetriebe u. rückt dieses aus, sobald man in derselben Richtung noch weiter schraubt. Die großartigste Anlage des fairbairnschen Systems besteht zur Zeit in Taganrog, wo 36 Gänge in einer geraden Linie aufgestellt sind. Zwei gekuppelte Dampfmaschinen von je 100 Pferdekraft verarbeiten per Stunde 180—200 Buschel reinen trockenen Weizen zu Mehl. Die vierfüßigen Steine machen 140 Umläufe per Minute. In Deutschland hat das fairbairnsche System nur bei der berühmten Rothermühle in Bromberg Anwendung gefunden. Nach einem Mahlzettel der Patrick-Mill bei Hull gewinnt man nach dem amerikanischen Verfahren aus 100 Bolls Weizen:

Mehl erster Sorte (welches durch die Beutel ging) .	147	Ctnr.	3	Qtrs.	—	Pfund	=	68,680	Procent,
Gries (der nicht durch die Beutel ging)	—	„	2	„	8	„	=	0,388	„
Mehl zweiter Sorte (welches nicht durch die Beutel ging)	25	„	—	„	—	„	=	11,670	„
Gries (der nicht durch die Beutel ging)	—	„	1	„	20	„	=	0,317	„
Mehl dritter Sorte (welches nicht durch die Beutel ging)	12	„	—	„	—	„	=	5,600	„
Gries (der nicht durch die Beutel ging)	—	„	3	„	—	„	=	0,350	„
Kleie	22	„	2	„	24	„	=	10,600	„
Verlust	4	„	3	„	8	„	=	2,250	„
	214	Ctnr.	1	Qtrs.	4	Pfund	=	100,000	Procent.

Mühlsteine von einerlei Durchmesser können unter sonst gleichen Umständen dasselbe Mahlprodukt liefern, obgleich ihre Läuferaugen von merklich verschiedener Größe sind. Dies hat zu der Erkenntniß geführt, daß die mehlmachenden Stellen der Mühlsteinflächen etwa in der Hälfte des Radius oder gar erst im äußersten Drittheil beginnen u. daß man daher mit ringförmigen Steinen die Arbeit verrichten könne. Bei den Vollsteinen betrachtet man deßhalb auch gewöhnlich die erste Hälfte der Mahlflächen als zum Schlucken (vortheilhaften Einziehen der Körner) und zum Vorarbeiten bestimmt und höhlt demnach auf diese Strecke beide Steinflächen etwas kegelförmig aus. In dem Widerstande, welcher den Steinen in diesem kegelförmigen Raum entgegentritt, erblickte man die vorzügliche Quelle des Zuheißmahlens und wandte sich um so mehr den Ringsteinen zu, als man glaubte, daß sich die Vorarbeit im kegelförmigen Raume auch durch ein vorausgehendes Quetschen der Körner zwischen eisernen Walzen verrichten lassen müsse.

Die französischen M., im Wesentlichen auch nach amerikanisch-englischem Princip erbaut, zeichnen sich vor Allem durch gefällige, ja elegante Formen und Verhältnisse aus, ferner durch eigenthümliche Details, beispielsweise mechanische Aufschütter für die Körner, sinnreiche Mehlkühlapparate, vervollkommnete amerikanische Cylinderbeutel mit Ueberzügen von Seidengaze (während in England allgemein Drahtgewebe gebräuchlich sind) und endlich neue Anordnungen von Reinigungsmaschinen und Quetschwalzen. Den größten Erfolg auf Eigenthümlichkeit hatte aber die vielseitige Verwendung der zuerst in Frankreich recht geglückten horizontalen Wasserräder (Turbinen), besonders der fourneyronschen. Als Repräsentant der heutigen französischen M. kann die 40gängige Mühle von St. Maur bei Paris gelten, bei welcher je 10 Gänge durch Riementransmission betrieben werden. Zu den Vortheilen des Riemenbetriebs zählen das rasche u. bequeme Aus- und Einrücken einzelner Mahlgänge, das Nichtfortpflanzen von Erschütterungen und Stößen auf die Betriebswelle, endlich auch bessere Verfügung und Dispositionsfreiheit bei der Aufstellung der Steine in gegebenen Räumen, da die Entfernung der Rollen- (Scheiben-) Axen sehr beträchtlich genommen werden kann. Dagegen sind die Nachtheile: beschränkte Anwendung der Riemen, wenn verhältnißmäßig bedeutende Widerstände überwunden werden sollen oder die Widerstände sehr veränderlich auftreten, größere Zapfenreibungen als unter sonst gleichen Umständen bei Zahnrädern, endlich leichtes Recken der Riemen und verhältnißmäßig geringe Dauer derselben. Seit 1846 versuchte man in Frankreich vielfach die Funktion der Steine umzukehren, indem man den Bodenstein beweglich machte. Hierdurch sind allerdings mehre Vortheile zu erzielen. Der bewegliche Bodenstein wirft besser aus, das Halslager (die Büchse) kann durch ein weit einfacheres und zugänglicheres Lager ersetzt werden und es fällt die Verengung des Läuferauges durch die Haue weg. Dagegen hat diese Anordnung auch Nachtheile, wohin besonders die Unmöglichkeit gehört, eine schwebende Haue anzubringen. Erwähnenswerth ist auch der Versuch, beide Steine zugleich, und zwar nach entgegengesetzten Richtungen zu drehen. Dies hat zur Folge, daß zur Erreichung der zum Mahlprozeß erforderlichen Geschwindigkeit jeder einzelne Stein nur halb so viele Umdrehungen in derselben Zeit zu machen hat, als wenn sich nur Einer dreht. Man verarbeitet in Frankreich vorzugsweise Weizen u. die Mahlprozesse sind wenig von den in Deutschland gebräuchlichen verschieden. Je nachdem man die besseren Mehlsorten durch ein- oder mehrmaliges Aufschütten, durch ganz oder halb Flachmahlen erzeugt, die Kleie unmittelbar mit hineinmahlt oder die Schalen durch Hochschroten, Putzen u. Sortiren trennt, überhaupt Griese (gruaux) erzeugt und aus letzteren allein das gute u. schöne Mehl herauszieht, unterscheidet man (im Allgemeinen) jetzt in Frankreich die Mouture américaine, Mouture française u. Mouture à gruaux. Die Mahlprodukte betragen in Procenten nach Rollet bei der M. américaine: Mehl erster Sorte 64, zweiter Sorte 3, dritter 6 u. vierter 2, grobe Kleie 6, feine Kleie 7, schwarzes Kleiemehl 6, Stein- u. Staubmehl 4, Verlust 2; bei der M. à gruaux: feinstes Nudelmehl 20,52, Griesmehl Nro. I. 20,52, Nro. II. 6,41, Weißmehl 11,54, Schwarzmehl 19,23, grobe Kleie 6,05, Kleiemehl 6,45, Stein- u. Staubmehl 7,66, Verlust 1,62; bei der M. française: Mehl erster Sorte 36, Griesmehl Nro. I. 18, Nro. II. 10, Mehl zweiter Sorte 6, dritter 6,5 und vierter 2,5, grobe Kleie 5, feine 6, schwarzes Kleiemehl 6, Stein- und Staubmehl 5, Verlust 2.

Für das neuere deutsche Mühlenwesen ist besonders auch Nagels Hauen- u. Büchsensystem charakteristisch, welches viele Uebelstände der gewöhnlichen schwingenden Haue beseitigt. Ebenso hat man sich bemüht, die amerikanischen Cylinder-Rollbeutel, welche manche Nachtheile haben, durch bessere Apparate zu ersetzen. Bei den Cylinderbeuteln werden nämlich die Mehltheilchen mit sehr verschiedener Energie gegen die Seidengaze gedrückt, was das Gewinnen gleichförmigen Mehles hindert, ferner ist die Herstellung derselben kostspielig, ihre Aufstellung erfordert viel Raum und das Auswechseln ihres Ueberzuges ist sehr zeitraubend. Man hat deßhalb Maschinen mit mehr oder weniger flach ausgebreiteten, festen, unbeweglichen Siebflächen konstruirt, wobei schraubenförmig gebogene, sich rasch umdrehende Blechflügel das Mahlgut gegen die seitwärts im Beutelkasten ausgespannte Siebfläche werfen. Ferner hat man das Beuteltuch in der Gestalt flacher Mulden oder als Halbcylinder ausgespannt und die obere ebene Begrenzungsfläche offen gelassen. Diese Apparate werden in oscillirende Bewegung versetzt und es legen sich dann die verschiedenen Theile des Mahlguts nach ihrem specifischen Gewicht, so daß das Mehl die Gaze unmittelbar bedeckt, hierüber sich das Schrot lagert und die Kleie die oberste Schicht bildet. In quantitativer Leistung sollen diese neuen Beutelmaschinen indeß den amerikanischen Rollbeuteln nachstehen und sich mehr für die ordinäre als für die feinere Müllerei eignen. Bei der Griesmüllerei verwendet man, wie schon erwähnt, solche mechanische Anordnungen, die mit wenigen Ausnahmen nicht von denen verschieden sind, welche eine fabrikmäßig betriebene Flachmüllerei erfordert. Zum Umwandeln der grob geschrotenen Körner in verschiedene Griessorten bedarf man besonders der österreichischen Putzmaschinen. Außerdem sind mehre Beutel erforderlich, sowohl, um während des Griesmachens ordinäre Mehlsorten zu erlangen, als auch nach dem Vormahlen des Grieses (dem Weißmahlen) die besten und vorzüglichsten Mehlsorten zu gewinnen. Letzteren Zweck erreicht man mit weniger feiner Seidengaze als bei der Flachmüllerei, und zwar aus dem Grunde, weil von Anfang an durch das Hochschroten das Feinmahlen der Kleie möglichst vermieden wird und das Entfernen der dennoch mitvermahlenen Kleie durch das Windgeben bei der Putzmaschine, nicht aber durch angestrengtes Beuteln erfolgt. Der sorgfältig gereinigte und gespitzte Weizen wird zunächst in Schrot verwandelt (bisweilen in 2 Operationen), wobei man Schrot, Gries, Mehl und Kleie gewinnt. Kleie und Schrot laufen wieder auf die Mühlsteine zum weiteren Vormahlen (Auflösen), während die im Schrotcylinder abgesonderte Hauptmasse auf dem Mehlcylinder in Gries u. Mehl zerlegt wird. Dies Mehl ist meist von geringer Qualität und kommt gewöhnlich als Luffenmehl, Pohlmehl in den Handel. Das ausgesonderte Gemenge von Gries und Kleie fällt in den Dunstcylinder, und hier geht nun durch die Maschen der Gaze von verhältnißmäßig gröberer Nummer eine Masse, welche weder Mehl, noch Gries ist (Dunst). Das übrigbleibende Gemisch von Gries und Kleie gelangt auf die Griesputzmaschine. Ueber dieser ist zunächst ein Flachsieb- oder Säubererwerk angebracht, wodurch sowohl ein nochmaliges Reinigen, als auch und besonders ein Sortiren bewirkt wird. Alle diese Apparate bewirken nur eine Sonderung der Theile nach ihrer Größe, nun aber werden die gleich großen Körperchen einem mäßigen Luftstrom ausgesetzt und es erfolgt eine Trennung nach dem specifischen Gewicht; dies geschieht in der Griesputzmaschine, in welcher ein Ventilator auf das vertheilt herabfallende Gemisch wirkt. Beim Gange des Mahlguts durch die Putzmaschine bleibt sowohl noch Gries übrig, welcher feingemahlene Schalentheile enthält, als auch Kleie von verschiedener Güte, die beide in der Regel wieder über die Steine gehen. Mit den Griesen wird der beschriebene Prozeß wiederholt, während aus der Kleie theilweise noch ordinäre Mehle gezogen, das Uebrige aber ohne weitere Verarbeitung als Viehfutter verkauft wird. Im Allgemeinen wird bei der Griesmüllerei darauf Rücksicht genommen, das Getreide möglichst oft in kleinere Theile aufzulösen, um als Hauptprodukt die für weißes Mehl dienlichen Griessorten zu erhalten, als Nebenprodukt aber, bis in die kleinsten Stadien herab, die geringeren Mehlsorten und die Kleien. Die auftretenden Produkte sind nun folgende: Mehl (Mehl Nro. IV., Semmelmehl), Dunst in 5 verschiedenen Nummern, den man später mit andern Abfällen ähnlicher Art wieder über die Steine gehen läßt und in Mehl verwandelt, Streifen (die gröbsten Schrote, an welchen Kleie hängt u. aus denen viel Gries zu ziehen ist), die wieder besonders vermahlen werden und Mehl, Dunst, Griese u. Kleie liefern, grobes und feines Auflösen (feinere Streifen), erster und zweiter Auflösgries, Griessorten, die näher an der Hülse als am Kern liegen und zu feineren Sorten verarbeitet werden, endlich reine zweite, dritte und vierte Griese, die man wieder einer separaten Reinigung unterzieht, um die leichteren Abfälle auszuscheiden. Die Streifen und alle folgenden Produkte werden wiederholt vermahlen, bis man zuletzt ordinäre Mehle, Dunstsorten und Griese zu verschiedenem Auszugsmehl und mehre Abstufungen Kleie erhält. Durch das Vermahlen der reinsten Kerngriese erhält man endlich Kaiserauszug Nro. 0 (zu Luxusgebäcken) u. Bäckerauszug Nro. 1. Die anderen reinen Griese liefern Bäckerauszug Nro. 2. Als Abfälle entstehen Dunste, die abermals gereinigt und mit den früher erhaltenen Dunstsorten zu Mehlsorten Nro. 2—5 vermahlen werden. Die Erzeugung des Auszugsmehls bleibt nach Qualität und Quantität die Hauptaufgabe der Griesmüllerei, während sich die Erzeugung der sekundären Mehle gewöhnlich nach Oertlichkeit, Absatz- und Nachfrage richtet. In der Dampfmühle am Schüttl in Wien gewinnt man z. B. aus 100 Pfund rohem Weizen: Marktgries (2 Sorten) 0,5, Kaiserauszug Nro. 0,1, Bäckerauszug Nro. I. 30 bis 33, desgleichen Nro. II. 8—12, Mundmehl Nro. III. 20—26, Semmelmehl Nro. IV. und weiße Pohl Nro. V. 8—10, braune Pohl Nro. VI. 8—10, Dunstkleie 7—8, Kleie Nro. I. 6—9, Kleie Nro. II. 0,5 bis 1, Kleinweizen 1,0—3,5, Flußmehl 1, Koppstaub 1,5—2. In der thunschen Kunstmühle in Tetschen gewinnt man aus 100 Pfund Weizen 9,61 Pfd. und in der Hofmühle bei Dresden 17,8 Pfd. Kaiserauszug. Die besten Mehlsorten der Griesmüllerei sind in Folge des komplicirten Mahlprozesses viel theurer als die besten Produkte der Flachmüllerei, und man nimmt an, daß bei der Griesmüllerei dieselbe Betriebskraft in gleicher Zeit nur etwa das halbe Quantum Weizen in Mehl verwandeln kann wie bei der Flachmüllerei, wobei noch darauf Rücksicht genommen ist, daß beim Griesmahlen für jeden der einzelnen Gänge weniger Arbeitskraft erforderlich ist als beim amerikanischen Mahlprozeß.

Nach dem versuchsweisen Vorgang Anderer hat zuerst Sulzberger 1834 *eiserne Walzen* statt der Mühlsteine mit Erfolg angewandt. In einem gußeisernen Gestell befinden sich 3 Paar horizontal liegende Walzen von je 6″ Länge und 6″ Durchmesser übereinander; unter jedem Paar liegt ein keilförmiger Körper, der mit seinen ausgehöhlten Seitenflächen die Walzen koncentrisch umgibt. Die Keilflächen sind raspelartig, und zwar so gehauen, daß die Schärfen der Walzenbewegung zugekehrt sind. Die Walzen können gegeneinander und der Keil kann gegen die Walzen durch Schrauben beliebig verstellt werden. Zwei Ständer mit je drei Paar Walzen bilden ein zusammengehöriges System, indem die Walzen des einen zum Schroten und Griesmachen, die des andern zum Mehlmachen dienen. Die Walzen eines Schrotstuhls sind sämmtlich (nur von verschiedener Feinheit) kannelirt, und zwar sind die Furchen parallel, ihre Kanten oder Schneiden aber unter einem spitzen Winkel gegen die Walzenaxe gerichtet. Von den Walzen in den Mehlstühlen ist nur das unterste Paar fein geriffelt, die beiden obersten Paare sind völlig glatt. Beim Mahlen geht das Getreide der Reihe nach durch alle sechs Walzenpaare und gelangt dann in die Beutelmaschine. Um ein bloßes Zusammendrücken des Mahlguts zu vermeiden, gibt man den Walzen eines jeden Paares ungleiche Geschwindigkeit. Die hohen Anlagekosten der Dampfwalzenmühlen machten diese von vornherein nur zur fabrikmäßigen Darstellung von Mehl, vorzugsweise aber für Dauer- und Exportmehl geeignet, da das Mahlgut gar nicht erhitzt wurde und nur ganz trockene Körner mit Erfolg vermahlen werden konnten. Das Walzenmehl besaß ferner ein sehr schönes Aussehen, allein man fand sehr bald, daß die Walzen das Getreide nicht rein ausmahlen, daß man zu letzterem Zweck vielmehr besondere Steingänge zur Seite stellen mußte. Häufige Reparaturen, großer Oelaufwand, hohe Betriebskraft und großes Arbeiterpersonal stellten sich als weitere Uebelstände der Walzenmühlen heraus und so haben dieselben bis heute nur geringe Verbreitung gefunden.

Die Mehlbereitung ist nach Plinius eine Erfindung der Ceres, nach der spartanischen Sage wird sie dem Leleger Myles zugeschrieben. Von dem hohen Alter der Erfindung zeugt der Umstand, daß Zeus auch den Beinamen der Müller (*Μυλευς*) hatte. Alte ägyptische Wandgemälde zeigen Mörser u. Siebe u. die Bereitung des Mehls mit Hülfe derselben. Die Indianer zu Monterey und die Nubier zerreiben die Getreidekörner zwischen 2 kleinen, mit der Hand geführten Steinen, u. auf ähnliche Weise dürfte man zur Anwendung der Mühlsteine geführt worden sein. Mahlmühlen mit 2 Steinen erwähnen Moses und Homer, doch sind die Steine solcher alten M. sehr klein gewesen; bei Abbéville ausgegrabene hatten nur einen Durchmesser von 1 Fuß. Derartige M. haben sich im Orient u. in China bis heute erhalten. In Pompeji hat man anders gestaltete M. ausgegraben. Der untere Stein von 5 Fuß Durchmesser trägt auf einem emporragenden Kegel, dessen Spitze mit einem eisernen Zapfen gekrönt ist, den oberen Stein, welcher einer Sanduhr gleicht, indem er zwei glockenförmige Höhlungen besitzt, welche mit ihren Spitzen in der Mitte des Steins zusammenstoßen. An der offenen Verbindungsstelle der Glockenscheitel ist ein stegartiges Eisen befestigt mit einer Oeffnung in der Mitte zur Aufnahme des Zapfens des Untersteins. Das Getreide wurde in die obere Glocke geschüttet und der Oberstein durch starke Hebel gedreht. Bei Anwendung schwererer Mühlsteine benutzte man zum Betrieb Pferde, Esel oder Rinder. Vitruv beschreibt zuerst durch unterschlägige Wasserräder betriebene M., die unsern altdeutschen ähnlich gewesen zu sein scheinen. Diese M. haben sich jedenfalls bald über ganz Europa verbreitet. In Holland erbaute man die erste Windmühle 1439. Jahrhunderte lang ist dann das Mühlwesen in den Banden der Zunft u. des Mahlzwangs auf der alten Stufe stehen geblieben, bis aus Amerika ein mächtiger Anstoß erfolgte. Dort bestanden bereits im Anfang dieses Jahrhunderts in Pennsylvanien und am Mississippi Hunderte von M., die alles weit übertrafen, was bis dahin die deutsche Müllerei geleistet hatte. In England wußte man 1781 jedenfalls noch nichts von diesen Verbesserungen, aber 1784 wurde die erste mit entschiedenem Erfolg arbeitende Dampfmehlmühle in London errichtet. Im Jahre 1826 kam die erste verbesserte Dampfmühle nach Frankreich, u. 1825 arbeiteten bereits in Magdeburg, Guben u. Berlin nach amerikanischem Princip gebaute M. mit Dampfbetrieb. Bei Stuttgart wurde die erste verbesserte Mühle 1830—31 gebaut. Man neigte sich damals der Ansicht zu, daß ein rationeller u. fabrikartiger Betrieb nur mit Dampfmaschinen möglich sei, aber man hat später mit gleichem Erfolg Wasserkraft benutzt, und selbst Windmühlen wurden nach dem neuen System eingerichtet. Mit dem Ende der 1840er Jahre waren die verbesserten amerikanisch-englischen M. vollständig über Deutschland verbreitet. Vgl. Wiebe, Die Mahlmühlen, eine Darstellung des Baues u. Betriebes der gebräuchlichsten M., Stuttg. 1861; Benoit, Guide du Meunier et du Constructeur de Moulins, Paris 1863; Fairbairn, Treatise on Mills and Millwork, Lond. 1863; Neumann, Der Mahlmühlenbetrieb, und Neumann, Die Windmühlen, Weimar 1864; endlich als Hauptwerk über M.: Rühlmann, Allgemeine Maschinenlehre, Bd. 2, 1. Hälfte, Braunschweig 1865. Seit 1864 erscheint eine Zeitschrift „Die Mühle“ in Leipzig.

Mühlenbach, Freistadt im gleichnamigen Sachsenstuhl in Siebenbürgen, in einer Ebene am Mühlenbach u. an dem goldführenden Stregarbach gelegen, hat eine schöne evangelische Kirche, einen Franciskanerkonvent, eine Knaben- und Mädchenhauptschule, Tuchweberei, Weinbau und 5650 Einwohner.

Muhlenbruch, Christian Friedrich, ausgezeichneter Civilrechts- und Prozeßlehrer, geboren zu Rostock den 3. Okt. 1785, studirte hier, zu Greifswald, Göttingen u. Heidelberg, habilitirte sich 1805 an der Universität seiner Vaterstadt u. wurde daselbst 1808 Rathsherr u. 1810 ordentlicher Professor der Rechte. Im Jahre 1815 ging er in gleicher Eigenschaft nach Greifswald, 1818 nach Königsberg u. 1819 nach Halle, wo er 1828 auch zum Regierungsbevollmächtigten ernannt ward. Im Jahre 1833 ging er mit dem Rang eines geheimen Justizraths als Professor nach Göttingen u. wurde auch Mitglied des dortigen Spruchkollegiums. Durch die Wirren von 1837 gerieth er aber nicht bloß in Konflikt mit den sieben entlassenen Lehrern der Hochschule, sondern auch mit seinen übrigen Kollegen, und seine Ernennung zum Staatsrath konnte dem gegen ihn erregten Verdacht nur neue Nahrung geben. Er † den 17. Juli 1843. Von seinen durch Klarheit und Scharfsinn ausgezeichneten Werken sind hervorzuheben: „Lehrbuch der juristischen Encyklopädie u. Methodologie“ (Rostock 1807); „Die Lehre von der Cession der Forderungsrechte“ (Greifswald 1817, 3. Aufl. 1835); „Doctrina pandectarum“ (Halle 1823—25, 3 Bde., 4. Aufl. 1838—40); „Entwurf des gemeinrechtlichen Civilprozesses“ (das. 1827, 2. Aufl. 1840); die Fortsetzung von Chr. Fr. v. Glücks „Erläuterung der Pandekten“ (Bd. 35—41, Erlangen 1833—40); „Lehrbuch des Pandektenrechts“ (Halle 1831—37, 3 Bde., 3. Aufl., 1839—40); „Lehrbuch der Institutionen des römischen Rechts“ (Halle 1842). Außerdem war er Redakteur der hallischen „Allgemeinen Literaturzeitung“ für die juristischen Disciplinen u. betheiligt an der Redaktion des „Archivs für civilistische Praxis“.

Mühler, 1) Heinrich Gottlob von M., preußischer Staatsmann, geboren den 23. Juli 1780 in Luisenhof bei Pleß in Schlesien, studirte zu Halle die Rechte, ward 1804 Assessor am Oberlandesgericht in Brieg, 1810 Oberlandesgerichtsrath, 1815 Kammergerichtsrath in Berlin, 1819 geheimer Oberrevisionsrath bei dem rheinischen Kassationshof daselbst, 1822 Vicepräsident des Oberlandesgerichts zu Halberstadt, 1824 zu Breslau, 1832 zugleich mit Kamptz, der die Rheinprovinzen überwiesen erhielt, Justizminister u. erhielt 1838 die gesammte vereinigte Justizverwaltung. In dieser Stellung führte er in Civilsachen Oeffentlichkeit u. Mündlichkeit in Preußen ein u. trennte die Justiz von der Verwaltung. Im Aug. 1844 trat er vom Justizministerium zurück u. ward zum Chefpräsidenten des Obertribunals ernannt, auch behielt er bis 1848 Sitz u. Stimme im Ministerium. Er † den 15. Jan. 1857 in Berlin.

2) Heinrich von M., preußischer Kultusminister, Sohn des Vorigen, geboren den 4. Nov. 1812, ward 1848 vortragender Rath im Ministerium des geistlichen Unterrichts und der Medicinalangelegenheiten, 1854 Mitglied des evangelischen Oberkirchenraths, 1858 Oberkonsistorialrath zu Berlin und am

18. März 1862 an Bethmann-Hollwegs Stelle Minister des Kultus und öffentlichen Unterrichts. Er veröffentlichte „Gedichte" (Berl. 1842) und „Geschichte der evangelischen Kirchenverfassung in der Mark Brandenburg" (Weimar 1846).

Mühlhausen, Kreisstadt in der preußischen Provinz Sachsen, Regierungsbezirk Erfurt, an der Unstrut gelegen, war ehemals freie Reichsstadt und ist jetzt Sitz eines Landrathsamt, einer Handelskammer, eines Gewerberathes u. eines landwirthschaftlichen Vereins. Die Stadt hat 4 evangelische Kirchen, unter denen sich namentlich die altgothische Liebfrauenkirche aus dem 14. Jahrhundert und die Blasiuskirche aus dem 12. Jahrhundert durch ihre trefflichen Glasmalereien auszeichnen, neben anderen Schulen ein Gymnasium, ein Arbeitshaus, eine Garnison von 500 Mann und 16,100 Einw., deren bedeutende industrielle Thätigkeit namentlich auf Fabrikation von Leim, Potasche, Weidasche, Farben, chemischen Produkten, Tabak, musikalischen, optischen und chirurgischen Instrumenten, sodann Wollenspinnerei, Lein- und Wollenweberei, Tuchmacherei, Färberei und Branntweinbrennerei gerichtet ist. Auch treibt die Stadt lebhaften Handel. M. wird früh genannt. Kaiser Otto II. schenkte es seiner Gemahlin Theophania. Im 13. Jahrhundert zerstörten die Bürger die kaiserliche Burg, weshalb die Stadt von Rudolf von Habsburg in die Acht erklärt ward, was die Bürger aber nicht hinderte, den König Adolf von Nassau mit seinem Kriegsvolke zu verjagen. Kaiser Ludwig der Bayer verlieh ihr wichtige Privilegien. Während des Bauernkriegs besetzten Sachsen und Hessen Stadt und Gebiet. Mehr noch litt die Stadt im dreißigjährigen Krieg. Durch den Reichsdeputationshauptschluß verlor sie ihre Selbstständigkeit und kam an Preußen. Durch den Frieden von Tilsit ward sie Westphalen einverleibt und 1813 fiel sie wieder an Preußen. — 2) Stadt in der preußischen Provinz Preußen, Regierungsbezirk Königsberg, Kreis Preußisch-Hollaud, an der Baude, hat eine Garnison, starke Töpferei u. Bierbrauerei u. 2032 Einw. — 3) M. (franz. Mulhouse), s. Mülhausen.

Mühlheim, 1) (M. am Rhein), Kreisstadt in der preußischen Rheinprovinz, Regierungsbezirk Köln, rechts am Rhein, Sitz eines Landrathsamts, hat eine katholische u. 2 evangelische Kirchen, eine Synagoge u. ein Progymnasium, Leinen-, Baumwoll-, Seidenzeuch-, Sammt-, Kasimir-, Papier-, Leder-, Wachs-, Tabaks-, Farben- u. Essigfabrikation, starke Tuch- u. Bandmanufaktur, Oelschlägerei, Bierbrauerei, lebhaften Handel mit den Fabrikerzeugnissen, sowie mit Wein u. Bauholz u. 8500 Einw. — 2) (M. an der Ruhr), Stadt in der preußischen Rheinprovinz, Regierungsbezirk Düsseldorf, Kreis Duisburg, an der Ruhr, hat eine Handelskammer und einen Gewerberath, eine evangelische und katholische Kirche, eine Synagoge, eine Real- u. eine Webeschule, ein Ruhrschifffahrtsgefällamt, zahlreiche Fabriken, besonders zur Erzeugung von Tuch, Papier, Leder, Woll-, Baumwoll- u. Seidenzeuchen, Stärke, Seife u. Maschinen, sodann Baumwollspinnereien, Kattundruckereien, große Bleichereien, Färbereien, Eisengruben u. Hütten, Steinkohlenwerke u. Schiffsbauanstalten, lebhaften Handel und Schifffahrtsverkehr. — 3) (M. an der Donau), Stadt im würtembergischen Schwarzwaldkreis, Oberamt-Tuttlingen, an der Donau, nordöstlich von Tuttlingen, hat 2 Schlösser, Eisengruben und 900 Einwohner. Dabei eine Wallfahrtskirche auf dem Welschenberge. — 4) S. v. a. Müllheim.

Mühlsteine, diejenigen Theile der Mühlen, zwischen welchen das Getreide gemahlen wird. Die Masse, aus welcher sich M. für Getreidemühlen hauen lassen, muß nach Rühlmann bei gewisser Kohäsion und großer Härte entweder ein körniges oder (besser) ein poröses Gefüge mit natürlichen Schnittkanten und Ecken besitzen, sich leicht bearbeiten lassen, ohne spröde zu sein, beim Gebrauch die rechte Mahlfähigkeit möglichst lange behalten, nicht leicht stumpf werden und sich nicht merklich abnutzen, um das Mahlgut weder durch Steinpulver zu verunreinigen, noch die Farbe des Mehls zu beeinträchtigen. In den alten Mühlen behalf man sich mit Sandsteinen, wie sie möglichst nahe am Ort vorkamen, jetzt verwendet man auf die Beschaffung der Steine viel größere Sorgfalt, denn man hat eingesehen, daß von deren Beschaffenheit zum sehr großen Theil der Erfolg des ganzen Mahlprozesses abhängt. Sandsteine benutzt man noch für die grobe Müllerei, zum Spitzen und Schroten der Körner, und man erhält gute M. aus diesem Material von Johnsdorf unweit Zittau im liebethaler Grunde, aus der Gegend zwischen Löwenberg u. Bunzlau, von Rothenburg a. d. S., von Münden und Osterwald, Neckarzeltlingen u. Oberensingen bei Nürtingen, aus den niederwallseer Steinbrüchen unweit Wien und den rothen Bergersteinen, aus dem dogeser Bruch bei Prag, von Waldshut in Baden ꝛc. Besser als Sandstein ist Porphyr, den besonders der Thüringerwald oberhalb Frankenhain und Dirrberg und Krahwinkel liefern. Verschlackter Basalt (Mühlsteinlava) bildet die rheinischen M., die bei Niedermendig und Magen gewonnen werden und erst in neuerer Zeit durch die französischen M. etwas verdrängt worden sind. Volvic in der Auvergne und der Fuß des Aetna liefern ebenfalls verschlackten Basalt. Die ausgezeichnetsten M. bestehen aus porösem Quarzgestein der sogenannten Süßwasserbildung, wie es bei Fony in Ungarn und bei La Ferté-sous-Jouarre (Departement Seine-Marne) in Frankreich vorkommt. Der Ruf der französischen Steine, denen jetzt von den ungarischen erfolgreiche Konkurrenz gemacht wird, datirt aus dem Ende des vorigen und dem Anfang dieses Jahrhunderts; sie sind sehr hart und porös u. besitzen zahllose kleine Höhlungen, in denen Quarzfäden, dem netzförmigen Knochengewebe vergleichbar, sich zeigen, die natürliche Schneiden bilden und sich beim Abarbeiten theilweise selbst erneuern; sie schälen die Hülsen förmlich vom Kern des Getreides ab, ohne daß ein Netzen desselben nöthig wird. Man findet dies Quarzgestein nicht in der Mächtigkeit und Gleichartigkeit, daß man die M. in Einem Stück daraus bearbeiten könnte, vielmehr muß man dieselben aus kleineren Stücken zusammensetzen u. letztere mit Gyps verkitten. Dabei bildet man die mittlere Partie aus gewöhnlichem Sandstein und verstärkt das edle Gestein durch eine Aufschichtung von ordinären Steinen oder Ziegelsteinen auf der nicht zum Mahlen bestimmten Seite. Das Ganze wird mit eisernen Reifen umgeben. Die Aufgabe der Steine, nicht das ganze Getreidekorn zu zerreiben, sondern die Schalen abzutrennen u. nur den Kern in Mehl zu verwandeln, kann durch ebene Steine nicht erreicht werden, man haut deshalb mit den Mühlpillen Rinnen in die M., welche scherenartig wirken u. das Mehl zugleich nach dem Umfang des Steins treiben. Diese Rinnen nennt man Hauschläge oder Furchen, und die damit versehenen M. heißen geschärft. Die Form u. der Verlauf der Rinnen ist für das Gelingen der Mahloperation von großer Wichtigkeit. Bei deutschen Mühlen sind die Hauschläge des Bodensteins radiale Linien, die des Läufers sind dagegen gekrümmt, und zwar so, daß sie wenigstens annähernd eine logarithmische Spirallinie bilden, welche die Eigenschaft hat, daß alle vom Mittelpunkt gezogenen Linien mit ihr einen gleichen Winkel bilden. Ein gewisses Abweichen von der logarithmischen Spirale hat für die Praxis manche Vorzüge. Im Mittelpunkt der Steine, wo das Korn aufgeschüttet wird, hat dasselbe noch ein weit größeres Volumen als an der Peripherie der Steine und man macht daher die Rillen dort tiefer als am Umfange. Die scherenartige Wirkung der Hauschläge veranlaßt nun bei weitläufiger Stellung der Steine zunächst ein Schälen des Getreides und der Kern wird erst in Mehl verwandelt, wenn man nach dem folgenden Aufschütten die Steine einander mehr nähert. Nach einer anderen Methode sind die französischen und amerikanischen Steine geschärft. Bei ersteren sind die Rillen geradlinig, aber nicht Radien des Steins, sondern sie bilden Tangenten zu den Augen des Steins und parallele Linien mit diesen Tangenten. Die ähnlich verlaufenden Rillen der amerikanischen Steine sind gekrümmt. Näheres s. Rühlmann, Allgemeine Maschinenlehre, Braunschweig 1865. Zur Herstellung der Furchen hat man bereits mehrfach Maschinen in Anwendung gebracht, doch konnten sich dieselben bisher nicht recht Eingang verschaffen. Neuere Mühlpillen sind besonders in der Absicht konstruirt worden, den Verbrauch an Stahl zu verringern und dem Instrument ein stets gleiches Gewicht zu sichern, weil dies auf die Gleichheit des Hiebes von größtem Einfluß ist. Vergl. hierüber „Deutsche illustrirte Gewerbezeitung“ 1864.

Mühltroff, Stadt im königlich sächsischen Kreisdirektionsbezirk Zwickau, Gerichtsamt Pausa, an der Wiesenthal, hat ein Schloß, eine schöne Kirche, Strumpfwirkerei, Weberei und 2009 Einw.

Muelenaere, Felix Amand, Graf von, niederländischer Staatsmann, geboren den 9. Febr. 1794 zu Pittham in Westflandern, studirte die Rechte u. ward frühzeitig Generalprokurator in Brügge. Im Jahre 1824 zum Deputirten bei der zweiten Kammer der Generalstaaten des damaligen Königreichs der Niederlande erwählt, galt er in Kurzem als einer der ausgezeichnetsten Redner der Opposition. Seine Neuwahl 1829 ward von Seiten der Regierung hintertrieben. Nach der belgischen Revolution ward er zum Mitglied des Nationalkongresses und bald darauf von der provisorischen Regierung zum Gouverneur von Westflandern ernannt. Er war auch Mitglied der Deputation, welche dem Prinzen Leopold von Koburg die Krone anbot. Vom 24. Juni 1831 bis Sept. 1832, wiederum vom Aug. 1834—36 u. zum dritten Male von 1841 bis April 1843 war er Minister des Auswärtigen. Der Vertrag der 24 Artikel (1831) ist sein Werk. Im Jahre 1836 ward er zum Grafen u. Gouverneur von Westflandern ernannt, letzteres Amt bekleidete er bis 1849. Auch blieb er fortgehend Mitglied der Repräsentantenkammer, wo er mit der katholischen Partei stimmte. Er † den 5. Aug. 1862.

Mülhausen (franz. Mulhouse), Hauptstadt eines Arrondissements im französischen Departement Oberrhein, im ehemaligen Elsaß, von der Ill umflossen, am Rhone-Rheinkanal u. an der Elsaßeisenbahn (Straßburg-Basel), die hier über Belfort nach Lyon, Dijon und Paris abzweigt. M. ist der Centralpunkt der lebhaften Industrie des Elsasses und überhaupt eine der wichtigsten Fabrikstädte Frankreichs, Sitz eines Gerichtshofs, eines Handelsgerichts, Arbeiterschiedsgerichts, einer Handelskammer und einer Industriegesellschaft mit jährlicher Preisvertheilung u. einer großen Mustersammlung von Produkten aller Länder. Die Stadt ist gut gebaut u. hat mehre öffentliche Plätze, 6 Kirchen, ein Lyceum, eine Realschule, Gewerbschule, ein Hospital, Waisenhaus und großartige Fabrikgebäude der verschiedensten Art. Der Hauptindustriezweig ist Baumwolle; M. fabricirt Indiennes, Calicots, Kattun, Zitz, Musselin, Madras, Taschentücher, gedruckte Kattunleinwand (die schönste Frankreichs), gedruckte Seiden-, Baumwoll- und Wollzeuche, Leinwand, Bürsten, Seife, chemische Produkte, Spielwaaren, Druck- und Farbenpapier, Cylinder für Weber, Lederarbeiten aller Art, Metallwaaren, Uhren, Knöpfe, Farben, Stärke, Kirschwasser rc. und hat dem entsprechend großartige Druckereien, Färbereien, Bleichen, Gerbereien, Eisengießereien u. dgl. Außer dem Vertrieb dieser mannichfachen Fabrikate ist der Handel mit Wein, Branntwein, Getreide, Eisen, Kolonialwaaren rc. noch von Bedeutung. Die Bevölkerung der Stadt selbst belief sich 1861 auf 45,887 Einwohner, ohne die mehr als 10,000 Arbeiter, welche täglich aus den benachbarten Ortschaften hereinkommen. In der Umgegend sind Brüche lithographischer Steine. M. ist eine alte Stadt, wenn es auch nicht, wie Einige glauben, das Arialbinum des Antoninus ist. Es wurde 1273 vom Kaiser Rudolf von Habsburg zur freien Reichsstadt erhoben. In den Fehden gegen den umwohnenden Adel verband es sich 1466 mit Bern und Solothurn, 1506 mit Basel, so daß es später in den langen Kriegen zwischen den deutschen Kaisern u. Frankreich eine gewisse Neutralität behaupten konnte. Im Jahre 1523 wurde die Reformation hier eingeführt. M. gehörte zum oberrheinischen Kreise, bis es 1798 an Frankreich fiel.

Müllenhoff, Karl Victor, ausgezeichneter Germanist, geboren den 8. Sept. 1818 zu Marne in Süderdithmarschen, ward Professor der deutschen Sprache, Literatur u. Alterthumskunde zu Kiel u. ging 1858 in gleicher Stellung nach Berlin. Neben einer Anzahl schätzbarer Untersuchungen über verschiedene Gegenstände der altdeutschen Philologie u. Alterthumskunde u. Beiträgen zur alten Geographie in Zeitschriften veröffentlichte er: „Kudrun“ (Kiel 1845), eine kritische Arbeit; „Sagen, Märchen und Lieder der Herzogthümer Schleswig und Holstein“ (das. 1845); „Zur Runenlehre“ (mit Liliencron, Braunschw. 1852); „Zur Geschichte der Nibelungen Not“ (das. 1855) u. „De carmine Wessofontano“ (Berl. 1861).

Müller, 1) Johann, berühmter Mathematiker und Mechaniker, s. Regiomontanus.

2) Ludwig Christian, namhafter Ingenieur, geboren 1744 in der Priegnitz, erhielt kurz vor Ausbruch des siebenjährigen Kriegs eine Anstellung bei dem Ingenieurcorps u. wurde später zum Offizier befördert. In der Umgebung des Königs wohnte

er vielen Schlachten (Lowositz, Prag, Kollin, Roßbach, Leuthen, Zorndorf) und Belagerungen bei, fiel aber bei Maren in österreichische Hände u. ward nach Innsbruck abgeführt, wo er die drei Jahre seiner Gefangenschaft zum Studiren und zu geognostischen Ausflügen bis in die piemontesischen Thäler verwendete. Nach dem hubertsburger Frieden in Freiheit gesetzt, erhielt er neben andern Arbeiten auch die Untersuchungen über die Anlage der Festungswerke von Graudenz anvertraut. Dem Kriege von 1778 wohnte er im 2. Armeecorps bei. Im Jahre 1786 ward er als Lehrer der Mathematik und des Planzeichnens bei der Ingenieurakademie in Potsdam angestellt, wo er den 12. Juni 1804 †. Außer seinen „Vorschriften zum militärischen Plan- u. Kartenzeichnen" (Potsdam 1778—84) veröffentlichte er eine „Beschreibung der 3 schlesischen Kriege" mit 26 Schlachtenplänen (Potsdam 1789). Seine Hauptwerke: „Die Terrainlehre" und „Lagerkunst", erschienen nach seinem Tode als „Nachgelassene militärische Schriften" (Berlin 1807, 2 Bde.).

3) Johann Gottwerth, deutscher Romandichter, geboren zu Hamburg den 17. Mai 1744, wohnte in Itzehoe (daher gewöhnlich nach diesem Ort genannt) als Buchhändler, dann, nachdem ihm der König von Dänemark 1772 eine Pension ausgesetzt, als Privatmann und † daselbst am 23. Juni 1828. Seine einst vielgelesenen Romane, denen zum Theil ausländische Originale stofflich zu Grunde liegen, verrathen den Einfluß Fieldings u. Smollets, sind nicht ohne Witz u. Laune geschrieben, entbehren aber in ihrer hausbackenen Verständigkeit, die sich dem gleichzeitigen Geniewesen satirisch gegenüberstellen wollte, des höheren poetischen Gehalts. Sie schildern die platte Alltäglichkeit, ergehen sich vielfach in breitem Moralgeschwätz, die späteren versteigen sich sogar zu seichten philosophisch-politischen Reflexionen. M.s bekanntestes Werk ist der Roman „Siegfried von Lindenberg", zuerst (Hamb. 1779) in Einem Band erschienen, dann, nicht zu seinem Vortheil, zu 4 Bänden erweitert (Leipzig 1781—82). Die achte Auflage erschien noch 1830 (Jena, 3 Bde.), auch wurde das Buch 1786 ins Dänische, 1787 ins Holländische übersetzt. Unter den übrigen Schriften M.s sind zu nennen: „Komische Romane aus den Papieren des braunen Mannes" (Göttingen 1784—91, 8 Bde.) und seine Fortsetzung der von Musäus begonnenen „Straußfedern" (2. und 3. Bd., Berlin 1790—91). Vgl. Schröder, J. G. M. nach seinem Leben und seinen Werken, Hamburg 1843.

4) Johann Gotthard von M., ausgezeichneter deutscher Kupferstecher, geboren zu Bernhausen bei Stuttgart den 4. Mai 1747, besuchte das Gymnasium zu Stuttgart, daneben die dortige Kunstakademie, widmete sich seit 1770 zu Paris unter Wille der Kupferstechkunst und ward 1776 Mitglied der Akademie der Künste daselbst und gleichzeitig nach Stuttgart zurückberufen, um daselbst eine Schule für Kupferstecher zu gründen. Von seinen Schülern sind die namhaftesten Leybold, Bitthäuser, Ulmer, Barth, Riß, Hof, Krüger und besonders sein Sohn Johann Friedrich Wilhelm M. Im Jahre 1804 ward er Mitglied der berliner, 1814 der münchener Akademie und 1818 von seinem König mit dem persönlichen Adel beschenkt. Er † den 14. März 1830. M. wußte die frühere Behandlung des Stiches, welche die eigenthümliche Weise und selbst das Kolorit der Gemälde wiedergab, mit der neueren, durch Wille eingeführten Anwendung des Grabstichels glücklich zu verbinden. Unter seinen Blättern sind vornehmlich zu nennen: Fr. Schiller, nach A. Graff, das gelungenste Porträt des Dichters; die Schlacht bei Bunkerhill, nach Trumbull, 1799 vollendet, vielleicht sein ausgezeichnetstes Werk; die Madonna della Seggiola, nach Raphael, und die heilige Cäcilia, nach Domenichino, beide für das Musée français; die heilige Katharina, nach Leonardo da Vinci; die heilige Jungfrau mit dem Kinde, nach L. Spada. Andere treffliche Porträte sind die Ludwigs XVI. im Krönungsornat, des Malers Graff, Dalbergs, des Königs Hieronymus von Westphalen und des Anatomen Loder.

5) Friedrich, genannt „Maler Müller", deutscher Dichter, Maler und Kupferstecher, geboren zu Kreuznach 1750, trat als Maler in die Dienste des Herzogs von Pfalz-Zweibrücken und wurde von diesem, auf Goethe's Verwendung, zur weitern Ausbildung 1778 nach Italien geschickt. In Rom verbrachte er fast den ganzen Rest seines Lebens, ließ sich während einer Krankheit zum Uebertritt zur katholischen Kirche bestimmen u. † daselbst den 23. April 1825. Der König von Bayern hatte ihm den Titel eines Hofmalers verliehen, wohl mehr wegen der trefflichen Dienste, die M. als Fremdenführer leistete, als aus Rücksicht auf seine Leistungen mit dem Pinsel. M.s noch in Deutschland herausgegebene radirte Blätter (Hirtenscenen, Thierstücke u. Genrebilder im niederländischen Geschmack) waren nicht ohne Beifall aufgenommen worden, in Italien wirkte das Studium Michel Angelo's auf ihn wie auf viele Andere ungünstig und ließ ihn sich ins Barocke u. Verzerrte verirren. Als Dichter gehört M. entschieden der in der „Sturm- u. Drangepoche" aufgekommenen Richtung an; hochfliegende Ueberschwänglichkeit, gigantisches Gebahren, kraftgeniale Wortfülle neben stellenweisem derben Realismus machen die Hauptcharakterzüge seiner Muse aus. Von seinen dramatischen Versuchen, bei denen ein künstlerischer Genuß in dem Unbefangenen nicht recht aufkommt, ist auszuzeichnen das lyrische Drama „Niobe" (Mannheim 1778). „Fausts Leben, dramatisirt" (1. Theil, Mannh. 1778) u. die Fragmente „Situationen aus Fausts Leben" (das. 1776—77) zeigen mehr stürmischen Drang als dichterisches Vermögen und ein entschiedenes Mißverhältniß zwischen M.s Talent und dem vielbehandelten mächtigen Stoffe. Mehrfach bearbeitete M. auch die Genovevasage („Die Pfalzgräfin Genoveva" 1776 und „Golo und Genoveva" 1781; letzteres zuerst gedruckt in der „Einsiedlerzeitung" 1808), ohne auch hier viel mehr als ein Gelingen in einzelnen, meist lyrischen Partien zu erreichen. Viel Anerkennung hat M. als Idyllendichter erfahren, u. A. durch Tieck. Wenn aber auch einzuräumen ist, daß die Darstellungen aus dem pfälzischen Landleben „Die Schafschur" (Mannh. 1775) und „Das Nußkernen", gegen Geßners unnatürliche Machwerke gehalten, unvergleichlich mehr Lebendigkeit u. Naturwahrheit bieten, auch einen gewissen Kernhumor und einzelne sehr glückliche Züge von Volksmäßigkeit enthalten, so ist doch hier das künstlerisch Hauptsächliche, das Schöne, allzu sehr hinter das Charakteristische zurückgetreten. Auch gegenüber den sonstigen, biblische, griechische und altdeutsche Stoffe behandelnden Idyllen M.s („Der erschlagene Abel",

„Adams erstes Erwachen" u. „Selige Nächte", „der Satyr Mopsus", „Bacchidon u. Milon", „Ulrich von Koßheim") erscheint das ihnen von manchen Seiten gespendete große Lob übertrieben, denn auch in ihnen ist dithyrambische Ueberschwänglichkeit neben sentimentaler Weichmüthigkeit das vorherrschende u. ästhetische Befriedigung nur selten zulassende Element. Das Gleiche gilt von M.s lyrischen Produkten mit Ausnahme des köstlichen, zum Volkslied gewordenen „Soldatenabschiedes". Eine, jedoch unvollständige Ausgabe von M.'s Werken erschien in 3 Bänden Heidelberg 1811, eine wohlfeilere das. 1825. Vgl. Tiecks „Phantasus", Bd. 1, u. Fr. Schlegels „Deutsches Museum", Bd. 4, S. 242 ff.

6) Johannes von M., berühmter deutscher Historiker, wurde geboren den 3. Jan. 1752 zu Schaffhausen, wo sein Vater Prediger und Lehrer war. Frühe schon weckte sein Großvater mütterlicherseits, J. Schoop, Liebe zur Wissenschaft in dem Knaben. Namentlich war es das Studium der altrömischen Klassiker, welches denselben für geschichtliche Forschungen enthusiasmirte u. ihn in noch sehr jugendlichem Alter sich in historischer Kritik versuchen ließ. Mit einer ungewöhnlichen Fülle von Vorkenntnissen bezog M. 1769 die Universität Göttingen, um Theologie zu studiren, widmete sich aber dort, vorzüglich von Schlözer angeleitet, hauptsächlich historischen Studien. Im Herbst 1771 nach Hause zurückgekehrt, absolvirte er sein theologisches Examen und wurde bald darauf als Professor der griechischen Sprache an dem Collegium humanitatis seiner Vaterstadt angestellt. Er trat jetzt mit einer geschichtlichen Arbeit, dem „Bellum Cimbricum" (Zürich 1772, deutsch von Dippold 1810) zuerst vor die Oeffentlichkeit und begann das Quellenstudium für das Hauptwerk seines Lebens, die Geschichte seiner schweizerischen Heimat. Daneben arbeitete er für Nicolai's „Allgemeine deutsche Bibliothek". Im Jahre 1774 nahm er eine Hauslehrerstelle bei dem Staatsrath Tronchin-Calandrini in Genf an. Kurz vorher hatte er einen innigen Freundschaftsbund mit K. Victor von Bonstetten geschlossen. (Vgl. „M.s Briefe eines jungen Gelehrten an seinen Freund", zuerst fragmentarisch in Eggers „Deutschem Magazin", Jahrgänge 1788, 1798 und 1799, mitgetheilt, dann von Friederike Brun, Tübingen 1802, vollständiger 1809 herausgegeben; auch in M.s sämmtliche Werke aufgenommen.) Im Jahre 1775 zog sich M. auf ein Landhaus bei Genf zurück, wo er mit dem ihm befreundeten Nordamerikaner Francis Kinloch ein Jahr lang gemeinschaftlichen Studien oblag. Die nächste Zeit hielt er sich abwechselnd bei verschiedenen Freunden auf, bei dem Generalprokurator Tronchin in Genf, dem M. bedeutende Erweiterung seiner politischen Einsichten verdankte, bei dem Naturforscher Bonnet, auf dessen Landgütern, und bei Bonstetten im Saanenlande, dessen Geschichte (Bd. 12 der sämmtlichen Werke) M. um jene Zeit schrieb. In den Wintermonaten 1778 u. 1779 hielt er zu Genf öffentliche Vorlesungen über Universalgeschichte, die, in französischer Sprache niedergeschrieben, die erste Grundlage zu dem erst nach M.s Tode herausgekommenen Werke „Vierundzwanzig Bücher allgemeiner Geschichten, besonders der europäischen Menschheit" (Tübingen 1810, 3 Bde.) bildeten. Nachdem er im Frühling und Sommer 1780 die Herausgabe des ersten Buchs seiner „Geschichten der Schweizer" besorgt hatte (es erschien in Bern, trug aber aus Censurrücksichten auf dem Titel als Verlagsort Boston), reiste er im Herbst über Halberstadt, wo er den ihm nahe befreundeten Gleim besuchte, nach Berlin. Hier wurde ihm zwar die Ehre einer Unterredung mit Friedrich dem Großen, der durch M.s in Berlin herausgegebene „Essais historiques" für ihn interessirt war, aber nicht die gehoffte Anstellung im preußischen Staatsdienst zu Theil. Die Bewerbung um Lessings so eben vakant gewordenes Amt an der Bibliothek in Wolfenbüttel blieb gleichfalls fruchtlos, dagegen erhielt er eine Professur der Geschichte am Carolinum zu Kassel. Hier, wo er bald darauf mit dem Rathstitel zum Bibliothekar ernannt wurde, schrieb er, angeregt durch Josephs II. Reformen, das Buch „Reisen der Päpste" (o. O. 1782, neu herausgegeben und bevorwortet von Kloth, Aachen 1831), in welchem die Hierarchie als Schutzwehr der Völker gegen fürstliche Gewaltherrschaft dargestellt ist, daher es für M. Beifall in Rom und dem katholischen Deutschland, aber harte Anfechtungen von protestantischer Seite zur Folge hatte. Ein Besuch in Genf (Frühjahr 1783) bestärkte in M. das Verlangen, in die Schweiz zurückzukehren, und er nahm bald darauf, in Kassel entlassen, eine Stelle als Vorleser und Gesellschafter bei Robert Tronchin an, um zugleich den Quellen zur Fortführung seiner Schweizergeschichte näher zu sein. Neben den Arbeiten an derselben hielt er wieder universalhistorische Vorlesungen in Genf, die er auch, nachdem er im Herbst 1784 auf Bonstettens Gut Valeires übergesiedelt war, fortsetzte, bis er im Frühling 1786 einem Ruf als Bibliothekar des Kurfürsten von Mainz folgte. In demselben Jahre erschien der erste Theil von seiner Schweizergeschichte in neuer Bearbeitung („Die Geschichte schweizerischer Eidgenossenschaft", Leipzig 1786; der 2. u. 3. Band folgten 1786—95, der 4. und die 1. Abth. des 5. Bandes 1805—8; Band 1—3 in verbesserter Auflage 1806). In Mainz wirkte M. eifrig für die Idee des Fürstenbundes durch die Abhandlungen „Zweierlei Freiheit" (Deutsches Museum 1786), „Darstellung des deutschen Fürstenbundes" (Leipzig 1787) und „Erwartungen Deutschlands vom Fürstenbunde". Im Jahre 1787 wurde er vom Kurfürsten mit einer Mission nach Rom betraut, um dort für Dalbergs Wahl zum Koadjutor zu wirken. Um dieselbe Zeit hatte er in den „Briefen zweier Domherren" (Frankfurt 1787) den veralteten Domkapiteln eine zeitgemäßere Aufgabe zu vindiciren versucht. Um den Berufungen M.s nach Wien, Berlin u. Hannover zu begegnen, ernannte ihn der Kurfürst 1788 zum geheimen Legationsrath, dann zum geheimen Konferenzrath u. endlich zum wirklichen geheimen Staatsrath, u. 1791 erhob ihn der Kaiser als Johannes Edlen von M. zu Sylvelden zum Reichsritter. Nach der Einnahme von Mainz durch die Franzosen im Oktober 1792 trug ihm Custine eine Stelle an der Spitze der Verwaltung an, M., dem Revolutionswesen gründlich abgeneigt, zog jedoch die Uebersiedelung nach Wien vor, wo er zu Anfang des Jahres 1793 als wirklicher Hofrath bei der geheimen Hof- und Staatskanzlei angestellt wurde. In österreichischem Interesse verfaßte er hier 1795 die Flugschriften „Die Uebereilungen und der Reichsfriede", „Die Gefahren der Zeit", „Mantua und die Ausbeute von Borgoforte" und „Das sicherste Mittel

zum Frieden", Meisterstücke politischer Beredtsamkeit. Den Ruf zur Mitgliedschaft des obersten helvetischen Gerichtshofs 1796 lehnte er ab. Bald darauf zum ersten Custos der kaiserlichen Bibliothek ernannt, arbeitete er neben den aufs fleißigste fortbetriebenen Forschungen für seine Schweizergeschichte den Katalog von jener aus. Als Protestant jedoch ohne Aussicht auf höhere Stellen im Staatsdienst, ja vielfach angefeindet und durch betrügerische kaufmännische Machinationen um den größten Theil seines Vermögens gebracht, befand er sich in Wien wenig glücklich, u. als man ihm gar die Fortsetzung der Herausgabe seiner Schweizergeschichte, auch durch Veröffentlichung derselben im Auslande, untersagte, begab er sich zu Anfang des Jahres 1804 nach Berlin, wo er sodann zum ordentlichen Mitglied der Akademie u. zum Historiographen des brandenburgischen Hauses mit dem Titel eines geheimen Kriegsraths ernannt wurde. Jetzt sollte eine Hauptaufgabe seiner geschichtlichen Forschung die Lebensbeschreibung des großen Königs werden. Außer den dieselbe betreffenden Abhandlungen, welche er für die Akademie abfaßte, schrieb M. damals die Essais „Ueber den Untergang der Freiheit der alten Völker" und „Ueber die Zeitrechnungen der Vorwelt", daneben betheiligte er sich an der Herausgabe der Werke Herders (mit Heyne, J. G. Müller, W. G. und Karoline v. Herder) und lieferte für dieselbe eine historische Abhandlung über den Cid und werthvolle Anmerkungen zu „Persepolis". Als er sich eben anschickte, die mit Mühe errungene Erlaubniß zur Benutzung der Regierungsakten und der Schätze des geheimen Staatsarchivs für die Geschichte Friedrichs des Großen zu verwerthen, brach die Katastrophe von Jena herein. M. blieb in Berlin, auch als die Franzosen hier einrückten. Napoleon I. berief ihn zu einer Unterredung und nahm ihn (nach M.s eigenem Ausdruck in Briefen aus jener Zeit) durch sein „Genie und seine unbefangene Güte" (!) völlig gefangen. Mehrfache Kundgebungen dieser Sympathie für die Sache der Feinde Deutschlands, namentlich aber eine von M. am 29. Januar 1807 in der Akademie gehaltene Rede „De la gloire de Frédéric" (übersetzt von Goethe, im „Morgenblatt" von 1807), in welcher er es nicht an schmeichelhaften Beziehungen auf den kaiserlichen Sieger hatte fehlen lassen, machte seine Lage in Berlin so mißlich, daß er den Ruf zu einer Professur in Tübingen annahm. Auf der Reise dahin schon in Frankfurt a. M. angekommen, erhielt er durch einen französischen Kurier die Ordre, schleunigst nach Fontainebleau zu kommen, wo ihn der Kaiser trotz seiner dringenden Einwendungen zum Minister-Staatssekretär des neuen Königreichs Westphalen ernannte. Schon am folgenden Morgen mußte M. unter Marets Leitung seine Arbeiten beginnen; den 20. Dec. 1807 traf er in Kassel ein. Wenige Tage genügten hier, ihn vollends zu überzeugen, daß er nicht an seinem Platze sei, und auf sein dringendes Ersuchen entband ihn ein Dekret König Jérôme's bereits am 21. Jan. 1808 des Staatssekretariats und übertrug ihm das nicht minder wichtige Amt eines Generaldirektors des öffentlichen Unterrichtswesens. Auch die nunmehr ihm obliegende Thätigkeit befriedigte M. nicht. Die tiefe Entsittlichung des ihn umgebenden französischen Treibens, die Unmöglichkeit, der Ausführung seiner wissenschaftlichen Pläne nach Wunsch zu leben, die Zerrüttung seiner Vermögensverhältnisse, dazu die allmählig ihm physisch fühlbar werdenden Folgen geistiger Ueberanstrengung erfüllten sein Gemüth mit Gram und Verdüsterung. Nur noch einmal leuchtete das Feuer seines Geistes in vollem Glanze auf in der Vorrede zu der 1808 erschienenen ersten Abtheilung des 5. Bandes seiner Schweizergeschichte. In der Schweiz trug man sich damals mit dem Plane, ihn in die Heimat zurückzuberufen, damit er, durch ein Jahrgehalt der Sorgen überhoben, die Geschichte seines Vaterlandes in Ruhe vollenden könne. Aber noch ehe die Tagsatzung darüber hatte beschließen können, † M. am 29. Mai 1809 in Kassel. Seine dortige Grabstätte ward 1852 durch den König Ludwig von Bayern mit einem Denkmal geschmückt, welches die Inschrift trägt: „Was Thucydides Hellas, Tacitus Rom, das war M. seinem Vaterlande". Auch in seiner Vaterstadt wurde ihm 1851 ein von Oechslin gefertigtes Monument errichtet. Kein Historiker seiner Zeit ist M. an die Seite zu stellen, nur wenige aus allen Zeiten stehen an Bedeutung neben, wenigere noch über ihm. Begabt mit wunderbar rascher Auffassungsgabe, hatte er sich, mit dem leichten Erfassen des Stoffes gründlichste Durchdringung desselben verbindend, eine unermeßliche Fülle geschichtlichen Wissens zu eigen gemacht. Sein Sammelfleiß ist bewunderungswürdig. Um eine Geschichte der Welt zu schreiben, begann er 1781 alle Quellenschriftsteller nach der Zeitfolge in den Ursprachen zu lesen und zu excerpiren. Als ihn der Tod abrief, war er mit dieser Riesenarbeit bis auf das Zeitalter der Reformation gekommen und hatte nicht weniger als 1833 Autoren auf 17,000 enggeschriebenen Folioseiten excerpirt. Dabei beherrschte er die ungeheuren Materialien seiner Studien mit sicherstem Ueberblick u. sichtete sie mit dem Scharfsinn kritischen Ingeniums. Die Gabe, anschaulich zu schildern, deutlich und plastisch zu gruppiren, war ihm in hohem Maße eigen, was sich am besten an der glänzenden Kunst seiner Schlachtenmalerei erkennen läßt. Seine leicht entzündbare Phantasie riß ihn nicht selten zu nicht völlig den Gegenständen angemessener Begeisterung hin, dennoch bewahrte er auch bei solchen Gelegenheiten noch Ruhe genug, um die Klarheit des besonnenen Forschers nicht gänzlich einzubüßen. Man hat ihm und nicht ohne Grund oft den Vorwurf gemacht, daß er im Bestreben, die taciteische Gedrungenheit historischer Darstellung zu erreichen, sich bis zu stylistischer Manierirtheit verirrt habe, wie man auch das Vorbild des Thucydides allzu sehr in M.s Schriften durchschimmern hat finden wollen u. nicht minder eine gewisse absichtliche Färbung seines Styls nach den alterthümlichen Mustern deutscher u. schweizerischer Chroniken gerügt hat. M. selbst hat sich gegen den Tadel, daß er den Tacitus sklavisch nachgebildet, entschieden verwahrt; weit nachahmungswürdiger erschienen ihm nach brieflichen Aeußerungen an Nicolai einige Griechen, in noch höherem Grade Cäsar in der großartigen Einfachheit seiner Darstellung. Schwerer ins Gewicht fallen die Anschuldigungen gegen den Charakter M.s als Historikers, wie als Menschen. Schon Georg Forster, mit dem M. am kasseler Carolinum zusammenwirkte, nennt ihn einen „Achselträger, der den Mantel nach dem Winde hänge", doch ist Forster später mit M. in inniger Freundschaft verbunden gewesen, die darauf schließen läßt, daß sich das ursprünglich harte Urtheil bei näherer Bekanntschaft bedeutend gemildert hat. Am härtesten haben später über ihn Woltmann u. Menzel geurtheilt. Das Wahre an den gegen M. vorgebrachten Anklagen beschränkt sich auf die Thatsache, daß eine gewisse Weichheit und Gutmüthigkeit des Wesens ihn nicht selten da milde und nachgiebig im Auftreten u. in Worten hat sein lassen, wo feste u. rücksichtslose Entschiedenheit am Platze gewesen wären. Er war ein freundliches, offenes Gemüth, leicht bestimmbar durch persönliche Einwirkungen, eine Natur, die in der Welt des Idealen ihre eigentliche Heimat hatte und deshalb den Forderungen der praktischen Wirklichkeit, auch was das sittliche Gebiet betrifft, nicht immer in vollem Maße gerecht zu werden verstand. In seinem persönlichen Benehmen trat weltmännische Bildung mehr hervor, als es bei deutschen Gelehrten gewöhnlich ist. Er stand in freundschaftlichen Beziehungen zu den meisten berühmten Männern seiner Zeit in Deutschland, vor Allem zu Herder, Heyne, Forster, Alex. von Humboldt, Fr. H. Jacobi. Verheirathet war er nie, innige Liebe verband ihn unter allen seinen Freunden am meisten seinem Bruder **Johann Georg** M. (geboren zu Schaffhausen 1759, † als Oberschulherr u. Professor daselbst 1819). M.s Werke erschienen gesammelt zuerst 1800—17 (Tübingen in 27 Bdn.), dann, herausgegeben von seinem eben genannten Bruder, 1831—35 (Stuttgart in 40 Bdn.). Seine Schweizergeschichte, das Werk, in welchem des Historikers M. große Eigenschaften sich am glänzendsten entfalten, wurde fortgesetzt von R. Glutz-Blotzheim (Bd. 5, Zürich 1816), dann von J. J. Hottinger (Bd. 6 u. 7, das. 1825—29), ferner von J. Vulliemin (Bd. 8—10, das. 1842—45) und von C. Monnard (Bd. 11—15, das. 1847—53). Ueber M.s Leben vgl. außer den schon erwähnten Briefen an Bonstetten die „Briefe M.s an seinen ältesten Freund", herausgegeben von Füßli (Zürich 1812); **Wachler**, J. von M., eine Gedächtnißrede, Marb. 1809; von **Woltmann**, J. von M., mit M.s Briefen an Woltmann, Berlin 1811; **Heeren**, J. von M., der Historiker, Lpz. 1820; von **Bosse**, J. von M.s Leben, in den „Zeitgenossen", 1. Reihe, 2, 8. 1, und Briefe zwischen Gleim, Heinse und J. von M., Leipzig 1806.

7) **Wenzel**, Volkskomponist, geboren den 26. Sept. 1767 zu Türnau in Mähren, erhielt seine künstlerische Ausbildung unter Dittersdorf, ging als Violinspieler zum brünner Theater, ward Kapellmeister an demselben und kam 1786 in gleicher Eigenschaft zur marinelli'schen Gesellschaft nach Wien; † den 2. August 1835 zu Baden bei Wien. M. hinterließ außer vielen vereinzelten Stücken, Kantaten, Sinfonien, Messen rc. allein 227 Bühnenwerke, von denen er sein erstes: „Das verfehlte Rendezvous", 1783 für Brünn komponirte, das letzte war „Asmodi oder das böse Weib u. der Satan" (1834). Die bekanntesten seiner durch Natürlichkeit und joviale Laune ausgezeichneten Kompositionen sind: „Die Zauberzither", „Das neue Sonntagskind", „Die Schwestern von Prag", „Die Teufelsmühle", „Der Alpenkönig und der Menschenfeind" rc.

8) **August Eberhard**, vorzüglicher Musiker, geboren den 13. December 1767 zu Nordheim, wirkte als Organist an der Nikolaikirche zu Leipzig, sodann als Kantor an der Thomasschule daselbst u. seit 1810 als Musikdirektor in Weimar, wo er den 3. Dec. 1817 †. Außer vielen Kompositionen für Klavier, Orgel und Flöte hat er auch mehre instruktive Werke herausgegeben. Sein Sohn, **Theodor Amadeus** M., geboren den 20. Mai 1798 in Leipzig, † im April 1846 in Weimar als Kammermusikus, war ein vorzüglicher Violinspieler und auch Komponist.

9) **Peter Erasmus**, dänischer Theolog u. nordischer Alterthumsforscher, geboren den 29. Mai 1776 in Kopenhagen, studirte daselbst Theologie und erhielt, nachdem er noch einige deutsche Universitäten besucht und Frankreich und England bereist hatte, 1801 die Professur der Theologie an der Universität seiner Vaterstadt. Er redigirte 26 Jahre lang „Kjöbenhavns lärde Efterretninger" (1801—10) und deren Fortsetzung „Dansk Litteraturtidende" (1811—30). Im Jahre 1830 zum Bischof von Seeland und zum Ordensbischof ernannt, † er den 4. September 1834. Von seinen theologischen Schriften sind seine „Moral" (Kopenhagen 1805), „Christliche Apologetik" (1810), „Symbolik" (1817) und „Dogmatik" (1826) hervorzuheben. Als Alterthumsforscher machte er sich bekannt u. A. durch folgende Schriften: „Antiquarisk Undersögelse over de ved Gallehuus fundene Guldhorn" (Kopenhagen 1806); „Om det islandske Sprogs Vigtighed" (das. 1813); „Ueber den Ursprung und Verfall der isländischen Historiographie" u. „Ueber die Authentie der Edda Snorro's u. die Aechtheit der Asalehre" (das. 1811), beide deutsch von Sander; „Sagabibliothek" (das. 1816—19, 3 Bde.); „Kritisk Undersögelse af Danmarks og Norges Sagnhistorie" (das. 1823—30, 2 Bde.) und „Kritisk Undersögelse af Saxo's Historiens syv sidste Böger". Von Werth ist auch seine „Dansk Synonymik" (Kopenh. 1829, 2 Bde.; 2. umgearbeitete Aufl. von Dahl, 1853 bis 1855).

10) **Adam von** M., deutscher Schriftsteller, wurde geboren als Sohn eines Beamten am 30. Juni 1779 zu Berlin, wo er auf dem Gymnasium zum grauen Kloster den Unterricht von Gedike, Heindorf u. Spalding genoß, aber mehr philosophischer Spekulation als dem Erwerb gründlicher Sprach- u. Sachkenntnisse nachging. Gentz, mit dem er schon damals sich befreundete, übertrug seine Bewunderung Burke's u. seine Gegnerschaft wider die französische Revolution auf M., so daß dieser noch als Student in Göttingen (er war 1798 dorthin gegangen, um Rechtswissenschaft zu studiren) Vorlesungen gegen jene hielt. Nach seiner Rückkehr nach Berlin wurde M. nominell bei der kurmärkischen Kammer angestellt, behielt aber dabei Freiheit genug, allerlei Reisen, z. B. nach Schweden und Dänemark, zu unternehmen. Einen längeren Aufenthalt in Polen unterbrach er durch einen Besuch in Wien, wo er am 30. April 1805 zur römisch-katholischen Kirche übertrat. Ueber Polen begab er sich nach Dresden, hielt dort 1806—9 öffentliche, auch im Druck erschienene Vorlesungen (über deutsche Literatur, dramatische Poesie, die Idee der Schönheit und über das Ganze der Staatswissenschaften) u. gab 1808 mit H. von Kleist die Zeitschrift „Phöbus" heraus. Durch den Krieg vertrieben, kehrte er nach Berlin zurück. Er verfaßte hier, nachdem sein Gesuch um Anstellung vom Staatskanzler von Hardenberg zurückgewiesen worden, Namens der kurbrandenburgischen Reaktionsritterschaft eine gegen jenen an den König gerichtete Anklageschrift, welche den Kanzler revolutionärer Grundsätze

bezüchtigte, aber fruchtlos blieb. M. glaubte nun sein Vaterland aufgeben zu müssen, ging im Mai 1811 wieder nach Wien u. wurde dort auf Empfehlung seines Freundes Gentz mit politischer Korrespondenz beschäftigt. Im Jahre 1813 sandte man ihn als k. k. Landeskommissär nach Tyrol und verwendete ihn später unter dem Titel eines Regierungsrathes auch bei der neuen Organisation dieses Landes. Im Jahre 1815 zurückberufen, folgte M. dem Kaiser ins Feldhoflager nach Heidelberg u. Paris. Hierauf wurde er österreichischer Generalkonsul für Sachsen u. Resident der anhaltischen Höfe in Leipzig, in welcher Stellung er eine bedeutende Agitation gegen Preußen betrieb u. (1816—18) seine „Staatsanzeigen" erscheinen ließ. Im Jahre 1827 erfolgte seine Rückberufung nach Wien, wo man ihn mit dem Beinamen von Ritterdorf in den Adelsstand erhob u. bis zu seinem am 17. Jan. 1829 erfolgten Tode in der Hof- und Staatskanzlei beschäftigte. M. gehört zu der Fraktion jener der romantischen Dichterschule nahe verwandten Publicisten, die zwischen den Freiheitskriegen und der Julirevolution hauptsächlich ihr wenig erfreuliches Wesen trieben und dabei ein seltsames Gemisch von Reaktionsgelüsten und Ideenfreisinn, sinnlicher Genußsucht und religiösem Rechtgläubigseinwollen, dialektischer Gewandtheit, Geistreichthum, sophistischer Virtuosität und poetischer Exaltation in Leben und Schriften darstellten. Im persönlichen Verkehr soll M., nach Varnhagens Mittheilungen, hinreißend gewesen sein durch anmuthige Beredtsamkeit und Kunst der Dialektik. Unter seinen Schriften sind hervorzuheben: „Die Lehre vom Gegensatz" (Berlin 1804), worin er den mißlungenen Versuch machte, eine ganz neue philosophische Bahn zu eröffnen), „Von der Idee des Staats und ihren Verhältnissen zu den populären Staatstheorien" (Dresden 1809), „Elemente der Staatskunst" (Berlin 1809, 3 Bde.), „Theorie der Staatshaushaltung" (Wien 1812, 2 Bde.), „Versuch einer neuen Theorie des Geldes" (Leipzig 1816), „Von der Nothwendigkeit einer theologischen Grundlage der Staatswissenschaft und Staatswirthschaft" (das. 1817) u. „Zwölf Reden über die Beredtsamkeit u. deren Verfall in Deutschland" (das. 1816). Vgl. Varnhagen, Gallerie von Bildnissen aus Rahels Umgang und Briefwechsel, Bd. 2, S. 143 ff., und M.s „Briefwechsel mit Gentz", Stuttgart 1857.

11) Alexander, kirchlich-politischer Schriftsteller, geboren 1780 zu Zell im ehemaligen Bisthum Fulda, studirte in Fulda u. Gießen die Rechte, ward 1804 Referendar bei der Regierung zu Fulda, später Mitglied des Justiztribunals. Unter der Regierung des Großherzogs Karl von Dalberg fungirte er von 1810—14 als Justizbeamter und Maire des Bezirks Geis. Im Jahre 1816 trat er in Weimar in die Regierung; seit 1830 privatisirte er nach einander in Leipzig, Mainz und wieder in Weimar, wo er am 27. December 1844 †. Von seinen zahlreichen Schriften sind das „Encyklopädische Handbuch des gesammten in Deutschland geltenden katholischen u. protestantischen Kirchenrechts" (Erfurt 1829—32, 2 Bde.) und „Archiv für die neueste Gesetzgebung aller deutschen Staaten" (Mainz 1832—39, 9 Bde.) hervorzuheben. Sein „Kanonischer Wächter, eine antijesuitische Zeitschrift für Staat u. Kirche" (Halle, Mainz u. Offenb. 1830—34) erstrebte die Wiederherstellung des Katholicismus in seiner ursprünglichen Reinheit.

12) Johann Friedrich Wilhelm, ausgezeichneter Kupferstecher, Sohn von M. 4), geboren zu Stuttgart 1782, besuchte das Gymnasium daselbst, hatte daneben seinen Vater zum Lehrer der Kupferstechkunst u. widmete sich seit 1802 derselben zu Paris. Hier stach er für das Musée français die Venus d'Arles und eine Statue La Jeunesse, letztere ausgezeichnet durch treue Wiedergabe des Eigenthümlichen des Marmors im Kupferstich. Im Jahre 1805 stach er das von ihm selbst gemalte Porträt des nachmaligen Königs Wilhelm I. von Würtemberg, dann den Evangelisten Johannes nach Domenichino; hierauf zeichnete er die heilige Cäcilia nach Domenichino, welche nachher sein Vater in Kupfer ausführte. Nachdem er 1809 von einer Reise nach Italien zurückgekehrt war, beschäftigte ihn vorzugsweise der Stich der sixtinischen Madonna Raphaels (die rittersche Kunsthandlung in Dresden ließ die Platte 1827 für 23,000 Francs wieder aufstechen), in der Gallerie zu Dresden, worauf er 1814 bei der dresdener Kunstakademie als Professor der Kupferstechkunst angestellt ward. Neben dieser großen Arbeit lieferte er noch eine Menge herrlicher Werke, wie die Bildnisse Jacobi's, Schillers (nach Danneckers Büste), Hebels (nach dem Leben) und das größere Blatt Adam und Eva, nach einem raphaelschen Deckengemälde im Vatikan. Kurz nach Vollendung der Madonna verfiel er jedoch in eine unheilbare Gemüthskrankheit, welcher er den 3. Mai 1816 auf dem Sonnenstein bei Pirna erlag. Vorzüglich durch die sixtinische Madonna erwarb er sich einen Ehrenplatz an der Seite der ersten Meister seines Faches.

13) Hieronymus, namhafter Philolog, geboren den 7. Juni 1785 zu Auerstädt, wirkte namentlich als Professor an der Domschule zu Naumburg, wo er den 24. Januar 1861 †, und hat sich durch Uebersetzungen von altklassischen und neueren Literaturwerken, u. A. des Thucydides (Prenzlau 1827 bis 1828), Aristophanes (Leipz. 1843—46, 3 Bde.) und des Plato (das. 1850—63, 8 Bde.) bekannt gemacht.

14) Wilhelm, deutscher Dichter, wurde geboren zu Dessau den 7. Oktober 1795 als Sohn eines bemittelten Handwerkers, der ihm, nachdem fünf theils ältere, theils jüngere Geschwister M.s gestorben waren, als dem einzigen Kinde eine ungemein sorgfältige Erziehung zu Theil werden ließ. Durch häufige Fußreisen wurde schon in dem Knaben die Wanderlust genährt, die sich in mannichfaltigen Liedern des Dichters ausspricht. Bereits im 14. Jahre hatte M. einen Band poetischer Versuche zum Druck fertig geordnet, Elegien, Oden, kleine Lieder und ein Trauerspiel enthaltend. Auf der berliner Universität, die er 1812 bezog, widmete er sich unter Wolfs Einflusse und der Leitung von Böckh, Buttmann, Solger und Uhden philologischen und geschichtlichen Studien, die aber bald durch den Befreiungskrieg unterbrochen wurden. M. machte als Freiwilliger unter preußischer Fahne die Schlachten bei Lützen, Bautzen, Hanau und Kulm mit, folgte später dem Heere nach den Niederlanden und kehrte dann über Dessau nach Berlin zurück. Dort vertiefte er sich jetzt vorzüglich in altdeutsche Literaturstudien, als deren erste Frucht er 1816 eine „Blumenlese aus den Minnesängern" erscheinen ließ. Im Kreise einiger poetisch begabter Freunde, mit denen ihn das Kriegsleben verbunden hatte, fand sein Ta-

lent zuerst bedeutendere Anregung; die mit ihnen gemeinsam herausgegebenen „Bundesblüthen“ (Berlin 1815) enthalten die Erstlinge seiner Muse. Als 1817 der Graf Sack, im Begriff, eine Reise nach Aegypten zu unternehmen, die berliner Akademie veranlaßte, ihm einen jungen Gelehrten zu seinem Begleiter vorzuschlagen, fiel die Wahl auf M. Diesem zu Liebe wurde die Reise zunächst nach Italien gerichtet. Der Dichter vermochte sich jedoch von dem gelobten Lande der Kunst, dessen Schätze er namentlich in Rom mit höchstem Genusse durchschwelgte, nicht so bald loszureißen, er ließ den Grafen die Weiterreise allein antreten und verweilte bis zum Anfang des Jahres 1819 in Italien, von wo er über Verona, Tyrol und München nach Berlin zurückkehrte. Den Ertrag seiner Studien und Beobachtungen in Rom legte er in dem Werke „Rom, Römer und Römerinnen“ (Berlin 1820, 2 Bde.) nieder, das durch die Wahrheit und Lebendigkeit seiner Darstellungen bleibenden Werth hat. Bald nach der Rückkehr wurde M. als Lehrer der lateinischen u. griechischen Sprache an die neu organisirte Gelehrtenschule zu Dessau berufen und erhielt hier wenig später die Stelle eines Bibliothekars an der soeben gebildeten herzoglichen Bibliothek. Im Jahre 1821 verheirathete er sich; die in demselben Jahre erschienenen „Gedichte aus den hinterlassenen Papieren eines reisenden Waldhornisten“ (Dessau 1821; ein zweites Bändchen folgte 1824, die 2. Aufl. von beiden 1826) und das erste Heft der „Griechenlieder“ (dem sich allmählig noch 4 weitere Hefte zugesellten) erwarben ihm zuerst in weiten Kreisen dichterischen Ruf. Neben der Thätigkeit auf dichterischem Felde, welche u. A. noch eine vortreffliche Uebersetzung der fauvialschen Sammlung griechischer Volkslieder (Leipzig 1825, 2 Bde.), eine Reihe von Epigrammen und die Novelle „Debora“ u. „Der Dreizehnte“ zeitigte, war M., der in den angenehmsten dienstlichen u. geselligen Verhältnissen lebte, auch als Kritiker, Philolog und Literarhistoriker produktiv. Er schrieb für die „Blätter für literarische Unterhaltung“, die „Hallische Literaturzeitung“, die „Encyklopädie“ von Ersch u. Gruber, erwies sich in seiner „Homerischen Vorschule“ (Leipz. 1824) als tüchtigen Schüler F. A. Wolfs u. begann 1822 die Herausgabe einer „Bibliothek der Dichter des 17. Jahrhunderts“ (das. 1822—27, fortgesetzt von K. Förster, 14 Bde.). Kurze Zeit nach der Rückkehr von einer Erholungsreise an den Rhein † er in seiner Vaterstadt am 1. Oktober 1827. M.s Dichtergabe war eine vorzugsweise lyrische. Er gehört zu den frischesten deutschen Liederdichtern, eine helle, innige Naturfreude singt u. klingt in seinen Liedern, die auch zu den sangbarsten gehören und daher sehr häufig komponirt sind, u. A. von Methfessel, B. Klein, Friedrich Schneider, am meisterhaftesten u. unübertrefflich schön von Franz Schubert. Eine Eigenthümlichkeit M.s war, daß er seine Lieder gern in den Mund der wandernden Müllerburschen, reisenden Musikanten u. dergl. durch die Romantik zu poetischen Charakteren gestempelten Individuen verlegte und überhaupt meist in erfundene Situationen (z. B. des Kneipenlebens) hineindichtete, ohne daß jedoch diese Fiktionen der Wahrheit seiner dichterischen Empfindungen Abbruch that. Den begeistertsten Schwung nahm seine Muse in den „Griechenliedern“. Seine „Vermischten Schriften“ gab mit biographischem Vorwort heraus Schwab (Leipzig 1830, 5 Bde.), eine Auswahl seiner mehrfach aufgelegten „Gedichte“ erschien 1864 in Leipzig.

15) Karl Otfried, einer der genialsten Alterthumsforscher der neuesten Zeit, geboren den 28. Aug. 1797 zu Brieg in Schlesien, besuchte das Gymnasium seiner Vaterstadt, widmete sich zu Breslau u. Berlin, hier namentlich unter Böckh, philologischen Studien und erhielt 1827 am Magdalenum in Breslau eine Anstellung, von wo er 1829 als Professor der Alterthumskunde und besonders der Archäologie der Kunst nach Göttingen berufen wurde. Ein Aufenthalt in dem an Kunstschätzen reichen Dresden im Herbste 1819 u. eine in wissenschaftlichem Interesse nach Frankreich u. England unternommene Reise im Sommer 1822 verhalfen ihm durch die Anschauung zu einer lebendigen u. fruchtbaren Kenntniß der antiken Kunst, doch blieb das Hauptziel seines Strebens eine organisch zusammenhängende, in warmer Individualität aufgefaßte Kenntniß des gesammten Alterthums. In diesem Sinne wirkte M. durch seine begeisternden Vorlesungen, sowie durch seine gediegenen Schriften gleich segensreich, bis er im September 1839 eine neue größere Reise antrat. Er verlebte die Wintermonate in Italien, besuchte auch Sicilien und ging von da nach Griechenland, wo er u. A. zu Delphi umfangreiche Nachgrabungen anstellen ließ. Er † am 1. August 1840 zu Athen am Wechselfieber. Die Universität zu Athen errichtete später ein Denkmal auf seinem Grabe. Seine schriftstellerische Thätigkeit verbreitete sich über den ganzen Umfang der Alterthumswissenschaft. Sein Hauptverdienst um dieselbe besteht in der lebensfrischen ästhetischen Auffassung ihrer Gegenstände, u. er ist hier der Begründer einer neuen Richtung geworden, die dem überwiegenden Hang zu kritischen Konjekturen u. minutiösen Bemühungen um die Herstellung des Textes der Klassiker entgegenwirkte. Auf allen Gebieten der Alterthumskunde wirkte er bahnbrechend. Als einsichtsvoller Geschichtsforscher bewährte er sich durch seine „Geschichte hellenischer Stämme und Staaten“, welche „Orchomenos und die Minyer“ (Bresl. 1820) und die „Dorier“ (das. 1824, 2 Bde.) umfassen und von denen Schneidewin nach den hinterlassenen Papieren des Verfassers eine neue, berichtigte Ausgabe (das. 1844, 3 Bde.) besorgte, sowie durch seine ethnographische Untersuchung „Ueber die Wohnsitze, Abstammung und ältere Geschichte des macedonischen Volks“ (Berlin 1825) und durch seine „Etrusker“ (Breslau 1828, 2 Bde.). Werthvoll sind auch seine „Bemerkungen zu Rienäckers Bearbeitung der leake'schen Topographie“ (Halle 1829), sowie seine ausgezeichneten Karten von Griechenland. Von großer Belesenheit zeugen sein „Handbuch der Archäologie der Kunst“ (Breslau 1830, 2. Aufl. 1835), dem sich die mit Osterley herausgegebenen „Denkmäler der alten Kunst“ (Göttingen 1832 ff.), sowie die Monographien „De tripode delphico“ (das. 1820), „De Phidiae vita et operibus“ (das. 1827), „De munimentis Athenarum“ (das. 1836) und „Antiquitates Antiochenae“ (das. 1839) und der erläuternde Text zu Ternite's „Wandgemälden aus Pompeji u. Herculanum“ anreihten. Die „Prolegomenen zu einer wissenschaftlichen Mythologie“ (das. 1825) führten zuerst zu einer historischen Auffassung der Mythen. Auch die Monographie „Minervae Poliadis sacra et aedes in arce Athenarum“ (Gött. 1820) ist hier zu nennen. Von mehren englischen Gelehrten veranlaßt, schrieb

M. in englischer Sprache seine „History of the literature of ancient Greece“ (Bd. 1, London 1840), von welcher nach der Handschrift des Verfassers sein Bruder Eduard M. eine Ausgabe in deutscher Sprache besorgte unter dem Titel „Geschichte der griechischen Literatur bis auf das Zeitalter Alexanders“ (Bresl. 1841, 2 Bde.). Als scharfsinniger Kritiker u. gründlicher Grammatiker zeigte sich M. in seinen neuen Recensionen des Varro „De lingua latina“ (Leipzig 1833) und des Festus „De significatione verborum“ (Göttingen 1839). Seine Gewandtheit als Uebersetzer und geschmackvoller Erklärer bekundete er in der Uebertragung der „Eumeniden“ des Aeschylus; die erläuternden Abhandlungen über die äußere Darstellung, den Inhalt und die Komposition dieser Tragödie (Göttingen 1833; zwei Nachträge, 1834 bis 1835) verwickelten ihn in eine literarische Fehde mit G. Hermann in Leipzig. Eine Reihe größerer und kleinerer Abhandlungen und Aufsätze hat M. in den „Commentationes societatis regiae scientiarum gotting.“ (Bd. 6 und 7), in den Programmen der Universität, in dem „Göttinger Anzeiger“, im „Rheinischen Museum“, in der halle'schen „Allgemeinen Literaturzeitung“, in der „Allgemeinen Encyklopädie“ von Ersch und Gruber, in der „Zeitschrift für die Alterthumswissenschaft“, in Böttigers „Amalthea“, auch in ausländischen Zeitschriften veröffentlicht. Noch gab er Völkels „Archäologischen Nachlaß“ (Göttingen 1831) und „Kleine Schriften“ (das. 1839) heraus. M.s „Kleine deutsche Schriften“ veröffentlichte sein Bruder Eduard (Breslau 1847 bis 1848, 3 Bde.). Vergl. Lücke, Erinnerungen an Otfr. M., Göttingen 1841. Sein Bruder, **Eduard** M., geboren den 12. November 1804 zu Brieg, erst Prorektor zu Ratibor, dann seit 1841 zu Liegnitz, seit 1853 Direktor des Gymnasiums zu Liegnitz, machte sich theils als Herausgeber mehrer Werke seines Bruders, theils durch eine „Geschichte der Theorie der Kunst bei den Alten“ (Breslau 1834 bis 1837, 2 Bde.) bekannt und trat mit der Tragödie „Simson und Delila“ (das. 1853) auch als Dichter auf.

16) **Julius**, namhafter deutscher Theolog, Bruder des Vorigen, geboren zu Brieg den 10. April 1801, besuchte das Gymnasium daselbst und studirte dann zu Breslau, Göttingen und Berlin anfangs die Rechte, dann Theologie. Im Jahre 1825 wurde er Pfarrer zu Schönbrunn bei Strehlen, 1831 zweiter Universitätsprediger in Göttingen, wo er zugleich über praktische Exegese und Pädagogik Vorlesungen hielt und 1834 eine außerordentliche Professur der Theologie erhielt. Schon im folgenden Jahre folgte er einem Ruf als ordentlicher Professor nach Marburg, von wo er 1839 in gleicher Eigenschaft nach Halle ging. Seinen Ruf als Dogmatiker begründete er durch sein Hauptwerk „Die christliche Lehre von der Sünde“ (Breslau 1838, 2 Bde.; 3. Aufl., völlig umgearbeitet, das. 1849). Im Jahre 1846 nahm er an der evangelischen Landessynode zu Berlin als Vertreter der evangelischen Union Theil und veröffentlichte hierauf „Die erste Generalsynode der evangelischen Landeskirche Preußens“ (Berlin 1847).

17) **Karl Friedrich, Theodor Heinrich Gustav, August Theodor** und **Franz Ferdinand Georg**, vier Brüder, Söhne des als trefflicher Liederkomponist bekannten braunschweigschen Hofmusikus **Heinrich Friedrich** M. († 1818), weitberühmt durch ihr Quartett, wurden vom Vater zu Virtuosen gebildet und waren dann an der herzoglichen braunschweigschen Kapelle angestellt, nahmen aber 1830 ihren Abschied, um in verschiedenen Städten Europa's, zunächst in Hamburg u. Berlin, als Quartettspieler aufzutreten. Karl Friedrich, geboren den 11. November 1797, spielte im Quartett die erste Violine und ward später Koncertmeister an der Kapelle zu Braunschweig; Theodor Heinrich Gustav, geboren den 3. December 1800, spielte die Bratsche u. war dann ebenfalls an der braunschweigschen Kapelle angestellt, † den 7. September 1855; August Theodor, geboren den 27. August 1803, spielte Cello; Franz Ferdinand Georg, geboren den 29. Juli 1809, spielte die zweite Violine und war später Kapellmeister zu Braunschweig, wo er den 22. Mai 1855 †.

18) **Jakob** und **Georg**, zwei Brüder von Grindelwald in der Schweiz, die sich um die Wiederherstellung der Glasmalerei verdient machten, traten zuerst 1821 mit Arbeiten in dieser Kunst hervor und wandten sich vorzüglich heraldischen Aufgaben zu. Im Jahre 1823 ließen sie sich zu Bern nieder.

19) **Johannes**, einer der bedeutendsten neueren Physiologen, geboren zu Koblenz den 14. Juli 1801, wo sein Vater Schuhmacher war, besuchte das Gymnasium daselbst und studirte seit 1819 zu Bonn und Berlin Medicin, hier insbesondere Zoologie, daneben auch Philosophie. Im Herbste 1824 habilitirte er sich in Bonn als Privatdocent u. wurde 1826 außerordentlicher und 1830 ordentlicher Professor. Hier schrieb er u. A. das noch den Schüler Hegels verrathende Buch „Ueber die vergleichende Physiologie des Gesichtssinns“ (Leipz. 1826) u. „De glandularum secernentium structura“ (das. 1830). Sein „Handbuch der Physiologie des Menschen“ (Koblenz 1833; 3. Aufl. 1837—40, 2 Bde.) ist als epochemachend auf dem Gebiete der Anthropologie und Heilkunde zu bezeichnen. Im Jahre 1833 folgte er einem Rufe nach Berlin. Durch seine musterhaften Vorträge über menschliche, vergleichende u. pathologische Physiologie, welche zahllose Studenten nach Berlin zogen, sowie durch seine Schriften ward er der Begründer der physikalisch-chemischen Schule in der Physiologie. Das Gebiet der Seelenthätigkeit ließ er als der naturwissenschaftlichen Forschung unzugänglich unberührt, dagegen war er es vor Allen, der dem Mechanischen im Organismus sein Recht gegeben hat. Seit dem Erscheinen seiner Schrift „Ueber den feineren Bau der krankhaften Geschwülste“ (Berlin 1838) ist die mikroskopische Prüfung der Geschwulstbildungen ein Centralpunkt aller medicinischen Untersuchungen geworden. In den letzten 18 Jahren arbeitete M. fast nur auf dem Gebiete der vergleichenden Anatomie, auf welchem er sich als genauester Kenner des Baues der Organe durch die ganze Thierwelt bekundete. Die Resultate seiner Forschungen auf diesem Felde sind meist in den Schriften der berliner Akademie und in seinem „Archiv für Anatomie, Physiologie u. wissenschaftliche Medicin“ (seit 1834) niedergelegt. Wir heben nur seine Entdeckung mancher fossilen Thierarten, seine Umgestaltung des natürlichen Systems der Fische durch die Schrift „Ueber den Bau und die Grenzen der Ganoïden“ und seine Abhandlungen über die Echinodermen hervor. Zur Beobachtung des Lebens der Seethiere unternahm er verschiedene

Reisen an die Küsten Italiens, Norwegens u. Frankreichs. Er † den 28. April 1859 zu Berlin.

20) Sophie, gefeierte tragische Schauspielerin, geboren zu Mannheim 1803, die Tochter des Schauspielers Karl M. (geboren 1783, † 1837), gab schon als 15jähriges Mädchen in Karlsruhe mit großem Beifall Gastrollen, verband mit natürlicher Begabung gründliche Studien und war seit 1821 in München, später in Wien angestellt, von wo aus sie auch in Dresden und Berlin Gastrollen gab. Sie † zu Hietzing bei Wien den 20. Juni 1830. Die Herausgabe ihrer nachgelassenen Papiere und ihres Lebens besorgte Graf Mailáth (Wien 1832).

21) Donat, namhafter Musiker, geboren den 17. Januar 1804 zu Biburg bei Augsburg, wirkt seit 1826 als Organist zu Augsburg und hat sich durch Komposition mehrer Kirchenstücke, sowie durch geschätzte Hand- und Hülfsbücher für den katholischen Kirchengesang bekannt gemacht.

22) Karl Friedrich Moritz, Maler der Gegenwart, geboren 1807 zu Dresden, bildete sich auf der münchener u. dresdener Akademie u. weiß besonders durch die Beleuchtung nächtlicher Scenen die frappanteste Wirkung zu erzielen. Unter seinen Gemälden sind hervorzuheben seine Scenen aus dem Tyrolerkriege von 1809, die Heimkehr von der Hochzeit bei Fackelschein, das Privatkoncert und der erste Brief (1859).

23) Johann Heinrich Jakob, namhafter Physiker, geboren den 30. April 1809 zu Kassel, ist seit 1844 Professor der Physik zu Freiburg und hat außer zahlreichen Untersuchungen in Zeitschriften u. einer Anzahl physikalischer und mathematischer Lehrbücher veröffentlicht: „Lehrbuch der Physik u. Meteorologie" (5. Aufl., Braunschw. 1857—58, 2 Bde.); „Lehrbuch der kosmischen Physik" (2. Aufl., das. 1861) und „Grundriß der Physik u. Meteorologie" (8. Aufl., das. 1863).

24) August, namhafter Kontrabaßvirtuos, geboren 1810, wirkt gegenwärtig als Koncertmeister und Kammermusikus in Darmstadt und gilt für den ausgezeichnetsten Kontrabaßvirtuosen der Gegenwart.

25) Adam August, dänischer Geschichtsmaler, Sohn von M. 9), geboren den 16. August 1811, bildete sich seit 1826 in Kopenhagen unter Eckersberg zum Maler aus und exponirte 1829 seine erste Arbeit. Schon um jene Zeit malte er außer Porträten einige Altargemälde und historische Bilder, konkurrirte darauf 1832—38 um die 4 Medaillen der Akademie und reiste 1839 nach Italien. Noch vor seiner Abreise hatte er ein Gemälde vollendet, das hinsichtlich der Behandlung des Gegenstandes, der Zeichnung und der Schönheit und Kraft des Kolorits die beste seiner Arbeiten ist und sich jetzt in der Heiligengeistkirche zu Kopenhagen befindet, nämlich Luther auf dem Reichstage in Worms. Nach fast vierjährigem Aufenthalt in Italien, wo er die ältere kirchliche Kunst und besonders Raphael studirte und unter andern ein großes Gemälde, Christus und die Evangelisten, malte, das Thorwaldsen für sein Museum ankaufte, kehrte er (1842) nach Kopenhagen zurück, malte noch den verlornen Sohn, der von der königlichen Gemäldegallerie angekauft wurde, und † am 15. März 1844.

26) Wilhelm Konrad Hermann, namhafter Kenner der altdeutschen Sprache und Literatur, geboren den 27. Mai 1812 zu Holzminden, habilitirte sich 1841 zu Göttingen für altdeutsche Sprache und Literatur, ward 1845 zum Professor ernannt u. hat sich durch die Werke „Geschichte und System der altdeutschen Religion" (Göttingen 1844) und das „Mittelhochdeutsche Wörterbuch" (mit Zarncke, Lpz. 1854 ff.), sowie die Ausgabe des Heinrich von Müglin (Göttingen 1827) und die „Niedersächsischen Sagen und Märchen" (mit Schambach, das. 1854) bekannt gemacht.

27) Charles Louis, genannt M. von Paris, namhafter Historienmaler, geboren den 27. December 1815 zu Paris, ist seit 1853 Direktor der Gobelinsmanufaktur und hat sich durch mehre sehr effektvolle Bilder bekannt gemacht; die namhaftesten sind: Lady Macbeth, Appel des victimes de la terreur u. Vive l'empereur.

28) Wolfgang M. von Königswinter, deutscher Dichter, geboren den 5. März 1816 zu Königswinter am Rhein, besuchte das Gymnasium zu Düsseldorf u. studirte zu Bonn Medicin. Nachdem er zu Berlin promovirt, dann ein halbes Jahr in Paris zugebracht hatte, ließ er sich 1842 als praktischer Arzt zu Düsseldorf nieder, von wo er 1848 ins Parlament gesendet wurde, u. siedelte 1854 in gleicher Eigenschaft nach Bonn über. Von seinen Dichtungen und Schriften über die Rheingegenden sind hervorzuheben: „Junge Lieder" (Düsseldorf 1841); „Balladen u. Romanzen" (das. 1842); „Die Rheinfahrt" (Frankf. 1846); „Gedichte" (1847; 2. Aufl. Hannov. 1857, 2 Bde.); „Germania, ein satirisches Märchen" (Frankf. 1848); „Lorelei" (Köln 1851), eine Sammlung der schönsten Rheinsagen in Balladenform; „Die Maikönigin" (Stuttgart 1852), eine Dorfgeschichte in poetischem Gewande; „Prinz Minnewin" (Köln 1854, 2. Aufl. 1856); „Das Rheinbuch" (Brüssel 1855); „Der Rattenfänger von St. Goar" (1856); „Johann von Werth" (Berlin 1858); „Erzählungen eines rheinischen Chronisten" (Leipzig 1861 ff.) und „Vier Burgen" (das. 1862, 2 Bde.). Seine Dichtungen zeichnen sich durch Innigkeit, Wahrheit und Wohllaut aus.

29) Otto, deutscher Dichter und Romanschriftsteller, geboren den 1. Juni 1818 zu Schotten im Vogelsberg, besuchte die Gymnasien zu Büdingen u. Darmstadt und widmete sich anfangs der kameralistischen Laufbahn, gab dieselbe aber bald wieder auf und erhielt eine Stelle an der darmstädter Hofbibliothek, mit welcher er später die eines Privatbibliothekars des Prinzen Karl von Hessen verband. Im Jahre 1843 übernahm er die Redaktion des „Frankfurter Konversationsblattes", 1848 die des „Mannheimer Journals". In weiteren Kreisen machte er sich zuerst durch seinen biographischen Roman „Bürger. Ein deutsches Dichterleben" (Frankfurt 1845, 2. Ausg. 1848) bekannt. Im Jahre 1852 siedelte er nach Bremen über, kehrte aber im Frühjahr 1854 als Herausgeber der „Bibliothek deutscher Originalromane" nach Frankfurt zurück und begründete hier, nach Vollendung der ersten Serie von dem Unternehmen zurücktretend, eine ästhetische Wochenschrift „Frankfurter Museum". Ende 1856 wandte er sich nach Stuttgart. Noch sind von seinen Werken hervorzuheben die Romane „Die Mediatisirten" (Frankfurt 1848, 2 Bde.); „Georg Volker" (Brem. 1854, 3 Bde.) und „Charlotte Ackermann" (Frankf. 1854, französisch von Porchat, Paris 1854), von M.

selbst auch dramatisirt, ferner „Der Tannenschütz“ (Bremen 1851); „Der Stadtschultheiß von Frankfurt“ (Goethe's Großvater, Stuttgart 1856); „Andrea del Castagno“ (Frankfurt 1857), eine Erzählung aus der florentinischen Kunstgeschichte; „Der Klosterhof“ (2. Aufl., Berlin 1862, 3 Bde.); „Aus Petrarca's alten Tagen“ (das. 1861, 2 Bde.); „Roderich“ (2. Aufl., Stuttgart 1862, 2 Bde.) und „Eckhof und seine Schüler“ (Leipzig 1863, 2 Bde.).

30) **Karl Wilhelm**, namhafter Porzellanmaler, geboren um 1819 zu München, hat viele Bilder größerer Meister auf Porzellan übertragen und genießt auch im Auslande Ruf.

31) **Johann Georg**, Baumeister und Dichter, geboren den 15. Sept. 1822 zu Moshang in der Schweiz, erhielt seine künstlerische Ausbildung zu München und auf einer 1842 mit dem Architekten Merian unternommenen Reise nach Italien. Hier wurde er besonders von den Baudenkmalen des 13. und 14. Jahrhunderts angezogen und lieferte ganz in dem Styl derselben Entwürfe zur Restauration der Vorderseite des florentiner Doms. Eine andere Frucht der Reise, von der er 1844 nach München zurückkehrte, war ein mit zahllosen architektonischen Zeichnungen u. Entwürfen ausgestattetes Tagebuch. Von München wurde M. nach Winterthur zur Ausführung der Oberbauten an der Eisenbahn berufen. Während dieser Thätigkeit legte er dem schweizer Architektenverein seine Entwürfe zu einem schweizer Nationalmonument vor und entwarf die Pläne zur Restauration der protestantischen Kirche St. Laurenz zu St. Gallen. Im Frühjahre 1847 ging er nach Wien, wo er durch seine Pläne für die florentiner Domfaçade Aufmerksamkeit erregte u. in dem Konkurs für die Kirche in der Vorstadt Altlerchenfeld den Preis und den Auftrag der Ausführung erhielt. Damit bereits beschäftigt, wurde er im Februar 1849 als Professor für die höhere Baukunst an die Militärakademie berufen, nachdem er bereits im August 1848 zum Mitglied der k. k. Akademie ernannt worden war. Er † jedoch schon am 2. Mai 1849. Vgl. Förster, M., ein Dichter- und Künstlerleben, St. Gallen 1851.

32) **Friedrich Konrad**, als Liederdichter bekannt unter dem Namen M. von der Werra, geboren den 14. November 1823 in Ummerstadt im Meiningischen, begann seine dichterische Laufbahn in Heidelberg, wo ihn Helmina von Chézy adeptirte, studirte dann in Zürich und Bern Medicin und ließ auch einige medicinische Werke erscheinen, z. B. „Rationelle Heilkunde“ (Erlangen). Später lebte er abwechselnd in Leipzig, Weimar, Nürnberg, Koburg und gegenwärtig verweilt er in Leipzig. Mit vielem Glück bebaute M. das Lied, und die gefeiertsten Tondichter unserer Zeit, wie Spohr, Lindpaintner, Lachner, Zöllner, Methfessel, Abt u. A., haben seine reichen Liedersammlungen in Musik gesetzt. Viele seiner Lieder wurden auch ins Englische übersetzt. Erschienen sind von M.: „Reime mit einem Stahlstich“ (Zürich); „Der Freiheit Wunderhorn“ (Biel); „Der Liederhort“ (St. Gallen); „Amoranthos“ (Leipzig 1858); „Ein Lorbeerkranz“, mit Musik berühmter Meister (Magdeburg 1858); „Ein deutscher Eichenkranz“, mit Musik von Lindpaintner (Leipzig 1858); „Flamboyant“, Demaskation eines weltpolitischen Karnevals (das. 1859); „Thüringer Volkskalender“ (das. 1859 ff.); „Schwert u. Schild“, Vaterlands- und Kriegslieder, mit Musik berühmter Tondichter (das. 1860); „Deutsche Kunst in Bild u. Lied“ (das. 1864); „Deutsches Völkergebet“, großer Festgesang, komponirt von Abt für das dresdener Sängerfest 1865. M.s Lieder zeichnen sich durch sprachliche Gewandtheit, leichten Versbau und große Sangbarkeit aus. Er gibt „Die neue Sängerhalle“ (Leipzig) heraus.

33) **Friedrich Max**, Orientalist, Sohn des Dichters M. 14), geboren den 6. December 1823 zu Dessau, besuchte die Schule zu Dessau und die Nikolaischule zu Leipzig und studirte daselbst Philologie, hauptsächlich Sanskrit. Als erste Frucht dieser Studien erschien seine Uebersetzung der „Hitopadesa“ (Leipzig 1844). Im Jahre 1844 ging er nach Berlin und 1845 nach Paris, wo er auf Burnoufs Veranlassung die „Vorarbeiten zu einer Ausgabe der Rigveda mit dem Kommentar des Sayanacarya“ begann. Zur Vollendung dieses Werks wandte er sich im Juni 1846 nach Oxford, wo das Werk 1849—56 in 3 Bänden erschien; eine kleinere Ausgabe erscheint seit 1854 in Leipzig. Seit 1850 hält er an der dortigen Universität Vorlesungen über Literaturgeschichte und vergleichende Grammatik; 1851 ward er zum Ehrenmitglied der Universität und Mitglied der münchener Akademie ernannt. Er gab auch eine gelungene Uebersetzung von Kalidasa's „Megha-dûta“ (Königsberg 1847) heraus u. schrieb unter Anderem: „Suggestions for the assistance of officers in learning the languages of the seat of war in the East“ (London 1854, 2. Aufl. 1855), „History of ancient Indian literature“ (2. Aufl., das. 1860) und „Lectures on the science of languages“ (das. 1862; deutsch von Böttger, Braunschweig 1863). Noch sind seine Studien über die sogenannten turanischen Sprachen, über die altindische Philosophie und den Buddhaismus hervorzuheben.

Müller von Steinla, s. Steinla.

Müllerwage, s. v. a. Wasserwage.

Müllheim, Stadt und Sitz eines Bezirksamts und eines Amtsgerichts im badischen Oberrheinkreis, am Fuße des Hohenblauberges und an der Eisenbahn von Freiburg nach Basel, hat eine höhere Bürgerschule, Mineralquelle mit Badeanstalt, vorzüglichen Weinbau (Markgräfler) und 2900 Einw.

Müllner, **Amadeus Gottfried Adolf**, deutscher Dichter, geboren am 18. Oktober 1774 zu Langendorf bei Weißenfels, Schwestersohn des Dichters Bürger, besuchte die Schule zu Pforta, studirte dann in Leipzig die Rechte, wurde, nachdem er kurze Zeit zu Delitzsch als Aktuar fungirt, 1798 Rechtsanwalt in Weißenfels und † daselbst am 11. Juni 1829. Der erste dichterische Versuch, den er veröffentlichte, war der anonym herausgegebene Roman „Incest“ (Greiz 1799, 2 Bde.). Durch die von M. ausgegangene Gründung eines Privattheaters in Weißenfels, dessen thätigstes Mitglied er war, wurde er zu dramatischer Produktivität angeregt. Zunächst wandte er sich der heiteren Gattung zu. Seine Lustspiele „Der angorische Kater“, „Der Blitz“, „Die Rückkehr aus Surinam“, „Die großen Kinder“, „Die Onkelei“ ꝛc. (gesammelt in „Spiele für die Bühne“, Leipzig 1815—21, 2 Bde., und im „Almanach für Privatbühnen“, das. 1817—19, 3 Bde.) sind nicht unwitzig in Situationen und Dialog, lehnen sich aber meist an französische Vorbilder an und leiden dadurch, daß sie in dem ungelenken Alexandriner abgefaßt sind, an einer gewissen Schwerfälligkeit. M.s dichterische Bedeutsamkeit beruht auf seinen Tragödien: „Der neunundzwanzigste Februar" (Leipzig 1812, ein Abklatsch des wernerschen Trauerspiels „Der vierundzwanzigste Februar"), „Die Schuld" (das. 1815), „König Yngurd" (das. 1817) u. „Die Albaneserin" (Stuttgart 1820). Mit diesen Dichtungen brachte er für eine Zeitlang die sogenannte Schicksalstragödie auf die moderne Bühne und in die literarische Mode. Das tragische Schicksal knüpft sich in ihnen an kleinliche Zufälligkeiten, an leblose unbedeutende Dinge, wie z. B. in der „Schuld" an eine zersprungene Saite, die grandiose Idee des antiken Fatums erscheint unabsichtlich ins Komische verzerrt und bei aller Häufung gräßlicher Scenen, bei aller Vorliebe des Dichters für Herbeiziehung des Furchtbaren und Schauderhaften ist der Totaleindruck, den die müllnerschen Trauerspiele auf den gebildeten Geschmack hervorbringen, der dem ächt tragischen gerade entgegengesetzte, der des Greulichen und zugleich Lächerlichen. M.s Natur war eine vorwiegend nüchtern-verständige, sein Gemüth entbehrte die rechte Wärme, seine Phantasie den natürlichen Schwung, daher eine gewisse juristische Spitzfindigkeit überall in der stofflichen Anlage, eine hohle Phrasenhaftigkeit überall in der Diktion seiner Tragödien hervortreten u. diese zu einer wirklich poetischen Wirkung nur äußerst selten gelangen lassen. Obendrein paßt die metrische Einkleidung seiner Trauerspiele, die abwechselnd in Jamben und Trochäen besteht, schlecht zu ihrem sophistisch verstandesmäßigen Gedankengehalt; sie sind darum nicht nur ohne Fähigkeit, das Herz und Gemüth zu befriedigen, sondern auch, eben wegen ihrer calderonisirenden Form, dem deutschen Geschmack schon äußerlich antipathisch und mit Einem Wort überaus langweilig. Gleichwohl haben M.s Tragödien eine Zeitlang von der deutschen Bühne herab eine bedeutende Wirkung geübt und eine ganze Reihe geistesverwandter dramatischer Produkte hervorgerufen. Als talentvollste Nachfolger schlugen Grillparzer und Houwald den von M. eröffneten Weg der fratzenhaften Schicksalstragik ein, die in Tieck, Börne, Castelli, Platen geistreiche Bekämpfer fand. Seit 1820 wandte sich M. ausschließlich der literarischen und dramaturgischen Kritik zu. Er führte 1820—25 die Redaktion des „Literaturblatts" zum „Morgenblatt" und gab dann 1823 die Zeitschrift „Hecate" u. seit 1826 das „Mitternachtsblatt" selbstständig heraus. Der Ton, den er in seinen Recensionen anschlug, ist vorzugsweise der der schonungslosen Persiflage, und seine kritischen Aufsätze zeichnen sich mehr durch malitiöse als wirklich witzige Pointen aus. Vielfache Streitigkeiten, die zuweilen unangenehm in sein Privatleben eingriffen, waren die Folge dieser Neigung zu boshafter Polemik. Auch als juristischer Schriftsteller ist M. aufgetreten; 1804 gab er „Modestins sechzig Gedanken", 1812 eine „Elementarlehre der richterlichen Entscheidungskunst" heraus. Seine Dichtungen erschienen in einer von ihm selbst veranstalteten Ausgabe gesammelt (Braunschweig 1828, 7 Bde.). Vergl. Schütz, M.s Leben, Charakter und Geist, Meißen 1830.

Müllrose, Stadt in der preußischen Provinz Brandenburg, Regierungsbezirk Frankfurt, Kreis Lebus, am Friedrich-Wilhelms-Kanal, $1\frac{3}{4}$ Meilen südwestlich von Frankfurt, hat eine Gerichtskommission und 2500 Einwohner, die starke Baumwollenweberei und Bierbrauerei betreiben.

Mülsen (Mülsener Grund), großer Fabrikdistrikt in den zum königlich sächsischen Kreisdirektionsbezirk Zwickau gehörigen schönburgischen Receßherrschaften, bildet eine nahe an 2 Meilen lange, ununterbrochen fortlaufende Reihe von Wohnhäusern und Fabrikgebäuden und enthält die 8 Dörfer: Nieder-M. mit 423 Einwohnern, Thurm (M. St. Urban) mit Schloß, Papiermühle, Strumpfwirkerei, Weberei, Bleichen und 1292 Einw., Stangendorf (M. St. Annen) mit 570 Einw., Micheln (M. St. Michael) mit Weberei, Strumpfwirkerei, Bleichen und 1529 Einw., M. St. Jakob mit denselben Erwerbszweigen und 4470 Einw., M. St. Niklas mit Strumpfwirkerei und 2814 Einw., Ortmannsdorf mit 1260 Einw. und Neudörfel mit 995 Einw., insgesammt mit 5 Kirchen und 13,383 Einwohnern.

Mümpelgard, s. Montbéliard.

Münch, Ernst Hermann Joseph von, fruchtbarer deutscher Geschichtschreiber, geboren am 25. Oktober 1798 zu Rheinfelden, besuchte das Gymnasium zu Solothurn und studirte zu Freiburg, wo er 1818 mit zur Gründung des engeren Bundes der Burschenschaft wirkte, die Rechte. Seine ersten poetischen Versuche erschienen unter dem Titel „Jugendmuth und Jugendtraum" (Basel 1819, Lüttich 1829). Der Wunsch, sich der dramatischen Literatur zu widmen, führte ihn zur Geschichte, mit welcher er sich später fast ausschließlich beschäftigte. Nachdem er von 1819—21 als Lehrer an der Kantonsschule zu Aarau fungirt, kehrte er nach Deutschland zurück, wo er nun eine ungemein schriftstellerische Produktivität entwickelte. Der richtige Takt in der Auswahl zeitgemäßer Gegenstände verschaffte ihm ein großes Publikum, die Flüchtigkeit in der Behandlung derselben zog ihm dagegen den scharfen Tadel der Kritik zu. Im Jahre 1824 wurde er als Professor der historischen Hülfswissenschaften nach Freiburg berufen. Seine bedeutendsten Arbeiten aus dieser Zeit sind: die Ausgabe der Werke Ulrichs von Hutten (Berlin 1821—25, 5 Bde.), „Die Heerzüge des christlichen Europa's wider die Osmanen" (Basel 1822—26, 5 Bde.), „Franz von Sickingens Thaten" (Stuttgart 1827—29, 3 Bde.), „König Enzio" (Ludwigsb. 1827; 2. Aufl., Stuttgart 1841), „Die Schicksale der alten und neuen Cortes in Spanien" (das. 1824—27, 2 Bde.), „Geschichte des Hauses und Landes Fürstenberg" (Aachen 1829—32, 3 Bde.) und „Vermischte historische Schriften" (Ludwigsb. 1828). Im Jahre 1828 ging er als Professor der Kirchengeschichte und des Kirchenrechts nach Lüttich, doch ward in Folge der antirömischen Tendenz seiner Schriften selbst seine persönliche Sicherheit gefährdet u. seine Stellung daselbst bald unhaltbar, u. er folgte einem Ruf als Bibliothekar nach dem Haag. Hier schrieb er u. A. die „Geschichte des Hauses Nassau-Oranien" (Aachen 1831—33, 3 Bde.) und „Die Fürstinnen des Hauses Burgund-Oesterreich in den Niederlanden" (das. 1832, 2 Bde.). Im Jahre 1831 kam er als geheimer Hofrath und Bibliothekar der Privatbibliothek des Königs nach Stuttgart, wo er die „Allgemeine Geschichte der neuesten Zeit" (Leipzig 1833—35, 6 Bde.) herausgab. Sein Leben schildert er in den „Erinnerungen und Studien aus den ersten 37 Jahren eines deutschen Gelehrten"

(Karlsr. 1836—38, 3 Bde.). Später erschienen noch „Denkwürdigkeiten zur politischen Kirchen- und Sittengeschichte der drei letzten Jahrhunderte“ (Karlsr. 1839), „Erinnerungen, Reisebilder und Phantasiegemälde“, vollständig nach seinem Tode herausgegeben (das. 1841—42, 2 Bde.) u. A. m. Er † zu Rheinfelden den 9. Juli 1841.

Münch-Bellinghausen, 1) Eduard Joachim, Graf von M., österreichischer Staatsmann, geboren am 29. Sept. 1786 zu Wien als Sprößling eines ursprünglich kurtrierschen, 1580 geadelten Geschlechts, der jüngste Sohn des kaiserlichen Reichshofraths, Reichsfreiherrn Franz Joseph von M. (geboren den 10. November 1735, † den 3. Oktober 1802), begann seine diplomatische Laufbahn noch im Dienste des deutschen Reichs, trat nach dessen Auflösung in den österreichischen Staatsdienst, zeichnete sich in den Kriegsjahren 1809 und von 1813—15 vielfach aus und erhielt 1816 den Posten eines Stadthauptmanns in Prag, in welcher Stellung er die Beförderung des Handels und der Gewerbe in Böhmen und der Elbschifffahrt seine Hauptsorge sein ließ. Von Bedeutung war namentlich seine Wirksamkeit auf dem Elbschifffahrtskongreß, der 1819 in Dresden gehalten wurde Er kam bald darauf in die deutsche Sektion des Ministeriums der auswärtigen Angelegenheiten, ward aber schon 1823 als wirklicher geheimer Rath, Staatsminister und Gesandter am Bundestage nach Frankfurt versetzt, wo er in Metternichs Geiste auf die politischen Verhältnisse von Deutschland bedeutenden Einfluß geübt hat. Nachdem er von dem Hause Dietrichstein die Herrschaft Markenstein, unweit Baden bei Wien, erworben hatte, wurde er 1831 in den Grafenstand erhoben. In Folge der Ereignisse von 1848 sah er sich genöthigt, seine Stellung in Frankfurt aufzugeben. Das ihm angebotene Ministerium des Auswärtigen ablehnend, zog er sich ins Privatleben zurück. Von seinen Brüdern war Heinrich Joachim Cajetan von M. († den 2. December 1823) hessen-darmstädtischer geheimer Rath und Hofkammerdirektor, und Freiherr Cajetan von M. (geboren den 1. Nov. 1776, † den 27. Juni 1831) österreichischer Staats- und Konferenzrath. Der Sohn des erstern, Freiherr Joseph von M. (geboren den 14. Aug. 1800, † den 10. Okt. 1861), war längere Zeit hessen-darmstädtischer Bundestagsgesandter.

2) Eligius Franz Joseph, Freiherr von M., bekannt als Dichter unter dem Namen Friedrich Halm, Neffe des Vorigen, geboren den 2. April 1806 zu Krakau, wo sein Vater, Cajetan von M., damals österreichischer Appellationsgerichtsrath war, widmete sich juristischen und staatswissenschaftlichen Studien, seit 1833 aber vorwiegend der Poesie. Sein erstes, 1834 unter dem Namen Friedrich Halm dem Hofburgtheater zu Wien übergebenes Schauspiel „Griseldis“ kam mit großem Beifall zur Aufführung; geringeren Erfolg hatten 1835 sein „Adept“, eine Tendenztragödie, 1837 das dramatische Gedicht „Camoens“, 1838 das historisch-romantische Trauerspiel „Imelda Lambertazzi“ und 1840 das Trauerspiel „Ein mildes Urtheil“. Daneben versuchte sich M. in Bearbeitungen ausländischer Meisterwerke für die Bühne, wovon Lope de Vega's „König und Bauer“ 1841 sehr ansprach, wogegen die Bearbeitung von Shakspeare's „Cymbeline“ (1842) kein Glück machte. Großen Beifall fand wieder das romantische Originaldrama „Der Sohn der Wildniß“, ein Gegenstück der „Griseldis“, das in fast alle europäische Sprachen übersetzt worden ist. Entschiedene Fortschritte bekundeten die historische Tragödie „Sampiero“ (1844) und das historische Drama „Maria de Molina“ (1847). Sein Lustspiel „Verbot und Befehl“ ist eine feine Ironie des Vielregierens. Die Tragödie „Der Fechter von Ravenna“ (1854) mit ihrer deutsch-patriotischen Tendenz machte die Runde über alle deutschen Bühnen. Das Stück war anonym erschienen, und über seine Autorschaft kreuzten sich viele Vermuthungen, als in der augsburger „Allgemeinen Zeitung“ ein von O. von Schorn unterzeichneter Aufsatz die Tragödie als das geistige Eigenthum eines bayerischen Schullehrers, Franz Bacherl, bezeichnete. Es entspann sich zwischen der „Allgemeinen Zeitung“ und Friedrich Laube, dem Intendanten des wiener Hofburgtheaters, dem Bacherl sein Stück „Die Cherusker in Rom“ eingesandt hatte, ein unerquicklicher literarischer Streit, der durch die Erklärung M.s, daß er der Verfasser des „Fechters von Ravenna“ sei und Jedem, der Ansprüche gegen ihn erheben zu können glaube, auf den Rechtsweg verweise, zwar abgeschnitten, aber nicht entschieden wurde, so daß die Vermuthung bestehen blieb, Bacherls allerdings verunglücktes Machwerk habe ihm die Idee zu dem „Fechter“ gegeben. Eine Sammlung von M.s „Gedichten“ erschien zu Stuttgart 1850; 2. Aufl., Wien 1857; eine Gesammtausgabe seiner Werke zu Wien 1856 in 6 Bänden. M.s dichterische Werke zeichnen sich durch Wohllaut der Sprache und Wärme der Empfindung aus, doch leiden gerade seine berühmtesten Werke an einem Ueberreiz der Motive. Seit 1849 niederösterreichischer Regierungsrath, übernahm er nach Kopitars Tode 1845 mit dem Hofrathstitel die erste Custosstelle an der kaiserlichen Hofbibliothek. Seine Thätigkeit als Mitglied der kaiserlichen Akademie der Wissenschaften eröffnete er mit der Abhandlung „Ueber die älteren Sammlungen spanischer Dramen“ (Wien 1852).

Münchberg, Stadt im bayerischen Regierungsbezirk Oberfranken, an der Pulsnitz und der Nordbahn, hat ein Landgericht, Feldbau, Viehzucht, Leinen- und Baumwollenweberei, Gerberei, Bierbrauerei und 3180 Einwohner.

Müncheberg, Stadt in der preußischen Provinz Brandenburg, Regierungsbezirk Frankfurt, Kreis Lebus, hat eine Gerichtskommission, einen landwirthschaftlichen Verein, 2 evangelische Kirchen, Baumwollweberei, Maschinenfabrikation, Ziegelei u. 3500 Einwohner.

München, die Haupt- und Residenzstadt des Königreichs Bayern, zugleich Hauptstadt des Regierungsbezirks Oberbayern, liegt am Südende einer im Osten von niedern Hügeln begrenzten, ziemlich unfruchtbaren Ebene, am linken Ufer der Isar, 1868 Fuß über dem Meere. M. besteht aus der eigentlichen Stadt, die in die Alt- und Neustadt zerfällt, und 8 Vorstädten, von denen die St. Anna-, Schönfelds-, Maximilians-, Ludwigs- und Isarvorstadt nebst der innern Stadt am linken, die Auvorstadt, Haidhausen und Giesing am rechten Ufer der Isar liegen, und wird in 4 Viertel und 96 Distrikte eingetheilt. M. ist, was Gebäudepracht und Reichthum an ausgezeichneten Bauwerken betrifft, eine der hervorragendsten Städte Deutschlands, und besonders unter der Regierung des Königs Ludwig I. sind ganze Stadttheile, Straßen von imposanten Gebäuden und eine Menge von Prachtbauten und Anstalten entstanden. Die Stadt hat, besonders in ihrem inneren Theile und an der Stelle der 1791 abgetragenen Festungswerke viele schöne ansehnliche Plätze, und auch manche der 363, meist schlecht gepflasterten Straßen zeichnen sich ebenso durch Regelmäßigkeit der Anlage als Ausdehnung aus. Hervorzuheben sind von denselben: die Ludwigsstraße mit vielen Palästen, die Maximilians-, die Karls-, Sendlinger-, Kauffinger-, Prangers- und Weinstraße; der Max-Josephs-, der Marien- und der mit Linden bepflanzte Promenadeplatz, der Wittelsbacher-, der Karolinen-, der Odeons-, der Maximilians- oder Dult-, der Universitäts- und der erst ganz neuerlich angelegte Gärtnerplatz. Sechs Thore sind von den ehemaligen Festungswerken noch erhalten, von denen besonders das Isarthor, mit 2 Seitenthürmen, schönen Sandsteinstatuen und Fresken von Neher und Kögel nach Cornelius' Entwurf geschmückt, zu erwähnen ist. Vom Isarthor führt die 347 Fuß lange, 40 F. breite und 31 F. hohe Ludwigsbrücke in 5 flachen Bögen über die Isar, weiter stromabwärts die Reichenbacherbrücke und stromaufwärts von ersterer eine Brücke von der Vorstadt Haidhausen nach der Praterinsel; letztere soll aber durch die 1858 begonnene, direkt von der Maximiliansstraße zur Vorstadt Haidhausen führende Maximiliansbrücke ersetzt werden. Unter den 40 gottesdienstlichen Gebäuden steht die Dom- oder Frauenkirche als die größte obenan. Sie wurde 1468—88 von Herzog Sigmund im späteren altdeutschen Styl aus rothen Backsteinen aufgeführt, ist 336 Fuß lang, 128 F. breit und hat 2 Thürme von 333 F. Höhe, 3 Schiffe, die von 22 achteckigen, in ein reiches Netzgewölbe auslaufenden Pfeilern getragen werden, 24 Kapellen, 30 Altäre, schöne Glasmalereien aus dem 15. und 16. Jahrhundert, die alte Fürstengruft und das Grabmal Kaiser Ludwigs des Bayern, 1622 nach dem Entwurf von Candid ausgeführt durch J. Krumpter. Dasselbe besteht aus einem Katafalk von dunkelrothem, fast schwarzem Marmor; Figuren u. Zierrathen sind Erzguß. In dieser Kirche werden die Reliquien des heiligen Benno, des Schutzpatrons von M., aufbewahrt. Die St. Michaelis-Hofkirche, von 1583—91 von Wolfgang Müller in italienischem Styl erbaut, ist 284 Fuß lang, 114 F. breit und enthält Marmorstandbilder bayerischer Fürsten, das Denkmal des Herzogs Eugen Beauharnais von Leuchtenberg, von Thorwaldsen in carrarischem Marmor ausgeführt, viele gute Bilder und Skulpturen von Candid und die Fürstengruft. Die Theatinerkirche zum heiligen Cajetan, am Nordende der Theatinerstraße gelegen, wurde 1661—75 durch den bologneser Baumeister Barella in etwas barockem, überladenem Styl erbaut, ist 226 Fuß breit, 126 F. hoch, mit einer hohen Kuppel über dem Kreuz und 2 Thürmen an der Vorderseite, trefflichen Gemälden von Zanchi, Cignani, Tintoretto u. A. und unter dem Hochaltar der Dreifürstengruft, in welcher Kaiser Karl VII. und König Max Joseph ruhen. Die Pfarrkirche zu St. Peter, südöstlich vom Schrannenplatz, ist die älteste Kirche der Stadt, 1294 erbaut und 1370 nach einem Brande restaurirt, und enthält treffliche alte Gemälde von Werth, Loth, Winter, Schönfeld u. Sandrart, sowie Deckenfresken von Zimmermann. Von ihrem Thurm aus hat man den besten Ueberblick M.s. Die Allerheiligen- oder neue Hofkapelle bildet einen Theil des großen Schloßbaues, ist von Leo von Klenze nach dem Muster byzantinischer Kirchen des 11. Jahrhunderts, jedoch ohne äußere Kuppelform, (seit 1826) gebaut und von Heinrich Heß, Schraudolph, Koch, Müller &c. mit herrlichen Fresken auf Goldgrund geschmückt. Die Basilika zum heiligen Bonifacius, in der Karlsstraße zwischen der Arcis- und Luisenstraße, ward 1835—50 nach dem Muster römischer Basiliken von Ziebland erbaut. Ihre Tiefe beträgt 262 Fuß, ihre Breite 124 F., ihre Höhe 80 F. Das Innere wird durch 64 Säulen von weißem Marmor in 5 Schiffe getheilt. Chornische und Mittelschiff enthalten Fresken aus dem Leben des heiligen Bonifacius, von Heß und dessen Schülern, sowie 34 Medaillons mit den Bildnissen der Päpste von Julius III. bis Gregor XVI. In dieser Kirche befindet sich die für König Ludwig I. bestimmte Gruft, in welcher seine 1857 verstorbene Gemahlin ruht. Die Ludwigskirche, in der Ludwigsstraße, 1829—42 im mittelalterlich-italienischem Styl von Gärtner ausgeführt, ist 230 Fuß lang, 150 F. breit und 90 F. hoch, hat 2 Eckthürme, ein mit farbigen glasirten Ziegeln musivisch gedecktes Dach, 5 kolossale Statuen von Christus und den Evangelisten von Schwanthaler u. Fresken von und nach Cornelius, worunter das jüngste Gericht, das bedeutendste Werk dieses Meisters. Die Auer- oder Maria-Hilfkirche in der Au, in architektonischer Hinsicht das bedeutendste kirchliche Gebäude M.s, 1831—39 nach dem Plan und unter der Leitung Ohlmüllers und von Zieblands ganz im altdeutschen Styl des 14. Jahrh. ausgeführt, ist 235 Fuß lang, 81 F. breit, 85 F. hoch, hat ein mit buntglasirten Ziegeln gedecktes Dach, einen 280 Fuß hohen und wie die ganze Kirche aus rothen Back- und grauen Sandsteinen erbauten durchbrochenen Thurm, über dem Portal Statuen von L. v. Schwanthaler; die 19 Fenster, 52 Fuß hoch und 11—13 F. breit, sind, jedes mit einem Kostenaufwand von 10,000 Gulden, von Ainmüller unter der Leitung von H. v. Heß mit neuen Glasmalereien geschmückt, zu denen die Leiden und Freuden der Maria den Stoff gaben. Die Johanniskirche, in der Vorstadt Haidhausen, ward in neuester Zeit in gothischem Styl erbaut. Die protestantische Pfarrkirche, auf dem Karlsplatze, ein länglichrunder Bau, 1827—32 nach Pertsch' Plänen ausgeführt, enthält als Deckenbild eine Himmelfahrt Christi von K. Hermann und als Altargemälde die Kreuzigung Christi, nach J. Schnorrs Komposition von G. Jäger in Oel ausgeführt. Außerdem hat M. eine griechische Kirche (Salvatorkirche) mit prachtvollen heiligen Geräthen, die sie dem Kaiser von Rußland verdankt, und seit 1826 eine Synagoge. Für den anglikanischen Gottesdienst besteht ein Betsaal im Odeon. Die früher in M. bestehenden 18 Klöster wurden von Maximilian Joseph 1803 aufgehoben. Wiederhergestellt sind durch den König Ludwig I. seit 1829 ein Franciskanerkloster in der St. Annenvorstadt, ein Servitinnenkloster ohne strenges Gelübde im Herzogspital, ein Nonnenkloster zum guten Hirten in der Vorstadt Haidhausen, ein Mutterkloster der armen Schulschwestern bei St. Jakob und ein Kloster der barmherzigen Schwestern, zum allgemeinen Krankenhaus gehörig. Ein Benediktinerkloster ist bei der Basilika des heiligen Bonifacius erbaut worden. Von den **Kirchhöfen** ist der bei der Ludwigskirche befindliche gartenähnliche, mit Fresken von Fortner (die 14 Stationen) geschmückt, und der vor dem Sendlingerthore bei der 1579 erbauten unscheinbaren Stephanskirche gelegene Gottesacker wegen der Fülle von interessanten Denkmälern zu erwähnen; letzterer zerfällt in den alten und neuen, wovon jener die Denkmäler Josephs und Franz' von Baader, Aretins, Gärtners, Görres', der Griechen Mauromichalis und Leonidas, Fr. H. Jakobi's und Westenrieders enthält. Der anstoßende neue Gottesacker ist durch eine mit 12 Kuppeln überwölbte Vorhalle mit dem alten verbunden und mit Arkaden umgeben, die mit Fresken nach Schraudolphs Entwürfen geschmückt sind und in denen L. von Schwanthaler ruht. Unter den weltlichen Gebäuden ist vor allen die **königliche Residenz** am Nordostende der alten Stadt zu nennen. Sie besteht aus der sogenannten alten Residenz, dem Königsbau oder der neuen Residenz und dem Festsaal oder Neubau. Die alte Residenz wurde von Albrecht IV. 1469 unter dem Namen der neuen Veste zum Unterschied von der alten (dem jetzigen alten Hof) gegründet und nach dem Brand von 1579 von Maximilian I. 1600—16 nach Peter Candids Plänen vollendet. Sie hat 2 große, reichverzierte Thore von rothem Marmor, die in 2 unregelmäßige, mit Brunnengruppen aus Erz geschmückte Höfe führen. Vom Innern dieses Theils sind zu erwähnen: die reichen Zimmer Karls VII., die Kaisertreppe, der Audienzsaal, das Spiegel- und Miniaturkabinet, die Schatzkammer, die 1807 erbaute reiche Kapelle, die 2 Altärchen der Maria Stuart, die 276 Fuß lange und 15 Fuß breite Gallerie mit den Bildnissen der bayerischen Regenten, das Antiquarium, eine große Halle mit einer Sammlung von ägyptischen, römischen und griechischen Kunstwerken u. Alterthümern, Terracotten, Vasen &c. Der Königsbau, 1826—38 von Klenze ausgeführt, ist 430 Fuß lang und 150 Fuß hoch und gleicht, ganz aus Quadern erbaut, dem berühmten Palast Pitti zu Florenz. In seinem Erdgeschosse befinden sich die von Schnorr mit herrlichen Fresken aus dem Nibelungenliede geschmückten 5 Säle. Der neueste Theil der Residenz ist der 1832—42 am Hofgarten im Prachtstyl Palladio's von Klenze aufgeführte Festsaalbau mit 800 Fuß langer Fronte. Die Mitte bildet ein dreifaches Portal mit Vorhalle, über welcher ein großer Balkon, im spät-venetianischen Prachtstyl erbaut, mit 10 Säulen und verkropftem Gesims sich erhebt. Zum äußern Schmuck desselben dienen außer 2 Löwen 8 kolossale Statuen der 8 Kreise des Königreichs von Schwanthaler in Marmorkalkstein ausgeführt. In der Loggia sieht man Medaillons mit Darstellungen aus der bayerischen Geschichte. In den Räumen des untern Stockwerks links folgen 6 Säle, an deren Wände Darstellungen aus Homers Odyssee nach Schwanthalers Zeichnungen von G. Hiltensperger enkaustisch gemalt sind. Durch ein reich verziertes Stiegenhaus gelangt man zu den Festsälen des obern Stockwerks, und zwar zuerst in den großen Ballsaal, an dessen Wänden Gruppen von Tänzern, Reliefs von Schwanthaler, eingelassen sind; dann in die Säle der Schönheiten, mit den Bildnissen schöner Damen von Stieler, in den Bankettsaal, mit Schlachtgemälden von Peter Heß, Adam &c. In den 3 großen Sälen, durch die man auf der andern Seite des Ballsaals in den Thronsaal gelangt, sieht man eine Reihenfolge großer historischer Darstellungen aus der Geschichte der Kaiser Karl des Großen, Friedrich Barbarossa und Rudolf von Habsburg, das Werk Jul. Schnorrs. Der Thronsaal, 112 Fuß lang und 77 Fuß breit, enthält 12 kolossale vergoldete Erzstatuen von Fürsten aus dem Hause Wittelsbach, nach den Modellen von Schwanthaler in Erz gegossen und in Feuer vergoldet von Stiglmayer. Außer den der Kunst und Wissenschaft gewidmeten **Gebäuden** (s. unten) nennen wir noch den Palast Leuchtenberg am Odeonsplatz, 1817—22 von Klenze erbaut, mit einer kostbaren Gemäldesammlung, gegenüber dem Bazar (1822 vollendet); das 1828—30 von Klenze im römischen Renaissancestyl erbaute Palais des Herzogs Max, dessen Façade ihren 3 Stockwerken nach in eine dorische, jonische und korinthische Wandsäulenordnung getheilt ist, mit Marmorsims von Schwanthaler und Fresken von Kaulbach; den 1843—50 von Gärtner und nach dessen Tode von Klumpp aus rothen Backsteinen in mittelalterlich-englischem Styl erbauten wittelsbacher Palast; den Palast des Herzogs von Birkenfeld, 1830 von Klenze erbaut, mit Fresken von Kaulbach, Zimmermann u. A.; die Herzog-Marburg, 1579 erbaut, mit einer schönen Kapelle; das Rathhaus, mit einem großen, Standbilder der bayerischen Ahnen von Schwanthaler enthaltenden Saal; das neue, mit reicher Ornamentik ausgestattete Regierungsgebäude für Oberbayern; das Gebäude der Generalpostdirektion, nach Klenze's Entwurf 1835—36 aufgeführt, dem Königsbau gegenüber, mit einer von 12 toskanischen Säulen gebildeten, polychromisch bemalten Halle auf der Hauptfaçade; das königliche Münzgebäude, 1573 erbaut, dessen Arkaden mit Fresken u. Statuen geschmückt sind; das mit 7 Arkaden versehene Kriegsministerialgebäude (1824—30 errichtet); das 1838 gegründete Salz- und Bergamtsgebäude; das Damenstift (1836—39) und das Blindeninstitut (1833—35) im byzantinisch-florentinischen Styl in der Ludwigsstraße, welche sich durch einen einerseits von der Universität, andererseits von den Gebäuden des georgianischen Seminars für junge Theologen (1835—39) und des Erziehungsinstituts für adelige Fräulein (1836—39) begrenzten viereckigen, mit zwei schönen Springbrunnen gezierten Platz abschließt; das Bergwerks- u. Salinenadministrationsgebäude, ein Werk Gärtners; das Max-Josephsstift; das Ständehaus; 4 Kasernen; das königliche und das städtische Zeughaus; die Kornhalle (Schrannenhaus) vor dem Angerthor, 1852—53 aufgeführt, 1477 Fuß lang, gegen 100 Fuß tief, mit einem Mittel- und 2 Flügelgebäuden und 2 offenen Säulenhallen von Gußeisen; das Bahnhofsgebäude, von Bürklein 1848—50 aufgeführt mit dem 1859 entstandenen Ostbahnhof; endlich die seit 1820 von Pertsch aufgeführte, durch innere Zweckmäßigkeit und entsprechenden ernsten Charakter des Aeußern ausgezeichnete Frohnveste am Angerthor. Zu den vorzüglichsten Privatgebäuden gehören die von Mettivier aufgeführten Hotels der Freifrau von Beyersdorf (1824—25) u. des Barons von Lotzbeck (1828—29).

Unter den monumentalen Bauwerken sind hervorzuheben: das Siegesthor, ein dem römischen Konstantinbogen ähnlicher Triumphbogen, 181 Fuß breit, 70 Fuß hoch u. 41 Fuß tief, 1850 vom König Ludwig I. dem bayerischen Heer gewidmet und von Metzger und Gärtner ausgeführt, ist an den Seiten reich mit Skulpturen von M. Wagner geschmückt; die Plattform trägt eine 600 Centner schwere, 22 Fuß hohe Bavaria in einer mit 4 Löwen bespannten Quadriga; die Mariensäule auf dem Schrannenplatze, mit der vergoldeten Erzstatue der Madonna von Candid, zum Andenken an den bayerisch-österreichischen Sieg bei Prag 1620 errichtet; das Monument des Kurfürsten Maximilian I., Reiterstatue von Thorwaldsen, in Erz gegossen von Stiglmayer, 18, mit dem Postament 36 Fuß hoch, auf dem wittelsbacher Platze; das Monument des Königs Maximilian Joseph I., auf dem nach ihm benannten Platze vor dem neuen Königsbau, architektonisch angeordnet von L. von Klenze, modellirt von Chr. Rauch in Berlin, in Erz gegossen von Stiglmayer; das Erzstandbild des Kurfürsten Max Emanuel am Promenadeplatz, modellirt von Brugger u. gegossen von Miller; die Reiterstatue des Königs Ludwig I. auf dem Odeonsplatze; 2 den tapfern Oberländern, welche 1705 den Heldentod fürs Vaterland starben, errichtete Denkmäler, das eine auf dem hiesigen Friedhof, das andere ein Freskogemälde, über dem Eingang der Kirche zu Sendling, von W. Lindenschmitt; der 100 Fuß hohe eherne Obelisk, auf dem Karolinenplatz in der Maxvorstadt, 1833 den im russischen Feldzug 1812 gefallenen Bayern errichtet, nach der Zeichnung von Klenze, in Erz gegossen von Stiglmayer; die Propyläen, vierfache marmorne Säulengänge korinthischer Ordnung, mit Giebeln, die mit Reliefs von Schwanthaler (die Befreiung Griechenlands und das Wirken des Exkönigs Otto darstellend) geschmückt sind und auf jeder Seite mit einem 290 Fuß hohen, mit Reliefs von Hiltensperger (ebenfalls auf die Befreiung Griechenlands bezüglichen Darstellungen) gezierten Thurme; die Feldherrnhalle zwischen dem königlichen Residenzschloß und der Theatinerhofkirche im mittelalterlich-toskanischen Styl 1841—44 von Gärtner erbaut, 117 Fuß breit, 39 Fuß tief und 58½ Fuß hoch und geschmückt mit den Erzstatuen von Tilly und von Wrede, beide von Schwanthaler modellirt und von Miller in Erz gegossen; die Erzstatuen des Staatskanzlers Kreitmayer, der Musiker Gluck und Orlando di Lasso und des Historikers Westenrieder am Promenadeplatz, die des Generals Deroy und des Philosophen Schellings in der Maximiliansstraße, von Brugger modellirt und von Miller gegossen. Auf der Anhöhe über der Theresienwiese erhebt sich seit 1843 die Ruhmeshalle, eine große dorische Säulenhalle aus untersberger Marmor, mit 70 überlebensgroßen Marmorbüsten ausgezeichneter Bayern, von Klenze in sogenannter Hufeisenform aufgeführt, 230 Fuß lang, mit 2 vortretenden Flügeln zu je 105 Fuß und ohne den Sockel 45 Fuß hoch. Die 92 Marmorreliefs in den Giebeln und Metopen sind von Schwanthaler. Die Halle umschließt von drei Seiten einen Hof, in welchem die kolossale Bavaria steht, 66 Fuß hoch bis zur Spitze des erhobenen Kranzes u. 96 F. mit dem Piedestal, nach Schwanthalers Modell (1837—42) in Erz (2300 Centner) gegossen von Miller 1844—50. Im Haupt derselben, das 12 Personen aufnimmt, genießt man eine liebliche Rundsicht.

M. ist der Sitz der höchsten Staatsbehörden, der Regierungsbehörden und des Oberappellationsgerichts für Oberbayern, des Oberpostamts, einer Handelskammer, eines Erzbischofs mit Domkapitel ꝛc. Unter den öffentlichen Anstalten für Wissenschaften und Kunst ist die 1759 vom Kurfürsten Maximilian III. errichtete Akademie der Wissenschaften im ehemaligen Jesuitenkollegium zu nennen; dieselbe besteht aus 3 Klassen, einer philosophisch-philologischen, mathematisch-physikalischen und historischen. Der König ernennt ihren Präsidenten und ihre Mitglieder. Sie ist im Besitz reicher Sammlungen, eines Naturalienkabinets, einer ausgezeichneten Petrefaktensammlung und des sogenannten brasilianischen Museums, einer Sammlung physikalischer und optischer Instrumente, eines botanischen Kabinets, einer durch die mit ihr vereinigte Sammlung des Herzogs von Leuchtenberg mit Prachtexemplaren bereicherten Mineraliensammlung, einer geognostischen Sammlung und eines Münzkabinets (über 10,000 griechische und römische Goldmünzen). Auch stehen unter ihrer Aufsicht die Sternwarte, oberhalb des Dorfes Bogenhausen, ½ Stunde von M., nach den Plänen von Reichenbach und Soldner von Thurn erbaut, das chemische Laboratorium, der botanische Garten und das sogenannte Antiquarium, eine reiche Sammlung ägyptischer, griechischer und römischer, deutscher ꝛc. Alterthümer, schon von Albrecht V. angelegt. Die Hof- und Staatsbibliothek, die durch die Bibliotheken der aufgehobenen Klöster eine ausgezeichnete Bereicherung erfuhr, ist seit 1843 in dem neuen Lokal in der Ludwigsstraße aufgestellt. Dasselbe, 1832 bis 1843 von Gärtner im florentinischen Palaststyl erbaut, hat eine mit glänzendem Marmorschiefer bekleidete, 540 Fuß lange Fronte, eine herrliche, mit den kolossalen Statuen des Aristoteles, Hippocrates, Homer und Thucydides (von Sanguinetti und Mayer) geschmückte Doppeltreppe und ein die Statue des Gründers, Albrechts V., und des Erbauers, Ludwigs I., enthaltendes Stiegenhaus. Die Bibliothek enthält 800,000 Bände, 10,000 Inkunabeln, 50 alte Holzschnittwerke, an 22,000 Handschriften und eine bedeutende Sammlung chinesischer Drucke. Unter den Handschriften befinden sich der mit Edelsteinen reich verzierte Codex aureus Karls des Kahlen aus dem Kloster Emmeran von 870, verschiedene ebenfalls reich geschmückte Evangelien und Missalen Kaiser Heinrichs II., Gebetbücher Ludwigs des Bayern und des Herzogs Albrecht IV. mit kostbaren Miniaturen, Evangeliarien aus dem 8. Jahrhundert, ein Psalterium, die Evangelien auf Purpurpergament mit goldenen und silbernen Buchstaben aus dem 9. Jahrhundert, die Werke des heiligen Augustinus u. Gregorius, der Codex traditionum ecclesiae Ravennatis auf ägyptischem Papyrus aus dem 9. Jahrhundert. Höchst bedeutend ist der Schatz altdeutscher Handschriften (über 4000). Unter den 587 musikalischen Handschriften sind die Septem Psalmi poenitentiales von Orlando di Lasso auf Pergament mit Miniaturen von H. Mielich hervorzuheben. Die Universität, 1826 von Landshut nach M. verpflanzt, führt den Namen Ludwig-Maximilians-Hochschule u. hat seit 1840 ihren Sitz in dem von Gärtner am Eingang der Ludwigsstraße in mittelalterlich-italienischem Styl erbauten Prachtgebäude. Sie zerfällt in 5 Fakultäten, indem zu den 4 gewöhnlichen als 5. eine staatswirthschaftliche hinzugekommen ist, und zählt über 100 Professoren und Docenten und 12—1300 Studirende. Zu ihren Hülfsinstituten gehören eine 20,000 Bände starke Bibliothek, ein physikalisches, mathematisches und pharmaceutisch-technisches Kabinet, Kupferstich- u. Gemälde-, Münzen- u. Medaillensammlungen, anatomische, zoologische und botanische Sammlungen, eine medicinische und geburtshülfliche Poliklinik. Mit ihr stehen in Verbindung eine hohe Schule für Forstwissenschaften und Pharmaceuten, ein katholisches geistliches Seminar (Georgianum), eine Hebammen- und Veterinärschule. An sonstigen Unterrichtsanstalten hat M.: 3 Gymnasien, 2 lateinische Schulen, ein Kadetenhaus, ein Pageninstitut, ein Seminar für Volksschullehrer, eine protestantische und mehre katholische Volksschulen, eine israelitische Schule, eine Blinden- und eine Taubstummenanstalt, die 1826 von Freising hierher verlegt ward, eine polytechnische Centralschule, eine Landwirthschafts- u. Gewerbschule, eine Baugewerksschule, eine Wasserbauschule (seit 1805), eine Kriegsschule, ein Artillerie- u. Geniehaus, das Max-Josephsstift (Erziehungsanstalt für adelige Fräulein), das Maximilianeum, ein vom König Maximilian II. erbautes und unterhaltenes Erziehungsinstitut, das Athenäum für Neugriechen, mehre Sonntagsschulen, höhere Töchterschulen und Privaterziehungsinstitute, Kleinkinderbewahranstalten, eine Industrieanstalt für krüppelhafte Kinder, eine Turnanstalt und eine Schwimmschule. Von wissenschaftlichen Vereinen sind zu erwähnen: der polytechnische Verein, der ein schönes Kabinet von Landesprodukten besitzt; der historische Verein von u. für Oberbayern, gestiftet 1838, der ein reichhaltiges Archiv herausgibt; der Verein zur Ausbildung der Gewerke; der landwirthschaftliche Verein (seit 1810), der jährlich am 11. Okt. auf der westlich von der Stadt gelegenen großen Theresienwiese ein landwirthschaftliches Fest feiert, das zum allgemeinen Volksfeste geworden ist (s. unten). Die Akademie der bildenden Künste entstand 1808 aus der unter Kurfürst Maximilian III. 1750 gestifteten Zeichenschule u. befindet sich im ehemaligen Jesuitenkollegium. Ihre neue Einrichtung erhielt sie unter der Regierung des Königs Maximilian Joseph, eine neueste 1845. Sie zerfällt in drei Hauptabtheilungen, für Baukunst, Skulptur u. Malerei nebst Kupferstechkunst, und besitzt eine reiche Sammlung von Gypsabgüssen. Die Glyptothek, in der Maxvorstadt, die nördliche Seite des Königsplatzes bildend, 1816—30 von Klenze im griechisch-römischen Styl erbaut, ist zur Aufnahme von Skulpturen bestimmt. Das Gebäude ist ein einen Hof umschließendes Viereck; in der Mitte der aus Marmor bestehenden Façade erhebt sich auf einem Unterbau ein Portikus von 8 jonischen Säulen; im Giebelfelde der von diesen getragenen Frontons ist Pallas mit den verschiedenen formenden Künstlern, nach Wagners Entwürfen in Marmor ausgeführt; in den Fensterblenden des von oben beleuchteten Gebäudes stehen Standbilder der berühmtesten bildenden Künstler alter und neuer Zeit. Die 12 Säle enthalten Skulpturen geschichtlich geordnet. Im ersten Saal sind die ägyptischen Kunstwerke, im zweiten, dem Inkunabelnsaal, die Werke der ältesten griechischen u. etrurischen Kunst und deren Nachbildungen aufgestellt. Die im Aeginetensaal aufgestellten Kunstwerke und Fragmente fallen in die Zeit vor Phidias u. gehörten sämmtlich zu dem Tempel des Zeus Panhellenios auf der Insel Aegina, wo sie 1811 gefunden worden sind. Der Apollosaal hat seinen Namen von der kolossalen Statue des Apollo Citharödus, die dem Ageladas, dem Lehrer des Phidias, zugeschrieben wird. Der Bacchus- u. der Niobidensaal enthalten größtentheils Werke aus der Blüthezeit der griechischen Plastik. Der Göttersaal u. der trojanische Saal enthalten keine Skulpturen, sondern sind mit Freskomalereien geschmückt, welche nach den Zeichnungen Cornelius' von diesem selbst, von Zimmermann und Schlotthauer u. A. ausgeführt sind. Es folgen noch der Heroen- und der Römersaal (letzterer mit über 100 Porträtbüsten) und der Saal der farbigen Bildwerke. Im Saal der Neueren sind namentlich Venus und Paris von Canova und Adonis von Thorwaldsen hervorzuheben. Vergl. Klenze und Schorn, Beschreibung der Glyptothek, München 1830. Der Glyptothek gegenüber steht das von Ziebland 1838—45 in korinthischem Styl aufgeführte Kunst- und Industrieausstellungsgebäude, mit ähnlicher Façade wie die Glyptothek; der Frontongiebel des von 12 korinthischen Säulen getragenen Portikus enthält 15 Marmorgruppen von Schwanthaler, Bavaria, Kränze an Künstler austheilend. Die zur Aufnahme der Werke zeichnender Künste bestimmte alte Pinakothek, mit der Façade gegen die Kaserne, mit der Seitenfronte gegen die Barerstraße gelegen, 520 Fuß lang, 92 Fuß breit, ist im Auftrag des Königs Ludwig I. von Klenze im römischen Palaststyl von 1826—36 erbaut. Auf der vordern Gallerie stehen die Statuen von 25 berühmten Malern, nach den Modellen von Schwanthaler in Sandstein ausgeführt von E. Mayer, Leeb u. A. Im oberen Stockwerk ist in 9 großen Sälen und 23 Kabineten eine Auswahl von gegen 1300 Bildern aufbewahrt. Der Grund zu der Sammlung wurde durch Herzog Albrecht V. gelegt; ihren größten Zuwachs erhielt sie durch König Maximilian Joseph, der ihr die Gallerien von Mannheim, Zweibrücken und Düsseldorf einverleibte, höchst werthvolle Schätze auch von König Ludwig I. Der Eingangssaal ist mit Bildnissen der Stifter und Vermehrer der Gallerie und mit einer Reihenfolge von Darstellungen aus der bayerischen Geschichte, Reliefs in Gyps von E. Mayer nach Schwanthalers Entwürfen geschmückt. Der 1. Saal enthält meist oberdeutsche Werke aus dem 15. und 16. Jahrhundert, und zwar sowohl der schwäbischen als der fränkischen Schule (Wohlgemuth, Dürer, van Eyck, Cranach, Holbein &c.); der 2. Gemälde aus der spätern oberdeutschen und flämischen Schule (Raphael Mengs, Angelika Kaufmann &c.); der 3 Werke der Niederländer (Rembrandt, Terburg &c.): der 4. Bilder von Rubens; der 5. Niederländer; der 6. Gemälde der Franzosen und Spanier, namentlich Murillo's Betteljungen; der 7., 8. u. 9. Gemälde aus den italienischen Schulen des 16.—18. Jahrhunderts (Guido Reni, Raphael, Perugino). Die 23 anstoßenden Kabinette enthalten kleinere Bilder. Hohe Thüren führen aus jeder Abtheilung hinaus auf einen Korridor von 25 Logen mit Freskobildern, welche die Geschichte der Malerei darstellen und nach Cornelius' Entwürfen von Zimmermann, W. Gassen u. A. ausgeführt sind. Das Kupferstichkabinet, im Erdgeschoß der Pinakothek, enthält über 300,000 Blätter und ist nach Malerschulen geordnet. Hier wird auch eine Sammlung von Handzeichnungen, an 9000 Blätter bedeutender älterer und neuerer Meister, aufbewahrt. Das Kabinet der griechischen Vasen ist im Erdgeschoß des westlichen Flügels der Pinakothek in 3 Sälen aufgestellt. Die neue Pinakothek, unfern der alten 1846—53 nach Veits Plänen im byzantinischen Styl erbaut, 367 Fuß lang, 101 Fuß breit und 90 Fuß hoch, ist bebestimmt, Werke der Maler des 19. Jahrhunderts aufzunehmen. Das Gebäude hat an den Außenseiten Freskobilder nach Zeichnungen Kaulbachs. Unter den Gemälden, welche in 6 größeren, 5 kleineren Sälen u. 14 Kabinetten aufgestellt sind, sind besonders die Sündfluth von Schorn, Kaulbachs Zerstörung von Jerusalem, Overbecks heilige Familie, Piloty's Seni bei der Leiche Wallensteins u. die griechischen Landschaftsbilder von Rottmann hervorzuheben. Großartige Sammlungen sollen in dem neuerbauten Nationalmuseum in der Maximilianstraße vereinigt werden. Unter mehren Privatgallerien ist die leuchtenbergische die bedeutendste Der Kunstverein unterhält in seinem Lokal im Bazar fortwährende Ausstellungen von neuen Kunstwerken. Die vereinigten Sammlungen im königlichen Hofgarten, seit 1844 aufgestellt und zugänglich, enthalten eine große Anzahl antiker Terracotten und Bronzen, Anticaglien, Gold- und Silberschmuck und Geräthschaften aus Griechenland u. Rom, Elfenbeinschnitzwerke, Waffen und Trachten, bayerische Memorabilien, phelloplastische Arbeiten und ethnographische Merkwürdigkeiten. Noch heben wir von Instituten und Sammlungen für Kunst hervor: die Waffensammlungen des städtischen Zeughauses; das Schwanthalermuseum, eine Sammlung von Gypsabgüssen sämmtlicher Werke u. kleinerer Arbeiten dieses Bildhauers, und die Ateliers der Künstler Kaulbach, Peter und Heinrich Heß, Schwindt, Schnorr, Rottmann, Zimmermann u. A. Das Konservatorium der Musik hat sich in der kurzen Zeit seines Bestehens (seit 1846) zu einem ausgezeichneten Rang emporgeschwungen, steht augenblicklich aber einer gänzlichen Umgestaltung entgegen. Ueberhaupt findet die Musik in M. eine außerordentliche Pflege; berühmt sind die Koncerte in den Prachtsälen des Odeons, eines großartigen, 1828 von Klenze errichteten Gebäudes. Die königliche Hofkapelle unter Lachner ist eine der besten Deutschlands. Das königliche Hof- und Nationaltheater, auf dem Max-Josephsplatze, nach dem Brand von 1823 größtentheils nach dem alten Plane des Oberbauraths Fischer wieder aufgebaut und 1825 vollendet, ist 195 Fuß breit, 335 Fuß tief und 150 Fuß hoch. Die beiden Giebel sind mit Freskogemälden, der obere Pegasus und die Horen, der untere Apollo und die Musen darstellend, nach Schwanthalers Zeichnungen von Hiltensperger und Nilson geschmückt. Das Haus faßt 2000—2500 Zuschauer. Das ehemalige Residenztheater ist in neuester Zeit wieder eingerichtet worden. Außerdem bestanden bisher noch 2 Volkstheater in der Vorstadt Au und der Isarvorstadt; ein neues größeres ist im Bau begriffen. Unter den zahlreichen Wohlthätigkeitsanstalten sind zu nennen: das allgemeine Krankenhaus in der Ludwigsvorstadt, 1813 erbaut, für 800 Kranke eingerichtet, den Wärterinnendienst in ihm versehen die barmherzigen (grauen) Schwestern, die ein eigenes Ordenshaus besitzen; das große St. Josephsspital für 200 Kranke, das Spital für Unheilbare, das Militärhospital, ein Spital der barmherzigen Brüder und eines der Elisabethinerinnen, ein homöopathisches Privathospital, ein Versorgungs- u. Siechenhaus, ein Privat- (Lorenz') Armenhaus, eine Armenbeschäftigungsanstalt, ein Gebärhaus, mehre große Waisenhäuser, ein Findelhaus, eine Irrenanstalt, mehre Leihhäuser, eine Sparkasse, die Ludwigsstiftung, gegründet 1828, welche durch unverzinsliche Vorschüsse verarmten Bürgern aufzuhelfen sucht, 6 Kleinkinderbewahranstalten und zahlreiche Wohlthätigkeitsvereine. Unter den Spaziergängen steht der Hofgarten hinter der Residenz mit seinen Arkaden obenan. Derselbe wurde von Maximilian I. 1614 angelegt, in neuerer Zeit aber bedeutend umgewandelt. Die 16 architektonischen Felder der Arkaden zu beiden Seiten des Eingangs in den Hofgarten enthalten ebenso viele Freskobilder, Darstellungen aus der Geschichte des Hauses Wittelsbach, unter Cornelius' Leitung von 1827—29 ausgeführt. Diesen Bildern gegenüber, in der Bogenstellung der offenen Halle, sind allegorische Gestalten, auf Leben oder Charakter der in jenen gefeierten Fürsten bezüglich, angebracht. Ueber den Durchgängen der Hallen sieht man die Kolossalfiguren bayerischer Ströme, über dem Eingang zur Residenz die Bavaria abgebildet, sämmtlich Werke Kaulbachs. Die Waffen zu Seiten der Eingänge sind von Eugen Neureuther, die Blumen- und Fruchtstücke von Sippmann. In der Fortsetzung der Arkaden, nächst dem Bazar, folgt eine Reihe Landschaften Italiens und Siciliens, ebenfalls al fresco gemalt von K. Rottmann. An der Wand der nördlichen Abtheilung folgt eine Reihe von 39 kleinen Bildern, Darstellungen aus dem griechischen Freiheitskrieg, in Wachsfarbe, nach den Kompositionen von Peter Heß ausgeführt von Nilson. Zu nähern Spaziergängen dienen der englische Garten, der Gasteig, 1½ Stunden von M. aufwärts an der Isar die Menterschwaig, nicht weit davon über der Eisenbahnbrücke Großhessellohe u. 1 Stunde von M. Schloß Nymphenburg mit hübschen Anlagen. Auch das durch Eisenbahn mit M. verbundene Starnberg mit dem Starnbergersee wird viel besucht. Das größte Volksfest ist das bereits genannte Oktoberfest auf der Theresienwiese, am ersten Sonntag des Oktober jeden Jahres beginnend, zur Feier der Vermählung des Königs Ludwig mit Prinzessin Therese gestiftet, womit eine landwirthschaftliche Ausstellung, Pferdewettrennen, Wett- und Kampfspiele aller Art und dergl. verbunden sind. Kalte Bäder bestehen 6, wovon das Marienbad Mineralwasser- und Molkenkur-, das Diana- und das Brunnthalbad kalte Wasserheilanstalten besitzen. Außer 9 Springbrunnen wird M. durch eine aus 22 Hauptröhren bestehende Leitung mit Wasser versorgt, so daß alle Stadttheile bis auf die höher gelegene Maximilians- und Ludwigsvorstadt reichlich mit Wasser versehen sind. Die Stadt ist durchaus splendid mit Gas beleuchtet. Die Gesammtzahl der Einwohner von M. hat in neuerer Zeit sehr zugenommen. Während die Stadt 1801 40,000 Seelen zählte und 1840 93,000, war die Zahl derselben bei der letzten Volkszählung (1861) einschließlich der Vorstädte auf 148,300 gestiegen, darunter 22,361 Mann Militär. Dem religiösen Bekenntniß nach zählt die Stadt 10,000 Protestanten und 1000 Juden, die übrigen Einwohner gehören der katholischen Kirche an. Die Häuserzahl betrug 1861 7258, darunter gegen 337 öffentliche Gebäude. Die Bewohner gelten im Allgemeinen für bieder u. kernig, doch auch für genußsüchtig u. insbesondere die Bierstuben liebend, deren es in M. zahlreiche gibt. Die Fabrikthätigkeit ist in M. verhältnißmäßig noch sehr zurück. Am wichtigsten sind die königlichen Anstalten für Erzgießerei, von Stiglmayer geleitet, Bronzegießerei, Porzellanfabrikation zu Nymphenburg, Glasmalerei und Kanonenbohrerei; nächstdem die große mattei'sche Maschinenbauanstalt, das von Fraunhofer gegründete und von Merz fortgeführte optische Institut, die reichenbacherfische Fabrik mathematischer und physikalischer Instrumente und Maschinen und Schnetters Fabrik chirurgischer Instrumente; ferner bestanden 1860: Gold- und Silbergespinnst- und Drahtfabriken, Glockengießereien, Tabaks- u. Zinkgußwaarenfabriken, 6 Oel-, 9 Essig-, eine Baumwollenwaaren-, eine Farbe-, 2 Gewehr-, eine Stahlwaarenfabrik und eine Branntwein- und Spiritusbrennerei, eine Dampfsägemühle, Fabriken für Tuch, Leder, Kattun, Damast, Barchent, Stearinkerzen, Liqueure, Spielkarten, Tapeten, Kutschen und Fortepianos (zusammen 155). Des größten und verdientesten Rufs erfreuen sich die Bierbrauereien, 64 an der Zahl. Besonders beliebt ist der Bock u. das Salvatorbier. Handelsgeschäfte zählte M. 1860 388, worunter 72 Großhandlungen; ein Haupthandelsgegenstand ist Getreide. Die Gesammtzahl der Gewerbtreibenden betrug in jenem Jahre 4060. Außer regelmäßigen Pferde-, Vieh- und Hopfenmärkten hat die Stadt noch 2 besondere Jahrmärkte, Dulten genannt. Durch Eisenbahnen ist sie mit den wichtigsten Städten des Königreichs und Mitteleuropa's verbunden. Als Hauptstadt des Königreichs ist M. Sitz mehrer Anstalten zur Förderung des kommerciellen und gewerblichen Lebens; die wichtigsten sind: die 1834 gegründete bayerische Hypotheken- u. Wechselbank, die in Verbindung mit mehren Versicherungsanstalten steht, die allgemeine Brandversicherungsanstalt, die münchen-aachener Feuerversicherungsgesellschaft, 2 Hagelversicherungsgesellschaften, der allgemeine Gewerbverein, die Schrannen und Getreidehallen u. die Münze. Von geringer Bedeutung und namentlich in keinem Verhältnisse zu dem Aufschwunge, welchen das Kunstleben genommen hat, war bisher im Allgemeinen M.s Antheil an der Literatur. Zwar hatte bereits König Maximilian I. durch Berufung ausgezeichneter Männer auf die wissenschaftlichen Bestrebungen höchst bedeutsam eingewirkt, und auch König Ludwig I. hatte in diesem Sinne Manches gethan; doch blieb man unverkennbar hinter dem Stande der Wissenschaften im übrigen Deutschland zurück, zumal als M. immer entschiedener der Mittelpunkt ultramontaner Anschauungen und Bestrebungen wurde, bis König Maximilian II. in der Berufung von Liebig, Pfeuffer, von Siebold, Geibel, Carrière &c. den Willen bekundete, die Wissenschaft nach allen Richtungen zu fördern.

Der Name Munichen kommt zuerst in den Klosterannalen von Tegernsee von 1102—54 vor; doch ist der Mönch erst im 13. Jahrhundert in das Stadtwappen gekommen. Herzog Heinrich der Löwe erhob die Villa Munichen 1158 zu einer Münzstätte und zur Hauptniederlage für das von Reichenhall und Hallein kommende Salz. Im Jahre 1164 hatte es schon Mauern und bürgerliche Verfassung, doch erst die Herzöge aus dem Hause Wittelsbach residirten zuweilen da, und Ludwig der Strenge nahm 1253 in der neuerbauten Ludwigsburg bleibend seine Residenz. Im Jahre 1254 wurde die innere Stadt mit Ringmauern, Wällen und Gräben umgeben, und 4 Thore vermittelten ihre Verbindung mit den Vorstädten. Letztere vervollständigten sich so, daß sie mit in den Umfang der inneren Stadt gezogen wurden, welche seit 1301 eine neue Umfassungsmauer erhielt. Kaiser Ludwig der Bayer gab der alten Stadt nach dem furchtbaren Brande von 1327 ihren zum Theil noch gegenwärtigen Charakter und zahlreiche Privilegien, u. A. 1319 den Salzzoll, gründete den heutigen Schrannenplatz, ordnete die städtische Verwaltung und sorgte dafür, daß die Geistlichkeit nicht zu größerer weltlicher Macht gelange. Die Stadt erweiterte sich bis zu dem Isar-, Sendlinger-, Karls- und Schwabingerthore, u. auch die äußere Stadt ward mit Mauern und Gräben umgeben. Albrecht V. rief berühmte Künstler an seinen Hof, errichtete Schulen, gründete die Bibliothek, die Gemäldegallerie, die Schatzkammer, den Antikensaal und das Münzkabinet. Durch Wilhelm V. wurden die Jesuiten nach M. gezogen und ihnen ein großes Kollegium u. eine prächtige Kirche gebaut; unweit davon führte dieser Fürst seine neue Burg (die jetzige Marburg) auf (1579). Er vermehrte die Gemäldegallerie, berief berühmte Künstler (z. B. Viviani von Urbino) und umgab sich mit ungemeiner Pracht. Kurfürst Maximilian I. (1626 bis 1651) erbaute sich eine neue Residenz (die gegenwärtige alte) und ließ das Zeughaus und das Josephs- oder Herzogsspital aufführen. Denkmale in Marmor und Erz erhoben sich an allen Orten, und vor allen war es der geniale Peter de Witte, genannt Candid, ein Schüler des Florentiners Vasari, der in des Kurfürsten umfassenden Pläne mit Geschick u. Geist einging. Zugleich erhielt M. damals neue Befestigungen, vorzüglich gegen Gustav Adolf, der aber 1632 siegreich daselbst einzog. Unter Ferdinand Maria (1651—79) wurden die Theatinerkirche und das benachbarte Schloß Nymphenburg gebaut. Alle wissenschaftlichen und Kunstsammlungen erhielten in diesem Zeitraum bedeutenden Zuwachs, namentlich letztere durch die in M. und Schleißheim vereinigten Gemäldegallerien. Mit Max Emanuel (1679 bis 1726) gewann der Einfluß des französischen Geschmacks das Uebergewicht. Für die Wissenschaft ward unter der Regierung des Kurfürsten Maximilian Joseph durch Gründung neuer Schulen und vor Allem der Akademie der Wissenschaften eine neue Zeit heraufgeführt. Unter Karl Theodor (1777—99) erweiterte sich die Stadt nach allen Seiten hin. Die Festungswerke aus der Zeit des dreißigjährigen Kriegs, die viermal ihr Unvermögen gezeigt, die Stadt gegen die Oesterreicher zu schützen, wurden seit 1791 geschleift, und an der Stelle der geebneten Wälle erhoben sich neue Straßen. Im Juni 1800 wurde die Stadt von den Franzosen besetzt. König Maximilian I. begann seit 1814 das noch immer sehr enge und düstere M. zu einer geräumigen und heiteren Königsstadt umzuschaffen. Sein eigenthümliches Gepräge erhielt M. aber erst durch Ludwig I. und Maximilian II., welche die prachtvollen Bauten begannen und die reichen Kunstsammlungen gründeten, die M. zu einer der schönsten u. von Fremden viel besuchten Städte Deutschlands erhoben haben. Im Jahre 1854 fand in M. eine große Kunst- und Industrieausstellung Statt, die jedoch durch die gleichzeitig die Stadt heimsuchende Cholera sehr beeinträchtigt ward. Vergl. Söltl, M. und seine Umgebungen, München 1840; Förster, München, 7. Aufl., das. 1854; Burgholzer, Stadtgeschichte von M., das. 1796, 2 Bde.; Lipowsky, Urgeschichte M.s, Landshut 1817, 2 Bde.

Münchenbuchsee, Pfarrdorf im schweizer Kanton Bern, Amt Fraubrunnen, hat Landbau, Viehzucht, Torfstecherei und 2360 Einwohner. Die alte Burg daselbst, welche 1256 in eine Johanniterkommende, nach der Reformation aber in den Sitz der berner Amtsleute verwandelt und seit der Revolution als Militärhospital benutzt, dann von Pestalozzi's (später Fellenbergs) Anstalt eingenommen wurde, enthält jetzt das bernerische reformirte Schullehrerseminar.

Münchengrätz, Stadt im österreichisch-böhmischen Kreise Bunzlau, an der Iser, hat ein Schloß mit Theater, Kapelle, worin Wallensteins Leiche ruht, u. Park, ein Bürgerhospital, Baumwollenzeuchdruckerei, Brauerei u. 3440 Einw. Im September 1833 hier Zusammenkunft der Kaiser von Oesterreich und Rußland und des Königs von Preußen.

Münchhausen, altes niedersächsisches Adelsgeschlecht. Der Erste dieses Namens, Heino, soll den Kaiser Friedrich II. auf dessen Zug in das gelobte Land begleitet haben und 1212 mit dem Hause Sparenberg beliehen worden sein. Seine Söhne wurden die Gründer einer schwarzen und einer weißen Linie. Die namhaftesten Sprößlinge des Geschlechts sind:

1) Gerlach Adolf, Freiherr von M., ausgezeichneter deutscher Staatsmann, geboren den 14. Oktober 1688, studirte zu Jena, Halle und Utrecht, ward 1714 Appellationsrath in Dresden, 1715 Oberappellationsrath in Celle, 1726 hannöverischer Komitialgesandter in Regensburg, 1728 Mitglied des Geheimerathskollegiums in Hannover und bei der Stiftung der göttinger Universität deren Kurator, in welcher Stellung er der Universität ihre ganze Einrichtung gab und die bedeutendsten Institute derselben, die Bibliothek, die Societät der Wissenschaften u. a., begründete und dotirte. Auch für das allgemeine Wohl des Landes wirkte er mehrfach segensreich. Seit 1765 erster hannöverischer Minister, † den 26. Nov. 1770.

2) Hieronymus Karl Friedrich, Freiherr von M., aus der weißen Linie des Hauses, geboren 1720 auf Bodenwerder in Hannover, trat frühzeitig in russische Kriegsdienste, avancirte bis zum Rittmeister, machte 1737—39 mehre Feldzüge gegen die Türken mit und lebte, nachdem er seinen Abschied genommen, auf seinem Gute Bodenwerder, wo er 1797 †. Er wurde durch die von ihm bis zum Wunderbaren ausgeschmückte Erzählung der von ihm erlebten Abenteuer Urheber der sogenannten Münchhausiaden, wie man noch gegenwärtig alle grotesk-komischen Aufschneidereien nennt. M.s Wundergeschichten wurden zuerst von dem nach London geflüchteten kasseler Professor und Bibliothekar Raspe in englischer Sprache zusammengestellt (Lond. 1785; neue Aufl. mit Illustrationen 1858). Nach der 4. englischen Ausgabe erschien die erste deutsche Uebersetzung von Bürger (London 1786), welcher 1788 eine vermehrte Auflage mit Benutzung der 5. englischen, zugleich aber mit verschiedenen Zuthaten des Uebersetzers und wahrscheinlich auch Lichtenbergs, folgte. Eine deutsche Fortsetzung des Buches lieferte Schnorr (Stendal 1794—1800, 3 Bde.). Nicht in diese Kategorie gehört Immermanns trefflicher Roman „Münchhausen". Vergl. Ellisen, Des Freiherrn von M. wunderbare Reisen und Abenteuer, Göttingen und Berlin 1849.

3) Karl Ludwig August Heino, Freiherr von M., geboren den 11. Febr. 1759, trat 1780 in kurhessische Dienste, ging als Offizier mit nach Amerika und ward dort mit dem in seiner Kompagnie stehenden Dichter Seume bekannt, mit dem er bis zu dessen Tode in enger Verbindung blieb. Nach seiner Rückkehr ward er zum Feldjägercorps versetzt, focht in den Revolutionskriegen mit, verlor 1806 bei der französischen Invasion jene Stelle und ward von den Franzosen später verhaftet, aber in Folge seiner geschickten Vertheidigung wieder freigegeben. Er † als kurhessischer Oberstlieutenant zu Schwedesdorp am steinhuder See am 16. December 1836. Mit Seume gab er „Rückerinnerungen" (Frankfur 1797) und mit Gräter den „Bardenalmanach" (Neustrelitz 1802), für sich allein „Versuche" (das. 1801) heraus.

4) Philipp Otto, Freiherr von M., belletristischer Schriftsteller, geboren 1811 in Göttingen, studirte daselbst Philosophie und lebt zu Hamburg. Er schrieb: „Liebesnovellen" (Kassel 1841, 2. Aufl. 1846); „Graf St. Germain" (Göttingen 1842) u. „Heinrich von Sachsen" (Hannover 1845, 3 Bde.).

5) Alexander, Freiherr von M., hannöverischer Staatsmann, geboren 1813 auf Apelern in der Grafschaft Schaumburg, besuchte die Ritterakademie in Lüneburg und das Gymnasium zu Rinteln, studirte in Berlin und Göttingen die Rechte und trat dann als Auditor bei dem Amte Wennigsen in den Staatsdienst, in welchem er bis 1844 bis zum Kammerrath aufrückte. Seit 1841 war er als Abgeordneter der hoya'schen Ritterschaft Mitglied der ersten Kammer, wo er sich zu gemäßigt aristokratischen Grundsätzen bekannte. Im Jahre 1847 trat er als Kabinetsrath in das Ministerium. An dem Landtag von 1848 nahm M. keinen Theil, wohl aber an dem von 1849. Nach Rücktritt des Märzministeriums gelangte er am 26. Okt. 1850 an die Spitze der Regierung, erhielt aber nach dem Regierungsantritt des Königs Georg V. am 22. Nov. 1851 seine Entlassung und lebt seitdem zurückgezogen.

Münden (Hannöverisch-M.), Stadt in der hannöverischen Landdrostei Hildesheim, Fürstenthum Göttingen, an der sich hier zur Weser vereinigenden Werra und Fulda und an der hannöverischen Südbahn (Linie Göttingen-Kassel) in einer romantischen Gegend zwischen waldigen Bergen gelegen, ganz mit Mauern umgeben, hat ein großes, zum Theil altes herzogliches, jetzt als Magazin benutztes Schloß, ein Amt und ein Amtsgericht, ein 1603—19 erbautes Rathhaus, eine Synagoge, höhere städtische Schule (Progymnasium), Gewerbschule, Handelsschule, Baumwollenspinnereien und Manufakturen, Hut-, Fayence-, Spielkarten-, Papier-, Nudel- u. Zuckerfabriken, Bierbrauereien, Gerbereien, eine Schriftgießerei, einen Flußhafen, Schiffbau, Schiffahrt, lebhaften Speditionshandel und 4364 Einwohner.

In der Umgegend sind Steinkohlengruben, Braunkohlenlager, Alaunwerke und Mühlsteinbrüche. Bis ins 11. Jahrhundert war die Gegend von M. ein zwischen den Franken und Sachsen streitiger Gau; seit dem 11. Jahrhundert wurde hier die Herrschaft des nordheimischen Hauses begründet. Im Jahre 1246 gab Herzog Otto dem Orte städtische Privilegien. Von dieser Zeit an hob sich die Stadt sehr, begünstigt durch die Schwäche der Fürsten, wurde eine bedeutende Hansestadt und blühte durch Handel und Fabriken. Unter den Erichen ward M. Residenz; Elisabeth führte die Reformation ein. Im dreißigjährigen Kriege wurde die Stadt 1626 von Tilly belagert und mit Sturm genommen, wobei ihr Wohlstand unterging. Erst seit 1720 hob sie sich wieder und erlebte von 1792 an eine neue glänzende Periode, um seit 1807 abermals zu sinken. Vergl. Willigerod, Geschichte von M., Göttingen 1808.

Münder, Stadt in der hannöverischen Landdrostei Hannover, Fürstenthum Kalenberg, an der Hamel, hat eine Saline, Steinkohlengruben, Glas-, Papier- und Seifenfabrikation und 1943 Einw. Im Jahre 782 soll hier Wittekind die Franken unter Adalgis und Geila geschlagen haben.

Mündigkeit, s. Majorennität.

Mündlicher Prozeß, s. Kriminalprozeß.

Münnerstadt, Stadt im bayerischen Regierungsbezirk Unterfranken u. Aschaffenburg, Verwaltungsdistrikt Kissingen, an der Lauer, mit Mauern und Thürmen umgeben, ist Sitz eines Landgerichts und eines Rentamts, hat ein Gymnasium, eine lateinische Schule, ein Augustinerkloster, Schwesternhaus, Spital, eine Oelmühle, Feld-, Wein- und Hopfenbau und 1790 Einwohner.

Münnich, Burkhard Christoph, Graf von, russischer Staatsminister und Generalfeldmarschall, geboren den 9. (15.) Mai 1683 zu Neuhuntorf in Oldenburg, diente in Straßburg als Ingenieur, trat beim Ausbruch des spanischen Successionskrieges 1701 als Hauptmann in hessen-darmstädtische, 1705 in hessen-kasselsche Dienste, wohnte den Kämpfen in Italien und Holland bei, erwarb sich bei Malplaquet 1709 den Oberstlieutenantsrang und gerieth bei Denain in französische Gefangenschaft. Nach seiner Rückkehr legte er den Hafen, die Schleuße und den Kanal von Karlshafen an und trat 1716 als Oberst in kursächsische, dann als Generalmajor in schwedische und 1721 als Ingenieurgeneral in russische Dienste, in denen er zunächst den Bau des Ladogakanals, des Hafens von Kronstadt und der Festungswerke von Riga leitete. Von Peter dem Großen zum Generallieutenant, von Peter II. 1727 zum General en chef und 1728 in den russischen Grafenstand, von Anna 1731 zum Generalfeldzeugmeister und 1732 zum Generalfeldmarschall und Präsidenten des Kriegskollegiums erhoben, gab er dem russischen Landheer eine neue Organisation und errichtete das adelige Kadetencorps. Im Jahre 1734 eroberte er Danzig, stillte die Unruhen in Warschau und übernahm sodann in der Ukraine den Oberbefehl gegen die Türken, eroberte 1736 die Krim, nahm 1737 Oczakow im Sturm, schlug 1739 die Türken bei Stewutschan, bemächtigte sich der Festung Choczim und besetzte die Moldau, worauf am 18. Sept. 1739 der Friede zu Belgrad zu Stande kam. Den auf seine Veranlassung von Anna als Vormund des Thronfolgers zum Regenten des Reichs bestimmten Herzog Ernst Johann von Kurland stürzte er wieder, da ihm derselbe die Zügel der Regierung zu selbstständig führte, ließ sich zum Premierminister ernennen und betrieb mit vielem Eifer das Bündniß mit Preußen. Als die Regentin sich aber zu Oesterreich und Sachsen hinneigte, nahm er im Mai 1741 seinen Abschied. Kurz zuvor hatte ihn der Kurfürst von Sachsen als Reichsvikar in den deutschen Reichsgrafenstand erhoben, doch erhielt er die Urkunde erst 1762; denn als er, nachdem er seinen Abschied erhalten, nach Königsberg abreisen wollte, wurde er auf Befehl der Kaiserin Elisabeth verhaftet und zum Tode verurtheilt, nachher aber begnadigt und nur seiner Güter für verlustig erklärt u. nach Pelim in Sibirien verwiesen. Hier lebte er bis 1762, wo ihn Peter III. wieder in den Besitz aller seiner frühern Güter und Würden setzte. Noch in demselben Jahre ernannte ihn die Kaiserin Katharina II. zum Generaldirektor der Häfen am baltischen Meere. M. † den 16. Okt. 1767 in Petersburg. Sein Leben beschrieb v. Halem, Oldenb. 1803.

Münsingen, 1) Stadt und Oberamtssitz im würtembergischen Donaukreis, auf der rauhen Alp, 2178 Fuß über dem Meere, hat Leinen-, besonders Damastweberei, Töpferei, Pferde- und Ziegenzucht und 1600 Einw. Hier wurde 1482 der Münsinger Vertrag abgeschlossen, durch welchen die beiden Grafen Eberhard das vorher getheilte Würtemberg wieder vereinigten. — 2) Pfarrdorf im schweizer Kanton Bern, Amt Konolfingen, an der Eisenbahn von Bern nach Thun, hat 2 Schlösser und 1220 Einw.

Münster (vom lat. monasterium, d. i. Kloster), ursprünglich ein Aufenthaltsort für Mönche; auch hat das Wort in seiner französischen Umwandlung (moutier oder moustier) die Bedeutung einer Abtei beibehalten. Im Deutschen wurde es nach und nach gleichbedeutend mit Kathedrale (s. d.), da früher die Stiftsherren einer solchen klösterlich beisammen wohnten. Später bezeichnete es jede größere Hauptkirche, auch wenn kein Stift damit verbunden war, z. B. das M. zu Straßburg, Freiburg, Ulm rc.; auch ob die betreffende Kirche einen oder zwei Thürme hat, welche letztere ein Vorrecht der Stiftskirchen waren, kommt dabei nicht in Betracht. In Norddeutschland gebraucht man für M. meist den Ausdruck Dom (s. d.).

Münster, ehemaliges Hochstift, das bedeutendste des westphälischen Kreises, grenzte an die Niederlande, die Grafschaft Bentheim, Ostfriesland, Oldenburg, die Grafschaft Diepholz, das Bisthum Osnabrück und die Grafschaften Tecklenburg, Lingen und Ravensberg, Westphalen, die Grafschaften Mark und Recklinghausen und das Herzogthum Kleve und umfaßte 180 □Meilen mit 350,000 Einwohnern in 12 landtagsfähigen Städten, 12 andern Städten rc. Die Landstände bestanden aus der Geistlichkeit, dem Adel und den erwähnten 12 Städten. Das Wappen des Bisthums war ein goldener Querbalken in blauem Felde. Der jedesmalige Bischof war im westphälischen Kreise erster kreisausschreibender Fürst und Direktor. Das Domkapitel unterhielt 5 Infanterie- und 2 Kavallerieregimenter. Das Bisthum M. wurde schon 780 oder 785 von Karl dem Großen gestiftet; der erste Bischof war der heilige Ludger (Ludgerus). Kaiser Friedrich II. verlieh dem Domkapitel das Wahlrecht, und Otto IV. erhob das Bisthum zum Reichsfürstenthum. Im

14. und 15. Jahrhundert machten die Bischöfe von M. große Gebietserwerbungen, und es wurde das Stift eines der reichsten in Deutschland. Der kriegerische Bischof Christoph Bernhard von Galen (1650—78) unterwarf die Stadt Münster u. verlegte seinen Hofhalt in dieselbe. Seit 1719 war der Erzbischof von Köln zugleich Bischof von M., doch ward dieses durch besondere Statthalter regiert. Im Reichsdeputationshauptschluß von 1803 wurde das Hochstift säkularisirt. Der größte Theil, 60 □Meilen mit 128,000 Einwohnern, kam an Preußen und wurde zum Fürstenthum M. erhoben, welches im Frieden von Tilsit 1807 an Frankreich abgetreten wurde. In Folge des wiener Kongresses (1815) erhielt Preußen das Fürstenthum M. zurück, mit Ausnahme von Kloppenburg und Vechta, die unter oldenburgische Hoheit kamen. Vergl. Fickero, Die münsterschen Chroniken des Mittelalters, Münst. 1851; Janssen, Berichte der münsterschen Chroniken, das. 1856.

Münster, 1) Hauptstadt des gleichnamigen preußischen Regierungsbezirks in der Provinz Westphalen, früher Hauptstadt der letztern, in flacher Gegend an der Aa u. am Beginn des münsterschen Kanals gelegen, ist eine der schönsten Städte Westphalens, wohlgebaut, mit 3 öffentlichen Plätzen, hellen und geraden Straßen u. schönen Gebäuden, von denen die am Markt mit Arkaden versehen sind. Von den 14 meist katholischen Kirchen sind hervorzuheben: der Dom, im 13—15. Jahrhundert erbaut, interessant durch die Verschmelzung des gothischen u. romanischen Styls, eine vorzügliche Orgel, Glasmalereien, Gemälde und Bildhauerwerke, u. A. das Monument des Bischofs Bernhard von Galen und die Kolossalgruppen vom Bildhauer Achtermann; die Liebfrauenkirche, um 1340 erbaut, eines der herrlichsten gothischen Baudenkmäler, mit besonders zierlichem Thurm; die Lambertuskirche, im 14. Jahrhundert erbaut, mit interessanten altdeutschen Gemälden und Schnitzwerken und an der Spitze des gothischen Thurmes mit den drei Eisenkäfigen, in denen die Anführer der Wiedertäufer (s. d.) 1536 nach ihrer Hinrichtung aufgehängt wurden; die Ludgerikirche, 1170 im romanischen Styl erbaut, 1330, nachdem sie theilweise abgebrannt war, im gothischen Styl renovirt u. erweitert, sehenswerth wegen der zierlichen Thurmkrone, der geschnitzten Altäre u. der alten Glasmalereien; die Stifts- od. St. Mauricekirche, aus dem 12. Jahrhundert stammend und 1859 restaurirt, mit 4 romanischen Thürmen; die den Jesuiten gehörige Ignatiuskirche, 1857—58 im gothischen Styl erbaut, mit hübschen Holzschnitzereien und Glasgemälden, u. die moderne Aegidiuskirche mit schönen Wandgemälden. Der bei der Liebfrauenkirche liegende Kirchhof enthält die Gräber Hamanns, des Ministers von Fürstenberg und der Generale Horn u. Schreckenstein. Andere hervorragende Gebäude sind: das Rathhaus, ein schöner gothischer Bau aus dem 14. Jahrhundert, mit einer Sammlung von Rüstungen, Waffen u. Kuriositäten u. vielen Gemälden, namentlich von Terbourg. In dem reich geschmückten Saale wurde am 24. Okt. 1648 der westphälische Friede abgeschlossen. Das Schloß, 1767 erbaut, früher bischöfliche Residenz, ist mit Parkanlagen u. einem ausgezeichneten botanischen Garten umgeben. Der Stadtkeller, ein modernes Gebäude, enthält die Sammlungen des Kunstvereins, darunter namentlich seltene Gemälde aus der altdeutschen Schule. Das Krankenhaus, 1856 im gothischen Styl erbaut, ist ein imposantes Gebäude mit vortrefflichen Einrichtungen. Der Erbdrosten- und der Rombergerhof bestehen aus den vorzüglichsten der vielen im Palaststyl des 18. Jahrhunderts erbauten Häuser. Die ehemaligen Befestigungen wurden um 1750 in schattenreiche Promenaden umgewandelt. M. ist der Sitz des Oberpräsidiums der Provinz Westphalen, der Generaldirektion des Grundsteuerkatasters in den rheinisch-westphälischen Provinzen, des Generalkommando's des 7. Armeecorps, eines Konsistoriums, Bischofs u. Domkapitels, eines Generalvikariatsamts, eines Provinzial-, Schul- und Medicinalkollegiums, der Provinzialsteuerdirektion, der Generalkommission zur Regulirung der gutsherrlichen und bäuerlichen Verhältnisse, der Direktion der Lippeschifffahrt, der Regierung des Regierungsbezirks M., eines Appellationsgerichts, einer Katasterinspektion, einer Oberpostdirektion, eines Landrathsamts, eines Kreisgerichts für den Landkreis M., eines Steuerkontrolamts, Postamts, eines landwirthschaftlichen Centralvereins und Kunstvereins. Von der nach dem siebenjährigen Kriege gestifteten u. zu Anfang dieses Jahrhunderts wieder aufgehobenen Universität besteht noch eine Akademie (Maximiliana Fridericiana) mit einer katholisch-theologischen und einer philosophischen Fakultät, die zusammen etwa 25 Professoren u. Docenten u. 500—600 Studirende zählen, einem philologisch-pädagogischen Seminar, einer Bibliothek, einem mathematisch-physikalischen Kabinet, naturhistorischen Museum, botanischen Garten und chemischen Laboratorium; ferner bestehen an Bildungs- und Wohlthätigkeitsanstalten eine medicinisch-chirurgische Schule mit klinischem Institut, ein Gymnasium, ein Priesterseminar, ein katholisches Seminar für Lehrerinnen, eine Realschule, ein westphälischer Kunstverein mit Malerschule, eine Provinzialgewerbschule, eine Vereinsschule zur Ausbildung israelitischer Lehrer, eine höhere Töchterschule und eine Taubstummenanstalt; ein Waisen-, ein Irren- und ein Zuchthaus, 2 große Hospitäler und ein Militärlazareth. Noch hat M. Klöster der Franciskaner, Kapuziner, Jesuiten, der barmherzigen Schwestern, der Clarissinnen, der Franciskanerinnen, der Schwestern der Vorsehung, der Kongregation unserer lieben Frau und der Schwestern vom guten Hirten. Die Stadt hat 28,500 Einw., worunter 4000 Mann Militär. Von den vielen industriellen Etablissements sind die zur Erzeugung von Tuch-, Wollen-, Baumwollen- und Seidenzeuchen, Essig, Liqueur, Seife, Kerzen, Zucker, Stärke, Bleiweiß, Leder, Tapeten, Wägen ꝛc., sowie die zahlreichen Dampfmühlen hervorzuheben. Die Stadt betreibt Handel in Leinen- u. Wollenwaaren, Garn, Vieh, Getreide ꝛc. Der Handelsverkehr wird durch eine Provinzialhülfskasse, eine Rentenbank für Westphalen u. die Rheinprovinz, eine Provinzialfeuersocietät, den Köln-Münster-Hagelversicherungsverein, eine Handelskammer u. ein Bankkontor unterstützt.

M. wird zuerst 772 erwähnt, wo Karl der Große dem für die Sachsen ernannten Bischof Ludger diesen Ort, damals Mimigardevold genannt, zum Wohnort anwies. Im 11. Jahrhundert erstanden hier eine Pfarrkirche und ein Kloster (monasterium), das nun zu dem Namen M. Veranlassung gab.

Zu Ende des 13. Jahrhunderts wurde M. Mitglied der Hansa. Im Jahre 1532 trat nach dem Vorgang des Rathes fast die ganze Stadt, mit Ausnahme des Domkapitels, zur lutherischen Konfession über; 1535 und 1536 war die Stadt der Schauplatz der politisch-religiösen Bewegungen der Wiedertäufer (s. d.). Nachdem die Stadt nach tapferer Gegenwehr am 25. Juni 1535 von dem Bischof erobert worden, ward der evangelische Gottesdienst unterdrückt. Im dreißigjährigen Kriege litt M. besonders durch die protestantischen Heere. Zwar war es der Stadt, trotz aller Bemühungen, nie gelungen, die Reichsunmittelbarkeit zu erwerben; doch hatte sie nach und nach bedeutende Rechte erworben, und den Bischöfen waren nur sehr beschränkte Oberherrlichkeitsrechte geblieben. Dies Verhältniß gab zu manchen Streitigkeiten Anlaß, bis der Bischof Bernhard von Galen 1661 die Stadt, die ihm die Thore verschlossen hatte, mit Gewalt nahm, eine Citadelle erbaute und den Bürgern ihre meisten Privilegien nahm. Doch residirten die Bischöfe selten in M., die drei letzten meist in Bonn. Wie oben erwähnt, ward hier 1648 der westphälische Friede geschlossen. Im siebenjährigen Kriege wurde M. sowohl von den Franzosen, als den Verbündeten belagert u. erobert, wodurch es sehr litt. Vergl. Wilkens, Geschichte der Stadt M., Hannov. 1823; Jochmus, Geschichte der Kirchenreform zu M., Münster 1825; Erhard, Geschichte M.s, das. 1837; Cornelius, Geschichte des münsterschen Aufruhrs, Leipzig 1860 ff. — 2) (M. im Gregorienthal) Stadt im französischen Departement Oberrhein, am Fuße des Mönchsberges und an der Fecht, hat große Baumwollenmanufakturen (Calicot, Jaconnet, Musselin), Baumwollenspinnereien, Leinweberei, Gerberei, Färberei, Brauerei, Papierfabrikation, Eisenwerke, eine Antimongrube, Handel mit Käse (Münsterkäse), Butter, Rindvieh und Kirschwasser u. 4995 Einw. M. war früher deutsche Reichsstadt u. hatte eine Benediktinerabtei. Das romantische Münsterthal, in welchem die Stadt liegt, ist fruchtbar und gut angebaut, besonders zur Viehzucht geeignet und wird gegen Westen durch die 2850 Fuß hohe Spitze Potaba geschlossen. Die Einwohner treiben Baumwollenindustrie und sind kundige Kräutersammler. — 3) Flecken im schweizer Kanton Luzern, Amt Sursee, an der Wynen, hat ein Kollegiatstift (Beromünster) mit Stiftskirche, eine Bibliothek mit seltenen Inkunabeln u. 1150 Einw. Hier wurde 1470 durch Elias Helie die erste Buchdruckerei in der Schweiz begründet.

Münster, altes deutsches Adelsgeschlecht in Westphalen, welches seinen Ursprung bis ins 9. Jahrhundert zurückführt und sich gegenwärtig in die drei Aeste Langelage, Meinhövel u. Ledenburg spaltet, welche 1792 in den Reichsgrafenstand erhoben wurden. Der namhafteste Sprößling des Geschlechts ist Ernst Friedrich Herbert, Reichsgraf zu Münster-Ledenburg, hannöverischer Staats- und Kabinetsmeister, geboren den 1. März 1766 zu Osnabrück, besuchte das Philanthropin zu Dessau u. die Ritterakademie zu Lüneburg, studirte in Göttingen, trat 1788 als Kammerauditor in den hannöverischen Staatsdienst, und ward 1791 Hof- und Kanzleirath, 1798 Finanzkammerrath. Von 1801—4 bekleidete er einen Gesandtschaftsposten am russischen Hofe, ward dann vortragender Minister am londoner Hofe, 1814 hannöverischer Erblandmarschall und wohnte 1815 dem wiener Kongresse bei. Gleichzeitig erhielt er die Specialvollmacht zur Führung der Vormundschaft über den Herzog Karl von Braunschweig. Als dieser, nachdem er die Regierung selbst angetreten, 1827 gegen M.s vormundschaftliche Verwaltung öffentlich Klage erhob, suchte dieser sich und den König von England in einer besonderen Schrift (Hannov. 1827) zu rechtfertigen. Bei den Bewegungen in Hannover 1831 erhielt M. den 12. Febr. als dirigirender Minister für die hannöverischen Angelegenheiten am londoner Hofe seine Entlassung, ward aber den 22. Febr. 1831 zum Großkreuz des Bathordens ernannt. Er † den 20. Mai 1839 und vererbte die Landmarschallswürde auf seinen einzigen Sohn, Georg Herbert, Reichsgrafen zu M., geboren am 23. Dec. 1820, seit 1857 hannöverischen Gesandten in Petersburg.

Münster, Sebastian, Gelehrter im Reformationszeitalter, geboren 1489 in Ingelheim, studirte zu Heidelberg und Tübingen, ward Franciskaner, trat aber 1529 zur reformirten Kirche über u. lehrte erst das Hebräische und Theologie zu Heidelberg, dann in Basel auch Mathematik. Hier † er den 23. Mai 1552. Er gab zuerst unter den Deutschen eine hebräische Bibel (Basel 1534—35) heraus und schrieb die „Cosmographia universa“ (1544), eine der frühesten Geographien.

Münster am Stein, Dorf im preußischen Regierungsbezirk Koblenz, Kreis Kreuznach, an der Nahe, mit Salzwerk (Münsterhalle) u. Soolbad und 355 Einw.

Münsterberg, ehemaliges Fürstenthum in Niederschlesien, zwischen Brieg, Neisse, Schweidnitz und Glatz, umfaßte 14 □Meilen mit 52,000 Einwohnern und gehörte der fürstlichen auerspergschen Familie, bis es Friedrich II. durch Kauf an sich brachte. Gegenwärtig ist es unter die Kreise M. u. Frankenstein des Regierungsbezirks Breslau vertheilt. Die Stadt M., Hauptort des gleichnamigen Kreises im Regierungsbezirk Breslau, an der Ohlau, hat 5400 Einw., worunter 250 Mann Militär, ein Landrathsamt, Kreisgericht, eine Kreiskasse, ein fürstbischöfliches Kommissariatsamt, Archipresbyteriat, ein Untersteueramt, eine evangelische und 3 katholische Kirchen, eine Synagoge, ein evangelisches Schullehrerseminar u. eine höhere Töchterschule. Die Stadt betreibt Tabaksfabrikation, Leinweberei, Gerberei, Töpferei, Wachsbleicherei, Tabaks-, Flachs-, Hopfen- und Erbsenbau. Die beiden Mineralquellen in der Vorstadt Ohlgut haben eine Temperatur von + 10° R. und enthalten schwefelsaures Natron, Chlornatrium, kohlensauren und schwefelsauren Kalk, Chlorcalcium, kohlensaures Eisen u. harzigen Extraktivstoff, an flüchtigen Bestandtheilen Schwefelwasserstoffgas im freien und kohlensaures Gas im gebundenen Zustande. Eine Meile von M. liegt die ehemals gefürstete Cistercienserabtei Heinrichau.

Münsterbusch, Ort im preußischen Regierungsbezirk Aachen, bei Burtscheid, mit großer Zinkhütte und Spiegelfabrik.

Münstereifel, Stadt in der preußischen Rheinprovinz, Regierungsbezirk Köln, Kreis Rheinbach, an der Erft und der Eifel, hat ein Steuerkontrolamt, ein katholisches Knabenseminar, ein Gymnasium, ehemaliges Jesuitenkollegium, Kapuziner-,

Karmeliter- und Lazaristenkloster, eine Armenanstalt, Streichgarnmaschinenspinnereien, Tuchmanufakturen, Woll- und Leinwebereien, Potaschesiedereien, Steinkohlengruben und 2500 Einw.

Münsterlingen, Dorf im schweizerischen Kanton Thurgau, mit prächtigem Benediktinernonnenkloster, jetzt Kranken- und Irrenhaus.

Münstermayfeld, Flecken in der preußischen Rheinprovinz, Regierungsbezirk Koblenz, Kreis Maien, im fruchtbaren Mayfelde gelegen, mit Manern und Gräben umgeben, hat eine schöne alte Kirche mit zahlreichen Grabmälern, 2 Kapellen, Tuchweberei, Gerberei, Weinbau und 1800 Einwohner. Hier soll der römische Kaiser Caligula geboren sein.

Münsterscher Friede, s. v. a. Westphälischer Friede.

Münsterscher Kanal, schiffbarer Kanal im preußischen Regierungsbezirk Münster, 1724 von dem Kurfürsten Klemens August von Köln angelegt und von Münster 4 Meilen weit bis zum Dorfe Klemenshafen geführt, 1767—68 aber bis Marhafen verlängert. Er wird von der Aa gespeist, ist 20 bis 50 Fuß breit und 15—19 Fuß tief und hat 2 Schleußen, 5 Ueberfälle, 7 hölzerne Grundrinnen u. 15 Brücken.

Münter, 1) Balthasar, ausgezeichneter Kanzelredner und Liederdichter, geboren zu Lübeck den 24. März 1735, studirte in Jena Theologie, habilitirte sich hier 1757, ward 1761 Waisenhausprediger und Hofdiakonus zu Gotha, 1763 Superintendent zu Tonna u. 1765 Prediger bei der deutschen Petrigemeinde zu Kopenhagen, wo er den 5. Okt. 1793 †. Außer vielen Predigten gab er heraus „Geistliche Lieder" (in zwei Sammlungen, 1773 u. 1774), den gellertschen und cramerschen verwandt, aber jene an Kraft, diese an Einfachheit noch übertreffend, die zum Theil in viele Gesangbücher übergegangen sind. Noch schrieb er die „Bekehrungsgeschichte des Grafen Struensee" (Leipz. 1772), den er 1772 zum Tode begleitet hatte. M.s Tochter war die Schriftstellerin Friederike Sophie Christiane Brun [s. d. 3)].

2) Friedrich Christian Karl Heinrich, namhafter Theolog, Orientalist und Alterthumsforscher, geboren in Gotha den 14. Oktober 1761, widmete sich zu Kopenhagen und Göttingen theologischen, orientalischen und antiquarischen Studien und trat hierauf 1784 mit königlicher Unterstützung eine Reise in das südliche Europa an, wo er namentlich in Rom mit vielen angesehenen Männern Verbindungen anknüpfte, das Koptische lernte und eine Probe der koptischen Uebersetzung des Daniel drucken ließ; auch entdeckte er in der corsini'schen Bibliothek die Statuten der Tempelherren, die er späterhin (Berlin 1794) herausgab. Bald nach seiner Rückkehr wurde er (1788) zum Professor der Theologie in Kopenhagen und 1808 zum Bischof des Stifts Seeland, also zum ersten dänischen Geistlichen ernannt; als solcher † er den 9. April 1830. In seinen religiösen Ansichten gehörte er keiner Partei an. Er besaß eine bedeutende Bibliothek mit vielen Handschriften, eine reiche Münzsammlung u. viele kostbare Antiquitäten, von denen er mehre in dem Bischofshause einmauern ließ, wo sie noch jetzt sich befinden. Er schrieb unter Anderem: „Versuch über die christlichen Alterthümer der Gnostiker" (Ansbach 1790), „Magazin für Kirchengeschichte u. Kirchenrecht des Nordens" (Altona 1792—96, 2 Bde.), „Vermischte Beiträge zur Kirchengeschichte" (Kopenhagen 1798), „Handbuch der ältesten christlichen Dogmengeschichte" (Göttingen 1802—6, 2 Bde.; dänisch, Kopenh. 1801—4), „Versuch über die keilförmigen Inschriften in Sicilien" (dänisch, das. 1802; deutsch, 1802—6, 2 Bde.), „Spuren ägyptischer Religionsbegriffe in Sicilien u. den benachbarten Inseln" (Prag 1806), „Die Religion der Karthager" (Kopenh. 1816; 2. Aufl. 1821; 3 Beilagen dazu 1822—1825), „Antiquarische Abhandlungen" (das. 1816), „Miscellanea hafnensia theologici et philologici argumenti" (das. 1816—25, 2 Bde.), „Undersögelse om den danske Ridderordeners Oprindelse" (das. 1822), „Kirchengeschichte von Dänemark u. Norwegen" (Lpz. 1823—33, 3 Bde.), „Sinnbilder u. Kunstvorstellungen der alten Griechen„ (Altona 1825), „Der Stern der Weisen" (Kopenh. 1827), „Religion der Babylonier" (das. 1827), „Christinden i det hedenske Huus" (das. 1827). Seine Biographie lieferte Mynster (Kopenh. 1834).

Münze, geprägtes Geld, s. Münzwesen; s. v. a. Scheidemünze; das Haus und die Werkstätte, wo Metallgeld geprägt wird.

Münze, Pflanzengattung, s. v. a. Mentha *L.*

Münzer, Thomas, Schwärmer im Reformationszeitalter, geboren 1489 in Stolberg am Harz, studirte zu Leipzig und Wittenberg Theologie, bekleidete dann Lehrerstellen zu Aschersleben, Halle u. Braunschweig und ward 1519 Kaplan des beutitzer Nonnenklosters zu Halle. Auf Luthers Empfehlung 1520 als evangelischer Prediger nach Zwickau berufen, trat er hier mit einer wiedertäuferischen Brüderschaft, deren Haupt der Tuchmacher Niklas Storch war, in Verbindung und ward daher 1521 seines Amtes wieder entsetzt. Er wandte sich hierauf nach Prag, wo er offen gegen die Geistlichkeit auftrat, aber keinen Anhang zu gewinnen vermochte, sodann nach Nordhausen, bis er 1523 als Prediger zu Allstedt in Thüringen angestellt ward. Hier richtete er den Gottesdienst neu ein und machte durch seine Predigten großes Aufsehen. Dadurch übermüthig geworden und durch die Lektüre mystischer, besonders der tauberschen Schriften verwirrt, trat er nun als fanatischer Gegner alles Hierarchischen auf, bestritt aber auch bald das „knechtische, buchstäbische u. halbe Wesen" der Reformatoren und forderte mit Berufung auf sein „inneres Licht" geistige Auffassung und Auslegung der Schrift und eine Radikalreform im Kirchlichen wie Politischen. Da seine Aufforderungen zu derselben bei den Fürsten keinen Anklang fanden, wandte er sich an das Volk und gründete zu Allstedt eine geheime Gesellschaft, deren Glieder sich eidlich verbindlich machten, zur Begründung des neuen Reichs Gottes, des Reichs brüderlicher Gleichheit, Freiheit und Lauterkeit, zu wirken. Diesen Bund auszubreiten, sandte M. vertraute Boten nach allen Gegenden Deutschlands aus und schrieb eine Reihe aufreizender Schriften. Luther ließ ihn vergeblich wiederholt zu einer öffentlichen Disputation auffordern und schrieb endlich gegen ihn seinen Brief „an die Fürsten zu Sachsen von dem aufrührerischen Geist". Die Fürsten luden M. vor sich nach Weimar auf das Schloß. Er erschien auch am 1. August und vertheidigte sich beredt gegen die wider ihn erhobenen Anklagen. Da Herzog Georg von Sachsen, dessen Unterthanen zu Sangerhausen M. aufgewiegelt hatte, vom Rath zu Allstedt die Auslieferung des Schwärmers verlangte, verließ derselbe die Stadt und ging nach Nürnberg, wo er eine Vertheidigungsrede gegen Luther drucken ließ, durchzog sodann 5 Monate lang predigend Schwaben und Thüringen und ward 1525 von den Wiedertäufern zu Mühlhausen wider Willen des Raths zum Pfarrer daselbst berufen. Er verband sich hier mit einem anderen Schwärmer, Heinrich Pfeifer, setzte den Rath ab, ernannte sich zum Vorsitzenden des aus seinen Anhängern neu erwählten und sprach nun auf der Grundlage der heiligen Schrift oder nach inneren Offenbarungen Recht, drang auf Gütergemeinschaft, Vertreibung der Obrigkeiten, Beseitigung der Kindertaufe &c. Umsonst eiferte Luther gegen den „Mordpropheten“ und seine Sendboten; bald stand alles Land rings um Mühlhausen in hellen Flammen des Aufruhrs, die M.s Boten unablässig schürten u. weiter trugen. Ein Plünderungszug Pfeifers nach dem Eichsfelde u. die Nachricht, daß sich 40,000 Bauern in Franken zusammengerottet, entflammten M.s Muth. Als der Landgraf Philipp von Hessen kriegsgerüstet den Bauern entgegentrat, eilte M. mit 300 Mann seiner Leibwache und mit Geschütz nach Frankenhausen, ward aber hier am 15. Mai 1525 von dem vereinigten hessisch-sächsisch-braunschweigischen Heer total geschlagen (s. Bauernkrieg) und flüchtete in die Stadt, wo er sich auf dem Boden eines Hauses, angeblich krank, in einem Bette versteckte. Er wurde jedoch erkannt, gefangen nach Heldrungen gebracht, gefoltert und zu Mühlhausen nebst Pfeifer und 24 andern Aufrührern am 30. Mai enthauptet. Sein Rumpf wurde gespießt u. sein Kopf auf einen Pfahl gesteckt. Sein Leben beschrieben u. A.: Strobel, Nürnberg 1795, und Seidemann, Dresden und Leipzig 1842. M.s Leben und Wirken gab mehren Dichtern Stoff zu poetischer Bearbeitung; als Roman wurde derselbe behandelt von Th. Mundt und L. Köhler, als Drama von Gottschall und Rollett.

Münzfälschung, s. v. a. Münzverfälschung.

Münzfuß, der gesetzlich bestimmte Maßstab, nach welchem ein Staat seine Münzen in Feingehalt oder Korn und im Gewicht oder Schrot ausprägt und nach dem sich daher der innere Werth derselben richtet. Die Willkürlichkeiten der einzelnen Münzberechtigten in Deutschland, die große Verluste für das Publikum herbeiführten, veranlaßten zuerst Karl V., einen Versuch zu Abstellung der eingerissenen Münzunordnung zu machen. Die Reichsmünzordnung von Eßlingen, welche die kölnische Mark für das allgemeine deutsche Münzgewicht 1524 erklärte, aber in Folge des Protestes mehrer größeren Reichsstände so gut wie gar nicht zur Ausführung kam, verdankt ihm ihre Entstehung. Im Jahre 1559 legte Kaiser Ferdinand I. dem Reichstage zu Augsburg ein Münzedikt vor, nach welchem statt der früheren Speciesreichsgulden zu 72 Kreuzern Reichsgulden zu 60 Kreuzern, die den rheinischen Rechnungsgulden entsprächen, $9^1/_2$ Stück aus der rauhen $14^8/_9$löthigen Mark, aus der feinen Mark also 10 Gulden $13^1/_3$ Kreuzer geprägt werden sollten. Aber auch diese Münzordnung hatte kein besseres Schicksal als ihre Vorgänger, und bereits 1566 auf dem Reichstage zu Augsburg ward der Beschluß gefaßt, 8 Stück Thaler zu 68 Kreuzern aus der rauhen kölnischen $14^8/_9$löthigen Mark, 9 Stück aus der feinen Mark auszuprägen, wodurch die feine Mark zu $10^1/_5$ Gulden ausgebracht ward. Dagegen behielten die süddeutschen Kreise den Gulden als Rechnungsmünze bei. Auf dem frankfurter Reichstage von 1571 überwies man das Münzwesen den Kreisen, und es wurden der kurrheinische, oberrheinische und westphälische, der ober- und niedersächsische, sowie der bayerische, schwäbische und fränkische Kreis in Bezug auf den M. zusammengeschlagen. Der burgundische Kreis blieb sonach ganz isolirt; der österreichische sollte mit den drei letzteren Kreisen in Münzsachen „gute nachbarliche Gemeinschaft und Gleichheit“ halten. Unter solchen Verhältnissen war jede durchgreifende Münzreform unmöglich, und die Unordnung nahm mehr und mehr überhand und wurde durch die sogenannte Kipper- und Wipperzeit zu Anfang des 17. Jahrhunderts auf das Aeußerste gebracht. Da es nun zu keinem allgemein verbindlichen Reichsschlusse über das Münzwesen mehr kam, so suchten sich die deutschen Regierungen durch gemeinschaftliche Konventionen gegen eigenmächtige Herabsetzung des M.es zu sichern; allein abgesehen davon, daß diese Uebereinkünfte nicht immer streng gehalten wurden, so machte auch theils die fortdauernde Abnutzung der kursirenden Münzen, theils die sich verändernden Preise der edeln Metalle von Zeit zu Zeit eine Erneuerung derselben nöthig, und so entstanden in Deutschland die verschiedenen M.e. Man legte dabei die kölnische Mark (s. d.) zum Grunde und bestimmte, wie viel Stücke einer gewissen Münze aus einer feinen Mark von 16 Loth Silber oder 24 Karat Gold ohne Zusatz geprägt werden sollten. Die wichtigsten dieser M.e sind: der zwischen Sachsen und Brandenburg 1667 verabredete sogenannte zinnaische M., nach welchem die Mark Silber zu $10^1/_2$ Thalern od. $15^3/_4$ Gulden ausgeprägt wurde; der leipziger od. Achtzehnguldenfuß von 1690, der die Mark zu 12 Thalern oder 18 Gulden ausbrachte und der zwar 1738 zum Reichsfuße erhoben, aber nicht allgemein eingeführt wurde; der preußische oder der nach dem damaligen Generalmünzdirektor Philipp Graumann sogenannte graumannsche M. von 1750 (durch das Edikt vom 29. März 1764 fester gestaltet), nach welchem die Mark zu 14 Thalern ausgeprägt wurde; der Konventions- oder Zwanzigguldenfuß, nach welchem, in Folge einer 1753 zwischen Oesterreich und Bayern abgeschlossenen Konvention, welcher später bis 1763 der bayerische, schwäbische, ober- und niederrheinische Kreis und der Kurfürst und die Herzöge von Sachsen beitraten, die kölnische Mark fein Silber zu 20 Gulden oder $13^1/_3$ Thalern ausgeprägt wurde. Die nach demselben geprägten Münzen nennt man Konventionsmünze. Der Vierundzwanzigguldenfuß von 1776 war nur eine Modifikation des Zwanzigguldenfußes, indem nur der Gulden einen geringeren Werth erhielt, da die Mark zu 24 Gulden oder 16 Thalern ausgeprägt wurde. Er wurde von Bayern und den benachbarten Staaten angenommen und galt bis zum Abschlusse der Münzkonvention unter den Zollvereinsstaaten in Bayern, Würtemberg, Baden, Hohenzollern, Großherzogthum Hessen, Nassau, Koburg und Meiningen. Durch diese Konvention trat in diesen Staaten der Vierundzwanzigundeinhalbguldenfuß oder die süddeutsche Währung an dessen Stelle, nach welchem die Mark zu $24\frac{1}{2}$ Gulden oder $16\frac{2}{3}$ Thalern ausgemünzt wird. In Preußen wurde der graumannsche M. beibehalten und durch ein Gesetz von 1821 weiter ausgebildet; der Konventionsfuß bestand in Oesterreich bis zu der neuesten Münzkonvention vom 24. Januar 1857, durch welche, wie in den Staaten des bisherigen Münzvereins, der neue österreichisch-deutsche M., welchem nicht mehr die Mark, sondern das Zollpfund zu Grunde liegt (s. Münzkonventionen), eingeführt wurde. Außerdem gibt es in Deutschland noch mehre besondere M.e, die sich aber nur auf sogenannte Rechnungsmünzen beziehen. Die hauptsächlichsten derselben sind: der schleswig-holsteinische Kurantfuß, nach welchem $34\frac{11}{16}$ Mark oder $11\frac{9}{16}$ Thaler auf eine Mark gehen, während im großen Geschäftsverkehr nach der hamburger Bancowährung gerechnet wird; die hamburgische Bankvaluta, nach welcher $27\frac{5}{8}$ Mark Banco oder $9\frac{5}{24}$ Speciesthaler auf die Mark geben; der lübeckische oder lübische M., nach welchem die Mark zu $11\frac{1}{3}$ Thalern od. 34 Mark gerechnet wird, der aber ein bloßer Rechnungsfuß geworden ist, da man im Verkehr sich der groben Sorten des Vierzehnthalerfußes bedient, wobei man den Thaler zu 40 Schillingen oder $2\frac{1}{2}$ Mark rechnet, so daß dieser lübische M. thatsächlich ein Fünfunddreißigmarkfuß ist. Der eigentliche lübische M. gilt in Lübeck und im Kleinverkehr in Hamburg. Die bremische Louisd'or- oder Pistolenwährung, nach welcher die deutschen Pistolen zu 5 Thalern gerechnet werden, war bisher der einzige deutsche M., welchem eine Goldmünze zu Grunde liegt, dessen Zahlwerth daher nach dem Steigen und Fallen der Goldpreise veränderlich ist. Die M.e in den außerdeutschen Ländern Europa's sind natürlich sehr verschieden, da in jedem derselben eine Münzeinheit von anderm Werthe eingeführt ist.

Münzgewicht, das wirkliche Gewicht einer Münze zum Unterschiede des Korns oder des Gehalts an feinem Silber oder Gold; dasjenige Gewicht, nach welchem die Schwere der Münzen und der Feingehalt derselben bestimmt wird (s. Mark).

Münzkabinet, s. v. a. Münzsammlung.

Münzkonventionen, Uebereinkünfte, welche zwischen mehren Regierungen geschlossen werden, um einen bestimmten Münzfuß festzustellen, nach welchem das Geld ausgeprägt und in den verschiedenen Münzsorten gegenseitig und im eigenen Lande im Verkehr genommen werden soll. Nachdem 1748 Oesterreich den 20-Guldenfuß angenommen hatte, schloß sich ihm Bayern 1753 durch eine Konvention an, welcher der 20-Guldenfuß vorzugsweise den Namen Konventionsfuß verdankt, obschon Bayern schon vor Ablauf eines Jahres von der Konvention zurücktrat und zum 24-Guldenfuße überging. Die am 25. August 1837 zu München abgeschlossene Konvention einigte die süddeutschen Zollvereinsstaaten, Bayern und Würtemberg, Baden und Hessen-Darmstadt, Nassau und Frankfurt, denen 1838 noch Hessen-Homburg u. Hohenzollern-Hechingen-Sigmaringen beitraten, zur Annahme des $24\frac{1}{2}$-Guldenfußes, diejenige vom 30. Juli 1838 zu Dresden aber die nördlichen Zollvereinsstaaten zur Annahme des preußischen oder 14-Thalerfußes (21-Guldenfußes). Als Grundlage des gesammten Münzwesens im Zollverein sollte in allen Münzstätten einerlei Münzmark angewendet werden, deren Gewicht auf $233{,}_{8555}$ französische Gramm festgesetzt wurde, also die preußische Mark. Es sollte entweder der 14-Thalerfuß mit dem Werthverhältnisse des Thalers zu $1\frac{3}{4}$ Gulden, oder der $24\frac{1}{2}$-Guldenfuß mit dem Werthverhältnisse des Guldens zu $\frac{4}{7}$ Thaler als Landesmünzfuß gelten. Das erstere ist der Fall in Preußen, Sachsen, Kurhessen, Sachsen-Weimar, Sachsen-Altenburg und Sachsen-Gotha, in der schwarzburg-rudolstädtischen Unterherrschaft, in Schwarzburg-Sondershausen und den reußischen Landen; das zweite in Bayern, Würtemberg, Baden, Hessen-Darmstadt, Sachsen-Meiningen und Sachsen-Koburg, Nassau, der schwarzburg-rudolstädtischen Oberherrschaft und in der freien Stadt Frankfurt. Es sollte eine Vereinsmünze zu einem Siebentheil der Mark feinen ($14\frac{2}{5}$löthigen) Silbers ausgeprägt werden und sonach den Werth von 2 Thalern oder $3\frac{1}{2}$ Gulden erhalten. Sämmtliche Staaten verpflichteten sich, ihre eigenen groben Silbermünzen niemals gegen den ihnen beigelegten Werth herabzusetzen. Es blieb ihnen vorbehalten, Scheidemünze, jedoch nur für das eigene Bedürfniß, prägen zu lassen, deren beigelegter Werth aber nie heruntergesetzt werden sollte. Durch eine besondere Uebereinkunft setzten die Thalerstaaten fest, daß die Einthalerstücke 4 Theile Kupfer und 12 Theile Silber (12löthig) und die Einsechstelthalerstücke 23 Theile Kupfer und 25 Theile Silber ($8\frac{1}{3}$löthig) enthalten sollten. In der Scheidemünze sollte die Mark feinen Silbers zu 16 Thalern ausgebracht werden. Die ganzen und halben Gulden (denen sich später auch zweifache Gulden zugesellt haben) der süddeutschen Vereinsstaaten enthalten $\frac{9}{10}$ Silber und $\frac{1}{10}$ Kupfer ($14\frac{2}{5}$löthig) wie die Vereinsmünze. Rücksichtlich der Scheidemünze einigten sich die süddeutschen Vereinsstaaten 1837 zur Prägung von Sechs- u. Dreikreuzerstücken in einem 27-Guldenfuße, wogegen die Prägung von Einkreuzerstücken aus Silber oder Kupfer und deren Theilstücken dem Ermessen der einzelnen Staaten überlassen blieb. Die mit 1854 zum Zollverein tretenden Staaten Hannover, Oldenburg und Schaumburg-Lippe hatten, ebenso wie die beiden Mecklenburg, bereits den 14-Thalerfuß angenommen. Da der Vertrag mit dem Schlusse des Jahres 1858 zu Ende ging, trat schon 1855 eine Münzkonferenz in Wien zusammen, die nach langer Vertagung sich am 9. Januar 1856 abermals in Wien versammelte und nach längeren Unterbrechungen die Münzkonvention vom 24. Januar 1857 zu Stande brachte. Durch dieselbe wurde zwar die sehnlich erwünschte volle Münzeinigung Deutschlands nicht herbeigeführt, aber doch das wichtige Resultat einer gegenseitigen Annäherung und Ausgleichung der in Deutschland geltenden Münzfuße erreicht. Es wurden nämlich drei in einander greifende Münzfuße festgestellt, welche sämmtlich statt der bisherigen Mark das Zollpfund zu 500 Gramm zur Grundlage haben. Im Gebiete des Thalerfußes sollen aus dem Pfund fein Silber 30 Thaler, in dem Gebiete des österreichischen Fußes (Oesterreich und Lichtenstein) 45 Gulden (zu $1\frac{1}{6}$ Gulden oder 100 Neukreuzern) und im Gebiet des süddeutschen Münzfußes $52\frac{1}{2}$ Gulden geprägt werden. Sämmtliche Staaten sollen als gemeinsame Vereinsmünze Einthalerstücke zum

Werthe von $1^1/_2$ Gulden österreichisch und $1^3/_4$ Gulden süddeutsch, sowie Zweithalerstücke zum doppelten Werthe ausprägen. Der neue Vereinsthaler ist demnach kleiner als der bisherige preußische Thaler, nämlich $1^4/_{15}$ Loth schwer, während das bisherige Thalergewicht $1^{11}/_{31}$ Loth war; er ist aber im Feingehalt vorzüglicher, indem er nur $^1/_{330}$ Loth Silber, dagegen $^{89}/_{330}$ Loth Kupfer weniger enthält als der preußische Thaler, also eine Legirung von $1^7/_{90}$ Loth Silber und $^{19}/_{180}$ Loth Kupfer hat. Außerdem einigte man sich über eine Vereinsgoldmünze, die den Namen Krone führt. Von der ganzen Krone werden 50 und von der halben 100 aus dem Zollpfund fein Gold geprägt. Diese Goldmünze soll keinen Zwangskurs, sondern lediglich einen Handelskurs nach dem Verhältniß des Angebots zur Nachfrage haben. In Separatartikeln wurde die künftige Kurantausmünzung festgesetzt, welche bestehen soll nach dem 30-Thalerfuße in Einsechsteltbalerstücken u. für das Königreich Sachsen zugleich in Eindritteltbalerstücken, nach dem 45-Guldenfuße in Zwei-, Ein- und Einviertelguldenstücken, nach dem $52^1/_2$-Guldenfuße in Zwei-, Ein-, Einhalb- und Einviertelguldenstücken. Jedem Staat soll freistehen, den Kurantsilbermünzen der anderen Vereinsstaaten im eigenen Land als Zahlmittel Kurs zu geben und deren Werthverhältniß zur eigenen Landesmünze zu bestimmen. Der Gesammtumlauf von Scheidemünze soll in den Staaten der Thaler- und der österreichischen Währung auf $^5/_6$ Thaler oder $1^1/_4$ Gulden pro Kopf zu beschränken sein.

Münzkunde, s. Numismatik.

Münzmetall, s. Kupferlegirungen; dann s. v. a. Münzmetall zu Schiffsbeschlägen, s. Messing.

Münzregal (Münzrecht), das nur der Regierung eines Landes zustehende Recht, Geld zu prägen. Schon die römischen Kaiser übten ausschließlich das Münzrecht, und es war eine besondere Begünstigung, daß sie das Recht, goldene Münzen zu schlagen, den gothischen Königen ertheilten. In Deutschland stand dies Recht den Königen zu, die es dann auch einzelnen Stiftern, Bischöfen, Aebten, weltlichen Fürsten und Städten verliehen. Die alten Herzöge von Sachsen, Bayern und Schwaben legten es sich aber ebenfalls bei, und es wurde demzufolge als ein gesetzliches Vorrecht der Kurfürsten in der goldenen Bulle anerkannt. Sonst aber blieb das Münzrecht kaiserliches Reservat und konnte nur durch Verleihung erlangt werden. Zuletzt neigte man sich freilich dahin, dasselbe als einen Bestandtheil der Landeshoheit anzusehen, obwohl der Buchstabe der Reichsgesetze dagegen war. Auch waren dem Kaiser in den letzten Zeiten bei Ertheilung der Münzprivilegien Einschränkungen gemacht worden, und es stand die Ausübung des Münzrechts unter Aufsicht des Reichs, so daß es auch wegen Mißbrauchs eingezogen wurde. Gegenwärtig ist dasselbe unstreitig mit der Souveränetät verbunden.

Münzsammlungen, s. Numismatik.

Münzsteine, s. v. a. Nummuliten.

Münztarif, s. Valvation.

Münzverfälschung (crimen falsae monetae), die widerrechtliche Nachahmung gesetzlich geprägter Geldstücke, um sie als ächte in Umlauf zu setzen, ist ein doppeltes Verbrechen, nämlich ein Betrug gegen das Publikum, in sofern dasselbe mit geringhaltigeren Münzen hintergangen wird, als der Staat prägen läßt, und ein Eingriff in die Rechte der Regierung, in sofern ohne deren Erlaubniß das Gepräge derselben gebraucht wird. Etwas Anderes ist es, wenn ein dazu nicht Berechtigter unter seinem eigenen Namen das Recht, Münzen zu schlagen, ausübt (s. Münzregal). Es bleibt sich bei der Beurtheilung des Verbrechens gleich, ob die nachgeahmten Münzen in einer weniger Werth habenden Metallmasse als die ächten, oder ganz in der nämlichen Masse ausgeprägt sind. Im letztern Falle eignen sich die Falschmünzer nur den Gewinn an, den der Staat beim Prägen der Münzen hat, und sie werden um so leichter dazu verleitet, je größer dieser Nutzen ist. Abgesehen von diesen vollhaltig nachgeprägten Münzen, welche man auch Beischläge nennt, bestehen die falschen Münzen entweder aus einem edlen Metall, welches aber mehr Zusatz eines geringeren Metalls hat als die ächten Münzen, oder auch aus einer Metallkomposition, welche gar kein edles Metall enthält u. die Farbe desselben entweder an sich hat, od. durch Vergoldung, Versilberung oder durch Weißsieden erhält. Vgl. Loos, Die Kunst, falsche Münzen zu erkennen, Berlin 1828. Das Verbrechen der M. wird vollendet durch Verausgabung der falschen Münze, und Derjenige, welcher wissentlich falsche Münze in Umlauf setzt, dem Verfertiger gleich geachtet. Eine eigene Art der M. hat sich auf die Nachahmung der seltenen u. daher kostbaren Münzen des Alterthums gerichtet, die aber, da sie weder das große Publikum, noch den Staat beeinträchtigt, rechtlich nur in das Gebiet der privaten Uebervortheilungen fällt. Nach Diodorus Siculus sollten in Aegypten den Falschmünzern beide Hände abgehauen werden. Die solonische Gesetzgebung bestrafte Münzfälschung mit dem Tode. Nach der Gesetzsammlung Justinians wurde die Fälschung silberner Münzen mit Konfiskation und Deportation, die der goldnen mit dem Tode bestraft. Die Gesetze der Westgothen verfolgten das Verfälschen der Münzen mit Geldstrafe, das Verfertigen falscher Münzen mit dem Verluste der Ingenuität. Der Sachsen- und Schwabenspiegel bedrohte die M. mit Strafe „zu Hals und Hand". Die peinliche Gerichtsordnung Karls V. belegte M. je nach ihrer Schwere mit Strafe. Innerhalb und außerhalb Deutschlands hielt sich die Ansicht, daß die M. als Majestätsverbrechen anzusehen sei, sehr lange aufrecht, daher man an der Todesstrafe so lange festhielt. Erst der Großherzog Peter Leopold von Toskana verordnete in seinem Kriminalgesetzbuch von 1785, daß das Falschmünzen nicht mehr als Majestätsverbrechen angesehen und bestraft werden, vielmehr nur die Strafe eintreten solle, womit der qualificirte Diebstahl bedroht sei, und nur in den schwereren Fällen die Strafe lebenswieriger Freiheitsberaubung, welche die preußische Gesetzgebung, die im Allgemeinen zeitliche Freiheitsstrafe diktirt, gleichfalls dann zuläßt, wenn ein hoher Grad von Strafbarkeit vorhanden ist, wenn große Summen falscher Münzen verbreitet wurden oder ein sehr bedeutender Schaden verursacht ward. Die österreichische Strafgesetzgebung (von 1803) läßt überhaupt nur zeitige Freiheitsberaubung bis zu 25jähriger Kerkerstrafe zu; ist die Verfälschung jedem Auge erkennbar oder die falsche Münze der ächten an Schrot und Korn gleich, so sinkt die Strafe auf höchstens 5 Jahre herab. Im Gegensatz zu der preußischen Gesetzgebung, welche in Bezug auf M. die Todesstrafe, und zu der österreichischen Legislation, welche die lebenswierige Freiheitsstrafe ausgeschlossen hat, wollte Napoleon I. die von der früheren Gesetzgebung angedrohte Todesstrafe als extremste Strafe beibehalten wissen. Doch verwandelte die Gesetzgebung von 1832 dieselbe in lebenswierige Zwangsarbeit. In England steht noch gegenwärtig die Todesstrafe auf diesem Verbrechen. Im Allgemeinen bedrohen die meisten Gesetzgebungen die M. mit Zuchthausstrafe auf längere od. kürzere Zeit. In den meisten Staaten ist die Verfälschung von Papiergeld u. anderen vom Staate zum öffentlichen Umlauf bestimmten Papieren mit denselben Strafen belegt wie die M.

Münzwährung, s. Währung.

Münzwesen. Unter Münze (nummus, moneta) versteht man das in bestimmte Gewichtstücke getheilte und mit einem Gepräge versehene Geld (s. d.), das klingende Geld im Gegensatz zum Papiergeld (s. d.), die Realmünze im Gegensatz zu der Ideal- oder Rechnungsmünze, die nicht geprägt wird, sondern eine fingirte Münzeinheit ist, nach der die Kaufleute Rechnung führen. Handelsmünzen oder Fabrikationsmünzen heißen diejenigen Stücke, welche nicht sowohl behufs des Umlaufs im Inlande, als vielmehr für den Bedarf des auswärtigen Handels im Interesse der Kaufleute und auf deren Bestellung geprägt werden. Die wichtigste dieser Handelsmünzen ist der holländische Dukaten, der nur für jenen Zweck geprägt wird. Die nach dem Hauptmünzfuß (s. unten) ausgeprägten Münzen heißen Kurantmünzen, die auf einem etwas geringeren Fuß gemünzten Sorten Scheidemünzen. In allen civilisirten Ländern bestehen die Münzen aus Gold und Silber, nur die Scheidemünzen, welche zu kleine Werthe darstellen, um aus Silber geprägt werden zu können, aus Kupfer, seltener aus Messing oder einer ähnlichen Komposition. In Rußland hat man zwar den Versuch gemacht, Münzen aus Platina zu schlagen, doch hat man dieselben in neuerer Zeit wieder eingezogen. Uebrigens gibt man schon seit langer Zeit dem Gold und Silber einen Zusatz, und zwar meist von Kupfer. Als äußerste Grenze dieser Beimischung wird $\frac{1}{4}$ Kupfer angenommen, so daß das Gold nicht geringer als 18karätig und das Silber als 12löthig sein darf. Wenn der Kupferzusatz mehr als die Hälfte der ganzen Mischung beträgt, nennt man diese Billon; man hat daher Gold- und Silberbillon, wovon das erstere geringer als 12karätig, das letztere geringer als 6löthig ist. Kleinere Münzen erhalten gewöhnlich um so mehr Zusatz, je geringer ihr Werth ist, Scheidemünzen oft mehr als $\frac{3}{4}$ Kupfer. Das Gewicht einer Münze heißt ihr Schrot (Bruttogewicht), diejenige Gewichtsmenge, welche sie an reinem Metall enthält, ihr Feingewicht; das Verhältniß des Feingewichts zum Schrot heißt Korn od. Feingehalt. Einige nennen jedoch das Feingewicht Korn. Dieses letztere Verhältniß bildet einen Bruch, welcher aber auf feststehende Nenner gebracht wird, und zwar in Deutschland beim Golde auf Vierundzwanzigstel (Karat), beim Silber auf Sechszehntel (Loth); die Bruchtheile der Karate werden stets wieder in Zwölfteln des Karats (Grän), die des Loths in Achtzehnteln des Loths (Grän) ausgedrückt. Die Grän sind demnach beim Golde und beim Silber gleiche Verhältnißtheile, und zwar Zweihundertundachtundachtzigstel. Die deutsche Bezeichnungsweise des Feingehalts war bisher der Eintheilung der Mark (s. d.) entnommen, mithin waren in einer Gewichtsmark einer Legirung ebenso viel Karat, Loth oder Grän feines Metall an Gewicht enthalten, als der Feingehalt angibt. Durch die neueste Münzkonvention aber hat man das Zollpfund statt der Mark angenommen. In Frankreich, Belgien, den Niederlanden und den Vereinigten Staaten von Nordamerika wird der Feingehalt stets in Tausendtheilen (millièmes, thousands) ausgedrückt; in England theilt man das Ganze beim Golde in 24 Carats zu 4 Grains à 4 Quarts, beim Silber in 12 Ounces (Unzen), zu 20 Pennyweight (Pfenniggewicht). Der Feingehalt der M. entspricht der sogenannten Probe bei den übrigen Gold- und Silberwaaren; seine Bezeichnung wird das Probirgewicht genannt. Der Unterschied zwischen dem bloßen Metallpreise des in der Münze enthaltenen Goldes oder Silbers und dem gesetzlichen Nennwerthe heißt der Prägeschatz oder Schlagschatz, von dem die Prägungskosten bestritten werden, der aber in jedem Fall nicht zu bedeutend sein darf, indem zu geringhaltige Münzen im Auslande nicht angenommen werden und dadurch im Verkehr an Werth sinken. Dagegen ist es auch nicht vortheilhaft, wenn gar keine Prägekosten auf die Münzen gerechnet werden, indem man den Münzen den vollen Metallwerth gibt, weil sie dann sogleich zur Waare werden und aus dem Verkehr verschwinden. Die Prägungskosten sind im Verhältniß zu dem Werth der Münzen sehr verschieden u. bestimmen sich besonders nach dem Werth der einzelnen Münzstücke selbst. Sie sind um so geringer, je edler das zu den Münzen verwendete Metall ist und je größer die einzelnen Stücke sind. Bei Goldmünzen betragen sie daher gewöhnlich nur $\frac{1}{4}$—$\frac{1}{2}$ Procent, bei Silbermünzen $1\frac{1}{4}$—3 Proc., bei Kupfermünzen dagegen 40—60 Proc. Im Verhältniß zur Quantität sind dagegen die Prägungskosten beim Gold höher als beim Silber, und bei diesem höher als beim Kupfer, weil die theuren Metalle mit viel mehr Genauigkeit bearbeitet werden müssen, als die wohlfeileren. Da ein vollkommen gleiches Schrot und ein vollkommen gleicher Feingehalt der Münzen sich nicht wohl erzielen läßt, so ist eine gewisse Grenze gesetzlich festgesetzt, bis zu welcher eine Münze schwerer oder leichter, feiner od. geringhaltiger sein darf. Diese erlaubte Fehlergrenze wird das Remedium oder die Toleranz genannt. Da die Preisverhältnisse zwischen Gold und Silber sich nicht immer gleich bleiben, so muß nothwendig eins dieser Metalle zum allgemeinen u. bleibenden Maße der Werthe in einem Lande bestimmt und daher die Münzeinheit, auf welche sich alle andern Münzen reduciren, aus diesem Metall geprägt werden. Da der Preis des Goldes zu hoch ist und man daher für geringe Werthe gar keine od. nur ganz kleine Münzen daraus schlagen könnte, so bildet in den meisten Ländern eine Silbermünze die Münzeinheit, z. B. der Thaler, Gulden, Frank, Rubel rc., welche zugleich einen Werth darstellen, der im gemeinen Leben am häufigsten vorkommt. Nur in England und den Vereinigten Staaten von

Nordamerika hat man das Gold als Werthgrundlage angenommen. Die andere Münzart erscheint als bloße Waare, indem sie einen wechselnden Preis (Kurs) erhält. Jedenfalls muß eine Münze so groß sein, daß die wenig biegsamen Finger der harten Hand eines Arbeiters sie noch bequem fassen können, dagegen nicht so groß, daß sie in den gewöhnlichen Geldbeuteln nicht füglich mehr Platz findet. Sie darf nicht so dünn sein, daß sie sich leicht verbiegt; zu große Dicke der Münzen würde nur insofern schädlich sein, als dadurch das Zählen erschwert würde. Was die Form der Münzen betrifft, so bestehen sie schon seit langer Zeit, wenigstens in Europa, durchgängig aus kreisrunden Platten, indem sie sich in dieser Gestalt am wenigsten abnutzen, auch am besten einpacken lassen ꝛc. In Ostindien und mehren andern außereuropäischen Ländern gibt es dagegen Münzen von nicht kreisrunder Form, z. B. ovale, knopf-, stangenförmige ꝛc. Das Gepräge der Münzen besteht aus verschiedenen, auf den beiden Flächen derselben vermittelst Ausdrückung eines stählernen Stempels angebrachten erhabenen Zeichnungen oder Inschriften. In der Regel stellt die eine Seite der Münzen (Avers) das Bild des Landesherrn, die andere (Revers) das Wappen desselben dar. Dazu kommt gewöhnlich auf einer oder beiden Seiten eine am Rande kreisförmig herumlaufende Inschrift, die Umschrift oder Legende, welche den Namen und Titel des Regenten, den Werth und Gehalt der Münzen, die Jahreszahl der Prägung, oder auch einen Denkspruch enthält. Es gibt aber auch Münzen, welche kein Bildniß oder kein Wappen haben, an deren Stelle gewöhnlich das Mittelfeld mit einer den Namen oder die Geltung der Münze bezeichnenden Inschrift ausgefüllt ist. Unter dem Bildniß oder der horizontallaufenden Inschrift steht oft noch der sogenannte Münzbuchstabe, durch welchen die Münzstätte bezeichnet wird; so bedeutet z. B. auf preußischen Münzen A die Münzstätte Berlin, B Breslau. Der äußere Rand der Münzen wurde sonst, um das Beschneiden oder Abfeilen zu verhüten, gewöhnlich eingekerbt oder mit einer Blätterverzierung versehen; jetzt ist er meist glatt mit einer Inschrift in vertieften Buchstaben. Der Werth der Münzen wird zunächst von der Regierung bestimmt, die sie hat schlagen lassen. Indeß kann diese Bestimmung natürlich nur für das eigene Land gültig sein, wo die Münzen auch von der Regierung selbst in allen öffentlichen Kassen danach angenommen werden. Im Auslande dagegen werden sie nur als Waare betrachtet und nach ihrem wirklichen Metallwerth angenommen, besonders wenn in jenem ein anderer Münzfuß u. eine andere Münzeinheit gilt; doch kommen hierbei allerdings auch die Handelsbeziehungen der beiden Staaten zu einander und die größere oder geringere zwischen ihnen liegende Entfernung in Betracht.

Die Fabrikation der Münzen oder die Münzkunst hat zur Aufgabe, das bestimmte Metall in Stücken von festgesetztem Gewicht und Gehalt darzustellen und deren Werth durch das Gepräge zu verbürgen. Gold, Silber und Kupfer, die gewöhnlichen zu Münzen verarbeiteten Metalle, werden zunächst in Graphittiegeln geschmolzen. Bei großem Betriebe schmilzt man das Silber in gußeisernen oder besser in schmiedeeisernen Tiegeln. In beiden Fällen heizt man mit Steinkohlen oder Koaks und hält das Metall mit Kohlenpulver bedeckt, damit sich nicht durch Oxydation der Feingehalt desselben ändere. Von dem vollkommen geschmolzenen Metall nimmt man mit Sorgfalt eine Schöpfprobe, untersucht dieselbe, berichtigt, wenn nöthig, die Zusammensetzung der Legirung und gießt dieselbe in Formsand oder eisernen Formen zu flachen Stäben (Zaine), welche 15—24 Zoll lang, 2—4 Linien dick und so breit sind, als der Durchmesser der Münze es verlangt. Die Zaine werden auf gewöhnlichen Walzwerken mit Cylindern aus gehärtetem Stahl gestreckt. Hierbei müssen die Zaine wiederholt ausgeglüht werden, weil sie durch das Walzen an Weichheit und Dehnbarkeit bedeutend verlieren. Sehr selten liefern Walzwerke ganz gerade und überall gleich dicke Stäbe, man wählt deshalb das beste Walzwerk der Münze, läßt schließlich alle Zaine durch dieses (das Probewerk) hindurchgehen und zieht sie dann noch durch das Adjustirwerk (Durchlaß, Zainzug). Dies ist eine lange horizontale Schleppzangenziehbank mit zwei unbeweglichen stählernen Balken oder zwei kleinen harten nicht drehbaren Walzen. Auch hier erhält man keine absolut gleiche Dicke aller Theile der Zaine, weil diese nach dem Durchgange durch die Balken noch eine unbestimmbare Streckung vermöge ihrer Anspannung erleiden. Zeigt eine zur Probe aus den gestreckten Zainen geschnittene Münze das richtige Gewicht, so werden die Zaine noch einmal geglüht und in 4—6 Fuß lange Stücke zerschnitten. Mittelst des Durchschnitts zertheilt man sie dann in runde Platten von der Größe der Münzen; die abfallenden Metallstücke (Schroten) werden wieder eingeschmolzen. Die Bewegung des Drückers am Durchschnitt erfolgt entweder durch eine starke eiserne Schraube mit doppeltem Gewinde (1000—1500 Platten in einer Stunde), oder durch ein Hebelwerk (6—7000 Plättchen). Statt der Schrauben kann der den Drücker führende Schieber oben mit einem kurzen starken Wagebalken zusammengehängt werden, der an seinem entgegengesetzten Ende durch die Lenkstange eines Krummzapfens auf und nieder gezogen wird. Aehnlich ist Manhardts Durchschnitt konstruirt; Uhlhorns Apparat ist ein Kniehebelwerk nach gleichem Princip wie seine Prägmaschine. Die ausgestückelten Platten haben bei den heutigen vervollkommneten Maschinen so ziemlich gleiches Gewicht, dennoch werden sie justirt, d. h. auf einer Justirwage gewogen und nach Bedürfniß auf dem hölzernen Justirkloz befeilt. Die hierzu angewandte flache Feile hat einen ziemlich groben, aber nicht zu scharfen Hieb. Um die mit der Handarbeit verbundenen Uebelstände und die Handarbeit selbst zu vermeiden, sind Justirmaschinen nach verschiedenem Princip konstruirt worden. Die besten sind diejenigen, bei welchen ein Messer auf die Platte gedrückt wird, während sie sich in drehender Bewegung befindet. Alle auf der Justirwage zu leicht befundenen Platten werden eingeschmolzen, doch hat man auch versucht durch Einsetzen von Draht und Vernieten das Gewicht der leichten Platten etwas zu erhöhen. Eine mechanische Einrichtung der Wage, wodurch sie selbstthätig die Münzen in leichte, schwere und richtige sortiren sollte, scheint den Erwartungen nicht entsprochen zu haben, doch ist das Princip in der londoner Bank zur Anwendung gekommen, um die durch den Gebrauch zu stark abgenutzten Geldstücke von den vollwichtigen zu trennen. Größere Silber- und alle Goldmünzen werden durch Aufwerfen auf ihren Klang geprüft und die unganzen, klanglosen ausgesondert. Silberscheide- und Kupfermünzen werden **in der Mark** justirt, d. h. man zählt die Anzahl Stücke, welche gesetzlich auf eine Mark gehen sollen, ab und wägt sie. Ein zu leichter Satz wird durch einen zu schweren ausgeglichen, so daß schließlich ein richtiges Gesammtgewicht herauskommt. Das Gewicht jeder einzelnen Münze läßt man auf sich beruhen. Die justirten Münzen werden geglüht und kommen noch heiß in das **Beizfaß**, um sie blank zu machen. Dies Faß ist mit seiner Axe um 12—15° gegen den Horizont geneigt, wird durch irgend eine Kraft langsam umgedreht und enthält verdünnte Schwefelsäure, die durch die heißen Münzen auf 30—40° R. erwärmt wird. Die Säure besteht für Silberplatten von wenigstens 0,75 Feingehalt aus 100 Pfund Wasser u. 8 Pfd. Schwefelsäure, ist aber für Scheidemünze und Kupfer stärker. Zweithalerstücke bleiben 8—10 Minuten, Thaler 30—36, Scheidemünze $1\frac{1}{2}$—$1\frac{3}{4}$ Stunden in der Säure. Hierbei wird nicht nur oberflächliches Oxyd, sondern auch etwas Kupfer aus der Legirung gelöst, so daß die Platten weißer werden. Den Erfolg kann man aus der Vergleichung alter und neuer Silbergroschen abschätzen. Die weiße Farbe der letzteren ist nur durch das Beizen hervorgebracht. Je geringhaltiger die Legirung, um so länger bleibt sie daher auch in der Säure, Scheidemünze von 0,229 Feingehalt selbst $2\frac{1}{2}$ Stunden. Silberplatten verlieren durch das Beizen $\frac{1}{8}$—$2\frac{1}{2}$ Proc. am Gewicht, geringhaltige mehr als feinere, kleine mehr als große. Kupferplatten bleiben 12 bis 15 Minuten in der Säure. Bei den Scheidemünzen wird genügend Kupfer nur dann aus der Legirung aufgenommen, wenn ein Theil davon oberflächlich oxydirt war. Da nun beim Justiren ein Abschaben der Platten Statt findet, so muß auf die Bildung von Oxyd Rücksicht genommen werden. Zu starke Oxydation bedingt indessen große Verluste, und bei Kupfermünzen vermeidet man, weil sie unnöthig ist, jede Spur von Oxydation. Die gebeizten Platten werden sorgfältig gewaschen und in einem rotirenden Faß mit Sägespänen oder Kohlen getrocknet. Dann werden sie noch einmal probirt (**Plattenprobe**) und die größeren Münzsorten in der Mark justirt.

Dem eigentlichen Prägen geht das **Rändeln** voraus, wenn die Randverzierung oder Kräuselung vertieft ist, oder wenn man ohne Prägring prägt. Das Rändelwerk oder Kräuselwerk besteht im Wesentlichen aus 2 gehärteten stählernen Rändeleisen, die geradlinig und parallel oder in Gestalt zweier koncentrischer Kreisbögen einander gegenüber liegen. Sie tragen auf den einander zugekehrten Seiten, jedes zur Hälfte, die Randverzierung, welche die Münze erhalten soll, und bringen sie auf dieser an, indem dieselbe zwischen ihnen eine halbe Umdrehung um sich selbst macht. Dabei liegt das eine Eisen fest und das andere wird durch Dampfkraft angemessen bewegt, so daß je nach der Größe der Münzen 40—60 Platten in einer Minute bearbeitet werden. Sehr schön wird die Kräuselung, wenn man die Münzen zunächst durch 2 glatte Rändeleisen gehen läßt, den Rand also gleichsam polirt und dann erst die Kräuselung anbringt. Dies **Glatträndeln**, wobei 240 Platten in einer Minute fertig werden, wendet man wohl auch beim Prägen mit dem Prägring und bei solchen Münzen an, die ohne Randverzierung bleiben.

Beim **Prägen** werden die Münzen einem starken Stoß zwischen zwei vertieft gravirten, stählernen, gehärteten und gelb angelassenen Stempeln ausgesetzt. Die alte Prägmaschine, das **Stoßwerk** (Druckwerk, Anwurf, Spindelwerk), besitzt eine Schraube mit dreifachem flachen Gewinde, die mit ihrem Schwengel bei der Umdrehung einen Bogen von 60—180° vor- und rückwärts durchläuft. Je kleiner der Bogen ist, um so mehr Stöße kann man in einer bestimmten Zeit geben, aber desto mehr Arbeiter sind auch erforderlich, um dem Stoß die nöthige Kraft zu verleihen. Den Rückstoß verstärkt man passend, um die Schraube einen Theil ihres Wegs zurück hinauf zu treiben. Eine größere Maschine liefert mit 8—10 Mann 50 Thaler- und Zweiguldenstücke in einer Minute. Bei gleichem mechanischen Moment des bewegten Oberstempels ist es für die Schönheit der Prägung vortheilhafter, die Geschwindigkeit groß und die Kraft entsprechend kleiner zu nehmen als umgekehrt. Bei den einfachsten Maschinen legt ein Arbeiter eine Platte nach der andern auf den Unterstempel und stößt die geprägten Platten mit einem Meißel fort, bequemer und minder gefährlich ist aber eine Vorrichtung (Zubringer), die diese Arbeit verrichtet. Das alte Stoßwerk ist auch mit Dampfkraft betrieben worden, und man hat daneben den Druck der Luft benutzt, um die Kraftäußerung der Dampfmaschine auf die Prägstöcke zu übertragen.

Um eine größere Regelmäßigkeit der Münzen zu erzielen, hindert man die Platte, sich beim Prägen über einen bestimmten Umkreis hinaus zu vergrößern. Dies geschieht durch die **Ringprägung**, wobei der untere Stempel von einem enganschließenden stählernen Ring umgeben ist. Letzterer hat die Höhe der Münze und ist so beweglich, daß er nach der Prägung sich senkt und die Münze frei legt. Sobald darauf der Stempel wieder niedergeht, steigt auch der Ring wieder empor und nimmt die neue Platte auf. Mittelst des Ringes kann nun die Kräuselung bequem hergestellt werden, ein glatter Ring gibt einen glatten Rand, ein gekerbter Ring erzeugt auch auf dem Münzenrand Kerben, aber im umgekehrten Sinn. Sollen dagegen auf dem Münzenrand erhabene Verzierungen angebracht werden, so muß man einen dreitheiligen oder gebrochenen Ring mit den entsprechenden Gravirungen anwenden. Ein solcher Ring schließt sich im Augenblick des Prägens und öffnet sich nachher, um das Herausheben der Münze zu gestatten. Das Stoßwerk ist gegenwärtig fast ganz verdrängt und man benutzt allgemein Kniehebelpressen, welche durch Drehen einer Kurbel in Gang versetzt werden. Die hierher gehörige **uhlhornsche Prägmaschine** leistet Außerordentliches; sie enthält einen Mechanismus, durch welchen die Maschine ihre Bewegung selbst augenblicklich einstellt, wenn zufällig keine Münzplatte auf den Unterstempel gelangt ist, einen andern, der aller Beschädigung vorbeugt, wenn auf die nicht fortgeschobene Münze eine zweite Platte fällt, oder diese zwar den Ring leer findet, aber nicht ganz in dessen Oeffnung eintritt. Im Augenblick des Prägdrucks wird der Unterstempel um ein sehr Geringes drehend um seine Axe bewegt, wodurch das scharfe Ausprägen befördert wird. Ein Arbeiter läßt die zu prägenden Platten zählend auf eine schiefe Ebene fallen, auf welcher sie herabgleiten, zwei andere Arbeiter drehen an der Kurbel, und so liefert die Maschine in einer Minute 36—40 große, 50—55 mittlere und 60—75 kleine Münzen. Die Prägstempel (Münzstempel) werden meist im Relief in Stahl gravirt, worauf man das gehärtete Original in eine beliebige Anzahl von Prägstempeln abdruckt. Dazu bedient man sich eines starken Prägwerks mit Schraubenspindel, und das Verfahren wird Senken (Absenken) genannt. Die Dauer der Prägstempel ist sehr verschieden, manche springen sehr bald oder nutzen sich ungleich ab, vorzüglich gute Stempel liefern dagegen 300,000—500,000 Prägungen. In London rechnet man 50—60,000 Stück auf ein Paar Stempel, aber in Belgien verbrauchte man ein solches auf durchschnittlich 18,000 Stück.

Medaillen prägt man wie Münzen, weil sie aber ein viel höheres Gepräge haben, erfordern sie 10—16 u. mehr Stöße. Nach jedem zweiten od. dritten Stoß müssen sie ausgeglüht u. abgebeizt werden, damit sie den Stempeln gehörig nachgeben. Durch geeignetes Bearbeiten der Platten mit dem Hammer kann man übrigens die Prägung vorbereiten und erleichtern, bisweilen gießt man auch die Medaillen in Sandformen und vollendet das Relief durch wiederholte Prägung. Die gewöhnlichen „Bronzemedaillen" bestehen aus Kupfer und sind bronzirt, sehr gut aber ist eine Legirung aus 100 Theilen Kupfer u. 5—10 Th. Zinn. Die gegossenen Medaillen werden noch heiß in Wasser abgelöscht und dann unter wiederholtem Glühen geprägt. Zinkmedaillen erwärmt man zum Prägen, verkupfert und bronzirt sie. Britanniametall- u. Zinnmedaillen werden galvanisch versilbert.

Ueber die durch den Umlauf erfolgende Abnutzung der Münzen macht Karmarsch folgende Angabe. Es beträgt die jährliche durchschnittliche Gewichtsverminderung in Procenten des ursprünglichen vollen Gewichts ausgedrückt, bei

	Feingehalt	Milligr. von 1 Stück	Gewichtsprocent
deutschen Doppelthalern	0,900	4,0	0,0107
preußischen Thalern (vor 1857) .	0,750	5,4	0,0242
„ Sechstelthalern . . .	0,520	3,5	0,0711
hannöverischen Zwölftelthalern . .	0,520	3,1	0,1160
französischen 5-Frankenstücken . .	0,900	5,7	0,0226
„ 2- „ . .	0,900	8,3	0,0880
„ 1- „ . .	0,900	7,9	0,1580
englischen halben Kronen	0,925	16,0	0,0690
„ Schillingen	0,925	13,0	0,02299
„ halben Schillingen . .	0,925	9,9	0,35ck
hannöverischen Doppelpistolen (Gold)	0,896	2,1	0,0158
englischen Sovereigns (Gold) . .	0,916	2,6	0,0326
„ halben Sovereigns (Gold)	0,916	2,3	0,0581

Die Chinesen sollen schon 2000 Jahre v. Chr. Münzen gehabt haben, die spätern Völker aber die Münzkunst von den Phöniciern erlernt haben, weshalb auch Einige diesen die Erfindung derselben zuschreiben. Zu Solons Zeit gab es schon geprägtes Geld, und vielleicht zur Zeit des Servius Tullius haben die Römer den Gebrauch desselben von den Griechen entlehnt. Die Metalle, welche die Alten ausmünzten, waren Gold, Silber und Erz. Mit geringer Beimischung findet sich das Gold in den Münzen der Griechen, Römer und Perser, am reinsten in denen des Vespasian, in denen sich nur der 788. Theil anderen Metalls vorfindet. Die Griechen prägten gleichzeitig mit dem Silber Gold aus. Bei den Römern kommen seit 206 v. Chr. die ersten Goldmünzen vor; sie geben von Cäsars Zeit an bis zum Sturz des Reichs eine fast ununterbrochene Reihe der Kaiser. Die ältesten Münzen der Griechen sind von Silber; die Römer schlugen erst seit 269 v. Chr. Silbermünzen. Bei den Silbermünzen der Alten gilt im Ganzen der Grundsatz: je feiner das Silber, desto älter die Münze. Die griechischen Silbermünzen sind fast alle von feinem Silber; erst die syrischen Könige verschlechterten den Gehalt derselben. Bei den Römern erhielt sich eine ziemliche Reinheit des Silbers bis auf den Kaiser Severus, dessen Nachfolger (außer Alexander Severus) das Volumen der Münzen vergrößerten und die Feinheit des Silbers verringerten. Von Claudius Gothicus bis auf Diocletian hörte das Prägen von Silbermünzen ganz auf; es wurden Bronzemünzen in einer Silberauflösung gesotten, wodurch sie ein dünnes Deckblatt dieses Metalls und zugleich einen sehr leicht zerstörbaren Silberglanz erhielten (nummi tincti). Erst Diocletian und seine Nachfolger prägten wieder reineres Silber aus. Die Erz- oder Bronzemünzen (nummi aerei oder aenei) bestanden aus Kupfer mit einer Beimischung von Zinn, selten von Eisen. Erzmünzen prägten zuerst die Römer aus; die ältesten mittelitalischen Münzen sind sämmtlich von Erz (s. As). Außerdem bedienten sich die Alten auch des Eisens, Zinns u. Blei's zur Münzprägung. Eiserne Münzen sollen die Spartaner, Clazomenier und Byzantiner geprägt haben. Ob Ledermünzen (nummi scortei), wie sie bei den Karthagern, Spartanern und Römern vorkommen, wirkliche Münzen oder vielleicht nur gestempelte Felle gewesen sind, ist schwer zu bestimmen. Babylon, Aegypten, Phönicien und Palästina, Griechenland, Sicilien und Italien, die Hauptpunkte antiker Münzprägung, standen in einem gewissen, zwar nicht äußerlichen, doch inneren Münzverbande, d. h. der Weltverkehr vereinigte sie allmählig in Bezug auf Münzen, Maße und Gewichte zu einem Ganzen. Die größte imaginäre Münze oder vielmehr das größte im Verkehr geltende Gewicht war das Talent (s. d.), dem Ursprung nach ein babylonisches Gewicht, wie auch die Mina aus dem Orient stammt. Beide Gewichte kamen durch die Handelsverbindungen der Phönicier nach Griechenland u. wurden den griechischen Münzsystemen angepaßt. Die ältesten römischen und übrigen mittelitalischen Kupfermünzen sind gegossen, die Konsular- und Kaisermünzen geprägt. Unter den griechischen Münzen vor der Kaiserzeit finden sich, mit wenigen Ausnahmen, keine gegossenen. Die Fabriksorte der griechischen Städtemünzen waren in den Städten, deren Namen die Münzen tragen; die Münze ganzer Staaten hingegen, wie die der Könige, wurde wahrscheinlich in der Hauptstadt geschlagen. Bei den Römern blieb Rom lange Zeit die eigentliche Münzstätte für das römische Gebiet, bis seit der Erhebung der einzelnen Machthaber in den Provinzen des Reichs von diesen in ihren Provinzen Münzen mit ihrem Bilde geschlagen wurden. Die Gestalt der antiken Münzen war gewöhnlich rund oder oval. Die ältesten, namentlich die altitalischen, sind linsenförmig, manche nähern sich selbst der Kugelform. Die in Aegypten unter den Ptolemäern und Kaisern bis zu Commodus geprägten haben eine konische Form; viereckig gestaltet sind wenige altitalische und spätere baktrische Münzen. Blechartige, konkave Münzen (nummi scyphati) wurden von den byzantinischen Kaisern geschlagen. Auf vielen Münzen großgriechischer Städte ist der Typus in die eine Seite konkav, in die andere konvex eingeprägt (nummi incusi). Bei vielen römischen Denaren, sowie bei einigen Erzmünzen syrischer Könige finden sich die Ränder derselben durch die Feile eingekerbt oder gleichsam ausgezahnt (nummi serrati). Münzen, welche durch einen neuen Stempel überprägt wurden, so jedoch, daß der ursprüngliche Stempel nicht ganz verlöscht werden konnte (nummi recusi), sind besonders zahlreich bei den Römern, vorzugsweise unter den Kaisermünzen. Hiervon verschieden sind jene kleinen Nebenstempel (signa incusa), welche bei griechischen Münzen angewendet worden zu sein scheinen, um einer Münze in mehren Städten Geltung zu verschaffen. Das Münzrecht war stets mit der höchsten Gewalt im Staate verbunden, doch pflegten die der römischen Republik unterworfenen Städte und Staaten ihr Münzrecht zu behalten. So lange Rom noch Republik war, durfte das Bild keines noch Lebenden auf die Münzen gesetzt werden, und nur der Kopf schon verstorbener Personen konnte mit besonderer Erlaubniß des Senats darauf abgebildet werden. Julius Cäsar war der Erste, der sein Bild auf Münzen setzte. Die Namen der Stempelschneider sind theils im Kopf- und Helmschmuck der die Münzen zierenden Gottheiten, theils im Felde der Münzen, durch zwei Parallelstreifen unterhalb der Münztypen eingeschlossen, oder auf den Untertheilen des Halses der Köpfe der Götter vollständig ausgeschrieben oder abgekürzt angebracht. Die Stellung der Buchstaben auf Münzen war außer der im Occident allgemein üblichen eine retrograde oder Bustrophedon. Gewöhnlich hatte jede Seite der Münze ihre besondere Inschrift; auf griechischen Kaisermünzen ist jedoch häufig die Inschrift der Vorderseite mit der der Kehrseite zu verbinden. Die Münztypen wurden von den Griechen mehr aus der Mythologie genommen, die Römer wählten mehr Scenen aus der Geschichte u. Allegorien in Bezug auf die Kaiser. Die Germanen nahmen erst von diesen und später besonders von den fränkischen Königen Münzen an. Die noch jetzt gebräuchliche Münzbenennung Pfund, Livre 2c. schreibt sich von dem alten Gebrauche her, den Werth der Metallstücke nach dem Gewichte zu berechnen; die kleineren Münzen wurden überhaupt bei größeren Zahlungen der Bequemlichkeit wegen gewogen, u. so rechnete man namentlich nach Pfunden verschiedener Sorten Denare. In Deutschland waren erst seit dem 9. Jahrhundert Münzen in Gebrauch, von denen die ersten nummi solidi, Schillinge (von schellen oder klingen), hießen, und die man sowohl von Gold, als von Silber hatte. Unter Otto I. begann man, um der eingerissenen Verschlechterung des Metalls Einhalt zu thun, ganz dünne Hohlmünzen oder Blechmünzen (s. Brakteaten) zu schlagen, die man von Gold, Silber u. Kupfer u. von verschiedener Größe u. verschiedenem Gepräge hatte. Man bezahlte damit wahrscheinlich nach dem Gewicht, da kein Münzwerth darauf angegeben war. Von ihrer pfannenähnlichen Form nannte man sie auch Pfännige. Seit dem 13. Jahrhundert wurden sie jedoch wieder von dickeren Münzen, Dickpfennigen, Groschen (von grossi), verdrängt, von denen die in der Stadt Hall in Schwaben geprägten Häller u. die mit einem Kreuz im Gepräge Kreuzer genannt wurden. Aus der florentiner Goldmünze Florenus entstand im 14. Jahrhundert der deutsche Gülden oder Goldgülden. Aus der Silbermünze, welche seit 1518 aus dem Ertrag einer Silbergrube zu Joachimsthal in Böhmen geschlagen wurde, dem Joachimsthaler und Schlickenthaler, ward der Name Thaler (Dollar). Weiteres über die einzelnen Münzen s. die betreffenden Artikel. Ueber das deutsche M. vgl. Praun, Nachricht von dem M., 3. Aufl., Leipz. 1784, u. Müller, Deutsche Münzgeschichte, Leipz. 1860 ff., 3 Bde.; über die gegenwärtigen Münzsysteme: Noback, Vollständiges Taschenbuch der Münz-, Maß- und Gewichtsverhältnisse, Leipz. 1851, 2 Bde., u. Münz-, Maß- u. Gewichtsbuch, das. 1853; über das Staatswirthschaftliche des M.s: Chevalier, De la monnaie, in dessen „Cours d'économie politique", Th. 3, Paris 1850, und die Arbeiten von J. G. Hoffmann und Soetbeer; über die Fabrikation der Münzen in Prechtl, Technologische Encyklopädie, Bd. 10; Karmarsch, Handbuch der mechanischen Technologie, Bd. 1, 2. Aufl., Hannover 1851; Derselbe, Beiträge zur Technik des M.s, das. 1856.

Münzwissenschaft, s. v. a. Numismatik.

Münzwürdigung, s. Valvation.

Müritzsee, der größte Landsee Norddeutschlands, in Mecklenburg-Schwerin, $3\frac{3}{4}$ Meilen lang, $1\frac{3}{4}$ Meilen breit und 2,4 □M. groß, steht durch die Elde mit der Elbe in schiffbarer Verbindung.

Mürzzuschlag, Marktflecken im österreichisch-steiermärkischen Kreise Bruck, reizend im Thale der Mürz gelegen, hat ein Bürgerhospital, mehre Hammerwerke, Weißblechfabriken, Sensen- und Sichelschmieden u. über 1000 Einwohner. Der Ort ist ein wichtiger Stationsplatz an der kaiserlichen Südbahn mit Vorkehrungen zur Ueberfahrt über den Semmering. In dem Gerichtsbezirk von M. liegt auch die Ortschaft Mürzsteg mit 150 Einwohnern und einer kaiserlichen Gewehrfabrik in der Lahnau.

Muesa, Fluß im schweizerischen Kanton Graubünden, entspringt aus einem See auf der gleichnamigen Alp, zwischen dem Bernardino und dem Muschelhorn, durchfließt in südlicher Richtung das Misoxerthal und wendet sich dann westlich dem Ticino zu.

Mütze, Kopfbedeckung für Frauen und Männer, nach Stoff und Form sehr verschieden u. wie andere Kleidungsstücke der Mode unterworfen. Nach Verschiedenheit des Stoffes werden sie von Kürschnern, Schneidern, Hutmachern, oder eigentlichen Mützenmachern verfertigt. Einen bedeutenden Handelsartikel machen die von den Strumpfwirkern verfertigten baumwollenen, wollenen oder seidenen, gewebten oder gestrickten Zipfelmützen aus. Rothe Käppchen oder sogenannte Fes (s. d.) gehen besonders aus deutschen, französischen und italienischen Fabriken nach dem Orient. Eine besondere Art der M.n ist auch das Barett (s. d.). Auf Wappen finden sich M.n als Schild- und besonders als Helmfiguren. Sie sind entweder rund, oder sogenannte ungarische M.n (mit überhängendem Zipfel); der Aufschlag ist meist von anderer Farbe oder von Pelzwerk und erscheint bisweilen mit der Schildfigur belegt. In der neufranzösischen Heraldik trat die M. (toque) an die Stelle des Helms. M. (mitra) wird in der Verbandlehre ein Bandagenstück genannt, welches einer Kopfhaube mehr oder weniger ähnlich ist.

Muff, gewöhnlich aus Pelzwerk gefertigtes Kleidungsstück von der Gestalt eines hohlen Cylinders, in welches man von beiden Seiten die Hände hineinsteckt, um sie gegen die Kälte zu schützen.

Muffe, vierseitige Hülse, womit die Zapfen von 2 neben einander stehenden Rädern vereinigt sind, so daß das eine Rad das andere mit herumdreht.

Muffel, ein halbcylindrisches Gefäß aus feuerfestem Thon oder Eisen mit flachem Boden (Muffelblatt), welches hinten geschlossen u. vorn offen ist u. in einem Ofen hinreichend erhitzt wird, damit hauptsächlich durch die strahlende Wärme der Wände ein in die M. gebrachter Körper die beabsichtigte Veränderung erleidet. Man kann in der M. keine viel höhere Temperatur als die des schmelzenden Goldes oder Kupfers hervorbringen und wendet sie stets an, wenn ein Luftzutritt zu dem zu erhitzenden Körper nothwendig ist (z. B. bei Röstprozessen, in der analytischen Chemie zum Verbrennen organischer Stoffe rc.). Doch kann sie auch benutzt werden, wo solches nicht erforderlich ist (z. B. beim Einbrennen der Farben auf Porzellan). Oefen, in denen M.n angebracht sind, heißen Muffelöfen. Diese haben verschiedene Dimensionen, sind festgemauert oder transportabel u. weichen in ihrer Konstruktion besonders nach dem angewandten Brennmaterial ab. Am häufigsten brennt man Holzkohlen und Steinkohlen. In letzteren läßt sich die Temperatur besser stimmen als in ersteren, auch gestatten sie eine stärkere Erhitzung. Bei ihnen findet die Erhitzung besonders von unten, bei den Holzkohlenöfen dagegen mehr von den Seiten Statt. Ueber die Konstruktion der in den verschiedenen Hüttenwerken zum Probiren der Erze und Hüttenprodukte benutzten Muffelöfen s. Kerl, Handbuch der metallurgischen Hüttenkunde, Freiberg 1861.

Muffen, s. v. a. Hollandgänger.

Mufti (arab.), s. v. a. Entscheider oder Ausleger des Gesetzes, d. i. des Korans. Der Großmufti (Scheikh-ül-Islam, d. h. Haupt der Auserwählten), ist in der Türkei das Oberhaupt der Gesetze und der Religion und folgt im Rang unmittelbar nach dem Großwessir.

Muggendorf, Marktflecken im bayerischen Regierungsbezirk Oberfranken, Verwaltungsdistrikt Ebermannstadt, in einem tiefen Thale an der Wiesent, in der sogenannten fränkischen Schweiz, hat Bierbrauerei, Viehzucht, Obst-, Feld- und Hopfenbau und 410 Einwohner. M. ist besonders berühmt durch die hier und bei den benachbarten Orten Gailenreuth und Mokkas in den rings umher gelegenen Bergen befindlichen 24 Tropfsteinhöhlen (Muggendorferhöhlen), welche reich sind an höchst merkwürdigen Tropfsteingebilden, labyrinthischen Gängen, Wasserfällen und Knochen ausgestorbener Thiergeschlechter. Die bedeutendsten derselben sind: die Kochshöhle (oder Höhlenkönigin), die Rosenmüllershöhle, die gailenreuther Zoolithenhöhle, die Galsloch-, Ludwigs-, Oswalds-, Goldfuß-, Sophien-, Rabensteiner-, Försters-, Kapps- und Wundershöhle u. das Witzenloch. In einigen dieser Höhlen hat man auch Spuren heidnischen Götzendienstes zu finden geglaubt. In der Nähe sind mehre merkwürdige Felsgruppen (Riesenburg, Rabenecker Thal u. A.). Vgl. Heller, M. u. seine Umgegend, Bamberg 1829.

Muggensturm (Muckensturm), Marktflecken im badischen Oberrheinkreise, Oberamt Rastadt, unweit der badischen Staatsbahn (Linie Karlsruhe-Rastadt), hat ein gräflich ebersteinisches Schloß, Thongruben und 1770 Einw. Hier am 29. Juni 1849 Gefecht zwischen den Preußen und badischen Insurgenten.

Muggiothal, Thal im schweizer Kanton Tessin, Bezirk Mendrisio, das südlichste Thal der schweizer Alpen, wird von der Breggia durchflossen, ist höchst fruchtbar an Obst, Wein, Kastanien rc. und gehört zu den an Naturschönheiten reichsten Thälern der Schweiz.

Muhammed, s. Mohammed.

Muiden, befestigte Stadt in der niederländischen Provinz Nordholland, Gerichtsbezirk Amsterdam, an der Mündung der Vecht in die Zuydersee, durch einen Kanal mit dem 2 Meilen westlich davon gelegenen Amsterdam verbunden, hat ein Schloß, eine Marineschule, königliche Pulverfabrik, Salzsiederei, Fischerei und 1900 Einw. Hier befindet sich eine der Hauptschleußen, durch welche das Seewasser zur Ueberschwemmung des Landes hereingelassen werden kann.

Mukden (Schin-yian, Fung-thian), Hauptstadt der chinesischen Mandschurei, in fruchtbarer Gegend an einem Nebenflusse des Liao, Sitz der höchsten Provinzialverwaltungs- und Gerichtsbehörden, hat einen kaiserlichen Palast und prächtige Grabmäler der regierenden Dynastie.

Mula, Stadt in der spanischen Provinz Murcia, mit Oelmühlen, Töpferei, Branntweinbrennereien, warmen Bädern und 6600 Einw.

Mulatten, s. Farbige.

Mulde, aus einem einzigen Stück Holz gefertigtes nachenförmiges Gefäß zum Backen, Waschen, Transportiren des Fleisches rc.; auch eine länglich viereckige Form, worin das Blei gegossen wird, daher Muldenblei, in solcher Form gegossenes Blei; endlich in der Geognosie jede konkave länglich geformte Einsenkung einer Fläche, sei es der Bodenoberfläche oder einer Schichtfläche.

Mulde, nächst der Elbe der bedeutendste Fluß des Königreichs Sachsen, entsteht unterhalb Kolditz durch die Vereinigung der 17 Meilen langen zwickauer oder westlichen M., welche bei Schöneck im sächsischen Voigtlande entspringt, die Städte Zwickau, Rochlitz und Kolditz berührt und bei Aue das Schwarzwasser, bei Wechselburg die Chemnitz aufnimmt, und der 12¹/₂ Meilen langen freiberger oder östlichen M., die bei Graupen in Böhmen ihre Quelle hat, an Freiberg, Roßwein, Döbeln und Leisnig vorübergeht u. bei Roßwein die Striegis u. unweit Döbeln die Zschopau aufnimmt. Nach ihrer Vereinigung geht sie in einem breiten Thale nordwestwärts nach Grimma, von da nach Wurzen, tritt unterhalb Wasewitz nach Preußen über, berührt in gewundenem Laufe Eilenburg, Düben und Bitterfeld und mündet bei Dessau in die Elbe, nachdem sie bei Beichen das mutzschener Wasser, bei Döhnitz die Mühlbach und, schon außerhalb Sachsens, bei Kötzschau die Lossa aufgenommen hat. Die Länge der Stromentwickelung beträgt in Sachsen 22 Meilen, die Länge des vereinigten Flusses 13 Meilen; das gesammte Stromgebiet hat von Südsüdosten nach

Nordnordwesten 24 Meilen Länge und $11^1/_2$ Meilen Breite. Die M. ist an vielen Stellen sehr reißend und verursacht namentlich in ihrem untern Laufe bei ihren niedrigen Ufern häufig bedeutende Ueberschwemmungen; sie wird fast nur zum Holzflößen benutzt. Der früher ansehnliche Lachsfang hat jetzt fast ganz aufgehört; überhaupt ist die Fischerei in der M. nur von geringer Bedeutung, theils wegen der starken Bevölkerung des Flußbettes, theils wegen des Hüttenbetriebs und der vielen industriellen Etablissements am Flusse selbst wie an seinen Nebenwässern, dagegen wird die Wasserkraft derselben zu Industriezwecken sehr vielfach ausgebeutet.

Mulder, **Gerard Johannes**, ausgezeichneter Chemiker, geboren den 27. Dec. 1802 zu Utrecht, studirte daselbst seit 1819 neben Medicin besonders Naturwissenschaften und Mathematik und ließ sich 1825 als Arzt in Amsterdam nieder. Schon im folgenden Jahre siedelte er nach Rotterdam über, wo ihm von der botanischen Gesellschaft eine Stelle als Lehrer der Physik und vom Apothekerverein der botanische Unterricht der jüngeren Pharmaceuten übertragen ward, und als 1827 in Rotterdam eine medicinische Schule errichtet ward, übertrug man ihm das Lehramt für Botanik und Chemie an derselben. Daneben las er über Pharmacie, Pharmakologie, Zoologie und Arzneimittellehre. Nachdem er sich seit 1830 wieder ausschließlich seiner ausgedehnten ärztlichen Praxis gewidmet hatte, folgte er 1841 einem Ruf als Professor der Chemie nach Utrecht. M. hat sich um die Thierchemie große Verdienste erworben, namentlich durch seine Untersuchungen über die eiweißartigen Körper, worin er eine allen diesen Stoffen gemeinsame Grundlage als Proteïn bezeichnete, was zu einem heftigen Streit mit Liebig führte, der u. A. M.s Streitschrift „Liebigs Frage sittlich und wissenschaftlich geprüft" (Frankf. 1846) veranlaßte, schließlich aber M. selbst zur Anerkennung der Unrichtigkeit seiner Proteïntheorie führte. Von seinen Werken sind hervorzuheben: „Leerboek der scheikundige werktuigkunde" (Rotterd. 1832—33, 2 Bde.); „Proeve eener allgemeene physiologische Scheikunde" (das. 1843, deutsch unter dem Titel „Versuch einer allgemeinen physiologischen Chemie" von Kolbe, Braunschw. 1844—51); „De voeding in Nederland in verband tot den volksgeest" (Rotterd. 1847); „De voeding van den Neger in Suriname" (das. 1747); „Chemische Untersuchungen" (deutsch von Völker, Frankf. 1847); „Die Chemie des Weins" (deutsch, Lpz. 1856); „Die Chemie des Biers" (deutsch, das. 1858); „Die Silberprobirmethode" (deutsch, das. 1859); „Die Chemie der Ackerkrume" (deutsch, Berl. 1861—62, 2 Bde.) und „Die Ernährung in ihrem Zusammenhang mit dem Volksgeist". Mit van Hall und Vrolik redigirte er 1826—32 die „Bytragen tot de natuurkundige wetenschappen", allein von 1832 bis 1836 und mit Wenckebach von 1836—38 das „Natuur- en scheikundig archief" und mit Miquel und Wenckebach das „Bulletin de sciences physiques et naturelles en Neerlande", seit 1842 die „Scheikundige onderzoekingen gedaan in het laboratorium de Utrechtsche Hoogeschoel".

Mulemaschine, s. **Spinnmaschine**.

Mulgedium *Cass.*, Pflanzengattung aus der Familie der Kompositen, charakterisirt durch den dachziegeligen Kelch, den nackten, grubigen Fruchtboden, die glatten, zusammengedrückten, oft an beiden Seiten gerippten, am Ende in einen Schnabel verschmälerten Samen, meist ausdauernde Kräuter in Europa, Asien und Nordamerika, von deren Arten M. floridanum *Dec.*, mit schönen, großen, blauen Blüthen, u. M. Plumieri *Dec.*, mit schönen, blauen, traubenständigen Blüthen, sich als Zierpflanzen in deutschen Gärten finden. Beide Arten dauern im Freien, lieben einen trockenen, fetten Boden und werden durch den Samen vermehrt.

Mulgrave, 1) **Konstantin John Phipps, Lord**, britischer Seefahrer, geboren am 30. Mai 1744, trat frühzeitig in die Marine, war schon 1765 Fregattenkapitän und befehligte 1773 die zur Entdeckung einer Durchfahrt aus dem atlantischen Ocean durch das nördliche Polarmeer in das große Weltmeer ausgerüstete Expedition. Er erreichte zwar unter den größten Anstrengungen am 30. Juli den 80.° nördl. Br., gerieth hier aber in der Nähe von Spitzbergen in Gefahr, vom Eise eingeschlossen zu werden und kehrte im August nach England zurück. Die Ergebnisse seiner Expedition veröffentlichte er im „Journal of a voyage towards the North-Pole" (Lond. 1774; deutsch von Engel, Bern 1777). Im Jahre 1775 erhielt er wieder einen Sitz im Parlament, dem er schon von 1768—73 angehört hatte, u. 1777 ward er Kommissär der Admiralität. Daneben kommandirte er im Kriege mit den Kolonien bis zum Frieden von 1783 ein Linienschiff. Beim Falle des Ministeriums North trat er zwar aus der Admiralität, wurde aber von der Regierung fortwährend mit Aufträgen bedacht. Im Jahre 1783 erfolgte noch seine Erhebung zum Geheimerath und 1784 zum Peer. Er † auf einer Reise zu Lüttich am 10. Okt. 1792. Auch um die Vervollkommnung des Schiffbaues, sowie als Mitglied der britischen Gesellschaft der Alterthumsforscher hat sich M. verdient gemacht.

2) **Henry Philipp Phipps, Lord M.**, britischer Staatsmann, des Vorigen Bruder, geboren den 14. Febr. 1755, widmete sich dem Seedienste und machte den Krieg gegen die Kolonien mit, trat aber nach dem Frieden ins Unterhaus, wo er das Ministerium vertrat, und wurde 1792 Baron und Mitglied der Peerskammer. Bald darauf trat er ins Ministerium, erhielt aber nach Pitts Tode seine Entlassung und ging nun zur Opposition über. Nach Fox' Tode gelangte er als erster Lord der Admiralität wieder ins Ministerium und zeigte sich seit 1807 als einer der erklärtesten Gegner der Emancipation der Katholiken. Die Expedition nach Walcheren 1809, die er persönlich betrieb, wurde für ihn die Veranlassung zu einem heftigen Kampf mit der Opposition. Im Jahre 1812 ward er zum Großmeister der Artillerie und zugleich zum Earl of Normanby und Viscount M. ernannt. Später trat er seine Würde als Großmeister zwar an den Herzog von Wellington ab, blieb aber Mitglied des Ministeriums. Er † den 7. April 1831 und hinterließ einen Sohn, Konstantin Henry Phipps, Earl of M., spätern Marquis Normanby (s. d.).

Mulgravearchipel, großer Archipel im nordwestlichen Theile des stillen Oceans, erstreckt sich im Osten der Karolinen von Nordwesten nach Südosten u. zerfällt in die Inselgruppen Marshall im Norden u. Gilbert im Süden, welche letztere vom Aequator durchschnitten wird. Es sind, wie die Karolinen, meist kleine Laguneninseln oder Atolls, arm an Begetation, namentlich Pandanus und nächstdem Kokospalmen tragend, und spärlich bevölkert. Die nördliche Gruppe, die Marshallinseln, bestehen aus nur 2 parallel neben einander liegenden Inselreihen, jede aus 12 Lagunengruppen gebildet, nämlich der östlicher gelegenen Gruppe Radak und der westlicher gelegenen Gruppe Ralik. Ueber die Gilbertinseln s. d. Die Bewohner des Archipels ähneln denen der Karolinen und sind ein mildes und freundliches Volk. Einzelne Inseln wurden bereits 1529 durch Saavedra entdeckt; später (1788) haben die Engländer Marshall und Gilbert die meisten Inseln aufgefunden; aber genauer erforscht ist bis jetzt nur die Radakgruppe, durch Kotzebue 1816. Der jetzt eigentlich veraltete Gesammtname M. stammt vom Lord Mulgrave, der 1800 Lord der Admiralität war. Englische und amerikanische Karten gebrauchen duch den Namen Centralarchipel.

Mulhacen (Mulahacen, Cumbre de M.), die höchste Spitze der Sierra Nevada in Spanien, südöstlich von Granada, 10,950 Fuß hoch.

Mull (ehemals Dreolin), eine der größten Inseln der südlichen Hebriden, an der Westküste von Schottland, zur Grafschaft Argyle gehörig, gegen 8 Meilen lang, gegen 3 Meilen breit, 14 □Meilen groß, ist gebirgig (Spitzen, z. B. Benmore und Bentaluidh, bis zu 3000 Fuß hoch), theilweise heidig und morastig, hat mebre kleine Seen, fast gar keine Waldungen, wenig Ackerbau, dagegen sehr ergiebige Viehzucht und reiche Steinkohlenlager. Die Insel wird durch den Mullsound im Norden und durch den Linnhebusen im Osten vom Festland geschieden. Die Bevölkerung beträgt 18,000 Einwohner hochschottischer Abkunft; Hauptort ist Tobermory an der Nordküste, mit Hafen und 5000 Einwohnern.

Mull, s. Musselin.

Mullet, eine ziemlich 3 Meilen lange Halbinsel an der nördlichen Ostküste der irischen Grafschaft Connaught, Grafschaft Mayo, hängt durch einen schmalen Isthmus mit dem Lande zusammen, hat mehre Buchten und Fischerdörfer.

Mullingar, Stadt in der irischen Provinz Leinster, Hauptort der Grafschaft Westmeath, am Königskanal und der Eisenbahn von Dublin nach Galway, Sitz eines katholischen Bischofs, hat einen Gerichtshof, ein Zuchthaus, Kloster, Kasernen, Wollhandel, Viehmärkte und 5360 Einw.

Mulm, trockene, lockere Erde; dann ausgewittertes Erz in lockerer, staubähnlicher Gestalt, besonders ein dunkles, trockenes, Ruß abgebendes Erz mit bedeutendem Silber- und Bleigehalt; Fäulniß im Holze, oder verfaultes, zu Pulver gewordenes Holz.

Mulready, William, berühmter englischer Genremaler, geboren 1786 zu Ennis in Irland, erhielt seine künstlerische Bildung auf der Akademie zu London und trat früh mit einigen großen Gemälden, z. B. der ungehorsame Prophet und Polyphem und Ulysses, hervor, wandte sich aber schon nach wenig Jahren zum Genre und hat seitdem seine Stoffe dem Alltagsleben und der poetischen Welt des Kleinen entnommen. Im Jahre 1848 fand in London im Lokal der Society of arts eine eigene Ausstellung von Arbeiten M.'s Statt. Als die besten seiner Genrebilder gelten: der unterbrochene Kampf; der Wolf und das Lamm; der unvorsichtige Bote; Hercules am Scheidewege; gute Zeit; die Dorfschule; die Furth, die 3 letzten in der Vernongallerie. Im Jahre 1840 entwarf er 20 Illustrationen zu einer Prachtausgabe des „Vicar of Wakefield", von denen er einige auch in Oel ausgeführt hat. Auf der Manchesterausstellung 1857 fand eine Reihe Studien von seiner Hand, in rother und schwarzer Kreide ausgeführt, allgemeinen Beifall. Alle Bilder bekunden feine Beobachtungsgabe für das Kleinleben, guten Humor, Korrektheit und hohe Sorglichkeit im Technischen. Seit 1816 ist M. Mitglied der londoner Akademie der Künste.

Mulsum (lat.), mit Honig gemischter Wein.

Multan (Mooltan), stark befestigte Hauptstadt der gleichnamigen Provinz (732 □Meilen mit 972,000 Einw.) der indobritischen Präsidentschaft Pendschab, 9 Meilen vom Indus, 1 Meile vom rechten Ufer des Tschinab, ist von hohen Mauern umgeben, hat eine starke Citadelle und viele Außenwerke, mehre Moscheen, einen berühmten Hindutempel, viele heilige Gräber, eine mohammedanische Hochschule, Fabrikation von Wollen-, Baumwollen- und Seidenwaaren, ansehnlichen Handel und 80,900 Einwohner. Die Stadt war sonst noch größer und bedeutender, hat aber durch wiederholte Belagerungen sehr gelitten. Noch jetzt auch Malli-than oder Malli-tharan genannt, soll sie zu Alexanders des Großen Zeit auf den Trümmern der alten Hauptstadt der Malli erbaut worden sein. Die Araber eroberten sie 711 und nannten sie Deral-Zaheb oder Goldhaus wegen der ungeheuren hier vorgefundenen Schätze, dann Kubbeh-ül-Islam oder Kuppel des Glaubens. Im Jahre 1004 wurde sie vom Ghasnavidensultan Mahmud I. erobert u. zerstört. Unter Akbar dem Großen ward sie im 16. Jahrhundert Hauptstadt eines gleichnamigen Vicekönigreichs u. erhielt 1640 von Schah-Dschehan die Festung, die Aurengzeb noch verstärkte. Später bildete sie mit einem großen Gebiet eine Provinz des Afghanenreichs, ward aber 1818 von Rundschit-Singh erobert und als Hauptstadt einer Statthalterschaft dem Reich der Sikhs einverleibt. Während des britischen Krieges erhob M. die Fahne des Aufstandes, unterwarf sich aber nach dem Frieden von Lahore vom 22. Februar 1846 und verweigerte nur Tributrückstände, weshalb der Statthalter, Mulradsch, 1848 abgesetzt werden sollte. Nachdem aber die zwei britischen Offiziere, welche seinen Nachfolger Khan-Singh von Lahore nach M. führten, verrätherisch ermordet worden waren, erklärte sich Mulradsch für unabhängig, warb Truppen und wiegelte die benachbarten Afghanenstämme auf. Bei Ahmedpur (18. Juni) u. Sadusan (1. Juli) geschlagen, warf er sich nach M. und ward hier von General Wish mit 28,000 Mann u. einem furchtbaren Belagerungstrain eingeschlossen. Der Uebergang des Radscha-Schir-Singh mit 5000 Sikhs zum Feinde nöthigte Wish, die Belagerung aufzuheben. Mit dem Armeecorps aus Bombay unter General Auchmuly vereinigt, begann er jedoch am 27. Dec. den Angriff von Neuem und erstürmte am 2. Januar 1849 die untere, am 3. die übrige Stadt, wobei 5 Millionen Gulden an Geld und Kostbarkeiten erbeutet wurden. Die tapfere Besatzung der Citadelle ergab sich erst am 22. Jan. aus Mangel an Munition. Mulradsch starb im Aug. 1851 auf dem Transport von Kalkutta nach der Festung Allahabad. Durch die Einverleibung des Pendschab in das indobritische Reich

(29. März 1849) kam auch M. in den förmlichen Besitz der Briten.

Multiceps (lat., vielköpfig), in der botanischen Terminologie Bezeichnung eines unterirdischen Stammes (Wurzelstocks), der in mehre aufsteigende Aeste getheilt ist, deren an die Oberfläche des Bodens hervortretende Gipfel die sogenannten Wurzelköpfe bilden, z. B. bei Armeria maritima, Potentilla verna und Dianthus plumarius.

Multiplex (lat., vielfach), in der botanischen Terminologie etwas aus mehren gleichartigen Theilen Bestehendes.

Multiplicandus (lat.), s. Multiplikation.

Multiplicativa (lat.), s. Numeralia.

Multiplikation (v. Lat.), Vervielfachung, die dritte unter den arithmetischen Operationen, welche darin besteht, daß man eine Zahl sucht, die aus der einen von zwei gegebenen Zahlen (dem Multiplicandus) auf dieselbe Art entsteht wie die andere gegebene Zahl (der Multiplikator) aus der Einheit. Beide gegebene Zahlen heißen auch die Faktoren und die herauskommende Zahl das Produkt. Als Zeichen der M. dient entweder $\times$ oder ein Punkt (.), z. B. 6×8 oder $6 . 8$, bei einfachen Buchstabengrößen gewöhnlich unmittelbare Zusammenstellung, z. B. ab. Auch aus mehr als zwei Faktoren kann durch mehrmalige M. ein Produkt gebildet werden, z. B. $7 \times 5 \times 4 = 35 \times 4 = 140$; sind die Faktoren gleich, so nennt man es eine Potenz. Unter dem Namen abgekürzte M. begreift man viele Rechnungsverfahren, wonach man mit Hülfe von einigen Rechnungsvortheilen schnell und leicht das gewünschte Resultat gewinnen kann. So nützt schon das Zerlegen des Multiplikators in eine Summe, bestehend aus 10 und einer andern Zahl kleiner als 10, um im Kopf schnell zum Ziele zu gelangen. Wäre z. B. 356 mit 14 zu multipliciren, so zerlegt man 14 in 10 und 4 und sagt: $10 \times 356 = 3560$ und $4 \times 356 = 1424$, dann gibt: $3560 + 1424 = 4984$. Sollte 1728 mit 2651 multiplicirt werden, so läßt sich mit Vortheil die Zerlegung von 2651 in $2000 + 600 + 5 + 1$ anwenden, weil mit Potenzen von 10 ein Produkt sich leicht bilden läßt.

Multiplikationskreis (Vervielfältigungs- od. Repetitionskreis), ein zu Höhenmessungen bestimmtes astronomisches Instrument, besteht im Wesentlichen aus zwei koncentrischen Kreisen, die sich in einer vertikalen Ebene um ihre gemeinschaftliche horizontale Axe drehen, welche letztere an einer vertikalen Säule befestigt ist, die selbst wieder auf einem Dreifuße mit Stellschrauben ruht. Mit dem inneren Kreise ist ein Fernrohr verbunden, das in seinem Innern einen Spiegel enthält. Der äußere Kreis, auf welchem die Theilung, die gewöhnlich bis auf 4 Sekunden geht, angebracht ist, kann durch eine Druckschraube an die vertikale Säule befestigt werden, und eine zweite Druckschraube ist bestimmt, den innern Kreis wieder an den äußern zu befestigen. Jede dieser Druckschrauben ist noch mit einer feinen Mikrometerschraube versehen, durch welche man die Kreise, selbst wenn sie bereits durch ihre Druckschrauben befestigt sind, noch etwas Weniges in ihrer Ebene drehen od. verrücken kann. Wenn man bloß die Druckschraube des innern Kreises löst, so kann man denselben sammt dem mit ihm fest verbundenen Fernrohre um den befestigten äußeren Kreis bewegen. Wenn man aber den inneren Kreis an den äußeren befestigt und dafür die Druckschraube des äußeren Kreises lüftet, so kann man beide Kreise zugleich, sammt dem Fernrohre, um ihre gemeinschaftliche Axe drehen. Diese von Tobias Mayer angegebene Einrichtung macht es möglich, denselben Vertikalwinkel öfter nach einander zu messen oder ihn zu multipliciren u. sich so von den Fehlern der Theilung ꝛc. mehr unabhängig zu machen. Uebrigens hat man bei der jetzigen Vollkommenheit der Instrumente den M. wieder verlassen und ist zu den einfachen Höhenkreisen zurückgekehrt.

Multiplikator (v. Lat.), s. Multiplikation.

Muluya (Mulwia), der größte Fluß in Marokko, entspringt am Ostabhange des Atlas, am Shabat beni-Obeid, fließt nordöstlich und fällt nach 87 Meilen Stromlänge unweit der Grenze von Algerien ins mittelländische Meer. Unter seinen zahlreichen Nebenflüssen ist der Nesa der bedeutendste. Obgleich sehr wasserreich, trocknet er doch im Sommer bisweilen aus.

Mumie, Stoff, welcher lange aufbewahrt werden oder dazu dienen soll, andere Gegenstände zur langen Aufbewahrung geeignet zu machen; nach Paracelsus und Helmont ein feiner, ätherischer Theil des menschlichen Körpers, welcher, nicht der Verwesung anheimfallend und auf geheimnißvolle Art von dem verweslichen Körperstoffe ausgeschieden, durch Uebersflanzung auf Andere eine große Wirksamkeit ausüben und auch Krankheiten beseitigen soll.

Mumien, die durch Einbalsamiren (s. d.) vor Verwesung geschützten und erhaltenen thierischen, namentlich menschlichen Körper, wie sich solche vornehmlich in Aegypten vorfinden. Einige leiten die Bezeichnung von einem arabischen Worte ab, welches Gesalzenes, Andere von einem persischen, welches einen gummiartigen Ueberzug bedeuten soll. Abgesehen von religiösen Vorstellungen, welche der altägyptischen Sitte, die Todten einzubalsamiren, zu Grunde gelegen haben mögen, war die Veranlassung dazu schon durch die Nothwendigkeit gegeben, da man in Aegypten die Leichname wegen Holzmangels nicht verbrennen, sie aber auch wegen der Nilüberschwemmungen nicht wohl beerdigen konnte. Die Beschaffenheit der ägyptischen M. ist je nach der Art der Einbalsamirung verschieden. Nach den Untersuchungen, die man in neuerer Zeit darüber angestellt hat, zerfallen dieselben in folgende Klassen. Ein Theil ist bloß unter Anwendung gerbstoffhaltiger u. balsamischer Mittel mumificirt und mit einer Mischung aromatischer Harze oder mit Asphalt angefüllt; dieselben sind rothbraun und Gesichtszüge, sowie Haare wohl erhalten. Ein anderer Theil ist mit salzigen Substanzen behandelt und dabei ebenfalls mit Harzen und Asphalt angefüllt; diese sind schwärzlich, hart, glatt, pergamentartig, die Züge entstellt und nur wenige oder gar keine Haare erhalten. Ein dritter Theil ist bloß mit Salzen behandelt und dann getrocknet; diese sind weiß, leicht, haarlos, die Haut pergamentartig, die Gesichtszüge zerstört. Insgesammt sind die M. hart, trocken u. mehr oder weniger zerbrechlich. Der ganze Körper ist in schmale Binden von Baumwolle von verschiedenen Farben eingewickelt und gewöhnlich nur das Gesicht frei gelassen, welches bei manchen so gut erhalten ist, daß die Augen ihre völlige Rundung behalten haben. Die Binden sind so fest umgewickelt und durch die Länge der Zeit von den Einbalsamirungsstoffen so durchdrungen, daß sie mit den Körpern in eine Masse verwandelt zu sein scheinen. Die obersten, den ganzen Körper einhüllenden, mit vieler Kunst symmetrisch umgelegten Binden sind gewöhnlich mit hieroglyphischen Figuren geziert. Der Kopf ist meist mit einem viereckigen Stück Leinwand bedeckt, das auf dem Gesicht eine Art von Maske bildet; zuweilen finden sich dergleichen 5—6 über einander, von denen das äußerste bemalt oder vergoldet ist u. das Gesicht der Leiche darstellt. Diese M. wurden in Särgen aus Sykomoren- oder anderem Holze verwahrt, die aus einem unteren Stück und einem Deckel von der Größe und Gestalt des Körpers bestanden. Außer menschlichen Körpern mumificirten die alten Aegypter auch die Körper ihrer heiligen Thiere, namentlich der Ibise, Katzen, Füchse, Krokodile, Affen, Fledermäuse, die Köpfe von Stieren u. Schafen, einzelne Fischarten 2c. Alle diese M., doch die von Thieren stets von den menschlichen geschieden, wurden in großen Todtenkammern od. Nekropolen beigesetzt. Die arabischen Aerzte schrieben den ägyptischen M. besondere Heilkräfte, namentlich stärkende und belebende zu. Außer den alten Aegyptern verstanden sich auch die Guanchen auf den kanarischen Inseln darauf, die Körper ihrer Verstorbenen zu mumificiren, was wahrscheinlich mittelst Trocknens derselben in der Luft geschah. Die M. dieser Art, welche man auf den kanarischen Inseln gefunden hat, sind in Ziegenfelle eingenäht und gut erhalten. In ähnlicher Weise bereitete M. sind auch in Meriko aufgefunden worden, und auch die alten Peruaner pflegten die Leichname ihrer Inka's einzubalsamiren und aufzubewahren. Außer solchen künstlich bereiteten M. gibt es aber auch an manchen Orten natürliche, welche dadurch entstehen, daß eine scharfe und kalte Luft die Verwesung der Körper verhindert und sie langsam eintrocknen läßt. Dies geschieht z. B. in einem Kapuzinerkloster bei Palermo, in dem Kloster auf dem großen St. Bernhard, im sogenannten Bleikeller der Domkirche zu Bremen 2c. Auf eine ähnliche Art entstehen ohne vorhergegangene künstliche Einbalsamirung die sogenannten weißen oder arabischen M., d. h. Leichname von Menschen, die in den Sandwüsten Arabiens und Afrika's lange unter dem Sande liegen geblieben u. durch die brennenden Sonnenstrahlen dermaßen ausgedörrt sind, daß sie nicht mehr der Verwesung anheimfallen.

Mumme, bekanntes, nur in Braunschweig gebrautes, sehr starkes, sirupartiges, gewürzhaftes Bier von süßlichem angenehmen Geschmack, hat seinen Namen von Christian Mumme, welcher dieses Getränk 1492 zuerst braute. Man hat 2 Sorten: Schiffs- u. Stadtmumme. Erstere ist schwerer, dickflüssiger, kräftiger und reichhaltiger an ausgezogenen nährenden und schmackhaften Stoffen. Wegen ihrer stark nährenden und nicht reizlosen Beschaffenheit ist die M. vollsaftigen Leuten nicht dienlich, dagegen schwächlichen oder abgezehrten Personen oft sehr dienlich, zu anhaltendem u. reichlichem Genusse aber überhaupt nicht zu empfehlen. Für Brustkranke empfiehlt man bloße M., aufgekocht u. mit Eidotter abgequirlt.

Mummelsee (Lacus mirabilis), See im badischen Mittelrheinkreis, Amt Oberkirch, auf dem Berge Katzenkopf, 3186 Fuß über der Meeresfläche liegend, tief, ohne Fische, läßt besonders bei stürmischer Witterung ein unterirdisches Murmeln hören, welches Witterungswechsel anzeigen soll. Ihm entströmt die Acher.

Mummenschanz (Mummerei), s. Karneval und Maskerade.

Mummius, Lucius, Römer, feierte 153 v. Chr. einen Triumph über die Lusitanier und wurde 146 mit Cn. Cornelius Lentulus Konsul. Als Prokonsul in Achaja dämpfte er den Aufstand der Achajer unter Diäus durch den Sieg bei Leucopetra u. machte Achaja zur römischen Provinz, daher er den Beinamen Achaicus erhielt. Aus dem zerstörten Korinth führte er ganze Schiffsladungen von Kunstschätzen nach Rom, um die Tempel daselbst mit ihnen zu schmücken. Im Jahre 142 wurde er Censor mit dem jüngeren Scipio. An Geist ihm überlegen war sein jüngerer Bruder, Spurius M., 146 Mitglied der Zehnerkommission, welche zur Ordnung der griechischen Angelegenheiten nach Korinth gesandt wurde. Ueber seine Abenteuer in Achaja berichtete er an Freunde in Rom in scherzhaften Versen und soll dadurch der Erfinder der poetischen Epistel geworden sein.

Mumps, auch Bauerwetzel oder Ziegenpeter genannt, ist eine Entzündungsform der Ohrspeicheldrüse, s. Parotitis.

Munari, Pellegrino, Maler von Modena, daher gewöhnlich Pellegrino da Modena genannt, einer der tüchtigsten unter Raphaels Gehülfen zu Rom, malte nach des Meisters Zeichnung die Geschichte Jakobs und vier Darstellungen aus Salomo's Leben in den Loggien, zierte auch mehre Kirchen in Rom mit Gemälden, kehrte aber nach Raphaels Tode nach Modena zurück, wo er der Gründer einer besonderen Schule ward. Seine Werke sind sehr selten. Freskomalereien von ihm finden sich zu Modena; besonders rühmt man eine Geburt der heiligen Jungfrau im S. Paolo. Er † um 1525.

Munch, 1) Andreas, norwegischer Dichter, geboren den 19. Oktober 1810, studirte anfangs die Rechte, war 1841—46 Redakteur des Tageblattes „Den Constitutionelle" u. wurde 1850 Amanuensis bei der Universitätsbibliothek. Als Dichter trat er zuerst auf mit der Sammlung „Ephemerer" (1836) und dem Drama „Kong Sverres Ungdom" (1837). Seine folgenden Gedichte, die meist zuerst in Zeitschriften erschienen, wurden mit immer größerem Beifall aufgenommen und hernach gesammelt in „Digte, gamle og nye" (1848), „Nye Digte" (1850), „Digte och Fortellinger" (1855). Dazu kamen: „Billeder fra Syd og Nord" (1848), „Skildringer af en Reise til Italien i 1847—1848", die Dramen „Salomon de Caus" (1854, übersetzt ins Deutsche, Braunschweig 1857, auch ins Englische), „Lord William Russell" (1857; 2. Aufl. 1861; ins Deutsche übersetzt von Burt, Kopenh. 1858, 2. Aufl. 1860) u. „En Aften paa Giske" (1855). Eine auf Anlaß des Todes seiner Gattin (1852) 1855 herausgegebene Gedichtsammlung „Sorg og Tröst" (deutsch „Leid und Trost", Berlin 1860) erschien 1863 in 5. Auflage. Das Storthing verwilligte ihm 1860 in Anerkennung seiner Bedeutung für die norwegische Literatur das Gehalt eines Universitätsprofessors, damit er sich ganz der Dichtkunst widmen könnte.

2) Peter Andreas, ausgezeichneter u. frucht-

barer norwegischer Geschichtsforscher, Vetter des Vorigen, geboren in Christiania den 15. Dec. 1810, widmete sich schon als Schüler in Skien historischen altnordischen Sprachstudien, welche er auf der Universität fortsetzte. Um dem Professor R. Keyser bei den Vorarbeiten zu einer Ausgabe der alten norwegischen Gesetze zu helfen, hielt er sich 1835—37 in Kopenhagen u. in Schweden auf, wurde aber abgerufen, um das Lektoramt der Geschichte an der Universität zu Christiania zu übernehmen, 1841 zum Professor befördert und hat seitdem rastlos gewirkt, auch auf Kosten des Staats mehre wissenschaftliche Reisen ins Ausland gemacht, z. B. 1846 nach Großbritannien u. der Normandie, 1849 nach Schottland und den schottischen Inseln, 1858 u. 1863 nach Rom, um dort in den päpstlichen Archiven Quellen für die norwegische Geschichte aufzusuchen. Er † in Rom den 25. Mai 1863, nachdem er noch 1861 Reichsarchivar geworden war. M. hat eine ungemein reiche literarische Thätigkeit entwickelt, besonders in geschichtlicher, antiquarischer u. sprachlicher Richtung, doch auch durch populäre Schriften u. Abhandlungen verschiedenen Inhalts u. als Mitarbeiter an verschiedenen Blättern. Die erste größere Schrift, die er herausgab, war eine Geschichte Norwegens, Schwedens und Dänemarks zum Schulgebrauch (1838). Darauf gab er theils allein, theils in Verbindung mit Keyser u. besonders C. Unger mehre isländische Sagen und wichtige Alterthumsschriften heraus und nahm mit Erstgenanntem Theil an der Herausgabe der norwegischen Gesetze (1837); in einer Schrift „Nordens gamle Gude- og Heltesagn" (1840), die sehr verbreitet wurde und mehre Auflagen erlebte, stellte er die Götter- u. Heldensagen der alten Normannen dar; in mehren Schriften über die Norrönasprache, das Altschwedische, Gothische u. die Runenschrift, z. B. „Det götiske Sprogs Formläre", „Sammenlignende Fremstilling af det danske, svenske og tydske Sprogs Formläre", „Kortfattet Fremstilling af den ældste nordiske Runeskrift og den i de ældste Runeskrifter herskende Sprogform" (1848), legte er seine seltenen Kenntnisse der nordischen u. germanischen Sprachen an den Tag. Auch die Geographie der alten Zeit und des Mittelalters war nicht weniger als die Geschichte und Sprache der Gegenstand seiner Forschungen; eine Frucht derselben ist die verdienstvolle Arbeit „Historisk-geographisk Beskrivelse over Kongeriget Norge i Middelaldern" (1849), sowie wir ihm auch die beiden besten Karten über das jetzige Norwegen verdanken (4 Blätter $^{1}/_{700000}$, 1845—52; 1 Blatt, südlicher Theil $^{1}/_{1840000}$, nördlicher $^{1}/_{2480000}$, 1845). Zu dem Prachtwerke „Trondhjems Domkirke" (1850) lieferte er den Text. Außer diesen und andern Schriften hat M. in norwegischen u. dänischen Zeitschriften zahlreiche größere und kleinere Abhandlungen geliefert. Dazu kommt noch seine Theilnahme an der literarischen u. politischen Polemik des Tages, z. B. die ins Deutsche übersetzten Schriften „Der Pangermanismus" (Hamburg 1857) u. „Ueber den Skandinavismus" (Kiel 1857). Sein Hauptwerk ist indessen „Det norske Folks Historie" (6 starke Bände, reichend bis 1319, 1851—59, wovon die 4 ersten Hauptabschnitte von Claussen ins Deusche übersetzt sind, Lübeck 1853 und 1854, 2 Bde.).

Mund (os), die von den Lippen gebildete obere Oeffnung des Verdauungskanals, der Eingang in die **Mundhöhle**, in welcher die Speisen für die Magenverdauung durch Kauen und Einspeicheln vorbereitet werden. Die Mundhöhle zerfällt bei geschlossenen Kiefern durch die Zahnreihe in eine vordere u. hintere Abtheilung; erstere umfaßt den Raum zwischen Lippen und Wangen einerseits u. den Kiefern sammt ihren Zähnen andererseits; letztere wird vorn und seitlich von den Zähnen, oben vom harten Gaumen, unten von der Zunge und hinten von dem weichen Gaumen eingeschlossen (s. **Gaumen**). Der Schleimhautüberzug der Lippen setzt sich auf die innere Fläche der Wangen fort und ist hier, dem 1. oder 2. obern Mahlzahn gegenüber, von dem Ausführungsgang der Ohrspeicheldrüse durchbohrt. Von den Backen u. Lippen schlägt sich die Mundschleimhaut auf die vordere Fläche des Zahnrandes der beiden Kiefern fort, bringt zwischen je zwei Zähnen aus der vordern Mundhöhle in die hintere und schließt als **Zahnfleisch** die Hälse der Zähne ein. In der hintern Mundhöhle überzieht die Schleimhaut den Boden u. das Dach der Mundhöhle, den sogenannten harten Gaumen. Vom Boden erhebt er sich faltenförmig, bildet das **Zungenbändchen** und überzieht die ganze freie Oberfläche der Zunge (s. d.). Zu beiden Seiten des Zungenbändchens befinden sich in der Mundhöhlenschleimhaut die feinen Oeffnungen der Ausführungsgänge der Unterkiefer- und Unterzungenspeicheldrüsen. Am harten Gaumen verdickt sich die Mundschleimhaut, hängt fest mit der Knochenhaut des harten Gaumens zusammen u. bildet, bevor sie durch die hintere Oeffnung der Mundhöhle (die sogenannte Rachenenge, isthmus faucium) in die Rachenhöhle übergeht, eine vom hintern Rande des harten Gaumens gegen die Zungenbasis herabhängende Falte, den sogenannten weichen Gaumen. Die Schleimhaut der Mundhöhle ist etwas dichter, fester und röther als die Schleimhaut an andern Stellen des Verdauungskanals. Sie besteht aus einem dichten Filz von Bindegewebsfasern, welche mit weichlichen elastischen Fasern untermengt sind und gegen das Epithel hin in eine mehr strukturlose Lage übergehen. Die freie Oberfläche der Schleimhaut ist mit einem dicken, geschichteten Pflasterepithel überzogen, dessen oberste Zellen den Epidermiszellen ähnlich, sehr platt und theilweise verhornt sind. Die Mundschleimhaut besitzt unter dem Epithel reichliche, denen der äußern Haut ähnliche einfache Pupillen u. sehr zahlreiche, theils einfache, theils zusammengesetzte Schleimdrüsen, welche aus einem kurzen Ausführungsgange bestehen, an dessen Aesten eine verschiedene Anzahl von Drüsenlappen sitzen. Besonders reichlich und von ansehnlicher Größe (bis linsengroß) finden sich diese Drüsen an der Schleimhaut der Lippen, der Wangen, der Zunge u. des Gaumens. Die Mundschleimhaut ist reich an Blutgefäßen u. Gefühlsnerven. Ihre blutzuführenden Gefäße, meist kleinere Aeste, stammen hauptsächlich von der innern Kieferpulsader (arteria maxillaris interna) ab, während die blutabführenden Gefäße theils mit den entsprechenden Arterien verlaufen, theils gesondert in die vordere Antlitzblutader (vena facialis anterior) einmünden. Die Nerven der Schleimhaut stammen sämmtlich vom fünften Gehirnnervenpaare, u. zwar von dessen 2. und 3. Ast ab.

Von den Krankheiten der Mundschleimhaut sind hier folgende zu erwähnen:

Der **Katarrh** der Mundschleimhaut (stomatitis catarrhalis) ist eine überaus häufige Krankheit, denn die Schleimhaut des M.es ist solchen Schädlichkeiten, welche auf allen Schleimhäuten Katarrhe hervorrufen würden, besonders ausgesetzt. Zu diesen Schädlichkeiten gehören allerhand Reize, welche auf die Mundschleimhaut einwirken, z. B. der Druck der hervorbrechenden Zähne, welcher sehr häufig zu den schwersten Formen des Mundkatarrhs führt. Scharfe Zahnränder, Zahngeschwüre, Wunden im M.e, sehr heiße, sehr kalte oder sonst reizende Speisen u. Getränke, Tabakrauchen u. Tabakkauen rufen Mundkatarrh hervor. Denselben Einfluß hat häufig auch der Gebrauch der Quecksilberpräparate, sei es, daß diese innerlich genossen werden, sei es, daß man Quecksilbersalben in die Haut einreibt; indem nämlich das von der Haut oder vom Darmkanal aus aufgesogene Quecksilber durch die Speicheldrüsen in den M. ausgeschieden wird, bewirkt es eine direkte Reizung der Schleimhaut. In vielen Fällen pflanzt sich der Mundkatarrh von benachbarten Organen auf die Mundschleimhaut fort. Wunden und Entzündungen im Gesicht, besonders aber die Gesichtsrose, ferner Entzündungen der Rachenschleimhaut und der Mandeln verbinden sich fast stets mit Mundkatarrh. Ganz gewöhnlich aber tritt letzterer zu dem akuten und chronischen Magenkatarrh hinzu. Der Mundkatarrh ist endlich nicht selten Symptom eines allgemeinen konstitutionellen Leidens, besonders des Typhus, Scharlachfiebers, der Syphilis und der chronischen Quecksilbervergiftung. Beim akuten Mundkatarrh, welcher den Zahndurchbruch begleitet, ist die Schleimhaut erst stark geröthet, geschwollen, schmerzhaft und trocken, später stellt sich reichliche Schleimabsonderung ein. Bei dem chronischen Mundkatarrh ist die Schleimhaut mehr oder weniger geschwollen. An den seitlichen Rändern der Zunge bemerkt man seichte, von den Zähnen herrührende Eindrücke, die Zunge ist mit einem dicken, weißen Beleg versehen, welcher theils aus Schleim, theils aus abgestoßenen Epithelzellen besteht. In diesem Beleg findet man gewöhnlich auch mikroskopisch feine Fadenpilze u. Vibrionen. Bei mäßigen Graden des akuten Mundkatarrhs klagen die Kranken vor Allem über einen schlechten, schleimig-pappigen, faden oder bitteren Geschmack im M.e. Die gasförmigen Ausdünstungen des faulenden Zungenbelegs, der Gestank aus dem M.e, fallen den Umgebungen des Patienten wie diesem selbst sehr lästig. Dabei brauchen durchaus nicht immer Störungen der Magenverdauung vorhanden zu sein, die Kranken haben oft das normale Hungergefühl, doch verlangen sie meist nach pikanten Speisen. Die leichteren Grade des chronischen Mundkatarrhs, wie sie sich bei den meisten Rauchern finden, machen nur geringe subjektive Symptome. Nur beim Erwachen ist ein schleimiger Geschmack und übler Geruch aus dem M.e vorhanden, welcher schnell vergeht. Der chronische Mundkatarrh dagegen kann für die davon befallenen Kranken ein überaus lästiges Leiden werden. Nach dem Erwachen räuspern und spucken sie fortwährend, kratzen den Schleim von der Zunge und suchen sich den M. und die Zähne mit scharfen Bürsten zu reinigen. Sie haben den ganzen Tag über unangenehme Geschmacks-, Gefühls- und Geruchsempfindung, ihr Athem ist sehr übelriechend. Solche Kranke sehen den besten Erfolg davon, wenn sie Abends vor dem Schlafengehen kleine Stücken Rhabarber langsam kauen. Bei der Behandlung des Mundkatarrhs besteht die Hauptaufgabe in der Beseitigung der ihn unterhaltenden Ursachen. Scharfe Zahnränder, welche so leicht übersehen werden, sind mit Sorgfalt durch Abfeilen zu beseitigen, Wunden und Geschwüre der Mundschleimhaut sind gehörig zu behandeln, das Rauchen ist zu unterlassen oder eine lange Pfeife anstatt schwerer Cigarren einzuführen. Der durch Gebrauch von Quecksilber entstandene Mundkatarrh erfordert das Aussetzen der Präparate. Der sekundäre Mundkatarrh verliert sich gewöhnlich mit der Beseitigung der Grundkrankheit. Gute Dienste leisten bei dem chronischen Mundkatarrh Ausspülungen des M.s mit einer Lösung von kohlensaurem Natron oder der langsame Genuß einer Flasche Sodawasser bei nüchternem Magen.

Der **Croup** des M.es (stomatitis crouposa) ist diejenige Entzündung der Mundschleimhaut, bei welcher ein faserstoffreiches, schnell gerinnendes Exsudat auf der freien Schleimhautoberfläche abgesetzt wird. Er findet sich im Ganzen selten u. fast immer nur in den hintern Partien der Mundhöhle als eine Fortpflanzung der croupösen Bräune (Rachenbräune). Man sieht dann weiße Belegmassen auf der gerötheten und angeschwollenen Schleimhaut der Mandeln, der Gaumenbögen und der hintern Abschnitte der Mundhöhle aufliegen. Diese Belegmassen sind leicht zu entfernen u. hinterlassen dunkelrothe Stellen, auf welchen einzelne Blutpunkte zum Vorschein kommen. Die Behandlung des Croups der Mundschleimhaut fällt mit derjenigen der Rachenbräune zusammen (s. **Bräune**).

Die **Diphtheritis** der Mundschleimhaut (stomatitis diphtheritica) ist diejenige Form der Entzündung, bei welcher das fieberreiche Exsudat nicht bloß auf der freien Schleimhautoberfläche erscheint, sondern auch in der Substanz der Schleimhaut selbst abgesetzt wird. Die erkrankte Schleimhautpartie wird brandig abgestoßen und es bleibt ein Substanzverlust in der Schleimhaut zurück. Diese Zerstörung kommt nicht allzu häufig vor. Sie stellt die schwereren Formen der mit Quecksilbermißbrauch einhergehenden Mundentzündung dar oder setzt sich bei den Epidemien von brandiger Rachenbräune auf die Mundhöhle fort. Wenn die diphtheritische Mundentzündung durch dauernden Mißbrauch der Quecksilberpräparate entstanden ist, so hat sie ihren Sitz an ganz bestimmten Stellen des M.es, nämlich an den seitlichen Rändern der Zunge und an denjenigen Theilen der Wangen und Lippen, welche den Zähnen anliegen. An diesen Stellen bemerkt man anfänglich eine schmutzig-weiße Färbung der Schleimhaut; es gelingt nicht, die weißen Flecke abzuwischen, vielmehr stößt sich schon nach wenigen Tagen die oberflächliche Schleimhautschicht mit dem Exsudat, welches sie infiltrirte, ab und es entstehen an den oben erwähnten Stellen flache, mißfarbige Geschwüre, welche sich langsam reinigen und endlich von den Rändern aus vernarben. Wenn sich die Schorfe abgestoßen und Geschwüre hinterlassen haben, so ist diese Form der Mundentzündung mit heftigen Schmerzen verbunden, welche durch Kauen u. selbst durch Sprechen ins Unerträgliche gesteigert werden. Die Speichelabsonderung ist enorm vermehrt, u. es entwickelt sich ein höchst unangenehmer Geruch aus dem M.e des Patienten. Unter 8 bis

14 Tagen pflegt das Befinden des Kranken sich selten einigermaßen zu bessern. Fleißiges Ausspülen des M.es mit kaltem Wasser oder mit Wasser u. Rothwein im Beginn der Krankheit, später Bepinselungen der Geschwüre mit einer Höllensteinlösung von 2 Gran auf eine Unze Wasser sind sehr zu empfehlen. Am wirksamsten, wenn auch ungemein schmerzhaft, ist das zeitweise Bestreichen der Geschwüre mit Höllenstein in Substanz. Die übrigen Mundkrankheiten s. unter Schwämmchen, Skorbut, Soor, Syphilis.

Munda, 1) römische Kolonie und ansehnliche Stadt in Hispania Baetica, berühmt durch den Sieg des Cn. Scipio über die Punier (216 v. Chr.) und durch den des Julius Cäsar über die Söhne des Cn. Pompejus 45 v. Chr. M. ist in der Gegend von Cordova zu suchen. — 2) Stadt, s. v. a. Roermonde. — 3) (M. Tenerae, Teneremunda), s. v. a. Dendermonde.

Mundanisten (v. Lat., Aeternales), Sekte, welche nach des Aristoteles Vorgang der Materie u. Form der Welt Ewigkeit zuschrieb.

Mundart, s. v. a. Dialekt.

Mundat, Bezirk, welcher von der Jurisdiktion, unter welcher er eigentlich stehen müßte, erimirt ist.

Mundawur, Stadt in der indobritischen Präsidentschaft Bengalen, Provinz Delhi, am Ganges, nordöstlich von Meerut, hat 7737 Einwohner.

Mundelsheim, Marktflecken im würtembergischen Neckarkreis, Oberamt Marbach, am Neckar u. unweit der Eisenbahn von Stuttgart nach Heilbronn, hat eine alte Kirche, Bierbrauerei, Ziegelei, Farberden, vorzüglichen Weinbau (mundelsheimer Käsberger) und 1940 Einwohner.

Munderkingen, Stadt im würtembergischen Donaukreis, Oberamt Ehingen, an der Donau, hat ein ehemaliges Franciskanerkloster, Hospital, Musselinstickerei, Leinweberei, Lampendochtfabrikation, Pferdemärkte und 2000 Einwohner. Hier am 31. August 1703 Sieg der Franzosen unter Legat über die Kaiserlichen unter Latour.

Mundfäule, eine mit Geschwürsbildung einhergehende Entzündung der Mundschleimhaut, wobei die Absonderung der Mundflüssigkeit wie des Speichels in hohem Grade vermehrt ist und durch die auf der inneren Mundfläche faulenden Epithelzellen ein höchst widriger und intensiver Geruch entsteht. Die M. kommt zu manchen Zeiten auffallend häufig, besonders bei Kindern vor, u. es hat fast den Anschein, als ob sie sich durch einen Ansteckungsstoff von einer Person auf die andere übertragen könnte. Die Geschwüre der Mundschleimhaut rufen meist empfindliche Schmerzen hervor, welche durch das Sprechen und Kauen vermehrt werden. Der widrige Geruch aus dem Munde bessert sich bei häufig wiederholten Ausspülungen der Mundhöhle mit verdünntem Chlorwasser. Die Geschwüre selbst pflegen, wenn sie nicht zu tief gehen, bei der innerlichen Anwendung des chlorsauren Kali überraschend schnell zu heilen. Wenn die Besserung länger auf sich warten läßt, so bepinselt man die Geschwürchen mit einer Höllensteinlösung.

Mundharmonika (Aura), musikalisches Instrument, welches die Gestalt einer kleinen, etwa $1\frac{1}{2}$ Zoll langen Lyra von Eisen, aber statt der Saiten eine stählerne, an der Spitze mit einem Häkchen versehene, leicht in Schwingungen zu versetzende Zunge hat. Um dasselbe zu spielen, faßt man die beiden eisernen Schenkel mit dem Daumen und dem Zeigefinger der linken Hand, hält sie zwischen die Vorderzähne u. setzt die Zunge der M. mittelst des Häkchens mit dem Zeigefinger der rechten Hand in Schwingung, während man gegen die vibrirende Zunge schwach Luft einzieht und solche ausläßt. Dadurch, daß sich diese Zunge in einem Luftstrom bewegt, entsteht der Klang. Das Instrument ist eine ziemlich alte Erfindung und wird schon von Prätorius in seiner „Organographia" (Wolfenbüttel 1619) unter dem Namen Crembalum erwähnt. Früher nannte man es schlechtweg Brummeisen oder Maultrommel. Scheibler in Krefeld, der dem Instrument durch Zusammensetzung mehrer Eisen einen größeren Umfang gab, nannte es Aura. Eine Art Virtuosität auf der M. zeigte zuerst der preußische Soldat Koch zu Friedrichs des Großen Zeit; neuerlich zeichneten sich auf ihr Kunert, Deichmüller, Amstein u. A. aus, und zwar bedienten sich diese zugleich mehrer verschiedenartig gestimmten Instrumente. M. heißt auch das aus 4—6 zungenartigen Metallblättchen bestehende Instrument, welches in den Mund genommen wird u. durch Einziehen u. Ausstoßen des Athems in Akkorden ertönt.

Mundi, Vasallenstaat in der indobritischen Provinz Pendschab, hat 36 □Meilen, 113,000 Einw. und die gleichnamige Hauptstadt am Zusammenfluß des Sukyt und Beas, mit Residenzpalast des Radscha, reichem Bazar und 7000 Einwohnern.

Mundia *Humb.* et *Bonpl.*, Pflanzengattung aus der Familie der Polygaleen, charakterisirt durch den balgartigen, bleibenden, 5blätterigen Kelch mit 2 flügelförmigen inneren Blättern, 3 am Grunde kaum verbundenen Kronblättern, von denen das mittlere kappenförmig, ungebartet ist, u. 7—8 etwas zottige, am Grunde in eine vorn gespaltene Röhre verwachsene Staubgefäße, niedrige, ästige Sträucher auf dem Kap, von denen in deutschen Gewächshäusern vorkommt M. spinosa *Dec.*, mit glatten, eckigen Aesten mit dorniger Spitze, zerstreut stehenden, linienförmigen, sehr kurzstieligen, dicklichen, lederartigen, glatten, oft mit einer kurzen Stachelspitze versehenen Blättern und winkelständigen, weißen oder blaßrothen Blumen. Man pflanzt sie in sandige Laub- und Heideerde zu gleichen Theilen, mit einer Unterlage zerstoßener Ziegelsteine, durchwintert sie möglichst nahe am Fenster eines luftigen, trockenen Glashauses bei 4—6° Wärme und stellt sie im Sommer an einen nicht zu sonnenheißen Ort ins Freie. Das Verpflanzen geschieht nach der Blüthezeit, die Vermehrung durch Samen und Stecklinge im warmen Mistbeete.

Mundificantia (mundificativa, sc. remedia, lat.), reinigende Mittel, besonders für Wunden und Geschwüre, wozu man sonst unzählige natürliche u. künstliche Balsame, meist mit Nachtheil, anwandte, jetzt Infusum florum chamomillae, Herba salviae u. dgl. mit großem Vortheil gebraucht.

Mundium (von munt, mittelhochdeutsch, s. v. a. Hand), im Allgemeinen ein Schutzverhältniß, wie ein solches noch heut zu Tage bei der Vormundschaft (s. d.) Statt findet, kam zunächst im Gebiete des deutschen Familienrechts vor, indem nämlich die Familienglieder in solche zerfielen, welche das M. ausübten, demnach Schutz gewährten, was nur großjährige Männer konnten, theils in solche, welche unter dem M. standen, wozu nicht nur Kinder, Schwache und Gebrechliche, sondern auch Weiber gehörten. Uneheliche Kinder standen nicht unter dem M. einer Familie, sondern unter königlichem Schutz, weshalb sie auch Königskinder hießen. Uebrigens erstreckte sich die Wirksamkeit des M. nicht bloß auf die Person, sondern auch auf das Vermögen der dem M. unterworfenen Familienglieder. Aus dem M., unter welchem volljährige unverheirathete Personen weiblichen Geschlechts standen, entwickelte sich später die jetzt fast ganz abgekommene Geschlechtsvormundschaft. Das M. bildete die Grundlage eines einheimischen Familien- und Eherechts, die aber durch Einführung des römischen Rechts sehr erschüttert ward.

Mundklemme (Mundsperre, trismus), der Zustand, bei welchem der Unterkiefer durch eine starrkrampfartige bleibende Zusammenziehung der Kaumuskeln fest und unbeweglich an den Oberkiefer herangezogen ist. Die M. tritt selten isolirt auf, sie ist gewöhnlich nur eine Theilerscheinung des Starrkrampfs (s. d.), bei welchem auch noch andere Muskelgruppen des Körpers in bleibende Kontraktion gerathen. Die Zusammenziehung der Kaumuskeln tritt bei der M. anfallsweise ein; die Anfälle dauern wenige Minuten bis mehre Stunden lang an und sind oft äußerst schmerzhaft. Der Schmerz, welchen die Kranken dabei empfinden, gleicht demjenigen, welchen wir als Wadenkrampf bezeichnen. Neben den Krämpfen der Kaumuskeln finden sich fast stets auch solche des Schlundes, wodurch das Schlingen sehr schmerzhaft oder ganz unmöglich wird. Veranlassung zur M. geben meist eine heftige Erkältung, gewisse Verwundungen, besonders solche der Finger, der Zehen, Nervenquetschungen &c., seltener eine Vergiftung mit Strichnin und Brucin. Die anatomische Störung, von welcher die M. zunächst abhängt, muß in einer heftigen Reizung des Rückenmarks gesucht werden. Gegen die lange andauernden und schmerzhaften Anfälle der M. besitzt man in den narkotischen und anästhetischen Mitteln eine werthvolle Hülfe. Die Narcotica, besonders Morphium, gibt man entweder innerlich und in großen Dosen, oder man spritzt eine Lösung desselben mit der pravazschen Spritze unter die Haut an den schmerzenden Stellen ein. Einathmungen von Chloroformdämpfen sind, wenn sie mit der nöthigen Vorsicht gemacht werden, von ganz außerordentlichem Erfolg. Aber alles dies sind nur palliative Mittel, gegen die Grundkrankheit selbst sind wir ohnmächtig. Es ist wichtig, für ein ruhiges Krankenzimmer, für gleichmäßig warme und etwas feuchte Luft zu sorgen und den Kranken vor grellem Licht zu schützen.

Mundschenk, der bei fürstlichen Tafeln dem Getränk vorgesetzte Hofbediente.

Mundspiegel, ein chirurgisches Instrument, bestimmt, den Mund offen zu erhalten, um in der Tiefe der Mundhöhle oder des Rachens eine Operation vornehmen zu können, wird in den meisten Fällen durch einen zwischen die Zähne gebrachten Korkpfropfen ersetzt.

Mundt, 1) Theodor, deutscher Schriftsteller, geboren am 29. Sept. 1808 zu Potsdam, besuchte das joachimsthalische Gymnasium zu Berlin, studirte daselbst Philologie und Philosophie und lebte seit 1832 als Mitredakteur der „Blätter für literarische Unterhaltung" eine Zeitlang in Leipzig. Seit 1831 dem jungen Deutschland beigezählt, bemühte er sich vergeblich, sich in Berlin zu habilitiren und unternahm daher mehre größere Reisen. Im Jahre 1839 ließ er sich in Berlin nieder, wo er, namentlich durch Schellings Verwendung, 1842 zum Privatdocenten der philosophischen Fakultät ernannt wurde. Im Jahre 1848 ward er als Professor der allgemeinen Literatur und Geschichte an die Universität zu Breslau versetzt, 1850 aber als Universitätsbibliothekar nach Berlin zurückberufen, wo er den 30. Mai 1861 †. M.s literarische Laufbahn begann mit Novellen und Kritiken. Zu seinen früheren Produktionen auf diesem Gebiete gehören: „Madelon" (Leipz. 1832), „Das Duett" (Berlin 1832), „Der Basilisk" (Leipz. 1833), phantasiereiche Bilder, die aber der Kenntniß der objektiven Welt ermangeln; „Moderne Lebenswirren" (das. 1834), eine ergötzliche Persiflage des ringenden Zeitgeistes, sowie „Madonna, Unterhaltungen mit einer Heiligen" (das. 1835), eine Verherrlichung der Rechte des Fleisches, der Natur in der Hingebung der Sinne. Später erschienen die Romane „Thomas Münzer" (Altona 1841, 8 Bde.; 3. Aufl. 1860), „Carmela, oder die Wiedertaufe" (Hannover 1844), „Mendoza" (Berlin 1847, 2 Bde.), „Die Matadore" (Leipz. 1850, 2 Bde.), an denen der Mangel an künstlerischer Form neben dem Ueberfluß an neumodischer Reflexion getadelt wird, und in neuerer Zeit „Ein deutscher Herzog" (Berl. 1855), „Graf Mirabeau" (das. 1858; 2. Aufl. 1860, 4 Bde.), „Cagliostro in Petersburg", „Robespierre" (das. 1859, 3 Bde.) u. „Czar Paul" (das. 1861, 7 Bde.), letztere Werke Memorien- u. Romanform vermengend. Bedeutenderes als auf dem Felde der Erzählung leistete M. als Kritiker. Hierher gehören: „Kunst der deutschen Prosa" (Berl. 1837, 2. Aufl. 1843), womit ein „Lesebuch der deutschen Prosa" (das. 1844) verbunden ist, „Geschichte der Literatur der Gegenwart" (das. 1842; 2. Aufl., Leipz. 1852), „Geschichte der Gesellschaft" (das. 1844, 2. Aufl. 1856), „Aesthetik" (das. 1845), „Allgemeine Literaturgeschichte" (Berlin 1846, 3 Bde.), „Götterwelt der alten Völker" (das. 1846, 2. Aufl. 1856), „Dramaturgie" (das. 1847, 2 Bde), „Staatsberedtsamkeit der neueren Völker" (das. 1848) und „Geschichte der deutschen Stände" (das. 1853); die meisten dieser Schriften sind das Resultat seiner akademischen Vorlesungen. Die vollendetsten Leistungen M.s finden sich in einzelnen Aufsätzen und in solchen Werken, wo er eine Reihe verschiedener Anschauungen ohne engen innern Zusammenhang schildert. Hier beweist er eine glänzende Gabe der Auffassung, wie namentlich in seiner Schilderung Knebels in der von ihm und Varnhagen von Ense veranstalteten Herausgabe von Knebels „Literarischem Nachlaß und Briefwechsel" (Leipzig 1835—36, 3 Bde.), ferner in seinen Monographien von Fürst Pückler, Hippel, Thümmel, G. Sand und Lamennais, in seinem der Charlotte Stieglitz gesetzten „Denkmal" (Berl. 1835), endlich in seinen „Spaziergängen und Weltfahrten" (Altona 1838—40, 3 Bde.), in seiner „Völkerschau auf Reisen" (das. 1840), die reich an meisterhaften Schilderungen aus London, Paris, Südfrankreich, der Schweiz ist, den „Pariser Kaiserskizzen" (Berl. 1856), „Skizzen aus Piemont u. Rom" und „Italienischen Zuständen" (das. 1859—60, 4 Bde.). In den „Charakteren und Situationen, Novellen und Skizzen" (Wismar und Leipzig 1837, 2 Bde.) stellte er Reiseschilderungen mit Streifzügen durch die neueste Literatur zusammen; in den „Kritischen Wäldern" gab er einzelne literarische Monographien. Seine „Gesammelten Schriften" (Leipz. 1843—44, 2 Bde.; 2. Aufl. 1847) enthalten einen Theil seiner früher in Zeitschriften erschienenen Aufsätze. Mehrmals hat M. auch versucht, sich an die Spitze journalistischer Unternehmungen zu stellen; der „Literarische Zodiakus", 1835 begonnen, erlag einem baldigen Verbote; von den „Dioskuren für Kunst und Wissenschaft" erschienen 2 Bände (Berl. 1836—37). „Der Freihafen" (Altona 1838), sowie der „Pilot" (das. 1840) verloren bald alle Theilnahme. Auch das Taschenbuch „Delphin" brachte es nur auf 2 Jahrgänge (1837—38); der zweite enthielt einen verunglückten dramatischen Versuch M.s: „Die Komödie der Neigungen". Neben diesen belletristischen Arbeiten lieferte M. unter vielen kleineren Schriften: „Die Universitätsfrage" (Berl. 1844), „Der heilige Geist und der Zeitgeist" (das. 1845), „Ständische Blätter" (das. 1847), „Revision oder Vereinbarung?" (das. 1849), „Machiavelli" (Leipz. 1851, 2. Aufl. 1853). Auch gab er Luthers „Politische Schriften" (Leipz. 1844 fg.) heraus, ließ von einigen Schriften J. J. Engels neue Auflagen erscheinen und betheiligte sich mit Laube und Gutzkow am Kampf gegen Rom und Görres.

2) **Clara**, als Romanschriftstellerin unter dem Namen Luise Mühlbach bekannt, geboren den 2. Januar 1814 zu Neubrandenburg, Tochter des Oberbürgermeisters Müller daselbst, verheirathete sich 1839 mit M. und eröffnete seitdem eine lange Reihe von Romanen, in deren ersteren sie mit besonderem Behagen bei denjenigen Situationen verweilte, bei denen Gift und Dolch, Nothzucht und Blutschande die Hauptrolle spielen. Höher stehen ihre geschichtlichen Romane, die sich meist durch gute Charakterschilderungen und Lebendigkeit der Darstellung auszeichnen, z. B. „Johann Gotzkowsky" (Berl. 1850, 3 Bde.; 2. Aufl. 1858), „Friedrich der Große und sein Hof" (7. Aufl., das. 1862, 3 Bde.), „Berlin und Sanssouci" (das. 1853, 4 Bde.), „Historische Charakterbilder" (Der Prinz von Wales, Die Franzosen in Gotha ꝛc., das. 1856 ff.), „Maria Theresia und ihr Hof", „Joseph II. und sein Hof" (7. Aufl., Berl. 1863), „Königin Hortense" (4. Aufl., Berlin 1858), „Erzherzog Johann von Oesterreich und seine Zeit" (das. 1859—60, 6 Bde.), „Napoleon in Deutschland" (3. Aufl., Berl. 1861—62, 6 Bde.).

Mundtodt, s. v. a. bürgerlich todt.

Mundum (lat.), Reinschrift.

Mundus (lat.), Schmuck, besonders Frauenzimmerschmuck (m. muliebris); dann der mit Sternen geschmückte Himmel; die Welt, das Weltall; der Erdkreis, die Erde; die Gesammtheit der Erdbewohner, die Menschheit.

Mundus vult decipi, ergo decipiatur (lat.), die Welt will betrogen sein, also werde sie betrogen.

Mundwasser (Gurgelwasser), s. Gargarisma.

Munera (lat., Plur. von munus), bei den Römern öffentliche Schauspiele, besonders der Gladiatoren, dergleichen von Magistraten veranstaltet wurden, vergl. Gladiatoren. M. feralia, s. Feralien.

Mungata, Insel, s. v. a. Ceylon.

Mungo, Fluß in Oberguinea, mündet nördlich vom Kap Sierra Leona in den atlantischen Ocean.

Mungo Park, s. Park.

Municipalität (v. Lat., Municipalbehörde), städtische Behörde überhaupt, in Frankreich die eine Municipalstadt oder einen Gemeindebezirk überhaupt vertretende Obrigkeit, welche aus dem Maire (s. d.), dessen Adjunkten und, je nach der Größe der Bevölkerung, aus einem oder mehren Polizeikommissären zusammengesetzt ist, neben welchen noch ein Municipalrath (Gemeinderath) besteht, der die Kontrole über die von der Mairie geführten Rechnungen des städtischen Finanzwesens führt u. wegen der Bedürfnisse der Gemeinde die Vorschläge zu machen hat. Unterstützt wird die M. durch die sogenannte Municipalgarde, eine Art Polizeisoldaten.

Municipalrecht, das Recht einer städtischen Gemeinde, wonach sie einen Stadtrath wählen und städtische Verfügungen treffen darf.

Municipalstadt, s. v. a. Municipium (s. d.).

Municipalverfassung, Gemeindeverfassung, s. Municipium und Stadt.

Municipium (lat.), bei den Römern in der ältesten Zeit Benennung derjenigen Städte und Staaten, welche durch ein Bündniß (foedus aequum) mit Rom in das volle römische Bürgerrecht (civitas) getreten waren, später, als diese Städte durch die Civität Rom ganz einverleibt worden waren, im Allgemeinen Benennung römischer Bürgergemeinden. Als endlich durch die Lex Julia (90 v. Chr.) und Lex Plautia Papiria alle Städte Italiens zu Municipien mit vollem Bürgerrechte erhoben wurden, hörte der bisher beobachtete Unterschied von M. und Colonia latina auf und M. bedeutete so viel als römische Landstadt. Auch in den Provinzen wurden manche Städte zu römischen Municipien erhoben, bis Caracalla alle peregrinischen und latinischen Städte im römischen Reich zu Municipien erklärte. Die Bürger der Municipien ältester Zeit hatten, sobald sie nach Rom zogen, ohne römische Bürger zu sein, alle Pflichten und Rechte der Bürger, mit Ausnahme des Stimmrechts und des Rechts, Aemter zu bekleiden. Die späteren Municipien waren in Beziehung auf den Grad ihres Bürgerrechts entweder stimmberechtigte (cum suffragio), oder nicht stimmberechtigte (sine suffragio), in Rücksicht ihrer inneren Verwaltung entweder selbstständig, oder gänzlich in den römischen Staat aufgegangen. Die Municipien mit selbstständigem Gemeinwesen durften ihr altes Lokalrecht behalten und sich sogar neue Gesetze geben, in sofern diese nicht gegen das römische Recht verstießen. Die Municipien mit aufgelöstem städtischen Verband waren völlig römische Unterthanen, hatten zum Theil schwere Lasten zu tragen und waren nicht ihren eigenen, sondern auch den römischen Magistraten untergeben. Wenn die Municipien volles Bürgerrecht (mit Stimmrecht) erhielten, wurden sie in eine Tribus eingeschrieben, und die Bewohner genossen dann alle Rechte römischer Bürger. Sie durften sich nach Rom begeben und an den Komitien thätigen Antheil nehmen; ebenso konnten sie, wenn sie ihren Wohnsitz daselbst nahmen, Ehrenstellen erhalten. Nach dem Census wurde von allen Municipien Tribut erlegt und Kontingente zu den römischen Heeren gestellt. Die sakralrechtliche Stellung der Municipien war ganz selbstständig. Durch das julische und papirische Gesetz wurden, wie bemerkt, alle italischen Städte Municipien mit Stimmrecht, verloren aber damit ihre bisherige Unabhängigkeit und erkannten Rom als gemeinsames Oberhaupt und Vaterland an. Um nun eine gewisse Einheit der neuen städtischen Organisation und der Verbindung des römischen Rechts mit den Lokalgesetzen hervorzubringen, wurden theils von Rom aus gesetzlich gewählte Kommissäre geschickt, theils für einen größern Kreis von Municipien Gesetze gegeben, unter welchen letzteren die Lex Julia municipalis am wichtigsten war. Die Kaiser hielten diese Anordnungen in den ersten zwei Jahrhunderten fest, und die Municipien entwickelten sich da zu hoher Blüthe. Seit aber die Despotie einen unerträglichen Steuerdruck auf sie legte, verarmten und verfielen sie wieder. Die innere Verfassung der Municipien anlangend, so waren die Bewohner der Kommunen entweder Municipès, eigentliche Bürger, oder Incolae, Insassen ohne Bürgerrecht, welche nur den Aufenthalt (domicilium) in einer Kommune hatten und allen Lasten derselben unterworfen waren, ohne die Ehrenrechte zu theilen. Nur die ersteren versammelten sich in den Komitien und waren zu Magistraten wählbar. Entsprechend den drei Ständen in Rom gab es auch in den Municipien Decuriones (Senatoren), Augustales (Ritter) und Plebeji (alle übrigen Bürger). Die obersten, den römischen Konsuln entsprechenden Magistrate waren die aus den Dekurionen gewählten Duumviri oder Triumviri oder Quatuorviri, mit dem Zusatz juri dicundo, wo ihnen, wie in Italien, die Rechtspflege zukam, u. praefecti juri dicundo genannt, wenn die Staatsbehörde sie ernannte, ferner gab es Censores oder Quinquennales, Aediles und Quaestores, diese waren Ehrenämter (honores); die niederen Aemter hießen Munera und Curationes. Erst gegen das Ende des 4. Jahrhunderts kommen die Defensores rei publicae als Beamte zum Schutz der Gemeinde gegen Willkür der Staats- und Stadtbehörden vor. Ein einigermaßen bedeutenderes M. diente als Metropolis und Mittelpunkt umliegender kleinerer Orte, die demselben zugetheilt waren. Die Municipes wählten in den Komitien ihre Magistrate und bestätigten oder verwarfen die vorgeschlagenen Gesetze. Später gingen die Rechte des Volks meist auf die Kurien (Senat) über. Die Priesterwahlen standen den Dekurionen zu. Der Kriegsdienst der Municipien war stets in den römischen Legionen zu leisten; erst später zogen sich die italischen Municipien von ihm zurück, und die Provincialen bildeten den Kern der Heere. Welche Abgaben die Municipien nach der Lex Julia an Rom zu leisten hatten, ist unbekannt. Die früher unbeschränkte Rechtspflege der italischen Municipien wurde wahrscheinlich schon durch die Lex Julia und dann durch die Lex Rubria bedeutend geschmälert. Die Municipalmagistrate waren ohne Imperium und deshalb in vielen Fällen inkompetent. Ihre Jurisdiktion war zuerst durch die Senatsgerichte und durch die Quaestiones perpetuae beschränkt, später aber durch die Gerichte der kaiserlichen Statthalter ganz verdrängt worden, so daß ihnen endlich nur noch die Gerichtsbarkeit über die Sklaven und die Ahndung kleiner Frevel blieb. Die letzte Entscheidung und die wichtigsten Gegenstände in allen Angelegenheiten der Municipien behielten sich die Kaiser vor. Ueber das Hinüberdauern der römischen Städteverfassung in das Mittelalter vergl. besonders Savigny, Geschichte des römischen Rechts im Mittelalter (Bd. 1), und Raynouard, Histoire du droit municipal en France, Paris 1829. Vergl. auch Roth, De re municipali Romanorum, Stuttgart 1801.

Munipur (Munepoor), Vasallenstaat im äußersten Osten des indobritischen Reichs, zwischen Assam, Cachar und Birma, hat 358 QMeilen, wird von hohen Bergketten (bis zu 10,000 Fuß Höhe) umgrenzt, ist theilweise sumpfig, aber trefflich angebaut u. sehr bevölkert. Die Munipuris gelten als gewandte Reiter und tüchtige Soldaten. Die Landschaft wurde 1775 von den Birmanen erobert und kam, als diese 1825 wieder von dort verdrängt wurden, unter britischen Schutz. Die gegenwärtige Hauptstadt ist Tschandrapur, bisweilen auch M. genannt.

Munition (v. Lat.), allgemeiner Name aller beim Schießen aus Feuerwaffen nöthigen Dinge. Man unterscheidet die Eisen- u. Bleimunition von der Pulvermunition, welche aus den Pulverladungen mit oder ohne Geschosse besteht. Ferner theilt man die M. in solche für das kleine Gewehr und in Geschützmunition, letztere wieder in Kanonen-, Haubitzen-, Mörser- und Zündmunition ein. Zu der Kanonenmunition gehören: die Kugelschüsse, die Kartätschenschüsse (Schrote), die Kanonengranaten und Kanonenbrandkugeln; zur Haubitzenmunition außer den bei diesen Geschützen gewöhnlich von den Geschossen getrennten Pulverladungen die Granaten, die Kartätschen, der Granathagel, die Leucht- und Brandkugeln &c. Die Mörsermunition besteht außer dem Pulver oder den Pulverpatronen in Bomben, Leucht- und Brandkugeln, Tranchéekugeln, Korb- oder Steinhagel, (Weidenkörbe mit Steinen gefüllt). Zur Zündmunition gehören die Lunte, die Zündlichter, die Schlagröhren und, wo man sich der Zündung durch Perkussion bedient, die Zündkapsel. Die Masse der M., welche im Felde mitgeführt wird, theilt man in die erste und zweite Chargirung. Die erste Chargirung muß selbst für eine große Feldschlacht ausreichen; die zweite dient aber zum sofortigen Ersatz der ersten. Außerdem muß noch eine dritte vorbereitet sein, um die zweite nöthigenfalls zu kompletiren. Auf eine Chargirung werden bei der Infanterie auf einen Mann 60, bei der Kavallerie 40 Patronen, für jedes Geschütz 200 Schuß und im Belagerungskriege täglich 50—100 Schuß auf jedes Geschütz gerechnet. Zur Aufbewahrung der M. dienen die Munitionsmagazine, welche im Ganzen ebenso beschaffen sein müssen wie die Pulvermagazine. Die Munitionswägen zum Transportiren der M. sind in den verschiedenen Armeen verschieden.

Munjeet (Mongister, indianischer Krapp, Färberdrogue), die Wurzel der Rubia munjista, einer in Ostindien heimischen Pflanze, kommt in Bündeln in den Handel, die aus Stengeln von 2 bis 3 Fuß Länge und der Dicke einer Federpose bis zu der eines Fingers bestehen. M. wird in Indien in großem Umfange gebaut und zum Färben benutzt. Der Farbstoff der Wurzel besteht nicht aus einem Gemisch von Alizarin und Purpurin, sondern enthält nur letzteres und eine schön orange färbende Substanz, das in goldgelben Schuppen krystallisirende Munjistin. Zur Darstellung des letzteren kocht man die Wurzel 5—6mal mit einer Lösung von schwefelsaurer Thonerde aus, säuert die Abkochung stark mit Salzsäure an und wäscht den entstandenen Niederschlag mit Wasser aus. Nach dem Trocknen desselben extrahirt man ihn mit Schwefelkohlenstoff und löst aus dem nach dem Abdestilliren des letzteren zurückbleibenden Gemisch von Purpurin u. Munjistin letzteres mit angesäuertem Wasser auf. Durch stärkeren Säurezusatz fällt aus dem Filtrat des Munjistin heraus, welches getrocknet und wiederholt aus Alkohol umkrystallisirt wird. Kepps Verfahren mit schwefliger Säure (s. Krapp) ist für M. ganz unanwendbar. Das Munjistin löst sich leicht in siedendem Wasser u. Alkohol, mit hellrother Farbe in kohlensaurem Natron, mit rother Farbe in Ammoniak und mit reich karmoisinrother Farbe in Aetznatron. Die Lösung des Munjistin gibt beim Kochen mit Thonerdehydrat einen schönen, hell orangerothen Lack, es sublimirt unzersetzt und steht in seiner Zusammensetzung dem Alizarin und Purpurin sehr nahe. Es färbt mit Thonerde gebeizte Zeuche hell orange, mit Eisenbeize gibt es eine bräunlichpurpurne Färbung und mit Türkischrothbeize ein hübsches Tieforange. Diese Farben sind ziemlich beständig und vertragen die Behandlung mit Kleie und Seife ganz gut. Das aus M. dargestellte Garancin besitzt nach Stenhouse etwa ein halb so großes Färbevermögen wie das aus dem besten Krapp, doch ist die Ausbeute größer, und die mit M. hervorgebrachten Farben sind lebhafter als Krappfarben, stehen diesen indeß wieder an Dauerhaftigkeit nach, was auf Gegenwart von Purpurin an Stelle des Alizarin beruht. Einige Türkischrothfärber verwenden höchst wahrscheinlich beträchtliche Mengen Garancin aus M. Man erkennt dies Garancin, indem man es mit siedendem Wasser behandelt, den Auszug mit Säuren fällt und dann, wie oben beschrieben, weiter verfährt.

Munk, 1) Eduard, namhafter Philolog u. Literarhistoriker, geboren den 20. Jan. 1803 zu Großglogau, wirkte nach beendeten akademischen Studien längere Zeit als Lehrer an der Wilhelmsschule zu Breslau u. privatisirt seit 1818 in seiner Vaterstadt. Im Jahre 1861 erhielt er den Professortitel. Er hat sich u. A. durch folgende Werke bekannt gemacht: „Die Metrik der Griechen und Römer" (Glogau 1834); „Die natürliche Ordnung der platonischen Schriften" (Berl. 1857); „Geschichte der griechischen Literatur" (2. Aufl., das. 1862—63, 2 Bde.) und „Geschichte der römischen Literatur" (das. 1858—61, 3 Bde.).

2) Salomon, namhafter Orientalist, geboren den 14. Mai 1805 zu Glogau von jüdischen Aeltern, studirte zu Berlin und Bonn Philologie und orientalische Sprachen und setzte das Studium der letztern, sowie des Sanskrits seit 1830 zu Paris unter Sacy und Chizy fort. In der Absicht, eine Ausgabe von des Maimonides „Führer der Verirrten" im arabischen Original zu veranstalten, begab er sich 1835 nach Oxford. Im Jahre 1840 als Custos der orientalischen Manuskripte an der pariser Bibliothek angestellt, begleitete er noch in demselben Jahre Montefiore und Crémieux nach Aegypten, von wo er eine Sammlung arabischer Manuskripte, besonders aus der älteren Literatur der Karaiten, mitbrachte. Wegen zunehmender Augenschwäche legte er 1852 seine Stelle an der Bibliothek nieder. Von seinen Schriften sind hervorzuheben: „Réflexions sur le culte des anciens Hébreux" (Paris 1833); „Notice sur Rabbi Saadia Gaon" (das. 1838); „Palestine" (das. 1845); „Notice sur Abou'l-Walid-Merwan" (das. 1851). Ein Theil von M.s Abhandlungen über arabische und jüdische Philosophie im „Dictionnaire des sciences philosophiques" ist in deutscher Uebersetzung unter dem Titel „Philosophie und philosophische Schriften der Juden" (Leipz. 1852) erschienen.

Munkacs, Marktflecken u. Hauptort des ungarischen Komitats Beregh, an der Latorcza, Sitz der Komitatsbehörden, hat eine Hauptschule, eine große Salpetersiederei, Strumpfweberei, ein Alaunwerk, Eisengruben und Eisenhämmer, trefflichen Weizen- und Weinbau u. 7380 Einwohner. In der Umgebung finden sich schöne Bergkrystalle u. sogenannte ungarische Diamanten. ¾ Stunde von der Stadt liegt auf einem 600 Fuß hohen Felsen die jetzt als Gefängniß dienende alte Veste M., welche als Hauptwaffenplatz Emmerich Tökely's von dessen Gemahlin, Helena Zriny, lange gegen die Kaiserlichen vertheidigt u. erst nach dreijähriger Belagerung am 14. Januar 1688 übergeben ward. Am 14. Juni 1703 erlitt hier Franz Rakoczy durch die Kaiserlichen unter Nigrelli eine Niederlage, und 1708 ward der Ort an letztere übergeben. Im Jahre 1834 brannte die Festung aus. Hier saß Alexander Ypsilanti gefangen. Während des ungarischen Revolutionskriegs von 1848 gerieth die Veste in die Hände der Insurgenten, mußte sich aber am 26. August 1849 den Russen ergeben.

Muñoz, Don Fernando, Herzog von Rianzares, Gemahl der spanischen Königin Christine, Sohn eines Alkalden zu Tarancon in der Mancha, rettete, damals in der spanischen Leibgarde dienend, der Königin Christine 1833 das Leben, ward nach dem Tode des Königs ihr Kammerherr und steter Begleiter und vermählte sich bald darauf mit ihr. Am 13. Oktober 1844 ward die Ehe auch öffentlich eingesegnet und M. hierbei zum spanischen Granden erster Klasse und Herzog von Rianzares ernannt.

Munster (Mounster, irisch Mown), die südwestlichste und größte Provinz Irlands, grenzt im Norden an Connaught (theilweise durch den Shannon und den Derghsee davon getrennt), im Osten an Leinster, im Süden und Westen an den atlantischen Ocean und umfaßt 433,6 □Meilen, wovon ein Drittheil auf unproduktives Bergland, Moore u. Seen kommen. Die Küste ist reich gegliedert und bietet eine Menge Buchten und Häfen dar, vor welchen zahlreiche Inseln und Klippen liegen, darunter die Süd-Arraninseln vor der Galwaybai, Valentia am Eingange der Dinglebai mit dem westlichsten Hafen Europa's und dem transatlantischen Telegraphenkabel, Bull, Cow, Calf, Cat und Clare Island (die südlichste von allen) als die bedeutendsten. Im Norden und Westen, besonders aber im Südwesten, wo sich die Kerry Mountains (die sogenannte irische Schweiz) erheben, ist das Land gebirgig. Unter den Flüssen sind außer dem Shannon mit dem Derghsee die bedeutendsten: Cashen, Mank, Lane, Bandon, Lee, Blackwater und Suir. Produkte des Landes sind außer den gewöhnlichen Erzeugnissen des Ackerbau's und der Viehzucht noch Steinkohlen, Blei, Eisen und Kupfer; Hauptbeschäftigung außer der sehr wichtigen Fischerei noch Ackerbau u. Viehzucht. Ein großer Theil der ländlichen Bevölkerung sind besitzlose Lohnarbeiter, die in den ärmlichsten Verhältnissen leben. In den Städten ist die Industrie durch Fabrikation von Baumwollen- und Wollenzeuchen, Leinwand, Segeltuch, Leder, Papier, Leim, Glas, Brennerei, Brauerei und Schiffbau vertreten. Der Handel vertreibt namentlich Getreide, Mehl, Fleisch, Speck und Butter. Die große irische Südwestbahn, die von Dublin aus nach Tipperary in die verschiedenen Grafschaften der Provinz führt, verzweigt sich hier nach Limerick, Waterford, Cork, Killarney rc. Die Bevölkerung ist in stetem Abnehmen begriffen, sie betrug 1841 2,396,161 Einwohner, 1851 noch 1,831,817 und 1861 nur noch 1,503,200 Einwohner. M. zerfällt in die 6 Grafschaften: Clare, Cork, Kerry, Limerick, Tipperary und Waterford.

Muntaner, En Ramon, namhafter romanischer Chronist, geboren 1265 zu Peralada in Katalonien, führte seit 1285 30 Jahre lang in verschiedenen Kriegsdiensten ein abenteuerndes Leben, ließ sich sodann in Valencia nieder und schrieb hier eine Geschichte von den Großthaten der Fürsten des aragonischen Hauses (herausgegeben Valencia 1558 u. öfter; deutsch von Lanz, Leipz. 1842, 2 Bde., der auch eine Ausgabe des Originals [Stuttg. 1844] besorgte), die ein wahrhaft epischer Geist durchweht. Sie beginnt mit Jayme dem Eroberer und reicht bis zur Krönung des Königs Alfons IV. von Aragon, bei welcher M. selbst noch als Abgeordneter von Valencia zugegen war. M. † um 1340 zu Valencia.

Munterkeit, derjenige Zustand des Geistes und Körpers, wobei man im Besitz der vollen Kräfte beider ist und insbesondere die geistigen Vermögen des Vorstellens und Denkens in ungeschwächter Thätigkeit sind.

Muntingia *L.* (Seidenlinde), Pflanzengattung aus der Familie der Tiliaceen, charakterisirt durch den 5—7blätterigen abfälligen Kelch und die 5—7blätterige Korolle mit zahlreichen freien Staubgefäßen und kopfförmiger, griffelloser Narbe u. die 5fächerigen, von zahlreichen Haaren umgebenen, kleinen Samen in Mus enthaltenden Beeren. Die bekannteste Art ist M. calabura *L.*, gemeine Seidenlinde, ein schwaches Bäumchen mit schief-herzförmigen und zugespitzten, gezähnten und seidenhaarigen Blättern u. einzelnen Blüthen in Achseln, in Westindien u. dem anstoßenden Amerika. Die schleimig adstringirende Rinde dient zu Bereitung von Augenwasser und wie die Blätter gegen Durchfälle und Schleimflüsse; die Blüthen werden zu diaphoretischen Aufgüssen benutzt, die gelblich-rosenrothen Früchte werden gegessen, und aus dem Bast macht man Seile.

Muntzmetall, nach dem Verfahren von Muntz dargestelltes schmiedbares Messing für Schiffsbeschläge, s. Messing.

Munus (lat., Plur. munera), Dienst, Amt; Gabe, Geschenk.

Munychia, Hügel bei Athen, welcher die drei Häfen der piräeischen Halbinsel, Piräeus, Zea und Munychia, beherrschte, weshalb er strategisch von großer Wichtigkeit für das alte Athen war.

Munychia, Fest der Artemis in Attica, welches am 16. Tage des danach benannten Monats Munychion (der 10. Monat des attischen Kalenders, vom 7. April bis 6. Mai) gefeiert wurde, da jene an dem Tage der Schlacht von Salamis den Hellenen mit ihrem vollen Lichte geleuchtet habe.

Munzinger, Werner, namhafter Reisender in Afrika, geboren 1832 zu Olten in der Schweiz, ging nach Beendigung seiner Studien 1852 nach Kairo, 1854 als Chef einer Handelsexpedition nach dem rothen Meer, lebte sodann einige Zeit in Massaua und seit 1855 zu Keren, dem Hauptorte der Bogos. Als Resultat des letzteren Aufenthalts veröffentlichte er „Die Sitten und das Recht der Bogos" (Winterthur 1859). Im Jahre 1861 schloß er sich der deutschen Expedition nach Centralafrika an, trennte sich aber, als der Führer derselben, von Heuglin, gegen seine Instruktion nach Abessinien ging, von diesem und wandte sich über Chartum nach Obid, um von hier aus durch Darfur nach Wadai vorzudringen. Er erhielt jedoch die Durchreise durch Darfur nicht gestattet u. kehrte daher 1862 nach den Nilländern zurück. Seine Beiträge zu der Geographie, Ethnographie und Linguistik der von ihm besuchten Länder sind meist in Zeitschriften erschienen.

Muonio, Fluß auf der Grenze zwischen Schweden und Rußland, bildet bei Muonioniska den 100 Fuß hohen Eianpeikafall und mündet links in den Torneå.

Muotta (Muota), reißender Fluß im schweizerischen Kanton Schwyz, entspringt auf der Glattalp, nimmt die Seewen, den Abfluß des Lowerzersee's und zahlreiche Bäche auf, ist reich an Forellen und mündet nach einem Stromlauf von 8 Stunden durch eine enge Felsschlucht bei Brunnen in den Vierwaldstädtersee. Das 5 Stunden lange Muottathal, welches 1799 der Schauplatz eines Arrièregardengefechts zwischen Russen u. Franzosen war, hat zum Hauptort das Pfarrdorf M. mit dem Franciskanerfrauenkloster St. Joseph, Schneidemühlen und 1680 Einwohner.

Mur, linker Nebenfluß der Drave, entspringt am Mureckberge im Salzburgischen, durchfließt in nordöstlicher Richtung das hohe Lungau in Steiermark, tritt über Judenburg, wo sie für Lasten bis 400 Centner schiffbar wird, in ein breites Thal, wendet sich dann bei Bruck südlich u. mündet nach 56 Meilen langem Lauf bei Legrad. Unter ihren zahlreichen Nebenflüssen sind die Kainach, Laßnitz, Sulm, Pölz u. Mürz die bedeutendsten.

Murabet, s. v. a. Marabut.

Murad, türkische Sultane, s. Osmanisches Reich.

Muräne, Fisch, s. Aal.

Muraille (franz.), eigentlich Mauer, Bezeichnung eines Angriffs, besonders eines Kavallerieangriffs, in langer, dünner, aber geschlossener Linie, nicht in Kolonne.

Muralt, Eduard von, Schriftsteller auf verschiedenen Gebieten, geboren den 12. Juli 1808 zu Bischofszell im Thurgau, ging als Lehrer nach Petersburg, ward 1857 daselbst Konservator der Handschriften u. theologischen Bücher an der kaiserlichen Bibliothek u. hat sich außer einigen Schriften über die griechische Kirche und einer Ausgabe des Minucius Felix durch folgende Werke bekannt gemacht: „Katalog der griechischen Handschriften der petersburger Bibliothek" (Petersb. 1840), „Die Ausgabe des Neuen Testaments nach dem vatikanischen Codex" (Hamb. 1846), „Essai de chronographie Byzantine" (Petersb. 1855) und die Ausgabe der Chronik des **Georg Hamartolus**" (das. 1859).

Murano, Marktflecken in den Lagunen von Venedig, auf der gleichnamigen Insel, mit einer an Kunstwerken reichen Kathedrale, einst weltberühmten und noch jetzt ansehnlichen Glas- u. Glasperlenfabriken und 3600 Einw.

Murat, Hauptstadt des gleichnamigen Arrondissements (15,67 QMeilen mit 33,494 Einw.) im französischen Departement Cantal, am nordöstlichen Fuß des 5719 Fuß hohen Plomb du Cantal, hat einen Gerichtshof, Tuch- u. Spitzenfabrikation, Handel mit Getreide und Käse (Cantalkäse) und 2536 Einw.

Murat, Joachim, König von Neapel, einer der tapfersten Generale Napoleons I., war der Sohn eines Gastwirths zu Bastide bei Cahors im Departement Lot u. am 25. März 1771 geboren. Für den geistlichen Stand bestimmt, besuchte er das Collège zu Cahors und studirte dann Theologie zu Toulouse, sah sich aber in Folge mehrer Jugendstreiche genöthigt, sich beim 12. Chasseurregiment anwerben zu lassen. Er hatte es hier bis zum Unteroffizier gebracht, als ein Subordinationsfehler seine Entlassung herbeiführte, worauf er in Paris einige Zeit die Dienste eines Kellners verrichtet haben soll. In die konstitutionelle Garde Ludwigs XVI. aufgenommen, trat er nach deren Auflösung wieder in ein Chasseurregiment und war bis zum Obersten gestiegen, als er mit dem Sturze der Schreckensregierung aus der Armee scheiden mußte. Nachdem er durch die Ereignisse vom 13. Vendémiaire (5. Okt. 1795) seine Stellung zurückerhalten, ging er unter Bonaparte nach Italien und ward von diesem zu seinem Adjutanten erhoben und im Mai 1796 damit betraut, dem Direktorium 21 eroberte Fahnen zu überbringen, welche Sendung ihm den Grad eines Brigadegenerals erwarb. Als solcher focht er mit Auszeichnung bei Roveredo, Bassano, Rivoli u. beim Uebergang über den Tagliamento. Im Jahre 1798 begleitete er Bonaparte nach Aegypten, wo er in den Schlachten von Gaza und St. Jean d'Acre seine Tapferkeit bewährte. Er entsetzte das feste Schloß Laffel und schlug die Türken am Berge Tabor (16. April 1799). Nach der Rückkehr des Heeres nach Aegypten zerstreute er die arabischen Stämme und entschied bei Ramanieh den Sieg, wofür ihn Bonaparte zum Divisionsgeneral ernannte. Nach Europa zurückgekehrt, trieb M. bei der Revolution vom 18. Brumaire an der Spitze von 60 Grenadieren den Rath der Fünfhundert auseinander. Bonaparte ernannte ihn dafür zum Kommandanten der Konsulargarde und verheirathete ihn am 20. Jan. 1800 mit seiner jüngsten Schwester Karoline. In dem neuen italienischen Feldzug erzwang M. den Uebergang über die Sesia u. den Ticino, zog in Mailand ein und nahm Piacenza. Im Jahre 1801 vertrieb er die Neapolitaner aus dem Kirchenstaat und schloß einen Waffenstillstand mit dem König beider Sicilien. Im folgenden Jahre trat er für das Departement Lot in den gesetzgebenden Körper und im Jan. 1804 erhielt er das Generalgouvernement von Paris. Napoleon erhob ihn nach seiner Thronbesteigung 1804 zum Reichsmarschall, zum Prinzen des französischen Reichs, zum Großadmiral und zum Großoffizier der Ehrenlegion und übertrug ihm im Feldzug von 1805 den Oberbefehl über die Reiterei. Am 8. Okt. schlug M. die Oesterreicher bei Wertingen, nahm am 18. den General Werneck mit 16,000 Mann gefangen und drang am 13. Nov. bis nach Wien vor. Am 20. Nov. schlug er die Russen und Oesterreicher bei Hollabrunn, und bei Austerlitz trug er als Befehlshaber der gesammten Kavallerie viel zum Siege bei, wofür er zum Großherzog von Berg erhoben wurde. Im Feldzuge von 1806 erschien er wieder an der Spitze der Kavallerie, entschied den Sieg bei Jena mit, nahm folgenden Tags Erfurt durch Kapitulation, leitete hierauf die Verfolgung der einzelnen preußischen Corps, eroberte bei Eylau mehre russische Batterien, focht dann bei Friedland und bemächtigte sich später Königsbergs. Nach dem tilsiter Frieden übertrug ihm der Kaiser den Oberbefehl über die Armee, welche die geheime Bestimmung hatte, Spanien der französischen Herrschaft zu unterwerfen. M. zog in Madrid ungehindert ein (23. April 1808), konnte aber des bald darauf ausbrechenden Aufstandes nicht Herr werden. Nachdem Joseph Napoleon den spanischen Thron bestiegen, erhielt M. das erledigte Königreich Neapel, wurde am 1. August unter dem Namen Joachim I. Napoleon als König beider Sicilien proklamirt und nahm im Sept. Besitz von Neapel. Er wußte Milde mit Kraft zu vereinigen und that viel für die Herstellung der inneren Ordnung und Regelung der Verwaltung des Landes. Seine Unternehmung gegen Sicilien 1810 mißglückte, wie es scheint, durch das geheime Entgegenwirken des französischen Kabinets. Bald darauf entstand eine Spannung zwischen Napoleon und M., und vergeblich forderte letzterer die Entfernung der kaiserlichen Truppen. Als er die in seinen Diensten stehenden Franzosen nöthigen wollte, sich als Neapolitaner zu naturalisiren, erklärte der Kaiser in einem Dekret, daß Neapel einen Theil seines Reichs ausmache und somit jeder französische Bürger auch Bürger Neapels sei. Dennoch stieß M., als ihn der Kaiser zur Theilnahme am Feldzuge nach Rußland aufforderte, mit 10,000 Mann zur großen Armee, übernahm im April 1812 den Oberbefehl über die gesammte Kavallerie und focht mit glänzender Tapferkeit fast immer als Führer der Avantgarde. Als der Kaiser die Armee verließ, übertrug er (5. Dec. 1812) M. den Oberbefehl über dieselbe. Derselbe konnte jedoch die Weichsel nicht behaupten, verließ am 17. Januar 1813 von Posen aus das Heer, dessen Führung auf den Vicekönig Eugen überging, eilte nach Neapel zurück u. knüpfte geheime Unterhandlungen mit Oesterreich an, kehrte aber doch bei Eröffnung des Feldzugs von 1813 zur französischen Armee zurück. In der Schlacht bei Dresden befehligte er den rechten Flügel der Franzosen, schnitt der Armee Schwarzenbergs die Rückzugslinie nach Freiberg ab und vernichtete einen Theil des linken Flügels derselben. Nach der Schlacht bei Leipzig verließ er das Heer unter dem Vorwande, neue Truppen für Napoleon auszuheben, in der That aber, um seinen Abfall vorzubereiten, u. schloß am 11. Januar 1814 mit Oesterreich einen Vertrag, dem zufolge er 30,000 Mann zu dem Heere der Alliirten stellen sollte, wofür er den Besitz seiner Staaten von Oesterreich und England garantirt, sowie die Zusicherung auf die Erwerbung von Ancona und den Marken erhielt. Er drängte hierauf den Vicekönig Eugen an den Mincio zurück, suchte aber, mißtrauisch gegen seine Verbündeten geworden, eine

Entscheidung hinauszuschieben, u. erst mit dem Sturz Napoleons schloß er sich wieder an Oesterreich an u. verlegte seine Truppen in die Mark Ancona. Da indessen die Bourbons seine Absetzung verlangten und auch die Verhandlungen des wiener Kongresses sich ungünstig für ihn zu gestalten schienen, verstärkte er sein Heer, suchte die Carbonari zu gewinnen und trat mit dem Kaiser auf Elba in geheime Verbindung. Auf die Kunde von Napoleons Landung in Frankreich ließ er im Februar 1815 den Kirchenstaat besetzen, fast in demselben Augenblick, als Oesterreich auf dem Kongreß mit der Forderung durchgedrungen war, daß M. im Besitz seines Reichs verbleibe. Um sich des Volks zu versichern, ließ er die Abgaben um ein Drittel herabsetzen. Er übergab seiner Gemahlin die Regentschaft und begann, ohne Kriegserklärung, am 30. März die Feindseligkeiten gegen Oesterreich. Eine Proklamation verkündigte die Unabhängigkeit von ganz Italien, während er mit 40,000 Mann gegen den Po vorrückte. Von den Oesterreichern am 12. April bei Ferrara geschlagen und bald mehrfach umgangen, trat er den Rückzug an, erlitt aber noch bei Tolentino (2. Mai) eine vollständige Niederlage. Er floh mit einigen Reitern nach Neapel, fand aber das Land in vollem Aufstand und eilte daher nach Frankreich, wo er am 25. Mai bei Cannes landete. Napoleon verwies ihn auf ein Landhaus bei Toulon. Nach der Schlacht von Waterloo flüchtete er am 25. Aug. 1815 nach Korsika, sammelte hier ein kleines Corps Korsen und französischer Flüchtlinge und schiffte sich, wiewohl gerade sein Agent Macirone mit einem Schreiben eintraf, worin ihm unter der Bedingung, daß er den Königstitel ablege, Schutz in den österreichischen Staaten zugesichert wurde, auf die Sympathien der neapolitanischen Bevölkerung rechnend, den 28. September mit 250 Anhängern auf 7 Transportfahrzeugen nach Neapel ein. Ein Sturm zerstreute jedoch seine Schiffe, und er gedachte sich nach Triest zu wenden. Der schadhafte Zustand seines Schiffs zwang ihn aber am 8. Okt. zur Landung an der Küste von Pizzo, und er proklamirte sich hier an der Spitze von 30 Mann als König und Befreier Neapels, ward aber auf dem Marsch nach Monteleone, der Hauptstadt Kalabriens, von einem Haufen Bewaffneter angegriffen und fiel beim Umherirren an der Küste in die Hände eines Volkshaufens, der ihn nach Mißhandlungen auf das Schloß Pizzo abführte. Der Hof von Neapel ließ ihn durch ein Kriegsgericht als Usurpator zum Tode verurtheilen und am 13. Okt. 1815 auf Schloß Pizzo erschießen. Sein Leichnam ruht in der Kirche daselbst. Zu Cahors ist ihm ein Denkmal errichtet. Seine Wittwe, Maria Annunciata Karolina, geboren den 26. März 1782 zu Ajaccio, nahm den Titel einer Gräfin von Lipona (Anagramm von Napoli) an u. † den 18. Mai 1839 zu Florenz. M.s älterer Sohn, Napoléon Achille M., geboren den 21. Januar 1801, ging 1821 nach Nordamerika und † den 15. April 1847 als Plantagenbesitzer zu Jeffersoncounty in Florida. Von König M.s beiden Töchtern vermählte sich Lätitia Josepha, geboren den 15. April 1802, mit dem Grafen Pepoli zu Bologna, u. Luise Julia Karolina, geboren den 22. März 1805, mit dem Grafen Rasroni zu Ravenna. Vgl. Gallois, Histoire de J. M., Paris 1828.

2) Napoléon Lucien Charles, Prinz M., französischer Senator, jüngerer Sohn des Vorigen, geboren den 16. Mai 1803 in Mailand, erhielt seine Erziehung zu Neapel, folgte bei der Katastrophe von 1815 seiner Mutter nach Triest, hielt sich dann eine Zeitlang in Venedig auf und schiffte sich 1824 nach den Vereinigten Staaten ein. Das Schiff, auf dem er sich befand, litt jedoch an der spanischen Küste Schiffbruch, und M. ward in Spanien längere Zeit in Haft gehalten. Wieder frei, wanderte er nach Nordamerika aus, verlor hier aber durch Bankerotte verschiedener Handelshäuser sein ganzes Vermögen, und mehre Jahre lang waren die Erträgnisse einer von seiner Gemahlin, Karolina Georgina Fraser, geleiteten Mädchenschule seine einzigen Subsistenzmittel. Zweimal, 1839 u. 1844, besuchte er Frankreich, doch ward ihm beide Male der Aufenthalt hier von der Regierung nur für sehr kurze Dauer gestattet. Nachdem er die Ansprüche seines 1847 verstorbenen älteren Bruders geerbt, kehrte er nach der Februarrevolution 1848 sofort nach Frankreich zurück und ward hier vom Departement Lot in die konstituirende Versammlung gewählt. Als Mitglied des Ausschusses für die auswärtigen Angelegenheiten stimmte er meist mit der Rechten und unterstützte nach der Wahl vom 10. Dec. eifrig die Politik des Präsidenten. Für die gesetzgebende Versammlung doppelt gewählt, vom Seine- und Lotdepartement, entschied er sich für ersteres, ging aber am 3. Okt. 1849 als bevollmächtigter Minister nach Turin, wo ihn 1850 Ferdinand Barrot ablöste. Nach dem Senatsstreich wurde er durch Dekret vom 25. Jan. 1852 zum Senator ernannt und erhielt im folgenden Jahre den Rang eines Prinzen. Seit 1855 verlautete öfter, daß M. seine Ansprüche auf die Krone Neapels geltend zu machen gedenke. Von seinen 5 Kindern ist Joachim Napoléon M., geboren 1831, Kavallerieoffizier und Ordonnanz Napoleons III.

Muratori, Lodovico Antonio, ausgezeichneter italienischer Gelehrter, geboren am 21. Okt. 1672 zu Vignola im Modenesischen, erhielt 1694 die oberste Leitung des ambrosianischen Kollegiums zu Mailand und der damit verbundenen Bibliothek und ward als herzoglicher Bibliothekar und Archivar nach Modena berufen, wo er am 23. Jan. 1750 †. Seine Schriften, philosophischen, theologischen, juristischen, antiquarischen, geschichtlichen u. poetischen Inhalts, füllen 46 Folio-, 34 Quart- und 13 Oktavbände. Die namhaftesten darunter sind: „Anecdota ex Ambrosianae bibliothecae codicibus“ (Bd. 1 u. 2, Mail. 1697—98; Bd. 3 und 4, Padua 1713); „Anecdota graeca“ (Padua 1709); „Rerum italicarum scriptores“ (Mail. 1725—51, 25 Bde.; Fortsetzung von Tartini, Florenz 1748—70); „Antiquitates italicae medii aevi“ (Mail. 1738—42, 6 Bde.; Arezzo 1770—80, 17 Bde.); „Annali d'Italia“ (Mail. 1744—49, 12 Bde., deutsch von Baudis, Leipz. 1745—50, 9 Bde.); „Della perfetta poesia ital.“ (Venedig 1748, 2 Bde.; neueste Aufl., Mail. 1821, 3 Bde.); „Novus thesaurus veterum inscriptionum“ (Mail. 1739—42, 4 Bde.). Seine gesammelten Werke erschienen zu Arezzo 1767—80 in 36 Bdn. und zu Venedig 1790—1810 in 48 Bdn. Seine Biographie gab sein Neffe heraus (Venedig 1756).

Murau, Stadt im österreichisch-steierischen Kreis Bruck, an der Mur, hat ein Schloß, Kapuzinerkloster, 2 Spitäler, 3 Plätze, 2 Schlösser (Grünfels und Obermurau), eine gothische Pfarrkirche und eine andere Kirche (Annenkirche) in der Vorstadt mit trefflichen Holzschnitzereien und Glasmalereien, bedeutenden Gewerbsbetrieb und 1200 Einw. In der Nähe sind am Rantenbach mehre Streck- und Zeughammerwerke, ein Drahtzug, eine Gußstahlfabrik und andere dergl. Etablissements.

Murauer Alpen, Theil der kärnthnisch-steierischen Alpen, Fortsetzung der Kremser- und Stangalpen, erstreckt sich von diesen bis an die klagenfurter Straße als Gesammtbezeichnung für viele einzelne Bergglieder, Spitzen, Kogel etc., so daß diese Benennung auch südlich bis zum Thale der Gurk Geltung hat. Der höchste Punkt, die Kuhalpe, ist 6690 Fuß hoch.

Murawiew, alte russische Bojarenfamilie, die, ursprünglich im Großfürstenthum Moskau ansässig, 1488 durch Iwan Wasiljewitsch I. Ländereien im Nowgorodschen erhielt. Die namhaftesten Sprößlinge derselben sind:

1) Nikolai Jerofejewitsch, war Kapitän im Geniecorps und gab 1752 das erste Werk über Algebra in russischer Sprache heraus. Er † als Generallieutenant und Gouverneur von Livland auf einer Reise in Montpellier 1770.

2) Michail Nikititsch, Fürst M., geboren den 25. Okt. 1757 zu Smolensk, ward von der Kaiserin Katharina zum Gouverneur der Großfürsten Alexander u. Konstantin ernannt, 1796 zum Kurator der Universität Moskau, 1802 zum Senator von Rußland und 1804 zum Staatsrath im Ministerium der Volksaufklärung; † den 29. Juli 1807. Seine „Opyty“ historischen, moralischen und literarischen Inhalts, die er in seiner Stellung als Gouverneur geschrieben und die in der russischen Literatur für klassisch gelten, wurden von Karamsin herausgegeben (Moskau 1810, 3 Bde.); ein Nachtrag, „Emiliewy pisma“, erschien Petersburg 1815.

3) Nikolai Nasarowitsch, geheimer Rath, Staatssekretär und bis 1832 Direktor der kaiserlichen Privatkanzlei, machte sich gleichfalls als Schriftsteller durch „Njekotorya is saban och dochnowanija“ (Petersb. 1828—29, 5 Bde.) bekannt.

4) Nikolai Nikolajewitsch, geboren 1768 zu Riga, studirte zu Straßburg und wurde, 1788 nach Rußland zurückgekehrt, Lieutenant bei der Ostseeflotte. In der Schlacht von Rotschensalm gefangen und erst nach dem Frieden von Werelä wieder in Freiheit gesetzt, erhielt er das Kommando des sogenannten goldenen Jachtschiffs der Kaiserin Katharina, ging aber 1796 in die Armee über und nahm 1797 als Oberlieutenant seinen Abschied. Er gründete nun auf einem Gute bei Moskau eine Privatlehranstalt für Offiziere des Generalstabes, machte die Feldzüge von 1812—14 als Oberst und Stabschef des Grafen Tolstoi mit, schloß mit dem französischen General Dumas die Kapitulation von Dresden ab und nahm an der Belagerung von Hamburg Theil. Mit dem Rang als Generalmajor kehrte er zu seiner Militärakademie zurück, die 1816 für kaiserlich erklärt wurde, gab aber 1823 die Leitung derselben auf u. widmete sich ausschließlich der Landwirthschaft. Er † den 1. Sept. 1840 zu Moskau.

5) Nikolai, zweiter Sohn des Vorigen, geboren 1793, trat 1810 in die Armee, ward Kapitän im Generalstabe, diente im Kaukasus und erhielt 1819 vom General Jermolow eine Sendung nach Khiwa, über welches Land er durch seine „Puteschestwie w'Turkmenijn i Chiwu“ (Petersb. 1822) schätzenswerthe Aufschlüsse gab. Im persischen Kriege avancirte er zum Generalmajor, focht mit Auszeichnung 1828 bei Kars und Achalzik, 1829 bei Kalila und Milli Djus und erhielt 1830 im polnischen Feldzuge das Kommando der lithauischen Grenadierbrigade, mit welcher er den Sieg bei Kazimierz entschied. Hierauf zum Generallieutenant befördert, befehligte er 1831 beim Sturm von Warschau den rechten Flügel und erstürmte die Verschanzungen von Rakoviec. Ende 1832 ging er als außerordentlicher Bevollmächtigter Rußlands nach Aegypten, um Mehemed Ali zum Einstellen der Feindseligkeiten zu bewegen, kommandirte dann die am Bosporus gelandeten russischen Truppen und ward 1835 Befehlshaber des 5. Infanteriecorps. Seit 1838 verabschiedet, trat er erst 1848 wieder in Dienst und ward Mitglied des Militärconseils, im December Chef des Grenadiercorps und 1855 an die Spitze der abgesonderten kaukasischen Armee gestellt, mit welcher er Kars nach mehr als halbjähriger ruhmreicher Belagerung (Anfang Juni bis Ende Nov.) eroberte. Dieser Erfolg gestattete Rußland, trotz des Verlustes von Sebastopol den Frieden anzunehmen. M. ward hierauf in den Fürstenstand erhoben u. zum Generaladjutanten des Kaisers und Mitglied im Reichsrath ernannt, lebte aber die nächsten Jahre theils zurückgezogen in Rußland, theils auf Reisen im südlichen Europa. Seit dem 13. Mai 1863 Gouverneur von Wilna, Grodno, Kowno und Minsk, ergriff er sofort die äußersten Mittel, um die Insurrektion in Lithauen zu unterdrücken und ließ an die Stelle der Civilbehörden eine Militärdiktatur treten, belegte die sämmtlichen liegenden Güter des Adels in Lithauen mit einer Abgabe von 10 Procent, konfiscirte alle Güter des am Aufstand betheiligten niederen Adels zu Gunsten der Taglöhner und kleinen Bauern, ließ die von den Insurgenten in seinen Gouvernements weggenommenen Gemeinde- und Staatsgelder auf die den Bürgern polnischer Nationalität gehörenden Besitzungen repartiren und binnen 10 Tagen eintreiben und konnte in Folge dieser und anderer Maßregeln am 15. Okt. den Aufstand in seinem Bezirk für unterdrückt erklären. Er soll in den wenigen Monaten über 100,000 Personen nach Sibirien verbannt haben. Auch durch die Einführung der russischen Sprache als Geschäftssprache in Lithauen (3. März 1864) und sein Verbot der Errichtung polnischer Schulen daselbst (17. März 1864) machte er sich allgemein verhaßt.

6) Michail, Bruder des Vorigen, geboren 1795, stiftete schon als fünfzehnjähriger Knabe in Moskau eine mathematische Gesellschaft, unterstützte dann den Vater in der Leitung seiner Militärakademie, ward später Generalgouverneur von Grodno, dann von Kursk, 1842 Oberdirektor des Feldmessercorps, Generallieutenant und im Jan. 1850 Mitglied des Reichsraths.

7) Andrei, russischer Titularrath und Kammerjunker, unternahm 1830 eine Reise nach Syrien und Palästina, die er im „Puteschestwie k' Swjatym Mjestam“ (Petersb. 1832, 2 Bde.; 4. Aufl. 1840) beschrieb. Früchte seiner späteren Reisen nach den heiligen Stätten Rußlands sind die „Puteschestwija k' Swjatym Mjestam w' Otetschestwe“ (Petersb.

1837—47, 3 Bde.), einer Reise nach Rom die „Rimskija pisma" (das. 1846, 2 Bde.) und einer Reise nach dem Orient die „Pisma s' Wostoka" (das. 1851, 2 Bde.). Außer mehren streng theologischen Schriften hat man von ihm noch ein Trauerspiel, „Bitwa pri Tiweriade" (Petersb 1832), eine dramatische Skizze, „Dante" (das. 1841), eine „Geschichte von Jerusalem" (das. 1844, 2 Bde.), eine „Geschichte der russischen Kirche" (3. Aufl., das. 1845), eine „Schilderung Grusiens und Armeniens" (das. 1848, 3 Bde.), „Pascha w' Kiewe" (das. 1846), „Swjitya Gory i Optina Pustyn" (das. 1852) u. A. Er ist Staatsrath und Mitglied der Verwaltung der heiligen Synode.

Ein Zweig der Familie M. nahm in Folge einer Heirath mit der Tochter des Kosakenhetmans Apostol (um 1730) den Namen M.-Apostol an. Ihm gehören an:

8) Michail, seit 1857 Minister der Reichsdomänen, trug in dieser Stellung wesentlich zur Aufhebung der Leibeigenschaft bei.

9) Nikolai Nikolajewitsch, Graf M. Amurski, geboren 1810 in Petersburg, widmete sich dem Militärdienst, ward aber zeitig auch in der Civilverwaltung beschäftigt. Von 1836—40 fungirte er als Generalmajor und Civilgouverneur von Kursk, bis 1847 von Grodno und bis 1848 von Tula, von wo seine Versetzung nach Sibirien, seiner andern Heimat, erfolgte, da sein Vater, Gardeoberst u. zuletzt Polizeidirektor von Irkutsk, nach 1825 in diesem Lande lange als Verbannter gelebt hatte. M. warf sein Auge sofort auf die fruchtbaren und wohlbewässerten Ebenen zwischen dem Amur und der Jablonnoikette, legte 1850 unweit der Amurmündung einen stark befestigten Posten; Nikolajewsk, als Stütze u. Ausgangspunkt der beabsichtigten friedlichen Eroberung an, erforschte die Ufer des Amur u. seiner Quellenarme u. gründete an ihnen zahllose russische Kolonien. China zog eben ein starkes Heer gegen M. zusammen, als es auch mit England in Konflikte gerieth, die es bestimmten, durch den Vertrag von Aigun vom 1. Juni 1858 das Amurgebiet an Rußland abzutreten. M. erhielt hierauf von seinem Kaiser den Ehrentitel Amurski. Im Jahre 1859 unternahm er eine Expedition gegen Japan, erzwang von demselben dieselben Vertragsverbindungen, die es den übrigen großen Seemächten bewilligt hatte, und nahm die an Kohlen reiche japanische Insel Saghalin vor der Amurmündung vertragsmäßig in Besitz. Daneben hatte sich M auch die Konsolidirung seiner Erwerbungen eine stete Sorge sein lassen, u. A. durch die Konstituirung der Handelsgesellschaft des Amur (1856).

10) Sergei M.-Apostol, Sohn des Iwan Matwejewitsch M.-Apostol († als Senator den 24. März 1851), war 1825 Oberstlieutenant im Regiment Tschernigow und einer der Hauptleiter der Verschwörung von 1825 gegen Nikolaus I. Nach der Entdeckung derselben tödtete M. den zu seiner Verhaftung abgeschickten Oberst Gebel, rief mit 6 Kompagnien am 5. Jan. 1826 den Großfürsten Konstantin zum Kaiser aus und plünderte die Stadt Wassilkow, wurde aber schon am 15. Jan. geschlagen und schwer verwundet gefangen genommen. Er ward am 25. Juli 1826 zu Petersburg gehängt. Sein Bruder, Matwei, verabschiedeter Oberstlieutenant, ward zu zwanzigjähriger Verbannung nach Sibirien verurtheilt.

Murbach, ehemals berühmte Benediktinerabtei im französischen Departement Oberrhein, wurde 726 vom Herzog Eberhard von Schwaben gestiftet, 1680 von Frankreich in Besitz genommen und 1764 säkularisirt. Ihr Gebiet umfaßte 3 Städte und 30 Dörfer, ihr Abt war gefürstet und seit 1548 deutscher Reichsstand. Vgl. Otte, Die Abtei M., Mühlh. 1856.

Murchison, Sir Roderick Impey, namhafter Geognost der Gegenwart, geboren den 19. Febr. 1792 zu Taradale in Schottland, trat als Offizier bei einem Husarenregiment ein, verließ aber den Militärdienst bald wieder, um sich den Wissenschaften zu widmen. Die Ergebnisse einer mit Phillips unternommenen geologischen Reise durch England legte er in dem Werke „The silurian system" nieder, von dem er später eine populäre Bearbeitung unter dem Titel „Siluria" (London 1853, 3. Aufl. 1859) herausgab. Die Frucht von zwei Reisen durch Rußland in Begleitung Verneuils und Keyserlings ist das Werk „Geology of Russia in Europe and the Ural mountains" (das. 1845, 2 Bde.; neue Aufl., das. 1853). Noch gab er einen „Geological Atlas of Europe" (Edinb. 1856) heraus. Schon früher von der petersburger Akademie der Wissenschaften zum Mitgliede gewählt, ist er seit 1851 Präsident der londoner geographischen Gesellschaft, 1846 war er von seiner Königin zum Ritter erhoben worden.

Murcia, ehemals maurisches Königreich im südöstlichen Spanien, eins der kleinsten spanischen Kronländer, hat einen Flächenraum von 491 QM. mit (1857) 582,087 Einwohnern, von denen 210,4 QM. mit 380,969 Einwohnern auf die südöstliche Provinz Murcia u. 280,6 QM. mit 201,118 Einw. auf die 1833 gebildete Provinz Albacete kommen. Es grenzt gegen Norden an Neukastilien, gegen Osten an Valencia, gegen Süden an das mittelländische Meer, gegen Westen an Andalusien, umfaßt die südwestliche Ecke des neukastilischen Tafellandes und ist fast ganz von Gebirgen umzogen, von denen sich hügelige Flächen herabsenken. Im Norden sind die Sierras von Ajora, las Cabras und Salinas, im Westen die von Sagra und Segura, im Süden die von Aquaderas. Mit Ausnahme der sehr fruchtbaren Flußthäler besitzt M. im Allgemeinen einen wenig ergiebigen Boden, besonders innerhalb der eigentlichen Steppengebiete; der ganze südliche Theil des Landes ist vulkanischer Natur, das südliche Küstenland, die sogenannte Campine, eine weite, bloß mit Lavendel, Rosmarin und Cisten bedeckte Sandebene. Der Hauptfluß ist die Segura, welche hier die Munda, Sangonera und andere kleinere Flüsse aufnimmt; auf den Gebirgen sind einige Lagunen und auf der Südostküste das Mar menor mit salzigem Wasser; im Ganzen ist M. sehr wasserarm. Das Klima ist im Allgemeinen heiß und trocken, doch angenehm und gesund; nur an der Küste herrschen bisweilen Wechsel- und Faulfieber. Erdbeben sind nicht selten; namentlich hat das von 1829 furchtbare Verheerungen in der Provinz angerichtet. Die wichtigsten Produkte sind: Weizen, Gerste, Mais, Seide, Hanf, Südfrüchte, Oel, Wein, Esparto, Korkeichen und Kastanien; Wild, Geflügel, Schafe, Schweine, Ziegen, Maulesel; die Rindviehzucht ist vernachlässigt. Das Land ist ferner reich an Metallen, Schwefel, Thon, Salz, Mineralquellen &c.; doch stellt der Mangel an Bau- und Brennholz, sowie an

Brennmaterialien überhaupt dem Hüttenbetrieb große Schwierigkeiten entgegen. Die Industrie beschränkt sich vorzugsweise auf Seidenweberei und Espartoflechterei; außerdem wird noch vereinzelt Fabrikation von Soda, Salz, Salpeter, Töpfergeschirr, Ziegeln, Seife und Stahlwaaren getrieben. Der Handel war bisher trotz mehrer vortrefflichen Häfen ohne Bedeutung, da er durch den Mangel an Kommunikationswegen zwischen dem Innern und der Küste behindert wurde, beginnt jedoch ebenso wie Industrie und Ackerbau seit der Eröffnung der Eisenbahnen (Mediterranbahn von Madrid über Albacete nach Chinchilla, Almansa, Villena und Alicante, sowie von Albacete nach M. und Cartagena) einen größern Aufschwung zu nehmen. Der Murcianer ist im Allgemeinen träge und arbeitsscheu, düster und schwerfällig, argwöhnisch und zänkisch; Wissenschaft und Kunst sind ihm gleichgültig; der Volksunterricht steht noch auf einer sehr niederen Stufe.

Die gleichnamige **Hauptstadt**, an der Segura, über welche eine prächtige Brücke von nur zwei Bögen führt, und an der Eisenbahn von Albacete nach Cartagena gelegen, von malerischen Felsgebirgen umschlossen, ist gut gebaut, aber wie alle ursprünglich maurischen Städte Spaniens höchst unregelmäßig angelegt, hat viele prächtige, großentheils mit platten Dächern versehene Häuser und meist breite schöne Straßen und Plätze. Die bemerkenswerthesten Gebäude sind: die Kathedrale (ein modernes, in verschiedenartigem Styl ausgeführtes Bauwerk mit einem hohen Thurm, silberverzierten Hochaltar und vielen Sehenswürdigkeiten, der bischöfliche Palast, die Getreidehalle, deren Gewölbe von 40 Marmorsäulen getragen wird, und das öffentliche Spinn- u. Färbehaus für Seide. M. ist Sitz eines Bischofs und hat außer der Kathedrale 11 Pfarrkirchen, 10 ehemalige Mönchs- und 9 Nonnenklöster, ein Priesterseminar, eine Zeichen- u. Bauschule, verschiedene andere Unterrichtsanstalten, 2 öffentliche Bibliotheken, einen vernachlässigten botanischen Garten, ein Theater, einen Cirkus für Stiergefechte, ein Waisenhaus, Armenhaus, Spital, Gefangenhaus u. prächtige Promenaden und öffentliche Gärten. Die Bevölkerung der eigentlichen Stadt M. betrug 1857 26,888 Einwohner (einschließlich der 49 Ortschaften umfassenden Huerta von M. aber 48,314 Einw.), welche Seidenweberei, Espartoflechterei, Pulverfabrikation, Salpetersiederei, Töpferei, Gerberei, Seiden-, Frucht- und Oelbau und etwas Binnenhandel treiben. M. ist nach Einigen das alte Ilerci, nach Andern Bergilia. Die Stadt wurde 1263 vom König Alfons X. von Kastilien den Mauren entrissen u. blieb diesem, als sein zweiter Sohn Sancho 1276 den väterlichen Thron beanspruchte, von allen Städten allein treu. Durch das Erdbeben vom 18.—21. März 1829 wurde M. fast ganz verwüstet; am 23. Juni 1813 wurde die Stadt von den Insurgenten durch Kapitulation genommen. Die zweite Stadt der Provinz M. ist Cartagena (s. d.).

Mure, la, Stadt im französischen Departement Isère, hat ein Kommunalcollége, Fabrikation von Nägeln, Leinwand und Ziegeln, ansehnlichen Getreide- und Wollhandel und 3628 Einw. Dabei das Dorf La-Motte-St.-Martin mit warmer Mineralquelle. In der Umgegend ergiebige Braunkohlenlager.

Muret, Hauptstadt eines Arrondissements im französischen Departement Obergaronne, am Zusammenfluß der Louge und Garonne und an der Eisenbahn von Toulouse nach Montréjeau, hat einen Gerichtshof, Fabrikation von Wollen- und Fayencewaaren und Leder, Produkten- und Viehhandel und 4147 Einwohner.

Muret, Marc Antoine, bekannter unter dem latinisirten Namen Muretus, berühmter Humanist des 16. Jahrhunderts, geboren am 12. April 1526 zu Muret in Frankreich, unterrichtete schon in seinem 18. Jahre in der altklassischen Literatur, widmete sich zu Toulouse noch dem Studium der Rechtswissenschaften, mußte jedoch in Folge seines dissoluten Lebens Frankreich verlassen und lebte seit 1554 abwechselnd in Venedig und Padua, bis ihn der Kardinal Hippolyt von Este zu sich nach Rom einlud, wo M. seit 1563 öffentliche Vorträge über griechische und lateinische Klassiker, namentlich über die Ethik des Aristoteles, seit 1567 auch über das bürgerliche Recht hielt. Im Jahre 1576 ließ er sich zum Priester weihen, gab 1584 seine Lehrstelle auf u. † den 4. Juni 1585. Wir besitzen von M. verschiedene Ausgaben römischer Klassiker, des Terenz (Venedig 1555), Catull, Tibull und Properz (das. 1558), des Philosophen Seneca (Rom 1585), von Cicero's „Philippischen Reden“ (Par. 1563), sowie eine Reihe trefflicher Bemerkungen zu andern Schriftstellern, z. B. zu Sallust, Tacitus, Aristoteles und Plato. Alle Schriften M.s zeichnen sich durch Einfachheit, Leichtigkeit und Eleganz der Darstellung aus. Besonders gehören hierher seine „Orationes“, größtentheils Eingangsreden zu seinen Vorlesungen, seine „Epistolae“, die in gefälliger Form eine belehrende Unterhaltung bieten, und die „Variae lectiones“, welche drei zusammen am vollständigsten von Frotscher und Koch (Leipz. 1834—41, 3 Bde.) herausgegeben wurden. Zum Gebrauch für Schulen wurde eine Anzahl aus den Briefen und Reden besorgt von Kirchhof (Hannov. 1825) und von Kraft (Nordh. 1826).

Murexid (purpursaures Ammoniak, Purpurkarmin), stickstoffhaltige chemische Verbindung, entsteht aus den Zersetzungsprodukten der Harnsäure und ist für letztere charakteristisch, da eine Lösung derselben, mit verdünnter Salpetersäure völlig eingedampft, sich an der prächtig rothen Murexidfärbung, die besonders bei Ammoniakzusatz auftritt, zu erkennen gibt. M. entsteht auch, wenn man Alloxan oder Alloxantin mit kohlensaurem Ammoniak erwärmt, od. wenn man Dialuramid mit nicht überschüssigem Quecksilberoxyd behandelt. Das M. besteht aus durchsichtigen Prismen, die im durchfallenden Licht roth, in reflektirtem Licht kanthariden-grün erscheinen und ein rothes Pulver geben; in heißem Wasser ist es ziemlich, in kaltem Wasser, in Alkohol und Aether unlöslich. In Kalilauge löst es sich mit blauer Farbe, die beim Erhitzen verschwindet; Säuren fällen dann aus der Lösung Murexan (Dialuramid, Uramil). Dieselbe Verbindung bildet sich beim Kochen des M.s mit Salzsäure, mit Salpetersäure behandelt gibt es Alloxan. Schon beim bloßen Abdampfen der Harnsäure mit Salpetersäure entsteht eine rothe Färbung, weil sich neben dem Alloxan gleichzeitig auch salpetersaures Ammoniak bildet. Durch Doppelzersetzung erhält man aus dem M. (purpursaurem Ammoniak) verschiedene Salze der Purpursäure. Diese ist aber zweibasisch, und das M. enthält neben dem Ammoniak noch basisches Wasser. Die Purpursäuresalze sind alle ausgezeichnet durch die Purpurfarbe und den grünen Metallglanz, den sie von einigen Krystallflächen zurückwerfen. Das bei der Einwirkung von Cyankalium auf Pikrinsäure entstehende isopurpursaure Ammoniak ist wahrscheinlich mit dem M. identisch, so daß letzteres dadurch zu den Theerfarben in nahe Beziehung treten würde.

Das M. hat in der Technik eine Zeitlang eine große Rolle als Farbstoff gespielt. Man bereitet es für diese Zwecke aus Guano, dem man durch Kochen mit Salzsäure von 12° B. und gutes Auswaschen seine mineralischen Bestandtheile entzogen hat. Aus dem Rückstand wird mit schwacher Aetznatronlauge die Harnsäure gelöst, durch Kalkhydrat aus dieser Lösung Extraktivstoff und nach der Klärung mit Salzsäure die Harnsäure gefällt. Auf 200 Pfund rohen Guano gebraucht man 8 Pfd. Aetznatron u. 3 Pfd. Aetzkalk. Eine zweite Abkochung läßt sich mit 5—6 Pfd. Aetznatron u. 1—2 Pfd. Aetzkalk ausführen. Die ausgewaschene und getrocknete Harnsäure wird nun mit Salpetersäure behandelt, indem man in $2^1/_8$ Pfd. der letzteren von 36° B. vorsichtig $1^3/_4$ Pfd. der ersteren einträgt. Die Salpetersäure befindet sich dabei am besten in einer auf Wasser schwimmenden Porzellanschale und die Harnsäure wird stets nur auf die Oberfläche der Säure geschüttet, damit keine Erhitzung eintritt. Erst bei den letzten Partien muß man die Harnsäure einrühren und gelinde (bis 32°) erwärmen. Die Harnsäure ist nun in Alloxan umgewandelt, man erhitzt erst vorsichtig (wobei sich etwas Alloxantin bildet), dann schneller auf 110° C. und setzt nun so schnell als möglich unter fleißigem Umrühren auf je $3^1/_2$ Harnsäure $^1/_2$ Pfd. Ammoniak von 24° B. hinzu. Man erwärmt nach 2 Minuten, läßt erkalten und hat nun das marktfertige Murexide en pâte als dunkelrothbraunen zähen Teig. Wird dieser mit Wasser und zuletzt mit schwachem Ammoniak ausgewaschen, so kann man den Rückstand trocknen und erhält das Murexide en poudre. Beide Präparate kommen in den Handel. Man benutzt das M. zum Färben von Wolle, Seide und Baumwolle, in der Druckerei nur zum Kattundruck. 12 Pfd. Wolle werden zunächst mit starken Soda- und Seifenbädern sehr sorgfältig gereinigt und nach dem Abtropfen in ein Bad von $^1/_2$ Pfd. Murexide en poudre, 15 Pfd. salpetersaurem Bleioxyd u. 350 Pfd. Wasser von 30—36° B. gebracht. Nach 20 Stunden nimmt man die Wolle heraus, spült sie und bringt sie 5—7 Stunden in ein Fixir- und Avivirbad aus 400 Pfd. kaltem Wasser, 1 Pfd. Quecksilberchlorid und 3 Pfd. essigsaurem Natron. Je länger die Wolle in dem Bade bleibt, um so bläulicher wird sie. Man kann das M. nicht dämpfen, also auch nicht mit andern Dampffarben zusammen verwenden, Würtz hat indeß einen Lack dargestellt, welcher mit allen andern Farben zusammen gedruckt werden kann und Schattirungen vom dunkeln Purpur bis zum leichtesten Rosa liefert. Das M. gibt mit Metallsalzen schwerlösliche Niederschläge, die als Lacke zum Malen und zum Tapetendruck benutzt werden können. Sublimat gibt nur einen blaßrothen Niederschlag, salpetersaures Quecksilberoxydul aber einen violetten u. in Wasser ganz unlöslichen Niederschlag. Dieser entsteht auch, wenn man mit M. gefärbte Zeuche mit Sublimat tränkt und dann in ein Bad von oxalsaurem oder essigsaurem Natron bringt. Hierauf beruht das Fixiren des M.s in der Färberei. Seide färbt sich schon purpurroth, wenn man sie in ein frisch bereitetes Bad aus M. und Sublimat bringt. Wolle aber färbt Depoully zuerst in einem reinen Murexidbade, läßt sie an der Luft trocknen und bringt sie dann in ein 40—50° warmes Bad von 10 Liter Wasser, 60 Gramm Sublimat u. 75 Gramm essigsaurem Natron. Zinksalze geben gelbe Nüancen; wenn man also Baumwolle mit essigsaurem Quecksilberoxyd od. Zinkoxyd bedruckt, dann in Murexidlösung färbt u. hierauf wäscht, so erhält man gelbe und rothe Muster auf weißem Grunde. Lauth befestigt zuerst Bleioxyd auf der Faser u. bringt das Gewebe dann in ein Bad von Quecksilberoxydsalz mit essigsaurem Natron. Zum Aufdrucken vermischt man verdicktes salpetersaures Bleioxyd mit M. und bringt das Gewebe nach dem Trocknen in ein Bad von 100 Liter Wasser, 1 Kilogramm Sublimat und 1 Kilogramm essigsaurem Natron. Man erhält so prachtvolle farbige Muster, jedoch nur auf weißem Grunde. Man kann auch statt des M.s Alloxan od. eine Lösung von Harnsäure in Salpetersäure anwenden; gibt man den Geweben dann eine höhere Temperatur, so werden sie röthlich, und man fixirt nun mit Quecksilber oder Zink. Diese farblosen Oxydationsprodukte der Harnsäure eignen sich besonders für buntfarbige Artikel, denn nachdem man mit denselben glatt gefärbt hat, kann man sie leicht wegätzen, wobei je nach den Substanzen, welche mit dem Aetzmittel aufgedruckt wurden, verschiedene Dessins zurückbleiben, die bei nochmaligem Färben in anderen Farbstoffen sich mit letzteren leicht verbinden. Die mit M. bedruckten Baumwollgewebe können bei 62° C. geseift werden, werden aber durch heiße Wasserdämpfe beschädigt. Auf den gefärbten Geweben kann man durch Aufdruck von saurem Zinkoxydsalz Orangefiguren und durch Zinnoxydsalz dunkelgraue Figuren erzeugen. M. auf helles Indigoblau gedruckt gibt vorzüglich schönes Violett u. auf adjektiv gelb färbenden Pflanzenpigmenten einen dem Türkischroth ähnlichen Figurendruck. Mit M. gefärbte Seide und Wolle kann man mit Pikrinsäure gelb ätzen, wenn derselben eine Säure zugesetzt wird, die das M. entfärbt. Die Murexidfarben sind wenig beständig, Luft, Licht und Feuchtigkeit zerstören sie bald, Ammoniak, Seife, Säure, Wein, Kaffee, Schweiß und heißes Wasser verändern sie, und so ist es erklärlich, daß sie den Anilinfarben weichen mußten. Mit besseren Beizen als Sublimat dürfte das M. viel günstigere Resultate geben.

Murfreesborough, Hauptstadt der Grafschaft Rutherford im nordamerikanischen Staat Tennessee, an der Nashville-Charlestonbahn, Sitz der 1841 von Baptisten gegründeten Union University; war 1817 bis 1827 Hauptstadt des Staats Tennessee; 1827 brannte das Staatenhaus nieder. M. wurde im Secessionistenkriege von 1861—65 oft genannt. Hier Anfang 1863 große Schlacht.

Murg, Fluß im südwestlichen Deutschland, einer der wildesten des Schwarzwaldes, entspringt im Oberamt Fraustadt des würtembergischen Schwarzwaldkreises, am Ostabhange des Kniebis aus 2 Quellen (der südlichen oder weißen und der nördlichen oder rothen M.), die sich nach $1^1/_2$

stundenlangem Laufe vereinigen, nimmt unterhalb Baiersbronn den Vorbach auf, weiter unten die Schönmünz und Rauhmünz, geht nach 4 Meilen langem Lauf unterhalb Schönmünzbach in das Badische über, nimmt hier noch die Oos auf und mündet bei Steinmauern unterhalb Rastadt in den Rhein. Ihr Gesammtlauf beträgt 13¼ Meilen; von Rastadt an ist sie kanalisirt. Das **Murgthal**, eins der wildromantischsten und tiefsten Flußthäler des Schwarzwaldes, ist 7 Stunden lang. Vgl. **Jägerschmidt**, Das Murgthal, Nürnberg 1800. Nach der M. war der **Murgkreis** in Baden (mit 85,150 Einwohnern und der Hauptstadt Rastadt) benannt, welcher 1819 mit dem Pfinzkreise (mit 196,000 Einwohnern und der Hauptstadt Karlsruhe) vereinigt wurde; seit 1832 bilden beide vereinigt den Mittelrheinkreis.

Murger, **Henri**, französischer Schriftsteller, geboren 1822 zu Paris, machte sich durch eine lange Reihe von realistischen Schilderungen aus dem Leben des niederen Literatenthums unter den Titel „Vie de Bohème“ bekannt. Seine Dichtungen erschienen als „Nuits d'hiver“ (1860). Er † den 28. Jan. 1861.

Murhard, 1) **Friedrich**, ausgezeichneter Schriftsteller im Gebiete der Publicistik und Staatswissenschaften, geboren den 7. December 1778 zu Kassel, widmete sich zu Göttingen mathematischen Studien und habilitirte sich sodann daselbst, wobei er zugleich die Ehrenstelle eines Assessors der königlichen Societät der Wissenschaften erhielt, u. machte sich außer durch die Beschreibung einer durch das südliche und östliche Europa und Kleinasien gemachten Reise namentlich durch die „Bibliotheca mathematica“ (Leipz. 1797—1805, 5 Bde.) bekannt. Unter der westphälischen Regierung übernahm er die Redaktion des „Westphälischen Moniteurs“, erhielt eine Anstellung als Bibliothekar am Museum zu Kassel und wurde Präfekturrath des Fuldadepartements. Nach der Rückkehr des Kurfürsten Wilhelm I. siedelte er nach Frankfurt am Main über, beschäftigte sich hier noch mit dem Studium der Politik u. Staatswissenschaften und setzte seit 1821 die von Posselt angefangenen „Europäischen Annalen“ unter dem Titel „Allgemeine politische Annalen“ fort, die bei ihren klaren u. freisinnigen Darstellungen schnell eine große Verbreitung fanden. In die Untersuchung wegen der 1823 gegen den Kurfürsten gerichteten Drohbriefe verflochten, wurde M. im Februar 1824 auf einer Reise zu Hanau verhaftet und einige Jahre im Kastell zu Kassel in Haft gehalten, ohne daß ihm eine Betheiligung an jenen hätte nachgewiesen werden können. Sein zweites Hauptwerk ist „Grundlage des jetzigen Staatsrechts des Kurfürstenthums Hessen“ (Kassel 1834—35, 2 Bde.). M. † den 29. November 1852 zu Kassel.

2) **Karl**, Nationalökonom, des Vorigen Bruder, geboren den 23. Februar 1781 zu Kassel, studirte in Göttingen und Marburg die Rechte und erhielt 1800 eine Anstellung als Archivar bei der Oberrentkammer zu Kassel. Unter der westphälischen Regierung wurde er in die Kommission zur Untersuchung der Archive berufen, und 1809 trat er als Auditeur in den Staatsrath. Im Jahre 1810 gab er mit Hassel die Zeitschrift „Westphalen unter Hieronymus Napoleon“ heraus. Bei der Rückkehr des Kurfürsten trat er in seine frühere Funktion als Archivrath zurück, schied aber, als er 1816 als Regierungssekretär nach Fulda versetzt werden sollte, aus dem Staatsdienst und lebte seitdem als Privatmann erst in Frankfurt am Main, dann in Kassel. Er hat viele nationalökonomische Werke veröffentlicht. Mit seinem vorerwähnten Bruder vermachte er der Stadt Kassel 150,000 Thaler zur Begründung einer Stadtbibliothek.

Muri, ein aus mehren kleinen Orten bestehender Marktflecken und Hauptort des gleichnamigen Bezirks im schweizerischen Kanton Aargau, mit Seidenfabrikation und 2000 Einwohnern, ist besonders durch die reiche, 1026 daselbst gegründete, 1841 aufgehobene gefürstete Benediktinerabtei bekannt, von welcher ein Theil jetzt zu einer Sekundärschule benutzt wird, und deren werthvolle Bibliothek u. Archiv den Staatsanstalten einverleibt wurden.

Murillo, 1) **Bartolomeo Esteban**, der ausgezeichnetste Maler Spaniens und der Schule von Sevilla insbesondere, geboren am 1. Januar 1618 zu Sevilla, erhielt den ersten Unterricht im Zeichnen von seinem Verwandten Juan de Castillo, dem er nach Cadix folgte, und fertigte hier noch als Knabe Bilder für den Verkauf auf dem Markt. Als Peter von Moya, welcher sich in London Vandycks Kolorit angeeignet hatte, nach Sevilla kam, ward M. von der lebhaftesten Sehnsucht ergriffen, die Werke großer Meister zu studiren. Aber Italien lag für seine geringen Geldmittel zu fern. Er malte daher mit der angestrengtesten Ausdauer Heiligenbilder und andere Darstellungen für den Handel nach Amerika, wodurch er sich so viel erwarb, daß er sich 1643 nach Madrid begeben konnte. Hier verschaffte ihm sein Landsmann Diego Velasquez Gelegenheit, in der königlichen Sammlung u. im Escorial die besten Muster zu kopiren. M. arbeitete 2 Jahre lang namentlich nach den Meisterwerken des Ribera und des Velasquez und kehrte hierauf nach Sevilla zurück, wo er sich durch seine Gemälde im Kloster Francisco schnell Ruf erwarb. Er vertauschte jetzt seinen naturalistischen und kräftigen Styl mit einem freieren u. milderen von hoher Anmuth. Die vorzüglichsten seiner Gemälde aus jener Zeit sind: der heilige Leander u. der heilige Isidor, ehemals in der größeren Sakristei der Kathedrale, das Bildniß des heiligen Anton von Padua, im königlichen Museum zu Berlin, und die vier mittleren Gemälde der Kirche von Sta. Maria la Blanca. In den Jahren 1667—68 leitete M. die Arbeiten der Vergoldung des Kapitelsaals in jener Kirche, erneuerte die Hieroglyphen des Paul von Cespedes und malte in den ovalen Schildern der Kuppel die vier heiligen Erzbischöfe der Diöces und eine Empfängniß in Oel. Seine glänzendste Periode reicht aber von 1670—80. Im Jahre 1674 vollendete er die acht großen Gemälde, welche die Werke der Barmherzigkeit darstellen, für die Kirche des Hospitals San-Jorge de la Caridad, ausgezeichnet durch Kolorit, Zeichnung, sprechenden Ausdruck der Gesichter, Komposition und täuschende Perspektive; nur drei von diesen Bildern befinden sich noch am Orte ihrer Bestimmung. Für die Kirche de los Venerables malte er eine Empfängniß und einen heiligen Petrus und für das Hospital eine heilige Jungfrau mit dem Kinde, wie sie an fremde Priester Brod vertheilt. Um dieselbe Zeit führte er auch die 28 Gemälde mit Figuren in Lebensgröße aus, welche die Altäre und den unteren Chor des Kapuzinerklosters zu Sevilla zierten, später aber nach Amerika kamen. Mit der Ausführung eines großen Bildes, der Verlobung der heiligen Katharina für den Hauptaltar der Kapuzinerkirche zu Cadix, beschäftigt, stürzte er vom Gerüst und † in Folge davon zu Sevilla den 3. April 1682. Jenes unvollendet gelassene Gemälde ward von seinem Schüler Osoris ausgeführt. Durch die Eröffnung einer Malerakademie zu Sevilla (1660), worin zuerst das Studium des Nackten öffentlich gelehrt ward, ward er zwar der Gründer der sevillanischen Schule, hat aber gleichwohl keine eigenthümliche und bleibende Kunstrichtung ins Leben gerufen. Seine Werke bezeichnen die höchste Stufe, welche der Naturalismus erreichen kann, diejenige nämlich, wo die Charakteristik Schönheit geworden ist. Seine besten Werke fallen in die Zeit, wo er zwischen der fast rauhen Manier Ribera's u. seiner späteren ins Süßliche ausartenden Weichheit die Mitte hielt. Der Werth dieser Gemälde beruht in der Geschicklichkeit, womit er die Gegensätze von Licht und Schatten zu einer Harmonie zu verschmelzen wußte, welche seinen Bildern einen zauberischen Reiz verleiht, und in der treuen Auffassung der Natur. Das Charakteristische in seinen Gestalten wirkt nicht mit hinreißender Gewalt, sondern wird erst bei längerem Beschauen erkennbar. Bei vielen seiner Gemälde erfreut insbesondere das Sinnige in Blick und Miene seiner Gestalten. M.'s Madonnen sind liebenswürdig u. schön, aber irdisch; durch einen höheren Zug zeichnet sich die in der leuchtenbergschen Gallerie aus. Idealer sind seine sogenannten Empfängnißbilder, in denen ein Ausdruck heiliger Sehnsucht zur Anschauung kommt. Das schönste dieser Art erwarb der Marschall Soult von einem spanischen Kloster dadurch, daß er demselben zwei verrätherische Bettelmönche, die er eben hängen lassen wollte, freigab. In der Versteigerung der soultschen Sammlung 1852 ließ der damalige Präsident Napoleon das Bild für 615,300 Francs für den Louvre ankaufen. Ein anderes berühmtes Bild des Meisters, der vom Engel aus dem Gefängniß befreite Petrus, kam nach Rußland. Eine besondere Lieblichkeit haben die Jesusknaben M.'s; der schönste ist im madrider Museum. Porträts von M. sind selten. Viele von den M. zugeschriebenen Bildern sind unächt. Seine drei tüchtigsten Schüler, Tobar, Meneses und Villavicencio, kopirten den Meister so genau, daß sie selbst geübte Kunstkenner zu täuschen vermochten. Im königlichen Museum zu Berlin findet sich der heilige Anton von Padua, früher im Alcazar zu Sevilla, und das nicht minder vortreffliche Brustbild eines Kardinals im Lehnstuhl. Ausgezeichnete Werke M.'s sind noch: der heilige Franciscus in Entzückung, in der fürstlichen Gallerie zu Bückeburg, und eine sitzende Madonna mit dem Kinde, in der dresdener Gallerie. Die Pinakothek zu München bewahrt mehre der trefflichsten Arbeiten des Meisters: zwei Betteljungen, von denen der eine eine Traube ißt, der andere eine Melone, und zwei Gassenjungen, welche Würfel spielen, während ein dritter mit einem Hunde ein Stück Brod verzehrt, beide von außerordentlicher poetischer Wirkung; ferner Franciscus, einen Gichtbrüchigen vor der Kirchthüre heilend. In der leuchtenbergschen Sammlung zu München sind: eine liebliche Madonna mit dem Kinde, der Erzengel Raphael mit einem vor ihm knieenden Bischof, der gute Hirte u. ein Jesusknabe. Zu Wien befindet sich in der k. k. Gallerie ein kleines Bild, Johannes in der Wüste mit dem Rohrkreuze, das Lamm liebkosend, und ein junger Bettler. Andere sind im Besitz des Fürsten Esterhazy. Mehre Werke M.'s finden sich noch in England in der Gallerie zu Staffordshire (der verlorne Sohn, Maria mit dem Kinde und dem heiligen Joseph u. a.), in der Sammlung des Lord Ashburton, in der Grosvenorgallerie (die berühmte große Landschaft mit Laban, aus dem Palaste S. Jago in Madrid), in den Sammlungen Thomas Barings, Sandersons und anderer Privatleute, in der Gallerie zu Leigh-Court, in der Sammlung zu Warwick-Castle (ein lachender Junge, der auf den Beschauer hinweist), in der Gallerie zu Alton Tower, in Burleighhouse (Diogenes im Begriff, die Trinkschale wegzuwerfen) ꝛc. In Italien finden sich Bilder von M. in der florentinischen Gallerie, im herzoglichen Palast zu Modena, in der königlichen Gallerie zu Neapel, in den Palästen Braschi, Corsini, Doria Pamfili und Falconieri zu Rom. In Madrid sind in den königlichen Sammlungen und Palästen die meisten Bilder M.'s aufbewahrt; das Museo del Prado zählt im Ganzen 46 Gemälde von M., unter welchen eine heilige Familie, die Himmelfahrt Mariä und die heilige Elisabeth von Ungarn die vortrefflichsten sind, sämmtlich lithographirt in dem Gallerieweke „Colleccion litografica de Cuadros del Rey de España etc." (Madrid 1826—35). Die Sammlungen zu Paris besitzen ebenfalls zahlreiche Werke von M., darunter die schönsten aus der soultschen Sammlung. In Petersburg befinden sich zahlreiche Bilder von M., darunter eine Verkündigung und eine Himmelfahrt Mariä, die zu den besten Werken des Meisters gehören. M. soll auch in Kupfer geätzt haben, u. A. einen heiligen Franciscus in halber Figur.

2) Don Juan, spanischer Staatsmann, s. Bravo-Murillo.

Murja, Stadt im Reiche Bambarra (inneres Nordwestafrika), an der Straße von Ued-Amer nach Sego, bedeutender Handelsplatz für Korn und Salz, von welchem aus sich die benachbarten Araberstämme verproviantiren.

Murmanische Küste (Murmanskische Küste), die russische Küste des weißen Meeres von der norwegischen Grenze bis zum Kap Swjätoi-Nos.

Murmelthier (Arctomys *Schrb.*), Säugethiergattung aus der Ordnung der Nagethiere und der Familie der Eichhörnchen, charakterisirt durch den schwerfälligen, auf kurzen Beinen ruhenden Körper, die stumpfe, kurze Schnauze, die 2lappigen Lippen, die abgerundeten, kurzen, im Pelze versteckten Ohren, die großen, zum Graben geschickten Krallen und den kurzen, unter $\frac{1}{3}$ der Körperlänge betragenden, von der Wurzel an buschig behaarten Schwanz, einsam oder gesellig in Erdhöhlen lebende scheue Thiere, die sich von Pflanzen und deren Wurzeln nähren, den Winter erstarrt zubringen und die Hochgebirge der alten und neuen Welt bewohnen. Das gemeine oder Alpenmurmelthier (A. Marmota *L.*) ist 2 Fuß lang, wovon 4 Zoll auf den Schwanz kommen, und am Widerrist ungefähr $5\frac{1}{2}$ Zoll hoch. Der Körper ist ziemlich plump, der Hals kurz, der Kopf dick und breit, die Schnauze abgestumpft; die mittelgroßen Augen haben einen rundlichen Stern. An dem breiten, abgeflachten Rücken hängt die schlaffe Haut sackartig gegen die Beine herab. Die aus kürzerem Woll- und längerem Grannenhaar bestehende Behaarung ist dicht und ziemlich lang, am Kopfe glatt anliegend, an den übrigen Körpertheilen locker, hinter den Wangen lang, so daß diese wie angeschwollen erscheinen. Die ganze Oberseite ist mehr oder weniger braunschwarz, auf dem Scheitel und Hinterkopf mit einigen helleren Flecken gezeichnet, der Nacken, die Schwanzwurzel und die ganze Unterseite sind dunkelröthlichbraun; die Untertheile der Beine, ein Flecken an den beiden Seiten des Bauchs hinter den Gliedmaßen und die Hinterbacken noch heller gefärbt, die Schnauze und die Füße rostgelblichweiß. Augen und Krallen sind schwarz, die Schneidezähne braungelb. Uebrigens kommen auch ganz schwarze und ganz weiße, sowie perlartig weiß gefleckte Abarten, wenn auch selten, vor. Das M. ist ein ausschließlicher Bewohner Europa's und lebt auf den Hochgebirgen der Alpen, Pyrenäen u. Karpathen, und zwar auf den Matten dicht unter der Grenze des ewigen Schnee's. Es liebt vom Verkehr der Menschen entfernt liegende freie, ringsum von steilen Felswänden umgebene Plätze und enge Gebirgsschluchten, wo es sich Höhlen gräbt, kleinere für den Sommer zum Schutz vor vorübergehenden Gefahren und Witterungseinflüssen u. umfangreichere, tiefere für den lang dauernden strengen Winter, in denen es zwei Drittel des Jahres verschläft. Zu den Sommerwohnungen führen 3—12 Fuß lange Gänge mit Verzweigungen und Fluchtlöchern und harten, glatten Wänden. In dem wenig geräumigen Kessel findet wahrscheinlich im April die Paarung Statt. Das Weibchen wirft nach 6 Wochen 2—4 Junge, welche den Sommerbau der Alten bis zum nächsten Sommer bewohnen. Die Winterwohnungen werden niedriger im Gebirge, oft tief unter der oberen Grenze der Baumregion angelegt und sind je für eine ganze Familie, die aus 5—15 Stück besteht, berechnet und daher sehr geräumig. Die Mündung einer solchen Höhle ist faustgroß und gut mit Heu, Erde u. Steinen von innen verstopft, während die Eingänge der Sommerwohnungen offen sind. Innen ist ein weiter, oft 4—5 Klaftern tiefer Kessel, meist eine eirunde, backofenähnliche Höhle, die mit kurzem, weichem Heu angefüllt ist und als gemeinsames Lager für den Winterschlaf dient. Außer diesen beiden Wohnungen hat das M. noch besondere Fluchtröhren, in welche es sich bei drohender Gefahr verkriecht. Der Gang des M.s ist ein eigenthümliches, breitspuriges Watscheln, wobei der Bauch fast oder wirklich auf der Erde schleift. Es gräbt gewöhnlich nur mit einer Pfote und langsam. Seine Nahrung sind frische, saftige Alpenpflanzen, namentlich Schafgarbe, Bärenklau, Löwenmaul, Alpenwegerich, Wasserfenchel &c., auch das den Bau zunächst umgebende Gras. Es beißt die Kräuter und Gräser mit den scharfen Schneidezähnen rasch ab und bringt sie mit den Vorderpfoten, auf den Hinterbeinen stehend, zum Maule. Es trinkt selten, aber viel auf einmal, schmatzt dabei und hebt den Kopf nach jedem Schluck in die Höhe. Beim Fressen richtet es sich fortwährend auf und schaut um sich, ob keine Gefahr droht. Es gibt einen pfeifenden Ton von sich, welcher Witterungsveränderungen anzeigen soll. Wie die meisten Winterschläfer sind auch die M. im Spätsommer und Herbst ungemein fett; sobald aber der erste Frost eintritt, fressen sie nicht mehr, trinken aber noch, entleeren sich dann fast vollständig u. beziehen familienweise die Winterwohnungen, in denen die Temperatur in Folge der Vermauerung der Eingänge u. der aus dem Körper strahlenden Wärme + 8—9° R. beträgt. Sie liegen hier dicht bei einander, den Kopf am Schwanze, regungslos und kalt, indem die Blutwärme auf die Wärme der Luft herabgesunken und alle Lebensthätigkeit aufs äußerste herabgestimmt ist, so daß in der Stunde nur 15 Athemzüge erfolgen. Nimmt man ein M. im Winterschlafe aus seiner Höhle und bringt es in größere Wärme, so gibt sich erst bei 17° Wärme ein deutlicheres Athmen kund, bei 20° beginnt es zu schnarchen, bei 22 streckt es seine Glieder, bei 25 erwacht es, bewegt sich taumelnd, wird nach u. nach munterer und fängt an zu fressen. Im Frühjahr erscheinen die M.e in sehr abgemagertem Zustande vor den Oeffnungen der Winterwohnungen und nähren sich anfangs von dem überwinterten Grase, bis die jungen Alpenpflanzen ihnen besseres Futter gewähren. Der Fang der M.e ist wegen ihrer Wachsamkeit sehr schwierig. Man erlegt sie selten mit dem Feuergewehr, sondern stellt ihnen lieber Fallen oder gräbt sie zu Anfang des Winters aus. Die Alpenbewohner genießen nicht nur das Fleisch, sondern benutzen es auch als Mittel bei mancherlei Krankheiten und als Stärkungsmittel für Wöchnerinnen; das Fett soll gegen Leibschneiden, Husten, Brustverhärtungen, der frisch abgezogene Balg gegen gichtische Schmerzen heilsam sein. Dem frischen Fleische haftet ein starker erdiger Wildgeschmack an, weshalb die frisch gefangenen M.e gebrüht u. geschabt, einige Tage in den Rauch gehängt und dann erst gekocht oder gebraten werden. Ein auf diese Weise zubereitetes Murmelthierwildpret ist sehr schmackhaft. In der Gefangenschaft werden halbwüchsige M.e bald zahm, lernen auf den Hinterbeinen aufgerichtet umherhüpfen, an einem Stocke gehen &c. und ergötzen durch ihr possierliches Wesen. Man füttert sie mit allerlei Gartengewächsen und Milch. Im warmen Zimmer verfallen sie nicht in einen Winterschlaf, in kalten bauen sie sich aus verschiedenem Material ein Nest und schlafen, aber mit Unterbrechung. Selbst bei guter Pflege dauern sie in der Gefangenschaft selten über 5—6 Jahre aus. Das Pelzwerk ist von geringem Werthe und wird besonders zu Handschuhen benutzt. In Osteuropa findet sich eine andere Murmelthierart, der Bobak (Bobuk, A. Bobac *Schrb.*). Augenumgebung und Schnauze sind bei diesem gleichfarbig braungelb, Nacken, Ober- und Unterseite gleichmäßig grau rostgelb, die Schneidezähne weiß, der Leib ist 15, der Schwanz fast 4 Zoll lang. Erst neuerlich hat man den Bobak als besondere Art aufgestellt, wozu die ganz verschiedene Verbreitung und abweichende Färbung berechtigen. Er ist von Galizien, dem südlichen Polen u. der Bukowina an durch ganz Südrußland und Südsibirien bis nach Asien verbreitet und bewohnt ausgedehnte, baumlose Ebenen und niedrige Hügelgegenden, wo er sich an sonnigen Stellen im festen trockenen Boden Röhren von 12—18 F. Tiefe mit vielen Kammern und Kesseln gräbt, in welchen die Familie beisammen wohnt. Er nährt sich von Wurzeln, Kräutern und Gras, polstert beim Herannahen des Winters seine Höhle mit weichem Heu aus und schläft darin ohne Unterbrechung bis zum Frühjahre. Auch diese Art gewöhnt sich leicht an die Gefangenschaft und wird sehr zahm. Das Fleisch ist ebenfalls eßbar, das Pelzwerk ohne besonderen Werth. Das Hundmurmelthier oder der Prairiehund (A. Ludovicianus) hat mit dem eigentlichen M. den großen Kopf und die breiten, abgestutzten Ohren gemeinsam, aber dabei die kleinen Backentaschen und die Färbung und Lebensweise der Ziesel (s. d.). Seine Gesammtlänge beträgt etwas über einen Fuß, die des Schwanzes gegen 4 Zoll. Die Färbung ist auf der Oberseite licht röthlichbraun, grau und schwärzlich gemischt, auf der Unterseite schmutzig weiß; der kurze Schwanz ist an der Spitze braun gebändert. Seine ausgedehnten Ansiedelungen, welche man ihrer Größe wegen als Dörfer zu bezeichnen pflegt, finden sich auf etwas vertieften, fruchtbaren Wiesen. Die einzelnen Wohnungen sind gewöhnlich 15—20 Fuß von einander entfernt und mit einem oder zwei Eingängen versehen. Ein festgetretener Pfad führt von einer Wohnung zur andern, was auf ein geselliges Leben dieser Thiere schließen läßt. Auch sie verfallen ohne Zweifel in einen Winterschlaf, da sie keinen Futtervorrath für den Winter sammeln. Ihr Fleisch ist schmackhaft, ihre Jagd aber schwierig, da sie äußerst wachsam sind. Ihr Feind ist nicht bloß der Mensch, sondern auch die kleine Erdeule und die Klapperschlange, die ihre Höhlen aufsucht und darin überwintert. In der Gefangenschaft dauern sie nur kurze Zeit aus.

Murnau, Marktflecken im bayerischen Kreise Oberbayern, Verwaltungsdistrikt Weilheim, am Fuße der Alpen, unweit des Staffelsee's, hat ein Schloß, Glas- und Federmalerei, Salzniederlage u. 1240 Einw.

Murner, Thomas, deutscher Satiriker und eifriger Bekämpfer der lutherischen Reformation, geboren am 24. December 1475 zu Oberehenheim bei Straßburg, besuchte die Franciskanerschule in letzterer Stadt, durchzog als fahrender Schüler Frankreich, Deutschland und Polen und hielt sich, theils als Student, theils als öffentlicher Lehrer, bald in Paris, bald in Freiburg, dann wieder in Köln, Rostock, Prag, Wien und Krakau auf. Um 1599 scheint er Guardian im Franciskanerkloster zu Straßburg gewesen zu sein. Von dort wegen Veröffentlichung einer Schmähschrift ausgewiesen, führte er abermals ein vagirendes Leben, predigte in Frankfurt a. M., wurde aber in Folge seiner Einmischung in den Streit der Dominikaner und Franciskaner über die heilige Jungfrau ausgewiesen, ward 1506 zu Mainz vom Kaiser Maximilian als Dichter gekrönt und hielt sich dann wieder abwechselnd in Straßburg, Bern, wo er Lesemeister der Barfüßer war, Freiburg und Trier auf. Von letzteren beiden Orten mußte er seiner anzüglichen Predigten wegen weichen. Hierauf weilte er eine Zeitlang in Italien; in Venedig hatte er kaum eine Schule gegründet, als straßburger Kaufleute durch ihre Mittheilungen über sein früheres Leben ihm den ferneren Aufenthalt dort unmöglich machten. Nachdem er eine Weile in Basel juristische Vorlesungen gehalten, finden wir ihn wieder in Straßburg (1519). Von da aus betheiligte er sich am Reformationskampf, zunächst durch die Uebersetzung von Luthers Schrift „De captivitate babylonica". Trotzdem er die darin enthaltenen Wahrheiten anerkannte, forderte M. doch in einer „christlichen und brüderlichen Ermahnung" Luther auf, sich wieder „mit gemeiner Christenheit" zu vereinigen (1520). Der Reformator entgegnete nur beiläufig, einige seiner Anhänger dafür um so heftiger, was M. zu entschiedeneren Angriffen reizte. Er übersetzte nicht nur Heinrichs VIII. von England Schrift „von den sieben Sakramenten", sondern vertheidigte ihn auch in seiner Schrift „Ob der Künig uß angelland ein lügner sey oder der luther" (Straßburg 1522). Dies trug ihm eine Einladung durch den König nach England ein, der M. 1523 folgte. Noch vor der Reise hatte er die Satire veröffentlicht „Von dem großen lutherischen Narren, wie ihn Doktor Murner beschworen hat" (Straßburg 1522). Nach der Rückkehr verbot der straßburger Magistrat, als dessen Abgeordneter er kurz zuvor dem nürnberger Reichstag beigewohnt hatte, M. die Fortsetzung seines antireformatorischen Federkriegs, und bald mußte derselbe vor einem Volkstumult fliehen. Im Kanton Luzern als Pfarrer angestellt, nahm er 1526 am Religionsgespräch zu Baden im Aargau Theil, gab auch die dort gepflogenen Verhandlungen im Druck heraus. Aber schon 1529 mußte er in Folge von Schmähschriften gegen die protestantischen Kantone die Schweiz verlassen. Kurfürst Friedrich von der Pfalz gewährte ihm eine Zuflucht. M. † in Heidelberg um 1536. Neben seiner schriftstellerischen Bedeutung als Gegner der Reformation hat M. vorzüglich eine solche als Satiriker gewonnen. Seine dahin gehörigen Schriften sind am verwandtesten denen des Sebastian Brant. Vor diesen voraus haben sie keckere, volksthümlichere Sprache, schlagenderen Witz, gewaltigere sprachliche Kraft; sie stehen ihnen aber nach an sittlichem Gehalt, Ernst der Gesinnung und formeller Bildung. Am bedeutendsten unter M.s satirischen Werken sind: die „Narrenbeschwörung" (1512, neu abgedruckt 1518, 1522 und öfter, in einer Bearbeitung herausgegeben von Görg Wickram 1556) und die „Schelmenzunft". In jener, einer Nachahmung des „Narrenschiffs" von S. Brant, ist die spöttische Kriegführung wider Laster und Thorheit schärfer, derber und direkter als im Original, das gleich diesem in elsasser Mundart in kurzen Reimpaaren abgefaßte, in Abschnitte, die nach Sprüchwörtern geordnet sind, zerfallende Gedicht geißelt mit frischem Uebermuth die Mißbräuche der Geistlichen, Fürsten und anderer Stände. Gleich freimüthig, witzig, aber auch zugleich grob ist die Tonart, in welcher die „Schelmenzunft", die aus den von M. zu Frankfurt gehaltenen Predigten entstanden ist, die verschiedensten Kreise der Gesellschaft, zumeist aber die kirchlichen, persiflirt. Tiefer an Werth stehen: die „Geistliche Badenfahrt" (1514), darin die Bekehrung des Menschen mit der Reinigung durch ein Bad verglichen ist; ferner die „Mühle von Schwindelsheim" (1515) und die „Gäuchmatt" (1519). In der letztgenannten Satire geht M. den Männern, welche sich durch Weiberliebe bethören lassen, zu Leibe, zeigt, was für Mittel die Weiber anwenden, ihre Männer zu „Gäuchen" (Narren) zu machen und läßt dabei eine Reihe berühmter Männer der biblischen und profanen Geschichte auf der Matte (Wiese) auftreten. Unter den übrigen, nicht direkt satirischen Schriften M.s verdienen Erwähnung: die beiden zum Reformationsstreit gehörigen „An den Adel deutscher Nation" (Straßb. 1520, bezieht sich, wie schon der Titel ergibt, auf Luthers Schrift verwandten Namens) und „Ein neu Lied von dem Untergang des christlichen Glaubens" (o. O. u. J.); ferner die Uebersetzung der virgilschen „Aeneide" (Straßb. 1515). Lappenberg in „Ulenspiegel" (Leipz. 1854) schreibt dem M. auch das Volksbuch vom Eulenspiegel zu. Ins Gebiet der literarischen Kuriositäten gehören das „Chartiludium logicae s. Logica memorativa" (Straßb. 1509) und das „Chartiludium Institute" (das. 1518). In jenem soll die Logik, in diesem der Inhalt der Institutionen Justinians durchs Kartenspiel gelehrt werden. M.s Schriften, von denen die meisten sehr selten sind, belaufen sich insgesammt auf mehr als fünfzig. Vergl. Waldau, Nachrichten von M.s Leben und Schriften, Nürnberg 1775.

Muro, 1) Stadt in der italienischen Provinz Potenza (ehemaligen neapolitanischen Provinz Basilicata), ist Bischofssitz, hat eine Kathedrale, ein Schloß und 8000 Einw. — 2) Stadt im Innern der spanischen Insel Mallorca, hat Marmorbrüche und 3369 Einw.

Murom, Kreisstadt im Gouvernement Wladimir (Großrußland), an der Mündung der Muromka in die Oka, angeblich einst Hauptstadt der Mordwinen, später russischer Fürsten, hat einen Kreml, Kathedrale, Tuch-, Leder-, Seifen- und Lichtefabrikation, lebhaften Handel und 9100 Einw. In der Nähe große Eisengruben, der Familie Batuschew gehörig.

Muros, Stadt in der spanischen Provinz Coruña (Galicien), am westlichen Ufer der gleichnamigen Bucht des atlantischen Oceans, hat Sardellenfang und 2654 Einw.

Murphy, 1) Arthur, irischer Dramendichter, geboren den 27. December 1727 zu Elphin, erhielt seine Erziehung zu St. Omer in einem französischen Seminar, betrat 1752 zu London die Bühne, machte aber wenig Glück und ward nun Schriftsteller, 1775 Advokat, dann wieder Theaterdichter, indem er namentlich ausländische Stücke für die englische Bühne bearbeitete. Unter seinen eigenen Stücken, von denen die meisten das englische Familienleben schildern, haben sich nur das Trauerspiel „The grecian daughter" (1772) und das Lustspiel „The way to keep him" (1786) auf der Bühne erhalten. Unter seinen übrigen Arbeiten sind hervorzuheben der „Essay on the life and genius of S. Johnson" (London 1792) und eine Biographie Garricks. Er † den 18. Juni 1805 zu London. Eine Ausgabe seiner Werke (Lond. 1786, 7 Bde.) hatte er selbst besorgt.

2) James Cavanah, britischer Zeichner und Architekt, hat sich durch einige Prachtwerke, namentlich die „Arabian Antiquities of Spain" (London 1816, 100 von den ersten Künstlern nach M.'s Zeichnungen gestochene Blätter) bekannt gemacht. Die Einleitung dazu bildet „The history of the mahometan empire in Spain etc." (London 1816). M. † 1816.

Murr, Fluß im würtembergischen Neckarkreis, entspringt auf dem murrhardter Walde bei Westermurr, nimmt die Lauter, den Buchenbach u. die Bottwar auf und fällt nach 6½ Meilen langem Lauf bei dem Dorfe Murr, nicht weit unterhalb Marbach, in den Neckar. Das Murrthal, in welchem eine Menge Mühlen liegen, hat anfangs den Charakter eines wilden Schwarzwaldthals, wird aber in seinem untern Lauf immer milder und ist zuletzt mit Reben bepflanzt.

Murray (Moray), 1) schottische Grafschaft, s. Elgin. — 2) (Murraybusen, Frith of M.) Busen der Nordsee an der nördlichen Ostküste von Schottland, zwischen den Grafschaften Elgin, Inverneß und Roß, ist durch den caledonischen Kanal mit dem atlantischen Ocean verbunden.

Murray, 1) der größte Fluß Australiens, entsteht durch die Vereinigung der beiden dem Westabhang der Warragongkette entströmenden Flüsse Howe und Goulburn, fließt im Tieflande in nordwestlicher Richtung bis zur Mündung des Morumbidgee, von da gegen Westen, einen Theil der Grenze zwischen den beiden Provinzen Neusüdwales u. Victoria bildend. Nachdem er den Darling aufgenommen, wird er schiffbar, wendet sich bald darauf, vom südaustralischen Bergland gezwungen, nach Süden, durchfließt in dieser Richtung die Provinz Südaustralien in einer durchschnittlichen Breite von 1000 Fuß bei 12 Fuß Tiefe u. mündet bei Wellington in den etwa 10 bis 12 Meilen langen und 6—8 Meilen breiten See Victoria (früher Alexandrina), aus welchem ein selbst nicht für Boote fahrbarer Kanal in die Encounterbai des stillen Oceans führt. Die Stromlänge des M. wird auf 220 Meilen, sein Stromgebiet auf 22 □Meilen geschätzt. Dennoch ist er ein unbedeutender und für den Verkehr unwichtiger Strom, da er eine verhältnißmäßig geringe Breite und Tiefe u. eine schmale, versandete Mündung hat. Zur Regenzeit überschwemmt er seine Uferlandschaften. — 2) Inselgruppe in der Torresstraße zwischen Neuguinea und Australien, hat viele Kokosbäume.

Murray, 1) James Stuart, Graf von M., Regent von Schottland während der Gefangenschaft der Maria Stuart, natürlicher Sohn Jakobs V. von Schottland und der Margarethe, Tochter des Lords Erskine, geboren 1531, erhielt im 7. Jahre das Priorat St. Andrews und ward von seinem Vater für den geistlichen Stand bestimmt, nach dessen Tode aber von seiner Mutter nach dem Schlosse Lochleven mitgenommen u. in deren ehrgeizige Pläne gezogen. Im Jahre 1548 begleitete er seine Halbschwester, die sechsjährige Königin, nach Frankreich, wo er sich mit einer Gräfin von Buchan verlobte und deren bedeutende Güter an sich riß, ohne in der Folge jene zu heirathen. Nach seiner Rückkehr trat er, um das Volk für sich zu gewinnen, zur protestantischen Partei über und beutete das von Maria Stuart ihm geschenkte Vertrauen und die in ihren Angelegenheiten ihm ertheilten Vollmachten, besonders die deshalb oft nöthigen Reisen nach Schottland für seinen Plan aus, Maria zu entthronen und die Krone für sich zu erlangen. Als Maria 1561 nach Schottland zurückkehrte, stand M. noch an der Spitze der königlichen Angelegenheiten und des Heeres und zettelte nun eine Verschwörung gegen jene an. Ein Gegner des neuen Gemahls Mariens, Heinrich Darnley's, soll M. an dessen Ermordung betheiligt gewesen sein, wenigstens mußte er, dessen verdächtig, nach Frankreich fliehen. Von hier aus aber zieh er Maria Stuart des Gattenmords und erreichte auch, daß sie von den Ständen gezwungen ward, die Regierung auf ihren Sohn überzutragen. Im Mai 1567 stellte sich M. an die Spitze des zum Schutze des Reichs verbündeten Adels und nahm die Königin am 15. Juni bei Carberry ohne Widerstand gefangen. Während er dieselbe auf dem Schlosse seiner Mutter zur Abdankung zwang, ließ er sich von den protestantischen Baronen die Regentschaft für den jungen Jakob VI. übertragen. Als er die Flucht der Maria Stuart erfuhr, eilte er mit 6000 Mann herbei, zerstreute ihren Anhang am 15. Mai 1568 zu Langside und nöthigte die Königin, in England Schutz zu suchen. Von Elisabeth gewonnen, eröffnete M. darauf in Edinburg eine Untersuchung über die Ermordung Darnley's und die Theilnahme seiner Schwester an derselben u. reiste, um diese zu betreiben, selbst nach England. Er ward jedoch schon am 23. Jan. 1569 von einem Edelmann Hamilton, dessen Frau er verführt hatte, zu Linlithgow ermordet.

2) Sir George, britischer General, aus einer schottischen Adelsfamilie am 6. Febr. 1772 auf deren Familiensitze in Perthshire geboren, trat 1789 in die britische Armee, zeichnete sich im Feldzuge von 1793 in den Niederlanden aus und wohnte 1801 der Expedition gegen die Franzosen in Aegypten bei, focht darauf gegen denselben Feind in Westindien u nahm 1807 als Stabsoffizier an der Expedition gegen Dänemark Theil. Im folgenden Jahre ward er dem Generalstab in Schweden zugewiesen u. 1810 von Wellington bei der Landung in Portugal zum Chef seines Generalstabes ernannt, in welcher Eigenschaft er sich an allen folgenden Kämpfen auf der pyrenäischen Halbinsel betheiligte. Im Jahre 1812 ward er Generalmajor, nach dem Abschluß des Friedens als Generalstabschef nach Nordamerika gesendet, sodann mit dem Kommando über die britischen Streitkräfte in Canada betraut, später als Oberbefehlshaber nach Irland versetzt, 1828 aber von Wellington zum Staatssekretär der Kolonien ernannt. Im Nov. 1830 mit dem Toryministerium abgetreten, hielt er sich nun im Unterhause zu der toryistischen Opposition, bis er 1841 zum Generalfeldzeugmeister ernannt wurde. Er † zu London den 28. Juli 1846. Um die Kriegsgeschichte machte er sich durch die Herausgabe der Depeschen des Herzogs von Marlborough (London 1845—46, 5 Bde.) verdient.

3) John, der Koryphäe des londoner Buchhandels, geboren am 22. Nov. 1778 zu London, übernahm nach dem Tode (6. Nov. 1793) seines gleichnamigen Vaters das von demselben 1768 zu London gegründete Verlagsgeschäft und erhob dasselbe bald zu einem der bedeutendsten Englands. Unter andern begründete er 1809 die jetzt so einflußreiche toryistische Zeitschrift „The quarterly Review“, und durch seine „Family library“ (1830—41) gab er den Anstoß zu den jetzt so verbreiteten wohlfeilen Volksbibliotheken. Fast alle literarischen Notabilitäten seiner Zeit und seines Vaterlandes, u. A. Lord Byron, wußte er an seine Firma zu ziehen. Er † am 27. Juni 1843. Sein Geschäft wird von seinem namentlich durch die „Continental Handbooks for travellers“ weltbekannten Sohn John M., den Jüngeren, mit bestem Erfolg fortgeführt.

Murraya *L.*, Pflanzengattung aus der Familie der Aurantiacern, charakterisirt durch den 4—5theiligen Kelch, die 4—5blätterige, glockenförmige Korolle, das den Fruchtknoten umgebende Nektarium und die einsamige Beere, kleine Bäume in Ostindien, von denen folgende bemerkenswerth sind: M. exotica *L.*, hat abwechselnde, gestielte, unpaarige, gefiederte Blätter und weiße, zierliche, wohlriechende Blumen in Enddoldentrauben. Man pflanzt diese Bäumchen in fette, mit $^{1}/_{6}$ Sand gemischte Dammerde, durchwintert sie bei 6—8° Wärme, stellt sie in der wärmsten Sommerszeit ins Freie und vermehrt sie durch Stecklinge unter einer Glocke und in einem Warmbeete. M. sumatrana *Wight et Arn.* ist ein großer Strauch auf den Inseln des indischen Oceans. In der Heimat werden die Rinde, sowie die scharf-gewürzhaften Blätter gegen Asthma u. äußerlich bei Lähmungen angewendet. Das Holz gleicht dem Buchsbaumholze und wird wie dieses benutzt.

Murrhardt, Stadt im würtembergischen Neckarkreise, Oberamt Backnang, an der Murr, hat starke Schafzucht, Holz- und Holzwaarenhandel und 2700 Einw. In der Umgegend Steinkohlenlager u. eine geringhaltige unbenutzte Salzquelle. Nahe bei der Stadt liegt eine ehemalige Benediktinerabtei, ein großes düsteres Gebäude, deren gothische Kirche jetzt protestantische Stadtkirche ist. In der Umgegend finden sich viele römische Alterthümer.

Murrhina vasa (lat., murrhinische Gefäße), im Alterthum eine Art kostbarer Gefäße, die zuerst Pompejus 61 n. Chr. aus dem Schatze des Königs Mithridates nach Rom gebracht haben soll, wo sie später als Luxusartikel in den Häusern der Reichen eine große Rolle spielten. Ueber die eigentliche Beschaffenheit ihrer Masse ist nichts Näheres bekannt; nach Böttiger u. A. bestanden sie aus glasartigem Porzellan, einer Nachahmung des alten chinesischen Porzellans, nach Roziere's aus Flußspath. Plinius bezeichnet als die herrschenden Farben die purpurrothe und die weiße, welche gewöhnlich durch einen dritten, die Farben vermittelnden Streifen getrennt waren.

Murten (franz. Morat, lat. Muratum), Stadt im schweizerischen Kanton Freiburg, an dem durch die Broye mit dem Neuenburgersee verbundenen, 2 Stunden langen, 1 Stunde breiten, sehr fischreichen Murtensee, 6 Stunden westlich von Bern, hat ein altes Schloß, 3 Kirchen, eine Handelsschule, Bibliothek, Spital, Waisenhaus, Tabaks- und Uhrenfabrikation, Wein- u. Transitohandel u. 1800 Einw. Schon die Römer hatten hier eine Niederlassung. In den Chroniken des 11. Jahrhunderts wird das Castrum Murtens erwähnt. Im Jahre 1034 belagerte Kaiser Konrad auf seinem Zuge gegen Graf Otto von Champagne die Stadt vergeblich. Berühmt wurde M. durch die Belagerung u. die am 22. Juni 1476 in seiner Nähe gelieferte Schlacht der Eidgenossen gegen Karl den Kühnen von Burgund (s. Schweiz). Am 3. März 1798 besetzten die französischen Truppen M., wobei das für die gesammelten Knochen errichtete Beinhaus zerstört wurde. An seiner Stelle ließ die Republik 1822 einen 63 Fuß hohen und $6^{1}/_{4}$ Fuß breiten, auf 3 Stufen stehenden marmornen Obelisk errichten. Vgl. Die Schlacht bei M., 2. Aufl., Bern 1816.

Murucuia *Juss.*, Pflanzengattung aus der Familie der Passifloreen, charakterisirt durch den 10theiligen gefärbten Kelch mit becherförmiger, unten gefurchter Röhre und blumenkronenartigen inneren Theilen u. die röhrige, abgestutzte Nektarkrone, passionsblumenähnliche Kletterpflanzen mit drüsenlosen Blattstielen und schönen Blüthen, auf den Antillen, deren bekannteste Art ist M. ocellata *Pers.*, mit 2lappigen, 3rippigen, stumpfen, stachelspitzigen, unten augenfleckigen und drüsigen, glatten Blättern und schön mennig-scharlachrothen Blumen. Man pflanzt sie in sandgemischte, gute Laub- oder andere nahrhafte, lockere Erde, unterhält sie bei 10—15° Wärme im Warmhause, den Fenstern möglichst nahe, und gibt bei warmer Sommerwitterung reichlich Wasser und

Luft, wie auch etwas Schatten gegen heiße Sonnenstrahlen. Die Vermehrung geschieht durch Stecklinge unter einer Glocke im Warmbeete. Das Gewächs muß an einer Wand, an Pfeilern oder an einem Gelände emporgeleitet werden. Nach künstlicher Befruchtung setzt es Samen an.

Murviedro, Stadt in der spanischen Provinz Valencia, am Küstenflüßchen Palancia, unweit des mittelländischen Meeres und an der spanischen Küstenbahn (Valencia-Tarragona), hat 7 feste Schlösser (darunter ein maurisches Kastell), Weinbau, Handel mit Wein und Branntwein und 6900 Einw. Die jetzige Stadt verdankt ihre Entstehung den Mauren, ihr Name soll von Muri veteres herstammen, weil sie auf den Ruinen des alten Saguntum (s. d.) erbaut worden ist. Sie hat daher außer maurischen Bauten noch eine große Anzahl Ueberreste griechischer und römischer Bauwerke, besonders ein Amphitheater, einen Dianen- und einen Bacchustempel. M. ergab sich am 26. Oktober 1811 nach langer Belagerung und heißem Kampfe an die Franzosen.

Murzuk (Mursuk), Hauptstadt der Oase Fezzan in der Sahara (Afrika), hat ein festes Schloß mit dem türkischen Gouverneur u. türkischer Besatzung, ein englisches Konsulat, 16 Moscheen, lebhaften Handel, besonders mit Salz und Sklaven, u. gegen 4000 Einw. M. ist namentlich als Ausgangspunkt der Saharakarawanen nach Sudan u. als Knotenpunkt der Karawanenstraßen zwischen Tripolis, Aegypten, Burnu und Haussa von Bedeutung.

Mus, s. Extrakte.

Musa *L.* (Pisang, Banane, Paradiesfeige), Pflanzengattung aus der Familie der Musaceen, charakterisirt durch die polygamischen Blüthen mit lippig-2theiligem Perigonsaum, woran die eine Lippe aufrecht, 5zähnig, die andere verkürzt vertieft ist, am Grunde Honigsaft ausscheidend, die 6 Staubgefäße, wovon oft eins oder 5 verkümmert sind, den unterständigen, 3fächerigen Eierstock, den dicken Griffel, die trichterig-keulige, kurz 6lippige Narbe auf dickem Griffel und die 3—6kantige, 3fächerige, vielsamige gurkenähnliche Frucht. In den männlichen Blüthen sind alle 6 Staubgefäße vollkommen ausgebildet, in den unfruchtbaren Zwitterblüthen ist ein Staubgefäß antherenlos, in den fruchtbaren Zwitterblüthen sind 5 Staubgefäße antherenlos. Die Staubgefäße sind übrigens sehr verschieden entwickelt; bald sind die Fäden fadig mit pfeilförmigen Antheren, bald zungenförmig mit plötzlich aufgesetzter Spitze und kurzer herzförmiger Anthere. Die Gattung begreift palmenartige Gewächse, deren hoher, wenigjähriger, aber mit alten Scheiden bekleideter Schaft zu oberst eine Krone von bis 10 Fuß langen Blättern trägt, aus welcher die langen, überhängenden od. aufrechten Blüthenkolben hervortreten, die absatzweise zu unterst fruchtbare, dann unfruchtbare Zwitter- und zu oberst männliche Blüthen tragen. Je nachdem diese Blüthen zur Entwickelung kommen, fallen die dazu gehörigen bald violetten, bald grünen, bald rosafarbenen, bald brennend rothen Deckscheiden ab. Ursprünglich in Ostindien u. auf den Südseeinseln einheimisch, sind diese Gewächse jetzt durch die Kultur in allen heißen Ländern verbreitet. M. paradisiaca *L.*, die gemeine Banane, hat einen knolligen, mit zahlreichen dicken Wurzelfasern besetzten Wurzelstock und einen straff aufgerichteten, 8—15 Fuß hohen, am Grunde bis 1 Fuß dicken, von den langen, um einander gerollten Blattscheiden gebildeten, innen mit wässerigem Saft angefüllten, oben eine mächtige Blätterkrone tragenden Schaft. Die Blätter sind ziemlich lang gestielt (Stiele dick und rinnig), aufrecht oder zurückgebogen, 10—12 Fuß lang, 1½—2 Fuß breit, länglich, an beiden Enden abgerundet, vorn mit aufgesetztem Stachelspitzchen bewehrt, ganzrandig, unterseits blasser und mit dicker, stark vorspringender Mittelrippe und einander sehr genäherten, parallelen, einfachen Seitennerven versehen. Der Blüthenstand ist kolbig, überhängend, 4—5 Fuß lang, zu unterst mit 12—16 Ringen von je 15—20 fruchtbaren Blüthen, von denen jede mit einer länglichen, spitzlichen, violetten Blüthenscheide umgeben ist, oberwärts aber mit unfruchtbaren, mit ihren Deckscheiden abfallenden Blüthen besetzt u. trägt am Ende noch eine eiförmig-kegelige, blaue, unentwickelte Blüthen einschließende Knospe. Die Blüthenhüllen sind weißlichgelb, an der Spitze schmutzig röthlich. Die Früchte sind walzlich-dreikantig, unten sichelartig gekrümmt, 7—12 Zoll lang und von verschiedener Farbe. Die Samen sind gedrückt kugelig, mit stark vertieftem Nabel versehen, bei den kultivirten Pflanzen meist fehlschlagend. Nach der Reife der Früchte stirbt der Stamm ab und es erscheinen neue Nebensprossen. M. sapientium *L.*, Bananenpisang, unterscheidet sich von der vorigen Art nur durch den purpurroth gestreiften und gefleckten Schaft, die am Grunde ungleich herzförmigen Blätter, die länglichen, stumpflichen, innen grünen, nur außen violetten Blüthenscheiden und die ellipsoidischen kürzeren, weniger gekrümmten Früchte. Beide Arten werden von Alters her in Ostindien und seit geraumer Zeit auch in allen andern tropischen Ländern kultivirt und kommen auch auf Ceylon und einzelnen Südseeinseln wild u. verwildert vor. Die Kultur des Bananenpisangs ist noch weiter verbreitet als die der gemeinen Banane, indem jener noch über den nördlichen Wendekreis hinaus, bis unter 30—35° nördl. Br. u. zwischen den Wendekreisen bis zu einer Höhe von 5000 Fuß über dem Meere gedeiht, während diese außerhalb der heißen Zone und selbst unter dem Aequator in einer Höhe von mehr als 5000 Fuß keine reifen Früchte mehr bringt. Durch die (wenigstens in Indien) schon seit Jahrtausenden fortgesetzte Kultur sind eine Menge Spielarten entstanden, welche sich besonders durch Gestalt und Geschmack der Früchte von einander unterscheiden. Letztere sind in der Regel samenlos, eben darum aber um so mehr als Nahrungsmittel geschätzt. Ihr Geschmack ist meist süß, mitunter auch etwas säuerlich, selbst herb. Sie werden halb oder völlig reif, roh oder auf mannichfache Art zubereitet (gekocht, geröstet, in Butter gebraten ꝛc.) als tägliche Speise genossen. Eine Abkochung derselben mit Wasser gibt ein durch Gährung weinartig werdendes Getränk. Die Knospe am Ende des Blüthenkolbens wird als Gemüse gegessen. Die großen Blätter dienen als Tischtücher und Teller, auch als Sonnenschirme und Fliegenwedel, als Emballage für Waaren ꝛc. Aus den festen langen Fasern der Blattscheiden werden nicht nur dauerhafte Taue und Angelschnüre, sondern auch verschiedenartige Zeuche verfertigt. Früchte, Wurzelstock und Saft des Stammes sind als Arzneimittel in Gebrauch. Bei dieser vielfachen Benutzungsweise erfordern diese Gewächse wenig Arbeit bei ihrer Kultur, da man nach der Fruchtreife nur den alten Stamm abzuhauen braucht, um die raschere Entwickelung der Stockknospen zu bewirken, die nach 3 Monaten schon wieder Früchte tragen. Ein Stamm gibt durchschnittlich 30—40, nicht selten auch 60—80 Pfund Früchte, und da nach dem Abhauen des alten Stammes der Wurzelstock noch dreimal im Jahre fruchttragende Stämme hervortreibt, so können von einer einzigen Pflanze jährlich im Durchschnitt 1—1½ Centner Früchte gewonnen werden. **M. chinensis** *Sweet*, **M. Cavendishii** *Hook.*, in China, eignet sich am besten zur Zucht in europäischen Warmhäusern, da sie schönes Ansehen u. reichlichen Ertrag wohlschmeckender Früchte mit einander vereinigt und bei der geringen Höhe von 3—4 Fuß schon in einem Alter von 18—20 Monaten an Einem Kolben 50—80 Früchte trägt, welche bei vollkommener Reife den Geschmack der Ananas, Melonen und Birnen in sich vereinigen. Die Blätter sind an 3 Fuß lang, an beiden Enden abgerundet, an einem kurzen, dicken, am Grunde scheidigen Stiel befestigt. Die gelben Blüthen bilden einen herabhängenden Kolben mit braunrothen und weißen Scheiden. Die Früchte sind bis 10 Zoll lang, in der Reife gelb. Im zweiten Jahre muß man das Gewächs in einen 2—3 Fuß weiten und ebenso tiefen Kübel setzen; als Erde wählt man eine lockere, wenig fette (Mistbeet- u. Lauberde zu gleichen Theilen mit ⅓ Sand und etwas Moorerde gemischt) und gibt eine starke (im Kübel 6—9 Zoll hohe) Unterlage von zerstoßenen Ziegelsteinen. Die Bewässerung muß reichlich, im Sommer manchmal auch mit Schafmist oder Kuhlager gemischt sein. **M. coccinea** *Andr.*, in China, ist ein schönes, 4—5 Fuß hohes Gewächs mit 1½—2½ Fuß langen, 6—10 Zoll breiten Blättern an langen, rinnenförmigen Stielen, aufrechten, kurzen, mit scharlachrothen Scheiden versehenen Blüthenkolben u. gelben Blüthen und wird wie die vorige Art kultivirt; sie verlangt einen 12—14 Zoll weiten Topf und, wenn die Blüthen sich vollkommen entwickeln sollen, die Wärme eines Lohbeets, kommt aber auch ohne untere Wärme im Topfe oder im Erdbeete oft zur Blüthe. Doch muß man die überflüssigen Wurzelschößlinge zeitig abschneiden, damit der Hauptstamm desto kräftiger werde. **M. Ensete** *Gmel.*, in Abessinien, ist das größte bekannte Staudengewächs. Es erreicht im 5. Jahre eine Höhe von 30 Fuß; der Schaft hat am Grunde einen Umfang von 8 Fuß, und die Blätter werden mit Einschluß des Blattstiels bis 20 Fuß lang und 3 Fuß breit. Die Früchte sind von wässeriger, weicher Substanz u. unschmackhaft; dagegen ist das Innere des unreifen Stengels genießbar, indem es gekocht wie frisches, nicht ganz gares Weizenbrod schmeckt. Man genießt es auch mit Milch und Butter. Das Gewächs ward um 1768 von Bruce in Abessinien entdeckt und soll in Narka in großen Sümpfen wachsen, findet sich aber auch in andern Gegenden Abessiniens. Es liefert den Gallas ihre Hauptnahrung aus dem Pflanzenreiche. Kotschy brachte Samen nach Schönbrunn. Die daraus gezogenen Pflanzen hatten keine hohen Schäfte, aber sehr große Blätter mit rothen Blattrippen an der Unterseite. Neuerlich fand Heuglin das Gewächs auch bei Woina, etwas südlich von 15° nördl. Br. Die Wurzel schmeckt gekocht wie Kartoffeln. Blüthen u. Früchte hat man noch nicht gesehen. **M. troglodytarum** *L.*, Affenpisang, auf den Molukken in Wäldern wachsend, hat einen aufrecht stehenden Blüthenkolben, aus dessen Scheidenblättern man sehr feine, zu Zeuchen geeignete Fäden gewinnt.

Musaceen, monokotyledonische Pflanzenfamilie mit folgenden charakteristischen Merkmalen: Das Perigon ist gefärbt, blumenkronenartig, 2kreisig; das eine Blatt des Außenkreises ist meist sehr groß, das entgegengesetzte unpaarige des Innenkreises sehr klein; bald sind beide getrennt, bald mit einander verwachsen. Die 6 Staubgefäße sind dem Grunde der Hüllblätter oder dem Scheitel des Fruchtknotens angewachsen und vor die Perigonzipfel gestellt; das dem unpaarigen kleinen Blatte des Innenkreises gegenüberstehende schlägt meist fehl, was auch oft mit mehren andern der Fall ist. Die Staubfäden sind flach gedrückt; die Staubbeutel springen nach innen der Länge nach auf, sind 2fächerig und an ein oben in eine Spitze oder in ein Anhängsel ausgezogenes Konnektiv angewachsen. Der unterständige Fruchtknoten besteht aus 3 Fruchtblättern und ist 3fächerig mit ein-, öfter aber mehrsamigen Fächern. Der Griffel ist einfach, stielrund, fadig, die Narbe 3theilig. Die Frucht ist 3fächerig, 3- oder mehrsamig, entweder eine fachspaltig-3klappige Kapsel, oder eine fleischige Beere. Die Samen sind mit einer lederartigen, glatten oder runzeligen Schale und mit mehlig-fleischigem Eiweiß versehen; der Keim ist gerade, ellipsoidisch, walzlich oder pilzförmig. Die Familie enthält krautige, zum Theil sehr große, baumähnliche Gewächse mit einfachem, oft verkürztem Stengel, wechselständigen, einfachen, ganzen Blättern mit scheidigem Stiel und großer, in der Jugend zusammengerollter, parallel fiedernerviger Scheibe und zwitterigen oder polygamischen, unregelmäßigen, büschelweise von Blüthenscheiden umschlossenen oder einen Kolben bildenden, auf dem Gipfel des Schafts stehenden Blüthen. Die cirka 36 Arten in 4 Gattungen kommen nur zwischen den Wendekreisen oder in deren Nähe auf beiden Erdhälften vor. Es sind insgesammt sehr ansehnliche Gewächse, wahre Zierden der tropischen Flora. Mehre tragen schmackhafte Früchte, welche eine gewöhnliche Speise der Bewohner der Tropenländer abgeben, während die Blätter und Scheidenfasern zu mancherlei ökonomischen und technischen Zwecken dienen.

Musäus (d. i. Musenjünger), 1) althellenischer Sänger, Seher und Priester, der Sage nach ein Sohn des Eumolpus von der Selene, nach Andern ein Nachkomme u. Schüler des Linus od. Orpheus, nach dessen Vorschrift er die gottesdienstlichen Gebräuche in Griechenland eingeführt haben soll, geboren in Athen oder Eleusis, wo das Museion nach ihm benannt war, angeblich Stifter der Eleusinien. Seine Dichtungen, Reinigungs- und Weihelieder, eine Titanomachie, Theogonie und Hymnen, insbesondere aber Weissagungen wurden unter den Pisistratiden gesammelt und durch Onomacritus geordnet. Schon Pausanias aber hält die unter des M. Namen aufgeführten Gedichte für Werke des Onomacritus und glaubt, daß nichts dem M. mit Sicherheit beigelegt werden könne, außer dem von ihm für die Lykomiden gedichteten Hymnus auf die Demeter, einem offenbar auf die eleusinischen Weihen bezüglichen Gedicht.

2) Grammatiker, wahrscheinlich zu Ende des 5. oder zu Anfang des 6. Jahrhunderts n. Chr., ist

Verfasser des erotischen Epos „Hero und Leander", eines der vorzüglichsten Produkte der späteren griechischen Poesie, am besten von Passow (Leipz. 1810) mit deutscher Uebersetzung herausgegeben. Eine solche lieferte auch Vorberg in „Hellas und Rom" (Bd. 1, Stuttgart 1842).

Musäus, Johann Karl August, deutscher Schriftsteller, geboren 1735 zu Jena, wo sein Vater Landrichter war, verbrachte einen Theil seiner Jugendzeit in Allstedt bei dem Superintendenten Weißenborn, studirte in Jena Theologie, lebte dann als Kandidat einige Jahre in Eisenach, wohin sein Vater versetzt worden war, gab aber die Bemühungen um ein Pfarramt auf, als er, zum Prediger eines Dorfes bestellt, von den Bauern nicht als solcher angenommen wurde, weil er einmal getanzt habe. Um jene Zeit machte gerade des Engländers Richardson Roman „Grandison" in Deutschland Furore. Um dem schwärmerisch-sentimentalen Enthusiasmus für dies Buch satirisch entgegenzuarbeiten, verfaßte M. sein erstes Werk, „Grandison der Zweite" (Eisenach 1760—62, 2 Bde.; später vom Verfasser gänzlich umgearbeitet und unter dem Titel „Der deutsche Grandison" (das. 1781—82, 2 Bde.) herausgegeben. Im Jahre 1763 wurde M. als Pagenhofmeister an den weimarischen Hof berufen und 1770 zum Professor am Gymnasium in Weimar ernannt. Die anfangs anonym veröffentlichte, gegen die bekannte durch Lavater hervorgerufene Manie gerichtete Satire „Physiognomische Reisen" (Altenb. 1778—79, 4 Hefte) legte, nachdem M. sein Incognito aufgegeben, den Grund zu seiner Berühmtheit. Diese datirt hauptsächlich von dem Erscheinen der „Volksmärchen der Deutschen" (Gotha 1782 fg., 5 Bde., und öfter; illustrirte Prachtausgabe, Leipzig 1843). Das noch heute mit Recht allgemein beliebte Werk gibt zwar die von M. meist aus dem Volksmund genommenen Märchen und Sagenstoffe keineswegs in naiv volksmäßiger Gestalt wieder, vielmehr sind dieselben vielfach mit satirischen Streif- und Schlaglichtern bezüglich der Modethorheiten jener Zeit ausgestattet und demnach dem Wesen ächter Volkspoesie geradezu fernstehend, gleichwohl verleihen ihnen die joviale Laune, die liebenswürdige Schalkhaftigkeit und feine Ironie jener Erzählungen einen unübertrefflichen Reiz. Ueberhaupt gehört M. zu den liebenswürdigsten deutschen Satirikern, wie denn auch seine Persönlichkeit von Allen, die ihm im Leben nahe gestanden, als eine durch Bescheidenheit, allzeit gleichmäßig heitere Laune u. gutmüthigste Menschenfreundlichkeit ausgezeichnete gerühmt wird. Unter M.' übrigen Schriften sind hervorzuheben: „Freund Heins Erscheinungen in Holbeins Manier" (Winterthur 1785), Darstellungen mehr betrachtender als erzählender Manier voll witziger Lebensweisheit; ferner der erste Band einer Sammlung von Erzählungen, die unter dem Titel „Straußfedern" (Berlin und Stettin 1787) erscheinen sollte. M. wurde an der später von J. Gottwerth Müller, Ludwig Tieck u. A. übernommenen Fortsetzung durch seinen am 28. Okt. 1787 erfolgten Tod gehindert. Aus seinem Nachlaß wurde herausgegeben: von Bertuch „Moralische Kinderklapper für Kinder und Nichtkinder" nach dem Französischen des Mr. Monger (Gotha 1794), sowie „Nachgelassene Schriften" mit Nachrichten über M.' Leben, herausgegeben von seinem Verwandten und Zögling A. v. Kotzebue. Vgl. Jördens, Lexikon deutscher Dichter und Prosaisten, Bd. 3, S. 759 ff.

Musagetes (griech., d. i. Musenführer), Beiname des Apollo, des Hercules und des Dionysus; in neuerer Zeit Ehrenname von Beförderern der Künste und Wissenschaften.

Muscari *Tournef.* (Muskat- oder Traubenhyacinthe), Pflanzengattung aus der Familie der Liliaceen, charakterisirt durch die glockig-eiförmige oder walzliche, an der Mündung eingeschnürte Blüthenhülle mit sehr kurzem, 6zähnigem Saume und die 3fächerige Kapsel, niedrige ausdauernde Zwiebelgewächse in Mittel- und Südeuropa und in Mittelwestasien, mit kleinen Zwiebeln, schmalen Blättern und dichttraubigen, zierlichen Blumen auf nacktem Schaft, von deren Arten M. botryoides *Willd.*, Straußhyacinthe, mit weißen, dunkelblauen, fleisch- oder purpurrothen Blumen; M. comosum *Mill.*, mit mißfarbigen, grünlichgrauen unteren und schön amethystblauen oberen Blüthen, und M. racemosum *Mill.*, mit blauen, weißen oder fleischfarbenen Blüthen, in Süd- und Mitteldeutschland hier und da wildwachsend vorkommen, aber öfter in Gärten als Zierpflanzen sich finden. Sie lieben einen lockeren, fetten, nicht zu nassen Sandboden und werden nach Verhältniß der Zwiebelgröße 2—4 Zoll weit, 4 Zoll tief, entweder reihenweise, oder truppweise verpflanzt. Alle 3—4 Jahre kann man sie wie die übrigen Zwiebelgewächse umpflanzen. Von M. moschatum *Willd.*, Moschushyacinthe, in Kleinasien am Bosporus, mit gelblichgrauen, wohlriechenden Blüthen, ward die eirunde, weiße Zwiebel früher als Radix Muscari als Brechmittel angewandt.

Muschelgold (Malergold, ächte Goldbronze, or en coquille, shell-gold), sehr fein vertheiltes Gold, dient zum Malen, Schreiben, Illuminiren u. zum Vergolden. Man bereitet es aus Blattgold (s. Goldschläger) od. aus einer Goldlösung, indem man diese mit Chlorantimon od. salpetersaurem Quecksilberoxydul fällt (s. Gold). Der Niederschlag wird mit Gummi angerieben und in Porzellannäpfchen oder Muscheln gebracht.

Muschelkalk (calcaire conchylien, terrain conchylien), Name der in Thüringen den bunten Sandstein bedeckenden mächtigen Kalkablagerung, herg-nommen von dem Reichthum vieler Schichten an Versteinerungen, die freilich zum großen Theil nur in Steinkernen erhalten sind und von denen manche Muscheln und Schnecken überhaupt noch in keiner andern Erhaltungsweise bekannt sind. In Nord- und Mitteldeutschland wird der M. von der vorherrschend mergelig-sandigen Ablagerung des Keupers bedeckt, weshalb Alberti, der Monograph dieser 3 Ablagerungen, dieselben unter dem Gesammtnamen Trias zusammenfaßte. Nach der vorherrschenden grauen Farbe nannte Merian den M. der baseler Gegend auch rauchgrauen Kalkstein. Von Versteinerungen kennt man in ihm bis jetzt weder Säugethier-, noch Vögelreste, dagegen solche von mehren Flossensauriern (Nothosaurus, Conchiosaurus u. A.), von denen die baireuther Sammlung ein durch Graf Münster zusammengesetztes vollständiges Skelet besitzt. Auch die großen Placoduszähne rechnet Owen zu den Amphibienresten. Meist liegen die Theile zerstreut wie die zahlreichen Fischreste, so die Schuppen von Gyrolepis, die Zähne von

Psammodus, Acrodus, Hybodus. Von Ringelthieren treten die ersten sichern langschwänzigen, 10füßigen Krebse auf (Pemphix), von Cephalopoden die meisten seltenen Ammoniten (A. dux), häufiger sind Ceratiten, Nautiliten u. Seplenschnäbel (Rhyncholithus). Zahlreich, aber wenig charakteristisch sind die übrigen Einschaler, um so wichtiger die Zweischaler; Pecten discites, Gervillia socialis, Terebratula vulgaris erfüllen ganze Schichtenbänke, und namentlich gehört das Geschlecht Myophoria in seinen zahlreichen Arten zu den Leitmuscheln der Formation. Von Strahlthieren erfüllen auch die Reste von Seelilien (Encrinus liliiformis) mächtige Bänke, während Seestern- und Seeigelreste nur vereinzelt vorkommen. Korallen gehören zu den Seltenheiten, von wahrscheinlichen Schwammkorallen häuft sich nur das Rhizocorallium Jenense im Rhizocoralliumdolomit an. Von Pflanzenresten ist nur wenig bekannt. Der M., als Glied der Trias, ist aber selbst in sich dreifach abgegliedert; der untere M. od. sogenannte Wellenkalk, nach der Beschaffenheit seiner vorherrschenden versteinerungsarmen Schichten benannt, greift noch in das Roth oder die rothen Thone ein, welche M. und bunten Sandstein trennen, und bildet in Schwaben den Wellendolomit, die, bei Jena sich dem Wellenkalk selbst unmittelbar anschließenden und dort durch ihre Führung faserigen Cölestins technisch wichtigen Cölestin- oder Myophorienschichten Thüringens oder Nordfrankens und den noch tiefern Rhizocoralliumdolomit, zwischen denen Steinsalzmetamorphosen und Gypsstücke lagern. Im Wellenkalke selbst sind die Bänke des untern Enkrinitenkalks und zu oberst die des Schaumkalks eingelagert, von denen letzterer ein wegen seiner Leichtigkeit, Dauer und leichten Bearbeitung (Mehlbatzen) gesuchter Baustein ist, ein Horizont, der aber in dieser petrographischen Eigenthümlichkeit in Schwaben fehlt. Auf den Wellenkalk folgt die Anhydritgruppe, überall durch Rauchwacken und thonige und dolomitische Gesteine, Versteinerungsarmuth und Hornsteinreichthum ausgezeichnet und wichtig, weil ihre Verwitterungsprodukte eine fruchtbare Lehmdecke über dem an sich sterilen obern Wellenkalk bilden. Gegen das Innere der Muschelkalkmulde von Schwaben und Thüringen umschließt sie eine mächtige Ablagerung von Anhydrit und Steinsalz, welche die genannten Länder zu den salzreichsten Deutschlands gemacht hat. Das Auffinden von Salzspuren im Gyps von Neckarsulm durch von Langsdorff gab den Anstoß dazu, in Schwaben nach Salz zu suchen, und 1816 wurde in 475 Fuß Tiefe das erste bekannte Steinsalzlager des M.s beim jetzigen Friedrichshall erbohrt, und schon 1826 lieferte ein einziges Bohrloch jährlich 60,000 Ctnr. Salz. Jetzt gewinnt man das Steinsalz bergmännisch, und es liegen 3 wichtige Salinen auf 3 Territorien um Wimpfen am Neckar. Wilhelmsglück im Kocherthal lieferte allein 1826 schon 126,000 Ctnr. Steinsalz. Bis nach dem Kanton Basel reichen die Steinsalzablagerungen im M. In Thüringen wurden zuerst die Soolquellen von Stotternheim und Buffleben (Luisen- u. Ernsthall) erbohrt, später das mächtige Lager von Ilversgehofen bei Erfurt, wo auf dem Johannisschacht eine über 100 Fuß mächtige Ablagerung von Anhydrit und Steinsalz aufgeschlossen wurde. Darüber folgt der obere M. oder Kalkstein von Friedrichshall mit seinen häufigen thonigen und mergeligen Zwischenlagern zwischen seinen versteinerungsarmen und versteinerungsreichen Bänken (oolithische, Lima striata-, Gervillien-, obere Terebratelnbänke), den Hauptlagern der Muschelkalkversteinerungen, darunter der Ceratiten, gegen die obere Grenze mit Breccien von Fisch- und Saurierresten. In Schlesien und Polen wurde die Anhydritgruppe noch nicht nachgewiesen, wenn sie nicht durch den erzführenden Theil des dortigen M.s vertreten wird. Der Reichthum an silberhaltigem Bleiglanz, Galmei und ochrigen Eisensteinen macht den M. von Tarnowitz zu einem der reichsten Bergwerksreviere Preußens, in welchem 1856 allein 746,813 Ctnr. Zink im Werth von 4,837,500 Thalern gewonnen wurden. Auch bei Wiesloch in Baden ist eine ähnliche Galmei-Bleiglanzlagerstätte in altem Betrieb gewesen. Durch Karpathen, Ungarn, die Alpen setzt der M. fort, in seinen untern Schichten (Virglorinkalk) dem M. unter dem Erzgebirge Oberschlesiens gleichend; die wahre Grenze gegen den Keuper, der im alpinen System durch Kalke vertreten wird, ist noch unsicher (s. Alpen). Während der M. zu beiden Seiten der Vogesen, bei Toulon, weit verbreitet, in ganz Spanien, sowie in Nord- u. Mitteldeutschland als ächtes Glied einer Trias erscheint, tritt derselbe in England so zurück, daß er kaum angedeutet ist und bunter Sandstein u. Keuper zum Newred sich zusammenschließen. Außerhalb Europa's kennt man den M. noch nicht, doch macht das Auffinden der als mariner Keuper angesprochenen Muschelkalk-Cassianer-Schichten auf den Grenzen Tübets im Himalaya wahrscheinlich, daß der M. auch dort seine Vertreter finden wird. Ueber seine Verbreitung in Deutschland, wo Göttingen, Braunschweig, Rüdersdorf bei Berlin, Jena, Würzburg, Marbach an und zwischen Muschelkalkbergen liegen, s. Deutschland. Die Muschelkalkplateaux sind sehr quellenarm, während am Fuße der Steilgehänge zahlreiche und oft mächtige Quellen hervortreten; sie sind meist kohlensäure- und kalkreich, setzen oft Kalktuff ab, manche sind wahre Kohlensäuerlinge, wie die Quelle von Cannstadt. Der M. liefert treffliche Bausteine, auch graue Marmore, Material zur Mörtelfabrikation u. eignet sich zum Theil zum Kalkbrennen, in manchen Schichten auch zu Cäment. Während viele seiner Gehänge und Höhen von den schönsten Buchenbeständen bedeckt sind, manche Gehänge auch mit Feldern, mit Wein- und Obstgärten, sind andere Wellenkalkberge so nackt und öde, daß sie kaum Boden für die Kiefer und für dürftige Schafweide bieten.

Muschelkalkformation, s. Muschelkalk.

Muschelkalkgebirge, s. v. a. Triasgruppe.

Muschellinie, s. Konchoïde.

Muscheln, s. Muschelthiere.

Muschelsilber (Malersilber, ächte Silberbronze, argent en coquille, shell-silver), sehr fein vertheiltes Silber, wird wie Muschelgold (s. d.) aus Blattsilber bereitet.

Muschelthiere (Muscheln, Konchylien, Acephala *Cuv.*, Conchifera *Lam.*), Ordnung der Weichthiere oder Mollusken, charakterisirt durch den Mangel eines gesonderten Kopfes, ein aus mehren im Körper zerstreuten Knoten zusammengesetztes Nervensystem u. durch zwei, meist kalkige Schalen, welche den Körper von der Seite her einschließen. Sie zerfallen in 2 Hauptabtheilungen, Armfüßer und

Blattkiemer, welche eine ziemlich verschiedene Organisation besitzen. Charakteristisch für die ganze Ordnung sind vornehmlich die Schalen, die stets, aber ausschließlich bei den M.n aus zwei Klappen bestehen, welche später manchmal verwischt und undeutlich, in der Jugend aber stets deutlich vorhanden sind. Die Kenntniß der einzelnen Theile dieser Schalen ist besonders für die Petrefakten von Wichtigkeit, da sie hier allein noch vorhanden sind. Sie bestehen in der Regel aus drei verschiedenen Schichten, welche von außen nach innen in folgender Ordnung sich unterscheiden lassen. Die äußerste Schicht besteht aus einem zerreiblichen hornartigen Ueberzuge, der sogenannten Oberhaupt, welche sich bei den meisten M.n leicht abreibt und in Sammlungen auf künstliche Weise entfernt wird. Die darauf folgende zweite Schicht, die Lamellenschicht, ist aus ebenfalls hornartigen, mit kohlensaurem Kalk ausgefüllten Säulchen zusammengesetzt, welche meist gerade oder schief von außen nach innen stehen und deren Absonderung von dem verdeckten Rande des Mantels (s. Weichthiere) ausgeht und, da sie periodisch vor sich geht, einzelne dachziegelartig über einander liegende, koncentrische Kreise bildende Blätter zeigt, welche den Umriß der Muschel in den einzelnen Perioden ihres Wachsthums erkennen lassen und als sogenannte Anwachsstreifen für die Unterscheidung der einzelnen Arten oft charakteristische Merkmale darbieten. Sie stehen oft auf der Oberfläche der Muschel mit scharfen Rändern hervor od. bilden wohl auch Zacken und Spitzen; meist aber sind sie nur durch feine, in der Regel dem äußeren Umrisse der Muschel parallellaufende Linien angedeutet. In dieser Schicht sind auch die verschiedenen, der Muschel oft eine prächtige Färbung gebenden Pigmente abgelagert, woraus sich der Schluß ziehen läßt, daß der Mantelrand allein diese Schicht absondert. Wird nämlich eine Muschel über dem Mantelrande verletzt, so ersetzt sich der dadurch herbeigeführte Substanzverlust durch eine der farblosen inneren Schicht der Schale homogene Masse, während, wenn die Verletzung am Mantelrande geschieht, die Farbe der Ersatzmasse dieselbe ist, welche der Mantelrand an der verletzten Stelle besitzt. Die dritte innerste Schicht ist von mehr blätterigem Bau und gleichartiger Grundmasse, welche sehr fein gefaltet ist und durch die Brechung des Lichts den vielen Muscheln eigenthümlichen Perlmutterglanz annimmt. Obwohl kein Muschelthier einen deutlich abgesetzten Kopf hat, so läßt sich doch leicht unterscheiden, was oben u. unten, vorn u. hinten, rechts und links ist. Stets findet sich nämlich an den entgegengesetzten Enden ein Mund und ein After, sowie bei den freilebenden Arten auf der Unterfläche als Bewegungsorgan ein keilförmiger Fuß. Nach diesen drei Organen lassen sich die einzelnen Regionen leicht unterscheiden. Der freie Rand der Schalen, durch den der Fuß hervorgestreckt wird, ist der untere, der Schloßrand, wo beide Schalen zusammengefügt sind, der obere Rand; diejenige Seite, nach welcher der Mund hin gerichtet ist, die vordere, die entgegengesetzte, meist länglich ausgezogene, die hintere Seite der Muschel. Legt man letztere so vor sich hin, daß sie mit dem freien Schalenrande auf dem Tische ruht, während der Schloßrand nach oben gerichtet ist u. das vordere Ende vom Beschauer ab, das hintere ihm zugekehrt ist, so sieht man, welches die linke und welches die rechte Schale der Muschel ist. Die Länge derselben wird durch eine gerade von dem Mundende nach dem Afterende gehende Linie gemessen, die Höhe von dem höchsten Punkte des Schloßrandes bis zum untersten Punkte des freien Schalenrandes, die Dicke quer durch den Körper von der Wölbung der einen Schale zu der anderen. Man unterscheidet regelmäßige und unregelmäßige Muscheln, wobei man vornehmlich das Verhältniß beider Schalen zu einander im Auge hat. So sind z. B. die Auster- und Hammermuscheln unregelmäßige, die Maler- und Herzmuscheln dagegen regelmäßige Muscheln. Sind die beiden Schalen einander vollkommen gleich, so heißen die Muscheln gleichschalige; ist dagegen, wie bei den Austern u. den Kammmuscheln, die eine Schale nicht nur kleiner als die andere, sondern auch von anderer Gestalt, so nennt man sie ungleichschalige. Gleichseitig sind diejenigen Muscheln, deren vorderes Ende dem hinteren vollkommen gleich ist, so daß ein durch die Dicke geführter Querschnitt jede Schale in zwei einander vollkommen gleiche Hälften theilen würde. Unsere Malermuscheln sind hiernach ungleichseitig, indem das vordere Ende mehr abgerundet, das hintere mehr in die Länge gezogen ist. Beispiele von gleichseitigen Muscheln sind dagegen die Loch- u. Sattelmuscheln (s. unten). Meist schließen die beiden Schalenränder, selbst wenn sie gezackt oder gefaltet sind, vollkommen an einander, dies die geschlossenen Muscheln; es gibt aber auch Muscheln, welche sich nicht vollkommen schließen, so daß sie entweder hinten oder vorn klaffen, dies die klaffenden Muscheln. Die beiden Schalen sind meist am Rücken mittelst eines Schlosses an einander befestigt und nur bei wenigen Muscheln fehlt ein solches, in welchem Falle die größere Schale unbeweglich an den Boden geheftet ist und die kleinere, bewegliche als Deckel dient. Vor Allem aber kommt die Beschaffenheit des Schlosses und seiner einzelnen Theile bei der Unterscheidung der Gattungen und Arten in Betracht. Nur bei wenigen Muscheln bildet dasselbe eine einfache Linie, eine Art Falz; bei den meisten ist die eine Schale mit Vorsprüngen, Leisten oder Zacken versehen, welchen auf der anderen Kerben, Gruben oder Einschnitte entsprechen, so daß die Ränder des Schlosses fest in einander eingreifen. Da diese sogenannten Schloßzähne bei sehr ähnlichen M.n oft von sehr verschiedener Beschaffenheit sind, wie z. B. bei den nahe verwandten Enten- u. Malermuscheln, so kommen dieselben bei der Unterscheidung der Gattungen und Arten nicht besonders in Betracht. Ein wesentlicher Theil des Schlosses bei den Blattkiemern ist das Schloßband (ligamentum), eine halb sehnige, halb knorpelige Masse, meist von bedeutender Festigkeit u. Elasticität. In der Regel liegt dasselbe außen längs der Rückenfläche der Muschel in einer Rinne und spannt sich von der einen Schale zur andern hinüber, so daß es beim Schließen der Muschel ausgedehnt ist, in Folge seiner elastischen Beschaffenheit aber ein Klaffen der Schalen bewirkt, sobald die Schließmuskeln nicht mehr wirken. Oft ist aber das Schloßband auf der inneren Seite der Schalen angebracht, indem es einen gekerbten Ausschnitt oder eine Anzahl von Gruben im Schlosse ausfüllt, und es wird dann dasselbe beim Schließen der Schalen zusammengedrückt, so daß es durch seine Elasticität die Schalen wieder öffnet. Manchmal ist das Schloßband halb außen, halb innen angebracht, in welchem Falle beim Oeffnen und Schließen beide

Wirkungen der Elasticität eintreten. Merkwürdig ist aber, daß dieselben auch nach dem Tode des Thieres fortdauern, indem dann in Folge des Aufhörens der Gegenwirkung der im lebenden Zustande zusammengezogenen Schließmuskeln die Schalen der meisten M. klaffen. Die oben erwähnten koncentrischen Wachsthumsstreifen auf der Oberfläche der Schalen beginnen meist auf der Mitte der Rückenseite in zwei einander entsprechenden Erhöhungen, den sogenannten **Wirbeln** (umbones), welche meist oben nur einfache Erhöhungen darstellen, oft sich aber auch nach innen einbiegen und haken- oder selbst widderhornartig gekrümmt erscheinen. Sie liegen stets ganz oder wenigstens zum größten Theile vor dem Schloßbande, welches in der Regel von einem abgegrenzten, als **Schildchen** (area) bezeichneten Raume umgeben ist. Ein ähnlicher Raum findet sich bei vielen Muscheln vor den Wirbeln, dies der sogenannte **Hofraum** (lunula). Am deutlichsten sind diese beiden Räume bei den Archen- u. Venusmuscheln zu erkennen. Die starken Muskeln, welche bei den M.n das Zusammenschließen der Schalen bewirken, gehen meist in der Quere von einer Schale zur andern, und es ist ihre Anheftungsstelle durch einen tiefen Eindruck, den sogenannten **Muskeleindruck**, in der Schale bezeichnet. Bei den Armfüßern finden sich mehre zerstreut liegende Muskeleindrücke, bei den Blattkiemern entweder zwei auf jeder Schale, die dann an dem vorderen und an dem hinteren Ende liegen, oder nur einer, der dann mehr nach der Mitte der inneren Schalenfläche zu liegt. Der den Körper des Muschelthiers einhüllende Mantel liegt dicht an den Schalen an und läßt ebenfalls einen Eindruck, den sogenannten **Manteleindruck**, auf der Innenfläche zurück, welcher seinem Umrisse im lebenden Zustande des Thieres entspricht. Bei vielen M.n, welche behufs der Athmung und Ausführung der Exkremente hinten mit Röhren (Siphonen) versehen sind, zeigt dieser Manteleindruck einen hinteren Ausschnitt oder Sinus, welcher, da er an fossilen Muscheln noch sichtbar ist, ein wichtiges Moment für deren Unterscheidung abgibt.

Alle M. leben im Wasser und sind nur einer geringen Ortsbewegung fähig. Sämmtliche Armfüßer und auch viele Blattkiemer sind entweder unmittelbar durch eine ihrer Schalen, oder mittelbar durch ein besonderes Fasergespinnst, den sogenannten **Bart** (byssus), an den Boden festgeheftet, was meist Unregelmäßigkeit in der Ausbildung der Schalen zur Folge hat. Die frei lebenden M. bohren sich meist in den Schlamm und Sand des Ufers, oft aber auch in Holz und selbst in Stein ein, oder sie kriechen mittelst ihres Fußes unbehülflich auf dem Boden umher; selten sind sie mittelst desselben in den Stand gesetzt, an Wasserpflanzen oder glatten Gegenständen emporzuklettern. Wirklich schwimmen können nur die Kammmuscheln, und zwar in der Weise, daß sie die Schalen lebhaft auf- und zuklappen und so durch Einnehmen u. Austreiben des Wassers sich stoßweise fortbewegen. Die sich in den Boden oder in festere Stoffe einbohrenden M. sind mit der Mundseite stets nach dem Grunde des Lochs, mit der Afterseite nach der Ausgangsöffnung desselben gerichtet, so daß die Röhre, mit welcher sie meist ausgerüstet sind, in das Wasser hervorragt, und zwar haben die in den Schlamm u. Sand sich einbohrenden während ihres Lebens eine vertikale Stellung, die in Holz u. Stein sich einbohrenden, wenn sie ihre Löcher in senkrechte Wände machen, aber eine horizontale Lage. Die sich an den Boden anheftenden M. ruhen auf der einen Schale, während die andere frei beweglich ist, und die auf dem Boden der Gewässer umherkriechenden stützen sich auf den Mantelrand mit nach oben gerichtetem Schloßrande, wobei sie mit dem aus den Schalen hervorgestreckten Fuße Furchen in den Sand ziehen. Die Sehnenfäden, mittelst deren sich die freier lebenden Arten an den Boden anheften, treten entweder durch ein Loch, oder durch einen Ausschnitt der einen Schale, oder auch durch eine zwischen beiden Schalen meist an der vorderen Seite des Schloßrandes befindliche Lücke hervor; die Anheftung selbst aber geschieht durch eine zähe, glashelle, alsbald zu Fäden sich verhärtende Flüssigkeit, welche aus einer an der Basis des Fußes befindlichen Drüse abgesondert wird.

Die **Armfüßer** (Brachiopoda *Dum.*), welche in den jetzigen Meeren nur noch in geringer Artenzahl sich vorfinden, haben stets einen von einer zweiklappigen Schale umschlossenen Körper, und zwar ist die eine Schale entweder unmittelbar, oder durch einen Stiel am Boden angeheftet. Von den Blattkiemern unterscheiden sie sich besonders dadurch, daß sie niemals gleichschalig, sondern meist auffallend ungleichschalig sind. Ihr Körper ist innerhalb der Schalen von zwei aus sehnigen und kontraktilen Fäden gewebten, nach unten zu freien, nach oben sackartig sich schließenden Blättern umgeben, in welchen die Eingeweide liegen. Die freien Blätter dieses **Mantels**, welche sich hinsichtlich ihrer Gestalt dem äußern Umrisse der Schalen anbequemen und unmittelbar an der Innenseite derselben anliegen, bestehen aus zwei an einander liegenden Lamellen, von welchen die äußere, den Schalen zugekehrte am Rande mit spröden, steifen Borsten besetzt ist, während die innere zahlreiche blasige Gefäßverzweigungen zeigt und ohne Zweifel ein **Kiemenblatt** darstellt. Schlägt man die Mantelblätter zurück, so zeigen sich zwei armähnliche Organe, von denen das eine vor, das andere hinter dem Munde angebracht ist. Diese Arme, nach denen die ganze Abtheilung benannt ist, sind meist spiralförmig aufgerollt u. bestehen aus einer muskulösen Röhre, die nach beiden Enden hin geschlossen und im lebenden Zustande des Thieres mit Flüssigkeit angefüllt ist. Letztere wird durch die sich zusammenziehenden Muskelfasern, welche diese Röhre bilden, gegen die Spitze getrieben, so daß sich der spiralförmig gewundene Arm streckt, die Schalen aus einander treibt u. hervortritt. Auf der Außenseite sind die Arme mit zahlreichen kontraktilen Fühlfäden besetzt. In der Mittellinie des Körpers, da, wo die Wurzeln der beiden Arme an einander stoßen, befindet sich der nach unten gerichtete Mund, welcher sich nach oben in einen kurzen Schlund fortsetzt, der innerhalb des Eingeweidesacks sich zu einem Magen erweitert und dann in einen gleich weiten, sich auf der hinteren Seite zwischen den Mantellappen nach außen öffnenden Darmkanal ausläuft. Einen großen Theil des Rückens nimmt die meist in mehre Abtheilungen aus einander gehende Leber ein. Der Blutumlauf wird durch zwei große, mehr oder minder schlauchförmige Herzen vermittelt, welche vorn und hinten im Eingeweidesack liegen und von denen aus bedeutende Gefäße sowohl nach letzterem, als auch nach dem Mantel abgehen, um sich auf der inneren Lamelle desselben zu verzweigen. Von hier befindlichen blasenartigen Anschwellungen, wahrscheinlich Kiemenblasen, kehrt das Blut durch weite Kanäle zurück, um sich frei in die Höhle des Eingeweidesacks zu ergießen, der demnach zugleich Blutbehälter ist. Ueber die Fortpflanzung der Armfüßer ist noch nichts Sicheres bekannt. Sie haben kalkige, bei den wenigen lebenden Arten ziemlich dünne, selbst etwas biegsame Schalen, deren äußere Gestalt bei Unterscheidung der zahlreichen fossilen Arten sehr in Betracht kommt. Bei den meisten Armfüßern ist die linke Schale größer als die rechte, und da sie entweder unmittelbar, oder mittelst eines durch sie hindurchgehenden Stiels zur Anheftung des Thieres dient, so hat sie meist eine schnabelartige Verlängerung (rostrum), welche oft hakenartig über den Schloßrand herübergebogen u. mit einem Ausschnitt zum Durchlassen des Stiels versehen ist. Dieser Ausschnitt ist häufig durch ein oder zwei bewegliche Stücke, das sogenannte Deltidium, von dem Schloßrande abgesondert, und nicht selten schließen die beiden Hälften des Deltidiums in der Mitte zusammen, wodurch der Ausschnitt im Schnabel die Gestalt eines runden Lochs erhält, od. es ist zwischen beiden thürflügelartig auseinander stehenden Hälften des Deltidiums eine Spalte offen gelassen. Der meist dreieckige Raum zwischen dem Schnabel und dem Schloßrande heißt Schloßfeld (area). Die rechte Schale (oft Bauchschale genannt), meist die kleinere, bildet bei manchen Gattungen nur einen auf der größeren Schale aufliegenden Deckel. Beide Schalen sind meist mittelst eines Schlosses mit einander verbunden, indem von der größeren Schale her zwei Vorsprünge, sogenannte Zähne, in zwei Einschnitte eines auf der inneren Seite der kleineren Schale vorspringenden Blattes eingreifen, und zwar in den meisten Fällen so genau, daß die Schalen nur wenig geöffnet werden können. Da nun allen Armfüßern das oben erwähnte Schloßband, welches bei den übrigen M.n durch seine Elasticität die Oeffnung der Schalen bewirkt, abgeht und nur die Arme des lebenden Thieres letztere öffnen: so wird es erklärlich, warum man die versteinerten Armfüßermuscheln nicht, wie die übrigen Muscheln, mit klaffenden, sondern stets mit vollkommen geschlossenen Schalen findet. Die Arme, welche den Namen Armfüßer veranlaßt haben, werden im Innern der Schalen meist durch zwei elastische, kalkige Fortsätze oder Armhalter (Armgerüst) von sehr verschiedener Gestalt gestützt. Die Schließung der Schalen wird durch mehrfache Muskelbündel bewirkt, welche sich an der inneren Fläche der Schalen anheften u. hier verschiedene, bei der Unterscheidung der Arten in Betracht kommende Eindrücke bilden. Die Armfüßer kommen besonders in den älteren Gesteinsschichten ungemein häufig, oft ganze Bänke bildend, vor, werden in den jüngeren Schichten immer seltener und finden sich lebend nur noch hier und da vereinzelt und in bedeutender Meerestiefe. Man kennt gegen 1500 fossile u. nur cirka 50 lebende Arten, über deren Entwickelung man noch sehr im Dunkeln ist. Sie zerfallen nach K. Vogt in 2 Unterabtheilungen, ächte Armfüßer und Rudisten, die sich hauptsächlich durch die Struktur ihrer Schalen von einander unterscheiden. Nur die ächten Armfüßer (Brachiopoda genuina) zählen in der jetzt lebenden Schöpfung noch Repräsentanten, und von ihnen gilt im Allgemeinen das eben Bemerkte. Sie haben ungemein dünne, oft selbst hornartige Schalen, deren Gestalt weit mehr der der übrigen M. gleicht als bei den Rudisten. Hierher gehören die Kreismuscheln (Orbiculida), welche mit einer kleinen flachen Schale unmittelbar am Boden festgeheftet sind, während die rechte, größere, flachkegelförmige Schale frei ist und beide Schalen nicht durch ein Schloß mit einander verbunden sind, sondern nur mit den Rändern auf einander passen; die Lochmuscheln (Terebratulida), welche zwei freie, durch ein Schloß mit einander verbundene Schalen haben und mittelst sehniger, durch ein Loch des Schloßfeldes hervortretender Fäden sich am Boden anheften, und die Zungenmuscheln (Lingulida), welche zwei einander fast gleiche, mit ihren Rändern zusammenschließende Schalen ohne Schloß und oben, wo letztere klaffen, einen dicken, fleischigen Stiel zum Ansetzen haben. Die Rudisten (Rudistae), welche nur noch als Versteinerungen vorhanden sind, werden durch zwei große, schwere, meist sehr ungleiche Schalen mit dichter, blätteriger od. faseriger äußerer und poröser, sehr leicht zersetzbarer innerer Schicht und ohne Schloß charakterisirt, sitzen unmittelbar auf dem Boden fest und finden sich nur in der Kreide, besonders in den unteren Schichten derselben, wo sie wichtige Leitmuscheln abgeben.

Die Blattkiemer (Lamellibranchia *Blainv.*), welche, gleich massenhaft hinsichtlich der Anzahl der Individuen, Arten und Gattungen in der Vorwelt wie in der Gegenwart vertreten, einen sehr bedeutenden Theil der im Wasser lebenden thierischen Organismen ausmachen, sind stets von der oben beschriebenen zweiklappigen Schale umschlossen, innerhalb deren der platte, von der Seite her zusammengedrückte Körper liegt. Derselbe wird zuerst von zwei seitlichen Bändern umgeben, welche hart an der inneren Fläche der Schale anliegen und als Mantel bezeichnet werden. Meist sind beide Mantelblätter nach unten hin frei und nur an dem Schloßrande der Schale und an dem die Eingeweide einschließenden Sacke angewachsen. Die Ränder der freien Theile sind bei den meisten Arten mit Fortsätzen, Zäpfchen oder Wärzchen versehen, welche oft in Fühlfäden verlängert und in dieser Gestalt, besonders in der Gegend des Afters und des Mundes, am meisten entwickelt sind. Die Hauptmasse der dünnen, an den freien Rändern verdickten Mantelblätter besteht aus vielfach sich kreuzenden Sehnen und Muskelfasern, die von zahlreichen Gefäßen und Nerven durchzogen sind. Auf der inneren Fläche ist der Mantel stets mit flimmernden Wimpern besetzt, die für den Athmungs- und Ernährungsprozeß von Wichtigkeit sind. In dem Mantelrande aber finden sich drüsenartige Bildungen, welche zur Absonderung der die Schale bildenden kalkigen Stoffe dienen. Die Umrisse des Mantels sind auf der inneren Seite der Schale meist sehr deutlich erkennbar. Die Bewegungsorgane der Blattkiemer sind von zweierlei Art, indem sie mit besonderen, zum Schließen der Schalen bestimmten Muskelbündeln und einem an der Bauchseite befindlichen Fuße versehen sind. Die Schließmuskeln gehen quer durch den Eingeweidesack von einer Klappe der Schale zur andern und sind meist sehr kräftig, daher die M., sobald sie beunruhigt werden, die Schalen mit großer Kraft schließen können. Die Oeffnung der Schalen wird, wie oben bemerkt, durch die Elasticität des die Schalen auseinander sperrenden Schloßbandes bewirkt. Der

Fuß kann meist zwischen den Schalen hervorgestreckt werden, ist aber bei den sich anheftenden M.n sehr rudimentär oder fehlt ganz, während er bei anderen, die im Sande umherkriechen, oft eine bedeutende Größe erreicht. Er ist meist beilförmig, manchmal dünn, lang, zungenförmig oder hakig gekrümmt, manchmal auch dick, walzenförmig und mit einer Art von Scheibe versehen, je nachdem er zum Kriechen, zum Schnellen oder zum Anheften dient, welches Letztere mittelst eines aus zerfaserten Hornblättern bestehenden Bartes geschieht. Von eigenthümlicher Beschaffenheit ist der Fuß der Bohrmuscheln (s. d.). Ein eigentlicher Kopf findet sich bei keinem Muschelthier; die Mundspalte befindet sich an dem vorderen Ende des Körpers, und nirgends ist in ihrer Umgebung eine Einschnürung oder ein Sinnesorgan zu bemerken. Das Nervensystem besteht aus einzelnen Ganglienknoten, die durch Stränge mit einander verbunden sind und von denen sich in der Regel drei Paare, eins neben dem Munde auf der oberen Seite des Schlundes, ein anderes im Fuße unmittelbar unter den Eingeweiden, ein drittes nach hinten in der Nähe der Kiemenblätter, unterscheiden lassen. Die Gehörorgane bestehen aus runden, durchsichtigen, aber ziemlich festen Kapseln, welche unmittelbar vor dem Ganglienknoten des Fußes liegen und eine Flüssigkeit enthalten, worin ein durchsichtiger, krystallinischer Kern von kohlensaurem Kalk durch die Bewegung der Flimmerhaare hin und her getrieben wird. Während diese Gehörorgane allen M.n eigen zu sein scheinen, sind die Augen, welche besonders bei den Kammmuscheln als runde, wie Edelsteine glänzende Punkte an den Mantelrändern erkennbar sind, weniger allgemein und wohl für das damit versehene Thier von geringer Bedeutung. Aeußerst einfach sind die Verdauungsorgane. Zu beiden Seiten des Mundes befinden sich meist zwei Paare, selten ein Paar kiemenähnliche, mit Wimpern besetzte, längere oder kürzere Lappen, die eine zum Munde hinführende Rinne bilden, in welche die feinzertheilten Nahrungsstoffe durch die Bewegung der Wimpern zusammengetrieben werden. Außerdem dienen diese Lappen wahrscheinlich auch als Tastorgane in ähnlicher Weise wie die Mantelränder. Die Mundöffnung zeigt nie eine Spur von Kiefern, Zähnen oder einer Zunge, sondern führt entweder unmittelbar, oder mittelst einer kurzen Speiseröhre in einen weiten Magen, der ebenso wie der schlauchförmige, mehr oder weniger gewundene Darmkanal in der Masse der Leber, zum Theil selbst des Eierstocks vergraben liegt. Das in der Rückengegend gelegene Herz ist stets einfach, von einem Herzbeutel umgeben, der eine schleimige Flüssigkeit enthält, und besteht aus einer Kammer und zwei seitlichen Vorhöfen. Die Herzkammer wird meist ihrer ganzen Länge nach von dem Mastdarm durchzogen. Zwei große Blutgefäßstämme gehen von der Herzkammer aus, der eine nach hinten, der andere nach vorn sich erstreckend und vornehmlich in den Mantel und die Eingeweide sich vertheilend und vollkommen farbloses Blut in wandungslosen Kanälen enthaltend. Als Athemorgane dienen blätterige, unmittelbar unter dem Mantel, zu beiden Seiten des Eingeweidesacks befindliche Kiemen, und zwar finden sich in der Regel auf jeder Seite zwei Kiemenblätter, die durch knorpelige Fäden in Längsfelder geschieden sind, welche durch Querbalken wieder in einzelne schmale Fächer getheilt werden. Große, lebhaft schwingende Wimpernhaare unterhalten beständig das Zuströmen frischen Wassers. Die meisten Blattkiemer sind getrennten Geschlechts. Die Eierstöcke bilden eine ansehnliche Masse unter und hinter der Leber, die zum Theil die Windungen des Darms umhüllt. Die Eier haben meist eine gelbliche oder rothe Farbe; ihre Entwickelung ist aber noch sehr unvollständig beobachtet. Die Blattkiemer zerfallen nach K. Vogt in 3 Unterabtheilungen, die freilich nicht scharf gegen einander abgegrenzt sind. Die Unterabtheilung der Seitenmuscheln (Pleuroconcha) wird durch eine unregelmäßige, ungleichklappige Schale charakterisirt. Sie lagern auf einer ihrer Seiten, welche meist unmittelbar oder mittelst Sehnenfäden am Boden befestigt ist; ihr Mantel ist stets offen, und meist ist nur ein einziger, quer von einer Schale zur anderen übergehender Schließmuskel vorhanden. Der Fuß ist rudimentär oder fehlt ganz. Hierher gehören fast lauter Meermuscheln, welche oft ganze Bänke bilden, nämlich außer den Austern (s. d.) besonders folgende Familien: die Kammmuscheln (Pectinida) unterscheiden sich von den Austern durch ihre fast regelmäßige und beinahe gleichklappige und gleichseitige Schale, welche von fester Struktur ist und auf ihrer äußern Oberfläche von den Wirbeln nach dem Schalenrande ausgehende Fächerfalten zeigt. Die Thiere sind im Verhältniß zur Schale weit größer als die Austern, im Uebrigen aber diesen sehr ähnlich. Sie haben einen kleinen Fuß, der nur zum Spinnen von Byssusfäden, nicht zum Kriechen geeignet ist, und sitzen meist mit der einen Schale unmittelbar oder mittelst Byssusfäden am Boden fest. Die der Gattung Kammmuscheln (Pecten) angehörigen Arten schwimmen durch lebhaftes Auf- und Zuklappen ihrer Schalen ziemlich rasch und werden deshalb, sowie wegen ihrer bunten Färbung wohl als die Schmetterlinge des Meeres bezeichnet. Diese Muscheln treten schon in den ältesten Gesteinsschichten auf und sind namentlich im Jura zahlreich und durch große Arten repräsentirt. Die Schmalmuscheln (Malleida) haben meist gleichschalige, aber sehr unregelmäßige Muscheln, deren Höhedurchmesser vom Wirbel zum Schalenrande den Längendurchmesser bedeutend überwiegt. Das Schloß ist meist in die Länge gezogen und bildet einen oder zwei flügelartige Fortsätze. Die Thiere sind schmal und mit einem kleinen, schmalen Fuß versehen; der Mantel ist groß und nach vorn und hinten in die flügelartigen Schloßfortsätze hinein verlängert, der Schließmuskel einfach. Hierher gehört die gemeine Hammermuschel (Malleus vulgaris *Lam.*, polnischer Hammer), wegen ihrer Tförmigen, unregelmäßig wellig gekrümmten Gestalt so genannt, im indischen Ocean einheimisch. Die Gienmuscheln (Chamida) sind dickschalige, ungleichseitige, blätterige, meist ungemein große und schwere Muscheln mit festem, starkem Schloß und stark hervortretenden, meist hakenförmig umgebogenen oder selbst hornartig gewundenen Wirbeln. Sie sind entweder mit der einen Schale, oder mittelst Byssus am Boden angeheftet. Das Thier ist groß, der Mantel ringsum geschlossen, aber mit drei Schlitzen für den kleinen Fuß, die Kiemen mit dem Mund und den After versehen. Hierher gehören die Riesenmuscheln (Tridacna *Lam.*, Taufbecken), welche im indischen Ocean vorkommen, mehre Fuß lang und bis zu 500 Pfd. und darüber schwer werden. Sie sollen beim Schließen ihrer Schale ein Ankertau zerschneiden können. Die Unterabtheilung der Geradmuscheln (Orthoconcha) wird durch gleiche Schalen, einen mehr oder minder offenen Mantel und zwei völlig von einander getrennte Schließmuskeln charakterisirt. Sie liegen am Boden befestigt, nie auf der Seite, wenn sie auch oft mittelst eines starken Barts am Boden festgeheftet sind. Hierher gehören zahlreiche Familien, von denen außer den Perlmuscheln (s. d.) und den Miesmuscheln (s. d.) folgende hervorzuheben sind. Die Flußmuscheln (Najades) sind Süßwassermuscheln und besonders in den gemäßigten Gegenden von Nordamerika durch zahlreiche Arten vertreten. Es sind regelmäßige, gleichschalige, fast gleichseitige, meist ziemlich dicke, innen mit einer Perlmutterschicht, außen mit einer hornigen Oberhaut versehene Muscheln mit fast in der Mitte des bald zahnlosen, bald mit stark vorspringenden Zähnen ausgerüsteten Schlosses liegenden Wirbeln und außen befindlichem Schloßbande. Die Thiere sind groß u. kriechen mittelst des langen, kielförmigen Fußes langsam im Sande oder Schlamme umher. Der Mantel ist seiner ganzen Länge nach vollkommen frei und an seinem hinteren, meist etwas verlängerten Ende mit stumpfen Tastwarzen besetzt. Die beiden Schließmuskeln liegen nahe an dem Vorder- und Hinterrande der Schale und sind fast von gleicher Größe. Die besten Typen der Familie geben unsere Teich- und Malermuscheln ab. Die weniger artenreiche Familie der Dreieckmuscheln (Trigonida) kommt bis auf eine einzige, an den Küsten von Neuholland lebende Art nur in fossilem Zustande vor, und zwar am häufigsten im Salzgebirge, im Jura und in der Kreide. Die Muscheln sind dick, mit starker Perlmutterschicht versehen, regelmäßig und vollkommen gleichschalig, aber ungleichseitig, indem die vordere Hälfte abgestutzt erscheint. Die Wirbel sind hoch, hakenförmig eingebogen; das Schloßband befindet sich außen und das Schloß bildet ein so festes Charnier, daß die Schalen selbst im Tode nicht klaffen. Die Körpermasse des Thieres ist nicht bedeutend, der Mantel groß, am Rande verdickt, mit feinen Fühlfäden besetzt und größtentheils offen, der Fuß sehr lang, schmal, zungenförmig und in der Mitte knieartig gebogen. Die Mundlappen sind klein, die Schließmuskeln groß und von gleicher Größe. Die Archenmuscheln (Arcida) sind dickschalige, gleichklappige, meist sehr ungleichseitige Muscheln von bald mehr rundlicher, bald sehr unregelmäßiger Form und mit sehr charakteristischem Schlosse. Dasselbe besteht nämlich aus zahlreichen in einander eingreifenden Erhöhungen und Vertiefungen, welche bald in einer geraden Linie, bald in einem Bogen, bald in einem Winkel stehen. Das Thier ist groß und dick, der Mantel in seinem ganzen Umfang offen, der Fuß sehr groß. Diese M. leben meist in bedeutender Tiefe, kommen schon in den ältesten Gesteinsschichten vor und sind noch durch zahlreiche lebende Arten vertreten. Die Herzmuscheln (Cardida) sind gleichschalige, meist fast gleichseitige, dickschalige Muscheln mit vorstehenden, meist umgebogenen Wirbeln, die von vorn oder hinten betrachtet eine herzförmige Gestalt zeigen. Die Schloßzähne sind stark und unregelmäßig; das Schloßband befindet sich außen. Das große und dicke Thier liegt in einem geschlossenen Mantel, der vorn mit einem Schlitz zum Durchlassen des langen, schmalen, scharfschneidigen, in der Mitte kniefömig gebogenen Fußes versehen ist. Das Thier springt schnellend auf dem Boden umher. Nach hinten ist der Mantel in zwei kurze Röhren verlängert, die nach Willkür aus- und eingezogen werden können. Auch diese Muscheln sind in allen Gesteinsschichten vertreten. Ihnen gleichen die Erbsenmuscheln (Cyclasida), die durch eine dünne, mit einer dicken, runzeligen Oberhaut bedeckte und außer den Hauptzähnen am Schlosse auch noch mit Seitenzähnen versehene Schale charakterisirt werden. Sie bohren sich im Schlamm der süßen Gewässer ein und strecken die Röhre in das Wasser hinaus. Die Trogmuscheln (Mactrida) gleichen ebenfalls den Herzmuscheln, unterscheiden sich aber von ihnen durch ihre bedeutende Größe und die Länge ihrer After- und Athemröhre. Sie graben sich mit ihrem starken, meist dreieckigen Fuße in den Boden ein, bohren auch Löcher in Felsen, worin sie zeitlebens stecken bleiben. Die Klaffmuscheln (Pylorida) haben noch ausgebildetere Röhren. Der Mantel ist ringsum geschlossen und ganz vorn mit einem Schlitz zum Durchlassen des meist kurzen, aber massiven Fußes versehen. Die hinteren Mantelröhren sind meist sehr lang und manchmal in eine einzige Doppelröhre verwachsen. Die Muscheln sind gleichschalig, gleichseitig und stets an beiden Enden klaffend. Das Schloß ist entweder gar nicht, oder nur schwach gezähnt. Die beiden Schließmuskeln, sowie der tiefe Mantelausschnitt sind deutlich an ihren Eindrücken auf den Schalen zu erkennen. Die zahlreichen Arten bohren sich im Schlamme ein und fanden sich in allen Perioden der Erdgeschichte in Menge am Meeresstrande vor, daher sie wichtige Leitmuscheln sind. Die Röhrenmuscheln (Inclusa) enthalten wenige Gattungen, sind aber in sofern merkwürdig, als ihr Mantel einen vollständig geschlossenen, langen Sack bildet, der das rundlich wurmförmig gestaltete Thier bedeutend überragt, nach hinten in eine lange Röhre ausgezogen ist und bisweilen auf seiner ganzen Oberfläche eine dünne Kalklage absondert, die eine Röhre bildet, in der das Thier steckt. Die Schalen sind sehr dünn, gerippt und meist ohne deutliches Schloß, klaffen nach allen Seiten und erscheinen oft nur als unbedeutende Anhängsel des Thieres oder der dasselbe umschließenden Kalkröhre. Die ebenfalls hierher gehörigen Bohrmuscheln sind in einem besonderen Artikel besprechen. Die Pfahlwürmer (Teredo) sind wegen der Verheerungen berüchtigt, die sie in Häfen und Werften an dem unter dem Wasser befindlichen Holzwerke anrichten. Das Thier hat etwa die Dicke und Länge eines Regenwurms und endet nach hinten in zwei lange, zuletzt getrennte Röhren. Am hinteren Ende des Körpers sind zwei schaufelförmige, knorpelige Anhänge befindlich, mittelst deren das Thier mit der Kalkröhre, womit es den von ihm gebohrten Gang auskleibet, verwachsen ist. Diese M. zerstören selbst das härteste Holz, indem sie Millionen sich durchkreuzender Gänge bohren, so daß es unhaltbar wird und zusammenbricht. Die Jungen werden im Mantelsacke ausgebrütet und besitzen als Larven zwei große, fast dreieckige Schalen, welche den Körper vollständig umschließen und aus denen sie ein lappenförmiges, mit lebhaft schwingenden Wimpern besetztes Schwimmorgan hervorstrecken können. Die **Siebmuscheln** (Aspergillida) haben ebenfalls einen wurmförmigen Körper mit ganz geschlossenem Mantel, der hinten mit zwei Oeffnungen für die Athem- und Afterröhre, vorn mit einem feinen Schlitz zum Durchlassen des rudimentären Fußes versehen ist. Der Mantel sondert seiner ganzen Länge nach eine Kalkschale ab, welche eine lange, wurmförmige Röhre bildet, an deren vorderem Ende die meist sehr kleinen rudimentären Schälchen eingeschlossen sind. Die Röhre steckt senkrecht im Schlamme oder im Gestein, ist unten offen und oben mit siebartigen Oeffnungen zum Durchlassen des Wassers versehen. Die Seitenmuscheln sind schon in den ältern Gesteinsschichten mit fast allen gegenwärtig lebend vorkommenden Familien vertreten und enthalten wenig ausgestorbene Gattungen. Unter den Geradmuscheln sind besonders die Familien mit weit ausgeschnittenem Mantel und langen Röhren zahlreich in der Uebergangs- und Kohlenperiode vertreten, auch durch einige jetzt nicht mehr vorhandene Gattungen. Die Röhrenmuscheln sind entschieden späteren Ursprungs, indem sie erst spärlich in der Kreide beginnen und hier sowohl, als in der Tertiärperiode so reich weder an Arten, noch an Individuen wie in der Jetztwelt sind.

Muschenbroek, Peter van, berühmter holländischer Physiker, geboren zu Leyden 1692, studirte daselbst Medicin, Physik und Mathematik, begab sich dann nach London und wurde mit Newton persönlich bekannt. Nach Leyden zurückgekehrt, erhielt er die Professur der Physik und Mathematik an der Universität zu Utrecht und übernahm nicht lange nachher denselben Lehrstuhl in seiner Vaterstadt. M. † zu Leyden 1761. Seine Bemühungen trugen wesentlich mit zum Fortschritt der Naturlehre bei; besonders in der Experimentalphysik sind seine Verdienste von dauerndem Werthe. Seine vorzüglichsten Schriften sind: „Tentamina experimentorum naturalium“ (Leyden 1731); „Elementa physicae“ (das. 1741); „Compendium physices experimentalis“ (das. 1762); „Introductio in philosophiam naturalem“ (das. 1762, 2 Bde.).

Muschiks, in Rußland s. v. a. Leibeigene.

Muschir (arab. u. türk.), geheimer Rath, in der Türkei Titel der Staatsminister und Feldmarschälle.

Musculus, 1) (Müßlin), Wolfgang, Theolog, geboren den 8. Sept. 1497 zu Dieuze in Lothringen (daher M. Dusanus), trat in den Benediktinerorden, verließ aber bei Beginn der Reformation das Kloster, wurde Diakonus in Straßburg, 1531 Pastor zu Augsburg u. 1549 Professor der Theologie in Bern, wo er den 30. Aug. 1563 †. Er schrieb u. A. „Loci communes“ (Bern 1573). Seine Biographie, verfaßt von seinem Sohne, gab Grote (Hamb. 1855) heraus.

2) (Meusel), Andreas, Theolog, geboren 1514 in Schneeberg, studirte seit 1532 in Leipzig und ging 1538 nach Wittenberg, wo er mit Luther in engen Verkehr trat, wurde 1540 als Docent und Prediger an der Franciskanerkirche nach Frankfurt a. d. O. berufen, hier 1544 zum Professor und Oberpfarrer befördert u. † den 21. Sept. 1581. Er war einer der 6 Redaktoren der Konkordienformel und betheiligte sich an den damaligen kirchlichen Kontroversen im Sinne des strengen Lutherthums. Er schrieb u. A. ein „Compendium theologicum“ u. gab auch einen Auszug („Thesaurus“) aus Luthers Werken heraus. Eine Biographie von ihm lieferte Spieker (Frankf. a. d. O. 1858).

Musen (Musae), in der griechischen Mythologie ursprünglich Nymphen begeisternder Quellen, dann die Göttinnen des Gesangs, später auch die Vorsteherinnen der Künste überhaupt und der Wissenschaften. Sie begegnen uns zuerst bei den Gesang und Dichtkunst liebenden Thraciern. Da sie seit alter Zeit besonders in Pierien am Olymp verehrt wurden, hießen sie auch die Pieriden und Olympiaden; Pimpleiden nannte man sie von einem Berge und einer Quelle Pimplea in Pierien, Libethriden nach einer Berggegend daselbst. Andere Beinamen erhielten sie von den Bergen, Grotten und Quellen, wo sie gern verweilten. Später verbreitete sich ihr Dienst nach Attica, in den Peloponnes, nach Kreta, Unteritalien und selbst zu den Lydiern. Nach der ältesten Sage sind sie die Töchter des Uranus und der Gäa, nach den orphischen Hymnen und nach Hesiod aber des Zeus u. der Mnemosyne. Ihre Zahl steigt von 3 bis 9, die stets eine zusammengehörige Gruppe bilden. Drei sollen es gewesen sein, deren Dienst die Aloiden, Olus und Ephialtes, zuerst auf dem Helicon einführten, nämlich Melete, d. i. Nachdenken, Mneme, d. i. Gedächtniß, und Aloide, d. i. Gesang. Ebenso viele verehrte man in Sicyon, von denen eine aber Polymatheia, d. i. Vielwissenschaft, hieß, sowie zu Delphi, wo man sie nach den drei Saiten der Cither Nete, Mese u. Hypate nannte. Der Dichter Eumelus erwähnt ebenfalls drei M.: Cephisso, Apollonis und Borysthenis. Aratus kennt ihrer vier als Töchter des Zeus u. der Plusia: Thelxinoë, d. i. die Herzergötzende, Aoide, Arche, d. i. die Beginnende, u. Melete. Ferner kommen sieben vor, als Töchter des Pierus: Neilo, Tritone, Asopo, Heptapora, Acheloïs, Tipoplo und Rhodia. Der Philosoph Crates nimmt acht an. Der römische Name der M. war Kamönen (s. d.), die Singenden, Weissagenden. Die gewöhnlich angenommene Zahl der M. war neun, und wir finden dieselbe schon bei Hesiod, welcher ihnen folgende Namen gibt: Clio, d. i. die Verkündende, Euterpe, d. i. die Erfreuende, Thalia, d. i. die Blühende, Melpomene, d. i. die Singende, Terpsichore, d. i. die Tanzfrohe, Erato, d. i. die Liebliche, Polyhymnia, d. i. die Hymnenreiche, Urania, d. i. die Himmlische, Calliope, d. i. die Schönstimmige. Der Lieblingsaufenthalt der M. war der Helicon, auf dessen Gipfel sie Chortänze aufführten. Sie badeten sich in den Quellen Permessus, Hippocrene und Olmios. Auf dem Olymp hatten sie ihre Wohnung gemeinschaftlich mit den Charitinnen und dem Himeros; auch auf dem Cithäron, Pindus und Parnassus verweilten sie gern. Hier befand sich die kastalische Quelle, aus welcher Begeisterung zur Poesie und Weissagung getrunken wurde. Im Göttersaale sind sie beim Mahl anwesend und erfreuen die Unsterblichen durch ihren Gesang. Ihr Führer (Musagetes) ist Apollo. Hesiod theilt ihnen auch die Kunst des Tanzes zu; mit den Charitinnen führen sie gemeinschaftlich Chorreigen auf. Sie sind ewig jungfräulich und frei von jeder sinnlichen Regung; doch heißen viele berühmte Sänger der Mythenzeit ihre Söhne. Weil Apollo, der Musagetes, auch der Gott der Weissagung ist, so liegt auch den M. Vergangenheit, Gegenwart und Zukunft klar vor Augen.

Sie üben auch gemeinschaftlich das Richteramt, z. B. im Wettkampfe zwischen Apollo und Marsyas, und lassen sich selbst in Wettkämpfe ein, wie sie denn z. B. die Sirenen besiegen. Als Vorsteherinnen der verschiedenen Dichtungsarten, Künste und Wissenschaften erscheinen sie erst in später Zeit; auf den Kultus hat dies nie Einfluß gehabt. So ist Calliope die Muse der epischen Dichtkunst und wurde abgebildet mit Wachstafel, Griffel und Papierrolle in der Hand, Clio Vorsteherin der Geschichte und deshalb vorzugsweise mit einer Schriftrolle dargestellt, Euterpe die der lyrischen Dichtkunst mit der Doppelflöte, Melpomene die Muse des Gesanges und der tragischen Poesie mit Kothurnen, Schwert, Heroenmaske, Keule u. bekränzt mit Weinlaub, Terpsichore die des Chortanzes mit Lyra und Plectrum, Erato Erfinderin der erotischen Dichtkunst und der Mimik, zuweilen mit der Lyra, Polyhymnia die Muse der Hymnen, gewöhnlich verschleiert und mit aufgehobener Rechten dargestellt, Urania die der astronomischen, astrologischen und mathematischen Wissenschaften mit Globus und Radius, Thalia die der Komödie und der ländlichen Dichtkunst, mit der komischen Maske, dem Hirtenstab und Epheukranz. In den plastischen Werken wurden die M. stets bekleidet dargestellt, und zwar in langem, faltenreichem, theils lose herabwallendem, theils enger anliegendem Gewande, theils mit einem Ueberwurfe, theils ohne denselben, das Haupt oft mit Lorbeer oder Epheu bekränzt, bisweilen unbekränzt. Die Federn auf ihren Köpfen werden aus ihrem Siege über die Sirenen erklärt.

Musenalmanache, jährlich erscheinende Sammlungen dichterischer Erzeugnisse, kamen zur Zeit der wiederauflebenden Poesie der Deutschen um die Mitte des 18. Jahrhunderts in Aufnahme u. dienten geraume Zeit als Vereinigungspunkte für die bedeutendsten poetischen Kräfte der Nation. Schon vor dem Aufkommen der eigentlichen M. gab es Sammelplätze für poetische Versuche, unter denen zu nennen sind die „Poesien der Niedersachsen“ von Weichmann (Hamburg 1721—36, 6 Bde.), welche Hageborns Jünglingsgaben aufnahmen; die „Belustigungen des Verstandes und Witzes“ von Schwabe (Leipzig 1741—45, 8 Bde.), in denen Gellert, Kleist u. A. zuerst vor die Oeffentlichkeit traten, und deren Fortsetzung, „Neue Beiträge zum Vergnügen des Verstandes und Witzes“ (Bremen 1745—48, 6 Bde., gewöhnlich die „Bremischen Beiträge“ genannt), woran sich die „Sammlung vermischter Schriften“ von den Verfassern der „Bremischen Beiträge“ (Leipzig 1748—54, 8 Bde.) anschloß. Einige Jahrzehnte später (1769) verbanden sich Gotter und Boje zur Herausgabe einer poetischen Blumenlese, der sie nach dem Vorbild des seit 1765 herausgekommenen französischen „Almanac des Muses“ den Titel „Musenalmanach“ gaben. Er ward später von Boje allein bis 1775, dann von Göckingk, seit 1778 von Bürger und von 1794—1805 von K. Reinhard redigirt. In ihm legten die Mitglieder des Hainbundes (s. d.) ihre neuesten dichterischen Produktionen nieder. Diesem göttinger Musenalmanach folgte 1776 der sogenannte „Hamburgische Musenalmanach“ von J. H. Voß, und diesen beiden schloß sich ein dritter an, von 1770—81 zu Leipzig von Th. H. Schmid herausgegeben, sowie seit 1777 der sogenannte „Wienerische Musenalmanach“, dem namentlich durch Ratschky's und Blumauers Betheiligung von Seiten des Publikums wohlwollende Aufnahme zu Theil ward. Eine ungleich bedeutendere u. in diesem Zweige der Literatur epochemachende Erscheinung war der von Schiller 1796—1801 herausgegebene Musenalmanach, an welchem außer Schiller und Goethe die talentvollsten Dichter jener Zeit Theil nahmen. Nach diesem entstanden die M. von A. W. Schlegel und Tieck (Tübingen 1802), von Vermehren (Jena 1802—3), von Varnhagen von Ense und Chamisso (1804) und von Leo von Seckendorf (1807—8) und das „Poetische Taschenbuch“ von Fr. Schlegel (Berl. 1805—6), ohne jedoch trotz ihres zum Theil trefflichen Inhalts die günstige Aufnahme ihrer Vorgänger zu finden. Erst 1830 traten wieder 2 M. neben einander auf, der berliner „Musenalmanach“ von M. Veit und der leipziger von Am. Wendt, der als „Deutscher Musenalmanach“ von 1834—39 von Chamisso und G. Schwab fortgesetzt und von den bedeutendsten Dichtern mit Beiträgen ausgestattet ward. Von den neuesten Erscheinungen in diesem Zweige der Literatur nennen wir einen „Deutschen Musenalmanach“ (Leipz. 1840), einen zweiten von Echtermeyer u. Ruge (Berlin 1840 bis 1841), einen dritten von K. Schad (Würzb. 1850 ff.), einen vierten von O. Gruppe (Berlin 1851 ff.). Außerdem erschienen ein „Neuer göttinger Musenalmanach“ (seit 1833), ein „Erlanger“ von Fr. Rückert (1830), ein „Oesterreichischer“ von Braun von Braunthal (Wien 1837), dann von Schumacher (Wien 1839), ein „Schlesischer“ von Brand (Berlin 1834 bis 1835), ein „Frankfurter“ (1851), ein „Schleswig-Holsteinscher Musenalmanach“ (seit 1851) u. a. Aber die immer steigende Zahl von dergleichen Unternehmungen ließ eben den Hauptzweck, einen Mittelpunkt für die neuesten Erzeugnisse deutscher Lyrik zu bieten, verfehlen, daher denn die meisten ohne alle Bedeutung geblieben sind.

Musenroß, s. v. a. Pegasus.

Musette (lat. musa, ital. musetta), in Frankreich eine Art von Sackpfeife (s. d.); dann eine veraltete Orgelzungenstimme; ferner ein ländlicher französischer Tanz, gewöhnlich im $^6/_8$-, auch $^3/_8$-Takt, u. ein kleines Tonstück im $^6/_8$-Takt, von etwas langsamer Bewegung, naiver Einfalt u. einem sanften, schmeichelnden Gesang.

Museum (v. Griech.), ursprünglich ein Musentempel; dann überhaupt ein den Musen, d. h. der Gelehrsamkeit, den Wissenschaften und Künsten, geweihter Ort zc. Das bedeutendste u. wichtigste M. des Alterthums im letzteren Sinne war das zu Alexandria, als dessen Stifter gewöhnlich Ptolemäus Philadelphus (284—246 v. Chr.) genannt wird. Es befand sich in dem Theile des königlichen Palastes, welcher zugleich für die Bibliothek bestimmt war. Dort versammelte sich nämlich eine ausgewählte Gesellschaft von Gelehrten, die auf Staatskosten unterhalten wurden, um ungestört ihren wissenschaftlichen Bestrebungen leben zu können. Ihre Thätigkeit war eine vorherrschend philologische, und zwar sowohl kritische, als exegetische; aber auch Poesie wurde geübt und für die Medicin und die sogenannten exakten Wissenschaften ein fruchtbarer Boden gewonnen. Die größte Blüthe der Anstalt fällt in die Zeiten der Ptolemäer; aber auch unter der römischen Herrschaft blieb sie, einige Wechselfälle abgerechnet, in Wirksamkeit. Der römische Kaiser Claudius fügte ein zweites M. zu gleichem Zweck hinzu und benannte es nach sich. Vgl. Parthey, Das alexandrinische M. (Berl. 1838), und Klippel, Ueber das alexandrinische M. (Göttingen 1838). Andere berühmte Museen des Alterthums waren zu Pergamum, Antiochia und Konstantinopel. Seit dem Ende des Mittelalters bezeichnete man mit dem Ausdruck M. im weiteren Sinn eine in einem besonders dazu hergestellten Gebäude zur Ansicht aufgestellte Sammlung seltener und interessanter Gegenstände aus dem Gebiet der Naturgeschichte oder der Künste; im engeren Sinn aber versteht man darunter eine Schatzkammer für altklassische Kunstdenkmäler, besonders größere plastische Werke. Die ersten Museen in diesem Sinn wurden in Florenz angelegt. Man ging von Münz- und Gemmensammlungen aus, deren erste die Familie Este errichtete; dann sammelte man Büsten und schmückte damit Bibliotheken und Säle, während man andere Bildwerke in geräumigen Hallen und offenen Höfen aufstellte. Das berühmteste Lokal dieser Art war die borghesische Villa auf dem Monte Pincio in Rom. Dann stellte man in Museen überhaupt berühmte Gegenstände des Alterthums auf, Gemälde, Säulen, Reliefs &c., und vereinigte dieselben auch wohl mit Kunstgegenständen der neueren Zeit. Cosmo I. von Medici veranstaltete mehre bedeutende Sammlungen, unter denen das florentiner M. den berühmtesten Namen gewann. In Rom (s. d.) legte Papst Leo X. das weltberühmte M. im Vatikan an. In Brescia grub man 1825 einen Tempel mit vielen werthvollen alten Statuen und anderen Kunstalterthümern aus und errichtete zur Aufstellung dieses Schatzes daselbst ein M., das in der Folge ebenfalls noch bereichert ward. In Neapel steht das Museo Borbonico in verdientem Ruf. Auch in Venedig besteht seit längerer Zeit ein M., das seine Vergrößerung und kunstvolle Aufstellung vorzüglich dem Grafen Leopold Cicognara verdankt. In Turin wurde 1824 ein ägyptisches M. errichtet. In Mailand ist ein berühmtes M. der Münzen, das täglich an Umfang gewinnt. In Frankreich ist vor allen zu nennen das M. in Paris, welches zu Napoleons I. Zeit, wo es auch den Namen Musée Napoléon erhielt, an Reichthum alle anderen übertraf. Auch der Louvre enthält eine werthvolle Sammlung von Bildwerken. Das M. der Denkmäler wurde nach der Restauration aufgelöst und an dessen Stelle 1824 eine Sammlung neuer Skulpturen aus den Zeiten der Wiederbelebung der Wissenschaften errichtet und mit dem M. verbunden. Von den zahlreichen Museen in England ist das zu Oxford das älteste, 1679 von Elias Ashmole gestiftet und nach ihm benannt. Aber das reichste und berühmteste ist das britische M. zu London (s. d.), 1753 im Montaguehouse gestiftet. Auch in Spanien befinden sich mehre Sammlungen. Rußland besitzt in Petersburg ein ungemein reiches und werthvolles M., außer dem noch die Museen zu Dorpat und Mitau zu erwähnen sind. Das thorwaldsensche M. zu Kopenhagen ist von großem Interesse. Auf der Insel Rügen befindet sich die berühmte putbussche Sammlung. Vor allen aber zeichnet sich Deutschland durch seine Museen aus. Unter ihnen verdient zunächst das dresdener M., das Augusteum, ferner die zu Wien u. München, sowie das zu Berlin genannt zu werden. Außerdem finden sich zum Theil sehr reichhaltige Museen zu Gotha, Weimar, Kassel, Darmstadt, Stuttgart, Braunschweig, Frankfurt a. M., Bonn, Münster, Halle, Breslau, Prag, Nürnberg, Leipzig &c. In Nürnberg wurde 1853 ein germanisches M. für Originalien und Abbilder der Literatur und Kunst deutscher Vorzeit gegründet. Unter den Privatmuseen ist als das älteste zu nennen das M. Kircherianum, von Kircher gesammelt und dem Jesuitenkollegium in Rom übermacht. Aus neuerer Zeit verdienen erwähnt zu werden das gräflich schönbornsche M. zu Pommersfelden, das schönfeldsche bei Wien, das bettendorfsche zu Aachen, die Sammlungen des Barons Schellersheim und Herrn von Nagler zu Berlin, des Barons Speck von Sternburg zu Leipzig, W. von Humboldts im Lustschlosse Tegel bei Berlin, das quandtsche zu Dresden. In England ist das M. Worsleyanum vorzüglich berühmt geworden. Vgl. Böttiger, Ueber Museen und Antikensammlungen, in dessen „Kleinen Schriften antiquarischen Inhalts" (Bd. 2, Dresden und Leipzig 1838). Museen nennt man ferner auch Sammlungen, die für einzelne Gegenstände angestellt werden, z. B. Anatomisches M., Zoologisches M. &c., sowie bisweilen auch Anstalten für Journallektüre. Auch als Titel von Büchern und Journalen wird das Wort M. in der Bedeutung von literarischen Miscellen häufig angewendet; wir erinnern an das „Attische Museum" von Wieland, an das „Britische Museum" (Leipzig 1770—81, 26 Bde.), an das „Deutsche Museum" (das. 1776—88 und 1851 ff.) u. a.

Musico (ital.), s. v. a. Kastrat.

Musik (v. Griech.), in der ursprünglichen Bedeutung bei den Griechen der Inbegriff der sogenannten musischen Künste, welche Dichtkunst, Tonkunst, Beredtsamkeit, Philosophie, Tanz- und Schauspielkunst, die Astronomie u. (nach Quinctilian) auch die Grammatik umfaßten und in dieser, die höhere geistige u. sittliche Ausbildung bezweckenden Vereinigung, neben der Gymnastik, als der zweite nothwendige Theil der Erziehung eines Freien galten; später, bei den christlichen Völkern, ausschließlich die Tonkunst, d. h. diejenige Kunst, welche lediglich durch Töne wirkt und deren Absicht es ist, durch Tonverbindung und Tonbewegung Gefühle und Vorstellungen auszudrücken und in uns zu erwecken. Das allgemeine Darstellungsmittel der Tonkunst ist also, in sofern jede Tonerscheinung nur etwas zeitlich (nicht räumlich) Ausgedehntes und Bewegtes ist, eine inhaltsvolle, nach bestimmten Maßen geregelte und geordnete Zeitbewegung, und diese gestaltet sich einerseits zum Ton von verschiedener Höhe und Tiefe und zur Verbindung sowohl aufeinander folgender (Melodie), als auch gleichzeitiger Töne (Harmonie); andererseits zum Metrum und zu der Verbindung mannichfacher Metren zu Gruppen von Zeitfiguren (Rhythmus). Es bilden somit, abgesehen vom Element des Schalles selbst, Melodie, Harmonie und Rhythmus die eigentlichen Faktoren der Tonkunst. Die M. ist eine der ältesten schönen Künste, schon aus dem Grunde, weil das Darstellungsmittel derselben, der Ton, von der Natur in jeden Menschen gelegt ist und ein angeborner Trieb den Menschen drängt, lebhafte Gefühle in Tönen auszusprechen. Die M. ist gleichsam die Muttersprache des empfindenden Menschen. Sie bringt ihre Werke nicht durch den Sinn des Gesichts zur Anschauung, sondern sie wirkt allein auf das Gemüth u. ist daher eine rein geistige

Kunst, von deren Wirkung sich der Verstand nicht völlig klare Rechenschaft zu geben vermag. Als etwas in der Zeit selbst Bewegtes, vermag nun die M. (im Gegensatz zur Malerei, Plastik rc.) alles, was sich ebenfalls wirklich bewegt, oder womit eine Vorstellung von Bewegung sich verknüpfen läßt, zu analogisiren, und zwar Dinge dieser Art sowohl des äußern wie des innern Lebens. Wählt die M. zur Darstellung wirklich bewegte Gegenstände der Außenwelt, so wird sie das, was wir Ton- oder Naturmalerei nennen. So hat man z. B. den brausenden Sturm, den rieselnden Bach, die perlende Kaskade rc. bekanntlich schon oft in Tönen zu malen unternommen. Diese malende M. kann (wie A. von Dommer erörtert), als Schilderung und Vergegenwärtigung einer äußeren Situation zum Zweck größerer Verdeutlichung eines inneren Zustandes, allerdings auch höhern Zwecken dienen; an sich aber ist sie nicht Aufgabe der Tonkunst. Diese hat es vielmehr ausschließlich mit Dingen des Seelenlebens zu thun, und zwar auch mit solchen nur innerhalb einer bestimmten Begrenzung. Das innere Leben ist entweder eine denkende, oder empfindende, oder vorstellende Thätigkeit. Sachen des reinen Denkens, wie überhaupt geistige Dinge von rein verstandesmäßiger Beschaffenheit (Begriffe, mathematische Deduktionen rc.) bleiben der M. als Stoffe unzugänglich. Aber auch das reine Fühlen und Empfinden an sich, ohne Richtung auf einen Gegenstand, durch den es eine Begrenzung erfährt, erscheint für die Kunstdarstellung zu unbestimmt. Letzteres hört es auf zu sein, sobald es sich auf ein Objekt bezieht, wodurch es in seinem Verlaufe eine gewisse, durch jenes Objekt bedingte, erkennbare Art der Bewegung, gleichsam einen konkreten Inhalt empfängt. Auch hier kann der Gegenstand, woran das Gefühl sich knüpft, äußerer und innerer Art sein. Im ersteren Fall jedoch, d. h. bei Tonschilderungen von bestimmten Gefühlen, die sich auf der Wirklichkeit angehörende Gegenstände beziehen, wird es sich meist ereignen, daß eine Darstellung des Gegenstandes selbst gegeben wird anstatt der Darstellung des dadurch hervorgerufenen Gefühls, die doch eigentlich bezweckt wird, oder andererseits eine allgemeine Schilderung von Gefühlen, ohne daß man über den Gegenstand im Klaren ist, wodurch die Gefühle hervorgerufen sind. Der Anblick eines Seesturms z. B. wird Bewunderung, Staunen oder Furcht erregen. Malt nun die M. diese Gefühle, so werden wir über die Beziehung derselben auf das Naturereigniß, womit wir dieselben in Verbindung bringen sollen, im Unklaren sein; malt sie dagegen das Naturereigniß selbst, so werden dabei nicht mit Nothwendigkeit auch jene Gefühle in uns erweckt werden. Jedenfalls wird also das Objekt, auf welches in der M. darzustellende Gefühle sich zu beziehen haben, innerer, oder, wenn außerhalb des Empfindenden liegend, doch immer von solcher Art sein müssen, daß es das Gefühl naturgemäß in eine solche Bewegtheit versetzt, die wir als durch jenes Objekt hervorgerufen begreifen. Hierher gehören zuerst jene allgemeinen sittlichen und religiösen Ideen, welche, als die von der Vernunft erkannte höhere sittliche u. göttliche Ordnung, den Untergrund alles menschlichen Fühlens und Handelns bilden, und die daher auch in der M., als der Kunst, die es vorzugsweise mit den Gefühlen zu thun hat, mittelbar durch letztere sich geltend machen. Indessen unterwirft sich jener Vernunftordnung die menschliche Natur keineswegs jederzeit, sondern setzt ihr eine sinnliche Gewalt entgegen, welche Konflikte mit ihr herbeiführen: die Leidenschaft. Steigert sich letztere bis zur Unbesiegbarkeit, so führt sie zum völligen Bruch mit der Vernunft und zum Untergange. Aufgabe der Leidenschaft ist aber nicht die Vernichtung, sondern die Reinigung des Menschen; wie es andererseits Aufgabe der Vernunft ist, die Leidenschaften abzudämpfen zu starken, das erkannte Gute begehrenden und das Unedle bewußt abweisenden Gefühlen. Der Konflikt dieser beiden Gewalten und diese gereinigten, dabei einer starken Bewegung fähigen, durch die Vernunft mit den höchsten allgemeinen Ideen vermittelten Gefühle selbst sind nun der Boden, aus dem hauptsächlich und zumeist alle wahre M. entspringt. Wie aber alle Gefühle sich an Vorstellungen knüpfen müssen, um einen konkreten Inhalt zu gewinnen, so werden sie außerdem auch noch durch die Art und Beschaffenheit des Gegenstandes und der Anregung, sowie durch Mitwirkung vielfacher Nebenumstände und insbesondere durch die Individualität des Fühlenden selbst aufs mannichfachste modificirt. Nur solche, durch ein Objekt (oder durch Vorstellung eines solchen) präcisirte Gefühle können auch in der Kunstdarstellung mit solcher Bestimmtheit wirken, daß sie den Hörenden wiederum zu Vorstellungen veranlassen, oder wenigstens den Eindruck auf ihn hervorbringen, das Kunstwerk sei nicht aus inhaltsleerer Gefühlsträumerei, sondern aus einem durch ein bestimmtes Objekt begrenzten Gefühl hervorgegangen. Das Objekt selbst oder die Veranlassung der Gefühle muß nicht allemal vom Hörer erkannt werden, doch vermag die M. immerhin durch ihr Vermögen zu charakterisiren, d. h. charakteristische Merkmale des Objekts oder Inhalts zu erfassen und darzustellen, die Phantasie des Hörers zu Vorstellungen von einer gewissen Bestimmtheit anzuregen, wenn schon diese Vorstellungen sich nie zu begreiflicher Deutlichkeit verdichten können, sondern ihrem Wesen nach immer nur allgemein, im Einzelnen nur Phantasiebilder und Ahnungen bleiben werden. Eine M. kann in uns sehr wohl die Vorstellung z. B. eines Helden erwecken, schwerlich aber eines bestimmten Helden, wenn nicht andere Umstände unserem Verständniß zu Hülfe kommen. Ein anderes Tonwerk führt unserer Phantasie ein reich bewegtes Lebensbild vor, voll harter Schicksalsschläge, Schmerz u. Entsagung, oder voll Glückseligkeit u. Genuß rc.; so weit das Verständniß des Gefühls reicht, werden wir dem Tonsetzer folgen können, darüber hinaus wird Manches dunkel bleiben, wenn unsere eigene Phantasie kein Licht weiter darüber verbreitet. Dies ist weniger ein Mangel als eine werthvolle Eigenthümlichkeit der Tonkunst. Will sie mehr begriffliche Deutlichkeit gewinnen, so muß sie sich mit der Dichtung verbinden; dann freilich erfahren wir ganz bestimmt, ob jener Held etwa Samson oder Maccabäus rc. ist, allein nicht durch die M. selbst, sondern durch das begleitende Wort. Wird dagegen der Held in verschiedenen Stimmungen vorgeführt, kampfbegeistert oder trauernd rc., so ist das Wort wieder unendlich schwach im Verhältniß zur M., und ebenso, wenn es auf Zeichnung der feinen individuellen Züge ankommt, die das Wort, bei all seiner Verstandesdeutlichkeit, nicht mit auch nur entfernt ähnlicher

Vollkommenheit darzustellen vermag. Im Ganzen lassen sich, was Wesen und Inhalt der M. anlangt, drei Grade unterscheiden. Auf dem ersten ist die M. nichts als das harmlose Spiel mit Tönen und Tongestalten überhaupt, entsprungen dem allgemeinen, noch ganz unbestimmten Lebensdrang; auf der zweiten Stufe spricht sie das innerliche Leben u. Wogen individueller Seelenstimmungen aus, das sich sympathetisch auf den Schall und die Kunst des Schalles überträgt; die dritte und höchste Stufe erreicht sie, indem sie, die Sphäre der schwankenden Stimmungen verlassend, festgehaltene, psychologisch entfaltete Stimmungen zu wahren Lebens- und Charakterbildern gestaltet. Manche Aesthetiker gestehen der M. einen Inhalt im zuletzt besprochenen Sinne nicht zu, u. es gibt wirklich auch zahlreiche u. bedeutende Werke, in denen ein anderer Inhalt als reines Tonspiel wenigstens nicht nachgewiesen werden kann. Doch sind dies nicht die höchsten Schöpfungen der Kunst; auch soll überhaupt ein Inhalt in der M. gar nicht nachgewiesen oder durch ein Programm erklärt werden; er soll dem Kunstgefühl anschaulich, nicht dem Verstande greifbar werden.

Auf Grund der Beschaffenheit ihres Gefühlsinhalts zerfällt die M. in 2 Hauptstylgattungen, die wir als kirchliche und weltliche M. zu unterscheiden gewohnt sind. Die **Kirchenmusik** (musica ecclesiastica, divina) hat die Bestimmung, als integrirender Theil des öffentlichen Gottesdienstes die Feier desselben zu erhöhen und die in der Gemeinde lebendigen religiösen Gefühle steigern zu helfen. Allgemeiner Inhalt derselben sind das Verhältniß zwischen Menschheit und Gottheit und die Gefühle, welche in jener erweckt werden durch das gläubige Bewußtsein einer untrennbaren Einheit mit dieser. Diesen Empfindungen gemäß ist der Styl der Kirchenmusik ernst, feierlich, erhaben, alle Leidenschaftlichkeit ausschließend, ferner, dem Wesen der religiösen Lehrsätze gemäß, streng, kunstvoll, in tiefsinniger Symbolik die Mysterien der Gottheit dem ahnungsvollen Gefühl erschließend. Die **weltliche M.** (musica profana) unterscheidet sich von der kirchlichen nicht etwa mit dem Begriffe eines Gegensatzes des Unheiligen zum Heiligen oder eines Gemeinen zum Idealen. Ihrem Wesen als Kunst nach betrachtet stehen beide auf gleicher Höhe, und weltliche M. heißt jene nur, weil sie, von der Kirche unabhängig, dem selbstständigen schöpferischen Drange des Volks Ursprung und Entwickelung verdankt. An Idealität steht sie der Kirchenmusik nicht nach, denn sie hat es ebenso mit der Vermittelung von Ideal und Wirklichkeit zu thun, wobei dann schließlich die Beziehungen auf die letzten und höchsten Ideen auch nicht ausbleiben; nur daß diese hier nicht als ein bestimmter Inbegriff aller geistigen und sittlichen Mächte außerhalb des Menschen und als Gegenstand seiner Anbetung erscheinen, sondern in sein Denken, Fühlen und Handeln eingehen und durch dieses bestätigt oder verneint werden. Sie sind der Untergrund, auf welchem wir den Menschen mit seinen Gefühlen und Leidenschaften zur Erscheinung kommen sehen. Nur seine handelnden und leidenden Gefühle, seine Konflikte mit den sittlichen Mächten u. sein Bestreben, sich der Vollkommenheit zu nähern, finden in der weltlichen M. ihren Ausdruck; die religiösen und sittlichen Ideen wirken nur im Verborgenen und werden aus ihrer Bethätigung im Innern des Menschen erkannt, ohne ihre Macht durch unmittelbares Hervortreten kundzugeben. Vergl. von Dommer, Elemente der M. (Leipz. 1862).

Von wissenschaftlicher Seite betrachtet, zerfällt die M. in theoretische und praktische M. Die **Theorie der M.** in ihrer ganzen Ausdehnung umfaßt die Akustik, die Kanonik, die Grammatik u. die Aesthetik. Die **Akustik** ist die Lehre vom Klange oder eigentlich die Lehre von dem, was gehört wird. Sie zeigt also zunächst, wie die Töne und unter welchen Bedingungen und Umständen sie entstehen; dann wie die Werkzeuge, durch welche dieselben hervorgebracht werden, sowohl im Ganzen, als im Besonderen beschaffen sein müssen, wie die Klänge sich fortpflanzen, unter welchen Bedingungen sie sich ändern, in welche Verhältnisse sie zu einander treten, sich verbreiten *rc.* Die **Kanonik** ist die Wissenschaft von dem äußern Maß der Tonkörper und ihren Größenverhältnissen gegen einander, umfaßt also alles das in der Wissenschaft der M., was sich auf mathematischem Wege erreichen und begründen läßt, wie die Lehre von den Intervallen u. ihren Größen, d. h. von der Größe der Verschiedenheit zweier Töne *rc.* Die **Grammatik** enthält die Regeln, nach welchen die Töne sowohl einzeln, als auch in Gemeinschaft mit andern zu einander verbunden werden, um endlich wirkliche sogenannte Tonstücke zu schaffen, die wir mit den Namen Melodik, Harmonik, Generalbaßlehre *rc.* belegen. Die **Aesthetik der Tonkunst** endlich ist die Philosophie des Schönen in der M., oder der eigentliche psychologische Theil der musikalischen Theorie, dem gegenüber alle bisher genannten besonderen Zweige dieser Wissenschaft gewissermaßen als die Anthropologie der M. betrachtet werden können. Die **praktische M.** umfaßt die eigentliche Tondichtung (Komposition, Setzkunst) und die Ausführung (Exekution) der Tonstücke. In Bezug auf die äußern Mittel, welche die M. anwendet, unterscheidet man **Vokalmusik**, welche bloß für den Gesang bestimmt ist, od. eigentlich, in welcher Dicht- und Tonkunst sich verbinden zu einem gemeinsamen Ganzen (Recitativ, Arie, Choral, Lied, Romanze, Duett, Terzett *rc.*, Chorlied, Motette, Fuge, Messe), und **Instrumentalmusik**, welche bloß durch Instrumente, ohne Mitwirkung der menschlichen Stimme, wirkt (Tanzstücke, Klavierstücke, Präludien, Rondo, Fuge, Sonate, Koncert, Duo, Trio *rc.*, Sinfonie). Beide vereinigt bilden die **Vokal- und Instrumentalmusik**, bei welcher also Stimmen und Instrumente zusammen wirken (begleiteter Chorgesang und Messen, Oratorium, Passion, Singspiel, Oper). Nach Maßgabe des besonderen Zwecks, zu welchem sie ausgeführt wird, zerfällt die praktische M. ferner in: **Kirchenmusik** (s. oben), bei der man wieder drei Theile unterscheidet: den Altargesang der Priester, den Chor- und Gemeindegesang und die große oder eigentliche Kirchenmusik; **Theatermusik**, die entweder bloß als Einleitung oder Zwischenmusik die Gemüthsstimmung des Zuschauers vorbereitet (Entreact, Ouvertüre *rc.*), oder auch in der Oper und den Singspielen mit Hülfe des Vereins von Vokal- und Instrumentalmusik die Seelenzustände der handelnden Personen ausdrückt, oder endlich im Ballet und in der Pantomime das Geberdenspiel und die rhythmischen Bewegungen der Darsteller, d. h. Tänzer u. Mimen, unterstützt; **Kammer- oder Koncertmusik**, wo sie zur Ausübung ausgezeichneter musikalischer Fertigkeiten sowohl der Singstimme, als auch mit Instrumenten dient, oder bloß zur Unterhaltung und zum Ausdruck vermischter Empfindungen bestimmt ist; Kriegs- oder Militärmusik, als welche sie den Muth des Kriegers beleben, od. die rhythmischen Bewegungen desselben im Marsche erhalten und unterstützen soll. Endlich unterscheidet man die M. auch nach den verschiedenen Ländern, sofern sich der Geist der M. je nach der unter sich verschiedenen Nationalindividualität anders zeigt, und spricht von einer deutschen, italienischen, französischen &c. M., einem deutschen, italienischen u. französischen Styl in der Tonkunst.

Geschichte. Der Ursprung der M. ist schon in den frühesten Zeiten bei allen Völkern der Erde Gegenstand der Spekulation gewesen. Die phantasiereichen Völker des Orients leiten ihn direkt von den Göttern her, und wir finden bei ihnen einen reichen Sagenkreis, der sich an die M. knüpft. So schrieben die Aegypter die Erfindung und Kultur der M. Osiris zu, der durch sie und Poesie die Menschheit entwilderte. Sie bedienten sich ihrer bei Leichenbegängnissen und Trauerfesten. Ihre Instrumente waren: die sechssaitige Lyra, die Flöte, die Trombe, die Ringelpauke, das Sistrum &c. Eine Notenschrift kannten sie wahrscheinlich nicht; ihre Gesänge waren dem Gedächtnisse anvertraut und gingen durch Tradition von Geschlecht zu Geschlecht über. Die Meinungen der alten und neueren Schriftsteller über die ägyptische M. sind sehr verschieden; so viel läßt sich aber mit Gewißheit behaupten, daß die Aegypter eine Tonsprache gehabt haben, was auch schon daraus hervorgeht, daß die Hebräer, Griechen und Römer offenbar ihr Tonsystem auf eine ägyptische M. gründeten. Aelter noch ist die M. der Chinesen, deren System mehr als 2650 Jahre v. Chr. gegründet ist. Nach der Sage wurde dasselbe auf Befehl des Herrschers vom Ostreich, Hoang-ti, von dem Weisen Lyng-lü geordnet, welcher aus Sprachton, Naturklang und der Tonreihe eines von ihm erfundenen Instruments aus Bambus die vollständige Skala der 12 Halbtöne, in die wir unsere Oktave theilen, abstrahirte und akustisch feststellte. Nach der Bibel (1. Mos. 4, 21) ist Jubal der Erfinder der ersten musikalischen Instrumente bei den Hebräern. In 1. Mos. 31, 26—27 werden Pauken und Harfen, in Hiobs Klagliedern noch Cither und Pfeife genannt. Zu Mosis Zeiten war die M. der Hebräer wahrscheinlich ein roher recitativischer Gesang, der auf unvollkommenen Instrumenten, namentlich Schlaginstrumenten, begleitet wurde. Als einer der ältesten Gesänge mit Instrumentalbegleitung wird der Lobgesang der Mirjam, einer Schwester des Moses, angeführt, gesungen nach dem Durchgange durchs rothe Meer. Nach Mosis Zeit wirkten die Prophetenschulen fördernd auf die M. ein, indem in denselben, neben der Auslegung der Thora und der schon vorhandenen Aussprüche der Propheten, auch in der Verfertigung und Absingung von religiösen Liedern unterrichtet wurde. Mit diesen Schulen wurde die M. gewissermaßen Eigenthum des Gottesdienstes. Die höchste Blüthe erreichte die hebräische M. zu Davids Zeit, mit dem aber auch ihre Geschichte sich gewissermaßen abschließt. Die Instrumente, die in größerer Anzahl vorhanden waren als heut zu Tage, wurden eingetheilt in Saiten-, Blas- und Schlaginstrumente. Einen vollstimmigen Chor hatten die Hebräer nicht, sondern die Jungfrauen- (Knaben-) Stimme (Alamoth), die in der Regel die Melodie führte, ward von den Männerstimmen ohne Zweifel nur in der tieferen Oktave begleitet, was auch die akkompagnirenden Instrumente thaten. Die Terz und Sexte kannten sie nicht, noch weniger die Septime. Die einzige uns überraschende größere Mannichfaltigkeit in ihrem Gesange war der unter Samuel eingeführte und unter David weiter ausgebildete Wechselgesang, der sich auch in der Instrumentalmusik Eingang verschaffte und hauptsächlich darin bestand, daß entweder die beiden (einstimmigen) Chöre der Frauen und Männer eine Gesangstrophe gegenseitig, aber immer mit einiger Abwechslung der Melodie, wiederholten, oder daß der Instrumentenchor den Chor gleichsam beantwortete, wobei die Zuhörer dann gewöhnlich mancherlei Ceremonien verrichteten. Was sie für eine Art von Melodie sowohl in ihrer Vokal- als Instrumentalmusik hatten, ob ein bestimmtes Tonsystem vorhanden war, ob sie ihre Weisen aufzuschreiben wußten oder nur durch Tradition fortpflanzten, wie sie Sang und Klang mit einander vereinigten &c., wird wohl unermittelt bleiben. Wie die Griechen, Aegypter und andere Völker schreiben auch die Indier der M. überirdische Abkunft zu, weshalb sie auch Nared, den mythischen Sohn der Göttin der Sprache und Wohlredenheit, als den Gott der M. verehren. Als erster Tonkünstler gilt ihnen Bherat, der auch der Erfinder der Nataks, Dramen mit Gesang und Tänzen, und eines nach seinem Namen benannten musikalischen Systems gewesen sein soll. Die alten Hindus hatten nämlich 4 musikalische Grundsysteme (Matas); doch hatte, wie bei den Griechen, fast jede Provinz ihren eigenen Melodienstyl. Die heiligen Bücher der Indier, namentlich das Buch Soma, enthalten jene alten musikalischen Systeme, und die gelehrten Hindus versichern, noch die alte Kunsttheorie zu besitzen. Uebrigens müssen die Indier ziemlich alle Musikgattungen, wenn auch noch im rohen Naturzustande, gekannt haben, da in ihren theoretischen musikalischen Werken von Gesang, Instrumentalmusik und Mimik die Rede ist.

Ungleich wichtiger für uns ist die M. der Griechen, denen auch der Name M. seinen Ursprung verdankt. Als ihren Erfinder nennen die griechischen Nachrichten bald den Apollo, bald den Hermes, der am Nil die siebensaitige Lyra erfunden haben soll, bald Athene, die Erfinderin der einfachen Flöte, bald den Pan, den Erfinder der Hirtenpfeife. Auf ihren göttlichen Ursprung deuten auch die Sagen von den durch Amphion und seinen Bruder Zethus, durch Orpheus, Linus u. A. mittelst der M. bewirkten Wundern. Ihre früheste Ausbildung scheint sie in Lydien und in Arkadien gefunden zu haben. Aus den griechischen Provinzen Kleinasiens leitet man die verschiedenen Tonarten her. Ueber die Gesangart der Griechen gibt es nur Vermuthungen, keine Gewißheit, da es an authentischen Monumenten fehlt (drei Hymnen an die Calliope, Nemesis und den Apollo, zuerst von Galilei entdeckt, von Burette entziffert); doch scheint mit ziemlicher Gewißheit fest zu stehen, daß sie eine nach der Silbenquantität stark accentuirte Recitation mit nur geringem, mehr deklamatorischem als wirklich melodischem Tonfall gewesen ist. Dieser Gesang wurde von Instrumenten zur Erhöhung des Rhythmus begleitet. Unter den früheren Sängern und Musikern werden außer den mythischen Personen angeführt der Phrygier Olympus, dem Einige die Erfindung des enharmonischen Klanggeschlechts beilegen, der Flötenspieler Saccades u. A. Vom 6. Jahrhundert v. Chr. an scheint man die M. schon wissenschaftlich untersucht und besonders die Töne bestimmt abgemessen zu haben. Lasus von Hermione, der um 560 v. Chr. lebte, soll schon etwas Theoretisches über die M. geschrieben haben. Pythagoras und mehre seiner Schüler, z. B. Philolaus, beschäftigten sich bereits mit den mathematischen Verhältnissen der Töne. Zur mathematischen Bestimmung der Töne erfand er das Monochord, später der pythagoreische Kanon genannt. Damon wird als einer der berühmtesten Musiklehrer zu des Pericles und Socrates Zeiten angeführt. Plato und Aristoteles betrachteten die M. auch als Erziehungsmittel; doch klagte man schon damals über die Verweichlichung der M. und der Volkssitten durch dieselbe. Euclides (um 277 v. Chr.) behandelte zuerst die mathematische Klanglehre wissenschaftlich. Mit dem Verfall der Freiheit sank auch die M. bei den Griechen. Das Wesen der griechischen M. ist Jahrhunderte lang der Gegenstand gelehrter Untersuchungen und Forschungen gewesen, ohne daß man zu einem entscheidenden Resultat gelangen konnte, da man eben nur aus Fragmenten theoretischer Schriften abstrahiren konnte. Das griechische Tonsystem, wie es in den auf uns gekommenen Schriften vorliegt und wie es im Wesentlichen wohl auch in Tempeln und Theatern ausgeübt wurde, unterschied sich von dem gegenwärtigen zuerst dadurch, daß seine Eintheilung nicht auf die Oktave, sondern auf die Quarte basirt war. Die ganze Tonreihe zerfiel in fünf Tetrachorde (Reihen von 4 Tönen), wobei der vierte Ton aber immer zugleich der erste des folgenden Tetrachords war, während zwei dieser Tetrachorde selbst mehre Töne gemein hatten, die jedoch verschieden benannt wurden. In jetziger Darstellungsweise würde dies ungefähr folgende Reihe geben: h c d e, e f g a, a b c d, h c d e, e f g g. Diese Reihe hieß das diatonische Geschlecht. Außerdem hatte man noch das chromatische, dessen Tetrachorde folgende Gestalt hatten: h c des e, e f ges a 2c., und das enharmonische, dessen Tetrachorde aus zwei Viertelstönen (Diesis) und einer großen Terz bestanden, das also in der gegenwärtigen Notenschrift sich gar nicht darstellen läßt. Daß bei diesem verwickelten System und bei einer höchst schwerfälligen Tonschrift, deren Zeichen von Alypius von Alexandria (100 v. Chr.) auf 1620 angegeben werden, nicht einmal von einer eigentlichen Tonleiter, viel weniger von Harmonie im gegenwärtigen Sinne die Rede sein konnte, leuchtet von selbst ein, zugegeben selbst, daß die griechische Tonkunst in der Ausübung auf einer höheren Stufe der Ausbildung stand, als jene theoretischen Fragmente ahnen lassen. Dennoch spielte sie auch in der neueren M. lange Zeit eine bedeutende Rolle (s. unten). „Die griechische M.", bemerkt Kiesewetter, „starb in ihrer Kindheit, ein liebenswürdiges Kind, aber unfähig, je zur Reife zu gelangen; für die Menschheit war ihr Untergang kein Verlust." Vgl. Drieberg, Wörterbuch der griechischen M., Berl. 1835; Fortlage, Das musikalische System der Griechen, Leipz. 1847; Bellermann, Die Tonleitern und Musiknoten der Griechen, Berlin 1847.

Die Römer scheinen ihre Opfermusik mit dem Opferdienste von den Etruskern empfangen zu haben, die Instrumentalmusik aber, deren sie sich auf der Bühne und im Felde bedienten, von den Griechen. Die Saiteninstrumente sollen erst 186 v. Chr. nach Rom gekommen sein. Die erste Nachricht von der M. zu Rom findet man in der Beschreibung eines Triumphzugs des Romulus nach einem Siege über die Bewohner von Cacina (749 v. Chr.), wobei den Göttern u. dem Herrscher Lobgesänge gebracht wurden. Vorzugsweise bildeten die Römer die Feldmusik aus, deren es verschiedene Gattungen gab. Die musikalische Recitation, welche mit Instrumenten begleitet wurde, scheint sich zu der oratorischen Deklamation verhalten zu haben wie der poetische Rhythmus zum Numerus der Prosa; auch Redner ließen sich beim Anfange und während ihres Vortrags durch Instrumentalisten den Ton angeben. Als Notenzeichen bedienten sich die Römer ihrer Kapitalbuchstaben. Auf der Bühne begleitete man den Gesang mit Flöten; wahrscheinlich ging die Instrumentalbegleitung nur in einfachen Akkorden fort, oder machte kurze Pausen und erhöhte dann den emphatischen Vortrag durch neues Eintreten. Die Chöre scheinen anders als der Dialog und Monolog begleitet worden zu sein. Diese Begleitung bestand aus Flöten (tibiae) und andern Blasinstrumenten, zuweilen auch Leiern und Cithern. Der Gebrauch der Flöten war nach Verschiedenheit des komischen und tragischen Stoffs verschieden; daher gab es Tibiae dextrae und sinistrae, von denen erstere mehr für das Ernsthafte, letztere bei heiteren Stellen und in lustigen Stücken angewendet wurden. Vgl. Grysar, Canticum u. Chor in der römischen Tragödie (1855). Nachtheilig für die Kunst der M. war es, daß sie in früherer Zeit hauptsächlich nur von Sklaven geübt wurde. Auffallend ist die große Armuth der Römer an Tonsetzern; Flaccus war der bedeutendste unter ihnen. Daher mag es auch kommen, daß so wenig Dichter Verse für Gesang zu schaffen vermochten, wie denn Horaz ziemlich der einzige ist, von dem lyrische Gedichte vorhanden sind. Manlius, Julius Cäsar und Augustus thaten Alles für die Verbreitung der M. Dagegen machte sich Nero durch die Art und Weise, wie er der M. anhing, den Römern so verhaßt, daß nach seinem Tode alle seine 5000 Musiker verjagt und alle von ihm gegründeten musikalischen Anstalten und der große Vorrath von köstlichen Instrumenten zertrümmert wurden.

Die gegenwärtige M. ist ganz eigentlich eine Erfindung der europäisch-abendländischen Völker, das Resultat der christlichen Jahrhunderte, und es ist eine ebenso irrige als verbreitete Meinung, daß sie ihren Ursprung und ihre Ausbildung der der alten Griechen verdanke. Allerdings wurden lange Zeit die Aussprüche der griechischen Schriftsteller als die Quelle aller musikalischen Theorie angesehen, in Wahrheit aber gedieh die neue M. nur in dem Maße, als sie sich von den ihr aufgedrungenen griechischen Systemen zu entfernen anfing, und erreichte erst dann einen bedeutenden Grad von Vollkommenheit, als es ihr gelang, sich auch der letzten Ueberbleibsel der sogenannten altgriechischen M. vollends zu entledigen. Die neue M. war, noch in der Periode des Verfalls der griechischen, in niederen Hütten und verborgenen Höhlen entstanden: es gestaltete sich in den Versammlungen der ersten Christen ein höchst einfacher, kunst- und regelloser Naturgesang, welcher nur allmählig gewisse Accente oder Reflexionen bleibend annahm, in dieser Gestalt durch öfteres Anhören sich in den Gemeinden feststellte und von deren einer zur andern sich fortpflanzte. Wie dieser neue Gesang der Christen immer beschaffen gewesen sein mag, so ist begreiflich, daß bei gänzlichem Mangel einer Regel in demselben, in dem Maße, als die Gemeinden zahlreicher wurden, die so sehr erwünschte Gleichheit und Uebereinstimmung in den Weisen zu erlangen immer schwerer und endlich unmöglich werden mußte, bis es im 4. Jahrhundert einige gelehrte Bischöfe unternahmen, den Gesang zu ordnen und in gewissen Modulationen festzustellen, zu welchem Zweck sie in dem Nachlasse der griechischen, damals bekannten musikalischen Schriftsteller Rath suchten. So führte Ambrosius, Bischof zu Mailand, gegen Ende des 4. Jahrh. einen Typus der Kirchengesänge ein, indem er 4 Tonreihen auswählte, welche von ihm, mit Beseitigung der altheidnischen Namen (dorisch, phrygisch, lydisch 2c.), die Namen des ersten, zweiten, dritten und vierten Tones erhielten und sich nur eben durch den Ort der Halbtöne in der Stufenreihe unterschieden. Später widmete Gregor der Große (591—604) dem Kirchengesange seine besondere Obsorge und ward in mehr als in einer Beziehung ein Reformator derselben. Er gründete nicht nur ein neues System der Tonarten, sondern in der That ein neues System der Tonleitern, neue Benennungen der Töne und eine neue vereinfachte Tonschrift. Gregor fügte nämlich den ambrosianischen 4 Kirchentönen 4 andere hinzu, welche die plagalischen genannt wurden, während die älteren die authentischen hießen. Eine wichtige Verbesserung Gregors bestand darin, daß er das System der Tetrachorde der altgriechischen M. aufgab und dagegen das der Oktaven zu Grunde legte. Zugleich war er es, der die einfache Benennung der 7 Töne der Oktave nach den 7 ersten Buchstaben des lateinischen Alphabets einführte. Irrig aber ist die Meinung, daß Gregor dieselben 7 Buchstaben auch für die Tonschrift eingeführt habe. Als solche waren bis ins 14. Jahrhundert die sogenannten Neumen (s. d.) üblich. Das von Gregor hinterlassene System war jeder höheren Ausbildung fähig; die Unbilden der nachfolgenden Zeit aber brachten es bald in Verfall und Vergessenheit, und als endlich einige gelehrte Geistliche die nun verwaiste Kirchenmusik durch eine wissenschaftliche Begründung vor gänzlichem Verfall zu bewahren suchten, holten sie, anstatt den leicht wieder aufzufindenden Plan zu verfolgen, den Gregor ihnen vorgezeichnet hatte, den Boëthius mit seinen griechischen Systemen wieder hervor, um auf gregorianischen Kirchengesang jene unpassenden Systeme zu übertragen. Die abweichende Richtung der sich mächtig durcharbeitenden neuen M. von der aller alten Völker wurde aber erst dann recht bedeutend, als in ihr die Harmonie oder der sogenannte Kontrapunkt, d. i. Gesang mehrer zugleich in verschiedenen Intervallen tönenden Stimmen, eingeführt wurde, der weder den alten Völkern bekannt war, noch sich bis heute bei den seit Jahrtausenden civilisirten, im Besitze recht sinnreich ausgebildeter musikalischer Theorien befindlichen Völkern Asiens findet. Der Gebrauch der Harmonie in unserer neueren M. führte in dieser nothwendig ein wesentlich geändertes System der Tonarten und Tonleitern, in weiterem Verfolge selbst veränderte Tonmessungen herbei, und dadurch gewann die Melodie eine Bestimmtheit und zugleich durch die harmonische Begleitung eine Mannichfaltigkeit der Bewegung, deren der einfache Choralgesang an und für sich immer ermangelt haben mußte. Aus diesem Gesichtspunkte betrachtet beginnt die Geschichte unserer M. erst mit jener Epoche, in welcher die ersten Spuren von Versuchen im Gebrauch der Sinfonien (Konsonanzen, Diaphonien oder Polyphonien) entdeckt wurden, wogegen der einfache Kirchengesang der früheren Jahrhunderte höchstens als die Vorschule zu betrachten ist und jedenfalls eine eigene Periode bildet. Die ersten Versuche eines zweistimmigen Satzes machte Hucbald, ein Benediktinermönch zu St. Amand in Flandern (840—930), indem er die Hauptstimme mit fortgehenden Quarten und Quinten begleitete und durch diese Verbindung gleichzeitiger Töne zu Akkorden und ihren Folgen die Theorie des harmonischen Gesangs und des Kontrapunkts begründete. Jenen „concentum concorditer dissonum" nannte er Diaphonie, die Begleitungsstücke Discantus oder gewöhnlicher Organum, welch letzterer Name auf den natürlichen Einfluß des im 8. Jahrhundert aufgekommenen und im 9. allgemein verbreiteten, freilich noch erst wenig gebildeten Orgelspiels bedeutsam hinweist. Guido von Arezzo (1010—50) wird gewöhnlich die Erweiterung des Tonsystems und die Verbesserung der Notenschrift durch das Liniensystem, seinen Nachfolgern die Erfindung des Hexachords u. der Solmisation (s. d.) zugeschrieben. In das 12. Jahrhundert fällt neben andern wichtigen Entdeckungen die Erfindung der Mensuralmusik, sowie die Einführung von zweierlei Notengattungen, weißen und gefärbten (geschwärzten), der Ligatur (Verbindung mehrer Vierecke in Eine Figur) 2c. Aus jener Zeit schreibt sich die Benennung Musica mensurabilis (Mensuralgesang), im Gegensatz zur Musica plana oder dem Cantus planus der römischen Liturgie, welche letztere die eigentliche Note erst im 14. Jahrhundert allgemein einführte. Somit empfing das 13. Jahrhundert von dem 12. die, wenn auch eben erst von der Blüthe enthüllte, doch schon den Keim künftiger Reife in sich tragende junge Frucht einer neuen M.: die Notenschrift, den Kontrapunkt (discantus) und die Mensur. Als der älteste Lehrer u. Verbesserer der neuen Theorie wird Franco von Köln genannt, der zugleich der erste bekannte Schriftsteller über Mensuralmusik (s. d.) ist und das musikalische Zeitmaß vervollkommnete. Andere Schriftsteller über Mensuralmusik waren Beda (Pseudo-Beda), Walther Odington (1240), ein Mönch zu Evesham in England, u. Hieronymus de Moravia (1260) in Frankreich, von denen aber kaum mehr als der Name bekannt ist In den ersten Decennien des 14. Jahrhunderts finden wir zwei Lehrer, welche nicht nur die Lehre von der Mensur weiter ausgebildet, sondern auch, besonders jene von der Harmonie, bedeutend gefördert, ja für diese zuerst Regeln gegeben haben, die zwar noch unvollständig, aber doch schon so beschaffen waren, daß nach denselben reine Akkorde und reine Harmoniefolgen gebildet werden konnten: Marchetto von Padua und Joannes de Muris zu Paris. Bei Beiden findet sich schon die wichtige Regel, daß 2 vollkommene Konsonanzen (Unison, Quinten u. Oktaven) nicht in gerader Bewegung auf einander folgen sollen; auch kannten sie schon das Wesen der Dissonanzen und die Nothwendigkeit, dieselben in die nächstgelegenen Konsonanzen aufzulösen. Nach ihnen nennt die Kunstgeschichte noch einige Theoretiker, wie Prosdocimus de Beldomandis, Philippus de Vitrão (von Vitry), Philippus de Caserta, Anselmus Parmensis und einige andere. Gewöhnlich aber wurden die musikalischen Lehren nur auf dem Wege mündlichen Unterrichts fortgepflanzt u. verbreitet. Von Produkten eines geschriebenen Discantus aus dieser Zeit ist wenig, nicht eben Vorzügliches auf uns gekommen; das Meiste mag unbeachtet der Vernichtung überlassen worden sein, Manches dürfte noch in Bibliotheken vergraben liegen. Ein Fragment eines Gloria für 4 Stimmen, das bei der Krönung Karls V. von Frankreich (1364) von der königlichen Kapelle aufgeführt worden, hat Kalkbrenner in seiner „Histoire de la musique" mitgetheilt; eine andere Probe aus jener Zeit gab Fétis in der „Revue musicale", nämlich eine italienische Kanzone für 3 Stimmen von Francesco Landino um 1360. Beachtenswerther als diese Versuche ist die alt-französische Chanson eines Ungenannten für 3 Stimmen, welche Gerbert in „De cantu et musica sacra" (Th. 2, Taf. 19) mittheilt.

Bis um die Mitte des 15. Jahrhunderts war man gewöhnt, die M. mehr als einen Gegenstand der Gelahrtheit, mehr als Wissenschaft denn als Kunst anzusehen und dem gemäß zu behandeln. Daß die M. eine ästhetische Kunst sei, deren Zweck es wesentlich ist, zu gefallen und zu rühren, war bis dahin weder den Lehrern, noch den Schülern klar geworden, welche das Wesen derselben in der Theorie schon zu besitzen meinten. Aber auch die Theorie konnte nicht gedeihen, so lange man nicht einsah, daß sie mit der Praxis sich verschwistern müsse. Daher kam es, daß seit Franco von Köln u. de Muris die M. verhältnißmäßig so geringe Fortschritte gemacht hatte, daß man im besten Fall einen extemporirten Discantus hervorbringen konnte, dessen Werth von dem Grade der Kenntnisse und anderem subjektiven Geschmack, mehr noch von der gemeinsamen Uebung der Sänger abhängig war. Den Niederländern war es vorbehalten, durch Aufstellung der ersten regelrechten mehrstimmigen Kompositionen für die neuere Tonkunst den eigentlichen Grund zu legen. Nach dem Zeugnisse des Abbate Baini waren es Niederländer, von denen die ersten im Kontrapunkt geschriebenen Messen nach Rom kamen. Vorzüglich aber war es Guilelmus Dufay, Kapellmeister in der päpstlichen Kapelle, 1380—1432, der als der älteste eigentliche Kontrapunktist gelten kann, auf dessen Praktik die vorzüglichsten späteren Theoretiker, Franch. Gafurius, Petr. Aaron, Joannes Spatarus und Adam de Fulda, sich gern und häufig als auf eine gültige Autorität berufen. Bemerkenswerth ist besonders der Umstand, daß bei Dufay die ersten ungefüllten Noten erscheinen, durch deren Einführung das Figural- und Mensuralsystem seine Vollendung erhielt. Zu dieser älteren niederländischen Schule gehörten außer ihrem berühmtesten Meister, Dufay, noch Brasart, Eloy, Egidius Binchois, Vinc. Fauzues, sowie andere, welche zum Theil noch in die folgende Epoche hinüberreichen, wie Carontis, Regis, Busnoys u. A. Als der Repräsentant dieser Epoche ist Johannes Ockenheim (1430—1513) zu nennen, welcher nicht nur wegen seiner ausgezeichneten Kompositionen, sondern auch als der Lehrer der ausgezeichnetsten Männer mit vollem Rechte als das Haupt der zweiten oder neueren niederländischen Schule angesehen wird. Die aus der älteren Schule noch gleichzeitig übrigen Tonsetzer gingen mit Erfolg auf seinen Styl ein u. schlossen sich der neueren Schule an, deren gemeinsamer Charakter sich in den Arbeiten beinahe aller Niederländer dieser Epoche ausspricht. Von der jedenfalls großen Anzahl seiner Schüler können mit Gewißheit nur acht genannt werden, die aber in der That den Ruhm seiner Schule in der gleich folgenden Epoche durch ihr eigenes Verdienst glänzend bewährt haben: Josquin des Prés, Anton Brumel, Alex. Agricola, Gaspard, Loyset Compère (auch Piéton genannt), Pierre de la Rue (auch Pierchon, Pierçon u. von den Italienern Pierazzon genannt), Prioris, Verbonnet u. A. Aus Frankreich, Spanien, Deutschland und Italien sind in dieser Epoche noch keine Kontrapunktisten namhaft zu machen. Nur in England hatte sich eine einheimische, von der niederländischen verschiedene Schule gebildet, die zur Zeit Eduards IV. (1471—83) blühte, deren Arbeiten aber meist unter denen der damaligen Niederländer stehen. Die Werke der neueren niederländischen Schule unterscheiden sich von denen der älteren durch eine größere Gewandtheit in dem kontrapunktischen Verfahren u. größeren Reichthum der Erfindung, da ihre Kompositionen nicht mehr so ganz und gar bloß unvorherberechnetes Ergebniß der kontrapunktischen Operation, sondern meist scharfsinnig, mit irgend einer bestimmten Absicht angelegt sind; ferner durch viele damals neu erfundene Künste eines obligaten Kontrapunkts, mit Augmentationen, Diminutionen, Umkehrungen, Nachahmungen, Kanons u. Fugen der mannichfachsten Art, welche nicht selten verborgen gehalten und den Sängern in den wunderlichsten Devisen, in Art von Räthseln, angedeutet wurden. In dieser merkwürdigen Epoche ward der Grund gelegt zu dem Ruhme, den die niederländischen Tonsetzer in den nächstfolgenden Epochen in der ganzen civilisirten Welt genossen. Außerdem sind noch die Orgelkünstler Antonio Sguarcialupo (auch A. degli Organi genannt) zu Florenz u. Bernhard, mit dem Beinamen der Deutsche, zu Venedig, der Erfinder des Pedals, zu erwähnen (s. Orgel). Lehrkanzeln der M. entstanden in dem letzten Drittel des 15. Jahrhunderts in Italien an mehren Orten; so 1470 zu Neapel, wo drei hochgelehrte Niederländer, Joh. Tinctoris, Guilelm. Guarnerii und Bern. Hycaert, zugleich öffentlich lehrten. Etwas später errichtete eine solche Herzog Sforza zu Mailand, welcher der berühmte Franch. Gafurius vorstand. Diese Meister entwickelten nicht nur die Theorie der Mensur, sondern auch jene des Kontrapunkts in großer Vollkommenheit. Ihnen folgten ein Petrus Ramis da Pareja zu Toledo, Joannes Spatarus zu Bologna, Petr. Aaron zu Venedig. Die eigentliche musikalische Kunst dagegen schien mehr an das Schicksal der anderen schönen Künste gebunden zu sein. Die Kompositionen Dufay's u. seiner Zeit- u. Kunstgenossen scheinen in Italien nur von der päpstlichen

Kapelle eigentlich gesucht gewesen zu sein; als aber die Liebhaberei für die bildenden Künste sich verbreitete, wollten die Großen auch M. hören, u. es entstanden an den Höfen Kapellen, zu welchen niederländische Musiker verschrieben wurden. Indeß geschah dies erst in dem Zeitalter des Papstes Julius II. u. seines Nachfolgers Leo X. (1503—17) in größerem Maße, u. von da an beginnt der eigentliche Flor der niederländischen Musiker, welche außer in Italien auch in Spanien, Frankreich, Deutschland komponirten, lehrten u. die Kapellen leiteten. Ein wichtiges Ergebniß dieses Zeitalters war die Erfindung des Notendrucks mit beweglichen Typen durch Ottavio Petrucci. An der Spitze der ausgezeichneten Meister dieser Zeit steht Ockenheims würdigster Zögling, der hochberühmte Josquin des Prés (auch Jodocus Pratensis), von dessen Schülern zu nennen sind die Franzosen Certon, Clement Jannequin, Maillard, Bourgogne, Moulu und Claudin Sermisy, welche die Kunst nach Frankreich brachten; die Niederländer Mouton, Adrien Petit, genannt Coclicus, welcher nachmals in Deutschland lehrte u. schrieb, Arcadelt, Jacquet von Berchem, Gombert; der Deutsche Heinrich Isaak, Kaiser Maximilians I. Kapellmeister, u. A. In dieser Epoche fangen auch schon andere Nationen an, den Niederländern zwar nicht den Rang, doch aber das bisherige Monopol in der M. streitig zu machen. In Deutschland standen schon in den letzten Jahrzehnten des 15. Jahrhunderts einige wackere Kontrapunktisten auf; als solche nennen wir: Adam de Fulda, Stephan Mahu, Hermann Fink rc. In Frankreich zeichneten sich die schon oben genannten Schüler Josquins in der zweiten Hälfte dieser Epoche aus, in welcher auch in der päpstlichen Kapelle der Franzose Eleazar Genet, genannt il Carpentrasso (von Carpentras), sehr geschätzt war u. von Leo X. selbst mit der bischöflichen Würde beehrt wurde. Die Spanier in der päpstlichen Kapelle waren als Sänger sehr beliebt. Die Italiener hatten sich bisher mit der M. begnügt, welche ihnen die Ausländer fertig lieferten. Der erste italienische Kontrapunktist war Costanzo Festa, Sänger der päpstlichen Kapelle, welcher als der Vorläufer Palestrina's angesehen wird. Im Allgemeinen charakterisirt sich die josquinische Epoche dadurch, daß die kontrapunktischen Künste am meisten ausgebreitet waren u. kaum höher getrieben werden konnten, so daß es die Aufgabe der Folgezeit vielmehr war, sie in billige Schranken zurückzuführen. Was den Zustand der damaligen Instrumentalmusik betrifft, so ist davon wenig zu berichten. An eine eigentliche Kunst- u. regelmäßige Instrumentalmusik war bisher nicht zu denken; höchstens wurden zur Verstärkung des Chors, d. i. der Sänger, Cornetti (Zinken), Posaunen und allenfalls Trompeten angewendet, welche mit den Stimmen unisono gingen. Die Geige war, sowie die Vielle, bei uns Leier (Bettlerleier) genannt, den Händen der Ménétriers (wandernder Musikanten) überlassen u. ebensowenig als diese geachtet. Die Instrumente, welche um 1500 in Deutschland üblich waren, haben Ottomarus Luscinius in seiner „Musurgia" (Straßburg 1536) u. Wirdung in seiner „Musica getuscht" (Basel 1511) beschrieben u. in Holzschnitten vorgestellt; man findet daselbst die Geige, Flöten oder eigentlich Pfeifen von verschiedenen Dimensionen u. mit verschiedenen Namen, die Querflöte, Schalmeien, Trompeten u. Posaunen, das Trumscheit (tromba marina), Cithern und Lauten, Klaviere u. Orgeln mit vollständig organisirter Tastatur. Noch waren aber die Instrumentisten (mit Ausnahme der Organisten) von den eigentlichen (wissenschaftlich erzogenen) Musikern, d. i. von den Sängern (denn der Musiker war Sänger), gänzlich geschieden u. bildeten eine eigene Zunft unter dem Namen von Stadtpfeifern, Kunstpfeifern oder Thürmern. Sie hatten auch ihre eigene Art, für ihre Instrumente zu notiren, nämlich die sogenannte Tabulatur, eine Notirung mit den alten gregorianischen od. guidonischen Buchstaben. Auch die Lautenisten u. Citheristen bildeten eine für sich abgeschlossene Klasse, mit einer ganz eigenen wunderlichen Notirungsmethode. Hatten übrigens jene Instrumente in der musikalischen Welt noch keinen Rang eingenommen, so thaten sich doch schon mitunter Virtuosen in ihrer Art hervor. Ein solcher war der blindgeborene Konrad Paulmann († 1473) aus Nürnberg, der auf allen Instrumenten geübt gewesen sein soll u. auch für den Erfinder der Lautentabulatur gehalten wird.

Unter den Niederländern in Italien war auch Hadrian Willaert, ein Schüler Moutons, welcher der Stifter der ausgezeichneten u. fortan berühmten venetianischen Schule ward. Cypriano de Rore, ein Landsmann desselben, Zarlino, der größte Theoretiker des Jahrhunderts, und Costanzo Porta, einer der größten Meister in den Künsten des Kontrapunkts, mehrer anderer tüchtigen Tonsetzer, Gelehrten und Schriftsteller nicht zu gedenken, waren seine Zöglinge, deren Schüler sich wieder in mehren Städten Oberitaliens niederließen und so die Kunst und die Wissenschaft der M. verbreiteten. Willaert war der Erste, der für eine größere Zahl von Stimmen, als bisher gewöhnlich war, komponirte, sowie der Erfinder der Komposition für 2—3 Chöre. Mehre andere Niederländer blühten in dieser Epoche in den größeren Städten, an den Hauptkirchen u. an den Höfen in Italien; so Ghisolino d'Ankerts, Sänger der päpstlichen Kapelle, u. Claudius Goudimel aus Burgund, welcher um 1540 zu Rom eine Schule eröffnete, aus welcher ein Animuccia, dann ein Giovanni Maria Nanini u. der große Palestrina selbst hervorgegangen sind. Auch in den Niederlanden selbst, in Spanien u. in Deutschland waren Musiker in fast unglaublicher Zahl in Thätigkeit. Einige Franzosen dieser Zeit waren auch in Italien geschätzt, wie der schon genannte Carpentras, dann Leonardo Barré von Limoges. In Frankreich selbst erstand eine große Anzahl von Compositeurs, deren Chansons, Motetten u. Messen durch die seit 1530 eröffneten Druckereien von Paris und Lyon verbreitet wurden. Von Spaniern können erst hier genannt werden: Morales, einer der vortrefflichsten Musiker seiner Zeit, Escobedo, vorzüglich durch Gelehrsamkeit ausgezeichnet, Vaqueras, König Karls V. Kapellmeister in Madrid, und Guerrero. Die Deutschen zählten in dieser Epoche eine ansehnliche Zahl von Tonsetzern, welche besonders in den Reichslanden, an den Höfen, in den Reichsstädten u. Stiftern komponirten u. lehrten. Besonders ehrenvolle Erwähnung verdienen Johann Walther und Ludwig Senfl, Heinrich Isaaks trefflicher Zögling. Italien hatte im Anfange dieser Epoche nur erst den bereits erwähnten Costanzo Festa. Selbst Baini nennt um 1540 in Rom nur Einen Lehrmeister von einigem

Ruse, Domenico Ferabosco, und Gio. Bettini aus Brescia. Als theoretischer Schriftsteller dieser Epoche ist neben Zarlino besonders Henricus Lorritus, gewöhnlich Glareanus genannt, zu nennen, der in seinem Werke „Dodecachordon“ (Basel 1547) statt der bis auf seine Zeit in den Schulen gangbaren 8 Kirchentonarten 12 angeblich alte Tonarten aufstellte, denen er die Namen altgriechischer Tonarten, obwohl durchaus willkürlich, beilegte. Sie' wurden nachmals sehr gebräuchlich u. veranlaßten mancherlei Irrthümer, indem man durch sie verleitet wurde, die glareanischen Tonarten für die altgriechischen zu halten. Neu war in dieser Epoche die Einführung des Madrigals (um 1540), in welcher Gattung, die von der venetianischen Schule ausgegangen war, sich besonders die Niederländer in Italien u. zunächst die damals aufblühenden Italiener auszeichneten. Mit dem Madrigal war fast gleichzeitig eine andere Gattung des mehrstimmigen Gesanges für die Kammer aufgekommen: Lieder, die in der Dichtung den Volkston nachahmten u. von den Komponisten in einem noch einfacheren Kontrapunkte gesetzt wurden, die Canzoni Villanesche, auch Villanelle alla Napoletana. Einen mächtigen Aufschwung erhielt die M. durch Palestrina (1524—94), dessen durch erhabene Großheit u. Strenge ausgezeichnete Kompositionen die höchste Blüthe der italienischen Kirchenmusik bilden. Unter seinen Zeitgenossen haben sich vorzüglich Animuccia, dann der schon genannte G. Mar. Nanini u. Tomaso Lodovico da Vittoria, ein in Rom gebildeter Spanier, im Kirchenstyl ausgezeichnet. In den letzten Jahren dieser Epoche thaten sich in Rom auch noch Felice Anerio, Drogoni (Schüler von Palestrina), Ruggerio Giovanelli, Bern. Nanini u. Ingegneri hervor; im Fache des Madrigals war Luca Marenzio ausgezeichnet. Die Zöglinge der venetianischen Schule hatten inzwischen in allen größeren Städten Oberitaliens ihre Wissenschaft u. Kunst fortgepflanzt. Ihre Schule floß allmählig mit der römischen zusammen, hat jedoch bis in spätere Zeiten ihren eigenen Charakter behauptet, der sich durch Hinneigung zu einer künstlicheren Setzart, aber durch allmählige Entbindung von den alten Tonarten bemerkbar macht. Zu den ausgezeichnetsten Meistern Oberitaliens gehören: Andreas Gabrieli u. dessen Neffe Giovanni Gabrieli, Baltasare Donati zu Venedig, Gastoldi zu Mailand, Claudio Merulo zu Parma, Andrea Rota zu Bologna, Orazio Vecchi zu Modena, Pietro Ponzio zu Parma, Aless. Strigio, Marco Gagliano zu Florenz u. A. Uebrigens genossen die Niederländer auch noch in Palestrina's Zeit großes Ansehen. Zu ihnen gehörte der Zeit- u. Ruhmesgenosse Palestrina's, Orlando di Lasso, der die große Periode der Niederländer beschloß. Die M., durch sie nach Italien verpflanzt, war nunmehr dort einheimisch geworden, so daß schon gegen das Ende des 16. Jahrhunderts Italien seine Söhne in alle kunstliebenden Länder aussendete und jenes Supremat in Europa errang, welches dasselbe bis auf die neueste Zeit behauptete u. nur im Fache der Instrumentalmusik den Deutschen einräumt. In Frankreich hat die musikalische Literatur auch in dieser Epoche eine nicht geringe Zahl von Namen verzeichnet, welche jedoch durchaus nicht berühmt geworden sind. Die englische Schule hatte in dieser Zeit einen Tallis u. dessen Schüler Bird, deren Arbeiten den besten ihrer Zeit an die Seite gesetzt werden können. In Deutschland finden wir am kaiserlichen Hofe zwei wackere Meister: Jakob Gallus u. Hans Leo von Haßler. Hier entstand damals in Folge der Reformation durch Einführung des Volksgesangs in die Kirche eine neue u. originelle Gattung, der metrische Choral. Auf diesem Gebiete, wie überhaupt in der protestantischen Kirchenmusik, die einen großen Aufschwung nahm, zeichneten sich aus: Joh. Eccard, Schüler von Lasso, Joachim v. Burk, Herm. Schein, Sam. Scheidt, Hieron. Prätorius, Gregor Aichinger u. A. Als der größte Meister dieser Epoche protestantischen Kirchengesangs, dieselbe abschließend und mit der modernen Kunst Händels u. Bachs vermittelnd, erscheint der bereits dem 17. Jahrhundert angehörende Heinr. Schütz (1585—1672), Schüler von Gabrieli. Im Ueberblick dieser Periode finden wir einen bedeutenden Fortschritt nicht nur in Absicht auf Reinheit u. Fülle der Harmonie, sondern auch in Hinsicht auf Erfindung ausdrucksvoller u. angenehmer Motive, vorzüglich aber eine Modulation der Harmonie, mannichfaltiger u. bestimmter als bei den Vorgängern, obgleich sie sich meist immer noch auf die mit ihren natürlichen Dreiklängen in der diatonischen Leiter gegebenen Tonarten beschränkte.

Der Anfang des 17. Jahrhunderts wird bezeichnet durch die Entstehung des dramatischen Styls, von dem der Ursprung der Oper datirt werden muß, der Monodie u. der Kirchenkoncerte. Als Bahnbrecher in dieser Beziehung sind vor allen Jacopo Peri, Emilio del Cavaliere und Giulio Caccini zu nennen. Ihnen gesellte sich der noch berühmtere Claudio Monteverde zu. Was die Beschaffenheit dieser dramatischen Kompositionen betrifft, so ist freilich wenig Rühmliches davon zu sagen. Die Recitation ist ebenso kläglich als steif und jedes Ausdruckes baar; von einer Arie, oder irgend etwas, das man eine dramatische Melodie nennen könnte, ist nirgends eine Spur. Auch Monteverde's Arbeiten in diesem Fache, obschon er der ausgezeichnetste Charakter der ganzen Epoche ist, sind nicht viel höher zu stellen als die seiner unmittelbaren Vorgänger. Die ersten eigentlichen Melodien finden sich in den Kirchenkoncerten Ludovico Viadana's, sie sind leicht fließend, sehr singbar u. von passendem Ausdruck. Im Orgelspiel hatte Italien damals den berühmten Frescobaldi, den Lehrer des nachmals berühmten kaiserlichen Hoforganisten Froberger. Seitdem bildete sich allmählig der sogenannte doppelte Kontrapunkt aus, sowie die Fuge (s. d.), wenn letztere ihre Vollendung auch erst später erhielt. Die Kirchenkomponisten dieser Epoche, von denen wir besonders Agostini, Catalani, Cifra, Croce, Mazzochi, Giacobbi, Allegri u. in Deutschland Erbach, Mich. Prätorius u. A. hervorheben, fingen bereits an, in Kompositionen, die nicht nothwendig auf den Cantus firmus der römischen Kirche basirt werden mußten, von den alten Tonarten abzugehen u. selbst ganze Stücke in fingirten (versetzten) Tonarten zu setzen. Die Madrigale u. Madrigalesken für mehre Stimmen waren in den Privatzirkeln noch immer die einzige u. beliebteste Unterhaltung. Dagegen gewann für das größere Publikum das musikalische Drama mehr u. mehr an Interesse, als Privaten od. die Gemeinden reicher Städte anfingen, Opernhäuser zu bauen, in denen die wohlhabenderen Klassen für einen mäßigen Beitrag ein so seltenes Vergnügen sich verschaffen konnten. Am frühesten gedieh das Opernwesen in Venedig, wo schon von 1627 an unausgesetzt Aufführungen Statt fanden. Unter den vielen Operncompositeurs dieser Zeit waren Francesco Cavalli u. Marcant. Cesti besonders geschätzt. Letzterer war ein Schüler von Giacomo Carissimi, der zwar selbst keine Oper komponirt, dennoch aber viel zur Ausbildung ihrer Formen beigetragen hat. Er gilt z. B. für den Verbesserer des Recitativs u. den ersten Ausbilder der dramatischen Melodie; auch soll er zuerst angefangen haben, in seinen Kantaten die Instrumente besonders zu Ritornellen u. Zwischensätzen (koncertirend) anzuwenden. Die nächstfolgende Zeit, in welcher ein Rovetta, Ziani der Aeltere, Legrenzi unter vielen Anderen besonders geschätzt waren, bildete nicht nur das Recitativ aus, sondern gab auch der Arie eine bestimmtere Form. Die Kantate (Kammerkantate) ging mit der Oper ungefähr gleichen Schritt; in Privatzirkeln sehr beliebt, fing sie allmählig an, dem Madrigal Eintrag zu thun. In der Kirchenmusik neigte sich der Geschmack dem sogenannten Stile concertante zu, welcher nunmehr mit dem Stile da capella (Stile alla Palestrina) die Herrschaft theilte. Mit jenem war auch der Gebrauch der Bogeninstrumente in die Kirche eingeführt worden, während sonst nur Cornetti u. Posaunen zur Verstärkung des Chors zugelassen worden waren. Der künstliche Kontrapunkt wurde vorzüglich in der fortan blühenden venetianischen Schule und in deren Kirchenmusik gepflegt und überall von den Organisten mit Erfolg geübt. Der einfache, großartige Kapellenstyl blühte fortan in den Hauptkirchen Italiens, vorzüglich in der päpstlichen Kapelle, welche demselben bis zu unsern Tagen treu geblieben ist. Unter den damaligen Tonsetzern in diesem Styl gebührt unstreitig die Palme dem Orazio Benevoli, um 1660 Kapellmeister in St. Peter im Vatikan. Die Franzosen waren von der alten Schule des höheren Kontrapunkts längst abgefallen, ohne in den neu entstandenen Gattungen den Italienern nachzueifern. Dagegen hatten die Deutschen selbst unter den Stürmen des dreißigjährigen Krieges die alte Kunst nicht aussterben lassen. Kontrapunkt u. Orgelspiel wurden gepflegt; ebenso hatte der koncertirende Styl Eingang gewonnen u. wurde nicht ohne Erfolg betrieben. Auch soll H. Schütz in Dresden schon 1628 eine deutsche Oper (Daphne von Rinuccini) komponirt haben. Für die Instrumentalmusik war bisher überall wenig geschehen; doch fällt in diese Zeit, in welcher die Musiker den begleitenden Instrumenten ihre Aufmerksamkeit zu widmen anfingen, auch deren bedeutendste Verbesserung, vorzüglich der Bogeninstrumente, deren Stimmung u. Struktur damals geregelt wurde. Der Ruf Carissimi's hatte noch in den Greisenjahren dieses Meisters einen jungen Neapolitaner nach Rom gelockt; der die Gunst desselben gewann u. in alle Geheimnisse seiner Kunst eingeweiht wurde: Alessandro Scarlatti, welcher, einer der größten Meister aller Zeiten, auf den Geschmack der Zeitgenossen mächtig einwirkte u. jenen Umschwung vorbereitete, den die Tonkunst in der nachfolgenden Periode aus der neapolitanischen Schule durch seine gleich großen Zöglinge erhielt. Neben Scarlatti glänzten noch, besonders aus der venetianischen Schule, Antonio Lotti zu Venedig u. Francesco Gasparini zu Rom, Francesco Conti zu Wien, Benedetto Marcello von Venedig und Ant. Caldara. Paolo Colonna, berühmt als Tonsetzer und Lehrer im Fache des höhern Kontrapunkts, ward der Stifter der nachmals hochgeachteten Schule von Bologna. In Frankreich wurden in dieser Epoche die Opern (Tragédies u. Ballets) des berühmten Lully bewundert. In England blühte in der zweiten Hälfte des 17. Jahrhunderts Henry Purcell in Opern, kirchlichen und weltlichen Gesängen. In Deutschland schien trotz des oben bemerkten Anfangs das Opernwesen nicht heimisch werden zu wollen; doch nennt die Kunstgeschichte einen Reinhard Keiser in Hamburg, der eine unglaubliche Zahl (man sagt 116) deutscher Opern geschrieben hat. In München und Wien galten nur italienische Opern und italienisches Oratorium. Die Instrumentalmusik, bisher eine fast unbekannte Sache, war mit Beginn des 16. Jahrhunderts aufgekeimt, anfangs nur den Gesang begleitend u. in kurzen selbstständigen Zwischensätzen abwechselnd. Die erste cyklische Solo- u. mehrstimmige Instrumentalform, die Suite, entstand erst um die Mitte des 17. Jahrhunderts; gegen Ende desselben erhielt sie durch Corelli, Geminiani u. Vivaldi einen höhern Aufschwung. Die Theorie aller Gattungen des obligaten Kontrapunkts ward durch Bernardi, Buononcini den Aeltern u. Fux zuerst mit Klarheit entwickelt und die Formen der eigentlichen Fuge festgestellt. In diese Zeit fällt aber auch die barbarische Sitte, durch eine wundärztliche Operation Knaben zu künftigen Sopransängern zu verunstalten. Damals entstanden auch jene berühmten Singschulen, die so viel zum Flor der M. in Italien beigetragen haben. Pistocchi, selbst ein Kastrat, hatte eine solche zu Bologna errichtet; Fedi hielt eine andere zu Rom, Redi zu Florenz. Vortreffliche Sänger und Sängerinnen bildete Neapel.

Der neapolitanischen Schule, als deren Stifter die Zöglinge Scarlatti's, Leonardo Leo und Francesco Durante, genannt werden, denen aber noch Gaetana Greco, ebenfalls Schüler Scarlatti's, anzureihen ist, war es vorbehalten, der M. einen noch höheren Aufschwung zu geben und gewissermaßen deren ganze Gestaltung zu ändern. In allen harmonischen und kontrapunktischen Kenntnissen trefflich erzogen, wußten die Tonsetzer dieser Schule nicht nur über den ganzen Vorrath der vorhandenen Hülfsmittel zu verfügen, sondern brachten nunmehr auch jene neuen und vermehrten Hülfsmittel in Anwendung, welche sich in der inzwischen zur höchsten Vollendung gebrachten Kunst der dramatischen Sänger, sowie zum Theil in der zeither erfolgten bedeutenden Verbesserung der Instrumente darboten. Die wesentlichste Veränderung aber, welche aus dieser Schule hervorging, bestand in der Regelung des theoretischen Theils der Melodie und der besseren Gestaltung der Arie.. Die von ihr aufgestellte Form der Arie ward, mit geringen Abweichungen, der Typus, den alle Tonsetzer in und außer Italien sehr bald annahmen; sie lebt, mit geringen Abweichungen in der eigentlichen Arie, noch bis zu unserer Zeit fort. Im Orchester wurden den Bogeninstrumenten, welche bisher allein geherrscht hatten, ein Paar Oboen und ein Paar Hörner, auch wohl ein Paar Flöten, Fagotte und mitunter Trompeten bleibend beigesellt, wodurch nicht nur eine neue Nüancirung von Klang, sondern auch eine stärkere Tonmasse, zur Vermehrung der Wirkung in Ritornellen und Zwischensätzen, gewonnen wurden. Die bekanntesten Meister aus der neapolitanischen Schule zu dieser Zeit waren Porpora, Sarri, Carapella, Vinci, Pergolesi, Duni, Perez, Feo, Salaz, etwas später Traetta, Jomelli, bald auch Sacchini, Piccini (der Schöpfer der italienischen Opera buffa), Majo, Anfossi, Caffaro, Guglielmi u. A. Ihnen muß auch der Deutsche Hasse angereiht werden, der noch (1720) Scarlatti's Unterricht genoß, sowie der spätere J. G. Naumann, der diese Richtung zum Abschluß gebracht hat. Es konnte kaum anders kommen, als daß der lebhafte und zierliche Styl der neapolitanischen Schule auch in der Kirchenmusik Eingang fand, zumal in Italien, wo zwischen der Oper und der solennen Messe kaum ein Unterschied wahrzunehmen ist. Nicht gleichen Schritt mit der Oper hielt die Instrumentalmusik; doch lieferte Domenico Scarlatti eine große Zahl von Sonaten, die noch jetzt geschätzt werden; vortreffliche Quartetten für Bogeninstrumente hat man von Sacchini. Torelli fixirte Styl und Form des modernen Kammerkoncerts; Vivaldi und Corelli schrieben Violinkoncerte und Tartini (nebst seinem Schüler Nardini) brachte die Kunst der Bogenführung zu einer früher nicht geahnten Vollkommenheit. In Deutschland waren Froberger, Burtehude, Georg Muffat, in Frankreich besonders Couperin als Klavier- und Orgelkomponisten thätig. Im letztern Lande war, bald im Anfange dieser Epoche, Rameau als Compositeur der französischen großen Oper aufgetreten; er theilte den Ruhm mit dem lange bewunderten Lully und gewann, wie sein Vorgänger, die Stimme aller Liebhaber und Kenner, Schöngeister und Gelehrten der Bevölkerung von Paris für sich. Neben der großen Oper aber entstand in Frankreich eine neue Gattung, die Operette, worin seit etwa 1740 Monsigny, Philidor, nachmals vorzüglich Grétry sich hervorthaten. In der Kirchenmusik hat Frankreich auch in dieser Epoche nichts Bedeutendes geleistet; die damalige französische Instrumentalmusik für die Kammer ist längst verschollen. In Deutschland führte der Gebrauch, den Choral mit der Orgel harmonisch zu begleiten, zu einer größeren Meisterschaft auf diesem Instrument und diese wieder zu den ausgezeichneten Kompositionen, welche von den tüchtigsten Meistern in Schrift und Druck verbreitet wurden. Aus solchen Organistenschulen gingen die deutschen Heroen dieser merkwürdigen Epoche, ein Händel und Sebastian Bach, hervor, deren Werke, besonders die Bachs, in gewisser Hinsicht den diametralen Gegensatz zu der alt-italienischen M. bilden. Während diese durchaus transcendentaler Natur ist und in sich ein unaussprechliches Etwas birgt, wonach das Herz, ohne es je zu ergreifen, nur sehnsüchtig verlangen soll, bleibt Bach, der die höchste Blüthe der modernen Kirchenmusik bezeichnet, nicht bei der Ruhe eines passiven Glaubens stehen, sondern will sich den Himmel erobern, der ihm verkündigt worden. Ebenso ist Händel, der Schöpfer und Vollender des modernen Oratoriums, durchaus protestantischer Komponist, aber in seinen Oratorien stellt sich mehr die praktische Seite des Glaubens dar, die innere Klarheit, freudigen Muth und unerschütterliches Gottvertrauen in allem Thun ausprägt. Von einer eignen deutschen Oper ist auch in dieser Epoche nicht die Rede; erst um 1760 schrieben Hiller, Georg Benda, Ditter von Dittersdorf und einige Andere deutsche Originalopern. Im Fache der geistlichen Kantate und des großen Oratoriums zeichneten sich in Deutschland Stölzel in Gotha und Telemann in Hamburg aus, vor allen aber Graun, der übrigens auch eine große Anzahl italienischer Opern (für Berlin) geliefert hat und dessen italienische Kammerkantaten zu den besten dieser Gattung gehören.

So fest begründet die Herrschaft der neapolitanischen Schule auch erschien, so wurden doch nach und nach mehr oder minder erhebliche Mängel wahrgenommen, die den von ihr eingeführten Formen anklebten. Man fand die Arien über die Gebühr ausgedehnt; die Wiederholungen überschritten das Maß der ästhetischen „Räson"; der Mittelsatz derselben oder die sogenonnte seconda parte war gegen den Hauptsatz zu geringfügig u. außer allen Verhältnissen; das simple Da capo endlich, d. i. die Wiederholung einer soeben gehörten, durch die seconda parte kaum merklich unterbrochenen Arie, konnte nach den Principien einer philosophischen Kritik nicht gebilligt werden. Außer diesen Mängeln in der damaligen italienischen Oper war noch ein großes Uebel aus der Einführung der Aria di bravura erwachsen, jener sinnlosen Schnörkel, wodurch so manches herrliche Werk entstellt ist, und das größte von allen lag in der Versteinerung der Manier. Diese Betrachtungen waren es, welche Gluck bestimmten, eine Reform der Oper durch Beseitigung jenes eitlen Formenwesens zu versuchen. Nachdem seine in diesem Sinne komponirten Opern „Orfeo" und „Alceste" in Wien mit dem lebhaftesten Beifall aufgenommen worden, ließ er seit 1772 in der großen Oper zu Paris die eben genannten und die beiden Iphigenien, dann die „Armide" aufführen u. stürzte damit nicht nur die bisherigen Idole der Pariser, Lully und Rameau, sondern trug auch über den mit ihm um den Preis ringenden Piccini den Sieg davon. Unter den Wenigen, welche den Bahnen Glucks folgten, ist vor allen Reichardt zu nennen. Von der Richtung seines Vaters ausgehend, führte Karl Philipp Immanuel Bach, der geschichtlich bedeutendste Sohn von Seb. Bach, die Kunst dem Weltlichen zu, befähigte sie für den Ausdruck persönlicher Stimmungen und wurde so der unmittelbare Vorgänger Joseph Haydns in Wien. Dieser selbst eröffnete dann die Zeit, in welcher die deutsche M. ihre höchste Blüthe erreichte, eine Zeit, auf welche alle vorausgegangenen Bestrebungen in Deutschland, Frankreich und Italien als auf ihr nothwendiges Resultat hinzeigten. Haydn, dessen Glanzperiode in die Jahre 1780—1800 fällt, ist der Schöpfer des „gearbeiteten Quartetts"; er ist es, der der „großen Sinfonie" ihre Form gab und die gesammte Instrumentalmusik auf einen früher nicht geahnten Grad von Vollkommenheit brachte. Noch gleichzeitig mit Haydn u. ebenfalls in Wien lebend, schuf Wolfgang Amadeus Mozart seine unsterblichen Werke. In der Instrumentalkomposition war Haydn ihm Vorbild gewesen, wie im dramatischen Fache Gluck und in den höheren kontrapunktischen Arbeiten Händel und Sebastian Bach. Das Höchste, was die M. je hervorgebracht, in sich vereinigend, gleichsam der Erbe aller Jahrhunderte, bildet Mozart in seiner geschichtlichen Stellung den Wendepunkt zwischen alter und neuer Zeit. Er war es, der für die Oper den Höhepunkt herbeiführte, alles Vorausgegangene im Fach der weltlichen M. übertreffend, allen Nachfolgenden die Bahn vorzeichnend. Bis auf ihn hatte sich die Oper Italiens, Frankreichs und Deutschlands gesondert entwickelt. Mozart faßte die musikalischen Eigenthümlichkeiten dieser Länder zusammen und schuf dadurch eine Weltmusik, mit welcher er den ganzen gebildeten Erdkreis beherrscht. Unter den ausgezeichneteren Meistern dieser Zeit seien noch genannt der treffliche Naumann, Albrechtsberger, Fasch, Michael Haydn, Krauß, Rodewald und der Abt Vogler, der auch mit Portmann als Theoretiker glänzt. In der kirchlichen wie in der dramatischen M. war bis dahin das Höchste geleistet worden; nun auch die Instrumentalmusik bis zu einer der Oper analogen Vollendung zu steigern, darin bestand jetzt die nächste Aufgabe für den fortschreitenden Geist. Die Lösung derselben war die That **Ludwig van Beethovens**. Als unterscheidendes Merkmal erblicken wir bei ihm sogleich, wie er von dem Pianoforte seinen Ausgangspunkt nahm und hier seine tiefsten Gedanken niederlegte, während seine Vorgänger demselben eine mehr nur gelegentliche Beachtung zugewendet hatten. So wurde er für die neuere und neueste Pianofortemusik der Mittelpunkt der gesammten Entwickelung. Was bei den Schranken des Instruments das Pianoforte nicht zur Darstellung bringen konnte, dafür diente ihm das Orchester als Ausdrucksmittel. Das durch Haydn und Mozart in diesem Fach Begründete vollendete Beethoven und gab zugleich den Anstoß für die neueste Entwickelung. Charakteristisch für ihn ist neben der Steigerung aller äußeren Ausdrucksmittel, die der tiefere geistige Inhalt, welchen er auszusprechen berufen war, nothwendig machte, die dramatische Lebendigkeit seiner Kompositionen, das Streben nach möglichster Bestimmtheit des Ausdrucks, wodurch die reine Instrumentalmusik für die Darstellung ganz bestimmter Seelenzustände befähigt wurde, endlich das humoristische Element, welches durch ihn in die Instrumentalmusik eingeführt ward. Hinsichtlich des Inhalts seiner Werke ist ihm die Sympathie mit den geistigen Mächten, mit den Ereignissen und Bestrebungen, welche, von der französischen Revolution ausgehend, das 19. Jahrhundert bewegen, eigenthümlich, während Mozart in den Zuständen des vorigen Jahrhunderts wurzelt.

Der Beruf alles nachfolgenden Kunstschaffens war jetzt eine speciellere Entwickelung innerhalb der gesteckten Grenzen. Wir sehen diese vollbracht seit dem Ende des vorigen und im Laufe des gegenwärtigen Jahrhunderts. Umfassend war die Anregung, die, von Deutschland ausgehend, auf alle Länder sich erstreckte; große Kunstschulen entstanden, welche einzelne Seiten überwiegend sich aneigneten und in eigenthümlicher Weise weiter bildeten. So steht die gesammte nachfolgende Zeit unter dem Einfluß jener Heroen der Kunst, nur mit dem Unterschied, daß anfangs die Einwirkung Glucks, Haydns und Mozarts überwiegend war und Beethoven nur in äußerlichen Dingen nachgeahmt wurde, während später die erstern zurücktraten und Beethoven, der Repräsentant der neuesten Zeit, zu fast ausschließlicher Geltung gelangte. Dieser Umstand bestimmte zugleich noch specieller die Gestaltung der späteren Tonkunst. Unter Mozarts Herrschaft ist die deutsche M. universeller Natur; Italien und Frankreich zeigen sich angeregt und leisten zum Theil sehr Hervorstechendes. Mit Beethoven tritt das Nationale, das eigenthümlich Deutsche im großen und hohen Sinn in den Vordergrund. Dadurch wurde Veranlassung zu erneuter Trennung gegeben, und Deutschland erscheint zuletzt fast allein auf dem Schauplatz, während Italien und Frankreich, wenn auch noch nicht äußerlich an Geltung, so doch an innerer Bedeutung verlieren. In Italien hatte die Oper im Laufe des 18. Jahrhunderts immer mehr Anerkennung und Verbreitung gewonnen, war aber in der schon früher eingeschlagenen Richtung beharrt und hatte erst durch Mozarts Rückwirkung eine höhere Richtung angenommen. Sein Einfluß zeigte sich darin, daß jetzt größere Formen immer mehr zur Geltung kamen, daß Harmonie und Instrumentation reicher wurden, im Allgemeinen, daß die Oper dem Ziel einer höheren Kunstschöpfung näher trat. Dies macht sich zunächst bemerklich in den Werken **Salieri's**, **Righini's** u. **Paers**. Hervorstechendes, besonders im Fache der komischen Oper, leisteten neben ihnen **Paesiello**, **Fioravanti**, **Zingarelli**, hauptsächlich aber **Cimarosa**, der zu Vergleichen mit Mozart berechtigt. An diese u. andere Vorgänger endlich konnte sich **Rossini** anschließen und in der komischen Oper insbesondere Ausgezeichnetes leisten. Begabt mit großer Erfindungskraft, brachte er neue Steigerungen in die äußeren Mittel, verkürzte die langen Recitative, entfernte die noch immer große Menge der Arien, führte häufiger Ensemblestücke in die Scene, erfand und benutzte eine Menge neuer Effekte in der Instrumentation und vermehrte durch dieses Alles das dramatische Interesse. Was die Kirchenmusik in Italien betrifft, so wurde dieselbe allmählig durch die Oper fast ganz verdrängt. Auch in andern Sphären zeigt sich Italien nicht mehr als das, was es früher gewesen, und wenn auch im Fache der ausübenden Kunst bis herab auf die neueste Zeit noch ganz eminente Künstler und Künstlerinnen zu nennen sind (u. A. **Clementi**, der Vater des neueren Klavierspiels, der Pianofortekomponist **Pollini**, der Violinspieler **Viotti**, endlich die Sängerin **Catalani**), so stehen doch diese Erscheinungen ziemlich vereinzelt da, und selbst in Bezug auf die Gesangskunst, in der noch bis in dies Jahrhundert herein treffliche Talente in großer Anzahl erschienen (z. B. die Sängerinnen **Pasta**, **Malibran**, Giuditta u. Giulietta **Grisi**, die Sänger **Rubini**, **Tamburini**, **Lablache**), hat die neueste Zeit unaufhaltsame Rückschritte gesehen. Auf dem Gebiet der Instrumentalmusik aber sind in Italien stets nur ganz vereinzelte Leistungen hervorgetreten. Frankreich hatte die Aufgabe Glucks und Mozarts in vielfacher Beziehung am großartigsten ergriffen, und es ist auf dieses Land zu verweisen, wenn man nach der Weiterbildung der großen heroischen Oper fragt. Zumeist waren es Ausländer, welche dieselbe vermittelten und denen Frankreich für ihre Wirksamkeit damals den geeignetsten Boden darbot. Hier sind zu nennen aus älterer Zeit und gewissermaßen als Vorläufer: **Sacchini**, dann als Schüler Glucks und Mozarts: **Cherubini**, **Méhul** und **Spontini**. Eigenthümlich ist der französischen großen Oper das begleitete Recitativ, während Deutschland den gesprochenen Dialog beibehielt. Eine besondere Erwähnung verdient die national-französische Oper, die in der allgemeinen Entwickelung einen besonderen Abschnitt bildet. Hier sind am bedeutendsten die

Namen Grétry, Dalayrac, Philidor, A. Mosigny, Della Maria, Berton, Catel, Lesueur, aus neuerer Zeit Méhul, Boieldieu und Isouard. In andern Fächern der M. kann, wie in Italien, auch in Frankreich nur von vereinzelten Leistungen die Rede sein. Als Kirchenkomponist ragt nur Cherubini, auf dem Gebiet der Instrumentalmusik nur Méhul hervor. Berühmt ist die Schule der Violinisten, die, hervorgerufen durch Viotti, in Rode, Kreuzer, Baillot und Lafont ausgezeichnete Repräsentanten fand. In Deutschland selbst hatte Mozart in nächster Zeit keine Nachfolger, welche die Oper auf der Höhe seines Standpunktes zu erhalten wußten. Die Tonsetzer bewegten sich zwar in den von ihm vorgeschriebenen Bahnen, beschränkten sich aber, seiner Universalität gegenüber, auf rein deutsches Wesen im engern Sinne und setzten das Singspiel wieder an die Stelle der großen Oper. Hierher gehören die Werke von P. von Winter, Weigl u. Zumsteeg. Dann herrschte zu Anfang dieses Jahrhunderts Frankreich bei uns, wie früher Italien, und die große französische Oper, sowie die im engern Sinne nationale mußten für den Mangel eigner bedeutender Schöpfungen in Deutschland entschädigen. Das Größte leistete Beethoven in seinem „Fidelio", doch steht er damit ganz vereinzelt da. Gleichzeitig mit dem Aufschwung der romantischen Poesie nahm auch die Oper in Deutschland eine dieser Richtung entsprechende Wendung und entfaltete ein höheres Streben. Die drei Meister auf diesem Gebiete der neuen romantischen Oper sind L. Spohr, K. M. von Weber und H. Marschner. Diese Komponisten treten der italienischen Richtung, welche in Mozart mit der deutschen geeint war, aufs Neue gegenüber, so daß wieder beide Richtungen auseinander gehen. Von den vielen deutschen Komponisten für Instrumentalmusik, die sich als Schüler und Genossen an Haydn u. Mozart anschlossen, sind die meisten, wie Rosetti, Pleyel, Gyrowetz, Wranitzky, Hoffmeister rc., jetzt vergessen; unter den Mozart am nächsten stehenden sind insbesondere F. E. Fesca und A. Romberg zu nennen. Der Grund, daß dieser anfangs sehr beliebte Künstlerkreis so schnell verdrängt wurde, lag in dem Auftreten Beethovens. Nur zwei, allerdings auch viel bedeutendere Instrumentalkomponisten, die man im weiteren Sinne der Schule Mozarts beizählen kann, reichen bis in die neueste Zeit herein, L. Spohr u. G. Onslow. Auf dem speciellen Gebiet der Pianofortemusik begegnen wir zunächst der von Mozart ausgehenden „wiener Schule", zu der J. Wölfl und auch Beethoven in seiner ersten Epoche gehören und die ihren Glanzpunkt durch Hummel, Moscheles und Czerny erreichte. Eine andere Richtung in Pianofortekomposition und Spiel schlug Clementi ein, unter dessen Schülern und Nachfolgern Cramer, Dussek, Himmel, Prinz Louis Ferdinand von Preußen, Berger, Field, Klengel und auch Steibelt zu nennen sind. Namhafte Verdienste erwarben sich ferner A. E. Müller, A. Schmitt und Tomaschek. Ausgezeichnet als Komponist für Pianoforte und von Einfluß auf die Entwickelung der Technik war K. M. von Weber. Durch Clementi, Dussek und Steibelt bildete sich auch die pariser Schule, deren spätere Repräsentanten Kalkbrenner und Herz wurden. Was die kirchliche Tonkunst dieser Zeit anlangt, so brachte der Aufschwung der weltlichen M. auch hier noch eine Umgestaltung hervor, da Haydn, Mozart und Beethoven auch auf jenem Gebiete thätig waren und Großes, wenn auch nicht im streng kirchlichen Sinne, geleistet haben, und es ist in Folge der Einwirkung dieser Männer auch später öfter noch Tüchtiges ins Leben getreten. Dem katholischen Deutschland gehören an: Stadler, Eybler, Aßmeyr, J. W. Tomaschek, Schnabel u. A. Auf protestantischem Gebiet ragt vor allen Fr. Schneider hervor. Weiter sind Spohr, aus späterer Zeit B. Klein, Schicht und Karl Löwe zu nennen. In der Sphäre der Orgelmusik zeichneten sich Rinck und Fischer aus. Das deutsche Lied erhielt Pflege, wie schon früher durch Schulz, Himmel, Anselm Weber u. Nägeli, so jetzt vorzüglich durch Berger, Klein, Reichardt u. Zelter, welche letzteren Beiden sich fast ausschließlich der goethe'schen Dichtung zuwandten. Das Bedeutendste auf diesem Gebiete leistete Franz Schubert, der, wie er sich in den meisten Fächern der Tonkunst (in der Instrumentalmusik: Sinfonie, Quartett, Klaviersonate) auszeichnete, so besonders im Lied einen großen Fortschritt bewirkte. In der Ballade nimmt neben Schubert K. Löwe eine ehrenvolle Stelle ein. Auch die Kunst der Ausführung nahte ihrem Kulminationspunkt. Unter den Geigern ist vor allen Spohr, der eine neue Schule des Violinspiels begründete, neben ihm Mayseder, Lipinski zu nennen. Auch die andern Orchesterinstrumente gediehen zu höherer Ausbildung, so daß für jedes derselben große Meister zu nennen sind. Beispielsweise seien hier erwähnt auf dem Violoncell B. Romberg; auf der Flöte Drouet und Fürstenau; auf der Klarinette Bärmann, Hermstedt, Iwan Müller; auf dem Horn die Familie Schunke; auf der Posaune die etwas späteren Queisser und Belcke. Die Kunst des Gesanges fand schon im vorigen Jahrhundert in der Schülerin Hillers, G. E. Mara, eine ausgezeichnete Repräsentation deutscher Schule. Aus späterer Zeit ragen u. A. unter den Frauen die Sontag, Schechner, Milder-Hauptmann, v. Faßmann, Sabine Heinefetter, Sophie Löwe, unter den Männern Wild, Haizinger, Bader rc. hervor.

Während der dreißiger Jahre treten nun Mozart und der Klassicismus bei den Deutschen in Hintergrund; eine neue Wendung unter dem mächtiger hervortretenden Einflusse Beethovens macht sich bemerkbar. Die Eigenschaften jener alten Meister, die bisher mustergültig gewesen: Begrenzung des Inhalts durch die Form, breites Ausklingenlassen der Stimmung, Vermeidung harmonischer Härten, Unterordnen der Subjektivität unter die Objektivität des darzustellenden Kunstwerks werden von den Tonsetzern der Neuzeit mehr und weniger bei Seite geschoben, dagegen machen sich Sprunghaftes u. Abruptes in der Stimmungsbewegung, scharfe Ecken u. Kanten, vielfach Herbheit des Klanges, oft Zwiespalt zwischen Form und Inhalt, kurz überwiegende Subjektivität als charakteristisches Kennzeichen der neuromantischen Richtung geltend, als deren eigentlicher Begründer der Franzose Berlioz anzusehen ist. Man beginnt sich jetzt von den Fesseln des Herbeigebrachten frei zu machen, nicht ohne hartnäckigen Kampf, u. stellt neue Gesetze auf. Die frühere Nabvetät des Schaffens geht verloren, ein neuer Boden soll gewonnen werden. Dabei tritt die Oper zurück, die Instrumentalmusik in den Vordergrund. Die deutsche M. nimmt durch dieselbe wieder eine überwiegende nationale Richtung. Koncert-, Kammer- und Hausmusik sind diejenigen Gattungen, welche zur Herrschaft gelangen, in denen der fortschreitende Geist vorzugsweise sich verwirklicht. An der Grenzscheide der alten und neuen Zeit stehen Mendelssohn-Bartholdy und Schumann, jener sich noch den klassischen Formen anschließend, dieser schon manches moderne Element in sich aufnehmend und überhaupt eine freiere Richtung anbahnend. Beide haben auf fast allen Gebieten der Tonkunst, in der Sinfonie, der Kammermusik, Klavierkomposition, in der Oper, im Oratorium und im Liede Bedeutendes geleistet und, neben Schubert, namentlich letzteres auf die Höhe der Vollendung gehoben. Die Oper tritt, wie schon erwähnt, in dieser Zeit zurück, doch sind die Leistungen in rein musikalischer Beziehung zum Theil immer noch von hervorstechender Beschaffenheit. Wir erinnern an die Leistungen von Konradin Kreutzer, Wolfram, Chelard, Christ. Lobe, Lindpaintner, Reißiger, Gläser, Fr. Lachner, Nicolai, Netzer, Ferd. Hiller, August Krebs, Flotow, Taubert, Gustav Schmidt, W. Westmeyer. Ferner wirkten auf dem Gebiet der Oper: Ernst, Herzog von Sachsen-Koburg-Gotha, Bott, Brandenburg, Conrad, Dessauer, Dorn, Eckert, Esser, Alex. Feska, Gade, Genée, Hoven, Kalliwoda, Kücken, Litolff, Markull, Schindelmeißer, Schliebner, Suppé, Zenger, Mangold u. A. Auf dem Gebiet der Kirchenmusik und des Oratoriums sind neben Mendelssohn und Schumann zu nennen: M. Hauptmann, H. Hiller u. A. B. Marx, ferner Wilsing, Grell, Rungenhagen, Fr. Lachner, Schnabel, Reinthaler, Vogt, Engel, Molique, Mangold, Küster, Kocher u. A. In der Pflege des Liedes war nach Mendelssohn und Schumann Rob. Franz am glücklichsten; neben diesem nennen wir von den zahlreichen deutschen Liederkomponisten als die ausgezeichnetsten und beliebtesten: Curschmann, Taubert, Hiller, M. Hauptmann, K. Banck, Proch, Abt, Kücken, Gumbert, Lißt, Krigar, Bierling, Radecke, Dessauer, Wüerst, Lührs, Bellermann, Bargiel, Brahms, Rubinstein, Lammers, Lassen, Jensen &c. Für den Männergesang, eine besondere Schöpfung unseres Jahrhunderts, arbeiteten vorzüglich Zöllner, Jul. Otto, Kalliwoda, M. Hauptmann, Methfessel, Tschirch, Stunz, Erk, Vinc. Lachner, Reinecke, Kücken, Fr. Abt. In der Orgelmusik leisteten Rühmliches Ritter, Hesse, Haupt, J. Schneider, K. F. Becker. Mit dem Uebergewicht der Koncertmusik in neuester Zeit errang auch eine früher minder bedeutende Gattung eine Geltung ersten Ranges: das Koncertoratorium, die Kantate. Das Beste leisteten auch hierin Mendelssohn („Walpurgisnacht“) und Schumann („Paradies und Peri“), neben ihnen Gade, Anacker, Felicien David, Mangold. In der Instrumentalmusik (besonders Sinfonie u. Ouvertüre) schlossen sich der Weise Mendelssohns an: Gade, der Engländer Sterndale Bennett, Jul. Rietz, Verhulst u. A. Schumann dagegen wurde Vorbild für K. Reinecke, Brahms &c. Ferner sind aus der Zahl der neueren Instrumentalkomponisten hervorzuheben: Kalliwoda, Reißiger, Veit, Kittl, Ferdinand David, R. Volkmann, Bargiel, Conradi, Lührß, Rubinstein u. A. Auf dem Felde der Pianofortemusik florirte lange Zeit der zu immer höherem Glanze gebrachte Mechanismus, der die Hauptsache in die äußere Eleganz und Bravour legte. Durch Thalberg, besonders aber durch Fr. Lißt wurde ein höherer Schwung in die Klaviervirtuosität gebracht, der auf die Spitze getriebene Mechanismus mit schöpferischer Geistigkeit verschmolzen. Chopin und Henselt zogen das romantische Element in das Bereich der Virtuosität. In ähnlichem Geiste wirkten St. Heller, Dreischock, Litolff, Kullak, während Mendelssohn in der mehr lyrischen Weise früherer Meister wurzelt. Thalbergs Richtung fand Nachahmer in Th. Döhler, Jaell, Krüger, Löschhorn &c. R. Schumann, in Verbindung mit Mendelssohn, hat eine Art neuklassische Epoche hervorgebracht, welche in der Virtuosität am reinsten von Clara Schumann-Wieck repräsentirt wird. Dieser Richtung gehören an: Reinecke, Gräberer, Markull, Ehlert, Radecke, Bargiel, Jadassohn, Kirchner, Fink, Eschmann, Krause, Pruckner, Hans v. Bülow, Mortier de Fontana, Wettig &c., die auch in ihren Kompositionen feine Kunstsinnigkeit mit edler Gestaltungskraft glücklich vereinigen. Glätte, Eleganz u. pikanter Wohllaut zeigen sich in den Salonkompositionen von Chr. Voß, Schulhoff, Chr. Mayer, Koniski, Rösellen, Oosten, L. v. Mayer, Jungmann u. A. Unter den Violinvirtuosen der neuesten Zeit sind hervorzuheben: Karl Müller (der älteste des berühmten Brüderquartetts), Molique, Franz Schubert (in Dresden), A. Pott, Ferd. David, J. Lubin, H. Ries, L. Ganz, Jonathan, Singer, Lotto, F. Laub, Bott &c. Tüchtige Virtuosen auf anderen Instrumenten waren und sind: die Cellisten A. Bohrer, Th. Müller, K. Schubert, Dotzauer, Kummer, Menter, Coßmann, Davidoff, Goltermann, Hippolyt Müller; die Flötisten Heinemeyer, Belke, Terschak; die Klarinettisten Kolb, Landgraf; die Kontrabassisten A. Müller, Backhaus; der Posaunist Nabich und der Hornist Lindner. Die Hauptrepräsentanten der Gesangskunst, die im Allgemeinen, was das rechte Maß im Vortrag, den sogenannten schönen Gesang betrifft, seit den letzten Jahrzehnten unleugbare Rückschritte gemacht hat, während sie im dramatischen Ausdruck wesentlich gefördert worden ist, sind: die geniale Wilh. Schröder-Devrient, Jenny Lind; ferner Agn. Schebest, Hasselt-Barth, Schoberlechner, Kar. Unger, Joh. Wagner, Jenny Lutzer, Mayer-Dustmann, Jenny Bürde-Ney, Paul. Lucca u. A. Unter den Sängern glänzten und glänzen zum Theil noch: Breiting, Schmezer, Staudigl, Pischek, Tichatscheck, Mitterwurzer, Wurda, Niemann, Schnorr v. Karolsfeld, Ander, Beck, Stockhausen, Wachtel u. A.

Auch in Frankreich erblicken wir in der eben besprochenen letzten Epoche eine neue Wendung. Es waren besonders die Einflüsse Rossini's, welche sich hier in der großen Oper geltend machten. Auber trat mit seiner „Stummen“ hervor, Halévy mit der „Jüdin“, Rossini selbst schloß sich mit seinem „Tell“ dieser Richtung an; endlich war es Meyerbeer, welcher den Kulminationspunkt erreichte, zugleich aber auch damit den Verfall kundgegeben hat. Eine große Anzahl von Tonsetzern war auf dem Gebiet der komischen Oper u. des Vaudeville's thätig, namentlich Auber, Adam, Halévy, Herold u. A. Die hervorragendste Erscheinung ist H. Berlioz, der für die Entwickelung der gesammten Musikkunst nicht allein in Frankreich, sondern auch in Deutschland von großer Bedeutung wurde. Unter seinen Nachfolgern ragen besonders Fel. David u. Fr. Lißt hervor (s. unten). In neuester Zeit haben Gounod in der Oper u. J. Offenbach in der Posse großen Beifall geerntet. In der Pianofortemusik ragt der schon erwähnte Fr. Chopin hervor, als Komponist wie als Gründer einer neuen, der sogenannten romantischen Art des Klavierspiels, die dann von Lißt, Henselt &c. weiter ausgebildet wurde. Violinvirtuosen sind in neuester Zeit in Frankreich sehr viele aufgetreten, und es ist durch die französische Schule auch die belgische (Bériot, Vieurtemps, Prüme, Houmann, Ghys, Leonard &c.) ins Leben gerufen worden. In Paris, der Hochschule der Virtuosität, zeichneten sich aus als Geiger besonders Ernst, als Violoncellist Servais, als Pianistin Camilla Pleyel, als Sänger Duprez, Nourrit, Roger. Ueberhaupt erlangte Paris einen großen musikalischen Einfluß auf das übrige Europa, der durch das dortige Konservatorium noch einen künstlerischen Hintergrund erhielt. Italien bietet in dieser Epoche das Bild des Verfalls, und wenn auch hin und wieder die späteren Opernkomponisten Bellini, Donizetti, Verdi u. A. Anerkennenswerthes geleistet haben, so ist doch im weitern Fortschritt ein immer entschiedenerer Rückgang zu Tage gekommen. Nur auf dem Gebiet der ausübenden Kunst sind noch einzelne eminente Erscheinungen namhaft zu machen, vor allen Paganini, dann die Sängerinnen Viardot-Garcia, Unger, Cruvelli, die Sänger Moriani, Moria u. A.

Im Allgemeinen scheint die M., die herrschende Kunst der letzten Jahrhunderte und das Organ für das vertieftere Seelenleben derselben, der Hauptsache nach ihre Bahn durchlaufen zu haben und eine neue Wendung scheint sich vorzubereiten. Ein gährender, drängender und umgestaltender Geist ist in der musikalischen Komposition wie in der Kritik rege und tritt, ein neues Ideal verkündend, feindselig gegen die bisherigen Kunstregeln und ästhetischen Gesetze auf, freilich nicht ohne den lebhaftesten Widerspruch der Bekenner des Alten. Zugleich werden die von den Meistern früherer Zeit anerkannten Schranken zwischen den einzelnen Gestaltungen der Komposition umgestoßen u. die verschiedenen Charaktere der Musikgattungen in einander verschmolzen, so daß ganz neue Formen entstehen. Namentlich hat die Sinfonie von dieser neuen Schule gründliche Umgestaltung erfahren, indem daraus einerseits die mit Gesang verbundene Sinfoniekantate, andererseits die Programmsinfonie entstand, der irgend ein dichterisches, aber nur mittelst eines Programms zu erkennendes Motiv zu Grund liegt. Die Oper, oder vielmehr das Musikdrama, soll in eine fortlaufende musikalische Deklamation verwandelt und dabei Alles, was dem Fortschreiten der Handlung hinderlich ist, wie die in sich abgeschlossenen Arien, Duetten &c., entfernt werden. Zugleich soll dieses „Kunstwerk der Zukunft“ aus einem Zusammenwirken aller einzelnen Künste entstehen. Poesie, Musik u. Tanzkunst sollen sich darin zu innigster Harmonie verbinden u. die übrigen Künste (Malerei, Skulptur, Architektur) allen Schmuck hergeben, über den sie verfügen. Die Häupter dieser neuen deutschen Schule sind Fr. Lißt (nach dem Vorgang von Berlioz) auf dem Gebiete der Instrumentalmusik, und R. Wagner auf dem der Oper. Unter ihren Anhängern sind die namhaftesten: Fr. Brendel, Richard Pohl, H. v. Bülow, J. Raff, Uhlig, L. Köhler, H. v. Bronsart, Pet. Lohmann, Pet. Cornelius, Fel. Dräseke, Zellner u. A. Als Gegner sind besonders aufgetreten: Lobe, Riehl, Bernsdorf, Wasielewski, K. Banck, L. Bischoff, A. v. Wolzogen. Von beiden Seiten wird bis heute mit großer Erbitterung gekämpft; über die Sache selbst ist zur Zeit ein historisches Urtheil noch nicht möglich.

Die Musikwissenschaft ist von jeher vorzugsweise von den Deutschen zum Gegenstand der Forschung gemacht worden. Einer der Ersten, welcher die Gesetze der M. in einem Lehrgebäude feststellte, war Fux; von späteren sind besonders Matheson, Marpurg, Kirnberger, Türk zu nennen. Der neueren und neuesten Zeit gehören die tüchtigen Theoretiker Simon Sechter, Gottfr. Weber, A. B. Marx u. M. Hauptmann an, neben denen noch Richter, Knecht, André, Dehn, Geyer, Weitzmann, A. v. Dommer u. A. zu nennen sind. Um die Aesthetik der M. machten sich Vischer, Carriere, Kullak, Hanslik, Ambros &c. verdient. Auf dem Felde der Kritik wirkten: Fr. Rochlitz, Marx, Fink, Rellstab, Rob. Schumann, Brendel, Nauenburg, S. Bagge, Hentschel, L. Köhler, A. v. Dommer, Gottschalg u. A. Die erste Geschichte der M. in deutscher Sprache lieferte Printz (Historische Beschreibung der edlen Sing- u. Klingkunst, 1690), in französischer Sprache Bonnet (Histoire de la musique, 1715). Vergl. ferner Martini, Storia della musica, Bologna 1775—81, 3 Bde.; Marpurg, Kritische Einleitung in die Geschichte der M., Berl. 1754; Burney, General history of music, London 1776 bis 1789, 4 Bde.; Gerbert, Scriptores ecclesiastici de musica sacra, St.-Blasien 1784, 3 Bde.; Forkel, Allgemeine Geschichte der M., 1790—1810, 2 Bde. (unvollendet); Gerber, Tonkünstlerlexikon, 1790—1814; Kiesewetter, Geschichte der europäisch-abendländischen M., Leipzig 1834; Derselbe, Geschichte u. Beschaffenheit des weltlichen Gesangs &c., das. 1841; Fétis, Biographie universelle des musiciens etc., Brüssel 1835—44, 8 Bde.; Winterfeld, Der evangelische Kirchengesang, das. 1843—47, 3 Bde.; Derselbe, Zur Geschichte heiliger Tonkunst, Leipzig 1850—52, 2 Bde.; Becker, Die Hausmusik in Deutschland im 16., 17. und 18. Jahrhundert, das. 1840; Derselbe, Zusammenstellung der Tonwerke des 16. u. 17. Jahrhunderts, das. 1847; Brendel, Geschichte der M., 2. Aufl., Lpz. 1855; Reißmann, Allgemeine Geschichte der M., 2 Thle., München 1863—64. Musiklexiken lieferten Schilling (Stuttg. 1840—42, 7 Bde.), Bernsdorf (Frankf. 1856—61, 3 Bde.), A. von Dommer (Heidelberg 1865).

Musikfeste, festliche und großartige Musikaufführungen durch gemeinschaftliches Zusammenwirken der Musikvereine und einzelner außer denselben stehenden Musiker, unterscheiden sich von den großen Musikaufführungen in Residenzen und Hauptstädten wesentlich dadurch, daß bei ihnen ein Zusammenwirken vieler vereinzelt stehenden Kräfte zu Einem Ziele

Statt findet, daß sie außer der künstlerischen Erhebung und Erquickung eine gesellige Annäherung der Mitwirkenden und der Zuhörer möglich machen und durch Herausbildung des Sinnes für die Kunst einen Fortschritt erzielen. Sie kamen zuerst in der Schweiz auf, wo sich vorzüglich Nägeli große Verdienste um sie erwarb, indem er in den bedeutendsten Städten der deutschen Schweiz dergleichen zu Stande brachte. Der erste Anfang der deutschen M. datirt von 1810 her, wo der Kantor Bischoff zu Frankenhausen, später Musidirektor zu Hildesheim, am 20. und 21. Juni eine Anzahl Künstler der Umgegend um sich versammelte, um die Aufführung der „Schöpfung" von Haydn und anderer bedeutenden Instrumentalwerke zu Wege zu bringen. Im August 1811 u. 1812 hielt er zu Erfurt M. zur Verherrlichung des Geburtstags Napoleons I. Nach dem Frieden war es wieder Frankenhausen, wo am 19. und 20. Okt. 1815 ein großes Musikfest Statt fand. In Wien vereinigte sich 1812 zum ersten Male die damals unerhörte Zahl von 590 Sängern und Instrumentalisten zur Aufführung eines großen Werkes, und diese Produktion ward die Veranlassung zur Gründung der Gesellschaft der Musikfreunde des österreichischen Kaiserstaats. Von nun an folgten die M. in rascher Reihe auf einander. Seit 1816 fanden M. zu Hamburg, Lübeck, Wismar u. Rostock Statt. Bischoff lud 1820 wieder zu einem Musikfest nach Helmstädt ein, dem andere zu Hildesheim, Hannover, Peine ꝛc. folgten. Bald verbanden sich ganze Städte zu jährlichen M.n; so Elberfeld, Düsseldorf, Köln und Aachen zu den niederrheinischen M.n. Bei Gelegenheit des Musikfestes zu Quedlinburg zur Feier des hundertjährigen Geburtstages Klopstocks, 1.—3. Juli 1824, ward der musikalische Städteverein für die Elbprovinzen gegründet, welcher 1826 sein erstes Fest zu Magdeburg, das zweite 1827 zu Zerbst, das dritte 1829 zu Halberstadt, und die folgenden alljährlich in anderen Städten feierte. Von diesem Elbverein trennte sich Musikdirektor Naue zu Halle und bildete 1829 einen thüringisch-sächsischen Musikverein, der unter Spontini's Leitung zu Halle und 1830 und 1831 zu Erfurt M. gab. Zwischen der Saale und Pleiße bildete sich der osterländische, in der Mark der märkische, am Oberrhein der oberrheinische Musikverein, welche alle ihre M. hielten. Außerdem sind noch der pfälzische Generalmusikverein, 1827 gegründet, u. der norddeutsche Musikverein zu erwähnen. Auch die großen Musikaufführungen der Singakademie zu Berlin, der Cäciliengesellschaft zu Frankfurt a. M. können hierher gerechnet werden. In den übrigen europäischen Ländern fanden die M. erst später erwähnenswerthe Nachahmung, zuerst in Frankreich, seit 1830, dann in Ungarn, in Italien, Rußland, Nordamerika ꝛc. Die großen Musikaufführungen in England, die ebenfalls M. heißen, sind nicht sowohl Unternehmungen im Interesse der Kunst, als vielmehr Spekulationen; doch sind die riesenhaften M. in London, Manchester, Norwich und anderwärts, wo Alles mitwirkte, was das Ausland an glänzenden Namen darbot, kunstgeschichtlich merkwürdig.

Musivgold (unächtes Muschelgold, mosaisches Gold, aurum musivum s. mosaicum), Zinnsulfid in krystallinischen goldglänzenden Blättchen, bildet sich nicht beim Zusammenschmelzen von Schwefel mit Zinn, weil bei der Vereinigung beider Körper eine zu hohe Temperatur entsteht. Man muß, um diese herabzudrücken, einen Körper zugegen sein lassen, welcher verdampft u. somit viel Wärme bindet. Hieraus erklären sich folgende Vorschriften zur Darstellung des Präparats: Man erhitzt ein Amalgam aus 12 Theilen Zinn und 6 Theilen Quecksilber mit 7 Theilen Schwefel u. 6 Theilen Salmiak in einem Sublimirgefäß mehre Stunden lang, oder man erhitzt gleiche Theile Zinnfeilspäne, Schwefel und Salmiak oder 10 Theile Zinnsulfurat, 5 Theile Schwefel und 4 Theile Salmiak. Das M. bleibt in bräunlichgelben metallglänzenden Schuppen zurück, die sich zwischen den Fingern wie Talk anfühlen. Kletzinsky löst 4 Theile Zinnsalz in einer Mischung von 20 Theilen Wasser u. 2 Theilen Salzsäure, erhitzt zum Kochen und leitet während des Erkaltens schweflige Säure in die Lösung. Der Niederschlag ist Zinnsulfid, welches als dauerhafte gelbe Farbe Neapelgelb ersetzen kann. Sublimirt man es in einem Glaskolben, so erhält man viel schöneres M. als nach irgend einer andern Methode. Das M. zersetzt sich bei sehr hoher Temperatur in Sesquisulfurit, Sulfurat und Schwefel, auch von Königswasser wird es zersetzt und in Alkalien, und alkalischen Sulfuraten ist es löslich. Man benutzt es häufig zu falschen Vergoldungen auf Papier, Pappe und Holz, zu unächtem Golddruck, zu Goldfirniß, Goldsiegellack ꝛc. Früher wurde es auch zum Bestreichen der Kissen an Elektrisirmaschinen gebraucht. Die Alchemisten schenkten dem Präparat besondere Aufmerksamkeit.

Musivische Arbeit, s. Mosaik.

Musivsilber (argent musif, unächte Silberbronze), gepulvertes Amalgam aus 4 Theilen Zinn und 1 Theil Quecksilber od. 2 Theilen Zinn, 2 Theilen Wismuth und 1 Theil Quecksilber, wird zu unächten Versilberungen, zu Silberdruck ꝛc. benutzt.

Muskatblüt, wahrscheinlich Pseudonym, deutscher Dichter gegen das Ende des 14. Jahrhunderts, einer der wenigen jenes Zeitalters, in deren Liedern trotz der damals herrschenden Sucht nach Allegorien und dem Hinneigen zum Ton des Lehrhaften ein frisches Leben herrscht. Einige seiner Lieder finden sich im „Altdeutschen Museum" (I, S. 123, 188).

Muskatellerweine (Muskatweine), mehre Arten süßer, sowohl rother als weißer Weine, die besonders aus Italien und Frankreich in den Handel kommen. Von den französischen M.n sind der weiße von Rivesaltes u. der rothe Bagnol aus Roussillon und der Muskat-Lunel aus Lunel die feinsten und kostbarsten; ihnen folgt der Frontignac in Güte und Annehmlichkeit des Geschmacks, dann der Montbasin (Montbasen). Der von Béziers ist der geringste u. wohlfeilste. Unter den M.n der Provence sind der St. Laurent, Cante perdrix und Ciotat die schmackhaftesten und angenehmsten. Unter den italienischen sind vorzüglich der von Syrakus, der Moscato, Nasco und Giró von Cagliari, der von Algheri und Oliastra in Sardinien u. verschiedene aus Toskana, z. B. der Castello, der Albano aus der Campagna, der Lacrymä Christi und Carigliano aus Neapel berühmt. Die Insel Lipari liefert besonders schöne M., desgleichen Korfu, Cypern und Kandia, sowie Spanien, die kanarischen Inseln und das Kap. Mit sogenannten levantischen M.n treiben Genua und Triest einen ansehnlichen Handel. Um einem Weine binnen einigen Tagen den Muskatellergeschmack zu ertheilen, soll es hinreichen, in ein Faß, welches 40 rheinische Maß hält, 5 Loth kalcinirte Austernschalen zu werfen und Alles tüchtig untereinander zu rühren.

Muskatnußbaum, s. Myristica.

Muskatnußleber, eine Form der erkrankten Leber, welche dadurch charakterisirt ist, daß das Lebergewebe auf dem Durchschnitt ein dunkelblaurothes und gelbes, bisweilen orangefarbiges, geflecktes und gesprenkeltes Aussehen besitzt. Dieses Aussehen rührt daher, daß das Centrum der Leberläppchen mit dunklem Blut überfüllt ist, während die Peripherie der Läppchen aus fettig entarteten Leberzellen besteht; das Centrum der Leberläppchen ist daher dunkelroth, ihre Peripherie gelb gefärbt, wodurch ein eigenthümlich muskatnußartiges Aussehen entsteht. Die M. entsteht in Folge andauernder Stauung des Bluts in den Lebervenen bei den verschiedensten Lungen- u. besonders Herzkrankheiten. Sie ist anfangs vorzugsweise in ihrem Dickendurchmesser vergrößert, später ist sie normal groß oder selbst verkleinert und von flach höckeriger Oberfläche. Meist ist zugleich eine Vermehrung des Bindegewebes in der M. vorhanden, dessen narbige Zusammenziehung eben die spätere Verkleinerung bedingt.

Muskau, Standesherrschaft in der preußischen Provinz Schlesien, Regierungsbezirk Liegnitz, zwischen der Neisse und Spree, sonst zum görlitzer Kreise der Oberlausitz gehörig, hat einen Flächenraum von 9 □Meilen mit 12,000 Einw., darunter viele Wenden, die eine besondere Mundart der wendischen Sprache sprechen. Der Boden ist eben, sandig, enthält große Waldungen, in denen auch Waldbienenzucht getrieben wird, und viele Fischteiche, darunter der Dammteich, über $^1/_2$ Meile lang und $^1/_4$ Meile breit. M. gehörte in der zweiten Hälfte des 16. Jahrhunderts der Familie von Schönaich u. fiel hierauf an den Kaiser Rudolf II., der es 1597 an die Burggrafen von Dohna erblich verkaufte. Im Jahre 1645 gehörte die Herrschaft den Freiherren von Kallenber und von 1784 an den Grafen (seit 1820 Fürsten) Pückler. Der Fürst Hermann Ludwig Heinrich Pückler (s. d.) verkaufte sie 1845 an den Grafen Edmund von Hatzfeld-Weißweilers und dieser wieder an den Prinzen Friedrich der Niederlande, den gegenwärtigen Besitzer. Der Hauptort und die einzige Stadt der Standesherrschaft ist M. (Muska, wendisch Muzakow), im Kreis Rothenburg an der Neisse. Die Stadt ist Sitz einer Gerichtskommission, hat eine deutsche und wendische Kirche, ein Schloß mit 2 Thürmen u. einem schönen Garten, Sammlungen von Waffen u. Alterthümern, eine Bibliothek, ein Theater und 2700 Einw., welche Fabriken für Tuch und chemische Produkte, Leinen- u. Wollenmanufakturen unterhalten u. starke Töpferei treiben. In der Nähe liegt das Jagdschloß Hermannsruhe des Fürsten Pückler-Muskau mit einem 1000 Morgen großen englischen Park, einer der großartigsten und schönsten Anlagen dieser Art in Deutschland, an beiden Ufern der Neisse, über welche 2 Verbindungsbrücken führen, mit chaussirten Wegen und einer Fasanerie; eine große geräumige Brauerei; ein Alaun- und Gradirwerk, welches über 100 Menschen beschäftigt, und das Hermannsbad mit starkem erdig-salinischen Eisenwasser, welches eine Temperatur von 6°—8,5° R. hat, und Dampf- und Moorbädern.

Muskelatrophie, progressive (atrophie musculaire graisseuse progressive), eine eigenthümliche Form des Muskelschwundes, wobei die Muskeln in Folge einer schleichend verlaufenden parenchymatösen Entzündung an Umfang abnehmen, blaß und gelblich werden und zuletzt ganz und gar die Fähigkeit, sich zusammenzuziehen, verlieren. Die betroffenen Glieder sind dann gelähmt. Am häufigsten betrifft die M. den Daumenballen, die Muskeln der Hand, der Schulter und schreitet in vielen Fällen von einem Glied auf das andere über. Häufig bleibt jedoch die Krankheit auch auf bestimmte Muskeln beschränkt. Uebermäßige Anstrengungen gewisser Muskelgruppen, vielleicht auch eine angeerbte Anlage sind die gewöhnlichste Ursache der M. Die methodische Anwendung des inducirten elektrischen Stromes auf die erkrankten Muskeln verdient das größte Vertrauen als Mittel, dem Schwund Einhalt zu thun. Vgl. Duchenne, De l'électrisation localisée, Paris 1856.

Muskelelektricität. Jeder Muskel und jedes beliebige Stück desselben zeigt, so lange er sich im leistungsfähigen Zustand befindet, elektromotorische Wirksamkeit; er ist aus einer Anzahl mit elektrischen Ungleichheiten behafteten kleinsten Theilchen zusammengesetzt, welche, in eine unwirksame leitende Flüssigkeit eingebettet, konstante Einzelströmchen erzeugen. Für alle diese Einzelströmchen bildet die ganze Muskelmasse und jede mit dem Muskel in Berührung gebrachte leitende Masse Schließung. Der abgeleitete Stromarm, welcher einen an den Muskel angelegten Drahtbogen durchkreuzt, gibt uns durch seine Wirkungen auf die Magnetnadel eines Multiplikators Aufschluß über die M., d. h. über die Strömungsvorgänge im Innern der Muskelmasse. Je nach dem Ort, wo die Enden des Multiplikatordrahtes den Muskel berühren, ist die Abweichung der Magnetnadel stärker oder schwächer. Starke Ablenkungen treten ein, wenn man das eine Drahtende mit einem Punkt der äußern Oberfläche des Muskels, das andere Ende mit einem Punkt des Muskelquerschnitts verbindet: es findet dann ein starker Strom vom Querschnitt zur äußern Oberfläche des Muskels Statt. Jede Stelle der Oberfläche ist positiv, jede Stelle des Querschnitts negativ elektrisch. Schwächere Ablenkungen treten ein: 1) wenn die Enden des Multiplikatordrahtes an zwei Stellen der Muskeloberfläche gelegt werden, welche vom Mittelpunkt des Muskels verschieden weit entfernt sind, wobei die dem Mittelpunkt nähere Stelle positiv, die entferntere Stelle negativ elektrisch ist; 2) wenn die Schließung des Drahtes zwischen zwei Punkten des Querschnitts Statt findet, wobei die mehr peripherische Stelle positiv elektrisch gegen die mehr centrale Stelle ist. Gar keine Ablenkung der Nadel tritt ein, wenn zwei Stellen der Oberfläche des Muskels, welche gleich weit vom Mittelpunkt, oder zwei Stellen des Querschnitts, welche gleich weit vom Centrum des letztern entfernt liegen, durch den Draht verbunden werden. Zwar schicken auch in diesem Falle die beiden Muskelstellen Ströme durch den Galvanometer, dieselben sind aber gleich stark und entgegengesetzt gerichtet, heben sich also gegenseitig auf, so daß die Nadel ruhig bleibt. Je größer also die elektrische Differenz zweier Stellen eines Muskels ist, desto stärker weicht die Nadel ab. Das bisher Gesagte gilt nur von den unthätigen Muskeln. Aehnliche, jedoch schwächere Ströme zeigen die Nerven. Der Muskelstrom gehört wie der Nervenstrom (s. Nervenelektricität) nur dem leistungsfähigen, lebendigen Muskel an. Die Stromentwickelung erlischt nicht gleichzeitig mit dem Tode des Thieres, oder mit der Trennung des Muskels vom Körper, nimmt aber nach beiden allmählig ab und verschwindet endlich gänzlich mit Eintritt der Todtenstarre. Die Stärke des Muskelstroms wächst mit der Länge und dem Querschnitt des Muskels. Eine erhöhte wie eine erniedrigte Temperatur des Muskels vermindern den Muskelstrom oder heben ihn gänzlich auf. Dasselbe gilt von allen chemischen Stoffen, welche die chemische Zusammensetzung des Muskels alteriren, sowie von der Ermüdung des Muskels. Ganz anders als der ruhende Muskel verhält sich in elektrischer Beziehung der thätige Muskel. Wenn der Muskel, dessen ruhender Strom die Magnetnadel ablenkte, in bleibende Zusammenziehung gesetzt wird, so schwingt die Nadel durch den Nullpunkt hindurch und zeigt meist einen beträchtlicheren Ausschlag in dem negativen Quadranten, als der vom ruhenden Strome im positiven Quadranten erzeugte betrug. Diese Erscheinung, von Dubois als negative Stromschwankung bezeichnet, deutet scheinbar auf eine Schwächung des ruhenden Muskelstroms hin. Dubois erklärt sie folgendermaßen: Während der Thätigkeit des Muskels wechseln beständig zwei elektrische Ströme in entgegengesetzten Richtungen, einmal vom Querschnitt zur Oberfläche, das nächste Mal von der Oberfläche zum Querschnitt, indem die elektromotorischen Moleküle, welche einen positiven und negativen Pol haben, gleichsam in beständiger Rotation begriffen sind. Diese Rotation geschieht aber so schnell, daß die Galvanometernadel nicht nachfolgen kann; sie gibt bloß die mittlere Wirkung an, und diese Resultirende ist eben eine scheinbare Abnahme des Nervenstroms. Anders verhält es sich bei der bloß momentanen Muskelzuckung. Es tritt bei dieser stets eine kleine positive Schwankung der Nadel, also eine scheinbare Verstärkung des ruhenden Muskelstroms ein. Folgen die Zuckungen rasch auf einander, aber ohne den Muskel in bleibende Zusammenziehung zu setzen, so summiren sich die Wirkungen zu einer andauernden starken positiven Schwankung der Nadel. Vgl. du Bois-Reymond, Untersuchungen über thierische Elektricität, Berlin 1848.

Muskeln (musculi, d. h. Mäuschen), die Organe der thierischen Bewegung, und zwar die aktiven Bewegungsorgane. Es sind solide oder seltener hohle Körper, welche aus einer weichen, feuchten, heller oder dunkler rothen Substanz, dem Fleische, bestehen. Diese Substanz wird hauptsächlich zusammengesetzt aus einem eigenthümlichen, faserigen, kontraktilen Gewebe, den Muskelfasern, außerdem aber noch aus Fett und lockerem Bindegewebe, Sehnenfasern und zahlreichen Gefäßen und Nerven. Die M. geben dem Körper seine Form und Rundung, sie helfen die Wände mehrer Körperhöhlen bilden und gewähren den Gefäß- und Nervenstämmen, welche zwischen ihnen liegen, Schutz vor Verletzungen. Jeder Muskel besteht aus gröbern, mit bloßem Auge deutlich unterscheidbaren Bündeln, welche gewöhnlich parallel neben einander liegen. Diese Bündel sind wieder zusammengesetzt aus feineren Bündeln, deren mikroskopische Elemente die Muskelfasern (fibrae musculares) sind. Die Muskelfasern sind entweder glatte, oder quergestreifte. Quergestreifte Muskelfasern (oder Muskelprimitivbündel) finden sich in allen lebhaft fleischrothen, dem Willen unterworfenen (sogenannten animalischen) M., jedoch auch in einigen unwillkürlichen, wie im Herzfleische und im obern Drittel der Fleischhaut der Speiseröhre, also in denjenigen M., welche sich sehr schnell und zugleich kräftig zusammenziehen. Die Muskelfasern sind 0,008 bis 0,04''' breit und von sehr beträchtlicher Länge, indem sie zwar nicht in allen, aber doch in sehr vielen Fällen der ganzen Länge des Muskels gleichkommen, dem sie angehören. An ihren beiden Enden laufen sie spindelförmig aus (Fig. 2 stellt ein solches Ende mit den sich daran befestigenden Sehnenfasern c dar). Sie haben auf dem Querschnitt eine unregelmäßig prismatische Gestalt mit abgerundeten Ecken. Jede quergestreifte Muskelfaser besitzt eine strukturlose, sehr dünne Hülle (sarcolemma, Fig. 2 d), an deren innerer Fläche zahlreiche, in regelmäßigen Abständen auftretende Kerne (b, b), Sarkolemkerne, von länglicher Form vorhanden sind. Das Sarkolem umschließt die eigentliche kontraktile Substanz (a) der Muskelfaser und diese wird wiederum aus einer großen Anzahl feinster, parallel in der Längsrichtung der Faser gelagerten Fäserchen, den Primitivfasern oder Muskelfibrillen (Fig. 3), zusammengesetzt. Da die Fibrillen der Länge nach regelmäßig abgetheilt sind und aus zahlreichen, hinter einander liegenden Stücken zu bestehen scheinen, so bekommt das ganze Primitivbündel oder die Muskelfaser ein regelmäßig quergestreiftes Ansehen.

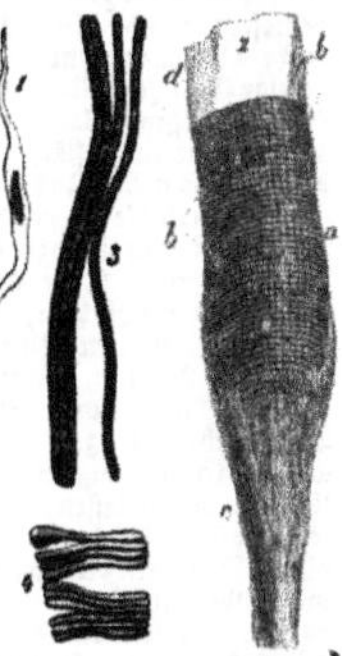

Durch künstliche Präparation läßt sich der Inhalt einer Faser in Plättchen auflösen, welche der ganzen Breite der Faser entsprechen (Fig. 4). Zwischen den einzelnen Fibrillen jeder Faser befindet sich ein homogenes, zähes Bindemittel in geringer Menge. Die einzelnen Muskelfasern werden unter einander durch lockeres Bindegewebe zu Bündeln vereinigt. Eine ebenfalls aus fibrillärem Bindegewebe bestehende Scheide, die Muskelscheide, umschließt den ganzen Muskel. Dieses in und um den Muskel vorhandene Bindegewebe bildet den Träger für die Nerven und Gefäße der M., enthält feine elastische Fasern und ist mehr oder weniger reich an Fettzellen. Glatte Muskelfasern (kontraktile Faserzellen, Fig. 1) finden sich überall da, wo unwillkürliche Zusammenziehung Statt findet, ausgenommen das Herz und das obere Drittel der Fleischhaut der Speiseröhre; in größeren Massen treten sie auf in der Gebärmutter, in den Muskelhäuten des Magens, des Darmkanals, der Harnblase 2c. Sie unterscheiden sich von den quergestreiften Fasern durch den Mangel jeder Querstreifung, durch ihre Kürze und Schmalheit und dadurch, daß sie nur Einen Kern besitzen. Es sind spindelförmige, cylindrische oder abgeplattete Fasern (Zellen), welche 0,02—0,04''' lang und 0,002 bis 0,003''' breit sind. Der Inhalt der Fasern, die kontraktile Substanz, ist fein granulirt oder homogen und umschließt einen stäbchenförmigen, langen Kern. Die glatten Muskelfasern vereinigen sich ebenfalls zu Bündeln, welche durch ein lockeres Bindegewebe zusammengehalten werden. Letzteres ist der Träger zahlreicher Gefäße und Nerven. Die Anzahl der Blutgefäße in jedem Muskel steht in geradem Verhältniß zu seiner Größe. Die blutzuführenden Gefäße theilen sich im Muskel in feinere und immer feinere Aestchen, welche parallel mit den Muskelfasern zwischen diesen verlaufen und sie durch ihre queren anastomosirenden Zweigelchen mit einem langmaschigen Netz umgeben. Die Haargefäße umstricken die Fasern, ohne in sie einzudringen und in die Fibrillen zu gelangen. Die blutabführenden Venen verlaufen mit den entsprechenden Arterien. Lymphgefäße scheinen in den M. nur in geringer Anzahl vorhanden zu sein. Die Nerven der M. lösen sich in diesen zu einem Endgeflecht auf. Die Nervenfasern, welche dieses Geflecht bilden, zeigen zahlreiche Theilungen und gehen dann in blasse, kernhaltige Endfasern über. Letztere legen sich mit einer kolbenförmigen, platten Anschwellung (Endkolben) an die Außenfläche des Sarkolemschlauchs an, dringen also nicht in das Innere der Muskelfasern ein.

Man theilt die M. gewöhnlich in glatte und quergestreifte oder in unwillkürliche und willkürliche M. ein. Diese Eintheilung läßt sich aber nicht streng durchführen, denn es gibt quergestreifte M., welche unserm Willen nicht unterworfen sind (z. B. das Herz), u. andere, welche nur bis zu einem gewissen Grad u. unter gewissen Umständen unserm Willen gehorchen, z. B. das Zwerchfell. Will man aber die Eintheilung in willkürliche und unwillkürliche M. gelten lassen, so bestehen zwischen beiden folgende Unterschiede: Die unwillkürlichen od. organischen M. dienen den Zwecken des vegetativen Lebens und bilden als solche nur einen kleinen Theil der ganzen Muskelmasse des Körpers. Sie bestehen mit Ausnahme des Herzens und der oberen Speiseröhre nur aus glatten Muskelfasern. Sie kommen an den Blutgefäßen, an verschiedenen Organen der Brust- und Bauchhöhle, in der Haut, im Auge &c. vor und dienen zur Verengerung, Erweiterung und Verkürzung der betreffenden Organe oder Organtheile. Sie bilden meist eine Membran oder einen Hohlkörper (Herz, Uterus), sind niemals an Knochen angeheftet, entbehren daher auch der Sehnen, haben ein blaßrothes Aussehen und stehen unter dem Einfluß der sympathischen Nerven. Die willkürlichen M. dagegen gehören dem animalischen Leben an, bestehen aus quergestreiften Muskelfasern und bilden den größten Theil der gesammten Muskelmasse, sowie des ganzen Körpers überhaupt. Sie sind hauptsächlich nach der Peripherie des Körpers zu gelagert, und die meisten finden sich an den Extremitäten; sie gehören vorzugsweise den Organen der Ortsbewegung, der Sprache und den Sinnen an. Sie stellen solide Körper dar, welche mit ihren beiden Enden an zwei in irgend einer Beziehung von einander verschiedene, bewegliche Theile angeheftet sind, meist an Knochen. Ihre Farbe ist dunkelroth, sie verlängern sich an ihren Enden meist in Sehnen, die sich ihrerseits an die Knochen anheften. Sie stehen unter dem Einflusse der Gehirn- und Rückenmarksnerven.

Was die Form der M. anbetrifft, so kommen die unwillkürlichen M. vor: 1) als Hohlmuskeln mit sich kreuzenden Fasern, welche eine Verkleinerung der von ihnen umschlossenen Höhlen bewerkstelligen (z. B. Herz, Harnblase); 2) als Ringmuskeln, deren Fasern den Abschnitt eines Ringes bilden, in querer Richtung in der Wand eines röhrenförmigen Kanals liegen und den Durchmesser dieses Kanals verengern können (z. B. im Darmkanal); 3) als Längsmuskeln, welche sich theils in der Längsrichtung eines Kanals in dessen Wand hin erstrecken, theils zu platten oder bandförmigen Organen sich vereinigen, wie z. B. die Haarmuskeln der Haut, die Regenbogenhaut des Auges. Die willkürlichen M. sind bald lang und spindelförmig, bald breit und flach, bald kurz und dick, bald endlich stellen sie einen Ring dar, welcher um eine natürliche Oeffnung (Mund, After) herumliegt und diese verschließt. Die willkürlichen M. stehen fast alle an ihrem Anfang und Ende mit dichten, fibrösen, seidenglänzenden Strängen (Sehnen, Flechsen) oder, wenn sie eine platte Gestalt haben, mit solchen Häuten (Sehnenhäuten) in Verbindung. Der Querschnitt einer Sehne ist immer bedeutend kleiner als derjenige der zugehörigen Muskeln. Damit mehre M. zugleich an Einem Punkte des Skelets entspringen, oder an einem solchen enden können, mußten sie an ihrem Anfang und Ende mit Sehnen versehen werden, deren Umfang bedeutend kleiner als derjenige der M. selbst ist, und welche gleichsam die Zugseile vorstellen, durch welche die lebendige Kraft des Muskels auf den beweglichen Knochen übertragen wird. Raumersparniß ist somit der letzte Grund der Sehnenbildung. Man unterscheidet an jedem Muskel eine Ursprungs- und Endsehne (auch Kopf und Schwanz des Muskels genannt), während das eigentliche Fleisch des Muskels als Muskelbauch bezeichnet wird. Wird der Bauch eines Muskels durch eine eingeschobene Sehne in zwei Theile getheilt, so heißt er ein zweibäuchiger Muskel. Verläuft die Sehne eines Muskels in seinem Fleische eine Strecke weit aufwärts und befestigen sich die Muskelbündel von zwei Seiten her unter spitzigem Winkel an dieselbe, so hat man einen gefiederten Muskel. Liegt die Sehne an einem Rande des Fleisches und ist die Richtung zu ihr dieselbe schiefe wie beim gefiederten Muskel, so wird er halbgefiederter Muskel genannt. Hat ein Muskel mehre Ursprungssehnen, welche fleischig werden u. dann in einen gemeinschaftlichen Muskelbauch übergehen, so ist er ein zwei-, drei- od. vierköpfiger Muskel. Die Stelle, wo die Ursprungs- u. Endsehne eines Muskels sich am Knochen festsetzt, heißt Ursprungs- und Anheftungspunkt.

Was das chemische Verhalten der M. anbetrifft, so sind nach Bibra in 100 Theilen frischem Ochsenfleisch 72,56—74,45 Wasser enthalten. Die festen Theile (25,55—27,44) bestehen aus einem in kochendem Wasser, Alkohol und Aether unlöslichen Rückstand 16,83, löslichem Eiweiß und Farbstoff 1,75, leimgebender Substanz 1,92, Extraktivstoffen, Salzen 2,80, Fett 4,24. Hierbei ist zu bedenken, daß diese Zusammensetzung nicht derjenigen der Muskelfasern allein entsprechen kann, da im Fleische außer den letzteren noch Blut, Nerven, Bindegewebe, Fettgewebe und elastische Fasern vorkommen. Liebigs Forschungen verdanken wir die genauere Kenntniß des die quergestreiften M. durchtränkenden Saftes. Laugt man frisch, fein zertheilte M. mit Wasser aus, so erhält man eine trübe, stark sauer reagirende Flüssigkeit; die saure Reaktion rührt von einem beträchtlichen Gehalt an freier Milchsäure her. In der Hitze gerinnt der Muskelsaft; neben freiem Albumin enthält er aber auch geringe Quantitäten von Kasein. Außerdem finden sich in demselben zwei stickstoffhaltige basische Körper, das Kreatin und Kreatinin, sowie eine stickstoffhaltige Säure, die Inosinsäure, eine Zuckerart, der Inosit u. endlich gewisse anorganische Verbindungen. Die im Muskel vorkommende freie Milchsäure ist ein Zersetzungsprodukt der Muskelsubstanz selbst, das sich bei deren physiologischer Thätigkeit bildet. Dafür spricht der Umstand, daß ihre Menge mit der Energie der Muskelaktion wächst und daß sie im ruhenden Muskel sogar gänzlich fehlt. Der organische Hauptbestandtheil der M. ist eine stickstoffreiche, dem Faserstoff des Bluts verwandte Substanz, das sogenannte Muskelfibrin oder Syntonin. Bezüglich des Kreatins und Kreatinins ist hervorzuheben, daß ihre Mengen außerordentlich gering sind, verschieden groß im Fleisch verschiedener Thiere, am größten im Hühnerfleisch (0,3 Proc.), im mageren Fleisch beträchtlicher als im fetten; das Kreatin ist in viel größerer Menge als das Kreatinin im Fleische vorhanden. Alle Thatsachen sprechen dafür, daß das Kreatin ein Zersetzungsprodukt der Muskelsubstanz ist, daß ferner der beträchtlichste Theil des durch die Nieren ausgeschiedenen Harnstoffs ein weiteres Zersetzungsprodukt dieser Substanzen ist. Der Umstand, daß im Harn mehr Kreatinin als Kreatin gefunden wird, beweist, daß letzteres sich auf seinem Wege durch das Blut bis zu den Nieren theilweise in Kreatinin zersetzt hat. Die Parenchymflüssigkeit der glatten M. ist derjenigen der quergestreiften sehr ähnlich, reagirt aber schwächer sauer und enthält weniger Kreatin als letztere. In beiden Muskelsäften überwiegen die Kalisalze und Phosphate über die Natronsalze und Chlorverbindungen.

Die physiologische Thätigkeit der M. besteht in einer Formveränderung, wobei ihre Fasern sich in der Längsrichtung verkürzen und an Dicke zunehmen. Da der mechanische Effekt dieser Formveränderung, welcher die Leistung des Muskels ausmacht, überall auf der Verringerung des Längsdurchmessers, nirgends auf der Dickenzunahme beruht, so bezeichnet man die Thätigkeit desselben einfach als Verkürzung, Zusammenziehung oder Kontraktion des Muskels. Die Fähigkeit des Muskels, sich zu verkürzen, wohnt aber nicht der Muskelsubstanz als solcher inne, sondern sie kommt dem Muskel nur so lange zu, als dieser mit einem Nerven in unmittelbarer Verbindung steht. Eine Kontraktion findet also nur da Statt, wo die erregende Kraft durch die Nerven auf die M. wirkt. Seit Haller wurde den M. vielfach das Vermögen zugeschrieben, auch unabhängig von den Nerven in Verkürzung zu gerathen, und dieses Vermögen bezeichnete man als Muskelirritabilität. Als Hauptbeweis für diese Ansicht galt die Verkürzung bei unmittelbarer Reizung des auspräparirten Muskels. Mit Recht leitete man aber später diese Erscheinung ab von Erregungen der im Muskel verzweigten, unversehrt gebliebenen Nervenenden. Außer von der Erregbarkeit der mit ihm verbundenen Nerven ist die Kontraktionsfähigkeit des Muskels auch noch von der normalen physikalisch-chemischen Konstitution der Muskelsubstanz selbst abhängig. Alle Umstände, welche die eine oder andere Bedingung oder gleichzeitig beide aufheben, nehmen dem Muskel die Fähigkeit, auf Reizung sich zu verkürzen. Zur Erhaltung der normalen Beschaffenheit des Muskels, welche ihn zur Reaktion auf die Nervenerregung befähigt, ist ebensowohl eine ungestörte Ernährung durch das Blut, als eine zeitweilige Unterbrechung der Ruhe durch Thätigkeit erforderlich. Aufgehobener Blutzufluß führt auch am lebenden Körper den Muskel in den todten Zustand über; der in Folge mangelnder Erregung oder Entartung seiner Nerven längere Zeit unthätige Muskel atrophirt und entartet allmählig. Die Ernährung allein ist im Stande, alle unter physiologischen Verhältnissen eintretenden, mit Herabsetzung der Kontraktionsfähigkeit verknüpften chemischen Alterationen der Muskelsubstanz wieder auszugleichen und so die gesunkene Leistungsfähigkeit auf ihr ursprüngliches Maß zurückzuführen. Ihr Stillstand nach dem Tode und im ausgeschnittenen Muskel bedingt das allmählige Sinken und endliche Erlöschen der physiologischen Thätigkeit; das völlige Erlöschen wird durch die Todtenstarre bezeichnet. Die tägliche Erfahrung und die Versuche am ausgeschnittenen Muskel lehren, daß derselbe ermüdet; seine Kontraktionsfähigkeit wird durch die Thätigkeit selbst herabgesetzt, um so mehr, je intensiver und anhaltender die Thätigkeit war. In der Ruhe erholt er sich wieder. Diese Ermüdung ist unstreitig gleichzeitig die Folge der herabgesetzten Erregbarkeit der Nerven des Muskels, sowie einer durch die Thätigkeit herbeigeführten Veränderung seiner Substanz selbst; welcher Antheil jedem der beiden Faktoren im gegebenen Fall zukommt, läßt sich nicht entscheiden. Daß aber die Ermüdung nicht lediglich auf Rechnung der Nervenerschöpfung kommt, schließen wir aus der Herabsetzung des Muskelstroms (s. Muskelelektricität) durch die Thätigkeit und aus den nachweisbaren chemischen Zersetzungen, welche die thätige Muskelsubstanz erleidet. Die erholende Wirkung der Ruhe beruht auf der Ausgleichung dieser Mischungsveränderungen durch das zum Muskel hinfließende und ihn ernährende Blut. Die quergestreiften M. des menschlichen Körpers und der Wirbelthiere unterscheiden sich durch ihre Kontraktionsweise von den als glatten Muskelfasern zusammengesetzten M. sehr auffallend. Die Thätigkeit beider besteht in einer Verkürzung bei zunehmender Dicke, allein Energie und zeitliche Verhältnisse der Reaktion in Beziehung auf die zeitlichen Verhältnisse des Reizes sind verschieden. Die quergestreiften M. gerathen nämlich in demselben Moment in Verkürzung, in welchem die in ihnen verbreiteten Nerven in den erregten Zustand versetzt wurden, erreichen in sehr kurzer Zeit das Maximum ihrer Verkürzungsgröße, welche der jedesmaligen Intensität des Reizes und der Leistungsfähigkeit des Muskels zukommt, und gehen ebenso rasch in den erschlafften Zustand über, in demselben Moment, in welchem der Reiz zu wirken aufhört, die Nerven also in den ruhenden Zustand zurückkehren. Bei den aus kontraktilen Faserzellen (glatten Muskelfasern) zusammengesetzten M. dagegen beginnt die Kontraktion erst eine merkliche Zeit nach dem Beginn der Reizung, steigert sich allmählig, dauert nach dem Aufhören des Reizes fort und geht allmählig wieder in Erschlaffung über. Die Formveränderung, welche die M. bei ihrer Thätigkeit erleiden, besteht in einer geradlinigen Verkürzung mit entsprechender Dickenzunahme, und zwar verkürzen sich die Muskelfasern hierbei in ihrer ganzen Länge gleichzeitig. Das Volumen des verkürzten Muskels ist nur um ein Minimum geringer als dasjenige des ruhenden Muskels. Ausgeschnittene M. können sich, wenn ihre Nerven galvanisch gereizt werden, durchschnittlich um 50—60 Procent ihrer Länge verkürzen; diese großen Werthe kommen aber im lebenden Körper nicht vor. Das Verhältniß der Länge eines Muskels zu seiner möglich größten Verkürzung bleibt bei verschieden langen M. das gleiche. Dagegen ist die Dicke (der Querschnitt) des Muskels ohne allen Einfluß auf seinen Verkürzungsgrad. Bei demselben Muskel hängen die Verkürzungsgrade ab von der Stärke des Reizes und vom Ermüdungszustand; je ermatteter der Muskel, desto geringer sind seine Verkürzungen. Im lebenden Körper haben die M. bei ihrer Thätigkeit das Gewicht der Körpertheile, welche sie bewegen, und den geringen Widerstand ihrer Antagonisten zu überwinden, ganz abgesehen von den nach außen übertragenen mechanischen Leistungen, z. B. dem Heben von Gewichten. Stehen dem thätigen Muskel Widerstände entgegen, so geräth er, wenn diese Widerstände nicht zu überwinden sind, in Spannung, wird derb und fest, kann sich aber nicht verkürzen. Werden die Widerstände aber überwunden, so sind nunmehr die Verkürzungen geringer als beim Fehlen der Widerstände. Mit zunehmender Größe des Widerstandes und mit zunehmendem Ermüdungsgrad nimmt die Stärke der Verkürzung ab. Die M. sind auch im unthätigen Zustande etwas gespannt; dies beweist die Thatsache, daß nach Durchschneidung einer Sehne die Schnittflächen ein wenig auseinander weichen. Diese Spannung ist übrigens relativ schwach, so daß wir den unthätigen Muskel gewöhnlich als schlaff bezeichnen.

Die Spannung des unthätigen Muskels ist wichtig für seine Funktion, denn wäre derselbe gar nicht gespannt, so müßte er, wenn er in Thätigkeit kommt, zuerst einen gewissen Spannungsgrad erlangen und würde dann erst im Stande sein, einen Zug auf den Knochen auszuüben. Die elastischen Kräfte der unthätigen M. werden dann im lebenden Körper in Anspruch genommen, d. h. die M. werden gedehnt, wenn ihre Antagonisten sich verkürzen; gerathen dagegen die letztern wieder in Erschlaffung, so gewinnen die gedehnten, unthätigen M. wieder ihre frühere Form. Der leistungsfähige lebende Muskel besitzt im ruhenden Zustande eine geringe, aber sehr vollkommene Elasticität, d. h. er leistet der Ausdehnung geringen Widerstand, kehrt aber selbst nach beträchtlicher Ausdehnung zu seiner natürlichen Länge zurück. Sobald der Tod des Muskels eingetreten, derselbe also in den Zustand der Todtenstarre gerathen ist, leistet er der Ausdehnung beträchtlichen Widerstand und reißt bei dessen gewaltsamer Ueberwindung leicht, oder bleibt, wenn er ohne Zerreißung ausgedehnt ist, dauernd verlängert. Im thätigen Zustand des Muskels wird dessen Elasticität eine weit geringere, d. h. er besitzt eine größere Ausdehnbarkeit. Der Muskel übt, während er sich verkürzt, eine Kraft aus, welche am größten im Beginn der Verkürzung ist, mit der Zunahme der Verkürzung abnimmt und im höchsten Grad derselben Null wird. Die Größe der Kraft, welche ein Muskel auszuüben im Stande ist, hängt ausschließlich von der Größe seines Querschnitts, also von der Zahl der neben einander vereinigten Fasern, nicht aber von der Länge der Fasern ab. Zwei M. von sonst gleicher Beschaffenheit besitzen genau dieselbe Kraft, wenn sie denselben Querschnitt haben, auch wenn die Fasern des einen zehnmal so lang wie diejenigen des andern sind. Das gleiche Gewicht aber wird der zehnmal längere Muskel auf die zehnfache Höhe heben als der kürzere. Für die Mechanik der Leistungen unserer M. am Körper ist es von größter Wichtigkeit, nicht allein die Kraft derselben kennen zu lernen, sondern auch die Nutzwirkung der sich verkürzenden M. zu bestimmen. Das vom Muskel erhobene Gewicht erlangt einen mit der Erhebungshöhe zunehmenden Nutzeffekt, in sofern dasselbe von dieser Höhe herabfallend eine zu beliebigen Zwecken verwendbare lebendige Kraft gewinnt; die Größe dieser Kraft hängt von der Schwere des Gewichts und von der Höhe ab, bis zu welcher es gehoben war. Der Nutzeffekt ist daher gleich dem Produkt des Gewichts u. der Erhebungshöhe. Man hat nun gefunden, daß der größte Nutzeffekt nicht mit dem größten Grade der Verkürzung zusammenfällt, es tritt derselbe aber auch nicht dann ein, wenn der Muskel seine größte Kraft entwickelt, sondern bei mittleren Graden der Verkürzung und Belastung. Mit der Ermüdung vermindert sich natürlich der Nutzeffekt, die Kraft nimmt dabei weit schneller ab als die Verkürzungsgröße. Da die Leistung eines Bewegungsmechanismus nicht vollständig bestimmt ist durch die Angabe des Nutzeffekts einer einmaligen Bewegung, so muß noch beigefügt werden, innerhalb welcher Zeit die Bewegung ausgeführt wird u. wie oft sie wiederholt werden kann. Man reducirt daher die Nutzeffekte, um sie unter einander vergleichbar zu machen, auf eine Sekunde als Zeiteinheit. Nach zahlreichen praktischen Erfahrungen nimmt man für die Sekundenleistung eines mittlern Arbeiters während seiner Arbeitszeit 7 Kilogrammometer an. Die M. können aber nicht beständig arbeiten, daher muß auch die Ruhezeit eingerechnet werden. Wird die Arbeitsdauer zu 8 Stunden angenommen, so beträgt der tägliche Nutzeffekt des mittlern Arbeiters 201,600 Kilogrammometer, die durchschnittliche Sekundenleistung (die Ruhezeit eingerechnet) also 2,3 Kilogrammometer. Jeder Motor, der leblose wie der lebende, ist nur zu einem bestimmten durchschnittlichen Nutzeffekt befähigt, die Beschäftigung selbst mag sein, welche sie wolle. Bei lebenden Motoren kann dieselbe zwar vorübergehend nicht unbedeutend gesteigert werden, aber stets nur auf Kosten späterer Arbeitsfähigkeit, ja selbst der Gesundheit. Der Arbeiter gehorcht der angegebenen Norm instinktmäßig. Soll er Tag für Tag den möglichsten Nutzeffekt erreichen, so beschwert er sich bei jeder Einzelbewegung nur mit einer bestimmten Last, läßt die Bewegungen in bestimmten Zwischenräumen auf einander folgen u. sorgt für eine gehörige Vertheilung der Ruhezeiten. Während der Muskelthätigkeit ist die Produktion der Körperwärme gesteigert, und offenbar findet die vermehrte Wärmebildung in den M. selbst Statt. Die Temperatur eines anhaltend thätigen Muskels ist um ungefähr 1° C. höher als die eines ruhenden; auch steigt die Wärme der über dem thätigen Muskel liegenden Hautstelle. Zwischen Wärmeproduktion u. Nutzeffekt besteht ein gewisser Zusammenhang; beide gehen parallel. Ebenso besteht ein Zusammenhang zwischen Ernährung u. Reizbarkeit der M. Ausgeschnittene M. bewahren ihre Reizbarkeit am längsten in Sauerstoffgas, weniger lange in der atmosphärischen Luft, am kürzesten in sauerstofffreien Gasmischungen. Der Muskel verschluckt nicht bloß Sauerstoff, sondern gibt auch Kohlensäure ab. Die Aufnahme des ersteren wie die Ausgabe der letzteren nimmt zu, sobald die M. in Verkürzung gesetzt werden. Schneidet man einem Muskel die Blutzufuhr ab, so wird der Willenseinfluß auf denselben schnell vernichtet; läßt man wieder Blut hinzutreten, so stellt sich auch der Willenseinfluß wieder her. Einige Stunden nach der Unterbindung ihrer Arterien verlieren die M. ihre Reizbarkeit u. beginnen starr zu werden; spritzt man nicht zu spät sauerstoffhaltiges Blut in die Gefäße der M., so ruft man bis zu einem gewissen Grad die Reizbarkeit wieder zurück. Die Hemmung des in den M. sehr regen Stoffwechsels hat demnach schnell den Verlust ihrer Leistungsfähigkeit zur Folge. S. auch Muskelelektricität und Muskeltonus. Die beste Arbeit über die Physiologie des Muskels ist unstreitig Webers Artikel „Muskelbewegung" in Wagners „Handwörterbuch der Physiologie", Bd. 3.

Muskeltonus (v. Lat.), der Zustand der beständigen, wenn auch nur schwachen, aktiven Zusammenziehung, in welchem sich auch der unthätige Muskel befinden soll. Dieser Zustand darf nicht mit der elastischen, passiven Spannung des Muskels verwechselt werden. Joh. Müller suchte in dem Rückenmark die Ursache des M.; die neuere Physiologie hat den Begriff des M. überhaupt als gar nicht vorhanden aus ihren Lehrbüchern meist gänzlich verbannt.

Muskelzucker, s. v. a. Inosit.

Muskete (v. Ital.), im 16. Jahrhundert das Feuergewehr der Infanterie, welches den früher gebräuchlichen Haken oder die Hakenbüchse verdrängte. Ihre Schießweite wurde gewöhnlich zu 300 Schritten od. 60 rheinländischen Ruthen angenommen, u. die Entzündung der Ladung zuerst mit dem Luntenschlosse, dann aber mit dem Radschlosse bewerkstelligt. Wegen der Schwere der M., die anfangs 15 Pfund betrug, war der Mann zum bequemen Tragen derselben nicht nur mit einem Kissen auf der rechten Schulter, sondern auch mit einer sogenannten Musketengabel zum Auflegen beim Feuern u. mit einem von den Holländern erfundenen Luntenverberger von gelbem oder weißem Bleche versehen, um die Lunte stets trocken zu erhalten. Anfangs schoß sie 4, später nur 2 Loth Blei und wog nach dieser Verkleinerung des Kalibers nur noch 10 Pfd. Die damit bewaffneten Leute hießen Musketiere. Unter Karl V. waren bei jeder Fahne Landsknechte 10 derselben, die immer an der Spitze marschirten. In der Folge vermehrte man ihre Anzahl auf 15. Sie wurden bald in allen Heeren eingeführt u. verdrängten nach u. nach die Hakenschützen, so daß die Infanterie zu Anfang des 17. Jahrhunderts nur noch aus Pikenieren u. Musketieren bestand, deren Anzahlverhältniß sich stets zu Gunsten der letzteren veränderte. Gustav Adolf erleichterte die M.n bedeutend, machte dadurch die Gabeln entbehrlich und brachte es durch häufige Uebung seiner Musketiere dahin, daß sie auf Kommando in Gliedern feuern u. auf der Stelle wieder laden lernten, während die deutschen Musketiere nach abgegebenem Feuer hinter die Frönte ihrer Abtheilung liefen, um dort wieder zu laden. Gegen Ende des 17. Jahrhunderts verdrängten die Füsiliere die Musketiere, wenigstens in Frankreich; die Benennung Musketiere ist jedoch in den meisten deutschen Armeen zur Bezeichnung der Linieninfanterie beibehalten worden.

Musketon (Musketonner), früher kleines Geschütz, welches 20 Loth Eisen od. 28 Loth Blei mit gleich schwerer Pulverladung im Visirschuß 292 Schritte trug, $2^1/_2$ Centner schwer u. 38 Kaliber lang war; dann eine Abart des Karabiners, von demselben nur verschieden durch sein kürzeres, weiteres Rohr, das sich gegen die Mündung zu in Form eines breit gedrückten Trichters erweiterte, um den kleinen Laufkugeln (gewöhnlich 10—12 Stück), mit denen er geladen wurde, einen größern Streuungskreis zu verschaffen.

Muskingum, Fluß im nordamerikanischen Staate Ohio, entsteht bei Coshocton aus dem Zusammenfluß des Walhonding u. Tuscarawas, fließt südöstlich u. fällt nach 25 Meilen Stromlänge bei Marietta in den Ohio. Von Dresden an, wo ein Seitenkanal in den Ohiokanal abführt, ist er bis zu seiner Mündung 22 Meilen weit für Dampfboote schiffbar.

Muskonisi (sonst Hekatonnesi), türkische Inselgruppe von mehr als 30 kleinen Inseln im Meerbusen von Adramitty (ägäisches Meer) an der Westküste von Kleinasien, meist von Griechen bewohnt, bringen besonders Baumwolle u. Südfrüchte hervor. Die Hauptinsel, Megalo-Muskonisi, ist durch Versandung der sie vom Festlande trennenden Meerenge jetzt zur Halbinsel geworden.

Musologie (v. Griech.), die Wissenschaft, welche mit der Gesammtheit der in Sprache, Schrift und Druck vorhandenen Geisteserzeugnisse bekannt macht. Vergl. Merleker, M., Leipzig 1857.

Musone, 1) Fluß in Venetien, entspringt südlich von Asolo in der Provinz Treviso und theilt sich bei Mirano in zwei Arme, von denen der eine kanalisirt oberhalb Dola in die Brenta geleitet ist, während der andere, Venedig gegenüber, in die Lagunen mündet. — 2) (Moscione, sonst Miseus) Fluß in den italienischen Provinzen (sonst päpstlichen Delegationen) Macerata u. Ancona, ist schiffbar u. fällt nordöstlich von Loretto in das adriatische Meer. Danach wurde im ehemaligen Königreich Italien (während des ersten französischen Kaiserreichs) ein Departement genannt, welches 64 □M. mit 260,600 Einw. umfaßte und Macerata zur Hauptstadt hatte.

Muspilli, der Titel eines althochdeutschen, in altbayerischer Mundart u. alliterirenden Versen abgefaßten Gedichtfragments, das zuerst von Schmeller herausgegeben und erläutert wurde (in Buchners „Neuen Beiträgen zur vaterländischen Geschichte", 1832, Bd. 1, S. 89—117). Es enthält eine im christlichen Sinne gehaltene, aber von altheidnischen Vorstellungen durchzogene Darstellung des Weltuntergangs u. daran geknüpfte Mahnungen zur Buße. Das

Ende der Welt wird nach dem Gedicht, in Gemäßheit einer altgermanischen Anschauung, durch Feuer herbeigeführt (daher Muspilli = ligni perditor; s. J. Grimm, Deutsche Mythologie, S. 568). Der Herausgeber Schmeller vermuthete, daß das Fragment auf die leeren Blätter und Ränder der Handschrift, durch die es uns erhalten ist, eigenhändig von Ludwig dem Deutschen († 876) geschrieben sei. Jedenfalls ist die Dichtung selbst, welche in Form u. allgemeinem Charakter als Nachhall altheidnischer Poesie erscheint, weit früher entstanden. W. Müller hat versucht, dieselbe in Strophen von je 4 Langzeilen abzutheilen (Haupts „Zeitschrift für deutsches Alterthum", Bd. 3, S. 455 ff.). Vgl. auch Bartsch, Ueber M. in Pfeiffers „Germania", Bd. 3, S. 7 ff.

Mussända *L.*, Pflanzengattung aus der Familie der Rubiaceen, charakterisirt durch den 5spaltigen, abfälligen Kelchsaum, die trichterförmige, 5spaltige, inwendig zottige Blumenkrone mit 5 ungestielten Antheren u. gespaltener Narbe u. die trockene, ovale, 2fächerige Beere mit zahlreichen Samen auf erhabenem Boden, Bäumchen oder Sträucher in den Tropenländern beider Welten, mit ovalen Blättern und spitzigen Nebenblättern, Blüthen in Sträußern am Ende. Die bekannteste Art ist M. frondosa *L.*, ein zierlicher Strauch mit krummen, ausgebreiteten, kletternden Stengeln, 9 Zoll langen, 6 Zoll breiten wolligen Blättern u. in kleinen Sträußern am Ende der Zweige stehenden Blüthen, die anfangs als bläulichgrüne Knöpfe erscheinen, woraus langröhrige, sammetartige, geruchlose, unten scharlachrothe, inwendig hochgelbe Blüthen kommen. Die Frucht ist olivenförmig, gelb mit grauen Düpfeln besetzt, oben mit dem Kelche und dem langen, weißen Griffel gekrönt u. hat grünes, säuerliches, herbes Fleisch voll kleiner, schwarzer Samen. Oft wächst einer von den 5 Kelchlappen in ein 4—5 Zoll langes, 3 Zoll breites weißes, grün geripptes wohlriechendes Blatt aus. Die Wurzel dient als auflösendes Mittel gegen Augenkrankheiten, der Saft der Blätter gegen Hornhautflecken, die Blumen als schweißtreibendes Mittel bei Husten, Wassergeschwülsten, auch äußerlich gegen Hautkrankheiten. M. Landia *Lam.*, auf der Insel Mauritius, ist ein Baum mit 8 Zoll langen, 4 Zoll breiten Blättern und $1\frac{1}{2}$ Zoll langen Blumen in dreitheiligen Sträußern. Die Rinde ist blaßgelb, schmeckt bitter u. zusammenziehend, kommt nach Europa unter dem Namen Cortex Belahé. M. luteola *Delil.* ist ein Strauch in Arabien u. Nubien, wo die Wurzel als Mittel gegen den Biß giftiger Schlangen berühmt ist.

Muß, s. v. a. Mus, s. Extrakte.

Muße, Freiheit von Geschäften u. anderen Obliegenheiten, doch mit der näheren Bestimmung, daß diese Freiheit nicht müßiggängerisch mißbraucht, sondern zur Sammlung des Geistes, zur Hinrichtung der Gedanken auf einen bestimmten Lebenszweck od. zu einer der individuellen Neigung zusagenden, reellen Thätigkeit benutzt werde.

Musselburgh, Stadt in der schottischen Grafschaft Edinburg, an der Mündung des die Stadt von dem Fischerdorf Fisherrow trennenden Esk in den Forthbusen der Nordsee und an der Eisenbahn von Edinburg nach Dumbar und Berwick, hat einen kleinen Hafen, Fabrikation von Segeltuch, Roßhaarzeuch und Leder, Brauerei, Brennerei, ein Seebad, etwas Handel und 7423 Einw. Ueber den Fluß führen 3 Brücken, von denen die älteste den Römern zugeschrieben wird, welche auf dem Invernesshügel, südlich von M., eine Station hatten. Hier 1547 Sieg der Engländer über die Schotten.

Musselin (Muslin, Nesseltuch), feiner, durchscheinender Baumwollenstoff, welcher aus feinem, sehr wenig gedrehtem Garn leinwandartig gewebt ist und einfach, glatt, gestreift, durchbrochen, geblümt ꝛc. von verschiedener Feinheit in den Handel kommt. Sorten mit 1600—2000 Fäden in der Ellenbreite heißen Vapeurs, noch feinere Zephyr. Man benutzt den M. zu Ballkleidern, feinen Tüchern, Vorhängen ꝛc. Ein ähnliches Gewebe aus Wolle ist der Wollmusselin, Mousseline de laine, welcher für Damenkleider benutzt wird und jetzt sehr häufig mit baumwollener Kette in den Handel kommt. Chaly ist ein ähnliches Gewebe mit seidener Kette.

Musseron (Moucheron, Roßling, Maischwamm, Agaricus prunulus *Fries*, Trichotoma graveolens *Pers.*), Pilz aus der Abtheilung der Blätterpilze, mit 3—4 Zoll hohem, rundem, derbem, glattem, gelblichweißem oder weißem Strunk, der sich am Grunde verdickt und wollig ist, 1—3 Zoll im Durchmesser haltendem, derbem, fleischigem, polsterartigem Hut, mit weißer oder gelblicher, später brauner oder grauer, glatter, lederiger Oberfläche und gedrängt stehenden, weißen, später röthlichen Platten (Lamellen). Das Fleisch ist fest, weiß, von mehligem Geruch und angenehmem Geschmack. Der M. wächst auf etwas feuchten, schattigen Plätzen in Wäldern, an Wegen, Hecken in ganz Deutschland im Frühling und dann wieder im Herbst einzeln und gesellig. Er gibt ein treffliches Gemüse und wird in Deutschland, Frankreich und Italien in Menge verspeist.

Musset, Alfred de, französischer Dichter, geboren den 11. Nov. 1810 zu Paris, besuchte das Collége Henri IV., gewann 1827 den Ehrenpreis der philosophischen Klasse für eine lateinische Abhandlung über „Die Beweggründe unserer Urtheile" und trat, hauptsächlich durch Charles Nodier angeregt, bereits 1830 mit einem Band Gedichte „Les contes d'Espagne et d'Italie" hervor, die bei aller Ungebundenheit und burschikosen Ausgelassenheit doch den Ton wahrer Leidenschaft und Empfindung durchklingen ließen. Weniger Aufsehen machte seine zweite Sammlung, „Spectacle dans un fauteuil" (Paris 1833), obgleich dieselbe weit mehr Gediegenes enthielt. Noch in demselben Jahre brachte die „Revue des deux mondes" seinen „André del Sarto". Es folgten die Lustspiele „Les caprices de Marianne", „Un caprice", „Il ne faut prier de rien", „On ne badine pas avec l'amour", „Le chandelier", „Lorenzaccio" u. A.; ferner das Gedicht „Rolla", der Roman „La confession d'un enfant du siècle" (Par. 1836, 2 Bde., umgearbeitet 1840) u. die Epistel an Lamartine. Seine dramatischen Versuche erschienen gesammelt in den „Comédies injouables" (Paris 1838, 2 Bde.) und den „Comédies et proverbes en prose" (das. 1840), eine Sammlung seiner lyrischen Dichtungen unter dem Titel „Poésies complètes" (das. 1840). Auf das beckersche Rheinlied antwortete er in dem bittern („Nous l'avons eu, votre Rhin allemand"). Nachdem 1847 und 1848 mehre seiner kleinen Stücke im Théâtre français mit Beifall gegeben worden waren, begann er direkt für die Bühne zu arbeiten. Aber seine „Louison" (1849) und „Bettine" (1851) gingen geräuschlos vorüber, dagegen fand eine neue Sammlung Gedichte „Le Souvenir“ (Paris 1850) viel Beifall. Im Febr. 1852 ward er zum Mitglied der französischen Akademie ernannt. Er † am 1. Mai 1857. Sein älterer Bruder Paul de M. (geboren den 7. Nov. 1804) machte sich als Romanschriftsteller bekannt.

Muffons, s. v. a. Mouffons, s. Wind.

Mußtheil (cibaria), das in Scheunen u. Kellern Vorhandene (eingehöfter Vorrath), welches nach dem Tode des Mannes binnen 30 Tagen nicht in der Wirthschaft konsumirt wird und nach manchen Provinzialrechten der Frau gehört.

Mustangs, halbwilde Pferde in den amerikanischen Prairien.

Mustapha (Mustafa), Kara, Großwessir Sultan Mohammeds IV., Sohn eines Sipahi, ward von Mehemed Kiuprili erzogen u. nach Achmeds Tode 1675 zum Großwessir ernannt. In dieser Stellung erklärte er den 8. März 1677 an Rußland den Krieg, welcher durch den für die Pforte nachtheiligen Waffenstillstand von Radzin (11. Februar 1681) beendet ward. Auch gegen Oesterreich bewies er sich durch Begünstigung des Aufruhrs in Ungarn feindselig. Im Innern bekundete er seinen Haß gegen die Christen durch Gelderpressungen und übermüthige Behandlung der Gesandten christlicher Mächte. Sein Uebermuth bewog die Kosaken, sich von den Türken loszusagen und unter russischen Schutz zu treten (1681). Nachdem Tökely, das Haupt der aufrührerischen Partei in Ungarn, dieses Königreich als Vasall der Pforte von M. zu Lehen genommen, drang dieser 1681 sengend und brennend in die österreichischen Erblande ein und begann am 14. Juli 1683 mit einer Armee von 200,000 Mann die Belagerung von Wien, ward aber von Sobieski den 12. Sept. 1683 entscheidend geschlagen und trat mit Zurücklassung sämmtlichen Geschützes und Gepäcks mit dem Reste seines Heeres den Rückzug nach Ungarn an, wo er am 9. Oktober 1683 bei Parkany und durch den Fall der Festung Gran neue Niederlagen erlitt. Er ward deshalb den 26. December 1683 auf Befehl des Sultans zu Belgrad erdrosselt.

Muster, gleichbedeutend mit Probe, d. h. ein kleiner Theil einer Waarenpartie, nach welcher eine größere Menge rücksichtlich ihrer Güte und Aeußerlichkeit beurtheilt werden kann; dann die Zeichnung, welche durch die Verschiedenartigkeit des Gewebes oder der sonstigen Manipulationen den gewebten, gewirkten, gestrickten, gehäkelten rc. Waaren ertheilt wird; Vorlage, welche zur Kopie dient, wie z. B. die Stickmuster zur Nachbildung mittelst der Stickerei.

Musterrolle, Namensverzeichniß der Mannschaft auf einem Schiffe, welches jedes Schiff mit sich führen muß, enthält außer den Namen auch die Angabe der Gage, so weit sie Jeder erhalten hat. Die M. ist eins der unentbehrlichsten Schiffspapiere.

Musterschule, s. v. a. Normalschule.

Musterung, s. Revue.

Musterwirthschaften, solche Wirthschaften, die durch ihre vortreffliche Einrichtung und Führung anderen Wirthschaften zum Muster dienen können. Es gehört dazu sowohl ein musterhaftes System bei der Wahl der anzubauenden Gewächse, der Fruchtfolge und der wirthschaftlichen Verwendung der erhaltenen Produkte, wodurch mit den möglichst geringen Mitteln der möglichst große Reinertrag erzielt wird, als ein musterhafter, den Verhältnissen angemessener, genau in einander greifender Betrieb. In einigen Gegenden, z. B. in einigen Kreisen Ostpreußens, hat man jetzt solche M. auf Kosten des Staats errichtet. Vgl. Schwarz, Die bäuerlichen M., Berlin 1851.

Musterzeichner, Diejenigen, welche sich mit der Erfindung und Aufzeichnung von Gegenständen der verschiedensten Art beschäftigen, die dann den Verfertigern dieser Gegenstände als Muster dienen. Besonders werden dergleichen Zeichnungen für die Erzeugnisse der Weberei, Stickerei, Tapeten- und Zeuchdruckerei rc. gebraucht. In Frankreich bestehen zu Paris und Lyon eigene Schulen für den Unterricht im Musterzeichnen (Dessinateurschulen). In Deutschland haben selbst namhafte Künstler sich mit dem Musterzeichnen beschäftigt. So gab Karl Bötticher eine Sammlung von selbst erfundenen, sehr geschmackvollen Mustern für Kattundrucker und Adolf Schrödter ein Musterbuch für Schnurstickerei heraus.

Mustoxidis, Andreas, ausgezeichneter neugriechischer Gelehrter, geboren 1785 zu Korfu, studirte zu Pavia die Rechte, ward nach der Herausgabe seiner „Notizie per servire alla storia corcirese da i tempi eroici al secolo XII“ (1804) von der Republik der sieben Inseln zu ihrem Historiographen ernannt und wirkte hierauf als Lehrer in den schönen Wissenschaften am Lyceum zu Korfu. Nachdem die Republik ihre Selbstständigkeit verloren, begab sich M. nach Italien und gab hier die ersten beiden Bände seiner „Illustrazioni corciresi“ (Mailand 1811—1814, 2 Bde.) u. das Bruchstück des „Discorso d'Isocrate della permutazione“ heraus. Auch ward er Mitarbeiter der literarischen Zeitschrift „Il poligrafo“ und Mitglied des französischen Instituts. Wegen seiner Schrift „Exposé des faits, qui ont précédé et suivi la cession de Parga“ (herausgegeben von Amaury Duval, Paris 1820) ließ ihm der damalige Lord-Oberkommissär der jonischen Inseln, Thomas Maitland, sein Monatsgehalt als Historiograph entziehen. Die russische Regierung ernannte ihn dagegen zum Hofrath und attachirte ihn 1821 der Gesandtschaft des Kaisers in Turin, doch finden wir ihn bald darauf zu Venedig, wo er seine „Considerazione sulla presente lingua dei Greci“ (Venedig 1825), „Appendice alla storia di Eraclea“ und „Notizie alla vita di Esopo“ schrieb. Auch auf dem Gebiete der altgriechischen Philologie war er literarisch thätig. Im Jahre 1828 ward er von Kapo d'Istrias zur Leitung des öffentlichen Unterrichts und zur Aufsicht über die Centralanstalt zu Aegina berufen; nach Kapo d'Istrias' Tode kehrte er nach Korfu zurück, wo er zum Mitglied der gesetzgebenden Versammlung der jonischen Inseln ernannt ward, aber sich vorwiegend mit literarischen Arbeiten beschäftigte. Er schrieb hier die „Renseignements sur la Grèce et sur l'administration du Comte capodistrias“ (Par. 1833), welche viel zur Berichtigung der gehässigen Urtheile über den Präsidenten beitrugen. Er † den 17. Juli 1860. Noch sind seine italienischen Uebersetzungen des Anacreon (Venedig 1817) und Herodot (Mailand 1819) und seine Geschichte Korfu's zu erwähnen.

Mutae (lat.), s. Laute und Prosodik.

Mutation (v. Lat.), Veränderung, Wechsel, besonders die Periode, in welcher sich bei beiden Geschlechtern in Folge des innigen Zusammenhangs zwischen den Verrichtungen der Athmungs- oder Stimmorgane und denen der Geschlechtswerkzeuge durch die beginnende und vollendende Entwickelung und Entfaltung der letzteren eine bedeutende Veränderung und Vervollkommnung der Stimme in jeder Hinsicht offenbart, welche Periode bei Mädchen vom 12. bis 16., bei Knaben vom 14.—18. Jahre eintritt. Man muß in dieser Zeit die Stimme ruhen lassen, bis sich die Natur entschieden hat; Anstrengung der Stimme in der Zeit der M. ist nicht nur für die Stimme, sondern auch für die Gesundheit nachtheilig.

Mutatis mutandis (lat.), nach Veränderung des zu Verändernden, d. h. mit oder nach den erforderlichen Abänderungen.

Muth, Gemüthsstimmung, in welcher man sich durch Gefahren nicht schrecken läßt u. zu energischer und tapferer That geneigt und befähigt ist. Der M. kann einestheils aus Gleichgültigkeit gegen die Gefahr entspringen, anderentheils ein Produkt bestimmter positiver Gefühle und Stimmungen, z. B. des Ehrgeizes, der Vaterlandsliebe oder Begeisterung, sein; doch wird nur die erstere Art von M. dem Menschen gleichsam zur anderen Natur und verläßt ihn nie, während es bei der zweiten Art auf das Verhältniß der Stärke ankommt, in welchem jene den M. hervorrufenden positiven Gefühle u. Stimmungen zu den Eindrücken der Gefahr stehen. Dem von dem Verstande begleiteten und geleiteten M., welcher durch verständige Ueberlegung und klare Einsicht in die Größe der zu bestehenden Gefahren oder zu überwindenden Hindernisse alle Illusionen fern hält, aber eben deshalb durch die höchste Energie unterstützt wird, steht der sogenannte blinde M. entgegen, welcher lediglich im Temperament oder in leidenschaftlicher Erregtheit seinen Grund hat und also mehr physischer als moralischer Art ist. Der M. als Produkt der Willenskraft u. der klaren Ueberzeugung von dem sittlichen Werth eines durch muthiges Handeln zu erringenden Gutes ist ein ausschließlicher Vorzug des moralisch gebildeten Menschen und hat sich vornehmlich im Dienst der Pflicht zu bewähren.

Muthen, altdeutsches Wort, so viel als um etwas nachsuchen, gleichbedeutend mit sinnen. Ein Gesell muthet, wenn er um das Meisterrecht oder um die Aufnahme in die Innung nachsucht; daher das Muthjahr, während dessen der Muthgeselle zu jedem Quartal eine kleine Abgabe (Muthgeld, Muthgroschen) entrichten muß. Ein Lehn m. heißt um Ertheilung der Investitur nachsuchen, eine Grube m., um Erlaubniß anhalten, eine aufgefundene Lagerstätte bauen zu dürfen; die Bescheinigung, daß das Nachgesuchte bewilligt sei, heißt Muthschein oder Muthzettel (s. Bergrecht).

Muthwille, Lebhaftigkeit des Gefühls- und Willensvermögens, welches sich gern in Handlungen äußert, wodurch Andern momentane Verlegenheit oder selbst wirklicher, wiewohl meist unerheblicher Schaden bereitet wird. Solcher M. tritt besonders im jugendlichen Alter, bei Kindern bis zum angehenden Jünglingsalter hervor, ist aber selbst in seinen Ausartungen noch kein Zeichen schlechter, bösartiger Gemüthsbeschaffenheit.

Mutina, Stadt in Gallia cispadana im ehemaligen Gebiet der Bojer, an der von Mediolanum aus durch ganz Italien führenden Hauptstraße, schon zu Hannibals Zeiten als befestigter Ort mit römischen Einwohnern vorhanden, eigentliche römische Kolonie aber erst seit 184 v. Chr., wurde berühmt im Bürgerkrieg nach Cäsars Tod, wo D. Brutus in ihr vom Dec. 44 bis zum 14. April 43 v. Chr. durch Antonius belagert wurde, weshalb dieser Theil des Kriegs der mutinensische heißt. Die Umgegend von M. lieferte die feinste Schafwolle in ganz Italien und guten Wein; auch waren die in M. verfertigten Thongefäße sehr geschätzt. Jetzt Modena.

Mutisia *L.*, Pflanzengattung aus der Familie der Kompositen, charakterisirt durch den dachziegeligschuppigen Kelch, den nackten Fruchtboden, die 2lippigen Blümchen mit 3zähniger äußerer und 2theiliger innerer Lippe und die geschnäbelten, gerippten, glatten, langen Samen mit 2reihiger Federkrone; kletternde Sträucher im heißen Amerika mit abwechselnden Blättern u. Ranken, wie Wicken, von deren zahlreichen Arten M. campanulata *Less.*, mit scharlachrothen Strahlblümchen; M. Clematitis *L.*, mit purpurrothen Strahlblümchen; M. ilicifolia *Hook.*, mit blaßrosenrothen Strahlblümchen; M. speciosa *Hook.*, mit eben solchen, u. a. m. als Zierpflanzen gezogen werden. Sie sind in einem hellen Glashause zur Bekleidung einer Wand, eines Geländers oder der Pfeiler vortrefflich geeignet und bedürfen, wenn sie genügenden Raum zur Ausbreitung haben, nur 5—8° Wärme. Im Juni an eine warme, sonnige Wand gepflanzt, gedeihen sie auch im freien Lande.

Mutschirung, im Mittelalter die abwechselnde Regierung zweier oder mehrer nachgelassenen Söhne über ein Land, das bestehenden Hausverträgen oder testamentarischen Bestimmungen zufolge nicht getheilt werden durfte, das man aber auch nicht gemeinschaftlich regieren wollte. Eine solche M. fand z. B. 1566 im Herzogthum Sachsen Statt zwischen Johann Friedrich dem Mittlern und Johann Wilhelm, den Söhnen Johann Friedrichs des Großmüthigen.

Muttenz, Pfarrdorf im schweizerischen Kanton Baselland, Bezirk Arlesheim, an der Eisenbahn von Basel nach Aarau und Bern, am Fuß des Wartenbergs, mit den Ruinen der Schlösser Wartenberg, hat Acker-, Wein- und Obstbau und 2000 Einw.

Mutter (mater), Person weiblichen Geschlechts, im Verhältniß zu einer oder mehren andern Personen (Kindern), die sie geboren hat; vergl. Familie.

Mutterkirche, von einem Apostel gestiftete Gemeinde; dann s. v. a. älteste Landeskirche und s. v. a. Metropolitan- od. Kathedralkirche; auch die Hauptkirche eines Kirchspiels, im Gegensatz zu Filialkirchen (Tochterkirchen).

Mutterkorn (Cecale cornutum, Slavus secalis), Pilz, welcher in warmfeuchten Jahren zwischen den Spelzen des Roggens und anderer Gräser hervorwächst. Man findet dann an der Stelle der Körner eckig-walzenförmige, etwas gekrümmte Körper, die außen schmutzig dunkelviolett, inwendig weiß, an der Spitze oft mit einem weichen, selbst schmierigen Wulst und auf der einen Seite mit einer vertieften Linie versehen sind. Sie haben einen unangenehmen, aber schwachen, auch wohl gar keinen Geruch, schmecken widerlich süß und zeigen innen runde, gegen die Peripherie hin dichter zusammengedrängt

Zellen. Die stehen gebliebenen Spelzen sind oft wie mit Oel getränkt. Dieser Pilz überzieht die jungen Fruchtknoten schon zur Blüthezeit mit einem weißen, schwammigen Gewebe, welches unter Absonderung einer klebrigen Flüssigkeit sich mit der Außenschicht der Fruchtknoten völlig identificirt, indem es dieselbe verdrängt, in Folge dessen die Samenknospe in verschieden hohem Grade atrophisch wird. Die äußersten peripherischen Fäden bringen ellipsoïdische Körner, welche in Menge abfallen und den Haupttheil der erwähnten, schleimigen, süßlichen Masse bilden, welche Manche für Honigthau angesehen haben. Die Körner sind nach Tulasne, welcher das M. zuerst genauer untersucht hat, keimfähig und als Stylosporen anzusehen, wonach das parasitisch auftretende M. kein eigentlicher Pilz, sondern nur das Keimlager für bisher unbekannte Pilze wäre, welche aus dem M. hervorwachsen, wenn dasselbe einen Winter hindurch in feuchter Erde gelegen hat. Andere haben verschiedene Entwickelungsstufen des Pilzes unterschieden und das sich zuerst auf dem Fruchtknoten zeigende Gewebe als Sphacelia segetum *Leveille* bezeichnet. Aus demselben soll dann das eigentliche M. als keulenförmiger, dunkelvioletter Pilz zwischen den Spelzen der Aehren hervorwachsen. Derselbe wird als Sclerotium Clavus *Dec.* bezeichnet. Bei der Reife der Getreidekörner soll er abfallen und seine vollständige Ausbildung auf der Erde liegend gewöhnlich erst im folgenden Frühjahr erreichen, indem dann kleine gestielte, purpurrothe, höckerige Knöpfchen aus ihm hervortreten, welche den Samenstaub enthalten sollen. In diesem Stadium der Entwickelung bezeichnete man ihn als einen besonderen Pilz, Cordyceps purpurea *Fries.* Die Mutterkornbildung ist nicht auf den Roggen beschränkt, sondern kommt auch, doch seltener, auf Weizen, Gerste, Hafer und Mais und vielen wildwachsenden Gräsern, besonders auf dem Wiesenfuchsschwanz (Alopecurus pratensis *L.*) vor. Zur Vertilgung des M.s sind eine Menge Mittel vorgeschlagen, welche aber meist wirkungslos sind. Waschen oder Einweichen des Saatkorns in Salzwasser, Holzaschenlauge ꝛc. hilft nichts, weil sich unter dem Saatkorn selbst nicht die Fortpflanzungsorgane des Pilzes finden. Am besten ist es noch, die vorhandenen Mutterkornkörner, welche sich durch ihre geringe Schwere von den gesunden Körnern leicht unterscheiden lassen, zu vertilgen. Doch wird damit dem Uebel keineswegs Einhalt gethan, da viele andere wildwachsende Gräser ebenfalls die Anlage dazu haben und so immer neue Sporen gebildet werden, aus welchen neues M. entsteht. Das M. wirkt in größeren Dosen genommen (Mutterkornvergiftung) nach Art der scharf narkotischen Mittel auf den menschlichen Organismus (s. **Kriebelkrankheit**). In der Medicin findet es wegen seiner Einwirkung auf die Gebärmutter Anwendung, indem es dieselbe zu kräftigen Zusammenziehungen anregt und daher bei schwachen oder gänzlich nachlassenden Wehen die Ausstoßung der Frucht beim Geburtsakt wesentlich zu beschleunigen vermag. Auch leistet es bei starken Gebärmutterblutungen während oder nach der Geburt gute Dienste. Problematisch sind dagegen seine angeblich heilsamen Wirkungen bei Lähmungssymptomen, welche ihren Grund in Rückenmarksaffektionen haben können, wie bei Lähmung der Harnblase, des Mastdarms ꝛc. Das M. wird in Apotheken leicht wurmstichig, muß alle Jahre frisch gesammelt und in gut schließenden Glasgefäßen aufbewahrt werden. Im frischen Zustande enthält es ungefähr 25 Procent dickflüssiges, fettes Oel und ungefähr 1$\frac{1}{4}$ Proc. eines eigenthümlichen Körpers, des **Ergotins** (s. d.), sowie eine geringe Menge einer flüchtigen Base (Methylamin), eine besondere Art Zucker (Mykose), bisweilen auch Mannit und noch verschiedene andere, weniger wesentliche Bestandtheile.

Mutterkrankheit, s. v. a. Hysterie.

Mutterkranz, s. **Pessarium**.

Mutterkraut, Pflanzengattung, s. v. a. Pyrethrum Parthenium *Sm.*

Mutterkuchen (placenta), das Organ, durch welches das Kind im Mutterleibe mit der Gebärmutter in organischem Zusammenhang steht, und in welchem das Blut des Fötus diejenigen Veränderungen erleidet, welche dasselbe zur Ernährung des kindlichen Körpers geeignet machen. Der M. hat eine rundliche, flache, kuchenartige Gestalt, sein größter Durchmesser beträgt 5—8 Zoll, seine Dicke etwa 1—1$\frac{1}{2}$ Zoll, sein Gewicht schwankt zwischen 1 bis 1$\frac{1}{2}$ Pfund und darüber. Mit seiner konvexen äußern Oberfläche sitzt der M. fest im Grunde der Gebärmutter, während seine konkave innere Fläche von der sogenannten Schafhaut überzogen ist und die Gefäße der Nabelschnur in sich aufnimmt. Der M. besteht aus einem weichen, schwammigen, außerordentlich gefäßreichen Gewebe; seine Blutgefäße gehören theils dem Fötus, theils der Gebärmutter an und daher betrachtet man den M. als zusammengesetzt aus einem **Fötaltheil** und einem **Gebärmuttertheil**. Beide Theile, welche ursprünglich vollständig von einander getrennt waren, sind später so innig verschmolzen, daß man sie nicht mehr von einander sondern kann. Der Fötaltheil des M.s besteht aus einer großen Anzahl von Zottenbäumchen, welche eigentlich der äußern Eihaut (dem Chorion) angehören. An der Stelle nämlich, wo das Ei mit der Gebärmutter in Gefäßverbindung treten soll, bildet ersteres auf seiner Außenfläche eine große Anzahl von Zotten, welche reichliche Aeste und Zweige treiben und somit gleichsam zu kleinen Bäumchen auswachsen. Die Arterien des Nabelstranges nun, welche aus dem kindlichen Körper zum M. hinlaufen, theilen sich in diesem in feinere u. freiere Aeste, welche schließlich in die Zotten des Chorions eindringen. Das in jede Zotte eindringende arterielle Gefäßchen bildet so viel Schlingen und Schleifen, als jede Zotte Aeste und Ausläufer hat, und geht zuletzt in die Vene der Zotte über, welche durch allmählige Vereinigung mit allen übrigen Zottenvenen zur Nabelvene zusammenfließt. Es muß also das durch die beiden Nabelarterien in den Fötaltheil des M.s geführte Blut durch die Nabelvene wieder zum Fötus zurückfließen; da die Gefäßschlingen der Zotten vollständig in sich abgeschlossen sind, so gelangt das Blut des Fötus nicht in die Gefäße der Gebärmutter, sondern läuft wieder in den Körper des Fötus zurück. Der Gebärmuttertheil des M.s besteht aus einer Partie der Gebärmutterschleimhaut, in welcher sich zahlreiche, dünnwandige, verhältnißmäßig weite Blutgefäße entwickeln, wobei das ursprüngliche Schleimhautgewebe auf Kosten der enorm erweiterten Blutgefäße fast verschwindet. Die Zotten des Chorions wachsen inzwischen in die gleichfalls vergrößerten Drüsenschläuche der so veränderten Uterusschleimhaut hinein und sind somit in die Maschen des Netzes gelagert, welches von den erweiterten Uterusgefäßen gebildet wird. Die kindlichen und mütterlichen Gefäße sind also im M. so regelmäßig durch einander geschoben, daß das Blut des Kindes in jenem überall an dem Blute der Mutter vorbeifließt und beide Blutarten nur durch dünne Gefäßwände, welche einen Stoffaustausch zwischen beiden Blutströmen leicht gestatten, von einander geschieden sind. Diese innige Berührung der beiden Blutarten zum Zweck des Stoffwechsels ist die eigentliche Aufgabe des M.s. Durch den M. nimmt der Fötus seine Nahrung aus dem mütterlichen Blute auf und gibt seine verbrauchten Stoffe an letzteres ab. Der M. bildet sich beim Menschen etwa im dritten Monat der Schwangerschaft, indem die Nabelgefäße des Kindes durch die wachsende Allantoisblase bis zum Chorion gelangen und sich in dessen Zotten verästeln. Nach der Geburt des Kindes wird auch der M. sammt den Eihäuten als Nachgeburt von der Gebärmutter ausgestoßen. Vergl. Taf. II. Anatomie.

Mutterlauge, die Flüssigkeit, welche nach der Gewinnung eines Salzes durch Krystallisation zurückbleibt. Sie enthält unter allen Umständen noch dasselbe Salz, welches aus ihr herauskrystallisirt ist, und ist für die Temperatur, bei welcher dies geschah, noch mit dem Salz gesättigt. Durch weiteres Abdampfen oder durch Abkühlen kann mithin eine weitere Krystallisation erzielt werden. Enthält die Flüssigkeit mehre Salze, so wird dasjenige, welches in größter Menge vorhanden od. welches am schwersten löslich ist, zuerst krystallisiren, und zwar ziemlich rein. Bei einer zweiten Krystallisation erhält man vielleicht nochmals eine Partie desselben Salzes, endlich aber wird die Lauge auch für die anderen Salze gesättigt sein u. dann krystallisiren diese ebenfalls, so daß man ein Salzgemisch enthält. Derartige M.n entstehen bei der Gewinnung von Kochsalz aus Meerwasser oder Soolquellen, sie enthalten besonders Chlornatrum, Jod- und Bromalkalien, Chlormagnesium und Chlorcalcium, schwefelsaures Natron ꝛc. Man benutzt sie vielfach zu Heilzwecken, zur Bereitung von Bädern u. dergl. m. und bringt sie in den Handel (kreuznacher M.). Bisweilen werden sie auch vollständig zur Trockne verdampft und liefern dann das Mutterlaugensalz.

Muttermaal (naevus maternus, macula materna), Name verschiedener Arten von angeborenen, örtlich begrenzten, durch Farbeveränderung od. Hervorragung über die Oberfläche sich kund gebenden Fehlern der Haut. Ihrem anatomischen Charakter nach zerfallen die M.e in Pigmentmaale (naevi pigmentarii), Flecken und Erhabenheiten auf der Haut von dunkelgelber, grauer oder schwarzer Farbe, zuweilen mit Haaren bewachsen, die, unabhängig von Einflüssen auf das Gefäßsystem, stets dieselbe Färbung behalten und weder Schmerz, Jucken u. dergleichen, noch sonstige Funktionsstörungen veranlassen; u. Blutmaale (naevi vasculares, sanguinei), Flecken oder Erhabenheiten der Haut von rother oder blauer Farbe und ohne Haarbildung, die unter dem Einflusse des Gefäßsystems stehen und je nach der Ebbe und Fluth in demselben blasser oder intensiver sich färben, zusammensinken und turgesciren, nicht selten jucken und schmerzen und zuweilen in anderweitige pathische Zustände degeneriren. Zu den letzteren gehören die Feuermaale (naevi vasculares flammei), nicht erhabene Flecken meist von ziemlich großem Umfang, am häufigsten im Gesicht, von intensiv rother oder rothblauer Farbe, und die Telangiektasien (naevi fungosi), über die Haut sich erhebende Gefäßwucherungen, vorzüglich im Gesicht, an den Lippen und Wangen, von verschiedener Gestalt und von rother oder blauer Farbe. Die Entstehung der M.e ist schwer zu erklären, und wenn auch zuweilen Umstände eintreten, welche den Einfluß des sogenannten Versehens fast wahrscheinlich machen, so läßt sich daraus doch kein genügender Schluß ziehen. Manche dieser M.e bleiben immer so groß, wie sie bei der Geburt waren, andere nehmen mit der fortschreitenden Entwickelung des Körpers zu. Die meisten stehen, wenn sie nicht durch Kunst entfernt werden, das ganze Leben hindurch. M.e der ersten Art verschwinden fast niemals durch Resorption des in die Haut abgelagerten Pigments; häufiger sieht man Feuermaale von geringem Umfang wieder verschwinden, indem sie allmählig blasser werden und endlich die Farbe der normalen Haut annehmen. Pigmentmaale bringen wohl niemals Gefahr. Dagegen sieht man Telangiektasien bald nach mechanischer Reizung, bald unter dem Einflusse einer Dyskrasie, namentlich der Skropheln, häufig aber ohne nachweisbare Ursache nicht selten rasch an Ausdehnung und Umfang zunehmen, schmerzhaft werden und ihre zarte Oberhaut endlich zerreißen, worauf dann reichliche Verblutungen und fortschreitende Degenerationen auf Kosten der umliegenden Organe erfolgen, ja zuweilen, wenn das Maal in weitverbreitete Exulceration oder Blutschwamm übergeht, der Tod eintritt. Pigmentmaale erfordern in der Regel keine Behandlung; Feuermaale verschwinden, frühzeitig zur Behandlung gebracht, nicht selten unter dem anhaltenden Gebrauche der Kälte, der adstringirenden Mittel und gelinder Kompression; dagegen machen die Telangiektasien ein ärztliches Einschreiten nöthig, da sie stets den Keim einer lebensgefährlichen Affektion in sich tragen. Ist die Erhabenheit über die Haut gering und die Basis breit, so leistet die Kompression durch eingenähte Bleiplatten und eine schickliche Bandage gute Dienste und findet in der Kälte und den zusammenziehenden Mitteln, dem Bleiessig, Alaun, den mineralischen Säuren ꝛc. passende Hülfsmittel. Sitzen die Telangiektasien mit schmaler Basis auf, so entfernt man sie schneller durch die Ligatur; breitbasige und für die Kompression zu weit entwickelte Schwammgewächse aber, oder solche, die sich schon dem Blutschwamm nähern, erheischen die Exstirpation mit dem Messer, das stets dem Causticum vorzuziehen ist. Die Blutungen aus Blutmaalen erheischen je nach ihrer Art und Heftigkeit Kälte, Styptika, Ligatur oder Glüheisen.

Mutterspiegel (speculum uteri), s. Metroskop.

Muttertrompete, s. Gebärmutter.

Mutterwitz, s. Witz.

Mutterwuth, s. Nymphomanie.

Mutthorn, 1) Gebirgsstock im schweizerischen Kanton Bern, zum berner Oberland gehörig, zwischen dem Tschingelhorn u. Doldenhorn, ragt, 9343 Fuß hoch, mit einer schwarzen Spitze aus den sie rings umgebenden Gletschern hervor. — 2) (Mutterhorn) Berg im Kanton Uri, zwischen dem Oberwallis und dem Ursernthal, hat 3 Gletschergipfel, deren höchster,

9951 Fuß hoch, die Hauptquelle der Reuß ist; östlich von ihm liegt der große Muttengletscher und das Muttenthal.

Muttra, Stadt, s. Mattra.

Mutzig, Stadt im französischen Departement Niederrhein, Arrondissement Straßburg, an der Breusch, hat ein Schloß, eine kaiserliche Waffenfabrik, Papiermühle, Weinbau und 3870 Einw.

Mutzschen, Stadt im königlich sächsischen Kreisdirektionsbezirk Leipzig, Gerichtsamt Wermsdorf, hat ein Schloß (Rittergut mit großer Schäferei), Pinselfabrikation, Weberei und 1712 Einw. In der Nähe, besonders am Schloßberge, werden die sogenannten mutzschener Diamanten (Achatkugeln mit Quarz) gefunden.

Muzaia (Dschebel-M.), Berg mit einem 2880 Fuß hoch gelegenen Paß über den kleinen Atlas in der französisch-afrikanischen Provinz Algier, an dessen Fuß der wilde Kabylenstamm Muzaia wohnt. Der Paß wurde am 21. Nov. 1830 von den Franzosen erstürmt und hat jetzt eine fahrbare Straße von Algier nach Medeah.

Muziano, Girolamo, italienischer Historienmaler, geboren 1528 zu Acquafredda bei Brescia, Schüler G. Romano's, machte sich Tizians schönes Kolorit zu eigen, erwies sich aber zugleich durch Kraft und Energie der Komposition als einen glücklichen Nachahmer Michel Angelo's. Er † zu Rom 1590 oder 1592. Seine Werke sind ausgezeichnet durch treffliche Komposition, Zeichnung und Färbung, sowie durch Adel und Schönheit der Formen und durch charakteristischen und anmuthigen Ausdruck der Köpfe. Die meisten Bilder von ihm befinden sich in Rom.

Muzio, Girolamo, katholischer Kirchenhistoriker, geboren 1496 in Padua, erhielt seine Bildung in Capo d'Istria und Venedig, diente seit 1525 bald im kaiserlichen, bald im französischen Heer, ward Erzieher des jungen Herzogs von Urbino, warf sich aber seit 1545 auf das Gebiet der kirchlichen Polemik und schrieb verschiedene kirchlich-politische und kirchengeschichtliche Werke, u. A. gegen die Magdeburger Centurien. Seit 1550 im Dienst des heiligen Officiums stehend, erwarb er sich den Beinamen Malleus haereticorum. Er † 1576 bei Panaretta. Sein Leben beschrieb Ginrich, Triest 1847.

Myares, Küstenfluß im spanischen Königreich Valencia, fließt südöstlich und mündet unterhalb Villareal in der Provinz Castellon in den Valenciagolf des mittelländischen Meeres.

Myasthenie (v. Griech.), Muskelschwäche.

Mycale, Waldgebirg mit einer gleichnamigen Stadt in Jonien, der Insel Samos gegenüber, bildete mit dieser eine 7 Stadien breite Meerenge, in und an welcher 479 v. Chr. die berühmte Seeschlacht geliefert wurde, worin Leotychides und Xanthippus über die Perser siegten. Das ganze Gebirg heißt jetzt Samsum.

Mycenä, uralte Stadt in Argolis, angeblich von Perseus erbaut, in frühester Zeit als Residenz des Agamemnon zugleich Hauptstadt eines kleinen Reichs. Obgleich stark befestigt, wurde sie doch 464 v. Chr. von den Argivern erobert und zerstört. Pausanias fand noch ansehnliche Ueberreste von der cyklopischen Ringmauer mit dem Löwenthor, die unterirdischen Schatzkammern des Atreus und seiner Söhne und die Gräber des Atreus und Agamemnon, und ziemlich in demselben Zustande noch haben auch neuere Reisende dieselben bei dem Dorf Kharvati in der angegebenen Entfernung von Argos wieder aufgefunden.

Myconius, 1) Oswald, schweizerischer Kirchenreformator, geboren 1488 zu Luzern, wirkte nach einander als Lehrer in Bern, Zürich, Luzern, Einsiedel und seit seinem Uebertritt zur evangelischen Kirche als Pfarrer und Professor zu Basel, wo er den 14. Oktober 1552 †. Er machte sich namentlich um die Reformation der Schulen seines Vaterlandes verdient und lieferte u. A. eine Biographie Zwingli's (1532). Sein Leben beschrieb Kirchhofer (Zürich 1813).

2) Friedrich, eigentlich Mekum, deutscher Kirchenreformator, geboren den 24. December 1491 zu Lichtenfels in Oberbayern, trat 1510 in das Franciskanerkloster in Annaberg und 1512 in das zu Weimar, ward 1524 evangelischer Pfarrer zu Gotha und wirkte als solcher viel für Einführung der Reformation in Thüringen, sowie in Leipzig, wohin er zu diesem Zwecke berufen wurde. Er † den 7. April 1546. Seine „Historia reformationis“ erschien erst 1715 zu Gotha. Sein Leben beschrieben Lommatzsch (Annaberg 1825) und Ledderhose (Gotha 1854).

Mydriasis (griech.), Pupillenerweiterung.

Myelitis (griech.), Rückenmarksentzündung.

Myiopie (v. Griech.), Mückensehen, Flimmern vor den Augen, als ob Mücken davor herumschwärmten.

Mykologie (v. Griech.), Lehre von den Pilzen.

Mykoni (im Alterthum Myconus), Insel im griechischen Archipel, zur Nomarchie der Cykladen gehörig, südöstlich von Tine, 2 QMeilen groß, mit 6000 Einwohnern, ist felsig und wasserarm, bringt indeß guten Wein, Südfrüchte, etwas Getreide, Schafe, Ziegen und eine große Menge Geflügel hervor. Die Einwohner (Mykonioten) stehen im Rufe tüchtiger Seeleute u. treiben besonders Schifffahrt und Handel. Die gleichnamige Hauptstadt ist der Sitz eines Bischofs, hat eine hellenische Gemeindeschule, eine geschützte Rhede und 6000 Einw.; hier ist auch die einzige Süßwasserquelle der ganzen Insel. An der Nordküste derselben liegt der kleine Hafenort Panormus. M. nahm am Aufstand von 1821 einen wesentlichen Antheil.

Mykose, Zuckerart im Mutterkorn, schießt leicht in süßschmeckenden Krystallen an, die in Wasser leicht, in Alkohol wenig und in Aether gar nicht löslich sind. Die Lösung wird durch Kalk und Baryt nicht gefällt, bräunt sich beim Kochen mit Natronlauge nicht u. reducirt nicht Kupferoxydhydrat. Sie dreht die Polarisationsebene stärker nach rechts als Dextrin und verwandelt sich beim Kochen mit verdünnter Schwefelsäure in Krümelzucker. Vielleicht ist die M. identisch mit Trehalose.

Mykosis (griech.), der Schleimpolyp, das schwammige Schleimgewächs.

Mylady (engl.), gnädige Frau, eigentlich meine Dame.

Mylä, alte Stadt an der Nordküste Siciliens, berühmt durch das Seetreffen 36 v. Chr., worin Agrippa die Flotte des Sext. Pompejus schlug.

Mylau, Stadt im königlich sächsischen Kreisdirektionsbezirk Zwickau, Gerichtsamt Reichenbach, an der Göltzsch, unweit der sächsischen westlichen Staatseisenbahn (Linie Leipzig-Hof), welche hier über die berühmte Göltzschthalbrücke führt, hat ein altes Schloß, Maschinen-, Baumwoll- und Streichwollspinnerei, Musselinweberei und 4136 Einw.

Mylitta, die Venus der Assyrer, als Mondgöttin das weibliche Princip der Zeugung, im Gegensatz zu dem männlichen Princip, Bel od. Baal (Sonne), und als solches identisch oder analog mit mehren andern orientalischen Gottheiten, wahrscheinlich dieselbe Göttin, welche Jeremias Melecheth, d. i. Königin des Himmels, nennt. In Babylon, wo ihr Dienst Volksdienst war, bestand nach Herodot der Gebrauch, daß jede Frau sich ihr zu Ehren einmal im Leben einem Fremden preis geben mußte für eine Summe, welche sie in den Tempelschatz lieferte.

Mylord (engl.), gnädiger Herr, mein Lord.

Mynster, Jakob Peter, dänischer Theolog, geboren den 8. November 1775 zu Kopenhagen, wurde 1801 Prediger zu Spjellerup auf Seeland, 1811 an der Frauenkirche zu Kopenhagen, 1828 Hof- und Schloßprediger daselbst und zugleich Mitglied der Direktion der Universität und des gelehrten Schulwesens, 1834 Bischof von Seeland. Er † den 30. Januar 1854 zu Kopenhagen. M. veröffentlichte dänisch: Einleitungen in den Brief an die Philipper (1811) und an die Galater (1816), vier Predigtsammlungen (1810, 1815, 1824, 1854), „Betrachtungen über die christlichen Glaubenslehren" (Kopenh. 1823, 2 Bde.; deutsch von Schorn, Hamb. 1835), „Ordinationsreden" (deutsch von Kalkar, das. 1843); „Brönstedts Biographie" (Kopenhagen 1844); „Vermischte Schriften" (das. 1852—53, 3 Bde.); „Kasualreden" (das. 1854) und eine „Selbstbiographie" (das. 1854).

Myologie (v. Griech.), Muskellehre, Abschnitt der beschreibenden Anatomie, beschäftigt sich mit den willkürlichen, als scharf gesonderte Organe auftretenden Muskeln des Körpers. Als Wissenschaft fest begründet wurde die M. eigentlich erst unter den Anatomen der italienischen Schule zu Ende des 15. u. Anfang des 16. Jahrhunderts. Adrian Spigel und Kaspar Bartholin waren die Ersten, welche sämmtliche Muskeln des Körpers mit bestimmten Namen belegten. Die besten Bilderwerke über die menschliche M. sind Albinus' „Tabulae sceleti et musculorum corporis humani" (Leyden 1747) und Eustachius' „Tabulae anatomicae", herausgegeben von Lancisi (Amsterdam 1722). Vergl. Henle, Handbuch der Muskellehre des Menschen, Braunschweig 1858, und die anatomischen Lehrbücher.

Myoma (griech.), Muskelgeschwulst, eine Geschwulst, welche aus glatten Muskelfasern in sehr wechselnder Menge, aus fibrillärem Bindegewebe und Gefäßen besteht. Wegen seines Reichthums an fibrillärem Gewebe wird das M. häufig auch als Myofibroid bezeichnet. Es ist im Ganzen den reinen, festen Fasergeschwülsten sehr ähnlich, rundlich oder mit grob höckeriger Oberfläche versehen, scharf umschrieben und leicht ausschälbar. Je ärmer das M. an Muskelfasern ist, um so mehr ähnelt es der Fasergeschwulst, je reicher, um so mehr ist es weich, grauröthlich gefärbt u. leichter zu durchschneiden. Bei weitem am häufigsten kommt das M., welches durchaus zu den gutartigen Geschwülsten gehört, im Körper der Gebärmutter vor. Hier liegt es entweder mitten in der Muskelsubstanz, oder unter deren serösem Ueberzug, oder unter der Schleimhaut der Gebärmutter, welche durch die Geschwulst polypenartig vorgedrängt wird (fibröser Gebärmutterpolyp). Viel seltener findet man das M. im Magen, im Darm und in der äußern Haut. Das M. der Gebärmutter kann die Größe eines Kindskopfes u. größere Dimensionen erreichen und in diesem Fall durch Druck auf die benachbarten Organe große Beschwerden verursachen, während die kleineren Myomaten meist gar keine Symptome hervorrufen. Wegen ihres verborgenen Sitzes ist die Entfernung der Myomaten durch operative Eingriffe fast stets unmöglich, auf anderem Wege als durch die Operation ist aber eine Heilung nicht zu bewerkstelligen. Geschwülste aus quergestreiften Muskelfasern bestehend sind selten und meist nicht von Belang.

Myonnesus, Vorgebirg mit einem gleichnamigen kleinen Orte an der Küste Joniens, der kleinen Insel Aspis im Meerbusen von Ephesus gegenüber, berühmt durch den Seesieg der Römer unter L. Aemilius über Antiochus 190 v. Chr.

Myopie (griech.), Kurzsichtigkeit (s. d.).

Myoporinen, Pflanzenfamilie mit folgenden charakteristischen Merkmalen: Der Kelch ist frei, 5theilig, bleibend; die Blumenkrone unterweibig, röhrig, mit 5lappigem, ziemlich gleichem oder 2lippigem Saume; 4 zweimächtige Staubgefäße tragen 2fächerige Antheren; der Griffel ist endständig und meist mit ganzer Narbe versehen; die Frucht ist eine saftige oder trockene Steinfrucht mit 2—4fächeriger Steinschale, 1—2samigen Fächern und eiweißhaltigen Samen. Die Blätter sind wechselständig oder gegenständig, einfach, ganz und meist ganzrandig; Nebenblätter fehlen; die Blüthen sind zwitterig, meist unregelmäßig, einzeln in den Blattwinkeln stehend. Die nicht zahlreichen Arten sind auf Neuholland und die Südseeinseln beschränkt. Von den verwandten Verbenen unterscheiden sie sich durch die Stellung der Blüthen und die hängenden Samen.

Myoporum *Banks* (Rattenfraß, Mäusefraß), Pflanzengattung aus der Familie der Myoporinen, charakterisirt durch den 5theiligen Kelch, die mit kurzer Röhre und fast gleichem, 5spaltigem Rande versehene Korolle, die stumpfe Narbe und die beerenartige, 2—4fächerige Steinfrucht, neuholländische und neuseeländische Sträucher, von deren Arten sich mehre, z. B. M. ellipticum *R. Br.*, M. oppositifolium *R. Br.*, M. parvifolium *R. Br.*, alle mit schönen weißen Blüthen, in Gärten als Zierpflanzen finden. Sie lieben eine lockere, nahrhafte, etwas sandige Erde u. werden bei 1—5° Wärme in einem luftigen Zimmer oder Glashause durchwintert.

Myorrhexis (griech.), Muskelzerreißung.

Myosotis *L.* (Mauseohr, Leuchte, Vergißmeinnicht), Pflanzengattung aus der Familie der Borragineen, charakterisirt durch den 5spaltigen Kelch, die präsentirtellerförmige, 5spaltige, ausgerandete Korolle mit durch kahle Deckklappen verengertem Schlund und die 4 freien, auf der Vorderseite konvexen, auf der Hinterseite stumpf gekielten Nüsse mit punktförmigen Anheftungspunkten nahe an ihrer Basis, einjährige oder ausdauernde Kräuter fast in allen Klimaten, meist aber auf der nördlichen Erdhälfte. Die bekannteste Art ist M. palustris *With.*, Vergißmeinnicht, mit ziemlich einfachem und eckigem Stengel, lanzettförmigen, stumpfen Blättern und fast doldenartigen, himmelblauen Blüthen mit gelbem Schlund, auf feuchten

Wiesen und an Bächen, ausdauernd, fast durch ganz Europa, Asien und Amerika, ein wenigstens in Deutschland sehr beliebtes Blümchen. Das Kraut soll den Schafen schädlich sein. **M. arvensis** *Rchb.*, **M. annua** *Moench*, Feldleuchte, kleiner als vorige Art, hat einen ästigen Stengel, oval-lanzettförmige Blätter u. blaue Blüthchen mit gelbem Schlund, einjährig, findet sich allenthalben auf bebautem Boden.

Myosurus *L.* (Mäuseschwanz), Pflanzengattung aus der Familie der Ranunculaceen, charakterisirt durch den 5blätterigen Kelch mit abwärts in ein spornartiges Anhängsel ausgezogenen Blättchen, die 5blätterige Korolle mit genagelten und mit einer Honiggrube versehenen Blättern, die nußartigen, 1samigen Früchtchen und den zuletzt 1½ Zoll langen, einem Mäuseschwanz ähnelnden Fruchtboden, mit der einzigen Art **M. minimus** *L.*, einjährig, auf Feldern in Europa und Nordamerika, besonders auf solchen, die im Herbst sehr feucht sind, war sonst als **Herba Caudae murinae** officinell, ist jetzt obsolet.

Myra, bedeutende Stadt Lyciens, seit Theodosius II. die Hauptstadt des Landes, bei welcher der Apostel Paulus landete, lag auf und an einem Felsen; heißt bei den Griechen noch immer M., bei den Türken Dembre. Aus der altgriechischen Zeit stammen einige Felsengräber und Marmorbruchstücke; viel zahlreicher sind die Ueberreste aus dem Mittelalter, worunter sich eine große christliche Kathedrale von älterem byzantinischen Bau auszeichnet, eine der besterhaltenen Ruinen in Lycien.

Myrcia *Dec.* (Pfeffermyrte), Pflanzengattung aus der Familie der Myrtaceen, charakterisirt durch den 5theiligen Kelch, die 5blätterige Korolle, das 2—3fächerige Ovarium, die im reifen Zustande 1—2fächerige, 1—3samige Beere u. die fast kugeligen Samen, mit zahlreichen Arten, sämmtlich in Amerika, worunter die bekannteste **M. coriacea** *Dec.*, in Westindien, ein Strauch mit runden Zweigen, 2 Zoll langen Blättern und weißen Blüthen. Die schwarzen Beeren riechen citronenartig, wie die Blätter u. Blüthen, und werden gegen Durchfall und Blutflüsse gebraucht, die Rinde zum Gerben, das Holz zum Färben.

Myriade (v. Griech.), eigentlich eine Zahl von 10,000,000; dann überhaupt eine unzählbare Menge.

Myriagramm (v. Griech.), französisches Gewicht, = 10 Kilogramm; Myrialiter, Hohlmaß, = 10 Hektoliter; Myriameter, die neue französische Meile, von der 11,9 auf 1 Grad des Aequators gehen; Myriare, Flächenmaß, = 10,000 Aren = 1 Quadratkilometer.

Myriapoden (v. Griech.), s. Tausendfüße.

Myrica *L.* (Gagel, Wachsmyrte), Pflanzengattung aus der Familie der Myriceen, charakterisirt durch die Kätzchen bildenden Blüthen mit eirunden Schuppen ohne Korolle u. die einsamige Steinfrucht, Sträucher oder kleine Bäumchen in wärmeren Ländern (nur Eine Art in Europa), von denen mehre als Arznei- und technische oder als Zierpflanzen bekannt sind. **M. cerifera** *L.*, Kerzenbeerstrauch, ist ein Strauch oder Bäumchen von 4—8 Fuß u. höher, mit oberwärts zottigen Aesten. Die Blätter sind fast sitzend, länglich-lanzettlich, spitz, lederig, in der Jugend unterseits zottig-flaumig, später fast kahl, beiderseits mit harzigen Pünktchen bestreut; die Kätzchen seitlich, die männlichen walzig, die weiblichen ellipsoidisch, die Staubgefäße zu 6 im Winkel jeder Deckschuppe sitzend, die Früchte kugelig, erbsengroß, schwarz, dicht mit einem weißen Reife belegt. Die Pflanze wächst in Sümpfen und auf moorigen Stellen in den südlicheren der Vereinigten Staaten von Nordamerika. Der die Früchte überziehende Reif wird durch Kochen in Wasser und Abschöpfen gewonnen und bildet ein Wachs von grüner Farbe, welches zur Verfertigung sehr guter, wohlriechender Kerzen dient, auch in Nordamerika in der Heilkunde zur Bereitung von Salben und Pflastern angewendet wird. Die Wurzel, welche gegen Zahnschmerzen heilsam sein soll, ist in neuerer Zeit auch als Brech- und Purgirmittel empfohlen worden. **M. Gale** *L.*, brabanter Myrte, ein 2—4 Fuß hoher Strauch mit lanzettförmigen, hinten keilförmigen, vorn gezähnelten Blättern, zugespitzten, braunen Kätzchenschuppen mit goldglänzenden Drüsen und erst nach der Blüthe erscheinenden Blättern, wächst auf Sumpf- und Moorboden im nördlichen Europa und Amerika, auch im nördlichen Deutschland. Die Blätter waren sonst im nördlichen Europa als brabantische Myrtenblätter gegen Krätze und bösartige Ausschläge gebräuchlich. Mit einer Abkochung wäscht man die Hausthiere, um sie vom Ungeziefer zu befreien. Eine neue Art ist **M. californica** *Cham. et Schlecht.*, ein hübscher, immergrüner, bis 12 Fuß hoher Strauch aus Kalifornien, mit sehr dicht beisammenstehenden, kleinen, lanzettlichen, besonders an der unteren Fläche mit glänzenden, tassenförmigen Schuppen von mikroskopischer Kleinheit bedeckten Blättern und grünen Blüthen in achselständigen, kurzen Aehren, welche 2—3 kleine, kugelförmige, blaugraue, mit kleinen, dunkelrothen Körnchen besetzte Beeren bringen. Der Strauch kommt in jedem guten Gartenboden fort, läßt sich durch Samen od. Ableger auf gewöhnliche Weise vermehren, blüht im Juli u. bringt im September Früchte. Er eignet sich besonders zu Einfassungen von Buschgruppen.

Myriceen, Pflanzenfamilie mit folgenden charakteristischen Merkmalen: Die Blüthen sind diöcisch: männliche mit einem aus 1—2 Schüppchen gebildeten Perigon oder ohne ein solches, und mit 2—8 von den Perigon- od. Deckschuppen gestützten, getrennten oder einbrüderigen Staubgefäßen; weibliche mit aus 2—6 kleinen, oft an dem Eierstock angewachsenen Schuppen zusammengesetztem Perigon, einfächerigem, eineiigem Eierstock u. sehr kurzem Griffel mit 2 verlängerten, pfriemlichen oder lanzettlichen Narben. Die Frucht ist eine Karyopse (Nuß), oft durch die vergrößerten und angewachsenen Perigonschuppen steinfruchtartig und enthält eiweißlose Samen. Die Familie enthält Sträucher und kleine Bäume mit gegenständigen, einfachen, meist gesägten oder eingeschnittenen, aderigen, harzig punktirten Blättern mit abfälligen Nebenblättern oder ohne solche, und Blüthen in dachigen, winkel- oder gipfelständigen, 1—2häusigen, seltener androgynischen Kätzchen. Von 24 Arten in 3 Gattungen kommt die Hälfte auf Amerika, die übrigen auf Asien, Afrika u. Europa, und zwar finden sie sich theils in den gemäßigten Zonen, theils in den Tropenländern, hier aber nur in bedeutender Höhe. Sie sind meist harzig-gewürzhaft und bitter-adstringirend, und bei mehren Arten schwitzen die Früchte eine wachsartige Substanz aus, die gesammelt wird.

Myricin, s. v. a. Palmitinsäure-Myricyläther, s. Myricylalkohol.

Myricylalkohol, chemische Verbindung aus der

Reihe der fetten Säuren, enthält 60 Aequivalente Kohlenstoff und findet sich an Palmitinsäure gebunden in dem in Alkohol unlöslichen Theil des Bienenwachses. Dieser Palmitinsäure-Myricyläther kann durch Krystallisation aus Aether rein erhalten werden, er schmilzt bei 72° C., liefert bei trockener Destillation flüssige u. feste Kohlenwasserstoffe (Melen) und fette Säuren und wird durch koncentrirte Kalilauge in Palmitinsäure u. M zerlegt. Letzterer bildet eine krystallinische Masse, die bei 85° C. schmilzt, theilweise unzersetzt destillirt und mit Natronkalk erhitzt Wasserstoff und Melissinsäure liefert.

Myringa (myrinx), das Trommelfell im Ohre. Daher **Myringitis**, die Entzündung des Trommelfells.

Myriophyllum *L.* (Tausendblatt, Wassergarbe), Pflanzengattung aus der Familie der Halorageen, charakterisirt durch die monöcischen Blüthen in Wirteln: männliche oben mit 4theiligem Kelch in 3 Schuppen und 4blätteriger, abfälliger Blumenkrone mit 8 Staubgefäßen; weibliche ohne Kelch und Blumenkrone mit 4 einsamigen, verwachsenen Schläuchen und ebenso viel gebarteten Narben, ausdauernde Kräuter mit zertheilten Wirtelblättern u. einhäusigen Blüthen in Wirteln, mit der bekanntesten Art M. spicatum *L.*, fußhoch, mit zolllangen, haarförmig gefiederten Blättern und ährenförmig hervorragenden Blüthen, nicht selten in Teichen und Seen in ganz Europa, wird von Pferden gefressen und zum Poliren des Holzes gebraucht.

Myriorama (griech., s. v. a. Zehntausendschau), Name einer Art von landschaftlichem Kaleidoskop, von Brès in Paris erfunden und von Clark in London vervollkommnet, besteht aus einer auf einen langen Streifen in den buntesten Farben ausgemalten Landschaft, welche in viele Theile so zerschnitten ist, daß die Durchschnittslinien überall an einander passen und die einzelnen Landschaftsstücke vielfach von Neuem zusammengesetzt werden können, wodurch sehr viele verschiedene Landschaftsbilder entstehen.

Myristica *L.* (Muskatnußbaum), Pflanzengattung aus der Familie der Myristiceen, charakterisirt durch die diöcischen Blüthen in achselständigen, wenigblüthigen, oft sogar einblüthigen Trugdolden, die urnenförmige, dicke, männliche Blüthenhülle mit 3 in der Knospenlage klappigen Saumzipfeln und 6 bis 8 zu einer Säule verwachsenen Staubgefäßen, deren Antheren nach außen mit Längsspalten aufspringen, die ebenso gestaltete weibliche, zeitig abfällige Blüthenhülle mit stumpf 2lappiger Narbe und einer einzelnen grundständigen Samenknospe. Die Frucht entwickelt sich zu einer birnförmigen, 2klappig aufspringenden Beere, und der große Same besteht wesentlich aus marmorirtem Eiweiß, worin am Grunde ein kleiner Keimling mit am Ursprung verwachsenen Samenlappen liegt, und ist von einem vielfach zerschlitzten Mantel umgeben. Die Gattung begreift Bäume, die in Ostindien u. auf den Inseln des indischen Oceans, zum Theil auch in Brasilien einheimisch und von denen einige als Arznei- und Gewürzpflanzen wichtig sind. M. moschata *Thunb.*, M. officinalis *L. fil.*, M. aromatica *Lam.*, ächter Muskatnußbaum, ist ein 25—30 Fuß hoher Baum mit ziemlich glatter, graubrauner Rinde, zahlreichen sparrigen, weit abstehenden Aesten und Zweigen, kurzgestielten, 6 Zoll langen, meist 2zeilig stehenden länglichen, am Grunde breit keiligen, vorn zugespitzten, ganzrandigen, oberseits dunkelgrünen, unterseits weit helleren Blättern mit einfachen Federnerven und kahlen, keuligen gemeinschaftlichen Blüthenstielchen, die am Gipfel gegen die Blüthenstielchen mit einem stark entwickelten Hochblatte versehen sind. Die männlichen Blüthen sind sehr dickfleischig, mit feinen röthlichen Härchen besetzt und gleichen denen des Maiglöckchens. Die weiblichen Blüthen sind von den männlichen äußerlich kaum verschieden, nur daß sie häufig einzeln stehen, während die männlichen zu 3—5 zusammenstehen. Sobald der Fruchtknoten anschwillt, fällt die Hülle. Die Frucht hat das Ansehen einer kleinen Birne, sehr zusammenziehend schmeckendes, gelbliches, innen weißes, bis zum Samen ½ Zoll dickes Fleisch und springt in 2 ziemlich gleichen Klappen auf, worauf der schön scharlachrothe, trocken hornig u. gelbbraun werdende, sehr zerbrechliche Samenmantel sichtbar wird. Die kugelige bis eiförmige Samenschale ist tiefbraun, sehr hart und an der Anheftungsstelle mit einem meist rundlich-5eckigen Wulst bezeichnet. Die Fläche des Eiweißes zeigt Vorsprünge und Vertiefungen, wie das Gehirn eines Säugethieres; die Gruben sind mit Kalkstaub angefüllt. Die frisch durchgesägte Fläche ist ledergelb, fühlt sich ölig an u. ist mit braunen Linien durchzogen. Der Geruch ist eigenthümlich gewürzhaft. Die Heimat des Baums sind die Molukken-, besonders die Bandainseln, wo er das ganze Jahr hindurch blüht und Früchte trägt. Man sammelt die Samen, Muskatnüsse, Muskaten, aromatische Nüsse, Nuces s. Semina s. Nuclei Myristicae moschatae, Fructus Myristicae moschatae, 2—3mal im Jahre, nämlich im Juli u. August, im December u. im April, u. läßt sie entweder in der Sonne od. über gelindem Feuer trocknen, worauf man die Samenschale zerschlägt u. die Kerne, um ihr Ranzigwerden zu verhüten, in ein Gemisch von Kalk und Seewasser taucht und in Fässer verpackt. Gute Nüsse müssen schwer und fettig sein u. beim Einstechen mit einer heißen Nadel ein gelbliches Oel ausschwitzen. Von Insekten angefressene oder wurmstichige Nüsse werden Rompen oder Rompennüsse genannt. Gute Nüsse geben von 16 Unzen 1—2 Loth ätherisches Oel und durch Auspressen den 8., selten den 5. Theil ausgepreßtes Oel. Außer den gewöhnlichen, rundlichen, ovalen oder fast eiförmigen Nüssen kommen auch größere, längliche, fast 2 Zoll lange, leichtere u. weniger aromatische Früchte im Handel vor. Diese werden von M. tomentosa *Thunb.*, einer Abänderung des ächten Muskatnußbaums, gesammelt und zum Unterschiede wilde oder männliche Muskatnüsse genannt, indem man sonst die ächten mit dem Namen zahme oder weibliche belegte. Die Muskatnüsse wirken erregend und beruhigend, krampfstillend u. die Verdauung befördernd, weshalb man sie bei Verdauungsschwäche, Flatulenz und Kolik anwendet. Die gewöhnliche Anwendung als Gewürz ist bekannt. Das in Ostindien durch Auspressen erhaltene Oel (Muskatbutter, Muskatenwachs, Muskatenöl, Muskatbalsam) kommt im Handel in ziegelsteinförmigen Kuchen vor. Die englische Muskatbutter bildet ¾ Pfund schwere, in Pisangblätter gewickelte Kuchen von weicher, feinkörniger Konsistenz, orangegelber Farbe und starkem Muskatgeruch. Die holländische Muskatbutter bildet ¾—1½ Pfund schwere, weißlichgelbe, grobkörnige Stücken von schwächerem Geruch und ist in Papier gewickelt. Die Muskatbutter enthält ein festes farbloses Fett (Myristin), einen gelben Farbstoff, flüssiges Fett und ätherisches Oel. Beim Behandeln mit kaltem Alkohol hinterbleiben 25—30 Proc. Myristin, welches mit Kali behandelt in Glycerin und Myristinsäure zerfällt. Der Muskatbalsam wird zu Einreibungen bei Unterleibskrankheiten angewendet und wurde früher auch zu einer wohlriechenden Seife (Bandaseife) verarbeitet. Das ätherische Oel der Muskatnüsse wird in Indien durch Destillation mit Wasser gewonnen, es ist farblos oder gelblich, etwas dickflüssig, vom specifischen Gewicht 0,88 und enthält neben einem dem Carven ähnlichen Kohlenwasserstoff einen sauerstoffhaltigen Körper, der bei 224° siedet. 1 Pfund Nüsse geben etwa 1 Unze Oel. Der Samenmantel, welcher die Muskatnuß umgibt, ist unter den Namen Muskatenblüthe, Moschatenblumen, Macis (Flores Macis) bekannt. Er besteht aus safranfarbigen oder pomeranzengelben, zum Theil nach unten zusammenhängenden, linienbreiten, ungleich langen, dicklichen Zipfeln, welche an der Spitze zerrissen sind, hat ein feitglänzendes Ansehen und zerbricht leicht. Der Geruch ist stark aromatisch, der Geschmack bitterlich und scharf aromatisch. Ein Pfund Muskatblüthen liefert durch Destillation eine Unze ätherisches Oel. Das aus den Abfällen von Muskatblüthe erhaltene Oel heißt Muskatblüthöl (Macisöl, Oleum Macis, Oleum Macidis), ist farblos od. gelbröthlich, dickflüssig, von 0,92—0,95 specifischem Gewicht, löst sich leicht in Alkohol, fulminirt mit Jod, bildet mit ätzenden Alkalien seifenartige Linimente und besteht aus 2 Oelen, die durch Schütteln mit Wasser von einander getrennt werden können. Es eignet sich besonders zum Parfümiren der Seife. Eine Tinktur der Muskatblüthen wird besonders bei krampfhaften u. hysterischen Leiden empfohlen. Am gewöhnlichsten werden sie als Gewürz gebraucht. Der Muskatnußbaum wächst auf den Molukken wild, ward aber von der holländisch-ostindischen Kompagnie des Monopols wegen nur auf Banda u. den benachbarten Inseln gezogen, an allen andern Orten sorgfältig ausgerottet. Die Gärten daselbst sind Wildnisse, in denen die Bäume aus zufällig abgefallenen Samen aufgehen. Sie wachsen schnell, tragen mit dem 5.—6. Jahre Früchte und werden an 74 Jahre alt. M. officinalis *Mart.* ist ein Baum in den Urwäldern Brasiliens. Aus den Samenkernen preßt man eine talgartige Substanz, die zu Einreibungen bei Gicht, Rheumatismen und Hämorrhoiden gebraucht wird. Sie wird Bicuibalsam, Bicuiba redonda, genannt u. kommt in ausgehöhlten Rohrstücken von $1/2$ Zoll Durchmesser vor. Die Farbe und Konsistenz ist dem Muskatbalsam ähnlich, der Geschmack aber etwas säuerlich-scharf und weniger aromatisch. M. sebifera *Lam.* ist ein Baum in Guyana. Man macht Einschnitte in den Stamm, oder schält die Rinde ab, wodurch ein rother, scharfer Saft reichlich ausfließt, welcher gegen Schwämmchen und kariöse Zähne angewendet wird. Aus den Früchten bereitet man ein talgartiges Oel, Gucyrmadon genannt, aus welchem Kerzen bereitet werden.

Myristiceen, Pflanzenfamilie mit folgenden charakteristischen Merkmalen: Die Blüthen sind eingeschlechtig; das Perigon ist 3spaltig, lederig. Die männliche Blüthe hat 3—12 im Grunde des Perigons befestigte, monadelphische Staubgefäße mit der Staubfadenröhre außen aufgewachsenen Antheren; die weibliche Blüthe besteht aus einem abfälligen Perigon mit einem einzelnen, freien, eineiigen Stempel mit kurzem Griffel und meist gelappter Narbe. Die Frucht ist eine 2klappig aufspringende, einsamige, 2klappige Beere mit nußähnlichem, mit einem vieltheiligen Mantel umgebenem Samen, zernagtem Eiweiß und kleinem, im unteren Ende des Eiweißes eingeschlossenem Keim mit abwärts gekehrtem Würzelchen. Die Familie begreift Bäume mit wechselständigen, lederigen, einfachen, ganzen und ganzrandigen Blättern ohne Nebenblätter und regelmäßigen, diöcischen, winkel- oder gipfelständigen, kopfig, traubig und rispig zusammenstehenden, mit kappenförmigen Deckblättchen gestützten Blüthen. Sie wachsen nur in den Tropenländern u. sind insgesammt gewürzhafte Gewächse, von denen verschiedene Theile, namentlich die Früchte und noch mehr die Samen in der Hauswirthschaft und in der Heilkunde in Gebrauch sind.

Myristinsäure, chemische Verbindung aus der Reihe der fetten Säuren, enthält 28 Aequivalente Kohlenstoff und findet sich in der Muskatbutter, im Wallrath, in der Butter ꝛc. Aus ersterer enthält man sie durch Verseifung u. Abscheidung mit Salzsäure; sie ist weiß, schmilzt bei 54° C., erstarrt schuppig-krystallinisch, krystallisirt aus kochendem Alkohol, ist in heißem Aether leicht, in kaltem wenig löslich und destillirt theilweise unzersetzt. Eine alkoholische Lösung mit Chlorwasserstoff behandelt liefert Myristinsäure-Aethyläther, der in großen harten Krystallen anschießt. Myristinsaures Kali liefert mit Phosphoroxychlorid Myristinsäureanhydrit, welches etwas leichter als M. schmilzt und durch kochende Kalilauge schwer verseift wird. Myristinsaurer Kalk gibt bei trockener Destillation Myriston, welches aus absolutem Alkohol krystallisirt u. bei 75° schmilzt. Myristylwasserstoff findet sich im amerikanischen Steinöl.

Myrmidonen, alte achäische Völkerschaft in Griechenland, die ursprünglich die Insel Aegina bewohnt haben und von da mit Peleus nach Thessalien ausgewandert sein soll, während man wohl richtiger umgekehrt eine Kolonisation der Insel von Thessalien aus anzunehmen hat. Sie waren mit Achilles, des Peleus Sohn, vor Troja und zeigten sich hier als tapfere Krieger. Den Namen des Volks leiten Einige von Myrmidon, einem Sohn des Zeus und der Eurymedusa, welche Zeus in der Gestalt einer Ameise verführte, Andere aber von dem griechischen Worte Myrmex, die Ameise, her, da Zeus, nachdem die Aeginainsel durch eine Pest entvölkert war, auf Aeacus' Bitten Ameisen in Menschen verwandelte.

Myrobalani (Myrobalanen), Früchte von Terminalia Bellerica *Roxb.*, T. Chebula *Retz.*, T. citrina *Roxb.* und Emblica officinalis *Gaertner*, in Ostindien einheimischen Pflanzen, von denen die ersteren hohe Bäume bilden, während die Emblica nur ein Strauch ist. Die Terminalia gehört zu den Combrescaceen, die Emblica zu den Euphorbiaceen. Man unterscheidet im Handel: M. Chebulae, längliche oder birnförmige, 1—$1\frac{1}{2}$ Zoll lange, 5kantige und gerippte, einsamige, schwarzbraune Steinfrüchte, M. Bellericae, fast kugelige, blaßröthlichbraune, sehr kurz bräunlich-filzige u. runzlige Steinfrüchte von 1 Z. Durchmesser mit einem kurzen Stiel an der verschmälerten Basis, M. citrinae, längliche, oben breitere, nach unten verschmälerte, $1^1/_2$ Z. lange, ochergelbe, glatte, gerippte Steinfrüchte, M. Indicae s. nigrae, unreife Früchte von verschiedener Größe, länglich, birnförmig oder elliptisch, außen schwarzgrau, runzlig, fast ohne Steinschale und samenlos, endlich M. Emblicae, fast kugelige, 6rippige, 3knöpfige, außen graubraune, steinfruchtartige Kapseln mit 2 3kantigen rothbraunen Samen in jedem Steinfach. Die M. enthalten Gerbsäure und wirken purgirend, sie standen früher als Heilmittel in großem Ruf, werden jetzt aber nur noch in der Färberei an Stelle der Galläpfel benutzt. Ihre Anwendung ist eine sehr beschränkte.

Myron, einer der größten griechischen Meister der Plastik in Erz, Marmor und Holz, um 450 v. Chr., aus Eleutherä an der Grenze Böotiens, war nebst Phidias und Polyclet Schüler des Ageladas aus Argos und übte seine Kunst in Athen. Er wählte sich vorzüglich die kräftigen Athletengestalten der Palästra, namentlich wurde er der Schöpfer des Herculesideals. In kolossaler Gestalt bildete er ihn auf Einer Basis mit Pallas und Zeus gruppirt für das Heräum in Samos. Auch den Apollo hat er mehrfach gebildet. Eines seiner ältesten Werke mag die aus Holz geschnitzte Hecate sein, die er für ihren Tempel in Aegina ausgeführt hatte. Als seine berühmtesten Werke bezeichnet Pausanias seinen Dionysus, welchen Sulla den Orchomeniern raubte, u. den Erechtheus in Athen. Smyrna hatte von seiner Hand ein betrunkenes Weib aus Marmor. Mit besonderem Glück zog er das Thierreich in den Bereich seiner Kunst. Seine durch zahlreiche Sinngedichte gefeierte Kuh auf dem Markt zu Athen ward zu Cicero's Zeit nach Rom gebracht. Seine Hunde und Seeungeheuer waren höchst lebensvolle Darstellungen. Vergl. Böttiger, M. und der athletische Kreis, in dessen „Kleinen Schriften", Bd. 2, Dresd. und Leipzig 1838.

Myronsäure, dem schwarzen Senf eigenthümliche chemische Verbindung, die mit dem Myrosin, welches sich im schwarzen und im weißen Senfsamen findet, das Senföl ebenso entwickelt wie das Amygdalin mit dem Emulsin Bittermandelöl. Zur Darstellung der M. extrahirt man ausgepreßten schwarzen Senfsamen mit Alkohol u. dann mit Wasser. Aus dem wässerigen Auszug fällt man mit schwachem Alkohol schleimige Substanzen, filtrirt u. verdampft zur Krystallisation. Man erhält so große Krystalle von myronsaurem Kali. Aus dem Barytsalz gewinnt man reine M. als geruchlosen Sirup. Dieser ist löslich in Alkohol, unlöslich in Aether, entwickelt beim Kochen mit Wasser Schwefelwasserstoff u. gibt mit Myrosin Senföl.

Myrosin, Proteïnkörper in den Senfsamen, wird erhalten, wenn man weißen Senf mit kaltem Wasser auszieht, das Filtrat unter 40° verdampft und mit Alkohol fällt. Das M. gleicht dem Eiweiß, es entwickelt mit Myronsäure Senföl, mit Amygdalin aber nicht Bittermandelöl. Durch Hitze und starken Weingeist verliert es seine Wirkung auf Myronsäure.

Myroxylon *L.* (Balsamholz), Pflanzengattung aus der Familie der Cassieen, charakterisirt durch den glockenförmigen, 5zähnigen Kelch, 5 ungleiche Blumenblätter, wovon die Fahne größer ist, 10 freie Staubgefäße, die gestielte, taschenförmige Hülse mit 1—2 Samen in balsamischem Mus, Bäume im heißen Amerika, mit wenigen ungeraden drüsigen Fiederblättchen. M. peruiferum *L. fil.*, Perubalsamholz, ist ein ansehnlicher Baum mit dicker, aschgrauer, glatter Rinde, dessen jüngere Zweige mit kleinen Wärzchen besetzt sind, in Peru, Kolumbien und Mexiko, die Stammpflanze des Perubalsams (s. d.). M. pubescens *Kunth*, ein der vorigen Art sehr ähnlicher Baum in Kolumbien, liefert ebenfalls Perubalsam. M. Toluifera *Kunth*, Tolubalsambaum (s. d.), ein sehr hoher Baum in Neugranada, ist die Stammpflanze des Tolubalsams, Balsamum de Tolu.

Myrrha (Myrrhengummi, gummi-resina Myrrha), ein aus der Rinde von Balsamodendron ausschwitzendes Gummiharz von eigenthümlich balsamischem Geruch u. zugleich etwas bitterem Geschmack, löst sich etwas mehr in Wasser als in Alkohol, bläht sich beim Erhitzen auf, ohne zu schmelzen, verbreitet dabei einen angenehmen Geruch, verbrennt mit heller Flamme u. hinterläßt eine reichliche weiße Asche. Salpetersäure färbt die M. erst rosenroth, dann violett. Die M. kam früher aus der Türkei, jetzt aber wird sie fast nur noch von Ostindien geliefert. Die auserlesene M. bildet Stücken von verschiedener Größe, die sich fettig anfühlen, zerbrechlich, durchscheinend u. rothbraun sind. Sie haben einen ebenen oder etwas splittrigen, matt- oder fettglänzenden, wachsartigen Bruch, lassen sich nur schwierig zu einem feinen Pulver zerstoßen, obgleich sie sonst leicht zerreiblich sind, u. geben, mit Wasser angerieben, eine gelbe Emulsion. Die M. in Sorten ist dunkler, unreiner u. kaum durchscheinend. Gute M. enthält etwa 2,5% ätherisches Oel, 23—45% Harz, 40—63% Gummi, 1,4—3,6% Salze etc. Das ätherische Oel hat ein specifisches Gewicht von 1,0189 u. siedet bei 266°. Man benutzt die M. zu Zahnpulvern u. bereitet aus 2 Unzen M. mit rektificirtestem Alkohol 1 Pfund Myrrhentinktur, welche zu Zahntinkturen u. dergl. gebraucht wird.

Myrrhenbaum, s. v. a. Balsamodendron Myrrha *Ehrenb.*

Myrrhenkraut, Pflanzengattung, s. Smyrnium.

Myrrhis *Scop.* (Süßdolde, Aniskerbel, Myrrhenkerbel), Pflanzengattung aus der Familie der Umbelliferen, charakterisirt durch den verwischten Kelchrand, die verkehrt-eiförmigen, ausgerandeten Blumenblätter mit einwärts gebogenen Läppchen und die kugeligen Früchte mit 5 niedergedrückten, schlängeligen Hauptriefen, 4 mehr hervorspringenden, gekielten Nebenstreifen, striemenlosem Thälchen und ausgehöhltem, mit einer abgelösten Haut bedecktem Eiweiß. Die wichtigste Art ist M. odorata *Scop.*, spanischer Kerbel, Gartenkerbel, ausdauerndes Kraut auf Bergwiesen in Südeuropa bis Mitteldeutschland und in Mittelasien, häufig in Gemüsegärten als Gewürzpflanze kultivirt, wird ganz wie der gemeine Kerbel angewendet, doch ist der Geschmack der Blätter wegen der Süßigkeit nicht Jedermann angenehm. Sonst waren die Wurzel, das Kraut und der Same officinell und wurden wie der gemeine Kerbel benutzt.

Myrsine *L.*, Pflanzengattung aus der Familie der Myrsineen, charakterisirt durch die halb 5spaltige Korolle mit gegen einander geneigten Einschnitten und die einsamige Steinfrucht mit 5fächeriger Nuß, Sträucher und Bäumchen, selten Bäume, in Südamerika, Südafrika und Ostindien, mit abwechselnden, harschen Blättern und gehäuften Blumen in den Achseln. **M. africana** *L.*, auf dem Kap, ist ein schöner, immergrüner, gegen 2 Fuß hoher Zierstrauch, mit kleinen zahlreichen, blaß- oder purpurrothen Blüthen und blauen Beeren. **M. melanophleos** *R. Br.* ist ein Bäumchen auf dem Vorgebirge der guten Hoffnung mit sehr hartem Holze und schwarzer Rinde und grünlichweißen Blüthen. Die Rinde wirkt zusammenziehend und ist deshalb officinell. **M. retusa** *Ait.*, Strauch auf den Azoren, hat weiße, meist gefleckte, fast doldentraubig-gehäufte, in reicher Anzahl die Zweige schmückende Blüthen.

Myrsineen, Pflanzenfamilie mit folgenden charakteristischen Merkmalen: Der Kelch ist fast stets frei, gespalten oder getheilt, bleibend; die Blumenkrone unterweibig mit getheiltem Saum, selten 5- bis 7blätterig, meist regelmäßig; die Staubfäden sind meist in der Blumenkrone befestigt, in gleicher Anzahl mit den Blumenzipfeln oder Blumenblättern vorhanden und vor diese gestellt, getrennt oder monadelphisch, zuweilen mit unfruchtbaren untermengt; der Eierstock ist einfächerig, meist vieleiig; Ein Griffel mit ungetheilter oder gelappter Narbe; die Frucht ist eine klappige oder umschnittene Kapsel, seltener eine Beere oder Steinfrucht, einfächerig, viel- oder armsamig; der Samenträger bildet eine freie, zuweilen verkürzte Mittelsäule mit schildartig angehefteten eiweißhaltigen Samen. Die Familie begreift Bäume und Sträucher mit wechselständigen, seltener gegen- oder wirtelständigen, einfachen, aderigen Blättern ohne Nebenblätter, meist in den Tropenländern einheimisch.

Myrtaceen, Pflanzenfamilie mit folgenden charakteristischen Merkmalen: Die Blüthen sind meist regelmäßig; das Kelchrohr ist seiner ganzen Länge nach mit dem Fruchtboden verwachsen; der Saum ist 4- bis vieltheilig oder 4- bis vielspaltig, bleibend oder abfällig; die freien Theile sind in der Knospenlage klappig; der Kelch ist zuweilen ganz, oder löst sich mützenartig ab; die Blumenblätter stehen auf einem Ringe, welcher den Schlund umgibt, und sind in der Knospenlage dachziegelig oder zusammengerollt, hinsichtlich der Zahl mit den Abtheilungen des Kelchs übereinstimmend, selten ganz fehlend; die Staubgefäße sind meist zahlreich, selten in gleicher Zahl mit den Blumenblättern vorhanden; die Staubfäden sind fadig, oft in monadelphische Büschel verwachsen oder einen Becher bildend, oft aber auch frei; die Antheren sind 2fächerig und springen der Länge nach nach innen auf; der unterständige oder halbunterständige Fruchtknoten ist in der Regel 2- bis mehrfächerig und enthält innenwinkelständige, zahlreich hängende Samenknospen; der Griffel ist endständig, einfach, an der Spitze bisweilen bärtig, mit endständiger Narbe, selten seitenständig; die Frucht ist 2- bis 4fächerig oder durch Fehlschlagen einfächerig, bald kapselartig und an der Spitze klappig, bald scheidewandspaltig, oder auch mit einem Deckel sich öffnend oder beerenartig; die Samen sind rundlich oder gedrückt und mit harter Schale umgeben; der Keimling ist gerade oder gerollt und ohne Eiweiß. Die Familie enthält Bäume und Sträucher in 42 Gattungen, wovon nur wenige außerhalb der beiden Wendekreise wachsen. Der größte Theil derselben ist in Südamerika und in Australien zu Hause; Europa besitzt nur eine einzige Art. Fast alle sind gewürzhafte Pflanzen von schönem Ansehen, viele reich an Gerbstoff. Von einigen sind die Früchte eßbar und dienen als Obst oder Gewürz, während das oft sehr harte und schöne Holz auf vielfache Weise benutzt wird. Es lassen sich 4 Gruppen annehmen: Myrteen, mit fleischiger, meist mehrfächeriger Frucht und getrennten Staubgefäßen; Leptospermeen, mit trockener, mehrfächeriger, klappig aufspringender Frucht und getrennten oder vielbrüderigen Staubgefäßen; Chamälaucieen, mit trockener, einfächeriger Frucht und meist getrennten Staubgefäßen; Barringtonieen, mit fleischiger oder trockener, mehrfächeriger, nicht aufspringender Frucht und am Grunde einbrüderigen Staubgefäßen.

Myrtilus, in der griechischen Mythe Sohn des Hermes und der Cleobule, nach Anderen des Zeus und der Clymene, Wagenlenker des Oenomaus, brachte, von Pelops bestochen, seinen Herrn um den Sieg bei der Bewerbung um die Hippodamia, ward aber hierauf von Pelops bei Gerästus auf Euböa ins Meer gestürzt, das nach ihm den Namen des myrtoischen Meeres erhalten haben soll. Sein Leichnam schwamm zu Pheneus in Arkadien ans Land, wo M. alljährlich einen nächtlichen Leichendienst erhielt. Sein Vater Hermes versetzte ihn als Fuhrmann unter die Sternbilder.

Myrtus *L.* (Myrte), Pflanzengattung aus der Familie der Myrtaceen, charakterisirt durch den 5spaltigen Kelch, 5 Blumenkronenblätter, zahlreiche Staubgefäße, die 2—3-, selten 4fächerige, fast kugelige, mit den Kelcheinschnitten gekrönte Beere mit mehrsamigen Fächern, umfaßt gewürzhafte Sträucher und Bäume, meist in Amerika, mit einfachen, gedüpfelten Gegenblättern, einzelnen rothen oder weißen Achselblüthen und schwarzen oder rothen Beeren. Die gemeine Myrte (**M. communis** *L.*), in Südeuropa, Asien, Afrika, ist ein beliebter, immergrüner, gewürzhafter, 3—4 Fuß hoher Strauch oder ein mäßiges Bäumchen mit glatten, glänzenden, ganzrandigen, eirunden oder lanzettförmigen, spitzen, wohlriechenden Blättern und zahlreichen, weißen oder röthlichen Blumen, mit schmäleren und breiteren Blättern und gefüllten Blüthen variirend. Größe und Form der Blätter ändern oft nach Maßgabe des Klima's, der Kultur und des Standorts ab. Ehedem waren besonders die Blätter und Beeren officinell. Sie wirken zusammenziehend oder tonisch reizend, weßhalb sie bei Durchfällen, Blut- und Schleimflüssen, sowie bei Wassersuchten in Anwendung waren. Die Früchte enthalten ein steifes, wohlriechendes, adstringirendes Oel (Oleum Myrti essentiale, Myrteum), was ihnen den bittern, gewürzhaften Geschmack mittheilt. Die Myrtenblätter und Beeren lieferten sonst durch Destillation ein Schönheitsmittel, das sogenannte Engelwasser (Eau d'ange), welches jetzt fast außer Gebrauch ist. Bei den Griechen war die Myrte der Aphrodite geweiht und der eigenthümliche Schmuck der tellurischen Gottheiten, besonders der Demeter und ihres Sohnes Triptolemus. Auch die Venus Murcia (Myrtea) wurde mit Myrten bekränzt dargestellt, sowie die Venus Victrix. Die durch eine Ovation belohnten Sieger schmückte, wenn sie selbst kein Blut vergossen hatten, ein Myrtenkranz. In der Bibel ist die Myrte ein Bild, um die Herrlichkeit des gelobten Landes, im Gegensatze des Zustandes im Exil, zu beschreiben. Die Zweige des dichtbelaubten Baumes dienten häufig zu den Laubhütten. Der Gebrauch eines Myrtenkranzes bei Vermählungen ist bis auf heute geblieben. Die Myrte wird leicht durch Stecklinge vermehrt. Im Winter verlangt sie einen luftigen Standort im Zimmer oder Orangeriehause bei 1 bis 5° Wärme, so oft es die Witterung gestattet, täglich atmosphärische Luft und nur mäßiges Begießen. Im Sommer begießt man sie reichlich. Das Umpflanzen muß jährlich im April geschehen, wobei zugleich der Wurzelballen und, wenn es nöthig ist, die Krone zu beschneiden ist. Das Beschneiden der Krone kann alle 2—3 Jahre geschehen, um den Stamm buschiger zu machen oder eine bestimmte Form der Krone zu ziehen. Die Myrte liebt eine fette, lockere Erde. Junge Exemplare kann man, um sie schnell buschig und stark zu bekommen, an einer warmen Stelle im Sommer ins freie Land pflanzen. Die erbsengroßen rothen Beeren der kleinblätterigen Myrte (M. microphylla) in Peru sind wohlschmeckend und zuckersüß. Auch die schmackhaften Beeren der Lumamyrte (M. Luma) werden in Chile häufig gegessen. Eine noch nicht bestimmte fossile Species führt Croizet aus den obersten Schichten von Clermont an.

Mysia, Beiname der Demeter, da sie unweit Pallene in Achaja einen von dem Argiver Mysius gestifteten Tempel (Mysäon) hatte, wo ihr alljährlich die Mysia gefeiert wurden.

Mysien, Landschaft im Nordwesten Kleinasiens, grenzte im Norden an die Propontis und den Hellespont, im Westen an das ägäische Meer, im Süden an Lydien und im Osten an Phrygien und Bithynien, und zerfiel in der späteren Zeit in Kleinmysien oder den nordöstlichen Theil am Hellespont, mit den Städten Cycicus, Lampsacus, und in Großmysien, am ägäischen Meer, mit den Städten Troas und Pergamum. Die beiden Hauptgebirge waren der Ida und der Temnus (jetzt Demirji-Dagh) mit dem mysischen Olympus (jetzt Tumandji-Dagh). Die Westküste bildete zwei große Meerbusen, den Adramyttenus Sinus (Meerbusen von Adramyti) und den Sinus Eleaticus (Meerbusen von Tschandeli). Die Flüsse M.s waren der Rhyndacus (jetzt Lupad) mit dem Macestus (jetzt Susu), der Aesepus mit dem Caresus, der berühmte Granicus, der Päsus (jetzt Beirambere), der Simois (jetzt Ghumbre) mit dem Skamander (jetzt Mondere-Su), der Caicus (jetzt Ak-Su) mit den Nebenflüssen Mysius (jetzt Bergma), Cetius (jetzt Barmak-ratran) und Selinus. Landseen waren: der Apolloniatis Lacus, der Miletopolis L. oder Artynia (jetzt See von Manivas) und der Pteleus. Außer den gewöhnlichen Erzeugnissen Kleinasiens, namentlich dem trefflichen Weizen von Assus, lieferte M. besonders den Lapis Assius, welcher die Kraft hatte, den menschlichen Leichnam schnell zu verzehren, und daher theils zu Särgen, theils pulverisirt zur Bestreuung der Leichen gebraucht wurde, Austern, Trüffeln, Morcheln und für den Medicinalgebrauch Scammonium oder Purgirrinden. Die Einwohner zerfielen von Alters her in zwei verschiedene Völkerschaften, in der ältesten Zeit in Phrygier und Trojaner, in der spätern aber in Mysier und Aeolier. Die eigentlichen Mysier, Mysi, erst nach dem trojanischen Krieg in diese früher von Phrygiern bewohnten Gegenden eingewandert, waren ein aus Europa gekommener thracischer Volksstamm. Sie standen im Alterthum, wie die Karier und Phrygier, im Rufe der Ehrlosigkeit und man nannte einen verächtlichen oder verworfenen Menschen sprüchwörtlich „den Letzten der Mysier". Uebrigens theilten sie die gemeinsamen Schicksale des westlichen Kleinasiens und machten nach Besiegung des Antiochus durch die Römer (190 v. Chr.) und bis zur Bildung der Provinz Asia einen Theil des pergamenischen Reichs aus. Als eine ihnen eigenthümliche Gottheit nennt Strabo den abrettenischen Zeus.

Myslowitz (Myslowice), Marktflecken in der preußischen Provinz Schlesien, Regierungsbezirk Oppeln, Kreis Beuthen, an der Przemza, über welche hier eine 480 Fuß lange Brücke führt, hat 2 katholische Kirchen, eine Synagoge, ein Rathhaus, Zollamt und 1780 Einw. In der Umgegend sind Steinkohlengruben und die Zinkhütte Rosalie.

Mysol (Meisol), Insel westlich von Neuguinea, nördlich von Ceram, von Einigen zum westlichen Polynesien, von Andern zu den Molukken gerechnet, 10 Meilen lang, 3 Meilen breit, bringt Kokosnüsse, Pisang und andere Palmenarten, Schweine, Papageien, Paradiesvögel und Perlen hervor, wird von Malayen, Papuas und Haraforen bewohnt. An der Küste liegen viele kleine Inseln, darunter Canary.

Mysore, Radschaschaft oder Provinz im südlichen Theil von Vorderindien, erstreckt sich von 11° 40′ bis 15° nördl. Br. und von 75° bis 78° 30′ östl. L. von Greenwich, liegt zwischen der Präsidentschaft Bombay und der Präsidentschaft Madras und hat einen Flächeninhalt von 1476 □Meilen und eine Bevölkerung von 3½ Millionen Seelen. Sie wird durch einen einheimischen Fürsten oder Radscha regiert, welcher durch einen Subsidienvertrag von der britischen Regierung abhängig ist. Das Land ist ein Hochplateau, im Osten, Westen und Süden von den östlichen und westlichen Ghats umgürtet, und hat Berge, die sich 4—6000 Fuß über das Meer erheben. Der bedeutendste Fluß ist der Cauvery oder Kavery im südöstlichen Theile des Landes mit dem Kubbani, Hemavati und Arkavati und verschiedenen kleineren Nebenflüssen. Der Toonga und Budra bilden vereinigt den Toongabudra oder Tumbudra, der sich in den Kistnah ergießt, nachdem er vorher den Vedavati aufgenommen hat. Der nördliche Penna durchfließt den nördlichen und der südliche Penna den südlichen Theil des Landes. Andere kleinere Flüsse haben gewöhnlich in der trockenen Jahreszeit kein Wasser und werden erst durch Anschwellung in den Regenmonaten bedeutend. Das Klima ist im Ganzen gemäßigt und gesund. Die Nächte sind selten heiß, am Morgen und Abend ist die Luft immer kühl und öfter selbst kalt. Die Regenmenge ist größer als in den meisten anderen Theilen von Indien; zur Zeit der südwestlichen Monsuns gibt es heftige Regenschauer, die einige Tage ohne Unterbrechung anhalten u. von heftigen Gewittern begleitet sind. Eine eigenthümliche und merkwürdige geologische Erscheinung sind die Droogs, einzelnstehende steile Felsberge, welche plötzlich von der Ebene bis zu 1000 und 1500 Fuß aufsteigen und vornehmlich aus Granit, Gneis und Hornblende bestehen. Die meisten tragen auf ihrer Spitze fast unzugängliche Festungswerke, die aber jetzt größtentheils verfallen sind. Ein großer Theil des Bodens ist wenig ergiebig; im Norden findet sich gutes Weideland; der Westen hat ausgedehnte Waldungen. Hauptprodukte sind Reis, Sesam, Betel, Tabak, Zuckerrohr, Ingwer, Früchte, verschiedene Droguen und einige europäische Getreidearten. Der Boden ist salzhaltig, und in manchen Gegenden tritt dieser Salzgehalt als Kruste auf der Oberfläche zu Tage und wird für häusliche und gewerbliche Zwecke gesammelt. Auch Eisen kommt noch in Menge vor. Von wilden Thieren ist der Tiger eine Hauptplage des Landes; Bären und Elephanten streifen in den Wäldern umher. Das Gebiet von M. zerfällt in 4 Distrikte: Bangalore, das eigentliche M. oder Astragam, Chitadroog und Bednor. Die Eingebornen sind von kräftigem Körperbau und höherem Wuchse als die Hindostaner auf der entgegengesetzten Küste von Koromandel. Sie bekennen sich größtentheils zum Brahmanismus, ein kleiner Theil zur mohammedanischen Religion. Sie werden als hinterlistig und treulos, aber zugleich als höflich, zufrieden und geduldig im Mißgeschick geschildert. Die jährlichen Einkünfte betrugen zu Anfang dieses Jahrhunderts gegen 750,000 Pfd. Sterl., haben sich jedoch durch die schlechte Wirthschaft seiner Radscha's bedeutend vermindert. Die ursprüngliche kleine Lehnsherrschaft M. bestand aus der noch vorhandenen Festung dieses Namens und 32 Dörfern. Die alten Radscha's waren abwechselnd Vasallen der früher mächtigen Herrscher von Bisnagor, der Sultane von Bisnapur und zuletzt der Subahs oder Statthalter von Dekan, die im Namen der Großmoguln deren Besitzungen auf der Halbinsel diesseits des Ganges verwalteten. Den Grund zur Vergrößerung des Reichs M. legte Hyder Ali (s. d.), welcher 1760 den Radscha vom Thron verdrängte und nach und nach große Eroberungen machte, so daß sich seine Herrschaft gegen Norden bis an die Flüsse Tumbudra und Gutpurba ausdehnte und einen Flächenraum von 4176 QM. umfaßte. Er starb 1782. Sein Sohn, Tippo Saheb (s. d.), nahm den Titel eines Sultans von M. an. Als er 1790 den Radscha von Travancore angriff, den die Engländer vertragsgemäß beistehen mußten, brach ein Krieg aus, welcher bis zum März 1792 dauerte und Tippo Saheb die Hälfte seiner Staaten und dreißig Rupien kostete. In der Hoffnung, das verlorene Gebiet wieder zu gewinnen, suchte Tippo Saheb eine Alliance mit der französischen Republik und dem Herrscher von Rabub nach. Allein im Februar 1799 rückte eine englische Armee in M. ein, belagerte die feste Hauptstadt Seringapatam und eroberte sie am 4. Mai mit Sturm, wobei Tippo Saheb umkam. Das eroberte Gebiet wurde damals in 4 Theile getheilt, wovon der Peischwa der Mahratten das Nizam und die ostindische Kompagnie je einen Theil erhielten; aus dem Rest wurde ein eigener Staat für den von Tippo Saheb gefangen gehaltenen Radscha geschaffen. Gegenwärtig ist die ganze politische und finanzielle Verwaltung einer von der britischen Regierung niedergesetzten Kommission übertragen und M. steht ganz auf dem Fuße einer britischen Besitzung.

Die gleichnamige Stadt, Hauptort des gleichnamigen Gebiets, unter 12° 19′ nördl. Br. und 76° 42′ östl. L. von Greenwich u. in 2450 engl. Fuß Meereshöhe gelegen, hat ungefähr 55,000 Einw., meist regelmäßig angelegte Straßen, ist von einer Mauer umgeben und wird von einem Fort vertheidigt, das den Palast des Radscha und die Wohnungen der ersten Handelsleute enthält. Die Residenz der britischen Verwaltungskommission liegt im nordöstlichen Theil der Stadt. Das Klima von M. ist wegen seiner hohen Lage kühl und nicht sehr gesund. Tippo Saheb ließ 1787 die alte Stadt M. zerstören und benutzte das Material, um in der Nähe eine Festung aufzuführen, die er Nezerban nannte; aber ehe dieselbe aufgebaut war, wurde er gestürzt, worauf das Baumaterial zum Wiederaufbau der jetzigen Festung von M. benutzt ward.

Mystagog (v. Griech.), bei den Griechen der in die Mysterien (s. d.) einführende Priester; in Sicilien der Fremdenführer, besonders in Kirchen; jetzt zuweilen s. v. a. Geheimnißkrämer.

Mysterien (v. Griech.), Geheimnisse; Dinge, deren Dasein zwar bekannt, aber von denen die Art und Weise desselben noch nicht erklärt ist; bei den Griechen und später auch bei den Römern religiös-politische Geheimlehren, die nur den Eingeweihten mitgetheilt wurden, sodann Geheimkulte, eine besondere Art gottesdienstlicher Gebräuche, denen theils objektiv das Geheimnißvolle in den rituellen Gebräuchen (Mysteria), theils subjektiv eine besondere Gemüthsstimmung (Orgia) u. daraus folgende religiöse Erbauung (Telete) charakteristisch war. Reinigungen, Sühnungen u. Büßungen, ferner Opfer, Prozessionen, Gesänge, Tänze, kurz alle Gebräuche der übrigen Gottesdienste waren auch Bestandtheile der M., hier aber stets mit ekstatischem Charakter u. meist bei Nacht unter Fackelschein und betäubender Musik vorgenommen. Schon bei den Eleusinien u. den Thesmophorien finden wir diesen Orgiasmus, obgleich derselbe bei den eigentlich hellenischen Religionen ein gehaltener u. würdiger u. im alten Rom durch das Staatsgesetz gänzlich ausgeschlossen war. Später drang von Thracien und Phrygien, dann von dem tieferen Asien her jener düstere Fanatismus ein, wo die Seele in religiöser Erregung gegen den Leib rast, was gewöhnlich in Unsittlichkeit ausartete. Die Gottheit wird nach dieser Vorstellungsweise als die unendliche geistige, mit der Natur verschlungene und hinter ihr verborgene Macht gesetzt, welcher man sich nur durch gänzliche Versenkung des Geistes, durch Ertödtung des Leiblichen, annähern könne. Auch Mythen u. Bilder gab es in den M., doch waltete in ihnen das Symbolische und Allegorische vor. Die Sagen in den M. sind heilige Legenden hieratischen Inhalts, wo der theologische Gedanke durch die mythische Form nur leicht verhüllt ist. Meist dreht sich diese Mythologie um die Geburt, die wechselnden Zustände, das Leiden und Sterben der Götter. In den Telesterien gab es auch Götterbilder; in den M. aber überwog eine Art von sinnlicher Vergegenwärtigung des Göttlichen. Hierher gehören die Symbole göttlicher Zeugungskraft und Fruchtbarkeit, wie der Phallus in den Dionysien, ferner die verschiedenen Attribute der Gottheiten, wie der Mischtrank, die mystische Lade, die Fackel, der Blumenkorb in den M. der Demeter, die Cymbel in den phrygischen M., die Schlangen, der Eppich, der Thyrsus, die Nebris und der Stier bei den Dionysien, das Sistrum bei den Isismysterien. Die Festfeier selbst war bei den M. ebenfalls größtentheils symbolischer Art. Sie bestand aus mimisch-dramatischen Aufführungen der Göttergeschichte, z. B. des

Raubes der Proserpina, des Leidens und Sterbens des Dionysus ꝛc., wodurch der allegorische Sinn der Mythen um so nachdrücklicher hervorgehoben werden sollte. Die Aufnahme in die M. erfolgte mittelst feierlicher Weihe, wobei der Mystagog dem Aufzunehmenden den Eid der Verschwiegenheit abnahm, durch verschiedene Grade. Die, welche die Vorweihe erhalten hatten, hießen Mysten, die völlig Eingeweihten Epopten. In manche M. konnten Alle, in andere bloß Frauen aufgenommen werden; noch andere waren für streng geschlossene Kreise. Ueber die den Eingeweihten mitgetheilte Lehre ist nichts Genaueres bekannt. Die Gottesdienste der M. waren möglichst glänzend. Besonders wendete der attische Staat alle Hülfsmittel der Skulptur, Architektur, Malerei, Musik, Orchestik, Mechanik vorzugsweise auf die M. in Eleusis an. Im Allgemeinen muß man festhalten, daß die M. in den Bedürfnissen ihrer Zeit begründet waren u. einen Fortschritt bildeten, indem sie etwas in manchem Betracht Höheres und Geistigeres gewährten als der übrige Gottesdienst. Sie förderten das religiöse Leben, indem sie den Ansprüchen des gemeinen Mannes, über die dunkeln Punkte des Jenseits eine Beruhigung zu haben, oder sonst über praktisch-religiöse Beziehungen aufgeklärt zu werden, entgegen kamen, und dienten überhaupt der Veredlung und Fortbildung des allgemeinen ideellen und religiös-sittlichen Gehalts des Glaubens jener Zeit. Ueber die jenseitige Welt suchten besonders die Eleusinien Aufschluß zu geben; von denselben M. wird aber auch erzählt, sie hätten Vorstellungen von den sittlichen Folgen der Agrikultur verbreitet und zum nüchternen Lebenswandel ermahnt. Auch auf gewisse allgemeine Konsequenzen spekulativer Art wird hingedeutet, wie es bei der den M. eigenthümlichen Auffassung der Götterwelt natürlich war.

Was die Geschichte der M. betrifft, so sind unter den sporadisch vorkommenden Gebräuchen vor allen die Reinigungen und Sühnungen sehr alt und eigentlich das Grundelement der M. Zusammenhängendere Gebräuche mystischen Charakters haben sich besonders früh in den chthonischen Götterdiensten entwickelt, z. B. in Ephyra in Thesprotien, zu Phigalia in Arkadien, zu Hermione ꝛc. Als bestimmtere Arten mystischen Dienstes treten zuerst innerhalb der Demeterreligion die Thesmophorien und Eleusinien hervor. Jene sind rein cerealisch, beruhen auf der religiösen Auffassung der Erde als fruchtbarer Mutter und des aus der Pflege des Erdbodens hervorgehenden sittlichen Gewinns, in diesen hat sich mit dem cerealischen Glauben noch ein Element des Dionysusdienstes verbunden. Nächst den Eleusinien galt die samothracische Weihe für die heiligste, besonders unter den asiatischen und thracischen, sowie allen seefahrenden Griechen. Sehr alt und angesehen waren die M. des Zeus auf Kreta, deren Feier gewöhnlich auf hochgelegenen Punkten, unter freiem Himmel u. bei Tage Statt fand. Aus dem Dionysusdienste gingen die trieterischen Nächte hervor, ein durch ganz Griechenland verbreitetes höchst fanatisches Frauenfest. Nachmals gehörten die M. der Cybele zu den verbreitetsten u. ausgebildetsten. Eine Weihe der Hecate kannte man in Aegina, Thessalien und auf Samothrace. Auch M. der Aphrodite gab es, die jedoch denen der Cybele in sofern gerade entgegengesetzt waren, als in diesen die Verstümmelung der Geschlechtstheile, in jenen der Geschlechtsgenuß bis zur Prostitution heiliges Gesetz war. Sie wurden auf Cypern, sowie in vielen griechischen Staaten, namentlich zu Athen, begangen. Auch die ägyptische Isis mit der zu ihr gehörigen Umgebung war ein allgemeines Naturwesen der Art, wie es nur in mystischer Weise ausgedrückt und verehrt werden konnte. Die orphischen M. entstanden zuerst aus dem thracischen Dionysusdienst, zogen aber später gleichfalls den verschiedenartigsten Aberglauben in ihr Bereich. Sie machten sich zu Athen bereits zur Zeit der Pisistratiden geltend und verbreiteten sich dann besonders im Laufe des peloponnesischen Krieges. Orphisch und mystisch wurde zuletzt fast gleichbedeutend und Orpheus als der Stifter sämmtlicher M. des Alterthums angesehen. Die M. verschwanden bei Ausbreitung der christlichen Religion im 2. u. 3. Jahrhundert n. Chr. Dagegen wurden in der christlichen Kirche seit dem Anfang des 3. Jahrhunderts gewisse Lehren und Handlungen bei dem Gottesdienst M. genannt, weil sie als das Heiligthum der christlichen Religion angesehen wurden u. darum dem Uneingeweihten verborgen bleiben sollten. Bei Tertullian und den an dem Streite des 4. Jahrhunderts betheiligten Kirchenschriftstellern hatte der Begriff der M. die doppelte Bedeutung von unbegreiflichen, durch göttliche Offenbarung den Menschen mitgetheilten Lehren, M. der Trinität und der Menschwerdung Jesu, und von Gebräuchen, welche eine geheime, übernatürliche Wirkung auf die Seele äußern sollten, Taufe und Abendmahl. Die lateinischen Kirchenväter übersetzten aber das Wort Mysterium mit Sacramentum. Je unbestimmter nun allmählig der Begriff Mysterium wurde, desto mehr schwankte die Angabe über die Zahl der M., und bald fiel unter den Begriff der M. jeder Gebrauch, der eine religiöse Beziehung hatte. Die Wissenschaft hingegen bezeichnete nur die Lehren von der Trinität u. von der Menschwerdung als M. (disciplina arcani). Während Abälard u. andere Scholastiker den mysteriösen Charakter des Christenthums leugneten, sofern dem Glauben die klare Einsicht vorausgehen müsse, sollte nach den Mystikern die Erkenntniß erst aus dem Glauben folgen. Im 16. Jahrhundert bekämpften die Antitrinitarier und im 17. die Arminianer das Mysterium durch den Versuch, das Christenthum als eine rein praktische Religion zu entwickeln. Zur Hauptaufgabe wurde die Ableugnung der M. des Christenthums und ihre Bestreitung bei den englischen Deisten und französischen Encyklopädisten. In der neuern Zeit hat die Bestreitung der M. im Christenthum eine zweifache Form angenommen. Man geht entweder von der Voraussetzung aus, es würden im Christenthum M. gelehrt, und bekämpft die Ansicht, daß sie Offenbarungen enthielten, oder man spricht, wie der kantische Rationalismus that, dem Christenthum überhaupt seinen mysteriösen Charakter ab. Vergl. Mystik und Mysticismus. Ueber die alten M. vergl. noch Ste.-Croix, Recherches historiques et critiques sur les mystères du paganisme, Paris 1784, 2. Aufl. von de Sacy, das. 1817, 2 Bde., deutsch von Lenz, Gotha 1790.

Mysterien (v. Griech.), im Mittelalter eine Art geistlicher Schauspiele, welche als die erste Quelle der Oratorien u. Opern anzusehen sind u. in der Darstellung von Scenen der heiligen Geschichte bestanden.

Anfangs waren es nur einfache Gesänge, welche zur Zeit der Kreuzzüge die Kreuzfahrer auf ihren Zügen sangen u. die nachgehends mit allerhand pantomimischen u. dramatischen Vorstellungen verknüpft wurden, wobei sich namentlich auch Geistliche und Chorknaben betheiligten, wie aus einem Dekret von Innocenz III. von 1210 ersichtlich ist, worin von theatralischen Darstellungen mit abscheulichen Masken (monstra larvarum) geredet wird, bei denen selbst Priester mitwirkten. Diese Aufführungen waren ungefähr das, was die alten Miracles der Engländer mit dem Spiel der Clercs und den „Kindern ohne Sorgen", welche bereits im 13. Jahrhundert im Freien gespielt wurden. Im Jahre 1380 führten Pilger beim Einzuge des Königs Karl VI. zu Paris ein damals noch nie gesehenes Schauspiel, eine mit Gesang untermischte geistliche Farce, vor dem König auf. Einige Jahre später ward die Vermählung des Königs mit Isabella von Bayern mit ähnlichen dramatischen Vorstellungen aus dem Alten und Neuen Testament gefeiert. Als eines der ältesten auf uns gekommenen Dramen dieser Art werden „Die Wunder der heiligen Katharina" betrachtet. Durch den geernteten Beifall aufgemuntert, traten die Pilger in eine Gesellschaft zur Bildung eines eigenen Theaters für solche Darstellungen zusammen, nannten sich „geistliche Brüderschaft" und ihre musikalischen Schauspiele M., wozu unter anderen das ganze von ihnen dramatisirte Leben Jesu gehörte. Diese Schauspiele waren Reden, mit Gesang untermischt, und hießen Mystères de passion, wovon die ganze Gesellschaft den Namen „Passionsbrüderschaft" (la confrèrie de passion) erhielt. Letztere erwarb sich 1402 ein Privilegium, war also die erste autorisirte Schauspielergesellschaft des neuern Europa, die man kennt. Der Geschmack an solchen Farcen verbreitete sich bald allgemein und sogar bis in die benachbarten Länder und erhielt sich bis ins 16. Jahrhundert. Dieselben fanden zu dieser Zeit im Freien auf Karren, Spielwägen (pagiants), Statt, welche von Straße zu Straße zogen und abwechselnd spielten. Die Bühnen der Wägen waren in 3 Stockwerke zur Darstellung des Himmels, der Erde und Hölle getheilt und mit Teppichen behängt; der unterste Theil des Raumes diente als Ankleidezimmer. Man gab auf diesen Bühnen Darstellungen der göttlichen Geheimnisse (mysteries), der Wunder der Heiligen (miracles) und moralische Darstellungen aus der biblischen Geschichte (moralités). Ueberbleibsel der M. sind die Passionsspiele im Oberammergau in Bayern. Sammlungen französischer M. veranstalteten Monmerqué und Michel („Théâtre français du moyen-âge", Paris 1839) u. Jubinal („Mystères inédits du XVième siècle", das. 1837, 2 Bde.); deutsche M. veröffentlichte Mone („Deutsche Schauspiele des Mittelalters", Quedlinb. 1841). Vgl. Taillandier, Notice sur les confrères de la passion, Paris 1834; Leroy, Etudes sur les mystères, das. 1837; Wright, Early English Mysteries, Lond. 1844; Devrient, Geschichte der deutschen Schauspielkunst, Leipzig 1848, 1. Bd.; Pichler, Ueber das Drama des Mittelalters in Tyrol, Innsbruck 1850; Hase, Das geistliche Schauspiel, Leipzig 1858.

Mysteriös (v. Griech.), geheimnißvoll, in ein geheimnißvolles Dunkel gehüllt; in der Malerei von Beleuchtungen, welche sich auf einen engen Raum koncentriren u. als Gegensatz große Schattenmassen haben.

Mysterium (v. Griech.), das Geheimniß; daher s. v. a. Arcanum, das Geheimmittel.

Mysticiren (v. Griech.), ursprünglich in die Mysterien einweihen; nach der zuerst in Frankreich seit Poinsinet gewöhnlich gewordenen Bedeutung s. v. a. die Leichtgläubigkeit und Beschränktheit eines Menschen benutzen, um ihm allerlei lächerliche Dinge aufzuheften und ihn zu lächerlichen Handlungen zu veranlassen; daher Mystifikation.

Mystik und **Mysticismus** (v. Griech.). Das Wort Mystik bezeichnet nach kirchlichem Sprachgebrauch die Erkenntniß und das Anschauen Gottes vermöge innerer unmittelbarer Erleuchtung ohne Hülfe des Glaubens (Pistis) und andererseits der spekulativen Vernunfterkenntniß (Gnosis) und ist von dem Mysticismus dadurch unterschieden, daß sie das aus einem natürlichen Bedürfniß Erwachsene in derjenigen Richtung des religiösen Lebens oder der theologischen Erkenntniß ist, welche einem falschen Objektivismus als Wahrerin der ächten Subjektivität entgegentritt, gegenüber dem bloßen Traditionalismus eines todten Buchstaben und Formelwesens aber die Bedürfnisse des Gemüths in Anschlag bringt, die Nothwendigkeit des eignen Erfahrens geltend macht, überhaupt die Seite der Religion anerkennt, welche auf allen Stufen menschlicher Erkenntniß ein über sie hinaus liegendes Geheimniß behält, während der Mysticismus die Entartung der Mystik, das Krankhafte in ihr, das Erkünstelte und Gemachte und darum mehr oder weniger mit Willkür Behaftete begreift. Der Mysticismus ist nach dem herrschenden Sprachgebrauch eine Art von Gefühlsschwindel, verbunden mit einem regellosen Spiel der Phantasie, und es ist daher unstatthaft, das Wort zur Bezeichnung religiöser Empfindungen überhaupt zu gebrauchen. Beide Begriffe entstammen derselben Quelle, wie das griechische Mysterium (s. Mysterien). Die Mystik oder mystische Theologie (theologia mystica) hat es zunächst auch mit Geheimnissen, und zwar mit Geheimnissen der Religion zu thun. Von einer gesunden Mystik läßt sich aber nur da reden, wo das mystische Element nicht selbst ein Ganzes bilden und für sich bestehen will, sondern sich in ein höheres Lebensgebiet einordnet; wo das polemische Element der Mystik zwar den falschen Objektivismus angreift, sich selbst aber hütet vor dem Versinken in Idealismus und Pantheismus; wo es die Rechte des Gefühls wahrt, ohne in eine überschwängliche Gefühligkeit auszuarten, und wo es die geheimnißvolleren Bestandtheile der Religion in einer Weise vertritt, in welcher das Band eines vernünftigen Gedankenverkehrs in gesichertem Bestande bleibt. In jedem Uebergang der Mystik in Mysticismus u. umgekehrt des Mysticismus in Mystik macht sich aber eine andere Auffassung in der Vermittelung der Lebensgemeinschaft des Menschen mit Gott geltend; während die Mystik dieses Verhältniß auf eine ethische Weise faßt, geht der Mysticismus auf eine Naturgemeinschaft aus u. verfällt so in Pantheismus. Dieser pantheistische Mysticismus aber ist verschieden nach der Art und Weise, wie er die Vereinigung des menschlichen Subjekts mit dem göttlichen zu Stande kommen läßt. Das Mittel zu dieser Vereinigung ist namentlich entweder ein intellektuelles Schauen und Denken:

der kontemplative und spekulative Mysticismus; od. es ist ein eigenthümliches Erregtsein des Gefühls u. der Phantasie: der Gefühlsmysticismus; oder es ist endlich ein bestimmtes Verhalten des Wollens und Handelns: der praktische Mysticismus, in welchem wieder zwei Unterarten sich unterscheiden lassen, der ascetische, welcher die Vereinigung mit Gott erstrebt durch ein positives Thun, und der quietistische, in welchem sie durch eine passive Hingabe erreicht wird. In der Verbindung mit pantheistischen Lehren erscheint die Mystik regelmäßig auf dem Gebiet des heidnischen Lebens, vorzüglich in den orientalischen Religionen, in welchen die Phantasie als das herrschende Organ zur Erfassung des Göttlichen waltet. Selbst in dem streng rationalistischen Islam fehlt es daher so wenig an mystischen Elementen wie in dem Mosaismus, weil in ihm die Phantasie doch auch die Grundkraft der religiösen Gedanken bleibt und die abstrakte Alleinheitslehre stets wieder in Pantheismus umzuschlagen droht. Ihre höchste Ausbildung unter den Mohammedanern erhielt die Mystik im Ssufismus. Die Mysterien des griechischen Alterthums nährten in sofern einen mystischen Hang, als sie einerseits durch Mittheilung räthselhafter Symbole u. Aufführung allegorischer Schauspiele die Phantasie zur Erdichtung verborgener oder verhüllter Dinge entflammten, anderntheils in Verbindung mit Opfern, Augurien und Orakeln einen Verkehr mit dem Jenseits einzuleiten sich bemühten. Die antike Mythologie war das Erzeugniß dieses mystischen Hanges, und die Philosophie ging auf diese mythologischen Phantasien ein, wie bei Pythagoras und Heraclit. Der eigentliche Mysticismus aber ward erst durch Plotin eingeführt, der mit Plato die Erkenntniß der übersinnlichen Welt als Ziel seines Denkens hinstellte, jedoch von diesem in dem Wege zum Ziel abwich, indem er statt des vernünftigen Gedankenlebens eine intellektuelle Anschauung in der Ekstase als den Schlüssel zu den höchsten Geheimnissen bezeichnete, während in praktischer Hinsicht auch er dem Irrthum verfiel, daß er nicht die Vergöttlichung des Menschen durch die Tugend lehrte, sondern ein Gottwerden, oder eine Naturgemeinschaft durch reale Vereinigung der anschauenden Seele mit dem angeschauten Göttlichen (vergl. Neuplatonismus). Noch weiter ging in dieser Richtung Jamblichus, und sie setzte sich dann in allerlei theurgischem und goetischem Unsinn fort, wie namentlich in den dem Hermes Trismegistus zugeschriebenen Schriften. Das Christenthum leistete zwar im Ganzen vermöge seiner vorzugsweise auf das praktische Gute gerichteten Tendenz, sowie vermöge seiner Forderung einer Unterwerfung der Ueberzeugungen unter ein gegebenes Dogma den Ausschweifungen der Mystik geringeren Vorschub als das Heidenthum; dies hinderte jedoch nicht, daß sehr bald die christlichen Erlösungsmittel als Mysterien bezeichnet u. der Bibel ein mystischer Sinn zugeschrieben wurde. Indeß wurde erst durch den Neoplatonismus das mystische Element in der christlichen Kirche recht heimisch und zu einer besonderen Richtung entwickelt. Die praktische Seite derselben stellten die Ascese und das aufkommende Mönchswesen dar. In einer Art von systematischer Form erscheint die christliche Mysterie (mystische Theologie) in den fälschlich dem Dionysius Areopagita beigelegten Schriften aus dem 5. Jahrhundert. Johannes Erigena, der den Areopagita übersetzte, gewann der mystischen Richtung neue Anhänger und gab ihr eine neue Ausbildung, so daß sie nun, wie in der griechischen Kirche gegen die Gnosis, in der römischen in Gegensatz gegen die Scholastik trat. Der bedeutendste Mystiker in diesem Sinn ist Bernhard von Clairvaux, der den Begriff der Kontemplation aufbrachte und neben dem und in seinem Geiste Hugo und Richard von St. Victor wirkten, welchen ebenfalls Vereinigung mit Gott der Endzweck des menschlichen Lebens war, was sie mit dem Ausdruck Deo frui (Gott genießen) bezeichneten. Auch mehre Scholastiker, wie Albertus Magnus, Thomas von Aquino und Bonaventura, behandelten die mystische Theologie. Wie in Frankreich aus der Schule von St. Victor der milde Gerson hervorging, so pflanzte sich in Deutschland unter dem Einfluß Hermanns von Fritzlar, Eckardts, Taulers, Heinrich Suso's, Johann Ruisbroeks, Thomas' a Kempis, des unbekannten Verfassers der „Deutschen Theologie“, Geilers von Kaisersberg die Mystik fort, und zwar ohne Ueberspannung und Schwärmerei, das Hauptgewicht auf innige Hingabe des Gemüths an Gott u. werkthätige Liebe legend. An den Schriften dieser Mystiker hatte Luther seinen Geist und seine Sprache gebildet; Manches, was durch sie angeregt worden war, ging in seine Theologie über; die evangelische Kirche hat zwar dem Triebe jener Mystiker nach einer innigen Lebensgemeinschaft des Menschen mit Gott in ihrer Lehre von der Unio mystica Rechnung getragen, zugleich aber sich den Ausschreitungen der Wiedertäufer gegenüber gegen die Ansicht verwahrt, als trete der Mensch in eine substantielle Einheit mit Gott. Ueberhaupt führte im Zeitalter der Reformation die allgemeine Aufregung der Gemüther u. der unbefriedigte Drang nach tieferer Erkenntniß der Welt u. Gottes auch auf den Gebieten der Wissenschaft zu mancherlei mystischen Träumereien, die sich bis in das 17. Jahrhundert hinein erhielten u. sich theils auf die jüdische Kabbala, theils auf die angeblichen Schriften des Hermes Trisgemistus, theils auf unmittelbare Offenbarungen beriefen. Repräsentanten dieses Gährungsprozesses, in welchem theosophische Einbildungen mit dem Glauben an Alchemie u. Astrologie, spekulativer Tiefsinn mit Phantasterei, religiöse Schwärmerei mit den rohen Anhängern einer Naturphilosophie, reformatorische Gedanken mit sinnlosem Aberglauben bunt durcheinander laufen, sind u. A. Theophrastus Paracelsus, Valentin Weigel, Jak. Böhme. Günstig waren der Verbreitung des Mysticismus in Deutschland namentlich auch die mit den Leiden des dreißigjährigen Kriegs verbundene geistige Abspannung, sowie das Erstarren der Kirche in Formelwesen, was nothwendig eine Reaktion hervorrief. Später erregten Aufsehen Gichtel, dessen praktische Theosophie eine unsichtbare Kirche der böhmischen Engelsbrüder, und Swedenborg, der eine eigene Kirche stiftete, die auch in Deutschland Anhänger fand. In der katholischen Kirche, in welcher die Wissenschaft großentheils ihren Charakter bloß dialektischer Formirung der Tradition behalten hatte u. die praktische Theologie meist einer mechanischen Aeußerlichkeit verfallen war, regte sich von Neuem der höher gestimmte Religionssinn der Mystik in Männern, wie Franz Sales, Johann Bona, Angelus Silesius, Peter Poiret, die aber theilweise, wie Michael Molinos, als Häretiker verfolgt wurden. Die äußerlich wie innerlich umfassendste Mystik der katholischen Kirche zeigte sich im Jansenismus, artete aber zuletzt in mancherlei Ueberspanntheiten aus. Der Tummelplatz für die Mystiker aber wurde England und Nordamerika, wo das Quäkerthum für seine Sonderungen Raum fand. Vorzüglich heftig entbrannte der Kampf zwischen Rationalismus u. Mysticismus in den letzten Jahren des 18. Jahrhunderts, wo man Alles, was der Aufklärung unbequem war, schlechtweg als Mystik bezeichnete. Im Gegensatz zu dem Skepticismus der kritischen Philosophie und im Anschluß an die pantheistische Richtung der Geistes- und Naturphilosophie bildete sich eine mystische, namentlich fand ein Kreis von Männern, welche, angeregt von Hamann, Lavater, Claudius, Jung-Stilling, der herrschenden Irreligiosität entgegen arbeiteten, einen Einigungspunkt in dem Dilettantismus Jacobi's, der, auf die Zuverlässigkeit der religiösen Ideen im Gemüthe des Menschen vertrauend, keiner weitern Beweise für sie bedurfte. Am vollendetsten erschien die Verbindung der Mystik mit einer eigenthümlichen Weltanschauung in Herder. Mit dem Umschwung des religiösen Lebens, welchen die gewaltigen politischen Kämpfe des 19. Jahrhunderts hervorriefen, ging die Ungläubigkeit in einen Mysticismus der Romantik über, der vielfach in die Arme der römischen Kirche führte. Doch trat auch die edlere Mystik bedeutsam hervor, namentlich durch Schleiermacher, der, trotz seiner zersetzenden Kritik über verfehlte Dogmen und fehlbare Stücke der Schrift, den gefühlsmäßigen Inhalt derselben mit aller Kraft des Geistes zur Anerkennung zu bringen suchte. Vgl. Ewald, Briefe über die alte Mystik u. den neueren Mysticismus, Leipzig 1822; Schmid, Der Mysticismus des Mittelalters, Jena 1825; Tholuck, Blüthensammlung aus der morgenländischen Mystik, Berlin 1825; Heinroth, Geschichte und Kritik des Mysticismus, Leipz. 1830; Görres, Die christliche Mystik, Regensburg 1836—42, 4 Bde.; Helfferich, Die christliche Mystik in ihrer Entwickelung und ihren Denkmalen, Hamburg 1842, 2 Bde.; Pfeiffer, Deutsche Mystiker des 14. Jahrhunderts, Leipzig 1845; Carriere, Philosophische Weltanschauung der Reformationszeit, Stuttg. und Tübingen 1847; Noack, Die christliche Mystik, Königsberg 1853, 2 Bde.

Mystisch (v. Griech), s. v. a. geheimnißvoll, mysteriös; was die Mysterien (s. d.) und deren Feier betrifft; s. v. a. symbolisch, allegorisch; unklar dem Begriff nach, überspannt, schwärmerisch.

Mythe (v. Griech.), s. v. a. Mythus.

Mythen, zwei kahle, kegelförmige, schwer zu erklimmende Felsspitzen, auch die Schwyzerhaggen genannt, in der dritten Alpenkette, dem Hakengebirge, im schweizerischen Kanton Schwyz.

Mythographen (v. Griech.), Bezeichnung derjenigen, größtentheils späteren Schriftsteller des klassischen Alterthums, welche die verschiedenen Sagen und Dichtungen der Vorzeit meist in Prosa bearbeiteten und zusammenstellten, wie unter den Griechen namentlich Apollodor, Conon, Parthenius, Antonius Liberalis und Paläphatus, unter den Römern Hyginus, Fulgentius, Lactantius u. A. Die beste Sammlung der Mythographi graeci besitzen wir von Westermann (Braunschweig 1843); die Mythographi latini gaben Muncker (Amsterd. 1681, 2 Bde.) und von Staveren (Leyden u. Amsterd. 1742, 2 Bde.) heraus.

Mythologie (v. Griech.), die Wissenschaft der Mythen, zunächst der griechischen, welche nach Inhalt und Umfang die reichsten und bedeutendsten sind, dann die der anderen heidnischen Völker. Mythus heißt im Allgemeinen Erzählung, Ueberlieferung, im engern Sinn die Ueberlieferung aus vorhistorischer Zeit, in welchem wir das Wort mythisch auch im täglichen Leben gebrauchen, in der modernen wissenschaftlichen Sprache eine Erzählung, deren Mittelpunkt ein göttliches Wesen ist, und das in konkreter Erzählungsform auftretende Dogma der heidnischen Religion. Die Entstehung der Mythen haben wir uns folgendermaßen zu denken. Die Kräfte, welche die Erscheinungen der Natur bedingen, abstrakt als Kräfte aufzufassen, z. B. als Wärme, Elektricität, vegetative Kraft rc., vermag nur das abstrakte Denken, während die unmittelbare Anschauung der Phantasie die Kraft von einem Willen ableitet, welcher dieselbe hervorbringt und ihre Wirkungen lenkt. So tritt an die Stelle der abstrakten Naturkraft eine willensbegabte Persönlichkeit, von der nach freiem Entschluß die in ihrer Wirkung wahrgenommene Kraft ausgeht. Je nachdem nun die Wirkungen, welche man dem Willen dieser oder jener Persönlichkeit zuschrieb, dem Menschen gegenüber freundlich und segensvoll, oder verderblich, furchtbar, zerstörend waren, erschien die Persönlichkeit als eine milde und freundliche, oder als eine zürnende und feindliche. Weil aber in dem einen wie in dem andern Fall die Wirkung und also auch die sie hervorbringende Persönlichkeit weit über menschliche Kraft erhaben, der menschlichen Einwirkung entzogen war, so erschien diese Person als Gottheit, und zwar mußte man gerade so viele Gottheiten statuiren, als man von einander unabhängige Kräfte erkannte. Indem der Mensch sich von diesen göttlichen Personen, von ihrer höheren Kraft, ihrem Segen oder ihrem Zorn, abhängig fühlte, trat er seinen Gottheiten gegenüber in ein religiöses Verhältniß, fühlte gegen die freundlichen Liebe, Dank und Verehrung, vor den feindlichen Furcht u. Scheu, suchte jene durch Gebet und Opfer für sich zu gewinnen, diese durch dieselben Mittel zu versöhnen. Da aber die Naturerscheinungen auch auf einander selbst bedingend einwirken, so dachte man sich die göttlichen Personen auch zu einander in einem bestimmten Verhältniß. Je nachdem die von ihnen ausgehend gedachten Kräfte sich einander fördern oder aufheben, erscheinen sie in Liebe und Haß gegen einander, und da bald eine Verschiedenheit der Kräfte hervortritt, so ergibt sich das Verhältniß der Neben- und Unterordnung der göttlichen Personen zu einander. Hat sich die Phantasie des Menschen solche willensbegabte, freundliche und unfreundliche, von einander abhängige göttliche Persönlichkeiten geschaffen, so ergibt sich die weitere Ausbildung des Mythus von selbst, denn der Mensch wird nach dem Ursprunge der Personen und nach dem Grunde ihres Verhältnisses zum Menschen und zu einander fragen. Da jedoch der Mensch sich höhere Persönlichkeiten, als er selbst ist, nur als potenzirte Menschen denken kann, so müssen sie zwar einen dem menschlichen analogen Ursprung haben und auf menschliche Weise leben u. empfinden, aber zugleich, da sie nicht aufhören, sich in der Natur zu manifestiren, unsterblich sein. Je nach dem Eindruck, den eine Naturerscheinung, in der sich die Gottheit offenbarte, auf den Menschen machte, wurde die Gottheit männlich oder weiblich gedacht; die stärkeren, bewegteren, finsteren Gottheiten waren männliche, die milderen, still wirkenden, empfangenden weibliche. Diese aus der Naturbetrachtung entstandenen Mythen, die wir physische nennen können, sind die ursprünglichen und ältesten, an welche sich dann die jüngeren ethischen Mythen anschließen. Die Entstehung dieser ethischen Mythen können wir uns so denken. Die auf Naturwahrnehmung gestützten physischen Mythen haben bei jedem göttlichen Wesen einen festen Hauptcharakterzug ausgeprägt, welcher aber zum Charakterbild ergänzt sein will, da der Mensch, welcher einen lebendigen Glauben an die göttliche Persönlichkeit hat, sich nicht mit einem unfertigen Bilde seines Gottes begnügen mag. Daher wird auf Grund der ursprünglichen Gestaltung fortgebaut und der Charakter jedes Gottes nach Analogie des primitiven Typus und unter Mitwirkung des Verhältnisses, in welchem er zu anderen göttlichen Wesen steht, bestimmter ausgeprägt. Daraus folgt, daß auch die Beziehung des so vollendeten göttlichen Wesens zum Thun und Treiben des Menschen sich vermannichfacht und daß die physische Beziehung des göttlichen Wesens in den Hintergrund, die ethische Beziehung desselben aber in den Vordergrund tritt. Derjenige Gott, der als der mächtigste erscheint, weil die Erscheinungen der Natur, die man auf ihn zurückführte, dem Menschen als die größten und gewaltigsten erschienen, wird als König der Götter betrachtet. Indem sich nun die ethische Fortbildung dieses Götterkönigs bemächtigt, muß sie ihn nothwendig in gesteigertem Maße mit denjenigen Eigenschaften ausstatten, welche wir von einem guten irdischen König fordern, also neben der Macht und Majestät mit Gerechtigkeit, Milde, Weisheit, festem Willen &c. Hiermit hört aber die gestaltende mythische Thätigkeit noch nicht auf, sie knüpft vielmehr an die sittliche göttliche Persönlichkeit an und leitet aus dem Wesen dieses Charakters in seinem Verhältniß zu anderen Charakteren Begebenheiten, Erlebnisse u. Konflikte ab, in denen, sofern sie wirklich mythischer Art sind, sich immer nur wieder der mit seinem Ursprung in Zusammenhang stehende Charakter des Gottes oder eine Seite seines Charakters manifestirt. Als endliche und letzte Phase dieser fortarbeitenden mythischen Thätigkeit ist die vollendete Vermenschlichung ursprünglich göttlicher Wesen zu bezeichnen, die aber erst dann möglich ist, wenn die Naturbedeutung gegen die ethische Entwickelung in den Hintergrund getreten ist. Die vermenschlichte Gottheit erhält dann eine neue menschliche Genealogie, in der sich ihr gegenüber die letzte Thätigkeit des Mythus offenbart, tritt aber dann aus dem Gebiet des Mythus in das der Sage (s. d.) über, welche auf ihre Weise an das vom Mythus Ueberkommene anknüpft und daran fortspinnt. Ebenso wenig wie die Sage berührt aber den eigentlichen Mythus die Fortentwickelung mythischer Erzählungen durch die Dichter einerseits und durch die theologische und philosophische Spekulation andererseits. Als Elemente der griechischen Mythenbildung müssen noch erwähnt werden die Berührung verschiedener Stämme Griechenlands u. die Aufeinanderfolge verschiedener Kulte. Bei der Berührung verschiedener Stämme erfolgte natürlich ein Austausch von immer lokal entstehenden Mythen und von religiösen Ideen, und es entstanden in Folge hiervon, wenn solche Ideen und Mythen oder auch Kulte aufgenommen wurden, die Sagen von Wanderungen der Götter. Aus der Aufeinanderfolge verschiedener Kultusepochen aber entstanden die Sagen von Vernichtungskämpfen einzelner Götter oder der Göttergeschlechter gegen einander, wie z. B. die Sage von dem siegreichen Kampf gegen die Urgötter, die Titanen, durch welchen die jüngere olympische Götterdynastie zur Herrschaft gelangte. Uebersehen wir die griechische M. in ihrer ganzen Ausdehnung uud nach ihrer inneren Gliederung, so läßt sich dieselbe in drei große Systeme eintheilen. Das erstere bilden die kosmogonischen und theogonischen Mythen, wo das Göttergeschlecht von den ersten Principien oder Naturkräften abgeleitet wird. Das zweite enthält die Göttergeschichte des positiven Kultus und das dritte die Heroensagen, worin das griechische Nationalleben selbst in seinen Beziehungen zu den Göttern vorgestellt wird. Die Quellen der M. sind die Schrift- und Kunstwerke der Alten. Am wichtigsten sind die ältesten Dichter, besonders Homer, der die heroische, Hesiod und Orpheus, welche die kosmogonische und theogonische M. repräsentiren. Das Geschäft des Sammelns und Systematisirens der Mythen vollzogen vornehmlich die Logographen und älteren Historiker; an deren Stelle in der Zeit der sinkenden griechischen Bildung die Periegeten und Grammatiker, welche Lokalsagen und Monumente mit großem Fleiß und in weiter Ausdehnung sammelten und mythologische Cyklen zum Zweck der Literarstudien und des Unterrichts der Jugend bildeten. Unter den Historikern dieser späteren Zeit ist Ephorus besonders wichtig, weil durch ihn die Sagengeschichte zu einem ersten Abschnitt der Universalgeschichte gemacht wurde. In der späteren Literatur ist Diodor von Sicilien eine Hauptquelle der M., und einen außerordentlichen Reichthum von Lokaltraditionen bietet Pausanias dar. Die Kunstwerke, Skulpturen, Vasenbilder, geschnittene Steine, Münzen &c., sind ergänzende Quellen unserer mythologischen Kenntniß, indem sie manchen neuen Stoff darbieten, Mythen überliefern, die in schriftlicher Ueberlieferung verloren gegangen, oder gar nicht überliefert sind, besonders aber, weil sie die direktesten Zeugnisse enthalten, während die schriftliche Ueberlieferung oft durch viele Hände ging und nur entstellt zu uns gelangte.

Was die M. als Wissenschaft in der neueren Zeit betrifft, so lassen sich verschiedene Epochen und Standpunkte der mythologischen Forschung unterscheiden. Der Standpunkt der älteren Italiener zu den Mythen ist theils der des poetischen Behagens oder gelehrten Sammelns, doch aber auch schon der philosophische, welcher in den Fabeln eine alte, halb verklungene oder auch willkürlich verdunkelte Lehre der Vorwelt sieht. Die ältesten Sammelwerke sind: Boccaccio's „De genealogia Deorum" (Vened. 1472, 1517 f.) und Lilius Gregorius Gyralds „Historia de diis gentilibus" (1548). Jene philosophirende Weise, die religiösen Ueberlieferungen des Alterthums zu behandeln, fand in der platonischen Akademie zu Florenz und besonders in Marsilius Ficinus ihre Vertretung, ihren Ausdruck aber in dem merkwürdigen Werke des Natalis Comes: „Mythothologiae s. explicationis fabularum libri X" (zuerst Venedig 1580, zuletzt Genf 1653), worin die später so oft wiederholten Principien schon unumwunden ausgesprochen sind. Dem Standpunkt dieses Italieners nahe verwandt ist der des Engländers Franz Baco von Verulam, welcher in einer besonderen Schrift („De sapientia veterum") gleichfalls nachzuweisen suchte, daß die M. die künstliche Einkleidung einer ältesten Weisheit und Naturlehre sei. Neben diesen freieren Versuchen machte sich indeß noch lange der orthodoxe biblische Standpunkt bei Beurtheilung des religiösen Lebens der Alten geltend, in sofern die Offenbarung der heiligen Schrift entweder für das höchste Kriterium der M. der Alten, oder diese geradezu für die mißverstandene u. entstellte biblische Offenbarung erklärt ward. Jener Methode folgte G. J. Vossius: „De theologia gentili et physiologia christiana s. De origine ac progressu idololatriae libri IV" (Amsterdam 1641, 1668 u. öfter), der das Heidenthum als eine Art Karikatur der wahren Religion betrachtet, in welcher indessen doch noch eine Hinweisung auf diese und die wahre Gotteserkenntniß enthalten sei. Noch bei weitem verfehlter ist der Standpunkt, wo das Heidenthum für ein verunstaltetes Judenthum und Christenthum gehalten wird, wie bei Franc. Pomey („Pantheum mythicum", 1659), Samuel Borchard („Phaleg et Canaan", Leyden 1692 ff) und Cudworth („Mysteriorum illustratio", London 1788). Eine andere Methode der M., die sich gleichfalls lange behauptet hat, ist die historisch-pragmatische, in welcher alle Fabel und Sage für Geschichte gehalten wird. Es gehören hierher A. Bamino („La mythologie et les fables de l'antiquité expliquées par l'histoire", Paris 1838—40, 8 Bde.; deutsch von Schlegel und Schröckh, Leipz. 1754 ff.), der Engländer J. Bryant („Analogy of heathen mythology", Cambridge 1774), ferner J. S. Bailly („Lettres sur l'origine des sciences", Paris 1777, und „Lettres sur l'Atlantide de Platon et sur l'ancienne histoire de l'Asie", das. 1749) und als Repräsentant einer neuen Art Pragmatismus, nach welchem die M. die Geschichte alter Gottesdienste und Sekten vertreten soll, der als Gegner Newtons bekannte Freret in seinen „Recherches sur l'histoire des Cyclopes etc." (im 18. Bd. seiner „Oeuvres" u. in der „Histoire de l'académie des Inscriptions", Tafel XXIII). Einen sehr bedeutenden Einfluß auf die M. als Wissenschaft gewann diejenige Richtung der Philosophie der Geschichte, die auf der einen Seite von der Annahme einer Urreligion und eines Urvolks, welches eine reine Gotteserkenntniß gehabt habe, die hernach durch die M. in bildlicher Ausdrucksweise, durch die Mysterien aber in abstrakter Lehre esoterischer Tradition fortgepflanzt worden sei, auf der andern Seite von der historischen Voraussetzung ausgeht, daß der Orient, namentlich Aegypten u. Indien, die älteste Stätte dieser Weisheit gewesen, daß also dort auch der Schlüssel aller M. zu suchen sei. Dahin gehören namentlich Kanne, welcher in den Mythen überhaupt und vorzüglich in den griechischen meist einen astronomischen Sinn findet, der aus dem Morgenlande stamme, und die Romantiker Fr. Schlegel in seinem Buche „Ueber die Sprache und Weisheit der Indier" (Berlin 1808) und Görres. Auch was Schelling in dem früheren Stadium seiner Philosophie über M. geschrieben, fällt in diese Richtung, nur daß er nicht bei Indien, sondern bei den semitischen Nationen des Orients anknüpft; ferner die Schriften von Hug, Wagner und K. Ritter (in der „Vorhalle europäischer Völkergeschichten", Berl. 1820). Allen sind im Wesentlichen als leitende Ideen die Voraussetzungen gemeinsam, daß der Mythus die religiöse und als Allegorie zu behandelnde Bildersprache einer uralten Weisheit u. Offenbarung sei und daß die primitiven Formen dieser Weisheit im Orient gesucht werden müssen. Andere Forscher suchten in der Fabelwelt der Alten nicht Religion, Weisheit oder Erfahrung, sondern die bildliche Ueberlieferung einer bestimmten positiven Wissenschaft, besonders der Astronomie oder Chemie; so Jakob Toll, nach dessen Theorie Alchemie, und Dupuis, Pluche, Court de Gibilin, nach welchen Astronomie in der M. enthalten sein soll. Neuerdings hat die Chemie auf dem Gebiete der M. wieder einen eifrigen Vertheidiger gefunden an Schweigger („Einleitung in die M. auf dem Standpunkt der Naturwissenschaft", Halle 1836), die Astronomie dagegen und das Kalenderwesen an Seyffarth. Bei weitem am meisten Förderung ist der M., besonders der griechisch-römischen, von der deutschen Philologie geworden. Heyne war der Erste, der die M. als einen Theil der Realphilologie behandelte, besonders in der Abhandlung „Sermones mythici", wonach der Mythus als die Ausdrucksweise einer bestimmten Zeit betrachtet wird. Heyne geht in seinen Ansichten von den frühesten Zuständen Griechenlands und der Geschichte seiner Civilisation noch ganz von der gewöhnlichen Ueberlieferung aus, daß die Pelasger höhlenbewohnende, thierisch-einfältige Menschen gewesen, zu denen durch Cadmus, Danaus, Cecrops der Same einer uralten Weisheit und Gotteskenntniß gekommen sei. Diese lassen sich absichtlich herab zu dem Naturvolke, mit dem sie sich nicht anders verständigen können, als durch Bildnisse und Gleichnisse, und so ist eine symbolische u. mythische Sprache die künstliche Erfindung jener diesem rohen Volke an Bildung überlegenen Männer aus dem Orient. Aus den auf diese Weise erfundenen Bildern und Typen gestalten sich dann durch Homer und Hesiod die im engeren Sinne so genannten Mythen, die epischen Erzählungen von den Göttern und Heroen. Aus der Schule Heyne's ist Creuzer („Symbolik u. M. der alten Völker", Leipz. 1810—12, 4 Bde.; 3. Aufl., Leipz. und Darmst. 1836—43, 4 Bde.) hervorgegangen, auf den jedoch später die M. von Görres und der geistesverwandten Richtungen großen Einfluß gewann. Eine Reaktion gegen das heyne-creuzersche System ging von J. H. Voß aus, welcher die Forderungen der Kritik, der gründlichen philologischen Methode, des gesunden Menschenverstandes in schlagender Weise verfochten hat. Auch G. Hermann hielt an der Wahrheit der mythologischen Dichtungen Homers und Hesiods fest, ohne jedoch die Grundlage einer symbolisch-hieratischen Poesie für die griechische M. in Abrede zu stellen. Auf die neuesten Ansichten über M. hat endlich Otfried Müller am meisten Einfluß gewonnen. Indem er das Princip der Autochthonie aller griechischen Entwickelung mit Konsequenz und glücklichem Erfolge geltend machte, hat er den volksthümlichen Ursprung und Inhalt der M. zuerst systematisch durchgeführt und begründet und ist zu der Annahme einer mythenproducirenden Zeit gekommen, in welcher das griechische Volk nach innerer Nothwendigkeit seiner damaligen Bildungszustände in den Mythen die natürlichen Formen seines Denkens, Dichtens, Erzählens &c. besaß. Von neueren Mythologen stehen ihm besonders nahe Heffter in der „Religion der Griechen und Römer" (Brandenburg 1845, 2. Aufl. 1848) und Eckermann in seinem „Melampus" (Göttingen 1840). Als selbstständige Forscher sind noch zu erwähnen Lange („Einleitung in das Studium der griechischen M.", Berlin 1825), welcher sich gegen die allegorische Deutung der M. und gegen die Ableitung aus dem Orient erklärt, und Göttling, welcher nachzuweisen sucht, daß den ältesten griechischen M. ein ethisch-politischer Sinn eigen gewesen sei. Nitzsch hat das Studium der griechischen Religion und M. mit vielen schönen Erörterungen bereichert. Auch die Archäologie ist für das Studium der M. von Wichtigkeit geworden. Verdient machten sich in dieser Beziehung: Zoëga, Böttiger („Ideen zur Kunstmythologie", Dresden und Leipzig 1816, 1836) und besonders Gerhard durch den Versuch, eine systematische Kunsterklärung zu begründen. Neben ihm ist vorzüglich Panofka thätig gewesen, und auch Otfried Müller gibt in seinem „Handbuch der Archäologie" eine vorzügliche Uebersicht der Kunstmythologie. Durch seinen Kunstsinn und seine genaue Kenntniß der Kunstgeschichte zeichnet sich unter den neueren Archäologen Braun aus. Vom Standpunkte der neueren Philosophie oder Theologie ward die M. der Alten betrachtet von Solger, Hegel, Chr. Herm. Weiße, P. F. Stuhr („Religionssysteme der heidnischen Völker des Orients", Berlin 1830; „Religionssysteme der Hellenen in ihrer geschichtlichen Entwickelung", das. 1838). In theologischer Beziehung ist die vom schleiermacherschen Standpunkte bearbeitete „Symbolik u. M. oder die Naturreligion" von Friedr. Chr. Baur (Stuttg. 1824 u. 1825) wichtig, und aus neuerer Zeit „Die homerische Theologie, in ihrem Zusammenhange dargestellt" von Nägelsbach (Nürnberg 1840). Lasaulx geht im Allgemeinen von einer nahen Verwandtschaft der antiken Religionsideen mit denen der Offenbarung des Alten und Neuen Testaments aus. Aber nicht bloß die griechische und römische M. wird in neuerer Zeit immer fleißiger und tüchtiger bearbeitet, sondern auch das Studium der nordischen und deutschen, sowie der orientalischen M. und Religion beginnt immer eindringender zu werden. Um die italische, speciell römische Religion haben sich verdient gemacht außer O. Müller besonders Hartung („Religion der Römer", Erlangen 1836), Klausen (in seinem „Aeneas und die Penaten", Hamb. und Gotha 1839), Ambrosch (in seinen „Studien und Andeutungen im Gebiet des altrömischen Bodens und Kultus", Breslau 1839), Krahmer („Grundlinien zur Geschichte des Verfalls der römischen Staatsreligion" (Halle 1837), Hertzberg („De diis Romanorum patriis", das. 1840) u. A. Auf dem Gebiete der orientalischen M. sind in neuester Zeit die bedeutendsten Erscheinungen: Movers („Untersuchungen über die Religion und die Gottheiten der Phönicier", Bonn 1841) und Bunsen („Aegyptens Stelle in der Weltgeschichte", Hamburg 1844). Außer den bereits genannten Werken über M. sind noch zu erwähnen: **Moritz**, Götterlehre oder mythologische Dichtungen der Alten, Berlin 1832; **Ramler**, Kurzgefaßte M., das. 1833; **Petiscus**, Der Olymp oder M. der Aegypter, Griechen und Römer, das. 1836; **Richter**, Phantasie des Alterthums oder Sammlungen mythologischer Sagen der Hellenen, Römer und Aegypter, Leipz. 1808—20, und Uebersicht der indischen, persischen, ägyptischen und altitalischen M., das. 1823; **Schneider**, M. der Griechen und Römer für Freunde der schönen Künste, Kassel 1821; **Fiedler**, M. der Griechen und italienischen Völker, Halle 1823; **Kärcher**, Kurzgefaßtes Handbuch des Wissenswürdigsten aus der M. und Archäologie des klassischen Alterthums, Karlsruhe 1825; **Geib**, Handbuch der griechischen und römischen M., Erlangen 1832; **Schaaf**, M. der Griechen und Römer, Magdeburg 1830; **Schweigger**, Einleitung in die M. aus dem Standpunkt der Naturwissenschaften, Halle 1836; **Preller**, Demeter und Persephone, ein Cyklus mythologischer Untersuchungen, Hamb. 1837; **G. Schwab**, Die schönsten Sagen des klassischen Alterthums, Stuttg. 1838—40; **Eckermann**, Lehrbuch der Religionsgeschichte und M. der vorzüglichsten Völker des Alterthums, Halle 1845 ff.; **Mundt**, Die Götterlehre der alten Völker, Berlin 1846; **Preller**, Griechische M., Leipz. 1854. Endlich sind noch zu nennen die **mythologischen Wörterbücher** von Hederich, Gruber, Nitzsch-Klopfer, Vollmer und das beste von Ed. **Jacobi** („Handwörterbuch der griechischen und römischen M.", Leipz. 1835) und als mythologische **Bilderbücher** die Sammlungen von Hirt („Bilderbuch für M.", Berlin 1805 und 1816, und Millins „Galerie mythologique" (Paris 1811; deutsch, Berlin und Stettin 1820).

Mythus (v. Griech.), s. **Mythologie**.

Mytilene, ehemals die größte u. wichtigste Stadt auf der Insel Lesbos, auf der Ostseite gelegen, hatte einen geräumigen und tiefen, durch einen Molo gedeckten Hafen und war nach der Landseite hin stark befestigt. Von öffentlichen Gebäuden werden nur das Theater und das Prytaneum erwähnt. Zu allen Zeiten war Kunst und Wissenschaft in M. heimisch, und ausgezeichnete Männer, wie die Dichter Alcäus und Dionysius, die Historiker Hellanicus, Chares, Theophanes, der Philosoph Cratippus, die Rhetoren Lesbonax, Polemo, Diophanes gehörten der Stadt an. Dieselbe dehnte ihre Macht selbst über die gegenüberliegenden Striche des asiatischen Festlandes aus, wo sie Sigeum und Achilleum neu gründete, Assus anlegte, Arisba, Antandrus und andere Küstenstädte Mysiens besetzte und bis zu ihrer Demüthigung durch Athen als ihr Eigenthum betrachtete. Die Pentheliden, Nachkommen des Penthelus, eines Sohnes des Orestes, waren lange Zeit das herrschende Geschlecht; nach ihrer Vernichtung durch Megacles traten andere an ihre Stelle, und es brachen äußere und innere Kämpfe über die Stadt herein, bis Pittacus ungefähr 588 v. Chr. zum Aesymneten erwählt wurde. Bald darauf geriethen die Mytilenäer wegen ihrer asiatischen Besitzungen mit Athen in Streit. Dieses entriß ihnen Sigeum und blieb durch den Schiedsrichterspruch des Periander in dessen Besitz. Nach dem Fall Joniens kam Lesbos unter persische Herrschaft. Nach Besiegung der Perser schloß es sich an Athen an und ward als eins der angesehensten Glieder in den attischen Seebund aufgenommen. Bald wurde aber die Abhängigkeit von Athen drückend, und unter M.'s Leitung fiel Lesbos von dem Bunde ab. Nach langwieriger Belagerung ward M. zur Uebergabe gezwungen und auf Cleons Anstiften der Befehl erlassen, alle Einwohner zu tödten. In der That wurden 1000 Gefangene, die nach Athen gebracht worden waren, getödtet und M. selbst ward seiner Mauern und seiner Seemacht beraubt. In Folge der Schlacht bei Aegospotamoi (405 v. Chr.) ging Lesbos für Athen verloren. Es fiel den Athenern zwar nach der Schlacht bei Cnidus wieder zu; aber mit dem antalcidischen Frieden (387) ward auch Lesbos autonom. Bald darauf kam es in die Gewalt der Spartaner, von denen es wieder zu den Athenern überging. Nach der Schlacht am Granicus erhielt es persische Bsatzung u. einen Tyrannen in der Person des Diogenes. Doch gelang es den Macedoniern bald, sich der Stadt wieder zu bemächtigen. Eifrigen Antheil nahm M. am mithridatischen Kriege, nach dessen Beendigung es von M. Minucius Thermus hart mitgenommen wurde. Doch erholte es sich bald wieder, namentlich seit es von Pompejus seine Freiheit zurück erhalten hatte.

Myvatn, einer der größten Seen auf Island, im nördlichen Theile der Insel, etwa 3 Meilen lang u. $2^1/_2$ Meilen breit und 2—5 Klaftern tief, mit 34 Inseln und einer Menge kleiner Holme, friert wegen der vulkanischen Wärme an einzelnen Stellen nie zu u. fließt durch den Laxa in den Skjalfandafjord ab.

Myxoma (griech.), Schleimgewebsgeschwulst, eine der seltener vorkommenden Geschwulstformen, besteht aus einer schleimig zerfließenden oder gallertartigen Substanz von weißlichem oder gelblichem, durchscheinendem Ansehen, welche aber meist mit Bindegewebsfasern vermischt ist. Doch können auch andere Gewebselemente mit dem M. vermischt vorkommen und dadurch den ursprünglichen Charakter der Geschwulst wesentlich modificiren. Das M. ist meist umschrieben und kommt am häufigsten in dem lockeren Gewebe unter der Haut, an den Muskelbinden u. in gewissen Drüsen (Speicheldrüsen, Hoden ꝛc.) vor. Früher bezeichnete man das M. als Gallertsarkom.

Mzensk, Kreisstadt im europäisch-russischen Gouvernement Orel, an der Meza und Suscha, hat 13 Kirchen, 2 Klöster, Getreidehandel u. 12,327 Einw.

N.

N, n, N, n, der 13. oder, wenn man das Jod als besonderen Buchstaben rechnet, der 14. Buchstabe im deutschen und in den meisten anderen abendländischen Alphabeten, wird durch Anlegen der Zunge an die Zähne gebildet und etwas durch die Nase gesprochen, gehört zu den Dentalen und den flüssigen Konsonanten oder Halbvokalen, mit denen er sich auch meist assimilirt. Das griechische und das diesem sehr ähnliche lateinische Schriftzeichen stammt aus dem phönicischen Alphabet, aus welchem auch zunächst das hebräische (Nun, d. i. Fisch) und die übrigen des semitischen Orients hervorgingen. Während das N bei den Griechen sehr häufig im Auslaut erscheint, duldet es das Lateinische durchaus nicht an dieser Stelle. In den germanischen Sprachen tritt es sehr häufig im Auslaut auf; im Französischen wird es im Auslaut einer Silbe oder eines Wortes stets nasalirt. Als Zahlzeichen bedeutet N. im Hebräischen 50, im Griechischen ν = 50, ν = 50,000, im Lateinischen N = 900 (bisweilen auch = 90), $\overline{N}$ = 900,000 (auch 90,000), in der Rubricirung = 13; als Abbreviatur: in römischen Inschriften, alten Handschriften u. dgl. s. v. a. Nomen, Numerus, Neutrum, Nominativus ꝛc., Numerius, in der Münzkunde s. v. a. neu, z. B. $N^2/_3$, neue 2 Drittel, d. i. neue Gulden, deren besonders in Klausthal im Hannöverischen geschlagen wurden, auf Recepten Zahl, welche angibt, wie viele Stücke von einer Ingredienz genommen oder wie viele besondere Theile bereitet werden sollen, im Handel s. v. a. netto, im Buchhandel N = 9 Thlr., n = 9 Gr., auf dem Revers neuerer Münzen Zeichen der ehemaligen französischen Münzstadt Montpellier, dann s. v. a. Name (N., s. v. a. Nomen, N. N. s. v. a. Nomen nescio, den Namen weiß ich nicht) und Norden. Endlich ist N. ein chemisches Zeichen für Nitrogen-Stickstoff.

Naarden, Stadt und Festung in der niederländischen Provinz Nordholland, Bezirk Amsterdam, an der Zuydersee und dem 4 Stunden langen naardener Kanal, welcher von hier nordwestlich nach Amsterdam führt, hat eine schöne reformirte und eine katholische Kirche, eine Synagoge, Calicotfabrikation, Seidenweberei und 2213 Einwohner.

Nab (Naab, Nabe), linker Nebenfluß der Donau in Bayern, entsteht aus der böhmischen N. (Waldnab), welche südlich von Bernau am Nordabfall des Böhmerwaldes entspringt, der Fichtelnab, vom Ochsenkopf des Fichtelgebirgs kommend, und der Heidenab, welche auf der sogenannten nassen Heide nördlich von Kemnat entsteht. Die beiden ersteren vereinigen sich bei Neuhaus, die letztere fällt eine Stunde oberhalb Luhe in die vereinigten Flüßchen. Ihre Nebenflüsse sind von rechts: die Vils mit der Lauterach, von links: die Luhe, Pfreimt, Schwarzach, Ascha und Murach. Sie durchfließt in südlicher Richtung einen großen Theil der Oberpfalz, wird bei Kalmünz für kleine Fahrzeuge schiffbar und mündet nach einem Lauf von 23 Meilen bei Mariaort oberhalb Regensburg. Nach der N. wurde 1808—10 ein Kreis des Königreichs Bayern Nabkreis genannt, welcher $130^1/_4$ □Meilen mit 221,000 Einwohnern umfaßte, Amberg zur Hauptstadt hatte und jetzt zur Oberpfalz gehört.

Nabatäer (in der Bibel Nabajoth), semitischer Stamm im peträischen Arabien, erscheint um 309 und 308 v. Chr., etwa 10,000 Familienhäupter stark, aber als herrschender Stamm der Araber, freiheitliebend, kriegerisch und reich durch zahllo Kameel- und Schafheerden, sowie ausgebreiteten Handel mit den Produkten des glücklichen Arabiens. Sie verdrängten allmählig die Midianiter, Amalekiter und Edomiter aus ihren Wohnsitzen und drangen auch in die Mitte und nach dem Süden der arabischen Halbinsel vor. Ihre Staatsverfassung war eine beschränkt-monarchische; ihre Häuptlinge werden von den Alten Könige genannt. Ihre Religion war Sabbäismus. Antonius verschenkte einen Theil des nabatäischen Gebiets an die Cleopatra, weshalb der nabatäische König Malchus II. nur gezwungen an des Antonius Kampf gegen Octavian Theil nahm. Aretas V. benutzte, obwohl Schwiegervater von Herodes Antipas, doch die jüdischen Unruhen nachmals zu verheerenden Einfällen in Galiläa. Unter Trajan ward dem Reich ein Ende gemacht (105 n. Chr.).

Nabburg, Stadt im bayerischen Regierungsbezirk Oberpfalz und Regensburg, an der Nab und der Eisenbahn von Regensburg nach Weiden (Neuenmarkt u. Eger), ist Sitz eines Bezirksamts u. Landgerichts, hat 6 Kirchen, starke Bierbrauerei, eine von den Wenden erbaute Vorstadt, Venedig, u. 1790 Einw. Dabei ein Flußspathbruch und die Burg Trausnitz, in welcher Ludwigs des Bayern Gegenkaiser Friedrich III. gefangen saß.

Nabe, der starke, aus dem Ganzen verfertigte mittlere Theil des Wagenrades, ein hohler Cylinder, in den die den beschlagenen Felgenring des Rades tragenden Speichen eingelassen sind, s. Rad.

Nabel (umbilicus), die rundliche Vertiefung, welche in der Mittellinie des Bauches liegt u. ziemlich gleich weit vom untern Ende des Brustbeins u. von dem obern Ende der Schambeinsymphyse entfernt ist. Der N. bezeichnet die Stelle, wo am fötalen Körper sich die Leibeshöhle zuletzt geschlossen hat. Wenn dies geschehen ist, so liegen nur noch 2 Gebilde außerhalb des fötalen Körpers, nämlich die Nabelblase und der Nabelstrang. Die Nabelblase ist das Residuum der sogenannten Keimblase, von welcher sich der Embryo abgeschnürt hat. Sie stellt ein sehr feines und kleines Bläschen dar, welches durch den Nabelblasengang (ductus vitello-intestinalis) mit dem Darmrohr in offener Verbindung steht. Doch schnürt sich die Nabelblase schon sehr frühzeitig ab und verschrumpft, so daß sie bei der Geburt des Kindes durchaus nicht mehr wahrgenommen werden kann. Der Nabelstrang oder die Nabelschnur (funiculus umbilicalis) erscheint bei dem neugeborenen Kind als ein Bündel von Blutgefäßen, welche zwischen den Mutterkuchen (s. d.) und den Körper des Fötus eingeschaltet sind. Die Länge des Nabelstrangs beträgt durchschnittlich 18 Zoll, doch kommen in dieser Beziehung bedeutende Schwankungen vor; seine Dicke ist ungefähr die eines kleinen Fingers. Der Nabelstrang entsteht dadurch, daß sich aus der noch nicht geschlossenen Leibeshöhle des Embryo durch den N. eine Blase hervorstülpt (die Allantoisblase), auf deren Oberfläche ein Gefäßnetz verläuft. Indem nun diese Blase bis zum Chorion hinwächst, werden auch die fötalen Gefäße dieses erreichen. Die Blase geht später unter, die Gefäße aber bleiben erhalten und bilden den späteren Nabelstrang. Letzterer besteht im Wesentlichen aus den beiden Nabelarterien u. der Nabelvene. Die Nabelarterien sind die Fortsetzung der Arteriae hypogastricae des Embryo und gehen an der hintern Fläche der vordern Bauchwand zum N., wo sich die Nabelvene zu ihnen gesellt. Durch den N. treten sie in den Nabelstrang ein, in welchem sie in schraubenförmigen Windungen zum Mutterkuchen verlaufen, um sich daselbst zu verzweigen. An der Eintrittsstelle in den Mutterkuchen communiciren die beiden Nabelarterien stets durch einen dicken Verbindungszweig. Die Nabelvene ist dicker als die Arterien, aber weniger gewunden u. klappenlos. Sie entspringt aus dem Kapillargefäßnetz des Mutterkuchens und läuft innerhalb des Embryo vom N. nach der Leber hin, eingeschlossen im Ligamentum suspensorium der Leber. In der Querfurche der Leber theilt sich die Nabelvene in 2 Aeste, von welchen der eine sich in die Pfordader ergießt, der andere aber als Ductus venosus Arantii zum Stamm der untern Hohlader tritt. Der Ductus venosus Arantii, sowie der Hauptstamm der Nabelvene obliterirt nach der Geburt zu einem soliden bindgewebigen Strang, welcher den Namen des runden Leberbandes trägt; ebenso obliteriren die beiden Nabelarterien und führen nach der Geburt den Namen Ligamenta vesicae lateralia. Die Nabelgefäße sind im Nabelstrang durch eine gallertartige durchscheinende Masse, die sogenannte whartonsche Sulze, mit einander verbunden. Der ganze Nabelstrang ist von einer scheidenartigen Haut überzogen, welche am N. in die Haut des Embryo, an der Placenta in das Amnion übergeht. Wenn das Kind geboren wird, so hängt es anfänglich nur noch mit dem Nabelstrang an den Eihäuten fest, welche auch sehr bald ausgestoßen werden. Es wird dann der Nabelstrang 2—3 Zoll vom N. entfernt mit einem Band zugeschnürt, der bisherige Fötalkreislauf wird dadurch unterbrochen und es bildet sich an seiner Stelle der Blutkreislauf in der Weise aus, wie er beim erwachsenen Menschen Statt findet. Das Stück des Nabelstranges, welches noch am Kinde hängen blieb, stirbt ab, schrumpft ein und wird nach 4—5, manchmal auch erst nach 8 Tagen abgestoßen. Die Nabelgegend muß bei einem neugeborenen Kinde sehr sorgfältig geschützt werden, weil sich sonst leicht eine oft sehr gefährliche Nabelentzündung ausbilden kann, und weil bei der Dünnheit der Bauchdecken am N. dieselben leicht ausgedehnt werden und einen Nabelbruch bilden können, in welchem eine oder mehre Dünndarmschlingen liegen. Die meisten Fälle von Nabelbrüchen, besonders wenn sie angeboren waren, werden übrigens leicht geheilt, wenn man eine kleine Metallplatte auf die Geschwulst legt und daselbst für längere Zeit festbindet. Es tritt dann spontaner Verschluß des Bruchsackes ein.

Nablus (Naplos), Hauptstadt des gleichnamigen Liwa im asiatisch-türkischen Ejalet Cham (Syrien), das alte Sichem, in einem fruchtbaren Thale gelegen, hat 5 Moscheen, mehre Synagogen, eine große Kaufhalle, Baumwollen- und Seidenindustrie, lebhaften Handel und 10,000 Einw., worunter ungefähr 100 Samaritaner mit Synagoge. Hier am 4. April 1856 Aufstand der Mohammedaner gegen die christliche Bevölkerung.

Nabob (eigentlich Nuwwâb, d. i. Abgeordneter), im Reiche des Großmoguls in Indien der den Subahdars oder Statthaltern der großen Landschaften untergeordnete Administrator einer Provinz, der auch die Truppen befehligte; nach dem Fall des großmogulischen Reichs diejenigen indischen Häuptlinge, welche sich der britischen Oberherrschaft als Vasallen unterwarfen; später ein Titel für angesehene Indier; in Europa und namentlich in England Bezeichnung eines in Ostindien zu Macht und Reichthum Gelangten oder in orientalischem Luxus Lebenden.

Nabonassar, seit 747 v. Chr. assyrischer Statthalter in Babylon, machte den Versuch eines Abfalls von seinem Oberherrn. Andere beginnen mit ihm die Reihe der Könige des neubabylonischen Reichs. Nach ihm ist die Aera des N. benannt, die mit dem 26. Febr. 747 beginnt. Dieselbe war die von den Gelehrten des alexandrinischen Museums angewandte Zeitrechnung, zu deren Gebrauch der sogenannte Canon Ptolomaei Anlaß gab, den sie bei ihren Aufzeichnungen zu Grunde legten. Das nabonassarische Jahr ist das bewegliche Sonnenjahr von 365 Tagen.

Nachahmung (Imitation), das Hervorbringen von etwas nach einem Andern, welches als Vorbild von jenem betrachtet wird. In den schönen Künsten kann man die N. subjektiv und objektiv betrachten. In subjektivem Sinne wird gefragt, in wiefern der Künstler andere Werke und Meister seiner Gattung nachahmen dürfe, und man unterscheidet hier die freie N. von der sklavischen. Der freie Nachahmer folgt, auch wo er ein fremdes Vorbild vor sich hat, stets den Eingebungen seines eigenen Genie's. Von dem Vorbilde begeistert, hält er sich immer nur an das Wesentliche, ewig Gültige in diesem und trägt, unbekümmert um das Nebenwerk, den Geist desselben in seine eigene Schöpfung über, während der sklavische Nachahmer das Wesentliche von dem Zufälligen im Vorbilde nicht unterscheidet und daher nicht im Stande ist, ein irgend wie tüchtiges Produkt seiner geistigen Individualität an den Tag zu fördern. Was die N. im objektiven Sinne betrifft, so nahmen ältere und neuere Aesthetiker als Gegenstand derselben die Natur an, und Batteux ging so weit, die N. der schönen Natur als höchstes Princip aller schönen Künste aufzustellen. Doch war diese Ansicht zu wenig in der Sache selbst begründet, als daß sie sich lange hätte behaupten können. Zwar läßt sich nicht in Abrede stellen, daß die ersten rohen Anfänge der Kunst in der N. der Natur ihren Ursprung haben; der Künstler soll aber über die Natur herrschen und den mangelhaften Gebilden derselben den Stempel der freien Schönheit aufdrücken. In der Kompositionslehre wird mit dem Worte N. jede gleiche oder ähnliche Wiederholung eines Satzes, Ganges oder Motivs von einer oder mehren andern Stimmen benannt. Wichtig ist diese N. besonders in den Kunstformen der Fuge, des Kanons und doppelten Kontrapunkts.

Nachbarrecht, die Mitgliedschaft einer Dorfgemeinde, sowie der Inbegriff der aus derselben herfließenden Rechte und Pflichten. An vielen Orten gibt es ein engeres und ein weiteres N., d. h. ein solches, welches nur gewissen Klassen der Dorfbewohner zukommt, und ein solches, in dessen Besitz alle Klassen der in den Gemeindeverband aufgenommenen Mitglieder sind. Vergl. Dorfgemeinde, Heimat. Auch das aus dem Nebeneinanderliegen der Grundstücke abfließende Näherrecht (s. d.) bezeichnet man als N.

Nachbier, s. v. a. Kovent.

Nachbilder, s. Augentäuschungen.

Nachdruck, in der Rhetorik jeder Ausdruck von besonderer Kraft und Bedeutsamkeit, wodurch die Wirkung der Rede auf das Gemüth verstärkt werden soll, zu welchem Zwecke man sich besonderer Redefiguren bedient, namentlich der Anaphora oder Wiederholung, der Gradation od. Steigerung, der Frage und des Ausrufs, der Inversion oder Umkehrung, der Apostopese oder Verschweigung, bisweilen auch des bildlichen Ausdrucks und des Gleichnisses. Der auf diese Weise der Rede gegebene N. ist als Gedankennachdruck von dem N. des Tones zu unterscheiden, welcher letztere dadurch entsteht, daß man einzelne Silben, Worte oder auch Sätze durch den Accent als besonders bedeutend und gewichtig hervorhebt; vgl. Emphase.

Nachdruck, die mechanische Vervielfältigung im Druck erschienener Schrift- und Kunstwerke, insbesondere durch die Presse, und deren Vertrieb ohne Einwilligung des Verfassers oder Herausgebers u. Verlegers. Daß der N. unsittlich sei, weil dabei unverdienter Gewinn auf Kosten Anderer erstrebt wird, darüber besteht wohl kein Zweifel. Ob er aber auch an sich rechtswidrig sei, diese Frage ist, namentlich in Deutschland, sowohl unter Schriftstellern und Buchhändlern, als auf Seiten der Regierungen geraume Zeit und in verschiedenem Sinne verhandelt worden. Man hat die Rechtswidrigkeit des N.s vorzüglich aus dem sogenannten geistigen oder Schrifteigenthum des Verfassers an dem Inhalt seines Werks ableiten wollen, welches er durch den Verlagsvertrag auf den Verleger überträgt. Dem wird mit Recht entgegnet, daß es zwar dem Verfasser freisteht, ein Werk zu schreiben und zum Druck und Vertrieb zu bringen oder nicht, und daß ihm das Eigenthum an dem Manuskript und an den von ihm veranstalteten Abdrücken zusteht, welches er auf den Verleger übertragen kann, daß aber ein Eigenthum an dem Inhalt eines Werks undenkbar, dieser Begriff im Rechtssinn nur auf körperliche Sachen, die der ausschließlichen Herrschaft des Eigenthümers unterworfen sind, anwendbar, der Inhalt eines Geisteswerks aber gerade umgekehrt Gemeingut Aller zu werden vom Verfasser selbst bestimmt ist. Daß dagegen Jedem, also auch dem Schriftsteller und Künstler, der Genuß der Früchte seiner Thätigkeit gesichert u. unverkümmert sei, muß nicht allein als eine Forderung der Billigkeit und des Rechts anerkannt werden, sondern ist auch durch die Erwägung geboten, daß in der Sicherheit dieses Genusses ein wesentlicher Antrieb zum Schaffen liegt. Da nun der Nachdrucker, der weder ein Schriftstellerhonorar zu zahlen, noch die Gefahren und Kosten des ersten Vertriebs, der Einbürgerung eines Werks zu übernehmen hat, wesentlich billiger verkaufen kann, so würde die Freiheit des N.s den aus dem Absatz einer Schrift erwarteten Geldgewinn sehr gefährden und schmälern. Auch wäre Derjenige, der weniger dieses Gewinnes wegen, als um eine gewisse Einwirkung auf die Menschen zu erzielen u. sich dieses Einflusses u. der daraus entspringenden äußeren Anerkennung zu erfreuen, eine schriftstellerische Thätigkeit beabsichtigt, an der Erreichung dieser Zwecke verhindert, weil er in der Regel der Vermittelung und Beihülfe des Verlegers bedarf, dieser aber die Gefahr eines schriftstellerischen Unternehmens ohne die Erwartung eines entsprechenden Gewinns nicht übernehmen kann. Ist hiernach das Verbot des N.s, wie es dermalen in fast allen Staaten, wenigstens zum Schutz der einheimischen Schriftsteller und Verleger, besteht, vollkommen gerechtfertigt, so fragt es sich doch, wie weit es nach dem Tode des Verfassers wirksam sei. Der Rechtssatz von dem Uebergang des Eigenthums od. anderer Vermögensrechte auf die Erben kann hier keine Anwendung finden, wo eben ein derartiges Recht nicht vorhanden ist. Da aber der dem Schriftsteller gewährte Schutz oft nur geringe oder gar keine Bedeutung hätte, wäre er auf dessen in jedem Augenblick ungewisse Lebensdauer beschränkt, so ist die Erstreckung dieses Schutzes auf die Erben nothwendig und gerechtfertigt. Andererseits haben Geisteserzeugnisse, Werke der Kunst u. Wissenschaft ihrer Natur nach die Bestimmung und sind zu dem Zweck verfaßt und verbreitet, belehrend, bildend, erfreuend in möglichst weiten Kreisen zu wirken, zum geistigen Gemeingut Aller zu werden. Mit dieser Bestimmung aber würde ein der Zeitdauer nach unbeschränktes Verbot des N.s im Widerspruch stehen, indem entweder durch Monopolpreise die Verbreitung dauernd erschwert, oder wohl gar das Verlagsrecht lediglich zu dem Zweck erworben werden könnte, um eine Wahrheit aus politischen, religiösen oder anderen Gründen gänzlich zu unterdrücken. Es darf daher dies Verbot nur so lange über den Tod des Verfassers hinaus bestehen, als nach dem gewöhnlichen Lauf der Dinge nöthig ist, um dem Verfasser selbst den erstrebten Erfolg zu sichern. Die positive Gesetzgebung schützte früher nur in einzelnen Fällen durch Privilegien gegen N. Die ersten allgemeinen Nachdrucksverbote erließ England seit 1710; nach der letzten Bestimmung vom 1. Juli 1842 erstreckt sich das ausschließliche Verlagsrecht auf die Lebenszeit des Verfassers und auf 7 weitere Jahre. In Frankreich ward es beim Beginn der Revolution auf die Lebenszeit des Verfassers u. auf 20 Jahre, später auf 30 Jahre nach seinem Tode, in Holland 1817 auf 20 Jahre nach dem Tode des Verfassers festgesetzt. In Deutschland setzte ein Bundesbeschluß vom 9. November 1837 die Dauer des literarischen Eigenthumsrechts an literarischen od. artistischen Erzeugnissen auf 10 Jahre vom Erscheinen an fest, doch dehnte ein anderer vom 19. Juni 1845 dieselbe auf Lebenszeit und bis 30 Jahre nach dem Tode des Verfassers aus. Die Strafe des N.s ist hiernach neben Konfiskation der nachgedruckten Exemplare und der zum N. verwendeten Gegenstände und vollem Schadensersatz an den Urheber od. Verleger, welcher nach dem Verkaufspreis einer vom Richter gemäß der Größe des erlittenen Schadens bestimmten Zahl von Originalexemplaren berechnet wird, Geldbuße bis zu 1000 Gulden. Uebrigens ist im Einzelnen oft sehr schwierig festzustellen, was literarische od. künstlerische Erzeugnisse sind, deren Nachbildung verboten ist. Gesetze und andere öffentliche Erlasse, landständische und gerichtliche Verhandlungen, Zeitungsartikel politischen Inhalts werden in der Regel als solche nicht anzusehen sein. Kein N. ist die Uebersetzung eines Werks aus fremder Sprache, die Aufnahme von Auszügen oder Bruchstücken, auch wohl ganzer Aufsätze u. Gedichte in Sammelwerke, ebenso wenig die Nachbildung von architektonischen oder Bildhauerarbeiten mittelst Zeichnung, Stich od. Photographie. In neuerer Zeit haben Staatsverträge, besonders der preußisch-französische Vertrag vom 2. August 1862, der preußisch-belgische vom 28. März 1863 den im Auslande erschienenen Werken den gleichen Schutz wie den inländischen gegenseitig eingeräumt, auch unter der Voraussetzung, daß der Verfasser sich das Recht dazu durch ausdrückliche Erklärung auf dem Titelblatt vorbehalten hat, Uebersetzungen verboten. Mit dem Schutze gegen N. hängt der gegen unbefugte Aufführung und Darstellung musikalischer Kompositionen und dramatischer Werke zusammen, hinsichtlich deren der Bundesbeschluß vom 22. April 1841 Schutz auf 10 Jahre von der ersten Aufführung an verleiht. Vergl. Renouard, Traité des droits d'auteurs, Paris 1838, 2 Bde.; Berger, Beiträge zur Lehre vom Büchernachdruck, Leipz. 1841; Höpfner, Der N. ist nicht rechtswidrig, Grimma 1843; Schletter, Handbuch der deutschen Preßgesetzgebung, Leipz. 1846; Jolly, Die Lehre vom N., Heidelberg 1842; Blanc und Beaume, Code général de la propriété industrielle etc., Par. 1854; Friedländer, Der Rechtsschutz gegen Nachdruck, Lpz. 1857.

Nachdunkeln, das auf Gemälden bald früher, bald später eintretende Dunkelwerden einzelner Farben oder auch der ganzen Fläche des Bildes. Die Ursachen dieser der Wirkung eines Gemäldes sehr nachtheiligen Erscheinung sind verschieden. Einige Farbstoffe sind ihrer Natur zufolge dem N. unterworfen, z. B. Auripigment, Umbra ꝛc., andere dunkeln nur in Folge gewisser Vermischungen nach. Dann ist aber das N. öfters auch Folge einer zu dunkeln Grundirung, welche anfangs zwar dem warmen, harmonischen Tone des Ganzen förderlich ist, später aber öfters durchschlägt. Endlich kann auch die Beschaffenheit des Oels, mit welchem die Farben angemacht werden, sowie des Firnisses, besonders wenn dieser vor der gehörigen Austrocknung der Farben aufgetragen wird, das N. herbeiführen. Verhindern läßt sich dieser Uebelstand nur durch gehörige Berücksichtigung der chemischen Eigenschaften der Farben und Oele, weshalb es am räthlichsten ist, daß der Maler sich diese selbst bereite, wie dies die Künstler der alten flandrischen Schule thaten. Hat sich das N. schon bemerkbar gemacht, so ist es schwer, meist gar nicht wieder zu beseitigen.

Nacheile (sequela judicialis), Verfolgung eines flüchtigen Verbrechers, wozu nach dem altgermanischen Strafverfahren die Gemeinde auf ein bestimmtes Geschrei (Gerüffte) verbunden war, was sich später in der Weise gestaltete, daß alle Gerichtseingesessenen verpflichtet waren, auf von Seiten des Gerichts ergangene Aufforderung zur Verfolgung eines muthmaßlichen Verbrechers mitzuwirken (Gerichtsfolge). Der Nacheilende bedarf zu seiner Legitimation eines offenen Passes, den er dem Richter des Sprengels, dessen Grenze er überschreitet, vorzulegen hat; hat er sich des Flüchtigen versichert, so muß er denselben vor diesen Richter bringen u. ihn ersuchen, den Verhafteten fortführen zu dürfen. Eine eigenmächtige Wegführung gilt, wenn die Grenze eines fremden Staats überschritten ward, als Verletzung des Völkerrechts, oder, wenn nur ein anderer Gerichtssprengel desselben Staats betreten ward, als Eingriff in die Gerichtsbarkeit des Richters dieses Bezirks. Gewöhnlich ist der Nacheilende ein Gerichtsdiener mit etwa aufgebotener Mannschaft; zuweilen ist es der Richter selbst, wenn besondere Gründe dessen persönliche Thätigkeit dabei erheischen. Das Aufgebot der Staatsbürger zum Behuf der N. kommt jetzt selten vor, obwohl die Verbindlichkeit dazu noch besteht. Jetzt pflegt die Gensdarmerie (Landreiterei) für die N. benutzt zu werden; wo aber die Erreichung des Zwecks auf diesem Wege nicht zu erwarten steht, tritt die steckbriefliche Verfolgung (s. Steckbrief) ein.

Nachempfindungen, solche Empfindungen, welche

noch fortbauern, auch wenn der Reiz, der sie hervorrief, zu wirken aufgehört hat. Zur richtigen Empfindung gehört, daß ihre Dauer gleich sei der Dauer der Reizeinwirkung. Im Allgemeinen ist dies auch der Fall, denn die Empfindung schwindet nahezu mit der Entfernung des Reizes. Die N. können eine zweifache Veranlassung haben. Einmal gelangt nämlich der durch den Reiz in Erregung gekommene Sinnesnerv nicht alsbald in den frühern Gleichgewichtszustand. So entsteht z. B. durch das direkte Sonnenlicht das bekannte Blendungsbildchen der Sonne in unserm Auge. Je stärker und länger der Reiz einwirkt, um so stärker und anhaltender sind auch die N. Das andere Mal hat der Zuleitungsapparat des Sinnes sich durch den Reiz dergestalt verändert, daß nach der Entfernung des letzteren eine gewisse Zeit erforderlich ist zur Herstellung des frühern Zustandes. Ein starker Druck auf die Haut z. B. hinterläßt eigenthümliche N., welche sich erst nach einiger Zeit wieder ausgleichen. Krankhafter Weise können die N. besonders lange anhalten. Was die N. in zeitlicher Hinsicht sind, das sind die sogenannten Mitempfindungen in räumlicher Beziehung; sie beruhen in der Ausbreitung der Empfindung über die vom Reiz getroffene Stelle hinaus. Diese Ausbreitung betrifft entweder bloß die nächste Nachbarschaft des primär erregten Bezirks, oder eine ausgedehntere Körperstrecke, namentlich bei heftig schmerzhaften Reizen. Der Zahnschmerz z. B. verbreitet sich oft von einem einzigen kranken Zahn auf eine ganze Zahnreihe, obschon die Ursache des Schmerzes nur in Einem Zahn liegt. Die Mitempfindungen können sich auch auf ein entferntes Organ erstrecken und dann pflegen sie qualitativ ganz von der primären Empfindung abzuweichen. So folgt dem Hören eines schrillen Tons, oder dem Kitzel der Fußsohle ein Kältegefühl längs der Rückenhaut nach. Die Ausbreitungsweise der letztgenannten Mitempfindungen läßt sich vorläufig noch nicht mit Sicherheit analysiren.

Nachfolge, s. v. a. Nacheile und s. v. a. Succession.

Nachfolge Christi (imitatio Christi), das gottinnige und werkthätige Christenthum, welches von der Mystik, namentlich der des 15. Jahrhunderts, im Gegensatz gegen den sterilen Scholasticismus und die mönchische Theorie von der Konformität mit Jesu als das Wesen der wahren Frömmigkeit gefordert wurde. Das berühmte Buch „Von der Nachfolge Christi" (De imitatione Christi), seit 1415 verbreitet u. jetzt in fast alle Sprachen Europa's übersetzt, ist von Thomas a Kempis (nach Anderen von Gerson oder dem heiligen Bernhard oder Joh. Gersen, Gessen oder Gesen) verfaßt, für Protestanten bearbeitet von Krehl (Leipzig 1846).

Nachgeborene, solche Kinder, denen ältere Geschwister vorhergehen, besonders erst nach dem Tode des Vaters zur Welt gekommene (posthumi). In der Regel ist die frühere oder spätere Geburt von keinem Einfluß auf die Vermögensrechte im Allgemeinen, sondern nur in Bezug auf gewisse Arten von Besitzungen werden auf Grund von jener rechtliche Unterschiede gemacht. So hat bei der Erbfolge in sogenannten Primogenituren unter Privatleuten allemal der Erstgeborne den Vorzug, während bei Sterbelehen das Gut meist dem jüngsten Sohne zufällt. In Regentenhäusern succedirt der älteste Sohn in der Regierung, die jüngeren Prinzen und Prinzessinnen werden durch Apanagen abgefunden (apanagirte Prinzen). Die erst nach Ableben des Vaters zur Welt gekommenen Kinder sind eben so legitim als die noch bei dessen Lebzeiten geborenen, nur darf die Niederkunft der Mutter nicht später als mit Ablauf des 10. Monats nach dem letzten Lebenstage des Gatten erfolgt sein. Wo Successionsrechte in Frage kommen, oder wo, wenn kein Leibeserbe des Verstorbenen vorhanden ist, die Hinterlassenschaft desselben Seitenverwandten zufallen würde, oder in Regentenfamilien, wenn noch kein Prinz vorhanden ist, sind die nächsten Anverwandten und im letztgenannten Falle die Stände verpflichtet, die schwangere Wittwe unter ihre sorgsamste Obhut zu nehmen, um dem zu erwartenden Sprößling die Legitimität und die daraus herfließenden Rechte zu sichern. Vor der Niederkunft der Wittwe kann daher auch über die Succession in der Regierung, über Erbtheilung und Eintritt in die Primogenitur &c. keine Entscheidung getroffen werden.

Nachgeburt (secundinae), die Eihäute mit dem Mutterkuchen u. dem an letzterem befindlichen Theil der Nabelschnur, weil diese Theile bei der Geburt dem Austritt des Kindes nachfolgen, zuletzt geboren werden. Die Lösung des Mutterkuchens von der Gebärmutterwand wird wahrscheinlich durch diejenige Wehe vollendet, welche den Rumpf der Frucht austreibt. Nach etwa einer Viertelstunde oder einer halben Stunde, häufig früher, selten später treten neue Wehen ein, die nicht besonders schmerzhaft sind u. Nachgeburtswehen oder auch blutige Wehen genannt werden, weil sie vom Abgange einer mäßigen Menge Blut begleitet sind. Sie pressen den Kuchen mit seiner glatten Fläche voraus allmählig durch den Muttermund hindurch, in die Mutterscheide herab, aus welcher er endlich sammt den umgestülpten Eihäuten in kürzerer oder längerer Zeit vollends ausgetrieben wird. Oft folgt gleich auf die Ausstoßung der N. ein Abgang von flüssigem oder halbgeronnenem Blut nach. Damit ist die Geburt beendet und das Wochenbett beginnt. Im Allgemeinen kann man annehmen, daß der Zeitraum, welcher zwischen der Geburt des Kindes und dem Erscheinen der N. mitten inne liegt, nicht über eine halbe Stunde währt. Manchmal kommt es vor, daß die N. unmittelbar nach dem Kinde ausgestoßen wird. Es ist von der größten Wichtigkeit, sich sofort durch aufmerksame Besichtigung des Mutterkuchens davon zu überzeugen, daß derselbe vollständig ausgetrieben ist und daß nichts von demselben in der Gebärmutter zurückgeblieben ist, weil dadurch schwere Störungen im Befinden der Wöchnerin bedingt werden können. Wenn man die naturgemäße Entfernung der N. nicht abwarten will oder aus Rücksichten für die Wöchnerin nicht abwarten darf, so empfiehlt sich ein mäßiger Zug an der Nabelschnur und Druck der in die Gebärmutter eingeführten Hand auf den Mutterkuchen nur dann, wenn ein geschickter und vorsichtiger Arzt diese Operation ausführt. Rohes und gewaltsames Zerren an der Nabelschnur kann für die Gebärende den größten Nachtheil haben und hat nicht selten zur Einstülpung der Gebärmutter geführt, welche außerordentlich schwer zu heben ist und große Gefahren mit sich führt. Besonders geeignet zur Entfernung der N. ist der sogenannte credé'sche Handgriff, welcher darin besteht, daß man nach der Geburt des Kindes die Unterbauchsgegend der Mutter mit flach aufgelegter Hand langsam, aber eindringlich streicht, bis man fühlt, daß sich die Gebärmutter unter der Hand zusammenzieht und fest wird. Sobald dies geschieht, umfaßt man den Grund der Gebärmutter, indem man die Bauchdecken hinter demselben tief eindrückt, und übt nun einen energischen Druck auf den Gebärmuttergrund, wobei der Mutterkuchen schnell und leicht ausgestoßen wird. Der credé'sche Handgriff ist das sicherste und unschädlichste Mittel zur Entfernung der N. In seltenen Fällen tritt die N. nicht zur rechten Zeit aus und es vergehen Stunden, ohne daß sie zum Vorschein kommt. In solchen Fällen von Verhaltung der N. sind stets Unregelmäßigkeiten in der Gebärmutter vorhanden, wodurch entweder die Ablösung, oder die Austreibung des Mutterkuchens verhindert wird. Da dergleichen Unregelmäßigkeiten mit den größten Gefahren für die Mutter verbunden sind und fast immer ein operatives Eingreifen erfordern, so muß in solchen Fällen stets ein gebildeter Arzt zur Hülfe gerufen werden, auch wenn die anwesende Hebamme, wie das so oft geschieht, die Sache allein auf sich nehmen zu können erklärt.

Nachgeschmack, s. Geschmack.

Nachhut, s. v. a. Arrieregarde.

Nachitschewan, 1) (Nachiczewan), Stadt im europäisch-russischen Gouvernement Jekaterinoslaw (Südrußland), am Don, 1780 von Armeniern angelegt, ist Sitz eines armenischen Patriarchen, hat 3 Kirchen, ein Kloster (mit armenischer Schule und Druckerei), einen schönen Bazar, Seiden- u. Wollenmanufakturen, Saffian- u. Seidenfabrikation, Seidenbau, lebhaften Handel u. 15,000 Einw. (fast nur Armenier). — 2) (Nachtschiwan), Kreisstadt im asiatisch-russischen Gouvernement Eriwan (Transkaukasien), seit 1828 russisch, vorher mit dem gleichnamigen Bezirk zur persischen Provinz gehörig, gegenwärtig sehr in Verfall, hat 5000 Einw. N. ist einer der ältesten Orte Armeniens, wo sich Noah nach der Sündfluth niedergelassen haben und später bei der babylonischen Gefangenschaft von Nebukadnezar eine Anzahl Juden angesiedelt worden sein soll. Die Stadt ward mehrmals durch Erdbeben u. feindliche Einfälle erst der Perser, dann der Tataren und der Türken zerstört, hob sich aber in Folge ihrer günstigen Lage immer wieder. Während der Herrschaft der Timuriden in Armenien war sie Provinzialhauptstadt, kam dann mit Armenien unter türkische Herrschaft und nach der Eroberung durch Nadir Schah zum persischen Reiche, dem sie 1827 die Russen entrissen. Sie soll unter Schah Abbas noch 300,000 Einw. gehabt haben. Im Jahre 1840 litt sie abermals durch ein Erdbeben sehr bedeutend.

Nachkrankheiten, solche Krankheitsprozesse, welche unter einer von der vorhergehenden Krankheit verschiedenen Form auftreten, bilden sich aus den Elementen und Residuen des vorangegangenen Krankheitsprozesses, wenn diese nicht bald mit dem normalen Leben vereint, oder aus dessen Grenzen eliminirt wurden, daher vorzüglich bei unvollkommenen Krisen.

Nachlaß, die Gesammtheit des aktiven und passiven Vermögens eines Verstorbenen (vergl. Erbrecht).

Nachlaßvertrag (Akkord), der Vertrag eines insolventen Schuldners mit seinen Gläubigern über einen Nachlaß an ihren Forderungen, der zu dem Zweck abgeschlossen wird, um einen bevorstehenden Konkurs abzuwenden (s. Konkurs).

Nachmanides, eigentlich Moses ben Nachman, berühmter jüdischer Gelehrter, geboren 1194 zu Gerona in Spanien, Schüler des Jehuda Sir Leon, disputirte 1263 zu Barcelona öffentlich mit Pater Paul, begab sich 1267 nach dem heiligen Lande, ließ in Jerusalem eine Synagoge bauen und † einige Jahre darauf in hohem Alter. Er war zugleich Arzt, Theolog, Talmudist u. Redner und übte durch seine Gesetzkunde, sowie durch seine mystische Auffassung der Religion einen großen Einfluß aus. Er verfaßte Kommentarien zum Pentateuch, zum Buche Hiob, zum Buche Jezira, talmudische Erläuterungen, eine Vertheidigung des Maimonides, verschiedene andere Schriften theologischen Inhalts, einige Reden und Gebete.

Nachnahme, die Empfangnahme einer Geldsumme von einem Frachtfahrer bei Uebergabe von Frachtgut an denselben, mit der Bedingung, daß ihm diese Auslage bei Ablieferung der Waare am Bestimmungsorte vom Empfänger zurückerstattet werde, so daß der Frachtfahrer dafür ein Pfandrecht an dem Gute hat. Die N. wird im Frachtbriefe und gewöhnlich auch auf der äußeren Adresse desselben bemerkt, u. der Frachtfahrer darf die Waare nur gegen Erstattung derselben abliefern, widrigenfalls er seinen Regreß an den Absender verliert und sich deshalb nur an den Empfänger zu halten hat. Für die N. bei der Post hat, wenn der Empfänger die Einlösung verweigert, der Absender zu haften, weshalb die Post an unbekannte Absender den Postvorschuß häufig erst dann auszahlt, wenn sie die Nachricht erhalten hat, daß die Einlösung wirklich erfolgt ist.

Nachod, Stadt im österreichisch-böhmischen Kreise Königgrätz, an der Mettau und an der von Josephstadt nach Schwadowitz führenden Eisenbahn, hat ein altes Bergschloß, eine Dechanteikirche, eine Synagoge, eine Haupt- u. Unterrealschule, ein Armenhospital, Vereine zur Krankenpflege und zur Hebung der Gewerbe, Leinweberei und 3130 Einw.

Nachrichter, s. v. a. Scharfrichter.

Nachschlag, der Gegensatz von Vorschlag, in der Musik der Anhang, welcher dem Triller beigefügt wird, dann überhaupt eine oder mehre kleine Noten, welche einer melodischen Hauptnote als Verzierung angehängt und nach ihr angeschlagen werden.

Nach Sicht, s. Wechsel.

Nachspiel, kleines, meist einaktiges Theaterstück, welches bestimmt ist, nach dem Schlusse großer Stücke gegeben zu werden, dann auch der Schlußakt eines größeren Stückes, welcher, in der Regel mit einem neuen Titel versehen, das endliche Schicksal der Hauptpersonen in späterer Zeit vor Augen führt.

Nachsteuer, s. Abzugsgeld.

Nacht, der Zeitraum von dem Verschwinden der Sonne unter dem Horizont bis zu deren Wiederhervortreten über demselben. Die Dauer dieses Zeitraums richtet sich nach den Jahreszeiten und nach der Lage des Orts auf der Erdoberfläche. Unter dem Aequator herrscht beständig Tag- und Nachtgleiche, zwischen den Polen und dem Aequator aber verursacht die Schiefe der Ekliptik eine ungleiche Dauer der Tage und Nächte, und nur zweimal im Jahre, um den 21. März und 23. September, tritt hier Tag- u. Nachtgleiche (s. Aequinoktium) ein.

Die kürzeste und längste N. findet in der Zeit der Sonnenwenden (21. Juni und 21. December) Statt. Die Verschiedenheit der Dauer der Nächte ist um so größer, je näher ein Ort nach den Polen zu liegt. Unter den Polarkreisen gibt es einmal im Jahre einen Tag ohne N. und eine N. ohne Tag, in den kalten Zonen aber, zwischen den Polarkreisen und den zugehörigen Polen, geht die Sonne im Winter mehre Tage, Wochen u. Monate, je nach der näheren Lage des Orts nach dem Pole, gar nicht auf und im Sommer ebenso lange nicht unter. Unter den Polen selbst herrscht eine N. von einem halben Jahr, welcher am Nordpol um die Zeit der Frühlingsnachtgleiche und am Südpol um die Zeit der Herbstnachtgleiche ein ebenso langer Tag folgt. Die genaue astronomische Bestimmung des Anfangs der N. richtet sich nach dem Augenblicke, wo der Mittelpunkt der Sonnenscheibe unter den Horizont hinabsinkt. Heilige N. heißt in der alten Kirche die N. vor Weihnachten, Ostern und Pfingsten, welche die Christen der ersten Jahrhunderte singend u. betend durchwachten.

Nacht (Nachtgöttin), s. Nyx.

Nachtbogen, der Bogen, den die Sonne durch ihren täglichen Lauf während der Nacht an der unter unserem Horizont befindlichen Hälfte des Himmels beschreibt. Der N. macht mit dem Tagbogen (s. d.) zusammen den scheinbaren Weg der Sonne am Himmel binnen 24 Stunden aus und ist folglich im Sommer am kleinsten, im Winter am größten.

Nachtfalter, s. Schmetterlinge.

Nachtgleiche, s. Aequinoktium.

Nachtigall (Nachtigallsänger, **Lusciola Luscinia** *Blas* et *K.*, **Curruca Luscinia** *Bechst.*, **Motacilla Luscinia** *L.*, **Sylvia Luscinia** *Lath.*), bekannte Vogelart aus der Gattung Sänger (**Sylvia**), der berühmte Sänger des Frühlings. Die N. ist ein unansehnlicher Vogel von der Größe des Sperlings. Ihr Gefieder ist auf dem Rücken dunkel rothbraun, am Bauche hellgrau, am Schwanze rothbraun; der Schnabel ist dunkelbraun; die feinen dünnen Füße sind bräunlich fleischroth, die Augen groß, lebhaft, braun. Sie bewohnt Europa, mit Ausnahme des hohen Nordens, das gemäßigte Asien und Nordafrika, ist aber nicht überall gemein. Am zahlreichsten findet sie sich in Italien, Spanien und Portugal. Bei uns erscheint sie um die Mitte oder gegen das Ende des April, siedelt sich besonders an buschreichen Orten an, wo Wasser in der Nähe ist, und baut ihr Nest in niedrigen Büschen nahe an der Erde, in welches das Weibchen 4—6 grünlichbraungraue Eier legt. Männchen und Weibchen füttern die Jungen gemeinschaftlich. Die Nahrung der N. besteht aus Insektenlarven, Puppen und Beeren, besonders des Traubenflieders (**Sambucus racemosa**). In der Gefangenschaft wird sie mit Mehlwürmern und Ameiseneiern, auch mit einem Universalfutter, das täglich aus frischer Mohrrübe, gesottenem Rindsherz und alter Semmel bereitet wird, genährt. Von Mitte August bis Mitte September verschwindet die N. allmählig wieder. Seinen herrlichen Gesang (Schlag) läßt das Männchen im Freien vom Tage seiner Ankunft bis Ende Juni erschallen, am fleißigsten und stärksten bei Tagesanbruch und mit einbrechender Dämmerung, am schönsten des Nachts, wenn das Weibchen brütet. Wegen ihrer Arglosigkeit läßt sich die N. leicht fangen. Obgleich es in vielen Ländern streng verboten ist, N.en einzufangen, so werden sie doch häufig als Stubenvögel gehalten u. von den Liebhabern als Tagschläger, Nachtschläger und Repetirvögel (die des Nachts nur kurze Strophen erschallen lassen) unterschieden. Schon bei den alten Römern waren die N.en ein Gegenstand der Liebhaberei und des Luxus. Nach Plinius wurde eine N., die ein Geschenk für Agrippina, Gemahlin des Kaisers Claudius, werden sollte, für 6000 Sestertien (318 Thaler) verkauft. Der Sprosser oder die große N. (Bastardnachtigall, **C. Philomela** *Bechst.*), im östlichen Deutschland, besonders in Ungarn und Polen einheimisch, ist größer als die gemeine N., unterscheidet sich von dieser aber hauptsächlich durch die Länge der Schwingfedern, von denen die erste sehr kurz und schmal, die zweite fast so lang als die dritte und länger als die vierte ist, während bei jener die zweite Schwingfeder kürzer als die gleichlange dritte und vierte ist. Der Sprosser singt noch lauter, aber minder angenehm als die N.

Nachtkerze, Pflanzengattungen: s. v. a. **Verbascum** *L.* und s. v. a. **Oenothera** *L.*

Nachtlichter, die einfachsten Lampen, welche es gibt (s. Lampen), sind in fast allen civilisirten Ländern in der Form verbreitet, wie sie in Nürnberg und Fürth hergestellt werden. Ein Schwimmer aus Weißblech, der auf einer Unterlage von Blei ausgeschlagen wird, ist an drei Spitzen mit Korkstückchen versehen und schwimmt mit diesen auf Oel. In der Mitte hat der Schwimmer ein Loch und in diesem steckt das eigentliche Nachtlicht. Dies hat einen Docht, welcher ähnlich wie Wachsstock (s. Kerzen) aus Talg, Bienenwachs, Pflanzenwachs oder Wallrath und Stearinsäure mit Kampher bereitet u. in kleinen kreisrunden Plättchen von Kartenpapier befestigt wird. Letztere werden ebenfalls mit einem Eisen ausgeschlagen. Italien, Amerika und Ostindien verwenden nur N. mit Holzscheibchen (Knöpfe, Förmeln) statt der Kartenplättchen, und diese kommen aus Sachsen und der tachauer Gegend in Böhmen nach Fürth und Nürnberg. Das Einziehen der Dochte wird meist von Kindern in Wohlthätigkeitsanstalten ausgeführt, worauf man die fertigen N. in Holzschachteln zu $^1/_4$, $^1/_2$ und 1 Jahr auszählt. Für Frankreich werden auch feinere N. mit Porzellanschwimmer fabricirt und in Pappschachteln verpackt. Nürnberg hat 50 und Fürth 3 Fabrikanten, die jährlich 1,800,000 Dutzend Schachteln liefern. Paris u. Straßburg bringen ebenfalls N. unter nürnberger Etiquette in den Handel, doch stehen dieselben den ächten nürnberger N.n bedeutend nach. Die Schachteln dieser Fabrikanten sind mit Blechstreifen zusammengefügt.

Nachtmahl, s. v. a. Abendmahl.

Nachtmahlsbulle (**bulla in Coena Domini**), s. Bullen.

Nachtrab, s. v. a. Arrièregarde.

Nachtschatten, Pflanzengattungen: s. v. a. **Solanum** *L.*, s. v. a. Je länger je lieber, **Lonicera Caprifolium** *L.*; s. v. a. gemeine Waldrebe, **Clematis Vitalba** *L.*

Nachtschiwan, s. v. a. Nachitschewan 2).

Nachtschweiß, ein Symptom mehrer, besonders abzehrender Krankheiten; s. Kolliquation, Phthisis 2c.

Nachtsehen, s. v. a. Nyktalopie.

Nachtstücke, Gemälde oder Zeichnungen, in denen

die Gegenstände nicht von der Sonne oder dem Tageslichte, sondern von dem Monde oder Feuerschein beleuchtet dargestellt werden. Das berühmteste Werk dieser Art ist Correggio's Anbetung der Hirten, wo das Licht vom Kinde ausstrahlt. Dann hat besonders die niederländische Schule ausgezeichnete Meister in diesem Genre aufzuweisen, z. B. Neefs, van der Neer, Rubens, Rembrandt, Honthorst (mit dem Beinamen dalle notti) u. a. Am raffinirtesten bildete aber G. Schalken diese Art der Malerei aus, indem er in seinen Gemälden eine ganze Anzahl der verschiedensten Lichter sammt Reflexen und Helldunkel sich kreuzen ließ. Unter den französischen Malern hat M. Valentin, unter den italienischen die Schule von Neapel ausgezeichnete N. geliefert. Auf die Poesie übergetragen sind N. s. v. a. düstere, Trauer, Schrecken und Schauder erweckende Darstellungen.

Nachtviole, Pflanzengattung, s. v. a. Hesperis *L.* Wilde N., s. v. a. Platanthera bifolia *L.*

Nachtvögel, s. v. a. Nachtfalter, s. Spinner.

Nachtwache, bei den alten Völkern, Griechen, Römern, Juden 2c., ein Theil der Nachtzeit, ungefähr 3 Stunden umfassend. Man theilte nämlich die Nacht zum Behuf der ausgestellten Wachtposten in Abschnitte von mehren Stunden ein, nach deren Ablauf allemal ein Wechsel der Posten Statt fand. Die alten Hebräer hatten vor dem Exil nur drei solcher Abschnitte, die Griechen und Römer aber vier, jeden zu 3 Stunden, welche im Neuen Testament (Matth. 14, 25) durch die Benennungen Abend, Mitternacht, Hahnenruf u. früh Morgens unterschieden werden.

Nachtwandeln (Schlafwandeln, Mondsucht), s. Somnambulismus.

Nachwehen, die schmerzhaften Zusammenziehungen der Gebärmutter nach Statt gefundener Austreibung der Nachgeburt. Von solchen Frauen, welche zum ersten Mal entbunden worden sind, werden diese Kontraktionen wenig oder selbst gar nicht empfunden. Dagegen pflegen sie bei solchen, welche mehr als einmal niedergekommen sind, als mehr oder weniger bedeutende, mit Unterbrechungen auftretende Schmerzen im Unterleibe, als eigentliche N., bald nach der Geburt sich einzustellen. Zuweilen zeigen sie sich nur am ersten Tage, zuweilen dauern sie bis zum 3. oder 4., selten bis zum 6. Tage oder noch länger nach der Niederkunft. Anfangs sind sie stärker und häufiger, später werden sie schwächer und seltener. Besonders leicht werden sie durch das Saugen des Kindes hervorgerufen. Eigenthümlich ist, daß die N. im Allgemeinen um so stärker sind, je geringer die Schmerzen bei der Geburt selbst waren. Die N. sind nicht als krankhaft anzusehen, so lange sie nicht ungewöhnlich schmerzhaft und nicht von Fieber begleitet sind, so lange der Leib gegen Berührung schmerzlos bleibt und die N. in Anfällen auftreten, zwischen welchen die Frau sich ganz wohl und frei fühlt. Stellen sich aber bei Erstgebärenden schmerzhafte N. ein, so erheischen diese als etwas Ungewöhnliches stets große Aufmerksamkeit von Seiten des Arztes.

Nacken (Genick, cervix), der hintere Theil des Halses, welcher jedoch gegen den vorderen Theil (Kehle, guttur) nicht scharf abgegrenzt ist. Als zweckmäßigste, aber willkürliche Grenzlinie zwischen N. und Vorderhals kann diejenige gelten, welche vom vorderen Umfang des hinter dem Ohr gelegenen Warzenfortsatzes gerade nach der Schulterhöhe hin verlaufend gedacht werden kann. Die obere Grenze des N.s ist die zwischen den Warzenfortsätzen beider Schläfenbeine verlaufende Ansatzlinie der oberflächlichen Nackenmuskeln am Hinterhauptsbeine; die untere Grenze verläuft von dem hervorstehenden Dornfortsatz des 7. Halswirbels quer zur Schulterhöhe. Das gegenseitige Verhältniß zwischen Vorderhals und N. zeigt bei beiden Geschlechtern mancherlei individuelle Verschiedenheiten. Im Allgemeinen ist beim männlichen Geschlecht der N. sehr überwiegend, was sowohl vom stärkeren Knochenbau, als auch von der umfänglicheren Muskulatur abhängig ist. Dabei erscheint der männliche kräftige N. kürzer, gedrungener und von verhältnißmäßig geringerer Biegung. In seiner obern Partie, welche zum Theil durch die Größe und Konfiguration der Hinterhauptsschuppe bestimmt wird, gewinnt derselbe, wenn mit bedeutender Breite dieses Knochens eine mächtige Muskulatur konkurrirt, den Charakter des Stiernackens, welchen wir an Kunstwerken als den Ausdruck physischer Stärke betrachten. Beim weiblichen Geschlecht tritt der N. im Verhältniß zum Vorderhalse mehr zurück, erscheint länger und schlanker und ist in höherem Grade nach auswärts vorwärts geneigt. Der vollendet schöne weibliche N., wie er an den Statuen des Alterthums bewundert wird, ist nach einer Wellenlinie geformt, welche Michel Angelo als Princip der Schönheit bezeichnet hat. Der anatomische Grund für den so anmuthig gebauten weiblichen N. liegt nicht allein in der Art des Ansteigens der Wirbelsäule und ihrer Krümmung, sondern auch ganz besonders in der Konfiguration des unter der Nacken- und Rückenhaut liegenden Kappenmuskels, dessen oberer Seitenrand eine viel gefälliger als beim Manne geschwungene Bogenlinie beschreibt. Die knöcherne Grundlage des N.s wird gebildet durch den unteren Theil der Hinterhauptsschuppe und durch die sieben Halswirbel, welche letztere einen Kanal bilden, in welchem der Halstheil des Rückenmarks eingelagert ist. Zu beiden Seiten ihrer Dornfortsätze sind die Halswirbel mit reichlichen, symmetrisch angeordneten Muskelmassen bedeckt, welche von einer festen Nackenmuskelbinde zusammengehalten werden. Die Nackenmuskeln besorgen die Rückwärtsbewegung und zum Theil die Drehung des Kopfes, die seitliche Beugung und Drehung der Halswirbelsäule. In der oberen Nackengegend treten die Muskelwülste stärker hervor, so daß zwischen ihnen eine flache Grube, Nackengrube (fovea nuchae), entsteht, in deren Grunde man die Dornfortsätze der oberen Halswirbel fühlt. Die Blutgefäße und Nerven, welche am N. vorkommen, sind nur dazu bestimmt, die Nackenorgane mit Blut zu versorgen oder sie zu innerviren, daher auch ihr Umfang wie ihre praktisch-anatomische Bedeutung eine nur geringe ist. Die Nerven, welche die Muskeln und die Haut des N.s versorgen, gehören den hinteren Aesten der vom Halstheil des Rückenmarks abtretenden Nervenstämme an. Auf allen Seiten des N.s kommen sowohl oberflächlich, als in der Tiefe zahlreiche Saugadern vor. Dagegen sind die Lymphdrüsen verhältnißmäßig spärlich und nur in geringem Umfang vorhanden. Bei gesunden Menschen haben diese Drüsen nur die Größe einer Linse oder Erbse; in

Folge gewisser konstitutioneller Leiden, namentlich in Folge von Skrophulose und Syphilis, können sie aber einen 3—4mal größern Umfang erreichen. Die Haut des N.s ist verhältnißmäßig dick und weniger nervenreich, daher auch weniger empfindlich als die Haut am Vorderhalse.

Nackenstarre, starrkrampfartige Zusammenziehung der Nackenmuskeln mit Zurückziehung des Kopfes, so daß dieser gleichsam in die darunter liegenden Kissen eingebohrt wird, ist ein wichtiges Symptom gewisser schwerer Gehirnstörungen, vorzüglich solcher, welche die Basis des Gehirns betreffen. Ein wahrhaft pathognomonisches Zeichen ist die N. bei der tuberkulösen Hirnhautentzündung, sowie bei der in neuester Zeit in Deutschland aufgetretenen epidemischen Cerebrospinalmeningitis, d. h. bei der eitrigen Entzündung der weichen Hirn- und Rückenmarkshäute, welche deshalb auch den Namen Kopfgenickkrampf erhalten hat. Vgl. Ergänzungsblätter, Band I, S. 113.

Nackte Jungfrau, Pflanzengattungen: s. v. a. Herbstzeitlose, s. Colchicum, und s. v. a. Schneeglöckchen, s. Galanthus.

Nacktes, in den bildenden Künsten Bezeichnung der von Kleidung entblößten Theile des menschlichen Körpers. Bei der malerischen Darstellung des Nackten kommt es ebensowohl auf gründliche Kenntniß der anatomischen Verhältnisse, als auf das Kolorit an, das man, in so weit es sich die Nachahmung des Nackten zur Aufgabe macht, Inkarnation oder Karnation nennt. Die Anatomie lehrt dem Künstler die bei den verschiedenen Körperstellungen und Körperbewegungen verschiedenartige Spannung der Muskeln getreu wiedergeben; eine gute Inkarnation aber erheischt, daß die Lokaltöne richtig getroffen u. deren verschiedene Abstufungen u. Nüancen in dem Hauptone harmonisch vereint, daneben auch der materielle Charakter des Stoffs, welcher Fleisch ist, richtig ausgedrückt werde. Unübertroffen in der naturwahren Karnation ist Tizian.

Nadasdy (Fogáras), ungarisches Adelsgeschlecht, welches seit 1625 die Grafenwürde hat. Es ist im Besitz des großen Majorats Fogáras und blühte in 2 Linien, von denen die jüngere am 2. Aug. 1860 mit dem Grafen Thomas von N., österreichischem Feldmarschalllieutenant, im Mannsstamm erlosch. Das Haupt der älteren ist gegenwärtig Graf Leopold von N., geboren den 8. Juli 1802, Obergespan des komorner Komitats. Sein Oheim, Graf Michael von N., geboren den 6. Sept. 1775, † den 18. März 1854, war eine Zeitlang österreichischer Staats- und Konferenzminister. Ein Sohn des letztern, Graf Franz Seraphin von N., geboren den 1. April 1801, ist seit dem 7. Nov. 1861 Hofkanzler für Siebenbürgen und österreichischer Minister. Die übrigen namhaftesten Sprößlinge des Geschlechts sind:

1) Thomas, 1529 Kommandant von Ofen, als der Sultan Soliman mit 200,000 Mann gegen diese Stadt anrückte, war der Einzige, welcher Muth genug hatte, an Vertheidigung des Platzes zu denken, während Einwohner und Besatzung nicht nur die Thore öffneten, sondern sogar ihren Befehlshaber gebunden dem Feinde auslieferten. Soliman, die Tapferkeit ehrend, ließ die ganze Besatzung niederhauen, empfing N. mit Lobsprüchen und sendete ihn an den Kaiser zurück. N. diente dann noch in den Heeren Karls V. unter dem Herzog von Alba.

2) Franz, Enkel des Vorigen, ward als Theilhaber an einer Verschwörung des ungarischen Adels zur Aufrechthaltung ihrer Rechte und Freiheiten auf Kaiser Leopolds I. Befehl am 30. April 1671 zu Wien enthauptet. Er schrieb: „De monarchia et S. corona regni Hungariae" (Frankfurt 1659); „Mausoleum regni apostolici hungarici regum et ducum" (Nürnberg 1664); „Cynosura juristarum" (1668, Leutschau 1700).

3) Franz Leopold, Graf von N., geboren 1708, wohnte von 1734—39 den Feldzügen in Italien, in Ungarn und am Rhein, sodann als Kavalleriegeneral dem österreichischen Erbfolgekrieg bei, nahm im November 1741 den Franzosen und Bayern den Posten von Neuhaus in Böhmen, schlug 1743 bei Braunau die Bayern und nahm mehre Plätze am Inn und an der Salza weg. Im folgenden Jahre hatte er, unter Karl von Lothringen dienend, großen Antheil an der meisterhaften Ausführung des Uebergangs über den Rhein, worauf er sich der Linien von Lauterburg und Weißenburg bemächtigte. Im Mai 1745 verlor er zwar das Gefecht gegen Winterfeld bei Hirschberg, deckte aber später mit vieler Umsicht die rückgängigen Bewegungen Karls von Lothringen und nahm während der Schlacht bei Sorr (30. Sept. 1745) das preußische Lager. Nach Abschluß des dresdener Friedens kam N. zur Armee nach Italien, bei welcher er ebenfalls mit Auszeichnung focht. Nach dem Frieden ernannte ihn Maria Theresia zum General der Kavallerie, 1754 zum Kommandanten von Ofen und 1756 zum Ban von Kroatien. Im Jahre 1757 führte N. die Nationaltruppen dem Heere Dauns zu, focht mit Auszeichnung bei Kollin, folgte den Preußen nach Leitmeritz, um den Marsch der österreichischen Hauptarmee nach Jungbunzlau zu decken, wurde zwar bei Ostritz überfallen, schlug dagegen Winterfeld am 31. August bei Moys und nahm Schweidnitz (12. November). In der Schlacht bei Leuthen war N. der Erste, der das Manöver Friedrichs II. durchschaute, blieb aber zu lange ohne Unterstützung, um der Schlacht eine andere Wendung geben zu können. Er kehrte hierauf in sein Banat zurück, wo er am 13. Mai 1783 zu Warasdin †.

Nadeleisenerz, in langen rhombischen Säulen und Nadeln, die oft büschelförmig zusammengehäuft sind, krystallisirender Brauneisenstein von der Zusammensetzung des Göthits, diamantglänzend, von halbmetallischem Ansehn und schwärzlich brauner Farbe, kommt eingeschlossen in Amethyst (Oberstein ꝛc.), in den Kammern von Ammoniten der Rauhalr, auch auf Erzlagerstätten (Przibram in Böhmen) vor.

Nadelgeld (Spillgeld), die jährliche Summe Geldes, welche der Frau aus dem Vermögen ihres Mannes zur Bestreitung ihrer kleinen Ausgaben für Kleidung, Putz und Leibwäsche ausgesetzt wird. Allgemein üblich ist die Aussetzung von Nadel- und Spillgeldern nur bei Heirathen des hohen Adels, wo sich ihr Betrag nach den Observanzen des betreffenden Hauses, sowie nach besonderen Umständen richtet. Etwas Anderes ist das, was sich die Frau bei ihrer Verheirathung von ihrem Vermögen zur eigenen Disposition vorbehält. In manchen Ländern sind die Unterthanen verpflichtet, bei der Vermählung des

Erb- oder Landesherrn der jungen Gebieterin (ähnlich der Prinzessinsteuer) gewisse N.er auszusetzen.

Nadelhölzer (*Zapfenbäume*), Pflanzenfamilie, s. *Koniferen*.

Nadelkap (**Kap Agulhas**), Vorgebirge an der Südspitze des **Kaplandes**, unter 54° 51' südl. Br., nächst einem benachbarten Felsenvorsprung der südlichste Punkt des afrikanischen **Kontinents**.

Nadeln, 1) (*Nähnadeln*), kurze Stahldrähte, die an einem Ende zugespitzt, am andern mit einem Oehr versehen sind, durch welches der Faden gezogen wird. Die besten Nähnadeln werden aus Gußstahldraht gemacht, andere Sorten aus Draht von raffinirtem Cämentstahl, die schlechtesten aus Eisendraht, welcher vor dem Härten der N. durch Einsetzen in Stahl verwandelt wird. Der Draht wird zunächst gestreckt, d. h. auf einen Haspel von 4—6 Meter Umfang gewickelt, um ihm die starke Biegung zu nehmen, die er in den käuflichen Ringen des Handels besitzt. Eine schräg stehende Schere, die durch Menschen- oder Wasserkraft getrieben wird, *zerschneidet* dann den großen Ring an zwei entgegengesetzten Punkten, so daß er in 2 Büschel von je 2—3 Meter Länge und aus 90—100 Drähten bestehend zerfällt. Diese zerschneidet man mit derselben Schere weiter in Stücke (Schachte) von der doppelten Länge der zu erzeugenden N., wobei man sich des *Schachtmodells* zum Abmessen bedient. Ein Arbeiter schneidet in einer Stunde 30,000, eine durch Wasserkraft getriebene Schere 40,000 Schachte. Diese müssen nun zunächst vollkommen gerade *gestreckt* (gerichtet) werden. Zu diesem Zweck nimmt man 5000—15,000 Schachte u. steckt auf die Enden eines solchen Bündels 2 eiserne Ringe, die mit einiger Reibung die Drähte fest halten. Eine Anzahl solcher Bündel wird in einem Ofen rothglühend gemacht, dann jedes einzeln auf eine eiserne Platte gelegt und mittelst des Streicheisens hin- und hergerollt. Letzteres ist eine etwas gekrümmte Platte, die an beiden Enden mit Handgriffen u. fast von Ende zu Ende mit parallelen Schlitzen versehen ist. Beim Gebrauch legt man die konvexe Seite nach unten so auf das Bündel, daß die Räder durch die Schlitze hindurchtreten. Beim Rollen drehen sich die einzelnen Drähte um ihre Axen, richten und reiben sich gegen einander ab und sind nach wenigen Minuten frei von Glühspan und gerade. Bei großem Betrieb wird diese Arbeit mit der Richtmaschine ausgeführt, wobei dann ein Ventilator die als Staub aufsteigenden Glühspantheilchen aufsaugt. Die gerichteten Schachte werden auf der Schleifmühle an beiden Enden *zugespitzt*. Dies geschieht auf dichtkörnigen und ziemlich harten Sandsteinen von 0,15—0,75 Meter Durchmesser, die sich so schnell bewegen, daß der Umkreis in einer Sekunde 30—45 Meter durchläuft. Der Arbeiter breitet 50—100 Schachte in seiner Hand aus, legt die andere Hand schräg darüber, so daß nur die Spitzen der Schachte hervorragen, stößt diese an einer Eisenplatte gleich und hält sie auf den trockenen Schleifstein, während er durch Bewegung der obern Hand ein rollendes Gleiten der Schachte veranlaßt. Fortwährend wiederholt er das Gleichstoßen und kühlt die Spitzen durch Wasser. Diese Arbeit ist sehr gefährlich für die Gesundheit, weil der feine Stahl- und Steinstaub die Lunge ruinirt. Zur Abhülfe umgibt man den Stein vollständig mit einem eisernen Mantel und läßt nur eine kleine Stelle frei. Ein Ventilator saugt dann einen starken Luftstrom in das Gehäuse hinein, so daß der Staub letzteres gar nicht verlassen kann. Ein Arbeiter macht in einer Stunde 8000—10,000 Nadelspitzen. Schleicher in Schönthal bei Aachen hat eine selbstthätige Schleifmaschine konstruirt, die in einer Stunde 30,000 Spitzen fertigt. Nach dem Spitzen werden die Schachte *geprägt*, wobei man sie einzeln unter ein Fallwerk bringt, welches in der Mitte die Furchen erzeugt und die Oehre für beide N. und auf beiden Seiten vorzeichnet, dabei aber auch auf 3—6 Millimeter Länge einen Bast (Grat) hervortreibt. Ein Arbeiter prägt in einer Stunde 2000, welche nun auf einem kleinen Durchschnitt mit derselben Geschwindigkeit *gelocht* werden, indem 2 an einem beweglichen Oberstempel befindliche Punzen die kleinen Stahltheilchen, welche bisher noch die Oehre verschlossen hatten, lostrennen. Hierauf fädelt man die Schachte dicht zusammengedrängt auf 2 parallele Stahldrähte, die für runde Oehre rund u. für längliche Oehre platt sind, hält die Enden der Schachte auf einer Vorrichtung mit 2 Schienen fest und *feilt* nun die beim Prägen entstandenen Grate erst auf der einen und dann auf der andern Seite ab. Darauf werden die Doppelnadeln genau zur Hälfte in einen hölzernen Feilkloben eingeklemmt und mit der hervorragenden Hälfte hin- und hergebogen, bis der Bruch an der dünnen Stelle zwischen den beiden Oehren erfolgt. Die im Feilkloben zurückbleibende Portion wird mit der Feile an den Köpfen abgestrichen, worauf man die andere Reihe von N. ebenfalls einspannt und glättet. Ein Arbeiter liefert in 10 Stunden 40,000 gelochte N. bis hierher fertig. Dieselben haben nun noch scharfkantige Oehre, welche den Faden zerschneiden würden. Runde Oehre werden erst später *polirt*, aber längliche Oehre bearbeitet Morrall schon jetzt auf einer von ihm erfundenen Maschine. Das Princip derselben besteht darin, die N. zu etwa 100—200 Stück locker neben einander auf dünnen gehärteten, entweder kantigen oder vor dem Härten mit der Feile rauh gemachten Stahldrähten anzufädeln, diese Drähte angespannt zu befestigen und der dazu dienlichen Vorrichtung eine alternirende Drehung zu geben, vermöge welcher die N. auf den Drähten sich nach allen möglichen Richtungen hin schwanken und das Ausschleifen der Oehre durch die Kanten oder Rauhkeiten der Drähte erfolgt. Die N. aus Stahldraht werden nun *gehärtet*, indem man sie auf Eisenblechtafeln schwach rothglühend macht und dann in ein unter Wasser befindliches Sieb schüttet. Die N. aus Eisendraht erhitzt man in einem verschlossenen Topf mit Ruß, geraspelten Ochsenklauen und zerstoßenen Eierschalen 7—8 Stunden lang und löscht sie dann ebenfalls in Wasser ab. Geringere Waare wird auch vielfach in Oel gehärtet, obgleich hierdurch keine bedeutende Härte erzielt werden kann. Behufs des nun folgenden *Nachlassens* wäscht man die fettigen N. mit Lauge und schüttet sie wie die in Wasser gehärteten noch feucht in regelmäßigen Reihen auf dunkelrothglühende Ofenplatten, auf denen sie bis zur rothgelben oder violetten Anlauffarbe (200—210° R.) erhitzt worden. Bei den letzteren Operationen haben sich viele N. krumm gezogen. Eine Arbeiterin sucht solche einzeln aus und *richtet* sie mit einem kurzstieligen Hammer auf einem stählernen Schlagstöckchen, wobei sie höchstens 500 N. in einer Stunde bearbeiten kann. Die jetzt noch schwarzen N. werden nun *gescheuert*, zu welchem Zweck man sehr verschiedene Sorten (150—500,000 Stück) in grober Leinwand mit Smirgel, Oel und weicher Seife zu einem wurstähnlichen Ballen zusammenbindet und 2 derselben unter starkem Druck auf der Scheuermühle hin- und herrollt. Nach 8—18stündiger Bearbeitung werden die N. mit Seifenwasser oder auch nur mit Sägespänen gereinigt und derselben Procedur von Neuem unterworfen. Dies geschieht im Ganzen 5—10mal, doch nimmt man statt des Smirgels zuletzt Zinnasche oder Kolkothar u. endlich nur trockne mehlfreie Kleie. Die blanken N. werden nun *ausgesucht* und *gleich gelegt*, d. h. in verschiedene Sorten getheilt und von den zerbrochenen und verbogenen getrennt. Bei 10maligem Scheuern rechnet man auf 10 Procent abgebrochene und 5 Proc. verbogene N. Letztere werden mit dem Hammer gerichtet und erstere, wenn möglich, wieder angeschliffen. Beim Gleichlegen der N. müssen auch alle N. mit ihrem Oehr nach derselben Seite hingelegt werden, weil man sie nun auf einem Holz ausbreitet und mit einer glühenden Eisenstange die hervorragenden Oehre blau anlaufen läßt. Die N. werden dann nachgebohrt, um die Oehre zu glätten. Diese Operation fällt natürlich bei den auf oben beschriebene Weise polirten Oehren weg und wird überhaupt nur bei den besseren N. ausgeführt. Man benutzt dazu eine Art Drehbank, deren Spindel ein langes stählernes Werkzeug enthält, dessen Spitze man von beiden Seiten einen Augenblick in jedes Oehr eintreten läßt. Die gebohrten Oehre sollen den Faden nicht mehr zerschneiden, öfters aber sind sie noch rauher als die ungebohrten. Sollen die Oehre vergoldet werden, so geschieht dies jetzt nach einer der gewöhnlichen Methoden. Auf einer hölzernen Walze von 0,05—0,75 Meter Durchmesser, die 3000 Umdrehungen in einer Minute macht und mit trocknem feinen Smirgel versehen ist, werden die N. nun an den Kopfenden und an den Spitzen *geschliffen*, um alle Rauhigkeiten zu entfernen und die Spitzen zu schärfen. Die Schleifer geben die N. dann sofort an die Polirer, welche sie auf gleiche Weise auf einer mit Büffelleder bezogenen Scheibe mit etwas Zinnasche oder Kolkothar behandeln. Die N. sind nun zum Verpacken fertig. Nimmt man das Gewicht der rohen Schachte zu 1000 an, so erhält man geglühte und gerichtete Schachte 1020, gespitzte 887, geprägte und gelochte 876, gefeilte 855, an den Köpfen gefeilte N. 842, gescheuerte N. 769, ganz fertige 750, wobei freilich auf die zerbrochenen N. keine Rücksicht genommen ist. Das *Auszählen* der N. geschieht entweder auf gewöhnliche Weise, oder mit einem gefurchten Lineal, doch haben H. Milward und Söhne zu Redditch auch eine *Nadelzählmaschine* gebaut, mit welcher eine Arbeiterin 12—15 Portionen N. à 25 Stück oder 6—7 Portionen à 100 Stück in einer Minute in die Papiere abzählen kann.

Abgesehen von Nähnadeln zu bestimmten Zwecken, als *Packnadeln* mit 3schneidiger Spitze, *Schuhmachernadeln* mit 3- oder 4schneidiger Spitze und oft etwas gebogenem Oehr, *Hutnadeln* mit runder, 2- oder 3schneidiger Spitze, *Sattlernadeln* mit bogenförmiger Schneide statt der Spitze, *Billardnadeln* mit gebogener Spitze, N. mit 2 oder 3 Oehren, N. für *Nähmaschinen*, welche das Oehr nahe an der Spitze haben, theilt man sie in 3 Klassen, nämlich in *lange* oder *dünne* (sharps), *halblange* od. *halbdicke* (betweens) u. *kurze* od. *dicke* (blunts). Dazu kommen noch die *Stopfnadeln* (darners). Die kurzen und halblangen N. kommen gewöhnlich in 12 Dicken- und Längenabstufungen vor, die kurzen und die Stopfnadeln in 10 Abstufungen, wobei mit steigender Nummer in jeder Klasse sowohl die Länge als die Dicke abnimmt. Näheres s. *Karmarsch*, Mittheilung des Gew.-V. f. Hannover, 1862.

2) *Stricknadeln* werden wie Nähnadeln fabricirt, doch ist ihre Herstellung einfacher, weil alle auf Bildung des Oehrs sich beziehenden Arbeiten wegfallen. 3) *Haarnadeln* werden aus Eisendraht im Schachtmodell geschnitten, an beiden Enden zugespitzt u. über einer Klammer zusammengebogen. Zuletzt läßt man sie blau anlaufen oder schwärzt sie mit Leinöl.

4) *Stecknadeln* werden aus Messingdraht gefertigt, nur die schwarzen Trauernadeln macht man aus Eisendraht. Der Draht wird zunächst *gerichtet*, indem man ihn zwischen Stifte durchzieht, die auf dem *Richtplatz* zu beiden Seiten einer geraden Linie stehen, die man sich auf demselben hinlaufend denkt. Man zerkneipt den geraden Draht in Stücken von 18—24 Fuß Länge u. *zerschrotet* diese mit der Schrotschere in *Schäfte* von der 2-, 3- oder 4fachen Länge der N. Das *Spitzen* geschieht auf dieselbe Weise wie bei den Nähnadeln, statt der Schleifsteine benutzt man aber eine scheibenförmige Feile, den *Spitzring*. Dieser hat 5—6 Zoll im Durchmesser, 1¾ Zoll in der Breite und macht wenigstens 1200 Umdrehungen in einer Minute. Sein Umkreis oder seine Stirn ist mit Stahl belegt, wie eine Feile mit Unter- und Oberhieb versehen und gehärtet. Nach dem Spitzen werden die Schäfte mit der Schrotschere weiter zertheilt und (wenn man lange Schäfte verarbeitet) abermals gespitzt. Zu feinen N. benutzt man 2 Spitzringe von verschiedener Feinheit. Zu den Knöpfen nimmt man einen etwas feineren Draht als zu den N., windet (*spinnt*) denselben mittelst des *Knopfrades* über einem 2—3 Fuß langen Messingdraht von der Stärke der Nadelschäfte zu schraubenartigen Röhrchen (Spindeln), deren Windungen dicht an einander liegen, und zerschneidet diese mit der Knopfschere so, daß jeder Theil genau 2 Umgänge des gewundenen Drahtes erhält. Dergleichen Köpfe schneidet ein Arbeiter in einer Stunde 20—40,000 Stück, die nun über Kohlenfeuer ausgeglüht und mit Schwefelsäure oder Essighefe wieder blank gebeizt werden. Ein kleines Fallwerk, die *Wippe*, dient zur Verbindung des Nadelschaftes mit dem Kopf. Die Wippe besteht im Wesentlichen aus 2 stählernen Stempeln, von denen der eine ein halbkugliges Grübchen, der andere außerdem noch eine Rinne enthält. Die Arbeiterin spießt mit der Nadel einen zerschnittenen Kopf auf, schiebt ihn ans Ende und hält die Nadel dann so zwischen die Stempel, daß der Schaft in der Rinne, der Kopf aber in einer der beiden Halbkugeln liegt. Fällt nun der schwere Oberstempel 4—7mal herab und wird jedesmal die Nadel etwas gedreht, so runden sich die Drahtwindungen des Kopfes zu einer kleinen Kugel, die fest auf dem Schaft sitzt. Ein Arbeiter versieht auf diese Weise in einer Stunde 1000—1200 N. mit Köpfen. Gegossene Köpfe aus einer Legirung von Zinn, Blei und Antimon haben sich nicht

als praktisch erwiesen, in England aber macht man N. mit gestauchten Köpfen. Die fertigen N. werden mit Weinsteinlösung oder verdünnter Schwefelsäure gekocht, dann weiß gesotten oder auf nassem Wege verzinnt. Zuletzt schüttelt man sie in einem ledernen Sack mit grober trockener Kleie und polirt sie ebenfalls mit Kleie in einem um seine Axe gedrehten Faß. Im Handel unterscheidet man Briefnadeln, die reihenweise in Papierblätter (Briefe) eingestochen sind, und Gewichtnadeln, die unordentlich durch einander liegend nach dem Gewicht verkauft werden. Von den kleinsten Stecknadeln gehen 350—500 auf 1 Loth kölnisch. Als besondere Arten kommen vor: Anschlagnadeln für Tapeziere, nur $^3/_4$ Zoll lang, aber sehr dick und mit sehr großen Köpfen, Bandnadeln, die kleinsten aller Stecknadeln, zum Zusammenstecken der seidenen Bänder, nicht ganz $^1/_2$ Zoll lang und so dünn, daß 700 Stück nur 1 Loth wiegen, Insektennadeln, zum Aufstecken der Insekten in Naturaliensammlungen, $1^1/_2$ Zoll lang, sehr dünn und mit sehr kleinen Köpfen.

Nadeln der Cleopatra, die beiden Obelisken zu Alexandria (s. d.).

Nadeshdin, Nikolai Iwanowitsch, russischer Schriftsteller, geboren den 5. (17.) Okt. 1804 zu Nischni-Bjeloomut im russischen Gouvernement Rjäsan, erhielt seine Bildung im Seminar zu Rjäsan und auf der geistlichen Akademie zu Moskau, promovirte 1824 als Magister der Theologie und wurde bald darauf Professor der russischen u. lateinischen Literatur am Seminar von Rjäsan. Schon nach 2 Jahren legte er aber dies Amt nieder, schied zugleich aus dem geistlichen Stand und ging als Hauslehrer nach Moskau, wo er 1831 ein Journal, das „Moskauer Teleskop", gründete, das in der russischen Literatur Epoche machte. Zum Professor der Archäologie an der moskauer Universität ernannt, bereiste er im Sommer 1832 Deutschland, Frankreich und Italien und im archäologischen Interesse die Krim. Im Jahre 1836 gab er aus Gesundheitsrücksichten seine Professur und sein Journal auf und zog sich nach Wologda, 1838 nach Odessa zurück. Hier schrieb er „Das russische Alhambra" (1839), eine Beschreibung von Baktschiserca u. „Spaziergang nach Bessarabien" (1840). Im Auftrage der odessaer Gesellschaft für Geschichte und Alterthümer übernahm er 1840—41 eine große Reise durch das südöstliche Europa, über die er in den Memoiren jenes Vereins Rechenschaft ablegte. Im August 1842 übernahm er die Redaktion des Journals des Ministeriums des Innern zu Petersburg, in welches er eine Reihe gediegener Aufsätze im Gebiet der Länder- und Völkerkunde niederlegte. Auch betheiligte er sich 1846 an der Gründung der russischen geographischen Gesellschaft, von der er hierauf zum Vorsitzenden in der ethnographischen Sektion ernannt wurde. Im Jahre 1845 zum Staatsrath, 1851 zum wirklichen Staatsrath ernannt, † er, schon lange gelähmt, am 11. (23.) Jan. 1856.

Nadir (Fußpunkt), s. Zenith.

Nadir, Schah von Persien, geboren 1688 in dem Dorfe Kelat in Khorassan, Sohn eines turkomanischen Befehlshabers, nahm bei dem Statthalter von Khorassan Militärdienste, stellte sich aber sodann, sich zurückgesetzt glaubend, an die Spitze einer Räuberbande, die bis auf 5000 Mann anwuchs. Für den Beistand, den er mit seiner Bande dem von der Regierung verdrängten rechtmäßigen Thronerben in Persien, Schah Thamasp, leistete, 1726 zum General der persischen Armee erhoben und bald mit der Leitung aller Staatsgeschäfte betraut, entthronte er 1732 den Schah, bemächtigte sich im Namen des jungen Schahs Abbas III. der Regentschaft und begann seine Feldzüge gegen die Türken, die er bei Akderbend (1733) und bei Eriwan (1735) schlug. Nach dem Tode seines Mündels (20. März 1736) von den Großen des Reichs zum König ausgerufen, nahm er den Namen N. an. Seine Regierung war eine fast ununterbrochene Reihe von Kriegen, anfangs gegen einzelne aufständische Provinzen seines Reichs, dann aus Eroberungssucht. Sein glänzendster, aber auch greuelvollster Feldzug war der gegen den Großmogul, dessen Hauptstadt Delhi er eroberte, wobei er 200,000 Einwohner niedermetzeln ließ. Seine eiserne Strenge und insbesondere die Unduldsamkeit, mit der er als Anhänger der sunnitischen Lehre alle Andersglaubenden verfolgte, machte ihn jedoch bald allgemein verhaßt und er ward auf Anstiften seines Neffen Ali Kuli-Khan den 20. Juni 1747 ermordet. Seinen Sohn retteten einige seiner Getreuen nach Semlin, wo ihn die Kaiserin Maria Theresia taufen und erziehen ließ. Derselbe trat unter dem Namen Baron von Semlin in russische Dienste u. machte den siebenjährigen Krieg mit Auszeichnung mit; † zu Mödling. N.s Leben beschrieb Fraser (Lond. 1742).

Näfels, Pfarrdorf im schweizerischen Kanton Glarus, am Rautibache und am Fuße des Rautibergs, hat eine schöne Kirche, ein Kapuzinerkloster Mariaburg (an der Stelle der vormaligen Burg der Edeln von N. und später der österreichischen Landvögte), Baumwollenindustrie und 1950 katholische Einwohner und war früher Sitz der katholischen Landgemeinde. Merkwürdig ist N. durch den entscheidenden Sieg von 1300 Schweizern über 8000 Oesterreicher am 9. April 1388, der noch jetzt alljährlich im ganzen Lande festlich begangen wird. Auf dem Schlachtfelde wurde auf der Stelle der Burg das Kloster erbaut. Hier fanden auch 1799 Gefechte der Franzosen gegen die Russen und Oesterreicher Statt.

Nägel (ungues), dünne, weißliche, durchscheinende Hornplatten von gebogener Gestalt und ziemlicher Härte an der Rückenseite der letzten Finger- und Zehenglieder. Sie liegen in einer besonderen Vertiefung der Lederhaut, dem sogenannten Nagelbette, und verbinden sich rings herum mit der Oberhaut der benachbarten Hautportionen. Als Nagelwurzel bezeichnet man den hintern, dünnern und weichern Theil der N., welcher mit einem konvexen scharfen Rande versehen ist und in einem Falze der Lederhaut verborgen liegt, so daß er aus diesem nur als ein weißer, halbmondförmiger Fleck (lunula) hervorsieht. Nagelkörper nennt man den mittlern rothen Theil des Nagels, welcher an seiner untern Fläche fest mit der darunter liegenden gefäßreichen Lederhaut verwächst. Der vordere Theil des Nagels ragt mit seiner Spitze frei über die Fingerspitze hervor und ist der dickste Theil des Nagels. Das Nagelbette bildet an seinem seitlichen u. hintern Rande durch einen Vorsprung der Lederhaut (Nagelwall) eine rinnenförmige Furche (Nagelfalz). Der feinere Bau der N. weicht nicht wesentlich von demjenigen der Oberhaut ab, denn auch die N. bestehen aus Epithelialzellen, welche eine äußere härtere und eine tiefere weichere Lage bilden. Erstere heißt Hornschicht, letztere Schleimschicht der N. Die Hornschicht oder die eigentliche Nagelsubstanz besteht aus fest vereinigten, nicht scharf von einander geschiedenen Lamellen, jede Lamelle aus einer oder mehren Lagen kernhaltiger, polygonaler, platter Schüppchen oder Plättchen, die denen der Epidermis gleichen u. in den untersten Lagen dicker und kleiner sind als in den oberen. Die Schleimschicht entspricht dem Rete Malpighii der Haut und besteht wie dieses durch und durch aus kernhaltigen Zellen. Beim Wachsthum des Nagels verändert die Schleimhaut ihre Lage durchaus nicht, wohl aber die Hornschicht, welche beständig nach vorn geschoben wird. Die Bildung derselben hat an allen den Stellen Statt, wo sie mit der malpighi'schen Schicht in Verbindung steht, also an der untern befestigten Fläche und am hintern Wurzelrande; doch sind die Theile der Wurzel diejenigen, die am raschesten wachsen, während der Nagelkörper sich langsamer bildet. Durch den beständigen Ansatz neuer Zellen am Wurzelrande wächst der Nagel nach vorn, durch das Hinzutreten solcher an seiner untern Fläche verdickt er sich. Das Längenwachsthum überwiegt dasjenige in die Dicke, weil die erst rundlichen Zellen, indem sie von hinten und unten her nach vorn und oben rücken, immer mehr sich abplatten und verlängern. Die N. sind als Epidermoidalorgane unempfindlich, gefäß- u. nervenlos und nützen dem Organismus nur durch ihre mechanischen Eigenschaften. Sie sind für die Feinheit des Gefühls der Finger und Zehen von sehr großem Belang, da ein Druck, welcher auf die Tastwärzchen der Haut an den Fingerspitzen wirkt, in dem festen Nagel einen Gegendruck findet und die Einwirkung des Drucks auf die Nervenenden nur um so sicherer wird. Werden die Nagelenden nicht beschnitten oder durch Arbeit abgenutzt, so wachsen sie auf eine gewisse Länge fort und bleiben dann in ihrem Wachsthum gewöhnlich zurück. Nur in seltenen Fällen erreichen die freien Nagelenden eine excessive Länge. Bei den Chinesen sah sie Hamilton 2 Zoll lang werden. Bei Schwindsüchtigen pflegen die N. der Finger stark gewölbt zu sein. Es ist dies die nothwendige Folge davon, daß das letzte Fingerglied mit dem Schwunde des Fettes dünner und schmäler wird. Hatte sich Blut oder Eiter unter dem Nagel angesammelt, so wird dieser meist abgestoßen, nach einiger Zeit aber durch einen neuen Nagel ersetzt. Ein sehr beschwerliches Uebel entsteht durch Einwachsen des Nagels in das Fleisch. Dies ist weniger bedingt durch ein Breiterwerden des Nagels als durch das Heraufdrücken der Weichtheile. Es ist in der Regel die Folge vom Zusammenpressen der Zehen durch enge Schuhe, besonders wenn die N. zu kurz abgeschnitten wurden, und kommt beinahe nur an der großen Zehe vor, hauptsächlich an der Seite, welche der zweiten Zehe zugewendet ist. Der Reiz des Nagelrandes bewirkt eine schmerzhafte Entzündung, welche zu hochgradiger Verbildung des ganzen Nagelgliedes führen kann. Die Schmerzen sind bei höhern Graden dieses Uebels immer sehr bedeutend, das Auftreten und Gehen oft ganz unmöglich. In den leichtern Graden des Uebels kann immer leicht geholfen werden durch das Einlegen eines Blättchens von Blei unter den Rand des Nagels, welches man durch einen Heftpflasterstreifen befestigt. Dadurch wird der Nagel in die Höhe gehoben und das Fleisch herabgedrückt. Höhere Grade des Uebels erfordern die Hülfe eines gebildeten Wundarztes. Auch bei Entzündungen und Vereiterungen des Nagelbettes thut man gut, sich rechtzeitig an einen Arzt zu wenden. Zuweilen entwickeln sich in den N.n der Finger und Zehen **Pilze** in Form von Fäden und Sporen, welche die Textur der N. wesentlich beeinträchtigen. Der Nagel erscheint dann obenan verdickt, aber nur in seiner obern Platte noch normal hart, während die tiefern Schichten der Nagelsubstanz weich und leicht zu zerbröckeln sind; sie ist weiß und läßt sich in feine Lamellen oder Fäserchen zertheilen, zwischen welchen einzelne gelbliche oder bräunliche Streifen auftreten. Unter dem Mikroskop sieht man, daß die gelben Massen aus Pilzfäden und Sporenhaufen bestehen, welche sich zwischen die normalen Elemente des Nagels drängen und somit den Nagel zu einer lockern weißen Masse umbilden. Diese Nagelentartung scheint durch verschiedene Pilzarten bewirkt werden zu können (Achorion Schoenleinii u. Trichophyton tonsurans). Sie kommt im Ganzen nur selten vor. Sie wurde zuerst beschrieben von Meißner im „Archiv f. phys. Heilk." 1853. Vergl. auch Virchows „Archiv f. path. Anat." IX. und XXII.

Nägel, zugespitzte und meist mit einem Kopf versehene Körper von Metall, deren man sich bedient, um Gegenstände mit einander zu verbinden. Geschmiedete eiserne N. kommen in allen Größen vor, die stärksten, beim Schiffbau und zu Zimmerwerksarbeiten gebrauchten werden mit Wasserhämmern, alle übrigen durch Handarbeit erzeugt. Der Amboß des Nagelschmieds hat eine länglich viereckige flache Bahn, neben ihm steht ein die Schneide nach oben kehrender 3 Zoll breiter Meißel (Blockmeißel, Nagelschrot), welcher zum Abhauen des Eisens dient. Die Hämmer haben nur eine einzige flache Bahn von quadratischer Gestalt. Das Nageleisen (Nagelform) ist ein flach viereckiger gerader Eisenstab, auf dessen oberer Fläche, nahe an einem Ende, eine Erhöhung (Krone, Haube) hervorragt. Diese ist von Stahl und gehärtet und mit einem senkrechten, unten sich erweiternden Loch versehen, dessen obere Oeffnung mit dem Querschnitt der N. unmittelbar unter dem Kopf übereinstimmt. Das zu verarbeitende Eisen (Stabeisen, Krauseisen, Schmiedeeisen) wird an einem Ende weißglühend gemacht und zu einer schlanken Spitze ausgeschmiedet. In der für die Länge des Nagels bestimmten Entfernung von der Spitze macht der Schmied einen Ansatz, indem er diese Stelle über die Kante des Amboßes bringt und oben darauf schlägt, haut dann auf dem Blockmeißel das Eisen fast ganz durch, wobei über den Ansatz hinaus das zum Kopf erforderliche Eisen an dem Nagel bleiben muß, steckt den Nagel in das Loch des Nageleisens, bricht den Eisenstab völlig ab, formt mit wenig Hammerschlägen den Kopf und wirft den fertigen Nagel fort. Die Form des Kopfes hängt von jener der Krone und von der Anzahl und Richtung der Hammerschläge ab, man bedarf also auch für die verschiedenen Nagelsorten ebenso vieler Nageleisen. Ein Arbeiter liefert in 12 Stunden 500—600 große Bretnägel oder 2000—2500 kleine Schuhnägel. Köpfe von gewisser Form erfordern zur Verfertigung einen Stempel, der dann in einem Hammer angebracht ist, den der Arbeiter mit einem Fußtritt aufhebt und wieder fallen läßt. Die wichtigsten Handelssorten sind etwa folgende: Schiffnägel, Mühlnägel, Leistnägel, für Zimmerleute, zum Schiff-, Mühlen- und Brückenbau, 5—12 Zoll (selbst 2—4 Fuß) lang, sind quadratisch oder flach u. haben pyramidale, mit 4 oder 8 Hammerschlägen gebildete Köpfe. Bodennägel zum Nageln der hölzernen Fußböden, $4—4\frac{1}{2}$ Zoll lang, sind quadratisch oder flach u. haben pyramidale Köpfe, Flachköpfe, Querköpfe (aus zwei ovalen Flügeln bestehende Flachköpfe) oder Düker (ganz kleine, aber dicke Köpfe), 1000 Stück wiegen 20—30 Pfd. Lattennägel, $3\frac{1}{2}—3\frac{3}{4}$ Zoll lang, wiegen 15—20 Pfd. per Tausend, halbe Lattennägel, 3 Zoll lang, 12 bis 15 Pfd. per Tausend, Bretnägel, Spundnägel, Dielennägel, Verschlagnägel, $2\frac{5}{4}$ bis $2\frac{7}{8}$ Zoll lang, 8—10 Pfd. per Tausend, halbe Bret- oder Spundnägel, 2 Zoll lang, 4—7 Pfd., Schindelnägel, 2—3 Zoll lang, 3—5 Pfd. Statt des Kopfes dient das dicke, auf $\frac{1}{4}$ Zoll lang flachgeschlagene Ende, welches sich beim Einschlagen in die Schindeln umbiegt. Schloßnägel, $1\frac{1}{2}—1\frac{3}{4}$ Zoll, wiegen 2—4 Pfd., sind quadratisch und haben Flachköpfe oder Düker. Halbe oder kleine Schloßnägel, 1 Zoll, wiegen $1\frac{1}{2}$—2 Pfd., große Schiefernägel, zum Aufnageln der Schiefer, $1\frac{3}{4}$ Zoll, wiegen 3 Pfd., sind quadratisch und haben Querköpfe, die kleinen sind $1\frac{3}{8}$ Zoll lang und wiegen 2 Pfd. Tünchernägel, $1\frac{1}{4}$ Zoll, wiegen $1\frac{1}{2}—2\frac{1}{2}$ Pfd., sind quadratisch und haben Flachköpfe oder Düker. Bleinägel zum Aufnageln bleierner Platten, von verschiedener Größe, sind quadratisch und haben sehr große, runde flache Köpfe, welche auf der untern Seite vier Zäpfchen oder Warzen besitzen, um fester im Blei zu haften. Kreuznägel, zum Beschlagen von Koffern, $\frac{1}{2}$ Zoll lang, sind quadratisch und haben konvexe Köpfe, deren obere Fläche mit 3 sich im Mittelpunkt kreuzenden erhabenen Strichen verziert ist. Koffernägel, ohne diese Striche, sind $\frac{3}{4}$—1 Zoll lang, Kratzennägel, Karbätschennägel, zum Aufnageln der Beschläge oder Garnituren bei Woll- u. Baumwollkratzmaschinen, $\frac{5}{16}—\frac{3}{8}$ Zoll lang, quadratisch und flachköpfig. Sattelnägel für Sattler, $1\frac{1}{8}$ Zoll lang, wiegen $1—1\frac{3}{4}$ Pfd., sind quadratisch u. haben Flachköpfe oder Düker, die halben Sattelnägel sind nur $\frac{3}{4}$ Zoll lang. Schuhnägel sind von sehr verschiedener Form und Größe (Ansatznägel $\frac{3}{4}—\frac{7}{8}$ Zoll, Sohlennägel $\frac{1}{4}—\frac{1}{2}$ Zoll). Schusterzwecken, zum Befestigen des ausgespannten Leders auf dem Leisten, 1 Zoll lang, rund und scharfspitzig, mit kleinem, flachem, sehr dickem Kopf, bestehen aus gehärtetem Stahl. Absatzwecken, zum Befestigen des Absatzes während der Arbeit, sind 3 Zoll lang, rund u. pfriemenförmig mit würfelförmigem Kopf, Absatzstifte, Formstifte, $\frac{1}{2}—1\frac{3}{8}$ Zoll lang, ohne Kopf u. quadratisch, Stipernägel, $\frac{1}{2}—\frac{3}{4}$ Zoll lang, quadratisch und flachköpfig, Stoßnägel, $\frac{5}{8}$—1 Zoll lang, quadratisch, mit großen und dicken pfeilförmigen Köpfen. Hufnägel oder Klappernägel, $2\frac{1}{4}—2\frac{3}{4}$ Zoll lang, sind flach u. haben Köpfe von verschiedener Form. Laurent in Plancher les Mines wendet eine **Maschine zur Fabrikation der Hufnägel an, welche 11—12 Stück in einer Minute so weit fertig macht, daß nur noch die Spitze angehauen zu werden braucht. Ueber diese Maschine s. „Polytechn. Journ." 1865. Manche kleine N. werden** verzinnt, geschwärzt oder gescheuert, große N. fertigt man bisweilen so, daß man die Eisenstäbe glühend windet, dann zerhaut, die Köpfe schmiedet, an den untern Enden aber die Schraubengänge in eine Spitze zusammenlaufend ausfeilt. Diese N. nehmen beim Einschlagen eine Dehnung an und sitzen sehr fest. Aus Blech geschnittene eiserne N., Maschinennägel, sind häufig in Anwendung, obgleich sie den geschmiedeten an Güte nachstehen. Zu ihrer Darstellung wird das Eisen unter einem Wasserhammer gestreckt, zerhauen, ausgewalzt (und zwar nach derselben Richtung, nach welcher es beim Schmieden hauptsächlich ausgedehnt worden ist) und dann in Streifen zerschnitten. Hierbei müssen die Fasern des Eisens in den Streifen nach der Quere und in den N.n, welche nun aus diesen kalt (nicht glühend) geschnitten werden, nach der Länge verlaufen. Das Zerschneiden geschieht mit großen, durch Wasser- oder Dampfkraft getriebenen Scheren, welche 65—70 Schnitte in einer Minute machen, und zwar so, daß die N. keilförmig werden und ein dickeres Ende für den Kopf und ein dünneres für die Spitze erhalten. Die Bildung des Kopfes geschieht entweder mit einem Hammer, durch ein Fallwerk, eine Kniehebelpresse, oder auch sofort auf der Maschine, wo dann in einer Minute oft 300 Stifte fertig werden. Bei Handarbeit glüht man die N. vor dem Schmieden, bei der Maschinenarbeit werden die schon mit Köpfen versehenen N. noch geglüht, um ihnen die Sprödigkeit zu nehmen. Gußeiserne N. werden in großer Anzahl gleichzeitig in Sand gegossen und zwischen Blutstein geglüht, um sie weich zu machen. Zum Schluß scheuert man sie mit Sand in einer Tonne, beizt sie auch wohl ab und verzinnt sie. Kupferne N. für den Schiffbau werden gegossen oder geschmiedet, kupferne oder messingene Absatzstifte dagegen gleich den eisernen ausgewalzten Schienen kalt geschnitten. Für Schiffsbeschläge aus Muntzmetall u. für Schieferdächer benutzt man gegossene Bronzenägel, zum Vernageln von Zink stets Zinknägel, welche aus Stäbchen, die von gewalzten Platten geschnitten sind, oder aus starkem Draht warm geschmiedet und in einem Nageleisen auf gewöhnliche Weise mit Köpfen versehen werden; sie sind klein und flachköpfig und von $1\frac{1}{8}$ Zoll langen wiegen tausend $5—5\frac{1}{2}$ Pfd. Drahtstifte werden aus hart gezogenem Eisendraht, seltener aus Messing- oder Kupferdraht gefertigt. Man zerschneidet den Draht in Stücke von 2—3 Fuß Länge, richtet diese und schleift auf einem trocknen Schleifsteine od. einem Spitzringe die Spitzen an, schneidet oder haut dann die Stifte ab, schleift wieder Spitzen an u. s. f. Schärfer und härter sind aber die gepreßten Spitzen, zu deren Darstellung man Drähte von der doppelten Länge der Stifte in eine kleine Maschine zwischen vier stählerne Backen steckt, welche durch eine Schraube und einen Hebel sich einander nähern, den Draht in seiner Mitte fassen, zusammendrücken und in 2 gleich lange zugespitzte Stifte trennen. Die Köpfe entstehen durch Stauchung mit einem Hammerschlag in einer kleinen Kluppe, und je nachdem diese geformt ist, bilden sich flache oder kegelförmige Köpfe. In neuerer Zeit werden Drahtstifte auch vielfach ganz auf Maschinen gefertigt, indem diese das Abschneiden, Spitzen und Anköpfen in ununmittelbarer Folge besorgen. Es kommen auch vier- und dreikantige Drahtstifte vor, und indem man den dazu dienenden Draht um sich selbst dreht, erhält man schraubenartige Stifte. Karmarsch gibt über die Gewichtsverhältnisse der Drahtstifte folgende Tabelle:

Länge Zoll (hann.)	Dicke Zoll (hann.)	Gewicht (Wienisch) Pfund	Loth	
1/4	1/40	—	1	1000 Stück.
3/8	1/30	—	$2\frac{1}{2}$	
1/2	1/27	—	4	
3/4	1/24	—	8	
1	1/20	—	15	
$1\frac{1}{2}$	1/16	1	2	
2	1/12	2	20	
$2\frac{1}{2}$	1/10	4	16	
4	1/7	15	16	
$6\frac{1}{2}$	1/4	30	—	

Gold- und Silbernägel zum Beschlagen schildpattener Uhrgehäuse, für Papp- und Lederarbeiten werden wie die Drahtstifte gemacht, doch feilt man die Spitzen an u. bildet die Köpfe mit einem Stempel. Man nimmt zu ihrer Darstellung stark legirtes Metall, welches man weiß siedet, färbt oder vergoldet, auch kann man Kupfernägel versilbern oder vergolden. **Tapeziernägel** mit großen runden, unterwärts hohlen Köpfen gießt man im Ganzen aus Messing, dreht die Köpfe ab und verziert sie beliebig, oder man fertigt die Köpfe aus Blech mittelst des Durchschnitts, indem man sie zugleich hohl biegt, u. löthet eiserne, kleinköpfige N. mit Schnellloth daran. Die **Bildernägel** haben schmiedeeiserne Stifte u. massive gegossene messingene Köpfe.

Holznägel (Döbel, Dippel, Dübbel) sind rund u. etwas verjüngt zugeschnitten, werden in vorgebohrte Löcher fest eingetrieben und an beiden Enden in gleicher Ebene mit der Holzfläche abgestoßen. Gewöhnlich bestreicht man sie vor dem Eintreiben mit Leim.

Ueber die Kraft, mit welcher eiserne N. im Holze festhalten, hat Karmarsch Versuche angestellt und dabei folgende Resultate erhalten. N. halten in Tannen- und Lindenholz durchschnittlich gleich fest. Von der Hirnseite eingeschlagen halten sie in Eichenholz 3mal, in Weißbuchenholz 2—$2\frac{1}{2}$mal, in Rothbuchenholz 2mal so fest als in Tannenholz. Quer gegen die Fasern ist ihre Haltkraft in Eichen- und Weißbuchenholz etwa 2mal, in Rothbuchenholz ungefähr $1\frac{1}{2}$mal so groß als in Tannenholz. In Querholz halten die N. bedeutend besser als in Langeholz, doch ist der Unterschied um so geringer, je dichter das Holz ist. Wegen der keilförmigen Gestalt der N. nimmt die Haltkraft eines und desselben Nagels in größerem Verhältniß zu als die Tiefe, auf welche er in das Holz eingetrieben wird. Bei gleich tief eingeschlagenen N.n ist deren Dicke auf die Haltkraft von entschiedenem Einfluß und wird für 1 hannöv. Quadratzoll Nagelfläche durch folgende Zahlen in Zollpfunden durchschnittlich ausgedrückt: Wenn die N. eingeschlagen sind

	von der Hirnseite	quer gegen die Fasern
bei Tannenholz	420	750
„ Lindenholz	420	790
„ Rothbuchenholz	810	1260
„ Weißbuchenholz	960	1300
„ Eichenholz	1320	1680

Mit Hülfe dieser Zahlen kann man mit einer in den meisten Fällen sehr befriedigenden Annäherung die Kraft berechnen, welche ein gegebener Nagel zum Ausziehen erfordert. Man hat nämlich nur die Tiefe, auf welche der Nagel eingeschlagen wird, (in Zollen) zu multipliciren mit der Summe seiner Breite und Dicke (an der Stelle, wo er aus dem Holz tritt, gemessen) und dann noch mit der zugehörigen Zahl aus der Tabelle, so ergibt das Produkt das gesuchte Resultat in Zollpfunden. Runde Drahtstifte besitzen eine viel geringere Haltkraft. Sie halten in Lindenholz etwa ebenso fest, in Eichen- und Rothbuchen 2mal, in Weißbuchen $2\frac{1}{2}$mal so fest als in Tannenholz. Zwischen Hirnholz und Querholz ist das Verhältniß der Haltkraft ungefähr bei Tannen, Linden und Weißbuchen wie 1 : 1,2, bei Rothbuchen u. Eichen wie 1 : 1,4. Bei einem und demselben Stift scheint die Haltkraft sehr nahe in dem einfachen und geraden Verhältniß der im Holz befindlichen Länge zu stehen. Bei gleich tief eingeschlagenen Stiften von verschiedener Dicke steht die Haltkraft nicht ganz im Verhältniß des Durchmessers, auch ist die für einen Quadratzoll Berührungsfläche gefundene Haltkraft 2—3mal kleiner als bei Nägeln, so daß der große Vorzug der letzteren vor den Drahtstiften in Bezug auf das Festhalten im Holz außer Zweifel gestellt ist.

Nägele, 1) **Franz Karl**, berühmter Geburtshelfer, geboren am 12. Juli 1778 zu Düsseldorf, wo sein Vater Direktor der damals bestehenden medicinisch-chirurgischen Schule war, erhielt seine Bildung im Jesuitenkollegium daselbst, zu Straßburg, Freiburg und Bamberg und auf Reisen und ließ sich später in Barmen als praktischer Arzt nieder. Im Jahre 1807 als außerordentlicher Professor nach Heidelberg berufen, erhielt er hier 1810 die ordentliche Professur der Geburtshülfe u. das Direktorium der Entbindungsanstalt. Im Jahre 1815 ward er zum Hofrath, später zum Geheimerath ernannt. Er † den 21. Jan. 1851. N. hat sich im Fache der Geburtshülfe einen ausgezeichneten Ruf erworben. Von seinen Schriften sind hervorzuheben: „Erfahrungen und Abhandlungen aus dem Gebiete der Krankheiten des weiblichen Geschlechts“ (Mannh. 1812); „Ueber den Mechanismus der Geburt“ (2. Aufl., das. 1822); „Das weibliche Becken“ (Karlsr. 1825, 2. Aufl. 1850); „Lehrbuch der Geburtshülfe für Hebammen“ (8. Aufl., Heidelb. 1850); „Das schrägverengte Becken nebst einem Anhange über die wichtigsten Fehler des weiblichen Beckens überhaupt“ (Mainz 1839). Seit 1825 war er Mitherausgeber der „Heidelberger klinischen Annalen“.

2) **Hermann Franz Joseph**, gleichfalls namhafter geburtshülflicher Schriftsteller, Sohn des Vorigen, geboren 1810 zu Heidelberg, habilitirte sich 1835 als Privatdocent daselbst, wurde 1838 außerordentlicher Professor, später Kreisoberhebearzt und † den 5. Juli 1851. Seine vorzüglichsten Schriften sind: „Die Lehre vom Mechanismus der Geburt“ (Mainz 1838); „Die geburtshülfliche Auskultation“ (das. 1838); „Commentatio de causa quadam prolapsus funiculi umbilicalis in partu“ (Heidelb. 1839); „Lehrbuch der Geburtshülfe“ (5. Aufl. von Grenser, Mainz 1861, 2 Bde.).

3) **Maximilian**, Rechtsgelehrter, Bruder des Vorigen, war seit 1846 Privatdocent der Rechte in Heidelberg, gab „Studien über altitalisches Rechtsleben“ (Heidelb. 1849) heraus; † 1852.

Nägeli, **Hans Georg**, verdienter Komponist und Musiklehrer, geboren 1773 zu Wetzikon im Kanton Zürich, errichtete 1791 zu Zürich eine Musikhandlung und stiftete 1805 das Singinstitut daselbst, das bis 1824 bestand, sodann 1828 den musikalischen Frauenverein. Von Pestalozzi 1809 aufgefordert, schrieb er mit Mich. Traug. Pfeiffer die „Gesangbildungslehre nach pestalozzi'schen Grundsätzen". Von 1819—25 hielt er in verschiedenen süddeutschen Städten Vorlesungen über Musik, die sodann 1826 im Druck erschienen. Später wurde er Mitglied des züricher Erziehungsraths, der helvetischen und züricher gemeinnützigen Gesellschaft und 1835 des großen Raths, 1833 Präsident der schweizerischen Musikgesellschaft in Zürich, wo er den 26. December 1836 †. Seine Verdienste als Komponist bestehen vorzüglich in kleineren Arbeiten für den Gesang. Er schrieb eine lange Reihe von Motetten und dergl., namentlich aber viele Lieder (u. A. „Freut euch des Lebens ꝛc."), die in Sammlungen erschienen. Als tüchtiger Kritiker bekundete er sich in vielen Aufsätzen in der leipziger „Allgemeinen musikalischen Zeitung". Er ist auch Begründer der schweizer Männerchöre und Gesangfeste. Durch seine Verzeichnisse, die mit großer antiquarischer Kenntniß verfaßt sind, brachte er eine gewisse Wissenschaftlichkeit in den Notenhandel, auch verband er zuerst bei seinen Notenausgaben mit Gediegenheit des Inhalts ausgezeichnete typographische Schönheit. Ein Beispiel dafür ist das seit 1800 erschienene „Repertoire des clavecinistes". Noch veröffentlichte er mehre Gesangsschulen. Sein Sohn Karl N., einer der namhaftesten Botaniker der Gegenwart, Professor in München, begründete 1844 mit Schleiden die „Zeitschrift für wissenschaftliche Botanik" u. schrieb: „Die neueren Algensysteme" (Zürich 1847; „Die Bewegung im Pflanzenreiche" (Leipzig 1860); „Das Mikroskop, Theorie und Anwendung desselben" (das. 1865) u. A. m.; mit Cramer „Pflanzenphysiologische Untersuchungen" (Zürich 1855), gibt mit Schwendener die Zeitschrift „Beiträge zur wissenschaftlichen Botanik" heraus.

Nägelsbach, Karl Friedrich, verdienter Philolog und Schulmann, geboren 1806 zu Wöhrd bei Nürnberg, besuchte die Gymnasien zu Baireuth und Ansbach, studirte zu Erlangen Philologie u. Theologie, ward 1827 Professor der ersten Gymnasialklasse zu Nürnberg und 1842 ordentlicher Professor der klassischen Philologie zu Erlangen, wo er als Lehrer wie als Direktor des philologischen Seminars eine ausgezeichnete Thätigkeit entwickelte und den 21. April 1859 †. Von seinen Werken sind hervorzuheben: „Anmerkungen zur Ilias" (Nürnb. 1835, 2. Aufl. 1850), „Lateinische Stylistik für Deutsche" (das. 1846, 3. Aufl. 1858), „Die homerische Theologie" (das. 1840, 2. Aufl. 1861), „Die nachhomerische Theologie" (das. 1857), in denen er die theologische Grundlage der antiken Religionen und das Verhältniß der antiken Welt zur christlichen Offenbarung zu erörtern suchte. Aus seinem Nachlaß veröffentlichte Autenrieth „Gymnasialpädagogik" (Erlangen 1862).

Näherrecht, s. Retrakt.

Nähmaschine, mechanische Vorrichtung, welche bestimmt ist, die Handnäherei zu ersetzen, mit möglichst wenig Kraftaufwand und möglichst großer Geschwindigkeit eine gute, haltbare Naht zu erzeugen. Dies geschieht stets nach einem andern Princip als dem der Handnäherei, und zwar unterscheidet man jetzt den Kettenstich (Tambourirstich), den Hakenstich (Steppstich) und den doppelten Kettenstich (doppelten Tambourirstich). Die Kettenstichnaht zeigt auf der einen Seite eine Art Kette, auf der andern den Steppstich. Sie wird mit Einem Faden auf die Weise gemacht, daß eine Nadel bei jedem Durchgange durch das Zeuch zugleich durch eine beim vorigen Stich von ihr gemachte u. durch ein anderes Instrument gehaltene Schleife hindurchgeht. Diese Naht fordert für jeden Stich eine bedeutende Fadenlänge und ist daher auch sehr elastisch, aber sie zieht sich auch leicht auf, sobald sie nur an einer Stelle verletzt ist. Bei der Hakenstichnaht werden 2 Fäden an der Berührungsstelle der zusammenzunähenden Stoffe hakenartig verschlungen, indem durch die von der Nadel hinterlassene Schleife ein zweiter Faden gebracht wird, der, mit dem ersteren straff angezogen, ein Zurückgehen desselben verhindert. Diese Naht liefert auf jeder Seite des Stoffes eine Steppnaht, ist aber weniger elastisch als die erstere. Die doppelte Kettenstichnaht entsteht ebenfalls aus 2 Fäden wie der Hakenstich, indeß behält hier auch der zweite Faden eine Schleife, durch welche die Nadel beim nächsten Stich tritt, worauf dann beide Schleifen dicht zusammengezogen werden. Diese Naht ist sehr elastisch, läßt sich noch schwerer als die Hakenstichnaht auftrennen und bildet auf der einen Seite einen Steppstich, auf der andern aber ein Schnürchen, zu welchem sehr viel Garn verbraucht wird.

Die N.n zerfallen, wie schon angedeutet, in 2 Klassen, je nachdem sie nämlich mit Einem oder mit 2 Fäden nähen. Bei allen Maschinen sind die Nadeln gleich beschaffen. Ein runder Stahldraht von verschiedener Länge und Stärke hat an einem Ende eine kurze Spitze u. nicht weit von derselben (3 Millimeter) ein rundes Oehr zur Aufnahme des Fadens. Auf der einen Seite der Nadel verläuft vom Oehr aufwärts eine Furche und das obere Ende der Nadel ist bedeutend stärker, um sie festschrauben zu können. Die Nadel tritt stets von oben her in das Zeuch und nimmt die doppelte Länge des Fadens mit, beim Aufgange der Nadel bleibt nun der Faden, durch die Friktion an dem Zeuche aufgehalten, zurück u. bildet unterhalb des letzteren die Schleife, deren Entstehung freilich sofort durch das Instrument zum Festhalten gesichert wird. Das zu nähende Zeuch wird bei allen Maschinen auf eine feste Unterlage gelegt, die an der Stelle, wo die Nadel durchtritt, eine Oeffnung besitzt und Tisch genannt wird. Unmittelbar unter demselben liegt der Mechanismus zum Festhalten der Schleife oder zum Durchbringen deß zweiten Fadens. Ueber dem Tisch befindet sich der Mechanismus zur Nadelbewegung, die Vorrichtung zum Festhalten des Zeuchs und zur Spannung des Fadens. Die selbstthätige Vorrückung des Stoffes und die Veränderung der Stichlänge wird bald über, bald unter dem Tisch hervorgebracht. Die Bewegung aller Theile geschieht ähnlich wie beim Spinnrad durch Treten mit dem Fuß oder auch durch eine Kurbel. Der Nadelführer besteht entweder aus einem Arm, der von einer Welle aus auf verschiedene Weise seine Bewegung erhält, die im Bogen oder geradlinig erfolgt, oder aus einem Schlitten, der sich nur in gerader Linie auf- und abwärts bewegt und durch ein Excentrik geschoben wird. Der Zeuchhalter besteht aus einem unbeweglichen Arm mit einem durch eine Spiralfeder niedergedrückten Schuh, der unmittelbar vor der Stelle, wo die Nadel durchtritt, das Zeuch auf den Tisch festdrückt. Der Zeuchschieber, welcher das Zeuch bei jedem Stich um die Länge desselben fortrückt, ist entweder ein aufrecht stehendes gekerbtes Rad, welches sich mit bestimmter Geschwindigkeit dreht, oder ein gezähnter Schieber, der hin- u. hergeschoben wird und sich dabei hebt und senkt. In beiden Fällen liegt der Schieber dicht bei der Nadel und tritt mit seinen Zähnen oder Kerben aus einer Oeffnung des Tisches hervor. Sitzt der Schieber oberhalb des Tisches, so gibt man dem Schuh des Drückers kleine Einkerbungen und die nöthige Bewegung. Bei den Maschinen mit Einem Faden sind Haken vorhanden, die die Schleife bis zum Eintritt der Nadel in dieselbe festhalten, bei den zweifädigen Maschinen fallen die Haken weg und man unterscheidet 3 Vorrichtungen, um den zweiten Faden durch die Schleife hindurchzubringen. Die eine besteht in einer gebogenen Nadel mit einem Oehr in der Krümmung zur Aufnahme des Fadens. Sie schwingt horizontal u. tritt in die Schleife ein, wenn die vertikale Nadel aufzusteigen beginnt. Letztere nimmt dann bei weiterem Aufsteigen den untern Faden mit u. hinterläßt, nachdem sie auf die andere Seite zurückgekehrt ist, eine Fadenkreuzung, die sich nur durch einen Punkt zu erkennen gibt. Es entsteht dabei oben Steppstich und unten eine Naht mit vorspringenden Punkten, also die doppelte Kettenstichnaht. Die zweite Vorrichtung beruht auf dem Princip des Webens, indem nämlich durch die Schleife des ersten Fadens (als Fach) eine kleine Schütze (speciell Schiffchen genannt) mit einer Spule, auf welche der zweite Faden aufgewickelt wird, durchschießt und beide Fäden kreuzt. Die dritte Vorrichtung endlich besteht in der Anwendung des sogenannten Greifers, eines eigenthümlich hornartig gestalteten Stahlstückes, das zwischen sich eine Spule trägt, welche aus 2 durch einen Zapfen in der Mitte verbundenen runden Platten gebildet ist. Ein Haupterforderniß zur Bildung einer guten Naht ist eine richtige Fadenspannung, besonders beim oberen Faden, da dieser einmal die Schleife zu bilden hat, dann aber den fertigen Stich wieder fest anziehen muß. Der Apparat muß also so eingerichtet sein, daß eine gewisse zur Schleifenbildung nothwendige Fadenlänge durch denselben abwechselnd schlaff und straff wird, während von der Spule nur so viel abgewickelt wird, als zur Bildung der Naht wirklich dient. Letzteres erreicht man z. B. dadurch, daß man den Faden durch 2 Platten führt, die durch eine Feder zusammengepreßt werden, oder daß man ihn um eine feste Rolle, durch Augen &c. gehen läßt. Die abwechselnde Anspannung des Fadens wird dadurch hervorgebracht, daß man ihn durch ein Auge leitet, welches sich an einem Theil befindet, dem man von der Maschine aus die entsprechende Bewegung gibt, z. B. an dem Nadelführer. Zur Veränderung der Stichlänge sorgt man durch irgend eine Vorrichtung für eine angemessene Bewegung des Stoffrückers.

Die Rädermaschine nach Singer ist zum Arbeiten im Stehen eingerichtet und besitzt ein Schiffchen, welches vorn spitz, hinten abgerundet u. hohl ist; es enthält die Spule für den Unterfaden u. liegt lose in einem Messingkörper, dem Schiffchenkorbe, welcher auf einem in Führungen gehenden Schlitten befestigt ist. Letzterer wird bei Umdrehung der Welle durch eine Kurbel in hin- und hergehende Bewegung versetzt. Auf derselben Welle sitzt ein Excenter, welcher den Stoffrücker bewegt. Eine der ersten parallele Welle besitzt an ihrem vordern Ende eine Scheibe, welche einen Stift mit drehbarem Stahlröllchen trägt. Diese greift in den auf der Rückseite der Nadelstange befindlichen Herzgang und erzeugt so die auf- und abgehende Bewegung der Nadel. Beide Wellen tragen auf ihrem hintern Ende Zahnräder, in welche ein drittes von doppeltem Durchmesser greift. Dieses trägt zugleich den Schnurlauf, durch welchen die Maschine in Bewegung gesetzt wird. Beim Nähen durchdringt die Nadel den Stoff, hebt sich sofort, nachdem sie den tiefsten Punkt erreicht hat, bildet also eine Schleife u. bleibt einen Moment stehen, damit das Schiffchen durch die Schleife geht; dann hebt sie sich wieder und zieht den Stich an. Während dessen tritt das Schiffchen in seine alte Stellung zurück, der Stoff wird um Stichlänge verschoben und der Vorgang wiederholt sich von Neuem. Bei der singerschen Hebelmaschine ist die zweite Welle durch einen zweiarmigen Hebel ersetzt, dessen unterer Arm ein um einen Stift drehbares Röllchen trägt, welches in den Gang einer auf der unteren Welle sitzenden Trommel eingreift. Der obere Arm steht durch ein Scharnier mit der Nadelstange in Verbindung. Bei der Hebelmaschine von Wheeler und Wilson, an welcher man sitzend arbeitet, befindet sich vor der Trommel, welche den Hebel der Nadelstange bewegt, eine zweite Trommel, in welche ebenfalls ein zweiarmiger Hebel eingreift, dessen anderer Arm den Schiffchenkorb trägt. Die Bahn des Schiffchens hat die Form eines Kreisbogens. Die sogenannte Weißnähmaschine von Wheeler und Wilson ist eine zum Sitzen eingerichtete Hebelmaschine. An einer Welle sitzt vorn der Greifer in Form eines zur Hälfte auf der Platte befestigten, durchschnittenen und hier an beiden Enden zugespitzten Ringes. In einer Höhlung des Kreises liegt die Spule für den Unterfaden, welche durch die sogenannte Brille lose in ihrer Lage erhalten wird. Hinter dem Greifer sitzt auf der Welle ein doppelter Excenter für den Stoffrücker, hinter diesem eine kleine Riemenscheibe zum Betrieb der Maschine und hinter dieser ein Excentor, welcher durch eine Excentorstange den Nadelhebel bewegt. Rechtwinkelig zu dieser Welle steht der Nadelarm u. ein zweiter Arm für den Stoffdrücker. Beim Nähen erfaßt die Spitze des Greifers den Oberfaden in dem Moment, wo sich die Nadel zu heben beginnt, u. führt ihn um die Metallspule u. somit um den Unterfaden herum, wobei sich beide Fäden zu einem Stich verschlingen, der beim weiteren Aufwärtsgehen der Nadel angezogen wird. Von diesen 4 Steppstichmaschinen unterscheiden sich nun wesentlich die Tambourirmaschinen, da diese nur mit Einem Faden arbeiten. Sie liefern, wie schon erwähnt, keine haltbare Naht und eignen sich nur zu Verzierungsnähten. Die zweckmäßigste dieser Konstruktionen ist die von Willkox, bei welcher ein Greifer den Faden in dem Moment erfaßt, wo die Nadel den tiefsten Standpunkt erreicht hat, und ihn, während er sich dreht, so lange festhält, bis die Nadel zum zweiten Mal im tiefsten Punkt steht; dann erfaßt der Greifer den Faden nochmals und zieht ihn durch die vorhergebildete Schlinge hindurch, um nun den Stich fallen zu lassen, der dann durch den weiteren Aufgang der Nadel angezogen wird. Bei den Doppelkettenstichmaschinen erfolgt die Bewegung der Nadelstange wie bei den oben beschriebenen Hebelmaschinen, vor der hierzu nöthigen Trommel sitzt ebenfalls eine zweite Trommel, in welche wiederum ein zweiarmiger Hebel eingreift, dessen anderer Arm hier jedoch einen verzahnten Kreisbogen trägt, welcher bei Umdrehung der Welle eine schwingende Bewegung annimmt. Mit diesem Kreisbogen steht ein Getriebe in Eingriff, auf dessen vertikaler Axe der Greifer sitzt, welcher bei jedesmaliger Schwingung des Hebels etwa ¾ Umdrehung abwechselnd vor- und rückwärts macht. Der Greifer gleicht einer starken spiralförmigen Nadel, welche hinter der Spitze mit einem Oehr versehen ist. Von diesem bis zu einem zweiten, hinten sich befindenden läuft auf der äußeren Seite eine Naht, in welche sich der Unterfaden einlegt, wenn er durch beide Oehre gezogen ist. Bei der Stichbildung bleibt die Schlinge des Oberfadens während des Aufgangs der Nadel am Greifer hängen. Ist die Nadel im höchsten Punkt angelangt, so wird das Zeuch um Stichlänge verrückt. Bevor nun der Greifer in seine alte Lage zurückkehrt, sticht die Nadel wieder ein und durchfährt eine zweite Schleife durch die des Oberfadens hindurch, worauf der Greifer zurückkehrt, während die Nadel unter dem Stoffe bleibt. Diese Rückwärtsbewegung des Greifers läßt die erst gebildete Schleife der Nadel um die des Greifers geschlungen, in Folge dessen der Stich unten geschlossen ist und an den Stoff angezogen wird. Ehe die Nadel wieder aufwärts geht, bewegt sich der Greifer wieder vor und bildet eine zweite Schleife durch die des Oberfadens hindurch. Nach dieser Bewegung hebt sich die Nadel und zieht den Stich fest. Um hohle Gegenstände, z. B. Stiefelschäfte, zu nähen, bedient man sich einer besonderen Maschine, die statt des Tisches mit einem freistehenden Cylinder versehen ist, über welchen der Gegenstand geschoben wird. In dem Cylinder befindet sich der Mechanismus zur Bewegung des Schiffchens. Die Aufgabe, Knopflöcher mit der N. zu machen, ist erst ganz kürzlich in Amerika gelöst worden. Die gewöhnlichen N.n hat man mit einer nicht unbedeutenden Zahl von Nebentheilen ausgestattet, welche besonderen Zwecken dienen sollen. Lineale werden angeschraubt, um die Anfertigung einer geraden Naht zu erleichtern, Saumfalter legen das Zeuch selbstthätig in die erforderlichen Falten, um sofort einen Saum von beliebiger Breite nähen zu können, ebenso gibt es Vorrichtungen, um Bänder, Litzen, Schnüre leicht zu vernähen, Zeuche einzufassen &c. Auch sind die neueren Maschinen alle so eingerichtet, daß man die Fäden leicht auf die Spulen wickeln kann, indem man letztere auf einen Zapfen der einen Welle steckt und diese wie gewöhnlich in Umdrehung versetzt. Gegenüber den zahlreichen Konstruktionen der N.n, von denen hier nur einige als Beispiele hervorgehoben worden sind, ist es unmöglich, sich für eine derselben als die beste unter allen zu entscheiden. Alle N.n haben besondere Vorzüge, denen aber auch wieder Nachtheile entsprechen, so daß es darauf ankommt, für eine bestimmte Arbeit die passendste Maschine zu wählen. Nun sind im Allgemeinen die Rädermaschinen und die Schiffchenmaschinen für gröbere Arbeit, die Greifermaschinen aber für leichtere Arbeit tauglicher, Schneider und Schuhmacher können nur mit den ersteren arbeiten; die N.n mit Einem Faden liefern, wie schon erwähnt, nur Verzierungsnaht, während die Greifermaschine (Weißzeuchnähmaschine) recht eigentlich die N. für Haushaltungen ist. Die Doppelkettenstichmaschine würde hier ebenfalls zu empfehlen sein, allein sie erzeugt auf der unteren Seite ein Schnürchen, welches zwar auf wollenen Geweben nicht sehr in die Augen fällt, auf weißer Wäsche aber für Manchen doch störend ist. Dazu fordert die Doppelkettenstichmaschine viel Garn, während sie wieder etwas leichter zu behandeln ist als die Greifermaschine. Diese arbeitet von allen am leichtesten, schnellsten und geräuschlosesten, sie bewältigt Gaze und dünnes Leder und liefert eine zierliche, dauerhafte Naht. Man kann bei mittelfeinen Stoffen und nach erlangter Sicherheit recht gut 900 Stiche in einer Minute mit dieser Maschine machen, muß aber im Allgemeinen dickere Stoffe langsamer nähen als feinere. Ueber die Behandlung der Maschinen im Einzelnen belehren die von den Fabrikanten gelieferten Gebrauchsanweisungen, welche zugleich eine specielle Beschreibung der Maschine zu enthalten pflegen. Sehr beachtenswerth ist die Einrichtung, nach welcher jedes Stück einer Maschine numerirt ist, so daß man bei etwaigen Unglücksfällen leicht einen Ersatz haben kann. Im Handel führen die N.n noch vielfach die Namen ihrer ersten Fabrikanten. Die Doppelkettenstichmaschine heißt z. B. allgemein Grover-Backer- und die Weißzeuchnähmaschine Wheeler-Wilson-Maschine. Ungeachtet der bedeutenden Schnelligkeit, mit welcher die N.n arbeiten, ist man doch darauf bedacht gewesen, die Menschenkraft zum Betrieb der Maschine durch Elementarkraft zu ersetzen. Die Versuche, elektromagnetische Maschinen hierzu zu verwenden, sind freilich nicht mißlungen, indeß scheint man doch mit der Dampfmaschine bessere Resultate erreicht zu haben. In der Schirmfabrik von Hugo in Celle werden 30 Greifermaschinen mittelst Riemenscheiben durch Dampf betrieben, und zwar so, daß sie in 1 Minute je 1200—1600 Stiche machen. Bei zehnstündiger Arbeitszeit u. nach dreijährigem Gebrauch haben diese Maschinen noch keine Reparaturen veranlaßt.

Die erste Idee einer N. ist 1804 von 2 Engländern Stone und Henderson ausgegangen, indem sie 2 gewöhnliche Nähnadeln mit Zangen anfassen und durch das zu nähende Zeuch ziehen ließen. Duncan brachte in demselben Jahre den Tambourirstich durch Maschinen hervor, der unseren heutigen Maschinen zu Grunde liegende Gedanke wurde aber zuerst vom Schneidermeister Madersberger in Wien ergriffen, ohne daß es diesem von 1807—39 gelang, zum Ziel zu gelangen. Newton und Aschbold in England nahmen 1841 ein Patent auf eine Maschine, welche der heutigen Kettenstichmaschine sehr ähnlich war, aber nur zur Herstellung von Verzierungen auf Handschuhen benutzt wurde. Bisser und Gibbons konstruirten 1844 eine Maschine, deren Nadel 2 Oehre und zwischen diesen eine Ausbauchung zur Bildung der Schleife besaß, durch welche letztere das Schiffchen mit dem zweiten Faden hindurchschoß. Als der eigentliche Erfinder der heutigen N.n muß aber wohl Elias Howe in Massachusetts (1846) angesehen werden, indem er zuerst die Kombination einer schwingenden Nadel mit einem Schiffchen anwandte, welches letztere, nachdem die Spitze der Nadel das Zeuch durchdrungen und der Faden unter dem Zeuch eine

Schlinge gebildet, durch diese hindurchfährt und an der unteren Seite des Zeuchs einen Faden hinterläßt, mit welchem die sich wieder hebende Nadel eine feste Schlinge erzeugt. Von nun an folgten weitere Erfindungen ziemlich schnell und bis 1852 waren dann die verschiedenen Systeme so ziemlich ausgebildet. Singer und Komp. in Newyork haben von 1842 an N.n für die Praxis gebaut. Später folgten Grover-Backer in Boston, Wheeler und Wilson und Willkox und Gibbs in Newyork. In verhältnißmäßig kurzer Zeit gewann die N. in Geschäften und in den Familien Boden und die Fabrikation erweiterte sich zu großartigen Verhältnissen. Von Amerika gelangte die Maschine dann nach England und Frankreich und jetzt ist sie auch in Deutschland ziemlich verbreitet. In Leipzig, Berlin, Wien u. Hamburg werden sehr gute N.n aller Konstruktionen gebaut, so daß die amerikanischen Maschinen eine ziemlich starke Konkurrenz finden. Sie ertragen diese indeß bis jetzt noch immer, da sie mit den Vorzügen ausgerüstet sind, welche allein eine großartige Produktion zu bieten vermag. Die Bedeutung der N.n für das Haus ist unverkennbar eine sehr große, da sie die Frau von der Sklaverei der nie endenden Nadelarbeit befreit. Nicht minder groß aber ist die Wichtigkeit der N. für die Industrie, sie erhöht offenbar den Arbeitslohn der Näherinnen u. macht die Beschäftigung derselben weniger ungesund. Bei uns ist der Einfluß der N. auf den Preis der Waaren, mit Ausnahme der Weißnäherei, noch nicht sehr bemerkbar, weil noch nicht so viele Maschinen vorhanden sind, daß sie einander genügend Konkurrenz machen, aber in Amerika sind die genähten Waaren bereits viel billiger und damit den arbeitenden Klassen zugänglicher geworden. Für letztere wird die N. erst dann ihre volle Bedeutung erlangen, wenn sie bei uns so allgemein verbreitet sein wird wie jetzt schon in Amerika. Vergl. Hoyer, Die N., in „Mitth. d. Gew.-V. f. Hannover" 1863; Herzberg, Die N., Berl. 1863; Ders., Die N.n-Industrie in Deutschland, daselbst.

Nähnadel, s. Nadeln.

Näke, 1) Gustav Heinrich, namhafter Historienmaler, geboren den 4. April 1786 zu Frauenstein in Sachsen, bildete sich unter Grassi in Dresden, sodann in Rom und ward 1824 zum Professor an der Akademie in Dresden ernannt, wo er den 10. Januar 1835 †. Unter seinen Werken sind hervorzuheben: Faust und Gretchen (1811), Egmont u. Clärchen (1812), die Legende von der heiligen Genoveva (1816, für den Herzog von Koburg), die heilige Elisabeth (1826), der auferstandene Christus im Kreise der Jünger (für die Domkirche in Naumburg), die Madonna mit dem Kinde und die heilige Anna (1830) und Handzeichnungen in der Sammlung des Königs von Sachsen.

2) August Ferdinand, namhafter Philolog, Bruder des Vorigen, geboren den 15. Mai 1788 zu Frauenstein, ward 1810 Lehrer am Pädagogium zu Halle, 1812 Privatdocent und 1818 Professor der alten Literatur zu Bonn, wo er den 12. September 1838 †. Er veröffentlichte Anmerkungen zu Sophocles, Euripides, Horaz, Catull u. a. griechischen und römischen Dichtern. Aus seinem Nachlaß gab Varnhagen von Ense „Wallfahrt nach Sasenheim" (Berlin 1840) heraus.

Nämets, sehr feine und theure persische Teppiche, ganz aus Kameelgarn oder feinen Ziegenhaaren, welche in der Provinz Kerman, vorzüglich zu Sistan, in den lebhaftesten Farbenschattirungen gewebt und zuweilen noch über Rußland oder über Smyrna nach Europa kommen.

Nänien (v. Lat.), Trauerlieder, Klaggesänge, bei den Römern bei Begräbnissen ursprünglich von den Hinterbliebenen, später von bezahlten Klageweibern (praeficae) abgesungen. Da diese Lieder von den Weibern meist selbst verfertigt wurden, ward N. auch gleichbedeutend mit gehaltlosen Liedern. Auch war Nänie der Name der Göttin selbst, die beim Begräbnisse von in hohem Alter Verstorbenen angerufen wurde und vor dem viminalischen Thore Roms einen Tempel hatte.

Näskonger, die alten norwegischen Seekönige.

Nävius, Cnejus, römischer Dichter, geboren zu Kampanien von griechischen Aeltern, kam früh nach Rom, nahm am ersten punischen Krieg Theil und brachte 231 v. Chr. sein erstes Stück zur Aufführung. Da er die Nobilität wegen ihrer Hinneigung zu griechischer Sitte angriff, ward er 206 mit einer Gefängnißstrafe belegt und bald darauf verbannt. Er † zu Utica 204. Seinen zahlreichen Lustspielen liegen griechische Originale zu Grunde, die er aber mit Freiheit und Selbstständigkeit verarbeitete. Sein größtes Werk ist das im saturninischen Versmaße verfaßte Gedicht „De bello punico", herausgegeben von Vahlen (Leipzig 1854), wodurch er zugleich als der erste eigentliche römische Epiker erscheint; Kommentare schrieben zu diesem Epos außer Lampadio auch Cornelius und Virgilius. Im 13. Jahrhundert sollen die Gedichte des N. noch sämmtlich existirt haben. Die neuesten Bearbeitungen der Fragmente und des Lebens von N. sind von Bothe in „Poetarum latinorum scenicorum fragmenta" (Bd. 2, Halberstadt 1824), Schütte (Würzburg 1811) und Klußmann (Jena 1843).

Nagel und Zusammensetzungen, s. Nägel.

Nagelflue (Nagelflüh), Trümmergestein in den tyroler und schweizer Alpen, in welchem verhärteter Thon eine Menge verschieden gefärbter Kiesel so verkittet, daß eine Sprungfläche lauter Nagelköpfe darzustellen scheint.

Nagelkraut, Pflanzengattung, s. v. a. Lysimachia Nummularia *L.*

Nagelschrift, s. v. a. Keilschrift.

Nagethiere (Pfotenthiere, Prensiculantia *Ill.*, Glires *L.*, Rosores *Cuv.*), Ordnung der Säugethiere, die im Allgemeinen niedriggestellte umfaßt, welche die geringste Körpergröße unter den Säugethieren erreichen, indem das größte unter ihnen (das amerikanische Wasserschwein) die Länge von 4 Fuß nicht überschreitet, während die Körperlänge der kleinsten auf 2 Zoll herabsinkt. Das Haarkleid ist meist ein doppeltes, indem die Grundwolle von den Stachelhaaren überragt wird. Der Kopf ist fast durchgängig verhältnißmäßig groß, indem er dem Rumpfe meist an Stärke wenig nachsteht, zuweilen sogar breiter ist als der Rumpf. Während die Schnauzenspitze meist von der Nase eingenommen wird, tritt der Mund mit gespaltener Oberlippe unter die Schnauzenspitze zurück, und die kurze Unterlippe vermag nicht die vorstehenden Nagezähne zu bedecken. Alle N. haben oben und unten 2 Vorderzähne, auf jeder Seite oben u. unten von 2 bis oben 6, unten 5 Backenzähne, die von den Vorderzähnen durch eine große Lücke getrennt sind. Die Vorderzähne, wegen ihres Gebrauchs **Schneide-** oder **Nagezähne** genannt, das charakteristische Merkmal der Ordnung, sind gebogen, lang, rundlich oder mehrkantig, glatt oder gefurcht, und zwar gewöhnlich nur die des Oberkiefers, an der Spitze meißelartig zugeschärft. Die Krone ist auf der Außenseite mit einer dicken Schmelzlage, meist von gelbbrauner Farbe, bedeckt: die Wurzel, die besonders im Unterkiefer oft bis in den Gelenkfortsatz reicht, ist hohl. Sind die Zähne an der Spitze abgenutzt, so wachsen sie durch immer weitere Apposition von Zahnsubstanz an die innern Wände der Höhle durch den konischen Zahnkeim fort, was bei zufälliger Abwesenheit oder Beschädigung des einen Zahns bis zur Monstrosität des übriggebliebenen geschieht. Die Backenzähne sind theils einfache, nämlich höckerige und mit Wurzeln versehene, theils zusammengesetzte, d. h. solche, die aus Schmelzringen (Schmelzinseln) od. Schmelzlamellen bestehen, welche durch Kitt mit einander verbunden sind. Diese Zähne sind wurzellos und stecken sehr tief im Kiefer, so daß nur ein sehr kleiner Theil derselben hervorragt. Der Rumpf ist fast immer gedrungen, theils gleich dick, theils nach hinten am stärksten entwickelt und deshalb und wegen der längeren Hinterbeine in der Regel hier höher als vorn. Der Schwanz fehlt bei der Blindmaus und dem Meerschweinchen, bei den übrigen N.n erscheint er in äußerst verschiedener Gestalt, indem er theils von fast verschwindender Kürze bis über Körperlänge sich vergrößert, theils drehrund oder platt, theils behaart oder nackt, theils endlich schlaff oder aufgerichtet und beweglich ist und endlich bei der Kletterratte selbst zum Greifschwanze wird. Die Extremitäten sind in der Regel kurz und schwach, aber fast durchgängig sind die hinteren, der stärkeren Entwickelung des hinteren Rumpftheils entsprechend, mehr entwickelt, länger und stärker als die vorderen. In der Regel haben die Vorderfüße 4 freie Zehen mit einem Daumenstummel auf der Innenseite, und alle Zehen sind (ausgenommen die Daumenstummel) mit Krallen versehen, die jedoch schwächer sind als die der Hinterfüße. Die Vorderfüße berühren beim Gehen den Boden nur mit den Zehen und dienen außerdem zum Wühlen und zum Festhalten der Nahrung. Die Hinterfüße berühren, obgleich sie keine eigentliche Sohle haben, doch mit der ganzen Unterseite des Fußes den Boden, so lange das Thier ruht oder sich nur langsam bewegt; sobald aber die Thiere ihre kauernde Stellung aufgeben und sich zum Laufe oder Sprunge strecken, berühren auch die Hinterfüße nur noch mit den Zehen den Boden. Die Hinterfüße haben meist 5 Zehen und sind die eigentlichen Bewegungswerkzeuge der N., mit denen sie laufen, springen und schwimmen. Die Stimme der meisten N. ist eine pfeifende und quiekende; nur bei einigen ist sie knurrend (Eichhörnchen), kläffend (Prairiehund) oder grunzend (Hystrix). Unter den Sinnen scheinen der Tastsinn u. der Gehörssinn überwiegend, der Gesichts-, Geschmacks- u. Geruchssinn im Allgemeinen wenig entwickelt zu sein. Ihre **Nahrung** nehmen die N. vorzugsweise aus dem Pflanzenreich, u. zwar wählen sie ebenso weiche wie harte Pflanzentheile, Blüthen, Körner, Früchte, Blätter, Rinden, Wurzeln 2c., indem sie die ersteren abschneiden, die letzteren durch Nagen zerkleinern und mundgerecht machen und dabei auch die härtesten Stoffe mit ihren scharfen Zähnen angreifen. Doch beschränken sich viele N. nicht auf vegetabilische Stoffe, sondern gehen auch animalischen nach, wie Mäuse und Ratten fette Schweine annagen, die Ratten sich unter einander selbst auffressen, Eichhörnchen nicht selten junger Vögel sich bemächtigen, ebenso die Hamster, die Wasserratten 2c., wogegen andere, z. B. der Biber, von dem Verdachte des Fleischfressens ganz freigesprochen werden müssen. Zum Munde bringen viele ihre Nahrung mit Hülfe der Vorderpfoten, während andere, namentlich jene, denen die Schlüsselbeine abgehen, mehr ihre Nahrung abweiden. Fast die meisten N., selbst die Winterschläfer, legen Wintervorräthe an, die oft sehr bedeutend sind. Ihrer Nahrung, überhaupt ihren Verrichtungen gehen die wenigsten N. des Tags, bei weitem die meisten des Nachts nach. Es sind meist harmlose Thiere, welche viel Lebhaftigkeit, auch Muthwillen, selten Bosheit zeigen, wie die Ratten übrigens sehr scheu sind und geringe Intelligenz besitzen, der aber bei einigen ein scharfer Instinkt zu Hülfe kommt. Zwar können sie gezähmt und abgerichtet werden, aber Anhänglichkeit an den Menschen und Dankbarkeit sind ihnen fremd. Sie sind zwar über alle Erdtheile verbreitet, aber sehr ungleichmäßig. Denn während auf der südlichen Halbkugel und unter den Tropen nur wenige Gattungen mit wenigen Arten und geringer Individuenzahl wohnen, leben auf der nördlichen Halbkugel und daselbst in der gemäßigten und arktischen Zone die größte Zahl der Gattungen, Arten und Individuen, letztere oft in unermeßlicher Menge. Auch besitzt die westliche Halbkugel ganz eigenthümliche Gattungen für sich, die in mancher Weise auf das auffallendste vom Typus der übrigen N. abweichen, und hat nur einige Gattungen mit der alten Welt gemein. Nur wenige N. sind Gebirgsbewohner, und auch von diesen sind es nur einige, die in bedeutenderer Höhe leben. Auch in den Wäldern wohnen nur wenige; die überwiegende Mehrzahl liebt die Ebenen und wenig mit Bäumen bewachsenen Striche. Unter diesen befinden sich wieder viele, welche vorzugsweise an den Ufern der Gewässer leben. Die meisten aber wohnen recht eigentlich unter der Erde, indem sie sämmtlich sich Löcher oder Baue graben, die oft von bedeutender Größe sind. In diesen Bauen, deren die Thiere oft für den Sommer und für den Winter, selbst für die besonderen Fruchtarten, verschiedene anlegen, befinden sich Wohnkessel, die meist nestartig weich ausgefüttert sind. Noch näher an die Sitte der Vögel streifen die Eichhörnchen und die Haselmäuse, die sich förmliche Nester auf Bäume bauen. Die ganze Ordnung zeichnet sich durch Schnelligkeit aus, indem nur wenige schreitend, die meisten fast immer springend sich bewegen. Die meisten N. leben einzeln und finden sich nur zur Zeit der Paarung zusammen. Ihre Fortpflanzung bietet manches Eigenthümliche dar. Die meisten sind Monogamisten und nur einige wenige (Kaninchen) leben in Polygamie. Die Jungen kommen sehr hülflos, nackt und mit geschlossenen Augen, die sich erst nach mehren Tagen öffnen, zur Welt. Viele sind schon nach wenigen Wochen fortpflanzungsfähig, keines später als nach Ablauf des ersten Lebensjahres. Merkwürdig ist hierbei die ungeheure Vermehrung vieler Thiere dieser Ordnung, die ihren Grund theils in der großen Zahl der Jungen, die bei jedem Wurfe fallen, theils darin hat, daß viele jährlich mehrmals Junge bringen. Die Folgen einer so ungeheuren Vermehrung sind natürlich Mangel an Nahrung, durch dessen längere Dauer die Thiere nicht selten zu jenen Wanderungen gezwungen sind, die vom Lemming am längsten bekannt sind. Erst nach der Tertiärzeit erscheinen N., anfangs nur einzeln, dann u. namentlich seit dem Diluvium zahlreicher, aber wohl nie in solcher Zahl wie in der Gegenwart. Dem Menschen gegenüber ist das Verhältniß der N. ein feindseliges, nur wenige sind in gewisser Weise Hausthiere geworden, namentlich Kaninchen und Meerschweinchen, ersteres von geringem, letzteres von gar keinem Nutzen. Alle andern N. werden vom Menschen mit Geschoß, Gift und Fallen verfolgt, die meisten wegen des Schadens, den sie dem menschlichen Haushalte zufügen, wenige um ihrer Brauchbarkeit willen. Unter diesen steht der Hase wegen seines Fleisches und Balges voran, wegen des letztern wird der Biber verfolgt. Die N. zerfallen in die Familien der Eichhörnchen (Sciurina), Mäuse (Murina), Maulwurfsmäuse (Cunicularia), Halbhufer (Subungulata), Schwimmfüßer (Palmipedia), Hasen (Leporina), Hasenmäuse, Wollhasen (Lagostomi) und Stachelschweine (Aculeata). Andere theilen sie in solche, welche mit Schlüsselbeinen versehen sind, wie Eichhorn, Maus, Hamster, Biber, und solche, welche keine Schlüsselbeine haben, wie Hase, Meerschweinchen, Stachelschwein.

Nagler, Karl Ferdinand Friedrich von, preußischer Staatsmann, geboren 1770 zu Ansbach, studirte zu Erlangen und Göttingen die Rechte und Staatswissenschaften, ward unter dem nachmaligen Staatskanzler, Fürsten Hardenberg, Expedient beim fränkischen Departement und Referendar bei der ansbachischen Regierung, dann Kriegsrath und Mitglied des Regierungskollegiums, 1802 geheimer Legationsrath zu Berlin und 1809 geheimer Staatsrath u. Direktor der zweiten Sektion des Kabinetsministeriums. Schon im folgenden Jahre, angeblich wegen Differenzen mit Hardenberg, pensionirt, lebte N. nun ganz seiner Liebe zur Kunst und erwarb sehr umfassende Sammlungen, die, mit Ausnahme der Gemälde, 1835 vom Staate für das Museum zu Berlin angekauft wurden. Seit 1823 preußischer Generalpostmeister, begründete er das moderne Postwesen in Deutschland. Im Jahre 1823 verlieh ihm der König das Adelsdiplom, und 1824 wurde er mit Belassung des Postdepartements als Gesandter bei dem Bundestag in Frankfurt a. M. akkreditirt; 1835 von da abberufen, trat er in seine Stellung als Generalpostmeister zurück und wurde 1836 zugleich zum Staatsminister ernannt. Er † am 13. Juni 1846.

Nagold, 1) Fluß im südwestlichen Deutschland, entspringt bei Urnagold im würtembergischen Schwarzwaldkreis, durchfließt diesen erst in östlicher, dann in nördlicher Richtung, an Altensteig, Nagold, Wildberg, Calw und Liebenzell vorübergehend, tritt dann nach Baden ein u. mündet dort nach 12 Meilen langem Lauf bei Pforzheim rechts in die Enz. Nebenflüsse sind die Waldach, Teinach, Würm und die schwarzwälder Eyach. — 2) Stadt im würtembergischen Schwarzwaldkreis, am gleichnamigen Fluß in einem tiefen Thale des Schwarzwaldes, ist Sitz des Oberamts und Obergerichts, hat ein altes Bergschloß, Wollspinnerei, Tuch- und Zeuchmacherei, Kartätschenfabrikation, Gerberei, Holzschlägerei, Flachsbau und 2500 Einw.

Nagore, 1) Stadt in der indobritischen Präsidentschaft Bengalen, Distrikt Birbhoom, südwestlich von Murschedabad, ist Sitz der Distriktsbehörden. — 2) Stadt in der indobritischen Präsidentschaft Madras, Distrikt Tangore, Küste von Koromandel, südlich von Tranquebar, an einer der Mündungen des Coleroon in den bengalischen Meerbusen, hat einen Hafen, lebhaften Handel und Schifffahrtsverkehr und gegen 20,000 Einw.

Nagpur (Nagpoor, Nagpore, Nagapura), vormaliger vorderindischer Mahrattenstaat, jetzt britische Provinz, zur Präsidentschaft Bengalen des angloindischen Reichs gehörig, einen großen Theil von Berar und Gundwana umfassend, im Norden vom britischen Territorium Saugor und Nerbudda und dem Staate Korea, im Osten von den britischen Distrikten Sumbulpore und Odeipore und mehren kleineren einheimischen Staaten, im Südwesten vom Staate des Nizam, im Westen von Hyderabad begrenzt, umfaßt einen Flächenraum von 3614 □Meilen mit 4,650,000 Einwohnern. Es ist ein großentheils fruchtbares Land, das von Hindus und verschiedenen wilden Stämmen bewohnt wird, und zerfällt in die 5 Distrikte: Sindwara oder Degoarh below the Ghats, Nagpur oder Degoarh above the Ghats, Bhandara oder Wainganga, Raipore oder Chattisgarh und Chanda oder Chandarpore. N. war einst der mächtigste Mahrattenstaat, dann bis 1853 ein britischer Vasallenstaat unter einem Radscha. Die bis dahin herrschende Dynastie stammte angeblich von Sewadschi ab. Der erste Fürst von N. war Ragodschi, welcher dieses Land 1738 eroberte u. 1755 starb; unter ihm standen Gundwana, ein Theil von Berar und Orissa u. eine Menge kleiner Fürsten, zusammen $6486^{1}/_{10}$ □Meilen mit 6 Millionen Einwohnern. Persodschi Bhunslah, der 1806 den Thron von N. bestieg, ward schon am 1. Febr. 1817 erdrosselt, worauf ihm Appa Saib unter dem Namen Mudhadschi II. folgte. Ein Krieg, den derselbe mit den Briten begann, endete mit seiner Absetzung und der Erhebung eines Abkömmlings eines früheren Radscha von der weiblichen Linie auf den Thron. Mehre Gebietstheile wurden von N. getrennt, der Ueberrest verblieb dem neuen Fürsten Ragodschi Bhunslah unter englischem Schutze. Dieser starb am 11. December 1853 ohne Erben, und das Land wurde nun ohne Weiteres dem angloindischen Reiche einverleibt. Die gleichnamige Hauptstadt, am Nag (Nag-Nudde), früher die Residenz des Radscha, gegenwärtig des britischen Gouverneurs, ist befestigt, hat ein Fort mit dem Palast des ehemaligen Radscha, Baumwollen-, Wollen- und Seidenindustrie u. 111,230 Einwohner. Hier am 26. December 1817 Sieg der Briten über den Radscha Mudhadschi II. von N.

Nagualismo, s. Nahualismo.

Nagy (ungarisch), groß, kommt häufig in Zusammensetzungen in geographischen Namen vor.

Nagy-Banya (deutsch Frauenstadt), königliche Frei- und Bergstadt im ungarischen Komitat Szathmar, nahe an der siebenbürgischen Grenze, Sitz einer Berg-, Forst- und Güterdirektion, einer Berghauptmannschaft, eines Hauptprobiramts, hat einen Minoritenkonvent, ein Untergymnasium, eine Hauptschule, reiche Gold- und Silberbergwerke und

Hüttenwerke, welche 220 Mark Gold u. 1800 Mark Silber liefern, Fabrikation von Töpferwaaren, Schmelztiegeln, Leinwand und Baumwollzeuchen, bedeutenden Wein- und Obstbau, lebhaften Handel mit seinen Erzeugnissen und 7200 Einwohner.

Nagy-Enyed, s. v. a. Engeten.

Nagy-Karoly, Marktflecken im ungarischen Komitat Szathmar, hat ein Kollegium der Piaristen, ein Untergymnasium, eine Hauptschule, einen Lese- und Gewerbverein, eine Armenanstalt, ein Krankenhaus, ein gräflich karoly'sches Schloß mit schönem Garten, Schweizerei, Fasanerie und Thiergarten, Lein- und Wollzeuchweberei, Korduanschuhmacherei, Wein-, Roggen-, Mais- und Tabaksbau, stark frequentirte Jahrmärkte und 10,670 Einwohner.

Nagy-Sándor, Joseph von, einer der hervorragendsten Charaktere der ungarischen Revolution, geboren 1804 zu Großwardein im biharer Komitat, trat frühzeitig in die österreichische Armee, verließ sie aber im Anfang der vierziger Jahre und zog sich mit Rittmeistersrang auf sein Besitzthum in Ungarn zurück. Beim Beginn der Bewegung von 1848 stellte er sich der ungarischen Regierung zur Verfügung u. ward zum Major u. Kommandanten der berittenen Nationalgarde des pesther Komitats ernannt, in welcher Eigenschaft er am Kampfe im Süden gegen die Raizen Theil nahm. Zum Oberstlieutenant aufgerückt, focht er namentlich beim Ueberfall auf Großtacsa am 6. Nov. mit Auszeichnung. Den Frühlingsfeldzug von 1849 machte er als Oberst bei der Hauptarmee mit und zeichnete sich auch hier durch persönliche Tapferkeit wie Raschheit seiner Bewegungen aus. Am 6. April 1849 ward er zum General und Kommandanten des ersten Armeecorps ernannt, an dessen Spitze er sich bei der Einnahme Ofens hervorthat. Hierauf operirte er mit Glück an der oberen Donau und Waag, wurde jedoch am 16. Juni bei Sempta von den Oesterreichern geschlagen und zum Rückzug genöthigt. In dem Streite zwischen Kossuth und Görgei Anfangs Juli stand N. mit Klapka auf des ersteren Seite, suchte aber dann eine Vermittelung anzustreben. Als Görgei endlich am 13. Juli von Komorn abmarschirte, begleitete ihn auch N. mit seinem Armeecorps, doch erlitt dieses als Avantgarde in der Schlacht bei Waitzen (15. u. 16. Juli) bedeutenden Verlust und ebenso zwei Tage später als Arrièregarde bei Felsö-Szügy. Dennoch wurde der Antrag auf Unterwerfung, welchen die Russen in Rimaszombath durch Görgei den Truppen machten, von N. entschieden zurückgewiesen, so daß auch die übrigen Armeecorps ihre Zustimmung versagten. Nachdem die ganze Armee die Theiß überschritten, schickte Görgei N. nach Debreczin, während er selbst mit den übrigen Truppen gegen Acsád und Peris marschiren wollte. N. langte am 1. August in Debreczin an, wo er am 2. August von Görgei den Befehl erhielt, mit seinen 7000 Mann den Feind bei Debreczin zu erwarten und sich dort um jeden Preis zu halten. Hier ward er am 7. von Paskewitsch angegriffen und von Görgei im Stiche gelassen, bestand zwar gegen die zehnfach überlegene russische Macht einen ruhmvollen fünfstündigen Kampf, mußte sich aber am Abend auf Váradpüspöki zurückziehen. Am 9. August gelangte er mit dem Rest seiner Truppen nach Arad, wo inzwischen auch Görgei eingetroffen war. Die Proklamationen von Kossuth und Görgei hatten N. wieder Vertrauen zu des letzteren patriotischer Gesinnung erweckt, er blieb daher bei ihm und mußte sich in Folge dessen der Waffenstreckung desselben anschließen. Von den Russen an die Oesterreicher ausgeliefert, endete er am 6. Oktober 1849 zu Arad am Galgen. Seine meisterhafte Führung der Kavallerie und seine glänzende äußere Erscheinung hatten ihm den Beinamen des „ungarischen Murat" erworben.

Nagy-Szeben, ungarisch, s. v. a. Hermannstadt.

Nagy-Varad, ungarisch, s. v. a. Großwardein.

Naharro, Bartolomé de Torres, spanischer Dramatiker, geboren um 1480 zu Latorre bei Badajoz, trat in den geistlichen Stand. Nach einem an Abenteuern reichen Aufenthalt in Algier, wohin er in Folge eines Schiffbruchs als Gefangener gebracht worden war, kam er nach Rom, wo er mit der Familie Colonna in Verbindung trat u. an dem Papste Leo X. einen Mäcen fand. Später lebte er zu Neapel. Seine 8 Lustspiele, die nebst seinen lyrischen und satirischen Gedichten unter dem Titel „Propaladia" (Rom 1517, Sevilla 1520, Madrid 1573) erschienen, können als die ersten Anfänge des spanischen Drama's gelten. An einem fließenden Dialog hindert die metrische Form dieser Stücke; sie sind alle in Redondilien geschrieben. Böhl de Fabers „Teatro español" (Hamburg 1832) enthält 4 Stücke N.s u. Ochoa's „Tesoro del teatro español" (Paris 1836) die „Himenea".

Nahe, linker Nebenfluß des Rheins, entspringt bei Neunkirchen im oldenburgischen Fürstenthum Birkenfeld, geht in die preußische Rheinprovinz über, trennt dann den dortigen Regierungsbezirk Koblenz von dem hessen-homburgischen Oberamt Meisenheim, später von der bayerischen Pfalz und zuletzt von Rheinhessen, ist wegen geringer Tiefe u. felsigen Bettes nur stellenweise schiffbar und mündet nach 16 Meilen langem Lauf bei Bingen. Nebenflüsse sind: Biber, Simmer, Glan, Alsenz und Oppelbach.

Nahl, 1) Johann Samuel, Bildhauer, geboren zu Ansbach 1664, Sohn des Holzschnitzers Matthias N., ward in Berlin Hofbildhauer und Ehrenmitglied der Akademie der Künste. Er verfertigte Bildwerke von Gyps, dem er eine außerordentliche Härte zu geben verstand. Zu seinen bedeutenderen Arbeiten zählt besonders das steinerne Piedestal der auf der langen Brücke in Berlin stehenden Reiterstatue Friedrich Wilhelms des Großen. Er verließ 1718 Berlin, wo er zuletzt Rektor der Akademie gewesen war, ging nach Sachsen und † zu Jena 1727.

2) Johann August, Bildhauer, geboren zu Berlin 1710, Sohn des Vorigen, ward, nachdem er Italien besucht, 1741 nach Berlin berufen, wo er für die königlichen Schlösser zu Potsdam, Charlottenburg und Sanssouci Statuen, Gruppen, Vasen, Ornamente an Säulen und Decken rc. verfertigte. Auch er ward königlicher Direktor, ließ sich aber 1746 auf dem Landgut Clanne unweit Bern nieder und schuf hier berühmte Monumente für die Kirche zu Hindelbark. Seit 1755 Professor am Collegium Carolinum zu Kassel und zuletzt Rath, † er hier 1781. Als sein Meisterstück in Kassel nennt man das Modell des Standbilds des Landgrafen Friedrichs II.

3) Samuel, Bildhauer, des Vorigen Sohn, geboren zu Bern 1748, besuchte die Akademie in Wien und später Frankreich und Italien und ward dann

nach Kassel berufen, wo er die Statue des Landgrafen Friedrich II. nach seines Vaters Modell ausführte. Er ward Professor und akademischer Rath und 1808 königlich westphälischer Akademiedirektor in Kassel; † 1813.

4) **Johann August**, Maler, Bruder des Vorigen, geboren den 2. Januar 1752 zu Clanne bei Bern, erhielt seine künstlerische Ausbildung durch seinen Vater, sodann den Landschaftsmaler Bemmel in Straßburg und Lesueur in Paris und hielt sich von 1774—81 in Rom auf. Eines seiner bedeutendsten Gemälde aus jener Zeit stellt ein Opfer an die Venus dar. Nach fünfzehnmonatlichem Aufenthalt in England kehrte er 1782 in seine Heimat zurück. Schon 1786—87 unternahm er wieder Reisen nach Rom und Neapel, sowie nach London; einige Jahre später begab er sich zum dritten Male nach Rom, um jetzt 10 Jahre daselbst zu verweilen. In der letzten Zeit seines Aufenthalts daselbst verfertigte er mehre historische Zeichnungen in brauner Tusche, welche großen Beifall fanden, daher er sich fortan vorwiegend dieser Art der Malerei widmete. Zu seinen gelungensten größeren Gemälden gehören: Venus, welcher Amor einen Dorn aus dem Fuße zieht, Ariadne auf Naros, Narcissus, eine Kopie von Guido's Aurora u. A. Im Jahre 1792 nach Kassel zurückgekehrt, ward er Professor an der Akademie daselbst und 1815 auch Direktor der Klasse der Malerei. Er gewann den von Goethe in den „Propyläen" ausgeschriebenen Preis für malerische Kompositionen zweimal: durch seinen Abschied Hectors von Andromache und die Darstellung des Achilles am Hofe des Lycomedes. Für den weimarischen Hof lieferte er viele historisch-mythologische Bilder. Er † zu Kassel den 31. Januar 1825. In allen seinen Werken offenbart sich eine durch gründliche Studien geleitete Phantasie u. ein feiner Sinn für ausdrucksvolle und gefällige Form. Reichthum der Komposition und Zauber der Farbe suchte er weniger zu erzielen als Harmonie und fleißige zierliche Ausführung. Man hat auch einige radirte Blätter von ihm.

Nahl, Säugethier, s. v. a. Narwal.

Nahpunkt, in der physiologischen Optik derjenige Punkt, welcher der größten Akkommodationsanstrengung entspricht. Ein Gegenstand, welcher zwischen den N. und das Auge gebracht wird, gibt auf der Netzhaut kein scharfes Bild, sondern Zerstreuungskreise und erscheint daher wie mit einem Nebel umgeben. Der N. liegt dem Auge um so näher, je stärker die Linse des Auges gewölbt werden kann: beim Kurzsichtigen ist er vom Auge weniger weit entfernt als beim Weitsichtigen. Der N. eines normalsichtigen Auges mit vollständiger Akkommodationskraft liegt etwa 4 Zoll von diesem entfernt.

Nahrungsbrei (Speisebrei), s. v. a. Chymus.

Nahrungsmittel (lat. alimenta, nutrimenta), diejenigen Substanzen, welche wir genießen, um aus ihnen durch den Verdauungs- u. Ernährungsprozeß Ersatzmittel für die im Stoffwechsel verbrauchten Körperbestandtheile zu gewinnen. Hunger und Durst sind Zeichen, daß das Blut eine gewisse Menge von Stoffen zu Neubildungen hergegeben hat, ohne dafür Ersatz zu erhalten. Man sagt daher im gewöhnlichen Leben, N. sei Alles, was Hunger u. Durst stille, u. dies heißt nichts Anderes, als daß N. nur Dasjenige sei, was im Stande ist, zur Bildung der wesentlichen Bestandtheile des Blutes beizutragen. Daraus ergibt sich dann, daß, wenn man auch z. B. das Fleisch allgemein als treffliches N. anerkennt, doch noch die nähere Zusammensetzung desselben in Betracht zu ziehen ist. Und in der That sind die elastischen Fasern des Fleisches in den Verdauungssäften unlöslich u. werden in den Exkrementen wieder ausgeschieden. Ebenso ergeht es der Holzfaser in den Gemüsen, einem großen Theil der Kieselsäure im Brod ꝛc. Auch alle diejenigen Bestandtheile, welche, wie das Kreatin, die Fruchtsäuren ꝛc., schon auf dem Wege der Rückbildung zu anorganischen Körpern begriffen sind, können keine Ersatzmittel der Gewebe liefern u. werden, mehr oder weniger weiter zersetzt, wieder ausgeschieden. So lernt man in den N.n die **Nahrungsstoffe** als wesentliche Bestandtheile unterscheiden von denjenigen Substanzen, die den wesentlichen Blutbestandtheilen zu unähnlich sind, um in solche durch die Verdauung verwandelt werden zu können. Die Nahrungsstoffe, welche sich in sehr wechselnden Mengen in unseren N.n finden, geben denn auch den einzig haltbaren Grund zur Beurtheilung der N. ab, während die früher beliebte Eintheilung derselben in pflanzliche u. thierische nicht mehr stichhaltig ist, seitdem die Chemie nachgewiesen hat, daß die wirksamen Bestandtheile in beiden sich oft so ähnlich sind, daß wenigstens für den vorliegenden Fall ein Unterschied nicht zugegeben werden kann. Die Nahrungsstoffe sind chemische Individuen, aber die Lehre von der Ernährung ist noch nicht so weit vorgeschritten, um nahestehende chemische Verbindungen in der Verschiedenheit ihres Werthes für den Organismus immer genau beurtheilen zu können, u. im Allgemeinen begnügt man sich daher mit der Zusammenstellung der Nahrungsstoffe in Gruppen. Man hat zu unterscheiden: eiweißartige Körper (Eiweiß, Käse, Legumin oder Erbsenstoff, Kleber ꝛc.), Fette, Fettbildner, d. h. Körper, die bei der Assimilation in Fette übergehen (Stärke, Stärkegummi, Zucker), Salze (besonders Kochsalz; die übrigen für den Körper höchst wichtigen Salze sind in den N.n von Natur enthalten u. werden nicht besonders den N.n zugesetzt, indeß hat man in neuerer Zeit angefangen, den phosphorsauren Kalk auch direkt u. als solchen zu verwenden) u. Wasser. Auch der Sauerstoff kann als Nahrungsstoff angesehen werden, indem ohne seine Einwirkung die Umwandlung der Nahrungsstoffe in Blut u. Fleisch unmöglich ist. Die Natur gibt in der Milch ein Beispiel, daß zu gedeihlicher Ernährung ein N. nothwendig ist, welches die genannten Gruppen von Nahrungsstoffen in sich vereinigt. Ein Gleiches wird bei Beobachtung frei lebender Thiere u. durch direkte Experimente bewiesen. Ein Thier kann von Zucker u. Gummi od. Stärke allein nicht leben, es verhungert, als wenn ihm die Nahrung vollständig entzogen wäre; ebenso stirbt ein Thier, welches mit fettfreiem Eiweiß oder Käse oder Erbsenstoff gefüttert wird, u. wenn man eine Nahrung zusammensetzt, in welcher die mineralischen Bestandtheile fehlen, so legen z. B. Vögel Eier ohne Kalkschale u. es stellt sich Knochenbrüchigkeit ein. Letztere Krankheit findet sich bisweilen bei armen Leuten, die sich keine gedeihliche Kost verschaffen können, und sie wird dann geheilt durch Fleisch und Brod, die beide phosphorsauren Kalk, um den es sich hier handelt, reichlich enthalten. Kartoffeln enthalten sehr viel Stärkmehl, aber sehr wenig Eiweiß, sie allein können daher die Ernährung nicht unterhalten, und wer sich 14 Tage lang ausschließlich von Kartoffeln nährt, wird sich dieselben fernerhin nicht mehr verdienen können. An ein gutes N. muß man also die Anforderung stellen, daß es die genannten Gruppen von Nahrungsstoffen in richtigem Verhältnisse enthalte. Sie alle sind gleichwerthig für den Körper. Man hat wohl versucht, die Nahrungsstoffe einzutheilen in plastische und in Respirationsmittel. Die eiweißartigen (also stickstoffhaltigen) sollten ganz besonders zur Erhaltung des Organismus, zur Bildung der Gewebe, Zucker und Fett (also die stickstofffreien Nahrungsstoffe) aber vorzugsweise nur zur Erzeugung der thierischen Wärme dienen. Diese Eintheilung ist indeß nicht stichhaltig, denn auch die Fette betheiligen sich an der Bildung der Gewebe, u. durch Umwandlung der Eiweißstoffe u. ihre schließliche Verbrennung im Organismus wird ebenfalls Wärme erzeugt. Praktisch hat dagegen die Eintheilung der Nahrungsstoffe in stickstoffhaltige u. stickstofffreie ihren Werth, in sofern nämlich die Fettbildner die Fette theilweise ersetzen können, ein ähnlicher Ersatz aber zwischen diesen beiden und den eiweißartigen Körpern niemals Statt finden kann u. ferner die letzteren theurer bezahlt werden müssen als erstere. Nach dem Gehalt eines N.s an verdaulichem Stickstoff kann man also oberflächlich seinen Werth abschätzen, indem man voraussetzt, daß ein etwaiger Mangel an stickstofffreien Substanzen leicht ausgeglichen werden kann. Fleisch, Eier, Käse sind eben theurer als Kartoffeln. Die Salze, obgleich von höchster Wichtigkeit, indem ohne sie keine Muskelfaser, keine Nerven, Knochen, Haare ꝛc. gebildet werden können, werden doch für gewöhnlich nicht besonders beachtet, weil in guten N.n auch die nöthigen Salze enthalten sind u. das Kochsalz stets ohne Weiteres zugesetzt wird. Dennoch enthält so leicht kein N. genau die Salze, welche der menschliche Organismus fordert; indem man aber mit den N.n wechselt, tritt eine Ausgleichung ein, u. was heute fehlt, wird morgen ersetzt, so daß der Körper alle seine Bedürfnisse befriedigen kann. Man sieht hieraus, daß die Mannichfaltigkeit unserer N. naturgemäß ist. Menschen von verschiedener Konstitution genießen sehr ungleiche Mengen von N.n, und es würde ein vergebliches Bemühen sein, ein für allemal festzustellen, wie viel ein Individuum mindestens essen muß, um existiren zu können. Das Bedürfniß wechselt mit der Beschaffenheit des Organismus u. mit der Beschäftigung. Hieraus ergibt sich aber auch, daß man für eine bestimmte Einheit des Körpergewichts u. der Zeit recht wohl angeben kann, wie viel ein arbeitender Mann mindestens bedarf, um nicht nur seinen Körper zu erhalten, sondern auch für die zu verrichtende Arbeit Kraft zu gewinnen. Daß die Individualität nicht unberücksichtigt bleiben darf, ist für die praktische Verwendung der auf solchem Wege gefundenen Zahlen selbstverständlich. Letztere ergeben sich nun entweder aus den Ausscheidungen eines gesunden Menschen, oder aus dem Durchschnitt der Rationen vieler arbeitenden Männer. Die erste Methode liefert zu geringe Resultate, weil es unmöglich ist, alle Ausscheidungen zu wägen. Nach der zweiten Methode hat Moleschott Werthe berechnet, die aber jedenfalls sehr niedrig sind, da er bei seiner Generalisirung augenscheinlich sehr ungünstige Verhältnisse aufgenommen hat. Nach Moleschott gebraucht ein arbeitender Mann in 24 Stunden 130 Gramm eiweißartige Stoffe, 84 Gramm Fett, 404 Gramm Fettbildner, 30 Gramm Salze u. 2800 Gramm Wasser. In 1000 Theilen müßte demnach ein vollkommenes N., welches zugleich Speise und Trank in sich begriffe, enthalten 37,70 eiweißartige Stoffe, 24,36 Fett, 117,17 Fettbildner, 8,7 Salze u. 812,07 Wasser. Vergleicht man hiermit die Zusammensetzung des menschlichen Körpers, so ergibt sich, daß derselbe mehr als 5mal so reich an stickstoffhaltigen Bestandtheilen u. mehr als 10mal so reich an Salzen ist als die Nahrung, während letztere beinahe den 6fachen Gewichtstheil an stickstofffreien Bestandtheilen u. 1/3 mehr Wasser enthält als der Körper. Speisezettel aus Strafanstalten zeigen, daß bei feiernden Männern das Kostmaß an eiweißartigen Körpern um mehr als die Hälfte beschränkt werden kann, der Bedarf an stickstofffreien Nahrungsstoffen aber verhältnißmäßig nur wenig vermindert wird. Bei arbeitenden Männern verhalten sich die stickstoffhaltigen zu den stickstofffreien Nahrungsstoffen wie 1 : 3,7, bei feiernden Männern wie 1 : 7,1.

Wir wählen unsere N. aus dem Pflanzen- und aus dem Thierreich, es gibt aber Völker, welche nur vegetabilische, u. andere, welche nur animalische Kost genießen. Dem entsprechend haben Manche den Satz vertheidigt, der Mensch solle seine Nahrung nur aus dem Thierreich nehmen, während andere wieder (die Vegetarianer) eine rein vegetabilische Diät fordern (den Genuß von Eiern, Butter u. Käse sehr häufig aber nicht ausschließen). So weit Aberglaube, Religion u. Vorurtheile dem Menschen freie Wahl lassen, genießt er gemischte Kost, und diese Gewohnheit läßt sich wissenschaftlich vollkommen rechtfertigen. Fleisch ist dem Blut ähnlicher als irgend ein Pflanzenstoff, die Blutbildung muß also bei Fleischdiät leichter erfolgen als bei vegetabilischer Kost. Letztere ist stets fettarm, u. wenn der Körper das ihm nöthige Fett lediglich aus Zucker u. Stärke bilden soll, so sinkt er auf die Stufe des pflanzlichen Stoffwechsels herab, in sofern Fettbildung nämlich Verarmung an Sauerstoff bedeutet. Pflanzliche Kost enthält stets mehr unverdauliche Substanzen als thierische, der Körper wird daher mit viel Ballast beladen u. muß große Kraft darauf verwenden, sich dieses Ballastes wieder zu entledigen. Fehlt diese Kraft, so tritt Verstopfung ein, u. häufig erzeugt vegetabilische Diät Trägheit u. Schwere. Bei einer Fleischdiät genießt man sehr viel Eiweiß u. Fett, u. diese fordern große Mengen Sauerstoff, um zu Kohlensäure u. Wasser zu verbrennen. Verschafft man sich durch anhaltende Bewegung u. dadurch bedingtes kräftigeres Athmen diesen Sauerstoff, so wirkt die Fleischnahrung wohlthätig, im entgegengesetzten Fall tritt eine Ueberladung der Gewebe ein u. es entstehen oft Blutanhäufungen im Hirn u. andere krankhafte Zustände. Solchen Erfahrungen zur Seite steht die Organisation des Menschen, dessen Verdauungswerkzeuge die äußersten Unterschiede der Carnivoren und Herbivoren in einer Weise ausgleichen, daß wir den Genuß pflanzlicher u. thierischer Nahrung als unmittelbare Folge davon ansehen müssen. Die größte Aehnlichkeit haben unsere Verdauungswerkzeuge im Allgemeinen mit denen der Affen, und vom Orang-Outang weiß man, daß er Vegetabilien und Fleisch durch einander frißt. Die Arbeiter in den Schmieden des Departements Tarn verloren bei reiner Pflanzenkost jährlich 15 Tage durch Wunden und Krankheiten. Als dann gemischte Kost eingeführt wurde, verloren sie nur noch 3 Tage im Jahr.

Die Verdaulichkeit der N. hängt von der Leichtigkeit ab, mit welcher dieselben in wesentliche Bestandtheile des Bluts verwandelt werden. Dies wird aber dann am schnellsten geschehen, wenn die N. schon von vorn herein den Blutbestandtheilen sehr ähnlich waren u. wenn sie durch die Verdauungssäfte sehr beweglich gemacht werden können. Leimbildner sind daher (wenn überhaupt) jedenfalls schwerer verdaulich als Eiweiß, Stärke ist schwerer als Zucker, dieser wieder schwerer als Fett verdaulich. Letzteres wird bei der Verdauung emulsionsartig fein vertheilt, u. dies geschieht natürlich um so leichter, je dünnflüssiger das Fett bei der Körperwärme ist. Elain ist daher verdaulicher als Stearin. Die andern Körper müssen gelöst werden, u. so erklärt sich der große Unterschied in der Verdaulichkeit roher u. gekochter Eier, welche letztere schwerer verdaulich sind als Brod, aber doch noch leichter gelöst werden als Hülsenfrüchte. Brod ist verhältnißmäßig leicht verdaulich, denn durch den Mahlprozeß sind die Zellen zerrissen u. der Zellstoff ist abgesondert. Fleisch ist um so leichter löslich, je mehr es Leimbildner enthält. Der Magensaft löst zunächst das Bindegewebe auf u. dringt zu immer neuen sekundären Muskelbündeln vor. Da nun die Primitivbündel des Fleisches junger Thiere zugleich einen kleineren Querschnitt haben, folglich den Verdauungssäften eine große Oberfläche zum Angriff darbieten, so erklärt es sich, daß junge Thiere ein leichter verdauliches Fleisch haben als alte. Fettes Fleisch ist schwerer verdaulich als mageres, weil das Fett die Fleischfaser einhüllt und vor der Einwirkung der Verdauungssäfte schützt. Der Fettreichthum der Milch und des Eigelbs kann natürlich in dem Maße nicht die Verdauung erschweren. Frauenmilch ist leichter verdaulich als Kuhmilch, weil ihr Käsestoff in weniger festen Flocken gerinnt (vergl. Milch).

Die Zubereitung verwandelt oft schwer verdauliche N. in leicht verdauliche. Rohes Stärkmehl wird kaum gelöst, durch das Kochen aber wird es in Kleister u. durch das Backen theilweise in Stärkegummi übergeführt, die sich leicht lösen. Deshalb ist Brod eines der am leichtesten verdaulichen vegetabilischen N., frisches Brod aber ballt sich zu schwer löslichen Klumpen zusammen, während älteres sich leicht u. fein vertheilt. Beim Fleisch scheint durch Kochen das Bindegewebe zwischen den Muskelbündeln etwas gelockert zu werden, andererseits gerinnt das Eiweiß, und durch anhaltendes Kochen wird die Muskelfaser unlöslich. Ein Vortheil zu Gunsten des gekochten Fleisches stellt sich also jedenfalls nur dann heraus, wenn es sehr gut zubereitet wurde. Braten ist wohl leichter verdaulich, aber Suppenfleisch ist unter allen Umständen schwerer verdaulich als gut zerkleinertes rohes Fleisch. Rauchfleisch wird schwer gelöst, weil die brenzlichen Stoffe die Umwandlung erschweren. Käse ist schwerer verdaulich als Milch, denn er ist kompakter als der im Magen frisch geronnene Käsestoff. Kochsalz in geringer Menge befördert die Löslichkeit von gekochtem Eiweiß, aber ein großer Ueberschuß von Salz erschwert die Verdauung. Deshalb ist die harte Faser von Salzfleisch so schwer löslich. Kohlensaures Kali macht Fleisch leichter löslich und Kalkwasser erhöht die Verdaulichkeit des Brodes. Auch Essig wirkt sehr günstig auf die Verdaulichkeit des Fleisches u. beim Braten wird etwas Essigsäure gebildet. Eine geringe Mett befördert die Lösung u. den Umsatz der Fettbildner u. der Eiweißstoffe, u. daher ist Butterbrod leichter verdaulich als trockenes Brod. Selbstverständlich spielt die Individualität beim Verdauungsprozeß wieder eine große Rolle, aber auch die Lebensweise ist sehr wichtig, denn bei starker Bewegung verdaut man solche Stoffe, die bei einem unthätigen Leben durchaus unverdaulich bleiben. Gewohnheit u. mancherlei noch unerklärliche Eigenthümlichkeiten spielen endlich in den einzelnen Fällen ebenfalls eine große Rolle.

Die Nahrhaftigkeit der N. hängt von dem Reichthum u. der richtigen Mischung der Nahrungsstoffe ab. Nach oben angeführten Zahlen muß ein normal zusammengesetztes N. auf 1 Theil Salz 2,8 Th. Fett, 4,3 Th. eiweißartige Stoffe, 13,5 Th. Fettbildner und 93,3 Th. Wasser enthalten. Bei dem angegebenen Verhältniß zwischen Fett und Fettbildnern (1 : 4,8) müssen 3,8mal so viel stickstofffreie Substanzen zugegen sein als stickstoffhaltige. Fett und Fettbildner können aber in ihrem gegenseitigen Verhältniß schwanken, und zwar entspricht 1 Th. Fett 1,7 Th. Stärkmehl, so daß, wenn Fett ganz fehlt, die Menge der stickstofffreien Substanzen 4,2mal so groß sein muß als die der stickstoffhaltigen. Diesen Anforderungen entspricht aber kein N. Bei reiner Broddiät überladet man sich mit Stärke, wenn man die nöthige Menge eiweißartiger Substanz genießen will, bei Linsen dagegen ist das Verhältniß umgekehrt, und Ochsenfleisch entfernt sich von der richtigen Zusammensetzung noch mehr als die Linsen. Hieraus ergibt sich, daß ein vollkommen ausreichendes N. nur durch Mischung erhalten werden kann. Um diese richtig auszuführen, besonders aber, um in bestimmten Fällen reiche Zufuhrquellen im einseitigen Sinn öffnen zu können, ist eine Kenntniß der Zusammensetzung der wichtigsten N. nothwendig. Eiweißarm (mit nicht mehr als $^1/_{50}$ ihres Gewichts an Eiweiß) sind die Obstarten, die Gemüse u. die meisten Wurzeln (besonders Kartoffeln und Mohrrüben), von Getränken das Bier. 2—8 Proc. Eiweiß enthalten die eiweißreicheren Wurzeln, wie Yams, Runkeln u. Jerusalemartischocken, Kastanien, Buchweizen, Reis und Mais, von Getränken die Milch. Eiweißreich (mit mehr als 9 Proc. Eiweiß) sind Brod, fast alle thierischen N., Hafer, Roggen, Gerste, Weizen, Hülsenfrüchte und Mandeln. Das Fleisch der Vögel, das Kalbsbröschen, die Hülsenfrüchte, die Mandeln und der Käse sind die eiweißreichsten N. Magere N. (mit weniger als 1 Proc. Fett) sind die Obstarten, die Gemüse, die meisten Wurzeln (Kartoffeln, Möhren, Yams), die Bananen, der Reis, die Kastanien, Kalbsbröschen, Rochen und Hecht. Fetter (von 1 bis 4 Proc.) sind die Getreide mit Ausnahme des Mais, Hülsenfrüchte, Eicheln, das Fleisch der Säuger mit Ausnahme des Schweinefleisches, Hühner- u. Entenfleisch, Scholle und Karpfen, endlich die meisten Lebern. Fettreich (4—10 Proc.) sind Weizenkleie, Mais, Hecht-, Schaf- und Taubenleber, Schweinefleisch, Lachs, Makrele u. die Milch der Wiederkäuer. Noch fettreicher sind Speck, Hühnereier, Mandeln, Mohnsamen, Häring, Hasen- und Rehhirn, Aal, Käse und Knochenmark. Arm an Fettbildnern (weniger als 10 Proc.) sind Milch, die meisten Obstarten, die gelben Rüben und die Mandeln. Yams, Kartoffeln und Bataten besitzen einen mittleren (10—20 Proc.), Kastanien, Weizenkleie, Weizenbrod, Eicheln und Schminkbohnen einen hohen (20—50 Proc.) Gehalt an Fettbildnern. Letztere werden aber noch durch Ackerbohnen, Erbsen, Linsen und besonders durch den Reis (mit $83\frac{1}{3}$ Proc.) übertroffen. Der Gesammtgehalt der N. an Salzen bietet wenig Interesse, um so mehr aber der Gehalt an einzelnen, ganz bestimmten Salzen. Arm an Phosphorsäure (weniger als 0,3 Proc.) sind das Hühnereiweiß, alle Obstarten, Gemüse und Wurzeln, Kastanien, Eicheln und Bier, 0,3—0,5 Proc. enthalten die Eier, das Fleisch der Säugethiere, Spinat, gelbe Rüben, Reis und Hafer, reich an Phosphorsäure sind Eidotter, Käse, Hülsenfrüchte, Buchweizen, Mais, Roggen, Weizen, Gerste, Mandeln und Mohn. Kaliarm (weniger als 0,2 Proc.) sind die Eier, die meisten Obstarten, Reis u. Buchweizen, 0,2—0,5 Proc. enthalten Kalbfleisch, Schweinefleisch, die meisten Wurzeln, Pflaumen, Kirschen und die Getreide. Kalireich sind Ochsenfleisch, Eicheln, Kastanien, Kartoffeln, Hülsenfrüchte und Mandeln. Kalireich (0,1—1,8 Proc.) sind Eidotter und Käse, Hülsenfrüchte, viele Gemüse, Kastanien, Erdbeeren, gelbe Rüben, Mandeln, Mohnsamen, Milch. Weniger Magnesia (Muskelerde) als Ochsenfleisch enthalten Eier, Käse, Kalbfleisch, Pflaumen, Rüben, Birnen, Reis. Schweinefleisch enthält reichlich doppelt so viel Magnesia wie Ochsenfleisch, Kartoffeln ebenso viel und die meisten pflanzlichen N. noch mehr. Sehr reich an Magnesia sind die Hülsenfrüchte, die Getreidesamen und die Mandeln. Arm an Eisen (0,01 Proc.) sind weiße Rüben, Kohlrabi, Birnen, Aepfel, Kartoffeln, Weißkraut, Runkeln, Hühnereiweiß, Kalbfleisch, Schweinefleisch und Käse. 0,01—0,03 Proc. Eisen enthalten Ochsenfleisch, Hühnereier, Blumenkohl, Reis, Pflaumen, Kirschen, Stachelbeeren, Salat, Buchweizen, Kastanien, gelbe Rüben, Spargeln, Weizen, Roggen, Hafer, Erbsen u. Mandeln. Eisenreich sind Ackerbohnen, Linsen, Gerste, Erdbeeren, Feigen, Spinat und besonders Fischlebern. Von 2 N.n, welche die Nahrungsstoffe in gleichem Verhältniß enthalten, ist offenbar das wasserärmste am nahrhaftesten, im Allgemeinen aber kann man aus dem Wassergehalt eines N.s keinen Schluß auf seinen Werth ziehen, weil dieser von der Zusammensetzung der Trockensubstanz ganz u. gar abhängig ist. Reis, obgleich sehr arm an Wasser, ist doch das am wenigsten nahrhafte Getreide, weil es so wenig eiweißartige Substanzen enthält. Bei den ähnlich zusammengesetzten Samen von Weizen u. Gerste entscheidet dagegen der geringe Wassergehalt des ersteren zu deren Gunsten. Aehnlich ist es mit dem Fleisch der Vögel und demjenigen nicht zu fettreicher Fische, welches letztere ebenfalls durch größeren Wassergehalt an Nahrungswerth verliert. Die Hülsenfrüchte dagegen enthalten nur $\frac{1}{5}$ des mittleren Wassergehalts des Fleisches, und bei ihrer sonstigen vortheilhaften Zusammensetzung übertreffen sie denn auch das Fleisch ganz bedeutend an Nahrhaftigkeit. Ueber 77,5 Proc. Wasser enthalten Obst, Gemüse, Rüben, Hecht, Karpfen, Schellfisch und Hühnereiweiß. Die ebenfalls wasserreiche Milch ist nur deshalb nahrhafter als die anderen Substanzen aus dieser Klasse, weil ihre Trockensubstanz so sehr glücklich gemischt ist. Die Verdaulichkeit eines N.s bezieht sich auf die Zeit, in welcher das Blut mit neuen Bestandtheilen bereichert wird, die Nahrhaftigk t auf die Menge dieser Bestandtheile, u. so ist kla daß von Verdaulichkeit auch bei Nahrungsstoffen, v n Nahrhaftigkeit nur bei zusammengesetzten N.n ie Rede sein kann. Zwei gleich reiche N. müssen nun um so nahrhafter sein, je verdaulicher sie sind, vie denn z. B. das leicht verdauliche Kalbsbröschen den Ackerbohnen vorzuziehen ist, obwohl es nur eben viel eiweißartige Stoffe enthält, ja das kleberärm e Weizenmehl übertrifft sogar die schwer verdauli he Weizenkleie an Nahrungswerth. Das Eigelb i in jeder Beziehung ein treffliches N., es ist reich a eiweißartigen Stoffen, die im flüssigen Zustande l icht verdaut werden, es enthält viel Kali, Kalk, E sen und Phosphorsäure und so viel fein vertheiltes ett, daß bei einem mäßigen Zusatz von Zucker das richtige Verhältniß zwischen stickstoffhaltigen und st ckstofffreien Substanzen hergestellt wird.

Die N. wirken je nac ihrer chemischen Zusammensetzung verschieden auf te Verdauung u. Ernährung, da diese beiden im We entlichen ebenfalls chemische Prozesse sind. Mithi ist klar, daß der Stoffwechsel durch die Wahl der N. bedeutend beeinflußt wird. Unter diesem Einfluß steht natürlich auch das Nervenleben, und es ist ja allgemein bekannt, wie verschieden eine entgege stehende Schwierigkeit beurtheilt wird, je nachdem man sich vorher mit gedeihlicher Kost gesättigt hatte ob. seit längerer Zeit fastete. Schlechte Nahrung sätt gt nicht, aber der Genuß von guter Kost gewährt eine Befriedigung, welche dem Gedankengange einen unverkennbaren Stempel aufdrückt. Kraft und Muth sind die Folgen einer vollkommenen Ernährung, dauernder Mangel macht kleinmüthig, feig und schwach. Vegetabilische Kost macht träge, Fett erweckt das Bedürfniß nach kräftiger Bewegung, und wenn man dies Alles zusammenfaßt und zahlreiche Erfahrungen des gewöhnlichen Lebens hinzufügt, so unterliegt es keinem Zweifel, daß auch von den N.n die geistige Thätigkeit abhängig ist. Wird aber eine gewisse Ernährungsweise sehr lange Zeit hindurch fortgesetzt, so muß ihre Wirkung sich unverwischbar ausprägen, und wenn sie durch Generationen hindurch fortdauert, so wird der Charakter wesentlich verändert werden. Wo sich dergleichen aber bei ganzen Volksschichten zeigt, da beobachtet man den Einfluß der Ernährung auf den Volksgeist, u. ganz gewiß beruht die Verschiedenheit der Hindus und der Gauchos, der englischen Maschinenbauer u. der schlesischen Weber wesentlich mit auf deren abweichenden Ernährung. Vgl. Moleschott, Physiologie der N., ein Handbuch der Diätetik, 2. Aufl., Gießen 1859; Derselbe, Lehre der N. für das Volk, 3. Aufl., Erlangen 1858, und Reich, Die Nahrungs- und Genußmittelkunde, Göttingen 1860; Nußdorf, Eubiotik, Erlangen 1857—60.

Nahrungssaft, s. v. a. Chylus.

Nahrungsstoff, s. Nahrungsmittel.

Naht der Knochen (sutura), in der Anatomie diejenige Form der unbeweglichen Knochenverbindung, bei welcher die rauhen, zackigen oder gezahnten Ränder zweier Knochen so ineinander greifen, daß die Zacken des einen in die Vertiefungen des andern Knochens zu liegen kommen. Die N. kommt nur zwischen den Kopfknochen vor, und zwar sind mit Ausnahme des Unterkiefers sämmtliche Kopfknochen durch N. unter einander vereinigt. Man unterscheidet eine wahre und eine falsche N. Erstere ist fester als letztere; bei ihr finden sich die Zacken der Knochenränder bedeutender ausgebildet. Die wichtigsten ächten Nähte sind: die Pfeilnaht (sutura sagittalis), welche in der Mittellinie des Schädeldachs von vorn nach hinten verläuft und die beiden Seitenscheitelbeine mit einander verbindet; die Kranznaht (sutura coronaria), welche den hintern Rand der Stirnbeinschuppe mit den beiden Seitenscheitelbeinen verbindet und also rechtwinklig zur Pfeilnaht steht; die Lambdanaht (sutura lambdoidea, weil sie die Form des griechischen Buchstaben Λ hat), welche den obern Rand der Hinterhauptsschuppe mit den Seitenscheitelbeinen verbindet. Beim Kinde befindet sich auch noch zwischen den beiden seitlichen Hälften des Stirnbeins eine ächte N., die Stirnnaht (sutura frontalis), welche die Fortsetzung der Pfeilnaht bis zur Nasenwurzel bildet, aber schon sehr früh verwächst und verknöchert. Bei der falschen N. sind die an einander liegenden Knochenränder ohne gröbere Zacken und Vertiefungen, nur rauh und flachhöckerig. Die wichtigste falsche N. ist die Schuppennaht (sutura squamosa) zwischen der Schuppe des Schläfenbeins und dem untern Rand der Seitenscheitelbeine. Durch falsche Nähte sind auch die Knochen des Gesichts unter einander verbunden. Zwischen den Knochenrändern und Zacken bleibt bei der N. ein ganz schmaler, häutiger, weißer Streifen liegen, welcher bisher fälschlich als Nahtknorpel bezeichnet wurde. Dieser Streifen besteht aus fibrillärem Bindegewebe mit reichlichen Saftzellen und wird deshalb passender als Nahtband bezeichnet. Am deutlichsten ist das Nahtband während des Wachsthums der Schädelknochen, wo es auch weicher ist und das Bildungsgewebe für den wachsenden Knochen abgibt. Später schwindet dasselbe mehr und mehr, wird fester und scheint sich am ausgewachsenen Schädel allmählig ganz zu verlieren. Im hohen Alter verschwinden die meisten Nähte der Knochen, indem letztere fest mit einander verschmolzen werden. Wenn die Nähte aber zu früh verwachsen, bevor noch die Gehirnkapsel ihre normale Größe erlangt hat, so kann sich der Schädelraum nicht mehr ausdehnen, das Gehirn kann seine richtige Größe nicht erreichen und die Funktionen des Gehirns, besonders die Intelligenz, bleiben unentwickelt. Bei blödsinnigen Kindern findet man deshalb nicht selten die Nähte der Schädelknochen mit einander verwachsen. In der Chirurgie bezeichnet man als Knochennaht die künstlich hergestellte Verbindung zwischen zwei Stücken eines (gebrochenen oder resecirten) Knochens, wozu Silber- oder Bleidraht benutzt wird. In ähnlicher Weise verbindet man bei Wunden der Nerven und Sehnen die beiden Enden der getrennten Organe durch die Nerven- oder Sehnennaht; um die Enden mit einander in Berührung zu erhalten und somit die organische Vereinigung derselben zu unterstützen.

Nahualismo (Nagualismo), vom aztekischen Worte Nahuatl, dem Gesammtnamen für die aztekisch redenden Stämme der Anahuac, in Mexiko Bezeichnung des neben dem officiell herrschenden Christenthums noch im Geheimen fortbestehenden Götzendienstes.

Nahum, einer der zwölf sogenannten kleinen Propheten, lebte unter dem hebräischen König Hiskias um 720 v. Chr. und wirkte zu Elkusch in Assyrien. Seine durch Feuer, Originalität und Klarheit ausgezeichnete Prophetie verkündigt den Sturz des assyrischen Reichs, insbesondere die bevorstehende Zerstörung der assyrischen Hauptstadt Ninive. Unter den Kommentaren sind die von Hölemann (Leipz. 1842) und von Strauß (Berlin 1853) hervorzuheben; übersetzt wurde die Schrift von Middeldorpf (Hamburg 1808), Neumann (Bresl. 1808) u. Justi (Leipz. 1828).

Naib, in der Türkei Stellvertreter des Sultans, mit geistlichen und richterlichen Vollmachten versehen, dann Unterrichter, Stellvertreter der Molla's und Kadi's.

Naila, Stadt im bayerischen Regierungsbezirk Oberfranken, an der Selbitz, Sitz eines Bezirksamts und eines Landgerichts, hat Baumwollenmanufakturen, Eisen-, Kupfer-, Alaun- und Vitriolwerke, Marmorbrüche, Farberdengräberei, Bierbrauerei und 2020 Einwohner.

Nain, Stadt in Galiläa, unweit Kapernaum, südlich von Tabor; hier erweckte Jesus einen todten Jüngling, den einzigen Sohn einer Wittwe.

Nairn, Fluß im nördlichen Schottland, entspringt in der Grafschaft Inverneß, fließt nordöstlich durch die Grafschaft N. und fällt dort in den Murraybusen der Nordsee. Die gleichnamige Grafschaft ebendaselbst, im Süden des Murraybusens gelegen, umfaßt 10 □Meilen mit 9956 Einwohnern, ist im Süden gebirgig mit ausgedehnten Morästen, während die nördliche Küste meist mit Flugsand bedeckt, strichweise aber auch fruchtbar ist. Nächst dem N. ist der größte Fluß der 12 Meilen lange Findhorn, welcher durch die schöne Scenerie seiner Ufer berühmt ist, aber durch seine Ueberschwemmungen viele Verwüstungen anrichtet. Hauptbeschäftigung ist Ackerbau und Viehzucht; gebaut werden besonders Getreide, Kartoffeln und Flachs. Die Grafschaft steht mit Elgin unter einem Sherif und beide zusammen schicken Ein Mitglied, ihre Hauptstädte abwechselnd ein zweites Mitglied ins Parlament. Die gleichnamige Hauptstadt, an der Mündung des N. und an der Eisenbahn von Inverneß nach Banff, hat einen Hafen, Seebäder, 5 Kirchen, eine lateinische Schule, einen Gerichtshof, Gefängniß, Lachs- und Häringsfischerei, Tartanweberei, Getreidehandel und 3827 Einwohner.

Nairs, zahlreiche und mächtige Kaste auf der vorderindischen Küste Malabar, rangirt unmittelbar hinter den Brahmanen und besitzt viel Eigenthümliches in Lebensweise und Sitte.

Naisus, blühende und als Geburtsort Konstantins merkwürdige Stadt Obermösiens, wurde von Konstantin sehr verschönert, von Attila zerstört, jedoch von Justinian wieder hergestellt und befestigt; jetzt Nisch.

Naivetät (v. lat. nativus, im Mittelalter naivus, d. i. angeboren oder natürlich), ein Ausdruck, der aus dem Französischen (naïf und naïveté) zuerst durch Gellert in die deutsche Sprache eingeführt wurde. Er bezeichnet einen natürlichen und ungekünstelten Zustand der Empfindungen und Gedanken einer arglosen, unverstellten und anspruchslosen Seele, welche treuherzig und ohne Rücksicht auf konventionelle Schicklichkeit sich zu äußern und kund zu geben liebt. Das Naive ist demnach das Natürliche im Gegensatz zum Künstlichen, d. h. zu dem bloß konventionell Geltenden. Der Verkünstelte bemerkt es daher am leichtesten, weil ihm der Kontrast zwischen natürlichem und konventionellem Wesen am auffallendsten erscheint, während dem Naiven seine N. Natur ist. Der konventionell und künstlich gebildete Mensch ist dem naiven an Verstand und vornehmlich an Welterfahrung überlegen, weshalb ihm Aeußerungen der N. als einfältig und lächerlich erscheinen, obwohl das Naive an sich keineswegs lächerlich ist, sondern in Bezug auf Gesinnung und Empfindung weit über dem künstlich Gebildeten und Verkünstelten steht, wie auch die auf Reinheit des Gemüths gegründete N. nicht nur etwas kindlich Ansprechendes und Rührendes, sondern öfters selbst etwas Ehrfurcht Gebietendes und Erhabenes haben kann. Manche unterscheiden auch die N. des Verstandes von der des Herzens. Irriger Weise versteht man unter N. den sogenannten Witz der Dummheit, denn sie ist eben natürlicher Verstand und kann sich daher auch witzig äußern, ohne darum zu wissen, daß sie witzig ist, indem sich ihr Witz nur auf Instinkt gründet. Auch bleibt das Gemüthlose von der N. stets ausgeschlossen. Widerwärtig ist die gemachte, erkünstelte N., die sich nicht selten bei Frauen in Begleitung der raffinirtesten Kultur und höchsten konventionellen Bildung findet. Für die Aesthetik hat der Begriff des Naiven dadurch eine besondere Bedeutung gewonnen, daß Schiller und Goethe die naive und die sentimentale Poesie als zwei wesentliche Grundformen der poetischen Darstellung erkannten. Die Dichtung der Alten ist nach ihnen naiv, objektiv, der Natur entsprechend; die Dichtung der Neuzeit dagegen sentimental, subjektiv, die Naturgemäßheit anstrebend. Vgl. Schiller, Ueber naive und sentimentale Dichtung.

Najac, Stadt im französischen Departement Aveyron, Arrondissement Villefranche, am Aveyron und an der Eisenbahn von Figeac nach Montauban, hat ein altes Schloß, Serge-, graue Leinwand-, Packleinwand- und Zwirnfabrikation, Handel mit berühmten Schinken, Kupfer- und Bleibergwerke und 2406 Einwohner.

Najaden, s. Nymphen.

Najera (Nagara), Stadt in der spanischen Provinz Logroño (Altkastilien), an der Najerilla (Neyla), einem rechten Nebenfluß des Ebro, hat Wein- und Getreidebau und 2945 Einw.; geschichtlich bekannt durch den Sieg am 3. April 1367 der Engländer unter dem Prinzen von Wales über Bertrand von Guesclin und Heinrich von Transtamare. Die Stadt gibt einem Herzogthum den Namen.

Nakel (Naklo), Stadt in der preußischen Provinz Posen, Regierungsbezirk Bromberg, Kreis Wirsitz, an der Netze und am Anfange des bromberger Kanals, hat eine evangelische und katholische Kirche, Synagoge, Kalk- und Ziegelbrennerei, Getreidehandel und 4300 Einwohner.

Nakhilu, eine dem Imam von Maskat gehörige Stadt in Persien, an der Mündung des Tarjabin in den persischen Meerbusen, mit Hafen und Perlenfischerei.

Nakib-ül-Eschraf, Oberhaupt aller Emire, Seide oder Scherife im türkischen Reiche, lebt zu Konstantinopel und gehört zu der Körperschaft der Ulema's, wird auf Zeitlebens ernannt und legt die Würde nur nieder, wenn er Scheikh-ül-Islam (Großmufti) wird.

Nakitschewan, s. Nachitschewan.

Naksha, Insel, s. v. a. Naxos.

Naksch Rostan (Naksch-i-Rustam), **Stadt in** der persischen Provinz Farsistan, nördlich von Schiras, westlich von Istakar, mit den Ruinen des alten Persepolis, hat merkwürdige Grabmäler altpersischer Könige mit Keilschriften.

Nakskow, Stadt auf der Westküste der dänischen Insel Laaland, an der gleichnamigen Bucht, mit Hafen, Brantweinbrennerei, Ackerbau, Kornhandel, Schifffahrt und 3690 Einwohnern.

Nalas, in der indischen Mythe Radscha von Vischadha, Gemahl der Damajanti, Tochter des Königs Bhima, verlor im Würfelspiel sein Reich und irrte nun mit Damajanti in der Wildniß umher, verließ sie aber sodann heimlich, damit sie sein Unglück nicht länger theilen, sondern zu ihrem Vater zurückkehren müsse. Nach mancherlei Abenteuern wurden die Liebenden endlich wieder vereinigt, und N. gewann von Puschkara sein Reich wieder. Die älteste Erzählung dieser Geschichte findet sich im 3. Buche des Mahabharata als Episode, dann wurde sie von Kalidasa in einem eigenen Gedicht „Nalodaja", von Sriharscha in dem Gedicht „Neischadhija", von Triwikrama Bhatta in seinem „Damajanti Batha" und von Fr. Rückert in dem Gedicht „N. und Damajanti" behandelt.

Nalon, Küstenfluß in der spanischen Provinz Orviedo (Asturien), entspringt auf dem kantabrischen Gebirge, fließt an Orviedo vorüber und mündet bei Mures in die Bai von Pravia des biscayischen Meerbusens (atlantischer Ocean). Seine bedeutendsten Nebenflüsse sind die Narcea und die Trnria.

Namaqua, s. Hottentotten.

Nambapane, Fluß auf der ostindischen Insel Ceylon, entspringt am Adamspik, fließt westlich und mündet bei Caltura in den indischen Ocean.

Name, unterscheidende Bezeichnung für Personen u. Sachen. Bei den altorientalischen Völkern wurden die Personennamen nach merkwürdigen Umständen vor oder bei der Geburt, nach einer besonders hervorstechenden Leibesbeschaffenheit der Neugebornen, nach den Wünschen, die sich an dieselben knüpften oder als zärtliche Charitative gebildet, zum Theil auch von der Benennung einer Gottheit entlehnt. Später, als eine hinlängliche Anzahl Personennamen in der Sprache vorhanden war, wählte man den passendsten aus oder nannte das Kind nach dem Vater oder noch lieber nach dem Großvater, auch wohl nach einem hochgeachteten Verwandten. Die Namengebung geschah in der Regel durch die Aeltern, vorzüglich durch die Mutter; zuweilen aber konkurrirten mehr od. weniger entscheidend die Verwandten. Fürsten wechselten die N.n bei ihrer Thronbesteigung, Privatpersonen beim Eintreten in ein wichtiges, zumal öffentliches Lebensverhältniß. Die Griechen hatten in ältester Zeit keine Familien- oder Geschlechtsnamen, doch führten gewisse Familien in Athen und Sparta, die eine politische Bedeutung hatten, einen gemeinschaftlichen Familiennamen, wie z. B. die Eumolpiden (von Eumolpus). Dem neugebornen Kinde wurde sein N. nach der freien Wahl der Aeltern in derselben Weise gegeben wie bei uns die Vornamen. Dies geschah gewöhnlich am 10. Tage bei einem mit einem Opfer verbundenen Familienfeste, zuweilen aber auch schon am 7. Tage. Nach der ältesten Sitte gab man dem Sohn den N.n des Großvaters, besonders geschah dies bei dem ältesten Sohn. Häufig gab man aber auch dem Sohn den N.n des Vaters oder bildete ein Patronymium od. eine mit dem N.n des Vaters verwandte Zusammensetzung. In Künstlerfamilien war es üblich, N.n, welche für die künftige Kunstübung von guter Vorbedeutung waren, zu geben. Andere Berufsarten gaben den Aeltern Veranlassung zu anderen N.n. In der Regel hatten die Griechen nur Einen N.n, welchem zu Vermeidung von Verwechslung der N. des Vaters beigefügt wurde. Im täglichen Leben aber gefiel sich der attische Volkswitz in der Ertheilung von Spitznamen, welche von körperlichen oder geistigen Eigenschaften oder irgend einer auffallenden Handlung oder Gewohnheit entnommen wurden. Solche Spitznamen mögen nicht selten die ursprünglichen N.n verdrängt und in einzelnen Familien sich festgesetzt haben, namentlich die von der Aehnlichkeit mit Thieren entlehnten. Die Sklaven wurden gewöhnlich nach ihrem Vaterlande, häufig auch nach ihrem Aeußern oder nach ihren Eigenschaften benannt; erst später durften sie mit den Freien gleiche N.n führen. Vergl. Pape, Wörterbuch der griechischen Eigennamen, Braunschweig 1843, 2. Aufl. 1850. Bei den Römern finden wir unter den Männernamen der Freien in der ältesten Geschichte solche, die nur aus Einem N.n bestehen (Romulus, Faustulus); dann aus zwei (Numa Pompilius, Ancus Martius), letzteres auch später bei anderen italischen Völkerschaften (Metius Suffetius, Volesus Valesius, Sertorius Resius u. dergl.). Aber schon seit den ersten Zeiten der Republik finden sich regelmäßig drei verbundene N.n für jede Person zur Unterscheidung des Individuums (praenomen, Vorname), der in der Schrift häufig abgekürzt wurde, wie C. für Cajus, M. für Marcus &c., des Geschlechts oder der Gens (nomen, Gentil- oder Stammname), wozu der Träger gehörte, der fast stets auf ius auslautete, wie Fabius, Julius &c., und der unter der Gens begriffenen Familie (cognomen, Zuname), wie Cicero, Cäsar &c. In dem N.n Cajus Julius Cäsar z. B. ist Cajus das Praenomen, Julius das Nomen, Cäsar das Cognomen. Zu diesen drei N.n kam bisweilen noch ein vierter hinzu, wie in der Familie der Scipionen die bekannten N.n Africanus und Asiaticus, gewöhnlich als Agnomen, Beiname, bezeichnet, bei den alten Schriftstellern aber nicht selten gleichfalls Cognomen genannt. In der Kaiserszeit, besonders seit der Zeit der Antonine, führte man oft zwei Praenomina u. gebrauchte frühere Cognomina als Praenomina. Auch führte man mehre Nomina statt Eines und schob dazwischen Cognomina ein, oder setzte die Cognomina vor die Nomina. Frühere Praenomina wurden Cognomina, u. nicht die Praenomina, sondern die Cognomina unterscheiden die einzelnen Individuen derselben Familie, wie z. B. der Vater des Kaisers Vespasianus T. Flavius Sabinus, seine zwei Söhne von seiner Frau Vespasia Polla aber T. Flavius Sabinus und T. Flavius Vespasianus hießen. In Folge dieser Gebrauchsweise des Cognomen zur Bezeichnung der Individuen ward auf Münzen u. Inschriften statt des vollständigen N.ns nur das Cognomen beigesetzt, z. B. statt J. Petilius Rufus nur Rufus u. dergl. Ueberhaupt besteht die Veränderung in den N.n der späteren Zeit vornehmlich in einer Vervielfachung und Häufung derselben und in regelloser Willkür. Bei den weiblichen N.n war die Regel, daß die Töchter das Nomen ihres Vaters mit der weiblichen Endung als N.n führten, wie Tullia, Cornelia, wozu bisweilen noch das Cognomen kommt. Die unehelichen Söhne und Töchter wurden nicht nach dem Vater, sondern nach der Mutter benannt. Häufig waren bei den weiblichen N.n die Diminutivformen, besonders bei den von Zahlwörtern abgeleiteten (Tertulla). Manche Frauennamen kommen auch mit einer Maskulinform vor, wie Aelia Demetrius u. dergl. In den frühern und dann wieder in den spätern Zeiten war bei den weiblichen N.n außer dem Nomen und Cognomen auch noch ein Praenomen üblich. Zuweilen führen verheirathete Frauen dasselbe Nomen wie ihre Männer. Später findet auch bei den Frauen die Häufung der N.n Statt. Die N.n der Freigelassenen wurden im Allgemeinen nach dem N.n des freilassenden Herrn gebildet, waren aber im Einzelnen wieder verschieden, je nachdem die betreffenden Individuen vorher Sklaven von Korporationen oder Gemeinwesen oder von Privatpersonen oder von Kaisern und Mitgliedern der kaiserlichen Familie gewesen waren. Die Sklaven führten anfangs gewöhnlich nur Einen N.n, bestehend aus einer Verbindung des N.ns ihres Herrn mit dem Worte Puer (Lucipor, Marcipor u. dergl.), später bei der wachsenden Zahl der Sklaven aber vielerlei N.n, die von der Heimat des Sklaven oder von dem Orte, wo er gekauft war, oder von anderen Umständen hergenommen, oder auch nach der Willkür des Herrn gewählt waren. Zwei verbundene N.n kommen zuweilen bei Sklaven vor; Sklavennamen, bestehend aus Praenomen, Nomen und Cognomen, waren aber nicht zulässig. Die Zeit der Namengebung war der Dies lustricus, bei Knaben der 9., bei Mädchen der 8. Tag nach der Geburt, welcher daher auch Nominalis hieß. Der älteste Sohn bekam in der Regel das Praenomen des Vaters, die andern Brüder andere, wohl meist nach N.n der Verwandten. Der gleichnamige Vater und Sohn wurde durch den Beisatz Pater und Filius oder junior oder durch major und minor unterschieden. Bei Adoptionen erhielten die Adoptivsöhne den N.n des Adoptivvaters mit Beibehaltung des Nomen oder Cognomen ihrer eigenen Familie, und zwar in einer abgeleiteten Form oder unverändert. Oft wurde auch jeder auf den N.n des leiblichen Vaters sich beziehende Zusatz weggelassen u. lediglich nur der N. des Adoptivvaters angenommen. Aehnlich wurde es mit der Namengebung bei Pflegekindern (alumni) gehalten. Die Fremden pflegten, wenn sie das römische Bürgerrecht erhielten, gewöhnlich den Vornamen u. Geschlechtsnamen Desjenigen anzunehmen, durch dessen Verwendung sie das Bürgerrecht erhalten hatten, mit Beibehaltung ihres vorigen N.ns. Wenn jedoch die Fremden keinen ausländischen N.n, sondern einen römischen N.n hatten, so behielten sie denselben bei. Nach Varro soll es ungefähr dreißig römische Praenomina gegeben haben. Ihre ursprüngliche Bedeutung ist oft dunkel. Die Nomina waren zahlreicher als die Vornamen; ihre Bedeutung führt auf natürliche Eigenschaften (z. B. Albius von albus, Flavius von flavus), auf Benennung von Thieren (Porcius von porcus) und Gewerben (Fabricius von faber), auf Vornamen (Sextius von sextus) &c. Viele Cognomina sind hergenommen von Beschäftigungen,

Gewerben u. Aemtern, von Orten ꝛc. Bei den alten **Germanen**, welche keine Familiennamen u. Taufnamen im heutigen Sinne des Worts kannten, erhielt, wie bei den alten Griechen, das Kind bei seiner Geburt einen einzigen Namen. Natürlich hatten diese N.n eine allgemeine und verständliche Bedeutung und bewegten sich in dem Kreise der nationalen Lieblingsanschauungen. Vergl. W. **Wackernagel**, Die germanischen Personennamen, im „Schweizerischen Museum", Bd. 1, Frauenf. 1837. Zu den Taufnamen, deren später mehre sein konnten, die man bei den christlich gewordenen Germanen den Kindern gab, wählte man entweder die von Alters her gebräuchlichen (Julius, Arminius, Philipp, Konstantin), oder man bildete neue nach Ereignissen und Eigenschaften, nach Wünschen, die man für das Kind hegte (Fürchtegott, Gottlieb), oder man gab N.n biblischer Personen (David, Paul, Maria, Petrus), oder späterer Heiligen oder auch berühmter Personen der vorchristlichen, ja der mythischen Zeit. Nachdem aber der Gebrauch, Kindern solche N.n zu geben, allgemein geworden war, mußten Irrungen über die Identität der Personen entstehen, u. Nebenbezeichnungen wurden daher unerläßlich. Die älteste ist die von den Aemtern hergenommene, welche die Ministerialen von den Königen, Fürsten, Bischöfen und Aebten zu Lehen trugen. Erst im 12. Jahrhundert werden die adeligen Familien nach den Orten ihrer Wohnung oder Herstammung benannt. Daher stammt auch das Wörtchen „von". In den Städten, in welchen viele Adelige beisammen wohnten, bezeichnete man den Stadtdistrikt, wo das Wohnhaus lag, oder den Schild des Hauses (so z. B. in Speyer die „Vor dem Münster", „Am Thor"). Gegen Ende des 12. Jahrhunderts kamen die Ritterschlösser auf, und es entstanden nun N.n von Berg und Burg, Stein u. Fels, denen man gern Drachen und Greife, Geier und Falken, Bären und Wölfe beigesellte. Die bürgerlichen Familiennamen wurden von der Heimat, wie Schwabe, Bayer, oder von der Beschäftigung, wie Schmidt, Schneider, oder von persönlichen Eigenschaften oder Charaktereigenthümlichkeiten, wie Langbein, Kurz, Wolf ꝛc., oder von Eigenthümlichkeiten des Wohnorts oder des Besitzes, z. B. Baumbach, von den Hausschildern, wie Löwe, Kaiser, König, entlehnt, oder man verwandelte Personalnamen in Familiennamen, wie Ludwig, Jakob. Auch eine Ableitung von andern gebräuchlichen N.n des Vaters, Pathen u. dergl. ward zum Geschlechtsnamen, entweder durch die lateinische Genitivendung, wie Georgi, Pauli, oder durch die deutsche Genitivendung, wie Heinrichs, Jakobs, oder durch ein angehängtes son oder sen wie, Wilmsen ꝛc. Zu bleibenden N.n gelangten jedoch die Familien erst im 15. Jahrhundert. Die Frauen nehmen mit ihrer Verheirathung den N.n ihres Mannes an; bei Schauspielerinnen und Sängerinnen kommt es aber auch vor, daß sie ihren Familiennamen beibehalten, z. B. Schröder-Devrient. Vergl. **Wiarda**, Ueber deutsche Vor- und Geschlechtsnamen, Berlin 1840; **Abel**, Die deutschen Personennamen, das. 1852; **Pott**, Die Personennamen, Leipzig 1853, 2. Aufl. 1859; **Förstemann**, Altdeutsches Namenbuch, Nordhausen 1854—61, 2 Bde.; **Derselbe**, Die deutschen Ortsnamen, das. 1863. Bei den **Juden** in Deutschland wurden die Familiennamen erst zu Ende des 16. u. in der zweiten Hälfte des vorigen Jahrhunderts üblich. Die **Russen** haben bloß Einen Taufnamen, weil sie glauben, daß jeder N. seinen Vorsteher im Himmel habe, welcher zugleich Schutzengel aller Derer sei, welche diesen N.n führen. Da nun Niemand mehren Schutzengeln angehören könne, so könne er auch nicht mehre N.n haben. Sie nehmen entweder den N.n des Heiligen ihres Geburtstags, oder sie wählen unter den N.n 8 Tage vor und nach ihrem Geburtstage. Gewöhnlich gibt der Priester dem Kinde den N.n, nur Vornehme wählen selbst einen N.n. Außer dem Taufnamen führen die Russen noch einen von dem Vaternamen gebildeten N.n auf itsch für Knaben, auf owna für Mädchen endigend, z. B. Nikolaus Pawlowitsch (Pauls Sohn), Maria Paulowna (Pauls Tochter). Die **Normannen** bedienten sich zur Ableitung vom Vaternamen des Worts Fitz (von filius), wie Fitzgerald. Die **Schotten** brauchen als Familiennamen den Vaternamen mit vorgesetztem M', einer Abbreviatur für Mac, d. i. Sohn; ebenso die **Irländer** O', was nach Einigen Sohn bedeuten, nach Andern Abkürzung der englischen Präposition of, d. i. von, sein soll, z. B. John, M'Culloch, Daniel O'Connell. In **England** herrscht die Sitte, Familiennamen, besonders den Familiennamen der Mutter, als Taufnamen einem Sohne zu geben; so heißt einer der Söhne Peels John Floyd, weil Lady Peel eine geborne Floyd ist. Zur Ableitung vom Vaternamen bedienen sich die Engländer eines angehängten son, wie Johnson, ebenso die **Schweden**, wie Erikson, und die **Dänen**, wie Martenson. Bei den **Spaniern** endigen sich die von den Vätern hergenommenen N.n auf ez, z. B. Hernandez, Sohn Hernando's. Uebrigens erhalten die Söhne von Adeligen zu dem väterlichen N.n auch noch Beinamen von dem Namen der Mutter; so hießen z. B. die Söhne des Juan Leonardo, welcher die Doña Aldonza de Argensola geheirathet hatte, Lupercio und Bartolomo Leonardo de Argensola. Vgl. **Dolz**, Ueber die Taufnamen, Leipzig 1824; **Fleischer**, Onomatologie, oder lateinisches Wörterbuch unserer Taufnamen, Erlangen 1824; **Salverte**, Essai historique et philosophique sur les noms d'hommes, de peuples et de dieux, Paris 1824, 2 Bde. Die **Araber** haben einen Vornamen, der gewöhnlich von dem N.n des Erstgebornen od. auch eines andern Sohnes mit Hinzufügung von Abu gebildet wird, z. B. Abu-Bekr; Eigennamen, wie Hassan, auf welchen gewöhnlich der des Vaters, Großvaters ꝛc. mit einem dazwischen stehenden Ebn oder Ben folgt, z. B. Ebn-Sina; Zunamen, von der Religion oder dem Hofe hergenommen, wie Salah-ed-din; Beinamen, nach Beschäftigung, Stamm, Geburtsort, Sekte ꝛc. gewählt; Dichternamen, welche nur Dichter in ihren Gedichten zu führen pflegen; lobende oder tadelnde Spitznamen. Bei den **Chinesen** gibt es: Vornamen, die jedoch nicht fest bestimmt sind, von Aeltern oder deren Stellvertretern den Kindern ertheilt und nach Belieben bei besonderen Ereignissen gewechselt werden, bis zu der Zeit, wo Einer in eine Unterrichtsanstalt eintritt oder ein öffentliches Amt erhält; Vornamen, von dem Hause, aus dem Einer der männlichen Linie nach abstammt; Ehrennamen und Beinamen, jedoch nur bei berühmten und ausgezeichneten Personen. Daß der bürgerlichen Ordnung wegen das willkürliche **Wechseln** der N.n bei einem kultivirten

Volk nicht geduldet werden kann, leuchtet von selbst ein. Der Staat muß auf Führung von Familien- und Personalnamen bestehen, und genau geführte Civilstandsregister (Kirchenbücher) liegen im Interesse der Rechtssicherheit. Die Wahl der Taufnamen ist nicht überall ganz unbeschränkt. In manchen Ländern müssen sie aus der Zahl der Kalenderheiligen genommen werden. In Frankreich war mit der Revolution unbedingte Freiheit hierin eingetreten; Napoleon I. befahl jedoch, daß man sich auf die in den Kalendern und in der alten Geschichte vorkommenden N.n zu beschränken habe. In England ging unter den Puritanern die Sucht, recht bibelfeste N.n zu haben, ins Lächerliche; man wählte oft ganze Bibelstellen zu Vornamen (z. B. „Wenn Jesus Christus nicht für mich gestorben wäre, so wäre ich verdammt"). In Deutschland entstanden 1813 Vornamen, wie „Blücherine", „Gneisenauette", „Landsturmine" und ähnliche.

Namek-Schah, s. Sikhs.

Namenlose Gesellschaften (anonyme Gesellschaften), in Frankreich, Italien, Spanien und den Niederlanden gebräuchliche Benennung der Aktiengesellschaften.

Namenstag, Tag, der im Kalender dem Heiligen, dessen Namen man führt, gewidmet ist, wird in katholischen Ländern statt des Geburtstags gefeiert.

Namensvers, s. v. a. Akrostichon.

Nammen, Dorf in der preußischen Provinz Westphalen, Regierungsbezirk und Kreis Minden, mit 600 Einwohnern und einer Mineralquelle, die zur Klasse der kalten salinischen Schwefelquellen (+ 10° R. bei 12° R. der Atmosphäre) gehört und als Bad mit günstigem Erfolg bei rheumatischen, gichtischen und herpetischen Leiden angewendet wird.

Namsenelf, Fluß im norwegischen Amt Nordre-Throndhjem, entsteht aus dem See Naums-Vandat und mündet bei dem Kirchdorf Skage in den Namsenfjord.

Namslau, Kreisstadt in der preußischen Provinz Schlesien, Regierungsbezirk Breslau, an der Weida, hat eine evangelische und 3 katholische Kirchen, ein Hospital, bedeutende Baumwoll- und Leinweberei, Tuchmacherei, Watte-, Tabaksfabrikation, Flachs- und Garnhandel, besuchte Viehmärkte und 4028 Einwohner. Das befestigte Schloß (früher Kommende des deutschen Ordens) wurde 1741 geschleift.

Namur, belgische Provinz, besteht aus dem größten Theile der ehemaligen Grafschaft N. und aus Theilen des ehemaligen Hochstifts Lüttich und der Herzogthümer Brabant und Lüttich, wozu 1815 noch die französischen Städte Marienburg und Philippsville kamen, grenzt nördlich an die Provinz Brabant, nordöstlich an Lüttich, südöstlich an Luxemburg, südlich an Frankreich, westlich an Hennegau und umfaßt 66,67 QM. mit (1862) 304,268 Einw. Das Land ist im Ganzen gebirgig (durch die Ardennen), doch erheben sich die Berge nicht über 2000 Fuß. Das Land ist reich an Wald, der Boden indeß nur im Arrondissement N. für den Getreidebau besonders geeignet, während das Arrondissement Dinant große Heidestrecken hat. Der Hauptfluß ist die Maas mit ihren Nebenflüssen Hermeton, Molignée, Barnod, Sambre, Lesse u. a. Das Klima ist im Allgemeinen feucht und kalt. Gebaut werden die gewöhnlichen Getreidearten, Hülsenfrüchte und Obst, sowie etwas Tabak und Wein, von größerer Wichtigkeit als der Ackerbau ist die Viehzucht, besonders die Schafzucht; von Wild finden sich Schweine, Damhirsche u. Rehe in den südlichen Wäldern, Hasen und Kaninchen mehr im Norden. Der Bergbau ist namentlich auf Eisen, Steinkohlen, Blei und Zink von Bedeutung, auch werden Marmor, Schiefer, Bau- und Mühlsteine gebrochen. In großer Blüthe steht die Industrie; neben zahlreichen Hohöfen und andern Eisenwerken gibt es Stahlfabriken, Kupferhämmer, Bleihütten, Bleiweiß-, Porzellan- und Fayencefabriken, Glashütten, Papiermühlen, viele Gerbereien, Baumwollenmanufakturen, Nagelschmieden, Brennereien &c. Der Handel ist ebenfalls von Wichtigkeit; zur Ausfuhr kommen besonders: Eisen und Eisenwaaren, Holz, Leder, Vieh, Marmor und Backsteine. Das Land hat ein trefflich organisirtes Eisenbahnnetz, dessen Mittelpunkt die Hauptstadt N. ist, von welcher aus sich nach 5 Richtungen hin Eisenbahnen verbreiten (s. unten). Die Provinz sendet 3 Mitglieder in den Senat und 7 Abgeordnete in die Repräsentantenkammer und zerfällt in die 2 Bezirke Namur und Dinant. Die ehemalige Grafschaft oder das Marquisat N. lag zwischen Hennegau, Brabant, Luxemburg und dem Lüttichschen. Das in der ältesten Zeit von Eburonen und Tungrern bewohnte Land wurde von den Römern zu Germania secunda und von den Franken zu Austrasien gezogen. Beranger, Graf von Lomme, zu Anfang des 10. Jahrhunderts, wird als erster Graf von N. genannt. Unter Heinrich I., dem Blinden († 1196), wurde die Grafschaft mit Luxemburg vereinigt. Dann wieder davon getrennt, kam sie in den Besitz des Hauses Hennegau, bald darauf jedoch durch Heirath an Peter von Courtenay, Kaiser von Konstantinopel († 1219). Des letzteren Sohn, Balduin, verkaufte sie 1262 an Guy von Dampierre, Grafen von Flandern, dessen Erben sie bis 1420 besaßen, wo Graf Johann III., der keine Erben hatte, seine sehr verschuldeten Güter an den Herzog Philipp den Guten von Burgund um 132,000 Goldkronen u. die Einnahme vom Marquisat N. auf Lebenszeit verkaufte. Philipp nahm nach Johanns Tode 1421 N. in Besitz, riß es von Hennegau, mit dem es immer im Lehnsnexus gewesen war, los und brachte es unter den Lehnhof von Mecheln. Hierauf bildete die Grafschaft eine der 17 Provinzen der Niederlande und theilte deren Schicksal. Im Lüneviller Frieden kam sie als Departement Sambre-Maas unter französische Herrschaft, bildete seit 1814 eine Provinz der Niederlande und kam 1831 an Belgien.

Die gleichnamige Hauptstadt (vlämisch Namen), in einem romantischen Thale, ringsum von Bergen umgeben, am Einfluß der Sambre in die Maas gelegen, ist seit 1816 wieder eine starke Festung mit Brückenkopf, Citadelle und beträchtlichen Außenwerken und bildet den Knotenpunkt von 5 verschiedenen Eisenbahnlinien in der Richtung nach Brüssel, Lüttich (Aachen und Köln), Luxemburg, Charleville (Rheims) und Charleroi (Paris) und eine der Hauptstationen der beiden wichtigen Linien Köln-Paris und Brüssel-Luxemburg. Die Stadt hat 11 Thore, schöne breite Straßen und große öffentliche Plätze, von denen der Waffenplatz, der St. Aubinplatz und der Lillonplatz die bedeutendsten sind. Unter den zahlreichen Kirchen zeichnen sich besonders aus: die Kathedrale (St. Aubin), eine der schönsten neueren Kirchen Belgiens, 1772 beendigt, mit dem Grabe Don Juans d'Austria, die prachtvolle, 1621—53 von den Jesuiten erbaute Lupuskirche, reich an Marmor und Vergoldung, die 1756 erbaute Franciskanerkirche und die durch ihre Größe und schönen Verhältnisse hervorragende Kirche Notre-Dame. Andere bemerkenswerthe öffentliche Gebäude sind: die Citadelle, der Belfried (Beffroi) aus dem 11. Jahrhundert, jetzt Justizpalast, der Gouvernementspalast, das 1827 erbaute Stadthaus und das Theater. N. ist der Sitz des Gouverneurs und der Provinzialregierung, eines Bischofs, einer Handelskammer, eines Handelsgerichts und eines Gerichts erster Instanz; es hat ein königliches Athenäum, geistliches Seminar, Gymnasium, eine Bibliothek, Gemäldegallerie, verschiedene gelehrte und industrielle Gesellschaften, eine Besserungsanstalt für Frauen, ein Taubstummeninstitut, Irrenhaus und mehre Hospitäler. Die Industrie ist sehr lebhaft und namentlich vertreten durch Stahlwaaren, besonders Messerfabrikation, Eisengießerei, Gerberei, Brauerei, Bleiweiß-, Stärke-, Leim-, Thon-, Papier- und Kupferwaarenfabrikation, Seifensiederei &c. Ferner hat N. Eisen-, Blei- und Steinkohlenminen, lebhaften, durch die Schifffahrt auf der Maas und Sambre u. die großen Eisenbahnlinien begünstigten Handel, bedeutende Jahrmessen und Viehmärkte. Die Bevölkerung der Stadt betrug 1862 25,883 Einw. Schon Cäsar scheint hier einen wichtigen Platz der alten celtischen Urbewohner der Ardennen gefunden zu haben, der Ambivariti genannt wird. An seine Stelle tritt später das alte Namor oder Namurcum und endlich das heutige N. Obgleich 1691 von Coehorn durch das Fort Wilhelm verstärkt, ward N. dennoch 1692 von den Franzosen unter Vauban nach 6tägiger, das Fort nach 22tägiger, die Citadelle aber nach 30tägiger Belagerung eingenommen. Wilhem III. von Oranien eroberte 1695 die letztere, welche Vauban noch bedeutend verstärkt hatte, nebst der Stadt, die von 16,000 Mann unter Boufflers vertheidigt wurde, nach zehnwöchentlicher Belagerung. Nach dem ryswicker Frieden erhielt N. zugleich spanische und holländische Besatzung, welche aber auf Veranlassung Maximilians II. von Bayern 1701 nach Karls II. von Spanien Tode abziehen mußte, wogegen N. von französischen Truppen besetzt wurde. Im Jahre 1704 ward es vergebens von den Verbündeten beschossen, 1715 aber durch den Barrièretraktat den Barrièreplätzen beigesellt und von den Holländern besetzt. Im Jahre 1746 nahmen die Franzosen unter dem Grafen von Clermont die Stadt und das Fort ein, gaben aber beide 1748 im aachener Frieden zurück, worauf Joseph II. die Werke von N. (mit Ausnahme der Citadelle) gleich andern Barrièreplätzen schleifen ließ, was 1794 auch mit der 1792 von den Franzosen eroberten Citadelle geschah. Seitdem wieder befestigt, von den Franzosen auf ihrem Rückzuge 1815 nach der Schlacht bei Belle-Alliance, besetzt und rücksichtslos, ohne alle Hülfsmittel, selbst ohne Geschütz, von dem preußischen 2. Armeecorps auf Befehl des Generals Pirch gestürmt, konnte N. erst nach dem Abzuge der Franzosen eingenommen werden. Noch mehr wurde N. seit 1817 mit englischen Hülfsgeldern und mit Beziehung der französischen Kontributionsgelder befestigt und in neuester Zeit namentlich die Citadelle sehr verstärkt.

Nancowry, Insel aus der Gruppe der Nikobaren, nördlich von Sumatra, mit ungefähr 1000 Einw., hatte früher dänische Besatzung.

Nancy (deutsch Nanzig), Hauptstadt des französischen Departements Meurthe, die alte Haupt- u. Residenzstadt der Herzöge von Lothringen, an der Meurthe, am Marne-Rheinkanal und der paris-straßburger Eisenbahn, welche sich von hier über Frouard nach Metz &c. verzweigt, theilt sich in die unregelmäßig gebaute und finstere Altstadt und in die Neustadt, eine der schönsten Städte Frankreichs, mit regelmäßigen breiten, großen Straßen, schönen öffentlichen Plätzen, großen Fontänen u. zahlreichen prachtvollen Gebäuden. Die Stadt ist von schönen Promenaden umgeben; unter den öffentlichen Plätzen zeichnet sich besonders die Place de la Concorde mit dem vom König Stanislaus zu Ehren Ludwigs XV. errichteten Triumphbogen aus. Von den öffentlichen Gebäuden sind besonders hervorzuheben: die Domkirche mit einem schönen Portal und dreifacher Säulenreihe, die Franciskanerkirche mit Rotunde und dem Grabmal Karls des Kühnen, die Kirche Beau-Secours mit dem Mausoleum des Königs Stanislaus Leszczynski, das ehemalige Schloß der Herzöge von Lothringen in gothischem Styl (jetzt Kavalleriekaserne), der erzbischöfliche Palast, das Rathhaus, eines der schönsten in Frankreich, und das Theater. N. ist Sitz eines Bischofs, eines evangelisch-reformirten Konsistoriums, einer Konsistorialsynagoge, der Departementsbehörden, des Kommando's des 3. Armeecorps, eines kaiserlichen Appellhofs, eines Gerichtshofs, Handelsgerichts, einer Handelskammer und eines Arbeiterschiedsgerichts. Ferner hat die Stadt eine Universitätsakademie, Schule für Medicin und Pharmacie, Forstschule (die einzige in Frankreich), Entbindungsschule, ein Lyceum, Lehrerseminar, eine Zeichen- und Bauschule, Lehranstalt für Physik, Geometrie und Chemie, ein Taubstummeninstitut, Bibliothek von 26,000 Bänden, Gemäldegallerie, ein Naturalienkabinet, einen botanischen Garten, mehre gelehrte und industrielle Gesellschaften, mehre Spitäler, Glockengießerei, Fabriken von Stickereien aller Art, Wollzeuchen, Musselin, Watte, Tuch, Ziegenhaarzeuchen, Uhrengehäusen, physikalischen u. musikalischen Instrumenten, Kupfer-, Blech- u. Messingwaaren, Billards, chemischen Produkten, Lichten (sehr berühmt), Liqueuren (Liqueur de Lorraine), Farben, Firniß und Papier, ferner Baumwollenspinnerei und Weberei, Färberei, Gerberei, ein Salzentrepot, Baumschulen &c., sowie erheblichen Handel mit diesen Fabrikaten, Landesprodukten und Kolonialwaaren. Von den alten Festungswerken ist nur noch die Citadelle übrig. Im Verhältniß zur Bevölkerung (1861: 49,305 Einw.) und trotz der bedeutenden Industrie ist die Stadt indeß äußerlich nicht sehr belebt. N. ist der Geburtsort Choiseuls und des Artilleriegenerals Drouot (diesem und dem Marschall-Molitor sind hier Statuen errichtet), ferner des Landschaftsmalers Claude Lorrain, L. Charles François' (des Erfinders des Kupferstichzeichnens), Callots und Pallisots. Das hiesige Ordenshaus St. Charles ist das Mutterhaus des Ordens der barmherzigen Schwestern, der 1652 hier gestiftet wurde. In der Nähe von N., in Roville, ist die von Dombâle gestiftet wichtige Musterwirthschaft, womit eine Branntweinbrennerei, eine Ackerbauschule und eine Fabrik von Ackerbaugeräthschaften verbunden sind. Auch befindet sich in der Nähe der Stadt ein großes Irrenhaus und mehre Mineralquellen. Im 12. Jahrhundert war N. nur ein Schloß und seit 1153 die Residenz der Herzöge von Lothringen. Im Jahre 1475 wurde es von Karl dem Kühnen von Burgund erobert und der Herzog René von Lothringen verjagt. Dieser gewann zwar N. 1476 wieder, aber sogleich belagerten es die Burgunder wieder. Die Schweizer und René von Lothringen rückten vereint zum Entsatz herbei, und am 5. Jan. 1477 kam es zu der berühmten **Schlacht**, in der die Burgunder gänzlich geschlagen wurden und Karl der Kühne selbst blieb. René und seine Nachfolger bauten nun an N. eine neue Stadt an, die Herzog Heinrich II. von Lothringen vollendete. Sein Schwiegersohn Karl IV. mußte N. von Franzosen besetzt sehen, und als er durch den pyrenäischen Frieden wieder in Besitz desselben kam, mußte er es 1661 schleifen. Im Jahre 1670 besetzten es die Franzosen unter dem Marschall von Crequi wieder, befestigten es von Neuem und erhielten es im nimwegener Frieden gegen Toul abgetreten. Im ryswicker Frieden gab aber Ludwig XIV. N. zurück und gestattete die Beibehaltung der Befestigung der alten Stadt unter der Bedingung, daß die neue und die Außenwerke der alten geschleift würden. Als ihm Ludwig später eine französische Besatzung aufdrang, verlegte Karl IV. die Residenz nach Luneville, wo er auch blieb, obschon ihm N. im badenschen Frieden 1714 wieder eingeräumt wurde. Herzog Franz von Lothringen wurde 1733 von Neuem durch die Franzosen verjagt, und diese bekamen durch den wiener Frieden N. und ganz Lothringen in Besitz. Stanislaus Leszczynski, König von Polen, residirte zu N. und † daselbst 1766. Ihm verdankt N. eine Anzahl vorzüglich schöner Gebäude.

Nandadevi, eine der großartigsten Bergmassen des Himalaya, im Distrikt Kumaon, 25,749 F. hoch.

Nandina *Thunb.*, Pflanzengattung aus der Familie der Berberideen, mit der einzigen Art N. domestica *Thunb.*, *Lam.*, in Japan und China, mit aufrechtem, 6 Fuß hohem Stamm, am Ende des Stengels und der Aeste gleichsam eine Krone bildenden, glatten, vielfach zusammengesetzten, in der Jugend rothbräunlichen Blättern, weißen Blüthen in einer länglichen Endrispe und rothen Beeren von der Größe einer Erbse. Man pflanzt sie in lockere, fette, mit etwas Sand gemischte Dammerde, durchwintert sie bei 3—8° Wärme, begießt sie im Winter sehr mäßig und stellt sie im Sommer ins Freie. Die Vermehrung geschieht durch Samen im warmen Mistbeete und durch Stecklinge, wozu man die kurzen Seitenästchen nimmt.

Nandu, s. v. a. amerikanischer Strauß, s. **Strauß**.

Nangasaki (**Nagasaki**), eine der fünf Hauptstädte des japanischen Reichs u. eine der bedeutendsten Handelsstädte desselben, auf der Westküste der Insel Kiusiu gelegen, mit einem trefflichen Seehafen, in der Mitte der durch zwei Vorgebirge gebildeten Bai Kiusiu, von hohen Bergen umgeben, nach der Seeseite zu mit Befestigungen versehen, hat über 60 Tempel (unter denen der Suwatempel der berühmteste), Fabriken in Gold- und Silberwaaren und gegen 100,000 Einw. Der Hafen von N. war bisher der einzige Hafen, welchen Fremde, d. h. Koreaner, Chinesen und Holländer, besuchen durften, ist jetzt aber allen Nationen geöffnet. Die Chinesen und Holländer haben hier besondere Faktoreien, die ersten in der Vorstadt Jakuyin am südlichen Ende der Stadt, die letzteren auf der im Hafen gelegenen und mit der Stadt durch eine steinerne Brücke verbundenen Insel Desima.

Nangis, Stadt im französischen Departement Seine-Marne, an der Bahn von Paris nach Troyes und Mülhausen, hat ein Schloß mit Park, Hut- u. Leimfabrikation, Strumpfwirkerei, Handel mit Wein, sehr beträchtliche Viehmärkte und 2421 Einwohner. Hier den 17. Febr. 1814 **Sieg** Napoleons I. über die Russen unter Pahlen.

Nanhai (d. i. südliches Meer), der chinesische Name des südlichen Theils des chinesischen Meeres.

Nanke, ostindische Inselgruppe, zum Sundaarchipel gehörig.

Nankinet, auf Nankingart, jedoch aus feinerem Garn gewebtes baumwollenes Zeuch.

Nanking (**Nankin**, jetzt **Kiang-ning**), Hauptstadt der chinesischen Provinz Kiang-nan, liegt am südlichen Ufer des Jantse-kiang oder sogenannten blauen Flusses ungefähr 30 deutsche Meilen von seiner Mündung entfernt in 32° nördl. Br. und 117° östl. L. von Greenw. Bis zu Ende des 14. Jahrhunderts war N. die Hauptstadt des chinesischen Reichs und damals wohl die größte und volkreichste Stadt der Erde, mit berühmten Tempeln, großen Palästen und Grabmälern der chinesischen Kaiser. Ihre Größe schwand, als Kublai-Khan die Residenz nach Peking verlegte. Doch ist die Stadt noch immer groß und bedeutend. Die Zahl der Bewohner, die zur Zeit der Blüthe N.s über 3 Millionen betragen haben soll, ist jetzt auch nur annähernd schwer zu schätzen. Meist wird sie zu $^1/_2$ Million angegeben. Die Kämpfe der Insurrektion, welche hauptsächlich in N. seit einem Jahrzehnt gewüthet, haben sowohl in Bezug auf die Bevölkerung, wie auf die Stadt selbst Vieles verändert und vernichtet. In Folge derselben wurde auch der weltberühmte sogenannte Porzellanthurm zerstört, welcher aus weißen Ziegeln achteckig gebaut, 9 Stockwerke (über 200 Fuß) hoch und mit vielen Glöckchen, Gemälden und Bildsäulen verziert war. Die Stadt besteht aus 4 Hauptstraßen, die mit einander parallel laufen und von kleineren Straßen rechtwinkelig durchschnitten werden, und ist mit einer dreifachen Mauer umgeben. Die Straßen sind enge, besonders die Nebengassen, wie in allen chinesischen Städten. Außer einigen Thoren und Tempeln hat N. keine hervorragenden Gebäude. Da die Provinz Kiang-nan, von vielen Flüssen und Kanälen durchschnitten und durch die zwei großen Flüsse Chwangho und Jantse-kiang mit dem gelben Meer in Verbindung stehend, immer für den Mittelpunkt des inländischen Handels galt, so herrscht auch in ihrer Hauptstadt rege Handels- und Gewerbsthätigkeit; besonders werden bedeutende Manufakturen in Seide (geblümte Atlasse) u. Baumwolle hier unterhalten. Der schöne und dauerhafte Baumwollenstoff, der den Namen Nanking trägt, wird hier verfertigt und nach dem Hafen von Kanton versendet, von wo er als bedeutender Handelsartikel verschifft wird. Das in N. fabricirte Papier wird für das beste in China gehalten. Getreide und andere Verbrauchsgegenstände erhält die Stadt durch die Häfen von Santschu-fu und Schanghai. Nach den Berichten der Jesuiten ist N. auch berühmt als der Sitz der Künste und Wissenschaften und große

Bildungsschule von Mandarinen und hat viele Bibliotheken, Buchhandlungen, gute Schulen und wissenschaftliche Anstalten.

Nankings (Nankins, Nankeens, Nanquins), leinwandartig gewebte, feste und dichte, glatte Baumwollenzeuche von fahler oder röthlichgelber Farbe, welche bei den chinesischen und ostindischen N. durch die natürliche Farbe der Nankingbaumwolle (von Gossypium religiosum), bei den europäischen durch Färben des Garns erzeugt ist. Man hat auch geköperte, stets im Garn blau, roth, braun, aschgrau gefärbte, gestreifte und melirte N. Früher wurden diese Zeuche in großer Menge durch die Holländer, Dänen, Franzosen, Engländer und Amerikaner nach Europa gebracht; gegenwärtig hat der Export aus China fast ganz aufgehört, da sich die Chinesen kaum im eigenen Lande der fremden Konkurrenz in Baumwollenzeuchen erwehren können. Die Chinesen tragen sie selten in gelber Farbe, ausgenommen als Trauerkleidung; für ihren Gebrauch färben sie den Nanking gewöhnlich schwarz und blau, zuweilen auch scharlach und rosenroth. Die besten N. werden in Nanking selbst verfertigt, und die vorzüglichsten darunter sind die sogenannten Kompagnienankeens in 1., 2. und 3. Qualität, welche die englische Faktorei verfertigen läßt. Unächte N. liefert England in mancherlei Abänderungen mit besondern Nebenbenennungen; Hauptsitz ihrer Verfertigung ist Manchester und die umliegende Gegend. In Frankreich werden die besten Nanquins zu Rouen, Roubair und in den umliegenden Orten verfertigt. Die Schweiz liefert einfache und geköperte N., welche noch mit verschiedenen farbigen Mustern bedruckt werden und vornehmlich nach Italien, Spanien und Südamerika Absatz finden. In Deutschland hatte die Nankingfabrikation in Sachsen ihre Hauptsitze, vorzüglich in der Oberlausitz, in den meisten Dörfern längs der böhmischen Grenze, namentlich zu Ebersbach, Gersdorf, Seifhennersdorf, Großschönau &c. Die buntgestreiften N. hatten früher ihren Hauptabsatz in der Levante und in Persien, wo sie allgemein zu Haus- u. Unterkleidern der Männer in der größten Menge verbraucht wurden; die gelben dagegen wurden in Süd- und Nordamerika stark gesucht. Auch für die böhmischen Baumwollenmanufakturen waren die N. ein sehr wichtiger Artikel, sowohl für den Bedarf der österreichischen Staaten, als auch für Italien, Polen und die Levante. Unter den preußischen Manufakturen zeichneten sich besonders die Fabriken zu Elberfeld u. in der Umgegend, zu Remscheid, Solingen, Gladbach &c., aus.

Nannini, 1) Agnolo, eigentlich Giovanni, gewöhnlich nach seinem Stammort Firenzuola genannt, italienischer Schriftsteller, geboren den 28. Sept. 1493 zu Florenz, studirte zu Siena und Perugia und begab sich dann nach Rom, wo er die beiden Abteien Sta.-Maria di Spoleti und San-Salvador di Bajano erhielt. Er † vor 1548. Die Crusca zählt ihn unter die Klassiker. Seine Werke, darunter 2 Lustspiele, eine freie Bearbeitung des „Goldenen Esels" von Apulejus, „Discorsi degli animali", und 8 Novellen nach dem Muster des „Decamerone", erschienen erst 1763 vollständig gesammelt in 3 Bänden.

2) Giovanni Maria, italienischer Komponist, aus Vallerano gebürtig, ein Schüler Claudio Goudimel's, war 1571—75 Kapellmeister an S. Maria Maggiore zu Rom, ward 1577 ins Kollegium der päpstlichen Sänger aufgenommen und † am 10. März 1607. Er gründete mit seinem Freunde Palestrina die erste Musikschule zu Rom, aus der eine Menge der trefflichsten Tonsetzer hervorging. Seine gedruckten Werke bestehen in einem Buche dreistimmiger u. einem andern fünfstimmiger Motetten, 3 Büchern fünfstimmiger Madrigalen u. einem Buche dreistimmiger Canzonetten. Außerdem sind noch viele Sachen von ihm in verschiedenen Sammlungen zerstreut, oder in Bibliotheken u. Archiven aufbewahrt. Sein „Stabat" wird noch jetzt alljährlich in der päpstlichen Kapelle gesungen. Sein jüngerer Bruder, Bernardino, setzte die römische Schule fort, ward Kapellmeister an der Kirche S. Luigi de' Franzesi und † gegen 1624. Er schrieb Madrigale, Motetten und verschiedene andere Werke.

Nanquins, s. v. a. Nankings.

Nanterre, Flecken im französischen Departement Seine, Arrondissement St. Denis, an der Seine und der Eisenbahn von Paris nach St. Denis, hat Leim-, Schwefelsäure- u. Stearinlichtefabrikation, bedeutende Schweineschlächterei für Paris und 3550 Einw.

Nantes, Hauptstadt des französischen Departements Niederloire, ehemals die Hauptstadt der Bretagne, am rechten Ufer der Loire, 6 Meilen von deren Mündung in den atlantischen Ocean und am Einfluß der Erdre und der Sèvre Nantaise in die Loire, sowie an der von Paris bis an die Loiremündung führenden Eisenbahn gelegen und durch die Bahn über Tours mit Bordeaux und über Orléans mit Lyon verbunden, ist eine der wichtigsten Hafen- und Handelsstädte Frankreichs, Sitz der Departementsbehörden, eines Bisthums, Gerichtshofs, Handelsgerichts, einer Handelskammer und der 15. Militärdivision, hat schöne Straßen, Kais und zahlreiche öffentliche Plätze und namentlich sehr schöne Vorstädte, wie überhaupt N. zu den schönsten Städten Frankreichs gehört. Es ist ringsum von Weinbergen umgeben. Die merkwürdigsten Gebäude sind: das alte Schloß der Herzöge von Bretagne (in welchem 1598 das Edikt von N. unterzeichnet wurde, jetzt großentheils zerstört, erst durch einen Brand 1670, dann durch eine Explosion 1800), die Kathedrale zu St. Nicolas mit schönen Glasmalereien und dem prachtvollen Mausoleum der Königin Anna, des letzten Herzogs der Bretagne, Franz' II. und dessen Gemahlin Margarethe's von Foix, die Börse, die Münze, das Stadthaus, die Präfektur, das Theater (1856 abgebrannt), die Getreide- u. Leinwandhallen. N. hat ferner 22 Brücken, ein Lyceum, eine Schifffahrtsschule, Zeichen- und Gewerbschule, Lehranstalt für Chirurgie, Anatomie und Entbindungskunst, ein chemisches Laboratorium, Taubstummeninstitut, mehre öffentliche Bibliotheken, ein Museum mit Kunstsammlungen und Naturalienkabinet, eine Gemäldesammlung, einen botanischen Garten, verschiedene gelehrte und industrielle Gesellschaften, mehre Hospitäler und Kinderbewahranstalten, Fabrikation von Leinwand, Tuch, Wollenstoffen, Baumwollentüchern, Twist, Kattun, Hüten, Leder, Maroquin, Zucker, Seilerwaaren, Porzellan, Fayence, Glas, Weinessig, Liqueuren, Bürsten, Eisen- und Kupferwaaren, eingemachten Früchten, ferner Dampfmaschinenbau, bedeutenden Schiffbau und Fabrikation der meisten zur Ausrüstung der Schiffe gehörigen Stoffe und Werkzeuge, Entrepots für Salz und

Weine des Departements, allgemeines Lager für Lebensmittel und Munition der Marine, namentlich für die Häfen von Brest, Lorient und Rochefort. Auch nimmt N. am Fischfang starken Antheil, sendet Wallfisch- und Stockfischfänger aus und treibt selbst bedeutenden Sardellenfang. Der Hafen, an einem Arme der Loire gelegen, kann 200 Schiffe, jedoch nur bis 200 Tonnen, bergen, während die größeren Seeschiffe bei den kleinen Städten Nazaire u. Paimboeuf an der Loiremündung anlegen, welche als der eigentliche Hafen von N. zu betrachten und nach Bordeaux der bedeutendste französische Handelshafen am atlantischen Ocean sind. Der Hafen von N. ist weit wichtiger für die Vermittelung des Verkehrs zwischen Havre u. Bordeaux u. durch die Flußschiffahrt für den Binnenhandel als für den Seeverkehr. Hauptausfuhrartikel sind: Salzfleisch, Speck, Weizen, Gerste, Mehl, Wein, Essig, Gußeisenwaaren, Gold- und Silbermünzen und französische Industrieerzeugnisse in Seide, Wolle und Baumwolle 2c., die Haupteinfuhrartikel: Wolle, Zucker, Kakao, Kaffee, Pfeffer, Olivenöl, Mahagoniholz, Baumwolle, Kupfer, Blei, Zinn, Felle, Thran, Farbhölzer, Rum 2c. Der Werth der Gesammteinfuhr betrug 1861 79 Millionen Franken, der der Ausfuhr 25 Millionen Franken. Die Bevölkerung von N. belief sich 1861 auf 113,625 Einw. Im Alterthum hieß N. Civitas Namnetum u. im Mittelalter war es die Residenz der Grafen und Herzöge von Bretagne, die auch zum Theil in der dasigen Kathedrale begraben liegen. Im Jahre 1598 wurde zu N. das berühmte Edikt von N. von König Heinrich IV. erlassen, welches den Protestanten in Frankreich Religionsfreiheit gestattete, 1688 aber von Ludwig XIV. widerrufen wurde. In der Zeit der französischen Revolution hat N. theils durch den bis unter seine Thore geführten Krieg der Vendée, theils durch die grausamen Hinrichtungen (Noyaden u. republikanischen Hochzeiten) Carriers, theils durch die Unterbrechung des Handels sehr gelitten. Vergl. Guépin, Essais historiques sur les progrès de la ville de N., Nantes 1832.

Nanteuil, Robert, französischer Maler und Kupferstecher, geboren 1630 zu Rheims, Schüler Bothe's, war Ludwigs XIV. Kabinetszeichner und Kupferstecher und † 1678. Er bediente sich beim Stich einer ganz einfachen Lage von Linien, die er allmählig anschwellen und in leichte Punkte verschwimmen ließ, wie er denn überhaupt das Verfahren bei der Stichmanier mehrfach vereinfacht hat. Seine Porträte, deren man 228 zählt, sind ansprechend und lebendig, ausnehmend weich und zart gerundet.

Nantua, Hauptstadt eines Arrondissements im französischen Departement Ain, malerisch zwischen zwei Felsen am Ostufer des gleichnamigen See's gelegen, aus dem die Ain entspringt, hat Seiden- und Papierfabrikation, starken Handel mit Holz, Käse, Stricken, Knöpfen, Kämmen, Tabaksdosen u. Bernstein, ist Entrepot zwischen Frankreich und der Schweiz für Getreide und Wein und zählt 3726 Einwohner.

Nan-tschang-fu, Hauptstadt der chinesischen Provinz Kiang-si, an der Mündung des Kang-kiang in den Po-yangsee, war früher Residenz kaiserlicher Prinzen, hat lebhaften Handel, namentlich mit Porzellanwaaren, Pelzwerk, Seide und Reis, und soll gegen 300,000 Einwohner haben.

Nantucket, Insel im atlantischen Ocean, zum nordamerikanischen Staate Massachusetts gehörig, hat 2,30 □Meilen mit über 8600 Einwohnern, die Fischfang, Rindvieh- und Schafzucht treiben. Auf der nördlichen Landspitze, Sandy, befindet sich ein Leuchtthurm. Die Stadt N., gleichfalls auf der Nordseite gelegen, hat einen tiefen, sichern Hafen, Wollzeuch- u. Segeltuchfabrikation, Tauschlägereien, Wallfischfang und 8000 Einwohner. Südöstlich von der Insel liegen die für die Schiffahrt sehr gefährlichen Sandbänke Nantucket Shoals.

Nantwich (Namptwich), Marktflecken in der englischen Grafschaft Cheshire, südöstlich von Chester, am Weaver u. unweit der Vereinigung der Chester-, Ellesmere-, Liverpool-, Birmingham-, Junction- u. Middlewich-Branch-Kanäle, sowie Knotenpunkt von fünf Eisenbahnen nach Chester, Liverpool, Manchester, Birmingham und London, hat 7 Kirchen, eine lateinische Schule, ein Handwerkerinstitut, eine Saline, Baumwollenmanufakturen, Schuhmacherei, Handschuhfabrikation, Käsebereitung u. 6225 Einw.

Nan-Yan-fu, Stadt in der chinesischen Provinz Honan, südlich von Honan, in fruchtbarer Gegend an einem Arm des Jantse-kiang, zwischen Bergen, in denen Azursteine gebrochen werden.

Napagedl, Stadt im österreichisch-mährischen Kreis Hradisch, am linken Ufer der March und an der wien-oderberger Eisenbahn malerisch gelegen, hat ein Schloß auf felsiger Anhöhe mit großem Park, eine Diakonatskirche, besuchte Jahr-, Garn- und Flachsmärkte, ein Schwefel- u. Mineralbad, Weinbau und 2870 Einwohner.

Napa-Kiang, Stadt und Haupthafen auf der Südostküste der chinesischen Insel Großlieukieu, hat lebhaften Handel.

Naphtali, der 7. Sohn des hebräischen Patriarchen Jakob und der Bilha, der Stammvater eines der 12 israelitischen Stämme, der bei der Zählung vor dem Einrücken in Kanaan 45,400 waffenfähige Männer zählte und sein Gebiet im nördlichen Palästina (Galiläa) oberhalb der Stämme Ascher und Sebulon mit dem Jordan als Ostgrenze angewiesen erhielt. Nördlich erstreckte sich dasselbe bis gegen den Fuß des Libanon. Es war einer der fruchtbarsten Landstriche Palästina's, mit 24 Städten. Aus diesem Stamme gingen der Held Barak und Tobias hervor.

Naphtha, nicht mehr gebräuchlicher Name für sehr verschiedene leichtflüssige Stoffe, z. B. Aether, Essigäther, Buttersäureäther, natürlich vorkommende Kohlenwasserstoffe, wie Erdöl, die flüchtigsten Produkte der trockenen Destillation von Braunkohlen 2c.

Naphthainsel, Insel an der südlichen Ostküste des kaspischen Meeres, zur persischen Provinz Khorassan gehörig.

Naphthalin, Kohlenwasserstoffverbindung, besteht aus 20 Atomen Kohlenstoff und 8 Atomen Wasserstoff, bildet sich bei der trockenen Destillation organischer Substanzen in hoher Temperatur und findet sich, dem entsprechend, im Steinkohlentheer, im Ruß, in den Produkten der trockenen Destillation des Pechs, des Kamphers, des benzoësauren Kalks 2c. Sumpfgas in einer schwer schmelzbaren Glasröhre bis zum Erweichen derselben erhitzt liefert ebenfalls N., und so entsteht es auch, wenn man Alkohol- oder Essigsäuredämpfe oder Elaylgas durch rothglühende Röhren leitet. Man erhält das N., wenn man Steinkohlentheer destillirt, die flüchtigsten Produkte absondert und die darauf übergehenden Oele stehen läßt. Das N. krystallisirt dann und kann abgepreßt werden. Schwarz erhielt aus Theer, der sehr wenig leicht flüchtige Produkte gab, so viel N., daß das ganze Destillat butterartig erstarrte. Das rohe N. wird mit Aetznatronlauge (15° B.) wiederholt geschmolzen, mit Wasser ausgekocht, abgepreßt, sublimirt und aus Weingeist von 80 Proc. Tr. umkrystallisirt. Es bildet farblose, seidenglänzende Krystalle, schmilzt bei 79, siedet bei 220°, hat ein specifisches Gewicht von 1,04, löst sich wenig in kochendem Wasser, verflüchtigt sich theilweise mit den Wasserdämpfen und wird von Alkohol, Aether und Oelen leicht gelöst. Es brennt mit leuchtender, stark rußender Flamme, wird von Alkalien nicht angegriffen und bildet mit Chlor und Brom eine sehr große Zahl von Substitutionsprodukten, welche entweder mehr als 8 Aequivalente Wasserstoff + Chlor oder nur 8 Aeq. Wasserstoff + Chlor enthalten. Die zur ersteren Klasse gehörigen Verbindungen werden durch weingeistiges Kalihydrat zersetzt, indem die überschüssigen Aequivalente Chlor oder Brom weggenommen werden und ein Substitutionsprodukt der andern Klasse übrig bleibt. Heiße koncentrirte Schwefelsäure löst das N. und bildet Sulfo- od. Disulfonaphthalinsäure, rauchende Schwefelsäure erzeugt gleichzeitig Sulfonaphthalin. Salpetersäure bildet in der Kälte langsam Nitronaphthalin, in der Wärme entstehen nach der Dauer der Einwirkung Nitro-, Bi- und Trinitronaphthalin, Phthalsäure und Oxalsäure. Das Nitronaphthalin wird durch Schwefelammonium u. essigsaures Eisenoxydul in Naphthylamin verwandelt. Letzteres und die Nitroverbindungen haben in letzterer Zeit Wichtigkeit erlangt, weil sie wie das Anilin eine große Reihe ausgezeichneter Farbstoffe geben. Nitronaphthalin bereitet man am besten, indem man N. mit rauchender Salpetersäure von 44° B. unter Vermeidung von Temperaturerhöhung behandelt, die krystallinische Masse mit Wasser auswäscht und trocknet. Es ist in Wasser unlöslich, in heißem Alkohol und Aether löslich und schmilzt bei 43° C. Bringt man es in Salpetersäure von 50° B., die ebenfalls kalt erhalten wird, so entsteht reines Binitronaphthalin. Dies ist in Alkohol und Aether sehr wenig löslich und schmilzt bei 185° C. Löst man Nitronaphthalin in kochendem Weingeist auf, fügt etwa ein gleiches Volumen Salzsäure hinzu und dann so viel Zinkblech, daß augenblicklich eine lebhafte Entwickelung von Wasserstoff eintritt, so erhält man eine klare Lösung, aus welcher nach dem Erkalten salzsaures Naphthylamin in warzenförmigen Krystallen anschießt. Mischt man eine koncentrirte Lösung dieses Salzes mit salpetrigsaurem Alkali, so entsteht nach Roussin ein sehr beständiger granatrother Farbstoff, der in Wasser unlöslich, in Alkohol und Aether aber leicht löslich ist. Mit einer verdünnten Lösung von Eisenchlorid oder übermangansaurem Kali bildet das salzsaure Naphthylamin ein schönes indigblaues, in Wasser ebenfalls unlösliches, dagegen in Weingeist mit violetter Farbe lösliches Pigment. Die grünlichblaue Lähmung des salzsauren Naphthylamins in Schwefelsäure, welche etwas Salpetersäure enthält, scheidet den rothen Farbstoff ab, wenn man unter Vermeidung von Temperaturerhöhung mit Wasser verdünnt. Die Lösung von Disulfonaphthylcarbamid, welches bei der Einwirkung von Schwefelkohlenstoff auf Naphthylamin entsteht, färbt sich mit Salpetersäure braun und liefert beim Verdünnen einen gelben Farbstoff. Auch mit salpetersaurem Quecksilber und Zinnchlorid gibt das Naphthylamin bläuliche und rothe Farbstoffe. Binitronaphthalin gibt mit reducirenden Agentien rothe, violette oder blaue Farbstoffe. Einen derselben hielt Roussin für Alizarin, doch ist nachgewiesen, daß er von diesem Krappfarbstoff wesentlich verschieden ist. Durch Erhitzen von Nitronaphthalin mit Kalihydrat und Kalkhydrat entsteht ein gelber Farbstoff, und ein solcher wird auch erhalten, wenn man N. mit verdünnter Salpetersäure kocht und die Masse mit wässerigem Ammoniak behandelt. In neuerer Zeit hat man das N. auch zur Darstellung von Benzoësäure benutzt, nachdem es gelungen war, Phthalsäure als Zwischenglied vortheilhaft zu bereiten. N. mit mehr oder weniger fettem Oel zusammengeschmolzen gibt Schmieren, die wegen ihrer längeren Dauer vortheilhaft sind. Das N. empfiehlt sich auch als Schutzmittel für ausgestopfte Vögel. Die Gasanstalten haben häufig mit dem N. zu kämpfen, da dieses bei seiner Flüchtigkeit von dem etwas warmen Gase mit fortgerissen wird und dann an den nächsten kälteren Stellen der Gasleitungen sich in so bedeutenden Mengen absetzt, daß Verstopfungen eintreten. Auch große Reibung (bedeutende Geschwindigkeit) des Gases in den Röhren scheint zur Ablagerung von N. zu führen, dessen übermäßige Bildung wohl von der Beschaffenheit der Kohle und von sehr hoher Temperatur in den Retorten abhängig ist.

Naphthasee, kleiner See südöstlich von Catania auf der Insel Sicilien, unweit von S. Mineo, daher auch **Mineosee** genannt; sein Wasser riecht stark nach Schwefel.

Napier, 1) **John**, gewöhnlich **Neper** genannt, berühmter britischer Mathematiker, geboren 1550 auf Merchiston bei Edinburg, Sohn des schottischen Barons Archibald von Merchiston, studirte zu St. Andrews, bereiste sodann einen Theil Europa's und widmete sein ganzes Leben mathematischen u. astronomischen Forschungen. Am berühmtesten ward er als Erfinder der Logarithmen. Auch die nach seinem Namen genannten **neperschen Rechenstäbchen**, durch deren Gebrauch das Multipliciren und Dividiren sehr abgekürzt wird, haben sich in den mathematischen Wissenschaften nützlich bewiesen. N. † am 3. April 1617 auf seinem Stammgute. Sein Hauptwerk ist die von seinem Sohn aus seinem Nachlasse herausgegebene „Mirifici logarithmorum canonis constructio“ (Edinburg 1618); außerdem sind zu nennen: „Rhabdologia seu numerationis per virgulas libri II“ (das. 1617) und „Arithmetica seu logarithmorum chiliades centum“ (2. Ausgabe von Vlaccius, Gouda 1628). Sein Leben beschrieb M. Napier, Lond. 1834, der auch ein hinterlassenes Werk desselben, „De arte logistica“ (London 1842), veröffentlichte. Sein ältester Sohn, **Archibald N.**, ein gelehrter Jurist, wurde 1622 Lord justice clerk am schottischen Obergericht und 1627 Lord N. von Merchiston; † 1645.

2) **Macvey**, englischer Schriftsteller, geboren 1777 aus einer Seitenlinie der Familie, wurde 1799 Sachwalter, dann Registrator des schottischen Court of session und 1825 Professor des Uebertragungsrechts an der Universität Edinburg, wo er den 11. Februar 1847 †. Er schrieb „Remarks illustrative

of the scope and influence of Lord Bacon's writings" (Edinburg 1818) und redigirte die 7. Auflage der „Encyclopaedia Britannica" und seit 1829 das „Edinburgh review".

3) **Sir Charles James**, britischer General, geboren den 10. August 1782 zu London, in weiblicher Linie von N. 1) abstammend, trat schon im 12. Jahre in englische Militärdienste, nahm 1798 u. 1803 an den Operationen gegen die irischen Insurgenten Theil und avancirte 1804 zum Major. Am Kriege auf der pyrenäischen Halbinsel gegen die Franzosen, sowie, inzwischen zum Oberstlieutenant aufgerückt, am amerikanischen Feldzug nahm er mit Auszeichnung Theil. Nach der Schlacht von Waterloo begleitete er die britische Armee nach Paris und that sich beim Sturme von Cambray hervor. Nach dem Frieden von 1815 wurde er Oberst und 1821 Gouverneur von Cephalonia, in welcher Stellung er sich um Hebung der Insel vielfache Verdienste erwarb, durch diese Verbesserungspläne aber dem Lord-Oberkommissar der jonischen Inseln, Adam, sich unbequem machte, weshalb man ihn seiner Stelle enthob. Während des Befreiungskampfs der Griechen interessirte er sich aufs lebhafteste für dieselben, doch ging das londoner Philhellenenkomité auf seine Pläne nicht ein. Im Jahre 1837 ward er zum Generalmajor befördert und mit dem Militärbefehl in den nördlichen Grafschaften Englands betraut. Im Herbst 1841 erhielt er ein Kommando in Ostindien. Hier legte er dem neuen Generalgouverneur, Lord Ellenborough, einen Plan vor, die erlittenen Unglücksfälle in Afghanistan wieder gut zu machen, der dessen Beistimmung fand. Bald darauf erhielt er den Oberbefehl über die Truppen in Sind u. Beludschistan, wo er durch die glänzenden Siege bei Meanee am 17. September 1843 u. bei Hyderabad am 24. März 1844 die Macht der Emire von Sind vernichtete, die Beludschen zähmte und 1845 die Unterwerfung des Landes vollendete. Da die ostindische Kompagnie sein energisches Verfahren mißbilligte, ward er 1847 abberufen, im zweiten Kriege gegen die Sikhs 1849 aber wieder an die Spitze des englisch-indischen Heeres gestellt; indeß fand er bei seiner Ankunft den Krieg schon beendet, daher er sein Augenmerk auf Beseitigung vieler in der Armee eingerissenen Mißbräuche warf. Im Jahre 1851 nach England zurückgekehrt, † er den 29. August 1853 zu Oaklands bei Portsmouth. Er schrieb unter vielen andern Werken staatswissenschaftlichen, militärischen und belletristischen Inhalts: „Lights and shades of military life" (London 1851) und „Letter on the defence of England by corps of volunteers and militia" (das. 1852; deutsch, Braunschw. 1852). Vgl. W. Napier, The life and opinions of Sir Ch. J. N. London 1857, 4 Bde.

4) **Sir George Thomas**, britischer General, Bruder des Vorigen, geboren den 30. Juni 1784, zeichnete sich in den spanischen Feldzügen aus, ward 1810 in der Schlacht bei Busaco verwundet, kehrte 1813 zum Heer zurück und machte 1814 die Schlacht bei Toulouse mit. Im J. 1837 zum Generalmajor ernannt, war er 1838—44 Gouverneur des Kaplandes, um welches er sich durch energische Maßregeln gegen die unruhigen Kaffern, Verbesserung der Volksschulen u. Einführung der Municipalverfassung verdient machte. Im J. 1854 ward er zum britischen General ernannt; er † den 8. Sept. 1855 zu Genf.

5) **Sir William Francis Patrick**, berühmter englischer Militärschriftsteller, Bruder des Vorigen, geboren den 17. December 1785 zu Castletown in Irland, trat 1800 in die englische Armee, und es wird von seiner Betheiligung am Bombardement von Kopenhagen an sein Name in allen Feldzügen auf der pyrenäischen Halbinsel von 1809—14 mit Auszeichnung genannt. Er war in denselben bis zum Oberstlieutenant aufgerückt. Von 1842—48 fungirte er als Gouverneur von Guernsey, 1851 ward er zum Generallieutenant und im Nov. 1859 zum General ernannt, doch † er schon am 12. Febr. 1860 zu Claphampark bei London. Sein Hauptwerk ist „History of the war in the Peninsula" (London 1828—40, 6 Bde.; 2. Aufl. 1853), zu dem Besten der englischen Literatur auf diesem Gebiete zählend. Ein Auszug aus diesem Werke ist „English Battles and Sieges in the Peninsula" (London 1855). Die Thaten seines Bruders feiern „The conquest of Scinde" (Lond. 1845) und „History of General Sir Charles N.'s Administration of Scinde" (das. 1852). Vieles Andere von seiner Feder ist in englischen Monatsschriften und Reviews zerstreut.

6) **Sir Charles**, britischer Viceadmiral, geboren den 6. März 1786 zu Falkirk in der schottischen Grafschaft Stirling, Vetter des Vorigen, trat frühzeitig in den Seedienst seines Vaterlandes, betheiligte sich an mehren Seeexpeditionen gegen die Franzosen, nahm 1809 als Flottenkapitän das Fort Edward auf Martinique und wohnte darauf als Freiwilliger dem Feldzug der Engländer auf der pyrenäischen Halbinsel, sowie der Expedition der Engländer im September bis November 1811 gegen die neapolitanischen Küsten bei. In Folge der Eroberung der Insel Ponza bei Gaëta verlieh ihm der König Ferdinand von Sicilien den Titel eines Cavaliere de Ponza. Bereits 1813 wurde ihm die Würde eines Fregattenkapitäns ertheilt. Im Parlament, in welches er als Mitglied des Unterhauses erwählt wurde, stimmte er mit den Whigs. Nachdem er mehre Jahre lang die Fregatte „Galatea" befehligt hatte, trat er 1832 als Admiral in die Dienste Dom Pedro's. In dieser Stellung erwarb er sich Verdienste um die Organisation der Kriegsmarine u. hat wesentlich zur Einsetzung der Königin Donna Maria in Portugal beigetragen. Zur Anerkennung seines glänzenden Seesiegs über die miguelistische Flotte beim Vorgebirg St. Vincent (den 5. Juli 1833) wurde er von Dom Pedro zum Visconde de Cabo de San Vincente erhoben. Nach der Vertreibung Dom Miguels aus Portugal kehrte er Ende 1834 mit der Würde eines Viceadmirals in sein Vaterland zurück, wo er seinen Sitz im Unterhaus wieder einnahm. Erst nach der Thronbesteigung der Königin Victoria, die ihn 1840 zum Ritter ernannte, trat er wieder in aktiven Seedienst. Im December d. J. befehligte er als Commodore unter Admiral Stopford in dem Kriegszuge gegen Mehemed Ali und Ibrahim Pascha, übernahm nach der Erkrankung Stopfords das Kommando ganz und diktirte nach der Erstürmung von Saida und der Wegnahme St. Jean d'Acre's 1841 Ibrahim Pascha den Frieden. Diese Ereignisse, denen er die Ernennung zum Admiral verdankte, beschrieb er selbst in dem Werke „The war in Syria" (London 1842, 2 Bde.). Nach England zurückgekehrt, ward er wieder ins Parlament gewählt, wo er sich durch seinen Eifer für die He-

bung der britischen Seemacht bemerklich machte und als konsequenten Whig bewährte. Im Jahre 1846 ward er zum Kontreadmiral und 1853 zum Viceadmiral erhoben. Schonungslos deckte er in einer Reihe von Briefen an die „Times", die von seinem Vetter, dem General William N., gesammelt wurden („The navy, its past and present state", Lond. 1851), alle Gebrechen im vaterländischen Seewesen auf. Im Februar 1854 erhielt er den Oberbefehl über die britische Ostseeflotte, mit welcher er seit dem 28. Mai sämmtliche russische Küsten und Häfen der Ostsee blokirte, nach Vereinigung mit der französischen Flottenabtheilung (13. Juni) am 21. Juni die Festung Bomersund nahm und Anfangs August die Alandsinseln besetzte, im Uebrigen aber nur ruhmlose Brand- und Kapererpeditionen gegen die finnländischen Küsten unternahm. Im Sept. deshalb zurückberufen, lebte er fortan in London, wo er für Southwark einen Parlamentssitz erhielt. Im Mai 1858 rückte er durch Anciennetät zum Admiral der blauen Flagge auf. Er † den 6. November 1860 zu Marchistoun-Hall.

7) **William John**, britischer Marinekapitän, geboren den 13. Oktober 1786, einer der Repräsentationspeers für Schottland, machte sich durch seine unglückliche Mission in China bekannt. Er war 1834 als Oberaufseher des britischen Handels nach Kanton gegangen, gerieth aber in ernstliche Differenzen mit den dortigen Behörden; † den 11. Okt. 1835 zu Macao.

8) **Henry Edward**, namhafter britischer Geschichtschreiber, Bruder von N. 3), 4) u. 5), geboren den 5. März 1789, rückte im britischen Seedienst zum Marinekapitän auf und machte sich als Schriftsteller namentlich durch seine geschätzte „Florentine history" (London 1846—47, 6 Bde.) bekannt; † den 13. Oktober 1853.

9) **Joseph**, irischer Rechtsgelehrter, geboren 1804 zu Belfast, Abkömmling der schottischen N.s von Merchiston, seit 1848 Abgeordneter der Universität Dublin im Unterhause und vom Februar 1852 bis Januar 1853 Generalanwalt für Irland im Ministerium Derby.

10) **Francis**, Diplomat, Sohn von N. 7), geboren den 15. September 1819, war Attaché bei der Gesandtschaft in Konstantinopel und im Mai 1846 Legationssekretär in Neapel. Im Jahre 1848 fungirte er eine Zeitlang als Geschäftsträger, ohne eine Verständigung zwischen der Regierung und den Sicilianern zu vermitteln. Im Jahre 1852 ging er als Gesandtschaftssekretär nach Petersburg.

Napo, 1) Dorf im russischen Gouvernement Uleaborg (Finnland). Hier den 19. Februar 1714 Sieg der Russen über die Schweden. — 2) Fluß im nordwestlichen Südamerika, entspringt im Staate Ecuador auf den Cordilleren, fließt südlich und mündet nach ungefähr 100 Meilen Stromlänge auf der Grenze von Ecuador und Peru links in den Marañon.

Napoleon, 1) **N. I. Bonaparte**, Kaiser der Franzosen, geboren den 15. Aug. 1769 zu Ajaccio auf der Insel Korsika, war der zweite Sohn des Carlo Bonaparte (s. d.), eines patriotischen korsikanischen Patriciers, und der Lätitia Ramolino. Der Knabe erhielt die in seinem Vaterlande übliche einfache, abhärtende Erziehung und äußerte früh Lebhaftigkeit des Geistes, aber auch einen trotzigen und reizbaren Charakter und einen Oppositionsdrang, den die Mutter allein zu bändigen vermochte. Durch Protektion des französischen Gouverneurs, des Grafen von Marboeuf, am 23. April 1779 in die Militärschule zu Brienne aufgenommen, machte er sich hier durch Wißbegierde, sparsame Benutzung der Zeit und geschickte Wahl seiner Beschäftigung ehrenvoll bemerklich, wenn auch seine Unfügsamkeit und Leidenschaftlichkeit sich nicht in den Zwang der klösterlich eingerichteten Schule zu fügen vermochten. Mathematik und Geschichte, namentlich Plutarch und Polybius, waren seine Lieblingsstudien. Erwarb ihm auch sein verschlossenes Wesen nicht die Liebe seiner Mitschüler, so wußte er sich doch Geltung und Achtung unter ihnen zu erringen und erwarb sich als Anführer eines Pelotons den Beinamen des kleinen Cäsar. Im Frühling 1784 verließ N. Brienne, um auf der Militärschule zu Paris seine militärischen Studien fortzusetzen. Mit scharfem Blick erkannte er bald die vielfachen Mängel dieser Anstalt und legte dieselben in einem Mémoire mit einer weit über seine Jahre gehenden Urtheilsschärfe dar, daher ihn seine Oberen schon nach 9 Monaten zur Anstellung im Heere empfahlen. Das Entlassungszeugniß aus der Militärschule schloß mit der Note: „Vorerwähnter N. von Bonaparte ist nicht nur von Geburt, er ist auch seinem Charakter nach ein Korse. Er wird es weit bringen, wenn ihn die Umstände begünstigen". Nach einer glänzenden Prüfung trat er am 1. Sept. 1785 als Souslieutenant in das Regiment Lafère, das zu Valence in der Dauphiné garnisonirte, aber schon 1786 nach Paris beordert ward. Hier begann sich bereits die Revolution vorzubereiten, und bald beschäftigte die Politik N.s Geist ebenso sehr als die Kriegskunst. Mit seiner Beantwortung der von der Akademie zu Lyon gestellten Frage: „Welche Grundsätze müssen den Menschen eingeprägt werden, um in der Gesellschaft zur möglichst hohen Glückseligkeit zu gelangen?" gewann er zwar nicht den Preis, aber doch ehrenvolle Erwähnung. Eine Geschichte Korsika's, für die er schon als Knabe Materialien zu sammeln begonnen hatte, blieb unvollendet, und das Manuskript ist verloren gegangen. Im Jahre 1787 wurde N.s Regiment nach Douai in Flandern und im folgenden Jahre nach Auxonne in Bourgogne verlegt. Doch lebte N. meist mit Urlaub zu Paris, wo ihn Raynal in den Kreis der berühmtesten Männer jener Zeit einführte. Im Jahre 1788 erhielt er das Brevet als Oberlieutenant. Aufgewachsen in den Freiheitsbestrebungen seiner heimatlichen Insel, brennend vor Verlangen, seiner Kraft den angemessenen Wirkungskreis zu verschaffen, gab er sich mit Begeisterung und Berechnung zugleich der politischen Gährung hin, und als 1790 Korsika für einen Theil des französischen Reichs erklärt wurde, gab er dieser Maßregel, die ihn allen Franzosen gleichstellte, in einem öffentlichen Brief an Buttafuoco, den Deputirten des korsischen Adels bei der Nationalversammlung, seinen Beifall. Als in demselben Jahre Paoli von der Nationalversammlung zum Chef der Regierung und Obergeneral in Korsika ernannt wurde, nahm N., seit 1789 Oberlieutenant im Artillerieregiment Grenoble, Urlaub und folgte dem gefeierten Patrioten, mit dem er fortwährend in Briefwechsel gestanden, in die Heimat. Man übertrug ihm hier den Befehl über ein Bataillon Demokraten, an deren Spitze er der aristokratisch gesinnten Nationalgarde von Ajaccio mehre Gefechte lieferte. Am 6. Februar 1792 rückte er zum Artilleriekapitän auf. Gleichzeitig kehrte er für kurze Zeit nach Paris zurück, um sich von der Beschuldigung zu reinigen, als habe er die Parteikämpfe auf Korsika hervorgerufen, und ward dort Zeuge von dem Umsturz des Throns. Die Korsikaner theilten sich damals in zwei Parteien: die eine hielt an Frankreich fest, die andere sann auf Abfall von der Republik. Zu ersterer gehörte die Familie Bonaparte, Paoli war das Haupt der letztern. Von diesem beauftragt, die französische Erpedition nach der sardinischen Küste mit zwei korsikanischen Bataillonen zu unterstützen, bemächtigte er sich unter dem Schutz einer Korvette der kleinen Inseln zwischen Sardinien und Korsika, landete am 12. Februar 1793, brachte nach einem hitzigen Gefecht die sardinischen Verschanzungen in seine Gewalt und kehrte mit seiner Schaar ohne Verlust nach Korsika zurück. Bei der Schilderhebung, welche hierauf die englische Partei auf Korsika veranlaßte, suchte Paoli N. für die heimatliche Sache zu gewinnen, dieser eilte jedoch nach dem festen Bastia, das er gegen Paoli vertheidigte, und schloß sich dann den von den Deputirten Saliceti und Lecombe-St.-Michel herbeigeführten republikanischen Truppen an, deren Niederlage er theilte. Von den Insurgenten geächtet, gelangte er in Matrosenkleidung auf einer Gondel nach Calvi, nahm aber sofort an einer zweiten Erpedition gegen Ajaccio Theil und bekundete bei derselben viel persönlichen Muth. Nachdem er darauf seine gleichfalls geächtete Familie erst nach Marseille und dann in der Nähe von Toulon in Sicherheit gebracht, ging er nach Nizza zu seinem Regiment. In seiner Schrift „Le souper de Beaucaire" (Avignon 1793) verurtheilte er die Insurrektion der südlichen Departements und suchte die Nothwendigkeit einer starken Centralgewalt nachzuweisen. Während eines Aufenthalts zu Paris im September 1793 vom Wohlfahrtsausschusse als Bataillonschef bei dem Truppencorps, mit welchem Carteaux Toulon belagerte, mit dem Kommando des Belagerungsgeschützes statt des erkrankten Dutheil betraut, traf er sofort ebenso geschickte als energische Maßregeln und nahm in der Nacht vom 18. zum 19. Dec. das Fort Mulgrave, welches den Schlüssel der Festung bildete, worauf die englische Flotte die Rhede von Toulon verließ und die Stadt sich ergab. Dugommier, der inzwischen an Carteaux' Stelle getreten war, schrieb über N. an den Wohlfahrtsausschuß: „Belohnt und befördert den jungen Mann; denn zeigt Ihr Euch undankbar gegen ihn, so wird er sich selbst befördern". Der Konvent ernannte hierauf N. am 6. Febr. 1794 zum Brigadegeneral der Artillerie und übertrug ihm die Leitung der Küstenbefestigung am Mittelmeere. Er vollzog diesen Befehl mit Umsicht, aber im fortwährenden Kampfe mit der Unwissenheit und Brutalität der Konventsdeputirten, der ihn der Guillotine nahe brachte. Im März 1794 zur italienischen Armee nach Nizza beordert, wo er unter Dumorbion das Kommando der Artillerie übernahm, ward er bald die Seele aller Operationen. Er verwendete den ganzen März auf genaues Studium des Terrains und schlug einen Operationsplan vor, der mit solchem Glück durchgeführt wurde, daß die Piemontesen in 12 Tagen aus allen ihren Positionen verdrängt waren und am 18. Mai die dreifarbige Fahne auf der ganzen Kette der Seealpen wehte. Gleichwohl ward er wegen mehrfacher Opposition gegen ungestüme Forderungen von Konventsdeputirten durch ein Dekret vor die Schranken des Konvents geladen. Der Sturz der Schreckensherrschaft am 9. Thermidor (27. Juli 1794) verhinderte zwar die Ausführung des Dekrets, dagegen ließ ihn die neue Konventsdeputation als einen Freund des jüngeren Robespierre am 6. Aug. zu Genua verhaften, doch ward er als bei der Armee unersetzlich bald wieder freigegeben. Bald darauf zur Infanterie in der Vendée beordert, eilte er nach Paris, um dagegen zu protestiren, erhielt aber durch den Direktor des Kriegsausschusses, Aubry, seine Entlassung aus der Armee. Ohne Vermögen, niedergedrückt von seiner Mutter und seiner Schwestern Armuth, lebte N. hierauf in tiefer Zurückgezogenheit in Paris, im alleinigen Umgang mit einigen Freunden, Sebastiani, Junot, Bourrienne, Perault, seinem alten Lehrer und seinem Oheim Fesch, kühne Pläne für die Zukunft schmiedend, selbst eine Zeitlang den Gedanken hegend, dem Sultan seine Dienste anzubieten, bis Doulet de Pontecoulant, der Nachfolger Aubry's, den Wohlfahrtsausschuß bestimmte, N. zur Abfassung der Instruktionen für Kellermann, der in Italien unglücklich operirt hatte, zu verwenden. Obgleich diese Pläne die Vertheidigungslinie von Borghetto wieder in die Gewalt der Franzosen brachten, benutzte Pontecoulants Nachfolger, Letourneur de la Manche, N.s Talent doch nicht weiter. Erst als die Ereignisse vom 12. Vendémiaire die Revolution bedrohten, empfahl Barras, General der Armee des Innern, der N. vor Toulon kennen gelernt hatte, diesen zum Untergeneral, und N. schlug nun sofort am 13. Vendémiaire (5. Okt. 1795) durch Kartätschenfeuer, welches 2000 Bürger niederstreckte, den Angriff der insurgirten Sektionen auf die Tuilerien ab, wodurch er sich den Beinamen des kleinen Kartätschengenerals erwarb. Der Konvent begrüßte ihn hierauf als „Retter der Versammlung, der Republik und des Vaterlandes" und ernannte ihn am 16. Okt. 1795 zum Divisionsgeneral und am 26. Okt., als Barras in das Direktorium eintrat, zu dessen Nachfolger im Oberkommando der Armee im Innern. In dieser Stellung organisirte er die Nationalgarde von Paris, die Garde des Direktoriums und die der Räthe, zersprengte und entwaffnete die Faktionisten und unterdrückte sowohl jakobinische, als royalistische Aufstände mit blutiger Gewalt, suchte aber daneben auch durch Rettung vieler Angeschuldigten und Geächteten Popularität zu gewinnen. Am 9. März 1795 verheirathete er sich mit Josephine, der Wittwe des in der Schreckenszeit hingerichteten Generals Beauharnais. Am 22. Febr. 1796 von Carnot an Scherers Stelle mit dem Oberbefehl über das italienische Heer betraut, ging er am 22. März zu demselben ab. Er fand es nur 32,000 Mann stark und im Besitz von etwa 20 Kanonen, dazu völlig entmuthigt und der Auflösung nahe, und hatte nur über 10,000 Louisdor zur Bestreitung der Rüstungen zu verfügen, während die Oesterreicher unter Beaulieu 60,000 gut gerüstete Streiter, die Piemontesen unter Colli 30,000 und 200 Feldstücke zählten, Ueberfluß an Allem und alle Plätze des Landes inne hatten. N. verlegte sein Lager nach Albenga, hob den Muth der Truppen durch begeisternde Ansprache, und am 10. April 1796 traten dieselben, in Lumpen gekleidet und ohne Schuhe, aber begeistert und die Marseillaise singend, den Marsch nach Italien an. Nach dem Kriegsplan, den Carnot vorgeschrieben und der kein anderer war als der, welchen N. einst dem Wohlfahrtsausschuß eingesendet, sollten drei Heere zugleich in Oesterreich eindringen: Jourdan mit der Sambre- und Maasarmee durch Franken, Moreau mit der Rheinarmee durch Schwaben und Bayern, N. selbst durch Oberitalien. Um der Streitkraft der Koalirten gewachsen zu sein, mußte N. die Oesterreicher von den Piemontesen trennen und, zwischen beide sich drängend, beide zur Deckung ihrer Hauptstädte nöthigen. Schon die erste Bewegung, welche er seine Armee nach dem rechten Flügel hin machen ließ, gelang über Erwarten. Beaulieu ordnete sein Heer in drei Corps, um die französische Verbindungslinie zu durchbrechen. N. koncentrirte jedoch seine Streitkräfte in Einer Nacht u. schlug am 11. April das feindliche Centrum bei Montenotte und am 14. und 15. April bei Millesimo und Dego, worauf sich Beaulieu, nach einem Verlust von 12,000 Mann und 40 Kanonen, zum Rückzug in die Lombardei genöthigt sah. Hierauf warf sich N. auf die Piemontesen, bedrohte nach zwei Schlachten, bei Ceva und Mondovi (20. und 21. April), von dem eroberten Cherasco aus Turin und zwang den König von Sardinien zu einem Waffenstillstand (28. April), dem am 15. Mai der Friede folgte. Beaulieu hatte sich bei Valeggio aufgestellt, um hier den muthmaßlichen Uebergang der Franzosen zu verhindern, N. überschritt aber am 7. Mai den Po bei Piacenza, schlug die Oesterreicher bei Fombio und nöthigte sie, auf die Adda zurückzuweichen. Mailand liegen lassend, eilte er hierauf nach Lodi zu, wo der österreichische General Sebottendorf mit 10,000 Mann den Uebergang über die Adda vertheidigte, und erstürmte am 10. Mai, indem er die wankenden Kolonnen selbst ins Feuer führte, die stark befestigte Brücke von Lodi. Die militärischen Vortheile dieses Siegs waren die Besetzung von Pizzighettone, Cremona und andern Plätzen und der Rückzug Beaulieu's nach dem Mincio. Die Herzöge von Parma und Modena mußten ihre Koalition gegen die Republik theuer büßen, und auch Venedig erkaufte die Vertagung seines Unterganges mit großen Summen. Zugleich wanderten viele Kunstschätze nach Paris. Am 15. Mai hielt N. in Mailand einen glänzenden Einzug, und am 18. unterzeichnete das Direktorium den Frieden mit Sardinien, durch den die Republik Savoyen, Nizza, das Gebiet von Tenda und andere Vortheile erlangte. Das Direktorium, dem sich N. durch seine entschiedene Sprache, sowie durch sein Glück verdächtig gemacht hatte, forderte ihn zwar auf, das Oberkommando mit Kellermann zu theilen, stand aber, als N. drohte, seine Entlassung zu nehmen, sofort von seiner Forderung ab. N. spielte seitdem die Rolle eines Imperators. Während er das französische Heer durch Siegesruhm berauschte und immer fester an sich kettete, suchte er die Völker Italiens durch die Verheißung politischer Freiheit zu gewinnen. Die Verhältnisse der Lombardei ordnete er nach Gutdünken; er errichtete Nationalgarden und bereitete überhaupt durch populäre Institutionen die Republikanisirung des Landes vor. Nachdem er aufständische Bewegungen der Oesterreichischgesinnten blutig unterdrückt,

zog er nochmals gegen Beaulieu, erzwang dur
siegreiches Gefecht bei Borghetto am 30. Ma
Uebergang über den Mincio und drängte den
hinter die Etsch zurück. Während er Masséna
Beschützung der aus Tyrol nach Italien führ
Pässe zurückließ, begann er am 1. Juni die Bl
von Mantua. Neapel schloß am 9. Juni mit
reich einen Waffenstillstand und der Papst
durch den Waffenstillstand von Azzara (24.
Bologna, Ferrara und Ancona abtreten, unge
Summen zahlen und eine große Menge Kuns
ausliefern. Ende Juli drang Wurmser mit 6
Mann von Tyrol her in die Lombardei ein
brachte N., der mit seinen 40,000 Mann hint
Mantua und vor sich die Straße von Br
Verona und Legnano bewachen mußte, also
20,000 Mann disponibel behielt, in eine mi
Lage. Die Trennung der Oesterreicher unter Q
danowich, der mit 25,000 Mann nach Brescia,
Wurmser, der mit 35,000 Mann durch das Ets
gegen Mantua marschirte, rettete ihn jedoch
zerstörte sofort sein Belagerungsgeräth vor Ma
warf sich mit seiner ganzen Macht auf Quos
wich, der über Brescia und Salo nach Ga
zurückwich, schlug denselben am 3. August bei Le
koncentrirte in der Nacht vom 4. Aug. seine
bei Castiglione, besiegte am folgenden Tage W
ser selbst und drängte ihn in das italienische
zurück. Während er aber eine zweite Blokade
Mantua eröffnete, rückte jener, Davidowich mit 2
Mann in Tyrol zurücklassend, an der Spitze
neuen Armeecorps von 40,000 Mann durc
Pässe der Brenta heran, um Mantua zu ent
N. wandte sich zunächst gegen Davidowich,
denselben am 4. September bei Roveredo, w
Trient in die Hände der Franzosen fiel, erfoch
dann am 8. September bei Bassano und an
September zwischen der Citadelle Mantua's un
Vorstadt San-Giorgio entscheidende Siege
Wurmser und drängte denselben am 1. Ok
gänzlich in die Festung, deren Belagerung nur
einem Theile des französischen Heeres fortg
wurde, während der andere die Pässe Tyrol
wachte. N. benutzte die augenblickliche Waffen
um zuvörderst die demokratischen Elemente de
terworfenen Provinzen zu organisiren, erri
mehre italienische Legionen und gründete aus ei
Machtvollkommenheit die cispadanische und
transpadanische Republik, denen er Verfassunger
dem Muster der französischen verlieh. Das
des Herzogs von Modena, der den Feind unter
hatte, vereinigte er am 8. Oktober mit der tra
danischen Republik. Am 9. Oktober gestand e
ter harten Bedingungen Genua den Schutz F
reichs zu, am 10. Oktober schloß er Frieden
Neapel und am 5. November mit Toskana.
zwischen hatte ein neues österreichisches Heer
45,000 Mann unter Alvinczy die Alpen übers
ten, um Mantua zu retten. N. ward vom D
torium ohne Hülfe gelassen; sein ganzes Heer z
nur noch 20,000 Mann. Zum Glück für ih
auch Alvinczy in getheilten Kolonnen gegen
tua heran, er selbst mit 30,000 Mann an der B
herunter, Davidowich mit 15,000 Mann
Tyrol, um sich mit jenem bei Vicenza zu verei
N. stellte Masséna dem Hauptcorps Alvinczy's
Vaubois dem Davidowichs entgegen, währen

selbst die Reserve so führte, daß er im kritischen Moment beiden zu Hülfe eilen konnte. Masséna ward von Alvinczy zurückgedrängt, Trient mußte von Davidowich aufgegeben werden. Nachdem N. dem Vorrücken des erstern (6. November) durch den Sieg an der Brenta ein Ziel gesetzt, lieferte er Alvinczy das Treffen auf den Höhen von Caldiero (12. November), zog sich dann über Verona und Peschiera zurück (14. Nov.), setzte über die Etsch und errang am 15.—17. November den blutigen Sieg bei Arcole. Während N. Masséna in Verona, Augereau an der Niederetsch, Ney in Brescia und Serrurier vor Mantua zurückgelassen, sandte Oesterreich neue 50,000 Mann nach Italien. Diesmal führte Alvinczy die Hauptarmee durch Tyrol, das Etschthal herunter, ward aber bei Rivoli am 15. u. 16. Januar von N. entscheidend geschlagen. Auch der von Alvinczy über Padua nach Mantua entsendete Provera mußte am 16. Januar bei der Vorstadt S. Giorgio die Waffen strecken, u. am 2. Febr. 1797 ergab sich auch Mantua, das letzte Bollwerk der Oesterreicher in Italien. Noch an demselben Tage brach N. gegen Rom auf. General Victor schlug die Päpstlichen am Senio und bei Ancona und drang bis Tolentino vor, wo der Papst am 19. Febr. 1797 Frieden schloß. Inzwischen überstieg Erzherzog Karl an der Spitze von 35,000 Mann die Alpen zu einem letzten Entscheidungskampfe. N. zählte durch Herbeiziehung der Divisionen Delmas und Bernadotte zwar 55,000 Mann, mußte diese jedoch theilen. Er selbst drang mit 38,000 Mann gegen den Erzherzog in Friaul vor, Joubert sollte sich mit 17,000 Mann den Weg durch Tyrol bahnen und sich später wieder mit dem Hauptcorps vereinigen. Nachdem N. am 10. März die Piave überschritten, erzwang er sich am 16. den Uebergang über den Tagliamento und zog, nachdem sich Masséna durch den blutigen Sieg bei Tarvis den Weg über die deutsche Grenze gebahnt, am 31. März in Klagenfurt ein. Der Erzherzog hatte den vierten Theil seines Heeres verloren und konnte, in seiner ganzen Fronte angegriffen und geschlagen, erst in Steier festen Fuß fassen. Dennoch stand N. jetzt in Gefahr, vom Rhein abgeschnitten und im Innern Oesterreichs von dem in Masse aufgebotenen Volk erdrückt zu werden. Unter diesen Umständen bot er dem Erzherzog den Frieden an, der jedoch ausgeschlagen wurde. Hierauf setzte er seinen Siegeslauf fort, schlug jenen am 2. April bei Neumark, am 4. bei Hundsmark und zog am 5. in Leoben ein, worauf sich endlich am 8. April das Kabinet zu Wien bereit fand, den Waffenstillstand zu Judenburg zu schließen, welchem am 8. April der Präliminarfriede zu Leoben folgte. N. wendete sich nun nach Italien zurück, wo die venetianische Regierung trotz ihrer Neutralität eine allgemeine Schilderhebung gegen die Franzosen vorbereitet hatte. Gegen den Willen des Direktoriums erklärte N. darauf am 8. Mai der Republik Venedig den Krieg, erschien am 12. in den Lagunen u. verwandelte die alte Oligarchie in eine demokratische Regierung, welches Schicksal gegen Ende des Monats auch Genua traf. Am 14. Juni proklamirte er die cisalpinische Republik. N. galt jetzt als das vermittelnde Glied zwischen den Monarchen und den Revolutionsmännern, und um seine Person in Mailand war die diplomatische Welt jener Tage versammelt. Um aber den Friedensverhandlungen näher zu sein, verlegte er sein Hauptquartier nach Montebello.

Während aber der Eroberer Italiens hier neue Staaten schuf und den Frieden verhandelte, überwachte er zugleich mit scharfem Auge die Krisis, die sich in Frankreich selbst vorbereitete. Die neuen Wahlen zu den Räthen und zum Direktorium im Mai 1797 hatten der royalistischen Partei die Oberhand gegeben; sie, wie die Republikaner mit dem Direktorium suchte für den bevorstehenden Kampf seine Unterstützung. N. trat ohne Zögern auf die Seite der gesetzlichen Gewalt, obgleich er ihr in ihrer gegenwärtigen Zusammenstellung so wenig als den Royalisten günstig gesinnt war, stellte aber gleichzeitig 25,000 Mann bei Lyon auf, mit welchen er im Fall der Noth an der Spitze der Volkspartei den Rubicon zu überschreiten gedachte. Als mit dem Direktorium zugleich die Jakobinerherrschaft triumphirte, provocirte er den Bruch mit den Direktoren, um den Unwillen des Volks, wie früher gegen die Royalisten, jetzt gegen das Direktorium aufzureizen, forderte er abermals seine Entlassung, ließ sich aber scheinbar durch die Versicherungen der willigen Annahme seiner Vorschläge versöhnen. Während dieser Vorgänge wurden die Verhandlungen über den definitiven Frieden zwischen Oesterreich und Frankreich anfänglich zu Udine, dann zu Campo-Formio unter immer trüberen Aussichten fortgesetzt, bis endlich N., mit Drohungen die österreichischen Bevollmächtigten einschüchternd, eigenmächtig den Frieden von Campo-Formio am 17. Oktober 1797 abschloß, in welchem Oesterreich das linke Rheinufer, N. aber Venedig, Istrien, Dalmatien und die Provinzen der Terra firma bis zur Etsch preisgab. Nachdem er hierauf im Namen der Republik noch den rastadter Konferenzen beigewohnt, traf er am 5. December 1797 hochgefeiert von Seiten der obersten Autorität der Republik u. unter dem Jubel des Volks in Paris ein, wo ihm die glänzendsten Ehrenbezeigungen zu Theil wurden. Das Nationalinstitut nahm ihn damals unter seine Mitglieder auf. Indeß begann seine Gegenwart zu Paris dem Direktorium bald bedenklich zu werden. Vergeblich suchte es ihn zur Rückkehr nach Rastadt zu bewegen. Dagegen übernahm er für kurze Zeit den Oberbefehl über eine an den Meeresküsten angeblich zur Bekämpfung Englands zusammengezogene Armee, eröffnete aber gleichzeitig dem Direktorium einen Plan, den er schon längst mehrfach in Proklamationen angedeutet hatte, nämlich den einer Expedition nach Aegypten. Dieses Land sollte ihm das Thor zu Englands Reichthum, Englands asiatischen Kolonien eröffnen; das mittelländische Meer sollte der englischen Uebermacht entrissen und durch erweiterte Eroberungen in einen „französischen Landsee" umgewandelt werden. Das Direktorium, dem diese freiwillige Verbannung N.s sehr erwünscht war, ließ dem Sultan durch Talleyrand versichern, daß die französische Armee lediglich zu seiner Befreiung vom Uebermuth der Mamlukenbey's komme, und daß der Krieg gegen dieselben von den französischen Handelsinteressen gefordert werde. Im Uebrigen blieb der Plan, um Englands Aufmerksamkeit zu täuschen, ein Geheimniß N.s und der Direktoren. Die Rüstungen an den Nordküsten wurden fortgesetzt und eine Landung in England unter die Wahrscheinlichkeiten des Tags gestellt, während mehr als 30,000 Krieger der italienischen Armee nach Toulon beordert und eine Anzahl ausgezeichneter Gelehrten, Künstler u. Techniker für die Expedition gewonnen wurde. In weniger als zwei Monaten waren die Rüstungen vollendet. Am 20 Mai 1798 verließ N. mit 300 Transportschiffen, 13 Linienschiffen und 14 Fregatten den Hafen von Toulon und steuerte, nicht, wie die Engländer, die unter Nelson an der französischen Küste gekreuzt hatten, vermutheten, nach der Meerenge von Gibraltar, sondern nach Genua, Ajaccio u. Civita-Vecchia, wo er sich mit den übrigen Kriegs- u. Transportschiffen vereinigte, so daß die Flotte unter dem Admiral Brueys nun 500 Segel stark und mit 40,000 Soldaten u. 10,000 Matrosen bemannt war. Am 8. Juni kam N. vor Malta an, welche Insel er nach Kapitulation des Großmeisters von Hompesch in Besitz nahm. Um die Engländer zu täuschen, deren Flotte unter Nelson die Spur der französischen Flotte verfolgte, fuhr er um Kandia herum, erschien, während ihn Nelson in den Dardanellen suchte, am 1. Juli auf der Höhe von Alexandria, erstürmte Alexandria, ehe noch die Ausschiffung vollendet war, und erließ eine Proklamation, in welcher er der Bevölkerung das Ende der Herrschaft der Mamluken und Achtung vor ihren Sitten und Einrichtungen verkündigte. Hierauf ordnete er die Verwaltung der Stadt und Provinz und brach am 4. Juli nach Kairo auf. Die Flotte sollte, wenn der Hafen von Alexandria ihr nicht vollkommene Sicherheit gewähre, nach Korfu oder Toulon zurückkehren. Brueys ließ jedoch aus Sorge für die Armee die Transportschiffe in Alexandria zurück und nahm im Hafen von Abukir eine, wie er glaubte, unangreifbare Stellung. Nach vier überaus schwierigen Tagemärschen kam das ermattete Heer in Ramanieh am Nil an, indeß die Flottille, auf welcher sich die Artillerie und die unberittene Kavallerie befanden, mit den ägyptischen Schiffen beim Dorfe Chebrisse einen siegreichen Kampf bestand. Murad-Bey zog sich auf die Spitze des Delta, wo die gesammte Kriegsmacht des Feindes, 60,000 Mann stark, ein befestigtes Lager, Kairo gegenüber, auf dem linken Nilufer besetzt hielt. In der Nacht auf den 21. Juli gab N. Befehl zum Angriff auf Kairo. Er trennte durch eine geschickte Wendung die wüthend anstürmenden Mamluken von ihrem Lager und erstürmte dann dieses selbst, und fast das ganze feindliche Heer ward aufgerieben. Murad zog sich nach Oberägypten, Ibrahim nach Syrien zurück, N. aber schlug in Murads Palast zu Gizeh sein Hauptquartier auf. Am 25. Juli hielt er seinen Einzug in Kairo, setzte einen provisorischen Divan nieder, organisirte ein Nationalinstitut und eine Nationalgarde, sandte Desaix mit einer Heeresabtheilung an die Grenze von Oberägypten zur Verfolgung Murads und ein anderes Corps nach Elkanka zur Beobachtung Ibrahims und begann darauf die Organisation des Staatshaushaltes nach französischem Muster. Es gelang ihm, die Scheiths durch würdevolles Benehmen und Achtung ihrer Religionsgebräuche sich fügsam zu machen, so daß diese selbst der Bevölkerung den Rath gaben, sich dem „Gottgesandten" zu unterwerfen. Den aus Syrien heranziehenden Ibrahim schlug er bei Salahieh und warf ihn nach Syrien zurück. Auf dem Rückmarsche nach Kairo erhielt N. die Kunde vom Untergang der französischen Flotte bei Abukir (1. August), und ihr folgte bald die andere schlimme

Nachricht, daß die Pforte an Frankreich den
erklärt habe; so entmuthigend diese Umstände
auf sein Heer einwirken mußten, so vermehrte
doch nur N.s Energie. Einen von den Englän
unterstützten Aufstand in Kairo unterdrückte er
blutiger Strenge. Um den einflußreichen Thei
Bevölkerung zu versöhnen, setzte er durch Bil
eines neuen Divans die Nationalregierung wi
ein, die Masse des Volks aber suchte er durch
Proklamation im Prophetenstyl von seiner götti
Sendung zu überzeugen. Nachdem durch
Kunstgriffe Unter- und Mittelägypten beruhigt
durch die Nachricht von Desaix' Sieg über Mu
Bey (7. Okt. 1798) bei Sediman auch Oberägy
bis zu den Katarakten des Nils den französi
Waffen unterworfen worden, unternahm N.
wissenschaftliche Expedition nach Suez, um die
ren des schon von Sesostris angelegten Kanals
schen dem rothen und dem mittelländischen M
aufzusuchen, da er die Absicht hegte, durch Herstel
dieses Kanals eine neue Straße für den Verkehr
Indien zu eröffnen. Auf der Rückkehr erfuh
jedoch zu Belbeis, daß Achmed-Pascha von Sy
die ägyptische Grenze habe besetzen lassen und
die Pforte in Natolien ein Heer zusammenz
Sofort faßte er den kühnen Entschluß, seinen G
nern zuvorzukommen und brach am 6. Febr. 1
mit den Divisionen Kleber, Reynier, Lannes, B
u. Murat auf, während der Contreadmiral Dup
das Belagerungsgeschütz auf 3 Fregatten an
syrische Küste bringen sollte. Das Fort El-A
wurde am 15. Februar genommen, gleich da
Ibrahim, der zum Entsatz herbeieilte, in die F
geschlagen, Gaza aber ergab sich am 24. Feb
und Jaffa (Joppe) fiel am 6. März durch Stu
Letztere Stadt wurde aus Rache geplündert,
2000 Mann türkischer Besatzung wurden erscho
weil die Mannschaft zum Transport fehlte. N
richtete hierauf einen Divan und ein großes Hosp
welches die pestkranken Franzosen aufnehmen s
Um die Niedergeschlagenheit, welche die Kran
im Heere veranlaßte, zu heben, besuchte er selbs
Spitäler, berührte die Beulen der Pestkranken
sprach ihnen Muth zu. Hierauf setzte er seinen
fort und gelangte am 16. März vor St. Jean d'
Hier erfuhr er, daß die 3 Fregatten mit dem B
gerungsgeschütz eine Beute Sir Sidney Smith
worden waren, während 12,000 Mann von
Seeseite in Anzug waren, um die schon sehr
reiche Besatzung von Acre zu verstärken. Ueber
wurde die Stadt von N.s Mitschüler zu Bri
Philippeaux, und mehren britischen u. französi
Offizieren geschickt vertheidigt. Ohne Geschütz, m
sich N. auf den unterirdischen Krieg beschrän
Aber Krankheiten lichteten die Armee, General
farelli fiel, und 12,000 türkische Reiter und eb
viel Fußvolk überschritten am 10. April den Jor
N. schickte auf diese Nachricht Kleber mit einer D
sion nach Nazareth, Murat nach Saffeth, er s
brach am 15. April mit einer Heeresabtheilung
Schon am folgenden Tage traf er Kleber am B
Tabor im Kampfe mit der 24,000 Mann sta
türkischen Reiterei. Sogleich aus den Engpä
des Tabor hervorbrechend, ordnete er seine Divi
in Vierecken, so daß sie mit der Klebers ein Dr
bildete, das den Feind in die Mitte nahm.
fürchterliches Feuer aus diesen beweglichen Festun

trieb die verwirrten Türken in die Flucht, und das reiche türkische Lager mit allem Kriegsgeräthe fiel in die Hände der Sieger. Am 7. Mai erschien die britisch-türkische Flotte mit 12,000 Mann Verstärkung vor Acre. Noch während des Ausschiffens derselben versuchte N. einen verzweifelten Sturm, und schon schien derselbe gelungen, als die 12,000 Landungstruppen das Waffenglück wandten. Nach zwei Tagen stürmte N. wiederum, auch diesmal aber vergeblich. Nachdem er 3000 Mann durch Krankheiten und Ausfälle verloren, überschüttete er Acre noch mit einem Feuer- und Kugelregen, trat am 20. Mai den Rückzug nach Aegypten an und kam am 24. nach Jaffa, und zwar alle Gesunde, selbst N., zu Fuß, weil alle Pferde, auch die der Artillerie, die man vor Acre stehen ließ, zum Fortschaffen der Kranken gebraucht wurden. Einige hoffnungslose Pestkranke mußten in Jaffa zurückbleiben, was später zu dem Gerücht Anlaß gab, daß N. die Kranken in den Hospitälern habe vergiften lassen. Auf dem Rückzug verheerten die Franzosen alle Ortschaften und Ernten bis nach Aegypten, an dessen Grenze Beobachtungstruppen gegen Syrien aufgestellt wurden. Neue Aufstände in Kairo wurden blutig unterdrückt und Murad-Bey, der in Unterägypten die Mamluken wieder organisirte, durch einen raschen Angriff geschlagen. Auf die Nachricht, daß Mustapha-Pascha unter britischem Schutz mit 18,000 Mann Janitscharen und Kerntruppen bei Abukir gelandet sei, eilte N. sofort nach Alexandria und griff am 25. Juli, ohne die Ankunft aller seiner Divisionen abzuwarten, die verschanzten Linien der Türken mit großem Ungestüm an. Murat, an der Spitze der Reiterei, entschied nach blutigem Kampfe den Sieg; 12,000 Türken wurden in die Fluthen getrieben oder fielen durchs Schwert, 6000, welche die Besatzung des Forts bildeten, erhielten Pardon. Die Schlacht bei Abukir war N.s letzter Triumph in Aegypten; sie hätte die Herrschaft der Franzosen befestigen können, wenn N.s Blick nicht bereits zurück auf Frankreich gerichtet gewesen wäre. Durch englische Zeitungen von den Unfällen der Franzosen in Italien und am Rhein unterrichtet, übergab er in Kairo am 21. August Kleber den Oberbefehl und schiffte sich mit Desaix, Berthier, Marmont, Murat, Lannes u. A. auf den Fregatten „Murion“ und „Carrère“, welche dem Unglück bei Abukir entgangen waren, an einer wenig besuchten Stelle des Gestades am 22. August 1799 heimlich nach Frankreich ein. Eine englische Korvette hatte zwar seine Abreise bemerkt und englische Geschwader kreuzten allenthalben im Mittelmeer; doch landete er am 9. Okt. 1799 glücklich zu Fréjus.

Das französische Volk begrüßte ihn als Retter des in Auflösung begriffenen Staats. Seine Reise nach Paris, wo er am 14. eintraf, glich dem Einzug eines langersehnten Herrschers in sein Reich. Zwei Stunden nach seiner unbemerkten Ankunft ging er ins Direktorium, dem er erklärte, daß er zurückgekommen sei, um die Republik zu retten, die er für verloren gehalten. Keiner der Direktoren wagte, ihn wegen seiner eigenmächtigen Rückkehr zur Rede zu stellen. Einen förmlichen Umsturz der Regierung bezweckte N. damals wohl noch nicht, wohl aber gedachte er die Zügel derselben in seine Hand zu bringen. „Das Volk will und braucht einen Herrn“, äußerte er zu seinen Vertrauten. Trotz der Zurückgezogenheit, in der anfangs lebte, war sein kleines Haus in der Straße de la Victoire von Offizieren, Staatswürdenträgern, Gliedern der Regierung stets umlagert, und selbst das Direktorium verlangte nicht selten seinen Rath. Obwohl Sieyès abgeneigt, erkannte er doch bald, daß er seine Pläne auf diesen gründen müsse, und Talleyrand brachte eine förmliche Vereinbarung beider Männer zu Stande. Die vorher vom Direktorium beabsichtigte Entfernung N.s aus Paris zum Oberkommando in Italien unterblieb und die Vorbereitungen zum Umsturz der Direktorialregierung sammt der Konstitution begannen. Auf der Seite N.s oder vielmehr Sieyès', der jetzt noch die Hauptrolle spielte, wirkten besonders thätig Talleyrand, Fouché, Lucian Bonaparte, Regnault de St. Jean Angely, Berthier, Murat, Lannes und Joseph Bonaparte. Auch Moreau und Lefebvre wurden gewonnen; Bernadotte, Jourdan und Augereau hielten sich zurück und theilten den Patrioten im Rathe der Fünfhundert ihre Befürchtungen mit. Die Verschwornen hatten den 18. Brumaire zur Ausführung des Unternehmens bestimmt. Zur Deckung der Kosten schoß der Bankier Callot zwei Millionen Fr. vor. An diesem Tage erhielt N. von dem zum Theil eingeweihten Rath der Alten den Oberbefehl über die Truppen der Hauptstadt und die Weisung, eine Verlegung des gesetzgebenden Körpers nach St.-Cloud zu unterstützen. N., bereits von seinen Generalen in Staatsuniform umgeben, machte die Truppen mit dem erhaltenen Befehl bekannt und eilte an ihrer Spitze nach den Tuilerien, wo er dem Rath der Alten den Eid der Treue leistete. Während er die Truppen ordnete und die Direktorialgarde vom Luxembourg nach den Tuilerien beorderte, hielt Moreau die Direktoren Moulins und Gohier in ihrer Wohnung gefangen, und Talleyrand bewog Barras, seine Resignation zu unterzeichnen. Um 2 Uhr Nachmittags bestand kein Direktorium mehr. Am 19. Brumaire (10. November 1799) zog N. mit seinem 8000 Mann starken Truppencorps nach St.-Cloud und besetzte alle Zugänge. Als der hier versammelte Rath der Fünfhundert gegen den beabsichtigten Handstreich zu protestiren begann, erschien N., von einigen Grenadieren begleitet, im Sitzungssaal, ward aber sogleich unter Drohungen zurückgedrängt. Lucian Bonaparte, der Präsident der Deputirten, von denselben gedrängt, die Acht über seinen Bruder zur Abstimmung zu bringen, eilte, als sei er von Meuchelmördern verfolgt, zu den Truppen u. rief dieselben zum Schutze der Republik gegen die Repräsentanten auf. N. ließ nun eine Abtheilung Grenadiere in den Saal eindringen, welche die Deputirten mit gefälltem Bayonnet hinaustrieben. Noch am Abend hielt, wieder unter Lucians Vorsitz, der gereinigte Rath der Fünfhundert, d. h. die siegende Partei, eine Berathung, in welcher beschlossen ward, eine Dankadresse an N. und die Truppen zu richten, 62 Mitglieder für ausgestoßen zu erklären, dann beide Räthe bis zum 20. Februar zu suspendiren und eine Kommission zur Revision der Verfassung, sowie eine vollziehende Konsularkommission, aus Sieyès, Roger Ducos und N. bestehend, zu erwählen. Der Rath der Alten ertheilte diesen Beschlüssen seine Genehmigung, und Nachts 11 Uhr leisteten die drei Konsuln vor beiden Räthen den Eid auf Erhaltung der Souveränetät des Volks, der Einen u. untheilbaren Republik, der Freiheit und Gleichheit in dem repräsentativen System. Die ersten Handlungen des Konsulats ließen einen Schein von Ruhe und Festigkeit erblicken, der allen Parteien wohl that. Nachdem sich das Konsulat oder vielmehr N. ein ergebenes Ministerium geschaffen, reorganisirte er das Heer, ordnete den Staatshaushalt, stellte den Kredit durch Abschaffung gezwungener Anleihen her, betrieb die Auswechslung der Gefangenen, gründete die polytechnische Schule zu Paris und wählte eine Kommission zur Ausarbeitung des Civilcodex, an deren Spitze er selbst trat. Das anfänglich gute Vernehmen zwischen den Konsuln erlitt durch die Verfassungsfrage den ersten Stoß. Sieyès wollte eine Repräsentation des Staats in Einer Person, obgleich diese nicht viel mehr als eine Null (der Großwähler seiner Republik) sein sollte. N. aber wollte nur den Schein einer Repräsentation, mit einer Macht, koncentrirt im Konsulat, d. h. in ihm. Schon am 24. December 1799 erfolgte die Publikation der neuen, von N. mit Benutzung des aus Sieyès' System seinen Ansichten Entsprechenden entworfenen Verfassung, die nur zum Schein der Abstimmung des Volks unterworfen wurde. Sie stellte 4 Gewalten auf: das Konsulat, welches den Vollzug der Gesetze hatte, das Tribunat, welches sie erörterte, den gesetzgebenden Körper, der sie dekretirte, und den Senat, der sie behütete. Durch diese Verfassung erhielt N. unter dem Titel eines ersten Konsuls auf zehn Jahre die volle Gewalt eines konstitutionellen Fürsten. Zwar sollten ihm zwei Konsuln zur Seite stehen, aber nur mit berathender Stimme. Da Sieyès und Ducos diese Rollen nicht übernehmen wollten, wählte N. für sie Cambacérès und Lebrun, zwei politische Nullen. Seine Wohnung verlegte er in die Tuilerien und bildete einen glänzenden Hof. Die Emigrantenliste wurde geschlossen und fast neun Zehntheilen der Ausgewanderten die Rückkehr gestattet. Fouché organisirte eine furchtbare Polizei, welche die Tagespresse unterdrückte u. die Parteien sprengte. Die Organisation der Behörden geschah nach militärischen Grundsätzen. N.s ungemeine Thätigkeit und sein sicheres Durchschauen der verschiedensten Interessen gaben sich durch eine Reihe von Einrichtungen kund, unter denen die Gründung der Bank von Frankreich, die Verbesserung der Rechtspflege und eine neue administrative Eintheilung des Staats besonders hervorzuheben sind. Auch der Krieg in der Vendée wurde durch kluge Maßregeln beendet und das durch die trotzigen Ansprüche des Direktoriums gestörte Einvernehmen zwischen Frankreich und den Vereinigten Staaten von Nordamerika durch freundliches Entgegenkommen wieder hergestellt. Dagegen bot N. sowohl England als Oesterreich vergebens den Frieden an. Er wendete daher ungesäumt seine Aufmerksamkeit dem Kriegsschauplatz in Italien zu, wo Masséna mit 40,000 Mann nicht mehr im Stande war, den 130,000 Oesterreichern unter Melas die Spitze zu bieten. Der Feldzugsplan war fertig, blieb aber, weil N. wiederum zumeist durch Ueberraschung und Täuschung wirken wollte, sein und Moreau's Geheimniß. Letzterer sollte mit 150,000 Mann die Oesterreicher in Deutschland beschäftigen, und ein bei Dijon sich sammelnder Heerhaufen sollte die Oesterreicher über die Hauptrichtung des Feldzugs täuschen. Während man N. noch in Paris bemüht glaubte, Truppen zusammen zu treiben, ging er mit 40,000 Mann über die Alpen, erzwang nach einigen kleineren Gefechten am 31. Mai den Uebergang über die Sesia und den Ticino u. hielt am 2. Juni seinen Einzug in Mailand, wo er sogleich die cisalpinische Republik wieder herstellte, wodurch er sich mit Einem Schlag alle Hülfsquellen Oberitaliens eröffnete und die meisten Magazine u. Kriegsvorräthe der Oesterreicher in seine Gewalt brachte. Die Einnahme von Aosta, das Gefecht bei Montebello am 9. und die Schlacht von Marengo am 14. Juni entschieden und endigten den Feldzug. Durch den Waffenstillstand von Alessandria wurden die Franzosen wieder Herren von Oberitalien. N. reorganisirte nun auch die ligurische Republik, übergab Masséna den Oberbefehl und traf am 3. Juli unter unermeßlichem Jubel des Volks wieder in Paris ein.

N.s öffentliche Thätigkeit wandte sich darauf vorzugsweise auf die Beseitigung der Parteien. Er zog die meisten abgesetzten Parteihäupter in den Staatsdienst zurück; nur die fanatischen Republikaner und Royalisten blieben unversöhnt, und ihre Thätigkeit äußerte sich in Attentaten u. Komploten. Am 3. Nivôse (24. Dec. 1800) entging N. nur zufällig dem Tode bei der Explosion einer Höllenmaschine. Sich im Zustande der Nothwehr betrachtend, griff N. fortan mit tyrannischer Willkür der Gerechtigkeit in die Arme und führte peinliche Specialgerichte ein. Obwohl man bald wußte, daß der Anschlag von den Royalisten herrührte, ließ er ohne Urtheil und Recht 130 Republikaner nach Cayenne deportiren und 8 hinrichten. Fouché führte die Lettres de cachet wieder ein, und N. umgab seine Person mit einer Konsulargarde von 8000 Mann. Als im September N. Oesterreich den Waffenstillstand aufkündigte, willigte der Kaiser in den Kongreß zu Luneville, doch war auch dieser Friedensversuch von nur kurzer Dauer, u. der Krieg begann wieder, um mit der Niederlage der Oesterreicher bei Hohenlinden zu enden. Am 31. Dec. 1800 schloß Oesterreich den Frieden zu Luneville. Um auch England zum Frieden zu nöthigen, stützte N. das bewaffnete Neutralitätsbündniß der Seemächte, schloß mit Portugal (29. Sept. 1801) einen Frieden, der die britischen Schiffe aus den portugiesischen Häfen verbannte, und ließ sogar Aegypten fallen, um am 1. Okt. 1801 mit der Pforte Frieden zu schließen, u. erreichte auch durch den Friedensschluß von Amiens (17. März 1802) jenen Zweck. Zugleich erhielt er dadurch Raum, seine persönlichen Entwürfe noch eifriger zu verfolgen. Er war in der Abschaffung revolutionärer Institute und der Gründung seiner militärischen Staatsordnung bereits weit vorgerückt. Die wichtigsten Grundlagen der Repräsentativverfassung, die Gemeindeberathungen und Wahlen, waren ohne Aufsehen beseitigt worden; alle Wahlen geschahen von oben herab, u. die Diener des Staats waren in Beamte N.s umgewandelt. Um eine der mächtigsten Stützen der absoluten Regierungsgewalt zu gewinnen, schloß N. am 15. August 1801 mit Pius VII. das berühmte Konkordat ab, welches die katholische Kirche mit allen ihren Rechten in Frankreich wieder herstellte, die alte beeidigte konstitutionelle Geistlichkeit aufhob, aber zugleich den Protestanten und Juden die Rechte bestätigte, welche die Revolution ihnen verliehen hatte. Eine andere Stütze der Macht schuf er sich durch die Stiftung eines Ordens der Ehrenlegion. Auch der batavischen Republik gab er im November 1801 eine neue Konstitution; mit gleicher Ergebenheit nahm die ligurische Republik die ihr oktroyirte an. Die Schweizer erhielten ihre neue Verfassung am 19. Febr. 1803 in Paris zugleich mit der Verpflichtung, 16,000 Mann als Bundeskontingent zu Frankreichs Verfügung zu stellen. Nachdem der feile Senat am 8. Mai 1802 N.s Konsulat im Voraus auf weitere 10 Jahre verlängert, übertrug er ihm am 2. August dasselbe auf Lebenszeit, und schon am 4. August erfolgte eine sehr summarische Verfassungsveränderung, die alle Gewalt dem ersten Konsul und alle Garantie dem Senat übertrug. Näheres s. Frankreich, Geschichte. Zwar hatte man die hierauf bezüglichen Beschlüsse auf N.s Wunsch einer Abstimmung des Volks unterworfen; aber dies war eine leere Ceremonie, denn jede Opposition war im Volke durch militärische Verwaltungsmaßregeln beseitigt. Einer um so strengeren Kritik unterwarfen die englischen Journale die Maßregeln des Konsuls. N. entgegnete eine Zeitlang im „Moniteur", erlitt aber auf diesem Felde gegen die englische Dialektik eine so starke Niederlage, daß er sich hinter das konsularische Verbot aller englischen Zeitschriften in Frankreich zu verschanzen für gut fand. Bald trat die Erbitterung aus den Journalen in die öffentlichen Handlungen der Kabinete über. Die Eingriffe N.s in die inneren Verhältnisse seiner Nachbarstaaten gaben die nächste Veranlassung dazu, u. die Weigerung Englands, Malta dem Johanniterorden und dadurch wahrscheinlich den Franzosen zurückzugeben, die letzte Ursache zum Krieg. Ehe noch die Kriegserklärung am 18. Mai 1803 ausgesprochen war, wurden alle in Frankreich verweilenden Engländer verhaftet. Ungeachtet des Friedens mit Deutschland ließ N. hierauf das deutsche Kurfürstenthum Hannover besetzen und als erobertes Land behandeln. Zugleich entwarf er die Grundlage des berüchtigten Kontinentalsystems (s. d.). Während er eine Landung in England vorzubereiten schien, blokirte dieses die französischen Häfen u. leitete die Umtriebe der mehr als je thätigen Royalisten. Die Polizei ergriff einige Fäden des weitverzweigten, nie enthüllten Komplots u. ließ mehr als 40 Schuldige und Unschuldige verurtheilen. Cadoudal wurde mit mehren Genossen hingerichtet, Pichegru im Gefängniß erwürgt gefunden, Moreau, der unschuldig war, zur Verbannung nach Amerika verurtheilt und der Herzog von Enghien (s. d.) auf die Beschuldigung hin, mit Verschwornen Verbindungen unterhalten zu haben, dem Spruch einer Militärkommission gemäß erschossen. Diese Maßregeln machten die legitimen Höfe den Werbungen Englands zu einer neuen Koalition immer zugänglicher, eben diese Wahrnehmung aber bewog auch N., den letzten Schritt zum Thron zu beschleunigen. Im März 1804 ward im Senat der Antrag gestellt, die höchste Gewalt in N.s Familie erblich zu machen, u. die Departements sandten auf Befehl gleichlautende Bittschriften ein. Nachdem sich auch das Tribunat, in welchem Carnot allein dagegen sprach, und der gesetzgebende Körper dafür erklärt hatten, proklamirte ein organisches Senatuskonsult vom 18. Mai 1804 N. I. als erblichen **Kaiser** der Franzosen, und noch an demselben Tage überreichte Cambacérès an der Spitze des Senats N. das betreffende Dekret in St.-Cloud. Ein anderes organisches Gesetz vom 18. Mai 1804 gestaltete die Verfassung der neuen Ordnung der Dinge angemessen um. N. beschwor die Akte sofort und ernannte schon am folgenden Tage die Großwürdenträger- und Marschälle des Reichs. Seine Brüder Joseph u. Ludwig und später seinen Stiefsohn Eugen Beauharnais erhob er zu Prinzen von Frankreich. Den beiden andern Brüdern, Hieronymus und Lucian, ward diese Ehre nicht zu Theil, weil sie sich unter ihrem Stande verheirathet hatten. Am 20. Mai wurde unter großem Jubel die Thronerhebung N.s in der Hauptstadt verkündigt, und am 27. empfing der Kaiser die Huldigung des Senats u. der Departements. Ende Juli bereiste er, angeblich wegen der Landung in England, die Nordküsten Frankreichs und versetzte in Boulogne sein Heer durch seine Ansprache in den höchsten Enthusiasmus. Auch ein friedliches Werk ging aus dem Kriegslager hervor: die große Preisaussetzung für Meisterwerke der Wissenschaft, Kunst und Industrie, von 10 zu 10 Jahren; mit der Vertheilung der Preise, je am 18. Brumaire, sollte ein Nationalfest verbunden sein. Von Boulogne begab sich N. nach Brüssel und empfing dann zu Aachen die Anerkennung seines Throns von Seiten Oesterreichs, Portugals und Neapels und bald darauf Preußens, Spaniens und Toskana's. Mitte Oktobers traf er wieder in St.-Cloud ein u. bereitete die Krönungsfeierlichkeiten vor, zu deren Verherrlichung der Papst Pius VII. selbst zur Reise nach Paris vermocht worden war. Vor der Krönung wurde noch einmal das Spiel wiederholt, durch Stimmzettel die Nation zu befragen, ob sie den Kaiser N. zum Kaiser haben wolle; 3,572,025 Bürger waren mit dem Senatsbeschluß einverstanden. Am 2. December 1804 geschah die Krönung in der Kirche Notre-Dame. Als N. am 27. Dec. den gesetzgebenden Körper eröffnete, äußerte er: „Ich will das Gebiet des Reichs nicht vergrößern, aber dessen Integrität bewahren". In der That bot er in einem eigenhändigen Briefe vom 2. Jan. 1805 dem König von England den Frieden an, erhielt aber von Lord Mulgrave eine stolze und kalte Antwort und erwiderte mit der Errichtung des Königreichs Italien. Nachdem ihm der Vicepräsident Melzi mit Abgeordneten der italienischen Republik (17. März 1805) die Krone von Italien angetragen, setzte er sich am 26. Mai im Dom zu Mailand die eiserne Krone der Lombardenkönige auf, ernannte Eugen Beauharnais zum Vicekönig von Italien und vereinigte ohne Weiteres Genua und am 21. Juli Parma mit Frankreich. Lucca wurde, mit dem Fürstenthum Piombino vereinigt, als französischer Vasallenstaat an N.s Schwester, Elisa Bacciochi, übergeben. Auch die batavische Republik mußte sich monarchischen Formen fügen u. erhielt in Schimmelpennink einen fast unumschränkten Rathspensionär mit einem Ministerium, Staatsrath und einem gesetzgebenden Körper. Diese Machtvergrößerungen N.s brachten inzwischen eine Verbindung Englands mit Rußland zu Stande, welcher am 9. August auch Oesterreich und später Schweden beitraten. N. gab nun seinen Streitkräften zu Boulogne den Namen der „großen Armee" und ordnete dieselben in 7 Corps, welche, von Bernadotte, Davoust, Soult, Lannes, Ney, Augereau und Marmont geführt, unter seinem Oberbefehl über den Rhein gegen Oesterreich vordringen sollten. Mit einem zweiten Heere von 75,000 Mann sollte Masséna den Erzherzog Karl in Italien bekämpfen. Der Senat beschloß außerdem die Organisirung der Nationalgarde u. die erste Konskription von 88,000 Rekruten. Die Feindseligkeiten begannen ohne Kriegserklärung. Kaum hatte N. das Vorrücken der Oesterreicher in Bayern erfahren, als seine Heeresabtheilungen vom 24.—26. Sept. 1805 an verschiedenen Punkten den Rhein überschritten. Bayern, Würtemberg und Baden traten sofort zu ihm über. N.s Plan war, den Feind im Rücken zu umgehen u. dessen Verbindung mit den durch Mähren vorrückenden Russen zu verhindern. Bereits nach 14 Tagen waren sämmtliche feindliche Corps in der Gegend von Ulm zusammengedrängt, u. nach mehren Gefechten gelang es sogar, die beiden Flügel der Oesterreicher zu trennen. München ward von den Oesterreichern befreit und Mack in Ulm, wo er das russische Hülfscorps erwartete, von den Franzosen zur Kapitulation gezwungen. Andere österreichische Corps streckten die Waffen bei Trochtelfingen und Bopfingen, und das Corps des Erzherzogs Ferdinand wurde auf dem Rückzuge nach Böhmen von Murat vernichtet. Am 27. Okt. ging N. über den Inn, trieb in blutigen Gefechten 40,000 Russen unter Kutusow zurück und kam am 13. November nach Schönbrunn, während Murat zugleich in Wien einrückte. Zu Schönbrunn erfuhr N. die Niederlage der französischen Flotte vor Trafalgar, und auch aus Italien kamen Nachrichten von dem siegreichen Vordringen des Erzherzogs Karl. Dennoch wies er die Friedensvorschläge Oesterreichs zurück, schickte mehre Corps über die Donau, welche die Russen bei Hollabrunn schlugen, und verlegte sein Hauptquartier nach Brünn, von wo aus er den Gegner durch einen verstellten Rückzug auf ein ihm günstiges Schlachtfeld lockte. Die Schlacht bei Austerlitz am 2. Dec. endete mit der Vernichtung des russischen Heeres, u. der hierauf vom Kaiser von Oesterreich übereilt abgeschlossene Waffenstillstand machte N.s Sieg vollständig. Preußens Beitritt zur Koalition war bereits ausgesprochen, in Ungarn standen die Erzherzöge Karl und Johann mit vereinter Macht, die Ungarn erhoben sich in Masse und Rußlands Kraft war noch unerschöpft: da vernichtete eine persönliche Annäherung des deutschen Kaisers zu N. alle Hoffnung auf ferneres Zusammenhandeln. Rußland und Preußen zogen sich zurück, und Oesterreich verlor im Frieden von Preßburg (am 26. Dec. 1805) seine schönsten Provinzen und mußte das Königreich Italien u. die Souveränetät Bayerns, Würtembergs und Badens anerkennen. N. überließ seinem Heere die erbeuteten Magazine, setzte reiche Pensionen aus und adoptirte sämmtliche Kinder der Gefallenen. Ohne mit Rußland Frieden zu schließen, verließ er am 27. December Schönbrunn, nachdem er von hier aus noch an Neapel, das dem ihm kurz zuvor zugestandenen Neutralitätsvertrag zuwider ein russisch-englisches Heer aufgenommen, den Krieg erklärt hatte, und traf am 27. Jan. 1806 wieder in Paris ein. Um diese Zeit vollendete N. sein dauerndstes Werk, das Civilgesetzbuch. Um seine Eroberungen durch Familienbündnisse und die Begründung eines Föderativsystems zu befestigen u. zu erweitern, vermählte er seinen Stiefsohn Eugen Beauharnais mit einer bayerischen Prinzessin, seine Stieftochter Stephanie Beauharnais mit dem Erbprinzen von Ba-

den; Neapel, das am 15. Febr. seine Thore ge[l]
hatte, erhielt in N.s Bruder, Joseph, am 31.
einen französischen Herrscher, Ludwig Nap[
wurde am 5. Juli König von Holland, N.s S[
ger, Joachim Murat, wurde mit dem Großhe[
thum Berg, der Fürst von Lucca mit Massa
Carrara, die Prinzessin Pauline (Borghese),
Schwester, mit Guastalla belehnt. Talleyrand
Fürst von Benevento u. Bernadotte erhielt P[
corvo als Reichslehen. Außerdem errichtete [
den Frankreich nicht unmittelbar unterworfenen
dern Italiens eine Menge Herzogthümer, Fü[
thümer, Grafschaften 2c. als erbliche Majorate
Belohnung seiner Getreuen. Ein kaiserliches F[
lienstatut vom 31. März 1806 erklärte den K[
zum Familienhaupte und machte sämmtliche G[
mit ihren Herrschaften zu Vasallen. Am 12.
1806 kam der lang vorbereitete Rheinbund ([
unter N.s Protektorat zu Stande, wodurch le[
der Gebieter des größern Theils von Deutsch[
wurde. Sofort mischte er sich in die innern [
legenheiten der Bundesstaaten, führte franzö[
Institutionen ein und unterdrückte alle Regu[
des beleidigten Nationalgefühls durch Gewaltth[
wie die Hinrichtung des Buchhändlers Palm,
durch eine furchtbare Polizei. Dem Versuch [
ßens, dem Rheinbund gegenüber einen norddeu[
Bund unter seinem Protektorat zu stiften, ga[
scheinbar Beifall, wendete jedoch hinterlistig
Drohungen und Versprechungen die norddeu[
Staaten und Städte von Preußen ab und vers[
dem britischen Kabinet die Zurückgabe des an
ßen abgetretenen Hannover. Dagegen kam
Fox' Tode zwischen England und Preußen eine
Koalition zu Stande, welcher am 17. August
auch Rußland, Schweden und Sachsen beitr[
N. befahl am 21. Sept. dem König von Bayern
seinen übrigen deutschen Vasallen, ihre Bunde[
tingente für den preußischen Krieg bereit zu h[
und kaum hatte Friedrich Wilhelm III. seine Kr[
erklärung in der Form einer Beschwerde abgeg[
als N. bei Bamberg seine 120,000 Mann starke
mee koncentrirte. Die mit den sächsischen Tru[
verbundene preußische Armee zählte 180,000 M[
und hatte ihre Stellung auf einer weiten Linie,
Vacha bis Jena, genommen. Die preußischen G[
rale setzten voraus, N. werde eine dem Rhein
rallele Operationslinie aufstellen; N. faßte j[
den Plan, von drei Punkten aus den linken F[
des Feindes zu überfallen und zu umgehen.
dem 8. Oktober, wo Murat den Uebergang übe[
Saale bei Saalburg erzwang, u. nach dem G[
bei Saalfeld (10. Okt.) folgte Schlag auf Sc[
bis die Doppelschlacht von Auerstädt und Jena
Okt. 1806) das preußische Heer vernichtete.
Sieg bei Jena vervielfachte sich noch durch N.s
Benutzung der Umstände. Er gewann Sachsen [
sein mildes Verfahren gegen die sächsischen Gef[
nen und löste so die letzte deutsche Macht von P[
ßen los. Ein preußisches Truppencorps um[
andere wurde gefangen. Die stärksten Festun[
Erfurt, Spandau, Stettin, Küstrin, Magdebu[
endlich Hameln und Nienburg, ergaben sich
einander ohne Vertheidigung, u. schon am 24.
saß N. im Gemach Friedrichs des Großen in P[
dam u. raubte dem todten Helden Tags darau[
Schmuck vom Sarge. Am 27. Oktober hielt e[

nen Einzug in Berlin, wo er sogleich die Verwaltung der eroberten Provinzen ordnete. Berlin erhielt französische Municipalität. Ostfriesland u. Jever wurden dem König von Holland, Parcellen Westphalens dem Großherzog von Berg, Fulda, Sachsen-Koburg, Braunschweig und das Kurfürstenthum Hessen als eroberte Länder der französischen Regierung zu fernerer Verfügung übergeben. Nur der Kurfürst von Sachsen und der Herzog von Weimar behielten ihre Länder und traten dem Rheinbund bei. Nach langen Unterhandlungen schlug N. einen Waffenstillstand mit Preußen vor, den der König aber verwarf. Gegen England erließ N. von Berlin aus am 21. November 1806 jenes berühmte Dekret, welches die britischen Inseln in Blokadezustand erklärte, allen Handel und Gemeinschaft mit den Engländern verbot und die Konfiskation der englischen Waaren, sowie die Verhaftung aller Briten in den von französischen Truppen besetzten Ländern befahl. Seine Aufmerksamkeit gegen Rußland wendend, begab er sich Ende November nach Posen, wo Davoust bereits am 16. eingerückt war, und erwarb sich hierdurch das Versprechen der Herstellung der Unabhängigkeit Polens einen neuen Bundesgenossen. Da er in Preußen starke Besatzungen lassen mußte, zählte sein Heer nur noch 85,000 Mann, zu denen 4 Regimenter Polen stießen, während die Russen über 100,000 Mann zu verfügen hatten. Davoust und Murat brachen schon am 16. Nov. nach Warschau auf, rückten am 29. in die Stadt ein und zogen dann den Russen nach über die Weichsel und Narew. N. selbst kam unter dem Jubel der Bevölkerung am 19. December nach Warschau und folgte am 23. seinem Heere. Die Schlachten an der Narew (23. Dec.) u. bei Pultusk (26. Dec.) konnten für Siege der verbündeten Waffen gelten, bald darauf aber zog sich das preußische Heer nach dem Niemen zurück, u. der Kampf schwieg einige Wochen. N. kehrte am 2. Jan. 1807 nach Warschau zurück, wo er am 14. eine provisorische Regierung einsetzte. Nach kurzer Waffenruhe drangen die Russen unter Bennigsen in Ostpreußen vor, um die Festungen an der Weichsel und Oder zu entsetzen, wurden aber am 25. Januar bei Mohrungen geschlagen. Unter fortgesetzten Gefechten mußte sich Bennigsen auf Preußisch-Eylau zurückziehen, wo am 7. und 8. Februar die blutigste Schlacht Statt fand, die N. je geschlagen; 20,000 Leichen bedeckten die Wahlstatt. Das russische Heer nahm seine Winterquartiere hinter der Passarge, während N. sein Hauptquartier nach Finkenstein zurückverlegte. Unterdessen dauerten Belagerungen und Festungseroberungen in Preußen fort. Von allen schlesischen Festungen hielten sich nur Kosel, Silberberg und Glaz; in Pommern, aus welchem Mortier die Schweden vertrieb, retteten Kolberg, Graudenz und Danzig den Ruhm der preußischen Tapferkeit. Nach viermonatlichen Verhandlungen eröffnete N. am 4. Juni 1807 den sogenannten zweiten Feldzug nach Polen. Nach mehren kleineren Gefechten, bei Lomitten und Spanden am 5., bei Deppen am 6., bei Guttstadt am 9., versuchte N. am 10. die Schlacht bei Heilsberg. Aber erst bei Friedland hielt der Feind am 14. Stand und ward geschlagen. Am 16. fiel Königsberg in die Hände des Siegers. Dennoch wagte N. nicht, den Niemen zu überschreiten, sondern zeigte sich den Friedensanträgen Rußlands geneigt. Der Waffenstillstand von Tilsit, wohin N. am 19. Juni sein Hauptquartier verlegt hatte, endigte am 21. mit Rußland, am 25. mit Preußen die Feindseligkeiten, u. am 7. Juli wurde der Friede mit Rußland, am 9. mit Preußen unterzeichnet. Der König von Preußen erhielt gegen bedeutende Gebietsabtretungen seine Krone zurück. Aus Preußisch-Polen wurde das Herzogthum Warschau gebildet und dieses dem König von Sachsen verliehen. Die preußischen Provinzen am linken Elbufer wurden mit den braunschweigischen, hessischen und hannöverischen Gebieten zum Königreich Westphalen vereinigt, dessen Krone N.s Bruder, Hieronymus, empfing. Am 27. Juli traf N. wieder in St.-Cloud ein.

Seine nächste Staatshandlung war die Eröffnung des gesetzgebenden Körpers, durch welchen er die Erblichkeit des neuen Adels gesetzlich verkündigen ließ; dann folgte die Aufhebung des Tribunats und die Einschränkung des gesetzgebenden Körpers selbst, der hinfort nur in Verein mit Kommissionen des Staatsraths N.s Gesetzentwürfe prüfen, d. h. genehmigen durfte. Neben der Beförderung der materiellen Interessen beschäftigte N. vornehmlich die Reform der Justiz und der Verwaltung im Sinne des unbeschränktesten Absolutismus. Das Handelsgesetzbuch und das Strafgesetzbuch wurden vollendet. Die Finanzverwaltung, die Abgabenerhebung erhielten fast militärische Formen. Das Rechnungswesen wurde so vereinfacht, daß N. aus Listen stets den Stand der Einnahmen u. Ausgaben mit den Rückständen ersehen konnte. Für jeden Monat setzte der Kaiser durch ein Dekret die Summen fest, welche jedes Ministerium aus dem Staatsschatze beziehen sollte. Die Ausgaben des kaiserlichen Hauses waren streng geregelt. Die Civilliste für 1806 belief sich in den gewöhnlichen Ausgaben nur auf 2,770,841 Francs. Aus den Domänen bestritt N. die Luxusbauten; über 100 Millionen wurden auf Verschönerung der Hauptstadt verwendet. Die Presse wurde aufs strengste überwacht, das öffentliche Unterrichts- u. Erziehungswesen der kaiserlichen Universität unterstellt. Allen katholischen Gemeinden wurde ein Katechismus oktroyirt, der die Verehrung des Kaisers als des Stellvertreters Gottes auf Erden einprägte und dem Konskriptionsgesetze eine fast religiöse Sanktion verlieh. Seinen Bruder Hieronymus vermählte N. mit der Tochter des Königs von Würtemberg. Rußland und Dänemark wurden zur Anerkennung des Blokadedekrets gegen England vermocht. Unter der Beschuldigung, daß der Hof von Lissabon mit England konspirire, schickte N. ein Heer gegen Portugal, das, von Junot geführt, den Durchzug von Spanien gestattet erhielt und am 30. Nov. 1807 in Lissabon einzog. Vom 16.—21. November nahm N. die Huldigungen des Königreichs Italien und der neuen Provinzen entgegen. Von Mailand aus erließ er ein geschärftes Dekret gegen England, welches das berliner Blokadedekret durch zwei Kabinetsbefehle beantwortet hatte, die alle Häfen Frankreichs u. seiner Verbündeten in wirklichen Blokadestand u. sogar den Handel von einem Hafen mit dem anderen für verboten erklärten. N.s Gegendekret „denationalisirte“ jedes Schiff, das sich Englands Geboten unterwarf. Die römischen Legationen wurden zugleich mit Toskana dem französischen Reich einverleibt, das Königreich Etrurien ward französische Provinz. Am 21. Januar 1808 erfolgte auch die Vereinigung von Wesel, Kehl, Kassel und Vlissingen mit dem Reiche, so daß nun der ganze Rhein französisch war. Ein Dekret vom 22. Jan. rief neue 80,000 Konskribirte unter die Fahnen. Zugleich setzte sich N. mit dem spanischen Minister Godoy in gutes Vernehmen und erhielt das spanische Heer von 20,000 Mann zur Verfügung gestellt. Während dieses Corps unter französischen Adlern nach Dänemark abging, wirkte sich N. von Godoy auch die Erlaubniß aus, 30,000 Mann angeblich nach Portugal bestimmter Truppen in Spanien einrücken zu lassen. Statt dessen fielen jedoch plötzlich 60,000 Franzosen in Spanien ein und besetzten die Festungen Barcelona, Figueras, Pampeluna und San-Sebastian. Der Prinz von Asturien, im Einverständniß mit N., benutzte die Gelegenheit, sich, nachdem er den Minister und seinen königlichen Vater zur Abdankung gezwungen, als Ferdinand VII. zum König proklamiren zu lassen. Hierauf besetzte Murat am 23. März Madrid. Als Karl IV. darauf seine Abdankung für erzwungen erklärte, warf sich N. zum Schiedsrichter auf und lud Vater und Sohn nach Bayonne. Beide gingen in die Falle: Karl IV. dankte am 5. Mai zu Gunsten N.s und Ferdinand am 6. Mai zu Gunsten seines Vaters ab. N. ließ zu Bayonne aus ihm ergebenen spanischen Großen, Beamten und Geistlichen eine Nationaljunta zusammentreten, die den Bruder des Kaisers, Joseph Bonaparte, zum König verlangte, u. schon am 25. Juni ward derselbe als König von Spanien und Kastilien gekrönt. Murat erhielt das dadurch erledigte Neapel und trat das Großherzogthum Berg an Frankreich ab. Anfangs hatten die Spanier die Franzosen als Befreier empfangen; nun aber griffen sie zu den Waffen und zwangen am 16. Juli den General Dupont, mit 13,000 Franzosen bei Baylen zu kapituliren. Die nächste Folge dieses Siegs waren der Rückzug der Franzosen über den Ebro und die Flucht Josephs aus Madrid (1. Aug. 1808). Gleichzeitig wurden die Franzosen durch die Engländer unter Wellington auch aus Portugal vertrieben. N. suchte sich, da auch der König von Schweden drohte und Oesterreich rüstete, bevor er selbst nach Spanien zog, der Freundschaft des Kaisers Alexander I. von Rußland zu versichern und hielt mit ihm vom 28. Sept. bis 14. Okt. eine persönliche Zusammenkunft in Erfurt. Nachdem sich beide Kaiser Freundschaft und gemeinsame Herrschaft Europa's zugesichert und die Könige von Bayern und Sachsen sich verpflichtet, auf die erste Nachricht von feindseligen Gesinnungen Oesterreichs unter die Waffen zu treten, eilte N. nach Frankreich, um an der Spitze von 80,000 Mann aus Deutschland zurückgerufenen Kriegern die pyrenäische Halbinsel zu unterwerfen, drängte nach vielen Treffen die Spanier allenthalben zurück und hiel am 4. Dec. seinen Einzug in Madrid. Er trat hier nicht als erzürnter Gebieter, sondern als Befreier auf, beseitigte die Inquisition und viele drückende Privilegien, verlegte alle inneren Zölle an die Grenzen und verminderte die Ueberzahl der Klöster. Am 9. berief er eine Versammlung von 1200 Notabeln und ließ dieselben seinem Bruder den Treueid wiederholen. Am 20. rückte er gegen die aus Portugal in Spanien eingefallenen Engländer vor, trieb sie nach Valladolid zurück und schlug sein Hauptquartier in Astorga auf, überließ aber sodann auf die Nachricht, daß der gesetzgebende Körper zu Paris gewagt habe, sich für den Repräsentanten des Volks auszugeben, und daß Oesterreichs Rüstungen sich täglich drohender gestalteten, die fernere Führung des Kampfes in Spanien dem König Joseph und dem Marschall Jourdan und traf am 25. Januar 1809 wieder in Paris ein.

Schon am 2. März 1806 hatte N. dem gesetzgebenden Körper erklärt, daß die ganze italienische Halbinsel ein Theil des französischen Reichs sei und daß der Kaiser als oberstes Haupt derselben die Verfassungen der einzelnen Staaten garantirt habe. Nur der Papst stand, als weltlicher Fürst, der Einheit dieses italienisch-französischen Reichs noch im Wege. Ursache zu Krieg gegen ihn war bald gefunden. Schon vor dem preußischen Krieg hatte N., gegen die Worte des italienischen Konkordats, Bischöfe in Italien eingesetzt, denen der Papst die nöthigen Bullen verweigerte. Nun stellte er an denselben die Forderung, mit Frankreich in ein Schutz- und Trutzbündniß zu treten und den Engländern die römischen Häfen zu versperren. Auf die Weigerung des Papstes erfolgte die angedrohte Besetzung der Mark Ancona und am 2. Febr. 1808 die Besetzung Roms selbst durch Miollis, worauf N. am 2. April 1808 von St.-Cloud aus die Einverleibung der päpstlichen Provinzen Urbino, Ancona, Macerata und Camerino in das Königreich Italien dekretirte, wobei er sich auf die Schenkung seines Vorfahren, Karls des Großen, berief. Inzwischen rüstete sich Oesterreich zu einem letzten Versuch, N.s Joch abzuwerfen. 150,000 Mann sollten unter Erzherzog Karl aus Böhmen in Bayern vordringen, 50,000 Mann Linientruppen mit 25,000 Milizen unter dem Erzherzog Johann erhielten den Befehl, in Italien zu operiren, und ein drittes Corps von 40,000 Mann unter Erzherzog Ferdinand sollte das Herzogthum Warschau besetzen. N. hatte dieser großen Streitmacht 100,000 Franzosen, 40,000 Bayern und Würtemberger, 60,000 Verbündete der kleinen Rheinbundfürsten u. 15—20,000 Polen entgegenzustellen. Nachdem er am 12. Mai 1809 den Einfall der Oesterreicher in Bayern erfahren, eilte er nach Deutschland und warf sich am 20. April bei Abensberg auf den linken Flügel des Erzherzogs, während Davoust den rechten in Schach hielt. Schon in dieser ersten Schlacht verloren die Oesterreicher 18,000 Gefangene, am folgenden Tage bei Landshut die Hälfte und am 22. bei Eckmühl 16,000. Am 23. eroberten die Franzosen Regensburg, worauf N. seinen Marsch über die Isar und den Inn fortsetzte. Nach dem Treffen von Ebersberg starben die Franzosen am 10. Mai vor Wien, und am 12. desselben mußte die Stadt kapituliren. N. befand sich während dieser Vorgänge in Schönbrunn, Proklamationen und Vernichtungsdekrete erlassend. Er forderte die Ungarn auf, sich einen neuen König zu wählen, und der österreichischen Landwehr befahl er die Rückkehr zu ihrem Herde. Alle seine Proklamationen athmeten Verachtung und Erbitterung gegen das österreichische Kaiserhaus. Sein ganzer Zorn traf Tyrol. Die großartige Erhebung des Gebirgsvolks und Chastelers glückliches Vordringen droheten einen leicht um sich greifenden Brand in Deutschland zu entzünden. Chasteler hatte bei Wiltau ein ansehnliches französisches Corps gefangen genommen und bei Schwatz gegen gefangene Oesterreicher ausgeliefert. N. erließ darauf ein Achtungsdekret gegen Chasteler und drohende Worte an alle Offiziere der tyroler Landwehr, mit der Lüge geschmückt, Chasteler habe die bei Wiltau gefangenen Franzosen erschießen lassen. Am 17. Mai dekretirte er von Wien aus die Vereinigung des ganzen Kirchenstaats mit dem französischen Reiche und die Abführung des Papstes nach Frankreich. Inzwischen hatten N.s Feldherren in Italien, Polen und Tyrol bedeutende Verluste erlitten, u. N. selbst stand in der zweitägigen Schlacht bei Aspern (21. und 22. Mai, s. Aspern) hart am Rande des Verderbens. Aber Erzherzog Karl benutzte den Erfolg dieses Sieges nicht aus; N. entkam nicht nur aus seiner Stellung auf der Insel Lobau, sondern konnte sich auch mit der italienischen Armee unter Eugen, welche den Erzherzog Johann bei Raab besiegt hatte, in Verbindung setzen, wodurch sein Heer auf 150,000 Mann mit 400 Kanonen anwuchs. Er erneuerte nun nach sechswöchentlicher Ruhe den Angriff und erfocht am 6. und 7. Juli bei Wagram (s. d.) über die Oesterreicher einen Sieg, welchen die ihm folgenden Friedensanträge entscheidend machten. Der Waffenstillstand zu Znaym (am 10. Juli) und die sofort in Wien eingeleiteten Unterhandlungen endeten den Krieg. Der Friede zu Wien (14. Okt. 1809) kostete Oesterreich 2000 □Meilen an Flächeninhalt und ungeheure Kriegssteuern und schnitt ihm jede Verbindung mit dem Meere ab. Aber dem Sieger gegenüber begann jetzt der gefährlichste Feind sich zu regen, der lange geächtete Volksgeist. Die Erhebung Tyrols, die geheimen Verbindungen im Innern von Deutschland, die Schilderhebungen Dörnbergs, des Herzogs von Braunschweig u. Schills waren die Herolde der deutschen Auferstehung, und auch der patriotische Fanatismus fand Apostel. Mitten im Siegesglück wäre N. am 13. Okt. fast dem Dolche eines deutschen Jünglings, Friedrich Stapß' aus Naumburg, erlegen.

Dem Frieden zu Wien folgte ein kurzer Zeitraum, in welchem N., auf dem Gipfel seiner Macht, die Waffen ruhen ließ, um sich mit der Befestigung seines Thrones und der politischen Gestaltung seines Reichs zu beschäftigen. In diese Epoche fällt die Errichtung von großen Bauwerken, Kunststraßen, Kanälen und Industrieanstalten sowohl in Frankreich, als in den abhängigen Ländern. Um die Zukunft seines Reichs zu sichern, ließ er sich durch einen Senatsbeschluß vom 16. Dec. von seiner Gemahlin Josephine, die ihm keine Nachkommenschaft gewährte, scheiden. Nachdem sich Unterhandlungen mit der russischen Großfürstin Anna, der vormaligen Königin der Niederlande, zerschlagen hatten, vermählte sich N. am 1. April 1810 mit der Erzherzogin Maria Luise. Am 10. Jan. 1810 war auch Schweden dem Kontinentalsystem beigetreten. Am 1. März 1810 erfolgte die Umwandlung Frankfurts in ein Großherzogthum unter Dalberg, u. da sich Ludwig Bonaparte im Interesse seines Volks der Politik des Kaisers widersetzte, ward am 9. Juli ganz Holland als „ein von französischen Flüssen angeschwemmtes Land" dem Kaiserreich einverleibt. Am 12. November folgte die Besitznahme der durch N. von der Schweiz getrennten Republik Wallis, am 10. Dec. die Einverleibung eines Theils von Westphalen nebst Hannover, das erst am 1. März mit dem Königreich Westphalen vereinigt worden war, und der Besitzungen von vier Rheinbundsfürsten an der Ems, Weser und Elbe. Was der Rheinbund zu erwarten hatte, zeigten N.s Schritte in den zehn neuen französischen Departements, welche aus Norddeutschland formirt wurden. Die Grenzen des Kaiserreichs erweiterten sich hiermit von den Ufern der Tiber bis zur Mündung der Elbe. Rom wurde die zweite, Amsterdam die dritte Hauptstadt des Reichs, das 130 Departements mit 42 Millionen Menschen unmittelbar umfaßte und außerdem ganz Italien, Illyrien, die Schweiz, Westphalen, Berg, Sachsen, Bayern, Württemberg, Baden, Polen, Dänemark und die ionischen Inseln, ja in mancher Beziehung selbst Preußen und Oesterreich zu französischen Vasallen umgeschaffen hatte, so daß sich die Schutzherrschaft des Kaisers fast über 100 Millionen Europäer erstreckte. Der Erbe dieser ungeheuren Macht sollte der Sohn werden, der N. am 20. März 1811 geboren wurde und der schon bei seiner Geburt den Titel eines Königs von Rom empfing. Zur Ordnung der kirchlichen Angelegenheiten hielt N. im Juni 1811 zu Paris ein Koncil der französischen und italienischen Bischöfe ab, den Papst selbst aber ließ er, angeblich zu seiner Sicherstellung vor den Engländern, von Savona nach Fontainebleau bringen. Das Kontinentalsystem, dem durch den Tarif von Trianon vom 28. April 1811 einige Erleichterungen zu Theil wurden, verursachte bereits zu Anfang 1811 eine Spannung des Kaisers mit Schweden u. Rußland. Kaiser Alexander I. sah mit Besorgniß Frankreichs Grenze sich immer näher rücken. Ein Ukas vom 10. Dec. 1810 erlaubte den Eingang britischer und fremder Kolonialwaaren im russischen Reiche unter fremder Flagge, während zugleich die Einfuhr französischer Fabrikwaaren verboten wurde. Während des diplomatischen Streites darüber und über die französischen Einverleibungen nahmen plötzlich russische Truppen eine drohende Stellung gegen Warschau hin ein, welche Demonstration N. damit erwiderte, daß er die Weichsel- u. Oderfestungen in Belagerungszustand erklärte und Schwedisch-Pommern besetzte. Unter dem Vorwand, die Weichselarmee zu mustern, reiste er im Juni nach Königsberg und machte von hier aus dem Kaiser Alexander I. nochmals Friedensanträge; dieser aber schickte den Friedensboten zurück, ohne ihm Audienz gewährt zu haben. N. eröffnete hierauf den von ihm sogenannten zweiten polnischen Krieg mit der Proklamation von Wilkowisky. Das Heer, an dessen Spitze er am 24. Juni den Niemen überschritt, zählte 610,000 Mann, Deutsche, Italiener, Franzosen, Polen, Schweizer, Spanier und Portugiesen. Fast ungehindert zog er am 28. Juni in Wilna ein und gestattete den Polen, so weit sie Rußland unterworfen seien, in Lithauen eine provisorische Regierung zu erwählen, umging aber die Wiederherstellung des Reichs Polen mit vagen Redensarten. Einen Friedensantrag des Kaisers Alexander I., an dessen Aufrichtigkeit N. wohl nicht mit Unrecht zweifelte, wies er zurück und verließ am 19. Juli Wilna. Sich nur defensiv verhaltend, zogen sich die russischen Heerführer, Barclay de Tolly und Bagration, in das weite Reich zurück, Mangel und Einöden hinter sich lassend. In Witebsk überraschte N. am 28. Juli die Kunde vom Friedensschluß der Pforte mit Rußland und vom Bündniß Schwedens mit England und Rußland. Erst vor Smolensk hielten die Russen Stand und besetzten die befestigte Stadt. Durch den Sieg am 17. Aug. gewannen aber die Franzosen nichts als eine leichenvolle Brandstätte. Barclay war in der Nacht auf den 18. nach Moskau abgezogen, und Ney, der ihn bei Walutina Gora ereilte, konnte ihn selbst durch das blutige Treffen vom 18. August nicht aufhalten. In Smolensk kam ihm der Gedanke, hier Winterquartiere zu nehmen, da ihm der Unmuth seiner Generale nicht verborgen blieb und die tägliche Abnahme seiner Heermassen durch Entbehrungen, Krankheiten und Schlachten ihn mit Besorgniß erfüllte. Die Hoffnung, durch die Eroberung Moskau's Alexander I. zum Frieden zu zwingen, riß ihn jedoch vorwärts. Die Schlacht bei Borodino an der Moskwa am 7. Sept., welche 30,000 Menschenleben kostete, öffnete am 15. Sept. dem erschöpften Heere Moskau. Aber es fand eine verödete Stadt, und als sich dieselbe in ein Flammenmeer verwandelte, da ward N. das Furchtbare seiner Lage schrecklich klar. Noch am Abend des 16. Sept. hatte er sich mit Lebensgefahr aus dem Kreml nach dem Schlosse Petrowski begeben, von wo er am 18. in den Kreml zurückkehrte. Neun Zehntheile der alten Czarenstadt lagen in Asche, die Hoffnung auf Winterquartiere war vernichtet. Ein rascher Rückzug nach Polen hätte N. noch retten können, aber er verweilte, die Antwort auf seine Friedensanträge aus Petersburg erwartend, einen ganzen Monat bei den rauchenden Trümmern, bis der ungewöhnlich früh hereinbrechende Winter ihn endlich nöthigte, am 15. Okt. den Rückzug nach der Dwina und dem Dnjepr anzutreten. Er selbst verließ Moskau erst am 19. Okt. Am 22. zogen die letzten Truppen ab, und am 23. flog auf N.s Befehl ein großer Theil des Kreml in die Luft. Die Vernichtung dieses Nationalheiligthums schärfte nur das kommende Drangsal der Franzosen, denn das ausgestreute Gerücht, daß der Brand von Moskau N.s Werk gewesen, fand dadurch in der Volksmeinung Bestätigung. Beim Auszug aus Moskau zählte die Armee noch über 100,000 Streiter, die noch in mehren Treffen siegreich gegen die Russen fochten und mit denen N. in Smolensk eine sichere Stätte zu finden hoffte. Aber auch diese Hoffnung ward vernichtet; alle Befestigungen und Magazine waren von den Russen im Rücken der Armee genommen und zerstört worden, und N.s zum Schutze jener zurückgelassenes Corps hatte sich nach Lithauen zurückgezogen. Bis Anfang November ging der Rückzug zwar unter fortwährenden Verlusten, aber doch noch mit einiger Ordnung vor sich. Je höher aber die Kälte stieg, desto verheerender wurden die Folgen des Mangels, und Leichenwälle bezeichneten den Weg der Franzosen. Während Eugen, Davoust und Ney mit ihren Kolonnen sich seitwärts Bahn brachen, um die Sicherheit des Rückzugs zu decken, war N. in der Mitte der Trümmer seiner Garde über Wjäsma und Slowkowo am 6. Nov. nach Michalewsko gelangt, wo ihn die Nachricht traf, daß Marschall Victor, statt mit seinem noch starken Corps die Angriffe Wittgensteins zurückzuweisen, sich von Poloczko nach Senno zurückgezogen habe. Dazu trat am 7. Nov. der nordische Winter in seiner ganzen Furchtbarkeit ein. In Smolensk, das N. am 10. Nov. erreichte, erhielt er die Nachricht von der Verschwörung des Generals Mallet in Paris; schon am 13. Nov. brach er wieder auf. Die Kämpfe und der Uebergang über die Beresina vom 22. bis 28. Nov. vollendeten die Auflösung und Zertrümmerung des Heeres. Von der Beresina bis nach Wilna war die große Armee nur ein wirrer Haufen waffenloser und sich mühsam fortschleppender Jammergestalten. Die ganze Reiterei bestand jetzt nur noch aus der sogenannten heiligen Schwadron, d. h. 400 Offizieren, welche noch ein Pferd besaßen und den Schlitten des Kaisers begleiteten. 15,000 Mann, der Rest von 600,000, zogen in Wilna ein. Hier übergab N. am 4. Dec. dem König von Neapel den Oberbefehl und eilte in einem Bauernschlitten über Warschau durch Schlesien und über Dresden quer durch Deutschland nach Paris, wo er in der Nacht vom 18. zum 19. Dec. so unvermuthet vor den Tuilerien ankam, daß ihm Niemand die Pforte öffnen wollte.

Das Einrücken des Feindes in Deutschland, die Erhebung Preußens und die Auflösung des Rheinbundes durch den Aufruf Kutusows (25. März 1813 zu Kalisch) waren die nächsten Folgen des russischen Feldzugs; alle Nationalitäten von der Ostsee bis zur Tiber warteten nur des günstigen Moments, um die Waffen gegen den Unterdrücker zu erheben. Aber N. wußte die französische Nation durch flammende Proklamationen zu neuen Opfern zu bewegen. Schon in den ersten drei Monaten 1813 konnte er ein neues, zwar wenig kampfgeübtes, aber, mit Ausschluß der Garde, mehr als 200,000 Mann starkes Heer mit 600 Kanonen aufstellen. Nachdem er seine Gemahlin, Maria Luise, als Regentin eingesetzt und durch ein neues Konkordat mit dem Papst den unzufriedenen und intriguanten Klerus beschwichtigt hatte, verließ er am 15. April Paris, um den Feldzug gegen die Russen und Preußen in Sachsen zu eröffnen. Schon am 25. April rückte er in Erfurt ein, drang am 1. Mai bis Weißenfels vor und nöthigte durch die Schlacht bei Lützen (2. Mai) die Verbündeten (Russen und Preußen) zum Rückzug hinter die Elbe. Am 11. Mai hielt er seinen Einzug in Dresden und erneuerte mit dem König von Sachsen den alten Bund. Von hier aus sandte er Eugen nach Italien, um die dortigen Grenzen für jeden Fall sicher zu stellen. Am 21. Mai stand er den Verbündeten bei Bautzen gegenüber, wo der blutige Kampf ihm zwar den Sieg, aber auch die neue Erfahrung brachte, daß seine Feinde einer andern Zeit angehörten, als den Tagen von Jena und Friedland. Unter täglichen Gefechten folgten N. und seine Marschälle den Verbündeten in Schlesien, schritten über die Neisse und den Queiß u. besetzten am 1. Juni Breslau. In Bunzlau empfing N. am 29. Mai Anträge zu einem Waffenstillstand, den er am 4. Juni zu Pläswitz einging u. der einige Tage später, wegen des in Prag eingeleiteten Vermittelungskongresses, bis zum 20. Juli verlängert wurde, aber nur dazu diente, den Feind zu verstärken und unter Englands Mitwirkung den Beitritt Oesterreichs und Schwedens zur Koalition vorzubereiten. N. schlug nun sein Hauptquartier zu Dresden auf, um von da die prager Verhandlungen zu leiten. Nothgedrungen erkannte er Oesterreich als vermittelnde Macht an und ging die Verlängerung des Waffenstillstandes bis zum 10. August ein. Die von Oesterreich am 7. Aug. aufgestellten Forderungen: Wiederherstellung der preußischen Monarchie u. ihrer früheren Größe, Auflösung des Großherzogthums Warschau, Herstellung der Hansestädte, Zurückgabe der illyrischen Provinzen an Oesterreich und Gewährleistung, daß nur mit gemeinschaftlicher Uebereinstimmung der Status quo verändert werden dürfe, empörten aber seinen Stolz, und als er dagegen replicirte, erhielt er plötzlich am 12. Aug. von Oesterreich als Antwort eine Kriegserklärung. Schweden, Preußen, Russen und Oesterreicher betraten nun gemeinschaftlich den Kampfplatz. Aber niemals zeigte sich das Genie N.s in hellerem Lichte als in diesem Augenblicke der Gefahr. Rasch drang er nach Schlesien vor, und als ihn hier die Nachricht überraschte, daß sich die Hauptmacht der Verbündeten gegen das schwach besetzte Dresden wende, eilte er zurück und fand am 26. Aug. seine Truppen bereits im Kampfe und die Stadt in der bedenklichsten Lage. 130,000 Feinde drängten seine erschöpften Schaaren mehr und mehr zurück, und schon war ein Theil der Vorstadt verloren; aber im Sturmschritt wälzte sich N.s Garde der Fluth entgegen, und der anfängliche Sieg der Verbündeten endete durch die Schlacht am 27. als Niederlage. Die Alliirten verloren 30,000 Mann, 15,000 Mann wurden gefangen, die geschlagene österreichische Armee zog sich nach Böhmen zurück. Aber Oudinots Niederlage bei Großbeeren (23. Aug.), Macdonalds an der Katzbach (26. Aug.) und Vandamme's bei Kulm (30. Aug.) vereitelten die Hoffnung, die N. auf den Sieg bei Dresden gesetzt. Da ihn auch der Abfall der Bayern im Rücken bedrohte, sah er sich genöthigt, seine Stelle an der Elbe zu verlassen und sich den französischen Grenzen zu nähern. Aber die weit überlegenen Heere der Verbündeten zwangen ihn zu der entscheidenden Schlacht in den Ebenen von Leipzig (s. d.) am 16. bis 18. Oktober, in welcher 500,000 Mann, die Kraft und Blüthe von 8 Nationen, um das Geschick Europa's kämpften. Alle Kriegskunst N.s u. alle Tapferkeit der Franzosen vermochten nicht das Schicksal zu wenden. Am 19. Okt. befand sich N. auf dem Rückzuge nach Frankreich; er führte die Trümmer seines Heeres unter Kampf u. mit neuem Verlust über die Unstrut bei Freiburg, rastete vom 23. bis 25. Okt. in Erfurt, suchte bei Gotha noch einmal Ordnung in die aufgelösten Schaaren zu bringen, setzte dann den Rückzug gegen den Rhein fort, schlug sich am 30. Okt. bei Hanau tapfer und geschickt durch ein österreichisch-bayerisches Heer unter Wrede, kam am 1. Nov. in Frankfurt, am 2. in Mainz an und traf am 9. Nov. in St.-Cloud ein.

Die Folgen der leipziger Schlacht zeigten sich rasch. Was N. durch so viele Jahre des Glücks in Deutschland aufgebaut hatte, stürzte mit Einem Schlage ein. Die norddeutschen Departements Frankreichs, das Königreich Westphalen, die Großherzogthümer Berg und Frankfurt lösten sich auf, die Besetzung der Elbe- und Oderfestungen durch die Franzosen zeigte sich nutzlos, die Verbündeten überschritten den Rhein, die spanischen Racheschaaren die Pyrenäen, das Königreich Italien wankte und Murat trat zur Koalition über. Sogar der gesetzgebende Körper in Paris wagte Widerspruch gegen das kaiserliche Machtwort und ließ, als N. eine neue Aushebung von 300,000 Mann verlangte, den Wunsch nach Frieden und nach Sicherungen der individuellen Freiheit laut werden, wofür ihn N. sofort auflöste. Aber auch ein allgemeiner Aufruf N.s an sein Volk zur Bildung eines Landsturms hatte nur wenig Erfolg. Um im Westen Frankreichs sicher zu sein, hatte er bereits im Dec. 1813 Ferdinand VII. die spanische Krone wieder überlassen; jetzt gab er auch dem Papst Rom zurück. Am 25. Jan. 1814 ließ er der Kaiserin Maria Luise als Regentin von Frankreich huldigen und eilte dann nach dem Schlachtfeld, wo er seine ganze Stärke wieder fand. Die Heldenthaten des Feldzugs von 1814, die fast übermenschlichen Anstrengungen, mit welchen N. der feindlichen Völkerfluth, die von allen Seiten über Frankreich hereinbrach, immer wieder neue Dämme entgegenzusetzen wußte, bleiben unvergängliche Denkmäler in der Kriegsgeschichte. Schon am 1. Jan. 1814 hatten die ersten Kolonnen der Alliirten, deren Heere zusammen eine Million Streiter zählten, den Rhein überschritten, während N. noch in Paris und nicht schlagfertig war. Erst am 25. Jan. eilte er zum Heere an der Aube, musterte es am 26. in Vitry und schlug am 27. bei St. Dizier zum ersten Mal auf Frankreichs Boden den Feind, zwei Tage später die Preußen bei Brienne. Zwar vergalt ihm Blücher, verstärkt durch Schwarzenbergs Heerhaufen, die Schlappe auf demselben Schlachtfelde, aber gewonnen wurde dadurch wenig. Den Frieden, den ihm der zu Chatillon versammelte Kongreß der Verbündeten antrug, unter der Bedingung, daß Frankreich in die Grenzen von 1792 zurückkehre, wies er, ungeachtet der Bitten seiner Generale, zurück u. forderte die Rheingrenze. Blücher und Schwarzenberg, jener das preußische, dieser das österreichische Heer führend, sahen sich durch Mangel an Lebensmitteln bald in ihren Operationen gehindert und trennten sich. N. schlug nun die vereinzelten Armeen bei Champeaubert, Montmirail, Château-Thierry u. Vetoges (10.—18. Febr.) und siegte am 18. Febr. über den Kronprinzen von Würtemberg bei Montereau. Diese Unfälle nöthigten Schwarzenberg zum Rückzug nach Troyes, wo er sich wieder mit Blücher vereinigte. Die Verbündeten wiederholten am 22. Febr. ihre Friedensanträge u. ließen N. zunächst einen Waffenstillstand anbieten. Aber dieser steigerte nun seine Forderungen, und so zerschlugen sich die Unterhandlungen. Indessen schlossen die Verbündeten den Vertrag von Chaumont, in welchem der gemeinsame Feind schon so gut als entthront wurde. Ein tief umschleierter Plan begann sich zu entwickeln. Blücher wandte sich mit der preußischen Armee gegen Paris, um N. von der Hauptarmee zu trennen. N. folgte ihm mit einem Heerhaufen, während die Oesterreicher bei Bar-sur-Aube am 27. Febr. über Macdonald und Oudinot siegten und am 1. März die Einnahme von Troyes erfolgte. N. siegte zwar bei Craonne (7. März), aber die Niederlage, welche seine Hauptarmee bei Laon (10. März) erlitt, zwang ihn, seinen Operationsplan zu ändern. Immer versuchend, die feindlichen Armeen zu zerstückeln, warf er sich verwegen zwischen ihre Stellungen. Am 3. März schlug er noch einmal die Preußen bei Rheims und nöthigte die Besatzung zur Kapitulation; als er aber, diesen Vortheil verfolgend, sich zwischen Blücher und Schwarzenberg gegen die Marne drängte, traf er bei Arcis-sur-Aube (20. März) mit 20,000 Mann auf die von Schwarzenberg koncentrirte österreichische Armee von 100,000 Mann und mußte den Uebergang über die Aube und die Straße nach Paris dem feindlichen Heere öffnen. In dieser Lage faßte er den Entschluß, hinter den Rücken des Feindes zu gehen, die Besatzungen der Rhein- u. Moselfestungen an sich zu ziehen u. das Volk in Aufstand zu bringen. Wirklich sammelte er im Rücken der Alliirten in wenig Tagen 60,000 Streiter um sich, mit denen er am 23. in St. Dizier erschien; die Verbündeten setzten jedoch ihren Marsch nach Paris fort. N. ließ ihnen nun durch Caulaincourt Frieden um jeden Preis anbieten u. eilte, abgewiesen, am 31. März nach Paris, um durch seine Anwesenheit die Bevölkerung der Hauptstadt zur Gegenwehr zu begeistern. Aber einige Stunden von Paris überbrachte ihm ein Kurier die Nachricht von der an demselben Tage abgeschlossenen Kapitulation der Hauptstadt. N. begab sich darauf nach Fontainebleau, wo er die folgenden Tage sein nachziehendes Heer, immer noch 60,000 Mann stark, um sich versammelte. Anfangs entschlossen, den Kampf fortzusetzen, stand er davon ab, als er die Gleichgültigkeit der Nation, die Feindseligkeit der Behörden, den Abfall der Generale und den Verrath seiner einflußreichsten Diener sah. Nachdem der Senat, vorher N.s Knecht u. nun der Diener Talleyrands, am 1. April die Absetzung des Kaisers dekretirt, dankte N. erst zu Gunsten seines Sohnes und, als dies von den Verbündeten zurückgewiesen wurde, nach harten Kämpfen und unter den Bitten seiner Getreuen für sich und seine Familie ab. Nach dieser von ihm am 11. April unterzeichneten Akte ward ihm die Insel Elba als Fürstenthum, die Beibehaltung des Kaisertitels u. eine jährliche Revenüe von 2 Mill. Frcs. zugesprochen. Verhältnißmäßige Apanagen erhielten seine Geschwister; auch durften ihm 400 Mann seiner Garde als Freiwillige folgen. Am 20. April nahm N. zu Fontainebleau Abschied von seiner Garde und schlug den Weg nach dem Süden ein, von Bertrand und den Generalen Drouot und Cambronne begleitet. Mehrfach wurde er in den Provinzen des Reichs von Pöbelhaufen bedroht, so daß er sich verkleiden mußte. Am 28. April schiffte er sich zu Fréjus auf einer britischen Fregatte ein und stieg am 4. Mai in Elba ans Land. Am 26. Mai kamen die 400 Grenadiere seiner alten Garde nach und N. nahm von der Insel in aller Form Besitz.

N.s Lebensweise auf Elba war wie in den Tuilerien; Arbeit, Erholung und Ruhe hatten die gewohnten Stunden. Er stand mit Tagesanbruch auf, arbeitete bis 8 Uhr allein in der Bibliothek, anscheinlich meist an seinen Memoiren, besichtigte dann zu Pferde die vielen Arbeiten, durch welche er die Insel verschönern wollte, und hielt um 11 Uhr sein frugales Morgenmahl. Hierauf arbeitete er wieder zwei Stunden und ruhete sodann, bis Bertrand und Drouot ihn weckten, um auszufahren. Um 7 Uhr aß er mit der Prinzessin Pauline in Gesellschaft irgend eines Getreuen oder eines Fremden oder einer der Notabilitäten der Insel und brachte den Abend im Salon der Schwester zu. Sein Eifer in der Regulirung des Verwaltungswesens der Insel schien zu bezeugen, daß er sich auf Elba eine Wohnstätte für den Rest seiner Tage gründen wolle. Porto-Ferrajo wurde bald ein Sammelplatz berühmter Reisenden aus allen Theilen der Welt. Besonders groß war die Zahl der herbeiströmenden Militärs aus allen Ländern Europa's; alte Offiziere dankten ab, um nur die Ehre zu haben, als Freiwillige in seiner Garde zu dienen. Aber hinter N.s scheinbarer Ruhe verbarg sich ein unermüdlicher Späherblick, der keine Bewegung in Europa unbemerkt und besonders Wien und Paris nicht aus den Augen ließ. Allenthalben unterhielt er geheime Agenten, die ihn von jedem neuen Akt der Verhandlungen unterrichteten. Besonders scharf beobachtete er den steigenden Unwillen gegen die Bourbonen in Frankreich und die

drohenden Differenzen unter den beim wiener
greß betheiligten Mächten. Die ihm überb
Kunde, daß Talleyrand den Verbündeten vorg
gen, N. auf der Insel Elba zu überfallen un
Gewalt nach St. Helena zu bringen, sowie b
richte über die Stimmung in Paris und den
vinzen brachten den sorgsam vorbereiteten Ent
zur Reise. N. rief seine auf der Insel zerst
Garden, die nach und nach auf 1200 Mann
wachsen waren, nach Porto-Ferrajo, mieth
seinen 2 Schiffen noch einige Kauffahrer, versam
in der Nacht vom 25. auf den 26. Febr. 18
Behörden und Notabeln des Eilands, errichte
ihrer Mitte eine Regentschaft für die Zeit seine
wesenheit und verkündete am Mittag des 26.
seinen alten Kriegsgenossen die beschlossene
nach Frankreich. Um 7 Uhr Abends, währen
Abwesenheit des ihn bewachenden britischen
mandanten zu Livorno, schiffte er sich auf
Brigg „l'Innocent" ein und landete am 1. Mä
der Rhede des Golfs von Juan. Ueber die
alpen, die noch mit Schnee bedeckt waren, ge
er am 3. März nach Barême, am 4. nach Dign
5. nach Gap, und überall ward er vom Volk,
sich in Proklamationen als Befreier Frankreich
Joche der Bourbonen ankündigte, mit Jubel en
gen. Am 7. März stieß er auf der Straße vor
noble auf eine königliche Truppenabtheilun
6000 Mann unter Labedoyère, die aber zu ihm
ging. Noch denselben Abend öffnete ihm die
die Thore. Von hier aus verkündigte er dem
zösischen Volke seinen Einzug in der Hauptsta
Dauphiné und — die Vermittelung Oesterreich
Neapels. Am nächsten Morgen brach er m
Besatzung von Grenoble auf, erreichte am 9.
goin und zog am 10. März in Lyon ein. Hie
er 4 Tage, von unermeßlichem Jubel umring
proklamirte an demselben 13. März, an dem be
ner Kongreß im Namen der Hauptmächte,
den pariser Frieden unterzeichnet, N. in die A
klärte, alle Bourbonen (die einen Preis von 2
Frcs. auf seinen Kopf gesetzt hatten), sobald
Frankreich betroffen werden würden, für des
verlustig, während er Frankreich eine freie
fassung versprach. Seinen Triumphzug fort
ward er am 17. von dem Präfekten von Auxer
pfangen und schloß am Abend dieses Tages N
zu seiner Gefangennehmung abgeschickt worde
in die Arme. Am 19. März, an welchem
wig XVIII. Paris verließ, brach N. von A
auf und am 20. hielt er seinen Einzug in Pa

Nachdem er mit einer bewunderungswü
Thätigkeit an der Wiederherstellung des kaise
Staatsgebäudes in allen Zweigen der Verw
gearbeitet, sein Ministerium neu organisirt u
Oberbehörden des Reichs mit ihm ergeben
sonen neu besetzt, den Adel und alle aus der F
zeit stammenden Titel aufgehoben, die Emig
wieder aus Frankreich verbannt und die Cens
alle den Buchhandel beschränkenden Gesetze
schafft hatte, verkündigte er eine außerorde
Versammlung der Deputirten des Volks, sow
Erweiterung der konstitutionellen Rechte dur
Ergänzungsakte. Den auswärtigen Mächte
sicherte er brieflich im Laufe des April seine
lichen Gesinnungen. Aber die am 22. Apri
kündigte Ergänzungsakte mußte bei dem Bes

jede Partei zu versöhnen, die Unzufriedenheit aller hervorrufen, und statt der friedlichen Antwort der Verbündeten wälzten sich mehr als 800,000 Mann feindlicher Truppen den französischen Grenzen zu. N. war somit wieder auf das Glück der Schlachten angewiesen, u. obschon er nur eine Armee von 80,000 Mann vorgefunden hatte und wenig Mittel besaß, um die Ausrüstung schnell zu betreiben, so betrug der Effektivbestand seines neuen Heeres am 1. Juni doch schon 400,000 Mann, von denen er jedoch nur 120,000 zur Eröffnung des Feldzugs an die belgische Grenze schicken konnte. Der Dienst im Innern wurde den bewaffneten Gemeinden anvertraut. Nachdem er am 1. Juni die Deputirten der Departements auf dem Marsfelde über die Ergänzungsakte hatte abstimmen lassen und an demselben Tage die Kammern mit banger Erwartung eröffnet hatte, verließ er am 12. Juni Paris, und 2 Tage darauf rekognoscirte er die feindlichen Linien an der belgischen Grenze. Um die in Belgien befindlichen britischen und preußischen Streitkräfte vor der Ankunft der Russen und Oesterreicher zu vernichten, griff er sofort die Preußen an, drängte sie bei Fleurus, wo Blücher sein Hauptquartier hatte, zurück und schlug sie am 16. in der mörderischen Schlacht bei Ligny. Während sich die Preußen bei Wavre wieder sammelten, wandte sich N. jetzt rasch gegen Wellington, diesen zu zermalmen, nachdem am 16. Ney eine englische Heeresabtheilung bei Quatrebras besiegt hatte. N. ließ Grouchy zur Verfolgung Blüchers zurück und marschirte gegen Brüssel. Schon am 18. Juni traf er bei Waterloo auf das englische Hauptheer und begann die Schlacht, in welcher die unvermuthete Ankunft der Preußen die Niederlage des französischen Heeres entschied. Vergeblich stellte sich N. an die Spitze seiner Garden und richtete einen verzweifelten Angriff auf die britischen Massen. Von den Preußen überflügelt, von den Engländern zurückgeworfen, lösten sich die französischen Linien in wilder Flucht auf. Dieser durch Nachlässigkeit wie durch Verrath seiner Generale herbeigeführte Schlag wirkte betäubend auf N.: nur mit Mühe war er vom Schlachtfelde, auf welchem er den Tod suchte, zu entfernen. Während die Trümmer seines Heeres der Grenze zueilten, kam N. am 21. Juni nach Paris, wo er Alles wie verwandelt fand. Statt der erwarteten Hülfe, statt der Ermannung Frankreichs zum Kampf der Ehre gegen das Ausland fand er die Repräsentanten des Volks bloß mit der Sorge für die Abwendung der drohenden Rache der Verbündeten beschäftigt. Die Kammern erklärten sich für permanent und jeden zum Verräther des Vaterlandes, der sie aufzulösen wagen würde. Am 22. Juni setzte N. seine Abdankungsakte zu Gunsten seines Sohnes auf und sandte sie der Kammer, die ihm dafür den Dank der Nation ausdrückte und einige Tage später im Namen der Regierungskommission die höfliche Weisung zukommen ließ, sich aus der Hauptstadt zu entfernen (28. Juni). N. ging unter Eskorte des Generals Becker nach Malmaison, von wo er der Regierungskommission seine militärischen Talente zur Verfügung stellte, wenn die Forderungen der Alliirten die Nation zum Widerstande zwängen. Man gab ihm nicht einmal eine Antwort darauf. Tief gekränkt kündigte N. am 29. Juni seinen Entschluß an, sich nach Nordamerika einzuschiffen, zu welchem Zweck er 2 Fregatten zur Fahrt forderte. Am 3. Juli traf er in Begleitung des Generals Becker zu Rochefort ein. Die Engländer, davon benachrichtigt, verschlossen jedoch den Hafen durch ihre Kreuzer, und N., um nicht den Kontinentalmächten in die Hände zu fallen, trat mit den britischen Offizieren in Unterhandlung und erhielt die Antwort, daß die Regierung zu London erlaubt habe, auf seinen Wunsch ihn mit seinem Gefolge nach England zu bringen. Er schrieb darauf an den Prinz-Regenten, daß er sich unter den Schutz der Gesetze stelle, welchen er von dem edelmüthigsten seiner Feinde in Anspruch nehme, und begab sich am 15. Juli an Bord des von Maitland befehligten Linienschiffs „Bellerophon". Ohne Argwohn erreichte er am 24. Juli die britische Küste. Doch schon auf der Rhede konnte er bemerken, daß man für seine Sicherheit etwas mehr als für die eines Gastes besorgt sei, und in Plymouth sah er das Schiff mit bewaffneten Booten umstellt. Am 30. Juli gab ihm der Admiral Keith die officielle Erklärung, daß die Verbündeten dem General Bonaparte im Interesse der Ruhe Europa's die Insel St. Helena zum künftigen Wohnsitz angewiesen und die Zahl der ihm gestatteten Begleiter auf drei beschränkt hätten. Am 4. August verließ der „Bellerophon" den Hafen und segelte in den Kanal, um zum „Northumberland" zu gelangen, den N. am 7. Aug. mit wenigen Getreuen bestieg. Ein ministerieller Befehl verpflichtete den Admiral, N. den Degen abzunehmen; Keith aber verweigerte die Ausführung dieses Befehls. Am 11. Aug. verließ der „Northumberland" den Kanal und langte am 16. Okt. zu St. Helena an. Hier ward N. als Gefangener empfangen. Als erste Wohnung wurde ihm ein Gartenhaus angewiesen, am 10. Dec. 1815 erfolgte die Uebersiedelung nach Longwood, das man aus einem Landhaus in Eile zur Wohnung für ihn und seine Begleitung umgewandelt hatte und das von einem starken Militärdetachement bewacht wurde. Es lag auf einer öden Hochebene an der Ostküste, wo fortwährend Wind und Nebel mit einander kämpften. Ein Gärtchen und ein Zelt in demselben schmückten dürftig die trostlose Umgebung; dagegen war der Mangel an gutem Trinkwasser höchst empfindlich. Historische Arbeiten (das Diktiren seiner Memoiren &c.), Lektüre u. Spaziergänge brachten einige Abwechselung in die Einförmigkeit des Lebens. Am 14. April 1816 kam Sir Hudson Lowe als N.s neuer Kerkermeister nach St. Helena. Die Härte, mit welcher dieser seinen Gefangenen behandelte, reizte letzteren zu einer verächtlichen Behandlung des Gouverneurs, die natürlich wieder dessen Rachsucht weckte und die gehässigsten Leidenschaften aufregte. Als ihm endlich N. in Gegenwart des Admirals Malcolm geradezu erklärte, daß er (Sir Hudson) niemals das Gefühl eines Mannes von Ehre gekannt habe und sich nicht noch einmal unterstehen solle, wieder vor seinem Angesicht zu erscheinen, es sei denn als Ueberbringer seines Todesurtheils, erschien Sir Hudson Lowe zwar niemals wieder in Longwood, rächte sich aber dadurch, daß er erst den Grafen Las Cases, bald darauf auch den Doktor O'Meara und die übrigen von N.s Gefährten bis auf den General Bertrand und den Grafen Montholon und deren Familien von der Insel entfernte. Als man N. nicht mehr erlauben wollte, ohne militärische Aufsicht ins Freie zu gehen, verließ er seine Wohnung nicht mehr. Am 18. Sept. 1819 kamen, von N.s

Mutter gesandt, der florentinische Arzt Antommarchi, ein geborner Korse, u. zwei katholische Priester nach St. Helena. Trotz der Sorgfalt des ersteren nahm der längst zerrüttete Gesundheitszustand N.s einen unheilbaren Charakter an. Vergebens wendete man sich an die britische Regierung mit dem Gesuch um die Versetzung des Kranken in ein gesünderes Klima. Seit dem 17. März 1820 verließ N. das Bett nicht mehr. Das lange Verschwinden desselben aus den Augen der Spione des Gouverneurs erfüllte diesen mit Besorgnissen über N.s wirkliche Anwesenheit u. auf seine Drohungen hin, mit seinem Generalstabe in das Krankenzimmer einzubrechen und um Sir Hudson bessere Gelegenheit zu geben, „den letzten Lebenshauch eines Sterbenden zu bespioniren, dessen Todeskampf ihm zu lange dauere", gab N. den Bitten seiner Freunde nach u. nahm den Doktor Arnold zum berathenden Arzt an. Schon am 15. April hatte er sein Testament niedergesetzt, das Liebe zu Frankreich und den Seinigen und Haß gegen die englische Aristokratie athmete. Am 2. Mai verfiel er in Delirien. Am 3. empfing er die letzte Oelung und am 5. Mai 1821 früh um ½6 Uhr erfolgte sein Tod, nach der Aussage der englischen Aerzte durch Magenkrebs, nach Aussage Antommarchi's durch eine Magen- und Leberkrankheit, die das Klima erzeugt, herbeigeführt. Der Leichnam ward, in den blauen Mantel von Marengo gehüllt, 4 Tage lang ausgestellt. N. hatte in seinem Testament gewünscht, daß man sein Herz seiner Gemahlin übersende, seinen Leichnam aber an den Ufern der Seine oder zu Ajaccio bestatte; Hudson Lowe verbot jedoch die Uebersendung des Herzens an seine Gemahlin, Herz und Magen wurden, in Weingeist gelegt, mit in die Gruft eingeschlossen. Diese befand sich in einem Lieblingsthale N.s, dem Geraniumthale, wo 24 englische Grenadiere unter 12 Artilleriesalven den Leichnam einsenkten. Mit Bewilligung der britischen Regierung wurde das Grab am 15. Okt. 1840 geöffnet und der noch wohlerhaltene Körper durch den Prinzen von Joinville nach Paris abgeführt, wo er im Dom der Invaliden beigesetzt ward.

N.s durch unzählige Bildnisse bekannte Gestalt war klein (er maß 5 Fuß 2 Zoll und einige Linien), sein Kopf im Verhältniß zur Gestalt stark und mit kastanienbraunem Haar bedeckt, seine Stirn hoch u. breit; die Augen waren hellblau, die Nase fein geformt, der Mund anmuthig und von ungemeiner Beweglichkeit, das Kinn hervorstehend. Der ganze Körper zeigte das schönste Ebenmaß. In früheren Jahren blaß und mager, ward N. später voll und stark. Mäßigkeit war ihm Bedürfniß. Er schlief, wenn er wollte, und wachte, wenn er wollte. Hunger und Durst und andere Strapazen ertrug er mit Gleichmuth. Von seinem Geiste erzählen einige der reichsten Blätter der Weltgeschichte. Mit einem Blick, der das Ganze überschaute und das Rechte traf, mit einem Sinn für Ordnung, dem er im Kriegs- wie im Staatsleben und vom Gesetz bis zur Tyrannei treu blieb, mit einem Verstand, der seinem Blick und seiner Ordnungsstrenge mit den rechten Mitteln diente und im Staat wie im Krieg Zeit und Maß des Handelns mit mathematischer Sicherheit bestimmte, mit einer hinreißenden Beredtsamkeit und überraschenden Dialektik, welche jeden Widerspruch zum Schweigen brachte, mit einer Energie, welche mit allen Mitteln unermüdet und rücksichtslos dem Ziel entgegenstrebte, mit einer Phantasie, welche immer neue Gestaltungen und Schöpfungen hervorrief, und mit einem [illegible] diese Gaben und Kräfte sich dienstbar [illegible] so steht der Mann vor uns, der halb [illegible] herrschte. Sein Ehrgeiz war ein Kind des [illegible] tenruhms und der Krieg seine Kunst. [illegible] Ehrgeiz eine Macht erstrebte, die keine [illegible] sich dulden konnte, daß das Bild seiner [illegible] übertrefflichkeit ihm endlich den Wahn [illegible] Herrschaft über Europa sei die Basis alles [illegible] glücks: das ist ebenso sehr die Schuld der [illegible] nisse in Frankreich und der Fürsten und [illegible] Europa's, als die N.s. Er, der keinem [illegible] gewichen war, als er in Frankreich die [illegible] stürzte, die Ordnung zurückführte und das [illegible] des Eroberers aufsteckte, sah bald alle Fürsten [illegible] pa's vor sich erzittern und begegnete ihrem [illegible] auf halbem Wege. Nachdem er 9 Jahre lang die Fürsten bekämpft hatte, während die Völker [illegible] schwiegen, oder gehorsam für ihn fochten, konnte [illegible] tung vor diesen Völkern und vor Völkern [illegible] kaum in ihm Raum gewinnen. Stets nur [illegible] und Franzose mit aller Einseitigkeit und [illegible] losigkeit, hatte er keinen andern Gedanken [illegible] Frankreichs Macht, und noch in seinem [illegible] empfiehlt er seinem Sohn den Wahlspruch [illegible] pour le peuple français!" Weil er kein [illegible] Volk anerkannte, wußte er nicht, was fremde [illegible] tionen am tiefsten schmerzen muß, die Zerstörung aller Güter ihres eigenthümlichen Lebens, [illegible] er den Völkern ihre geschichtlichen Monumente, ihre Gesetze. Dadurch aber, daß er den von den Herrschern längst gebeugten Volksgeist vollends in den Staub drückte, ward er zugleich der Wecker und Wiedererwecker dieses Volksgeistes, der dann das Werkzeug wurde in der Hand der ewigen Gerechtigkeit.

Außer den bereits erwähnten Schriften N.s, die als „Oeuvres" (Paris 1821—22, 5 Bde.) erschienen, werden N. noch mehre andere zugeschrieben, die jedoch untergeschoben sind. Eine neue Ausgabe derselben ward 1855 auf Befehl Napoleons III. begonnen. Seine „Mémoires" wurden von den Generalen Gourgaud und Montholon (Lond. und Par. 1822—24, 8 Bde.; 2. Aufl., Paris 1830, 9 Bde.; deutsch, Berl. 1823—25, 9 Bde.) veröffentlicht. Memoiren u. Berichte über N.s Aufenthalt auf St. Helena gaben u. A. heraus: O'Meara (London 1822; deutsch, Stuttg. und Tüb. 1822, 2 Bde.), Las Cases (Par. 1823, 8 Bde., u. öfter.; deutsch, Stuttg. 1823—1826, 9 Bde.), Hudson Lowe (Paris 1830, 2 Bde.; deutsch, Stuttgart 1830, 2 Bde.), Montholon (Paris 1846; deutsch, Leipz. 1846) u. Forsyth (Lond. 1853, 2 Bde.; deutsch von Seybt, Leipzig 1852—54, 2 Bde.). Sonst sind noch zu nennen die „Mémoires" von Fleury de Chaboulon (London 1820, 2 Bde., u. öfter; deutsch, Lpz. 1820), Bausset (Par. 1827, 2 Bde.; Fortsetzung das. 1828, 2 Bde.; deutsch, Darmst. 1827—29, 2 Bde.), Thibaudeau (Paris 1827), Durand (das. 1819, 2 Bde., u. 1828, 2 Bde.; deutsch, Dresd. 1821), Bourrienne (Paris 1829—30, 10 Bde.; deutsch, Stuttg. 1829—30, 10 Bde.), Abrantes (Paris 1830 bis 1835, 18 Bde.; deutsch, Leipz. 1831—35, 18 Bde.), Meneval (Par. 1843, 3 Bde., u. öfter; deutsch, Stuttg. 1824—26) und General Marmont (Par. 1856—57, 8 Bde.; deutsch, Leipz. 1858, 9 Bde.); ferner Fains

„Manuscrits" von 1812 (Par. 1827, 2 Bde.; deutsch, Gotha 1832, 2 Bde.), von 1813 (Paris 1824—25, 2 Bde.; deutsch, Leipz. 1825, 2 Bde.) und von 1814 (Paris 1823 u. öfter, deutsch, Berlin 1823). Von den zahllosen Biographien N.s sind hervorzuheben die von Kolb (Speyer 1826—27, 7 Bde.), Laurent (Paris 1826 u. öfter, Leipz. 1840), Thibaudeau (Par. 1827—28, 4 Bde.; deutsch, Leipz. 1828—30, 6 Bde.), Norvins (Paris 1827—28, 4 Bde.; deutsch, Leipzig 1828—30, 6 Bde.), Buchholz (Berlin 1827 bis 1829, 3 Bde.), Jomini (Paris 1827, 4 Bde.; deutsch, Tübingen 1828—29, 4 Bde.), Hazlitt (London 1828; 4 Bde.; deutsch, Leipzig 1835, 2 Bde.), Bailleul (Paris 1829—30, 4 Bde.), Hugo (Paris 1833; deutsch, Stuttgart 1840), Becker (Leipzig 1838—1839, 2 Bde.), Mitchell (Lond. 1839, 3 Bde.), St. Hilaire (Paris 1842, 2 Bde.), Michaud (das. 1844; deutsch, Leipzig 1846), Thiers (Histoire du Consulat et de l'Empire, Paris 1845 ff.; deutsch von Bülau, Leipzig 1846 ff.) und Schlosser (Zur Beurtheilung N.s und seiner neuesten Tadler und Lobredner (Frankfurt 1833—35, 3 Bde.). Die militärische Laufbahn N.s behandelten: Dumas (Paris 1800—24, 16 Bde.), Jomini (2. Aufl., das. 1820—24); die italienischen Kriege: Foy (das. 1817, 4 Bde.), die spanischen: Suchet (das. 1828, 2 Bde.), die Kriege von 1809—14: Pelet (das. 1824, 2 Bde.), den russischen Feldzug: Chambray (das. 1825, 3 Bde.), den Feldzug von 1812: Ségur (das. 1825, 2 Bde., u. öfter), die Feldzüge von 1813 bis 1814: Plotho (Berlin 1817) und Vaudoncourt (Paris 1817, 2 Bde., und 1826, 5 Bde.).

2) N. II., Sohn des Vorigen, geboren den 20. März 1811, erhielt gleich nach seiner Geburt den Titel König von Rom, dann den Herzog von Reichstadt (s. d.) und, auf Grund der Verzichtleistung seines Vaters am 21. Juni 1815 zu seinen Gunsten, durch Dekret Napoleons III. vom 7. Nov. 1852, den Namen Napoleon II.

3) N. III., Kaiser der Franzosen, der 3. Sohn Ludwig Bonaparte's, ehemaligen Königs von Holland, und der Hortensia Beauharnais, geboren den 20. April 1810, erhielt in der Taufe (4. November) die Namen Charles Louis u. war von seinem Oheim, dem Kaiser Napoleon I., vor dessen Vermählung mit Maria Luise, zu seinem Nachfolger ausersehen, nachdem ein Senatskonsult von XII (1804) den ehelichen männlichen Nachkommen seiner Brüder Joseph u. Ludwig das Erblichkeitsrecht der Kaiserwürde verliehen. Nach der Katastrophe von Waterloo theilte er die Verbannung der Napoleoniden aus Frankreich. Er erhielt in Augsburg unter den Augen seiner Mutter durch Lebas u. den Hellenisten Hage eine tüchtige Erziehung u. lebte sodann im Thurgau in der Schweiz, wo er sich mit Vorliebe den Militärwissenschaften widmete. Im Jahre 1831 betheiligte er sich mit seinem älteren Bruder, Napoleon, an dem mißlungenen Aufstandsversuch Menotti's in der Romagna und wurde von seiner ihm nacheilenden Mutter nur mit Mühe vor den Oesterreichern über Nizza nach Frankreich gerettet, wo er sich seit dem 20. März kurze Zeit in Paris aufhielt. Nach dem Tode seines älteren Bruders (17. März) nahm er den Namen N. an. Da ihm sein Gesuch, in die französische Armee zu treten, abgeschlagen ward, kehrte er mit seiner Mutter über England in den Thurgau auf das erkaufte Schloß Arenenberg zurück und widmete sich wiederum ernsten Studien. Noch in demselben Jahre erhielt er einen Ruf der polnischen Patrioten, sich an die Spitze der polnischen Revolution zu stellen, doch war dieselbe gedämpft, ehe er jenem hatte Folge leisten können. Nach dem Tode des Herzogs von Reichstadt sich als den Erben der bonapartischen Ansprüche auf den französischen Thron ansehend, veröffentlichte er eine Reihe von Schriften, in welchen er sich den Franzosen als ächten Sprossen der Revolution und Nacheiferer Napoleons I. darstellte. Seine „Rêveries politiques" (1832), denen der Entwurf einer Verfassung für Frankreich angehängt ist, suchen darzuthun, wie unzertrennlich das Heil des französischen Volks mit der Familie Bonaparte verbunden sei. Seine „Considérations politiques et militaires sur la Suisse" erwarben ihm den Rang eines Artilleriehauptmanns bei den berner Truppen, und auch sein kriegswissenschaftliches Werk „Manuel sur l'artillerie" fand ehrende Anerkennung. Im Jahre 1836 siedelte er nach Baden-Baden über, von wo er Verbindungen mit den Offizieren der elsasser Regimenter anknüpfte, die zu dem sogenannten straßburger Attentat (30. Oktober 1836) führten. Genau so gekleidet, wie man Napoleon I. zu sehen gewohnt war, erschien er plötzlich in Straßburg an der Spitze des 4. Regiments, das ihm unter dem Ruf „Es lebe der Kaiser Napoleon II.!" die militärischen Ehren erzeigte. Aber wider sein Erwarten blieb die Garnison dem General Voirol gehorsam. N. wurde verhaftet und am 9. November nach Paris u. von hier auf die Citadelle Port-Louis bei Lorient gebracht. Mehr noch in Folge der Politik des Königs als der Bitten Hortensia's wurde der Prinz als Staatsgefangener behandelt, sein Verbrechen in gleiche Kategorie mit dem der Herzogin von Berri gestellt, das Ausnahmegesetz gegen die kaiserliche Familie zu seinen Gunsten gedeutet und er zur Deportation nach Nordamerika verurtheilt, wohin er am 21. Nov. eingeschifft ward. Schon 1837 kehrte er aber auf die Nachricht von der Krankheit seiner Mutter nach Europa zurück u. schlug nach ihrem Tode (3. Oktober) seinen Wohnsitz wieder in Arenenberg auf. Die Veröffentlichung der Schrift des Lieutenants Laity (1838) zur Vertheidigung der Rechte des Prinzen hatte jedoch zur Folge, daß die französische Regierung von der Schweiz die Ausweisung des Prinzen verlangte und dieser Forderung zugleich durch Truppenzusammenziehung an der schweizerisch-französischen Grenze Nachdruck gab. N. verließ daher am 14. Oktober 1838 sein Asyl u. begab sich nach London. Von hier aus suchte er in den Journalen das französische Volk für das Interesse der Napoleoniden zu gewinnen, während er in der Schrift „Des idées Napoléoniennes" (1839) eine Vertheidigung aller Thaten u. Institute Napoleons I. versuchte. Ueber die wahre Volksstimmung im Vaterlande sich täuschend, glaubte er, als Ludwig Philipp die Uebersiedelung des Leichnams Napoleons I. von St. Helena nach Frankreich ins Werk setzte, die günstige Zeit für eine neue Schilderhebung gekommen und landete plötzlich mit einem aus 53 Personen bestehenden Gefolge, zum Theil angeworbenen Leuten und Bedienten, die in die Uniform der alten Garde gekleidet waren, am 5. Aug. 1840 gegen Abend auf dem englischen Dampfschiff „Stadt Edinburg" bei dem Dorfe Wimereux, 2 Stunden von Boulogne, an der französischen Küste, zog am nächsten Morgen unter dem Rufe seiner Schaar „Vive l'empereur!"

in Boulogne ein, pflanzte hier den kaiserlichen Adler auf, ließ Geld und Proklamationen austheilen und versuchte das Militär für sich zu gewinnen. Da jedoch, einen einzigen, vorher gewonnenen Offizier ausgenommen, Niemand sich für ihn erklärte, ergriff er mit den Seinigen die Flucht, ward aber eingeholt u. ergriffen, das Dampfboot selbst von den Zollbeamten besetzt u. durchsucht. Man fand einige tausend Gewehre, 2 Staatswägen nebst 10 prächtig angeschirrten Pferden, mit denen N. seinen Einzug in Paris zu halten gedachte, und einen abgerichteten Adler, der, im Augenblick des Triumphs losgelassen, auf den jungen Kaiser vom Himmel niederschweben sollte. Der Prinz wurde auf Befehl der französischen Regierung zunächst nach Ham und am 13. August nach Paris gebracht, wo er von der Pairskammer als Hochverräther zu lebenslänglicher Haft verurtheilt wurde, die er am 7. Oktober 1840 im Schlosse Ham abzubüßen begann. Hier lebte er in Gesellschaft eines seiner Mitschuldigen, des Doktors Conneau, der seine Gefangenschaft theilte, und ließ eine Reihe kleiner auf die öffentliche Meinung berechneten Schriften erscheinen. In einer derselben, den „Fragments historiques" (1841), stellte er verständige Betrachtungen über den Fall der Stuarts an, die sogar von Quellenstudium zeugen, während er in der „Analyse de la question du sucre" (1842) sich gegen das Privilegium der Kolonien erklärte und in der „Extinction du paupérisme" die Gründung von Ackerbaukolonien empfahl. Nach sechsjähriger Haft entfloh der Gefangene am 25. Mai 1846 als Maurer verkleidet und entkam nach England, wo die Nachricht von der Februarrevolution 1848 ihn aus seinen Träumen weckte. Die bonapartistische Partei in Frankreich knüpfte sofort ihre Hoffnungen an ihn, u. der Exekutivkommission erschienen die bonapartistischen Regungen so bedenklich, daß sie der Nationalversammlung ein Dekret vorlegte, welches die Familie Bonaparte aufs Neue aus Frankreich verbannte. Da die Versammlung dieses Dekret verwarf, stand es dem Prinzen frei, nach Frankreich zurückzukehren und seinen Platz in der Nationalversammlung, in die er von vier Departements gewählt worden war, einzunehmen. Er erschien am 24. September in Paris und nahm am 26. seinen Sitz in der Nationalversammlung auf der Linken. Was N. bisher vor der Oeffentlichkeit gethan, hatte keine große Meinung von seiner Begabung erwecken können. Seine Stärke beruhte auf dem Nimbus, der in den Augen der meisten Volksklassen seinen Namen umgab. Da dies jedenfalls kein republikanischer war, so glaubte die zahlreiche Partei, die dem durch die Februarrevolution emporgekommenen Herrscher Opposition machte, in ihm ein Werkzeug zu finden, das durch die Popularität seines Namens ihr Anhänger aus den unteren Volksklassen gewinnen, durch seine eigene politische Bedeutungslosigkeit aber abgehalten sein würde, selbst zu einer Macht zu werden. So wurde N. der Kandidat der konservativen Partei Frankreichs. Das Werkzeug war aber klüger als Die, welche es benutzen wollten. N. benahm sich sogleich von seinem ersten Wiederauftreten in Frankreich an mit großem Takt. Er trug populäre und liberale Grundsätze, philanthropische und tolerante religiöse Tendenzen zur Schau, zeigte geflissentlich, daß er nicht Erbe seines Vaters, nicht Bonapartist, sondern ein Vermittler der verschiedenen Parteien sein wolle, wie er denn in der That in Folge seiner gezwungenen Abwesenheit von Frankreichs politisch so bewegtem Leben die Leidenschaften der Parteien nicht theilte und eben darum um so leichter sie beherrschen konnte. Er besaß gesunden und nüchternen Verstand, große Ausdauer, die Kunst, seine Pläne nicht errathen zu lassen, und Unbeugsamkeit des Willens in hohem Grade. Schweigsam wie Napoleon I., vertraute er Niemandem seine Pläne, hörte aber Jeden an, ohne ihn merken zu lassen, ob er seine Meinung billige oder nicht. Hindernisse ermüdeten ihn nicht, da es ihm weniger auf den Weg als auf das Ziel ankam, und die Wahl seiner Mittel konnte ihm wenig Verlegenheit bereiten, da sich sein politisches Gewissen von principiellen Bedenklichkeiten nicht beengt fühlte. Vor Allem aber erkannte er, daß die Masse des Volks, der politischen Aufregung müde, Ruhe und freie Zeit zum Erwerb verlange u. hierfür gern die Freiheit bis auf einen mäßigen Schein opfern werde. Daß er als Präsident sehr beschränkte Befugnisse besaß, wußte er in sofern zu seinem Vortheil auszubeuten, als er nun bei allen dem Volke mißliebigen Maßregeln die Mitschuld an denselben ablehnen konnte. Während die Vertreter der Nation ihre Zeit in erbittertem Parteikampfe vergeudeten, füllte N. Heer und Beamtenstand mit seinen Anhängern, gewann den Klerus durch die Unterstützung des Papstes gegen die römische Republik und den Bürgerstand durch die Aussicht auf die Möglichkeit einer besseren Regierung, die er als ein über den Parteien Stehender in seiner Diktatur in der Ferne zeigte. Die Verfassung verbot aber seine Wiederwahl, u. als die Nationalversammlung die Revision derselben verwarf (18. Juli 1851), erfolgte, im tiefsten Geheimniß vorbereitet und erst im letzten Augenblick den unentbehrlichsten Werkzeugen anvertraut, in der Nacht vom 1. auf den 2. December 1851 der bekannte Staatsstreich, der Frankreich plötzlich der Herrschaft einer Militärdiktatur unterwarf. Den Widerstand der parlamentarischen Partei brachen Verhaftung und Exilirung ihrer Führer, den der Republikaner schonungslose Verwendung der Truppen im Straßenkampf, und N. schlug sich der Nation als Präsidenten auf 10 Jahre vor. Die Wahl durch 7½ Millionen Stimmen erfolgte am 20. December, aber die gebildeten Klassen hatten sich von der Abstimmung fern gehalten, und N. stützte sich vorläufig nur auf den durch einige Koncessionen gewonnenen Klerus, die Armee, „den wahren Adel Frankreichs", und die durch den Namen N. bestochene ländliche Bevölkerung. Zum Schein umgab sich zwar der Prinz-Präsident mit kontrolirenden Institutionen, in der That aber besaß er bereits kaiserliche Machtfülle; er ernannte Staatsrath und Senat, übte durch die von ihm eingesetzten Präfekten einen gebietenden Einfluß auf die Wahlen zum gesetzgebenden Körper, der zum gefügigen Werkzeug des Präsidenten herabsank, u. vernichtete durch eine Reihe von Dekreten die Freiheiten der Nation. Die Einrichtung eines militärischen Hofstaats und einer Leibwache waren auf Wiederherstellung alter kaiserlichen Formen gerichtet, u. eine Reihe von Festlichkeiten erinnerte an die Pracht unter dem alten Kaiserreich. Auch eine Reise des Präsidenten nach dem südlichen Frankreich im September 1852 war darauf berechnet, durch Geschenke und die Entwickelung nie gesehener Pracht die Bevölkerung für das Kaiserthum zu gewinnen. Die Berechnung schlug nicht fehl. Vielfach erscholl der Ruf „Es lebe der Kaiser!", u. N.s Freunde trugen Sorge, dies in den Journalen als ein untrügliches Zeichen des Volkswunsches darzustellen. Der am 4. November einberufene Senat kam diesem Wunsche mit allen gegen Eine Stimme entgegen, indem er die Wiederherstellung des Kaiserthums für den Willen der Nation erklärte. Am 21.—22. November erfolgte die Volksabstimmung hierüber: von 9,943,096 stimmberechtigten Franzosen stimmten 8,126,250 ab und darunter 7,811,321 mit Ja. Am 2. December 1852, dem Jahrestage des Staatsstreichs, wurde N. III. als Kaiser der Franzosen proklamirt. Die darauf folgende Revision der Verfassung vom 14. Januar 1853 verwandelte Frankreich thatsächlich in eine absolute Monarchie. Nachdem N. von den Kontinentalmächten zögernd anerkannt worden, sah er sich nach einer Gemahlin aus fürstlichem Hause um; als aber seine Bewerbungen erfolglos blieben, entdeckte er plötzlich, daß Verbindungen mit alten Dynastien für Frankreich meist unglücklich ausgefallen seien, u. vermählte sich am 29. Januar 1853 mit Eugenia (s. d.) Maria von Guzman, Gräfin von Teba, einer vornehmen Spanierin, die ihm am 16. März 1856 einen Erben, Napoleon Eugène Louis Jean Josephe, gebar. Während sich N. gern den Gewählten von 8 Millionen nennt und die Volkssouveränetät oft im Munde führt, schlang er doch allmählig die Bande des Despotismus immer fester um das französische Volk, alle konstitutionellen Freiheiten wurden beschnitten, die Presse aufs strengste kontrolirt, alle Opposition durch Deportationen ꝛc. verstummen gemacht. Die arbeitende Klasse gewann er durch großartige Bauten, zu denen er einen Theil der bereits am 22. Januar 1852 konfiscirten orleansschen Millionen verwandte. Wenn er sich auch in den ersten Jahren seiner Regierung in vielen Reden außerhalb des Kreises der alten Dynastien stellte, so war er doch keineswegs gewillt, in dieser Stellung zu verharren. Im Gegentheil richtete sich bald sein ganzes Streben darauf, zu bewirken, daß die übrigen Souveräne ihn nicht bloß freiwillig als Gleichberechtigten anerkannten, sondern sich in ihren Streitigkeiten auch seine Vermittlerrolle gefallen ließen. Gelang ihm dies, so glaubte er seinen Beruf als Wiederhersteller des französischen Kaiserthums erfüllt und, da er, wie Napoleon I., seine Persönlichkeit völlig mit Frankreich identificirte, das höchste Ziel der politischen Wünsche Frankreichs erreicht zu haben. Der orientalische Konflikt bot ihm dazu die erste Gelegenheit, und er hat sie ausgezeichnet benutzt. N. spielte in demselben unleugbar die erste Rolle; England nannte ihn seinen treuesten Bundesgenossen, Oesterreich bewarb sich eifrig um seine Freundschaft, Preußen unterhandelte mit ihm direkt über die Modalitäten, unter denen es einem Bündniß beitreten könne, und nahm später seine Vermittelung in der neuenburger Angelegenheit an, und das Jahr 1856 sah die Gesandten sämmtlicher Großmächte in Paris um die Vertreter des Kaisers versammelt, um über die Bedingungen des Friedens mit Rußland zu verhandeln. Die Zusammenkunft N.s mit dem Kaiser von Rußland und das Bestreben des petersburger Kabinets, England aus der Stellung der mit Frankreich am engsten verbündeten Macht zu verdrängen u. sich selbst an seine Stelle zu setzen, bezeugten das Steigen des politischen Ansehens der neuen Dynastie. Das Attentat des Italieners Orsini (14. Jan. 1858), welches wie die vorhergegangenen der Italiener Pianori (28. April 1855) und Bellamare (8. September 1855) scheiterte und sich von diesen beiden dadurch unterschied, daß es nicht einen rein persönlichen Charakter trug, sondern ein planmäßiges Verbrechen des Radikalismus war, führte zu vorübergehenden Differenzen mit England und gab N. erwünschten Anlaß zu einer maßlosen Repressivpolitik im Innern. Die Führung des italienischen Kriegs von 1859 stellte ebenso seine Feldherrntalente in glänzendes Licht, wie die Einleitung desselben und die Ausbeutung des Siegs in Frankreichs Interesse, sowie überhaupt N.s Beziehungen zu Italien seitdem seine Klugheit und diplomatische Gewandtheit. Die Leitung der europäischen Fragen, soweit von einer solchen überhaupt die Rede sein kann, liegt seitdem in seiner Hand. Auch die verschlungenen Interessen der ottomanischen Pforte wurden von ihm, wie die angeblich lediglich im Dienste der Menschlichkeit unternommene syrische Intervention beweist, sorgsamst überwacht, und die sich durch den nordamerikanischen Bürgerkrieg in der neuen Welt vorbereitenden Ereignisse eröffneten sofort seinem überall nach Einfluß spähenden Geist ein neues Feld zu weitaussehenden Kombinationen u. verleiteten ihn zu der Intervention in Mexiko. Daneben hat er sich durch Vermittelungsversuche in der letzten polnischen Revolution auch unblutige Lorbeeren zu erwerben gesucht. Auch in seiner inneren Politik hat er seine Klugheit aufs glänzendste bekundet. Wollten die glänzenden Aktionen nach außen u. die ihrem Kaiser von den europäischen Mächten dargebrachten Huldigungen nicht hinreichen, die Phantasie des ehrgeizigen französischen Volks so zu beschäftigen, daß es darüber den Verlust seiner politischen Freiheit vergaß, und verlangte es allmählig neben den Garantien der Ordnung auch Garantien der Freiheit, so kam ihm sein Kaiser mit den Neigungen der Nation genau entsprechenden und viel verheißenden, in Wahrheit aber nur wenig garantirenden Koncessionen entgegen, und so ist es ihm bis jetzt gelungen, in lebendiger Wechselwirkung mit der Nation zu bleiben, die ihn an ihre Spitze gestellt. Ein unbestreitbares Verdienst desselben sind aber die von ihm abgeschlossenen Handelsverträge und andere Maßregeln zu Gunsten des Aufschwungs des Nationalreichthums, und die hervorragende Stellung, die Frankreich in der Gegenwart unter den Völkern Europa's einnimmt, verdankt es wesentlich der persönlichen Ueberlegenheit, namentlich der Klugheit und Energie seines Kaisers. Näheres s. Frankreich, Geschichte. Auch als Schriftsteller hat sich N. außer in den schon erwähnten kleineren Werken militärischen, politischen und nationalökonomischen Inhalts (deutsch von Richard, Leipzig 1857—58, 4 Bde.) in seinem „Leben Julius Cäsars" (1. Bd., Paris 1865; deutsch von Professor Ritschel in Bonn, Wien 1865), der Frucht langjähriger Studien, versucht.

4) N. Joseph Charles Paul Bonaparte, Prinz, s. Bonaparte.

Napoleond'or, eigentlich die unter Napoleon I. und III. geprägten 20-Francsstücke in Gold, dann auch die neueren französischen Goldstücke von diesem Werthe. Sie sollen 6,45161 Gramm oder 133,19 holländische Aß schwer sein und $^{9}/_{10}$ (= 21 Karat 7,2 Grän) an Gold enthalten. Man hat auch doppelte N. zu 40 Francs.

Napoleoniden, Bezeichnung der Nachkommen u. Seitenverwandten Napoleons I., s. Bonaparte. In Gemäßheit eines Senatsbeschlusses vom 7. Nov. und eines kaiserlichen Dekrets vom 18. Dec. 1852 wurden dazu in Ermangelung direkter (legitimer od. adoptirter) männlicher Nachkommen des Kaisers die direkten männlichen und legitimen Nachkommen des Prinzen Hieronymus aus dessen Ehe mit Katharina von Würtemberg erklärt und für sich und ihre Nachkommen zu französischen Prinzen mit Sitz im Senat und Staatsrath ernannt.

Napoléon Vendée, Stadt, s. v. a. Bourbon Vendée.

Napoléonville, Stadt, s. v. a. Pontivy.

Napoli di Malvasia (Monembasia), Stadt und Festung in der griechischen Nomarchie Lakonien, auf einer Felseninsel gelegen, die durch eine Brücke von 11 Bögen mit dem Festlande verbunden ist, besteht aus der auf dem Gipfel eines Hügels gelegenen Veste u. der südlich unter derselben gelegenen Stadt, ist Sitz eines griechischen Erzbischofs, hat eine Schule, ein Friedensgericht und 1000 Einw. Im Jahre 1822 tagte hier die erste griechische Nationalversammlung. In der Umgegend wächst der berühmte Malvasierwein. In der Nähe die Trümmer der alten Stadt Epidaurus Limera.

Napoli di Romania, Stadt, s. v. a. Nauplia.

Napolitaine (franz.), ursprünglich ein glattes, nicht gewalktes Gewebe von Streichgarn, im Stück gefärbt, hauptsächlich zur Bekleidung der Frauen bestimmt, theils einfarbig, theils bedruckt. Früher war Rheims der einzige Markt für die rohe N. (N. écrue). In Deutschland liefern jetzt Glauchau, Chemnitz, Meerane, Berlin, Gladbach, Reichenbach und andere Webebezirke diese Stoffe.

Nara, 1) Nebenfluß der Oka im russischen Gouvernement Moskau, mündet unterhalb Serpukhow. An ihm fanden 1812 mehre Gefechte zwischen den Franzosen und Russen Statt. — 2) Stadt auf der japanesischen Insel Nipon, hat viele Tempel, ist Wallfahrtsort und war früher Residenz des Mikado.

Narbah, Stadt in der ostindischen Landschaft Sirhind, Hauptort eines britischen Lehnsfürstenthums mit 80,000 Einw.

Narbe (cicatrix), dasjenige Gewebe, welches sich bei der Heilung von Wunden oder Substanzverlusten aller Art und in den verschiedensten Organen u. Geweben bildet; im gewöhnlichen Leben bezeichnet man als N. meist nur die Stelle, wo eine Wunde oder ein Geschwür, die nun geheilt sind, einst bestanden hatte. Am ausgeprägtesten zeigt sich der Charakter der N. an der äußeren Haut; die N. ist hier anfänglich weich, reich an Gefäßen, daher geröthet; später wird sie fester, trockener, blasser und schließlich zu einer sehr derben, faseligen, gefäßarmen, weißlichen Substanz umgebildet. Das Narbengewebe entwickelt sich bei Wunden aus den Wundrändern, bei Geschwüren ꝛc. aus dem Boden des Substanzverlustes und besteht anfänglich aus welchem Bindegewebe und feinen Gefäßen. Letztere gehen aber später zum größten Theil unter, u. das weiche, saftreiche Bindegewebe schrumpft zu einer derben, trockenen Masse zusammen. Dieses Zusammenschrumpfen bedingt eine Verkleinerung der N. (sogenannte Narbenretraktion), welche besonders bei der Heilung von großen Geschwürsflächen von größter Bedeutung ist. Es ist eine nicht zu vernachlässigende Regel, daß man bei Narbenbildung an der Beugeseite der Glieder diese in gestreckter Lage, bei Narbenbildung an der Streckseite in gebeugter Lage erhalten soll, denn würde man z. B. bei einer Brandwunde in der Ellenbeuge den Unterarm gegen den Oberarm gebeugt halten, so würde die N. durch ihre Retraktion den ersteren vollends gegen den Oberarm heranziehen, so daß sich letzterer gar nicht mehr strecken ließe. Auf ähnliche Weise, wie Wunden und Substanzverluste der äußeren Haut durch Narbenbildung heilen, thun es auch solche der Schleimhäute, der Drüsen, der Muskeln ꝛc.

Narbonne, Hauptstadt eines Arrondissements im französischen Departement Aude, der alten Provinz Languedoc, in einer von Bergen umschlossenen, morastigen und ungesunden Tiefebene, 2 Meilen vom mittelländischen Meere entfernt, wird durch den schon zur Zeit der Römer angelegten Kanal de la Robine in zwei Theile (la Cité und Bourg) getheilt, durch den Kanal du Midi mit dem mittelländischen Meer verbunden und liegt an der Eisenbahn von Toulouse, die sich hier nach Cette und Perpignan verzweigt. Die Stadt ist im Ganzen alt und schlecht gebaut, hat aber eine schöne gothische Kathedrale mit dem Grabmal Philipps des Kühnen von Burgund, 2 Hospitäler, eine Börse, eine Schifffahrtsschule, öffentliche Bibliotheken, Museum, mehre gelehrte und industrielle Gesellschaften, Grünspanfabrikation, Branntweinbrennerei, Töpferei, Handel mit Honig, Wein, Salz, Salzkraut (Salicot), Salpeter, Seide ꝛc. und zählt 16,062 Einw. In der Umgegend finden sich zahlreiche Alterthümer. N. ist der Geburtsort des Varro, des Kaisers Marcus Aurelius und des Alterthumsforschers Montfaucon. Die Stadt hieß ursprünglich Narbo Marcius, später auch Narbona und war die Hauptstadt von Gallia Narbonensis. Sie ward 412 von den Westgothen erobert, von Aëtius diesen bald wieder abgenommen, aber später deren Reich wieder einverleibt. Hier erfocht 551 der Westgothenkönig Alarich über den Frankenkönig Childebert einen Sieg. Um jene Zeit eine der ansehnlichsten Städte Septimaniens, fiel sie mit dem westgothischen Reich 720 an die Araber, die sie zu einem Hauptwaffenplatz machten. Karl Martell versuchte 738 vergebens ihre Eroberung, welche erst seinem Sohn Pipin 759 gelang. Noch einmal bemächtigten sich ihrer die Araber, verloren sie aber bald wieder an Karl den Großen. Nach dem Verfall der fränkischen Herrschaft war N. eine Zeitlang im Besitz der Grafen von Toulouse, die davon den Herzogstitel annahmen, dann ging es an die Grafen von Septimanien über, die es durch adelige Vidames oder Viguirs verwalten ließen. Die Würde der letzteren ward 1080 erblich, und Berengar du Pelet nannte sich daher Vicomte von N. Der letzte Vicomte verkaufte die Stadt an Gaston IV., und dessen Enkel Gaston von Foix überließ sie gegen das Herzogthum Nemours 1507 der Krone.

Narbonne-Lara, Louis, Graf von, Kriegsminister unter Ludwig XVI., geboren 1755 zu Colorno im Herzogthum Parma, erhielt seine Erziehung am Hofe zu Versailles, trat in die französische Armee, in der er bis 1785 zum Obersten aufgerückt war, und arbeitete in den letzten Jahren vor der Revolution im Kriegsministerium unter Vergennes. Er schloß sich der Revolution an und gehörte der Partei der konstitutionellen Royalisten an, ward in Folge dessen Kommandant der Nationalgarden im Departement Doubs und trug nicht wenig zur Dämpfung der dort ausgebrochenen Unruhen bei. Im Jahre 1791 begleitete er die Tanten des Königs auf ihrer Flucht, kehrte, nachdem dieselben in Germain le duc verhaftet waren, nach Paris zurück, erwirkte ihnen hier durch ein Dekret in der Nationalversammlung die Freiheit wieder und begleitete sie nach Rom. Nach seiner Rückkehr ernannte ihn die Nationalversammlung zum Maréchal de camp u. im December d. J. der König zum Kriegsminister. Er bereiste hierauf die Küstenfestungen und die Grenze gegen Deutschland und organisirte die drei Armeen unter Rochambeau, Luckner und Lafayette. In Folge der Strenge, mit welcher er vor Allem die Disciplin in der Armee herzustellen suchte, jedoch vielfach angefeindet, nahm er am 10. März 1792 seine Entlassung und begab sich zur Armee, bis ihn der Befehl des Königs zurückrief, um die Vorkehrungen zur Unterdrückung der zu erwartenden Excesse zu leiten. Er langte aber zu spät an und wurde den 10. August denuncirt, worauf er mit Hülfe der Frau von Staël nach London entfloh, von wo aus er den König zu retten suchte und dem Konvent ein Mémoire überschickte. Später der britischen Regierung verdächtig, begab er sich in die Schweiz, dann nach Schwaben und zuletzt nach Sachsen. Im Jahre 1800 benutzte er die ihm zu Theil gewordene Amnestie zur Rückkehr nach Frankreich, ward 1809 von Napoleon I. zum Generallieutenant ernannt, war als solcher eine Zeitlang Gouverneur von Raab, dann von Triest und fungirte später als Gesandter zu München. Als Adjutant Napoleons I. machte er den Feldzug von 1812 mit, war 1813 Gesandter in Wien, betrieb dann als zweiter französischer Bevollmächtigter die Unterhandlungen zu Prag und erhielt nach seiner Rückkehr das Kommando der sächsischen Festung Torgau, wo er bald von dem Armeecorps des Generals Tauenzien eingeschlossen ward. Er † hier an den Folgen eines Sturzes mit dem Pferde am 17. Nov. 1813.

Narcein, stickstoffhaltige chemische Verbindung, welche sich im Opium findet, krystallisirt leicht in farblosen Säulen von stechend bitterem Geschmack, ist in kaltem Wasser schwer-, in Aether unlöslich u. wird aus einer verdünnten Alkalilösung durch koncentrirte Kalilauge als ölige Masse gefällt. Es schmilzt bei 92° und verbindet sich schwierig mit Säuren. Mit manchen Mineralsäuren gibt es Verbindungen, die auf Wasserzusatz blau, durch mehr Wasser farblos und durch geschmolzenes Chlorcalcium nochmals blau werden. Koncentrirte Schwefelsäure löst es in der Kälte mit rother, in der Hitze mit grüner Farbe. Das N. scheint nicht auf das Gehirn, sondern nur auf die unteren Partien des Rückenmarks zu wirken, indem es die Beweglichkeit und Empfindlichkeit der unteren Gliedmaßen vermindert.

Narcissus *L.* (Narcisse), Pflanzengattung aus der Familie der Amaryllideen, charakterisirt durch ein tellerförmiges Perigon, die verlängerte, am Grunde dem Eierstocke angewachsene Röhre, den regelmäßig 6theiligen Saum, den mit einem trichterigen, glockigen oder radförmigen Kranze besetzten Schlund, die oben in der Perigonröhre befestigten Staubgefäße, den fädlichen Griffel mit stumpfen Narben, die kugelig 3kantige Kapsel mit kugeligen Samen, begreift schön blühende Zwiebelgewächse mit wurzelständigen Blättern, nackten Blüthenschäften und in einer häutigen Scheibe eingeschlossenem Blüthenstand, alle ausdauernd, in Südeuropa und Nordafrika einheimisch, im Frühling blühend. Die gemeine N. (N. Pseudonarcissus *L.*, gelbe Märzblume, Osterblume, gelber Jakobsstab), mit dünnschaliger, eiförmiger, brauner Zwiebel, aufrechten, breitlinealen, stumpfen, flachrinnigen, meergrünen, unterseits kiellosen, in der Mitte 2rilligen Blättern, zusammengedrückt-zweischneidigem, gefurchtem, einblüthigem, am Grunde sammt den Blättern von 2häutigen Scheiden umschlossenem Schaft und kurzgestielter, übergebogener, blasser oder dunkler gelber Blüthe, mit glockiger, am Rande wolliger und ungleich gekerbter Nebenkrone, auf Bergwiesen im südlichen und stellenweise im mittlern Europa, wird allenthalben in Gärten gezogen, wo sie häufig mit gefüllten Blüthen von weißlichgelber bis pomeranzengelber Farbe abändert. Die bittere schleimige Zwiebel war ehedem besonders als Brechmittel in Anwendung. Die bitter-schleimigen Blüthen sind neuerdings wieder als krampfstillendes und erregendes Mittel bei Keuchhusten, Hysterie, Epilepsie, sowie bei Ruhren und Wechselfieber empfohlen worden. Die weiße N. (N. poeticus *L.*, rothrandige N., Sternblume), mit ähnlicher, aber dünnerer, eiförmig-ellipsoidischer Zwiebel, aufrechten, linealen, stumpfen, ziemlich flachen, unterseits stumpf-gekielten, meergrünen Blättern, zusammengedrückt-zweischneidigem, gefurchtem, einblüthigem, am Grunde sammt den Blättern mit mehren häutigen Scheiden umgebenem Schaft und übergebogener, wohlriechender Blüthe, mit sehr kurzer, schüsselförmig ausgebreiteter, mit feingekerbtem, scharlachrothem Rande versehener Nebenkrone und eiförmigen Perigonzipfeln, wächst auf Wiesen und trockenen Grasplätzen des wärmeren Europa wild, weiter nördlich in Grasgärten, stellenweise verwildert, variirt mit halb u. ganz gefüllten, schneeweißen, größeren und kleineren Blüthen. Die Zwiebel benutzten die Alten als Brechmittel, äußerlich bei Wunden, Verbrennungen und Geschwüren. N. incomparabilis *Curt.*, in Italien, Südfrankreich, mit gefüllten, wohlriechenden Blumen, ist vorzüglich zum Treiben (in Töpfen und auf Gläsern) geeignet. Die Jonquille (N. Jonquilla *L.*), in der Levante, Italien, Spanien, der Provence, mit brauner, länglichrunder Zwiebel, dunkelgrünen, schmalen, pfriemenförmigen, binsenartigen, aufrechten Blättern, vielblumigem, 12—15 Zoll hohem Schaft und gelben, sehr wohlriechenden Blumen, variirt mit gefüllten und halbgefüllten kleineren und größeren sternförmigen, blasseren und weißlichen Blumen. Sie erfordert einen lockern, fetten und zugleich ziemlich sandigen, weder zu trocknen, noch zu feuchten Boden und darf nur alle 3—4 Jahre verpflanzt werden; in dürrem, zu schwerem u. zu nassem Boden gedeiht sie nicht. Im Winter gibt man ihr eine Laubdecke gegen den Frost. Die italienische N. (N. italicus *Kern*, frühblühende marseiller Tazette), in Italien, Südfrankreich, mit linienförmigen, graugrünen, etwas vertieften Blättern, vielblumigem Schaft und schönen, sehr wohlriechenden Blumen, eignet sich vorzüglich zum Treiben. Man pflanzt die Zwiebeln im August in Töpfe und bringt sie Ende Oktober oder

Anfang November in die Wärme, wo dann die Blumen schon im November und December erscheinen. Die Tazette (N. Tazetta *L.*), in Südeuropa und Nordafrika, mit großer, länglich-eiförmiger, brauner Zwiebel, langen, flachen, linienförmigen, stumpflichen, graulichgrünen Blättern, 10—18 Zoll hohem, vielblumigem, stielrundlichem Schaft und sehr wohlriechenden, oft zu 10—20 aus einer Scheide kommenden Blumen, kommt in vielen Spielarten vor, welche sämmtlich zum Treiben sehr empfehlenswerth sind. Man pflanzt die Zwiebeln der Narcissenarten Anfangs September bis Ende Oktober reihen- oder auch truppweise auf besonders zubereitete Beete, auf Rabatten, oder mit andern Blumenzwiebeln, welche nicht jedes Jahr herausgenommen werden, in kleinen Gruppen zusammen. Sie lieben einen reinen, lockern, fetten, ziemlich feuchten Boden, welcher hinreichend mit Sand gemischt ist, und werden alle 3—4 Jahre nach der Blüthezeit, wenn Blätter und Schäfte abgewelkt sind, herausgenommen, von der Nebenbrut befreit, einige Zeit an einem luftigen Ort getrocknet, dann von den trocknen Würzeln und losen Schalen gesäubert und in andern, frisch mit altem Kuhlager gedüngten, 4—6 Wochen vor dem Pflanzen tief u. locker gegrabenen Boden verpflanzt. Das Pflanzen in Reihen auf Beete geschieht auf gleiche Art wie bei den Hyacinthen, und zwar nach Verhältniß der Zwiebelgröße 4—6 Zoll tief, 6—8 Zoll von einander. Im feuchten Boden pflanzt man etwas flacher, in trockenem tiefer. Eine leichte Bedeckung, sei es auch nur durch Matten, ist besonders im Frühling gegen die strengen Nachtfröste, von welchen oft die hervorkommenden Blätter leiden, sehr zu empfehlen. Zum Treiben wählt man die schönsten Zwiebeln und verfährt damit übrigens ganz so wie bei den Hyacinthen. Jonquillen und Tazetten können auch in feuchtem Moose getrieben werden.

Narcissus, in der griechischen Mythe Sohn des Flußgotts Cephissus und der Nymphe Liriope oder Lirioessa, durch Schönheit ausgezeichnet, verliebte sich, sein Bild in einer Quelle erblickend, in sich selbst und verschmachtete in Sehnsucht nach sich. Nach Andern ward er wegen Nichterwiederung der Liebe der Echo oder Aminias zu ihm von der Nemesis mit der genannten Selbstliebe bestraft. Da ihn sein Bild immer floh, wenn er seiner habhaft werden wollte, so tödtete er sich selbst, und aus seinem Blute entsprang die gleichnamige Blume.

Narcotica (lat.), s. v. a. Narkotische Mittel.

Narde, bei den Alten Benennung mehrer angenehm riechenden Pflanzen, besonders aus der Familie der Baldriangewächse, sowie eines daraus bereiteten Oels. Man unterschied die gallische oder celtische N., welcher jetzt als celtischer Baldrian oder Spiek (Valeriana celtica) und wohlriechender Baldrian (V. saliunca) unterschieden wird, die kretische N., worunter man den italienischen Baldrian (V. italica) u. den knolligen Baldrian (V. tuberosa) begriff, die arabische N., welche wahrscheinlich aus dem Nardenbartgrase (Andropogon Nardus) bestand, die italienische N., jetzt unser Lavendel, und vor allen die indische N., welche aus der auf den Gebirgen Ostindiens wachsenden ächten N. (Nardostachys Jatamansi *Dec.*), einer zu den Baldriangewächsen gehörenden Pflanze mit purpurrothen Blüthenbüscheln und 4 Staubgefäßen in jeder Blüthe, stammt. Aus der wohlriechenden Wurzel dieser Pflanze, Radix Nardi indicae, Spica Nardi, Nardenwurzel, Spiek oder Spikanard, wurden die Nardensalbe, als ein kostbares Arom im ganzen Alterthum hochgeschätzt und ein Gegenstand des Luxus, u. das kostbare Nardenöl bereitet. Jetzt pflegt die Wurzel mit einem Bündel röthlicher, feiner, in die Höhe gerichteter Fasern (die vertrockneten Blattstiele und Blätter) im Handel versendet zu werden. Statt ihrer kommt auch oft die Wurzel von Andropogon Nardus (Nardus stricta *L.*) vor. In Ostindien ist die Wurzel noch ein sehr geschätztes Heilmittel, das einen stark gewürzhaften Geruch u. bitter gewürzhaften Geschmack besitzt.

Nardini, Pietro, berühmter Violinvirtuos und Komponist, geboren 1722 zu Livorne, Schüler Tartini's zu Padua, trat um 1760 in die Dienste des Herzogs Karl Eugen von Würtemberg, kehrte 1767 in seine Vaterstadt zurück und wirkte seit 1770 als erster Violinist an der Kapelle zu Florenz, wo er den 7. Mai 1793 †. Als Virtuos glänzte er vorzüglich durch sein mehr dem Gesang als dem Ton eines Instruments ähnliches Adagio; er komponirte auch viel für sein Instrument.

Nardo, Stadt in der italienischen Provinz Lecce (ehemaligen neapolitanischen Provinz Terra di Otranto), unweit des Meerbusens von Taranto, ist Sitz eines Bischofs, hat eine Kathedrale, 8 Klöster, Baumwollmanufakturen, Wein- und Olivenbau und 8950 Einw.

Narenta (sonst Naro), Fluß in Dalmatien, der größte des Landes, dem er aber nur zum kleinsten Theil in seinem untern Lauf angehört, kommt vom Ingliavagebirge in der Herzegowina, betritt Dalmatien bei Metcovich in einer Breite von 40—60 Klaftern, theilt sich bei Fort Opus in 2 große Arme und ergießt sich, nachdem er 4 Meilen weit das Land durchströmt, mit 12 Mündungsarmen, der Halbinsel Sabioncello gegenüber, ins adriatische Meer (Kanal von N.). Der bedeutendste Nebenfluß ist der Norin, der bei Vido entspringt und sich bei dem sogenannten Torre di Norin mit der N. vereinigt. Letztere ist auf der ganzen Strecke ihres Laufs durch Dalmatien mit Seeschiffen von 100—150 Tonnen befahren. In der Landessprache wird die N. Nerevia, bei Strabo und Scylax Naro, in den ptolemäischen Tafeln Nardo und bei Porphyrogenitus unrichtig Orontius genannt.

Narew, Fluß in Polen, entsteht in den lithauischen Sümpfen bei Nowydwor, wird bei Tykoczin schiffbar und mündet rechts bei Sierock in den Bug; Nebenflüsse sind: Narewka links, Bobra, Pyssa, Omulew und Orsic rechts.

Narkosis (griech., Betäubung), Gefühllosigkeit oder Erstarrung einzelner Theile oder des ganzen Körpers, welche in Folge von Krampf od. Schwäche von heftigen psychischen Aufregungen, oder von narkotischen Mitteln (vgl. Anästhetische Mittel) entstehen kann.

Narkotin (Opian, Desrosne's Salz) stickstoffhaltige chemische Verbindung, welche sich im Opium findet u. sich vom Morphium durch seine Löslichkeit in Aether und seine Unlöslichkeit in Kochsalzlösung unterscheidet. Es krystallisirt in farblosen Säulen oder Schuppen, ist geschmack- und geruchlos und gibt eine alkoholische, bitter schmeckende, aber nicht alkalisch reagirende Lösung. Es schmilzt bei

170°, entwickelt bei 220° Ammoniak und hinterläßt braune amorphe, in Alkohol und Alkali lösliche Humopinsäure. Eisensalze färben das N. nicht blau, Schwefelsäure, die eine Spur Salpetersäure enthält, macht es roth, in kaustischen Alkalien ist es unlöslich. Die Narkotinsalze sind meist krystallisirbar, schmecken sehr bitter, werden zum Theil durch Wasser zersetzt und reagiren sauer. Mit Kali gibt das N. sogenanntes narkotinsaures Kali. Mit Schwefelsäure und Braunstein oder mit einem großen Ueberschuß von Platinchlorid erhitzt, zersetzt sich das N. in **Cotarnin** und Opiansäure. Das Cotarnin krystallisirt, reagirt alkalisch und wird von Salpetersäure mit dunkelrother Farbe gelöst. Beim Kochen mit weniger Platinchlorid bildet sich das Doppelsalz eines für sich nicht darstellbaren Alkaloïds des Narkogenins, aus welchem Ammoniak N. und Cotarnin abscheidet. Nach den neuesten Forschungen besteht das N. aus 4 homologen Basen, die man dem Ammoniak und den niedersten Alkoholbasen parallelisiren kann, nämlich N., Methylnarkotin, Aethylnarkotin und Propylnarkotin. Mit Natronkalk bis 220° erhitzt, gibt das N. Ammoniak, das Methylnarkotin Methylamin, das Aethylnarkotin Aethylamin und das Propylnarkotin Propylamin.

Narkotische Mittel (lat. narcotica, **betäubende Mittel**), diejenigen Arzneimittel, welche auf das Nervensystem, insbesondere auf die Centralorgane desselben, das Gehirn und Rückenmark, eine eigenthümliche Wirkung in der Art ausüben, daß sie die excessiv erhöhte Sensibilität desselben beschränken, seine Thätigkeit herabsetzen und dasselbe beruhigen. Die Narkotika gehören zu den wichtigsten Mitteln des ganzen Arzneischatzes und sind bei richtiger Verwendung für den Patienten wie für den Arzt von ganz unschätzbarem Werthe. Da eine verhältnißmäßig sehr geringe Menge eines Narkotikums schon hinreicht, die Betäubung bis zur gänzlichen Lähmung des Nervensystems u. zu dem daraus folgenden Tode zu steigern, so rechnet man die Narkotika zu den Giften, von denen sie eine eigene Klasse bilden. Sämmtliche Narkotika gehören dem Pflanzenreich an; nur die Blausäure, welche sich in den Blättern des Kirschlorbeers und in den bittern Mandeln vorfindet, kann auch durch Zersetzung thierischer Stoffe gewonnen werden. Die Chemie hat aus den narkotisch wirkenden Pflanzenprodukten eine Anzahl eigenthümlicher chemischer Körper dargestellt, an welche die narkotische Wirkung jener Stoffe gebunden ist. Diese wirksamen Bestandtheile der n.n M. sind zum allergrößten Theil basische Stoffe fester u. flüchtiger Art (sogenannte narkotische Pflanzenalkaloide), wie Morphium, Atropin, Hyoscyamin, Koniin, Strychnin, Daturin &c., zum kleineren Theil sind es eigenthümliche Säuren, wie Blausäure, Mekonsäure, oder flüchtige Oele und kampherähnliche Stoffe, wie das ätherische Oel des Safrans, der Tabakskampher &c. Die Wirkung der Narkotika beruht darauf, daß sie in das Blut aufgenommen und durch dieses zu den Nervenapparaten, besonders zu den Nervencentralorganen geführt werden, deren veränderte Ernährung sich sofort durch Herabsetzung ihrer Thätigkeit dokumentirt. Die Stärke der Wirkung der Narkotika richtet sich wesentlich nach der schnelleren oder langsameren, der mehr oder weniger vollständigen Resorption derselben von Seiten der Organe, mit welchen sie in Beziehung gebracht werden. In die Venen gespritzt, veranlassen die Narkotika schon in sehr kleinen Gaben eine sehr schnelle, heftige und allgemeine Reaktion. Ebenso tritt vom Magen und vom Dickdarm aus eine schnelle Resorption der Narkotika ein, doch pflegt ihre Wirkung auf den Organismus dann weniger heftig zu sein, vielleicht weil nicht Alles resorbirt wurde. Am schwächsten ist ihre Wirkung, wenn sie in der Form von Salben, Tinkturen oder Pflastern mit der unverletzten ersten Haut in Berührung gebracht werden. Sehr kräftig und allgemein äußert sich die Wirkung der Narkotika, wenn sie in der Form der endermatischen Methode angewendet werden. Diese Methode besteht darin, daß man an irgend einer Stelle des Körpers die äußere Haut durch Auflegen eines Blasenpflasters von dem Oberhäutchen (der Epidermis) befreit und auf die bloßgelegte, stark geröthete Lederhaut das Narkotikum aufstreut. Die freigelegten feinen Blutgefäße der Lederhaut nehmen die Narkotika ungemein schnell in die Blutmasse auf. Seit wenigen Jahren ist eine neue Methode der Anwendung narkotischer Mittel in Aufnahme gekommen, die wegen ihres schnellen und sichern Erfolgs immer häufiger in Gebrauch gezogen wird. Es ist dies die Einspritzung von narkotischen Lösungen in das Unterhautzellgewebe, durch dessen Lymphgefäße eine sehr schnelle Aufsaugung der Arzneistoffe erfolgt. Zu diesem Zweck benutzt man eine feine (pravazsche) Spritze, an deren Mündung eine durchbohrte Nadel angebracht ist. Man hebt die Haut der Körperstelle, wo die Einspritzung erfolgen soll, in einer Falte in die Höhe, sticht die durchbohrte Nadel an der Basis der Falte durch die Haut hindurch und entleert den Inhalt der Spritze durch einen Druck auf den Spritzenstempel. Der Werth dieser Methode beruht vorzüglich darauf, daß man die Wirkung der Narkotika mehr auf bestimmte Lokalitäten beschränken und ihre Wirkung auf den ganzen Organismus, welche nicht immer erwünscht sind, herabsetzen kann. Abgesehen von den Organen, durch welche die Narkotika in den Körper eingeführt werden, hängt ihre Wirkung auch noch ab von der Menge des aufgenommenen Stoffs, sowie von der Empfänglichkeit des Individuums. Frauen sind der Wirkung der Narkotika viel mehr unterworfen als Männer, bedürfen daher viel kleinerer Dosen; die Wirkung der n.n M. auf Kinder ist eine außerordentlich heftige, daher sie bei diesen nur mit äußerster Vorsicht und in den geringsten Dosen angewendet werden dürfen. Zu erwähnen ist, daß manche Thiere Bilsenkraut und andere giftig-narkotische Pflanzen ohne allen Schaden verzehren können. Von denjenigen n.n M.n, welche sehr schnell resorbirt werden, wie z. B. von der Blausäure u. den blausäurehaltigen Mitteln, können größere Gaben eine fast augenblickliche Vernichtung der Sensibilität u. des Lebens überhaupt bewirken; bei andern werden dagegen die Erscheinungen der Vergiftung hauptsächlich dadurch bedingt, ob das Gehirn oder ob das Rückenmark vorwiegend von dem Einfluß des Narkotikums zu leiden hat. So wirkt das Morphium vorzugsweise auf das Gehirn, das Strychnin vorzugsweise auf das Rückenmark. Uebrigens wirkt der längere Zeit anhaltend fortgesetzte innere Gebrauch von n.n M.n, auch in mäßigen Gaben, schwächend auf das Nervensystem, führt leicht zu Verdauungsstörungen, erschlafft die Muskulatur, besonders die des Darmrohrs, und bewirkt mit der

Zeit eine tiefgreifende mangelhafte Zusammensetzung des Bluts, wodurch die gesammte Ernährung des Körpers leidet. Angezeigt ist der innere Gebrauch der reinen Narkotika, vorzugsweise des Opiums u. seiner verschiedenen Präparate, als krampfstillender u. beruhigender, beziehentlich schlafmachender Mittel bei excessiv erhöhter Sensibilität der Nerven, bei krampfhaften Beschwerden im Allgemeinen, bei ausgebildeten Anfällen von gewissen Formen der tonischen wie klonischen Krämpfe, bei schmerzhaften Leiden, Neuralgien. Am häufigsten werden sie angewendet, um nur der symptomatischen Indikation zu entsprechen, namentlich in den Fällen, wo die krankhafte örtliche Reizung gemildert werden soll, der Grund der letzteren aber oft nicht entfernt werden kann, z. B. bei Steinbeschwerden, Krebs, bei schmerzhaften Operationen (in Verbindung mit Inhalationen von Chloroform), oder bei der Lungen- u. Kehlkopfschwindsucht. Werden die Krankheiten dagegen nicht durch nachweisbare materielle Ursachen bedingt, sondern beruhen sie nur in einer dynamischen, nicht näher bekannten Veränderung des Nervensystems (Erethismus) u. sind sie frei von andern Komplikationen, dann können die n.n M. die Krankheit auch radikal beseitigen. Angezeigt sind sie ferner bei gewissen Leiden der Schleimhäute, besonders den Bronchial- u. Kehlkopfkatarrhen; bei Darmkatarrhen, welche mit Diarrhöe einhergehen, indem sie hier die peristaltischen Bewegungen des Darms verlangsamen u. dadurch wenigstens einen Grund des Durchfalls beseitigen, bei Bluthusten rc. Der äußere Gebrauch der Narkotika ist in den Fällen zu empfehlen, wo es sich um die Beseitigung örtlicher Schmerzen aller Art handelt. Um die Einführung der Narkotika in den Körper zu erleichtern, hat die Pharmacie dieselben in verschiedene Formen gebracht, so daß man sie sowohl in ihrer natürlichen Gestalt, als auch in Tinkturen, Extrakten, Pflastern, Salben rc. anwenden kann. Die Größe der Gabe wird natürlich bedingt durch die Art der Krankheit, die Individualität des Kranken und die Qualität der Mittel selbst. An keine Arzneimittel gewöhnt sich der Organismus so leicht u. so schnell als an narkotische, bei keinem muß die Gabe so rasch u. oft so bedeutend vermehrt werden, um die vielleicht gewonnene Besserung andauernd zu erhalten. Die Narkotika bilden in dieser Beziehung den entschiedensten Gegensatz gegen die Roborantia, welche, wie z. B. China u. Eisen, Monate lang in gleicher Gabe u. mit gleichguter Wirkung unverändert fortgegeben werden können. Ebenso ist die Qualität der einzelnen Mittel oft schwankend u. sind die dadurch bedingten Wirkungen zum Theil sich widersprechend, der Erfolg also häufig unsicher, so daß nothwendig in einzelnen Fällen sehr verschiedene Gaben u. Präparate dieser Mittel erfordert werden.

Narni, Stadt in der italienischen Provinz (ehemaligen päpstlichen Delegation) Spoleto, an der Nera, ist Bischofssitz, hat eine Kathedrale und 7 andere Kirchen, 12 Klöster, darunter das de' Zoccolanti mit schönen Gemälden von Spagna, eine 8 Stunden lange Wasserleitung u. 3165 Einw. Die Umgegend baut besonders viel Rosinen ohne Kerne (Passerinos). Die alte feste Stadt Narnia, von den Römern 301 v. Chr. auf einem steilen Felsen an der Südseite des Flusses Nar angelegt, war nur von der Ost- und Westseite her zugänglich, und man gelangte zu ihr von Westen her nur über eine hohe, noch in Trümmern vorhandene Brücke. Die Via Flaminia berührte sie.

Naro, Stadt auf der Insel Sicilien, Provinz Girgenti, am gleichnamigen Fluß (Zufluß des Mittelmeers), hat ein Kolleg, Schwefelgruben und 10,120 Einw.

Narowa, Fluß im russischen Gouvernement Petersburg, entsteht aus dem Peipussee, mündet unterhalb Narwa in den finnischen Meerbusen und ist wegen eines Wasserfalls oberhalb Narwa nicht schiffbar.

Narragonien, Narrenland, fingirtes Land, worauf der Satiriker Sebastian Brant sein „Narrenschiff" zusteuern läßt.

Narrata (lat.), erzählte Dinge; Narrata refero, ich sage nur Erzähltes wieder.

Narrenfastnacht, der Dienstag nach dem Sonntag Estomihi, vgl. Karneval.

Narrenfest (lat. festum stultorum s. fatuorum, auch Decemberfreiheit), im Mittelalter ein Volksfest um Weihnachten, besonders am 28. Dec., wahrscheinlich eine Nachahmung des heidnischen Festes der Saturnalien (Calendae Januarii). Es ward, namentlich in Frankreich, unter den ausgelassensten Aufzügen, üppigen Tänzen und Absingung unanständiger Lieder gefeiert und gipfelte in der Parodirung der gottesdienstlichen Handlungen in den Kirchen unter Vorsitz eines Narrenbischofs. Man hatte besondere Ceremonienbücher oder Ritualien zu diesen N.en, von denen einzelne noch vorhanden sind. In Deutschland scheinen nur in den Städten am Rhein N.e begangen worden zu sein. Schon frühzeitig wurden sie von Päpsten, Bischöfen und Koncilien wiederholt verboten und verdammt, z. B. 1198. Gleichwohl erhielten sie sich noch geraume Zeit, und sogar die theologische Fakultät zu Paris nahm sie in Schutz. Erst 1544 erließ auch sie ein Verbot der N.e, worauf ein Parlamentsbeschluß zu Dijon 1552 dem Unfug vollends ein Ende machte. Vergl. du Tilliot, Mémoires pour servir à l'histoire de la fête des folz, Lausanne 1740 und 1751.

Narrenkappe, s. Hofnarren.

Narrenkirchweih, ehemals der Montag nach dem Sonntag Estomihi; auch der Fastnachtsdienstag.

Narrheit (lat. fatuitas, moria), der Geisteszustand eines Menschen, welcher in seinen Reden und Handlungen von der gewöhnlichen Regel dergestalt abweicht, daß man sich veranlaßt findet, über ihn mit einer Art Verachtung oder Bedauern zu lachen. Die N. kann ebensowohl verstellt oder willkürlich angenommen, als unwillkürlich sein. Im ersteren Falle kann sie mit scharfem Verstand und Witz gepaart sein, wie das Beispiel vieler Hofnarren zeigt; im letzteren Falle aber kann sie entweder in einem wirklichen Mangel an gesundem Menschenverstande, oder bloß in einem Mangel an der im Zusammenleben mit Menschen nöthigen Erfahrung und Bekanntschaft mit Dem, was die konventionellen Regeln des geselligen Lebens erheischen, oder auch in einer überspannten Einbildungskraft bestehen, der zufolge der Mensch, gleichsam in einer andern Welt der Phantasie lebend, dieser gemäß redet und handelt u. die ihn umgebende Wirklichkeit mit ihren Regeln und Forderungen außer Augen setzt. Uebrigens gehört ein gewisses Maß von Unbefangenheit u. Vorurtheilslosigkeit dazu, um über Das, was als N.

angesehen werden muß, ein gültiges Endurtheil zu fällen. Ist die Geistesschwäche, welche eine verkehrte und auffallende Handlungsweise zur Folge hat, so vorwiegend, daß es zu einem verständigen und vernünftigen Denken und Handeln gar nicht mehr kommt, so wird die N. zur eigentlichen Geisteskrankheit (Moria), welche sich durch eitle Selbstgefälligkeit, übertriebene Lustigkeit u. namentlich auch durch die Sucht, durch auffallende Kleidung und seltsames äußeres Benehmen Aufsehen zu erregen, charakterisirt und sich von dem Blödsinn, den man auch zuweilen als N. bezeichnet, durch extravagante Bethätigung des psychischen Lebens unterscheidet, aber als eine Art von Wahnsinn zuletzt oft in Blödsinn oder auch in Tollheit und vollkommenen Idiotismus übergeht.

Narsapur (Narsipore), Stadt in der indobritischen Präsidentschaft Madras, Distrikt Rajahmundry, am Hauptarm des Godavery, nordöstlich von Masulipatam.

Narses, Feldherr des Kaisers Justinian I., ein Eunuche, kam als Kriegsgefangener in den Palast des Kaisers, schwang sich aber nach und nach zum Aufseher über die Archive, Oberkammerherrn, Privatschatzmeister und Günstling des Kaisers auf. Nachdem er sich schon in dem persischen Kriege ausgezeichnet, wurde er 538 mit 5000 Mann nach Italien gesendet, um Belisar (s. d.) gegen die Ostgothen zu unterstützen, trennte sich aber, als dieser Urbino belagerte, mit seinen Truppen von ihm, nahm Imola durch Ueberfall und eroberte einen Theil der Provinz Aemilia. Als durch diese Zwistigkeiten Mailand an die Burgunder verloren ging, wurde N. 539 vom Kaiser zurückberufen, nach Belisars Abgang 552 aber aufs Neue nach Italien geschickt, um den Fortschritten des Gothenkönigs Totila Einhalt zu thun, schlug diesen bei Tagina, unweit Gubbio, nahm Spoleto, Narni, Perugia und Rom, besiegte 553 die Gothen abermals in einer dreitägigen Schlacht am laktarischen Berge in Kampanien und 554 die unter Bucelin in Italien eingefallenen Alemannen bei Casilinum, unterwarf seinem Kaiser alle Gothen in Italien und ward hierauf von Justinian zum Exarchen (Statthalter) Italiens ernannt. Im Jahre 567 dieser Stelle entsetzt, † er bald darauf in Rom, nachdem er einer unbegründeten Nachricht zufolge aus Rache gegen seinen Kaiser die Longobarden unter Alboin, die 568 in Italien einfielen, herbeigerufen hatte.

Narthecium (*Huds.* et *Moehr.*, Aehrenlilie, Aehrenrinse), Pflanzengattung aus der Familie der Koronarien, charakterisirt durch die 6theilige, offene, bleibende Blumenkrone mit 6 behaarten Staubgefäßen, die einfache, 3eckige Narbe und die 3klappige, 3fächerige Kapsel mit länglichem Samen. Die bekannteste Art ist N. ossifragum *Huds.*, Sumpf-Aehrenlilie, Knochenbrecher, Beinbrechgras, mit gelben Blüthen, wächst ausdauernd in ganz Europa auf Sumpfboden, besonders in den Heiden des nördlichen Deutschlands, südlich auf Gebirgen. Ehemals war das Kraut, Herba Graminis ossifragi, als Wundmittel im Gebrauch.

Narthex (griech.), eine hochwachsende Doldenpflanze (Ferula) mit leichtem, aber knotigem u. markigem Stengel, in welchem Prometheus die Feuerfunken vom Himmel zur Erde holte (Hesiod, Theog. 567). Die Stengel wurden auch bei den Bacchusfesten von den Bacchanten getragen, die Schullehrer bedienten sich ihrer zur Züchtigung der Schulknaben; auch schiente man Beinbrüche damit. Im Mark erhielt man, wie im Zunderschwamm, Feuer glimmend. N. hieß auch der äußere Raum vor einer Kirche u. der innere Vortempel derselben, wo Katechumenen, Büßende, Ungläubige, Ketzer und alle Diejenigen, welche die Kirche nicht betreten durften, ihren Platz hatten.

Naruszewicz, Adam Stanislaw, polnischer Dichter und Historiker, geboren den 20. Okt. 1733 in Lithauen, trat nach Beendigung seiner Studien auf der Universität Wilna 1748 in den Jesuitenorden, bereiste dann Deutschland, Frankreich u. Italien und ward nach seiner Rückkehr Vorsteher des Jesuitenkollegiums in Warschau. Nach Aufhebung seines Ordens zum Koadjutor des Bisthums von Smolensk, dann zum Sekretär des Reichsraths u. endlich zum Bischof von Luck erhoben, blieb er dennoch immer in der Umgebung des Königs Stanislaus August; nach dessen Tode lebte er in Janowiec in Galizien, wo er den 6. Juli 1796 †. Sein Hauptwerk ist die „Geschichte der polnischen Nation“ (vollständig, Leipzig 1836, 10 Bde.). Außerdem veröffentlichte er noch eine treffliche polnische Uebersetzung des Tacitus (Warschau 1775, 4 Bde.), eine Biographie des lithauischen Feldherrn Chodkjewicz (das. 1805, 2 Bde.) und eine Geschichte der Tataren. Unbedeutend sind seine Dichtungen (neueste Aufl., Leipz. 1835, 3 Bde.).

Narvaez, Don Ramon Maria, Herzog von Valencia u. Grande erster Klasse von Spanien, einer der hervorragendsten Generale und Diplomaten Spaniens in der Neuzeit, geboren den 4. August 1800 zu Loja in Andalusien als Sprößling eines altadeligen Geschlechts, trat in die Armee, war 1833, als der Krieg zwischen den Christinos und Karlisten ausbrach, Oberst und avancirte bald darauf zum Brigadier. Er that sich nicht nur im geregelten Kampfe, sondern auch im Guerrillakriege hervor, namentlich 1836 bei der Verfolgung des karlistischen Generals Gomez. Bis 1840 stand er auf Seiten Espartero's, zerfiel aber um diese Zeit mit ihm und schloß sich ganz der von der Königin Christine protegirten Camarilla an, als deren eigentlicher Führer er zwei Jahrzehnte hindurch gelten konnte. Sein 1841 gemachter Versuch, den gewaltigen Espartero durch einen Ausfall von Gibraltar auf Cadix und durch Insurgirung des südlichen Spaniens zu stürzen, scheiterte an der Energie seines Gegners und veranlaßte seine Exilirung nach Frankreich, wo er, das Haupt der sogenannten Moderadospartei, der ebenfalls nach Paris verwiesenen Königin-Regentin Christine bei ihren gegen die spanische Regierung angezettelten Intriguen behülflich war. Im Jahre 1842 begab er sich an die spanische Grenze u. leitete von Perpignan aus erfolgreich die Insurgirung Spaniens gegen Espartero, wodurch er sich den Titel und die Einkünfte eines Herzogs von Valencia und eines Granden erster Klasse von Spanien erwarb, sowie er auch nach der durch ihn betriebenen Rückkehr der Königin Christine nach Madrid ihr treuer Anhänger blieb und durch geschickte militärische Evolutionen und politische Schachzüge die Unternehmungen der Progressisten und Ayacuchos erfolglos zu machen wußte. Die Vertreibung des Regenten Espartero u. der Sturz des Ministeriums

Olozaga waren die Haupterfolge seiner Politik, der er auch seine eigne Berufung ins Ministerium als dessen Präsident zu danken hatte. Das gegen ihn unternommene, aber erfolglos gebliebene Attentat vom November 1845 machte ihn nur noch energischer u. verwegener. Dennoch erfolgte bei der Rücksichtslosigkeit, mit der er jetzt den ganzen Hof und das gesammte Land dominirte, sein Sturz am 13. Februar 1846, und als auf Betrieb der Königin-Mutter wider seinen Rath die Vermählung der jungen Königin mit dem Prinzen Franz von Assis am 10. Oktober 1846 vor sich ging, glaubte man N. allen Einflusses beraubt und gewissermaßen als politisch beseitigt betrachten zu müssen. Aber schon zu Anfang des folgenden Jahres ward er als spanischer Botschafter nach Paris gesandt und kurze Zeit darauf nach Madrid zurückberufen und an die Spitze des Ministeriums vom 4. Okt. 1847 gestellt. Daß Louis Philipp den Ausschlag zur Aussöhnung N.' mit der Königin Christine, die er selbst als Werkzeug seiner Intriguen am spanischen Hofe benutzte, gegeben habe, war offenbar, und eine Zeitlang verfocht der neue Minister offenkundig die dynastischen Interessen der benachbarten Regierung, was ihm aber in Madrid bald übel ausgelegt ward. Dazu kam die Kränkung, welche die Königin Christine durch ihn zu erleiden glaubte, als es sich um die staatliche Dotation für ihre Kinder aus zweiter Ehe handelte. Sie entzog ihm aufs Neue ihre Huld und behandelte ihn vor Aller Augen bei Hofe so geringschätzig, daß N. sich Ehren halber genöthigt sah, sein Portefeuille niederzulegen (10. Januar 1851), um sich nach Frankreich zu begeben. Später, als der Wind am spanischen Hofe wieder umschlug, ging er anfangs auf seine Villa bei Loja in Andalusien und später nach Madrid, wo er schnell wieder Anhang fand und als das Haupt der gemäßigten Opposition gegen das damalige Ministerium Bravo-Murillo auftrat. Murillo wußte indeß einen königlichen Befehl auszuwirken, wodurch N. nach Wien beordert ward, um von da über das österreichische Militärwesen an das Ministerium zu berichten. N. verließ zwar Spanien, begab sich aber zunächst nach Bayonne, wo er Unzufriedene aus der Heimat um sich sammelte. Seine Zeit kam aber erst wieder, nachdem Espartero von Neuem beseitigt war und auch der Einfluß O'Donnels gegen Ausgang des Jahres 1856 erschüttert erschien; damals wagte N. (5. Oktober 1856) nach Madrid zurückzukehren und agirte so gewandt, daß ihm bald die Neubildung eines Ministeriums übertragen ward. Schon am 12. Oktober trat er als Präsident an die Spitze dieses neuen Kabinets, ohne selbst ein Portefeuille zu übernehmen. Doch schien der mächtige und nachhaltige Einfluß, welchen N.' Name in früherer Zeit gehabt hatte, vorüber zu sein; bereits am 4. Okt. 1857 sah sich N. veranlaßt, von einem Posten zurückzutreten, dem er nicht mehr gewachsen sein mochte. Seitdem hat N. noch manche erneute, vorübergehend mit Erfolg gekrönte Versuche gemacht, die Leitung der spanischen Diplomatie in seine Hände zu bekommen, was ihm aber erst Mitte Sept. 1864 gelang.

Narwa, Stadt im russischen Gouvernement St. Petersburg, Kreis Jamburg, am linken Ufer der Narwa oder Narowa, die, aus dem Peipussee kommend, hier, 2 Meilen von ihrer bei dem Fabrikort Jaola erfolgenden Mündung in den finnischen Meerbusen, einen 20 Fuß hohen, durch eine Insel in zwei Theile getheilten Wasserfall bildet, war früher starke Festung, ist jetzt jedoch nur noch schwach befestigt, besteht aus der eigentlichen, meist von Deutschen bewohnten Stadt und der damit durch eine Brücke verbundenen, auf dem rechten Ufer liegenden, fast nur von Russen bewohnten Vorstadt Jwangorod mit dem festen Schlosse Jwangorodok. N. hat 5 Kirchen (lutherischer und griechischer Konfession), ein lutherisches Konsistorium, Arsenal, altes Schloß, eine Börse, einen Hafen, Fischerei (Bricken und Lachse), Getreide-, Flachs- und Breterhandel und 6130 Einwohner. N. ward um 1220 vom König Waldemar II. von Dänemark gegründet, von dem russischen Großfürsten Jwan Wasiljewitsch 1553 eingenommen, 1579 von den Schweden unter Horn vergebens belagert und erst 1581 von ihnen unter de la Gardie erobert. Seitdem stand die Stadt, wie ganz Esthland, unter schwedischer Herrschaft. In den Jahren 1590 und 1658 hielt sie Belagerungen von Seiten der Russen aus. Am 30. November 1700 erfocht hier Karl XII. einen großen Sieg über die Russen und erstürmte deren verschanztes Lager. Im Jahre 1704 aber sühnte der Czar Peter diese Schmach, indem er die Stadt mit Sturm eroberte. Seitdem hat sich Rußland diese Eroberung zu sichern gewußt.

Narwal (Monodon *L.*), Säugethiergattung aus der Ordnung der Cetaceen u. der Familie der Walle, charakterisirt besonders durch den eigenthümlich bewehrten Oberkiefer, aus welchem zwei 6—10 Fuß lange, innen hohle, schraubenartig gewundene Stoßzähne horizontal hervorragen, von denen aber der rechts stehende in der Regel verkümmert und im höheren Alter ausfällt und die bei dem Weibchen gewöhnlich in der Zahnhöhle zurückbleiben. Die einzige hinlänglich bekannte Art ist der gemeine N., Monodon monoceros *L.*, Seeeinhorn. Derselbe ist 16—20 Fuß lang. Der Kopf ist verhältnißmäßig klein, der Hals sehr kurz und dick, der Leib gestreckt und spindelförmig, die Schwanzflosse sehr groß, in der Mitte ziemlich tief ausgeschnitten, zu beiden Seiten glatt, die Brustflosse dagegen verhältnißmäßig klein, die Rückenfinne ist nur durch eine Hautfalte angedeutet. Die nackte, glatte, sammetartige, weiche Haut ist verhältnißmäßig dünn, die Oberhaut nicht dicker als Papier, die Schleimhaut keinen halben Zoll dick und auch die Lederhaut dünn, doch fest. Auf weißer oder gelblichweißer Grundfarbe stehen zahlreiche längliche, unregelmäßig gestaltete braune Flecken, auf dem Rücken am dichtesten zusammenstehend und auf dem Kopfe in einander fließend. Der N. bewohnt ausschließlich die nördlichen Meere und findet sich am häufigsten zwischen dem 70. u. 80. Grad nördl. Br. in der Davisstraße, der Baffinsbai, zwischen Grönland und Island, um Nowaja Semlja und weiter in den nordsibirischen Gewässern, wo er in Rudeln zu Hunderten angetroffen werden soll. Seegurken, nackte Weichthiere u. Fische bilden seine Hauptnahrung. Scoresby fand in seinem Magen Glattrochen, welche fast dreimal so breit waren als sein Maul. Seine Lebensweise ist übrigens noch sehr unbekannt. Im hohen Meere werden einzelne harpunirt, doch wird nirgends eifrig Jagd auf N.e gemacht. Die Grönländer essen das Fleisch getrocknet u. gekocht, den Speck roh, brennen das Fett in Lampen und verfertigen aus den Flechsen starken Zwirn. Die Wallfischfänger stellen ihm besonders des Stoßzahnes wegen nach, der wie Elfenbein verarbeitet wird. Früher schrieb man diesen allerlei Wunderkräfte zu u. bezahlte sie mit enormen Summen. Man hielt sie für das Horn des in der Bibel als Einhorn aufgeführten fabelhaften Thieres und verfertigte besonders Bischofsstäbe daraus. Ein Zahn, welcher in der kurfürstlichen Sammlung zu Dresden an einer goldenen Kette hing, wurde auf 100,000 Reichsthaler geschätzt, u. für einen andern, der im Besitz der Markgrafen von Baireuth war, boten die Venetianer noch 1559 vergeblich 30,000 Zechinen. Jetzt wird das Stück mit 8—20 Thalern bezahlt. Die einzige fossile Art, Monodon fossilis, beruht bloß auf einem unsicheren Zahnfragment aus dem Londonthone.

Nasal (v. lat. nasalis), was auf die Nase Bezug hat, z. B. Nasallaute, s. Laute.

Nascale (neulat.), Knauel von Baumwolle, dient als Mutterzäpfchen und zu Einbringung von äußern Heilmitteln bei Schäden der Mutterscheibe und des Gebärmutterhalses.

Nasciturus pro jam nato habetur (lat.), d. h. der Embryo wird als schon geborner Mensch betrachtet, Rechtsgrundsatz, nach welchem dem Embryo alle seine Rechte so gesichert werden, als ob er zur Zeit, wo sie ihm zufielen, schon geboren wäre; nur muß er, wenn sie ihm nach der Geburt wirklich übertragen werden sollen, als Mensch und als lebendig und lebensfähig geboren werden.

Nase (nasus, organon olfactus; vergl. Anatomie, Tafel XII, Fig. I und II), das Organ des Geruchssinnes, welches wie ein Wächter über dem Munde angebracht ist und somit die Luft, die wir athmen, wie die Speisen und Getränke, welche wir zu uns nehmen, bei ihrer Einführung in den Körper gewissermaßen kontrolirt. Man unterscheidet die im Gesicht hervorragende äußere N. und die aus der Nasenhöhle und der sie auskleidenden Schleimhaut, dem eigentlichen Sitz des Geruchssinnes, bestehende innere N. Von der äußeren N. besitzt nur der obere, gegen die Nasenwurzel hin gebogene Theil eine knöcherne Grundlage, bestehend aus den beiden Nasenknochen, welche sich an das Mittelstück des Stirnbeins ansetzen, und aus den Nasenfortsätzen der beiden Oberkieferknochen, welche zu beiden Seiten der Nasenbeine liegen und mit ihrem oberen Ende ebenfalls bis an das Stirnbein reichen. Der untere, bewegliche Theil der äußeren N. dagegen hat nur eine knorpelige Grundlage, bestehend aus den beiden oberen seitlichen Nasenknorpeln, den beiden unteren seitlichen oder Nasenflügelknorpeln, sowie dem Knorpel der Nasenscheidewand. Letzterer stößt mit seinem oberen Rand an die senkrechte Platte des Siebbeins, mit dem vorderen Rand an die Nasenbeine und die oberen seitlichen Nasenknorpel; der untere Rand legt sich hinten an das Pflugscharbein und vorn an die Nasenflügelknorpel an. An der Außenfläche der knöchernen und knorpeligen Grundlage der äußeren N. liegen einige kleine Muskeln, welche die Form der N. verändern können. Ueber den Muskeln liegt die äußere Haut, welche sich durch ihren Reichthum an großen Talgdrüsen auszeichnet; die größten derselben, von mehr als 1 Linie Länge, münden in die Furche hinter den Nasenflügeln aus. An den Nasenlöchern, aus denen besonders bei alten Männern kurze und steife Haare (vibrissae) hervorragen, geht die äußere Haut der N. in die Schleimhaut über. Die äußere N. steht übrigens nur sehr selten vollkommen symmetrisch, meist weicht sie nach links ab. Die innere N. besteht aus der Nasenhöhle mit ihren Nebenhöhlen und aus der dieselben auskleidenden Schleimhaut. Die Nasenhöhle liegt zwischen den beiden Augenhöhlen, über der Mundhöhle, unter der Schädelhöhle und öffnet sich nach vorn durch die beiden Nasenlöcher nach außen, während sie nach hinten durch die Choanae narium in den oberen Theil der Rachenhöhle ausmündet. Sie wird durch eine von oben nach unten senkrecht verlaufende Scheidewand in zwei annähernd symmetrische seitliche Hälften getrennt. Diese Scheidewand ist hinten und oben knöchern und besteht hinten aus dem Pflugscharbein, oben aus der senkrechten Platte des Siebbeins; unten und vorn ist sie knorpelig und wird durch einen Nasenscheidewandknorpel gebildet. Die äußere Wand der beiden Hälften der Nasenhöhle wird von dem Sieb-, Thränen-, Oberkiefer- und Gaumenbein gebildet und trägt drei leistenartige, von vorn nach hinten ziehende und dabei nach innen und unten gekrümmte Vorsprünge, welche Nasenmuscheln genannt werden. Die oberste von ihnen ist die kleinste, die unterste die größte. Die obere und mittlere Nasenmuschel sind integrirende Theile des Siebbeins, während die untere Nasenmuschel aus einem besonderen Knochen besteht. Die Räume unter den Muscheln heißen Nasengänge. Mit dem oberen Nasengang stehen die hinteren Siebbein- und Keilbeinzellen, mit dem mittleren die vorderen Siebbein- und die Stirnbeinhöhlen, sowie die im Körper des Oberkieferknochens liegende Highmorshöhle (antrum Highmori) in offenem Zusammenhang. Unter der unteren Nasenmuschel mündet der Thränenkanal. Das Dach der Nasenhöhle wird hauptsächlich von der Siebplatte des Siebbeins, ihr Boden von dem Gaumentheil der Oberkiefer- und Gaumenknochen gebildet. Die Haupthöhlen der N., sowie ihre Nebenhöhlen (nämlich die Stirnbein-, Siebbein-, Keilbeinhöhlen, das antrum Highmori) sind mit einem zusammenhängenden Schleimhautüberzuge versehen, welcher fest mit der die Knochen zunächst überziehenden Knochenhaut zusammenhängt. Die Schleimhaut der eigentlichen Nasenhöhle (membrana pituitaria nasi), welche sich nach hinten in die Schleimhaut des Gaumens, des Rachens und der Ohrtrompete nach oben in die des Thränenganges fortsetzt, ist an verschiedenen Stellen verschieden dick, weich und schwammig, zeigt ein feinzelliges, durch wallförmige Erhabenheiten bedingtes Ansehen, ist im Allgemeinen lebhaft rosenroth gefärbt u. reich an Gefäßen u. Nerven, sowie an Schleimdrüsen; letztere sind besonders reichlich im hinteren und mittleren Theil der Nasenhöhle vorhanden. Die Schleimhaut der Nebenhöhlen ist eine Fortsetzung der Schleimhaut der Haupthöhle der N. und viel dünner, bleicher, ärmer an Gefäßen und Nerven, enthält nur sehr wenige Schleimdrüsen, ist völlig glatt und mit einem Flimmerepithelium überkleidet. In der eigentlichen Nasenhöhle unterscheidet man zwei Schleimhautpartien, nämlich die sogenannte Riechgegend (regio olfactoria) und die Athmungsgegend (regio respiratoria). Erstere entspricht der Ausbreitung der Riechnerven und vermittelt deshalb ausschließlich die Geruchsempfindungen; letztere ist die bei weitem größte Partie, entbehrt aber der Geruchsnerven. Die

Riechgegend, von der eigentlichen Riechschleimhaut überzogen, nimmt nur die obersten Theile der Nasenscheidewand und die Seitenwände der eigentlichen Nasenhöhle, wo die oberen Nasenmuscheln sitzen, ein, und zwar bis etwa ³/₄ Zoll nach abwärts von der Siebplatte des Siebbeins. Hier ist die Schleimhaut dicker und im frischen Zustand gelblich gefärbt. Das Epithel derselben ist ein einschichtiges, der Flimmerhaare entbehrendes, aus sehr langgestreckten, zum Theil mit gelben und braunen Pigmentkörnchen versehenen Zellen bestehendes Cylinderepithel. Zwischen diesen Cylinderzellen, aber in gleichem Niveau mit ihnen, befinden sich die Riechzellen, welche Max Schultze in Bonn 1856 entdeckt hat. Es sind langgestreckte, spindelförmige Körper, welche von dem mittleren breiteren Theil der Zelle aus, der einen rundlichen hellen Kern, aber keinen Farbstoff enthält, nach beiden Seiten in einen feinen, fadenförmigen Fortsatz auslaufen. Der äußere Fortsatz ist etwas dicker und zieht sich zwischen den Epithelialzellen bis zur freien Schleimhautfläche hin. Der innere Fortsatz dagegen ist ein äußerst zartes Fädchen, welches höchst wahrscheinlich mit den feinsten Endfasern der Riechnerven in unmittelbarem Zusammenhange steht, so daß die Riechzellen die eigentlichen Enden der Geruchsnervenfasern vorstellen. Die Regio respiratoria, der größere untere Theil der Nasenschleimhaut, trägt ein flimmerndes Epithelium, welches gegen die Nasenlöcher hin in ein geschichtetes Pflasterepithelium übergeht. Die Nerven dieser Gegend sind ausschließlich Gefühlsnerven und gehören dem fünften Gehirnnervenpaar an. In der ganzen Nasenschleimhaut sind allenthalben viel größere und kleinere, theils traubenförmige, theils einfach kolbenförmige, mit Cylinderepithel ausgekleidete, schleimabsondernde Drüsenschläuche enthalten. Vergl. über die feineren anatomischen Verhältnisse besonders die Arbeit von M. Schultze in „Abhandlungen der naturforschenden Gesellschaft in Halle", 7. Bd., 1862.

Von den Krankheiten der äußeren N. sind am wichtigsten der Lupus (s. d.), welcher manchmal zu argen Zerstörungen des Gesichts führen kann, und der sogenannte Kupferausschlag (s. d.). Das Einfallen der äußern N., wobei schließlich die Gegend zwischen den Augen ganz flach wird und nur durch die kleinen, aufrecht gestellten Nasenlöcher unterbrochen erscheint, ist fast immer eine Folge syphilitischer Zerstörungen der innern N., besonders syphilitischer Knochenvereiterungen. Man hat den Defekt durch Bildung einer künstlichen N. auf operativem Wege aus der Haut der Stirn &c. zu ersetzen gesucht, doch pflegt die neugebildete N. meist von sehr problematischer Schönheit zu sein (s. hierüber Plastische Operationen und Rhinoplastik). Von den Krankheiten der innern N. ist vor allen Dingen zu nennen der Katarrh der Nasenschleimhaut oder der Schnupfen (s. d.). Auch geschwürige Zerstörungen der Nasenschleimhaut mit gleichartiger Erkrankung der darunter liegenden Knochen sind nicht eben selten und stets mit einem Abgang stinkender Flüssigkeit aus der N. verbunden (Ozaena). Sie erfordern eine eingreifende Behandlung von Seite des Arztes. Das Nasenbluten (epistaxis), welches eine Folge davon ist, daß die feinen Gefäße der Nasenschleimhaut, wenn sie strotzend mit Blut erfüllt sind, leicht zerreißen, ist in den allermeisten Fällen kaum als eine Krankheit zu betrachten und bringt im Gegentheil oftmals dem davon Befallenen Erleichterung. Wenn aber der Blutverlust beträchtlicher wird, sich öfter wiederholt und länger anhält, so wird es nöthig, gegen das Nasenbluten einzuschreiten. Am meisten empfiehlt sich das Schnupfen von reinem Tannin (Gerbsäure), welches eine schnelle Gerinnung des Blutes bewirkt und dadurch die Blutung stillt. In einzelnen Fällen, besonders nach schweren Krankheiten und bei herabgekommenen Kindern, kann das Nasenbluten so hochgradig werden und so lange andauern, daß ernstliche Gefahr für das Leben des betreffenden Menschen entsteht. Dann ist die sogenannte Tamponade dringend geboten, doch kann diese nur von einem Arzt ausgeführt werden. Dieselbe besteht in der künstlichen Ausstopfung der Nasenhöhle mit verschiedenen Mitteln (Baumwollenpfröpfe mit Tannin bestreut), theils von vorn her, theils von den hintern Theilen der Mund- und Rachenhöhle aus. Zur Stillung mancher Formen von Nasenbluten hat man empfohlen, wenn das Blut aus Einem Nasenloche kommt, die Hand dieser Seite, wenn es aus beiden Nasenlöchern kommt, beide Hände in die Höhe zu halten. Der Erfolg hiervon stellt sich nur allmählig ein und erklärt sich daraus, daß die Propulsivgewalt des Herzens getheilt wird, indem sie nun auch die Blutsäule der Armarterien nach aufwärts zu treiben hat und dadurch mit verminderter Kraft auf die Halsarterien wirkt, von denen die blutenden Nasengefäße abstammen. Die sogenannten Polypen der N. haben an sich keinen bösartigen Charakter, verursachen aber doch mancherlei Beschwerden. Es sind dies Schleimhautwucherungen, welche vorzugsweise vom mittlern Nasengange und der untern Nasenmuschel ausgehen und zuweilen so lang gestielt sind, daß sie beim Schnauben durch die Nase vor das Nasenloch gelangen. Die weichen sogenannten Schleimpolypen überschreiten selten die Größe einer Haselnuß, die festeren, fibrösen Polypen dagegen können noch größer werden. Das einzige Mittel, welches uns gegen die Nasenpolypen zu Gebote steht, ist ihre operative Entfernung durch Abreißen, Abbinden oder Abschneiden, eine Operation, welche nicht immer so leicht auszuführen ist. An allen Kranken, welche an Nasenpolypen leiden, fällt eine eigenthümliche Modifikation des Timbre's der Stimme und der blöde Gesichtsausdruck wegen Offenhalten des Mundes bei gänzlicher Verschließung der Nasenwege auf.

Naseby, Dorf in der englischen Grafschaft Northampton, historisch berühmt durch den entscheidenden Sieg der Parlamentstruppen unter Cromwell über Karl I. am 16. Juni 1645.

Nasenlaute, solche Laute, welche dadurch entstehen, daß die Luft durch die Nase streicht, während der Luftstrom durch den Mund abgeschlossen ist, indem die Zunge sich an den harten Gaumen legt und so die Mundhöhle größtentheils ausfüllt. Bei dieser Luftventilation durch die Nase können wir bloß 2 Laute hervorbringen. Beim starken Luftwechsel entsteht unter den genannten Bedingungen ein Geräusch mit dem deutlichen Lautcharakter n; dasselbe ist der einfachste Nasenlaut, entstanden durch die Reibung und Reflexion der Athemluft an den Wänden der Nasenhöhle; rein kann es nur bei der Ausathmung erhalten werden. Hätten wir bewegliche Organe in der Nasenhöhle, so würden wir mehre N. bilden können. Das Lufthinderniß in der Nase bleibt aber stets dasselbe; nur Ein Hülfsmittel steht uns noch zu Gebote, um einen zweiten Laut zu gewinnen: wir lassen die Luft der Mundhöhle resoniren, indem wir durch Entfernen der Zunge vom harten Gaumen eine größere Mundkavität herstellen. Hierdurch entsteht m. Manche bezeichnen n als Zungenlaut, weil die Zungenspitze dabei an den harten Gaumen angelegt wird. Da bei m ein Lippenverschluß nöthig ist, so wird m auch manchmal zu den Lippenlauten gestellt. Beim Zuhalten der Nase oder krankhaften Nasenverschluß wird die deutliche Aussprache von n und m verhindert, doch darf man die Sprache unter diesen Umständen nicht als näselnde bezeichnen, sie ist vielmehr gerade das Gegentheil davon, da der Luftstrom durch den Mund gehen muß.

Nasenring, starker eiserner Ring, welcher wilden Thieren, namentlich Bären und Büffeln, zum Behuf ihrer leichtern Führung und Bändigung in der Nase befestigt wird; schon in den ältesten Zeiten beliebter Schmuck der morgenländischen Frauen, den sie in der am äußersten Knorpel durchbohrten linken oder rechten Nasenwand zu tragen pflegen.

Nasenthier (Nasua), Säugethier, s. Cuati.

Nashorn, Dickhäutergattung, s. Rhinoceros.

Nashua, Stadt im nordamerikanischen Staat Newhampshire, am gleichnamigen Flusse, der in den Merrimack mündet, hat bedeutende Manufakturen in Baumwolle rc. und 10,000 Einw.

Nashville, Hauptstadt des nordamerikanischen Staates Tennessee und Gerichtssitz der Grafschaft Davidson, am Cumberland, über welchen eine Drahthängebrücke führt, durch Eisenbahnen mit Chattanooga, Louisville, Memphis u. Neworleans verbunden, hat ein Kapitol, eine 1806 gegründete Universität, zahlreiche Schulen, 3 Banken, Wollen- und Baumwollenmanufakturen und 17,000 Einw.

Nasielsk, Dorf im russisch-polnischen Gouvernement Plock, Kreis Pultusk, mit 1300 Einwohnern, darunter viele Juden. Hier Gefecht den 24. Dec. 1812 zwischen Russen und Preußen.

Nasik (Nassick), Stadt in der indobritischen Präsidentschaft Bombay, Distrikt Ahmednagur, merkwürdig durch eine große Menge brahmanischer Tempel u. Heiligthümer, ist ein Hauptsitz brahmanischer Gelehrsamkeit und hat 25,000 Einwohner. Nahe dabei sind berühmte Felsenhöhlen.

Nasiräer (Nasir, v. Hebr.), bei den alten Israeliten eine Art von Asceten, die sich alles Dessen, was vom Weinstock kam, sowie jedes berauschenden Getränks enthielten, alle Verunreinigung durch Berührung von Leichen rc. vermieden und das Haupthaar nie scheren ließen (vergl. 4. Mos. 6, 1—21). Dieses Gelübde, das Nasiräat, das von Männern wie von Frauen übernommen werden konnte und durch überstandene Krankheiten, glücklich vollendete gefahrvolle Reisen rc. veranlaßt zu werden pflegte, dauerte entweder auf Lebenszeit, wie bei Simson, Samuel und Johannes dem Täufer, oder nur auf eine gewisse Zeit, gewöhnlich 30 Tage. Im letzteren Falle mußte nach Ablauf des Gelübdes ein dreifaches Opfer dargebracht werden. Hatte sich ein N. durch Berührung eines Todten verunreinigt, so ward dadurch das Nasiräat aufgehoben und mußte nach Darbringung bestimmter Opfer am 7. Tage wieder aufgenommen werden. Auch bei anderen alten Völkern, besonders den Aegyptern, herrschte der Gebrauch, Haupt- und Barthaare einer Gottheit zu weihen und das abgeschorene in deren Tempel niederzulegen.

Nasir-ed-Din, eigentlich Abu-Dschafar Mohammed Ben Hassan al-Thusi, berühmter persischer Astronom, geboren den 17. Febr. 1201 zu Thus in Khorassan, lebte bis 1256 zu Alamout, der Residenz der Assassinenfürsten, erwarb sich, von einem derselben zu Hulagu, dem Anführer der Mongolen, gesandt, um mit ihm zu unterhandeln, dessen Gunst durch seine Ankündigung, daß der Fall der Assassinenherrschaft in den Gestirnen geschrieben stehe, und ward, als Hulagu Herr von Persien geworden war, zum Direktor der Sternwarte zu Meragha ernannt. Er † den 25. Juni 1274. N. hat eine Reihe Schriften astronomischen (u. A. die ilkhanschen Tafeln, London 1652), mathematischen (u. A. einen Kommentar des Euclides, Rom 1592), geographischen und moralischen Inhalts (eine Sammlung der Aussprüche des Plato u. Aristoteles über die Klugheit) hinterlassen.

Nasir-ed-Din Mirza, Schah von Persien, ältester Sohn Mohammed-Mirza's, geboren den 20. November 1829, bestieg den 6. Sept. 1848 den persischen Thron. Er hatte wiederholt Aufstände der Sekte der Babis zu unterdrücken, was, namentlich seit dieselben im August 1852 ein Attentat auf ihn versucht hatten, mit großer Grausamkeit geschah. In neuester Zeit ist er mit mehren europäischen Kabineten in näheren diplomatischen Verkehr getreten. Näheres über seine Regierung s. Persien, Geschichte.

Naskow, Stadt, s. v. a. Nakskow.

Naso, Stadt in der italienischen Provinz Messina auf der Insel Sicilien, am gleichnamigen Fluß, südlich vom Kap d'Orlando, hat 7100 Einw. In der Umgegend eine eisenhaltige Quelle u. ein See, dessen Wasser alles Hineingeworfene mit Tuff überzieht.

Naso, römischer Beiname in den Familien der Antonier, Octavier, Otacilier, Ovidier, Valerier, Voconier.

Nasra, Stadt, s. Nazareth.

Nassau, Herzogthum im westlichen Deutschland, zwischen 49° 58′ und 50° 43′ nördl. Br. u. 25° 14′ und 26° 33′ gelegen, grenzt gegen Norden an die preußische Rheinprovinz und Westphalen, gegen Osten an das Großherzogthum Hessen, den preußischen Kreis Wetzlar, die Landgrafschaft Hessen-Homburg, das Kurfürstenthum Hessen und das Gebiet der freien Stadt Frankfurt, gegen Süden theils an dieses, theils an das Großherzogthum Hessen, gegen Westen an die preußische Rheinprovinz und ist gebildet theils aus den älteren Besitzungen der drei Linien N.-Usingen, N.-Weilburg und N.-Oranien, theils aus ehemaligen kurmainzischen, kurtrierschen, kurkölnischen, pfälzischen rc. Besitzungen u. Gebietstheilen des vormaligen oberrheinischen und westphälischen Kreises. Mit Ausnahme eines Amtes (Reichelsheim in der Wetterau) und zweier Gemarkungen (Heddernheim und Harheim), die als Enklaven von hessischem Gebiete umschlossen sind, bildet N. einen wohl arrondirten Staat, der an seiner südlichen und südwestlichen Grenze vom Rhein bespült wird; nur bei Kastel überschreitet Hessen das diesseitige Ufer, und ein einziges nassauisches Dorf (Schwanheim) liegt auf der linken Seite des Mains. Der Flächeninhalt beträgt 85½ QM. Das Herzogthum gehört seiner ganzen Ausdehnung nach zum niederrheinisch-westphälischen Bergland und ist ein Plateauland, welches durch die Lahn in 2 Theile getheilt wird, von denen der südliche vom Taunus, der nördliche vom Westerwald bedeckt ist. Die Oberfläche bietet größtentheils einen Wechsel von hügeligen Ebenen und tiefen Thälern dar und zeigt, einzelne Bergzüge abgerechnet, den Charakter eines Berglandes weniger in seiner Form als in seiner hohen Lage. Der Taunus erhebt sich an seiner gegen den Main gerichteten Seite zu einem Bergzuge u. bildet hier den Südrand des Plateau's, während er sich nach Norden und Westen allmählig gegen die Lahn und den Rhein abdacht, aber an diesen Flüssen selbst steile Thalränder hat. Die bedeutendsten Höhenpunkte des mit Wald bedeckten, an seinen südlichen Abhängen und Vorhügeln aber mit den edelsten Rebenpflanzungen Deutschlands bekleideten Südrandes sind von Westen nach Osten der Niederwald, Bingen gegenüber (1050 Fuß), die Platte über Wiesbaden (1564 F.), der Trompeter (1615 F.), der Staufen (1330 F.), der Rossert (1628 F.), der Altkönig (2514 F.), der Glaskopf (2220 F.), der kleine Feldberg (2636 F.), der große Feldberg (2803 F., schon auf hessen-homburgischem Gebiet liegend), der Klingenkopf (2175 F.), der Wohlberg (2221 F.) und der Hausberg (1397 F). Der von Asmannshausen bis Schlangenbad sich erstreckende, dicht bewaldete Theil des Gebirges führt auch den Namen Rheingaugebirge. Hier begrenzt der Taunus das breite Mainthal u. nach der Vereinigung des Mains mit dem Rhein den schönen Rheingau. Vom Lahnthal, das eine tiefe Einsenkung bildet, steigt in nördlicher Richtung das Plateau des Westerwaldes sehr allmählig empor, mit seinen Nebenzweigen die nördliche Hälfte des Herzogthums erfüllend. Der sogenannte hohe Westerwald erstreckt sich gegen die preußische Grenze hin und bildet dort eine ausgedehnte Bergfläche mit einzelnen Berggipfeln, unter denen der salzburger Kopf (2211 F.), der Homberg (1967 F.), der Elsberg (1932), der Knoten (1844 F.) und der Bardenstein (1827 F.) die höchsten sind. Der südwestliche Theil führt den Namen des Montabaurerwaldes und erhebt sich bis zu 1669 F. Von den zahlreichen **Flüssen**, die das Land bewässern, sind der Rhein u. der Main zwar die Haupt-, aber doch nur Grenzflüsse; letzterer durchfließt nur einen Theil des Amtes Höchst und nimmt hier die Nidda mit der Usbach und den Guldenbach auf; dagegen durchströmt die Lahn, welche bei Weilburg schiffbar wird, in einem reizenden Thale auf einer Strecke von 16 Meilen das Land von Osten nach Westen, um sich oberhalb Niederlahnstein in den Rhein zu ergießen, welchem aus N. auch noch die Sulzbach, der Wisperbach und die Wied zufließen. Nebenflüsse der Lahn sind die Weil, Embs, Aar, der Mühlbach und die schiffbare Dill mit der Elfe. Die Niester mündet in die Sieg. Das Amt Reichelsheim wird von der Horloff, einem Nebenfluß der Nidda, bewässert. Stehende Gewässer sind in geringer Anzahl vorhanden. Einen desto größeren Reichthum besitzt N. an Mineralquellen, von denen nicht wenige, wie die Kochsalzthermen von Wiesbaden, die Kochsalzquellen von Soden und Kronthal, die Natronthermen von Ems, die Natronquellen von Selters, Geilnau, Fachingen, die Eisenquellen von Schwalbach, die Schwefelquelle Weilbach, die indifferenten Thermen von Schlangenbad, zu den berühmtesten Deutschlands gehören. Während die Plateaulandschaften, namentlich des Westerwaldes, ein mehr oder weniger rauhes **Klima** haben, gehören die südlichen und westlichen, tiefer gelegenen Striche, besonders der Rheingau, zu den mildesten Gegenden von Deutschland. Die mittlere Jahrestemperatur in Wiesbaden ist 8,1° R. Die **physische Kultur** erstreckt sich vorzüglich auf den Betrieb der Landwirthschaft, der Viehzucht, der Forstzucht und des Bergbaues. Nach officiellen Angaben kamen 1862 vom gesammten Flächeninhalt (1,854,572 nassauische Morgen) 714,177 Morgen auf das Ackerland, 757,309 M. auf Waldungen, 201,162 M. auf Wiesen, 88,510 M. auf Weideplätze, 15,285 M. auf Weinberge, 7067 M. auf Gartenland, 8345 M. auf Hofraitheplätze, 813 M. auf Weiher u. 61,904 M. auf steriles Land, Wege ꝛc. Es sind mithin nur 5 Procent des ganzen Areals landwirthschaftlich unbenutzt. Von **Cerealien** wird Roggen vorwiegend in den höher gelegenen, trefflicher Weizen in den niedrigeren Gegenden, namentlich an der Lahn u. Aar, gebaut; auch der Anbau der Gerste ist, mit Ausnahme des Westerwaldes, im ganzen Lande verbreitet; Hafer u. Buchweizen werden vornehmlich in den Gebirgsgegenden, Spelz besonders in den Lahngegenden producirt. Weizen u. Gerste kommen in bedeutenden Quantitäten zur Ausfuhr, ersterer zumal nach den Niederlanden. Kartoffelbau findet sich allenthalben, namentlich auch auf dem Westerwalde. Nach officiellen Angaben wurden 1860 gebaut 349,133 Malter Weizen, 467,740 M. Roggen, 371,900 M. Gerste, 776,992 M. Hafer, 3420 M. Spelz, 32,867 M. Hülsenfrüchte, 32,876 M. Oelsaat (Raps, Rübsen, Mohn), 1,437,657 M. Kartoffeln, 2,967,796 Körbe Runkeln, 1,225,476 Körbe Rüben. Flachs wird vorzüglich auf dem rechten Lahnufer und am Westerwald gebaut, Hanf in den Aemtern Hochheim, Diez und Selters, Cichorie fast allenthalben, Tabak u. Hopfen im Sandboden der Mainebene. Bedeutenden Ertrag gibt der Kleebau, wie auch die nassauische Wiesenkultur berühmt ist. Im Jahre 1860 wurden 2,514,070 Centner Wiesenheu, 95,038 Centner Kleeheu und 684,711 Centner Grummet geerntet. **Gemüse** wird in größerer Quantität nur in den ebenen und hügeligen Strichen südlich vom Taunus, besonders im Amte Höchst und um die Orte Soden und Sulzbach, gezogen. Von weit größerer Bedeutung ist der **Obstbau**, besonders in der südlichen Hälfte des Landes, wo der Rheingau, sowie die Aemter Wiesbaden, Hochheim, Königsstein und Höchst feines Obst, darunter auch Pfirsiche, Aprikosen, Wallnüsse, Mandeln und Kastanien, in Menge liefern. Die nördlichen Gegenden erzeugen fast nur Wirthschaftsobst, aber ebenfalls in den vorzüglichsten Sorten. Im Jahre 1860 wurden 405,177 Malter Aepfel, 142,473 Malter Birnen und 61,358 Malter Steinobst gewonnen. In ausgezeichneter Weise wird endlich der **Weinbau** in den Thälern des Mains und des Rheins betrieben; die Lagen von Hochheim am Main, Rauenthal, Erbach und Hattenheim (Markobrunner und Steinberger), Geisenheim (Rothenberg), Johannisberg, Rüdesheim und Asmannshausen am Rhein sind weltberühmt und bieten das Edelste, was Deutschland an Trauben producirt. Der durchschnittliche Ertrag eines in qualitativer und quantitativer Hinsicht ergiebigen Herbstes wird auf 10,000 Stück Wein (à 7½ Ohm) veranschlagt; doch betrug die wirkliche Quantität des geherbsteten Weins 1859 nur 5920, 1860 5400 und 1861 2052 Stück. Was die Viehzucht anlangt, so zählte man 1861 13,055 Pferde, 505 Esel und Maulesel, 202,691 Stück Rindvieh, 156,954 Schafe, 56,167 Schweine, 31,939 Ziegen. Hornviehzucht ist vornehmlich im Westerwalde, Schafzucht in den Lahngegenden zu Hause. Bienenzucht ward in 13,387 Stöcken getrieben. Von den sehr bedeutenden Waldungen gehören 72 Procent den Gemeinden, 18 Proc. dem Domänenfiskus und dem Centralfonds, der Rest den Standesherren und Privaten. Vorherrschend ist Laubholz. Von großer Bedeutung ist endlich der Bergbau, welcher über 10,000 Menschen beschäftigt und vornehmlich im Lahn- und Dillthale schwunghaft betrieben wird. Im Jahre 1862 waren 994 Gruben im Betrieb, 37 für Blei-, Silber- und Kupfererz, 2 für Nickelerz, 525 für Eisenstein, 46 für Braunstein, 210 für Dachschiefer, 7 für Schwerspath, 30 für Braunkohlen, 13 für Walkererde und 124 für Thon. Die Produktion betrug 1857 in Zollcentnern: Braunkohlen 1,085,293, Eisenerze 5,705,932, Zinkerze 83,226, Bleierze 81,616, Kupfererze 6324, Nickelerze 11,590, Manganerze 581,361, Schwerspath 10,577, im Gesammtwerth von mehr als 1,754,000 Thalern, gegen 336,000 Thaler 1848. Eisenerze und der sehr manganreiche Braunstein werden in Menge, letzterer nach England, exportirt. Salinen hat N. nicht. Unter den Zweigen der gewerblichen Industrie ist der Hüttenbetrieb am bedeutendsten, derselbe beschäftigte 1857 2094 Menschen und ergab einen Produktionswerth von 1,695,000 Thalern (gegen 927,000 Thaler 1848). Es wurden erzeugt in Zollcentnern: Roheisen 346,375, Eisengußwaaren 59,589, Stabeisen 21,434, Schwarzblech 8253, Gußstahl 6383, Silber 55, Kaufblei 21,434, Kaufglätte 6682, Garkupfer 1584, Nickelfabrikate 61. Im Betrieb waren 1861 21 Eisenhämmer und 19 Eisenhütten, 3 Blechwalzwerke, 16 Kupfer- und andere Hütten. Außerdem beschäftigte die Metallindustrie mehre Maschinenfabriken, 26 Gold- und Silberarbeiter, 186 Blech-, 1309 Grob-, 21 Messer-, 414 Nagel- und 16 Kupferschmiede, 392 Schlosser &c. Neben der Metallindustrie ist von Belang die Fabrikation von Thonwaaren, namentlich von Krügen und Pfeifen in den Aemtern Selters und Montabaur, die ihre Fabrikate in beträchtlicher Menge nach der Schweiz, Holland und Frankreich exportiren. Erwähnenswerth sind die chemischen Fabriken in Griesheim und Schwanheim, die Bierbrauereien (in Nassau und Limburg im Ganzen 284), die Tabaksfabriken zu Dillenburg, Bieberich, Schierstein, Limburg und Höchst, die Etablissements zu Bereitung moussirender Rheinweine zu Hochheim, Eltville und Rüdesheim. Man zählte außerdem 301 Branntweinbrennereien, 37 Essigsiedereien, 249 Oel-, 990 Mahl- und 15 Gypsmühlen, 67 Kalk- u. 81 Ziegelbrennereien, 7 Potaschesiedereien. Allgemein verbreitet ist die Leinweberei; auch die Wollweberei, sowie die Woll- und Baumwollspinnerei ist nicht ohne Belang. Es sind 12 Papierfabriken, einige Lederfabriken (zu St. Goarshausen, Haiger und Volkenhausen) neben 106 Loh- und 11 Weißgerbereien in Betrieb. Was den Handel anbetrifft, so exportirt N. vornehmlich Mineralwässer (Selters und Fachingen versenden allein jährlich im Durchschnitt 1½ Millionen Krüge), Wein, Obst, Getreide, Eisen, Braunstein, thönerne Geschirre und Pfeifen, Gußwaaren, Papier, Wolle, Branntwein u. Vieh, u. importirt Salz, verschiedene Fabrikate, Galanterie- und Kolonialwaaren, Südfrüchte &c. Der auswärtige Handel wird besonders durch Frankfurt a. M., Mainz und Koblenz vermittelt. Diez unterhält frequente Wollmärkte. Der Kommunikation dienen außer den schiffbaren Flüssen Rhein, Main und Lahn, gute Chausseen und über 32 Meilen Eisenbahnen (Taunus-, Höchst-Sodener-, nassauische Rhein-Lahnbahn, Antheil an der Deutz-Wetzlar-Gießener- und der Frankfurt-Homburger-Bahn). Das Herzogthum gehört dem deutschen Zoll-, sowie dem deutsch-österreichischen Post- und Telegraphenverein an. An der Stelle der früheren Landeskreditkasse wurde durch Gesetz vom 16. Februar 1849 die Landesbank in Wiesbaden errichtet. Ein anderes wichtiges Förderungsmittel für den Verkehr ist der durch Dekret vom 9. September 1856 koncessionirte nassauische Kreditverein für Handel, Industrie und Gewerbe in Wiesbaden. N. rechnet nach Gulden zu 60 Kreuzern à 4 Pfennige süddeutscher Währung, oder des 52½-Guldenfußes. Längenmaß ist der Fuß zu 10 Zoll à 10 Linien = $^3/_{10}$ Meter, und der Feldschuh = $^5/_{10}$ Meter; die Elle hat 2 Werkfuß; die Ruthe 10 Fuß; der Morgen 100 Quadratfeldruthen = 25 französische Aren. Getreidemaß ist das Malter zu 10 Zehntel à 10 Liter = 1 französischer Hektoliter; Flüssigkeitsmaß die Ohm zu 80 Maß à 2 Flaschen à 2 Schoppen, 1 Flasche = 1 Liter; das Stück Wein hält 7½ Ohm. Gewicht ist der Centner zu 100 Pfund à 32 Loth = 1 deutscher Zollcentner oder 50 Kilogramm.

Die Volkszählung vom 3. Dec. 1863 ergab für das Herzogthum eine Bevölkerung von 462,334 Seelen (einschließlich des 7223 Mann zählenden Militärs). Die Bevölkerung betrug 1820 316,788, 1830 351,874, 1840 398,095, 1849 425,686, 1855 431,549, 1858 439,454, 1861 456,567 Seelen, woraus sich von 1820—61 eine durchschnittliche jährliche Zunahme der Bevölkerung von 1,07 Procent ergibt. Das Herzogthum zählt 31 Städte, 36 Flecken u. 817 Dörfer. Die Bewohner sind deutschen, rheinfränkischen Stammes. Man zählte 1863 241,334 Evangelische, 213,335 Katholiken, 104 Mennoniten, 309 Deutschkatholiken und 7252 Juden. Das Unterrichtswesen ist in sehr gutem Zustande. Außer der gehörigen Zahl Elementarschulen bestehen 12 Realschulen: zu Mosbach-Bieberich, Diez, Ems, Geisenheim, Hachenburg, Höchst, Idstein, Langenschwalbach, Limburg, Montabaur, Usingen und Wiesbaden (höhere Bürgerschule), mehre höhere Töchterschulen, 3 Gymnasien (zu Wiesbaden, Hadamar und Weilburg), ein Realgymnasium (zu Wiesbaden), ein Pädagogium (zu Dillenburg), mit welchem seit 1858 eine Bergschule vereinigt ist, 2 Schullehrerseminarien (zu Montabaur u. Usingen), 2 theologische Seminarien (ein evangelisches zu Herborn und ein katholisches Priesterseminar zu Limburg), eine Militärschule (zu Wiesbaden), ein landwirthschaftliches Institut auf dem Geisberg bei Wiesbaden, eine Hebammenlehr- und Entbindungsanstalt zu Hadamar. Als Privatlehranstalt besteht das chemische Laboratorium von Fresenius in Wiesbaden. Förderungsmittel für wissenschaftliche Bildung sind die Landesbibliothek zu Wiesbaden (cirka 60,000 Bände), das Museum rheinischer Alterthümer ebendaselbst, eine Gesellschaft für nassauische Alterthumskunde und Geschichtsforschung, ein Verein für Naturkunde rc. In Wiesbaden besteht ein herzogliches Hoftheater. Allgemeine Sanitätsanstalten sind die Heil- u. Pflegeanstalt Eichberg (für Geisteskranke) und die Hospitäler zu Wiesbaden u. Ems. Strafanstalten sind das Zuchthaus zu Diez und das Korrektionshaus zu Eberbach.

Die *Staatsverfassung* ist eine repräsentativ-monarchische. Die Staatsgrundgesetze sind das Konstitutionsedikt vom 1./2. Sept. 1814 und die herzogliche Verordnung vom 25. November 1851. Der Thron ist nach dem Rechte der Erstgeburt im Mannsstamme der walramischen Linie des Hauses N. und nach deren Erlöschen im Mannsstamme der ottonischen (in den Niederlanden regierenden) Linie erblich. Die privatrechtlichen Verhältnisse des regierenden Hauses sind durch den „Erbverein" beider nassauischen Linien von 1783 geordnet. Der Herzog wird mit vollendetem 21. Lebensjahr volljährig; die Vormundschaft führt die Mutter oder der nächste Agnat. Das herzogliche Haus bekennt sich zur evangelischen Kirche. Der Herzog führt das Prädikat „Hoheit". Gegenwärtiger Regent ist Herzog *Adolf*, geboren den 24. Juli 1817, regiert seit dem 20. August 1839. Herzogliche Residenzen sind Wiesbaden und Bieberich; sonstige Schlösser sind zu Weilburg und auf der Platte. Alle Staatsbürger haben gleiche politische und bürgerliche Rechte und sind hinsichtlich der Steuer- und Militärpflichtigkeit einander völlig gleich gestellt, soweit nicht die bundesrechtliche Exemtion der Standesherren eine Ausnahme begründet. Gewährleistet sind Preßfreiheit, Versammlungsrecht, Sicherheit des Eigenthums u. der persönlichen Freiheit. Die Grundlasten sind abgelöst, die Patrimonialgerichtsbarkeit und der privilegirte Gerichtsstand aufgehoben. Die Israeliten sind in den meisten politischen und bürgerlichen Rechten ihren christlichen Mitbürgern gleichgestellt. Die Ständeversammlung besteht nach der Verordnung vom 25. Nov. 1851 aus 2 Kammern. Mitglieder der ersten Kammer sind die Prinzen des herzoglichen Hauses, die Besitzer von Standes- und Grundherrschaften (Erzherzog Stephan von Oesterreich, fürstliches Haus Wied, gräfliche Häuser von Leiningen-Westerburg, Waldbott-Bassenheim, Walderdorff, freiherrliche Familie von Stein), diejenigen Familien, welche der Herzog zu Mitgliedern mit dem Rechte der Vererbung ernennt, der katholische und der evangelische Bischof, 6 Abgeordnete der höchst besteuerten Grundbesitzer und 3 Abgeordnete der höchst besteuerten Gewerbtreibenden. Die zweite Kammer wird aus 24 Abgeordneten ebenso vieler Wahlkreise gebildet. Die Wahl der Abgeordneten ist indirekt; auf je 200 Einwohner kommt ein Wahlmann. Der Herzog beruft die Landstände alljährlich, zwischen dem ersten Januar und 1. April, zu einer ordentlichen Versammlung. Der Präsident der ersten Kammer wird für die Dauer einer jeden Sitzungszeit vom Herzog ernannt, der Präsident der zweiten Kammer von dieser erwählt. Die Ständeversammlung bewilligt die direkten Abgaben auf den Zeitraum eines Jahres, die indirekten nach Gutbefinden auf 6 Jahre, setzt den jährlichen Staatsbedarf fest und kontrolirt die Verwendung der bewilligten Summen, sowie die Verwaltung der Domänen. Ohne ihre Einwilligung können weder bestehende Gesetze abgeändert, noch neue eingeführt werden. Für alle die Finanzen betreffenden Verhandlungen treten beide Kammern zu gemeinschaftlicher Berathung in Eine Versammlung zusammen. Als Amtsvertretung besteht in jedem Amt ein gewählter Bezirksrath von 6 Mitgliedern, in dessen Geschäftskreis die Entscheidung gewisser Gemeindeangelegenheiten, gewisser Gewerbesachen rc. gehört. Das *Gemeindewesen* ist durch die Verordnung vom 26. Juli 1854 geordnet. Die Verwaltung in jeder Gemeinde ist darnach einem Gemeinderath zugewiesen, welcher aus dem Bürgermeister, einem Rathsschreiber und 3—12 Gemeindevorstehern gebildet ist. In gesetzlich bestimmten Fällen tritt die Gemeindeversammlung oder der von derselben erwählte Bürgerausschuß zusammen. Was die *kirchliche Verfassung* betrifft, so sind die lutherische und reformirte Konfession seit 1817 zu einer evangelischen Kirche vereinigt. An der Spitze derselben steht der Landesbischof zu Wiesbaden, sowie der aus geistlichen und weltlichen Mitgliedern zusammengesetzte evangelische Kirchensenat. Das katholische Landesbisthum Limburg gehört zur oberrheinischen Kirchenprovinz des Erzbischofs von Freiburg. Nach dem Gesetz vom 24. Juli 1854 bildet das Staatsministerium die oberste *Verwaltungsbehörde*. An der Spitze desselben steht der Staatsminister, welchem ein Staatsrath und eine Rekursinstanz beigegeben sind. Unter dem Staatsministerium stehen die Landesregierung, das Finanzkollegium, die Rechnungskammer u. das Kriegsdepartement. Die Landesregierung ist die oberste Verwaltungsbehörde für die inneren Angelegenheiten, namentlich für Kultus- und Unterrichtssachen, für die Medicinalpolizei, für die Forstverwaltung, für Bausachen, für das Gemeinde- und Armenwesen rc. Ihr sind als untere Verwaltungs- und Polizeibehörden 28 Aemter untergeordnet, welchen zugleich die Rechtspflege in unterster Instanz obliegt. Nur im Amtsbezirk Wiesbaden besteht ein besonderes Verwaltungsamt und Justizamt. Die Ortspolizei ist den Bürgermeistern überwiesen; für die Stadt Wiesbaden besteht eine herzogliche Polizeidirektion, zu Bieberich ein Polizeikommissariat. Die gesammte Finanzverwaltung ist einem Finanzkollegium übertragen, welchem die Staatskassen- und die Zolldirektion untergeordnet sind, während die Landesbankdirektion und die Rechnungskammer unmittelbar vom Staatsministerium dependiren. Für Besorgung der Geschäfte des Oberkommando's der Truppen besteht eine Militärkanzlei. Für die *Rechtspflege* dienen verschiedene Landesgesetze, das gemeine Recht und mehre Partikularrechte, die Prozeßordnung von 1859, sowie die deutsche Wechselordnung und das deutsche Handelsgesetzbuch, für das Strafrecht das Strafgesetzbuch vom 14. April 1849 als Norm. Die Gerichtsbehörden sind das Oberappellationsgericht zu Wiesbaden, 2 Hof- und Appellationsgerichte zu Wiesbaden und Dillenburg, Assisenhöfe, die 2 Kriminalgerichte zu Wiesbaden und Dillenburg, die erwähnten 28 Aemter u. ein Militärgericht. Der Stand der *Finanzen* ergibt sich aus folgenden Daten. Im Budget für 1864 waren nach der den Ständen gemachten Vorlage die

Ausgaben zu 6,289,104, die Einnahmen aus Domänen und indirekten Steuern zu 4,223,429 Gulden veranschlagt. Die weitere Einnahme beruht auf direkten Steuern, von denen ein Simplum 302,142 Gulden beträgt. Der Kapitalbetrag der Landessteuer- und Domänenkassenschulden am Schluß des Jahres 1863 war 6,357,000 Gulden. Die Anlehen zum Bau der Staatseisenbahnen beziffern sich mit 29 Millionen Gulden. Das nassauische Bundeskontigent zählt gegenwärtig 6720 Kombattanten u. 16 Feldgeschütze. Es bildet mit dem Kontingent von Limburg (1 Kavallerieregiment) auf Grund eines Vertrags vom 19. Febr. 1855 eine kombinirte Brigade, die zur 2. Division des 9. Bundesarmeecorps gehört, und besteht aus 2 Infanterieregimentern zu je 2 Bataillons, 1 Jägerbataillon, 1 Depotbataillon, einer Artillerieabtheilung u. einer Pionierkompagnie. Eine kleine Festung besitzt das Herzogthum in der Marxburg. Das Staatswappen zeigt im blauen mit 7 goldenen schrägen Vierecken bestreuten Felde einen goldenen, gekrönten, stehenden Löwen und ist von einem Wappenmantel umhangen, der mit der Königskrone bedeckt ist. Die Landesfarben sind dunkelblau und orangegelb. Der Herzog verleiht 2 Ritterorden, den nassauischen Hausorden vom goldenen Löwen (mit den Niederlanden gemeinschaftlich, gestiftet am 29. Januar und 16. März 1858) in erster Klasse für Mitglieder von souveränen Häusern od. die höchsten Würdenträger, und den Militär- und Civilverdienstorden Adolfs von Nassau (gestiftet durch die Edikte vom 8. Mai 1858 und 2. November 1860, welcher 4 Klassen (Großkreuz, Komthure 1. u. 2. Klasse und Ritter), ein silbernes Verdienstkreuz, eine goldene und eine silberne Medaille begreift. N. hat im Plenum der deutschen Bundesversammlung 2 Stimmen, im engeren Recht nimmt es mit Braunschweig die 13. Stelle ein.

Geschichte. In den Gegenden zwischen dem Rhein, dem Main u. der Lahn, also im heutigen Nassauischen, wohnten zur Zeit der alten Römer erst die Mattiaken, später die Alemannen; nach deren Unterwerfung durch Chlodowig 496 bei Zülpich wurden diese Gebiete zum fränkischen Reiche geschlagen, und durch den Vertrag von Verdun 843 kamen sie zum deutschen Reiche. Zu den Dynasten des Landes gehörten auch die Grafen von Laurenburg, benannt nach dem Schlosse Laurenburg an der Lahn in der nachmaligen Grafschaft Holzappel. Stammvater derselben war wahrscheinlich Otto von Laurenburg, der Bruder König Konrads I., im 10. Jahrh. Eine beglaubigte Geschichte des Geschlechts beginnt erst 1124 mit den Brüdern Ruprecht und Arnold von Laurenburg, die mit dem Hochstift Worms um das Schloß Nassau Streit führten. Von letztem nannte sich Arnolds Sohn, Ruprecht II., der Streitbare, Graf von N. Er fand in Palästina um 1194 den Tod. Da sein jüngerer Bruder, Heinrich I., schon 1167 gestorben war, kamen die nassauischen Lande nach dem Tode Ruprechts II. 1195 an seinen Vetter Walram I., Sohn Ruprechts I. Sein Sohn und Nachfolger, Heinrich II., der Reiche, schenkte die Hälfte der Stadt Siegen (1224) dem Erzstift zu Köln, was zu einem zweihundertjährigen Streite zwischen seinen Nachkommen und dem Erzstift führte, bis dieses seine Ansprüche auf Siegen wieder aufgab. Er begleitete Kaiser Friedrich nach Palästina und starb um 1250. Von seinen Söhnen wurde Walram II. Stifter des jetzt noch blühenden nassau-weilburgschen, Otto der Stammvater des nassau-oranischen Hauses, welches letztere den Thron der Niederlande einnimmt. Beide Brüder führten bis 1255 die Regierung ihrer Lande gemeinschaftlich; bei der darauf erfolgten Theilung erhielt Graf Otto das Land rechts von der Lahn, Walram das zur Linken des Flusses. Gemeinschaftlich blieben das Schloß Nassau mit den dazu gehörigen Orten, die Grafschaft auf dem Einrich, das Schloß Laurenburg mit der Esterau, das Einlösungsrecht der Pfandschaften und sämmtliche Lehen. Von Walrams Söhnen trat der ältere, Diether, in den Dominikanerorden und ward um 1300 Erzbischof von Trier; der jüngere, Adolf, trat die Verwaltung des väterlichen Erbes 1280 an und ward 1292 zum deutschen Kaiser erwählt, verlor aber in der Schlacht bei Gellheim (2. Juli 1298) Thron und Leben. Seine Söhne, Ruprecht und Gerlach, regierten gemeinschaftlich, bis nach des ersteren Tode (1305) Gerlach alleiniger Besitzer der nassauischen Lande wurde. Er vermehrte die Besitzungen seines Hauses durch Erwerbung der halben Grafschaft Weilnau und theilte sie vor seinem Tode (1361) unter seine Söhne Adolf und Johann, von denen ersterer die Herrschaften Wiesbaden und Idstein, sowie den nassauischen Antheil an Katzenelnbogen, der zweite Weilburg und Weilnau erhielt, während beide Brüder gemeinschaftlich mit dem nassau-oranischen Hause die Burgen Nassau und Laurenburg besaßen. Durch diese Theilung bildeten sich wieder zwei Linien, die wiesbadener und die weilburger. Dem Stifter der wiesbadener Linie, Adolf I., folgte 1370 sein zweiter Sohn Walram, der die Löwengesellschaft zu Wiesbaden stiftete und 1393 starb. Sein Sohn Adolf II. († 1426) wurde Statthalter der mainzischen Orte im Hessischen. Philipp, genannt der Altherr, führte die Reformation in seinem Lande ein und starb 1558. Mit Johann Ludwigs II. Tode erlosch (1605) die wiesbadener Linie u. die Besitzungen derselben fielen nun an die Linie N.-Weilburg.

Der Stifter der weilburger Linie, Graf Johann, wurde 1366 in den Reichsfürstenstand erhoben und starb 1371 mit dem Ruhm eines tüchtigen Staatsmannes und Kriegers. Ihm folgte sein Sohn Philipp I., ebenfalls ein trefflicher Staatsmann und Feldherr, der 1429 starb. Im Jahre 1442 theilten seine beiden Söhne zweiter Ehe, Philipp II. und Johann II., indem der erstere den weilburger Namen fortsetzte, Johann II. aber die alte saarbrückensche Linie stiftete, welche mit seinem Enkel, Johann IV., 1574 erlosch. Philipp III. von Weilburg trat zur protestantischen Kirche über, und sein Nachfolger Albrecht befestigte die Reformation in seinem Lande. Obgleich seine drei Söhne, Ludwig, Wilhelm und Johann Kasimir, eine Theilung vornahmen, so fielen doch bis 1602 alle Besitzungen an Ludwig II. zurück, der dann auch, nach dem Erlöschen der wiesbadener Linie (1605), die Lande derselben mit den seinigen vereinigte. Er hinterließ 1628 drei Söhne, Wilhelm Ludwig, Johann und Ernst Kasimir, welche bis 1629 die väterlichen Besitzungen so theilten, daß Wilhelm Ludwig die saarbrückenschen Lande (Ottweiler, Saarbrücken und Usingen), Johann Idstein, Wiesbaden und Lahr, Ernst Kasimir Weilburg, Kirchheim, Mehrenberg und den dritten Theil von Saarwerden erhielt. So bildeten sich wieder drei Linien, die neue saarbrückensche, die idsteinsche und die neue weilburgsche, von denen die idsteinsche schon 1721 mit Georg August Samuel, dem von dem Kaiser Leopold I. die Erneuerung der alten Fürstenwürde im Hause N.-Saarbrücken bewilligt war, erlosch, worauf ihre Besitzungen an die Linie N.-Saarbrücken fielen. Der Stifter der neuen saarbrückenschen Linie, Wilhelm Ludwig, hinterließ 1640 drei Söhne, die 1659 eine neue Theilung vornahmen. Johann Ludwig nämlich erhielt Ottweiler, Gustav Adolf Saarbrücken und Walrad Usingen. Die Linie N.-Ottweiler starb 1728 aus, und ebenso erlosch die besondere saarbrückensche Linie bereits 1677. Länger bestand die usingensche Linie, deren Stifter, Walrad, sich als Feldherr in den Diensten der Generalstaaten der vereinigten Niederlande Ruhm erwarb. Sein Enkel Karl, nach dem Erlöschen der saarbrückenschen u. ottweilerschen Linie Herr aller neusaarbrückenschen Besitzungen, theilte mit seinem Bruder, Wilhelm Heinrich II., und nahm für sich die Länder diesseits des Rheins. Sein Sohn, Karl Wilhelm, schloß bereits 1786 mit dem Hause Weilburg einen Erbvertrag. Durch den Frieden von Luneville verlor er die Erbschaft Wilhelm Heinrichs II., der die saarbrückenschen Lande jenseits des Rheins besessen, ward aber mit den mainzischen Aemtern Königstein, Höchst, Kronenburg, Sindesheim, Oberlahnstein, Eltvill, Haarheim und Kassel, mit den Besitzungen des mainzer Domkapitels auf der rechten Mainseite, mit dem pfälzischen Amte Kaub, einem kleinen Theile des Kurfürstenthums Köln, den hessischen Aemtern Katzenelnbogen, Braubach, Ems, Eppstein, Kleberg, mit dem trierschen Kapitel u. den trierschen Abteien, ferner mit Limburg, Romersdorf, Bleidenstadt, Sayn, der Grafschaft Sayn-Altenkirchen und mehren Dörfern, im Ganzen 36 □Meilen mit 92,000 Einwohnern, entschädigt. Ihm folgte 1803 sein Bruder, Friedrich August, der mit seinem Vetter Friedrich Wilhelm von N.-Weilburg dem Rheinbunde und nach der Auflösung desselben dem deutschen Bunde beitrat. Durch den Vertrag mit Preußen vom 31. Mai 1815 erhielt er gegen Abtretung mehrer Aemter die oranisch-deutschen Besitzungen Diez, Hadamar, Dillenburg und Beilstein. Schon bei dem Zutritt zu dem Rheinbunde war N. zu einem untheilbaren Herzogthum erklärt worden, und Friedrich August regierte als souveräner Herzog gemeinschaftlich mit dem gleichfalls souveränen Fürsten Friedrich Wilhelm von N.-Weilburg, an welches nach dem am 24. März 1816 erfolgten Tode Friedrich Augusts, als des letzten Sprossen der nassau-usingenschen Linie, sämmtliche Besitzungen desselben fielen. Dem Stifter der nassau-weilburgschen Linie, Ernst Kasimir, folgte 1655 sein Sohn Friedrich und diesem 1675 sein Sohn Johann Ernst, der als kaiserlicher Generalfeldmarschall 1703 die Reichstruppen befehligte. Zwar gingen durch den lüneviller Frieden für N.-Weilburg unter Friedrich Wilhelms Regierung auf dem linken Rheinufer ein Dritttheil der Grafschaft Saarwerden und die Herrschaften Stauf und Kirchheim-Bolanden, zusammen 8 □Meilen mit 18,000 Einwohnern, verloren; dafür aber ward es mit einem Theile des Kurfürstenthums Trier, Ehrenbreitstein, Montabaur, Limburg, Hersbach, Hammerstein, dem größten Theile der Grafschaft Nieder-Isenburg und den Abteien Arnstein, Schonau und Marienstadt, zusammen 16 □Meilen mit 37,000 Einwohnern, entschädigt. Auch Friedrich Wilhelm trat 1806 dem Rheinbunde bei, gab in Uebereinstimmung mit Friedrich August von N.-Usingen dem Lande 1814 eine landständische Verfassung und starb den 9. Jan. 1816. Sein Sohn Wilhelm beerbte den 24. März 1816 die usingensche Linie und vereinigte demnach alle Lande der walramschen Hauptlinie, über die er seitdem als über ein untheilbares Herzogthum regierte.

Die gemeinsame Regierung der Fürsten Friedrich August von N.-Usingen und Friedrich Wilhelm von N.-Weilburg huldigte in mancher Hinsicht dem Fortschritt. So hoben dieselben die Leibeigenschaft und den größten Theil der davon herrührenden Abgaben, sowie die Frohnen und den Dienstzwang, mit Ausnahme der Jagddienste, unter Zusicherung einer Entschädigung aus Staatsmitteln an alle dadurch benachtheiligten Standesherren, Grundherren, andere Gutsbesitzer ꝛc., auf, schafften die Strafe der körperlichen Züchtigung ab, erließen ein auf dem Grundsatz gleichheitlicher Besteuerung beruhendes Steuergesetz und noch andere Gesetze, welche Freiheit des Gewissens, der Gewerbe, des Buchhandels und der Presse garantirten. Auch waren sie die ersten unter den deutschen Fürsten, welche ihrem Lande eine Konstitution gaben (2. Sept. 1814), deren weitere Ausbildung den Ständen übertragen ward. Im Widerspruch damit wurden aber letztere wahrhaft ignorirt; denn obwohl nach dem Konstitutionsedikt 1815 die erste Ständeversammlung Statt finden sollte, so ward diese doch erst 1818 berufen. Gerade in der Zwischenzeit von 1815 bis 1818, namentlich 1816, wurde aber sowohl in der Organisation der Verwaltung, als in der Gesetzgebung das Wesentlichste gethan. Nachdem Herzog Wilhelm alleiniger Herzog geworden war, nahm er eine vollständige Umbildung der Verfassung vor, die ganz einfach in dem Verordnungsblatte bekannt gemacht wurde. Die Anfangs 1818 einberufene Ständeversammlung gerieth schon in der ersten Versammlung mit der Regierung in der Domänenfrage in Konflikt. Bis 1815 hatte für das Herzogthum nur Eine Centralfinanzbehörde und nur Eine Kasse bestanden, in welche alle Einnahmen aus Domänen, Regalien und Steuern flossen und aus der sämmtliche Staatsausgaben bestritten wurden. In dem genannten Jahre wurden nun für die Centralfinanzverwaltung zwei besondere Behörden eingesetzt, die General-steuer- und die Generaldomänendirektion. Der durch diese Trennung beabsichtigte Zweck der Regierung war kein anderer, als sämmtliche reiche Domänen des Landes für Patrimonialeigenthum des herzoglichen Hauses zu erklären. In einem Vortrage des Ministers von Marschall in der Staatsrathssitzung vom 13. Febr. 1817 ward der Domänen als gleichbedeutend mit dem Privateigenthum des herzoglichen Hauses gedacht und zugleich erklärt, daß deren Ertrag zur Deckung der Bedürfnisse der herzoglichen Familie und des Hofes hinreiche. Diese Maßregeln erregten natürlich auf Seiten der Stände den lebhaftesten Widerspruch, wozu besonders eine der Steuerkasse zu Gunsten der Domänenkasse auferlegte jährliche Zahlung von 140,000 Fl. für aufgehobene Leibeigenschaftsgefälle die nächste Veranlassung gab. Die Stände behaupteten, daß, wenn auch die Ansicht der Regierung über die Domänen richtig, doch die Entschädigungsrente unbegründet sei, da in dem Steueredikt von 1812 unter den zu Entschädigenden des Staats oder herzoglichen Hauses mit keinem Worte gedacht sei. Auf die Erklärung der Regierung aber, daß der Ertrag der Domänen ohne die Rente zur Sustentation des Regenten nicht genüge, bewilligte die Kammer deren Zahlung unter Vorbehalt ihrer Rechte. Aber auch dieses genügte der Regierung nicht, und ihre Kommissarien erklärten auf dem Landtage von 1821, der Herzog habe die Eigenthumsrechte seines Hauses auf die Domänen nie als der Anerkennung der Stände bedürfend betrachtet. Die Herrenbank griff anfangs den Streit mit Energie auf und verweigerte die 140,000 Fl.; 1822 aber erklärte die Majorität, die Stände seien nur berechtigt, sich darüber Beruhigung zu verschaffen, daß durch die vom ehemaligen Kammervermögen ausgeschiedenen Einkünfte die zur Zeit der Reichsverfassung angewiesenen Lasten gedeckt erschienen, zu welchen vorzüglich die Sustentation des Regenten und seines Hauses gerechnet wurde. Die 140,000 Fl. wurden mit dem Vorbehalt bewilligt, sich dadurch nichts zu vergeben. Erst 1830 griff die zweite Kammer die Domänenfrage wieder auf, während die Regierung in ausführlichen Erörterungen den Rechtsboden zu gewinnen suchte. Vgl. Der Domänenstreit im Herzogthum N., Frankf. a. M. 1831. Als die Deputirten die Verschmelzung der beiden oben angeführten Kassen und die Aufstellung eines Budgets für den Herzog und das herzogliche Haus verlangten und eine etwaige Steuerverweigerung in Aussicht stellten, wurde der Landtag am 2. Mai 1831 vertagt. Vergeblich suchte die Regierung durch eine Flugschrift, „An die Bewohner des Herzogthums N.“, sowie durch ein in den Gemeinden verlesenes Reskript an die Aemter die öffentliche Meinung für sich zu gewinnen. Erst im Okt. 1831 wurden die Stände wieder berufen, nachdem die Herrenbank durch die Bevollmächtigten der beiden Söhne des Königs der Niederlande und die eigenmächtige Ernennung dreier anderen Mitglieder so verstärkt worden war, daß bei Verwilligungen, wo die beiden Kammern zusammen zu stimmen hatten, der Regierung die Majorität gesichert erschien. 16 Deputirte erklärten daher in einer an den Herzog gerichteten Adresse, neben der verfassungswidrig vermehrten Herrenbank ihre Funktionen nicht mehr ausüben zu können und verweigerten zugleich die Steuern. Die Regierung antwortete mit abermaliger Auflösung der Ständeversammlung. Die neuen Wahlen im März 1832 fielen fast durchaus wieder auf frühere liberale Deputirte. Da die Thronrede durchaus keine Koncessionen von Seite der Regierung in Aussicht stellte und die Unzertrennlichkeit des Besitzes der Domänen und des Regierungsrechts nur noch stärker betonte, erklärten abermals 16 Deputirte, daß sie, so lange die ungesetzlich vermehrte Herrenbank bestehe, ihre ständischen Funktionen suspendiren müßten. Die Regierung ließ jedoch durch die 5 zurückgebliebenen Deputirten (die sogenannte Fünfmännerkammer) den Landtag fortsetzen, die Steuern bewilligen und die Ausgeschiedenen für unfähig erklären, wieder gewählt zu werden. Ja drei derselben wurden wegen Verbreitung der bei ihrem Austritte den Regierungskommissären übergebenen Erklärung zur Untersuchung gezogen und zum Theil mit Gefängniß, einer sogar mit einem Jahre Korrektionshaus bestraft. Die 1833 an die Stelle der Ausgeschlossenen gewählten Deputirten waren meist freisinnige Männer; aber eine entschiedene Opposition bildete sich nicht und die Steuern wurden verwilligt. Eine mildere Regierungspraxis fand erst Eingang nach dem Tode des dirigirenden Ministers von Marschall im Januar 1834, dem als Minister der Graf Walderdorff folgte. Im Jahre 1835 nahm die Regierung die Domänenfrage wieder auf, machte jedoch dem Lande mehre Zugeständnisse, und hinsichtlich der beanspruchten Entschädigung von jährlich 140,000 Fl. für die Domänenkasse einigte man sich mit den Ständen 1836 dahin, diese Summe zu 2,400,000 Fl. kapitalisirt als dreiprocentige Domänenschulden auf das Land zu übernehmen, während zugleich die Domänen für unveräußerlich erklärt wurden. Damit endigte zwar der Domänenstreit, da jedoch beide Theile sich ihre Rechte auf das Eigenthum vorbehalten hatten, ohne solche näher zu bestimmen, so war in der Hauptsache nichts entschieden. Mit dem Januar 1836 trat N. dem deutschen Zollverein bei. Auch gab 1837 die Regierung die Koncession zum Bau einer Eisenbahn von Wiesbaden nach Frankfurt. Am 27. Juni ward im Haag ein Vertrag wegen Abtretung der agnatischen Ansprüche auf Luxemburg mit dem König der Niederlande abgeschlossen, zufolge dessen N. 750,000 Fl. ausgezahlt erhielt. Am 20. Aug. starb der Herzog Wilhelm und hatte seinen Sohn Adolf (geboren den 24. Juli 1817) zum Nachfolger in der Regierung.

Im Jahre 1842 nahm der Minister Graf Walderdorff seine Entlassung, und an seine Stelle trat der Geheimerath von Dungern. An Stoffen gährender Unzufriedenheit fehlte es im Volke auch fortan nicht. Während die Regierung das Aufblühen einer selbstständigen Industrie durchaus nicht begünstigte, weil man den Gedanken an das gefährliche Fabrikenproletariat untrennbar damit verknüpft wähnte, ließ man doch in dem „ackerbautreibenden“ Staate den kleinen Bauer zum Proletarier herabsinken, indem man ihm manche althergebrachten Gerechtsame zu Gunsten der Forstverwaltung nahm und durch übermäßige Hegung des Wildstandes seine Ernten beeinträchtigte. Am empfindlichsten fühlte sich jedoch der Bauer verletzt durch die im Gefolge der bureaukratischen Centralisation eingeführte Gemeindeordnung, die jede innere Angelegenheit der Gemeindeverwaltung vom Ermessen der Regierung abhängig machte. Bei der politischen Unmündigkeit, in welcher die Bureaukratie das Volk zu erhalten wußte, bei dem Mangel eines selbstständigen Gewerbestands, eines eigentlichen intelligenten Bürgerthums und der ängstlichen Ueberwachung der Presse konnte es nicht fehlen, daß nach der Beseitigung der Domänenfrage eine allgemeine Gleichgültigkeit gegen die Volksvertretung eintrat, zumal seit der Fünfmännerkammer die Oeffentlichkeit der landständischen Verhandlungen aufgehoben war und der die Wählbarkeit bedingende Census so hoch gegriffen wurde, daß es nach der Wahlliste von 1846 im ganzen Herzogthum nur 73 Wahlkandidaten gab und man sich genöthigt sah, diese Zahl durch unter dem Census gegriffene Ergänzungen noch einigermaßen zu erhöhen. Dagegen trugen die religiösen Angelegenheiten etwas dazu bei, die politische Apathie zu beleben. Der Deutschkatholicismus fand in N. vielfach Eingang, und fast gleichzeitig trat im Runkelschen das separatistische Altlutherthum auf, während die Katholiken, sich vielfach zurückgesetzt und gekränkt fühlend, ihre Forderungen immer lauter geltend machten. Endlich ward auch in dem Regierungssystem eine Hinneigung zu Eichhorns christlich-germanischem Staate bemerkbar, und der bisherige officielle Rationalismus wich einer Art von officieller Kirchlichkeit. Von einer Zeitungspresse in N. wollte die Regierung durchaus nichts wissen; selbst das Ansuchen um die Koncession zur Gründung eines streng konservativen, ministeriellen Blattes wurde abgeschlagen. Dagegen war die Büchercensur meist eine sehr gelinde, weil man Alles für nicht gefährlich hielt, was nicht gerade lokale Angelegenheiten betraf. Erst 1846 machte sich in den Ständen wieder eine Opposition bemerklich und stellte Anträge auf Oeffentlichkeit der Verhandlungen, eine freisinnigere Gemeindeverfassung und freie Presse (1847). Die Regierung ihrerseits verhieß strenge Ordnung u. Offenheit im Staatshaushalt und suchte auch dem durch die Theuerungsjahre zunehmenden Nothstande nach Kräften zu steuern, hielt aber den liberalen Regungen gegenüber ihren streng verneinenden Standpunkt aufrecht. Die Februarereignisse von 1848 überwanden rasch diesen Widerstand. Schon am 2. März 1848 ward in Wiesbaden eine Volksversammlung unter freiem Himmel abgehalten, in welcher die Forderungen der Nassauer formulirt wurden. Außer den allenthalben laut gewordenen Forderungen verlangte man namentlich Erklärung der Domänen zu Staatseigenthum und sofortige Berufung einer einzigen Kammer zur Entwerfung eines neuen Wahlgesetzes. Der Herzog war gerade abwesend, dagegen erklärte sich das Ministerium bereit, diese Forderungen zu befürworten und ward darin von der verwittweten Herzogin und dem jüngeren Bruder des Herzogs unterstützt. Inzwischen hatten die Führer der Bewegung Sendboten nach allen Richtungen ins Land geschickt, um nicht nur die politischen Notabilitäten, sondern auch die Massen nach der Hauptstadt zu laden. Bis zum 4. März waren wohl an 30,000 Bauern in Wiesbaden versammelt, die in ihrer Mehrheit schwerlich wußten, zu welchem Zweck sie eigentlich herbeigekommen. Schon hatte sich unter der stündlich stärker anschwellenden Volksmasse eine bedenkliche Gährung eingestellt, als der Herzog erschien u. durch seine den Volkswünschen zustimmende Erklärung nicht nur die Aufregung beschwichtigte, sondern sich auch eine Popularität erwarb, die ihn fast als den ersten Helden der Revolution erscheinen ließ. Am 6. März ward eine Amnestie ertheilt, kraft deren alle wegen Forst-, Jagd- und Feldpolizeivergehen verhängten Strafen erlassen und alle deßfalls anhängigen Untersuchungen niedergeschlagen wurden. Aus dieser Amnestie und aus der Proklamation vom 4. März leitete der Bauer das Recht eines allgemeinen Vertilgungskrieges gegen das Wild und einer völlig freien Benutzung der Wälder ab. Am großartigsten wurde die Wälderverwüstung auf dem östlichen Taunus. Nächst dem Walde war es eigentlich nur noch die Gemeindeverfassung, gegen welche sich der Freiheitsdrang der Bauern wendete; die von der Regierung aufgedrungenen Schultheißen wurden überall beseitigt. Daß bei solchen Zugeständnissen an eine geregelte Entrichtung der Abgaben u. Steuern nicht zu denken war, versteht sich wohl von selbst. Das Regierungskollegium zeigte sich durchaus ungeeignet, die Bewegung mit starker Hand zu leiten. Die alten Kammern, noch in den Tagen der Bewegung zusammenberufen, erledigten rasch ein neues Wahlgesetz nach indirektem, aber durch keinen Census beschränktem Wahlmodus, vereinigten sich mit der Regierung über die Auflösung der ersten Kammer (Herrenbank) und lösten sich dann selbst auf. Ein Preßgesetz, welches die völlige Unbeschränktheit der Presse bekundete, ward möglichst rasch erlassen. Eine ganz revolutionäre Institution waren die sogenannten Sicherheitsausschüsse, die sich über das ganze Land verbreiteten und in Rapport mit dem Centralausschuß in Wiesbaden standen. Anfangs hatten sich diese Ausschüsse nur die Aufrechthaltung der Ordnung und die Sicherheit der Errungenschaften zur Aufgabe gestellt. Als aber die Behörden unthätig blieben, kam von selbst allmählig eine förmliche Regierungsgewalt in die Hände der Sicherheitsausschüsse. Doch gelang es diesen auch, manchen Exceß zu verhüten, so die von den rheingauischen Bauern beabsichtigte Erstürmung des dem Fürsten Metternich gehörenden Schlosses Johannisberg, da die nassauische Regierung den Streit über die Besteuerung desselben schon vor Jahren einfach durch Entrichtung der Steuern aus der Domänenkasse beseitigt hatte. Ein neuer Stoff der Gährung ward namentlich durch die jüngeren Beamten, Geistliche, Schullehrer und Accessisten, mit der Zehntfrage unter die Landleute geworfen; die Zehntverheißungen begannen insbesondere bei den Wahlbewegungen eine große Rolle zu spielen, so daß die nach dem neuen Wahlgesetze berufene Kammer fast zur Hälfte aus Staats- und Kirchendienern, zur anderen Hälfte aus Bauern bestand. Die Ministerkrisis war inzwischen durch Berufung des Führers der Bewegung, Hergenhahn, an die Spitze des Kabinets gelöst worden, doch zeigte derselbe in seiner neuen Stellung eine von ihm nicht erwartete Unentschlossenheit.

Waren die Motive der nassauischen Bewegung nicht sowohl politischer, als socialer Natur gewesen, so bereitete sich doch allmählig auch ein politischer Gährungsstoff vor, wozu namentlich die Nähe Frankfurts mit seinem Vorparlament beitrug. Schon Anfangs April 1848 trat eine „republikanische Gesellschaft" in Wiesbaden mit einem radikalen Programm hervor, an deren Spitze der alte Römling stand, veranlaßte aber sofort auch einen engeren Zusammenschluß der konstitutionell-monarchischen Partei, und beide polemisirten nun in Manifesten gegen einander. Der neue Landtag bot das unerfreuliche Bild eines parlamentarischen Kleinkriegs dar. In Folge von Excessen in Wiesbaden, durch die Verurtheilung einiger Artilleristen hervorgerufen, ward die Hauptstadt am 27. Juli von Reichstruppen besetzt. Inzwischen fuhr der Landtag in seiner wenig ersprießlichen gesetzgeberischen Thätigkeit fort. Ein neues Jagdgesetz erwies sich als unpraktisch, ein Einkommensteuergesetz traf auf einen so einmüthigen Widerstand im Lande, daß es zurückgenommen werden mußte. Aehnlich ging es mit einem Zehntablösungsgesetz, hinsichtlich dessen die Regierung gleichfalls vermittelnd eingreifen mußte. Vom 14. Okt. bis zum 2. Dec. 1848 vertagt, verwilligte der Landtag am 9. Dec. eine Anleihe von 1,200,000 Gulden zur Deckung der Fehleinnahme des Staats. Die Vorlage eines Verfassungsentwurfs von Seiten der Regierung erfolgte erst am 3. April 1849; doch hatten sich damals die politischen Verhältnisse schon gänzlich umgestaltet. Am 18. Mai ward die Beeidigung der Truppen, am 19. die der Bürgerwehren auf die Reichsverfassung vollzogen; die der Civilbeamten war schon am 16. erfolgt. Gerüchte von der Ernennung eines reaktionären Ministeriums beunruhigten die demokratische Partei so sehr, daß am 10. Mai Kammerabgeordnete von der Linken nebst anderen Demokraten zu einem Landesvertheidigungsausschuß zusammentraten. Obgleich die eigentlich politische Bewegung im Volke nur sehr wenig Boden fand, so offenbarte sich doch die gänzliche Ohnmacht der Regierung in der zügellosesten Anarchie, die namentlich auf dem Lande herrschte, wo Steuerverweigerung u. Verjagung der Gerichtsvollzieher an der Tagesordnung waren. Unter diesen Umständen hatte das Ministerium Hergenhahn seine Entlassung eingegeben, worauf der Herzog, der am 6. Juni aus Schleswig-Holstein zurückgekehrt war, am 11. Juni den früheren Bundestagsgesandten Winzingerode an die Spitze der Geschäfte berief. Gegen den Landesausschuß, der am 13. Juni an das Volk einen Aufruf erließ, wonach unter Anderem dem Ministerium Winzingerode die Steuern verweigert werden sollten, weil die Regierung eine pflichtvergessene sei, ward eine Kriminaluntersuchung eingeleitet, die Mitglieder desselben wurden aber in dem Staatsprozeß zu Wiesbaden vom 8.—15. Februar 1850 durch das Schwurgericht freigesprochen. Der Herzog erklärte bereits unter dem 29. Juni seinen Beitritt zu dem Dreikönigsbündnisse, wozu die Genehmigung der Kammer am 21. Juli von der Regierung beantragt u. von dem Landtag ertheilt ward. Der nassauische Bevollmächtigte bei dem Verwaltungsrathe war es dann auch, welcher zuerst den Antrag auf Berufung eines Reichstags stellte. Der Landtag hatte nach seinem Wiederzusammentritt einen gemäßigteren Charakter angenommen. Eine Reihe neuer organischer Gesetze entstand, die dann im December 1819 publicirt und im Zusammenhang mit der Verfassung von 1817 als das öffentliche Recht bezeichnet wurden. Die Domänen wurden durch Vereinbarung (Sept. 1849) für Staatseigenthum erklärt und ihre Verwaltung den Staatsfinanzbehörden unter Kontrole der Ständeversammlung übergeben. Das Spiel im Kursaale zu Wiesbaden ward ungeachtet des Einspruchs der Reichsregierung fortgesetzt. Mit Anfang 1850 trat die neue Organisation der Centralbehörden ins Leben. Die Landesregierung, die Domänendirektion, die Steuerdirektion, das Generalkommando und das über diesen Behörden stehende Staatsministerium mit dem Staatsrathe hörten auf und an deren Stelle trat das Staatsministerium in 4 Abtheilungen, für Justiz, Inneres, Krieg und Finanzen. Die Rechnungskammer und Landesbankdirektion bestanden fort, vorläufig auch das Oberappellationsgericht und die beiden Hofgerichte. Die Wahlen für den erfurter Reichstag fanden nur eine sehr geringe Theilnahme. Auch die nun eröffneten Geschwornengerichte erregten wenig Interesse. In dem wieder zusammengetretenen Landtag wurde die Verhandlung über die Civilliste wieder aufgenommen. Nachdem die Regierung am 21. März gegen die Herabsetzung derselben durch den Landtag protestirt, wurde die Versammlung am 26. vertagt. Nach der Wiedereröffnung derselben am 25. September bezogen sich die Verhandlungen besonders auf die Vorlagen der Regierung über eine Civilprozeßordnung, Gründung eines allgemeinen Pensionsfonds, Forstverwaltung, Schulwesen und gemeinsames Maß u. Gewicht, bis eingetretene Differenzen über ein von der Regierung eingebrachtes Wahlgesetz, in Folge deren die 17 Mitglieder der Linken nicht mehr in den Sitzungen erschienen, um die Versammlung beschlußunfähig zu machen, am 2. April 1851 die völlige Schließung des Landtags herbeiführten. Erst nach den dresdener Konferenzen, auf denen der ehemalige Staatsminister von Dungern die Regierung vertrat, erkannte N. den Bundestag wieder an. Ein Erlaß vom 27. September publicirte den Bundesbeschluß der Aufhebung der Grundrechte. Im Dec. 1851 trat der Ministerpräsident von Winzingerode zurück und hatte im Februar 1852 den Fürsten Sayn-Wittgenstein-Berleburg zum Nachfolger. Durch Gesetz vom 25. November erfolgte die Oktroyirung eines neuen Wahlgesetzes. Die am 8. Februar begonnenen Landtagswahlen nach dem neuen Wahlgesetz fielen, da sich die Demokratie grundsätzlich an ihnen nicht betheiligte, fast ausschließlich konservativ aus. Der am 15. März eröffnete neue Landtag erklärte sich fast einstimmig für Festhalten an dem preußischen Zollverein. Unter den neuen Verordnungen ist die vom 3. März hervorzuheben, nach welcher die Truppen ihres bisherigen Eids auf die Verfassung entbunden und nur für den Herzog und seine Nachfolger vereidigt wurden. In materieller Beziehung machte sich ein empfindlicher Nothstand in mehren Gegenden des Herzogthums bemerklich, mit welchem die vermehrte Auswanderung, wie der Auszug der gesammten Gemeinde Niederfischbach nach Nordamerika, in Zusammenhang stand.

Der Landtag von 1853 ward am 30. März unter Ankündigung von Vorlagen zur Revision des Gemeindegesetzes, der Kreisamtsverwaltung und der Centralverwaltungseinrichtung eröffnet. Im Juli erschien ein Gesetz über die Beschränkung der Kompetenz der Schwurgerichte. Ein Fortschritt war die mit dem 1. August ins Leben tretende Einführung eines neuen allgemeinen Maß- u. Gewichtssystems. Ein längerer Konflikt entspann sich zwischen der Regierung und dem Bischof von Limburg, der den Kirchenvorstand von Neudorf, der nach Verordnung der Regierung dem betreffenden Geistlichen die Interkalargefälle versagt hatte, verklagt, denselben zugleich aber unter Androhung der Exkommunikation angewiesen hatte, vor dem weltlichen Gericht in dem angesetzten Termin nicht zu erscheinen. Der Bischof stellte sich zwar auf erfolgte Vorladung am 18. Nov. vor dem Kriminalgericht zu Wiesbaden, eigentlich aber nur, um gegen das wider ihn beobachtete Verfahren Protest einzulegen, nahm gleichzeitig unter Berufung auf die allgemein kirchlichen Gesetze das bisher vom Herzog geübte Recht der Anstellung katholischer Geistlichen für sich ausschließlich in Anspruch und besetzte gegen Ende December acht Pfarreien eigenmächtig. Die Regierung versagte diesen Ernennungen die Anerkennung und erklärte, die Angestellten nur als Pfarrvikar zulassen zu können, während die Pfarreinkünfte in den unter ihrer Verwaltung stehenden katholischen Centralkirchenfonds fließen sollten. Der Bischof erklärte hierauf im Januar 1854 in einem Hirtenbrief, daß er sich weder durch Drohung, noch Gewalt in der Geltendmachung seiner Rechte irre machen lassen werde; an die Gemeinden aber richtete er unter Androhung des großen Bannes die Aufforderung, die Abgaben an die Pfarrer fortzuentrichten, Pfarrgüter nur von diesen zu erpachten und Zinsen und Pachtgelder nur an diese zu zahlen. Wirklich ward auch im Mai über den Gemeinderath Metz, als Verwalter des Pfarrgutes in Neudorf, die Exkommunikation ausgesprochen. Uebrigens hatten bisher die Geistlichkeit des Landes und ein großer Theil des Volks auf der Seite des Bischofs gestanden. Inzwischen war nun auch in der wider den Bischof eingeleiteten Untersuchung das Urtheil von Seiten des Kriminalsenats des Hofgerichts zu Wiesbaden gesprochen worden; der Bischof und dessen Ordinariatsräthe wurden von der Hauptanklage wegen Erpressung freigesprochen, dagegen waren der Bischof und zwei seiner Räthe anderweit wegen absichtlicher Benachtheiligung von Pflegebefohlenen oder Massen in Anklagestand gesetzt und darauf hin im April zu Geldstrafen verurtheilt worden, wogegen die Betheiligten Berufung an das Oberappellationsgericht einlegten. Gegen die Mitte des Jahres trat eine versöhnlichere Haltung zwischen den beiden Parteien ein. Am 8. Juni wurde nach landesfürstlichem Beschluß die vom Ministerium gegen die vom Bischof einseitig angestellten Pfarrer und gegen die Zöglinge des Priesterseminars zu Limburg verhängte Temporaliensperre aufgehoben, wogegen sich der Bischof verpflichtete, seinerseits mit allen weiteren Maßregeln innezuhalten, bis das Ergebniß der inzwischen angeknüpften Verhandlungen mit dem päpstlichen Stuhle bekannt wäre. Die von der Regierung beabsichtigte Wiedervereinigung der Rechtspflege und Verwaltung in der untersten Instanz, die seit 1849 getrennt waren, stieß auf entschiedene Abneigung in der Kammer, ward aber doch Mitte März, ebenso wie das anfangs nicht minder beanstandete Gesetz über die Gemeindeverwaltung nebst der Gemeindewahlordnung von beiden Kammern angenommen. Den meisten Widerstand fand aber die Regierung in der von ihr abermals angeregten Domänenfrage. Am 1. Mai hatte der Herzog den Ständen erklären lassen, daß, obschon ihnen das Recht der Kontrole über die Domänenverwaltung nicht abgesprochen werde, doch ihre Finanzkontrole sich ferner nicht auf die Hofhaltung, die Witthümer und Apanagen erstrecken dürfe, und daß er zur Bestreitung der Kosten derselben, gleich seinen Vorfahren, Zahlungsanweisungen ertheilen werde. Dagegen erklärten die Kammern am 16. Juni, daß die Ständeversammlung nach bestehendem Staatsrecht gegen die Bildung einer besonderen Domänen- und Steuerkasse protestire. Im weiteren Verfolg der Angelegenheit wurde dann am 1. Juli ein neuer Beschluß der vereinigten Kammern gefaßt, indem der Ausschußantrag auf baldigste Vorlage zur Vereinbarung über den Betrag der für die herzogliche Schatulle und Hofhaltung zu verwendenden Summe, sowie über die künftig zu gewährenden Apanagen, Witthümer und Ausstattungen, und auf Protest gegen die Verwendung eines die Summe von 345,000 Fl. übersteigenden Betrags für die Hofhaltung und Schatulle, Witthümer, Apanagen &c. angenommen ward. Ein herzogliches Edikt vom 14. Juli hob die aus den Bewegungsjahren stammenden Gesetze über

die Organisation der Centralbehörden, über
Trennung der Rechtspflege von der Verwaltung
der untern Instanz und über die Gemeindeverw
tung auf und ließ an deren Stelle völlig n
Staatseinrichtungen treten. Dem am 20. März 1
eröffneten Landtage wurden Gesetzesvorlagen ü
Besteuerung der Branntweinbrennereien, über
gulirung der Gehalte des Forstpersonals, über
Basis eines Jagdgesetzes, über die Steuerfreiheit
Offiziere und über die Aufhebung oder Suspen
rung des Chausseegeldes gemacht, während T
darauf auch die Vorlage des Budgets erfolgte.
berathenen Gesetze wurden meist im Sinne der
gierung genehmigt. Der Entwurf eines ne
Jagdgesetzes, welches die früher Berechtigten wie
ganz in ihre verlorenen Rechte einsetzen sollte, w
jedoch von der zweiten Kammer am 1. August
worfen. Gleichwohl ward derselbe am 3. Okt.
oktroyirtes Gesetz proklamirt. In der neu anger
ten Domänenfrage blieben die vereinigten Kamm
bei ihrer vorjährigen Auffassung, obschon sie sich
reit erklärten, zu einer Ausgleichung die Hand
bieten, und deshalb die Regierung um eine desf
sige Vorlage ersuchten, die jedoch nicht erfolgte.
gleich verwahrten sie sich aber auch gegen die Auf
sung der Regierung, welche die ständischen Beschl
in der Domänenfrage nur als Wünsche betrachten
wollen erklärt hatte. Von weitern Beschlüssen
die Vereinbarung über eine Geschäftsordnung
vorzuheben, wonach die Stände jährlich im Jan
berufen werden sollten, worauf ihnen die Vorla
alsbald zugehen müßten u. der motivirte Landta
abschied dem Sessionsschlusse sofort folgen so
Mit Holland hatte N. in diesem Jahre einen V
trag wegen des Brigadeverbandes der Kontinge
von Limburg und N. geschlossen, und zugleich
die neue Formation des nassauischen Bundeskont
gents vollendet worden. Unter dem 9. Nov. erkl
der Bischof von Limburg in einem Ordinariatser
über die dienstliche Stellung der Dekane, daß die
ben ausschließlich Organe des Bischofs seien u.
diesem allein Dienstanweisungen anzunehmen hät
namentlich gelte dieser Grundsatz bezüglich der V
waltung und Verwendung des in den Dekanat
zirken befindlichen Lokalkirchenvermögens. Vielle
hierdurch veranlaßt erging 1826 ein Ministerial
fehl an die bischöfliche Stelle zu Limburg, wor
künftig jeder bischöfliche Erlaß vor der Veröffe
lichung erst der Regierungscensur in Wiesbaden
Prüfung und Genehmigung vorgelegt werden so
Der Landtag dieses Jahres bewies von vornher
eine gereizte Haltung gegen die Regierung, die ih
Grund besonders in der Oktroyirung des Jagdgese
hatte, hinsichtlich dessen nun selbst die erste Kamm
die Erwartung aussprach, daß dasselbe sofort au
Wirksamkeit trete. Die Regierung beharrte aber
dem Fortbestehen des Gesetzes, und auch hinsicht
der im vorigen Jahre von den Ständen beschlosse
Geschäftsordnung erfolgte eine abfällige Erklär
der Regierung. Am 31. Juli beschloß die zw
Kammer, das provisorisch erlassene Jagdgesetz n
als rechtsgültig anzuerkennen und die Regier
aufzufordern, dasselbe der Kammer zu verfassun
mäßiger Berathung und Beschlußfassung sofort v
zulegen oder es außer Wirksamkeit zu setzen.
das Baukapital der Rhein- und Lahnbahn von
Mill. Fl. wurden am 16. August 2½ Proc. Zin

garantirt. Ein Antrag auf Herstellung einer einheitlichen Bundesregierung, Volksvertretung bei derselben, Errichtung eines Bundesgerichtshofs, einheitliche Regelung von Münzen, Maß u. Gewicht &c. wurde gegen den Einspruch des Regierungskommissärs, wenigstens gegen den ersteren Theil des Antrags, dennoch angenommen und an einen Ausschuß verwiesen. Den von den Spielbankpächtern zu Wiesbaden vollzogenen Verkauf ihrer noch auf 16 Jahre laufenden Koncession an eine Aktiengesellschaft bestätigte die Regierung am 17. Nov. 1856. Der Landtag von 1857 zeigte im Allgemeinen eine versöhnliche Stimmung. Die Neuwahlen 1858 für die nächste sechsjährige Sitzungsperiode der zweiten Kammer fielen vorwiegend in konservativem Sinne aus. Der Landtag dieses Jahres genehmigte den Bau der Rhein-, Lahn- und Dillbahn und beseitigte eine Petition um Einführung der Civilehe nach längeren Debatten durch die Tagesordnung. Am 16. März 1858 stiftete der Herzog im Verein mit der königlichen Linie des Hauses N. den nassauischen Hausorden vom goldenen Löwen. Der Landtag von 1859 sprach sich beim Ausbruch des österreichisch-sardinischen Kriegs sehr entschieden zu Gunsten Oesterreichs aus und nahm schon am 22. März die Regierungsvorlage zur Herstellung der Kriegsbereitschaft an, worauf Ende April die Mobilmachung des nassauischen Kontingents erfolgte. Auch kam in diesem Landtag die Nothwendigkeit einer Umgestaltung der deutschen Bundesverfassung im Sinne stärkerer Koncentration mehrfach zur Sprache. Im Juni 1860 gab die zweite Kammer die Erklärung ab, daß der Bundestag in der kurhessischen Frage seine Kompetenz überschritten habe, und ersuchte die Regierung, auf Wiederherstellung der Verfassung von 1831 in Hessen zu wirken. Am 12. Juni 1861 nahm die zweite Kammer das deutsche Handelsgesetzbuch an. Eine Ministerialverordnung vom 25. Mai, die Verhältnisse der katholischen Kirche zum Staat betreffend, ward vom Landtag, als seiner Zustimmung ermangelnd, nicht anerkannt, dagegen stellte dasselbe an die Regierung den Antrag, die nöthige Einleitung zu treffen, um das Verhältniß zwischen der Staatsgewalt einerseits und der katholischen und evangelischen Kirche, sowie den übrigen Religionsgesellschaften andererseits auf dem Wege der Landesgesetzgebung im Sinne vollständiger Glaubens- und Gewissensfreiheit definitiv zu ordnen. Eine im Okt. zu Diez abgehaltene Versammlung von Geistlichen und Nichtgeistlichen beantragte die Herstellung einer Generalsynode und einer Repräsentativverfassung für die evangelische Kirche N.s ähnlich wie in Baden, erhielt jedoch vom Herzog den Bescheid, er sei der beste Protestant im Lande und zugleich summus episcopus, ihm allein stehe die Initiative in Kirchensachen zu und er werde sie ergreifen, wenn er die Zeit dazu gekommen erachte. Die „Rhein-Lahnzeitung" ward im Okt. durch Ministerialverordnung unterdrückt. Im Hinblick auf das seiner Zeit erfolgte Mitwirken des nassauischen Bundestagsgesandten bei Beseitigung der gesetzlich bestehenden Preßfreiheit und des Vereinsrechts der Einzelstaaten und bei Außerkraftsetzung der kurhessischen Verfassung von 1831 faßten die vereinigten Kammern am 17. Juni 1862 den Beschluß, die Regierung zu ersuchen, den Gesandten zu instruiren, daß er sich solcher Theilnahme in Zukunft zu enthalten und derartigem inkompetenten Vorgehen des Bundestags vielmehr entgegenzuwirken habe. Bei den zweitägigen Verhandlungen (8.—9. Aug.) der zweiten Kammer über den von der Regierung vorgelegten Preßgesetzentwurf unterlag zwar die Opposition mit dem Antrag, denselben zurückzuweisen, dagegen setzte sie die Beseitigung des Bundesbeschlusses zur Verhinderung des Mißbrauchs der Preßfreiheit, die vollständige Freigebung der Preßgewerbe und eine Reihe anderer Erleichterungen der Presse gegen die Regierung durch. Wiewohl sich beide Kammern für den Handelsvertrag mit Frankreich aussprachen, lehnte die Regierung denselben doch am 11. Sept. indirekt ab. Eine große Versammlung der liberalen Partei am 1. März 1863 setzte mit Rücksicht auf die nahen Landtagswahlen einen Ausschuß nieder und erließ anstatt eines Wahlprogramms eine Ansprache an das nassauische Volk, worin als Hauptaufgabe der neu zu wählenden Landtage bezeichnet ward, anzustreben, daß das von der Regierung mit der berechtigten Vertretung des Landes vereinbarte und durch Edikt vom 28. Dec. 1849 als das anerkannte gesetzliche Staatsrecht des Herzogthums verkündete Verfassungsrecht, welches dem Lande durch einen nicht als rechtmäßig anzuerkennenden Akt entrissen worden sei, unverkürzt wiederhergestellt werde. Die Regierung verbot hierauf, unmittelbar vor den Wahlen, das Organ der Oppositionspartei, erlitt gleichwohl aber bei den Wahlen eine vollständige Niederlage; die neue zweite Kammer zählte 17 Liberale, 6 Klerikale u. Einen entschiedenen Anhänger der Regierung. Der Deputation einer Volksversammlung von Wiesbaden, welche den Herzog bat, die Ansprüche Friedrichs von Augustenburg auf Schleswig u. Holstein zu unterstützen, erklärte der Herzog, daß er überhaupt Deputationen aus dem Schooße von Volksversammlungen nicht liebe; was er von dem Vertrauen zu halten habe, welches man zu ihm zu haben vorgebe, darüber habe ihn der Ausfall der Wahlen belehrt. Auch bei den Wahlen der Höchstbesteuerten zur ersten Kammer Anfangs Dec. 1863 unterlag die Regierung, was im Jan. 1864 viele Versetzungen und Dienstentlassungen von Beamten zur Folge hatte. Auch in dem Verbot der sogenannten Lichtmeßversammlung der Fortschrittspartei in Rüdesheim, der Auflösung einer für Unterstützung der Verwundeten in Schleswig-Holstein veranstalteten Versammlung im Febr., der (vom Hofgericht zu Wiesbaden abgewiesenen) Einleitung einer Disciplinaruntersuchung gegen die Obergerichtsanwälte Braun, Lang und Schenkel wegen Theilnahme an der kasseler Versammlung der Fortschrittspartei im März machte sich die gereizte Stimmung der Regierung bemerklich. Am 3. April ward Werren zum Direktor der Landesregierung ernannt. Am 30. März war der neue Landtag eröffnet worden. Die Ausschüsse der zweiten Kammer verlangten sofort von der Regierung die Akten über die wegen unerlaubter Beeinflussung der Wahlen erwachsenen Untersuchungen aus sämmtlichen Wahlkreisen, sowie die Akten über ergangene Verfügungen gegen einzelne Staatsbürger und bestimmte Klassen derselben wegen ihrer Nichtbetheiligung an den Wahlen, wurden aber abschläglich beschieden. Die Antwortsadresse der ersten Kammer auf die Thronrede des Herzogs sprach unverhohlen aus, „daß vielerorts nicht volle Zufriedenheit mit den öffentlichen Angelegenheiten des Landes bestehe", ward aber vom Herzog zurückgewiesen. Dasselbe Schicksal hatte die Antwortsadresse der zweiten Kammer, in der es u. A. hieß: „Durch die neuesten Maßregeln der Regierung, wodurch die wesentlichsten Volksrechte beeinträchtigt und die Grundlagen der Rechtsordnung angetastet worden sind, ist das Land in schwere Sorgen versetzt. Es sieht sich in seinen politischen und bürgerlichen Rechten angegriffen und selbst seine materielle und geistige Entwickelung gehemmt. Die Erlösung aus dieser Bedrängniß erwartet es durch Wiederherstellung des verfassungsmäßigen Rechtszustandes und den Ausbau der darin verheißenen Grundlagen der Staatsordnung". Als am 21. April in der zweiten Kammer der Antrag auf Aufhebung der oktroyirten Verfassung von 1851 und Wiederherstellung der Verfassung von 1849 gestellt wurde, erklärte der Regierungskommissär, daß das Ministerium dem Antrag auf keinen Fall Folge geben werde, weshalb auch die Regierung von jeder Betheiligung an der Debatte abstehe. Die Kammer zog gleichwohl die Angelegenheit in Berathung und erklärte sich am 9. Aug. für die Wiederherstellung der Verfassung vom Dec. 1849 u. des Wahlgesetzes vom April dieses Jahres, wogegen die Regierung erklärte, daß sie jeden etwaigen Angriff auf die bestehende Regierung mit aller Entschiedenheit zurückweisen werde. Die erste Kammer nahm am 17. Aug. den Antrag ihres Ausschusses für den Anschluß N.'s an den neuen Zollverein an. Der Verkauf des ehemaligen Klosters Marienstadt an eine geistliche Korporation ward von der Regierung trotz des entschiedensten Widerspruchs der zweiten Kammer genehmigt. Am 2. Dec. löste ein Dekret des Herzogs den Landtag „wegen der von ihm eingenommenen Haltung" auf. Bei den Neuwahlen zur ersten u. zweiten Kammer Anfangs 1865 errang die Opposition zwar den Sieg, doch gelang es den äußersten Anstrengungen der Regierung, ihre Partei um einige Stimmen zu verstärken. Charakteristisch für die Haltung der nassauischen Regierung in der neuesten Zeit ist, daß die rheinischen Festgenossen, denen die Veranstaltung eines Festessens zu Ehren des preußischen Abgeordnetenhauses auf preußischem Gebiet untersagt war und die sich daher am 24. Juli nach Oberlahnstein in N. begeben hatten, hier durch nassauisches Militär ausgewiesen wurden.

Der Stifter der jüngeren Linie des Hauses N., der ottonischen, Graf Otto, der zweite Sohn Heinrichs des Reichen, dem bei der Theilung 1255 die nassauischen Besitzungen auf dem rechten Lahnufer zufielen, hinterließ 1289 einen Sohn, Heinrich I., dessen Söhne Otto und Heinrich II., 1341 die beiden Linien Dillenburg und Beilstein stifteten. Die Linie N.-Beilstein erlosch 1561, worauf ihre Lande an die Linie N.-Dillenburg fielen, deren Stifter, Graf Otto, durch Heirath Vianden, St. Veit und einen Theil der Herrschaft Grimberg im Luxemburgischen erwarb u. 1351 starb. Wilhelm I., der Held des niederländischen Befreiungskampfes, erbte 1544 von seinem Vetter, Renatus, das Fürstenthum Oranien und nannte sich nun Prinz von Oranien. Er ward der Gründer der älteren Linie N.-Oranien u. starb 1584 durch Meuchelmord. Sein ältester Sohn, Philipp Wilhelm, fiel in die Gefangenschaft der Spanier, trat zur katholischen Kirche über u. starb 1619. Die Erbstatthalterwürde in den Niederlanden ging an Wilhelms I. jüngeren Sohn, Moritz, und nach dessen kinderlosem Tode 1625 an seinen Bruder Heinrich Friedrich über, der auch das Fürstenthum Oranien erbte. Sein zweiter Nachfolger bestieg nach Jakobs II. Vertreibung den Thron von England (1688); da er aber 1702 kinderlos starb, so erlosch mit ihm die ältere Linie N.-Oranien. Inzwischen war bereits die jüngere Linie N.-Dillenburg durch Wilhelms des Reichen zweiten Sohn, Johann, 1559 gestiftet worden, dieselbe theilte sich aber bei seinem Tode (1606) in vier neue Zweige. Johanns ältester Sohn, Johann, ward der Stifter der Linie N.-Siegen u. starb 1623. Sein Sohn u. Nachfolger Johann trat zur katholischen Kirche über. Ein jüngerer Bruder des letzteren gründete eine reformirte Nebenlinie N.-Siegen, die aber schon in der vierten Generation erlosch. Johanns gleichnamiger Sohn u. Nachfolger ward 1652 deutscher Reichsfürst, da sein aus unebenbürtiger Ehe entsprossener Enkel Maximilian aber in Deutschland nicht für successionsfähig erkannt wurde, fielen die Besitzungen der Linie N.-Siegen an die Linie N.-Diez (Neu-Oranien). Der zweite Sohn Johanns, Georg, ward der Stifter der jüngsten Linie N.-Dillenburg, die aber 1739 wieder ausstarb. Ein Seitenzweig dieser Linie war N.-Schaumburg, dessen Stifter Adolf war. Da derselbe jedoch nur drei Töchter hinterließ u. eine derselben sich mit einem Prinzen aus dem Hause Anhalt vermählte, so fiel Schaumburg an letztgenanntes Haus. Der dritte Sohn Johanns, Ernst Kasimir, gründete 1606 die Linie N.-Diez (Neu-Oranien), den jetzt allein noch fortblühenden Zweig der ottonischen Hauptlinie. Er war Statthalter in Friesland und Gröningen. Sein vierter Nachfolger, Johann Wilhelm Friso, erbte 1702 nach dem Tode des Königs Wilhelm III. von England alle Besitzungen des Hauses N.-Oranien, mit Ausschluß der Fürstenthümer Oranien und Meurs, sowie mehrer westphälischen Herrschaften, die der König dem Hause Brandenburg vermacht hatte. Doch ward das Fürstenthum Oranien 1713 an Frankreich abgetreten. Johann Wilhelm Friso's Nachfolger, Wilhelm IV. Karl Heinrich Friso, erhielt neben der Statthalterschaft in Friesland auch die Statthalterschaften Geldern, Zütphen, Gröningen, Omeland und Drenthe, sowie 1748 die Erbstatthalterwürde der Vereinigten Niederlande und vereinigte alle Lande der ottonischen Hauptlinie unter seinem Scepter. Ihm folgte 1751 sein Sohn Wilhelm V., geboren 1748, der anfangs unter Vormundschaft des Herzogs von Braunschweig regierte. Er mußte, von den Patrioten gedrängt, fast allen seinen Vorrechten entsagen, vermochte sich nur durch die preußischen Waffen zu behaupten, verlor durch die französische Invasion die Erbstatthalterwürde u. erhielt im lüneviller Frieden das Fürstenthum Fulda und einige andere Gebiete in Deutschland zur Entschädigung zugewiesen, worauf er am 8. April 1806 starb. Sein Sohn, Wilhelm IV., verlor 1807 sowohl Fulda, als die Souveränetät seiner Erblande in Deutschland, ward aber nach Napoleons I. Sturz 1814 als Wilhelm I. zum König der Vereinigten Niederlande erhoben und für die in Deutschland verlorenen Territorien mit dem Großherzogthum Luxemburg entschädigt (s. Niederlande, Geschichte). Er starb 1843, nachdem er 1840 abdicirt hatte, u. ihm folgte sein Sohn, Wilhelm II., und diesem seit März 1849 dessen Sohn, König Wilhelm III. Ein vierter Zweig der jüngeren Linie N.-Dillenburg, N.-Hadamar, gestiftet von dem vierten Sohn des obengenannten Johann von N.-Dillenburg, Johann Ludwig, starb schon 1714, worauf seine Lande an N.-Oranien fielen. Vergl. **Arnoldi**, Geschichte der oranien-nassauischen Länder, Hadamar 1780—1816, 3 Bde.; **Kremer**, Genealogische Geschichte des nassauischen Hauses, Wiesb. 1779, 2 Bde.; **Münch**, Geschichte des Hauses N.-Oranien, Aachen 1831 ff., 3 Bde.; **Vogel**, Historische Topographie des Herzogthums N., Herborn 1831; **Derselbe**, Beschreibung des Herzogthums N., Wiesbaden 1843—48; **Hennes**, Geschichte der Grafen von N., Köln 1843; **Witzleben**, Geschichte und Genealogie des Fürstenhauses N., Stuttgart 1855; **Schliephake**, Vom Ursprung des Hauses N., Wiesb. 1857.

Nassau, 1) Stadt im Herzogthum Nassau, am rechten Ufer der Lahn und an der Rhein-Lahnbahn (Linie Wetzlar-Oberlahnstein), ist Amtssitz, hat einen vom Freiherrn von Stein zum Andenken an die Befreiung Deutschlands erbauten Thurm, eine Kettenbrücke, einen Eisenhammer, Mineralbrunnen, eine Badeanstalt, Weinbau u. 1413 Einw. N. gegenüber am linken Lahnufer auf einem Berge die Ruinen der Burg N., des angeblich 1181 erbauten Stammschlosses des Hauses Nassau; am Fuße desselben die Ruinen des Schlosses Stein. N. ist der Geburtsort des Freiherrn von Stein. — 2) Hauptstadt der Bahamainsel New-Providence im britischen Westindien, auf der Nordküste derselben gelegen, die wichtigste Handelsstadt u. Sitz des Gouverneurs u. der Centralbehörden dieser Inselgruppe, hat einen guten Hafen, Leuchtthurm, Forts und 7500 Einw.

Nassau-Dillenburg, Ludwig, Graf von, Bruder Wilhelms I. (s. d.) von N.-Oranien, geboren den 20. Jan. 1538, studirte zu Genf, wo er für die reformatorischen Principien gewonnen ward, schloß sich nach seiner Rückkehr nach Flandern dem sogenannten Geusenbund (1565) an und ward bald das Oberhaupt desselben, war aber 1567 mit seinem Bruder Wilhelm gerade in Deutschland, hier Hülfe zu suchen, als der neue Statthalter der Niederlande, Herzog von Alba, ankam und Beide in die Acht erklärte. Schon im Mai 1568 drang Graf Ludwig mit seinem jüngern Bruder Adolf u. dem Grafen Jost von Schaumburg von Emden aus in Westfriesland ein, bemächtigte sich des Grenzschlosses Wedde und schlug die Spanier im Mai bei Heiligerben, mußte sich aber hierauf vor Alba in ein verschanztes Lager bei Emden zurückziehen u. erlitt hier eine völlige Niederlage. Er schloß sich nun mit den Trümmern seines Heeres an die Truppen seines Bruders Oranien in Deutschland an; aber auch dieses Heer, welches Anfangs Oktober an der Maas erschien, richtete nichts aus, und der Graf begab sich hierauf nach Frankreich, wo er an verschiedenen Unternehmungen der Hugenotten Theil nahm. Als der Prinz von Oranien nach Deutschland zurückkehrte, blieb er bei dem Admiral Coligny u. hatte den besonderen Auftrag, die Unterhandlungen mit dem französischen Hofe fortzusetzen. Von Karl IX. unterstützt, brachte er im Hennegau ein kleines Heer unter die Waffen, u. überrumpelte Mons, ward aber sodann hier von Alba belagert u. mußte im Sept. 1572 kapituliren. Er erhielt freien Abzug u. kehrte nun in die Grafschaft Nassau zurück. Im Jahre 1574 ward er mit französischen Subsidien in Deutschland ein Heer von 6—7000 Mann zu Fuß und 3—4000 Reitern und zog in die Gegend von Mastricht, verlor aber am 13. April auf der Mockerheide Sieg und Leben.

Nassau-Siegen, 1) Johann Moritz, Graf von N., holländischer General, Großneffe Wilhelms von Oranien, des Gründers der niederländischen Unabhängigkeit, geboren 1604, trat früh in die Dienste der holländischen Republik, nöthigte 1632 vor Mastricht Pappenheim zum Rückzuge und trug 1636 wesentlich zur Eroberung der Schwebenschanze bei. In demselben Jahre zum Generalkapitän der holländischen Besitzungen in Brasilien ernannt, nahm er hier sofort den Portugiesen mehre feste Plätze, sendete eine Expedition an die afrikanische Küste, welche den Holländern die Hauptfestung von Guinea, San Giorgio della Mina, erwarb, und drang im Frühjahr 1638 an der brasilianischen Küste südlich vor, belagerte aber vergeblich San Salvador (Bahia). Nach erhaltener Verstärkung und nachdem die portugiesische und spanische Flotte durch die Holländer in der Allerheiligenbai beinahe ganz vernichtet worden waren, begann der Krieg in Brasilien aufs Neue und wurde mit großer Grausamkeit geführt. Um die große Anzahl von Abenteurern unter seinen Fahnen zu beschäftigen, unternahm N. eine Expedition nach Chile. Die Zeit, welche der Waffenstillstand mit den Portugiesen ihm vergönnte, benutzte er, Brasilien zu bereisen. Im Jahre 1644 nach Holland zurückgekehrt, ward er zum Gouverneur von Wesel und General der Kavallerie, später bei der drohenden Kriegsgefahr zweimal, 1665 und 1666, zum Oberbefehlshaber sämmtlicher Truppen, dann vom Kurfürsten von Brandenburg, Friedrich Wilhelm, zum Großmeister des deutschen Ordens (Herrenmeister zu Sonneburg) u. zum Gouverneur des Herzogthums Kleve ernannt, in welcher Eigenschaft er den 20. Dec. 1679 †.

2) **Karl Heinrich Nikolaus Otto**, Prinz von N., russischer Admiral, Urenkel des Vorigen, geboren den 5. Jan. 1745 aus der katholischen Linie des Hauses Siegen, trat schon in seinem 15. Jahre in die französische Armee, in der er bis zum Dragonerrittmeister aufrückte, begleitete 1766—69 Bougainville auf seiner Reise um die Welt, nahm sodann wieder französische Kriegsdienste u. machte sich vornehmlich 1779 durch seinen verunglückten Versuch, die Insel Jersey zu nehmen, bekannt. Im Kriege zwischen Spanien und England befehligte er die neu erfundenen schwimmenden Batterien. Der König von Spanien erhob ihn zum Granden erster Klasse. Nach dem Frieden ging der Prinz nach Rußland, wo ihn Katharina II. zum Viceadmiral ernannte u. ihm das Kommando einer kleinen gegen die Pforte bestimmten Flottille auf dem schwarzen Meere anvertraute, mit welcher er 1788 die weitüberlegene türkische Flotte fast vernichtete. Nachdem er hierauf von der Kaiserin mit mehren Missionen an die Höfe von Wien, Versailles u. Madrid betraut worden war, erhielt er den Oberbefehl über die russische Flotte in der Ostsee, schlug mit dieser das schwedische Geschwader an der Küste von Finnland u. schloß es in dem Golf von Viborg ein, erlitt aber, allzu sicher, unmittelbar darauf große Verluste. Er legte hierauf sein Kommando nieder, begab sich nach Katharina's Tod auf Reisen und kehrte nach dem Frieden von Amiens nach Frankreich zurück, wo er den 10. April 1808 †.

Naßfeld, 1) Hochalpenthal bei Hofgastein im Salzburgischen, wird von der Ache durchflossen und hat mehre Hüttenwerke. — 2) (Fusch) Hochalpenthal südlich von Zellersee im Salzburgischen, mit Wasserfällen, Gletschern und Eisbergen, den Vorbergen des Großglockners (hoher Tenn und Wiesbachhorn, 11,390 F.). In einem Seitenthal, dem Weichselbacherthal, das Fuscher- oder St. Wolfgangsbad.

Nasturtium *R. Br.* (Brunnenkresse), Pflanzengattung aus der Familie der Kruciferen, charakterisirt durch die linealische oder elliptische, stielrunde oder zusammengedrückte Schote mit konvexen oder ziemlich flachen, nervenlosen oder an der Basis die undeutliche Spur eines Mittelnerven zeigenden Klappen u. in jedem Fache ungleich 2reihig liegenden Samen, ausdauernde oder einjährige, feuchte Stellen u. Gewässer liebende Gewächse fast in allen Klimaten, mit gelben, seltener weißen Blüthen. N. officinale *R. Br.*, Sisymbrium nasturtium *L.*, gemeine Brunnenkresse, Wasserkresse, Quellenrauke, mit am Grunde niederliegendem u. aus den Gelenken wurzelndem, dann aufsteigendem, 1—2 Fuß langem, kantigem, oberwärts ästigem, völlig kahlem Stengel, gefiederten Blättern, ebensträußigen Blüthen u. linealischen Schoten in verlängerten Trauben, wächst in Quellen, Bächen, Gräben, am Rande der Teiche (immer im Wasser), in Europa, Asien, Afrika u. Amerika. Officinell ist das bitterlich-scharfe, rettigartig schmeckende frische Kraut dieser Pflanze, Herba recens Nasturtii aquatici, dessen frisch ausgepreßter Saft wie die ganze Pflanze gegen Skorbut, sowie zu Frühlingskuren gebraucht wird. Häufiger noch ist die Verwendung des Krautes als Salat, die Samen können wie schwarzer Senf benutzt werden. Von N. amphibium *R. Br.*, Wasserbrunnenkresse, Wasserrettig, mit dottergelben, in reichblüthigen Sträußchen stehenden Blüthen in Gräben, Sümpfen, an überschwemmten Stellen, durch ganz Europa, Nordasien und Nordamerika häufig, war die Wurzel und das Kraut, Radix et Herba Raphani aquatici, sonst wie ähnliche antiskorbutische Arzneimittel im Gebrauche. Auch Kraut u. Samen der übrigen Arten: N. palustre *Dec.*, Sumpfrauke, Sumpfkresse, und N. sylvestre *R. Br.*, Waldbrunnenkresse, sind oder waren wie die von den genannten Arten in Gebrauch. N. indicum *Dec.* ist ein Sommergewächs in Ostindien, auf Java u. in China. Man pflegt in der Heimat das Kraut als einen antiskorbutischen Salat zu essen; auch in Frankreich ist die Pflanze neuerdings in Gebrauch gekommen und wird kultivirt.

Natal (Natalia), britische Kolonie an der Ostküste von Südafrika, zum Kafferlande gehörig, erstreckt sich zwischen 28° u. 31° südl. Br. u. 46° 10′ u. 49° 10′ östl. L. u. hat nach den von der britischen Regierung festgestellten Grenzen eine Küstenlänge von 42½ u. in der größten Erstreckung eine Breite von Westen nach Osten von 32½ Meilen. Im Norden bildet der Omtukela, im Süden der Omzimkoulon die Grenze, jener gegen das Land der Zulukaffern, dieser gegen das sogenannte jenseitige Kaffernland. Westwärts scheidet das Quathlambagebirge, auch Drakenberge genannt, die Kolonie von der Oranjefluß- u. transvaalschen Republik. Die Küste ist fast durchgängig steil u. bietet nur einen einzigen guten Hafen, den bei Port Natal; dar. Von der Küste an steigt das Land terrassenförmig empor; zuletzt ein förmliches Gebirgsland, erhebt es sich in den Gipfeln des Quathlambagebirgs bis zu 9000 Fuß. Die zahlreichen Flüsse strömen sämmtlich von dem genannten Gebirge in südöstlicher Richtung dem indischen Ocean zu; die bedeutendsten sind der genannte Omtukela mit mehren Nebenflüssen, der Umvoti, Umgeni (der einen schönen Wasserfall bildet), Umlasi, Iloro, Umsimkuli u. a., welche sämmtlich den Charakter von Bergströmen haben, in der trockenen Jahreszeit seicht sind, aber in der Regenzeit zu großen, reißenden Strömen anschwellen. Sie fließen meist in tiefen Schluchten, welche den Verkehr im Innern des Landes sehr erschweren. Der Boden besteht vorherrschend aus ausgedehnten Sandsteinschichten, welche hier und da von eruptiven Gesteinsmassen, Granit, Basalt, Trapp, durchbrochen werden; höher hinauf tritt Schiefer hinzu. Von Metallen findet sich gutes Eisen und Kupfer. Ergiebige Steinkohlenlager, die hier und da zu Tage ausgehen, werden als zu weit von der Küste entfernt noch wenig ausgebeutet. Das Klima ist überaus günstig. In der Sommerszeit, vom September bis März, regnet es sehr viel. Frühling u. Herbst sind von kurzer Dauer, so daß die Winterszeit fast die übrige Zeit des Jahres einnimmt, doch gleicht der dortige Winter dem deutschen Frühling. Die allmählige Erhebung des Landes nach dem Innern zu hat übrigens eine bedeutende Verschiedenheit des Klima's zur Folge. Während in der Küstenregion im Sommer tropische Hitze herrscht u. der Winter selten Reif bringt, hat die darauf folgende mittlere Region gleichfalls noch sehr warme Sommer, im Winter aber schon bisweilen Frost; in der höchsten Region aber, wo gleichfalls der Sommer warm ist, sind die Berge im Winter häufig mit Schnee bedeckt. Die vorherrschenden Winde sind die von Nordwesten und Südosten kommenden; erstere sind oft heiß und erschlaffend. Von endemischen Fiebern ist das Land frei. Der Boden ist sehr verschiedener Art, gebundener Thon- wie leichter Sandboden gleich häufig. Urbares Land ist überall reichlich vorhanden. Die Produkte sind mannichfaltig; die einheimische Flora weist vornehmlich Acanthaceen, Solaneen, Euphorbiaceen, viele Gräser und Farren auf. Getreide, namentlich Weizen, wird noch wenig gebaut u. meist vom Kap und von Amerika her eingeführt. Aber Hafer, Gerste, Erbsen, Bohnen u. Linsen geben reichliche Ernten, u. Mais u. Hirse reifen im Jahre zweimal, hier u. da selbst dreimal. Baumwolle wächst zwar an der Küste wild, doch hat sich ihr Anbau als wenig vortheilhaft erwiesen. Indigo dagegen, der ebenfalls wild wächst, gibt reichlichen Ertrag. Tabak gedeiht ebenfalls trefflich, u. der Anbau des Zuckerrohrs, das von Mauritius eingeführt wurde, hat in neuester Zeit sehr zugenommen. Andere Produkte des Landes sind Kaffee, Thee, Bananen, Feigen, Orangen, Citronen, Granatäpfel, Mandeln, Pfirsiche, Aprikosen, Ananas, in den höher gelegenen Gegenden Aepfel, Birnen, Kirschen, Wallnüsse, Weintrauben und mancherlei Beeren. Das häufigste Bau- und sonstige Nutzholz ist das Gelbholz (Taxus elongata); das Eisenholz (Olea undulata) ist wegen seiner außerordentlichen Härte für Wagenaren u. dgl. sehr geeignet. Sonst finden sich wilde Oliven, Stinkholz, rothe Eschen, Fichten u. mehre Eichenarten. Der üppige Graswuchs macht das Land zu Rindvieh- u. Schafzucht sehr geeignet. Die

Wälder an der Küste und am Drakenberg nehmen viele hundert Morgen ein; im zwischenliegenden Lande gibt es aber viele baumlose Strecken. Die Thierwelt ist die des südlichen Afrika und wird besonders durch Antilopen, Affen, einige kleinere Katzenarten, Ameisenfresser ꝛc., sowie durch zahlreiche und schön gefiederte Vögel, Papageien ꝛc. repräsentirt. Die Flüsse sind reich an Fischen. Als Hausthiere finden sich vornehmlich Rinder, Ziegen, Schweine, Schafe mit Fettschwänzen. Die einheimische *Bevölkerung* wohnt in einer großen Anzahl von Kraalen, mag etwa 112,000 Seelen betragen und besteht zum größern Theil aus Flüchtlingen von den benachbarten Zulukaffern, zum Theil auch aus Resten der von den Zulus großentheils ausgerotteten ursprünglichen Kaffernbevölkerung. Sie wohnen theils in abgesonderten Strichen unter eigenen Häuptlingen, theils familienweise auf den Landstellen der Boers und stehen unter der Aufsicht eines britischen Beamten. Die Zahl der eingewanderten Europäer, der Briten u. besonders der holländischen Boers aus der Kapkolonie mag etwa 7000 betragen. Die Viehzucht wird fast ausschließlich von der holländischen Bevölkerung, Handel dagegen besonders von den Engländern betrieben. Ausfuhrartikel sind Schlachtvieh, Butter u. andere Produkte der Landwirthschaft, die besonders auf den Inseln Mauritius u. Bourbon gewinnreichen Absatz finden, ferner Elfenbein, Häute, Wolle ꝛc. N. stand früher unter dem Gouverneur der Kapkolonie, hat aber seit 1856 einen eigenen Gouverneur, dem ein exekutives Koncil u. eine legislative Versammlung zur Seite stehen. Bis 1852 war die Kolonie in 11 Divisionen eingetheilt; gegenwärtig zerfällt sie in 6 Counties: d'Urban, Pietermaritzburg, Victoria, Umvoti, Weenen u. Umsinjati oder Klipfluß. Jede County besteht aus 3 oder 4 Distrikten (wards). Hauptstadt und Sitz des Gouverneurs ist Pietermaritzburg.

Die Küste von N. wurde zuerst 1498 von Vasco de Gama beschifft und, weil er am Weihnachtstage (dies natalis Domini) hierher kam, N. genannt. Um 1575 besuchte der Portugiese Perastrello das Land, doch ward dasselbe trotz seiner günstigen Lage nicht kolonisirt. Erst 1719 gründeten die Holländer daselbst eine Kolonie, welche jedoch bald wieder einging. Keinen längeren Bestand hatte die vom englischen Lieutenant Farewell 1824 gegründete Niederlassung. Erst 1834 siedelten sich wieder einige Engländer daselbst an. Kapitän Gardiner bereiste das Land 1835 in verschiedenen Richtungen, trat in freundschaftliche Verbindung mit dem Zulukafferkönig Dingaan u. erhielt von ihm über 500 QM. Landes abgetreten. Er gründete Port d'Urban u. konstituirte die Kolonie als Republik *Victoria*, bat aber die englische Regierung vergebens, dieselbe als britische Kolonie in Besitz u. Schutz zu nehmen. Gardiner verließ deshalb 1838 N., und die Kolonie ging wieder ein. Inzwischen kamen nach und nach verschiedene Züge unzufriedener Boers, welche aus der Kapkolonie auswanderten, nach N. u. bestanden unter Peter Retief, Gert Maritz u. Andreas Pretorius mehre siegreiche Kämpfe gegen die Zulukaffern. Letzterer schlug am 16. Dec. 1837 die Zulus nach hartnäckigem Kampfe in die Flucht, worauf ihr König Dingaan um Frieden bitten mußte. Zum Andenken Peter Retiefs u. Gert Maritz' wurde das Hauptquartier am Bosjemansflusse Pietermaritzburg genannt. Die Kolonie war im raschen Aufblühen begriffen, als plötzlich ein Detachement britischer Truppen erschien, unter Major Chartres landete, angeblich, um ferneren Kämpfen zwischen den Auswanderern u. den Zulus vorzubeugen, in der That aber, um den Hafen in Besitz zu nehmen und den Boers die Zufuhr von Waffen und Munition abzuschneiden. Das Detachement blieb, von den Boers wenig berücksichtigt, bis zum Januar 1840 in N. Dingaan kam inzwischen seinen traktatmäßigen Verpflichtungen durchaus nicht nach und stand zudem augenscheinlich mit den Engländern in Verbindung. Während die Boers gegen ihn rüsteten, kam im September 1839 Panda, der Bruder Dingaans, mit 6000 Mann und großen Viehheerden Schutz suchend gegen seinen Bruder über die Omtukela geflüchtet. Die Boers schlossen mit Panda ein Bündniß, schlugen am 1. Februar 1840 das Heer Dingaans u. erklärten Panda zum König der Zulus (4. Febr.), aber unter Botmäßigkeit der „batavisch-afrikanischen Maatschappij", wie die Boers ihre Niederlassung in N. nannten. Die letztere selbst aber stellte sich unter den Schutz des Königs von Holland. Die Boers lebten nun eine Zeitlang in Frieden. Die oberste Leitung der öffentlichen Angelegenheiten hatte der Volksrath; Verfassung und Verwaltung wurden geordnet. Da erklärte plötzlich eine Proklamation des Gouverneurs Napier von der Kapkolonie im Nov. 1840, die Emigranten hätten als britische Unterthanen kein Recht, in den von ihnen eingenommenen Territorien einen unabhängigen Staat zu bilden, u. er werde demzufolge letztere in militärischen Besitz nehmen. In der That erschien im Mai 1842 eine Abtheilung von 250 Mann nebst 5 Kanonen unter dem Befehl des Kapitäns Smith in der Natalbai u. griff die Niederlassung an der Küste an, ward aber durch das mörderische Feuer der Boers genöthigt, sich in ihr befestigtes Lager zurückzuziehen. Am 25. Juni kam eine ansehnlichere Macht unter Oberstlieutenant Cloete vor Port Natal an, eskortirt von der Fregatte Southampton, und landete ohne erheblichen Verlust. Die Boers zogen sich nach Pietermaritzburg zurück, erkannten die Oberhoheit der Königin von England an u. lieferten alle Kanonen, welche sie besaßen, aus, wogegen Cloete ihnen völlige Amnestie gewährte und Unantastbarkeit ihres Grundbesitzes, Schutz gegen die Angriffe der Zulus und das Fortbestehen ihrer eigenen Civiladministration verhieß. Als aber die Engländer die Kolonie immer mehr ihrer Selbstständigkeit beraubten, ging ein Theil der Boers nach dem Vaaldistrikt, wo schon eine Maatschappij, nach dem Muster der von N., gebildet war. Mit dem Zurückbleibenden gerieth die Kolonialregierung bald in Zerwürfnisse über den ihnen gewährleisteten Grundbesitz, was abermals zahlreiche Auswanderungen veranlaßte. Mißlicher noch gestalteten sich die Verhältnisse in den Klip- und Büffelflußbezirken, welche die Boers wegen der dortigen trefflichen Weide am dichtesten bewohnten. In der Meinung, daß die britische Herrschaft sich nur bis an den Omtukela erstrecken würde, da derselbe immer als die Grenze des eigentlichen Natallandes angesehen worden war, u. daß der Strich zwischen Klip- und Büffelfluß frei sei, hatten sie die Besitznahme N.s durch die britische Regierung so leicht zugelassen. Der britische Kommissär Cloete schloß jedoch am 6. Okt. 1843 einen

Vertrag mit dem Zulukönig Panda, in welchem der Büffelfluß als britische Grenze festgestellt wurde. Als Panda die Boers vom Klipflusse vertreiben wollte, vereinigten sich diese in einem Lager und setzten ihre Selbstvertheidigung fort bis Ende 1845, um welche Zeit der britische Vicegouverneur in Pietermaritzburg ankam. Da dieser jedoch dem Klipflußbezirk, welcher von Pietermaritzburg 145 Meilen entfernt war, keinen Schutz zu gewähren vermochte, blieb den Boers nichts übrig, als mit Panda selbst Unterhandlungen anzuknüpfen. Letzterer erlaubte den Boers zu bleiben, u. zwar wurde der Büffelfluß als Grenze bestimmt. Als aber der Vicegouverneur dagegen reklamirte, anerkannte Panda den Büffelfluß als die Grenze der britischen Herrschaft und verleugnete den mit den Boers abgeschlossenen Vertrag. Da die Boers sich weigerten, ihre Grundstücke vermessen zu lassen und die officiellen Urkunden darüber in Empfang zu nehmen, wollte dies der britische Verwaltungsrath zu Pietermaritzburg für Hochverrath erklärt wissen, verhieß aber Allen, welche sofort den Eid der Treue ablegen würden, Verzeihung. Die Boers aber lehnten Beides ab und wanderten weiter ins Innere. Im Februar 1848 kam als Gouverneur der Kapkolonie Sir Harry Smith nach N. Derselbe hielt sofort mit den Boers eine persönliche Zusammenkunft u. erließ eine Proklamation, in welcher er auf Ablegung des Huldigungseids verzichtete und eine aus drei Regierungsbeamten und zwei Boers bestehende Landkommission einsetzte, um alle Eigenthümer in ihrem „gegenwärtigen Besitze" zu bestätigen. Die bereits ausgewanderten Boers lud er zur Rückkehr ein, u. es sollten ihnen am Klipflusse u. an dem oberen Omtukela unentgeltlich Grundstücke verwilligt werden. Der Vicegouverneur widersetzte sich zwar u. Lord Grey, der Kolonialminister, nahm Anstand, die Maßnahme des Gouverneurs zu bestätigen; allein Sir Harry Smith setzte seinen Willen durch. Die versöhnenden Schritte kamen allerdings zu spät: der Strom der Auswanderung konnte nicht aufgehalten, geschweige zurückgeleitet werden; doch fanden sich viele unter den Verbliebenen zufriedengestellt.

Natal, Hauptstadt der brasilischen Provinz Rio Grande do Norte, an der Mündung des Rio Grande do Norte in den atlantischen Ocean, mit Hafen, der durch ein Fort vertheidigt wird, lebhaftem Handel und 20,000 Einwohnern.

Natales (lat.), früher Benennung der vier Hauptfeste der katholischen Kirche, Weihnachten, Ostern, Pfingsten und Allerheiligen.

Natale Sanctae Mariae (lat.), Mariä Geburt, s. Maria; **Natale Petri de cathedra**, Petri Stuhlfeier, s. Petrus.

Natalis (nämlich dies, lat.), bei den Kirchenvätern Tag der Geburt, dann der Todestag eines Heiligen oder Märtyrers (natalitia martyrum), weil man in dem Tod für das Evangelium die wahre Verklärung zum Leben sah, und der Tag der Ordination und Konsekration zu einem geistlichen Amte. In späterer Zeit bezeichnete man damit auch den Eintrittstag eines Novizen in das Kloster, sowie den Tag des Professes, wodurch der Novize in den Stand eines Religiosen tritt.

Natalitia, s. v. a. Natalis.

Natchez, Hauptstadt der Grafschaft Adams im nordamerikanischen Staate Mississippi, durch Eisenbahn mit St. Francisville und Jackson verbunden,
hat 6 Kirchen, ein Hospital, Waisenhaus, H
Industrie und 6600 Einwohner.

Nathan, hebräischer Prophet im davidisch
alter, widerrieth David die Erbauung des
(2. Sam. 7) und rügte mit Freimuth dessen
Schwächen und namentlich den Ehebruch mi
seba (2. Sam. 12). David vertraute ihm
ziehung seines Sohnes Salomo an, und n
Vaters Tode salbte N. diesen selbst zum
Die Jahrbücher über die Regierung Davi
Salomo's, die er geschrieben haben soll, sin
ren gegangen. Seine Weisheit veranlaßte
eines seiner bedeutendsten Dramen nach ihm
nennen.

Nathanael, einer der zwölf Apostel, vielle
und dieselbe Person mit dem Apostel Bartho
(s. d.), stammte aus Kana in Galiläa. Jesus
ihn einen Israeliten ohne Falsch.

Nathusius, **Gottlob**, einer der bedeu
Industriellen Deutschlands, geboren den 30
1760 zu Baruth, lernte in Berlin bei einen
händler, konditionirte sodann in dem Hand
Sengewald in Magdeburg, übernahm na
Principals Tode mit dessen Schwager, Rich
Geschäft unter der Firma Richter und N. u
dasselbe, namentlich durch Errichtung einer
fabrik 1787, zu hoher Blüthe. Das Ablebe
kinderlosen Kompagnons und der Wittwe
machte ihn zum alleinigen Inhaber des G
Von Friedrich Wilhelm III. ward er mit d
rakter eines geheimen Raths zum Mitglied
niglichen Kommission der neuen Tabaksr
nannt, doch gab er diese Stellung bald wie
Die Verminderung des Absatzes seiner Fabri
der westphälischen Regierung veranlaßte ihn,
ster Althaldensleben u. das Gut Hundisburg
fen. In diesem etwa ¹/₂ QM. großen Arrond
begründete er neben großartigem und must
landwirthschaftlichen Betrieb eine ganze R
umfassendsten industriellen Anstalten, wie Br
und Branntweinbrennereien, Oel-, Graupen
toffel- &c. Mühlen, Obstkelterei, Zuckerfabrik,
Steingut- u. Porzellanfabrik. Er † am 23. J
Seine Tochter, Marie N. († 1858), hat
Dichterin und Romanschriftstellerin bekannt g
zu den namhafteren ihrer Schriften, die ge
Halle 1858—59 in 7 Bdn. erschienen, zählen
beth" und „Das Tagebuch eines armen Frä
Sein Sohn, Philipp Engelhard, gebor
November 1815 zu Neuhaldensleben, stu
Berlin, machte dann größere Reisen und
endlich auf seinem väterlichen Erbe nieder; v
lichte u. A. „Fünfzig Gedichte" (Braunschw.
„Noch fünfzig Gedichte" (Magdeburg 1841),
dertdrei Lieder von Béranger" (Braunschw. 1
und dessen Bruder, Hermann N., hat sic
ders um die Förderung der Viehzucht, die Le
den Racen und deren Kreuzung u. dergl. V
erworben, auch hierüber viel Schätzbares ge

Nation (v. Lat.), ein durch gleiche Ab
eigenthümlichkeit, gemeinsame Lebens-, Den
pfindungs- und Handlungsweise von andern
schiedener Theil der Menschheit. Worin da
scheidende einer N., die Nationalität, e
besteht, ist schwer anzugeben. Als die Hauptf
welche die Besonderheiten des Nationalch
ters begründen, sind wohl gleiche Abstammu

gleiche Sprache zu betrachten. Jede N. hat von ihrem Ursprung her einen eigenthümlichen Charakter, jeder einzelne Zweig derselben in der Regel wieder einen besonderen, ihn von den übrigen Zweigen unterscheidenden. Dazu kommt die natürliche Beschaffenheit des Wohnplatzes, auf welchem eine N. wächst und groß wird. Die Formation des Landes, seine gebirgige oder ebene, hohe oder tiefe Lage, seine Lage an dem Meere oder seine Entfernung davon, seine Bewässerung und sein Klima, kurz alle Bedingungen, durch welche es unter den Ländern eine Eigenthümlichkeit behauptet, sowie die aus seiner Lage sich ergebende Leichtigkeit oder Schwierigkeit, mit anderen Ländern in Verbindung und Wechselverkehr zu treten, also seine Weltstellung, sind von dem bedeutendsten Einflusse auf die Beschäftigungen, Neigungen, Sinnesart, Sitten und Verfassung seiner Bewohner. Je weniger einseitig ein Land beschaffen ist, je weniger die Extreme von Hochland und Tiefebenen in zu dürftiger oder zu reicher Bewässerung, in zu heißem oder zu kaltem Klima in ihm hervortreten, je mehr diese Gegensätze vermittelt sind und je vielfachere u. leichtere Berührungen seine Weltstellung gewährt, je mehr ist es der Kultur und Civilisation förderlich. Doch darf man auf den Einfluß der Landesnatur auch nicht ein zu großes Gewicht legen, nicht glauben, daß ein auf den Schauplatz, der uns jetzt irgend eine bestimmte Entwickelung zeigt, verpflanztes Volk verschiedenen Ursprungs dieselben Erscheinungen darbieten würde. Vielmehr wird sich jenes erste Moment der Abstammung immer als das bedeutendste erweisen. Ein Beispiel sind die Juden, die unter den verschiedensten Klimaten, in den verschiedensten Ländern doch immer Juden geblieben sind. Zu der Abstammung und Landesbeschaffenheit kommt als weiteres Moment noch die geistige Macht, welche in der Gestalt, die sie den ersten Entwickelungsstadien einmal gegeben hat, fortwächst und das Geschick der N. wesentlich mitbestimmt. Es ist nicht allein die physische Natur, welche, durch die Verschiedenheiten des Klima's und der Lebensweise bedingt, bei den Menschen wie bei den Thieren auffallende Unterschiede in der körperlichen Bildung und geistigen Anlage hervorbringt, sondern vornehmlich der Umstand, daß der menschliche Geist einer durch die umgebenden Verhältnisse bedingten mannichfachen Richtung der Entwickelung fähig ist u. vermöge seiner Selbstständigkeit sich zu eigenthümlicher Individualität entwickeln kann, ist es, welcher in den einzelnen Gesammtheiten der Menschen ein von andern verschiedenes Wesen hervorgebracht hat, das sich in seinem ganzen Umfang als etwas Eigenthümliches unverkennbar kund gibt und demgemäß als Nationalität hervortritt. Dadurch, daß ein abgeschlossenes Staatsleben durch seine bestimmten Formen die Nationalität noch fester zu begründen und durch Erweckung von Nationalstolz und Vaterlandsliebe den Geist zur selbstständigen und unabhängigen Produktion aus sich selbst anzutreiben begann, entstand der besondere *Nationalcharakter*, welcher sich schon in körperlicher Beziehung durch die charakteristische, aus gewohnter Anschauung des Verwandten bei der Fortpflanzung hervorgegangene Physiognomie (*Nationalphysiognomie*), noch mehr aber in der geistigen Sphäre durch besondere Richtungen u. Interessen des geistigen Lebens und durch einen der N. eigenthümlichen, ihre Glieder zu einem Ganzen verbindenden Ideenkreis, mehr oder weniger scharf in sich selbst begrenzt und von Fremdem gesondert, offenbart. Vornehmlich ist es aber die *Sprache*, welche die Glieder einer N. unter einander verbindet, sie einander als zu einer und derselben N. gehörig erkennen läßt und von anderen N.en unterscheidet. Mittelst der Sprache wird die Mittheilung der edelsten Bildungsstoffe bewerkstelligt, u. wie sich Wissenschaft, Poesie, Künste und Gewerbe ihre besonderen, je nach der Herrschaft des Begriffs oder der Anschauung verschiedenen Sprachen bilden, so modificirt sich auch wieder nach der Sprache das Denken und Dichten des Gelehrten, des Künstlers und des Geschäftsmannes auf verschiedene Weise und meist unwillkürlich. Daher nennt man mit Recht die Sprache das Nationaleigenthum u. Nationalheiligthum eines Volks, welches alle Glieder desselben aufs innigste verbindet. Das Verhalten des einzelnen Menschen zum Nationalcharakter als der besonderen Richtung, welche eine N. in ihrer Gesammtentwickelung eingeschlagen hat, u. zu dem gemeinsamen Bande, welches ihre Glieder umschlingt, anlangend, so hat man jenes Verhalten nicht in der Weise aufzufassen, daß man annimmt, als bringe sich der Nationalcharakter dem Individuum mit so zwingender Nothwendigkeit auf, daß dasselbe nicht eine besondere Richtung einschlagen und dadurch der Entwickelung des Nationalcharakters in ihm selbst mehr oder weniger entgegenwirken könne. Die Erfahrung schon beweist das Gegentheil, in sofern es Individuen von verschiedenen Nationalitäten gibt, welche in nationellen Zügen einander gleichen, wie Glieder einer und derselben N. Am meisten prägt sich der Nationalcharakter Denjenigen auf, welche sich desselben wenig oder gar nicht bewußt werden, also der Masse des Volks, welche, durch complicirtere gesellige Verhältnisse und von außen hereinbringende Bildungsstoffe noch nicht verfeinert, das scharfe charakteristische Gepräge der N. noch unabgeschliffen an sich zu tragen pflegt. Dies nationale Gepräge gibt sich am deutlichsten in allem Dem kund, was unmittelbares Erzeugniß des Volkslebens ist, also namentlich in den volksthümlichen Sitten und Gebräuchen, in den *Volksliedern* (s. d.) und *Volksfesten* (s. d.). Wenn aber die Nationalität nur die besondere Form ist, unter welcher die Menschheit in der Wirklichkeit erscheint, die Entwickelung u. Ausbildung des Individuums zur Humanität aber weit über der zur Nationalität steht, so ist klar, daß Erziehung und Bildung, so sehr wir derselben auch eine nationale Bestimmtheit zu vindiciren geneigt sind, den Nationalcharakter nie in der Weise hervorheben dürfen, daß dadurch dem freien Verkehr eines Volks mit dem andern und dem gegenseitigen Austausch ihrer wahrhaft humanen Bildungselemente Eintrag geschehe und eine stabile, bis zum *Nationalhaß* sich steigernde Abneigung zwischen ihnen begründet und genährt werde. Wollte sich eine N. auf so inhumane Weise von andern absondern, so würde sie unausbleiblich geistig zurückbleiben u. sich der nur in der Gemeinschaft der Menschheit möglichen freien humanen Entwickelung verschließen. Ein warnendes Beispiel stellt dafür in der alten Zeit die hebräische, in der neueren die chinesische Nation auf. Aber Erziehung u. Bildung dürfen auf der anderen Seite auch nicht, des nationalen Moments ganz ledig, in das gegenüberstehende Extrem einer schwächlichen und charakterlosen Allerweltsliebe verfallen, mag sich dieselbe auch als prahlender Kosmopolitismus geberden und mit dem beschönigenden Titel der Universalität schmücken wollen. Was schließlich den Unterschied zwischen N. und Volk, welche Wörter oft als gleichbedeutend gebraucht werden, betrifft, so beruht derselbe darin, daß ein Volk nicht immer auch aus einer N. besteht und eine N. nicht immer auch ein Volk bildet. Der Begriff des Volks im engeren und bestimmteren Sinne involvirt nämlich den eines abgeschlossenen Staatswesens, welches als gemeinsames Band die als Volk bezeichnete Gesammtheit von Menschen umschließt. Daher kann ein Volk in diesem Sinne mehre Nationalitäten in sich begreifen, wie dieß z. B. der Fall ist, wenn man von einem preußischen, österreichischen Volk redet, u. andererseits kann auch eine N. wieder mehre Völker und Staaten enthalten, wie dies bei der deutschen N. der Fall ist. Unstreitig ist eine N. dann am günstigsten gestellt, wenn sie nur Einen Staat bildet und mithin als Ein Volk unter einer und derselben Verfassung und Staatsverwaltung steht. Wo das Gegentheil Statt findet und also eine N. in viele einzelne Staatswesen zerspalten und zersplittert ist, da wird in Folge der unvermeidlichen inneren Reibungen und Differenzen der Nationalcharakter und mit ihm alles das, was eine N. andern gegenüber zu einer großen und gefürchteten macht, abgeschwächt werden. Der Nationalcharakter, ohne den eine N. gar nicht mehr als eine solche gedacht werden könnte, wird zwar fortbestehen, aber ohne vor der Gefahr einer völligen Verwischung, welche das Aufhören der N. als solcher zur Folge haben würde, gesichert zu sein, denn Staatseinheit, Nationaltugend u. darauf beruhende Nationalwürde sind die besten Garantien des Bestehens einer N.

Nationale (v. Lat.), das Verzeichniß aller bei einem Truppentheil befindlichen Individuen nach Vor- und Zunamen, Lebens- und Dienstalter, Körpergröße, Religion, Gewerbe u. sonstigen Verhältnissen. Nach den Truppenabtheilungen werden Kompagnie-, Bataillons- und Regimentsverzeichnisse unterschieden. Bei der Kavallerie und Artillerie hat man auch solche Listen von den Pferden, worin über Größe, Alter, Farbe, Ankaufspreis, Fehler 2c. das Nöthige kurz bemerkt ist.

Nationalfarben, die Farben, welche einer Nation als eigenthümliches Abzeichen dienen und als solches in den Kokarden, Feldbinden, Porteépées und Hutkordons der Offiziere ihrer Armee, sowie auch gewöhnlich in den Flaggen ihrer Schiffe, den Bändern ihrer Orden 2c. geführt zu werden pflegen. Meist werden hierzu die Wappenfarben genommen. Doch können dieselben auch durch Herkommen und besondere Befehle bestimmt werden.

Nationalgarde, s. Volksbewaffnung.

Nationalisiren (v. Lat.), einer Person oder Sache den Charakter einer anderen Nationalität, als der sie ursprünglich angehört, mittheilen; vergl. Naturalisiren.

Nationalität, s. Nation.

Nationalkonvent, s. Frankreich (Geschichte).

Nationalliteratur (v. Lat.), die Gesammtheit derjenigen Schriftwerke einer Nation, in denen der individuelle Charakter derselben zu besonders scharfer und eigenthümlicher Ausprägung gelangt ist. Je bestimmter in der Natur eines Volks gewisse Seiten hervortreten, um so entschiedener und charakteristischer spiegeln

sich dieselben auch in seinen schriftstellerischen Erz
nissen. Auch die einzelnen Entwickelungsph
der Nationen kommen in diesen zur mehr oder n
ger deutlichen Erscheinung, je nach dem Grade i
vidueller Besonderheit des einzelnen Volks und
Epochen seines historischen Werdens und Vergeh
Die Geschichte seiner N. ist daher im eminent
Sinne auch die Geschichte jedes Volks. Da
Poesie der unmittelbarste Wesensausdruck wie
Einzelnen, so auch ganzer Nationen ist, so ergibt
daß der Hauptinhalt fast aller N.en durch dichte
Erzeugnisse gebildet wird, neben denen dan
schriftstellerischen Werke der Beredtsamkeit, P
sophie und Geschichte die vorzüglichste Stelle b
Unter den übrigen rein wissenschaftlichen Sc
werken eines Volks können schon deshalb nur we
als dem Schatze der eigentlichen N. zugehörig
trachtet werden, weil in ihnen die stoffliche B
tung regelmäßig vorwiegt und die Persönlichkei
Schriftstellers weniger individuell hervorzut
pflegt als in Erzeugnissen der vorgenannten
Den Begriff der N. im oben dargelegten Sinn
zuerst Wachler aufgestellt.

Nationalökonomie, s. Volkswirthscha
lehre.

Nationalschuld, s. Staatsschulden.

Nationaltheater (v. Lat.), der ganze Reicht
der dramatischen Dichtung, welcher dem eigent
lichen Geistesleben einer Nation entsprossen ist u.
selbe wiederspiegelt; dann eine Schaubühne, n
ausschließlich Stücke gibt, die der Nation angeh
(also keine Uebersetzungen oder Bearbeitungen
der Stücke), und durch diese Stücke sowohl,
durch die Art ihrer Darstellung den Charakter
Volks repräsentirt. Ein solches N. ist das Th
français in Paris und waren früher wenig
Coventgarden und Drurylane in London.
Deutschland findet sich kein Institut dieser Art
Was man manchmal N. nannte, wie die Theat
Berlin, Mannheim, Braunschweig, Frankfur
waren deutsche Theater, wie alle übrigen, entbe
aber alles nationalen Charakters.

Nationaltracht, Art der Kleidung, welche
Nation als solcher eigenthümlich ist und, ohne
der Herrschaft der Mode zu stehen, von allen
den getragen wird. Solche N.en waren frühe
sonders in Spanien, Polen, auch in Ungarn ü
während bei anderen Völkern die Kleidertracht
die herrschende Mode bestimmt zu werden p
und eine Art von N. nur in niederen Volkskl
besonders bei den Bauern, sich vorfand.

Nationalverein, deutscher, politischer Ve
welcher aus der Vereinigung von Mitgliedern
Linken des vormaligen deutschen Parlaments
anderen Führern und Anhängern der demokrati
Partei auf den Versammlungen zu Eisenach
Juli und 14. August 1859), Hannover (19.
1859) und Frankfurt (16. Sept. 1859) entsta
ist und die einheitliche Gestaltung Deutschlands
ter preußischer Hegemonie, sowie eine dem ent
chende Reform der Bundesverfassung mit e
Volksparlament anstrebt. Dieser Verein, we
seinen Sitz in Koburg hat, zählt in allen deut
Staaten zahlreiche Mitglieder. Sein Organ ist
„Wochenschrift“, die seit 1860 erscheint. Es we
jährlich Generalversammlungen abgehalten,
denen die erste im September 1860 zu Koburg

zweite im August 1861 zu Heidelberg, die dritte im September 1862 zu Koburg, die vierte im Oktober 1863 zu Leipzig und die fünfte Ende Oktober 1864 zu Eisenach abgehalten worden ist. Die Anträge des Ausschusses in der deutschen Frage, welche von allen gegen 5 Stimmen angenommen wurden, lauteten: „Der N., durchdrungen von der gleichmäßigen Nothwendigkeit eines deutschen Parlaments und einer einheitlichen Centralgewalt, hält fest an der Reichsverfassung sammt dem Wahlgesetz und den Grundrechten, als nationalem Rechtsboden. Ueber die Centralgewalt hat die im Parlament vertretene gesammte Nation zu entscheiden, deren Beschluß sich alle Parteien und Stämme zu unterwerfen haben. So lange es freiheitsfeindliche, eine undeutsche Richtung verfolgende Regierungen gibt, ist die Durchführung der Reichsverfassung unmöglich. Dringende Vereinsaufgabe ist es, die freiheitliche Entwickelung der Einzelstaaten mit allen verfassungsmäßigen Mitteln zu erkämpfen, partikularistische Tendenzen in Regierung u. Gesetzgebung wegzuräumen." Der N. zählte 1864 20,945 Mitglieder. Seine Jahreseinnahme betrug 25,222 Gulden, die Ausgabe 20,482 Gulden. Das für Flottenzwecke beim N. deponirte Kapital beläuft sich auf 115,729 Gulden. Der dem N. gegenüberstehende sogenannte großdeutsche oder Reformverein hat 1864 keine Generalversammlung gehalten, angeblich wegen der Zerfahrenheit der deutschen Verhältnisse, in der That aber wohl aus Mangel an Theilnahme.

Nationalvermögen, die Gesammtheit alles wirthschaftlichen Guts, was im Besitz eines Volks ist, und zwar theils im unmittelbaren Besitz der Nation, als einer Gesammtheit von Individuen, wie die zu gemeinnützigen Zwecken bestimmten Theile des Grundes und Bodens, Gebäude, öffentliche Anlagen, herrenlose Ländereien und dergleichen, insbesondere die Staatsgüter, theils unter die Einzelwirthschaften vertheilt, aus deren Gesammtverhältniß sich das N. herausstellt und mit denen letzteres steigt und fällt. Im engeren Sinne bezeichnet man die Staatsgüter auch als Nationalgüter, was namentlich in Zeiten revolutionärer Bewegungen zu geschehen pflegt, wo man die bis dahin als ausschließliches Eigenthum der Regierung betrachteten Güter dem Volke vindiciren will. Auf dem guten Bestand des N.s und auf der dadurch gegebenen Leichtigkeit, aus dem Ertrage desselben die Mittel zur Bestreitung der Staatsausgaben zu gewinnen, beruht der Nationalkredit, d. h. derjenige Kredit, welcher den Gliedern einer Nation im Allgemeinen gewährt wird. Vgl. Volkswirthschaftslehre.

Nationalversammlung, Name mehrer aus Volksbewegungen hervorgegangenen und radikale politische Umgestaltungen erstrebenden Versammlungen. Die namhaftesten sind: die französischen N.en von 1789 und von 1848 (s. Frankreich, Geschichte), die deutsche N. zu Frankfurt a. M. 1848—49 (s. Deutschland, Geschichte) und die preußische N. von 1848 (s. Preußen, Geschichte).

Nativ (v. Lat.), angeboren; natürlich; daher Nativismus, Natürlichkeit, Denk- und Handlungsweise eines Menschen oder Volks, welches durch keine Erziehung oder Bildung geändert ist.

Natives (Native American Party, engl., Eingeborne), Name einer politischen Partei in den Vereinigten Staaten von Nordamerika, welche sich um 1835 zur Vertheidigung der Vorrechte der Eingebornen den Eingewanderten gegenüber gebildet hatte und namentlich Verlängerung der zur Naturalisirung erforderlichen Zeit des Aufenthalts von 7 auf 21 Jahre beantragte. Aus den N. gingen 1854 die den Eingewanderten noch feindlicheren Knownothings (s. d.) hervor.

Natividade, Stadt in der brasilianischen Provinz Goyaz, am Tocantins, hat Zucker-, Tabak-, und Baumwollenplantagen.

Nativität (v. Lat.), Geburt, Geburtsstunde; insbesondere das angeblich durch den Stand der Gestirne zur Geburtszeit eines Menschen bedingte Geburtsverhängniß; daher Einem die N. stellen, Jemandes Schicksale aus dem Stande der Gestirne zur Zeit seiner Geburt vorhersagen. Vgl. Horoskop und Astrologie.

Natolien (Anatolien, türkisch Anadoli, griechisch Anatoli, d. i. das Morgenland), im Handel die Levante genannt, s. v. a. Kleinasien.

Natrium (engl. und franz. sodium), das in der Soda, im Kochsalz, überhaupt in allen Natronsalzen vorkommende Metall, kann wie das Kalium (s. d.) dargestellt werden, indem man kohlensaures Natron mit Kohle mischt (ein sehr inniges Gemisch beider Körper erhält man durch Glühen von essigsaurem Natron) und sehr stark erhitzt. Da aber das kohlensaure Natron viel leichter schmilzt als die Potasche und sich dabei von der Kohle trennt, so fügt man noch so viel Kreide hinzu, daß die Masse nur teigig werden kann. Eine chemische Wirkung übt die Kreide nicht aus. Nach Deville erhitzt man ein inniges Gemisch aus 30 Theilen reinem kohlensauren Natron, 13 Th. Steinkohle und 5 Th. Kreide bis zum Rothglühen, läßt die breiartig gewordene Masse erkalten und verwandelt sie in ein gröbliches Pulver. Dies wird in Cylinder von Eisenblech gefüllt, die horizontal in einem Ofen liegen und mit zwei gußeisernen verstrichenen Stöpseln verschlossen sind. Der vordere Stöpsel ist durchbohrt u. nimmt den röhrenförmigen Hals der von Donny und Mareska angegebenen, aus zwei gußeisernen Platten gebildeten Vorlage auf. Die Cylinder ruhen auf Einschnitten in den Backsteinen, sie werden sehr schnell abgenutzt und müssen nach einigen Ladungen durch andere ersetzt werden; sie haben 0,1 Meter Durchmesser und sind 0,75 Meter lang. Man zündet das Feuer auf dem Rost an, und die Produkte der Verbrennung ziehen, nachdem sie die beiden Retorten bestrichen haben, durch Feuerzüge, um sich in die Füchse niederwärts zu begeben, die nach einem unterirdischen Kanal führen, der allen Oefen gemein ist. Bald beginnt nun die Reduktion, wobei die aus der Steinkohle sich entwickelnden Gase die Natriumdämpfe aus der Retorte rasch in die Vorlage treiben. Uebrigens wird das Natriumoxyd leichter reducirt als das Kaliumoxyd. Ein Arbeiter läßt mit einer eisernen Stange das N. in zwei kleine Schüsseln, welche Schieferöl enthalten, ausfließen. Da sich das N. nämlich an der Luft sofort oxydirt, so muß es unter einer sauerstofffreien Flüssigkeit aufbewahrt werden. Die Schlacken, welche auf dem Oel schwimmen, werden unter Schieferöl wiederum geschmolzen und geben eine neue Quantität N. Schließlich gießt man das Metall in kleine Brode von der Form abgestutzter Pyramiden u. von ungefähr 200 Gramm Schwere. Bei regelmäßigem Verlauf der Destillation, welche etwa 4 Stunden dauert, erhält man nur reines N.; die schwarze Substanz, welche bei der Bereitung des Kaliums so störend auftritt, erscheint hier fast gar nicht. Das N. wird im Großen dargestellt, weil es nicht nur in chemischen Laboratorien, sondern auch zur Darstellung des Aluminiums und Magnesiums in bedeutenden Mengen verbraucht wird. Wie das Kalium kann man es natürlich auch mittelst einer galvanischen Batterie darstellen. Es ist silberweiß, unter dem Gefrierpunkt des Wassers hart und bei 60° C. knetbar wie Wachs. Es schmilzt bei 95,6° C., verdampft in der Rothgluth in farblosen Dämpfen und läßt sich etwas leichter destilliren als Kalium. Das specifische Gewicht des N.s ist 0,972, das Aequivalent 23. Auf der frischen Schnittfläche zeigt das Metall lebhaften Glanz, der aber sofort verschwindet, indem sich eine Schicht von Oxyd bildet. Im Finstern phosphorescirt die frische Schnittfläche mit lebhaftem grünlichgelben Licht, namentlich bei 60—70°. Das N. hat sehr große Verwandtschaft zum Sauerstoff, jedoch bei weitem nicht in so hohem Grade wie das Kalium. Fast zum Glühen erhitzt, verbrennt es an der Luft mit gelber Flamme; auf Wasser geworfen, wird es unter lebhafter Wasserstoffentwickelung im Kreise herumgetrieben und oxydirt. Das Gas entzündet sich indeß nur, wenn das Wasser wärmer als 60° C. ist oder durch Gummischleim verdickt wurde, so daß das N. längere Zeit auf einer Stelle verweilen muß. Bei nicht zu hoher Temperatur entzieht das N. wie das Kalium fast allen Körpern den Sauerstoff und wirkt daher als kräftiges Reduktionsmittel. Auch seine Verwandtschaft zu Chlor, Brom und Jod ist nicht viel weniger groß als die des Kaliums. Die Oxydationsstufen des N.s sind nicht so genau erforscht wie die des Kaliums. An trockener Luft entsteht ein Dioxyd, welches rein weiß ist, beim Erhitzen aber wie Zinkoxyd gelb wird. An feuchter Luft zerfließt es langsam und erhärtet nach einiger Zeit wieder unter Bildung von kohlensaurem Natron. Mit Wasser vermischt, entwickelt es viel Wärme, löst sich und gibt beim Verdampfen über Schwefelsäure Krystalle eines Hydrats. Beim Kochen wird die Lösung unter Sauerstoffentwickelung zersetzt. Kohlenoxydgas wird von dem Dioxyd in der Wärme unter Bildung von kohlensaurem Natron absorbirt, Stickstoffoxydul bildet salpetrigsaures Natron und Stickstoff, Stickstoffoxyd bildet nur salpetrigsaures Natron. Das Oxyd, aus gleichen Aequivalenten N. und Sauerstoff bestehend, ist die einzige Sauerstoffverbindung von praktischem Interesse, in sofern sie die Basis sehr wichtiger Salze, der Natronsalze (s. d.), ist. Bei der Abscheidung aus letzteren tritt das Natriumoxyd od. Natron stets als Hydrat (s. Natriumoxydhydrat) auf, zur Darstellung des wasserfreien Oxyds muß man daher ebenso verfahren wie bei der Bereitung des Kaliumoxyds. Die Verbindungen des N.s mit Stickstoff und Stickstoff und Wasserstoff entsprechen ebenfalls den Kaliumverbindungen. Gleiches gilt höchst wahrscheinlich auch für die Schwefelverbindungen, indeß man kennt nur das Natriumsulfurat, welches aus gleichen Aequivalenten Schwefel und N. besteht, genauer. Dieß wird wie das entsprechende Kaliumsulfurat erhalten, doch erfolgt auch hier die Reduktion leichter. Beim Verdampfen der Lösung in sauerstofffreier Atmosphäre erhält man Krystalle mit 9 Aequivalenten Wasser. Natriumsulfhydrat und Natronschwefelleber, Selennatrium u. Phosphornatrium entsprechen den Kaliumverbindungen und werden wie diese dargestellt. Die Verbindung des N.s mit Chlor ist das Kochsalz oder Chlornatrium. Dies entsteht beim Verbrennen von N. in Chlor und beim Neutralisiren von kohlensaurem Natron mit Salzsäure. Ueber das Vorkommen in der Natur, Gewinnung 2c. s. Salz. Das Chlornatrium krystallisirt in Würfeln; aus Flüssigkeiten, die Phosphorsäure enthalten, schließt es an Oktaëdern an. Beide Krystallformen sind wasserfrei, enthalten aber zwischen den Lamellen Mutterlauge eingeschlossen und dekrepitiren (verknistern) daher beim Erhitzen. Unter — 10° krystallisirt das Chlornatrium in großen Tafeln mit 4 Aequivalenten Wasser; über — 10° zerfallen diese Krystalle in kleine Würfel und eine gesättigte Kochsalzlösung. Bei gewöhnlicher Temperatur lösen 100 Theile Wasser 36 Theile, bei 100° C. 40 Theile Chlornatrium. Alkohol und sehr starker Weingeist lösen weniger. Reines Chlornatrium ist nicht hygroskopisch, es schmilzt in starker Rothgluth u. verdampft in höherer Temperatur. Mit wasserfreier Schwefelsäure bildet es eine dem entsprechenden Kaliumsalz analoge Verbindung. Schmilzt man Chlornatrium mit N. im Wasserstoffstrom zusammen, so erhält man eine graublaue Verbindung, die sich mit Wasser unter Wasserstoffentwickelung in Chlornatrium und Natriumoxydhydrat zerlegt. Diese Verbindung enthält 1 Aequivalent Chlor auf 2 Aequivalente N. Jodnatrium kann wie das Jodkalium (s. d.) erhalten werden, es krystallisirt bei gewöhnlicher Temperatur mit 4 Aequivalenten Wasser, über + 40° C. in wasserfreien Würfeln, schmilzt und verdampft dann schwieriger als Jodkalium. Es verliert hierbei Jod, u. wenn zugleich Kohle vorhanden ist, wird es zum großen Theil in kohlensaures Natron verwandelt. Auch schon bei gewöhnlicher Temperatur zersetzt es sich an der Luft und färbt sich röthlich, in Wasser und Weingeist ist es leicht löslich. Die wasserhaltigen Krystalle verwittern an der Luft. Bromnatrium wird wie das Bromkalium (s. Brom) erhalten, krystallisirt wie Jodnatrium, aber die wasserhaltigen Krystalle sind luftbeständig u. die wasserfreien Würfel entstehen schon bei 30° C. Fluornatrium entsteht beim Neutralisiren von Flußsäure mit kohlensaurem Natron, kann in Würfeln krystallisirt erhalten werden, schmilzt schwierig und löst sich nur langsam in 25 Theilen kaltem und heißem Wasser. Kieselfluornatrium entsteht beim Neutralisiren von Kieselfluorwasserstoffsäure mit kohlensaurem Natron und unterscheidet sich vom entsprechenden Kalisalz dadurch, daß es nicht irisirt und unter dem Mikroskop krystallinisch erscheint; auch ist es leichter löslich u. gibt beim Abkühlen der heißen Lösung kleine Krystalle, die wasserfrei sind, vor dem Glühen schmelzen u. leichter als das Kalisalz Fluorkiesel entlassen. Cyannatrium kann wie das ihm ähnliche Cyankalium (s. d.) bereitet werden; es ist schwierig in Krystallen zu erhalten.

Natriumchlorid, s. v. a. Chlornatrium, s. Natrium.

Natriumcyanid, s. v. a. Cyannatrium, s. Natrium.

Natriumjodid, s. v. a. Jodnatrium, s. Natrium.

Natriumoxydhydrat (Aetznatron, Natronhydrat, lat. natrum hydricum), chemische Verbindung gleicher Aequivalente Natriumoxyd und Wasser, entsteht, wenn Natrium auf kohlensäurefreiem Wasser verbrennt, oder wenn Natriumoxyd in solches Wasser geworfen wird. Zur Darstellung des N.s im Kleinen verfährt man wie bei der Darstellung des Kaliumoxydhydrats (s. d.), da das kohlensaure Natron aber seine Kohlensäure leichter abgibt als das Kalisalz, so kann man mit koncentrirteten Lösungen desselben arbeiten. Auf 1 Theil wasserfreies kohlensaures Natron sind 8 Th. und auf 100 Th. krystallisirte Soda nur 253 Th. Wasser nöthig. Auf 1 Th. wasserfreies Natronsalz nimmt man $^{3}/_{4}$ Th. Kalk. Da die **Natronlauge** technische Verwendung findet, so wird sie od. das N. im Großen dargestellt. Um an Brennmaterial behufs des Abdampfens zu sparen, benutzt man die dünne Lauge zum Speisen des Dampfkessels und bringt sie darin bis auf das specifische Gewicht 1,25, worauf sie in gußeisernen Kesseln auf 1,9 verdampft wird. Bei diesem Koncentrationsgrade erstarrt die Lauge nach dem Erkalten. In neuerer Zeit ist das Verfahren, N. mittelst Kalks darzustellen, gänzlich verlassen worden, und man bereitet es jetzt in den Sodafabriken (s. Natronsalze). Erhitzt man reines salpetersaures Natron mit fein zerschnittenem Kupferblech, so entsteht Kupferoxyd, Kupferoxydul und N., welches leicht ausgezogen werden kann. Es bildet sich ebenso, wenn man salpetersaures Natron bei Ausschluß der Luft mit Braunstein erhitzt, und es entsteht hierbei nach Wöhler keine Spur von mangansaurem Natron. Das N. ist eine weiße krystallinische Masse, die an der Luft zuerst durch Wasseraufnahme feucht, dann aber, wieder trocken wird, indem Kohlensäure absorbirt wird und kohlensaures Natron entsteht. Es schmilzt beim Erhitzen und verdampft unzersetzt, jedoch nicht so leicht wie das Kalihydrat. Es wirkt sehr ätzend, reagirt stark alkalisch und löst sich in Wasser unter starker Erhitzung, indem Wasser gebunden wird. Das N. ist, weil kohlensaures Natron gut krystallisirt, viel leichter rein zu erhalten als Kalihydrat, und da ferner das Kali allmählig immer theurer, das Natron aber durch Verbesserungen der Darstellungsmethoden immer billiger geworden ist, so hat das Natronhydrat das Kalihydrat überall dort verdrängt, wo es sich nur um die basischen Eigenschaften handelte. Und in der That ist das N. nächst dem Kalihydrat die stärkste aller bekannten Basen. Es bindet die stärksten Säuren zu völlig neutral reagirenden Salzen, während die neutralen Salze mit schwächeren Säuren noch alkalisch reagiren. Gegen andere Salze, gegen organische Stoffe, wie Haut, Leder rc., verhält sich das N. ganz ähnlich wie das Kaliumoxydhydrat (s. d.), nur wirkt es überall etwas schwächer, doch nicht so viel, daß es letzteres nicht ersetzen könnte. Den Gehalt einer Natronlauge an N. kann man aus dem specifischen Gewicht berechnen, u. Dalton hat darüber folgende Daten gegeben:

Specifisches Gewicht	Procente Natron	Specifisches Gewicht	Procente Natron
2,00	77,8	1,40	29,0
1,85	63,6	1,36	26,0
1,72	53,8	1,32	23,0
1,63	46,6	1,29	19,0
1,56	41,2	1,23	16,0
1,50	36,8	1,18	13,0
1,47	34,0	1,12	9,0
1,44	31,0	1,06	4,7

Fremde Beimischungen beeinflussen natürlich das specifische Gewicht der Lauge, und wo solche zugegen sind, ermittelt man sicherer den Gehalt an N. durch Titriren mit Schwefelsäure.

Natron, s. v. a. Natriumoxyd, s. Natrium.

Natronhydrat, s. v. a. Natriumoxydhydrat (s. d.).

Natronkalk, ein zur Trockne verdampftes Gemisch von Aetznatronlauge mit Aetzkalk, wird in chemischen Laboratorien zur Bestimmung des Stickstoffs in organischen Verbindungen angewandt, indem man dieselben damit in Glasröhren glüht. Die organische Substanz wird hierbei zersetzt und der Stickstoff in Ammoniak verwandelt, welches man in titrirter Schwefelsäure auffängt.

Natronsalpeter, s. Chilisalpeter.

Natronsalze (Natriumoxydsalze), chemische Verbindungen von Natriumoxyd mit Säuren, sind sämmtlich in Wasser löslich und zum größten Theil gut krystallisirbar. Man erhält sie durch Vermischen von Natronlauge od. kohlensaurem Natron mit den entsprechenden Säuren, viele von ihnen finden sich in der Natur und aus diesen werden alle Natriumverbindungen gewonnen. Das Natrium ist einer der verbreitetsten Körper und findet sich auch vielfach in so großen Mengen aufgehäuft, daß es leicht zu gewinnen ist. Dies gilt besonders für das Chlornatrium, welches im Meerwasser gelöst und als Steinsalz in fester und reiner Form vorkommt und bergmännisch gewonnen wird (s. Salz). Als Silikat kommt das Natron allein oder in Gesellschaft mit Kali in vielen und ausgezeichneten Mineralien des Urgebirges vor, z. B. im Albit, Labrador rc. Aus diesen Mineralien ist das Natron durch Verwitterung in die jüngeren Formationen u. die Ackerkrume gelangt. Es fehlt nicht leicht in einer Pflanze und gelangt durch diese in den Thierkörper, in welchem es in bedeutend größerer Menge zurückgehalten wird als irgend eine Kaliverbindung. Weil das Natron überall in größeren Mengen auftritt als das Kali, so schätzt es der praktische Landwirth nicht so sehr wie dieses, welches außerdem auch bei der Fruchtbildung und in vielen Kulturpflanzen in größerer Menge vorhanden ist u. somit eine wichtigere Rolle spielt. Nichtsdestoweniger ist das Natron ebenfalls ein wichtiges Pflanzennahrungsmittel und kann nicht durch das Kali ersetzt werden. Im Blut der Thiere ist stets eine bestimmte Menge Kochsalz enthalten und dies steht in scharf ausgesprochenen Beziehungen zu den Formbestandtheilen des Körpers. Die Blutkörperchen enthalten die Kalisalze, die Blutflüssigkeit dagegen die Natronsalze, letztere überwiegen im Blut, erstere dagegen in den Muskeln. Die Knorpel enthalten hauptsächlich Chlornatrium und wenig oder gar kein Chlorkalium. Natronsalze spielen also auch im Thierkörper eine große Rolle, und so ähnlich Kali und Natron einander sind und so gewöhnlich sie sich zu technischen Zwecken vertreten können, ebenso verschieden ist ihre Bedeutung für Pflanzen und Thiere. Außer dem Kochsalz, welches die Hauptquelle für Natron ist, finden sich aber auch noch andere N. in der Natur, besonders kohlensaures und salpetersaures Natron. Letzteres (Chilisalpeter) wird ebenfalls bergmännisch gewonnen. Natürliche Soda (kohlensaures Natron) kommt an vielen Orten vor, und schwefelsaures Natron kann aus dem Meerwasser gewonnen werden. Borsaures Natron bildet den natürlichen Borax.

Schwefelsaures Natron (**Glaubersalz**, sal mirabile Glauberi) wurde zuerst von Glauber aus Kochsalz u. Schwefelsäure dargestellt und im Großen in Friedrichshall aus Salzsoolen gewonnen (Friedrichssalz). Es findet sich im Mineralreich, wasserfrei als Thenardit im Steinsalzgebirge zu Espartinas bei Aranjuez und zu Tarapaca und wird als solches zur Bereitung von Soda genutzt. Es findet sich ferner mit 10 Aequivalenten Wasser als Mirabilit in den Salzbergwerken zu Hallstadt, Aussee, Berchtesgaden; im Thal des Ebro bei Logroña u. Lodosa wechsellagert es mit Kochsalz in bedeutender Mächtigkeit und Ausdehnung. Mit schwefelsaurer Magnesia effloreseirt es bei Sedlitz und Franzensbrunn als Reussin und mit gleichen Aeq. schwefelsaurem Kalk findet es sich als Glauberit im Steinsalzgebirge zu Villarubia in Spanien, bei Vic in Lothringen, Varengeville bei Nancy, Berchtesgaden u. Iquique in Peru. In Lösung findet es sich in vielen Mineralwässern, in den meisten Salzsoolen u. im Meerwasser, besonders aber in dem Wasser einiger Seen der Araresebene. Ueber die Eigenschaften und Darstellung des schwefelsauren Natrons s. **Glaubersalz**, über die Darstellung in der Technik s. unten: **Kohlensaures Natron**. **Zweifachschwefelsaures Natron** entsteht beim Uebergießen von 1 Aeq. trockenem Glaubersalz mit 1 Aeq. Schwefelsäurehydrat u. Erhitzen, bis die Masse ruhig fließt. Dies Salz ist wasserfrei und gibt in der Rothgluth wasserfreie Schwefelsäure. Löst man es in Wasser, so erhält man Krystalle, die neben basischem Wasser auch noch Krystallwasser enthalten. **Schwefligsaures Natron** mit 7 Aeq. Wasser krystallisirt, wenn man eine mit schwefliger Säure gesättigte Sodalösung mit so viel Soda vermischt, als sie schon enthält. Das Salz ist in Wasser leicht löslich, die Lösung reagirt alkalisch und läßt beim Erhitzen Salz fallen. In höherer Temperatur wird das Salz wasserfrei u. schmilzt endlich zu einer gelbrothen Masse, die auf 1 Aeq. Schwefelnatrium 3 Aeq. schwefelsaures Natron enthält. Uebersättigt man eine warme Sodalösung mit schwefliger Säure, so scheidet sich beim Erkalten **saures schwefligsaures Natron** mit 1 Aeq. basischem Wasser aus. Dies Salz riecht nach schwefliger Säure, schmeckt unangenehm schweflig u. verwittert an der Luft unter Bildung von Glaubersalz. In Weingeist ist es unlöslich. **Unterschwefligsaures Natron**: Dithionigsaures Natron, krystallisirt mit 5 Aeq. Wasser und wird erhalten, indem man Aetznatronlauge mit Schwefel kocht und in die Lösung von unterschwefligsaurem Natron u. Fünffach-Schwefelnatrium so lange schweflige Säure leitet, bis diese vorwaltet. Hierbei scheiden sich 3 Atome Schwefel aus u. unter Wasserzersetzung bildet sich unterschwefligsaures Natron und Schwefelwasserstoff, welch letzterer sich wieder mit schwefliger Säure zu Schwefel und Wasser zersetzt. Das unterschwefligsaure Natron wird in großen Mengen in der Photographie, zur Entfernung der letzten Spuren von Chlor aus gebleichtem Papierzeuch (daher heißt es Antichlor), zur Darstellung von Antimonzinnober als Mordant und zu metallurgischen Zwecken benutzt. Man bereitet es deshalb im Großen, und zwar nach Kopp auf die Weise, daß man auf Gaskalk od. das bei der Sodafabrikation abfallende basische Schwefelcalcium schweflige Säure wirken läßt. Das basische Schwefelcalcium wird mit Schwefel und Wasser gekocht u[...] Lösung von Schwefelcalcium mit dem noch [...]sten Rückstand der Einwirkung der schwefligen [...] ausgesetzt. Die farblose Lösung von unterschw[...]saurem Kalk liefert nach dem Abdampfen bei n[...]ger Temperatur Krystalle von unterschwefligs[...] Kalk, welche mit Glaubersalz zersetzt werden. [...] röstet auch Soda mit Schwefel, bringt das Pr[...] in eine Auflösung von Schwefel in Natronlau[...] kocht, bis letztere farblos geworden ist. Man [...] dampft nun, entfernt das sich ausscheidende [...]bersalz und läßt endlich krystallisiren. Die M[...]laugen werden zur Auflösung neuer Mengen S[...]fel wieder mit Aetznatron gemischt. Gaskalk b[...] im Wesentlichen aus kohlensaurem und unters[...]ligsaurem Kalk und Schwefelcalcium. Letzteres [...] beim Liegen an der Luft zersetzt und man [...] dann durch Ausziehen mit Wasser eine reine L[...] von unterschwefligsaurem Kalk. Ebenso verh[...] sich mit den Sodarückständen, welche indeß, we[...] noch Soda enthalten, direkt das Natronsalz li[...] Wenn schweflige Säure auf Schwefelwasserstoff [...] so entsteht neben Wasser und Schwefel viel [...]athionsäure, und wenn diese längere Zeit mit N[...] oder Kalk gekocht wird, so geht sie in unterschw[...] Säure über. Das unterschwefligsaure Natron [...] große Krystalle, die bei 56° C. schmelzen, in [...] leicht, in Weingeist nicht löslich sind und beim [...]hitzen an der Luft unter Ausgabe von etwas S[...]fel sich in Schwefelnatrium und Glaubersalz [...]wandeln. Die Lösung zersetzt sich allmähli[...] Schwefel und schwefligsaures Natron, an der [...] entsteht Glaubersalz. Geschmolzen und ruhig [...]tend bleibt das Salz lange Zeit flüssig, erstarrt [...] bei Berührung mit einem festen Körper plötzlic[...] unter Temperaturerhöhung. Es löst Jod- u. C[...]silber. Kupferoxydhydrat löst sich in unterschw[...]saurem Natron zu einer farblosen Flüssigkeit [...] beim Erhitzen zuerst Oxydul, dann Sulfid abs[...] (vergl. auch **Kupferoxydul**). **Kohlensa[ures] Natron** (**Soda**, lat. natrum carbonicum, [...] sel de soude, engl. soda-salt) krystallisirt m[...] Aequivalenten Wasser und enthält in 100 Th[...] 21,8 Th. Natron, 15,4 Th. Kohlensäure und [...] Th. Wasser. Man erhält es rein aus der kry[...]sirten Soda des Handels, indem man diesel[...] Wasser löst, während der Krystallisation gut [...]rührt und das erhaltene Krystallmehl auf dem [...]ter auswäscht. Bei ruhiger Krystallisation b[...] sich große Krystalle, die leicht etwas Mutter[...] einschließen, an trockener Luft schnell verwitter[n] beim Erhitzen im Krystallwasser schmelzen. E[...] man längere Zeit, so scheidet sich wasserfreies Sal[z] und endlich bleibt nur solches zurück, welches i[...] Rothgluth schmilzt und wie das wasserhaltige [...]lisch, aber nicht ätzend schmeckt. Das specifisch[e Ge]wicht der wasserfreien Soda ist = 2,4659, sie [...] Weingeist unlöslich, in Wasser aber leicht lö[...] 100 Theile Wasser lösen bei

0° C.	7,08 Th. wasserfreies Salz	21,52 Th. Salz mit 10 Aeq. [...]
10° C.	16,66 " " "	61,93 " " " " "
20° C.	25,93 " " "	123,12 " " " " "
25° C.	30,83 " " "	171,38 " " " " "
30° C.	35,90 " " "	241,57 " " " " "
104,6° C.	48,50 " " "	450,98 " " " " "

Der Gehalt der Lösungen von verschiedenem [...]fischen Gewicht an wasserfreiem kohlensauren N[atron] ergibt sich aus folgender Tabelle von Tünnerm[ann]

Spec. Gew.	Proc.	Spec. Gew.	Proc.	Spec. Gew.	Proc.	Spec. Gew.	Proc.
1,1816	14,880	1,1308	11,160	1,0847	7,440	1,0410	3,720
1,1748	14,508	1,1261	10,788	1,0802	7,068	1,0368	3,348
1,1698	14,136	1,1214	10,416	1,0757	6,696	1,0327	2,976
1,1648	13,764	1,1167	10,044	1,0713	6,324	1,0286	2,604
1,1598	13,392	1,1120	9,672	1,0669	5,952	1,0245	2,232
1,1549	13,020	1,1074	9,300	1,0625	5,580	1,0204	1,860
1,1500	12,648	1,1028	8,928	1,0578	5,208	1,0163	1,488
1,1452	12,276	1,0982	8,556	1,0537	4,836	1,0122	1,116
1,1404	11,904	1,0937	8,184	1,0494	4,464	1,0081	0,744
1,1356	11,532	1,0892	7,812	1,0452	4,092	1,0040	0,372

Bei höherer Temperatur geben Sodalösungen Krystalle mit 8 oder mit 1 Aequivalent Wasser, ist Natronhydrat zugegen, so bilden sich nicht verwitternde Krystalle mit 7 Aeq. Wasser. Bei sehr niedriger Temperatur kann man Krystalle mit 15 Aeq. Wasser erhalten. **Kohlensaures Natronkali** krystallisirt mit 12 Aeq. Wasser selbst aus unreinen Lösungen (Melassenpotasche) sehr rein, verwittert leicht an der Luft und löst sich in 0,54 Theilen Wasser von 15° C. Aus dieser Lösung krystallisirt es nur bei Gegenwart von überschüssigem kohlensauren Kali unzersetzt. Das entwässerte Salz schmilzt leicht und wird dann hygroskopisch. **Zweifach-kohlensaures Natron** (natrum bicarbonicum), aus 1 Aeq. Natron, 2 Aeq. Kohlensäure und 1 Aeq. Krystallwasser bestehend, fällt als schwer lösliches krystallinisches Pulver zu Boden, wenn man in eine koncentrirte Auflösung von kohlensaurem Natron Kohlensäure leitet. Es schmeckt schwach alkalisch, bläut empfindliches Lackmuspapier, hält sich an trockener Luft unverändert, verliert aber an feuchter Luft Kohlensäure. Beim Erhitzen entweicht Kohlensäure und Wasser und man erhält ein sehr reines trockenes kohlensaures Natron. 100 Th. Wasser lösen bei 0° 8,95 Th., bei 10° 10 Th., bei 30° C. 12,24 Th., bei 15° C. 14,45 Th. und bei 70° C. 16,69 Th. Bei höherer Temperatur, aber auch allmählig bei gewöhnlicher Temperatur entweicht Kohlensäure und es bleibt anderthalbfachkohlensaures Natron zurück. Die frisch und kalt bereitete Lösung fällt Kalk- und Magnesiasalze nicht. Das doppeltkohlensaure Natron findet allgemein als Mittel gegen Magensäure Anwendung, es dient auch zur Entwickelung der Kohlensäure in Gaskrügen (1 Gramm gibt 270 Kubikcentimeter Kohlensäure von mittlerer Temperatur) und zur Bereitung von Brausepulver. Es wird daher im Großen bereitet (s. unten). **Anderthalbfachkohlensaures Natron** krystallisirt mit 4 Aeq. Wasser aus der eingekochten Lösung von doppeltkohlensaurem Natron, die Krystalle verändern sich nicht an der Luft, entlassen aber ihre Kohlensäure leichter als das doppeltkohlensaure Salz.

Sodafabrikation. Das kohlensaure Natron findet sich mit 14,5% Wasser krystallisirt als **Thermonatrit** bei Lagunilla in Kolumbien und in Aegypten und als **Natron** efflorescirend und in Krusten mit 10 Aeq. Wasser; anderthalbfachkohlensaures Natron mit 4 Aeq. Wasser krystallisirt als **Trona**. Da dies Mineral nicht verwittert, so wird es in den steinarmen Gegenden von Fezzan sogar als Baustein benutzt. Kohlensaures Natron blüht aus verschiedenen Gesteinen aus, z. B. aus Gneis bei Bilin und am Hradischt, aus vulkanischen Gesteinen bei Neapel, aus Traß bei Schwappenburg, aus Thonlagern in vielen Steppen. Es kommt als Auswurf der Salsen und Schlammvulkane und in Quellen aus der Nähe plutonischer Gebirge vor. Die karlsbader Quellen liefern z. B. jährlich 6,685,000 Kilogramm Soda. In Niederungen bilden Natronquellen Seen, und aus solchen scheiden sich bei der Verdunstung im Sommer ansehnliche Quantitäten Soda aus. Dies geschieht z. B. auf der debrecziner Heide in Ungarn, und die dort gesammelte Soda heißt **Szek**. Aehnliche Verhältnisse finden sich im ganzen Steppengebiet zwischen der Theiß und der Donau u. man gewinnt jährlich 8000—9000 Centner derartige Soda. Aegypten liefert Trona, welche sich in gleicher Weise bildet. Diese wird mit Wüstensand gemengt, befeuchtet und in Ziegelform gebracht. Sehr viel davon geht nach Venedig u. dient zur Fabrikation von Glasperlen. Auch in Fezzan sind Natronseen bekannt, und in diesen befinden sich Inseln von fester Trona, mit welcher auch benachbarte Landstriche von bedeutender Ausdehnung bedeckt sein sollen. Asien ist sehr reich an Natronseen, man kennt solche in Kleinasien, Armenien, Persien, Hindostan, Tübet, in der Tatarei, Mongolei und in China. In der Araxesebene befinden sich mehre solcher Seen, ihr Wasser ist röthlich gefärbt wie das der ägyptischen Seen und enthält (See Wan in Armenien, nahe der persischen Grenze) in 1000 Theilen 0,861 Soda, 0,938 Kochsalz, 0,333 Glaubersalz, 0,055 schwefelsaures Kali, 0,055 kohlensaure Magnesia, 0,018 Kieselerde und eine Spur Eisenoxyd. Die Soda aus südamerikanischen Seen wird **Urao** genannt, man gewinnt davon bei Merida in Venezuela etwa 1600 Centner im Jahr. In einer Thonschicht, welche dort auf der Thalsohle lagert, finden sich zahlreiche Krystalle, welche aus kohlensaurem Natron, kohlensaurem Kalk und 5 Aequivalenten Wasser bestehen. Sie sind von Boussingault Gay-Lussit genannt worden. Alle diese natürliche Soda wird auf sehr rohe Weise ausgebeutet und die Produkte sind deshalb auch sehr unreine; so enthält die Soda, welche man durch Auslaugen, Verdampfen und Schmelzen des Szek gewinnt, der Szekso, 89,8 Proc. kohlensaures Natron, die ägyptische Trona 47,29 anderthalbkohlensaures Natron und 18,43 einfachkohlensaures Natron. Ostindische Soda enthält nur 22,6 Natron und 16 Kohlensäure (neben 34,6 Sand und Kieselsäure) und Urao 39 Natron und 41 Kohlensäure. Die meisten Landpflanzen sind Kaliquellen, in sofern sie das im Boden enthaltene Kali aufspeichern, viele Strandpflanzen sammeln dagegen Natron und liefern sodareiche Aschen. Arten der Gattungen Salsola, Salicornia, Atriplex, Statice, Mesembryanthemum und Chenopodium verbrennt man in Gruben und läßt die zusammensinternde od. schmelzende Asche in diesen sich ansammeln. Die steinharte, stark verunreinigte Masse kommt als natürliche Soda in den Handel. Die beste Sorte ist die **Barilla** oder **Alicante-Soda**, welche an den spanischen Küsten aus kultivirter Salsola-Soda gewonnen wird u. 25 bis 30 Proc. kohlensaures Natron enthält. An der französischen Küste des Mittelmeers gewinnt man auf ähnliche Weise aus kultivirter Salicornia annua 15procentiges **Salicor** u. zwischen Aigues-Mortes und Trontignan aus verschiedenen Strandpflanzen 3—8procentige **Blanquette**. Der schottische **Kelp** und die normännische **Barec-Soda** werden jetzt nur noch wegen ihres Gehalts an Jod und Kali bereitet, in der Araxesebene aber gewinnt man besonders aus Salsola-Soda eine sehr reiche Soda. Die

Bedeutung aller Sorten natürlicher Soda ist indeß sehr gesunken, seitdem die Fabrikation der künstlichen Soda einen festen Boden gewonnen hat. Das Rohmaterial für diese jetzt sehr großartige Industrie ist das am weitesten verbreitete aller Natronverbindungen, das Kochsalz, allein es ist noch nicht gelungen, aus diesem durch eine einzige Operation kohlensaures Natron zu gewinnen. Man muß vielmehr das Kochsalz zunächst in schwefelsaures Natron verwandeln, worauf man aus diesem kohlensaures Natron oder Aetznatron bereitet. In neuerer Zeit hat man auch versucht, Soda aus Natronsalpeter u. natronhaltigen Silikaten zu bereiten, und daneben ist die Verarbeitung des Kryoliths (s. d.) sehr schnell aufgeblüht. Die Wege, durch welche man zum Ziel gelangt, sind sehr zahlreich, und noch werden jährlich mehre neue vorgeschlagen. Praktische Verwerthung haben indeß nur wenige Methoden gefunden. Direkt aus Kochsalz Soda zu gewinnen, hat man versucht mit Hülfe von Bleioxyd (Scheele 1775), kohlensaurem Kali (Meyer 1784), Kalkhydrat (Guyton und Carny 1780) und kohlensaurem Ammoniak (Turck, Dzar und Hemming, Schlösing). Man hat ferner das Kochsalz durch Kieselflußsäure in Kieselfluornatrium verwandelt u. dies durch Aetzkalk zersetzt (Spilsbury u. Mangham 1837, Keßler 1858), oder mit Hülfe von Thonerdehydrat Thonerdenatron gebildet und aus diesem mit Kohlensäure die Thonerde gefällt, wobei eine Lösung von Soda resultirt. Andere haben das Thonerdenatron mit Kryolith behandelt und das gebildete Fluornatrium durch Kalk zersetzt (Tilghmann, Tissier). Auch die Kieselsäure ist benutzt worden, da diese bei Gegenwart von Wasserdämpfen das Kochsalz zersetzt und das gebildete Natronsilikat wieder durch Kohlensäure zerlegt werden kann (Gay-Lussac, Thénard, Gossage). Endlich hat man auch Oxalsäure benutzt. Dieselbe zerlegt nach Kobell das Kochsalz in der Glühhitze, indem Kohlenoxyd und Salzsäure entweichen. Nach Samuel fällt man eine koncentrirte Kochsalzlösung mit Oxalsäure und erhält schwer lösliches zweifachoxalsaures Natron als Niederschlag u. eine Lösung von Salzsäure. Das Natronsalz wird dann mit Kreide und Kalkmilch gekocht, die entstandene Natronlösung vom ausgeschiedenen oxalsauren Kalk getrennt und aus diesem die Oxalsäure wieder gewonnen. Aus einem Gemenge von Chlorkalium u. Chlornatrium läßt sich durch überschüssige Oxalsäure beinahe vollständig das Natron fällen, eine Beobachtung, von der bei der Verarbeitung von Mutterlaugen der Salinen, des Meerwassers, des Abraumsalzes ꝛc. Gebrauch gemacht werden kann. Bis jetzt nimmt die Darstellung der Soda aus schwefelsaurem Natron noch den ersten Rang ein, das Glaubersalz (in der Sodafabrikation Sulfat genannt) aber gewinnt man: aus Kochsalz und Schwefelsäure (Glauber), aus der Mutterlauge der Salinen, aus dem Meerwasser, aus Kochsalz und schwefelsaurem Ammoniak, aus Kochsalz und Alaun oder Eisenvitriol, aus Kochsalz und schwefelsaurem Kalk (Gyps) oder schwefelsaurer Magnesia (Bittersalz), aus Kochsalz und schwefelsaurem Kupferoxyd (behufs der Chlorgewinnung), aus Kochsalz u. Schwefelkies (Kupferkies, Bleiglanz, Zinkblende ꝛc.) durch Rösten, aus Kochsalz und schwefelsaurem Zinkoxyd, durch Glühen von Kochsalz mit schwefelsaurem Bleioxyd oder aus Kochsalz und schwefelsaurem Manganoxydul. Von allen diesen Methoden ist die erste die gebräuchlichste, und sie wird ausgeführt, indem man in den Sulfatöfen die Schwefelsäure auf das Kochsalz fließen läßt u. bis zur vollständigen Zersetzung erhitzt. Dabei entweicht Chlorwasserstoff, welcher, in Wasser aufgefangen, die rohe Salzsäure des Handels liefert. Die Verdichtung des Chlorwasserstoffs bietet aber die größte Schwierigkeit dar und gelang erst in neuerer Zeit vollständig. Die Sulfatöfen waren anfänglich offene Flammenöfen, aus welchen der entwickelte Chlorwasserstoff zugleich mit den Verbrennungsprodukten der Steinkohle entwich; später verbesserte man die Oefen dahin, daß man zuerst in einem geschlossenen Apparat zweifachschwefelsaures Natron bildete, wobei die entweichende Salzsäure, ohne mit Verbrennungsprodukten oder Luft gemengt zu werden, leicht verdichtet werden konnte. Das Gemisch von saurem Sulfat und noch unzersetztem Kochsalz kam dann in eine zweite Abtheilung des Ofens und wurde hier vollständig in Sulfat umgewandelt, doch mengte sich nun die noch entwickelte Salzsäure mit den Verbrennungsprodukten und bot dieselben Schwierigkeiten wie früher. Jetzt wendet man Oefen an, die aus 2 Muffeln bestehen, von denen die eine aus Gußeisen, die andere aus Backsteinen hergestellt ist. Der innere Theil der ersteren repräsentirt ein Segment einer hohlen Kugel von 9 F. Durchmesser und 1 Fuß 9 Zoll Tiefe. Er steht auf einer Backsteinlage und ist mit einem gußeisernen Deckel versehen, der gleichfalls ein Kugelsegment von 1 Fuß Tiefe im Centrum darstellt. In dem Deckel befinden sich 2 verschließbare Oeffnungen, die eine dient zur Beschickung, die andere zur Ueberführung der Masse in die Backsteinmuffel. Die Feuerung liegt seitlich von der gußeisernen Muffel und wirkt zuerst auf den Deckel und dann auf die Schale, so daß die Gase bei möglichst niedriger Temperatur entweichen. Die Backsteinmuffel bildet eine Kammer von etwa 30 F. Länge und 9 F. Breite. Unter der aus Backsteinen gemauerten Sohle befindet sich eine Reihe von Zügen, ihr oberer Theil besteht aus einem dünnen Gewölbe von Backsteinen, welches ein zweites Backsteingewölbe trägt; in dem Raum zwischen beiden cirkulirt die Flamme zuerst und geht dann erst durch die Züge unter dem Boden der Muffel. Bei der Beschickung bringt man $^3/_4$ Tonne Kochsalz in die vorgewärmte eiserne Muffel u. darauf die erforderliche Menge Schwefelsäure von 1,7 specifischem Gewicht, krückt die Masse von Zeit zu Zeit durch und schafft sie nach $1^1/_2$ Stunden und nachdem $^3/_4$ der Salzsäure entwichen sind und die Masse konsistent geworden ist, in die Backsteinmuffel, welche auf Rothgluth erhalten wird. Das hier entweichende Gas wird, ehe es in den Kondensator tritt, abgekühlt, wenn man koncentrirte Salzsäure darstellen will, während es zu verdünnter Säure ohne Weiteres in den Kondensator geleitet wird. Durch diese Einrichtung ist es möglich geworden, Sodafabriken in den Städten anzulegen, denn es gelingt vollkommen, alle Salzsäure zu verdichten. Das erhaltene Sulfat enthält 96—98 Procent reines schwefelsaures Natron. Dies ist aber nur der Fall, wenn die Mischung in der eisernen Muffel nicht von vorn herein einer sehr hohen Temperatur ausgesetzt wurde, weil sich sonst eine Kruste von Sulfat bildet, die das Kochsalz vor weiterer Einwirkung der Säure schützt. Letztere greift dann das Eisen an, es entsteht Eisenvitriol, der in der Backsteinmuffel zu Eisenoxyd zersetzt wird. Letzteres färbt das Sulfat roth und verursacht auch die Entwickelung von Chlor, welches die Salzsäure verunreinigt. Letztere wird in Apparaten verdichtet, die aus Sandstein oder Thongefäßen bestehen u. in welchen Wasser cirkulirt. Die Sandsteinapparate sind Tröge aus Sandsteinplatten, welche in Theer gekocht wurden, um sie für Säure undurchdringlich zu machen, jeder zu einer Batterie gehörige steht 3 Zoll tiefer als der vorangehende, so daß die sich kondensirende Säure durch Röhren von den hintersten Kästen nach den vordersten fließen kann. Thonröhren leiten die Gase aus den Sulfatöfen in den ersten Trog und dann von einem in den anderen. Uebrigens sind für jede Abtheilung des Ofens besondere Batterien vorhanden, um aus den schwefelsäurefreien Gasen der eisernen Muffel eine reinere Salzsäure zu gewinnen. Manche Fabriken reinigen auch noch die Säure mit Baryt. Die Gase streichen bei diesem Apparat durch je fünf Tröge, legen dabei in Folge besonderer Anordnungen einen möglichst weiten Weg zurück und kommen zunächst mit der ihnen entgegenfließenden koncentrirtesten Säure in Berührung. Das nicht absorbirte Gas wird ebenfalls getrennt u. in die mit Kohks gefüllten Thürme geleitet, um hier von herabtröpfelndem und durch die Kohks sehr fein vertheiltem Wasser vollständig absorbirt zu werden. Die Thürme sind ebenfalls aus Sandsteinplatten erbaut, welche durch Nuth und Falz in einander greifen. Auf der Deckplatte stehen die Wasserreservoirs zur Speisung der Apparate. Die kondensirte Säure fließt in die Tröge, die noch entweichenden Gase gelangen in einen Seitenkanal u. dann in den Hauptfabrikschornstein; sie sind säurefrei. Die Kondensationsvorrichtung mit Thongefäßen besteht aus 4 Reihen zweihalsiger Thonflaschen (tourilles), welche auf 2 Bänken stehen und durch Röhren mit einander verbunden sind. Sie enthalten Wasser u. die letzten von ihnen führen die nicht kondensirten Gase ebenfalls in Thürme ab. Es sind 3 Thürme vorhanden, und die Gase aus der Pfanne passiren diese der Reihe nach, während die Gase des Kalcinirraums nur durch den dritten Thurm gehen. Dieser steht direkt oder durch noch einige Tourilles mit dem Schornstein in Verbindung. 100 Theile Kochsalz liefern in der Praxis bis 145 Theile Salzsäure von 21—22° B. Wie großartig die Sulfatfabrikation betrieben wird, geht daraus hervor, daß 50 bis 75 Procent aller fabricirten Schwefelsäure zu derselben verwandt wird.

Die vorgeschlagenen Methoden, das schwefelsaure Natron in kohlensaures umzuwandeln, sind wieder sehr zahlreich und zerfallen in solche, nach welchen diese Operation direkt ausgeführt wird, und in solche, nach denen zunächst Schwefelnatrium gebildet wird. Man kann das Sulfat mit essigsaurem Baryt, Kalk oder Bleizucker zersetzen und das gebildete essigsaure Natron glühen oder mit kohlensaurem Kali direkt schwefelsaures Kali und Natron gewinnen. Man kann aber auch Baryt anwenden und die Zersetzung mit Aetzbaryt oder kohlensaurem Baryt ausführen. Wagner hat gute Resultate mit doppeltkohlensaurem Baryt erhalten. Es ist nicht nothwendig, daß aller angewandte Baryt in doppeltkohlensaures Salz umgewandelt wird, und aus dem entstandenen doppeltkohlensauren Natron kann die Kohlensäure leicht wieder gewonnen werden. Sehr günstige Resultate liefert Aetzbaryt, u. es unterliegt keinem Zweifel, daß die fabrikmäßige Darstellung von wohlfeilem Aetzbaryt eine Umwälzung in dem bisherigen Verfahren der Sodafabrikation bewirken würde. Nach der indirekten Methode hat man Schwefelnatrium mit Essigsäure zersetzt und das essigsaure Natron geglüht, oder man hat das Schwefelnatrium mit Eisen, mit feuchter Kohlensäure, mit kohlensaurem Ammoniak, mit kohlensaurem Eisenoxydul, mit Kupferoxydul oder schwefelsaurem Bleioxyd zersetzt. Die gebräuchliche, von Leblanc herrührende Methode besteht aber in der Zersetzung des Schwefelnatriums durch Kreide, wobei die Bildung und die Zersetzung des Schwefelnatriums in Einer Operation ausgeführt werden. Dies geschieht durch Erhitzung eines Gemisches von etwa 100 Theilen Sulfat, 100 Th. kohlensaurem Kalk u. 75 Th. Steinkohlen, welche Materialien gröblich zerkleinert angewandt werden. Der Ofen ist ein Flammenofen und hat in Deutschland Einen, in England 2 Herde. Auf dem oberen findet eine Erwärmung des Materials Statt, worauf dann auf dem unteren Herd die Schmelzung möglichst schnell ausgeführt wird. Dies muß unter fortwährendem Umkrücken geschehen. Es entweichen dabei brennbare Gase, bis die Reaktion vollendet ist, worauf man die breiige Masse in eiserne Kästen krückt und erkalten läßt. Der chemische Prozeß, welcher bei dieser Operation verläuft, ist nicht ganz einfach u. wohl noch nicht vollständig aufgeklärt. Die Endprodukte aber sind im Wesentlichen Kohlenoxyd, Natron und Schwefelcalcium mit Kalk verbunden. Die Zusammensetzung der rohen Soda variirt begreiflicher Weise sehr bedeutend, und über die Art und Weise, in welcher die bei der Analyse gefundenen Elemente mit einander verbunden sind, ist man ebenso verschiedener Ansicht wie über den Sodabildungsprozeß selbst. Beachtenswerth sind die Sodaöfen mit rotirendem Cylinder. Bei diesen kommt die Beschickung in einen eisernen, mit feuerfesten Backsteinen ausgekleideten Cylinder, durch welchen die Verbrennungsgase strömen. Nach kurzer Zeit läßt man den Cylinder mit Unterbrechungen erst halbe Umdrehungen machen, bis die Masse geschmolzen ist, und versetzt ihn dann in langsame kontinuirliche Drehung, bis die Reaktion vollendet ist. Die **rohe Soda** ist eine schlackige, harte, graue Masse mit etwa 50 Proc. kohlensaurem Natron und wird in England in beträchtlicher Menge zur Seifenfabrikation benutzt. Zur Verarbeitung auf gereinigte Soda setzt man sie zunächst der Einwirkung der Luft aus und behandelt sie dann mit Wasser, indem man danach trachtet, mit möglichst wenig Flüssigkeit eine vollständige Erschöpfung und folglich auch koncentrirte Laugen zu erzielen. Die Auslaugung muß daher systematisch geschehen, und dies wurde früher in der Weise ausgeführt, daß man die in Körben befindliche Rohsoda der Reihe nach staffelartig übereinander stehende und mit Laugen von verschiedener Koncentration gefüllte Bottiche passiren ließ. Hierbei wird indeß die Soda so kompakt, daß sie sehr schwer erschöpft werden kann, und man wendet jetzt ein Verfahren an, welches sich darauf gründet, daß eine Lösung um so dichter wird, je mehr Salze sie gelöst enthält, und daß einer Flüssigkeitssäule einer schwachen Lauge von gewisser Höhe durch eine minder hohe Flüssigkeitssäule einer stärkeren Lauge das Gleichgewicht gehalten wird. Die Bottiche stehen nun horizontal neben einander, durch dieselben läuft Wasser, welches die Soda auslaugt und folglich von Bottich zu Bottich dichter wird. Mithin sinkt auch von Bottich zu Bottich das Niveau der Flüssigkeit. Alle Bottiche sind durch Röhren mit einander verbunden, so daß die Flüssigkeit in ihnen kreisen kann. Derjenige, welcher zuletzt beschickt wurde, enthält die reichhaltigste Substanz, folglich die koncentrirteste Lauge und die niedrigste Flüssigkeitssäule. Er wird deshalb zum Austrittsbottich gemacht, und der neben ihm stehende ist folglich der Eintrittsbottich. Sobald dessen Soda erschöpft ist, wird er entleert, neu beschickt und nun ist er der Austrittsbottich. Der Strom reinen Wassers wird gleichzeitig in den benachbarten Bottich geleitet. Je mehr Bottiche eine Reihe enthält, um so schneller läßt sich eine gegebene Quantität Rohsoda erschöpfen. Es genügt aber, daß die ablaufende Lösung eine Dichtigkeit von etwas unter 1,3 habe, wobei dann 1 Kubikfuß 10—11 Pfd. feste Bestandtheile enthält. Diese Methode zeichnet sich dadurch aus, daß sie wenig Handarbeit verlangt, die Rohsoda leicht u. vollständig erschöpft, sehr koncentrirte Lauge gibt und das lösliche Alkali bald der Einwirkung der unlöslichen Schwefelcalciumverbindungen entzieht. Letzteres ist sehr wichtig, weil sehr leicht ein Rückbildungsprozeß eintreten kann und die Soda dann schwefelhaltig wird. Das Abdampfen der Lauge geschieht nach zwei Methoden. Nach dem einen Verfahren wirkt die Wärme auf die Oberfläche der Flüssigkeit, indem man letztere in viereckige eiserne Pfannen füllt, welche auf der Sohle des Flammenofens eingemauert sind. Es findet hierbei ein oberflächliches Sieden Statt und es scheiden sich Salzkrusten aus, die der Arbeiter fortwährend zerstören muß. Das am Boden gesammelte Salz wird von Zeit zu Zeit ausgekrückt und zum Abtropfen auf eine schiefe Ebene gebracht. Diese Methode ist ökonomisch und fördernd, bringt aber die Verbrennungsprodukte mit der Lauge in Berührung und erzeugt so vorzeitig Soda und besonders schwefligsaures Natron, welches später in Sulfat übergeht. Nach dem anderen Verfahren liegt die Feuerung unter der Pfanne, und hier ist besonders Gefahr vorhanden, daß der Pfannenboden durchbrennt, wenn sich eine feste Salzkruste darauf absetzt. Man konstruirt deshalb Bootpfannen, welche den Querschnitt eines Bootes besitzen, und läßt die Flamme (gewöhnlich die verlorene Wärme der Sodaöfen) auf die geneigten Seitenflächen wirken, weil letztere leicht von Salz gereinigt werden können. Auch hier wird das ausgeschiedene Salz ausgekrückt u. auf eine geneigte Fläche gebracht. Eine Lauge von 1,25 specifischem Gewicht enthielt 24,98 Proc. Salz von folgender Zusammensetzung: kohlensaures Natron 71,25, Natronhydrat 24,5, Chlornatrium 1,85, schwefligsaures Natron 0,1, unterschwefligsaures Natron 0,37, Schwefelnatrium 0,23, Cyannatrium 0,09, Thonerde 1,51, Kieselsäure 0,17 und Spuren von Eisen als Schwefeleisen gelöst. Man sieht hieraus, daß die ganze Menge des Schwefels, welcher als Schwefelsäure zur Zersetzung des Kochsalzes angewandt wurde, in dem unlöslichen Rückstand stecken muß, und in der That enthielt ein solcher: kohlensauren Kalk 19,56, Calciumoxysulfurat 32,8, schwefligsauren Kalk 3,69, unterschwefligsauren Kalk 4,12, Kalkhydrat 10,67, Zweifach-Schwefelcalcium 4,67, Einfach-Schwefelcalcium 3,25, Schwefelnatrium 1,7[illegible], Eisenoxyd 3,7, kieselsaure Magnesia 6,9, Kohlen 2,6, Sand 3,1, Wasser 3,5. Diese Rückstände sind dem Fabrikanten eine große Last, auf Halden geworfen, oxydiren sie sich sehr langsam und hinterlassen endlich kohlensauren Kalk und Gyps. Es fehlt nicht an Vorschlägen, den in ihnen enthaltenen Schwefel wieder auf Schwefelsäure zu verarbeiten. Es ist aus der Zusammensetzung der Lauge klar, daß man durch geschickte Leitung der Verdampfung und gehöriges Sortiren der ausgeschiedenen Salze von vornherein eine reinere Soda gewinnen kann, als wenn man die Lauge ganz zur Trockne verdampft. In letzterem Fall enthält das Salz alle Bestandtheile der Lauge und man bringt es nun in einen Flammenofen, um das Schwefelnatrium zu oxydiren und das Aetznatron in kohlensaures Natron zu verwandeln. Das so erhaltene graue Sodasalz wird mit Dampf in der kleinsten Menge Wasser gelöst, worauf man die klare Flüssigkeit wieder verdampft. Wäscht man das Produkt aus dem Flammenofen mit einer gesättigten Lösung von reiner Soda, so löst diese alle fremden Bestandtheile auf u. hinterläßt ein ziemlich reines kohlensaures Natron. Gossage läßt die Rohlauge durch einen Rokksthurm fließen und leitet ihr einen Luftstrom entgegen, wodurch ebenfalls die nothwendige Oxydation des Schwefelnatriums und folglich auch die Abscheidung des Schwefelnatriums herbeigeführt wird. Die gereinigte Lauge oder die Lösung des im Flammenofen behandelten Salzes gibt nach dem Verdampfen zur Trockne die *kalcinirte Soda* des Handels; will man aber *krystallisirte Soda* darstellen, so löst man sehr reine kalcinirte Soda, die besonders auch frei von Aetznatron sein muß, mit Dampf in möglichst wenig Wasser, läßt die koncentrirte Lösung von 26—27° B. absetzen, verkocht sie dann auf 31° B., klärt sie mit etwas Chlorkalklösung, läßt sie ruhig bis auf 33° C. abkühlen u. dann in die Krystallisationsgefäße laufen. Diese bestehen aus eisernen Schalen, von denen jede 20—30 Centner Krystalle liefert; sie werden bis zum Rande mit Lauge gefüllt u. mit eisernen Stäben bedeckt, an welchen sich besonders schöne und große Krystalle bilden. Nach 9—10 Tagen ist die Krystallisation vollendet, man nimmt dann die Soda heraus, läßt sie an der Luft etwas abtrocknen und verpackt sie. Die Mutterlauge liefert eine weiße, aber nicht sehr reiche kalcinirte Soda, weil sie alle fremden Salze enthält. Man fabricirt jetzt Soda, die einem Gehalt von 98 Proc. an kohlensaurem Natron entspricht, es kommen aber auch Sorten vor, die nur 80 Proc. enthalten, und oft ziehen es die Konsumenten vor, um einen billigeren Preis schwachgradige Soda zu kaufen. In solchen Fällen mischt der Fabrikant die fertige Soda mit fremden Salzen, und zwar für Glashütten mit Sulfat, für Seifensieder mit Kochsalz. Die Sodafabriken liefern jetzt neben kohlensaurem Natron auch *Aetznatron*. Um dies zu erhalten, wird die Quantität Steinkohle, welche man dem Gemisch von Sulfat und Kreide zusetzt, etwas vergrößert, die gewonnene Rohsoda sofort mit Wasser von 50° ausgelaugt u. die geklärte Lauge schnell auf 1,5 specifisches Gewicht verdampft. Hierbei scheiden sich am Boden der Pfanne, die natürlich stets von unten geheizt wird, kohlensaures Natron, schwefelsaures Natron und Kochsalz aus, und die Flüssigkeit wird durch eine Verbindung von Schwefeleisen mit Schwefelnatrium ziegelroth (Rothlauge). Man erhitzt sie in großen gußeisernen Pfannen und setzt auf je 100 Th. zu erzielendes Aetznatron 3—4 Th. Natronsalpeter zu. Dieser reagirt in dem Maße, wie das Wasser entweicht, auf das Schwefelnatrium und Cyannatrium, u. zersetzt sie unter Entwickelung von Ammoniak u. Stickstoffgas u. Abscheidung von Graphit. (Um an Salpeter zu sparen, oxydirt man auch mit atmosphärischer Luft in einem Kokesthurm.) Nach einiger Zeit wird die sehr koncentrirte Lauge in eisenblecherne Cylinder gegossen, worin sie erstarrt und in den Handel gebracht wird (Kuhlmann). In St. Helens schmilzt man gewöhnliche kaustische Soda, verdampft in einem gußeisernen Kessel und entfernt alle sich als Schaum abscheidenden Unreinigkeiten. Die flüssige Masse wird dann zum Dunkelrothglühen erhitzt und während der Nacht in dieser Hitze erhalten. Am Morgen ist die Masse vollkommen durchsichtig und wird von den ausgeschiedenen Krystallen, die die Kesselwände bedecken, abgeschöpft. Das erstarrte Produkt ist sehr schön, fast frei von Soda und enthält höchstens Spuren von Kalk, die sich aber beim Auflösen abscheiden. Deacon verkocht die Lauge bis auf 177° C., läßt sie dann krystallisiren, zieht die Mutterlauge ab und kalcinirt die Krystalle. Um den Schwefel der zur Umwandlung des Kochsalzes in Sulfat verwendeten Schwefelsäure wieder zu gewinnen, hat Knopp eine von Malherbe angegebene Methode ausgebildet, die in manchen Punkten wesentliche Vortheile darbietet. Man vermischt 125 Kilo Sulfat mit 80 Kilo Eisenoxyd u. 55 Kilo Kohle. Das Eisenoxyd kann künstliches oder natürliches sein, man kann auch Spatheisenstein, Magneteisenstein, Hammerschlag oder selbst metallisches Eisen anwenden, doch muß jedenfalls so viel Eisen vorhanden sein, daß aller Schwefel zu Einfachschwefeleisen gebunden werden kann. Kohle darf nicht im Ueberschuß angewandt werden. Das Gemenge wird in einen gewöhnlichen Sodaschmelzofen gebracht und wenn es teigig geworden ist und nicht mehr allzu lebhaft Gase entwickelt, in eiserne Kästen geschüttet, die man mit einem Deckel versieht. Die so erhaltene, sehr harte, schwarze und krystallinische Rohsoda läßt man an der Luft verwittern. Dies geschieht sehr schnell, indem sich die Masse aufbläht und zu Pulver zerfällt. Dabei wird viel Wärme entwickelt und die Masse entzündet sich, wenn man nicht das Pulver fleißig ausbreitet. Es wird Sauerstoff, Kohlensäure und Wasser absorbirt und schließlich hinterbleibt eine Masse, die beim Auslaugen mit Wasser Schwefeleisen und Sodalösung gibt. Es ist vortheilhafter, die Rohsoda durch künstlich erzeugte Kohlensäure zu zersetzen, und man verfährt in England so, daß man die Blöcke unter einem luftigen Schuppen auf einen Rost legt. Letzterer bedeckt einen kellerartigen Raum und in diesen strömt feuchte Kohlensäure ein. Die Blöcke zerfallen nun, das Pulver fällt durch den Rost und sättigt sich sehr schnell mit Kohlensäure. Dies Präparat wird nun mit warmem Wasser ausgelaugt und liefert direkt sehr koncentrirte Lösungen, die reichliche Krystalle von Soda absetzen und beim Kalciniren eine weiße und gehaltreiche Soda zurücklassen. Das beim Auslaugen übrigbleibende Schwefeleisen wird nicht vollständig getrocknet und dann geröstet. Es entzündet sich und liefert einerseits schweflige Säure, die man in die Bleikammern der Schwefelsäurefabrik leitet, andererseits Eisenoxyd, welches von Neuem verwandt werden kann. So cirkulirt derselbe Schwefel fortwährend in der Fabrik, und man braucht nur wenig neuen Schwefel oder Schwefelkies hinzuzufügen, welchen man dann gleichzeitig mit dem Schwefeleisen verbrennt. Das Eisenoxyd braucht erst nach längerer Zeit ersetzt zu werden. Stromeier hat diese Methode genau geprüft u. sie für sehr brauchbar erklärt, nach ihm beträgt der Verlust an Schwefel 20 Procent, die Ausbeute an Soda aber ist eine verhältnißmäßig sehr hohe. Um aus Natronsalpeter Soda zu bereiten, hat man vorgeschlagen, denselben mit Kohle oder metallischem Kupfer zu glühen, mit Braunstein zu schmelzen, mit kohlensaurem Kali oder Barythydrat zu zersetzen u. die gebildeten Salze durch Krystallisation zu trennen, oder auch mit Gyps und schwefelsaurer Magnesia zu glühen, wobei Salpetersäure übergeht und Sulfat mit Kalk oder Magnesia gemengt zurückbleibt, welches alsdann wie gewöhnlich weiter verarbeitet wird. Wichtiger ist die Verarbeitung des Kryoliths, welche bereits in mehren Fabriken ausgeführt wird. Man zersetzt den Kryolith mit Kalkhydrat oder Barythydrat und verarbeitet das entstandene Thonerdenatron weiter (s. Kryolith). In den Aluminiumfabriken, welche Kryolith verarbeiten, erhält man Fluornatrium als Rückstand und dieses kann man durch Kalkhydrat in Aetznatron verwandeln. Albit hat man auf Soda verarbeitet, durch Glühen mit Kalk, durch Aufschließen mit Bleiglätte und Zersetzen der aufgeschlossenen Masse mit Kohlensäuregas, endlich auch durch Entfernen der Kieselsäure als Fluorsilicium, indem man das Mineral mit Flußspath oder Kryolith u. Schwefelsäure aufschließt. Die Fabrikation der künstlichen Soda ist eine der wichtigsten Entdeckungen der chemischen Technik, ihr verdanken Glas- und Seifenindustrie, Bleicherei, Gewebe- u. Papierfabrikation, Färberei, Zeugdruck und manche metallurgische Operationen ihren Aufschwung, da diese früher auf die viel theurere Potasche angewiesen waren. Als der Entdecker muß Leblanc betrachtet werden, welcher 1787 den noch jetzt im Princip üblichen Prozeß andeutete und 1791 ein Patent auf denselben erhielt. Es wurde auch mit dem Gelde des Herzogs von Orléans eine Fabrik gegründet, die aber wieder geschlossen wurde, als man die Güter des Herzogs konfiscirte. Durch Beschluß des Wohlfahrtsausschusses mußte dann das Geheimniß publicirt werden, und Leblanc starb 1806 im Elend. In England wurde die erste Sodafabrik 1824 von James Muspratt in der Nähe von Liverpool angelegt, man mußte aber mehre hundert Centner Soda verschenken, ehe die Seifensieder sich an das neue Fabrikat gewöhnten. Dann stieg der Konsum sehr bedeutend, und jetzt ist die Sodafabrikation eine der wichtigsten Industriezweige des Landes. In Deutschland sind die Fabriken zu Schönebeck bei Magdeburg, Ringkuhl bei Kassel und Barmen die ältesten. Ueber die Quantität der jährlich producirten Sodamenge fehlen neue Angaben, sie überstieg aber schon 1860 weit 6 Millionen Centner.

Zweifachkohlensaures Natron bereitet man im Großen aus krystallisirter Soda, indem man mit großen Blöcken der letzteren einen luftdicht verschließbaren Raum füllt und aus Salzsäure und Kalkstein entwickelte Kohlensäure so lange in denselben eintreten läßt, bis die Soda vollkommen damit gesättigt ist. Da die Soda 10. Aeq. Krystallwasser enthält, aber nur 1 Aeq. in das Bikarbonat eingeht, so werden 9 Aeq. Wasser ausgeschieden, die in Form einer gesättigten Lösung vom Boden der Kammer aus durch ein Rohr abgeleitet werden. Die Operation ist vollendet, wenn die Blöcke im Innern keine Soda mehr enthalten und eine Probe mit Quecksilberchlorid keinen gelben Niederschlag, sondern nur eine weiße Trübung erzeugt. Die Blöcke, welche ihre Form nicht verändert haben, werden dann in Räumen bei einer Temperatur von 35—40° getrocknet, gemahlen und gesiebt. Bisweilen löst man auch das Bikarbonat auf oder sättigt eine Sodalösung mit Kohlensäure und läßt dann krystallisiren. Diese Operation, die sich nicht ohne große Verluste ausführen läßt, ist überflüssig, wenn man reine Soda anwendet und dieselbe mit Kohlensäure vollkommen sättigt. Das doppeltkohlensaure Natron wird jetzt auch in der Bleiweißfabrikation angewandt, um eine reine Kohlensäure zu bereiten. Letztere stellt man sich in den meisten Industriezweigen noch durch Brennen von Kalk oder durch Verbrennen von Kohks dar. Besonders im letzteren Falle ist die Kohlensäure aber unrein und auch durch atmosphärische Luft stark verdünnt. Man pumpt deshalb die Verbrennungsgase in Sodalösung, welche die Kohlensäure absorbirt, u. erhitzt darauf die Flüssigkeit, die nun wieder in einfache Sodalösung verwandelt wird, indem sich reine Kohlensäure entwickelt. Es ist leicht, in dieser Weise einen kontinuirlichen Betrieb einzurichten, der sehr wenig kostspielig ist. Ueber salpetersaures Natron s. Chilisalpeter. Salpetrigsaures Natron entsteht beim Erhitzen von salpetersaurem Natron. Zugleich bildet sich viel freies Natron. Man neutralisirt deshalb mit Essigsäure, löst die Salze in Weingeist auf, filtrirt, verdampft zur Trockne und setzt die Masse der feuchten Luft aus. Das salpetrigsaure Natron zerfließt dann, die Lösung kann abgegossen werden und liefert über Schwefelsäure Krystalle, die im Allgemeinen dem Kalisalz gleichen, aber in Weingeist löslich sind. Unterchlorigsaures Natron entsteht, wenn man Chlor in Sodalösung leitet. Die Flüssigkeit (Eau de Labarracque, s. d.) dient zum Bleichen und zur Unterscheidung der Arsenflecken von den Antimonflecken bei dem Versuche von Marsh, indem sie jene löst, diese nicht. Chlorsaures Natron kann wegen seiner Löslichkeit nicht wie das Kalisalz gewonnen werden. Man bereitet es, indem man 3 Th. schwefelsaures Ammoniak und 3 Th. chlorsaures Kali in 15 Th. Wasser löst, die Lösung zur Konsistenz eines dünnen Brei's verdampft, mit dem vierfachen Gewicht von 80procentigem Weingeist digerirt, das Filtrat mit dem vierten Theil Wasser versetzt, den Weingeist abdestillirt, den Rückstand mit dem gleichen Gewicht Wasser verdünnt u. mit 5 Th. krystallisirter Soda zur Trockne verdampft. Der Rückstand wird umkrystallisirt. Bei dieser Operation bildet sich zuerst chlorsaures Ammoniak u. schwefelsaures Kali. Letzteres wird durch Weingeist abgeschieden. Das Ammoniaksalz wird durch die Soda zersetzt, und das gebildete kohlensaure Ammoniak verflüchtigt sich beim Verdampfen. Das chlorsaure Natron löst sich in 3 Th. kaltem, noch leichter in heißem Wasser, aber wenig in Weingeist. Beim Erhitzen zersetzt es sich wie das Kalisalz, und das übrig bleibende Chlornatrium ist alkalisch. Ueberchlorsaures Natrium, aus der Säure und Natron direkt zusammengesetzt, ist zerfließlich auch in Alkohol löslich. Bromsaures Natro[n] wird bei der Bereitung des Bromnatriums [als] Nebenprodukt gewonnen, krystallisirt über + 4° [...] wasserfrei, unter — 4° wasserhaltig und zersetzt [sich] beim Erhitzen in Sauerstoff und Bromnatrium; [es] ist in 3 Th. Wasser löslich. Jodsaures Natro[n] löst sich in 14 Th. Wasser, ist unlöslich in Weingei[st], gibt beim Erhitzen Sauerstoff, Jod und alkalisch[es] Jodnatrium und krystallisirt in mehren Formen [mit] verschiedenem Wassergehalt. Ueber seine Darstellun[g] s. Jodsäuren. Jodsaures Natron (Jo[d]natrium) krystallisirt mit 20 Aeq. Wasser, wen[n] man Jod in mäßig koncentrirter Natronlauge b[is] zur Färbung auflöst u. die Flüssigkeit unter + 15° [...] freiwillig verdunsten läßt. Das Salz wird [...] heißes Wasser u. Weingeist in seine näheren Bestan[d]theile zerlegt. Mit gewöhnlicher Phosphorsäur[e] bildet das Natriumoxyd 3 Salze, in denen respe[k]tive alle 3 Aeq. Base Kali sind oder 1 oder 2 Ae[q.] Natron durch 1 oder 2 Aeq. Wasser vertreten werde[n] s. Phosphorsäure. Das aus 2 Aeq. Natro[n] 1 Aeq. Wasser u. 1 Aeq. Phosphorsäure bestehend[e] gewöhnliche od. neutrale phosphorsaure Na[]tron krystallisirt mit 24 Aeq. Wasser; es wird e[r]halten, wenn man gewöhnliche Phosphorsäure m[it] kohlensaurem Natron neutralisirt, noch eine gerin[ge] Menge Soda hinzufügt u. krystallisiren läßt. Ma[n] kann hierbei kalkhaltige Phosphorsäure anwende[n], weil der Kalk als basisch-phosphorsaures Salz a[b]geschieden wird und andere Verunreinigungen in d[er] Mutterlauge zurückbleiben. Das phosphorsaure Na[]tron verwittert, ohne zu zerfallen, es schmeckt kü[h]lend salzig und löst sich ziemlich leicht in Wasse[r]. Die Lösung absorbirt viel Kohlensäure und erzeu[gt] in salpetersaurem Silberoxyd einen gelben Niede[r]schlag. Die über dem letzteren stehende Flüssigke[it] ist von freier Salpetersäure sauer, weil in dem phos[]phorsauren Silberoxyd kein basisches Wasser enthal[]ten ist. Das phosphorsaure Natron schmilzt b[ei] gelindem Erwärmen u. verliert sein Krystallwasse[r], in höherer Temperatur entweicht auch das basisc[he] Wasser und es entsteht paraphosphorsaures Natro[n] über dieses und das metaphosphorsaure Natron [s.] Phosphorsäure. Ueber zweifachborsaure[s] Natron, s. Bor. Neutrales borsaures Na[]tron entsteht beim Schmelzen von Borax mit Sod[a] und krystallisirt mit 8 Aeq. Wasser. Vierfachbo[r]saures Natron bildet sich beim Kochen von Bo[]rax mit Salmiak u. krystallisirt mit 10 Aeq. Wasse[r]. Es löst sich in 5—6 Th. Wasser und läßt auf Zu[]satz selbst verdünnter Säuren Borsäure falle[n]. Kieselsaures Natron gleicht im Allgemein[en] dem Kalisalz. Vergl. hierüber Wasserglas.

Man erkennt die Natronsalze daran, daß sie b[ie] Löthrohrflamme gelb färben, durch Platinchlori[d], Ueberchlorsäure und Weinsäure nicht gefällt werde[n], mit antimonsaurem Kali aber in neutralen od[er] schwach alkalischen Lösungen einen weißen Niede[r]schlag von antimonsaurem Natron hervorbringen.

Natronseife, s. Seife.

Natronthal (Thal der Natronseen, Wad[i] Natrun), Thal in der unterägyptischen Provin[z] Bahrieh, am Nilarm von Rosette, beginnt etwa 1[...] Stunden von Terraneh bei dem Dorfe Zakuk un[d] enthält im Ganzen acht Seen (Mellahat): D[...] Rischeh, Eddschaar, El Gunfadih, E[...]

Hamra, der größere Dschun, Errasunieh, El Khortal und der kleinere Dschun. Sie enthalten zum Theil nur gewöhnliches Kochsalz, zum Theil zugleich Natron, zum Theil auch beides. In diesem Falle krystallisiren die beiden Salze abgesondert, das letztere oben in einer Schicht von etwa 18 Zoll Dicke und das Natron in verschiedener, aber nicht unter 27 Zoll Dicke. Der Stand des Wassers in den Seen wechselt in den verschiedenen Jahreszeiten bedeutend. Das Steigen beginnt Ende December u. dauert fort bis Anfang März, wo die Seen allmählig wieder abnehmen. Es gibt auch mehre Süßwasserquellen im N. Die Bevölkerung des N.s ist sehr schwach. Zakuk und die vier Klöster Suriani, St. Macarius, Amba Bischoi und Baramus haben zusammen nicht mehr als 272 Bewohner. Außer Natron erzeugt das Thal Binsen (Sumar) u. Schilf (Birdi), aus denen man die bekannten ägyptischen Matten flicht. Außerdem sind einige der gewöhnlichen Kräuter der Wüste, einige Tamarindenbüsche, einige verkrüppelte Palmen die einzigen vegetabilischen Erzeugnisse des Thals. Von Thieren finden sich Gazellen, Dscherboas, Füchse und einige andere, die in den libyschen Bergen gewöhnlich sind. Die Länge des Thals beträgt etwa 22 Meilen und seine Breite, von dem Abhang der niedrigen Berge, die es einschließen, gerechnet, im breitesten Theile 5½ Meilen, obwohl die eigentliche flache Ebene nicht über 2 Meilen hat und da und dort mit einigen seiner bedeckten Felsenhöhen und Felsenlücken übersäet ist.

Natter, Schlangengattung, s. Nattern.

Natter, Johann Lorenz, berühmter Steinschneider, geboren 1705 zu Biberach in Schwaben, erlernte die Goldschmiedekunst, wandte sich aber später in Italien der Steinschneidekunst zu und ließ sich nach öfters wechselndem Aufenthalt in Toskana, London, Holland, Kopenhagen und Stockholm in Petersburg nieder, wo er den 27. Oktober 1763 †. Unter seinen Werken sind hervorzuheben: das Porträt der Statthalterin der Niederlande auf einer Kamee; eine Schaumünze auf die Krönung des Königs Georg III., eine siegende Britannia auf einer Gemme mit fünf Lagen und eben so viel Farben; eine Schaumünze auf Robert Walpole; mehre königliche Wappen u. Siegel u. a. Zu mehren Medaillen hat er die Stempel geschnitten. Er schnitt sogar in Diamanten. Auch veröffentlichte er 1754 ein Werk über das Verfahren der Alten beim Steinschneiden, einen „Traité de la méthode antique de graver en pierres fines". Seine Sammlungen wurden in Petersburg für 1100 Pfd. Sterl. verkauft.

Natterkopf, Pflanzengattung, s. Echium.

Nattern (Colubrini *Cuv.*), die umfassendste Familie der Schlangen, dadurch ausgezeichnet, daß ihnen die Giftzähne und jede Spur von Hintergliedern abgehen, sind mit Ziegelschuppen bekleidet, die einander genau decken und lanzettförmig zugespitzt, oberseits meist glatt, seltener mit einem flachen Kiele versehen sind. Sie sind in gegen 250 Arten über den ganzen Erdkreis verbreitet und in den Tropenländern zum Theil prächtig gefärbt. Größtentheils Landthiere, vermögen sie doch über die Oberfläche des Wassers hinzugleiten; einige aber, z. B. die Lappenschlange (Homalopsis), leben hauptsächlich im Wasser. Sie nähren sich sämmtlich von Thieren, bei deren Verfolgung sie eine große Gewandtheit entwickeln, fürchten aber den Menschen, unternehmen wenigstens niemals einen Angriff auf ihn. Die Gattung Natter (Coluber *L.*, Landnatter) enthält gegen 15 europäische und mehr als 50 ausländische Arten. Die häufigste ist die in Deutschland gemeine Ringelnatter, Kragennatter oder gemeine Natter (C. Natrix *L.*, Tropidonotus Natrix *Kuhl.*), welche 2—4 Fuß lang wird, im Ganzen bläulich oder grünlichgrau, auf dem Rücken mit zwei Reihen schwärzlicher Flecken gezeichnet ist, 170 Bauchschienen und 60 Schwanzpaare hat und hinter den Schläfen jederseits einen schwarz gesäumten gelben (Männchen) oder weißen (Weibchen) Mondfleck (die vermeintliche Krone) trägt. Sie hält sich gewöhnlich in der Nähe von Gewässern auf, in denen sie gern schwimmt, nimmt auch Besitz von Gängen, welche Maulwürfe oder Wasserspitzmäuse im weichen Boden gegraben haben, wohnt sonst auch in alten Mauern, im Mist und selbst in Ställen und stellt vorzugsweise Fröschen und Wassersalamandern nach, fängt aber auch Eidechsen, Wasserspitzmäuse und selbst Ratten. Sie liebt die Milch und schleicht sich deshalb in Keller und Küchen. Ihre schmutzigweißen Eier von der Größe der Taubeneier, die gewöhnlich zu 20—30 mittelst dünner zäher Fäden zusammenhängen, bringt sie gern an feuchten warmen Orten unter. Die Jungen kriechen nach 3 Wochen aus, wachsen langsam und sind erst in einigen Jahren zur Begattung fähig. Sie ist übrigens scheu und sanft, wird leicht zahm, lernt ihren Herrn kennen und erträgt die Gefangenschaft lange, wenn man es ihr nicht am nöthigen Wasser fehlen läßt, da sie sich gern badet. In einigen französischen Provinzen wird sie gegessen. Ehedem wurden mehre Theile dieser Natter als Heilmittel verwendet; jetzt braucht man höchstens noch die Haut als Ueberzug von Stöcken. Auch die glatte Natter (C. laevis *L.*, Coronella laevis *Mers.*) ist in Deutschland häufig. Sie wird bis zu einer Elle lang, ist röthlichgrau ins Grünliche und mit zwei Reihen brauner Rückenflecke und einem hufeisenförmigen Nackenfleck gezeichnet. Die Schuppen sind mit braunen Pünktchen an der Spitze versehen. Sie hält sich meist auf bewachsenen Bergen auf, besonders in Thüringen, Bayern, Oesterreich und in der Schweiz, und legt im August 12 häutige Eier. Auch sie läßt sich leicht zähmen, beißt aber gereizt heftig um sich. Die Galle wird als Mittel gegen Epilepsie empfohlen. Die gelbliche Natter (C. flavescens *L.*), die größte deutsche Art, wird 3—5 Fuß lang, ist oben graulichgelb und weißgelb, mit einem gelben Fleck an den Seiten des Hinterkopfs. Sie findet sich auf den Gebirgen von Ungarn, Tyrol und der Schweiz, besonders häufig im Schlangenbad am Rhein, das den Namen von ihr hat. Sie läßt sich zähmen. Ihr ähnlich ist die Aeskulapschlange (C. Aesculapii *L.*), 3—4 Fuß lang, glänzend hellbraun ins Grünliche, unten schwefelgelb, mit zwei schwarzen senkrechten Strichen auf den Backen, zwei schwarzen dreieckigen Flecken auf den Schläfen und weißen Flecken an der Seite der Bauchschienen. Sie ist häufig in Dalmatien und Oberitalien, auf Bergwiesen und in Gebüschen, auch in der Gegend von Rom. Es ist die berühmte Schlange von Epidaurus, welche die Aegypter als das Symbol einer wohlthätigen Gottheit verehrten.

Natürlich, was durch die Kräfte oder nach den

Gesetzen der Natur geschieht, im Gegensatz zu übernatürlich, was so gedacht wird, als geschehe es durch andere Kräfte und nach anderen Gesetzen als den in der Natur liegenden; dann was der Natur und Bestimmung eines Dinges angemessen ist, damit übereinstimmt, im Gegensatz zu widernatürlich, unnatürlich. Das Natürliche eines ästhetischen Ganzen besteht vornehmlich darin, daß die einzelnen Bestandtheile desselben in ihrer Verbindung ein organisches und harmonisches Ganzes bilden, in welchem sich die künstliche und absichtsvolle Zusammensetzung derselben so wenig als möglich kund gibt.

Natürliche Kinder, Kinder in Bezug auf ihre Aeltern der leiblichen Abstammung nach, im Gegensatz zu adoptirten Kindern; dann im gewöhnlichen Sprachgebrauch s. v. a. unehelich erzeugte Kinder.

Natürliche Religion, die lediglich auf der sittlichen Natur des Menschen beruhende religiöse Gesinnung und Ueberzeugung, im Gegensatz zur geoffenbarten Religion, wohl zu unterscheiden von Naturalismus (s. d. und Religion).

Natürliche Verrichtungen (functiones corporis naturales), die auf Ernährung, Wachsthum und Zeugung Bezug habenden Vorgänge im thierischen Körper. Das denselben zu Grunde liegende Vermögen ward in der galenischen Schule als natürliche Fakultät unterschieden.

Natunas, Inselgruppe im chinesischen Meer, nordwestlich von Borneo, mit der größten Insel Groß-Natuna, die 7 Meilen lang, 2⅓ Meilen breit, gebirgig, stark bewaldet, von Klippen umgeben, im Innern aber noch wenig bekannt ist.

Natur (lat. natura, von nasci, d. i. werden, entstehen), Alles, was durch sich selbst und ohne von außen kommende Einwirkung so ist, wie es ist, was nach ihm eigenen inwohnenden Trieben, Kräften und Gesetzen entsteht, sich gestaltet und entwickelt. Von N. heißt daher im gewöhnlichen Sprachgebrauch so viel als: von selbst, und es soll dadurch von einem Gegenstande Alles fern gehalten werden, was nicht in ihm selbst liegt, was er nicht durch sich selbst geworden ist. Daher spricht man nicht nur von der N. der Dinge überhaupt, sondern auch von der N. einzelner Klassen der Dinge und Erscheinungen, wie von der N. der Thiere, der Pflanzen, auch des Lichts, der Wärme, der Elektricität ꝛc., um damit die ursprünglichen und wesentlichen Eigenschaften dieser Gegenstände und Erscheinungen und die Formen und Gesetze, unter denen sie sich der Auffassung darbieten, zu bezeichnen; ja man spricht auch von der N. eines einzelnen Menschen, um die ihm eigenthümlichen körperlichen oder geistigen Eigenschaften, die ihn zu Dem machen, was er als Individuum an und für sich selbst, ohne Einwirkung fremder Einflüsse ist, in einen Begriff zusammenzufassen. Die näheren Bestimmungen und Modifikationen dieses allgemeinen Begriffs ergeben sich aus den ihm entgegengesetzten Begriffen. Man unterscheidet nämlich die N. zuerst von Allem, was Produkt des absichtsvollen Denkens, der Kunst, der Kultur in ihrem ganzen Umfang und der Erziehung ist, und so steht die N. (das Natürliche) nicht nur allem Fingirten, Eingebildeten und Erdichteten als das Wirkliche, sondern auch allem Gemachten, Künstlichen oder Gekünstelten als das von und durch sich selbst Entstehende und Selbstständige gegenüber. In sofern nun für das geistige Leben das bewußtvolle und absichtliche Wollen und Handeln, die Selbstbestimmung nach Zwecken und Absichten, die überlegende Wahl unter mehren Mitteln charakteristische Merkmale sind, erscheint der Geist selbst sammt Allem, was Produkt und Ausdruck des geistigen Lebens ist, als Gegensatz der N., und daher spricht man von einem Gegensatz bald der N. und des Geistes, bald der N. und der Freiheit, bald der N. und der Geschichte. Der Mensch setzt sich so der N. als einer absichtslos und unbewußt wirkenden und waltenden Macht gegenüber, indem er sich gleichsam außerhalb des Alles und auch ihn umschließenden Kreises des Seins, Geschehens, Wirkens und Leidens stellt. Aber alle Unterscheidungen und Gegensätze der angegebenen Art haben nur eine untergeordnete und beschränkte Geltung und Bedeutung; sie verschwinden, wenn man die N. als ein großes Ganzes auffaßt, von welchem der Mensch und das ganze menschliche Geschlecht nur einen Theil bildet. Obgleich nämlich jedes Ding seine eigene N. zeigt und sich von den übrigen um so strenger gesondert darstellt, je mehr es einer ins Einzelne eingehenden Betrachtung unterworfen wird, so führt doch das Entstehen und Vergehen der Dinge, ihr Wirken und Leiden sehr bald auf einen weitergreifenden Zusammenhang; eines weist auf das andere hin, nichts läßt sich von den übrigen Dingen gänzlich abgesondert und losgerissen betrachten, und es stellt sich demnach die N. als ein System von Erscheinungen dar, die so mannichfaltig und mit einander innerlich so verwebt sind, daß sie weder vollständig aufgezählt, noch auf erschöpfende Weise ihrem Wesen nach ergründet werden können. Mit N. bezeichnen wir daher den ganzen unermeßlichen Inbegriff alles Dessen, was durch die äußeren Sinne wahrnehmbar ist, im Gegensatze zu Dem, was durch unmittelbares Selbstbewußtsein im Innern vernommen wird, also das Weltall sammt allen in ihm vereinigten Stoffen, Kräften, Erscheinungen und Veränderungen, die Totalität des Seienden und Werdenden. In diesem Sinne gehört der Mensch nur in gewisser Hinsicht, nämlich den Thätigkeiten zufolge, deren Wirkungen ebenfalls in die Wahrnehmung der äußeren Sinne fallen, der N. an, während er den Thätigkeiten nach, welche sich einer solchen Wahrnehmung entziehen, über ihr steht und in ihr nichts weiter als den gegebenen Grund und Boden seines Daseins, den Schauplatz seines Thuns und Leidens, die Quelle seiner mannichfach verschiedenen Zustände, das Objekt seiner Betrachtung und seines Studiums, das Mittel zur Bethätigung seiner Absichten erblickt.

Die Erweiterung und Vertiefung der Naturkenntniß (s. Naturwissenschaft) bietet nicht nur eine hohe theoretische Befriedigung dar, sondern sie ist auch von dem wichtigsten praktischen Einflusse auf die Gestaltung der menschlichen Lebensverhältnisse. Die Herrschaft des Menschen über die N., die Benutzung ihrer Reichthümer für seine Zwecke, die Verhütung des Ungemachs, welchem der Einzelne wie die Gesellschaft durch Unwissenheit preisgegeben wird, werden zum größten Theil nur durch Ergründung der Naturgesetze ermöglicht, und es war namentlich der neuern Zeit vorbehalten, in dieser Beziehung Resultate zu gewinnen, die noch vor einigen

Jahrhunderten in das Reich der Fabel verwiesen worden wären. Die Ergebnisse der Mechanik, der Physik, der Chemie haben für den Ackerbau, die Gewerbe, die Künste, für Erleichterung des Verkehrs 2c. eine unschätzbare Wichtigkeit erlangt, und wenn die neuere Zeit in irgend einem Zweige menschlicher Thätigkeit die Leistungen des Alterthums weit hinter sich gelassen hat, so ist dies gewiß in den Erfolgen des Naturstudiums geschehen. Mit Unrecht meint man, es müsse die Naturbetrachtung in demselben Maße, in welchem der Schleier des Wunderbaren und Geheimnißvollen sinkt, aufhören, eine Quelle der dichterischen und religiösen Erhebung zu sein, es müsse die verständige Untersuchung den reinen Natursinn, die kindliche Freude an dem mühelosen Schaffen und Wirken der N. ertödten. Die Schönheit und Größe der N. strahlt in den Augen Dessen, der die N. kennt, nur um so reiner, und es gibt eine Bewunderung, eine Liebe zu derselben, die nicht die Tochter der Unwissenheit, sondern gerade des Wissens ist. Der Tempel der N. bleibt ein Tempel, auch wenn seine Konstruktion nicht mehr ein unverstandenes Räthsel ist. Wie sehr der Naturgenuß und die ganze Auffassung der N. als eines großen Ganzen durch die Wissenschaft veredelt wird, zeigt am besten Alexander von Humboldts unsterblicher „Kosmos" (Stuttg. 1845—58, 4 Bde.).

Naturalia (lat.), was der Natur angehört, in ihr begründet oder auch ihr angemessen ist. Der in mancher Hinsicht, besonders in Rücksicht auf konventionelle Verhältnisse angefochtene Grundsatz: N. non sunt turpia, d. h. „das Natürliche ist nicht schändlich", stammt vielleicht aus der altgriechischen Schule der Cyniker und spricht in sofern etwas Wahres aus, als das bloß Physische keiner moralischen Beurtheilung unterliegen kann, darf aber nicht in dem Sinne verstanden werden, als dürfe sich der Mensch Alles erlauben, was er natürlicher Weise thun kann. Unter N. negotii versteht man Alles, was von Rechtswegen Folge und Wirkung eines rechtlichen Geschäfts ist und was sich daher ohne besondere Verabredung von selbst daraus ergibt.

Naturalien (v. Lat.), der Wortbedeutung nach eigentlich alle durch Kunst noch nicht umgeänderten Erzeugnisse der Natur; dem gewöhnlichen Sprachgebrauche nach insbesondere die den drei Naturreichen entnommenen Körper, durch deren Sammlung u. Zusammenstellung in größerer Menge naturhistorische Sammlungen (Naturalienkabinete, naturhistorische Museen) entstehen. In sofern solche Sammlungen von Naturkörpern beim Unterricht als Belegstücke dienen oder die Möglichkeit genauer Untersuchung darbieten, ist der Zweck der in Rede stehenden Institute jedenfalls ein wissenschaftlicher. Wiewohl der frische oder gar lebend erhaltene Gegenstand immer den Vorzug vor dem künstlich bewahrten und vor Zerstörung geschützten verdient, so vermag die Kunst doch sehr viel und wird in zahlreichen Fällen der Untersuchung das nöthige Material fast in ebenso brauchbarem Zustande liefern können, als in welchem der frische Körper sich einst befand. Die Anordnung und Aufstellung solcher Sammlungen muß ihrer Bestimmung gemäß wesentlich unter dem Gesichtspunkte des wissenschaftlichen Zweckes und der Belehrung bewerkstelligt werden, und es muß die Auswahl der Gegenstände, die Namengebung und die systematische Anordnung der wissenschaftlichen Bestimmung entsprechen. Daß man im Alterthum schon das Bedürfniß solcher Sammlungen gefühlt habe, ist in Erwägung des noch sehr geringen Maßes naturwissenschaftlicher Kenntnisse sehr unwahrscheinlich. Auch von hierher gehörigen Veranstaltungen des Mittelalters ist wenig zu melden, denn die Sammlungen von Agrippa von Nettesheim, Paracelsus, Cardanus, Konr. Geßner, Georg Agricola bestanden theils aus ohne Ordnung gesammelten und aufgehäuften Naturkörpern, theils lediglich aus Kuriositäten, welche die Liebhaberei am Wunderlichen, Seltsamen und Abnormen zusammengebracht hatte. Von mehr Bedeutung für die Wissenschaft, wiewohl immer noch sehr unvollkommen, waren die Sammlungen des antwerpner Arztes Sam. Quickelberg, der um 1553 in Ingolstadt lebte und in München (1565) ein Verzeichniß seiner Schätze herausgab, des ältern Tradescant, der um 1600 zu sammeln begann, die von Ashmole, welche 1682 die Universität zu Oxford erhielt, und die von Sloane, dessen Katalog an 19,000 allein zoologische Gegenstände aufführt. Von allen diesen Sammlungen sind jetzt nur noch geringe Reste vorhanden, denn die Kunst, thierische und andere Naturkörper durch geeignete Zubereitung vor Zerstörung zu sichern, ist sehr neuen Ursprungs. Die ausgezeichnetsten Sammlungen der gegenwärtigen Zeit sind daher meist nur 40—70 Jahre alt und in jeder Beziehung von denjenigen früherer Jahrhunderte ganz verschieden. Sie sind, was Anordnung, zweckmäßige Vermehrung und Instanderhaltung ihrer Schätze betrifft, der unmittelbaren Aufsicht besonderer Konservatoren unterstellt. Als die reichste u. bedeutendste des Kontinents dürfte die von Leyden anzusehen sein; ihr folgen diejenigen von Paris, Berlin, Wien und Petersburg. Privatsammlungen, theils von großem Werthe, aber gewöhnlich nur auf Ein Fach beschränkt, gibt es unzählige. Die zunehmende Liebe zum Sammeln hat den Naturalienhandel hervorgerufen, der hin und wieder sehr im Großen getrieben wird, aber nur in seltenen Fällen in den Händen wissenschaftlich gebildeter Männer sich befindet.

Naturalisation (v. Lat.), die Aufnahme eines Fremden in den Staatsverband eines Landes, oder die Ertheilung des Indigenats, d. h. der Rechte eines Eingebornen, an einen Fremden. Die einzelnen Staaten haben hinsichtlich der N. von jeher sehr verschiedene Grundsätze aufgestellt, einige dieselbe sehr erschwert, andere sehr erleichtert. In den meisten Staaten wird gegenwärtig den Fremden der Aufenthalt und die Betreibung erlaubter Gewerbe gestattet, seltener der Erwerb von Grundstücken, wozu in Deutschland an den meisten Orten, außer der Aufnahme in den Unterthanenverband, auch das Ortsbürgerrecht erforderlich ist; die eigentlichen staatsbürgerlichen Rechte aber erhalten die Fremden erst durch die N., die in den meisten Ländern ein Regierungs- und Gnadenakt ist, während in andern die gesetzgebende Gewalt dabei konkurrirt.

Naturalismus (v. Lat.), die Betreibung einer Kunst od. Wissenschaft nicht im Sinne eines strengen, regelrechten Studiums, sondern nach Anleitung der natürlichen Anlage oder Begabung, also in tadelndem Sinne Mangel an Schule. Wiewohl alle Künste und Wissenschaften zuerst in naturalistischer Weise betrieben worden sind, so muß doch, sobald eine höhere Stufe der Bildung erreicht worden ist, eine andere Behandlung dieser Fächer menschlicher Thätigkeit eintreten, und es kann auch das hervorragende Talent von der methodischen und regelrechten Erlernung einer Kunst oder Wissenschaft nicht entbunden werden, nicht sowohl, um zu größeren und vollkommneren Leistungen befähigt, als vielmehr, um von dem Einschlagen falscher Richtungen zurückgehalten zu werden. Auch in den Künsten des Reitens, Fechtens und Tanzens findet der Ausdruck N. in dem angegebenen Sinne Anwendung, und man nennt demgemäß solche Reiter, Fechter und Tänzer Naturalisten, welche jene Künste nicht schulmäßig und nach Regeln erlernt haben, sondern sie nur so ausüben, wie es ihnen eigener Trieb und fremdes Beispiel an die Hand geben. Von Staatswegen ist nur die naturalistische Betreibung der Heilkunst verboten, und zwar mit Recht, weil der ärztliche N. leicht in Pfuscherei und Quacksalberei ausartet und das Leben der Menschen gefährdet. In der Malerei nennt man N. als Gegensatz des Idealismus diejenige Kunstrichtung, der gemäß man in der möglichst treuen Nachahmung der Natur und des wirklichen Lebens die höchste Aufgabe der Kunst sieht und von allem Idealen als etwas Unfaßbarem und Unerkennbarem ganz absieht. Die ausgezeichnetsten und geistreichsten Naturalisten in diesem Sinne traten im 17. Jahrhundert in Italien und in den Niederlanden auf; dort ist vornehmlich Caravaggio, hier Rembrandt und seine Schule zu nennen, die aber Beide bestrebt waren, ihrer reinen Naturnachahmung eine gewisse poetische Weihe zu geben, vornehmlich durch die Art der Beleuchtung. Auch in der neueren Zeit sind in Venedig, Paris, Brüssel, Düsseldorf und an anderen Orten ausgezeichnete Repräsentanten dieser Kunstrichtung aufgetreten. Die Philosophie nennt N. im Gegensatz zum Supernaturalismus (s. d.) diejenige Ansicht, wonach der Mensch lediglich durch natürliche Entwickelung und Anwendung seiner geistigen Anlagen und Kräfte, also auf dem Wege eigener Forschung und ohne göttliche, durch die Geschichte vermittelte Unterstützung oder Offenbarung zur Erkenntniß der religiösen Wahrheiten soll gelangen können, also die Verwerfung aller Glaubenssätze, von deren Gültigkeit man sich nicht durch eigenes Denken und Forschen überzeugt hat. Der N. unterscheidet sich vom Rationalismus (s. d.) bloß dadurch, daß er die übernatürliche Offenbarung selbst leugnet, während dieser sich nur das Recht zur Prüfung der geoffenbarten Lehren gewahrt wissen will.

Natura naturans (lat.), scholastische Bezeichnung der Schöpferkraft als des Urgrundes aller endlichen Dinge in der Natur, im Gegensatz zu der Natura naturata oder dem Inbegriff der endlichen Dinge, der Geschöpfe selbst.

Naturbeschreibung, s. Naturgeschichte.

Naturdichter, Bezeichnung solcher Dichter, welche, ohne eine höhere Bildung genossen und ihr Talent kunstgemäß ausgebildet zu haben, bloß von ihrem natürlichen Gefühl getrieben und geleitet, das Feld der Dichtkunst in mehr volksthümlicher Weise bebauen. Der vorwaltende Charakter dieser Naturpoesie ist heiter und gemüthlich, und ihr Inhalt pflegt selten über die Gegenstände des gewöhnlichen Lebens hinauszugehen; aber diese werden im reinen, ungetrübten Glanze der einfachen Natürlichkeit aufgefaßt und dargestellt. Als N. sind vornehmlich die sogenannten Dialekt- oder Volksdichter zu nennen, unter den deutschen der nürnberger Flaschnermeister Grübel (s. d.), unter den Franzosen der Friseur Jasmin (s. d.) und der Bäckermeister Jean Reboul (s. d.), unter den Schottländern Robert Burns (s. d.) und James Hogg (s. d.), der Schäfer von Ettrick.

Naturdienst, religiöser Kult, der sich vergötterten Gegenständen der Natur, als Gestirnen, Thieren ꝛc., zuwendet, s. Fetischismus.

Naturdruck, s. Naturselbstdruck.

Naturell (v. Lat.), der Inbegriff alles Dessen, was einem Menschen oder anderen Geschöpfe durch Vorwalten besonderer Triebe und Neigungen in psychischer oder physischer Hinsicht einen eigenthümlichen Charakter verleiht, also s. v. a. individuelle Natur; s. Temperament.

Naturforscherversammlungen, Versammlungen der deutschen Naturforscher und Aerzte, deren Zweck ist, den Theilnehmern Gelegenheit zu geben, theils sich näher kennen zu lernen u. dadurch einen raschern wissenschaftlichen Verkehr herzustellen, theils Ideen auszutauschen u. gemachte Entdeckungen zu sichern. Die erste Anregung zu diesen Vereinen gab Oken durch eine Aufforderung in der „Isis“ von 1822. Die Sache kam langsam zu Stande, und die erste, schwach besuchte Versammlung fand im September 1822 zu Leipzig Statt. Man entwarf die Statuten, welche in der „Isis“ 1823 (Heft 1) u. 1830 (Heft 5) abgedruckt und noch gegenwärtig in Geltung sind. Sie verbieten eine zunftmäßige Abschließung, gestatten Jedem, der sich wissenschaftlich mit der Naturkunde oder der Medicin beschäftigt, den Zutritt, behalten aber das eigentliche Stimmrecht nur solchen Mitgliedern vor, die mehr als eine gewöhnliche Inauguraldissertation geschrieben haben. Die Versammlungen sollen jährlich am 18. September anfangen und Ort, sowie die Geschäftsführer, welche immer am Versammlungsorte wohnhaft sein sollen, wechseln. Anlegung von Sammlungen liegt nicht im Zweck der Gesellschaft, die auch keine Diplome vertheilt. Die nächsten Versammlungen waren 1823 in Halle, 1824 in Würzburg, 1825 in Frankfurt a. M., 1826 in Dresden, 1827 in München, 1828 in Berlin, 1829 in Heidelberg, 1830 in Hamburg, 1832, nachdem 1831 wegen der Cholera ausgefallen, in Wien, 1833 in Breslau, 1834 in Stuttgart, 1835 in Bonn, 1836 in Jena, 1837 in Prag, 1838 in Freiburg, 1839 in Pyrmont, 1840 in Erlangen, 1841 in Braunschweig, 1842 in Mainz, 1843 in Gräz, 1844 in Bremen, 1845 in Nürnberg, 1846 in Kiel, 1847 in Aachen, 1849, nachdem 1848 ausgefallen, in Regensburg, 1850 in Greifswald, 1851 in Gotha, 1852 in Wiesbaden, 1853 in Tübingen, 1854 in Göttingen, 1855 in Wien, 1856 in Heidelberg, 1857 in Bonn, 1858 in Karlsruhe, 1859 ausgesetzt, 1860 in Königsberg, 1861 in Speyer, 1862 in Danzig, 1863 in Stettin, 1864 in Jena, 1865 in Hannover. Amtliche Berichte von großer Vollständigkeit sind seit 1828 regelmäßig erschienen. Vergl. Kraus, Ueber die Versammlungen der deutschen Naturforscher und Aerzte, Göttingen 1836.

Naturforschung, s. Natur.

Naturgeschichte, im weiteren Sinne die Betrachtung, Erforschung und Erkenntniß der Schöpfung, des Weltalls, also das Gesammtresultat der Naturforschung und gleichbedeutend mit Naturwissenschaft als dem Inbegriff des Wissens von der Natur, welches, in sofern sich ihre schöpferische Kraft in den mannichfaltigsten Aeußerungen kund gibt, viele besondere, aber mannichfach in einander eingreifende Gebiete umfaßt; im engeren Sinne aber diejenige Wissenschaft, welche die auf unserer Erde, als dem Weltkörper, auf welchen sich unsere ins Einzelne eingehende Anschauung beschränkt, vorhandenen Werke der schöpferischen Kraft der Natur in beschreibender (daher auch Naturbeschreibung) Form kennen lehrt. Ist nun auch das große Ganze der Natur, der Kosmos, der naturgeschichtlichen Betrachtung entzogen und eine kosmische N., d. h. eine naturgeschichtliche Beschreibung der Weltkörper, nicht möglich, so ist doch nichtsdestoweniger das Gebiet der bloß auf unseren Planeten sich erstreckenden N. ein sehr ausgedehntes, in sofern es die Erdrinde und Alles, was auf ihr von Natur vorhanden ist, also sowohl das Organische als das Unorganische, umfaßt. Die Erkenntniß der unorganischen Erdrinde erstrebt die Geologie (s. d.), die der organischen Körper die Botanik (s. d.) u. die Zoologie (s. d.). Die N. der organischen Körper hat eine dreifache Aufgabe: einmal hat sie eine Darstellung des Lebenslaufs dieser Körper von der ersten Entstehung an durch alle Entwickelungsphasen hindurch bis zum Tode zu geben und grenzt sich in diesem Sinne zu den Disciplinen der Biologie u. Physiologie ab; dann hat sie es als Physiographie mit der Beschreibung der Gestalten der Naturkörper zu thun, und endlich soll sie als Systemkunde die gegenseitigen Verhältnisse, die Verwandtschaften der Naturkörper und also ihre geordnete Aufeinanderfolge oder Gruppirung festzustellen suchen. In sofern in allen diesen verschiedenen Richtungen immer ihr wesentlicher Zweck die Erforschung der materiellen Beschaffenheit der Naturkörper ist, kann sie ohne Hülfe der Anatomie diese ihre Hauptaufgabe nicht lösen, u. es ist demnach die letztgenannte Wissenschaft die Mutter der N. zu nennen. Die verschiedenen Richtungen des naturgeschichtlichen Studiums stehen in so vielen und engen Wechselbeziehungen unter einander, daß, will man tiefer in die Werke der Schöpfung und besonders in das Wesen der vollkommener organisirten Naturkörper eindringen, keine derselben außer Augen gelassen werden darf. So kann man, was die organischen Körper betrifft, ohne die genaue Kenntniß ihres Baues nicht zum Verständniß ihres physiologischen Verhaltens durchbringen, und auf der Einsicht in letzteres beruht wieder die vergleichende Betrachtung. Die niederen Gebilde der unorganischen Schöpfung lassen sich nur physiographisch erkennen und darstellen; Pflanzen u. Thiere dagegen machen als zusammengesetzte Organismen eine ins Innere gehende Untersuchung nöthig und bieten der folgernden Kombination reicheren Stoff, und in den höheren Thieren und namentlich im Menschen sind so vielfache innere Elemente wirksam, daß die Beschreibung der äußeren Formen als Hülfsmittel nur von geringem Interesse ist, der Erforschung des Materiellen dagegen, also der Anatomie und Physiologie, und des mit jenem in enger Wechselbeziehung stehenden Seelenlebens, also der Psychologie, sich ein fast unbeschränktes Feld voll der wichtigsten und anziehendsten Erscheinungen darbietet.

Die naturwissenschaftlichen Kenntnisse des ganzen Alterthums, sowie eines großen Theils des Mittelalters finden in Aristoteles, dem einzigen großen Naturforscher Griechenlands, ihren gemeinsamen Sammelpunkt. Dieser Vater der N. faßte Alles zusammen, was von früher erbeuteten Kenntnissen ihm vorlag, fügte einen ungemeinen Reichthum höchst genauer und oft erst in der späteren Zeit bestätigter Beobachtungen hinzu und ward für die Scholastiker des Mittelalters sowohl, wie für die alles für Naturforschung empfänglichen Sinnes ganz ermangelnden Römer gleichsam der Codex, zu welchem die Glossenfabrikanten nur Erläuterungen und Anmerkungen lieferten. Neben Aristoteles erscheinen zwar im Alterthum noch einige Namen, deren Träger sich naturgeschichtlichen Forschungen gewidmet, aber es sind neben jenem ganz unbedeutende Lichter. So werden Theophrast u. Dioscorides als Gründer der Botanik genannt, ohne jedoch etwas für unsere Zeit Brauchbares geleistet zu haben. Nicander, Oppian u. Aelian lieferten Beiträge zur Thiergeschichte, aber ohne eine Spur des tiefen Forschergeistes zu zeigen, der des Aristoteles großartige Werke durchbringt. Auch Plinius, ein fleißiger Kompilator, schrieb eine erstaunliche Menge von Miscellen nieder, ohne irgend Kritik zu üben, erwarb sich aber in sofern einiges Verdienst um die N., als er der Nachwelt ein reiches Material zur Beurtheilung des im Ganzen sehr ungenügenden Zustandes der N. zu seiner Zeit überlieferte. Die ganze lange Zeit, welche sich von dem Verfall des griechischen Alterthums durch das Mittelalter hinzieht, zeigt keinen Namen auf, der nur des Erwähnens werth wäre. Die fortschreitende Ausbreitung des Christenthums und die daran sich knüpfenden kirchlich-dogmatischen u. politischen Streitigkeiten und Kämpfe waren, wie den wissenschaftlichen Studien überhaupt, so auch dem Anbau des naturwissenschaftlichen Feldes sehr ungünstig. Die Naturkunde unterlag daher der hereinbrechenden Barbarei zeitiger als andere Zweige des menschlichen Wissens und lebte nach dem Anfang einer besseren Periode zuletzt wieder auf. Erst in der zweiten Hälfte des 16. Jahrhunderts traten Männer hervor, welche selbstständig zu beobachten und die Beobachtungen ihrer Zeitgenossen übersichtlich zu ordnen verstanden. Die von Vesal, Paracelsus u. A. kultivirte menschliche Anatomie bahnte den Weg, während zugleich Männer wie Gesner, Aldrovandi das ganze Gebiet der Thierwelt zu umfassen strebten und Brunfels u. A. die neuere Botanik begründeten. Die wissenschaftlich strenge Methode, welche zuerst in der Astronomie Anwendung fand, ward jetzt nach u. nach auch auf die N. übertragen; aber das Gebiet der unorganischen Schöpfung blieb, einige geringfügige Versuche abgerechnet, noch unbetreten. Im Laufe des 17. Jahrhunderts mehrte sich die Zahl der Forscher, u. zum ersten Male seit Aristoteles wurde, wenn auch in einer etwas anderen Richtung, doch mit nicht weniger glänzendem Erfolg, durch Baco von Verulam der Versuch gemacht, die Anschauung der Natur zu einer philosophischen zu erheben. Newton, Cartesius, Leibniz u. Wolf erwarben sich um die philosophische Behandlung der Naturwissenschaften bleibende Verdienste. Mit unglaublicher Geduld und der scharfsinnigsten Geschicklichkeit zerlegte **Swammerdam** die kleinsten Insekten und wies ihre Verwandlungen und Metamorphosen nach, während kurz darauf Ray dem Vater der neueren Systematik, Linné, den Weg bahnte. Der außerordentliche Einfluß, welchen **Linné** als Gesetzgeber namentlich in der Zoologie und Botanik ausübte, beruht weniger auf der von ihm eingeführten Klassifikation und dem wissenschaftlichen Werthe der einzelnen Abtheilungen, die von ihm zuerst gemacht, aber in Folge späterer Forschungen vielfach abgeändert wurden, als vielmehr auf dem streng logisch durchgeführten System der Benennung und Eintheilung, welches von ihm zuerst aufgestellt ward und bis jetzt noch im Gebrauch ist. Von Linné angeregt, traten immer mehr Forscher auf, welchen es im Laufe eines Jahrhunderts gelang, die N. auf eine früher ungeahnte Höhe zu erheben. Die Literatur der N. ist von außerordentlichem Umfang. Vergl. **Engelmann**, Bibliotheca historico-naturalis, Bd. 1, Leipzig 1846, und **Derselbe**, Bibliotheca scriptorum historiae naturalis" (das. 1846; Suppl., das. 1861—62, 2 Bde. Von **Encyklopädien** und **Wörterbüchern** sind außer dem ältern, in 4 Auflagen erschienenen „Dictionnaire d'histoire naturelle" von de **Bomare** (Lyon 1791, deutsch von Martini u. A., 1.—11. Bd., Berlin 1775 bis 1792) besonders zu empfehlen: Dictionnaire des sciences naturelles, publié par les professeurs du Jardin du Roi, Straßburg und Paris 1816—29, 60 Bde., u. Dictionnaire classique d'histoire naturelle par Audouin, Bourdon, Brongniart, Edwards, de Férussac, Drapiez, Flourens, Jussieu, Lucas, Richard, Bory de St. Vincent etc., Paris 1824—30, 17 Bde. In Bezug auf Nomenklatur in verschiedenen europäischen Sprachen ist noch jetzt brauchbar: **Nemnich**, Allgemeines Polyglottenlexikon der N., Hamburg und Leipzig 1793 und 1798, 2 Bde. In neuerer Zeit erschienen: **Jourdan**, Dictionnaire raisonné, étymologique, synonymique et polyglotte des termes usités dans les sciences naturelles, comprenant l'anatomie, l'histoire naturelle et la physiologie générales etc., Paris 1834, 2 Bde. Ein großer Theil der naturgeschichtlichen Kenntnisse ist in den Schriften und Verhandlungen gelehrter Vereine und in Zeitschriften niedergelegt. Die wichtigsten **Gesellschaftsschriften** sind: „Philosophical Transactions of the royal society of London" (seit 1665), die unter verschiedenen Titeln: „Miscellanea", „Ephemerides", „Acta" und „Nova Acta oder Neue Verhandlungen" erschienenen Schriften der Academia caesar. Leopold. Carol. naturae curiosorum (seit 1670), die Schriften der pariser Akademie, seit 1666 die „Mémoires" der Société d'histoire naturelle de Paris und der Société Linnéenne de Paris. Besonders wichtig für Naturkunde sind die Verhandlungen des pariser Museums der N. (1802—36). Zahlreiche naturwissenschaftliche Abhandlungen enthalten die Schriften der Akademien zu Berlin, Göttingen, München, Kopenhagen, Stockholm, St. Petersburg, Prag, Turin, Genf u. a. Die wichtigsten Entdeckungen in den objektiven Wissenschaften werden neuerlich in den **Zeitschriften** niedergelegt, von denen aus sie erst in die Systeme und Lehrbücher übergehen. Auszuzeichnen sind hier Okens „Isis", die „Annales des sciences naturelles" von Audouin, Brongniart und Dumas, die „Annales générales des sciences physiques" von Bory de St. Vincent, Drapiez und Mons, die „Bijdragen tot de natuurkundige Wetenschappen" von van Hall, Brolik und Mulder, später als „Tijdschrift voor natuurlyke geschiedenis" herausgegeben von van der Hoeven u. de Vriese, die „Tidskrift for Naturwidenskaberne" von Oersted, Hornemann u. Reinhardt; das „Edinburgh philosophical Journal" von Jameson und Brewster, später von den beiden Herausgebern gesondert fortgesetzt als „Edinburgh Journal for science" von Jameson u. „New Ed. phil. Journ." von Brewster; das „Bulletin de la société impériale des naturalistes de Moscou". Die **Hand- oder Lehrbücher** zerfallen je nach dem höhern oder niedern Gesichtspunkte, nach welchem sie ausgearbeitet sind, in solche für Hochschulen u. zum Selbststudium und solche für Gymnasien, Bürger- und Volksschulen, nebst populären Bearbeitungen der N. Zu empfehlen sind: **Blumenbach**, Handbuch der N., 12. Aufl., Göttingen 1830; **Oken**, Allgemeine N. für alle Stände, Stuttgart 1834—45, 13. Bde.; **Bischoff, Blum, Bronn, Leonhard** u. A., N. der drei Reiche, das. 1832 bis 1843, 14 Bde.; **Burmeister**, Handbuch der N., Berlin 1837; **Leunis**, Synopsis der drei Naturreiche, Hannover 1851—54, 3 Bde., 2. Aufl. 1856 ff. Als populäre Darlegung des gegenwärtigen Standes der Wissenschaft ist zu nennen: **Beudant, Milne-Edwards** u. **Jussieu**, Populäre N. der drei Reiche, deutsch, Stuttg. 1844, 12 Bde., als technische und ökonomische Darstellung. Abbildungen enthalten: der „Synoptisch-naturhistorische Atlas" (Weimar 1833—43, 21 Bl.); **Schinz**, Abbildungen aus der N. (4. Abthl., 2. Aufl., Zürich 1840) ꝛc.

Naturkräfte, s. Natur.

Naturlehre, s. v. a. Physik.

Naturphilosophie, derjenige Theil der philosophischen Forschung, welcher die Erscheinungen des gesammten Naturlebens auf ihre Endursachen oder Grundprincipien zurückzuführen sucht und der daher auf der einen Seite mit den Naturwissenschaften (s. d.), auf der anderen mit der Metaphysik (s. d.) in der engsten Verbindung steht. Macht man nämlich die Natur zum Gegenstand streng wissenschaftlicher Untersuchung, so muß man ihre Erscheinungen begriffsmäßig aufzufassen suchen; da aber die aus der Naturbetrachtung sich unwillkürlich ergebenden Begriffe vielfach dunkel, lückenhaft, einander widersprechend sind, so entsteht für die philosophische Forschung die Aufgabe, ein dem inneren Zusammenhange der mannichfaltigen Erscheinungen des Naturlebens entsprechendes System in sich zusammenhängender Begriffsbestimmungen zu gewinnen. Während die eigentliche Naturforschung beim Rückgange von den Erscheinungen zu den ihnen zu Grunde liegenden Realprincipien gern bei untergeordneten Begriffen stehen bleibt und demgemäß oft solchen Begriffen, welche selbst erst noch einer Ableitung und Prüfung sowohl fähig als bedürftig sind, principielle Bedeutung vindicirt, führt das Streben, bis zu den letzten Principien der Erscheinungswelt hindurchzudringen, zur naturphilosophischen Forschung, welche sich nach Maßgabe der Richtung der philosophischen Spekulation überhaupt, sowie der Genauigkeit und des Umfanges der Resultate der empirischen Naturforschung sehr verschiedenartig gestaltet. Von den rein idealistischen Systemen, welche der Natur jegliche objektive

Realität absprechen, abgesehen, stellen sich uns folgende Hauptunterschiede der naturphilosophischen Systeme dar. Entweder geht man von der Behauptung aus, daß den Naturerscheinungen eine Vielheit von Elementen zu Grunde liege, die man bald als von körperlicher Natur, als Atome (s. d.), bald als unkörperlich, als Monaden im Sinne von Leibniz und Herbart, bald als eine Mehrheit von Urstoffen oder Urkräften, bald als eine Mehrheit von beiden zusammen sich vorgestellt hat; oder man stellt, wie Spinoza und Schelling, den Satz als Princip auf, Alles sei in Wahrheit nur Eins, und es seien die mannichfaltigen Erscheinungen des körperlichen und geistigen Daseins, sowie die verschiedenartigen mechanischen, physikalischen, chemischen und organischen Vorgänge nur verschiedenartige Selbstdarstellungen, Modifikationen, Offenbarungen des All-Einen. Hiermit aber hängt ein anderer principieller Gegensatz zusammen. Die erstere Ansicht verlegt nämlich das Werden, den Wechsel, die Veränderung der Dinge in der Natur in das Urprincip selbst, dessen Wesen eben darin bestehen soll, daß es sich selbst in unendlich mannichfaltigen Gestaltungen und Prozessen entwickele und auf immer höheren Stufen der Entwickelung erst recht zu sich selbst komme, während die andere die Realprincipien an sich selbst als seiend, nicht als werdend auffaßt und demgemäß das Werden, Entstehen und Vergehen der Erscheinungswelt, nicht des Realen selbst, auf eine Kausalität zurückgeführt wissen will, welche unter gewissen Bedingungen eintreten und von welcher die vorliegende Summe von Naturerscheinungen die mehr oder weniger entfernte Folge sein soll. Dieser Gegensatz zieht sich durch die ganze Geschichte der Philosophie hindurch u. ist noch jetzt der Eintheilungsgrund der philosophischen Systeme und Schulen. Ein anderer Gegensatz findet Statt zwischen der mechanischen oder atomistischen N., welche die Materie als aus lauter Atomen bestehend und durch deren bloße Existenz den Raum ausgefüllt denkt, und der dynamischen N., nach welcher die Materie, als das Resultat von zwei einander gegenseitig hemmenden Kräften, z. B. der anziehenden und abstoßenden, den Raum erfüllen und Konsistenz haben soll. Was die Methode betrifft, so kann die N. entweder analytisch oder synthetisch zu Werke gehen, d. i. sie kann entweder, von den Erscheinungen selbst ausgehend, die letzten Principien derselben zu ergründen suchen, oder indem sie untersucht, welche Erscheinungen aus gewissen obersten Principien sich ableiten lassen, prüfen, in wiefern diese Folgerungen mit dem faktischen Thatbestande übereinstimmen. Beide Methoden müssen einander gegenseitig ergänzen und kontroliren, denn jedes naturphilosophische System, welches einen wissenschaftlichen Werth haben und jenen Namen mit Recht führen soll, muß sowohl vor der schärfsten Kritik des reinen abstrakten Denkens, als vor der genauesten und sorgfältigsten Vergleichung seiner Resultate mit den Thatsachen der Erfahrung bestehen, u. wenn die Naturkundigen von Profession, namentlich die der neueren Zeit, gegen die Einmischung des spekulativen Denkens in die empirische oder mathematische Naturforschung vielfaches Bedenken u. Mißtrauen hegen, so ist daran vornehmlich die Willkür in der Aufstellung der obersten Principien, die mangelhafte logische Strenge in der Ableitung der aus jenen Principien resultirenden Konsequenzen, sowie die manchmal hervortretende geringe Sorgfalt in der Vergleichung der auf dem Wege der Spekulation gewonnenen Ergebnisse mit den Thatsachen der Erfahrung Schuld. Gleichwohl kann die Naturforschung ohne N. ihre Aufgabe nicht allseitig befriedigend lösen. Wie die letztere aber auf der einen Seite mit den einzelnen Zweigen der Naturwissenschaft in Verbindung steht, so greift sie auf der anderen auch in die Religionsphilosophie ein. Mag auch die religiöse Naturbetrachtung in den mannichfaltigen Erscheinungen der Natur sich mit Nothwendigkeit auf Gott als den Urgrund derselben hingewiesen fühlen (Physikotheologie), so ist es doch nicht in Abrede zu stellen, daß das Naturleben im Ganzen und Großen, wie im Einzelnen und Kleinen Vorgänge genug darbietet, welche sich aus dem Begriffe einer gesetzmäßigen Naturnothwendigkeit nicht ableiten lassen. Es gehören hierher alle die Thatsachen, in denen sich die Regelmäßigkeit, innere Harmonie, Schönheit und Zweckmäßigkeit der Naturordnung kundgibt, und es ist daher Aufgabe der N., auch diese Thatsachen zu untersuchen und nach ihrer Bedeutung zu würdigen, um zu entscheiden, ob sie sich auf den bloßen Begriff der N. zurückführen lassen, oder ob sie über die Natur hinaus auf eine nach Zwecken wirkende Intelligenz hinweisen (s. Teleologie). Diese Entscheidung ist auf verschiedene Weise gegeben worden, und danach hat unter Einwirkung der schon erwähnten principiellen Gegensätze die ganze naturphilosophische Forschung bald einen theistischen, bald einen pantheistischen, bald selbst einen atheistischen Charakter gewonnen. Hinsichtlich der einzelnen Systeme s. die betreffenden philosophischen Specialartikel (Leibniz, Schelling, Hegel 2c.), sowie Philosophie. Vergl. Schaller, Geschichte der N. von Baco von Verulam bis auf unsere Zeit, Lpz. 1841—45, 2 Bde.

Naturpoesie, s. Naturdichter.

Naturrecht, s. Vernunftrecht.

Naturreiche, die drei großen Abtheilungen der Dinge in der Natur: Thierreich, Pflanzenreich und Mineralreich.

Naturreligion, s. v. a. Naturalismus.

Naturselbstdruck (Physiotypie, Autoplastik), die Kunst, von Gegenständen der Natur od. Industrie durch das Original selbst auf einfache u. schnelle Weise Druckformen herzustellen. Man legt den abzuformenden Gegenstand (Blätter, getrocknete Pflanzen, Gewebe, Insekten, Abdrücke fossiler Pflanzen oder Thiere, polirte und angeätzte Steine 2c.) auf eine gut polirte Stahl- od. Kupferplatte, bedeckt ihn mit einem etwa eine Linie starken Bleiblech und läßt das Ganze unter einem Druck von 800—1000 Centnern zwischen 2 Walzen hindurchgehen. Die Struktur des abgeformten Gegenstandes prägt sich hierbei auf das genaueste in dem Blei ab, und man würde diese Platte sofort zum Druck benutzen können, wenn man nicht fürchten müßte, daß sie wegen der geringen Härte des Blei's bald zu Grunde gehen würde. Man macht deßhalb von der Bleiplatte einen galvanischen Abdruck und von diesem einen zweiten in Kupfer, so daß man nun eine zum Druck geeignete Platte erhält. Die damit auf der Kupferdruckpresse angefertigten Abzüge lassen nichts zu wünschen übrig, allein um größere Billigkeit zu erzielen, hat man unmittelbar von der Bleiplatte nach der Stereotypmanier Drucktypen erzeugt, welche mit der gewöhnlichen

Buchdruckerpresse weiße Bilder auf schwarzem Grunde liefern. Diese Stereotypdrucktypen erfordern jedoch, um das Verdecken des feinen Blattnetzes einer Pflanze zu verhüten, einige Vorsicht beim Auftragen der Schwärze und deshalb einen zweimaligen Druck. Auch dies wird jetzt umgangen, und zwar dadurch, daß man von der Bleiplatte oder von der galvanoplastisch erzeugten Tiefplatte mittelst der Kupferdruckpresse einen Abdruck auf eine rein polirte Zinkplatte überträgt und diese so lange ätzt, bis der durch das Fett der Farbe geschützte Abdruck erhaben hervortritt. Hierdurch erhält man Drucktypen, welche auf der Buchdruckerpresse Abdrücke liefern, die den besten des Kupferdrucks sehr nahe kommen und sich namentlich auch zur photographischen Aufnahme in mäßiger Verkleinerung vortrefflich eignen. Man hat nun die ersten Abzüge der Bleiplatte auf Zink photographirt, die Platte dann ebenfalls geätzt und so die besten Resultate erhalten. Der Gedanke des N.s ist alt und sehr allmählig entwickelt worden, seine Verwirklichung und Nutzbarmachung verdankt man aber dem Direktor Auer in der Staatsdruckerei in Wien. Vgl. Auer, Der N., Wien 1854.

Naturspiel (lusus naturae), anorganische Körper, welche mehr oder minder vollständig die Form organischer Bildungen nachahmen; in der Pflanzen- und Thierwelt eine Bildung, die ausnahmsweise an einem Individuum einer Art vorkommt und an die Eigenthümlichkeiten einer andern entfernt stehenden Art erinnert.

Naturstand, derjenige Zustand des Menschen, bei dem er in keinem geordneten Staatswesen lebt, also auch keinen Rechtsschutz hat und behufs der Vertheidigung seiner Rechte lediglich an seine eigenen Kräfte gewiesen ist; in der Dogmatik der sittliche Zustand des Menschen, welcher nicht durch die göttliche Gnade unter Vermittelung des heiligen Geistes gewirkt, sondern nur eine Folge der natürlichen Kräfte des Menschen ist, indem letzterer lediglich in Gemäßheit seiner sittlichen Natur an die Erfüllung des Sittengesetzes gemahnt wird; insbesondere auch der Zustand des noch nicht durch den Beistand des heiligen Geistes bekehrten und gebesserten Sünders.

Naturtrieb, s. v. a. Instinkt.

Naturwissenschaften, diejenigen Disciplinen, welche das unendlich große Gebiet der Natur (s. d.) zum Gegenstand ihrer Untersuchung machen, als wissenschaftliches Ganzes also das gesammte Resultat der Naturforschung. Betrachtet man zunächst die Natur im Großen, als eine Vielheit von Weltkörpern, welche den unbegrenzten Weltraum erfüllen, u. sucht man die Verhältnisse dieser Weltkörper zu einander zu erforschen und in jener Vielheit den Weltbau als ein einziges Ganzes zu erkennen, so ergibt sich die Wissenschaft der Naturphilosophie oder Kosmologie, welche sich zur Kosmogenie gestaltet, wenn sich die Betrachtung auf die vermuthliche oder wahrscheinliche Entstehungs- u. Bildungsart der Weltkörper richtet, zur Astronomie aber, wenn die mathematischen Verhältnisse der Gestirne, die Gesetze ihrer Bewegung und ihre sich danach bemessenden Bahnen ins Auge gefaßt werden, u. endlich zur Astrognosie oder Kosmographie, wenn nur die empirische Kenntniß des Fixsternhimmels angestrebt wird. Was die nähere Erforschung der Beschaffenheit der Weltkörper betrifft, so ist dieselbe dem Menschen nur hinsichtlich der Erde vergönnt. Die Erforschung des Baues dieser letztern aber macht sich die Geologie zum Vorwurf, als deren besonderer Zweig sich wieder einerseits die Geogenie, welche die Entstehung und Bildung des Baues der Erde, und andererseits die Geognosie oder Orologie (auch Oryktologie und Geologie im engeren Sinne genannt), welche die innere Beschaffenheit der Gebirge und Gebirgsarten zum Gegenstande ihrer Forschung macht, abtrennen. Handelt es sich dagegen um die möglichst genaue Kenntniß des Erdkörpers, seiner Strukturverhältnisse und der seine Erhaltung u. seine Umgestaltung zum Zweck habenden Erscheinungen auf ihm, so bietet sich uns die Geographie dar, welche aber ihre Aufgabe nicht erfüllen kann, wenn ihr nicht die Kenntniß der Elemente, Grundstoffe od. Grundkräfte, durch deren Zusammenwirken und Wechselwirken der Erdkörper wie einst ins Dasein gerufen ward, so noch als solcher erhalten wird, zu Gebote steht. Das eben angedeutete wissenschaftliche Gebiet aber wird von der Physik im engeren Sinne angebaut, welche die Naturerscheinungen auf die ihnen zu Grunde liegenden Naturgesetze zurückzuführen sucht. In sofern aber die Naturkörper, sowohl die organischen als die anorganischen, Stoffe u. als solche in Theile zerlegbar sind, die Erkenntniß dieser Theile aber zur genauen Erkenntniß des Ganzen unentbehrlich ist, jene Naturkörper ferner aus einfachen Stoffen oder Elementen entstanden sind und sich uns mithin als Kombinationen der Urstoffe in mannichfach verschiedenen Verhältnissen darstellen, so erschließt sich der naturwissenschaftlichen Forschung hiermit ein neues, unbegrenztes Feld, dessen Bearbeitung sich die Chemie zur Aufgabe macht, welche demgemäß zu erforschen sucht, wie die Natur auf geheimnißvolle Weise Stoffe verbindet und trennt, durch ihre Verbindung Körper entstehen und durch ihre Trennung Körper zerstört werden läßt. Die Betrachtung der Naturkörper als einzelner, mit eigenthümlichen und unterscheidenden Merkmalen und Charakteren versehener Individuen ist Gegenstand der Naturgeschichte im engeren Sinne. Zwischen ihr und der Naturbeschreibung oder Morphologie macht man wohl noch den Unterschied, daß man jener die Beobachtung der Naturkörper durch alle Stadien ihrer Entwickelung hindurch, also der organischen vom ersten Keime des Lebens an bis zum Tode, zuweist und demnach ihr die Aufgabe stellt, ein historisches Bild der Erscheinung eines jeden Naturkörpers zu geben, das Gebiet der letztern aber in so weit beschränkt, als man von ihr nur die Darstellung der einzelnen Naturkörper in der von ihnen am längsten behaupteten Gestalt, also in ihrer relativen Vollendung fordert. In Hinsicht auf die besonderen Produkte oder Naturindividuen zerfällt die Naturgeschichte in ebenso viele einzelne Fächer, als sich größere Abtheilungen jener herausstellen. Der Theil derselben, der sich mit den Mineralien befaßt, heißt Mineralogie, zu welcher die Krystallographie, die Lehre von den Formen der regelmäßig gebildeten Mineralien, und die Mineralchemie, welche indeß nur ein Theil der Chemie ist, gehören. Mit den Pflanzen beschäftigt sich die Phytologie od. Botanik, mit den Thieren die Zoologie. Die beiden letzteren großen Abtheilungen der Naturgeschichte haben es mit den organischen Naturkörpern zu thun; in sofern diesen nun ein Leben innerhalb bestimmter

Grenzen eigen ist, so gehört zum vollständigen Bilde eines solchen Naturkörpers die genaue Darstellung nicht nur seines äußeren und inneren Baues, seiner Organe und ihrer Funktionen, sondern auch der Entwickelungsphasen, welche derselbe in seinem Leben durchmacht. So ergibt sich als Theil sowohl der Botanik, als der Zoologie die Anatomie, die in Bezug auf jene Phytotomie, in Bezug auf diese Zootomie heißt; dann die Physiologie, die sich wieder in Phytophysiologie und Zoophysiologie scheidet, und endlich als das Resultat der Anatomie und Physiologie die Biologie oder die Wissenschaft von den Gesetzen, welchen das Leben der organischen Welt unterworfen ist. Die Zoochemie und Phytochemie oder die Chemie der Thiere und Pflanzen sind Theile der Chemie im Allgemeinen. Faßt man den Menschen nicht bloß von Seiten seiner physischen Natur auf und sieht in ihm mehr als die Spitze des Thierreichs, so wird auch die Anthropologie als besonderer Zweig der Naturgeschichte behandelt werden müssen, die in einen physischen und in einen psychischen Theil zerfällt. Letzterer ist die Wissenschaft vom Geiste oder die Psychologie, die nur in Bezug auf den Menschen zu klaren Resultaten gelangen, aber über die psychische Seite des Thierlebens kein genügendes Licht verbreiten kann. Mit den N. in durchgehender enger Verbindung steht die Medicin, sowohl indem sie ihre Heilmittel aus allen Reichen der Natur nimmt, als auch indem sie sich auf eine genaue Kenntniß der Funktionen des menschlichen Organismus, sowohl des normalen als des gestörten, gründet. Vergl. Whewell, Geschichte der induktiven Wissenschaften, deutsch von Littrow, Stuttgart 1839 bis 1842, 3 Bde.

Natzmer, Oldwig Anton Leopold von, preußischer General, geboren am 18. April 1782 zu Willin in Pommern, wurde Leibpage des Königs Friedrich Wilhelm II., trat 1798 als Offizier in die Leibgarde, 1801 in den Generalstab, machte 1806 die Schlacht bei Auerstädt und das Gefecht bei Nordhausen mit und ward bei Prenzlau gefangen, jedoch 1807 wieder ausgewechselt. Im Jahre 1809 ward er zum Flügeladjutanten und wirklichen Hauptmann ernannt und mit der Bildung des Gardefüsilierbataillons beauftragt. Im Jahre 1810 zum Major befördert, nahm er Theil an der Anfertigung des neuen Exercirreglements für Infanterie und Kavallerie. Er begleitete den König zu dem Fürstenkongresse nach Dresden, wurde im Herbst 1812 zu einer Sendung nach Wien, sodann in das französische Hauptquartier, um über die Trennung des Generals von York von der französischen Armee Erklärungen abzugeben, und unmittelbar hierauf nach Petersburg verwendet, worauf er sich bis zur Schlacht von Großgörschen in Yorks Hauptquartier u. bis zu dem Gefechte bei Hainau am 26. Juni in dem Blüchers befand. Nach der Schlacht bei Bautzen zum Oberstlieutenant befördert, war er mit der Bildung der schlesischen Landwehr beschäftigt. Beim Wiederbeginn der Feindseligkeiten trat er in sein Verhältniß als Flügeladjutant zurück und wohnte den Schlachten bei Dresden, Kulm, dem Gefecht bei Peterswalde und allen folgenden bis zur Schlacht von Leipzig, sowie als Oberst fast allen Schlachten von 1814 bei. Nach dem pariser Frieden begleitete er den König nach England. Im Herbst 1814 erhielt er das Kommando der Grenadierbrigade in Berlin, mit der er am Feldzuge von 1815 Theil nahm. Nach dem Einzuge seiner Brigade in Paris ward er zum Generalmajor befördert, und 1820 erhielt er die 11. Division. Im Jahre 1821 begleitete er den Kronprinzen zu dem Kongresse zu Troppau und wohnte als preußischer Militärkommissarius dem Feldzuge des österreichischen Heeres gegen Neapel bei. Später begleitete er den Prinzen Wilhelm auf einer Reise durch Deutschland, die Schweiz und Italien, wurde 1825 Generallieutenant und erhielt 1827 das Kommando der 8. Division in Erfurt, mit welcher er 1830—32 am Rhein stand. Im März 1832 erfolgte seine Ernennung zum kommandirenden General des ersten Armeecorps in Preußen. Bei der großen Revue 1834 erhob ihn der König zum Chef des 12. Husarenregiments. Im November 1839 wurde er auf sein Ansuchen zur Disposition gestellt, 1842 aber zum Mitglied des Staatsraths und Generaladjutanten des Königs ernannt und 1840 zum General der Infanterie befördert. Im Jahre 1850 schied er aus der aktiven Armee und lebt seitdem in Berlin.

Nauarchos (griech.), Anführer der Flotte bei den Spartanern; das Schiff desselben hieß Nauarchis, die Würde selbst Nauarchia.

Naubendan, Salzwüste in den persischen Provinzen Kuhistan, Irak, Farsistan und Kerman, 80 Meilen lang und über 40 Meilen breit, hat thonigen, salzhaltigen Boden mit feinem Sand darüber und einige Oasen.

Naubert, Christiane Benedikte Eugenie, geborne Hebenstreit, namhafte Romanschriftstellerin, geboren am 13. September 1756 zu Leipzig, war zuerst mit dem Kaufmann Holdenrieder, dann mit dem Kaufmann Johann Georg N. zu Naumburg verheirathet, wo sie in Eingezogenheit lebte; † zu Leipzig am 12. Januar 1819. Sie hat eine lange Reihe geist-, phantasie- und gemüthreicher Romane veröffentlicht; zwar liegt den meisten ein historischer Stoff zu Grunde, doch ist die treue Auffassung verschiedener Zeiten in ihnen am wenigsten gelungen. Ihre „Neuen Volksmärchen der Deutschen" (Leipzig 1789—93, 5 Bde.) stehen ihrem Vorbilde Musäus wenig nach.

Nauclea *L.* (Morgenstern), Pflanzengattung aus der Familie der Caprifoliaceen, charakterisirt durch die kopfförmigen Blüthen auf zottigem Boden ohne Hülle, den eckigen, 5zähnigen Kelch, die kleine, langröhrige, nackte Korolle mit 5 Lappen und 5 Staubbeuteln, den hervorragenden Griffel mit dicker Narbe und die 2fächerige, vielsamige Kapsel, Bäume in Ostindien, ohne Dornen, mit Wirtelblättern und langgestielten Blüthenköpfen. N. Cadamba *Roxb.* ist ein ansehnlicher Baum in Ostindien mit dickem, glattrindigem Stamm und vielen Aesten, kreuzweise stehenden Blättern, gelben, geruchlosen, apfelgroße Köpfchen bildenden Blüthen und rother, dann schwarzer, sich beim Druck in viele grüne und glänzende Bälge mit zahlreichen weißen Samen trennender Gesammtfrucht. Der Baum blüht und trägt das ganze Jahr und behält die Früchte sehr lange. Der Saft der ausgedrückten Frucht dient gegen Kolik. N. orientalis *Lam.* ist ein Baum in Ostindien und China, mit kleinen, weißen Blüthen und kirschenähnlichen, aber unschmackhaften Früchten. Das Holz ist auswendig weiß, inwendig gelblich oder röthlich, ziemlich hart u. liefert Pfosten zu Hütten u.

Zäunen. Die Blätter werden in der Heimat als kühlendes Mittel bei Fiebern angewendet.

Naucratis, eine durch Handel und Industrie wichtige Stadt Unterägyptens, von Milesiern unter Psammetich I. am Ende des 7. Jahrhunderts v. Chr. am rechten Ufer des kanobischen Nilarms im saitischen Nemos gegründet, der einzige Ort Aegyptens, wo Griechen sich ansiedeln und Handel treiben durften. Wahrscheinlich gehören ihr die Ruinen an, welche Niebuhr bei dem Orte Salhadschar $1\frac{1}{2}$ geographische Meilen südlich von der Stadt Schabur fand. Nach ihr wurde der kanobische Nilarm auch Naucraticum Ostium genannt. Athenäus schildert die Stadt als einen üppigen Ort, mit socialem Kult der Aphrodite. Berühmt waren ihre schönen Hetären.

Nauders, Dorf im österreichisch-tyroler Kreis Innsbruck, an der Stilfserstraße, 4105 pariser Fuß über dem Meer, Sitz eines Bezirks- und Steueramts, hat starke Viehzucht, viele Sensen- und Nagelschmieden und 1400 Einw. Dabei das wohlerhaltene Schloß Naudersberg.

Naue, Johann Friedrich, namhafter Musiker, geboren den 17. November 1787 zu Halle, studirte daselbst, widmete sich aber bald ausschließlich der Musik, ward 1813 Universitätsmusikdirektor und Organist an der Stadt- und Universitätskirche daselbst und hat sich durch Abhaltung glänzender Musikfeste in Halle, Gründung des thüringisch-sächsischen Musikvereins, Sammlung alter Musikwerke (vom König von Preußen angekauft), sowie eine Reihe Kompositionen und mehre Schriften über liturgischen Gesang bekannt gemacht.

Nauen, Kreisstadt in der preußischen Provinz Brandenburg, Regierungsbezirk Potsdam, Kreis Osthavelland, an dem großen havelländischen Luch, Sitz eines Landrathsamts und eines landwirthschaftlichen Zweigvereins, hat eine Garnison, Leinweberei, Brauerei, Brennerei und 5558 Einw.

Naugard, Kreisstadt in der preußischen Provinz Pommern, Regierungsbezirk Stettin, an einem kleinen See, Sitz eines Kreisgerichts und ökonomischen Vereins, hat ein Schloß mit Straf- und Besserungsanstalt, starke Weberei und Gerberei und 4490 Einw. Hier 1807 Gefechte zwischen Preußen und Franzosen.

Nauheim, Stadt im kurhessischen Kreise Hanau, Sitz des gleichnamigen Justizamts einer vom Großherzogthum Hessen und der nassauischen Parcelle Reichelsheim umgebenen Enklave, an der Use und der Main-Weserbahn in einem reizenden Thale der östlichen Abdachung des Taunus gelegen, hat ein Salzamt, eine uralte Saline, eine der ergiebigsten des Taunus, und ein Soolbad mit Spielbank und zählt 2200 Einw. Die Soolquelle hat eine natürliche Wärme von 27° R., ist reich an Kohlensäuregehalt und wird gegen Skrophelsucht, chronische Unterleibsbeschwerden, Hämorrhoidalleiden u. Frauenkrankheiten empfohlen. Am 30. August 1762 fand am Fuße des nahen Johannisbergs ein Gefecht zwischen den Alliirten und Franzosen Statt, ein anderes Gefecht im Oktober 1792 zwischen Hessen und Franzosen. N. war während des ersten französischen Kaiserreichs Dotation des Marschalls Davoust. Vergl. Rotureau, Die Mineralquellen zu N., deutsch von Bode, Friedberg 1856.

Naumachia (griech.), eigentlich Seeschlacht, Seetreffen, besonders Lustgefecht zur See, als Nachahmung der Seeschlacht. Bei den Römern kam diese Art von Spielen erst durch Cäsar 46 v. Chr. auf. Da das Volk großes Vergnügen daran fand, so wurden sie nachmals immer häufiger gegeben, und zwar an besonders dazu hergerichteten Orten, die man deshalb auch selbst Naumachien nannte. Dieselben waren einem Amphitheater ähnlich, nur war die Arena so tief ausgegraben und konnte bis zu solcher Höhe mit Wasser angefüllt werden, daß Schiffe von ansehnlicher Größe darin schwammen. Oft bestanden sie auch nur aus einem ausgegrabenen Teiche, um den sich dann die Zuschauer ringsherum versammelten. So ließ Cäsar bei den großen Spielen, die er auf dem Campus Martius gab, eine N. anlegen, die aber bald darauf wieder ausgefüllt ward. Claudius bediente sich zu diesen Spielen des Lacus Fucinus und Pompejus sogar des sicilianischen Meerbusens bei Rhegium. Erst später führte man zum Behuf der Abhaltung von Naumachien eigentliche Gebäude auf, und zwar wird von Domitian zuerst berichtet, daß er eine N. an der Tiber mit einem steinernen Bau umgeben habe. Eine von Augustus angelegte war 1800 Fuß lang und 200 F. breit. Im innern Raume hatten 30 dreiruderige Schiffe und eine Menge kleinerer Fahrzeuge Raum genug, um gegen einander manövriren zu können. Der Einfluß des Wassers in die Naumachien ward durch unterirdische Kanäle und offene Gräben meist von der Tiber aus bewerkstelligt, durch die es dann auch wieder ablief. Die in den Naumachien Fechtenden hießen Naumachiarii und waren gewöhnlich Gefangene oder verurtheilte Verbrecher, welche bis auf den Tod fechten mußten, wenn sie nicht durch die Gnade des Kaisers gerettet wurden. Ueberbleibsel von Naumachien haben sich nirgends erhalten, außer vielleicht bei Palermo auf Sicilien, wo man am Fuße des Berges Griffon einen kleinen See dafür hält, in den das Wasser aus den von den benachbarten Höhen herabfließenden Bächen zusammenströmt.

Naumann, 1) Johann Gottlieb, oder Amadeus, ausgezeichneter Komponist, geboren am 17. April 1741 zu Blasewitz bei Dresden, ward von einem schwedischen Virtuosen von Dresden, wo er die Kreuzschule besuchte, mit nach Italien genommen u. genoß hier 3 Jahre lang den Unterricht des berühmten Tartini. Nachdem er sich zu Neapel und Bologna, hier unter Pater Martini, weiter ausgebildet, ließ er sich als Musiklehrer in Venedig nieder. Hier brachte er auch seine ersten Opern zur Aufführung. Im Jahre 1765 nach Dresden zurückgekehrt, ward er hier als kurfürstlicher Kirchenkomponist, bald darauf als Kammerkomponist angestellt, schon im folgenden Jahre aber von der Kurfürstin Marie Antonie mit zwei andern Musikern wieder nach Italien gesandt, um behufs der Gründung einer Oper in Dresden die dortigen Bühnen näher kennen zu lernen. Er ging über Wien nach Venedig, wo er mehre Kirchenmusiken schrieb, und nach einem zehnmonatlichen Aufenthalt nach Sicilien, wo in Palermo seine Oper „Achilles auf Sciros“ mit außerordentlichem Beifall aufgeführt wurde. Im Jahre 1771 ging er von Dresden aus zum dritten Male nach Italien und schrieb für Venedig die Opern „Soliman“, „Die wüste Insel“ und „Hypermnestra“ und für Padua die Oper „Armida“. Da er, in seine Heimat zurückgekehrt, einen Ruf

Friedrichs des Großen als Kapellmeister nach Berlin ablehnte, ward er von seinem Kurfürsten zum Kapellmeister, später zum Oberkapellmeister ernannt. Im Jahre 1776 vom König Gustav III. nach Stockholm berufen, organisirte er hier die Kapelle und schrieb die Oper „Amphion". Im Jahre 1780 ging er zum zweiten Male dahin und komponirte sein berühmtestes Werk, die Oper „Cora", 1785 brachte er zu Kopenhagen die Oper „Orpheus" auf die Bühne. Auch die berliner Kapelle reformirte er im folgenden Jahre. Noch sind von seinen Opern hervorzuheben „Elisa", „Tutto per amore", „La damo soldato" und „Acis et Galatea". Später wandte sich N. vorwiegend der Kirchenmusik zu. So schrieb er z. B. für die faschsche Singakademie zu Berlin allein 27 große Messen und 10 geistliche Oratorien. Seine Kirchenkompositionen, darunter sein „Vaterunser" (Text von Klopstock), sind größtentheils Eigenthum der dresdener Hofkapelle. Unter seinen Oratorien ist „Gli Pellegrini" das berühmteste. Für die Glasharmonika, auf der er große Fertigkeit besaß, komponirte er 6 Sonaten. Als Lehrer hat er den berühmten Heinrich Himmel u. die Sängerin Auguste Schmalz gebildet. N. † am 23. Okt. 1801. Sein Leben beschrieb Meißner (Prag 1803—8, 2 Bde.).

2) **Friedrich**, Historienmaler, Bruder des Vorigen, geboren 1750 zu Blasewitz bei Dresden, Schüler der dresdener Akademie, ging mit seinem Bruder nach Venedig, arbeitete sodann 7 Jahre unter Mengs in Rom, hierauf ebenso lange mit demselben zu Florenz und lebte von 1781 an in Ansbach als Hofmaler. Seine eigenen Kompositionen sind Historien und Genrebilder und zeigen die der mengsschen Schule eigene Korrektheit der Zeichnung und warmes natürliches Kolorit. Von ihm ist das Altarblatt in der neuen Kreuzkirche zu Dresden.

3) **Johann Friedrich**, verdienter deutscher Ornitholog, geboren am 14. Febr. 1780 zu Ziebigk bei Köthen, Sohn des ebenfalls als Ornitholog bekannten **Johann Andreas** N. († den 15. Mai 1826), besuchte von 1790—94 die Hauptschule zu Dessau u. ging sodann zur Landwirthschaft über, widmete aber seine Muße naturgeschichtlichen, später fast ausschließlich ornithologischen Studien und ward später zum Professor und Inspektor des ornithologischen Museums des Herzogs von Anhalt-Köthen ernannt, wo er den 15. August 1857 †. Sein Hauptwerk ist die „Naturgeschichte der Vögel Deutschlands" (2. Aufl., Leipzig 1822—44, 12 Bde.; Nachträge hierzu 1853 ff.), welches Werk schon sein Vater begonnen hatte. N. fertigte selbst die Zeichnungen zu demselben und stach gegen 500 Platten in Kupfer. Außerdem betheiligte er sich an mehren andern Arbeiten, z. B. an Buhle's Schrift „Die Giftpflanzen Deutschlands" (Köthen 1804) und dessen Werk „Die Eier der Vögel Deutschlands" (Halle 1819, 5 Hefte) u. schrieb: „Taxidermie" (das. 1815, 2. Aufl. 1848) und „Ueber den Haushalt der nördlichen Seevögel Europa's" (Leipzig 1824). N. zu Ehren hat die deutsche Ornithologengesellschaft ihr Organ „Naumannia" (1850 ff.) benannt.

4) **Karl Friedrich**, ausgezeichneter Mineralog und Geognost, Sohn von N. 1), geboren den 30. Mai 1797 zu Dresden, besuchte die Fürstenschule zu Pforta und studirte seit 1816 zu Freiberg, Jena u. nochmals zu Freiberg Mineralogie u. Geognosie, unternahm 1821—22 eine wissenschaftliche Reise nach Norwegen, ward 1823 Privatdocent in Jena, 1824 in Leipzig, 1826 Professor der Krystallologie und zugleich Disciplinarinspektor in Freiberg; 1835 erhielt er hier auch die Redaktion der geognostischen Karten von Sachsen und des zugehörigen Textes u. die Professur der Geognosie übertragen. Im Aug. 1842 folgte er einem Ruf als Professor der Mineralogie und Geognosie an die Universität zu Leipzig. Außer mehrfachen Beiträgen in Journalen sind von seinen selbstständigen Arbeiten hervorzuheben: „Beiträge zur Kenntniß Norwegens" (Leipz. 1824, 2 Bde.); „Versuch einer Gesteinslehre" (das. 1824); „Grundriß der Krystallographie" (das. 1825); „Lehrbuch der Mineralogie" (Berlin 1828); „Lehrbuch der reinen u. angewandten Krystallographie" (Leipz. 1830, 2 Bde.); „Erläuterungen zur geognostischen Karte von Sachsen" (Heft 1—3, Dresden u. Leipzig 1836—39); „Anfangsgründe der Krystallographie" (Dresd. 1841; 2. Aufl., Leipz. 1854); „Elemente der Mineralogie" (das. 1846; 4. Aufl. 1855); „Lehrbuch der Geognosie" (das. 1850—53, 2 Bde.; 2. Aufl. 1857—62); „Ueber den Quincunx, als Grundgesetz der Blattstellung" (Dresd. u. Leipz. 1845); „Elemente der theoretischen Krystallographie" (Leipzig 1856).

5) **Moritz Ernst Adolf**, ausgezeichneter Mediciner, Bruder des Vorigen, geboren zu Dresden am 7. Okt. 1798, widmete sich zu Leipzig u. Berlin dem Studium der Medicin, habilitirte sich 1824 an ersterer Universität als Privatdocent, wurde jedoch 1825 als außerordentlicher Professor nach Berlin und 1828 nach Bonn berufen und erhielt hier nach Nasse's Tode auch die Direktion des gesammten klinischen Instituts. Außer vielen in Journalen zerstreuten Aufsätzen sind von seinen Schriften hervorzuheben: „Kritische Untersuchungen der allgemeinen Polaritätsgesetze" (Leipz. 1822); „Ueber die Grenzen zwischen Philosophie u. Naturwissenschaften" (das. 1823); „Ueber das Bewegungsvermögen der Thiere" (das. 1824); „Handbuch der allgemeinen Semiotik" (Berl. 1826); „Theorie der praktischen Heilkunde" (das. 1827); „Zur Lehre von der Entzündung" (Bonn 1828); das durch Gründlichkeit, Reichhaltigkeit u. Gelehrsamkeit ausgezeichnete „Handbuch der medicinischen Klinik" (Berl. 1829 bis 1830, 8 Bde.; 2. Aufl., Bd. 1, das. 1848); „Versuch eines physiologischen Beweises für die Unsterblichkeit der Seele" (das. 1830); „Die Probleme der Physiologie" (Bonn 1835), welches Werk namentlich durch eine geistreiche Theorie der Innervation des Blutes Aufmerksamkeit erregte; „Pathogenie" (Berl. 1841—45, 3 Bde.); „Vermischte Schriften" (Bonn 1850); „Allgemeine Pathologie und Therapie" (Bd. 1, Berl. 1851) und „Ergebnisse u. Studien aus der medicinischen Klinik zu Bonn" (Leipz. 1858—60, 2 Bde.).

6) **Konstantin August**, namhafter Mathematiker u. Astronom, jüngster Bruder der beiden Vorigen, geboren den 9. März 1800 zu Dresden, seit 1827 Professor der reinen Mathematik an der Bergakademie zu Freiberg, † daselbst den 21. Nov. 1852, war ein gründlicher Forscher auf dem Gebiete der höheren Mathematik u. Astronomie.

7) **Emil**, Komponist, Sohn von N. 5), geboren den 8. Sept. 1827 zu Berlin, Schüler Mendelssohn-Bartholdy's, ward Hofkirchenmusikdirektor am königlichen Domchorinstitut zu Berlin und hat sich als

Komponist durch die Oratorien „Christus der Friedensbote“ (1848) u. „Die Zerstörung Jerusalems“, sowie durch die Oper „Judith“, über 20 a capella komponirte Psalmen und die 1852 zu Dresden und Berlin aufgeführte große Messe, auch als Schriftsteller durch das Werk „Ueber Einführung des Psalmengesanges in der evangelischen Kirche“ (Berl. 1856) bekannt gemacht.

Naumburg (N.-Zeitz), früher selbstständiges, später zu Kursachsen gehöriges Hochstift, lag in 2 getrennten Theilen an der Saale und an der Elster, umfaßte im Ganzen 12 □Meilen mit 40,000 Einw., gehörte zur ersten Klasse der kursächsischen Landschaft, hatte seine eigene Regierung, ein besonderes Kammerkollegium und Konsistorium und zerfiel in die Aemter Naumburg, Zeitz und Hainsburg. Das Wappen war: Degen und Schlüssel, kreuzweise über einander gelegt im rothen Felde. Das Gebiet des Stifts ist jetzt (ein kleines Stück, welches zum Königreich Sachsen gehört, ausgenommen) unter die Kreise Naumburg und Zeitz des preußischen Regierungsbezirks Merseburg vertheilt. Das von Kaiser Otto I. 968 gestiftete Bisthum zu Zeitz wurde wegen der fortwährenden Beunruhigungen durch die Wenden und Polen 1029 nach N. verlegt, während in Zeitz nur ein untergeordnetes Kollegiatstift blieb. Zur Zeit der Reformation setzte Johann Friedrich der Großmüthige einen lutherischen Bischof, Nikolaus von Amsdorf, nach N. (1542); allein das Domkapitel erkannte ihn nicht an und wählte den katholischen Domherrn Julius Pflugk als Gegenbischof, welcher als der letzte Bischof zu N. bis zu seinem Tode 1564 regierte. Kraft Vertrags ging nunmehr das weltliche Stiftsregiment an Kursachsen über, indem das Domkapitel den achtjährigen Sohn des Kurfürsten August, Alexander, und, als dieser im folgenden Jahre starb, den Kurfürsten selbst zum Administrator des Hochstifts erwählte, während das letztere als geistliches Institut fortbauerte. Herzog Moritz, des Kurfürsten Johann Georg I. vierter Sohn, stiftete 1653 die zeitzische Nebenlinie des Kurhauses Sachsen (s. d.). Da sich sein Sohn, Moritz Wilhelm, 1715 öffentlich zur römisch-katholischen Kirche bekannte, erklärte das evangelische Domkapitel das Hochstift für erledigt und wollte zur Wahl eines neuen Bischofs schreiten. Friedrich August I., König von Polen u. Kurfürst von Sachsen, nahm es aber mit bewaffneter Hand in Besitz, regulirte sich mit Moritz Wilhelm, und so kam das Bisthum an das Kurhaus Sachsen. Im Jahre 1815 wurde das Stift mit an Preußen abgetreten, das Domkapitel aber besteht noch. Vgl. Philipp, Geschichte des Stiftes N. u. Zeitz, Zeitz 1800; Lepsius, Ueber das Alterthum und die Stifter des Doms zu N., Naumb. 1822; Derselbe, Geschichte der naumburger Bischöfe, 1. Bd., das. 1846.

Naumburg, 1) Stadt und Amtssitz in der kurhessischen Provinz Niederhessen, Kreis Wolfhagen, an der Elben (Nebenfluß der Eder), hat eine Handwerksschule, mehre Oelmühlen, Ziegelbrennerei, starken Landwirthschaftsbetrieb u. 1665 Einw. N. entstand im 13. Jahrhundert am Fuß des Berges, auf dem die Burg der Grafen von N. lag. — 2) (N. an der Saale), Kreisstadt in der preußischen Provinz Sachsen, Regierungsbezirk Merseburg, an der thüringischen Eisenbahn, ³/₄ Stunde südöstlich vom Einflusse der Unstrut in die Saale, besteht aus der eigentlichen Stadt, der sogenannten [illegible] und 3 Vorstädten, von welchen aber nur [illegible] Georgenberg als Vorstadt gilt. [illegible] Gebäude sind: das sogenannte Schloß [illegible] haus auf dem Markte, jetzt zum Theil [illegible] richt eingeräumt; das Rathhaus mit 27 [illegible] gewölben, das Appellationsgerichtsgebäude [illegible] Bischofshof, später Dompropsteikurie) [illegible] lische Kirchen, darunter die Domkirche, von [illegible] 1242 im gothischen Styl erbaut, mit [illegible] über der Erde, einer Krypte, 3 1849 [illegible] Thürmen (der 4. ist nur bis zum Kirchendach [illegible] führt) u. zahlreichen Denkmälern altdeutscher [illegible] Statuen, Schnitz- und Gußwerken, [illegible] die Wenzeslauskirche, mit bronzenem [illegible] Gemälden, und die Moritzkirche. N. hat ein [illegible] nasium (Domgymnasium), eine Realschule, [illegible] gerschule, ein Waisenhaus und mehre andere [illegible] thätigkeitsanstalten. Es ist Sitz eines evange[illegible] Domkapitels, eines Appellationsgerichts, [illegible] richts, Handelsgerichts, Gewerberaths und [illegible] vereins u. hat 14,352 Einwohner (ohne 481 [illegible] Militär). Die industrielle Thätigkeit der [illegible] ner besteht vornehmlich in der Fabrikation [illegible] mischen Produkten, Vitriol, Stärke, [illegible] Wägen, moussirenden Weinen, Essig, [illegible] Tabak, Woll- und Leinweberei, Töpferei, [illegible] Kalk- und Ziegelbrennerei. Auch wird [illegible] Weinbau, sowie Handel mit obigen Erzeug[illegible] Schifffahrt auf der Saale und Unstrut [illegible] Jährlich wird eine vom Kaiser Maximilian [illegible] privilegirte, den 20. Juni beginnende Messe ([illegible] paulmesse) abgehalten, die aber nicht [illegible] deutung ist. Das jährliche Kinderfest, das [illegible] oder Kirschfest, soll seine Entstehung dem [illegible] Hussiten auf die Stadt (28. Juli 1432) [illegible] Der Bischof von N., von Goch, soll nämlich im [illegible] nitz für Huß' Tod gestimmt, Procopius aber [illegible] die Stadt zu zerstören gedroht haben. [illegible] besänftigen, schickte man auf den Rath eines [illegible] sämmtliche Kinder der Stadt in weiße [illegible] der gekleidet u. mit Citronen in der rechten u. [illegible] grünen Zweig in der linken Hand in das [illegible] Lager, um dort die Gnade des hussitischen [illegible] Procopius anzuflehen, der, durch den [illegible] rührt, die Belagerung aufgehoben und die [illegible] mit Kirschen bewirthet haben soll. Neuere [illegible] forscher ziehen das Ereigniß in Zweifel, da die [illegible] siten gar nicht bis N. gekommen seien. Auf die erwähnte Sage bezieht sich Kotzebue's Schauspiel „Die Hussiten vor N.“. N. war schon im 10. [illegible] dert eine den Markgrafen Eckard II. und [illegible] von Meißen gehörige Domäne. Die Brüder [illegible] ten den rasch aufblühenden Ort dem Stift Zeitz [illegible] ter der Bedingung, den bischöflichen Stuhl [illegible] zu verlegen; Konrad II. ertheilte dem Orte [illegible] Stadt- und Marktrecht (forum regale), und 1029 ward das zeitzer Bisthum wirklich hierher verlegt. Von mehren von 1211—1614 hier gehaltenen [illegible] stentagen ist der vom 27. Januar 1451 [illegible] ben, durch welchen der sogenannte Bruderkrieg [illegible] digt wurde. Hier wurde am 28. April 1457 der naumburger Erbvertrag zwischen Brandenburg, Schlesien und Sachsen u. am 24. Febr. 1554 ein Vertrag (naumburger Vertrag) zwischen dem seiner Länder beraubten Johann Friedrich dem Großmüthigen und dem Kurfürsten August abgeschlossen.

durch welchen ersterer einen Theil seiner Länder zurückerhielt. Vom 20. Januar bis 8. Febr. 1561 fand hier eine Versammlung evangelischer Fürsten und Stände Statt, auf der die augsburgische Konfession von 1530 von Neuem unterschrieben, das Koncil von Trient nicht anerkannt, aber die Beilegung der dogmatischen Händel unter den Evangelischen nicht erreicht ward. Am 29. August 1631 wurde N. von Tilly, am 29. Oktober 1632 von Gustav Adolf erobert, 1642 aber von dem schwedischen General Königsmark vergeblich belagert. Vgl. Lepsius, Die Sage von den Hussiten vor N., Zeitz 1811; Puttrich, N. an der Saale, sein Dom und andere alterthümliche Bauwerke (Text von Lepsius), Leipz. 1841—43. — 3) (N. am Queiß), Stadt in der preußischen Provinz Schlesien, Regierungsbezirk Liegnitz, Kreis Bunzlau, am rechten Ufer des Queiß, hat eine Gerichtskommission, 3 evangelische Kirchen und eine katholische Pfarrei, starke Tuchmacherei, Woll- u. Leinweberei, Garnspinnerei, Bierbrauerei u. Mühlenbetrieb und 4377 Einw. — 4) (N. am Bober), Stadt daselbst, Kreis Sagan, am rechten Ufer des Bober, hat eine evangelische u. katholische Kirche, starke Töpferei, Garnspinnerei, Leinweberei, Zeuchdruckerei, Tabaksfabrikation, Ziegelbrennerei, besuchte Viehmärkte u. 908 Einw. In der Nähe schwefelhaltige Mineralquellen mit Badeeinrichtung.

Naundorf, Karl Wilhelm, angeblicher Sohn Ludwigs XVI. von Frankreich, † den 10. Aug. 1845 zu Delft in Holland, s. Ludwig 4) r).

Naunhof, Stadt im königlich sächsischen Kreisdirektionsbezirk Leipzig, Amtshauptmannschaft Grimma, an der Parthe, mit Weberei, Handel mit Holz und Medicinalkräutern und 1188 Einw.

Naupactus, feste Hafenstadt im Gebiete der ozolischen Lokrer, mit dem besten Hafen an der ganzen Nordküste des korinthischen Meerbusens, an einem steilen Felsen etwas östlich vom Vorgebirge Antirrhinum, blühte besonders auf, seitdem die Athener die Ueberreste der von den Spartanern bezwungenen Messenier hierher verpflanzt und die Stadt, in deren Hafen sie stets eine Flotte liegen hatten, zu ihrem Waffenplatze gegen das westliche Griechenland gemacht hatten. Nach dem Sturze Athens durch die Schlacht bei Aegospotamos bemächtigten sich die Lokrer der Stadt aufs Neue, bald darauf kam sie jedoch in die Hände der Achäer, denen sie von Epaminondas wieder entrissen wurde. Später theilte sie Philipp von Macedonien sammt dem größten Theile des lokrischen Gebiets als Aetolia Epictetus den Aetoliern zu, weshalb sie auch zu Aetolien gerechnet ward; erst die Römer schlugen sie wieder zu Locris. Pausanias fand daselbst Tempel des Poseidon und der Artemis, Ruinen eines Tempels des Aeskulap, eine (noch vorhandene) der Aphrodite geweihte Grotte rc. N. ist das heutige Lepanto, das bei den Eingebornen noch immer Nepaktos heißt.

Nauplia (Napoli di Romania), befestigte Hauptstadt einer Eparchie in der griechischen Nomarchie Argolis, liegt halbmondförmig am argolischen Meerbusen, hat einen geräumigen u. sicheren Hafen, ist einer der wichtigsten Seeplätze Griechenlands, Sitz des Nomarchen, eines Erzbischofs, Appellationsgerichts u. Gerichtshofs erster Instanz, sowie eines Friedensgerichts, hat 7 Kirchen, darunter 2 Kathedralen, die des heiligen Spiridion und die des heiligen Georg, ein Gymnasium, mehre Kommunalschulen, ein Lazareth, Zeughaus und 4000 Einw., die einen nicht unbedeutenden Handel treiben. N. ist die festeste Seestadt Griechenlands. Die Befestigungen sind von alter venetianischer Bauart. Die Citadelle Palamidi liegt auf dem Rücken eines hohen und steilen Felsens, der die Stadt u. den Hafen beherrscht. Das Fort Jitschkale (die dreifache Festung), am Fuße dieses Felsens, vertheidigt die Stadt gegen jeden Angriff von der Seeseite. Ein anderes Fort, Albanitika, liegt im untern Theile der Stadt, das Fort Burtscha aber mitten im Hafen, zu dessen Schutz es dient. Zu des Pausanias Zeit war hier nur ein Poseidonstempel zu sehen. Im Mittelalter war die Stadt als wichtige Küstenfestung einer der Hauptorte der Halbinsel. Nach der Eroberung Konstantinopels durch die Lateiner (1204) suchte der kaiserliche Statthalter von N. von hier aus ein unabhängiges Fürstenthum in Griechenland zu errichten, ward aber von den Franken geschlagen. Unter der Herrschaft der Franken bildete N. mit Argos ein Herzogthum, mit welchem die Großherren von Athen belehnt wurden; 1383 ging es an Venedig, 1539 von diesem an die Türken über. Ersteres nahm N. zwar 1686 wieder, doch fiel es 1715 sammt ganz Morea wieder in die Hände der Türken. Seit dem Oktober 1821 ward der Hafen von N. durch die Heldin Bobolina mit ihren Schiffen u. von der Landseite durch Demetrius Ypsilanti gesperrt; allein englische Schiffe versahen den Ort mit Lebensmitteln, weshalb Ypsilanti einen mißglückten Versuch machte, N. mit Sturm zu nehmen. Endlich übergaben die Türken am 18. (30.) Juni 1822 den Griechen das Außenwerk von der Seeseite und am 30. Nov. (12. Dec.) fiel es ganz in deren Hände. Am 30. April 1823 ward in N. der erste ordentliche Kongreß des hellenischen Volks versammelt und von 1824 bis zur Uebersiedelung nach Athen (1834) war die Stadt der Sitz der Regierung des neuen Staats.

Nauportus, alte und früher blühende Handelsstadt der Taurisker in Pannonia superior, am gleichnamigen Fluß, verlor nach Gründung des nahen Aemona seine Bedeutung u. wurde bei dem Aufruhr der pannonischen Legionen nach des Augustus Tod von diesen geplündert und zerstört. Der Name der Stadt gründete sich auf die Sage, daß die Argonauten bei ihrer Rückkehr bis hierher auf dem Ister (der aber freilich nördlich von N. fließt u. nur durch seine Nebenflüsse mit der Stadt in Verbindung steht) geschifft wären und von da ihr Schiff auf den Schultern über die Alpen ins adriatische Meer getragen hätten. Jetzt Oberlaibach.

Nausicaa, in der griechischen Mythe Tochter des Phäakenkönigs Alcinous, fand am Ufer den schiffbrüchigen Odysseus, soll später die Gemahlin des Telemach geworden sein und ihm einen Sohn, Persepolis oder Ptoliporthos, geboren haben.

Nautik (v. Lat.), s. Schifffahrtskunde.

Nautikon (griech.), s. v. a. Bodmerei.

Nautilus L. (Schiffsboot), zu den Kopffüßern oder Armschnecken gehörige Gattung von Weichthieren, das einzige auf unsere Zeit lebend übergegangene Glied einer großen Familie, von der die Ammoniten, Goniatiten, Belemniten rc. fossile Ueberreste sind. Das Thier ist länglich, hinten zugerundet, hat 4 Kiemen und zahlreiche kurze, zurückziehbare, fadenförmige Arme ohne wahre Saugnäpfe. Die Schale ist groß, regelmäßig auf beiden Seiten am Wirbel vertieft, spiralig gewunden, die letzte Windung alle übrigen umfassend, inwendig prächtig perlglänzend. Die Scheidewände sind in der Mitte durch eine Röhre durchbohrt und am Rande eben, ungetheilt und ohne Zähne. Die Arten sind nicht zahlreich und noch nicht deutlich genug beschrieben; die bekannteste, das gemeine Schiffsboot (N. Pompilius *L.*, Perlboot, Seenymphe, Schiffskuttel), mit großem, ungenabeltem, milchweißem und rothbraun gebändertem Gehäuse, das über einen Fuß im Durchmesser erreicht, findet sich häufig in den indischen Gewässern. Schon vor Jahrhunderten pflegte man die Gehäuse zur Zierde aufzustellen oder auch zu Trinkgefäßen u. dergl. zu benutzen, nachdem man durch eine Säure die äußere Rinde abgelöst, wodurch die Perlmutter zum Vorschein kam, in welche man auch Figuren u. dergl. einschnitt. Eine große Seltenheit ist das genabelte Schiffsboot (N. umbilicatus *Lam.*), an dessen genabeltem Gehäuse die letzte Windung die frühern nicht verbirgt. Von den fossilen Arten, deren 130 gezählt werden, ist der doppelrückige N. (N. bidorsatus *v. Schlotheim*) Leitmuschel für die obern Schichten des Muschelkalks, in denen er z. B. bei Göttingen, Hildesheim ꝛc. zugleich mit Ammonites nodosus vorkommt.

Nauvoo City, Stadt im nordamerikanischen Staate Illinois, Grafschaft Hancock, am Mississippi, wurde 1840 von den Mormonen gegründet u. war bis 1846 deren Hauptstadt mit einem prächtigen Tempel (welcher 1848 abbrannte) und ungefähr 20,000 Einwohnern. Seit die Mormonen von dort gewaltsam vertrieben worden sind, ist die Stadt in Verfall gekommen und die Bevölkerung bis auf 2000 Seelen herabgeschmolzen. In neuerer Zeit hat sich eine Gesellschaft französischer Socialisten unter Cabot dorthin gewandt. In der Umgegend sind viele warme Quellen.

Navajoes, ein Zweig vom großen nordamerischen Indianerstamme der Apaches im Territorium Neumeriko zwischen dem San-Juan und dem Little Colorado. Die N., noch heute ein gefürchteter Räuberstamm, sind wahrscheinlich von besonderem Einfluß auf die Gestaltung der Völkerverhältnisse jener Gegenden gewesen und als die Zerstörer einer höhern Kultur anzusehen, die früher bei den dortigen Indianerstämmen einheimisch war.

Naval (v. Lat.), was zur Schifffahrt und zum Schiffswesen gehört; daher Navalkrieg, s. v. a. Seekrieg.

Navarete, Juan Fernandez, spanischer Historienmaler, geboren 1526 zu Logroño, bildete sich in Italien, vornehmlich an Tizians Werken, neigte sich aber, seit 1568, nach Spanien zurückgekehrt, den Eigenthümlichkeiten der vaterländischen Malerschule zu und ward Hofmaler Philipps II. Er † 1572 (nach Andern 1579) im Escorial. Für dieses malte er: den heiligen Hippolyt, wie derselbe den heiligen Lorenz begräbt, ein herrliches Nachtstück und eines seiner Hauptwerke, Hieronymus in der Wüste, die Enthauptung des heiligen Jakob, eine heilige Jungfrau mit dem Kinde und von Heiligen umgeben, die Geißelung Christi, den Heiland, nach der Auferstehung den Jüngern erscheinend, die Berufung des heiligen Andreas, St. Petrus und Paulus, St. Bartholomäus und Thomas u. A., sämmtlich Altarstücke mit lebensgroßen, höchst ausdrucksvollen Figuren. Andere Werke von N.'s Hand sind im Kloster Estrella, zu Salamanca und Valencia. In der Gallerie des Marschalls Soult zu Paris war eines seiner vorzüglichsten Bilder, die Aufnahme der drei Engel bei Abraham.

Navarino (Navarin), befestigte Hafenstadt auf der Südwestseite der Halbinsel Morea, Hauptstadt der Eparchie Pylos in der griechischen Nomarchie Messenien, am Fuße des Berges St. Nikolas und am südlichen Ende der Bai von N., mit einem großen schönen Hafen, der 1000 Schiffe fassen kann, tief genug für die größten Seeschiffe ist und einen sehr engen, leicht zu vertheidigenden Eingang hat. Die Festungswerke waren früher sehr wichtig, haben aber in neuerer Zeit ihre Bedeutung verloren, besonders seitdem die Citadelle durch eine Pulverexplosion zerstört worden ist. Die Stadt hat eine hellenische und eine Gemeindeschule u. 3000 Einwohner. Nördlich von N. liegt Altnavarin oder Paläokastron, an der Stelle, wo Pylos gestanden haben soll, und vor dem Hafen die Insel Sphagia oder Sphakteria. Das gegenwärtige Neunavarin oder Neokastron wurde im Mittelalter während der fränkischen Herrschaft im Peloponnes durch Nikolaus von St.-Omer angelegt und kam später abwechselnd unter türkische Herrschaft. Schon im Alterthum war die Bai von N. durch eine große Seeschlacht im peloponnesischen Kriege (425 v. Chr.) berühmt; berühmter noch wurde sie durch die am 20. Oktober 1827 von der vereinigten englisch-französisch-russischen Flotte der ägyptisch-türkischen gelieferte Seeschlacht, welche die Freiheit Griechenlands entschied.

Navarra, ehemaliges Königreich in Spanien, aus Obernavarra auf der Südseite der Pyrenäen u. Niedernavarra auf der Nordseite derselben bestehend, von denen letzteres jetzt zum französischen Departement Niederpyrenäen gehört, während Obernavarra, noch immer häufig das Königreich N. genannt, die jetzige spanische Provinz N. bildet. Diese grenzt nördlich an Frankreich (durch die Westpyrenäen davon getrennt), westlich an die spanischen Provinzen Guipuzcoa u. Alava, südlich an Logroño (durch den Ebro davon getrennt), östlich an Huesca u. Zaragoza u. umfaßt 190,1 QM. mit (1857) 297,422 Einw. (meist Basken). Das Land ist mit Ausnahme des Innern, wo sich die Ebene von Pampeluna ausbreitet, und der sogenannten Ribera, d. h. den südlichen an den Ebro grenzenden Gegenden, sehr gebirgig, besonders im Norden und Nordosten sehr waldreich, der Boden im Allgemeinen steinig und mager und daher zum Anbau wenig geeignet und nur von einzelnen fruchtbaren Thälern durchschnitten, die sich an den Ufern der Gewässer ausbreiten. Die Pyrenäen steigen hier zu hohen Gipfeln empor und verzweigen sich in den Sierras von Andia, Rey, Monreal, Aranjon; das Stammgebirge erhebt sich hier im Alto Biscar zum höchsten Gipfel in Spanien. Hauptflüsse sind: der Ebro (mit der Egra, dem Aragon, der Alhama und der Queiles), die Bidassoa und der Anepo; im Gebirge und an der Küste sind einige Lagunen; auch fehlt es nicht an Salz- und andern Mineralquellen. Das Klima ist gesund, doch auf dem Hochgebirge sehr rauh; in den tiefer liegenden, mildern Gegenden baut man Getreide, guten Wein,

Hanf, Flachs, Oel, Gemüse und Obst aller Art; die Waldungen bieten Buchen und Tannen zu Mastbäumen, Kastanien und Süßholz. Rinder, Pferde und Schafe bilden die Hauptgegenstände der Viehzucht; in den Gebirgen gibt es Bären, Wölfe, Gemsen, wilde Ziegen, Roth- und Schwarzwild, in den Gebirgsgewässern besonders schöne Aale und Forellen. Das Mineralreich liefert Eisen und Steinsalz. Die Industrie war früher sehr unbedeutend, hat sich aber in neuerer Zeit gehoben und dürfte gleich dem Ackerbau und Handel nach Vollendung der im Bau begriffenen Eisenbahnlinien (von Zaragoza über Tudela und Pampeluna nach Alsasua, und von Tudela über Logroño nach Bilbao) einen neuen Aufschwung nehmen, doch zeichnet sich N. schon seit langer Zeit durch gute Kommunikationswege im Innern und mit den Nachbarländern aus. Die Hauptprodukte der Industrie sind bis jetzt: Roheisen, Ziegel, Glas, Papier, Tuch, Leder, Seife, Chokolade und Nudeln; der Schleichhandel mit Frankreich ist sehr bedeutend. Die **Navarresen**, aus der Vermischung der Baskonen (Ureinwohner), Basken und Gothen während der arabischen Herrschaft und des Kampfes gegen dieselbe hervorgegangen, sind ein kühner, kräftiger Menschenschlag, arbeitsam, gewandt, scharfsinnig, geborne Jäger, Schmuggler und Soldaten, aber auch sehr eingebildet, heftig und unbeugsam; die Gebirgsbewohner einfach, mäßig und streng sittlich, die Bewohner der Ribera roh und dem Trunk ergeben. Im Allgemeinen erinnern Sitten, Charakter und Sprache an das baskische Element; da die Navarresen aber früher als die Basken ihre Unabhängigkeit verloren haben, so hat sich auch der alte kantabrische Charakter mehr verwischt. Gleich den Basken hängen sie mit großer Vorliebe an ihrem Vaterlande u. ihren Gebräuchen, sind überhaupt sehr konservativ und daher immer die eifrigsten Vertheidiger des absoluten Königthums gewesen. Die Hauptstadt der Provinz ist Pampeluna (s. d.).

Die ältesten bekannten Bewohner N.'s waren die **Baskonen**, Abkömmlinge der alten Kantabrer, welche noch jetzt unter dem Namen Basken das Land bewohnen. Karl der Große eroberte 778 N. nebst andern Gebieten in Spanien bis zum Ebro und ließ die eroberten Provinzen unter dem Namen der **spanischen Mark** durch Markgrafen regieren, die in Barcelona ihren Sitz hatten. Die Einwohner von N. benutzten aber die innern Zwistigkeiten im fränkischen Reiche, um sich unabhängig zu machen, und wählten darauf Sancho zu ihrem Grafen. In der Reihe seiner Nachfolger ragt Sancho III. hervor, der die Grenzen seines Reichs beträchtlich erweiterte und dasselbe bei seinem Ableben so unter seine 4 Söhne theilte, daß Garcias N., Ferdinand Kastilien, Gonzales den nördlichen Theil von Aragon und Ramiro den übrigen erhielt. Durch Verheirathung der letzten Erbin, Johanna, mit Philipp I., dem Schönen, kam N. 1284 an Frankreich. Nach dem Aussterben des Mannsstammes der Capetinger erbte Ludwigs I. Tochter, Johanna II., N., das durch ihren Gemahl, Philipp III., Grafen von Evreux, 1329 wieder einen Herrscher erhielt. Sein Sohn Karl II, der sich den Beinamen des Bösen erwarb, erhob vergeblich Ansprüche auf Champagne und Brie, die er 1365 in einem neuen Vertrage mit Frankreich gegen Montpellier abtrat, verband sich mit dem Prinzen von Wales und dem König von Aragonien für Peter gegen Heinrich Transtamare, begann einen Krieg gegen Frankreich u. Kastilien, in welchem sein Reich verwüstet ward, und konnte nur mit großen Opfern 1379 den Frieden wieder erlangen. Mit der Hand seiner Enkelin Blanca kam das Königreich 1445 an Johann von Aragonien, mit welchem Königreich es 54 Jahre vereinigt blieb. König Johann hinterließ 1479 eine Tochter, Eleonore, die an den Grafen Gaston von Foix und Vicomte von Béarn vermählt war, durch welchen Béarn an N. kam. Johanns Enkeltochter, Katharina, die ganz N. ihrem Gemahl Johann von Albret als Mitgift zubrachte, verlor 1512 im Kampfe mit Ferdinand dem Katholischen Obernavarra, das nun als spanisches N. Spanien einverleibt wurde. Heinrich II., Johanns Sohn, folgte ihm 1516 in Niedernavarra und in Béarn. Zwar versuchte er 1521 nach Ferdinands Tod sich mit Frankreichs Beistand wieder in den Besitz des spanischen N. zu setzen; doch konnte er, obwohl von Frankreich unterstützt, gegen Karl I. (Kaiser Karl V.) nichts ausrichten und behauptete sich eben nur diesseits der Pyrenäen. Heinrich vermählte sich 1527 mit Margaretha von Valois, Schwester des Königs Franz I. von Frankreich, die sich durch Gründung von Kollegien und anderen Schulen um Niedernavarra verdient machte. Seine Erbtochter, Johanna von Albret, vermählt mit Anton von Bourbon, Herzog von Vendôme, führte die Lehre Calvins in N. ein. Durch ihren Sohn Heinrich III., der 1589 den Thron Frankreichs bestieg, kam Niedernavarra an Frankreich, dessen König bis zur Julirevolution den Titel König von Frankreich und N. führte. Doch behielt Niedernavarra noch bis zur französischen Revolution 1789 eine besondere Verwaltung und manche Vorrechte. Vgl. **Olhagary**, Histoire de Foix, Béarn et Navarre, Paris 1609; **Faryn**, Histoire de Navarre, das. 1622; **Mazure**, Histoire de Béarn, das. 1839.

Navarrete, Don Martin Fernandez de, ausgezeichneter spanischer Gelehrter, geboren den 9. Nov. 1765 zu Abalos in der Provinz Rioja, machte seit 1780 in der Gardemarine den Krieg gegen England mit und kreuzte dann an der afrikanischen Küste gegen die Mauren. Nach dem Frieden studirte er zu Cartagena und erhielt 1789 den Auftrag, behufs der Sammlung aller auf die Entdeckungsreisen der Spanier bezüglichen Urkunden die Archive des Reichs zu durchforschen. An dem Kriege mit der französischen Republik betheiligte er sich als Adjutant des Generallieutenants Don Juan de Langara, welcher die spanische Flotte befehligte, machte die Belagerung von Toulon mit, ward Fregattenkapitän, 1797 Official im Marineministerium, dann Fiskal des obersten Admiralitätsraths, zog sich aber 1808, eine Anstellung von Seiten der französischen Partei verschmähend, nach Sevilla und von da nach Cadix zurück. N. hatte sich damals bereits durch mehre Abhandlungen in den Schriften der königlichen Akademie der Geschichte, deren Mitglied er ward, u. A. eine „Ueber den Antheil der Spanier an den Kreuzzügen" bekannt gemacht und beschäftigte sich fortan fast ausschließlich mit gelehrten Arbeiten, aus denen noch die Biographie des Cervantes (1819) hervorzuheben ist. In den Jahren 1820—23 ward er von den Cortes zum stimmführenden Mitglied mehrer Junten und vom König zum Direktor des hydrographischen Instituts, 1825 zum Mitglied der Direktionsjunta der königlichen

Armada und 1884 als Dekan derselben zum Rathe von Kastilien und Indien für die Sektion der Marine und zum Procer des Reichs, sowie nach der Revolution von La Granja 1836 zum Senator und Direktor der Akademie der Geschichte ernannt. Er † den 8. Okt. 1844. Sein durch Reichhaltigkeit, sowie kritische Verarbeitung des Stoffs ausgezeichnetes Hauptwerk ist die „Coleccion de los viages y descubrimientos, que hicieron los Españoles desde el fin del siglo XV“ (Madrid 1825—37, 5 Bde.). Die ersten Bände, welche die Reisen des Colombo und seiner Gefährten enthalten, wurden auch ins Französische übersetzt (Paris 1828), u. hauptsächlich nach den darin niedergelegten Forschungen schrieb Washington Irving sein Werk „Columbus und dessen Gefährten“. In N.'s Nachlaß finden sich außer der Fortsetzung seines Hauptwerks auch Vorarbeiten zu einer „Biblioteca de descritores marinos españoles“.

Navas de Tolosa, Dorf in der spanischen Provinz Jaen (Andalusien), in einer wüsten Ebene auf der Sierra Morena, hat ein Schloß und 300 Einw. Hier den 16. Juli 1212 Sieg der Spanier über die Mauren; auch 1812 Schlacht zwischen den Spaniern und Franzosen.

Navigationsakte (v. Lat., Navigationsgesetz), das Schifffahrts- und Seehandelsgesetz, welches das republikanische englische Parlament am 9. Oktober 1651 zur Förderung der britischen Schifffahrt erließ und welches erst Anfangs 1850 außer Kraft gesetzt wurde. Dasselbe war hauptsächlich gegen die Holländer gerichtet und bestimmte, daß alle aus Asien, Afrika und Amerika und namentlich aus den englischen Pflanzungen stammende Waare nur durch britische Schiffe in Großbritannien und Irland und den britischen Kolonien importirt werden dürfte, daß alle in Europa erzeugten oder verfertigten Waaren im britischen Reiche nur auf britischen oder solchen Schiffen sollten eingeführt werden dürfen, welche Eigenthum des Landes wären, von welchen die Waaren ausgeführt würden; daß ein solches Schiff in England gebaut sein und seine Mannschaft wenigstens zu $^3/_4$ nebst dem Kapitän geborene oder naturalisirte Briten sein müßte; daß kein fremdes Schiff eine Rückfracht von England, jedes englische Schiff aber doppelte Fracht von andern Ländern sollte nehmen dürfen. Die Akte, die sofort Feindseligkeiten zwischen England und den Niederlanden herbeiführte, ward auch von dem königlichen Parlament, das nach dem cromwellschen folgte, angenommen und von Karl II. bestätigt. Doch beschränkte man dabei die zweite Bestimmung dahin, daß sie nur bei Waaren aus Rußland oder aus der Türkei und bei gewissen Artikeln anwendbar sein sollte, die im Handel seitdem als „enumerated articles“ bezeichnet wurden. Bald folgte das Verbot jeder Einfuhr aus Holland, den Niederlanden und Deutschland unter jedem Verhältnisse oder in jedem Schiffe, britischem oder fremdem, bei Konfiskation des Schiffs und der Waaren, und 1696 wurde den britischen Kolonien und Pflanzungen sogar verboten, ihre Produkte selbst nach Irland oder Schottland zu senden oder dort ans Land zu setzen. Im Jahre 1787 erließen die Vereinigten Staaten von Nordamerika als Repressalie ein der britischen N. wörtlich entlehntes Gesetz gegen England, und auch die nordischen Mächte drohten in gleicher Weise zu verfahren. Daher wurde die englische N. 1821 und 1825 durch neue Gesetze und durch die Annahme des sogenannten Reciprocitätssystems wesentlich gemildert und der Verkehr aller mit England im Frieden lebenden europäischen Länder auf gleichen Fuß gesetzt. Der Unterschied zwischen enumerated und nonenumerated articles bestand zwar fort, sie konnten jedoch nun sowohl in britischen wie in Schiffen des Landes, wo sie erzeugt waren, und in Schiffen des Landes, das sie ausführte, eingeführt werden. Durch die Bill vom 26. Juni 1849 wurden endlich alle noch übrigen Bestimmungen der N., mit Ausnahme der Begünstigungen der einheimischen Küstenschifffahrt und Fischerei, aufgehoben. Vgl. Großbritannien, Geschichte.

Navigationsschule, s. v. a. Schifffahrtsschule.

Navigatorsinseln, s. v. a. Schifferinseln.

Naviglio-Grande (d. i. großer Kanal), Kanal in der italienischen Provinz Mailand, geht unweit Lonato aus dem Ticino, vereinigt sich bei Castelbetto mit dem Bereguardo-Kanal, führt dann nach Mailand, stößt dort auf den Olonna und Martesana, theilt sich darauf in 2 Arme, von denen der östliche (Naviglio-Martesana) nach Inzago in die Adda, der andere (Naviglio-Pavia) über Binasco nach Pavia wieder in den Ticino geleitet ist.

Navikularbein, s. v. a. Kahnbein.

Navis (lat.), Schiff, Boot, Kahn.

Naxos (jetzt Naxia oder Axia, türkisch Nakscha), Insel im ägäischen Meere, die östlichste u. größte der Cykladen, gegenwärtig zur griechischen Nomarchie der Cykladen gehörig, mit einem Flächenraum von 6,8 □Meilen und (1861) 21,340 Einw. Sie ist von Paros (im Westen) nur durch eine schmale Meerenge getrennt, hat steile Ufer, waldige Berge (deren höchster, Dia oder Berg des Zeus, 3000 Fuß hoch, eine Stalaktitenhöhle, die Höhle von N., hat), ist sehr gut bewässert u. höchst fruchtbar. Hauptprodukte sind: Weizen, Gerste, Hülsenfrüchte, Wein, Obst, Oel, Mastix und Ophaltes oder Ophites (eine Art Marmor). Die Viehzucht (Maulesel und Schafe) ist unbedeutend; ebenso sind auch Ackerbau, Handel und Industrie nicht von Belang. Die Insel war schon im Alterthum berühmt durch ihre außerordentliche Fruchtbarkeit, sowie durch den Mythus vom Bacchus und dem Schicksal der Ariadne (s. d.). Die gleichnamige Hauptstadt, auf der Nordwestküste der Insel gelegen, hat ein von den Venetianern erbautes festes Schloß, eine Kathedrale, mehre andere griechische und katholische Kirchen, eine hellenische Schule, eine Gemeindeschule, ein Zollamt und einen Hafen, ist Sitz eines griechischen und eines römisch-katholischen Bischofs, sowie eines Friedensgerichts und zählt gegen 5000 Einwohner. In der Nähe, auf einem kleinen Eilande, finden sich bei der Quelle der Ariadne noch die Trümmer eines Bacchustempels. In der ältesten Zeit hieß die Insel Strongyle (die abgerundete), auch Dia, Dionysia und Callipolis. Die ältesten Bewohner der Insel sollen Thracier gewesen sein, die später von Thessaliern unterjocht wurden. Nachdem diese ausgewandert, ließen sich nach dem trojanischen Kriege Karier unter Anführung des Naxos daselbst nieder. Die historische Zeit kennt nur die von Athen her eingewanderten Jonier (525). Zuerst erscheint N. im Kampfe mit Pisistratus von

Athen, welcher es 532 überwand und Lygdamis, den Führer der oligarchischen Partei auf N., als Tyrannen daselbst einsetzte. Schon 501 wurden jedoch die Aristokraten wieder verjagt, und die von denselben zu Hülfe gerufenen Perser mußten nach viermonatlicher Belagerung unverrichteter Dinge wieder abziehen. Dagegen verwüsteten dieselben 490 bei ihrem Zuge gegen Griechenland die Insel mit Feuer u. Schwert. Nachdem sich die Naxier in den Schlachten von Salamis und Platää ihre Freiheit von der persischen Oberherrschaft erkämpft, bildete N. ein Glied des Seebundes, welchen Athen organisirte, war jedoch der erste der verbündeten Staaten, welcher der Bundespflicht sich weigerte, aber von Athen 471 wieder unterworfen wurde; 376 besiegte Chabrias bei N. die spartanische Flotte. Während des mithridatischen Kriegs wurde die Insel von den Römern erobert, welche sie wegen ihrer Fruchtbarkeit Kleinsicilien nannten. Im Mittelalter erhielt sie den Namen Naxia. Nach Errichtung des lateinischen Kaiserthums in Konstantinopel eroberte 1207 der Venetianer Marco Sanudo N. nebst den andern Cykladen u. Kaiser Heinrich erhob den Eroberer zum erblichen Herzog des ägäischen Meeres oder des Archipelagus u. Prinzen des Reichs und N. zum Sitz des Herzogthums. Als das Haus Sanudo ausstarb, erhielt der Gemahl der Tochter des letzten Herzogs, Johann della Carcere, Herr von Negroponte, das Herzogthum N. Im Jahre 1566 kam die Insel unter türkische Herrschaft. Sultan Selim II. erhob den portugiesischen Juden Jussuf Nassy zum Herzog von N. Nach der Erhebung Griechenlands wurde auch N. demselben einverleibt. Vgl. Gruter, De insula Naxo, Halle 1833; Engel, Quaestiones Naxicae, Gött. 1835; Curtius, Ueber N., Berl. 1846.

Naxos, im Alterthum Stadt im östlichen Sicilien, an der Südseite des Felsens Taurus gelegen, als die erste griechische Ansiedelung auf der Insel wahrscheinlich schon 736 v. Chr. von Chalcidensern unter Anführung des Thucles oder Theocles gegründet, ward bald so blühend, daß sie selbst wieder Kolonisten nach Leontini, Catana und auch nach Zancle aussenden konnte. Eine Zeitlang dem Tyrannen von Gela, Hieronymus, unterworfen, machte sie sich bald wieder frei, kämpfte glücklich gegen Messana und als Verbündete der Athener gegen Syrakus und blühte, bis sie 403 v. Chr. vom Tyrannen Dionysius durch Verrath eingenommen u. zerstört wurde. Erst 358 v. Chr. wurden die zerstreut auf der Insel lebenden Reste der Naxier von Andromachus wieder gesammelt und in der Nähe der zerstörten Stadt auf dem Taurus die neue Stadt Tauromenium gegründet.

Nay, Stadt im französischen Departement Niederpyrenäen, Arrondissement Pau, am Gave de Pau, hat Wolleninduftrie, Strumpfwirkerei und 3132 Einw.

Nazaire, St., Stadt im französischen Departement Niederloire, an der Mündung der Loire in den atlantischen Ocean, hat einen Hafen, starken Küstenhandel, lebhafte Industrie für Schiffbau- und Schifffahrtutensilien, regelmäßige Dampfschifffahrt nach Veracruz und 10,845 Einwohner. Die Schiffe von und nach Nantes stationiren hier, und letztere laden hier ganz oder theilweise aus, wenn sie zu großen Tiefgang haben. Die Stadt liefert fast sämmtliche Lootsen für die Einfahrt in die Loire.

Nazarener (Nazaräer), Benennung Jesu bei den Juden in Bezug auf seine Vaterstadt Nazareth; dann bei Juden und Heiden in den ersten Jahrhunderten Bezeichnung der Christen überhaupt; im 4. und 5. Jahrhundert die judaisirenden Parteien in der Kirche und insbesondere diejenigen, die im Gegensatz zu den strengeren Ebioniten das mosaische Gesetz bloß für Judenchristen verbindlich hielten, nach Hieronymus ein besonderes, hebräisch oder chaldäisch geschriebenes Evangelium (Hebräerevangelium) hatten, den Apostel Paulus als Heidenapostel zwar anerkannten, aber den Kanon des Neuen Testaments verwarfen. Sie hatten zu Kolaba jenseit des Jordan und zu Berda in Niedersyrien ihren Hauptsitz und erhielten sich bis ins 7. Jahrhundert. Noch jetzt führen in Asien Christen den Namen N.

Nazareth, Flecken in Galiläa, im alten Stammgebiete Sebulon, auf einem Hügel (Luc. 4, 29), war der Wohnort der Aeltern Jesu. Die Kaiserin Helena soll hier zum Andenken an Mariä Verkündigung die erste Kirche erbaut haben. Zur Zeit der Kreuzzüge wurde das Erzbisthum von Bethschean hierher verlegt und N. ward ein besuchter Wallfahrtsort der Christen; 1263 wurde es von den Saracenen zerstört. Die neue Stadt N. (bei den Arabern an-Násira), am Abhange eines Berges, hat gegen 3000 Einw., von denen zwei Drittel Christen sind. Die Verkündigungskirche wurde 1620 wieder neu erbaut und ist, nächst der Kirche des heiligen Grabes, die schönste Syriens. Sie gehört zu einem Franciskanerkloster, das 1730 restaurirt wurde. Eine zweite Kirche griechischer Konfession steht über dem Brunnen der Maria. Außerdem werden dem Reisenden gezeigt die Wohnung Josephs, eine große Steinplatte, an welcher der Herr mit seinen Jüngern gegessen haben soll, die Ueberreste der Synagoge, worin Jesus lehrte, und am Ausgange des Thals von N. der Felsabhang, von welchem die Juden Christus hinabstürzen wollten (Saltus domini). In der Nähe von N. fand 1799 eine Schlacht zwischen den Franzosen u. Türken Statt. Es war der nördlichste Punkt in Syrien, den Napoleon I. erreichte. Im Jahre 1837 litt N. sehr bedeutend durch ein Erdbeben.

Nazoräer, s. Zabier.

NB. (N. B.), Abbreviatur für Nota bene (s. d.).

N. C., Abkürzung für Nostro conto, auf unsere Rechnung, und für Novo conto, neue Rechnung.

Neander (gräcisirt für Neumann), 1) Michael, ausgezeichneter Humanist und Schulmann, geboren 1525 zu Sorau, studirte in Wittenberg unter Melanchthon, ward dann Lehrer in Nordhausen und 1550 Rektor an der Klosterschule zu Ilefeld, wo er am 26. April 1595 †. Er hat durch seine lange Zeit geschätzten Lehrbücher der griechischen Sprache: „Erotemata linguae graecae" (3. Aufl., Basel 1565), „Tabulae linguae graecae" (das. 1563 und öfter) u. „Elegantiae linguae graecae" (das. 1561), sowie besonders durch sein „Opus aureum et gnomologicum" (das. 1559) viel zur Förderung der Wissenschaften beigetragen.

2) Joachim, namhafter Kirchenliederdichter, geboren 1610 zu Bremen, wurde zuerst Rektor der reformirten Schule zu Düsseldorf, dann Pfarrer an der St. Martinskirche seiner Vaterstadt, wo er am 31. Mai 1680 †. Seine „Bundeslieder" erschienen zu Bremen 1679; eine Auswahl derselben findet sich in Müllers „Bibliothek der Dichter des 17. Jahr-

hunderts" (Bd. 11). Eines der bekanntesten seiner Lieder ist „Lobe den Herrn, den mächtigen König der Ehren". Vgl. Bormbaum, J. R., Elberf. 1864.

3) Christoph Friedrich, ausgezeichneter Kirchenliederdichter, geboren den 27. December 1723 zu Elau in Kurland, studirte zu Halle Theologie, ward 1750 Pfarrer zu Kabillen und 1755 zu Grenzhof in Kurland und erhielt 1775 die Propstei der doblenschen Diöces. Er † am 21. Juli 1802. Seine „Geistlichen Lieder" (1766; neue Aufl., Riga 1779; 2. Sammlung, das. 1774) sind ausgezeichnet durch Kraft, Einfachheit und Herzlichkeit und in viele Gesangbücher übergegangen. Vergl. Elisa von der Recke, Ueber N.s Leben u. Schriften, Berlin 1804.

4) Daniel Amadeus, Bischof der evangelischen Kirche, geboren den 17. Nov. 1775 zu Lengefeld im Königreich Sachsen, besuchte die Universität zu Leipzig, ward 1805 Pfarrer zu Flemmingen bei Naumburg, 1817 Pfarrer u. Stiftssuperintendent, Konsistorialrath und Vorsteher des theologischen Seminars zu Merseburg, 1823 Oberkonsistorialrath und Mitglied der ersten Abtheilung im Ministerium des Kultus, zugleich Propst und Pfarrer an der Petrikirche zu Berlin, 1829 erster Generalsuperintendent der Provinz Brandenburg und Direktor des Konsistoriums, 1830 mit der Würde eines Bischofs der evangelischen Kirche bekleidet und 1831 auch zum Mitglied des Obercensurkollegiums des Staatsraths ernannt. Auf seinen Wunsch ward er 1853 von der Verwaltung der Generalsuperintendentur und von den Geschäften bei dem Konsistorium entbunden. Er hatte namhaften Antheil an der Einführung der Union und der neuen Agende in Preußen. Außer Kasualpredigten veröffentlichte er „Die erste merkwürdige Geistererscheinung des 19. Jahrhunderts" (Dresd. 1804) und „Predigten" (Berlin 1826, 2 Bde.) und gab mit Bretschneider und Goldhorn das „Journal für Prediger" heraus.

5) Johann August Wilhelm, einer der bedeutendsten Kirchenhistoriker der neueren Zeit, geboren den 16. Januar 1789 zu Göttingen von jüdischen Aeltern, hieß eigentlich David Mendel, erhielt von der Mutter, die sich nach ihrer Trennung von ihrem Manne in Hamburg niederließ, eine fromme Erziehung, besuchte hier das Gymnasium u. Johanneum, ließ sich 1806 taufen, wobei er seinen bisherigen Namen mit N. vertauschte, und studirte dann in Halle und Göttingen Theologie. Im Jahre 1811 habilitirte er sich in Heidelberg und wurde hier 1812 außerordentlicher Professor der Theologie, folgte aber noch in demselben Jahre einem Ruf an die Universität zu Berlin, wo er ordentlicher Professor der Theologie, Oberkonsistorialrath und Mitglied des Konsistoriums der Provinz Brandenburg u. der königlichen Akademie der Wissenschaften ward und den 14. Juli 1850 †. N.s Vorlesungen an der Universität beschränkten sich anfangs auf die historischen und exegetischen Fächer. Erst nach Schleiermachers Tod nahm er in den Kreis derselben auch die systematischen Disciplinen auf. Unter seinen Werken sind hervorzuheben: „Ueber den Kaiser Julianus und sein Zeitalter" (Leipzig 1812), „Der heilige Bernhard und sein Zeitalter" (Berlin 1813), „Genetische Entwickelung der vornehmsten gnostischen Systeme" (das. 1818), „Der heilige Johannes Chrysostomus und die Kirche in dessen Zeitalter" (das. 1821—22, 2 Bde.; 2. Aufl. 1833), „Denkwürdigkeiten aus der Geschichte des Christenthums und des christlichen Lebens" (das. 1822—24, [illegible] 1845—46), „Antignosticus, Geist des [illegible] (das. 1825), „Allgemeine Geschichte der [illegible] Kirche" (Hamburg 1825—52, 6 Bde. in [illegible] 3. Aufl., Gotha 1856, 4 Bde.), sein [illegible] ner „Kleine Gelegenheitsschriften" [illegible] „Das Eine und Mannichfaltige des christlichen [illegible] bens" (das. 1840), „Geschichte der [illegible] Leitung der christlichen Kirche durch die [illegible] (das. 1832—33, 2 Bde.; 4. Aufl. 1847) [illegible] Strauß: „Das Leben Jesu in seinem ge[illegible] Zusammenhang" (das. 1837, 5. Aufl. 1853) [illegible] bald Thamer" (Berlin 1842), „Joseph [illegible] White" (das. 1846). Seine „Wissen[illegible] Abhandlungen" (Berl. 1851), sowie seine „[illegible] Dogmengeschichte" (das. 1857, 2 Bde.) [illegible] seinen „Kommentar zu den Briefen an die [illegible] (das. 1859) Beischlag, seine „Vorlesungen [illegible] tholicismus und Protestantismus" [illegible] 1863) heraus. Eine Sammlung seiner [illegible] scheint seit 1863 in Gotha. Sein Leben [illegible] Krabbe (Hamburg 1852) und Rauh ([illegible]

Neapel, früher selbstständiges Königreich, [illegible] 1860 Theil des neuen Königreichs Italien, [illegible] die südliche Hälfte der italienischen Halbinsel [illegible] wird landwärts gegen Nordwesten und Norden vom Kirchenstaat und Theilen Italiens, Umbrien [illegible] den Marken, auf allen anderen Seiten vom Meere begrenzt. Sein Flächeninhalt beträgt 1[illegible] geographische QMeilen und die Zahl der [illegible] rung nach der letzten amtlichen Erhebung [illegible] 7,150,000 Seelen. Die Küstenbildung ist [illegible] gedehnt, doch mangeln ihr gute Häfen. Die [illegible] gen Häfen an der Westküste sind die von [illegible] Neapel, u. auch diese sind nicht zu allen Zeiten [illegible] u. für große Schiffe unzugänglich. Nur die [illegible] Baja im Golf von Neapel hat guten Ankergrund für die größten Seeschiffe, und der natürliche [illegible] Miseno kann große Kauffahrer aufnehmen. [illegible] liche Hafen von Salerno ist versandet, wie die [illegible] neapolitanischen, die durch Molos hergestellt sind. Die Ostküste hat die Häfen von Taranto u. [illegible] Trani, Barletta, Manfredonia, Bari, Ortona; der ganze Küstenstrich der Abruzzen besitzt keinen Hafen. Gegen Süden läuft die italienische Halbinsel in zwei Landzungen aus, zwischen denen sich der große Golf von Taranto und der Busen von Squillace einbuchten. In das adriatische Meer ragt das Vorgebirge Gargano, von dem südlich der Golf von Manfredonia und nördlich die Tremitiinseln liegen. Im tyrrhenischen Meere sind die zu N. gehörigen Inseln Procida, Ischia, Capri, Ventotene und Ponza. Die Oberfläche des Landes ist mehr gebirgig als eben. Das mächtige Kalkgebirge der Abruzzen, der höchste Theil der ganzen italienischen Halbinsel, aus parallelen, durch Längsthäler von einander getrennten, von Nordwesten nach Südosten streichenden Gebirgsketten bestehend, erhebt sich im Berge Gran Sasso d'Italia bis zu 9208 pariser Fuß. Andere Gipfel dieses Gebirgs sind im sogenannten Majellagebirge der Monte Amaro (8940 par. F.), Majeletto, Monte [illegible], Monte Cavallo, in der südwestlichen Kette östlich von Rieti der Monte Terminillo (6600 F.), Monte Velino (7700 F.) u. das südlichste Schlußglied des ganzen Abruzzenvierecks, die 6800 Fuß hohe Meta mit den benachbarten Monte Amaro und Monte Miele.

An den südlicheren Theil, die Abruzzen, das Majellagebirg, schließt sich der südliche oder neapolitanische Apennin an und zieht sich östlich von Isernia nach Süden zum Matesegebirg, in welchem der Monte Miletto 6520 Fuß hoch aufsteigt. Von den Zügen des Apennins getrennt, erhebt sich der Vultur, 7 geographische Meilen vom adriatischen Meer, sanft aus einer fruchtbaren Ebene bis 4090 Fuß Meereshöhe. Südlich vom Vultur beginnt ein zweiter, nach Süden gerichteter Apenninenzug mit den Spitzen Monte Serino (5600 Fuß) und Monte Pollino alto (7434 Fuß). An den neapolitanischen Apennin schließt sich das kalabrische Gebirg, das sich hart an der Küste als einfache Granitkette gerade nach Süden zieht, im Monte Cocuzzo sich 4928 F. hoch erhebt und bei Ricastro endet. Oestlich davon erfüllt zwischen dem Crati und der Punta dell' Alice das breite, 5500 Fuß hohe granitische Silagebirge die ganze Halbinsel. Von ihm aus setzt sich nach Südwesten der Hauptkamm in der Mitte zwischen beiden Küsten bis zum Aspromontegebirg fort, dessen höchste Spitze, der Monte Alto, 6300 Fuß Höhe hat. Unter den Vulkanbildungen ist der Vesuv noch thätig. Große Ebenen sind die kampanische, Terra di Lavoro oder Campagna felice genannt, im Norden u. Osten von Neapel gelegen, die sich bei einer Breite von 2 bis etwa 12 Meilen weit ausdehnt, und die apulische, Tavoliera di Puglia. Die Hauptflüsse von N. sind: der Garigliano (Liris), gegen 18 Meilen lang, entspringt im Monte Passero und mündet neben dem Pantano di Sessa; er ist tief, stets voll Wasser und für Boote schiffbar von seiner Mündung bis zu der Kettenbrücke bei den Ruinen von Minturno. Der Volturno, 20 Meilen lang, der bedeutendste Fluß des Landes, kommt vom Monte S. Croce bei Castellone, bewässert den größten Theil der Provinz Terra di Lavoro und nimmt den Calore u. Sabato auf. Der Sele kommt vom Monte Calvello u. mündet in der Ebene von Pästum. Oestlich dicht neben Neapel mündet der kleine Sebeto od. Fornello, dessen einer Arm Neapel mit Wasser versieht, u. in den Golf von Castellamare der von Nocera kommende Sarno. Der Crati, der größte Fluß Kalabriens, entspringt südlich von Cosenza und fließt in den Meerbusen von Taranto. Der Agri, Sinus, Bradano u. Basiento bewässern die Provinz Potenza. Der Ofanto, einer der bedeutendsten Flüsse von N., entspringt in den Apenninen in der Provinz Avellino und mündet nach einem Laufe von 17 Meilen in das adriatische Meer. Die große apulische Ebene wird von den Flüssen Carapella, Cervaro und Candelaro durchflossen. Die Abruzzen haben viele und reißende Gewässer, aber wenig bedeutende, außer dem Flusse Pescara, welcher, gegen 19 Meilen lang, auf der einen Seite die Gewässer der Centralapenninenkette, auf der anderen jene vom Monte Corno od. Gran Sasso d'Italia aufnimmt und nach dem adriatischen Meere fließt. Bei Termoli mündet der Biferno, welcher in den Bergen des Matese entspringt; westlich von Gargano der nach Norden fließende Fortore. Bedeutendere Seen sind: der Lago di Celano (Fucino) in der Provinz Teramo, 3 Meilen lang und 2 M. breit; Lago di Matese in Terra di Lavoro und die Strandseen von Lesina, Varano und Salpi in der Provinz Capitanata. Außerdem sind merkwürdig der Averno (Avernus der Alten) und der Agnano, ein eingestürzter Vulkan, an dessen Südrande sich die Hundsgrotte befindet. Mineralquellen gibt es viele im Lande, heiße Quellen auf Ischia und Castellamare, östlich von Avellino, am Vultur. Das **Klima** ist warm und mit Ausnahme einiger Sumpfgegenden gesund; die drückende Sommerhitze wird durch die Seewinde abgekühlt, nicht selten aber auch durch den aus Südosten wehenden Scirocco bis zum Ersticken gesteigert. In den Thälern der Abruzzen fällt das Thermometer bis — 4 oder 7° R. und steigt bis 23 oder 27°. Das Klima der apulischen Ebene ist überaus heiß; in der Provinz Neapel ist der Himmel Monate lang ununterbrochen wolkenlos, blauer als im nordischen Frühling; die Luft ist ungemein rein und die mannichfaltige schöne Färbung der Gegenden bezaubernd. Der Winter gleicht in der Ebene mit seinem frischen Rasen, seinen Blumen, seinem jungen Laube und vielen immergrünen Bäumen etwa dem deutschen Frühlingsanfang. Der meiste Regen fällt im November, wenn Südwinde herrschen, und die größte Hitze tritt im Juli ein, wenn Nordwinde vorwalten. Schnee fällt in den Ebenen selten und nur strichweise. Der Boden ist außerordentlich fruchtbar und reich an Naturerzeugnissen. Die kräftigsten Wälder von Eichen, Ulmen und Buchen bedecken die wasserreichen Abruzzen, nur die höchsten Felsspitzen sind kahl. Die flacheren Gegenden Apuliens sind meist baumlos, wenngleich fruchtbar und bebaut; im südlichsten Theile gedeihen Wein und Oliven, Nüsse, Kastanien und Maulbeeren in Fülle; Citronen- und Orangenbäume, auch Opuntien, Aloë, selbst einige Palmen wachsen im Freien, u. die Umgebung der Hauptstadt prangt in einer immergrünen Vegetation von Pinien, Lorbeeren, Cypressen, Myrte, Oleander, der immergrünen Eiche u. der Korkeiche, des Johannisbrodbaums u. der Olive. Ausgezeichnete Feigen u. Melonen gedeihen in Menge, u. Kirsch-, Pflaumen-, Apfel-, Aprikosen-, Birn-, Pfirsich- und Mandelbäume tragen Früchte in Ueberfluß. Das Mineralreich liefert Salz, Schwefel, Vitriol, Marmor, Bimsstein, Alabaster, Bernstein u. Porzellanerde; das Thierreich Pferde, Schafe, Maulthiere, Schweine, Thunfische, Sardellen, Muränen, Seidenraupen, Austern, Korallen 2c. Der Ackerbau wird noch ungenügend betrieben, die Bauern sind auch meist nur Pächter od. Meier der Ländereien, doch baut N. Getreide über den Bedarf u. zur Ausfuhr. Flachs u. Hanf, Baumwolle, Safran, Krapp, Süßholz, Tabak, auch Zuckerrohr werden theilweise in großer Menge gebaut. Der Weinbau ist im ganzen Lande verbreitet u. liefert die edelsten Sorten in ganz Italien. Berühmt sind die Weine Lacrymä Christi und Vino greco, die am Fuße des Vesuv gewonnen werden, ferner die Weine von Puzzuoli, Posilippo, Capri und Trani. In Kalabrien wird zugleich Rosinenbau stark betrieben. Einer der wichtigsten Gegenstände im ganzen Lande ist die Kultur des Olivenbaums, besonders in Apulien und Kalabrien. Eine beträchtliche Menge Oel wird trotz des ungemein starken Verbrauchs im Lande selbst noch ausgeführt. Die Viehzucht ist schlecht bestellt; von hohem Belang ist aber die Kultur der Seidenwürmer, auch für die Ausfuhr ein wichtiger Gegenstand. Der Bergbau ist ganz vernachlässigt. Stein- und Seesalz wird an vielen Orten gewonnen und dient auch zur Ausfuhr. Die politischen Verhältnisse des Landes u. der ganze südliche Charakter der Bewohner, der sich nicht gern ausdauernder Arheit anpaßt, waren bis jetzt der Entwickelung der **Industrie** nicht günstig. In neuerer Zeit hat diese im Allgemeinen Fortschritte gemacht, vornehmlich in der Fabrikation von Baumwoll-, Woll- und Seidenwaaren. Am lebhaftesten ist die Industrie in der Hauptstadt Neapel und ihrer Umgebung. Seidenmanufakturen sind besonders in Neapel, Casenla, Portici, Bari und Sorrento. Bedeutende Industriezweige sind noch die Fabrikation von Handschuhen, Seife, die Verfertigung von Violinsaiten, die in ganz Europa Ruf haben, und die Maccaronibäckereien der Hauptstadt. Schöne Korallen- und Porzellanbijouteriewaaren, Schmuckarbeiten in Lava liefert die Hauptstadt, Eisengießereien finden sich in Kalabrien; Zuckerraffinerien, Branntweinfabrikation aus Wein, einige Kupferhämmer u. Glasfabriken, Papierfabrikation sind von geringerem Belang. Der **Handel** nach außen beschäftigt sich größtentheils mit der Ausfuhr der reichen Naturerzeugnisse: Weizen, Oel, Weine, Hülsenfrüchte, Schwefel, Südfrüchte, Seide, Lorbeer, Rosinen, Safran, Krapp, Manna, Süßholz und Lakritzensaft, Sumach, Sardellen, Salz u. a. m. Der Werth der Ausfuhr übersteigt den der Einfuhr, wenn auch nicht in bedeutendem Maße. An inneren guten Verbindungswegen leidet das Land noch Mangel, weniger an guten Handelshäfen, wie Neapel, Gallipoli, Reggio, Salerno, Bari, Gaëta, Barletta, Taranto. Im Innern sind die ersten Handelsplätze Foggia mit bedeutender Messe, Lecce, Altamuza, Avellino, Campobasso rc. Dampfschifffahrt von den Hafenplätzen aus, Eisenbahnen u. Telegraphenlinien, Handelskammern, Börse und Banken unterstützen u. fördern den Handelsverkehr. Die vorher erwähnten ungünstigen politischen Verhältnisse während der Bourbonenregierung im Verein mit einer äußerst zahlreichen, aber unwissenden und müßigen Geistlichkeit, welcher die Oberaufsicht der Schulen übertragen war, haben die Ausbreitung einer gesunden **Volksbildung** gehemmt. Die jetzige Regierung beschränkte diesen üblen Einfluß des Klerus u. ist überhaupt bemüht, die Unterrichtsanstalten zu verbessern und zu vermehren. Von 1860—61 wurden, ohne die Centralprovinz Neapel, im Lande 1084 neue Knabenschulen und 778 Mädchenschulen gegründet, 1862 war diese Zahl auf 1603 Schulen für Knaben und 992 für Mädchen, die Zahl der neuen Abendschulen auf 234 angewachsen. (Als die Mönchsorden 1861 im früheren Königreiche der beiden Sicilien theilweise aufgehoben wurden, fanden sich nicht weniger als 1020 Mannsklöster mit 13,611 Insassen, von denen 8899 nur von Almosen lebten, u. 272 Nonnenklöster mit 8001 Nonnen, mit einem Einkommen von 4,772,794 Lire.) Bei dem bis jetzt so sehr vernachlässigten Volksunterricht ist der gewöhnliche Neapolitaner trotz seiner günstigen natürlichen Anlagen u. schnellen Auffassungskraft roh und unwissend, wenige können lesen oder gar schreiben. Tief eingewurzelter Aberglaube und viele Verbrechen, besonders Diebstähle und Räubereien, zeigen sich in hohem Grade als die Folgen des Mangels an Volksunterricht. Als höhere Lehranstalten hat N. eine Universität in der Hauptstadt, 5 Lyceen, 8 Kollegien, Seminarien zur Bildung von Theologen, eine Militär- und Marineakademie zu Neapel, nautische Schulen zu Ischia, Procida, Meta, Castellamare, Reggio, Molo di Gaëta, eine Militärschule zu Capua, eine polytechnische Schule und ein Taubstummeninstitut zu Neapel; ebenda ein musikalisches Konservatorium und eine Akademie der Künste; öffentliche Bibliotheken sind in der Hauptstadt u. in Foggia, eine königliche Akademie der Wissenschaften und andere wissenschaftliche Vereine, eine Sternwarte, ein botanischer Garten, mineralogisches Kabinet u. eine Sammlung der Kunstschätze des Alterthums (Museo Borbonico) zu Neapel. Der Neapolitaner ist im Allgemeinen sinnlich leicht erregbar, abergläubisch und unwissend, lärmend, prunkliebend und unreinlich, träg u. unordentlich, aber auch gutmüthig und fromm, heiter und voll lebendiger Phantasie, Schönheitsgefühl und Redefertigkeit, höflich, gastfrei und genügsam, kurz, er hat die Tugenden und Untugenden der Kinder des Südens. Die Kleidung ist im Ganzen die in Italien gebräuchliche; die Kalabresen tragen insbesondere graue oder schwarze spitze Filzhüte, die Bewohner der Abruzzen Mäntel aus weißen Lämmerfellen. Lastträger und Fischer bekleiden sich mit einer dicken braunen oder rothen Mütze, ähnlich der phrygischen, der kalabreser Bauer trägt den weiten Carbonarimantel, die Marinari u. viele Lazzaroni haben Kutten aus brauner Wolle mit Kapuze und rother Schnur. Die Mädchen auf dem Lande schlingen um den Kopf buntseidene Tücher od. schmücken das Haar mit frischen Blumen. Prächtig erscheinen die Frauentrachten auf Ischia und in Sorrent an Festtagen: ein Mieder aus Purpursammt bis zur halben Brust und ein überaus faltiges blauseidenes Kleid; das antik geordnete Haar wird mit silberner Nadel durchstochen. In Ischia trägt man auch über dem Mieder eine seidene Jacke. Ueber die Geschichte des Landes s. **Sicilien, Königreich beider**. Für die Verwaltung zerfällt jetzt N., mit einem Statthalter an der Spitze, in folgende Provinzen: Aquila (früher Abruzzo ulteriore II), Avellino (früher Principato ulteriore), Bari (früher Terra di Bari), Benevento, Campobasso (früher Molise), Caserta (früher Terra di Lavoro), Catanzaro (früher Calabria ulteriore II), Chieti (früher Abruzzo citeriore), Cosenza (früher Calabria citeriore), Foggia (früher Capitanata), Lecce (früher Terra di Otranto), Potenza (früher Basilicata), Reggio (früher Calabria ulteriore I), Salerno (früher Principato citeriore), Teramo (früher Abruzzo ulteriore I).

Neapel (Napoli), **Provinz** des Königreichs Italien, eine der schönsten Landschaften Europa's, bildet den südöstlichen Theil des sogenannten glücklichen Kampaniens, lagert sich um den Golf von Neapel des mittelländischen Meeres, begreift die in dem letztern gelegenen Inseln Procida, Ischia und Capri mit in sich und hat einen Flächenraum von 17,5 □Meilen mit (1862) 867,983 Einw. Das Land ist theilweise gebirgig durch Zweige der Apenninen (hier auch der Vesuv), höchst fruchtbar, hat einen großentheils vulkanischen Boden mit Rauchhügeln, Dampfhöhlen, Mineralquellen und wird von zahlreichen kleinen Flüssen und Seen bewässert.

Neapel (ital. Napoli), Hauptstadt der gleichnamigen italienischen Provinz, frühere Hauptstadt des Königreichs Neapel oder beider Sicilien, am **Golf von N.**, liegt theils am Fuße, theils an den Abhängen einer sanft zum Meere abfallenden Hügelreihe. Kap Miseno, Procida und Ischia bilden von der einen Seite, die Landzunge von Sorrent, welche mit dem Vorgebirge Campanella endigt, und die Insel Capri von der anderen Seite die natürliche Mauer, welche den schönen Golf von N. gegen die Stürme des offenen Meeres schützt. Die Stadt lehnt sich westlich an die Hügel Posilippo und Vomero, nördlich an Capodimonte und Capo di Chino und breitet sich in ihrer größten Länge am Meere aus. Durch keine Mauern abgeschlossen, fließt N. mit den Hunderten von Landhäusern, die zwischen Reben und Pinien liegen, und den umliegenden Ortschaften zusammen und bedeckt mit den Städten Portici, Resina, Torre del Greco, Torre dell' Annunziata u. einigen Dörfern, die sich östlich, dem Vesuv entlang, in wenig unterbrochener Kette anschließen, einen Küstenstreifen von 14 Meilen. Die Lage der Stadt und ihre Umgebung mit der Hauptzierde der Gegend, dem Vesuv, dessen Fuß 2 Stunden von N. entfernt ist, zeichnet sich durch seltene Schönheit aus. Der Dichter Sannazaro nennt N. „ein Stück Himmel, das auf die Erde gefallen", und „Vedi Napoli e poi muori!" (Sieh N. und dann stirb!) ist ein stehender Ausspruch der Italiener. Die Einwohnerzahl N.s betrug nach der Zählung von 1862 418,968 Seelen, worunter gegen 50,000 Lazzaroni, die kaum ein Obdach haben. Der Anblick der inneren Stadt selbst ist weniger schön, als man erwartet, der Kern der Stadt, das alte N., ist eng gebaut und finster, von geradlinigen, gut gepflasterten, aber unreinlichen Straßen durchschnitten u. reich an stattlichen Wohngebäuden. Die entferntesten Winkel der Stadt sind belebt, überall herrscht die Bewegung und der Lärm des Verkehrs oder des Müßiggangs; die Ruhe und Einsamkeit haben innerhalb der Mauern N.s keine Stätte. In den jüngern Stadttheilen gibt es einige Straßen und Plätze, in welchen Eleganz und Geschmack mit einer seltenen architektonischen Pracht vereinigt sind. Die Häuser, meist weiß angestrichen, sind gewöhnlich 5—6 Stockwerk hoch und haben platte, mitunter etwas gewölbte Dächer mit sehr hohen Fenstern und Balkonen, die mit Blumen und Bäumen geziert sind. Die größte und belebteste Straße ist die Toledostraße, ½ Stunde lang, die Pulsader N.s. Sie durchschneidet N. seiner Länge nach und hat eine Menge prächtiger Paläste. Hier ist das lebhafteste, bunteste Gemisch von Kaufläden und kleinen Verkaufsbuden aller Art, Kaffeehäusern und Eßwaarenbuden, ein stetes Wogen von zahllosen Fuhrwerken u. einer lärmenden, in Trachten u. Ständen mannichfaltigen Bevölkerung. Die prächtigste Straße ist die an der Südseite des Quartiers Chiaja (Kai), mit einer endlosen Reihe von Palästen nach dem Meere zu u. so breit, daß sich hier eine Menge glänzender Equipagen und Reiter bequem neben einander bewegen können. Zwischen dieser Straße und dem Meere liegt auch der öffentliche Lustgarten N.s, die herrlichen Anlagen der Villa reale. Gebüsche, Blumenbeete, eine Akazienallee, neben welcher sich an der Meerseite ein Hain immergrüner Eichen hinzieht; Statuen und Gruppen aus weißem Marmor, und die herrliche Aussicht über die Stadt, die Küsten und den Golf machen diesen Spaziergang über alle Beschreibung schön und genußreich. Wie die Villa reale der Tummelplatz für Spaziergänger ist, so für Wägen u. Reiter die Strada nuova (neue Straße), die zugleich eine schöne Aussicht nach Nisita, Puzzuoli, Monte Barbaro, Kap Miseno, Procida, Ischia gewährt. Die Ansicht der Stadt mit ihrer Krone Sant' Elmo, des Vesuv, der florentiner Küste und von Capri ist nirgends reizender als hier. Nördlich von der Villa reale erhebt sich oberhalb der Stadt das Kastell Sant' Elmo oder Ermo, die schöne, aus Fels gehauene Citadelle N.s, welche vornehmlich durch ihre schrecklichen Gefängnisse für politische Gefangene in jüngstvergangener Zeit eine traurige Berühmtheit erlangt hat. Sie ist ein Sechseck, dessen Längendurchmesser 608 Fuß hat. Von hier aus oder von der Terrasse des Klosters San Martino unterhalb S. Elmo genießt man die schönste Uebersicht der ganzen Stadt und des Meerbusens. Das Castel nuovo an der Seeseite, ein malerisches Fort, das man mit der Bastille verglichen hat, ist von Karl von Anjou erbaut u. enthält in seinem Innern einen merkwürdigen Triumphbogen mit Bronzereliefs und große Waffensäle. Das Castel dell' Ovo (Eikastell) im Quartier San Ferdinando liegt als die Südspitze N.s auf einem Vorsprung der Stadt ins Meer, der Halbinsel Pizzofalcone, ist durch einen Steindamm mit einer Zugbrücke mit dem Lande verbunden und enthält eine Kaserne u. ein Zuchthaus. Zu den ansehnlichsten Plätzen N.s gehören: der Largo del Palazzo oder Königsplatz mit 3 königlichen Schlössern, der neuen prächtigen Kirche San Francesco di Paula u. den kolossalen Reiterstatuen Karls III. u. Ferdinands I., erstere von Canova modellirt; der Largo del Mercato oder Marktplatz, wo Konradin von Schwaben u. sein Vetter Friedrich von Oesterreich 1268 hingerichtet wurden, der Aufstand Masaniello's gegen die spanische Bedrückung 1647 seinen Anfang u. sein Ende fand und 1821 nach dem Umsturz der konstitutionellen Verfassung viele Tausende unter dem Beil des Kardinals Ruffo fielen. Noch sind zu erwähnen der Largo di Mont' Oliveto, mit der Bronzestatue Karls II., Largo dello Spirito Santo (Mercatello), am obern Ende der Toledostraße, Largo di Castello (Piazza di Castel nuovo) mit dem kleinen Operntheater Fenice, Piazza delle Pigne und Largo del Vasto im Quartier Chiaja. Der Hafen ist verhältnißmäßig klein, viereckig und durchaus durch Kunst hervorgebracht, gewährt jedoch ein herrliches Panorama. Ein neuer Hafen rechts am Molo ist für die Kriegsschiffe und die königlichen Dampfer erbaut worden u. wie der erstere mit einem Leuchtthurm versehen. Unter den Prachtgebäuden N.s steht voran: das königliche Residenzschloß am Ende der Toledostraße, ein großartiges Gebäude mit prächtiger Treppe, 2 Säulengängen über einander, welche den Hof umgeben, und einer Gemälde- und reichen Waffensammlung. An das Schloß stoßen südlich die Kaserne der Marinesoldaten u. das Arsenal mit einer Kanonengießerei. Dicht neben dem Arsenal ist westlich die Darsena oder der kleine, nur für das Arsenal bestimmte Hafen. Ein anderes königliches Schloß erhebt sich am nördlichen Ende der Stadt, auf dem Hügel Capodimonte prachtvoll gelegen, von schönen Park- und Gartenanlagen und vielen Landhäusern umgeben. Noch sind zu erwähnen der erzbischöfliche Palast unweit der Domkirche mit schönen Malereien; die beiden kleineren königlichen Paläste am Königsplatze; der Finanzpalast, ein Gebäude von sehr bedeutender Größe, mit der Façade nach Largo di Castello, mit der Rückseite nach der Toledostraße gekehrt u. mit den Marmorstatuen des normannischen Königs Roger, des Hohenstaufen Friedrich II. und der Bourbonen Ferdinand I. und Franz I., in der Mitte, mit der Börse, die mit der Statue des Flavio Gioja aus Amalfi geziert ist; der Palast der Vicaria oder Palazzo della Giustizia; das ehemalige, von dem Normannen Wilhelm I. erbaute Castel Capuano, das alte Schloß der Könige, welches später umgebaut und zum Gerichtshof bestimmt ward; das große Waisen- und Besserungshaus Albergo de' Poveri oder Reclusorio mit 4 Höfen u. einer sehr schönen Kirche; das Theater San Carlo, im Innern vielleicht das größte und prächtigste Europa's; der Palast des Duca di Gravina in der Straße Mont' Oliveto, die Paläste Monteleone u. Maddaloni mit reichen Kunstschätzen, der Palast des Prinzen Doria Angri u. a. Von den über 300 Kirchen u. Kapellen, worunter in neuester Zeit auch eine evangelische, können wir nur die bemerkenswerthesten hervorheben. Die größte u. reichste Kirche ist die Kathedrale des heiligen Januarius od. San Gennaro in dem an Kirchen, Klöstern u. großen öffentlichen Gebäuden reichen Stadttheil San Lorenzo. Sie wurde von Karl I. begonnen u. unter seinem Sohne Karl II. neben der Basilica di Santa Restituta, welche jetzt nur eine große Kapelle der Kathedrale ausmacht, 1299 vollendet u. nach dem Erdbeben von 1456 neu erbaut. Die schöne rechts vom Hauptaltar gelegene Schatzkapelle, in Form eines griechischen Kreuzes, ist mit 42 korinthischen Säulen u. Pilastern aus farbigem Marmor, großen silbernen Kandelabern, sowie Fresken von Domenichino u. Andern geschmückt. Sie enthält den Schatz des heiligen Januarius, des Schutzheiligen von N., welcher in 42 Bronzestatuen u. 37 silbernen Büsten von Heiligen besteht, sowie das Haupt u. das Blut des heiligen Januarius, das größte Heiligthum der Neapolitaner. Die Kathedrale ist auf dem Grunde eines alten Apollo- und Neptuntempels gebaut; die 110 Säulen von afrikanischem Granit sind noch Reste dieser zerstörten Tempel. Das Taufbecken ist eine antike Schale mit bacchischen Darstellungen in erhabener Arbeit. Die Kirche selbst enthält viele Grabmale, unter andern das des Papstes Innocenz IV. und des Königs Andreas von Ungarn, und schöne Freskogemälde. Dem Portal der Kathedrale gegenüber liegt die Kirche San Filippo Neri od. Gerolimini, eines der schönsten Gotteshäuser N.s, in Form eines griechischen Kreuzes erbaut, mit marmorner Façade u. Kuppel, durch zwei Reihen Säulen korinthischer Ordnung in drei Schiffe getheilt. Sie hat schöne Gemälde von Domenichino, Spagnoletto, Guido Reni u. A. Die oben berührte neu erbaute Kirche San Francesco di Paula ist eine Nachahmung des römischen Pantheons u. mit Statuen u. Gemälden italienischer Meister geschmückt. Die kleine Kirche Santa Maria di Piedigrotta, am Eingang der Grotte des Posilipp, hat ein hochverehrtes wunderthätiges Madonnenbild u. spielt eine Rolle bei den neapolitanischen Kirchenfesten. Unterhalb des Kastells S. Elmo, über Gruppen von Oelbäumen, liegt das Karthäuserkloster S. Martino mit prächtig ausgeschmückter Kirche, die bedeutende Kunstschätze enthält, Meisterstücke von Lanfranco, Massimo, Giordano, Solimena, Spagnoletto, Guido, Paul Veronese u. A. In einer Gasse unter dem Ponte della Sanità gegen Westen steht die Kirche S. Gennaro de' Poveri (St. Januarius der Armen), schon 788 erbaut, hinter welcher man in die Katakomben tritt, jene merkwürdigen unterirdischen Gewölbe, Gänge u. Gemächer, wo die ersten Christen in N. bestattet wurden u. die in verschiedenen Richtungen in den Berg führen. Die Kirche San Paolo in der Strada de' Tribunali, auf der Stelle, wo früher ein großer Tempel des Castor u. Pollux gestanden, ist mit den besten Fresken des griechischen Malers Corenzio geschmückt. Das zugehörige Kloster hat 24 Granitsäulen dorischer Ordnung, die früher zu dem Tempel der Dioskuren oder zum alten Theater gehört haben. San Paolo gegenüber steht die Kirche San Lorenzo im modern-italienischen Style, mit schönem gothischen Chor, dem Reste der älteren Kirche, welche Karl I. an der Stelle erbaute, wo früher das Versammlungshaus des Senats u. des Volks gewesen war. In Spacca Napoli, nicht weit von Toledo, stehen Kirche u. Kloster Santa Chiara, mit Fresken, Basreliefs u. Monumenten geschmückt. Eine der 4 Hauptkirchen N.s ist San Giovanni maggiore mit gothischem Portal. In der Nähe dieser Kirche soll der Tempel der Sirene Parthenope gewesen sein, welche der Sage nach N. erbaut hat. Die Kirche Santa Maria Annunziata, zum Findelhause gehörig, hat 44 korinthische Säulen aus carrarischem Marmor, welche das Hauptgesims tragen. Die Unterrichtsanstalten N.s, unter dem schädlichen Einfluß des früheren Bourbonenregiments und der Geistlichkeit verkümmert u. verfallen, werden unter der neuen italienischen Regierung mehr gepflegt und gehoben, viele neue Elementarschulen wurden in den letzten Jahren eingerichtet, höhere Bildungsanstalten gegründet und der Geistlichkeit die Oberaufsicht über den Unterricht entzogen, um der tiefen Unwissenheit des Volks abzuhelfen. Die Universität, 1224 von Friedrich II. gestiftet, hat werthvolle Mineraliensammlungen und physikalische Apparate. Ein medicinisch-chirurgisches Kollegium ist im Viertel San Lorenzo; ferner sind hervorzuheben eine Militärschule auf Pizzofalcone, eine Marineakademie mit Bibliothek und Observatorium, eine polytechnische Schule, ein topographisches Institut, eine Musikschule, Taubstummenanstalt, ein botanischer Garten u. eine Sternwarte. Außer der farnesischen Staatsbibliothek mit mehr als 200,000 Bänden gibt es noch 4 andere öffentliche Bibliotheken: die Brancacciana, die Bibliothek im Finanzpalast, die Stadt- und die Universitätsbibliothek; auch haben noch verschiedene Klöster großartige Büchersammlungen. Unter den Kunstsammlungen nimmt das bourbonische Museum, gewöhnlich gli Studj, die Studien, genannt, weil hier früher die Universität war, in gewisser Beziehung unter allen Kunstsammlungen Europa's den ersten Rang ein. Der großartige Palast enthält die Alterthümer und Kunstwerke, welche früher in den Schlössern zu Portici, Capodimonte, Francavilla u. a. O. zerstreut waren, sowie die Staatsbibliothek. Es befinden sich hier: die antiken Wandgemälde, etwa 2000, aus Pompeji, Herculanum u. Stabiä, die ägyptischen Alterthümer, die antiken Inschriften auf Stein nebst dem farnesischen Hercules und dem farnesischen Stier, beide aus weißem Marmor, antike Mosaikbilder und Inschriften aus Pompeji, eine Gallerie antiker Marmorstatuen, worunter allein über 500 größere Bildsäulen, Basreliefs, Bronzestatuen, die an Zahl und Werth jede ähnliche Sammlung übertreffen; ferner Antiquitäten aus späterer christlicher Zeit und neuere Denkmäler, sowie antike Gegenstände aus terra cotta, die große Bildergallerie mit 700 Bildern, antike Geräthschaften aus Glas u. Bronze, ungefähr 14,000 Nummern, gegen 2600 Vasen aus Großgriechenland, die erwähnte Bibliothek und die Sammlung der Papyrusrollen aus Herculanum. N. hat außer einer Menge kleiner Winkel- und Puppentheater 6 größere Theater, von denen das schon erwähnte San Carlo, das Opernhaus, das Teatro de' Fiorentini, das Schauspielhaus und das Teatro di San Carlini das eigentliche Volkstheater ist. Der Neapolitaner ist im Allgemeinen zur Arbeit wenig geneigt, die Gewerbthätigkeit der Stadt ist deshalb nicht von großer Bedeutung; ihre vorzüglichsten Erzeugnisse sind: rohe und Nähseide, Seiden-, Leinen-, Baumwoll- und Wollwaaren, verschiedene Metallwaaren, Gemmen, gemaltes Porzellan, Handschuhe u. Hüte, ausgezeichnete Korallenarbeiten, geschnittene Vesuvsteine, Wachs, Glas, Holz- und Terracottenwaaren, Papier, musikalische Instrumente, chemische Produkte, Seife und Parfümerien, Konfitüren u. Maccaroni. Wichtiger ist der Handel, besonders das Bank- und Wechselgeschäft; der ganze Handelsverkehr des Landes koncentrirt sich in der Hauptstadt und wird durch eine Börse, Bank, einige Versicherungsgesellschaften und die Eisenbahn unterstützt. Die Ausfuhr von hier besteht vornehmlich in Oel, Seide, Hanf, Wein, Lämmerfellen, Mandeln, Manna, Safran, Krapp, Schwefel, Korallen, Darmsaiten u. Malerpinseln. Das Volk von N. hat einen sinnlich poetischen Zug, es liebt das Vergnügen, aber ohne Anstrengung, Theater, Spiel, Karneval, Wallfahrten u. Kirchenfeste. Die letzteren sind wesentlich Volksfeste. Als solche stehen in besonderer Verehrung bei dem Neapolitaner: das Fest des heiligen Januarius, das Fest der Madonna del Arco in dem gleichnamigen nahen Dorfe am zweiten Pfingsttage gefeiert, das Frohnleichnamsfest, das Fest Johannis des Täufers und das der Maria di Piedigrotta, das prächtigste Madonnenfest in N., am 8. September. Ueber die Geschichte N.s s. Neapolis 1) und Sicilien, Königreich beider. Vergl. Mayer, N. und die Neapolitaner, Oldenb. 1842, 2 Bde.

Neapelgelb, s. v. a. antimonsaures Bleioxyd, s. Blei.

Neapolis (d. i. die neue Stadt), 1) alte Stadt Kampaniens am westlichen Abhange des Vesuvius und am Flusse Sebethus, 4 römische Meilen von der älteren Stadt, welche nach dem dort heimischen Kultus der Sirene Parthenope Parthenope hieß, von Chalcidensern aus Cumä in Folge eines Orakelspruchs angelegt, bestand zur Zeit der Römer aus zwei durch eine Zwischenmauer getrennten, jedoch durch gemeinsame Gerechtsame verbundenen Theilen, der Paläopolis und der N. Während die neapolitanischen Gelehrten gewöhnlich annehmen, die Ostseite habe Paläopolis, die Westseite aber N. geheißen, suchen andere Gelehrte nachzuweisen, daß umgekehrt Paläopolis auf der Westseite zunächst am Hafen, N. aber auf der Ostseite nach dem Flusse Sebethus hin zu suchen sei. Im Jahre 327 v. Chr. nahmen die Samniter auch N. in Besitz, 290 aber ging es in die Hände der Römer über, die jedoch der Stadt ihre eigenthümliche Verfassung ließen und sie überhaupt anfangs bloß als verbündete Stadt betrachteten, während sie später allerdings als römisches Municipium und zuletzt als Colonia Augusta erscheint. Uebrigens wurden unter den Römern beide Theile der Stadt in Einen verbunden, und der Name Paläopolis verschwand für immer. N. selbst erhielt sich in seiner alten Blüthe und war der herrlichen Gegend und der daselbst blühenden griechischen Kunst und Wissenschaft wegen ein Lieblingsaufenthaltsort gebildeter und verbannter Römer. Unter Titus wurde die Stadt durch ein Erdbeben fast gänzlich zerstört, aber von diesem Kaiser im römischen Geschmack wieder aufgebaut. Später war sie der Aufenthaltsort des Kaisers Romulus Augustulus. N. hatte aber weder ganz dieselbe Lage, noch denselben Umfang wie das heutige Neapel, das erst im Mittelalter als Residenz der normannischen Könige seine dermalige Größe und Bedeutsamkeit erhielt. In der Nähe befanden sich warme Bäder, die berühmte Villa des Lucullus, in welcher Tiberius und Romulus Augustulus starben, und die dem Augustus von Pollio als Vermächtniß hinterlassene Villa Pausilypi oder Pausilypum. — 2) Stadt in Palästina, das alte Sichem der heiligen Schrift, bei Griechen und Römern aber stets N. oder vollständig Flavia Neapolis zu Ehren des Kaisers Flavius Vespasianus genannt, lag in dem schmalen Thale zwischen den Bergen Ebal und Garizim, 31 Millien südöstlich von Cäsarea und 40 Millien nördlich von Jerusalem, und war früher eine Stadt der Leviten im Gebiete des Stammes Ephraim, später aber Hauptsitz des samaritanischen Gottesdienstes, da bei ihr auf dem Berge Garizim der samaritische Tempel erbaut war, welchen Johannes Hyrcanus um 129 v. Chr. zerstörte. In ihr bildete sich eine der ersten christlichen Gemeinden, auch war sie Vaterstadt des Justinus Martyr. Sie heißt noch jetzt Nablus. — 3) Stadt in Zeugitana oder der späteren römischen Provinz Afrika, eine alte von den Phöniciern gegründete Seestadt, an dem nach ihr benannten Sinus Neapolitanus (jetzt Golf von Hamamet), 12 Millien östlich von Putput, an der Straße von Adrumetum nach Clypea oder Aspis, nach Plinius unter den Römern eine freie Stadt, nach Ptolemäus eine römische Kolonie, jetzt Nabal.

Neapolitanum malum (lat.), die Syphilis (s. d.), weil sie zuerst besonders heftig unter dem vor Neapel liegenden französischen Heere ausbrach.

Nearchus, berühmter Flottenführer Alexanders des Großen, aus Amphipolis, Jugendfreund Alexanders, begleitete denselben auf seinem Feldzuge nach Asien, erhielt hier die Statthalterschaft Lyciens u. des angrenzenden Gebiets bis an den Taurus, führte 328 ein Heer griechischer Söldlinge nach Zariaspa, war bei dem indischen Feldzuge 327 Chiliarch der Hypaspisten, führte dann vom Indus aus die Flotte durch das erythräische Meer in den persischen Meerbusen und entdeckte auf dieser Fahrt die Mündungen des Euphrat und Tigris. Ein Auszug seines Reiseberichts, welchen uns Arrianus erhalten hat, ist am besten von Geier in den „Alexandri historiarum scriptores aetate suppares" (Leipzig 1844) herausgegeben worden.

Neath, Stadt im englischen Fürstenthum Wales, Grafschaft Glamorgan, an der Mündung des gleichnamigen Flusses in die Swanseabai des Bristolkanals (atlantischer Ocean) und an der Glamorganeisenbahn, die sich hier nach Cardiff, Swansea rc. verzweigt, hat ein Handwerkerinstitut, eine Bibliothek, Markthalle, Kupfer-, Eisen-, Zinn- und Steinkohlenbergwerke, Fabrikation von Maschinen für den Bergbau, starken Steinkohlenhandel und

6810 Einw. Dabei die Ruinen eines Schlosses und einer Abtei.

Nebel, eine der Formen, unter denen sich das als Wasserdampf in die Luft aufgenommene Wasser in tropfbar-flüssigem Zustande wieder aus derselben ausscheidet. Der Wasserdampf ist in dem Zustande, in welchem er in der Luft enthalten ist, fast ebenso durchsichtig wie diese; scheidet er sich aber in tropfbarflüssiger Form aus derselben ab, so bildet er kleine wässerige Bläschen, welche, zu größeren Massen angehäuft, die Luft mehr oder weniger undurchsichtig machen. Letztere vermag nämlich bei einem bestimmten Temperaturgrad stets nur eine gewisse Menge von Wasser aufzunehmen, u. zwar bei einem höheren mehr, bei einem niedrigen weniger. Erleidet nun eine mit Wasserdampf gesättigte Luft eine Abkühlung, so muß sich in Folge davon eine dem Grade der Abkühlung entsprechende Menge flüssigen Wassers ausscheiden. Hierauf beruht der mannichfache Wechsel der sogenannten wässerigen Naturerscheinungen oder Hydrometeore, welcher für die lebende Schöpfung von außerordentlicher Wichtigkeit ist. Wäre nämlich die Luft nicht fähig, Wasserdampf in sich aufzunehmen und denselben unter gewissen Umständen wieder auszuscheiden, so wäre die Verbreitung des Wassers über die Oberfläche der Erde, die Grundbedingung alles organischen Lebens auf derselben, unmöglich, und Insel und Festland müßten in Folge des Abflusses allen Wassers zum Meere bald in einen Zustand völliger Trockenheit versetzt werden, in welchem alles animalische und vegetative Leben ersterben würde. Der N. entsteht, wie bemerkt, wenn sich die mit Wasserdampf gesättigte Luft plötzlich abkühlt. Die Ursache dieser Abkühlung kann entweder Wärmeausstrahlung von dem Erdboden her, oder ein kälterer Luftstrom sein. Der vorher luftförmig gewesene Wasserdampf verdichtet sich dadurch zu kleinen Bläschen, die mit ganz kleinen, mikroskopischen Seifenbläschen vergleichbar sind und trotzdem, daß das Wasser, woraus sie bestehen, specifisch schwerer als die Luft ist, wegen ihrer im Vergleich zu ihrer Oberfläche geringen Masse in der Luft schweben. Häufen sie sich zu größeren Massen an, so entstehen Wolken (s. d.), in welchen sich die Wasserbläschen nach und nach durch Vereinigung mehrer derselben vergrößern, so daß sie schließlich, wenn sie nicht in Folge höherer Erwärmung der obern Luftschichten abermals zu Wasserdampf aufgelöst werden, Tropfen bilden, welche nicht mehr hohl sind und in Folge ihrer Schwere als Regen (s. d.) auf die Erdoberfläche niederfallen. Aus dieser Entstehungsweise des N.s wird es erklärlich, warum sich N. vorzugsweise im Herbst über Flüssen und Seen, sowie über feuchten Wiesen bilden. Da nämlich das Wasser der Flüsse und Seen, sowie der feuchte Erdboden wärmer als die schon mit Feuchtigkeit gesättigte Luft sind, so verdichtet sich der aus jenen aufsteigende Wasserdampf sofort, wenn er in die kältere Luftschicht gelangt. Bei trockener Beschaffenheit der Luft und gleicher Temperatur des Wassers und der Luft kann sich kein N. bilden, indem sich dann der von der Erde aufsteigende Wasserdampf in der Luft verbreiten kann, ohne sie zu sättigen. Am häufigsten tritt N. in England auf, weil es von warmen Meeren umgeben ist. Ebenso sind die warmen Gewässer des Golfstroms, von welchem ein Arm bis Neufundland reicht, die Ursache der dort so häufig vorkommenden N. Nicht selten bildet sich dichter N. über Flüssen und Seen, während die Luft wärmer ist als das Wasser oder das Eis. Dies kommt daher, daß die mit Feuchtigkeit gesättigte warme Luft sich mit Luftschichten mischt, welche in Folge der Berührung mit dem kältern Wasser oder dem Eise schon eine niedrigere Temperatur angenommen haben, welche die Kondensation des Wasserdampfs bewirkt. Auf dieselbe Weise entstehen auch im Sommer nach Gewitterregen oft N. über Flüssen und Seen, indem dann die Luft zwar wärmer als die Oberfläche des Wassers, aber mit Feuchtigkeit gesättigt ist, so daß sich, sobald sie mit dem Wasser in Berührung tritt und dadurch erkältet wird, der in ihr vorhandene Wasserdampf verdichtet. Die Nebelbildung unterbleibt an Orten, wo Regen und Thau gänzlich mangeln, wie in großen Sandwüsten Afrika's u. Asiens, denn obwohl hier die Temperatur während der Nacht tief herabsinkt, so ist es doch wegen der nachhaltigen Wärme des Sandbodens kaum möglich, daß sie unter den Sättigungspunkt der Luft mit Wasserdämpfen herabgehen und dadurch die Bildung eines N.s bedingen sollte. Bildet sich N. am Morgen, so wird er, wenn die Temperatur durch die aufsteigende Sonne wieder hinlänglich erhöht ist, aufgelöst. Ruhige See und gänzliche Windstille begünstigen die Nebelbildung sehr. Aus der Entstehung der N. leitet sich die wohlbekannte Witterungsregel ab: „Steigender N. bringt Regen, fallender Sonnenschein“.

Nebel, mecklenburg-schwerinischer Fluß, kommt aus dem krakower See, fließt nordwestlich bei Bützow in die Warnow.

Nebelbilder, s. Laterna magica.

Nebelflecke, s. Fixsterne.

Nebelhöhle (Nebelloch), die größte Höhle der würtembergischen Alp, westlich von Oberhausen im würtembergischen Schwarzwaldkreis, Oberamt Reutlingen, an der Seite eines hohen, waldigen Bergfelsens, des Stollenbergs, besteht aus 3 Abtheilungen, der vordern, hintern u. obern Höhle, ist insgesammt 680 Fuß lang, bis zu 75 F. hoch und mit vielen seltsamen Tropfsteinbildungen angefüllt. Die N. war einst der Zufluchtsort des geächteten Herzogs Ulrich von Würtemberg und wird alljährlich am Pfingstmontag festlich beleuchtet. Eine interessante Schilderung derselben findet sich in W. Hauffs „Lichtenstein“.

Nebelkappe (Tarnkappe), in den germanischen Volkssagen eine bezauberte Kappe, mit welcher man sich in einen Nebel verwandeln oder einhüllen oder ganz unsichtbar machen kann. Besonders werden den Zwergen (s. d.) solche N.n zugetheilt.

Nebelmonat, s. v. a. November.

Nebelsterne, s. Fixsterne.

Nebenaugen (ocelli, stemmata), s. Insekten.

Nebeneierstock (parovarium), das von Kobelt 1847 entdeckte Analogon des Nebenhodens, hervorgegangen aus der Metamorphose der mittlern Blinddärmchen des Wolffschen Körpers (s. d.). Der N., welcher schon von den letzten Schwangerschaftsmonaten an gar keine funktionelle Bedeutung mehr für den Körper hat, erscheint als plattes, dreieckiges, höchstens 2 Centimeter breites Organ, das seine Lage zwischen den beiden Blättern der breiten Mutterbänder in der Nähe des eigentlichen Eierstocks hat. Seine Substanz besteht aus 12—18 lose zusammenhängenden feinen Kanälen, welche gestreckt oder geschlängelt verlaufen und in einen gemeinschaftlichen, die Basis des N.s bildenden Gang übergehen. Die Innenfläche dieser blind endigenden Kanälchen ist mit einem Flimmerepithel ausgekleidet. In den spätern Lebensjahren findet sehr häufig eine Rückbildung des N.s Statt, wobei aus den Kanalresten durch theilweises Offenbleiben kleinere oder größere Cysten entstehen können.

Nebenhoden (epididymis), ein länglicher, an dem hintern Umfang des Hodens halbringartig sich anschließender Körper, dessen dickeres, oberes Ende als Kopf, dessen unteres, dünneres Ende als Schwanz des N.s bezeichnet wird. Der Kopf des N.s besteht aus 12—20 stark geschlängelten Kanälchen, welche durch den Zusammenfluß der feinen Samenröhrchen des Hodens entstehen. Die stärkeren Kanälchen des N.s biegen sich in darmartig verschlungenen Windungen und bilden dadurch eine Art von Läppchen. Der Kopf des N.s ist also eigentlich nur die Gesammtheit dieser Läppchen, welche ihrer kegelförmigen Gestalt wegen Coni vasculosi Halleri (Samengefäßkegel) genannt werden. Durch den Zusammenfluß aller dieser Kanälchen, welche den Kopf des N.s bilden, entsteht ein einfaches Samengefäß, welches immer mehr an Dicke zunimmt und den Schwanz des N.s bildet. Durch allmählige Abnahme seiner Schlängelungen geht der einfache Kanal des Schwanzes des N.s in den geradlinig gegen den Bauch aufsteigenden Samenleiter über. Die Kanälchen des N.s bestehen aus einer äußern Faserhaut, auf welche nach innen zu eine ansehnliche Lage glatter, theils längsverlaufender, theils kreisförmig angeordneter Muskelfasern folgt, und zu innerst befindet sich eine feine Schleimhaut, welche mit einem flimmernden Cylinderepithel besetzt ist. Die Funktion des N.s besteht einfach in der Fortleitung des Samens von seinem Entstehungsorte, dem Hoden, in den Samenleiter und durch diesen in die am Grunde der Harnblase liegenden Samenbläschen. Doch scheint die starke Schlängelung der Kanälchen des N.s darauf hinzuweisen, daß die Ableitung des Samens, vielleicht zum Zweck seiner vollkommneren Entwickelung, verlangsamt werden soll. Der N. erkrankt selten allein, sondern fast immer zusammen mit dem Hoden. Die häufigsten Krankheiten des N.s sind entzündliche Anschwellungen, wie sie, außer nach Verletzungen, besonders noch bei Eiterausflüssen aus der Harnröhre und bei syphilitischen Affektionen der Geschlechtstheile vorkommen. Vgl. Hoden.

Nebenius, Karl Friedrich, badischer Staatsmann, geboren zu Rhodt bei Landau den 29. Sept. 1784, studirte zu Tübingen die Rechte und Staatswissenschaften, ward hierauf Advokat beim Hofgericht in Rastadt, 1807 Finanzsekretär, 1810 Kriegsrath zu Durlach und im folgenden Jahre Finanzrath, 1819 aber geheimer Referendar. Als Regierungskommissar wohnte er dem ersten badischen Landtage bei und bewies in den Verhandlungen umfassende Kenntnisse und politischen Scharfblick, sowie bei liberalen Principien weise Mäßigung. An der Ausarbeitung der badischen Verfassung hat er großen Antheil gehabt. Er sprach sich entschieden für den Anschluß Badens an den deutschen Zollverband aus und bewies sich überhaupt als Vorkämpfer der Idee einer auf Gegenseitigkeit beruhenden Handelsfreiheit durch seine Schrift „Der deutsche Zollverein, sein System und seine Zukunft" (Karlsruhe 1835), doch gelang es ihm nicht, seine patriotische Theorie auf dem Handelskongreß in Darmstadt ins Leben überzuführen. Schon 1823 war er zum Geheimerath und Vorstand der Gesetzgebungskommission, sowie zum Staatsrath ernannt worden; im November 1835 trat er von seiner Stellung als Mitglied der Gesetzgebungskommission zurück und fungirte als Oberhofrichter, bis er 1836 gänzlich aus dem Staatsdienste schied. Kurz darauf wurde er jedoch als Direktor in das Ministerium des Innern berufen, und im April 1838 übernahm er das Portefeuille des Innern, gab dasselbe jedoch, durch die Reaktion in seiner Wirksamkeit gehemmt, schon im Oktober 1839 wieder ab. Im Jahre 1843 ernannte ihn die Regierung zum Mitglied der ersten Kammer, und im April 1845 übernahm er wieder das Ministerium des Innern und wurde im März 1846 Präsident des Staatsraths. In Folge der Revolution vom Mai 1848 mit dem Ministerium zurückgetreten, lebte er seitdem literarischen Arbeiten und trat nur bei den Verhandlungen über die deutsche Verfassungsreform in der Broschüre „Baden in seiner Stellung zur deutschen Frage" (Karlsruhe 1850) öffentlich hervor. Er † erblindet den 8. Juni 1857 zu Karlsruhe. Noch sind von seinen Schriften hervorzuheben: „Betrachtungen über den Zustand Großbritanniens in staatswirthschaftlicher Hinsicht" (Karlsruhe 1818); „Der öffentliche Kredit" (das. 1820, 2. Aufl. 1829); „Ueber technische Lehranstalten" (das. 1833); „Ueber die Herabsetzung der Zinsen der öffentlichen Schulden" (Stuttgart 1837); „Ueber die Zölle des Zollvereins zum Schutz der inländischen Eisenproduktion" (Karlsruhe 1842) und „Die katholischen Zustände in Baden" (das. 1842).

Nebenlinie, die Nachkommenschaft eines jüngeren Sohnes, im Gegensatz zu der des älteren oder Erstbebornen.

Nebenmonde, s. Nebensonnen.

Nebennieren (glandulae suprarenales, renes succenturiati), zwei drüsige Organe ohne Ausführungsgang und von durchaus räthselhafter Bedeutung, welche über den Nieren, dicht an das obere Ende derselben angeheftet, an der hintern Bauchwand liegen. Sie haben eine platte, halbmondförmige oder dreieckige Gestalt, eine weiche, schwammige Konsistenz und eine röthlichbraune Farbe. Was den feinen Bau der N. anbetrifft, so bestehen sie aus einer dünnen, aber festen Bindegewebshülle und aus einer Rinden- und Marksubstanz, welche beide letzteren in Farbe und Bau verschieden sind. Die Rindensubstanz ist braun oder rothgelb, in strahliger Richtung gestreift, brüchig, aber fester als die Marksubstanz. Das Gerüste der Rindensubstanz bilden zarte, unter einander und mit der Hülle des ganzen Organs zusammenhängende Bindegewebsbalken, welche der Rinde ein fächeriges Ansehen geben. Zwischen dem Bindegewebsgerüst bleiben längliche oder rundliche Lücken, welche nach Luschka von einer zarten Membran ausgekleidet sind und in ihrem Innern eine feinkörnige Masse, Kerne, junge Zellen und Fettkörnchen enthalten. Die Marksubstanz besitzt ein zartes Bindegewebsstroma, welches ununterbrochen mit dem der Rindensubstanz zusammenhängt und ein Maschenwerk mit rundlichen, theils isolirten, theils zusammenfließenden Maschen darstellt. In den Maschenräumen sind verschiedene Formelemente eingelagert, von denen die meisten als wahre Ganglienzellen zu betrachten sind, da man ihren direkten Zusammenhang mit Nervenfasern nachweisen kann. Neben den wahren Ganglienzellen finden sich noch zahlreiche, größere oder kleinere, kugelige oder polyëdrische Zellen, deren Bedeutung noch nicht festgestellt ist. Die N. sind außerordentlich reich an Gefäßen und Nerven. Die Gefäße verlaufen in dem bindegewebigen Stroma der Rinden- und Marksubstanz. Die Nerven stammen nach Bergmann zum kleinen Theil aus dem Lungenmagennerven und dem Zwerchfellsnerven, zum größten Theil aus dem Samen- und Nierengeflecht des sympathischen Nerven und sind sämmtlich für die Marksubstanz bestimmt. Es liegt also nahe, anzunehmen, daß die Marksubstanz als ein wahres Nervencentrum zu betrachten sei, von dessen Ganglienzellen zahlreiche Nerven entspringen, die sich vielfach unter einander verflechten u. schließlich die Marksubstanz durchsetzen, um hauptsächlich den Bahnen des sympathischen Nerven einverleibt zu werden. Luschka bezeichnet deshalb die N. als Nervendrüsen, doch muß angesichts dieser Vermuthungen betont werden, daß über die Bedeutung der N. für den Körper noch gar nichts wissenschaftlich festgestellt ist. Nur so viel ist sicher, daß die N. mit der Harnbereitung in gar keinem Zusammenhang stehen. Die N. entwickeln sich beim Embryo sehr zeitig und sind anfänglich viel größer als die Nieren. Bei dem zwölfwöchentlichen Embryo sind N. und Nieren etwa gleich groß, beim sechsmonatlichen Fötus sind erstere ungefähr halb so groß als letztere, beim reifen Kinde verhalten sie sich wie 1 : 3, beim Erwachsenen wie 1 : 8. Die Entwickelung der Struktur steht nicht in geradem Verhältniß zur Größe der Drüse; denn zur Zeit, wo diese relativ am bedeutendsten ist, sind noch keine Drüsenblasen darin vorhanden, sondern nur Kerne und Zellen, und die Struktur ist am entwickeltsten, wenn die relative Größe der N. ein Minimum ist, nämlich bei jungen, erwachsenen Personen. Krankheiten der N. kommen selten vor: man kennt nur die Blutung, die Tuberkulose und den Krebs der N. Doch knüpft sich an diese Affektionen der N., zumal die Tuberkulose, ein besonderes Interesse, seitdem der englische Arzt Addison beobachtet hat, daß Kranke, welche an dieser Krankheit leiden, eine eigenthümliche, bronzefarbige, rothbraune oder braungrüne Haut besitzen. Allerdings kommen viele Fälle von krankhafter Entartung der N. ohne Bronzefarbe der Haut und umgekehrt diese ohne Degeneration der N. vor, allein die Zahl der Fälle, in welchen beide Veränderungen zusammentreffen, ist auffallend groß. Die Akten über diese sogenannte addisonsche Krankheit (Bronzed-skin der Engländer) sind noch keineswegs geschlossen, und weitere Beobachtungen müssen lehren, ob ein genetischer Zusammenhang zwischen der Erkrankung der N. und der bronzeartigen Verfärbung der Haut existirt oder nicht. Vgl. R. Wagner, Handwörterbuch der Physiologie, Leipz. 1853, Bd. 4; Luschka, Anatomie des menschlichen Bauches, Tübingen 1863; Addison, On the constitutional and local effects of disease of the suprarenal capsules, London 1855.

Nebenplaneten (Trabanten, Monde, Satelliten), diejenigen Weltkörper unseres Sonnensystems, welche sich um die Hauptplaneten bewegen
und dieselben bei ihrem Lauf um die Sonne begl
ten. Außer der Erde (s. Mond) werden nur
4 größten Planeten von N. begleitet, und zw
hat Jupiter deren 4, Saturn 8, Uranus wenigste
4, wahrscheinlich aber 6, Neptun 2. Hiernach gä
es in unserem Sonnensystem 21 N. Das Dase
eines Mondes der Venus, den mehre Astronom
zu sehen geglaubt, ist nicht erwiesen. Mit Ausnah
unseres Mondes ist keiner dem unbewaffneten Au
sichtbar. Alle bewegen sich um ihren Hauptplanet
in Ellipsen, in deren einem Brennpunkte der letzt
steht, und zwar von Westen nach Osten, mit Au
nahme der N. des Uranus, die sich von Osten n
Westen bewegen. Der größte ist, absolut genomm
der 6. Saturnusmond, relativ aber, nämlich i
Verhältniß zum Hauptplaneten, der Erdmond, dess
Durchmesser über ein Viertel des Erddurchmesse
ist, während jener einen 17mal kleineren Durchm
ser als Saturn hat. Der absolute Abstand ein
Trabanten von seinem Hauptplaneten ist am größt
bei dem 8. Saturnusmonde, wo er über 500,0
Meilen beträgt, am kleinsten bei dem ersten Satu
nusmonde, wo er noch nicht 26,000 Meilen erreic
Alle N. stimmen darin überein, daß ihre Rotation
zeit der Dauer eines Umlaufs um den Hauptplanet
gleich ist, weshalb sie diesem immer dieselbe Se
zukehren.

Nebensonnen, Phänomen, welches in der Sp
gelung und Brechung des Sonnenlichts sein
Grund hat. Wenn der Himmel mit einem leicht
Wolkenschleier überzogen ist, bemerkt man zuweil
dicht um die Sonne farbige Ringe oder Fragme
von solchen. Mariotte erklärt die Erscheinung du
die Brechung des Lichts in den in der Luft sch
benden Eisnadeln. In den höheren Luftregion
jenseit der Grenze des ewigen Schnee's, herrs
nämlich das ganze Jahr hindurch eine zur Eiserz
gung geeignete Temperatur. Bildet sich das Eis ni
aus tropfbarem Wasser, sondern aus gasförmig
Dünsten, so entstehen krystallinische Formen, wie
frisch gefallene Schneeflocken zeigen. Bei höhe
Temperatur und größerer Masse der Dünste bild
sich Tropfen (Regen), in welchen in Folge der B
chung der Sonnenstrahlen bekanntlich der einfa
oder doppelte Regenbogen entsteht. Bei niedrige
Temperatur aber entstehen feine prismatische Ei
nadeln, welche, so lange sie im Schweben erhalt
werden, bei ruhiger Luft eine senkrechte Stellung a
nehmen und, da sie zu Millionen vorhanden si
gleichsam eine Spiegelwand darstellen, auf welc
in Folge der Spiegelung der Sonne ein durch letzt
gehender, dem Horizont paralleler weißer farblo
Kreis entsteht. Wird dagegen durch einen diese E
nadeln treffenden Wind die senkrechte Stellung d
selben verändert, so entsteht statt des gleichförm
gen Kreises ein unbestimmt begrenzter milchweiß
Schimmer. In dem erwähnten Kreise werden St
len bemerklich, wo das Licht je nach der Anzahl u
Stellung der Facetten der Eisnadeln in knoten
tiger Anhäufung sich zeigt, und solche knotenart
Anhäufungen bieten schon ein den eigentlichen
ähnliches Phänomen dar. Eine wahre Nebe
sonne entsteht nur in Folge der Brechung d
Lichts. Ueber einem Brechungswinkel von bestim
ter Größe (22½°) zeigt sich ein farbiger Kreis u
die Sonne, der von dem vorerwähnten wagrecht
Kreise halbirt wird. Da nun an den Durchschnitt

punkten beider Kreise Brechung und Spiegelung zugleich wirksam sind, so entstehen N. in Regenbogenfarben, von denen jedoch nur Roth und Gelb deutlich hervortritt, die übrigen aber weit schwächer od. wohl gar nicht bemerklich sind. Außerdem zeigen sich noch über und unter der Sonne an den Stellen, wo eine den Kreis umgebende Ellipse diesen berührt, helle Flecken von länglicher Form, welche wie die N. in Regenbogenfarben spielen. Ganz ähnlich, jedoch weit seltener und nie so ausgebildet wie die N., erscheinen die Nebenmonde. Nur ein innerer Kreis, der sogenannte Hof, um den Mond wird häufiger beobachtet, ein äußerer in seltenen Fällen. Auch sind diese Nebenmonde sehr bleich. Man will bemerkt haben, daß allen diesen Phänomenen anhaltend stürmisches Wetter folge.

Nebentöne, s. v. a. Beitöne, s. Ton.

Nebenwinkel, 2 Winkel, welche einen gemeinschaftlichen Scheitelpunkt und einen gemeinschaftlichen Schenkel haben und deren beide anderen Schenkel zusammen eine gerade Linie bilden. Sie haben den Halbkreis zum Maße und sind daher = 2 Rechten oder 180°. Sind 2 N. einander gleich, so ist jeder ein rechter.

Nebenwohner, solche Bewohner der Erde, welche auf einem und demselben Parallelkreise, aber auf entgegengesetztem Meridian, mithin 180° von einander entfernt wohnen. Sie wohnen an den Endpunkten des Durchmessers eines Parallelkreises, nicht, wie der Gegenfüßler, der Erde.

Nebenwort, s. v. a. Adverbium.

Nebra, Stadt in der preußischen Provinz Sachsen, Regierungsbezirk Merseburg, Kreis Querfurt, an der Unstrut, mit Gerichtskommission, Schloßruine, Sandsteinbrüchen, Woll- und Leinweberei und 2325 Einw.

Nebraska (Nordwestterritorium), indianische Bezeichnung für den Fluß Platte, Name eines Territoriums der Vereinigten Staaten von Nordamerika, welches das ganze bisherige Nordwestterritorium u. einen Theil des bisher gewöhnlich zum sogenannten indianischen Territorium gerechneten Gebiets umfaßt. Eine Kongreßakte vom Mai 1854 bestimmte die Grenzlinie für dieses neue temporäre Territorium folgendermaßen: Beginnend bei einem Punkt im Missouriflusse, wo der 40.° nördl. Br. denselben durchschneidet, zieht sie sich von da gegen Westen auf dem genannten Parallel zur Ostgrenze des Utahterritoriums auf dem Kamme der Rocky Mountains; dann auf diesem Gebirgskamme nordwärts bis zum 49.° nördl. Br., von da ostwärts auf diesem Parallel bis zur Westgrenze von Minnesota, hierauf südwärts dieser Grenze entlang bis zum Missouriflusse und von da den Hauptkanal des genannten Flusses abwärts bis zum Anfangspunkte. Der Flächeninhalt dieses Gebiets wird in dieser Ausdehnung ungefähr 18,000 deutsche □Meilen betragen, die Bevölkerung besteht bis jetzt nur noch aus Indianern. Militärposten der Vereinigtenstaatenregierung sind das Fort Leawenworth auf der Westküste des Missouriflusses, das Fort Kearney am Platteflusse und das Fort Laramie, auf der Südseite des Platteflusses, von der amerikanischen Pelzhandelsgesellschaft angelegt und 1848 der Regierung verkauft. Das Land besteht im Osten aus Prairien, im Westen ist es gebirgig, und in der Mitte dehnt sich die große amerikanische Sandwüste aus, hier und da mit einigen Oasen. Hauptfluß des Gebiets ist der Platte River oder Nebraska, Nebenfluß des Missouri. Derselbe kann 40 Meilen weit von seiner Mündung aufwärts befahren werden und ihm folgen auch die großen Auswanderungsstraßen nach Oregon, Utah und Kalifornien. Der Kansas ist kürzer als der Plattefluß, kann aber gegen 150 Meilen von der Mündung aufwärts mit Dampfbooten befahren werden. Eine merkwürdige Erscheinung in diesem Gebiet ist zwischen Fort Laramie und dem Missouriflusse, ungefähr unter 42° nördl. Br. und 103° westl. L. von Greenwich, ein Thalzug, 14 Stunden breit und 39—44 Stunden lang, von seinem unfruchtbaren schlechten Boden, der nur mit dünnem Graswuchs spärlich bedeckt ist, Mauvaises Torres (schlechtes Land) genannt. Man steigt hier plötzlich von der offenen Prairie 100—200 Fuß tief in ein Thal, das mit Tausenden von zerstreut liegenden unregelmäßigen prismatischen und säulenähnlichen Felsmassen bedeckt ist, welche häufig noch unregelmäßige Pyramiden tragen u. sich 100—200 F. und noch höher erheben. Diese, natürlichen Thürmemassen gleichend, sind hier so dicht gelagert, daß das Ganze mit seinen labyrinthisch verschlungenen Gängen wie eine alte Stadt mit engen unregelmäßigen Straßen erscheint. Viel genannt wurde das neue Nebraskagebiet auch in Europa im letzten Jahrzehnt, da mit der Bill (Nebraskabill) zu seiner Organisation, dem sogenannten Missourikompromiß entgegen, wonach die Sklaverei in keinem anderen Staate nördlich des Parallels von 36° 30′ nördl. Br. erlaubt werden sollte, doch auch in diesem Gebiet die Einführung der Sklaverei gestattet worden ist.

Nebukadnezar (griech. Nabuchodonosor), der zweite unabhängige König der chaldäisch-babylonischen Dynastie, der die Macht derselben zur höchsten Blüthe erhob, Sohn Nabopolassars, unterwarf 604 v. Chr. die abgefallenen Satrapien Kleinasien, Syrien, Phönicien, Arabien u. Aegypten bis Pelusium und folgte noch in demselben Jahre seinem Vater in der Regierung. Im Jahre 600 machte N. den jüdischen König Jojakim tributpflichtig; 597 unternahm er einen neuen Zug gegen Judäa u. führte die Blüthe der Bevölkerung, im Ganzen 10,832 an der Zahl, nach Babylon ins Exil. Als Jojachins Nachfolger, Zedekia, 588 v. Chr. abfiel und sich mit Aegypten verbündete, eroberte N. auf einem dritten Zuge nach Judäa Jerusalem nach 18 Monaten (586 v. Chr.), blendete Zedekia u. ließ den Rest des jüdischen Volks in die Gefangenschaft abführen. Die Stadt Tyrus belagerte er 13 Jahre lang vergeblich, doch erkannten die Tyrer sodann in einem Vertrag seine Oberhoheit an. Daß er von hier aus auch nach Afrika vorgedrungen sei, ist historisch unerwiesen. Die Stadt Babylon verdankte ihm ihre Größe und Pracht. Auch die Erbauung der Handelsstadt Taredon oder Diridotis an der Mündung des Euphrat u. die Anlage von Uferbauten am rothen Meer zur Abwehr der andringenden Fluth werden ihm zugeschrieben. Er † 563 u. hatte seinen Sohn Evilmerodach zum Nachfolger. Die Nachricht im Buche Daniel von N.s siebenjährigem Wahnsinn ist nicht historisch. Ganz verwischt sind die historischen Züge in dem Bilde N.s in dem Buche Judith, wo der Name N. nur den Anknüpfungspunkt für eine didaktische Erzählung bildet.

Nécessaire (franz., d. i. nothwendig), Behältniß zur Aufbewahrung von mancherlei Gegenständen, die man gern zur Hand hat, also s. v. a. Etui, Besteck.

Necessitas (lat.), Nothwendigkeit.

Necho (ägyptisch Neku), König Aegyptens, Sohn des Psammetich, folgte seinem Vater 615 (609) v. Chr. und begann alsbald, den Plan des Ramses wieder aufnehmend, die Anlegung eines Verbindungskanals zwischen dem mittelländischen u. rothen Meere, der aber wahrscheinlich wegen seiner Kriegsunternehmungen nur bis zu den Natronseen geführt wurde, und ließ Afrika vom arabischen Meerbusen aus von Phöniciern umschiffen. Auf einem Feldzug gegen Assyrien schlug er zwar den jüdischen König Josias bei Megiddo (609 v. Chr.), unterlag dagegen 604 bei Karchemis (Circesium) gegen Nebukadnezar.

Neckar (bei den Römern Nicer, Nicarus u. Niceras), Fluß im südwestlichen Deutschland, entspringt bei dem Dorfe Schwenningen im würtembergischen Schwarzwaldkreis in der sogenannten Baar, wo der Schwarzwald und die Alp zusammenstoßen, 2150 Fuß über dem Meere in kleiner, mit steinerner Einfassung versehener Quelle, fließt zuerst in nördlicher Richtung nach Sulz, wo er Würtemberg verläßt, um nach kurzem Lauf durch Hohenzollern wieder dahin zurückzukehren, durchfließt dann, erst in nordöstlicher, darauf in nördlicher Richtung Würtemberg, bildet von Kochenheim bis Gundelsheim die Grenze gegen die großherzoglich hessische Enklave Wimpfen u. das Großherzogthum Baden, tritt bei letzterem Orte ganz nach Baden über, durchströmt dieses in westlicher und nordwestlicher Richtung, bildet eine kurze Strecke die Grenze gegen das Großherzogthum Hessen, kehrt dann ganz nach Baden zurück, tritt unterhalb Heidelberg in die Ebene des Rheinthals u. mündet bei Mannheim von rechts in den Rhein. Früher mündete er erst bei Triburg, doch ließ ihn der Kaiser Valentinian von Ladenburg nach Neckarau abgraben. Vergl. Dahl, Der Lauf des N. ꝛc., Darmstadt 1807. Der direkte Abstand der Mündung von der Quelle beträgt nur 20, die Stromentwickelung dagegen 53 Meilen, sein Stromgebiet 193 □Meilen. Die bedeutendsten seiner Zuflüsse sind auf der linken Seite die Eschach und die Glatt, die Ammer, Aich, Kersch und der Nesenbach, vor allen aber die Enz, die ein kleines Flußgebiet für sich bildet, in welchem die Nagold der größte Nebenfluß ist. Unterhalb der Mündung dieses Flusses empfängt der N. noch die Zaber u. den Leinbach. Von der rechten Seite fließen dem N. zu, und zwar von der Alp: die Prim, Schlichen, Eyach, Starzel, Steinbach, Echatz, Erms, Steinach, Lauter, Fils, Rems, Kocher und Jaxt, aus dem Welzheimerwald: die Murr und die Sulm. Der Lauf des N., wie das Thal desselben wird in 3 Theile getheilt, u. zwar in den obern N. bis Horb, den mittlern bis Eberbach u. den untern von da bis Mannheim. Das Neckarthal besteht großentheils aus einer Menge trocken gelegter Seen u. Seedurchbrüche. Das Bett des Flusses liegt theils in Muschelkalk, theils in Keupersandstein und unterscheidet sich dadurch wesentlich von den Schwarzwaldthälern; durch Ueberschwemmungen wird dasselbe häufig verändert und macht öftere Korrektionen nöthig. Das Gebiet des Neckarthals u. seiner Nebenflüsse gehört unter die angebautesten Länder Europa's; es ist reich an Getreide, Obst und Wein. Von Rottenburg an begleiten Weinberge ast fortwährend den Lauf des Flusses; im untern Thale reifen Mandeln, Quitten u. Aprikosen in großer Menge. Die nördlichen Ufer des N. und deren Berge haben viel schöne Waldungen, u. zwar fast ausschließlich Laubholz. Der Charakter des Thals ist im Ganzen mild und freundlich, namentlich bei Tübingen, Eßlingen und Heilbronn, besonders aber von Neckargerach bis Heidelberg, wo zahlreiche Ruinen von den Felswänden und Waldhöhen herabschauen. Die bedeutendsten Städte am N. sind: Sulz, Tübingen, Eßlingen, Cannstadt, Marbach, Besigheim, Heilbronn, Wimpfen, Eberbach, Heidelberg und Mannheim. Im Neckarthal befinden sich die meisten Fabrikorte Würtembergs, sowie einige der bedeutenderen Städte des Thals Hauptlhandelsplätze sind, namentlich Stuttgart, Cannstadt, Heilbronn, Heidelberg u. Mannheim. Die zu Marbach gefundenen Denkmäler begründen die Vermuthung, daß die Neckarschifffahrt schon unter den Römern bestand. Später scheint die Schiffbarkeit des oberen N. wegen Versandung des Flußbettes aufgehört zu haben, u. erst zu Anfang des 18. Jahrhunderts ließen die Herzöge von Würtemberg dieselbe wieder herstellen. Der mittlere u. untere Lauf, namentlich von Heilbronn an, war fortwährend schiffbar und die Schifffahrt auf demselben durchaus frei, bis badischer Seits 1808 Mannheim als Umschlagsort gesetzlich bestimmt wurde, wozu die Nothwendigkeit, die Waaren auf leichtere Schiffe zu verladen, zu rathen schien. Auf dem wiener Kongresse trug Würtemberg auf die Aufhebung des gezwungenen Umschlagrechts zu Mannheim an, und es wurde nun gänzliche Abschaffung des Stapelzwanges u. völlige Schifffahrtsfreiheit auf dem N. vertragsweise von den betheiligten Regierungen beschlossen, in Folge davon auch Heidelberg und Mannheim zu Freihäfen erklärt. Der N. ist von Rottweil an flößbar, von Cannstadt an für kleinere Fahrzeuge, von Heilbronn an für Dampfboote schiffbar. Er bildet die Hauptwasserstraße für den Handel Würtembergs (wo Cannstadt und Heilbronn Freihäfen sind) und vermittelt vorzugsweise dessen Verkehr mit den Rheinlanden, den Niederlanden, England und Amerika. Die Schifffahrt geschieht großentheils mit Segelschiffen, namentlich mit badischen u. hessischen; eine unmittelbare Verbindung besteht zwischen Heilbronn und Köln. Die Dampfschiffe der Neckar-Dampfschifffahrtsgesellschaft befahren in der günstigen Jahreszeit täglich den Fluß. Außerdem ist die Holzflöße sehr wichtig u. Mannheim der Stapelplatz derselben. Kanäle gehen aus dem N. ab: von Eßlingen, Berg bei Cannstadt, Besigheim und (der Wilhelmskanal) bei Heilbronn. Die größeren Städte im Neckargebiet sind sämmtlich durch Eisenbahnlinien mit dem großen Eisenbahnnetze des südwestlichen Deutschlands verbunden.

Neckarau, Pfarrdorf im badischen Unterrheinkreis, Amt Schwetzingen, zwischen dem Neckar und dem Rhein, unweit Mannheim, hat eine aus dem 9. Jahrhundert stammende Burgruine, Tabaksbau und 2209 Einwohner. Das Flurgebiet besteht meist aus Strominseln. N. ist Fundort römischer Alterthümer; hier wurde am 2. Dec. 1799 ein von den Franzosen angelegter Brückenkopf von dem Erzherzog Karl erstürmt.

Neckar-Bischofsheim, Stadt im badischen Unterrheinkreis, am Schwarzbach, Sitz eines Bezirksamts und Amtsgerichts, hat 2 Schlösser der Grafen von Helmstädt, eine Pulvermühle, Leinweberei, Hanfbau und 2010 Einw.

Neckargemünd, Stadt im badischen Unterrheinkreis, Bezirksamt Eberbach, am Einfluß der Elsenz in den Neckar und an der Eisenbahn von Heidelberg nach Würzburg, hat ein Amtsgericht, eine Gewerbschule, Gerberei, Töpferei, Steinbrüche, Obst- und Weinbau, Flößerei und Schifffahrt u. 2366 Einw. In der Nähe die ehemalige Bergfestung Dilsberg.

Neckarkreis, 1) der kleinste, aber bevölkertste Kreis des Königreichs Würtemberg, umfaßt 60,43 QM. mit (1861) 497,375 Einwohnern, bildet das nordwestliche Viertel des Landes, wird vom Neckar, der Enz, Rems, Jaxt u. Kocher bewässert, ist am Neckar ebenes und Hügelland, außerdem aber auch gebirgig (mit dem Kernberg, 1553 Fuß hoch, und dem Bopser, 1495 F. hoch), sehr fruchtbar, gut angebaut, producirt Getreide, Gemüse, Oelgewächse, Obst, Wein, Kastanien, Holz, Zuchtvieh, Salz 2c. Der N. ist der mildeste und fruchtbarste Kreis des würtembergischen Landes; Ackerbau und Viehzucht, Industrie u. Handel stehen hier in gleich großer Blüthe. Die würtembergische Staatseisenbahn durchschneidet von Plochingen bis Breiten den Kreis und verzweigt sich hier mehrfach. Eingetheilt wird derselbe in den Stadtdirektionsbezirk Stuttgart und 16 Oberamtsbezirke; Sitze der Kreisstellen sind Ludwigsburg für die Regierung u. Eßlingen für den Gerichtshof; Hauptstadt ist Stuttgart. — 2) Früher Kreis im Großherzogthum Baden mit 35⅓ QM. u. 168 Einwohnern, gebirgig durch den Odenwald, bildet jetzt einen Theil des Unterrheinkreises.

Neckarsteinach, alte Stadt in der großherzoglich hessischen Provinz Starkenburg, Kreis Lindenfels, am rechten Ufer des Neckar, der hier den Steinach aufnimmt, und an der badischen Grenze, hat starke Gerberei, Schifffahrt, Schiffbau, Fischfang, Holzhandel und 1425 Einwohner. N. war sonst Sitz der Landschaden von Steinach, eines der verrufensten Raubrittergeschlechter, und kam 1802 von Kurmainz an Hessen. Es hat noch 4 alte Burgen: Schadeck oder Schwalbennest, Hinter-, Mittel- und Vorderburg. Nur die Mittelburg ist noch bewohnt; die andern liegen in Trümmern.

Neckarsulm, alte Stadt im würtembergischen Neckarkreis, an der Mündung der Sulm in den Neckar, Sitz eines Oberamts und eines Oberamtsgerichts, hat ein Schloß (ehemaliges Kommenthureigebäude des deutschen Ordens), eine schöne Kirche, Fabrikation von Tabak, Liqueuren, Portefeuilles, Litzen und Litzenschuhen, Gerberei, Ziegelei, Gypsmühlen, Weinbau, Schifffahrt (bis Holland) und 2500 Einwohner.

Neckarweine, im engern Sinne die an den Ufern des Neckar gewonnenen Weine, von denen die besten auf den der Sonne zugewendeten Thalrändern stromaufwärts bis Eßlingen gedeihen; im weiteren Sinne auch die Gewächse der Seitenthäler des Neckar. Die bekanntesten sind die vom Schalkenstein bei Besigheim, vom Käsberg bei Mundelsheim, von Klein-Bottwar, von Korb bei Waiblingen, das sogenannte Brodwasser von Stetten im Remsthale, der Wein von Roßwag im Enzthale, von Weinsberg im Sulmthale 2c. Die N. sind leicht, wohlschmeckend und gesund. Ihre Produktion beschränkt sich auf den Landesverbrauch; doch bereitet man aus den geringeren Sorten jetzt Schaumweine, besonders zu Eßlingen und Heilbronn.

Necker, 1) rechter Nebenfluß der Thur im schweizerischen Kanton St. Gallen, bildet das über 3 Stunden lange Neckerthal u. mündet bei Lütisburg. — 2) Felseninsel im stillen Ocean, gehört zum Sandwicharchipel.

Necker, Jacques, Finanzminister unter Ludwig XVI. von Frankreich, geboren am 30. Sept. 1732 zu Genf, wo sein Vater, ein geborner Brandenburger, Professor des Staatsrechts war, widmete sich erst klassischen Studien, erlernte sodann die Handlung, trat 1750 in das Bankiergeschäft Vernet zu Paris und ward bald Theilhaber an demselben. Als er am Ende des siebenjährigen Kriegs von dem Geschäft zurücktrat, hatte er bereits ein Vermögen von gegen 6 Millionen Francs erworben, womit er gemeinschaftlich mit Thelusson ein Handelshaus gründete, welches bald für das erste in Frankreich galt. Als in Folge der Finanzzerrüttung der Hof sich genöthigt sah, zu N.s Kredit seine Zuflucht zu nehmen, ward er 1768 zum Ministerresidenten seiner Vaterstadt bei dem französischen Hof ernannt, in welcher Stellung er sich die Freundschaft des Ministers Choiseul erwarb. Seine Versuche, der ihrem Ruin entgegengehenden ostindischen Kompagnie wieder aufzuhelfen, in deren Interesse er 1769 sein Werk über das Merkantilsystem schrieb, scheiterten an den Intriguen der Regierung. Trotzdem ließ sich N. nochmals bereit finden, dem Staatsschatz durch seinen Reichthum und seinen Kredit zu Hülfe zu kommen. Im Jahre 1772 zog er sich von dem Handelsgeschäft zurück und widmete sich von nun an wieder dem Studium der Wissenschaften, lenkte aber durch seine von der Akademie gekrönte Lobrede auf Colbert („Eloge de Colbert“, Par. 1773; deutsch, Dresden 1786), die sich durch Würde des Styls und leichtfaßliche Behandlung der wichtigsten Fragen der Nationalökonomie auszeichnete, sowie den „Essai sur la législation et le commerce de grains“ (Paris 1775; deutsch, Dresden 1777), worin er gegen die Physiokraten auftrat, die öffentliche Aufmerksamkeit so auf sich, daß ihn Ludwig XVI. im Juli 1776 zum Finanzrath ernannte und, obwohl er als Protestant keine Stimme im Staatsrath haben konnte, im Juni 1777 als Generaldirektor des königlichen Schatzes an die Spitze der Finanzen stellte. N. verzichtete auf jede Besoldung. Ohne auf tiefgreifende Veränderungen und neue Steuern zu denken, suchte er nur als guter Bankier zu wirthschaften, führte in allen Zweigen der Verwaltung Ersparnisse ein, beseitigte viele Sinekuren, Pensionen, Gratifikationen u. Steuerbefreiungen, berief an die Stelle der Finanzintendanten, welche nur Verwirrung in die Geschäfte brachten, ein Komité von tüchtigen Verwaltungsbeamten, half dem Getreidemangel im südlichen Frankreich durch vernünftige Maßregeln ab, vertheilte die direkten Auflagen gerechter, setzte die lästigen Steuern herab od. hob sie auf, errichtete ein Leihhaus zum Besten der Armen (1777) und eine Diskontobank zu Paris, traf Veranstaltungen zur Einrichtung der Provinzialversammlungen (1778) und brachte größere Ordnung in den Geschäftsgang, setzte das sogenannte Recht der todten Hand außer Kraft, reducirte die unzähligen Zölle im Innern Frankreichs (1779), reformirte die Hospitäler und Gefängnisse, organisirte die Pachtungen und Verwaltungen (fermes et règles), wodurch dem Schatz allein schon eine Summe von 14 Millionen Einkünften zufloß, und hob durch diese und andere Maßregeln nicht nur den Kredit des Landes wieder, sondern bewerkstelligte sogar mehre Anleihen, im Gesammtbetrage von 530 Millionen Fr., was Frankreich die Theilnahme am Krieg in Nordamerika nicht wenig erleichterte. Diese Erfolge machten N. wohl zum Abgott des Volks, zogen ihm aber den Haß des Adels und den Neid der Minister, namentlich Maurepas' zu, während ihm sein strenges Festhalten am Protestantismus das Herz der Königin entfremdete, und als er endlich in seinem „Comte rendu au roi" (Paris 1781; deutsch von Mylius, Berl. 1787) den Zustand der Finanzen rücksichtslos aufdeckte, als Anerkennung seiner bisherigen Leistungen aber den Eintritt ins Ministerconseil beanspruchte, gab ihm der König im Mai 1781 plötzlich seine Entlassung. N. zog sich zunächst nach St. Ouen zurück und begab sich 1784 in die Schweiz, wo er in der Nähe von Genf die Herrschaft Coppet erwarb. Von hier aus schrieb er zur Rechtfertigung seiner öffentlichen Thätigkeit die Schrift „L'administration des finances" (Lausanne 1784; deutsch, Lübeck 1785, 3 Bde.), und als Calonne 1787 die bald wieder eingetretene Zerrüttung der Finanzen N.s Verwaltung zuschrieb, begab sich dieser selbst nach Paris, widerlegte die gegen ihn erhobenen Beschuldigungen durch eine treffliche Denkschrift (1787) und geißelte hierauf, aus Paris ausgewiesen, in den „Nouveaux éclaircissements sur le comte rendu" (1788) die Verwaltung Calonne's auf das schonungsloseste. In die Zeit seiner Zurückgezogenheit fällt auch die Abfassung des beachtungswerthen Werks „Sur l'importance des opinions religieuses" (Paris 1788; deutsch von Ströhlin, Stuttgart 1788), worin, sowie in dem später erschienenen „Cours de morale religieuse" (Paris 1800, 3 Bde.) er die Religion als die Grundlage der menschlichen Gesellschaft darzustellen suchte. Die Krisis, welche durch die schlechte Finanzverwaltung Fourqueux' und Loménie de Brienne's herbeigeführt war, rief inzwischen eine große Erbitterung im Volk hervor, u. laut verlangte dasselbe die Zurückberufung N.s. Am 26. August 1788 trat dieser mit dem Titel eines Generaldirektors der Finanzen von Neuem in den Staatsdienst ein und steigerte seine Popularität noch dadurch, daß er sich für die Einberufung der Generalstaaten erklärte. Nach der Eröffnung derselben wurde er als erster Minister der Finanzen ins Ministerium berufen. Bald aber mußte er sich darauf beschränken, Palliative gegen die empfindlichsten Uebel aufzufinden. Mit finanziellen Maßregeln nicht mehr ausreichend, sah er sich zu politischen genöthigt. Wie wenig staatsmännischen Blick er aber besaß, zeigte sich darin, daß er die Anzahl der einzuberufenden Deputirten des dritten Standes dem Ermessen der Notabeln überließ und, als sich diese dagegen aussprachen, den König zu einer Einberufung des dritten Standes in gleicher Anzahl mit den übrigen beiden Ständen bestimmte. Ohne Muth, entschieden einzugreifen, wurde er eigentlich der Urheber all der Streitigkeiten, womit der Zusammentritt der Generalstaaten begann und die zuletzt zur Konstituirung der Nationalversammlung führten. Durch seine Opposition gegen die excessiven Forderungen

der Nationalversammlung verlor er ebenso
Popularität, wie durch seine Versuche, den Kö
einiger Nachgiebigkeit zu bestimmen, das Vert
des Hofs, und als er dem Vorgehen des Hofs
den dritten Stand seine Unterstützung verwei
erhielt er am 11. Juli 1789 seine Entlassun
der Weisung, insgeheim Frankreich so schleuni
möglich zu verlassen, worauf er sich über B
nach seinem Landgut Coppet begab. Das Bek
werden dieses Schritts der Hofpartei führte d
stürmung der Bastille und die Einsetzung
städtischen Regierung herbei, in Folge dessen si
König genöthigt sah, den verabschiedeten Mi
zurückzuberufen. Als N. nach langer Zög
nach Paris zurückkehrte, glich seine Reise
Triumphzuge. Er bot zunächst Alles auf, u
Gemüther zu beruhigen, empfahl Achtung
das Eigenthum und bewirkte am 30. Juli eine
nestie, die jedoch schon nach wenigen Tage
Mirabeau's Betrieb von der Nationalversamn
zurückgenommen wurde, da N. durch seine V
dung mit den Monarchisten den Verdacht
Aristokraten auf sich zog. Es gelang ihm
nach dem Vorbild der englischen Verfassun
Zweikammersystem einzuführen; nicht einm
Einführung eines regelmäßigen Geschäftsgang
in seiner Macht. Er mußte sich einzig dara
schränken, der Regierung von Tag zu Tag das
zu fristen, und obschon er die Finanzen, so
sich unter den obwaltenden Umständen thun
wieder ordnete, so bereiteten ihm Mirabeau u
andern Kapacitäten der Nationalversammlun
solche Niederlagen, daß er zur Einsicht in die
länglichkeit seiner Kräfte zur Rettung des Ho
langte. Als daher sein Plan zu einer Anlei
der Ungefügigkeit der Deputirten scheiterte un
rabeau die Kreirung der Assignaten durchsetzte
derte und erhielt er seine Entlassung, vom
nun verhöhnt und bedroht. Von der Schwei
die politischen Bewegungen in Frankreich seit
aufmerksam verfolgend, beleuchtete er u.
Fehler der Konstitution in seinen Schriften
l'administration de M. Necker par lui-même"
1791; deutsch von Strasser, Hildburghausen
und „Du pouvoir exécutif dans les grands
(Paris 1772; deutsch von Petz, Nürnberg 17
Bde.) mit großer Schärfe. Seine „Réfle
présentées à la nation française" (Paris
deutsch, Passau 1793) zur Vertheidigung Lu
XVI. hatten für N. die Einziehung seiner Güt
Folge. Nach dem Sturze des Konvents trat
seiner trefflichen Schilderung der französische
volution („De la révolution française", Par.
4 Bde.; deutsch, Zürich 1797, 2 Bde.) hervor.
Machinationen des ersten Konsuls veranlaßt
zur Darlegung der Grundsätze der wahren Re
in der gehaltreichen Schrift „Les dernières vu
politique et de finances" (Paris 1802). Er
seinem Landgute Coppet den 9. April 1804.
Tochter war die berühmte Frau von Staël-H
(s. d.). Seine „Oeuvres complètes" ersc
Paris 1821—22, 15 Bde. Vergl. Madan
Staël, N.s Charakter und Privatleben, d
Rostock 1805. N.s Gemahlin, Susanne, T
des Predigers Curchod zu Nyon im Kanton
lernte als Erzieherin in Paris N. dort kennen u
heirathete sich 1764 mit ihm. Ihr Haus wur

Sammelplatz der bedeutendsten Männer ihrer Zeit. Sie soll später den Ehrgeiz ihres Gatten zur Betretung der politischen Laufbahn angefacht haben. Während der beiden Ministerien ihres Gatten vermehrte sie dessen Popularität durch ihren Wohlthätigkeitssinn. Noch trägt ein von ihr gegründetes Spital zu Paris ihren Namen. Sie † im Mai 1794 zu Coppet. Ihre „Réflexions sur le divorce“ (1790), sowie das „Mémoire sur l'établissement des hospices“ und die Abhandlung „Des inhumations précipitées“ (1790) bekunden die edelsten sittlichen Grundsätze. Die nach ihrem Tode von ihrem Gatten herausgegebenen „Mélanges tirés des manuscrits de Madame N.“ (Paris 1798, 3 Bde.; deutsch, Chemnitz 1799—1800, 2 Bde.) und die „Nouveaux mélanges“ (Paris 1801, 3 Bde.; deutsch von Gubitz, Gießen 1804, 2 Bde.) enthalten viele beachtungswerthe Aufschlüsse über das geistige und gesellschaftliche Leben in jener stürmischen Zeit. Ihr Leben beschrieb Aug. de Staël-Holstein, Paris 1820, deutsch in den „Zeitgenossen“, Leipzig 1821, Bd. 1.

Nectaire, St., Dorf im französischen Departement Puy-de-Dôme, am Fuße des Mont d'or, hat eine schon den Römern bekannte Mineralquelle, welche gegen chronische Rheumatismen, Unterleibsleiden, Harnbeschwerden, Lähmungen ꝛc. empfohlen wird.

Nectandra *Roxb.*, Pflanzengattung aus der Familie der Laurineen, charakterisirt durch die 6theilige, radförmige Blüthenhülle mit hinfälligen Zipfeln, die 9 eiförmigen, fast sitzenden Antheren, den sehr kurzen Griffel, die kleine abgestutzte Narbe und mehr oder weniger der Röhre der Blüthenhülle eingesenkte Beere, südamerikanische Bäume. N. Puchury major *Nees et Mart.*, großer Pichurimbohnenbaum, ist ein Baum in den Wäldern am Rio Negro in Brasilien, mit länglichen und elliptischen, schmal zugespitzten Blättern, achselständigen, kurzen Blüthenstielen und sehr großen, schwammigen Becherchen der Frucht. Von ihm stammen nach Martius die seit 1750 bei uns bekannten großen oder ächten Pichurimbohnen (s. d.) ab. N. Puchury minor *Nees et Mart.*, kleiner Pichurimbohnenbaum, ein Baum Brasiliens, besonders in den Wäldern am Japura und Rio Negro, unterscheidet sich von voriger Art hauptsächlich durch die am Rande verdünnten und am Grunde gefurchten und höckerigen Fruchtbecherchen. Die Samenlappen sind die kleinen od. falschen Pichurimbohnen (s. d.). Ob die Pichurimrinde, Cortex Pichurim, die ehedem nach Europa kam und wie Sassafras roch, von diesem Baume, dessen Rinde gleichfalls einen solchen Geruch besitzt, abstamme, ist nicht gewiß, aber wahrscheinlich.

Nectar (lat.), s. Nektar.

Nederbrakel, Marktflecken in der belgischen Provinz Ostflandern, Bezirk Oudenarde, hat Spitzenfabrikation, Bleichen, Brauereien und 3486 Einwohner; dabei das Dorf Opbrakel mit 1682 Einwohnern.

Nederlandsch-Eiland, bewohnte Koralleninsel im stillen Ocean, gehört zur Ellicegruppe (nordöstliches Polynesien), wurde erst 1825 vom Kapitän Eng entdeckt.

Nedrigailow, Stadt im europäisch-russischen Gouvernement Charkow, Kreis Lebedin, an der Sula, hat 2 Kirchen und 5000 Einw.

Neefe, Christian Gottlob, namhafter Komponist, geboren den 5. Febr. 1748 zu Chemnitz, widmete sich in Leipzig, namentlich unter Hiller, dem Studium der Musik, ward 1776 Musikdirektor der sailerschen Schauspielergesellschaft, dann Hoforganist in Bonn, wo er auch Beethoven zum Schüler hatte, und 1797 Koncertmeister des Fürsten von Anhalt-Dessau; † zu Dessau den 26 Jan. 1798. Von seinen zahlreichen Kompositionen sind hervorzuheben die Operetten „Die Apotheke“, „Amors Guckkasten“, „Der neue Gutsherr“ und „Heinrich und Lyde“, sowie Lieder von Klopstock und Herder zum Klavier.

Neefs, Pieter, der Aeltere, berühmter Architekturmaler, geboren 1580 zu Antwerpen, war Schüler des älteren H. Steenwijk; † 1651. Seine zahlreichen Bilder, meist innere Ansichten von Kirchen, deren Dunkel durch Fackeln und Kerzen erhellt wird, sind ausgezeichnet in der Luft- und Linienperspektive, sowie in den Lichteffekten. Die Behandlung ist sehr fein und sauber, die Färbung zart verschmolzen und außerordentlich klar. Die Figuren auf seinen Bildern ließ N. von Frank, Teniers, Breughel und van Thulden malen. Mehre seiner Werke befinden sich in der dresdener, wiener, pariser, gothaer Gallerie. Sein Sohn, Pieter, der Jüngere, Schüler Steenwijks des Jüngeren, blühte um 1650 bis 1660, malte in demselben Genre, erreichte aber den Vater nicht.

Neer (holländ.), das Wasser eines Stroms, welches durch ein entgegenstehendes Hinderniß (Sandbank, Felsenriff) zurückgeworfen wird, so daß ein Wirbel sich bildet.

Neer, 1) Aart van der N., berühmter Landschaftsmaler, geboren 1613 oder 1619 zu Amsterdam, † 1683. Er ist einer der bedeutendsten Repräsentanten der naiven Landschaftsmalerei und kommt seinem großen Zeitgenossen Ruysdael vielleicht am nächsten. Unübertroffen ist seine Darstellung von Wasser, das, vom niedern Horizont begrenzt und zwischen flachen Ufern eingeschlossen, vom Mondlicht getroffen wird. Gemälde von ihm sind in mehren Gallerien, doch ziemlich selten. Die dresdener Gallerie besitzt 2 meisterhafte Bilder: eine Abenddämmerung mit dem Vollmonde und eine Nacht mit bewölktem Himmel, durch welchen der Mond bricht. Ein ausgezeichnetes Gemälde ist ein Teich im Walde, mit hohen Bäumen am Ufer, die sich im Wasser spiegeln, in der Pinakothek zu München. Ein vortreffliches Gemälde in der Gallerie des Louvre zu Paris stellt ein Dorf am Ufer eines Flusses dar. Ein anderes Meisterwerk, eine Mondnacht, besitzt die wiener Gallerie. Auch die gothaische Gallerie hat 6 Bilder von N. Mehre Bilder N.s sind gestochen.

2) Eglon Hendrik van der N., ebenfalls berühmter Maler, geboren 1643, Sohn des Vorigen, besuchte die Schule J. Vanloo's, setzte dann seine Studien zu Paris fort u. lebte hierauf erst zu Rotterdam, später am pfälzischen Hof in Düsseldorf, wo er 1703 †. Er malte anfangs historische Bilder und Genrestücke, die in der Ausführung sorgfältig, aber in einer manieristischen Eleganz befangen sind. In Darstellung der Stoffe bewies er große Geschicklichkeit, wie seine Damenbilder beweisen. In der letzten Zeit malte er fast nur Landschaften. Einige seiner Werke wurden gestochen. Van der Werff war sein Schüler.

Neerwinden, Dorf in der belgischen Provinz Lüttich, Bezirk Huy, mit 419 Einwohnern, berühmt durch 2 **Schlachten**: den 29. Juli 1693 Sieg der Franzosen unter dem Marschall von Luxemburg über die verbündeten Holländer und Engländer unter dem Prinzen von Oranien (auch Schlacht bei Landen genannt) und den 18. März 1793 Sieg der verbündeten Oesterreicher und Preußen unter dem Prinzen Josias von Koburg über die Franzosen unter Dumouriez.

Nees von Esenbeck, 1) Christian Gottfried, verdienstvoller Botaniker und Naturphilosoph, geboren am 14. Febr. 1776 zu Erbach im Odenwalde, besuchte das Pädagogium zu Darmstadt, studirte zu Jena Medicin und Naturwissenschaften, besonders Botanik, prakticirte hierauf einige Jahre in seiner Heimat als Arzt und ließ sich sodann auf seinem Gute Sickershausen bei Kitzingen am Main nieder, nur seinen Studien lebend. In den Kriegsjahren seines Vermögens verlustig gegangen, folgte er 1816 einem Ruf als Professor der Naturwissenschaften u. Direktor des botanischen Gartens nach Erlangen; 1818 ward er auch zum Präsidenten der kaiserlich leopoldinisch-karolinischen Akademie der Naturforscher erwählt, deren Schriften er herausgab. Im Jahre 1819 ging er als Professor der Botanik nach Bonn, 1819 in gleicher Eigenschaft nach Breslau; 1848 wandte er sich nach Berlin, ward aber hier im Januar 1849 ausgewiesen, im Januar 1851 wegen seiner Betheiligung an der Arbeiterverbrüderung suspendirt und in Folge richterlichen Erkenntnisses am 13. März 1852 seines Amtes entsetzt. Er † den 16. März 1858 zu Breslau in den drückendsten Verhältnissen als Mitglied von 77 gelehrten Gesellschaften. N. hat nicht bloß auf dem Gebiete der beschreibenden Pflanzenkunde Ausgezeichnetes geleistet, sondern auch durch die philosophische Behandlung dieser Wissenschaft, insbesondere die wissenschaftliche Begründung der goethe'schen Ansichten über die Metamorphose der Pflanze, die der neueren Botanik eigene Anschauung mit Glück verbreitet. Unter seinen Schriften sind hervorzuheben: „Die Algen des süßen Wassers" (Bamberg 1814); „System der Pilze und Schwämme" (Würzburg 1816); „Handbuch der Botanik" (Nürnberg 1820 f., 2 Bde.), sein Hauptwerk; „Vorlesungen zur Entwickelungsgeschichte des magnetischen Schlafs und Traums" (Bonn 1820); „Genera et species Asterearum" (Nürnberg 1833); „Naturgeschichte der Lebermoose" (Berlin 1833 ff.); „Hymenopterorum ichneumonibus affinium monographiae etc." (Stuttg. 1833 bis 1834, 2 Bde.); „Erinnerungen aus dem Riesengebirge" (Berlin 1833—38); „Systema Laurinarum" (das. 1836). Mit Bischof und Rothe gab er gemeinschaftlich heraus: „Die Entwickelung der Pflanzensubstanz" (Erlangen 1819); mit Hornschuch und Sturm: „Bryologia germanica" (Nürnberg 1823—31, 2 Bde.) und „De Cinnamomo" (Bonn 1843); mit Weihe: „Beschreibung der deutschen Brombeersträucher" (Bonn 1822—27 ff.); mit Gottsche und Lindenberg: „Systema Hepaticarum" (Hamburg 1844—47). Die Herausgabe eines illustrirten Lehrbuchs der allgemeinen Naturgeschichte begann er mit „Die allgemeine Formenlehre der Natur" (Breslau 1852). Von seinem „System der spekulativen Philosophie" erschien nur der erste Band: Die Naturphilosophie (Glogau 1841).

2) Theodor Friedrich Ludwig, ebenfalls namhafter Botaniker, Bruder des Vorigen, geboren
den 26. Juli 1787 zu Erbach, ward Apotheker, 1
Inspektor des botanischen Gartens zu Leyden
1833 Professor und Inspektor des botanischen
tens zu Bonn; † den 12. Dec. 1837 in H
Seine Werke, von denen die „Genera plan
florae germanicae etc." (Bonn 1833—38, 16
fortgesetzt von Spenner, Putterlick und Endl
1839—43, 6 H.) u. das „Handbuch der medici
pharmaceutischen Botanik" (das. 1830—33, 3
hervorzuheben sind, bekunden gründliche Unt
chungen und zeichnen sich durch treue u. klare
stellung aus.

Neethe (Nethe), Fluß in Belgien, gebildet
der in der Provinz Antwerpen entspringenden,
Herenthals bis Lier kanalisirten kleinen N. u.
in der Provinz Limburg entspringenden, von Gh
an schiffbaren großen N., welche sich bei Lier
einigen, und von dem erstere die Wympe, letzter
Molneethe aufnimmt; fließt bei Rumpst mit
Dyle zusammen, woraus die Rupel entsteht.
hiernach benannte Departement der bei
Neethen des ersten französischen Kaiserreichs
faßte 51 QMeilen mit 284,600 Einwohnern
hatte Antwerpen zur Hauptstadt.

Neffe, Sohn des Bruders oder der Schwe
wohl auch des Schwagers oder der Schwägerin.

Neffe, s. v. a. Blattlaus, Aphis *L.*

Neft-gil, s. Ozokerit.

Negapatam, Stadt in der indobritischen Pr
dentschaft Madras, Distrikt Tangore, am beng
schen Meerbusen, südlich von Pondichery, ist befes
hat einen kleinen Hafen, lebhaften Handel u. 10,
Einwohner, theilweise portugiesischer und ho
discher Abstammung. N. ist eine ehemalige Nie
lassung der Holländer.

Negation (v. Lat.), Verneinung, d. h. Aufheb
eines andern in Gedanken Gesetzten, daher stets
eine vorausgegangene Bejahung oder Position
züglich. Der Ausdruck für die reine Verneinu
das Nichts, bezeichnet eben nichts, d. h. nicht Ein
und jede Verneinung oder N. hat also nur ei
Sinn als Aufhebung einer Bejahung und findet i
Stelle lediglich in den Beziehungen der Gedan
also im Urtheil. Mit dem Satz z. B.: „Die K
ist kein Kubus, oder die Pflanze ist kein Thier",
nicht gesagt werden, daß Kugel oder Kubus, Pfl
oder Thier negativ seien, sondern nur, daß der
griff der Kugel nicht mit dem Prädikat Kubus u.
Pflanze nicht mit dem Prädikat Thier gedacht wer
könne. Solche negative Urtheile sagen dem
aus, daß der eine Begriff nicht Prädikat des and
sein könne, wogegen negative Begriffe so
heißen, deren Inhalt lediglich durch die Vernein
eines andern Begriffs gegeben ist, z. B. Finst
als Abwesenheit des Lichts, Freiheit als Vernein
des Zwangs 2c. Negative Merkmale eines
griffs gibt es streng genommen nicht; doch pf
man mit diesem Ausdruck häufig die ausdrück
von einem andern Begriff ausgeschlossenen M
male zu bezeichnen. Die Anwendung des Begr
der Verneinung ist immer relativ, und darauf ber
der Begriff der negativen Größen in der
thematik, welcher sich nicht auf die Größen sel
sondern nur auf ihre Beziehungen zu einander
zieht. Gleicherweise deutet auch der reelle Gegen
der Kräfte, der Qualitäten 2c. stets auf ein Verhä
niß der Entgegensetzung hin, wie denn z. B. e

jede mechanische Kraft an und für sich positiv ist und der Begriff der N., der den Gegensatz derselben gegen eine andere voraussetzt, nur in sofern auf sie Anwendung finden kann, als beide Kräfte mit einander in Vergleichung gebracht werden können. Das hegelsche System erklärt freilich das Negative und die N. für eine den Dingen und Begriffen selbst absolut innwohnende Bestimmung.

Negativ, s. Negation.

Negativer Pol, s. Galvanismus.

Neger, nach dem gewöhnlichen Sprachgebrauche die in Afrika einheimischen Menschen von schwarzer Hautfarbe, die nach Blumenbachs Eintheilung der Menschen in Racen zu der äthiopischen Race gehören und als deren eigenthümliche Kennzeichen gewöhnlich das Zurücktreten der Stirn bei vorspringendem Kiefer, die breite, platte Nase, der große Mund mit dicken, aufgeworfenen Lippen, das kurze, schwarze, dichte, wollige und verfilzte Haupthaar und die schwarze, sammetartige Haut angeführt werden. Weiteres s. Afrika, Bevölkerung.

Negerhandel, s. Sklaverei.

Negerhirse, s. v. a. Setaria spicata.

Negerkolonien, Kolonien von Negern, die in der neuesten Zeit hauptsächlich zu dem Zweck gegründet wurden, um die Zahl der Schwarzen in den Vereinigten Staaten Nordamerika's zu vermindern; s. Liberia.

Neglektengelder, bei dem ehemaligen Reichskammergericht die Abzüge, welche von der Besoldung der abwesenden Beisitzer für jeden Tag ihrer Abwesenheit über die bewilligte Urlaubszeit hinaus gemacht und unter die anwesenden Beisitzer vertheilt wurden.

Négligé (franz.), Morgenkleid, Nachtkleid.

Negotium (lat.), Geschäft, Handel, Verkehr. Negotiorum gestio, Geschäftsführung für Andere; Negotiorum gestor, Geschäftsführer; davon Negotiiren, ein Geschäft, z. B. einen Handel, abschließen, auch Gelder aufnehmen, Wechselbriefe kaufen; überhaupt den Unterhändler (Negociateur, Negociant) bei einem Geschäft machen.

Negombo, Stadt auf der Westküste der ostindischen Insel Ceylon, an der Mündung des Mulawaddy, nördlich von Colombo, hat ein Fort und lebhaften Handel und baut Reis, Pfeffer und Kaffee.

Negrelli, Aloys, Ritter von Moldelbe, berühmter Ingenieur, geboren den 23. Januar 1799 zu Primiero in Tyrol, machte seine Studien theils in Italien, theils in Tyrol und trat dann als Baupraktikant bei der k. k. Landesbaudirektion für Tyrol und Vorarlberg zu Innsbruck ein. Seit 1820 Ingenieur, war er bei den wichtigsten Wasser- u. Bergstraßenbauten in Tyrol und Vorarlberg betheiligt. Im September 1832 zum Straßen- und Wasserbauinspektor im schweizerischen Kanton St. Gallen und 1835 als Oberingenieur der Kaufmannschaft nach Zürich berufen, gab er dem öffentlichen Bauwesen der gesammten Schweiz einen neuen Aufschwung u. erbaute u. A. den Hafen u. die kühne Münsterbrücke in Zürich, sodann die erste Eisenbahn in der Schweiz (Zürich-Baden). In seinen Schriften „Ausflug nach Frankreich, England und Belgien zur Beobachtung der dortigen Eisenbahnen" (Frauenf. u. Zürich 1838) und „Die Eisenbahnen mit Anwendung der gewöhnlichen Dampfwägen als bewegender Kraft über Anhöhen und Wasserscheiden sind ausführbar" (Wien 1842) löste er zuerst das Problem, Eisenbahnen über Berge zu führen. Im Jahre 1840 als Generalinspektor der österreichischen Nordbahn nach Oesterreich zurückberufen und 1842 zum Mitglied der Generalinspektion der Eisenbahnen ernannt, entwarf er die Pläne zu den Eisenbahnen von Olmütz bis Prag, von hier bis an die sächsische Grenze, von Brünn bis Böhmisch-Trübau und zu denen in Galizien. Im Jahre 1848 ward er in das neuerrichtete Bauministerium, und zwar an die Spitze der ersten Sektion desselben berufen, welche namentlich die Staatseisenbahnen und das Telegraphenwesen umfaßte. Bald darauf als Ministerialkommissar nach Italien gesendet, stellte er die in Folge des Kriegs zerstörten Kommunikationen in Kurzem wieder her und leitete, 1849 zum Vorstand der zu Verona errichteten Oberdirektion für Straßen, Wasserbau, Eisenbahnen und Telegraphen ernannt, die Eisenbahnbauten im lombardisch-venetianischen Königreich. Im Jahre 1850 erfolgte seine Ernennung zum Präsidenten der internationalen Postschifffahrtskommission; 1852 ward er mit dem Prädikat von Moldelbe, in Berücksichtigung seiner Verdienste um die Eisenbahnbauten im Elb- u. Moldaugebiet, geadelt und zum österreichischen Kommissar bei der internationalen Kommission für die Centralbahn in Mittelitalien ernannt und 1855 als Ministerialrath im Handelsministerium, sowie als Generalinspektor der österreichischen Eisenbahnen nach Wien zurückberufen. Im Frühjahr 1857 übertrug ihm der Vicekönig von Aegypten die technische Oberleitung bei der Durchstechung der Meerenge von Suez; doch † N. schon den 1. Oktober 1858 zu Wien.

Negretti, spanische Schafe, welche eine nicht ganz hochfeine, aber sehr dicht auffasernde, gut gekräuselte, kräftige Wolle in reichlicher Menge liefern und sich besonders für Gegenden mit üppiger Weide eignen.

Negri, Giovanni Francesco, namhafter Maler, Numismatiker und Architekt, geboren 1593 in Bologna, stiftete hier die Zeichenakademie degl' indistinti und die Akademie degl' indomiti und † 1659. Er lieferte namentlich gute Porträts.

Negritos, s. Australien und Papuas.

Negroponte, Insel, s. Euböa.

Negros (Buglas), ostindische Insel, zu den spanischen Philippinen gehörig, nördlich von Mindanao, ist gut bewässert, sehr fruchtbar an Reis, Kakao rc. und zählt auf 460 □Leguas (260 geogr. □Meilen) 35,727 Einwohner.

Negros (d. i. die Schwarzen), Parteiname, welcher von den Servilen, die sich Blancos (die Weißen) nannten, in Spanien den Liberalen gegeben ward.

Negus, warmes Getränk aus rothem Wein, Wasser, Zucker, Citronen- oder Pomeranzensaft, geriebener Muskatnuß, soll seinen Namen von einem englischen Obersten Negus haben.

Negus (Negus Negusse, äthiop., d. i. König der Könige), der Titel des Herrschers der Aethiopier, der zu Gondar residirte, aber bereits vor dem Auftreten des Kaisers Theodor seinen Einfluß verloren hatte.

Negusch, Familie, s. Njegusch.

Neheim, Stadt in der preußischen Provinz Westphalen, Regierungsbezirk und Kreis Arnsberg, am Einfluß der Mönne in die Ruhr, hat Tuch-, Knopf-, Eisen-, Blech- und Bronzewaarenfabrikation, Ziegelbrennerei, Zeugdruckerei, Bierbrauerei u. 2250 Einw.

Nehemia, neben Esra der Wiederhersteller des Judenthums nach dem babylonischen Exil, ward in demselben aus dem Stamme Juda geboren und fungirte als Mundschenk im Dienste des persischen Königs Artaxerxes Longimanus. Im Jahre 444 v. Chr. erwirkte er von demselben die Erlaubniß, mit einer Kolonie nach Jerusalem zurückzukehren, erbaute hier, auf 12 Jahre zum Landpfleger Judäa's ernannt, trotz der ihm von den Samaritanern und andern Völkerstämmen in den Weg gelegten Hindernisse die Mauern wieder auf, organisirte den Priesterstand neu, ordnete den Gottesdienst und befestigte das mosaische Gesetz. Im Jahre 432 kehrte er nach Persien zurück, unternahm aber zur Beseitigung eingeschlichener Mißbräuche 414 eine zweite Reise nach Jerusalem, wo er †. Das Buch N. oder das zweite Buch Esra ist eine Fortsetzung der von Esra begonnenen Geschichte der Juden nach dem babylonischen Exil, vom 20. Jahre der Regierung des persischen Königs Artaxerxes Longimanus bis Darius Nothus. Kommentare dazu lieferten Clericus und Rambach.

Neher, 1) Michael, Genre- und Architekturmaler, geboren zu München 1798, genoß erst den Zeichenunterricht des Professors Mitterer, besuchte dann die Akademie der bildenden Künste seiner Vaterstadt, widmete sich hierauf zu Trient eine Zeitlang der Porträtmalerei und ging 1819 nach Italien, wo er seine vorzügliche Gabe für Auffassung und Nachbildung charakteristischer Eigenthümlichkeiten in der Natur noch ausbildete und die Werke der klassischen Vorzeit studirte. Mit Vorliebe wandte er sich dem Genrefach zu, welches er zu Rom erst in Aufnahme brachte. Im Jahre 1825 kehrte er nach München zurück und machte sich hier durch seine Bilder, Kostümstücke, Landschaften, Ansichten von öffentlichen Plätzen und architektonischen Darstellungen bald bekannt. Im Schlosse Hohenschwangau malte er die Bilder im Saale des Schwanritters nach Rubens' Kompositionen und die im Heldensaale nach Schwinds Kompositionen. Seine Bilder zeichnen sich durch einfache Anordnung, Wahrheit der Darstellung, korrekte Zeichnung, frisches, naturgetreues Kolorit und bis ins Einzelne saubere Zeichnung aus. Auch wußte er die Perspektive meisterhaft zu behandeln.

2) Bernhard, Historienmaler, geboren 1806 zu Biberach, erhielt seine künstlerische Ausbildung zu Stuttgart und München, hier namentlich unter Cornelius' Anleitung, und verweilte sodann mit einem Reisestipendium vom König von Würtemberg vier Jahre in Rom, wo er einige Gemälde ausführte, von denen das die Erweckung des Jünglings zu Nain darstellende das bedeutendste ist. Im Jahre 1830 kaufte der würtembergische Kunstverein ein Bild von ihm: Ulrichs Tod in der Schlacht bei Döffingen nach Uhlands Gedicht, ein Bild voll tragischen Ernstes. Nach seiner Rückkehr aus Italien wandte sich N. wieder nach München, wo er nach Cornelius' Idee, aber nach seiner eigenen Komposition die äußere Seite des Isarthors mit dem Einzug des Kaisers Ludwig schmückte. Ueber den beiden Seiteneingängen führte er noch auf Goldgrund die Gestalten der heiligen Jungfrau und des heiligen Benno aus. Im Jahre 1836 ward er nach Weimar berufen, um hier im Schlosse das Schillerzimmer zu schmücken. Sieben dramatische Gegenstände aus „Fiesco", „Don Carlos", „Wallenstein", [illegible] von Messina", „Maria Stuart", der „[illegible] Orleans" und „Wilhelm Tell" sind [illegible] Scenen, von ihm dargestellt und über den [illegible] Fenstern noch 4 Bilder zu den Balladen „[illegible]genburg", „Graf von Habsburg", „[illegible] Eisenhammer" und „Kampf mit dem [illegible] Ueber der Nische mit Schillers Büste von [illegible] stellte der Künstler in einem etwa 4-[illegible] mälde die „Huldigung der Künste" dar. [illegible] 1839 schloß N. das Ganze mit Darstellungen [illegible] dem „Lied von der Glocke", auf den Pfeilern, [illegible] die Gemälde an der Hauptwand umgeben. [illegible] zu Goethe's Andenken bestimmte Gallerie [illegible] ebenfalls von N. mit 30 Freskobildern ge[illegible] welche auf dunkelrothem Grund Darstellungen [illegible] Goethe's Hauptwerken geben. Seit 1844 [illegible] als Direktor der Malerakademie in Leipzig [illegible] ging er 1746 als Professor an die Kunstschule [illegible] Stuttgart, von wo aus er die weimarischen Arbeiten 1847 durch die Entwürfe von drei [illegible] zur Goethegallerie schloß. Daneben malte er [illegible] für die neue Petrikirche in Hamburg ein großes Altargemälde, sowie ein Kirchenbild für die [illegible] Gemeinde der Stadt Ravensburg. Auch [illegible] er die Kartons für die von Scheerer ausgeführten Glasgemälde des Chors der Stiftskirche in Stuttgart, eine Kreuzigung und eine Grablegung.

Nehmfall, s. v. a. Ablativ.

Nehrung, in Ostpreußen Name der schmalen, sandigen Landstreifen, welche die süßen Wasser des frischen und kurischen Haffs von der [illegible] trennen. Ihr Ursprung fällt in eine vorgeschichtliche Zeit. S. Frisches Haff und Kurisches Haff.

Neid, diejenige egoistische Gefühlsstimmung, worin sich das Verlangen nach einem Gute oder Glück, welches ein Anderer besitzt, mit dem Wunsche verbindet, daß jener es nicht besitzen möge, von der Mißgunst dadurch unterschieden, daß bei dieser der letztere Wunsch ohne jenes Verlangen Statt findet. Ein ungewöhnlich hoher Grad des N.s wird als Scheelsucht bezeichnet. Betrifft der N. Vorzüge, welche Anderen von einer geliebten oder verehrten Person zu unserem Nachtheil eingeräumt werden, so heißt er Eifersucht. N. und Mißgunst sind unsittlich, verderben Gesinnung und Charakter und wachsen leicht zur prädominirenden Leidenschaft heran. Einen von diesem Laster beherrschten Menschen nennt man Neidhart.

Neidenburg, Kreisstadt in der preußischen Provinz Preußen (Ostpreußen), Regierungsbezirk Königsberg, an der Neide, hat ein Kreisgericht, 2 evangelische Kirchen, ein altes Schloß, Strohhut[illegible], Gerberei, Färberei, Zeuchdruckerei, Woll- und Leinweberei und 3200 Einw.

Neidhardt, Johann Eberhard, spanischer Inquisitor, geboren 1607 auf Falkenstein in Oberösterreich, trat in den Jesuitenorden, ward Beichtvater der österreichischen Erzherzogin Maria und folgte dieser 1649 nach Spanien, wo er, zugleich zum Generalinquisitor ernannt, namhaften Antheil an der Regierung Philipps IV. und an der Regentschaft der Maria Anna (seit 1665) nahm. Im Jahre 1669 durch Juan d'Austria aus dieser Stellung verdrängt, ging er als spanischer Gesandter nach Rom, ward hier Kardinal und † 1680. Er hat sich mit mehren Schriften an dem Streit über die unbefleckte Empfängniß der Maria betheiligt.

Neidhart von Neuenthal, einer der bedeutendsten und fruchtbarsten deutschen lyrischen Dichter des Mittelalters, Sprößling eines adeligen Geschlechts aus Bayern, nachher aber in Oesterreich lebend, dichtete ungefähr von 1210—40 und war der Gründer der Art des Minnegesangs, welche Lachmann als „höfische Dorfpoesie" bezeichnet, indem er in seinen Liedern vornehmlich das hoffährtige und prunkvolle Treiben und die derbere Liebesweise der Bauern mit geistreich humoristischer Laune schilderte. Vielleicht gebrauchte N. diese Form auch, um unter ihrer Maske alles Kleinliche und Erbärmliche, aber Anmaßende, was am damaligen österreichischen Hofe reichlich zu finden sein mochte, zu geißeln. Mißbräuchlich wurden ihm zahlreiche Lieder ähnlichen Inhalts zugeschrieben, und er selbst ward unter dem Namen Neidhart Fuchs als eine Art Hofnarr am Hofe des österreichischen Herzogs Otto des Fröhlichen dargestellt, während überhaupt in lyrischer Form erzählte Schwänke mit Bauern schlechthin den Namen Neidharte erhielten. N.s Lieder sind in mehren eigenen Sammlungen auf uns gekommen, von denen eine vielleicht noch dem 13. Jahrhundert angehörige sich in der Bibliothek des Schlosses Riedegg befindet und von Beneke in den „Beiträgen zur Kenntniß der altdeutschen Sprache und Literatur" (Bd. 2, Göttingen 1832) herausgegeben wurde. Die beste Ausgabe der Lieder veranstaltete Haupt (Leipzig 1858). Alles Erhaltene ist gesammelt durch van der Hagen in seinen „Minnesängern" (Leipzig 1838). Vgl. von Liliencron, Ueber N.s höfische Dorfpoesie, in Haupts „Zeitschrift für deutsches Alterthum", Bd. 6.

Neigebaur, Johann Daniel Ferdinand, deutscher Schriftsteller, geboren den 24. Juni 1783 zu Dittmannsdorf in Schlesien, besuchte das Gymnasium zu Schweidnitz, studirte zu Königsberg die Rechte, trat 1807 bei dem Obergericht zu Breslau in den Staatsdienst und wurde 1812 Assessor bei dem Oberlandesgericht zu Marienwerder, trat aber 1813 in das lützowsche Freicorps, worin er die aus eigenen Mitteln errichtete dritte Kompagnie des zweiten Bataillons befehligte, bis er, im Gefecht bei Lauenburg verwundet, in Gefangenschaft fiel. Nach dem Frieden von 1814 ward er bei dem Generalgouvernement in Aachen angestellt und 1814 zum Unterpräfekten in Neufchâteau in den Ardennen ernannt. Im Jahre 1815 verwaltete er die Präfektur des preußischen Antheils von Lauenburg und ward daneben zu mehren diplomatischen Sendungen verwendet. Hierauf kam er 1816 als Oberlandesgerichtsrath nach Kleve, 1820 in derselben Eigenschaft nach Hamm, 1822 nach Münster, 1826 nach Breslau, 1832 als geheimer Justizrath und Landesgerichtsdirektor nach Fraustadt und 1835 an das Oberlandesgericht zu Bromberg, wo ihm die Direktion des Kriminalsenats übertragen ward. Im Jahre 1842 wurde er zum Generalkonsul in Jassy ernannt. Seit 1845 lebt er meist in Italien. Von seinen zum Theil unter dem Namen Daniel od. Daniel Dittmann veröffentlichten Schriften sind hervorzuheben die geschichtlichen: „Briefe eines preußischen Offiziers während seiner Gefangenschaft in Frankreich in den Jahren 1813—15" (Köln 1816—17, 2 Bde.); „Der Untergang des Kurfürstenthums Mainz" (Frankfurt 1839); „Die Heirath des Markgrafen Karl von Brandenburg" (Magdeburg 1855); „Eleonore und Olbreuse" (Braunschweig 1859); „Geschichte der kaiserlich leopoldino-karolinischen deutschen Akademie" (Jena 1861); die satirischen: „Keine Volksrepräsentation in den deutschen Bundesstaaten" (Germanien 1816); „Ansichten aus der Kavalierperspektive" (Leipzig 1836); „Der Kavalier auf Reisen" (das. 1838); „Die Erzbischöfe von Köln und Posen" (das. 1838) und „Nur nicht nach Norden" (das. 1840); der pseudonym erschienene Roman „Petronella" (Bresl. 1831); eine Biographie Nettelbecks; „Der preußische Prozeß" (Jena 1819); „Handbuch zur Ausübung der freiwilligen Gerichtsbarkeit" (das. 1824; 2. Aufl. 1827); „Die Ehe nach Lehre, Gesetz und Gebrauch der katholischen Kirche" (Hamb. 1861), sowie viele Reisehandbücher, theils geographischen, theils statistischen Inhalts, u. A. über Italien (Leipzig 1826; 3. Aufl., das. 1840), England (das. 1829), die Schweiz (Wien 1831, 2. Aufl. 1840), Italien, die jonischen Inseln und Malta (das. 1832, 2 Bde.), die Niederlande und Belgien (das. 1833), Schweden, Norwegen u. Dänemark (das. 1833), Frankreich (das. 1832, 2. Aufl. 1842); Griechenland (mit Aldenhoven, 2. Aufl., Lpz. 1860, 2 Bde.), Deutschland (das. 1842), „Dresden und die sächsische Schweiz" (illustrirt von G. Schlick, das. 1845); „Der Papst und sein Reich" (das. 1847, 2. Aufl. 1848); „Sicilien" (das. 1848, 2. Aufl. 1848); „Die Südslaven" (das. 1851); „Daciens klassische Alterthümer" (das. 1851); „Sardinien" (2. Aufl., das. 1856) und „Die Donaufürstenthümer" (Breslau 1854—55, 2 Bde.).

Neigung (inclinatio), schiefe Stellung eines in die Höhe gerichteten Körpers, seitwärts gerichtete Senkung eines solchen; in der Mathematik Abweichung einer Ebene von der Horizontalrichtung, so daß der eine Theil derselben eine tiefere Lage erhält als der andere, also s. v. a. Lage der schiefen Ebene, die nach dem Winkel, den die geneigte Ebene mit der horizontalen bildet (Neigungs- od. Böschungswinkel), also nach ihrer Abweichung von der horizontalen Lage bestimmt wird und immer mehr als 0° und weniger als 90° betragen muß; dann die nicht parallele Richtung zweier geraden Linien oder zweier Ebenen oder auch einer geraden Linie und einer Ebene gegen einander, zufolge deren sie irgendwo zusammentreffen müssen, vorausgesetzt, daß sie die erforderliche Ausdehnung haben.

Neigung (Zuneigung und Abneigung), nach Kant eine habituell, d. i. zur Gewohnheit gewordene Begierde oder die habituell gewordene Begehrung eines individuellen Gegenstandes oder einer solchen Thätigkeit. Die Zuneigung, gleichsam ein geistiges Hinneigen zu Etwas, beruht auf dem Interesse, welches ein Gegenstand uns einflößt und uns abgewinnt. Ihr Gegentheil ist die Abneigung. Da kein Mensch eine Hinneigung zu einem bestimmten Gegenstande als solchem mit auf die Welt bringt und das Verabscheuen dieses oder jenes Gegenstandes nicht schon bei der Geburt habituell ist, so gibt es streng genommen eigentlich keine angebornen N.en; man müßte denn darunter solche N.en, welche in der besonderen Anlage eines Menschen wenigstens mittelbar ihren Grund haben, oder menschliche Begehrungen überhaupt oder Triebe verstehen, die man wohl auch angeborene N.en nennt.

Durch fortdauerndes Nachgeben wird die N. zum Hang, worunter eine mit Heftigkeit hervortretende, leicht zur Handlung übergehende Willensrichtung verstanden wird. Von der Leidenschaft unterscheidet sich die N. dadurch, daß sie sanfteren Charakters ist, sich leicht ändern und eine andere Richtung nehmen kann, sowie daß mehre N.en neben einander bestehen können, während die Leidenschaft eine allein herrschende Begehrung ist, welche kein anderes Interesse aufkommen läßt u. durch fortdauernde Gewöhnung den Charakter des Unwillkürlichen annimmt. Ist die N. durch fortdauernde Uebung und Gewöhnung mit den Forderungen des Sittengesetzes in Uebereinstimmung gebracht, so erwächst daraus die Tugend (s. d.).

Neilgherry, der südlichste Theil des Ghatgebirgs im Dekan, erhebt sich im Dodabetta, dem höchsten Berg des südlichen Vorderindiens, bis zu 8760 Fuß.

Neipperg, Pfarrdorf im würtembergischen Neckarkreis, Oberamt Brackenheim, am Leinbache und am Fuße des Heugelbergs, mit den Ruinen des alten Stammschlosses des Grafen von N., hat starken Obstbau und 620 Einw.

Neipperg, altes, ehemals reichsunmittelbares adeliges Geschlecht in Schwaben, ward 1734 von Kaiser Karl VI. in den Reichsgrafenstand erhoben und erhielt 1766 Sitz und Stimme in dem schwäbischen Grafenkollegium, besitzt gegenwärtig die Standesherrschaft Schwaigern und mehre andere Güter unter würtembergischer und badischer Hoheit. Die namhaftesten Sprößlinge des Geschlechts sind:

1) Graf Wilhelm Reinhard von N., geboren den 27. Mai 1684, trat 1702 in kaiserliche Dienste und ward 1717 Oberst eines Infanterieregiments, zeichnete sich im Türkenkriege bei Temesvar und Belgrad aus, ward 1723 Generalmajor und Erzieher des Herzogs Franz Stephan von Lothringen, nachherigen Kaisers Franz I., und nachmals dessen vertrauter Freund. Im Jahre 1733 machte er als Feldmarschalllieutenant den Krieg in Italien mit, entsetzte hier Mirandola, ward 1735 Feldzeugmeister, 1737 Gouverneur von Temesvar, focht im Türkenkriege und rettete durch seine zeitige Ankunft mit seinem Corps bei Groczka das österreichische Heer. Im August 1739 schloß er den ungünstigen Frieden von Belgrad ab, erhielt 1741 den Oberbefehl in Schlesien gegen Friedrich II., verlor aber die Schlacht bei Mollwitz, worauf er abberufen ward. Im folgenden Jahre wohnte er zwar der Schlacht bei Dettingen bei, begab sich aber bald wieder nach Wien und ward 1753 kommandirender General in Oesterreich, 1755 Hofkriegsrathspräsident; † den 26. Mai 1773 zu Wien.

2) Graf Albrecht Adam von N., Enkel des Vorigen, geboren den 8. April 1775, trat frühzeitig in den österreichischen Militärdienst und focht im französischen Revolutionskriege in der Rheinarmee bei Jemappes, Neerwinden und Famars, nahm an der Belagerung von Valenciennes, sowie an dem Angriff auf die mainzer Linien (Okt. 1795) Theil und zeichnete sich sodann im italienischen Feldzuge vor Mantua, in Tyrol, bei Cassano, Novi und Marengo aus. Wegen des von ihm und dem Grafen St. Julien zu Paris abgeschlossenen Präliminarfriedens, den das österreichische Kabinet nicht genehmigte, ward er nach Mantua verwiesen, focht aber schon im December wieder am Mincio mit; im Feldzug von 1809 stand er bei dem Corps des Erzherzogs Ferdinand und avancirte zum Generalmajor. Von 1811—13 war er österreichischer Gesandter am schwedischen Hofe, wo er viel zum Vertrag von Oerebro beitrug. Im Jahre 1813 focht er an der Spitze einer Brigade bei Reisenberg, Stolpen, Wilschdorf und bei Leipzig und ward am 20. Okt. 1813 zum Feldmarschalllieutenant befördert. Im Dec. ging er mit Aufträgen an den König Joachim Murat nach Neapel und unterzeichnete daselbst den 8. Jan. 1814 einen Allianztraktat, vermittelte auch den Waffenstillstand zwischen den Neapolitanern und Engländern. Als Kommandant der hinter dem Mincio aufgestellten Division der Avantgarde schloß er in Folge der Ereignisse zu Paris am 16. April eine Militärkonvention mit den französischen Generälen Dode und Zucchi ab, rückte am 23. mit der Avantgarde in die Lombardei ein und erhielt am 20. Juni eine Division in der Gegend von Pavia. Seit Juli begleitete er die vormalige Kaiserin von Frankreich, Maria Luise, in die Bäder von Aix und auf ihren Reisen durch die Schweiz, vertrat auch auf dem wiener Kongresse die Interessen dieser Fürstin und ward den 29. März 1815 zu ihrem Oberstallmeister, sowie zum Oberkommandanten der Truppen von Parma ernannt. Nach dem Wiederausbruche des Krieges im Frühjahr 1815 zwischen Oesterreich und Neapel übernahm er das Kommando des ersten Armeecorps, zog den 21. Mai in Neapel ein und fungirte bis zum 25. Juni als Militärgouverneur daselbst, worauf er das Kommando in den durch die Oesterreicher besetzten Departements Gard, Ardèche und Hérault übernahm. Sodann trat er seinen Dienst als Oberstallmeister der Erzherzogin Maria Luise wieder an und ward von derselben 1816 zum Oberhofmeister und Minister des Auswärtigen, sowie im folgenden Jahre vom Kaiser Franz zum k. k. wirklichen Geheimerath ernannt. Er † den 22. Februar 1829 zu Parma. N. soll zuletzt mit Maria Luise in morganatischer Ehe verbunden gewesen sein; dieselbe gebar ihm 2 Kinder. Sein ältester Sohn, Graf Alfred August Karl Franz Camillus von N., geboren den 26. Jan. 1807, gegenwärtiger Standesherr, ist seit 1842 mit der Prinzessin Maria Friederike Charlotte von Würtemberg vermählt.

Neira (Banda-Neira), Insel aus der Bandagruppe im Molukkenarchipel, mit einer gleichnamigen Stadt.

Neisse, Name dreier hauptsächlich der preußischen Provinz Schlesien angehörigen Flüsse. 1) Die lausitzer N., Nebenfluß der Oder, entspringt oberhalb Reichenberg im böhmischen Kreis Bunzlau, tritt bei Radmeritz nach Kursachsen und dann südlich von Görlitz in die preußische Provinz Schlesien über und mündet nach einem Laufe von 30 Meilen, wovon 25 auf das preußische Gebiet kommen, bei Kuschern im Kreise Guben in der Provinz Brandenburg in die Oder. Sie ist 7,4 Meilen weit flößbar, 2,3 Meilen weit schiffbar. Ihre bedeutendsten Zuflüsse sind die Wittich, Lubs, schwarze N. und Mandau. — 2) Die schlesische N., entspringt am glatzer Schneegebirg im preußisch-schlesischen Regierungsbezirk Breslau, Kreis Habelschwerdt, fließt vor Glatz vorbei, durchbricht das glatzer Gebirge im Warthapaß, wendet sich dann östlich nach Neisse, hierauf nördlich nach Michelau, endlich nordöstlich u. mündet unterhalb Schurgast im Kreis Falkenberg des schlesischen Regierungsbezirks Oppeln nach einem Laufe von 26 Meilen in die Oder. Wegen ihres überaus großen Gefälles ist sie nur zum Holzflößen zu benutzen. Ihre bedeutendsten Nebenflüsse sind rechts die Wölfel, Biele u. falkenberger Steine, links die Weistritz, glatzer Steine und Pausebach. Sie ist fischreich, richtet aber durch Ueberschwemmung oft große Verheerung an. 3) Die **wüthende** N. ist ein Nebenfluß der Katzbach (s. d.).

Das nach der schlesischen N. benannte **Fürstenthum** in Oberschlesien umfaßte, gegen 40 QMeilen groß, die Städte N., Grottkau, Patschkau, Ottmachau, Ziegenhals, Weidenau, Zuckmantel, Jauernick und Freiwaldau u. kam 1201 durch Schenkung an das Bisthum Breslau. Im Jahre 1344 erwarb der Bischof Preczlaus durch Kauf auch das grottkauische Gebiet, weshalb sich später die Bischöfe von Breslau Fürsten zu N. und Herzöge zu Grottkau nannten. Seit 1810 alle geistlichen Güter in Preußen für Staatseigenthum erklärt sind, bildet das Fürstenthum mit 24 QMeilen die Kreise N. und Grottkau des Regierungsbezirks Oppeln. Der österreichische Theil des Fürstenthums (16 QMeilen) ist noch im Besitz des jedesmaligen Bischofs zu Breslau und das Städtchen Jauernick nebst dem dabei gelegenen Schlosse Johannisberg der Sitz der fürstbischöflichen Regierung.

Die gleichnamige **Kreisstadt** und Festung N., im Regierungsbezirk Oppeln, in sumpfiger Gegend, am Einflusse der Biele in die N. und an der Zweigbahn Brieg-Neisse der oberschlesischen Eisenbahn gelegen, besteht aus der eigentlichen Stadt auf dem rechten, der Friedrichsstadt auf dem linken Ufer der N. und zwischen Armen derselben und dem ebenfalls links der N. liegenden Fort Preußen. Ein besonderer Graben der Biele wird in 2 Armen durch die Stadt geleitet und dient zur Bewässerung der Festungsgräben. N. ist eine **Festung** ersten Ranges. Die Stadt selbst hat einen Hauptwall mit 10 Bastionen, einer Faussebraye und vorliegenden Außenwerken. Das von der N. etwa 1200 Schritte entfernt liegende Fort Preußen ist ein tenaillirtes reguläres Fünfeck, mit Kontregarden, Ravelins und 5 detachirten Lünetten. Westlich vom Fort Preußen liegt die Kaninchenredoute, zwischen ihr und Fort Preußen eine Batterie, die mit beiden durch eine eigene gedeckte Kommunikation zusammenhängt. Eine gleiche doppelte Kommunikation läuft vom Fort Preußen nach der N. herab u. schließt die Friedrichsstadt ein. Innerhalb dieser Kommunikation (hohes Retranchement) ist ein verschanztes Lager für etwa 10,000 Mann. Die Hauptstärke der Festung N. besteht aber darin, daß sie mittelst Anstauung der N. und Biele auf der östlichen und westlichen Seite unter Wasser gesetzt werden kann. Die morastige Umgegend der Stadt erhöht zwar die Widerstandsfähigkeit der mächtigen, größtentheils von Friedrich dem Großen angelegten oder doch verstärkten Festungswerke, macht aber den Aufenthalt daselbst ungesund, welcher Uebelstand durch die engen, von hohen Giebelhäusern besetzten Straßen noch vermehrt wird. An freien Plätzen, welche zur Verbesserung der Luft beitragen, fehlt es ganz. Die Stadt hat 2 evangelische und 5 katholische Kirchen, unter denen jedoch nur die 1430 im gothischen Styl vollendete Jakobskirche mit einem sehr hohen, von schlanken Pfeilern getragenen Schiffe ein bemerkenswerther Bau ist. An sonstigen öffentlichen Gebäuden verdienen der Erwähnung das alte fürstbischöfliche Schloß, das Theater, die Synagoge, die Kriegsschule und die Gasanstalt. Die Stadt ist Sitz eines Landrathsamts, einer Kommandantur, eines bischöflichen Kommissariatsamts, eines Kreisgerichts und eines landwirthschaftlichen Vereins. Die wichtigsten öffentlichen Anstalten sind ein katholisches Gymnasium, eine Kriegsschule, Realschule, das Domus emeritorum, ein Militärlazareth, ein großes Civilhospital, eine Hauptartilleriewerkstätte; eine königliche Pulverfabrik und ein Kloster der Karlsschwestern. Die Stadt hat 18,747 Einwohner, worunter 5390 Mann Militär. Die zahlreichen industriellen Etablissements erzeugen Tabak, chemische Produkte, Kugeln und Schrot, Branntwein und Vitriol. N. ist Hauptsitz der schlesischen Leinweberei und besitzt außerdem noch Zwirn- und Garnspinnereien, starken Buchhandel, Flachsbau, Getreide- und Garnhandel und 2 stark besuchte Wollmärkte. Vor der Stadt liegt das Mineralbad **Heinrichsbrunnen**. N. soll im 10. Jahrhundert erbaut worden sein und wurde nachher Hauptort des gleichnamigen Fürstenthums, später Sitz des Fürstbischofs von Breslau. Es erhielt schon 1350 durch Bischof Preczlaus Mauern, hinter welchen die Bewohner 1428 den Hussiten tapferen Widerstand leisteten, und wurde 1594 mit Schanzen und Basteien schwach versehen. Während des dreißigjährigen Kriegs ward die Stadt dreimal feindlich besetzt: 1621 vom Markgrafen Johann Georg von Jägerndorf, 1632 von den Sachsen und 1642 von den Schweden unter Torstenson. Im ersten schlesischen Krieg 1741 von den Preußen belagert, hielt sie sich, obgleich vom 18.—21. Jan. 1200 Bomben und 3000 glühende Kugeln hineingeworfen wurden, und erst im Okt. kam sie durch Kapitulation in preußischen Besitz. Friedrich der Große legte 1743 den Grundstein zu dem Fort Preußen, sowie zu der nach ihm benannten Friedrichsstadt. Im Jahre 1758 wurde N. zwar von den Oesterreichern unter General de Ville belagert, die Belagerung jedoch 4 Tage nach Eröffnung der Tranchéen wieder aufgehoben. Einige Jahre später (1769) besuchte Kaiser Joseph II. hier den König Friedrich I. Im Jahre 1807 belagerte der französische General Vandamme die Stadt, dem sie sich 114 Tage nach Eröffnung der Tranchéen durch Kapitulation übergab. Vergl. **Minsberg**, Geschichtliche Darstellung der merkwürdigsten Ereignisse der Fürstenthumsstadt N., Neisse 1834, und **Kastner**, Urkundliche Geschichte der Stadt N., das. 1855.

Neith (**Neitha**), ägyptische, ursprünglich wohl phönicische Göttin, vorzüglich in Saïs verehrt. Im altägyptischen Kultus erscheint sie bald als Mond-, bald als Kriegsgöttin, später, in Folge griechischer Einflüsse, als mystisch-astronomisches Lichtwesen. In Zusammenhang mit dieser Auffassung steht das ihr gewidmete Lampenfest, das wahrscheinlich um die Wintersonnenwende Statt fand. Als Mutter der Sonne hat sie an Phtha (Hephästus) einen Genossen. Wie alle großen Göttinnen wurde sie nicht selten mit der Isis identificirt. Nach Plutarch und Proclus führte ihr Tempel zu Saïs die Inschrift „Ich bin das All, das Vergangene, Gegenwärtige und Zukünftige, meinen Schleier hat noch kein Sterblicher gelüftet, die Sonne war mein Kind.“ Die bildlichen Darstellungen der N. haben entweder einen Menschen- oder Geier- oder Löwenkopf; sie ist bald stehend, bald sitzend gebildet, zuweilen von blauer, gewöhnlich von gelber Farbe.

Neithard, Heinrich August, namhafter Liederkomponist, geboren 1793 zu Schleiz, trat in die fürstliche Kapelle zu Schleiz, nahm als Freiwilliger an den Feldzügen von 1813—15 Theil und ging sodann nach Berlin, wo er 1839 zum königlichen Musikdirektor und nach Errichtung des Domchors zu dessen Direktor ernannt wurde. Er hat besonders viel Militärmusik und Männerquartette (z. B. „Ich bin ein Preuße, kennt ihr meine Farben") geliefert; 1845 erhielt er die Leitung aller Gardemusikchöre.

Neiva (Neyva), Stadt im Granadakonföderationsstaate Cundinamarca, an der Mündung des gleichnamigen Flusses in den Magdalenenstrom, hat Viehzucht, Kakaobau und gegen 12,000 Einw.; leidet öfters durch Erdbeben.

Nejin, Stadt, s. v. a. Neschin.

Ne Jupiter quidem omnibus placet, lateinisches Sprüchwort: Selbst Jupiter gefällt nicht Allen, d. h. Gott kann es nicht Allen zu gleicher Zeit recht machen.

Nekrologien (v. Griech., d. i. Todtenbücher), im Mittelalter die Kalender der geistlichen Stifter und Klöster, in denen an den betreffenden Tagen die Namen derjenigen Personen eingezeichnet wurden, deren Andenken man durch Einschließung in die öffentliche Fürbitte ehren wollte. In den N. wurden außer den Namen der Heiligen und Märtyrer auch die der Päpste, Kaiser und Könige, der Landesherren, Metropolitan- und Diöcesanbischöfe, der Aebte und Aebtissinnen und der Stiftspröpste, der Ordensmitglieder etc. eingezeichnet; die Hauptstelle aber nahmen die Stifter mit ihren Familien und die Wohlthäter (benefactores) ein, welche Schenkungen gemacht oder Seelenmessen gestiftet hatten; die Namen derselben pflegte man durch größere Schrift, farbige Dinte und sonstige Verzierungen auszuzeichnen. Eine der ältesten N. ist die der Abtei Lorch aus dem 8. Jahrhundert. Für die Geschichte der deutschen Fürstengeschlechter ist namentlich das Nekrologium von Fulda, welches die Zeit von 780 bis 1065 umfaßt, von Wichtigkeit, obwohl es nur ein nach Jahren geordneter Auszug aus mehren N. ist. In neuerer Zeit gebrauchte zuerst Schlichtegroll (s. d.) den Namen Nekrolog als Titel für seine „Nachrichten von dem Leben merkwürdiger verstorbener Deutschen in den Jahren 1790—1800" (Gotha 1791—1801, 22 Bde., nebst einem Supplementband, 1798), denen er den „Nekrolog der Deutschen für das 19. Jahrhundert" (das. 1802—96, 5 Bde.) folgen ließ. Fr. Aug. Schmidt setzte 1824 dies Unternehmen fort unter dem Titel „Neuer Nekrolog der Deutschen", den seit des letztgenannten Tode der Verleger Bernh. Fr. Voigt herausgibt.

Nekromantie (v. Griech., Todtenbeschwörung), im Alterthum eine Art von Zauberei, mittelst welcher man die Abgeschiedenen zurückrufen zu können vorgab, um sie über die Zukunft zu befragen. So ließ der jüdische König Saul den Schatten Samuels durch eine Zauberin aus dem Scheol heraufbeschwören (1. Sam. 28, 7 ff.). Im 11. Buche der Odyssee beschwört Odysseus den Geist des Sehers Tiresias aus der Unterwelt hervor. Bei den Griechen hatte die N. nichts Zauberisches und Mysteriöses, sondern bestand nur in mit besonderen Ceremonien vollzogenen Opfern (Nekromantien, Todtenopfern). Nur in Thessalien artete die N., auch Skiamanteia und Psychomanteia, d. h. Wahrsagen der Schatten oder abgeschiedenen Seelen, genannt und durch sogenannte Psychagogen (Heraufführer der Schatten) geübt, zu verschiedenen Greueln aus, z. B. zum Schlachten von Lebendigen, um ihre Geister, noch ehe sie in die Unterwelt hinabstiegen, zu befragen. Auch in den Gesängen der schottischen Barden, namentlich bei Ossian, sowie in mehren altdeutschen Liedern finden wir Spuren von dieser Art Wahrsagung. Vgl. Peucer, Commentarius de praecipuis divinationum generibus, Zerbst 1591.

Nekropolis (griech., Todtenstadt), Name der großen, in der Nähe alter Städte, z. B. von Syrakus, gelegenen Begräbnißstätten, von denen viele, namentlich in Aegypten, noch mehr oder minder gut erhalten sind. Sie bilden große und weitläufige unterirdische Gänge, zum Theil von so beträchtlichem Umfang, daß sie unterirdischen Städten gleichen. Jede Stadt des alten Aegyptens hatte eine solche N.; doch haben sich nur die in Felsen gehauenen, die zu den großartigsten Bauwerken des alten Aegyptens gehörten, erhalten. N. hieß auch die westliche Vorstadt Alexandria's (s. d.) in Aegypten.

Nekropompos (griech.), der die Todten geleitet, Beiname des Hermes.

Nekrose (v. Griech.), das Absterben von Geweben und Organen, ist im Grunde genommen gleichbedeutend mit Brand (s. d.). Doch bezeichnet man mit dem Namen N. besonders diejenigen Brandformen, bei welchen außer dem Aufhören der Lebensprozesse, vorzugsweise der Ernährung, keine weiteren auffallenden Veränderungen mit dem betreffenden Gewebe vor sich gehen. Daher gebraucht man auch den Ausdruck N. gewöhnlich speciell für den Brand der Knochen, sowie der Knorpel und Sehnen. Das Weitere hierüber s. unter Knochenbrand.

Nekrosimon (griech.), in der griechischen Kirche ein Buch, woraus bei Beerdigungen und Haltung der Vigilien Gebete u. dgl. gelesen werden.

Nekroskopie (v. Griech.), s. v. a. Nekromantie und s. v. a. Leichenschau.

Nektar (griech.), bei den Alten, besonders Homer, Hesiod, Pindar und den Römern, der specifische Trank der Götter, Ambrosia die Speise derselben, bei den Lyrikern Sappho und Alcman umgekehrt. Homer beschreibt den Trank als äußerlich dem Wein ähnlich, roth, aber bei fortgesetztem Genuß Unsterblichkeit verleihend. Spätere Dichter verbinden mit N. und Ambrosia den Begriff des anmuthig, lieblich Duftenden, und in übertragenem Sinne bezeichnet man mit N. und Ambrosia Alles, was sich durch Lieblichkeit des Geschmacks auszeichnet.

Nektar (griech.), der Honigsaft, in der Botanik ein süßer Saft, welcher in den meisten Blüthen an verschiedenen Stellen ausgeschieden und von den Bienen zum Honig eingesammelt wird. Daher Nectarifer und Nectariger, honigsaftführend, was Honigsaft ausscheidet oder auch den ausgeschiedenen N. enthält; Nectariformis, honigbehälterförmig, wenn Blüthentheile eine eigene, von der gewöhnlichen abweichende (röhrige, sackförmige etc.) Bildung haben, wobei sie auch meist einen honigabsondernden Theil besitzen; Nectarium, das Honiggefäß, Honigwerkzeug, eigentlich nur ein solcher Theil der Blüthe, welcher wirklich Honigsaft ausscheidet, im Allgemeinen aber alle Blüthentheile von eigenthümlicher und ungewöhnlicher Bildung, sie mögen N. ausscheiden, einschließen, bedecken oder nicht; Nectarolyma, die Honigdecke od. Nektardecke, Theile, welche zur Bedeckung und Beschützung der Honiggefäße und des N.s dienen; Nectarostigma, das Honigmaal oder Saftmaal, eine meist durch eine andere Farbe, durch Striche oder Flecken bezeichnete Stelle, welche zu den eigentlichen Nektarien hinführen soll; Nectarotheca, der Honigbehälter, ein Blüthentheil, der den ausgeschiedenen Honigsaft aufbewahrt und in dessen Grunde gewöhnlich der honigabsondernde Theil sich befindet.

Neleus, in der griechischen Mythe Sohn des Poseidon und der Tyro, der Tochter des Salmoneus, Zwillingsbruder des Pelias, Gemahl der Chloris und Vater des Nestor, wurde nebst seinem Bruder von der Tyro ausgesetzt, aber von einem Hirten aufgefunden u. erzogen. Wegen grausamer Behandlung ihrer Mutter durch deren Stiefmutter Sidero tödtete Pelias die letztere. Nach dem Tode des Cretheus entzweiten sich die Brüder über die Herrschaft von Jolcus in Thessalien. N. wurde vertrieben und zog nach dem Peloponnes, wo er Pylos erbaute. Als Hercules wegen Ermordung des Iphitus krank war, kam er zu N., um sich reinigen zu lassen; dieser aber verweigerte es im Einverständniß mit allen seinen Söhnen außer Nestor. Hercules erschlug deshalb sämmtliche Söhne des N. außer Nestor. Auch hatte N. Kämpfe mit den Arkadiern und dem Epeierkönig Augeas zu bestehen. Er starb nach Pausanias zu Korinth, wo ihm Sisyphus ein Grabmal errichtete. Seine Nachkommen, die Neliden, wurden von den Herakliden aus Messenien vertrieben und gingen meist nach Athen.

Nelke, Pflanzengattung, s. Dianthus.

Nelken, s. v. a. Gewürznelken, s. Caryophyllus.

Nelkenkraut, s. v. a. Geum urbanum.

Nelkenpfeffer, s. v. a. Piment, s. Pimenta.

Nelkensäure (Eugensäure), chemische Verbindung, findet sich im ätherischen Oel der Gewürznelken, des Jamaicapfeffers, der ceylonischen Zimmtblätter und im Lorbeeröl. Man erhält sie, wenn man Nelkenöl mit Kalilauge mischt, den Kohlenwasserstoff abdestillirt, das zurückbleibende Salz mit Schwefelsäure zersetzt und die abgeschiedene N. durch Destillation reinigt. Es ist eine farblose Flüssigkeit, welche brennend schmeckt, nach Gewürznelken riecht, bei 242° siedet und an der Luft verharzt. Die N. röthet Lackmus, und einige ihrer Salze krystallisiren. Mit den Chlorüren der organischen Säureradikale liefert sie unter Entwickelung von Chlorwasserstoff neutrale krystallinische Körper, welche der Einwirkung heißer Laugen widerstehen.

Nellenburg, ehemalige Landgrafschaft in Schwaben, ungefähr 16 □Meilen mit 30,000 Einwohnern umfassend, war früher Besitzthum der Grafen von Thengen, die es 1645 an den Erzherzog Sigmund von Oesterreich verkauften, kam 1805 an Würtemberg, 1810 an Baden u. bildet einen Bestandtheil des Seekreises. Hauptort war das Städtchen Stockach. Das alte Bergschloß N., eine halbe Stunde von Stockach, einst Sitz der Landgrafen zu N., ist jetzt Ruine. Es wird hier der nellenburger Wein gebaut.

Nellore (Nellur), Hauptstadt des gleichnamigen Distrikts (375 □Meilen mit 935,690 Einw.) in der indobritischen Präsidentschaft Madras, nordnordwestlich von Madras, am Pennair, unweit von dessen Mündung in den bengalischen Meerbusen, hat einen Hafen, ein Fort, Salzwerke, Salzhandel und 20,000 Einw.

Nelson, 1) Fluß im Gebiete der Hudsonsbaikompagnie (britisches Nordamerika), entspringt in zwei großen Quellflüssen als nördlicher und südlicher Saskatchewan auf dem Felsengebirge, durchfließt den Winipegsee, wendet sich dann nordöstlich und mündet nach ungefähr 200 Meilen Stromlänge in die Hudsonsbai. — 2) (Kap N.), Vorgebirge an der westlichen Südküste der englichen Kolonie Victoria (Australien).

Nelson, Horatio, Viscount, berühmter britischer Seeheld, geboren den 29. Sept. 1758 zu Burnham-Thorpe in der Grafschaft Norfolk, wo sein Vater Pfarrer war, kam im Alter von 12 Jahren auf ein Linienschiff, machte 1772 auf einem Kauffahrer eine Fahrt nach Westindien mit und nahm 1773 an der Nordpolexpedition des Kapitäns Lutwidge Theil. Im Jahre 1776 ging er als Midshipman nach Ostindien, ward 1777 Schiffslieutenant und 1779 Postkapitän, in welcher Stellung er im amerikanischen Kriege an der Expedition der Engländer gegen die Spanier und gegen die Forts San Juan und San Bartolomeo in der Hondurasbai Theil nahm, bis ihn Kränklichkeit 1780 zur Rückkehr nach England zwang. Wiederhergestellt, ward er 1781 zum Dienst auf der Ostseestation verwendet u. im folgenden Jahr von Neuem nach Amerika beordert. Nach dem Abschluß des versailler Friedens besuchte er Frankreich. Im Jahre 1784 ward er als Oberbefehlshaber des „Boreas" von 28 Kanonen bei den Inseln unter dem Winde in Westindien stationirt. Nachdem er sich 1787 mit einer Westindierin, der Wittwe des Doktor Nisbet, verheirathet, kehrte er nach England zurück und lebte längere Zeit auf einem Landgute, bis er beim Ausbruch des Kriegs gegen Frankreich 1793 zum Kapitän des „Agamemnon" ernannt wurde, der sich bei der Station des Admirals Hood im Mittelmeer befand. Im August 1793 mit Aufträgen an den englischen Gesandten, Sir William Hamilton, nach Neapel beordert, trat er hier in vertraute Beziehungen zu der Lady Hamilton [s. d. 4)]. Noch in demselben Jahre zur Aufrechterhaltung der britischen Sache nach Korsika geschickt, verlor er bei der Belagerung von Calvi ein Auge. Unter Lord Hotham, der den Oberbefehl im Mittelmeer übernahm, nahm er später zwei französische Linienschiffe und ward hierauf zum Obersten ernannt. In der Seeschlacht am Kap St. Vincent (14. Febr. 1797), welcher er unter Sir John Jervis als Commodore beiwohnte, nahm er drei spanische Linienschiffe und machte den spanischen Admiral zum Gefangenen. Sodann als Contreadmiral mit dem Befehl über das Blokadegeschwader vor Cadix betraut, eroberte er ein reich beladenes Schiff der spanischen Silberflotte im Hafen von Santa Cruz, verlor aber dabei den rechten Arm. Wieder geheilt, erhielt er den Oberbefehl im Mittelmeer, zunächst mit dem Auftrage, den Hafen von Toulon zu bewachen, wo die ägyptische Expedition ausgerüstet wurde. Ein starker Sturm zerstreute aber seine Flotte, und unterdeß konnte die französische Flotte auslaufen. Er traf dieselbe erst am 1. Aug. bei Alexandria und schlug sie bei Abukir gänzlich; er selbst ward dabei durch einen Büchsenschuß am Kopf verwundet. Das Parlament erhob ihn hierauf zum Baron N. vom Nil und gab ihm eine Pension von 2000 Pfd. Sterl., die ostindische Kompagnie ein Geschenk von 10,000 Pfd. Sterl. Von Abukir rief ihn eine Botschaft nach Neapel, wo er vom König zum Herzog von Brenta ernannt wurde. Der neapolitanische Hof erklärte nun an Frankreich den Krieg, dessen unglücklicher Ausgang N. zwang, mit dem Hof, dessen blutige Reaktionspolitik er wesentlich fördern half, nach Palermo zu flüchten. Von hier aus suchte er die Gegenrevolution im Neapolitanischen zu bewirken, und als es ihm gelang, den König nach Neapel zurückzuführen, befleckte er seinen Namen durch den Bruch der Kapitulation, welche die Republikaner mit dem Kardinal Ruffo geschlossen hatten, sowie dadurch, daß er die Vornehmsten derselben, darunter den greisen Fürsten Caracciolo, an den Masten seines Schiffes aufhängen ließ. Verleitet hatte ihn hierzu besonders Lady Hamilton. Seine Regierung rief ihn hierauf zurück, doch gehorchte N. erst, als man auch Lord Hamilton von seinem Gesandtschaftsposten in Neapel abberief. Im folgenden Jahre ward er zum Viceadmiral von der blauen Flagge ernannt und nahm unter Admiral Parker an der Expedition nach der Nordsee Theil, welche die Allianz der nordischen Seemächte brechen sollte. Nachdem die britische Flotte den Sund passirt, erhielt N. am 2. April 1801 den Auftrag, mit 12 Linienschiffen und 3 Fregatten die Defensionslinie von Kopenhagen anzugreifen. Der Kampf blieb nach fünfstündiger Dauer unentschieden und endete mit einem Waffenstillstand, der zu einem Vergleich führte. Bei seiner Rückkehr zum Viscount ernannt, erhielt N. das Kommando der Flotte im Kanal, mit welcher er am 16. Aug. 1801 einen Angriff auf die französischen Schiffe vor Boulogne machte, der jedoch mißlang. Nach dem Frieden von Amiens zog er sich nach Morton in der Grafschaft Surrey zu Lady Hamilton zurück, deren Gemahl in der Zwischenzeit gestorben war. Nach dem Wiederausbruch der Feindseligkeiten übernahm er den Befehl im Mittelmeere und traf die spanisch-französische Flotte, 33 Linienschiffe stark, am 21. Okt. 1805 früh um 9 Uhr beim Vorgebirge Trafalgar. Hier entspann sich sofort jener furchtbare Kampf, welcher mit der völligen Niederlage der Franzosen und Spanier endigte. Schon war die Schlacht entschieden, als N. von einer Musketenkugel tödtlich getroffen wurde. Seine Leiche langte den 8. Jan. 1806 zu London an, wo sie in der Paulskirche unter einem prächtigen Monument beigesetzt ward. Denkmale wurden ihm außerdem auf Trafalgarsquare zu London, ferner in Norwich, Edinburg und zu Montreal in Canada errichtet. Sein Titel ging auf seinen Bruder, den Grafen N., über, der ihn 1835 an den Schwestersohn Thomas Bolton vererbte; von diesem kam er schon 1836 an dessen Sohn Horatio N., geboren 1823. Lady Hamilton hatte N. eine Tochter, Horatia, geboren, die seinen Namen führte. Sein Leben beschrieben Clarke (Lond. 1810, 2 Bde.), Churchill (das. 1813), Southey (3. Aufl., das. 1831), Pettigrew (das. 1849, 2 Bde) und Forgues (Paris 1859). Vergl Nicolas, The dispatches and letters of the Viceadmiral Lord Viscount N., Lond. 1845, 3 Bde.

Nelumbium *Juss.* (Nelumbo), Pflanzengattung aus der Familie der Nymphäaceen, charakterisirt durch den 4—5blätterigen Kelch, die vielblätterige Korolle mit zahlreichen Staubgefäßen und die 1—2samigen Nüsse, die, mit dem bleibenden Griffel gekrönt, im anfangs fleischigen, nachher schwammigen oder borkenartigen Fruchtboden eingesenkt sind, prächtige, den Seerosen ähnliche Wasserpflanzen in Amerika und Asien, mit großen weißen, rosenrothen oder gelben Blüthen, von deren Arten zu bemerken ist N. speciosum *Willd.*, Nymphaea Nelumbo *L.*, mit langgestrecktem, wagrecht unter der Erde hinkriechendem Wurzelstock, einzeln aus jedem Knoten kommenden, auf langen, stielrunden, weichstacheligen Blattstielen schwimmenden, fast kreisrunden, genabelten, an 2 Stellen ausgerandeten, am Rande etwas wellig umgebogenen glänzenden Blättern und großen rosenrothen oder weißen Blüthen, in stehenden und langsam fließenden Gewässern des südlicheren und mittleren Asiens. Diese Pflanze war schon den alten Griechen und Römern als ägyptische Bohne (Faba aegyptiaca) bekannt. Die reifen und unreifen Nüsse dienen jetzt noch in Asien sehr häufig als wohlschmeckende Speise, weshalb die Pflanze in manchen Gegenden angebaut wird. In der Heimat werden die Wurzeln und Samen als kühlende und nährende Mittel bei Durchfällen und Ruhren angewendet. Die Blumenblätter, welche angenehm riechen und etwas adstringirend sind, benutzt man in Ostindien wie bei uns die Rosenblätter.

Nematanthus *Schrader*, Pflanzengattung aus der Familie der Gesnerieen, Sträucher in Brasilien, mit der bekanntesten Art N. longipes, einer prachtvollen Zierpflanze mit scharlachrothen Blumen, die sich im Warmhause leicht kultiviren u. durch Stecklinge fortpflanzen läßt. Sie ist beinahe kletternd u. gedeiht am besten an einem Spalier in einem feuchten warmen Orchideenhause.

Nemausa, Asteroid, s. Planeten.

Nemausus, alter Name von Nismes (s. d.).

Nemea, Thal in Argolis, 1/4 Stunde breit und eine Stunde lang, mit einem gleichnamigen Flecken, zwischen Cleonä u. Phlius, berühmt durch einen prachtvollen Tempel des Zeus Nemeios, in welchem die nemeischen Spiele (Nemeen) viermal in zwei Olympiaden gefeiert wurden. Diese Spiele, welche mit den olympischen, isthmischen und pythischen ziemlich gleiche Einrichtung hatten, wurden der Sage nach von den gegen Theben vereinigten sieben Fürsten zum Andenken an Opheltes, den Sohn des Königs Lycus oder Lycurgus, der hier von einer Schlange aufgefressen wurde, nach einer andern Sage von Hercules nach Ueberwindung des nemeischen Löwen, der in der Nähe seine Höhle hatte, gestiftet und standen unter gemeinschaftlicher Aufsicht von Argos, Korinth und Cleonä. In der spätern Zeit unter römischer Herrschaft wird von griechischen und römischen Schriftstellern Argos als Schauplatz der Nemeen bezeichnet, und schon früher hatte einst die Feier zu Argos Statt gehabt.

Nemesia *Vent.*, Pflanzengattung aus der Familie der Personaten, charakterisirt durch den 5blätterigen Kelch, die maskirte, gespornte Korolle mit erhabenem Gaumen und die 2fächerige, 2lappige, zusammengedrückte Kapsel mit geränderten, in 4 Reihen geordneten Samen, einjährige Gewächse od. ausdauernde Kräuter und Halbsträucher auf dem Kap, von deren

Arten als Zierpflanze zu bemerken ist N. floribunda *Lehm.*, einjährig, eine sehr liebliche Zierpflanze mit aufrechtem, 1—1½ Fuß hohem ästigen Stengel, glatten, stumpfen, mehr od. minder gezähnt-gesägten Blättern und zahlreichen, zierlichen, weißen, violett-gestreiften Blüthen. Der feine Same wird im April an einer sonnigen Stelle ins freie Land gesäet. Die jungen Pflanzen können auch mit einem Erdballen in Töpfe gesetzt und ins Glashaus oder Zimmer gestellt werden. Sie lieben einen mäßig feuchten, lockern, nahrhaften Boden.

Nemesianus, Marcus Aurelius Olympius, römischer Dichter, von Geburt ein Karthager, lebte um 283 v. Chr. Wir besitzen von ihm noch ein Gedicht über die Jagd („Cynegetica") in 325 Hexametern, welches aber nur der Anfang eines umfassenderen Werks über diesen Gegenstand ist (herausgegeben von Haupt, Leipzig 1838). Vielleicht sind ihm auch zwei Fragmente eines Gedichts über den Vogelfang („De aucupio"), sowie die gewöhnlichen dem Ovid beigelegten „Halieutica" zuzuschreiben. Vier ihm zugeschriebene Eklogen (deutsch von Müller, Leipzig 1834) gehören Calpurnius an. Eine Sammlung der ächten und unächten Ueberreste des N. findet sich in Werndorfs „Poetae latini minores" (Bd. 1 und 4) und in Webers „Corpus poetarum latinorum" (Frankfurt 1833).

Nemesis, nach Hesiod neben Eris und Geras die Tochter der Nacht, die Personifikation des sittlichen Rechtsgefühls, der Scheu vor strafbaren Handlungen und daher auch bei Hesiod mit der Aedos (Scham) zusammengestellt, erscheint später als die Göttin des Gleichgewichts, die jedem Uebermaß im Menschenleben, namentlich in Hinsicht auf Glück, feind ist, bei den Tragikern als eine den Uebermuth und Frevel rächende Göttin. Hierdurch wird sie verwandt mit der Ate (s. d.) und den Eumeniden (s. d.). Der Kultus der N. war auch in Phrygien und Mysien verbreitet, und hier erscheint sie identisch mit der Liebesgöttin, eine Identität, die auch im griechischen Kultus mannichfach hervortritt. Wesen und der Name der Göttin Adrastea scheinen aus Aegypten zu stammen. Die bildlichen Darstellungen der Göttin waren mannichfaltig. In Rhamnus in Attica (von ihrer Verehrung an diesem Ort hat die N. den Namen Rhamnusia) war eine Bildsäule derselben von Phidias. Auf dem Kopf trug sie eine Krone, in der linken Hand hielt sie den Zweig eines Apfelbaums, in der rechten eine Schale. Später erhält sie die Attribute der Flügel, die Schnelligkeit bezeichnend, mit welcher sie den Verbrecher ereilt, des Zaums, des Symbols der Bezähmung des Uebermuths, des zur Brust zurückgebeugten Arms, als des Zeichens des Maßes, des Rads, die Wendung des Schicksals bedeutend, des Blicks in den Busen, zur Bezeichnung, daß sie auch in das Verborgene schaue. Der Greif ist das Symbol der schnell eilenden Rache. In Rom stand ein Bild der N. auf dem Kapitol.

Nemesius, Bischof von Emesa in Phönicien, um 400 Verfasser einer Schrift über die Natur der Menschen, die eine der merkwürdigsten Reste der Philosophie jener Zeit bildet u. gute Kenntniß der älteren griechischen Philosophie zeigt, herausgegeben Antwerpen 1561, dann von Fell (Oxford 1671) und von Matthäi (Halle 1802).

Nemeth (ungarisch), s. v. a. deutsch, kommt namentlich in vielen ungarischen Ortsnamen vor.

Nemi (im Mittelalter Massa Nemus), Dorf im Kirchenstaate, 3½ Meilen südöstlich von Rom unweit der Straße nach Velletri, liegt in reizender Gegend, malerisch auf einem Vorberge des Albanergebirgs und am Lago di N., wahrscheinlich an der Stelle eines im Alterthum berühmten Tempels der Diana Nemorensis. Der See hat eine Meile im Umfang, liegt etwa 1000 Fuß über dem Meere, zeigt eine Art von Ebbe und Fluth und füllt den Krater eines ehemaligen Vulkans aus. Der Ort, welcher 1200 Einwohner zählt, ist Eigenthum des Herzogs von Braschio, der hier ein altes Schloß hat.

Ne mihi Suffenus essem, bei Catull vorkommendes lateinisches Sprüchwort: Ich möchte mir nicht ein Suffenus sein, d. h. ich will nicht als mein eigener Lobredner auftreten.

Neminem laede (lat.), verletze Niemanden, bekanntes Rechtsprincip.

Neminem time (lat.), fürchte Niemanden.

Nemirow, Flecken im europäisch-russischen Gouvernement Bialystock, mit Kattun- und Lederfabrikation, lebhaftem Handel u. 4000 Einwohnern. Hier im Juni und Juli 1737 Kongreß zwischen den Russen und Oesterreichern einer- und den Türken andererseits.

Nemo (lat.), Niemand; ein N. s. v. a. ein unbedeutender Mensch.

Nemo ante mortem beatus (lat.), Niemand ist vor dem Tode glücklich; vgl. Solon.

Nemonin, Fluß in der preußischen Provinz Preußen, Regierungsbezirk Königsberg, entsteht aus dem Zusammenfluß der Spalnik u. Schnecke, vereinigt sich bei Skenkin mit dem Budup und dann noch mit den beiden Ossaflüssen, worauf der vereinte Fluß den Namen Laucknefluß erhält. Unter diesem Namen nimmt er bei Tymber den alten Wergelfluß und links den Tymberfluß auf und fließt nun unter dem Namen N. dem kurischen Haff zu, in das er sich bei dem gleichnamigen Dorfe ergießt.

Nemophila *Bart.* (Triftenfreund), Pflanzengattung aus der Familie der Asperifoliaceen, charakterisirt durch den 10theiligen Kelch mit abwechselnd zurückgeschlagenen Einschnitten, die glockenförmige 5spaltige Korolle, die Staubgefäße mit beweglichen Antheren, den 2spaltigen Griffel und die 1fächerige, 1—4samige Kapsel, einjährige Kräuter in Kalifornien, von denen mehre Arten als Zierpflanzen in deutschen Gärten beliebt sind, z. B. N. atomaria *Fisch. et Meyer*, mit zierlichen weißen, inwendig schwarz punktirten Korollen, N. insignis *Lindl.*, mit prächtig himmelblauen, im Grunde weißen Korollen, die schönste Art. Der Same wird im April dünn an sonnige Plätze ins freie Land in lockern, mäßig feuchten, nahrhaften, doch nicht zu fetten Sandboden gesäet.

Nemo propheta acceptus in patria sua, lateinisches Sprüchwort: Kein Prophet gilt etwas in seinem Vaterlande.

Nemours, Stadt im französischen Departement Seine-Marne, in einem Thal am Loingkanal und an der Eisenbahn von Paris nach Nevers, hat ein altes Schloß, Hut-, Leim- und Stärkefabrikation, Gerberei, Brauerei, Messerschmieden, Wetzsteinbrüche und 3739 Einwohner. Geschichtlich denkwürdig ist N. durch den hier zwischen König Heinrich III. und der Ligue geschlossenen Vergleich gegen die Hugenotten vom 7. Juli 1585, das Edikt von N. genannt. Im Jahre 1404 ward die Stadt N. nebst Gebiet zu Gunsten der Grafen von Evreux zum Herzogthum und zur Pairie erhoben. Nachdem die Besitzungen 1425 wieder an die Krone gekommen waren, stellte König Ludwig XI. die Herzogswürde von N. zu Gunsten Jacques' d'Armagnac, Grafen von Marche, wieder her (1461). Im Jahre 1503 fiel N. abermals der Krone zu, worauf Ludwig XII. das Herzogthum 1507 seinem Vetter Gaston von Foix und nach dessen Ableben (1512) Julian von Medici, dem Gemahl Philipperte's von Savoyen, verlieh. Im Jahre 1528 schon wieder erledigt, ward es von Franz I. Philipp von Savoyen, dem Bruder seiner Mutter, verliehen. Die weiblichen Nachkommen des in männlicher Linie 1659 ausgestorbenen Hauses Savoyen-Nemours verkauften es 1689 an Ludwig XIV., welcher es der Familie Orléans verlieh. König Ludwig Philipp gab seinem zweiten Sohn, Philippe Louis Charles Rafael, den Titel eines Herzogs von N.

Nemus (lat.), Hain.

Nen, Fluß im östlichen England, entspringt in der Grafschaft Northamptonshire, wird bei der Stadt Northampton schiffbar, fließt dann nordöstlich durch die Grafschaft, bildet darauf die Grenze zwischen Lincolnshire und Cambridgeshire und mündet nach 21 Meilen Stromlänge unterhalb Wisbeach in den Washbusen der Nordsee.

Nenagh, Stadt in der irischen Provinz Munster, Grafschaft Tipperary, hat einen Gerichtshof, Gefängniß, Arbeitshaus, Kaserne, Gerbereien, Brauereien und 6282 Einwohner.

Nena Sahib (Nana Sahib), eigentlich Dandy-Pant, ostindischer Rebell, geboren 1825, der Sohn eines Brahmanen im Dekan u. Adoptivsohn von Baschi-Rao, dem letzten Peischwa der Mahratten, wurde nach dem Tode des letztern mit seinen Erbansprüchen von den Engländern abgewiesen und verlor in diesem Prozesse auch einen beträchtlichen Theil seines eigenen Vermögens, daher er einen glühenden Haß gegen jene faßte. In seiner Residenz Bithur in der Nähe von Khanpur schaltete er wie ein Souverän. Nach dem Ausbruch der indischen Rebellion 1857 übernahm er den Oberbefehl über die aufständischen Sipoys von Khanpur und wüthete hier mit einer fast beispiellosen Grausamkeit gegen alle Europäer, selbst Frauen und Kinder. Nachdem er den Engländern mehre Treffen geliefert, ward er nach Niederwerfung des Aufstandes nach Nepal zurückgeworfen, wo er gestorben sein, nach andern Nachrichten aber in Gefangenschaft leben soll.

Nenndorf (Großnenndorf), Dorf in der kurhessischen Grafschaft Schaumburg, Justizamt Rodenberg, unweit der Eisenbahn von Hannover nach Minden (Station Haste), mit 730 Einwohnern, ein sehr besuchter Badeort mit vier Schwefelquellen und einer Salzquelle, schönen Badeanstalten, Konversations- und Spielsalons und schönem Park. Das Wasser enthält schwefelsaure Alkalisalze und Chlorverbindungen, wird mehr zum Baden als zum Trinken angewandt und die dortigen Sool-, Schwefel-, Schlamm-, Douche- und Gasbäder namentlich gegen Störungen der Sekretionen (besonders der Unterleibsorgane), chronische Rheumatismen, chronische Hautkrankheiten, Dyskrasien, chronische Metallvergiftungen, Krankheiten des Uterinsystems, Nervenleiden 2c. empfohlen. Seit 1814 ist auch zur Benutzung der in der Nähe befindlichen Soolquelle von Rodenberg eine eigene Badeanstalt angelegt worden. Die ersten Nachrichten von dem Dasein der Heilquellen von N. gibt der Naturforscher Georg Agricola in einem Werk von 1546; bekannter wurden sie indeß erst 1763, dann 1777 gefaßt und 1789 durch den Kurfürsten Wilhelm I. die Badeanstalt und der Park errichtet. Vgl. Wurzer, Phys.-chem. Beschreibung der Schwefelquellen zu N., Kassel 1815; d'Oleire u. Wöhler, Die Schwefelwasserquellen zu N., das. 1835.

Nenner, s. Bruch.

Nennfall, s. v. a. Nominativus.

Nennwerth, s. Nominalwerth.

Nennwort, s. v. a. Nomen.

Neocäsarea, Hauptstadt des Pontus Polemoniacus, am Flusse Lycus, östlich von Amasia, durch seine Größe und Schönheit berühmt und durch die 314 daselbst gehaltene Kirchenversammlung merkwürdig; jetzt Niksar oder Niksara.

Neograd (ungar. Nógrád), ungarisches Komitat, zwischen den Komitaten Sohl, Gömör, Heves, Pesth und Honth gelegen, hat einen Flächenraum von 80,21 □Meilen mit (1857) 182,340 (47,076 Lutheranern, 3214 Reformirten, 6327 Israeliten, die übrigen Katholiken) Einwohnern. Mit Ausnahme einiger kleinen Ebenen ist das Land durchgehends bergig, aber von sehr verschiedener Fruchtbarkeit. Während im Norden, namentlich im losonczer und fülecker Bezirk, der Boden meist steinig und steril ist, so daß kaum Hafer und Kartoffeln und einige Hülsenfrüchte gedeihen, bringt er im Süden Getreide, Obst und Wein in solcher Quantität hervor, daß damit bedeutender Exporthandel getrieben wird. Pferde- und Rindviehzucht sind von geringer, Schafzucht aber von großer Bedeutung. Hauptindustriezweig ist Fabrikation trefflichen Thongeschirrs, welches ausgeführt wird. Auch Holz ist ein wichtiger Ausfuhrartikel und wird besonders auf den zwei Hauptflüssen N.s, dem Ypoli u. der Zagyva, verflößt. Hauptort des Komitats ist der Marktflecken Balassa-Gyarmath. Ihren Namen verdankt die Gespanschaft der früher sehr bedeutenden Festung N., die wiederholte Stürme von Seiten der Türken bestand, aber 1685 theils durch deren Angriffe, theils durch den Blitz zerstört wurde und jetzt in Ruinen liegt. Das Komitat zerfällt in 7 Stuhlbezirke: Balassa-Gyarmath, Gacs, Losoncz, Füleck, Szecsény, Szirák und Nétságh.

Neokom, die ältere Abtheilung des Kreidegebirgs, die Hilsformation Nordwestdeutschlands, der untere Grünsand Englands, verdankt ihren Namen Neufchâtel, wo gelber Kalk mit Eisensilikatkörnern, dunkle Mergelkalke und Mergel und ein versteinerungsarmer gelber Quaderkalk ungleichförmig die oberen Jurakalke überlagern. Ihre petrographische Zusammensetzung ist außerordentlich wechselnd nach den verschiedenen Gegenden ihres Auftretens. In Yorkshire ist sie vorherrschend thonig, im übrigen England, welches sie als schmales Band bis Devonshire durchzieht, herrschen glaukonitische, sogenannte Grünsandsteine und Mergel vor, ebenso in Nordfrankreich, während in dem östlichen und südöstlichen Umkreis des pariser Beckens und in der Champagne eisenreiche Thone und in den tieferen Schichten fortlaufende Kalkbänke hinzutreten, in der Provence, im Jura, in den Alpen, in Italien Mergel-

und Kalksteine vorwiegen. Im Norden des Harzes sind es Thone, im Grunde voll Kalkbruchstücke, am Teutoburgerwald Sandsteine. Der an vielen Lokalitäten, wenigstens in gewissen Schichten, große Reichthum an eigenthümlichen Versteinerungen (Ammoniten, Belemniten, Rudisten rc.) läßt sie trotz dieser Verschiedenheit als gleichalterig erkennen. Von nutzbaren Mineralien führt der N. im französischen Departement Obermarne oolithische Eisensteine, im Jura (Seyssel und Travers) Asphalt. Den sehr gleichförmigen weißen Neokomkalk Oberitaliens und Südtyrols (Biancone, Majolica) benutzt man als Marmor und lithographischen Stein, andere Mergelkalke liefern Cäment, der feste dunkle Sandstein Pflastersteine (Florenz, München). Außer den genannten Ländern kennt man den N. auch in Ungarn, in der Krim, in Kolchis, in Neugranada und im Felsengebirge. Vergl. **Kreidegruppe**, **Hils**.

Neokoren (v. Griech.), in Griechenland Beamte, welche die Aufsicht über einen Tempel führten, unter den römischen Kaisern ein Ehrentitel. Neokorat nannte man das Recht, Tempel, Feste und öffentliche Spiele zu Ehren der Kaiser zu stiften.

Neolith (v. Griech.), wasserhaltige Verbindung von Kieselerde und Thonerde mit Bittererde oder Magnesia und Eisenoxydul, welche sich in kalkartigen, grünen und braunen, fettglänzenden und fettig anzufühlenden blätterigen, faserigen und erdigen Ueberzügen auf der Eisensteinlagerstätte von Arendal bildet, aber auch Blasenräume des Basalts an der Nerpelskuppe bei Eisenach u. a. a. O. erfüllt.

Neologie (v. Griech.), eigentlich Sprachneuerung, besonders eine derartige, welche in unnöthiger Einführung neuer Wörter, Redensarten und Redewendungen (Neologismen) besteht; in abgeleiteter Bedeutung jede andere Neuerung, gewöhnlich mit der Nebenbedeutung des Unnützen oder Gefährlichen und Verderblichen, namentlich auch um die Mitte des 18. Jahrhunderts von den orthodoxen Theologen den Meinungen der Heterodoxen, die daher Neologen hießen, gegebene Bezeichnung.

Neophyten (v. Griech., d. i. Neugepflanzte), die in einen Geheimbund, z. B. in die eleusinischen und andere Mysterien, neu aufgenommenen Mitglieder; in der alten Kirche die Neugetauften, welche nach der gewöhnlich in der Osterzeit vollzogenen Taufe bis zum Sonntag Quasimodogeniti weiße Kleider trugen; später die in einen Mönchsorden Neuaufgenommenen; bei den geistlichen Ritterorden die Aspiranten um die Aufnahme und die noch im ersten Jahre der Mitgliedschaft stehenden Ritter.

Neoplasma (griech., Neubildung), Name solcher Gewebe, welche im normalen menschlichen Körper nicht vorkommen, wie z. B. Krebs, Sarkom, Tuberkel rc. S. **Neubildungen**.

Neoplatonismus, s. **Neuplatonismus**.

Neoptolemus (Pyrrhus), Sohn des Achilles und der Deïdamia, wurde bei seinem mütterlichen Großvater auf der Insel Scyrus erzogen und, nachdem der Wahrsager Helenus erklärt hatte, daß Troja ohne N. und Philoctet nicht erobert werden könne, von Ulysses geholt u. mit den Waffen seines Vaters versehen. N. war nächst Memnon der schönste Held vor Troja, ein gewandter Redner und muthiger Kämpfer. Bei der Eroberung der Stadt stürzte er Astyanax vom Thurm und opferte Polyxena auf dem Grabe ihres Vaters. Bei der Verlosung der Gefangenen fiel ihm Andromache zu, die ihm vier Söhne gebar. Nach Homer kehrte er mit den Myrmidonen glücklich in die Heimat zurück und vermählte sich mit des Menelaus Tochter Hermione, ward aber von Orestes erschlagen. Eine andere Sage läßt ihn seinen Tod in Delphi durch die Hand eines Priesters finden.

Neorama (griech.), zum Unterschied vom Diorama (s. d.) und vom Panorama (s. d.) diejenige Vorrichtung, wodurch man von einem Punkte in der Mitte aus ein Rundgemälde, das Innere eines Gebäudes darstellend, von Figuren belebt, bei wechselnder Beleuchtung sieht. Der Franzose Alleux erfand diese Vorrichtung und stellte 1827 das erste Bild dieser Art, das Innere der Peterskirche in Rom, in einem eigens dazu errichteten Gebäude aus.

Neossin, Schleim aus den indianischen Schwalbennestern, welche in Ostasien als große Delikatesse gelten; er enthält Stickstoff, stammt also nicht aus den Tangen, von denen sich manche Schwalben nähren, sondern ist thierischen Ursprungs. Das N. quillt in Wasser zu einer Gallerte auf, ist aber darin unlöslich. Die Gallerte ist unlöslich in Essigsäure, verdünnten Mineralsäuren und Alkalien, löst sich aber in Alkohol. Obwohl das N. durch Salpetersäure gelb gefärbt wird, gehört es doch nicht zu den Porteïnkörpern und unterscheidet sich auch von den leimgebenden Materien.

Nepaul (Nepal), unabhängiges Königreich im nördlichen Hindostan, grenzt im Norden an Tübet, im Osten an Sikkim und das britisch-indische Gebiet Darjeeling, im Süden an die britisch-indischen Distrikte von Purneah, Tirhoot, Sarun und Goruckpore, im Südwesten an Audh und im Westen an den britischen Distrikt Kumaon und erstreckt sich von 26° 25′ bis 30° 17′ nördl. Br. und von 80° 15′ bis 88° 15′ östl. L. von Greenwich. Der Flächeninhalt des Landes beträgt gegen 54,500 englische QMeilen und die Bevölkerung nahe an 2 Millionen Seelen. Die Bewohner sind Ghoorkas (Ghurkas), Hindus und die Eroberer von Nepaul, u. Newari, die Eingebornen, welche vorzugsweise im eigentlichen N. wohnen und durch flache Nase, hohe Backenknochen, kleine Augen und kupferfarbiges Gesicht mongolische Abstammung verrathen. Wie im Gesichtstypus erscheint auch im Charakter, in den Sitten, religiösen Gebräuchen und in Sprache zwischen diesen beiden Volksstämmen ein scharfer Unterschied. Die Ghoorkas sind bessere Soldaten, die Newari geschicktere Handwerker. Außer diesen beiden Volksstämmen bewohnen noch Bhotias, Dhanwars und Mhanjees als Ackerbauer die westlichen Bezirke. Der südliche Theil von N. ist ein wellenförmiger und dicht bewaldeter Landstrich, weiter nach Norden besteht die Oberfläche des Landes aus einer Reihe von Bergen und engen Thälern. Das Himalayagebirge bildet die natürliche Grenze zwischen dem Hochland von Mittelasien u. den weit ausgedehnten Niederungen an den Ufern des Ganges. Der höchste Theil dieses Gebirgs gehört dem Tafellande an, das nach der großen Gangesebene zu ungemein gebrochen abfällt. Die nördliche Grenze N.s ist von den hohen Massen dieses mächtigen Gebirgszugs bedeckt und ein großer Theil dieser Alpengegend mit ewigem Schnee bedeckt. Hier erheben sich die höchsten Berge der Erde, der Dhawalagiri oder weiße Berg, der Gossainthan, Mount Everest und Kinchinjunga, alle über 25,000 Fuß hoch. Am Ab-

fall der Gebirge lassen sich deutlich vier Terrassen unterscheiden, die hinsichtlich des Klima's und des Pflanzenwuchses Verschiedenheiten zeigen. Die Hauptflüsse sind der Gunduck, der Coosy (Kusi), Trisul Ganga und Kurnalli. Die meisten Flüsse, welche die Gebirgsgegenden des Himalaya bewässern, entspringen nicht an seinen höchsten Zügen, sondern auf dem Tafelland von Tübet. Vorzugsweise gilt dies von den zwei Hauptflüssen von N., dem Gunduck und Coosy. Ersterer wird aus zwei Armen gebildet, der westliche entspringt nicht weit von den Ufern des Sampu (Brahmaputra), der östliche, Bori Gunduck genannt, gleichfalls auf dem Tafellande von Tübet und heißt später auf seinem Laufe nach Süden zu Trisul Ganga; er vereinigt sich mit dem Gunduck, bevor dieser den Gebirgszug Lama Dangra durchbricht. Auch der Coosy bildet sich aus zwei Stromarmen, welche im Himalaya entspringen. Der steile Abfall des Hochgebirgs liegt ungefähr 7 Meilen südlich von der Nordgrenze N.s, und südlich von dieser steilen Abdachung breitet sich das Hochland aus, welches den fruchtbarsten und am besten bebauten Theil des Landes ausmacht. Der Ackerbau wird in den engen Thälern gut betrieben, selbst in den Abhängen der Berge und fast bis zu ihren Spitzen, wenn sie nicht zu steil sind. Außer Reis bauen die Bewohner Mais, Baumwolle, Tabak, verschiedene Arten Gemüse, Weizen, Gerste, Zuckerrohr; auch Orangen gedeihen recht gut. Einheimische Früchte sind Pfirsiche, Wallnüsse u. Maulbeeren. Reis ist der vorzüglichste Nahrungs- und Handelsartikel. Wegen unzulänglichen Weidelandes gibt es wenig Rindvieh, aber gute, ausdauernde, kleine Pferde, die von Tübet eingeführt worden, viele Schafe mit feiner Wolle; die Wälder nach Bengalen zu, das sogenannte Tarai, einen kleinen Theil der Gangesebene, bevölkern noch viele wilde Thiere: Elephanten, Rhinocerosse, Bären, Schakale, Füchse rc. Tiger sind selten. Von Metallen hat N. Kupfer u. Eisen, Blei und Zink. Kupfer- und Eisenminen werden hauptsächlich bearbeitet, und das Eisen von N. soll von vorzüglicher Güte sein. Der Handel ist nicht sehr ausgedehnt, er geht vornehmlich nach Bengalen, Tübet und Oude. Hauptartikel der Ausfuhr sind Elephanten, Reis, Bauholz, Felle, Ingwer, Honig und Früchte, Borax, Salz, Schwefel. Ein Theil des Transithandels zwischen Kaschmir und dem chinesischen Reiche geht über N. Die Gewerbthätigkeit des Landes erzeugt verschiedene Waffen, Geräthschaften aus Messing, Eisen und Kupfer, Glocken, grobe Baumwollwaaren für den Hausgebrauch, vortreffliches Papier und schöne Ziegeln. N. hat einige beträchtliche Städte, die auch für den Handel von Bedeutung sind, da das Land den Hauptdurchgang der Erzeugnisse hat, welche das Tafelland Tübet und die Gangesebene austauschen. Die Bevölkerung der Hauptstadt Khatmandu wird auf 50,000 Seelen angegeben. Bis 1768 regierte in N. die Dynastie Surya Bansi (d. i. Kinder der Sonne), deren letzter Herrscher Radschit Mall war. Derselbe wurde von Prithi Narrain, dem Bergfürsten von Gorkha, vertrieben. Auf Prithi folgte 1771 sein Sohn Singh Pertarp, dessen minderjährigem Sohne, Ram Bahader, von seinem Oheim, Bahadersah, das Reich entrissen wurde. Letzterer zog 1784 gegen Lhassa u. 1790 gegen Tischu Lumbu, weshalb 1792 ein chinesisches Heer in N. einfiel und Bahadersah
zum Frieden zwang. Nachdem mittlerweile
Bahader mündig geworden, ließ er 1795
Oheim Bahadersah ermorden und übernahm
die Regierung. Aber auch er wurde 1805 er
worauf Ammer Singh Thappa, der nepalesisch
herr, während der Minderjährigkeit des junge
scha das Ruder des Staats führte. Er geriet
mit den Briten in Krieg, nach dessen Been
durch den Frieden von Khatmandu den 4.
1816 die Ghoorkas das ganze Land zwisch
Flüssen Sutlej (Setledsch) und Keli an die
abtreten mußten. Nach dem noch in den
Jahre erfolgten Tode des jungen Radscha
dessen dreijähriger Sohn, Radschintra Bi
Sah, den Thron. Seit jener Zeit gehört de
scha von N. zu den sogenannten Verbü
Englands.

Nepenthes *L.* (Kannenträger, Ka
staude), Pflanzengattung aus der Familie de
deen, charakterisirt durch die diöcischen Blüthen
theiligem, inwendig gefärbtem Kelch ohne Kor
an der Spitze einer Säule in ein Köpfchen ver
nen Antheren, die ansitzende, schildförmige, 4
Narbe und die vielfächerige, vielsamige Kapse
wächse, die besonders dadurch merkwürdig sin
lanzettförmige Blätter am Ende mit einer
versehen sind, welche einen kannenförmige
einem Deckel versehenen und mit Wasser ge
Schlauch trägt. Von 7, sämmtlich in Ost
auf Ceylon und Madagaskar einheimischen A
besonders N. destillatoria *L.*, Bandura, al
pflanze bekannt. Die Blätter dieser krauta
ausdauernden Pflanze sind länglich-lanzettf
stiellos, halbumfassend, lederartig, ganzran
bis 8 Zoll lang u. 1—2 Zoll breit; die starke
rippe geht über die Spitze des Blattes hinaus
sich dann wie eine Ranke und endet in einen
förmigen, an 3 Zoll langen u. 1 Zoll weiten,
oder braungrünen, lederartigen, glatten, ges
Schlauch, welcher mit einem Deckel versehen i
sich später öffnet. Die kleinen, grünlichen B
bilden traubenförmige Rispen. Am natü
Standorte sondert sich des Nachts, während
Zeit die Schläuche empor gerichtet sind, a
wendig in denselben vorhandenen Drüsen ein
Wasser ab; etwa gegen 10 Uhr Morgens dre
die Ranke herum, u. der Schlauch läßt sein
ausfließen. Dieses Wasser dient den Reisen
Ostindien zur Erquickung und Stärkung,
sollen 6—10 Schläuche so viel Wasser enthalte
den Durst eines Menschen zu stillen. Die P
verlangt im Orchideenhause oder in der wä
Treibhausabtheilung eine lebhafte Wärme u.
Atmosphäre. Man pflanzt sie in flache Näp
Holzkästchen, welche auf dem Boden 1—2 Zo
mit zerstoßenen Scherben oder Ziegelsteinen,
u. Abgang von Heideerde bedeckt sind, in ein G
von Heide- oder Torferde, Sand u. gehacktem
moos. Die Gefäße belegt man mit tropisch
kopodienarten oder auch mit Torfmoos, wodu
schnelles Austrocknen verhütet wird. In Mis
gedeihen die Pflanzen nicht, da ihnen die D
wärme nicht zusagt. Das Begießen geschieht
mit Fluß- oder Regenwasser von ziemlich w
Temperatur.

**Nepenthes (griech.), Getränk, dessen Genuß
Kummer verscheuchen und das Gemüth auf**

sollte; auch eine Art Opiat in den älteren Apothekerbüchern.

Nepeta *L.* (Katzenmünze), Pflanzengattung aus der Familie der Labiaten, charakterisirt durch den 5zähnigen Kelch, die hervorragende, aufgeblasene Korolle mit aufrechter, ausgerandeter Oberlippe und ausgehöhltem und gekerbtem Mittellappen der Unterlippe und dicht beisammen stehenden Staubfäden, europäische und asiatische ausdauernde Kräuter, von deren Arten als Arzneipflanze besonders zu bemerken ist N. Cataria *L.*, mit behaartem, 2—3 F. hohem, ästigem Stengel, gestielten, oval-herzförmigen, gezähnten, unten graulichen Blättern u. weiß u. roth gedüpfelten Blüthen, auf Schutthaufen, an Mauern, Wegen und Zäunen, im mittleren und südlichen Europa, jetzt auch in Amerika. Sonst war das Kraut häufiger als jetzt in Anwendung. Die Blätter, die einen stark gewürzhaften, wanzenartigen Geruch und einen scharf gewürzhaften, bitterlichen Geschmack haben, wirken erregend rc. und werden zur Beförderung der Menstruation rc. gebraucht.

Nephalien (v. Griech.), Trankopfer ohne Wein, aus Wasser, Milch, Honig rc. bestehend.

Nephelin (peritomer und rhomboëdrischer Elainspath, Fettstein oder Eläolith, Cavolinit, Davyn), Silikat, welches 3- und 1axig in regulär 6seitigen, auch 12seitigen Säulen, mit sehr untergeordneten Dihexaëderflächen oder Abstumpfung der Endkanten der 6seitigen Säule krystallisirt. Es ist spaltbar nach der Gradendfläche und ersten Säule. Der Bruch ist muschelig und uneben, die Härte nahe der des Feldspaths, das specifische Gewicht 2,5—2,6. Die Krystalle sind außen meist glasglänzend, auf dem Bruch fettglänzend, farblos, weiß oder zufällig gefärbt. Das Mineral ist eine Verbindung von kieselsaurer Thonerde mit kieselsaurem Natron und Kali von 45 Proc. Kieselerde und 33 Proc. Thonerde und meist 16 Natron- und 6 Kaligehalt (nach Rammelsberg). Es wird von Salzsäure unter Ausscheidung von Kieselgallerte zersetzt und ist verschieden leicht schmelzbar zu blasigem Glas. Man unterscheidet N. im engern Sinne oder glasigen N., welcher farblos, wasserhell oder weiß, grau, röthlich, grünlich, durchsichtig bis durchscheinend, krystallisirt, schwer schmelzbar ist; so in den Auswürflingen der Somma am Vesuv, in der Lava am Capo di Bove bei Rom, in den Nephelindoleriten am Katzenbuckel im Odenwald, am Löbauerberg in der Lausitz, in dunkelgefärbten krystallinisch körnigen Gemengen von N., Augit, Magneteisenstein, auch mit Apatit und Olivin, mit bald vorwiegendem Augit-, bald Nephelingehalt, durch Zersetzung auch Zeolithe und kohlensaure Verbindungen führend; und Eläolith, unter welchem Namen man meist trübgefärbte, grüne, rothe, braune, derbe N.e begreift, welche ziemlich leicht zu blasigem Glase unter geringem Aufblähen schmelzen. Sie finden sich in älteren Silikatgesteinen, so im Syenit von Südnorwegen (Frederiksvaern, Brevig) und im sogenannten Miascit des sogenannten Ilmengebirgs bei Miask am Ural.

Nephelium (v. Griech.), Nebelfleck auf der Hornhaut des Auges; auch Wölkchen im Urin und weißer Fleck auf den Nägeln.

Nephralgie (v. Griech., Nierenschmerz), ein in der Lendengegend festsitzender Schmerz, welcher meist ein Symptom von Leiden der Nieren selbst, od. anderer von denselben mehr oder weniger entfernter Partien ist.

Nephrit (kryptomorpher Adiaphanspath, jade nephritique, Beilstein), derbes Silikat von sehr komplicirter, nach Rammelsberg der des Tremoliths ähnlicher Zusammensetzung. Er ist serpentinähnlich, lauchgrün bis grünlichgrau und weiß, an den Kanten wenigstens durchscheinend, matt oder schimmernd, polirt etwas fettglänzend, etwas fettig anzufühlen, splittrig im Bruch, sehr schwer zersprengbar, aber bedeutend härter als Serpentin, hat Feldspathhärte, 2,9—3 specifisches Gewicht, ist spröde, klingt, brennt sich vor dem Löthrohr weiß und schmilzt schwierig zu einer grauen Masse. Das Mineral kommt aus dem Orient, der Türkei, Tübet, China, wo man es zu Säbelgriffen, Siegelsteinen, Amuleten, namentlich gegen Hüftweh und Skorpionenstich, verarbeitet; auf Neuseeland benutzen es die Eingebornen zu Waffen. Ein bei Düben gefundener erratischer Block von N. erklärt uns das Vorkommen von Nephritwerkzeugen in den Celtengräbern und Pfahlbauten der Steinzeit. Auch am Amazonenfluß soll er vorkommen.

Nephritis (griech.), s. v. a. Nierenentzündung. Es gibt verschiedene Formen der N., über welche das Nähere unter Brightscher Krankheit und unter Nierenkrankheiten nachzusehen ist.

Nephthys (Neptis), ägyptische Göttin, Tochter des Seb (Kronos) und der Nut (Rhea), Schwester des Osiris, Haroeris, Set (Typhon) und der Isis, war ursprünglich wohl nur Lokalgöttin des nördlichen Aegyptens, erscheint besonders als Gefährtin des Set. Verehrt wurde sie, wie es scheint, unter dem Bilde einer Kuh.

Nepi, Stadt in der päpstlichen Delegation Viterbo, südöstlich von Viterbo, Bischofssitz, mit 2000 Einw. In der Nähe die Trümmer der alten etrurischen Stadt Nepete.

Nepomuk (Pomuk), Stadt im österreichisch-böhmischen Kreis Pilsen, mit schöner Dechanteikirche, die auf dem Platze steht, wo das Geburtshaus des heiligen Nepomuk gestanden haben soll, Spital, Schloß, ergiebigen Eisensteingruben und 1700 Einwohnern.

Nepomuk, Johann St., böhmisch Jan Nepomucky, der Schutzpatron Böhmens, hieß nach unverbürgter Legende eigentlich Johann Welflin und wurde 1320 in dem böhmischen Städtchen Pomuk geboren. Er erhielt seine Bildung auf dem Gymnasium zu Saatz und der Universität zu Prag und ward Prediger an der Teynkirche daselbst und Kanoniker, später Dechant an der Kollegiatkirche Allerheiligen, Almosenier und Beichtvater der Königin Johanna. Als die eheliche Treue der letzteren dem König Wenzel verdächtigt worden war, verlangte derselbe von N. die Mittheilung Dessen, was ihm seine Gemahlin als Beichtgeheimniß vertraut habe. Da N. sich standhaft weigerte, diesem Ansinnen Folge zu leisten, ließ ihn der König in den Kerker werfen, foltern und endlich, an Händen und Füßen gebunden, am 21. März 1383 von der prager Brücke in die Moldau werfen. Erst am 6. Mai ward der Leichnam aufgefunden. N. ward seitdem in ganz Böhmen als Märtyrer hoch verehrt und 1729 durch Papst Benedikt XIII. heilig gesprochen. Als Heiliger wird er vornehmlich gegen Verleumdungen und Verdächtigungen angerufen, und ihm zu Ehren ward auch eine eigene Brüderschaft gestiftet. Sein Gedächtnißtag, der 16. Mai, wird in Böhmen als ein hohes Kirchen- und Volksfest begangen, an welchem man nach der prager Metropolitankirche wallfahrtet, wo die Ueberreste des Heiligen in einem Sarge aus gediegenem Silber aufbewahrt werden. Historisch fest steht nur ein Streit des Königs Wenzel mit dem prager Erzbischof Johann von Jenstein u. dessen Domkapitel wegen Gewaltthätigkeit von dessen Beamten in einem Rechtsstreit (1384), sowie über ein Interdikt des Erzbischofs über des Königs Günstling u. Unterkämmerer Sigmund Huler und über Ungehorsam des Kapitels bei der Wahl des Abts von Kladrau (1393), in Folge deren der am meisten schuldige Theil, der erzbischöfliche Generalvikar Johann von Pomuk, auf Befehl des Königs gefoltert und den 20. März 1393 in der Moldau ertränkt wurde. Vergl Effenberger, Legende des heiligen Johann von N., Leitmeritz 1829, u. Abel, Die Legende vom heiligen N., Berlin 1855.

Nepos (lat.), Neffe; Enkel, Nachkomme überhaupt.

Nepos, 1) Cornelius, römischer Geschichtschreiber, nach der gewöhnlichen Annahme um 95 v. Chr. in einem der römischen Municipien in Oberitalien geboren, ging schon als Jüngling nach Rom und soll in freundschaftlichen Beziehungen zu Catull, Atticus und Cicero gestanden haben. Wahrscheinlich sein letztes Werk war das „De viris illustribus", Lebensbeschreibungen aller berühmten Männer unter den Römern und Griechen wie unter den Barbaren. Der bequemeren Uebersicht halber waren dieselben in gewisse Klassen getheilt und jede Klasse wieder so in zwei Bücher geordnet, daß in dem ersten die Griechen und Barbaren behandelt, in dem zweiten diesen die Römer gegenübergestellt wurden. Eines dieser Bücher, deren Gesammtheit sich wenigstens auf 16 belief, war das noch jetzt vorhandene „De excellentibus ducibus exterarum gentium", welches mit der Biographie des Hannibal abschließt. Gleich daran reihte sich das Buch „De excellentibus ducibus Romanorum". Aus dem Buche „De historicis Latinis" sind noch die beiden Biographien des Cato und des Atticus erhalten. Die unter dem Namen „Vitae excellentium imperatorum" bekannten 25 meist kürzeren Biographien berühmter Feldherren u. Staatsmänner gehören, mit Ausnahme des Hamilcar und Hannibal, des älteren Cato und Atticus, sämmtlich dem griechischen Alterthum an. Sie sind zur Belehrung und Unterhaltung des größeren Publikums in einfacher und leichter Sprache durchaus unparteiisch geschrieben, doch nicht frei von Irrthümern u. Ungenauigkeiten. Außer der vollständigsten früheren Ausgabe von van Staverens (Leyden 1734; neu herausgegeben von Bardili; Stuttgart 1820, 2 Bde.) sind von den Schulausgaben hervorzuheben die von Bremi (4. Aufl., Zürich 1827), Feldbausch (Heidelb. 1828, 2 Bde.), Dähne (Helmst. 1830), Dietsch (Lpz. 1850), Nipperdey (das. 1851) und Siebelis (das. 1851); unter den kritischen Bearbeitungen die von Roth (Basel 1841) und Benecke (Posen und Bromb. 1843); unter den zahllosen Uebersetzungen die von Oehlinger (Stuttgart 1827, 2 Bde.; 2. Aufl. 1859) und Roth (Kempten 1831). Vergl. Ranke, De Corn. Nepotis vita et scriptis, Quedlinburg 1827; Hisely, De fontibus et auctoritate Corn. Nepotis, Delft 1827; Nissen, De vitis, quae vulgo Corn. Nepotis nomine feruntur, Rendsburg 1839, Freudenberg, Quaestiones historicae in Nepotem, Köln 1839.

2) Bischof im Nomos Arsinoïtis in Aegypte[n]
3. Jahrhundert, war Chiliast u. Stifter der N
tianer, welche den Allegoristen gegenüber i
Offenbarung Johannis buchstäblich in Erfü
gebende Weissagungen sahen.

Nepotismus (v. lat. nepos, d. i. Neffe,
eigentlich Neffengunst; im engeren Sinne jenes
stem, welches die Päpste von Innocenz VIII. a
raume Zeit hindurch befolgten, um während
Kirchenregiments ihren Familien Ansehen u.
thümer zuzuwenden; im weiteren Sinne die
rechte Begünstigung, welche höher stehende Per
ihren Verwandten bei Verleihung von Wü
Aemtern u. dgl. zu Theil werden lassen.

Nepper, John, s. v. a. Napier 1).

Nepperſche Rechenstäbchen, s. Rechen
schinen.

Neptun (griech. Poseidon), in der griech
Mythe ursprünglich der Gott des Wassers im
gemeinen und der befruchtenden Feuchtigkeit i
sondere, war ein Sohn des Kronos und
Rhea und erhielt bei der Welttheilung die
schaft über das Meer, in dessen Tiefen er s
Palast hatte. Hier befanden sich seine Ross
denen er in seinem Wagen über die Mee
fuhr. Auf seine Eigenschaft als Meergott
auch hin das uralte Attribut und Symbol
Macht, der Dreizack, womit er dem Meere ge
und die Erde erschüttert, Gebirge spaltet u. Q
aus Felsen hervorlockt. Alle Untergötter de
sind ihm unterthan. Auch jede Art von men
chem Verkehr auf und an der See, Schifffahrt,
fenanlagen, See- u. Inselstädte, Fischfang 2c.,
seinem Schutze unterstellt. Alle seefahrenden St
u. Geschlechter griechischen Ursprungs pflegten
Stammbaum an Poseidon anzuknüpfen, f
Völker aber, die an der See wohnten, für sein
kömmlinge erklärt zu werden. Von ihm ko
Stürme, Wogen und Schiffbruch, aber auch gü
Winde. Daher wurde er auch als Soter, als
reicher Gott des Meeres, u. als Tropäus ve
von welchem der Sieg zur See kam. Weil man si
Meer nicht allein als die allgemeine Umgebun
Erde, sondern auch als deren Halt und Stütze
wo es in verborgenen Klüften das Innere der
durchdringt, als die Ursache der Erdbeben d
verehrte man den N. einerseits als Erdhalter,
rerseits als Erderschütterer. Auch in den Fl
waltete er, und an den Quellen und Brunnen
er als Nymphagetes verehrt. Endlich g
für den Schöpfer des Rosses (Hippios) und
somit Obwalter der Wettkämpfe. Am trojani
Kriege nahm er zu Gunsten der Hellenen den le
testen Antheil. Er und Apoll hatten nämlic
Dienste des Laomedon die Mauer der Burg zu
gebaut, aber für das Weiden der königlichen He
daselbst den vorher bedungenen Lohn nicht erh
weshalb N. ein Meerungeheuer gesandt hatte,
chem Laomedons Tochter zur Beute bestimmt
das aber Hercules erlegte. Seine eigentliche
mahlin war die Nereïde Amphitrite, die ihm
Triton, die Rhode und Benthesicyme gebar. A
dem hatte er eine zahlreiche anderweite Nachkom
schaft. Orion und die Unholde Corynetes u.

crustes stammen ebenfalls von ihm ab. Vielfach beschäftigt die Poesie und Kunst die Sage von N.s Liebe zur Danaïde Amymone, die der Vater aus der wasserarmen Küste von Argolis nach Quellwasser ausschickt, wobei sie ein Satyr überrascht, von dem N. sie befreit. Von der Bändigung des Rosses durch N. berichtete vorzüglich die korinthische Fabel. Nach Herodot soll der Poseidonskultus aus Libyen zu den Griechen gekommen sein; indeß ist derselbe zu genau mit dem hellenischen Nationalleben verwachsen, als daß man ihn von dem Auslande ableiten dürfte. Ursprünglich ist der Dienst des Poseidon bei den äolischen und jonischen Völkerschaften. Jonisch ist der Monat Poseideon, an dessen ersten Tagen das Fest des Gottes begangen wurde. Einer der wichtigsten Mittelpunkte für den griechischen Poseidonskultus war der Isthmus bei Korinth, u. die ihm geweihten isthmischen Heiligthümer u. Spiele galten schon sehr früh den Hellenen als Nationalsache. Man opferte ihm schwarze und weiße Stiere, auch Eber u. Widder. Außer dem Dreizack waren noch der Delphin und das Pferd Attribute und Symbole seiner Macht. Der römische N. war ursprünglich eine altitalische Gottheit, unter dessen Obhut namentlich die Pferde standen; erst später, als die Römer eine Seemacht und mit der griechischen Mythologie vertraut wurden, ward er mit dem griechischen Poseidon identificirt. Unter den kolossalen Erzbildern, die dem Poseidon bei Häfen oder sonst an der Küste errichtet wurden, war besonders das von Lysippus berühmt. Die Haltung des Gottes ist thronend, fahrend, schreitend, stehend, die Bekleidung bald das lange jonische Gewand, bald u. häufiger ein leichter Umwurf. Immer ward er als kräftiger Mann und von königlichem Ansehen gebildet, dem Zeus ähnlich, nur weniger erhaben, stürmischer und heftiger von Gesichtsausdruck, gedrungener von Gestalt. Als Gott der isthmischen Spiele erscheint er mit Fichtenzweigen bekränzt; den Erderschütterer charakterisirt der geschwungene Dreizack, die heftig vorschreitende Stellung, das um den linken Arm gewickelte Mäntelchen. Die einfachste Gruppe, in welcher Poseidon zu erscheinen pflegt, ist die Liebesvereinigung mit der Amphitrite; später machte man zu seinem Attribut das Meerpferd, den Hippocampus, u. umgab seinen Wagen mit einem Gefolge von Delphinen, Nereiden, Tritonen und anderen phantastischen Seewesen.

Neptun, der äußerste bekannte Planet, mit dessen Auffindung die Wissenschaft einen ihrer größten Triumphe gefeiert hat. In Folge der Anziehung, welche die Planeten auf einander äußern, erleiden sie Ablenkungen von ihrer Bahn, welche man als Störungen (Perturbationen) zu bezeichnen pflegt u. zu berechnen im Stande ist, wenn Masse und Entfernung des störenden Planeten bekannt sind. So waren unter anderen auch die Störungen berechnet, welche Uranus namentlich durch Saturn u. Jupiter erleidet. Verglich man aber den beobachteten Ort des Uranus mit dem durch Rechnung gefundenen, so ergab sich eine Differenz, weshalb mehre Astronomen, namentlich Bessel, Mädler &c., geneigt waren, die Ursache der Nichtübereinstimmung zwischen Beobachtung und Rechnung in der Existenz eines transuranischen, noch unbekannten Planeten zu suchen. Um aber über Ort, Masse &c. des vermutheten Planeten ins Klare zu kommen, mußte man umgekehrt aus den gegebenen Störungen eines bekannten Planeten die Elemente eines unbekannten, störenden berechnen. Die Lösung dieser schwierigen Aufgabe versuchten gleichzeitig und völlig unabhängig von einander **Adams** zu Cambridge und **Leverrier** zu Paris. Ersterer theilte schon im September 1845 dem Professor Challis zu Cambridge, sowie dem Astronomen Airy zu Greenwich die Resultate seiner Rechnungen mit, ohne daß aber etwas davon veröffentlicht ward. Leverrier dagegen publicirte einige der von ihm gefundenen Resultate im Juni 1846, und als man dieselben mit den bisher unbeachtet gebliebenen, von Adams gefundenen Resultaten übereinstimmend fand, beobachtete man die Gegend des Himmels, wo nach Adams der neue Planet sich befinden sollte, und fand in der That am 30. Juli 1846 den Stern, trug ihn aber als Fixstern in die entworfene Karte ein. Am 31. August 1846 aber machte Leverrier, ohne von jener Entdeckung Kunde zu haben, die weiteren Resultate seiner Rechnung öffentlich bekannt. Danach sollte die Masse des neuen Planeten $^1/_{9300}$ der Sonnenmasse, seine Entfernung von der Sonne 36,154 Erdbahnhalbmesser, seine Umlaufszeit 217,387 Jahre, die Excentricität seiner Bahn 0,10761, die Länge des Perihels 284° 45′ und die wahre Länge am 1. Januar 1847 326° 32′ betragen, so daß er also cirka 33°,06 von der Sonne oder cirka 5° östlich vom Stern δ des Steinbocks stehen mußte. Galle, von diesen Resultaten in Kenntniß gesetzt, durchforschte die bezeichnete Stelle des Himmels und fand am 23. Sept. 1846 den neuen Planeten nahe an dem bezeichneten Orte wirklich auf. Da derselbe schon 1795 von Lalande beobachtet worden war, so war man im Stande, aus dem bekannt gewordenen Theil seiner Bahn die wichtigsten Elemente des Planeten zu bestimmen; doch hat sich zwischen diesen letzteren und den auf rein theoretischem Wege gefundenen Resultaten eine nicht unerhebliche Differenz ergeben, was sich indeß aus der Schwierigkeit der Rechnung genugsam erklärt. Die Excentricität der Bahn des N. beträgt nur 0,00872, d. i. etwa $^1/_{116}$ der halben großen Axe, wonach die Neptunsbahn nächst der Venusbahn sich am meisten dem Kreise nähert. Die Abweichung derselben von der Ekliptik beträgt nur 1° 47′. Die mittlere Entfernung N.s von der Sonne ist aber nicht, wie Leverrier gefunden, 36,154, sondern nur 30,03628 Sonnenweiten = 621,2 Millionen Meilen; der größte Abstand beträgt 626,6, der kleinste 615,8 Millionen Meilen. Der Erde kann sich der Planet bis auf 595 Millionen Meilen nähern, sich aber bis auf 648 Millionen Meilen von ihr entfernen. In letzterem Fall erscheint er mit einem Durchmesser von 2″,5, in ersterem von 2″,7, wonach sein mittlerer scheinbarer Durchmesser 2″,6 beträgt, was einen wahren Durchmesser von 7830 geographischen Meilen voraussetzt. Sein Durchmesser ist demnach 4,55 so groß als der der Erde, seine Oberfläche fast 21- und sein Volumen 94mal so groß als bei der Erde. Er erscheint am Himmel als ein Stern 7.—8. Größe. Die Angaben über seine Masse schwanken zwischen $^1/_{14446}$ und $^1/_{20000}$ der Sonnenmasse. Nach der ersteren Angabe würde seine Dichtigkeit 0,230 der der Erde oder $1^1/_4$ der des Wassers sein. Hinsichtlich der Rotation des N. hat sich seiner großen Entfernung wegen noch nichts bestimmen lassen. Seine 3760 Meilen lange Bahn durchläuft er siderisch in 164 Jahren 225 Tagen 17 Stunden, was auf die Sekunde durchschnittlich nur 17,300 Fuß oder 0,76 Meilen ergibt. Er bewegt sich demnach 5,4mal so langsam als die Erde. Kurz nach der Entdeckung N.s fand Lassell einen Trabanten des Planeten, der etwa 12,6 Halbmesserweiten N.s von dem Mittelpunkt des letzteren entfernt ist und seine Bahn in 5 Tagen 20 Stunden 50 Minuten 45 Sekunden vollendet. Mehre Beobachter wollen auch Spuren eines Ringes gesehen haben, dessen Existenz aber noch sehr zweifelhaft ist.

Neptun, in der Alchemie s. v. a. Salmiak.

Neptunische Gebirgsarten, s. v. a. die Sedimentgesteine, s. Geognosie.

Neptunismus, geologische Anschauungsweise, nach welcher alle die feste Erdrinde zusammensetzenden Bestandtheile aus dem Wasser oder unter Beihülfe desselben entstanden sein sollen (s. Geologie). Die neuesten Vertreter dieser Ansicht sind Bischof in Bonn und Volger in Zürich. Neptunist, ein Anhänger der geologischen Lehre des N.

Nequam (lat.), Taugenichts, Nichtsnutz.

Ne quid nimis (lat.), in nichts zu viel, d. h. man muß keine Sache übertreiben.

Ne quidquam sapit, qui sibi non sapit, bei Cicero vorkommendes lateinisches Spruchwort: der ist nicht weise, dem seine Weisheit nichts nützt.

Ner, rechter Nebenfluß der Wartha in Polen, entspringt bei Rzgow u. mündet unterhalb Chelmno, ist durch einen Kanal mit der Bzura verbunden und vermittelt dadurch die Verbindung der Oder- und Weichselschifffahrt.

Nera, Fluß in der italienischen Provinz Perugia, entspringt am Monte Sibilla, fließt südwestlich, bildet bei Terni die schöne Kaskade Marmora, nimmt den Velino auf und mündet bei Orte von links in den Tiber.

Nérac, Hauptstadt eines Arrondissements im französischen Departement Lot-Garonne, an der Baise, die hier schiffbar wird, hat ein Civil- und Handelstribunal, eine protestantische Konsistorialkirche, ein Collège, Hospital, Standbild Heinrichs IV., Ruinen des ehemaligen Residenzschlosses der Könige von Navarra, eine Glashütte, Wollmanufakturen, Fabrikation von Droguets, Maßgefäßen, Stärke u. Schiffszwieback, Handel mit Getreide, Hanf, Leinwand und den eigenen Erzeugnissen und zählt 7283 Einw. In der Nähe römische Alterthümer u. die Quelle Fleurette. Die Stadt litt viel von den Truppen Ludwigs XIII., welche sie den Calvinisten entrissen hatten, und später durch den Widerruf des Edikts von Nantes.

Nerbudda (nach dem Sanskrit Narmada, die Liebliche), vorderindischer Fluß, im Norden der Halbinsel Dekan, entspringt auf dem Hochlande von Omerkuntuk in Gundwana, nimmt seinen Lauf nach Westen zwischen den Bergketten Satpura im Süden und Vindhya, welche die Vorterrassen Malwa's gegen die Ganges- und Indusebene von dem eigentlichen Dekan scheiden. Von Jubbulpur an fließt er zwischen den Vindhyas im Norden und den Gundwanabergen im Süden hin. Bei den Städten Londode und Sinnore bildet er weite Wasserbecken und Seen, die von zahlreichen Tempeln umgeben sind. Unterhalb Duboi und Ranghur prangen seine Ufer mit den schönsten Wäldern von Mimosen, Tamarinden, Bananen und Mango. In sanftem Laufe durchfließt er Guzerate, schiffbar auf 20 geographische Meilen weit, bis er unterhalb der Handelsstadt Baruach, nach einem Laufe von 130 geographischen Meilen, auf flachem, sandigem Ufer in dem Golf von Cambay das Meer erreicht. Er ist ohne bedeutende Zuflüsse und sein Stromgebiet gering, in der Regenzeit oder durch plötzliche Regengüsse schwillt er aber oft bedeutend an und richtet dann in den Niederungen großen Schaden an.

Nerechta, Kreisstadt im russischen Gouvernement Kostroma, am gleichnamigen Nebenflusse der Wolga, hat mehre Fabriken und 3000 Einw.

Nereiden, s. Nereus.

Neresheim, zu den Besitzungen des Fürsten von Oettingen-Wallerstein gehöriges Städtchen im würtembergischen Jaxtkreise, an der Eggau, Hauptstadt der Standesherrschaft, Sitz eines Oberamts u. eines Oberamtsgerichts, hat ein fürstlich thurn- und taxisches Schloß, Tuch- und Teppichfabrikation, Bierbrauereien, eine Dampfmahl- und eine Sägemühle, Viehzucht, vorzügliche Käsebereitung u. 1100 Einw. N. ist geschichtlich bekannt durch die Schlacht am 8. August 1796 zwischen den Franzosen unter Moreau und den Oesterreichern unter Erzherzog Karl, die aber kein Resultat gab, sowie durch das Gefecht zwischen den Oesterreichern unter Werneck u. den Franzosen 1805, in welchem letztere siegten. Nahe dabei liegt die ehemalige Benediktinerabtei N., mit schöner Kirche, auf dem Ulrichberge. Im 11. Jahrhundert gestiftet, stand sie seit Ende des 13. Jahrhunderts unter öttingischer Hoheit u. erhielt in Folge eines Vergleichs mit dem Hause Oettingen 1763 die Reichsstandschaft. Seit 1766 hatte sie unter den schwäbischen Reichsständen Sitz u. Stimme und mit ihrem Gebiet gegen 3000 Einw.; 1803 wurde sie säkularisirt und dem Fürsten von Thurn und Taxis als Entschädigung gegeben, dem auch jetzt noch das Schloß gehört.

Nereus, in der griechischen Mythologie ältester Sohn des Pontus und der Gäa, ein wohlrathender, das Recht liebender Meergreis, Gemahl der Doris, der Tochter des Oceanus, die ihm 50 Töchter (Nereiden) gebar. Nach Orpheus wohnt er auf dem Grund des Meeres, wo er sich an den Chören der Nereiden ergötzt; namentlich ist das ägäische Meer sein Wohnsitz. Hercules, dem die Nymphen des Flusses Eridanus den Aufenthaltsort des N. verrathen hatten, ergriff denselben, als er schlief, fesselte ihn, da er sich durch Verwandlung in verschiedene Gestalten zu befreien suchte, und gab ihn nicht eher wieder los, bis er ihm offenbarte, wo die Aepfel der Hesperiden zu finden seien. Dieser Kampf ist auch auf alten Vasengemälden dargestellt. Von der bildenden Kunst wird N. entweder als alter Herrscher mit Scepter, oder beinahe ganz als Fisch mit dichten Schuppen, so daß bloß Kopf und Arme menschlich sind, dargestellt. Seine Töchter wohnten bei ihm in der Meerestiefe in silberner Grotte, mit Spinnen beschäftigt, kamen aber, von bedrängten Schiffern zu Hülfe gerufen, auf Delphinen reitend oder in mit Tritonen bespannten Wägen fahrend auf die Oberfläche des Meeres.

Neri, Philipp von, Heiliger, geboren den 22. Juli 1515, studirte zu Rom bei den Augustinern, ward 1551 Priester und gründete 1567 die Kongregation des Oratoriums in Italien, deren Generalsuperior er ward. Er † den 25. Mai 1595, ward

1622 kanonisirt u. ist einer der Patrone von Neapel. Sein Leben beschrieb Rösl, Regensb. 1847.

Néris (N. les Bains), Flecken im französischen Departement Allier, am Kanal des Cher, mit 2000 Einw. Die hier befindlichen heißen Bäder, schon von den Römern vielfach benutzt, wurden in den Stürmen der Völkerwanderung zerstört und blieben lange unbenutzt, bis in den neueren Zeiten die französische Regierung ihnen ihre Aufmerksamkeit zuwendete. Die eigenthümlichen Mischungsverhältnisse und die hohe Temperatur (32—43° R.) des Thermalwassers erheben dasselbe zu einer der kräftigsten und vorzüglichsten unter den alkalisch-salinischen Quellen. Man empfiehlt es namentlich bei Blennorrhöen, weißem Fluß, veralteten Gonorrhöen, chronischen Leiden der Verdauungswerkzeuge, Verschleimungen, Stockungen, Rheumatismen, Flechten und krätzartigen Ausschlägen, hysterischen Leiden u. Lähmungen, Stockungen im Uterinsystem, Unfruchtbarkeit, Chlorose, veralteten syphilitischen Dyskrasien, skrophulösen Anschwellungen und Verhärtungen. Benutzt wird es in Form von Getränk, Wasser-, Douche-, Schwitz- und Mineralschlammbädern. In der Umgegend wurden viele römische Alterthümer aufgefunden, Vasen, Münzen, Inschriften, Statuen, Mosaiken; auch finden sich daselbst noch Reste eines Amphitheaters, von Thermen 2c.

Nerium *L.* (Oleander, Lorbeerrose), Pflanzengattung aus der Familie der Kontorten, charakterisirt durch den 5lappigen, innen mit Drüsen besetzten Kelch, die tellerförmige, vor dem Aufblühen zusammengedrehte Korolle mit 5lappigem Saum und am Schlund mit einem zerschlissenen Nektarkranze, die mitten in der Röhre eingefügten flachen Staubfäden mit 3eckigen, pfeilförmigen, an der Spitze seidenhaarigen Antheren, den fadigen, an der Spitze keuligen Griffel, die abgestutzte Narbe, die 2 aufrechten Balgkapseln und die mit einem Haarschopf gekrönten Samen, immergrüne aufrechte Sträucher, meist in Ostindien, mit 3 lederigen Wirtelblättern voll Queradern u. schönen großen Blumen in Afterdolden, von deren Arten mehre als Zier- und Arzneipflanzen zu bemerken sind, besonders N. odorum *Ait.*, N. odoratum *Lam.*, ein schöner Strauch in Ostindien, wo er auch zur Zierde in den Gärten kultivirt wird, mit linien-lanzettförmigen, unten gerippten, spitzen Blättern und weißen oder rosenrothen Blüthen, variirend mit gefüllten weißen oder rothen, auch mit roth und weiß gestreiften Blüthen, u. N. Oleander *L.*, Rosenlorbeer, ein schöner, baumartiger, 6—12 Fuß hoher Strauch an den Ufern kleiner Flüsse und Bäche in bergigen Gegenden in Ostindien, Arabien, Kleinasien, Afrika, auch in ganz Südeuropa, wo er zum Theil verwildert sein mag, in Deutschland als Zierpflanze allgemein bekannt. Die Blätter sind lanzett- od. linienlanzettförmig, lederartig, unten mit dickem Hauptnerv, dicht neben einander liegenden Seitennerven und einem netzigen Zwischengewebe versehen, zugespitzt, entgegengesetzt oder dreifach stehend, die Blüthen roth, rosenroth, weiß, fast doldentraubig, endständig, mit gefüllten Blüthen variirend. Alle Theile sind narkotisch-scharf, und sogar die Ausdünstung derselben soll in warmen Ländern schädlich sein. Die zu Anfang der Blüthezeit gesammelten Blätter, Folia Nerii s. Oleandri s. Rosaginis, werden von den Homöopathen angewendet. Das Extrakt davon braucht man in geringen Mengen, mit anderen Substanzen, besonders Fett, vermischt, als äußerliches Mittel zu Einreibungen bei chronischen Hautausschlägen. Mit dem Pulver der Rinde vertreibt man Mäuse und Ratten. Beide Arten werden häufig im Zimmer gezogen, namentlich die gefüllt blühenden Arten. Sie lieben eine fette, lockere, nicht zu fein gesiebte Erde, geräumige Töpfe u. im Sommer reichliche, im Winter nur sehr mäßige Befeuchtung. Der gemeine Oleander erlangt eine ansehnliche Größe und muß dann in einen Kübel gepflanzt werden. Er nimmt im Winter mit 1—4° Wärme vorlieb und läßt sich auch im Keller gut durchwintern, doch verlangen die gefüllten Varietäten beider Arten im Winter 4—8° Wärme und auch im Sommer einen recht sonnigen Standort im Freien. Gegen die Blüthezeit stellt man sie nahe vor ein sonniges Zimmerfenster oder unter die Fenster des Glas- oder Warmhauses. Das Umpflanzen kann jährlich im Mai oder Juni geschehen, wobei der Wurzelballen nach Erforderniß beschnitten werden muß. Junge Exemplare kann man im Mai an einer warmen Stelle ins freie Land pflanzen, damit sie schnell kräftig und blühbar werden. Die Vermehrung kann durch Stecklinge und Ableger geschehen. Um niedrige, blühbare Exemplare zu erlangen, ringelt man einen Blüthenast od. den Gipfel einer großen Pflanze und befestigt daran einen mit fetter Erde gefüllten Anhänger. Auch in einem mit Wasser gefüllten Glase bilden die Stecklinge nach einigen Wochen Wurzeln.

Nerly, Friedrich, eigentlich Nerlich, namhafter Maler der Gegenwart, geboren 1807 zu Erfurt, ward durch den Kunstforscher von Rumohr zum Thier- und Landschaftsmaler ausgebildet und lebte hierauf längere Zeit in Italien, zuletzt in Venedig. Mehre von seinen Gemälden, Scenen aus dem italienischen Volksleben, Landschaften, architektonische Ansichten 2c., kamen in München, Berlin und a. a. O. zur Ausstellung. Großen Beifall fanden: eine Ansicht der Piazzetta mit den fernen Lagunen im Mondschein, eine große Landschaft mit Staffage aus Wielands Oberon, eine große Ansicht von Venedig, die Heimkehr sicilianischer Fischer, Büffel, welche den Marmorblock ziehen, woraus Thorwaldsen die Statue Pius' VII. fertigte, eine Regatta u. A. Für besonders gelungen gilt seine Darstellung venetianischer Mondscheinnächte. Er gab auch 6 geistreich radirte Blätter mit Thierstudien heraus.

Nero, Lucius Domitius, nach der Adoption Claudius Drusus, römischer Kaiser von 54—68 n. Chr., geboren zu Antium am 15. Dec. 37 n. Chr., war der Sohn des Lucius Domitius Ahenobarbus und der Agrippina, Tochter des Germanicus, verlor seinen Vater im 3. Jahre und wuchs, nachdem er durch seinen Oheim und Miterben Caligula seines Vermögens beraubt, seine Mutter aber verbannt worden war, bei seiner Tante Lepida ohne Erziehung auf. Nach der Vermählung seiner Mutter Agrippina mit dem Kaiser Claudius ward er von diesem adoptirt und 51 n. Chr. durch Senatsbeschlüsse zum Konsul designirt, zum Princeps juventutis ernannt und als Mitglied in alle Priesterkollegien aufgenommen. Zwei Jahre später (53 n. Chr.) vermählte er sich mit des Kaisers Tochter Octavia. Nach dem Tode des Kaisers ward er von den Prätorianern als

Imperator ausgerufen und vom Senat anerkannt (54 n. Chr.). Im Anfang überließ er die Zügel der Regierung der Agrippina, bald aber gelang es dem Burrus und dem N. als Lehrer beigegebenen Seneca, ihr die Herrschaft zu entwinden und dem jungen Kaiser ihrer eigenen Leitung unterzuordnen. Beide Männer benutzten ihre Stellung, um heilsame Reformen im Staatswesen durchzuführen, und N. selbst gab in der ersten Zeit seiner Regierung mehrfache Proben von Bescheidenheit und Milde. Da Agrippina drohte, dem Britannicus die Herrschaft zuzuwenden, ließ N. diesen aus dem Wege räumen. Von nun an gab er sich immer ungescheuter allen Ausschweifungen hin, u. Raufhändel, die er Nachts in den Straßen aufsuchte, waren seine liebste Unterhaltung. Auf Betrieb seiner Buhlerin, der Poppäa Sabina, ließ er 59 seine Mutter, Agrippina, und 62 seine Gemahlin, Octavia, ermorden, Poppäa selbst starb an den Folgen eines von N. erhaltenen Fußtritts, worauf Messalina ihre Stelle einnahm. An den öffentlichen Spielen nahm N. selbst als Wagenrenner, Schauspieler und Sänger Theil u. nöthigte auch angesehene Römer u. Römerinnen, diesem Beispiel zu folgen. Auch als Dichter ließ er sich für mittelmäßige Produkte öffentlich bewundern. Sich selbst zu Ehren setzte er die Neronia, alle 5 Jahre mit Gesang und Wettrennen gefeierte Spiele, ein, und den Monat April benannte er nach sich Neroneus. Nach dem Tode des Burrus trat an dessen Stelle neben Fenius Rufus der grausame Tigellinus, welchem alsbald Rubellius Plautus und Cornelius Sulla zum Opfer fielen. Im Juli 64 ließ N. Rom anzünden und bewunderte das Schauspiel aus der Ferne, dabei Verse recitirend, die Troja's Untergang schilderten; den Brand gab er dann der römischen Christengemeinde Schuld, die nun mit blutiger Grausamkeit verfolgt wurde. Die abgebrannte Stadt ward schöner und nach einem von N. entworfenen Plane wieder aufgebaut. Für sich selbst baute er die Domus aurea, mit weitläufigen Parkanlagen. Seine Grausamkeit veranlaßte mehre Verschwörungen gegen ihn, u. A. die des Piso, deren Entdeckung mehren edlen Römern, u. A. Seneca und Lucanus, das Leben kostete. Im Jahre 67 bereiste er Griechenland, wo er als Wettfahrer, Citharöde, Herold und Tragöde um die Siegespreise rang, ungeheure Geldsummen erpreßte und die öffentlichen Plätze und Tempel ihrer Kunstschätze beraubte. Seine einzige nützliche Unternehmung, das pomphaft begonnene Werk der Durchstechung des Isthmus, kam wieder ins Stocken. Im Jahre 68 brach endlich der allgemeine Unwille gegen ihn in offene Empörung aus, u. die gallischen Legionen riefen Galba zum Imperator aus. N., sich auch von den Prätorianern verlassen sehend, floh auf das Landgut des freigelassenen Phaon und ließ sich hier auf die Nachricht, daß ihn der Senat, der ihm lange feig gehuldigt, nun als Feind des Vaterlandes des Todes schuldig erklärt, am 11. Juni durch einen Freigelassenen tödten. Seine letzten Worte waren: „Welch ein Künstler stirbt in mir!" Mit ihm erlosch das Geschlecht der Cäsaren auch in den adoptirten Zweigen. Trotz seiner Friedensliebe wurden unter N.'s Regierung mehre bedeutende Kriege in Armenien, in Britannien u. kleinere in Germanien gegen die Friesen, sowie gegen die Amsibarier und ihre Verbündeten geführt, und gegen das Ende seiner Regierung kam auch der jüdische Krieg zum Ausbruch. Sein Leben beschrieb Sueton.

Nero antico (ital.), ein schwärzlicher Marmor.

Neroberg, s. Wiesbaden.

Nerthus, die von mehren deutschen Stämmen verehrte Göttin der Erde, irrthümlich mit Hertha identificirt.

Nertschinsk, Bezirkshauptstadt in dem zum asiatisch-russischen Generalgouvernement Ostsibirien gehörigen transbaikalischen Gebiet, an der Mündung der Nertscha in die Schilka, welche beide Flüsse zum Stromgebiet des Amur gehören, hat eine die chinesische Grenze beherrschende Festung, lebhaften Pelzhandel und 6000 Einwohner. Ungefähr 30 Meilen weiter östlich von der Stadt, in dem sogenannten nertschinskischen Gebirge, einer Berggruppe des den Baikalsee umgebenden Alpenlandes, liegen die berühmten nertschinsker Hütten u. große Blei-, Eisen-, Gold-, Silber- und Platinbergwerke, in denen über 4000 Berg- und Hüttenleute (darunter ungefähr 1000 Verbannte) arbeiten, und der 1820 gegründete Hüttenort Nertschinskoi-Sawod mit einer Bergwerksdirektion und 2000 Einwohnern.

Nerva, Marcus Coccejus, römischer Kaiser, stammte aus Narnia in Umbrien, gelangte schon unter Nero zur Prätorenwürde u. zu andern Ehren und bekleidete mit Vespasianus 71. n. Chr. und mit Domitianus 90 das Konsulat. Als Mitverschworner des Rufus und Orfitus wurde er nach Tarent verbannt, kehrte jedoch nach Rom zurück und ward nach der Ermordung des Domitianus am 18. Sept. 96 vom Senat als Kaiser proklamirt. Er erließ sogleich eine allgemeine Amnestie, verbesserte die Rechtspflege und minderte die Steuerlast. Eine entdeckte Verschwörung des Calpurnius Crassus gegen ihn bestrafte er bloß mit dessen Verbannung. Hochbejahrt sich dem Uebermuth der Prätorianer nicht gewachsen fühlend, adoptirte er den Trajanus und ernannte ihn zum Mitregenten. Derselbe folgte ihm nach seinem Tode, den 27. Januar 98.

Nerven (nervi), lange, dünne, weiße, durch den ganzen Körper baumförmig oder netzartig sich verbreitende Fäden, welche die Centralorgane des Nervensystems (s. d.) mit den verschiedensten Organen des Körpers in Verbindung setzen. Man bezeichnet deshalb die N. auch als den peripherischen Theil des Nervensystems, im Gegensatz zu dem Gehirn, Rückenmark und den Ganglien, welche sämmtlich die Bedeutung von Centralorganen haben. Ein jeder Nerv besteht aus kleinern oder größern, parallel neben einander laufenden Bündeln von Nervenröhrchen, welche unter einander durch Zellgewebe vereinigt sind und von einer gemeinsamen, sehnigen Nervenscheide zusammengehalten werden. Die Stelle, an welcher ein N. seinen Centraltheil verläßt, heißt Austrittsstelle, diejenige hingegen, bis zu welcher man seine Fäden in das Centralorgan hinein verfolgen kann, heißt der Ursprung oder das centrale Ende des N. Letzteres liegt stets in der grauen Nervensubstanz und hängt daselbst mit einer Nervenzelle zusammen. Die vom Gehirn u. Rückenmark entspringenden N. verbreiten sich baumförmig, indem sich der Hauptstamm in Aeste u. diese sich wieder in kleinere Zweige und Aestchen spalten. Diese Verzweigung geschieht meist unter spitzen Winkeln; hierbei theilen sich nur die Nervenbündel, niemals aber die Primitivfasern, und es findet nur eine Veränderung in der Vertheilung der im Stamme liegenden Fasern Statt. Die Primitivfasern laufen also ununterbrochen von ihrem Ursprung im Centrum bis zu ihrem Ende an der Peripherie fort, so daß diesem peripherischen Ende nur eine einzige Stelle im Centralorgan entsprechen muß. Theilungen der Primitivfasern kennt man allerdings auch, indessen treten dieselben erst unmittelbar vor der wirklichen Nervenendigung in den peripherischen Organen ein. Es kommen auch Verbindungen der N. unter einander vor, meist in der Art, daß Fasern aus dem einen N. in die Scheide eines andern übertreten. Solche Verbindungen nennt man Anastomose, Geflecht oder Nervenknoten. Die Anastomose stellt eine einfache Verbindung zweier N. unter einem Winkel oder Bogen dar. Nervengeflecht nennt man eine mehrfach verzweigte Anastomose zwischen mehren Aesten eines oder verschiedener N. Ein jeder in das Geflecht eintretende Nerv kann hierbei Fasern von einem oder von allen zum Geflecht gehörigen N. aufnehmen, so daß zuletzt jeder Nerv bei seinem Austritt aus dem Geflecht Fäden von allen denjenigen N. enthalten kann, welche in das Geflecht eintreten. Während also die Zahl aller aus- und eintretenden Primitivfasern die gleiche ist, kann dieselbe bei jedem einzelnen N. wechseln. Die Nervenknoten (Ganglien, s. d.) sind grauröthliche, plattrundliche Anschwellungen, entweder an einem einzelnen, oder zwischen mehren N., welche durch Einlagerung von Ganglienzellen zwischen die Nervenfäden zu Stande kommen. Was die peripherischen Endigungen der N. anbetrifft, so theilen sich die Nervenröhrchen (besonders die motorischen, aber auch die anderer N.) einmal oder mehre Male dichotomisch, die einzelnen Aestchen verbinden sich netzförmig unter einander und schicken endlich zarte, einfach konturirte Fasern ab, welche zu den einzelnen Organtheilen, z. B. zur einzelnen Muskelfaser, treten. Die Forschungen der neuern Zeit haben erwiesen, daß die meisten, vielleicht alle N. mit eigenthümlichen Endapparaten versehen sind, worüber das Nähere bei den einzelnen Organen nachzusehen ist. Solche Endapparate sind für den Sehnerven die Stäbchen und Zapfen der Netzhaut, für den Geruchsnerven die Riechzellen, für den Gehörnerven die corti'schen Appendikularorgane, für die Haut die meißner'schen Tastkörperchen und die paccini'schen Körperchen, für die quergestreiften Muskeln und in gewissen Drüsen die Endkolben 2c.

Die N. sind nur die Leiter, niemals die Erreger von Eindrücken, und man hat sie nicht unpassend mit Telegraphendrähten verglichen, welche von den verschiedenen peripherischen Organen nach den Hauptstationen der Centralorgane hinführen. Die Eindrücke werden entweder von den Centralorganen gegen die peripherischen Gebilde, oder von der Peripherie gegen die Centralorgane mit großer Schnelligkeit fortgepflanzt. Diejenigen N., welche centripetal leiten, nennt man *sensitive* oder *Empfindungsnerven*, diejenigen, welche centrifugal leiten, *motorische* oder *Bewegungsnerven*. Jeder Reiz, welcher im Verlauf eines N. angebracht wird, sei er mechanischer, chemischer, oder dynamischer Natur, wird, wenn der Nerv ein Empfindungsnerv ist, Empfindungen, wenn er ein motorischer Nerv ist, Zusammenziehungen der Muskeln, zu welchen er geht, veranlassen, niemals aber Empfindungen hervorrufen. Schmerz kann nie durch motorische N. vermittelt werden. Der Unterschied zwischen centrifugaler und centripetaler Richtung der Leitung ist jedoch nur ein scheinbarer. Jede Primitivfaser leitet, wenn sie an irgend einem Punkte ihres Verlaufs gereizt wird, den Reiz nach beiden Richtungen hin fort. Da jedoch die empfindenden Fasern nur an ihrem centralen Ende mit Nervenelementen zusammenhängen, welche fähig sind, den Reiz wahrzunehmen, und die motorischen Fasern nur an ihrem peripherischen Ende mit kontraktionsfähigen Muskeln zusammenhängen, so wird die physiologische Wirkung der Erregung einer Nervenfaser in dem einen Falle Empfindung, in dem andern Bewegung sein. Also bedingt nicht die Nervenfaser, sondern die Organe, mit welchen sie an beiden Enden zusammenhängt, die Verschiedenheit des Reizungserfolgs. Eine nothwendige Bedingung für die Leitung im N. ist der normale Zusammenhang der Nervenfasern. Wird ein Froschnerv auch nur mit einem geringen Gewicht beschwert, so ist seine Leitungsfähigkeit sogleich vermindert. Starker Druck oder sonstige örtliche Ertödtung des N., sowie Durchschneidung desselben heben die Leitung vollständig auf. Die Erregung bleibt stets innerhalb der gereizten Nervenfaser selbst, sie geht nicht über auf die unmittelbar angrenzenden Fasern (sogenanntes Gesetz der isolirten Leitung). In den Centralorganen dagegen erfolgen Mittheilungen der Erregungen auf andere Fasern sehr häufig, wahrscheinlich aber nur durch Vermittelung der Ganglienzellen. Hieraus erklären sich die Erscheinungen der Mitbewegung und Mitempfindung, sowie die Reflexerscheinungen (s. d.). Die Leitung der Erregung im N. ist nicht, wie man früher annahm, eine unmeßbar schnelle, sie ist sogar im Vergleich zu der Geschwindigkeit des Lichts, der Elektricität 2c. eine träge zu nennen. Aus den geistreichen Versuchen von Helmholtz geht hervor, daß die Erregung im N. in einer Sekunde etwa um 33 Meter sich fortpflanzt. Die Leitungsschnelligkeit variirt selbst in einem und demselben N. nach Verschiedenheit der Temperatur; Kälte verzögert sie auffällig oder hebt sie ganz auf. Der Reiz ist, wenn wir von dem gänzlich unbekannten Willenseinfluß auf motorische N. absehen, eine physikalische Bewegung, die umgesetzt wird in einen Nervenprozeß, welcher seinerseits eine äußere Leistung nach sich zieht. Diese drei Vorgänge stellen eine Kette von Ursachen und Wirkungen dar, ohne daß die einzelnen Glieder objektiv irgendwie mit einander vergleichbar wären. Auf den Willensreiz folgt z. B. eine Erregung der motorischen N., auf diese eine Muskelverkürzung; die Lichtwellen rufen eine Erregung der Netzhaut des Auges, diese wiederum Lichtempfindungen hervor. Trotz dieser objektiven Unvergleichbarkeit besteht aber eine gesetzmäßige Proportionalität, indem jede Aenderung des Nervenreizes eine konstante Aenderung des Nervenprozesses und der äußern Nervenleistung bedingt. Das objektive Licht z. B. hört in der Substanz des Sehnerven auf Licht zu sein und setzt sich hier in einen nicht näher bekannten Nervenprozeß um. Dieser selbst bietet an sich keinen Vergleichspunkt zwischen der Empfindung des Lichten und Farbigen, d. h. mit dem Seelenakt, der in Folge der Reizung des Sehnerven entsteht. Ein und derselbe Nerv kann durch die verschiedenartigsten Reize in Thätigkeit versetzt werden, die nach außen übertragenen Wirkungen dieser Thätigkeit sind aber immer für denselben N. die gleichen: der motorische Nerv vermittelt nur Nervenverkürzungen, die Netzhaut nur Lichtempfindungen. Demnach setzt derselbe Reiz in verschiedenen N. ganz verschiedene äußere Wirkungen. Der elektrische Strom z. B. veranlaßt Muskelverkürzung, wenn er einen motorischen N., Geschmacksempfindungen, wenn er den Geschmacksnerven, Lichtempfindungen, wenn er den Sehnerven trifft. Die Wirkungen, welche der thätige Nerv nach außen überträgt, sind veränderlich mit der Stärke des den N. treffenden Reizes, mit der zeitweiligen Erregbarkeit des N. und mit dem Zustand des die Leistung zunächst vollführenden Apparats (z. B. der Muskelfasern). Die Reizempfänglichkeit eines N. schwankt innerhalb einer bedeutenden Breite, so daß in verschiedenen Individuen oder bei demselben Individuum in verschiedenen Zeiten der nämliche Reiz stärker oder schwächer wirken kann, während andererseits auch Reize verschiedener Stärke gleich große Wirkungen hervorzubringen vermögen. Bei der Ermüdung des N. muß die Stärke des Reizes wachsen, wenn die Leistung ihre frühere Höhe beibehalten soll. Läßt man den ermüdeten N. ungereizt, so stellt sich die normale Erregbarkeit wieder her. Zu lange Ruhe ist der Erregbarkeit des N. gleichfalls schädlich; ein gewisser Wechsel zwischen Ruhe und Erregung sichert den Normalgrad der Erregbarkeit auf die Dauer am besten. Die Erregbarkeit steht im innigsten Zusammenhang mit dem jeweiligen Ernährungszustand des N. Wird ein Nerv durchgeschnitten, so ist unmittelbar darauf die Leitung zwischen Peripherie und Centrum vollständig aufgehoben. Reizt man das peripherische Schnittende eines motorischen N., so treten noch lange Zeit hindurch Muskelverkürzungen ein, wogegen die Reizung des centralen Endes ohne Erfolg bleibt. Reizt man dagegen das peripherische Ende eines sensiblen N., so entsteht keine Empfindung, wohl aber wird eine solche hervorgerufen, wenn man das centrale Schnittende des sensiblen N. reizt, und zwar verlegt das betreffende Individuum in diesem Fall die Empfindung nicht an die Reizungsstelle, sondern an das peripherische, nicht mehr mit dem Centrum in Zusammenhang stehende Ende des N. Einfach durchschnittene N. heilen nach einigen Wochen wieder zusammen und damit ist dann auch die normale Leitung im N. wieder hergestellt. Schneidet man aber aus einem N. ein größeres, wenigstens $^1/_2$—$^3/_4$ Zoll betragendes Stück heraus, so wachsen die Nervenenden nicht wieder zusammen.

Von dem Gehirn treten 12 Paare N. ab, welche vorzugsweise am Kopf und Hals sich verbreiten. Diese sind zum Theil specifische Sinnesnerven, wie der Riechnerv, Sehnerv und Gehörnerv, zum Theil reine Bewegungsnerven, wie die Augenmuskelnerven, der Unterzungennerv und der zu den mimischen Gesichtsmuskeln gehende Nervus facialis. Die übrigen Gehirnnerven sind gemischte N., indem sie aus motorischen und sensitiven Fasern zusammengesetzt sind. Das Rückenmark löst sich in 31 Nervenpaare ab, welche sämmtlich gemischter Natur sind; ihre sensiblen Fasern verbreiten sich in der Haut des Hinterkopfs, des Halses, des Stammes und der Gliedmaßen; die motorischen versorgen die meisten Skeletmuskeln des Halses, alle Muskeln des Rumpfes u. der Gliedmaßen. Vergl. **Gehirn**, **Rückenmark**, **Nervenelektricität** 2c.

Von den **Krankheiten** der N., d. h. der peripherischen Nervenstämme, sind vor allen Dingen zu nennen die Nervenentzündung, die an den Nervenstämmen vorkommenden Geschwülste (s. **Neurom**) und die sogenannten Nervenschmerzen (s. **Neuralgie**). Die **Nervenentzündung** (neuritis) ist eine seltene Krankheit, welche bald die Nervenfasern selbst, bald die bindegewebige Nervenscheide betrifft. Im erstern Falle zerfallen die Nervenfasern, wenn nicht rechtzeitige Heilung eintritt, zu einem molekulären Brei, welcher resorbirt werden kann, so daß schließlich nur ein dünner, nervenloser Bindegewebsstrang an der Stelle des Nervenstammes übrig bleibt. Ist die Nervenscheide befallen, so verdickt sich dieselbe durch neugebildetes Bindgewebe mehr oder weniger, und die Verdickung bleibt meist unter der Form eines Neuroms bestehen. Sehr selten nur kommt es bei der Nervenentzündung zur Eiterbildung. Als veranlassende Ursachen der Nervenentzündung sind vorzugsweise Verletzungen der N., namentlich Stichwunden, Quetschungen- und Zerreißungen zu nennen. In andern Fällen entsteht die Nervenentzündung durch Fortpflanzung eines Entzündungsprozesses von andern Organen. In seltenen Fällen soll sie spontan oder nach Erkältungen als sogenannte rheumatische Entzündung auftreten. Die Nervenentzündung ist eine von den vielen Ursachen, welche Neuralgien hervorrufen. Schmerzen, welche dem Verlauf der entzündeten N. folgen und sich bis in die peripherische Verbreitung desselben erstrecken, bilden das wichtigste und häufigste Symptom der Nervenentzündung. Die Schmerzen vermehren sich bei einem auf den N. ausgeübten Druck, pflegen aber nicht anfallsweise aufzutreten, wie bei den Neuralgien, sondern sind mehr beständig vorhanden. Während des Bestehens dieser Schmerzen ist gewöhnlich der Tastsinn im Bereich dieser Schmerzen vermindert. Anfangs haben die Kranken an den betreffenden Stellen der Peripherie ein Gefühl von Taubheit, später, wenn sich die Entzündung nicht vertheilt, entwickelt sich vollständige Unempfindlichkeit gegen äußere Reize, während die Schmerzen häufig noch fortbestehen. Enthält der entzündete Nerv auch Bewegungsfasern, so gesellen sich zu den Schmerzen Zuckungen und Kontrakturen, während das Vermögen der Kranken, die Muskeln willkürlich in Kontraktion zu versetzen, beeinträchtigt wird, oder gänzlich verloren geht. Der Verlauf der Nervenentzündung ist bald akut, bald chronisch. Der Nerv bleibt, auch wenn sich die Entzündung zertheilt, gewöhnlich für längere Zeit in gewissem Grade funktionsunfähig. Bei chronischem Verlauf der Nervenentzündung tritt, wenn der Nerv zerstört wird, gleichfalls Unempfindlichkeit und Lähmung ein; bleibt aber der Nerv erhalten und erfährt er nur von Seiten der angeschwollenen und verdickten Nervenscheide einen beständigen Druck, so leiden die Kranken oft jahrelang an Nervenschmerzen oder an krampfhaften Zufällen im Bereich des kranken N. Die Behandlung der Krankheit hat sich vor allen Dingen mit der Entfernung ihrer Ursachen zu beschäftigen. Namentlich sind fremde in den N. eingedrungene spitze Körper zu entfernen. Längs der entzündeten N. müssen Blutegel oder Schröpfköpfe aufgesetzt, am besten kalte Umschläge aufgelegt werden. Bei chronischer Nervenentzündung passen Ableitungen durch Blasenpflaster und in hartnäckigen Fällen strichweises Brennen mit dem Glüheisen. Gegen die Schmerzen wendet man Morphium innerlich oder in der Form der Einspritzung unter die Haut der schmerzhaften Stelle an.

Nervenelektricität. So lange sich der Nerv in erregbarem, leistungsfähigem Zustande befindet, d. h. so lange er lebendig ist, zeigt jedes beliebige Stück desselben elektromotorische Eigenschaften und ist die Quelle in ihm selbst erzeugter elektrischer Ströme. Als Stromerzeuger müssen wir uns unendlich kleine, bewegliche elektrische Moleküle vorstellen. Jedes beliebige Nervenstück ist die Summe einer Unzahl von solchen Molekülen; die von je einem oder je zweien solchen Molekülen erzeugten *Einzelströmchen* kombiniren sich in jedem Nervenstückchen zu einem Gesammtstrom, den wir durch das stromprüfende Instrument, den Multiplikator, nachweisen können. Jedes Nervenstück stellt gewissermaßen eine geschlossene Kette dar; verbindet man zwei Punkte derselben, zwischen denen ein Strom in bestimmter Richtung vorhanden ist, mit den beiden Enden des Multiplikatordrahts, so geht durch denselben ein abgeleiteter Arm jenes Nervenstroms, welcher die Magnetnadel seiner Richtung und Intensität entsprechend ablenkte. Die Richtung u. das Verhalten dieses an der Multiplikatornadel zur Erscheinung kommenden Stromes sind unter denselben Umständen genau dieselben an jedem beliebigen Nervenstückchen, mag dieses lang oder kurz, dick oder dünn sein, einem motorischen od. sensiblen Nerven angehören. Diese elektromotorische Gleichartigkeit aller Nerven und Nervenstücke ist aber nur bei der Annahme elektromotorischer *Moleküle* denkbar. Um uns in dem Folgenden kurz ausdrücken zu können, muß vorausgeschickt werden, daß jeder beliebige, an zwei Enden gerade abgeschnittene Nerv einen Cylinder darstellt, dessen beide Basen die zwei Schnittflächen bilden. Die senkrecht zur Axe liegenden Schnittflächen bezeichnet man als *Querschnitte* der Nerven, seine gesammte äußere Oberfläche als *natürlichen Längsschnitt*, jede der Längsaxe des Nerven parallel geführte Schnittfläche als *künstlichen Längsschnitt* desselben. *Aequator* nennt man die genau in der Mitte zwischen den beiden Querschnitten um den Nerven gedachte Linie. Je nach der Lage der zwei Punkte der Nerven, die wir in den Multiplikatorkreis einfügen, zeigt die Nadel bald keinen Strom, bald einen schwachen, bald einen starken Strom. Es zeigt sich kein elektrischer Strom, wenn man die beiden Querschnitte od. zwei vom Aequator gleichweit abstehende Punkte des Längsschnittes in den Multiplikatorkreis einfügt. Dagegen entsteht ein Strom, wenn ein Punkt des Längsschnittes mit einem Punkt des Querschnitts verbunden wird, oder wenn zwei Punkte des Längsschnitts, von denen einer dem Aequator näher, der andere entfernter liegt, in den Multiplikatorkreis eingefügt werden. Ob die geprüften Punkte der Nerven rechts oder links vom Aequator, nach dem einen oder anderen Querschnitt zu liegen, ist gleichgültig. Die Intensität der Ströme ist bei den verschiedenen geprüften Nervenpunkten eine verschiedene. Der stärkste Strom entsteht, wenn der Querschnitt mit dem Aequator verbunden wird. Je weniger weit der Punkt des Längsschnittes, welchen man mit einem Punkt des Querschnittes verbindet, von letzterem entfernt ist, um so weniger wird die Magnetnadel abgelenkt, um so schwächer ist der zwischen beiden Punkten fließende Strom. Die Richtung der vom Multiplikator angezeigten Ströme ist unter allen Verhältnissen dieselbe, nämlich vom Längsschnitt zum Querschnitt. Sind zwei Punkte des Längsschnitts in den Multiplikatorkreis eingefügt, so geht der Strom von dem näher am Aequator gelegenen Punkt durch den Multiplikatordraht zu dem näher am Querschnitt gelegenen Punkt. Motorische und sensible Nerven, ja selbst Stücke des Gehirns u. Rückenmarks verhalten sich in dieser Beziehung vollständig gleich. Dagegen ist Dicke und Länge der Nerven von Einfluß auf die Intensität des Stromes; ein längeres Nervenstück zeigt unter sonst gleichen Verhältnissen ein stärkeres Strommaximum als ein kurzes. Ebenso ist der Strom eines dickeren Nerven intensiver als der eines dünneren. Aus dem Mitgetheilten folgt, daß alle Theile eines künstlichen od. natürlichen Längsschnittes jedes Nerven positiv elektrisch gegen alle Theile der Querschnitte sich verhalten, daß ferner von den verschiedenen Punkten des Längsschnittes jeder dem Aequator nähere Punkt sich positiv elektrisch gegen jeden entfernteren verhält. Ob dasselbe Verhältniß auch bezüglich des Querschnittes Statt findet, ist direkt nicht erwiesen, doch läßt es sich nach der Analogie mit dem elektrischen Verhalten der Muskeln (s. *Muskelelektricität*) mit großer Wahrscheinlichkeit vermuthen. Der Nervenstrom nimmt nach dem Tode des Thieres in gleichem Maße ab wie die Fähigkeit des Nerven, durch Reize in den Erregungszustand versetzt zu werden, und erlischt endlich ganz. Wie das natürliche Aufhören des Lebens bewirken auch die künstliche Zersetzung des Nerven durch Hitze, chemische Reize, öfter wiederholte starke elektrische Schläge das Aufhören des ruhenden Nervenstromes. Bei warmblütigen Thieren hört unter sonst gleichen Verhältnissen der Nervenstrom eher auf als bei kaltblütigen, bei schwächlichen Thieren eher als bei vorher sehr lebenskräftigen. Als *Elektrotonus* bezeichnet man denjenigen elektrischen Zustand des Nerven, in welchen derselbe geräth, wenn durch einen Theil seiner Länge der Strom einer konstanten Kette hindurchgeschickt wird. Es spricht sich der elektrotonische Zustand an der Multiplikatornadel in einer beträchtlichen Veränderung der Größe des ursprünglich ruhenden Nervenstromes aus. Ist die Richtung des *erregenden* Stromes (so wollen wir den von der konstanten Kette herrührenden Strom nennen), welcher durch den Nerven geschickt wird, dieselbe wie die des ruhenden Nervenstromes, so vergrößert sich die durch den ruhenden Nervenstrom verursachte Nadelablenkung und zeigt somit eine Vergrößerung des ursprünglichen Nervenstromes, oder, richtiger gesagt, eine Vermehrung der Intensität des im Multiplikatordraht kreisenden abgeleiteten Stromarmes an. Hat aber der erregende Strom die entgegengesetzte Richtung von dem ruhenden Nervenstrom, so zeigt sich im Moment des Kettenschlusses eine Verminderung der Nadelablenkung, also eine scheinbare Abnahme des ursprünglichen Nervenstromes. Man bezeichnet die Größenveränderung des Nervenstromes in Folge der Einwirkung eines fremden erregenden elektrischen Stromes als elektrotonischen Zuwachs, welcher entweder ein positiver, oder ein negativer ist. Das Nervenstück, dessen Strom im elektrotonischen Zustand eine Vergrößerung zeigt, ist in der positiven Phase, dasjenige, welches eine Stromverminderung zeigt, in der negativen Phase des elektrotonischen Zustandes. Der durch einen erregenden Strom in Elektrotonus versetzte Nerv erfährt eine bemerkenswerthe Veränderung seiner physiologischen Eigenschaften in sofern, als seine Erregbarkeit modificirt ist. Die vor dem Strom befindliche Nervenstrecke zeigt nämlich eine Erhöhung, die hinter dem Strom gelegene eine Verminderung der Erregbarkeit. Schickt man einen konstanten Strom durch einen motorischen Nerven, so erfolgt eine Zuckung des Muskels beim Einbrechen des Stromes (d. h. beim Schluß der Kette); während des Bestehens des Stromes, gleichviel ob er schwach oder stark ist, bleibt der Muskel vollkommen ruhig; wird nun die Kette geöffnet, hört also der konstante Strom auf, so erfolgt eine zweite Zuckung des Muskels. Der Muskel reagirt also nicht auf das Bestehen, sondern nur auf das Erscheinen und Verschwinden des Elektrotonus mit einer Zuckung. In sensiblen Nerven dagegen bedingt der konstante Strom Empfindungen nicht bloß beim Einbrechen u. Aufhören, sondern, wenn auch in schwächerem Grade, während seines Bestehens. Wirkt der konstante Strom auf den Sehnerven, so hat man kontinuirliche Farbenempfindungen; wirkt er auf die Hautnerven, so empfindet man anhaltendes Prickeln od. Schmerzen in der Haut. Näheres s. in den Lehrbüchern der Physiologie und in du Bois-Reymond, Untersuchungen über thierische Elektricität, Berlin 1848. Vergl. auch Muskelelektricität.

Nervenfieber, s. Typhus und Nervöse Fieber und Krankheiten.

Nervenschwäche, eigenthümlicher Zustand des Nervensystems, welcher seinem Wesen nach keineswegs erkannt ist, denn man weiß nichts von physikalischen oder chemischen Veränderungen des Nervensystems, welche der N. zu Grunde liegen und diese genügend und erschöpfend erklärten. Die N. muß daher vorläufig als eine dynamische Störung bezeichnet werden, mit welchem Worte freilich keine Erklärung, sondern nur ein anderer Name gegeben ist. Die N. zeigt sich besonders bei solchen Personen, welche man als hysterisch bezeichnet, namentlich also bei weiblichen Individuen. Sie bildet oft jahrelang das einzige Symptom der Hysterie. Zuweilen, jedoch seltener, äußert sich die N. durch eine ungewöhnliche Schärfe der Sinne. Weit häufiger gibt sich die N. durch das Unbehagen zu erkennen, welches schon eine schwache Reizung der Sinnesnerven bei solchen Personen hervorbringt. Obschon es wahrscheinlich ist, daß viele an hysterischen Personen auftretende Erscheinungen, welche als Zeichen der N. zu betrachten wären, simulirt werden, so sind doch für sehr viele Fälle die Aeußerungen der N. einer wirklichen Veränderung der Nervenapparate zuzuschreiben, obgleich uns diese Veränderungen noch ganz unbekannt sind.

Nervensystem, die Gesammtheit aller derjenigen Organe, durch welche die den thierischen Körper vor dem pflanzlichen Organismus auszeichnende Fähigkeit zu empfinden und sich willkürlich zu bewegen, sowie die Thätigkeiten des Seelenlebens, endlich die vegetativen Thätigkeiten der Ernährung, Absonderung 2c. vermittelt werden. Diese Organe sind in vollständigem Zusammenhang durch den ganzen Körper verbreitet und werden wesentlich von dem aus Fasern u. Zellen zusammengesetzten Nervengewebe gebildet, welches theils in größeren Massen in der Form des Gehirns, des Rückenmarks und der Ganglien angehäuft ist, theils in häutigen Röhren eingeschlossen in Gestalt von Nerven den Körper durchsetzt. Gewöhnlich theilt man das N. in ein animales und vegetatives ein. Das animale N. besteht aus dem Gehirn und Rückenmark und den von beiden abgehenden Nerven, wird daher auch Systema cerebro-spinale genannt. Es ist das Organ des physischen Lebens und vermittelt die mit Bewußtsein verbundenen Erscheinungen der Empfindung und Bewegung. Das vegetative N. (systema vegetativum s. sympathicum) steht vorzugsweise den ohne Einfluß des Bewußtseins vor sich gehenden Thätigkeiten der Ernährung, Absonderung und den damit verbundenen unwillkürlichen Bewegungen vor, wird daher auch organisches N. genannt. Beide Systeme sind nicht scharf von einander unterschieden, sind im Gegentheil durch häufigen Faseraustausch mit einander verbunden und in sofern von einander abhängig, als das vegetative N. einen großen Theil seiner Elemente aus dem animalen bezieht. Auch eine physiologische Sonderung beider N.e ist nicht scharf durchzuführen. An beiden N.en unterscheidet man einen centralen und einen pheripherischen Theil. Der Centraltheil des animalischen N.s ist das Gehirn und Rückenmark, der pheripherische Theil sind die Nerven, welche die verschiedenen Organe mit dem Centralorgan dieses N.s in Verbindung setzen. Im vegetativen N. bilden die Ganglien (s. d.) den centralen, die geflechtartig verbreiteten sympathischen Nerven den peripherischen Theil. Das Nervengewebe (substantia nervea) ist eine weiche, nur wenig dehnbare und kontraktile Masse, welche entweder als rein weiße, oder als grauröthliche Substanz auftritt. Die mikroskopischen Elemente des Nervengewebes sind Fasern u. Zellen, welche Bestandtheile in den verschiedenen Abtheilungen des N.s in verschiedenen Anlagerungsverhältnissen auftreten. Die Fasern überwiegen in der weißen Substanz, sowie im animalen und pheripherischen N., die Zellen in der grauen Substanz, sowie im vegetativen und centralen N. Bezüglich seiner chemischen Zusammensetzung gehört das Nervengewebe zu denen, welche beim Kochen keinen Leim geben und das meiste Wasser enthalten (78 Procent). Außer dem Wasser sind die Hauptbestandtheile Eiweißsubstanzen (7 Proc.) und Fette (5 Proc.) verschiedener Art, sowie Phosphor und Schwefel und nur wenig Blutsalze. Die Nervenfasern (Nervenprimitivfasern, Nervenröhren), welche bei weitem den größten Theil des N.s bilden, sind mikroskopisch feine (0,0005—0,01 Linie im Durchmesser haltende) weiche, runde Fäden. Man unterscheidet markhaltige und marklose Nervenfasern; letztere kommen besonders in den peripherischen Endigungen der Nerven in Organen, außerdem in Geruchsnerven und in sympathischen Nerven vor. Die markhaltigen oder dunkelrandigen Nervenfasern sind frisch untersucht wasserhell, durchsichtig, mit feinen dunkeln Umrissen versehen, erscheinen in größern Massen weiß, glänzend, fettig, lassen aber bei gewissen Untersuchungsmethoden drei verschiedene Gebilde erkennen, nämlich die Scheide, das Nervenmark und den Axencylinder. Die Scheide der Nervenfasern ist eine äußerst zarte, vollkommen homogene und wasserhelle Haut, welche an ihrer Innenfläche Kerne von länglichrunder Gestalt trägt (Neurilemkerne). Innerhalb der Scheide liegt das Nervenmark in Gestalt eines cylindrischen, den Axencylinder eng umschließenden Rohrs. Das frische Nervenmark ist eine dicköligе, ganz gleichartige Masse, welche außerhalb des Körpers schnell gerinnt und dann die Nervenfaser doppelrandig erscheinen läßt. Rings vom Nervenmark umflossen befindet sich in der Mitte der Nervenfaser der Axencylinder oder das Primitivband als runde oder leicht abgeplattete Faser. Dieselbe ist blaß, homogen, überall von gleicher Dicke. Sie ist nicht, wie das frische Mark, flüssig u. klebrig, sondern elastisch und fest, dabei aber biegsam und geschmeidig. Man findet den Axencylinder auch in den feinsten markhaltigen Nervenfasern, und er beträgt ⅓—⅙ des Durchmessers der ganzen Faser. Marklose Nervenfasern sind solche, bei welchen die Scheide in unmittelbare Berührung mit dem Axencylinder kommt. Sie treten in der Verlängerung der markhaltigen Fasern auf; die in der Scheide liegende blasse Faser ist als Fortsetzung des Axencylinders der markhaltigen Röhren zu betrachten. Marklose Fasern kommen vorzugsweise im sympathischen Nerven vor. Die Nervenzellen oder Ganglienzellen sind runde oder ovale Zellen mit einem oder mehren schwanzförmigen Ausläufern, deren glashelle, strukturlose Hülle einen weichen, zähen Inhalt umschließt. An dem Zelleninhalt unterscheidet man ein helles, lichtgelbliches oder farbloses Cytoplasma und in demselben suspendirt feine Körnchen, welche letzteren zum Theil Pigmentkörnchen sind, meist in Klumpen zusammengeballt in der Nähe des Kerns liegen u. manchmal die Zelle ganz auszufüllen scheinen. Mitten in dem Inhalt liegt der Zellenkern als ein kugeliges Bläschen mit flüssigem Inhalt und einem, oder selten mehren, dunkeln großen Kernkörperchen. Die Größe der Nervenzellen schwankt zwischen 0,003 u. 0,06 Linie. Die Ausläufer derselben sind blaß, zu einem oder mehren vorhanden, verästeln sich häufig, haben die Bedeutung von marklosen Nervenfasern und setzen sich theils in dunkelrandige, markhaltige Nervenfasern fort, theils dienen sie zur Verbindung mehrer Nervenfasern unter einander. In großer Zahl kommen die Nervenzellen in der grauen Substanz der Centralorgane und in den Ganglien vor. Die weiße Nervensubstanz oder Marksubstanz ist die im N. am massenhaftesten vorkommende; sie ist von weißlicher Farbe, besteht fast nur aus Nervenfasern (und zwischen denselben liegenden Bindegeweben und feinen Gefäßen) und ist fester und weniger gefäßreich als die graue Substanz. Letztere kommt besonders an der Rinde und einigen Centraltheilen des Gehirns, im Centrum des Rückenmarks und in den Ganglien vor; sie ist röthlichgrau, weicher, gefäßreicher und wesentlich aus Ganglienzellen zusammengesetzt. Vgl. Nerven, Rückenmark 2c.

Nervi, Stadt in der italienischen Provinz Genua, in der Riviera di Levante und am Meerbusen von Genua, hat große Citronen- u. Orangenpflanzungen, Seidenspinnerei, Handel mit Südfrüchten u. 4470 Einwohner.

Nervii, belgisches Volk in Belgia gallica, in einem vom Fluß Sabis (Sambre) durchströmten u. von den Ardennen durchzogenen, daher waldigen Landstriche, äußerst tapfer und kriegerisch und vor Cäsars Zeit so mächtig, daß es 50,000 Mann ins Feld stellen konnte, wurde in einem verzweifelten Kampfe von Cäsar fast ganz vernichtet. Es besaß nur kleinere Ortschaften, von denen Bagacum der bedeutendste war.

Nervöse Fieber und Krankheiten, ältere Bezeichnung derjenigen Affektionen, bei welchen die sogenannten nervösen, typhoiden oder Gehirnsymptome für gewöhnlich oder in dem einzelnen konkreten Fall in den Vordergrund treten. Dergleichen Symptome kommen aber bei allen schweren fieberhaften Krankheiten, vorzugsweise bei Typhus, Pocken, Scharlach, Kindbettfieber 2c. sehr häufig vor, und sie können ebensowohl in einer Erhöhung, wie in einer Verminderung der verschiedenen Arten der Gehirnthätigkeit bestehen. Selten läßt sich eine pathologische anatomische Veränderung des Gehirns als Ursache der nervösen Symptome ermitteln. Der anatomisch festzustellende Sitz der Hauptkrankheit kann dabei in allen möglichen andern Organen sein. Die nervösen Symptome gesellen sich fast immer zu schon bestehenden subjektiven Hirnsymptomen, wie zum Gefühl von Schwere Eingenommenheit im Kopfe, Kopfschmerz, Schwindel, widernatürliche Schläfrigkeit. Zu den nervösen Symptomen gehören die Delirien, Schwerbesinnlichkeit, Schlafsucht, Sinnestäuschungen, unwillkürliche Muskelbewegungen verschiedener Art, sich Doppeltfühlen, Sehnenhüpfen, lallende Sprache, schwerbewegliche Zunge, Zusammensinken und Herabrutschen des Körpers im Bette, Untersichgehenlassen von Stuhl und Urin. Außer bei fieberhaften örtlichen wie allgemeinen Krankheiten kommen die genannten nervösen Symptome auch noch bei den verschiedensten Krankheiten des Gehirns und der Hirnhäute vor. Im Allgemeinen ist das Auftreten der nervösen Symptome diagnostisch oft ohne Werth, prognostisch dagegen von großer und meist von schlimmer Vorbedeutung.

Nervus (lat.), der Nerv; in der botanischen Terminologie bei Gefäßpflanzen ein Gefäßbündel, welches die Mittelschicht eines Blattes oder blattartigen Theiles der Länge nach mehr oder weniger vollständig durchzieht. N. probandi, der Hauptbeweisgrund. N. rerum gerendarum, die Haupttriebfeder aller Handlungen, d. h. das Geld.

Nerz, Säugethierart, s. Nörz.

Nescias, quod scis, si sapis, lateinisches Sprüchwort aus Terenz: Wenn du klug bist, vergiß, was du weißt, d. h. hüte dich, Geheimnisse auszuplaudern.

Neshin (Nejin, Njeschin), Kreisstadt im europäisch-russischen Gouvernement Czernigow, am Oster, ist schwach befestigt, hat eine Kathedrale, 19 andere Kirchen, ein Lyceum, mehre Klöster, Fabriken in Seidenwaaren, Leder, Seife, Räucherwerk, Konfitüren u. Liqueuren, starken Handel mit diesen Waaren u. mit Wein, berühmte Jahrmärkte u. 16,584 Einw.

Nesle, Stadt im französischen Departement Somme, am Lingon, hat Hut-, Zucker- und Oelfabrikation und 1700 Einwohner. Im Jahre 1472 wurde N. von den Burgundern erstürmt, worauf Karl der Kühne die ganze Besatzung hinrichten oder verstümmeln und die Stadt niederbrennen ließ.

Neß, Fluß im nördlichen Schottland, fließt durch den 5 Meilen langen, ¼ Meile breiten, durch den Caledoniakanal mit dem Frith of Murray u. dem Loch

Oich verbundenen gleichnamigen See (Loch Neß) und mündet bei Inverneß in den Frith of Murray.

Nessa, Fluß in Thüringen, entspringt am Petersberg bei Erfurt, durchfließt das Herzogthum Gotha und einen Theil des weimarischen Kreises Eisenach und vereinigt sich bei Eisenach mit der Hörsel.

Nessel (Brennnessel), Pflanzengattung, s. Urtica.

Nesselausschlag, s. Nesselsucht.

Nesselrode, niederrheinisches Adelsgeschlecht, das schon im 10. Jahrhundert erwähnt wird. Die ältere Linie, von N.-Landskron, ward 1710 in den Reichsgrafenstand erhoben, nachdem die jüngere, von N.-Ehreshofen, schon 1705 mit dem ungarischen Indigenat die ungarische Grafenwürde erhalten hatte. Jene ist gegenwärtig im Mannsstamm erloschen. Das berühmteste Glied der jüngeren ist Graf Karl Robert von N., einer der bedeutendsten und einflußreichsten Diplomaten der Neuzeit, geboren am 14. December 1780 in Lissabon, wo sein Vater, Graf Max Julius Wilhelm Franz von N. (geboren den 24. Okt. 1724, † den 8. März 1810 zu Frankfurt), damals russischer Gesandter war, erhielt seine Bildung zu Berlin, widmete sich frühzeitig der diplomatischen Laufbahn und war zuerst 1802 bei der russischen Gesandtschaft in Berlin, dann bei der in Stuttgart, 1805—6 als Legationssekretär und Chargé d'affaires im Haag, 1807 als Gesandtschaftsrath in Paris thätig. In dem Kriege Rußlands gegen Frankreich schloß er am 19. März 1813 zur Ergänzung des Vertrags von Kalisch nebst dem Baron Stein den Vertrag zu Breslau mit Hardenberg und Scharnhorst und am 15. Juni 1813 zu Reichenbach in Schlesien den Subsidienvertrag mit dem britischen Bevollmächtigten Lord Cathcart. Hierauf kam er auch mit Metternich über die wichtigsten Punkte des Bündnisses überein, welches am 9. September zu Teplitz zwischen Rußland und Oesterreich geschlossen wurde. In dem Feldzuge von 1814 folgte er dem Kaiser nach Frankreich und unterzeichnete am 1. März die Quadrupelallianz zu Chaumont. In der Nacht vom 30. zum 31. März schloß er im Verein mit den Grafen Orlow u. Paar den Vertrag mit dem Marschall Marmont wegen Uebergabe der Stadt Paris ab. Auch sind von ihm alle damals von den verbündeten Mächten erlassenen Noten und Erklärungen, an deren Abfassung er den wichtigsten Antheil gehabt haben soll, sowie der pariser Friede vom 30. Mai 1814 mit unterzeichnet. Auf dem Kongresse zu Wien war er einer der einflußreichsten Bevollmächtigten; auch war er ein thätiges Mitglied des Ausschusses, der die Abschaffung des Negersklavenhandels vorbereiten sollte. Er unterzeichnete ferner am 13. März 1815 die Achtserklärung der verbündeten Mächte gegen Napoleon I. und am 25. März den das Bündniß von Chaumont erneuernden Vertrag. Als einer der ausgezeichnetsten Diplomaten der heiligen Alliance begleitete er den Kaiser Alexander I. auf die Kongresse zu Aachen, Troppau, Laibach und Verona. Auch unter Kaiser Nikolaus, der ihm 1826 bedeutende Besitzungen im südlichen und westlichen Rußland verlieh, zeigte er sich als bewährten Staatsmann. Mit ausgezeichnetem Geschick leitete er die Verhandlungen mit dem britischen und französischen Kabinet in Beziehung auf Griechenland, sowie die mit der Pforte, welche er durch den Vertrag von Chunkiar-Skelessi am 8. Juli 1833 an das russische Staatsinteresse fesselte. Auch die Verhältnisse des persischen Reichs ordnete er mit dem günstigsten Erfolg. Die gestörten Beziehungen des russischen Kabinets zu dem englischen wußte er wieder herzustellen und die durch die schroffe Stellung des französischen Ministeriums Thiers hervorgerufene Gefahr für den Frieden Europa's zu beseitigen, indem durch den Traktat vom 19. April 1839 erst die belgischen Angelegenheiten vollständig und durch die Konvention zu London vom 15. Juli 1840 die türkisch-ägyptischen vorläufig Erledigung fanden, bis dann durch die Note vom 10. Mai 1841 zwischen den 5 Großmächten und dem türkischen Gesandten das letzte noch obwaltende Hinderniß der Beilegung der orientalischen Frage aus dem Wege geräumt wurde. Während der Jahre 1848 und 1849 leitete N. die auswärtige Politik Rußlands in einer zurückhaltenden Weise, bis sich Gelegenheit bot, durch die Intervention in Ungarn Oesterreich an das russische Interesse zu knüpfen und der Revolution einen tödtlichen Schlag zu versetzen. Auch wußte er die Verwirrung in den Donauprovinzen geschickt zu benutzen, um durch den Vertrag von Balta-Liman den russischen Einfluß zu erweitern. In der orientalischen Verwickelung 1853 galt N. für den Vertreter einer friedlicheren und gemäßigteren Politik. N. war erst Vicekanzler, dann Kanzler des russischen Reichs. Nachdem er im April 1856 seinen Abschied genommen, † er den 23. März 1862 zu Petersburg. Sein einziger Sohn, Graf Dimitry von N., geboren den 23. December 1816, ist wirklicher russischer Staatsrath; sein Großneffe, Graf Maximilian von N., Mitglied des preußischen Herrenhauses und Landrath des Kreises Wipperfurt.

Nesselsucht (urticaria), Hautkrankheit, bei welcher sich flache, unregelmäßige, mehr breite als hohe Anschwellungen der Haut ohne Abstoßung der Epidermis bilden. Diese Anschwellungen, sogenannte Quaddeln oder Nesselmäler, sind meist von bleichem Ansehen, mit blaßrothem Hofe umgeben u. entstehen durch eine entzündliche Ausschwitzung wässeriger Stoffe in das Lederhautgewebe. Die Quaddeln stehen bald vereinzelt, bald so nahe bei einander, daß sie zum Theil zusammenfließen; bald ist die Dauer einer Quaddel eine sehr kurze, bald hält sie sich eine längere Zeit hindurch. Die Ursachen der N. sind sehr mannichfach und nur zum Theil bekannt. Nach den verschiedenen Ursachen unterscheidet man verschiedene Arten von N., nämlich: 1) Die N., welche auf äußere Hautreize entsteht, wie bei der Berührung der Haut mit Brennnesseln, mit den Blättern von Rhus Toxicodendron, mit den Haaren mancher Raupen ꝛc. 2) Die N., welche nach dem Genuß gewisser Speisen entsteht. Diese Form tritt auf bei manchen Individuen unmittelbar, nachdem sie Erdbeeren, Krebse, Muscheln, Pilze, Käse oder andere ungewöhnliche Nahrungsmittel genossen haben. Es ist völlig räthselhaft, warum die genannten Nahrungsmittel nur bei sehr wenigen Menschen und bei diesen gewöhnlich jedesmal N. hervorrufen. Auch nach der Darreichung großer Dosen von Kopaivabalsam entsteht nicht selten N. 3) Die fieberhafte N. (febris urticata) ist eine mit heftigem Fieber und Verdauungsstörungen verbundene Form, deren Ursachen ganz unbekannt sind. 4) Die chronische N. ist eine sehr seltene Krankheit u. ihre Ursachen sind ebenfalls dunkel. Die N. ist stets mit einem lästigen, unwiderstehlich zum Kratzen auffordernden Jucken der Haut verbunden. Dieses Jucken und die Quaddelnbildung sind die einzigen Symptome aller Formen der N., mit Ausnahme der fieberhaften N. Die Dauer der Krankheit ist meist auf einen oder wenige Tage beschränkt. Nur die chronische N. wiederholt sich in kurzen Zwischenräumen Monate und Jahre lang, indem immer neue Quaddeln entstehen, ohne daß die einzelnen Quaddeln besonders lange Zeit bestehen blieben. Das die fieberhafte N. begleitende und dieselbe zuweilen einleitende Fieber kann einen hohen Grad erreichen, so daß die Zunge trocken, der Schlaf sehr unruhig wird und selbst Delirien auftreten. Gesellen sich zu diesem Fieber heftiges Erbrechen und häufige Durchfälle, so kann man eine schwere Erkrankung vor sich zu haben glauben. Indessen verliert sich der Ausschlag wie das Fieber u. die gastrischen Symptome schon nach einigen Tagen und es folgt eine schnelle Genesung. Eine eingreifende ärztliche Behandlung der N. ist durchaus nicht nöthig. Gegen das Hautjucken hat man Waschungen mit sehr verdünnten Säuren und Einreibungen mit Citronenscheiben empfohlen, doch ist ihre Wirkung sehr unsicher. Auch gegen die chronische N. gibt es kein wirksames Mittel. Man muß sich daher darauf beschränken, das etwa beeinträchtigte Allgemeinbefinden der Kranken durch diätetische Mittel wieder herzustellen, Verdauungsstörungen zu beseitigen und den Genuß von Speisen untersagen, nach welchem erfahrungsgemäß manche Personen die N. bekommen.

Nesseltuch, ursprünglich ein aus den wie Flachs zubereiteten Stengeln der großen Nessel gewebtes leinwandartiges Zeuch, welches meist ungebleicht verbraucht wurde; jetzt Benennung der feinen und mittelfeinen und ungebleichten Batiste und Musseline. S. Musselin.

Nesselwang, Marktflecken im bayerischen Regierungsbezirk Schwaben und Neuburg, Verwaltungsdistrikt Füßen, rechts an der Wertach, mit Schloß, Hospital, Jahrmärkten und 1530 Einw.

Nesserland (Nessa), ostfriesische Insel im Dollart, zur hannöverischen Landdrostei Aurich, Amt Emden, gehörig, vor dem Hafen von Emden, der letzte Rest eines im Dollart untergegangenen Landes, bildet eine mit niedrigen Dämmen umgebene Wiese, auf welcher die Einwohner einen Warf aufgeworfen haben, den sie bebauen. Die Insel ist mit dem Festlande durch einen Damm verbunden, welcher durch Anschwemmung sich von selbst vergrößert.

Nessus, Centaur, welcher von Hercules (s. d.) am Flusse Euenus erlegt wurde.

Nest, vorzugsweise die von den Vögeln zur Ausbrütung ihrer Eier und Aufnahme ihrer Jungen aus weichen und biegsamen Stoffen bereitete Wohnung; s. Vögel.

Neste (Nestes), linker Nebenfluß der Garonne im französischen Departement Oberpyrenäen, entspringt auf den Pyrenäen in zwei Quellenflüssen, der N. d'Aure und der N. de Louro und mündet oberhalb Montrejean.

Nestel, dünngeschnittener lederner Riemen oder dergleichen Band, am Ende mit einem Stift oder einer blechernen Einfassung versehen, um das Durchziehen zu erleichtern, wo es dann auch Senkel genannt wird. Daran knüpft sich der Aberglaube vom Nestel- oder Senkelknüpfen, der vorgeblichen Kunst, vermittelst der Schürzung eines großen Knotens die Zeugungsfähigkeit zweier Ehegatten zu verhindern, oder auch andere ungewöhnliche Dinge zu bewirken, z. B. sich kugelfest zu machen, Gegenstände vor Entwendung zu sichern etc. Das Nestelknüpfen wurde schon vor Erlassung des salischen Gesetzes für ein schweres Verbrechen erachtet, auf dem Koncil zu Regensburg ausdrücklich dafür erklärt und mit der Strafe der Enthauptung bedroht.

Nestling, junger Vogel, der sich noch im Neste befindet; auch jeder jung aus dem Neste genommene Raubvogel, der zur Beize abgerichtet werden soll.

Nestor, in der griechischen Mythe Sohn des Neleus u. der Chloris, aus dem messenischen Pylus, mit dem attischen Königsgeschlecht verwandt, vermählt mit Eurydice, der ältesten Tochter des Clymenus, und nach deren Tod mit Anaxibia, der Schwester des Agamemnon, war von allen seinen Geschwistern der einzige, welcher der Vernichtung durch Hercules entging, weil er damals zu Gerena in Messenien erzogen wurde. Er ward Fürst von Pylus, und auch der Thron Messeniens ging nach Aussterben der dortigen Herrscherfamilie an ihn über. Er nahm Theil am Kampf der Lapithen gegen die Centauren, an der kalydonischen Jagd und am Argonautenzug, besiegte die Arkadier, unternahm einen beutereichen Rachezug gegen die Eleer und führte als Greis die Pylier und andere Stämme in 98 Schiffen nach Troja, wo er sich nicht bloß als Held, sondern auch durch weisen Rath und Beredtsamkeit auszeichnete. Nach Troja's Fall kehrte er glücklich nach Pylus heim, wo ihn später Telemach besuchte, um von ihm Kunde über seinen Vater zu erhalten. Nach ihm nennt man einen bejahrten erfahrenen Mann einen N.

Nestor, der erste russische Chronist, geboren um 1056 im südlichen Rußland, war Mönch im petscherischen Kloster in Kiew u. † nach 1116. Außer den Lebensbeschreibungen einiger Aebte und Mönche seines Klosters schrieb er in russischer Sprache eine Chronik, welche für die Geschichte des Nordens von Wichtigkeit ist. Die Jahresangaben beginnen mit 852. Die Chronik ist später von Sylvester, Abt von St. Michael zu Kiew (bis 1123), und von zwei ungenannten Mönchen bis 1203 fortgesetzt, aber zugleich sehr entstellt worden. Unter den Ausgaben sind die von Pegudin (Petersburg 1841) und Miklosich (Wien 1860) hervorzuheben; Schlözer gab eine Uebersetzung und Erklärung der Chronik unter dem Titel „Russische Annalen" (Göttingen 1802—9, 5 Bde.), doch nur bis 980 reichend.

Nestorianer, kirchliche Partei der orientalischen Kirche, genannt nach ihrem angesehensten Führer, Nestorius. Derselbe war gebürtig aus Syrien, hatte Theodorus von Mopsuestia in Antiochia zum Lehrer gehabt und war 428 vom Presbyter zum Patriarchen daselbst erhoben worden. Da er in Uebereinstimmung mit dem Presbyter Anastasius behauptete, das Göttliche und das Menschliche in Jesu habe auch nach der Vereinigung zu Einer Person sein eigenthümliches Wesen bewahrt, und man dürfe daher nicht von einer Menschwerdung des Logos reden, auch Maria nicht als Gottgebärerin, sondern nur als Christusgebärerin bezeichnen, kündigte das von den Mönchen fanatisirte Volk beiden die Kirchengemeinschaft auf. Nestorius ließ hierauf die Mönche durchprügeln und seine Gegner auf einer Kirchenversammlung als Ketzer anathematisiren. Auch der Bischof Cyrill von Alexandria klagte Nestorius an, daß er die beiden Naturen in Christo zu zwei Personen mache und die wahre Gottheit Christi leugne, und das Koncil zu Ephesus 431 verdammte des Nestorius Ansichten und entsetzte ihn sammt 50 Bischöfen ihrer Würden. Nestorius zog sich hierauf in ein Kloster zu Antiochia zurück. Auch die vom Kaiser 432 zu Chalcedon versuchte Vereinigung der beiden Parteien blieb erfolglos. Zwar unterzeichnete Cyrill 433 ein vom Bischof zu Antiochia entworfenes Glaubensbekenntniß, worin er Christo zwei Naturen zugestand, und die antiochenischen Bischöfe willigten in das gegen Nestorius ausgesprochene Anathema, allein mehre Antiochier, namentlich Meletius von Mopsuestia und Alexander von Hierapolis, nannten dies Verrath an der Wahrheit und fachten den Streit von Neuem an. Der Kaiser entsetzte daher Beide, und Nestorius selbst wurde in eine ägyptische Oase und dann in der Thebais von einem Verbannungsort zum andern verwiesen, bis er um 400 starb. Die nestorianische Partei dauerte indeß, auf ihre theologische Schule zu Edessa gestützt, fort und erwarb durch die Bemühungen des später vertriebenen, aber 435 zum Bischof von Nisibis erhobenen Barsuma Wohnsitze in Persien. Zugleich gründete letzterer in Seleucia ein eigenes Patriarchat und in Nisibis eine Theologenschule. Hier begründeten die N. ihre eigene kirchliche Verfassung, nannten sich aber nach ihrem frühern Wohnsitz und der chaldäisch-syrischen Kirchensprache chaldäische Christen. Auf dem Koncil zu Seleucia formulirten sie ihr von dem der katholischen Kirche abweichendes Dogma dahin, Christus habe aus zwei Personen, jedoch nur in Einer sichtbaren Gestalt, bestanden und die Vereinigung beider nur auf dem Willen beruht, Maria aber sei nur Christusgebärerin. Auch in der Reichskirche zählten die N. noch ihre Vertreter, u. A. den Bischof Ibas von Edessa und Theodoret. Im 6. Jahrhundert verbreiteten sich die N. über Aegypten und Arabien, ja selbst über die Tatarei, und gründeten endlich auch in Indien und in China Gemeinden. Der nestorianische Patriarch Jesuzabes schloß mit Mohammed und sodann mit Omar einen förmlichen Vertrag ab, und die N. erlangten während der arabischen Herrschaft sogar hohe Stellen im Staate. Im 10. Jahrhundert ward ihre Lage jedoch drückend, und seitdem erlag auch der wissenschaftliche Geist dieser Religionspartei des Orients. Bis ins 16. Jahrhundert verblieben die N. unter einem kirchlichen Oberhaupt. In Folge des Einflusses, den die römische Kirche auf sie erlangte, mit welcher sie schon die Päpste Innocenz IV. und Nikolaus IV. zu vereinigen versuchten, zerfielen sie 1551 über die Wahl eines neuen Jacelich, indem die Einen den von Julius III. geweihten Bischof Johannes anzunehmen bereit waren, ein anderer Theil seine Stimme einem gewissen Simeon Barmas gab. Die ersteren traten zur römischen Kirche über und bildeten die sogenannten unirten N., die man jetzt gewöhnlich chaldäische Christen nennt. Sie zählen etwa 90,000 Seelen, erkennen den päpstlichen Primat und die sieben Sakramente an, beobachten den Ritus der griechischen Kirche, und ihr Patriarch hat seinen Sitz zu Diarbekr. Die nichtunirten N. haben nur die Sakramente Taufe, Abendmahl (in beiderlei Gestalt) und Priesterweihe; ihre Geistlichen dürfen sich verheirathen. Ihre Zahl beträgt etwa 70,000 Seelen. Die frühere wissenschaftliche Bildung ist jetzt ganz verschwunden. Die in Indien wohnenden N. heißen Thomaschristen. Vgl. Grants, The Nestorians (deutsch, Basel 1843), und Percy Badger, The Nestorians and their rituals (Lond. 1852, 2 Bde.). Die nestorianischen Mönche und Nonnen sind Religiose von der Regel des heiligen Antonius. Ihr Mittelpunkt ist das Kloster Hormoz. Die Gelübde sind nicht streng. Im Kloster beschäftigen sich die Mönche außer ihren religiösen Uebungen mit Handarbeit, während Laienschwestern für ihren Unterhalt sorgen, denn in mehren Klöstern leben Mönche und Nonnen, doch in getrennten Zellen, zusammen. Fleischspeisen, auch Butter und Milch dürfen nicht genossen werden. Die Tracht der Brüder besteht aus einem schwarzen Ober- und Unterrock. Das Haupt bedeckt ein blauer Turban. Die Nonnen und Schwestern sind ebenso gekleidet, nur legen sie statt des Turbans über den Kopf einen schwarzen Schleier.

Nestorius, s. Nestorianer.

Nestroy, Johann Nepomuk, Schauspieler u. dramatischer Schriftsteller, geboren den 7. Dec. 1802 zu Wien, studirte die Rechte, widmete sich aber mit Vorliebe der Musik und einem Liebhabertheater in dem väterlichen Hause und bald ausschließlich der Bühne. Im Jahre 1821 debütirte er am Hofoperntheater als Sarastro in der „Zauberflöte" so glücklich, daß er sogleich ein Engagement erhielt; da er aber nur wenig beschäftigt ward, so ging er als erster Bassist an das Theater zu Amsterdam, wo er in komischen Rollen großen Beifall erntete. Seit 1824 machte er sich in Brünn als Bassist und Lokalkomiker einen Namen, ging aber 1826 nach Grätz, wo er seine Thätigkeit bald ausschließlich auf das komische Fach beschränkte. Im Jahre 1831 erhielt er ein Engagement für das Theater an der Wien zu Wien und 1854 übernahm er das Karlstheater. Er † den 31. Mai 1862. N. war als Schauspieler ein origineller, derb humoristischer Charakterzeichner, zwar nur im niedern Genre zu Hause, hier aber durch treffende Naturwahrheit ungemein erfolgreich wirkend. Als Theaterdichter war er ein Nachfolger Ferdinand Raymunds, doch versetzte er die von diesem meist in phantastischen Regionen gehaltene Posse mehr ins bürgerliche Leben. Reichthum der Erfindung, Kenntnisse in der Technik und frische Laune sind ihm nicht abzusprechen, ja in mehren seiner bessern Stücke ist eine Fülle dramatischen Lebens entfaltet, und der Typus der wiener Volksthümlichkeit erscheint darin aufs glücklichste wiedergegeben, doch ermangelte N. des Bewußtseins, daß ein Volksdichter die Menge, für die er schreibt, zu sich emporzuziehen und zu veredeln suchen muß. Mehre seiner Stücke, wie „Lumpacivagabundus", „Eulenspiegel", „Zu ebener Erde und im ersten Stock", „Der Talisman", haben auch auf auswärtigen Bühnen Glück gemacht.

Nestved, Stadt auf der dänischen Insel Seeland, Amt Prästo, in schöner Gegend an der Susaa, mit einem Hafen in Karrebäksminde, Kornhandel und 3647 Einw.

Ne sus Minervam (sc. doceat), lateinisches Sprüchwort: Möge nicht das Schwein (d. i. der Dümmere) die Minerva (d. i. den Klügeren) belehren.

Ne sutor ultra crepidam, lateinisches

Sprüchwort: der Schuster bleibe beim Leisten, urtheile nicht über Dinge, die du nicht verstehst, angeblicher Ausspruch des griechischen Malers Apelles.

Neszmély (Neßmühl), Dorf im ungarischen Komitat Gran, am rechten Donauufer, mit 1300 Einw., berühmt durch seinen Wein, der nach dem Tokayer für den besten in Ungarn gilt. Hier starb Kaiser Albrecht II. 1439.

Nethou (Pic Anethou), der höchste Gipfel der Pyrenäenkette Malabetta, auf der Grenze der spanischen Provinzen Katalonien und Aragonien, 10,722 Fuß hoch.

Netscher, Kaspar, ausgezeichneter Maler, geboren zu Heidelberg 1639, Sohn des Bildhauers Johann N., widmete sich erst als Adoptivsohn eines Arztes in Arnheim dem Studium der Medicin, sodann aber unter de Koster, einem Stilllebenmaler zu Utrecht, und Terburg zu Deventer der Kunst und malte Vieles für Kunsthändler. Später ließ er sich im Haag nieder, wo er den 13. Januar 1684 †. In der treuen Nachahmung der Natur wetteiferte N. mit den berühmtesten seiner Zeitgenossen. An seiner humoristischer Auffassung des Lebens der höheren Stände stand er Terburg u. Dow am nächsten. Neben der graziösen Erfindung ist er besonders in der Darstellung der Gewandstoffe ausgezeichnet. Vor allen sind seine kleineren Kabinetsstücke geschätzt. Weniger glücklich war er in seinen historischen Bildern. In der dresdener Gallerie sind mehre Bilder von N., darunter die Kranke mit dem Doktor. Die münchener Pinakothek besitzt von ihm eine Bathseba im Bade. Andere werthvolle Werke N.s befinden sich in den Gallerien zu Berlin, Paris, Wien, Amsterdam, Florenz und Gotha. Zwei seiner Söhne, Theodor, geboren 1661 zu Bordeaux, † 1732 zu Hulst, u. Konstantin, geboren 1670 im Haag, † 1722, waren ebenfalls namhafte Maler.

Netstall, Dorf im schweizerischen Kanton Glarus, am Fuße des Wiggis und an der Mündung der Löntsch in die Linth, mit 2100 Einw.

Nett, was reinlich und gefällig ist, besonders von Kunstwerken, die sauber und korrekt gearbeitet sind.

Nette, preußischer Fluß, entspringt bei dem Weiler Lederbach im Kreise Adenau des Regierungsbezirks Koblenz, durchfließt ein 5 Meilen langes, schönes und fruchtbares Thal u. mündet nach 6 Meilen langem Lauf Neuwied gegenüber in den Rhein.

Nettelbeck, Joachim, durch Patriotismus ausgezeichneter Bürger von Kolberg, geboren daselbst den 20. Sept 1738, Sohn eines Brauers, befuhr von seinem 15. bis zu seinem 45. Jahre fast alle europäischen Meere, die westindischen Gewässer und die Küste von Guinea. Bei der Belagerung seiner Vaterstadt im siebenjährigen Krieg machte er sich als Steuermann und Bürgeradjutant um dieselbe verdient, und 1764 stand er kurze Zeit in preußischen Seediensten. Im Jahre 1782 ließ er sich zu Kolberg als Branntweinbrenner nieder und ward bald darauf zum Bürgerrepräsentanten der Stadt erwählt, welches Ehrenamt er bis zur Einführung der neuen Städteordnung 1809 bekleidete. In weiteren Kreisen bekannt ward er aber erst seit 1807, wo die Anstrengungen des beinahe siebenzigjährigen Greises, sein Muth, seine Erfahrung, seine Rathschläge und seine Opferwilligkeit hauptsächlich das von den Franzosen belagerte Kolberg retteten. Im guten Einvernehmen mit der Bürgerschaft und in Verbindung mit seinem Freunde Schill bildete er vom Anfang der Belagerung an durch Vorstellungen und selbst Drohungen der Unentschlossenheit und dem vorurtheilsvollen Dünkel des Festungskommandanten, Oberstes von Loucadou, gegenüber ein wirksames Gegengewicht, wodurch allein dieser zu Maßregeln, welche den Fall des Platzes verhüteten, gezwungen wurde. Seinem schriftlichen Gesuch beim König verdankte die Stadt die Zusendung eines neuen tüchtigen Befehlshabers, des Obersten Gneisenau, dem N. sofort als Bürgeradjutant zur Seite trat. In dieser Stellung leitete er die Ueberschwemmungen, das Löschwesen, die Verproviantirung der Truppen, nahm selbst an allen Ausfällen Theil, erstattete dem Kommandanten die sichersten Berichte und wußte die Eintracht zwischen der Bürgerschaft und der Besatzung, sowie den Muth und die Ausdauer beider aufrecht zu erhalten. Nachdem in Folge des Abschlusses des Waffenstillstands zu Tilsit die Belagerung aufgehoben war, ehrte ihn sein König u. A. durch Ertheilung der Erlaubniß, die preußische Admiralsuniform zu tragen, und 1817 bewilligte er ihm eine lebenslängliche Pension von 200 Thalern. N. † zu Kolberg am 19. Juni 1824. Seine Lebensbeschreibung, von ihm selbst aufgezeichnet, gab Haken (Leipzig 1821—23, 3 Bde.; 3. Aufl. 1863, 2 Bde.) heraus.

Nettesheim, Heinrich Cornelius Agrippa von, s. Agrippa.

Netto (ital.), d. i. das nach Abzug der Produktionskosten, Spesen rc. Uebrigbleibende, dem Brutto (s. d.) entgegengesetzt. So versteht man unter Nettoertrag den Ertrag eines Grundstücks nach Abzug der Kosten der Gewinnung des Bruttoertrags, unter Nettopreis den Preis, wovon der Rabatt bereits abgezogen ist, oder bei welchem überhaupt kein solcher gegeben wird, unter Nettogewicht das Gewicht der bloßen und reinen Waare ohne Emballage rc.

Nettolitz (Netolitz), Stadt im österreichisch-böhmischen Kreis Pisek, mit 2 Kirchen, Stadthaus, Bürgerspital mit Kapelle, Kaserne, Brauereien, Jahrmärkten und 2260 Einwohnern.

Nettuno, Hafenstadt der päpstlichen Delegation Rom, am tyrrhenischen Meer, mit frequentem Hafen und 5000 Einwohnern.

Netz, aus weiten Maschen bestehendes Gestrick, dessen man sich beim Fang von Fischen und Wild bedient; in der Geometrie eine in eine Ebene gezeichnete Figur, welche die Oberfläche eines Körpers darstellt und so beschaffen ist, daß sie, um den Körper gelegt, denselben genau umschließt; bei der Land- und Feldmeßkunst die im Innern einer aufzunehmenden Gegend mit zuverlässigen Instrumenten genau bestimmten Punkte und ihre durch gerade Linien angegebenen Entfernungen von einander; bei Landkarten die einander durchkreuzenden Parallel- und Meridiankreise, in welche die Länder u. Orte eingezeichnet werden; auf Zeichnungen in gleichen Entfernungen gezogene und einander rechtwinkelig durchschneidende gerade Linien zur Erleichterung des genauen Nachzeichnens.

Netz (omentum, epiploon), eine Duplikatur des Bauchfells, welche frei zwischen der vordern Bauchwand u. den Dünndarmschlingen herabhängt. Man unterscheidet ein großes N. (omentum majus) und ein kleines N. (o. minus). Das erstere bildet mit seiner vordern Platte die Fortsetzung des vordern

Ueberzugs der vordern Magenwand; diese Platte geht bis herab in die Gegend des kleinen Beckens, schlägt sich dann um und läuft rückwärts zu dem Quergrimmdarm, an welchem sie sich ansetzt. Als kleines N. oder Netzsack (bursa omenti) bezeichnet man eine zweite Bauchfellduplikatur, welche in die Falte des großen N.es von oben nach unten hin eingestülpt ist. Der Netzsack steht mit der Bauchhöhle in offener Kommunikation durch das an der Leberpforte liegende winslowsche Loch. Die vordere Platte des kleinen N.es überzieht die hintere Fläche des Magens, die hintere Platte desselben das Pankreas und einen Theil des Duodenums. Das N. ist bei magern Menschen fettarm und bildet ein mehr oder weniger durchsichtiges, dünnhäutiges Organ. Bei fettleibigen Menschen kann es einen so großen Fettgehalt haben, daß seine Dicke 1 — 2 Zoll beträgt und die ganze Masse nur aus Fettgewebe zu bestehen scheint. Welche funktionelle Bedeutung die eigenthümliche Bildung des N.es für den Organismus habe, ist vorläufig noch nicht genügend anzugeben. Wie alle Organe des Unterleibes kann auch das N. den Inhalt von Bruchsäcken bilden, besonders häufig tritt es in Leisten- und Nabelbrüche ein. Man nennt dann solche Brüche Netzbrüche. Dieselben fühlen sich teigig, ungleich, oft strangartig an, haben eine mehr cylindrische Gestalt mit breiterer Basis, entwickeln sich langsam, sind schwer zurückzubringen und es wird bei der Taxis derselben nicht das Gurren gehört, welches bei der Zurückbringung gashaltiger Darmschlingen vernommen wird. Der Netzbruch verursacht ein lästiges Ziehen am Magen, führt aber nicht leicht zu so gefährlichen Zufällen, wie sie in Folge der Einklemmung anderer Brüche nicht selten beobachtet werden. Vergl. Joh. Müller, Ueber den Ursprung der Netze beim Menschen, in Meckels „Archäologie f. Anatomie und Physiologie" 1830.

Netze, schiffbarer Nebenfluß der Warthe, entspringt aus einem kleinen See bei Brdow im Polnischen, fließt anfangs in westlicher Hauptrichtung, durchfließt, in den preußischen Regierungsbezirk Bromberg übertretend, den 3 Meilen langen und $^1/_2$ Meile breiten Goplosee und strömt dann mit vielen Krümmungen nach Osten und Westen in nordnordwestlicher Hauptrichtung bis Nakel. Hier schiffbar geworden, speist sie den zur Brahe und durch diese zur Weichsel führenden bromberger Kanal und durchfließt nun in westsüdwestlicher Hauptrichtung den moorgründigen, aber urbar gemachten Netzebruch, tritt in die Provinz Brandenburg über und mündet bei Zantoch (zwischen Driesen und Landsberg) nach einem Laufe von 45 Meilen in einer Breite von 300 Fuß in die Warthe. Vom pommerschen Landrücken her fließt ihr die Küddow zu. Ihr Flußgebiet beträgt 253 □Meilen.

Netzedistrikt, von 1772—1807 Name des durch die erste Theilung Polens an Preußen gekommenen, der Länge nach von der Netze (s. d.) durchströmten Theils von Polen, der einen Flächenraum von 139 (170) □Meilen mit 180,000 Einw. umfaßte und ein besonderes Departement von Westpreußen bildete. Durch den Frieden von Tilsit mußte Preußen fast den ganzen N. an das Herzogthum Warschau abtreten, erhielt ihn aber 1815 durch den zu Wien am 3. Mai mit Rußland abgeschlossenen Vertrag wieder. Jetzt ist der kleinere Theil desselben dem Regierungsbezirk Marienwerder und der größere dem Regierungsbezirk Bromberg zugetheilt.

Netzflügler, Insektenordnung, s. v. a. Neuropteren.

Netzhaut oder **Nervenhaut**, s. Auge.

Netzschkau, Stadt im königlich sächsischen Kreisdirektionsbezirk Zwickau, Amt Reichenbach, an der sächsischen westlichen Staatseisenbahn (Linie Leipzig-Hof), welche zwischen N. und Reichenbach über die berühmte Göltzschthalbrücke führt, hat ein altes Schloß, starke Weberei, eine Papiermühle und 3086 Einwohner.

Netzwerk (opus reticulatum), eine bei altrömischen Bauten vorkommende eigenthümliche Verbindung der Mauersteine, wobei deren Fugen in der Richtung der Diagonale laufen.

Neualbion, früher Benennung des von Franz Drake 1578 entdeckten und von den Briten in Anspruch genommenen Theils der Westküste von Nordamerika, der, 1824 von den Vereinigten Staaten besetzt, 1846 diesen förmlich abgetreten wurde und jetzt den Staat Oregon und das Gebiet Washington bildet.

Neualmaden, Stadt im nordamerikanischen Staate Kalifornien, Grafschaft San Francisco, berühmt durch seine reichen Quecksilberminen.

Neuamsterdam, 1) einsame Insel im indischen Ocean, unter 38° 50′ südl. Br., aus einem einzigen, 2760 Fuß hohen Vulkan bestehend, in neuerer Zeit von den Franzosen in Besitz genommen; wird öfters von Wallfischfängern besucht. — 2) Stadt im britischen Guyana, Grafschaft Berlice, an der Mündung des Berlice in den atlantischen Ocean, Sitz eines Untergouverneurs, hat einen Hafen und 8000 Einwohner.

Neuarchangel (Nowo-Archangelsk), Stadt auf der Insel Sitka, am Norfolksund an der russisch-nordamerikanischen Westküste, Hauptstadt des russischen Amerika, Sitz des Gouverneurs, hat eine griechische Kirche, Schule, Bibliothek, Hospital, Schiffswerfte und Magazine, Zeughaus und Kaserne, einen guten befestigten Hafen, lebhaften Handel mit den Südseeinseln, China, Ostindien und dem britischen Nordamerika und zählt 1000 Einwohner.

Neubeck, Valerius Wilhelm, deutscher Dichter, geboren den 29. Jan. 1765 zu Arnstadt, besuchte die Ritterakademie zu Liegnitz, widmete sich dann zu Göttingen und Jena dem Studium der Medicin und lebte hierauf nach einander als praktischer Arzt zu Liegnitz, zu Steinau in Niederschlesien, wo er eine Zeitlang auch als Kreisphysikus fungirte und den Hofrathscharakter erhielt, Waldenburg und Altwasser, wo er den 20. Sept. 1850 †. Ein Lehrgedicht „Die Gesundbrunnen" (Breslau 1795; neue Aufl., Leipzig 1809) reihen klare Erkenntniß der Natur und musterhafte Beherrschung des Stoffes den besten philosophisch-didaktischen Poesien an. Manches Anerkennungswerthe enthalten auch seine kleineren „Gedichte" (Liegnitz 1792).

Neuber, Friederike Karoline, deutsche Schauspielerin, geboren den 9. März 1697 zu Reichenbach im Voigtlande als Tochter des Advokaten Weißenborn, entfloh mit ihrem Geliebten, dem Gymnasiasten J. Neuber, 1718 zu einer Schauspielertruppe in Weißenfels, organisirte dieselbe neu und ging mit ihr 1728 nach Leipzig. Als Directrice dieser Truppe zog sie die besten Talente an sich heran und wußte mit ihnen für die damalige Zeit Außerordentliches zu leisten. In die Ideen Gottscheds eingehend, half sie ihm 1737 den Hanswurst, der bis dahin auf der deutschen Bühne eine Hauptrolle gespielt, stürzen. Im Jahre 1740 folgte sie einem Ruf nach Petersburg, kehrte aber bald nach Leipzig zurück, wo sich aber ihre Gesellschaft inzwischen aufgelöst hatte, und † in Dürftigkeit den 30. Dec. 1760 in Laubegast bei Dresden. Hier setzten ihr Kunstfreunde 1776 ein Denkmal, das 1852 erneuert wurde. Von ihren Vorspielen und Schäferspielen sind einige gedruckt worden.

Neubildungen, in der pathologischen Anatomie die in Folge krankhafter Prozesse u. gegen die Norm sich bildenden Gewebe, Organtheile und Organe. Die pathologischen N. sind entweder Gewebe, welche denen des normalen Körpers nach Größe, Form u. Anordnung gleichen (sogenannte Hypertrophie oder Homöoplasie), od. Gewebe, bei welchen keine Gleichheit oder Aehnlichkeit mit normalen Geweben Statt findet (Heteroplasie); doch kommen zwischen der Homöoplasie und Heteroplasie vielfache Uebergänge vor. Die pathologischen N. sind bald diffus, infiltrirt, indem ihre Elemente sich zwischen den Elementen des normalen Gewebes ablagern, so daß nirgends eine Abgrenzung beider Statt findet; oder die Elemente der N. sitzen geradezu an Stelle der durch sie zu Grunde gegangenen normalen Gewebe. Bald sind die N. umschrieben, d. h. sie bilden eine meist kugelige Masse, welche die normalen Gewebstheile zur Seite gedrängt hat. Letztere N. nennt man meist Gewächse oder Geschwülste (Neoplasmen, Aftergebilde), wozu jedoch auch zahlreiche infiltrirte, besonders heteroplastische Bildungen gerechnet werden. Gleichsam in der Mitte zwischen den normalen und pathologischen N. steht die Regeneration, der Ersatz eines zu Grund gegangenen Gewebes. Die Regeneration ist entweder eine ächte, vollkommene, wobei ein dem zu Grunde gegangenen Gewebe vollständig gleiches Gewebe entsteht, wie bei der Epidermis, dem Bindegewebe, den Knochen, Nerven ꝛc.; oder eine unächte und unvollkommene, wobei Narbengewebe an Stelle des Substanzverlustes entsteht, wie bei der äußern Haut, bei den Muskeln und Drüsen. Das Vorkommen der N. in den verschiedenen Organen und Geweben verhält sich sehr verschieden. Einzelne N. kommen gelegentlich fast überall vor, z. B. der Eiter und der Krebs, doch haben fast alle N. eine Vorliebe für gewisse Organe, während sie sich in andern weniger oft vorfinden. Andere N. sind an bestimmte Organe und Gewebe gebunden. Die Zahl der N. in einem Individuum ist eine außerordentlich wechselnde; sie treten bald einzeln, bald in einer Unzahl auf. Die Größe der N. variirt vom eben Wahrnehmbaren bis zur Größe eines Eies, einer Faust u. darüber. Manche N. erreichen ein kolossales Volumen und ein Gewicht von 50 u. mehr Pfund (z. B. Eierstockscysten). Die Gestalt und Konsistenz der N. ist gleichfalls eine außerordentlich wechselnde. Die mikroskopischen Bestandtheile der N. sind im Wesentlichen denjenigen der normalen Gewebe gleich; es sind zunächst Kerne, Zellen, Grundsubstanzen der verschiedensten Art, dann aber auch zusammengesetzte Gewebe aller Art, vorzugsweise Binde- u. Knochengewebe, Gefäße ꝛc. Die N. können wohl als Ganzes von einem normalen Gewebe ziemlich weit abweichen, immer aber sind ihre feinsten Elemente denjenigen normaler Gebilde analog gebaut und entstehen nach denselben Gesetzen. Die N. weichen also nur durch ihre Textur, nicht aber durch besondere specifische Elemente von den normalen Geweben ab. Oft sind sie nicht einmal abnorm gebaut, wie die Fettgeschwülste, sondern werden nur dadurch abnorm, daß sie sich an einem Orte entwickeln, der ihnen normaler Weise nicht zukommt. Diejenigen Elemente, welche am häufigsten Ausgangspunkt der pathologischen N. werden, sind die Bindegewebs- und die Knochenkörperchen, seltener die Epithel- u. Drüsenzellen, ziemlich häufig die Kerne der Kapillaren, der Adventitia der Gefäße, des Neurilems, des Sarkolems und die Kerne der glatten Muskelfasern. Das Wachsthum der pathologischen N. gleicht im Allgemeinen dem der normalen Gewebe, bietet aber im Einzelnen manche Verschiedenheiten dar. Die umschriebenen N. bleiben mit wenigen Ausnahmen auf das Mutterorgan beschränkt, während die infiltrirten N. sich unterschiedlos auf fast alle Gewebe fortsetzen können. Die umschriebenen N. wachsen dadurch, daß sich ihre eigenen Elemente vergrößern und vermehren; die Nachbartheile haben am Wachsthum derselben keinen Antheil, sondern werden einfach auseinandergedrängt. Die infiltrirten N. wachsen oft zum Theil auf dieselbe Weise, vorzugsweise jedoch so, daß ihre Umgebung Schicht für Schicht in derselben Art sich verändert, wie dies beim ersten Entstehen der N. geschah. Die Schnelligkeit des Wachsthums ist bei den verschiedenen Geschwulstarten, häufig auch bei den Geschwülsten gleicher Art sehr verschieden. Manche Geschwülste wachsen immerfort, bis rückgängige Metamorphosen in ihnen eintreten, oder bis das Leben erlischt. Andere scheinen auch ohne diese Zwischenfälle nur bis zu einer bestimmten Größe zu wachsen und dann stehen zu bleiben. Der Einfluß der pathologischen N. betrifft zuerst das Mutterorgan derselben, dann die Nachbartheile und endlich den Gesammtorganismus. Das Mutterorgan geht durch die N. ganz oder theilweise unter, oder wird dadurch zusammengedrückt; Hohlräume und Kanäle der Organe werden dabei verengert. Die Nachbarorgane werden gedrückt, ihre Bewegungen vermindert, es werden in ihnen Entzündungen ꝛc. hervorgerufen. Der Einfluß der N. auf den Gesammtorganismus hängt von der Zahl, Größe, Struktur und den Metamorphosen der N., sowie von einer eigenthümlichen Kacherie ab, die sich vorzugsweise bei erweichenden und zerfallenden N., wie bei Krebs u. Tuberkel, einstellt. Außerdem disponiren gewisse N. zu manchen lokalen Erkrankungen, z. B. die Tuberkel zur Lungenentzündung. Ueber die Ursachen der pathologischen N. ist nicht viel Sicheres zu sagen. Als prädisponirende Ursachen sieht man Erblichkeit, epidemische und endemische Einflüsse, vorausgegangene Krankheiten, übermäßige körperliche und geistige Anstrengungen an. Gelegenheitsursachen für das Entstehen der N. sind vermehrte Funktionirung der Mutterorgane, mechanische und chemische Reize der verschiedensten Art, gewisse Krankheitsgifte (Typhus, Syphilis). Die meisten N. entstehen aber spontan, d. h. wir kennen keine Ursachen ihrer Entstehung. Die Eintheilung der N. kann von verschiedenen Standpunkten aus erfolgen. Mit der Eintheilung in homöoplastische und heteroplastische N. fällt die praktisch wichtige in gutartige und bösartige N.

fast zusammen. Die sogenannten gutartigen N. (welche aber im besten Fall nur unschädlich sind) sind meist Homöoplasien, die bösartigen meist Heteroplasien. Jene sind meist lokaler Natur, diese häufig allgemein; jene sind meist scharf umschrieben, diese meist diffus und infiltrirt; jene werden durch gründliche Exstirpation gewöhnlich für immer entfernt, diese kehren darnach entweder an der alten Stelle, oder in der Umgebung, oder in innern Organen wieder; jene bleiben oft auf einer gewissen Stufe ihrer Größe stehen, diese zeigen eine große Neigung zur Erweichung und Verjauchung. Von alledem kommen indessen zahlreiche Ausnahmen vor. Wegen ihrer Uebersichtlichkeit empfiehlt sich die Eintheilung der N. in folgende 4 Klassen: 1) N., welche den normalen Geweben mehr oder weniger gleich sind, wie die N. aus Bindegewebe, Knorpeln, Knochen, Fettgewebe, N. von Muskeln, Nerven, Gefäßen und Drüsen. 2) N., welche aus eben solchen Geweben bestehen, aber in eigentlichen gröberen Formen auftreten, Zottengeschwülste, Cysten. 3) N., welche vorzugsweise aus Kernen und aus Zellen bestehen. Als Kernneubildungen sind zu nennen die lymphatischen N., der Tuberkel und Lupus; als Zellenneubildungen der Eiter, das Syphilom, das Sarkom und der Krebs. 4) Kombinirte N., meist seltene Geschwülste, welche aus zwei oder mehren normalen oder pathologischen Geweben bestehen, z. B. der Cystenkrebs. Vgl. bezüglich des Näheren die speciellen Artikel, die Lehrbücher der pathologischen Anatomie und Virchow, Die krankhaften Geschwülste, Berlin 1863.

Neublau, Stärke, welche mit Pariserblau gefärbt ist. Man bereitet das N., indem man 20 Pfd. Kartoffelstärke, 20 Pfd. Schabestärke, 40 Pfd. Pariserblau en pâte à 30 Procent, 2 Pfd. Indigkarmin, 2 Pfd. Gummiarabikum und Wasser zu einem Teig anknetet, diesen auf Trockenbretern ausbreitet, etwas trocknen läßt und in Täfelchen zerschneidet. Dann läßt man das Fabrikat völlig austrocknen, bringt die Täfelchen in eine um ihre Axe drehbare Trommel, fügt etwas fein gepulvertes Pariserblau hinzu und dreht die Trommel, bis alle Täfelchen eine gleichmäßig schöne Farbe angenommen haben. Nach dem Absieben ist die Waare marktfertig. Auch Indigoabfälle werden auf N. verarbeitet. Man benutzt das N. zum Bläuen der Wäsche und als Anstreichfarbe.

Neubrandenburg, Stadt im Großherzogthum Mecklenburg-Strelitz, Herzogthum Strelitz, am nördlichen Ende des Tollensee's und an der Eisenbahn von Stettin nach Rostock, ist regelmäßig gebaut, mit schönen breiten Straßen, fast zirkelrund, mit Wällen und Mauern umgeben, hat 4 schöne alte gothische Thore, 2 Kirchen, von denen die gothische Marienkirche aus dem 13. Jahrhundert, mit 296 Fuß hohem Thurme und schönen Oel- und Freskogemälden und Skulpturen, neuerdings restaurirt wurde, ein großherzogliches Palais, ein Schauspielhaus, Gymnasium mit Real- und Bürgerschule, eine Mädchen- und eine Armenschule, ein Armenhaus (ehemaliges Franciskanerkloster), Leinweberei, Kattundruckerei, Essig-, Instrumenten-, Watten-, Strohhut-, chemische Waaren-, Spielkarten-, Tabaks- u. Leimfabrikation, Bierbrauereien, Gerbereien, Färbereien, lebhaften Handel, einen großen Wollmarkt, besuchte Wettrennen und 6912 Einw. 1/2 Meile von der Stadt liegt in einem uralten Walde die sogenannte Ravensburg, wahrscheinlich ein heidnischer Opferplatz, und am nordwestlichen Ufer des Tollensee's das schöne, in griechischem Styl erbaute großherzogliche Lustschloß Belvedere mit reizender Fernsicht. N. wurde 1248 vom Markgrafen Johann I. von Brandenburg gegründet und kam 1292 an Mecklenburg. Im dreißigjährigen Kriege litt die Stadt viel, wurde mehrmals von beiden kriegführenden Theilen besetzt und am 31. März 1631 von Tilly erstürmt.

Neubraunfels, Hauptstadt der Grafschaft Comal im nordamerikanischen Staate Texas, am Zusammenfluß des Guadelupe und Comal, mit 2000, größtentheils deutschen Einw., ist die Hauptniederlassung der deutschen Kolonisationsgesellschaft unter dem Prinzen Karl zu Solms-Braunfels.

Neubraunschweig (New-Brunswick), britische Kolonie in Nordamerika, liegt zwischen 45° 5′ und 48° 4′ 30″ nördl. Br. und 63° 47′ 30″ und 67° 53′ westl. L. von Greenwich und wird begrenzt im Norden von der Bai des Chaleurs und dem Fluß Ristigouche, welcher sie von Untercanada trennt, im Osten durch den Golf von St. Lorenz, im Süden durch Neuschottland (Nova Scotia), mit dem sie durch den Isthmus von Chignecto zusammenhängt, und die Fundybai und im Westen durch den amerikanischen Staat Maine. Ihr Flächeninhalt beträgt nach officieller englischer Angabe 27,037 englische □Meilen (ungefähr 1290 deutsche □Meilen) und die Zahl der Bevölkerung ist für 1862 auf 252,047 Seelen angegeben, welche, überwiegend britischer Abkunft, sich größtentheils zur englischen Kirche bekennen. Der südliche Theil der Kolonie längs der Fundybai ist an den Küsten felsig, der Boden trägt hohe Waldbäume und, wenn bebaut, gutes Getreide, der höchstgelegene Theil dieses Strichs ist von verschiedenen Seen besetzt, die, mitunter von beträchtlicher Ausdehnung, gegen 600—700 Fuß über dem Meeresspiegel liegen. Die Passamaquoddybai mit den Inseln Campobello, Deer Island und Grand Manan Island bietet hier Häfen für große Schiffe. Der östlich vom St. Johnflusse liegende Strich dagegen ist eher felsig und unfruchtbar, nur die niedrigeren Flußthäler sind mit großen Bäumen bedeckt und werden mit gutem Erfolg angebaut. Der mittlere Theil hat niedrige Küsten, ist uneben und hügelig, von großen Waldungen mit mächtigen Bauholzbäumen durchzogen; der nördliche Strich ist sehr hügelig und selbst gebirgig, besonders an den Ufern des Flusses Ristigouche und in der Gegend, wo die Flüsse Tobique und Nipsisighet entspringen. Die bedeutendsten Flüsse in N. sind: der St. John oder Loochtook, der das Land ungefähr in 47° nördl. Br. betritt, bald darauf große Fälle bildet und in die Fundybai mündet nach einem Laufe von mehr als 200 Stunden von seinem Ursprung und 105 Stunden innerhalb der Kolonie; der Petcoudiac oder Petit Coudiac, der Restigouche, Nipsisighet und Miramichi. Der Nipsisighet durchfließt den nördlichen Theil der Kolonie, etwa 90 englische Meilen lang, und mündet in die Bai des Chaleurs. Sein Lauf hat viele Fälle und Stromschnellen. Der Miramichi, nächst dem St. John der wichtigste Fluß des Landes, bewässert mit seinen zahlreichen Armen den mittleren Strich, mündet nach einem Laufe von mehr als 100 englischen Meilen in den St. Lorenzgolf und ist für große Schiffe auf etwa 40 englische Meilen schiffbar. Das **Klima** von N. gilt für gesund, das Innere hat, wie Canada, die großen Gegensätze zwischen Sommer- und Wintertemperatur, die Küsten haben dicke Nebel und sehr unbeständiges Wetter. Der Frühling währt nur von Mitte April bis Mitte Mai und ist von rauher Witterung begleitet. Der Sommer beginnt in der Mitte des Mai und dauert bis zum Sept. Während desselben ist das Wetter warm und Regen selten, außer bei den häufigen Gewittern. Im Sept. und Okt. wird die Witterung schön und angenehm. Der beständige Winterfrost dauert gewöhnlich vier Monate, von Ende Dec. bis Mitte April. Der Winter ist kälter und der Sommer heißer als unter gleichen Breitengraden in Europa. Der größte Reichthum der Kolonie besteht in den prächtigen Waldungen, welche enorme Massen von vortrefflichem Bauholz, namentlich Tannen, zur Ausfuhr liefern. Auch Weizen, Gerste, Hafer, Buchweizen, Hülsenfrüchte und Flachs, Kartoffeln, sowie Mais in den südlichen Bezirken werden gebaut, doch ist nur ein geringer Theil des Landes kultivirt. An den Ufern der zahlreichen Flüsse gibt es gute Wiesen und Weidegründe, und Ackerbau und Viehzucht können hier mit dem besten Erfolge betrieben werden. Die Mineralien werden nicht ausgebeutet. Man findet Marmor an den Ufern des See's Kenebekasis, Steinkohlen am Großen See (Grand Lake), Eisenerz, viel Gyps an der Küste der Fundybai. Im Innern des Landes gibt es noch Bären und Wölfe, Füchse verschiedener Farben, Marder, Luchse, Wolverene (eine Art Vielfraß), Biber, Bisamratten; das Mustbier oder amerikanische Elenn ist fast ausgerottet; häufig kommen wilde Gänse, Enten, Rebhühner und Tauben vor. Die Flüsse, Seen und das benachbarte Meer sind sehr fischreich; viele Bewohner nördlich von der Mündung des Miramichi nähren sich vom Kabeljau-, Makrelen- und Häringsfang. Die wichtigsten Erzeugnisse des Landes zur Ausfuhr sind Bauholz, Fische und Thran, Gyps und etwas Pelzwerk. Nach der amtlichen Erhebung betrug 1862 in N. der Werth der Einfuhr 1,291,604 Pfd. Sterl., der der Ausfuhr 803,445 Pfd. Sterl. und der gesammte Tonnengehalt der ein- und ausgelaufenen Schiffe 1,148,736 Tonnen. Einen sehr wichtigen Gewerbszweig bildet der Schiffbau, der hier auch für englische Rheder betrieben wird. Der Kolonie ist ein von der Krone ernannter Gouverneur (Lieutenant Governor) vorgesetzt, dem ein exekutiver Rath zur Seite steht. Die gesetzgebende Versammlung oder das Parlament, welches alljährlich in Fredericktown zusammentritt, besteht aus einem Oberhaus (Legislative Council), dessen Mitglieder von der Regierung ernannt werden, und einem Unterhaus (House of Assembly), dessen Mitglieder in den 14 Bezirken (Counties), in welche die Kolonie eingetheilt ist, und von der Stadt St. John gewählt werden. Die Civilverwaltung ist ganz selbstständig, nur in Militärangelegenheiten ist der Gouverneur von dem Generalgouverneur von Canada abhängig. Die öffentliche Einnahme der Kolonie belief sich 1862 auf 148,940, die Ausgabe auf 166,766 Pfd. Sterling. Außer der königlich britischen Garnison gibt es eine Miliz. Die Hauptstadt ist Fredericktown (Fredericton) am Flusse St. John mit etwa 5000 Einw. Größere Städte sind: St. John, erster Handelsplatz der Kolonie, mit 30,000 Einw., St. Andrew, Chatham, Newcastle. N. war ehemals ein Theil des französischen Acadia, worunter man den Theil der Nouvelle France verstand, welcher das jetzige Neuschottland, N. und einen Theil von Untercanada umfaßt. Mit der Abtretung Canada's 1763 kam es an England, nachdem schon seit der Eroberung von Neuschottland von demselben auch das jetzige N. als ein Theil von Neuschottland in Anspruch genommen worden. Nach der Abtretung im Frieden von Paris vom 10. Febr. 1763 wurde das Land zur Kolonie von Neuschottland gezogen und von derselben erst 1783 als eine besondere Kolonie unter dem Namen New-Brunswick abgetrennt. Bei der Abtretung bestand die Bevölkerung, mit Ausnahme einiger tausend Indianer u. einiger Familien aus Neuengland, nur aus sogenannten Acadiern, Abkömmlingen französischer Kolonisten; 1821 betrug die Bevölkerung nur 74,000 Seelen, sie hat sich seit 40 Jahren mehr als verdreifacht. Die Kolonie verdankt ihren Aufschwung vornehmlich den hohen Eingangszöllen, welche England 1809 auf das baltische Holz legte, welches 2 Pfd. Sterl. 14 Schilling 8 Pence für die Last zahlen mußte, während jenes aus den Kolonien frei einging. Seitdem steigerte sich der Holzhandel N.s von Jahr zu Jahr und zog viele Einwanderer herbei.

Neubreisach (franz. Neuf-Brisach), Stadt im französischen Departement Oberrhein, Arrondissement Colmar, unweit des Rheins, befestigt nach Vaubans dritter Manier als reguläres Achteck mit abgerückten Bastionen (Kontregarden), hat Bierbrauerei, Korn-, Mehl- und Holzhandel und 3456 Einw. Dicht am Rhein liegt das zu N. gehörige Fort Mortier, ein unregelmäßig bastionirtes Viereck von drei Fronten mit Ravelins. N. wurde 1699 von Ludwig XIV. Altbreisach gegenüber befestigt, welches, auf dem rechten (jetzt badischen) Rheinufer liegend, damals an Deutschland zurückgegeben wurde. Es hat noch keine Belagerung erfahren.

Neubrigensis, William, genannt Parvus oder Petit, englischer Geschichtschreiber, geboren 1136 zu Bridlington, ward Mönch im Kloster Newbury und schrieb eine „Historia rerum Anglicarum" (herausgegeben von Hamilton, London 1856).

Neubritannien, ein zu Australien gehöriger, aus zahlreichen und beträchtlichen Inseln bestehender Archipel in der Südsee, von dessen Inseln die bedeutendsten sind: Bivara oder Neubritannien, 484 □Meilen groß; das von derselben durch den Georgskanal getrennte Neuirland, 205 □Meilen groß; Neuhannover des Pecheurs und Rook. Sie liegen zwischen 2° und 6° südl. Br. und 164° — 172° östl. L. von Ferro und umfassen zusammen einen Flächenraum von etwa 800 □Meilen. Man rechnet häufig die Admiralitätsinseln dazu und begreift auch öfters die ganze Gruppe unter diesem Gesammtnamen. Früher rechnete man den Archipel N. zu Neuguinea oder Papua, bis Dampier die gegen 18 Meilen breite Straße entdeckte, welche letzteres von der Hauptinsel Bivara scheidet und nach seinem Namen benannt wurde. Erst 1793 wurde die Inselgruppe von d'Entrecasteaux und 1794 von dem Engländer Hunter untersucht. Das Innere dieser Inseln, sich zu ansehnlicher Höhe erhebend, enthält reich bewaldete hohe

Gebirge und eine sehr üppige und mannichfaltige Vegetation. Sie sind alle vulkanischer Natur und mehre Vulkane sind in Thätigkeit. Ihre Erzeugnisse sind Kokosnüsse, Sago und andere Palmenarten, Bananen, Yams, Ingwer, Brodbaum, Zuckerrohr, Bambus und viele andere Arten von Pflanzen und Bäumen. Hunde, Schweine, Schildkröten und Fische finden sich im Ueberfluß. Die Bewohner, welche ziemlich zahlreich zu sein scheinen, gehören zu den Australnegern, gleichen aber eher den Bewohnern von Neuguinea als jenen von Australien oder Tasmania. Sie sind gut und kräftig gebaut, haben eine sehr dunkle Hautfarbe, gekräuseltes Haar und gehen ganz nackt. Sie sind sehr muthig und kampflustig und wissen ihre Waffen, Speere, Keulen und Schleudern, sowie ihre Fahrzeuge geschickt zu handhaben, stehen übrigens auf der niedrigsten Kulturstufe. Bis jetzt sind nur einzelne Küstenstriche von englischen Seefahrern untersucht worden. Katholische Missionäre haben versucht, bei den Bewohnern dem Christenthum Eingang zu verschaffen, unterlagen aber stets dem Einflusse des ungesunden Klima's, namentlich bösartigen Fiebern. Ueber Religion, Sprache und Sitten der Bevölkerung fehlen genaue Nachrichten.

Neubruch (Rodeland, Neuland), in Ackerland verwandeltes Land, welches früher entweder wüst lag, oder als Wiese, Weide, Holzung 2c. benutzt ward.

Neubuckow, Stadt im Großherzogthum Mecklenburg-Schwerin, Herzogthum Schwerin, hat ein vereinigtes Patrimonialgericht, eine Bürger- und eine Gewerbschule, ein großes Armenhaus, Hospital und 1872 Einw.

Neuburg, Stadt im bayerischen Regierungsbezirk Schwaben und Neuburg, an der Donau, mit einer Brücke über dieselbe, Hauptstadt des ehemaligen reichsunmittelbaren Fürstenthums N., ist Sitz des Appellationsgerichts für den Regierungsbezirk, eines Bezirksamts und eines Stadt- und Landgerichts, hat 3 Kirchen, ein königliches, von Herzog Otto Heinrich gebautes Residenzschloß, mehre Klöster, ein ehemaliges Jesuitenkollegium, Gymnasium, Seminar, eine lateinische Schule, Landwirthschafts- u. Gewerbschule, ein Zeughaus, eine Bibliothek, Antiquitätensammlung, ein Waisenhaus, mehre Krankenhäuser, Fayence- und Steingutfabrikation, Salpetersiederei, Branntweinbrennerei, zahlreiche Brauereien, Fischerei, Feld-, Obst- und Gartenbau und 8260 Einw. In der Nähe liegen die Lustschlösser Grünau und Petzelheim, die Burg Altenburg und das Dorf Oberhausen, bei dem das Denkmal des hier gefallenen Latour d'Auvergne steht. N. war 772 Sitz eines Bisthums und einer Grafschaft und kam bald an Otto den Erlauchten von Bayern. Im Jahre 1800 wurden hier die Franzosen geschlagen. Das ehemalige Fürstenthum, mit 50 □Meilen getrennt liegender Besitzungen und gegen 100,000 Einw., wurde nach langwierigen Kämpfen 1503 nebst Sulzbach von Bayern an die Pfalz abgetreten und seitdem die junge Pfalz genannt. Bei der Theilung des Landes nach dem Tode des Pfalzgrafen Wolfgang von Zweibrücken 1569 fiel es an dessen ältesten Sohn, Philipp Ludwig, welcher der Stifter der Linie Pfalz-N. wurde, die 1685 in Kurpfalz succedirte, aber 1742 mit dem Kurfürsten Karl Philipp erlosch. Das Fürstenthum ging nun als Erbe auf die Linie Pfalz-Sulzbach über, bei deren Erlöschen mit dem Tode des Kurfürsten Karl Theodor 1799 es an die Linie Pfalz-Zweibrücken fiel. Nunmehr zu Bayern gehörig, ward 1802 ein kleiner Theil davon zu dem neugeschaffenen Kurfürstenthum Salzburg geschlagen, kam aber mit diesem 1810 wieder an Bayern. Bei der neuen Landeseintheilung 1837 wurde es mit Schwaben zu Einem Regierungsbezirk vereinigt.

Neudamm, Stadt in der preußischen Provinz Brandenburg, Regierungsbezirk Frankfurt, an der Mietzel und an einem See, mit Gerichtskommission, landwirthschaftlichem Verein, Streichgarnmaschinenspinnerei, Papierfabrikation, starker Tuchmacherei und 3300 Einw.

Neudeck, Bergstadt im österreichisch-böhmischen Kreis Eger, am Rohlaubache, hat ein Schloß, Brauerei, ein aus einem Hohofen, einer Eisengießerei, 4 Frischfeuern, einem Blechwalzwerk und einer Blechverzinnung bestehendes Eisenwerk, welches 300 Arbeiter beschäftigt, und 2500 Einw.

Neudenau, Stadt im badischen Unterrheinkreise, Amt Mosbach, an der Jart, Residenz des Grafen von Leiningen-N., hat ein altes Schloß mit Park, einen Eisenhammer, eine Heilquelle für Pferde, guten Weinbau und 1139 Einw.

Neudietendorf, s. Dietendorf.

Neue Hebriden, große australische Inselgruppe südlich von den Santacruzinseln, dehnt sich von 14° 30′ bis 19° 32′ südl. Br. und von 166° 36′ bis 169° 6′ der Länge nach Südosten aus und besteht aus 6 größeren und vielen kleineren Inseln, insgesammt etwa 270 □Meilen groß. Ihr nördliches Ende bildet die kleine Gruppe der Banksinseln, auf welche die größte von allen diesen Inseln, Espiritu Santo (s. d.) folgt. Südöstlich und östlich von dieser liegen mehre kleinere Inseln, südlich aber die zweitgrößte, Malikolo, mit dem Hafen Sandwich. An diese reihen sich die übrigen Inseln an, so Ambrim, Sandwich, Erromango, endlich die südlichste von den größeren und die bekannteste von allen, Tanna, mit dem Hafen Erupabo, um welche noch einige kleinere Inseln liegen. Alle diese Inseln sind hoch und gebirgig mit steilen Küsten und wenigen Korallenriffen. Das Gestein ist vorherrschend Granit, auch Sandstein; auf den höchsten Punkten findet sich oft Madreporenkalkstein; daneben treten vulkanische Gesteine in großer Ausdehnung auf. Tanna hat einen thätigen Vulkan und 3° südlich davon erhebt sich ganz isolirt der Felsen Matthew, ein ebenfalls noch thätiger Vulkan, wie auch die Form mehrer anderen Gipfel der n. H. auf das Vorkommen noch weiterer Vulkane schließen läßt. Die Inseln sind dicht bewaldet und wenig angebaut. Die Vegetation ist reich und von fast ganz indischem Charakter. Das auf den südlichen Inseln (Erromango) sich vorfindende Sandelholz ist neuerlich Gegenstand eines lebhaften Verkehrs der Eingebornen mit den Europäern geworden. Die ziemlich zahlreichen Einwohner bestehen aus Australnegerstämmen, die in körperlicher Beziehung, sowie hinsichtlich ihres Charakters den übrigen ganz ähnlich, mißtrauisch, streitbar und unruhig sind, weshalb ihr Zusammentreffen mit den Europäern bis jetzt meist ein feindseliges gewesen ist. Die Versuche protestantischer Missionäre, auf Tanna und den umliegenden Inseln das Christenthum unter ihnen zu verbreiten, haben zu keinem Resultat geführt. Der

Archipel ward von dem Spanier Quiros entdeckt, von Cook 1774 aber zuerst erforscht und benannt.

Neuenbürg, Stadt im würtembergischen Schwarzwaldkreis, an der Enz, Sitz eines Oberamts und eines Oberamtsgerichts, hat ein stattliches Bergschloß, eine schöne Kirche, berühmte Stahlwaarenfabrikation (besonders Sensen), Pianofortebau, Fournierschneid-, Säge- und Schleifmühlen, Gerbereien, Holzflößerei, Holzhandel, Eisenbergwerke und 1700 Einw. Hier 1783 große Feuersbrunst.

Neuenburg (franz. Neuchâtel oder Neufchâtel), der 21. Kanton der Schweiz, wird gegen Osten von dem Kanton Bern und dem Neuenburgersee, gegen Süden vom Kanton Waadt, gegen Westen vom französischen Departement Doubs u. gegen Norden vom Kanton Bern begrenzt und hat einen Flächeninhalt von 14,51 □Meilen mit (Ende 1860) einer Bevölkerung von nahe 87,360 Seelen. Der Kanton wird von den von Südwesten nach Nordosten streichenden Juraketten durchzogen, die fast überall von unten bis oben mit Wald und Weide bedeckt sind. Die östliche Kette, die des Chaumont, zieht sich, bei le Pâquier beginnend, dem See entlang bis zu dem Creux du Vent, wird aber vorher durch den Seyon u. weiter südlich durch die Reuse unterbrochen und streicht bis gegen den Chasseron hin. Ihre höchsten Spitzen sind Chaumont (3661 F.), Creux du Vent (4410 F.), große Robella (4461 F.). Die mittlere Kette, mit den Spitzen San Martel (4083 F.), Tête de Rang (4381 F.), la Tourne (3969 F.), les Grands Jour (3979 F.), les Fontanelles u. a., trennt die Thäler von Chaux de Fonds bis Brévine von la Sagne und Val de Travers und zieht sich bis zum Felsenringwall bei St. Sulpice. Die westliche Kette endlich, welche zum Theil auch Frankreich angehört, mit den Spitzen le Pouillerel (3928 F.), les Sagnottes (3696 F.) und Mont du Cerf (4006 F.), bildet die Grenze gegen diesen Staat u. streicht bis zum Grand Taureau. Die bedeutendsten Thäler, sämmtlich Längenthäler, oft reizend gelegen und fruchtbar, sind das Val de Ruz oder Rudolfsthal, das Val de Travers, la Sagne, Chaux de Fonds u. Locle, Brévine und Verrières. Die Gewässer fließen, mit Ausnahme des Doubs und seiner Zuflüsse, dem Rhein zu. Das Val de Ruz wird von Nordosten nach Südwesten von dem wilden Seyon, das Val de Travers von Südwesten nach Nordosten von der Reuse durchflossen, das westlichere Thal von Locle ist ohne Fluß. In den Neuenburgersee ergießen sich die Orbe, aus dem Lac de Joux kommend, die Reuse und der Seyon; auf der Ostseite neben kleineren Zuflüssen die Broye. Der Abfluß zum Bielersee ist die schiffbare Zihl (Thiele oder Toile). Eine nicht unbedeutende Zahl von kleinen Bächen, Biels genannt, bewässern die übrigen Thäler. Das Klima, am See mild und freundlich, ist in den Thälern kühl und auf den Bergen kälter; die kälteste Gegend ist die von Brévine. Im Winter herrscht strenge Kälte, im Sommer entwickeln die Kalkgebirge eine bedeutende Hitze, wodurch Gräser u. Blätter welken. Der Südostwind (vent) ist als Sturmwind, noch mehr der südliche Lokalwind (uberre) gefürchtet, welcher meist Hagel bringt. Der Boden bietet in den höheren Thälern und auf den Bergen große Strecken Weideland und künstliche Wiesen dar. Die langen schmalen Thäler werden theilweise auch zu Ackerland benutzt, und die Hügel längs des grünen Neuenburgersee's sind mit Weinreben bedeckt. Der Getreideertrag ist für den Bedarf des Kantons nicht hinreichend. Der hier gebaute Wein ist der beste der Schweiz, der rothe von Cortaillod und Boudry dem guten Burgunder gleich. Von Mineralien hat der Kanton Eisenerz, woran besonders Val de Travers und Val de Ruz reich sind, Steinkohlen bei Locle, Torf findet sich an vielen Orten; Asphalt wird in Val de Travers gewonnen. Mineralquellen, die aber wenig benutzt werden, gibt es in Locle, Brévine, bei Chaiggne und les Ponts. Die Bewohner N.s bekennen sich größtentheils zur reformirten Konfession; man zählte 1860: 77,095 Reformirte, 9234 Katholiken, 475 anderen christlichen Konfessionen Angehörige, 565 Israeliten und andere Nichtchristen. Die herrschende Sprache ist die französische. Die Bewohner des Kantons stehen im Ruf eines strebsamen, eifrigen und ernsten Menschenschlags; selten findet man unter Landbewohnern mehr Bildung u. Kunstfleiß als hier. Die Haupterwerbszweige sind Uhren- und Bijouteriefabrikation, Spitzenklöppelei und Baumwollzeuchweberei. Mit der Uhren- und Bijouterieindustrie sind, vornehmlich in den Bezirken Chaux de Fonds, Locle und Val de Travers, mehr als 20,000 Hände beschäftigt. Auch gute physikalische und mathematische Instrumente werden hier verfertigt. Die Ausfuhr des Kantons besteht in Wein, Champagner, Liqueuren (worunter besonders der bekannte Absinthextrakt), Spitzen, Uhren aller Art und Werkzeugen zur Verfertigung von Uhren, gedruckten Kattunen und Baumwollzeuchen, Käse und Leinenwaaren. Der Kanton hat eine demokratische Verfassung und wird in 6 Verwaltungs- und Gerichtsbezirke eingetheilt: N., Boudry, Val de Travers, Val de Ruz, Locle und Chaux de Fonds. Die gesetzgebende Behörde ist der große Rath, welcher direkt vom Volk auf 4 Jahre gewählt wird. Der große Rath wählt auf je 6 Jahre den aus 7 Mitgliedern bestehenden Staatsrath, welcher die Staatsgeschäfte nach Departements verwaltet und dem großen Rathe jährlich Rechnung ablegt. Der Staatsrath veröffentlicht die vom großen Rathe gefaßten Beschlüsse, ernennt die seiner Kompetenz unterstehenden Beamten, überwacht deren Verwaltung, sowie die Thätigkeit der Gerichte, verfügt über die gesetzlich organisirten Truppenkörper und hat die Aufsicht über die Geistlichkeit, den öffentlichen Unterricht und die Verwaltung der Gemeindegüter. In den schweizerischen Nationalrath sendet der Kanton 4, in den Ständerath 2 Mitglieder. Die Rechtspflege wird von Friedensgerichten, einem Gericht erster Instanz in jedem Bezirk und einem Appellationsgericht verwaltet. Das Schulwesen wird von den Behörden sorgfältig gepflegt. Eine höhere Lehranstalt (Kantonsschule) besteht in N., die Collèges zu Chaux de Fonds und Locle entsprechen dem Zwecke von Bezirksschulen. Kein Beamter darf von fremden Staaten Ehrenzeichen, Pensionen, Titel 2c. annehmen. Die Staatseinkünfte betrugen 1852 882,106, die Ausgaben 716,516 Franken. Das Militär besteht aus 18 Kompagnien Infanterie mit 2222 Mann, 300 Scharfschützen, 51 Dragonern, 350 Mann Artillerie mit 12 6pfündigen Kanonen und 4 24pfündigen Haubitzen.

Früher ein Bestandtheil des arelat-burgundischen Reichs, aber unter eigenen Grafen stehend, ward N. 1033 mit Burgund dem deutschen Reich einverleibt.

Im Jahre 1288 belehnte Kaiser Rudolf I. den Grafen Johann von Chalons mit N. Graf Ludwig von Chalons, einer seiner Nachkommen, zugleich Prinz von Oranien, wurde vom Markgrafen Rudolf von Hochberg aus dem Besitz N.s verdrängt, u. das Haus Chalons-Oranien sah sich dadurch außer Stand gesetzt, seine lehnsherrlichen Rechte an N. geltend zu machen. Nach burgundischem Brauch ging das Lehn beim Abgang männlicher Erben auf die weiblichen und deren Nachkommen über. Nachdem N. so nach einander im Besitz von drei Dynastien gewesen, fiel es 1504 an das französische Haus Orléans-Longueville, in dessen Besitz es bis 1707 blieb. Zu Ende des 16. Jahrhunderts u. später durch den westphälischen Frieden ward es als freies, souveränes, vom deutschen Reich unabhängiges Fürstenthum anerkannt. Die durch letzteren Frieden gleichfalls sanktionirte Verbindung des Fürstenthums mit der Schweiz bestand darin, daß letzteres zu den zugewandten Orten gehörte, und zwar auf Grund der von seinen Grafen u. Bürgerschaften mit Bern (1496), Freiburg, Solothurn und Luzern abgeschlossenen Bürgerrechtsverträge. Namentlich stand N. mit Bern in engen Beziehungen, und bei Streitigkeiten zwischen den neuenburger Fürsten u. Ständen hatte die berner Regierung das Schiedsrichteramt. Die neuenburger Fürsten wurden als „Landleute" der Schweiz und zugleich als „treue und liebe Eidgenossen" bezeichnet, obwohl N., wie die übrigen zugewandten Orte, nicht Sitz u. Stimme auf der Tagsatzung hatte, sondern zwischen dem Fürstenthum und der Eidgenossenschaft nur ein ewiges Schutzbündniß bestand. Als sich zu Anfang des 16. Jahrhunderts der Fürst von N. mit dem der Eidgenossenschaft gerade feindlich gegenüberstehenden Frankreich verbündet, also seinerseits den Vertrag gebrochen hatte, eroberten die Schweizer 1512 das Land und behielten es 17 Jahre lang als gemeinschaftliche Vogtei. Als es auf Grund eines Vergleichs mit Frankreich an die vertriebene Dynastie zurückfiel, protestirte Uri gegen diese Rückgabe, und als es sich 1707 um Einsetzung einer neuen Regierung für N. handelte, trat der ebengenannte Kanton unter 15 anderen Bewerbern auf, indem derselbe auf Grund des wegen Vertragsbruchs wirksam gewordenen Eroberungsrechts seine Ansprüche auf das Land geltend zu machen suchte. In allen internationalen Fragen galt N. notorisch als Theil der Schweiz, u. um diese Verbindung noch inniger zu machen, tauchte zu wiederholten Malen der Gedanke auf, daß N. eine Republik werden und der Eidgenossenschaft als 14. Kanton beitreten solle. Schon 1695 hatten sich die Stände des Fürstenthums für Berufung der Maria von Orléans, Herzogin von Nemours, aus dem Hause Longueville, dem die 4. Dynastie N.s angehörte, erklärt. Ludwig XIV. von Frankreich gedachte zwar seinen Günstling, den Prinzen Conti, als Fursten einzusetzen, gab aber, als die Eidgenossenschaft seine Einmischung energisch zurückwies, diesen Plan auf. Als nun 1707 mit dem Tode der Herzogin die 4. Dynastie erlosch, kamen unter den zahlreichen Bewerbern um die fürstliche Herrschaft vornehmlich derselbe Conti od. vielmehr sein Beschützer, Ludwig XIV., und der König Friedrich I. von Preußen in Betracht, letzterer als Sohn der Prinzessin Luise von Oranien, der einzigen Erbin des Hauses Chalons-Oranien. Zu Friedrichs Gunsten hatte Wilhelm von Oranien, der als Wilhelm III. den englischen Thron bestieg, auf seine Ansprüche auf N. verzichtet. Nach langen mündlichen und schriftlichen Verhandlungen der Prätendenten, woran sich auch Leibniz mit einer Staatsschrift betheiligt hatte, erfolgte auf Betrieb der größeren protestantischen Kantone, namentlich Berns, am 3. November 1707 von Seiten der drei Stände (Prälaten, Ritter u. Bürgerschaften) die förmliche Anerkennung der Rechte Friedrichs I., dem nun als „souveränem Fürsten von Oranien, Neufchâtel und Valengin" gehuldigt ward. Ludwig XIV. erkannte ihn im Frieden von Utrecht 1712 ebenfalls als Fürsten von N. an, wodurch der Streit um N. erledigt ward. N. behielt unter preußischer Herrschaft seinen lehnsstaatlichen Charakter, indem es ein Konglomerat von Grundherrschaften und Bürgerschaften mit sehr verschiedenen Gerechtsamen bildete und dem Landesherrn gegenüber ausgedehnte Befugnisse besaß. Sowohl in der helvetischen Einheitsrepublik (1798), als in der Mediationsverfassung, wie sie unter dem Einflusse der französischen Republik und Napoleons I. zu Stande kam, war auf die Stellung N.s zur Eidgenossenschaft gar keine Rücksicht genommen worden, und es hatte, wenn auch nicht durch ausdrückliche Erklärung, doch thatsächlich aufgehört, ein zugewandter Ort der Schweiz zu sein. Obwohl aber noch 1798 Friedrich Wilhelm III. feierlich die Erklärung gegeben hatte, das Fürstenthum „niemals zu veräußern", erfolgte doch schon nach dem pariser Vertrage vom 15. Febr. 1806 die Abtretung desselben an Napoleon I. auf dessen diktatorische Forderung und als geboten „durch die dringenden Interessen der Monarchie". Darauf verlieh Napoleon I. das ihm am 22. März 1806 übergebene Fürstenthum am 30. März an Berthier als souveränes Fürstenthum. Berthier, der dasselbe nie besuchte, ließ so ziemlich Alles beim Alten; nur mußte N. gleich den anderen französischen Vasallenstaaten sein Kontingent, bestehend in einem Bataillon, zur kaiserlichen Armee stellen. In Folge des ersten pariser Friedens verzichtete Berthier durch Vertrag vom 3. Juni 1814 gegen eine lebenslängliche Rente von 34,000 Thalern auf das Fürstenthum zu Gunsten Preußens, welches sofort wieder davon Besitz ergriff. Der König von Preußen gab dem Lande von London aus unter dem 18. Juni 1814 eine der genfer ähnliche Verfassung und erneuerte die Rechte eines für sich bestehenden, von dem preußischen Staatsinteresse ganz getrennten Staats, worauf es am 19. Mai 1815 als der 21. Kanton in die Eidgenossenschaft aufgenommen wurde. Da in der Periode von 1815—30 die monarchische Verfassung N.s von den in fast allen anderen Kantonen bestehenden oligarchischen Verfassungen im Wesentlichen nicht verschieden war, so fügte sich die Mehrzahl der Bewohner in das Zwitterverhältniß, zumal man mit der Regierung im Vergleich mit der patricischen Familienherrschaft in anderen Kantonen zufrieden zu sein alle Ursache hatte. Dies änderte sich aber, als die Schweiz sich auf eine höhere Stufe des Staatslebens emporzuschwingen begann. Bei den Bewegungen in der Schweiz seit 1831 entstanden auch in N. Unruhen und vor Allem ward der Wunsch nach Errichtung eines gesetzgebenden Körpers laut. Der König von Preußen willfahrte demselben und gewährte zugleich mehre materielle Erleichterungen, u. A. wurden für Aufhebung der Feudallasten einzelner Orte Vorbereitungen getroffen. Am 13. Mai kam der neue

Statthalter General von Pfuel an, und am 11. Juli 1831 trat der gesetzgebende Körper zum ersten Male zusammen, wurde aber schon im August wieder aufgelöst, ohne daß eine der wichtigeren Tagesfragen erledigt gewesen wäre. Am 12. September, dem Jahrestag der Vereinigung mit der Schweiz, erregten Mißhandlungen, von einer Patrouille an Bürgern vollzogen, unruhige Auftritte. Doch ward die Ruhe durch drei schweizer Bataillone bald wieder hergestellt. Auch ein von den zurückkehrenden Republikanern angestellter Aufstand im December ward von den Regierungstruppen gedämpft. Im Jahre 1834 brachte N. den Vorschlag an die Tagsatzung, daß der Kanton aus dem Bunde austreten und nur an der der Schweiz garantirten ewigen Neutralität Antheil behalten solle. Die Tagsatzung verwarf dieses Begehren, doch befand sich N. fortan in beständiger Opposition gegen die Politik der größeren Kantone. In der Klosterfrage forderte N. von Aargau die Wiederherstellung der rebellischen Klöster mit derselben Entschiedenheit, die die ultramontanen Kantone an den Tag legten. Auch stimmte es, obgleich vorwiegend protestantisch, gegen die Ausweisung der Jesuiten aus der Schweiz. Als die Tagsatzung von 1847 alle brennenden Tagesfragen: die Ausweisung der Jesuiten, den Sonderbund, die Revision der Bundesverfassung, zur Entscheidung gebracht hatte, verweigerte N. den Beschlüssen der Tagsatzung seine Zustimmung, und als dieselbe darauf beharrte, daß N. seine Bundespflicht erfülle, legten der Staatsrath und der gesetzgebende Körper N.s eine Verwahrung an den König ein, worin sie gegen jede Vergewaltigung Protest erhoben. Die Sache wurde endlich dahin ausgeglichen, daß die Tagsatzung dem Kanton zur Sühne der Nichterfüllung seiner Bundespflicht die Zahlung von 300,000 Schweizerfranken auferlegte. Die Ereignisse von 1848 führten indeß einen Umschwung aller Verhältnisse herbei. Am Abend des 1. März 1848 zogen etwa 1400 bewaffnete Republikaner ohne Widerstand unter dem Jubel des Volks in Neuenburg ein und rückten dann aufs Schloß, wo die Regierung in aller Form abdankte und die Geschäfte einer provisorischen Regierung übergab. Zwar machte die royalistische Partei einen Versuch, die provisorische Regierung zu stürzen; aber diese Bewegungen blieben ohne alle Unterstützung. Das berliner Kabinet begnügte sich mit einem Protest gegen das Geschehene u. der König entband die in N. gefangen gehaltenen Staatsräthe des Eides der Treue, während in N. ein Verfassungsrath im Geiste der repräsentativen Demokratie eine neue, vom Volk am 30. April genehmigte Verfassung entwarf, die von der Tagsatzung mit 21 Stimmen genehmigt wurde. Der König von Preußen protestirte noch 1850, bei Veräußerung des fürstlichen Domanial- u. Kirchenguts, gegen die einseitige Aufhebung seiner Rechte, und am 24. Mai 1852 erkannten die europäischen Großmächte zu London in einem von ihren Gesandten unterzeichneten Protokoll die Ansprüche des Königs auf das Fürstenthum N. an. Darauf hielt die royalistische Partei N.s am 6. Juni eine Versammlung zu Valengin, um dem Kanton Gelegenheit zu geben, seine Sympathien für den König von Preußen kund zu geben, doch wurde von den zugleich versammelten zahlreicheren Demokraten eine Gegendemonstration eingeleitet, und die Rückkehr N.s in preußischen Besitz unterblieb. Die besonneneren Royalisten fügten sich der Gewalt der Thatsachen und nahmen selbst an den folgenden eidgenössischen Wahlen Theil; nur eine kleine Fraktion, die der sogenannten Abstentionisten, hielt sich von allen Staatsgeschäften fern und suchte fortwährend auf eine Losreißung N.s von der Schweiz hinzuwirken. An der Spitze dieser Fraktion standen der ehemalige Staatsrath von Petitpierre-Wesdehlen und der frühere Oberst von Pourtalès-Steiger. Letzterer, von seiner Partei zum militärischen Chef eines revolutionären Ausschusses ernannt, gab kurz nach der Heimkehr von einer Reise nach Berlin am 29. August 1856 den Befehl zum Losschlagen, und zwar sollte die Bewegung in der Nacht vom 2. zum 3. September gleichzeitig zu Neuenburg und in den Bergen Statt finden. Die Ordre war „im Namen des Königs" unterzeichnet. In der That zog eine Kolonne von einigen hundert Mann in das ahnungslose Neuenburg ein, besetzte das Schloß u. pflanzte die schwarzweiße Fahne auf; aber am Morgen des 4. September drangen bewaffnete Republikaner in das Schloß ein und nahmen nach schwacher Vertheidigung von Seiten der entmuthigten Royalisten die Führer des Aufstandes gefangen. Es entspannen sich nun weitläufige diplomatische Verhandlungen zwischen der Schweiz und Preußen. Letzteres forderte die Freilassung der Gefangenen, welche die Eidgenossenschaft verweigern zu müssen glaubte. Schon wurde von beiden Seiten zum Krieg gerüstet und nach dem Verwerfen eines von Preußen gestellten Ultimatums erschien der Ausbruch der Feindseligkeiten unvermeidlich, als in der letzten Stunde noch der Streit dadurch beigelegt wurde, daß der König von Preußen gegen eine Abfindungssumme von 1 Million Franken, die er indeß erließ, seinen Rechten auf N. entsagte, die gefangenen Royalisten dagegen in Freiheit gesetzt, respektive aus dem Kanton verwiesen wurden. Somit war die Stellung des Kantons definitiv entschieden. Die vom Verfassungsrath vorgeschlagene Modifikation der Verfassung wurde, nach wiederholter Verwerfung, endlich am 21. November 1858 durch Stimmenmehrheit angenommen, und der Verfassungsrath erließ nun das neue Wahlgesetz, nach welchem das zurückgelegte 20. Altersjahr der Kantonsbürger und ein zweijähriger Aufenthalt im Kanton die niedergelassenen Schweizer aus anderen Kantonen wahlfähig macht. Vergl. Majer, Geschichte des Fürstenthums N., Tübingen 1857.

Die gleichnamige Hauptstadt des Kantons liegt malerisch auf zwei Anhöhen des sich hier absenkenden Jura, am Einflusse des Seyon, dem durch einen in den Felsen getriebenen, 1842 vollendeten Tunnel ein neuer Abfluß gegeben ward, in den Neuenburgersee, von reizenden Gärten, Landgütern und Weinbergen umgeben, ist Sitz der Regierung u. im Ganzen gut gebaut. Die Stadt hat ein altes Schloß auf der westlichen Anhöhe, früher Sitz des preußischen Gouverneurs, jetzt der Kantonalregierung, eine gothische Stiftskirche mit Standbildern alter Grafen und Gräfinnen der neuenburgischen u. zähringer Häuser, ein Rathhaus mit dem Bildnisse des als Kaufmann in Lissabon geborenen Neuenburgers David Pury, welcher seiner Vaterstadt 4 Millionen Schweizerfranken vermachte u. dem 1855 auf dem freien Platz am See ein Standbild in Erz errichtet ward; ferner ein von Pourtalès gestiftetes Spital, eine Zierde der Stadt; ein Collège mit

Naturalienkabinet und mehre andere Unterrichtsanstalten; eine neu erbaute Sternwarte, ein Bürger- und Stadthospital, von David Pury erbaut, eine Irrenanstalt, ein Waisenhaus und ein Arbeits- und Zuchthaus. N. ist eine der gewerbfleißigsten und wohlhabendsten Städte der Schweiz. Die Einwohner, 10,382 an der Zahl, treiben lebhaften Handel mit den Natur- und Kunsterzeugnissen des Landes. Hauptindustriezweige sind die Fabrikation von Uhren, Spitzen, gefärbten Tüchern und Absinthextrakt. Den Handel unterstützen eine Kantonalbank und eine Kantonalsparkasse. Der Verkehr wird befördert durch die von Biel nach Lausanne und Genf führende Eisenbahn, die sich bei N. nach Pontarlier (Lyon u. Paris), sowie nach Chaux de Fonds und Locle abzweigt, und Dampfschifffahrt auf dem Neuenburgersee. N., bis ins 18. Jahrhundert ein unbedeutender Ort, ist jetzt eine der blühendsten Städte der Schweiz.

Neuenburg, 1) Stadt im badischen Oberrheinkreis, Amt Müllheim am Rhein und unweit der badischen Staatseisenbahn (Linie Freiburg-Basel), hat Schifffahrt, Fischerei, Feld- und Obstbau und 1230 Einwohner. Hier starb am 16. Juli 1639 Herzog Bernhard von Weimar. — 2) Stadt in der preußischen Provinz Preußen, Regierungsbezirk Marienwerder, Kreis Schwetz, an der Weichsel, hat eine Gerichtsdirektion, eine evangelische und 2 katholische Kirchen, Leinweberei, Kürschnerei, Fischfang, Obstbau und 3687 Einw. Ganz in der Nähe liegt ein Fischerdorf Neuenburg mit etwa 400 Einw.

Neuenburgersee (Neufchatelersee, Lacus Eburodunensis, lac d'Yverdòn), schweizerischer See, bespült die Ostseite des Kantons Neuenburg und ist von Südwesten nach Nordosten $8\frac{3}{4}$ schweizer Stunden lang und $1\frac{1}{2}$—2 Stunden breit bei einem Flächenraum von $4\frac{1}{2}$ geographischen QMeilen. Seine größte Tiefe zwischen Portalban und Auvernier beträgt 450 Fuß, sein Spiegel liegt bei mittlerem Wasserstand 1339 Fuß über dem Meer. Seine wichtigsten Zuflüsse sind die Orbe im Süden bei Yverdun, die Reuse zwischen Cortaillod und Colombier, der Seyon bei Neuenburg, die Broye bei La Sagne und der Mantua bei Yvonand. Sein Abfluß heißt Thièle (deutsch Zihl). Der N. hing wahrscheinlich ursprünglich mit dem Bieler- und Murtenersee zusammen. Der See ist in beständiger und ziemlich rascher Abnahme begriffen; so lag Yverdun noch zu Ende des vorigen Jahrhunderts hart am See, der seine Mauern bespülte, während es jetzt durch eine bedeutende Strecke angeschwemmten Landes von ihm getrennt ist. Das nordwestliche Ufer des See's am Fuße des Jura ist mit blühenden Ortschaften und Weinbergen bedeckt, und hier drängt sich der ganze Verkehr zusammen, der durch die den See hier umspannende Eisenbahn befördert wird. Im Südosten ist der See von schroffen, aber einförmigen bewaldeten Melassefelsen mit wenig Ortschaften eingefaßt. Im Nordosten und Südwesten sind die Ufer flach und sumpfig und weniger gut bebaut. Täglich befahren zwei Dampfboote den ganzen See. Heftige Nordwinde, denen er zu sehr ausgesetzt ist, schaden der Kleinschifffahrt auf demselben. Die Fischerei gibt reichlichen Ertrag an Trieschen, Weißfelchen, Aalen und Welsen (bis 150 Pfund). Der See friert selten ganz zu, zuletzt geschah dies 1795 und 1830. Neuerlich hat man an der Ostseite des See's, namentlich bei Estavayer und Cortaillod, bedeutende Reste von celtischen Pfahlbauten aufgefunden.

Neuengland, ursprünglich Name des Küstenlandes im östlichen Nordamerika, welches von König Jakob I. der Plymouthskompagnie verliehen, aber von Karl I. wieder für die Krone in Besitz genommen und von Jakob II. zu einer Provinz gemacht ward; jetzt Kollektivname für die 6 nordöstlichen Staaten der nordamerikanischen Union: Vermont, Massachusetts, Maine, Newhampshire, Rhode-Island u. Connecticut. Die beiden letzteren u. Massachusetts waren die ersten dieser britischen Kolonien, welche sich unter obigem Namen 1640 zu gemeinschaftlicher Vertheidigung vereinigten. Vgl. Talvj, Die Kolonisation von N., Leipz. 1847.

Neuenhain, Dorf im nassauischen Justizamt Königstein, hat zwei an Kohlensäure reiche Mineralquellen und 708 Einw.

Neuenhaus, Stadt in der hannöverischen Landdrostei Osnabrück, Grafschaft Bentheim, am Einfluß der Dinkel in die Vechte, Sitz eines Amtes u. eines Amtsgerichts, hat eine Schullehrerbildungsschule, Baumwollenweberei, Cichorienfabrikation, starken Schiffbau und 1416 Einw.

Neuenkamp, Dorf in der preußischen Provinz Pommern, Regierungsbezirk Stralsund, Kreis Bergen, auf einer in den Bodden heraustretenden Halbinsel der Insel Rügen, mit etwa 300 Einw., berühmt durch den Sieg, welchen der große Kurfürst den 18. September 1678 hier über die Schweden erfocht. Im Jahre 1854 wurde hier sein Standbild errichtet.

Neuenötting (Neuötting), Stadt im bayerischen Kreise Oberbayern, Verwaltungsdistrikt Altötting, am Inn, über welchen eine Brücke führt, ist meist nach italienischer Art gebaut, hat eine sehenswerthe Pfarrkirche, ein Kapuzinerhospital, Leprosenhaus, Teppichfabrikation, Getreideschranne, Schifffahrt und 2010 Einw. Auf dem nahen Mordfeld siegten 520 die Bojer über die Römer und 912 die Bayern über die Hunnen.

Neuenrade, Stadt in der preußischen Provinz Westphalen, Regierungsbezirk Arnsberg, Kreis Altona, am Fuße des 1467 Fuß hohen Berges Birlo, mit Eisen- und Blechwaarenfabrikation, Strumpfwirkerei und Leinweberei und 1540 Einw.

Neuenstadt, 1) (N. an der Linde), Stadt im würtembergischen Neckarkreis, Oberamt Neckarsulm, an der Mündung der Brettach in den Kocher, über welchen eine alte, kühn gewölbte Brücke führt, hat ein Schloß und 1500 Einw., war sonst Sitz der Herzöge von Würtemberg-N., einer Nebenlinie des würtembergischen Hauses. In der Umgegend werden römische Alterthümer gefunden. — 2) (Neuveville), Stadt und Hauptort eines Amtsbezirks im schweizerischen Kanton Bern, am Bielersee, am Fuße des Chasseral und an der Eisenbahn von Biel nach Lausanne und Genf, hat mehre Privaterziehungsanstalten, verschiedenartige Industrie, Wein- und Obstbau und 1720 Einwohner. Dabei die Burg Schloßberg.

Neuenstein, Stadt im würtembergischen Jaxtkreis, Oberamtsbezirk Oehringen, an der Eppach, mit zu einer Armenanstalt eingerichtetem Schloß, alter Kirche mit schönem Grabmal der Gräfin Wolfgang von Hohenlohe und 1500 Einw.

Neuerburg, Marktflecken in der preußischen

Rheinprovinz, Regierungsbezirk Trier, Kreis Bitburg, am Diezbache, mit Tuchmacherei, Gerberei, Leinweberei, Ziegelbrennerei und 1700 Einw.

Neue Welt, s. v. a. Amerika u. s. v. a. Australien.

Neue Würze, s. Pimenta.

Neufahrwasser, Marktflecken im preußischen Regierungsbezirk Danzig, ½ Stunde von Danzig, Weichselmünde gegenüber an der Mündung der Weichsel in die Ostsee, mit 1760 Einw., Leuchtthurm und besuchtem Seeland, ist der eigentliche Hafen von Danzig.

Neufchâteau, 1) Hauptstadt eines Bezirks in der belgischen Provinz Luxemburg, an der Vierre und an der Eisenbahn von Luxemburg nach Namur, hat ein Gymnasium, Gerberei, Schieferbrüche, Säge- und Oelmühlen, Getreidehandel und 1864 Einwohner. — 2) Hauptstadt eines Arrondissements im französischen Departement Vogesen, am Zusammenfluß des Mouzon und der Maas, hat einen Gerichtshof, ein großes schönes Schloß, Collége, Bibliothek, Messer-, Nägel-, Schuhzwecken-, Ketten-, Spritzen- und Tabaksfabrikation, Wollspinnerei, Gerberei, Färberei, Bierbrauerei, berühmte Käsebereitung, Eisenhütten, Weinbau und 3623 Einw.

Neufchâtel, Kanton, s. Neuenburg.

Neufchâtel, Fürst von, s. Berthier.

Neufchâtel en Bray, Hauptstadt eines Arrondissements im französischen Departement Niederseine, an der Bethune, hat einen Gerichtshof, Baumwollenmanufakturen, Glas-, Fayence- und Hutfabrikation, berühmte Käsebereitung, Thongruben, Steinbrüche und 3564 Einw. In der Umgegend Eisenminen u. Mineralquellen.

Neuffen, Stadt im würtembergischen Schwarzwaldkreis, Oberamt Nürtingen, an der Steinach, in dem weinreichen neuffener Thal, hat Weberei, Stickerei und Spitzenfabrikation, eine Webschule und 1900 Einw. Auf einem die Stadt übertragenden kegelförmigen Felsen liegen die großartigen Ruinen der 1801 abgebrochenen Festung Hohen-Neuffen. Hier residirte die würtembergische Nebenlinie Würtemberg-N., die von 1441—96 bestand.

Neufranken, Bezeichnung der Franzosen von der Stiftung der Republik bis zum Direktorium.

Neufrankreich, früherer Name von Canada.

Neufundland (Newfoundland), Insel und älteste britische Besitzung in Nordamerika, von Labrador durch die schmale Straße von Belle Isle getrennt, liegt zwischen 46° 30′ und 51° 40′ nördl. Br. und 52° 34′ und 59° 21′ westl. L. von Greenwich im atlantischen Ocean. Im Nordosten, Osten und Süden wird sie vom atlantischen Ocean, im Westen vom St. Lorenzgolf bespült. Ihr Flächeninhalt beträgt mit der dazu gehörigen Insel Anticosti nach den amtlichen englischen Angaben 40,200 englische QMeilen und die Zahl der Bevölkerung 122,638 Seelen. Die Bewohner sind, außer wenigen Indianern, theils französischen, theils britischen Ursprungs, und die Mehrzahl derselben Katholiken. Die Küsten der Insel sind hoch und felsig und mit breiten und tiefen, bis 10 und 15 deutsche Meilen in das Land eindringenden Baien und Fjorden versehen, welche außer zahlreichen Vorgebirgen und hervorspringenden Landspitzen an der Nord- und Südseite zwei große Halbinseln bilden, von denen die südliche, durch einen ganz schmalen Isthmus mit der Hauptinsel zusammenhängende Avalon genannt wird. Die äußersten Vorgebirge sind Kap Race im Südosten, Kap Ray im Südwesten, Kap Normann im Norden, Kap Spear im Osten. Die Oberfläche der Insel ist sehr uneben und durchgängig hoch, nur an der Westküste gibt es am Meere niedrigere und ebenere Strecken. Der höchste Theil ist die nördliche Halbinsel, welche längs der Straße von Belle Isle liegt. Das Innere ist noch wenig bekannt, es ist noch völlige Wildniß und von Hügeln, Sümpfen, Flüssen, größeren und kleineren Seen erfüllt. Ein Theil ist noch mit ausgedehntem Wald bedeckt, vornehmlich mit Fichten, Lärchen und Birken, die jedoch hier nicht mehr so üppig und hoch wachsen wie in Canada und Neubraunschweig. Das Klima der Insel ist durch ihre geographische Lage bedingt, nämlich von der Atmosphäre des atlantischen Meeres u. den großen Eisfeldern, welche während der Monate März, April und Mai von den nördlichen Küsten nach Süden treiben u. das Meer bei N. in großer Ausdehnung bedecken. Die Seewinde bringen viel Feuchtigkeit, die Temperatur ist im Ganzen bedeutend kühler und wechselnder als die der Länder Westeuropa's unter gleicher Breite. Die Winterkälte der Inseln ist wohl streng, doch sind die Häfen nicht so lange zugefroren als die meisten, die weiter südlich im St. Lorenzgolf liegen. Während der Sommermonate sind die Tage und Nächte mit wenigen Ausnahmen ganz angenehm. An den Süd- und Ostküsten der Insel sind durch den Einfluß des Golfstroms die dicken Nebel gelagert, von denen die Westküste frei ist. Das Klima ist nicht so rauh, daß kein Anbau des Bodens Statt finden könnte; auch ist in der Nähe der Flußmündungen und der Baien der Boden nicht ganz unergiebig und könnte für Wiesen und für den Bau von Gerste, Hafer und Kartoffeln bearbeitet werden, aber bis jetzt ist noch wenig für die Landwirthschaft geschehen, und die Insel muß ihren Getreidebedarf durch Einfuhr decken. Bäume von einiger beträchtlichen Höhe finden sich nur an den Flüssen, Tannen sind selten und von geringer Höhe, Sträucher mit eßbaren Beeren sind sehr zahlreich, und die waldlosen Flächen des Innern vornehmlich von Vacciniumarten und dem labradorschen Thee bedeckt. Gyps wurde in einigen Bezirken gefunden, auch reiche Steinkohlenlager an der Westküste in der Nähe der St. Georgsbai. Von den Thieren N.s sind zu nennen: Füchse, zahlreich an den Flüssen und der Meeresküste, Wölfe, Bären, Biber, die aber nicht mehr so häufig vorkommen wie früher, Caribou's od. amerikanische Rennthiere, in großen Heerden in den Ebenen und Wäldern des Innern, Hauptnahrung für den Indianerstamm der Mic-Macs, und die bekannten neufundländischen Hunde. Die Fischerei, namentlich der Fang des Kabeljau, ist der fast ausschließliche Erwerbszweig der Bewohner. Die berühmteste Fischerbank ist die sogenannte Große Bank von N., auf der Ostseite der Insel, etwa 600 englische Meilen lang, an einigen Stellen 200 englische Meilen breit. Außerdem gibt es noch eine äußere Bank und eine südwärts nach Neuschottland sich ausdehnende Reihe von Bänken. Auch Salme, Häringe und Makrelen, sowie Robben werden gefangen; die Bankfischerei wird jetzt hauptsächlich von Franzosen und Amerikanern betrieben. Der Werth der Ausfuhr N.s an Stockfisch und Thran beträgt jährlich nicht weniger als zwischen 700,000 bis 800,000 Pfd. Sterling. Der Handel der Insel besteht in dem Umtausch der Produkte ihrer Fischerei gegen Manufaktur- und Kolonialwaaren, Getreide, Pökelfleisch, Schiffszwieback und andere Bedürfnisse der Bewohner. Die Manufakturwaaren werden zum größten Theil aus Großbritannien, die Lebensmittel aus Deutschland und den Vereinigten Staaten eingeführt. Der Werth der Einfuhr belief sich 1862 auf 1,007,082, der Werth der Ausfuhr auf 1,171,723 Pfd. Sterling, und der gesammte Gehalt der im gleichen Jahre ein- und ausgelaufenen Schiffe betrug 307,312 Tonnen. Im Jahre 1857 hatte die Insel 66 Schulen, die von 5300 Schülern besucht wurden. An der Spitze der Verwaltung steht ein Gouverneur, der zugleich Oberkommandant der Landtruppen ist. Ihm zur Seite steht ein Rath (Council) als vollführende und gesetzgebende Rathsbehörde. Das House of Assembly besteht aus 15 Deputirten, welche von den 9 Wahldistrikten der Insel gewählt werden, und hält alle 4 Jahre Sitzungen. Die öffentliche Einnahme der Insel betrug für 1862 nach amtlichem Bericht 116,930, die Ausgabe 138,059 Pfd. Sterl. Die Hauptstadt ist St. Johns am atlantischen Meere, der großen Neufundlandbank gegenüber, mit 25,500 Einwohnern. Andere Orte sind Harbour-Grace, hübsch gelegen auf der Westküste der Concepcionbai, mit ungefähr 6000 Einw., Carbonier, in der Nähe von Harbour-Grace, Brigus, Harbour-Main. Den Franzosen sind zwei kleine Inseln an der Südküste, St. Pierre und Miquelon, abgetreten, wo sie ihre Fische salzen und trocknen. In neuester Zeit wird N. oft genannt als der nächste amerikanische Punkt zur Verbindung der amerikanischen Küste mit der europäischen durch das große Telegraphenkabel. Die Hauptstadt N.s und der Hafen von Valencia in Irland sind 1656 Seemeilen von einander entfernt. N. wurde zuerst von einigen Norwegern entdeckt, u. zwar schon vor 1000. Während des 10. und 11. Jahrhunderts besuchten die Normannen einen großen Theil der Ostküste von Amerika und kannten wahrscheinlich auch N. Im Jahre 1497 fand es Johann Cabot, damals im englischen Dienste, und nahm es für England in Besitz. Den Gesammtnamen N. gab Cabot allen von ihm dort entdeckten Gebieten. Im Jahre 1500 waren Portugiesen, Franzosen, Biskayer u. andere Nationen schon mit Fischfang an den Bänken und Küsten der Insel beschäftigt, u. 1583 versuchte zuerst Sir Humphrey Gilbert, ein Halbbruder von Sir Walter Raleigh, eine Niederlassung hier zu gründen. Dieser und einige weitere Versuche mißlangen, bis 1623 Sir George Calvert am südöstlichen Theile der Insel eine Kolonie gründete, die er Avalon nannte. Auch die Franzosen hatten mittlerweile sich an der Placentiabai niedergelassen, und beständige Streitereien entstanden zwischen ihnen und den britischen Ansiedlern. Im Jahre 1708 zerstörten die Franzosen die englische Niederlassung St. Johns fast vollständig. Durch den utrechter Frieden 1713 bekamen die Engländer die ganze Insel, und den Franzosen wurde der Fischfang nur vom Kap Bona Vista bis zum Kap Ray gestattet, im pariser Frieden 1783 aber erhielten letztere das Recht dazu auch auf der Nord- und Westseite vom Vorgebirge John bis zum Vorgebirge Ray. In demselben Frieden erwarben zugleich die Nordamerikaner das Rech allen Küsten N.s Fische zu fangen und dieselb unbewohnten Buchten und Ankerstellen Neuf lands und der andern britischen Besitzunge trocknen. England suchte ihnen diese Privile nach dem Kriege von 1812 wieder zu entzie nach langen Verhandlungen wurde indessen eine Uebereinkunft geschlossen, welche den Ame nern das Recht zugesteht, Fische an den unbesied Theilen der Westküste und der Südküste von N. auf Labrador zu fangen und zu trocknen.

Neugelb, s. v. a. Chromgelb.

Neugeorgien, 1) (New Georgia), früh Name der jetzigen britischen Kolonie Britisch-Co bia an der Westküste des britischen Nordameri — 2) Archipel von N., s. v. a. Salomonsin

Neugersdorf, Marktflecken im königlich sä schen Kreisdirektionsbezirk Bautzen, Gerichts Ebersbach, der Stadt Zittau gehörig, hat wi Weberei und Brauerei und 3215 Einw.

Neugierde (Neugier), das Streben, von ir etwas noch Unbekanntem Kenntniß zu erhalten, zwar bloß zur augenblicklichen Befriedigung des dürfnisses anregender Unterhaltung durch Vo lungen, welche mit dem Reize der Neuheit be sind. Wird bei dem Streben nach neuen Erk nissen ein reeller Zweck ins Auge gefaßt und dabei ein höheres Interesse ob, in sofern man unklare oder verworrene Vorstellungen sich kla machen und in den gehörigen Zusammenhan bringen und überhaupt das Gebiet gründlichen befriedigenden Wissens zu erweitern sucht, so n man jenes Streben Wißbegierde, welche in etwas Löbliches ist, während die bloß nach Neui ten haschende N. als tadelnswerth erscheint.

Neugottern, s. Dietendorf.

Neugranada (das Gebiet der Vereinig Staaten von Colombia), Republik im n westlichen Theile des südamerikanischen Festlar liegt nach den Ansprüchen der Republik zwischen 30′ nördl. Br. und 3° 35′ südl. Br. und 65° und 77° westl. L. von Greenw. und wird beg im Norden vom Antillenmeer, gegen Westen dem Staate Panama und dem stillen Ocean, g Süden von den Republiken Ecuador, Peru von Brasilien, gegen Osten von Brasilien u. V zuela. Der Flächeninhalt dieses Gebietes be ungefähr 23,200 deutsche □Meilen u. die Zahl Bevölkerung fast 2½ Millionen Seelen. Die wohner sind Weiße und sogenannte weiße Mesti etwa 1½ Millionen, Indianer mit einigem eur schen Blute gemischt, Mischlinge (Mestizen, Mu ten und Zambos) und reine Neger (gegen 80, Die Küstenbildung des Landes ist wenigstens g Norden zu eine günstige. Am Antillenmeere an der Westseite der Halbinsel von Goajira Bahia Honda mit gutem Hafenplatze, die B Portete, die Bucht von Santa Marta mit schö Hafen, welche, durch tiefe Kanäle mit dem See Pajaral und dem von Cuatro Bocas in Verbind stehend, die östlichen Mündungsarme des gr Rio Magdalena empfängt. An der Westseite Magdalenadelta's liegt der herrliche Hafen von tagena. Der Golf von Darien oder von Urabá sich gegen 15 Stunden weit ins Land hinein u. tet auf seiner Ost- und Südseite bis zur Bai Candelaria immer sichere Ankerplätze dar. An

Küste des stillen Oceans, die viel einförmiger ist u. in ihrem nördlichen Theile von Seefahrern fast gar nicht besucht wird, sind die Baien von Cupica und von San Francisco Solano, die kleine Bai von Palmar an der Südseite des hohen steilen Kaps Corrientes, die Bai von S. Buenaventura oder von Cascajal, auf der Südseite des Rio San Juan liegend. An der Küste des Antillenmeeres liegen die zwei kleinen Inselgruppen del Rosario vor Cartagena u. San Bernardo im Norden der Morrosquillobai; an der Westküste die Insel Gorgona mit dem guten Hafen Trinidad und den kleinen Gorgonillasinseln. Der Bodengestaltung nach kann man N. in zwei Theile theilen, in das von den Cordilleren gebildete Hochland und das ebenere Tiefland. Die Cordilleren von N., eine Fortsetzung der Cordilleren von Ecuador, erfüllen, theils in 4 Bergknoten vereinigt, theils in mehre Ketten zertheilt, fast die Hälfte des Staatsgebietes. Die höchsten Spitzen sind der Vulkan von Tolima, der Huila, der Vulkan von Purace, alle über 15,000 Fuß hoch, u. der Vulkan von Cumbal. Außerdem fällt von den drei isolirten Gebirgsgruppen Südamerika's die höchste, die Sierra de Santa Marta, ganz in das Gebiet von N. Das Tiefland nimmt den östlichen Theil des Gebietes ein, wo sich die großen Bassins der Hauptquellströme des Amazonas und des Orinoco, nämlich der Rio Caqueta, R. Guaviare und R. Meta, ausbreiten. Die Bewässerung des Landes ist sehr reich, der größte Theil der Flüsse mündet gegen Norden ins Antillenmeer. Der größte Fluß der Republik und der werthvollste für die Schifffahrt ist der Rio Magdalena mit seinen vielen wasserreichen Zuflüssen, wie dem Suaza, Neyva, Cabrera, Prado, Bogota, la Plata, Paez, Saldaña, Cuella, Rio Negro, Carare, Opon, Sogamoso, Surate, Cesar, Rio Guali, R. Samaná, Rio Nare und R. Cauca. Er mündet in mehren Armen, welche niedrige, sumpfige Inseln, das Delta des Stromes, einschließen und durch viele kleine Kanäle unter einander in Verbindung stehen, in den atlantischen Ocean. Der R. Atrato entspringt am Westabfall der westlichen Cordillere und mündet in fünf Hauptarmen in den Meerbusen von Darien. Er ist theilweise für große See-, Dampf- u. Segelschiffe schiffbar und nimmt den R. Murray oder Pavon, den R. Morindo und R. Surio auf. In der Mitte zwischen dem R. Atrato und dem Magdalenaflusse mündet noch der R. Sinu als ein bedeutender Strom in das Antillenmeer. Zum stillen Meere fließen der R. San Juan, der R. Patia und der Grenzfluß gegen Ecuador, Rio Mira, die größten und für den Verkehr von Bedeutung. In den östlichen Ebenen des Gebietes sind die Zuflüsse des Orinoco, namentlich der Rio Guaviare und der R. Meta, von Bedeutung. Der R. Guaviare entspringt am Fuße der Ostcordillere, nimmt den R. Inirida und Atabapo auf und hat einen Lauf von 150 deutschen Meilen Länge. Der R. Meta, aus zwei Bergströmen gebildet, ist bis auf 15—20 Meilen Entfernung von der Hauptstadt von N. schiffbar und größtentheils 36 Fuß tief, so daß er mit großen Dampfschiffen befahren werden kann. In Bezug auf das Klima unterscheidet man in N. fünf Zonen, die der Tierra caliente, der Tierra templada, der T. fria, der Paramos und des ewigen Schnee's. Zu der Tierra caliente gehören die ganze Küstenebene am stillen Ocean und die am Antillenmeere, sowie die Gebiete, welche die Republik im Osten der östlichen Cordillere in Anspruch nimmt, die Ebenen des Rio Meta, des R. Guaviare und des R. Caqueta. Zur Tierra templada gehören außer der untern Stufe der Cordillere und den niedrigen Ausläufern derselben das ganze Hochthal des obern Rio Cauca und die höheren Theile desjenigen vom R. Magdalena. Die Tierra fria nimmt vorzüglich den höchsten Theil des Hochlandes von Pasto ein und zieht sich auf der Höhe der Westcordillere bis in die Breite von Antioquia fort. Die Region der Paramos liegt zwischen 9500 und 11,000 Fuß über der Meeresfläche und umfaßt rauhe, trockene u. unbewohnbare Bergeinöden, auf welchen nicht selten Schnee fällt. Zur Region des ewigen Schnee's endlich gehören einige der höchsten Erhebungen der Cordilleren, wie der Vulkan Purace, der Tolima und die höchsten Gipfel der Sierra Nevada de Santa Marta. Die Ebenen im Osten der Andes und die der atlantischen Küsten haben die gewöhnlichen zwei tropischen Jahreszeiten, die trockene und die nasse, jede von sechs Monaten Dauer; der Sommer beginnt um das December- u. der Winter oder die Regenzeit um das Junisolstitium. Auf der Küstenebene des stillen Meeres fällt dagegen das ganze Jahr hindurch Regen. Im Innern, auf dem Plateau und in den Ebenen zwischen der westlichen und östlichen Cordillere gibt es zwei trockene Zeiten u. zwei Regenzeiten, von denen jede ungefähr 90 Tage dauert. In den Gegenden über 10,000 Fuß finden auch während der trockenen Jahreszeit der unteren Gegenden heftige Regengüsse und Hagel Statt, welche die Flüsse anschwellen. Der größere Theil des Landes hat gesundes Klima, ungesund sind nur die niedrigen und sumpfigen Küstenebenen im Norden, besonders im Delta des R. Magdalena. Erdbeben und Stürme sind nicht selten. Die Erzeugnisse des Landes sind sehr reich und mannichfaltig. Der Boden ist fast durchgehends sehr fruchtbar und die Vegetation eine äußerst üppige, die Ebenen des Choco, die der atlantischen Küste u. die im Osten der Andes sind noch mit Urwald bedeckt. Herrliche Urwälder gibt es auch in den oberen Thälern des Rio Cauca und R. Magdalena und ihrer Zuflüsse, hier jedoch mehr mit Savannen (Llanos) abwechselnd, und an den Abfällen der Cordilleren bis 10,000 Fuß hinauf. Bis 8000 Fuß über der Meeresfläche wachsen noch prächtige Palmen. Die Wälder liefern treffliches Bauholz, Chinarinde, vegetabilisches Elfenbein von einer Pandanusart am Magdalenenstrom, peruanischen Balsam, Kautschuk und Vanille. Aus der einheimischen Fauna sind Jaguare, Schlangen, Mosquitos, Niguas, Flöhe, Termiten u. a., periodisch auch Zugheuschrecken, sowie Fische hervorzuheben. Eingeführt sind die europäischen Hausthiere. Von Mineralien kommt Gold vor, im Goldsande und auch auf Gängen, Platina, Silber, Smaragde, kleine Diamanten, Kupfer, Eisenstein, Steinsalz, Schwefel und Steinkohlen. Der Ackerbau steht noch auf sehr niedriger Stufe. Obgleich in N. alle Kulturpflanzen vorzüglich gedeihen, so wird doch kaum davon der geringe eigene Bedarf der Bevölkerung erzeugt. Am meisten wird Mais angebaut, Bananen wachsen als Nahrungspflanzen fast ohne alle Kultur. Kakao, der in der Tierra caliente wild wächst, gedeiht im Innern sehr gut und wird viel gebaut. Von größerem Belang sind aber der Tabak und Kaffee, die hier in vorzüglicher Güte gebaut werden. Auch das Zuckerrohr gedeiht sehr gut und gibt in den tieferen Thälern, besonders in dem von Guaduas, ziemlich viel Zucker. Die Viehzucht ist ziemlich ausgedehnt, die Industrie aber unbedeutend: Hüte aus Palmstroh werden geflochten, ordinäre Baumwollengewebe sind die Hauptfabrikate. Außerdem gibt es Branntweinbrennereien, Zuckersiedereien, in einigen Städten auch Cigarrenfabriken. Ebenso unbedeutend ist im Verhältniß zum Metallreichthum des Landes der Bergbau und bei dem außerordentlichen Reichthum an Produkten der Handelsbetrieb. Nach den letzten officiellen Berichten betrug 1856—57 der Werth der Einfuhren 3½ Millionen, der der Ausfuhren etwas über 7 Millionen Pesos. Hauptartikel der Ausfuhr sind: Gold, Chinarinde, Tabak, Kaffee, Strohhüte (Panamahüte) u. Rindshäute. Für den auswärtigen Handel sind nach dem Zollgesetze von 1865 geöffnet: Santa Marta, Cartagena, Savanilla, Rio Hacha und Zispata am Antillenmeere, Quibdo am Atrato, Arauca am Rio Meta, Cucuta an der Grenze von Venezuela u. Carlosama an der Grenze von Ecuador. Freihäfen sind: Buenaventura, Tumaco und Iscuande am stillen Ocean. Die fremden Flaggen sind den nationalen gleich gestellt, auch in der Küstenschifffahrt, sowie in der Befahrung der Flüsse mit Dampfschiffen. Der Dampfschifffahrtsverkehr auf dem Magdalenenstrome, der einzigen großen wichtigen Verkehrsstraße, hat in neuerer Zeit bedeutend zugenommen. Maße und Gewichte sind jetzt gesetzlich die französischen, doch werden noch allgemein die alten spanischen im Verkehr gebraucht. Die Münzeinheit bildet der Peso oder Piaster zu 1⅓ Thalern Werth. Von der geistigen und sittlichen Kultur des Staats ist wenig Rühmenswerthes zu bemerken. Das Schulwesen ist verwahrlost, der Klerus ist durchgängig unwissend und zum Theil moralisch heruntergekommen, durch die fortwährenden Bürgerkriege ist das Volk wie in den meisten Staaten des spanischen Amerika arm und arbeitsunlustig geworden. Von höheren Unterrichtsanstalten gibt es eine Universität zu Bogota mit einer Nationalbibliothek und eine ziemliche Anzahl von Kollegien und Priesterseminarien. Bemerkenswerth ist, daß in N. auch den protestantischen Konfessionen völlige Kultusfreiheit gewährt ist. Die Protestanten, nur sehr wenige an der Zahl, haben auch in Bogota einen Betsaal und einen eigenen Kirchhof. Mit der neuen Konstitution vom 22. Mai 1858 hieß die Republik N. einige Zeit Granadinische Konföderation, u. vom revolutionären provisorischen Präsidenten Mosquera wurde ihr der Name **Estados Unidos de Colombia** (Vereinigte Staaten von Colombia) gegeben. Die politische Eintheilung war mit der Konstitution von 1858 die in 7 Staaten (ohne Panama), u. zwar: Antioquia, Bolivar, Boyaca, Cauca, Cundinamarca, Magdalena und Santander. Seitdem ist wieder ein neuer Staat, Tolima, hinzugekommen, aus Theilen derjenigen von Boyaca, Cundinamarca u. Santander gebildet. Die Hauptstadt des Landes ist Santa Fé de Bogota. Die Finanzen sind durch die steten Umwälzungen gänzlich zerrüttet. Die öffentlichen Ausgaben übersteigen die Einnahmen immer um ein Beträchtliches, und das Kapital der Staatsschuld betrug schon 1859 ohne verschiedene andere Reklamationen über 44 Millionen Pesos. Im Jahre 1862 hat der Staat mit seinen englischen Gläubigern

(35 Mill. Pesos) akkordirt und denselben gegen B
zichtleistung auf 240,000 Pfd. Sterl. jährlicher Zin
über 7 deutsche □Meilen Staatsländereien abgetret
Die Nordküste von N. wurde zuerst 1499 von
Spaniern Alonzo de Hojeda und Juan de la C
welche Columbus auf seiner dritten Reise begleitet h
ten, entdeckt, zwei Jahre darauf aber von Rodrigo
Bastidas bis nach Darien befahren. Nach und n
wurden von den Spaniern dort Niederlassungen
gründet und 1718 N. zu einem besonderen Vice
nigreich erhoben. Nach mehren mißlungenen V
suchen, sich vom Mutterlande loszureißen, entsch
die Schlacht von Calobozzo 1818 die Unabhängig
Südamerika's. Der zum Diktator erwählte Boli
verband N., Venezuela u. die Presidencia von Qu
zu einer Centralrepublik von Colombia. Aber sch
1830 fiel diese Schöpfung auseinander, indem
Caracas als selbstständige Republik Venezuela,
ehemalige Presidencia von Quito als Republik
Ecuador und die Provinzen des Vicekönigreichs
N. als Republik von N. konstituirten. N. blieb
fast immerwährender Umwälzung begriffen. N
langen Kämpfen wurde am 9. März 1832 Gene
Santander zum Präsidenten gewählt. Bei der
sidentenwahl 1837 siegte Marquez Jose Ignaci
Marquez über den General Obando, was einen
tigen Bürgerkrieg hervorrief, in welchem letz
endlich 1841 unterlag. Als Präsidenten folgten 1
der General Don Pedro Alcantara **Herran**,
hauptsächlich den Aufstand niedergeschlagen ha
und 1845 General **Mosquera**. Diese drei Pr
denten suchten das Land in vielfacher Hinsicht
heben, förderten den Handel u. tilgten einen gro
Theil der innern Schuld. Unter dem letzten erh
Obando die Erlaubniß zur Rückkehr. Derselbe
ganisirte alsbald die revolutionäre Partei von Ne
und durch deren Einfluß fielen bei der neuen P
dentenwahl 1849 die Stimmen auf den Ge
Jose Hilario Lopez, einen höchst unbedeute
Mann. Er war das Werkzeug jener Partei in
Maße, daß er officiell in seinen Botschaften
„Herrschaft der Massen" als Regierungssystem
kündigte, sofort der katholischen Kirche den
ankündigte, die Todesstrafe abschaffte und die u
bingteste Preßfreiheit verkündigte. Eine bewaf
Opposition gegen diese Maßregeln 1851 ward
terdrückt, zugleich der Vorschlag zu einer Uma
tung der Konstitution in vollkommen demokratis
Sinne durchgesetzt und im März 1853 der Gen
Obando zum Präsidenten gewählt. Nach Ent
nung der Jesuiten (1850) hatte bereits ein G
vom 9. Mai 1851 alle religiösen Genossenscha
aufgehoben, die auf den passiven Gehorsam geb
sind, ein anderes vom 14. Mai nicht nur die bes
dere geistliche Gerichtsbarkeit abgeschafft, sond
auch der bürgerlichen Gerichtsbarkeit Gewalt ü
die Geistlichen übertragen; ein weiteres G
vom 30. Mai hatte dann die Einkünfte der Ki
geschmälert, und in der abgeänderten Konstitut
war die Uebung jeder Religion frei gegeben word
während vorher die katholische Staatsreligion ge
sen war. Ein Gesetz vom 15. Juni 1853 erklä
nun die völlige Trennung der Kirche vom Sta
Eine im Mai 1853 gegebene neue Verfassung unt
warf fast Alles dem allgemeinen Stimmrecht u
beschränkte die Befugnisse des Präsidenten.
Verbesserung der Finanzen schlug Obando den B

kauf von Staatsländereien und eine Verlängerung des Privilegiums der Panamabahn vor, aber die zwischen Anarchie und Diktatur schwankende Gährung der Parteien ließ es zu nichts kommen. Am 17. April 1854 verkündete der General Jose Maria Melo, an der Spitze des Heeres und von der demokratischen Gesellschaft zu Bogota unterstützt, die Diktatur, welche dem Präsidenten Obando angetragen, aber von ihm ausgeschlagen wurde. General Melo übernahm darauf selbst die Diktatur, bildete ein neues Ministerium, löste den Kongreß auf und stellte die Verfassung von 1843 und die Vereinigung von Staat und Kirche wieder her. Er wurde jedoch gestürzt und verhaftet und Manuel Maria Mallarino zum Vicepräsidenten gewählt, der am 1. April 1855 sein Amt antrat. Obando und Melo wurden verbannt. Das Verhältniß der Kirche zum Staate ordnete ein neues Gesetz vom 14. Mai 1855 auf angemessenere Weise. Die große Eisenbahn von Aspinwall am atlantischen Meere über die Cordilleren nach Panama ward zum ersten Mal in ihrer ganzen Strecke am 28. Januar 1855 befahren. Thatsächlich herrschen die Nordamerikaner in N. ebenso wie die Eingebornen, indem sie keine andern als die von ihnen gewählten Behörden anerkennen und eine Menge von Niederlassungen auf der Landenge gegründet haben. Der Kongreß von N. sah sich auch schon genöthigt, durch Gesetz vom 26. Februar 1855 die bisherige Provinz Isthmo als einen freien und unabhängigen Staat unter dem Namen Panama anzuerkennen, doch sollten die auswärtigen Angelegenheiten, das stehende Heer, die Kriegsflotte u. das Fremdenwesen von Bundesbehörden in Gemeinschaft mit N. besorgt werden. Da bei einem Tumult in Aspinwall 1856 auch einige Nordamerikaner gefallen waren, ergriff die nordamerikanische Union mit Eifer die Gelegenheit, einen Konflikt mit N. herbeizuführen, und stellte 1857 an die Regierung von N. die Forderungen, daß die Panamastraße sammt den Orten Aspinwall und Panama zwei besondere Regierungsbezirke unter der Oberhoheit N.'s bilden, die Konsuln der Vereinigten Staaten aber das Recht haben sollten, dort eine Polizei zu errichten und zeitweilig Abgaben zu erheben. Die Regierung N.'s wies diese schließlich zum Ultimatum erhobenen Forderungen zurück, und schon hatten die nordamerikanischen Flottenkommandanten bei der Meerenge von Panama Stellung genommen, als die Regierung zu Bogota den Konflikt dadurch friedlich beilegte, daß sie alle unerledigten Ansprüche amerikanischer Bürger an N. seit 1818 zu befriedigen versprach, der Regierung der Vereinigten Staaten den Ankauf einer Insel in der Bucht von Panama zugestand und alle Bürger der Vereinigten Staaten von den bisher auf der Transitstraße über den Isthmus erhobenen drückenden Abgaben freisprach. Durch das Staatsgrundgesetz vom 15. Juli 1858 ward eine gänzliche Umgestaltung der innern Verhältnisse herbeigeführt, indem an die Stelle des frühern Provinzialverbands (36 Provinzen) 8, sodann 1861 9 Einzelstaaten traten, die den Namen Granadinische Konföderation (Confederacion Neogranadina) annahmen, doch werden sie durch die Centralregierung zu Bogota nur lose zusammengehalten. Im Jahre 1860 brach eine neue Revolution aus, die 1861 Mosquera an die Stelle des bisherigen Präsidenten Ospina erhob. Die liberalen Staaten nahmen hierauf durch den am 20. Sept. 1861 zu Bogota abgeschlossenen Unionsvertrag den Namen Vereinigte Staaten von Colombia an.

Neugriechen, s. Griechenland (das neue).

Neugriechische Sprache und Literatur. Die neugriechische Sprache unterscheidet sich nicht in dem Grade von der altgriechischen, daß sie als eine eigene, in ihrem Kern und nach ihrem ganzen Wesen von der altgriechischen abweichende Sprache anzusehen wäre. Die Verschiedenheiten zwischen beiden Sprachen sowohl in Ansehung der Wörter und des gesammten Sprachschatzes, als des grammatischen und syntaktischen Baues finden theils in der zeitlichen Entwickelung derselben selbst, theils in den Einwanderungen und Durchzügen fremder, besonders slavischer Horden, denen das Land geraume Zeit ausgesetzt gewesen ist, ihren genügenden Erklärungsgrund und erscheinen um so geringer, je mehr es sich nachweisen läßt, daß im alten Griechenland nicht immer so geschrieben, noch weniger gesprochen worden ist, wie die ersten und besten Schriftsteller das Altgriechische schrieben, sowie, daß neben der ausgebildetsten Schrift- und Umgangssprache der alten Griechen eine weit regellosere und ungebundenere Art des Ausdrucks im Munde des Volks geherrscht habe. Die neugriechische Sprache ist zunächst die gesprochene Sprache, wie sie im Gegensatze zu der Schriftsprache und zu der Umgangssprache der Gebildeten im alten Griechenland im Munde des Volks die vorherrschende war, nur daß sie durch Aufnahme fremder, namentlich slavischer und romanischer Elemente vielfach verunreinigt worden und in Folge davon ausgeartet ist und im Vergleich zu der altgriechischen als verderbte Sprache erscheint. Mag aber auch das altgriechische Element in der neugriechischen Sprache öfters bis zur Unkenntlichkeit verwischt, mag diese einzelner grammatischer und syntaktischer Feinheiten und eigenthümlicher Vorzüge, welche die altgriechische Sprache besitzt, entbehren, so haben sich doch offenbar darin altgriechische Elemente im Ganzen und im Einzelnen genug erhalten, daß die neugriechische Sprache ihrem Kern nach als eine Tochter der altgriechischen anzusehen ist. Ihre Grundlage ist der äolische Dialekt, wie denn namentlich die Aussprache der Vokale und Diphthonge im Neugriechischen fast rein äolisch ist, ja die Verwandtschaft beider Mundarten liegt noch näher als die der romanischen Sprachen mit der römischen. Um die Geschichte der neugriechischen Sprache bis zu ihrem Ursprung zu verfolgen, muß man bis auf die Blüthezeit der altgriechischen Sprache und Literatur zurückgehen, wobei freilich, namentlich was das heutige Neugriechisch betrifft, der Unterschied zwischen der eigentlichen Volkssprache (ἡ καθομιλουμένη oder χυδαία oder κοινή, auch ἁπλῆ- oder ἁπλο-ἑλληνική oder νεο-ἑλληνική oder ῥωμαϊκὴ γλῶσσα), wie sie von dem gemeinen Manne im alltäglichen Lebensverkehr geredet wird, und zwischen der Schriftsprache festzuhalten ist. Jene erstere, das naturgemäße Erzeugniß des Volksgeistes, das vom Vater auf den Sohn forterbte und nichts künstlich und absichtlich Gemachtes ist, ist das eigentliche Neugriechisch, welches, von demselben Ursprung wie die altgriechische Volkssprache, sich bei der Ausartung der altgriechischen Schriftsprache selbstständig weiter entwickelte, eine Entwickelung freilich, die in immer weiterer Entfernung von dem klassischen Griechisch der Blüthezeit des Hellenenthums, besonders nach dem Untergang des byzantinischen Kaiserthums, bestand. Seit dem Ende des 11. Jahrhunderts ward diese neugriechische Sprache zugleich diejenige, in der einzelne wissenschaftlich gebildete Männer schrieben und dichteten, um dem Volke sich verständlich zu machen, während Andere allerdings auch damals noch in dem dem Volke ganz unverständlich gewordenen Altgriechisch schrieben. Begreiflicher Weise mußte im Laufe der Zeit und bei dem Mangel aller Bildungsmittel für das Volk, sowie einer eigenen Literatur die Sprache immer mehr ausarten, und dadurch, daß man nach verschiedenen Principien und Systemen das Neugriechische zu schreiben begann, ward zwar das Aufkommen einer neugriechischen Schriftsprache angebahnt, aber zugleich eine heillose Sprachverwirrung herbeigeführt. Man mußte dies aber um so unangenehmer empfinden, als in Folge günstiger äußerer Umstände und der theilweise veränderten politischen Verhältnisse des Volks in diesem die Erinnerung an altgriechische Sitte u. Art erweckt und damit ein nationaler Aufschwung angeregt ward. Zunächst war die Erhebung der Fanarioten zu politischem Einflusse in der ersten Hälfte des 18. Jahrhunderts in der angedeuteten Beziehung von wichtigen Folgen, denn der Werth der Bildung und der Kenntnisse, denen allein die Fanarioten diese Erhebung und ihren Einfluß verdanken, machte sich hierbei sehr bemerklich, und in Folge davon wurden die Griechen geneigter, auf abendländischen Universitäten sich zu bilden, von wo sie nicht allein Kenntnisse, sondern auch das Bedürfniß weiterer Bildung in die Heimat zurückbrachten. Der Befriedigung dieses Bedürfnisses wurde aber besonders seit der zweiten Hälfte des 18. Jahrhunderts durch den griechischen Handel Vorschub geleistet. Auch erweckte das Interesse an der den Fanarioten ausschließlich zugestandenen Verwaltung der Moldau und Walachei bei den Griechen die Neigung zu öffentlicher Thätigkeit, u. hierzu kam endlich noch die Errichtung von Schulanstalten, welche nicht nur die Lust an intellektueller Bildung weckte und steigerte, sondern auch nothwendig die Aufmerksamkeit der Griechen auf ihre eigene Sprache hinlenken mußte. Hatten bisher die gelehrten Neugriechen ihre Sprache ganz nach Willkür gehandhabt, ohne darnach zu fragen, welches die richtige Schreib- und Sprachweise sei, in welchem Verhältnisse eine neugriechische Schriftsprache zur altgriechischen stehe und in wie weit die Bildung jener von der Volkssprache abhängig sei, so traten jetzt auf einmal mehre Versuche systematischer Lösung dieser Fragen hervor. Während sich die Einen ausschließlich an die Vergangenheit anschlossen und nur in der todten Sprache der alten Griechen schrieben (z. B. Neophytos Dukas, Steph. Kommitas), hielten Andere (wie Katartsches) im Gegentheil den von der Gegenwart vorgezeichneten Weg für den richtigen und wollten dem gemäß das Griechische auch nur so geschrieben haben, wie es das Volk sprach, und faßten noch Andere, die erkannten, daß diese Sprache des Volks von einer viel schöneren u. ausgebildeteren Sprache abstamme, die Idee einer Verbesserung jener Volkssprache auf, glaubten aber irriger Weise eine solche Verbesserung dadurch herbeiführen zu können, daß sie möglichst viele Wörter und Formen der altgriechischen Sprache entlehnten und damit jene Volkssprache ausputzten, woraus das sogenannte *Μιξοβάρβαρον* entstand, das besonders die Sprache der Fanarioten und ein Gemisch von Altgriechischem, Türkischem und Französischem war. Dagegen wies Korais (s. d.) behufs der Verbesserung der neugriechischen Sprache, die er sehr richtig als Sprache des Umgangs und täglichen Lebens bezeichnete, auf die Nothwendigkeit einer sorgfältigen Vergleichung beider Sprachen hin, indem er zugleich darauf drang, die Verschiedenheiten beider in der Form und Syntax wohl zu berücksichtigen und nur so viel von der altgriechischen für die neugriechische zu entlehnen, als diese letztere bedürfe, damit sie, ohne für das Volk unverständlich zu werden, aus dem Schatze des Altgriechischen verbessert und bereichert und dadurch gereinigt und veredelt, nicht aber umgestaltet werde. Diese Ansicht von Korais und das auf dieselbe gegründete System, das Neugriechische zu schreiben und zugleich allmählig zu verbessern, ward zwar anfänglich von vielen Seiten aufs heftigste bekämpft, aber schließlich als das der geschichtlichen Entwickelung sich am besten anschließende von den Gelehrten nicht nur, sondern auch vom Volke anerkannt. Hierzu hatte besonders die auf Korais' Rath 1811 gegründete wissenschaftliche Zeitschrift „*Ἑρμῆς ὁ Λόγιος*“ in Wien mit gewirkt. Durch alles Das, was in den letzten Jahrzehnten in Griechenland für den Volksunterricht sowohl als für das höhere Schulwesen und im Interesse der allgemeinen Bildung, namentlich in Folge der Errichtung der Universität Athen 1837 geschehen ist, hat die Entwickelung der neugriechischen Sprache auf der Grundlage des Altgriechischen außerordentliche Fortschritte gemacht, und schon jetzt ist, obwohl der Reinigungsprozeß noch keineswegs zum Abschluß gekommen ist, ein reinerer und edlerer Styl an die Stelle der früheren unbeholfenen und durch unreine Formen verderbten Schreibart getreten.

Der Unterschied zwischen der neugriechischen und altgriechischen Sprache im Einzelnen besteht theils in den fremden Elementen, welche die erstere mehrfach von anderen Sprachen entlehnt hat, theils in der veränderten Bedeutung altgriechischer Wörter und in dem Außergebrauchgekommensein eines großen Theils der letzteren, theils und hauptsächlich in der bedeutenden Verminderung der alten reichen Formen der Deklination und Konjugation, in sofern in jener der Dativ, der bald durch den Genitiv oder Akkusativ, bald durch eine Präposition ersetzt wird, in dieser das Medium, der Infinitiv und Optativ, das Perfektum, Plusquamperfektum und Futurum, in beiden aber der Dual außer Gebrauch gekommen ist. Nur in einzelnen Redensarten und einzelnen aus dem Altgriechischen herstammenden Ausdrucksweisen haben sich altgriechische Formen auch in der Volkssprache erhalten. Was aber den syntaktischen Bau des Neugriechischen anlangt, so steht derselbe dem des Altgriechischen in Folge der erlittenen Einbuße an Partikeln, woran die altgriechische Sprache so reich ist, namentlich in sofern nach, als er unverkennbar das Gepräge einer gewissen schleppenden Unbeholfenheit an sich trägt.

Das neugriechische Alphabet hat wie das altgriechische 24 Buchstaben, welche dieselben Zeichen und mit geringen Abweichungen dieselben Benennungen führen. Wie die altgriechische hat die neugriechische Sprache auch die 3 Accente (´, ῀ und `), dagegen sind die Hauchzeichen (῾ und ᾿) nur Unterscheidungszeichen der Rechtschreibung und ändern nichts an der Aussprache. Sie hat 3 Artikel und 3 Deklinationen, die sich durch die Bildung des Genitivs unterscheiden. Auch die Adjektiva und Pronomina werden deklinirt. Die Zeitwörter haben 2 Konjugationen: mit dem Ton auf der vorletzten und mit dem Ton auf der letzten Silbe. Die Aussprache des Neugriechischen ist in der Hauptsache die in Bezug auf das Altgriechische unter dem Namen der reuchlinschen (s. Griechische Sprache) unter uns bekannte. Eigenthümlich ist derselben die Häufung des J-Lautes, der sogenannte Itacismus, wobei aber nicht übersehen werden darf, daß die richtige Aussprache gebildeter Griechen verschiedene Nüancen hierbei macht, für deren Feinheit freilich der Fremde in der Regel kein Gehör hat. Eigenthümlich ist der neugriechischen Aussprache noch die Vernachlässigung der Quantität der Silben zu Gunsten des vorherrschenden Accents und der Mangel der zwar für das Auge, aber nicht für das Ohr vorhandenen Diphthonge. Der reiche Schatz der neugriechischen Sprache ist aus den vorhandenen Wörterbüchern nur mangelhaft zu erkennen, weil dieselben den im Volke zerstreut sich vorfindenden Wortvorrath nur sehr unvollständig enthalten. Doch sind die vorhandenen Wörterbücher von Somavera (ital. und neugriech., Paris 1709), Vendoti (neugriech., ital. und franz., Wien 1790), Weigel (neugriech., deutsch und ital., Leipzig 1798), Zalikoglu (franz., altgriech. und neugriech., Paris 1809 und 1824), Alexandridis (türk. und neugriech., Wien 1812), Komas (neugriech., russ. und franz., Mosk. 1811), Vlanti (neugriech. und ital., Venedig 1806), Gazis ([nach Schneider] alt- und neugriech., Venedig 1811—16; 2. Aufl., Wien 1835 ff.), Schmidt („Neugriechisch-deutsches Wörterbuch", Lpz. 1825), Dehèque (neugriech. und franz., Paris 1825), Kumas ([nach Riemer] alt- und neugriech., Wien 1826, 2 Bde.), Theocharopulos (franz., engl., neugriech. und altgriech., Münch. 1834), Anselm (neugriech. und deutsch, das. 1834), Skarlatos Byzantios („*Λεξικὸν τῆς καθ' ἡμᾶς ἑλληνικῆς διαλέκτου*", Athen 1835, und *Λεξικὸν ἐπίτομον τῆς ἑλληνικῆς γλώσσης*", das. 1839, 2. Aufl. 1852, besonders nach J. Stephanus), Th. Kind („Handwörterbuch der neugriechischen u. deutschen Sprache", Lpz. 1841) für die Erlernung und den Gebrauch des Neugriechischen ausreichende Hülfsmittel. Auch behufs der Erlernung der Grammatik der neugriechischen Sprache für Fremde (die Neugriechen selbst bedürfen keiner besondern Grammatik ihrer Sprache, weil sie in den Schulen nur das Altgriechische grammatikalisch erlernen) sind gegenwärtig mannichfache Hülfsmittel vorhanden. Wir nennen nur die Grammatiken von Christopulos (Wien 1805), Darwaris (das. 1806), Schmidt (deutsch, Leipzig 1808), Bojadschi (deutsch, Wien 1821 und 1823), Jul. David (franz., Paris 1821 und 1827, Leipzig 1828), v. Münnich (deutsch, Dresden 1826), Lüdemann (deutsch, Leipzig 1826), Minas (franz., Paris 1827 und 1828), M. Schinas (franz., das. 1829), Theocharopulos (griech. und franz., das. 1830), Russiadis (deutsch, Wien 1834), Mullach (deutsch, Berlin 1856), Sophokles (engl. Lond. 1858). Ueber die Aussprache sind insbesondere noch die Schriften von Minas („Calliopé, ou traité sur la véritable prononciation de la langue grecque", Paris 1825), Bloch („Revision der von den neueren deutschen Philologen aufgestellten oder vertheidigten Lehre von der Aussprache des Altgriechischen", Altona und Leipzig 1826) und Henrichsen („Ueber die neugriechische oder sogenannte reuchlinsche Aussprache der hellenischen Sprache", aus dem Dänischen übersetzt, Parchim und Ludwigslust 1839) zu vergleichen. Als ein für die Sprache, wie sie im Volk lebt, reiche Ausbeute gewährendes Werk sind Leake's „Researches in Greece" (London 1814) zu nennen. Auch deutsche Philologen haben der neugriechischen Sprache ihre Beachtung zu Theil werden lassen, wie Friedemann und Poppo deren Verhältniß zum Altgriechischen ins Auge gefaßt, Hermann und vor allen Thiersch aber sie zum Gegenstand selbstständigen Studiums gemacht haben.

Die neugriechische Literatur beschränkte sich früher mehr noch als jetzt auf Uebersetzungen und schlug erst in der neuesten Zeit eine selbstständigere Richtung ein. Die erste Anregung dazu ging ebenfalls von Korais aus. Die besonders durch ihn und andere Gleichgesinnten neu errichteten und für die neue Richtung gewonnenen älteren Schulen beschränkten ihre Thätigkeit nicht darauf, in den Schülern künftige Lehrer des Volks heranzubilden, sondern gaben dem ganzen Volksgeist einen mächtigen Aufschwung, indem sie unmittelbar durch Wort und Schrift auf die Bildung des Volks wirkten und den Bildungstrieb immer belebender anregten. Solche Schulen und Lyceen, um deren Errichtung und Erhaltung bald einzelne Fanarioten und andere reiche Griechen, bald ganze Ortsgemeinden sich besonders verdient machten, blühten im Anfange des 19. Jahrhunderts besonders in Jassy, Bucharest, Konstantinopel (Kuru-Tschesme), Smyrna, Chios, Athen, Janina und Missolunghi, wozu später (1824) die jonisch-griechische Universität in Korfu kam. Neben jenen Schulen und Dem, was von ihnen unmittelbar ausging, muß noch als einer erfreulichen Frucht der neugriechischen Literatur und zugleich als eines mächtigen Förderungsmittels für den erwachten Geist des griechischen Volks des griechischen Theaters gedacht werden, das seit 1818 in Odessa, Bucharest u. a. O. theils altgriechische Tragödien in neugriechischen Uebersetzungen, theils neugriechische Originaldramen zur Aufführung brachte, was übrigens später, nach 1821, auch an einzelnen Orten Griechenlands geschehen ist.

Als das älteste Erzeugniß der neugriechischen Literatur gilt eine Chronik von Simeon Sethos (1070—80), Protovestiarios am Hofe des Kaisers Alexius Comnenus I., in welcher der Volksdialekt zum ersten Male als Schriftsprache auftritt. Als der erste neugriechische Dichter aber ist Theodor Prodromos oder Ptochoprodromos (in der Mitte des 12. Jahrhunderts) zu nennen, in dessen Dichtungen wir die ersten Anfänge der neugriechischen Dichtkunst sehen, obgleich die Sprache derselben noch zu viel altgriechische Elemente enthält. Nach dem Untergange des griechischen Kaiserreichs machten längere Zeit hindurch die kirchlichen Schriften, geistlichen Reden 2c. die ganze Literatur aus. Mit dem 18. Jahrhundert aber entwickelte sich in Folge des im Schooße des griechischen Volks neuerwachten Lebens die Literatur in mannichfaltigen Richtungen, u. namentlich fanden die Geschichte u. einzelne Zweige der philosophischen Wissenschaften eine Art selbstständiger Pflege. Für die neuere Zeit bis zur Gegenwart, wo die literarische Thätigkeit der Griechen auf andere Gebiete selbstständig sich verbreitete und auf ihnen sich zu versuchen begann, mögen folgende übersichtliche Andeutungen genügen. Auf dem Gebiete der Theologie machten sich Theoklitos Pharmakidis als Vertreter des rationalen Princips und Konstantin Oikonomos als Vertreter der kirchlichen Orthodoxie, letzterer zugleich ein ausgezeichneter geistlicher Redner, besonders bemerklich. Von den philosophischen Wissenschaften wurden seit dem Ende des 18. Jahrhunderts die Logik, Ethik, Physik, Metaphysik, Rhetorik, Aesthetik und Mathematik selbstständig behandelt, und es begegnen uns hier die Namen von Daniel Philippidis, Stephanos Dukas, Bardalachos, Neophytos Dukas, Kumas, Benjamin Lesbios, Bambas, Oikonomos und Kaïris. Auf dem Felde der Geschichte lieferte Philippidis (1816) eine Geschichte Rumäniens od. der walachischen, moldauischen und bessarabischen Völkerschaften, Surmelis eine Geschichte Athens zur Zeit des Freiheitskampfes (1834), Philimon ein Werk über die Hetärie (1834), Perräbos eine Geschichte Suli's (1815) u. Memoiren über den Freiheitskrieg von 1820 (1836), dergleichen auch vom Erzbischof Germanos (1837), sowie von andern Augenzeugen und Theilnehmern des Kampfes erschienen sind. Früher hatte Risos Nerulos eine „Histoire de la Grèce moderne" (1828), sowie A. Sutsos eine „Histoire de la révolution grecque" (1829) herausgegeben. Konstantin Paparrigopulos, der sich besonders mit der Geschichte Griechenlands im Alterthum u. im Mittelalter beschäftigt hat, und Anast. Georg. Levkias traten gegen Fallmerayers Ansichten über die Abstammung der heutigen Griechen (1843) auf, und K. D. Schinas lieferte (1845) eine Geschichte der alten Nationen. Wichtige Aufschlüsse über den mittelalterlichen Hellenismus gibt die gelehrte Abhandlung des Leukadiers Spyridon Zampelios vor seiner Sammlung der „Ἄσματα δημοτικὰ τῆς Ἑλλάδος" (Korfu 1852). Eine gute Geographie erschien bereits 1791 von Philippidis und Konstantas; Skarlatos Byzantios lieferte ein geographisch-historisches Werk über Konstantinopel, N. Chortakis eine mathematische und physische Geographie, J. D. Stamatakis einen nach officiellen Quellen verfaßten „Πίναξ χωρογραφικὸς τῆς Ἑλλάδος" (1846), J. N. Balettas eine Geographie des alten und neuen Griechenlands, Angelopulos eine Statistik von Piräos (1852), Rangawis eine geographisch-historisch-archäologisch-statistische Beschreibung des alten und neuen Griechenland (1853). Als politische Schriftsteller verdienen besonders Minas, Polyzoidis, Paläologos (von letzterem erschien ein Buch über Staatsökonomie) und Saripolos erwähnt zu werden. Spyridon Balettas verhandelte in mehren Dialogen über griechische Sitten und Zustände und behandelte einzelne politische Fragen des Tages mit Geist und Gewandtheit (1836). Auf dem Gebiete der Archäologie gab früher G. Sakellarios ein Werk über die griechischen Alterthümer (1796), sowie später Pittakis ein Buch über das alte Athen u. seine Alterthümer (1835) und Alex. Risos Rangawis „Antiquités helléniques" (Bd. 1, Athen 1842) heraus. In der Philologie erwarben sich außer Korais vornehmlich Neophytos Dukas, Darwaris, Asopios und Pikkolos durch Bearbeitung der alten Klassiker Verdienste. Eine methodische Grammatik der altgriechischen Sprache schrieb Neophytos Dukas unter dem Titel „Τεχνολογία" (1804 u. öfter); eine Syntax lieferten Bambas (1828) und Asopios (1841) u. A., eine Metrik der Alten bereits früher Zenobios Pop (1803) und später F. Benthylos (Athen 1851). Von Skarlatos Byzantios erschien ein neugriechisches Wörterbuch (1835), sowie ein altgriechisches (1839); ein französisches und griechisches von Rangawis, Samurkasis u. N. Lewadievs (1842). Die Literaturgeschichte, u. zwar die altgriechische, bearbeiteten Anthim. Gazis, Dim. Alexandridis u. K. Asopios, die neuere Steph. Kanellos (in den die Grundlage der „Leukothea" von Iken bildenden Briefen) und Risos Nerulos („Cours de littérature grecque moderne", 1827), und neuerdings erschien von A. Pappadopulos Bretos eine „Ἑλληνικὴ βιβλιογραφία" (1845). Erwähnung verdienen die „Indischen Uebersetzungen" von Dim. Galanos. Im Roman versuchten sich Alex. und Panag. Sutsos, ersterer mit dem politischen Roman „Ὁ Ἐξόριστος τοῦ 1831 ἔτους" (1834; deutsch unter dem Titel „Der Verbannte von 1831", Berlin 1837), letzterer mit einem mehr philosophisch-politischen, „Λέανδρος" (1835). Als politischer Redner aus der Zeit des Freiheitskampfs ist Trikupis zu nennen, der auch eine kleine Sammlung politischer Reden im Druck erscheinen ließ (1829). Daß dem griechischen Volke ein ausnehmendes Talent zur politischen Beredtsamkeit innewohnt, hat sich besonders auf dem Nationalkongresse von 1843—44 kund gegeben. Behufs der akademischen Lehrthätigkeit an der neuerrichteten Universität zu Athen gaben auch manche der dortigen Professoren besondere Leitfäden heraus, die auch in weiteren Kreisen die Wissenschaft fördern können. Erwähnung verdient besonders die ausführliche Anatomie von Alex. Maurokordatos (1836), sowie die Schriften von Kontogonis über altgriechische Mythologie (1837) u. hebräische Archäologie (1844), von Olympios über die physische Erziehung der Kinder (1837), von Mawrozannis über das Klima von Athen (1842) u. a. Einen Vereinigungspunkt für die wissenschaftliche Thätigkeit der Gelehrten bot die seit 1840 in Athen erschienene wissenschaftliche Zeitschrift „Εὐρωπαϊκὸς Ἐρανιστής" dar, welche theils selbstständige Aufsätze, theils Kritiken enthält u. einen guten Ueberblick über die literarischen Bestrebungen der neugriechischen Gelehrten gewährt. Die griechischen Zeitschriften, welche schon früher und bereits vor 1821 außer Griechenland, mehr aber noch in der späteren Zeit und bis auf die neueste Zeit in Griechenland erschienen, waren theils politischen Inhalts, theils verfolgten sie wissenschaftliche Zwecke und behandelten selbst einzelne Fächer ausschließlich. Seit 1852 erscheint in Athen eine „Volksbibliothek" zur Aufklärung des Volks.

Was die Poesie betrifft, so haben auch die Neugriechen zwei Gattungen der Poesie: eine durchaus eigenthümliche und ursprüngliche, durch mündliche Sage fortgepflanzte Volkspoesie und eine in der Schrift bewahrte, gelehrte oder Kunstpoesie. In der Volkspoesie der Neugriechen offenbart sich der volle Reichthum des Volkssinnes in seiner Innigkeit, Naivetät und Energie. Von wahrhaft poetischem Werth sind die historischen Gesänge, die im Munde des Volks leben und seine Helden verherrlichen; namentlich sind die Klephtenlieder und die aus der Geschichte des Freiheitskampfes herrührenden Volksgesänge wahre Goldkörner, deren vollständige Sammlung eine wahre Iliade des neuen Griechenlands

bilden würde. Am häufigsten sind die romantischen Lieder, in denen sich die Phantasie des Volks am mannichfaltigsten u. mit der größten Kraft bewegt. Einige sind erzählender Art, andere lyrisch und der Ausdruck des innersten Gefühls. Die Eigenthümlichkeit aller wahrhaft volksthümlichen Dichterwerke, daß ihre Verfasser gewöhnlich unbekannt bleiben, theilen auch die Volksgesänge der Neugriechen. Einige Ausnahmen abgerechnet, verdanken sie alle ihr Entstehen dem von aller Kunst unabhängigen, natürlichen Dichtertalent. Die Lieder der Bergbewohner zeichnen sich durch ein eigenthümliches Feuer aus, in dem die Bewohner der größeren Städte und der entfernteren Inseln etwas Rohes und Verletzendes finden. Wie die Gesänge der Bergbewohner der kühne und wilde Ausdruck der Heldenkraft sind, so drücken die der Insulaner die innigsten und stärksten Naturgefühle, die Anhänglichkeit an den natürlichen Boden, die Liebe zu den Verwandten aus. Die Klephtenlieder kann man ausschließlich einer besondern Klasse von Dichtern zuschreiben. Zwar sollen einige derselben von wirklichen Klephten herrühren; die meisten aber werden für das Werk wandernder Bettler angesehen, die von Stadt zu Stadt, von Dorf zu Dorf wandern und singen und auch darin den alten Rhapsoden gleichen, daß sie zugleich Dichter und Tonkünstler sind. Die Lieder der Insulaner und der Städter sind fast immer gereimt und unterscheiden sich nur dadurch von den ungereimten des Kontinents. Ueber das Alter der neugriechischen Volkspoesie kann eine ganz genügende Antwort nicht gegeben werden. Einige, deren Entstehung mit einiger Wahrscheinlichkeit nachgewiesen werden kann, mögen an das Ende des 16. oder in den Anfang des 17. Jahrhunderts hinaufreichen; der Ursprung einzelner dürfte sogar bis ins 11. Jahrhundert zurückzuversetzen sein. Die Gesänge der Berghirten und die Ammenlieder, noch mehr aber die Matrosenlieder mögen sich unmittelbar an altgriechische Ueberlieferungen anschließen, und die Tanzgesänge der Neugriechen erscheinen als eine Fortsetzung der altgriechischen Hyporchemen. Die Hochzeitslieder der Neugriechen entsprechen den Hymenäen der Alten, und die Myriologien oder Leichengesänge findet man in den Olophyrmen der alten Griechen wieder.

Auch die Spuren der **Kunstpoesie** lassen sich ziemlich weit zurück verfolgen. Nach einigen älteren Romanen in der Weise der französischen Ritterromane ist der berühmte Ritterroman in Versen „Erotokritos“ von Vincenz Cornaro aus dem 16. Jahrhundert zu nennen, das umfangreichste griechische Gedicht seit Konstantinopels Fall, das eine große Popularität erlangt hat. Nächstdem verdienen ein Trauerspiel „Erophile“ von Georg Chortatzis aus dem 17. Jahrhundert, ein Drama „Das Opfer Abrahams“, ein Gedicht „Der Kampf der Elemente“, eine Idylle „Voskopula“ (Die Schäferin) und aus dem 18. Jahrhundert ein gereimtes Gedicht „*Βοσπορομαχία*“ (Der Wettstreit der beiden Ufer des Bosporus), sowie eine erotische Erzählung „Kleanthes und Abrokome“ besondere Erwähnung. Aus dem Anfang des 19. Jahrhunderts stammt ein kleines satirisches Drama, „*Ρωσσ-Άγγλο-Γάλλος*“, (Der Russe, Engländer und Franzose), worin bereits der glühende Freiheitsdrang der Griechen sich kund gibt, der nachher in Rigas' berühmten Kriegs- und Freiheitshymnen so voll strömte. Nach der Erhebung des griechischen Volks 1821 sangen Panagos und Alex. Sutsos, Kalwos, Salomos, Risos Rerulos und Angelika Pali patriotische, zum Kampf begeisternde und die Großthaten der Helden feiernde Hymnen, Oden und Elegien. Später versuchten sich in demselben Genre auch Karatschutschas und Orphanidis mit Glück. Beide Sutsos warfen sich in ihren patriotischen Dichtungen auch auf die Satire, deren Waffen sie insbesondere gegen den Präsidenten Kapo d'Istrias und dessen Partei kehrten (1830). In der lyrischen Gattung versuchten sich ferner Zacharias Mavrudis, Perdikaris, gleichfalls die Satire kultivirend, Christopulos, ein neuer Anacreon mit gefälligen und anmuthigen Liebesliedern und bacchischen Gesängen, und sein Antagonist Sakellarios. In des Christopulos Weise, dessen Lieder in das Volk drangen, dichteten später auch Panagos Sutsos und Tantalidis. Das dramatische Feld bebauten Risos Rerulos, von dem es zwei Tragödien, „Polyrena“ und „Aivasia“, und einige komisch-satirische Stücke gibt; Pikkolos („Der Tod des Demosthenes“); Zampelios („Timoleon“, „Konstantin Paläologos“ und „Rigas“); **Evanthia**, die Schwester des gelehrten u. aufgeklärten Theologen Theophilos Kaïris, in ihrem die Katastrophe von Missolunghi von 1826 schildernden Trauerspiel „Nikiratos“; Rangawis in seinem patriotisch-historischen Trauerspiel „Der Vorabend“; Panagos Sutsos in seinem „Wanderer“ und einigen historischen Trauerspielen aus der neuesten Geschichte Griechenlands, z. B. „Karaiskakis“, und Alex. Sutsos in seinem „Markos Bozaris“. Als Lustspieldichter sind besonders Churmusis und Rangawis zu nennen. Voll Spott und Scherz ist auch die Muse des Risos Rerulos. Die originellsten und ausgezeichnetsten Dichter des neuen Griechenlands sind aber nach Geist und Form ihrer Dichtungen jedenfalls die beiden Brüder Panagos und Alex. Sutsos, von denen der erstere von großem Ernst und Tiefsinn ist. Von ihm ist auch ein didaktisch-episches Gedicht, „Messias“, vorhanden, das zum Theil in dramatischer Form die erhabensten und tiefsten Gedanken enthält. Risos Rerulos gab in dem komischen Epos „Der Raub der Truthenne“ ein lebendiges Bild der Sitten und des intriguanten Charakters und Treibens der Fanarioten, denen er selbst durch die Geburt angehört. Das bedeutendste neuere griechische Epos ist „Der Volksverführer“ von Rangawis, das die Geschichte des montenegrinischen Mönchs Stephanos, eines der falschen Peter III. unter Katharina II., behandelt. Zu der lyrisch-epischen oder romantisch-epischen Gattung ist vielleicht auch „Der Umherirrende“ von Alex. Sutsos zu rechnen, worin dieser die Geschichte seines Vaterlandes beweint und den Ruhm desselben feiert, vorzüglich wegen der Melodie und Kraft der Sprache hoch geschätzt. Vgl. Risos Rerulos, Cours de littérature grecque moderne, 1827; Fauriel, Chants populaires de la Grèce moderne, Paris 1824—25, 2 Bde., deutsch von Müller, Leipzig 1825, und von einem Ungenannten, Koblenz 1825; Schmidt-Phiseldeck, Neugriechische Lieder, Braunschweig 1827; Kind, Neugriechische Volkslieder, Leipzig 1827, das. 1849; Derselbe, Beiträge zur bessern Kenntniß des neueren Griechenland, Neustadt a. d. O. 1831; Derselbe, Neugriechische Poesien im Urtext, Leipzig 1833; Derselbe, Neugriechische Anthologie, das. 1841; Neugriechische

Volks- u. Freiheitslieder, Grünb. u. Leipzig 1842; Sander, Das Volksleben der Neugriechen, Mannh. 1844; Ellissen, Versuch einer Polyglotte der europäischen Poesie, 1. Bd., 1846; M. de Marcellus, Chant du peuple en Grèce, Paris 1852, 2 Bde. Das Hauptwerk über neugriechische Bibliographie ist die oben erwähnte 'Ελληνικὴ βιβλιογραφία, 2. Aufl., Athen 1856, von A. Pappadopulos Vretos.

Neugrün, s. v. a. Schweinfurtergrün.

Neuguinea (Papua), die größte der westaustralischen Inseln, durch die gefahrvolle Torresstraße vom Festlande Australiens, im Südosten durch die Dampierstraße von Neubritannien getrennt, erstreckt sich von 10° südl. Br. bis nahe zum Aequator. Ihr südlichster Punkt, Kap Rodney, liegt unter 10° 3′ südl. Br., und der nördlichste, Kap Good Hope, unter 0° 19′ südl. Br. Von Westen nach Osten erstreckt sie sich zwischen 130° und 148° 30′ östl. L. von Greenwich. Der Flächeninhalt wird zu ungefähr 12,000 □Meilen berechnet und die Zahl der Bevölkerung auf mehr als ½ Millionen Seelen geschätzt. Unsere Kenntniß vom Innern dieser großen u. äußerst interessanten Insel ist bis jetzt noch sehr gering. Die Europäer landeten nur noch an wenigen Küstenplätzen und sind nicht tief in das Innere des Landes vorgedrungen. In der Mitte besteht N. aus einer kompakt zusammengelagerten Gebirgsmasse, aus welcher einzelne Gipfel bis zu 17,000 Fuß sich erheben, und einer südlichen (Aven Stanley, 12,389 F. hoch) und nordwestlichen Halbinsel (Gebirge Arfak, 8930 F.). Die Abhänge der Gebirge sind im Allgemeinen mit Wald ohne Unterholz bedeckt. Kleine Flüsse sind zahlreich, und weiter im Innern mag es auch größere Ströme geben. Die Nordküste, die einige gute Häfen hat, können die größten Seeschiffe befahren. Das Land längs der Südküste, westlich von Isthmus, ist gleichfalls gebirgig und die Küsten hoch und felsig, der Isthmus selbst wird von einer hohen Hügelkette gebildet. Von den an der Küste von N. gelegenen Inseln sind hervorzuheben: im Nordwesten die Gruppe der Papuainseln, in der Geelvinkbai, welche die nordwestliche Halbinsel von der Hauptmasse scheidet, u. die Inseln Mysory (56 □M.) und Jobie (46 □M.); im Nordosten die Gruppe Schouten und Dampier mit thätigen Vulkanen und im Südwesten der Hauptinselmasse die durch die Marianenstraße von N. getrennte Insel Frederikhendrik (160 □M.) und die Arruinseln. N., in seiner ganzen Ausdehnung unter den Tropen liegend, hat einen ewig heiteren Himmel, ein durch die Seewinde angenehmes, gemäßigtes Klima und eine üppige Pflanzenwelt. Dichte Wälder von Palmen, Pisangs, Muskatnuß-, Gewürznelken-, Zimmt-, Brodfrucht-, Citronen-, Pomeranzen-, Benzoë-, Drachenblut- und anderen Gummibäumen, Sandelholz-, Sappan- und Ebenholzbäumen, Bambus und vielen anderen Rohrarten bedecken die Küste und ziehen sich an den Bergen empor. Die Insel birgt in ihrem Innern noch unberechenbare Schätze für Handel, Gewerbe und Wissenschaft. Auch die Thierwelt ist reich ausgestattet, und vorzüglich gelten die Vögel (Paradiesvögel, Krontauben, Papageien) als die prächtigsten der Erde. Wahrscheinlich enthält der Boden auch viele edle und nützliche Mineralien. **Den Hauptstamm** der Eingebornen bilden die **Papuas oder Australneger**, die dunkelfarbige od. negerartige Familie des australisch-malayischen Volksstammes. Sie sind stark gebaut, nicht so schlank und kurz wie die Australier, haben dunkle kleine Augen, eine etwas gebogene Nase, dicke Lippen, einen großen Mund und äußerst weiße Zähne. Die Männer tragen ein dünnes Zeuch aus den Fasern der Kokosnußpalme um die Hüfte, die Weiber bekleiden sich in derselben Weise mit einem blauen Baumwollenstoff. Hauptbeschäftigung ist Jagd und Fischerei, auch treiben sie etwas Handel mit den Chinesen, welche die nördlichen Küsten von N. besuchen. Ihre Häuser, ziemlich gut gebaut, stehen der eindringenden Fluth wegen auf Pfählen, ihre Waffen bestehen aus Bogen, Speeren, Schleudern und Keulen. Die Harafuren oder Alfuros bewohnen das Innere der westlichen Inselhälfte, leben in Hütten, die zwischen den Zweigen hoher Bäume errichtet sind, und treiben hauptsächlich Ackerbau. Im nordöstlichen Theile haben sich zahlreiche Malayen von den Molukken niedergelassen. Bis jetzt steht keine europäische Nation mit N. in Handelsverbindung. Die Chinesen führen Eisenwerkzeuge, rothe und blaue Kleidungsstoffe und verschiedene Geräthschaften ein u. besonders Schildpatt, Paradiesvögel, Trepang, kleine Perlen und Zimmtrinde aus. In neuerer Zeit haben die Niederländer der an Naturerzeugnissen überreichen Insel einige Aufmerksamkeit geschenkt.

Die Portugiesen entdeckten den westlichen Theil von N. zwischen 1512 u. 1530, der Spanier Saavedra besuchte dasselbe 1528. Verschiedene andere Seefahrer entdeckten dann andere Theile der Küsten. Dampier fand die Straße, welche die Insel von Neubritannien scheidet, u. umschiffte die nördliche Küste in ihrer ganzen Ausdehnung. Im Jahre 1792 untersuchte Mac Cluer die Bai, welche seinen Namen trägt, und 1802 Flinders das Land an der Torresstraße, welche 1606 von dem Spanier Torres entdeckt wurde. In neuerer Zeit untersuchte der Holländer Kolff die südwestliche und Forrest 1774 einige Punkte der nördlichen Küste, der auch mit den Eingebornen zusammentraf. Im Jahre 1828 gründete die holländische Regierung zu Handelszwecken das kleine Fort Dubus in der Tritonsbai. Im Jahre 1858 sollte auch, nachdem die Ansprüche der molukkischen Fürsten von Ternate und Tidore auf den Westen der Insel auf die Niederländer übergegangen waren, in dem nordöstlichen Theile der nordwestlichen Halbinsel an dem trefflichen Hafen von Dori ein Fort errichtet werden.

Neuhäusel (Ersek-Ujvar), Flecken im ungarischen Komitat Neutra, rechts an der Neutra und an der Südostbahn, hat 2 katholische Kirchen, ein Franciskanerkloster, eine Hauptschule, Sparkasse, Weinbau, Tuchweberei, starke Viehzucht und Ackerbau, Pferdemärkte und 7622 Einw. N. war früher eine wichtige Festung, die während der bethlenschen und rakoczy'schen Unruhen, sowie in den Türkenkriegen mehrmals belagert u. erobert ward. Im Jahre 1724 wurden die Festungswerke auf Befehl des Kaisers geschleift.

Neuhaldensleben, Kreisstadt in der preußischen Provinz Sachsen, Regierungsbezirk Magdeburg, an der Ohre, Sitz eines Landrathsamts und Kreisgerichts, eines Gewerbeраths und landwirthschaftlichen Vereins, hat eine Militärschule, starke Lein- und Wollweberei, Ziegelbrennerei und 5084 Einw.

Neuhampshire, s. Newhampshire.

Neuhannover, Insel, s. Neubritannien.

Neuhebriden, s. Neue Hebriden.

Neuhof, Theodor, Baron von, König von Korsika, geboren 1696 zu Metz, Sohn eines bischöflich-münsterschen Hauptmanns, ward im Kollegium der Jesuiten erzogen und studirte dann in Köln, flüchtete von hier, nachdem er einen jungen Mann aus vornehmer Familie im Duell getödtet, nach dem Haag, ward Lieutenant bei einem in Oran stehenden spanischen Regiment und bald darauf zum Hauptmann und Generaladjutanten befördert, bei einem Ausfall jedoch gefangen genommen und an den Dei in Algier verkauft, dem er 18 Jahre als Dolmetscher diente. Als sich die Korsen 1735 vom Joche Genua's befreiten, sandte ihnen jener Hülfstruppen unter N.s Anführung. Dieser eroberte bald die ganze Insel und wurde 1736 als Theodor I. zum König der Insel proklamirt. Nachdem er jedoch in mehren Treffen gegen die Genuesen unglücklich gewesen, verließ er im Nov. 1736 die Insel, um in Amsterdam Unterstützung zu suchen, ward hier zwar anfangs wegen früherer Schulden festgesetzt, sodann aber von mehren Handelshäusern mit Kriegsbedürfnissen versehen, worauf er 1738 nach Korsika zurückkehrte. In demselben Jahre unterwarfen aber die Franzosen den Genuesen die Insel wieder, und der König sah sich genöthigt, abermals zu entfliehen. Er begab sich nach Neapel u. landete, als die Franzosen 1741 Korsika wieder verlassen hatten, mit 2 englischen Schiffen bei Isola Rossa auf Korsika, mußte sich aber unverrichteter Sache wieder einschiffen. Obgleich ihn seine Anhänger 1744 aufs Neue als König anerkannten, konnte er sich doch gegen die Genuesen und seine Feinde unter den Korsen nicht behaupten. Nachdem er sich an mehren Orten umhergetrieben, begab er sich 1749 nach England, wo er von seinen Lieferanten Schulden halber in Haft gehalten wurde, bis dieselben 1756 durch eine vom Minister Walpole veranstaltete Subskription bezahlt wurden. N. † noch im Dec. desselben Jahres.

Neuholland, s. v. a. Australien.

Neuilly (N. sur Seine), Dorf im französischen Departement Seine, an der Seine, über welche hier eine prachtvolle Brücke, ein Meisterwerk Perronets, führt, liegt unmittelbar westlich von Paris, ½ Stunde von der Barrière de l'Etoile, von wo aus die schöne Avenue de N. gerade darauf zuführt; die Stadt hat eine große Anzahl schöner Landhäuser, eine Ackerbauschule, wichtige Blumenkultur, Fabrikation von Kautschukarbeiten, Strohhüten, Stahl- und Porzellanwaaren und chemischen Produkten, Maschinenbau, Strumpfwirkerei, Posamentiererei, Oel- und Melasseraffinerien, Wäschereien, Bleichen und 13,216 Einwohner. Das prächtige, vom Herzog Rollo erbaute, an historischen Erinnerungen reiche Schloß, welches dem König Ludwig Philipp als Sommerresidenz diente, wurde am 25. Febr. 1848 von einem Pöbelhaufen demolirt und fast ganz eingeäschert, nur der rechte Flügel durch Zöglinge der polytechnischen Schule gerettet. Der schöne Park wird jetzt parcellirt und mit Häusern bebaut. Ludwig Philipp nannte sich nach seiner Entfernung Graf von N. In Folge des Konfiskationsdekrets gegen die Güter des Hauses Orléans wurde 1853 auch N. veräußert.

Neuirland, Insel, s. Neubritannien.

Neujahr, der erste Tag eines Jahres, dessen Eintritt sich bei jedem Volke theils nach seiner astronomischen Rechnung, theils nach der Länge des Jahres überhaupt richtet. Der Neujahrstag hatte schon im Alterthum festliche Bedeutung. Bei den Juden fiel er auf den ersten Tag des Tischri und ward für den Tag gehalten, an welchem Gott Gericht hielt (daher Jom Hadin, Gerichtstag), sowie für Adams Erschaffungstag. Da das Fest durch Trompeten- oder Posaunenschall verkündet wurde, hieß es das Trompeten- oder Posaunenfest, auch Sabbath des Blasens. Die Feier bestand vorzüglich in Brandopfern. Auch die Religion der Parsen kannte das Neujahrsfest (No-ruz). Die Römer pflegten an diesem Tage dem Janus zu opfern u. an ihm als einem dies faustus (Tag von günstiger Vorbedeutung) gern wichtigere Geschäfte vorzunehmen. Auch waren die Neujahrswünsche u. Neujahrsgeschenke schon üblich, insbesondere pflegte man den Magistratspersonen an diesem Tage seine Glückwünsche darzubringen. Das Geschenkeentgegennehmen gehörte zu den Vorrechten der Patricier, und jeder Klient hatte seinem Patron am Neujahrstage ein Geschenk darzubringen. Die Kaiser forderten nachmals diesen Tribut von allen Bewohnern Roms; Caligula sammelte sogar in eigener Person vor der Thüre seines Palastes Neujahrsgeschenke. Auch bei den alten Deutschen findet sich die Sitte, am Neujahrstage Geschenke zu geben und zu empfangen. Nach der Feststellung des Geburtstags Jesu auf den 25. Dec. wurde von der christlichen Kirche auf den 1. Jan. das Fest der Beschneidung Jesu verlegt. Von den alten Sitten haben sich die Neujahrsgratulationen, in Frankreich auch die Neujahrsgeschenke erhalten. Hier und da wird das auf den Sonntag nach dem 1. Jan. fallende Epiphaniasfest auch Hohes N. genannt.

Neujersey, s. Newjersey.

Neukaledonien, 1) australische Insel, von Cook 1774 entdeckt, liegt südwestlich von den neuen Hebriden zwischen 181—184° östl. L. und 20—22° südl. Br., dehnt sich bei geringer Breite 65 Meilen nach Südosten aus und hat einen Flächenraum von über 300 □Meilen. Ihre Küsten sind meist von großen u. gefährlichen Korallenriffen umgeben die, mit dem Lande parallel laufend, sich in derselben Richtung noch über beide Enden der Insel, namentlich über das nördliche, weit hinaus erstrecken und dadurch die Annäherung an die Küsten sehr erschweren. Unter den wenigen Häfen, die sich hinter diesen Riffen befinden, sind nur Ballade an der Nordostküste und Vincent an der Südwestküste zu bemerken. Die Insel ist gebirgig und wird von einer Gebirgskette durchzogen, die im südlichen Theile in einzelnen Gipfeln bis über 6000 Fuß ansteigt. Der Boden ist großentheils trocken und daher besonders auf den Bergen oft steril und steinig. Auch zeigt die Vegetation, obwohl sie an die Indiens und zugleich Australiens erinnert, bei weitem nicht die Frische und Ueppigkeit, welche auf den meisten anderen Inseln herrscht. Die Thierwelt ist arm. Die Bevölkerung, die auf etwa 60,000 Seelen geschätzt wird, besteht in Australnegerstämmen, die noch auf einer tiefen Stufe der Kultur stehen und sogar noch Anthropophagen sind. Doch stehen sie immer noch weit über den Australiern, haben feste Wohnsitze und treiben Landbau. Die Versuche katholischer und protestantischer Missionäre, sie für das Christenthum zu gewinnen, sind an ihrem Mißtrauen und ihrer Wildheit gescheitert. Von den umliegenden Inseln ist die Ficteninsel, zwischen den Riffen der Nordküste N.s gelegen, die bedeutendste. Etwas weiter nach Osten liegt die Gruppe der Loyalitätsinseln (Loyalty), die außer einigen namenlosen Eilanden nur aus 3 größeren Inseln besteht: Mare, Uwea u. Lifu (auch Britannia, Halvan und Chabrol genannt), die sich 2—300 Fuß über die Meeresfläche erheben u. von unregelmäßigen, mit dem Lande zusammengewachsenen Bänken umgeben sind. Sie haben zum Theil fruchtbaren, zum Theil aber auch völlig sterilen Boden und entbehren des Quellwassers. Die vorzüglichsten Nahrungsgewächse sind Kokospalmen, Bananen, Zuckerrohr, Ignamen, Taro u. süße Bataten. Die Zahl der Einwohner wird zu 5000, 4000 und 3000 angegeben. Man unterscheidet unter ihnen Ureinwohner, welche zu den Australnegern gehören, u. spätere Einwanderer malayo-polynesischen Ursprungs. Bauart der Hütten und der Fahrzeuge, häusliche Industrie, Werkzeuge, Waffen und Fischereigeräthe sind die der Neukaledonier. Man zieht Hühner und Schweine, um sie auf den anlegenden europäischen Schiffen gegen Feuerwaffen, Zeuche, Tabak ꝛc. umzutauschen. Die Eingebornen, früher Menschenfresser, sind durch christliche, katholische und protestantische, Missionäre etwas civilisirt worden, aber mehr und mehr im Absterben begriffen. Als gewandte Seeleute werden sie auf europäischen Fahrzeugen gern in Dienst genommen und beweisen hier viel Intelligenz.

2) N. (New Caledonia), gegenwärtiger Name des südlichen Theils des britischen Nordwestgebiets in Nordamerika, welches früher von Osten gegen Norden mit den Namen Neugeorgien, Neuhannover, Neucornwall und Neunorfolk bezeichnet wurde, unter dem Namen Columbia das vierte Departement der Territorien der Hudsonsbaikompagnie bildete und durch die Straße von Juan Fuca im Süden vom Gebiete der Vereinigten Staaten, im Norden durch den Portlandkanal von den russischen Besitzungen geschieden wird. Seine Küstengebiete bilden gegenwärtig die britischen Kolonien Britisch-Columbia u. Stickeen (seit 1863). Das Innere ist noch wenig bekannt; doch weiß man, daß das ganze Land einen gebirgigen Charakter trägt. Das Klima ist zu allen Jahreszeiten im höchsten Grade veränderlich. Die bedeutendsten Flüsse sind der Liard und Unjigah, welche nach Osten hin durch das Felsengebirg brechen und dem Mackenzie zuströmen, und der Fraser, dessen beide Arme, der Great Fork und der Stuart, sich bei Fort George vereinigen. Der Simpson kommt aus dem Babinasee und mündet in die Observatoryeinfahrt. Der Francesfluß ist noch nicht näher bekannt; dagegen wird der Columbia häufig von den Pelzhändlern beschifft. Unter den zahlreichen Seen nennen wir den Stuart, mit dem Fort James, dem Depot für die Niederlassungen in N., und den Mac-Leodsee, an welchem sich ein Posten in einer furchtbar öden Gegend befindet. Viele Gegenden des Landes bieten großartige oder liebliche Ansichten dar. Die Flüsse und Seen sind ungemein reich an Lachsen, welche das Hauptnahrungsmittel der Eingeborenen bilden. Letztere zerfallen in 2 Hauptabtheilungen, die Indianer des Binnenlandes und die Küstenindianer, welche in Sprache und Lebensweise wesentliche Unterschiede darbieten. Die Hauptbeschäftigung aller Einwohner ist die Jagd auf Pelzthiere; der Ackerbau ist nur eine geringe Nebenbeschäftigung der Bewohner des Forts. Außer dem Fort James sind noch die Niederlassungen Alexandria und George von einiger Bedeutung; das befestigte Fort Mac-Loughlin, 1837 gegründet, erhebt sich auf einer Insel am Millbanksunde. Von der Fucastraße bis zum 58.° nördl. Br. ist die Küste mit Eilandsfluren gleichsam besäet; aber keine von diesen Inseln liegt in erheblicher Entfernung vom Festlande. Sie haben sämmtlich eine längliche Gestalt und bilden eine Fortsetzung des großen Küstengebirges. Ihre Gestade sind unregelmäßig und zerklüftet und bieten eine unzählbare Menge von Buchten und Einfahrten dar. Dieses ganze Gewirr von Inseln, Kanälen und Einfahrten ist besonders von 1785—95 von Seefahrern verschiedener Nationen genauer erforscht worden. Das Land im Norden von 54° 40′ gehört vertragsmäßig den Russen; die zwischen dieser Linie und Oregon liegenden Eilande zerfallen in 3 Gruppen. Die südlichste derselben, zwischen 49° und 51° nördl. Br., besteht aus vielen kleinen Inseln und einer größern, der Vancouversinsel (s. d.), mit dem wichtigen Hafenplatz Nutkasund am stillen Ocean. Den Mittelpunkt einer zweiten Gruppe, unter 52° 54′ nördl. Br., bildet die Königin-Charlotteinsel, auch Washingtoninsel, durch einen ziemlich breiten Meeresarm vom Festlande und diesen vorliegenden Inseln getrennt, fast ganz mit Wald bedeckt, mit einer Menge trefflicher Häfen, von Indianerstämmen besetzt, durch die 1852 entdeckten Goldlager wichtig. Die dritte Gruppe besteht aus einer Anzahl dicht neben einander liegender Inseln, z. B. Princeß Royal, Burke, Pitt ꝛc.

Neukirch (N. am Hochwald), Pfarrdorf im königlich sächsischen Kreisdirektionsbezirk Bautzen, Gerichtsamt Bischofswerda, getheilt in die Dörfer Ober-N. (2321 Einw.) u. Nieder-N. (2113 Einwohner), hat ein Schloß, große Schäferei, Zwillichweberei und Bleichen.

Neukirch, Benjamin, deutscher Dichter, geboren den 27. März 1665 zu Reinke in Schlesien, studirte zu Frankfurt a. d. O. die Rechtswissenschaft, prakticirte eine Zeitlang als Advokat in Breslau, begab sich aber 1691 nach Frankfurt und von da 1693 nach Halle, wo er Vorlesungen über Poesie und Beredtsamkeit hielt. Später begleitete er mehre junge Adelige auf Reisen, bis er 1703 an der Ritterakademie zu Berlin als Professor angestellt ward. Nach der Auflösung dieses Instituts ward er mit Hofrathscharakter als Erzieher des Erbprinzen nach Ansbach berufen, wo er den 15. Aug. 1729 †. Er versuchte sich fast in allen Gattungen der Poesie, doch haben seine Arbeiten nur noch für den Literarhistoriker Bedeutung, und höchstens verdienen seine Satiren einige Beachtung. Seine Richtung ward namentlich von Gottsched gepriesen, der auch seine „Auserlesenen Gedichte“ (Regensb. 1744) herausgab. Seinen Ruhm bei den Zeitgenossen verdankte N. vornehmlich seinen „Begebenheiten des Prinzen von Ithaca“ (Ansbach 1727—39, 3 Bde.) u. einer Uebersetzung von Fénélons „Telemach“, welche sich aber mehr durch prachtvolle äußere Ausstattung als durch inneren Werth auszeichnet. Eine Auswahl seiner Gedichte enthält W. Müllers „Bibliothek deutscher Dichter des 17. Jahrhunderts“ (14. Bd., Leipz. 1838).

Neukirchen, 1) Dorf im königlich sächsischen Kreisdirektionsbezirk Zwickau, Gerichtsamt Chemnitz, hat ein Schloß, starke Strumpfwirkerei, Weberei, Spinnfabriken, Steinbrüche und 3168 Einw. — 2) Stadt und Amtssitz in der kurhessischen Provinz Oberhessen, Kreis Ziegenhain, in einem engen Thale an der Grenf, mit alterthümlichen Mauern umgeben, hat eine schöne alte Kirche, eine Handwerksschule, Spitzenklöppelei und 1840 Einwohner.

Neukomm, Sigmund, Ritter von, namhafter Komponist, geboren den 10. Juli 1778 zu Salzburg, erhielt den ersten Unterricht in der Komposition von Michael Haydn, wurde schon im 15. Jahre Universitätsorganist und im 18. Chorrepetitor der Oper beim Hoftheater. Im Jahre 1798 ging er nach Wien, wo er sich unter Joseph Haydn weiter ausbildete, und 1804 folgte er dem Ruf als Kapellmeister und Operndirektor der kaiserlich deutschen Oper nach St. Petersburg, legte aber in Folge einer Krankheit seine Stelle nieder und ging 1809 nach Paris, wo er in engem Verkehr mit Talleyrand stand, den er 1814 auf den Kongreß nach Wien begleitete. Im Jahre 1816 zum Ritter der Ehrenlegion ernannt u. von Ludwig XVIII. in den Adelsstand erhoben, begleitete er bald darauf den Herzog von Luxemburg nach Rio de Janeiro, wo er Lehrer des Kronprinzen Dom Pedro wurde. Mit Johann VI. kehrte er 1821 nach Europa zurück. Er bereiste nun Italien, Belgien, Holland und Großbritannien und begleitete 1830 Talleyrand auf seiner Gesandtschaftsreise nach London, wo er seinen Wohnsitz nahm. Von 1833 bis 1835 machte er eine zweite Reise nach Italien und Frankreich. Seine letzten Jahre verlebte er zu Paris, wo er den 3. April 1858 †. Unter den 800 Stücken, die er geschrieben haben soll und die sich meist durch Einfachheit, Ideenschwung, Empfindung, Klarheit und Reichthum in Modulationen auszeichnen, sind hervorzuheben: das gehaltvolle Requiem zur Gedächtnißfeier Ludwigs XVI., ein Stabat mater, die Kantate „Der Ostermorgen", ein Quintett für Klarinette oder Oboe 2c., die Musik zu Schillers „Braut von Messina", die Kantate „Circe" und die große Oper „Alexander am Indus".

Neuleon (span. Nuevo Leon), eins der nordöstlichen, gegenwärtig (1865) noch unabhängigen (republikanischen) Departements in Mexiko, grenzt im Westen an Cohahuila, im Süden an Zacatecas und San Luis Potosi, im Osten an Tamaulipas, stößt mit der Nordspitze an den Rio del Norte, den Grenzfluß gegen Texas, und umfaßt 2203 mexikanische QLeguas (692 geogr. QMeilen) mit 145,000 Einwohnern, darunter viele Indianer. Das Land ist im Ganzen gebirgig und gegen Osten abgedacht, in welcher Richtung der Rio de los Conchas, der Rio del Tigre oder San Fernando in den mexikanischen Meerbusen, der Rio San Juan u. Sabinas in den Rio del Norte fließen. Das Klima ist im Sommer heiß, im Winter kalt, im Ganzen aber gesund. Der fast überall fruchtbare Boden ist nur wenig bebaut. Die Wälder liefern Farbe- und Bauholz in Menge; die Flüsse sind sehr fischreich u. von herrlichen Viehweiden umgeben. Auch Wildpret u. Cochenille finden sich; Hauptprodukte sind aber Gold, Silber und namentlich Blei. Außer Metallen liefert N. auch Pferde, Maulthiere, Rindvieh und Häute zur Ausfuhr; seine meisten Bedürfnisse erhält es aus Mexiko und Queretaro. Die Hauptstadt ist Monterey (s. d.).

Neulublau, Dorf im ungarischen Komitat Zips, mit 1000 Einwohnern; eine Stunde davon das besuchte Heilbad Lublau mit 2 reichhaltigen Säuerlingquellen.

Neumann, 1) Karl Georg, medicinischer Schriftsteller, geboren 1774 zu Gera, studirte zu Leipzig und Halle Medicin und wirkte sodann nach einander als Physikus zu Koldiz, Pirna u. Meißen. Im Jahre 1807 ging er als sächsischer Stabsarzt zur sächsisch-französischen Armee. Während des Feldzugs von 1812 gerieth er in russische Gefangenschaft und kehrte aus derselben erst 1814 zurück. Er trat nun in preußische Dienste, ward Physikus in Spandau, 1815 als Regierungsmedicinalrath nach Stettin, 1818 als dirigirender Arzt an das Charitékrankenhaus zu Berlin berufen und im folgenden Jahre klinischer Lehrer und Mitglied der Oberexaminationskommission bei der Universität. Seit 1828 pensionirt, † er den 17. November 1850 in Trier. Außer vielen Abhandlungen in Zeitschriften sind von seinen Werken hervorzuheben: „Die Krankheiten des Vorstellungsvermögens" (Berlin 1822); „Von den Krankheiten des Gehirns" (Koblenz 1833); „Die lebendige Natur" (Berlin 1835); „Die specielle Pathologie und Therapie" (das. 1836, 5 Bde.; 2. Aufl. 1837—38, 4 Bde.), sein Hauptwerk; „Beiträge zur Natur- und Heilkunde" (Erlangen 1845); „Heilmittellehre nach den bewährtesten Erfahrungen u. Untersuchungen" (das. 1848) und „Einleitung in das Studium der Arzneiwissenschaft" (das. 1850). Auch mehre populäre Schriften, einen Band Gedichte (Aachen 1841) und Uebersetzungen des Ossian (1838) u. des Horaz im Versmaß der Originals (Trier 1845) veröffentlichte er.

2) Karl Friedrich, verdienter Orientalist, geboren am 22. December 1798 zu Reichmannsdorf bei Bamberg von jüdischen Aeltern, studirte zu Heidelberg, München, wo er zur evangelischen Kirche übertrat, u. Göttingen, ward 1822 Lehrer am Gymnasium zu Speyer, 1825 aber angeblich wegen zu freier Aeußerungen in Religionsangelegenheiten beim Unterricht seines Amts enthoben, worauf er bis 1827 in München privatisirte. Sodann ging er nach Venedig, um in dem Kloster auf San Lazaro die armenische Sprache zu erlernen, und von hier im Interesse seiner orientalischen Studien 1828 nach Paris u. 1829 nach London. Im Jahre 1829 reiste er nach China, wo er eine chinesische Bibliothek von ungefähr 10,000 Bänden zusammenbrachte, die alle Fächer der Literatur umfaßt. Auch für die königliche Bibliothek in Berlin kaufte er über 2400 Bände. Bald nach seiner Rückkehr 1831 wurde er Professor in München. Im Jahre 1848 war er Mitglied des Vorparlaments und sprach häufig öffentlich in politischen Vereinen, weshalb er 1852 in Ruhestand versetzt wurde. Unter seinen früheren Schriften erwähnen wir: „Rerum creticarum specimen" (Göttingen 1820), „Ueber die Staatsverfassung der Florentiner von Leonardus Aretinus" (Frankfurt 1822), „Historische Versuche" (Heidelberg 1823) und „Aristotelis rerum publicarum fragmenta" (das. 1826). Als Früchte seiner orientalischen Studien erschienen außer zahlreichen Beiträgen zu der von ihm mit begründeten „Zeitschrift für die Kunde des Morgenlandes", dem münchener „Gelehrtenanzeiger", dem

„**Ausland**" und andern **Zeitschriften**: „**Pilgerfahrten** buddhistischer Priester aus **China nach Indien**" (Leipz. 1833); „**Mémoires sur la vie et les ouvrages** de David, philosophe arménien du cinquième siècle de notre ère" (Paris 1829); „Versuch einer Geschichte der armenischen Literatur" (Leipzig 1833), nach dem Italienischen bearbeitet; „Geschichte der Uebersiedelung von 40,000 Armeniern" (das. 1837); „Asiatische Studien" (das. 1837), aus einzelnen Aufsätzen bestehend; „Lehrsaal des Mittelreichs" (München 1836), eine Art chinesischer Chrestomathie; „Beiträge zur armenischen Literatur" (München 1849); „Die Völker des südlichen Rußlands in ihrer geschichtlichen Entwickelung" (Leipzig 1847), womit er einen Preis des französischen Instituts gewann; „Geschichte des englisch-chinesischen Kriegs" (das. 1846); „Geschichte der Afghanen" (das. 1846); „Geschichte des englischen Reichs in Asien" (das. 1857, 2 Bde.); „Ostasiatische Geschichte" (das. 1861); die Herausgabe von Gützlaffs „Geschichte des chinesischen Reichs" (Stuttgart 1847) u. mehre Uebersetzungen aus dem Armenischen und Chinesischen. Sein neuestes Werk ist „Geschichte der Vereinigten Staaten von Nordamerika" (Berlin 1863 ff.).

3) **Albert Konstantin**, namhafter Heilgymnastiker, geboren den 15. Sept. 1803 in Marienwerder, wirkte nach einander seit 1831 als **Kreisphysikus** zu Strasburg in Westpreußen und seit 1845 in Graudenz, machte sich 1851 zu Stockholm, London und Petersburg mit dem heilgymnastischen System Lings bekannt und gründete sodann 1853 zu Berlin selbst eine heilgymnastische Anstalt. Von seinen Werken, in denen er die Gymnastik auf Anatomie und Physiologie begründet, sind hervorzuheben: „Die Heilgymnastik" (2. Aufl., Leipz. 1857); „Das Muskelleben des Menschen" (Berlin 1855); „Lehrbuch der Leibesübung des Menschen" (das. 1856, 2 Bde.); „Die Athmungskunst des Menschen" (Leipzig 1859) u. „Grundzüge einer vergleichenden Therapie" (Berlin 1863).

4) Neumann-Haizinger, s. Haizinger 2).

5) Neumann-Sessi, s. Sessi.

Neumark, früher der zweite Haupttheil der Mark Brandenburg, gegen Westen durch die Oder von der Mittel- und Uckermark geschieden, gegen Norden an Pommern, gegen Osten an Pommern und Polen, gegen Süden an Schlesien und die Niederlausitz grenzend, zählte auf 206 QMeilen etwa 330,000 Einwohner. Die N. bestand aus den 7 ursprünglichen **Kreisen** Soldin, **Königsberg**, Landsberg, Friedeberg, Arenswald, Dramburg u. Schiefelbein u. den 4 einverleibten **Kreisen** Sternberg, **Krossen**, Züllichau und **Kottbus**. Die neumärkische Landschaft machte einen besonderen Körper aus u. hatte besondere **Kreisstände**, sowie eine eigene Regierung. Die Hauptstadt war **Küstrin**. Seit der neuen administrativen Eintheilung Preußens macht die N. den größten Theil des Regierungsbezirks Frankfurt a. d. O. aus. Vergl. Hoffmann, Topographie von N., neue Aufl., Züllichau 1810—14, und Brandenburg.

Neumark, Georg, deutscher Lyriker, geboren den 16. März 1621 zu Mühlhausen in Thüringen, besuchte das Gymnasium zu Schleusingen und lebte dann ohne Amt und in drückender Armuth zu Hamburg, bis er durch seine Gedichte dem schwedischen Residenten in dieser Stadt, von Rosenkranz, bekannt wurde, der ihn zu seinem Sekretär annahm. Später kam er als geheimer Archivsekretär und Bibliothekar nach Weimar. Als Mitglied der fruchtbringenden Gesellschaft hieß er „der Sprossende" und in dem Blumenorden führte er den Namen „Thyrsis". Er † am 8. Juli 1681 zu Weimar. Seine weltlichen Lieder zeichnen sich wohl durch Leichtigkeit des Styls und gefälligen Versbau aus, gehören aber zu den geistlosen Nachahmungen der ersten schlesischen Dichterschule; bedeutend höher aber stehen seine geistlichen, z. B. „Wer nur den lieben Gott läßt walten". Seine Dichtungen erschienen unter den Titeln „Poetisches musikalisches Lustwäldlein" (Hamburg 1852), „Poetisch-historischer Lustgarten" (Erfurt 1666), „Perlenkrone" (Jena 1672), „Geistliche Arien" (Weimar 1675) u. sind in W. Müllers „Bibliothek deutscher Dichter des 17. Jahrhunderts" (11. Bd.) im Auszuge gesammelt. Sein „Hochsprossender poetischer Palmbaum" (Nürnb. 1668) ist eine Geschichte der Fruchtbringenden Gesellschaft. Auch auf der Gambe war N. Meister.

Neumarkt, 1) Stadt im bayerischen Regierungsbezirk Oberpfalz und Regensburg, an der Sülz und am Donau-Mainkanal, Sitz eines Bezirksamts u. eines Landgerichts, hat eine lateinische Schule, ein Hospital mit Filialinstitut der barmherzigen Schwestern, Tabaksfabrikation, Obstbau, Seidenzucht und 3810 Einwohner. In der Nähe die prachtvolle Ruine des Bergschlosses Wolfstein und das wenig besuchte Bad Wildbad, eine reich mit Kohlensäure geschwängerte, Eisen und verschiedene Schwefelverbindungen enthaltende Quelle, die gegen Rheumatismus, Unterleibsleiden, Frauenkrankheiten, Steinbeschwerden, Hautausschläge 2c. empfohlen wird. — 2) (N. an der Rott), Marktflecken im bayerischen Regierungsbezirk Oberbayern, an der Rott, über welche eine Brücke führt, ist Landgerichtssitz, hat ein Armenhaus, Wachsbleiche und 1000 Einwohner. Hier am 24. April 1809 siegreiches Gefecht der Oesterreicher unter Hiller über die Franzosen und Bayern unter Bessières und Wrede.

Neumeister, Erdmann, geistlicher Liederdichter, geboren den 12. Mai 1671 zu Uechteritz bei Weißenfels, besuchte Schulpforta und studirte dann zu Leipzig Theologie, wurde 1698 Pfarrer zu Eckartsberga, 1704 Hofprediger in Weißenfels, 1706 Oberhofprediger u. Konsistorialrath zu Sorau u. 1715 Hauptpastor an der St. Johanniskirche zu Hamburg, wo er den 18. August 1756 †. N. nahm an den pietistischen und unionistischen Streitigkeiten seiner Zeit in unduldsamem Geiste Antheil. Seine geistlichen Lieder sind in den Schriften „Der Zugang zum Gnadenstuhle Jesu Christi" (Weißenfels 1705), „Geistliche Kantaten" (Halle 1705), „Evangelischer Nachklang" (Hamburg 1718), „Fünffache Kirchenandachten" (Leipz. u. Hamburg 1716—25, 2 Bde.), „Psalmen, Lobgesänge und geistliche Lieder" (Hamburg 1755) und „Poetische Gedenksprüche" (das. 1754) gesammelt.

Neumen (v. althochd. niumo, Klang, Gesang, Lied), die den alten Kirchengesängen als Schluß angehängten Tonreihen, welche bald artikulirte Worte enthielten, meist aber nur auf einen Vokal erklangen; auch s. v. a. Nota romana.

Neumexiko, organisirtes Gebiet (Territorium) der Vereinigten Staaten, liegt zwischen 32° und 38°

nördl. Br. u. 103° u. 117° westl. L. v. Greenw. und wird begrenzt im Norden vom Gebiete Utah u. dem Indianergebiete, im Osten von letzterem und Texas, im Süden von Texas u. Mexiko und im Westen von Kalifornien und dem Territorium von Utah. Der Flächeninhalt des Territoriums beträgt ungefähr 220,000 englische QMeilen, u. die Zahl der weißen Bevölkerung belief sich 1860 auf 93,600 Seelen. In diese Zahl sind viele in den Dörfern ansässige Indianer eingeschlossen. Die indianische Bevölkerung selbst, die großentheils in einer Art von Dörfern zusammenwohnt, beträgt gegen 90,000 Seelen. Das Gebiet ist zum größten Theil hohes Tafelland, von einigen Gebirgszügen durchschnitten und im Allgemeinen unfruchtbar. Im östlichen Theil in der Richtung gegen Norden und Süden ziehen sich die Rocky Mountains (Felsengebirge), welche die Thäler des Rio Grande und seiner Nebenflüsse umschließen. Die westliche Grenze des Rio Grande bildet die Sierra Nevada und die östliche die Jumanes- und Sierra-Blancogebirge. Der größere Theil des Gebietes liegt westlich von der Sierra Madre und wird von dem Rio Colorado, dem Rio Gila und den zahlreichen Zuflüssen bewässert, welche diese beiden Ströme aus dem Gebirgslande im Nordosten erhalten. Mount Taylor in der Sierra Madre wird auf 10,000 Fuß Höhe geschätzt. Das Thal des Rio Grande selbst ist ein Hochplateau von 6000 Fuß Höhe im nördlichen Theil, 4800 zu Albuquerque und 3000 zu El Paso. Der größte Fluß ist der Rio Grande, früher Rio Branco del Norte genannt; er durchschneidet das ganze Gebiet von Norden nach Süden und bewässert das große Thal, welches zwischen der Sierra Madre im Westen und den Jumanes und der Sierra Hueca im Osten liegt. Der Pecos fließt von dem östlichen Abhange desselben Gebirgs nach Texas. Der Puerco ist ein Hauptzufluß des Rio Grande von Westen her, aber in dem niedern Theil seines Laufes in der heißen Jahreszeit oft ganz wasserleer. Der Gila, welcher an dem westlichen Abhange der Sierra Madre entspringt u. nach Westen dem Colorado zufließt, bildet einen großen Theil der südlichen Grenze des Gebietes und hat den Salt als Hauptzufluß. Der Colorado kommt von Utah her, nimmt den Virgen auf und bildet die Westgrenze des Gebietes vom 35.° nördl. Br. bis zur Mündung des Gila. Alle diese Flüsse sind für die Schifffahrt von geringer Bedeutung. Das Klima von N. ist wesentlich trocken, im Allgemeinen gemäßigt und gesund; beträchtlicher Regen fällt nur zwischen den Monaten Juli und Oktober. Im Gebirge sind die höchsten Spitzen mit ewigem Schnee bedeckt, und auch in Santa Fé, 7047 englische Fuß hoch über dem Meere, sind Eis und Schnee etwas Gewöhnliches. Der Boden ist im Allgemeinen unfruchtbar, nur im Innern, im Thal des Rio Grande und an andern Flüssen, gibt es Strecken schönen, fruchtbaren Kulturlandes, das Mais, Weizen und andere Getreidearten, Aepfel, Melonen, Pfirsiche, Aprikosen und Trauben erzeugt, aber überall der Bewässerung bedarf. Auf dem Hochplateau gibt es natürliche Weiden für Rindvieh, Schafe, Pferde und Maulesel, und die Viehzucht wird hier in großer Ausdehnung betrieben. Die Indianer am Flusse Gila bauen Baumwolle, Weizen, Mais, Bohnen, Melonen und andere Vegetabilien. Nur ein kleiner Theil des Landes hat Wald, das höhere Gebirge ist meist mit Nadelholz, das niedrigere mit Cedern und hin und wieder mit Laubholz bestanden. Von Mineralien finden sich Gold und Silber; namentlich der Silberbergbau wurde von den Spaniern in großer Ausdehnung betrieben, und nach neueren Berichten sollen reiche Silberminen ungefähr 60 englische Meilen nordöstlich von Doña Anna entdeckt worden sein. Auch Kupfer und Eisen, sowie Gyps sind in bedeutender Menge vorhanden; Steinkohlen wurden an verschiedenen Orten aufgefunden, und Salz wird aus den Salzseen gewonnen, die ungefähr 100 englische Meilen im Südsüdosten um Santa Fé auf dem Hochplateau zwischen dem Rio Grande u. dem Pecos liegen. Den Haupterwerbszweig der weißen Bevölkerung bildet die Landwirthschaft. Der Handel hat seinen Mittelpunkt in Santa Fé und wird von den amerikanischen Kaufleuten durch große Expeditionen oder Karawanen betrieben, welche sich zu gewissen Zeiten zu Independence im Staate Missouri versammeln u. zu Pferde und vollständig bewaffnet die großen Waarenladungen mit Ochsenfuhrwerken transportiren. Hauptartikel dieses Einfuhrhandels nach Santa Fé sind vorzüglich amerikanische Baumwollwaaren aller Art, dann Seiden- und Wollwaaren und sogenannte Kurzwaaren. Nach dem Berichte des Census der Vereinigten Staaten von 1850 gab es in N. 20 Fabriken. Vom Unterrichtswesen ist nichts weiter zu bemerken, als daß die katholische Kirche, deren Konfession die allgemein vorherrschende der Bevölkerung ist, ein paar öffentliche Schulen besitzt. Dieselbe hatte im letzten Jahrzehnt auch 146 Kirchen, von denen aber wenige eigene Geistliche haben. Die gegenwärtige Verfassung von N. ist die ihm durch die Kongreßakte von 1850 gegebene Territorialverfassung. Es hat einen Gouverneur, vom Präsidenten und von dem Senat der allgemeinen Staatsregierung bestimmt, einen Senat, einen Rath von 13 Mitgliedern, die auf 2 Jahre gewählt werden, und ein Repräsentantenhaus von 26 jährlich gewählten Mitgliedern. Das Gebiet ist in 8 Counties eingetheilt, die Hauptstadt ist Santa Fé, auf einer Hochebene gelegen, mit etwa 5000 Einwohnern. Das gegenwärtige Territorium bildete ehemals die Provinz N. und einen Theil der Provinz Altkalifornien des Vicekönigreichs von Neuspanien und wurde dann ein Theil der Republik Mexiko. Im Jahre 1846 wurde Santa Fé von den Amerikanern, nachdem wegen Texas der Krieg mit der Republik Mexiko ausgebrochen war, unter General Kearney erobert und das ganze Land von demselben auf seinem Zuge nach Kalifornien durchzogen. Nach einem Aufstande der spanischen Bevölkerung zogen die Amerikaner mit vermehrter Truppenmacht ein und vertrieben die mexikanischen Truppen. Im Jahre 1848 wurde durch den Frieden zu Guadalupe-Hidalgo das Land an die Vereinigten Staaten abgetreten, die aus ihm und einem um 10 Millionen Dollars von Mexiko abgetretenen Theil Kaliforniens 1850 das Territorium von N. bildeten.

Neumond, s. Mond.

Neumünster, Marktflecken und Amtsort im Herzogthum Holstein, an der Schwale und der Kielaltonaer Eisenbahn, mit schöner neuer Kirche, 3 öffentlichen Schulen, sehr ansehnlicher Tuchfabrikation, Färberei, Baumwoll- und Leinweberei, Kratzen-, Teppich-, Tapeten- und Wattenfabrikation, Gerberei, Salzsiederei, Bierbrauerei, Essigfabrikation, Tuch-, Korn-, Schweine- und Pferdehandel und (1860) 6830 Einw. Daselbst eine Mineralquelle, die zu den schwächeren Eisenwässern gehört.

Neunauge (Petromyzon *Dum.*, Lamprete, Pricke, Bricke), Fischgattung aus der Ordnung der Rundmäuler u. der Familie der Sauger, charakterisirt durch den aalförmigen nackten Körper mit durchaus knorpeligem und häutigem inneren Skelet ohne alle Knochen, die 7 Kiemenlöcher jederseits am Halse, das trichterförmige, von einem einzigen Knorpelstücke gebildete Maul, dessen innere Seite mit hornigen, nur in der Haut befestigten Zähnen besetzt ist, die 2 Rückenflossen, von denen die hintere mit der Schwanzflosse zusammenfließt, und die völlig schuppenlose, schleimige Haut, die sich ober- und unterhalb des Schwanzes in einen Längskamm ohne Strahlen erhebt. Die N.n machen allein von allen Fischen eine Metamorphose durch, indem sie in der Jugend eine andere Gestalt und zum Theil auch eine andere Organisation als im Alter haben. Nach neueren Untersuchungen ist nämlich der Quarder (Querder oder Leinaal, Ammocoetes branchialis *L.*), 6—8 Zoll lang und von der Dicke eines Regenwurmes, von ganz wurmähnlicher Gestalt, mit zahnlosem, halbkreisförmigem Maul, im Schlamme lebend und sich nicht ansaugend, das Junge vom gemeinen N. Die N.n saugen sich mittelst der fleischigen Lippen an Steinen, auch an anderen Fischen fest an, bohren mit den scharfen Zähnen ein tiefes Loch in ihre Beute und ernähren sich auf diese Weise als Schmarotzer. Auch an Aas saugen sie sich an. Sie schwimmen mit schlängelnder Bewegung. Die gewöhnlichste Art ist das gemeine N. oder die gemeine Flußpricke (P. fluviatilis *L.*). Sie findet sich in den Flüssen Europa's, ist 1—1½ Fuß lang, grünlich, an den Seiten gelblich, unten silberweiß; die hintere Rückenflosse ist eckig u. in die Schwanzflosse verlaufend; die Nasenlöcher öffnen sich in ein einziges Loch, vor welchem eine blinde, nicht in den Mund führende Höhlung liegt. Die Pricken geben sowohl frisch, als marinirt eine wohlschmeckende, aber schwer verdauliche Speise und bilden einen bedeutenden Handelsartikel. Gewöhnlich werden sie in Essig mit Lorbeerblättern und Gewürz gelegt, in Fässer verpackt und so versendet. In Norddeutschland sind die lüneburger die beliebtesten. In den Süßgewässern Deutschlands, besonders in Gebirgsbächen, findet sich auch Planers N. oder die kleine Pricke (P. Planeri), welche nur 7—10 Zoll lang und blaugrünlich ist und 2 zusammenstoßende Rückenflossen trägt. Zu der Gattung N. gehört auch die Lamprete (P. marinus *L.*), die in allen europäischen Meeren lebt, besonders in der Nordsee, von wo sie im Frühjahr hoch in die Flüsse steigt, um zu laichen. Sie ist 2—5 Fuß lang, armsdick, bis 6 Pfund schwer, grünlich, gelb und braun marmorirt und hat 2 deutlich getrennte Rückenflossen, im Maule 12—20 Reihen von knorpeligen Zähnen, die wie hohle Warzen auf dem Fleische sitzen, im Gaumen 2 längere und auf der Zunge noch viele kleinere. Sie saugt sich so fest an, daß man zwölfpfündige Steine mit ihnen aufheben kann. Der Rogen nimmt fast die ganze Bauchhöhle ein, und die kleinen Eier sind in viele Lappen oder Blätter geordnet. Bis zum Mai ist die Lamprete sehr schmackhaft, dann wird sie zähe und fade. Frisch werden sie wie Aal zubereitet, zur Versendung geröstet, in Weinessig mit Gewürz gelegt und in Fäßchen verpackt.

Neunburg (N. vor dem Wald), Stadt im bayerischen Regierungsbezirk Oberpfalz und Regensburg, an der Schwarzach, Sitz eines Bezirksamts, eines Bezirks- und eines Landgerichts, hat 2 Schlösser, 4 Kirchen, 2 Armenhäuser, ein Institut der armen Schulschwestern, eine Irrenheilanstalt, Tabaksfabrikation, Brauerei, Leinweberei, Flachsbau und 2350 Einw.

Neuntödter, Vogelart, s. v. a. großer Würger, s. Würger.

Neuorleans, s. v. a. Neworleans.

Neuplatonismus (Neoplatonismus, neuplatonische Philosophie), die letzte Form der griechischen Philosophie, in der sich die gläubige Richtung des Heidenthums vollendete. Die Meister dieser Schule galten ihren Anhängern als Seher und Heilige, welche, von den Banden des Sinnenlebens frei, schon hier zur unmittelbaren Anschauung des Göttlichen gelangt seien. Sie brachten durch Verschmelzung hellenischer und orientalischer Weltanschauung für das Heidenthum eine ähnliche Philosophie der Offenbarung zu Stande wie Philo für das Judenthum. „Zwar theilnehmend an den höchsten Untersuchungen und Resultaten der Philosophie, stand der N. doch im Gegensatze zu aller Philosophie, weil er nicht auf besonnener Untersuchung der ewigen Gesetze des Geistes ruhte, sondern als göttliche Offenbarung sich aller Untersuchung überhob, eine Poesie und Religion der Philosophie. Er schloß sich zunächst an Plato an, als dessen Auslegung und Vollendung, aber er wollte alle Philosophenschulen in ihrer tiefern Einheit, alle Volksreligionen und heiligen Sagenkreise in ihrer religiösen Grundbedeutung vereinigen." Wenn auch nicht im Gegensatze gegen das Christenthum entstanden, rang er mit demselben im 3. Jahrhundert um die Weltherrschaft und hat sich des bewältigenden Einflusses des Christenthums kaum erwehren können. Drei Momente waren im N. ziemlich mit gleicher Kraft wirksam, zuerst die durch Aristoteles ergänzte Ideenlehre Plato's, der griechisch-ägyptische, mit persisch-jüdischer Dämonologie gemischte Polytheismus und endlich der Enthusiasmus, der das Göttliche nicht bloß mit der Vernunft zu erkennen, sondern auch mit dem Gefühl und mit einem übervernünftigen Organ gleichsam anzuschauen strebt. In der Gotteslehre des N. verbindet sich der Theismus mit dem Pantheismus; als Urgrund des Weltalls wird ein vernünftiger Wille angenommen, mit einem göttlichen Leben der Welt aber dadurch verbunden, daß aus dem Urgrunde der göttliche Verstand, aus diesem die Weltseele und aus dieser endlich die Sinnenwelt hervorgeht. Die menschlichen Seelen sind wie die Weltseele aus dem göttlichen Verstande geboren, gehören aber, weil sie durch irdische Lust aus ihrem ursprünglich göttlichen Leben zum zeitlichen Dasein herabgesunken sind, nicht allein dem Geisterreiche, sondern zugleich der Sinnenwelt an. Durch Losreißung von aller Sinnlichkeit sind sie aber im Stande, das Göttliche schon hier in geistiger Anschauung sich anzueignen, und zwar geschieht dies mittelst eines gottähnlichen, übervernünftigen, mehr der Gefühlsseite des Menschen angehörigen Organs, mit welchem Gott zwar nicht erkannt, aber auf

Augenblicke geschaut werden kann. Die so vom Irdischen geläuterten Seelen werden durch den Tod in ihre göttliche Heimat zurückgeführt, während die nicht geläuterten Seelen Thiere, Pflanzen und neue Menschenkörper durchwandern müssen. Das Böse gilt dem N. nur als das vorübergehende Unvollkommene, als das vom Urwesen in den entferntesten Kreisen Erzeugte. Die Götter der polytheistischen Religionen wurden für die persönlichen Kräfte des göttlichen Weltlebens erklärt, und zwar theils für überweltliche, theils der Welt als Herrscher vorgesetzte oder als Diener mit ihr verbundene. Sie wurden gedacht als dem höchsten Urgrunde untergeordnet, über jede Leidenschaft und jeden äußern Einfluß erhaben, die Mythen aber erhielten eine allegorische Auslegung. Der den N. charakterisirende Enthusiasmus war eine Frucht der in jener Zeit weit verbreiteten Sehnsucht nach Vergöttlichung der Welt und der von Gott abgefallenen menschlichen Natur; man suchte aus der Zersplitterung des Polytheismus herauszukommen, sich zum wahrhaften Sein des Geistes zu erheben und bis zu dem Punkte vorzudringen, wo nach pantheistischer Auffassungsweise das Selbstbewußtsein eins wird mit dem Gottesbewußtsein und das Zeitliche in dem Ewigen aufgeht. Dieser phantastischen Richtung ganz angemessen war die Gutheißung der Mantik und Magie, die man aus dem nothwendigen Zusammenhange aller Erscheinungen kraft der Einheit des Weltprincips herzuleiten suchte.

Die ursprüngliche Form der platonischen Philosophie hatte sich nur auf dessen nächste Schüler, namentlich Speusippus und Xenocrates, vererbt, machte darauf bei Arcesilaus und Carneades einem skeptischen Probabilismus Platz und gerieth bald in Vergessenheit. Erst im 1. u. 2. Jahrhundert n. Chr. trat der Platonismus in Griechenland und Rom wieder auf, jedoch vielfach in unklarer Mischung mit aristotelischen und pythagoräischen Lehren. Zu den Neuplatonikern dieser Zeit gehören Theon von Smyrna, Alcinous, Plutarch von Chäronea, Lucius Appulejus, Maximus von Tyrus u. A. Von ihnen sind aber die eigentlichen Neuplatoniker zu unterscheiden, als deren bedeutendste Vorläufer der Jude Philo (s. d.) und Numenius von Apamea anzusehen sind. Der eigentliche Begründer dieses ächten N. ist Ammonius Saccas, im Anfang des 3. Jahrhunderts zu Alexandria lehrend. Seine Schule, die alexandrinisch-römische, stand im Wesentlichen auf griechischem und platonischem Boden, polemisirte gegen Aristoteles und gegen den orientalischen Gnosticismus und hielt sich frei von Theurgie, von gröberem Aberglauben und roherer Dämonologie. Des Ammonius größter Schüler war Plotinus (s. d.), mit dem aus der Schule des Ammonius noch Herennius, Origenes, Olympius, Antoninus und der gelehrte und geschmackvolle Longinus hervorgingen. Des Plotinus bedeutendste Schüler waren Amelius Eustochius, Theodorus von Asine, vor allen aber Porphyrius von Tyrus (233—305). Letzterer bildete den Uebergang zu der zweiten Schule, der syrischen des Jamblichus (s. d.), die das orientalische Element der Theurgie und Dämonenlehre zu einer das Griechische überwuchernden Herrschaft gelangen ließ. Zahlreiche Schüler verbreiteten die Lehre des Jamblichus besonders über den Orient; so Sopatrus von Apamea, Aedesius und Eustathius aus Kappadocien, Dexippus u. A. Eine neue Hoffnung ging dem Platonismus auf unter dem Kaiser Julian, um den sich namhafte Philosophen schaarten (der jüngere Jamblichus aus Apamea, Chrysanthius von Sardes, Maximus von Ephesus, Sallustius rc.). Mit dem Tode des Kaisers verschwanden aber die Hoffnungen des Platonismus, dessen beste Kraft bereits in die christliche Theologie übergegangen war. Die dritte und letzte Schule, die athenische, war von Plutarchus von Athen, von dessen Lehren wir wenig wissen, und von Syrianus aus Alexandria gegründet und von diesem auf den großen Philosophen Proclus (412—485) übergegangen, dem größten Dialektiker der neuplatonischen Schule und einem ihrer vielseitigsten und gründlichsten Gelehrten. Diese Schule kehrte zum reineren Platonismus zurück, suchte aber zwischen Plato und Aristoteles zu vermitteln. Proclus' Nachfolger war sein Schüler Marinus von Neapolis in Palästina, welchem Zenodotus und Isidorus von Alexandria folgten. Das letzte Haupt des Platonismus in Athen war der scharfsinnige Damascius von Damascus. Im Jahre 529 wurde durch Kaiser Justinian dem Platonismus ein Ende gemacht oder wenigstens sein allmähliges Erlöschen herbeigeführt; die Schule in Athen ward geschlossen, die Vorträge über Philosophie und die Erklärungen der Gesetze wurden verboten. Zu Alexandria scheint indeß noch längere Zeit platonische Philosophie gelehrt worden zu sein. Noch einmal erwachte der Platonismus in der Umbildung, die er durch die Neuplatoniker erhalten hatte, am Ende des 15. Jahrhunderts. Der größte Geist in dieser neuen, von den Mediceern zu Florenz begünstigten italisch-platonischen Philosophie war Marsilius Ficinus. Vergl. Fichte, De philosophiae novae Platonicae origine, Berlin 1818; Barthélemy St. Hilaire, De l'école d'Alexandrie, Paris 1845.

Neuralgie (v. Griech., Nervenschmerz), Symptomenkomplex, welcher keineswegs von konstanten anatomischen Veränderungen abhängt, ja nicht selten ohne alle nachweisbare anatomische Störung vorkommt. Man unterscheidet die N. von anderen Schmerzen deshalb, weil bei ersterer die Erregung der sensiblen Nerven durch andere Reize oder durch die Einwirkung von Reizen an anderen Stellen der Nerven hervorgerufen wird, als dies bei den gewöhnlichen Formen des Schmerzes geschieht. Man spricht von N., sobald sich als Ursache des Schmerzes nicht reizende Einflüsse nachweisen lassen, welche auf die peripherischen Endigungen des Nerven eingewirkt haben, oder sobald es wahrscheinlich ist, daß die reizende Schädlichkeit auf den Stamm des Nerven gewirkt hat. Die Disposition für N.en ist nach der Individualität verschieden. Besonders scheinen nervenschwache Personen, häufiger also Weiber als Männer, häufiger blutleere und schwächliche als vollsaftige und kräftige von N.en befallen zu werden. Die erregenden Ursachen, d. h. die Reize, welche auf die Nervenstämme einwirkend N.en hervorrufen, sind zum Theil erkennbar, zum Theil nicht. Als Ursachen der N. lassen sich oft nachweisen Verletzungen der Nerven mit spitzen Instrumenten (eine vollständige Durchschneidung des Nerven ist weit weniger gefährlich als Stichwunden), Reizung der Nerven durch fremde Körper, welche in die Nähe der Nerven eingedrungen und dort eingekapselt sind (z. B. Flintenkugeln), Zerrungen der Nerven durch kontrahirte Narben, Druck auf die Nerven durch Geschwülste aller Art &c. Außerdem entstehen N.en manchmal in Folge von Erkältungen, sowie in Folge von Vergiftungen durch Quecksilber, Blei, Kupfer, endlich in Folge von einer Infektion mit Malaria. Bei den meisten N.en kann man zwei Arten des Schmerzes unterscheiden, nämlich einen anhaltenden, durch Druck vermehrten, auf umschriebene Punkte einer Nervenbahn beschränkten, nicht sehr heftigen, aber lästigen Schmerz, u. einen in Anfällen auftretenden, von jenen Punkten nach dem Verlaufe des Nerven ausstrahlenden, überaus quälenden und fast unerträglichen Schmerz. Die Kranken geben gewöhnlich an, daß der Schmerz nicht an der Oberfläche, sondern in der Tiefe sitze; gewöhnlich sind mehre Zweige eines Nervenstammes, aber nur selten alle Zweige eines Nerven an der Affektion betheiligt. Nicht selten breitet sich die N. von einem Nerven auf einen anderen aus, welcher nicht denselben Ursprung hat. Manchmal werden im Verbreitungsbezirke des von der N. heimgesuchten Nerven Unregelmäßigkeiten der Blutvertheilung, der Sekretion und der Ernährung beobachtet, ohne daß es bekannt wäre, wie die krankhafte Erregung der sensiblen Nerven sich auf die vasomotorischen Nerven überträgt. Im Beginn neuralgischer Anfälle bemerkt man bisweilen, daß die Haut bleich wird, noch häufiger auf der Höhe der Anfälle, daß sie sich röthet, daß die Absonderung der Nasenschleimhaut, die Thränen- und Speichelsekretion vermehrt wird. Bei manchen N.en, namentlich denjenigen der Zwischenrippennerven, entwickeln sich im Verbreitungsbezirk der kranken Nerven eigenthümliche Ausschläge (Herpes zoster). Der Verlauf der N.en ist bis auf diejenigen Formen, welche unter dem Einfluß der Malaria entstehen, ein chronischer. Derselbe ist fast niemals ein gleichmäßiger, sondern es wechseln Verschlimmerungen u. Nachlässe der Krankheit ab. Zu Zeiten wiederholen sich die Schmerzanfälle häufiger und erreichen eine bedeutendere Höhe, zu andern Zeiten kehren sie seltener wieder und sind weniger heftig: Bei den durch Malaria bedingten N.en kehren die Schmerzanfälle zur regelmäßigen Stunde wieder, in allen anderen Fällen ist der Typus der Anfälle ein unregelmäßiger und letztere werden oft durch allerlei äußere Veranlassungen, wie Druck der Nerven, Bewegungen &c., hervorgerufen. Die Dauer der N. kann sich auf viele Jahre ausdehnen. Vollständige Genesung folgt meist bei den von Malariainfektion herrührenden u. bei den rheumatischen N.en, dagegen ist sie selten bei den durch andere Ursachen bedingten N.en. In vielen Fällen bleiben N.en stationär und dauern bis zum Tode der Kranken, dieser tritt jedoch nur äußerst selten durch die N. selbst, gewöhnlich durch zufällige Komplikationen ein. Die Behandlung der N.en muß zunächst gegen die Entfernung der Ursachen gerichtet sein. Wenn die N. durch Druck od. Zerrung entstanden ist, welche fremde Körper, Geschwülste od. Narben auf die Nerven ausüben, so muß ein chirurgischer Eingriff vorgenommen werden. Bei rheumatischen N.en sind Blasenpflaster auf die schmerzende Stelle und die Anwendung des inducirten elektrischen Stroms auf die äußere Haut vermittelst der sogenannten elektrischen Geißel und der elektrischen Bürste zu empfehlen. Auch fortgesetzte warme Bäder erweisen sich nützlich gegen die rheumatischen N.en. Gegen die durch Malaria entstandenen, mit regelmäßigem Typus intermittirenden N.en leistet das Chinin die glänzendsten Dienste. Gegen die durch Kupfer-, Quecksilber- und Bleivergiftung bedingten N.en genießen die Schwefelbäder u. der innerliche Gebrauch der Schwefelpräparate großen Ruf. Die Disposition für die Entstehung von N.en bekämpft man durch Aufbesserung des Ernährungszustandes unter Zuhülfenahme des kohlensauren Eisens. In Fällen, deren Ursachen sich nicht beseitigen lassen, muß die Erregbarkeit des kranken Nerven vernichtet und wo dieses nicht gelingt, der Nerv durchschnitten oder ein Stück aus ihm herausgeschnitten werden, damit die Fortleitung der Schmerzen nach dem Gehirn unmöglich wird. Die Erregbarkeit des kranken Nerven vernichtet man, wenn auch gewöhnlich nur für eine bestimmte Zeit, durch Anwendung der Elektricität und der Kälte auf den kranken Nervenstamm. Das sicherste Mittel dazu ist aber die Einspritzung einer Morphiumlösung in das Zellgewebe unter die Haut, welche seit einigen Jahren mit ganz vorzüglichem Erfolg angewendet worden ist. Die narkotischen und anästhetischen Mittel sind überhaupt bei N.en in ausgedehntester Weise anzuwenden, da sie in den meisten Fällen sich allein nützlich erweisen. Manchmal hören N.en auf, wenn der Patient seinen Aufenthaltsort wechselt, besonders wenn er trockene und mäßig warme Klimate aufsucht. Von großer Wichtigkeit ist es ferner, den Patienten möglichst gut zu ernähren und die Blutbildung durch Darreichung von Eisen- und Chinapräparaten zu unterstützen.

Neureuther, Eugen Napoleon, origineller Zeichner und Radirer, geboren 1806 zu Bamberg, Sohn des Malers Ludwig N. (geboren 1775, † 1830), besuchte die münchener Akademie und malte sodann in der Glyptothek im trojanischen Saale einen Theil der Blumengewinde und Arabesken nach Cornelius' Entwürfen, in den Arkaden des königlichen Hofgartens die Waffen. Einen Namen erwarb er sich vornehmlich durch seine Randzeichnungen zu Goethe's Balladen und Romanzen (1829 ff., 5 Hefte). Im Auftrage der cotta'schen Buchhandlung reiste N. 1830 nach Paris, um die Julirevolutionslieder und die neuen französischen Nationalgesänge in Randzeichnungen zu versinnlichen. Diese geistreichen Zeichnungen finden sich in dem Werke „Souvenir du 29, 30, 31 Juillet etc." Nach seiner Rückkehr nahm er seine Lieblingsbeschäftigung wieder auf, die Randzeichnungen zu den Dichtungen deutscher Klassiker (1832 ff., 6 Hefte), worin sich seine unerschöpfliche Phantasie u. sein eigenthümliches romantisches Talent in origineller Art kundgibt. Auch lieferte er 2 Hefte Randbilder zu bayerischen Gebirgsliedern. Zu einer größeren Darstellung gab ihm 1835 der münchener Kunstverein Auftrag, für welchen er sein berühmtes Dornröschen nach Grimms Märchen als Vereinsgeschenk für 1836 radirte. In demselben Jahre malte er im Königsbau Darstellungen aus Wielands „Oberon". Für die Prachtausgabe von Herders „Cid" (Stuttgart 1839) lieferte er 70 Zeichnungen, welche von Thompson, Grave, Branston u. A. meisterhaft in Holz geschnitten wurden. Eine Frucht seines Aufenthalts in Rom (1838) war ein vorzügliches Bild der Villa Milz (ehemals Spada). Nach seiner Rückkehr aus Italien illustrirte er das becker'sche Rheinlied, einzelne goethe'sche Gedichte, kobell'sche Lieder in bayerischer Mundart, mit Jul. Schnorr das

Nibelungenlied, Zedlitz' „Waldfräulein" ꝛc. In Arabeskenform stellte er den glänzenden Maskenzug dar, welchen die münchener Künstler 1840 hielten, in einem Hauptbilde mit 6 Nebenbildern die Hauptmomente des Lebens und Leidens Christi. Auch lieferte er unter Anderem eine Folge von Landschaften nach den Gemälden von Rottmann in den Arkaden des königlichen Hofgartens zu München. Seit 1848 ist N. Leiter des artistischen Theils der königlichen Porzellanmanufaktur zu Nymphenburg.

Neurilem (v. Griech.), die Hülle oder Scheide der Nerven (s. d.).

Neuritis (griech.), Nervenentzündung, s. Nerven.

Neurode, Kreisstadt in der preußischen Provinz Schlesien, Regierungsbezirk Breslau, an der Walditz, hat eine Gerichtskommission, 4 katholische Kirchen, einen evangelischen Betsaal, starke Garnspinnerei, Band- und Leinweberei, Tuchmacherei, Steinkohlengruben und 5714 Einw.

Neurologie (v. Griech., Nervenlehre), derjenige Zweig der beschreibenden Anatomie, welcher sich mit den Formverhältnissen des Nervensystems, seiner Centralorgane und seiner peripherischen Verbreitungen beschäftigt. Die Kenntniß der Nerven stammt aus der Zeit der alten griechischen Medicin. Indessen verwechselte man noch bis zur Zeit Galens die Nerven mit Sehnen. Erst Galen erkannte die Nerven als besondere Organe, erklärte ihren Ursprung, theilte sie in Empfindungs- und Bewegungsnerven und entdeckte die Ganglien. Um die Erforschung der Gehirnnerven machten sich im 16. Jahrhundert besonders die Italiener Fallopia u. Eustachius, im folgenden Jahrhundert Thomas Willis u. A. verdient. Letzterer erkannte zuerst, daß der sympathische Nerv nicht vom Nervus vagus entspringt. Erst Bichat (1801) stellte den Sympathikus als ein besonderes Nervensystem hin. Von S. Th. Sömmering rührt die Eintheilung der Cerebrospinalnerven in 12 Gehirnnervenpaare und 31 Rückenmarksnervenpaare her. Der Engländer Ch. Bell entdeckte 1811 das Gesetz, daß die hintern Wurzeln der Rückenmarksnerven sensibler, die vordern motorischer Natur seien. In neuerer Zeit haben sich um die Erforschung der mikroskopischen Nervenverhältnisse besonders Arnold in Heidelberg und Luschka in Tübingen verdient gemacht. Seit dem zweiten Viertel dieses Jahrhunderts haben sich die meisten Forscher auf neurologischem Boden den mikroskopischen Verhältnissen des Nervensystems zugewendet, und eine große Reihe lebender Anatomen würde in dieser Beziehung ehrenvoll zu nennen sein. Indeß scheint es, als ob die Lehre von den feinsten Strukturverhältnissen des Nervensystems kaum das Ende des Anfangs hinter sich hätte.

Neurom (v. Griech., Nervengeschwulst), jede an einem Nervenstamm vorkommende Geschwulst, welche meist von dem Neurilem ausgeht und theils aus Bindgewebe, theils aus Nervenfasern besteht. Diejenigen N.e, in welchen die Nervenfasern prävaliren, nennt man ächte, die, in welchen das Bindgewebe prävalirt, falsche N.e. Die Ursachen für die Entstehung der N.e sind in Dunkel gehüllt. Sie kommen bei beiden Geschlechtern und in jedem Lebensalter vor. Es ist nicht unwahrscheinlich, daß in vielen Fällen Verletzungen der Nerven zur Entstehung von N.en die Veranlassung geben. Auffallend ist die Neigung mancher N.e, nach der operativen Entfernung wiederzukehren. Es gilt dies hauptsächlich von den (bösartigen) Geschwülsten, welche nicht aus fibrillärem Bindegewebe, sondern aus Schleimgewebe (myxoma) und aus sarkomatösem Gewebe bestehen. Die N.e bilden runde oder ovale, meist derb elastische, selten weiche Geschwülste von der Größe eines Hirsekorns bis zu der einer Faust u. darüber. Dieselben sitzen bald seitlich auf dem Nerven auf, bald entspringen sie aus dem Innern desselben, und je nach diesen Umständen tritt ein größerer oder kleinerer Theil der Nervenfasern in die Geschwulst ein, oder umspinnt dieselbe gleichsam. Am häufigsten kommen die N.e an den Rückenmarksnerven vor, doch hat man sie auch am Sympathikus und an manchen Gehirnnerven gesehen. Gewöhnlich findet sich nur ein einzelnes N., dessen Größe keineswegs zur Dicke der befallenen Nerven in Verhältniß zu stehen braucht. In andern Fällen findet man mehre N.e an Einem Nerven, in noch andern Fällen außerordentlich zahlreiche N.e, welche von den verschiedensten Nerven ihren Ausgang nehmen. Die peripherischen N.e, welche noch am leichtesten zu erkennen sind, verrathen sich durch das Auftreten einer schmerzhaften Geschwulst, welche im Verlauf eines Nervenstammes sitzt, und durch das Ausstrahlen der Schmerzen von der Geschwulst nach dem peripherischen Verlaufe und der Endausbreitung des Nerven. Die Schmerzen sind gewöhnlich nicht anhaltend, sondern treten anfallsweise auf, so daß freie Intervalle bleiben. Ein leiser Druck auf die Geschwulst steigert die Schmerzen zu unerträglicher Höhe. Die Leitungsfähigkeit der Nerven kann durch die N.e leiden, so daß sich zu den Schmerzen das Gefühl von Taubheit und eine mehr oder weniger vollständige Empfindungslosigkeit der Haut im Bereich des kranken Nerven gesellen. Selten kommen durch Beeinträchtigung motorischer Fasern Zuckungen und Kontrakturen u. im weiteren Verlauf Lähmungen vor. Die N.e wachsen gewöhnlich langsam und bleiben, nachdem sie eine gewisse Größe erreicht haben, stationär. Da es auf keine Weise gelingt, durch eine medikamentöse Behandlung die N.e zur Zertheilung und zum Verschwinden zu bringen, so besteht das allein bewährte und empfehlenswerthe Verfahren gegen diese Geschwülste in der operativen Entfernung.

Neu-Rom, s. v. a. Konstantinopel.

Neuron (griech.), der Nerv.

Neuropathologie (v. Griech., Nervenpathologie), dasjenige pathologische System, welches die Verrichtungen des Nervensystems zur Grundlage seiner Ansichten macht.

Neuropteren (v. Griech., Netz- oder Gitterflügler), Insektenordnung, begreift meist weiche Insekten von gestrecktem Körperbau, welche in der Stufenreihe der Kerbthiere den Dipteren gerade so gegenüberstehen wie die Käfer den Schmetterlingen oder die Orthopteren den Hemipteren. Ihre Namen haben sie von den 4 gleichartigen, häutigen, gitterförmigen oder netzaderigen, meist gleichgroßen Flügeln mit 50—100 und mehren Zellen, die nur den Nagern (s. unten) entweder ganz abgehen, oder hier wenigstens der Queradern ermangeln. Die Fühler sind meist borstenförmig, selten geknopft, kolbig oder gesägt, in der Regel länger als der Leib. Die Augen der meisten sind große Netzaugen, neben denen sich meist noch 3 Punktaugen vorfinden. Die Mundtheile sind je nach der Lebensart des Insekts verschieden, im Allgemeinen beißend, aber weniger kräftig entwickelt als bei den Orthopteren; die Oberkiefer, welche nur den Eintagsfliegen ganz fehlen, sind groß; die Unterkiefer sind mit einem deutlich 2-gliederigen Stücke, einer Art Kappe oder Helm (galea), bedeckt; Palpen oder Taster sind stets vorhanden, meist in der Zahl von 4. Bald ist die Vorderbrust, bald die Mittelbrust stark entwickelt, während die Hinterbrust klein ist. Der Hinterleib zeigt meist 9 Ringel. Die Flügel werden in der Ruhe meist gestreckt oder aufrecht getragen, die Unterflügel selten gefaltet und unter den dachförmigen Oberflügeln untergebracht. Die Füße sind dünn, fein, oft mit Stacheln besetzt, aber nur zum Gehen, nie zum Springen oder Graben eingerichtet; die Tarsen 4—5gliederig. Der Hinterleib ist lang, gestreckt, bei einigen mit zangenartigen Anhängen oder beim Weibchen mit einer Legeröhre versehen. Die Metamorphose ist bald vollkommen, bald unvollkommen. Die meisten Gattungen leben vom Insektenraube, also von animalischer Nahrung. Sie fliegen gut, springen, graben und fingen aber nie, worauf schon ihre sehr ausgebildeten Flügel und ihre schwachen, oft sehr zerbrechlichen Beine hindeuten. Die vollkommneren Insekten leben nur auf dem Lande; die 6beinigen Larven leben entweder ebenfalls auf dem Lande, oder frei oder in Hüllen steckend im Wasser, wo denn auch ihre Metamorphose vor sich geht. Die Wasserjungfern, Eintagsfliegen, Nager u. Afterfrühlingsfliegen machen eine unvollkommene Metamorphose durch, in sofern Larven und Puppen dem vollkommenen Insekt gleichen und die Puppen sich frei bewegen und Nahrung zu sich nehmen. Die Frühlingsfliegen und Plattflügler dagegen machen eine vollkommene Verwandlung durch, indem die Larven ein mehr oder weniger wurmartiges Ansehen haben und die Puppen ruhen und nicht fressen. Wasserjungfern und Florfliegen sind nützlich, indem die ersteren Insekten verzehren, die Larven der letzteren aber den Blattläusen nachstellen. Die Eintagsfliegen werden als Köder beim Fischfang, auch als Dünger benutzt. Burmeister rechnete sie unter dem Namen Gymnognatha zu den Orthopteren. Ueber die Begrenzung der N. sind die Meinungen noch getheilt, indem die Einen nur solche Insekten dazu rechnen, welche eine vollkommene Verwandlung durchmachen, Andere aber auch solche mit unvollkommener Verwandlung. Einige Gattungen, wie die Libellen und Termiten, spielen unter den vorweltlichen Insekten eine Hauptrolle. Libellen finden sich schon im Lias, vorzüglich häufig aber im Juraschiefer von Solenhofen und in den Tertiärablagerungen aus den Sümpfen von Oeningen, und Libellenlarven gehören in manchen Ablagerungen zu den gemeinsten Petrefakten. Auch die Termiten beginnen im Jura u. kommen in der Kreide, sowie in den Tertiärablagerungen häufig vor. Leunis nimmt 5 Familien an: Pfriemenhörner (Tubulicornia), mit den Familien der Wasserjungfern oder Libellen (Libellulina) u. der Eintagsfliegen oder Wassermotten (Ephemerina); Langhörner (Longicornia) mit den Familien der Faltflügler (Plicipennia) und Plattflügler (Planipennia); Nager (Corrodentia) mit der gleichnamigen Familie, welche besonders durch die Termiten vertreten wird. K. Vogt theilt die N. in die Familien der Schmetterlingsfliegen (Phryganida), Sumpflibellen (Sialida), Erdlibellen (Hemerobida), Ameisenlöwen (Myrmeleontida), Schnabelfliegen (Panorpida) und Kameelsfliegen (Raphidida).

Neurophyra (griech.), das Nervenfieber.

Neurosen (v. Griech.), Funktionskrankheiten des Nervensystems, die sich in krankhafter Empfindung oder Bewegung mit ihren Rückwirkungen auf Ernährung einerseits und psychisches Leben andererseits äußern und für welche es charakteristisch ist, daß sich gar keine oder wenigstens keine gröbern anatomischen Störungen als Ursache der gestörten Funktion auffinden lassen. Es liegt keine genügende und in der Sache selbst begründete Berechtigung vor, die N. als besondere Gruppe von den übrigen Krankheiten des Nervensystems abzutrennen, sondern es geschieht dies mehr aus Gründen der Uebersichtlichkeit. Die früher festgehaltene Annahme, daß die N. immaterieller Natur seien, ist durchaus zu verwerfen. Wahrscheinlich beruhen aber viele sogenannte N., bei denen die Sektion nichts nachweist, auf einer im Leben Statt gefundenen mangelhaften Ernährung der Organe des Nervensystems, entweder in Folge allgemeinen oder örtlichen Blutmangels, oder in Folge zu rascher und zu träger Blutströmung durch die Haargefäße der Nervensubstanz, oder in Folge von schlechter Blutbeschaffenheit, beziehentlich von Blutvergiftung. Es gibt eine sehr große Anzahl von verschiedenen N. Man unterscheidet gewöhnlich Mobilitäts- und Sensibilitäts-N. (Bewegungs- und Empfindungs-N.). Zu den ersteren gehören viele Formen der Krämpfe und der Lähmungen, der Veitstanz, die Epilepsie; zu den letzteren viele Neuralgien. Besonders auffallende Funktionsstörungen sowohl der Empfindung, als der Bewegung finden sich kombinirt bei der Hysterie vor. Diejenigen Autoren, welche alle Krankheiten des Nervensystems unter dem Namen der N. zusammenfassen, unterscheiden außer den obengenannten Arten auch noch psychische N. (Geisteskrankheiten und Trophoneurosen, d. h. Erkrankungen des Nervensystems, welche auf handgreiflichen Ernährungsstörungen beruhen, wie z. B. die Entzündung des Gehirns.

Neuroth, s. Lackfarben.

Neuruppin, Stadt, s. Ruppin.

Neusalz, Stadt in der preußischen Provinz Schlesien, Regierungsbezirk Liegnitz, Kreis Freystadt, am linken Ufer der Oder, hat eine katholische und evangelische Kirche, einen Betsaal der Herrnhuter, eine Gerichtskommission, einen Gewerbverein, Wagen-, Möbel-, Leder-, Siegellack-, Zwirn-, Steinpappe- u. Pappwaarenfabrikation, Flachsspinnerei, Lein- und Bandweberei, eine Eisenhütte mit Gußwerk, Ziegelbrennerei, Schiffbau, Schifffahrt, lebhaften Handel und 4307 Einw., wovon beinahe die Hälfte Herrnhuter sind.

Neusatz (Neoplanta oder Uj-Vidék), königliche Frei- und Kreishauptstadt im ungarischen Komitat Bacs, am linken Ufer der Donau und an der Landesgrenze, mit dem gegenüberliegenden Peterwardein durch eine Schiffbrücke verbunden, ist der Sitz des griechisch-nichtunirten Bischofs von Backka, eines Konsistoriums, der Kreis- und anderer Behörden, hat 5 griechische, 2 katholische, eine armenische und 2 evangelische Kirchen, eine Synagoge, ein griechisch-nichtunirtes Untergymnasium, Bierbrauerei, vorzüglichen Obst-, Garten- und Weinbau, lebhaften Handel und 15,822 Einwohner, darunter fast

10,000 griechisch-nichtunirte Serben. Am 11. Juni 1849 wurde N. durch die kaiserlichen Truppen unter Jellachich mit Sturm genommen. In der Nähe finden sich Ueberbleibsel einer Römerschanze (Romani aggeres).

Neuschönefeld, stadtähnliches Dorf im königlich sächsischen Kreisdirektionsbezirk und Gerichtsamt Leipzig, unmittelbar nordöstlich an Leipzig stoßend, hat zahlreiche Fabriken der verschiedensten Art und 5343 Einwohner.

Neuschottland (Nova Scotia, engl. New Scotland), im britischen Besitz befindliche Halbinsel von Nordamerika, liegt mit der zugehörigen benachbarten Insel Cape Breton zwischen 43° 21′ u. 47° 5′ nördl. Br. u. 59° 50′ u. 66° 30′ westl. L. von Greenwich u. ist vom Meer umgeben bis auf das nordwestliche Ende, wo es durch den gegen 10 engl. Meilen breiten Isthmus von Chignecto oder Cobequid mit Neubraunschweig verbunden ist. Im Westen wird die Halbinsel von der Fundybai, im Süden u. Osten vom atlantischen Ocean bespült; im Norden wird sie vom Cape Breton durch eine 20 engl. Meilen lange und 1—1½ engl. Meilen breite Straße, u. von der Prinz-Edwardsinsel durch die Northumberlandstraße geschieden, die an ihrer engsten Stelle gegen 14 engl. Meilen breit ist. Die größte Länge von N. vom Kap Canso im Osten bis Kap St. Mary's im Westen beträgt 280 engl. Meilen, die Breite wechselt von ungefähr 50 bis 100 engl. Meilen. Die meist steilen Küsten haben eine große Menge von Baien u. mehre der schönsten Seehäfen. Die bedeutendsten Baien sind: White Haven, Halifax Harbour, Margarets und Mahonbai, Shelbourne Harbour auf der Ostküste, Townsend oder Agylebai auf der Westküste, die Baien an der Fundybai u. Baie verte, St. George's u. Chedabuctobai auf der Nordküste. Der Flächeninhalt von N. mit der Insel Cape Breton beträgt 18,671 engl. (918 deutsche) QM., die Zahl der Bevölkerung belief sich 1862 auf 330,900 Seelen. Von den Bewohnern besteht ein kleiner Theil, etwa 7000, aus sogenannten Acadiern, Abkömmlingen der ersten französischen Kolonisten, der größere Theil aus Abkömmlingen von Einwanderern aus den alten britischen Kolonien von Nordamerika u. aus Schotten, die später zu verschiedenen Zeiten aus Schottland eingewandert sind. Außer diesen gibt es noch gegen 4000 Bewohner deutscher Abstammung und einige tausend Neger, Abkömmlinge von geflüchteten Sklaven oder von aufständischen Schwarzen, die von Jamaica nach N. transportirt wurden, und einige hundert Indianer vom Stamme Mic-mac auf Cape Breton. Die Oberfläche der Halbinsel ist dem größeren Theil nach uneben, aber ohne bedeutende Erhebungen. Die höchsten Striche erstrecken sich nach dem westlichsten Ende zu, westlich vom See Rossiznol. Längs der Fundybai schließen zwei Hügelzüge von mäßiger Erhebung das Thal des Flusses Annapolis ein; 8—10 engl. Meilen vom Minenbassin erheben sich einige höhere Hügel, wie Horton und Ardoise Hills; die letzteren, zwischen Halifax und Windsor gelegen, sind gegen 700 engl. Fuß hoch und werden als die am höchsten gelegenen Theile des Landes betrachtet. Der größte Theil der Berglande ist mit schönem Urwalde besetzt, welcher vorzügliches Bauholz liefert. Das Innere der Halbinsel ist wohl bewässert u. reich an Seen u. Flüssen, die aber meist nicht von großer Ausdehnung sind. Unter den Seen ist der bedeutendste der Rossignolsee im südwestlichen Theile des Landes, welcher durch den Merseyfluß mit dem Meer in Verbindung steht. Der Strich an der Südküste u. einige englische Meilen landeinwärts ist im Allgemeinen kahl, felsig und steinig, hie und da mit niedrigen Bäumen und Gebüsch besetzt, aber im Ganzen für den Anbau nicht geeignet. An den Baien und den Flüssen in ihrem niedrigeren Laufe gibt es kurze Strecken Landes mit angeschwemmtem Boden, der kultivirbar ist. An den Küsten der St. Marysbai und noch mehr längs der Fundybai wird der Boden besser und gibt hier reichlichen Ertrag von Weizen und anderem Getreide, sowie von gutem Obst. Ebenso fruchtbar ist das Thal des Flusses Annapolis. Die fruchtbarste und am besten angebaute Strecke von N. ist das Land um das Minenbassin herum. Die bedeutendsten Flüsse der Halbinsel sind der Annapolis und der St. Shubenacadie. Der Annapolis entspringt in dem Berglande, das die südliche Seite vom Eingange des Minenbassins bildet, und fließt, ungefähr 90 engl. Meilen lang, in die Fundybai. Er ist 25 engl. Meilen weit von seiner Mündung an schiffbar. Der Shubenacadie kommt aus einer Seenkette, die nördlich von Halifax liegt und ungefähr 2 engl. Meilen von dieser Stadt beginnt, u. mündet in das Minenbassin. Dieser Fluß, auf 30 engl. Meilen lang schiffbar, und seine Seen speisen den Shubenacadiekanal mit Wasser, welcher die Fundybai mit Halifax verbindet. Fast alle Flüsse bilden gute Häfen an ihren Mündungen, wenn auch im Allgemeinen nur für mittelmäßig große Schiffe. Das Klima ist im Allgemeinen dem von Canada ähnlich, aber nach der Lage des Landes mehr den Einflüssen des Meeres unterworfen; im Ganzen gilt es für sehr gesund. An der westlichen und südlichen Küste sind einzelne Häfen, die nie zufrieren; der Hafen von Pictore jedoch, in der Northumberlandstraße, ist gewöhnlich 4 Monate lang mit Eis bedeckt. An der nördlichen Küste dauert der Winter gewöhnlich von Ende December bis Anfang April und manchmal noch länger, und während dieser Zeit fällt bedeutend viel Schnee. Der Frühling ist äußerst kurz, der Sommer sehr heiß, der Herbst ist am schönsten u. hat beständiges Wetter. Im November und December stellt sich starker Regen ein. Während der Sommermonate kommen dicke Nebel an den Meeresküsten vor, von welchen jedoch das Innere, sowie die Küsten der Fundybai verschont bleiben. Die Erzeugnisse des Landes sind Weizen in den fruchtbaren Gegenden, wenn sie gut bebaut werden, Mais an der Fundybai, meist aber Hafer, Gerste und Kartoffeln; ferner Obst, das längs der Fundybai und den umliegenden Gegenden des Minenbassins in bedeutender Menge gebaut wird und einen guten Obstwein zur Ausfuhr liefert; auch Pfirsiche und Trauben gedeihen. Rindvieh und Schafe hat das Land in bedeutender Menge, vornehmlich in den Gegenden um das Minenbassin und an den nördlichen Küsten. Von besonderer Wichtigkeit für das Land sind die Waldungen mit ihren schönen Laubholzbäumen, Tannen, Birken, Eichen, Lärchen, Ahorn &c. Die Seen und Flüsse enthalten Fische in Ueberfluß, u. an den Meeresküsten werden besonders Kabeljaus, Makrelen, Häringe und Salmen, Schellfische und Austern in großer Menge gefangen. An Mineralien findet man im östlichen Theile von N. besonders Steinkohlen und reiche Eisenerze, ferner Kupfer und Blei längs der Northumberlandstraße,

Gyps und Salz in den westlichen Bezirken. Die Hauptbeschäftigungen der Bewohner sind Landbau, Viehzucht, Fischerei, Steinkohlenbau, Schiffbau und Handel. Die wichtigsten Gegenstände des Handels und der Ausfuhr sind: Fische, besonders Stockfische, Thran, Holz und Steinkohlen; die Einfuhr besteht hauptsächlich in Manufakturwaaren, Getreide, Mehl, Eisen und Eisenwaaren, Spirituosen, Wein und Kolonialwaaren. Nach amtlicher Erhebung betrug 1862 der Werth der Einfuhr 1,689,008 und der Werth der Ausfuhr 1,129,392 Pfd. Sterl., der gesammte Inhalt der ein- und ausgelaufenen Schiffe 1,353,254 Pfd. Sterl., die Insel Cape Breton (s. d.) durchgängig mit eingeschlossen. Die Verfassung von N. ist der englischen nachgebildet. An der Spitze der Verwaltung steht ein von der Regierung ernannter Gouverneur (Lieutenant Governor), der in militärischen Angelegenheiten dem Governor General von Canada untergeordnet ist. Ihm zur Seite steht ein Executive Council, welches die Aemter des exekutiven und gesetzgebenden Rathes in sich vereinigt. Die gesetzgebende Versammlung, die zu Halifax ihre Sitzungen hält, besteht aus einem Oberhaus (Legislative Council) und einem Unterhaus (House of Assembly), dessen Mitglieder von den Grafschaften und Städten der Kolonie gewählt werden. Die Sitzungen werden alle 4 Jahre gehalten. Für die Rechtspflege besteht ein Obergerichtshof, ein Appellhof, ein Kanzleihof und Friedensgerichte. Die öffentlichen Einnahmen von N. betrugen 1862 nahe an 210,000, die Ausgaben gegen 120,000 Pfd. Sterl. Die bedeutendste Unterrichtsanstalt des Landes ist das Kollegium zu Windsor (King's College). Die Baptisten haben ein Kollegium zu Horton, die Katholiken ein Seminar zu Halifax, die Presbyterianer eine höhere Schule zu Picton u. die Methodisten zu St. George. Außerdem gibt es noch Mittel- und höhere Schulen, die von der Regierung unterhalten werden, und über 600 Elementarschulen. Die englische Kirche hat einen Bischof, dessen Diöces zugleich Neubraunschweig, die Prinz-Edwardsinsel, Neufundland und die Bermudasinseln umfaßt. Das Land hat seine besondere Miliz u. ist in 15 Grafschaften (counties) eingetheilt. Die Hauptstadt und der Sitz der Regierung ist Halifax mit einem der schönsten Häfen Amerika's. Die Küsten N.s wurden zuerst von dem Italiener Sebastian Cabot in englischem Dienst entdeckt. Die erste Niederlassung erfolgte durch die Franzosen 1604, dann 1606 durch die Niederländer zu Annapolis; die letztere wurde 1613 von den Engländern zerstört. Die Engländer nahmen nun das Land in Besitz, traten es 1632 den von Canada aus hier sich ausbreitenden Franzosen wieder ab, eroberten es jedoch 1654 unter Cromwell zurück. Nach mehren Wechselfällen kam N. 1713 endlich für immer an England, doch kamen die Briten erst mit der Uebergabe Canada's, womit auch die Insel Breton abgetreten wurde, in ungestörten Besitz dieses Landes.

Neuseeland (engl. New Zealand), britische Kolonie in Australien, besteht aus zwei großen u. mehren kleineren Inseln, welche einen breiten Streifen Landes bilden, der sich von Südosten nach Nordwesten erstreckt u. an seinem nördlichen Ende durch eine schmale, halbinselartige Landzunge in nordöstlicher Richtung verlängert ist, und liegt zwischen 34° 30′ u. 47° 30′ südl. Br. u. zwischen 166° 30′ u. 178° 45′ östl. L. von Greenwich. Ihre Längenausdehnung beträgt gegen 200 deutsche Meilen und ihre mittlere Breite von Osten nach Westen 30 deutsche Meilen, der ganze Flächeninhalt der Inselgruppe ist auf 122,582 englische oder 4905 deutsche □Meilen berechnet. N. ist somit etwa so groß wie Großbritannien und Irland. Es ist das Land unserer Gegenfüßler oder Antipoden, das nahezu im Centrum eines ungeheuren Halbkreises liegt, welcher vom Kap der guten Hoffnung bis zur Behringsstraße die alte Welt und von der Behringsstraße bis zum Kap Horn die neue Welt halbirt. Zwei Meeresarme, die Cooksstraße nördlich und die Foveauxstraße südlich, trennen N. in drei der Größe nach verschiedene Theile: zwei große Inseln, welche man als Nordinsel (Newulster, Ahina-Maui) und Südinsel (Newmunster, Je-waipunamu) bezeichnet, und eine kleine dritte, Stewartinsel. Den Hauptcharakterzug N.s bildet eine Gebirgskette, welche die beiden Hauptinseln in der Richtung von Südwesten nach Nordosten, durch die Cooksstraße getrennt, der Länge nach durchstreicht u. mit Recht den Namen „australische Alpen" erhalten hat. Die höchsten Gipfel dieser Gebirgskette befinden sich auf der Südinsel, wo der Cooksberg und die benachbarten, von ewigem Schnee und Eis bedeckten Riesenhöhen zu 13,000 Fuß Meereshöhe, fast zur Höhe des Montblanc, sich erheben. Gegen Westen fällt dieses Alpengebirge steil ab, an manchen Punkten mit 3—4000 Fuß hohen senkrechten Felswänden; gegen Osten breiten sich abgerundete Berge, wellenförmige Hochebenen, Hügelketten und Ebenen mit Alluvialboden aus. Auf der Nordinsel sind die Berge weniger hoch, 5—6000 F., aber es finden sich dort große vulkanische Kegelberge, Basaltgeschiebe und zahllose Warmwasserquellen, Schlammvulkane, Solfataren und viele andere vulkanische Erscheinungen. Fast in der Mitte dieser Insel, nahe an dem südlichen Gestade des großen Tauposee's thürmen sich, auf einem unfruchtbaren, 2000 F. hohen Plateau, die vulkanischen Kegelberge Tongariro, 6500 F. hoch, und Ruapahu, über 9000 F. hoch und mit ewigem Schnee bedeckt, empor. Diese beiden Berge sind umgeben von einer Gruppe kleiner Trabantenvulkane, gleichfalls erloschener Kegelberge. An der Westküste ist ein dritter Riese, der Taranaki oder Mount Egmont, dessen Gipfel, 8270 F. hoch, mit ewigem Schnee bedeckt ist. Nordöstlich vom Tongariro, mitten in der Bay of Plenty (Ueberflußbucht) bildet der zweite thätige Vulkan N.s für sich allein die „weiße Insel" oder die Insel „Whakari". Sie ist 863 F. hoch und von ihrem Kegelberg steigen fortwährend weiße Dampfwolken auf. Man rechnet 110 geographische Meilen zwischen dem Tongariro und diesem letzteren Vulkan, und dieser ganze Raum ist mit siedenden Quellen, Seen und Solfataren ausgefüllt. Auch der aucklandsche Bezirk und jener der Inselbai sind mit einer unzähligen Menge erloschener Krater bedeckt. Wie die Südinsel hat auch die Nordinsel ihre besten Häfen an den zwei entgegengesetzten Enden: Port Nicholson und den Hafen von Wellington an der Cooksstraße im Süden und die zahlreichen Hafenbuchten an der Ostküste der nördlichen Halbinsel, unter welchen die Inselbai u. der Aucklandhafen die wichtigsten sind. Die Häfen an der Westküste der Nordinsel haben alle Sandbänke an ihrem Eingange, und nur der Manukauhafen ist für größere Schiffe zugänglich. Der bedeutendste Strom der Nordinsel N.s ist der Waikato, sowohl an Länge des Laufs, als an Wassermenge. Es ist der große Verkehrsweg für das Innere des Landes, nur hat er vor seiner Mündung große Sandbänke, welche das Ein- und Auslaufen größerer Fahrzeuge verhindern. Zuflüsse des Waikato sind der Waipa, Mangapu und Mangawhero. Nach dem Waikato ist der Mokan der bedeutendste Fluß der Westküste, welcher, ungefähr 80 englische Meilen lang und wie der Waipa an dem 2600 F. hohen Rangitotogebirge entspringend, sich unmittelbar ins Meer ergießt. Der Waiho entspringt im Pateterepłateau und fließt in den Haurakigolf, sein Hauptzufluß ist der Orața. Der Piako entspringt in der Maungakawakette, welche die Piakoebenen von den Waikatoebenen trennt, und nimmt den Waitoa auf, den eigentlichen Hauptfluß mit längerem Lauf und größerem Wasserreichthum. Die Thäler der südlichen Alpen sind durchschnitten von sehr zahlreichen Flüssen, welche mit raschem Lauf dem Meere zueilen. Die bedeutenderen sind der Rangitata, der Waimakariri, Rakaia, Ashburton, Waitangi. An dem Gipfel südlich vom Mount Cook entspringt der bedeutendste Fluß der Südinsel, der Clutha- oder Mathaufluß (auch Molyneux River genannt). Die schönen Gebirgsströme haben oft prachtvolle Wasserfälle und fließen oft durch wilde Engpässe u. düstere Felsschluchten. Unter den sehr zahlreichen Seen N.s ist der wichtigste der Tauposee, 25 englische Meilen lang von Südwesten nach Nordosten, gegen 20 englische Meilen breit an der breitesten Stelle, ungemein tief und 1250 F. hoch über dem Meere gelegen. Es ist rings von vulkanischen Formationen umgeben und an den südlichen Ufern mit einer Reihe malerischer Vulkankegel begrenzt. Nicht weit von dem See liegt der dampfende Tongarirovulkan und sein erloschener, mit ewigem Schnee bedeckter Nachbar, der 9200 F. hohe Ruapahu. Merkwürdig ist der Seedistrikt im südöstlichen Theil der Provinz Auckland, mit seinen kochenden Quellen, dampfenden Solfataren und Schlammkesseln, wie am Rotoruasee, dann der Puvakisee, der größte der Kraterseen in der Nähe von Auckland, der Tarawera, umgeben von einer prachtvollen Berg- und Waldlandschaft, 7 englische Meilen lang und gegen 5 englische Meilen breit; in dessen Nähe der Okataina u. Okarekasee, der warme See Rotomahana mit vielen warmen Quellen und mächtigen kochenden Sprudeln; der Rotoiti und Rotoehu. Das Klima ist durchgehends mild und weit angenehmer als das des australischen Kontinents. Der harte Boden ist mit dichten Wäldern und Strecken von Farrenkräutern mit eßbaren Wurzeln bedeckt. Zwei Eigenthümlichkeiten treten in dem Vegetationscharakter des Landes vor allen andern auf, die Ueberfülle von Farrenkräutern und buschartigen Gewächsen und der Mangel an Wiesen und Blumen, der in der Armuth an Gräsern und der geringen Anzahl einjähriger Blüthenpflanzen seinen Grund hat. In den Wäldern wachsen herrliche Farrenbäume in einer Höhe von 30—40 F. mit schuppenartig gezeichneten Stämmen und zierlichen Kronen, verschiedene Arten von Koniferen, die in ihrer Bildung gänzlich von den Nadelhölzern der nördlichen Hemisphäre abweichen, besonders die riesige Kauri- oder Australfichte. Zu den größten Waldbäumen gehören ferner mehre Repräsentanten aus der Familie der Myrtaceen und Laurineen, vor Allem der Ratabaum, dessen Stamm oft 40 F. im Umfang mißt und dessen Krone scharlachrothe Blüthenstengel trägt. Neben den eßbaren Pflanzen und den zahlreichen Waldbäumen, welche ausgezeichnetes Nutzholz liefern, sind für N. die Faserpflanzen von besonderem Werth; obenan steht der sogenannte Schilfflachs oder neuseeländische Flachs, welcher nur N. und den benachbarten kleinen Inseln, Norfolkeiland und den Chathaminseln eigenthümlich ist. Die von den Eingebornen aus den Blättern dieses Flachses dargestellte flachsähnliche Faser wird zu allerlei Zwecken benutzt, zu Kleidern, Papier, Stricken, Riemenzeug, allen Arten von Bändern, Seilen und Tauen, zu Körben, Tellern, Schüsseln, Netzen, Segeln &c. Giftpflanzen fehlen auf N. gänzlich. Eine auffallende Erscheinung in der Thierwelt N.s ist der fast gänzliche Mangel an Landsäugethieren. Unter den eingeführten Thieren ist für die Eingebornen das Schwein das wichtigste und hat sich rasch verbreitet. Von Amphibien fehlen Schlangen, Schildkröten u. Frösche, aber an Fischen sind die Buchten und Küsten N.s außerordentlich reich. Den schönsten Theil der Thierwelt N.s bilden die Vögel. Es hat vornehmlich aus der Familie der straußartigen Vögel einige nur der Insel eigenthümliche Arten, wie den Kiwi (Apteryx). Unter den ausgestorbenen Arten ist der Moa oder Riesenvogel zu bemerken. Ein schöner Singvogel ist der Tui und der Kokorimoko. Von Mineralien hat man Steinkohlen, Gold, Kupfer, Eisen, Graphit und Chromerz entdeckt und seit einigen Jahren ausgebeutet. Gold gibt es in der Provinz Nelson, 1861 wurden reiche Goldfelder in der Provinz Otago und Tuapoka aufgefunden und in neuester Zeit an der Grenze der Provinz Southland, die dieser jüngsten und südlichsten der neuseeländischen Kolonien zu einem raschen Aufschwung des Verkehrs und Anwachsen der Bevölkerung verholfen haben.

Die **Bevölkerung** von N. besteht aus den Urbewohnern (auf 50,000 Köpfe geschätzt) u. den Eingewanderten. Die Gesammtzahl der europäischen Bevölkerung wird nach der amtlichen Erhebung vom Jahre 1862 auf 106,315 Seelen angegeben. Die Eingebornen, **Maori** genannt, sind ein Zweig des großen Wandervolks der Südsee, der Polynesier. Sie gehören zum hellfarbigen Menschenstamme der australischen Inseln und zeichnen sich sowohl durch schönen Körperbau, als durch geistige Fähigkeiten aus. Sie bekennen sich größtentheils zum Christenthum, und zwar vorwiegend zum Protestantismus. In guten Missionsschulen und zum Theil in Volksschulen mit eingebornen Lehrern und Predigern erzogen, können die Meisten lesen und schreiben und entwickeln oft staunenswerthe Kenntnisse in Geographie und Geschichte. Ihre Hauptbeschäftigung ist Ackerbau und Viehzucht, doch nehmen sie auch Theil an Handel und Gewerben, und namentlich ist ein großer Theil der Küstenschifffahrt in den Händen der Eingebornen, die als gewandte u. unerschrockene Seefahrer einen weit gehenden Ruf sich erworben haben. Der Einfluß der europäischen Kolonisation ist jedoch für die Eingebornen kein günstiger; ihre Race kommt körperlich und moralisch immer mehr herunter, und ihre Anzahl schwindet von Jahr zu Jahr immer mehr zusammen. Im Jahre 1861 waren im Ganzen 226,478 Acres Land unter Kultur, wovon 29,528 Acres für Weizen, 19,329 Acres für Gerste und Hafer, und gegen 410,000 Acres

Land waren eingehägt. In demselben Jahre hatten die europäischen Kolonisten in Besitz 28,265 Pferde, 153 Maulthiere und Esel, 193,134 Stück Hornvieh, 2,760,163 Schafe, 12,170 Ziegen u. 43,016 Schweine. Die vorzüglichsten Gegenstände der Handelsausfuhr von N. sind Gold und Goldstaub, Getreide, Kaurigummi und Kauriholz, Oele, Wolle, Bauholz. Wie rasch dieses herrliche Kolonieland, das man mit Recht als das Britannien der Südsee bezeichnet, einen gedeihlichen Aufschwung genommen, mögen hier einige statistische Nachweise näher beleuchten. Im Jahre 1862 betrug der Werth seiner Einfuhr über 4,600,000 und der Werth der Ausfuhr nahe an 2½ Millionen Pfd. Sterl., der gesammte Gehalt der ein- und ausgelaufenen Schiffe belief sich auf fast 600,000 Tonnen. Im Jahre 1860 wurden schon gegen 900,000 Briefe und mehr als eine Million Zeitungen von den Postämtern zu Auckland, Newplymouth, Wellington, Napier, Nelson, Lyttleton und Dunedin befördert. Nicht weniger als 20 politische Zeitungen erscheinen in N. Die Kultur des Bodens durch Ackerbau und Viehzucht hat in den letzten Jahren bedeutend zugenommen, die Ausfuhr von Wolle, Flachs und Gold gewinnt von Jahr zu Jahr an Ausdehnung, und die Eröffnung der Kohlenfelder bezeichnet den Beginn einer selbstständigen Industrie. Die Kolonialregierung der Insel besteht aus dem von der Regierung ernannten Gouverneur, aus einem Oberhaus (Legislative Council) dessen Mitglieder auf Lebenszeit vom Gouverneur ernannt werden, und einem Unterhaus (House of representatives), das von den Kolonisten auf 5 Jahre gewählt wird. Dem Gouverneur steht ein verantwortliches Ministerium berathend zur Seite. Jede Provinz hat ihre eigene Provinzialregierung, bestehend aus einem Provinzialgouverneur, einem Provinzialparlament und den Provinzialbeamten. Das Zollwesen, Civil- und Kriminalgerichtsbarkeit, Münzen, Maße und Gewichte, Postwesen, Hafen- und Schifffahrtsgesetze, Ehe-, Erbschafts- u. Eigenthumsgesetze und alle Angelegenheiten, welche auf die Eingebornen Bezug haben, gehören ausschließlich der Kolonialregierung an, in jeder andern Beziehung aber haben die Provinzen das Recht der Gesetzgebung. Jeder Distrikt, welcher wenigstens 500,000 Acker Land umfaßt, 1000 Einwohner zählt u. einen Hafen für Ein- und Ausfuhr besitzt, hat das Recht, sich von der allgemeinen Versammlung zu einer selbstständigen Provinz erheben zu lassen. Gegenwärtig hat N. 9 Provinzen, und zwar Auckland, Taranaki, Hawke's Bay und Wellington auf der Nordinsel, Nelson, Marlborough, Canterbury, Otago und Southland auf der Südinsel. Die öffentlichen Einnahmen und Ausgaben dieser Provinzen betrugen 1862 gegen 1,120,000 Pfd. Sterl.

Der holländische Seefahrer Tasman entdeckte zuerst 1642 die Westküste der Südinsel von N. Tasman, von den Eingebornen mit wilder Feindseligkeit angegriffen, verließ nach wenigen Tagen die Küste, wo vier seiner Leute erschlagen worden waren, und nannte die Bucht, die jetzt den Namen Golderbay führt, die Mörderbucht (Massacrebay). Am 8. Okt. 1769 ankerte Cook auf seiner ersten großen Reise zum ersten Mal an der Küste von N.; er besuchte es später wieder 1773—74 und auf seiner dritten Reise und entdeckte die Straße, welche die Nordinsel von der Südinsel trennt und seinen Namen führt, nahm auch die Küstenumrisse der Insel vollständig und genau auf. Cook leitete den ersten Verkehr mit den Eingebornen ein, welche damals noch Kannibalen waren. Eine eigentliche Kolonisation begann erst 1814 mit der Gründung einer Mission durch Samuel Marsden. Das friedliche Missionswerk wurde auf lange unterbrochen u. gestört durch die blutigen Kriege unter Hongi, die sieben Jahre lang die Nordinsel verheerten. Nach dem Tode Hongi's 1828 vermehrten sich die Missionsstationen, und die Zahl der Getauften wuchs in kurzer Zeit. Es wurden Schulen gegründet, und die Eingebornen lernten lesen und schreiben, der Kannibalismus hörte auf, die Bewohner trieben Ackerbau und Viehzucht und lernten allerlei nützliche Gewerbe. Im Jahre 1839 sandte der Privatverein „Neuseelandkompagnie“ seine erste Expedition ab und gründete seine erste Ansiedlung, Wellington am Port Nicholson in der Cooksstraße. Im Jahre 1840 endlich wurde zu Waitangi vom englischen Konsul Hobson ein Vertrag mit den Eingebornen geschlossen, wonach N. zu einer selbstständigen Kolonie der britischen Krone erklärt wurde. Kapitän Hobson wurde zum ersten Gouverneur und Auckland zum Sitz der Regierung und zur künftigen Hauptstadt von N. bestimmt. Die erste Geschichte der neuen britischen Kolonie bot wenig Erfreuliches, bis Sir George Grey 1847 zum Gouverneur ernannt wurde, welcher die aufständischen Eingebornen unterwarf, die feindlichen Elemente versöhnte u. eine geordnete innere Verwaltung einführte. Im Jahre 1853 wurde die Konstitution für N. verkündigt, die sich durch freisinnige und volksthümliche Principien auszeichnet. Erst in neuester Zeit ist auf der Nordinsel, nicht ohne Schuld der englischen Regierung, wieder ein unheilvoller Racenkrieg ausgebrochen, indem die Eingebornen einen letzten verzweifelten Versuch machten, sich von der drückenden englischen Herrschaft zu befreien. Sir George Grey kam im September 1861 zum zweiten Mal als Gouverneur nach N., um die Ordnung wieder herzustellen, was aber bis jetzt nicht gelungen ist. Neuerlich haben sich die Maori unter ihrem tapferen Häuptling Thompson sogar vom Christenthum wieder losgesagt. Der Sitz der Regierung ist in Folge dieser Unruhen nach Wellington an der Cooksstraße verlegt worden. N. erscheint nach seinem herrlichen oceanischen Klima, seinem fruchtbaren und für Ackerbau und Viehzucht aufs beste geeigneten Boden, nach seiner Küstenentwickelung und natürlichen Gliederung als ein Land, das leicht eine Bevölkerung von 15 Millionen ernähren könnte. Man nennt es nicht mit Unrecht das „Großbritannien des Südens“ und verspricht ihm eine große Zukunft. Vgl. Dieffenbach, Travels in New Zealand, Lond. 1843, 4 Bde.; Ritter, Die Kolonisation von N., Berlin 1842; Tyrone-Paver, Sketches in New Zealand, London 1850; Brandes, N. in geschichtlichen Umrissen, in Raumers „Historischem Taschenbuch“ von 1852; Hochstetter, N., Stuttg. 1863.

Neusibirien (sonst auch Läch owscher Archipelagus), russische Inselgruppe im nördlichen Eismeer, im Norden des östlichen Sibiriens, unter 71°—76° nördl. Br., von Westen nach Osten ausgebreitet, besteht aus 3 größeren und verschiedenen kleineren Inseln, die zusammen 1600 □Meilen enthalten und in eine östliche und eine westliche Gruppe getheilt sind. Die südlichste Insel wurde 1760 von dem Jakuten Ettrikan, die übrigen erst später von dem Kaufmann Lächow (1761 und 1774) und dem Kaufmann Sannikow (1803 und 1805) entdeckt. Sämmtliche Inseln sind felsig und unbewohnt und fast das ganze Jahr mit Eisschollen umgeben. Merkwürdig ist die Menge von Knochen urweltlicher Thiere, die man daselbst findet; insbesondere sind die urweltlichen Elephantenzähne unter dem Namen des lächowschen Elfenbeins berühmt. Dieser Zähne und der Jagd auf Seethiere wegen werden die Inseln von den Russen besucht.

Neusiedlersee (ungar. Fertö, lat. Lacus Pelso), fischreicher See in Ungarn, zwischen dem ödenburger und dem wieselburger Komitat gelegen, nach dem Plattensee der bedeutendste des Landes, eine Stunde von Oedenburg entfernt, in einer überaus reizenden und fruchtbaren Gegend, umgeben von freundlichen Dörfern und lebensvollen Städten und meist mit Rebengeländen umkränzten Ufern, hat die Gestalt eines Halbmondes, dessen konvexe Seite südwestwärts steht. Seine größte Länge beträgt etwa 4 Meilen, seine Breite $^3/_4$—$1^1/_2$ Meilen, sein Flächenraum 6 □Meilen, bei nur 3—13 Fuß Tiefe. Sein Wasser schmeckt äußerst herb und unangenehm, und sein Genuß erregt bei Menschen Ekel und Erbrechen, während es vom Vieh gern und ohne Nachtheil genossen wird. Das mineralische Laugensalz, womit der See hauptsächlich geschwängert ist, setzt sich am Ufer in schönen rhombischen Krystallen ab, welche von den Anwohnern gesammelt, mitunter auch zur Lecke fürs Vieh verwendet werden. In mehren umliegenden Ortschaften wird auch das Seewasser zur Gewinnung dieses Salzes benutzt und mit einem bedeutenden Vortheil auf Soda versotten. Auch als Bad wird das Seewasser benutzt und darf hinsichtlich seiner heilkräftigen Eigenschaften den alkalisch-salinischen Wässern an die Seite gesetzt werden. Außerdem erwächst den Anwohnern des See's auch ein beträchtlicher Nutzen aus dem Rohrwerk, welches an den Ufern des See's wächst und jung zu Futter, älter zu verschiedenen Geflechten und zur Deckung der Häuser verwendet wird. Auch haust in diesem Rohrwerk viel Federwild, Enten, Gänse, Rohrhühner, Schnepfen &c. Unter den in den See einmündenden Bächen ist der Vulka der bedeutendste. Wegen seiner geringen Tiefe wird der See nur mit Kähnen befahren. Das Baden im See soll gegen manche Uebel heilsam sein, sowie auch dessen Einwirkung auf die Atmosphäre und Temperatur als günstig gerühmt wird. Am See, im Komitat Wieselburg, liegt der Flecken Neusiedel, mit bedeutendem Spargelbau, frequenten Getreidemärkten, 2228 Einwohnern und Badeanstalt. Im Osten schließt sich dem See der nur durch einen schmalen Damm getrennte sogenannte schwimmende Rasen (Hansag, Wasen) an, ein Sumpf, der an 6 □Meilen Ausdehnung hat, mit Schilf und Rohr dicht bedeckt ist, bei hohem Wasserstande die Nachbarfelder überschwemmt, dann wieder zurücktritt und einen Theil seines Grundes dem Anbau überläßt. Schon Plinius erwähnt des N.'s unter der Benennung Peiso, und Aurelius Victor erzählt, daß der Kaiser Galerius den Peiso um 308 n. Chr. in die Donau ableiten und dadurch einen Strich Landes urbar machen ließ.

Neusilber, s. v. a. Argentan.

Neusohl (ungar. Besztercze-Banya), königliche freie Bergstadt und Hauptstadt des ungarischen Komitats Sohl, am Zusammenfluß der Gran und Bistritza, in einem von hohen Bergen umschlossenen fruchtbaren Thale malerisch gelegen, hat von hervorragenden Gebäuden ein altes Kastell, eine Kathedrale, schöne protestantische Kirche, ein bischöfliches Kastell, ein Domkapitelhaus (früher Jesuitenkollegium), ein großartiges Komitatshaus, ein Stadthaus, Bergamtsgebäude, einen Kammerhof und ein Spital. Die Stadt ist Sitz der Komitatsbehörden, eines Magistrats für den Stadtbezirk und eines politischen Stuhlrichteramts für den Landbezirk, mehrer Gerichtsbehörden, eines Bergkommissariats, eines römisch-katholischen Bischofs und eines bischöflichen Konsistoriums. An Lehr- und anderen öffentlichen Anstalten hat die Stadt ein bischöfliches Lyceum, ein k. k. Obergymnasium, eine Präparandenanstalt, eine Hauptschule, ein Seminar, einen Sparkassenverein, ein allgemeines Krankenhaus, ein katholisches Bürgerspital, eine lutherische Versorgungsanstalt, ein Armeninstitut, einen Frauenverein mit Kinderbewahranstalt &c. Die Einwohner, 5660 an der Zahl, leben hauptsächlich von Bergbau und damit verwandten Gewerbszweigen. Es sind hier in Betrieb eine Zuckerraffinerie, eine Zündhölzchen-, eine Papierfabrik, 5 Pulvermühlen, ein Eisenhammer mit 4 Frischfeuern und Streckwerk, ein Kupferhammerwerk, eine Zeugschmiede mit 2 Hämmern und eine Gußhütte mit 3 Herden. $2^1/_2$ Meilen südlich von N. liegt an der Gran und Slatina die königliche Freistadt Altsohl, Sitz eines Stuhlrichteramts mit 1900 (1200 lutherischen und 700 katholischen) meist slavonischen Einwohnern, Essig- und Branntweinfabrikation und zahlreichen Mineralquellen in der Umgegend. Außerhalb der Stadt liegt auf einer Anhöhe ein altes Schloß, das zur Zeit des heiligen Stephan erbaut und später von Matthias Corvinus bewohnt wurde. Ein anderes Schloß, welches aber Ruine ist, wurde von dem magyarischen Heerführer Vorschu zur Zeit Arpads erbaut.

Neuspanien (span. Nueva España), Name von Mexiko, so lange es spanisches Vicekönigreich war.

Neuß, Kreisstadt in der preußischen Rheinprovinz, Regierungsbezirk Düsseldorf, am Erft- und Nordkanal gelegen und durch ersteren mit dem Rhein, durch letzteren mit der Niers verbunden, ist Sitz eines Landrathsamts, eines Friedensgerichts und einer Bank und hat eine evangelische und eine katholische Kirche (letztere, im Rundbogenstyl aufgeführt und dem heiligen Quirin geweiht, ist 1209 gegründet und eine der schönsten Kirchen dieser Art), ein Gymnasium, ein Knabenseminar, Klöster der Alexianer, Lazaristen und der Schwestern vom armen Kind Jesu und eine Irrenanstalt. Die Einwohner, 11,500 an der Zahl (darunter 600 Mann Militär), unterhalten Fabriken für Hüte, Leder, Woll-, Leinen- und Seidenzeuch, Band, Tuch, Stärke, Essig, Oel, Nudeln, Cichorien und Seife und betreiben Strumpfwirkerei, Baumwollweberei und Branntweinbrennerei; auch werden hier die besuchtesten Getreidemärkte der ganzen Rheinprovinz abgehalten. N. ist von den Römern gegründet worden, welche hier ein Standquartier hatten, und führte den Namen Novesus. Historisch denkwürdig ist die Belagerung von N. durch Karl den Kühnen von Burgund. Als nämlich in Folge der Streitigkeiten des Erzbischofs Ruprecht von Köln mit seinem Domkapitel ersterer seinen Verwandten, den Herzog Karl, zu Hülfe rief, erschien dieser mit seiner ganzen Heeresmacht am 14. Juli 1474 vor N. Allein trotz der größten Anstrengungen vermochte er die Stadt nicht einzunehmen. Nachdem die Belagerung bereits 11 Monate gedauert und dem Herzog 10,000 Mann gekostet hatte, bestimmte ihn das Erscheinen Kaiser Friedrichs III., der sich mit der Reichsarmee vor N. gelagert hatte, zum Frieden und Abzug. Am 21. März 1689 erfocht hier der große Kurfürst einen Sieg über die Franzosen unter Sourdis, und am 2. Dec. 1813 fand hier ein Treffen zwischen den Preußen und Franzosen Statt. In der Nähe von N. liegt das 1217 gegründete Cisterciensernonnenkloster Gnadenthal.

Neustadt, 1) (N. an der Wutach), Stadt im badischen Seekreise, an der Wutach, Sitz eines Bezirksamts und eines Amtsgerichts, hat eine Gewerbschule, starke Uhrmacherei (schwarzwälder Uhren), Strohflechterei, Tuchfabrikation, Maschinenbau, Bierbrauerei, einen Kupferhammer und 1652 Einw. — 2) (N. an der Donau), Stadt im bayerischen Regierungsbezirk Niederbayern, Verwaltungsdistrikt Kelheim, an der Donau, hat Potaschensiederei, Bierbrauerei, Holzhandel und 1570 Einw. Eine auf 12 Jochen ruhende Brücke über die Donau verbindet die Stadt mit dem Dorfe Märching, das eine Mineralquelle hat. — 3) (N. an der Waldnab), Stadt im bayerischen Regierungsbezirk Oberpfalz und Regensburg, an der Waldnab und an der Eisenbahn von Eger nach Regensburg, Sitz eines Bezirksamts und eines Landgerichts, hat 3 Kirchen, ein Schloß, Quarzzinnober- und Frauenglasbrüche und 1260 Einw. Jenseits der Waldnab der Vorort Altenstadt und die Ruine Sternstein in der Nähe. N. war sonst Hauptort der Grafschaft Sternberg. — 4) (N. an der Aisch), Stadt im bayerischen Regierungsbezirk Mittelfranken, an der Eisenbahn von Nürnberg nach Würzburg, Sitz eines Bezirksamts und eines Landgerichts, hat 2 Kirchen, 2 Schlösser, eine lateinische Schule, eine an alten Drucken und Handschriften reiche Bibliothek, ein Hospital, Wollen-, Baumwollen- und Lederindustrie, Brauerei, Nagelschmieden, Wein-, Obst-, Hopfen- und Getreidebau und 3440 Einw. — 5) (N. an der Saale), Stadt im bayerischen Regierungsbezirk Unterfranken und Aschaffenburg, an der fränkischen Saale, Sitz eines Bezirksamts und eines Landgerichts, hat 2 Kirchen, ein ehemaliges Karmeliterkloster, Hospital, eine lateinische Schule, Damast- und Baumwollweberei, Gerberei, Färberei, Brauerei, Viehzucht, Feld-, Obst- und Weinbau, eine Salzquelle, Eisensteinbrüche u. 1520 Einw. In der Nähe die ansehnlichen Ruinen der Saal- oder Salzburg (zuweilen Aufenthaltsort Karls des Großen). — 6) (N. am Kulm), Stadt im bayerischen Regierungsbezirk Oberpfalz und Regensburg, Verwaltungsdistrikt Eschenbach, zwischen dem rauhen u. dem schlechten Kulm, hat 2 Kirchen, 2 Burgruinen und 1000 Einw. — 7) (N. an der Haardt), Stadt im bayerischen Regierungsbezirk Pfalz, in reizender Lage am Speyerbach, am Fuße des Haardtgebirges und an der ludwigshafen-berbacher Eisenbahn, die hier über Landau und Weißenburg nach Straßburg und über Deidesheim nach Dürkheim abzweigt, Sitz eines Bezirksamts und eines Landgerichts, hat 3 Kirchen (darunter die schöne gothische Stiftskirche, welche Simultankirche ist), ein Rabbinat, eine lateinische Schule, ein technisches Laboratorium, ein reiches Spital, Fabrikation von Gold- und Silberwaaren, Tuch und buntem Papier, Papier-, Oel- und Lohmühlen, Bierbrauereien, Wein- und Obstbau, ansehnlichen Wein- und Holzhandel und 7150 Einw. Im der Nähe das haardter Schloß mit schönem Park und die Maxburg (die berühmte ehemalige Ruine des hambacher Schlosses, jetzt restaurirt). Vom 9.—11. Dec. 1795 hier unentschiedenes Gefecht zwischen den Oesterreichern unter Clerfait und den Franzosen unter Pichegru. — 8) (N. unter der Harzburg oder N.-Harzburg), Marktflecken im braunschweigischen Kreise Wolfenbüttel, an der Radau und der braunschweig-harzburger Eisenbahn, hat ein Amtsgericht, eine Domäne, die Saline Juliushall (Braunschweig und Hannover gemeinschaftlich), Soolbad mit Wasser- und Molkenheilanstalt, das Hüttenwerk Ocker und 1331 Einw. Auf dem Burgberg die Ruinen des alten Kaiserschlosses Harzburg; im romantischen Radauthal berühmte Steinbrüche. Vgl. Dommes, Harzburg und seine Umgebung, Goslar 1862. — 9) (N. unterm Hohnstein), Marktflecken in der hannöverischen Landdrostei Hildesheim, Hauptort der stolbergschen Grafschaft Hohnstein, Sitz der hohnsteinschen und stolberg-stolbergschen Kanzlei, des Amts Hohnstein und der Kanzlei, mit einem Rolandsbilde und 975 Einw. Darüber auf dem Gipfel eines 2249 Fuß hohen Berges die Ruine der im 12. Jahrhundert erbauten und 1276 zerstörten Veste Hohnstein, die größte und schönste aller Burgruinen des Harzes. — 10) (N. am Rübenberge), Stadt in der hannöverischen Landdrostei Hannover, Fürstenthum Kalenberg, an der Leine, hat ein Amt, Amtsgericht, Eisenhüttenwerk, starke Bierbrauerei, Leinweberei, Kalksteinbrüche und 1887 Einw. — 11) Stadt in der kurhessischen Provinz Oberhessen, Kreis Kirchhain, Sitz eines Justizamts, hat 2 Vorstädte, alterthümliche Mauern, viele Mühlen, Ackerbau, Viehzucht und 2020 Einw. — 12) Stadt im Herzogthum Holstein, an der tief landeinwärts gehenden neustädter Bucht der Ostsee, in welche hier das Kremperbinnenwasser mündet, hat einen großen und ziemlich sicheren Hafen mit Leuchtthurm, eine schöne gothische Kirche mit trefflicher Orgel, mehre Schulen, ein Armenhaus, Spital, Fabrikation von Seife, Lichten, Essig, Tuch, Wollen- und Baumwollenwaaren, Tabak und Cigarren, Lack und Liqueuren, eine Eisengießerei, Salzsiederei, Wagenbau, Bierbrauerei, Getreidehandel, ein Seebad, lebhafte Schifffahrt und 3662 Einw. Hier fand in der Nacht vom 20. zum 21. Juli 1850 ein Kampf zwischen dem schleswig-holsteinischen Kriegsdampfer „Von der Tann" unter Kapitänlieutenant Lange mit mehren dänischen Kriegsfahrzeugen Statt, wobei Lange, um sich nicht zu ergeben, sein Schiff in die Luft sprengte. — 13) (N. an der Elbe), Stadt im Großherzogthum Mecklenburg-Schwerin, Herzogthum Schwerin, auf einer von der Elbe gebildeten Insel, unweit der berlin-hamburger Eisenbahn, Sitz eines Domanialamts, hat ein altes, theilweise befestigtes Schloß, ein neues großherzogliches Schloß mit Gemäldesammlung und schönem Garten, eine Bürger- und eine Gewerbschule, Tabaks- und Strohhutfabrikation, Branntweinbrennereien und 1846 Einw. — 14) (Wienerisch-N.), Stadt in Oesterreich, s. Wiener-Neustadt. — 15) (N. an der Mettau), Stadt im österreichisch-böhmischen Kreis Königgrätz, besteht aus der eigentlichen, mit Mauern und Thürmen umgebenen Stadt und einer Vorstadt, ist Sitz eines Bezirksamts, hat eine Dechanteikirche, ein Kloster der barmherzigen Brüder mit einem Krankenhause, ein Schloß, Tuchfabrikation, Leinwandhandel und 1800 Einw. — 16) (Mährisch-Neustadt), Stadt im österreichisch-mährischen Kreis Olmütz, in freundlicher und fruchtbarer Ebene an der Oskawa gelegen, Sitz eines Bezirksamts, hat ein ansehnliches Rathhaus, eine gothische Pfarrkirche, eine Haupt- und Unterrealschule, ein Armenspital, starke Wollzeuchfabrikation, Leinweberei, Handel mit Getreide, Garn, Leinwand und Wollenwaaren, frequente Vieh- und Jahrmärkte und 4500 Einw. Auf dem Markte steht eine im vorigen Jahrhundert errichtete 72 Fuß hohe Mariensäule. — 17) (N. an der Bialla), Kreisstadt in der preußischen Provinz Preußen, Regierungsbezirk Danzig, Sitz eines Landrathsamts, eines Kreisgerichts und eines landwirthschaftlichen Zweigvereins, hat eine evangelische und eine katholische Kirche, ein Progymnasium, eine Mädchenschule, ein ehemaliges Reformatenkloster und einen Kalvarienberg mit 35 Kapellen, Färberei, Leinweberei, Schifffahrt, Holz- und Getreidehandel und 3200 Einw. In der Umgegend ergiebige Mergellager. — 18) (N. bei Pinne), Stadt in der preußischen Provinz und dem Regierungsbezirk Posen, Kreis Buk, hat eine evangelische und eine katholische Kirche, Lein- und Wollweberei, Gerberei, besuchte Getreidemärkte und 2800 Einw. — 19) (N. an der Warthe, polnisch Nowemiastow), Stadt in der preußischen Provinz u. dem Regierungsbezirk Posen, Kreis Pleschen, hat eine Mädchenschule, Tuch- und Papierfabrikation, Töpferei, Kürschnerei, Schifffahrt, lebhafte Viehmärkte und 1500 Einw. — 20) (N. an der Prudnika), Kreisstadt in der preußischen Provinz Schlesien, Regierungsbezirk Oppeln, an der Prudnika, Sitz eines Landrathsamts, eines Kreisgerichts, eines Archipresbyteriats, eines Hauptzollamts, hat eine evangelische und 3 katholische Kirchen, eine Synagoge, eine Mädchenschule, Domus demeritorum, und betreibt Garn- und Haarspinnerei, Leinweberei (besonders Damastweberei), Wollweberei, Strumpfwirkerei, Gerberei, Ziegelbrennerei und hat 9000 Einw. (worunter 410 Mann Militär). Hier am 22. Mai 1745 und am 23. Febr. 1779 Gefechte zwischen den Oesterreichern und Preußen; bei letzterem wurde die Stadt durch den österreichischen General Wallis in Brand geschossen. — 21) (N. an der Agger), Stadt in der preußischen Rheinprovinz, Regierungsbezirk Köln, Kreis Gummerbach, mit Stahlfabrikation, Streichgarnmaschinenspinnerei, Baumwoll- und Leinweberei, Strumpfwirkerei, ausgedehntem Eisenhandel und 1500 Einw. — 22) (N. an der Dosse), Stadt in der preußischen Provinz Brandenburg, Regierungsbezirk Potsdam, Kreis Ruppin, Sitz einer Gerichtskommission, hat ein Gestüte, eine Kupferhütte, Papierfabrikation und 1200 Einw. — 23.) (N.-Eberswalde), Stadt in der preußischen Provinz Brandenburg, Regierungsbezirk Potsdam, Kreis Oberbarnim, an der Finow und dem Finowkanal, ist Sitz einer Gerichtsdeputation, hat eine evangelische und eine reformirte Kirche, eine höhere Forstlehranstalt und eine Mädchenschule, Eisen-, Stahlwaaren-, Steingut- und Papierfabrikation, eine Kupferhütte, ein Eisenwerk, eine erdig-salinische Mineralquelle mit schönen Parkanlagen und 6650 Einw. In den umliegenden Dörfern Hegermühle, Spechthausen, Hohenfinow sind Kupferhämmer, Messingwerke, Draht- und Nagelfabriken. Eine Meile nordwärts liegt das Domänenamt Chorin, früher Cistercienserkloster, 1231 gegründet, mit schöner Kirchenruine und den Gräbern mehrer Markgrafen von Brandenburg. Vgl. Bellermann, Beschreibung der Stadt N., Berlin 1829. — 24) (N. bei Stolpen), Stadt im königlich sächsischen Kreisdirektionsbezirk Dresden, an der Polenz, Sitz eines Gerichtsamts, hat Leinweberei, Messer- und Stahlwaarenfabrikation und 2670 Einw. — 25) (N. an der Orla), Stadt und Hauptort des gleichnamigen Verwaltungsbezirks im Großherzogthum Sachsen-Weimar, an der Orla, Sitz der Bezirksdirektion, eines Justiz- und eines Bergamts, hat ein großherzogliches, zu Ende des 16. Jahrhunderts erbautes, historisch merkwürdiges Schloß, eine Sekundär- und eine freie Gewerkenschule, 2 Kirchen (worunter die große St. Johanniskirche), ein Hospital, Krankenhaus, Tuch-, Holzwaaren-, und Lederfabrikation, Färberei und 4821 Einw. Dabei das Schloß Arnshaugk mit schöner Aussicht über das Orlathal. — 26) (N. an der Heide), Stadt im sachsen-koburg-gothaischen Herzogthum Koburg, an der Rötha, am Mupperg (Muckberg) und an der koburg-sonneberger Zweigbahn, Sitz eines Justizamts, hat 2 Kirchen, ein Schloß, Armen- u. Krankenhaus, wichtige Fabrikation von Holzspielwaaren (sogenannten sonnenberger Waaren) und Handel damit, bedeutende Brauereien, Tabaksfabrikation, Hopfenbau und 2729 Einw. N. brannte 1839 fast ganz ab. — 27) Stadt im russisch-polnischen Gouvernement Augustowo, Kreis Marianpol, am Einfluß der Scheschuppe in die Schirwint, nahe an der preußischen Grenze, hat 3 Kirchen, eine Synagoge, Bierbrauerei, Handel und 3200 Einwohner.

Neustadtel, Stadt im österreichisch-böhmischen Kreis Bunzlau, am Fuße des Isergebirgs, mit 3000 Einwohnern.

Neustädtel, 1) (Novomesto, Neustadtl), Stadt im österreichischen Herzogthum Krain, in fruchtbarer Gegend an der Gurk und an der Straße von Laibach nach Agram, Sitz eines Kreisgerichts und mehrer anderen Behörden, hat ein Kuratkollegialkapitel, ein Franciskanerkloster, ein Obergymnasium, eine Hauptschule, ein Spital und 1850 Einw. N. hieß bis 1783 Rudolfswerth. In der Nähe die Badeorte Neustädter-Teplitz und Teplitz mit warmen Mineralquellen. — 2) Stadt in der preußischen Provinz Schlesien, Regierungsbezirk Liegnitz, Kreis Freystadt, an einem kleinen Nebenfluß der Oder gelegen, ist Sitz eines Archipresbyteriats, hat 2 katholische Kirchen, Lein- und Wollweberei, Ziegelbrennerei, besuchte Viehmärkte und 4500 Einw. (darunter 590 Mann Militär). — 3) (N. bei Schneeberg), Stadt im königlich sächsischen Kreisdirektionsbezirk Zwickau, Gerichtsamt Schneeberg, an einer hierher führenden Zweigbahn der sächsischen obererzgebirgischen Eisenbahn (Linie Zwickau-Schwarzenberg), hat eine Klöppelschule, Spitzenklöppelei und Stickerei, wichtigen

Bergbau auf Kobalt, Wismuth, Silber und Eisen und 3355 Einw. Hier am 4. April 1856 große Feuersbrunst.

Neustettin, Kreisstadt in der preußischen Provinz Pommern, Regierungsbezirk Köslin, zwischen dem Vilm- und Streitzigsee, Sitz eines Landrathsamts und eines Kreisgerichts, hat einen landwirthschaftlichen Verein, ein Gymnasium, Landarmenhaus, Woll- und Leinweberei, Färberei, Tabaksfabrikation u. 7140 Einw. (worunter 659 Mann Militär).

Neustrelitz, Haupt- und Residenzstadt des Großherzogthums Mecklenburg-Strelitz, zwischen dem Zierker- und Glambeckersee, Sitz des Staatsministeriums und der höchsten Landeskollegien, ist ganz regelmäßig in der Form eines achtstrahligen Sterns gebaut, dessen Mittelpunkt der stattliche Schloßplatz bildet, hat 2 Kirchen (die neue Hof- und Schloßkirche mit 2 Thürmen) und eine 1768—78 in italienischem Styl erbaute Stadtkirche mit einer vortrefflichen Orgel, ein schönes, in dorischem und römischem Styl erbautes großherzogliches Schloß (außerhalb der Stadt gelegen) mit Bibliothek, Münzkabinet, Sammlung obotritischer Alterthümer und schönem Park, ferner ein geschmackvolles Palais der Herzogin Karoline, einen prachtvollen Marstall in byzantinischem Styl, ein schönes Rathhaus, Schauspielhaus, eine große Kaserne, ein Gymnasium (Carolinum), eine Real-, Bürger-, höhere Mädchen-, Armen- und Sonntagsschule, sowie einige sonstige Lehranstalten, ein Taubstummeninstitut, 3 Krankenhäuser, ein Armenhaus, Leinweberei, Tabaks- und Essigfabrikation, Bierbrauerei und Branntweinbrennerei, Dampfschneidmühlen, Korn- und Wollhandel und 7462 Einw. ½ Stunde südlich von N. liegt die Stadt Strelitz (s. d.) oder Altstrelitz. N. steht an der Stelle der alten Veste Lunkin oder Lienke, die schon 930 zerstört wurde und nur als Hof Glienke fortbestand; die jetzige Stadt wurde erst 1733 angelegt.

Neustrien (Neustrasien, Westfrancien, Francia occidentalis), in der Zeit der Merovinger und Karolinger etwa seit der Theilung von 511 der westliche Theil des Reichs der Franken (s. d.), der sich von den Mündungen der Schelde südlich bis zur Loire erstreckte und die späteren französischen Provinzen Isle de France, Orléanais, Perche, Touraine, Anjou, Maine, Bretagne, Normandie, Picardie und Artois, sowie das französische und belgische Flandern in sich begriff und südlich an Aquitanien, östlich an Burgund und Austrasien (Francia orientalis) grenzte. Die Hauptorte waren Soissons, Paris, Orléans und Tours; den Kern aber bildete das Herzogthum Francien. Die Bretagne stand nur in loser Verbindung mit dem neustrischen Reiche. Seit dem 10. Jahrhundert, nachdem Karl der Einfältige den Landstrich, welcher von da an Normandie hieß, den Normannen abgetreten (912), kam der Name N. außer Gebrauch. Im weiteren Sinne verstand man unter N. Frankreich, unter Austrasien aber Deutschland.

Neusüdschottland, **Neusüdshetland** }, s. Südpolarländer.

Neusüdwales (engl. New South Wales), britische Kolonie im östlichen Theil des Festlandes von Australien, liegt vom Kap Howe in 37° 30′ südl. Br. bis zum Port Danger unter 28° südl. Br. und wird begrenzt im Westen von der Kolonie Südaustralien, im Süden von dem Flusse Murray und der Kolonie Victoria, im Norden von der Kolonie Queensland. Ihr Flächeninhalt beträgt 383,328 englische (22,650 deutsche) □Meilen, die Zahl der Bevölkerung wird für das Jahr 1862 mit 367,500 Seelen angegeben. Die Kolonie ist im Süden von den australischen Alpen besetzt, wo der Bogong und der Mount Kosciuszko, deren Gipfel fast das ganze Jahr mit Schnee bedeckt sind, sich über 6000 Fuß erheben. Der Fluß Murrumbidgee scheidet dieses Gebirge von dem Küstenzuge der Blue Mountains (blauen Berge), der gegen 40 engl. Meilen landeinwärts nach Norden und Süden sich hinzieht in einer Höhe von 3000 F. Nach dem Norden u. dem Innern zu gibt es hochgelegene Weidestrecken, wie Liverpool Plains, die ein im Vergleich zu ihrer südlichen Lage kaltes Klima haben. Die gegen das Innere sich erhebenden Gebirge erreichen eine Höhe von 6500 F. Die Hauptflüsse von N., die nach der östlichen Küste hinabfließen, sind der Shoalhaven, woran die Stadt Braidwood, der Hawkesbury, an dem Penrith, Castlereagh, Richmond, Windsor und Pittstadt in der County Cumberland und Emu und Wilberforce in der County Cook liegen, der Clarence, Richmond und der Hunter. Der Hunter nimmt von Süden her den Wollombi, von Norden her die Flüsse Page, Paterson und Williams auf; sein westlichster Quellfluß ist der Goulburn. Im äußersten Süden entspringt in den Alpen der Murray und verbindet sich in seinem westlichen Laufe mit dem Lachlan und Murrumbidgee. Der Darling kommt von Norden her. Die wichtigsten Buchten und Häfen sind: Batemansbai, Twofoldbai im Süden, Jervisbai, Botanybai, Port Jackson, Brokenbai u. a. Das Klima ist in N., wie in Australien überhaupt, sehr verschieden und durch die geographische Lage und durch die Erhebung über die Meeresfläche bedingt. Die Luft ist ungemein trocken, die große Hitze ist nicht von nächtlichem Thau begleitet; Dürren, die oft viele Monate dauern, treten in unbestimmten Zwischenräumen ein, und die Flüsse und Wasserlöcher trocknen dann völlig aus. Wenn aber die Dürre einige Zeit gewährt hat, so fällt der Regen in Strömen, das Gras sprießt dicht hervor, und die Ebenen, auf denen kurz zuvor kein Blatt sichtbar war, bekleiden sich mit dem Grün einer üppigen Vegetation. Die Flüsse füllen sich wunderbar schnell und überfluthen dann die Ufer. In einer Höhe von 2—3000 Fuß über der Meeresfläche gelangt man in eine gemäßigte, ja kalte Region, wo Gemüse, Obst u. Korn des nördlichen Europa gedeihen. Trotz aller Verschiedenheiten der Temperatur jedoch, die in Australien Statt haben, sagt das Klima, ausgenommen auf den heißen Ebenen des Innern, den Europäern wohl zu. Selbst die tropischen Regionen an der Küste sind frei von schädlichen Fiebern. Noch verschiedener als das Klima ist der Boden des Landes. Die zum Ackerbau geeigneten Ländereien würden eine Bevölkerung von Millionen ernähren können, aber sie sind von unfruchtbaren Hügeln und von Landstrecken durchschnitten, die mit Buschwerk bewachsen sind, das nur zur Feuerung brauchbar ist. Der Westen und Südwesten von Sidney besteht vorzugsweise aus Sandstein- und unproduktivem Kleiboden. Das erste gute Land wurde in isolirten Oasen am Hawkesburyflusse gefunden, und auch der Alluvialboden an den übrigen austretenden Flüssen ist ein treffliches, anbaufähiges Land. Von der Meeresfläche bis zum

Gipfel der höchsten Berge gibt es Viehweiden, die sich Hunderte von Meilen weit, bald in sanften, fast unmerklichen Wellenlinien, bald in breiten flachen Ebenen, oder als eine Reihe kegelförmiger Hügel hinziehen, welche von Felsgruppen durchbrochen sind u. in tiefen Schluchten enden. Bei der reichen Mannichfaltigkeit des Klima's gedeihen in N. alle Produkte der heißen und der gemäßigten Zone. Für den Acker- u. Weinbau waren schon 1858 gegen 220,000 Acker Land benutzt, und trotz des Goldfiebers zeigte sich eine bedeutende Vermehrung des Ackerbaubetriebs. In demselben Jahre waren im Besitz der Kolonisten gegen 7,600,000 Stück Schafe, 2,111,000 Stück Rindvieh, 200,800 Pferde und 110,000 Schweine. Die Ausfuhr von Produkten des Ackerbau's (selbst beträchtliche Mengen Wein) und der Viehzucht ist schon sehr bedeutend. Eines der wichtigsten Produkte der Kolonie ist das Gold, das im Südwesten derselben seit 1851 gefunden wird, besonders in der Nähe der Canobolasberge, bei Bathurst, am Flusse Turon, am Flusse Peel, am Billabonggebirge u. a. Tausende sind mit dem Aufsuchen dieses Metalls beschäftigt, und die Ausbeute betrug 1858 975,000 Pfund Sterling. Außer seinen großen Goldfeldern hat N. ausgedehnte Kohlengruben im Gebiete des Hunterflusses. Im Jahre 1862 förderten 30 Minen 476,522 Tonnen Steinkohlen im Werthe von 305,000 Pfd. Sterl. Dazu kommen in neuester Zeit die Minen zu Bulli, Waratah im Hunterdistrikt und Woodford an der Eisenbahn zwischen Newcastle und Maitland. Die 1863 ausgeführte Kohle hatte einen Werth von 415,000 Pfd. Sterl. Die industrielle Thätigkeit der Kolonie hat sich in neuester Zeit ziemlich entwickelt. Schon 1857 gab es 418 größere industrielle Unternehmungen, worunter 157 Getreidemühlen, 46 Dampfschiffe, 26 Dampfsägemühlen, 24 Seifenfabriken, 10 Brauereien, ferner Gerbereien, Destillationen, Wollzeuchfabriken, Tabaks- u. Hutfabriken, Zuckerraffinerien, Eisengießereien, Kupferschmelzhütten und Lederfabriken. Die Fabriken arbeiten hauptsächlich für den Bedarf der Kolonie. In den Städten befinden sich außer den gewöhnlichen Handwerkern Juweliere, Kunsttischler, Messerschmiede ꝛc. Auch der Schiffbau beschäftigt viele Menschen. An trefflichem Bauholz, das sich für denselben eignet, ist Ueberfluß. Der Handel der Kolonie ist von großer Ausdehnung, die Hauptausfuhrartikel sind außer den schon genannten: Wolle ungefähr für 1½ Millionen Pfd. Sterl., Butter und Käse, Talg u. Häute, Baumwollwaaren, Mehl und Brod, Branntwein, raffinirter Zucker, Bauholz und Tabak. Die Hauptstadt Sidney ist der größte Wollhafen in der Welt. Im Jahre 1862 betrug der Werth der Einfuhr 9,334,645, der Werth der Ausfuhr 7,102,562 Pfd. Sterl.; der gesammte Gehalt der ein- und ausgelaufenen Schiffe 922,193 Tonnen. Der Verkehr im Innern wird erleichtert durch zwei Eisenbahnlinien und mehre Poststraßen. Auch gibt es in N. eine Anzahl Banken mit mehren Zweigbanken, mehre industrielle Gesellschaften und eine Handelskammer. Im Jahre 1857 bestanden in N. 550 Schulen, ohne die Privatschulen. Es waren theils konfessionelle Schulen der Hochkirche, theils römisch-katholische, ferner Nationalschulen, Schulen der Wesleyaner und protestantische und katholische Waisenschulen. Die Hochschule zu Sidney wurde 1852 eröffnet. In derselben Stadt befindet sich auch eine gelehrte Gesellschaft mit einer Bibliothek und außer verschiedenen englischen Zeitungen erscheinen auch einige deutsche. An der Spitze der Kolonie steht ein Generalgouverneur mit einem Exekutivrathe u. einer Assembly. Für die Rechtspflege besteht ein oberster Gerichtshof und eine Anzahl von niederen Gerichten; die öffentlichen Einnahmen beliefen sich 1862 auf 2,216,000, die Ausgaben auf 2,135,000 Pfd. Sterl. Die Hauptstadt der Kolonie ist Sidney. An der Küste von N. landete wohl zuerst der englische Seefahrer Cook, und zwar in Botanybai am 28. April 1770. Er nahm in demselben Jahre Besitz von der ganzen östlichen Küste, die er wegen ihrer großen Aehnlichkeit mit dem südlichen Theile von Wales N. benannte. Die ersten Ansiedelungen erfolgten 1788 durch Sträflinge, 600 Männer und 250 Frauen, welche die englische Regierung in die Verbannung hierher schickte, anfangs zu Botanybai, und dann nach deren Aufgeben an den Ufern der Port-Jacksonbucht. Die Verwaltung des damaligen Gebiets von N. und Zubehör umfaßte das Land vom Kap York an der Nordküste, 10° 37' südl. Br., bis zum Südkap, 43° 39' südl. Br., mit Einschluß der in diesen Breiten liegenden Inseln, u. landeinwärts nach Westen hin bis zum 135.° östl. L. von Greenwich. Die Gewalt, womit die Gouverneure der Strafkolonie bekleidet waren, wurde bis 1822 ohne den beschränkenden Einfluß des Kongresses oder Rathes ausgeübt, und die Geschichte der Kolonie ist bis 1803 großentheils eine Reihe von traurigen und widerwärtigen Ereignissen. Unter Gouverneur Macquarie 1813 gelang es drei freien Kolonisten, W. Wentworth, Lieutenant Lawson und Gregory Blattland, einem der ersten Mitglieder des gesetzgebenden Rathes von N., die Kette der blauen Berge zu übersteigen, die am Nepean das Küstenland begrenzt, und wohin später die Goldgräber zu Tausenden strömten. Fünfzehn Monate nachher ließ Gouverneur Macquarie eine gangbare Straße darüber anlegen. Unter ihm wurde auch außer dem Bathurst- der Argylebistrikt entdeckt, einer der besten Ackerbau- und Weidebezirke an dem Wege, auf dessen Mitte Goulburn liegt. Im Jahre 1817 verfolgte der Direktor der Vermessungen, Orley, die Flüsse Lachlan und Macquarie bis an die Westseite der blauen Berge, wo sie während der trockenen Jahreszeit in einem Sumpf verschwinden und in Zeiten heftiger Regengüsse einen Landsee bilden. Von der ersten Niederlassung in N. bis zu Ende der Verwaltung des Gouverneurs Macquarie waren ungefähr 400,000 Acker Land an Privatpersonen ausgetheilt worden. Der um die Geographie Australiens (1821) hochverdiente Botaniker Allan Cunningham untersuchte die Gegenden zwischen Bathurst und den großen Liverpoolebenen und dann 1827 die Fortsetzung des Gebirgslandes bis zum Parallel der Moretonbai und fand auf dieser Expedition den oberen Lauf mehrer nicht unbedeutenden Ströme. Im Jahre 1824 wurde die Freiheit der Presse anerkannt u. die erste unabhängige australische Zeitung gegründet. Im Jahre 1829 wurde in Uebereinstimmung mit einer bewilligten Verfassung ein gesetzgebender Rath eingesetzt, welcher 1838 anfing, seine Sitzungen öffentlich zu halten. Im Jahre 1836 konstituirte sich Südaustralien als selbstständige Kolonie. Im August 1839 hörte der Transport von Sträflingen nach N. auf, und der Preis des Landes stieg auf 1 Pfd. Sterl.

für einen Acker im niedrigsten Satze. Im Jahre 1843 erhielt N. vom britischen Parlament eine Repräsentativverfassung. Im Jahre 1850 trennte sich vom bisherigen N. Port Philipp, um unter dem Namen Victoria eine eigene selbstständige Kolonie zu bilden. Fast gleichzeitig wurden ausgedehnte und ergiebige Goldfelder entdeckt, die auf die Einwanderung, sowie auf die Industrie- und Handelsverhältnisse der Kolonie einen sehr förderlichen Einfluß ausübten. Im Jahre 1856 trennte sich auch der nördliche Theil von N. u. konstituirte sich unter dem Namen Queensland zu einer selbstständigen Kolonie. So ist aus N., anfangs einem bloßen Gefängnisse oder Abzugskanal, wohin man die überzähligen Verbrecher warf, „einer Trift, wo nomadisirende Diebe ihre Schafe hüteten", allmählig die reichste Niederlassung der britischen Krone geworden.

Neuteich, Stadt in der preußischen Provinz Preußen, Regierungsbezirk Danzig, Kreis Marienburg, an der Schwente und Tiege, hat eine evangelische u. eine katholische Kirche, Leinweberei und 1800 Einwohner.

Neutirschtiegel, s. Tirschtiegel.

Neutitschein, Hauptstadt eines österreichisch-mährischen Kreises (57,92 □Meilen mit 261,539 Einw.), in fruchtbarer Gegend, dem sogenannten „Kuhländchen", wo bedeutende Viehzucht, Flachsbau u. Garnspinnerei getrieben wird, am Titschflusse, Sitz eines Kreisgerichts und anderer Kreisbehörden, hat eine Haupt-, Unterreal- und Mädchenschule, eine Kinderbewahranstalt, ein Krankenhaus, Bürgerspital, ein alterthümliches Schloß, 3 Kirchen, worunter die alte, im byzantinischen Styl erbaute Dekanatskirche mit 32 Klaftern hohem Thurm, Tuchmacherei, Wollzeuchweberei, Färberei, lebhaften Tuchhandel, Jahrmärkte und 7907 Einw.

Neutomyschl, Kreisstadt in der preußischen Provinz Posen, Regierungsbezirk Posen, Kreis Buk, ist Sitz eines Landrathsamts, hat starke Töpferei, Leinweberei, 1300 Einw. und ist der Mittelpunkt des posener Hopfenbaues.

Neutra, Fluß in Ungarn, entspringt auf dem Berge Fatskov oberhalb Deutsch-Pronya, durchfließt das gleichnamige Komitat und verläßt es unterhalb Steinhäusel und mündet nach 21 Meilen langem Lauf links in die Waag. Das gleichnamige ungarische Komitat liegt zwischen den Komitaten Trencsin, Thurocz, Bars, Komorn und Preßburg u. hat einen Flächeninhalt von 121 □Meilen mit 422,545 Einw. Im Osten ragt ein kleiner Theil des Komitats zwischen den Komitaten Thurocz und Bars hinaus u. hängt mit dem Uebrigen bloß durch einen schmalen Landstrich zusammen. Im Süden ist das Land eben, im Norden dagegen sehr gebirgig durch die Karpathen, von denen sich 3 in der Richtung nach Nordosten sich hinziehende Ketten unterscheiden lassen, zwischen denen die Waag und N. fließen. Die westliche Kette zieht sich als die Fortsetzung des aus dem preßburger Komitat kommenden Weißgebirgs bis Miava und theilt sich zwischen Miava und Skalitz in mehre Zweige. Die mittlere Kette beginnt bei Freystadt und erstreckt sich in das trencsiner Komitat hinüber. Die dritte oder östliche Kette beginnt bei Neutra unter dem Namen Zobor und steigt sofort zu beträchtlicher Höhe empor. Das Komitat wird bewässert von der March im Westen auf eine kurze Strecke, von der Waag, die unterhalb Baczko in das Komitat ein und unterhalb Farkasd austritt und eine Strecke die Grenze zwischen dem neutraer und preßburger Komitat bildet, der N. (s. oben), der Zsitva und dem Dudvag. Das Klima ist gesund, in den gebirgigen Gegenden ziemlich kalt. Der Boden ist im Süden sehr fruchtbar, im Westen sandig, aber auch hier wohl angebaut. Hauptprodukte sind Weizen, Korn, Gerste, Hafer, Mais, Linsen, Hirse, Mohn, Hanf, türkischer Pfeffer, Obst, Rindvieh, Pferde, Gänse ꝛc. Das Komitat hat vorzügliche Mineralquellen (Püschtin, Balmez, Bielitz u. a. m.). Es zerfiel 1849—60 in die beiden Komitate Ober- und Unterneutra. Die gleichnamige Hauptstadt (Neitra oder Nyitra), am gleichnamigen Flusse, ist Sitz der Komitatsbehörden, eines römisch-katholischen Bischofs und eines bischöflichen Konsistoriums, hat ein bischöfliches Schloß, eine Domkirche, ein schönes Komitatshaus, Franciskanerkloster, Piaristenkollegium, eine theologische Lehranstalt, ein Obergymnasium, eine Hauptschule, ein bischöfliches Seminar, Komitatsspital u. Siechenhaus, besuchte Getreidemärkte, Handel und 9267 Einw. Das Schloß N. steht auf einem mitten im Thal sich erhebenden Felsen und ist mit Wällen, Bastionen und doppelten Thoren versehen. Ein nördlich davon gelegener Berg, Zobor, trägt die Ruinen eines ehemaligen Benediktinerklosters.

Neutral (v. Lat.), Keinem von Beiden angehörig; keiner Partei angehörig (vergl. Neutralität); in der Chemie zunächst jede Substanz, welche weder die blaue Farbe des Lackmus, noch die gelbe Farbe des Curcumapapiers, überhaupt die Farbe der Pflanzenpigmente verändert, d. h. weder saure, noch alkalische, also keine von beiden Reaktionen zeigt; dann von Salzen, s. Salze.

Neutralfette (Glyceride), s. Fette.

Neutralisiren (v. Lat., Abstumpfen, Sättigen), chemische Operation, besteht darin, daß man eine Säure mit einer Base oder eine Base mit einer Säure so lange versetzt, bis die saure Reaktion der einen oder die alkalische der andern verschwunden ist. Das Resultat ist eine Verbindung der Säure mit der Base, ein Salz. Ist die Base als kohlensaures Salz vorhanden und setzt man dann Säure hinzu, so muß man vorsichtig sein, weil die entweichende Kohlensäure bisweilen starkes Schäumen veranlaßt. Darf bei der Neutralisation nichts verloren gehen, so bedeckt man das Gefäß mit einer trichterartigen Schale oder mit einem kurzhalsigen Trichter und gießt die zweite Flüssigkeit vorsichtig ein. Nach erfolgter Neutralisation kann man die untere Seite des Deckels mit der Spritzflasche abspülen. Die neutrale Reaktion erkennt man mit Lackmuspapier, ist aber Kohlensäure im Spiel, so muß man vor der Probe erwärmen, weil diese in der Flüssigkeit im freien Zustande zurückbleibt und das Lackmuspapier roth färbt.

Neutralität (v. Lat.), das staats- u. völkerrechtliche Verhältniß eines Staats zu zwei mit einander Krieg führenden Mächten, vermöge dessen er in den früheren freundschaftlichen oder doch friedlichen Beziehungen zu diesen Mächten bleibt, ohne sich in ihren Krieg auf irgend eine Weise mittel- oder unmittelbar zu mischen. Unbezweifelt steht jedem unabhängigen Staat das Recht zu, sich für neutral zu erklären, es müßte denn ein besonderes, vorher bestandenes Schutz- und Trutzbündniß die Verpflichtung auflegen, die Partei der einen der Krieg führenden Mächte zu ergreifen. Man unterscheidet zwischen allgemeiner und partieller, nur für gewisse Besitzungen ausgesprochener N., wie auch wohl z. B. wissenschaftliche Unternehmungen mitten im Kriege für neutral erklärt zu werden pflegen, ferner zwischen bedingter und unbedingter N. Der Unterschied zwischen vollkommener und unvollkommener N. war früher wichtiger als jetzt. Man konnte nämlich früher mit einer Nation im vollen Frieden sein oder zu sein vorgeben und doch ihrem Feinde in Folge älterer Verträge eine Kriegshülfe gegen sie leisten. Rechtlich ist dies auch noch jetzt möglich, würde aber meist wohl eine Kriegserklärung zur Folge haben. Ueberhaupt ist dieser Theil des Völkerrechts einer der schwierigsten. Das Vernunftrecht legt dem Neutralen die Verpflichtung auf, daß er in der Durchführung seines gefaßten Entschlusses durchaus im guten Glauben verfahre, daß er sich parteilos erweise in Dem, was er verwilligt, wie in Dem, was er verweigert; daß er auch auf einen unter den Umständen sich darbietenden Gewinn verzichte, sofern er durch Aneignung desselben in den Fall kommen würde, die Kriegszwecke des Einen gegen die Anderen zu begünstigen. Daraus folgt, daß keiner der Kriegführenden ein Recht hat, von dem Neutralen etwas zu verlangen, was nicht aus dem Charakter der N. mit Nothwendigkeit herzuleiten, u. noch weniger, was mit ihr selbst unvereinbar wäre. Die Praxis richtet sich jedoch nach der Politik der Umstände. Hat ein Staat ein Interesse daran, den Neutralen nicht zum offenen Gegner zu haben, so sieht er über Alles hinweg, was dieser thun mag; im anderen Fall zieht er ihn bei der geringsten Veranlassung in den Krieg. In diesem Umstande liegt zuletzt auch das Unpraktische der besonders im Seerechte vorkommenden Streitigkeiten über das Recht der Neutralen, die 1780 zu der ersten und 1800 zu der zweiten bewaffneten N. unter den nordischen Seemächten führten. Selbst die sogenannte immerwährende N., die man einzelnen Staaten, z. B. Belgien, der Schweiz, zugestanden hat, ist von dem Weltlauf abhängig.

Neutralsalze, s. Salze.

Neutreptow (auch Treptow an der Rega), Stadt in der preußischen Provinz Pommern, Regierungsbezirk Stettin, Kreis Greifenberg, an der Rega, ist Sitz einer Gerichtskommission, hat ein Gymnasium, 2 evangelische Kirchen und ein altes Schloß, Branntweinbrennerei, Fischerei, große Mühlenwerke, Seehandel und Schifffahrt, besuchte Viehmärkte und 7000 Einwohner (worunter 500 Mann Militär).

Neutrum (lat., d. i. keines von beiden), die dritte Geschlechtsform, welche im Sanskrit, Griechischen, Lateinischen, Slavischen und in sämmtlichen germanischen Sprachen neben dem Masculinum und Femininum besteht; s. Genus.

Neuulm, Stadt im bayerischen Kreise Schwaben und Neuburg, am rechten Ufer der Donau, eigentlich eine Vorstadt von Ulm, mit welchem es durch die Ludwig-Wilhelmsbrücke verbunden ist, Knotenpunkt der Eisenbahnen von Augsburg und von Lindau, Sitz eines Bezirksamts und eines Landgerichts, hat eine chemische Fabrik und 1490 Einw. Es gehört mit seinen Befestigungen in den Rayon der Bundesfestung Ulm.

Neuwales, Landstrich im britischen Nordamerika, zieht sich, einen Flächenraum von ungefähr 30,000 □Meilen einnehmend, längs der ganzen Westküste der Hudsonsbai von Südosten nach Nordwesten hin, ist gebirgig, wird von den Flüssen Severn, Albany, Churchill und Nelson bewässert und stimmt hinsichtlich seiner natürlichen Beschaffenheit und der Bevölkerungs- und Verkehrsverhältnisse mit den Hudsonsbailändern (s. d.) überein. Der nördliche Theil ist wegen der dort herrschenden eisigen Kälte und Sterilität nicht bewohnbar; in den milderen Gegenden des Landes hausen noch unabhängige Indianerstämme. Nur im südlichen Theil unterhält die Hudsonsbaigesellschaft einige Niederlassungen. Das Land zerfällt in Neusüdwales und Neunordwales. Die Küste wurde 1610 von Hudson entdeckt.

Neuwarp, Stadt in der preußischen Provinz Pommern, Regierungsbezirk Stettin, Kreis Uckermünde, am neuwarper See, ist Sitz einer Gerichtskommission, hat eine Mädchenschule, Fischerei, Schifffahrt, Holzhandel und 2500 Einw.

Neuwedell, Stadt in der preußischen Provinz Brandenburg, Regierungsbezirk Frankfurt, Kreis Arnswalde, am Einfluß der Drage in den Wedellsee, mit Leinweberei, Tuchmacherei, Ziegelei u. 2835 Einwohnern.

Neuwerk, eine zum hamburgischen Amt Ritzebüttel gehörige Insel vor der Elbmündung, mit Leuchtthurm und 75 Einwohnern, ist von großer Wichtigkeit wegen der Signale bei der Einfahrt in die Elbe.

Neuwied, Hauptstadt der mediatisirten Grafschaft Wied (s. d.), Residenz des Fürsten von Wied und Kreisstadt in der preußischen Rheinprovinz, Regierungsbezirk Koblenz, am rechten Ufer des Rheins, über welchen eine fliegende Brücke führt, in einer schönen Ebene, Sitz eines Landrathsamts und Kreisgerichts, hat sehr regelmäßig angelegte Straßen, nette, zierliche Häuser, 5 evangelische und eine katholische Kirche, eine Synagoge, ein prachtvolles fürstlich wiedisches Residenzschloß mit einer Sammlung brasilianischer Merkwürdigkeiten, ein Progymnasium, ein Schullehrerseminar, eine Erziehungsanstalt der Herrnhutergemeinde, bedeutende Tuch-, Baumwollzeuch- u. Leder-, Tabaks-, Eisen- u. Blechwaarenfabrikation, Leinweberei, Strumpfwirkerei u. Bierbrauerei. Die Stadt wurde im 17. Jahrhundert angelegt zum Schutze jeglichen Glaubensbekenntnisses und ist noch jetzt Sitz vieler religiösen Sekten, Baptisten, Herrnhuter, Deutschkatholiken &c. In der Nähe das Lustschloß Monrepos, mit herrlicher Aussicht. N. liegt in der Nähe eines römischen Castrums, an der Stelle des im dreißigjährigen Kriege zerstörten Dorfes Langendorf. Die Stadt wurde erst zu Anfang des 18. Jahrhunderts angelegt. Ihren schnellen Flor beförderte der Fürst Alexander von Wied besonders dadurch, daß er allen Ansiedlern freie Religionsübung gestattete. Vom 12. August bis 15. September 1795 fanden hier Gefechte zwischen den Oesterreichern und Franzosen wegen des Uebergangs über den Rhein Statt, bis endlich der Uebergang den letzteren doch noch gelang. Vgl. Cassino, Die Stadt N., Neuwied 1851.

Nevada, der neueste Staat der nordamerikanischen Union, liegt zwischen 37 und 42° nördl. Br. u. zwischen 48 und 43° westl. L. von Greenwich und wird im Norden durch Oregon, im Osten durch Utah, im

Süden durch das Territorium Arizona u. im Westen u. Südwesten durch Kalifornien begrenzt. Das Gebiet des Staats bildet fast ein Quadrat, dessen Seiten eine Länge von circa 300 englischen Meilen haben, und hat 81,000 engl. oder 3772 geographische Q.M. Flächeninhalt. Es bildet eine 4000—5000 F. über dem Meere gelegene Hochebene, auf welcher sich Berge von noch 2000—3000 F. Höhe erheben. Die Thäler sind reichlich bewässert und bieten ausgedehnte Weiden dar, welche leicht urbar zu machen sind. Man schätzt das kulturfähige Land auf 3 Millionen Hektaren. Waldungen finden sich wenige, wohl aber birgt der Boden reiche Schätze an Metallen. Heiße Quellen und große Salzanhäufungen deuten auf frühere vulkanische Thätigkeit hin. Früher bildete N. einen Theil von Utah, und seine ersten Kolonisten waren Mormonen, welche auch die ersten 2 Städte gründeten, von welchen die eine, Carson City, noch jetzt Hauptstadt des Staats ist. Die Mormonen verließen das Land, als die Entdeckung von Gold zahlreiche Abenteurer herbeizog, mit welchen jene in Konflikt geriethen. Die Minen sollen jährlich an 15 Millionen Dollars ertragen. Von allen Seiten strömen Einwanderer herbei, und Landwirthschaft u. Industrie sind schon in blühendem Betriebe. N. ward den 2. März 1861 als Gebiet organisirt und 1865 zum Staat erhoben. Nähere Nachrichten über Volkszahl, Verfassung &c. fehlen noch.

Nevers, Hauptstadt des französischen Departements Nièvre und der ehemaligen Provinz Nivernais, amphitheatralisch am Einfluß der Nièvre in die Loire gelegen u. an der westlichen der beiden Eisenbahnen von Paris nach Lyon, die sich hier nach Bourges abzweigt, ist Sitz des Präfekten, der Departementsbehörden, eines Bischofs, Gerichtshofs, Handelsgerichts und einer Gewerbekammer. Die Stadt ist im Allgemeinen schlecht gebaut, mit engen, krummen Straßen, aber mit schönen Promenaden, hat eine alte gothische Kathedrale, ein altes Schloß der Herzöge von N., ein Kommunalcollège, eine Lehranstalt für Anatomie, eine andere für Geometrie und Mechanik, eine Zeichenschule, pädagogische Anstalt für Lehrerinnen, öffentliche Bibliothek, ein Medaillen- u. Naturalienkabinet, Fabrikation von Eisengeräthen, landwirthschaftlichen Instrumenten, Violinsaiten, chemischen Produkten, Seilen, Strumpfwirkerwaaren, Tuch, Leinwand, Glas, Porzellan, Fayence u. Email, ferner Maschinenbauwerkstätten, Gerbereien und Brauereien, eine große kaiserliche Kanonengießerei, Kupferschmelzhütten, lebhaften Holz-, Wein-, Eisen- und Stahlhandel, Dampfschifffahrt auf der Loire und 18,971 Einwohner. N. ist der Geburtsort Mirabeau's. In den benachbarten Dörfern befinden sich ebenfalls bedeutende Eisenwerke, darunter Chassade, das größte Frankreichs. Bei dem nahen Flecken Pougues entspringen berühmte Mineralquellen, deren Wasser Aehnlichkeit mit dem zu Spaa und Selters hat. N. war zur Römerzeit eine Stadt der Aeduer und hieß Noviodunum und später Nevirnum. Gleich nach der Zeit der Apostel soll hier ein Bisthum gegründet worden sein. Mit Burgund kam die Stadt an Frankreich. Hier wurde 1433 Friede zwischen Herzog Philipp dem Guten von Burgund und Karl dem Kühnen geschlossen. Der Gouverneur von N., Graf Wilhelm, machte sich im 10. Jahrhundert unabhängig. Nachdem sein Geschlecht 1181 im Mannsstamm erloschen, kam die Grafschaft Nivernais durch Heirath an Peter von Courtenay, lateinischen Kaiser in Konstantinopel, und wechselte die Besitzer, bis sie 1491 durch Erbschaft einem Grafen aus dem Hause Kleve zufiel. König Franz I. erhob 1538 die bisherige Grafschaft N. zum Herzogthum, mit der Bestimmung, daß der Herzogstitel in Ermangelung männlicher Nachkommen auch auf die weibliche Linie übergehen solle. Der erste Herzog von N., Franz I., heirathete eine Prinzessin von Bourbon-Vendôme. Da seine Söhne, Franz II. und Jakob, keine Kinder hatten, erbte ihre Schwester, Henriette, die Gemahlin Ludwigs von Gonzaga-Mantua, das Herzogthum. Ihr Enkel, Charles III., verkaufte N. 1659 an den Kardinal Mazarin. Letzterer vererbte dasselbe an seinen Neffen Phil. Julien Mancini, dessen Nachkommen in gerader Linie nun den Titel der Herzöge von Nivernais führten. Louis Jules Barbon Mancini-Mazarini, vierter u. letzter Herzog von Nivernais, französischer Staatsminister und spanischer Grande, ward zu Paris den 16. December 1716 geboren, diente unter Villers in Italien, dann in Deutschland, widmete sich aber später wissenschaftlichen Studien und der Diplomatie. Vom französischen Hofe ward er 1748 als Gesandter nach Rom geschickt, wo er bis 1752 blieb. Im Jahre 1755 erhielt er eine Sendung nach Berlin, um das Bündniß Preußens mit England zu hintertreiben, was ihm aber nicht gelang. Dann unterhandelte er den Frieden mit England. Als ihm 1769 nach seines Vaters Tode die herzoglichen Besitzungen zufielen, verließ er den Hof. Im Streit der Regierung mit den Pairs (1771) erklärte er sich gegen erstere und protestirte auch mit Entschiedenheit gegen das von Maupeou eingesetzte Parlament. Als Vergennes auf kurze Zeit an die Spitze der Geschäfte trat, ließ sich der Herzog ebenfalls bewegen, ins Ministerium einzutreten. Nach dem Ausbruch der Revolution gehörte er zu den wenigen Großen, welche sich um den König schaarten. Diese treue Anhänglichkeit führte ihn 1793 in das Gefängniß, aus dem ihn erst der Sturz Robespierre's rettete. Doch blieb er seiner Titel und eines großen Theils seines Vermögens verlustig. Im Jahre 1796 präsidirte er der Wahlversammlung im Departement Seine als Bürger Mancini. Er starb zu Paris den 25. Febr. 1798. Seine Poesien, Uebersetzungen u. geschichtlichen Fragmente gab er gesammelt (Paris 1796, 8 Bde.) heraus.

Neveu (franz.), s. v. a. Neffe.

Nevilcroß, Dorf in der schottischen Grafschaft Haddington (Ostlothian) unweit Dunbar; hier den 17. Okt. 1346 Sieg der Engländer über den König David II. von Schottland, der in England eingefallen war.

Neville, altes englisches Adelsgeschlecht, das seinen Ursprung von dem angelsächsischen Grafen von Northumberland, Uchtred (1016), ableitet, dessen Nachkomme, Robert Fitz-Maldred, Herr von Ralay in der Grafschaft Durham, sich um 1200 mit Isabel de N., der Erbin eines mächtigen normannischen Barons, vermählte und ihren Namen annahm. In der Person Ranulphs de N. († 1331) erhielt das Geschlecht die Peerswürde. Sein Sohn, Ralph N., war ein Kriegsgefährte Eduards III. u. starb 1367. Dessen gleichnamiger Enkel ward 1397 zum Grafen von Westmoreland erhoben u. starb 1425. Von seinen 12 Töchtern wurde die jüngste, Cecily, die Gemahlin Richard Plantagenets, Herzogs von York, und die Mutter Eduards IV. u. Richards III. Der älteste seiner 10 Söhne, Richard N., vermählte sich mit der einzigen Tochter und Erbin des Thomas von Montacute, Grafen von Salisbury, dessen Titel ihm 1442 ertheilt wurden. In dem Bürgerkriege der beiden Rosen nahm er für das Haus York Partei, schlug die Lancasterier bei Blore-Heath 1458 und Northampton 1460, gerieth aber in der Schlacht von Wakefield den 24. Dec. 1460 in Gefangenschaft u. ward enthauptet. Sein ältester Sohn war der heldenmüthige Graf von Warwick (s. d.); der zweite, John N., ebenfalls Haupt der yorkschen Partei, ward 1464 zum Grafen von Northumberland und 1470 zum Marquis von Montagu erhoben, trat aber mit seinem Bruder zur Partei Lancaster über, um Eduard IV. zu stürzen und Heinrich VI. wieder zur Krone zu verhelfen, und fiel 1471 bei Barnet. Charles N., sechster Graf von Westmoreland, ward als Theilnehmer an dem Aufstande Thom. Percy's, Grafen von Northumberland, gegen Elisabeth 1570 geächtet und starb in Holland. Auch die folgenden Glieder der Familie, auf welche durch Heirath die Peerschaft Abergavenny überging, waren vielfach in die Parteikämpfe ihrer Zeit verflochten.

Nevis, britisch-westindische Insel, zu den kleinen Antillen gehörig, südöstlich von St. Christoph, aus einem einzigen Berg bestehend, umfaßt 1 □Meile mit 12,000 Einwohnern, worunter viele Neger, ist fruchtbar an Zucker und Kaffee, gut bewässert und bewaldet, hat 3 Rheden. Hauptstadt der Insel ist Montferrat, Sitz des Gouverneurs aber Charlestown.

Newa, Fluß im europäisch-russischen Gouvernement Petersburg, nur 8½ Meilen lang, aber sehr breit, einziger Abfluß des Ladogasee's, durchströmt die Stadt Petersburg in mehren Armen, namentlich als große u. kleine N. u. als große u. kleine Newka, zwischen denen die schönen wiesen- u. waldreichen und mit herrlichen Villen versehenen Inseln Petrowsky, Krestowsky Ostrow, Kamenny Ostrow, Jelagin und Wasily Ostrow liegen, und ergießt sich unfern der Stadt in mächtiger Breite in den finnischen Meerbusen. Nebenflüsse sind die Meha, Slawiankia, Tosna, Ischora und Ochta. Durch den Ladogasee (s. d.) steht die N. mit der Wuora, die aus dem Saimasee abfließt, mit der Wolchow, die aus dem Ilmensee kommt, und mit dem Swir, dem Abfluß des Onegasee's, in Verbindung. Sie ist sehr fischreich, trägt schon große Schiffe, bedeckt sich gewöhnlich in der zweiten Hälfte des November mit stehendem Eis und thaut erst um die Mitte Aprils wieder auf. Ihr Wasser wird in Petersburg als Trinkwasser gebraucht.

Newalbany, Stadt im nordamerikanischen Staate Indiana, Hauptort der Grafschaft Floyd, am Ohio, südlicher Endpunkt der Newalbany-Salemeisenbahn, hat 12 Kirchen, ein theologisches Seminar der Presbyterianer, 2 Banken, Schiffbau, Dampfmaschinenwerkstätten, verschiedene Manufakturen u. Fabriken von Metallwaaren, lebhaften Handel und 16,000 Einwohner.

Newark, 1) (N. upon Trent), Stadt in der englischen Grafschaft Nottingham, an einem schiffbaren Arm des Trent und an der Eisenbahn von London nach Newcastle, welche hier von der Lincoln-Nottinghambahn gekreuzt wird, hat die Pfarrkirche St. Mary Magdalene (eine der schönsten gothischen Kirchen Englands, mit interessanten Grabmonumenten), Ruinen eines berühmten Schlosses aus dem 12. Jahrhundert, ein schönes Rathhaus, eine lateinische Schule, Baumwollenindustrie, Eisen- und Messinggießerei, große Brauereien und Malzdarren, Vieh-, Getreide-, Malz- und Holzhandel u. 11,515 Einwohner. In der Nähe, am Beacon Hill, sind Gyps- u. Kalksteinbrüche. In N. starb 1216 König Johann, und eben dahin flüchtete 1646 Karl I. ins Lager der Schotten. — 2) Hauptstadt und Einfuhrhafen der Grafschaft Essex im nordamerikanischen Staat Newjersey, am Passaicflusse, eine Meile oberhalb seiner Mündung in die Newarkbai des atlantischen Oceans und am Morriskanal, nur 2 Meilen nordwestlich von Newyork entfernt, ist einer der Knotenpunkte des Eisenbahnnetzes zwischen Newyork und Philadelphia und Sitz eines katholischen Bischofs, hat viele ansehnliche Gebäude, zahlreiche Kirchen und Schulen, 2 Bibliotheken, mehre gelehrte Gesellschaften, 4 Banken, lebhafte Industrie in Leder, Baumwolle, Eisen rc., Maschinen- und Wagenbau, wichtigen Handel und starke Rhederei und 71,914 Einwohner. — 3) Hauptstadt der Grafschaft Licking im nordamerikanischen Staate Ohio, am Lickingflusse, Ohiokanal u. an der Sandusky-Newarkbahn, hat mehre Kirchen, 2 Banken und 5000 Einw. In der Umgegend große Steinkohlenminen. — 4) Stadt im nordamerikanischen Staate Delaware, Grafschaft Newcastle, an der Wilmington-Baltimoreeisenbahn, Sitz des 1833 gegründeten Delawarecollege.

Newbedford, Stadt im nordamerikanischen Staate Massachusetts, Grafschaft Bristol, an der Buzzardbai des atlantischen Oceans, durch Eisenbahn mit Providence und Boston verbunden, sehr schön gebaut, hat einen Hafen mit Leuchtthurm, viele Schulen u. Kirchen, verschiedene Manufakturen, Metallwaaren- und Lichtefabrikation, Schiffbau, starke Rhederei, lebhaften Handel und 22,524 Einwohner.

Newbern, Stadt und Einfuhrhafen im nordamerikanischen Staate Nordcarolina, Hauptort der Grafschaft Craven, am Zusammenfluß von Neuse u. Trent, hat 2 Banken, ein Theater, lebhaften Handel u. 5000 Einwohner. N. war einige Zeit die Hauptstadt des Staats Nordcarolina.

Newbrunswick, britisches Gouvernement, s. Neubraunschweig.

Newbrunswick, Stadt im nordamerikanischen Staate Newjersey, Hauptstadt der Grafschaft Middlesex, am Raritanflusse und der Newjerseyeisenbahn, hat 10 Kirchen, darunter eine römisch-katholische, das 1770 gegründete Rutgerscollege, ein theologisches Seminar der Holländischreformirten, 2 Banken, lebhaften Handel u. 14,000 Einwohner.

Newburg, Stadt im nordamerikanischen Staate Newyork, Grafschaft Orange, am Hudson, durch eine Zweigbahn mit der Newyork-Eriebahn verbunden, ist gut gebaut, hat ein theologisches Seminar der associirten Reformirten, Baumwoll- und Wollmanufakturen, Maschinenbau und 12,000 Einwohner.

Newburgh, Stadt in der schottischen Grafschaft Fife, südöstlich von Perth, am Tay und an der Fife-Pertheisenbahn, hat einen geräumigen Hafen, Leinweberei, Getreide-, Holz-, Steinkohlen- und Eisenhandel und 2280 Einwohner. In der Nähe die Ruinen der Abtei von Lindores.

Newbury, Stadt in der englischen Grafschaft Berkshire, am Kennet und an der Marlborough-Readingeisenbahn, hat eine lateinische Schule, ein literarisches Institut, Tuchfabrikation, Getreide- u. Kohlenhandel und 6161 Einwohner. Hier unentschiedene Schlacht den 20. September 1643 zwischen den Parlamentstruppen unter dem Grafen Essex und den Truppen des Königs Karl I.; in einer zweiten, den 27. Oktober 1644, zwischen denselben Parteien wurde der König geschlagen.

Newburyport, Stadt und Einfuhrhafen im nordamerikanischen Staate Massachusetts, Grafschaft Essex, am Merrimack, Knotenpunkt der Newporteisenbahn und der Massachusetts-Ostbahn, hat viele Kirchen und Schulen, mehre Banken, geräumigen sichern Hafen mit Leuchtthurm, rege Industrie in Baumwolle, Leder u. Eisen, Schiffbau, Schifffahrt, Fischerei, lebhaften Handel und 13,406 Einwohner.

Newcastle, 1) (N. upon Tyne), Hauptstadt der englischen Grafschaft Northumberland, auf dem linken (nördlichen) Ufer des Tyne, 2 Meilen oberhalb seiner Mündung in die Nordsee, an und auf einem Hügel, ist mit dem am rechten Ufer in der Grafschaft Durham liegenden Ort Gateshead durch eine steinerne Brücke verbunden, während die großartige High Level Bridge (1375 Fuß lang, 1846—49 von Rob. Stephenson erbaut, eine der schönsten Brücken Englands) die Eisenbahn über den Tyne hinwegführt. Der untere (östliche) Theil der Stadt ist der älteste, hat enge, schmutzige Straßen, ist aber der Hauptsitz des Verkehrs, der obere (nördliche) Theil hat gerade breite Straßen und enthält viele schöne Gebäude, worunter namentlich die neue Markthalle; längs des Tyne erstrecken sich Quais mit großen Waarenlagern. Unter den 51 Kirchen und Kapellen sind die Hauptkirche zu St. Nicholas (gothisch, mit einem 193 Fuß hohen schlanken Thurm) und die in griechischem Styl erbaute Allerheiligenkirche die schönsten. N. hat ferner ein altes Kastell, ein interessantes Rathhaus, einen Gerichtshof (Moothall), eine Börse mit Kaufhalle, ein Gefängniß, Kasernen, öffentliche Bäder, ein Krankenhaus, Taubstummeninstitut, Irrenhaus, eine Blindenanstalt u. mehre Versorgungshäuser, ein 1525 vom Bürgermeister Thomas Horsley gegründetes u. von der Königin Elisabeth zur königlichen Stiftung erhobenes Gymnasium, eine philosophische Gesellschaft mit Museum und Bibliothek, Seeschule, ein Handwerkerinstitut, mehre gelehrte und industrielle Gesellschaften, mehre öffentliche Bibliotheken, einen botanischen Garten, eine Sternwarte, ein Theater und eine Musikhalle. Die Industrie ist von großer Bedeutung; die Stadt hat zahlreiche Eisenwerke, Eisengießereien, Maschinenwerkstätten, Glashütten, Fabriken von Bleiweiß, Chemikalien u. Töpferwaaren, Seifensiedereien, Oelmühlen, Gerbereien, Papiermühlen u. große Schiffswerften. Dem entsprechend sind auch der Handel u. die Schifffahrt außerordentlich lebhaft. N. ist ein wichtiger Knotenpunkt des großen Eisenbahnnetzes des nordöstlichen Englands und dadurch mit allen größeren Städten Englands und Schottlands verbunden. Die Stadt besitzt Denkmäler des Grafen Grey und Robert Stephensons. Die Bevölkerung belief sich 1861 auf 109,108 Einwohner. N. sendet 2 Mitglieder ins Parlament. Die Stadt ist ringsum von Manufaktur- und Fabrikgebäuden, Glashütten, Eisengießereien 2c. umgeben, und in der nächsten
Umgebung der Stadt befinden sich unerschöp
Steinkohlenlager. Etwa eine Stunde von der
steht die östlichste Veste des Piktenwalles der R
die hier eine wichtige Militärstation hatten.
den Angelsachsen führte der Ort mit seinem K
u. Kastell den Namen Monkchester. Herzog R
von der Normandie ließ das alte Kastell, al
Sitz der Rebellen von Northumberland, schlei
baute die Neuburg, von der noch Ruinen übrig
Hier verkehrten häufig die Könige von Schottla
England. — 2) (N. under Lyme), Stadt i
englischen Grafschaft Stafford, an der North-
fordshireeisenbahn und am Grand-Trunkkanal
eine lateinische Schule, Fabrikation von H
Tuch, seidenen u. baumwollenen Waaren, Sch
Papier und irdenem Geschirr, zählt 12,938 Ein
ner und sendet 2 Mitglieder ins Parlament.
Hauptstadt der gleichnamigen Grafschaft im
amerikanischen Staate Delaware, am Delaware
und der Frenchtown-Newcastleeisenbahn, hat
große Maschinenbauanstalt, eine öffentliche Bi
thek u. 4000 Einwohner. — 4) Stadt in der au
lischen Kolonie Neusüdwales, Grafschaft North
berland, an der Mündung des Hunter in den
Ocean, nordöstlich von Sidney. In der Umge
sind große Steinkohlenlager.

Newcastle, 1) Thomas Pelham Hol
Herzog von N., britischer Staatsmann, gebo
21. Juli 1694 als der älteste Sohn des Lords
ham von Loughton, aus einer altadeligen Fa
ward nach dem Tode seines mütterlichen Ohe
John Holles, Herzogs von N. u. Grafen von C
der ihn adoptirt hatte, 1711 Erbe von dessen
den und Besitzungen. Da er in dem Strei
Whigs u. Tories die Partei der ersteren zu Gu
des Hauses Braunschweig ergriff, so ward er
Georg I. bei dessen Thronbesteigung 1714
Lordlieutenant von Middlesex, Nottingham
Westminster, sowie zum Grafen von Clare,
zum Marquis von Clare und Herzog von N.
nachdem er den von den Anhängern der Stuar
den Tories gegen den König erregten Aufstand
dämpft hatte, 1717 zum Lord-Kammerherrn
königlichen Hauses erhoben. Im Jahre 1731
er Staatssekretär. Auch bei Georg II. stand
hoher Gunst. Im Jahre 1748 war er Kanzle
Universität Cambridge, 1750 begleitete er den K
als erster Staatssekretär nach Hannover und
1754 Oberschatzmeister. Nach Georgs II. Tod
sich ins Privatleben zurück, trat zwar 1765 von N
als geheimer Siegelbewahrer ins Ministerium,
noch in demselben Jahre wieder zurück und †
17. Nov. 1768. Da er kinderlos war, so wurde
der Titel eines Herzogs von N. auf seinen N
Henry Fiennes Clinton, 9. Grafen von
coln, geboren den 21. April 1720, † den 22.
1794, übertragen.

2) Henry Pelham Fiennes-Pelh
Clinton, Herzog von N., Staatsmann,
ren den 30. Jan. 1785, erhielt seine Bildun
Eton und ging kurz nach dem Frieden von A
mit seiner Mutter nach Frankreich, wo er
Wiederausbruch des Kriegs von Napoleon I. zu
gehalten ward und erst 1807 seine Freiheit er
Er trug viel dazu bei, daß das Oberhaus a
Okt. 1831 die erste Reformbill verwarf, wes
einige Tage darauf bei einer Volksemeute sein S

zu Nottingham niedergebrannt wurde. Nachdem die Reformbill durchgegangen, zog er sich zurück, ward 1839 wegen eines beleidigenden Schreibens an den Lord-Kanzler seines Amts als Lord-Lieutenant der Grafschaft Nottingham enthoben u. † den 12. Jan. 1851 zu Clumber-Park.

3) **Henry Pelham Pelham-Clinton, Herzog von N.**, ältester Sohn des Vorigen, geboren den 22. Mai 1811, führte bis zum Tode seines Vaters den Titel **Graf Lincoln**, studirte zu Oxford und trat 1832 als Abgeordneter für Süd-Nottinghamshire ins Unterhaus, wo er sich Peel anschloß, unter dem er vom Dec. 1834 bis April 1835 Lord des Schatzes war und im Sept. 1841 das Amt eines Oberkommissärs der Wälder und Forsten erhielt, 1845 aber zum Obersekretär für Irland ernannt wurde. Im Jahre 1846 ward er vom schottischen Distrikt Falkirk ins Unterhaus gewählt. Im Juli 1846 zog er sich mit Peel von der Regierung zurück, übernahm zwar 1854 im Ministerium Aberdeen das Portefeuille des Kriegs, trat aber 1855, der mangelhaften Verpflegung der Krimarmee beschuldigt, zurück. Seit dem 18. Juni 1859 bekleidet er wieder den Posten eines Staatssekretärs für die Kolonien.

Newel, Kreisstadt im europäisch-russischen Gouvernement Witebsk, an der Emenka und am See Newelskoi, hat 6 Kirchen verschiedener Konfessionen, eine adelige Kreis-, eine Lancaster- und eine Judenschule und 6000 Einwohner.

Newent, Stadt in der englischen Grafschaft Gloucester, hat Steinkohlenminen und 3182 Einw.

Newgate, Kriminalgefängniß in London (s. d.).

Newhampshire, einer der nordöstlichsten der Vereinigten Staaten von Nordamerika, liegt zwischen 42° 40′ und 45° 25′ nördl. Br. und 70° 40′ und 72° 35′ westl. L. von Greenwich und grenzt im Norden an Ostcanada, im Osten an Maine und an den atlantischen Ocean, im Süden an Massachusetts und im Westen an den Staat Vermont, von dem es durch den Fluß Connecticut getrennt ist. Die größte Ausdehnung des Landes beträgt von Norden nach Süden 185 englische Meilen, die mittlere Breite ungefähr 45 englische Meilen und der Flächeninhalt 9280 englische oder 436 deutsche □Meilen. Die Bevölkerung bestand 1860 aus 325,579 Weißen und 494 freien Farbigen und ist, bis auf einige Tausend Einwanderer in den Städten, ausschließlich englischen Ursprungs. Im Ganzen ist das Land hügelig und bergig; an der Küste, die von kleinen Buchten eingeschnitten ist und nur für kleine Seeschiffe Hafenplätze bietet, ist es etwa 20—30 englische Meilen landeinwärts von der See eben, mit sandigem, wenig fruchtbarem Boden. Die Haupthöhenkette, welche zwischen den Flüssen Connecticut und Merrimack anfängt und sich nordwärts an den Quellen des Merrimack hinzieht, kann als eine Fortsetzung der Alleghanykeiten angesehen werden. Einige dieser Berge erheben sich zu beträchtlicher Höhe. Mount Monadnock, in der Grafschaft Cheshire, ist etwa 3700 Fuß, der Moosehillock, weiter nördlich, über 4600 F. hoch. Noch weiter gegen Norden erheben sich die White Mountains mit ihrem höchsten Gipfel Mount Washington, dem höchsten Berg der Vereinigten Staaten östlich vom Mississippi, bis zu 6226 F. Dies die sogenannte amerikanische Schweiz. Außer dem Mount Washington sind die bedeutenderen Berge dieser Gruppe noch Mt. Jefferson, Mt. Adams, Mt. Madison und Mt. Monroe, alle über 5000 F. hoch, und Mt. Franklin und Mt. Pleasant, nahe an 5000 F. hoch. In einer andern Gruppe, 20 englische Meilen südwestlich vom Mt. Washington, erhebt sich Mt. Lafayette 5500 F. hoch. N. hat reiche Bewässerung, aber mehr durch große Landseen als durch große Flüsse. Der größte Fluß ist der Connecticut, der im äußersten Norden des Staats entspringt u. fast die ganze westliche Grenze bildet. Er ist bis zu den Fällen bei Bath, etwa 250 englische Meilen oberhalb seiner Mündung, für Boote schiffbar gemacht worden. Der Merrimack entspringt in den White Mountains und fließt südwärts durch den mittleren Theil von N. nach Massachusetts, hat viele Fälle und Stromschnellen, ist jedoch von seiner Mündung bis Concord schiffbar gemacht. An dem südlichen Abhange der White Mountains in einem kleinen See entspringt der Piscataqua und bildet auf ungefähr 40 englische Meilen die Grenze zwischen N. und Maine. Für die Schifffahrt ist er von geringer Bedeutung. Der Androscoggin bewässert mit einem kleinen Theil seines Laufs den Nordosten des Staats, und der Saco entspringt in den White Mountains und fließt südöstlich nach Maine. Wo er zwischen den Bergen durchbricht, bildet er die merkwürdige Notch, eine große, tiefe und zum Theil sehr enge Felsenkluft, die höchst pittoreske Punkte darbietet und eine Straße durch die White Mountains nach dem nördlichen Theil von N. u. dem Nordosten von Vermont ermöglicht. Der Obere und Untere Amonoosuc im Norden und der Ashuelot im Süden sind die bedeutendsten Nebenflüsse des Connecticut in N. Der Contoocook, Souhegan und Nashua sind Zuflüsse des Merrimack von Westen her und entspringen im Staate Massachusetts. Unter den Seen von N. ist der Winnipiseogee der größte und schönste. Er liegt fast in der Mitte des Staats, ist 25 englische Meilen lang und 1—10 englische Meilen breit, sehr tief u. hat reines klares Wasser und eine sehr malerische Umgebung. Die andern bedeutenden Seen sind noch der Umbagog, 18 englische Meilen lang und 10 englische Meilen breit, aus dem der Androscoggin fließt, an der Grenze zwischen N. und Maine; der Connecticutsee, die Quelle des gleichnamigen Flusses, im Norden des Staats; der Squam lake, in der Mitte, der Sunapee, der in den Connecticut abfließt, im südwestlichen Theil des Staats. Die Mündung des Piscataqua bildet die einzige Bucht von Bedeutung und den einzigen Hafen für große Seeschiffe. Eine Gruppe von kleinen Inseln im atlantischen Ocean, ungefähr 18 englische Meilen von der Küste, die Isles of Shoals genannt, gehören noch zu N. Das Klima ist streng, der Winter hält lange an, ist aber nicht so häufigem Wechsel unterworfen wie in den andern nördlichen Staaten unter tieferen Breitengraden. Schon im November fällt Schnee und frieren die Flüsse zu, und der Schnee bleibt im südlichen Theil des Staats bis in den April hinein und im Norden bis zum Mai liegen. Im Allgemeinen ist die Luft jedoch gesund. Der Boden des Staats ist nicht besonders fruchtbar, obgleich die Regsamkeit u. ausdauernde Arbeit seiner Bewohner, vom rüstigen Stamm Neuenglands, demselben viele werthvolle Erzeugnisse abgewinnen. Das ergiebigste Land ist in den Flußthälern, die von Zeit zu Zeit überschwemmt werden, insbesondere im Thal von Connecticut. Der nördliche Theil des Staats ist wenig angebaut. Die Berge geben gute Weiden für Rindvieh und Schafe. Weizen, Korn, Mais, Gerste, Buchweizen, Kartoffeln, Hülsenfrüchte, Butter, Käse, Heu, Hopfen, Wolle, Ahornzucker, Wachs u. Honig werden durch die Landwirthschaft in beträchtlichen Mengen gewonnen, auch etwas Tabak, Wein, Flachs und Seide. An den niederen Abhängen der Berge breiten sich dichte Waldungen aus mit Eichen, Birken, Lärchen, Ahorn, besonders Zuckerahorn, schönen Fichtenhölzern (Hemlocksfichte und Weymouthskiefer), die schöne Mastbäume und vorzügliches Bauholz liefern. Von Metallen gibt es viel Eisen, besonders zu Lisbon, reiche Kupfererze in Coos County, Blei, Zink und Graphit; auch finden sich verschiedene Mineralquellen. Die Industrie ist zu starker Entwickelung gelangt und wird hauptsächlich gefördert durch die großen Wasserkräfte für Fabrikzwecke, wie sie der Merrimack, Cocheco und andere Flüsse darbieten, an deren Ufern die blühenden Fabrikstädte Manchester, Dover, Nashua, Nashville u. a. liegen. Die wichtigsten Fabrikzweige sind die Verfertigung von Baumwollgarn und Baumwollstoffen und Wollzeuchen, ferner Eisengießerei, Hohöfenbetrieb und Lederfabrikation. Der größere Theil der Bevölkerung beschäftigt sich mit der Landwirthschaft; auch das Fällen und Zurichten des Bauholzes und der Schiffbau, sowie der Fischfang sind bedeutende Erwerbszweige. Obgleich N. einen der besten Häfen in den Vereinigten Staaten an Portsmouth besitzt, so ist sein Handel doch von keiner großen Ausdehnung und hat gegen die frühere Zeit eher abgenommen. Die Hauptgegenstände der Ausfuhr sind Bauholz, Vieh, Wolle, Fische, Rind- und Schweinefleisch, Potasche und Granit. Der Staat besitzt übrigens eine beträchtliche Anzahl von Schiffen und baut und verkauft solche nach auswärts. Ein großer Theil seiner eigenen Schiffe ist für die Stockfisch- und Makrelenfischerei bestimmt. Der Staat ist nach allen Richtungen von Eisenbahnen durchschnitten, und die Städte von N. stehen mit Boston, Montreal, Newyork und allen bedeutenden Städten in Vermont, Massachusetts und Connecticut in Verbindung. Das Volksschulwesen steht unter der Leitung einer Erziehungsbehörde, welche aus den Countyschulvorstehern zusammengesetzt ist. Im Jahre 1862 gingen aus 2353 Schuldistrikten Berichte ein. Die gesammten Ausgaben für das öffentliche Unterrichtswesen betrugen 274,623 Doll. In Concord wurde auf Staatskosten eine Handelsschule gegründet u. für 300 Knaben eingerichtet. Von den höheren Unterrichtsanstalten ist am bedeutendsten Darmouthcollege zu Hanover, zugleich mit einer medicinischen Schule und einer Bibliothek. Außerdem besitzt der Staat 3 theologische Schulen und eine Anzahl Akademien oder Mittelschulen, gegen 50 öffentliche Bibliotheken und über 70 Schul- und Kirchenbibliotheken. Staatsanstalten sind ein Irrenhaus u. ein Staatsgefängniß in Concord. Nach der wenig demokratischen Verfassung ist die exekutive Gewalt einem Gouverneur und einem Rath von 5 Mitgliedern, und die gesetzgebende Gewalt einem General Court of Newhampshire übertragen; der letztere besteht aus dem Senat und dem Hause der Repräsentanten und kommt alljährlich im Juni in Concord zusammen. Gouverneur, Rath, Senatoren und Repräsentanten werden alljährlich von den wahlberechtigten Einwohnern des Staats gewählt. Die Finanzen des Staats sind in gutem Zustand, die Einnahmen und Ausgaben des Staats sind im Gleichgewicht und betrugen am 1. Juni 1862 394,349 Doll. Ueber die Staatsschuld liegt keine Angabe vor; bis 1861 war keine vorhanden. Seitdem sind für Kriegszwecke ausgegeben worden 1,433,400 Doll. an Bonds und Noten, wovon ein Theil wieder eingelöst worden ist. Der Staat ist in 10 Counties eingetheilt und sendet 3 Repräsentanten zum Kongresse. Die Hauptstadt ist Concord. Die bedeutendsten Städte sind Manchester, Portsmouth (erster Handelshafen), Concord, Dover, Nashua, Exeter und Nashville.

N. wurde zuerst in der Gegend von Portsmouth 1623 besiedelt unter Ferdinando Gorges und John Mason und gehörte anfangs zu Massachusetts, bis es 1679 durch eine Akte Karls II. zu einer eigenen königlichen Provinz erhoben wurde. Im Jahre 1689 kam es jedoch wieder zu Massachusetts und auf kurze Zeit zu Newyork. Im Jahre 1741 endlich wurde es eine eigene abgesonderte Provinz u. blieb eine solche bis zur Revolution. Im Jahre 1775 erklärte die Provinzialkonvention die königliche Regierung für aufgehoben, u. 1776 konstituirte sich der erste Provinzialkongreß unter dem Namen Repräsentantenhaus. Die gegenwärtige Konstitution von 1792 ist seit dieser Zeit in Kraft geblieben.

Newhaven, abwechselnd mit Hartford die Hauptstadt des nordamerikanischen Staats Connecticut, an einer eine Meile landeinwärts gehenden Bai des Long-Islandsunds, schön u. regelmäßig gebaut, hat ein schönes, in dorischem Styl erbautes Staatenhaus, 22 Kirchen, ein Armenhaus und 5 Banken und ist namentlich berühmt durch das Yalecollege (nächst der Harvard University in Cambridge die bedeutendste Universität der Vereinigten Staaten, die fast nach der Weise deutscher Universitäten eingerichtet ist) mit einer Bibliothek von 60,000 Bänden, chemischem Laboratorium, mineralogischem Kabinet &c.; sie wurde 1701 in Killingworth gegründet, aber 1717 nach N. verlegt. Die Stadt hat lebhafte Industrie in verschiedenen Zweigen und bedeutenden Seehandel, steht mit allen wichtigeren Städten der umliegenden Staaten durch zahlreiche Eisenbahnen, sowie durch den Farmington- (od. Newhaven-) Kanal mit Northampton in Massachusetts u. durch Dampfschiffe mit Newyork in Verbindung. Der Hafen ist aber ziemlich seicht und verschlämmt. N. wurde 1638 als unabhängige Kolonie von London aus gegründet, 1784 als City inkorporirt und hatte 1861 39,267 Einwohner.

Newjersey, einer der mittleren der Vereinigten Staaten von Nordamerika, liegt zwischen 38° 58′ und 41° 21′ nördl. Br. und 74° und 75° 33′ westl. L. von Greenwich und grenzt im Norden an den Staat Newyork, im Osten an Newyork, wovon es durch den Hudsonfluß getrennt ist, und an den atlantischen Ocean, im Süden an die Delawarebai und im Westen an den Fluß Delaware, welcher N. von den Staaten Delaware und Pennsylvanien trennt. Sein Flächeninhalt beträgt 8320 englische oder 391 deutsche QMeilen, die Zahl der Bevölkerung 672,017 Seelen (1860: 646,699 Weiße, 25,318 freie Farbige). Die südlichen und mittleren Striche von N. sind meist flach und sandig, der nördliche Theil, der von der östlichen Kette der Alleghanies (Blue Ridge) durchzogen wird, ist uneben und zum Theil gebirgig. Die Küsten des atlantischen Oceans südlich von Sandy Hook sind mit einer Reihe von kleinen Inseln besetzt, die beständiger Veränderung unterworfen sind. Bespült von dem Delaware und der Delawarebai im Westen und Süden, von dem Hudsonflusse und dem atlantischen Ocean im Osten, bildet N. eine Art Halbinsel, und seine Lage wäre günstig für den Handel, wenn derselbe nicht vollständig im Besitze der Staaten Newyork und Philadelphia wäre. Der Delaware ist 120 englische Meilen vom Meere aus für kleinere Seeschiffe fahrbar; an der Küste des atlantischen Meeres gibt es zahlreiche Einbuchtungen und Lagunen, die für kleinere Fahrzeuge zugänglich sind; im Nordosten des Staats sind die Raritan- u. die Newarkbai und der Hudsonfluß für größere Schiffe schiffbar. Das Innere von N. wird von einigen kleineren Flüssen bewässert; die bedeutendsten sind der Raritan, der in die gleichnamige Bai, der Maurice, der in die Delawarebai, u. der Great Egg-Harborfluß, welcher direkt in den atlantischen Ocean mündet. Das Klima des Staats ist zum großen Theil Seeklima, im Norden ist es dem des südlichen Theils von Newyork u. des nördlichen Theils von Pennsylvanien ähnlich, im Innern jedoch bedeutenden Extremen unterworfen, die niedrigen Theile der Küstenebene sind ungesund, die höheren Theile derselben, wie Kap May und das Vorgebirge Sandy Hook an der Raritanbai, haben treffliche, gesunde Luft und sind deshalb und wegen der schönen Seebäder im Sommer viel besucht. Die Bodenbeschaffenheit ist im Allgemeinen nur mittelmäßig, die Küstenebene hat schlechten, unfruchtbaren Boden und ist vielfach mit Sümpfen und Gestrüpp bedeckt, die nördlichen Bezirke sind ziemlich fruchtbar und eignen sich besonders zur Viehzucht, bessere Strecken finden sich im mittleren Theile des Staats. Die Haupterzeugnisse der Landwirthschaft sind Weizen, Hirse, Mais, Hafer, Kartoffeln, besonders süße, Hanf, Flachs und Gartenfrüchte. Die großen Städte an der Grenze werden von N. aus mit Wassermelonen, süßen Kartoffeln, Gemüsen und Obst, vorzüglich Pfirsichen und Aepfeln, stark versehen. Im Norden finden sich auch nutzbare Mineralien, besonders Eisen, Kupfer und Zink. Die Zinkgruben in der Grafschaft Sussex gehören zu den ergiebigsten in den Vereinigten Staaten. Ausgedehnte Tannenwälder gibt es im südlichen u. in den mittleren Theilen des Staats, u. die daraus gewonnenen Holzkohlen werden in großer Qualität nach Philadelphia verkauft. Den wichtigsten Erwerbszweig bildet der Ackerbau und vorzugsweise die Viehzucht, sehr ausgedehnt ist auch der Gemüse- und Obstbau, deren Produkte an Newyork und Philadelphia einen vortheilhaften Markt finden. Die Fabrikthätigkeit ist erheblich und findet ihre Begünstigung in dem Ueberfluß an Wasserkraft und Feuerungsmaterial und in der nahen Lage großer Märkte. Der Staat hat gegen 5000 Fabriken. Am stärksten ist die Fabrikation von Baumwolle, Wolle, Eisen, Leder, Malz und Spirituosen. Der direkte Handel von N. ist unbedeutend und wird größtentheils durch die Häfen von Newyork und Philadelphia betrieben. Von größerer Wichtigkeit ist der innere und vornehmlich der Zwischenverkehr, da N. die große Straße zwischen den beiden größten Städten der Union bildet. Drei Haupteisenbahnlinien durchschneiden den Staat; die eine verbindet Jersey City, eine Vorstadt von Newyork, über Trenton mit Philadelphia, die andere Elizabethtown mit Easton, die dritte South Amboy mit Camden, Philadelphia gegenüber. Eine andere Linie von Jersey City kreuzt die Newyork-Erieeisenbahn an der nördlichen Grenze des Staats. Wichtige Kanäle sind der von Newbrunswick nach Bordentown, welcher die innere Schifffahrt zwischen Newyork und Philadelphia und einen ungeheuren Handelsverkehr zwischen den zwei großen Städten u. andern Orten im ferneren Osten und Süden vermittelt, und der von Easton nach Newark hauptsächlich als Wasserstraße für den großen Kohlenhandel. Das Unterrichtswesen ist in N. gut bestellt. Der Staat zerfällt in 1563 Schuldistrikte mit 1689 Volksschulen. Von den höheren Lehranstalten ist das College von N. zu Princeton eines der ältesten und besten in den Vereinigten Staaten. Außer diesem stehen noch Rutgers College zu Newbrunswick, 1770 gegründet, und das 1846 von den Episkopalen errichtete Kollegium zu Burlington in Ansehen. Der Gesammtbetrag der Ausgabe für Schulzwecke ist 540,283 Dollars. Die Mehrzahl der Bevölkerung gehört dem religiösen Bekenntniß nach zu den Methodisten, nächst diesen sind die Presbyterianer, Baptisten und Niederländischreformirten am zahlreichsten. Oeffentliche Anstalten des Staats sind ein Irrenhaus zu Trenton, das Staatsgefängniß nach pennsylvanischem System bei Trenton; öffentliche Bibliotheken gibt es gegen 80 mit 50,000 Bänden. Der Gouverneur des Staats wird von den wahlberechtigten Einwohnern durch Stimmenmehrheit auf 3 Jahre gewählt. Die gesetzgebende Gewalt wird von einem Senat und einem Repräsentantenhause (General Assembly) ausgeübt. Der Senat besteht aus 20 auf 3 Jahre gewählten Mitgliedern. Die Mitglieder des Repräsentantenhauses werden alle Jahre nach Counties (Grafschaften) im Verhältniß zu ihrer Bevölkerung gewählt. Die richterliche Gewalt ist in den Händen eines Appellationshofs, eines Kanzleigerichts, eines Obergerichts, von Bezirkgerichten und Untergerichten. Die Finanzen des Staats sind in sehr gutem Zustande. Die Einnahme betrug 1862: 278,157, die Ausgabe 186,073 Doll. Die Staatsschuld betrug Anfangs 1863 für Bonds, welche für Kriegszwecke verausgabt worden waren, zusammen 886,100 Dollars. Zum Kongreß der Vereinigten Staaten schickt N. 2 Senatoren und 5 Repräsentanten. Der Staat ist in 20 Counties eingetheilt. Die Hauptstadt ist Trenton.

Die ersten Ansiedelungen geschahen in N. von den Holländern, bald nach ihrer Ankunft in Newyork zu Bergen zwischen 1614 und 1624. Im Jahre 1627 wurde eine schwedische Kolonie im südwestlichen Theil des Landes gegründet, an den Ufern des Delaware. Im Jahre 1664 fiel der Staat mit Newyork in den Besitz des Herzogs von York, welcher ihn an Lord Berkeley und Sir George Carteret übertrug. Penn und Carteret theilten den Staat in Ost- und Westjersey, von von denen der erstere wieder unter die Verwaltung von Carteret gestellt und letzterer den Erben des Lords Berkeley zurückgegeben wurde. Beide bildeten einen Theil von Newyork, 1702 wurden sie der britischen Krone wieder zurückgegeben und bildeten nun unter dem Namen N. eine vereinigte Provinz, die von britischen Gouverneuren bis zur Revolution von 1776 regiert wurde. Am Unabhängigkeitskampf war N. sehr stark betheiligt; zu Trenton wurden im December 1776 900 Hessen von Washington gefangen genommen, die Schlacht bei Princeton wurde einige Tage später geschlagen, die Schlacht von Monmouth im Juni 1778, alle unter persönlicher Führung Washingtons und für die amerikanische Sache günstig. In Morristown überwinterte die amerikanische Armee von 1776—77. N. ist einer von den 3 Staaten, welche die Konstitution der Vereinigten Staaten von 1787 einstimmig in der dazu angeordneten Konvention annahmen.

Newlondon, Stadt und Einfuhrhafen im nordamerikanischen Staate Connecticut, am Thames unweit von dessen Mündung in den Long-Islandsund, hat mehre Kirchen, höhere und niedere Unterrichtsanstalten, einen vortrefflichen, durch 2 Forts geschützten Hafen (einen der besten der Union) mit Leuchtthurm, 3 Banken, lebhaften Handel u. Fischerei, Wollen-, Baumwollen- und Eisenindustrie, Eisenbahnverbindung mit Newhaven, Norwich und Willimantic, Dampfschiffverbindung mit Newyork und 10,116 Einwohner. N. wurde 1781 im Revolutionskriege von den Briten fast ganz niedergebrannt.

Newman, 1) John Henry, englischer Theolog, geboren den 21. Februar 1801 in London, besuchte das Trinitycollege in Oxford und wurde 1822 zum Fellow des Orielcollege und 1828 zum Pfarrer der St. Marienkirche in Oxford ernannt. Ein Anhänger Pusey's, gab er mit diesem u. Andern die ersten „Tracts for the times“ heraus. Auch seine Schrift „The Arians of the fourth century“ (London 1834) verräth des Verfassers puseyitische Richtung. Im Okt. 1845 zur katholischen Kirche übergetreten und auf einer Reise nach Rom zum Priester des Oratoriums, dessen Superior er für England ist, geweiht, suchte er nach seiner Rückkehr durch die „Letters on certain difficulties felt by Anglicans in submetting to Rome“ (Lond. 1850), sowie durch zahlreiche Vorträge, die unter dem Titel „Discourses addressed to mixed congregations“ (das. 1850; deutsch von Schündeler, Mainz 1851) gesammelt wurden, für den Katholicismus Propaganda zu machen. Ein Angriff, den er in der „Dublin review“ gegen den zur anglikanischen Kirche übergetretenen italienischen Priester Achilli richtete, zog ihm eine Verleumdungsklage zu, die nach einem skandalösen Prozeß im April 1853 zu N.s Ungunsten entschieden wurde.

2) Francis William, englischer Schriftsteller, Bruder des Vorigen, geboren 1805, studirte zu Oxford, ward Fellow des Balliolcollege und bereiste 1830—33 den Orient. Bald darauf ward er Lehrer am Bristolcollege, 1840 Professor bei der Akademie in Manchester und 1846 Professor der römischen Literatur an der Universität zu London. In seinen Schriften „The soul, her sorrows and her aspirations“ (3. Aufl., Lond. 1852; deutsch von Heymann, Leipzig 1851) und „Phases of faith“ (Lond. 1849) fordert er im Gegensatz zu seinem Bruder einen durch Vernunft und Humanität begründeten Glauben. Als Geschichtschreiber erwarb er sich Ruf durch seine „History of the Hebrew monarchy“ (Lond. 1850) und „Regal Rome, an introduction to Roman history“ (das. 1852), worin er Niebuhrs Hypothesen über den Ursprung der Etrusker bekämpfte. In dem „Essay on the moral and constitutional right or wrong of national dept“ (Lond. 1849) und den „Lectures on political economy“ (das. 1851) bespricht er socialökonomische Verhältnisse Englands. Die politischen Bewegungen veranlaßten seinen „Appeal to the middle classes“ (das. 1848) und „Adress on the foreign policy of England“ (das. 1852). Er übersetzte auch die Oden des Horaz (Lond. 1853).

Newmarket, Marktflecken in der englischen Grafschaft Cambridge, an der Eisenbahn von London nach Norwich, hat Bierbrauereien, Malzbarre und 4069 Einwohner; ist namentlich berühmt durch seine vielbesuchten Wettrennen.

Neworleans (Neuorleans), bedeutende Stadt u. Einfuhrhafen in den Vereinigten Staaten, Staat Louisiana, liegt am östlichen oder linken Ufer des Mississippi, gegen 100 englische Meilen von seiner Mündung oder in direkter Linie 90 englische Meilen vom Golf von Mexiko entfernt, in 29° 58′ nördl. Br. u. 90° 7′ westl. L. von Greenwich. Die Stadt, 1860 mit 668,500 Einwohnern, wovon ein großer Theil Schwarze und Mulatten, und unter der weißen Bevölkerung Franzosen, Amerikaner und Spanier die Mehrzahl bilden, ist auf einer Fläche gebaut, welche vom Flusse abwärts gegen die im Hintergrund liegenden sumpfigen Strecken sanft geneigt ist und bei Hochwasser zwischen 2 und 5 Fuß unter der Oberfläche des Flußwassers liegt. Um die Stadt vor Ueberschwemmungen zu schützen, ist deshalb ein 6 F. hoher und 15 F. breiter Damm, Levee genannt, aufgeführt, der sich bis 120 englische Meilen oberhalb der Stadt und bis Port Plaquemine 43 englische Meilen unterhalb derselben hinzieht und für N. eine reizende Promenade bildet. Die eigentliche alte Stadt, wie sie ursprünglich von den Franzosen angelegt worden, hat die Form eines Parallelogramms, das aus 6 vollständigen Vierecken besteht. Oberhalb schließen sich an dasselbe die früheren Vorstädte oder Faubourgs St. Mary, Annunciation, la Course u. Lafayette; unterhalb die Vorstädte Marigny, Daunois u. Declouet u. Treme und St. John's hinter der ersteren. Der alte Theil hat enge Straßen und hohe, mit Balkonen gezierte Häuser, wie sie in älteren spanischen u. französischen Städten gewöhnlich sind, die neueren Theile haben breite gerade und sich rechtwinklig durchschneidende Straßen mit schönen modernen Gebäuden. Die dem Flusse entlang laufenden Straßen machen eine der Gestalt eines Halbmondes ähnliche Biegung, woher N. auch den Namen der Crescent (Halbmond) City erhalten hat. Die breiteste ist die Kanalstraße, über 100 F. in der Breite und in ihrer ganzen Länge mit einer 25 F. breiten Rasenfläche versehen. Die meisten Gebäude sind von Backstein und im Allgemeinen niedrig, im Geschäftsviertel jedoch gewöhnlich 5—6 Stockwerke hoch. Die Häuser in den Vorstädten, besonders in Lafayette, sind meist mit geräumigen Höfen und Anlagen umgeben, die mit Orangen-, Citronen-, Magnolia- und andern Zierbäumen geschmückt sind. Mit den Vorstädten dehnt sich N. gegen 6—7 englische Meilen dem Fluß entlang aus und etwa 5 engl. M. rückwärts nach dem See Pontchartrain, mit dem es vermittelst eines von einem Bassin in der Stadt ausgehenden Kanals, Carondelet, und des Bayou St. John in Verbindung steht. In verschiedenen Theilen der Stadt gibt es öffentliche Plätze, unter denen zu erwähnen sind Jackson Square im ersten Distrikt, mit Spaziergängen, Gebüsch, Statuetten 2c. parkähnlich angelegt, Lafayette Square im zweiten Distrikt, mit vielen schattigen Bäumen geschmückt, und Congo Square auf der Rückseite der Stadt. Die bedeutendsten öffentlichen Gebäude sind: das große Zollhaus der Vereinigten Staaten, eines der größten Bauten in den Vereinigten Staaten; die Zweigmünze der Vereinigten Staaten, nahe am Flusse, an der Ecke der Esplanade- und Newleveestraßen, die Stadthalle, dem Lafayetteplatze gegenüber, ein schönes Gebäude aus Marmor in griechischem Styl aufgeführt; das Charity Hospital mit Kuppel, von prachtvollen Anlagen umschlossen; Odd Fellow's Halle, dem Lafayetteplatze gegenüber; das Gerichtshaus; die 3 Börsen; die Kirche von St. Louis, gegenüber dem Jacksonplatze; die Episkopal- und neue Episkopalkirche; die Presbyterianer- und St. Patrickskirche und eine jüdische Synagoge. Von den 38 Kirchen, welche N. 1853 hatte, gehörten 12 den römischen Katholiken, 7 den Episkopalen, 6 den Presbyterianern, 5 den Methodisten, 3 den Lutheranern, 2 den Baptisten an, und 3 waren jüdische Synagogen. Unter den Privatgebäuden sind vorzugsweise verschiedene Hotels ungemein großartig. Das St. Charles Hotel, 1850 abgebrannt u. bis 1852 prachtvoller wieder aufgebaut, ist in Ausdehnung und Eleganz das Großartigste dieser Art in der ganzen Union. Ebenso sind die Exchange, St. Louis, Veranda Hotels von seltener Größe. Unter den 5 Theatern der Stadt ist das St. Charlestheater das bedeutendste; das Orleanstheater gibt seine dramatischen Vorstellungen in französischer Sprache. Die bemerkenswerthesten Bankgebäude sind die Citybank, Kanalbank und die Louisianabank. Von besonderem Interesse sind noch die großen Bauten für die Baumwollpressen, die gewöhnlich ein ganzes Straßenviertel einnehmen. Für den Unterricht wirken etwa 40 Schulen und die 1849 gegründete Universität von Louisiana. Sie besteht aus einem College, einer medicinischen Fakultät und einer Rechtsschule und hat große eigene Gebäude mit geräumigen Hörsalen, einem anatomischen Theater 2c. Für die klinischen Uebungen der Mediciner bietet das große Charity Hospital der Stadt, die größte Anstalt dieser Art in den Vereinigten Staaten, ausgezeichnete Gelegenheit. Auch das Schiffshospital der Vereinigten Staaten, Stone's Hospital, u. das Franklinkrankenhaus, in der Fronte nach der Pontchartraineisenbahn zu, sind sehr gut eingerichtet. Von größter Bedeutung ist N. als Handelsstadt und nimmt als solche den dritten Rang in der Union ein, in der Menge und dem Werthe der Ausfuhr aber wird es allein von Newyork übertroffen. In N. koncentrirt sich der ganze Handel des größeren Theils des Mississippithals. Der Mississippi und seine Zuflüsse haben zusammen schiffbare Wasserstraßen von nicht weniger als 15,000 englischen Meilen Länge und stehen mit ungeheuren Ländergebieten in Verbindung, die durch Fruchtbarkeit und Produktenreichthum sich auszeichnen. Für alle diese Erzeugnisse aus den oberen Gebieten des Mississippi ist N. der große Sammelplatz. Hunderte von Booten liegen hier am Kai, gefüllt mit fettem Rindvieh, Pferden, Mauleseln, Schweinen und Schafen; andere mit Futter, Getreide, Kartoffeln, Butter, Käse, Aepfeln und Obstwein. Auf dem Kai sind massenhaft aufgehäuft Bauholz, Schweinefleisch, Mehl und alle Arten von landwirthschaftlichen Erzeugnissen. Am Landungsplatze der Dampfschiffe bewegen sich Dampfer von ungewöhnlicher Größe, beladen mit förmlichen Hügeln von Baumwollballen. N. ist der größte Baumwollmarkt der Erde. Der Gesammtwerth der von hier nach fremden Häfen ausgeführten einheimischen Produkte betrug von 1850 bis 1851 gegen 54 Millionen Dollars. Vom Innern gingen in N. ein: auf dem Mississippi für 107 Millionen Dollars Waaren und außerdem noch vermittelst des Pontchartrainsee's und des Neuen Kanals eine bedeutende Quantität, namentlich Baumwolle und Bauholz. Der Hauptartikel der auf dem Mississippi eingegangenen Produkte war ebenfalls Baumwolle, nämlich 995,000 Ballen. Diese Verhältnisse mußten natürlich in neuester Zeit durch den amerikanischen Bürgerkrieg im Allgemeinen und die besondere Betheiligung, die Beschießung und Einnahme, sowie den Kriegszustand der Stadt eine Aenderung zum Nachtheil derselben erleiden, doch wird sich N. rasch wieder erholen u. seinen früheren hohen Handelsrang wieder gewinnen. Die industrielle Thätigkeit von N. ist im Vergleich zum Handel von geringer Wichtigkeit. Es hat einige Eisengießereien, Brennereien und Zuckerraffinerien, sowie große Anstalten zum Zusammenpressen der Baumwolle. N. steht durch einen Kanal mit dem Pontchartrainsee, ferner mit Mobile, Pensacola und der ganzen Golfküste im Osten des Mississippi in direkter Wasserverbindung, ebenso mittelst der Bayoux von Plaquemine und Lafourche mit der Golfküste. Jetzt hat es auch bereits durch verschiedene Eisenbahnen raschere Verbindungen mit benachbarten Landungs- und Einschiffungsplätzen, sowie Bahnen zum See Pontchartrain, zum Borguesee und nach Carrollton am Mississippi. Größere Eisenbahnen gehen von hier nach Norden (die Neworleans-, Jackson- und Northernbahn) und eine nach Westen (Neworleans-, Opelousas- und Westernbahn); außerdem eine Bahn vom Pontchartrainsee nach Mobile. Im Vergleich zu andern neuen Städten nimmt die Bevölkerung von N. sehr langsam und nicht bedeutend zu, ein Uebelstand, der, trotz der äußerst günstigen Handelslage, hauptsächlich durch das ungesunde Klima und die niedrige Lage der Stadt herbeigeführt wird. Wegen der ausgedehnten umliegenden Sumpfstrecken des Mississippi erscheint jedes Jahr das gelbe Fieber und tritt nicht selten als verheerende Epidemie auf. Die ungesunde Jahreszeit währt durch die Monate Juli, August und September. Der wohlhabendere Theil der Bevölkerung verläßt während dieser Fiebermonate die Stadt und zieht sich auf das entferntere gesündere Land zurück. Mit Trinkwasser wird die Stadt durch eine Wasserkunst aus dem Mississippi versehen. In der Umgegend von N. gibt es große Pflanzungen mit Zucker, Baumwolle, Indigo und Reis, Orangenhaine u. schöne Gärten, die mit der üppigen Vegetation des Südens prangen. Gegenüber der Stadt liegt Algiers, ein kleiner Ort, oder vielmehr Vorstadt von N., mit dem es durch eine Fähre verbunden ist. Hier befinden sich die Hauptwerkstätten für N. und bedeutende Schiffswerften.

N. wurde 1717 von den Franzosen gegründet und nach dem Herzog von Orléans, dem damaligen Regenten von Frankreich, benannt. Im Jahre 1723 hatte es ungefähr 100 Hütten und eine Bevölkerung von nicht mehr als 200 Seelen. Im Jahre 1762 kam N. mit ganz Louisiana im Westen des Mississippi an Spanien, nach der Eroberung Spaniens durch die Franzosen aber an Frankreich zurück, und 1803 wurde es mit dem übrigen Louisiana an die Vereinigten Staaten verkauft. Damals hatte N. ungefähr 8000 Einwohner. Im Jahre 1804 wurde es zum Einfuhrhafen erklärt und 1805 als City einverleibt. Im Jahre 1810 hatte es erst eine Bevölkerung von 17,242 Seelen. Am 8. Januar 1815 machte General Pakenham, Kommandant der englischen Streitmacht, einen Angriff auf die Stadt, wurde aber von den Amerikanern unter General Jackson geschlagen. Seit jener Zeit entwickelte sich der Handel der Stadt immer rascher, u. N. wurde bald das einzige Emporium für den Handel des unermeßlichen Mississippibeckens. Im April 1862 wurde die Stadt von den Truppen und der Flotte der Union genommen.

Newport, 1) Stadt in der englischen Grafschaft Monmouth, im Fürstenthum Wales, an der Mündung des Usk, der einen sicheren Hafen bildet, in den Kanal von Bristol, hat Docks, eine alte Kirche, Reste einer festen Burg, ein Athenäum, große Kohlen- und Eisenwerke, Nagelschmieden, Brauereien, Hopfenbau und 23,249 Einw. Die Lage am Usk, Brecon- und Monmouthkanal und verschiedenen Eisenbahnen machen die Stadt zu einem lebhaften Handelsplatze. — 2) Stadt in der englischen Grafschaft Southampton, auf der Insel Wight, am hier schiffbaren Medina in der Mitte der Insel gelegen, hat ein Stadthaus mit Markthalle, ein literarisches Institut mit Bibliothek, eine lateinische Schule, eine Industriehalle, Zwiebackbäckereien und 7934 Einw. — 3) (N.-Paguell), Stadt in der englischen Grafschaft Buckingham, an beiden Ufern des Ouse, hat ein Seminar für independistische Geistliche, ein literarisches Institut, 2 Versorgungshäuser, Spitzenweberei, Papierfabrikation und 3676 Einw. — 4) Stadt im nordamerikanischen Freistaat Rhode-Island, an der Südwestküste der Insel Rhode-Island, malerisch auf einer gegen den Hafen sanft geneigten Fläche gelegen, hat einen sehr sicheren Hafen, 15 Kirchen verschiedener Konfessionen, ein Staatenhaus, eine Markthalle, ein Theater, eine öffentliche Bibliothek, mehre Banken, ein Armenhaus, Fabriken für Segeltuch, Seilerwaaren, Leder, Handel, Rhederei und 10,500 Einw. — 5) Stadt im nordamerikanischen Staat Kentucky, am Ohio, Cincinnati gegenüber, mit Eisengießereien, einer Bank und 8500 Einw.

New red conglomerate (engl.), s. v. a. Rothliegendes (s. d.).

New red sandstone (engl.), in England eine Formation, die in ihrem untern Theile dem deutschen Rothliegenden entspricht, während die obern Schichten dem bunten Sandstein parallel sind.

Newry, Hafenstadt in der irischen Provinz Ulster, Grafschaft Armagh, am Newry, über welchen hier 4 Brücken führen, ist Sitz des katholischen Bischofs von Drummore, hat einen Gerichtshof, ein Stadthaus, 2 Zuchthäuser, ein Arbeitshaus, eine Kaserne, ein Nonnenkloster, Leinwand-, Baumwoll- u. Glasfabriken, Eisen- und Messinggießereien, Wagenfabriken, Gerbereien, Brauereien, Brennereien und 11,426 Einw.

Newscotia, s. v. a. Neuschottland.

Newstead-Abbey, früheres Augustinerkloster in der englischen Grafschaft Nottingham, von Heinrich II. gestiftet, von Heinrich VIII. aufgehoben und seinem Liebling John Byron geschenkt, seitdem Eigenthum und Landsitz der Familie Byron. Lord Byron liegt auch dort begraben. Vergl. Irving, Abbotsford and N., London 1835.

Newton (N.-Stewart), Stadt in der schottischen Grafschaft Wigton, hat eine lateinische Schule, eine Bibliothek, Baumwoll- und Lederindustrie und 2535 Einw.

Newton, Isaak, der Begründer der neueren mathematischen Physik und der physischen Astronomie, geboren am 25. Dec. 1642 bei Woolstherpe in der englischen Grafschaft Lincoln, besuchte die Schule zu Grantham u. widmete sich sodann zu Cambridge, namentlich unter Barrow, mathematischen Studien. Besonders zogen ihn die Werke Saundersons, Descartes', Keplers und Wallis' „Arithmetica infinitorum" an, welche letztere ihn zur Erweiterung des Binomiums und zur Entdeckung der Fluxionslehre hinleitete. Er fand nämlich, daß der binomische Satz nicht bloß für ganze positive Exponenten, sondern auch für gebrochene und negative Zahlen anwendbar sei, und erhob sich mittelst dieses wichtigen Satzes zu einem allgemeinen Princip der Methode der Fluxionen (s. d.), welches darin besteht, aus der Art und Weise des allmähligen Anwachsens der Größen auf ihren Werth zu schließen. Achtzehn Jahre später machte Leibnitz dieselbe Entdeckung unter einer anderen Form, welche jetzt unter dem Namen des Differentialkalküls angewendet wird. Durch einen vom Baum fallenden Apfel soll er auf die Kraft, welche die Körper nach dem Mittelpunkte der Erde mit immer zunehmender Geschwindigkeit hinzieht, aufmerksam geworden und durch weiteres Nachdenken und von dem durch Kepler entdeckten Gesetz ausgehend, daß die Quadratzahlen der Umlaufszeiten der Planeten sich verhalten wie die Kubus ihrer mittleren Entfernungen von der Sonne, auf den Schluß gekommen sein, daß die Attraktion der Sonne im umgekehrten Verhältniß des Quadrats der Entfernung wirke. Erst als Mercators „Logarithmotechnia" erschienen war und die darin gelehrte Quadratur der Hyperbel außerordentliches Aufsehen erregte, fand sich N. bewogen, seine bei weitem mehr leistende Methode der Fluxionen seinem Lehrer Barrow mitzutheilen. Daneben beschäftigte ihn damals die Zerspaltung des weißen Sonnenlichts in die verschiedenfarbigen, dasselbe zusammensetzenden Strahlen durch das Prisma. So hatte er sich um die mathematisch-physikalischen Wissenschaften bereits unsterbliche Verdienste erworben, als ihm 1669 Barrow seinen Lehrstuhl abtrat. Bald nachher erregte er durch eine Arbeit über bessere Einrichtung der Spiegelteleskope die Aufmerksamkeit der königlichen Societät zu London, der er auch ein solches von ihm selbst verfertigtes, 30—40mal vergrößerndes Teleskop überreichte. Im Jahre 1672 als Mitglied derselben aufgenommen, fand er dadurch Veranlassung, ihr einen Theil der Analysis des Lichts vorzulegen. Der Streit, in welchen ihn diese Theorie mit Hooke und andern Physikern verwickelte, veranlaßte ihn zu einer weiteren Ausführung seiner Theorie des Lichts in einer zweiten Arbeit. Ein Bericht, den er 1679 über ein astronomisches System abzustatten hatte, veranlaßte ihn zu dem

Vorschlage, die Bewegung der Erde durch direkte Versuche über die Abweichung von der Vertikale, welche frei fallende Körper erleiden, zu beweisen, womit er die früher schon einmal behandelte Gravitationstheorie von Neuem aufnahm. Da seitdem Picard einen Grad des Meridians in Frankreich gemessen und darauf eine genauere Bestimmung des Erdhalbmessers gegründet hatte, so fand N. bei Anwendung desselben, daß die Bewegung des Mondes in der That mit dem von ihm entdeckten Gravitationsgesetz übereinstimme. Von nun war seine wissenschaftliche Thätigkeit fast ausschließlich der Verfolgung dieses Naturgesetzes gewidmet. Als 1684 Halley ihn in Cambridge besuchte, konnte er demselben bereits den „Tractatus de motu" vorlegen, der dann das erste und zweite Buch seiner „Philosophiae naturalis principia mathematica" (London 1687; 2. Aufl. 1713; mit Kommentar von Lesueur und Jacquier, Genf 1760, 4 Bde.; engl. von Motte, London 1803, 3 Bde.) bildete. Inzwischen hatte N. auch eine politische Wirksamkeit gewonnen. Er repräsentirte nämlich die Universität Cambridge in dem Parlament, welches 1689 die Thronerledigung aussprach, und erhielt 1696 durch den Grafen von Halifax bei dessen Eintritt in das Finanzministerium die Stelle eines Münzwardeins und 1699 die eines Münzmeisters. N. leistete bei der neuen Münzreform sehr nützliche Dienste und wurde dadurch auch auf chemische Untersuchungen geführt, hatte aber das Unglück, sein Laboratorium sammt den dazu gehörigen Schriften bei einer Feuersbrunst zu verlieren. Von allen Seiten her ward er mit Ehrenbezeigungen überhäuft; er wurde 1699 zum auswärtigen Mitglied der pariser Akademie ernannt, 1701 von der Universität zu Cambridge wieder zu ihrem Parlamentsdeputirten gewählt und 1703 zum Präsidenten der londoner Societät erhoben. Von seinen Werken besorgte er nur die berühmten „Philosophiae naturalis principia" selbst zum Druck, und zwar zuerst englisch unter dem Titel „Optics or a treatise of the reflexions, inflexions and colours of light" (London 1704), die von Clarke unter seiner Aufsicht ins Lateinische übersetzt wurden (London 1706). Mit dieser ersten Ausgabe des Werks vereinigte N. auch seine analytischen Dissertationen „De quadratura curvarum" (engl. von Stewart, London 1745) und „Enumeratio linearum tertii ordinis" (neue Aufl. von Stirling, Paris 1797; engl., Lond. 1737). Seine „Arithmetica universalis", welche die von ihm in Cambridge gehaltenen analytischen Vorlesungen enthält, wurde von Whiston herausgegeben (London 1707; neue Ausg., Amsterd. 1761, 2 Bde.). Auch seine „Methodus differentialis" und „Analysis per aequationes numero terminorum infinitas" wurden von fremder Hand, jedoch mit seiner Zustimmung, veröffentlicht (Lond. 1711). Hinsichtlich des Streites, in den N. 1712 mit Leibniz über die Erfindung des Infinitesimalkalküls gerieth, steht jetzt fest, daß Jeder unabhängig von dem Andern auf seine Methode gekommen ist. Die Briefe, worin Jeder das frühere Dasein seiner Erfindung behauptet hat, sind in dem „Commercium epistolicum" (London 1712) gesammelt. Auch über chronologische Gegenstände hat N. scharfsinnige Untersuchungen angestellt u. ein eigenes Werk verfaßt, welches unter dem Titel „The chronology of ancient kingdoms amended" (London 1728; deutsch, Hildburgh. 1745) erschien. Von geringerer Bedeutung sind seine metaphysischen Hypothesen, die fast alle von einer todten Mechanik ausgehen. In seinen „Ad Danielis prophetae vaticinia, nec non S. Johannis Apocalypsin observationes" (1736) verirrte sich sein klarer Geist in mystische Träumereien; überhaupt waren religiöse Betrachtungen in den spätern Lebensjahren eine von N.s Hauptbeschäftigungen. Seit dem Verluste seines Laboratoriums und eines Theils seiner Manuskripte scheint er den Wissenschaften entfremdet worden zu sein, und es finden sich aus dieser Zeit eigentlich nur drei neue Arbeiten von ihm, nämlich eine Abhandlung über Temperatur in den „Philosophical transactions" (1701), eine Entwickelung der Ideen, welche Hadley nachher durch seine Spiegelsextanten realisirt hat, und endlich eine Auflösung des von Joh. Bernoulli vorgelegten Problems über die Brachystochrone oder die Linie des kürzesten Falles, ebenfalls in den „Philosophical transactions". Er † am 20. März 1727. Sein Leichnam ward in der Westminsterabtei nahe beim Eingange des Chors beigesetzt. Seine Familie ließ ihm 1731 ein prächtiges Denkmal errichten; im Trinitycollege zu Cambridge wurde 1755 seine Marmorstatue aufgestellt. Seine Werke wurden lateinisch von Horsley (Lond. 1779 bis 1785, 5 Bde.) herausgegeben; wegen des Kommentars zu den „Principia" ist die spätere Ausgabe derselben von Lesueur und Jacquier (Genf 1730—42, 3 Bde.) zu empfehlen. Sein Leben beschrieb Brewster (London 1831; deutsch von Goldberg, Leipzig 1833), der auch seine „Memoirs" (Edinburg 1855, 2 Bde.) herausgab. Edlestone veröffentlichte seine „Correspondence" (London 1850),

Newwestminster (früher Queensborough), Hauptstadt der britischen Kolonie Neucaledonia oder Britisch-Columbia (nordwestliches Amerika), am rechten Ufer des Fraser's River, unmittelbar an der Abzweigung des Nordkanals; wurde erst im März 1859 durch den Oberst Moody angelegt.

Newyork, einer der mittleren Vereinigten Staaten von Nordamerika, zugleich der bevölkertste und einflußreichste, liegt zwischen 40° 30′ und 45° nördl. Br. und 71° 56′ und 79° 56′ westl. L. von Greenw. (Long Island ausgeschlossen) und wird begrenzt im Norden vom See Ontario, vom St. Lorenzflusse und von Ostcanada, im Osten von den Staaten Vermont, Connecticut und Massachusetts, im Süden von dem atlantischen Ocean, Newjersey und Pennsylvanien und im Westen von Pennsylvanien, dem Eriesee und dem Flusse Niagara. Seine größte Länge von Osten nach Westen beträgt (Long Island ausgeschlossen) ungefähr 335 englische Meilen und seine größte Breite von Norden nach Süden gegen 308 englische Meilen; sein ganzer Flächeninhalt 46,000 englische oder 2163 deutsche □Meilen. Nach der letzten Zählung von 1860 hatte der Staat eine Bevölkerung von nahe 3,900,000 Seelen. Die Oberfläche bietet die größte Mannichfaltigkeit. Die Bergkette der Appalachen oder Alleghanies zieht sich in zwei Zügen von Newjersey und Pennsylvanien her nach dem südöstlichen Theile von N. Der Zug von Newjersey wird von dem Hudsonflusse in der Nähe von Westpoint durchbrochen und bildet die berühmten Highlands (Hochland) des Hudson. Vom Hudson an verfolgt der Zug unter dem Namen Taconic- oder Tagkhannucberge eine nördliche Richtung und schließt sich an die Green Mountains (grünen

Berge) in Connecticut und Massachusetts an. Bei Westpoint ist dieses Hochland an 20 englische Meilen breit, erreicht aber selten eine Höhe von 1500 Fuß, nur am östlichen Ufer des Flusses, nahe bei Fishkill, erhebt es sich einmal bis zu 1700 F. Nordwestlich von dem Hochlande, mit diesem fast parallel laufend, liegen die Shawangunkberge u. weiter die Catskillberge, welche von Südwesten her sich dem Hudson nähern und mit demselben ungefähr 20 englische Meilen in gleicher Richtung laufen, dann aber nach Nordwesten gegen den Mohawkfluß abbrechen. Der letzte Theil ihres Zuges ist unter dem Namen Helderberghügel bekannt. Die höchste Erhebung in dieser Kette ist Roundtop in der Grafschaft Greene mit 3804 Fuß Höhe und der romantisch gelegene Pine Orchard (2274 F.) nahe dem Hudson, der wegen der schönen Fernsicht im Sommer viel besucht wird. Die größte Gebirgspartie liegt jedoch nördlich vom Flusse Mohawk und zwischen dem Ontariosee im Westen u. dem Champlain- und Georgesee im Osten. Die Gebirge durchziehen unter verschiedenen Lokalbenennungen und in verschiedenen Richtungen die Grafschaften Herkimer, Fulton, Montgomery, Saratoga, Warren, Essex, Clinton, Franklin, Hamilton und St. Lawrence. Die bedeutendste Gruppe bilden in der Grafschaft Essex die Adirondackberge, worin die höchsten Spitzen der Mount Marcy oder Tawahus, 5467 Fuß hoch, und der Whiteface, gegen 5000 F. hoch, sind. Der ganze östliche Theil des Staats hat einen bergigen oder hügeligen Charakter, der Theil im Westen dieser Gebirgszüge ist jedoch vorherrschend eben, ausgenommen im Süden in der Nähe der pennsylvanischen Grenze. N. hat eine größere Anzahl schiffbarer Gewässer als irgend ein anderer Staat der Union. Im Osten ist der Hudson, der bedeutendste und wichtigste Fluß des Staats, welcher denselben etwa 350 englische Meilen lang durchschneidet, 150 englische Meilen weit für große Dampfer u. Schooner und 120 englische Meilen für große Segelschiffe fahrbar ist; im Nordosten der Champlainsee, schiffbar auf 120 englische Meilen; im Westen u. Nordwesten der Erie- und der Ontariosee und an der Nordgrenze der große St. Lorenzfluß, alle für große Schiffe schiffbar. Im südöstlichen Theile des Staats entspringt der Delaware u. im Innern der Susquehanna, beide fließen nach Pennsylvanien u. führen bei Hochwasser im Frühling und Herbst Holz und andere Produkte des Staats nach den Märkten von Newjersey, Pennsylvanien und Maryland. Im Westen von N. fließt der Genesee, wegen seiner zahlreichen Fälle nur theilweise für kleine Dampfer und Kielboote schiffbar. Der Oswegatchee, Graß, Racket und St. Regis, jeder ungefähr 150 englische Meilen lang, sind Zuflüsse des St. Lorenz, der Mohawk, ein Nebenfluß des Hudson, etwa 200 englische Meilen lang, bewässert die mittleren Grafschaften des östlichen Theils von N. Noch eine Menge kleiner und malerischer Seen liegen im Staate, im Osten der Georgesee, berühmt durch seine Naturschönheiten, in der Mitte die Seen Oneida, Skeneateles, Owasco, Cayuga, Seneca, Crooked und Canandaigua, im Südwesten der Chautauquesee. Die größeren derselben haben eine Länge von 10—36 englischen Meilen. Die Seeküste von N. ist zwar nicht so ausgedehnt wie in den andern alten Staaten der Union, aber jedenfalls die wichtigste für den Verkehr u. die Machtstellung des Landes. Die bedeutendsten Baien sind die Bai von N. nach dem atlantischen Meere zu, und Sackett's Harbor, am östlichen Ende des Ontariosee's. Der Long-Islandsund, 120 englische Meilen lang, zwischen Long Island und der Küste von Connecticut, ist jetzt eine sehr besuchte Wasserstraße. Der Staat hat auch einige bedeutende und wichtige Inseln. Es sind dies Long Island, 115 englische Meilen lang und im Mittel ungefähr 10 englische Meilen breit, zwischen dem Long-Islandsund und dem atlantischen Ocean; Staten Island, 12 englische Meilen lang und 8 englische Meilen breit, zwischen der Bai von N. im Osten und der Raritanbai und dem Arthurkillsund im Süden und Westen; Manhattan Island, auf welcher die Stadt Newyork sich ausbreitet, 15 englische Meilen lang u. im Mittel etwa 1½ Meilen breit, und Grand Island im Niagaraflusse. Das Klima des Staats ist sehr verschieden. An den Küsten ist die Hitze des Sommers und die Kälte des Winters gemildert, doch sind namentlich im Winter schnelle Wechsel gewöhnlich. Im nördlichen Theile des Staats sind die Winter sehr streng und lang, im Innern hat das Klima mehr den Charakter eines kontinentalen, im Westen ist die Kälte durch den Einfluß der nahen großen Seen gemäßigt. Zu Fort Columbus, unter 40° 42′ nördl. Br. im Hafen von Newyork, beträgt die mittlere Temperatur des Jahres 9°,3 R., des Winters 0°,17, des Sommers 18°,5. Auch die Bodenbeschaffenheit bietet merkliche Unterschiede dar. Die westlichen Theile des Staats, wie die Geneseeflächen und die Thäler des Hudson und Mohawk, haben ausgezeichneten Boden, während ein großer Theil im Nordosten dürftig und unfruchtbar ist. Im Allgemeinen kann man N. einen fruchtbaren Staat nennen. Die eigentlichen Ackerbaubezirke, in denen auch Weizen eine wichtige Frucht bildet, sind mehr auf den ebeneren Westen beschränkt. Auf den Ackerbau wird große Sorgfalt verwendet. Im Ertrag von Schlachtvieh, Hafer, Kartoffeln, Gerste, Buchweizen, Obst, Produkten der Marktgärtnerei, Butter, Käse, Heu, Hopfen, Ahornzucker, Wachs, Honig steht N. unter allen Staaten der Union obenan; außer diesen Erzeugnissen liefert es noch viel Wolle u. Weizen, Mais, Hülsenfrüchte, Flachs, etwas süße Kartoffeln, Tabak, Wein, Hanf und Seide. Die Früchte sind namentlich Aepfel, Birnen, Kirschen, Pflaumen und Pfirsiche und verschiedene Arten von Beeren. Die wichtigsten Waldbäume sind: Nadelhölzer, besonders die Weymouthskiefer (Pinus Strobus) und die Hemlockstanne (P. canadensis), Eichen, Ahorn, Buchen, Lärchen und Birken. Die Wälder und die Quellen des Susquehanna und Delaware liefern viel Tannenholz für die Märkte von Philadelphia und Baltimore. Von den verschiedenen Jagdthieren, mit denen in früheren Zeiten die Wälder N.s gefüllt waren, trifft man noch den amerikanischen Hirsch, den schwarzen Bären, den Panther, die Wildkatze, den grauen und schwarzen Wolf, den Biber, das Hermelinwiesel, die Fischotter, Marder, Hasen u. a. m. Von nutzbaren Mineralien hat der Staat vornehmlich Eisen, besonders in den nordöstlichen und südöstlichen Grafschaften und in der Grafschaft Wayne; Blei findet sich in großer Menge in der Grafschaft St. Lawrence, in Ulster, in den Grafschaften Sullivan, Columbia und Westchester, an einigen Orten auch Zink und Kupfer. In den mittleren und einigen der westlichen Grafschaften gibt es viel Gyps; schöner Marmor bricht in Sing-Sing; Steinkohlen fehlen gänzlich. Der Staat hat viele Mineral- und Heilquellen, von denen die bekanntesten die von Saratoga, Ballston, New Lebanon, Sharon und Avon sind. Die Grafschaft Onondaga liefert große Quantitäten Salz, und Salzquellen gibt es in den Grafschaften Erie, Genesee und Orleans. Die Hauptbeschäftigung der Bewohner bildet die Landwirthschaft, dann der Handel, die Industrie und die Schifffahrt. So bedeutend auch die Industrie im Staat N. entwickelt ist, so nimmt er in dieser Beziehung doch nicht die Vorzugsstellung ein, welche ihm hinsichtlich des Handels und des Ackerbau's zuerkannt werden muß. Die Industrie beschäftigt sich hauptsächlich mit Baumwoll- und Wollwaaren-, Eisenwaaren-, Leder-, Malz- und Spirituosenfabrikation, Verfertigung von Bekleidungswaaren, musikalischen Instrumenten, Glas, Papier, Möbeln aller Art u. a. Der Werth der jährlichen Erzeugnisse der Industrie wird auf 379,623,560 Doll. geschätzt. Der Handel des Staats übertrifft den jedes andern Staats der Union, und die Stadt N. ist das größte Handelsemporium nicht allein der Vereinigten Staaten, sondern der ganzen neuen Welt. Der Tonnengehalt der Schiffe, welche Bürgern des Staats N. gehörten, betrug 1852 gegen 1,200,000 Tonnen. Einen sehr bedeutenden Transithandel vermitteln seine Kanäle und Eisenbahnen. Mehl, Weizen, Korn, Gerste u. anderes Getreide, Tabak, Kohlen, Butter, Speck, Käse, Wolle, Holz, Vieh u. Schweinefleisch gehen in den größten Massen den Handelsweg durch N. Zu Buffalo allein betrug der Werth der Einfuhr durch den Kanal von Osten 1852 schon 42 Millionen Dollars, während auf dem Flusse Hudson durch Kanalbeförderung in demselben Jahre Güter im Werthe von $57\frac{1}{2}$ Millionen Dollars ankamen. Der ganze Werth der Einfuhr wurde 1852 zu $132\frac{1}{2}$ u. der Werth der Ausfuhr zu $87\frac{1}{2}$, 1858 ersterer zu 178, letzterer zu über 108 Millionen Dollars berechnet. Der Handelsverkehr wird befördert durch eine große Anzahl von Kanälen, die zusammen 918,96 englische Meilen Länge haben u. von denen die bedeutendsten sind: der Eriekanal, aus dem Eriesee bis zum Hudsonflusse, von Albany bis Buffalo; der Champlainkanal, von West-Troy bis Whitehall; der Chenangokanal, von Utica bis Binghamton; der Black-Riverkanal, von Rome bis Carthage; der Oswegokanal von Syracuse bis Oswego; der Delaware-Hudson und der Genesee-Valleykanal; sowie durch ein großartig ausgedehntes Netz von Eisenbahnen, deren Länge 2700 englische Meilen beträgt und auf denen 1860 4,741,773 Tonnen Waaren im Werth von 773,089,275 Doll. befördert wurden. Die Hauptlinien laufen von N. radienförmig nach allen Richtungen aus, verzweigen sich vielfach unter einander und verbinden die Stadt mit allen wichtigeren Städten des Staats u. der Nachbarstaaten. Die bedeutendsten Linien sind: die Newyork-Centralbahn (120 Meilen), die Newyork-Eriebahn (100 M.), die Newyork-Harlembahn (28 M.). Eine wirklich großartige Ausdehnung hat das Bankwesen im Staate gewonnen. Nach officiellen Angaben vom 30. Sept. 1863 gab es 309 Banken mit einem Gesammtkapital von 109,258,147 Doll. Das Unterrichtswesen ist im Staat N. im guten Zustande. Man zählte 1862 11,763 Schulbezirke mit 90,288 Volksschulen, außerdem schon 1853 gegen 200 Mittelschulen oder Akademien, gegen 60 weibliche Seminare und 25 andere Institute dieser Art, 8 theologische Schulen. Von sonstigen höheren Unterrichtsanstalten bestehen die Universität der Stadt N. u. das Columbiacollege zu N., das Unioncollege zu Shenectady, das Hamiltoncollege zu Clinton, die Madisonuniversität zu Hamilton, das Genevacollege oder Hobart-Freecollege zu Geneva, die Universität zu Rochester u. das St. Johnscollege zu Fordham, welch letzteres katholisch und mit einem theologischen Seminar verbunden ist. Medicinische Schulen gibt es 2 in der Stadt N., von denen eine mit der Universität verbunden ist, eine zu Geneva in Verbindung mit dem dortigen College und eine zu Albany. Eine Rechtsschule besteht zu Albany, auch sind mit der Universität von N. und dem Columbiacollege zu N. Rechtsschulen verbunden. Der Betrag der für das Erziehungswesen bestimmten Fonds war 1853 nahe an 6,050,000 Dollars, und die Gesammtausgaben für Schulzwecke des Staats beliefen sich 1862 auf 3,955,664 Dollars. Die Schulbibliotheken hatten in demselben Jahre Büchersammlungen von zusammen 1,700,000 Bänden. Den religiösen Bekenntnissen nach bietet die Bevölkerung die größten Verschiedenheiten u. Gegensätze dar. Der Zahl nach sind wohl die Episkopal-Methodisten die vorherrschende Religionspartei, dann kommen die Baptisten, Presbyterianer, Reformirten, Kongregationalisten, Universalisten, Unitarier, Römisch-Katholischen, Quäker u. a. Der Staat hat eine Irrenanstalt zu Utica und ein Taubstummen- und Blindeninstitut zu N. Die 3 Staatsgefängnisse sind zu Sing-Sing, Auburn und Clinton, Besserungsanstalten für jugendliche Verbrecher zu N. und Rochester. Die gegenwärtige **Verfassung** des Staats ist vom Jahre 1846. Nach derselben ist die exekutive Gewalt einem Gouverneur und einem Vicegouverneur übertragen, welche durch Majorität der wahlberechtigten Einwohner des Staats auf Ein Jahr gewählt werden. Ebenso werden durch das Volk, aber auf 2 Jahre, gewählt ein Staatssekretär, ein Controller, ein Schatzmeister, ein Generalstaatsanwalt, ein Staatsingenieur u. ein Vermessungsdirektor. Die gesetzgebende Gewalt ist in den Händen eines Senats und einer Versammlung (Assembly) von Repräsentanten. Für die Wahl der Senatoren ist der Staat in 32 Distrikte eingetheilt, von denen jeder einen Senator auf 2 Jahre erwählt. Die Mitglieder der Assembly werden alljährlich und nach der Bevölkerung der einzelnen Distrikte gewählt. Jeder Distrikt (county) soll wenigstens Ein Mitglied haben. Für die Rechtspflege bestehen ein Appellationsgericht, Obergerichte, Bezirksgerichte, Countygerichte und Kriminalgerichte. Außerdem gibt es besondere Gerichtshöfe für die City u. den Distrikt von Newyork und einen eigenen Gerichtshof für Staatsbeamte. Der Stand der Finanzen ergibt sich aus folgenden Daten. Am 1. Okt. 1862 betrug die Balance im Staatsschatz 5,750,621 Dollars. Hierzu kamen an Einnahmen inklusive die schwebenden Anleihen 18,652,685 Doll. Die Ausgaben betrugen 20,703,685 Doll. Die fundirte Schuld des Staats betrug am 30. Sept. 1863 29,773,964 Doll. Diese Schuld wurde zum größten Theil für die Ausführung der großen Kanal-, Eisenbahn- und für andere öffentliche Bauten des Staats kontrahirt, welche übrigens jetzt die Zinsen des verbrauchten Kapitals mehr als decken. Die Verwendungen zu Kriegszwecken durch den Staat betrugen bis zum 1. December 1863 13,000,000 Dollars. Was außerdem von Municipalitäten, Städten, Dörfern und Grafschaften an Unterstützungen für Familien der Freiwilligen ꝛc. bis zum 1. Januar 1863 verwendet worden ist, wird auf 17,000,000 Doll. geschätzt, worin persönliche und private Schenkungen u. Beisteuern noch nicht mit einbegriffen sind. Eingetheilt ist der Staat in 59 Counties, seine Hauptstadt ist Albany. Der Staat schickt gegenwärtig 2 Senatoren und 35 Repräsentanten zum Kongreß.

Nachdem Henry Hudson am 3. Sept. 1609 die Insel Manhattan entdeckt, gründeten die Holländer 1613 die erste Niederlassung an der Südspitze jener Insel unter dem Namen Neuamsterdam, sowie das Fort Orange, bemächtigten sich dann des Landes u. nannten es Neuniederland oder Neubelgien. Für die Insel Manhattan zahlten sie den Indianern den Werth von etwa 24 Dollars, und ebenso kauften sie am North River, am Delaware und auf Staten Island große Landstrecken. Aber die Kolonisten geriethen in Streit mit den Indianern, im Norden rissen die Engländer ohne Weiteres einen Landstrich am Flusse Connecticut an sich, u. auch die Schweden, die sich am Delaware festsetzten, erlaubten sich Uebergriffe. Im Sept. 1664 nahmen 4 englische Fregatten die Kolonie, indem sie sich auf ein Patent beriefen, durch welches König Karl II. seinem Bruder, dem Herzog von York, ganz Neuniederland zugesprochen habe, und der englische Oberst Nichols ward Gouverneur der Provinz, die gleich der Stadt zu Ehren des neuen Besitzers den Namen N. erhielt. Alles Eigenthum der holländisch-ostindischen Kompagnie ward eingezogen und den Einwohnern 1200 Gulden Steuern abgepreßt, der Theil der Kolonie aber, der jetzt Newjersey heißt, verkauft. Zur Zeit der Eroberung hatte Neuamsterdam ungefähr 1500 Einw.; 1673 war diese Zahl auf 2500 angewachsen. Im Juli 1673 nahm zwar ein holländisches Geschwader die Stadt wieder, doch schon im nächsten Jahre waren die Engländer wieder im Besitz derselben, und im Vertrage zu Westminster ward das Land ihnen förmlich abgetreten. Der Herzog von York erhielt von seinem Bruder, Karl II., ein neues Verleihungspatent. Die Kolonie fühlte sich unter der Oberherrlichkeit des Herzogs oft hart gedrückt. Im Jahre 1683 hielt sie ihre erste legislative Versammlung; 1689, nach der Vertreibung der Stuarts, ward das Land unmittelbare Provinz der britischen Krone. Aufstände der Neger 1712 und 1741—42 wurden glücklich unterdrückt. Die unzweckmäßigen Maßregeln der englischen Regierung erregten eine Erbitterung, welche in nicht geringem Maße zum Ausbruche der Revolution beitrug. In N. wurde 1765 nebst dem Bildnisse des Gouverneurs auch die Stempelakte verbrannt, und Abgeordnete der Kolonien traten in der Stadt zu einem Kongreß zusammen. Im Jahre 1776 wurde N. von den Engländern erobert, die bis zum Frieden von 1783 in seinem Besitz blieben. Am 26. Juli 1788 nahm der Staat die Konstitution der Union an; 1821 ward seine Verfassung in liberalem und 1846 in demokratischem Sinne revidirt. Vgl. Macauly, The natural, statistical and civil history of the State of New York, Newyork 1829, 2 Bde.; Barber und Homer, Historical collections of the State of New York, das. 1841.

Newyork, Hauptstadt des gleichnamigen Staats, die bevölkertste Stadt in den Vereinigten Staaten und die größte Handelsstadt der neuen Welt, liegt an der südlichen Spitze der früher Manhattan, jetzt Newyork Island genannten Insel, die von dem festen Lande durch den sogenannten Harlemfluß, eine Straße, durch welche Ebbe und Fluth fließen, getrennt ist, unter 40° 42′ 40″ nördl. Br. und 74° 1′ 8″ westl. L. von Greenw. (City Hall). Die Harlemstraße dehnt sich von der Südspitze der Insel (der Battery) nach N. gegen 13½ englische Meilen lang bis Kingsbridge, bei einer mittleren Breite von 1⅗ englische Meilen. Im Osten trennt die Meerenge, welche East River genannt wird, die Manhattaninsel von Long Island, im Süden derselben liegt die Bai von N. und im Westen wird sie durch den Hudsonfluß vom Staat Newjersey getrennt. Die Bevölkerung der Stadt, die in der kurzen Zeit ihres Bestehens außerordentlich rasch emporgewachsen, beträgt nach der letzten Zählung über eine Million Seelen und besteht aus dem verschiedenartigsten Gemisch aus allen Staaten der Union und Europa's. Der ältere, südliche Theil der Stadt ist unregelmäßig und winklig gebaut, aber mit großen Hotels, Waarenhäusern, Läden und öffentlichen Gebäuden gefüllt; der nördliche, neuere Theil dagegen ist regelmäßig angelegt, mit breiten, geräumigen Straßen u. Alleen, die von prachtvollen, palastähnlichen Wohngebäuden und schönen Kirchen von Ziegel- u. Sandsteinen, selbst von Marmor besetzt sind. Die größte und schönste Straße ist Broadway, die sich von der Battery an der Südspitze der Insel bei einer Breite von 80 englischen Fuß fast durch die ganze Stadt gegen 3 englische Meilen weit erstreckt. Beide Seiten sind von den schönsten Häusern geziert, und hier sieht man die elegantesten Kaufläden und großartigsten Hotels u. zu gewissen Stunden des Tags die feine Welt N.s spazieren gehen. Das Gewühl von Menschen, Omnibussen, Lohnkutschen, Lastwägen u. von langen, von Pferden gezogenen Eisenbahnwaggons auf dieser riesigen Hauptstraße ist nur mit dem in den lebhaftesten Straßen Londons zu vergleichen. Bedeutende Nebenstraßen, wie die Chatham Street, East Broadway und andere, münden in dieses Centrum des Handels und Verkehrs. Geschäftsquartiere der Stadt von besonderer Wichtigkeit befinden sich noch zu beiden Seiten des südlichen Theils von Broadway, vorzüglich auf der Ostseite, in dem engen und unregelmäßigen Theil der Stadt, dem ursprünglichen Neuamsterdam der Holländer. Hier sind vorzüglich Pearl Street (Perlstraße), eine krumme, theilweise sehr enge, über 1 englische Meile lange Straße, für das große Waarengeschäft, und Water und Front Street zwischen Pearl Street und dem East River für die Detailgeschäfte, die Handwerker und die mit der Schifffahrt in Verbindung stehenden Gewerbe die Hauptsitze, während in der Nähe Wall Street, welche von Broadway bis zum East River läuft, fast ganz von Banken u. Kontoren, von Versicherungsgesellschaften, Maklern, Zeitungsbureaux, von dem Zollhause u. der neuen Börse eingenommen wird. Die Hauptmagazine und Kontore der vornehmsten Importeure befinden sich aber an der South Street, die sich von der Battery an fast den ganzen East River entlang hinzieht. Oberhalb der City Hall ist Broadway in der Länge von 2 englischen Meilen mit großen Gasthöfen, eleganten Läden,

Theatern, Koncerthallen, Lesehallen u. a. besetzt. Der neuere oder nördliche Theil ist in nördlicher u. südlicher Richtung von Avenues (Alleen) und Straßen durchschnitten, die, gegen 100 Fuß breit, sich theilweise 2—2½ englische Meilen lang ausdehnen und nach Nummern bezeichnet sind. Unter diesen ist die 5. Avenue der eigentliche Mittelpunkt der vornehmen Welt, mit großen kostspieligen Wohngebäuden aus braunem Sandstein oder Marmor und einer Anzahl schöner Kirchen. Nach dem Südosten und dem Osten zu gibt es übrigens auch viele Quartiere, die nur schmutzige Straßen und kleine, oft ärmliche Häuser zeigen. In N. ist, wie überhaupt in den meisten großen Städten Amerika's, die Sitte vorherrschend, daß jeder einzelne Geschäftszweig sein eigenes Viertel, seine besondere Straße einnimmt; so trifft man in der einen Straße hauptsächlich Schneider, in der anderen Schuster, in der dritten Blechschmiede, in der vierten Hutmacher rc. N. hat eine Anzahl von öffentlichen, mit Rasen, Büschen u. Bäumen bepflanzten Plätzen u. Spaziergängen. Im südwestlichsten Punkte der Stadt liegt die Battery, ein ungefähr 11 Acker großer Platz in der Form eines Halbmondes, der eine herrliche Aussicht auf die Bai gewährt und wegen seiner schönen Anlagen und der dort herrschenden erfrischenden Seeluft für die Newyorker eine beliebte Promenade bildet. Castle Garden, ein altes Fort, früher mit der Battery durch eine Brücke verbunden, hängt jetzt hier mit dem Festlande zusammen und wird in seinem Innern für große öffentliche Aufführungen, Koncerte u. dgl. benutzt. Auf der entgegengesetzten Seite der Battery, vor dem Südende von Broadway, liegt Bowling Green, ein kleiner, von einem Eisengitter eingefaßter Platz mit einer Fontäne. Ungefähr ¾ englische Meile von der Battery am Broadway liegt der Park, begrenzt vom Broadway, der Chatham- und Chambersstraße. Er ist 11 Acker groß u. enthält die Cityhalle, die Rotunda oder Hall of Records und die neue Cityhalle. Die schönen Anlagen sind mit Seen, Statuen und einer großen Fontäne geschmückt. Außer diesen sind noch zu erwähnen: St. John's Park, Washington Square, ein Parallelogramm von 12 Ackern, Tompkins Square im nordöstlichen Theil der Stadt, Stuyvesant Square, Union Park am Broadway in ovaler Form u. mit Springbrunnen geziert, Gramercy Park u. Madison Square im nördlichen Theile der Stadt, alle innerhalb der dicht bevölkerten Quartiere von N. Die Stadt ist reich an öffentlichen und Prachtgebäuden, die an Glanz und Größe mit den schönsten unserer europäischen Residenzen wetteifern können. Das prachtvollste derselben ist die neue Börse (Merchant's Exchange). Sie bedeckt den ganzen Raum zwischen Wall-, William-, Exchange- und Südwilliamstraße und ist aus Quincygranit 200 Fuß lang und 171 und 144 F. breit aufgeführt. Die Fronte nach der Wallstraße zu ist mit einem schönen zurücktretenden Portikus von 38 Fuß hohen und 4 F. 1 Zoll im Durchmesser haltenden Säulen geschmückt. Der Hauptraum in der Mitte des Gebäudes ist von einem Dom überdeckt, der zum Theil von 8 41 F. hohen korinthischen Säulen aus italienischem Marmor getragen wird. Nächst diesem ist als eines der großartigsten Gebäude von N. u. der Vereinigten Staaten das Zollhaus (Custom-House) an der Ecke der Nassau und Bread Street zu nennen. Es ist in dorischem Styl aus weißem Marmor nach dem Muster des Parthenon gebaut und hat zwei Fronten, jede mit einem von 8 massiven 32 F. hohen Säulen getragenen Portikus. Die Fronte nach der Wallstraße zu hat eine 18 Stufen hohe Marmortreppe, welche die ganze Breite des Gebäudes einnimmt. Der ganze Bau hat über 1 Million Dollars gekostet und steht an der Stelle der alten Federalhall, von deren Frontbalkon Washington als erster Präsident der Vereinigten Staaten seine Antrittsrede gehalten. Wenn man den Broadway entlang nach dem Park zu geht, sieht man in der Mitte des Parks in schönster Lage das Stadthaus oder City Hall, ein Gebäude in gemischtem korinthischen u. jonischen Styl aufgeführt, 216 Fuß lang, 105 F. breit und 65 F. hoch, in der Mitte mit einer Kuppel, welche eine kolossale Statue der Themis beträgt. Die Fronte aus weißem Marmor ist mit Säulen und Pilastern jonischer, korinthischer und gemischter Ordnung geziert, welche über einander in regelmäßiger Abstufung aufsteigen. Von den übrigen öffentlichen Gebäuden sind noch zu nennen: das Gerichtshaus (Hall of Justice), aus Granit in ägyptischem Baustyl aufgeführt, die Halle der Universität von N., in gothischem Styl, sehr vortheilhaft am Washington Square gelegen; das Columbia College, zwischen dem Broadway und der Greenwich-Street, nahe am Ufer des Hudson; das Armenhaus am East River, ein schönes steinernes Gebäude von 320 Fuß Länge und 50 F. Tiefe; das Hospital, das Staatsgefängniß in Greenwich, einer Vorstadt N.s, am Hudson, das neue Arsenal, in gothischem Styl von blauen Bruchsteinen aufgeführt. Unter der Zahl von nahe an 300 Kirchen befinden sich mehre sehr schöne. Die ausgezeichnetste von allen und unstreitig die schönste Kirche in den Vereinigten Staaten überhaupt ist die Dreifaltigkeitskirche (Church of the Holy Trinity) am Broadway, Wall Street gegenüber gelegen. Sie ist aus rothem Sandstein in gothischem Styl aufgeführt, 189 Fuß lang, 84 F. breit, mit einem schönen, 264 F. hohen Thurm, von dem aus man die prachtvollste Uebersicht der Stadt, des Hafens, der Bai und der ganzen Umgegend genießt. Die Episkopalkirche St. Pauls, etwas höher hinauf, ebenfalls am der Westseite der Stadt, ist ein schönes Gebäude mit einem höchst eleganten Thurm; sie steht am Eingange des Parks, dessen Nordseite die City Hall, das Armenhaus und das Kantonsgefängniß und dessen Ostseite das Parktheater begrenzen, die neue Grace-Church, ebenfalls den Episkopalen gehörig, am Broadway, nahe dem Union Square, ist aus weißem Marmor in gothischem Styl erbaut und soll die Trinitykirche an Eleganz und Geschmack im Innern übertreffen. Eine schöne gothische Kirche ist auch die niederländische Kirche (Dutch Reformed Church) am Washington Square, u. unter den übrigen Kirchen der Stadt sind die bedeutendsten: die St. John's Episkopal Church am St. John's Square, die französisch-protestantische Kirche an der Franklinstraße, die St. Patrickkathedrale in der Prinzenstraße, die St. Thomas Episkopalkirche am Broadway, die neue baptistische Kirche in der Broomestraße und die neue unitarische Kirche am Broadway. Unter den vielen großartigen Privatgebäuden der Stadt sind noch zu erwähnen: Odd Fellow's Hall, das Bibelhaus, das naturhistorische Museum, die neue Astorbibliothek, die verschiedene Krankenhäuser und insbesondere die großartigen Hotels, die alle Bedürfnisse und allen Luxus des menschlichen Lebens in sich vereinen, in Bezug auf Räumlichkeit und Bequemlichkeit alle derartigen in Europa übertreffen, und deren Herstellung häufig auf 1 Million Dollars und noch höher zu stehen kommt. Die größten und vorzüglichsten sind: Metropolitan Hotel, ein Muster der amerikanischen Gasthöfe, Astor House, Howard House, American House, Irving House, Carthon House, Taylor's Restaurant St. Nicholas, Prescott House, Collamore House, Bondstreet Hotel, Newyorkhotel, Lafarge House, Astor-Place Hotel, Union-Place Hotel, St. Denis Hotel, Gramercy Hotel, alle am Broadway gelegen. N. besitzt eine große Anzahl wissenschaftlicher Institute, von denen die bedeutendsten sind: das Columbia College, schon 1754 unter dem Namen Kings College errichtet, mit einer Bibliothek; die Universität von N. in einem schönen Gebäude von weißem Marmor, an der östlichen Seite des Washington Square, 1831 gegründet, mit einer medicinischen Schule, physiologischer Sammlung und Bibliothek verbunden; das Kollegium der Aerzte u. Chirurgen, 1807 gestiftet, mit anatomischem Museum und guter Bibliothek; das medicinische Kollegium, eine 1851 gegründete Anstalt; das Kollegium der Pharmacie; das allgemeine theologische Seminar der Episkopalkirche, 1817 gegründet, mit Bibliothek; das presbyterianische theologische Seminar, 1836 gestiftet und mit Bibliothek von 20,000 Bänden; Rutgers weibliches Institut, eine Unterrichtsanstalt für junge Damen, gewöhnlich mit 500 Zöglingen. Einige hundert Freischulen sorgen für den Unterricht von etwa 150,000 Kindern. Im Jahre 1848 wurde eine „freie Akademie" gegründet, welche den Charakter einer „Akademie" oder Mittelschule, einer Hochschule und polytechnischen Schule, sowie eines „Kollegiums" in sich vereinigt. Sie wird von mehr als 600 Studirenden besucht u. hat eine Bibliothek. An Bibliotheken ist die Stadt überhaupt sehr reich. Außer den genannten hat sie noch: „die newyorker Gesellschaftsbibliothek", als die bedeutendste, 1754 durch Verschmelzung der damaligen „Stadtbibliothek" mit andern gegründet. Sie enthält über 40,000 Bände und gewährt überdies den Vortheil eines Lesezimmers, in welchem sich eine große Anzahl Tagesblätter und Wochen- und Monatsschriften vorfinden. Ferner besitzt der kaufmännische Bibliotheksverein (Mercantil's Library Association), von einer Anzahl junger strebsamen Kaufleute gegründet, in einem prächtigen Lokal gegen 50,000 Bände aus allen Zweigen der Literatur und Wissenschaft und ein großes Lesezimmer. Die newyorker historische Gesellschaft hat eine Bibliothek von 15,000 Bänden u. eine Münzsammlung, das Lyceum für Naturgeschichte eine Bibliothek und ein Museum. Eine Bibliothek, welche an Großartigkeit der Anlage und durch die Oeffentlichkeit ihres Charakters alle andern übertrifft, ist die erst in neuester Zeit durch Vermächtniß des newyorker Kaufmanns Johann Jakob Astor, eines Deutschen von Geburt, gegründete „Astorbibliothek", welche in einem besonderen prachtvollen Gebäude mehr als 80,000 Bände der öffentlichen freien Benutzung überläßt. Neben diesen öffentlichen Bibliotheken u. Lesevereinen bestehen noch zahlreiche geschlossene Lesezirkel, deren Besuch von der Erfüllung gewisser Formalitäten u. Bedingungen abhängig gemacht ist und unter denen der „deutsche Klub" eine hervorragende Stelle einnimmt. Die Journalliteratur, die Buchdruckereien mit ihren großartigen Schnellpressen und Buchhandlungen nehmen in N. eine hohe Stelle ein. An religiösen und philanthropischen Anstalten sind besonders zu nennen: die amerikanische Bibelgesellschaft, die ein eigenes prachtvolles Gebäude besitzt, in welchem 7 große Schnellpressen unausgesetzt thätig sind; die amerikanische Traktatengesellschaft, welche sich die Verbreitung religiöser und moralischer Schriften zum Zweck setzt, 12 Schnellpressen beschäftigt und Werke, Pamphlete, Journale und Kalender in 10 verschiedenen Sprachen herausgibt. Neben diesen bestehen noch viele andere Gesellschaften und Vereine für Verbreitung religiöser und allgemeiner Bildung. Das Hospital, das Irrenhaus, das Institut für Augenkranke, das Blindeninstitut und das Taubstummeninstitut, die Armenasyle und Gefängnisse sind Musteranstalten in Anlage und Leitung, sowie in praktischer Einrichtung. Zur Erholung seiner Bewohner besitzt die Stadt eine Anzahl schöner Theater, große Etablissements für öffentliche Aufführungen und schöne Promenaden, die schon oben erwähnt worden. Unter den städtischen Einrichtungen verdienen noch eine besondere Erwähnung das trefflich geordnete Feuerlöschwesen und die großartigen Crotonwasserwerke, durch welche die Stadt mit einem Ueberfluß von klarem, frischem Wasser versorgt wird. Das imposante Werk wurde von 1836—42 mit einem Kostenaufwande von mehr als 10 Millionen Dollars vollendet und schafft die Wässer des 43 englische Meilen entfernten Crotonflusses durch eine Röhrenleitung und mittelst Brücken und Dämme zu einem 5 englische Meilen von der Stadthalle entfernten großen Wasserbehälter (receiving reservoir), der 1826 F. lang und 836 F. breit ist und 150 Millionen Gallonen in sich aufnehmen kann. Der zweite Behälter, von welchem das Wasser nach allen Seiten in 3 Fuß weiten Röhren ausströmt, erhebt sich 45 Fuß über der Straße und enthält 20 Millionen Gallonen Wasser. Durch diese Wasserleitung kann die Stadt täglich mit 40 Millionen Gallonen Wasser versehen werden. Im Handel ist N. die ausgezeichnetste Stadt der westlichen Welt. Der Hafen, welcher eine große Bai bildet, friert selbst im Winter selten zu und hat sichere Landungsplätze für die größten Seeschiffe. Am regsten ist das mit dem Seeverkehr in Verbindung stehende Leben in dem südlichen, Long Island gegenüber liegenden Theil der South Street, am stärksten in dem Theile zunächst der Battery, wo gewöhnlich die großen überseeischen Dampf- und Handelsschiffe anlegen. Der lange Kai weiter hinauf wird von Schiffen für den Binnenhandel eingenommen. Gegen 600—800 Schiffe aller Größen und aller Flaggen pflegen auf der ganzen Ausdehnung des Kai's vor Anker zu liegen. An dem Kai längs des North River, der sich über 2 englische Meilen weit ausdehnt, liegen vornehmlich die Flußschiffe, Kanalboote und die nach näheren Seeplätzen fahrenden Dampfschiffe. Im Jahre 1861 betrug der Tonnengehalt der Schiffe, welche die Stadt N. besaß, an 1,540,000 Tonnen; der Werth der gesammten Ein- und Ausfuhr von N. belief sich gegen 230 Millionen Dollars und hat sich seit dieser Zeit bedeutend gesteigert. Der Hafen steht mit allen bedeutenden Seehäfen der Welt in direktem Verkehr u. mit vielen durch regelmäßige Paket- od. Dampfschiffe. Zugleich bildet N. einen Centralpunkt für eine Menge wichtiger Eisenbahnlinien nach allen Richtungen. Außer den vielen Versicherungsgesellschaften für Förderung des Handels bestanden 1860 in der Stadt 55 Banken mit einem Kapital von 70 Millionen Dollars.

N. ist zugleich der Haupthafen für die europäischen Einwanderer. Im Jahre 1852 landeten hier über 300,000, die, aus Europa kommend, in den Freistaaten Nordamerika's eine neue Wohnstätte suchten. Wie im Handel nimmt auch in der Industrie die Stadt den ersten Rang ein, namentlich im Maschinen- u. Schiffbau, in Eisenwaaren, Baumwollwaaren, Leder, Zuckerraffinerie, Bierbrauerei, Gold- u. Silberwaaren, Hüten, musikalischen Instrumenten, Spitzen, Seife u. a. Der größte Theil des Gesammtwerthes, welchen die jährlichen Erzeugnisse der Industrie im Staate Newyork repräsentiren, und der sich nach den Angaben von 1860 auf etwa 380 Millionen Dollars beziffert, entfällt auf die Stadt N. In dem genannten Jahre repräsentirten die Erzeugnisse der Maschinenfabrikation einen Werth von 10½ Millionen Dollars, die der Eisengießerei einen Werth von 8 Millionen, die der Schuhmacherei einen Werth von nahe an 4 Millionen, die der Pianofortesfabrikation einen Werth von über 3 Millionen Dollars. Die Stadt zählte 45 Bierbrauereien, und im Ganzen waren für industrielle Zwecke gegen 100,000 Hände beschäftigt. Die Stadt und der Hafen sind durch Natur und Kunst gut vertheidigt. Die Einfahrt zu der oberen Bai geht durch eine Straße, Narrow's genannt, die ungefähr eine englische Meile breit ist, und wird auf der Long-Islandseite von zwei Forts gedeckt, wovon das eine nicht weit vom Ufer entfernt im Wasser liegt. Auf der Seite von Staten Island sind wieder 2 andere Forts. Hierauf folgen Fort Columbus auf Governor's Island auf der östlichen Seite und die Batterien von Bedloe und Ellis Islands im Westen. Auch am öffentlichen Spaziergang Battery, am Südende der Stadt, liegt ein Fort. Die Einfahrt vom Long-Islandsund ist durch die Befestigungen auf Throy's Neck geschützt. In diesen Forts befindet sich stets eine starke Besatzung von Truppen der Vereinigten Staaten. Der East River ist beständig durchfurcht von den elegantesten Dampfschiffen, welche alle 10 Minuten um wenige Cents Personen zwischen N. und Brooklyn, Williamsburg, Hoboken od. Jersey City befördern, die, obgleich große selbstständige Städte, auf diese Weise als Vorstädte von N. zu betrachten sind. Die Umgebung der Stadt ist reizend, namentlich sind die herrlichen Ufer des Hudson, längs denen sich freundliche Landsitze hinziehen, sehr malerisch. Das Klima gehört zu den wärmsten u. wäre in heißen Sommertagen fast unerträglich, wenn es nicht durch die sanften Seewinde gemildert würde, die um die Abendzeit aus der schönen Bai herüberwehen. N. ist in 20 Wards oder Quartiere eingetheilt und wird von einem Mayor (Bürgermeister) u. einem Rathe (Common Council) verwaltet. Der Mayor wird auf 2 Jahre vom Volke gewählt, der Rath jährlich. Die Polizei besteht aus etwa 1200 Bediensteten, die alle 2 Jahre aus den Mitbürgern der Stadt gewählt werden. Die Gesammtausgaben für die Stadtverwaltung mit Einschluß der Zinsen für die städtische Schuld betrugen 1852 nahe an 8,300,000 Dollars.

N. wurde zuerst 1612 von den Holländern gegründet, welche 1623 ein Fort auf der Südspitze der Insel Manhattan und 1642 daselbst die erste holländische Kirche bauten. Die Ansiedelung hatte den Namen Neuamsterdam u. enthielt 1656 120 Häuser u. ungefähr 1000 Bewohner. Im Jahre 1664 wurde die Stadt den Engländern übergeben und kam in die Hände des Herzogs von York, von dem sie den Namen N. erhielt. Im Jahre 1677 hatte sie 384 Häuser, u. 1696 gehörten ihr 40 Schiffe, 62 Schaluppen und 60 Boote. Im Jahre 1700 war die Bevölkerung auf 6000 Seelen gestiegen. Im Jahre 1711 wurde hier ein Sklavenmarkt in der Wallstraße errichtet. Während des Revolutionskriegs blieb die Stadt im Besitz der Briten, die sie erst im November 1783 verließen. Im Jahre 1785 kam hier der erste Kongreß zusammen und 1789 wurde hier Washington als erster Präsident der Vereinigten Staaten unter der neuen Konstitution inaugurirt. Im Jahre 1807 wurde im Hafen von N. das erste Dampfboot zur Schifffahrt auf dem Hudson gebaut. In den Jahren 1795 und 1805 herrschte das gelbe Fieber in der Stadt u. 1835 verheerte eine furchtbare Feuersbrunst einen 40 Acker großen Theil des eigentlichen Geschäftsquartiers. Zu Anfang dieses Jahrhunderts hatte N. erst etwas über 60,000 Bewohner, 1820 schon das Doppelte, 1830 über 200,000, 1840 über 300,000, 1850 über 500,000, 1860 über 800,000 Einw. Vergl. Booth, History of the City of New York, Newyork 1859.

Nexöe, Stadt auf der Südostküste der dänischen Insel Bornholm, mit Hafen und Rhede, Schifffahrt und Handel, Branntweinbrennerei und 1485 Einw.

Nexus (lat.), Band, Zusammenhang, Verbindung; rechtliche Verbindlichkeit; Nexus feudalis, Lehnsverbindung.

Ney, 1) Michel, Herzog von Elchingen, Fürst von der Moskwa, Marschall und Pair von Frankreich, geboren am 10. Jan. 1769 zu Saarlouis, ward Schreiber, dann Aufseher in dem Eisenhammer zu Saleck, trat im Februar 1787 als Gemeiner in das Husarenregiment Colonel-général, stieg nach dem Ausbruche der Revolution zum Lieutenant auf, wohnte dem Feldzuge von 1792 als Adjutant der Generale Lamarche und Collaud bei und kehrte als Kapitän zu seinem Regiment zurück. Kleber versetzte ihn zur Avantgarde und erhob ihn zum Eskadronchef und Generaladjutanten. Im Jahre 1796 trat N. in die Maas- und Sambrearmee unter Jourdan und erwarb sich, indem er den Uebergang über die Regnitz erzwang, den Grad eines Brigadegenerals. Im folgenden Feldzuge hatte er Theil an dem Siege bei Neuwied, doch gerieth er bei Dierns-dorf in kurze Gefangenschaft. Im Frühjahr von 1799 setzte er mit dem Beobachtungscorps Bernadotte's über den Rhein, nahm durch einen kühnen Handstreich Mannheim und wurde dafür zum Divisionsgeneral erhoben. Zur Verstärkung Masséna's in die Schweiz beordert, erhielt er bei Winterthur eine schwere Verwundung. Nach seiner Herstellung kehrte er zur Rheinarmee zurück, übernahm interimistisch den Oberbefehl und verhinderte durch eine geschickte und kühne Diversion den Erzherzog Karl, den Sieg Masséna's bei Zürich über die Russen zu vereiteln. Im Feldzuge von 1800 zeichnete er sich unter Moreau besonders bei Hohenlinden aus. Nach dem Frieden zu Luneville bewirkte Bonaparte seine Vermählung mit einer geborenen Auguié, einer Jugendfreundin der Hortense Beauharnais, und ernannte ihn zum Generalinspecteur der Kavallerie. Im Jahre 1802 ging N. als Gesandter nach der Schweiz, wo er den Frieden u. die Mediationsakte vom 19. Febr. 1803 zu Stande brachte. Nach seiner Zurückberufung im Oktober 1803 übernahm er den Befehl über das 6. Armeecorps im Lager zu Boulogne. Nachdem er bei Errichtung des Kaiserthrons den Marschallsstab u. den Großadler der Ehrenlegion erhalten, eröffnete er an der Spitze seines Corps den Feldzug von 1805, schlug den Erzherzog Ferdinand am 10. Okt. bei Günzburg und führte durch einen Sturm auf die Schanzen von Elchingen die Kapitulation von Ulm herbei. Napoleon I. ernannte ihn dafür zum Herzog von Elchingen. Während die große Armee gegen Wien vorrückte, drang N. in Tyrol ein und besetzte Innsbruck und Hall, als der Friede zu Preßburg seinem weiteren Siegeslauf ein Ziel setzte. Im Feldzuge von 1806 verfolgte er nach der Schlacht bei Jena mit seiner Kavallerie den fliehenden Feind, zwang Erfurt und Magdeburg zur Uebergabe und wendete sich hierauf nach Ostpreußen und Polen gegen die Russen. Im Jahre 1807 entschied er den Sieg bei Eylau, hielt dann Monate lang die russische Armee am Pregel in Schach, unterstützte die Erfolge bei Deppen, Guttstadt und Heilsberg und focht mit Auszeichnung bei Friedland an der Spitze des linken Flügels. Wiewohl N. die Politik Napoleons auf der pyrenäischen Halbinsel mißbilligte, mußte er doch im Oktober 1808 mit dem Kaiser nach Spanien abgehen. Auch hier behauptete er durch eine Reihe der glänzendsten Waffenthaten seinen Ruhm; allein seine übertriebene Strenge der Bevölkerung Spaniens gegenüber war dem Zustandekommen des Friedens sehr hinderlich. Im Juli 1809 zerfiel er mit dem Oberfeldherrn Masséna über den Feldzugsplan und zog sich daher, sowie wegen des immer mehr steigenden Despotismus Napoleons für längere Zeit zurück, bis er im russischen Feldzuge den Befehl über das dritte Armeecorps erhielt, mit dem er in der Schlacht bei Smolensk, besonders aber an der Moskwa sich den Titel eines Fürsten von der Moskwa erwarb. Auf dem Rückzuge befehligte N. erst die Spitze, seit dem 2. November aber die Nachhut des Heeres. Mit eiserner Strenge hielt er die Mannszucht aufrecht und rettete beim Uebergang über die Beresina wenigstens Trümmer des Heeres. Nachdem er für den Feldzug von 1813 sein Armeecorps fast nur aus Rekruten ergänzt hatte, eröffnete er die Schlacht bei Lützen, befehligte bei Bautzen das Centrum und drang hierauf nach Schlesien vor, mußte hier aber, von Blücher angegriffen, aus der Stellung bei Liegnitz zurückweichen, bis ihm der Kaiser mit 25,000 Mann zu Hülfe eilte. Hierauf mit dem Befehl über den rechten Flügel des Heeres betraut, siegte er an dessen Spitze bei Dresden. Nach der Niederlage Oudinots bei Großbeeren erhielt N. den Oberbefehl über die zum Vordringen auf Berlin bestimmten Streitkräfte, wurde aber von Bülow bei Dennewitz ebenfalls geschlagen. Bei Leipzig vertheidigte er noch am 19. Oktober die östlichen Vorstädte. Im Feldzuge von 1814 focht er bei Brienne, Montmirail, Craonne, Châlons-sur-Marne ꝛc., drängte aber nach der Einnahme von Paris, Blutvergießens müde und die Schrecken des Bürgerkriegs fürchtend, den Kaiser zur Abdankung und eröffnete, obwohl vergebens, mit den Verbündeten Unterhandlungen. Ludwig XVIII. ernannte ihn zum Mitgliede des Kriegsconseils u. zum Pair u. verlieh ihm den Befehl über die 6. Militärdivision. Indeß wurde er von den übermüthigen Royalisten bald mannichfach gekränkt, daher er sich seit dem Januar 1815 auf sein Landgut Condreur bei Chateaudun zurückzog. Auf die Nachricht von Napoleons Rückkehr von Elba zog er mit 4000 Mann gegen denselben, erkannte aber, als er zu Lons-le-Saulnier erfuhr, daß die Garnison von Grenoble übergegangen sei, u. auf die Vorstellungen des Generals Bertrand von der Vergeblichkeit seines Widerstandes u. der großen Verantwortlichkeit im Falle eines Bürgerkriegs nach einem harten Kampfe mit seiner Pflicht und den Erinnerungen seines Lebens in einer Proklamation die Sache des Kaisers als die rechtmäßige an und vereinte sich zu Auxerre mit demselben. Nach dem Einzug in Paris mußte er die Truppen an der Grenze von Dijon bis nach Landau inspiciren, zog sich aber hierauf auf sein Landgut zurück. Bei Eröffnung des Feldzugs von 1815 übernahm er den Befehl über den 38,000 Mann starken linken Flügel. Während Napoleon selbst die Preußen bei Ligny schlug, sollte er an der Spitze seiner Streitmacht das Plateau von Quatrebras gegen das britische Heer behaupten und hiermit die Trennung der feindlichen Armeen bewerkstelligen. Die Zögerung, womit N., wahrscheinlich in Folge von Mißverständnissen, diesen Auftrag vollzog, brachte der Sache Napoleons großen Schaden. Bei Waterloo befehligte N. das Centrum; fünf Pferde wurden ihm unter dem Leibe erschossen. Nachdem er zu Paris eingetroffen, rieth er im Interesse Frankreichs zu Unterhandlungen. Viele betrachteten ihn deshalb als Verräther, u. die provisorische Regierung weigerte sich, ihm unter den Mauern der Stadt ein Kommando zu übergeben. Nach der Kapitulation von Paris entwich er nach St. Alban, wo er seine Proskription erfuhr, u. verbarg sich auf dem Schlosse einer Verwandten in der Nähe von Aurillac, ward aber entdeckt und am 19. Aug. gefangen nach Paris zurückgebracht. Da sich das Kriegsgericht, vor welches man ihn stellte, für inkompetent erklärte, brachte der Minister Richelieu den Prozeß vor die Pairskammer. Vergebens beriefen sich N.'s Vertheidiger Berryer und Dupin auf die Amnestie, welche der 12. u. 15. Artikel der Kapitulation allen Kompromittirten zusage; der Herzog von Wellington versicherte, er habe darin nur den in der Hauptstadt befindlichen Fremden Amnestie ertheilt. Mit großer Stimmenmehrheit ward er des Hochverraths für schuldig befunden u. am Morgen des 7. Dec. 1815 im Garten des Luxembourg erschossen. Die Familie erhielt die Erlaubniß, ihn auf dem Père-Lachaise zu bestatten. N. hinterließ 3 Söhne, die später seine „Mémoires" (Par. 1833, 2 Bde.) veröffentlichten.

2) Joseph Napoleon, Fürst von der Moskwa, ältester Sohn des Vorigen, geboren am 8. Mai 1803, heirathete die Tochter Laffitte's, aus welcher unglücklichen Ehe die Gemahlin des Herrn von Persigny entsprossen ist. Nach der Julirevolution ward er Adjutant des Herzogs von Orléans und am 19. November 1831 erhielt er die Pairswürde. Indeß machte er erst im März 1841 von seinem Rechte, in der Pairskammer zu erscheinen, Gebrauch. Beim Ausbruch der Revolu-

tion von 1848 besuchte er die demokratischen Klubs, wirkte aber schon damals für den Bonapartismus. Im Jahre 1849 wurde er in mehren Departements in die Nationalversammlung gewählt. Nach dem Staatsstreiche vom 2. Dec. 1851 war er als Mitglied der konsultativen Verfassungskommission thätig und erhielt eine Senatorstelle; bald darauf ward er Brigadegeneral. Ein Freund der altklassischen Musik, gab er mit großem Kostenaufwande eine Sammlung alter Musikstücke heraus. Er † am 25. Juli 1857 zu St. Germain bei Paris. Sein jüngerer Bruder, **Michel Louis Felix**, Herzog von Elchingen, geboren den 24. Aug. 1804, † während des Krimfeldzugs als Brigadegeneral zu Gallipoli an der Cholera. Der dritte Bruder, Graf **Napoléon Henri Edgar N.**, geboren den 20. März 1812, ward 1852 Kavallerieoberst und Adjutant Napoleons III., 1856 Brigadegeneral und im Aug. 1859 Senator.

3) **Jenny**, s. Bürde-Ney.

Ngamisee, Süßwassersee im Innern von Südafrika, unter 20° südl. Br. und 40° östl. L., an der Nordgrenze der Wüste Kalahari, ungefähr 3700 Fuß über dem Meere gelegen, mit einem Flächenraum von 14 □Meilen. Er empfängt seinen Zufluß von Norden her durch den Tinga, hat aber keinen Abfluß. Der N. wurde zuerst 1849 von Livingstone u. Murray erreicht, 1852 von Campbell und Macabe und 1853 von Andersson genauer untersucht.

Ngan-hoei, Provinz im Innern von China, an beiden Ufern des Jantse-kiang, hat 2290 □Meilen, erzeugt Baumwolle, Reis, Thee, Gold, Silber, Kupfer, Salz und hat 35 Millionen Einwohner, welche lackirte Waaren, Seiden- und Baumwollenzeuche, Papier, Tusche rc. fertigen. Die Hauptstadt ist **Ngan-king-fu**, am Jantse-kiang, stark befestigt und Hauptplatz des Transithandels zwischen den nördlichen und südlichen Provinzen von China.

Ni, s. Solmisation.

Niagara, der Verbindungsstrom zwischen dem Erie- und Ontariosee, welcher die Grenze zwischen dem britischen Canada und dem nordamerikanischen Staat Newyork bildet, durchläuft mit seinen Krümmungen eine Strecke von 7 Meilen. Bei dem Fort Erie, wo er zuerst den Charakter eines Flusses annimmt, ist er 1/2 Stunde breit, verringert aber bald bei Black-Rock sein Bett bis auf 1/4 Stunde u. eilt in raschem Laufe dahin; dann aber erweitert er sich wieder zu seiner ursprünglichen Breite und fließt ziemlich langsam von Süden nach Norden. Etwa 1 3/4 Meilen unterhalb Fort Erie theilt sich der Fluß in zwei Arme, welche die zu Newyork gehörige Insel Grand Island umfließen und nach einem Laufe von kaum 2 Meilen sich wieder vereinigen; vor dem Ausflusse des westlichen Armes liegt das britische Inselchen Navy. Etwa eine Meile weiter unterhalb, bei einer scharfen Biegung von Westen nach Norden, Détour genannt, bei dem zu Newyork gehörenden Dörfchen Manchester, bildet der Strom den weltberühmten Katarakt oder **Niagarafall**. Durch die Ziegeninsel (Goat Island) oder Irisinsel, die etwa ein Viertel der gesammten Strombreite, 925 Fuß, und eine Fläche von 75 Acres einnimmt, wird derselbe in zwei ungleiche Arme geschieden. Der östliche, der **amerikanische** oder **Fort Schlosher Fall**, ist 1069 Fuß breit und in der Mitte 153 Fuß hoch, der westliche, der **große** oder **Horseshoefall** (Hufeisenfall), 1847 Fuß breit und 141 Fuß hoch. Der erstere liegt ganz innerhalb des Unionsgebiets, der letztere nur zur Hälfte, da die Grenze durch die Mitte desselben gezogen gedacht wird. Die Großartigkeit des Niagarafalls besteht nicht sowohl in der Höhe seines Sturzes, als vielmehr in der ungeheuren Masse des sich herabstürzenden Wassers, die auf 100 Millionen Tonnen oder 42 Millionen Kubikfuß die Stunde angeschlagen wird. Aus der Tiefe der von 230—280 Fuß hohen Felsenwänden eingefaßten Kluft, in welche das Wasser stürzt, steigen weiße Schaum- und Wolkenmassen empor, die Meilen weit gesehen werden, und das Tosen der Fälle ist zuweilen 8 Meilen weit hörbar. Da der Fall einen konveren Bogen bildet, so gibt es am Ufer keinen Punkt, der eine Gesammtansicht gewährte. Die beste hat man vom Tafelfelsen (Table Rock), einem 140 Fuß hohen Felsenvorsprung auf der canadischen Seite. An dem Fuße der Katarakte kann man, obschon nicht ohne Gefahr und Beschwerde, etwa 30 Yards hinter die riesenhafte Wasserschicht der in gerader Linie herabstürzenden Fluthen vordringen, indem sich hier eine etwa 150 Fuß hohe, 50 Fuß breite u. 300 Fuß lange Höhle gebildet hat. Von der amerikanischen Seite hinüber zur Ziegeninsel, die mit Parkanlagen geziert ist, führt eine hölzerne Brücke. Am 4. Juli 1848 ward jedoch eine Hängebrücke unterhalb der Fälle eröffnet. Dieselbe liegt 235 Fuß über dem Wasserspiegel, hat eine Spannung von 750 Fuß und ist 38 Fuß breit. Ueber dieses kühne Werk führt jetzt sogar eine Eisenbahn. Das 84 F. dicke, fast ganz horizontale Kalksteinlager, über welches die ungeheure Wassermasse herabstürzt, ruht auf einem noch mächtigeren Schieferlager, das durch den feinen Staubregen, den der Wind und das Aufschäumen der Wassermasse in die Höhe treibt, ohne Unterlaß zersetzt wird, so daß der seiner Unterlage beraubte Kalkstein in großen Massen nachstürzt, wie dies namentlich den 28. Dec. 1828 und im Sept. 1853 geschah. Durch diese fortdauernde Zerstörung der Felsen seines Bettes geht der Niagarafall immer weiter nach dem Eriesee zurück, und es ist nicht unwahrscheinlich, daß der Fall einst weiter unten bei Queenstown war. Bis zu den Fällen beträgt der Lauf des N. 4 1/2 Meilen und das Gefälle 62 Fuß, wovon jedoch 51 Fuß auf die letzte Achtelmeile unmittelbar vor den Fällen kommen. Bis zu diesen Stromschnellen ist der Strom abwärts schiffbar. Etwas unterhalb des Falles nimmt der N. wieder einen ruhigen Lauf an. Bei Queenstown, etwa 1 1/2 Meilen unterhalb der Fälle, erheben sich plötzlich steile, hohe Bergrücken, die in früheren Jahrhunderten das Flußbett gebildet haben sollen, und etwa 1 Meile oberhalb Queenstown ist der sogenannte **Whirlpool**, ein Strudel, den der hier zwischen engen Felsenwänden fließende N. macht. Die Oeffnung dieses Strudels ist mehr als 1000 Fuß weit, u. die Länge beträgt 2000 Fuß. Seine Oberfläche ist in einem Zustande fortwährender Aufregung, und er zerstört Alles, was in seinen Bereich kommt. Zwei Meilen unterhalb Queenstown, wo der N. 9000 F. breit ist, bei der canadischen Hafenstadt N., früher **Newark** genannt, bei dem zu dem Staate Newyork gehörenden und gleichfalls den Namen N. führenden Ort **Niagara Falls**, mit dem Fort Schlosher und dem Fort N., mündet der N. in den Ontariosee. Da die Niagarafälle alle direkte Wasserverbindung zwischen den nächsten Seen völlig unterbrechen, so hat man auf der canadischen Seite den wichtigen **Wellandkanal** angelegt, der von Port Colbourne am Eriesee gegen Norden nach Port Dalhousie am Ontariosee führt.

Nias (Pulo), Insel im indischen Ocean, westlich von Sumatra, ist den Niederländern unterworfen, baut Reis und Hülsenfrüchte und umfaßt 120 QM. mit 170,000 Einw.

Nibby, Antonio, römischer Archäolog, geboren den 4. Okt. 1792, stellte sich das Studium der alten Denkmäler zur Lebensaufgabe und gründete, in dem Mangel an Kenntniß des Griechischen unter seinen Landsleuten ein Haupthinderniß für jenes erkennend, in seinem 17. Jahre die Akademie „Hellenica", aus welcher später die „Tiberina" hervorging. Im Jahre 1812 als sogenannter Schreiber für die griechische Sprache bei der vatikanischen Bibliothek aufgenommen, machte er sich durch eine Uebersetzung des Pausanias mit antiquarischen u. kritischen Anmerkungen auch in weiteren Kreisen bekannt. Nachher ward er bei der Congregazione economica und 1820 als Professor der Archäologie an der römischen Universität angestellt. Die erste Arbeit, mit welcher er auf dem eigentlich archäologischen Gebiete hervortrat, war die von ihm besorgte 4. Ausgabe der „Roma antica" von Nardini (1820, 4 Bde.). Den Untersuchungen über das Forum, die Via sacra und das Amphitheater des Flavius folgte die „Viaggio antiquario de' contorni di Roma", später neu bearbeitet unter dem Titel „Analysi storico-topografico-antiquaria della carta de' contorni di Roma" (1837 bis 1838, 3 Bde.); an sie schloß sich seine Beschreibung der Stadt selbst (1838—40, 2 Bde.), die aus seinen hinterlassenen Handschriften fortgesetzt wurde. Von seinen übrigen hierher gehörigen Schriften erwähnen wir den Text zu „Le mura di Roma disegnata da W. Gell" und die Abhandlungen über die Form und Einrichtung der ältesten christlichen Kirchen, über den Circus des Caracalla u. den Tempel der pränestinischen Fortuna (1821), über den Gabinosee, über Porto und die antike Straße dahin, über das Grab der Horatier und Curiatier und über die Orti Serviliani. Auch begann er ein „Lehrbuch der Archäologie" (Bd. 1, 1828) und ein „Lehrbuch über die römischen Alterthümer" (Bd. 1, 1830). Ebenso zog er die Denkmäler der Skulptur in den Kreis seiner Untersuchungen, zuerst in der Abhandlung über den sterbenden Fechter (1820); dann lieferte er mit Lorenzo Re Erläuterungen zu den Monumenten des kapitolinischen Museums, ferner die Beschreibung ausgewählter Monumente der Villa Borghese und die Fortsetzung des „Museo Chiaramonti". Er † am 29. December 1839.

Nibelungenlied (das Lied „von der Nibelunge Not"), das gewaltigste und großartigste deutsche Heldengedicht, die Krone der mittelalterlichen volksmäßigen Poesie, die einzige epische Dichtung der Welt, welche an Bedeutung den homerischen Epen, wenn nicht ebenbürtig, doch vergleichbar ist. Sein stofflicher Inhalt besteht, zu kurzer Erzählung zusammengefaßt, in Folgendem: Zu Worms am Rheine wohnten die Könige der Burgunden Gunther, Gernot u. Giselher mit ihrer Schwester Kriemhilde. Dieser träumte, daß zwei Adler einen von ihr großgezogenen Falken zerrissen, und ihre Mutter, Ute, deutete den Traum: „Der Falke, den Du ziehst, ist ein edler Mann, ihn wolle Gott behüten, od. Du wirst ihn bald verloren haben". Gleicher Zeit lebte in den Niederlanden zu Xanten am Rheine ein Königssohn, herrlich in Schönheit und Kraft, Siegfried geheißen; ihn zog die Kunde von der lieblichen Jungfrau im Burgundenland gen Worms, wo ihn nur Hagen von Tronje, Gunthers vielgereister Dienstmann, erkannte. Dieser erzählte auf Befragen seinem Herrn von Siegfrieds Wunderthaten, daß er den unermeßlichen Schatz der Nibelunge (den Nibelungenhort) gewonnen, dem Zwergen Alberich die Tarnkappe abgenommen, einen Lindwurm getödtet und durch ein Bad in dessen Blute sich unverwundbar gemacht habe. Ein Jahr lang weilt der Held in Worms, ohne Kriemhilden zu sehen. Da sagen die Könige der Dänen und Sachsen den Burgunden Krieg an, Siegfried zieht mit gegen die Feinde, besiegt sie und, nach Worms zurückgekehrt, schaut er beim Siegesfest zuerst Kriemhilden. „Da zwang sie zu einander der sehnenden Minne Not." Gunther will nun die starke schöne Brunhilde von Isenland (Island) freien, für die Zusage von Kriemhildens Hand verspricht Siegfried, den Werber zu machen. In Brunhildens Land besiegt er, durch die Tarnkappe unsichtbar gemacht, für Gunther die Heldenjungfrau im Kampfspiel, die nun mit an den Rhein zieht, wo dann unter prächtigen Festen Siegfrieds Verlobung mit Kriemhilden Statt findet. Er führt sie, nachdem er nochmals die starke Brunhilde unsichtbar gezwungen, sich Gunthern zu ergeben, und ihr dabei Ring und Gürtel abgenommen hat, in die Heimat, wo er König wird. Nach 10 Jahren folgt das junge Paar Gunthers Einladung nach Worms. Dort entsteht Zank zwischen den Königinnen; die gereizte Kriemhilde höhnt ihre Schwägerin, daß Siegfried sie bezwungen, u. zeigt ihr den geraubten Ring und Gürtel. Der ergrimmten Brunhilde sagt Gunthers Dienstmann Hagen, der Lehnstreue Folge leistend, zu, sie zu rächen. Die Könige ziehen mit ihren Mannen zur großen Jagd in den Odenwald, beim Abschied verräth Kriemhilde, um den herrlichen Gatten besorgt, an Hagen, um dessen Fürsorge bittend, daß Siegfried eine beim Drachenbad unbenetzt gebliebene verwundbare Stelle zwischen den Schultern habe. In diese schleudert der Tronjer, als Siegfried entwaffnet an einer Quelle trinkt, den mörderischen Speer. Kriemhildens Schmerz über den Tod des Helden ist unermeßlich, heimliche Rache sinnend bleibt sie in Worms zurück, wohin auf Gunthers Betreiben der Nibelungenhort gebracht wird, den Hagen im Rheine versenkt, wodurch er der leidesreichen Königin einen neuen Schmerz bereitet. Unerwartet bietet sich Hoffnung auf rächende Sühne für Kriemhilden. König Etzel sendet aus dem Hunnenlande den Markgrafen Rüdiger von Bechlarn, daß er für ihn um sie werbe. Erst als der Werber ihr verheißen, sie an Allen, die ihr Leid gethan, zu rächen, zieht Kriemhilde mit nach der Etzelnburg, wo sie nach sieben Jahren dem Hunnenkönig den Sohn Ortlieb gebiert, aber in so langer Zeit die erlittene Schmach nicht vergißt. Auf ihren Wunsch ladet Etzel die burgundischen Verwandten auf seinen Königssitz. Trotz Hagens Warnung folgen sie der Einladung; die Könige, mit 1060 Rittern und 9000 Knechten, treten, von Hagen geführt, die verhängnißvolle Fahrt ins Hunnenland an. An der Donau verkündigt ein Meerweib dem Tronjer, daß die Burgunden alle in Etzels Reiche den Tod finden würden. In Rüdigers Land wird des Markgrafen Tochter dem jungen Giselher verlobt, u. unter jenes Geleite gelangt der Zug an Etzels Hof, wo schon viele Helden, darunter der sagenberühmte Dietrich von Bern mit seinem treuen Manne Hildebrandt, der Gäste harren. Kriemhilde, deren ganzes Leid bei dem Anblick der Ankommenden, vor Allen Hagens erwacht, empfängt sie mit erzwungener Freundlichkeit. Die von ihr erbetene Abgabe der Waffen wird auf Hagens Anlaß verweigert. Die drohende Zwietracht zwischen Etzels Leuten und den Burgunden wird nur durch ein Machtwort des Hunnenkönigs in ihrem Ausbruch verzögert. 400 Hunnen, welche Kriemhilde gegen Hagen aussendet, wagen nicht ihn anzugreifen. Zur Nachtzeit bewacht der grimme Held mit dem „fröhlichen Fiedler“ Volker den Saal, in den Gunther mit den Seinen sich zurückgezogen. Am nächsten Tage folgt der Messe und einem Kampfspiel ein großes Gastmahl. Kriemhilde in der Racheglut ihres Herzens versucht vergeblich, Dietrich von Bern zur Sühne für den an Siegfried begangenen Mord zu bereden, endlich bringt Blödelin, von ihr durch glänzende Versprechungen gewonnen, in den Saal, wo Dankwart mit den Burgundenknechten zecht, welche sämmtlich erschlagen werden. Ihr Führer kämpft sich durch in den Saal der Fürsten. Dort schlägt Hagen, von seinem Bruder Dankwart über das Geschehene unterrichtet, dem kleinen Sohne Etzels, Ortlieb, das Haupt ab, und nun beginnt ein allgemeines Gemetzel. Kaum gelingt es Dietrich, für sich und die Seinigen nebst Kriemhilden, Etzel u. Rüdiger freien Abzug verwilligt zu erhalten. Die zurückbleibenden Hunnen werden erschlagen. Großen Lohn verheißt Kriemhilde Dem, der ihr Hagens Haupt bringen werde. Vergebens versuchen es Iring von Dänemark und andere Helden, sie alle finden den Tod. In der Nacht läßt die Hunnenkönigin das Haus, wo die Burgunden eingeschlossen sind, anzünden, aber die Helden erwehren sich der furchtbaren Feuerbrände mit ihren Schilden, löschen den brennenden Durst im Blute der Erschlagenen und schlagen am Morgen neuen Angriff der Hunnen siegreich zurück. Nach langem inneren Kampfe zwischen Mannen- und Freundestreue gibt der treue Rüdiger dem Flehen Kriemhildens nach und geht in den Streit, aber auch nur, um den burgundischen Helden mit all den Seinigen zu erliegen. Dietrich will an Rüdigers Tod nicht glauben. Von seinen Mannen, die er mit Hildebrandt aussendet, die Wahrheit zu erfahren, rettet sich nur jener, von den Burgunden überdauern nur Gunther und Hagen den grimmen Kampf. Da geht auch Dietrich heran, verspricht den Beiden Schutz, wenn sie sich ihm als Geißeln ergeben wollen, aber nur Hohn wird ihm von Hagen zur Antwort, den er darauf nebst Gunther überwindet, worauf er Beide gebunden vor Kriemhilden bringt. Diese verspricht, Hagen zu schonen, falls er ihr sage, wo der Hort der Nibelungen sich befinde, der Tronjer aber weigert das für so lange, als noch Einer ihres Geschlechtes lebe. Da schlägt das grimme Weib selbst ihrem Bruder Gunther den Kopf ab, ohne jedoch hierauf Hagens Geheimniß zu erlangen, den sie dann auch tödtet. Empört erschlägt jetzt der alte Hildebrandt auch die Hunnenkönigin, und so überleben unter den Helden nur Dietrich, Etzel u. Hildebrandt die Gefallenen, laute Klage um sie erhebend.

Der im Vorstehenden nach seinem Wesentlichsten dargelegte Inhalt des N.s ist in dem Gedichte mit wundervoller epischer Kraft, Anschaulichkeit und in hoher, oft freilich furchtbarer Schönheit verarbeitet. Der Geist, der in der Dichtung waltet, ist ein grunddeutscher, eine hochsittliche Idee, wenn auch eine im Wesentlichen heidnisch-sittliche, beherrscht die Handlung, die in ächt epischer Objectivität und großartiger Plastik sich entfaltet. Die Sagen, welche in dem N. vereinigt sind (denn daß hier verschiedene altdeutsche Sagenkreise in einander verschmolzen sind, unterliegt keinem Zweifel), waren „Gemeingut des deutschen Volkes in weitester Bedeutung des Ausdrucks“. Die älteste poetische Fassung der Siegfriedsage ist in den Liedern der ältern Edda, welche aus dem 8. Jahrhundert stammen, aber bis ins sechste zurückreichen, aufbewahrt. Daß jedoch die Sage nicht ursprüngliches Eigenthum des Nordens war, sondern in diesen von Deutschland herübergetragen worden, hat W. Grimm („Die deutsche Heldensage“, S. 5) aus den mit hinübergenommenen Oertlichkeiten unwiderleglich dargethan. Wie die Siegfriedsage aus ihrer Heimat, vermuthlich den Niederlanden, nordwärts in die Niflunga-, Völsunga- und Wilkinasaga eindrang und noch heute auf Island in einzelnen Liedern nachklingt, so ist sie auch nach andern Richtungen gewandert und hat endlich, wie weiter unten zu erörtern ist, in Oesterreich die in unserem N. vorliegende Gestaltung erhalten. Die bis ins 12. Jahrhundert in lebendigem Wachsthum begriffene Sage war ursprünglich der Göttersage zugehörig und ist erst in allmähliger Umwandlung zur Heldensage vermenschlicht worden. Die Herausschälung des mythischen Kerns versuchten besonders Lachmann, W. Müller u. A., eine mehr allegorische Deutung der Sage gab u. A. der Däne P. E. Müller in der „Sagabibliothek“. Das während des ersten Jahrhunderts nach seiner Abfassung viel gelesene N. besitzen wir in zahlreichen Handschriften, von denen 3 Pergamenthandschriften des 13. Jahrhunderts sind und unter der Bezeichnung A (hohenems-münchener), B (sankt-galler) und C (hohenems-laßbergische) als die wichtigsten betrachtet werden. Während des 16. und 17. Jahrhunderts war das N. verschollen, nur ein einziger deutscher Gelehrter, der Oesterreicher Wolfgang Lazius, hat es gekannt und daraus einige Strophen in seine Geschichte der Völkerwanderung aufgenommen. In den fünfziger Jahren des vorigen Jahrhunderts entdeckte J. J. Bodmer auf dem Schlosse Hohenems in Graubünden 2 Handschriften des N.s und ließ aus einer derselben den zweiten Theil unter dem Titel „Chriemhildens Rache“ (1757) abdrucken. Eine vollständige Ausgabe erschien in des Schweizers Chr. H. Müller „Sammlung deutscher Gedichte aus dem 12.—14. Jahrhundert“ (Berlin 1782). Indeß wurde die Bedeutung des Gedichts damals nur von sehr Wenigen, unter denen Johannes von Müller, der große Historiker, obenan steht, erkannt. Erst durch Friedrich Heinrich van der Hagens verdienstvolle Bemühungen wurde das N. Gegenstand allgemeineren Interesse's und wissenschaftlicher Forschung. Auf dem Gebiete der letzteren waren besonders K. Lachmanns Untersuchungen epochemachend. Durch F. A. Wolffs Theorie von der Entstehung der homerischen Gedichte angeregt, unterzog Lachmann auch das N. einer mit eminentem Scharfsinn angestellten

Prüfung in Bezug auf seine Urheberschaft. Er kam zu dem Resultat, daß in den verschiedenen erhaltenen Handschriften eine dreifache Gestalt des Gedichts vorliege, eine verhältnißmäßig älteste, um 1210 entstandene und in der einen der hohenemser Handschriften (der münchener, A) bewahrte Dichtung, eine erste erweiternde Bearbeitung derselben in der sankt-galler Handschrift (B) und eine zweite vor 1225 verfaßte, wiederum erweiternde Bearbeitung in der andern hohenemser (laßbergischen) Handschrift (C). Lachmann suchte ferner zu erweisen, daß auch jene älteste Recension der Handschrift A aus verschiedenen Stücken von ungleichem Alter bestehe. Einzelne Rhapsodien seien darin zu einem Ganzen zusammengeflossen und mit Unächtem gemischt worden. Bei der Auffindung dieses Unächten legte Lachmann ein bestimmtes Zahlensystem zu Grunde, da er erkannt haben wollte, daß kleinere Abschnitte von je 7 Strophen ein Lied von 28 Strophen bildeten. Solcher von verschiedenen Verfassern unabhängig gedichteten Lieder nahm er 20 an, sie nach sachlichen und sprachlichen Unterscheidungsmomenten ausscheidend und einzelne Strophen spätern Interpolatoren zuweisend. Jene 20 Lieder sollte dann ein 21. Poet (Bearbeiter oder Anordner) zu Einem Gedichte, unserem Liede von der Nibelunge Not, zusammengefügt haben. Diese Theorie war zum unumstößlich erachteten Dogma der lachmannschen Schule geworden. Da trat 1853 Adolf Holtzmann gegen dasselbe mit scharfen Waffen auf, behauptete die Einheit des Gedichts, widerlegte mit schlagenden Gründen Lachmanns Annahme, daß die Handschrift A die älteste Fassung des N.s überliefere, behauptete vielmehr, diese sei in C erhalten, stellte die Nothwendigkeit eines uralten, zusammenhängenden, aber verloren gegangenen Gedichts auf und nahm als den Verfasser dieses letzteren einen gewissen Konrad, Schreiber des Bischofs Pilgrim von Passau, an, auf welchen die „Klage" hinweist. Zu gleicher Beurtheilung der Handschriften gelangten F. Zarncke's Nibelungenforschungen, u. die neuen Ausgaben des N.s von dem oben genannten Gelehrten (1856) und von Holtzmann (1857) sind jener Werthschätzung entsprechend auf den Text C gegründet. In ein ganz neues Stadium trat aber die Nibelungenfrage, als Franz Pfeiffer 1862 durch eine einleuchtende Hypothese die von ihm adoptirte Ueberzeugung Holtzmanns von der einheitlichen Schöpfung des Gedichts dahin präcisirte, beziehungsweise abänderte, daß er eine ganz bestimmte Persönlichkeit als den Dichter des N.s bezeichnete: Die Grundlage dieser Annahme besteht in dem notorischen Verhältniß, daß in Bezug auf die erst im Beginn des 12. Jahrhunderts, und zwar in Begleitung der Lyrik aufgebrachte strophische Form der Poesie in Deutschland bis gegen 1300 ein streng beobachtetes Gesetz galt: nämlich, daß der Erfinder einer Strophe zugleich ihr Eigenthümer war und sich ihrer allein bedienen durfte. Von den aus der Lyrik sofort auch in die Epik eingedrungenen Strophenformen ist aber unstreitig die älteste die sogenannte Nibelungenstrophe. Diese nun entspricht in ihrem Bau genau der strophischen Form, welcher sich der älteste deutsche Liederdichter, der unter dem Namen des Kürenbergers bekannte Minnesinger, in den 15 unter seinem Namen überlieferten Strophen bedient hat. Demnach ist, so schließt Pfeiffer, die Nibelungenstrophe Eigenthum des Kürenbergers, und dieser (dessen schöpferische Zeit etwa zwischen 1120 u. 1140 fällt) ist auch der Verfasser des N.s. Zwar kann letzteres die Gestalt, in welcher es heute vorliegt, aus formellen Gründen erst nach 1190 empfangen haben, allein das widerlegt nicht die Identificirung seines Urhebers mit dem fraglichen Minnesänger. Dann ist, wie schon Holtzmann scharfsinnig nachgewiesen, unser N. nicht das ursprüngliche Werk des Dichters, sondern die spätere, nach dem verfeinerten Geschmack der höfischen Welt vorgenommene Umarbeitung eines älteren Gedichts, und die älteste Gestalt dieser Umarbeitung liegt in der laßbergischen Handschrift (C) vor. Nachdem Moritz Thausing 1864 die Ansicht Pfeiffers, sie im Uebrigen bestätigend, dahin zu modificiren versuchte, daß er in dem erst 1140—47 erscheinenden Konrad von Kürenberg den Lyriker u. Nibelungendichter vermuthet, trat neuerdings auch Karl Bartsch in einem von außerordentlichem Fleiße zeugenden Werk der Ansicht bei, daß der österreichische Ritter von Kürenberg, den man früher nur als Verfasser einzelner lyrischen Strophen kannte, und der Verfasser des N.s eine u. dieselbe Person seien. Der letztgenannte Forscher stützt die Resultate seiner Nibelungenstudien vornehmlich auf ausgedehnte Untersuchungen metrischer und sprachlicher Eigenthümlichkeiten, insbesondere des Reims, wobei ihm die sehr vielfach mit anderen mittelalterlichen Dichtungen angestellte Vergleichung unter Anderem das Ergebniß geliefert hat, daß die ursprüngliche Abfassung des N.s in die Jahre 1140 bis 1150 zu setzen ist, und daß wir weder in der von Lachmann bevorzugten Handschrift A, noch in der von Holtzmann und Zarncke für die älteste erklärten C den frühesten Text der späteren Bearbeitung zu suchen haben, daß vielmehr der sogenannte gemeine Text, wie er vorzüglich in der sankt-galler Handschrift (B) enthalten ist, dem ächten am nächsten kommt. So hat denn die Lehre von der Einheit des Gedichts, welche aus ästhetischen Gründen schon weit früher u. A. durch Ludwig Bauer und L. Uhland vertreten wurde, neuerdings auch vom Standpunkt der Sprachwissenschaft aus eine Befestigung erhalten, die schwer zu erschüttern und der gegenüber die lachmannsche Liedertheorie nicht leicht aufrecht zu erhalten sein dürfte.

An der „Nibelunge Not" schließt sich in den jüngeren Handschriften ein weiteres, in kurzen Reimpaaren verfaßtes Gedicht unter dem Titel „Die Klage". Es wurde um den Schluß des 12. Jahrhunderts von einem höfischen, vermuthlich österreichischen Poeten gedichtet und schildert in matter, ermüdender Darstellung die Bestattung der Gefallenen, Etzels Leid, des Fiedlers Botschaft von dem Geschehenen an Rüdigers Gattin und zu Worms bei Hofe. Der Dichter der „Klage" berichtet u. A., Bischof Pilgrim von Passau habe die Geschichte von dem Untergang der Burgunden durch einen Meister Konrad lateinisch aufzeichnen lassen.

Unter den älteren Ausgaben des N.s sind die noch jetzt wichtigen: „Der Nibelungen Lied zum ersten Male in der ältesten Gestalt aus der sankt-galler Handschrift mit Vergleichung aller übrigen Handschriften, herausgegeben von van der Hagen, Berlin 1810; „Der Nibelunge Not und die Klage", von K. Lachmann, das. 1826; „Zwanzig Lieder von den Nibelungen" von Lachmann; weitere Ausgaben von Vollmer 1843, Zarncke 1856, Holtzmann 1857. Von den kritischen und historischen Schriften über das N. sind die bedeutendsten: **Lachmann**, Ueber die ursprüngliche Gestalt des Gedichts von der Nibelunge Not, Berlin 1816; **van der Hagen**, Die Nibelungen, ihre Bedeutung für die Gegenwart u. für immer, das. 1819; **von Spaun**, Heinrich von Ofterdingen und das N., Leipzig 1840; **Müller**, Versuch einer mythologischen Erklärung der Nibelungensage, Berlin 1841; **Holtzmann**, Untersuchungen über das N., Stuttgart 1854; **Derselbe**, Kampf um den Nibelungenhort, gegen Lachmanns Nachtreter, das. 1855; **Zarncke**, Zur Nibelungenfrage, Leipz. 1854; **Pfeiffer**, Der Dichter des N.s, Wien 1862; **Thausing**, Nibelungenstudien, Leipz. 1864; **Bartsch**, Untersuchungen über das N., Wien 1865. Die gelungenste Uebersetzung des N.s gab Simrock 1827; 13. Aufl., nach Holtzmanns neuen Forschungen, Stuttgart 1863. Andere, zum Theil freie Uebertragungen, verfaßten Pfizer, 1842; Braunfels, 1846, Hinsberg 1813, Rebenstock 1835.

Nicäa, 1) bedeutende Stadt in Bithynien am östlichen Ufer des Askaniasee's, wurde von Antigonus, dem Sohne des Philippus, erbaut und nach ihm ursprünglich **Antigonia** genannt und erhielt erst später von Perdiccas nach dem Namen seiner Gemahlin den Namen N. Die Stadt gelangte bald zu großer Blüthe, war oft Residenz der Könige Bithyniens und blieb wichtig durch ihren Handel, indem sie ein Durchgangspunkt für die Hauptstraßen in Vorderasien wurde. Sie ward frühzeitig der Sitz eines christlichen Bischofs und dann eines Erzbischofs. Im Mittelalter war sie lange ein Bollwerk der griechischen Kaiser gegen die Araber und erlag erst 1080 dem Andrang der Seldschukken, denen sie im ersten Kreuzzuge 1097 wieder entrissen wurde. Im 13. Jahrhundert, während Konstantinopel Sitz des lateinischen Kaiserthums war, machte Theodor Laskaris N. zur Hauptstadt seines vorderasiatischen Reichs, welches von Orkhan erobert und 1330 dauernd für die osmanische Herrschaft gewonnen wurde. Das an der Stelle der alten Stadt gelegene **Isnik** ist ein armer Ort von kaum 100 Häusern. Fast vollständig erhalten sind die doppelten Mauern der Stadt, mit 4 großen und 2 kleinen Thoren. Außerhalb der Mauern sind auch Ueberreste einer Wasserleitung. Im Innern der Mauern sind zahlreiche Trümmer, Fragmente von Säulen und die Ruinen eines Theaters, Gymnasiums &c. zu erkennen. Berühmt sind in der Kirchengeschichte die 325 und 787 hier abgehaltenen **nicänischen Kirchenversammlungen** (das 1. und 7. ökumenische Koncil). Auf der ersten wurde die arianische Lehre (s. **Arianischer Streit**) verdammt und auf den Grund des alten apostolischen Symbolums das **nicänische Glaubensbekenntniß** gebaut (s. **Symbol**). Außerdem wurde noch die Gleichzeitigkeit der Osterfeier in allen christlichen Gemeinden angeordnet und Manches über die Verhältnisse der Geistlichen und der Kirchenzucht festgesetzt, der Antrag auf den Cölibat aber verworfen. Die zweite Kirchenversammlung zu N., das 7. ökumenische Koncil, ward von der Kaiserin Irene 787 berufen, um die Verehrung der Bilder in der Kirche durchzusetzen (s. **Bilderdienst und Bilderverehrung**). Außerdem wurde bestimmt, daß jede von der weltlichen Macht vollzogene Wahl eines Bischofs nichtig sei, daß die Reliquien gesammelt und aufbewahrt, daß die Kirchengüter nicht veräußert werden sollten, &c. — 2) Stadt in Ligurien, das jetzige Nizza.

Nicander, griechischer Grammatiker und Dichter, lebte um 150 v. Chr., nach Einigen von Colophon gebürtig, nach Andern ein Aetolier, soll eine Geschichte Aetoliens und eine Beschreibung der daselbst wachsenden Pflanzen verfaßt haben. Von seinen Schriften sind uns noch 2 Gedichte übrig: „Theriaca“, von giftigen Thieren und von Mitteln gegen ihre Bisse (neue Ausgabe von Schneider, Leipzig 1816), und „Alexipharmaca“, von Gegengiften bei Vergiftungen durch Speise und Trank (neue Ausg., Halle 1792) handelnd.

Nicander, Carl August, schwedischer Dichter, geboren am 20. März 1793 in Strengnäs, begann seine schriftstellerische Thätigkeit mit einigen kleinern Gedichten in der Zeitschrift „Iduna“ u. im „Kalender för Damer“. Sein erstes größeres Werk, das Trauerspiel „Runsvärdet“ (Stockh. 1820, 2. Aufl. 1835), bekundete ungewöhnliche Anlagen des Verfassers. Nachdem er darauf 2 Sammlungen von Gedichten (Stockh. 1825—27, jede von 2 Heften) herausgegeben und (1826) den Preis der schwedischen Akademie für das Gedicht „Tassos död“ erhalten hatte, machte er (1827) mit öffentlicher Unterstützung eine Reise nach Italien, deren Früchte „Minnen Från Södern“ (Oerebro 1831—39, 2 Bde.), eine unvollendet gebliebene Reisebeschreibung, und „Hesperider“ (das. 1835, 2. Aufl. 1860), eine Sammlung von Gedichten, das Beste von seinen Werken, waren. Obgleich nach seiner Rückkehr die Verfasserthätigkeit seine einzige Erwerbsquelle war, da er keine Neigung zu der amtlichen Thätigkeit besaß und mit schweren Nahrungssorgen zu kämpfen hatte, so war doch außer einigen Uebersetzungen für das königliche Theater (Shakspeare's „Othello“, Schillers „Räuber“ und „Jungfrau von Orleans“ u. a.) ein Romanzencyklus, „Lejonet i öknen“, seine letzte Arbeit, denn seine Thätigkeit wurde durch ein Herzensleiden geschwächt. Er † den 7. Febr. 1839 in Stockholm. Nach seinem Tode erschien eine Sammlung seiner Gedichte, die sich durch tiefes Gefühl und eine ungewöhnliche Vollendung in der Form auszeichnen (Stockholm 1839—41, 4 Bde.; 2. Aufl. 1852).

Nicandra *Adans.* (Männersieg), Pflanzengattung aus der Familie der Solanaceen, charakterisirt durch den 5spaltigen, eckigen Kelch, die glockenförmige Korolle mit am Grunde ausgebreiteten Staubfäden u. die 4—5fächerige Beere. Die bekannteste Art: **N. physaloides** *Gaertn.*, ein einjähriges krautartiges Gewächs in Peru, mit buchtig-eckigen, oft geklappten, am Blattstiel hinablaufenden, nach der Spitze zu ungleich-gezähnten Blättern und hellblauen Blüthen mit dunkelblauen Nektarien, kommt hier und da in Gärten als Zierpflanze vor und pflanzt sich leicht durch Samenausfall fort. Die Früchte sollen Harnbeschwerden und die dabei vorkommenden Schmerzen sehr vermindern.

Nicandro, St., Stadt in der italienischen Provinz Foggia (ehemaligen neapolitanischen Provinz Capitanata), hat 7000 Einw.

Nicaragua, Republik in Centralamerika, liegt zwischen 10° 30′ u. 15° nördl. Br. und 83° 11′ bis 87° 40′ westl. L. von Greenw. und grenzt mit dem 1860 zurückerhaltenen Mosquitogebiet gegen Norden und Nordosten an Honduras, gegen Osten an das karaibische Meer, gegen Süden an Costarica, gegen Westen an den stillen Ocean und gegen Nordwesten an den Fonsecagolf, welcher es vom Freistaate San Salvador trennt. Geographisch ist N. der größte u. bedeutendste Theil von Centralamerika, es dehnt sich von einem Ocean zum andern aus und umfaßt in seinen Grenzen die großen Seen von N. und Managuá. Die Grenzen gegen Honduras und die gegen Costarica sind noch nicht bestimmt, der Flächeninhalt des Staats kann deshalb nicht genau festgestellt werden, man berechnet ihn auf ungefähr 50,000 englische oder 2350 deutsche QMeilen, von denen 230 deutsche QMeilen auf die beiden großen Binnenseen kommen. Die Bevölkerung wird auf 300,000 Seelen geschätzt. Ueber die Hälfte davon sind Mischlinge (Zambos), ungefähr ein Drittel Indianer und nur der zwanzigste Theil Weiße. Die unter dem Namen Moscos oder Mosquitos bekannte Mischlingsrace der Indianer, welche die sogenannte Mosquitoküste bewohnt, führt noch am meisten ein dem der Nomaden ähnliches Leben. Im Allgemeinen wird die Bevölkerung als sehr unthätig und moralisch heruntergekommen geschildert. Die Oberfläche des Landes hat ein mannichfaltiges Aeußeres, der größere Theil ist bergig, doch ist das höhere Gebirgsland nicht so ausgedehnt wie in den übrigen centralamerikanischen Staaten. Das Gebiet wird von 3 Reihen Bergen oder Hügeln durchzogen, welche unter einander und der Küste des stillen Oceans parallel laufen und nicht durch Querjoche mit einander zusammenhängen. Die mittlere Höhe des höchsten Bergzuges, die Hauptcordillere, wird wohl wenig über 5000 Fuß betragen. Das große Becken der Seen besteht aus Ebenen und sanft ansteigendem Hügelland, abwechselnd begrenzt und unterbrochen durch hohe steile Vulkane. Dieselben sind Kegelberge, die isolirt von einander liegen und von denen mehre sich sogar als Inseln aus den Seen erheben. Der Vulkan von Momotomba, 7000 Fuß hoch, ist hier der höchste Berg. Am Eingang des Golfs von Fonseca erhebt sich in einem andern Höhenzuge der Vulkan von Cosiguina an einigen Stellen bis zu ungefähr 4000 Fuß Höhe. Das große Senkungsbecken der Binnenseen zwischen der Hauptcordillere und der Hügelkette am stillen Ocean macht es möglich, daß man von diesen Seen auf ebener Straße sowohl nach dem atlantischen, wie nach dem stillen Ocean gelangen kann. Auf dieser Eigenthümlichkeit beruht das Projekt eines Kanals, der durch N. die beiden Meere verbinden soll. Die atlantische, oder, wie sie gewöhnlich genannt wird, Mosquitoküste ist im Ganzen flach und mit vielen Lagunen besetzt. Fast die sämmtlichen Gewässer des Staats fließen nach dem atlantischen Meere. An der Mosquitoküste ist zu bemerken der Rio Escondido oder Bluefieldsfluß, welcher in die Bluefieldslagune mündet. Der Rio Wanks oder Segovia entspringt in den Bergen von Neusegovia im äußersten Nordwesten des Staats und fließt, die Grenze zwischen Honduras und N. bildend, dem karaibischen Meere zu, in welches er bei Kap Gracias a Dios mündet. Der Rio San Juan, der Ausfluß (El Desaguadero) des großen See's von N., durchbricht die Cordillere und strömt vom südöstlichen Ende des See's fast gerade gegen Osten in den Ocean. In den Nicaraguasee fließen als die bedeutendsten Zuflüsse der Rio Tres marias, R. Tepinaguasapa, R. Mayales und der R. Malacatoya, in den Managuasee münden der Rio Delpochapa und Rio Synaguapa. In den stillen Ocean fließen vermittelst des Golfs von Fonseca der Estero Real und der Rio Negro, Grenzfluß gegen Honduras. Die größten Seen sind die schon erwähnten Managua u. N., welche durch einen Kanal mit einander zusammenhängen u. parallel der Küste des stillen Oceans in der Richtung von Nordwesten nach Südwesten sich fast durch ganz N. ausdehnen. Der Managuasee ist beinahe 50 englische Meilen lang und 25 Meilen breit, der Nicaragua, von den Eingebornen Cocibolca genannt, 100 englische Meilen lang und im Mittel ungefähr 40 Meilen breit. Er empfängt mehre beträchtliche Zuflüsse. Das Klima von N. ist mannichfaltig, in den bewohnteren Theilen jedoch fast überall heiß. An der atlantischen Küste regnet es sehr viel, und die Atmosphäre ist dort drückend heiß und der Gesundheit weniger zuträglich als in andern Theilen des Staats. Gesundes und angenehmes Klima hat das Hochland, namentlich ist in den dichtbewohnten Departements Segovia und Chontales die Temperatur verhältnißmäßig kühl und frisch. Die Regenzeit dauert hier von Mitte Mai bis Mitte November, die trockene Zeit vom December bis April. Am stillen Ocean fallen auch während der letzteren Regenschauer oder Strichregen, welche den Hochthälern Segovia's den Schmuck frischer Vegetation erhalten. Die Temperatur ist ziemlich gleichmäßig, etwa zwischen 70 und 82° Fahr. Der Boden ist durchgängig ungemein fruchtbar und für den Anbau der tropischen Produkte vorzüglich geeignet. Die kultivirte Flora N.'s gehört zu der reichsten von Centralamerika. Die Vegetation ist jedoch auf der atlantischen Seite ungleich großartiger als auf der Südseeseite. Die Bäume sind höher und dickstämmiger, die Urwälder geschlossener. Die kostbarsten Schmuck-, Nutz- und Farbehölzer, der Mahagonibaum und verschiedene Cedrelen, der Brasilholzbaum und die Sarsaparille gedeihen im Osten reicher und schöner, und der Kalabassenbaum, welcher den Einwohnern das Trinkgeschirr liefert, zieht die Westseite vor. Unter den Kulturgewächsen gedeiht insbesondere der Kakaobaum vortrefflich. Hohe Kokospalmen umgeben den See von N. Der Reichthum an edlen Gewürzen und Pflanzen von officinellem u. technischem Nutzen, wie Ipecacuanha, Vanille, Kautschuk, Balsam, sowie an Früchten der tropischen und gemäßigten Zone ist sehr bedeutend. Die in N. vorkommenden Thiere sind die in Centralamerika überhaupt einheimischen; von größeren Raubthieren finden sich Jaguare und Pumas, dann Wildschweine (Pekari), Alligatoren, Tapire, Armadille, Faulthiere, Affen, prächtige Vögel, besonders der gelbschwänzige Montezumavogel. Die Wanderheuschrecke richtet öfters an den Pisangpflanzungen beträchtlichen Schaden an. Das Land scheint auch reich an edlen Metallen zu sein, wenngleich die Ausbeute davon jetzt noch unbedeutend ist. Die bedeutendsten Fundorte von Silber sind in dem Departement Segovia, besonders in der Umgegend von Dipilto und im Departement Matagalpa, von Gold besonders im südlichen Theile dieser beiden Departements u. im Distrikt Chontales. Auch Blei- u. Kupfererze finden sich, und in neuerer Zeit wurden im Distrikt Chontales in der Nähe des Nicaraguasee's Steinkohlen entdeckt. Der Bergbau wird hier jedoch noch wenig wissenschaftlich betrieben. Die Landeskultur liegt theils in Folge der fortwährenden innern Parteikämpfe, theils wegen der Unthätigkeit der Bewohner sehr darnieder. Getreide wird kaum für den eigenen Bedarf gebaut, auch Zucker, Kaffee und Baumwolle, die früher in ziemlich bedeutender Quantität zur Ausfuhr kamen, geben jetzt nur noch einen geringen Ertrag. Die Indigofelder liegen größtentheils wüst u. unbenutzt. Der Kakao, welcher in den fruchtbaren feuchten Niederungen so vorzüglich gebaut werden könnte, liefert nur einen unbedeutenden Theil zur Ausfuhr. Nächst dem Kakao ist der Bau des Tabaks am bedeutendsten, der hier in ausgezeichneter Güte gedeiht. Am werthvollsten für N. sind noch seine Wälder, aus denen bedeutende Mengen von Bau-, Schmuck- und Farbehölzern ausgeführt werden. In besserem Betrieb als der Bodenanbau ist die Viehzucht, besonders im Distrikt Chontales u. im Departement von Matagalpa. Fabriken hat N. noch gar nicht, einige Indianerstämme, besonders in Masaya und in der Umgegend dieser Stadt, flechten bunte Schilfmatten und Palmhüte, fertigen Hängematten, sowie Trinkgefäße und Becken aus den Schalen des Kalabassenbaums, irdene Geschirre und andere dergleichen Gegenstände. Der Handel des Staats ist unbedeutend. Die Hauptgegenstände der Ausfuhr sind Vieh, Häute, Rehfelle, Mahagoni- und Farbeholz und edle Metalle. Die Einfuhrhäfen sind Realejo und San Juan del Sur am stillen Ocean u. San Juan del Norte, früher Greytown genannt, am atlantischen Meere, der in neuester Zeit übrigens ganz unbrauchbar geworden ist. Die geistige Kultur und das Unterrichtswesen des Staats stehen noch auf tiefer Stufe. Es gibt nur sehr wenige Primärschulen, welche nur auf zeitweilige Staatsgeschenke und Privatbeiträge angewiesen sind und äußerst wenig besucht werden. Zwei höhere Lehranstalten, sogenannte Universitäten, bestehen in Leon und Granada, die erstere mit einer unbedeutenden Bibliothek, genießen aber im Lande selbst keines besondern Vertrauens, so daß bemittelte Aeltern ihre Söhne lieber nach fremden Anstalten schicken. Die römisch-katholische Religion ist zur herrschenden erklärt, doch ist die freie Uebung anderer Bekenntnisse mit der größten Toleranz gestattet. Die Konstitution des Staats ist eine freisinnig-republikanische, der der Staaten der nordamerikanischen Union nachgebildet. Der Präsident wird auf 4 Jahre gewählt und die Volksvertretung besteht aus einer Kammer, welche aus 20 Senatoren und 10 direkt vom Volk gewählten Deputirten zusammengesetzt ist, welche gemeinschaftlich berathen. Für die Verwaltung ist der Staat in 5 Provinzen oder Departements getheilt: Setentrional oder Segovia, Occidental oder Leon, Oriental oder Granada, Meridional oder Rivas u. das Mosquitogebiet. Die Finanzen sind in mißlichem Zustande. Die Einnahmen, aus den Einfuhrzöllen, Monopolen von Schießpulver, Stempelpapier und geistigen Getränken fließend, können seit einer Reihe von Jahren die Ausgaben nicht decken u. machen die für die jetzigen Hülfsquellen der Republik schon sehr beträchtliche Staatsschuld immer größer. Politische Hauptstadt des Staats ist Managua, am südwestlichen Ufer des gleichnamigen See's mit 12—15,000 Einwohnern. Größere Städte sind Leon, Granada, Maslaya, N., Matagalpa, Rivas.

N. gehörte früher zu Guatemala, riß sich 1821 mit von Spanien los und wurde 1823 einer der 5 Vereinigten Staaten von Centralamerika (s. d.). Im Jahre 1825 sagten sich die Bewohner des Bezirks von Guanacaste von N. los und schlossen sich an Costarica an, und der Bundeskongreß bestätigte durch einen Beschluß vom 9. Dec. 1825 diese Trennung, doch wurden dem Staate N. seine Ansprüche vorbehalten. Der Hafen von San Juan blieb gemeinsames Bundeseigenthum und erhielt von der Bundesregierung eine Besatzung. Als der Bruch der Union entschieden war, erklärte Guanacaste seine Verbindung mit Costarica als unauflöslich, und bis jetzt sind alle Versuche N.'s gescheitert, die Abgefallenen wieder mit sich zu verbinden. Erst 1848 kam eine Verfassung und eine gesetzliche, obwohl schwache Regierung zu Stande. Auf den Präsidenten Don Ramirez folgte im März 1851 Pineda, diesem am 26. Febr. 1853 der General Don Fruto Chamorro. Während N. sich noch mit Costarica um den Besitz des Hafens von San Juan stritt, erhob England im Namen des Königs der Mosquitoküste, seines Verbündeten, Ansprüche auf den Besitz dieses wichtigen Punktes, von welchem aus der Kanal von N. über den Isthmus geführt werden soll, und am 1. Januar 1848 besetzten englische Truppen unter dem Schutze ihrer Kriegsschiffe San Juan, welches von nun an Greytown hieß. Im Jahre 1851 trat ein Kongreß aus Abgeordneten von Honduras, Costarica und N. zusammen, um die Grundlagen einer neuen Bundesverfassung zwischen diesen 3 Staaten zu entwerfen, ohne daß dieselbe jedoch zu Stande kam. Dagegen ward am 7. März 1854 mit Guatemala ein Schutz- und Trutzbündniß abgeschlossen. Bald darauf erhob sich die demokratische Partei unter dem ehemaligen Minister Francisco Castellon und dem General Marime Jerez gegen Chamorro, nahm im Mai 1854 Leon und belagerte Granada, wo Chamorro sich eingeschlossen hatte. Als letzterer am 12. März 1855 †, trat Jose Maria Estrada an seine Stelle, um den Kampf gegen die Belagerer fortzusetzen, wogegen Castellon den nordamerikanischen Obersten Walker zu Hülfe rief. Dieser erschien mit einer kleinen Schaar deutscher und amerikanischer Abenteurer, eroberte am 14. Okt. Granada und ward von dem nordamerikanischen Gesandten in seiner Regierungsgewalt anerkannt. Gegen Letzteres verwahrten sich im Dec. 1855 die Regierung von San Salvador, Honduras und Costarica, und am 9. März 1856 erließ Costarica eine förmliche Kriegserklärung gegen Walker, der im Namen einer von ihm eingesetzten provisorischen Regierung mit dem Präsidenten Rivas an der Spitze handelte. Die Costaricaner fochten anfangs glücklich, gingen aber nach einem bei Rivas verlorenen Treffen wieder auseinander. Allein die Regierungen von Guatemala, San Salvador u. Honduras sandten neue Truppen gegen Walker, und der provisorische Präsident Rivas schloß sich dem sogenannten Befreiungsheer an. Walker ward hierauf zum Präsidenten gewählt, später jedoch gestürzt, worauf General Martinez die Präsidentenwürde erhielt. Im Jahre 1858 wurden die alten Grenzstreitigkeiten zwischen N. und Costarica beigelegt und eine Allianz zwischen diesen Staaten und San Salvador abgeschlossen. Ein bald darauf mit England zu Stande gekommener Vertrag räumte den Briten große Vortheile ein. In Rücksicht auf den projektirten Kanalbau hatte sich in neuerer Zeit die europäische Auswanderung N. zugewandt; doch schreckte die Unsicherheit der politischen Zustände bald wieder davon ab. Im Jahre 1860 kam ein Vertrag mit England über die Abtretung des bisher unter dessen Protektorat befindlichen Mosquitolandes gegen jährliche Erlegung von 5000 Dollars an den bisherigen Mosquitokönig zu Stande. Im Sommer des Jahres landete Walker abermals mit etwa 500 Mann in Honduras und drang siegreich vor, ward aber sodann durch britische Intervention gefangen genommen u. auf Befehl der Regierung von Honduras im Sept. erschossen. Vgl. von Bülow, Der Freistaat N. in Mittelamerika und seine Wichtigkeit für den Welthandel, Ackerbau und die Kolonisation, Berlin 1849; Squier, N., its people, scenery, monuments and the proposed interoceanic canal, Lond. 1852, 2 Bde.; Scherzer, Wanderungen durch N., Braunschw. 1857; Walker, The war in N., Mobile 1860.

Nicaraguasee, See im mittelamerikanischen Freistaate Nicaragua, ringsum von vulkanischen Gebirgsketten umgeben, 4½ Meilen vom stillen Ocean entfernt, 134 Fuß hoch über dem Spiegel desselben gelegen, 27 Meilen lang, fast 11 Meilen breit, 160 QM. Flächenraum einnehmend, umfaßt eine Menge üppig bewachsener fruchtbarer u. großentheils bewohnter Inseln vulkanischen Ursprungs, hängt mit dem See Leon u. unterirdisch wahrscheinlich auch mit dem stillen Ocean zusammen. Er nimmt viele Flüsse auf, wird mit Dampfbooten befahren und fließt durch den San Juan del Norte oder de Nicaragua ins Antillenmeer ab.

Nicaria (Icaria), türkische Insel im ägäischen Meer, südwestlich von Samos, 2½ QM. groß, mit 1000 griechischen Einwohnern.

Nicastro, Stadt in der italienischen Provinz Catanzaro (ehemaligen neapolitanischen Provinz Calabria ulteriore II), am westlichen Fuße der Apenninen, ist Bischofssitz, hat ein altes verfallenes Schloß, warme Quellen und Bäder, Wein- und Oelbau und 10,200 Einw. Unweit davon der Berg Calistro, berühmt durch seine schöne Aussicht.

Nicator (griech.), s. v. a. Sieger, Beiname der syrischen Könige Seleucus I. und Demetrius II.

Nicca, Richard, s. La Nicca.

Niccolini, Giovanni Battista, italienischer Dichter, geboren den 31. Okt. 1785 in San Giuliano bei Pisa, erhielt seine erste Bildung in Florenz und studirte zu Pisa hauptsächlich Philosophie und die Rechte, wandte sich aber später dem Studium der klassischen Literatur zu und ward von der Königin von Etrurien zum Professor der Geschichte und Mythologie an der Akademie der schönen Künste zu Florenz, später auch zum Bibliothekar an dieser Anstalt ernannt. Sogleich mit seinem ersten Trauerspiel „Polyxena" (1810) gewann er den Preis von der Akademie della Crusca; es folgten „Ino e Temisto", „Medea", „Edipo", „Matelda", „Nabucco", (Napoleon), „Antonio Foscarini", dessen Stoff der venetianischen Geschichte entlehnt war, „Giovanni da Procida", 1830 in Florenz in Scene gesetzt, sodann aber polizeilich unterdrückt, „Lodovico il Moro" (1834), „Rosamunda" (1839), „Arnoldo da Brescia", das in den römischen Index kam, und „Filippo Strozzi" (1847). Im Jahre 1831 veranstaltete N. eine Sammlung seiner Trauerspiele, lyrischen Dichtungen u. prosaischen Aufsätze (Florenz, 3 Bde.). Auch eine Novelle in Versen, „Irene Malatesta", erschien 1837 von ihm. Er † den 20. Sept. 1861.

Nicephorus, 1) Constantinopolitanus, griechischer Geschichtschreiber, geboren 758, ward Geheimschreiber der Kaiserin Irene, dann Mönch und 806 Patriarch zu Konstantinopel, aber, als er sich dem Bildersturm widersetzte, in ein Kloster verwiesen, wo er 828 †. Er schrieb eine „Chronologia compendiaria" (herausgegeben von Camerarius, Basel 1561, Leipzig 1573) und ein „Breviarium historicum" (herausgegeben von Bekker, Bonn 1837).

2) N. Bryenius, ebenfalls griechischer Geschichtschreiber, geboren zu Orestias in Macedonien, ward vom griechischen Kaiser Alexius Comnenus zum Cäsar ernannt und † 1137 in Konstantinopel. Er schrieb eine von Parteilichkeit nicht freie Geschichte des commenischen Hauses, die von seiner Gemahlin Anna Comnena ergänzt wurde, von der sich aber nur 4 Bücher, den Zeitraum von 1057—81 umfassend, erhalten haben. Herausgegeben wurden sie von Meinecke (Bonn 1836).

3) N. Blemmides, griechischer Schriftsteller des 13. Jahrhunderts, gründete auf eigene Kosten ein Kloster, dessen Abt er sodann ward, und † 1274. Er schrieb außer mehren theologischen und philosophischen Sachen 2 geographische Werke, die u. A. von Spohn (Leipzig 1818) herausgegeben wurden.

4) N. Gregoras, s. Gregoras.

Nicetas, 1) Acominatus, auch Choniates von seinem Geburtsorte Chonä in Phrygien genannt, byzantinischer Geschichtschreiber, bildete sich seit 1150 zu Konstantinopel, bekleidete dann mehre öffentliche Aemter und floh nach der Eroberung jener Stadt durch die Lateiner nach Nicäa in Bithynien, wo er um 1206 †. Sein Hauptwerk ist eine Geschichte der griechischen Kaiser in 21 Büchern, die als Fortsetzung der des Zonaras den Zeitraum von 1117 bis 1203 umfaßt und u. A. von Bekker (Bonn 1835) herausgegeben worden ist. Außerdem besitzen wir von ihm eine Beschreibung der von den Franken bei der Einnahme von Konstantinopel zerstörten Denkmäler, herausgegeben von Wilken (Leipzig 1830, deutsch in dessen „Geschichte der Kreuzzüge", Bd. 5, das. 1829).

2) N. Eugenianus, griechischer Dichter des 12. Jahrhunderts, schrieb ein ziemlich umfangreiches, aber geschwätziges Gedicht in Jamben, das die Liebesabenteurer des Charicles und der Drosilla behandelt und von Boissonade (London 1819, 2 Bde.), sowie in den „Scriptores erotici" (Paris 1856) veröffentlicht wurde.

Nichte, des Bruders oder der Schwester Tochter.

Nichtigkeit, s. Nullität.

Nichtleiter, s. Elektricität.

Nichts (lat. nihil, nihilum), das Gegentheil des Seins, die Verneinung von Etwas, das Nichtsein, also ein rein relativer Begriff, der erst unter Voraussetzung eines positiven Begriffs Bedeutung gewinnt. Wie die Negation ist auch das N. entweder das Gegentheil eines einzelnen Dinges: relatives N., was also immer noch ein Positives ist, nur mit dem Mangel gerade dieser Position, daher auch privatives N., oder die Verneinung aller Dinge und aller Existenz: absolutes N. Die älteste naturphilosophische Schule hatte den Grundsatz: aus N. wird N. und N. zu N. wird N., weil sie es unbegreiflich fand, wie Etwas aus seinem Gegentheil, dem N. entstehe, oder in N. sich auflösen könnte. Sie ließ darum ein Sein aus dem anderen entstehen, half sich also mit dem relativen N., setzte jedoch dabei außer Augen, daß das Werden aus dem relativen N. ebenso unerklärlich ist, als das aus dem absoluten, weil auch bei jenem das einzelne Ding doch aus seinem Gegentheil entstehen muß. Wegen dieser Nothwendigkeit, alles Sein aus seinem Entgegengesetzten, dem N., entstehen zu lassen, machten andere Philosophen geradezu das N. zum Princip alles Seins, z. B. Hegel. Das mosaisch-christliche Dogma von der Schöpfung aus dem N. hat man so begreiflich zu machen gesucht, daß man statt des absoluten ein relatives N., etwa eine formlose Materie, ähnlich dem Chaos der Alten, unterschob; in der Erfahrung gibt es indeß weder ein absolutes N., noch ein absolutes Sein, sondern bloß ein relatives Sein, welches, eben weil es durch ein anderes bedingt ist, zugleich als relatives N. erscheint. Eine bloße Operation unseres Bewußtseins also ist es, welche Etwas bald als ein bloßes Produkt unendlicher Relationen, bald als N. an sich betrachtet. In dieser zweiten Beziehung sieht die Philosophie besonders die Dinge an, sofern sie Erkenntnißobjekte sind, denn so sind sie das Gegentheil des bloß Vorgestellten, also für unser Vorstellen N. In diesem Betracht ist dann auch die Philosophie als Idealismus **Nihilismus**, aber nicht absoluter, sondern bloß relativer.

Nicias, athenischer Staatsmann und Feldherr, aus dem attischen Demos Kydantidä, erwarb sich durch seine Reichthümer nach dem Tode des Pericles 429 v. Chr. eine einflußreiche Stellung als das Haupt der aristokratischen Partei. Im Jahre 427 nahm er die Insel Minoa und befestigte dieselbe gegen die Peloponnesier, 426 unternahm er einen Einfall in Melos, sodann in das Gebiet von Tanagra, wo er mit den Athenern unter Hipponicus und Eurymedon vereinigt die Thebaner und Tanagräer schlug, und machte darauf einen Streifzug längs der lokrischen Küste. In seinen Bemühungen, den Frieden mit Sparta zu vermitteln, hatte er Cleon zum Gegner. Nach dem Tode seines politischen Gegners Cleon und der für Athen unglücklichen Schlacht bei Amphipolis brachte er 423 einen fünfzehnjährigen Frieden mit Sparta zu Stande, dem zufolge der Besitzstand, wie er vor dem Kriege gewesen, wiederhergestellt werden sollte, doch war derselbe nicht von langer Dauer. Alcibiades wußte die Athener zu einer neuen Unternehmung gegen Sicilien fortzureißen, an deren Spitze N., obwohl er dagegen gesprochen, nebst Lamachus und Alcibiades gestellt wurde. Nach Alcibiades' Abberufung mit der obersten Leitung der Expedition betraut, erfocht er einen Sieg unter den Mauern von Syrakus und war nahe daran, Syrakus zur Uebergabe zu zwingen, als die inzwischen aus Korinth und Sparta erbetene Hülfe unter Gylippus' Führung ankam, wodurch sich das Waffenglück auf die Seite der Syrakusaner neigte. Die athenische Flotte erlitt eine vollständige Niederlage, und der Rest des athenischen Heeres ward am 8. und 10. Sept. 413 am Flusse Assinarus vernichtet. N. ergab sich an Gylippus und ward nebst Demosthenes von den Syrakusanern hingerichtet, während die übrigen Gefangenen, 7000 an der Zahl, meist in den Latomien elend zu Grunde gingen. Die Athener brandmarkten das Andenken des N. durch Weglassung seines Namens auf dem Denksteine zu Ehren der in Sicilien Gebliebenen.

Nickel, Metall, welches sich in der Natur in Begleitung mehrer anderen Metalle, namentlich stets neben Eisen und Kobalt in vielen Erzen findet. Zur Nickelgewinnung dienen nach Kerl (Metallurgische Hüttenkunde) Kupfernickel (Rothnickelkies), bestehend aus 2 Aequivalenten N. und 1 Aeq. Arsen mit 43,5 Procent N., Weißnickelkies (Chloanthit), bestehend aus gleichen Aeq. N. und Arsen, mit 27,8 Proc. N., Nickelspießglanz, bestehend aus 2 Aeq. N. und 1 Aeq. Antimon mit 31,4 N., Nickelglanz (Nickelarsenkies, Nickelarsenglanz), bestehend aus 1 Aeq N., 2 Aeq. Schwefel nebst 1 Aeq. N. und 1 Aeq. Arsen mit 35,1 Proc. N., Antimonnickelglanz (Nickelantimonkies), wie Nickelglanz zusammengesetzt, aber mit Antimon statt Arsen, enthält 27,6 Proc. N. Von untergeordneter Bedeutung sind Nickelblüthe (Nickelocher, arseniksaures Nickeloxydul), Nickelkies (Haarkies, Einfachschwefelnickel), nickelhaltiger Speiskobalt, Eisennickelkies, Nickelwismuthglanz u. a. Derartige Erze kommen z. B. vor in Ungarn (Dobschau), im Erzgebirge (Marienberg, Annaberg, Johanngeorgenstadt, Schneeberg, Joachimsthal), im Thüringerwald (Kamsdorf, Richelsdorf), Mansfeld, Rheinland (Biber, Altenrath), Schlesien (Kupferberg), Schladming in Steiermark, Nöckelberg im Salzburgschen, Pinzgau, Wallis, Spanien, Pennsylvanien 2c. Manche andere Erze sind bisweilen nickelhaltig, wie Schwefel- u. Kupferkies (Dillenburg, Gladenbach), Magnetkies (Klefva, Snarum, Varallo, Ossolathal), Arsenkies 2c. Sehr viel werden aber besonders auch manche Hüttenprodukte, in denen sich ein sehr geringer Nickelgehalt der Erze koncentrirt hat, verarbeitet. Dahin gehören Speisen von Blaufarbenwerken und der Zugutemachung von Blei-, Kupfer- und Silbererzen, Leche, Schwarzkupfer, Gaarkupfer, Glimmerkupfer, Kupferverblasen- u. Gaarschlacke 2c. Aus diesen Produkten wird das metallische N. meist in Fabriken nach zum Theil geheim gehaltenen Methoden seltener auf trockenem als auf nassem Wege dargestellt. Nur ausnahmsweise verarbeitet man Erze direkt auf N. ohne vorherige Stein- od. Speisebildung. Als Koncentrationsmittel dienen meist Schwefeleisen oder Arsen und soll, gleichzeitig ein Kupfergehalt ausgeschieden werden, Schwefel und Arsen gemeinschaftlich, so daß Nickelspeise u. Kupferstein entstehen. Bei einem Kupfergehalt der Erze stellt man zuweilen durch passende Kombination des trockenen und nassen Weges statt metallischen N. Legirungen von Kupfer und N. dar. Das Koncentrationsschmelzen auf Stein wird bei nickelhaltigem Schwefelkies und Magnetkies angewandt. Man röstet die Erze, bis sich das Eisen in Oxyd verwandelt hat, und unterwirft sie dann einem reducirenden und solvirenden Schmelzen mit Quarz, wobei das Eisen als Oxydul größtentheils in die Schlacke geht, während das Nickeloxyd metallisch wird und neben Kupfer in den Stein geht, der aus unzersetzten Schwefelmetallen und den reducirten schwefelsauren Salzen entsteht. Durch Wiederholung des Röstens und Schmelzens läßt sich das Eisen immer mehr abscheiden, zu dessen vollständiger Entfernung man den Stein auch noch einem oxydirenden Schmelzen bei Gebläseluft aussetzen oder rösten und mit Quarz, Schwerspath und Kohle im Flammenofen koncentriren kann. Das Schwefelbarium schwefelt das

Nickeloxyd, und die entstehende Baryterde gibt mit Eisen und Quarz eine leichtflüssige Schlacke. Röstet man die so erhaltenen Leche, so verwandeln sich die verschiedenen Schwefelmetalle ungleich leicht in Sulfate und Oxyde und man kann durch Wasser oder Säuren eine Trennung des Eisens u. Kupfers vom N. bereits anbahnen. Erze, die im Wesentlichen Eisen, N. und Arsen enthalten, werden nicht völlig abgeröstet und dann einem reducirenden und solvirenden Schmelzen ausgesetzt. Hierbei wird das Eisen großentheils verschlackt, Nickeloxyde werden zu Metall, arsensaure Salze zu Arsenmetallen (Speise) reducirt und in letzteren sammelt sich das N. an. Kupfer geht ebenfalls in die Speise, läßt sich aber in einem besonderen Produkt (Stein) anreichern, wenn man zugleich Schwefelkies in die Beschickung bringt. Durch Wiederholung des Röstens und Schmelzens scheidet man das Eisen immer weiter ab. Dieser Koncentration durch Arsen unterwirft man besonders Nickelerze, deren N. an Arsen gebunden ist, antimon- und arsenhaltige Speisen, welche bei Blei-, Silber- u. Kupfergewinnungsprozessen gefallen sind, arsenfreie Hüttenprodukte, z. B. Kupferverblasen- od. Gaarschlacken, Nickelsteine rc. Als Arsenicirungsmittel dient hauptsächlich Arsenkies. Bei einem geringen Nickelgehalt koncentrirt sich derselbe zuweilen so stark in den obersten Kupferscheiben aus dem Gaarherde, daß sich deren Verarbeitung auf N. lohnt, zumal letzteres das Gaaren des Kupfers erschwert und seiner Güte schadet. Zuweilen werden aber auch bei Schmelzprozessen nickelhaltige Legirungen statt Speisen und Steinen absichtlich erzeugt, welche sich meist weniger leicht verarbeiten lassen als erstere. Das nickelhaltige Kupfer wird dann mit Schwefelsäure behandelt oder mit Arsen- u. Schwefelkies verschmolzen. Zur Darstellung des N.s auf trockenem Wege aus der Speise wird diese in einem Flammenofen zur Verschlackung des Eisens einem oxydirenden Schmelzen mit solvirenden Schlackenzuschlägen ausgesetzt. Dann läßt man sich nach Entfernung des Eisens ohne Schlackenzusatz durch weitere Oxydation kobaltreiche, aber auch nickelhaltige Krusten bilden, welche bis zur gehörigen Reinigung des N.s abgezogen und später auf nassem Wege verarbeitet werden. Kupfer läßt sich nicht entfernen, u. überhaupt gibt dies Verfahren unreine Produkte. Arsenfreies N. erhält man in Form von Schwefelnickel, wenn man Arsennickel wiederholt mit Schwefel glüht, oder in der Form von basischem Sulfat bei Anwendung von doppeltschwefelsaurem Ammoniak. Bei der Verarbeitung auf nassem Wege werden Leche, welche Eisen, Kupfer, N. und Kobalt enthalten, mit oder ohne Zusatz von Eisenvitriol oder Schwefelsäure oxydirend geröstet. Hierbei werden die Sulfate ungleich leicht zersetzt und man erhält beim Auslangen mit Wasser Kobalt-, Nickel- u. Kupfersulfat, während fast alles Eisen, viel Kupfer und etwas N. zurückbleibt. Aus diesem Rückstand ziehen verdünnte Säuren am leichtesten das Kupferoxyd, schwieriger Nickeloxydul und nur ganz wenig Eisenoxyd. Mischt man möglichst todt geröstete Speisen mit Schwefelsäure und glüht bis zur Entfernung der überschüssigen Säure, so erhält man beim Auslaugen Lösungen von Kobalt- und Nickelvitriol. Hierbei muß so viel Eisen zugegen sein, daß es alle Arsensäure bindet, weil diese sonst auch N. zurückhält. Man kann auch die todtgeröstete Speise mit Salpeter und Soda glühen, das gebildete arsensaure Natron ausziehen und aus dem Rückstande mit Schwefelsäure Kobalt und N. lösen. Zur Scheidung der verschiedenen Metalle auf nassem Wege dienen verschiedene Chemikalien. Kohlensaurer Kalk fällt bei gewöhnlicher Temperatur Eisen (und Arsensäure), bei 40° C. alles Eisen und Kupfer nebst etwas Kobalt und N., so daß man durch fraktionirte Fällungen bei verschiedenen Temperaturen eine ziemlich reine Nickellösung erhalten kann. Chlorkalk fällt aus der eisenfreien Lösung zuerst Mangansuperoxyd, dann Kobaltoxyd, zuletzt aber auch N. Kobalt kann man auch entfernen, indem man die Lösung mit kohlensaurem Baryt oder Kalk mischt und Chlor hindurchleitet. Kalkwasser dient nach Abscheidung des Eisens und Arsens durch kohlensauren Kalk und des Kobalts durch Chlorkalk zum Ausfällen des N.s und etwaigen Kupfers. Statt des Kalks kann man auch Soda anwenden, welche zuerst Eisen (u. Arsensäure), dann Kupferoxyd und hierauf erst N. fällt, wenn das Kupfer nicht mehr 3—4 Proc. des aufgelösten N.s beträgt. Schwefelwasserstoff dient meist nur zur Entfernung von Blei und Wismuth, Eisen zur Ausfällung des Kupfers, saures schwefelsaures Kali zum Fällen des N.s aus kobalthaltiger Lösung und salpetrigsaures Natron zur Abscheidung von Kobalt aus nickelhaltiger Lösung. Zur Fortschaffung der Sulfate trocknet man den Nickelniederschlag, glüht ihn und wäscht ihn aus. Bei Anwesenheit von Gyps glüht man wohl auch mit Soda und wäscht erst mit Wasser, dann mit Salzsäure aus. Das metallische N. kommt entweder als solches und dann in Form kleiner Würfel (**Würfelnickel**), oder in Legirung mit Kupfer in Form von Scheiben in den Handel. Zur Darstellung der Würfel mengt man das erhaltene Nickeloxydulhydrat mit Mehl, Sirup u. Wasser zu einem steifen Teig, schneidet daraus die Würfel, trocknet sie schnell und erhitzt sie in Tiegeln oder Röhren, mit Kohlenstaub umgeben, zur Weißgluth, damit das schon bei niederer Temperatur reducirte N. zusammenfrittet. Diese Würfel sind von verschiedener Reinheit und man gewinnt aus ihnen das chemisch reine Metall, indem man sie in Salzsäure löst, die Lösung zur Trockne verdampft, den Rückstand mit Wasser extrahirt und aus der eisenfreien Lösung Kupfer u. Arsen mit Schwefelwasserstoff fällt. Aus der koncentrirten Lösung fällt man oxalsaures Nickeloxydul, welches bei Luftabschluß geglüht oder im Kalktiegel zu einem Regulus geschmolzen wird. Dieser enthält 99,6 N. Dasselbe nähert sich in seinen Eigenschaften dem Silber, ohne wie dieses von Schwefelwasserstoff geschwärzt zu werden; es ist fast silberweiß, starkglänzend, vom specifischen Gewicht 9,12, läßt sich schweißen, schmieden, walzen, mit dem Hammer wie Zinn ausstrecken, zu den dünnsten Drähten ziehen und hat eine größere absolute Festigkeit als Eisen. Es schmilzt etwas leichter als Kobalt, ungefähr beim Schmelzpunkt des Stabeisens, viel leichter aber, wenn es einige Procent Schwefel oder wenigstens 10 Proc. Kupfer enthält. Das N. wird vom Magneten fast ebenso stark angezogen als das Eisen, verliert aber bei 350° C. den Magnetismus. Das Aequivalent ist 29. Schwefel- und Salzsäure greifen das N. in der Kälte wenig an, Salpetersäure löst es leicht, und aus einer Lösung von schwefelsaurem Nickeloxydulammoniak wird es durch den galvanischen Strom als Blech niedergeschlagen, so daß man

Kupfer und Messing mit einem silberglänzenden Nickelüberzug versehen kann. Das N. ist weniger leicht oxydirbar als das Kobalt, dem es in seinen chemischen Eigenschaften sehr nahe steht. Seine Verbindungen sind mit den entsprechenden des Kobalts isomorph, und auch im Aequivalent und specifischen Gewicht unterscheiden sich beide Metalle nur wenig. Nickeloxydul, aus gleichen Aequivalenten N. und Sauerstoff bestehend, ist aschgrau u. wird als grünes Hydrat erhalten, wenn man ein Nickeloxydulsalz mit Kali fällt. Es wird sehr leicht reducirt und schon durch Kohlenoxyd in porösen Nickelschwamm verwandelt. Die ersten Gaarkupferscheiben enthalten oft in Oktaëdern krystallisirtes Nickeloxydul, welches weder in Salzsäure, Salpetersäure, noch in Königswasser löslich ist. Die Nickeloxydulsalze sind im wasserhaltigen Zustande meist schön grün u. geben auch grüne Lösungen, die wasserfreien Verbindungen sind gewöhnlich gelb. Die Lösungen werden durch Alkalien grün gefällt, der Niederschlag löst sich in Ammoniak mit röthlichblauer Farbe und wird aus dieser Lösung durch viel Natronlauge wieder vollständig gefällt (Unterschied von Kobalt). Schwefelwasserstoff fällt das N. nur aus essigsaurer Lösung, Schwefelammonium fällt Schwefelnickel, aber die Lösung bleibt dunkelbraun, wenn das Fällungsmittel farblos war. Beim Stehen an der Luft und auf Zusatz von Essig erfolgt dann Klärung. Das gefällte Schwefelnickel löst sich selbst in stärkeren Säuren nur wenig (Unterschied von Eisen u. Mangan). Ein Zusatz von essigsaurem und unterchlorigsaurem Natron zu einer Nickeloxydullösung scheidet beim Sieden tief blaues, fast schwarzes Nickeloxyd ab, welches sich in koncentrirter Salpetersäure unter Bildung von Oxydulsalz und in Salzsäure unter Chlorentwickelung löst. Diese Reaktion ist äußerst empfindlich. Oxalsäure fällt grünes oxalsaures Nickeloxydul, welches sich in überschüssiger Oxalsäure sehr schwer löst u. aus dieser Lösung beim Stehen an der Luft sich wieder abscheidet (Scheidung vom Kobalt). Die Phosphorsalzperle u. die Boraxperle werden durch Nickeloxydul in der äußeren Löthrohrflamme röthlich. In der inneren Flamme wird die Boraxperle durch Reduktion und in starker Hitze, wenn das N. zusammensintert, farblos. Nickeloxyd, aus 2 Aequivalenten N. und 3 Aeq. Sauerstoff bestehend, bildet sich neben Nickelchlorür, wenn man durch Wasser, welches Oxydulhydrat aufgeschwemmt enthält, Chlor leitet, oder wenn man Nickeloxydulhydrat mit Chlornatron digerirt (s. auch oben). Das Oxyd konnte bisher nicht mit Säuren verbunden werden, es gibt mit Sauerstoffsäuren Sauerstoff, mit Salzsäure Chlor und Oxydulverbindungen, in Ammoniak löst es sich unter Entwickelung von Stickstoff und beim Erhitzen verwandelt es sich in Oxydul. Die blauviolette Auflösung von frisch gefälltem Nickeloxydulhydrat in starkem Ammoniak färbt Seide braungelb und löst sie zuletzt vollständig auf, während Cellulose (Baumwolle) durchaus nicht verändert wird. Das dem Oxydul entsprechende Schwefelnickel ist, auf nassem Wege dargestellt, braunschwarz, aus N. u. Schwefel gewonnen, metallglänzend graugelb und findet sich in der Natur als Haarkies. Subsulfuret entsteht durch Glühen von Nickelvitriol in Wasserstoff und Bisulfuret, welches, in der Natur mit Arsennickel verbunden, den Nickelglanz bildet, entsteht, wenn man kohlensaures Nickeloxydul mit Schwefel und kohlensaurem Kali glüht. Durch Glühen von N. mit Phosphorsäure u. Kohle erhält man silberweißes sprödes phosphorhaltiges N. Mit Arsen bildet das N. den Kupfernickel und den Nickelglanz. Blaß goldgelbes Nickelchlorür, welches bei höherer Temperatur sublimirt, entsteht, wenn man Nickelschwamm in Chlor erhitzt. Es löst sich sehr langsam in angesäuertem Wasser, zieht aber an der Luft allmählig Feuchtigkeit an, wird grün u. löst sich dann leicht. Nickeloxydul, in Salzsäure gelöst, gibt beim Verdampfen grüne körnige Krystalle von Chlorür mit 6 Aequivalenten Wasser, die beim Erhitzen wasserfrei und gelb werden. Das Chlorür absorbirt 75 Proc. Ammoniak, die Lösung in wässerigem Ammoniak liefert große blaue Krystalle von wahrscheinlich gleicher Zusammensetzung. Nickelbromür kann wie das Chlorür erhalten werden, zersetzt sich aber noch leichter als dieses durch den Sauerstoff der Luft in basisches Bromür. Nickeljodür sublimirt in eisenschwarzen Blättchen aus der Masse, welche beim Erhitzen von fein vertheiltem N. in Joddampf entsteht, es wird an der Luft feucht und krystallisirt aus wässeriger Lösung wie das Bromür mit 3 Aequivalenten Wasser. Nickelcyanür fällt durch Blausäure aus essigsaurem Nickeloxydul, wird bei 200° C. wasserfrei u. zersetzt sich unter Feuererscheinung in Stickstoff, Cyan, N. und Kohlennickel. In Cyankalium löst es sich und bildet Kaliumnickelcyanür, aus welchem Säuren unter Entwickelung von Blausäure Nickelcyanür fällen. Nickeleisencyanür u. Nickeleisencyanid werden aus Oxydulsalzen durch gelbes oder rothes Blutlaugensalz gefällt. Schwefelsaures Nickeloxydul (Nickelvitriol), aus N. od. Nickeloxydul erhalten, krystallisirt unter 15° C. mit 7, über 15° C. mit 6 Aeq. Wasser in dunkelsmaragdgrünen Krystallen, die in Wasser leicht, in Weingeist nicht löslich sind und beim Erhitzen gelbes wasserfreies Salz zurücklassen. Mit Kali- und Ammoniaksulfat bildet der Nickelvitriol hellgrüne Doppelsalze. Diese sind bedeutend schwerer löslich als die entsprechenden Kobaltsalze und können von letzteren durch schnelles Verdampfen u. Krystallisiren getrennt werden. Beide aber sind in kalten, schwach angesäuerten und gesättigten Lösungen von schwefelsaurem Ammoniak unlöslich (Scheidung von Eisen, Kupfer, Mangan und Zink). Aus der warm bereiteten Auflösung des schwefelsauren Nickeloxyduls in Ammoniak krystallisirt unter Weingeist schwefelsaures Nickeloxydul-Ammoniak, welches in Wasser leicht löslich ist. Salpetersaures Nickeloxydul, aus N. oder Nickeloxydul erhalten, krystallisirt in smaragdgrünen, zerfließlichen, auch in Weingeist löslichen Säulen mit 6 Aeq. Wasser, welche beim Erhitzen basisches Salz, Oxyd und endlich Oxydul hinterlassen. Salpetrigsaures Nickeloxydul fällt in der Kälte aus salpetersaurem Nickeloxydul durch überschüssiges salpetrigsaures Kali und löst sich leicht in Wasser mit grüner Farbe. Kohlensaures Nickeloxydul fällt durch Soda aus Nickeloxydulsalzen als apfelgrünes basisches Salz, welches von kohlensaurem Ammoniak mit hellblauer Farbe gelöst wird. Mit kohlensauren und zweifachkohlensauren Alkalien entstehen Doppelverbindungen. Neutrales phosphorsaures Natron fällt aus Nickeloxydulsalzen hellgrünes phosphorsaures Nickeloxydul, welches in wässeriger Phosphorsäure und Ammoniak löslich ist. Beim Rothglühen wird es gelb und eignet sich dann als sehr solide Farbe für Malerei und Tapetendruck (Nickelgelb). Borsaures Nickeloxydul ist ein hellgrüner Niederschlag. Das Kupfernickel war besonders im Erzgebirge seit lange bekannt und hatte den Scheltnamen erhalten, weil der Bergmann darin Kupfer suchte und nicht fand. Cronstedt entdeckte 1751 das Metall, welches 1775 durch Bergmann genauer untersucht wurde. Proust wies 1799 das N. im Meteoreisen nach. Der in Salzsäure lösliche Theil der Meteoreisenmasse von Pallas enthält 88 Eisen, 10,7 N. und sehr geringe Mengen von Kobalt, Mangan, Kupfer, Zinn; der in verdünnter Salzsäure unlösliche Theil (⅟₂ %) 68 Eisen, 17,7 N. und 14 Phosphor. Verwendung findet das N. hauptsächlich nur in seinen Legirungen (s. Nickellegirungen), doch empfiehlt es sich auch zum Ueberziehen von Eisen, um dieses vor Rost zu schützen.

Nickelantimonkies (Nickelantimonglanz, Antimonnickelglanz, Nickelspießglaserz, dystomer Amoibit, Ullmannit), weißer Kies, krystallisirt regulär, doch selten im Würfel, nach dem es sich vollkommen spaltet, mit Oktaëder u. Granatoëder, ist meist derb, körnig od. eingesprengt, von unebenem Bruch, spröde, von einer Härte zwischen der des Apatits u. Feldspaths, von 6,2 bis 6,5 specifischem Gewicht, bleigrau bis lichtstahlgrau, schwärzlich anlaufend, vor dem Löthrohr unter Antimondämpfen zur metallischen Kugel schmelzbar, enthält nach Rose 54,47 Antimon, 28,04 Nickel, 15,55 Schwefel und kommt auf Eisensteingängen im Uebergangsgebirge am Westerwald vor, auch zu Harzgerode und Lobenstein auf Erzgängen mit Apatiteisenstein.

Nickelarsenikkies (Nickelglanz, heraëdrischer Amoibit, Gersdorffit), weißer Kies, krystallisirt regulär in Oktaëder und Würfel, zuweilen mit pyritoëdrischer Zuschärfung, meist derb, körnig, nach den Würfelflächen theilbar, mit unebenem Bruch, ist von einer Härte zwischen der des Apatits u. Feldspaths, von 5,9—6,7 specifischem Gewicht, silberweiß ins Stahlgraue, grau und schwarz anlaufend, vor dem Löthrohr unter Arsenikdämpfen leicht schmelzbar, enthält nach Berzelius 45,37 Arsenik, 29,94 Nickel, 4,11 Eisen, 19,34 Schwefel, 0,90 Kieselsäure, 0,92 Kobalt und erscheint mit Speiskobalt bei Loos in Helsingland in Schweden, bei Tanne am Harz, Petersbach im Siegenschen, Sparnberg, Haueisen, Frössen im Voigtlande, Schladming in Steiermark mit Kobalterzen zusammen.

Nickelblüthe (Nickelocher, Annabergit, mikromorpher Chrysokan), Erz, kommt vor in undeutlichen, haarförmigen u. fleckigen Kryställchen, derb und eingesprengt, von erdigem, unebenem Bruch, weich bis zerreiblich, apfelgrün mit grünlichweißem Strich, matt oder schimmernd, undurchsichtig, enthält nach Berthier 36,20 Nickeloxyd, 36,80 Arseniksäure, 25,50 Wasser, 0,25 Kobaltoxyd und kommt bei Schneeberg, Annaberg, Joachimsthal, Andreasberg, Lobenstein, Saalfeld, Richelsdorf, Bieber, Wittichen, Allemont, Leadhills rc. vor.

Nickelerze, die natürlichen Verbindungen des Nickels: Kupfernickel oder Nickelin, Arseniknickel, außerdem der arsenikreiche Weißnickelkies oder Chloanthit, der seltene Antimonnickel, Schwefelnickel (Millerit oder Haarkies) und der Nickelwismuthglanz od. Saynit, Nickelarsenikkies oder Nickelglanz, Gersdorffit, Arsenikschwefelnickel, und der Nickelantimonkies oder Ullmannit oder Schwefelantimonnickel. Oxydische Erze des Nickels sind selten; es gehören dahin: Nickelblüthe oder Annabergit, wasserhaltiges arseniksaures Nickeloxydul; das wasserfreie Nickelarsenik von Johanngeorgenstadt; der Nickelvitriol oder Pyromelin; der Lindackerit, eine wasserhaltige Verbindung von schwefelsaurem Nickeloxydul mit arseniksaurem Kupferoxyd; der Nickelsmaragd oder Texasit, wasserhaltiges, kohlensaures Nickeloxydul; der Nickelgymnit, wasserhaltiges, kieselsaures Nickeloxydul auf dem texanischen Chromeisenstein. Auch als färbendes Mittel tritt das Nickeloxydul im Chrysopras und Pimelit auf. Mit Ausnahme des zu Klefva in Schweden mit Magneteisenstein zusammen auftretenden Schwefelnickels und des Antimonnickelglanzes sind alle Nickelerze u. so auch die sogenannte Speise oder Nickelspeise, welche bei der Smaltefabrikation aus nickelhaltigen Kobalterzen gewonnen wird, arsenikhaltig, dazu kommen die N. meist in Begleitung von Kobalt- und Eisenerzen vor, überhaupt mit mannichfachen anderen Schwefel- u. Arsenikmetallen. Man erkennt die N. vor dem Löthrohr daran, daß sie mit Soda auf der Kohle leicht zu magnetischen weißen Metallblättchen reducirt werden, die man beim Ausschlämmen des Grübchens der Kohle und Auflösen der Soda mit Wasser erhält. Mit Phosphorsalz u. Borax erhält man in der äußeren Form ein rothes, beim Erkalten verblassendes Glas, von welchem das Boraxglas in der innern Flamme durch Reduktion des Nickels grau und undurchsichtig wird.

Nickelgelb, s. Nickel.

Lightning Source UK Ltd.
Milton Keynes UK
UKHW052042130119
334994UK00005BA/88/P

9 780364 44188